2020

REDBOOKS™
Brands, Marketers, Agencies. Search less. Find More.

Agencies
July

QUESTIONS ABOUT THIS PUBLICATION?

For CONTENT questions concerning this publication, please call:
The Content Operations Department at 800-908-5395, press 3

For CUSTOMER SERVICE ASSISTANCE concerning shipments, billing or other matters, please call:
The Customer Service Department at 800-908-5395, press 2

For SALES ASSISTANCE, please call:
The Sales Department at 800-908-5395, press 1

No part of this publication may be reproduced or transmitted in any form or by any means sorted in any information storage and retrieval system without prior written permission of Red Books, 3098 Piedmont Rd Suite 200, Atlanta, GA 30305.

ISBN Number: 978-1-937606-46-6

©2020 Red Books

All Rights Reserved

REDBOOKS is a trademark of The List Partners Inc.

Red Books used its best efforts in collecting and preparing material for inclusion in *REDBOOKS™* but does not assume, and hereby disclaims, any liability to any person for any loss or damage caused by errors or omissions in *REDBOOKS™* whether such errors or omissions result from negligence, accident or any other cause.

PREFACE

For over 100 years, *REDBOOKS*™ have been the most comprehensive source of information on the advertising practices of companies located in the United States and Canada. The *Agencies* edition, together with the *Advertisers* edition, provides a detailed profile of the advertising industry-whether you are seeking information on agencies and their clients or advertisers and their products.

CONTENT AND COVERAGE

At your fingertips are the essential facts about advertising agencies and their branches in the United States and around the world. Arranged in an easy-to-use format and published in January and July each year, with supplements in April and October, this directory keeps the reader up-to-date on the constantly changing world of advertising from clients to billings to personnel. Listed in this directory are agencies that are located in the U.S. or Canada. International agencies included in this directory have at least one U.S. or Canadian branch.

ARRANGEMENT AND INDEXES

Main listings are divided into six sections: Advertising Agencies, House Agencies, Interactive Agencies, Media Buying Services, Sales Promotion Agencies and Public Relations Firms.

The *Agencies* edition is also well served by four indexes, two of which refer to companies and two to personnel. Please refer to the 'How to Use' section for particular guidelines on referencing individual agencies, entry content and other features of the directory. There is also a Special Market Index that categorizes agencies by twenty-three different advertising specialities.

COMPILATION METHOD

The *Agencies* edition is compiled and updated from information supplied by the advertising agencies themselves and from business publications. Every effort is made to obtain dependable data; however, the publisher cannot guarantee complete accuracy or assume responsibility for any agency listed in or omitted from this directory.

PREFACE

RELATED SERVICES

For information on the www.winmo.com web site, please call (800) 908-5395.

Mailing lists compiled from information contained in *REDBOOKS* may be ordered from:

Marie D. Brigante, Director - Data & Media Services
MeritDirect
2 International Drive, Rye Brook, NY 10573
(914) 368-1040
E-mail: mbriganti@meritdirect.com

Electronic database tapes of the directory in raw data format are available for licensing. For electronic database tapes or alliance opportunities, please contact:

Peter Valli, General Manager
Red Books
3098 Piedmont Rd, Suite 200, Atlanta, GA 30305
Tel: (646) 710-4454
E-mail: petev@winmo.com

Companies who wish to add or update their listings can send information to:

Content Operations
Red Books
3098 Piedmont Rd, Suite 200, Atlanta, GA 30305
Tel: (800) 908-5395
E-mail: support@winmo.com

In addition to keeping the information in our directories as up to date as possible, we are constantly trying to improve their design and add useful new features. Any comments or suggestions in this regard can be directed to the General Manager at the above address.

ACKNOWLEDGMENTS

We would like to thank the personnel in thousands of companies throughout the United States and Canada who took the time to provide us with the information necessary to compile an accurate and comprehensive *Agencies* edition.

TABLE OF CONTENTS

How to Use the Agencies Edition ... ix
Abbreviations ... xiii
Number of Agencies by State ... xv
New Listings ... xvii

Index of Agency Names ... A-1
Geographic Index of Agencies ... A-25
Client Industries Index ... A-85
Branding Agencies ... 1
Creative/Advertising Agencies ... 23
CRM Agencies ... 167
Design Agencies ... 171
Digital Agencies ... 207
Direct / Relationship Agencies ... 279
Directory/Yellow Pages Agencies ... 295
Entertainment Agencies ... 297
Event & Sponsorship Marketing Agencies ... 301
Full Service/Integrated Agencies ... 319
Innovation Agencies ... 439
Market Research Agencies ... 441
Media Buying & Planning Agencies ... 453
Mobile Agencies ... 533
Multicultural Agencies ... 537
Out-of-Home Advertising Agencies ... 549
Production Agencies ... 561
Promotions Agencies ... 565
Public Relations Agencies ... 573
Recruitment Agencies ... 667
Search Consultant Agencies ... 669
SEO/SEM Agencies ... 671
Shopper Agencies ... 681
Social Agencies ... 685
WOM/Guerrilla Marketing Agencies ... 691
Personnel Index ... 693
Agency Responsibilities Index ... 1087

TABLE OF CONTENTS

How to Use the Agencies Edition	ix
Abbreviations	xiii
Number of Agencies by State	xv
New Listings	xvii
Index of Agency Names	A-1
Geographical Index of Agencies	A-25
Client Industries Index	A-65
Branding Agencies	1
Creative/Advertising Agencies	25
CRM Agencies	187
Design Agencies	173
Digital Agencies	207
Direct/Relationship Agencies	279
Direct/Yellow Pages Agencies	285
Entertainment Agencies	291
Event & Sponsorship Marketing Agencies	301
Full-service Integrated Agencies	397
Innovation Agencies	439
Market Research Agencies	444
Media Buying & Planning Agencies	463
Mobile Agencies	493
Multicultural Agencies	507
Out-of-Home Advertising Agencies	549
Production Agencies	557
Promotions Agencies	565
Public Relations Agencies	573
Recruitment Agencies	667
Search Optimization Agencies	669
SEO & SEM Agencies	671
Shopper Agencies	1081
Social Agencies	680
W2W/Gorilla Marketing Agencies	687
Personnel Index	693
Agency Responsibilities Index	1087

HOW TO USE THE *AGENCIES* EDITION

The *Agencies* edition of *REDBOOKS*™ provides a comprehensive overview of advertising agencies and their branch offices in the United States and around the world. Containing a vast amount of useful business information, this directory provides several different ways for users to locate detailed information on advertising agencies. The following guidelines are intended to help you find the data you need in the most logical way and to make that information work to your maximum benefit.

HOW TO FIND AN AGENCY BY THE COMPANY NAME

The first place to start in finding a company is the 'Index of Agency Names' starting on page A-1. This index interfiles the names of all the agencies listed in the book, regardless of what type of agency they are. For ease of reference, parent companies in this index are printed in bold type. The branch listings, which are printed in regular type, also show the name of the parent company and the page number of the listing.

A

> **A TEAM** L.L.C., pg. 1279
> **AAA ADVERTISING CORPORATION**, pg. 1
> AAC SAATCHI & SAATCHI —see Saatchi & Saatchi, pg. 940
> **ADLAND SERVICES**, pg. 1
> **ALPHA MARKETING**, pg. 1

If the company name does not appear in the index, try looking in the 'Name Changes' section. This section provides a key to companies with names that have been altered or absorbed by another company.

BY THE COMPANY TYPE

There are six different types of agencies listed in this directory:

- **Full-Service Agencies**
- **House Agencies** (proprietary agencies that companies use to exclusively handle their advertising needs)
- **Interactive Agencies** (agencies offering a mix of web design/development, internet advertising/marketing, and e-business/e-commerce consulting)

HOW TO USE THE *AGENCIES* EDITION

- **Media Buying Services** (companies that offer services for planning, buying, placing and managing advertisers' media needs)
- **Sales Promotion Agencies** (those that design, develop and implement a wide variety of promotional activities)
- **Public Relations Firms**

The full listings of companies are presented alphabetically, generally by the parent company's name, within these sections. Related companies and branches are presented under the parent. Occasionally, there will be references to large or distinctive branches that are listed separately.

BY THE COMPANY LOCATION

The Geographic Index of Agencies has been provided to assist you in searching for companies in a specific city or state. Street addresses are also provided in this index. This index has section 'Geographic Index of Agencies'.

ALABAMA
Birmingham

BYNUM/LAWRENCE/RUSHING, 2204 Lakeshore Dr Ste 110, 35209-6701 pg. 186

DAVIS/DENNY ADVERTISING & RELATED SERVICES, INC., 2545 Highland Ave, 35205 pg. 306

EGN ADVERTISING, 605 Richard Arrington Jr Blvd N, 35203 pg. 1198

BY THE AGENCY SPECIALIZATION

The 'Special Market Index', in the front of the book, shows companies that have a very particular advertising specialization. Some examples of specializations are: Asian Market, Entertainment, Health Care Services, High Technology, Travel & Tourism, etc.

African-American Market

Adair Greene, Inc.; Atlanta, GA, pg. 16
Ads That Work; Pacifica, CA, pg. 21
Anderson Communications; Atlanta, GA, pg. 41
Arnold Worldwide; Boston, MA, pg. 49
A.S.A. Advertising, Inc.; Fort Lauderdale, FL, pg. 6

HOW TO USE THE *AGENCIES* EDITION

LOCATING AGENCIES PERSONNEL

Agency personnel are indexed in two ways in the *Agencies* edition.

The 'Personnel Index' features key decision-makers who are directly involved in their agencies' creative processes. This is a straight alpha-name index.

A

Aadland, Paul, Supvr-Media-Bradley/Reid Communications, Inc., Anchorage, AK, pg. 146

Aaron, Jennifer, Exec VP & Acct Supvr—Carroll/White, Atlanta, GA, pg. 204

The 'Responsibilities Index' presents the executives by their job function i.e., Account Director, Creative, Public Relations, etc.

ACCOUNT COORDINATOR

Abiera, Elaine, Acct Coord —Media Plus, Seattle, WA, pg. 1262

Adams, Kristy, Acct Coord —Cashman & Katz Integrated Communications, Glastonbury, CT, pg. 206

BASIC COMPONENTS OF A LISTING

ABC ADVERTISING CO., INC. ---------- Company Name
1234 2nd St, New York, NY 10001 ------- Company Address
Tel.: 212-632-9076 ------------------ Telecommunications Data
Fax: 212-632-9648
E-Mail: info@abc.com --------------- Electronic Mail Data
Web Site: www.abcadv.com

E-Mail For Key Personnel:
President: alincoln@abc.com
Creative Dir.: glaberson@abc.com
Media Dir.: stanton@abc.com
Production Mgr: pgibson@abc.com
Public Relations: wilson@abc.com

HOW TO USE THE *AGENCIES* EDITION

Employees: 6,257   Year Founded: 1928 · **Company Data**

National Agency Associations: 4A's-BPA - - - **Association Memberships**
Agency Specializes In: Health Care - - - - - - - **Agency's Specialization**
(Agency Profile for some listings)
Approx. Annual Billings: $34,100,000 · - - - - - **Annual Billings,**
Including Breakdown by
Type of Media

Breakdown of Gross Billings by Media:
Bus. Publs.: $4,500,000; Mags.: $6,500,000; Outdoor: $3,000,000;
Radio: $5,350,000; T.V.: $12,750,000; Transit: $2,000,000

Andrew Lincoln *(Pres)* - - - - - - - - - - - - - - **Key Personnel**
Trevor Thomas *(Exec VP)*
Matthew Austin *(Sr VP & Acct Supvr)*
Charles Glaberson *(VP & Dir-Creative)*
Carol Greenberg *(VP & Acct Supvr)*
Susan Morrison *(Dir-Media)*
Paul Gibson *(Dir-Art)*
Daniel O'Connell *(Acct Supvr)*
Rory D'Arcy *(Copywriter)*

Accounts: - **Accounts Served**
GlaxoSmithKline; Research Triangle   **by the Agency**
  Park, NC Pharmaceuticals; 1980
New — Olympus Corp.-Medical Instrument Div.; Lake
  Success, NY Medical & Surgical Instruments; 2015
Pfizer International LLC; New York, NY Pharmaceuticals; 1978

Branch: - **Information on Branch Office**
ABC Advertising Co., Inc.
1010 10th Ave, Los Angeles, CA 90035
Tel.: 714-959-7206
Fax: 714-959-5619

Elliott Miller *(VP & Gen Mgr)*

xii

ABBREVIATIONS

GENERAL TERMS

Acct	Account	Matl	Material
Acctg	Accounting	Matls	Materials
Accts	Accounts	Mdse	Merchandise
Acq	Acquisition(s)	Mdsg	Merchandising
Admin	Administration/Administrative	Mfg	Manufacturing
Adv	Advertising	Mgmt	Management
Asst	Assistant	Mgr	Manager
Brdcst	Broadcast	Mktg	Marketing
Bus	Business	Mng	Managing
CEO	Chief Executive Officer	Natl	National
CFO	Chief Financial Officer	Ops	Operations
Chm	Chairman of the Board	Org	Organization
CIO	Chief Information Officer	Pkg	Packaging
CMO	Chief Marketing Officer	Plng	Planning
Comm	Communication(s)	PR	Public Relations
Comml	Commercial	Pres	President
COO	Chief Operating Officer	Pro	Professional
Coord	Coordinator	Promo	Promotion
Corp	Corporate/Corporation	Promos	Promotions
CTO	Chief Technology Officer	Pub	Public
Dept	Department	Publ	Publishing
Dev	Development	Publr	Publisher
Dir	Director	Pur	Purchasing
Distr	Distribution	R&D	Research & Development
Div	Division	Reg	Regional
DP	Data Processing	Rep	Representative
Engr	Engineer	Res	Research
Engrg	Engineering	Sec	Secretary
Environ	Environmental	Sls	Sales
Exec	Executive	Sr	Senior
Fin	Finance/Financial	Supvr	Sipervisor
Gen	General	Svc	Service
Govt	Government	Svcs	Services
Grp	Group	Sys	Systems
HR	Human Resources	Tech	Technology
Indus	Industry/Industrial	Telecom	Telecommunication(s)
Info	Information	Treas	Treasurer
Intl	International	Trng	Training
IR	Investor Relations	Vice Chm	Vice Chairman
IT	Information Technology	VP	Vice President
Jr	Junior		

ABBREVIATIONS

GENERAL TERMS

Acct	Account	Matl	Material
Actg	Accounting	Matls	Materials
AcctInfo	AccoInfo	Mdse	Merchandiser
Acq	Acquisition(s)	Mdsg	Merchandising
Admin	Administration/Administrative	Mfg	Manufacturing
Adv	Advertising	Mgmt	Management
Asst	Assistant	Mgr	Manager
Brdcst	Broadcast	Mktg	Marketing
Bus	Business	Mkr	Maker
CEO	Chief Executive Officer	Natl	National
CFO	Chief Financial Officer	Ops	Operations
Chmn	Chairman of the Board	Org	Organization
CIO	Chief Information Officer	Pkg	Packaging
CMO	Chief Marketing Officer	Png	Planning
Comm	Communication(s)	PR	Public Relations
Compt	Comptroller	Pres	President
COO	Chief Operating Officer	Prof	Professional
Coord	Coordinator	Promo	Promotion
Corp	Corporate/Corporation	Promos	Promotions
CTO	Chief Technology Officer	Pub	Public
Dept	Department	Publ	Publishing
Dev	Development	Publr	Publisher
Dir	Director	Pur	Purchasing
Distr	Distribution	R&D	Research & Development
Div	Division	Regn	Regional
DP	Data Processing	Rep	Representative
Engr	Engineer	Res	Research
Engrng	Engineering	Sec	Secretary
Envirn	Environmental	Sls	Sales
Exec	Executive	Sr	Senior
Fin	Finance/Financial	Supvsr	Supervisor
Gen	General	Svce	Service
Govt	Government	Svces	Services
Grp	Group	Sys	Systems
HR	Human Resources	Tech	Technology
Indus	Industry/Industrial	Telecom	Telecommunication(s)
Infor	Information	Treas	Treasurer
Intl	International	Trng	Training
IR	Investor Relations	Vice Chm	Vice Chairman
IT&T	Information Technology	VP	Vice President
Jr	Junior		

NUMBER OF AGENCIES BY STATE

	Hdqtrs.	Branches		Hdqtrs.	Branches
Alabama	31	3	Nevada	22	7
Alaska	4	0	New Brunswick	1	0
Alberta	12	4	New Hampshire	21	0
Arizona	78	8	New Jersey	144	7
Arkansas	19	7	New Mexico	8	0
British Columbia	31	7	New York	918	143
California	788	165	Newfoundland and Labrador	2	0
Colorado	108	10	North Carolina	106	15
Connecticut	99	12	North Dakota	6	0
Delaware	5	0	Northwest Territories	2	0
District of Columbia	75	23	Nova Scotia	7	0
Florida	240	29	Ohio	137	16
Georgia	183	47	Oklahoma	21	1
Hawaii	7	1	Ontario	192	38
Idaho	11	2	Oregon	77	10
Illinois	289	89	Pennsylvania	190	17
Indiana	52	4	Prince Edward Island	1	0
Iowa	25	1	Quebec	29	13
Kansas	21	2	Rhode Island	15	3
Kentucky	28	6	Saskatchewan	4	0
Louisiana	30	1	South Carolina	30	5
Maine	17	0	South Dakota	9	0
Manitoba	4	0	Tennessee	67	8
Maryland	74	4	Texas	263	42
Massachusetts	194	23	Utah	30	4
Michigan	104	26	Vermont	9	1
Minnesota	130	15	Virginia	117	6
Mississippi	10	1	Washington	109	16
Missouri	94	12	West Virginia	6	0
Montana	7	1	Wisconsin	72	6
Nebraska	21	1			

NUMBER OF AGENCIES BY STATE

	Hdqtrs.	Branches		Hdqtrs.	Branches
Alabama	31	3	Nevada	22	7
Alaska	4	0	New Brunswick	1	0
Alberta	12	0	New Hampshire	21	0
Arizona	78	8	New Jersey	144	7
Arkansas	19	7	New Mexico	3	0
British Columbia	31	7	New York	918	143
California	788	155	Newfoundland and Labrador	2	0
Colorado	108	10	North Carolina	105	15
Connecticut	96	12	North Dakota	8	0
Delaware	5	0	Northwest Territories	2	0
District of Columbia	75	23	Nova Scotia	7	0
Florida	240	29	Ohio	137	16
Georgia	163	47	Oklahoma	21	1
Hawaii	7	1	Ontario	192	38
Idaho	11	2	Oregon	77	10
Illinois	280	85	Pennsylvania	190	17
Indiana	52	4	Prince Edward Island	1	0
Iowa	25	1	Quebec	29	13
Kansas	21	2	Rhode Island	15	3
Kentucky	28	5	Saskatchewan	4	0
Louisiana	30	1	South Carolina	30	5
Maine	17	0	South Dakota	8	0
Manitoba	4	0	Tennessee	67	8
Maryland	74	4	Texas	263	42
Massachusetts	184	23	Utah	30	4
Michigan	104	26	Vermont	9	1
Minnesota	150	15	Virginia	147	8
Mississippi	10	1	Washington	109	16
Missouri	84	12	West Virginia	5	0
Montana	7	1	Wisconsin	72	8
Nebraska	21	1			

NEW LISTINGS 2020

1
14th & Boom: Chicago, IL

3
30 Lines: Columbus, OH

5
5ive: Minneapolis, MN

8
818 Agency: New York, NY

A
Acquire: Raleigh, NC
Adfire Health: Stamford, CT
Adpearance: Portland, OR
Adperio: Denver, CO
Adtaxi: Denver, CO
Advantix Digital: Addison, TX
AdvertiseMint : Hollywood, CA
Advocacy Solutions, LLC: Providence, RI
Agency 850: Roswell, GA
Agency H5: Chicago, IL
Agency Within: Lond Island City, NY
Aisle Rocket: Chicago, IL
Akrete: Evanston, IL
Aletheia Marketing & Media: Dallas, TX
Alling Henning & Associates: Vancouver, WA
Ambassador Advertising: Irvine, CA
Amplified Digital Agency: Saint Louis, MO
Appleton Creative: Orlando, FL
Aqua Marketing & Communications: St. Petersburg, FL
Artbox Creative Studios: Rogers, MN
Artefact: Seattle, WA
adHOME creative: London, ON
adQuadrant: Costa Mesa, CA

B
BCM Media: Darien, CT
BGR Group: Washington, DC
BHW1 Advertising: Spokane, WA
BODEN Agency: Miami, FL
Babbit Bodner: Atlanta, GA
Ballantines Public Relations: West Hollywood, CA
Banton Media: Myrtle Beach, SC
Baretz + Brunelle: New York, NY
Bastion Elevate: Irvine, CA
Bayard Bradford: Houston, TX
Beach House PR: Newport Beach, CA
Beachy Media: Queens, NY
Beardwood & CO: New York, NY
Beck Media & Marketing: Atlanta, GA
Benenson Strategy Group: New York, NY
BerlinRosen: Washington, DC
Berry & Company Public Relations: New York, NY
Beson 4 Media Group: Jacksonville, FL
Beyond Marketing Group: Toronto, ON
BigWing: Oklahoma City, OK
Bigeye Agency: Orlando, FL
Bisig Impact Group: Louisville, KY
BlaineTurner Advertising: Morgantown, WV
Blenderbox: Brooklyn, NY
Boca Communications: San Francisco, CA
Bohlsen Group: Indianapolis, IN
Bounteous: Chicago, IL
BowStern: Tallahassee, FL
Brainstorm Studio: Melville, NY
BrillMedia.co: Los Angeles, CA
Broadbeam Media: New York, NY
beMarketing Solutions: Blue Bell, PA

C
CCP Digital: Kansas City, MO
Cage Point: New York, NY
Calhoun & Company Communications: San Francisco, CA
ClarityQuest: Groton, CT
Clixo: Denver, CO
Colangelo & Partners: New York, NY
Contrast & Co: Annapolis, MD
Creative Juice: Atlanta, GA

D
DRS & Associates: North Hollywood, CA
Directive Consulting: Irvine, CA

E
Eduvantis LLC: Chicago, IL
Element Productions: Boston, MA
Emergent Digital : San Diego, CA
Engage Media Group: New York, NY
Etch Marketing : Franklin, TN
Ethos, Pathos, Logos, LLC: Chicago, IL

F

NEW LISTINGS

FabCom: Scottsdale, AZ
Fearless Media: New York, NY
Fireman Creative: Pittsburgh, PA
FiveFifty: Denver, CO
FortyFour: Atlanta, GA
Fuel Marketing: Salt Lake City, UT

G

GUT Miami: Miami, FL
Gaslight Creative: St. Cloud, MN
Gavin Advertising: York, PA
Gestalt Brand Lab: La Jolla, CA
Global Gateway Advisors, LLC: Brooklyn, NY
gravity.labs: Chicago, IL

H

H&G Marketing: Big Lake, MN
H&L Partners: Atlanta, GA
HallPass Media: Costa Mesa, CA
Hawke Media: Los Angeles, CA
Hexnet Digital Marketing: Wall, NJ
Huemen Design: Stamford, CT

I

IN Connected Marketing: Stamford, CT
Isadora Agency: Manhattan Beach, CA

J

JacobsEye: Atlanta, GA

K

KlientBoost: Costa Mesa, CA

L

Latcha+Associates: Farmington Hills, MI
Lever Interactive : Lisle, Il
Leverage: Tampa, FL
Lightning Orchard: Brooklyn, NY
Lincoln Digital Group: West Palm Beach, FL
Logical Media Group: Chicago, IL
Lumency Inc.: Toronto, ON
Lumency Inc.: New York, NY
lodestar marketing group: Mountlake Terrace, WA

M

Madison Media Group: New York, NY
Mancuso Media: Carlsbad, CA
Media Cause: Atlanta, GA

Media Cause: San Francisco, CA
Media Cause: Boston, MA
Media Cause: Washington, DC
Media Matters SF: San Francisco, CA
Mediaura: Jefferson, IN
Megethos Digital: Scottsdale, AZ
Mighty & True: Austin, TX
Modifly Inc.: San Marcos, CA
Moving Image & Content: New York, NY
Mrs & Mr: New York, NY
MullenLowe U.S. Los Angeles: El Segundo, CA

N

NMPi: New York, NY
Native Digital, LLC: Kansas City, MO
Nectar Communications: Seattle, WA
No Fixed Address Inc.: Toronto, ON
NuStream: Allentown, PA

O

Optidge: Houston, TX

P

POV Sports Marketing: Wayne, PA
Pico Digital Marketing: Aurora, CO
Pop-Dot: Madison, WI

R

Raindrop Agency Inc: San Diego, CA
RealtyAds: Chicago, IL
Rebellious PR: Portland, OR
Rebuild: Detroit, MI
Red Six Media: Baton Rouge, LA
Renaissance: San Diego, CA
Root3 Growth Marketing: Chicago, IL
Rosewood Creative: Los Angeles, CA
Ross Media: Woodstock, GA

S

SSDM: Troy, MI
Sapper Consulting, LLC: St. Louis, MO
ScratchMM: Cambridge, MA
Shiftology Communication: Springfield, OH
Simple Machines Marketing: Chicago, IL
South: Charleston, SC
SteadyRain: St. Louis, MO
Strategy Labs : Spokane, WA
StringCan Interactive: Scottsdale, AZ

T

TRUE Communications: Sausalito, CA

NEW LISTINGS

Tailwind: Tempe, AZ
Team 201: Chicago, IL
Ten Peaks Media: Boerne, TX
The Consultancy PR: Los Angeles, CA
The Evoke Group: Columbia, MO
The Marketing Practice: Seattle, WA
The Starr Conspiracy : Fort Worth, TX
Traina Design: San Diego, CA

U

(un)Common Logic: Austin, TX
UNITED Collective: Huntington Beach, CA

V

Valtech: New York, NY

W

WS: Calgary, AB
Wheelhouse Digital Marketing Group: Seattle, WA
Wilson Creative Group, Inc.: Naples, FL
Wingard Creative: Jacksonville, FL
Winger Marketing: Chicago, IL
Wired PR: Phoenix, AZ
Wiser Strategies: Lexington, KY
Witz Communications, Inc.: Raleigh, NC
Wondersauce: New York, NY
Workhorse Marketing: Austin, TX
Works Design Group: Pennsauken, NJ
Worldways Social Marketing: Newport, RI
Wpromote: Dallas, TX
Wright On Communications: La Jolla, CA
Write2Market: Atlanta, GA

X

X Studios: Winter Park, FL

Y

Yamamoto: Chicago, IL

INDEX OF AGENCY NAMES

1

10 THOUSAND DESIGN, pg. 171
1000HEADS, pg. 691
104 WEST PARTNERS, pg. 573
10E MEDIA, pg. 573
10FOLD, pg. 573
1105 MEDIA, pg. 453
1220 EXHIBITS, INC., pg. 301
141 HAWAII, pg. 297
14TH & BOOM, pg. 207
15 MINUTES, pg. 301
160OVER90, pg. 301
16W MARKETING, pg. 301
180LA, pg. 23
1919, pg. 207

2

20/20 CREATIVE GROUP, pg. 171
20NINE DESIGN STUDIOS, pg. 171
21 MARKETING, pg. 301
215 MCCANN, pg. 319
22SQUARED INC., pg. 319
23K STUDIOS, pg. 23
26 DOT TWO LLC, pg. 453
2C MEDIA, INC., pg. 561
2E CREATIVE, pg. 23
2X4, INC., pg. 171

3

3, pg. 23
3 BIRDS MARKETING, pg. 207
30 LINES, pg. 207
31 LENGTHS, pg. 23
360 GROUP, pg. 23
360I, LLC, pg. 23
360PRPLUS, pg. 573
3CINTERACTIVE, pg. 533
3FOLD COMMUNICATIONS, pg. 23
3H COMMUNICATIONS, INC., pg. 321
3HEADED MONSTER, pg. 23
3MARKETEERS ADVERTISING, INC., pg. 23
3POINTS COMMUNICATIONS, pg. 573
3Q DIGITAL, pg. 671
3RD COAST PR, pg. 573
3RD THIRD MARKETING, pg. 279

4

4 NEXT INTERACTIVE, pg. 208
42 ENTERTAINMENT, LLC, pg. 297
42WEST, pg. 573
451 RESEARCH, pg. 441
4FRONT, pg. 208
4SIGHT, INC., pg. 171

5

50,000 FEET, INC., pg. 171
52 LTD, pg. 667
54 BRANDS, pg. 321
5IVE, pg. 23
5METACOM, pg. 208
5W PUBLIC RELATIONS, pg. 574

6

6AM MARKETING, pg. 1
6DEGREES, pg. 321
6P MARKETING, pg. 1

7

72ANDSUNNY, pg. 24
78MADISON, pg. 321
7SUMMITS, pg. 209

8

818 AGENCY, pg. 24
84.51, pg. 441
88 BRAND PARTNERS, pg. 171

9

90OCTANE, pg. 209
919 MARKETING, pg. 574
93 OCTANE, pg. 279
97 DEGREES WEST, pg. 24
97TH FLOOR, pg. 209
9TH CO., pg. 209
9THWONDER, pg. 453
9THWONDER AGENCY, pg. 453

A

(ADD)VENTURES, pg. 207
A PARTNERSHIP, INC., pg. 537
A TO Z COMMUNICATIONS, pg. 24
A-TRAIN MARKETING COMMUNICATIONS, pg. 321
A. BRIGHT IDEA, pg. 25
A. LARRY ROSS COMMUNICATIONS, pg. 574
A. MARCUS GROUP, pg. 25
A.A. ADVERTISING, pg. 565
A.B. DATA, LTD, pg. 279
A.D. LUBOW, pg. 25
A.D.K., pg. 321
A.L.T. LEGAL PROFESSIONALS MARKETING GROUP, pg. 321
A2G, pg. 691
A5, pg. 25
AAAZA, pg. 537
AARS & WELLS, INC., pg. 321
ABBEY MECCA & COMPANY, pg. 321
ABC CREATIVE GROUP, pg. 322
ABEL COMMUNICATIONS, pg. 574
ABEL NYC, pg. 25
ABEL SOLUTIONS, INC., pg. 209
ABELSON-TAYLOR, pg. 25
ABERDEEN GROUP, INC., pg. 441
ABERNATHY MACGREGOR GROUP, pg. 574
ABIGAIL KIRSCH, pg. 301
ABILITY COMMERCE, pg. 209
ABOVE ALL ADVERTISING, pg. 549
ABSOLUTE MEDIA INC., pg. 453
ABSTRAKT MARKETING GROUP, pg. 322
ABZ CREATIVE PARTNERS, pg. 171
AC&M GROUP, pg. 537
ACART COMMUNICATIONS, INC., pg. 322
ACCELERATION PARTNERS, pg. 25
ACCENTURE INTERACTIVE, pg. 209
ACCESS, pg. 322
ACCESS BRAND COMMUNICATIONS, pg. 574
ACCESS SPORTS MEDIA, pg. 549
ACCESS TCA, INC., pg. 210
ACCESS TO MEDIA, pg. 453
ACCESSO, pg. 210
ACCUDATA AMERICA, pg. 279
ACCURATE DESIGN & COMMUNICATION, INC., pg. 171
ACENTO ADVERTISING, INC., pg. 25
ACHIEVE, pg. 210
ACKERMAN MCQUEEN, INC., pg. 26
ACKERMANN PUBLIC RELATIONS, pg. 574
ACOM HEALTHCARE, pg. 26
ACORN WOODS COMMUNICATIONS, pg. 322
ACOSTA, INC., pg. 322
ACQUIRE, pg. 1
ACRO MEDIA, INC., pg. 671
ACRONYM MEDIA, pg. 671
ACTION INTEGRATED MARKETING, pg. 322
ACTIVA PR, pg. 575
ACTIVE BLOGS, pg. 575
ACTIVE INTEREST MEDIA, pg. 561
ACTIVE INTERNATIONAL, pg. 439
ACTIVE MEDIA, pg. 671
ACTIVISION BLIZZARD MEDIA, pg. 26
ACTON INTERNATIONAL, LTD., pg. 279
ACUMEN SOLUTIONS, pg. 167
ACUMIUM, LLC, pg. 210
ACUPOLL RESEARCH, pg. 441
ACXIOM CORPORATION, pg. 279
AD CETERA, INC., pg. 26
AD MARK SERVICES, pg. 441
AD PARTNERS, INC., pg. 26
AD PLACE, pg. 26
AD RESULTS MEDIA, pg. 279
AD:60, pg. 210
ADAM&EVE DDB, pg. 26
ADAMS & KNIGHT ADVERTISING, pg. 322
ADAMS OUTDOOR ADVERTISING, pg. 549
ADAMS UNLIMITED, pg. 575
ADASIA, pg. 26
ADASTRA CORPORATION, pg. 167
ADCETERA, pg. 27
ADCO, pg. 27
ADCO ADVERTISING AGENCY, pg. 171
ADCOM COMMUNICATIONS, INC., pg. 210
ADCREASIANS, pg. 27
ADD IMPACT INC., pg. 565
ADDED VALUE, pg. 441
ADDISON, pg. 171
ADELPHI, INC., pg. 27
ADELSBERGER MARKETING, pg. 322
ADEPT MARKETING, pg. 210
ADFARM, pg. 279
ADFINITY MARKETING GROUP, pg. 27
ADFIRE HEALTH, pg. 27
ADG CREATIVE, pg. 323
ADHAWKS ADVERTISING & PUBLIC RELATIONS, INC., pg. 27
ADHOME CREATIVE, pg. 27
ADI MEDIA, pg. 171
ADJECTIVE & CO., pg. 27
ADK GROUP, pg. 210
ADLIB, LTD., pg. 27
ADLUCENT, pg. 671
ADMARKETPLACE, pg. 210
ADMERASIA, INC., pg. 537
ADMIRABLE DEVIL, pg. 27
ADPEARANCE, pg. 671
ADPERIO, pg. 533
ADQUADRANT, pg. 211
ADRENALIN, INC., pg. 1
ADRENALINE, INC., pg. 172
ADRIAN & ASSOCIATES, pg. 575
ADSERTS, pg. 27
ADSERVICES, INC., pg. 27
ADSMITH COMMUNICATIONS, INC., pg. 28
ADSTRATEGIES, INC., pg. 323
ADSUPPLY, INC., pg. 211
ADTAXI, pg. 211
ADVANCE 360, pg. 211
ADVANCE DESIGN INTERACTIVE, pg. 211
ADVANTAGE COMMUNICATIONS, INC., pg. 537
ADVANTAGE DESIGN GROUP, pg. 172
ADVANTAGE INTERNATIONAL, pg. 301
ADVANTIX DIGITAL, pg. 211
ADVENT, pg. 301
ADVENTIVE, INC., pg. 211
ADVENTURE CREATIVE, pg. 28
ADVERTISE.COM, pg. 671
ADVERTISEMINT, pg. 211
ADVERTISING ART STUDIOS, INC., pg. 172
ADVERTISING MANAGEMENT SERVICES, INC., pg. 28
ADVERTISING MEDIA PLUS, INC., pg. 28
ADVERTISING SAVANTS, pg. 28
ADVISION OUTDOOR, pg. 549
ADVOCACY SOLUTIONS, LLC, pg. 575

INDEX OF AGENCY NAMES

AGENCIES

ADVOCATES FOR HUMAN POTENTIAL, pg. 441
ADWERKS, INC., pg. 28
ADWORKSHOP & INPHORM, pg. 323
AEFFECT, INC., pg. 441
AFA KRAUSE, pg. 28
AFFECT, pg. 575
AFFECTIVA, INC., pg. 441
AFFIRM AGENCY, pg. 323
AFG&, pg. 28
AGENCY 39A, pg. 172
AGENCY 51 ADVERTISING, pg. 29
AGENCY 720, pg. 323
AGENCY 850, pg. 1
AGENCY CREATIVE, pg. 29
AGENCY H5, pg. 575
AGENCY MABU, pg. 29
AGENCY SQUID, pg. 441
AGENCY UNDERGROUND, pg. 1
AGENCY WITHIN, pg. 323
AGENCYEA, pg. 302
AGENCYQ, pg. 211
AGENCYSACKS, pg. 29
AGENDA, pg. 575
AGENDA NYC, pg. 29
AGENTI MEDIA SERVICES, pg. 453
AGILITEE SOLUTIONS, INC., pg. 172
AH&M MARKETING COMMUNICATIONS, pg. 575
AI MEDIA GROUP, LLC, pg. 211
AIGNER/PRENSKY MARKETING GROUP, pg. 324
AIM PRODUCTIONS, pg. 453
AIM RESEARCH, pg. 441
AIMIA, pg. 167
AIR PARIS NEW YORK, pg. 172
AIRFOIL PUBLIC RELATIONS, pg. 575
AISLE ROCKET, pg. 681
AKA NYC, pg. 324
AKCG PUBLIC RELATIONS COUNSELORS, pg. 575
AKHIA PUBLIC RELATIONS, INC., pg. 575
AKINS PUBLIC STRATEGIES, pg. 575
AKOS, pg. 324
AKPD MESSAGE AND MEDIA, pg. 454
AKQA, pg. 212
AKQA, pg. 212
AKRETE, pg. 575
ALAN NEWMAN RESEARCH, pg. 441
ALCONE MARKETING GROUP, pg. 565
ALDAY COMMUNICATIONS, pg. 576
ALDEN MARKETING COMMUNICATIONS, pg. 324
ALETHEIA MARKETING & MEDIA, pg. 454
ALEXANDER ADVERTISING, INC., pg. 324
ALGONQUIN STUDIOS, pg. 212
ALISON BROD PUBLIC RELATIONS, pg. 576
ALISON GROUP, pg. 681
ALISON SOUTH MARKETING GROUP, pg. 324
ALL COVERED, pg. 212
ALL POINTS DIGITAL, pg. 671
ALL POINTS MEDIA, pg. 549
ALL POINTS PUBLIC RELATIONS, pg. 576
ALL STAR CARTS & VEHICLES, INC., pg. 565
ALL STAR INCENTIVE MARKETING, pg. 565
ALL TERRAIN, pg. 302
ALL WEB PROMOTIONS, pg. 172
ALLEBACH COMMUNICATIONS, pg. 29
ALLEN & GERRITSEN, pg. 29
ALLIANCE FOR AUDITED MEDIA pg. 212
ALLIANCE GROUP LTD, pg. 576
ALLIANCE SALES & MARKETING, pg. 30
ALLIED EXPERIENTIAL, pg. 691
ALLIED INTEGRATED MARKETING, pg. 576
ALLIED PIXEL, pg. 561
ALLIED TOURING, pg. 324
ALLING HENNING & ASSOCIATES, pg. 30
ALLISON+PARTNERS, pg. 577
ALLOVER MEDIA, pg. 549
ALLSCOPE MEDIA, pg. 454
ALLYN MEDIA, pg. 577
ALMA, pg. 537
ALOYSIUS BUTLER & CLARK, pg. 30
ALTERNATIVES DESIGN, pg. 172
ALTERPOP.COM, pg. 172
ALTITUDE, pg. 172
ALTITUDE MARKETING, pg. 30
ALTMAN-HALL ASSOCIATES, pg. 30
ALWAYS ON COMMUNICATIONS, pg. 454

AM STRATEGIES, pg. 324
AMALGAM, pg. 324
AMBASSADOR ADVERTISING, pg. 324
AMEBA MARKETING, pg. 325
AMELIE COMPANY, pg. 325
AMENDOLA COMMUNICATIONS, pg. 577
AMEREDIA, INC., pg. 325
AMERGENT, pg. 279
AMERICAN SOLUTIONS, pg. 565
AMERICAN TARGET ADVERTISING, pg. 279
AMMUNITION, pg. 212
AMMUNITION, LLC, pg. 172
AMNET, pg. 454
AMOBEE, INC., pg. 213
AMP AGENCY, pg. 213
AMP3 PUBLIC RELATIONS, pg. 577
AMPERAGE, pg. 30
AMPERSAND AGENCY, pg. 31
AMPLIFIED DIGITAL AGENCY, pg. 213
AMPLIFY RELATIONS, pg. 577
AMPM, INC. , pg. 325
AMPUSH, pg. 213
AMUSEMENT PARK, pg. 325
ANALOGFOLK, pg. 439
ANALYTICS-IQ, INC., pg. 279
ANCHOR MEDIA SERVICES, LLC, pg. 454
ANCHOR WORLDWIDE, pg. 31
ANDCULTURE, pg. 213
ANDERSON ADVERTISING, pg. 325
ANDERSON DDB HEALTH & LIFESTYLE, pg. 31
ANDERSON DIRECT & DIGITAL, pg. 279
ANDERSON MARKETING GROUP, pg. 31
ANDERSON PARTNERS, pg. 31
ANDREA OBSTON MARKETING COMMUNICATIONS, pg. 31
ANDROVETT LEGAL MEDIA & MARKETING, pg. 577
ANGLIN PUBLIC RELATIONS, pg. 577
ANIDEN INTERACTIVE, pg. 213
ANITHING IS POSSIBLE RECRUITING, pg. 667
ANN GREEN COMMUNICATIONS INC., pg. 577
ANNALECT GROUP, pg. 213
ANNEX EXPERIENCE, pg. 31
ANNEX GRAPHICS & DESIGN, pg. 172
ANOMALY, pg. 325
ANOROC AGENCY, INC., pg. 326
ANOTHER PLANET ENTERTAINMENT, pg. 565
ANSIRA, pg. 280
ANSON-STONER, INC., pg. 31
ANTENNA GROUP, INC., pg. 578
ANTHOLOGIE, pg. 31
ANTHOLOGY MARKETING GROUP, pg. 326
ANTHONY BARADAT & ASSOCIATES, pg. 537
ANTHONY THOMAS ADVERTISING, pg. 32
ANTIBODY HEALTHCARE COMMUNICATIONS, pg. 32
ANTICS DIGITAL MARKETING, pg. 214
ANTISTA FAIRCLOUGH DESIGN, pg. 172
ANTONIO & PARIS, pg. 32
ANVIL MEDIA, INC, pg. 671
ANY_, pg. 1
AOR, INC., pg. 32
AP LTD., pg. 173
APCO WORLDWIDE, pg. 578
APEL, INC., pg. 302
APEX PUBLIC RELATIONS, pg. 578
APOGEE RESULTS, pg. 672
APOLLO INTERACTIVE, pg. 214
APOTHECOM ASSOCIATES, LLC, pg. 32
APPENCY, pg. 32
APPLE BOX STUDIOS, pg. 32
APPLE ROCK ADVERTISING & DISPLAY, pg. 565
APPLETON CREATIVE, pg. 32
APPNET, pg. 173
APRIL SIX, pg. 280
AQUA MARKETING & COMMUNICATIONS, pg. 326
AR JAMES MEDIA, pg. 549
ARC WORLDWIDE, pg. 327
ARCALEA LLC, pg. 672
ARCANA ACADEMY, pg. 32
ARCHER COMMUNICATIONS, INC., pg. 327
ARCHER MALMO, pg. 32
ARCHETYPE, pg. 33
ARCHRIVAL, INC., pg. 1

ARCOS COMMUNICATIONS, pg. 537
AREA 17, pg. 214
AREA 23, pg. 33
ARENA MEDIA, pg. 454
ARENAS, pg. 455
ARENDS, INC., pg. 327
ARGONAUT, INC., pg. 33
ARGUS COMMUNICATIONS, pg. 537
ARGUS, LLC, pg. 173
ARGYLE COMMUNICATIONS, pg. 578
ARIA MARKETING, INC., pg. 441
ARKETI GROUP, pg. 578
ARMADA MEDICAL MARKETING, pg. 578
ARMANASCO PUBLIC RELATIONS & MARKETING, pg. 578
ARMSTRONG PARTNERSHIP LIMITED, pg. 565
ARNOLD WORLDWIDE, pg. 34
ARRAY CREATIVE, pg. 173
ARRAY MARKETING GROUP, INC., pg. 565
ARRIVALS + DEPARTURES, pg. 34
ARROWHEAD PROMOTIONS & FULFILLMENT CO., INC., pg. 566
ART 270, INC., pg. 173
ART MACHINE, pg. 34
ARTBOX CREATIVE STUDIOS, pg. 173
ARTEFACT, pg. 173
ARTICULATE SOLUTIONS, pg. 34
ARTIME GROUP, pg. 34
ARTISAN CREATIVE, pg. 173
ARTISANS ON FIRE, pg. 327
ARTISANS PUBLIC RELATIONS, pg. 578
ARTMIL GRAPHIC DESIGN, pg. 173
ARTS & LETTERS, pg. 34
ASCEDIA, pg. 672
ASD / SKY, pg. 173
ASEN MARKETING & ADVERTISING, INC., pg. 327
ASH TECHNOLOGY MARKETING, pg. 34
ASH-ALLMOND ASSOCIATES, pg. 566
ASHCRAFT DESIGN, pg. 173
ASHER AGENCY, pg. 327
ASHER MEDIA, pg. 455
ASHFORD ADVERTISING AGENCY, pg. 328
ASHLEY ADVERTISING AGENCY, pg. 34
ASO ADVERTISING, pg. 328
ASPECT RATIO, pg. 35
ASPEN MARKETING SERVICES, pg. 280
ASSOCIATED DESIGN SERVICE, pg. 173
ASSOCIATION OF NATIONAL ADVERTISERS, pg. 442
ASTOUND COMMERCE, pg. 214
ASTRO STUDIOS, pg. 173
ASV INC., pg. 302
ATELIER DU PRESSE-CITRON, pg. 173
ATHORN, CLARK & PARTNERS, pg. 2
ATLANTIC 57, pg. 2
ATLANTIC LIST COMPANY, pg. 280
ATLANTICA CONTENT STUDIOS, pg. 35
ATMOSPHERE PROXIMITY, pg. 214
ATOMICDUST, pg. 214
ATRIUM, pg. 579
ATTENTION, pg. 685
ATTENTION SPAN MEDIA, LLC, pg. 214
AUDIENCEX, pg. 35
AUDIENCEXPRESS, pg. 455
AUGUST JACKSON, pg. 302
AUGUST UNITED, pg. 214
AUGUSTINE, pg. 328
AUSTIN & WILLIAMS ADVERTISING, pg. 328
AUSTIN LAWRENCE GROUP, INC., pg. 328
AUTHENTIC, pg. 214
AUTHENTIQUE AGENCY, pg. 538
AUTOMOTIVE EVENTS, pg. 328
AUXILIARY, pg. 173
AV COMMUNICATIONS, pg. 35
AVALANCHE MEDIA GROUP, pg. 455
AVANCE COMMUNICATIONS, INC., pg. 579
AVANTI INTERACTIVE, LLC, pg. 214
AVATAR LABS, pg. 214
AVENIR BOLD, pg. 328
AVENUE 25 ADVERTISING & DESIGN, pg. 35
AVOCET COMMUNICATIONS, pg. 328
AVREAFOSTER, pg. 35
AWESTRUCK, pg. 691
AXIA, pg. 579

AGENCIES
INDEX OF AGENCY NAMES

AXICOM, pg. 579
AXIOM, pg. 174
AXIOM MARKETING COMMUNICATIONS, pg. 579
AXIOM MARKETING, INC., pg. 566
AXIS41, pg. 215
AXXIS, pg. 302
AYZENBERG GROUP, INC., pg. 2
AZAVAR TECHNOLOGIES CORPORATION, pg. 215
AZIONE PR, pg. 579

B

&BARR, pg. 319
B&P ADVERTISING, pg. 35
B-REEL, pg. 215
B-STREET, pg. 681
B-SWING, pg. 215
B/HI, INC. - LA, pg. 579
B2 ADVERTISING, pg. 35
BABBIT BODNER, pg. 579
BACKBAY COMMUNICATIONS, pg. 579
BACKBONE MEDIA, pg. 579
BACKUS TURNER INTERNATIONAL, pg. 35
BADER RUTTER & ASSOCIATES, INC., pg. 328
BADGER & WINTERS, pg. 174
BAESMAN, pg. 167
BAILEY BRAND CONSULTING, pg. 2
BAILEY LAUERMAN, pg. 35
BAKER & ASSOCIATES, pg. 174
BAKER BRAND COMMUNICATIONS, pg. 2
BAKER STREET ADVERTISING, pg. 329
BAKER WOODWARD, pg. 174
BAKERY, pg. 215
BALASH ADVERTISING, pg. 35
BALCOM AGENCY, pg. 329
BALDWIN & OBENAUF, INC., pg. 329
BALDWIN&, pg. 35
BALLANTINES PUBLIC RELATIONS, pg. 580
BALTZ & COMPANY, pg. 580
BALZAC COMMUNICATIONS & MARKETING, pg. 580
BAM COMMUNICATIONS, pg. 580
BAM CONNECTION, pg. 2
BAM STRATEGY, pg. 215
BANDOLIER MEDIA, pg. 685
BANDUJO DONKER & BROTHERS, pg. 36
BANDY CARROLL HELLIGE, pg. 36
BANFIELD AGENCY, pg. 329
BANIK COMMUNICATIONS, pg. 580
BANNER DIRECT, pg. 280
BANNER PUBLIC AFFAIRS, pg. 580
BANOWETZ + COMPANY, INC., pg. 36
BANTON MEDIA, pg. 329
BARBARIAN, pg. 215
BARE INTERNATIONAL, pg. 442
BARETZ + BRUNELLE, pg. 580
BARKER, pg. 36
BARKLEY, pg. 329
BARKLEY BOULDER, pg. 36
BARKLEY REI, pg. 215
BARLOW MEDIA, pg. 455
BARNES ADVERTISING CORPORATION, pg. 549
BARNHARDT DAY & HINES, pg. 36
BAROKAS PUBLIC RELATIONS, pg. 580
BARON & BARON, INC., pg. 36
BARON & CO, pg. 580
BARRETT AND WELSH, pg. 36
BARRETT OUTDOOR COMMUNICATIONS, pg. 549
BARRETTSF, pg. 36
BARSUHN DESIGN, pg. 174
BARTLEY & DICK ADVERTISING, pg. 37
BARTON COTTON, pg. 37
BARU ADVERTISING, pg. 538
BASCOM COMMUNICATIONS & CONSULTING LLC, pg. 580
BASELINE DESIGN, INC., pg. 174
BASIC, pg. 215
BASS ADVERTISING, pg. 37
BASSET & BECKER ADVERTISING, pg. 37
BASSO DESIGN GROUP, pg. 215
BASTION ELEVATE, pg. 580
BATES DESIGN, pg. 174
BATTERY, pg. 330

BAWDEN & LAREAU PUBLIC RELATIONS, pg. 685
BAYARD ADVERTISING AGENCY, INC., pg. 37
BAYARD BRADFORD, pg. 215
BAYCREATIVE, pg. 215
BAYSHORE SOLUTIONS, pg. 216
BAZAARVOICE, INC., pg. 216
BBDO ATL, pg. 330
BBDO CANADA, pg. 330
BBDO MINNEAPOLIS, pg. 330
BBDO SAN FRANCISCO, pg. 330
BBDO WEST, pg. 331
BBDO WORLDWIDE, pg. 331
BBH, pg. 37
BBIG COMMUNICATIONS, pg. 216
BBK WORLDWIDE, pg. 37
BBMG, pg. 2
BBR CREATIVE, pg. 174
BCA MARKETING COMMUNICATIONS, pg. 332
BCF, pg. 581
BCM MEDIA, pg. 455
BCV EVOLVE, pg. 216
BCW AUSTIN, pg. 581
BCW CHICAGO, pg. 581
BCW DALLAS, pg. 581
BCW LOS ANGELES, pg. 581
BCW MIAMI, pg. 581
BCW NEW YORK, pg. 581
BCW PITTSBURGH, pg. 581
BCW SAN FRANCISCO, pg. 582
BCW WASHINGTON DC, pg. 582
BDE, pg. 685
BDS MARKETING, INC., pg. 566
BEACH HOUSE PR, pg. 582
BEACHY MEDIA, pg. 216
BEACON HEALTHCARE COMMUNICATIONS, pg. 38
BEACON MEDIA, pg. 216
BEACONFIRE REDENGINE, pg. 216
BEAKBANE MARKETING, INC., pg. 2
BEALS CUNNINGHAM STRATEGIC SERVICES, pg. 332
BEAR IN THE HALL, pg. 2
BEARDWOOD & CO, pg. 174
BEAUTIFUL DESTINATIONS, pg. 38
BEBER SILVERSTEIN GROUP, pg. 38
BECK ELLMAN HEALD, pg. 582
BECK MEDIA & MARKETING, pg. 582
BECKER / GUERRY, pg. 38
BECKER MEDIA, pg. 38
BECKETT & BECKETT, INC., pg. 442
BECORE, pg. 302
BEDFORD ADVERTISING, INC., pg. 38
BEEBY CLARK+MEYLER, pg. 333
BEEHIVE PR, pg. 582
BEEVISION & HIVE, pg. 174
BEHAN COMMUNICATIONS, INC., pg. 582
BEHAVIOR, LLC, pg. 216
BEHRMAN COMMUNICATIONS, pg. 582
BELIEF AGENCY, pg. 38
BELLE COMMUNICATION, pg. 582
BELLEVUE COMMUNICATIONS, pg. 582
BELLMONT PARTNERS PUBLIC RELATIONS, pg. 582
BELLOMY RESEARCH, pg. 442
BELMONT ICEHOUSE, pg. 333
BELO + COMPANY, pg. 216
BEMARKETING SOLUTIONS, pg. 216
BENCHWORKS, pg. 333
BENEDICT ADVERTISING, pg. 38
BENENSON STRATEGY GROUP, pg. 333
BENSIMON BYRNE, pg. 38
BENSON MARKETING GROUP, pg. 280
BENSUSSEN DEUTSCH & ASSOCIATES, pg. 566
BERGDAVIS PUBLIC AFFAIRS, pg. 582
BERK COMMUNICATIONS, pg. 583
BERLIN CAMERON, pg. 38
BERLIN SIGN COMPANY, INC., pg. 549
BERLINE, pg. 39
BERLINROSEN, pg. 583
BERNHARDT FUDYMA DESIGN GROUP, pg. 174
BERNS COMMUNICATIONS GROUP, pg. 583
BERNSTEIN-REIN ADVERTISING, INC., pg. 39
BERRY & COMPANY PUBLIC RELATIONS, pg. 583
BERRY NETWORK, pg. 295
BESON 4 MEDIA GROUP, pg. 3

BEST LIGHT COMMUNICATIONS, pg. 216
BEUERMAN MILLER FITZGERALD, pg. 39
BEYOND, pg. 216
BEYOND MARKETING GROUP, pg. 685
BEYOND SPOTS & DOTS INC., pg. 333
BEYOND TRADITIONAL, pg. 691
BFG COMMUNICATIONS, pg. 333
BFO, pg. 217
BFW ADVERTISING, pg. 39
BGB NEW YORK, pg. 583
BGR GROUP, pg. 583
BHW1 ADVERTISING, pg. 3
BIANCHI PUBLIC RELATIONS, INC., pg. 583
BIDLACK CREATIVE GROUP, pg. 39
BIG BANG, INC., pg. 174
BIG BLOCK, pg. 217
BIG COMMUNICATIONS, INC., pg. 39
BIG FAMILY TABLE, pg. 39
BIG IMAGINATION GROUP, pg. 685
BIG MACHINE DESIGN, pg. 174
BIG RED ROOSTER, pg. 3
BIG RIVER, pg. 3
BIG SKY COMMUNICATIONS, pg. 583
BIG SPACESHIP, pg. 455
BIG YAM, pg. 583
BIGBUZZ MARKETING GROUP, pg. 217
BIGEYE AGENCY, pg. 3
BIGFISH CREATIVE GROUP, pg. 333
BIGFISH PR, pg. 685
BIGSPEAK SPEAKERS BUREAU, pg. 302
BIGWING, pg. 217
BILLUPS WORLDWIDE, pg. 550
BILLUPS, INC, pg. 550
BIMM DIRECT & DIGITAL, pg. 280
BINARY PULSE TECHNOLOGY MARKETING, pg. 39
BIOLUMINA, pg. 39
BIRDSALL INTERACTIVE, pg. 217
BISCUIT FILMWORKS, pg. 561
BISIG IMPACT GROUP, pg. 583
BITE INTERACTIVE, pg. 533
BITNER HENNESSY, pg. 685
BIZCOM ASSOCIATES, pg. 584
BJR PUBLIC RELATIONS, pg. 584
BKM MARKETING ASSOCIATES, pg. 334
BKV, pg. 334
BLACK & WHITE DESIGN, pg. 175
BLACK BEAR DESIGN GROUP, pg. 175
BLACK ROCK MARKETING GROUP, pg. 39
BLACK TWIG, LLC, pg. 3
BLACKDOG ADVERTISING, pg. 40
BLACKWING CREATIVE, pg. 40
BLAINETURNER ADVERTISING, pg. 584
BLAIR, INC., pg. 334
BLAKESLEE, pg. 40
BLANC & OTUS, pg. 584
BLANCOMEDIA, pg. 217
BLANKET MARKETING GROUP, pg. 217
BLASS COMMUNICATIONS, pg. 584
BLAST RADIUS, pg. 217
BLAST! PR, pg. 584
BLASTMEDIA, pg. 584
BLATTEL COMMUNICATIONS, pg. 584
BLAZE, pg. 584
BLAZER EXHIBITS & EVENTS, pg. 302
BLD MARKETING, pg. 334
BLENDERBOX, pg. 175
BLEUBLANCROUGE, pg. 40
BLF MARKETING, pg. 334
BLIND, pg. 175
BLIND FERRET, pg. 217
BLIND SOCIETY, pg. 40
BLISS INTEGRATED COMMUNICATIONS, pg. 584
BLIZZARD INTERNET MARKETING, pg. 672
BLOOM ADS, INC., pg. 334
BLR FURTHER, pg. 334
BLT COMMUNICATIONS, LLC, pg. 297
BLUE 449, pg. 455
BLUE ADVERTISING, pg. 40
BLUE BEAR CREATIVE, pg. 40
BLUE C ADVERTISING, pg. 334
BLUE CHIP MARKETING & COMMUNICATIONS, pg. 334
BLUE COLLAR INTERACTIVE, pg. 217
BLUE FOUNTAIN MEDIA, pg. 175

INDEX OF AGENCY NAMES

AGENCIES

BLUE HERON COMMUNICATIONS, pg. 584
BLUE MAGNET INTERACTIVE MARKETING & MEDIA, LLC, pg. 217
BLUE MARBLE MEDIA, pg. 217
BLUE OLIVE CONSULTING, pg. 40
BLUE ONION, pg. 218
BLUE PLATE MEDIA SERVICES, pg. 456
BLUE SKY, pg. 40
BLUE SKY MARKETING GROUP, pg. 566
BLUE STATE DIGITAL, pg. 335
BLUE WHEEL MEDIA, pg. 335
BLUECADET INTERACTIVE, pg. 218
BLUEMEDIA, pg. 175
BLUEPRINT DIGITAL, pg. 218
BLUESPACE CREATIVE, pg. 3
BLUESPIRE INC., pg. 335
BLUESPIRE MARKETING, pg. 40
BLUETENT, pg. 218
BLUETEXT, pg. 40
BLUR STUDIO, pg. 175
BMG, pg. 335
BML PUBLIC RELATIONS, pg. 584
BNMR CREATIVE & ADVERTISING, pg. 335
BOARDROOM COMMUNICATIONS, pg. 584
BOATBURNER, pg. 40
BOATHOUSE GROUP, INC., pg. 40
BOB COMMUNICATIONS, pg. 41
BOB GOLD & ASSOCIATES, pg. 585
BOB'S YOUR UNCLE, pg. 335
BOCA COMMUNICATIONS, pg. 585
BODDEN PARTNERS, pg. 335
BODEN AGENCY, pg. 538
BOELTER & LINCOLN, INC., pg. 41
BOHLSEN GROUP, pg. 336
BOILING POINT MEDIA, pg. 439
BOKKA GROUP, pg. 218
BOLCHALK FREY MARKETING, pg. 41
BOLIN MARKETING, pg. 41
BOLING ASSOCIATES, pg. 41
BOLT, pg. 3
BOLT PR, pg. 585
BOND BRAND LOYALTY, pg. 280
BOND DIGITAL, pg. 175
BONFIRE LABS, pg. 175
BONGARBIZ, pg. 302
BONNIE HENESON COMMUNICATIONS, INC., pg. 585
BOOM CREATIVE, pg. 41
BOOMM MARKETING & COMMUNICATIONS, pg. 218
BOONEOAKLEY, pg. 41
BOOYAH ONLINE ADVERTISING, pg. 218
BOOZ ALLEN HAMILTON, pg. 218
BORDERS PERRIN NORRANDER, INC., pg. 41
BORSHOFF, pg. 585
BOSCOBEL MARKETING COMMUNICATIONS, pg. 336
BOSE PUBLIC AFFAIRS GROUP, LLC, pg. 585
BOSTON INTERACTIVE, pg. 218
BOSTON RESEARCH GROUP, pg. 442
BOULTON CREATIVE, pg. 41
BOUNTEOUS, pg. 218
BOUVIER KELLY, INC., pg. 41
BOWSTERN, pg. 336
BOXCAR CREATIVE, pg. 219
BOYD TAMNEY CROSS, pg. 42
BOYDEN & YOUNGBLUTT ADVERTISING, pg. 336
BOZELL, pg. 42
BPCM, pg. 585
BPG ADVERTISING, pg. 42
BRABENDERCOX, pg. 336
BRADLEY AND MONTGOMERY, pg. 336
BRADLEY BROWN DESIGN, pg. 175
BRADO, pg. 336
BRADSHAW ADVERTISING, pg. 42
BRAINS ON FIRE, pg. 691
BRAINSELL TECHNOLOGIES, LLC, pg. 167
BRAINSTORM MEDIA, pg. 175
BRAINSTORM STUDIO, pg. 672
BRAITHWAITE COMMUNICATIONS, pg. 585
BRANCH, pg. 175
BRAND CONNECTIONS, LLC, pg. 336
BRAND CONTENT, pg. 42
BRAND INNOVATION GROUP, pg. 336

BRAND INSTITUTE, INC., pg. 3
BRAND IT ADVERTISING, pg. 42
BRAND NETWORKS, INC., pg. 219
BRAND NEUE CO, pg. 3
BRAND NEW SCHOOL EAST, pg. 175
BRAND PROTECT, pg. 672
BRAND RESOURCES GROUP, pg. 3
BRAND THIRTY-THREE, pg. 3
BRAND VALUE ACCELERATOR, pg. 42
BRAND ZOO INC., pg. 42
BRANDDEFINITION, pg. 4
BRANDED CITIES, pg. 550
BRANDED ENTERTAINMENT NETWORK, INC., pg. 297
BRANDEQUITY INTERNATIONAL, pg. 175
BRANDEXTRACT, LLC, pg. 4
BRANDGENUITY, LLC, pg. 4
BRANDHIVE, pg. 336
BRANDIENCE, pg. 42
BRANDIGO, pg. 336
BRANDING PLUS MARKETING GROUP, pg. 456
BRANDINGBUSINESS, pg. 4
BRANDJUICE, pg. 336
BRANDKARMA, LLC, pg. 42
BRANDMAN AGENCY, pg. 585
BRANDMOVERS, INC., pg. 538
BRANDMUSCLE, pg. 337
BRANDNER COMMUNICATIONS, INC., pg. 42
BRANDPIE, pg. 42
BRANDPIVOT, pg. 337
BRANDSAVVY, INC., pg. 4
BRANDSTAR, pg. 337
BRANDSTYLE COMMUNICATIONS, pg. 585
BRANDT RONAT & COMPANY, pg. 337
BRANDTAILERS, pg. 43
BRANDTHROPOLOGY INC., pg. 4
BRANDTRUST, INC., pg. 4
BRANDWARE PUBLIC RELATIONS, INC., pg. 585
BRANIGAN COMMUNICATIONS, pg. 586
BRAUN RESEARCH, INC., pg. 442
BRAVE PUBLIC RELATIONS, pg. 586
BRAVO PRODUCTIONS, pg. 302
BRAZZELL MARKETING, pg. 337
BRC FIELD & FOCUS SERVICES, pg. 442
BREAD & BUTTER PUBLIC RELATIONS, pg. 586
BREAKING LIMITS MARKETING, LLC., pg. 303
BRECKENRIDGE DESIGN GROUP, pg. 175
BRENER ZWIKEL & ASSOCIATES, pg. 586
BRESLOW PARTNERS, pg. 586
BREW MEDIA RELATIONS, pg. 586
BREWCO MARKETING, pg. 303
BREWER DIRECT, pg. 337
BRIAN COMMUNICATIONS, pg. 586
BRICKHOUSE DESIGN, pg. 4
BRICKWORKS COMMUNICATIONS, INC., pg. 337
BRIDGEMARK, pg. 4
BRIECHLE-FERNANDEZ MARKETING SERVICES, pg. 43
BRIERLEY & PARTNERS, pg. 167
BRIGGS & CALDWELL, pg. 456
BRIGHT DESIGN, pg. 176
BRIGHT MOMENTS PUBLIC RELATIONS, pg. 586
BRIGHT RED\TBWA, pg. 337
BRIGHTCOM, pg. 219
BRIGHTHOUSE, LLC, pg. 43
BRIGHTLINE, pg. 219
BRIGHTON AGENCY, INC., pg. 337
BRIGHTWAVE MARKETING, INC., pg. 219
BRILLIANT MEDIA STRATEGIES, pg. 43
BRILLIANT PR & MARKETING, pg. 586
BRILLMEDIA.CO, pg. 43
BRINK COMMUNICATIONS, pg. 337
BRITTON MARKETING & DESIGN GROUP, pg. 4
BRIVICMEDIA, INC., pg. 456
BROADBEAM MEDIA, pg. 456
BROADCAST TIME, INC., pg. 457
BROADHEAD, pg. 337
BROADSTREET, pg. 43
BRODERICK ADVERTISING, pg. 43
BRODEUR PARTNERS, pg. 586
BROGAN & PARTNERS, pg. 538
BROGAN TENNYSON GROUP, INC., pg. 43
BROKAW, INC., pg. 43
BROLIK PRODUCTIONS, pg. 561

BRONSTEIN & WEAVER, INC., pg. 280
BROOKS-ROSE MARKETING RESEARCH, INC., pg. 442
BROTHERS & CO., pg. 43
BROWER GROUP, pg. 586
BROWN & BIGELOW, pg. 566
BROWN & COMPANY GRAPHIC DESIGN, pg. 176
BROWN BAG MARKETING, pg. 338
BROWN COMMUNICATIONS GROUP, INC., pg. 338
BROWN FLYNN COMMUNICATIONS LTD., pg. 586
BROWN LLOYD JAMES, pg. 587
BROWN MILLER COMMUNICATIONS, INC., pg. 587
BROWN PARKER | DEMARINIS ADVERTISING, pg. 43
BROWNSTEIN GROUP, INC., pg. 44
BRUCE CLAY, INC., pg. 672
BRUCE MAU DESIGN, pg. 176
BRUNET-GARCIA ADVERTISING, INC., pg. 44
BRUNNER, pg. 44
BRUNO & RIDGWAY RESEARCH ASSOCIATES, pg. 442
BRUNO EVENT TEAM, pg. 303
BRUNSWICK GROUP, pg. 587
BRUSTMAN CARRINO PUBLIC RELATIONS, pg. 587
BSY ASSOCIATES, pg. 4
BT/A ADVERTISING, pg. 44
BTB MARKETING COMMUNICATIONS, pg. 44
BUCHANAN PUBLIC RELATIONS, pg. 587
BUCK, pg. 176
BUERO NEW YORK, pg. 176
BUFFALO.AGENCY, pg. 587
BULL & BEARD, pg. 44
BULLDOG DRUMMOND, pg. 338
BULLISH INC, pg. 45
BULLITT, pg. 561
BULLSEYE DATABASE MARKETING, pg. 280
BULLSEYE STRATEGY, pg. 219
BULLY PULPIT INTERACTIVE, pg. 45
BUONASERA MEDIA SERVICES, pg. 457
BURDETTE I KETCHUM, pg. 587
BURFORD COMPANY, pg. 45
BURGESS ADVERTISING & ASSOCIATES, INC., pg. 338
BURKE COMMUNICATIONS, pg. 176
BURKE, INC., pg. 442
BURKHART ADVERTISING, pg. 550
BURKHART MARKETING ASSOCIATES, INC., pg. 338
BURKHOLDER FLINT ASSOCIATES, pg. 338
BURNESS COMMUNICATIONS, pg. 587
BURNS ENTERTAINMENT & SPORTS MARKETING, INC., pg. 303
BURNS GROUP, pg. 338
BURNS MARKETING, pg. 219
BURNS360, pg. 587
BURRELL COMMUNICATIONS GROUP, INC., pg. 45
BURST MARKETING, pg. 338
BUSINESSONLINE, pg. 672
BUTLER / TILL, pg. 457
BUTLER ASSOCIATES PUBLIC RELATIONS, pg. 587
BUTLER, SHINE, STERN & PARTNERS, pg. 45
BUYER ADVERTISING, INC., pg. 338
BUZZ MARKETING GROUP, pg. 691
BVK, pg. 339
BWR PUBLIC RELATIONS, pg. 587

C

C SPACE, pg. 443
C&G PARTNERS, LLC, pg. 176
C-COM GROUP, INC., pg. 587
C. GRANT & COMPANY, pg. 46
C2C OUTDOOR, pg. 550
C3, pg. 4
C3 COMMUNICATIONS, INC., pg. 588
CACTUS MARKETING COMMUNICATIONS, pg. 339
CADENT NETWORK, pg. 280
CADENT TECHNOLOGY, pg. 219
CADIENT GROUP, pg. 219
CAGE POINT, pg. 457
CAIN & CO., pg. 588

AGENCIES
INDEX OF AGENCY NAMES

CALDER BATEMAN COMMUNICATIONS, pg. 339
CALDWELL VANRIPER, pg. 46
CALEXIS ADVERTISING & MARKETING COUNSEL, pg. 339
CALHOUN & COMPANY COMMUNICATIONS, pg. 588
CALLAHAN CREEK, pg. 4
CALLAN ADVERTISING COMPANY, pg. 457
CALLEN, pg. 46
CALLIS & ASSOCIATES, pg. 46
CALORI & VANDEN-EYNDEN, LTD., pg. 176
CALYPSO, pg. 588
CALYSTO COMMUNICATIONS INC., pg. 588
CAM MEDIA, INC., pg. 457
CAMBRIDGE BIOMARKETING, pg. 46
CAMELOT STRATEGIC MARKETING & MEDIA, pg. 457
CAMEO MARKETING, INC., pg. 303
CAMERON ADVERTISING, pg. 339
CAMP, pg. 46
CAMP + KING, pg. 46
CAMP JEFFERSON, pg. 219
CAMPAIGN SOLUTIONS, pg. 219
CAMPBELL EWALD, pg. 47
CAMPBELL EWALD NEW YORK, pg. 47
CAMPBELL MARKETING AND COMMUNICATIONS, pg. 339
CAMPFIRE, pg. 297
CAMPOS CREATIVE WORKS, pg. 303
CAMPOS INC, pg. 443
CAMRON, pg. 588
CANNABRAND, pg. 47
CANNELLA RESPONSE TELEVISION, pg. 281
CANNONBALL AGENCY, pg. 5
CANOPY BRAND GROUP, pg. 340
CANVAS BLUE, pg. 47
CANVAS WORLDWIDE, pg. 458
CAPGEMINI, pg. 219
CAPITOL MEDIA SOLUTIONS, pg. 459
CAPPELLI MILES, pg. 47
CAPSTONE MEDIA, pg. 459
CAPSULE, pg. 176
CAPTAINS OF INDUSTRY, INC., pg. 340
CAPTIVATE NETWORK, INC., pg. 550
CARABINER COMMUNICATIONS INC., pg. 588
CARAT, pg. 461
CARBONE SMOLAN AGENCY, pg. 176
CARDENAS MARKETING NETWORK, pg. 303
CARDINAL COMMUNICATIONS USA, pg. 47
CARDINAL DIGITAL MARKETING, pg. 220
CAREN WEST PR, pg. 588
CAREY O'DONNELL PUBLIC RELATIONS GROUP, pg. 588
CARGO LLC, pg. 47
CARL BLOOM ASSOCIATES, pg. 281
CARLETON PUBLIC RELATIONS INC., pg. 588
CARMEN GROUP, pg. 588
CARMICHAEL LYNCH, pg. 47
CAROL H. WILLIAMS ADVERTISING, pg. 48
CARPENTER GROUP, pg. 48
CARR MARKETING COMMUNICATIONS, INC., pg. 588
CARROLL WHITE ADVERTISING, pg. 340
CARSON STOGA COMMUNICATIONS INC., pg. 340
CARVE COMMUNICATIONS, pg. 588
CARYL COMMUNICATIONS, INC., pg. 589
CASANOVA//MCCANN, pg. 538
CASEY & SAYRE, INC., pg. 589
CASHMAN & ASSOCIATES, pg. 589
CASHMAN & KATZ INTEGRATED COMMUNICATIONS, pg. 340
CASHMERE AGENCY, pg. 48
CASPARI MCCORMICK, pg. 340
CASSIDY & ASSOCIATES, pg. 589
CATALPHA ADVERTISING & DESIGN, INCORPORATED, pg. 340
CATALYSIS, pg. 340
CATALYST ADVERTISING, pg. 48
CATALYST DIGITAL, pg. 220
CATALYST MARKETING COMMUNICATIONS, pg. 340
CATALYST MARKETING COMPANY, pg. 5
CATALYST MARKETING DESIGN, pg. 340
CATALYST PUBLIC RELATIONS, pg. 589

CATALYST, INC., pg. 48
CATAPULT PR-IR, pg. 589
CATAPULT STRATEGIC DESIGN, pg. 176
CATCH NEW YORK, pg. 340
CATHY CALLEGARI PUBLIC RELATIONS, INC., pg. 589
CAVALRY, pg. 48
CAWOOD, pg. 340
CAYENNE CREATIVE, pg. 49
CBD MARKETING, pg. 341
CBX, pg. 176
CCG MARKETING SOLUTIONS, pg. 341
CCL BRANDING, pg. 176
CCM, INC., pg. 341
CCMEDIA, pg. 49
CCP DIGITAL, pg. 49
CD&M COMMUNICATIONS, pg. 49
CDFB, pg. 561
CDHM ADVERTISING, INC., pg. 49
CELLTRUST CORPORATION, pg. 533
CELTIC ADVERTISING, pg. 341
CELTIC MARKETING, INC., pg. 341
CELTRA, INC., pg. 533
CENDYN, pg. 220
CENTER FOR MARKETING INTELLIGENCE, pg. 443
CENTERLINE DIGITAL, pg. 220
CENTRA360, pg. 49
CENTRAL ADDRESS SYSTEMS, pg. 281
CENTRAL STATION, pg. 341
CENTRIPLY, pg. 462
CENTRO, pg. 220
CENTRON, pg. 49
CERADINI BRAND DESIGN, pg. 177
CERAMI WORLDWIDE COMMUNICATIONS, INC., pg. 49
CERBERUS, pg. 341
CERCONE BROWN COMPANY, pg. 341
CERRELL ASSOCIATES, INC., pg. 589
CERTAINSOURCE, pg. 672
CGPR, pg. 589
CGT MARKETING, LLC, pg. 49
CHADWICK MARTIN BAILEY, pg. 443
CHAMELEON DESIGN GROUP, pg. 177
CHAMPION MANAGEMENT GROUP, LLC, pg. 589
CHANDELIER CREATIVE, pg. 49
CHANDLER CHICCO AGENCY, pg. 589
CHANGEUP, pg. 5
CHANNEL COMMUNICATIONS, pg. 341
CHAPMAN CUBINE & HUSSEY, pg. 281
CHAPMAN CUBINE + HUSSEY, pg. 281
CHAPPELLROBERTS, pg. 341
CHAPTER & VERSE, pg. 341
CHARACTER, pg. 5
CHARACTER LLC, pg. 5
CHARLES BEARDSLEY ADVERTISING, pg. 49
CHARLES RYAN ASSOCIATES, INC., pg. 589
CHARLES RYAN ASSOCIATES, INC., pg. 590
CHARLESTON|ORWIG, INC., pg. 341
CHARLEX, INC., pg. 220
CHARLIE COMPANY CORP., pg. 177
CHARLIEUNIFORMTANGO, pg. 561
CHASE COMMUNICATIONS, pg. 590
CHASE DESIGN GROUP, pg. 177
CHECKMARK COMMUNICATIONS, pg. 49
CHEMISTRY ATLANTA, pg. 50
CHEMISTRY CLUB, pg. 50
CHEMISTRY COMMUNICATIONS INC., pg. 50
CHEMPETITIVE GROUP, pg. 341
CHEN DESIGN ASSOCIATES, pg. 177
CHEN PR, INC., pg. 590
CHERMAYEFF & GEISMAR STUDIO, pg. 177
CHERNOFF NEWMAN, pg. 590
CHEVALIER ADVERTISING, INC., pg. 342
CHIEF, pg. 590
CHIEF MARKETING OFFICER COUNCIL, pg. 50
CHIEF MEDIA, pg. 281
CHIEF OUTSIDERS, pg. 443
CHILD'S PLAY COMMUNICATIONS, pg. 590
CHILLINGWORTH / RADDING, INC., pg. 342
CHINATOWN BUREAU, pg. 220
CHIZCOMM, pg. 590
CHO / HIGHWATER GROUP, pg. 590
CHRISTIE & CO., pg. 50
CHUTE GERDEMAN, pg. 177

CI&T, pg. 5
CICERON, pg. 220
CINCO DESIGN, pg. 177
CINECRAFT PRODUCTIONS, INC., pg. 561
CINEMASTREET, pg. 50
CIRCUS MAXIMUS, pg. 50
CITIZEN GROUP, pg. 342
CITIZEN RELATIONS, pg. 590
CITRUS ADVERTISING, pg. 50
CIULLA & ASSOCIATES, pg. 177
CIVIC ENTERTAINMENT GROUP, pg. 566
CJRW, pg. 590
CJRW NORTHWEST, pg. 566
CK ADVERTISING, pg. 220
CKC AGENCY, pg. 590
CKR INTERACTIVE, INC., pg. 220
CLARABRIDGE, INC., pg. 167
CLARITY COVERDALE FURY, pg. 342
CLARITYQUEST, pg. 50
CLARK & HUOT, pg. 342
CLARK COMMUNICATIONS, pg. 591
CLARK NIKDEL POWELL, pg. 342
CLARK, MARTIRE, BARTOLOMEO, pg. 443
CLARY FLEMMING & ASSOCIATES, pg. 561
CLASSIC COMMUNICATIONS, pg. 591
CLAYMAN & ASSOCIATES, pg. 51
CLEAN, pg. 5
CLEAN SHEET COMMUNICATIONS, pg. 342
CLEAR, pg. 51
CLEAR CHANNEL OUTDOOR, pg. 550
CLEAR RIVER ADVERTISING & MARKETING, pg. 177
CLEARLINK, pg. 221
CLEARPOINT AGENCY, pg. 591
CLEVELAND DESIGN, pg. 177
CLICK HERE, pg. 221
CLICKFOX, INC., pg. 167
CLINICAL TRIAL MEDIA, pg. 667
CLIX MARKETING, pg. 672
CLIXO, pg. 221
CLM MARKETING & ADVERTISING, pg. 342
CLOCKWORK ACTIVE MEDIA, pg. 221
CLOSED LOOP MARKETING, pg. 672
CLOUD GEHSHAN ASSOCIATES, pg. 177
CLOUDBERRY CREATIVE, INC., pg. 221
CLOUDRAKER, pg. 5
CLOUDRED, pg. 221
CLS STRATEGIES, pg. 591
CM&N ADVERTISING, pg. 51
CMA DESIGN, pg. 177
CMD, pg. 51
CMI, pg. 443
CMI MEDIA, LLC, pg. 342
CMM, pg. 591
CMS, INC., pg. 303
CN COMMUNICATIONS INTERNATIONAL, INC., pg. 591
CNX, pg. 51
CO-COMMUNICATIONS INC., pg. 685
CO-COMMUNICATIONS, INC., pg. 591
CO:COLLECTIVE, LLC, pg. 5
COACTION PUBLIC RELATIONS, pg. 591
COATES KOKES, INC., pg. 51
COBURN COMMUNICATIONS, pg. 591
CODE AND THEORY, pg. 221
CODE FOUR, pg. 343
CODE WORLDWIDE, pg. 167
COFFEY COMMUNICATIONS, pg. 281
COGNISCIENT MEDIA/MARC USA, pg. 51
COGNITO, pg. 591
COHEN GROUP, pg. 51
COHEN-FRIEDBERG ASSOCIATES, pg. 343
COHN MARKETING, INC., pg. 51
COLANGELO & PARTNERS, pg. 591
COLANGELO SYNERGY MARKETING, INC., pg. 566
COLD SPARK MEDIA, pg. 51
COLE CREATIVE, pg. 51
COLES MARKETING COMMUNICATIONS, pg. 591
COLINKURTIS ADVERTISING & DESIGN, pg. 177
COLLE MCVOY, pg. 343
COLLECTIVE BIAS, LLC, pg. 221
COLLECTIVELY, INC., pg. 685
COLLING MEDIA, pg. 51
COLLINS:, pg. 177

A-5

INDEX OF AGENCY NAMES

COLOUR, pg. 343
COLTRIN & ASSOCIATES, pg. 592
COLUMN FIVE, pg. 343
COMBLU, pg. 691
COMMCREATIVE, pg. 343
COMMERCE HOUSE, pg. 52
COMMIT AGENCY, pg. 343
COMMIX COMMUNICATIONS, INC., pg. 592
COMMON THREAD COLLECTIVE, pg. 221
COMMONWEALTH // MCCANN, pg. 52
COMMUNICA, INC., pg. 344
COMMUNICATION ARTS GROUP, INC., pg. 178
COMMUNICATION SOLUTIONS GROUP, pg. 592
COMMUNICATIONS DG4, INC., pg. 6
COMMUNICATIONS LINKS, pg. 592
COMMUNICATIONS STRATEGY GROUP, pg. 592
COMMUNICATORS GROUP, pg. 344
COMMUNICORP, INC., pg. 52
COMMUNIQUE, pg. 303
COMMUNIQUE PR, pg. 592
COMMUNIQUE, INC., pg. 592
COMMUNITY MARKETING, INC., pg. 443
COMPADRE, pg. 221
COMPASS COMMUNICATIONS, pg. 52
COMPASS DESIGN, INC., pg. 178
COMSCORE, pg. 443
CONCENTRIC HEALTH EXPERIENCE, pg. 52
CONCENTRIC MARKETING, pg. 52
CONCEPTS, INC., pg. 592
CONCRETE DESIGN COMMUNICATIONS, INC., pg. 178
CONDRON MEDIA, pg. 52
CONDUCTOR, pg. 672
CONE, INC., pg. 6
CONFERENCE INCORPORATED, pg. 303
CONFIDANT, pg. 592
CONILL ADVERTISING, INC., pg. 538
CONKLING FISKUM & MCCORMICK, pg. 592
CONNECT AT PUBLICIS MEDIA, pg. 462
CONNECTION MODEL LLC, pg. 344
CONNECTIVITY STRATEGY, pg. 462
CONNELLY PARTNERS, pg. 344
CONOVER, pg. 178
CONQUER MEDIA, pg. 52
CONRIC PR & MARKETING, pg. 592
CONROY / MARTINEZ GROUP, pg. 592
CONSENSUS COMMUNICATIONS, pg. 592
CONSORTIUM MEDIA SERVICES, pg. 592
CONSTELLATION AGENCY, pg. 221
CONSUMER LOGIC, pg. 443
CONTEND, pg. 52
CONTRAST & CO, pg. 6
CONTRAST CREATIVE, pg. 222
CONTROL V EXPOSED, pg. 222
CONVENTURES, INC., pg. 685
CONVERGE CONSULTING, pg. 222
CONVERGEDIRECT, pg. 462
CONVERSANT, LLC, pg. 222
CONVERSION INTERACTIVE AGENCY, pg. 222
CONVEYOR MEDIA, pg. 462
CONVINCE & CONVERT, pg. 222
CONWAY MARKETING COMMUNICATIONS, pg. 53
COOK & SCHMID, pg. 593
COOKERLY PUBLIC RELATIONS INC., pg. 593
COOKSEY COMMUNICATIONS, pg. 593
COOLFIRE STUDIOS, pg. 561
COOLGRAYSEVEN, pg. 53
COONEY, WATSON & ASSOCIATES, pg. 53
COOPER, pg. 222
COOPER HONG, INC., pg. 593
COOPER-SMITH ADVERTISING, pg. 462
COPACINO + FUJIKADO, LLC, pg. 344
CORE CREATIVE, pg. 344
CORE STRATEGY GROUP, pg. 344
CORINTHIAN MEDIA, INC., pg. 463
CORNERSTONE AGENCY, pg. 53
CORNERSTONE MARKETING & ADVERTISING, pg. 53
CORNERSTONE STRATEGIC BRANDING, INC., pg. 178
CORNETT INTEGRATED MARKETING SOLUTIONS, pg. 344
CORPORATE COMMUNICATIONS, pg. 593
CORPORATE INK PUBLIC RELATIONS, pg. 593

CORPORATE MAGIC INC, pg. 303
CORPORATE REPORTS, INC., pg. 53
COSGROVE ASSOCIATES, pg. 344
COSSETTE MEDIA, pg. 345
COSTA COMMUNICATIONS GROUP, pg. 593
COTTON & COMPANY, pg. 345
COUDAL PARTNERS, pg. 53
COUNTERPART, pg. 345
COVET PUBLIC RELATIONS, pg. 593
COWAN & COMPANY COMMUNICATIONS, pg. 593
COWLEY ASSOCIATES, pg. 345
COX MEDIA, pg. 463
COXRASMUSSEN & COMPANY, pg. 345
COYNE ADVERTISING & PUBLIC RELATIONS, pg. 345
COYNE PUBLIC RELATIONS, pg. 593
CP MEDIA SERVICES, INC., pg. 463
CPC EXPERIENTIAL, pg. 303
CPC HEALTHCARE COMMUNICATIONS, pg. 53
CPC STRATEGY, pg. 672
CPR COMMUNICATIONS, pg. 345
CRAFT WW, pg. 561
CRAFTED, pg. 178
CRAMER, pg. 6
CRAMER-KRASSELT, pg. 53
CRAMER-KRASSELT, pg. 54
CRANE METAMARKETING, pg. 345
CRC MARKETING SOLUTIONS, pg. 345
CREATA, pg. 346
CREATING RESULTS, pg. 346
CREATIVE B'STRO, pg. 222
CREATIVE CHANNEL SERVICES, LLC, pg. 567
CREATIVE CIRCLE, pg. 667
CREATIVE CIVILIZATION - AN AGUILAR / GIRARD AGENCY, pg. 561
CREATIVE COMMUNICATION ASSOCIATES, pg. 54
CREATIVE COMMUNICATIONS CONSULTANTS, INC., pg. 346
CREATIVE DIGITAL AGENCY, pg. 222
CREATIVE DIRECT RESPONSE, INC., pg. 281
CREATIVE ENERGY, INC., pg. 346
CREATIVE JUICE, pg. 54
CREATIVE MARKETING ALLIANCE, pg. 54
CREATIVE MARKETING PLUS, pg. 346
CREATIVE MARKETING RESOURCE, INC, pg. 54
CREATIVE OXYGEN LLC, pg. 178
CREATIVE PARTNERS, LLC, pg. 346
CREATIVE PRODUCERS GROUP, pg. 303
CREATIVE RESOURCES GROUP, INC., pg. 55
CREATIVE RESPONSE CONCEPTS, pg. 593
CREATIVE SERVICES, pg. 594
CREATIVE SOLUTIONS GROUP, pg. 303
CREATIVE SPOT, pg. 55
CREATIVE STRATEGIES GROUP, pg. 304
CREATIVEDRIVE, pg. 346
CREATIVEONDEMAND, pg. 539
CRESCENDO, pg. 55
CRESTA CREATIVE, pg. 594
CRISP MEDIA, pg. 533
CRISPIN PORTER + BOGUSKY, pg. 346
CRITICAL MASS, INC., pg. 223
CRM UNLEASHED, pg. 167
CRN INTERNATIONAL, INC., pg. 463
CRONIN, pg. 55
CROSBY MARKETING COMMUNICATIONS, pg. 347
CROSBY-VOLMER, pg. 594
CROSS COUNTRY COMPUTER, pg. 281
CROSSBOW GROUP, pg. 347
CROSSMEDIA, pg. 463
CROSSROADS, pg. 594
CROW CREATIVE, pg. 55
CROWL, MONTGOMERY & CLARK, INC., pg. 347
CROWLEY WEBB & ASSOCIATES, pg. 55
CSE, INC., pg. 6
CSM PRODUCTION, pg. 304
CSM SPORT & ENTERTAINMENT, pg. 347
CSM SPORTS & ENTERTAINMENT, pg. 55
CTI MEDIA, pg. 464
CTP, pg. 347
CUE, INC., pg. 6
CUESTA TECHNOLOGIES, LLC, pg. 223
CUKER INTERACTIVE, pg. 223
CULINARY SALES SUPPORT, INC., pg. 347
CULL GROUP, pg. 56

CULT COLLECTIVE, LTD., pg. 178
CULTIVATOR ADVERTISING & DESIGN, pg. 178
CULTURAL STRATEGIES, INC., pg. 347
CULTURE ONE WORLD, pg. 539
CULTURESPAN MARKETING, pg. 594
CULVER BRAND DESIGN, pg. 178
CUMMINS&PARTNERS, pg. 347
CUNDARI INTEGRATED ADVERTISING, pg. 347
CUNEO ADVERTISING, pg. 56
CURIOSITY ADVERTISING, pg. 223
CURIOUS MEDIA, pg. 56
CURLEY & PYNN PUBLIC RELATIONS MANAGEMENT, INC., pg. 594
CURRAN & CONNORS, INC., pg. 178
CURRENT, pg. 594
CURRENT LIFESTYLE MARKETING, pg. 594
CURRENT PR, pg. 594
CURRENT360, pg. 56
CURVE COMMUNICATIONS, pg. 347
CUSTOMEDIALABS, pg. 223
CUSTOMER COMMUNICATIONS GROUP, pg. 167
CUTWATER, pg. 56
CVA ADVERTISING & MARKETING, INC., pg. 56
CZARNOWSKI, pg. 304

D

D & I CREATIVE, pg. 6
D | FAB DESIGN, pg. 178
D&D PR, pg. 594
D'ORAZIO & ASSOCIATES, pg. 594
D. EXPOSITO & PARTNERS, pg. 539
D. PAGAN COMMUNICATIONS INC., pg. 595
D.TRIO MARKETING GROUP, pg. 348
D/CAL, pg. 56
D3 SYSTEMS, pg. 56
D4 CREATIVE GROUP, pg. 56
D50 MEDIA, pg. 348
DAAKE DESIGN CENTER, pg. 178
DAC GROUP, pg. 223
DADDI BRAND COMMUNICATIONS, pg. 595
DAGGER, pg. 224
DAGGERWING GROUP, pg. 56
DAILEY & ASSOCIATES, pg. 56
DAILEY COMMUNICATIONS, pg. 57
DAILEY MARKETING GROUP, pg. 57
DAKOTA GROUP, pg. 348
DALA, pg. 595
DALEY CONCEPTS, pg. 348
DALTON + ANODE, pg. 348
DALTON AGENCY, pg. 348
DALY GRAY, INC., pg. 595
DANA COMMUNICATIONS, pg. 57
DANCIE PERUGINI WARE PUBLIC RELATIONS, pg. 595
DANIEL BRIAN ADVERTISING, pg. 348
DANIELS & ROBERTS, INC., pg. 348
DARBY COMMUNICATIONS, pg. 595
DARBY O'BRIEN ADVERTISING, INC., pg. 57
DARK HORSE MEDIA, pg. 464
DARLING AGENCY, pg. 57
DAS GROUP, pg. 348
DASH TWO, pg. 551
DATA DECISIONS GROUP, pg. 443
DATABASE MARKETING GROUP, INC., pg. 281
DAVENPORT MOORHEAD & REDSPARK, INC., pg. 57
DAVID, pg. 57
DAVID JAMES GROUP, pg. 348
DAVID&GOLIATH, pg. 57
DAVIDSON BELLUSO, pg. 179
DAVIES COMMUNICATIONS, pg. 595
DAVIS & COMPANY, pg. 595
DAVIS AD AGENCY, pg. 58
DAVIS ADVERTISING, pg. 58
DAVIS ELEN ADVERTISING, pg. 58
DAVIS HARRISON DION ADVERTISING, pg. 348
DAY COMMUNICATIONS GROUP, INC., pg. 349
DAYNERHALL MARKETING & ADVERTISING, pg. 58
DB&M MEDIA, pg. 349
DBA MARKETING COMMUNICATIONS, pg. 349
DCA / DCPR, pg. 58

A-6

AGENCIES
INDEX OF AGENCY NAMES

DCF ADVERTISING, pg. 58
DCG ONE, pg. 58
DCI-ARTFORM, pg. 349
DCX GROWTH ACCELERATOR, pg. 58
DDB CANADA, pg. 224
DDB CHICAGO, pg. 59
DDB HEALTH, pg. 59
DDB NEW YORK, pg. 59
DDB SAN FRANCISCO, pg. 60
DDC PUBLIC AFFAIRS, pg. 595
DDI MEDIA, pg. 551
DDM MARKETING & COMMUNICATIONS, pg. 6
DDR PUBLIC RELATIONS, pg. 595
DE LA GARZA PUBLIC RELATIONS, INC, pg. 595
DEANGELIS ADVERTISING, pg. 60
DEARDORFF ASSOCIATES, INC., pg. 60
DEARING GROUP, pg. 60
DEBERRY GROUP, pg. 595
DEBUT GROUP, pg. 349
DECCA DESIGN, pg. 349
DECIBEL BLUE, pg. 595
DECISION ANALYST, INC. , pg. 539
DECKER, pg. 60
DECKER DESIGN INC., pg. 179
DECKER ROYAL AGENCY, pg. 596
DECO PRODUCTIONS, pg. 304
DECODED ADVERTISING, pg. 60
DEEP BLUE INSIGHT, pg. 443
DEEPEND NEW YORK, pg. 224
DEEPLOCAL, pg. 349
DEETER ASSOCIATES, pg. 60
DEFAZIO COMMUNICATIONS, pg. 596
DEFERO, pg. 224
DEFINITION 6, pg. 224
DEG DIGITAL, pg. 224
DELAUNE & ASSOCIATES, pg. 60
DELFINO MARKETING COMMUNICATIONS, pg. 349
DELIA ASSOCIATES, pg. 6
DELL BLUE, pg. 60
DELLA FEMINA/ROTHSCHILD/JEARY PARTNERS, pg. 61
DELOITTE DIGITAL, pg. 224
DELTA MEDIA, INC., pg. 551
DENIZEN GROUP, pg. 225
DENMARK - THE AGENCY, pg. 61
DENNEEN & COMPANY, pg. 7
DENNY MOUNTAIN MEDIA, pg. 225
DENTERLEIN, pg. 596
DENTINO MARKETING, pg. 281
DENTSU AEGIS NETWORK, pg. 61
DENTSU X, pg. 61
DENTSUBOS INC., pg. 61
DEPARTMENT ZERO, pg. 691
DEPARTURE, pg. 61
DEPTH PUBLIC RELATIONS, pg. 596
DERSE, INC., pg. 304
DESANTIS BREINDEL, pg. 349
DESAUTEL HEGE COMMUNICATIONS, pg. 596
DESIGN 446, pg. 61
DESIGN AND PRODUCTION INCORPORATED, pg. 179
DESIGN ARMY LLC, pg. 179
DESIGN AT WORK CREATIVE SERVICES, pg. 179
DESIGN CENTER, INC. , pg. 179
DESIGN ONE, INC. , pg. 179
DESIGN RESOURCE CENTER, pg. 179
DESIGN SCIENCE, pg. 179
DESIGN-CENTRAL, pg. 179
DESIGNSENSORY, pg. 62
DESIGNTHIS!, pg. 179
DESIGNVOX, pg. 179
DESIGNWORKS/USA, pg. 179
DESKEY INTEGRATED BRANDING , pg. 7
DESTINATION MARKETING, pg. 349
DEUTSCH, INC., pg. 349
DEUTSER, pg. 443
DEVANEY & ASSOCIATES, pg. 351
DEVELOPMENT COUNSELLORS INTERNATIONAL, LTD., pg. 596
DEVENEY COMMUNICATIONS, pg. 596
DEVINE + PARTNERS, pg. 596
DEVINE COMMUNICATIONS, pg. 62
DEVITO GROUP, pg. 62
DEVITO/VERDI, pg. 62

DEVRIES GLOBAL, pg. 596
DEWEY SQUARE GROUP, pg. 596
DEZENHALL RESOURCES, pg. 597
DG COMMUNICATIONS GROUP, pg. 351
DG STUDIOS, pg. 179
DGS MARKETING ENGINEERS, pg. 351
DHX ADVERTISING, pg. 351
DIAMOND COMMUNICATIONS SOLUTIONS, pg. 281
DIANE ALLEN & ASSOCIATES, pg. 597
DICOM, INC., pg. 464
DID AGENCY, pg. 62
DIDIT.COM, pg. 673
DIESTE, pg. 539
DIFFUSION PR, pg. 597
DIGENNARO COMMUNICATIONS, pg. 597
DIGILANT, pg. 464
DIGITAL ADDIX, pg. 225
DIGITAL AUTHORITY PARTNERS, pg. 225
DIGITAL IMPULSE, pg. 225
DIGITAL KITCHEN, pg. 225
DIGITAL LION MARKETING, pg. 225
DIGITAL MARK GROUP, pg. 225
DIGITAL OPERATIVE, INC., pg. 225
DIGITAL PULP, pg. 225
DIGITAL RELATIVITY, pg. 226
DIGITAL REMEDY, pg. 226
DIGITAL RESEARCH, INC, pg. 444
DIGITAL SURGEONS, LLC, pg. 226
DIGITAS, pg. 229
DIGITAS HEALTH LIFEBRANDS, pg. 229
DIMASSIMO GOLDSTEIN, pg. 351
DIO, pg. 62
DIRCKS ASSOCIATES, pg. 180
DIRECT AGENTS, INC., pg. 229
DIRECT ASSOCIATES , pg. 62
DIRECT IMPACT, pg. 597
DIRECT IMPACT, INC., pg. 62
DIRECT RESOURCES GROUP, pg. 281
DIRECT RESULTS, pg. 63
DIRECTAVENUE, INC., pg. 282
DIRECTIVE CONSULTING, pg. 63
DIRECTOHISPANIC, LLC, pg. 681
DISCOVERY USA, pg. 63
DISTINCTIVE MARKETING, INC., pg. 444
DITTOE PUBLIC RELATIONS, pg. 597
DIVERSIFIED AGENCY SERVICES, pg. 351
DIVISION OF LABOR, pg. 63
DIX & EATON, pg. 351
DIXON SCHWABL ADVERTISING, pg. 351
DJ CASE & ASSOCIATES, pg. 597
DJ-LA, LLC, pg. 63
DJG MARKETING, pg. 352
DKC PUBLIC RELATIONS, pg. 597
DKY INTEGRATED MARKETING COMMUNICATIONS, pg. 352
DL MEDIA INC., pg. 63
DLC INTEGRATED MARKETING , pg. 63
DM.2, pg. 180
DMA UNITED, pg. 63
DME MARKETING, pg. 282
DMI MUSIC & MEDIA SOLUTIONS, pg. 567
DMI PARTNERS , pg. 681
DMN3, pg. 230
DMW WORLDWIDE, LLC, pg. 282
DNA CREATIVE COMMUNICATIONS, pg. 598
DNA SEATTLE, pg. 180
DO NOT DISTURB, pg. 63
DOEANDERSON ADVERTISING , pg. 352
DOGGETT ADVERTISING, INC. , pg. 63
DOGWOOD PRODUCTIONS, INC., pg. 230
DOM CAMERA & COMPANY, LLC, pg. 464
DOM360, pg. 230
DOMUS ADVERTISING, pg. 352
DON FARLEO AD & DESIGN CO., pg. 63
DON JAGODA ASSOCIATES, pg. 567
DON SCHAAF & FRIENDS, INC., pg. 180
DONER, pg. 352
DONER , pg. 352
DONER CX, pg. 352
DONLEY COMMUNICATIONS CORPORATION, pg. 598
DONOVAN ADVERTISING, pg. 352
DONOVAN/GREEN, pg. 551
DOOR NUMBER 3, pg. 64

DOREMUS & COMPANY, pg. 64
DORN MARKETING, pg. 64
DOSSIER CREATIVE, pg. 180
DOTCMS, pg. 230
DOUBLE-FORTE, pg. 230
DOUBLEKNOT CREATIVE, pg. 180
DOUBLESPACE, pg. 180
DOUG CARPENTER & ASSOCIATES, LLC, pg. 64
DOUG&PARTNERS, pg. 353
DOUGLAS DISPLAYS, pg. 551
DOUGLAS SHAW & ASSOCIATES, pg. 598
DOVETAIL, pg. 64
DOVETAIL COMMUNICATIONS, INC., pg. 464
DOXA TOTAL DESIGN STRATEGY, INC., pg. 180
DP+, pg. 353
DPR GROUP, INC., pg. 598
DRA STRATEGIC COMMUNICATIONS, pg. 598
DRAFTLINE, pg. 353
DRAGON ARMY, pg. 533
DRAKE COOPER, pg. 64
DREAMSPAN, pg. 7
DRESNER CORPORATE SERVICES, pg. 598
DRIVE BRAND STUDIO, pg. 64
DRIVE SHOP, pg. 304
DRIVEN 360, pg. 598
DRM PARTNERS, INC., pg. 282
DROGA5, pg. 64
DRS & ASSOCIATES, pg. 598
DRUMROLL, pg. 230
DS SIMON PRODUCTIONS, INC., pg. 230
DSC ADVERTISING, pg. 66
DUARTE, pg. 180
DUBLIN STRATEGIES GROUP, pg. 598
DUBOIS BETOURNE & ASSOCIATES, pg. 598
DUDNYK EXCHANGE, pg. 66
DUFFY & SHANLEY, INC., pg. 66
DUFT WATTERSON, pg. 353
DUKAS LINDEN PUBLIC RELATIONS, pg. 598
DUMONT PROJECT, pg. 230
DUNCAN / DAY ADVERTISING, pg. 66
DUNCAN CHANNON, pg. 66
DUNCAN MCCALL, pg. 353
DUNN ASSOCIATES, pg. 598
DUNN&CO, pg. 353
DUPUIS, pg. 66
DURDEN OUTDOOR DISPLAYS, pg. 551
DUREE & COMPANY, pg. 598
DUX PUBLIC RELATIONS, pg. 599
DVL SEIGENTHALER, pg. 599
DWA MEDIA, pg. 464
DYAL AND PARTNERS, pg. 180
DYNAMIC LOGIC, pg. 444
DYVERSITY COMMUNICATIONS, pg. 66

E

E&M MEDIA GROUP, pg. 282
E-B DISPLAY CO., INC., pg. 180
E. W. BULLOCK ASSOCIATES, pg. 66
E/LA ADVERTISING, pg. 67
E10, pg. 353
E29 MARKETING, pg. 67
E3 MARKETING, pg. 67
EAGLEVIEW TECHNOLOGIES, INC., pg. 230
EARTHBOUND BRANDS, pg. 7
EAST BANK COMMUNICATIONS, pg. 353
EASTPORT HOLDINGS, pg. 353
EASTWEST MARKETING GROUP, pg. 353
EBBEN GROUP, pg. 67
EBERLY & COLLARD PUBLIC RELATIONS, pg. 599
EBIQUITY, pg. 444
ECHO DELTA, pg. 353
ECHO MEDIA GROUP, pg. 599
ECHO MEDIA SOLUTIONS, pg. 282
ECHO SPORTS MARKETING, pg. 67
ECHOS BRAND COMMUNICATIONS, pg. 599
ECKEL & VAUGHAN, pg. 599
ED LEWI ASSOCIATES, pg. 599
EDELMAN, pg. 601
EDELMAN , pg. 601
EDGE COMMUNICATIONS, INC., pg. 601
EDGE MARKETING, pg. 681
EDGE PUBLICOM, pg. 354

INDEX OF AGENCY NAMES

AGENCIES

EDISON MEDIA RESEARCH, pg. 444
EDIT1, pg. 562
EDLEADER21, pg. 601
EDSA, pg. 181
EDULENCE INTERACTIVE, pg. 230
EDUVANTIS LLC, pg. 673
EDWARD NEWLAND ASSOCIATES, INC., pg. 67
EEI GLOBAL, pg. 304
EFM AGENCY, pg. 67
EFX MEDIA, pg. 562
EG INTEGRATED, pg. 354
EGAMI GROUP, pg. 539
EGC MEDIA GROUP, INC., pg. 354
EGG, pg. 7
EICOFF, pg. 282
EIRE DIRECT MARKETING, INC., pg. 282
EISENBERG & ASSOCIATES, pg. 181
EL AUTOBUS, pg. 67
ELEMENT 8, pg. 67
ELEMENT PRODUCTIONS, pg. 562
ELEPHANT, pg. 181
ELEPHANT SKIN, pg. 181
ELEVATE, pg. 230
ELEVATED THIRD, pg. 230
ELEVATION, pg. 305
ELEVATION MARKETING, pg. 354
ELEVATION WEB, pg. 540
ELEVATION, LTD, pg. 540
ELEVATOR, pg. 67
ELEVATOR STRATEGY ADVERTISING & DESIGN, INC., pg. 181
ELEVEN, INC., pg. 67
ELIAS SAVION ADVERTISING, pg. 68
ELISCO ADVERTISING, pg. 68
ELITE MARKETING GROUP, pg. 305
ELIXIR DESIGN, pg. 181
ELLEN COMMUNICATIONS, pg. 601
ELLIANCE, pg. 231
ELMWOOD, pg. 181
EMAGINE, pg. 181
EMC OUTDOOR, pg. 551
EMERGE INTERACTIVE, pg. 231
EMERGE2 DIGITAL, pg. 231
EMERGENT DIGITAL, pg. 231
EMERSON, WAJDOWICZ STUDIOS, INC., pg. 181
EMERY GROUP ADVERTISING, pg. 68
EMFLUENCE, LLC, pg. 231
EMI STRATEGIC MARKETING, INC., pg. 68
EMICO MEDIA, pg. 465
EMOTIVE BRAND, pg. 181
EMPOWER, pg. 354
EMSPACE + LOVGREN, pg. 355
ENC STRATEGY, pg. 68
ENCOMPASS MEDIA GROUP, pg. 465
ENCYCLOMEDIA ATLANTA, INC., pg. 465
ENDAI WORLDWIDE, pg. 231
ENDEAVOR - CHICAGO, pg. 297
ENERGI PR, pg. 601
ENERGY BBDO, pg. 355
ENERGY ENERGY DESIGN, pg. 181
ENGAGE MEDIA GROUP, pg. 231
ENGAGEMENT LABS, pg. 444
ENGEL O'NEILL ADVERTISING, pg. 68
ENGINE, pg. 444
ENGINE DIGITAL, pg. 231
ENGINE MEDIA GROUP, pg. 465
ENGLANDER KNABE & ALLEN, pg. 602
ENLARGE MEDIA GROUP, pg. 356
ENLIGHTEN, pg. 68
ENSO, pg. 68
ENTERACTIVE SOLUTIONS GROUP, INC., pg. 567
ENTERCOM COMMUNICATIONS CORP., pg. 551
ENTERMEDIA, pg. 231
ENTERPRISE CANADA, pg. 7
ENVIRONMENTAL TECHNOLOGIES & COMMUNICATIONS, INC., pg. 602
ENVISIONIT MEDIA, INC., pg. 231
ENVOY, INC., pg. 356
EP+CO., pg. 356
EPI - COLORSPACE, pg. 181
EPIC CREATIVE, pg. 7
EPIC OUTDOOR ADVERTISING, pg. 552
EPIC SEARCH PARTNERS, pg. 673
EPIC SIGNAL, pg. 685

EPICENTER CREATIVE, pg. 68
EPIQ SYSTEMS, pg. 232
EPOCH 5 PUBLIC RELATIONS pg. 602
EPROMOS PROMOTIONAL PRODUCTS, pg. 567
EPSILON, pg. 283
EPSILON, pg. 283
EPSTEIN DESIGN PARTNERS, INC., pg. 182
EQUANCYNO11, INC., pg. 182
ERASERFARM, pg. 357
ERIC ROB & ISAAC, pg. 68
ERICH & KALLMAN, pg. 68
ES ADVERTISING, pg. 540
ESCALENT, pg. 444
ESHOTS, INC., pg. 305
ESI DESIGN, pg. 182
ESPARZA ADVERTISING, pg. 68
ESROCK PARTNERS, pg. 69
ESSENCE, pg. 232
ESSENTIAL, pg. 182
ESSER DESIGN, INC., pg. 182
ESTEE MARKETING GROUP, pg. 283
ESTEY-HOOVER ADVERTISING & PUBLIC RELATIONS, pg. 69
ESTIPONA GROUP, pg. 69
ETARGETMEDIA, pg. 283
ETCH MARKETING, pg. 357
ETERNAL WORKS, pg. 357
ETHOS CREATIVE, pg. 69
ETHOS MARKETING & DESIGN, pg. 182
ETHOS, PATHOS, LOGOS, LLC, pg. 233
EVANS LARSON COMMUNICATIONS, pg. 602
EVANSHARDY + YOUNG, pg. 69
EVB, pg. 233
EVENT STRATEGIES, INC., pg. 305
EVENTAGE EVENT PRODUCTION, pg. 305
EVENTIVE MARKETING, pg. 305
EVENTLINK INTERNATIONAL, pg. 305
EVENTLINK, LLC, pg. 305
EVENTMAKERS, pg. 305
EVENTNETUSA, pg. 305
EVENTUS MARKETING, pg. 540
EVENTWORKS, pg. 305
EVERETT CLAY ASSOCIATES, INC., pg. 602
EVERGREEN & CO., pg. 182
EVIEW 360 CORPORATION, pg. 182
EVINS COMMUNICATIONS, LTD., pg. 602
EVO DESIGN, LLC, pg. 182
EVOK ADVERTISING, pg. 69
EVOKE GIANT, pg. 69
EVOKE HEALTH, pg. 69
EVR ADVERTISING, pg. 69
EXCELERATE DIGITAL, pg. 233
EXCLAIM!, pg. 182
EXECUTIVE VISIONS, pg. 305
EXHIBIT AFFECTS, pg. 305
EXIT 10 ADVERTISING, pg. 233
EXL MEDIA, pg. 465
EXPERT MARKETING, pg. 69
EXPERTVOICE, pg. 233
EXPLORE COMMUNICATIONS, pg. 465
EXPONATION, pg. 305
EXPONENT PR, pg. 602
EXSEL ADVERTISING, pg. 70
EXTRACTABLE, INC., pg. 233
EXTRAORDINARY EVENTS, pg. 305
EXTREME REACH, INC., pg. 552
EXVERUS MEDIA INC., pg. 465
EYE MEDIA, pg. 552
EYETHINK, pg. 182
EYEVIEW DIGITAL, INC., pg. 233

F

FABCOM, pg. 357
FACEOUT STUDIOS, pg. 182
FACT & FICTION, pg. 70
FACTORY 360, pg. 306
FACTORY PR, pg. 602
FAHLGREN MORTINE PUBLIC RELATIONS, pg. 70
FAHRENHEIT 212, pg. 182
FAIN & TRIPP, pg. 70
FAIRE, LLC, pg. 357
FAIRWAY OUTDOOR ADVERTISING, pg. 552

FAISS FOLEY WARREN, pg. 602
FAKE LOVE, pg. 183
FALK HARRISON, INC., pg. 183
FALL ADVERTISING, pg. 70
FALLON MEDICA, pg. 70
FALLON WORLDWIDE, pg. 70
FALLS AGENCY, pg. 70
FALLS COMMUNICATIONS, pg. 357
FAMA PR, INC., pg. 602
FAME, pg. 70
FAMILIAR CREATURES, pg. 71
FAMILY FEATURES, pg. 297
FANCY LLC, pg. 71
FANCY PANTS, pg. 233
FANCY RHINO, pg. 233
FANG DIGITAL MARKETING, pg. 234
FANNIT INTERNET MARKETING SERVICES pg. 357
FANTICH MEDIA, pg. 71
FARM, pg. 357
FARM DESIGN INCORPORATED, pg. 71
FARRIS MARKETING, pg. 357
FASONE PARTNERS, INC., pg. 357
FAST HORSE, pg. 603
FATHEAD DESIGN, INC., pg. 71
FATHOM, pg. 234
FCB CHICAGO, pg. 71
FCB HEALTH, pg. 72
FCB NEW YORK, pg. 357
FCB TORONTO, pg. 72
FCB WEST, pg. 72
FCB/SIX, pg. 358
FCBCURE, pg. 73
FCEDGE, INC., pg. 7
FD2S, pg. 183
FEARLESS AGENCY, pg. 73
FEARLESS MEDIA, pg. 673
FEATURE ADVERTISING, pg. 673
FEED MEDIA PUBLIC RELATIONS, pg. 603
FEINSTEIN KEAN HEALTHCARE, pg. 603
FELDMAN, GRALLA & ROBIN ADVERTISING, pg. 358
FENTON COMMUNICATIONS, pg. 603
FEREBEELANE, pg. 358
FEREN COMMUNICATIONS, pg. 603
FERGUSON ADVERTISING, INC., pg. 73
FETCH, pg. 533
FF CREATIVE, pg. 234
FFR HEALTHCARE, pg. 444
FIDGET BRANDING, pg. 7
FIELD DAY, pg. 358
FIFTEEN, pg. 73
FIFTEEN DEGREES, pg. 358
FIFTYANDFIVE.COM, pg. 234
FIG, pg. 73
FILTER, pg. 234
FINANCIAL RELATIONS BOARD, pg. 603
FINCH BRANDS, pg. 7
FINE DESIGN GROUP, pg. 183
FINEMAN PR, pg. 603
FINGERPAINT MARKETING, pg. 358
FINISHED ART, INC., pg. 183
FINN PARTNERS, pg. 603
FINSBURY, pg. 604
FIONTA, pg. 183
FIRE STARTER STUDIOS, pg. 234
FIREBELLY MARKETING, pg. 685
FIREFLY, pg. 552
FIREFLY CREATIVE SERVICES, pg. 73
FIREHOUSE, INC., pg. 358
FIREMAN CREATIVE, pg. 183
FIRESPRING, pg. 234
FIREWOOD, pg. 283
FIRMANI & ASSOCIATES, INC., pg. 604
FIRMIDABLE, pg. 73
FIRSTBORN, pg. 234
FISERV, INC., pg. 283
FISH CONSULTING LLC, pg. 604
FISHBAIT MARKETING, pg. 306
FISHBAT, pg. 234
FISHBOWL, pg. 234
FISHER, pg. 183
FISHMAN PUBLIC RELATIONS INC, pg. 604
FITCH, pg. 183
FITZCO, pg. 73

AGENCIES
INDEX OF AGENCY NAMES

FITZGERALD PR INC., pg. 604
FITZMARTIN, pg. 359
FIVEFIFTY, pg. 235
FIVEHUNDRED DEGREES STUDIO, pg. 74
FIXATION MARKETING, pg. 359
FIZZ, pg. 691
FKQ ADVERTISING, INC., pg. 359
FLASHPOINT PUBLIC RELATIONS, pg. 604
FLEISHMANHILLARD, pg. 605
FLEISHMANHILLARD HIGHROAD, pg. 606
FLEISHMANHILLARD WEST COAST, pg. 606
FLEXPOINT MEDIA, pg. 74
FLIGHT PATH CREATIVE, pg. 74
FLIGHTPATH, pg. 235
FLINT & STEEL, pg. 74
FLINT COMMUNICATIONS, INC., pg. 359
FLOWERS COMMUNICATIONS GROUP, pg. 606
FLS MARKETING, pg. 359
FLUENT360, pg. 540
FLUID, INC., pg. 235
FLY COMMUNICATIONS, INC., pg. 74
FLYING A, pg. 359
FLYING HORSE COMMUNICATION, pg. 359
FLYING MACHINE, pg. 74
FLYNN, pg. 74
FLYNN WRIGHT, INC., pg. 359
FMI DIRECT, INC., pg. 284
FOCUS USA, pg. 284
FOCUSED IMAGE, pg. 235
FOERSTEL DESIGN, pg. 183
FOLKLORE DIGITAL, pg. 235
FOODMINDS, LLC, pg. 606
FOODMIX MARKETING COMMUNICATIONS, pg. 359
FORCE 5, pg. 7
FORCE MAJURE DESIGN INC., pg. 183
FORCE MARKETING, pg. 284
FORESIGHT GROUP, pg. 74
FORESIGHT ROI, pg. 681
FORGE WORLDWIDE, pg. 183
FORMATION DESIGN GROUP, pg. 183
FORMATIVE, pg. 235
FORREST & BLAKE, INC., pg. 540
FORSMAN & BODENFORS, pg. 74
FORT GROUP, INC., pg. 359
FORTNIGHT COLLECTIVE, pg. 7
FORTY TWO EIGHTY NINE, pg. 359
FORTYFOUR, pg. 235
FORWARD BRANDING, pg. 184
FORWARDPMX, pg. 360
FOSTER MARKETING COMMUNICATIONS, pg. 360
FOUNDRY, pg. 75
FOXX ADVERTISING & DESIGN, pg. 184
FPO MARKETING, pg. 360
FRACTL, pg. 686
FRANCO PUBLIC RELATIONS GROUP, pg. 606
FRANK ADVERTISING, pg. 360
FRANK COLLECTIVE, pg. 75
FRANKE AND FIORELLA, pg. 184
FRANKLIN STREET MARKETING & ADVERTISING, pg. 360
FRASER COMMUNICATIONS, pg. 540
FRAZIERHEIBY, pg. 75
FRCH DESIGN WORLDWIDE, pg. 184
FRED AGENCY, pg. 360
FREDERICK & FROBERG DESIGN OFFICES, INC., pg. 184
FREDERICK SWANSTON, pg. 360
FREEBAIRN & COMPANY, pg. 360
FREED ADVERTISING, pg. 360
FREEMAN PUBLIC RELATIONS, pg. 606
FREEWHEEL, pg. 465
FRENCH / BLITZER / SCOTT, pg. 361
FRENCH / WEST / VAUGHAN, pg. 361
FRESH COMMUNICATIONS, pg. 606
FRIENDS & NEIGHBORS, pg. 7
FRONTIER STRATEGIES, INC., pg. 465
FRONTLINE PUBLIC INVOLVEMENT, pg. 606
FROST & SULLIVAN, pg. 444
FRWD, pg. 235
FRY COMMUNICATIONS, INC, pg. 361
FSC INTERACTIVE, pg. 235
FTI CONSULTING, pg. 606
FUEL MARKETING, pg. 361
FULL CONTACT ADVERTISING, pg. 75

FULL COURT PRESS COMMUNICATIONS, pg. 607
FULLSIX MEDIA, pg. 465
FUNAMBOL, pg. 533
FUNCTION:, pg. 184
FUNDAMENTAL MEDIA, pg. 465
FUNK, LEVIS & ASSOCIATES, pg. 184
FUNWORKS, pg. 75
FURIA RUBEL COMMUNICATIONS, INC., pg. 607
FURMAN FEINER ADVERTISING, pg. 667
FURMAN ROTH ADVERTISING, pg. 361
FUSE INTERACTIVE, pg. 235
FUSE MARKETING GROUP, INC., pg. 8
FUSE, LLC, pg. 8
FUSEIDEAS, LLC, pg. 306
FUSEPROJECT, INC., pg. 184
FUSION MARKETING, pg. 8
FUSION PUBLIC RELATIONS, pg. 607
FUSION92, pg. 235
FUSIONARY MEDIA, INC., pg. 236
FUSIONBOX, pg. 236
FUSZION / COLLABORATIVE, pg. 184
FUTUREBRAND SPECK, pg. 184
FUZZ PRODUCTIONS, pg. 236
FVM STRATEGIC COMMUNICATIONS, pg. 75

G

G+G ADVERTISING, pg. 540
G-NET MEDIA, pg. 236
G.A WRIGHT SALES, INC., pg. 284
G.F. ADVERTISING, pg. 75
G3 GROUP, pg. 673
G5 SEARCH MARKETING INC., pg. 673
G7 ENTERTAINMENT MARKETING, pg. 306
GA CREATIVE, pg. 361
GAGE, pg. 361
GAIL & RICE, pg. 306
GAIN, pg. 284
GALE, pg. 236
GALLEGOS UNITED, pg. 75
GALLOWAY RESEARCH SERVICE, pg. 444
GAMEPLAN CREATIVE, LLC, pg. 8
GAMS COMMUNICATIONS, pg. 361
GAP COMMUNICATIONS GROUP, INC., pg. 540
GARAGE TEAM MAZDA, pg. 465
GARD COMMUNICATIONS, pg. 75
GARRAND MOEHLENKAMP, pg. 75
GARRIGAN LYMAN GROUP, pg. 236
GARRISON HUGHES, pg. 75
GARTNER, INC., pg. 236
GARZA CREATIVE GROUP, pg. 76
GAS STATION TV, pg. 552
GASLIGHT CREATIVE, pg. 361
GATE 6, pg. 236
GATES, pg. 76
GATESMAN, pg. 76
GAUGER + ASSOCIATES, pg. 362
GBSM, pg. 607
GCG MARKETING, pg. 362
GCI GROUP, pg. 607
GDC MARKETING & IDEATION, pg. 362
GEAR COMMUNICATIONS, pg. 76
GEARSHIFT ADVERTISING, pg. 76
GEARY INTERACTIVE, pg. 76
GECKO GROUP, pg. 184
GEILE/LEON MARKETING COMMUNICATIONS, pg. 362
GELIA WELLS & MOHR, pg. 362
GEN.VIDEO, pg. 236
GENDRON COMMUNICATIONS, pg. 362
GENERAL LEARNING COMMUNICATIONS, pg. 466
GENERATION, pg. 362
GENERATOR MEDIA + ANALYTICS, pg. 466
GENESCO SPORTS ENTERPRISES, pg. 306
GENESYS TELECOMMUNICATIONS LABORATORIES, pg. 168
GENOME, pg. 236
GENTLEMAN SCHOLAR, pg. 562
GENUINE INTERACTIVE, pg. 237
GEOFFREY WEILL ASSOCIATES, INC., pg. 607
GEOMETRY, pg. 363
GEONETRIC, pg. 237
GEORGE LAY SIGNS, INC., pg. 552

GEOVISION, pg. 540
GERSHONI, pg. 76
GERSON LEHRMAN GROUP, pg. 168
GESTALT BRAND LAB, pg. 76
GETO & DE MILLY, INC., pg. 607
GFK, pg. 444
GFK CUSTOM RESEARCH, INC., pg. 445
GFK MRI, pg. 445
GHIORSE & SORRENTI, INC., pg. 607
GHOSTPISTOLS, pg. 76
GIANT PROPELLER, pg. 76
GIANT SPOON, LLC, pg. 363
GIANT STEP, pg. 691
GIBBS & SOELL, INC., pg. 607
GIGANTE VAZ PARTNERS, pg. 363
GIGASAVVY, pg. 237
GILBREATH COMMUNICATIONS, INC., pg. 541
GILLESPIE GROUP, pg. 76
GINNY RICHARDSON PUBLIC RELATIONS, pg. 607
GIORDANO KEARFOTT DESIGN, INC., pg. 184
GIOVATTO ADVERTISING, pg. 363
GIRALDI MEDIA, pg. 466
GIRL ON THE ROOF, INC, pg. 364
GITENSTEIN & ASSADI PUBLIC RELATIONS, pg. 607
GKV, pg. 364
GLA COMMUNICATIONS, pg. 608
GLOBAL 5, pg. 608
GLOBAL COMMUNICATION WORKS, pg. 608
GLOBAL COMMUNICATORS, pg. 608
GLOBAL FLUENCY, pg. 608
GLOBAL GATEWAY ADVISORS, LLC, pg. 608
GLOBAL MECHANIC, pg. 466
GLOBAL MEDIA GROUP, pg. 76
GLOBAL RESULTS COMMUNICATIONS, pg. 608
GLOBAL STRATEGIES, pg. 673
GLODOW NEAD COMMUNICATIONS, pg. 608
GLOVER PARK GROUP, pg. 608
GLOW, pg. 237
GLYNNDEVINS, pg. 364
GLYNNDEVINS MARKETING, pg. 364
GLYPHIX, pg. 76
GMLV, pg. 466
GMMB, pg. 364
GMR MARKETING, pg. 307
GMR MARKETING CHICAGO, pg. 307
GMR MARKETING SAN FRANCISCO, pg. 307
GNF MARKETING, pg. 364
GO WEST CREATIVE, pg. 307
GO! EXPERIENCE DESIGN, pg. 307
GOBIG BRANDING, INC., pg. 184
GOCONVERGENCE, pg. 364
GODA ADVERTISING, pg. 364
GODAT DESIGN, pg. 185
GODBE COMMUNICATIONS, pg. 445
GODFREY, pg. 8
GODFREY DADICH, pg. 364
GODO DISCOVERY COMPANY, pg. 77
GODWIN GROUP, pg. 364
GOFF PUBLIC, pg. 608
GOLDFARB WEBER CREATIVE MEDIA, pg. 562
GOLDMAN & ASSOCIATES, pg. 608
GOLDSTEIN GROUP COMMUNICATIONS, INC., pg. 365
GOLIN, pg. 609
GOMEDIA, pg. 77
GONZALEZ MARKETING, pg. 610
GOOD ADVERTISING, INC., pg. 365
GOOD APPLE DIGITAL, pg. 466
GOODBY, SILVERSTEIN & PARTNERS, pg. 77
GOODMAN MEDIA INTERNATIONAL, INC., pg. 610
GOODWIN DESIGN GROUP, pg. 185
GORDON C. JAMES PUBLIC RELATIONS, pg. 610
GOTHAM, INC., pg. 77
GP GENERATE, LLC, pg. 541
GPSHOPPER, pg. 533
GRA INTERACTIVE, pg. 237
GRACE OUTDOOR ADVERTISING, pg. 552
GRADIENT EXPERIENTIAL LLC, pg. 78
GRADY BRITTON ADVERTISING, pg. 78
GRAF MEDIA GROUP, pg. 552
GRAFIK MARKETING COMMUNICATIONS, pg. 185
GRAGG ADVERTISING, pg. 78
GRAHAM GROUP, pg. 365

A-9

INDEX OF AGENCY NAMES

GRAHAM OLESON, pg. 78
GRAJ + GUSTAVSEN, INC., pg. 8
GRAND COMMUNICATIONS, INC., pg. 610
GRANDESIGN, pg. 552
GRANT DESIGN COLLABORATIVE, pg. 185
GRANT MARKETING, pg. 78
GRAPEVINE COMMUNICATIONS, pg. 78
GRAPHIC SOLUTIONS, LTD., pg. 185
GRASSROOTS ADVERTISING, INC., pg. 691
GRAVINA SMITH & MATTE, INC., pg. 610
GRAVITY DESIGN, INC., pg. 185
GRAVITY.LABS, pg. 365
GRAY & ASSOCIATES DIVERSITY ADVERTISING & PUBLIC RELATIONS, pg. 541
GRAY LOON MARKETING GROUP, pg. 365
GRAYLING, pg. 610
GRAYLING USA, pg. 610
GREAT INK COMMUNICATIONS, INC., pg. 610
GREATER THAN ONE, pg. 8
GREATEST COMMON FACTORY, pg. 365
GREEN OLIVE MEDIA, LLC, pg. 610
GREEN TEAM ADVERTISING, pg. 8
GREENFIELD / BELSER LTD, pg. 185
GREENHAUS, pg. 365
GREENHOUSE AGENCY, pg. 307
GREENHOUSE PARTNERS, pg. 8
GREENOUGH COMMUNICATIONS, pg. 610
GREENRUBINO, pg. 365
GREENTARGET GLOBAL GROUP LLC, pg. 611
GREGORY FCA COMMUNICATIONS, INC., pg. 611
GREGORY WELTEROTH ADVERTISING, pg. 466
GRETEL, pg. 78
GRETEMAN GROUP, pg. 8
GREY BEAUTY GROUP, pg. 9
GREY CANADA, pg. 365
GREY GROUP, pg. 365
GREY MIDWEST, pg. 366
GREY WEST, pg. 367
GRIFFIN ARCHER, pg. 78
GRIFFIN360, pg. 611
GRIP LIMITED, pg. 78
GROSSMAN MARKETING GROUP, pg. 284
GROUNDFLOOR MARKETING, pg. 611
GROUNDTRUTH.COM, pg. 534
GROUNDZERO, pg. 78
GROUP 22, INC., pg. 185
GROUP G MARKETING PARTNERS pg. 284
GROUP NINE, pg. 78
GROUP TWO ADVERTISING, INC., pg. 78
GROUPM, pg. 466
GROUPM NEXT, pg. 439
GROVE MARKETING, INC., pg. 237
GROW INTERACTIVE, pg. 237
GROW MARKETING, pg. 691
GRP MEDIA, INC., pg. 467
GRUPO UNO INTERNATIONAL, pg. 79
GS&F, pg. 367
GSD&M, pg. 79
GSW WORLDWIDE, pg. 79
GSW WORLDWIDE / GSW, FUELED BY BLUE DIESEL, pg. 80
GTB, pg. 367
GTE, INC., pg. 368
GUD MARKETING, pg. 80
GUMAS ADVERTISING, pg. 368
GUMGUM, pg. 80
GUPTA MEDIA, pg. 237
GURU MEDIA SOLUTIONS, pg. 80
GUT MIAMI, pg. 80
GUTHRIE / MAYES & ASSOCIATES, INC., pg. 611
GWP BRAND ENGINEERING, pg. 9
GYK ANTLER, pg. 368
GYRO, pg. 368
GYRO NY, pg. 369

H

H&G MARKETING, pg. 80
H&L PARTNERS, pg. 369
H+A INTERNATIONAL, INC., pg. 611
H2M, pg. 81
HABANERO, pg. 237
HABERMAN, pg. 369
HACKERAGENCY, pg. 284
HADLER PUBLIC RELATIONS, INC., pg. 611
HAGER SHARP, INC., pg. 81
HAGGMAN, pg. 81
HAHN PUBLIC COMMUNICATIONS, pg. 686
HAILEY SAULT, pg. 81
HALLIBURTON INVESTOR RELATIONS, pg. 611
HALLOCK & BRANCH, pg. 81
HALLPASS MEDIA, pg. 81
HAMAGAMI/CARROLL, pg. 185
HAMAZAKI WONG MARKETING GROUP, pg. 81
HAMBLY & WOOLLEY, INC., pg. 185
HAMBRICK & ASSOCIATES, pg. 467
HAMILTON INK PUBLICITY & MEDIA RELATIONS, pg. 611
HAMMER CREATIVE, INC., pg. 562
HANAPIN MARKETING, pg. 237
HANCOCK ADVERTISING AGENCY, pg. 81
HANCOCK ADVERTISING GROUP, INC., pg. 81
HANGAR 18 CREATIVE GROUP, pg. 185
HANGAR12, pg. 567
HANGARFOUR CREATIVE, pg. 81
HANLEY WOOD MARKETING, pg. 9
HANLON CREATIVE, pg. 81
HANNA & ASSOCIATES, pg. 81
HANSEN BELYEA, pg. 185
HANSER & ASSOCIATES, pg. 611
HANSON DODGE, INC., pg. 185
HANSON WATSON ASSOCIATES, pg. 81
HANSON, INC., pg. 237
HAPI, pg. 81
HAPPY MEDIUM, pg. 238
HARBINGER COMMUNICATIONS, INC., pg. 611
HARGROVE INC., pg. 307
HARLEY & CO, pg. 9
HARMELIN MEDIA, pg. 467
HARMON GROUP, pg. 82
HAROLD WARNER ADVERTISING, INC., pg. 369
HARP INTERACTIVE, pg. 238
HARQUIN, pg. 82
HARRINGTON COMMUNICATIONS, pg. 611
HARRIS DEVILLE & ASSOCIATES, pg. 612
HARRIS, BAIO & MCCULLOUGH, pg. 369
HARRISON & SHRIFTMAN, pg. 612
HARRISON & STAR, INC., pg. 9
HARRISON MEDIA, pg. 468
HART, pg. 82
HARTE HANKS, INC., pg. 284
HARVEY AGENCY, pg. 681
HATCH ADVERTISING, pg. 82
HATCH DESIGN, pg. 186
HAUGAARD CREATIVE GROUP, pg. 186
HAUSER GROUP PUBLIC RELATIONS, pg. 612
HAVAS EDGE, pg. 285
HAVAS FORMULA, pg. 612
HAVAS FORMULATIN, pg. 612
HAVAS HEALTH & YOU, pg. 82
HAVAS HELIA, pg. 238
HAVAS IMPACT, pg. 307
HAVAS MEDIA GROUP, pg. 470
HAVAS NEW YORK, pg. 369
HAVAS PR, pg. 612
HAVAS SPORTS & ENTERTAINMENT, pg. 370
HAVAS TONIC, pg. 285
HAVAS WORLDWIDE CHICAGO, pg. 82
HAVAS WORLDWIDE SAN FRANCISCO, pg. 370
HAVAS WORLDWIDE TORONTO, pg. 83
HAVIT, pg. 83
HAWK, pg. 83
HAWKE MEDIA, pg. 370
HAWKINS INTERNATIONAL PUBLIC RELATIONS, pg. 612
HAWKPARTNERS, LLC, pg. 445
HAWORTH MARKETING & MEDIA, pg. 471
HAWTHORNE ADVERTISING, pg. 285
HAYMAKER, pg. 83
HAYTER COMMUNICATIONS, pg. 612
HAYWORTH CREATIVE, pg. 612
HB&M SPORTS, pg. 307
HCA MINDBOX, pg. 83
HCB HEALTH, pg. 83
HCK2 PARTNERS, pg. 613
HDMZ, pg. 83
HEAD GEAR ANIMATION, pg. 186
HEALIXGLOBAL, pg. 471
HEALTH4BRANDS CHELSEA, pg. 83
HEALTHCARE CONSULTANCY GROUP, pg. 83
HEALTHCARE SUCCESS, pg. 83
HEALTHSTAR COMMUNICATIONS, pg. 83
HEALTHWISE CREATIVE RESOURCE GROUP, pg. 83
HEARST AUTOS, pg. 238
HEARST MAGAZINES DIGITAL MEDIA, pg. 238
HEART CREATIVE, pg. 238
HEARTBEAT IDEAS, pg. 238
HEARTS & SCIENCE, pg. 473
HEAT, pg. 370
HEILBRICE, pg. 84
HEINRICH MARKETING, INC., pg. 84
HEINZEROTH MARKETING GROUP, pg. 84
HELEN THOMPSON MEDIA, pg. 473
HELIX DESIGN, INC., pg. 186
HELLMAN ASSOCIATES, INC., pg. 84
HELLO DESIGN, pg. 238
HELLOWORLD, pg. 567
HELMS WORKSHOP, pg. 9
HELO, pg. 307
HEMSWORTH COMMUNICATIONS, pg. 613
HENKE & ASSOCIATES, INC., pg. 370
HENRY & GERMANN PUBLIC AFFAIRS, LLC, pg. 613
HENRY V EVENTS, pg. 307
HEPTAGON, INC., pg. 84
HERCKY, PASQUA, HERMAN, INC., pg. 84
HERNANDEZ & GARCIA, LLC, pg. 84
HERO DIGITAL, pg. 238
HERO ENTERTAINMENT MARKETING, pg. 298
HERO MARKETING, pg. 370
HERON AGENCY, pg. 613
HERRING DESIGN STUDIO, pg. 186
HERRMANN ADVERTISING DESIGN, pg. 186
HERZOG & COMPANY, pg. 298
HEXNET DIGITAL MARKETING, pg. 239
HEY WONDERFUL, pg. 562
HFS COMMUNICATIONS, pg. 567
HI-GLOSS, pg. 84
HI5.AGENCY, pg. 239
HIEBING, pg. 85
HIGH COTTON PROMOTIONS U.S.A, INC., pg. 567
HIGH SYNERGY LLC, pg. 9
HIGH TIDE CREATIVE, pg. 85
HIGHDIVE, pg. 85
HIGHFIELD, pg. 85
HIKER, pg. 239
HILL, pg. 186
HILL HOLLIDAY, pg. 85
HILL+KNOWLTON STRATEGIES, pg. 613
HILL+KNOWLTON STRATEGIES CANADA, pg. 613
HILTON & MYERS ADVERTISING, pg. 86
HIMMELRICH INC., pg. 614
HINGE, pg. 370
HINT CREATIVE, pg. 86
HIP ADVERTISING, pg. 86
HIRONS & COMPANY, pg. 86
HIRSHORN ZUCKERMAN DESIGN GROUP, pg. 371
HISPANIC GROUP, pg. 371
HITCHCOCK FLEMING & ASSOCIATES, INC., pg. 86
HITWISE, pg. 86
HJMT PUBLIC RELATIONS, INC., pg. 686
HKA, INC., pg. 614
HL GROUP, pg. 614
HMA ASSOCIATES, INC., pg. 541
HMA PUBLIC RELATIONS, pg. 614
HMC 2, pg. 371
HMC ADVERTISING, INC., pg. 541
HMH, pg. 86
HMR DESIGNS, pg. 308
HMT ASSOCIATES, INC., pg. 681
HODDER, pg. 86
HODGES & ASSOCIATES, pg. 86
HODGES ASSOCIATES, pg. 86
HOFFMAN IMC, pg. 86
HOFFMAN YORK, pg. 371
HOLLAND - MARK, pg. 87
HOLLAND ADVERTISING, pg. 87
HOLLYROCK / MILLER, pg. 371
HOLLYWOOD AGENCY, pg. 371

AGENCIES
INDEX OF AGENCY NAMES

HOLMES & COMPANY, pg. 87
HOLMES CREATIVE COMMUNICATIONS, pg. 614
HOOK, pg. 239
HOORAY AGENCY, pg. 239
HOPE-BECKHAM, INC., pg. 614
HORICH HECTOR LEBOW ADVERTISING, pg. 87
HORIZON MEDIA, INC., pg. 473
HOSTS NEW ORLEANS, pg. 308
HOT DISH ADVERTISING, pg. 87
HOT IN THE KITCHEN, pg. 9
HOT OPERATOR, pg. 9
HOT PINK, INC., pg. 87
HOT TOMALI COMMUNICATIONS, INC., pg. 371
HOTHOUSE, pg. 371
HOTWIRE PR, pg. 614
HOUSE OF KAIZEN, pg. 239
HOUSE OF MARKETING RESEARCH, pg. 541
HOWARD CONSULTING GROUP, pg. 614
HOWARD MILLER ASSOCIATES, INC., pg. 87
HOWELL LIBERATORE & WICKHAM, INC., pg. 371
HS AD, pg. 87
HUB COLLECTIVE, LTD., pg. 186
HUB STRATEGY & COMMUNICATION, pg. 9
HUBBELL GROUP, INC., pg. 614
HUDSON RIVER GROUP, pg. 239
HUDSON ROUGE, pg. 371
HUEMOR, pg. 239
HUGE, INC., pg. 240
HUGHES & STUART, pg. 686
HUGHES DESIGN GROUP, pg. 186
HUGHESLEAHYKARLOVIC, pg. 372
HUMANAUT, pg. 87
HUNT ADKINS, pg. 372
HUNT MARKETING GROUP, pg. 285
HUNTER HAMERSMITH, pg. 87
HUNTER PUBLIC RELATIONS, pg. 614
HUNTSINGER & JEFFER, INC., pg. 285
HUSH STUDIOS, INC., pg. 186
HVS AMERICAN HOSPITALITY CO., pg. 372
HWH PUBLIC RELATIONS, pg. 614
HYBRID DESIGN, pg. 87
HYDROGEN, pg. 87
HYFN, pg. 240
HYLINK, pg. 240
HYPE, pg. 614
HYPE CREATIVE PARTNERS, pg. 88
HYPE GROUP LLC, pg. 372

I

I HEART MEDIA, pg. 552
I.D.E.A., pg. 9
I2I ADVERTISING & MARKETING, pg. 88
IA COLLABORATIVE, pg. 186
IBM IX, pg. 240
IC GROUP, pg. 567
ICED MEDIA, pg. 240
ICF NEXT, pg. 615
ICON INTERNATIONAL, INC., pg. 476
ICON MEDIA DIRECT, pg. 476
ICONMOBILE, pg. 534
ICR, pg. 615
ICROSSING, pg. 240
ICS CORPORATION, pg. 285
ID GRAPHICS, pg. 186
ID MEDIA, pg. 477
IDEA BANK MARKETING, pg. 88
IDEA ENGINEERING, INC., pg. 88
IDEA HALL, pg. 615
IDEALAUNCH, pg. 673
IDEAMILL, pg. 88
IDEAOLOGY ADVERTISING, pg. 88
IDEAS ON PURPOSE, pg. 186
IDEAS THAT KICK, pg. 186
IDEASTUDIO, pg. 10
IDENTITY, pg. 88
IDEO, pg. 187
IDEO , pg. 187
IDEOCLICK, pg. 241
IDEOPIA, pg. 88
IDFIVE, pg. 373
IDFOUR, pg. 285
IEG, LLC., pg. 308

IFTHEN DIGITAL, pg. 241
IFUEL, pg. 88
IGNITE CREATIVE SERVICES, LLC, pg. 88
IGNITE MEDIA SOLUTIONS, pg. 241
IGNITE SOCIAL MEDIA, pg. 686
IGNITED, pg. 373
IGNITIONONE, pg. 673
IGOE CREATIVE, pg. 373
IGT MEDIA HOLDINGS, pg. 477
ILEVEL MEDIA, pg. 615
ILIUM ASSOCIATES, INC., pg. 88
ILM SERVICES, pg. 241
IMAGE 4, pg. 187
IMAGE ASSOCIATES INC., pg. 241
IMAGE MAKERS ADVERTISING, INC., pg. 88
IMAGE MASTERS, pg. 89
IMAGINARY FORCES, pg. 187
IMAGINASIUM, pg. 89
IMAGINATION PUBLISHING, LLC, pg. 187
IMAGINE, pg. 241
IMAGINE EXHIBITIONS, INC., pg. 373
IMAGINE IT! MEDIA, INC., pg. 477
IMAGINUITY, pg. 373
IMAGINUITRE INTERACTIVE, INC., pg. 241
IMC / IRVINE MARKETING COMMUNICATIONS, pg. 89
IMG LIVE, pg. 308
IMI INTERNATIONAL, pg. 445
IMM, pg. 373
IMMERSION ACTIVE, INC., pg. 241
IMMOTION STUDIOS, pg. 89
IMPACT MOBILE, pg. 534
IMPACT XM, pg. 308
IMPRENTA COMMUNICATIONS GROUP, pg. 89
IMPRESSIONS, pg. 89
IMRE, pg. 374
IMS MEDIA SOLUTIONS, pg. 241
IMW AGENCY, pg. 374
IN CONNECTED MARKETING, pg. 681
IN PLACE MARKETING, pg. 374
IN PLAIN SIGHT MARKETING LLC, pg. 89
INC DESIGN, pg. 187
INCENTIVE SOLUTIONS, pg. 567
INCEPTION MARKETING, pg. 374
INCREMENTAL MEDIA, pg. 477
INDEPENDENT GRAPHICS INC., pg. 374
INDIANA DESIGN CONSORTIUM, INC., pg. 187
INDIGO STUDIOS, pg. 187
INDUSTRIAL STRENGTH MARKETING, INC., pg. 686
INDUSTRY, pg. 187
INERGY GROUP, pg. 187
INFERNO, LLC, pg. 374
INFINITEE COMMUNICATIONS, INC., pg. 374
INFINITY CONCEPTS, pg. 285
INFINITY DIRECT, pg. 286
INFINITY MARKETING, pg. 374
INFINITY MARKETING TEAM, pg. 308
INFLUENCE & CO, pg. 615
INFOGROUP, pg. 286
INFOGROUP MEDIA SOLUTIONS, pg. 286
INFORMA RESEARCH SERVICES, pg. 445
INFUSE CREATIVE, pg. 673
INGENUITY, pg. 187
INGRAM CONSUMER DYNAMICS, pg. 10
INGRAM MICRO, INC., pg. 242
INGREDIENT, pg. 10
INHANCE DIGITAL, pg. 242
INITIATE-IT LLC, pg. 375
INITIATIVE, pg. 478
INK & ROSES, pg. 615
INK LINK MARKETING LLC, pg. 615
INK, INC., pg. 615
INKHOUSE PUBLIC RELATIONS, pg. 615
INLINE MEDIA, INC., pg. 479
INNERWORKINGS, INC., pg. 375
INNIS MAGGIORE GROUP, pg. 375
INNOCEAN USA, pg. 479
INNOVACOM MARKETING & COMMUNICATIONS, pg. 375
INNOVAIRRE, pg. 89
INNOVATION PROTOCOL, pg. 10
INNOVATIVE ADVERTISING, pg. 375
INNOVATIVE TRAVEL MARKETING, pg. 480
INQUEST MARKETING, pg. 445

INSIDE OUT COMMUNICATIONS, pg. 89
INSIDE/OUT COMMUNICATIONS, pg. 616
INSIDESALES.COM, pg. 168
INSIGHT CREATIVE GROUP, pg. 89
INSIGHT CREATIVE, INC., pg. 89
INSIGHT MARKETING DESIGN, pg. 89
INSIGHT MARKETING, LLC, pg. 616
INSIGHT OUT OF CHAOS, pg. 286
INSIGHT PRODUCT DEVELOPMENT, pg. 445
INSIGHT STRATEGY GROUP, pg. 445
INSITE MEDIACOM, pg. 552
INSPIRA MARKETING GROUP, pg. 308
INSTRUMENT, pg. 242
INTEGRATED MARKETING SERVICES, INC., pg. 375
INTEGRATED MARKETING SOLUTIONS, pg. 89
INTEGRATED MERCHANDISING SYSTEMS, pg. 286
INTEGRITY, pg. 90
INTERACTIVE ADVERTISING BUREAU, pg. 90
INTERBRAND, pg. 187
INTERCOMMUNICATIONS, INC., pg. 375
INTERESTING DEVELOPMENT, pg. 90
INTERKOM CREATIVE MARKETING, pg. 168
INTERLEX COMMUNICATIONS, pg. 541
INTERMARK GROUP, INC., pg. 375
INTERMARKET COMMUNICATIONS, pg. 375
INTERMARKETS, INC., pg. 242
INTERMEDIA ADVERTISING, pg. 375
INTERNATIONAL DIRECT RESPONSE, INC., pg. 286
INTERNET MARKETING NINJAS, pg. 242
INTEROP TECHNOLOGIES, pg. 534
INTERPUBLIC GROUP OF COMPANIES, pg. 90
INTERSECT DIGITAL LLC, pg. 242
INTERSECT MEDIA SOLUTIONS, pg. 480
INTERSECTION, pg. 553
INTERSPORT, pg. 308
INTERSTAR MARKETING & PUBLIC RELATIONS, pg. 616
INTERTREND COMMUNICATIONS, pg. 541
INTERTREND COMMUNICATIONS, INC., pg. 541
INTERTWINE INTERACTIVE, pg. 242
INTOUCH SOLUTIONS, INC., pg. 242
INTRINZIC, INC., pg. 10
INUVO, INC., pg. 90
INVENTA, pg. 10
INVENTIVA, pg. 541
INVESTIS DIGITAL, pg. 376
INVISION COMMUNICATIONS, pg. 308
INVNT, pg. 90
INXPO, pg. 308
IOMEDIA, INC., pg. 90
ION INTERACTIVE, INC., pg. 242
IOSTUDIO, pg. 242
IPG MEDIABRANDS, pg. 480
IPG360, pg. 90
IPNY, pg. 90
IPROSPECT, pg. 674
IPSOS, pg. 445
IPSOS ASI, pg. 446
IPSOS HEALTHCARE, pg. 446
IRIS, pg. 376
IRIS ATLANTA, pg. 90
IRONCLAD MARKETING, pg. 90
ISAAC REPUTATION GROUP, pg. 10
ISADORA AGENCY, pg. 91
ISM, INC, pg. 168
ISOBAR US, pg. 242
ITM NEWSPAPER MEDIA PLANNING & BUYING, pg. 480
IVIE & ASSOCIATES, INC., pg. 91
IW GROUP, INC., pg. 541
IWCO DIRECT, pg. 286
IX.CO, pg. 243
IXCO, pg. 243

J

J PUBLIC RELATIONS, pg. 616
J. BRENLIN DESIGN, INC. , pg. 188
J. GOTTHEIL MARKETING COMMUNICATIONS, INC., pg. 376
J. SCHMID & ASSOCIATES, pg. 286
J. W. MORTON & ASSOCIATES, pg. 91
J.G. SULLIVAN INTERACTIVE, INC., pg. 243

A-11

INDEX OF AGENCY NAMES — AGENCIES

J.R. THOMPSON COMPANY, pg. 376
J.T. MEGA, INC., pg. 91
J3, pg. 480
JACK MORTON WORLDWIDE, pg. 309
JACK NADEL, INC., pg. 567
JACKRABBIT DESIGN, pg. 188
JACKSON MARKETING GROUP, pg. 188
JACKSON SPALDING INC., pg. 376
JACOBS & CLEVENGER, INC., pg. 286
JACOBS AGENCY, INC., pg. 10
JACOBSEYE, pg. 243
JACOBSON ROST, pg. 376
JADI COMMUNICATIONS, INC., pg. 91
JAFFE & PARTNERS, pg. 377
JAFFE PR, pg. 616
JAGGED PEAK, pg. 91
JAJO, INC., pg. 91
JAM COLLECTIVE, pg. 616
JAM3, pg. 243
JAMISON ADVERTISING GROUP, pg. 91
JAN KELLEY MARKETING, pg. 10
JANE SMITH AGENCY, pg. 377
JANUARY DIGITAL, pg. 243
JARRARD PHILLIPS CATE & HANCOCK, pg. 616
JASCULCA / TERMAN & ASSOCIATES, pg. 616
JAVELIN AGENCY, pg. 286
JAY ADVERTISING, INC., pg. 377
JAYMIE SCOTTO & ASSOCIATES, pg. 616
JAYRAY, pg. 377
JB CHICAGO, pg. 188
JB KNOWLEDGE TECHNOLOGIES, INC., pg. 243
JCDECAUX NORTH AMERICA, pg. 553
JCF MARKETING, pg. 91
JCIR, pg. 617
JDM, pg. 243
JEBCOMMERCE, pg. 91
JEFF DEZEN PUBLIC RELATIONS, pg. 617
JEFFERSON WATERMAN INTERNATIONAL, pg. 617
JEFFREY ALEC COMMUNICATIONS, pg. 377
JEFFREY-SCOTT ADVERTISING, pg. 377
JEKYLL AND HYDE, pg. 92
JELLYFISH, pg. 243
JELLYFISH U.S., pg. 243
JELLYVISION LAB, pg. 377
JENERATE PR, pg. 617
JENNIFER BETT COMMUNICATIONS, pg. 617
JENNIFER CONNELLY PUBLIC RELATIONS, pg. 617
JENNINGS & ASSOCIATES COMMUNICATIONS INC., pg. 617
JENNINGS & COMPANY, pg. 92
JENSEN DESIGN ASSOCIATES, pg. 188
JERRY DEFALCO ADVERTISING, pg. 92
JIGSAW, LLC, pg. 377
JIM RICCA & ASSOCIATES, pg. 92
JK DESIGN, pg. 481
JL MEDIA, INC., pg. 481
JMG, INC., pg. 377
JMPR PUBLIC RELATIONS, pg. 617
JMW CONSULTANTS, INC., pg. 10
JNA ADVERTISING, pg. 92
JOAN, pg. 92
JOELE FRANK, WILKINSON BRIMMER KATCHER, pg. 617
JOHANNES LEONARDO, pg. 92
JOHN MANLOVE ADVERTISING, pg. 93
JOHN ST., pg. 93
JOHNSON & SEKIN, pg. 10
JOHNSON GRAY ADVERTISING, pg. 377
JOHNSON-RAUHOFF, INC., pg. 93
JONES & THOMAS, INC., pg. 377
JONES ADVERTISING, pg. 93
JONES HUYETT PARTNERS, pg. 93
JONES KNOWLES RITCHIE, pg. 11
JONES PUBLIC RELATIONS, INC., pg. 617
JONES WORLEY DESIGN, INC., pg. 188
JONESWORKS, pg. 618
JORDAN ADVERTISING, pg. 377
JOURNEY GROUP, pg. 377
JPA HEALTH COMMUNICATIONS, pg. 618
JPL, pg. 378
JPR COMMUNICATIONS, pg. 618
JS2 COMMUNICATIONS, pg. 618
JSTOKES, pg. 378
JUAREZ AND ASSOCIATES, INC., pg. 446

JUDSON DESIGN ASSOCIATES, pg. 188
JUICE PHARMA WORLDWIDE, pg. 93
JUICE STUDIOS, pg. 309
JULIET, pg. 11
JUMBOSHRIMP ADVERTISING, pg. 93
JUMP, pg. 188
JUMP 450 MEDIA, pg. 481
JUMP ASSOCIATES, pg. 618
JUMP COMPANY, pg. 378
JUMPCREW, pg. 93
JUMPFLY, INC., pg. 674
JUNCTION59, pg. 378
JUNGLE MEDIA, pg. 481
JUNIPER PARK\ TBWA, pg. 93
JUST MEDIA, INC., pg. 481
JWALCHER COMMUNICATIONS, pg. 618
JWT INSIDE, pg. 667
JWT TORONTO, pg. 378

K

K DUNN & ASSOCIATES, pg. 93
K/P CORPORATION, pg. 286
K2MD, pg. 93
KAESER & BLAIR, pg. 567
KAHN TRAVEL COMMUNICATIONS, pg. 481
KAILO COMMUNICATIONS STUDIO, LLC, pg. 618
KALEIDOSCOPE, pg. 298
KALLMAN WORLDWIDE, pg. 309
KANEEN ADVERTISING & PUBLIC RELATIONS, INC., pg. 618
KANGBINO, pg. 94
KANTAR, pg. 446
KANTAR MEDIA, pg. 446
KANTAR MILLWARD BROWN, pg. 446
KANTAR TNS, pg. 446
KAPLOW COMMUNICATIONS, pg. 618
KAPOW, INC., pg. 188
KAPOWZA, pg. 94
KARBO COMMUNICATIONS, pg. 618
KARMA AGENCY, pg. 618
KARSH & HAGAN, pg. 94
KARWOSKI & COURAGE, pg. 618
KASSING ANDREWS ADVERTISING, pg. 94
KASTNER, pg. 94
KATZ & ASSOCIATES, INC., pg. 686
KATZ MEDIA GROUP, pg. 481
KATZ MEDIA GROUP, INC., pg. 481
KCD, INC., pg. 94
KCSA STRATEGIC COMMUNICATIONS, pg. 619
KEA ADVERTISING, pg. 94
KEAP, pg. 168
KEARNS & WEST, INC, pg. 619
KEARNS MARKETING GROUP, INC., pg. 94
KEENAN-NAGLE ADVERTISING, pg. 94
KEF MEDIA ASSOCIATES, INC., pg. 619
KEITH SHERMAN & ASSOCIATES, INC., pg. 686
KEKST & COMPANY, INC., pg. 619
KEL & PARTNERS, pg. 619
KELLEN CO., pg. 686
KELLETT COMMUNICATIONS, pg. 94
KELLEY HABIB JOHN INTEGRATED MARKETING, pg. 11
KELLIHER SAMETS VOLK, pg. 94
KELLY, SCOTT & MADISON, INC., pg. 482
KELSH WILSON DESIGN, pg. 188
KEMP ADVERTISING + MARKETING, pg. 378
KEMPERLESNIK COMMUNICATIONS, pg. 619
KENDAL KING GROUP, pg. 188
KENNA, pg. 244
KENNEDY COMMUNICATIONS, pg. 482
KENSHOO, pg. 244
KEPLER GROUP, pg. 244
KERN, pg. 287
KERTIS CREATIVE, pg. 95
KETCHUM, pg. 619
KETCHUM SOUTH, pg. 620
KETCHUM WEST, pg. 620
KETTLE, pg. 244
KEVIN/ROSS PUBLIC RELATIONS, pg. 686
KEY-ADS, INC., pg. 553
KEYRELEVANCE, pg. 675
KEYSTONE OUTDOOR ADVERTISING, pg. 553

KGBTEXAS COMMUNICATIONS, pg. 95
KGLOBAL, pg. 620
KICKING COW PROMOTIONS, INC., pg. 309
KIDZSMART CONCEPTS, pg. 188
KIKU OBATA & CO., pg. 188
KILLER VISUAL STRATEGIES, pg. 189
KIMBERLY BAER DESIGN ASSOCIATES, pg. 189
KIMBO DESIGN, pg. 189
KINER COMMUNICATIONS, pg. 95
KINETIC CHANNEL MARKETING, pg. 95
KINETIC COMMUNICATIONS, pg. 244
KINETIC MARKETING GROUP, pg. 95
KINETIC WORLDWIDE, pg. 553
KINETIK COMMUNICATIONS GRAPHICS, pg. 189
KING & COMPANY, pg. 620
KING FISH MEDIA, pg. 482
KINGSPOKE, pg. 11
KINGSTAR DIRECT, INC., pg. 562
KINNEY + KINSELLA, pg. 11
KINZIEGREEN MARKETING GROUP, pg. 95
KIOSK CREATIVE LLC, pg. 378
KIRVIN DOAK COMMUNICATIONS, pg. 620
KITCHEN PUBLIC RELATIONS, LLC, pg. 620
KITEROCKET, pg. 620
KL COMMUNICATIONS, pg. 446
KLEIDON AND ASSOCIATES, pg. 95
KLICK HEALTH, pg. 244
KLIENTBOOST, pg. 244
KLUNDTHOSMER DESIGN, pg. 244
KLUNK & MILLAN ADVERTISING, pg. 95
KNIGHT, pg. 95
KNOCK, INC., pg. 95
KNOODLE SHOP, pg. 95
KNOWLEDGEBASE MARKETING, INC., pg. 446
KNOWN, pg. 298
KNOX MARKETING, pg. 568
KNUPP & WATSON & WALLMAN, pg. 378
KO CREATIVE, pg. 298
KOBIE MARKETING, pg. 287
KOEPPEL DIRECT, pg. 287
KOLANO DESIGN, INC., pg. 189
KOMARKETING ASSOCIATES, pg. 675
KONNECT AGENCY, pg. 620
KONNEKT DIGITAL ENGAGEMENT, pg. 245
KOOPMAN OSTBO INC., pg. 378
KOR GROUP, pg. 189
KORN HYNES ADVERTISING, pg. 95
KOROBERI NEW WORLD MARKETING, pg. 95
KOVAK-LIKLY COMMUNICATIONS, pg. 620
KOVEL FULLER, pg. 96
KOVERT CREATIVE, pg. 96
KPS3 MARKETING AND COMMUNICATIONS, pg. 378
KRACOE SZYKULA & TOWNSEND INC., pg. 96
KRAUSE ADVERTISING, pg. 379
KREBER, pg. 379
KREPS & DEMARIA, pg. 620
KROGER MEDIA SERVICES, pg. 96
KRUPP KOMMUNICATIONS, pg. 686
KRUSKOPF & COMPANY, pg. 96
KSM SOUTH, pg. 482
KUBIK, pg. 309
KUHL SWAINE, pg. 11
KUHLMANN LEAVITT, pg. 189
KVELL, pg. 96
KWG ADVERTISING, INC., pg. 96
KWT GLOBAL, pg. 621

L

L.C. WILLIAMS & ASSOCIATES, INC., pg. 621
L.E.T. GROUP, INC., pg. 245
L3 ADVERTISING INC., pg. 542
L7 CREATIVE COMMUNICATIONS, pg. 245
LA, INC., pg. 11
LABELLE BARIN ADVERTISING, pg. 379
LABOV MARKETING & TRAINING, pg. 379
LAFORCE, pg. 621
LAGES & ASSOCIATES, pg. 621
LAGRANT COMMUNICATIONS, pg. 621
LAIRD + PARTNERS, pg. 96
LAK PR, pg. 621
LAKE GROUP MEDIA, INC., pg. 287

AGENCIES

INDEX OF AGENCY NAMES

LAM ANDREWS, pg. 379
LAM DESIGN ASSOCIATES, INC., pg. 189
LAMAR GRAPHICS, pg. 553
LAMBERT EDWARDS & ASSOCIATES INC., pg. 621
LANDERS & PARTNERS, pg. 379
LANDIS COMMUNICATIONS INC., pg. 621
LANDOR, pg. 11
LANE PR, pg. 621
LANETERRALEVER, pg. 245
LANMARK360, pg. 379
LAPIZ, pg. 542
LAPLACA COHEN ADVERTISING, pg. 379
LARA MEDIA SERVICES, LLC, pg. 379
LARRY JOHN WRIGHT, INC., pg. 379
LAS VEGAS EVENTS, pg. 310
LATCHA+ASSOCIATES, pg. 168
LATIN WE, pg. 298
LATITUDE, pg. 379
LATORRA, PAUL & MCCANN, pg. 379
LAUGHLIN CONSTABLE, INC., pg. 379
LAUNCH ADVERTISING, pg. 97
LAUNCH AGENCY, pg. 97
LAUNCH DIGITAL MARKETING, pg. 245
LAUNCH INTERACTIVE, LLC, pg. 245
LAUNCHFIRE, INC., pg. 568
LAUNCHSQUAD, pg. 621
LAUNDRY SERVICE, pg. 287
LAURA BURGESS MARKETING, pg. 622
LAURA DAVIDSON PUBLIC RELATIONS, pg. 622
LAWLER BALLARD VAN DURAND, pg. 97
LAWRENCE & SCHILLER, pg. 97
LAWRENCE PR, pg. 622
LAYER ONE MEDIA, INC., pg. 245
LCI COMMUNICATIONS, INC., pg. 97
LDWW GROUP, pg. 622
LEADING AUTHORITIES, INC., pg. 622
LEADING EDGE COMMUNICATIONS, pg. 97
LEADING EDGES ADVERTISING, pg. 97
LEADMASTER, pg. 168
LEADMD, pg. 380
LEAP, pg. 245
LEARFIELD IMG COLLEGE, pg. 310
LEARFIELD SPORTS, pg. 310
LEE TILFORD AGENCY, pg. 97
LEGACY MARKETING PARTNERS, pg. 310
LEGEND PR, pg. 622
LEGION ADVERTISING, pg. 542
LEHIGH MINING & NAVIGATION, pg. 97
LENTS AND ASSOCIATES LLC, pg. 622
LENZ, INC., pg. 622
LEO BURNETT DETROIT, pg. 97
LEO BURNETT TORONTO, pg. 97
LEO BURNETT WORLDWIDE, pg. 98
LEOPOLD KETEL & PARTNERS, pg. 99
LEOTTA DESIGNERS, INC., pg. 189
LEPOIDEVIN MARKETING, pg. 380
LERNER ADVERTISING, pg. 99
LESSING-FLYNN ADVERTISING CO., pg. 99
LEVEL, pg. 99
LEVELWING MEDIA, LLC, pg. 245
LEVER INTERACTIVE, pg. 245
LEVERAGE, pg. 245
LEVERAGE AGENCY, pg. 298
LEVERAGE MARKETING GROUP, pg. 99
LEVERAGE MARKETING, LLC, pg. 675
LEVIATHAN, pg. 189
LEVICK STRATEGIC COMMUNICATIONS, pg. 622
LEVINE & ASSOCIATES, INC., pg. 11
LEVLANE ADVERTISING, pg. 380
LEVY MG, pg. 245
LEWIS ADVERTISING, INC., pg. 380
LEWIS COMMUNICATIONS, pg. 100
LEWIS COMMUNICATIONS, pg. 100
LEWIS GLOBAL COMMUNICATIONS, pg. 380
LEWIS MEDIA PARTNERS, pg. 482
LEXICON BRANDING, INC., pg. 189
LEXPR, pg. 622
LFO'CONNELL, pg. 380
LG2, pg. 380
LHWH ADVERTISING & PUBLIC RELATIONS, pg. 381
LIEBERMAN RESEARCH WORLDWIDE, pg. 446
LIFEBRANDS, pg. 287

LIGHTBOX OOH VIDEO NETWORK, pg. 553
LIGHTHOUSE, INC., pg. 11
LIGHTNING JAR, pg. 246
LIGHTNING ORCHARD, pg. 11
LIKEABLE MEDIA, pg. 246
LILJA INC., pg. 622
LIMB DESIGN, pg. 100
LIME MEDIA, pg. 568
LIMELIGHT MEDIA, INC., pg. 298
LINCOLN DIGITAL GROUP, pg. 246
LINDSAY, STONE & BRIGGS, pg. 100
LINESPACE, pg. 189
LINETT & HARRISON, pg. 100
LINHART PUBLIC RELATIONS, pg. 622
LINK MEDIA OUTDOOR, pg. 553
LINNIHAN FOY ADVERTISING, pg. 100
LIPMAN HEARNE, INC., pg. 381
LIPPE TAYLOR, pg. 623
LIPPERT / HEILSHORN & ASSOCIATES, INC., pg. 623
LIPPINCOTT, pg. 189
LIQUID ADVERTISING, INC., pg. 100
LIQUID AGENCY, INC., pg. 12
LISTRAK, pg. 246
LITTLE & COMPANY, pg. 12
LITTLE ARROWS, pg. 687
LITTLE BIG BRANDS, pg. 12
LITTLEFIELD BRAND DEVELOPMENT, pg. 12
LITZKY PUBLIC RELATIONS, pg. 623
LIVE MARKETING, pg. 310
LIVEWORLD, pg. 246
LJG PARTNERS, pg. 189
LKH&S, pg. 381
LLOYD&CO, pg. 190
LMA, pg. 623
LMGPR, pg. 623
LMNO, pg. 100
LMO ADVERTISING, pg. 100
LO:LA, pg. 101
LOCAL PROJECTS, pg. 190
LOCALBIZNOW, pg. 675
LOCATION 8, pg. 101
LOCATION3 MEDIA, pg. 246
LOCKARD & WECHSLER, pg. 287
LODESTAR MARKETING GROUP, pg. 381
LODGE DESIGN CO., pg. 190
LODGING INTERACTIVE, pg. 246
LODICO & COMPANY, pg. 381
LOGIC SOLUTIONS, INC., pg. 247
LOGICA DESIGN, pg. 190
LOGICAL MEDIA GROUP, pg. 247
LOHRE & ASSOCIATES, INC., pg. 381
LONDON MISHER PUBLIC RELATIONS, pg. 623
LONGITUDE, pg. 12
LONGWATER ADVERTISING, pg. 101
LOONEY ADVERTISING, pg. 101
LOPEZ NEGRETE COMMUNICATIONS, INC., pg. 542
LORD DANGER, pg. 562
LOS FELIZ AIRLINES, pg. 562
LOSASSO INTEGRATED MARKETING, pg. 381
LOTAME, pg. 446
LOU HAMMOND GROUP, pg. 381
LOUEY / RUBINO DESIGN GROUP, pg. 190
LOUIS & PARTNERS DESIGN, pg. 190
LOVE & COMPANY, pg. 101
LOVE ADVERTISING, pg. 101
LOVE COMMUNICATIONS, pg. 101
LOVELL COMMUNICATIONS, INC., pg. 623
LOVIO-GEORGE, INC., pg. 101
LOYALKASPAR, pg. 12
LP&G, INC., pg. 381
LPI GROUP, pg. 12
LPK, pg. 12
LRWMOTIVEQUEST, pg. 447
LRXD, pg. 101
LUBICOM MARKETING CONSULTING, pg. 381
LUCAS MARKET RESEARCH, pg. 447
LUCKIE & COMPANY, pg. 382
LUCKY BREAK PUBLIC RELATIONS, pg. 623
LUCKY GENERALS, pg. 101
LUKAS PARTNERS, pg. 623
LUME CREATIVE, pg. 101
LUMENCY INC., pg. 310

LUMENTUS, pg. 624
LUQUIRE GEORGE ANDREWS, INC., pg. 382
LUXE COLLECTIVE GROUP, pg. 102
LVLY STUDIOS, pg. 247
LYERLY AGENCY, pg. 382
LYON & ASSOCIATES CREATIVE SERVICES, INC., pg. 102
LYONS & SUCHER ADVERTISING, pg. 382
LYONS CONSULTING GROUP, pg. 247

M

M BOOTH & ASSOCIATES, INC., pg. 624
M&C SAATCHI LA, pg. 482
M&C SAATCHI PERFORMANCE, pg. 247
M+R, pg. 12
M-STREET CREATIVE, pg. 190
M/SIX, pg. 483
M2W RETAILDETAIL, pg. 102
M3 AGENCY, pg. 102
M45 MARKETING SERVICES, pg. 382
M5, pg. 102
M5 MARKETING COMMUNICATIONS, pg. 102
M8, pg. 542
M:UNITED//MCCANN, pg. 102
MA3 AGENCY, pg. 190
MABBLY, pg. 247
MAC PRESENTS, pg. 298
MACCABEE GROUP PUBLIC RELATIONS, pg. 624
MACDONALD MEDIA, LLC, pg. 553
MACHER, pg. 102
MACIAS CREATIVE, pg. 543
MACKINNON CALDERWOOD ADVERTISING, pg. 483
MACMILLAN COMMUNICATIONS, pg. 624
MACQUARIUM, INC., pg. 247
MACY + ASSOCIATES, INC., pg. 382
MAD 4 MARKETING, pg. 102
MAD GENIUS, pg. 13
MAD MEN MARKETING, pg. 102
MAD*POW, pg. 247
MADANDWALL, pg. 102
MADDEN MEDIA, pg. 247
MADDOCK DOUGLAS, pg. 102
MADE MOVEMENT, pg. 103
MADISON & MAIN, pg. 382
MADISON AVENUE MARKETING GROUP, pg. 287
MADISON AVENUE SOCIAL, pg. 103
MADISON GOVERNMENT AFFAIRS, pg. 624
MADISON MEDIA GROUP, pg. 562
MADRAS GLOBAL, pg. 103
MADWELL, pg. 103
MAGIC LOGIX, pg. 382
MAGID, pg. 447
MAGNA GLOBAL, pg. 483
MAGNANI CONTINUUM MARKETING, pg. 103
MAGNET MEDIA, INC., pg. 247
MAGNETIC, pg. 447
MAGNETO BRAND ADVERTISING, pg. 13
MAGRINO PUBLIC RELATIONS, pg. 624
MAHALO SPIRITS GROUP, pg. 13
MAIER ADVERTISING, INC., pg. 103
MAIN EVENT MARKETING, pg. 310
MAINGATE, INC., pg. 310
MAISONBRISON, pg. 624
MAJOR TOM, pg. 13
MAKAI, INC., pg. 310
MAKIARIS MEDIA SERVICES, pg. 483
MAKOVSKY & COMPANY, INC., pg. 624
MALKA, pg. 562
MALONEY STRATEGIC COMMUNICATIONS, pg. 103
MAMMOTH ADVERTISING, pg. 248
MAN MARKETING, pg. 103
MANCUSO MEDIA, pg. 382
MANDALA, pg. 103
MANGAN HOLCOMB PARTNERS, pg. 103
MANGOS INC., pg. 103
MANHATTAN MARKETING ENSEMBLE, pg. 382
MANIFEST, pg. 383
MANIFESTO, pg. 104
MANIFOLD, pg. 104
MANNING SELVAGE & LEE, pg. 624
MANRIQUE GROUP, pg. 311

A-13

INDEX OF AGENCY NAMES

AGENCIES

MANSI MEDIA, pg. 104
MANZELLA MARKETING GROUP, pg. 383
MAPR, pg. 624
MARANON & ASSOCIATES, pg. 543
MARATHON COMMUNICATIONS INC. , pg. 625
MARBURY CREATIVE GROUP, pg. 104
MARC RESEARCH, pg. 447
MARC USA, pg. 104
MARCA MIAMI, pg. 104
MARCEL DIGITAL, pg. 675
MARCH COMMUNICATIONS, pg. 625
MARCHEX, INC., pg. 675
MARCOM GROUP, INC., pg. 311
MARCUS THOMAS, pg. 104
MARDEN-KANE, INC., pg. 568
MARGIE KORSHAK, INC., pg. 105
MARICICH HEALTHCARE COMMUNICATIONS, pg. 105
MARINA MAHER COMMUNICATIONS, pg. 625
MARINO ORGANIZATION, INC., pg. 625
MARIS, WEST & BAKER pg. 383
MARKET CONNECTIONS, pg. 383
MARKET VISION, INC., pg. 568
MARKETCOM PR, pg. 625
MARKETING ALTERNATIVES, INC., pg. 383
MARKETING ARCHITECTS, pg. 288
MARKETING BY DESIGN, INC., pg. 190
MARKETING DIRECTIONS, INC., pg. 105
MARKETING EVALUATIONS, INC., pg. 447
MARKETING FACTORY, INC., pg. 383
MARKETING GENERAL, INC., pg. 288
MARKETING MATTERS, pg. 625
MARKETING RESOURCES, pg. 568
MARKETING WORKS, pg. 105
MARKETINGLAB, pg. 568
MARKETLOGIC, pg. 383
MARKETPLACE, pg. 105
MARKETRY, INC., pg. 288
MARKETSMITH, INC, pg. 483
MARKETSTAR CORPORATION, pg. 383
MARKETVISION RESEARCH, pg. 447
MARKHAM & STEIN, pg. 105
MARKSTEIN, pg. 625
MARLIN NETWORK, pg. 105
MARLO MARKETING COMMUNICATIONS, pg. 383
MAROON PR, pg. 625
MARRINER MARKETING COMMUNICATIONS, pg. 105
MARSHALL FENN COMMUNICATIONS, pg. 625
MARSTON WEBB INTERNATIONAL, pg. 626
MARTEL ET COMPAGNIE PUBLICITE, pg. 288
MARTIN & COMPANY ADVERTISING, pg. 106
MARTIN ADVERTISING, pg. 106
MARTIN RETAIL GROUP, pg. 106
MARTIN WILLIAMS ADVERTISING, pg. 106
MARTINO-WHITE, pg. 106
MARX BUSCEMI EISBRENNER GROUP, pg. 626
MARX LAYNE & COMPANY, pg. 626
MASCOLA GROUP, pg. 106
MASLOW LUMIA BARTORILLO ADVERTISING, pg. 106
MASON MARKETING, pg. 106
MASON, INC. , pg. 383
MASS APPEAL, pg. 562
MASS COMMUNICATIONS, pg. 190
MASSMEDIA, INC., pg. 483
MASTERMIND MARKETING, pg. 248
MASTERMINDS, INC., pg. 687
MASTERWORKS, pg. 687
MASTRO COMMUNICATIONS, INC., pg. 626
MATCH ACTION MARKETING GROUP, pg. 692
MATCHMG, pg. 384
MATCHSTIC, pg. 13
MATCHSTICK, pg. 692
MATLOCK ADVERTISING & PUBLIC RELATIONS, pg. 107
MATMON.COM, pg. 248
MATREX EXHIBITS, pg. 311
MATRIX ADVERTISING ASSOCIATES, INC., pg. 107
MATRIX DEPARTMENT, INC., pg. 190
MATRIX MEDIA SERVICES, pg. 554
MATRIX PARTNERS, LTD., pg. 107
MATTE PROJECTS, pg. 107
MATTER COMMUNICATIONS, INC., pg. 626

MATTER CREATIVE GROUP, pg. 107
MATTSON, pg. 447
MAURONEWMEDIA, pg. 190
MAX BORGES AGENCY, pg. 626
MAXAUDIENCE, pg. 248
MAXIMIZER SOFTWARE, INC., pg. 168
MAXIMUM DESIGN & ADVERTISING, INC, pg. 107
MAXIMUM MARKETING SERVICES, pg. 107
MAXMEDIA INC., pg. 248
MAXWELL & MILLER MARKETING COMMUNICATIONS, pg. 384
MAY ADVERTISING & DESIGN, INC., pg. 107
MAYOSEITZ MEDIA, pg. 483
MB PILAND, pg. 107
MBA PARTNERS, pg. 626
MBB AGENCY, pg. 107
MBC MARKETING, INC., pg. 568
MBC RESEARCH, pg. 447
MBT MARKETING, pg. 108
MBUY, pg. 484
MC2, pg. 311
MCCANN CANADA, pg. 384
MCCANN ERICKSON, pg. 108
MCCANN HEALTH NEW YORK pg. 108
MCCANN MINNEAPOLIS, pg. 384
MCCANN MONTREAL, pg. 108
MCCANN NEW YORK, pg. 108
MCCANN TORRE LAZUR, pg. 109
MCCANN WORLDGROUP, pg. 109
MCCOMM GROUP, pg. 109
MCCUE PUBLIC RELATIONS, pg. 626
MCD PARTNERS, pg. 249
MCDANIELS MARKETING & COMMUNICATIONS, pg. 109
MCDILL DESIGN, pg. 190
MCDONALD MARKETING, pg. 543
MCELVENEY & PALOZZI, pg. 190
MCFADDEN GAVENDER ADVERTISING, INC., pg. 109
MCGARRAH JESSEE, pg. 384
MCGARRYBOWEN, pg. 109
MCGILL BUCKLEY, pg. 110
MCHALE & KOEPKE COMMUNICATIONS, pg. 111
MCILROY & KING, pg. 484
MCKEE WALLWORK & COMPANY, pg. 385
MCKEEMAN COMMUNICATIONS, pg. 626
MCKENZIE WAGNER, INC., pg. 111
MCKENZIE WORLDWIDE, pg. 626
MCKINNEY, pg. 111
MCKINNEY NEW YORK, pg. 111
MCLAUGHLIN & ASSOCIATES, pg. 447
MCLELLAN MARKETING GROUP, pg. 111
MCMILLAN, pg. 484
MCMILLAN GROUP, pg. 191
MCNALLY TEMPLE & ASSOCIATES, INC., pg. 626
MCNEELY PIGOTT & FOX PUBLIC RELATIONS, pg. 626
MCNEIL, GRAY & RICE, pg. 627
MCS ADVERTISING, pg. 111
MCS, INC., pg. 111
MDB COMMUNICATIONS, INC., pg. 111
MDC PARTNERS, INC., pg. 385
MDG ADVERTISING, pg. 484
MEADSDURKET, pg. 112
MEANS ADVERTISING, pg. 112
MECHANICA, pg. 13
MEDIA ALLEGORY, pg. 484
MEDIA ASSEMBLY, pg. 484
MEDIA BRIDGE ADVERTISING, pg. 484
MEDIA BROKERS INTERNATIONAL, pg. 485
MEDIA BUYING SERVICES, INC., pg. 485
MEDIA CAUSE, pg. 249
MEDIA CONNECT, pg. 485
MEDIA COUNSELORS, LLC, pg. 485
MEDIA DESIGN GROUP, LLC, pg. 485
MEDIA DEVELOPMENT, INC., pg. 112
MEDIA DIMENSIONS LIMITED, pg. 485
MEDIA DIRECT, INC., pg. 112
MEDIA ETC., pg. 112
MEDIA EXPERTS, pg. 485
MEDIA GENESIS, INC., pg. 249
MEDIA HORIZONS, INC., pg. 288
MEDIA LOGIC, pg. 288
MEDIA MATTERS SF, pg. 485

MEDIA MONITORS, LLC, pg. 249
MEDIA ONE ADVERTISING, pg. 112
MEDIA PARTNERS, pg. 386
MEDIA PARTNERS WORLDWIDE, pg. 485
MEDIA PARTNERS, INC., pg. 486
MEDIA PLUS, INC., pg. 486
MEDIA POWER ADVERTISING, pg. 486
MEDIA PROFILE, pg. 627
MEDIA SOLUTIONS, pg. 486
MEDIA STAR PROMOTIONS, pg. 112
MEDIA STORM, pg. 486
MEDIA TWO INTERACTIVE, pg. 486
MEDIA WORKS, LTD., pg. 486
MEDIACOM, pg. 486
MEDIACOM CANADA, pg. 489
MEDIACROSS, INC., pg. 112
MEDIADEX LLC, pg. 489
MEDIAHUB BOSTON, pg. 489
MEDIAHUB LOS ANGELES, pg. 112
MEDIAHUB NEW YORK, pg. 249
MEDIAHUB WINSTON SALEM, pg. 386
MEDIALINK, pg. 386
MEDIAMONKS, pg. 249
MEDIAMORPHOSIS, pg. 543
MEDIAPLUS ADVERTISING, pg. 386
MEDIASMITH, INC. , pg. 490
MEDIASPACE SOLUTIONS, pg. 490
MEDIASPOT, INC. , pg. 490
MEDIASSOCIATES, INC., pg. 490
MEDIAURA, pg. 250
MEDIAWORX, pg. 490
MEDL MOBILE, pg. 534
MEDPOINT COMMUNICATIONS, pg. 288
MEDTHINK COMMUNICATIONS, pg. 112
MEETING EXPECTATIONS, pg. 311
MEGETHOS DIGITAL, pg. 675
MEISTER INTERACTIVE, pg. 250
MEKANISM, pg. 112
MELT, LLC, pg. 311
MENTLER & COMPANY, pg. 113
MENTUS, pg. 386
MENTZER MEDIA SERVICES, pg. 491
MERCER CREATIVE GROUP, pg. 191
MERCURY MAMBO, pg. 543
MERCURY MEDIA, pg. 288
MERCURY PUBLIC AFFAIRS, pg. 627
MERGE, pg. 113
MERIDIAN GROUP, pg. 386
MERING, pg. 114
MERIT, pg. 386
MERKLE, pg. 114
MERKLEY + PARTNERS, pg. 114
MERLINO MEDIA GROUP, pg. 491
MERLOT MARKETING, pg. 114
MERRICK TOWLE COMMUNICATIONS, pg. 114
MERRILL ANDERSON, pg. 687
MERRITT GROUP PUBLIC RELATIONS, pg. 627
MESSAGE MAKERS, pg. 627
METACAKE LLC, pg. 386
METEORITE PR, pg. 627
METHOD COMMUNICATIONS, pg. 386
METHOD, INC., pg. 191
METIA, pg. 250
METRICS MARKETING, pg. 114
METRIXLAB, pg. 447
METROPOLIS ADVERTISING, INC., pg. 386
METROPOLITAN GROUP, pg. 387
MEYERS & PARTNERS, pg. 115
MEYOCKS GROUP, pg. 387
MGH ADVERTISING, pg. 387
MGM COMMUNICATIONS, pg. 387
MGT DESIGN, pg. 191
MICHAEL ALAN GROUP, pg. 692
MICHAEL PATRICK PARTNERS, pg. 191
MICHAEL WOLK DESIGN ASSOCIATES, pg. 191
MICHAELS WILDER, INC., pg. 250
MICROARTS CREATIVE AGENCY, pg. 191
MIDAN MARKETING, pg. 13
MIDLANTIC MARKETING SOLUTIONS, pg. 288
MIDNIGHT OIL CREATIVE pg. 250
MIGHTY & TRUE, pg. 250
MIGHTY 8TH MEDIA, pg. 115
MIGHTY ROAR, pg. 250
MILAGRO MARKETING, pg. 543

A-14

AGENCIES

INDEX OF AGENCY NAMES

MILES BRANDNA, pg. 13
MILES MEDIA GROUP, LLP, pg. 387
MILES PARTNERSHIP, pg. 250
MILESTONE INTERNET MARKETING, pg. 250
MILK, pg. 115
MILLENNIUM 3 MANAGEMENT, pg. 543
MILLENNIUM INTEGRATED MARKETING, pg. 387
MILLENNIUM MARKETING SOLUTIONS, pg. 13
MILLER AD AGENCY, pg. 115
MILLER ADVERTISING, pg. 115
MILLER ADVERTISING AGENCY, INC., pg. 115
MILLER BROOKS, INC., pg. 191
MILLER DESIGNWORKS, pg. 191
MILLER ZELL, INC., pg. 191
MILLER-REID, pg. 115
MILLS JAMES PRODUCTIONS, pg. 491
MILNER BUTCHER MEDIA GROUP, pg. 491
MILTON SAMUELS ADVERTISING & PUBLIC RELATIONS, pg. 387
MIND ACTIVE, pg. 675
MINDGRUVE, pg. 534
MINDPOWER, INC., pg. 115
MINDS ON, INC., pg. 250
MINDSHARE, pg. 495
MINDSTREAM INTERACTIVE, pg. 250
MINDSTREAM MEDIA, pg. 250
MINDSTREAM MEDIA GROUP - DALLAS, pg. 496
MINKUS & ASSOCIATES, pg. 191
MINOR O'HARRA ADVERTISING, pg. 387
MINT ADVERTISING, pg. 115
MINTEL, pg. 447
MINTZ & HOKE, pg. 387
MINY, pg. 115
MIRESBALL, pg. 14
MIRRORBALL, pg. 388
MIRUM AGENCY, pg. 251
MIRUM SHOPPER, pg. 682
MISSION MEDIA, LLC, pg. 115
MISSION NORTH, pg. 627
MISSISSIPPI PRESS SERVICES, pg. 496
MISSY FARREN & ASSOCIATES, LTD., pg. 627
MITCHELL, pg. 627
MITCHELL ASSOCIATES, INC., pg. 191
MITCHELL RESEARCH, pg. 448
MITHOFF BURTON PARTNERS, pg. 115
MITRE AGENCY, pg. 191
MJM CREATIVE, pg. 311
MJM PRODUCTIONS, pg. 563
MJR CREATIVE GROUP, pg. 14
MK12 STUDIOS, pg. 191
MKG, pg. 311
MKJ MARKETING, pg. 115
MKTG, pg. 568
MKTG INC, pg. 311
MKTX, pg. 116
ML STRATEGIES, LLC, pg. 627
MLIVE MEDIA GROUP, pg. 388
MLT CREATIVE, pg. 116
MM2 PUBLIC RELATIONS, pg. 627
MMA CREATIVE, pg. 116
MMB, pg. 116
MMG, pg. 116
MMGY GLOBAL, pg. 388
MMGY NJF, pg. 628
MMI AGENCY, pg. 116
MMPR MARKETING, pg. 116
MMSI, pg. 496
MN & COMPANY MEDIA MANAGEMENT, pg. 496
MNA|BAX, pg. 192
MOB MEDIA, INC., pg. 116
MOB SCENE, pg. 563
MOBEXT, pg. 534
MOBIVITY, pg. 534
MOCEAN, pg. 298
MOCK, THE AGENCY, pg. 192
MOD OP, pg. 388
MOD WORLDWIDE, pg. 192
MODCOGROUP, pg. 116
MODCRAFT, pg. 628
MODE, pg. 251
MODEL B, pg. 251
MODERN BRAND COMPANY, pg. 116
MODERN CLIMATE, pg. 388
MODIFLY INC., pg. 687

MODO MODO AGENCY, pg. 116
MODOP, pg. 251
MODUS DIRECT, pg. 289
MOJAVE ADVERTISING, pg. 192
MOMENT, pg. 192
MOMENTUM MEDIA PR, pg. 628
MOMENTUM WORLDWIDE, pg. 117
MONAHAN MEDIA, pg. 496
MONARCH COMMUNICATIONS, INC., pg. 117
MONCUR ASSOCIATES, pg. 251
MONDO ROBOT, pg. 192
MONIGLE ASSOCIATES, INC., pg. 14
MONO, pg. 117
MONSTER XP, pg. 388
MONTAGNE COMMUNICATIONS, pg. 389
MONTANA STEELE ADVERTISING, pg. 117
MONTIETH & COMPANY, pg. 628
MONTNER & ASSOCIATES, pg. 628
MOORE COMMUNICATIONS GROUP, pg. 628
MOORE INK, pg. 628
MOOSYLVANIA, pg. 568
MOREVISIBILITY, pg. 675
MORGAN & MYERS, pg. 389
MORGAN + COMPANY, pg. 496
MORNINGSTAR COMMUNICATIONS, pg. 628
MOROCH PARTNERS, pg. 389
MORRISON, pg. 117
MORSEKODE, pg. 14
MORTAR ADVERTISING, pg. 117
MORTENSON KIM, pg. 118
MORTON, VARDEMAN & CARLSON, pg. 389
MORVIL ADVERTISING & DESIGN GROUP, pg. 14
MOSAIC NORTH AMERICA, pg. 389
MOSES, INC., pg. 118
MOSSWARNER, pg. 192
MOTHER, pg. 118
MOTHER NY, pg. 118
MOTHERSHIP, pg. 563
MOTIV, pg. 192
MOTIVATE, INC., pg. 543
MOTUM B2B, pg. 14
MOUNTAIN VIEW GROUP, pg. 389
MOVE COMMUNICATIONS, pg. 389
MOVEABLE INK, pg. 251
MOVEMENT STRATEGY, pg. 687
MOVEO INTEGRATED BRANDING, pg. 14
MOVING IMAGE & CONTENT, pg. 251
MOWER, pg. 389
MOXE, pg. 628
MOXIE, pg. 251
MOXIE COMMUNICATIONS GROUP, pg. 628
MOXIE SOZO, pg. 192
MOXLEY CARMICHAEL, pg. 629
MOXY OX, pg. 192
MP MEDIA & PROMOTIONS, pg. 252
MPRM PUBLIC RELATIONS, pg. 629
MQ&C ADVERTISING, INC., pg. 389
MRA ADVERTISING/PRODUCTION SUPPORT SERVICES, INC., pg. 118
MRM//McCANN, pg. 118
MRS & MR, pg. 192
MRY, pg. 252
MSL DETROIT, pg. 629
MSLGROUP, pg. 629
MSP, pg. 289
MSR COMMUNICATIONS, pg. 630
MSW RESEARCH, pg. 448
MTI, pg. 118
MUDD ADVERTISING, pg. 119
MUELLER COMMUNICATIONS, INC., pg. 630
MUELRATH PUBLIC AFFAIRS, pg. 630
MUH-TAY-ZIK / HOF-FER, pg. 119
MULLENLOWE U.S. BOSTON, pg. 389
MULLENLOWE U.S. NEW YORK, pg. 496
MULLIN / ASHLEY ASSOCIATES, INC, pg. 448
MULTIMEDIA SOLUTIONS, INC., pg. 252
MULTIPLY, pg. 630
MUNN RABOT, pg. 448
MUNROE CREATIVE PARTNERS, pg. 192
MURPHY & COMPANY, pg. 630
MURPHY O'BRIEN, INC., pg. 630
MUSE USA, pg. 543
MUSEN STEINBACH WEISS, pg. 119
MUSTACHE, pg. 252

MUSTANG MARKETING, pg. 390
MUTS & JOY, INC., pg. 192
MUTT INDUSTRIES, pg. 119
MVC AGENCY, pg. 14
MVNP, pg. 119
MVP COLLABORATIVE, INC., pg. 312
MVP MARKETING, pg. 390
MWEBB COMMUNICATIONS, pg. 630
MWWPR, pg. 631
MY FRIEND'S NEPHEW, pg. 119
MYRIAD MARKETING, INC., pg. 168
MYRIAD TRAVEL MARKETING, pg. 390
MYRON ADVERTISING & DESIGN, pg. 119
MYTHIC, pg. 119

N

NA COLLECTIVE, LLC, pg. 312
NADEL PHELAN, INC., pg. 631
NAIL COMMUNICATIONS, pg. 14
NANCY MARSHALL COMMUNICATIONS, pg. 631
NARRATIVE, pg. 631
NAS RECRUITMENT COMMUNICATIONS, pg. 667
NASUTI & HINKLE, pg. 119
NATCOM MARKETING COMMUNICATIONS, pg. 390
NATIONAL BOSTON, pg. 253
NATIONAL CINEMEDIA, pg. 119
NATIONAL PUBLIC RELATIONS, pg. 631
NATIVE DIGITAL, LLC, pg. 253
NATREL COMMUNICATIONS, pg. 120
NAVIGATE MARKETING, pg. 253
NAVIGATORS LLC, pg. 632
NAYLOR ASSOCIATION SOLUTIONS, pg. 120
NCH MARKETING SERVICES, pg. 568
NCOMPASS INTERNATIONAL, pg. 390
NDP, pg. 390
NEAL ADVERTISING, pg. 391
NEBO AGENCY, LLC, pg. 253
NECTAR COMMUNICATIONS, pg. 632
NEFF ASSOCIATES, INC., pg. 391
NEIGER DESIGN, INC., pg. 193
NEIMAND COLLABORATIVE, pg. 391
NELSON & GILMORE, pg. 391
NELSON SCHMIDT INC., pg. 120
NEMER, FIEGER & ASSOCIATES, pg. 391
NEMO DESIGN, pg. 193
NEO MEDIA WORLD, pg. 496
NEON, pg. 120
NET CONVERSION, pg. 253
NETLINK, pg. 253
NETSERTIVE, pg. 253
NETWAVE INTERACTIVE MARKETING, INC., pg. 120
NETWORK AFFILIATES, INC., pg. 391
NETWORK DESIGN & COMMUNICATIONS, pg. 253
NEUE, pg. 253
NEURON SYNDICATE, pg. 120
NEUSTAR, INC., pg. 289
NEUTRON INTERACTIVE, pg. 253
NEVER BORING DESIGN, pg. 193
NEVINS & ASSOCIATES CHARTERED, pg. 632
NEW & IMPROVED MEDIA, pg. 497
NEW BREED MARKETING, pg. 675
NEW DAY MARKETING, pg. 497
NEW HONOR SOCIETY, pg. 391
NEW RIVER COMMUNICATIONS, INC., pg. 120
NEW TRADITION, pg. 554
NEW WORLD GLOBAL RESEARCH, pg. 448
NEWAD, pg. 554
NEWELL LEDBETTER ADVERTISING, pg. 120
NEWLINK COMMUNICATIONS GROUP, pg. 632
NEWMAN PR, pg. 632
NEWMARK ADVERTISING, pg. 692
NEWS & EXPERTS, pg. 632
NEWTON MEDIA, pg. 497
NEXT LEVEL SPORTS INC., pg. 632
NEXT MARKETING, pg. 312
NEXTGUEST DIGITAL, pg. 253
NEXTLEFT, pg. 254
NEXTMEDIA, INC., pg. 497
NFM+DYMUN, pg. 120
NICE & COMPANY, pg. 391
NICE SHOES, pg. 193
NICHOLAS & LENCE COMMUNICATIONS, pg. 632

A-15

INDEX OF AGENCY NAMES

AGENCIES

NIGHT AGENCY, LLC, pg. 692
NIKE COMMUNICATIONS, INC., pg. 632
NIMBLE WORLDWIDE, pg. 391
NIMBUS, pg. 391
NINA HALE CONSULTING, pg. 675
NINETY9X, pg. 254
NINTHDECIMAL, pg. 534
NL PARTNERS, pg. 391
NM+U MARKETING COMMUNICATIONS, INC., pg. 120
NMI, pg. 448
NMPI, pg. 254
NO FIXED ADDRESS INC., pg. 120
NO LIMIT AGENCY, pg. 632
NOBLE MARKETING GROUP, pg. 569
NOBLE PEOPLE, pg. 120
NOBLE STUDIOS, pg. 254
NOBOX, pg. 254
NOCOAST ORIGINALS, pg. 312
NOISE DIGITAL, pg. 254
NOM, pg. 121
NOMAD EVENT SERVICES, pg. 312
NOMADIC AGENCY, pg. 121
NONBOX, pg. 121
NORBELLA, pg. 497
NORMAN HECHT RESEARCH, INC., pg. 448
NORRIS & COMPANY, pg. 391
NORTH, pg. 121
NORTH 6TH AGENCY, pg. 633
NORTH CHARLES STREET DESIGN ORGANIZATION, pg. 193
NORTH WOODS ADVERTISING, pg. 121
NORTHERN LIGHTS DIRECT, pg. 289
NORTHLIGHT ADVERTISING, INC., pg. 121
NORTON AGENCY, pg. 391
NORTON CREATIVE, pg. 121
NORTON OUTDOOR ADVERTISING, pg. 554
NOSTRUM, INC., pg. 14
NOTTINGHAM-SPIRK DESIGN, INC., pg. 193
NOVA ADVERTISING, pg. 392
NOVA CREATIVE GROUP, INC., pg. 193
NOVAK-BIRCH, pg. 448
NOVITA COMMUNICATIONS, pg. 392
NOVUS MEDIA, INC., pg. 497
NOVUS MEDIA, INC., pg. 497
NOWSOURCING, pg. 254
NO|INC, pg. 254
NSA MEDIA GROUP, INC., pg. 497
NSON, pg. 448
NTH DEGREE, INC., pg. 312
NTOOITIVE DIGITAL, pg. 254
NUCLEUS MEDICAL MEDIA, pg. 254
NUFFER SMITH TUCKER, INC., pg. 392
NUMEDIA GROUP, INC., pg. 254
NUMERATOR, pg. 254
NUSTREAM, pg. 254
NUTRACLICK, pg. 255
NYHUS COMMUNICATIONS, pg. 633
NYLON TECHNOLOGY, pg. 255

O

O POSITIVE FILMS, pg. 563
O'BRIEN ET AL. ADVERTISING, pg. 392
O'BRIEN MARKETING, pg. 498
O'CARROLL GROUP, pg. 392
O'CONNELL & GOLDBERG, pg. 633
O'HARE & ASSOCIATES, pg. 121
O'KEEFE REINHARD & PAUL, pg. 392
O'NEILL & ASSOCIATES, pg. 633
O'NEILL COMMUNICATIONS, pg. 255
O'REILLY PUBLIC RELATIONS, pg. 687
O2 IDEAS, pg. 392
O2KL, pg. 121
O3 WORLD, pg. 14
OAKLINS DESILVA+PHILLIPS, pg. 687
OBATA DESIGN, INC., pg. 193
OBERLANDER GROUP, pg. 193
OBJECT 9, pg. 14
OBSERVATORY MARKETING, pg. 122
OCEAN BRIDGE MEDIA GROUP, pg. 498
OCEAN MEDIA, INC., pg. 498
OCTAGON, pg. 313

ODEN MARKETING & DESIGN, pg. 193
ODNEY ADVERTISING AGENCY, pg. 392
ODYSSEUS ARMS, pg. 122
OFF MADISON AVENUE, pg. 392
OFFENBERGER & WHITE, INC., pg. 193
OFFLEASH, pg. 633
OGILVY, pg. 393
OGILVY COMMONHEALTH WORLDWIDE, pg. 122
OGILVY GOVERNMENT RELATIONS, pg. 633
OGILVY HEALTH, pg. 122
OGILVY MONTREAL, pg. 394
OGILVY PUBLIC RELATIONS, pg. 633
OGILVYONE WORLDWIDE, pg. 255
OGK CREATIVE, pg. 14
OH PARTNERS, pg. 122
OIA / MARKETING, pg. 122
OKD MARKETING GROUP, pg. 394
OLIVE CREATIVE STRATEGIES, pg. 634
OLIVER RUSSELL, pg. 168
OLMSTED ASSOCIATES, pg. 193
OLOGIE, pg. 122
OLOMANA LOOMIS ISC, pg. 394
OMD, pg. 498
OMD ATLANTA, pg. 501
OMD CANADA, pg. 501
OMD ENTERTAINMENT, pg. 501
OMD LATIN AMERICA, pg. 543
OMD SAN FRANCISCO, pg. 501
OMD SEATTLE, pg. 502
OMD VANCOUVER, pg. 502
OMD WEST, pg. 502
OMELET, pg. 122
OMNI ADVERTISING, pg. 394
OMNICOM GROUP, pg. 123
OMNICOM MEDIA GROUP, pg. 503
OMNIVORE, pg. 123
OMOBONO, pg. 687
ON BOARD EXPERIENTIAL MARKETING, pg. 313
ON BRAND 24, pg. 289
ON IDEAS, pg. 394
ONE & ALL, pg. 289
ONE & ALL AGENCY, pg. 289
ONE ELEVEN INTERACTIVE, INC., pg. 255
ONE PR STUDIO, pg. 634
ONE TRICK PONY, pg. 15
ONEFIRE, INC, pg. 394
ONEMAGNIFY, pg. 123
ONEMETHOD INC., pg. 123
ONESTOP MEDIA GROUP, pg. 503
ONEWORLD COMMUNICATIONS, pg. 123
ONION, INC., pg. 394
ONSTREAM MEDIA, pg. 255
OPAD MEDIA SOLUTIONS, LLC, pg. 503
OPENMIND, pg. 503
OPERAM LLC, pg. 255
OPERATIVE, pg. 289
OPINION ACCESS CORPORATION, pg. 543
OPINIONATED, pg. 123
OPTIDGE, pg. 255
OPTIMUM SPORTS, pg. 394
ORACLE DATA CLOUD, pg. 448
ORANGE LABEL ART & ADVERTISING, pg. 395
ORANGE ORCHARD, pg. 634
ORANGE142, pg. 255
ORANGEROC, pg. 395
ORCI, pg. 543
ORGANIC, INC., pg. 255
ORIGIN DESIGN + COMMUNICATIONS, pg. 123
ORIGINAL IMPRESSIONS, pg. 289
ORION WORLDWIDE, pg. 503
ORPICAL GROUP, pg. 256
ORSI PUBLIC RELATIONS, pg. 634
OSBORN & BARR COMMUNICATIONS, pg. 395
OSIK MEDIA, pg. 554
OSK MARKETING & COMMUNICATIONS, INC, pg. 634
OSTER & ASSOCIATES, INC., pg. 123
OTEY WHITE & ASSOCIATES, pg. 123
OTHERWISE, INC., pg. 634
OTT COMMUNICATIONS, INC., pg. 395
OTTO DESIGN & MARKETING, pg. 124
OUSSET AGENCY, pg. 395
OUT OF THE BLUE PRODUCTIONS, pg. 290
OUT THERE ADVERTISING, pg. 395

OUTBRAIN, INC., pg. 256
OUTCOLD, pg. 395
OUTCROP GROUP, pg. 124
OUTDOOR MEDIA GROUP, pg. 554
OUTDOOR NATION, pg. 554
OUTFRONT MEDIA, pg. 554
OUTSIDEPR, pg. 634
OVATIVE GROUP, pg. 256
OVE DESIGN & COMMUNICATIONS LIMITED, pg. 193
OVERCAT COMMUNICATIONS, pg. 634
OVERDRIVE INTERACTIVE, pg. 256
OWEN JONES AND PARTNERS, pg. 124
OWEN MEDIA, pg. 634
OXFORD COMMUNICATIONS, pg. 395
OXFORD ROAD, pg. 503

P

P.S. MEDIA, pg. 395
P11CREATIVE, INC., pg. 194
PAC / WEST COMMUNICATIONS, pg. 635
PACE, pg. 124
PACE ADVERTISING AGENCY, INC., pg. 124
PACE COMMUNICATIONS, pg. 395
PACIFIC COMMUNICATIONS, pg. 124
PACO COLLECTIVE, pg. 544
PADILLA, pg. 635
PAGANO MEDIA, pg. 256
PAGE DESIGN GROUP, pg. 194
PAIGE GROUP, pg. 396
PAL8 MEDIA, INC., pg. 503
PALE MORNING MEDIA, pg. 635
PALISADES MEDIA GROUP, INC., pg. 124
PALLEY ADVERTISING & SYNERGY NETWORKS, pg. 396
PALMER ADVERTISING, pg. 124
PALMER MARKETING, pg. 396
PAN COMMUNICATIONS, pg. 635
PANNOS MARKETING, pg. 125
PANTIN / BEBER SILVERSTEIN PUBLIC RELATIONS, pg. 544
PANZANO & PARTNERS, pg. 194
PAPPAS GROUP, pg. 396
PAPPAS MACDONNELL, INC., pg. 125
PARADIGM SHIFT WORLDWIDE, INC, pg. 313
PARADISE, pg. 396
PARADOWSKI CREATIVE, pg. 125
PARAGON DIGITAL MARKETING, pg. 675
PARAGON LANGUAGE SERVICES, pg. 544
PARALLEL PATH, pg. 256
PARHAM SANTANA, INC., pg. 194
PARK OUTDOOR ADVERTISING, pg. 555
PARKER & PARTNERS MARKETING RESOURCES, LLC, pg. 125
PARKERWHITE, pg. 194
PARRIS COMMUNICATIONS, INC., pg. 125
PARTNERS + NAPIER, pg. 125
PARTNERS FOR INCENTIVES, pg. 569
PARTNERS IN CRIME, pg. 15
PARTNERS RILEY LTD., pg. 125
PARTNERSCREATIVE, pg. 125
PARTY LAND, pg. 125
PASKILL, STAPLETON & LORD, pg. 256
PATH INTERACTIVE, INC., pg. 256
PATHFINDERS ADVERTISING & MARKETING GROUP, INC., pg. 126
PATHOS, pg. 396
PATHWAY GROUP LLC, pg. 503
PATIENTS & PURPOSE, pg. 126
PATTERN, pg. 126
PATTERSON BACH COMMUNICATIONS, pg. 126
PATTISON OUTDOOR ADVERTISING, pg. 555
PATTISON OUTDOOR ADVERTISING, pg. 555
PAUL WERTH ASSOCIATES, INC., pg. 635
PAUL WILMOT COMMUNICATIONS, pg. 636
PAULSEN MARKETING COMMUNICATIONS, pg. 126
PAVLOV, pg. 126
PAVONE MARKETING GROUP, pg. 396
PB&, pg. 126
PCH / MEDIA, pg. 534
PEAK BIETY, INC., pg. 126

AGENCIES — INDEX OF AGENCY NAMES

PEAK CREATIVE MEDIA, pg. 256
PEDICAB OUTDOOR, pg. 556
PEGGY LAURITSEN DESIGN GROUP, pg. 194
PENN GARRITANO DIRECT RESPONSE MARKETING, pg. 290
PENN, SCHOEN & BERLAND ASSOCIATES, INC., pg. 448
PENNA POWERS BRIAN HAYNES, pg. 396
PENNEBAKER, LMC, pg. 194
PENTAGRAM, pg. 194
PEOPLE DESIGN, pg. 194
PEOPLE IDEAS & CULTURE, pg. 194
PEP, pg. 569
PEPPERCOMM, INC., pg. 687
PERCEPTION NYC, pg. 194
PERCEPTIV, pg. 396
PERCEPTURE, pg. 636
PEREIRA & O'DELL, pg. 257
PERFICIENT DIGITAL, pg. 257
PERFORMANCE MARKETING, pg. 126
PERFORMANCE RESEARCH, pg. 448
PERFORMICS, pg. 676
PERICH ADVERTISING, pg. 126
PERISCOPE, pg. 127
PERITUS PUBLIC RELATIONS, pg. 636
PERRY COMMUNICATIONS GROUP, pg. 636
PERSUASION ARTS & SCIENCES, pg. 15
PETER GREEN DESIGN STUDIOS, INC., pg. 194
PETER WEBB PUBLIC RELATIONS, INC., pg. 636
PETERMAYER, pg. 127
PETERSON MILLA HOOKS, pg. 127
PETERSON RAY & COMPANY, pg. 127
PETROL, pg. 127
PGR MEDIA, pg. 504
PHASE 3 MARKETING & COMMUNICATIONS, pg. 636
PHD, pg. 504
PHD CANADA, pg. 504
PHD CHICAGO, pg. 504
PHD USA, pg. 505
PHENOMENON, pg. 439
PHIL & CO., pg. 397
PHILOSOPHY COMMUNICATION, pg. 636
PHINNEY / BISCHOFF DESIGN HOUSE, pg. 194
PHIRE GROUP, pg. 397
PHIZZLE, INC., pg. 534
PHOENIX CREATIVE, pg. 128
PHOENIX GROUP, pg. 128
PHOENIX MARKETING GROUP, INC., pg. 128
PHOENIX MARKETING INTERNATIONAL, pg. 448
PIA AGENCY, pg. 506
PICO DIGITAL MARKETING, pg. 257
PICO PLUS, pg. 397
PICTUREPLANE, pg. 194
PICTUREU PROMOTIONS, pg. 313
PIER 3 ENTERTAINMENT, pg. 298
PIERCE COMMUNICATIONS, pg. 636
PIERCE PROMOTIONS & EVENT MANAGEMENT, pg. 313
PIERCE-COTE ADVERTISING, pg. 397
PIERPONT COMMUNICATIONS, INC., pg. 636
PIERSON GRANT PUBLIC RELATIONS, pg. 636
PIKE & COMPANY, pg. 636
PIL CREATIVE GROUP, pg. 128
PILOT PMR, pg. 636
PIMS, pg. 128
PINCKNEY HUGO GROUP, pg. 128
PINEROCK, pg. 636
PINNACLE ADVERTISING, pg. 397
PINNACLE EXHIBITS, pg. 556
PINNACLE HEALTH COMMUNICATIONS, LLC, pg. 128
PINTA USA, LLC, pg. 397
PIPITONE GROUP, pg. 195
PIRATE TORONTO, pg. 195
PIVOT DESIGN, INC., pg. 195
PIVOT MARKETING, pg. 15
PJA ADVERTISING + MARKETING, pg. 397
PKA MARKETING, pg. 397
PKPR, pg. 637
PL COMMUNICATIONS, pg. 128
PLA MEDIA, pg. 637
PLACE CREATIVE COMPANY, pg. 15
PLAN B, pg. 397

PLANET CENTRAL, pg. 257
PLANET PROPAGANDA, pg. 195
PLANIT, pg. 397
PLANO PROFILE, pg. 195
PLATINUM MARKETING GROUP, pg. 506
PLATINUM RYE, pg. 298
PLATYPUS ADVERTISING & DESIGN, pg. 397
PLAUDIT DESIGN, pg. 257
PLAY WORK GROUP, pg. 195
PLAYBUZZ, pg. 128
PLAYWIRE MEDIA, pg. 257
PLOWSHARE GROUP, INC., pg. 128
PLUS, pg. 128
PLUSMEDIA, LLC, pg. 290
PM3, pg. 544
PME ENTERPRISES LLC, pg. 313
PMG, pg. 257
PMG RETAIL & ENTERTAINMENT, pg. 128
POCKET HERCULES, pg. 398
POINT B COMMUNICATIONS, pg. 128
POINT TO POINT, pg. 129
POINT-ONE-PERCENT, pg. 15
POLAR DESIGN, pg. 257
POLARIS MARKETING RESEARCH, pg. 449
POLLOCK COMMUNICATIONS, INC., pg. 637
POLVORA ADVERTISING, pg. 544
PONDELWILKINSON INC, pg. 637
POP, INC., pg. 195
POP-DOT, pg. 257
POP2LIFE, pg. 195
PORCARO COMMUNICATIONS, pg. 398
PORETTA & ORR, INC., pg. 314
PORTENT, pg. 676
PORTER LEVAY & ROSE, pg. 637
PORTER NOVELLI, pg. 637
PORTER NOVELLI CANADA, pg. 638
POS OUTDOOR MEDIA, pg. 556
POSTERSCOPE U.S.A., pg. 556
POSTWORKS, pg. 195
POTENZA INC, pg. 398
POTOMAC COMMUNICATIONS GROUP, INC., pg. 638
POTTS MARKETING GROUP, pg. 398
POULIN + MORRIS DESIGN CONSULTANTS, pg. 195
POUTRAY & PEKAR ASSOCIATES, pg. 398
POV SPORTS MARKETING, pg. 314
POWELL CREATIVE, pg. 258
POWELL TATE, pg. 638
POWER, pg. 398
POWER MEDIA, pg. 506
POWER PR, pg. 638
POWERHOUSE COMMUNICATIONS, pg. 638
POWERPHYL MEDIA SOLUTIONS, pg. 506
POWERS AGENCY, INC., pg. 398
PP+K, pg. 129
PQ MEDIA, LLC, pg. 449
PR CHICAGO, pg. 638
PR PLUS, INC., pg. 638
PRACTICAL ECOMMERCE, pg. 676
PRANA MARKETING & MEDIA RELATIONS, pg. 506
PRAYTELL, pg. 258
PRCG | HAGGERTY, LLC, pg. 638
PREACHER, pg. 129
PRECISIONEFFECT, pg. 129
PREFERRED PUBLIC RELATIONS & MARKETING, pg. 638
PREMIER ENTERTAINMENT SERVICES, pg. 298
PREMIER EVENT SERVICES, pg. 314
PREMIER PARTNERSHIPS, pg. 314
PRESSLEY JOHNSON DESIGN, pg. 195
PRESTON KELLY, pg. 129
PRESTON PRODUCTIONS, INC., pg. 314
PRICEWEBER MARKETING COMMUNICATIONS, INC., pg. 398
PRIMACY, pg. 258
PRIME ADVERTISING, pg. 398
PRIME TIME MARKETING, pg. 506
PRIMEDIA, pg. 506
PRIMM & COMPANY, pg. 129
PRINCETON PARTNERS, INC., pg. 398
PRINCETON PUBLIC AFFAIRS GROUP, INC., pg. 638

PRIORITY DESIGNS, INC., pg. 195
PRIORITY PUBLIC RELATIONS, pg. 638
PRISMA, pg. 290
PRODIGAL MEDIA COMPANY, pg. 15
PRODUCT CREATION STUDIO, pg. 563
PRODUCT VENTURES, pg. 196
PROED COMMUNICATIONS, pg. 129
PROFESSIONAL MEDIA MANAGEMENT, pg. 130
PROFITERO, pg. 682
PROGREXION, pg. 449
PROHASKA CONSULTING, pg. 130
PROJECT X, pg. 556
PROMERSBERGER COMPANY, pg. 638
PROMOTIONAL IMAGES, INC., pg. 569
PROOF ADVERTISING, pg. 398
PROOF EXPERIENCES, pg. 314
PROOF INC., pg. 449
PROPAC, pg. 682
PROPAGANDA, pg. 196
PROPAGANDA ENTERTAINMENT MARKETING, pg. 298
PROPELLER, pg. 130
PROPELLER COMMUNICATIONS, pg. 639
PROPHET, pg. 15
PROSEK PARTNERS, pg. 639
PROTERRA ADVERTISING, pg. 130
PROXIMITY WORLDWIDE, pg. 258
PROXY SPONSORSHIP, pg. 314
PRR, pg. 399
PRX, INC., pg. 639
PSA CREATIVE COMMUNICATION, pg. 314
PSFK, pg. 440
PSYNCHRONOUS COMMUNICATIONS, pg. 130
PSYOP, pg. 196
PUBLIC COMMUNICATIONS, INC., pg. 639
PUBLIC STRATEGIES IMPACT, pg. 639
PUBLIC WORKS, pg. 130
PUBLICIS CONSULTANTS | PR, pg. 639
PUBLICIS HAWKEYE, pg. 399
PUBLICIS HEALTH, pg. 639
PUBLICIS HEALTH MEDIA, pg. 506
PUBLICIS MID AMERICA, pg. 639
PUBLICIS MONTREAL, pg. 507
PUBLICIS NORTH AMERICA, pg. 399
PUBLICIS TORONTO, pg. 639
PUBLICIS WEST, pg. 130
PUBLICIS.SAPIENT, pg. 259
PUBLITEK NORTH AMERICA, pg. 401
PULSAR ADVERTISING, pg. 401
PULSECX, pg. 290
PUNCH COMMUNICATIONS, pg. 640
PUNCHKICK INTERACTIVE, pg. 534
PURDIE ROGERS, INC., pg. 130
PURE BRAND COMMUNICATIONS, pg. 130
PURE GROWTH, pg. 507
PURERED, pg. 130
PUROHIT NAVIGATION, pg. 401
PURPLEGROUP, pg. 131
PURVIANCE & COMPANY, pg. 196
PUSH, pg. 401
PUSH 7, pg. 131
PUSH DIGITAL, pg. 640
PUSHTWENTYTWO, pg. 401
PUTNAM ROBY WILLIAMSON COMMUNICATIONS, pg. 640
PWB, pg. 131
PWC, pg. 260
PWC DIGITAL SERVICES, pg. 260
PYRAMID COMMUNICATIONS, pg. 401
PYXL, pg. 131

Q

Q ADVERTISING & PUBLIC RELATIONS, pg. 131
Q LTD, pg. 15
QORVIS COMMUNICATIONS, LLC, pg. 640
QUADRAS INTEGRATED, pg. 196
QUAKER CITY MERCANTILE, pg. 131
QUANTUM COMMUNICATIONS, pg. 640
QUANTUM COMMUNICATIONS, pg. 401
QUANTUM MARKET RESEARCH, INC., pg. 449
QUARRY INTEGRATED COMMUNICATIONS, pg. 402
QUATTRO DIRECT, pg. 290

INDEX OF AGENCY NAMES — AGENCIES

QUENCH, pg. 131
QUESTEX, pg. 449
QUESTUS, pg. 260
QUIET LIGHT COMMUNICATIONS, pg. 196
QUIGLEY-SIMPSON, pg. 544
QUINLAN & CO., pg. 402
QUINN & COMPANY, pg. 640
QUINN / BREIN COMMUNICATIONS, pg. 402
QUINSTREET, INC., pg. 290
QUINT EVENTS, pg. 314
QUIRK CREATIVE, pg. 131
QUISENBERRY, pg. 131
QUIXOTE GROUP, pg. 402

R

R + M, pg. 196
R STRATEGY GROUP, pg. 16
R&J STRATEGIC COMMUNICATIONS, pg. 640
R&R PARTNERS, pg. 131
R/GA, pg. 261
R2INTEGRATED, pg. 261
RABINOVICI & ASSOCIATES, INC., pg. 544
RACEPOINT GLOBAL, pg. 640
RACHEL KAY PUBLIC RELATIONS, pg. 640
RADAR STUDIOS, pg. 132
RADICAL MEDIA, pg. 196
RADIUS GLOBAL MARKET RESEARCH, pg. 449
RADIX COMMUNICATION, pg. 132
RADONICRODGERS COMMUNICATIONS, INC., pg. 402
RAFFETTO HERMAN STRATEGIC COMMUNICATIONS, pg. 641
RAFFETTO HERMAN STRATEGIC COMMUNICATIONS, LLC, pg. 641
RAIN, pg. 402
RAIN 43, pg. 262
RAINDROP AGENCY INC, pg. 196
RAINIER COMMUNICATIONS, pg. 641
RAINS BIRCHARD MARKETING, pg. 641
RAKA CREATIVE, pg. 402
RALPH, pg. 262
RAMP CREATIVE, pg. 196
RANDALL BRANDING AGENCY, pg. 16
RAOUST + PARTNERS, pg. 403
RAPP WORLDWIDE, pg. 290
RAPPORT OUTDOOR WORLDWIDE, pg. 556
RASKY BAERLEIN STRATEGIC COMMUNICATIONS, INC., pg. 641
RASSMAN DESIGN, pg. 196
RATESPECIAL INTERACTIVE LLC, pg. 262
RATIO INTERACTIVE, pg. 262
RATIONAL INTERACTION, pg. 262
RATTLEBACK, INC., pg. 262
RAUXA, pg. 291
RAWLE-MURDY ASSOCIATES, pg. 403
RAYCOM SPORTS, pg. 314
RAZORFISH HEALTH, pg. 132
RB OPPENHEIM ASSOCIATES, pg. 641
RBB COMMUNICATIONS, pg. 641
RBMM, pg. 196
RCG ADVERTISING AND MEDIA, pg. 403
RDA INTERNATIONAL, pg. 403
RDIALOGUE, pg. 291
RDW GROUP, pg. 403
RE:GROUP, INC., pg. 403
REACH AGENCY, pg. 196
READE COMMUNICATIONS, pg. 641
READY SET ROCKET, pg. 262
READY STATE, pg. 132
REAGAN OUTDOOR ADVERTISING, pg. 557
REAL ART DESIGN GROUP, pg. 197
REAL INTEGRATED, pg. 403
REAL WORLD, INC., pg. 403
REALITY INTERACTIVE, LLC, pg. 262
REALITY2, pg. 403
REALTYADS, pg. 132
REBEL INTERACTIVE, pg. 403
REBEL VENTURES INC., pg. 262
REBELLIOUS PR, pg. 641
REBUILD, pg. 403
RECALIBRATE MARKETING COMMUNICATIONS, pg. 404

RECKNER, pg. 449
RECRUITICS, pg. 404
RED 7 E, pg. 132
RED ANTLER, pg. 16
RED BANYAN, pg. 641
RED CHALK STUDIOS, pg. 404
RED DELUXE, pg. 507
RED DOOR INTERACTIVE, pg. 404
RED FROG EVENTS, LLC, pg. 314
RED FUSE COMMUNICATIONS, pg. 404
RED FUSION MEDIA, pg. 132
RED HAVAS, pg. 641
RED HERRING DESIGN, pg. 197
RED JAVELIN COMMUNICATIONS, INC., pg. 642
RED MOON MARKETING, pg. 404
RED PEAK GROUP, pg. 132
RED SIX MEDIA, pg. 132
RED SKY PUBLIC RELATIONS, pg. 642
RED SQUARE AGENCY, pg. 642
RED TETTEMER O'CONNELL + PARTNERS, pg. 404
RED THE AGENCY INC., pg. 405
RED THREAD PRODUCTIONS, pg. 563
RED URBAN, pg. 405
REDONK MARKETING, pg. 405
REDPEG MARKETING, pg. 692
REDPEPPER, pg. 405
REDPOINT MARKETING PR, INC, pg. 642
REDROC AUSTIN, pg. 132
REDSCOUT, pg. 16
REDSHIFT, pg. 133
REDTREE PRODUCTIONS, pg. 563
REED EXHIBITION COMPANY, pg. 314
REED PUBLIC RELATIONS, pg. 642
REELTIME MEDIA, pg. 507
REFUEL AGENCY, pg. 507
REGAN COMMUNICATIONS GROUP, pg. 642
REINGOLD, pg. 405
RELISH MARKETING, pg. 405
REMER, INC., pg. 405
REN BEANIE, pg. 642
RENAISSANCE, pg. 263
RENEGADE COMMUNICATIONS, pg. 405
RENFROE OUTDOOR, pg. 557
REPEQUITY, pg. 263
REPRISE DIGITAL, pg. 676
REPUBLICA HAVAS, pg. 545
REPUTATION INSTITUTE, pg. 449
REPUTATION PARTNERS, pg. 642
RES PUBLICA GROUP, pg. 642
RESCUE SOCIAL CHANGE GROUP, pg. 133
RESHIFT MEDIA, pg. 687
RESOLUTE DIGITAL, LLC, pg. 263
RESOLUTION MEDIA, pg. 263
RESOURCE ADVANTAGE GROUP, INC., pg. 405
RESOURCE/AMMIRATI, pg. 263
RESPONSE MARKETING, pg. 133
RESPONSE MEDIA, INC., pg. 507
RESULTS ADVERTISING, pg. 405
RESULTS DRIVEN MARKETING, pg. 291
RESULTS MARKETING & ADVERTISING, pg. 405
RETHINK COMMUNICATIONS, INC, pg. 133
REVELRY AGENCY, pg. 406
REVIVAL FILM, pg. 197
REVIVE HEALTH, pg. 133
REVOLUTION, pg. 406
REVOLUTION AGENCY, pg. 133
REVOLUTION MEDIA, pg. 507
REVOLUTION MESSAGING, pg. 534
REYNOLDS & ASSOCIATES, pg. 406
RFBINDER PARTNERS, INC., pg. 642
RH BLAKE INC., pg. 133
RHEA & KAISER MARKETING, pg. 406
RHODES STAFFORD WINES, CREATIVE pg. 406
RHUDY & COMPANY, pg. 643
RHYME & REASON DESIGN, pg. 263
RHYTHM, pg. 263
RHYTHM COMMUNICATIONS, pg. 643
RHYTHMONE, pg. 263
RICHARD HARRISON BAILEY AGENCY, pg. 291
RICHARDS CARLBERG, pg. 406
RICHARDS/LERMA, pg. 545
RICHMOND PUBLIC RELATIONS, pg. 643
RICHTER7, pg. 197

RICOCHET PARTNERS, pg. 406
RIDDLE & BLOOM, pg. 133
RIESTER, pg. 406
RIGER MARKETING COMMUNICATIONS, pg. 407
RIGGS PARTNERS, pg. 407
RIGHT PLACE MEDIA, pg. 507
RIGHTPOINT, pg. 263
RILEY HAYES ADVERTISING, INC., pg. 407
RINCK ADVERTISING, pg. 407
RIP ROAD, pg. 534
RIPCORD DIGITAL, INC., pg. 264
RIPLEY - WOODBURY MARKETING, pg. 133
RIPPLE STREET, pg. 687
RISDALL MARKETING GROUP, pg. 133
RISE AND SHINE AND PARTNERS, pg. 134
RISE INTERACTIVE, pg. 264
RITTA & ASSOCIATES, pg. 407
RIZCO DESIGN, pg. 197
RJW MEDIA, pg. 507
RK VENTURE, pg. 197
RKS DESIGN, pg. 197
RLA COLLECTIVE, pg. 643
RLF COMMUNICATIONS, pg. 643
RLM PUBLIC RELATIONS, pg. 643
RMD ADVERTISING, pg. 643
RMI MARKETING & ADVERTISING, pg. 407
RMR & ASSOCIATES, pg. 407
ROBERTSON & MARKOWITZ ADVERTISING & PUBLIC RELATIONS, INC., pg. 643
ROBERTSON SCHWARTZ AGENCY, pg. 643
ROBERTSON+PARTNERS, pg. 407
ROBOT HOUSE, pg. 16
ROBOTS & PENCILS, pg. 264
ROC NATION, pg. 298
ROCK, PAPER, SCISSORS, LLC, pg. 197
ROCKET LAWN CHAIR, pg. 407
ROCKET SCIENCE, pg. 643
ROCKET55, pg. 264
ROCKIT SCIENCE AGENCY, pg. 16
RODGERS TOWNSEND, LLC, pg. 407
ROEDER-JOHNSON CORPORATION, pg. 643
ROGERS & COWAN/PMK*BNC, pg. 644
ROHER / SPRAGUE PARTNERS, pg. 408
ROKKAN, LLC, pg. 264
ROMANELLI COMMUNICATIONS, pg. 134
ROME & COMPANY, pg. 134
ROMPH & POU AGENCY, pg. 408
RON FOTH ADVERTISING, pg. 134
RONALD TRAHAN ASSOCIATES, INC., pg. 644
RONI HICKS & ASSOCIATES, INC., pg. 644
RONIN ADVERTISING GROUP, LLC, pg. 134
ROOM 214, pg. 264
ROOT3 GROWTH MARKETING, pg. 408
ROSECOMM, pg. 644
ROSENBERG ADVERTISING, pg. 134
ROSEWOOD CREATIVE, pg. 134
ROSICA STRATEGIC PUBLIC RELATIONS, pg. 644
ROSLAN & CAMPION PUBLIC RELATIONS, LLC, pg. 644
ROSLOW RESEARCH GROUP, pg. 449
ROSS MEDIA, pg. 676
ROSS-CAMPBELL, INC., pg. 644
ROTTER CREATIVE GROUP, pg. 507
ROUNDHOUSE - PORTLAND, pg. 408
ROUNDHOUSE MARKETING & PROMOTIONS, pg. 408
ROUNDPEG, pg. 408
ROUNTREE GROUP, INC., pg. 644
ROUTE 1A ADVERTISING, pg. 134
ROWLEY SNYDER ABLAH, pg. 134
ROX UNITED, pg. 644
RP3 AGENCY, pg. 408
RPA, pg. 135
RPM ADVERTISING, pg. 408
RPMC, INC., pg. 569
RPR MARKETING COMMUNICATIONS, pg. 644
RR DONNELLEY, pg. 197
RS & K, pg. 408
RSD MARKETING, pg. 197
RSW/US, pg. 136
RTI RESEARCH, pg. 449
RUBENSTEIN ASSOCIATES, pg. 644
RUBIN COMMUNICATIONS GROUP, pg. 644
RUCKUS MARKETING, pg. 408

AGENCIES — INDEX OF AGENCY NAMES

RUDER FINN, INC., pg. 645
RUECKERT ADVERTISING, pg. 136
RUNNING SUBWAY, pg. 563
RUNSWITCH PR, pg. 645
RUNYON SALTZMAN EINHORN, pg. 645
RUSSELL DESIGN, pg. 197
RUSSELL HERDER, pg. 136
RUSSO PARTNERS, LLC, pg. 136
RWI, pg. 197
RX COMMUNICATIONS GROUP, pg. 645
RX EDGE MEDIA NETWORK, pg. 557
RYGR, pg. 409
RYMAX MARKETING SERVICES, pg. 569
R\WEST, pg. 136

S

S&A COMMUNICATIONS, pg. 645
SAATCHI & SAATCHI, pg. 136
SAATCHI & SAATCHI CANADA, pg. 136
SAATCHI & SAATCHI DALLAS, pg. 136
SAATCHI & SAATCHI LOS ANGELES, pg. 137
SAATCHI & SAATCHI WELLNESS, pg. 137
SAATCHI & SAATCHI X, pg. 682
SACHS MEDIA GROUP, pg. 645
SAESHE ADVERTISING, pg. 137
SAGE, pg. 645
SAGE COMMUNICATIONS, LLC, pg. 409
SAGE ISLAND, pg. 138
SAGE MEDIA PLANNING & PLACEMENT, INC., pg. 508
SAGEFROG MARKETING GROUP, pg. 138
SAGEPATH, INC., pg. 409
SAGON - PHIOR, pg. 409
SALESFORCE DMP, pg. 409
SALT BRANDING, pg. 16
SALTWORKS, pg. 197
SAM BROWN INC., pg. 645
SAMETZ BLACKSTONE ASSOCIATES, pg. 197
SAN DIEGO PR, pg. 645
SANDBOX, pg. 409
SANDBOX STRATEGIES, pg. 645
SANDELMAN & ASSOCIATES, pg. 449
SANDERSON & ASSOCIATES LTD., pg. 645
SANDERS\WINGO, pg. 138
SANDS, COSTNER & ASSOCIATES, pg. 138
SANDSTORM DESIGN, pg. 264
SANDSTROM PARTNERS, pg. 198
SANDY HILLMAN COMMUNICATIONS, pg. 645
SAPPER CONSULTING, LLC, pg. 291
SARD VERBINNEN, pg. 646
SARD VERBINNEN & CO, pg. 646
SASAKI ASSOCIATES, pg. 198
SASQUATCH, pg. 138
SASSO, pg. 138
SATUIT TECHNOLOGIES, INC., pg. 168
SAUNDERS OUTDOOR ADVERTISING, pg. 557
SAVAGE DESIGN GROUP, pg. 198
SAXTON HORNE, pg. 138
SAY IT LOUD!, pg. 198
SAYLES & WINNIKOFF COMMUNICATIONS, pg. 646
SCA PROMOTIONS, INC., pg. 569
SCALES ADVERTISING, pg. 138
SCATENA DANIELS COMMUNICATIONS, pg. 646
SCENARIODNA, pg. 449
SCHAFER CONDON CARTER, pg. 138
SCHAWK, INC., pg. 16
SCHENK HAMPTON ADVERTISING, pg. 138
SCHERMER, pg. 16
SCHIEFER CHOPSHOP, pg. 508
SCHIFINO LEE ADVERTISING, pg. 139
SCHNAKE TURNBO FRANK, INC., pg. 646
SCHRAMM MARKETING GROUP, pg. 508
SCHUBERT COMMUNICATIONS, INC., pg. 139
SCOPPECHIO, pg. 409
SCORCH, LLC, pg. 508
SCORR MARKETING, pg. 409
SCOTT DESIGN INC, pg. 198
SCOTT PEYRON & ASSOCIATES, INC., pg. 688
SCOTWORK, pg. 291
SCOUT MARKETING, pg. 139
SCOUTCOMMS, pg. 646

SCRATCH OFF SYSTEMS, pg. 569
SCRATCHMM, pg. 677
SCREAM AGENCY, LLC, pg. 139
SCREENVISION, pg. 557
SCRUM50, pg. 409
SCS HEALTHCARE MARKETING, INC., pg. 139
SCUBE MARKETING, INC., pg. 677
SDB CREATIVE GROUP, pg. 139
SDI MEDIA GROUP, pg. 545
SEARCH DISCOVERY, INC., pg. 677
SEARCH ENGINE OPTIMIZATION, INC., pg. 677
SEARCH PARTY MUSIC, pg. 299
SECOND STORY INTERACTIVE, pg. 265
SECRET FORT, pg. 139
SECRET LOCATION, pg. 563
SECRET WEAPON MARKETING, pg. 139
SECURITYPOINT MEDIA, pg. 557
SEDONA GOLF & TRAVEL PRODUCTS, pg. 569
SEER INTERACTIVE, pg. 677
SEIDEN GROUP, INC., pg. 410
SEITER & MILLER ADVERTISING, pg. 139
SELBERT PERKINS DESIGN, pg. 198
SELBERT PERKINS DESIGN COLLABORATIVE, pg. 198
SELLING SOLUTIONS, INC., pg. 265
SENSIS, pg. 139
SENSIS AGENCY, pg. 545
SEQUEL STUDIO, pg. 16
SEQUOIA PRODUCTIONS, pg. 314
SERINO COYNE, INC., pg. 299
SEROKA BRAND DEVELOPMENT, pg. 646
SERUM AGENCY, pg. 508
SET CREATIVE, pg. 139
SEVEN2 INTERACTIVE, pg. 265
SEYFERTH & ASSOCIATES, INC., pg. 646
SFW AGENCY, pg. 16
SGW INTEGRATED MARKETING, pg. 410
SHADOW PUBLIC RELATIONS, pg. 646
SHADOWMACHINE, pg. 139
SHAKER RECRUITMENT ADVERTISING & COMMUNICATIONS, pg. 667
SHAMLIAN ADVERTISING, pg. 140
SHAMROCK COMPANIES, INC., pg. 291
SHAMROCK SPORTS & ENTERTAINMENT, pg. 569
SHARK COMMUNICATIONS, pg. 265
SHARON MERRILL ASSOCIATES, INC., pg. 646
SHARP COMMUNICATIONS, INC., pg. 140
SHARPLEFT, INC., pg. 299
SHEA COMMUNICATIONS, pg. 646
SHEPHERD AGENCY, pg. 410
SHERRY MATTHEWS ADVOCACY MARKETING, pg. 140
SHERWOOD OUTDOOR, INC., pg. 557
SHIFT, pg. 17
SHIFT COMMUNICATIONS LLC, pg. 647
SHIFT COMMUNICATIONS, LLC, pg. 647
SHIFT DIGITAL, pg. 265
SHIFT NOW, pg. 140
SHIFTOLOGY COMMUNICATION, pg. 647
SHIKATANI LACROIX BRANDESIGN, INC., pg. 198
SHINE UNITED, pg. 140
SHIRLEY & BANISTER PUBLIC AFFAIRS, pg. 647
SHOK IDEA GROUP, INC, pg. 17
SHOOK KELLEY, pg. 198
SHOPHER MEDIA, pg. 682
SHOPPR, pg. 647
SHOPTOLOGY, pg. 682
SHORE FIRE MEDIA, pg. 647
SHOW & TELL PRODUCTIONS, INC., pg. 557
SID LEE, pg. 140
SID PATERSON ADVERTISING, pg. 141
SIDDALL, pg. 141
SIDES & ASSOCIATES, pg. 410
SIEGEL & GALE, pg. 17
SIGMA MARKETING INSIGHTS, pg. 450
SIGNAL THEORY, pg. 141
SIGNATURE ADVERTISING, pg. 17
SIGNATURE AGENCY, pg. 141
SIGNATURE COMMUNICATIONS, pg. 410
SIGNATURE GRAPHICS, pg. 557
SIGNATURE MARKETING SOLUTIONS, pg. 141
SILTANEN & PARTNERS ADVERTISING, pg. 410
SILVER MARKETING, INC., pg. 141
SILVER TECHNOLOGIES, INC., pg. 141

SILVERLIGHT DIGITAL, pg. 265
SILVERMAN GROUP, pg. 410
SIMANTEL GROUP, pg. 142
SIMBOL, pg. 647
SIMON + ASSOCIATES ADVERTISING, pg. 142
SIMONS / MICHELSON / ZIEVE, INC., pg. 142
SIMPLE TRUTH, pg. 198
SIMPLEVIEW, INC., pg. 168
SINGER ASSOCIATES, pg. 647
SINGLE GRAIN, pg. 265
SINGLE SOURCE M.A.P., INC., pg. 142
SITO, pg. 535
SITRICK AND COMPANY, INC., pg. 647
SITUATION INTERACTIVE, pg. 265
SIX DEGREES GROUP, pg. 647
SIX DEGREES, LLC, pg. 17
SIX FOOT STUDIOS, pg. 265
SIXSPEED, pg. 198
SJI ASSOCIATES, pg. 142
SKA DESIGN, pg. 199
SKAGGS, pg. 199
SKAR ADVERTISING, pg. 265
SKIVER ADVERTISING, pg. 142
SKY ADVERTISING, INC., pg. 142
SKYELINE STUDIO, LLC, pg. 647
SLEEK MACHINE, pg. 142
SLINGSHOT, LLC, pg. 265
SLN, INC., pg. 677
SLOANE & COMPANY, pg. 647
SMAK, pg. 692
SMALL ARMY, pg. 142
SMART DESIGN, INC, pg. 199
SMARTER SEARCHES, pg. 410
SMARTSEARCH MARKETING, pg. 677
SMARTY SOCIAL MEDIA, pg. 688
SMASHING IDEAS, pg. 266
SMITH, pg. 266
SMITH & HARROFF, pg. 647
SMITH & JONES, pg. 143
SMITH & KNIBBS, INC., pg. 648
SMITH BROTHERS AGENCY, LP, pg. 410
SMITH BUCKLIN CORPORATION, pg. 314
SMITH DESIGN, pg. 199
SMITH GIFFORD, INC., pg. 143
SMITH MILLER MOORE, pg. 411
SMM ADVERTISING, pg. 199
SMS MARKETING SERVICES, pg. 292
SMUGGLER, pg. 143
SMY MEDIA, INC., pg. 508
SNACKBOX LLC, pg. 648
SNAVELY & ASSOCIATES, pg. 199
SNELL MEDICAL COMMUNICATION, INC., pg. 648
SNIPPIES, INC., pg. 450
SOCIAL CHAIN, pg. 143
SOCIAL LINK, pg. 411
SOCIAL MEDIA LINK, pg. 266
SOCIALCODE, pg. 688
SOCIALDEVIANT, LLC, pg. 688
SOCIALFLY, pg. 688
SOCIALLYIN, pg. 688
SOCKEYE CREATIVE, pg. 199
SODA POP PUBLIC RELATIONS LLC, pg. 648
SOHO EXPERIENTIAL, pg. 143
SOL DESIGN COMPANY, pg. 199
SOLEBURY TROUT, pg. 648
SOLOMON MCCOWN & CO., INC., pg. 648
SOLVE, pg. 17
SOME CONNECT, pg. 677
SOMETHING MASSIVE, pg. 266
SONNEMAN DESIGN GROUP, INC., pg. 199
SONNHALTER, pg. 411
SONSHINE COMMUNICATIONS, pg. 648
SOOHOO DESIGNERS, pg. 199
SOSHAL, pg. 143
SOULSIGHT, pg. 199
SOURCE COMMUNICATIONS, pg. 315
SOURCE ONE DIGITAL, pg. 292
SOURCE4, pg. 569
SOURCECODE COMMUNICATIONS, pg. 648
SOURCELINK, LLC, pg. 292
SOUTHARD COMMUNICATIONS, pg. 648
SOUTHWEST STRATEGIES, LLC, pg. 411
SPACE150, pg. 266
SPAETH COMMUNICATIONS, INC., pg. 648

INDEX OF AGENCY NAMES

SPAR GROUP, INC., pg. 266
SPARK, pg. 17
SPARK FOUNDRY, pg. 512
SPARK44, pg. 411
SPARK451, INC., pg. 411
SPARKLOFT MEDIA, pg. 688
SPARKPR, pg. 648
SPARKS, pg. 315
SPARKS & HONEY, pg. 450
SPARKS GROVE, INC., pg. 199
SPARXOO AGENCY, pg. 17
SPAWN, pg. 648
SPD&G, pg. 411
SPEAKERBOX COMMUNICATIONS, pg. 649
SPEAR MARKETING GROUP, pg. 411
SPECIALISTS MARKETING SERVICES, INC., pg. 292
SPECIALIZED MEDIA SERVICES, pg. 513
SPECTOR PUBLIC RELATIONS, pg. 649
SPECTRA, pg. 315
SPECTRUM SCIENCE COMMUNICATIONS, pg. 649
SPEEDMEDIA INC., pg. 266
SPELLING COMMUNICATIONS, INC., pg. 649
SPERO MEDIA, pg. 411
SPI GROUP, LLC, pg. 143
SPI MARKETING, pg. 411
SPIKE DDB, pg. 143
SPIKER COMMUNICATIONS, pg. 17
SPIRAL DESIGN STUDIO, LLC, pg. 199
SPIREMEDIA, INC., pg. 266
SPIRO & ASSOCIATES, pg. 143
SPITFIRE STRATEGIES, pg. 649
SPLASH, pg. 200
SPM COMMUNICATIONS, pg. 649
SPORTVISION, pg. 266
SPOTCO, pg. 143
SPRING STUDIOS, pg. 563
SPRINGBOX, pg. 266
SPRINKLR, pg. 267
SPROUTLOUD MEDIA NETWORKS, pg. 17
SPURRIER GROUP, pg. 513
SPYGLASS CREATIVE, pg. 200
SQAD, INC., pg. 513
SQUARE 2 MARKETING, INC., pg. 143
SQUEAKY WHEEL MEDIA, pg. 267
SQUIRES & COMPANY, pg. 200
SRC ADVERTISING, pg. 200
SRW, pg. 143
SS+K, pg. 144
SSA PUBLIC RELATIONS, pg. 649
SSCG MEDIA GROUP, pg. 513
SSDM, pg. 412
SSG / BRANDINTENSE, pg. 315
SSPR, pg. 649
SSRS, pg. 450
ST&P COMMUNICATIONS, INC., pg. 412
ST. GREGORY GROUP MARKETING, pg. 144
ST. JOHN & PARTNERS ADVERTISING & PUBLIC RELATIONS, pg. 412
STACKPOLE & PARTNERS, pg. 412
STAGE2 MARKETING, pg. 18
STAMATS COMMUNICATIONS, pg. 412
STAMP IDEAS GROUP, LLC, pg. 144
STANDARD BLACK, pg. 144
STANTEC, pg. 200
STANTON & COMPANY, pg. 649
STANTON PUBLIC RELATIONS & MARKETING, pg. 649
STAPLEGUN DESIGN, LLC, pg. 412
STARCOM WORLDWIDE, pg. 513
STARLIGHT RUNNER ENTERTAINMENT, INC., pg. 569
STARMARK INTERNATIONAL, INC., pg. 412
STARTEK, pg. 168
STATESIDE ASSOCIATES, pg. 649
STAYINFRONT, pg. 169
STAYWELL, pg. 292
STEADYRAIN, pg. 267
STEALING SHARE, pg. 18
STEALTH CREATIVE, pg. 144
STEBBINGS PARTNERS, pg. 144
STEEL DIGITAL STUDIOS, pg. 200
STEELE BRANDING, pg. 412
STEELE+, pg. 412

STEEP CREEK MEDIA, pg. 557
STEIN IAS, pg. 267
STEINER SPORTS MARKETING, pg. 315
STEINREICH COMMUNICATIONS, pg. 650
STELLA RISING, pg. 267
STELLAR AGENCY, pg. 267
STELLAR MARKETING, pg. 518
STEPHAN & BRADY, INC., pg. 412
STEPHAN PARTNERS, INC., pg. 267
STEPHEN THOMAS, pg. 412
STEPHENS & ASSOCIATES ADVERTISING, pg. 413
STEPHENS DIRECT, pg. 292
STEPHENZ GROUP, pg. 413
STERLING BRANDS, pg. 18
STERLING COMMUNICATIONS, INC., pg. 650
STERLING-RICE GROUP, pg. 413
STERN & COMPANY, pg. 650
STERN ADVERTISING, INC., pg. 413
STERN STRATEGY GROUP, pg. 650
STEVENS ADVERTISING, pg. 413
STEVENS STRATEGIC COMMUNICATIONS, INC., pg. 413
STEVENSON ADVERTISING, pg. 144
STIEGLER, WELLS, BRUNSWICK & ROTH, INC., pg. 413
STIR, LLC, pg. 413
STONE WARD ADVERTISING, pg. 414
STONEARCH CREATIVE, pg. 144
STONER BUNTING ADVERTISING, pg. 414
STONY POINT COMMUNICATIONS, INC., pg. 650
STORANDT PANN MARGOLIS & PARTNERS, pg. 414
STOREBOARD MEDIA LLC, pg. 557
STORY COLLABORATIVE, pg. 414
STORY WORLDWIDE, pg. 267
STRAIGHT NORTH, LLC, pg. 267
STRAND MARKETING, pg. 144
STRATA, pg. 267
STRATA-MEDIA, INC., pg. 18
STRATACOMM, INC., pg. 650
STRATEGIC AMERICA, pg. 414
STRATEGIC COMMUNICATIONS GROUP, INC., pg. 688
STRATEGIC MEDIA, INC., pg. 518
STRATEGIC OBJECTIVES, pg. 650
STRATEGICAMPERSAND, pg. 414
STRATEGIES, pg. 414
STRATEGIES 360, pg. 650
STRATEGIS, pg. 414
STRATEGY LABS, pg. 267
STRAUSS MEDIA STRATEGIES, INC., pg. 518
STRAWBERRYFROG, pg. 414
STREAM COMPANIES, pg. 415
STRINGCAN INTERACTIVE, pg. 267
STRONGPOINT, pg. 650
STROTTMAN INTERNATIONAL, pg. 569
STRUCK, pg. 144
STRUCTURAL GRAPHICS, LLC, pg. 569
STRUM, pg. 18
STUDE-BECKER ADVERTISING, pg. 18
STUDIO BLUE, pg. 200
STUDIO NUMBER ONE, INC., pg. 144
STUDIO/LAB, pg. 200
STUDIONORTH, pg. 18
STURGES & WORD, pg. 200
STYLE ADVERTISING, pg. 415
SUASION, pg. 145
SUASION COMMUNICATIONS GROUP, pg. 415
SUB ROSA, pg. 200
SUBLIME COMMUNICATIONS, pg. 415
SUBURBIA STUDIOS, pg. 18
SUCCESS COMMUNICATIONS GROUP, pg. 415
SUDLER & HENNESSEY, pg. 145
SUGARCRM, pg. 169
SUKLE ADVERTISING & DESIGN, pg. 145
SULLIVAN, pg. 18
SULLIVAN & LESHANE PUBLIC RELATIONS, pg. 650
SULLIVAN BRANDING, pg. 415
SULLIVAN GROUP, pg. 315
SUMMIT MARKETING, pg. 570
SUMNER GROUP, pg. 415
SUN & MOON MARKETING COMMUNICATIONS, INC., pg. 415

SUNDBERG & ASSOCIATES, pg. 200
SUNDIN ASSOCIATES, pg. 415
SUNNY505, pg. 415
SUNSHINE SACHS, pg. 650
SUNSTAR STRATEGIC, pg. 651
SUNWEST COMMUNICATIONS, pg. 651
SUPERFLY, pg. 315
SUPERHEROES NEW YORK, pg. 145
SUPERJUICE, pg. 651
SUPERUNION, pg. 18
SUPPLY MEDIA, pg. 145
SURFMEDIA COMMUNICATIONS, pg. 651
SUSAN DAVIS INTERNATIONAL, pg. 651
SUSSMAN / PREJZA & CO., INC., pg. 200
SUSSNER DESIGN COMPANY, pg. 200
SUTHERLANDGOLD COMMUNICATIONS, pg. 651
SWANSON RUSSELL, pg. 415
SWANSON RUSSELL ASSOCIATES, pg. 415
SWARM, pg. 268
SWASH LABS, pg. 145
SWEDEN UNLIMITED, pg. 268
SWEENEY PUBLIC RELATIONS, pg. 651
SWEENEYVESTY, pg. 651
SWELL, LLC, pg. 145
SWELLSHARK, pg. 518
SWERVE DESIGN GROUP, pg. 416
SWERVE, INC., pg. 200
SWIFT, pg. 145
SWING MEDIA, pg. 557
SWITCH, pg. 145
SYMBILITY INTERSECT, pg. 268
SYMMETRI MARKETING GROUP, LLC, pg. 416
SYMPHONY TALENT, pg. 667
SYNECHRON, pg. 268
SYNEOS HEALTH COMMUNICATIONS, pg. 169
SYNERGY GROUP, pg. 651
SYNTAX COMMUNICATION GROUP, pg. 651
SYPARTNERS, pg. 18
SYSTEMS & MARKETING SOLUTIONS, pg. 268
SYZYGY US, pg. 268

T

T1 MEDIA, LCC, pg. 518
T3, pg. 416
TABOOLA, pg. 268
TACITO DIRECT MARKETING, pg. 292
TACO TRUCK CREATIVE, pg. 145
TAG, pg. 145
TAG COMMUNICATIONS, INC., pg. 416
TAILFIN MARKETING COMMUNICATIONS, pg. 18
TAILLIGHT TV, pg. 315
TAILWIND, pg. 677
TAIT SUBLER, pg. 19
TALL TIMBERS MARKETING, pg. 292
TALLWAVE, pg. 268
TALON OUTDOOR, pg. 558
TAM TAM \ TBWA, pg. 416
TAMAR PRODUCTIONS, pg. 316
TAMOTSU YAGI DESIGN, pg. 201
TANDEM THEORY, pg. 269
TANEN DIRECTED ADVERTISING, pg. 416
TANK DESIGN, pg. 201
TAPJOY, pg. 535
TARA, INK., pg. 651
TARGET 10, pg. 19
TARGET MARKETING & COMMUNICATIONS, INC., pg. 146
TARGET MEDIA USA, pg. 518
TARGETBASE MARKETING, pg. 292
TARGETSPOT, INC., pg. 269
TATTOO PROJECTS, LLC, pg. 146
TAXI, pg. 146
TAYLOR, pg. 651
TAYLOR, pg. 651
TAYLOR & COMPANY, pg. 652
TAYLOR & POND INTERACTIVE, pg. 269
TAYLOR BOX COMPANY, pg. 201
TAYLOR DESIGN, pg. 201
TAYLOR JOHNSON, pg. 652
TAYLOR WEST ADVERTISING, INC., pg. 416
TBC, pg. 416

AGENCIES
INDEX OF AGENCY NAMES

TBD, pg. 146
TBWA \ CHIAT \ DAY, pg. 416
TBWA/MEDIA ARTS LAB, pg. 147
TBWA\WORLDHEALTH, pg. 147
TCA, pg. 147
TCAA, pg. 147
TCP INTEGRATED DIRECT, INC., pg. 293
TDA_BOULDER, pg. 147
TDG COMMUNICATIONS, pg. 417
TEAGUE, pg. 201
TEAK, pg. 19
TEAK MEDIA COMMUNICATIONS, pg. 652
TEAM 201, pg. 269
TEAM ARROW PARTNERS - GROUPM, pg. 519
TEAM ENTERPRISES, pg. 316
TEAM EPIPHANY, pg. 652
TEAM ONE, pg. 418
TEAM VELOCITY MARKETING, pg. 418
TEAMWORKS MEDIA, pg. 519
TEC DIRECT MEDIA, INC., pg. 519
TECH IMAGE, LTD., pg. 652
TEKNICKS, pg. 677
TELESCOPE, pg. 269
TEN, pg. 269
TEN ADAMS MARKETING & ADVERTISING, pg. 147
TEN PEAKS MEDIA, pg. 269
TEN35, pg. 147
TENET PARTNERS, pg. 450
TENTH CROW CREATIVE, pg. 201
TEQUILA COMMUNICATION & MARKETING, INC., pg. 418
TERMAN PUBLIC RELATIONS, pg. 652
TERRI & SANDY, pg. 147
TERRY L. BUTZ CREATIVE INCORPORATED, pg. 148
TETHER, pg. 201
TEXAS CREATIVE, pg. 201
TGG BRAND MARKETING & DESIGN, pg. 148
THACKWAY MCCORD, pg. 201
THAYER MEDIA, pg. 519
THE / MARKETING / WORKS, pg. 19
THE 360 AGENCY, pg. 418
THE ACTIVE NETWORK, pg. 570
THE AD STORE, pg. 148
THE ADAMS GROUP, pg. 418
THE ADSMITH, pg. 201
THE ADVOCATE AGENCY, pg. 148
THE ALLEN LEWIS AGENCY, LLC, pg. 148
THE ANDERSON GROUP, pg. 19
THE ATKINS GROUP, pg. 148
THE AXIS AGENCY, pg. 545
THE BALLANTINE CORPORATION, pg. 293
THE BANTAM GROUP, pg. 450
THE BARBER SHOP MARKETING, pg. 148
THE BEANSTALK GROUP, pg. 19
THE BENDER GROUP, pg. 652
THE BERGMAN GROUP, INC, pg. 148
THE BEYTIN AGENCY, pg. 652
THE BIONDO GROUP, pg. 201
THE BLUESHIRT GROUP, pg. 652
THE BOHAN AGENCY, pg. 418
THE BOSTON GROUP, pg. 418
THE BOSWORTH GROUP, pg. 148
THE BRADFORD GROUP, pg. 148
THE BRAND AMP, pg. 419
THE BRAND CONSULTANCY, pg. 19
THE BRAND FACTORY, pg. 19
THE BRANDON AGENCY, pg. 419
THE BRICK FACTORY, pg. 269
THE BROOKLYN BROTHERS, pg. 148
THE BUNTIN GROUP, pg. 148
THE BURNETT COLLECTIVE, pg. 669
THE BUTIN GROUP, pg. 652
THE BYTOWN GROUP, pg. 201
THE CALIBER GROUP, pg. 19
THE CASTLE GROUP, INC., pg. 652
THE CDM GROUP, pg. 149
THE CIRLOT AGENCY, INC., pg. 149
THE COLLECTIVE BRANDSACTIONAL MARKETING, INC., pg. 149
THE COMMUNICATIONS GROUP, pg. 149
THE COMMUNICATIONS GROUP, INC., pg. 653
THE COMMUNITY, pg. 545

THE CONCEPT FARM, pg. 269
THE CONCEPT STUDIO, pg. 269
THE CONSULTANCY PR, pg. 653
THE CREATIVE ALLIANCE, pg. 653
THE CYPHERS AGENCY, pg. 419
THE DAVIS GROUP, pg. 519
THE DESIGNORY, pg. 269
THE DIGITAL HYVE, pg. 269
THE DISTILLERY PROJECT, pg. 149
THE DOLPHIN GROUP, INC., pg. 653
THE DONEGER GROUP, pg. 419
THE DOZIER COMPANY, pg. 419
THE DRUCKER GROUP, pg. 150
THE EHRHARDT GROUP, INC., pg. 653
THE ENGINE IS RED, pg. 150
THE EQUITY GROUP, INC., pg. 653
THE ESCAPE POD, pg. 150
THE EVOKE GROUP, pg. 270
THE FAMILY ROOM, pg. 450
THE FANTASTICAL, pg. 150
THE FEAREY GROUP, pg. 653
THE FERRARO GROUP, pg. 653
THE FOOD GROUP, pg. 419
THE FOUNDRY @ MEREDITH CORP, pg. 150
THE FOUNDRY AGENCY, pg. 270
THE FRANK AGENCY, INC, pg. 150
THE FUTURES COMPANY, pg. 450
THE G&R COOPERATIVE, pg. 450
THE GAB GROUP, pg. 653
THE GARFIELD GROUP, pg. 419
THE GARY GROUP, pg. 150
THE GATE WORLDWIDE, pg. 419
THE GEORGE P. JOHNSON COMPANY, pg. 316
THE GOODNESS COMPANY, pg. 419
THE GREAT SOCIETY, pg. 150
THE GRI MARKETING GROUP, INC., pg. 270
THE GRIST, pg. 19
THE GUNTER AGENCY, pg. 150
THE HATCH AGENCY, pg. 653
THE HAWTHORN GROUP, pg. 653
THE HEAVYWEIGHTS, pg. 420
THE HENDERSON ROBB GROUP, pg. 151
THE HIVE STRATEGIC MARKETING, pg. 420
THE HODGES PARTNERSHIP, pg. 653
THE HOFFMAN AGENCY, pg. 653
THE HYBRID CREATIVE, pg. 151
THE IDEA GROVE, pg. 654
THE IMAGINATION COMPANY, pg. 201
THE INFINITE AGENCY, pg. 151
THE INTEGER GROUP, pg. 682
THE INTEGER GROUP - DALLAS, pg. 570
THE INTEGER GROUP - MIDWEST, pg. 570
THE JAMES AGENCY (TJA), pg. 151
THE JOESTER LORIA GROUP, pg. 450
THE JOHNSON GROUP, pg. 420
THE JONES AGENCY, pg. 420
THE KARMA GROUP, pg. 420
THE KARPEL GROUP, pg. 299
THE KERRY GROUP, pg. 316
THE KING AGENCY, pg. 151
THE LACEK GROUP, pg. 270
THE LANE COMMUNICATIONS GROUP, pg. 654
THE LAREDO GROUP, INC., pg. 270
THE LAUNCHPAD GROUP, pg. 546
THE LAVIDGE COMPANY, pg. 420
THE LEE GROUP, pg. 420
THE LETTER M MARKETING, pg. 420
THE LEVINSON TRACTENBERG GROUP, pg. 151
THE LOOMIS AGENCY, pg. 151
THE LYMAN AGENCY, pg. 654
THE M-LINE, pg. 201
THE MANAHAN GROUP, pg. 19
THE MANY, pg. 151
THE MARCUS GROUP, INC., pg. 654
THE MARGULIES COMMUNICATIONS GROUP, pg. 654
THE MARKETING ARM, pg. 317
THE MARKETING DEPARTMENT, pg. 420
THE MARKETING GARAGE, pg. 420
THE MARKETING PRACTICE, pg. 169
THE MARKETING STORE WORLDWIDE, pg. 421
THE MARKETING WORKSHOP, INC., pg. 450
THE MARS AGENCY, pg. 683
THE MARTIN AGENCY, pg. 421

THE MARX GROUP, pg. 421
THE MATTHEWS GROUP, INC., pg. 151
THE MCCARTHY COMPANIES, pg. 151
THE MCRAE AGENCY, pg. 688
THE MEDIA KITCHEN, pg. 519
THE MERZ GROUP, pg. 19
THE METRICK SYSTEM, pg. 152
THE MILL, pg. 152
THE MILLER GROUP, pg. 421
THE MIXX, pg. 20
THE MORAN GROUP, pg. 152
THE MOTION AGENCY, pg. 270
THE MULLIKIN AGENCY, pg. 152
THE MX GROUP, pg. 422
THE NARRATIVE GROUP, pg. 654
THE NEIBART GROUP, pg. 654
THE NOLAN GROUP, pg. 654
THE NOW GROUP, pg. 422
THE OHLMANN GROUP, pg. 422
THE OLIVER GROUP, pg. 667
THE OSTLER GROUP, pg. 422
THE OUTCAST AGENCY, pg. 654
THE OYA GROUP, pg. 152
THE PARAGRAPH PROJECT, pg. 152
THE PARTNERSHIP, INC., pg. 270
THE PEPPER GROUP, pg. 202
THE PIVOT GROUP, pg. 293
THE PLATFORM GROUP, pg. 152
THE POINT GROUP, pg. 152
THE POLLACK PR MARKETING GROUP, pg. 654
THE PORTFOLIO MARKETING GROUP, pg. 422
THE POWELL GROUP, pg. 655
THE PRICE GROUP INC, pg. 152
THE PRIME FACTORY, pg. 422
THE PURSUANT GROUP, pg. 422
THE RADIO AGENCY, pg. 293
THE RAMEY AGENCY, pg. 422
THE REGAN GROUP, pg. 570
THE RENDON GROUP, INC., pg. 655
THE REPUBLIK, pg. 152
THE RESERVE LABEL, pg. 563
THE RHOADS GROUP, pg. 152
THE RICHARDS GROUP, INC., pg. 422
THE ROBERT GROUP, pg. 655
THE ROSE GROUP, pg. 655
THE ROSEN GROUP, pg. 655
THE ROSS GROUP, pg. 570
THE RUTH GROUP, pg. 655
THE S3 AGENCY, pg. 424
THE SAN JOSE GROUP LTD., pg. 546
THE SAWTOOTH GROUP, pg. 152
THE SCOTT & MILLER GROUP, pg. 152
THE SEARCH AGENCY, pg. 677
THE SELLS AGENCY, pg. 655
THE SHELTON GROUP, pg. 153
THE SHEPPARD GROUP, pg. 424
THE SHIPYARD, pg. 153
THE SHOP AGENCY, pg. 153
THE SIMON GROUP, INC., pg. 153
THE SOLUTIONS GROUP, INC., pg. 153
THE SOUZA AGENCY, pg. 424
THE STANDING PARTNERSHIP, pg. 655
THE STARR CONSPIRACY, pg. 20
THE STONE AGENCY, pg. 20
THE STORY LAB, pg. 153
THE SUMMIT GROUP, pg. 153
THE SUNFLOWER GROUP, pg. 317
THE SUPERGROUP, pg. 270
THE SUSSMAN AGENCY, pg. 153
THE SWEET SHOP, pg. 564
THE TAG EXPERIENCE, pg. 688
THE THORBURN GROUP, pg. 20
THE TOMBRAS GROUP, pg. 153
THE TRADE DESK, pg. 519
THE TURN LAB INC, pg. 425
THE VANDIVER GROUP, INC., pg. 425
THE VARIABLE, pg. 153
THE VAULT, pg. 154
THE VERDI GROUP, INC., pg. 293
THE VIA AGENCY, pg. 154
THE VIMARC GROUP INC., pg. 425
THE WARD GROUP, pg. 520
THE WARD GROUP, INC - MEDIA STEWARDS, pg. 520

A-21

INDEX OF AGENCY NAMES — AGENCIES

THE WATSONS, pg. 154
THE WEIDERT GROUP, pg. 425
THE WEINBACH GROUP, INC., pg. 425
THE WEINSTEIN ORGANIZATION, INC., pg. 425
THE WILBERT GROUP, pg. 655
THE WILLIAM MILLS AGENCY, pg. 655
THE WINNIE GROUP, pg. 425
THE WOO AGENCY, pg. 425
THE WOOD AGENCY, pg. 154
THE WRIJEN COMPANY, pg. 546
THE YAFFE GROUP, pg. 154
THE ZIMMERMAN AGENCY, pg. 426
THE ZIMMERMAN GROUP, pg. 426
THE&PARTNERSHIP, pg. 426
THE1STMOVEMENT, LLC, pg. 270
THEAGENCY, pg. 154
THEBLOC, pg. 270
THEORY HOUSE : THE AGENCY BUILT FOR RETAIL, pg. 683
THESEUS COMMUNICATIONS, pg. 520
THESIS, pg. 270
THINK JAM, pg. 299
THINK MOTIVE, pg. 154
THINK PR, pg. 655
THINK SHIFT, INC, pg. 270
THINK TANK COMMUNICATIONS, pg. 656
THINKSO CREATIVE LLC, pg. 155
THIRD DOOR MEDIA, INC., pg. 678
THIRD EAR, pg. 546
THIRD WAVE DIGITAL , pg. 270
THIS IS RED, pg. 271
THOMA THOMA CREATIVE, pg. 155
THOMAS BOYD COMMUNICATIONS, pg. 656
THOMAS COMMUNICATIONS, LLC, pg. 656
THOMAS J. PAUL, INC. , pg. 20
THOMPSON & BENDER, pg. 656
THORNBERG & FORESTER, pg. 564
THOUGHTFORM DESIGN, pg. 202
THREAD, pg. 271
THREAD CONNECTED CONTENT, pg. 202
THREE ATLANTA, LLC, pg. 155
THREE BOX STRATEGIC COMMUNICATIONS, pg. 656
THREE DEEP MARKETING, pg. 678
THREE FIVE TWO, INC., pg. 271
THREESIXTYEIGHT, pg. 271
THRIVEHIVE, pg. 155
THRULINE MARKETING, pg. 155
THUNDER TECH, pg. 426
TIC TOC, pg. 570
TICOMIX, pg. 169
TIDESMART GLOBAL, pg. 317
TIERNEY COMMUNICATIONS, pg. 426
TIGRIS SPONSORSHIP & MARKETING, pg. 317
TIMBERLAKE MEDIA SERVICES, INC., pg. 520
TIME & SPACE MEDIA, pg. 520
TIME ADVERTISING, pg. 155
TIMEZONEONE, pg. 155
TIMMONS & COMPANY , pg. 426
TINSLEY ADVERTISING, pg. 155
TINUITI, pg. 678
TIVOLI PARTNERS, pg. 293
TIZIANI WHITMYRE, pg. 155
TKO ADVERTISING, pg. 155
TMA+PERITUS, pg. 202
TMPG MEDIA, pg. 299
TNS, pg. 450
TODD ALLEN DESIGN, pg. 202
TOGORUN, pg. 656
TOKY BRANDING + DESIGN, pg. 202
TOLLESON DESIGN, pg. 202
TOLUNA, pg. 450
TOM, DICK & HARRY CREATIVE, pg. 426
TONGAL, pg. 20
TONIQ, LLC, pg. 20
TOOL OF NORTH AMERICA pg. 564
TOOLHOUSE, INC., pg. 155
TOPDRAW, pg. 678
TORQUE, pg. 20
TOTAL COM, pg. 155
TOTAL PROMOTIONS, INC., pg. 570
TOTALCOM, pg. 156
TOTH + CO., pg. 202
TOTO GROUP, pg. 156

TOUCHEI, pg. 520
TOUCHPOINT INTEGRATED COMMUNICATIONS, pg. 520
TOUCHSTORM, pg. 570
TOWER MEDIA ADVERTISING, INC., pg. 293
TOWNSEND RAIMUNDO BESLER & USHER, pg. 656
TPG REWARDS, INC., pg. 570
TPN, pg. 571
TR DESIGN, INC., pg. 202
TRACK DDB, pg. 293
TRACK MARKETING GROUP, pg. 156
TRACTION CORPORATION, pg. 271
TRACTION CREATIVE COMMUNICATIONS, pg. 202
TRACTORBEAM, pg. 156
TRACYLOCKE, pg. 683
TRACYLOCKE, pg. 684
TRADE X PARTNERS, pg. 156
TRADEMARK EVENT PROMOTIONS, INC., pg. 317
TRAFFIC DIGITAL AGENCY, pg. 271
TRAFFIK ADVERTISING, pg. 156
TRAFFIKGROUP, pg. 426
TRAILER PARK, pg. 299
TRAINA DESIGN, pg. 20
TRAKTEK PARTNERS, pg. 271
TRAMPOLINE, pg. 20
TRANS WORLD MARKETING, pg. 202
TRANSLATION, pg. 299
TRANSMEDIA GROUP, pg. 656
TRAPEZE COMMUNICATIONS, pg. 426
TRAVEL SPIKE, pg. 272
TRAVELCLICK, INC., pg. 272
TREAT AND COMPANY, LLC, pg. 202
TREFOIL GROUP, pg. 656
TREKK, pg. 156
TRENCHLESS MARKETING, pg. 427
TRENT & COMPANY, INC., pg. 656
TREVELINO / KELLER COMMUNICATIONS GROUP, pg. 656
TRI-MEDIA INTEGRATED MARKETING TECHNOLOGIES, pg. 427
TRIAD COMMUNICATION, pg. 656
TRIAD RETAIL MEDIA, pg. 272
TRIAD/NEXT LEVEL, pg. 156
TRIBAL WORLDWIDE, pg. 272
TRIBAL WORLDWIDE - VANCOUVER, pg. 272
TRIBE, INC., pg. 20
TRICKEY JENNUS, INC., pg. 156
TRICOMB2B, pg. 427
TRIGGER: COMMUNICATIONS & DESIGN, pg. 427
TRILIA , pg. 521
TRILIX MARKETING GROUP, INC., pg. 427
TRILLIUM CORPORATE COMMUNICATIONS, INC., pg. 656
TRINITY BRAND GROUP, pg. 202
TRIOMPHE MARKETING & COMMUNICATION, pg. 156
TRIPLEPOINT , pg. 656
TRIPTENT, pg. 156
TRITON DIGITAL, pg. 272
TRITON PRODUCTIONS, pg. 317
TROIKA/MISSION GROUP, pg. 20
TROLLBACK & COMPANY, pg. 203
TRONE BRAND ENERGY, pg. 427
TROPIC SURVIVAL, pg. 156
TROZZOLO COMMUNICATIONS GROUP, pg. 657
TRUE COMMUNICATIONS, pg. 657
TRUE IMPACT MEDIA, pg. 558
TRUE INCENTIVE, pg. 571
TRUE MEDIA, pg. 521
TRUE NORTH CUSTOM PUBLISHING, LLC, pg. 564
TRUE NORTH INC., pg. 272
TRUE SENSE MARKETING, pg. 293
TRUE X MEDIA, pg. 317
TRUEPOINT COMMUNICATIONS, pg. 657
TRUMPET ADVERTISING, pg. 157
TRUNGALE, EGAN & ASSOCIATES, pg. 203
TRUTH & ADVERTISING, pg. 272
TSA COMMUNICATIONS, pg. 157
TUCCI CREATIVE, pg. 157
TUCKER / HALL, INC., pg. 657
TUKAIZ, pg. 427
TUMBLEWEED PRESS, pg. 293
TUNHEIM PARTNERS, pg. 657

TURCHETTE ADVERTISING AGENCY, pg. 157
TURKEL, pg. 157
TURNER DUCKWORTH, pg. 203
TURNER PUBLIC RELATIONS, pg. 657
TURNSTILE, INC., pg. 427
TURTLEDOVE CLEMENS, INC., pg. 427
TVA MEDIA GROUP, pg. 293
TVGLA, pg. 273
TWENTY FOUR-SEVEN, INC., pg. 203
TWENTY-FIRST CENTURY BRAND, pg. 157
TWENTYSIX2 MARKETING, pg. 678
TWG COMMUNICATIONS, pg. 427
TWINENGINE, pg. 203
TWO BY FOUR COMMUNICATIONS, LTD., pg. 157
TWO NIL, pg. 521
TWO TWELVE, pg. 203
TYSINGER PROMOTIONS, INC., pg. 571

U

(UN)COMMON LOGIC, pg. 671
UBERFLIP, pg. 535
UBIQUITOUS MEDIA / GLOSS MEDIA, pg. 294
UBM, pg. 521
UENO, pg. 273
ULTIMATE PARKING, pg. 294
UNANIMOUS, pg. 203
UNBOUNDARY, pg. 203
UNCOMMON, pg. 157
UNCONQUERED, pg. 203
UNDERSCORE MARKETING, LLC, pg. 521
UNDERTONE, pg. 273
UNICOM ARC, pg. 657
UNIFIED FIELD, pg. 273
UNIFIED RESOURCES, INC., pg. 571
UNIFLEX, INC., pg. 558
UNION, pg. 273
UNION CREATIVE, pg. 273
UNITED COLLECTIVE, pg. 428
UNITED ENTERTAINMENT GROUP, pg. 299
UNITED LANDMARK ASSOCIATES , pg. 157
UNITY MARKETING, INC., pg. 451
UNIVERSAL MCCANN, pg. 524
UNIVERSAL MCCANN DETROIT, pg. 524
UNIVERSAL MEDIA, INC., pg. 525
UNIVERSAL WILDE, pg. 428
UNO, pg. 21
UNTITLED WORLDWIDE, pg. 157
UPLAND MOBILE MESSAGING, pg. 535
UPP ENTERTAINMENT MARKETING, pg. 300
UPRAISE MARKETING & PUBLIC RELATIONS, pg. 657
UPROAR, pg. 657
UPSHIFT CREATIVE GROUP, pg. 21
UPSHOT, pg. 157
UPSIDE COLLECTIVE, pg. 428
UPSTREAMERS, pg. 428
UPWARD BRAND INTERACTIONS, pg. 158
US DIGITAL PARTNERS, pg. 273
US MEDIA CONSULTING, pg. 546
USE ALL FIVE, INC., pg. 273
USIM, pg. 525
UTOPIC, pg. 428
UTŌKA, pg. 203
UWG, pg. 546

V

V&L RESEARCH & CONSULTING, INC., pg. 451
VALASSIS, pg. 294
VALENCIA, PEREZ, ECHEVESTE, pg. 658
VALTECH, pg. 273
VAN WAGNER COMMUNICATIONS, pg. 558
VAN WAGNER SPORTS GROUP, pg. 558
VANDYKE-HORN, pg. 658
VANGUARD COMMUNICATIONS, pg. 658
VANGUARD DIRECT, pg. 274
VANGUARDCOMM, pg. 546
VANTAGEPOINT, INC., pg. 428
VARALLO PUBLIC RELATIONS, pg. 658
VARICK MEDIA MANAGEMENT, pg. 274
VAULT COMMUNICATIONS, INC., pg. 658

AGENCIES — INDEX OF AGENCY NAMES

VAULT49, pg. 203
VAYNERMEDIA, pg. 689
VDA PRODUCTIONS, pg. 317
VECTOR MEDIA, pg. 558
VELA, pg. 428
VELOCITY OMC, pg. 158
VENABLES BELL & PARTNERS, pg. 158
VENTURA ASSOCIATES INTL, LLC, pg. 571
VENTURE COMMUNICATIONS, LTD., pg. 158
VENUE MARKETING GROUP, pg. 158
VERDE BRAND COMMUNICATIONS, pg. 658
VERDIN, pg. 21
VERITONE ONE, pg. 525
VERMILION DESIGN, pg. 204
VERSION 2 COMMUNICATIONS, pg. 658
VERSO ADVERTISING, pg. 159
VERT MOBILE LLC, pg. 274
VERTEX MARKETING COMMUNICATION, pg. 159
VERTIC, pg. 274
VERTICAL MARKETING NETWORK, pg. 428
VEST ADVERTISING, pg. 159
VESTCOM , pg. 571
VESTED, pg. 658
VI MARKETING & BRANDING, pg. 428
VIBES MEDIA, pg. 535
VIDMOB, pg. 690
VIEWPOINT CREATIVE, pg. 159
VIEWSTREAM, pg. 274
VIGET LABS, pg. 274
VIGOR , pg. 21
VILLING & CO., pg. 429
VINCODO LLC, pg. 274
VIRGEN ADVERTISING, pg. 159
VIRTUE WORLDWIDE, pg. 159
VISIBILITY AND CONVERSIONS, pg. 159
VISION CREATIVE GROUP, pg. 204
VISION7 INTERNATIONAL, pg. 429
VISIONMARK USA, pg. 204
VISITURE, pg. 678
VISTRA COMMUNICATIONS, LLC, pg. 658
VISUAL ASYLUM, pg. 204
VISUAL MARKETING ASSOCIATES, pg. 204
VITALINK COMMUNICATIONS, pg. 159
VITAMIN, pg. 21
VITRO AGENCY, pg. 159
VIVA CREATIVE, pg. 160
VIVO360, pg. 274
VIZERGY, pg. 274
VIZEUM, pg. 526
VIZEUM CANADA, INC., pg. 526
VIZION INTERACTIVE, pg. 678
VLADIMIR JONES, pg. 429
VM1 (ZENITH MEDIA + MOXIE), pg. 526
VMC MEDIA, pg. 526
VMLY&R, pg. 160
VOCE COMMUNICATIONS, A PORTER NOVELLI COMPANY, pg. 658
VODORI, pg. 275
VOICE MEDIA GROUP, pg. 526
VOKAL INTERACTIVE, pg. 275
VOVEO MARKETING GROUP, pg. 429
VOX GLOBAL , pg. 658
VOXUS PR, pg. 658
VREELAND MARKETING, pg. 161
VSA PARTNERS, INC., pg. 204
VSBROOKS, pg. 429
VT PRO DESIGN, pg. 564
VWA, pg. 429

W

W2O, pg. 659
W5, pg. 451
WAGES DESIGN, INC., pg. 204
WAGSTAFF WORLDWIDE, pg. 659
WALKER ADVERTISING, INC., pg. 546
WALKER SANDS COMMUNICATIONS, pg. 659
WALL TO WALL STUDIOS, pg. 204
WALLACE & COMPANY, pg. 161
WALLACE CHURCH, INC., pg. 204
WALLWORK CURRY MCKENNA, pg. 161
WALMART MEDIA GROUP, pg. 684
WALO CREATIVE, INC., pg. 161
WALRUS, pg. 161
WALSH BRANDING, pg. 204
WALT & COMPANY COMMUNICATIONS, pg. 659
WALT KLEIN ADVERTISING, pg. 161
WALTON ISAACSON, pg. 547
WALTON ISAACSON CA, pg. 547
WALZ TETRICK ADVERTISING, pg. 429
WALZAK ADVERTISING, pg. 161
WARD CREATIVE COMMUNICATIONS, pg. 659
WARNER COMMUNICATIONS, pg. 659
WARREN DOUGLAS ADVERTISING, pg. 161
WARSCHAWSKI PUBLIC RELATIONS, pg. 659
WASSERMAN & PARTNERS ADVERTISING, INC., pg. 429
WASSERMAN MEDIA GROUP, pg. 317
WATAUGA GROUP, pg. 21
WATCHFIRE SIGNS , pg. 559
WAVEMAKER, pg. 529
WAX COMMUNICATIONS, pg. 294
WAY TO BLUE, pg. 275
WE ARE ALEXANDER, pg. 429
WE ARE BMF, pg. 318
WE ARE ROYALE, pg. 205
WE ARE SOCIAL, pg. 690
WE COMMUNICATIONS, pg. 660
WE'RE MAGNETIC, pg. 318
WEB TALENT MARKETING, pg. 276
WEBB/MASON, pg. 294
WEBER SHANDWICK, pg. 662
WEBLINC, LLC, pg. 276
WEDU, pg. 430
WEINMAN SCHNEE MORAIS, INC., pg. 451
WEISSMAN MARKOVITZ COMMUNICATIONS, pg. 662
WEITZMAN ADVERTISING, INC., pg. 430
WELZ & WEISEL COMMUNICATIONS, pg. 662
WENCEL WORLDWIDE, INC., pg. 572
WENDT, pg. 430
WENSTROM COMMUNICATIONS, INC., pg. 529
WEST COAST ADVISORS, pg. 662
WESTGROUP RESEARCH, pg. 451
WESTMORELAND FLINT, pg. 161
WESTON | MASON, pg. 430
WESTPORT ENTERTAINMENT ASSOCIATES, pg. 668
WHEELER ADVERTISING, INC., pg. 430
WHEELHOUSE DIGITAL MARKETING GROUP, pg. 678
WHERE EAGLES DARE, pg. 161
WHIPSAW, INC., pg. 205
WHITE GOOD & COMPANY, INC., pg. 430
WHITE PANTS AGENCY, pg. 276
WHITE64, pg. 430
WHITEBOARD.IS, pg. 430
WHITEMYER ADVERTISING, INC., pg. 161
WHITESPACE CREATIVE, pg. 162
WHITNEY ADVERTISING & DESIGN, pg. 430
WHM CREATIVE, pg. 162
WIDEORBIT, pg. 276
WIDMEYER COMMUNICATIONS, pg. 662
WIEDEN + KENNEDY, pg. 432
WIER / STEWART, pg. 205
WILAND DIRECT, pg. 294
WILDFIRE, pg. 162
WILEN MEDIA CORPORATION, pg. 432
WILKINSON FERRARI & COMPANY, pg. 663
WILLIAMS / CRAWFORD & ASSOCIATES, pg. 162
WILLIAMS MCBRIDE GROUP, pg. 205
WILLIAMS RANDALL, pg. 432
WILLIAMS WHITTLE, pg. 432
WILLIAMSRANDALL MARKETING COMMUNICATIONS, pg. 433
WILLOUGHBY DESIGN GROUP , pg. 205
WILLOW MARKETING, pg. 433
WILLOWTREE, INC., pg. 535
WILSON CREATIVE GROUP, INC., pg. 162
WILSON MEDIA GROUP, pg. 529
WINGARD CREATIVE, pg. 162
WINGER MARKETING, pg. 663
WINGMAN MEDIA, pg. 529
WINNERCOMM, pg. 564
WIRED PR, pg. 663
WIRESPRING, pg. 559
WIRTHWEIN CORPORATION, pg. 162
WISER STRATEGIES, pg. 663
WIT MEDIA, pg. 162
WITHERSPOON MARKETING COMMUNICATIONS, pg. 663
WITZ COMMUNICATIONS, INC., pg. 663
WMX, pg. 276
WOLFF OLINS, pg. 21
WOLFGANG, pg. 433
WOMENKIND, pg. 162
WONACOTT COMMUNICATIONS, LLC, pg. 663
WONDERFUL AGENCY, pg. 162
WONDERSAUCE, pg. 205
WONGDOODY, pg. 433
WOOD COMMUNICATIONS GROUP, pg. 663
WOODRUFF, pg. 163
WORDBANK LLC, pg. 163
WORDCOM, INC., pg. 294
WORDHAMPTON PUBLIC RELATIONS, pg. 663
WORDS AND PICTURES CREATIVE SERVICE, INC, pg. 276
WORDS AT WORK, pg. 163
WORDSWORTH COMMUNICATIONS, pg. 663
WORDWRITE COMMUNICATIONS, pg. 663
WORK & CO, pg. 276
WORKHORSE MARKETING, pg. 433
WORKING MEDIA GROUP, pg. 433
WORKINPROGRESS, pg. 163
WORKS DESIGN GROUP, pg. 21
WORKTANK, pg. 21
WORLD WIDE MIND, pg. 163
WORLDATA, pg. 294
WORLDWAYS SOCIAL MARKETING, pg. 690
WORX BRANDING & ADVERTISING, pg. 163
WP NARRATIVE , pg. 163
WPP GROUP, INC., pg. 433
WPP KANTAR MEDIA, pg. 163
WPROMOTE, pg. 678
WRAGG & CASAS PUBLIC RELATIONS, INC., pg. 663
WRAY WARD, pg. 433
WRIGHT ON COMMUNICATIONS, pg. 663
WRITE2MARKET, pg. 276
WRK ADVERTISING, pg. 163
WRL ADVERTISING, pg. 163
WS, pg. 164
WSL STRATEGIC RETAIL, pg. 21
WUNDERMAN DATA PRODUCTS, pg. 451
WUNDERMAN HEALTH, pg. 164
WUNDERMAN HEALTH - KANSAS CITY, pg. 164
WUNDERMAN THOMPSON, pg. 547
WUNDERMAN THOMPSON ATLANTA, pg. 435
WUNDERMAN THOMPSON SEATTLE, pg. 435
WYNG, pg. 276

X

X STUDIOS, pg. 276
X! PROMOS, pg. 572
X3 CREATIVE, pg. 205
XAXIS, pg. 276
XENOPHON STRATEGIES, INC., pg. 664
XENOPSI, pg. 164
XEVO, pg. 535
XHIBITION, pg. 664
XJ BEAUTY, pg. 205
XPERIENCE COMMUNICATIONS, pg. 318

Y

Y MEDIA LABS, pg. 205
YAH. - YOU ARE HERE, pg. 318
YAMAMOTO, pg. 435
YARD, pg. 435
YC MEDIA, pg. 664
YEBO, pg. 164
YECK BROTHERS COMPANY, pg. 294
YELLOW SUBMARINE MARKETING COMMUNICATIONS, pg. 164
YES AND COMPANY, pg. 436
YES DESIGN GROUP, pg. 21
YES&, pg. 436
YESCO OUTDOOR MEDIA, pg. 559

INDEX OF AGENCY NAMES

YESLER, pg. 436
YIELD-INTEGRATED COMMUNICATIONS & ADVERTISING, pg. 164
YOH, pg. 277
YOLO SOLUTIONS, pg. 436
YOU SQUARED MEDIA, pg. 436
YOUGOV, pg. 451
YOUNG & LARAMORE, pg. 164
YOUNG COMMUNICATIONS GROUP, INC., pg. 664
YOUNG COMPANY, pg. 165
YOUR PEOPLE LLC, pg. 664
YOURAMIGO, pg. 679
YOURS TRULY, pg. 300
YOUTECH, pg. 436
YPM, pg. 679

Z

Z MARKETING PARTNERS, pg. 436
Z-CARD NORTH AMERICA, pg. 294
ZABRISKIE & ASSOCIATES, pg. 664
ZAG INTERACTIVE, pg. 277
ZAISS & COMPANY, pg. 165
ZAKHILL GROUP, pg. 294
ZAMBEZI, pg. 165
ZAMBOO, pg. 165
ZAPWATER COMMUNICATIONS, pg. 664
ZEHNDER COMMUNICATIONS, INC., pg. 436
ZEHNDER COMMUNICATIONS, INC. , pg. 437
ZEHNER, pg. 277
ZELLER MARKETING & DESIGN, pg. 205
ZEMOGA, INC., pg. 277
ZENITH MEDIA, pg. 531
ZENITH MEDIA CANADA, pg. 531
ZENO GROUP, pg. 665
ZENZI, pg. 665
ZER0 TO 5IVE, LLC, pg. 665
ZETA INTERACTIVE, pg. 277
ZGM COLLABORATIVE MARKETING, pg. 437
ZIBA, pg. 205
ZILKER MEDIA, pg. 665
ZIMMERMAN ADVERTISING, pg. 437
ZION & ZION, pg. 165
ZIP COMMUNICATION, pg. 21
ZIZZO GROUP ADVERTISING & PUBLIC RELATIONS, pg. 437
ZLOKOWER COMPANY, pg. 665
ZLR IGNITION, pg. 437
ZONION CREATIVE GROUP, pg. 21
ZOOM ADVERTISING, pg. 165
ZOOM MEDIA, pg. 559
ZORCH, pg. 22
ZOZIMUS AGENCY, pg. 665
ZUBI ADVERTISING, pg. 165
ZULU ALPHA KILO, pg. 165
ZUMOBI, pg. 535
ZUNDA GROUP, pg. 205
ZYNC COMMUNICATIONS INC., pg. 22

GEOGRAPHIC INDEX OF AGENCIES

ALABAMA

Anniston

POTTS MARKETING GROUP, 1115 Leighton Avenue, pg. 398

Birmingham

ALEXANDER ADVERTISING, INC., 2177 11th Court South, pg. 324
BIG COMMUNICATIONS, INC., 2121 Second Avenue North, pg. 39
BLR FURTHER, 1600 Resource Drive, pg. 334
BRUNO EVENT TEAM, 100 Grandview Place, pg. 303
CAYENNE CREATIVE, 3024 Third Avenue South, pg. 49
HODGES & ASSOCIATES, 2829 Second Avenue South, pg. 86
INTERMARK GROUP, INC., 101 25th Street North, pg. 375
KINETIC COMMUNICATIONS, 2025 Morris Avenue, pg. 244
LEWIS COMMUNICATIONS, 2030 First Avenue North, pg. 100
LUCKIE & COMPANY, 600 Luckie Drive, pg. 382
MARKSTEIN, 1801 Fifth Avenue North, pg. 625
MARTIN ADVERTISING, 2801 University Boulevard, pg. 106
MEANS ADVERTISING, 4320 Eaglepoint Parkway, pg. 112
MODERN BRAND COMPANY, 1826 Third Avenue North, pg. 116
O2 IDEAS, 505 20th Street, pg. 392
PERITUS PUBLIC RELATIONS, 2829 Second Avenue South, pg. 636
SOCIALLYIN, 1500 First Avenue North, pg. 688
STYLE ADVERTISING, 3617 Eighth Avenue, South, pg. 415

Decatur

MCCOMM GROUP, 402 Oak Street Northeast, pg. 109

Dothan

DURDEN OUTDOOR DISPLAYS, 5500 US Highway 431 North, pg. 551

Florence

BLUE OLIVE CONSULTING, 1205 Northwood Avenue, pg. 40

Homewood

BRAND NEUE CO, 2907 Central Avenue, pg. 3
FITZMARTIN, 2917 Central Ave, pg. 359

Huntsville

BAKER WOODWARD, 8001 Charlotte Drive, pg. 174
CARLETON PUBLIC RELATIONS INC., 920 Merchants Walk, Southwest, pg. 588
TOTALCOM, 708 Ward Avenue, pg. 156

Irondale

HIGH COTTON PROMOTIONS U.S.A, INC., 2461 First Avenue South, pg. 567

Mobile

DOGWOOD PRODUCTIONS, INC., 757 Government Street, pg. 230
LEWIS COMMUNICATIONS, 1668 Government Street, pg. 100
RED SQUARE AGENCY, 54 Saint Emanuel Street, pg. 642

Montgomery

DAVENPORT MOORHEAD & REDSPARK, INC, 8650 Minnie Brown Road, pg. 57
STAMP IDEAS GROUP, LLC, 111 Washington Avenue, pg. 144

Tuscaloosa

TOTAL COM, 922 20th Avenue, pg. 155

ALASKA

Anchorage

BRILLIANT MEDIA STRATEGIES, 900 West Fifth Avenue, pg. 43
GONZALEZ MARKETING, 2804 West Northern Lights, pg. 610
PORCARO COMMUNICATIONS, 433 West Ninth Avenue, pg. 398
SPAWN, 510 L Street, pg. 648

ALBERTA

Calgary

ADFARM, 5940 Macleod Trail Southwest, pg. 279
CRITICAL MASS, INC., 1011 Ninth Avenue Southeast, pg. 223
CULT COLLECTIVE, LTD., 1025 10th Street Southeast, pg. 178
LPI GROUP, 253 62nd Avenue SE, pg. 12
MCCANN CANADA, 238 Eleventh Avenue Southeast, pg. 384
NATIONAL PUBLIC RELATIONS, 800 Sixth Avenue, Southwest, pg. 631
PATTISON OUTDOOR ADVERTISING, 1011 Ninth Avenue, SE, pg. 555
TRIGGER: COMMUNICATIONS & DESIGN, 222 Third Avenue Southwest, pg. 427
TRUE MEDIA, 1032 17th Avenue Southwest, pg. 427
VENTURE COMMUNICATIONS, LTD., 2540 Kensington Road NW, pg. 158
WS, 630 - Eighth Avenue Southwest, pg. 164
ZGM COLLABORATIVE MARKETING, 1324 17th Avenue Southwest, pg. 437

Edmonton

CALDER BATEMAN COMMUNICATIONS, 10241 -109 Street NW, pg. 339
DDB CANADA, 10025 102nd A Avenue, pg. 59
RED THE AGENCY INC., 10235 111th Street, pg. 405
TOPDRAW, 10210 111th Street, pg. 678

ARIZONA

Chandler

COMMIT AGENCY, 58 West Buffalo Street, pg. 343
KEAP, 1260 South Spectrum Boulevard, pg. 168
MOBIVITY, 55 North Arizona Place, pg. 534

Flagstaff

TRENCHLESS MARKETING, 4 South San Francisco, pg. 427

Gilbert

ELEVATION MARKETING, 275 East Rivulon Boulevard, pg. 354

Mesa

LARRY JOHN WRIGHT, INC., 231 North Alma School Road, pg. 379

Paradise Valley

THE MCRAE AGENCY, 5150 East Orchid Lane, pg. 688

Peoria

MICHAELS WILDER, INC., 7773 West Golden Lane, pg. 250

Phoenix

AKOS, 221 East Indianola Avenue, pg. 324
AVENUE 25 ADVERTISING & DESIGN, 9201 North 25th Avenue, pg. 35
BRC FIELD & FOCUS SERVICES, 45 East Monterey Way, pg. 442
COX MEDIA, 4600 East Washington Street, pg. 463
DAVIDSON BELLUSO, 4105 North 20th Street, pg. 179
DEFERO, 3131 East Camelback Road, pg. 224
DRA STRATEGIC COMMUNICATIONS, 717 East Maryland Avenue, pg. 598
DREAMSPAN, 11645 North Cave Creek Road, pg. 7
ESSER DESIGN, INC., 2355 East Camelback Road, pg. 182
FISHER, 5005 East Washington Street, pg. 183
GORDON C. JAMES PUBLIC RELATIONS, 5080 North 40th Street, pg. 610
HAPI, 4642 North 32nd Street, pg. 81
HMA PUBLIC RELATIONS, 3610 North 44th Street, pg. 614
INVESTIS DIGITAL, 11201 North Tatum Boulevard, pg. 376
KNOODLE SHOP, 4450 North 12th Street, pg. 95
LANETERRALEVER, 645 East Missouri Avenue,

A-25

GEOGRAPHIC INDEX OF AGENCIES

pg. 245
MANIFEST, 4110 North Scottsdale Road, pg. 383
MEDIA BUYING SERVICES, INC., 4545 East Shea Boulevard, pg. 485
MMPR MARKETING, 3939 East Campbell Avenue, pg. 116
MOSES, INC., 106 East Buchanan Street, pg. 118
OFF MADISON AVENUE, 5555 East Van Buren, pg. 392
OH PARTNERS, 3550 North Central Avenue, pg. 122
OUTFRONT MEDIA, 2390 East Camelback Road, pg. 554
PRISMA, 2937 East Broadway Road, pg. 290
R&R PARTNERS, 121 East Buchanan Street, pg. 132
RIESTER, 3344 East Camelback Road, pg. 406
THE LAVIDGE COMPANY, 2777 East Camelback Road, pg. 420
VOICE MEDIA GROUP, 1201 East Jefferson Street, pg. 526
WESTGROUP RESEARCH, 3033 North 44th Street, pg. 451
WIRED PR, 221 East Indianola Avenue, pg. 663

Scotsdale

ALLISON+PARTNERS, 7135 East Camelback Road, pg. 577

Scottsdale

AMENDOLA COMMUNICATIONS, 9280 East Raintree Drive, pg. 577
ANDERSON ADVERTISING, 5800 East Thomas Road, pg. 325
BIG YAM, 15750 North Northsight Boulevard, pg. 583
BIGFISH CREATIVE GROUP, 7000 East First Avenue , pg. 333
BLIND SOCIETY, 7014 East Camelback Road, pg. 40
BRILLIANT PR & MARKETING, 6501 East Greenway Parkway, pg. 586
CELLTRUST CORPORATION, 14822 North 73rd Street, pg. 533
COLLING MEDIA, 14362 North Frank Lloyd Wright Boulevard, pg. 51
COMMUNICATIONS LINKS, 8151 East Indian Bend Road, pg. 592
DECIBEL BLUE, 7524 East Angus Drive, pg. 595
FABCOM, 7819 East Greenway Road, pg. 357
FITCH, 16435 North Scottsdale Road, pg. 183
GATE 6, 16624 North 90th Street, pg. 236
GITENSTEIN & ASSADI PUBLIC RELATIONS, 9188 East San Salvador, pg. 607
ICROSSING, 15169 North Scottsdale Road, pg. 241
IGNITE CREATIVE SERVICES, LLC , 7619 East Pinnacle Peak Road, pg. 88
LEADMD, 15849 North 77th Street, pg. 380
MEGETHOS DIGITAL, 8100 E Indian School Road, pg. 675
NOMADIC AGENCY, 7702 East Doubletree Ranch Road, pg. 121
REAL WORLD, INC., 8098 North Via DeNegocio, pg. 403
SIX DEGREES, LLC, 8040 East Gelding Drive, pg. 17
STRINGCAN INTERACTIVE, 3719 North 75th Street, pg. 267
TALLWAVE, 4110 North Scottsdale Road, pg. 268
THE JAMES AGENCY (TJA), 8100 East Indian School Road, pg. 151
YOUTECH, 5725 North Scottsdale Road, pg. 436

Sedona

WESTPORT ENTERTAINMENT ASSOCIATES, 1120 West State Route 89 A, pg. 668

Tempe

AUGUST UNITED, 740 South Mill Avenue, pg. 214
BLUEMEDIA, 8920 South McKemy Street, pg. 175
CATAPULT STRATEGIC DESIGN, 1690 North McClintock Drive, pg. 176
EXHIBIT AFFECTS, 1156 West Southern Avenue, pg. 305
SEDONA GOLF & TRAVEL PRODUCTS, 1850 West Drake Drive, pg. 569
TAILWIND, 740 South Mill Avenue, pg. 677
ZION & ZION, 432 South Farmer Avenue, pg. 165

Tucsan

MCFADDEN GAVENDER ADVERTISING, INC., 2951 North Swan Road, pg. 109

Tucson

ADVISION OUTDOOR, 1120 North Anita Avenue, pg. 549
BOLCHALK FREY MARKETING, 310 South Williams Boulevard, pg. 41
DARK HORSE MEDIA, 4441 East Fifth Street, pg. 464
EDLEADER21, 177 North Church Avenue, pg. 601
GODAT DESIGN, 101 West Simpson Street, pg. 185
HILTON & MYERS ADVERTISING, 3350 North Country Club Road, pg. 86
KANEEN ADVERTISING & PUBLIC RELATIONS, INC., 100 North Stone Avenue, pg. 618
LP&G, INC., 2329 North Tucson Boulevard, pg. 381
MADDEN MEDIA, 345 East Toole Avenue, pg. 247
SIMPLEVIEW, INC., 8950 North Oracle Road, pg. 168
STRONGPOINT, 4400 East Broadway Boulevard, pg. 650
THE CALIBER GROUP, 4007 East Paradise Falls Drive, pg. 19
TUCCI CREATIVE, 5967 East Fairmount Street, pg. 157

ARKANSAS

Bentonville

THE MARS AGENCY, 2702 SE Otis Corley, pg. 683

Fayetteville

DOXA TOTAL DESIGN STRATEGY, INC., 620 North College Avenue, pg. 180
MITCHELL, Two North College Avenue, pg. 627
SHOPTOLOGY, 240 North Block Avenue, pg. 682

Fort Smith

WILLIAMS / CRAWFORD & ASSOCIATES 415 North Fifth Street, pg. 162

Little Rock

ADVANTAGE COMMUNICATIONS, INC., 11908 Kanis Road, pg. 537
CJRW, 300 Main Street, pg. 590
ERIC ROB & ISAAC, 509 President Clinton Avenue, pg. 68
INUVO, INC., 500 President Clinton Avenue, pg. 90
MANGAN HOLCOMB PARTNERS, 2300 Cottondale Lane, pg. 103
MATMON.COM, 303 West Capitol Avenue, pg. 248
STONE WARD ADVERTISING, 225 East Markham Street, pg. 413

THE COMMUNICATIONS GROUP, 400 West Capital Street, pg. 149
THE SELLS AGENCY, 401 West Capitol Avenue, pg. 655
THOMA THOMA CREATIVE, 1500 Rebsamen Park Road, pg. 155
VESTCOM , 2800 Cantrell Road, pg. 571

Rogers

COLLECTIVE BIAS, LLC, 1750 South Osage Springs Drive, pg. 221
GEOMETRY, 3100 Market Street, pg. 363
MIRUM SHOPPER, 3100 South Market Street, pg. 682
OCTAGON, 3333 Pinnacle Hills Parkway, pg. 313
TRIAD RETAIL MEDIA, 5504 Pinnacle Pointe, pg. 272

Springdale

CJRW NORTHWEST, 4100 Corporate Center Drive, pg. 566
SAATCHI & SAATCHI X 605 Lakeview Drive, pg. 682
THE MULLIKIN AGENCY, 1391 Plaza Place, pg. 152

Tontitown

MOXY OX, PO Box 846, pg. 192

BRITISH COLUMBIA

Abbotsford

CRM UNLEASHED, 31234 Wheel Avenue, pg. 167

Kelowna

ACRO MEDIA, INC., 2303 Leckie Road, pg. 671

North Vancouver

BARLOW MEDIA, 147 16th Street West, pg. 455

Vancouver

COSSETTE MEDIA, 1085 Homer Street, pg. 345
CURVE COMMUNICATIONS, Nine West Broadway, pg. 347
DDB CANADA, 777 Hornby Street, pg. 58
DOSSIER CREATIVE, 611 Alexander Street, pg. 180
ELEVATOR STRATEGY ADVERTISING & DESIGN, INC., 16 Sixth Avenue East, pg. 181
ENGINE DIGITAL, 34 West Eighth Avenue, pg. 231
FLEISHMANHILLARD HIGHROAD, 777 Hornby Street, pg. 606
GLOBAL MECHANIC, 1525 West Eighth Avenue, pg. 466
HABANERO, 1111 Melville Street, pg. 237
HAMAZAKI WONG MARKETING GROUP, 555 Howe Street, pg. 81
HANGAR 18 CREATIVE GROUP, 475 Main Street, pg. 185
HILL+KNOWLTON STRATEGIES CANADA, 885 Dunsmuir Street, pg. 613
HOT TOMALI COMMUNICATIONS, INC., 1441 East Pender Street, pg. 371
I2I ADVERTISING & MARKETING, 611 Alexander Street, pg. 88
INVENTA, 1401 West Eighth Avenue, pg. 10
KIDZSMART CONCEPTS, 2855 Arbutus Street, pg. 188

AGENCIES
GEOGRAPHIC INDEX OF AGENCIES

KIMBO DESIGN, 409 Granville Street, pg. 189
MAJOR TOM, 548 Beatty Street, pg. 675
MAXIMIZER SOFTWARE, INC., 260 - 60 Smithe Street, pg. 168
MEDIACOM, 736 Granville Street, pg. 489
MERCER CREATIVE GROUP, 1333 Johnston Street, Suite 100, pg. 191
MYRON ADVERTISING & DESIGN, 110-131 Water Street, pg. 119
NOISE DIGITAL, 856 Homer Street, pg. 254
OMD VANCOUVER, 777 Hornby Street, pg. 502
RETHINK COMMUNICATIONS, INC., 470 Granville Street, pg. 133
SMAK, 326 West Cordova Street, pg. 692
TAXI, 515 Richards Street, pg. 146
THE NOW GROUP, 355 Burrard Street, pg. 422
TRACTION CREATIVE COMMUNICATIONS, 1020 Mainland Street, pg. 202
TRIBAL WORLDWIDE - VANCOUVER, 777 Hornby Street, pg. 272
VIZEUM CANADA, INC., 1075 West Georgia Street, pg. 526
WASSERMAN & PARTNERS ADVERTISING, INC., 1020 Mainland Street, pg. 429

Victoria

SUBURBIA STUDIOS, 590 Beaver Lake Road RR3, pg. 18
TRAPEZE COMMUNICATIONS, 1005 Broad Street, pg. 426

Whistler

ORIGIN DESIGN + COMMUNICATIONS, 1002 Lynham Drive, pg. 123

CALIFORNIA

Agoura Hills

FELDMAN, GRALLA & ROBIN ADVERTISING, 5737 Kanan Road, pg. 358

Altadena

BECKETT & BECKETT, INC., 1051 East Altadena Drive, pg. 442

Berkeley

ANOTHER PLANET ENTERTAINMENT, 1815 Fourth Street, pg. 565
IW GROUP, INC., 2120 University Avenue, pg. 542
TRINITY BRAND GROUP, 817 Bancroft Way, pg. 202

Beverly Hills

AVANTI INTERACTIVE, LLC, 269 Beverly Hills Drive, pg. 214
BWR PUBLIC RELATIONS, 9100 Wilshire Boulevard, pg. 587
D'ORAZIO & ASSOCIATES, 8484 Wilshire Boulevard, pg. 594
DIGITAL LION MARKETING, 370 South Doheny Drive, pg. 225
KO CREATIVE, 465 South Beverly Drive, pg. 298

Brentwood

CURRAN & CONNORS, INC., 91 Sand Creek Road, pg. 178

Burbank

42 ENTERTAINMENT, LLC, 727 South Main Street, pg. 297
BIG MACHINE DESIGN, 201 North Hollywood Way, pg. 174
CALLAN ADVERTISING COMPANY, 1126 North Hollywood Way, pg. 457
ENTERACTIVE SOLUTIONS GROUP, INC., 1612 West Olive Avenue, pg. 567
FANG DIGITAL MARKETING, 921 North Ford Street, pg. 234
FIRE STARTER STUDIOS, 1023 North Hollywood Way, pg. 234
GIANT PROPELLER, 135 N Greenland Drive, pg. 76
HI5.AGENCY, 2660 West Olive Avenue, pg. 239
MCCUE PUBLIC RELATIONS, 1616 West Burbank Boulevard, pg. 626
MIDNIGHT OIL CREATIVE, 3800 Vanowen Street, pg. 250
OMD ENTERTAINMENT, 4000 West Alameda Avenue, pg. 501
PETROL, 443 North Varney Street, pg. 127
UPP ENTERTAINMENT MARKETING, 3401 Winona Avenue, pg. 300

Burlingame

GODBE COMMUNICATIONS, 1575 Old Bayshore Highway, pg. 445

Calabasas

RPMC, INC., 23975 Park Sorrento, pg. 569
SSA PUBLIC RELATIONS, 23901 Calabasas Road, pg. 649

California

RALPH, 7204.5 Melrose Avenue, pg. 262

Camarillo

THEAGENCY, 55 South Glenn Drive, pg. 154

Campbell

BLACK & WHITE DESIGN, 307 Orchard City Drive, pg. 175
CKR INTERACTIVE, INC., 399 North Third Street, pg. 220
WALT & COMPANY COMMUNICATIONS, 2105 South Bascom, pg. 659

Capitola

SCOTT DESIGN INC, PO box 758, pg. 198

Carlsbad

CUKER INTERACTIVE, 5600 Avenida Encinas, pg. 223
DIRECTAVENUE, INC., 5963 La Place Court, pg. 282
ELEVATOR, 5431 Avenida Encinas, pg. 67
HAVAS EDGE, 2386 Faraday Avenue, pg. 285
HAVAS EDGE, 2386 Faraday Avenue, pg. 285
JENNINGS & ASSOCIATES COMMUNICATIONS INC., 2121 Palomar Airport Road, pg. 617
L7 CREATIVE COMMUNICATIONS, 5927 Balfour Court, pg. 245
MANCUSO MEDIA, 701 Palomar Airport Road, pg. 382
MAXAUDIENCE, 5845 Avenida Encinas, pg. 248
PIA AGENCY, 5930 Priestly Drive, pg. 506
SEARCH ENGINE OPTIMIZATION, INC., 5841 Edison Place, pg. 677
TACO TRUCK CREATIVE, 3172 Lionshead Avenue, pg. 145
WASSERMAN MEDIA GROUP, 2251 Faraday Avenue, pg. 317

Century City

MEDIA ASSEMBLY, 1999 Avenue of the Stars, pg. 484
THE AXIS AGENCY, 1840 Century Park East, pg. 545

Chula Vista

HMC ADVERTISING, INC., 453 D Street, pg. 541
JAMISON ADVERTISING GROUP, 333 F Street, pg. 91

Corona Del Mar

MEDIASPOT, INC., 1550 Bayside Drive, pg. 490

Coronado

BBIG COMMUNICATIONS, Post Office Box 182110, pg. 216

Cost Mesa

PRECISIONEFFECT, 3200 Park Center Drive, pg. 129

Costa Mesa

ADQUADRANT, 3200 Bristol Street, pg. 211
BLUE C ADVERTISING, 3183 Airway Avenue, pg. 334
CASANOVA//MCCANN, 3337 Susan Street, pg. 538
DB&M MEDIA, 3200 Park Center Drive, pg. 349
GARAGE TEAM MAZDA, 3200 Bristol Street, pg. 465
GEARSHIFT ADVERTISING, 930 West 16th Street, pg. 76
HALLPASS MEDIA, 3185 Airway Avenue, pg. 81
IDEA HALL, 611 Anton Boulevard, pg. 615
IMW AGENCY, 3190 Airport Loop Drive, pg. 374
KLIENTBOOST, 2787 Bristol Street, pg. 244
RAUXA, 275A McCormick Avenue, pg. 291
RECALIBRATE MARKETING COMMUNICATIONS, 3197 Airport Loop Drive, pg. 404
SKIVER ADVERTISING, 1751 Placentia Avenue, pg. 142
THE BRAND AMP, 1945 Placentia Avenue, pg. 419

Culver City

ACCENTURE INTERACTIVE, 800 Corporate Pointe, pg. 209
ADSUPPLY, INC., 10811 Washington Boulevard, pg. 211
AGENCY 39A, 10000 Washington Boulevard, pg. 172
AWESTRUCK, 10000 Washington Boulevard, pg. 691
BARU ADVERTISING, 8695 Washington Boulevard, pg. 538
BJR PUBLIC RELATIONS, 11260 Overland Avenue, pg. 584
BLUR STUDIO, 3960 Ince Boulevard, pg. 175
BRAND INSTITUTE, INC., 400 Corporate Pointe, pg. 3
CARAT, 5800 Bristol Parkway, pg. 459
CHARLIE COMPANY CORP., 6025 Washington Boulevard, pg. 177
DASH TWO, 5555 Inglewood Boulevard, pg. 551
DENIZEN GROUP, 3431 Wesley Street, pg. 225
HELLO DESIGN, 10305 Jefferson Boulevard, pg. 238
INFINITY MARKETING TEAM, 8575 Higuera Street, pg. 308
KOVEL FULLER, 9925 Jefferson Boulevard, pg. 96

A-27

GEOGRAPHIC INDEX OF AGENCIES

AGENCIES

MKTG INC, 10311 Jefferson Boulevard, pg. 312
MWEBB COMMUNICATIONS, 3571 Wesley Street, pg. 630
OMELET, 3540 Hayden Avenue, pg. 122
POSTERSCOPE U.S.A., 5800 Bristol Parkway, pg. 556
PROPAGANDA ENTERTAINMENT MARKETING, 11264 Playa Court, pg. 298
SECRET LOCATION, 4641 Leahy Street, pg. 563
SID LEE, 3585 Hayden Avenue, pg. 141
THE WOO AGENCY, 9601 Jefferson Boulevard, pg. 425
WALTON ISAACSON CA, 3630 Eastham Drive, pg. 547
WONGDOODY, 8500 Steller Drive, pg. 433
ZAMBEZI, 10441 Jefferson Boulevard, pg. 165

Cupertino

SUGARCRM, 10050 North Wolfe Road, pg. 169

Daly City

GENESYS TELECOMMUNICATIONS LABORATORIES, 2001 Junipero Serra Boulevard, pg. 168

El Granada

CUESTA TECHNOLOGIES, LLC, 20 Avenue Portola, pg. 223

El Segundo

ACCENTURE INTERACTIVE, 2141 Rosecrans Avenue, pg. 322
APOLLO INTERACTIVE, 139 Illinois Street, pg. 214
BIG BLOCK, 2205 Campus Drive, pg. 217
CONILL ADVERTISING, INC., 2101 Rosecrans Avenue, pg. 538
DAVID&GOLIATH, 909 North Sepulveda Boulevard, pg. 57
GROUP 22, INC., 1205 East Grand Avenue, pg. 185
HAVAS FORMULA, 810 Parkview Drive North, pg. 612
HEARTBEAT IDEAS, 2301 Rosecrans Avenue, pg. 238
IGNITED, 2150 Park Place, pg. 373
LIQUID ADVERTISING, INC., 138 Eucalyptus Drive, pg. 100
LO:LA, 840 Apollo Street, pg. 101
MAKAI, INC., 211 Nevada Street, pg. 310
MEDIAHUB LOS ANGELES, 2121 Park Place, pg. 112
MULLENLOWE U.S. LOS ANGELES, 2121 Park Place, pg.
NEW & IMPROVED MEDIA, 222 North Pacific Coast Highway, pg. 497
PUBLICIS.SAPIENT, 2301 Rosecrans Avenue, pg. 260
R&R PARTNERS, 127 Penn Street, pg. 402
REYNOLDS & ASSOCIATES, 2150 Park Place, pg. 406
RIESTER, 1960 East Grand Avenue, pg. 407
SILTANEN & PARTNERS ADVERTISING, 353 Coral Circle, pg. 410
SPARK FOUNDRY, 2301 Rosecrans Avenue, pg. 512
THE PLATFORM GROUP, 130 Arena Street, pg. 152
WPROMOTE, 2100 East Grand Avenue, pg. 678

Emeryville

ARGUS, LLC, 1552 Beach Street, pg. 173
ECHO SPORTS MARKETING, 6400 Hollis Street, pg. 67
JUST MEDIA, INC., 6001 Shellmound Street, pg. 481

Encinitas

CLEARPOINT AGENCY, 4403 Manchester Avenue, pg. 591
PARKERWHITE, 230 Birmingham Drive, pg. 194
ZENZI, 2235 Encinitas Boulevard, pg. 665

Encino

AVATAR LABS, 16030 Ventura Boulevard, pg. 214
SMITH MILLER MOORE, 6219 Balcom Avenue, pg. 411

Eureka

COXRASMUSSEN & COMPANY, 2830 F Street, pg. 345

Foothill Ranch

MOB MEDIA, INC., 26632 Towne Centre Drive, pg. 116

Foster City

FUNAMBOL, 1065 East Hillsdale Boulevard, pg. 533
MATTSON, 343 Hatch Drive, pg. 447
QUINSTREET, INC., 950 Tower Lane, pg. 290

Fremont

BLAZER EXHIBITS & EVENTS, 4227 Technology Drive, pg. 302
SPORTVISION, 6657 Kaiser Drive, pg. 266

Fresno

ASHFORD ADVERTISING AGENCY, 1528 North Sierra Vista Avenue, pg. 328
BOLING ASSOCIATES, 5100 North Sixth Street, pg. 41
CATALYST MARKETING COMPANY, 1466 Van Ness Avenue, pg. 5
JEFFREY-SCOTT ADVERTISING, 1544 Fulton Street, pg. 377
MJR CREATIVE GROUP, 1114 North Fulton Street, pg. 14

Gilroy

ARTICULATE SOLUTIONS, 65 Fifth Street, pg. 34

Glendale

HADLER PUBLIC RELATIONS, INC., 535 North Brand Boulevard, pg. 611
PETER GREEN DESIGN STUDIOS, INC., 2836 North Verdugo Road, pg. 194
THE SEARCH AGENCY, 801 North Brand Boulevard, pg. 677
THE SHEPPARD GROUP, 1800 South Brand Boulevard, pg. 424

Grover Beach

SYSTEMS & MARKETING SOLUTIONS, 191 South Oak Park Boulevard, pg. 268

Hollywood

ADVERTISEMINT, 7080 Hollywood Boulevard, pg. 211

ALLIED INTEGRATED MARKETING, 6908 Hollywood Boulevard, pg. 576
ART MACHINE, 6922 Hollywood Boulevard, pg. 34
BATTERY, 6515 West Sunset Boulevard, pg. 330
BLT COMMUNICATIONS, LLC, 6430 Sunset Boulevard, pg. 297
HAMMER CREATIVE, INC., 1020 North Cole Avenue, pg. 562
THE SWEET SHOP, 6515 West Sunset Boulevard, pg. 564
TRAILER PARK, 6922 Hollywood Boulevard, pg. 299

Huntington Beach

ACORN WOODS COMMUNICATIONS, 2120 Main Street, pg. 322
CODE FOUR, 5252 Bolsa Avenue, pg. 343
GALLEGOS UNITED, 300 Pacific Coast Highway, pg. 75
INNOCEAN USA, 180 Fifth Street, pg. 479
OCEAN MEDIA, INC., 17011 Beach Boulevard, pg. 498
RIPCORD DIGITAL, INC., 307 Third Street, pg. 264
RIPLEY - WOODBURY MARKETING, 3516 Bravata Drive, pg. 133
ROX UNITED, 300 Pacific Coast Highway, pg. 644
UNITED COLLECTIVE, 300 Pacific Coast Highway, pg. 428

Irvine

ALCONE MARKETING GROUP, Four Studebaker, pg. 565
AMBASSADOR ADVERTISING, 1641 Langley Avenue, pg. 324
ANSIRA, 2050 Main Street, pg. 565
BASTION ELEVATE, 3333 Michaelson Drive, pg. 580
BDS MARKETING, INC., Ten Holland, pg. 566
BINARY PULSE TECHNOLOGY MARKETING, 2040 Main Street, pg. 39
BRADO, 2100 Main Street, pg. 336
BRANDINGBUSINESS, One Wrigley, pg. 4
BRANDTAILERS, 17838 Fitch, pg. 43
DATABASE MARKETING GROUP, INC., Five Peters Canyon Road, pg. 281
DIRECTIVE CONSULTING, 5281 California Avenue, pg. 63
E/LA ADVERTISING, 18401 Von Karman Avenue, pg. 67
GIGASAVVY, 14988 Sand Canyon Avenue, pg. 237
GLOBAL RESULTS COMMUNICATIONS, 2405 McCabe Way, pg. 608
GREENHOUSE AGENCY, 1124 Main Street, pg. 307
HEALTHCARE SUCCESS, 2860 Michelle Drive, pg. 83
HOORAY AGENCY, 18261 McDurmott West, pg. 239
INGRAM MICRO, INC., 3351 Michelson Drive, pg. 242
LAGES & ASSOCIATES, 15635 Alton Parkway, pg. 621
MARICICH HEALTHCARE COMMUNICATIONS, 18201 McDurmott West, pg. 105
MEDL MOBILE, 4 Studebaker, pg. 534
PACIFIC COMMUNICATIONS, 18581 Teller Avenue, pg. 124
RHYTHM, 9860 Irvine Center Drive, pg. 263
SCHIEFER CHOPSHOP, 17922 Fitch Avenue, pg. 508
STRATA-MEDIA, INC., Four Venture, pg. 18
STROTTMAN INTERNATIONAL, 36 Executive Park, pg. 569
TRAFFIK ADVERTISING, 8821 Research Drive, pg. 156
WUNDERMAN THOMPSON, 2010 Main Street, pg. 435
YPM, 18400 Von Karman Avenue, pg. 679

La Jolla

AGENCIES

GEOGRAPHIC INDEX OF AGENCIES

BECK ELLMAN HEALD, 4275 Executive Square, pg. 582
GESTALT BRAND LAB, 7580 Fay Avenue, pg. 76
LYON & ASSOCIATES CREATIVE SERVICES, INC., 3366 North Torrey Pines Court, pg. 102
WRIGHT ON COMMUNICATIONS, 1200 Prospect Street, pg. 663

Lafayette

BIRDSALL INTERACTIVE, 3527 Mount Diablo Boulevard, pg. 217
RECRUITICS, 3685 Mount Diablo Boulevard, pg. 404

Laguna Beach

BRANDKARMA, LLC, 668 North Coast Highway, pg. 42
FUSE INTERACTIVE, 775 Laguna Canyon Road, pg. 235
JADI COMMUNICATIONS, INC., 1110 Glenneyre Street, pg. 91
JOHNSON GRAY ADVERTISING, 395 Second Street, pg. 377
YOUNG COMPANY, 361 Forest Avenue, pg. 165

Lake Forest

CURRENT PR, 24126 Big Timber Street, pg. 594
XJ BEAUTY, 20472 Crescent Bay Drive, pg. 205

Larkspur

E29 MARKETING, 12 E Sir Francis Drake Boulevard, pg. 67
ROCKET SCIENCE, 700 Larkspur Landing Circle, pg. 643

Lomita

UPSTREAMERS, 2315 Lomita Boulevard, pg. 428

Long Beach

BRAVO PRODUCTIONS, 65 Pine Avenue, pg. 302
INTERTREND COMMUNICATIONS, INC, 228 East Broadway, pg. 541
JENSEN DESIGN ASSOCIATES, 444 West Ocean Boulevard, pg. 188
MEDIA PARTNERS WORLDWIDE, 133 The Promenade North, pg. 485
NOSTRUM, INC., 401 East Ocean Boulevard, pg. 14

Longbeach

THE DESIGNORY, 211 East Ocean Boulevard, pg. 149

Los Angeles

160VER90, 12400 Wilshire Boulevard, pg. 301
180LA, 12555 West Jefferson Boulevard, pg. 23
360I, LLC, 12655 West Jefferson Boulevard, pg. 208
42WEST, 1840 Century Park East, pg. 573
A.D.K., 453 South Spring Street, pg. 321
A2G, 8000 Sunset Boulevard, pg. 691
AAAZA, 3250 Wilshire Boulevard, pg. 537
ABERNATHY MACGREGOR GROUP, 707 Wilshire Boulevard, pg. 574
ADCREASIANS, 3530 Wilshire Boulevard, pg. 27
ADVANTAGE INTERNATIONAL, 1840 Century Park East, pg. 301
ALLISON+PARTNERS, 11611 San Vicente Boulevard, pg. 576

AMALGAM, 12575 Beatrice Street, pg. 324
AMP AGENCY, 6800 Center Drive, pg. 213
ARCANA ACADEMY, 13323 West Washington Boulevard, pg. 32
ARCHETYPE, 925 North La Brea Avenue, pg. 33
ARENAS, 3375 Barham Boulevard, pg. 455
ARTISANS PUBLIC RELATIONS, 2242 Guthrie Circle, pg. 578
ASPECT RATIO, 5151 Lankershim Boulevard, pg. 35
ATTENTION SPAN MEDIA, LLC, 5225 Wilshire Boulevard, pg. 214
AZIONE PR, 3633 Lenawee Avenue, pg. 579
B/HI, INC. - LA, 11500 West Olympic Boulevard, pg. 579
BAILEY LAUERMAN, 12655 West Jefferson Boulevard, pg. 2
BBDO WEST, 12777 West Jefferson Boulevard, pg. 331
BCW LOS ANGELES, 6300 Wilshire Boulevard, pg. 581
BECORE, 1652 Mateo Street, pg. 302
BIG FAMILY TABLE, 12901 West Jefferson Boulevard, pg. 39
BIG IMAGINATION GROUP, 525 South Hewitt Street, pg. 685
BILLUPS, INC, 6253 Hollywood Blvd, pg. 550
BISCUIT FILMWORKS, 7026 Santa Monica Boulevard, pg. 561
BITE INTERACTIVE, 750 North San Vicente Boulevard, pg. 533
BREAD & BUTTER PUBLIC RELATIONS, 2404 Wilshire Boulevard, pg. 586
BRIGHT DESIGN, 7700 Boeing Avenue, pg. 176
BRIGHTCOM, 1201 West Fifth Street, pg. 219
BRILLMEDIA.CO, 10880 Wilshire Blvd., pg. 43
BUCK, 2630 Lacy Street, pg. 176
BULLITT, 447 South Hewitt Street, pg. 561
CAMPBELL EWALD, 1840 Century Park East, pg. 47
CANNELLA RESPONSE TELEVISION, 6222 Wilshire Boulevard, pg. 457
CANVAS BLUE, 700 South Flower Street, pg. 47
CASHMERE AGENCY, 12530 Beatrice Street, pg. 48
CERRELL ASSOCIATES, INC., 320 North Larchmont Boulevard, pg. 589
CHANDELIER CREATIVE, 5634 North Figueroa Street, pg. 49
CITIZEN RELATIONS, 5510 Lincoln Boulevard, pg. 590
CMS, INC., 5777 West Century Boulevard, pg. 303
COMPADRE, 8240 Sunset Boulevard, pg. 221
CONTEND, 759 North Spring Street, pg. 52
CONVERSANT, LLC, 10960 Wilshire Boulevard, pg. 222
CREATIVE CHANNEL SERVICES, LLC, 6601 Center Drive West, pg. 567
CROSSMEDIA, 5870 West Jefferson Boulevard, pg. 463
DAVIS ELEN ADVERTISING, 865 South Figueroa Street, pg. 58
DEUTSCH, INC., 5454 Beethoven Street, pg. 350
DJ-LA, LLC, 11400 West Olympic Boulevard, pg. 63
DONER, Water's Edge 5510 Lincoln Boulevard, pg. 352
EDELMAN, 5900 Wilshire Boulevard, pg. 601
EDGE COMMUNICATIONS, INC., 5419 Hollywood Boulevard, pg. 601
ELEPHANT SKIN, 555 West Fifth Street, pg. 181
ENGLANDER KNABE & ALLEN, 801 South Figueroa Street, pg. 602
ENLARGE MEDIA GROUP, 110 East Ninth Street, pg. 356
ES ADVERTISING, 6222 Wilshire Boulevard, pg. 540
ESSENCE, 6300 Wilshire Boulevard, pg. 233
EVENTWORKS, 340 West 131st Street, pg. 305
EXPERT MARKETING, 7985 Santa Monica Boulevard, pg. 69
EXVERUS MEDIA INC., 7080 Hollywood Boulevard, pg. 465
FETCH, 12655 Jefferson Boulevard, pg. 533
FF CREATIVE, 1451 East Fourth Street, pg. 234
FIDGET BRANDING, 6255 West Sunset Boulevard, pg. 7

FINN PARTNERS, 1875 Century Park East, pg. 604
FLEISHMANHILLARD WEST COAST, 12777 West Jefferson, pg. 606
FRASER COMMUNICATIONS, 1631 Pontius Avenue, pg. 540
G-NET MEDIA, 7920 Sunset Boulevard, pg. 236
GENTLEMAN SCHOLAR, 3107 South La Cienega Boulevard, pg. 562
GIANT SPOON, LLC, 6100 Wilshire Boulevard, pg. 363
GOLIN, 700 South Flower Street, pg. 609
GP GENERATE, LLC, 12521 Venice Boulevard, pg. 541
GTE, INC., 3611 Motor Avenue, pg. 368
HAMAGAMI/CARROLL, INC., 2256 Barry Avenue, pg. 185
HAWKE MEDIA, 2231 South Barrington Avenue, pg. 370
HAWORTH MARKETING & MEDIA, 10940 Wilshire Boulevard, pg. 471
HAWTHORNE ADVERTISING, 1201 West Fifth Street, pg. 370
HAYMAKER, 4126 West Jefferson Boulevard, pg. 83
HEARTS & SCIENCE, 12777 West Jefferson Boulevard, pg. 473
HEY WONDERFUL, 634 North La Peer Drive, pg. 562
HILL+KNOWLTON STRATEGIES, 6300 Wilshire Boulevard, pg. 613
HORIZON MEDIA, INC., 1888 Century Park East, pg. 473
HS AD, 3550 Wilshire Boulevard, pg. 87
HYFN, 12777 West Jefferson Boulevard, pg. 240
HYPE, 3383 Robertson Place, pg. 614
ID MEDIA, 5700 Wilshire Boulevard, pg. 477
IMAGINARY FORCES, 2254 South Sepulveda Boulevard, pg. 187
IMPRENTA COMMUNICATIONS GROUP, 315 West Ninth Street, pg. 89
IMRE, 6100 Wilshire Boulevard, pg. 374
INHANCE DIGITAL, 8057 Beverly Boulevard, pg. 242
INITIATIVE, 5700 Wilshire Boulevard, pg. 478
INNOVATION PROTOCOL, 3275 Wilshire Boulevard, pg. 10
INSITE MEDIACOM, 1317 Beverly Estate Drive, pg. 552
IPG360, 11111 Santa Monica Boulevard, pg. 90
IW GROUP, INC., 6300 Wilshire Boulevard, pg. 541
JACK MORTON WORLDWIDE, 1840 Century Park East, pg. 309
JACK NADEL, INC., 8701 Bellanca Avenue, pg. 567
JEFFREY ALEC COMMUNICATIONS, 149 South Barrington Avenue, pg. 377
JS2 COMMUNICATIONS, 303 North Sweetzer Avenue, pg. 618
JUAREZ AND ASSOCIATES, INC., 12139 National Boulevard, pg. 446
KASTNER, 5340 Alla Road, pg. 94
KETCHUM, 12555 West Jefferson Boulevard, pg. 619
KNOWN, 6420 Wilshire Boulevard, pg. 298
KONNECT AGENCY, 888 South Figuroa Street, pg. 620
LAGRANT COMMUNICATIONS, 633 West Fifth Street, pg. 621
LIEBERMAN RESEARCH WORLDWIDE, 1900 Avenue of the Stars, pg. 446
LIMELIGHT MEDIA, INC., 1516 Angelus Avenue, pg. 298
LINESPACE, 315 West Ninth Street, pg. 189
LORD DANGER, 1642 North Cahuenga Boulevard, pg. 562
LUCKY BREAK PUBLIC RELATIONS, 5812 West Third Street, pg. 623
MARATHON COMMUNICATIONS INC., 5900 Wilshire Boulevard, pg. 625
MEDIA DESIGN GROUP, LLC, 1964 Westwood Boulevard, pg. 485
MEDIA STORM, 12655 West Jefferson Boulevard, pg. 486

A-29

GEOGRAPHIC INDEX OF AGENCIES

MERCURY MEDIA, 11620 Wilshire Boulevard, pg. 288
MILNER BUTCHER MEDIA GROUP, 11150 West Olympic Boulevard, pg. 491
MOB SCENE, 5750 Wilshire Boulevard, pg. 563
MOCEAN, 2440 South Sepulveda Boulavard, pg. 298
MODOP, 758 North Highland Avenue, pg. 251
MOTHER, 5290 West Washington Boulevard, pg. 118
MOTHERSHIP, 12641 Beatrice Street, pg. 563
MPRM PUBLIC RELATIONS, 5055 Wilshire Boulevard, pg. 629
MURPHY O'BRIEN, INC., 11444 Olympic Boulevard, pg. 630
MWWPR, Sunset Media Center, pg. 630
MYRIAD TRAVEL MARKETING, 6033 Century Boulevard, pg. 390
NOM, 600 Wilshire Boulevard, pg. 121
OBSERVATORY MARKETING, 3105 South La Cienega Boulevard, pg. 122
OCEAN BRIDGE MEDIA GROUP, 2032 Armacost Avenue, pg. 498
OMD WEST, 5353 Grosvenor Boulevard, pg. 502
OMNICOM MEDIA GROUP, 5353 Grosvenor Boulevard, pg. 503
OPERAM LLC, 1041 North Formosa Avenue, pg. 255
ORSI PUBLIC RELATIONS, 1158 Greenacre Avenue, pg. 634
OUTFRONT MEDIA, 1731 Workman Street, pg. 554
PARAGON LANGUAGE SERVICES, 145 South Fairfax Avenue, pg. 544
PERCEPTIV, 801 South Grand Avenue, pg. 396
PHD, 12777 West Jefferson Boulevard, pg. 504
PHENOMENON, 5900 Wilshire Boulevard, pg. 439
PICTUREPLANE, 2256 Barry Avenue, pg. 194
PORTER NOVELLI, 5353 Grosvenor Boulevard, pg. 637
PUBLICIS.SAPIENT, 2301 Rosecrans Avenue, pg. 259
PULSAR ADVERTISING, 10940 Wilshire Boulevard, pg. 401
QUIGLEY-SIMPSON, 11601 Wilshire Boulevard, pg. 544
R/GA, 12777 West Jefferson Boulevard, pg. 261
RAMP CREATIVE, 411 South Main Street, pg. 196
RAPP WORLDWIDE, 12777 West Jefferson Boulevard, pg. 291
RAPPORT OUTDOOR WORLDWIDE, 5700 Wilshire Boulevard, pg. 557
REALITY2, 11661 San Vicente Boulevard, pg. 403
REBEL VENTURES INC., 6446 West 85th Place, pg. 262
ROGERS & COWAN/PMK*BNC, 1840 Century Park East, pg. 643
ROSEWOOD CREATIVE, 12101 Venice Boulevard, pg. 134
SAESHE ADVERTISING, 1055 West Seventh Street, pg. 137
SAGON - PHIOR, 2107 Sawtelle Boulevard, pg. 409
SDI MEDIA GROUP, 6060 Center Drive, pg. 545
SECRET WEAPON MARKETING, 5870 West Jefferson Boulevard, pg. 139
SENSIS AGENCY, 818 South Broadway, pg. 545
SEQUOIA PRODUCTIONS, 3685 Motor Avenue, pg. 314
SHADOWMACHINE, 940 North Mansfield Avenue, pg. 139
SIEGEL & GALE, 12555 West Jefferson Boulevard, pg. 17
SIMON + ASSOCIATES ADVERTISING, 12000 West Pico Boulevard, pg. 142
SINGLE GRAIN, 707 Wilshire Boulevard, pg. 265
SITRICK AND COMPANY, INC., 11999 San Vicente Boulevard, Penthouse, pg. 647
SODA POP PUBLIC RELATIONS LLC, 6525 West Sunset Boulevard, pg. 648
SOMETHING MASSIVE, 6159 Santa Monica Boulevard, pg. 266
SPELLING COMMUNICATIONS, INC., 3415 South Sepulveda Boulevard, pg. 649
STANDARD BLACK, 163 South La Brea Avenue, pg. 144

STUDIO NUMBER ONE, INC., 1331 West Sunset Boulevard, pg. 144
SUSSMAN / PREJZA & CO., INC., 970 North Broadway, pg. 200
SWING MEDIA, 7421 Beverly Boulevard, pg. 557
TAYLOR & COMPANY, 1024 South Robertson Boulevard, pg. 652
TBWA \ CHIAT \ DAY, 5353 Grosvenor Boulevard, pg. 146
TBWA/MEDIA ARTS LAB, 12539 Beatrice Street, pg. 147
TEAM ONE, 13031 West Jefferson Boulevard, pg. 417
TELESCOPE, 11835 West Olympic Boulevard, pg. 269
THE 360 AGENCY, 10250 Constellation Boulevard, pg. 418
THE CONSULTANCY PR, 6363 Wilshire Boulevard, pg. 653
THE DOLPHIN GROUP, INC., 11835 West Olympic Boulevard, pg. 653
THE MARKETING ARM, 12777 West Jefferson Boulevard, pg. 317
THE MILL, 3233 South La Cienega Boulevard, pg. 563
THE NARRATIVE GROUP, 1640 Wilcox Boulevard, pg. 654
THE POLLACK PR MARKETING GROUP, 1901 Avenue of the Stars, pg. 654
THE REGAN GROUP, 360 West 132nd Street, pg. 570
THE RESERVE LABEL, Post Office Box 361522, pg. 563
THE ROBERT GROUP, 3108 Los Feliz Boulevard, pg. 655
THE ROSS GROUP, 6511 Hayes Drive, pg. 570
THE TRADE DESK, 6100 Center Drive, pg. 519
TROIKA/MISSION GROUP, 101 South La Brea Avenue, pg. 20
TRUE X MEDIA, 11925 Wilshire Boulevard, pg. 317
TVGLA, 5340 Alla Road, pg. 273
TWO NIL, 5510 Lincoln Blvd, pg. 521
UNIVERSAL MCCANN, 5700 Wilshire Boulevard, pg. 524
USE ALL FIVE, INC., 4223 Glencoe Avenue, pg. 273
USIM, 3415 South Sepulveda Boulevard, pg. 525
VALENCIA, PEREZ, ECHEVESTE, 316 West Second Street, pg. 658
VT PRO DESIGN, 3045 Verdugo Road, pg. 564
WAGSTAFF WORLDWIDE, 5443 Fountain Avenue, pg. 659
WASSERMAN MEDIA GROUP, 10900 Wilshire Boulevard, pg. 317
WAVEMAKER, 6300 Wilshire Boulevard, pg. 528
WAY TO BLUE, 750 North San Vicente Boulevard, pg. 275
WE ARE ROYALE, 535 North Larchmont Boulevard, pg. 205
WEBER SHANDWICK, 1840 Century Park East, pg. 662
WEISSMAN MARKOVITZ COMMUNICATIONS, 6767 Forest Lawn Drive, pg. 662
WOLFGANG, 2233 Barry Avenue, pg. 433
WONDERFUL AGENCY, 11444 West Olympic Boulevard, pg. 162
XAXIS, 6300 Wilshire Boulevard, pg. 276
YES DESIGN GROUP, 4401 Wilshire Boulevard, pg. 21
YOUNG COMMUNICATIONS GROUP, INC., 672 South Lafayette Park Place, pg. 664
YOURS TRULY, 712 Santa Fe Avenue, pg. 300
ZAMBOO, 4079-A Redwood Avenue, pg. 165
ZEHNER, 5766 West Jefferson Boulevard, pg. 277

Los Gatos

ENERGY ENERGY DESIGN, 303 Potrero Street, pg. 181
STERLING COMMUNICATIONS, INC., 750 University Avenue, pg. 650
THE OYA GROUP, 1 University Avenue, pg. 152

Malibu

CASEY & SAYRE, INC., 7122 Dume Drive, pg. 589

Manhattan Beach

DRIVEN 360, 1230 Rosecrans Avenue, pg. 598
ISADORA AGENCY, 1600 Rosecrans Avenue, pg. 91

Marina Del Rey

AUDIENCEX, 13468 Beach Avenue, pg. 35
DUMONT PROJECT, 4223 Glencoe Avenue, pg. 230
HELO, 1046 Princeton Drive, pg. 307
HYPE CREATIVE PARTNERS, 13953 Panay Way, pg. 88
IDEAOLOGY ADVERTISING, 4223 Glencoe Avenue, pg. 88
LITTLE ARROWS, 4136 Del Rey Avenue, pg. 687
PARTY LAND, 114 Washington Boulevard, pg. 125
STANTON & COMPANY, 4223 Glencoe Avenue, pg. 649
WESTON | MASON, 4136 Del Rey Avenue, pg. 430

Martinez

BROWN MILLER COMMUNICATIONS, INC., 1114 Jones Street, pg. 587

Merced

IMAGE MASTERS, 429 Grogan Avenue, pg. 89

Mill Valley

HAMILTON INK PUBLICITY & MEDIA RELATIONS, 637 East Blithedale Avenue, pg. 611

Millbrae

TIME ADVERTISING, 50 Victoria Avenue, pg. 155

Mission Viejo

THOMAS COMMUNICATIONS, LLC, 24361 El Toro Road, pg. 656
XI PROMOS, 23981 Alicia Parkway, pg. 572

Modesto

NEVER BORING DESIGN, 1016 14th Street, pg. 193

Monrovia

BREWER DIRECT, 507 South Myrtle Avenue, pg. 337
OSIK MEDIA, 100 East Huntington Drive, pg. 554

Monterey

ARMANASCO PUBLIC RELATIONS & MARKETING, 787 Munras Avenue, pg. 578

Mountain View

ANIDEN INTERACTIVE, 530 Lakeside Drive, pg. 213

Napa

AGENCIES

BALZAC COMMUNICATIONS & MARKETING, 1200 Jefferson Street, pg. 580
BENSON MARKETING GROUP, 2700 Napa Valley Corporate Drive, pg. 280
DESIGNTHIS!, 1290 Jefferson Street, pg. 179
THE LYMAN AGENCY, 27 Buhman Court, pg. 654

Newbury Park

DESIGNWORKS/USA, 2201 Corporate Center Drive, pg. 179

Newport Beach

BEACH HOUSE PR, 3636 Birch Street, pg. 582
BROWER GROUP, 220 Newport Center Drive, pg. 586
ESTEY-HOOVER ADVERTISING & PUBLIC RELATIONS, 20201 Southwest Birch Street, pg. 69
HEILBRICE, One Corporate Plaza Drive, pg. 84
INTERCOMMUNICATIONS, INC., 1375 Dove Street, pg. 375
O'BRIEN MARKETING, 2901 West Pacific Coast Highway, pg. 498
ORANGE LABEL ART & ADVERTISING, 4000 MacArthur Boulevard, pg. 395
P11CREATIVE, INC., 20331 Irvine Avenue, pg. 194
THE SHIPYARD, 5000 Birch Street, pg. 153

Norco

J. BRENLIN DESIGN, INC., 2054 Tandam Way, pg. 188

North Hollywood

DIRECTOHISPANIC, LLC, 13050 Saticoy Street, pg. 681
DRS & ASSOCIATES, NoHo Arts Distric, pg. 598
HERZOG & COMPANY, 4640 Lankershim Boulevard, pg. 298
PREMIER ENTERTAINMENT SERVICES, 10615 Chandler Boulevard, pg. 298
STARCOM WORLDWIDE, 5200 Lankershim Boulevard, pg. 516

Northridge

PARADIGM SHIFT WORLDWIDE, INC, 17326 Devonshire Street, pg. 313

Novato

KIOSK CREATIVE LLC, 750 Grant Avenue, pg. 378

Oakland

BECKER MEDIA, 2633 Telegraph Avenue, pg. 38
CAROL H. WILLIAMS ADVERTISING, 1625 Clay Street, pg. 48
CHEN DESIGN ASSOCIATES, 1759 Broadway, pg. 177
CLEAR CHANNEL OUTDOOR, 555 12th Street, pg. 550
EMOTIVE BRAND, 580 Second Street, pg. 181
EVB, 1740 Telegraph Avenue, pg. 233
FULL COURT PRESS COMMUNICATIONS, 1624 Franklin Street, pg. 607
FUNWORKS, 343 19th Street, pg. 75
H&L PARTNERS, 100 Webster Street, pg. 80
HUGE, INC., 409 13th Street, pg. 240
MASS COMMUNICATIONS, 1200 Lakeshore Avenue, pg. 190
ONE PR STUDIO, 366 40th Street, pg. 634
QUANTUM MARKET RESEARCH, INC., 1000 Broadway, pg. 449
RIGHTPOINT, 1611 Telegraph Avenue, pg. 263
WHM CREATIVE, 1808 Telegraph Avenue, pg. 162

Paasadena

RATESPECIAL INTERACTIVE LLC, 46 Smith Alley, pg. 262

Pacific Palisades

THE MANY, 17575 Pacific Coast Highway, pg. 151
THE MILLER GROUP, 1515 Pacific Palaces, pg. 421

Palm Desert

KINER COMMUNICATIONS, 44651 Village Court, pg. 95

Palm Springs

IMAGINE IT! MEDIA, INC., 318 North Palm Canyon Drive, pg. 477
POULIN + MORRIS DESIGN CONSULTANTS, 919 Bernardi Lane, pg. 195
THE JONES AGENCY, 303 North Indian Canyon Drive, pg. 420

Palo Alto

IDEO, 150 Forest Avenue, pg. 187
YOUGOV, 285 Hamilton Avenue, pg. 451

Pasadena

ALWAYS ON COMMUNICATIONS, 1308 East Colorado Boulevard, pg. 454
ARTIME GROUP, 65 North Raymond Avenue, pg. 34
AYZENBERG GROUP, INC., 49 East Walnut Street, pg. 2
DMI MUSIC & MEDIA SOLUTIONS, 65 North Raymond Street, pg. 567
FLYING A, 35 North Arroyo Parkway, pg. 359
HOUSE OF MARKETING RESEARCH, 2555 East Colorado Boulevard, pg. 541
LOS FELIZ AIRLINES, 1530 Poppy Peak Road, pg. 562
ONE & ALL AGENCY, Two North Lake Avenue, pg. 289
THE1STMOVEMENT, LLC, 177 East Colorado Boulevard, pg. 270

Playa Del Rey

SELBERT PERKINS DESIGN, 432 Culver Boulevard, pg. 198

Playa Vista

72ANDSUNNY, 12101 West Bluff Creek Drive, pg. 23
9THWONDER, 12121 West Bluff Creek Drive, pg. 453
CANVAS WORLDWIDE, 12015 Bluff Creek Drive, pg. 458
MEDIACOM, 12180 Millennium Drive, pg. 486
MINDSHARE, 12180 Millennium Drive, pg. 495
OGILVY, 12130 Millennium Drive, pg. 393

Playa del Rey

MACY + ASSOCIATES, INC., 411 Culver Boulevard, pg. 382

Pleasanton

GEOGRAPHIC INDEX OF AGENCIES

YOURAMIGO, 4708 Del Valle Parkway., pg. 679

Poway

ANDERSON DIRECT & DIGITAL, 12650 Danielson Court, pg. 279

Rancho Santa Margarita

DAILEY MARKETING GROUP, 29829 Santa Margarita Parkway, pg. 57
GLOBAL MEDIA GROUP, 30252 Tomas, pg. 76

Redlands

RED FUSION MEDIA, 301 Ninth Street, pg. 132

Redondo

BOB GOLD & ASSOCIATES, 1640 South Pacific Coast Highway, pg. 585

Redondo Beach

NELSON & GILMORE, 1604 Aviation Boulevard, pg. 391
PIER 3 ENTERTAINMENT, 531 Esplanade, pg. 298

Redwood City

AMOBEE, INC., 901 Marshall Street, pg. 213
FUTUREBRAND SPECK, One Twin Dolphin Drive, pg. 184
ROEDER-JOHNSON CORPORATION, 274 Redwood Shores Parkway, pg. 643
Y MEDIA LABS, 255 Shoreline Drive, pg. 205

Redwood Shores

ZENO GROUP, 275 Shoreline Drive, pg. 665

Reseda

BRENER ZWIKEL & ASSOCIATES, 6901 Canby Avenue, pg. 586

Riverside

O'REILLY PUBLIC RELATIONS, 19318 Jesse Lane, pg. 687

Roseville

AUGUSTINE, 3017 Douglas Boulevard, pg. 328
CLOSED LOOP MARKETING, 3741 Douglas Boulevard, pg. 672

Sacramento

3FOLD COMMUNICATIONS, 2031 K Street, pg. 23
APPENCY, Post Office Box 340846, pg. 32
BLANKET MARKETING GROUP, 1540 River Park Drive, pg. 217
FLEISHMANHILLARD, 500 Capitol Mall, pg. 605
MCNALLY TEMPLE & ASSOCIATES, INC., 1817 Capitol Avenue, pg. 626
MEDIA SOLUTIONS, 707 Commons Drive, pg. 486
MERING, 1700 I Street, pg. 114
MERLOT MARKETING, 4430 Duckhorn Drive, pg. 114
PAGE DESIGN GROUP, 1900 29th Street, pg. 194
PERRY COMMUNICATIONS GROUP, 980 Ninth Street, pg. 636
ROSS-CAMPBELL, INC., 1912 F Street, pg. 644

A-31

GEOGRAPHIC INDEX OF AGENCIES

RUNYON SALTZMAN EINHORN, 2020 L Street, pg. 645
TOWNSEND RAIMUNDO BESLER & USHER, 1717 I Street, pg. 656
UNCOMMON, 2700 J Street, pg. 157
WEST COAST ADVISORS, 925 L Street, pg. 662

San Bruno

ASTOUND COMMERCE, 1111 Bayhill Drive, pg. 214
WALMART MEDIA GROUP, 850 Cherry Avenue, pg. 684

San Carlos

ANTICS DIGITAL MARKETING, 981 Industrial Road, pg. 214
THE GEORGE P. JOHNSON COMPANY, 999 Skyway Road, pg. 316

San Diego

ABOVE ALL ADVERTISING, 6980 Corte Santa Fe, pg. 549
ALDEN MARKETING COMMUNICATIONS, 1495 Pacific Highway, pg. 324
AM STRATEGIES, 8910 University Center Lane, pg. 324
AMEBA MARKETING, 11665 Avena Place, pg. 325
BAM COMMUNICATIONS, 702 Ash Street, pg. 580
BASIC, 845 15th Street, pg. 215
BRAND VALUE ACCELERATOR, 600 West Broadway, pg. 42
BROWN & BIGELOW, 3954 Murphy Canyon Road, pg. 566
BULLDOG DRUMMOND, 655 G Street, pg. 338
BUSINESSONLINE, 701 B Street, pg. 672
C3 COMMUNICATIONS, INC., 3974 Sorrento Valley Boulevard, pg. 588
CONOVER, 3131 Reynard Way, pg. 178
COOK & SCHMID, 740 13th Street, pg. 593
COVET PUBLIC RELATIONS, 656 Fifth Avenue, pg. 593
CPC STRATEGY, 707 Broadway, pg. 672
DEPARTURE, 427 C Street, pg. 61
DIGITAL ADDIX, 5935 Cornerstone Court West, pg. 225
DIGITAL OPERATIVE, INC. 404 Camino del Rio South, pg. 225
DO NOT DISTURB, 7704 Concerto Lane, pg. 63
EFM AGENCY, 251 Tenth Avenue, pg. 67
EMERGENT DIGITAL, 1855 First Avenue, pg. 231
GRANDESIGN, 125 14th Street, pg. 552
GRAPHIC SOLUTIONS, LTD., 3615 Kearny Villa Road, pg. 185
GREENHAUS, 2660 First Avenue, pg. 365
HAVAS FORMULA, 1215 Cushman Avenue, pg. 612
I.D.E.A., 444 West Beech Street, pg. 9
INITIATIVE, 2305 Historic Decatur Road, pg. 479
IPROSPECT, 401 West A Street, pg. 674
J PUBLIC RELATIONS, 2341 Fifth Avenue, pg. 616
JWALCHER COMMUNICATIONS, 1940 Market Street, pg. 618
KATZ & ASSOCIATES, INC., 5440 Morehouse Drive, pg. 686
LJG PARTNERS, 1642 University Avenue, pg. 189
MEADSDURKET, 502 10th Avenue, pg. 112
MENTUS, 4660 La Jolla Village Drive, pg. 386
MINDGRUVE, 627 Eighth Avenue, pg. 534
MINDSTREAM MEDIA, 5889 Oberlin Drive, pg. 495
MIRESBALL, 2605 State Street, pg. 14
MIRUM AGENCY, 350 10th Avenue, pg. 251
MOTIVATE, INC., 2869 Historic Decatur Road, pg. 543
NEXTLEFT, 1010 Turquoise Street, pg. 254
NUFFER SMITH TUCKER, INC, 4045 Third Avenue, pg. 392
OLIVE CREATIVE STRATEGIES, 401 West A Street, pg. 634
OSTER & ASSOCIATES, INC., 3525 Fifth Avenue, pg. 123
RAINDROP AGENCY INC, 2311 Kettner Boulevard, pg. 196
RED DOOR INTERACTIVE, 350 Tenth Avenue, pg. 404
RENAISSANCE, 600 B Street, pg. 263
RESCUE SOCIAL CHANGE GROUP, 2437 Morena Boulevard, pg. 133
RONI HICKS & ASSOCIATES, INC., 10590 West Ocean Air Drive, pg. 644
SAN DIEGO PR, 406 Ninth Avenue, pg. 645
SCATENA DANIELS COMMUNICATIONS, 2165 San Diego Avenue, pg. 646
SOUTHWEST STRATEGIES, LLC, 401 B. Street, pg. 411
TAYLOR & POND INTERACTIVE, 840 Fifth Avenue, pg. 269
TRAINA DESIGN, 10680 Treena Street, pg. 20
VALTECH, 4667 Cass Street, pg. 273
VERITONE ONE, 3560 Dunhill Street, pg. 525
VISUAL ASYLUM, 1045 14th Street, pg. 204
VITRO AGENCY, 2305 Historic Decatur Road, pg. 159

San Francisco

10FOLD, 44 Montgomery Street, pg. 573
215 MCCANN, 215 Leidesdorff Street, pg. 319
ACCESS BRAND COMMUNICATIONS, 720 California Street, pg. 574
ACTIVA PR, 540 Howard Street, pg. 575
AKQA, 360 Third Street, pg. 211
ALLISON+PARTNERS, 40 Gold Street, pg. 576
AMEREDIA, INC., 415 Jackson Street, pg. 325
AMMUNITION, LLC, 1500 Sansome Street, pg. 172
AMPUSH, 450 Ninth Street, pg. 213
ANTONIO & PARIS, 535 Mission Street, pg. 32
APRIL SIX, 847 Sansome Street, pg. 280
ARCHETYPE, 100 Montgomery Street, pg. 33
ARGONAUT, INC., 1268 Sutter Street, pg. 33
ASTRO STUDIOS, 348 Sixth Street, pg. 173
AXICOM, 360 Third Street, pg. 579
BAKER STREET ADVERTISING, 15 Lombard Street, pg. 329
BARRETTSF, 250 Sutter Street, pg. 36
BAYCREATIVE, 400 Brannan Street, pg. 215
BBDO SAN FRANCISCO, 600 California Street, pg. 330
BCW SAN FRANCISCO, 303 Second Street, North Tower, pg. 582
BERGDAVIS PUBLIC AFFAIRS, 150 Post Street, pg. 582
BEYOND, 100 Montgomery Street, pg. 216
BLANC & OTUS, 1001 Front Street, pg. 584
BLATTEL COMMUNICATIONS, 250 Montgomery Street, pg. 584
BLUE 449, 2001 The Embarcadero, pg. 456
BOCA COMMUNICATIONS, 240 Stockton Street, pg. 585
BONFIRE LABS, 190 Pacific Avenue, pg. 175
BRANCH, 582 Sixth Street, pg. 175
BRAND ZOO INC, 1620 Montgomery Street, pg. 42
CALHOUN & COMPANY COMMUNICATIONS, 3275 Sacramento Street, pg. 588
CAMP + KING, 87 Graham Street, pg. 46
CHARACTER, 447 Battery Street, pg. 5
CHASE COMMUNICATIONS, 535 Mission Street, pg. 590
CHEMISTRY CLUB, 451 Pacific Avenue, pg. 50
CI&T, 1330 Broadway, pg. 5
CITIZEN GROUP, 465 California Street, pg. 342
COLLECTIVELY, INC., 158 11th Street, pg. 685
COMMUNITY MARKETING, INC., 584 Castro Street, pg. 443
CUTWATER, 950 Battery Street, pg. 56
DDB SAN FRANCISCO, 600 California Street, pg. 60
DIGITAS, 350 Bush Street, pg. 227
DOREMUS & COMPANY, 55 Union Street, pg. 64
DOUBLE-FORTE, 351 California Street, pg. 230
DUNCAN CHANNON, 114 Sansome Street, pg. 66
DWA MEDIA, 1160 Battery Street West, pg. 464
ECHOS BRAND COMMUNICATIONS, 680 Mission Street, pg. 599
EDELMAN, 525 Market Street, pg. 601
ELEVEN, INC., 500 Sansome Street, pg. 67
ELIXIR DESIGN, 2134 Van Ness Avenue, pg. 181
EPSILON, 100 Montgomery Street, pg. 283
ERICH & KALLMAN, 535 Mission Street, pg. 68
ESSENCE, 130 Sutter Street, pg. 232
EVOKE GIANT, 1700 Montgomery Street, pg. 69
EXTRACTABLE, INC., 612 Howard Street, pg. 233
FCB WEST, 1160 Battery Street, pg. 72
FENTON COMMUNICATIONS, 600 California Street, pg. 603
FETCH, 660 Market Street, pg. 533
FINE DESIGN GROUP, 3450 Sacramento Street, pg. 183
FINEMAN PR, 530 Bush Street, pg. 603
FINN PARTNERS, 101 Montgomery Street, pg. 603
FIREFLY, 488 Eighth Street, pg. 552
FIREWOOD, 23 Geary Street, pg. 283
FLASHPOINT PUBLIC RELATIONS, 2475 Third Street, pg. 604
FLEISHMANHILLARD, 720 California Street, pg. 605
FUSEPROJECT, INC., 1401 16th Street, pg. 184
GAUGER + ASSOCIATES, 360 Post Street, pg. 362
GERSHONI, 785 Market Street, pg. 76
GLODOW NEAD COMMUNICATIONS, 1700 Montgomery Street, pg. 608
GMR MARKETING SAN FRANCISCO, 55 Union Street, pg. 307
GODFREY DADICH, 140 New Montgomery, pg. 364
GOLIN, 600 Battery Street, pg. 609
GOODBY, SILVERSTEIN & PARTNERS, 720 California Street, pg. 77
GREY WEST, 303 Second Street, pg. 367
GROUNDTRUTH.COM, 650 California Street, pg. 534
GROW MARKETING, 570 Pacific Avenue, pg. 691
GUMAS ADVERTISING, 99 Shotwell Street, pg. 368
GURU MEDIA SOLUTIONS, 330 Fell Street, pg. 80
HATCH DESIGN, 116 New Montgomery, pg. 186
HAVAS WORLDWIDE SAN FRANCISCO, 1725 Montgomery Street, pg. 370
HEARST AUTOS, 550 Kearny Street, pg. 238
HEAT, 1100 Sansome Street, pg. 84
HERO DIGITAL, 150 Spear Street, pg. 238
HERO MARKETING, 833 Market Street, pg. 370
HILL+KNOWLTON STRATEGIES, 60 Green Street, pg. 613
HOTWIRE PR, 222 Kearny Street, pg. 614
HUB STRATEGY & COMMUNICATION, 39 Mesa Street, pg. 9
HYBRID DESIGN, 777 Florida Street, pg. 87
INCEPTION MARKETING, 268 Bush Street, pg. 374
INKHOUSE PUBLIC RELATIONS, 550 Montgomery Street, pg. 616
IPROSPECT, 85 Second Street, pg. 674
JACK MORTON WORLDWIDE, 600 Battery Street, pg. 309
JAM COLLECTIVE, 220 Halleck Street, pg. 616
JELLYFISH, 650 California Street, pg. 243
JUMBOSHRIMP ADVERTISING, 544 Bryant Street, pg. 93
KARBO COMMUNICATIONS, 601 Fourth Street, pg. 618
KENSHOO, 22 Fourth Street, pg. 244
KETCHUM WEST, 1050 Battery Street, pg. 620
LANDIS COMMUNICATIONS INC., 1388 Sutter Street, pg. 621
LANDOR, 1001 Front Street, pg. 11
LAUNCHSQUAD, 340 Pine Street, pg. 621
LIPPERT / HEILSHORN & ASSOCIATES, INC., One Market Street, Spear Tower, pg. 623
MANIFOLD, 531 Howard Street, pg. 104
MCGARRYBOWEN, 101 Montgomery Street, pg. 385
MEDIA CAUSE, 147 Natoma Street, pg. 249
MEDIA MATTERS SF, 75 Broadway Street, pg. 485
MEDIASMITH, INC., 44 Montgomery Street, pg. 490
MEKANISM, 640 Second Street, pg. 112
MICHAEL PATRICK PARTNERS, 530 Howard Street, pg. 191
MINDSHARE, 303 Second Street, pg. 495
MISSION NORTH, 1550 Bryan Street, pg. 627
MKTG INC, 1620 Montgomery Street, pg. 312
MORTAR ADVERTISING, 415 Stockton Street, pg. 117

AGENCIES
GEOGRAPHIC INDEX OF AGENCIES

MRM//MCCANN, 600 Battery Street, pg. 289
MSR COMMUNICATIONS, 832 Sansome Street, pg. 630
MUH-TAY-ZIK / HOF-FER, 220 Sansome Street, pg. 119
NECTAR COMMUNICATIONS, 114 Sansome Street, pg. 632
NICE & COMPANY, 921 Front Street, pg. 391
NINTHDECIMAL, 150 Post Street, pg. 534
OCTAGON, 832 Sansome Street, pg. 313
ODYSSEUS ARMS, Eight California Street, pg. 122
OGILVY PUBLIC RELATIONS, 1001 Front Street, pg. 634
OMD SAN FRANCISCO, 600 California Street, pg. 501
ONEWORLD COMMUNICATIONS, 2001 Harrison Street, pg. 123
ORGANIC, INC., 600 California Street, pg. 255
PALMER ADVERTISING, 466 Geary Street, pg. 124
PARTNERS IN CRIME, 1749 Union Street, pg. 15
PEREIRA & O'DELL, 1265 Battery Street, pg. 256
PHD, 600 California Street, pg. 504
PHIZZLE, INC., 58 Second Street, pg. 534
PIKE & COMPANY, 132 Hamerton Avenue, pg. 636
PORTER NOVELLI, 55 Union Street, pg. 637
PROPHET, One Bush Street, pg. 15
PUBLICIS.SAPIENT, 350 Bush Street, pg. 259
QUESTUS, 675 Davis Street, pg. 260
R/GA, 35 South Park, pg. 261
RAPP WORLDWIDE, 600 California Street, pg. 291
READY STATE, 524 Union Street, pg. 132
REVIVAL FILM, 608 Elizabeth Street, pg. 197
SALESFORCE DMP, One Market, pg. 409
SALT BRANDING, 1620 Montgomery Street, pg. 16
SARD VERBINNEN & CO, 475 Sansome Street, pg. 646
SCORCH, LLC, 875 Howard Street, pg. 508
SINGER ASSOCIATES, 47 Kearny Street, pg. 647
SPARKPR, Two Bryant Street, pg. 648
SUPERFLY, 767 Valencia Street, pg. 315
SUTHERLANDGOLD COMMUNICATIONS, 315 Pacific Avenue, pg. 651
SYMPHONY TALENT, 114 Sansome Street, pg. 667
SYPARTNERS, 475 Brannan Street, pg. 18
TAPJOY, 353 Sacramento Street, pg. 535
TBD, 156 Second Street, pg. 146
TEAK, 330 Jackson Street, pg. 19
THE BLUESHIRT GROUP, 100 Montgomery Street, pg. 652
THE HATCH AGENCY, 25 Kearny Street, pg. 653
THE M-LINE, 329 Bryant Street, pg. 201
THE OUTCAST AGENCY, 100 Montgomery Street, pg. 654
THE TRADE DESK, 731 Sansome Street, pg. 520
TOLLESON DESIGN, 560 Pacific Avenue, pg. 202
TRACTION CORPORATION, 1349 Larkin Street, pg. 271
TRADEMARK EVENT PROMOTIONS, INC., 321 Potrero Avenue, pg. 317
TRIPLEPOINT , 595 Market Street, pg. 656
TURNER DUCKWORTH, 615 Battery Street, pg. 203
TWENTY-FIRST CENTURY BRAND, 44 Montgomery Street, pg. 157
UENO, 1263 Mission Street, pg. 273
UNIVERSAL MCCANN, 600 Battery Street, pg. 428
UPLAND MOBILE MESSAGING, 655 Fourth Street, pg. 535
UPRAISE MARKETING & PUBLIC RELATIONS, 111 Maiden Lane, pg. 657
VENABLES BELL & PARTNERS, 201 Post Street, pg. 158
VIEWSTREAM, 300 Brannan Street, pg. 274
VMLY&R, 303 Second Street, pg. 160
VOCE COMMUNICATIONS, A PORTER NOVELLI COMPANY, 55 Union Street, pg. 658
W2O, 60 Francisco Street, pg. 659
WAVEMAKER, 303 Second Street, pg. 528
WE COMMUNICATIONS, 1481 Folsom Street, pg. 660
WEBER SHANDWICK, 600 Battery Street, pg. 662
WIDEORBIT, 1160 Battery Street, pg. 276

San Jose

3MARKETEERS ADVERTISING, INC., 6399 San Ignacio, pg. 23
BIG SKY COMMUNICATIONS, 2001 Gateway Place, pg. 583
CADENT TECHNOLOGY, Four North Second Street, pg. 219
CHIEF MARKETING OFFICER COUNCIL, 1494 Hamilton Way, pg. 50
DECCA DESIGN, 476 South First Street , pg. 349
GLOBAL FLUENCY, 1494 Hamilton Avenue, pg. 608
LIQUID AGENCY, INC., 448 South Market Street, pg. 12
LIVEWORLD, 4340 Stevens Creek Boulevard, pg. 246
LMGPR, 387 South First Street, pg. 623
MILAGRO MARKETING, 1141 Ringwood Court, pg. 543
PRX, INC., 991 West Hedding Street, pg. 639
SPLASH, 210 Hilldale Avenue, pg. 200
STEPHENZ GROUP, 665 Lenfest Road, pg. 413
THE HOFFMAN AGENCY, 325 South First Street, pg. 653
WHIPSAW, INC., 434 South First Street, pg. 205

San Juan Capistrano

NEXT LEVEL SPORTS INC., 27132A Paseo Espada, pg. 632

San Leandro

K/P CORPORATION, 13951 Washington Avenue, pg. 286

San Luis Obispo

20/20 CREATIVE GROUP, 975 Osos Street, pg. 171
VERDIN, 3580 Sacramento Drive, pg. 21

San Marcos

MODIFLY INC., 251 North City Drive, pg. 687

San Mateo

3Q DIGITAL, 155 Bovet Road, pg. 671
JUMP ASSOCIATES, 101 South Ellsworth Avenue, pg. 618
OFFLEASH, 107 South B Street, pg. 633

San Rafael

ALTERPOP.COM, 22 Oak Crest Drive, pg. 172

San Rafeal

THE MARX GROUP, 2175 East Francisco Boulevard, pg. 421

San Ramon

CREATIVE DIGITAL AGENCY, 2440 Camino Ramon 111, pg. 222
CRESCENDO, 5000 Executive Parkway, pg. 55

Santa Ana

AGENCY 51 ADVERTISING, 106 West Fourth Street, pg. 29
AMUSEMENT PARK, 217 North Main Street, pg. 325
COMMON THREAD COLLECTIVE, 3011 South Croddy Way, pg. 221
POWERHOUSE COMMUNICATIONS, 950 West 17th Street, pg. 638
SMARTY SOCIAL MEDIA, 204 North Broadway, pg. 688
TRUTH & ADVERTISING, 454 North Broadway, pg. 272

Santa Barbara

BIGSPEAK SPEAKERS BUREAU, 23 South Hope Avenue, pg. 302
BLAST! PR, 24 El Paseo, pg. 584
CHRISTIE & CO., 800 Garden Street, pg. 50
DAVIES COMMUNICATIONS, 808 State Street, pg. 595
EVANSHARDY + YOUNG, 829 De la Vina Street, pg. 69
IDEA ENGINEERING, INC., 21 East Carrillo, pg. 88
NEW DAY MARKETING, 923 Olive Street, pg. 497
PAL8 MEDIA, INC., 1187 Coast Village Road, pg. 503
REFUEL AGENCY, 104 West Anapamu Street, pg. 507
SURFMEDIA COMMUNICATIONS, 351 South Hitchcock Way, pg. 651

Santa Clara

MILESTONE INTERNET MARKETING, 3001 Oakmead Village Drive, pg. 250

Santa Cruz

NADEL PHELAN, INC., 2125 Delaware Avenue, pg. 631

Santa Monica

160VER90, 3420 Ocean Park Boulevard, pg. 207
ACENTO ADVERTISING, INC., 2001 Wilshire Boulevard, pg. 25
BAKER BRAND COMMUNICATIONS, 3015 Main Street, pg. 2
BECK MEDIA & MARKETING, 1832 Franklin Street, pg. 582
BLAZE, 1427 Third Street Promenade, pg. 584
BLIND, 1702 Olympic Blvd, pg. 175
CAMPOS CREATIVE WORKS, 1715 14th Street, pg. 303
ENSO, 1526 Cloverfield Boulevard, pg. 68
GHOSTPISTOLS, 5792 West Jefferson Boulevard, pg. 76
GUMGUM, 1314 Seventh Street, pg. 80
HITWISE, 2120 Colorado Avenue, pg. 86
HYLINK, 225 Santa Monica Boulevard, pg. 240
ICONMOBILE, 820 Broadway, pg. 534
INFUSE CREATIVE, 1158 26th Street, pg. 673
KAPOW, INC., 1620 Broadway, pg. 188
KIMBERLY BAER DESIGN ASSOCIATES, 2452 Wilshire Boulevard, pg. 189
KVELL, 2928 Fourth Street, pg. 96
LOUEY / RUBINO DESIGN GROUP , 2525 Main Street, pg. 190
M&C SAATCHI LA, 2034 Broadway, pg. 482
MSLGROUP, 3211 Olympic Boulevard , pg. 629
MUSE USA, 2001 Wilshire Boulevard, pg. 543
NEURON SYNDICATE, 1016 Pico Boulevard, pg. 120
ORCI, 2800 28th Street, pg. 543
PALISADES MEDIA GROUP, INC., 1601 Cloverfield Boulevard, pg. 124
PICO PLUS, 2716 Ocean Park Boulevard, pg. 397
PREMIER PARTNERSHIPS, 1148 Fourth Street, pg. 314
PRIORITY PUBLIC RELATIONS, 2118 Wilshire Boulevard, pg. 638
RADICAL MEDIA, 1630 12th Street, pg. 196
REACH AGENCY, 2920 Nebraska Avenue, pg. 196
ROBERTSON SCHWARTZ AGENCY, 1250 Sixth Street, pg. 643
RPA, 2525 Colorado Avenue, pg. 134
THE GARY GROUP, 1546 Seventh Street #301,

GEOGRAPHIC INDEX OF AGENCIES

THE ROSE GROUP, 1514 17th Street, pg. 655
THE STORY LAB, 2700 Pennsylvania Avenue, pg. 153
TONGAL, 1918 Main Street, pg. 20
TOOL OF NORTH AMERICA 2210 Broadway, pg. 564
ZAKHILL GROUP, 3435 Ocean Park Boulevard, pg. 294
ZAPWATER COMMUNICATIONS, 1460 Fourth Street, pg. 664
ZENITH MEDIA, 3211 Olympic Boulevard, pg. 531
ZENO GROUP, 520 Broadway, pg. 665

Santa Rosa

MUELRATH PUBLIC AFFAIRS, 50 Old Courthouse Square, pg. 630
THE ENGINE IS RED, 401 Mendocino Avenue, pg. 150
THE HYBRID CREATIVE, 751 Fourth Street, pg. 151

Santa Ynez

H+A INTERNATIONAL, INC, 1195 Mustang Drive, pg. 611

Santee

FALL ADVERTISING, 10960 Wheatlands Avenue, pg. 70

Sausalito

BUTLER, SHINE, STERN & PARTNERS, 20 Liberty Ship Way, pg. 45
DIVISION OF LABOR, 2730 Bridgeway, pg. 63
LEXICON BRANDING, INC., 30 Liberty Ship Way, pg. 189
ON BOARD EXPERIENTIAL MARKETING 85 Liberty Ship Way, pg. 313
OUTSIDEPR, 207 Second Street, pg. 634
TRUE COMMUNICATIONS, 480 Gate 5 Road, pg. 657

Sherman Oaks

ADVERTISE.COM, 15303 Ventura Boulevard, pg. 671
BRANDED ENTERTAINMENT NETWORK, INC, 15250 Ventura Boulevard, pg. 297
BRIERLEY & PARTNERS, 15303 Ventura Boulevard, pg. 167
EXTRAORDINARY EVENTS, 13425 Ventura Boulevard, pg. 305
ICON MEDIA DIRECT, 5910 Lemona Avenue, pg. 476
MAGID, 15260 Ventura Bouldevard, pg. 103
MVC AGENCY, 14724 Ventura Boulevard, pg. 14
OXFORD ROAD, 15303 Ventura Boulevard, pg. 503
TRITON DIGITAL, 15303 Ventura Boulevard, pg. 272
VAYNERMEDIA, 15000 Ventura Boulevard, pg. 689
WONACOTT COMMUNICATIONS, LLC, 4419 Van Nuys Boulevard, pg. 663

Simi Valley

BRUCE CLAY, INC., 2245 First Street, pg. 672
HERO ENTERTAINMENT MARKETING, 4590 Ish Drive, pg. 298

Solana Beach

RACHEL KAY PUBLIC RELATIONS, 320 South Cedros, pg. 640

South Pasadena

CHASE DESIGN GROUP, 99 Pasadena Avenue, pg. 177
SKA DESIGN, 900 Palm Avenue, pg. 199

Studio City

TVA MEDIA GROUP, 3950 Vantage Avenue, pg. 293

Sunnyvale

DUARTE, 755 North Mary Avenue, pg. 180

Thousand Oaks

MUSTANG MARKETING, 3135 Old Conejo Road, pg. 390
RKS DESIGN, 350 Conejo Ridge Avenue, pg. 197

Toluca Lake

EVENTMAKERS, 10727 Riverside Drive, pg. 305

Torrance

ASHCRAFT DESIGN, 4733 Darien Street, pg. 173
ASV INC., 19603 South Vermont Avenue, pg. 302
BRAND THIRTY-THREE, 1622 Gramercy Avenue, pg. 3
CLEAR CHANNEL OUTDOOR, 19320 Harborgate Way, pg. 551
POWER PR, 20521 Earl Street, pg. 638
SAATCHI & SAATCHI LOS ANGELES, 3501 Sepulveda Boulevard, pg. 137
SOOHOO DESIGNERS, 1424 Marcelina Avenue, pg. 199
STELLAR AGENCY, 21515 Hawthorne Boulevard, pg. 267
THE GEORGE P. JOHNSON COMPANY, 18500 Crenshaw Boulevard, pg. 316
WALKER ADVERTISING, INC., 20101 Hamilton Avenue, pg. 546

Tustin

ECHO MEDIA GROUP, 2842 Walnut Avenue, pg. 599
HKA, INC., 150 Yorba Street, pg. 614
STRATEGIES, 13681 Newport Avenue, pg. 414
THREAD, 155 El Camino Real, pg. 271
VERTICAL MARKETING NETWORK, 15147 Woodlawn Avenue, pg. 428

Venice

ANOMALY, 1319 Abbot Kinney Boulevard, pg. 326
DIRECT RESULTS, 815 Hampton Drive, pg. 63
MACHER, 1518 Abbot Kinney Boulevard, pg. 102
MARKETING FACTORY, INC., 815 Hampton Drive, pg. 383
MEDIAMONKS, 1214 Abbot Kinney Boulevard, pg. 249
PSYOP, 523 Victoria Avenue, pg. 196
SPEEDMEDIA INC., 200 Mildred Avenue, pg. 266
TAMOTSU YAGI DESIGN, 2100 Abbott Kinney Boulevard, pg. 201

Venice Beach

WORLD WIDE MIND, 1306 Abbot Kinney Boulevard, pg. 163

Ventura

CONSORTIUM MEDIA SERVICES, 4572 Telephone Road, pg. 592

DUPUIS, 394 East Main Street, pg. 180
THE TRADE DESK, 42 North Chestnut Street, pg. 519

Walnut Creek

INVISION COMMUNICATIONS, 1280 Civic Drive, pg. 308
JSTOKES, 1444 North Main Street, pg. 378
SPEAR MARKETING GROUP, 1630 North Main Street, pg. 411

West Hills

GLYPHIX, 6964 Shoup Avenue, pg. 76

West Hollywood

BALLANTINES PUBLIC RELATIONS, 9200 Sunset Boulevard, pg. 580
BBH, 8360 Melrose Avenue, pg. 37
BPG ADVERTISING, Post Office Box 46306, pg. 42
CAMPBELL EWALD, 1840 Century Park East, pg. 47
DAILEY & ASSOCIATES, 8687 Melrose Avenue, pg. 56
DKC PUBLIC RELATIONS, 700 North San Vicente, G-405, pg. 597
MCKINNEY, 1041 North Formosa Avenue, pg. 111
NCOMPASS INTERNATIONAL, 8223 Santa Monica Boulevard, pg. 390
SRC ADVERTISING, 8335 Sunset Boulevard, pg. 200

West Hollywood, Los Angeles

THINK JAM, 750 North San Vincente Boulevard, pg. 299

Westlake Village

AGENCY 720, 30930 Russell Ranch Road, pg. 323
CONVERSANT, LLC, 30699 Russell Ranch Road, pg. 222
KEVIN/ROSS PUBLIC RELATIONS, 5600 Hidden Glen Court, pg. 686
MARTIN RETAIL GROUP, 30930 Russell Ranch Road, pg. 106
WINGMAN MEDIA, 2625 Townsgate Road, pg. 529

Woodland Hills

1105 MEDIA, 6300 Canoga Avenue, pg. 453
BLOOM ADS, INC., 20720 Ventura Boulevard, pg. 334
INTERMEDIA ADVERTISING, 22120 Clarendon Street, pg. 375
INTERMEDIA ADVERTISING, 22120 Clarendon Street, pg. 376
JMPR PUBLIC RELATIONS, 5850 Canoga Avenue, pg. 617
JPR COMMUNICATIONS, 20750 Ventura Boulevard, pg. 618
KERN, 20955 Warner Center Lane, pg. 287
NEWMARK ADVERTISING, 21550 Oxnard Street, pg. 692
PONDELWILKINSON INC, 21700 Oxnard Street, pg. 637
REVOLUTION MEDIA, 21051 Warner Center Lane, pg. 507

COLORADO

Arvada

AGENCIES
GEOGRAPHIC INDEX OF AGENCIES

ARMADA MEDICAL MARKETING, 6385 West 52nd Avenue, pg. 578

Aurora

PICO DIGITAL MARKETING, 6105 South Main Street, pg. 257

Boulder

ACTIVE INTEREST MEDIA, 5720 Flat Iron Parkway, pg. 561
BARKLEY BOULDER, 2905 Center Green Court, pg. 36
CATAPULT PR-IR, 6560 Gunpark Drive, pg. 589
CRISPIN PORTER + BOGUSKY, 6450 Gunpark Drive, pg. 346
EPICENTER CREATIVE, 2305 Broadway, pg. 68
FACT & FICTION, 2000 Central Avenue, pg. 70
FORTNIGHT COLLECTIVE, 1727 15th Street, pg. 7
GREENHOUSE PARTNERS, 1881 Ninth Street, pg. 8
IMM, 2000 Central Avenue, pg. 373
MADE MOVEMENT, 200 Pearl Street, pg. 103
MAPR, 2503 Walnut Street, pg. 624
MATCH ACTION MARKETING GROUP, 3020 Carbon Place, pg. 692
METEORITE PR, 3550 Frontier Avenue, pg. 627
MODCRAFT, 1200 Pearl Street, pg. 628
MOMENTUM MEDIA PR, 1245 Pearl Street, pg. 628
MONDO ROBOT, 5445 Conestoga Court, pg. 192
MOXIE SOZO, 1140 Pearl Street, pg. 192
PARALLEL PATH, 4688 Broadway Street, pg. 256
ROOM 214, 3340 Mitchell Lane, pg. 264
SMARTSEARCH MARKETING, 4450 Arapahoe Avenue, pg. 677
STANTEC, 1112 Pearl Street, pg. 200
STERLING-RICE GROUP, 1801 13th Street, pg. 413
SUPPLY MEDIA, 2530 Frontier AVenue, pg. 145
TDA_BOULDER, 1435 Arapahoe Avenue, pg. 147
THE TRADE DESK, 1048 Pearl Street, pg. 520
VERMILION DESIGN, 3055 Center Green Drive, pg. 204
WORKINPROGRESS, 5660 Valmont Road, pg. 163

Broomfield

ORACLE DATA CLOUD, 500 Eldorado Boulevard, pg. 448

Carbondale

BACKBONE MEDIA, 65 North Fourth Street, pg. 579
BLUETENT, 218 East Valley Rd, pg. 218
RYGR, 818 Industry Way, pg. 409

Colorado Springs

GRAHAM OLESON, 525 Communication Circle, pg. 78
NEWELL LEDBETTER ADVERTISING, 3803 Palmer Park Boulevard, pg. 120
SSPR, 105 East Moreno Avenue, pg. 649
VLADIMIR JONES, Six North Tejon Street, pg. 429

Denver

104 WEST PARTNERS, 1925 Blake Street, pg. 573
90OCTANE, 621 17th Street, pg. 209
ADPERIO, 3900 East Mexico Avenue, pg. 533
ADRENALIN, INC., 54 West 11th Avenue, pg. 1
ADTAXI, 101 West Colfax Avenue, pg. 211
AMELIE COMPANY, 2601 Blake Street, pg. 325
AOR, INC., 1020 Cherokee Street, pg. 32
BLUE BEAR CREATIVE, 1221 Auraria Parkway, pg. 40
BOKKA GROUP, 3457 Ringsby Court, pg. 218
BOOYAH ONLINE ADVERTISING, 3001 Brighton Boulevard, pg. 218
BRANDJUICE, 1700 East 17th Avenue, pg. 336
CACTUS MARKETING COMMUNICATIONS, 2128 15th Street, pg. 339
CANNABRAND, 511 Broadway, pg. 47
CENTRO, 2420 17th Street, pg. 220
CLIXO, 556 Clayton Street, pg. 221
COHN MARKETING, INC., 2434 W Caithness Place, pg. 51
COMMUNICATIONS STRATEGY GROUP, 44 Cook Street, pg. 592
CONVEYOR MEDIA, 2420 17th Street, pg. 462
CREATIVE STRATEGIES GROUP, 7010 Broadway, pg. 304
CULTIVATOR ADVERTISING & DESIGN, 2737 Larimer Street, pg. 178
D & I CREATIVE, 3254 Larimer Street, pg. 6
ELEVATED THIRD, 535 16th Street, pg. 230
EMICO MEDIA, 907 Acoma Street, pg. 465
EXPLORE COMMUNICATIONS, 3213 Zuni Street, pg. 465
FEED MEDIA PUBLIC RELATIONS, 7807 East 24th Avenue, pg. 603
FIVEFIFTY, 3001 Brighton Blv, pg. 235
FUSIONBOX, 2031 Curtis Street, pg. 236
G.A WRIGHT SALES, INC., Post Office Box 460189, pg. 284
GBSM, 555 17th Street, pg. 607
GROUNDFLOOR MEDIA, 1923 Market Street, pg. 611
GYRO, 1500 Wynkoop, pg. 368
HEINRICH MARKETING, INC., 2228 Blake Street, pg. 84
INLINE MEDIA, INC., 1600 Stout Street, pg. 479
KARSH & HAGAN, 685 South Broadway, pg. 94
LAUNCH ADVERTISING, 3528 Tejon Street, pg. 97
LINHART PUBLIC RELATIONS, 3858 Walnut Street, pg. 622
LOCATION3 MEDIA, 820 16th Street, pg. 246
LRXD, 1480 Humboldt Street, pg. 101
MADWELL, 1320 27th Street, pg. 103
MCDONALD MARKETING, 3700 Quebec Street, pg. 543
MONIGLE ASSOCIATES, INC., 150 Adams Street, pg. 14
OGILVY, 1200 17th Street, pg. 255
OGILVY PUBLIC RELATIONS, 1200 17th Street, pg. 633
OUTFRONT MEDIA, 4647 Leyden Street, pg. 555
PEAK CREATIVE MEDIA, 3330 Larimer Street, pg. 256
PETER WEBB PUBLIC RELATIONS, INC., 455 North Sherman Street, pg. 636
PHILOSOPHY COMMUNICATION, 209 Kalamath Street, pg. 636
PROXY SPONSORSHIP, 7900 East Union Avenue, pg. 314
PURE BRAND COMMUNICATIONS, 621 Kalamath Street, pg. 130
RASSMAN DESIGN, 2101 West 29th Avenue, pg. 196
SCREAM AGENCY, LLC, 1501 Wazee Street, pg. 139
SPIREMEDIA, INC., 2911 Walnut Street, pg. 266
SUKLE ADVERTISING & DESIGN, 2430 West 32nd Avenue, pg. 145
THAYER MEDIA, 456 South Broadway, pg. 519
THINK MOTIVE, 2901 Blake Street, pg. 154
TURNER PUBLIC RELATIONS, 1614 15th Street, pg. 657
WALT KLEIN ADVERTISING, 1873 South Bellaire Street, pg. 161
WEBER SHANDWICK, 999 18th Street, pg. 662
WORDBANK LLC, 600 17th Street, pg. 163

Durango

VERDE BRAND COMMUNICATIONS, 1211 Main Street, pg. 658

Englewood

HUGHES & STUART, 9800 Mount Pyramid Court, pg. 686
MILES BRANDNA, 10111 Inverness Main Street, pg. 13

Fort Collins

A-TRAIN MARKETING COMMUNICATIONS, 125 South Howes Street, pg. 321
ACTIVE BLOGS, 232 Walnut Street, pg. 575

Glenwood Springs

BLIZZARD INTERNET MARKETING, 1001 Grand Avenue, pg. 672

Highlands Ranch

BRANDSAVVY, INC., 8822 South Ridgeline Boulevard, pg. 4

Lafayette

THE CREATIVE ALLIANCE, 2770 Araphoe Road, pg. 653

Lakewood

BLUE ONION, 940 Wadsworth Boulevard, pg. 218
CK ADVERTISING, 12345 West Alameda Pkwy 301, pg. 220
CUSTOMER COMMUNICATIONS GROUP, 165 South Union Boulevard, pg. 167
NETWORK AFFILIATES, INC., 940 Wadsworth Boulevard, pg. 391
THE INTEGER GROUP, 7245 West Alaska Drive, pg. 682

Littleton

TIGRIS SPONSORSHIP & MARKETING, 5649 South Curtice Street, pg. 317

Longmont

AVOCET COMMUNICATIONS, 425 Main Street, pg. 328

Loveland

BURNS MARKETING, 4848 Thompson Parkway, pg. 219

Niwot

MAIN EVENT MARKETING, Post Office Box 617, pg. 310
WILAND DIRECT, 7420 East Dry Creek Parkway, pg. 294

Steamboat Springs

INSIDE/OUT COMMUNICATIONS, 735 Oak Street, pg. 616
PREMIER EVENT SERVICES, 2300 Mount Werner Circle, pg. 314

Vail

PUBLICIS HAWKEYE, 12 Vail Road, pg. 399

Westminster

GEOGRAPHIC INDEX OF AGENCIES

EPSILON, 11030 Circle Point Road, pg. 283

CONNECTICUT

Avon

ADAMS & KNIGHT ADVERTISING, 80 Avon Meadow Lane, pg. 322
CHARLES BEARDSLEY ADVERTISING, 31 East Main Street, pg. 49
MINTZ & HOKE, 40 Tower Lane, pg. 387

Bethany

MASON, INC., 23 Amity Road, pg. 383

Bloomfield

ANDREA OBSTON MARKETING COMMUNICATIONS, Three Regency Drive, pg. 31

Cornwall

ONE ELEVEN INTERACTIVE, INC, 6 Railroad Street West, pg. 255

Danbury

AGENCY 720, 44 Old Ridgebury Road, pg. 323
PLUSMEDIA, LLC, 100 Mill Plain Road, pg. 290

Darien

ALCONE MARKETING GROUP, 320 Post Road, pg. 565
BCM MEDIA, 30 Old Kings Highway South, pg. 455
COLANGELO SYNERGY MARKETING, INC., 120 Tokeneke Road, pg. 566
TOUCHPOINT INTEGRATED COMMUNICATIONS, 16 Thorndal Circle, pg. 520

Ellington

WORDCOM, INC., 56 Main Street, pg. 294

Essex

STRUCTURAL GRAPHICS, LLC, 38 Plains Road, pg. 569

Fairfield

CERTAINSOURCE, 338 Commerce Drive, pg. 672
PRODUCT VENTURES, 55 Walls Drive, pg. 196
PROSEK PARTNERS, 1552 Post Road, pg. 639

Farmington

CO-COMMUNICATIONS, INC., Two Forest Park Drive, pg. 591
MAIER ADVERTISING, INC., 1789 New Britain Avenue, pg. 103
METRIXLAB, 270 Farmington Avenue, pg. 447
PRIMACY, 1577 New Britain Avenue, pg. 258

Glastonbury

CASHMAN & KATZ INTEGRATED COMMUNICATIONS, 76 Eastern Boulevard, pg. 340
CRONIN, 50 Nye Road, pg. 55
DECKER, 99 Citizens Drive, pg. 60

TALL TIMBERS MARKETING, 381 Hubbard Street, pg. 292
ZAG INTERACTIVE, 20 Western Boulevard, pg. 277

Greenwich

21 MARKETING, 500 West Putnam Avenue, pg. 301
ICON INTERNATIONAL, INC., One East Weaver Street, pg. 476
MURPHY & COMPANY, 15 Valley Drive, pg. 630

Groton

CLARITYQUEST, 93 Shennecossett Road, pg. 50

Hamden

CRN INTERNATIONAL, INC., One Circular Avenue, pg. 463

Hartford

GOMEDIA, 2074 Park Street, pg. 77
SULLIVAN & LESHANE PUBLIC RELATIONS, 287 Capital Avenue, pg. 650

Middletown

MAKIARIS MEDIA SERVICES, 101 Center Point Drive, pg. 483
REALITY INTERACTIVE, LLC, 386 Main Street, pg. 262

Milford

POUTRAY & PEKAR ASSOCIATES, 344 West Main Street, pg. 398

Milldale

SIGNATURE ADVERTISING, 409 Canal Street, pg. 17

New Haven

DIGITAL SURGEONS, LLC, 470 James Street, pg. 226
MASCOLA GROUP, 434 Forbes Avenue, pg. 106
RESPONSE MARKETING, 100 Crown Street, pg. 133
SILVERMAN GROUP, 436 Orange Street, pg. 410

New Milford

MNA|BAX, 337 Kent Road, pg. 192

Newtown

LEVERAGE MARKETING GROUP, 117-119 South Main Street, pg. 99

Norwalk

ALL POINTS DIGITAL, 23 South Main Street, pg. 671
DONER CX, 101 Merritt 7, pg. 352
INSPIRA MARKETING GROUP, 50 Washington Street, pg. 308
IPSOS, 301 Merritt Seven, pg. 445
MATCHMG, 800 Connecticut Avenue, pg. 248
MEDIA HORIZONS, INC., 800 Connecticut Avenue, pg. 288
MEDIA STORM, 99 Washington Street, pg. 486

REED EXHIBITION COMPANY, 383 Main Avenue, pg. 314
RTI RESEARCH, 383 Main Avenue, pg. 449
TANEN DIRECTED ADVERTISING, 12 South Main Street, pg. 416
TENET PARTNERS, 20 Marshall Street, pg. 19
THE FAMILY ROOM, 41 North Main Street, pg. 450

Prospect

WORX BRANDING & ADVERTISING, Post Office Box 7233, pg. 163

Redding

THIRD DOOR MEDIA, INC., 279 Newtown Turnpike, pg. 678

Ridgefield

DAKOTA GROUP, 75 Danbury Road, pg. 348

Sandy Hook

MEDIASSOCIATES, INC., 75 Glen Road, pg. 490

Shelton

MEDIAWORX, Four Corporate Drive, pg. 490
THE GRI MARKETING GROUP, INC., One Enterprise Drive, pg. 270

South Norwalk

HUGHES DESIGN GROUP, 50 Washington Street, pg. 186
MILK, 11 Day Street, pg. 115
SCRUM50, 27 Ann Street, pg. 409
ZUNDA GROUP, 41 North Main Street, pg. 205

Southington

REBEL INTERACTIVE, 142 Center Street, pg. 403

Southport

PAPPAS MACDONNELL, INC., 135 Rennell Drive, pg. 125

Stamford

ABIGAIL KIRSCH, The Industrial Park, pg. 301
ABSOLUTE MEDIA INC., 1177 High Ridge Road, pg. 453
ADFIRE HEALTH, Two Landmark Square, pg. 27
ADVANTAGE INTERNATIONAL, 290 Harbor Drive, pg. 301
AUSTIN LAWRENCE GROUP, INC., 300 Main Street, pg. 328
BEEBY CLARK+MEYLER, 700 Canal Street, pg. 333
CATALYST MARKETING COMMUNICATIONS, 2777 Summer Street, pg. 340
CDHM ADVERTISING, INC., 1100 Summer Street, pg. 49
COOPER-SMITH ADVERTISING, 1055 Summer Street, pg. 462
CREATIVE PARTNERS, LLC, 46 Southfield Avenue, pg. 346
EDGE MARKETING, 333 Ludlow Drive, pg. 681
GARTNER, INC., 56 Top Gallant Road, pg. 236
HUEMEN DESIGN, 400 Atlantic Street, pg. 1
IN CONNECTED MARKETING, 333 Ludlow Drive, pg. 681
JMW CONSULTANTS, INC., 1266 East Main

AGENCIES

Street, pg. 10
PLOWSHARE GROUP, INC., One Dock Street, pg. 128
PQ MEDIA, LLC, Two Stamford Landing, pg. 449
SUBLIME COMMUNICATIONS, 20 Acosta Street, pg. 415
TAYLOR DESIGN, 247 Main Street, pg. 201
THE BIONDO GROUP, One Stamford Landing, pg. 201
VERTEX MARKETING COMMUNICATION, 992 High Ridge Road, pg. 159

Stanford

OCTAGON, 290 Harvard Drive, pg. 313

Stratford

MERRILL ANDERSON, 1166 Barnum Avenue, pg. 687

Trumbull

MOSSWARNER, 55 Corporate Drive, pg. 192

Watertown

EVO DESIGN, LLC, 1369 Main Street, pg. 182

West Granby

HFS COMMUNICATIONS, 9 Stonewall Drive, pg. 567

West Hartford

BLUESPIRE MARKETING, 433 South Main Street, pg. 40
FATHOM, 71 Raymond Road, pg. 234

West Haven

BARRETT OUTDOOR COMMUNICATIONS, 381 Highland Street, pg. 549

Westin

MARKETCOM PR, PO Box 1102, pg. 625

Weston

INERGY GROUP, 109 Davis Hill Road, pg. 187

Westport

CROSSBOW GROUP, 136 Main Street, pg. 347
MCMILLAN GROUP, 25 Otter Trail, pg. 191
MKTG, 57 Greens Farm Road, pg. 568
MONTNER & ASSOCIATES, 180 Post Road East, pg. 628
STELLA RISING, 1221 Post Road East, pg. 518
THE CONCEPT STUDIO, 165 Kings Highway North, pg. 269

Wethersfield

PME ENTERPRISES LLC, 912 Silas Deane Highway, pg. 313

Wilton

EPSILON, 10 Westport Road, pg. 282
KOVAK-LIKLY COMMUNICATIONS, 23 Hubbard Road, pg. 620
TOLUNA, 21 River Road, pg. 450
TRACYLOCKE, 131 Danbury Road, pg. 684
ZEMOGA, INC., 120 Old Ridgefield Road, pg. 277

Wolcott

SKYELINE STUDIO, LLC, 34 Allentown Road, pg. 647

DELAWARE

Wilmington

ALOYSIUS BUTLER & CLARK, 819 North Washington Street, pg. 30
CASPARI MCCORMICK, 307 A Street, pg. 340
LOCATION 8, 28 South Poplar Street, pg. 101
MITCHELL ASSOCIATES, INC., One Avenue of the Arts, pg. 191
ONEMAGNIFY, 322 A Street, pg. 123

DISTRICT OF COLUMBIA

Washington

ADMIRABLE DEVIL, 2424 Pennsylvania Avenue NW, pg. 27
AGENCYQ, 1825 K Street, Northwest, pg. 211
AKQA, 3299 K Street Northwest, pg. 212
APCO WORLDWIDE, 1299 Pennsylvania Avenue, Northwest, pg. 578
ASSOCIATION OF NATIONAL ADVERTISERS, 2020 K Street Northwest, pg. 442
ATLANTIC 57, The Watergate, pg. 2
BANNER PUBLIC AFFAIRS, 440 First Street Northwest, pg. 580
BCW WASHINGTON DC, 1801 K Street Northwest, pg. 582
BERLINROSEN, 1620 L Street, Northwest, pg. 583
BGR GROUP, The Homer Building, pg. 583
BLUE ADVERTISING, 607 14th Street Northwest, pg. 40
BLUE STATE DIGITAL, 406 Seventh Street, Northwest, pg. 335
BLUETEXT, 2121 Wisconsin Avenue, pg. 40
BRECKENRIDGE DESIGN GROUP, 1101 Connecticut Avenue Northwest, pg. 175
BULLY PULPIT INTERACTIVE, 1445 New York Avenue NW, pg. 45
CARMEN GROUP, 901 F Street, Northwest, pg. 588
CASSIDY & ASSOCIATES, 733 10th Street Northwest, pg. 589
CHIEF, 1800 Massachusetts Avenue Northwest, pg. 590
CLS STRATEGIES, 1615 L Street North West, pg. 591
CROSBY-VOLMER, 1909 K Street Northwest, pg. 594
CULTURE ONE WORLD, 1333 H Street Northwest, pg. 539
DAVIS AD AGENCY, 1010 Wisconsin Street, pg. 58
DDC PUBLIC AFFAIRS, 805 15th Street NW, , pg. 595
DESIGN ARMY LLC, 510 H Street, Northeast, pg. 179
DEWEY SQUARE GROUP, 607 14th Street Northwest, pg. 597
DEZENHALL RESOURCES, 2121 K Street, pg. 597
DIRECT IMPACT, 1801 K Street Northwest, pg. 597
EDELMAN, 1875 I Street Northwest, pg. 600
ELEVATION WEB, 100 M Street Southeast, pg. 540
ELEVATION, LTD, 1027 33rd Street, pg. 540
FAIRE, LLC, 4926 Eskridge Ter Northwest, pg. 357
FENTON COMMUNICATIONS, 1010 Vermont Avenue Northwest, pg. 603
FINN PARTNERS, 1129 20th Street Northwest, pg. 603
FIONTA, 1150 18th Street Northwest, pg. 183
FLEISHMANHILLARD, 1615 L Street, Northwest, pg. 605
GLOBAL COMMUNICATORS, 1875 I Street, pg. 608
GLOVER PARK GROUP, 1025 F Street Northwest, pg. 608
GMMB, 3050 K Street, Northwest, pg. 364
GRAYLING USA, 80 M Street South East, pg. 610
GREENFIELD / BELSER LTD, 1129 20th Street Northwest, pg. 185
HAGER SHARP, INC., 1030 15th Street Northwest, pg. 81
HILL+KNOWLTON STRATEGIES, 607 14th Street, Northwest, pg. 613
HMA ASSOCIATES, INC., 1050 Connecticut Avenue North West, pg. 541
HOWARD CONSULTING GROUP, 1875 K Street Northwest, pg. 614
HUGE, INC., 530 Penn Street Northeast, pg. 240
JAFFE PR, 1300 Pennsylvania Avenue Northwest, pg. 616
JEFFERSON WATERMAN INTERNATIONAL, 1401 K Street Northwest, pg. 617
JPA HEALTH COMMUNICATIONS, 1101 Connecticut Avenue Northwest, pg. 618
JWT INSIDE, 607 14th Street, Northwest, pg. 667
KEARNS & WEST, INC, 1110 Vermont Avenue, Northwest, pg. 619
KETCHUM, 1615 L Street Northwest, pg. 619
KGLOBAL, 2001 L Street Northwest, pg. 620
KINETIK COMMUNICATIONS GRAPHICS, 1720 Florida Avenue Northwest, pg. 189
LEADING AUTHORITIES, INC., 1725 I Street Northwest, pg. 622
LEVICK STRATEGIC COMMUNICATIONS, 1900 M Street, Northwest, pg. 622
LEVINE & ASSOCIATES, INC., 1777 Church Street, Northwest, pg. 11
M+R, 1101 Connecticut Avenue Northwest, pg. 12
MADISON GOVERNMENT AFFAIRS, 444 North Capitol Street Northwest, pg. 624
MDB COMMUNICATIONS, INC., 1634 I Street, North West, pg. 111
MEDIA CAUSE, 1436 U Street North West, pg. 249
MERCURY PUBLIC AFFAIRS, 300 Tingey Street Southeast, pg. 386
MODEL B, 1015 15th Street Northwest, pg. 251
MULTIPLY, 3247 Q Street, Northwest, pg. 630
MWWPR, 1155 Connecticut Avenue, Northwest, pg. 631
NAVIGATORS LLC, 901 Seventh Street Northwest, pg. 632
NEIMAND COLLABORATIVE, 1100 Vermont Avenue Northwest, pg. 391
OGILVY GOVERNMENT RELATIONS, 1111 19th Street, Northwest, pg. 633
OGILVY PUBLIC RELATIONS, 1111 19th Street, Northwest, pg. 634
PENN, SCHOEN & BERLAND ASSOCIATES, INC, 1110 Vermont Avenue, Northwest, pg. 448
PORTER NOVELLI, 1615 L Street, pg. 637
POTOMAC COMMUNICATIONS GROUP, INC., 1133 20th Street Northwest, pg. 638
POWELL TATE, 733 10th Street Northwest, pg. 638
PULSAR ADVERTISING, 1023 15th Street Northwest, pg. 401
QORVIS COMMUNICATIONS, LLC, 1201 Connecticut Avenue Northwest, pg. 640
QUESTEX, 1900 L Street Northwest, pg. 449
RAFFETTO HERMAN STRATEGIC COMMUNICATIONS, LLC, 1400 Eye Street Northwest, pg. 641
REPEQUITY, 1211 Connecticut Avenue NW, pg. 263
REVOLUTION MESSAGING, 1730 Rhode Island Avenue, NW, pg. 534
SAGE MEDIA PLANNING & PLACEMENT, INC., 1322 G street southeast, pg. 508
SMITH BUCKLIN CORPORATION, 2025 M Street

GEOGRAPHIC INDEX OF AGENCIES

Northwest, pg. 315
SOCIALCODE, 655 15th Street Northwest, pg. 688
SPECTRUM SCIENCE COMMUNICATIONS, 2001 Pennsylvania Avenue North West, pg. 649
SPITFIRE STRATEGIES, 2300 North Street Northwest, pg. 649
STRATACOMM, INC., 1200 G Street Northwest, pg. 650
STRAUSS MEDIA STRATEGIES, INC., National Press Building, pg. 518
SUSAN DAVIS INTERNATIONAL, 1101 K Street Northwest, pg. 651
THE AD STORE, 3325 M Street, Northwest, pg. 148
THE BRAND CONSULTANCY, 2200 Pennsylvania Avenue Northwest, pg. 19
THE BRICK FACTORY, 925 15th Street Northwest, pg. 269
THE PIVOT GROUP, 1720 I Street, NW, pg. 293
THE RENDON GROUP, INC., 1875 Connecticut Avenue Northwest, pg. 655
TOGORUN, 1615 L Street, pg. 656
VANGUARD COMMUNICATIONS, 2121 K Street Northwest, pg. 658
VOX GLOBAL, 1615 L Street, NW, pg. 658
WIDMEYER COMMUNICATIONS, 1129 20th Street North West, pg. 662
WUNDERMAN THOMPSON, 1055 Thomas Jefferson Street, NW, pg. 434
XENOPHON STRATEGIES, INC., 1120 G Street North West, pg. 664

Washinton

GOLIN, 733 Tenth Street Northwest, pg. 609

FLORIDA

Altamont Springs

78MADISON, 999 Douglas Avenue, pg. 321

Altamonte Springs

MONSTER XP, 317 Northlake Boulevard, pg. 388

Apopka

PATTERSON BACH COMMUNICATIONS, 450 Faye Street, pg. 126

Boca Raton

3CINTERACTIVE, 750 Park of Commerce Boulevard, pg. 533
BFW ADVERTISING, 2500 N Military Trail, pg. 39
BROWN PARKER | DEMARINIS ADVERTISING, 1825 Northwest Corporate Boulevard, pg. 43
CENDYN, 980 North Federal Highway, pg. 220
ION INTERACTIVE, INC., 200 East Palmetto Park Road, pg. 242
MDG ADVERTISING, 3500 North West Boca Raton Boulevard, pg. 484
MOREVISIBILITY, 975 South Federal Highway, pg. 675
OMNI ADVERTISING, 622 Banyan Trail, pg. 394
PACE, 7301 North Federal Highway, pg. 124
THE GAB GROUP, 95 South Federal Highway, pg. 653
TRANSMEDIA GROUP, 240 West Palmetto Park Road, pg. 656
WORLDATA, 3000 North Military Trail, pg. 294

Bradenton

THE NOLAN GROUP, 431 12th Street West, pg. 654

Cape Coral

ACXIOM CORPORATION, 2503 Del Prado Boulevard South, pg. 279

Clearwater

FKQ ADVERTISING, INC., 15351 Roosevelt Boulevard, pg. 359
LANDERS & PARTNERS, 13555 Automobile Boulevard, pg. 379
WENSTROM COMMUNICATIONS, INC., 2431 Estancia Boulevard, pg. 529

Coconut Creek

ETARGETMEDIA, 6810 Lyons Technology Circle, pg. 283

Coconut Grove

ALMA, 2601 South Bayshore Drive, pg. 537
CREATIVEONDEMAND, 3390 Mary Street, pg. 539
MARCA MIAMI, 3390 Mary Street, pg. 104
NEWMAN PR, 2140 South Dixie Highway, pg. 632
PUBLICIS.SAPIENT, 2911 Grand Avenue, pg. 259
TURKEL, 2871 Oak Avenue, pg. 157

Coral Gables

CONROY / MARTINEZ GROUP, 300 Sevilla Avenue, pg. 592
DLC INTEGRATED MARKETING, 2600 Douglas Road, pg. 63
FLEISHMANHILLARD, 2800 Ponce de Leon Boulevard, pg. 605
GRUPO UNO INTERNATIONAL, 2000 Ponce De Leon Boulevard, pg. 79
LEOTTA DESIGNERS, INC., 75 Valencia Avenue, pg. 189
OGILVY, 800 Douglas Road, pg. 393
PIL CREATIVE GROUP, 2030 South Douglas Road, pg. 128
PINTA USA, LLC, 220 Alhambra Circle, pg. 397
RONIN ADVERTISING GROUP, LLC, 400 University Drive, pg. 134
VSBROOKS, 255 Alhambra Circle, pg. 429
ZUBI ADVERTISING, 2990 Ponce De Leon Boulevard, pg. 165

Dania Beach

TINUITI, 1855 Griffin Road, pg. 271

Daytona Beach

BENEDICT ADVERTISING, 640 North Peninsula Drive, pg. 38
DME MARKETING, 2441 Bellevue Avenue, pg. 282
MIDLANTIC MARKETING SOLUTIONS, 750 Fentress Boulevard, pg. 288

Deerfield Beach

BRANDSTAR, 3860 North Powerline Road, pg. 337
PLAYWIRE MEDIA, 1000 East Hillsboro Boulevard, pg. 257
RED BANYAN, 1701 West Hillsboro Boulevard, pg. 641
SMITH & KNIBBS, INC., 1701 West Hillsboro Boulevard, pg. 648

Del Ray Beach

OGK CREATIVE, 1200 East Atlantic Avenue, pg. 14

Delray Beach

ABILITY COMMERCE, 1300 Park of Commerce,, pg. 209
DG COMMUNICATIONS GROUP, 98 Southeast Sixth Avenue, pg. 351
FRACTL, 601 North Congress Avenue, pg. 686
MAHALO SPIRITS GROUP, 85 Southeast Fourth Avenue, pg. 13

Doral

EVENTUS MARKETING, 2301 Northwest 87th avenue, pg. 540

Fort Lauderdale

BOARDROOM COMMUNICATIONS, 1776 North Pine Island Road, pg. 584
BULLSEYE STRATEGY, 110 East Broward Boulevard, pg. 219
DUREE & COMPANY, 10620 Griffin Road, pg. 598
EDSA, 1512 East Broward Boulevard, pg. 181
EVENTNETUSA, 100 Southeast Third Avenue, pg. 305
FISH CONSULTING LLC, 117 Northeast Second Street, pg. 604
HEMSWORTH COMMUNICATIONS, 1510 Southeast 17th Street, pg. 613
MAD 4 MARKETING, 5255 33rd Avenue, Northwest, pg. 102
NEW RIVER COMMUNICATIONS, INC., 2977 West Broward Boulevard, pg. 120
ONSTREAM MEDIA, 1451 West Cypress Creek Road, pg. 255
PIERSON GRANT PUBLIC RELATIONS, 6451 North Federal Highway, pg. 636
SHOPHER MEDIA, 5130 North Federal Highway, pg. 682
STARMARK INTERNATIONAL, INC., 210 South Andrews Avenue, pg. 412
TEAM ENTERPRISES, One West Las Olas Boulevard, pg. 316
TEN, 330 Southwest Second Street, pg. 269
TRUE INCENTIVE, 2455 East Sunrise Boulevard, pg. 571
WIRESPRING, 2900 West Cypress Creek Road, pg. 559
ZIMMERMAN ADVERTISING, 6600 North Andrews Avenue, pg. 437

Fort Meyers

CONRIC PR & MARKETING, 6216 Whiskey Creek Drive, pg. 592

Fort Myers

ACCUDATA AMERICA, 5220 Summerlin Commons Boulevard, pg. 279
GRAVINA SMITH & MATTE, INC., 12474 Brantley Commons Court, pg. 610
INTEROP TECHNOLOGIES, 13500 Powers Court, pg. 534
SPIRO & ASSOCIATES, 2286 West First Street, pg. 143

Gainesville

NAYLOR ASSOCIATION SOLUTIONS, 5950 Northwest, pg. 120

Hallandale Beach

PWC DIGITAL SERVICES, 600 Silks Run, pg. 260

AGENCIES

GEOGRAPHIC INDEX OF AGENCIES

RABINOVICI & ASSOCIATES, INC., 800 Silks Run , pg. 544

Heathrow

EVOK ADVERTISING, 1485 International Parkway, pg. 69

Hollywood

ADSERVICES, INC., 2450 Hollywood Boulevard, pg. 27
O'CONNELL & GOLDBERG, 1955 Harrison Street, pg. 633

Jacksonville

ACOSTA, INC., 6600 Corporate Center Parkway, pg. 322
ADVANTAGE DESIGN GROUP, 6877 Phillips Industrial Boulevard, pg. 172
AXIA, 1301 Riverplace Boulevard, pg. 579
BESON 4 MEDIA GROUP, 13500 Sutton Park Drive, pg. 3
BRUNET-GARCIA ADVERTISING, INC., 1534 Oak Street, pg. 44
BURDETTE I KETCHUM, 1023 Kings Avenue, pg. 587
CLEAR CHANNEL OUTDOOR, 4601 Touchton Road, pg. 551
DALTON AGENCY, 140 West Monroe Street, pg. 348
HOFFMAN IMC, 1056 Hendricks Avenue, pg. 86
MAD MEN MARKETING, 1001 Kings Avenue, pg. 102
MOSAIC NORTH AMERICA, 8500 Baycenter Road, pg. 389
ON IDEAS, 6 East Bay Street, pg. 394
SHEPHERD AGENCY, 1301 Riverplace Boulevard, pg. 410
ST. JOHN & PARTNERS ADVERTISING & PUBLIC RELATIONS, 1301 Riverplace Boulevard, pg. 412
TCA, 701 San Marco Boulevard , pg. 147
VIZERGY, 4237 Salisbury Road North, pg. 274
WINGARD CREATIVE, 76 South Laura Street, pg. 162

Jacksonville Beach

ADJECTIVE & CO., 320 First Street North, pg. 27

Key West

WILSON MEDIA GROUP, 2432 Flagler Avenue, pg. 529

Lake Mary

ACCESSO, 1025 Greenwood Boulevard, pg. 210
INTERSECT MEDIA SOLUTIONS, 1025 Greenwood Boulevard, pg. 480

Lake Worth

DANIELS & ROBERTS, INC. , 1013 Lucerne Avenue, pg. 348
REN BEANIE, 9508 Wrangler Drive, pg. 642

Largo

MKJ MARKETING, 1501 South Belcher Road South, pg. 115

Lighthouse Point

BACKUS TURNER INTERNATIONAL, 2436 North Federal Highway, pg. 35

Longwood

GLOBAL 5, 2180 West State Road 434, pg. 608

Lutz

VISTRA COMMUNICATIONS, LLC, 18315 North US Highway 41, pg. 658

Maitland

CURLEY & PYNN PUBLIC RELATIONS MANAGEMENT, INC., 258 Southhall Lane, pg. 594
JERRY DEFALCO ADVERTISING, 1060 Maitland Center Commons, pg. 92

Merrit Island

BRANDT RONAT & COMPANY, 60 McLeod Street, pg. 337

Miami

2C MEDIA, INC., 12550 Biscayne Boulevard, pg. 561
ANTHONY BARADAT & ASSOCIATES, 1235 Coral Way, pg. 537
BCW MIAMI, 601 Brickell Key Drive, pg. 581
BEBER SILVERSTEIN GROUP, 89 Northeast 27th Street, pg. 38
BKV, 848 Brickell Avenue, pg. 334
BLACKDOG ADVERTISING, 8771 Southwest 129th Terrace, pg. 40
BNMR CREATIVE & ADVERTISING, 117 Northeast First Avenue, pg. 335
BODEN AGENCY, 7791 North West 46th Street, pg. 538
BRAND INSTITUTE, INC., 200 Southeast First Street, pg. 3
BRUSTMAN CARRINO PUBLIC RELATIONS , 4500 Biscayne Boulevard, pg. 587
C-COM GROUP, INC., 1790 Coral Way, pg. 587
CLEAR CHANNEL OUTDOOR, 5800 Northwest 77th Court, pg. 551
CONILL ADVERTISING, INC., 800 Brickell Avenue, pg. 538
DAVID, 21 Northeast 26th Street, pg. 57
DECO PRODUCTIONS, 14350 Northwest 56th court, pg. 304
DELTA MEDIA, INC., 11780 Southwest 89th Street, pg. 551
DOTCMS, 3059 Grand Avenue, pg. 230
EL AUTOBUS, 2750 Northwest Third Avenue, pg. 67
EVERETT CLAY ASSOCIATES, INC., 6161 Blue Lagoon Drive, pg. 602
FIVEHUNDRED DEGREES STUDIO, 2326 North Miami Avenue, pg. 74
GOLIN, 777 Brickell Avenue, pg. 609
GUT MIAMI, 117 Northeast First Avenue, pg. 80
HAVAS MEDIA GROUP, 5201 Blue Lagoon Drive, pg. 470
HISPANIC GROUP, 8399 Northwest 30th Terrace, pg. 371
IGT MEDIA HOLDINGS, 8395 Northeast Second Avenue, pg. 477
KREPS & DEMARIA, 220 Alhambra Circle, pg. 620
M8, 2200 Biscayne Boulevard, pg. 542
MACIAS CREATIVE, 261 Northeast First Street, pg. 543
MARANON & ASSOCIATES, 2103 Coral Way, pg. 543
MARKETLOGIC, 8725 Northwest 18th Terrace, pg. 383
MARKHAM & STEIN, 2424 South Dixie Highway, pg. 105
MAX BORGES AGENCY, 80 Southwest Eighth Street, pg. 626
MCCANN ERICKSON, 800 Waterford Way, pg. 108
MEDIA COUNSELORS, LLC, 7700 North Kendall Drive, pg. 485
MICHAEL WOLK DESIGN ASSOCIATES, 31 Northeast 28th Street, pg. 191
MINDSHARE, 601 Brickell Key Drive, pg. 495
NATCOM MARKETING COMMUNICATIONS, 318 Northwest 23rd Street, pg. 390
NEW WORLD GLOBAL RESEARCH, 4700 Biscayne Boulevard, pg. 448
NEWLINK COMMUNICATIONS GROUP, 1111 Brickell Avenue, pg. 632
NM+U MARKETING COMMUNICATIONS, INC., 2103 Coral Way, pg. 120
NOBOX, 3390 Mary Street, pg. 254
OMD LATIN AMERICA, 6205 Blue Lagoon Drive, pg. 543
ORIGINAL IMPRESSIONS, 12900 Southwest 89 Court, pg. 289
PANTIN / BEBER SILVERSTEIN PUBLIC RELATIONS, 89 Northeast 27th Street, pg. 544
RBB COMMUNICATIONS, 355 Alhambra Circle, pg. 641
REPUBLICA HAVAS, 2153 Coral Way, pg. 545
SONSHINE COMMUNICATIONS, 152 Northeast 167th Street, pg. 648
TARA, INK., 1666 Kennedy Causeway, pg. 651
THE BEANSTALK GROUP, 78 Southwest Seventh Street, pg. 19
THE TAG EXPERIENCE, 2121 Northwest Second Avenue, pg. 688
THE WEINBACH GROUP, INC., 7301 Southwest 57th Court, pg. 425
TINSLEY ADVERTISING, 2000 South Dixie Highway, pg. 155
US MEDIA CONSULTING, 444 Brickell Avenue, pg. 546
VMLY&R, 601 Brickell Key Drive, pg. 160
WAVEMAKER, 601 Brickell Key Drive, pg. 528
WAX COMMUNICATIONS, 261 North East First Street , pg. 294
WMX, 3401 North Miami Avenue, pg. 276
WRAGG & CASAS PUBLIC RELATIONS, INC., 1221 Brickell Avenue, pg. 663
WUNDERMAN THOMPSON, 601 Brickell Key Drive, pg. 547

Miami Beach

THE COMMUNITY, 6400 Biscayne Boulevard, pg. 545
TRITON PRODUCTIONS, 420 Lincoln Road, pg. 317

Miami Lakes

INK LINK MARKETING LLC, 7950 Northwest 155th Street, pg. 615

Naples

B2 ADVERTISING, 5675 Strand Court, pg. 35
WILSON CREATIVE GROUP, INC., 2343 Vanderbilt Beach Road, pg. 162

New Smyrna Beach

SHOK IDEA GROUP, INC, 434 Canal Street, pg. 17

Newberry

THREE FIVE TWO, INC., 133 Southwest 130th Way, pg. 271

North Bay Village

HI-GLOSS, 1666 Kennedy Causeway, pg. 84

North Miami

GEOGRAPHIC INDEX OF AGENCIES

HUNTER HAMERSMITH, 725 Northeast 125th Street, pg. 87
TROPIC SURVIVAL, 1125 Northeast 125th Street, pg. 156

North Miami Beach

ALISON GROUP, 2090 Northeast 163rd Street, pg. 681

North Orlando

NOBLE MARKETING GROUP, 121 South Orange Avenue, pg. 569

North Palm Beach

VENUE MARKETING GROUP, 1201 U.S. Highway 1, pg. 158

Orlando

&BARR, 600 East Washington Street , pg. 319
APPLETON CREATIVE, 539 Delaney Avenue, pg. 32
BIGEYE AGENCY, 3203 Lawton Road, pg. 3
BITNER HENNESSY, 3707 Edgewater Drive, pg. 685
CLEAR CHANNEL OUTDOOR, 5333 Old Winter Garden Road, pg. 550
CONSENSUS COMMUNICATIONS, 201 South Orange Avenue, pg. 592
DAYNERHALL MARKETING & ADVERTISING, 20 North Magnolia Avenue, pg. 58
GOCONVERGENCE, 4545 36th Street, pg. 364
KNIGHT, 130 South Orange Avenue, pg. 95
METROPOLIS ADVERTISING, INC., 719 Peachtree Road, pg. 386
NET CONVERSION, 141 North Magnolia Avenue, pg. 253
OUTFRONT MEDIA, 635 West Michigan Street, pg. 555
PUSH, 101 Ernestine Street, pg. 401
SAY IT LOUD!, 1121 North Mills Avenue, pg. 198
UPROAR, 55 West Church Street, pg. 657
WATAUGA GROUP, 1501 West Colonial Drive, pg. 21

Ormond Beach

HAYWORTH CREATIVE, 700 West Granada Boulevard , pg. 612

Palm Coast

DUBOIS BETOURNE & ASSOCIATES, Post Office Box 350053, pg. 598

Pembroke Pines

DAS GROUP, 9050 Pines Boulevard, pg. 348

Pensacola

DUNCAN MCCALL, 4400 Bayou Boulevard, pg. 353
E. W. BULLOCK ASSOCIATES, 19 West Garden Street, pg. 66

Plantation

INSITE MEDIACOM, 150 Northwest 70th Avenue, pg. 553

Pompano Beach

OUTFRONT MEDIA, 2640 Northwest Seventeenth Lane, pg. 555

Port St. Lucie

FCEDGE, INC., 1850 Southwest Fountain View Boulevard, pg. 7

Saint Petersburg

DEVINE COMMUNICATIONS, 9300 Fifth Street North, pg. 62
HYPE GROUP LLC, 360 Central Avenue, pg. 372
KOBIE MARKETING, 100 Second Avenue South, pg. 287
MARKETING MATTERS, 4000 13th Lane Northeast, pg. 625
PARADISE, 150 Second Avenue North, pg. 396
SECURITYPOINT MEDIA, 11201 Corporate Circle North, pg. 557

Santa Rosa Beach

CORNERSTONE MARKETING & ADVERTISING, 114 Logan Lane, pg. 53

Sarasota

GRAPEVINE COMMUNICATIONS, 5201 Paylor Lane, pg. 78
MILES MEDIA GROUP, LLP, 6751 Professional Parkway West, pg. 387
MILES PARTNERSHIP, 6751 Professional Parkway West , pg. 250
MODUS DIRECT, 1343 Main Street, pg. 289
ON IDEAS, 401 North Cattlemen Road, pg. 634

South Miami

LATIN WE, 5966 South Dixie Highway, pg. 298

St. Petersburg

AQUA MARKETING & COMMUNICATIONS, 360 Central Avenue, pg. 326
DAILEY COMMUNICATIONS , 323 Second Street North, pg. 57
TRIAD RETAIL MEDIA, 100 Carillon Parkway, pg. 272

Stuart

COTTON & COMPANY, 633 Southeast Fifth Street, pg. 345

Sunrise

SPROUTLOUD MEDIA NETWORKS, 15431 Southwest 14th Street, pg. 17

Tallahassee

BASCOM COMMUNICATIONS & CONSULTING LLC, 217 South Adams Street , pg. 580
BOWSTERN, 1650 Summit Lake Drive, pg. 336
BRIGHT RED\TBWA, 1821 Miccosukee Commons Drive, pg. 337
MOORE COMMUNICATIONS GROUP, 2011 Delta Boulevard, pg. 628
RB OPPENHEIM ASSOCIATES, 2040 Delta Way, pg. 641
SACHS MEDIA GROUP, 114 South Duval Street, pg. 645
THE ZIMMERMAN AGENCY, 1821 Miccosukee Commons Drive, pg. 426

Tampa

22SQUARED INC., 100 North Tampa Street, pg. 319
AD PARTNERS, INC., 5200 West Linebaugh Avenue, pg. 26
BAYSHORE SOLUTIONS, 600 North Westshore Boulevard, pg. 216
CHAPPELLROBERTS, 1600 East Eighth Avenue, pg. 341
CONNECTIVITY STRATEGY, 715 North Franklin Street, pg. 462
DEANGELIS ADVERTISING, 100 South Ashley Drive, pg. 60
DEWEY SQUARE GROUP, 301 West Pratt Street, pg. 596
DUNN&CO, 202 South 22nd Street, pg. 353
ERASERFARM, 3123 East Fourth Avenue, pg. 357
HILL+KNOWLTON STRATEGIES, 201 East Kennedy Boulevard, pg. 613
IN PLACE MARKETING, 703 North Willow Avenue, pg. 374
LEVERAGE, 4111 West Cyprus Street, pg. 245
PEAK BIETY, INC., 2901 West Busch Boulevard, pg. 126
PP+K, 1102 North Florida Avenue, pg. 129
SCHIFINO LEE ADVERTISING, 511 West Bay Street, pg. 139
SPARK, 2309 West Platt Street, pg. 17
SPARXOO AGENCY, 450 Knights Run Ave., pg. 17
THE FOOD GROUP, 3820 Northdale Boulevard, pg. 419
THE RHOADS GROUP, 519 North Howard Avenue, pg. 152
TRICKEY JENNUS, INC., 5300 West Cypress Street, pg. 156
TUCKER / HALL, INC., 1308 East Seventh Avenue, pg. 657
UNITED LANDMARK ASSOCIATES , 3708 Swann Avenue, pg. 157

Tequesta

L.E.T. GROUP, INC., 19940 Mona Road, pg. 245

Venice

BERLIN SIGN COMPANY, INC., 264 Bahama Street, pg. 549

Wesley Chapel

NEWS & EXPERTS, 3748 Turman Loop, pg. 632

West Palm Beach

ACHIEVE, 313 Datura Street, pg. 210
CAREY O'DONNELL PUBLIC RELATIONS GROUP, 303 Danyan Boulevard, pg. 588
LINCOLN DIGITAL GROUP, Greymon Drive, pg. 246
PATHOS, 319 Clematis Street, pg. 396
THE LAREDO GROUP, INC., 6963 Wilson Road, pg. 270

Winter Haven

CLARK NIKDEL POWELL, 72 Fourth Street, Northwest, pg. 342
ECHO DELTA, 72 Fourth Street Northwest, pg. 353

Winter Park

ANSON-STONER, INC., 111 East Fairbanks Avenue, pg. 31
COSTA COMMUNICATIONS GROUP, 7719 Fox Knoll Place, pg. 593
FIFTYANDFIVE.COM, 227 South Orlando Avenue, pg. 234

AGENCIES

GEOGRAPHIC INDEX OF AGENCIES

MOXE, 1201 South Orlando Avenue, pg. 628
X STUDIOS, 601 West Webster Avenue, pg. 276

GEORGIA

Alpharetta

ABEL SOLUTIONS, INC., 3820 Mansell Road, pg. 209
AGENCY 720, 11700 Great Oaks Way, pg. 323
CORE STRATEGY GROUP, 3000 Old Alabama Road, pg. 6
FREDERICK SWANSTON, 2400 Lakeview Parkway, pg. 360
INFORMA RESEARCH SERVICES, 4080 McGinnis Ferry Road, pg. 445
MARTIN RETAIL GROUP, 11575 Great Oaks Way, pg. 106
MEDIA BROKERS INTERNATIONAL, 555 Northpoint Center East, pg. 485
STEELE+, 11800 Amberpark Drive, pg. 412
VIVO360, 219 Roswell Street, pg. 274

Athens

FAIRWAY OUTDOOR ADVERTISING, 3420 Jefferson Road , pg. 552
THE ADSMITH, 680 South Milledge Avenue, pg. 201

Atlanta

22SQUARED INC., 1170 Peachtree Street, Northeast, pg. 319
360I, LLC, 1545 Peachtree Street, Northeast, pg. 207
ADRENALINE, INC., 3405 Piedmont Road Northeast, pg. 172
AKQA, Ten 10th Street Northwest, pg. 212
ALLISON+PARTNERS, 1708 Peachtree Street, pg. 577
AMMUNITION, 1175 Peachtree Street, Northeast, pg. 212
ANALYTICS-IQ, INC., Six Concourse Parkway, pg. 279
ANTISTA FAIRCLOUGH DESIGN, 64 Lenox Pointe, Northeast, pg. 172
ARKETI GROUP, 2801 Buford Highway Northeast, pg. 578
ASD / SKY, 55 Ivan Allen Junior Boulevard , pg. 173
AUTHENTIQUE AGENCY, 3108 iedmont Road Northeast, pg. 538
BABBIT BODNER, 309 East Paces Ferry Road Northeast, pg. 579
BBDO ATL, 3500 Lenox Road, pg. 330
BECK MEDIA & MARKETING, 675 Ponce de Leon Avenue Northeast, pg. 582
BFG COMMUNICATIONS, 1000 Marietta Street NW, pg. 333
BILLUPS, INC, 3455 Peachtree Road Northeast, pg. 550
BLUE MARBLE MEDIA, 2987 Clairmont Road, pg. 217
BLUE SKY , 950 Joseph E. Lowery Boulevard, pg. 40
BRANDMOVERS, INC., 590 Means Street, pg. 538
BRANDWARE PUBLIC RELATIONS, INC., 3280 Peachtree Road Northeast, pg. 585
BRAVE PUBLIC RELATIONS, 1718 Peachtree Street, pg. 586
BRIGHTHOUSE, LLC, Ponce City Market, pg. 43
BRIGHTWAVE MARKETING, INC., 3340 Peachtree Road, Northeast, pg. 219
BROWN BAG MARKETING, 3060 Peachtree Road, pg. 338
BRUNNER, 1100 Peachtree Street Northeast, pg. 44
CAPITOL MEDIA SOLUTIONS, 3340 Peachtree Road Northeast, pg. 459

CARAT, 950 East Paces Ferry Road NorthEast, pg. 459
CARDINAL DIGITAL MARKETING, 1720 Peachtree Street North West, pg. 220
CAREN WEST PR, 130 Boulevard Northeast, pg. 588
CARROLL WHITE ADVERTISING, 56 Perimeter Center East, pg. 340
CHEMISTRY ATLANTA, 1045 West Marietta Street Northwest, pg. 50
CLICKFOX, INC., 3440 Peachtree Road, Northeast, pg. 167
CMI, 2299 Perimeter Park Drive, pg. 443
CONVERSANT, LLC, 6 Concourse Parkway, pg. 533
COOKERLY PUBLIC RELATIONS INC., 3424 Peachtree Road, pg. 593
CORPORATE REPORTS, INC., 2635 Century Parkway, pg. 53
CREATIVE JUICE, 75 Marietta Street, pg. 54
CSE, INC., 150 Interstate North Parkway, Southeast, pg. 6
CTI MEDIA , 6100 Lake Forest Drive, pg. 464
DAGGER, 746 Willoughby Way, pg. 224
DALTON AGENCY, 1360 Peachtree Street, pg. 57
DEEP BLUE INSIGHT, 5165 Roswell Road Northeast, pg. 443
DEFINITION 6, 420 Plasters Avenue, pg. 224
DIGITAS, 384 Northyards Boulevard Northwest, pg. 228
DRAGON ARMY, 746 Willoughby Way, pg. 533
EBERLY & COLLARD PUBLIC RELATIONS, 1170 Peachtree Street, Northeast, pg. 599
EDELMAN, 1075 Peachtree Street Northeast; pg. 599
ENCYCOMEDIA ATLANTA, INC., 1526 Dekalb Avenue , pg. 465
ESCALENT, 834 Inman Village Parkway, pg. 444
EXPONATION, 50 Glenlake Parkway, pg. 305
FINISHED ART, INC., 708 Antone Street, Northwest, pg. 183
FIREFLY CREATIVE SERVICES, 2556 Apple Valley Road, pg. 73
FITZCO, 944 Brady Avenue Northwest, pg. 73
FORCE MARKETING, 3098 Piedmont Road, Northeast, pg. 284
FORMATION DESIGN GROUP, 1263 Barnes Street Northwest, pg. 183
FORTYFOUR, 337 Elizabeth Street Northeast, pg. 235
FRED AGENCY, 550 Pharr Road, pg. 360
FREEBAIRN & COMPANY, 3390 Peachtree Road, pg. 360
FUNCTION:, 1372 Peachtree Street Northeast, pg. 184
GOLIN, 1375 Peachtree Street Northeast, pg. 609
GREEN OLIVE MEDIA, LLC, 165 Ottley Drive Northeast, pg. 610
H&L PARTNERS, 756 West Peachtree Street Northwest, pg. 369
HAVAS SPORTS & ENTERTAINMENT, 101 Marietta Street, Northwest, pg. 370
HEARTS & SCIENCE, 3500 Lenox Road, pg. 473
HOPE-BECKHAM, INC., 1900 Century Place, pg. 614
HOTHOUSE, 621 North Avenue Northeast, pg. 371
HUGE, INC., 1375 Peachtree Street Northeast, pg. 240
IFTHEN DIGITAL, 150 Interstate North Parkway, pg. 241
IMAGINE EXHIBITIONS, INC., 2870 Peachtree Road, pg. 373
IMG LIVE, 3475 Lenox Road Northeast, pg. 308
INCENTIVE SOLUTIONS, 2299 Perimeter Park Drive, pg. 567
INDIGO STUDIOS, 660 11th Street Northwest, pg. 187
INFINITEE COMMUNICATIONS, INC., 3525 Piedmont Road Northeast, pg. 374
IRIS ATLANTA, 112 Krog Street Northeast, pg. 90
JACKSON SPALDING INC., 1100 Peachtree Street, Northeast, pg. 376
JACOBSEYE, 2100 Riveredge Parkway Northwest, pg. 243
JONES WORLEY DESIGN, INC., 723 Piedmont Avenue , Northeast, pg. 188

JUICE STUDIOS , 1447 Peachtree Street, pg. 309
JWT INSIDE, 3630 Peachtree Road, Northeast, pg. 667
KANTAR, 3630 Peachtree Road Northeast, pg. 446
KETCHUM SOUTH, 3500 Lenox Road, pg. 620
LAUNCH INTERACTIVE, LLC, 84 Peachtree Street, pg. 245
LAWLER BALLARD VAN DURAND, 675 Ponce de Leon Avenue, pg. 97
MACQUARIUM, INC., 1800 Peachtree Street, Northwest, pg. 247
MARTINO-WHITE, 543 North Central Avenue Hapeville, pg. 106
MASTERMIND MARKETING, 1450 West Peachtree Street, Northwest, pg. 248
MATCHSTIC, 437 Memorial Drive, pg. 13
MATLOCK ADVERTISING & PUBLIC RELATIONS, 107 Luckie Street, Northwest, pg. 107
MAXMEDIA INC., 2160 Hills Avenue Northwest, pg. 248
MEDIA CAUSE, 800 Battery Ave South East, pg. 249
MEETING EXPECTATIONS, 3525 Piedmont Road, pg. 311
MELT, LLC, 3630 Peachtree Road, pg. 311
METRICS MARKETING, 101 Marietta Street, pg. 114
MILLER ZELL, INC., 6100 Fulton Industrial Boulevard Southwest, pg. 191
MINDPOWER, INC., 337 Georgia Avenue, SE, pg. 115
MINDSHARE, 3630 Peachtree Road, pg. 493
MOCK, THE AGENCY, 247 14th Street NW, pg. 192
MODO MODO AGENCY, 3715 Northside Parkway North West, pg. 116
MOMENTUM WORLDWIDE, 384 Northyards Boulevard, pg. 117
MORRISON, Two Securities Centre, pg. 117
MOUNTAIN VIEW GROUP, 834 Inman Village Parkway, pg. 389
MOWER, 201 Seventeenth Street, Northwest, pg. 389
MOXIE, 384 Northyards Boulevard, Northwest, pg. 251
MY FRIEND'S NEPHEW, 675 Ponce De Leon Avenue Northeast, pg. 119
NEBO AGENCY, LLC, 1000 Marietta Street NW, pg. 253
OBJECT 9, 1145 Zonolite Road, pg. 14
OCTAGON, 1375 Peachtree Street Northeast, pg. 313
OMD ATLANTA, 3500 Lenox Road, pg. 501
ONE & ALL, 3500 Lenox Road, Northeast, pg. 289
OUTFRONT MEDIA, 1100 Abernathy Road Northeast, pg. 555
PHASE 3 MARKETING & COMMUNICATIONS, 280 Interstate North Circle Southeast, pg. 636
PICTUREU PROMOTIONS, 8601 Dunwoody Place , pg. 313
PM3, 67 Peachtree Park Drive Northeast, pg. 544
POLARIS MARKETING RESEARCH, 2596 Sunset Drive, pg. 449
PORTER NOVELLI, 3500 Lenox Road, Northeast, pg. 637
PUBLICIS.SAPIENT, 3630 Peachtree Street Northeast, pg. 259
QUADRAS INTEGRATED, 3176 Marjan Drive, pg. 196
RDIALOGUE, 115 Perimeter Center Place, pg. 291
RHYME & REASON DESIGN , PO Box 8671, pg. 263
RHYTHM COMMUNICATIONS, 500 Bishop Street , pg. 643
RPA, 7000 Central Parkway, pg. 135
RR DONNELLEY, 730 Peachtree Street, pg. 197
SAGEPATH, INC., 3500 Lenox Road, pg. 409
SCOUT MARKETING, 3391 Peachtree Road Northeast, pg. 139
SEARCH DISCOVERY, INC., 271 17th Street NW, pg. 677
SELLING SOLUTIONS, INC., 3525 Piedmont Road Northeast, pg. 265
SOL DESIGN COMPANY , 150 East Ponce de

A-41

GEOGRAPHIC INDEX OF AGENCIES

Leon Avenue, pg. 199
SPARK FOUNDRY, 1170 Peachtree Street Northeast, pg. 512
SPARKS GROVE, INC., 3333 Piedmont Road, Northeast, pg. 199
SUPERJUICE, 3060 Peachtree Road Northwest, pg. 651
SWARM, 1222 Spring Street Northwest, pg. 268
T3, 675 Ponce De Leon Avenue NorthEast, pg. 416
TAILFIN MARKETING COMMUNICATIONS, 1246 Virginia Avenue, Northeast, pg. 18
THE BANTAM GROUP, 3101 Cobb Parkway Southeast, pg. 450
THE FOUNDRY AGENCY, 5855 Sandy Springs Circle, pg. 270
THE PARTNERSHIP, INC., 1100 Circle 75 Parkway, SE, pg. 270
THE SUPERGROUP, 154 Krog Street, pg. 270
THE TOMBRAS GROUP, 1776 Peachtree Street Northwest, pg. 153
THE WILBERT GROUP, 1718 Peachtree Street, pg. 655
THE WILLIAM MILLS AGENCY, 300 West Wieuca Road, pg. 655
THREE ATLANTA, LLC, 550 Pharr Road, pg. 155
THREE FIVE TWO, INC., 817 West Peachtree Street, pg. 271
TRAVEL SPIKE, 2849 Paces Ferry Road, pg. 272
TREVELINO / KELLER COMMUNICATIONS GROUP, 981 Joseph E Lowery Boulevard NorthWest, pg. 656
TRIBE, INC., 2100 Riveredge Parkway, pg. 20
TWENTYSIX2 MARKETING, 1720 Peachtree Street, pg. 678
UNBOUNDARY, 201 Seventeenth Street Northwest, pg. 203
UTŌKA, 1510 Ellsworth Industrial Boulevard Northwest Building Two, pg. 203
V&L RESEARCH & CONSULTING, INC., 3340 Peachtree Road Northeast, pg. 451
VERT MOBILE LLC, 1075 Zonolite Road, NE, pg. 274
VIGOR, 1320 Ellsworth Industrial Boulevard, pg. 21
VMLY&R, 191 Peachtree Street, pg. 274
VWA, 3390 Peachtree Road, pg. 429
WAGES DESIGN, INC., 887 West Marietta Street Northwest, pg. 204
WEBER SHANDWICK, 944 Brady Avenue Northwest, pg. 661
WRITE2MARKET, 659 Auburn Avenue Northeast, pg. 276
WUNDERMAN THOMPSON ATLANTA, 3630 Peachtree Road Northeast, pg. 435
YAH. - YOU ARE HERE, 150 Interstate North Parkway, pg. 318
ZENITH MEDIA, 384 Northyards Boulevard, pg. 531

Augusta

ALISON SOUTH MARKETING GROUP, 668 Broad Street, pg. 324
M3 AGENCY, 229 Fury's Ferry Road, pg. 102
WIER / STEWART, 982 Broad Street, pg. 205
WIER / STEWART, 982 Broad Street, pg. 162

Austell

CZARNOWSKI, 7545 Hartman Industrial Way, pg. 304

Buford

CALYSTO COMMUNICATIONS INC., 445 East Main Street, pg. 588
MIGHTY 8TH MEDIA, 83 East Main Street, pg. 115

Canton

GRANT DESIGN COLLABORATIVE, 111 East Marietta Street, pg. 185

Chamblee

BLACK BEAR DESIGN GROUP, 5342 Peachtree Road, pg. 175

Columbus

BASSET & BECKER ADVERTISING, 1353 13th Avenue, pg. 37
COMMUNICORP, INC., 1001 Lockwood Avenue, pg. 52

Cumming

FITZGERALD PR INC., 1725 Loblolly Lane, pg. 604

Decatur

BIG BANG, INC., 409 Mead Road, pg. 174
DEPTH PUBLIC RELATIONS, 798 North Parkwood Road, pg. 596
FIZZ, 910 Church Street, pg. 691
LENZ, INC., 119 East Court Square, pg. 622
RELISH MARKETING, 619 East College Avenue, pg. 405

Duluth

BLUEPRINT DIGITAL, 3885 Crestwood Parkway, pg. 218
LUCKIE & COMPANY, 3160 Main Street, pg. 382
MARBURY CREATIVE GROUP, 3160 Main Street, pg. 104
NTH DEGREE, INC., 2675 Breckinridge Boulevard, pg. 312

Gainesville

MORTON, VARDEMAN & CARLSON, 200 Broad Street Southwest, pg. 389

Grayson

FAIN & TRIPP, 215 Grayson Industrial Parkway, pg. 70

Jasper

BRICKHOUSE DESIGN, 11338 Big Canoe, pg. 4

Johns Creek

THINK TANK COMMUNICATIONS, 403 Colonsay Drive, pg. 656

Kennesaw

DERSE, INC., 1100 Cobb Place Boulevard, pg. 304
NUCLEUS MEDICAL MEDIA, 1275 Shiloh Road, pg. 254

Lawrenceville

ROCK, PAPER, SCISSORS, LLC, 178 East Crogan Street, pg. 197

Leesburg

MATRIX DEPARTMENT, INC., 243A Cedric Street, pg. 190

Lilburn

CARABINER COMMUNICATIONS INC., 4372 Misty Morning Lane, pg. 588

Lithia Springs

MC2, 500 Interstate West Parkway, pg. 311

Macon

RENFROE OUTDOOR, 4611 Ivey Drive, pg. 557
THIRD WAVE DIGITAL, 1841 Hardeman Avenue, pg. 270

Marietta

GRAY & ASSOCIATES DIVERSITY ADVERTISING & PUBLIC RELATIONS, 2677 Tritt Springs Trace, Northeast, pg. 541
LIGHTHOUSE, INC., 531 Roselane Street, pg. 11

Milton

ROUNTREE GROUP, INC., 12670 Crabapple Road, pg. 644

Newnan

ELLEN COMMUNICATIONS, Post Office Box 71127, pg. 601

Norcross

ACTION INTEGRATED MARKETING, 3160 Campus Drive, pg. 322
EXECUTIVE VISIONS, 7000 Miller Court East, pg. 305
HAVAS IMPACT, 2885 Pacific Drive, pg. 307
NEXT MARKETING, 2820 Peterson Place, pg. 312
RESPONSE MEDIA, INC., 3155 Medlock Bridge Road, pg. 507
THE MARKETING WORKSHOP, INC., 3725 Da Vinci Court, pg. 450

Roswell

AGENCY 850, 940 Canton Street, pg. 1
ASO ADVERTISING, 595 Atlanta Street, pg. 328
CRANE METAMARKETING, 300 Colonial Center Parkway, pg. 345
LEADMASTER, 885 Woodstock Road, pg. 168
LINK MEDIA OUTDOOR, 200 Mansell Court East, pg. 553
MIGHTY ROAR, 880 Marietta Highway, pg. 250

Sandy Springs

DENMARK - THE AGENCY, 227 Sandy Springs Place, pg. 61

Savannah

LONGWATER ADVERTISING, 619 Tattnall Street, pg. 101
ROBERTSON & MARKOWITZ ADVERTISING & PUBLIC RELATIONS, INC., 108 East Montgomery Crossroads, pg. 643

Simon's Island

CONQUER MEDIA, 16 Boardwalk Plaza, pg. 52

AGENCIES

GEOGRAPHIC INDEX OF AGENCIES

Smyrna

ECHO MEDIA SOLUTIONS, 2400 Herodian Way, pg. 282
KEF MEDIA ASSOCIATES, INC., 1161 Concord Road, pg. 619
O'NEILL COMMUNICATIONS, 2430 Herodian Way, pg. 255
X3 CREATIVE, 1300 Hawthorne Avenue, pg. 205

St. Simons Island

THE BUTIN GROUP, 1331 Ocean Boulevard, pg. 652

Tucker

MLT CREATIVE, 2730 Mountain Industrial Boulevard, pg. 116

Woodstock

ROSS MEDIA, 615 Molly Lane, pg. 676

HAWAII

Honolulu

141 HAWAII, 735 Bishop Street, pg. 297
ANTHOLOGY MARKETING GROUP, 1003 Bishop Street, pg. 326
ELEMENT 8, 119 Merchant Street, pg. 67
MEDIA ETC., 2222 Kalakaua Avenue, pg. 112
MVNP, 745 Fort Street, pg. 119
OLOMANA LOOMIS ISC, 900 Fort Street Mall, pg. 394
ORANGEROC, 800 Bethel Street, pg. 395

Wailea

JENERATE PR, 161 Wailea Ike Place, pg. 617

IDAHO

Boise

CLM MARKETING & ADVERTISING, 588 West Idaho Street, pg. 342
DRAKE COOPER, 416 South Eighth Street, pg. 64
DUFT WATTERSON, 176 South Capitol Boulevard, pg. 353
FOERSTEL DESIGN, 249 South 16th Street, pg. 183
GRA INTERACTIVE, P.O. Box 6367, pg. 237
OLIVER RUSSELL, 217 South 11th Street, pg. 168
PUBLICIS MID AMERICA, 168 North Ninth Street, pg. 639
RED SKY PUBLIC RELATIONS, 1109 West Main Street, pg. 642
SCOTT PEYRON & ASSOCIATES, INC., 401 West Front Street, pg. 688

Coeur d'Alene

HANNA & ASSOCIATES, 1090 East Lakeshore Drive, pg. 81
JEBCOMMERCE, 610 W Hubbard, pg. 91

Nampa

CURIOUS MEDIA, 1228 First Street South, pg. 56

Pocatello

STEELE BRANDING, 125 North Garfield Avenue, pg. 412

ILLINOIS

Addison

MATREX EXHIBITS, 301 South Church Street, pg. 311

Arlington Heights

ALLIANCE FOR AUDITED MEDIA, 48 West Seegers Road, pg. 212

Batavia

ARENDS, INC., 515 North River Street, pg. 327

Burr Ridge

ESROCK PARTNERS, 60 North Frontage Road, pg. 69
THE MX GROUP, 7020 High Grove Boulevard, pg. 422

Carol Stream

DIAMOND COMMUNICATIONS SOLUTIONS, 900 Kimberly Drive, pg. 281
MAN MARKETING, 765 Kimberly Drive, pg. 103

Champaign

MCKENZIE WAGNER, INC., 1702 Interstate Drive, pg. 111

Chicago

14TH & BOOM, 444 North Michigan Avenue, pg. 207
360I, LLC, 515 North State Street, pg. 208
3POINTS COMMUNICATIONS, 29 East Madison Street, pg. 573
3Q DIGITAL, 25 East Washington Street, pg. 208
3RD COAST PR, 550 West Washington Boulevard, pg. 573
4FRONT, 325 West Huron Street, pg. 208
50,000 FEET, INC., 1700 West Irving Park Road, pg. 171
88 BRAND PARTNERS, 542 South Dearborn Street, pg. 171
A5, One North LaSalle Street, pg. 25
ABELSON-TAYLOR, 33 West Monroe Street, pg. 25
ACCENTURE INTERACTIVE, 500 West Madison Street, pg. 209
AGENCY H5, 205 West Wacker Drive, pg. 575
AGENCYEA, 311 West Walton Street, pg. 302
AISLE ROCKET, 30 North Lasalle Street, pg. 681
AKPD MESSAGE AND MEDIA, 730 North Franklin Street, pg. 454
ALL TERRAIN, 2675 West Grand Avenue, pg. 302
ALLIED TOURING, 500 North Michigan Avenue, pg. 324
ALLISON+PARTNERS, 444 N Michigan Avenue, pg. 577
AMOBEE, INC., 233 North Michigan Avenue, pg. 213
ANNEX EXPERIENCE, 36 East Grand Street, pg. 31
APCO WORLDWIDE, 30 South Wacker Drive, pg. 578
ARC WORLDWIDE, 35 West Wacker Drive, pg. 327
ARCALEA LLC, 73 West Monroe, pg. 672
AZAVAR TECHNOLOGIES CORPORATION, 55 East Jackson Boulevard, pg. 215
BCV EVOLVE, 223 West Erie Street, pg. 216
BCW CHICAGO, 222 Merchandise Mart Plaza, pg. 581
BFO, 3304 North Lincoln Avenue, pg. 217
BLUE MAGNET INTERACTIVE MARKETING & MEDIA, LLC, 401 South LaSalle Street, pg. 217
BOND DIGITAL, 2419 North Ashland Avenue, pg. 175
BOUNTEOUS, 4115 North Ravenswood Avenue, pg. 218
BRANDTRUST, INC., 444 North Michigan Avenue, pg. 4
BURRELL COMMUNICATIONS GROUP, INC., 233 North Michigan Avenue, pg. 45
CARAT, 515 North State Street, pg. 461
CARDENAS MARKETING NETWORK, 1459 West Hubbard Street, pg. 303
CAVALRY, 233 North Michigan Avenue, pg. 48
CBD MARKETING, 54 West Hubbard Street, pg. 341
CHEMPETITIVE GROUP, 657 West Lake Street, pg. 341
CIULLA & ASSOCIATES, 312 West Superior Street, pg. 177
COMBLU, 1046 West Kinzie Street, pg. 691
CONNECT AT PUBLICIS MEDIA, 35 West Wacker Drive, pg. 462
CONVERSANT, LLC, 101 North Wacker, pg. 222
COUDAL PARTNERS, 401 North Racine Avenue, pg. 53
CRAMER-KRASSELT, 225 North Michigan Avenue, pg. 53
CREATIVE MARKETING RESOURCE, INC, 325 West Huron Street, pg. 54
CRESTA CREATIVE, 1050 North State Street, pg. 594
CRITICAL MASS, INC., 225 North Michigan Avenue, pg. 223
CULINARY SALES SUPPORT, INC., 452 North Sangamon Street, pg. 347
CURRENT, 875 North Michigan Avenue, pg. 594
CZARNOWSKI, 2287 South Blue Island Avenue, pg. 304
DAVIS HARRISON DION ADVERTISING, 333 North Michigan Avenue, pg. 348
DDB CHICAGO, 225 North Michigan Avenue, pg. 59
DIGITAL AUTHORITY PARTNERS, 222 West Merchandise Mart Plaza, pg. 225
DIGITAL KITCHEN, 600 West Fulton, pg. 225
DIGITAS, 35 West Wacker Drive, pg. 227
DRESNER CORPORATE SERVICES, 20 North Clark Street, pg. 598
DYNAMIC LOGIC, 350 West Mart Center Drive, pg. 444
EDELMAN, 200 East Randolph Drive, pg. 353
EDUVANTIS LLC, 225 W Washington Street, pg. 673
EICOFF, 401 North Michigan Avenue, pg. 282
EIRE DIRECT MARKETING, INC., 325 West Huron Street, pg. 282
ELEVATE, 328 South Jefferson Street, pg. 230
EMPOWER, 325 West Huron, pg. 355
ENDEAVOR - CHICAGO, 121 West Wacker Drive, pg. 297
ENERGY BBDO, INC., 225 North Michigan Avenue, pg. 355
ENVISIONIT MEDIA, INC., 130 East Randolph Street, pg. 231
EPSILON, 1240 East North Avenue, pg. 283
EPSILON, 104 South Michigan Avenue, pg. 283
ESHOTS, INC., 200 East Randolph Street, pg. 305
FATHEAD DESIGN, INC., 6039 North Maplewood Avenue, pg. 71
FATHOM, 73 West Monroe Street, pg. 71
FCB CHICAGO, 875 North Michigan Avenue, pg. 71
FFR HEALTHCARE, 233 South Wacker Drive, pg. 444

A-43

GEOGRAPHIC INDEX OF AGENCIES

FINN PARTNERS, 625 North Michigan Avenue, pg. 604
FLEISHMANHILLARD, 225 North Michigan Avenue, pg. 605
FLOWERS COMMUNICATIONS GROUP, 303 East Wacker Drive, pg. 606
FLUENT360, 205 N North Michigan Avenue, pg. 540
FOODMINDS, LLC, 328 South Jefferson Street, pg. 606
FORESIGHT ROI, 20 North Wacker Drive, pg. 681
FUSION92, 440 West Ontario Street, pg. 235
GAMEPLAN CREATIVE, LLC, 343 West Erie Street, pg. 8
GAMS COMMUNICATIONS, 308 West Erie Street, pg. 361
GATESMAN, 200 East Randolph Street, pg. 76
GEOMETRY, 350 North Orleans Street, pg. 363
GFK, 420 North Wabash Avenue, pg. 444
GFK MRI, 420 Lower Wabash Avenue, pg. 445
GIBBS & SOELL, INC., 125 South Wacker Drive, pg. 607
GMR MARKETING CHICAGO, 225 North Michigan Avenue, pg. 307
GOLIN, 875 North Michigan Avenue, pg. 609
GRAVITY.LABS, 363 West Erie Street, pg. 365
GREENTARGET GLOBAL GROUP LLC, 141 West Jackson Boulevard, pg. 611
GRP MEDIA, INC., 401 North Michigan, pg. 467
GSD&M, 225 North Michigan Avenue, pg. 79
GYRO, 410 North Michigan Avenue, pg. 368
HANGAR12, 1608 South Ashland Avenue, pg. 567
HAUGAARD CREATIVE GROUP, 414 North Orleans Street, pg. 186
HAVAS MEDIA GROUP, 36 East Grand Avenue, pg. 469
HAVAS SPORTS & ENTERTAINMENT, 36 East Grand Avenue, pg. 307
HAVAS WORLDWIDE CHICAGO, 36 East Grand Avenue, pg. 82
HDMZ, 55 West Wacker Drive, pg. 83
HEAT, 111 South Wacker Drive, pg. 84
HERON AGENCY, 1528 West Fullerton, pg. 613
HIGHDIVE, 311 West Superior, pg. 85
HILL+KNOWLTON STRATEGIES, 222 Merchandise Mart Plaza, pg. 370
HMR DESIGNS, 4200 West Bryn Mawr Avenue, pg. 308
HUGE, INC., 875 North Michigan Avenue, pg. 186
IA COLLABORATIVE, 218 South Wabash Avenue, pg. 186
ICF NEXT, 564 West Randolph, pg. 614
ICROSSING, 312 North Carpenter Street, pg. 241
ID MEDIA, 444 North Michigan Avenue, pg. 477
IEG, LLC., 350 North Orleans Street, pg. 308
IMAGINATION PUBLISHING, LLC, 600 West Fulton Street, pg. 187
INITIATIVE, 444 North Michigan Avenue, pg. 479
INNERWORKINGS, INC., 600 West Chicago Avenue, pg. 375
INSIGHT PRODUCT DEVELOPMENT, 4660 North Ravenswood Avenue, pg. 445
INTERSPORT, 303 East Walker Drive, pg. 308
INTOUCH SOLUTIONS, INC., 205 North Michigan Avenue, pg. 242
INXPO, 770 North Halsted Street, pg. 308
IPSOS, 222 South Riverside Plaza, pg. 445
IRIS, 200 North LaSalle Street, pg. 376
JACK MORTON WORLDWIDE, 875 North Michigan Avenue, pg. 309
JACOBS & CLEVENGER, INC., 303 E Upper Wacker Drive, pg. 286
JACOBS AGENCY, INC., 325 West Huron Street, pg. 10
JACOBSON ROST, 320 West Ohio Street, pg. 376
JASCULCA / TERMAN & ASSOCIATES, 730 North Franklin Street, pg. 616
JB CHICAGO, 230 West Superior Street, pg. 188
JELLYVISION LAB, 848 West Eastman Street, pg. 377
KANTAR TNS, 350 North Orleans Street, pg. 446
KELLY, SCOTT & MADISON, INC., 303 East Wacker Drive, pg. 482
KEMPERLESNIK COMMUNICATIONS, 10 South Riverside Plaza, pg. 619

KETCHUM, 225 North Michigan Avenue, pg. 619
KINETIC WORLDWIDE, 222 Merchandise Mart Plaza, pg. 553
L.C. WILLIAMS & ASSOCIATES, INC., 150 North Michigan Avenue, pg. 621
LAPIZ, 35 West Wacker Drive, pg. 542
LAUGHLIN CONSTABLE, INC., 200 South Michigan Avenue, pg. 380
LEGACY MARKETING PARTNERS, 640 North LaSalle Drive, pg. 310
LEO BURNETT WORLDWIDE, 35 West Wacker Drive, pg. 98
LEVIATHAN, 327 North Aberdeen Street, pg. 189
LIPMAN HEARNE, INC., 200 South Michigan Avenue, pg. 381
LKH&S, 142 East Ontario Street, pg. 381
LOGICAL MEDIA GROUP, 445 West Erie Street, pg. 247
LOSASSO INTEGRATED MARKETING, 4853 North Ravenswood Avenue, pg. 381
LRWMOTIVEQUEST, 200 South Wacker Drive, pg. 447
LYONS CONSULTING GROUP, 20 North Wacker Drive, pg. 247
MABBLY, 116 West Hubbard Street, pg. 247
MAGNANI CONTINUUM MARKETING, 200 South Michigan Avenue, pg. 103
MANIFEST, 35 East Wacker, pg. 248
MARC USA, 325 North Lasalle Street, pg. 104
MARCEL DIGITAL, 445 West Erie, pg. 675
MARGIE KORSHAK, INC., 875 North Michigan Avenue, pg. 105
MATCHMG, 130 South Jefferson Street, pg. 384
MATRIX PARTNERS, LTD., 566 West Adams Street, pg. 107
MAXIMUM MARKETING SERVICES, 833 West Jackson, pg. 107
MBUY, 120 South Riverside Plaza, pg. 484
MCGARRYBOWEN, 515 North State Street, pg. 110
MEDIACOM, 222 Merchandise Mart Plaza, pg. 489
MERGE, 142 East Ontario Street, pg. 113
MEYERS & PARTNERS, 833 West Jackson Boulevard, pg. 115
MIDAN MARKETING, 1529 West Armitage Avenue, pg. 13
MINDSHARE, 333 North Green Street, pg. 494
MINTEL, 333 West Wacker Drive, pg. 447
MIRUM AGENCY, 351 West Hubbard Street, pg. 681
MKTG INC, 343 West Erie Street, pg. 312
MOMENTUM WORLDWIDE, 444 North Michigan Avenue, pg. 117
MOSAIC NORTH AMERICA, 320 North Elizabeth Street, pg. 312
MOVEO INTEGRATED BRANDING, 190 South LaSalle Street, pg. 14
MSLGROUP, 35 West Wacker Drive, pg. 629
MWWPR, 205 North Michigan Avenue, pg. 631
NAVIGATE MARKETING, 125 South Clark Street, pg. 253
NO LIMIT AGENCY, One Prudential Plaza, pg. 632
NORTHERN LIGHTS DIRECT, 314 West Superior Street, pg. 289
NORTON AGENCY, 549 West Randolph Street, pg. 391
NOVUS MEDIA, INC., 333 North Michigan Avenue, pg. 497
NUMERATOR, 233 South Wacker Drive, pg. 254
O'KEEFE REINHARD & PAUL, 328 South Jefferson Street, pg. 392
OGILVY, 350 West Mart Center Drive, pg. 393
OGILVY PUBLIC RELATIONS, 350 North Orleans Street, pg. 633
OMD, 225 North Michigan Avenue, pg. 500
OMOBONO, 325 West Huron Street, pg. 687
ONION, INC., 730 North Franklin Street, pg. 394
OTHERWISE, INC., 900 North Western Avenue, pg. 634
OUTCOLD, 2848 West Chicago Avenue, pg. 395
OUTFRONT MEDIA, 1233 West Monroe, pg. 554
PACO COLLECTIVE, 2675 West Grand Avenue 1st Floor, pg. 544
PERFORMICS, 111 East Wacker Drive, pg. 676

PHD CHICAGO, 225 North Michigan Avenue, pg. 504
PIVOT DESIGN, INC., 321 North Clark, pg. 195
PLAN B, 116 West Illinois, pg. 397
POINT B COMMUNICATIONS, 600 West Fulton Street, pg. 128
PRESSLEY JOHNSON DESIGN, 230 West Superior Street, pg. 195
PROPHET, 564 West Randolph, pg. 15
PUBLIC COMMUNICATIONS, INC., One East Wacker Drive, pg. 639
PUBLICIS.SAPIENT, 35 West Wacker Drive, pg. 260
PUBLICIS.SAPIENT, 222 Merchandise Mart Plaza, pg. 259
PUNCHKICK INTERACTIVE, 55 East Monroe Street, pg. 534
PUROHIT NAVIGATION, 233 South Wacker Drive, pg. 401
PURPLEGROUP, 714 South Dearborn Street, pg. 131
R/GA, 217 North Jefferson, pg. 261
RADAR STUDIOS, 401 West Ontario, pg. 132
RAPPORT OUTDOOR WORLDWIDE, 444 North Michigan Avenue, pg. 556
RAZORFISH HEALTH, 35 West Wacker Drive, pg. 132
REALTYADS, 159 North Sangamon Street, pg. 132
RED FROG EVENTS, LLC, 33 North Dearborn Street, pg. 314
REPUTATION PARTNERS, 30 West Monroe, pg. 642
RES PUBLICA GROUP, 333 North Michigan Avenue, pg. 642
RESOLUTION MEDIA, 225 North Michigan Avenue, pg. 676
REVOLUTION, 210 North Carpenter Street, pg. 406
RISE INTERACTIVE, One South Wacker Drive, pg. 264
ROME & COMPANY, 233 East Wacker Drive, pg. 134
ROOT3 GROWTH MARKETING, 1643 North Milwaukee Avenue, pg. 408
RPM ADVERTISING, 222 South Morgan Street, pg. 408
SANDBOX, One East Wacker Drive, pg. 138
SANDERSON & ASSOCIATES LTD., 400 North Racine Avenue, pg. 645
SANDSTORM DESIGN, 4619 North Ravenswood Avenue, pg. 264
SCHAFER CONDON CARTER, 1029 West Madison Street, pg. 138
SCUBE MARKETING, INC., 2150 South Canalport Avenue, pg. 677
SECRET FORT, 1008 West Lake Street, pg. 139
SIMPLE MACHINES MARKETING, 330 North Wabash Avenue, pg. 267
SIMPLE TRUTH, 314 West Superior Street, pg. 198
SMITH BUCKLIN CORPORATION, 330 North Wabash Avenue, pg. 314
SMY MEDIA, INC., 625 North Michigan Avenue, pg. 508
SOCIALDEVIANT, LLC, 1143 West Rundell Place, pg. 688
SOME CONNECT, 845 West Washington Boulevard, pg. 677
SOULSIGHT, 205 West Wacker Drive, pg. 199
SPARK FOUNDRY, 35 West Wacker Drive, pg. 510
SRW, 220 North Green STreet, pg. 143
SSPR, 20 North Wacker Drive, pg. 649
STARCOM WORLDWIDE, 35 West Wacker Drive, pg. 513
STONE WARD ADVERTISING, 325 West Huron, pg. 414
STRATA, 33 West Monroe Street, pg. 267
STUDIO BLUE, 800 West Huron Street, pg. 200
STUDIO/LAB, One East Wacker Drive, pg. 200
SYMMETRI MARKETING GROUP, LLC, 233 North Michigan Avenue, pg. 416
TAMAR PRODUCTIONS, 706 North Dearborn Street, pg. 316
TBWA\WORLDHEALTH, 225 North Michigan Avenue, pg. 147
TEAM 201, 541 North Fairbanks Court, pg. 269
TEAMWORKS MEDIA, One East Wacker Drive,

AGENCIES

GEOGRAPHIC INDEX OF AGENCIES

pg. 519
TEC DIRECT MEDIA, INC., 134 North LaSalle Street, pg. 519
TECH IMAGE, LTD., 330 North Wabash Avenue, pg. 652
TEN35, 444 North Michigan Avenue, pg. 147
THE DESIGNORY, 225 North Michigan Avenue, pg. 269
THE DISTILLERY PROJECT, 300 North Elizabeth Street, pg. 149
THE DRUCKER GROUP, 1440 North Dayton Street, pg. 150
THE ESCAPE POD, 400 North Peoria Street, pg. 150
THE MARKETING STORE WORLDWIDE, 55 West Monroe, pg. 421
THE MARKETING STORE WORLDWIDE, 55 West Monroe Road, pg. 421
THE MOTION AGENCY, 325 North LaSalle Drive, pg. 270
THE NARRATIVE GROUP, 221 North Green Street , pg. 654
THE SAN JOSE GROUP LTD., 440 North Wabash, pg. 546
THE TRADE DESK, 227 West Monroe Street, pg. 519
THE WEINSTEIN ORGANIZATION, INC., One South Wacker Drive, pg. 425
TIMEZONEONE, 410 North Michigan Avenue, pg. 155
TOM, DICK & HARRY CREATIVE, 350 West Erie Street, pg. 426
TORQUE, 167 North Racine Avenue, pg. 20
TOWER MEDIA ADVERTISING, INC., 233 North Michigan Avenue, pg. 293
TPN, 225 North Michigan Avenue, pg. 571
TRACYLOCKE, 225 North Michigan Avenue, pg. 426
TRUNGALE, EGAN & ASSOCIATES, Eight South Michigan Avenue, pg. 203
TWO BY FOUR COMMUNICATIONS, LTD., 10 North Dearborn Street, pg. 157
UPSHIFT CREATIVE GROUP, 730 North Franklin Street, pg. 21
UPSHOT, 350 North Orleans Street, pg. 157
UTOPIC, 420 North Wabash Avenue, pg. 428
VIBES MEDIA, 300 West Adams Street, pg. 535
VMLY&R, 233 North Michigan Avenue, pg. 160
VMLY&R, 233 North Michigan Avenue, pg. 275
VODORI, 171 North Aberdeen Street, pg. 275
VOKAL INTERACTIVE, 350 N Orleans Street, pg. 275
VSA PARTNERS, INC., 600 West Chicago Avenue, pg. 204
WALKER SANDS COMMUNICATIONS, 55 West Monroe Street, pg. 659
WALTON ISAACSON, 159 North Sangamon Street, pg. 547
WAVEMAKER, 350 West Mart Center Drive, pg. 529
WEBER SHANDWICK, 875 North Michigan Avenue, pg. 661
WINGER MARKETING, 180 West Washington, pg. 663
WUNDERMAN THOMPSON, 233 North Michigan Avenue, pg. 434
YAMAMOTO, 444 North Michigan Avenue, pg. 435
ZAPWATER COMMUNICATIONS, 118 North Peoria, pg. 664
ZENITH MEDIA, 35 West Wacker, pg. 531
ZENO GROUP, 130 East Randolph Street, pg. 664
ZOOM ADVERTISING, 820 West Jackson Boulevard, pg. 165
ZOOM MEDIA, 205 West Wacker Drive, pg. 559
ZORCH, 223 West Erie Street, pg. 22

Danville

WATCHFIRE SIGNS, 1015 Maple Street, pg. 559

Decatur

JONES & THOMAS, INC., 363 South Main Street, pg. 377

Deerfield

AEFFECT, INC., 740 Waukegan Road , pg. 441
ALL POINTS PUBLIC RELATIONS, 707 Lake Cook Road, pg. 576
NCH MARKETING SERVICES, 155 Pfingsten Road, pg. 568

Downers Grove

NSA MEDIA GROUP, INC., 3025 Highland Parkway, pg. 497
STRAIGHT NORTH, LLC, 1001 West 31st Street, pg. 267

East Dundee

RX EDGE MEDIA NETWORK, 111 Water Street, pg. 557
ZELLER MARKETING & DESIGN, 322 North River Street , pg. 205

Elgin

JUMPFLY, INC., 2541 Technology Drive, pg. 674
MARKETING ALTERNATIVES, INC., 2550 Northwest Parkway, pg. 383

Elmhurst

FOODMIX MARKETING COMMUNICATIONS, 103 West Arthur Street, pg. 359
MADDOCK DOUGLAS, 111 Adell Place, pg. 102

Evanston

AKRETE, 1880 Oak Avenue, pg. 575
BURNS ENTERTAINMENT & SPORTS MARKETING, INC., 820 Davis Street, pg. 303
LIVE MARKETING, 518 Davis Street, pg. 310
MEDPOINT COMMUNICATIONS, 909 Davis Street, pg. 288
NEIGER DESIGN, INC., 1515 Sherman Avenue, pg. 193

Franklin Park

TUKAIZ, 2917 Latoria Lane, pg. 427

Freeport

M45 MARKETING SERVICES, 524 West Stephenson Street, pg. 382

Geneva

DORN MARKETING, 34 North Bennett Street, pg. 64

Glenview

PRIME TIME MARKETING, 2700 Patriot Boulevard, pg. 506

Highland Park

TOTAL PROMOTIONS, INC., 1340 Old Skokie Road, pg. 570

Hinsdale

GINNY RICHARDSON PUBLIC RELATIONS, 15 Salt Creek Lane, pg. 607

Inverness

GODA ADVERTISING, 1603 Colonial Parkway, pg. 364

Itasca

SOURCELINK, LLC, 500 Park Boulevard, pg. 292

La Grange

BOOMM MARKETING & COMMUNICATIONS, 17 North Catherine, pg. 218

LaGrange

STORANDT PANN MARGOLIS & PARTNERS, 15 West Harris Street, pg. 414

Libertyville

AXIOM MARKETING, INC., 624 Park Avenue, pg. 566

Lincolnwood

HERNANDEZ & GARCIA, LLC, 7366 North Lincoln Avenue, pg. 84

Lisle

KANTAR MILLWARD BROWN, 3333 Warrenville Road, pg. 446
LEVER INTERACTIVE , 701 Warrenville Road, pg. 245

Lombard

HARP INTERACTIVE, 555 Waters Edge, pg. 238

Loves Park

TICOMIX, 5642 North Second Street , pg. 169

Moline

HANSON WATSON ASSOCIATES, 1411 15th Street, pg. 81

Morton Grove

CELTIC MARKETING, INC., 8120 Lehigh Avenue, pg. 341
INTEGRATED MERCHANDISING SYSTEMS, 8338 Austin Avenue, pg. 286

Mundelein

PR CHICAGO, 510 North Prairie Avenue, pg. 638

Naperville

AGENCY 720, 2135 CityGate Lane, pg. 323
DESIGN RESOURCE CENTER, 424 Fort Hill Drive, pg. 179
DOUGLAS SHAW & ASSOCIATES, 1717 Park Street, pg. 598
LAUNCH DIGITAL MARKETING, 1864 High Grove Lane, pg. 245

A-45

GEOGRAPHIC INDEX OF AGENCIES

RHEA & KAISER MARKETING, 400 East Diehl Road, pg. 406
TIMBERLAKE MEDIA SERVICES, INC., 1556 Pine lake Drive, pg. 520
YOUTECH, 387 Shuman Boulevard, pg. 436

Niles

TAYLOR JOHNSON, 6333 West Howard Street, pg. 652

North Chicago

STUDIONORTH, 1616 Green Bay Road, pg. 18

Northbrook

BLUE CHIP MARKETING & COMMUNICATIONS, 650 Dundee Road, pg. 334
BLUE SKY MARKETING GROUP, 633 Skokie Boulevard, pg. 566
FISHMAN PUBLIC RELATIONS INC., 3400 Dundee Road, pg. 604

Oak Brook

WENCEL WORLDWIDE, INC., 2210 Midwest Road, pg. 572

Oak Park

MARKETING RESOURCES, 1144 Lake Street, pg. 568
SHAKER RECRUITMENT ADVERTISING & COMMUNICATIONS, 1100 Lake Street, pg. 667

Oakbrook Terrace

BALASH ADVERTISING, One Trans Am Plaza Drive, pg. 35
CREATA, 1801 South Myers Road, pg. 346
DAVID JAMES GROUP, One Trans Am Plaza Drive, pg. 348

Orland Park

HAMBRICK & ASSOCIATES, 10440 Deer Chase Avenue, pg. 467
JMG, INC., 15255 South 94th Avenue, pg. 377

Palatine

AP LTD., 245 North Elmwood Avenue, pg. 173
EXCLAIMI, 220 North Smith Street, Gateway Center, pg. 182
THE PEPPER GROUP, 220 North Smith Street, pg. 202

Palos Hills

ASSOCIATED DESIGN SERVICE, 11160 Southwest Highway, pg. 173

Pekin

MCDANIELS MARKETING & COMMUNICATIONS, 11 Olt Avenue, pg. 109

Peoria

ADCO ADVERTISING AGENCY, 1302 West Pioneer Parkway, pg. 171
MINDSTREAM MEDIA, 100 Walnut Street, pg. 250
ONEFIRE, INC, 801 West Main Street, pg. 394

SIMANTEL GROUP, 321 Southwest Water Street, pg. 142

Peru

ALL WEB PROMOTIONS, 514 Fifth Street, pg. 172
MCS ADVERTISING, 4110 Progress Boulevard, pg. 111

Plainfield

4 NEXT INTERACTIVE, 13717 South Route 30, pg. 208

Quincy

MEDIA DEVELOPMENT, INC., 3701 East Lake Center Drive, pg. 112

Rockford

BLAIR, INC., 6085 Strathmoor Road, pg. 334
CAIN & CO., 685 Featherstone Road, pg. 588
COLINKURTIS ADVERTISING & DESIGN, 2303 Charles Street, pg. 177
HEINZEROTH MARKETING GROUP, 415 Y Boulevard, pg. 84
QUIET LIGHT COMMUNICATIONS, 220 East State Street, pg. 196
TREKK, 2990 North Perryville Road, pg. 156

Rockton

FORTY TWO EIGHTY NINE, 12533 Wagon Wheel Road, pg. 359

Rolling Meadows

J.G. SULLIVAN INTERACTIVE, INC., 1600 Golf Road, pg. 243

Saint Charles

COOPER HONG, INC., 2560 Foxfield Road, pg. 593

Schaumberg

CARSON STOGA COMMUNICATIONS INC., 1900 East Golf Road, pg. 340

Schaumburg

PINNACLE ADVERTISING, 1435 North Plum Grove Road, pg. 397

Skokie

GENERAL LEARNING COMMUNICATIONS, 9855 Woods Drive, pg. 466

Springfield

HIP ADVERTISING, 2809 Mansion Road, pg. 86

Troy

NAS RECRUITMENT COMMUNICATIONS, 72 Oakbrooke, pg. 667

Waukegan

DERSE, INC., 3696 Burwood Drive, pg. 304

West Chicago

ASPEN MARKETING SERVICES, 1240 North Avenue, pg. 280

Wheaton

C. GRANT & COMPANY, 102 North Cross Street, pg. 46
INTEGRATED MARKETING SOLUTIONS, 400 West Liberty Drive, pg. 89

INDIANA

Bloomington

CONVINCE & CONVERT, 885 South College Mall Road, pg. 222
HANAPIN MARKETING, 501 North Morton Street, pg. 237

Carmel

MEDIA DIRECT, INC., 5684 Ottawa Pass, pg. 112

Elkhart

TODD ALLEN DESIGN, 2812 Warren Street, pg. 202

Evansville

GRAY LOON MARKETING GROUP, 300 Southeast Riverside Drive, pg. 365
SCHENK HAMPTON ADVERTISING, 3629 Orchard Road, pg. 138
TEN ADAMS MARKETING & ADVERTISING, 1112 Southeast First Street, pg. 147

Fishers

BLASTMEDIA, 11313 USA Parkway, pg. 584
DGS MARKETING ENGINEERS, 10100 Lantern Road, pg. 351

Fort Wayne

ASHER AGENCY, 535 West Wayne Street, pg. 327
BOYDEN & YOUNGBLUTT ADVERTISING, 120 West Superior Street, pg. 336
BRAND INNOVATION GROUP, 8902 Airport Drive, pg. 336
BRITTON MARKETING & DESIGN GROUP, 6112 Constitution Drive, pg. 4
CATALYST MARKETING DESIGN, 624 West Wayne Street, pg. 340
FERGUSON ADVERTISING, INC., 347 West Berry Street, pg. 73
KINETIC CHANNEL MARKETING, 127 West Berry Street, pg. 95
LABOV MARKETING & TRAINING, 609 East Cook Road, pg. 379

Indianapolis

360 GROUP, 310 West Michigan Street, pg. 23
5METACOM, 10401 North Meridian Street, pg. 208
BOHLSEN GROUP, 201 South Capitol Avenue, pg. 336
BORSHOFF, 333 North Alabama Street, pg. 585
BOSE PUBLIC AFFAIRS GROUP, LLC, 111 Monument Circle, pg. 585

AGENCIES
GEOGRAPHIC INDEX OF AGENCIES

BRADLEY AND MONTGOMERY, One Monument Circle, pg. 336
BURKHART MARKETING ASSOCIATES, INC., 1620 East Riverside, pg. 338
CALDWELL VANRIPER, 701 East New York Street, pg. 46
COLES MARKETING COMMUNICATIONS, 3950 Priority Way, pg. 591
CSM SPORTS & ENTERTAINMENT, 6625 Network Way, pg. 55
DALEY CONCEPTS, 3656 Washington Boulevard, pg. 348
DITTOE PUBLIC RELATIONS, 5420 North College Avenue, pg. 597
FIREBELLY MARKETING, 6235 Carrollton Avenue, pg. 685
HIRONS & COMPANY, 422 East New York Street, pg. 86
LODGE DESIGN CO., 5933 East Washington Street, pg. 190
MAINGATE, INC., 7900 Rockville Road, pg. 310
MORTENSON KIM, 201 South Capitol Avenue, pg. 118
PIVOT MARKETING, 646 Virginia Avenue, pg. 15
RICHARD HARRISON BAILEY AGENCY, One Indiana Square, pg. 291
THE HEAVYWEIGHTS, 1010 North Capitol Avenue, pg. 420
WILLIAMS RANDALL, 21 Virginia Avenue, pg. 432
WILLIAMSRANDALL MARKETING COMMUNICATIONS, 21 Virginia Avenue, pg. 433
WILLOW MARKETING, 3590 North Meridian, pg. 433
YOUNG & LARAMORE, 407 Fulton Street, pg. 164
Z MARKETING PARTNERS, 3905 Vincennes Road, pg. 436

Jefferson

MEDIAURA, 360 Spring Street, pg. 250

Jeffersonville

STARTEK, 4550 Town Center Boulevard, pg. 168

Lafayette

INDIANA DESIGN CONSORTIUM, INC., 416 Main Street, pg. 187

Mishawaka

DJ CASE & ASSOCIATES, 317 East Jefferson Boulevard, pg. 597
PATHFINDERS ADVERTISING & MARKETING GROUP, INC., 1250 Park Place Road, pg. 126

New Albany

E3 MARKETING, 312 Pearl Street, pg. 67

Porter

SIGNATURE GRAPHICS, 1000 Signature Drive, pg. 557

South Bend

BURKHART ADVERTISING, 1335 Mishawaka Avenue, pg. 550
FORCE 5, 1433 Northside Boulevard, pg. 7
HEPTAGON, INC., 615 West Colfax Avenue, pg. 84
VILLING & CO., 5909 Nimtz Parkway, pg. 429

Warsaw

TSA COMMUNICATIONS, 307 South Buffalo Street, pg. 157

West Lafayette

DEARING GROUP, 1330 Win Hentschel Boulevard, pg. 60

Zionsville

MILLER BROOKS, INC., 11712 North Michigan Road, pg. 191

IOWA

Bettendorf

BAWDEN & LAREAU PUBLIC RELATIONS, 5012 State Street, pg. 685

Cedar Falls

AMPERAGE, 6711 Chancellor Drive, pg. 30
MUDD ADVERTISING, 915 Technology Parkway, pg. 119

Cedar Rapids

ADFINITY MARKETING GROUP, 600 Oakland Road Northeast, pg. 27
AMPERAGE, 200 First Street, pg. 30
CONVERGE CONSULTING, 415 12th Avenue Southeast, pg. 222
GEONETRIC, 415 12th Avenue Southeast, pg. 237
J. W. MORTON & ASSOCIATES, 1924 Saint Andrews Court, Northeast, pg. 91
STAMATS COMMUNICATIONS, 615 Fifth Street Southeast, pg. 412

Clive

MCLELLAN MARKETING GROUP, 15920 Hickman Road, pg. 111

Davenport

TAG COMMUNICATIONS, INC., 230 East Second Street, pg. 416

Denison

BLUESPACE CREATIVE, 1205 Broadway, pg. 3

Des Moines

FLYNN WRIGHT, INC., 1408 Locust Street, pg. 359
HAPPY MEDIUM, 104 Southwest Fourth Street, pg. 238
LESSING-FLYNN ADVERTISING CO., 220 Southeast Sixth Street, pg. 99
THE INTEGER GROUP - MIDWEST, 600 East Court Avenue, pg. 570
TRILIX MARKETING GROUP, INC., 615 Third Street, pg. 427
ZLR IGNITION, 303 Watson Powell Jr. Way, pg. 437

Fairfield

HAWTHORNE ADVERTISING, 2280 West Tyler Avenue, pg. 285

Sioux City

BASS ADVERTISING, 815 Nebraska Street, pg. 37

Waterloo

HELLMAN ASSOCIATES, INC., 1225 West Fourth Street, pg. 84
TERRY L. BUTZ CREATIVE INCORPORATED, 104 Brookeridge Drive, pg. 148

West Des Moines

HANSER & ASSOCIATES, 1001 Office Park Road, pg. 611
MEYOCKS GROUP, 6800 Lake Drive, pg. 387
PERFORMANCE MARKETING, One Corporate Place, pg. 126
STRATEGIC AMERICA, 6600 Weston Parkway, pg. 414

KANSAS

Lawrence

CALLAHAN CREEK, 805 New Hampshire Street, pg. 4

Leawood

MBB AGENCY, 5250 West 116th Place, pg. 107

Lenexa

THE SUNFLOWER GROUP, 14001 Marshall Drive, pg. 317
THRULINE MARKETING, 15500 West 113th Street, pg. 155

Mission

FAMILY FEATURES, 5825 Dearborn Street, pg. 297
INGENUITY, 6299 Nall Avenue, pg. 187
J. SCHMID & ASSOCIATES, 5800 Foxridge Drive, pg. 286
WALZ TETRICK ADVERTISING, 5201 Johnson Drive, pg. 429

Overland Park

C3, 10955 Granada Lane, pg. 4
DEG DIGITAL, 6601 College Boulevard, pg. 224
INTOUCH SOLUTIONS, INC., 7045 College Boulevard, pg. 242
JNA ADVERTISING, 7101 College Boulevard, pg. 92
MORNINGSTAR COMMUNICATIONS, 12307 Flint Street, pg. 628
STEPHENS & ASSOCIATES ADVERTISING, 14720 Metcalf Avenue, pg. 413
THE FRANK AGENCY, INC., 10561 Barkley Street, pg. 150

Topeka

JONES HUYETT PARTNERS, 3200 Southwest Huntoon Street, pg. 93
MB PILAND, 3127 Southwest Huntoon Street, pg. 107

Wichita

GEORGE LAY SIGNS, INC., 1016 North Waco, pg. 552
GRETEMAN GROUP, 1425 East Douglas Avenue, pg. 8
JAJO, INC., 131 North Rock Island, pg. 91

GEOGRAPHIC INDEX OF AGENCIES

RESULTS DRIVEN MARKETING, 555 North Woodlawn Street, pg. 291
ROWLEY SNYDER ABLAH, 400 South Commerce, pg. 134
SIGNAL THEORY, 255 North Mead, pg. 141

KENTUCKY

Bowling Green

ENLIGHTEN, 2425 Nashville Road, pg. 68

Central City

BREWCO MARKETING, 106 Brewer Drive, pg. 303

Hagerhill

FAIRWAY OUTDOOR ADVERTISING, 8320 South Kentucky Route 321, pg. 552

Lexington

CORNETT INTEGRATED MARKETING SOLUTIONS, 249 East Main Street, pg. 344
RIGHT PLACE MEDIA, 437 Louis Hargett Circle, pg. 507
WILLIAMS MCBRIDE GROUP, 344 East Main Street, pg. 205
WISER STRATEGIES, 108 Esplanade, pg. 663

Louisville

ADHAWKS ADVERTISING & PUBLIC RELATIONS, INC., 507 North Watterson Trail, pg. 27
ADK GROUP, 607 West Main Street, pg. 210
AXXIS, 845 South Ninth Street, pg. 302
BANDY CARROLL HELLIGE, 307 West Muhammed Ali Boulevard, pg. 36
BISIG IMPACT GROUP, 640 South Fourth Street, pg. 583
CLIX MARKETING, PO Box 4186, pg. 672
CURRENT360, 1324 East Washington Street, pg. 56
DAC GROUP, 401 South Fourth Street, pg. 223
DOEANDERSON ADVERTISING, 620 West Main Street, pg. 352
GROUP NINE, 952 South Third Street, pg. 78
GUTHRIE / MAYES & ASSOCIATES, INC, 545 South Third Street, pg. 611
KERTIS CREATIVE, 786 South Shelby Street, pg. 95
LEAP, 2500 Technology Drive, pg. 245
LEARFIELD SPORTS, 937 Phillips Lane, pg. 310
NIMBUS, 624 West Main Street, pg. 391
NOWSOURCING, 9400 Williamsburg Plaza, pg. 254
OTT COMMUNICATIONS, INC., 13100 Magisterial Drive, pg. 395
POWER, 11701 Commonwealth Drive, pg. 398
PRICEWEBER MARKETING COMMUNICATIONS, INC., 10701 Shelbyville Road, pg. 398
RED 7 E, 637 West Main Street, pg. 132
RUNSWITCH PR, 9300 Shelbyville Road, pg. 645
SCOPPECHIO, 400 West Market Street, pg. 409
THE OLIVER GROUP, 13500 Oliver Station Court, pg. 667
THE VIMARC GROUP INC., 1205 East Washington Street, pg. 425
VEST ADVERTISING, 3007 Sprowl Road, pg. 159

Lousiville

QUANTUM COMMUNICATIONS, 1201 Story Avenue, pg. 401

Newport

INTRINZIC, INC., One Levee Way, pg. 10

LOUISIANA

Baton Rouge

DIANE ALLEN & ASSOCIATES, 7612 Goodwood Boulevard, pg. 597
HARRIS DEVILLE & ASSOCIATES, 521 Laurel Street, pg. 612
LAMAR GRAPHICS, 1986 Beaumont Drive, pg. 553
OTEY WHITE & ASSOCIATES, 8146 One Calis, pg. 123
RED SIX MEDIA, 319 Third Street, pg. 132
ROCKIT SCIENCE AGENCY, 7520 Perkins Road, pg. 16
SASSO, 1669 Lobdell Avenue, pg. 138
THE MORAN GROUP, 8900 Bluebonnet Boulevard, pg. 152
THREESIXTYEIGHT, 212 South 14th Street, pg. 271
ZEHNDER COMMUNICATIONS, INC., 4311 Bluebonnet Boulevard, pg. 437

Lafayette

BBR CREATIVE, 300 Rue Beauoregard, pg. 174
FOSTER MARKETING COMMUNICATIONS, 3909-F Embassador Caffery Parkway, pg. 360
GRAHAM GROUP, 2014 West Pinhook Road, pg. 365
POTENZA INC, 600 Jefferson Street, pg. 398
SIDES & ASSOCIATES, 222 Jefferson Street, pg. 410

Lake Charles

O'CARROLL GROUP, 125 Jefferson Drive, pg. 392

Mandeville

INNOVATIVE ADVERTISING, 4250 Highway 22, pg. 375

New Iberia

PROMOTIONAL IMAGES, INC., 144 West Main Street, pg. 569

New Orleans

BEUERMAN MILLER FITZGERALD, 643 Magazine Street, pg. 39
BRIGHT MOMENTS PUBLIC RELATIONS, 2249 Oretha Castle Haley Boulevard, pg. 586
CERBERUS, 6317 Marshall Foch Street, pg. 341
DEVENEY COMMUNICATIONS, 1582 Magazine Street, pg. 596
FIRMIDABLE, 1539 Jackson Avenue, pg. 73
FSC INTERACTIVE, 1943 Sophie Wright Place, pg. 235
HOSTS NEW ORLEANS, 365 Canal Street, Suite 1400, pg. 308
MORGAN + COMPANY, 4407 Canal Street, pg. 496
PETERMAYER, 318 Camp Street, pg. 127
THE EHRHARDT GROUP, INC., 365 Canal Street, pg. 653
TRUMPET ADVERTISING, 2803 Saint Phillips Street, pg. 157
ZEHNDER COMMUNICATIONS, INC., 365 Canal Street, pg. 436

Shreveport

ROMPH & POU AGENCY, 7225 Fern Avenue, pg. 408

MAINE

Augusta

NANCY MARSHALL COMMUNICATIONS, 151 Capitol Street, pg. 631

Cape Elizabeth

NL PARTNERS, 1231 Shore Road, pg. 391

Falmouth

BURGESS ADVERTISING & ASSOCIATES, INC., Six Fundy Road, pg. 338
TIDESMART GLOBAL, 380 US Route One, pg. 317

Kennebunk

EPIC SEARCH PARTNERS, Two Storer Street, pg. 673

Lewiston

RINCK ADVERTISING, 113 Lisbon Street, pg. 407

New Gloucester

CAMEO MARKETING, INC., 41 Campus Drive, pg. 303

Portland

CD&M COMMUNICATIONS, 48 Free Street, pg. 49
DIGITAL RESEARCH, INC, 172 Commercial Street, pg. 444
GARRAND MOEHLENKAMP, 75 Washington Avenue, pg. 75
KINGSPOKE, 480 Congress Street, pg. 11
PCH / MEDIA, 66 Pearl Street, pg. 534
PIERCE PROMOTIONS & EVENT MANAGEMENT, 178 Middle Street, pg. 313
SHAMROCK SPORTS & ENTERTAINMENT, 215 Commercial Street, pg. 569
THE VIA AGENCY, 619 Congress Street, pg. 154

Westbrook

ETHOS MARKETING & DESIGN, 17 Ash Street, pg. 182

Yarmouth

VREELAND MARKETING, 65 Forest Falls Drive, pg. 161

MANITOBA

Winnipeg

6P MARKETING, 44 Princess Street, pg. 1
CLARK & HUOT, One Lombard Place, pg. 342
IC GROUP, 383 Dovercourt Drive, pg. 567
THINK SHIFT, INC, 109 James Avenue, pg. 270

MARYLAND

AGENCIES
GEOGRAPHIC INDEX OF AGENCIES

Annapolis

CONTRAST & CO, 2200 Somerville Road, pg. 6
CROSBY MARKETING COMMUNICATIONS, 705 Melvin Avenue, pg. 347
DON SCHAAF & FRIENDS, INC, 821 Chesapeake Avenue, pg. 180
HERRMANN ADVERTISING DESIGN, 30 West Street, pg. 186
THE SOUZA AGENCY, 2543 Housley Road, pg. 424
WEITZMAN ADVERTISING, INC., Three Church Circle, pg. 430

Annapolis Junction

MILLENNIUM MARKETING SOLUTIONS, 10900 Pump House Road, pg. 13

Baltimore

ABEL COMMUNICATIONS, 3355 Keswick Road, pg. 574
AUGUST JACKSON, 1501 South Clinton Street, pg. 302
BARTON COTTON, 3030 Waterview Avenue, pg. 37
BLAKESLEE, 916 North Charles Street, pg. 40
EXIT 10 ADVERTISING, 323 West Camden Street, pg. 233
G3 GROUP, 6531 Corkley Road, pg. 673
GKV, 1500 Whetstone Way, pg. 364
HAVAS HELIA, 700 East Pratt Street, pg. 238
HAVAS HELIA, 700 East Pratt Street, pg. 285
HIMMELRICH INC., 10 East North Avenue, pg. 614
IDFIVE, 81 Mosher Street, pg. 373
IMRE, 909 Ridgebrook Road, pg. 374
JELLYFISH U.S., 250 South President Street, pg. 243
KAPOWZA, 3600 O'Donnell Street, pg. 94
MEDIA WORKS, LTD., 1425 Clarkview Road, pg. 486
MISSION MEDIA, LLC, 616 Water Street, pg. 115
NORTH CHARLES STREET DESIGN ORGANIZATION, 222 West Saratoga Street, pg. 193
NOVAK-BIRCH, 130 Baltic Avenue, pg. 448
NO|INC, 3600 Clipper Mill Road, pg. 254
PLANIT, 1414 Key Highway, pg. 397
R2INTEGRATED, 400 East Pratt Street, pg. 261
TBC, 900 South Wolfe Street, pg. 416
UNCONQUERED, 3700 O'Donnell Street, pg. 203
VISIONMARK USA, 3600 Clipper Mill Road, pg. 204
VITAMIN, 3237 Eastern Avenue, pg. 21
WARSCHAWSKI PUBLIC RELATIONS, 1501 Sulgrave Avenue, pg. 659
WEBER SHANDWICK, 729 East Pratt Street, pg. 661

Bel Air

A. BRIGHT IDEA, 210 Archer Street, pg. 25

Bethedsa

BURNESS COMMUNICATIONS, 7910 Woodmont Avenue, pg. 587

Bethesda

CONCEPTS, INC., 4800 Hampden Lane, pg. 592
ISM, INC, 6900 Wisconsin Avenue, pg. 168
NASUTI & HINKLE, 5812 Walton Road, pg. 119
RP3 AGENCY, 7250 Woodmont Avenue, pg. 408
SILVER MARKETING, INC., 7910 Woodmont Avenue, pg. 141

Bowie

CREATIVE DIRECT RESPONSE, INC., 16900 Science Drive, pg. 281

Chestertown

BENCHWORKS, 954 High Street, pg. 333
MULLIN / ASHLEY ASSOCIATES, INC, 332 Cannon Street, pg. 448

Clarksburg

CLARK COMMUNICATIONS, 24816 Frederick Road, pg. 591

Columbia

ADG CREATIVE, 7151 Columbia Gateway Drive, pg. 323
ADVERTISING MEDIA PLUS, INC., 5397 Twin Knolls Road, pg. 28
LOTAME, 8850 Stanford Boulevard, pg. 446
MAROON PR, 7142 Columbia Gateway Drive, pg. 625
MARRINER MARKETING COMMUNICATIONS, 6731 Columbia Gateway Drive, pg. 105

Crofton

THE CYPHERS AGENCY, 1682 Village Green, pg. 419

Easton

ADSTRATEGIES, INC., 101 Bay Street, pg. 323

Frederick

DPR GROUP, INC., 7200 Bank Court, pg. 598
IMMERSION ACTIVE, INC., 44 North Market Street, pg. 241
LOVE & COMPANY, 7490 New Technology Way, pg. 101

Gaithersburg

EPI - COLORSPACE, 8435 Helgerman Court, pg. 181

Greenbelt

MERRICK TOWLE COMMUNICATIONS, 7474 Greenway Center Drive, pg. 114

Hunt Valley

HORICH HECTOR LEBOW ADVERTISING, 101 Schilling Road, pg. 87
MEDIA STAR PROMOTIONS, 318 Clubhouse Lane, pg. 112
RENEGADE COMMUNICATIONS, 10950 Gilroy Road, pg. 405
WEBB/MASON, 10830 Gilroy Road, pg. 294

Lanham

HARGROVE INC., One Hargrove Drive, pg. 307

Owings Mills

BONNIE HENESON COMMUNICATIONS, INC., 9199 Riesterstown Road, pg. 585
DEVANEY & ASSOCIATES, 135 Village Queen Drive, pg. 351
MGH ADVERTISING, 100 Painters Mill Road, pg. 387

Potomac

TRIAD COMMUNICATION, Post Office Box 60492, pg. 656

Rockville

HIRSHORN ZUCKERMAN DESIGN GROUP, 10101 Molecular Drive, pg. 371
MMG, 700 King Farm Boulevard, pg. 116
RMR & ASSOCIATES, 5870 Hubbard Drive, pg. 407
VIVA CREATIVE, 164 Rollins Avenue, pg. 160

Silver Spring

BOSCOBEL MARKETING COMMUNICATIONS, 8606 Second Avenue, pg. 336
ROUNDPEG, 8121 Georgia Avenue, pg. 408

Sparks

HARVEY AGENCY, 952 Ridgebrooke Road, pg. 681

Towson

CATALPHA ADVERTISING & DESIGN, INCORPORATED, 6801 Loch Raven Boulevard, pg. 340
CHANNEL COMMUNICATIONS, 401 Washington Avenue, pg. 341
MENTZER MEDIA SERVICES, 210 West Pennsylvania Avenue, pg. 491
NEVINS & ASSOCIATES CHARTERED, 32 West Road, pg. 632
SANDY HILLMAN COMMUNICATIONS, 1122 Kenilworth Drive, pg. 645

MASSACHUSETTS

Allston

OVERDRIVE INTERACTIVE, 38 Everett Street, pg. 256

Andover

ADVERTISING MANAGEMENT SERVICES, INC., 283 South Main Street, pg. 28
MN & COMPANY MEDIA MANAGEMENT, 47R High Street North, pg. 496

Arlington

SELBERT PERKINS DESIGN COLLABORATIVE, Five Water Street, pg. 198

Attleboro Falls

STEBBINGS PARTNERS, 427 John Dietsch Boulevard, pg. 144

Beverly

KING FISH MEDIA, 900 Cummings Center, pg. 482
MARKETING BY DESIGN, INC., 500 Cummings Center, pg. 190
ON BRAND 24, 100 Cummings Center, pg. 289

Boston

GEOGRAPHIC INDEX OF AGENCIES

360PRPLUS, 200 State Street, pg. 573
451 RESEARCH, 101 Federal Street, pg. 441
ADK GROUP, 11 Beacon Street, pg. 210
AFFECTIVA, INC., 53 State Street, pg. 441
ALLEN & GERRITSEN, Two Seaport Lane, pg. 29
AMP AGENCY, 77 North Washington Street, pg. 297
ARCHETYPE, 31 Milk Street, pg. 33
ARGUS COMMUNICATIONS, 75 Central Street, pg. 537
ARNOLD WORLDWIDE, 10 Summer Street, pg. 33
BACKBAY COMMUNICATIONS, 20 Park Plaza, pg. 579
BIGFISH PR, 283 Newbury Street, pg. 685
BLUE STATE DIGITAL, 711 Atlantic Avenue, pg. 335
BRAND CONTENT, 580 Harrison Avenue, pg. 42
BRAND NETWORKS, INC., 40 Broad Street, pg. 219
BRODEUR PARTNERS, 535 Boylston Street, pg. 586
C SPACE, 290 Congress Street, pg. 443
CAPTAINS OF INDUSTRY, INC., 21 Union Street, pg. 340
CATALYST DIGITAL, 501 Boylston Street, pg. 220
CELTRA, INC., 545 Boylston Street, pg. 533
CERCONE BROWN COMPANY, 200 Portland Street, pg. 341
CHADWICK MARTIN BAILEY, Two Oliver Street, pg. 443
CHEN PR, INC., 71 Summer Street, pg. 590
CLEVELAND DESIGN, 25 Foster Street, pg. 177
COLE CREATIVE, 654 Beacon Street, pg. 51
CONE, INC., 290 Congress Street, pg. 6
CONNELLY PARTNERS, 46 Waltham Street, pg. 344
CONVENTURES, INC., 88 Black Falcon Avenue, pg. 685
CORPORATE INK PUBLIC RELATIONS, 745 Atlantic Avenue, pg. 593
CTP, 77 North Washington Street, pg. 347
DENNEEN & COMPANY, 222 Berkeley Street, pg. 7
DENTERLEIN, Three Post Office Square, pg. 596
DEWEY SQUARE GROUP, 100 Cambridge Street, pg. 597
DIGILANT, Two Oliver Street, pg. 464
DIGITAS, 40 Water Street, pg. 226
DWA MEDIA, 85 Devonshire, pg. 464
ELEMENT PRODUCTIONS, 316 Stuart Street, pg. 562
EMI STRATEGIC MARKETING, INC., 15 Broad Street, pg. 68
ESSENTIAL, 143 South Street, pg. 182
FAMA PR, INC., 250 Northern Avenue, pg. 602
FLEISHMANHILLARD, 290 Congress Street, pg. 605
FORGE WORLDWIDE, 142 Berkeley Street, pg. 183
FULL CONTACT ADVERTISING, 186 Lincoln Street, pg. 75
FUNDAMENTAL MEDIA, 10 Post Office Square, pg. 465
GENUINE INTERACTIVE, 500 Harrison Avenue, pg. 237
GRANT MARKETING, 581 Boylston Street, pg. 78
GUPTA MEDIA, 200 Berkeley Street, pg. 237
HAVAS EDGE, 10 Summer Street, pg. 284
HAVAS MEDIA GROUP, Ten Summer Street, pg. 470
HAWKPARTNERS, LLC, 101 Huntington Avenue, pg. 445
HILL HOLLIDAY, 53 State Street, pg. 85
HOLLAND - MARK, 745 Atlantic Avenue, pg. 87
IDEALAUNCH, 205 Portland Street, pg. 673
IPROSPECT, One South Station, pg. 674
ISOBAR US, One South Station, pg. 242
JACK MORTON WORLDWIDE, 500 Harrison Avenue, pg. 309
KEL & PARTNERS, 21 Dry Dock Avenue, pg. 619
KELLEY HABIB JOHN INTEGRATED MARKETING, 155 Seaport Boulevard, pg. 11
KOMARKETING ASSOCIATES, 374 Congress Street , pg. 675
KOR GROUP, 374 Congress, pg. 189
MAD*POW, 179 Lincoln Street, pg. 247
MARCH COMMUNICATIONS, 226 Causeway Street, pg. 625
MARLO MARKETING COMMUNICATIONS, 38 Chauncy Street, pg. 383
MCNEIL, GRAY & RICE, One Washington Mall, pg. 627
MEDIA CAUSE, 170 Milk Street, pg. 249
MEDIAHUB BOSTON, 40 Broad Street, pg. 489
MERGE, 23 Drydock Avenue, pg. 113
ML STRATEGIES, LLC, One Financial Center, pg. 627
MMB, 580 Harrison Avenue, pg. 116
MOTIV, 803 Summer Street, pg. 192
MSLGROUP, 40 Water Street, pg. 629
MULLENLOWE U.S. BOSTON, 40 Broad Street, pg. 389
NORBELLA, 46 Plympton Street, pg. 497
NUTRACLICK, 24 School Street, pg. 255
O'NEILL & ASSOCIATES, 31 New Chardon Street, pg. 633
PAN COMMUNICATIONS, 255 State Street, pg. 635
PEDICAB OUTDOOR, 105 West Newton Street, pg. 556
PGR MEDIA, 34 Farnsworth Street, pg. 504
POLVORA ADVERTISING, 75 Arlington Street, pg. 544
PORTER NOVELLI, 290 Congress Street, pg. 637
PRECISIONEFFECT, 101 Tremont Street, pg. 129
PROFITERO, 100 Summer Street, pg. 682
PUBLICIS.SAPIENT, 131 Dartmouth Street, pg. 259
RACEPOINT GLOBAL, Two Center Plaza, pg. 640
RASKY BAERLEIN STRATEGIC COMMUNICATIONS, INC., 70 Franklin Street, pg. 641
REDTREE PRODUCTIONS, 661 Boylston Street, pg. 563
REGAN COMMUNICATIONS GROUP, 106 Union Wharf, pg. 642
REPUTATION INSTITUTE, 399 Boylston Street, pg. 449
RIDDLE & BLOOM, 54 Canal Street, pg. 133
RIGHTPOINT, 50 Milk Street, pg. 263
SALTWORKS, 437 D Street, pg. 197
SAMETZ BLACKSTONE ASSOCIATES, 40 West Newton Street , pg. 197
SHARON MERRILL ASSOCIATES, INC., 77 Franklin Street, pg. 646
SHIFT COMMUNICATIONS, LLC, 120 Saint James Avenue, pg. 647
SLEEK MACHINE, One State Street, pg. 142
SMALL ARMY, 300 Massachusetts Avenue, pg. 142
SOLOMON MCCOWN & CO., INC., 177 Milk Street, pg. 648
STRATEGIS, 555 Amory Street, pg. 414
THE BOSTON GROUP, 500 Harrison Avenue, pg. 418
THE CASTLE GROUP, INC., The Castle Group, pg. 652
THE FANTASTICAL, 33 Union Street, pg. 150
THE GEORGE P. JOHNSON COMPANY, 120 Saint James Avenue, pg. 316
THE GRIST, 181 Newbury Street, pg. 19
TRILIA, 53 State Street, pg. 521
ULTIMATE PARKING, Three Copley Place, pg. 294
VERSION 2 COMMUNICATIONS, 500 Harrison Avenue, pg. 658
WARNER COMMUNICATIONS, 31 Saint James Avenue, pg. 659
WEBER SHANDWICK, 40 Broad Street, pg. 660
WPP KANTAR MEDIA, 501 Boylston Street, pg. 451
ZOZIMUS AGENCY, 100 North Washington Street, pg. 665

Braintree

BKM MARKETING ASSOCIATES, 150 Grossman Drive, pg. 334
SATUIT TECHNOLOGIES, INC., 100 Grossman Drive, pg. 168

Brookline

NATIONAL BOSTON, 115 Dummer Street, pg. 253

Burlington

LEWIS GLOBAL COMMUNICATIONS, 200 Wheeler Road, pg. 380
RHYTHMONE, One Van De Graaf Drive, pg. 263

Cambridge

ALLIED INTEGRATED MARKETING, 55 Cambridge Parkway, pg. 576
CAMBRIDGE BIOMARKETING, 245 First Street, pg. 46
FEINSTEIN KEAN HEALTHCARE, 245 First Street, pg. 603
PJA ADVERTISING + MARKETING, 12 Arrow Street, pg. 397
SCRATCHMM, 84 Sherman Street, pg. 677
TANK DESIGN, 158 Sidney Street, pg. 201

Carlisle

LODICO & COMPANY, 60 McCallister Drive, pg. 381

Charlestown

BOSTON INTERACTIVE, 529 Main Street, pg. 218
COGNISCIENT MEDIA/MARC USA, 20 City Square, pg. 51
POLAR DESIGN, One Constitution Center, pg. 257
WALLWORK CURRY MCKENNA, 10 City Square, pg. 161

Chestnut Hill

D50 MEDIA, 1330 Boylston Street, pg. 348

Chicopee

ACCESS TO MEDIA, 432 Front Street, pg. 453

Concord

GROVE MARKETING, INC., Nine Damon Mill Square, pg. 237
TOTH + CO., 86 Baker Avenue Exension, pg. 202

Danvers

NEAL ADVERTISING, 153 Andover Street, pg. 391
SINGLE SOURCE M.A.P., INC., Post Office Box 29, pg. 142

Dedham

TCAA, 980 Washington Street, pg. 519

Fall River

EMAGINE, 1082 Davol Street, pg. 181

Fiskdale

ALL STAR INCENTIVE MARKETING, 660 Main Street, pg. 565

Foxboro

CLASSIC COMMUNICATIONS, 38 Mechanic Street, pg. 591

A-50

AGENCIES
GEOGRAPHIC INDEX OF AGENCIES

Framingham
COHEN-FRIEDBERG ASSOCIATES, 17 Lantern Road, pg. 343
COMMCREATIVE, 75 Fountain Street, pg. 343

Gloucester
HAGGMAN, 39 Shore Road, pg. 81

Hingham
ACOM HEALTHCARE, 175 Durby Street, pg. 26
HOLLYWOOD AGENCY, 18 Shipyard Drive, pg. 371

Holiston
INSIDE OUT COMMUNICATIONS, 23 Water Street, pg. 89

Hopkinton
BOSTON RESEARCH GROUP, One Ash Street, pg. 442

Lowell
CAPTIVATE NETWORK, INC, 900 Chelmsford Street, pg. 550

Marblehead
CGPR, 24 Prospect Street, pg. 589

Marlborough
PRESTON PRODUCTIONS, INC., 128 Barlett Street, pg. 314

Medfield
RONALD TRAHAN ASSOCIATES, INC., 258 Main Street, pg. 644

Milford
CHAMELEON DESIGN GROUP, 30 South Central Street, pg. 177

Milton
JACKRABBIT DESIGN, 333 Edge Hill Road, pg. 188

Natick
DIRECT ASSOCIATES, 46 Rockland Street, pg. 62
SUNDIN ASSOCIATES, 34 Main Street, pg. 415

Needham
ACCELERATION PARTNERS, 16 Rae Avenue, pg. 25
BBK WORLDWIDE, 117 Kendrick Street, pg. 37
EXTREME REACH, INC., 75 Second Avenue, pg. 552
RFBINDER PARTNERS, INC., 160 Gould Street, pg. 642
TRAKTEK PARTNERS, 661 Highland Avenue, pg. 271

Needham Heights
EBBEN GROUP, 175 Highland Avenue, pg. 67

Newbury Port
STACKPOLE & PARTNERS, 222 Merrimac Street, pg. 412

Newburyport
BRANDIGO, 26 Parker Street, pg. 336
MATTER COMMUNICATIONS, INC., 50 Waters Street, pg. 626
MECHANICA, 75 Water Street, pg. 13
STRAND MARKETING, 10 Railroad Street, pg. 144

Newton
ARIA MARKETING, INC., 73 Chapel Street, pg. 441
BRANDEQUITY INTERNATIONAL, Seven Great Meadow, pg. 175
BUYER ADVERTISING, INC., 189 Wells Avenue, pg. 338
MASSMEDIA, INC., 67 Walnut Hill Road, pg. 483
VIEWPOINT CREATIVE, 55 Chapel Street, pg. 159

North Andover
TR DESIGN, INC., 115 Tucker Farm Road, pg. 202

North Reading
FRESH COMMUNICATIONS, 246 Main Street, pg. 606

Norwood
CRAMER, 425 University Avenue, pg. 6

Osterville
PIERCE-COTE ADVERTISING, 683 Main Street, pg. 397

Peabody
AMERGENT, Nine Centennial Drive, pg. 279

Pittsfield
AH&M MARKETING COMMUNICATIONS, 152 North Street, pg. 575

Plymouth
CREATIVE RESOURCES GROUP, INC., 116 Long Pond Road, pg. 55

Quincy
HUBBELL GROUP, INC., 859 Willard Street, pg. 614
THRIVEHIVE, 108 Myrtle Street, pg. 271

Salem
ARTISAN CREATIVE, 27 Congress Street, pg. 173

Sharon
TIZIANI WHITMYRE, Commerce Center, pg. 155

Somerville
ALTITUDE, 21 Whipple Street, pg. 172
GROSSMAN MARKETING GROUP, 30 Cobble Hill Road, pg. 284
VDA PRODUCTIONS, 63 Inner Belt Road, pg. 317

South Boston
TEAK MEDIA COMMUNICATIONS, 840 Summer Street, pg. 652

South Hadley
DARBY O'BRIEN ADVERTISING, INC., Nine College Street, pg. 57

Stoneham
GEAR COMMUNICATIONS, 48 Elm Street, pg. 76

Stoughton
NORRIS & COMPANY, Five Cabot Place, pg. 391

Sturbridge
EXSEL ADVERTISING, 420 Main Street, pg. 70

Sudbury
ADVOCATES FOR HUMAN POTENTIAL, 490-B Boston Post Road, pg. 441
RED JAVELIN COMMUNICATIONS, INC., 30 Pelham Island Road, pg. 642

Topsfield
BRAINSELL TECHNOLOGIES, LLC, 458 Boston Street, pg. 167

Wakefield
CAM MEDIA, INC., 50 Audubon Road, pg. 457
EPSILON, 601 Edgewater Drive, pg. 282

Waltham
ABERDEEN GROUP, INC., 60 Hickory Drive, pg. 441
BOATHOUSE GROUP, INC., 260 Charles Street, pg. 40
INKHOUSE PUBLIC RELATIONS, 260 Charles Street, pg. 615

Watertown
AIGNER/PRENSKY MARKETING GROUP, 200 Dexter Avenue, pg. 324
DIGITAL IMPULSE, 480 Pleasant Street, pg. 225
GEOVISION, 203 Arlington Street, pg. 540
GREENOUGH COMMUNICATIONS, One Brook Street, pg. 610
SASAKI ASSOCIATES, 64 Pleasant Street, pg. 198

Westborough
RAINIER COMMUNICATIONS, 287 Turnpike Road, pg. 641

GEOGRAPHIC INDEX OF AGENCIES

Weston

GOBIG BRANDING, INC., Two Amanda Lane, pg. 184
T1 MEDIA, LCC, Eight Viles Street, pg. 518

Westwood

UNIVERSAL WILDE, 26 Dartmouth Street, pg. 428

Whitinsville

ACCESS TCA, INC., One Main Street, pg. 210

Winchester

FUSEIDEAS, LLC, Eight Winchester Place, pg. 306

Woburn

PSYNCHRONOUS COMMUNICATIONS, 300 Trade Center, pg. 130
THE WARD GROUP, Eighth Cedar Street, pg. 520

Worcester

DAVIS ADVERTISING, 1331 Grafton Street, pg. 58
PAGANO MEDIA, 11 Millbrook Street, pg. 256
PALLEY ADVERTISING & SYNERGY NETWORKS, 100 Grove Street, pg. 396

MICHIGAN

Ann Arbor

BIDLACK CREATIVE GROUP, 2300 Washtenaw Avenue, pg. 39
HOOK, 255 East Liberty Street, pg. 239
INTERSECT DIGITAL LLC, 709 West Huron Street, pg. 242
LOGIC SOLUTIONS, INC., 2929 Plymouth Road, pg. 247
MEDIACOM, 2100 Commonwealth Boulevard, pg. 249
MOVE COMMUNICATIONS, 804 Phoenix Drive, pg. 389
PERFICIENT DIGITAL, 3027 Miller Road, pg. 257
PERICH ADVERTISING, 117 North First Street, pg. 126
PHIRE GROUP, 111 Miller Avenue, pg. 397
PWB, 2723 South State Street, pg. 131
Q LTD, 109 Catherine Street, pg. 15
RE:GROUP, INC., 213 West Liberty Street, pg. 403

Auburn Hills

LOCALBIZNOW, 1030 Doris Road, pg. 675
SPAR GROUP, INC., 1910 Updike Court, pg. 266
THE GEORGE P. JOHNSON COMPANY, 3600 Giddings Road, pg. 316

Beverly Hills

LERNER ADVERTISING, 19940 Sunnyslope, pg. 99

Birmingham

BLUE WHEEL MEDIA, 325 South Old Woodward, pg. 335
BROGAN & PARTNERS, 800 North Woodward Avenue, pg. 538

MCCANN WORLDGROUP, 360 West Maple Road, pg. 109
MRM//MCCANN, 360 West Maple Road, pg. 252
PUBLICIS.SAPIENT, 135 North Old Woodward, pg. 260
RAPPORT OUTDOOR WORLDWIDE, 205 Hamilton Row, pg. 556
SHIFT DIGITAL, 348 East Maple Road, pg. 265
UNIVERSAL MCCANN DETROIT, 205 Hamilton Row, pg. 524
WEBER SHANDWICK, 360 West Maple Avenue, pg. 662

Bloomfield

MARX BUSCEMI EISBRENNER GROUP, 43700 Woodward Avenue, pg. 626

Bringham Farms

PUSHTWENTYTWO, 30300 Telegraph Road, pg. 401

Clarkston

MONAHAN MEDIA, Post Office Box 1890, pg. 496
YOLO SOLUTIONS, 39 South Main Street, pg. 436

Clawson

CREATIVE SOLUTIONS GROUP, 1250 North Crooks Road, pg. 303
TRAFFIC DIGITAL AGENCY, 110 South Main Street, pg. 271

Dearborn

CAMPBELL MARKETING AND COMMUNICATIONS, 3200 Greenfield Road, pg. 339
GTB, 550 Town Center Drive, pg. 367
HUDSON ROUGE, 550 Town Center Drive, pg. 372
UWG, 550 Town Center Drive, pg. 546
XPERIENCE COMMUNICATIONS, 3 Parklane Boulevard, pg. 318
ZUBI ADVERTISING, 550 Town Center Drive, pg. 547

Detroit

AGENCY 720, 500 Woodward Avenue, pg. 323
AMNET, 500 Woodward Avenue, pg. 454
AVANCE COMMUNICATIONS, INC., 535 Griswold Street, pg. 579
CAMPBELL EWALD, 2000 Brush Street, pg. 46
CARAT, 500 Woodward Avenue, pg. 461
COMMONWEALTH // MCCANN 500 Woodward Avenue, pg. 52
D/CAL, 500 Griswold Street, pg. 56
DIGITAS, 150 West Jefferson Avenue, pg. 229
FLEISHMANHILLARD, 500 Woodward Avenue, pg. 606
FRANCO PUBLIC RELATIONS GROUP, 400 Renaissance Center, pg. 606
GAS STATION TV, 1201 Woodward Avenue, pg. 552
JACK MORTON WORLDWIDE, 2000 Brush Street, pg. 309
LOVIO-GEORGE, INC., 681 West Forest Avenue, pg. 101
MARTIN RETAIL GROUP, 100 Renaissance Center Drive, pg. 106
ONEMAGNIFY, One Kennedy Square, pg. 394
POSTERSCOPE U.S.A., 500 Woodward Avenue, pg. 556
REBUILD, 2921 East Grand Boulevard, pg. 403
STARCOM WORLDWIDE, 150 West Jefferson Avenue, pg. 517
VANDYKE-HORN, 3011 West Grand Boulevard, pg. 658

East Grand Rapids

DESIGNVOX, 652 Croswell Avenue, Southeast, pg. 179

East Lansing

MITCHELL RESEARCH, 314 Evergreen Street, pg. 448

Farmington Hills

CKC AGENCY, 28580 Orchard Lake Road, pg. 590
DP+, 38505 Country Club Drive, pg. 353
EVIEW 360 CORPORATION, 39255 Country Club Drive, pg. 182
GAIL & RICE, 30700 North Western Highway, pg. 306
J.R. THOMPSON COMPANY, 26970 Haggerty Road, pg. 376
J.R. THOMPSON COMPANY, 26970 Haggerty Road, pg. 91
LATCHA+ASSOCIATES, 24600 Hallwood Ct, pg. 168
MARX LAYNE & COMPANY, 31420 Northwestern Highway, pg. 626
THE ALLEN LEWIS AGENCY, LLC, 30600 Northwestern Highway, pg. 148

Flint

OLMSTED ASSOCIATES, 432 North Saginaw Street, pg. 193

Grand Rapids

ADVANCE 360, 169 Monroe Avenue Northwest, pg. 211
AUXILIARY, 818 Butterworth Southwest, pg. 173
CULL GROUP, 1432 Wealthy Street, SE, pg. 56
DDM MARKETING & COMMUNICATIONS, 100 Grandville Southwest, pg. 6
FUSIONARY MEDIA, INC., 220 Grandville Avenue, Southwest, pg. 236
LAMBERT EDWARDS & ASSOCIATES INC., 47 Commerce Avenue Southwest, pg. 621
MLIVE MEDIA GROUP, 169 Monroe Avenue Northwest, pg. 388
PEOPLE DESIGN, 168 Louis Campau Promenade Northwest, pg. 194
PROFESSIONAL MEDIA MANAGEMENT, 528 Bridge Street, pg. 130
SEYFERTH & ASSOCIATES, INC., 40 Monroe Center, Northwest, pg. 646
STEVENS ADVERTISING, 190 Monroe Avenue Northwest, pg. 413

Harrison Township

HARRISON MEDIA, 28062 Lansdowne Drive, pg. 468

Haslett

STONY POINT COMMUNICATIONS, INC., Post Office Box 640, pg. 650

Huntington Woods

YOUR PEOPLE LLC, 25121 Scotia Road, pg. 664

Kalamazoo

A-52

AGENCIES

MAXWELL & MILLER MARKETING COMMUNICATIONS, 141 East Michigan Avenue, pg. 384
SCHAWK, INC., 2325 North Burdick, pg. 16
VMLY&R, 600 East Michigan Avenue, pg. 274

Lansing

ADAMS OUTDOOR ADVERTISING, 3801 Capital City Boulevard, pg. 549
EDGE PUBLICOM, 117 East Kalamazoo Street, pg. 354
FORESIGHT GROUP, 2822 North Martin Luther King Jr. Boulevard, pg. 74
GUD MARKETING, 1223 Turner Street, pg. 80
MESSAGE MAKERS, 1217 Turner Street, pg. 627

Livonia

VALASSIS, 19975 Victor Parkway, pg. 294

Madison Heights

D | FAB DESIGN, 1100 East Mandoline Avenue, pg. 178
MVP COLLABORATIVE, INC., 1751 East Lincoln Avenue, pg. 312
NETLINK, 999 Tech Row, pg. 253

Midland

AMPM, INC., 7403 West Wackerly Street, pg. 325
CLEAR RIVER ADVERTISING & MARKETING, 2401 Eastlawn Drive, pg. 177

Norton Shores

SOURCE ONE DIGITAL, 1137 North Gateway Boulevard, pg. 292

Pontiac

ADRIAN & ASSOCIATES, 100 Cherokee Road, pg. 575

Redford

JEKYLL AND HYDE, 26135 Plymouth Road, pg. 92

Rochester

DANIEL BRIAN ADVERTISING, 222 South Main Street, pg. 348

Rochester Hills

EEI GLOBAL, 1400 South Livernois, pg. 304

Royal Oak

AIRFOIL PUBLIC RELATIONS, 336 North Main Street, pg. 575
BERLINE, 423 North Main Street, pg. 39

Saginaw

THE SCOTT & MILLER GROUP, 816 South Hamilton Street, pg. 152

Saint Joseph

JOHNSON-RAUHOFF, INC., 2525 Lake Pine Drive, pg. 93

RADIX COMMUNICATION, 3399 South Lakeshore Drive, pg. 132

Southfield

DONER, 25900 Northwestern Highway, pg. 63
KANTAR MILLWARD BROWN, Two Towne Square, pg. 446
MEDIA ASSEMBLY, 25800 Northwestern Highway, pg. 385
MONCUR ASSOCIATES, 20700 Civic Center Drive, pg. 251
STRATACOMM, INC., 3000 Town Center, pg. 650
THE MARS AGENCY, 25200 Telegraph Road, pg. 683
THE SUSSMAN AGENCY, 29200 Northwestern Highway, pg. 153
THE YAFFE GROUP, 26100 American Drive, pg. 154

Sterling Heights

EVENTLINK, LLC, 5500 18 Mile Road, pg. 305

Traverse City

FLIGHT PATH CREATIVE, 117 Half South Union Street, pg. 74
HARRINGTON COMMUNICATIONS, 1415 Inochee Farm, pg. 611
PRACTICAL ECOMMERCE, 125 South Park Street, pg. 676

Troy

ALLIED INTEGRATED MARKETING, 1301 West Long Lake Road, pg. 324
BASSO DESIGN GROUP, 1050 Wilshire Drive, West, pg. 215
BIANCHI PUBLIC RELATIONS, INC., 888 West Big Beaver Road, pg. 583
KRACOE SZYKULA & TOWNSEND INC., 2950 West Square Lake Road, pg. 96
LEO BURNETT DETROIT, 3310 West Big Beaver Road, pg. 97
MEDIA GENESIS, INC., 1441 East Maple Road, pg. 249
MSL DETROIT, 3310 West Big Beaver Road, pg. 629
ORGANIC, INC., 888 West Big Beaver Road, pg. 256
REAL INTEGRATED, 888 West Big Beaver Road, pg. 403
SIMONS / MICHELSON / ZIEVE, INC., 1200 Kirts Boulevard, pg. 142
SSDM, 850 Stephenson Highway, pg. 412

Wyoming

MTI, 3960 Jefferson Avenue Southeas, pg. 118

MINNESOTA

Big Lake

H&G MARKETING, 17217 198th Avenue, pg. 80

Bloomington

AXIOM MARKETING COMMUNICATIONS, 3800 American Boulevard, pg. 579
CUNEO ADVERTISING, 1401 American Boulevard East, pg. 56
TUNHEIM PARTNERS, 8009 34th Avenue, South, pg. 657

Brainerd

ADVENTURE CREATIVE, 1001 Kingwood Street, pg. 28

Chanhassen

IWCO DIRECT, 7951 Powers Boulevard, pg. 286

Duluth

HAILEY SAULT, Deltt-Seitz Market Place, pg. 81
OUT THERE ADVERTISING, 22 East Second Street, pg. 395
UBM, 325 West First Street, pg. 521
WESTMORELAND FLINT, 11 East Superior Street, pg. 161

Eagan

CPC EXPERIENTIAL, 1301 Corporate Center Drive, pg. 303

Eden Prairie

CRC MARKETING SOLUTIONS, 6321 Bury Drive, pg. 345
LILJA INC., 8953 Aztec Drive, pg. 622

Edina

ILM SERVICES, 5221 Viking Drive, pg. 241

Excelsior

PENN GARRITANO DIRECT RESPONSE MARKETING, 2500 Shadywood Road, pg. 290
STELLAR MARKETING, 350 Highway 7, pg. 518

Golden Valley

TRUE MEDIA, 4969 Olsen Memorial Highway, pg. 156

Grand Rapids

ARROWHEAD PROMOTIONS & FULFILLMENT CO., INC., 1105 Southeast Eighth Street, pg. 566

Minneapolis

10 THOUSAND DESIGN, 400 First Avenue North, pg. 171
5IVE, 1620 Central Avenue Northeast, pg. 23
AGENCY SQUID, 414 North Third Avenue, pg. 441
AGENCY UNDERGROUND, 805 Mainstreet, pg. 1
AIMIA, 100 North Sixth Street, pg. 167
B-SWING, 700 Washington Avenue, pg. 215
BARSUHN DESIGN, 527 Marquette Avenue, pg. 174
BBDO MINNEAPOLIS, 150 South Fifth Street, pg. 330
BELLMONT PARTNERS PUBLIC RELATIONS, 3300 Edinborough Way, pg. 582
BLUESPIRE INC., 7650 Edinborough Way, pg. 335
BOLIN MARKETING, 2523 Wayzata Boulevard, pg. 41
BROADHEAD, 123 North Third Street, pg. 337
CAPSULE, 100 Second Avenue North, pg. 176
CARMICHAEL LYNCH, 110 North Fifth Street, pg. 47
CICERON, 126 North Third Street, pg. 220
CLARITY COVERDALE FURY, 121 South Eighth Street, pg. 342
CLEAR CHANNEL OUTDOOR, 3225 Spring Street Northeast, pg. 551
CLOCKWORK ACTIVE MEDIA, 1501 East Hennepin

A-53

GEOGRAPHIC INDEX OF AGENCIES

Avenue, pg. 221
COLLE MCVOY, 400 First Avenue, North, pg. 343
COMPASS DESIGN, INC., 401 North Third Ssstreet, pg. 178
CREATIVE COMMUNICATIONS CONSULTANTS, INC., 111 Third Avenue, South, pg. 346
CUE, INC., 520 Nicollet Mall, pg. 6
D.TRIO MARKETING GROUP, 401 North Third Street, pg. 348
DKY INTEGRATED MARKETING COMMUNICATIONS, 6009 Penn Avenue South, pg. 352
E10, 401 North Third Street, pg. 353
ESSENCE, 100 South Fifth Street, pg. 233
EVANS LARSON COMMUNICATIONS, 401 North Third Street, pg. 602
EXPONENT PR, 400 First Avenue North, pg. 602
FALLON WORLDWIDE, 500 North Third Street, pg. 70
FALLS AGENCY, 635 Ninth Street Southeast, pg. 70
FAME, 121 Washington Avenue North, pg. 70
FAST HORSE, 240 Ninth Avenue North, pg. 603
FOLKLORE DIGITAL, 319 First Avenue North, pg. 235
FORWARDPMX, 505 Highway 169 North, pg. 360
FRANKE AND FIORELLA, 401 North Third Street, pg. 184
FRIENDS & NEIGHBORS, 27 North Fourth Street, pg. 7
FRWD, 120 First Avenue North, pg. 235
GAGE, 10000 Highway 55, pg. 361
GEOMETRY, 100 North Sixth Street, pg. 363
GRIFFIN ARCHER, 126 North Third Street, pg. 78
HABERMAN, 430 First Avenue North, pg. 369
HANLEY WOOD MARKETING, 430 First Avenue, North, pg. 9
HAWORTH MARKETING & MEDIA, 45 South Seventh Street, pg. 470
HODDER, 3925 Excelsior Boulevard, pg. 86
HOT DISH ADVERTISING, 800 Washington Avenue, North, pg. 87
HUNT ADKINS, 15 South Fifth Street, pg. 372
ICF NEXT, 420 North Fifth Street, pg. 372
IDEAS THAT KICK, 911 West 50th Street, pg. 186
INGREDIENT, 1621 Hennepin Avenue, East, pg. 10
J.T. MEGA, INC., 4020 Minnetonka Boulevard, pg. 91
KARWOSKI & COURAGE, 150 South Fifth Street, pg. 618
KNOCK, INC., 1307 Glenwood Avenue, pg. 95
KRUSKOPF & COMPANY, 310 Fourth Avenue, South, pg. 96
LEVEL, 724 North First Street, pg. 99
LINNIHAN FOY ADVERTISING, 615 First Avenue Northeast, pg. 100
LITTLE & COMPANY, 100 Washington Avenue, South, pg. 12
MACCABEE GROUP PUBLIC RELATIONS, 211 North First Street, pg. 624
MAGID, 8500 Normandale Lake Boulevard, pg. 447
MANRIQUE GROUP, 333 Washington Avenue North, pg. 311
MARKETING ARCHITECTS, 110 Cheshire Lane, pg. 288
MARKETINGLAB, 701 Washington Avenue North, pg. 568
MARTIN WILLIAMS ADVERTISING, 150 South Fifth Street, pg. 106
MAY ADVERTISING & DESIGN, INC., 724 North First Street, pg. 107
MCCANN MINNEAPOLIS, 510 Marquette Avenue, pg. 384
MEDIA BRIDGE ADVERTISING, 212 Third Avenue North, pg. 484
MIRUM AGENCY, 100 North Sixth Street, pg. 251
MODERN CLIMATE, 515 Washington Avenue North, pg. 388
MONO, 1350 Lagoon Avenue, pg. 117
MORSEKODE, 333 South Seventh Street, pg. 14
NEMER, FIEGER & ASSOCIATES, 6250 Excelsior Boulevard, pg. 391
NINA HALE CONSULTING, 100 South Fifth Street, pg. 675
NORTH WOODS ADVERTISING, 402 South Cedar Lake Road, pg. 121
OUTFRONT MEDIA, 815 Highway 169 North, pg. 555
OVATIVE GROUP, 729 North Washington Avenue, pg. 256
PADILLA, 1101 West River Parkway, pg. 635
PEGGY LAURITSEN DESIGN GROUP, 125 Main Street, Southeast, pg. 194
PERISCOPE, 921 Washington Avenue, South, pg. 127
PERSUASION ARTS & SCIENCES, 16 West 26th Street, pg. 15
PETERSON MILLA HOOKS, 1315 Harmon Place, pg. 127
POCKET HERCULES, 510 First Avenue North, pg. 398
PRESTON KELLY, 222 First Avenue Northeast, pg. 129
PUBLIC WORKS, 211 North First Street, pg. 130
REVIVE HEALTH, 510 South Marquette Avenue, pg. 133
RILEY HAYES ADVERTISING, INC., 333 South First Street, pg. 407
RISE AND SHINE AND PARTNERS, 400 First Avenue North, pg. 134
ROCKET55, 807 Broadway Street Northeast, pg. 264
RUSSELL HERDER, 275 Market Street, pg. 136
SCALES ADVERTISING, 807 Broadway Street, pg. 138
SCHERMER, 12 North 12th Street, pg. 16
SIXSPEED, 4828 West 35th Street, pg. 198
SOLVE, Nine South 12th Street, pg. 17
SPACE150, 212 Third Avenue, North, pg. 266
SPYGLASS CREATIVE, 1639 Hennepin Avenue South, pg. 200
STONEARCH CREATIVE, 710 South Second Street, pg. 144
SUSSNER DESIGN COMPANY, 718 Washington Avenue North, pg. 200
TAIT SUBLER, 60 South Sixth Street, pg. 19
TEAM ARROW PARTNERS - GROUPM, 100 South Fifth Street, pg. 519
THE LACEK GROUP, 900 Second Avenue, South, pg. 270
THE THORBURN GROUP, 811 Glenwood Avenue, pg. 20
THREAD CONNECTED CONTENT, 807 Broadway Street Northeast, pg. 202
TREAT AND COMPANY, LLC, 1315 Glenwood Avenue, pg. 202
TRUE MEDIA, 701 North Third Street, pg. 521
UNO, 111 East Franklin Avenue, pg. 21
WEBER SHANDWICK, 510 South Marquette Avenue, pg. 660
WORDS AT WORK, 800 Washington Avenue North, pg. 163
YAMAMOTO, 219 North Second Street, pg. 435

Minnetonka

BAKER & ASSOCIATES, 6110 Blue Circle Drive, pg. 174
MEDIASPACE SOLUTIONS, 5600 Rowland Road, pg. 490
THE ZIMMERMAN GROUP, 12701 Whitewater Drive, pg. 426

Plymouth

AGENTI MEDIA SERVICES, Two Carlson Parkway, pg. 453
ALLOVER MEDIA, 16355 36th Avenue, North, pg. 549
INFINITY DIRECT, 13220 County Road Six, pg. 286
NOVUS MEDIA, INC., Two Carlson Parkway, pg. 497

Rogers

ARTBOX CREATIVE STUDIOS, 12903 Main Street, pg. 173

Roseville

ALL COVERED, 2812 Fairview Avenue, North, pg. 212
RISDALL MARKETING GROUP, 2685 Long Lake Road, pg. 133

Saint Cloud

DON FARLEO AD & DESIGN CO., 56 33rd Avenue South, pg. 63

Saint Louis Park

LABELLE BARIN ADVERTISING, 1000 Shelard Parkway, pg. 379

Saint Paul

BEEHIVE PR, 1021 Bandana Boulevard East, pg. 582
DESIGN CENTER, INC., 2040 Saint Clair Avenue, pg. 179
GOFF PUBLIC, 444 Cedar Street, pg. 608
PLAUDIT DESIGN, 2470 University Avenue West, pg. 257
STUDE-BECKER ADVERTISING, 332 Minnesota Street, pg. 18
THREE DEEP MARKETING, 289 Fifth Street East, pg. 678

St Paul

BOATBURNER, 275 East Fourth Street, pg. 40

St. Cloud

GASLIGHT CREATIVE, 713 West Germain Street, pg. 361

St. Paul

BROWN & BIGELOW, 345 Plato Boulevard East, pg. 566

MISSISSIPPI

Flowood

THE CIRLOT AGENCY, INC., 1505 Airport Road, pg. 149

Jackson

BRODERICK ADVERTISING, 735 Riverside Drive, pg. 43
GODWIN GROUP, 190 East Capitol Street, pg. 364
MARIS, WEST & BAKER, 18 Northtown Drive, pg. 383
MISSISSIPPI PRESS SERVICES, 371 Edgewood Terrace, pg. 496
THE RAMEY AGENCY, 3100 North State Street, pg. 422

Madison

SOURCELINK, LLC, Five Olympic Way, pg. 292

Meridian

AGENCIES

GEOGRAPHIC INDEX OF AGENCIES

LEADING EDGES ADVERTISING, 2100 Eighth Street, pg. 97

Ridgeland

FRONTIER STRATEGIES, INC., 740 Avignon Drive, pg. 465
MAD GENIUS, 279 South Perkins Street, pg. 13

St. Louis

MIND ACTIVE, 7803 Clayton Road, pg. 675

MISSOURI

Chesterfield

FEATURE ADVERTISING, 1415 Elbridge Payne, pg. 673
MARKETING ALTERNATIVES, INC., 155 Chesterfield Industrial Boulevard, pg. 105

Columbia

INFLUENCE & CO, 2005 West Broadway, pg. 615
THE EVOKE GROUP, 505 Fay Street, pg. 270
TRUE MEDIA, 500 Business Loop 70 West, pg. 521
WOODRUFF, 501 Fay Street, pg. 163

Earth City

VESTCOM, 4288 Rider Trail North, pg. 571

Fenton

THE KERRY GROUP, 44 Soccer Park Road, pg. 316

Hazelwood

FISERV, INC., 5875 North Lindbergh Boulevard, pg. 283

Jefferson City

COMMUNIQUE, INC., 512 East Capital Avenue, pg. 592

Kansas City

BARKLEY, 1740 Main Street, pg. 329
BERNSTEIN-REIN ADVERTISING, INC., 4600 Madison Avenue, pg. 39
CROSSROADS, 1740 Main Street, pg. 594
DEPARTMENT ZERO, 2023 Washington Street, pg. 691
EMFLUENCE, LLC, 106 West 11th Street, pg. 231
FASONE PARTNERS, INC., 4003 Pennsylvania Avenue, pg. 357
FLEISHMANHILLARD, 2405 Grand Boulevard, pg. 604
GLYNNDEVINS MARKETING, 8880 Ward Parkway, pg. 364
GRAGG ADVERTISING, 450 East Fourth Street, pg. 78
INQUEST MARKETING, 9100 Ward Parkway, pg. 445
KENDAL KING GROUP, 1925 Central Street, pg. 188
MK12 STUDIOS, 4200 Pennsylvania Avenue, pg. 191
MMGY GLOBAL, 4601 Madison Avenue, pg. 388
NATIVE DIGITAL, LLC, 3502 Gillham Road, pg. 253

OUTFRONT MEDIA, 2459 Summit Street, pg. 555
PARRIS COMMUNICATIONS, INC., 4510 Bellview Avenue, pg. 125
SAGE, 1525 Locust Street, pg. 645
SANDBOX, 300 Wyandotte Street, pg. 409
SIGNAL THEORY, 4050 Pennsylvania Avenue, pg. 141
STURGES & WORD, 810 Baltimore Avenue, pg. 200
TROZZOLO COMMUNICATIONS GROUP, 811 Wyandotte Street, pg. 657
VMLY&R, 250 Richards Road, pg. 274
WILLOUGHBY DESIGN GROUP, 602 Westport Road, pg. 205
WUNDERMAN HEALTH - KANSAS CITY, 300 Northeast Richards Road, pg. 164

Nixa

DL MEDIA INC., 720 West Center Circle, pg. 63

Olivette

MUSEN STEINBACH WEISS, 9666 Olive Boulevard, pg. 119

Overland Park

INK, INC., 10561 Barkley Place, pg. 615

Saint Louis

2E CREATIVE, 411 North Tenth Street, pg. 23
ABSTRAKT MARKETING GROUP, 701 North First Street, pg. 322
ADVERTISING SAVANTS, 2100 Locust Street, pg. 28
ALLIED INTEGRATED MARKETING, 103 West Lockwood, pg. 324
AMPLIFIED DIGITAL AGENCY, 900 North Tucker Boulevard, pg. 213
ANSIRA, 2300 Locust Street, pg. 280
BLACK TWIG, LLC, 7711 Bonhomme Avenue, pg. 3
BRIGHTON AGENCY, INC., 7711 Bonhomme Avenue, pg. 337
CANNONBALL AGENCY, 8251 Maryland Avenue, pg. 5
CHECKMARK COMMUNICATIONS, 1111 Chouteau Avenue, pg. 49
COOLFIRE STUDIOS, 1101 Lucas Avenue, pg. 561
CREATIVE PRODUCERS GROUP, 1220 Olive Street, pg. 303
DDI MEDIA, 8315 Drury Industrial Parkway, pg. 551
DICOM, INC., 12412 Powerscourt Drive, pg. 464
DIRECT IMPACT, INC., 655 Craig Road, pg. 62
DOVETAIL, 12 Maryland Plaza, pg. 64
FALK HARRISON, INC., 1300 Baur Boulevard, pg. 183
FLEISHMANHILLARD, 200 North Broadway, pg. 604
GEILE/LEON MARKETING COMMUNICATIONS, 5257 Shaw Avenue, pg. 362
GROUPM NEXT, 622 Emerson Road, pg. 439
H&L PARTNERS, 4625 Lindell Boulevard, pg. 80
HAUSER GROUP PUBLIC RELATIONS, 13354 Manchester Road, pg. 612
HUGHESLEAHYKARLOVIC, 1141 South Seventh Street, pg. 372
INTEGRITY, 6358 Delmar Boulevard, pg. 90
JUMP COMPANY, 1120 South Sixth Street, pg. 378
KICKING COW PROMOTIONS, INC., 710 North Second Street, pg. 309
KIKU OBATA & CO., 6161 Delmar Boulevard, pg. 188
KUHL SWAINE, 1016 Mississippi Avenue, pg. 11
KUHLMANN LEAVITT, 7400 Pershing Avenue, pg. 189
LENTS AND ASSOCIATES LLC, 1750 South Brentwood Boulevard, pg. 622
LUCAS MARKET RESEARCH, 4101 Rider Trail North, pg. 447
MANIFEST, 4625 Lindell Boulevard, pg. 248
MEDIACROSS, INC., 2001 South Hanley Road, pg. 112
MOMENTUM WORLDWIDE, 1831 Chestnut Street, pg. 568
MOOSYLVANIA, 7303 Marietta Avenue, pg. 568
NEW HONOR SOCIETY, 555 Washington Avenue, pg. 391
NOCOAST ORIGINALS, 1910 Locust Street, pg. 312
OBATA DESIGN, INC., 1610 Menard Street, pg. 193
OSBORN & BARR COMMUNICATIONS, 914 Spruce Street, pg. 395
OUTFRONT MEDIA, 6767 North Hanley Road, pg. 555
PARADOWSKI CREATIVE, 349 Marshall Avenue, pg. 125
PHOENIX CREATIVE, 555 Washington Avenue, pg. 128
PROPAGANDA, 3115 South Grand Boulevard, pg. 196
PURVIANCE & COMPANY, 7404 Bland Avenue, pg. 196
RODGERS TOWNSEND, LLC, 200 North Broadway, pg. 407
SUMMIT MARKETING, 425 North New Ballas Road, pg. 570
SWITCH, 6600 Manchester Avenue, pg. 145
SYNERGY GROUP, 29 Ravens Pointe Drive, pg. 651
THE STANDING PARTNERSHIP, 1610 Des Peres Road, pg. 655
THE VANDIVER GROUP, INC., 16052 Swingley Ridge Road, pg. 425
TOKY BRANDING + DESIGN, 3001 Locust Street, pg. 202
UNICOM ARC, 505 South Ewing Avenue, pg. 657
WEBER SHANDWICK, 555 Washington Avenue, pg. 660

Sedalia

CALLIS & ASSOCIATES, 1727 West Seventh Street, pg. 46

Springfield

ADSMITH COMMUNICATIONS, INC., 1736 East Sunshine, pg. 28
GATESMAN, 2215 West Chesterfield Boulevard, pg. 361
LONGITUDE, 334 East Walnut Street, pg. 12
MARLIN NETWORK, 305 West Mill Street, pg. 105
THE WINNIE GROUP, PO Box 10745, pg. 425

St. Charles

BMG, 1540 Country Club Plaza, pg. 335

St. Louis

ATOMICDUST, 3021 Locust Street, pg. 214
FUSION MARKETING, 1928 Locus Street, pg. 8
HOT IN THE KITCHEN, 3118 Sutton Boulevard, pg. 9
SAPPER CONSULTING, LLC, 2127 Innerbelt Business Center Drive, pg. 291
STEADYRAIN, 716 Geyer Avenue, pg. 267
STEALTH CREATIVE, 1617 Locust Street, pg. 144
WE ARE ALEXANDER, 1227 Washington Avenue, pg. 429

St.Louis

MARKETPLACE, 6500 Chippewa Street, pg. 105

MONTANA

GEOGRAPHIC INDEX OF AGENCIES

AGENCIES

Billings
G+G ADVERTISING, 2804 Third Avenue North, pg. 540
KINETIC MARKETING GROUP, 117 North Broadway, pg. 95

Bozeman
FLYING HORSE COMMUNICATION, 212 Discovery Drive, pg. 359

Great Falls
BANIK COMMUNICATIONS, 18 Sixth Street North, pg. 580
WENDT, 105 Park Drive South, pg. 430

Missoula
M+R, 526 East Front Street, pg. 12
PARTNERSCREATIVE, 603 Woody Street, pg. 125
SPIKER COMMUNICATIONS, 3200 Brooks Street, pg. 17

NEBRASKA

Hastings
IDEA BANK MARKETING, 701 West Second Street, pg. 88

Kearney
SCORR MARKETING, 2201 Central Avenue, pg. 409

Lincoln
ACTON INTERNATIONAL, LTD., 5760 Cornhusker Highway, pg. 279
ARCHRIVAL, INC., 720 O Street, pg. 1
FIRESPRING, 1201 Infinity Court, pg. 234
FIRESPRING, 1201 Infinity Court, pg. 358
SWANSON RUSSELL ASSOCIATES, 1202 P Street, pg. 415
UNANIMOUS, 8600 Executive Woods Drive, pg. 203

Omaha
ANDERSON PARTNERS, 444 Regency Parkway Drive, pg. 31
BAILEY LAUERMAN, 1299 Farnam Street, pg. 35
BOZELL, 1022 Leavenworth Street, pg. 42
CENTRAL ADDRESS SYSTEMS, 10303 Crown Point Avenue, pg. 281
DAAKE DESIGN CENTER, 17002 Marcy Street, pg. 178
EG INTEGRATED, 11820 Nicholas Street, pg. 354
EMSPACE + LOVGREN, 105 North 31st Avenue, pg. 355
ENVOY, INC., 3317 North 107th Street, pg. 356
INTERTWINE INTERACTIVE, 1111 North 13th Street, pg. 242
LUKAS PARTNERS, 11915 P Street, pg. 623
RCG ADVERTISING AND MEDIA, 10031 Maple Steet, pg. 403
SKAR ADVERTISING, 111 South 108th Avenue, pg. 265
SWANSON RUSSELL, 14301 FNB Parkway, pg. 415
ZAISS & COMPANY, 11626 Nicholas Street, pg. 165

NEVADA

Carson City
IN PLAIN SIGHT MARKETING LLC, 515 West Fourth Street, pg. 89

Henderson
VIRGEN ADVERTISING, 2470 Saint Rose Parkway, pg. 159

Incline Village
EXL MEDIA, 803 Tahoe Boulevard, pg. 465

Las Vegas
10E MEDIA, 1930 Village Center Circle, pg. 573
ARTISANS ON FIRE, 1114 South Main Street, pg. 327
B&P ADVERTISING, 900 South Pavillion Center Drive, pg. 35
FAISS FOLEY WARREN, 100 North City Parkway, pg. 602
GEARY INTERACTIVE, 3136 East Russell Road, pg. 76
KIRVIN DOAK COMMUNICATIONS, 5230 West Patrick Lane, pg. 620
LAS VEGAS EVENTS, 770 East Warm Springs Road, pg. 310
MC2, 6830 Sensor Street, pg. 311
NTOOITIVE DIGITAL, 8350 West Sahara Avenue, pg. 254
PR PLUS, INC., 5576 South Balforte Apachee Road, pg. 638
PREFERRED PUBLIC RELATIONS & MARKETING, 2630 South Jones Boulevard, pg. 638
Q ADVERTISING & PUBLIC RELATIONS, 8080 West Sahara Avenue, pg. 131
R&R PARTNERS, 900 South Pavilion Center Drive, pg. 131
ROBERTSON+PARTNERS, 6061 South Fort Apache Road, pg. 407
THE FERRARO GROUP, 9205 West Russell Road, pg. 653
THRIVEHIVE, 1160 North Town Center Road, pg. 271
YESCO OUTDOOR MEDIA, 5119 South Cameron Street, pg. 559

North Las Vegas
DERSE, INC., 3200 East Gowan, pg. 304

Reno
AMPLIFY RELATIONS, 10 State Street, pg. 577
CCMEDIA, 448 Ridge Street, pg. 49
ESTIPONA GROUP, Post Office Box 10606, pg. 69
FOUNDRY, 255 North Sierra Street, pg. 75
KPS3 MARKETING AND COMMUNICATIONS, 500 Ryland, pg. 378
MINOR O'HARRA ADVERTISING, 6170 Ridgeview Court, pg. 387
NOBLE STUDIOS, 50 West Liberty Street, pg. 254
R&R PARTNERS, 6160 Plumas Street, pg. 131

NEW BRUNSWICK

Moncton

HAWK, 77 Vaughn Harvey Boulevard, pg. 83

NEW HAMPSHIRE

Bedford
M5, 41 South River Road, pg. 102

Greenland
MICROARTS CREATIVE AGENCY, 655 Portsmouth Avenue, pg. 191

Hollis
FARM DESIGN INCORPORATED, 12 Silver Lake Road, pg. 71

Keene
COMMUNICATORS GROUP, Nine Church Street, pg. 344
PARAGON DIGITAL MARKETING, 20 Central Square, pg. 675

Londonderry
AGILITEE SOLUTIONS, INC., 23 Bunker Hill Drive, pg. 172

Manchester
EVR ADVERTISING, 155 Dow Street, pg. 69
GYK ANTLER, 175 Canal Street, pg. 368
HELIX DESIGN, INC., 175 Lincoln Street, pg. 186
IMAGE 4, Seven Perimeter Road, pg. 187
MILLENNIUM INTEGRATED MARKETING, 150 Dow Street, pg. 387
MONTAGNE COMMUNICATIONS, 814 Elm Street, pg. 389
PANNOS MARKETING, 57 Market Street, pg. 125
SILVER TECHNOLOGIES, INC., 196 Bridge Street, pg. 141
WEDU, 20 Market Street, pg. 430

North Conway
DRIVE BRAND STUDIO, 170 Kearsarge Street, pg. 64

Portsmouth
BRODEUR PARTNERS, One Harbour Place, pg. 586
BROWN & COMPANY GRAPHIC DESIGN, 801 Islington Street, pg. 176
CALYPSO, 20 Ladd Street, pg. 588
MAD*POW, 27 Congress Street, pg. 247
RAKA CREATIVE, 501 Islington Street, pg. 402

NEW JERSEY

Absecon
PARKER & PARTNERS MARKETING RESOURCES, LLC, Post Office Box 725, pg. 125

Basking Ridge
MCS, INC., 110 Allen Road, pg. 111

Bedminster

AGENCIES
GEOGRAPHIC INDEX OF AGENCIES

BEACON HEALTHCARE COMMUNICATIONS, 135 Route 202/206, pg. 38
SCOTWORK, One Pluckemin Way, pg. 291

Boonton

THE S3 AGENCY, 716 Main Street, pg. 424

Branchburg

PHOENIX MARKETING INTERNATIONAL, 953 Route 202, pg. 448

Bridgewater

R&J STRATEGIC COMMUNICATIONS, 1140 Route 22 East, pg. 640

Cedar Knolls

MARKETSMITH, INC, Two Wing Drive, pg. 483

Chatham

CN COMMUNICATIONS INTERNATIONAL, INC., 127 Main Street, pg. 591

Cherry Hill

INNOVAIRRE, Two Executive Campus, pg. 89

Clark

FORREST & BLAKE, INC., 77 Brant Avenue, pg. 540

Clinton

MINT ADVERTISING, 120 West Main Street, pg. 115

Cranbury

FRANK ADVERTISING, 339 Princeton-Hightstown Road, pg. 360

Dayton

BROGAN TENNYSON GROUP, INC., 2245 US Highway 130, pg. 43
IMPACT XM, 250 Ridge Road, pg. 308

East Brunswick

VANGUARDCOMM, Two Disbrow Court, pg. 546

East Rutherford

MWWPR, One Meadowlands Plaza, pg. 630
TRANS WORLD MARKETING, 360 Murray Hill Parkway, pg. 202

Eatontown

BRIECHLE-FERNANDEZ MARKETING SERVICES, 265 Industrial Way, West, pg. 43

Edgewater

MULTIMEDIA SOLUTIONS, INC., 935 River Road, pg. 252

Egg Harbor Township

MASTERMINDS, INC., 6727 Delilah Road, pg. 687

Emerson

RMI MARKETING & ADVERTISING, 436 Old Hook Road, pg. 407

Englewood Cliffs

ADASIA, 400 Sylvan Avenue, pg. 26
FURMAN FEINER ADVERTISING, 560 Sylvan Avenue, pg. 667
PRANA MARKETING & MEDIA RELATIONS, 560 Sylvan Avenue, pg. 506

Fair Lawn

ROSICA STRATEGIC PUBLIC RELATIONS, 2-14 Fair Lawn Avenue, pg. 644

Fairfield

CERAMI WORLDWIDE COMMUNICATIONS, INC., 100 Passaic Avenue, pg. 49
OUTFRONT MEDIA, 185 U.S. Highway 46 West, pg. 555
RESOURCE ADVANTAGE GROUP, INC., 271 Route 46 West, pg. 405
SPI GROUP, LLC, 165 Passaic Avenue, pg. 143
STAYINFRONT, 107 Little Falls Road, pg. 169
THE BALLANTINE CORPORATION, 55 Lane Road, pg. 293
THE MARCUS GROUP, INC., 310 Passaic Avenue, pg. 654
TURCHETTE ADVERTISING AGENCY, Nine Law Drive, pg. 157

Florham Park

BML PUBLIC RELATIONS, 25B Vreeland Road, pg. 584

Freehold

M-STREET CREATIVE, Seven Broadway, pg. 190

Glassboro

AKCG PUBLIC RELATIONS COUNSELORS, 121 West High Street, pg. 575

Glen Rock

DAVIS & COMPANY, 11 Harristown Road, pg. 595

Green Brook

MASTRO COMMUNICATIONS, INC., 290 US Route West, pg. 626

Hackensack

ANTENNA GROUP, INC., One University Plaza, pg. 578
SOURCE COMMUNICATIONS, 433 Hackensack Avenue, pg. 315
STEINREICH COMMUNICATIONS, One University Plaza, pg. 650

Haddonfield

BUZZ MARKETING GROUP, 132 Kings Highway East, pg. 691

Hammonton

ONE TRICK PONY, 251 Bellevue Avenue, pg. 15

Hasbrouck Heights

CPR COMMUNICATIONS, 777 Terrace Avenue, pg. 345
RESULTS ADVERTISING, 777 Terrace Avenue, pg. 405
SMS MARKETING SERVICES, 777 Terrace Avenue, pg. 292
SPECIALISTS MARKETING SERVICES, INC., 777 Terrace Avenue, pg. 292

Hillsborough

JK DESIGN, 465 Amwell Road, pg. 481

Hoboken

DRM PARTNERS, INC., 50 Harrison Street, pg. 282
LITZKY PUBLIC RELATIONS, 320 Sinatra Drive, pg. 623
LUME CREATIVE, 70 Hudson Street, pg. 101
ROSECOMM, 80 River Street, pg. 644

Holmdel

BSY ASSOCIATES, 960 Holmdel Road, pg. 4
IMC / IRVINE MARKETING COMMUNICATIONS, 960 Holmdel Road, pg. 89

Hopewell

DANA COMMUNICATIONS, Two East Broad Street, pg. 57

Iselin

STERN STRATEGY GROUP, 186 Wood Avenue South, pg. 650

Jersey City

MALKA, 75 Montgomery Street, pg. 562
OUTDOOR MEDIA GROUP, Harborside Plaza Two, pg. 554
SITO, 100 Town Square, pg. 535

Kingston

HOLLYROCK / MILLER, 4436 NJ-27, pg. 371

Lambertville

OXFORD COMMUNICATIONS, 11 Music Mountain Boulevard, pg. 395

Lawrenceville

BRUNO & RIDGWAY RESEARCH ASSOCIATES, 3131 Princeton Pike, pg. 442

Leonia

CLARK, MARTIRE, BARTOLOMEO, Three Winthrop Place, pg. 443

Mahwah

GEOGRAPHIC INDEX OF AGENCIES

BEACON MEDIA, One International Boulevard, pg. 216
HEALTHSTAR COMMUNICATIONS, 1000 Wyckoff Avenue, pg. 83
IPSOS HEALTHCARE, 1200 McArthur Boulevard, pg. 446
SCS HEALTHCARE MARKETING, INC., 1000 Wyckoff Avenue, pg. 139

Manasquan

DESIGN 446, 2411 Atlantic Avenue, pg. 61

Maplewood

MGT DESIGN, 515 Valley Street, pg. 191

Marlton

A.L.T. LEGAL PROFESSIONALS MARKETING GROUP, Pavilions at Greentree, pg. 321
ORPICAL GROUP, 37 John Singer Sargent Way, pg. 256

Middletown

BECKER / GUERRY, 107 Tindall Road, pg. 38

Millburn

GLA COMMUNICATIONS, 343 Millburn Avenue, pg. 608
MONARCH COMMUNICATIONS, INC., 45 Essex Street, pg. 117

Monmouth Junction

REFUEL AGENCY, 68 Culver Road, pg. 405

Montclair

DISTINCTIVE MARKETING, INC., 516 Bloomfield Avenue, pg. 444
FREDERICK & FROBERG DESIGN OFFICES, INC., Eight Hillside Avenue, pg. 184
LOONEY ADVERTISING, Seven North Mountain Avenue, pg. 101

Montville

LINETT & HARRISON, 219 Changebridge Road, pg. 100
SGW INTEGRATED MARKETING, 219 Changebridge Road, pg. 410

Moorestown

PANZANO & PARTNERS, 304 Harper Drive, pg. 194

Morris Plains

VISION CREATIVE GROUP, 2740 Route 10 West, pg. 204

Morristown

KORN HYNES ADVERTISING, 18 Cattano Avenue, pg. 95
SMITH DESIGN, Eight Budd Street, pg. 199
THOMAS BOYD COMMUNICATIONS, 117 North Church Street, pg. 656

Mountain Lakes

MCCANN TORRE LAZUR, 49 Bloomfield Avenue, pg. 109

New Brunswick

ENGAGEMENT LABS, 65 Church Street, pg. 444

Newark

GMLV, 53 Edison Place, pg. 466

Paramus

CARYL COMMUNICATIONS, INC., 40 Eisenhower Drive, pg. 589
FOCUS USA, 95 North State Route 17, pg. 284
GIOVATTO ADVERTISING, 95 Route 17 South, pg. 363
MC2, 15 East Midland Avenue, pg. 311
RITTA & ASSOCIATES, 45 Eisenhower Drive, pg. 407

Park Ridge

WORDS AND PICTURES CREATIVE SERVICE, INC., One Maynard Drive, pg. 276

Parsipanny

OGILVY COMMONHEALTH WORLDWIDE, Morris Corporate Center III, pg. 122
SUCCESS COMMUNICATIONS GROUP, 26 Eastmans Road, pg. 415

Parsippany

COYNE PUBLIC RELATIONS, Five Wood Hollow Road, pg. 593
FCBCURE, Five Sylvan Way, pg. 73
INNOVATIVE TRAVEL MARKETING, 199 Baldwin Road, pg. 480
ITM NEWSPAPER MEDIA PLANNING & BUYING, 199 Baldwin Road, pg. 480
LODGING INTERACTIVE, 900 Lanidex Plaza, pg. 246
NATREL COMMUNICATIONS, 119 Cherry Hill Road, pg. 120
OGILVY COMMONHEALTH WORLDWIDE, 400 Interpace Parkway, pg. 122
OGILVY COMMONHEALTH WORLDWIDE, Morris Corporate Center III (Building C), pg. 122

Pennington

THE G&R COOPERATIVE, 24 North Main Street, pg. 450

Pennsauken

WORKS DESIGN GROUP, 7905 Browning Road, pg. 21

Pine Brook

RYMAX MARKETING SERVICES, Post Office Box 2024, pg. 569

Point Pleasant

NETWAVE INTERACTIVE MARKETING, INC., 600 Bay Avenue, pg. 120

Point Pleasant Beach

TEKNICKS, 311 Broadway, pg. 677

Princeton

BRAUN RESEARCH, INC., 271 Wall Street, pg. 442
DENTINO MARKETING, 515 Executive Drive, pg. 281
INTEGRATED MARKETING SERVICES, INC., 279 Wall Street, pg. 375
MRM//MCCANN, 105 Carnegie Center, pg. 252
PRINCETON PARTNERS, INC., 205 Rockingham Row, pg. 398
PURERED, 211 College Road East, pg. 130

Princeton Junction

CREATIVE MARKETING ALLIANCE 191 Clarksville Road, pg. 54

Ramsey

PIERCE COMMUNICATIONS, 700 G Lake Street, pg. 687

Rashberg

PERCEPTURE, 1250 Route 21, pg. 636

Red Bank

KL COMMUNICATIONS, 130 Maple Avenue, pg. 446
THE SAWTOOTH GROUP, 25 Bridge Avenue, pg. 152

Richfield Park

FORT GROUP, INC., 100 Challenger Road, pg. 359

Ridgefield

DM.2, 100 Challenger Road, pg. 180

Robbinsville

JACK MORTON WORLDWIDE, Ten Applegate Drive, pg. 309

Roselle Park

HERCKY, PASQUA, HERMAN, INC., 324 Chestnut Street, pg. 84

Rutherford

16W MARKETING, 75 Union Avenue, pg. 301

Scotch Plains

PL COMMUNICATIONS, PL Communications, pg. 128

Shewsbury

EDWARD NEWLAND ASSOCIATES, INC., 1161 Broad Street, pg. 67

Somerpoint

SUASION COMMUNICATIONS GROUP, 235 Shore Road, pg. 415

AGENCIES

GEOGRAPHIC INDEX OF AGENCIES

Somerset

SYNEOS HEALTH COMMUNICATIONS, 500 Atrium Drive, pg. 169

Somerville

BALDWIN & OBENAUF, INC., 50 Division Street, pg. 329
CM&N ADVERTISING, 320 East Main Street, pg. 51
EDISON MEDIA RESEARCH, Six West Cliff Street, pg. 444

South Orange

EVENTAGE EVENT PRODUCTION, 18 South Orange Avenue, pg. 305

Spring Lake

RIZCO DESIGN, 2003 NJ-71, pg. 197

Summit

BLUE PLATE MEDIA SERVICES, 35 Maple Street, pg. 456

Tinton Falls

FALLON MEDICA, 620 Shrewsbury Avenue, pg. 70

Totowa

FREEMAN PUBLIC RELATIONS, 16 Furler Street, pg. 606

Trenton

PRINCETON PUBLIC AFFAIRS GROUP, INC., 160 West State Street, pg. 638
PUBLIC STRATEGIES IMPACT, 414 Riverview Plaza, pg. 639

Union

JL MEDIA, INC., 1600 Route 22 East, pg. 481

Upper Montclair

THE BENDER GROUP, 546 Valley Road, pg. 652

Waldwick

KALLMAN WORLDWIDE, 4 North Street, pg. 309

Wall

HEXNET DIGITAL MARKETING, 1800 Highway 34, pg. 239

Warren

THE SOLUTIONS GROUP, INC., 161 Washington Valley Road, pg. 153

West Caldwell

CCG MARKETING SOLUTIONS, 14 Henderson Drive, pg. 341

West Deptford

ICS CORPORATION, 100 Friars Boulevard, pg. 285

West Long Branch

LANMARK360, 804 Broadway, pg. 379

Whitehouse

DELIA ASSOCIATES, 456 Route 22 West, pg. 6

Woodbridge

AR JAMES MEDIA, 1000 Woodbridge Center Drive, pg. 549

Wyzkoff

GHIORSE & SORRENTI, INC., 255 Madison Avenue, pg. 607

NEW MEXICO

Albuquerque

3, 1550 Mercantile Avenue Northeast, pg. 23
AGENDA, 400 Gold Avenue, Southwest, pg. 575
COONEY, WATSON & ASSOCIATES, 30813 Academy Parkway South Northeast, pg. 53
ESPARZA ADVERTISING, 423 Copper Avenue Northwest, pg. 68
K2MD, 125 Truman Street, Northeast, pg. 93
MCKEE WALLWORK & COMPANY, 1030 Eighteenth Street Northwest, pg. 385
RK VENTURE, 120 Morningside Drive Southeast, pg. 197
SUNNY505, 119 Dartmouth Drive, SE, pg. 415

NEW YORK

Albany

ED LEWI ASSOCIATES, 472 Albany Shaker Road, pg. 599
MEDIA LOGIC, 59 Wolf Road, pg. 288
MOWER, 30 Pearl Street, pg. 628
PIERCE COMMUNICATIONS, 915 Broadway, pg. 636
RUECKERT ADVERTISING, 638 Albany Shaker Road, pg. 136
UPSIDE COLLECTIVE, 80 State Street, pg. 428

Amityville

CGT MARKETING, LLC, 275-B Dixon Avenue, pg. 49

Armonk

GNF MARKETING, 53 Old Route 22, pg. 364
LAKE GROUP MEDIA, INC., 1 Byram Brook Place, pg. 287

Astoria

AIM PRODUCTIONS, Kaufman Astoria Studios, pg. 453
MEDIAMORPHOSIS, 35-37 36th Street, pg. 543

Bay Shore

ALL STAR CARTS & VEHICLES, INC., 1565-B Fifth Industrial Court, pg. 565

Bayside

CREATIVE MARKETING PLUS, 213-37 39th Avenue, pg. 346

Bellmore

INCREMENTAL MEDIA, 2854 Merrick Road, pg. 477

Binghamton

PARK OUTDOOR ADVERTISING, 113 Clinton Street, pg. 555
RIGER MARKETING COMMUNICATIONS, 53 Chenango Street, pg. 407

Blauvelt

MCLAUGHLIN & ASSOCIATES, 566 South Route 303, pg. 447

Bowmansville

MANZELLA MARKETING GROUP, 5360 Genesee Street, pg. 383

Briarcliff Manor

THOMPSON & BENDER, 1192 Pleasantville Road, pg. 656

Brooklyn

72ANDSUNNY, 55 Water Street, pg. 24
AD:60, 68 Jay Street, pg. 210
AREA 17, 99 Richardson Street, pg. 214
B-REEL, 77 Sands Street, pg. 215
BAM CONNECTION, 20 Jay Street, pg. 2
BBMG, 20 Jay Street, pg. 2
BIG SPACESHIP, 55 Washington Street, pg. 455
BLENDERBOX, 26 Dobbin Street, pg. 175
CERADINI BRAND DESIGN, 417 Grand Street, pg. 177
CLOUDRED, 67 35th Street, pg. 221
COLUMN FIVE, 45 main Street, pg. 343
CONFIDANT, 68 Third Street, pg. 592
COOPER, 77 Sands Street, pg. 222
DCX GROWTH ACCELERATOR, 361 Stagg Street, pg. 58
ELEPHANT, 45 Main Street, pg. 181
FAKE LOVE, 45 Main Street, pg. 183
FORCE MAJURE DESIGN INC., 219 36th Street, pg. 183
FRANK COLLECTIVE, 253 36th Street, pg. 75
FULLSIX MEDIA, 80 Franklin Street, pg. 465
FUZZ PRODUCTIONS, 158 Roebling Street, pg. 236
GIANT STEP, 281 North Seventh Street, pg. 691
GLOBAL GATEWAY ADVISORS, LLC, 81 Prospect Street, pg. 608
HANGARFOUR CREATIVE, 261 Fifth Avenue, pg. 81
HUGE, INC., 45 Main Street, pg. 239
HUSH STUDIOS, INC., 141 Flushing Avenue, pg. 186
IXCO, 117 Eighth Street, pg. 243
LAUNDRY SERVICE, 55 Water Street, pg. 287
LIGHTNING ORCHARD, 55 Washington Street, pg. 11
LUBICOM MARKETING CONSULTING, 1428 36th Street, pg. 381
MADWELL, 243 Boerum Street, pg. 13

A-59

GEOGRAPHIC INDEX OF AGENCIES

MUSTACHE, 20 Jay Street, pg. 252
PEOPLE IDEAS & CULTURE, 147 Front Street, pg. 194
PRAYTELL, 1000 Dean Street, pg. 258
QUIRK CREATIVE, 67 35th Street, pg. 131
RED ANTLER, 20 Jay Street, pg. 16
SHORE FIRE MEDIA, 32 Court Street, pg. 647
SPIKE DDB, 55 Washington Street, pg. 143
SUPERHEROES NEW YORK, 188 Broadway, pg. 145
THE NEIBART GROUP, 20 Jay Street, pg. 654
TRANSLATION, 145 West 45th Street, pg. 299
UWG, 1 Metro Tech Center North, pg. 546
VIRTUE WORLDWIDE, 55 Washington Street, pg. 159
WORK & CO, 231 Front Street, pg. 276

Buffalo

ABBEY MECCA & COMPANY, 95 Perry Street, pg. 321
ALGONQUIN STUDIOS, 200 Brisbane Building, pg. 212
CARR MARKETING COMMUNICATIONS, INC, 300 International Drive, pg. 588
CROWLEY WEBB & ASSOCIATES, 268 Main Street, pg. 55
FIFTEEN, 599 Delaware Avenue, pg. 358
FUSEIDEAS, LLC, 199 Scott Street, pg. 306
HAROLD WARNER ADVERTISING, INC., 700 Parkside Avenue, pg. 369
MOWER, 50 Fountain Plaza, pg. 389
QUINLAN & CO., 726 Exchange Street, pg. 402

Clifton Park

INTERNET MARKETING NINJAS, 21 Corporate Drive, pg. 242

Clinton

ROMANELLI COMMUNICATIONS, Two College Street, pg. 134

Cohoes

OBERLANDER GROUP, 143 Remsen Street, pg. 193
SPIRAL DESIGN STUDIO, LLC, 135 Mohawk Street, pg. 199

East Aurora

WIRTHWEIN CORPORATION, 574 Main Street, pg. 162

East Hampton

WORDHAMPTON PUBLIC RELATIONS, 512 Three Mile Harbor, pg. 663

East Islip

CROSS COUNTRY COMPUTER, 250 Carleton Avenue, pg. 281

Elmira

HOWELL LIBERATORE & WICKHAM, INC., 50 Pennsylvania Avenue, pg. 371
PARK OUTDOOR ADVERTISING, 2516 Corning Road, pg. 555

Farmingville

SYNTAX COMMUNICATION GROUP, 2410 North Ocean Avenue, pg. 651

Glens Falls

BEHAN COMMUNICATIONS, INC., 86 Glen Street, pg. 582

Happauge

UNIFLEX, INC., 1600 Calebs Path Extension, pg. 558

Hauppauge

AUSTIN & WILLIAMS ADVERTISING, 80 Arkay Drive, pg. 328
CAMERON ADVERTISING, 350 Motor Parkway, pg. 339
CLINICAL TRIAL MEDIA, 100 Motor Parkway, pg. 667

Huntington

EPOCH 5 PUBLIC RELATIONS, 755 New York Avenue, pg. 602
ROTTER CREATIVE GROUP, 256 Main Street, pg. 507

Irvington

LOCKARD & WECHSLER, Two Bridge Street, pg. 287
RIPPLE STREET, 50 South Buckhout Street, pg. 687
ROHER / SPRAGUE PARTNERS, 90 North Broadway, pg. 408

Islip

LFO'CONNELL, 750 Main Street, pg. 380

Jericho

E&M MEDIA GROUP, 30 Jericho Executive Plaza, pg. 282
POWER MEDIA, 380 North Broadway, pg. 506

Kingston

CLEAR CHANNEL OUTDOOR, 84 Wilbur Avenue, pg. 551

Lake Placid

ADWORKSHOP & INPHORM, 44 Hadjis Way, pg. 323

Lake Success

OPINION ACCESS CORPORATION, 1979 Marcus Avenue, pg. 543

Lancaster

FARM, 4493 Walden Avenue, pg. 357

Larchmont

SONNEMAN DESIGN GROUP, INC., 20 North Avenue, pg. 199

Lido Beach

BROADCAST TIME, INC., 91 Blackhealth Road, pg. 457

Lond Island City

AGENCY WITHIN, 4334 32nd Place, pg. 323

Long Beach

HJMT PUBLIC RELATIONS, INC., 78 East Park Avenue, pg. 686

Long Island City

ENCOMPASS MEDIA GROUP, 11-11 44th Drive, pg. 465
THE CONCEPT FARM, 11-25 44th Road, pg. 269

Manhasset

MARKETING EVALUATIONS, INC., 1129 Northern Boulevard, pg. 447

Melville

BRAINSTORM STUDIO, 155 Pinelawn Road, pg. 672
D. PAGAN COMMUNICATIONS INC., 20 Broadhollow Road, pg. 595
DIDIT.COM, Two Huntington Quadrangle, pg. 673
DON JAGODA ASSOCIATES, 100 Marcus Drive, pg. 567
EGC MEDIA GROUP, INC., 1175 Walt Whitman Road, pg. 354
WILEN MEDIA CORPORATION, 45 Melville Park Road, pg. 432
WPROMOTE, 41 Pinelawn Road, pg. 678

Mineola

IMPRESSIONS, 393 Jericho Turnpike, pg. 89

New City

ANCHOR MEDIA SERVICES, LLC, 17 Squadron Boulevard, pg. 454

New Rochelle

HARQUIN, 80 Surrey Drive, pg. 82
STEINER SPORTS MARKETING, 145 Huguenot Street, pg. 315

New York

1000HEADS, 580 Broadway, pg. 691
160OVER90, 304 Park Avenue South, pg. 301
1919, 330 West 38th Street, pg. 207
26 DOT TWO LLC, 33 Irving Place, pg. 453
2X4, INC., 180 Varick Street, pg. 171
31 LENGTHS, 79 Madison Avenue, pg. 23
360I, LLC, 32 Avenue of the Americas, pg. 320
360PRPLUS, 180 Varick Street, pg. 573
42WEST, 600 Third Avenue, pg. 573
4SIGHT, INC., 135 West 41st Street, pg. 171
5W PUBLIC RELATIONS, 230 Park Avenue, pg. 574
818 AGENCY, 110 East 25th Street, pg. 24
A PARTNERSHIP, INC., 307 Fifth Avenue, pg. 537
A. MARCUS GROUP, 545 Eighth Avenue, pg. 25
A.D. LUBOW, 404 Fifth Avenue, pg. 25
ABEL NYC, 508 Broadway, pg. 25
ABERNATHY MACGREGOR GROUP, 277 Park Avenue, pg. 574
ACCENTURE INTERACTIVE, 225 Liberty Street, pg. 209

AGENCIES
GEOGRAPHIC INDEX OF AGENCIES

ACCESS BRAND COMMUNICATIONS, 1285 Avenue of the Americas, pg. 1
ACCESS SPORTS MEDIA, 44 East 30th Street, pg. 549
ACRONYM MEDIA, 350 Fifth Avenue, pg. 671
ACTIVISION BLIZZARD MEDIA, 654 Madison Avenue, pg. 26
ADAM&EVE DDB, 75 Varick Street, pg. 26
ADAMS UNLIMITED, 745 Fifth Avenue, pg. 575
ADDED VALUE, 11 Madison Avenue, pg. 441
ADDISON, 48 Wall Street, pg. 171
ADELPHI, INC. , 488 Madison Avenue, pg. 27
ADMARKETPLACE, 1385 Broadway, pg. 210
ADMERASIA, INC., 159 West 25th Street, pg. 537
ADVANCE 360, One World Trade Center, pg. 211
AFFECT, 989 Avenue of the Americas, pg. 575
AFG&, 71 Fifth Avenue, pg. 28
AGENCYSACKS, 345 Seventh Avenue, pg. 29
AGENDA NYC, 630 Ninth Avenue, pg. 29
AI MEDIA GROUP, LLC, 1359 Broadway, pg. 211
AIR PARIS NEW YORK, 20 West 22nd Street, pg. 172
AKA NYC, 321 West 44th Street, pg. 324
AKQA, 114 Fifth Avenue, pg. 212
ALISON BROD PUBLIC RELATIONS, 440 Park Avenue South, pg. 576
ALLIED EXPERIENTIAL, 233 Broadway, pg. 691
ALLIED INTEGRATED MARKETING, 233 Broadway, pg. 324
ALLISON+PARTNERS, 71 Fifth Avenue, pg. 576
ALLSCOPE MEDIA, 462 Seventh Avenue, pg. 454
ALTERNATIVES DESIGN, 223 West 29th Street, pg. 172
AMNET, 150 East 42nd Street, pg. 454
AMOBEE, INC., 352 Park Avenue South, pg. 30
AMP3 PUBLIC RELATIONS, 210 West 29th Street, pg. 577
ANALOGFOLK, 122 West 27th Street, pg. 439
ANCHOR WORLDWIDE, 333 Hudson Street, pg. 31
ANNALECT GROUP, 195 Broadway, pg. 213
ANOMALY, 536 Broadway, pg. 325
ANY_, 12-16 Vestry Street, pg. 1
APCO WORLDWIDE, 360 Park Avenue, South, pg. 578
APEL, INC., 295 Madison Avenue, pg. 302
ARCHETYPE, 250 Park Avenue South, pg. 33
ARCOS COMMUNICATIONS, 18 East 41st Street, pg. 537
AREA 23, 622 Third Avenue , pg. 33
ARENA MEDIA, 200 Hudson Street, pg. 454
ARNOLD WORLDWIDE, 205 Hudson Street, pg. 34
ASSOCIATION OF NATIONAL ADVERTISERS, Ten Grand Central , pg. 442
ATHORN, CLARK & PARTNERS, 21 West 46th Street, pg. 2
ATMOSPHERE PROXIMITY, 1285 Avenue of the Americas, pg. 214
ATRIUM, 120 East 23rd Street, pg. 579
ATTENTION, 160 Varick Street, pg. 685
AUDIENCEXPRESS, 460 West 34th Street, pg. 455
BADGER & WINTERS, 49 West 23rd Street, pg. 174
BALTZ & COMPANY, 49 West 23rd Street, pg. 580
BANDUJO DONKER & BROTHERS , 22 West 21st Street, pg. 36
BARBARIAN, 112 West 20th Street, pg. 215
BARETZ + BRUNELLE, 100 William Street, pg. 580
BARKER, 30 Broad Street, pg. 36
BARON & BARON, INC., 435 Hudson Street, pg. 36
BARTLEY & DICK ADVERTISING, 330 West 38th Street, pg. 37
BASELINE DESIGN, INC., 220 East 23rd Street, pg. 174
BAYARD ADVERTISING AGENCY, INC., 1430 Broadway, pg. 37
BBDO WORLDWIDE, 1285 Sixth Avenue, pg. 331
BBH, 32 Avenue of the Americas, pg. 37
BCW NEW YORK, 200 Fifth Avenue, pg. 581
BDE, 665 Broadway, pg. 685
BEAR IN THE HALL, 17 Murray Street, pg. 2
BEARDWOOD & CO, 588 Broadway, pg. 174
BEAUTIFUL DESTINATIONS, 419 Park Avenue South, pg. 38

BEHAVIOR, LLC, 40 West 27th Street, pg. 216
BEHRMAN COMMUNICATIONS, 270 Madison Avenue, pg. 582
BENENSON STRATEGY GROUP, 777 Third Avenue, pg. 333
BERK COMMUNICATIONS, 304 Park Avenue South, pg. 583
BERLIN CAMERON, Three Columbus Circle, pg. 38
BERLINROSEN, 15 Maiden Lane, pg. 583
BERNHARDT FUDYMA DESIGN GROUP , 55 East End Avenue, pg. 174
BERNS COMMUNICATIONS GROUP, 475 Park Avenue South, pg. 583
BERRY & COMPANY PUBLIC RELATIONS, 345 Seventh Avenue, pg. 583
BEYOND, 236 West 27th Street, pg. 217
BGB NEW YORK, 462 Broadway, pg. 583
BIGBUZZ MARKETING GROUP, 520 Eighth Avenue, pg. 217
BILLUPS, INC, 18 West 18th Street, pg. 550
BIOLUMINA, 75 Varick Street, pg. 39
BLISS INTEGRATED COMMUNICATIONS, 500 Fifth Avenue, pg. 584
BLUE 449, 375 Hudson Street, pg. 455
BLUE FOUNTAIN MEDIA, 102 Madison Avenue, pg. 175
BLUE STATE DIGITAL, 101 Avenue of the Americas, pg. 335
BODDEN PARTNERS, 102 Madison Avenue, pg. 335
BPCM, 537 West 25th Street, pg. 585
BRAND CONNECTIONS, LLC, 360 Lexington Avenue, pg. 336
BRAND NEW SCHOOL EAST, 121 Varick Street, pg. 175
BRANDDEFINITION, 121 West 27th Street, pg. 4
BRANDED CITIES, 130 West 42nd Street, pg. 550
BRANDED ENTERTAINMENT NETWORK, INC, 170 Varick Street, pg. 297
BRANDGENUITY, LLC, 1700 Broadway, pg. 4
BRANDMAN AGENCY, 261 Fifth Avenue, pg. 585
BRANDPIE, 154 West 14th Street, pg. 42
BRANDSTYLE COMMUNICATIONS, 450 Park Avenue South, pg. 585
BREW MEDIA RELATIONS, 603 Greenwich Street, pg. 586
BRIGHTLINE, Two East 49th Street, pg. 219
BROADBEAM MEDIA, 298 5th Avenue, pg. 456
BROADSTREET, 242 West 30th Street, pg. 43
BRODEUR PARTNERS, 300 Park Avenue, pg. 586
BROOKS-ROSE MARKETING RESEARCH, INC., 515 Madison Avenue, pg. 442
BROWN LLOYD JAMES, 1359 Broadway, pg. 587
BRUNSWICK GROUP, 245 Park Avenue, pg. 587
BUERO NEW YORK, 401 Broadway, pg. 176
BULLISH INC, 135 Bowery, pg. 45
BURNS GROUP, 220 West 19th Street, pg. 338
BUTLER ASSOCIATES PUBLIC RELATIONS, 535 Lexington Avenue, pg. 587
C&G PARTNERS, LLC, 116 East 16th Street, pg. 176
C2C OUTDOOR, 32 Avenue of the Americas, pg. 550
CAGE POINT, 336 West 37th Street, pg. 457
CALLAN ADVERTISING COMPANY, 37 West 20th Street, pg. 457
CALORI & VANDEN-EYNDEN, LTD., 130 West 25th Street, pg. 176
CAMPBELL EWALD NEW YORK, 386 Park Avenue South, pg. 47
CAMPFIRE, 40 Fulton Street, pg. 297
CAMRON , 270 Lafayette Street, pg. 588
CANOPY BRAND GROUP, 601 West 26th Street, pg. 340
CANVAS WORLDWIDE, 75 Varick Street, pg. 458
CAPTIVATE NETWORK, INC., 1350 Broadway, pg. 550
CARAT, 150 East 42nd Street, pg. 459
CARBONE SMOLAN AGENCY, 22 West 19th Street, pg. 176
CARDINAL COMMUNICATIONS USA, 295 Madison Avenue, pg. 47
CARPENTER GROUP, 75 Broad Street, pg. 48
CASANOVA//MCCANN, 622 Third Avenue, pg. 538
CATALYST PUBLIC RELATIONS, 304 Park Avenue South, pg. 589

CATCH NEW YORK, 15 East 32nd Street, pg. 340
CATHY CALLEGARI PUBLIC RELATIONS, INC., 220 Riverside Boulevard, pg. 589
CBX, 35 East 21st Street, pg. 176
CCM, INC., 11 East 47th Street, pg. 341
CDFB, 55 Water Street, pg. 561
CENTER FOR MARKETING INTELLIGENCE, 330 South 34th Street, pg. 443
CENTRIPLY, 630 Third Avenue, pg. 462
CENTRON, 32 Old Flip, pg. 49
CHANDELIER CREATIVE, 611 Broadway, pg. 49
CHANDLER CHICCO AGENCY, 200 Vesey Street, pg. 589
CHARLEX, INC., Two West 45th Street, pg. 220
CHERMAYEFF & GEISMAR STUDIO, 27 West 24th Street, pg. 177
CHIEF MEDIA , 875 Sixth Avenue, pg. 281
CHILD'S PLAY COMMUNICATIONS, 420 Riverside Drive, pg. 590
CHILLINGWORTH / RADDING, INC., 1123 Broadway, pg. 342
CHINATOWN BUREAU, 81 Prospect Street, pg. 220
CHO / HIGHWATER GROUP, 1120 Avenue of the Americas, pg. 590
CINEMASTREET, 567 Fort Washington Avenue, pg. 50
CIRCUS MAXIMUS, 33 Irving Place, pg. 50
CITIZEN RELATIONS, 600 Lexington Avenue, pg. 590
CIVIC ENTERTAINMENT GROUP, 436 Lafayette Street, pg. 566
CLEAR, 41 East 11th Street, pg. 51
CLEAR CHANNEL OUTDOOR, 99 Park Avenue, pg. 550
CLOUDBERRY CREATIVE, INC., 56 West 22nd Street, pg. 221
CMM, 594 Broadway, pg. 591
CNX, One World Trade Center, pg. 51
CO:COLLECTIVE, LLC, 419 Park Avenue South, pg. 5
COACTION PUBLIC RELATIONS, 20 Exchange Place, pg. 591
COBURN COMMUNICATIONS, 130 West 42nd Street, pg. 591
CODE AND THEORY, One World Trade Center, pg. 221
CODE WORLDWIDE, 220 East 42 Street, pg. 167
COGNITO, 1040 Avenue of the Americas, pg. 591
COLANGELO & PARTNERS, 1010 Avenue of the Americas, pg. 51
COLLINS:, 88 University Place, pg. 177
COLTRIN & ASSOCIATES, 1212 Avenue of the Americas, pg. 592
CONCENTRIC HEALTH EXPERIENCE, 330 Hudson Street, pg. 52
CONDUCTOR, Two Park Avenue, pg. 672
CONSTELLATION AGENCY, 110 William Street, pg. 221
CONVERGEDIRECT, 33 East 33rd Street, pg. 462
CONVERSANT, LLC, 565 Fifth Avenue, pg. 222
COOLGRAYSEVEN, 220 East 23rd Street, pg. 53
CORINTHIAN MEDIA, INC., 500 Eighth Avenue, pg. 463
CORNERSTONE AGENCY, 71 West 23rd Street, pg. 53
CORNERSTONE STRATEGIC BRANDING, INC., 352 Seventh Avenue, pg. 178
CRAFT WW, 622 Third Avenue, pg. 561
CRAMER-KRASSELT, 902 Broadway, pg. 53
CREATIVE B'STRO, 1460 Broadway, pg. 222
CREATIVE CIRCLE, 300 Park Avenue South, pg. 667
CREATIVEDRIVE, 55 Water Street, pg. 346
CRISP MEDIA, 545 Eighth Avenue, pg. 533
CRITICAL MASS, INC., 200 Varick Street, pg. 223
CROSSMEDIA, 275 Seventh Avenue, pg. 463
CROW CREATIVE, 25 Broadway , pg. 55
CSM SPORT & ENTERTAINMENT, 440 Ninth Avenue, pg. 347
CSM SPORTS & ENTERTAINMENT, 440 Ninth Avenue, pg. 55
CUMMINS&PARTNERS, 77 Ludlow Street, pg. 347
CURRENT LIFESTYLE MARKETING, 909 Third Avenue, pg. 594

A-61

GEOGRAPHIC INDEX OF AGENCIES

AGENCIES

D&D PR, 1115 Broadway, pg. 594
D. EXPOSITO & PARTNERS, 875 Avenue of the Americas, pg. 539
DADDI BRAND COMMUNICATIONS, 220 East 23rd Street, pg. 595
DAGGERWING GROUP, 655 Madison Avenue, pg. 56
DARLING AGENCY, 181 Christopher Street, pg. 57
DCF ADVERTISING, 35 West 36th Street, pg. 58
DDB HEALTH, 200 Varick Street, pg. 59
DDB NEW YORK, 437 Madison Avenue, pg. 59
DECKER DESIGN INC., 14 West 23rd Street, pg. 179
DECKER ROYAL AGENCY, 54 West 40th Street, pg. 596
DECODED ADVERTISING, 32 Old Slip, pg. 60
DEEPEND NEW YORK, 195 Broadway, pg. 224
DEFINITION 6, 218 West 40th Street, pg. 224
DELLA FEMINA/ROTHSCHILD/JEARY PARTNERS, 304 Park Avenue South, pg. 61
DELOITTE DIGITAL, 330 Hudson Street, pg. 225
DENTSU AEGIS NETWORK, 150 East 42nd Street, pg. 61
DENTSU X, 32 Avenue Of The Americas, pg. 61
DESANTIS BREINDEL, 30 West 21st Street, pg. 349
DEUTSCH, INC., 330 West 34th Street, pg. 349
DEVELOPMENT COUNSELLORS INTERNATIONAL, LTD., 215 Park Avenue, South, pg. 596
DEVITO GROUP, 151 West 19th Street, pg. 62
DEVITO/VERDI, 330 Hudson Street, pg. 62
DEVRIES GLOBAL, 909 Third Avenue, pg. 596
DIFFUSION PR, 244 Fifth Avenue, pg. 597
DIGENNARO COMMUNICATIONS, 18 West 21st Street, pg. 597
DIGITAL PULP, 220 East 23rd Street, pg. 225
DIGITAL REMEDY, 1441 Broadway, pg. 226
DIGITAS, 375 Hudson Street, pg. 226
DIGITAS HEALTH LIFEBRANDS 1675 Broadway, pg. 229
DIMASSIMO GOLDSTEIN, 220 East 23rd Street, pg. 351
DIRECT AGENTS, INC., 740 Broadway, pg. 229
DIVERSIFIED AGENCY SERVICES, 655 Madison Avenue, pg. 351
DJG MARKETING, 1450 Broadway, pg. 352
DKC PUBLIC RELATIONS, 261 Fifth Avenue, pg. 597
DMA UNITED, 68 White Street, pg. 63
DOM CAMERA & COMPANY, LLC, 52 Vanderbilt Avenue, pg. 464
DONLEY COMMUNICATIONS CORPORATION, 30 Vesey Street, pg. 598
DONOVAN/GREEN, 49 West 37th Street, pg. 551
DOREMUS & COMPANY, 75 Varick Street, pg. 64
DOUBLESPACE, 254 Canal Street, pg. 180
DRAFTLINE, 125 West 24th Street, pg. 353
DROGA5, 120 Wall Street, pg. 64
DS SIMON PRODUCTIONS, INC., 229 West 36th Street, pg. 230
DUKAS LINDEN PUBLIC RELATIONS, 100 West 26th Street , pg. 598
EARTHBOUND BRANDS, 156 Fifth Avenue, pg. 7
EASTWEST MARKETING GROUP, 404 Fifth Avenue, pg. 353
EBIQUITY, 110 William Street, pg. 444
EDELMAN, 250 Hudson Street, pg. 599
EDIT1, 369 Lexington Avenue, pg. 562
EDULENCE INTERACTIVE, 79 Madison Avenue, pg. 230
EGAMI GROUP, 212 West 35th Street , pg. 539
ELITE MARKETING GROUP, 500 Seventh Avenue, pg. 305
ELMWOOD, 531 West 25th Street, pg. 181
EMERSON, WAJDOWICZ STUDIOS, INC., 530 West 25th Street, pg. 181
ENDAI WORLDWIDE, 213 West 35th Street, pg. 231
ENGAGE MEDIA GROUP, 481 Broadway, pg. 231
ENGINE, 261 Madison Avenue, pg. 231
ENGINE MEDIA GROUP, 229 West 43rd Street, pg. 465
EP+CO., 104 West 40th, pg. 356
EPIC SIGNAL, 80 Broad Street, pg. 685
EPROMOS PROMOTIONAL PRODUCTS, 120 Broadway, pg. 567
EPSILON , 199 Water Street, pg. 283
EQUANCYNO11, INC., 54 West 21st STreet, pg. 182
ESI DESIGN, INC. , 111 Fifth Avenue, pg. 182
ESSENCE, Three World Trade Center, pg. 232
EVENTIVE MARKETING, 220 East 42nd Street, pg. 305
EVINS COMMUNICATIONS, LTD., 830 Third Avenue, pg. 602
EVOKE HEALTH, 101 Sixth Avenue, pg. 69
EYE MEDIA, 48 Wall Street, pg. 552
EYEVIEW DIGITAL, INC., 33 East 33rd Street, pg. 233
FACTORY 360, 120 Fifth Avenue, pg. 306
FACTORY PR, 263 11th Avenue, pg. 602
FAHRENHEIT 212, 79 Fifth Avenue, pg. 182
FANCY LLC, 11 Broadway, pg. 71
FANCY PANTS, 145 West 28th Street, pg. 233
FCB HEALTH, 100 West 33rd Street, pg. 72
FCB NEW YORK, 100 West 33rd Street, pg. 357
FEARLESS AGENCY, 12 West 21st Street, pg. 73
FEARLESS MEDIA, 10 Times Square, pg. 673
FEREN COMMUNICATIONS, 380 Lexington Avenue, pg. 603
FF CREATIVE, 530 Seventh Avenue, pg. 234
FIFTEEN DEGREES, 27 East 21st Street, pg. 358
FIG, 628 Broadway Street, pg. 73
FINANCIAL RELATIONS BOARD, 304 Park Avenue South, pg. 603
FINN PARTNERS, 301 East 57th Street, pg. 603
FINSBURY, 3 Columbus Circle, pg. 604
FIRSTBORN, 32 Avenue of the Americas, pg. 234
FLEISHMANHILLARD, 220 East 42nd Street, pg. 605
FLIGHTPATH, 36 West 25th Street, pg. 235
FLINT & STEEL, 255 West 36th Street, pg. 74
FLUID, INC., 30 Broad Street, pg. 235
FLY COMMUNICATIONS, INC., 575 Eighth Avenue, pg. 74
FLYING MACHINE, 1250 Broadway, pg. 74
FORSMAN & BODENFORS, 160 Varick Street, pg. 74
FORWARDPMX, One World Trade Center, pg. 360
FREEWHEEL, 1407 Broadway, pg. 465
FRENCH / BLITZER / SCOTT, 275 Madison Avenue, pg. 361
FTI CONSULTING, 88 Pine Street, pg. 606
FURMAN ROTH ADVERTISING, 801 Second Avenue, pg. 361
FUSION PUBLIC RELATIONS, 1177 Sixth Avenue, pg. 607
GALE, 170 Varick Street, pg. 236
GARRIGAN LYMAN GROUP, 379 West Broadway, pg. 236
GATES, 17 West 17th, pg. 76
GEN.VIDEO, 15 West 18th Street, pg. 236
GENERATOR MEDIA + ANALYTICS, 353 Lexington Avenue, pg. 466
GENOME, Four World Trade Center, pg. 236
GEOFFREY WEILL ASSOCIATES, INC., 29 Broadway, pg. 607
GEOMETRY, 636 11th Avenue, pg. 362
GERSON LEHRMAN GROUP, 60 East 42nd Street, pg. 168
GETO & DE MILLY, INC., 276 Fifth Avenue, pg. 607
GFK, 200 Liberty Street, pg. 444
GFK CUSTOM RESEARCH, INC., 200 Liberty Street, pg. 445
GFK MRI, 200 Liberty Street, pg. 445
GIANT SPOON, LLC, 44 Wall Street, pg. 363
GIBBS & SOELL, INC., 60 East 42nd Street, pg. 607
GIGANTE VAZ PARTNERS, 915 Broadway, pg. 363
GIRALDI MEDIA, 47 Murray Street, pg. 466
GLOVER PARK GROUP, 114 Fifth Avenue, pg. 608
GLOW, 333 Hudson Street, pg. 237
GO! EXPERIENCE DESIGN, 12 East 49th Street, pg. 307
GOLIN, 909 Third Avenue, pg. 608
GOOD APPLE DIGITAL, 5-9 Union Square West, pg. 466
GOODMAN MEDIA INTERNATIONAL, INC., 600 Fifth Avenue, pg. 610
GOTHAM, INC., 622 Third Avenue, pg. 77
GPSHOPPER, 584 Broadway, pg. 533
GRADIENT EXPERIENTIAL LLC, 150 West 28th Street, pg. 78
GRAF MEDIA GROUP, 222 Broadway, pg. 552
GRAJ + GUSTAVSEN, INC., 210 Fifth Avenue, pg. 8
GRAND COMMUNICATIONS, INC., 27 West 24th Street, pg. 610
GRAYLING, 101 Avenue of Americas, pg. 610
GREAT INK COMMUNICATIONS, INC., 171 Madison Avenue, pg. 610
GREATER THAN ONE, 395 Hudson Street, pg. 8
GREEN TEAM ADVERTISING, 1460 Broadway, pg. 8
GRETEL, Three West 18th Street, pg. 78
GREY BEAUTY GROUP, 200 Fifth Avenue, pg. 9
GREY GROUP, 200 Fifth Avenue, pg. 365
GRIFFIN360, 19 West 21st Street, pg. 611
GROUNDTRUTH.COM, One World Trade Center, pg. 534
GROUPM, Three World Trade Center, pg. 466
GSW WORLDWIDE, 200 Vesey Street, pg. 79
GUMGUM, Five West 19th Street, pg. 467
GYRO NY, 115 Broadway, pg. 369
HARLEY & CO, 252 Seventh Avenue, pg. 9
HARRISON & SHRIFTMAN, 1285 Avenue of the Americas, pg. 612
HARRISON & STAR, INC., 75 Varick Street, pg. 9
HAVAS FORMULA, 200 Hudson Street, pg. 612
HAVAS FORMULATIN, 200 Hudson Street, pg. 612
HAVAS HEALTH & YOU, 200 Madison Avenue, pg. 82
HAVAS MEDIA GROUP, 200 Hudson Street, pg. 468
HAVAS NEW YORK, 200 Hudson Street, pg. 369
HAVAS SPORTS & ENTERTAINMENT, 200 Hudson Street, pg. 370
HAVAS TONIC, 205 Hudson Street, pg. 285
HAWKINS INTERNATIONAL PUBLIC RELATIONS, 119 West 23rd Street, pg. 612
HEALIXGLOBAL, 100 West 33rd Street, pg. 471
HEALTH4BRANDS CHELSEA, 200 Madison Avenue, pg. 83
HEALTHCARE CONSULTANCY GROUP, 488 Madison Avenue, pg. 83
HEARST MAGAZINES DIGITAL MEDIA, 300 West 57th Street, pg. 238
HEARTBEAT IDEAS, 1675 Broadway, pg. 238
HEARTS & SCIENCE, 200 Varick Street, pg. 471
HEAT, 330 Hudson Street, pg. 370
HELLOWORLD, 32 Sixth Avenue, pg. 567
HIGHFIELD, 401 Broadway, pg. 85
HIKER, 231 West 29th Street, pg. 239
HILL HOLLIDAY, 104 West 40th Street, pg. 85
HILL+KNOWLTON STRATEGIES, 466 Lexington Avenue, pg. 613
HL GROUP, 350 Madison Avenue, pg. 614
HORIZON MEDIA, INC., 75 Varick Street, pg. 474
HOUSE OF KAIZEN, 21 West 46th Street, pg. 239
HUDSON ROUGE, 257 Park Avenue South, 20th Floor, pg. 371
HUEMOR, 500 Seventh Avenue, pg. 239
HUNTER PUBLIC RELATIONS, 41 Madison Avenue, pg. 614
HWH PUBLIC RELATIONS, 1173A Second Avenue, pg. 614
ICED MEDIA, 425 Broadway, pg. 240
ICF NEXT, 630 Third Avenue, pg. 615
ICR, 685 Third Avenue, pg. 615
ICROSSING, 300 West 57th Street, pg. 240
ID MEDIA, 622 Third Avenue, pg. 477
IDEAS ON PURPOSE, 307 Seventh Avenue, pg. 186
IDENTITY, 400 West 14th Street, pg. 88
IDEO, 395 Hudson Street, pg. 187
IFUEL, 276 Fifth Avenue, pg. 88
IGNITIONONE, 47 Park Avenue South, pg. 673
IMRE, 60 Broad Street, pg. 374
IMS MEDIA SOLUTIONS, 85 Broad Street, pg. 241
INC DESIGN, 35 West 35th Street, pg. 187
INFOGROUP, 155 West 23rd Street, pg. 286
INFOGROUP MEDIA SOLUTIONS, 155 West 23rd Street, pg. 286

AGENCIES — GEOGRAPHIC INDEX OF AGENCIES

INGRAM CONSUMER DYNAMICS, 135 Grand Street, pg. 10
INITIATIVE, 100 West 33rd Street, pg. 477
INK & ROSES, 232 Madison Avenue, pg. 615
INSIGHT OUT OF CHAOS, 80 Broad Street, pg. 286
INSIGHT STRATEGY GROUP, 40 West 25th Street, pg. 445
INTERACTIVE ADVERTISING BUREAU, 116 East 27th Street, pg. 90
INTERBRAND, 195 Broadway, pg. 187
INTERESTING DEVELOPMENT, 25 Peck Slip, pg. 90
INTERMARKET COMMUNICATIONS, 425 Madison Avenue, pg. 375
INTERPUBLIC GROUP OF COMPANIES, 909 Third Avenue, pg. 90
INTERSECTION, Ten Hudson Yards, pg. 553
INVESTIS DIGITAL, 240 West 37th Street, pg. 376
INVISION COMMUNICATIONS, 550 Seventh Avenue, pg. 308
INVNT, 524 Broadway, pg. 90
IOMEDIA, INC., 640 West 28th Street, pg. 90
IPG MEDIABRANDS, 100 West 33rd Street, pg. 480
IPNY, 32 Old Slip, pg. 90
IPROSPECT, 150 East 42nd Street, pg. 674
IPSOS, 360 Park Avenue South, pg. 445
IRIS, 632 Broadway, pg. 376
ISOBAR US, 32 Avenue of the Americas, pg. 242
IX.CO, 1261 Broadway, pg. 243
J PUBLIC RELATIONS, 530 Seventh Avenue, pg. 616
J3, 1400 Broadway, pg. 480
JACK MORTON WORLDWIDE, 909 Third Avenue, pg. 308
JAFFE & PARTNERS, 222 East 34th Street, pg. 377
JANE SMITH AGENCY, 584 Broadway, pg. 377
JANUARY DIGITAL, 40 Exchange Place, pg. 243
JCDECAUX NORTH AMERICA, 350 Fifth Avenue, pg. 553
JCIR, 116 East 16th Street, pg. 617
JENNIFER BETT COMMUNICATIONS, 37 West 20th Street, pg. 617
JENNIFER CONNELLY PUBLIC RELATIONS, 22 West 21st Street, pg. 617
JOAN, 44 Wall Street, pg. 92
JOELE FRANK, WILKINSON BRIMMER KATCHER, 622 Third Avenue, pg. 617
JOHANNES LEONARDO, 628 Broadway, pg. 92
JONES KNOWLES RITCHIE, 85 Spring Street, pg. 11
JONESWORKS, 211 East 43rd Street, pg. 618
JUICE PHARMA WORLDWIDE, 322 Eighth Avenue, pg. 93
JUMP, 625 Broadway, pg. 188
JUMP 450 MEDIA, 30 Vandam Street, pg. 481
JWT INSIDE, 466 Lexington Avenue, pg. 667
KALEIDOSCOPE, 64 Wooster Street, pg. 298
KANGBINO, 250 West 99th Street, pg. 94
KANTAR MEDIA, 3 World Trade Center, pg. 446
KAPLOW COMMUNICATIONS, 19 West 44th Street, pg. 618
KATZ MEDIA GROUP, INC., 125 West 55th Street, pg. 481
KCD, INC., 475 Tenth Avenue, pg. 94
KCSA STRATEGIC COMMUNICATIONS, 420 Third Avenue, pg. 619
KEITH SHERMAN & ASSOCIATES, INC., 234 West 44th Street, pg. 686
KEKST & COMPANY, INC., 437 Madison Avenue, pg. 619
KELLEN CO., 355 Lexington Avenue, pg. 686
KEPLER GROUP, 6 East 32nd Street, pg. 244
KETCHUM, 1285 Avenue of the Americas, pg. 542
KETTLE, 180 Varick Street, pg. 244
KINETIC WORLDWIDE, Three World Trade Center, pg. 553
KING & COMPANY, 72 Madison Avenue, pg. 620
KINNEY + KINSELLA, 45 West 21st Street, pg. 11
KITCHEN PUBLIC RELATIONS, LLC, Five Penn Plaza, pg. 620
KOVERT CREATIVE, 665 Broadway, pg. 96
KRUPP KOMMUNICATIONS, 636 Avenue of the Americas, pg. 686

KWG ADVERTISING, INC., 200 West 41st Street, pg. 96
KWT GLOBAL, 160 Varick Street, pg. 621
L3 ADVERTISING INC., 119 Bowery Street, pg. 542
LAFORCE, 41 East 11th Street, pg. 621
LAIRD + PARTNERS, 475 Tenth Avenue, pg. 96
LAK PR, 1251 Avenue of the Americas, pg. 621
LANDOR, 200 Fifth Avenue, pg. 11
LAPLACA COHEN ADVERTISING, 520 Broadway, pg. 379
LAUNCHSQUAD, 121 East 24th Street, pg. 621
LAURA DAVIDSON PUBLIC RELATIONS, 72 Madison Avenue, pg. 622
LEGEND PR, 41 Madison Avenue, pg. 622
LEVERAGE AGENCY, 515 Madison Avenue, pg. 298
LIGHTBOX OOH VIDEO NETWORK, 99 Park Avenue, pg. 553
LIGHTNING JAR, 132 East 43rd Street, pg. 246
LIKEABLE MEDIA, 240 West 37th Street, pg. 246
LIPPE TAYLOR, 215 Park Avenue South, pg. 623
LIPPERT / HEILSHORN & ASSOCIATES, INC, 800 Third Avenue, pg. 623
LIPPINCOTT, 499 Park Avenue, pg. 189
LLOYD&CO, 180 Varick Street, pg. 190
LOCAL PROJECTS, 123 William Street, pg. 190
LONDON MISHER PUBLIC RELATIONS, 37 West 57th Street, pg. 623
LOTAME, 440 Ninth Avenue, pg. 447
LOU HAMMOND GROUP, 900 Third Avenue, pg. 381
LOYALKASPAR, 40 Exchange Place, pg. 12
LUCKY GENERALS, 333 Hudson Street, pg. 101
LUMENCY INC., 450 Lexington Avenue, pg. 310
LUMENTUS, 99 Madison Avenue, pg. 624
LUXE COLLECTIVE GROUP, 49 West 27th Street, pg. 102
LVLY STUDIOS, 575 Lexington Avenue, pg. 247
M BOOTH & ASSOCIATES, INC., 666 Third Avenue, pg. 624
M&C SAATCHI PERFORMANCE, 625 Broadway, pg. 247
M+R, 11 Park Place, pg. 12
M/SIX, 72 Spring Street, pg. 482
M:UNITED//MCCANN, 622 Third Avenue, pg. 102
MA3 AGENCY, 39 Walker Street, pg. 190
MAC PRESENTS, Seven West 18th Street, pg. 298
MACDONALD MEDIA, LLC, 141 West 36th Street, pg. 553
MACMILLAN COMMUNICATIONS, 20 West 22nd Street, pg. 624
MADANDWALL, 259 East Seventh Street, pg. 102
MADISON AVENUE SOCIAL, Central Park West, pg. 103
MADISON MEDIA GROUP, 20 Waterslide Plaza, pg. 562
MADRAS GLOBAL, 84 Wooster Street, pg. 103
MAGNA GLOBAL, 100 West 33rd Street, pg. 483
MAGNET MEDIA, INC., 500 Seventh Avenue, pg. 247
MAGNETIC, 360 Park Avenue South, pg. 447
MAGRINO PUBLIC RELATIONS, 352 Park Avenue South, pg. 624
MAJOR TOM, 434 West 33rd Street, pg. 247
MAKOVSKY & COMPANY, INC., 228 East 45th Street, pg. 624
MAMMOTH ADVERTISING, 36 East 20th Street, pg. 248
MANHATTAN MARKETING ENSEMBLE, 443 Park Avenue South, pg. 382
MANIFEST, 228 East 45th Street, pg. 248
MARINA MAHER COMMUNICATIONS, 830 Third Avenue, pg. 625
MARINO ORGANIZATION, INC., 747 Third Avenue, pg. 625
MARSTON WEBB INTERNATIONAL, 270 Madison Avenue, pg. 626
MARTIN RETAIL GROUP, 375 Hudson Street, pg. 106
MASS APPEAL, 428 Broadway, pg. 562
MATRIX ADVERTISING ASSOCIATES, INC., 85 Broad Street, pg. 107
MATTE PROJECTS, 174 Hudson Street, pg. 107
MAURONEWMEDIA, 23 East 73rd Street, pg. 190

MBA PARTNERS, 48 West 21st Street, pg. 626
MBC RESEARCH, 270 Madison Avenue, pg. 447
MCCANN HEALTH NEW YORK 622 Third Avenue, pg. 108
MCCANN NEW YORK, 622 Third Avenue, pg. 108
MCD PARTNERS, 138 West 25th Street, pg. 249
MCGARRYBOWEN, 601 West 26th Street, pg. 109
MCKINNEY NEW YORK, 22 West 21st Street, pg. 111
MDC PARTNERS, INC., 330 Hudson Street, pg. 385
MEDIA ALLEGORY, 711 Third Avenue, pg. 484
MEDIA ASSEMBLY, 711 Third Avenue, pg. 484
MEDIA CONNECT, 301 East 57th Street, pg. 485
MEDIA STORM, 160 Varick Street, pg. 486
MEDIACOM, Three World Trade Center, pg. 487
MEDIAHUB NEW YORK, 386 Park Avenue South, pg. 249
MEDIALINK, 1155 Avenue of the Americas, pg. 386
MEDIAMONKS, 127 Elizabeth Street, pg. 249
MEKANISM, 250 Hudson Street, pg. 113
MERCURY PUBLIC AFFAIRS, 200 Varick Street, pg. 627
MERKLEY + PARTNERS, 200 Varick Street, pg. 114
METHOD, INC., 151 Lafayette Street, pg. 191
MICHAEL ALAN GROUP, 333 West 52nd Street, pg. 692
MILLER ADVERTISING, 220 West 42nd Street, pg. 115
MILLER ADVERTISING AGENCY, INC., 22 West 42nd Street, pg. 115
MILTON SAMUELS ADVERTISING & PUBLIC RELATIONS, 328 West 38th Street, pg. 387
MINDSHARE, Three World Trade Center, pg. 491
MINY, 466 Lexington Avenue, pg. 115
MIRRORBALL, 134 West 25th Street, pg. 388
MIRUM AGENCY, 466 Lexington Avenue, pg. 251
MISSY FARREN & ASSOCIATES, LTD., 301 East 57th Street, pg. 627
MJM CREATIVE, The Chocolate Factory, pg. 311
MKG, 599 Broadway, pg. 311
MKTG INC, 32 Avenue of the Americas, pg. 311
MMGY GLOBAL, 360 Lexington Avenue, pg. 388
MMGY NJF, 360 Lexington Avenue, pg. 628
MOBEXT, 200 Hudson Street, pg. 534
MOD OP, 187 Lafayette Street, pg. 116
MODCOGROUP, 102 Madison Avenue, pg. 116
MOMENT, 13 Crosby Street, pg. 192
MOMENTUM WORLDWIDE, 300 Vessey Street, pg. 117
MONTIETH & COMPANY, Ten Grand Central, pg. 628
MOSAIC NORTH AMERICA, 5 Hanover Square, pg. 312
MOTHER NY, 595 11th Avenue, pg. 118
MOVEABLE INK, Five Bryant Park, pg. 251
MOVEMENT STRATEGY, 383 Fifth Avenue, pg. 687
MOVING IMAGE & CONTENT, 315 Meserole Street, B3, pg. 251
MOXIE COMMUNICATIONS GROUP, 27 West 24th Street, pg. 628
MRM//MCCANN, 622 Third Avenue, pg. 289
MRS & MR, 105 Fifth Avenue, pg. 192
MRY, 299 West Houston Street, pg. 252
MSLGROUP, 1675 Broadway, pg. 629
MULLENLOWE U.S. NEW YORK, 386 Park Avenue South, pg. 496
MUNN RABOT, 33 West 17th Street, pg. 448
MUTS & JOY, INC., 32 West 40th Street, pg. 192
MWWPR, 304 Park Avenue South, pg. 631
NA COLLECTIVE, LLC, 147 West 25th Street, pg. 312
NATIONAL CINEMEDIA, 60 East 42nd Street, pg. 119
NEO MEDIA WORLD, Three World Trade Center, pg. 496
NEON, 1400 Broadway, pg. 120
NETWORK DESIGN & COMMUNICATIONS, 276 Bowery, pg. 253
NEW TRADITION, 584 Broadway, pg. 554
NEXTGUEST DIGITAL, One Penn Plaza, pg. 253
NICE SHOES, 352 Park Avenue South, pg. 193
NICHOLAS & LENCE COMMUNICATIONS, 28 West

A-63

GEOGRAPHIC INDEX OF AGENCIES

44th Street, pg. 632
NIGHT AGENCY, LLC, 381 Broadway, pg. 692
NIKE COMMUNICATIONS, INC., 75 Broad Street, pg. 632
NINETY9X, 160 Varick Street, pg. 254
NMPI, 25 Broadway, pg. 254
NOBLE PEOPLE, 13 Crosby Street, pg. 120
NORTH 6TH AGENCY, 50 Greene Street, pg. 633
NOVITA COMMUNICATIONS, 277 Broadway, pg. 392
O POSITIVE FILMS, 48 West 25th Street, pg. 563
O'HARE & ASSOCIATES, 286 Madison Avenue, pg. 121
O2KL, 3 West 18th Street, pg. 121
OAKLINS DESILVA+PHILLIPS, 475 Park Avenue South, pg. 687
OCTAGON, 30 East 60th Street, pg. 313
OGILVY, 636 11th Avenue, pg. 393
OGILVY HEALTH, 636 11th Avenue, pg. 122
OGILVY PUBLIC RELATIONS, 636 Eleventh Avenue, pg. 633
OGILVYONE WORLDWIDE, 636 11th Avenue, pg. 255
OMD, 195 Broadway, pg. 498
OMNICOM GROUP, 437 Madison Avenue, pg. 123
OPAD MEDIA SOLUTIONS, LLC, 275 Madison Avenue, pg. 503
OPENMIND, Three World Trade Center, pg. 503
OPERATIVE, Six East 32nd Street, pg. 289
OPTIMUM SPORTS, 195 Broadway, pg. 394
ORGANIC, INC., 220 East 42nd Street, pg. 256
ORION WORLDWIDE, 622 Third Avenue, pg. 503
OSK MARKETING & COMMUNICATIONS, INC., 122 East 42nd Street, pg. 634
OUTBRAIN, INC., 39 West 13th Street, pg. 256
OUTFRONT MEDIA, 405 Lexington Avenue, pg. 554
PACE ADVERTISING AGENCY, INC., 21 West 46th Street, pg. 124
PADILLA, Four World Trade Center, pg. 635
PALISADES MEDIA GROUP, INC., 171 Madison Avenue, pg. 124
PARHAM SANTANA, INC., 41 East 11th Street, pg. 194
PATH INTERACTIVE, INC., 915 Broadway, pg. 256
PATHWAY GROUP LLC, 195 Broadway, pg. 503
PATIENTS & PURPOSE, 200 Varick Street, pg. 126
PATTERN, 138 East Broadway, pg. 126
PAUL WILMOT COMMUNICATIONS, 581 Sixth Avenue, pg. 636
PENTAGRAM, 250 Park Avenue South, pg. 194
PEPPERCOMM, INC., 470 Park Avenue South, pg. 687
PERCEPTION NYC, 345 Seventh Ave, pg. 194
PEREIRA & O'DELL, Five Crosby Street, pg. 257
PERFORMICS, 375 Hudson Street, pg. 676
PGR MEDIA, 150 West 28th Street, pg. 504
PHD USA, 220 East 42nd Street, pg. 505
PHIL & CO., 20 West 20th Street, pg. 397
PIMS, 20 West 36th Street, pg. 128
PINEROCK, 45 West 27th Street, pg. 636
PKPR, 85 Broad Street, pg. 637
PLATINUM RYE, 1285 Sixth Avenue, pg. 298
PLAY WORK GROUP, 548 West 28th Street, pg. 195
PLAYBUZZ, 49 West 23rd Street, pg. 128
PLUS, 162 West 21st Street, pg. 128
POINT-ONE-PERCENT, 584 Broadway, pg. 15
POLLOCK COMMUNICATIONS, INC., 205 East 42nd Street, pg. 637
POP2LIFE, 1 World Trade Center, pg. 195
PORTER LEVAY & ROSE, Seven Penn Plaza, pg. 637
PORTER NOVELLI, 195 Broadway, pg. 637
POSTERSCOPE U.S.A., 150 East 42nd Street, pg. 556
POSTWORKS, 110 Leroy Street, pg. 195
POWERPHYL MEDIA SOLUTIONS, 370 Seventh Avenue, pg. 506
PRCG | HAGGERTY, LLC, 45 Broadway, pg. 638
PREMIER PARTNERSHIPS, 420 Lexington Avenue, pg. 314
PROHASKA CONSULTING, 99 Madison Avenue, pg. 130

PROJECT X, One Whitehall Street, pg. 556
PROPHET, 160 Fifth Avenue, pg. 15
PROSEK PARTNERS, 105 Madison Avenue, pg. 639
PSFK, 536 Broadway, pg. 440
PSYOP, 45 Howard Street, pg. 196
PUBLICIS HEALTH, One Pennsylvania Plaza, pg. 639
PUBLICIS NORTH AMERICA 1675 Broadway, pg. 399
PUBLICIS.SAPIENT, 375 Hudson Street, pg. 258
PURE GROWTH, 680 Fifth Avenue, pg. 507
QUINN & COMPANY, 48 West 38th Street, pg. 640
R/GA, 450 West 33rd Street, pg. 260
RADICAL MEDIA, 435 Hudson Street, pg. 196
RADIUS GLOBAL MARKET RESEARCH, 120 Fifth Avenue, pg. 449
RAIN, 610 West 26th Street , pg. 262
RAPP WORLDWIDE, 220 East 42nd Street, pg. 290
RAPPORT OUTDOOR WORLDWIDE, 100 West Thirty Third Street, pg. 556
RAUXA, 225 Liberty Street, pg. 291
RDA INTERNATIONAL, 110 East 25th Street, pg. 403
READY SET ROCKET, 636 Broadway , pg. 262
RED FUSE COMMUNICATIONS, Three Columbus Circle, pg. 404
RED HAVAS, 200 Madison Avenue, pg. 641
RED HERRING DESIGN , 62 Summit Street, pg. 197
RED PEAK GROUP, 625 Broadway, pg. 132
RED THREAD PRODUCTIONS, 333 Park Avenue South , pg. 563
REDPOINT MARKETING PR, INC, 75 Broad Street, pg. 642
REDSCOUT, 30 Cooper Square, pg. 16
REFUEL AGENCY, 1350 Broadway, pg. 507
REPRISE DIGITAL, 100 West 33rd Street, pg. 676
RESOLUTE DIGITAL, LLC, 601 West 26th Street, pg. 263
RESOLUTION MEDIA, 195 Broadway , pg. 263
RFBINDER PARTNERS, INC., 950 Third Avenue, pg. 642
RIP ROAD, 80 Broad Street, pg. 534
RLM PUBLIC RELATIONS, Post Office Box 4208, pg. 643
ROC NATION, 540 West 26th Street, pg. 298
ROGERS & COWAN/PMK*BNC, 909 Third Avenue, pg. 644
ROKKAN, LLC, 1675 Broadway, pg. 264
ROSLAN & CAMPION PUBLIC RELATIONS, LLC, 424 West 33rd Street, pg. 644
RPR MARKETING COMMUNICATIONS, 1156 Avenue of the America, pg. 644
RSD MARKETING, 431 Fifth Avenue, pg. 197
RUBENSTEIN ASSOCIATES, 825 Eighth Avenue, pg. 644
RUCKUS MARKETING, 240 West 37th Street, pg. 408
RUDER FINN, INC., 425 East 53rd Street, pg. 645
RUNNING SUBWAY, 70 West 40th Street, pg. 563
RUSSELL DESIGN, 115 Fifth Avenue, pg. 197
RUSSO PARTNERS, LLC, 12 West 27th Street, pg. 136
RWI, 260 West 35th Street, pg. 197
RX COMMUNICATIONS GROUP, 555 Madison Avenue, pg. 645
SAATCHI & SAATCHI, 1675 Broadway, pg. 136
SAATCHI & SAATCHI WELLNESS 1675 Broadway, pg. 137
SANDBOX STRATEGIES, 1123 Broadway, pg. 645
SARD VERBINNEN, 630 Third Avenue, pg. 646
SAYLES & WINNIKOFF COMMUNICATIONS, 1201 Broadway, pg. 646
SCENARIODNA, 41 East 11th Street, pg. 449
SCHRAMM MARKETING GROUP, 160 East 38th Street, pg. 508
SCREENVISION, 1411 Broadway, pg. 557
SEARCH PARTY MUSIC, Six Saint Johns Lane, pg. 299
SEIDEN GROUP, INC., 112 Madison Avenue, pg. 410

SEITER & MILLER ADVERTISING, 121 East 24th Street, pg. 139
SEQUEL STUDIO, 12 West 27th Street, pg. 16
SERINO COYNE, INC., 1285 Avenue of the Americas, pg. 299
SET CREATIVE, 114 Fifth Avenue, pg. 139
SHADOW PUBLIC RELATIONS, 414 West 14th Street, pg. 646
SHARP COMMUNICATIONS, INC., 415 Madison Avenue, pg. 140
SHARPLEFT, INC., 630 Ninth Avenue, pg. 299
SHEA COMMUNICATIONS, 18 East 41st Street, pg. 646
SHERWOOD OUTDOOR, INC., 745 Fifth Avenue, pg. 557
SHIFT COMMUNICATIONS LLC, 125 Fifth Avenue, pg. 647
SHOPPR, 215 Park Avenue South, pg. 647
SHOW & TELL PRODUCTIONS, INC., 307 Seventh Avenue, pg. 557
SID LEE, 625 Broadway, pg. 141
SID PATERSON ADVERTISING, 232 Madison Avenue, pg. 141
SIEGEL & GALE, 195 Broadway, pg. 17
SILVERLIGHT DIGITAL, 15 East 32nd Street, pg. 265
SITUATION INTERACTIVE, 469 Seventh Avenue, pg. 265
SIX DEGREES GROUP, 159 Bleecker Street, pg. 647
SJI ASSOCIATES, 1001 Avenue of the Americas, pg. 142
SKAGGS, 414 Broadway, pg. 199
SKY ADVERTISING, INC., 14 East 33rd Street, pg. 142
SLOANE & COMPANY, Seven Times Square Tower, pg. 647
SMART DESIGN,. INC, 601 West 26th Street, pg. 199
SMUGGLER, 38 West 21st Street, pg. 143
SNELL MEDICAL COMMUNICATION, INC., 1230 Avenue of the Americas, pg. 648
SNIPPIES, INC., 266 West 37th Street, pg. 450
SOCIAL CHAIN, 260 Fifth Avenue, pg. 143
SOCIAL MEDIA LINK, 483 Tenth Avenue, pg. 266
SOCIALFLY, 231 West 29th Street, pg. 688
SOHO EXPERIENTIAL, 16 Vestry Street, pg. 143
SOLEBURY TROUT, 740 Broadway, pg. 648
SOURCECODE COMMUNICATIONS, 41 East 11th Street, pg. 648
SOUTHARD COMMUNICATIONS, 111 John Street, pg. 648
SPACE150, 161 Bowery, pg. 266
SPARK FOUNDRY, 375 Hudson Street, pg. 508
SPARK44, 22 West 21st Street, pg. 411
SPARKS & HONEY, 437 Madison Avenue, pg. 450
SPECTOR PUBLIC RELATIONS, 85 Broad Street, pg. 649
SPERO MEDIA, 295 Madison Avenue, pg. 411
SPI MARKETING, 307 Seventh Avenue, pg. 411
SPOTCO, 114 West 41st Street, pg. 143
SPRING STUDIOS, 6 Saint Johns Lane, pg. 563
SPRINKLR, 29 West 35th Street, pg. 267
SPRINKLR, 29 West 35th Street, pg. 688
SQUEAKY WHEEL MEDIA, 640 West 28th Street, pg. 267
SS+K, 88 Pine Street, pg. 144
SSCG MEDIA GROUP, 220 East 42nd Street, pg. 513
STANTON PUBLIC RELATIONS & MARKETING, 880 Third Avenue, pg. 649
STARCOM WORLDWIDE, 375 Hudson Street, pg. 517
STARLIGHT RUNNER ENTERTAINMENT, INC., 19 West 21st Street, pg. 569
STEIN IAS, 432 Park Avenue South, pg. 267
STELLA RISING, 920 Broadway, pg. 267
STEPHAN PARTNERS, INC., 462 Broadway, pg. 267
STERLING BRANDS, 75 Varick Street, pg. 18
STERN & COMPANY, 124 West 79th Street, pg. 650
STOREBOARD MEDIA LLC, 360 Lexington Avenue, pg. 557
STORY WORLDWIDE, 48 West 25th Street,

A-64

AGENCIES

GEOGRAPHIC INDEX OF AGENCIES

267
STRAWBERRYFROG, 350 Fifth Avenue, pg. 414
SUB ROSA, 353 West 12th Street, pg. 200
SUDLER & HENNESSEY, 230 Park Avenue, South, pg. 145
SULLIVAN, 450 West 14th Street, pg. 18
SUN & MOON MARKETING COMMUNICATIONS, INC., 75 Broad Street, pg. 415
SUNDBERG & ASSOCIATES, 9 East 45th Street, pg. 200
SUNSHINE SACHS, 136 Madison Avenue, pg. 650
SUPERFLY, 381 Park Avenue, South, pg. 315
SUPERUNION, 114 Fifth Avenue, pg. 18
SWEDEN UNLIMITED, 199 Lafayette Street, pg. 268
SWEENEYVESTY, 79 Madison Avenue, pg. 651
SWELLSHARK, 55 West 39th Street, pg. 518
SWERVE, INC., 77 Bleecker Street, pg. 200
SYNECHRON, 15 Maiden Lane, pg. 268
SYPARTNERS, 395 Hudson Street, pg. 18
SYZYGY US, 225 Broadway, pg. 268
TABOOLA, 16 Madison Square West, pg. 268
TALON OUTDOOR, 584 Broadway, pg. 558
TARGET 10, 248 West 35th Street, pg. 19
TARGETSPOT, INC., 33 East 33rd Street, pg. 269
TAXI, Three Columbus Circle, pg. 146
TAYLOR, 640 Fifth Avenue, pg. 651
TBWA \ CHIAT \ DAY, 488 Madison Avenue, pg. 416
TBWA\WORLDHEALTH, 488 Madison Avenue, pg. 147
TEAM EPIPHANY, 1235 Broadway, pg. 652
TEAM ONE, 299 West Houston Street, pg. 418
TENET PARTNERS, 122 West 27th Street, pg. 450
TERMAN PUBLIC RELATIONS, 40 East 78th Street, pg. 652
TERRI & SANDY, 1133 Broadway, pg. 147
THACKWAY MCCORD, 77 Bowery, pg. 201
THE BEANSTALK GROUP, 1285 Avenue of the Americas, pg. 19
THE BROOKLYN BROTHERS, Seven West 22nd Street, pg. 148
THE BURNETT COLLECTIVE, 19 Stanton Street, pg. 669
THE CDM GROUP, 220 East 42nd Street, pg. 149
THE DONEGER GROUP, 463 Seventh Avenue, pg. 419
THE EQUITY GROUP, INC., 800 Third Avenue, pg. 653
THE FOOD GROUP, 466 Lexington Avenue, pg. 419
THE FOUNDRY @ MEREDITH CORP, 225 Liberty Street, pg. 150
THE GATE WORLDWIDE, 71 Fifth Avenue, pg. 419
THE GEORGE P. JOHNSON COMPANY, 11 East 26th Street, pg. 316
THE JOESTER LORIA GROUP, 30 Irving Place, pg. 450
THE KARPEL GROUP, 47 East 19th Street, pg. 299
THE LANE COMMUNICATIONS GROUP, Five Columbus Circle, pg. 654
THE LEVINSON TRACTENBERG GROUP, 154 Grand Street, pg. 151
THE MARKETING ARM, 1285 Sixth Avenue, pg. 317
THE MEDIA KITCHEN, 160 Varick Street, pg. 519
THE MILL, 451 Broadway, pg. 152
THE MIXX, 350 Seventh Avenue, pg. 20
THE NARRATIVE GROUP, 19 West 21st Street, pg. 654
THE POLLACK PR MARKETING GROUP, 37 West 26th Street, pg. 655
THE PORTFOLIO MARKETING GROUP, 301 East 57th Street, pg. 422
THE ROSEN GROUP, 135 West 20th Street, pg. 655
THE RUTH GROUP, 757 Third Avenue, pg. 655
THE SUNFLOWER GROUP, 360 Lexington Avenue, pg. 317
THE TRADE DESK, Two Park Place, pg. 520
THE VAULT, 747 Third Avenue, pg. 154
THE WATSONS, 150 West 30th Street, pg. 154
THE&PARTNERSHIP, 75 Spring Street, pg. 426

THEBLOC, 32 Old Slip, pg. 154
THESEUS COMMUNICATIONS, 154 Grand Street, pg. 520
THINK PR, 10 East 23rd Street, pg. 655
THINKSO CREATIVE LLC, 10 West 37th Street, pg. 155
THORNBERG & FORESTER, 78 Fifth Avenue, pg. 564
TINUITI, 142 West 36th Street, pg. 678
TONIQ, LLC, 207 East 32nd Street, pg. 20
TOTO GROUP, 139 Fulton Street, pg. 156
TOUCHSTORM, 1460 Broadway, pg. 570
TPG REWARDS, INC., 29 Broadway, pg. 570
TPN, 220 East 42nd Street, pg. 571
TRACK MARKETING GROUP, 115 West 30th Street, pg. 156
TRADE X PARTNERS, 711 Third Avenue, pg. 156
TRAVELCLICK, INC., 55 West 46th Street, pg. 272
TRENT & COMPANY, INC., 594 Broadway, pg. 656
TRIAD RETAIL MEDIA, 140 East 45th Street, pg. 272
TRIBAL WORLDWIDE, 655 Madison Avenue, pg. 272
TRIPTENT, 400 West 14th Street, pg. 156
TRITON DIGITAL, 321 West 44th Street, pg. 272
TROLLBACK & COMPANY, 490 Broadway, pg. 203
TRUE NORTH INC., 630 Third Avenue, pg. 272
TURNER PUBLIC RELATIONS, 250 West 39th Street, pg. 657
TWO TWELVE, 236 West 27th Street, pg. 203
UBIQUITOUS MEDIA / GLOSS MEDIA, 1412 Broadway, pg. 294
UNDERSCORE MARKETING, LLC, 90 Broad Street, Second Floor, pg. 521
UNDERTONE, One World Trade Center, pg. 273
UNIFIED FIELD, 33 East 33rd Street, pg. 273
UNITED ENTERTAINMENT GROUP, 155 Sixth Avenue, pg. 299
UNIVERSAL MCCANN, 100 West 33rd Street, pg. 521
UNTITLED WORLDWIDE, 584 Broadway, pg. 157
USIM, 52 Vanderbilt Avenue, pg. 525
VALTECH, 416 West 13th Street, pg. 273
VAN WAGNER COMMUNICATIONS, 800 Third Avenue, pg. 558
VAN WAGNER SPORTS GROUP, 800 Third Avenue, pg. 558
VANGUARD DIRECT, 519 Eighth Avenue, pg. 274
VARICK MEDIA MANAGEMENT, 711 Third Avenue, pg. 274
VAULT49, 36 West 20th Street, pg. 203
VAYNERMEDIA, Ten Hudson Yards, pg. 689
VECTOR MEDIA, 560 Lexington Avenue, pg. 558
VELOCITY OMC, 437 Madison Avenue, pg. 158
VENTURA ASSOCIATES INTL, LLC, 494 Eighth Avenue, pg. 571
VERSO ADVERTISING, 79 Madison Avenue, pg. 159
VERTIC, 180 Varick Street, pg. 274
VESTED, 22 West 38th Street, pg. 658
VIDMOB, 126 Fifth Avenue, pg. 690
VISION7 INTERNATIONAL, 600 Lexington Avenue, pg. 429
VIZEUM, 32 Avenue of Americas, pg. 526
VM1 (ZENITH MEDIA + MOXIE), 299 West Houston Street, pg. 526
VMLY&R, Three Columbus Circle, pg. 160
VSA PARTNERS, INC., 95 Morton Street, pg. 204
W2O, 199 Water Street, pg. 659
WAGSTAFF WORLDWIDE, 130 West 29th Street, pg. 659
WALLACE CHURCH, INC., 330 East 48th Street, pg. 204
WALRUS, 18 East 17th Street , pg. 161
WALTON ISAACSON, 43 West 24th Street, pg. 547
WAVEMAKER, 175 Greenwich Avenue, pg. 526
WE ARE BMF, 50 West 23rd Street, pg. 318
WE ARE SOCIAL, 26 Mercer Street, pg. 690
WE'RE MAGNETIC, 159 West 25th Street, pg. 318
WEBER SHANDWICK, 909 Third Avenue, pg. 660
WEINMAN SCHNEE MORAIS, INC., 250 West 57th Street, pg. 451
WIEDEN + KENNEDY, 150 Varick Street, pg. 432
WIT MEDIA, 150 West 28th Street, pg. 162

WOLFF OLINS, 200 Varick Street, pg. 21
WOMENKIND, 1441 Broadway, pg. 162
WONDERSAUCE, 45 West 25th Street, pg. 205
WONGDOODY, One World Trade Center, pg. 433
WORKING MEDIA GROUP, 1460 Broadway, pg. 433
WP NARRATIVE_, 989 Avenue of the Americas, pg. 163
WPP GROUP, INC., Three World Trade Center, pg. 433
WPP KANTAR MEDIA, Three World Trade Center, pg. 163
WSL STRATEGIC RETAIL, 307 Seventh Avenue, pg. 21
WUNDERMAN HEALTH, 466 Lexington Avenue, pg. 164
WUNDERMAN THOMPSON, 466 Lexington Avenue, pg. 434
WYNG, 55 West 21st Street, pg. 276
XAXIS, 175 Greenwich Street, pg. 276
XENOPSI, 60 Broad Street, pg. 164
XHIBITION, 26 Broadway, pg. 664
YARD, 25 Broadway, pg. 435
YC MEDIA, 231 West 29th Street, pg. 664
YES AND COMPANY, 711 Third Avenue, pg. 436
Z-CARD NORTH AMERICA, 39 Broadway, pg. 294
ZENITH MEDIA, 299 West Houston Street, pg. 529
ZENO GROUP, 140 Broadway, pg. 664
ZER0 TO 5IVE, LLC, 379 West Broadway, pg. 665
ZETA INTERACTIVE, 185 Madison Avenue, pg. 277
ZLOKOWER COMPANY, 575 Eighth Avenue, pg. 665
ZOOM MEDIA, 345 Seventh Avenue, pg. 559

New york

NYLON TECHNOLOGY, 350 Seventh Avenue, pg. 255

Old Chatham

BLASS COMMUNICATIONS, 17 Drowne Road, pg. 584

Patchogue

FISHBAT, 76 West Main Street, pg. 234

Pearl River

ACTIVE INTERNATIONAL, One Blue Hill Plaza, pg. 439

Peekskill

BONGARBIZ, 426 Smith Street, pg. 302

Penfield

MASON MARKETING, 400 Whitney Road, pg. 106

Pittsford

FLYNN, 175 Sully's Trail, pg. 74
THE VERDI GROUP, INC., 190 Office Park Way, pg. 293

Pleasantville

DDR PUBLIC RELATIONS, 444 Bedford Road, pg. 595
LAM DESIGN ASSOCIATES, INC., 409 Manville Road, pg. 189
RLA COLLECTIVE, 141 Tompkins Avenue, pg. 643

Port Washington

GEOGRAPHIC INDEX OF AGENCIES

ROSLOW RESEARCH GROUP, 79 Main Street, pg. 449

Queens

BEACHY MEDIA, 25-24 34th Street, pg. 216

Rhinebeck

PHOENIX MARKETING INTERNATIONAL, 6423 Montgomery Street, pg. 448
PHOENIX MARKETING INTERNATIONAL, 6423 Montgomery Street, pg. 449

Rochester

ADVENTIVE, INC., 140 Allens Creek Road, pg. 211
ARCHER COMMUNICATIONS, INC., 252 Alexander Street, pg. 327
BUTLER / TILL, 1565 Jefferson Road, pg. 457
JAY ADVERTISING, INC., 170 Linden Oaks , pg. 377
MCELVENEY & PALOZZI, 778 Oakridge Drive, pg. 190
PARTNERS + NAPIER, One South Clinton Avenue, pg. 125
SIGMA MARKETING INSIGHTS, 42 South Washington Street, pg. 450

Rockville Center

KAHN TRAVEL COMMUNICATIONS, 77 North Centre Avenue, pg. 481

Rye Brook

BCA MARKETING COMMUNICATIONS, 800 Westchester Avenue, pg. 332
ESTEE MARKETING GROUP, 800 Westchester Avenue, pg. 283

Saint James

DIRCKS ASSOCIATES, 550 North Country Road, pg. 180

Saratoga Springs

FINGERPAINT MARKETING, 395 Broadway, pg. 358

Smithtown

SMM ADVERTISING, 811 West Jericho Turnpike, pg. 199

Syosset

MARDEN-KANE, INC., 575 Underhill Boulevard, pg. 568

Syracuse

ABC CREATIVE GROUP, 235 Walton Street, pg. 322
COWLEY ASSOCIATES, 407 South Warren Street, pg. 345
LATORRA, PAUL & MCCANN, 120 East Washington Street, pg. 379
MOWER, 211 West Jefferson Street, pg. 118
PINCKNEY HUGO GROUP, 760 West Genesee Street, pg. 128
THE DIGITAL HYVE, 126 North Salina Street, pg. 269

Tarrytown

HUDSON RIVER GROUP, 120 White Plains Road, pg. 239
SQAD, INC., 303 South Broadway, pg. 513

Troy

BURST MARKETING, 24 Fourth Street, pg. 338
CREATIVE COMMUNICATION ASSOCIATES, 2 Third Street, pg. 54
SMITH & JONES, 24 Fourth Street, pg. 143

Utica

PAIGE GROUP, 258 Genesee Street, pg. 396
PARK OUTDOOR ADVERTISING, 2949 Chenango Road, pg. 555

Valhalla

DELFINO MARKETING COMMUNICATIONS, 400 Columbus Avenue , pg. 349

Valley Cottage

KEA ADVERTISING, 217 Route 303, pg. 94

Victor

DIXON SCHWABL ADVERTISING, 1595 Mosley Road, pg. 351

Webster

FORWARD BRANDING, 34 May Street, pg. 184

Westbury

CENTRA360, 1400 Old Country Road, pg. 49
MSW RESEARCH, 1400 Old Country Road, pg. 448
SPARK451, INC., 865 Merrick Avenue, pg. 411

White Plains

CARL BLOOM ASSOCIATES, 81 Main Street, pg. 281
CO-COMMUNICATIONS INC. , Four West Red Oak Lane, pg. 685
COSGROVE ASSOCIATES, 81 Main Street, pg. 344
LITTLE BIG BRANDS, One North Broadway, pg. 12
MEDIA MONITORS, LLC, 445 Hamilton Avenue, pg. 249
TMPG MEDIA, 711 West Chester Avenue, pg. 299

Williamsville

GELIA WELLS & MOHR, 390 South Youngs Road, pg. 362

Woodberry

NORMAN HECHT RESEARCH, INC., 20 Crossways Park Drive North, pg. 448

NEWFOUNDLAND AND LABRADOR

Saint John's

M5 MARKETING COMMUNICATIONS, 42 O'Leary Avenue, pg. 102

TARGET MARKETING & COMMUNICATIONS, INC., 90 Water Street, pg. 146

NORTH CAROLINA

Archdale

SSG / BRANDINTENSE, 102 Carolina Court, pg. 315

Asheville

DARBY COMMUNICATIONS, Eight Magnolia Avenue, pg. 595
DESIGN ONE, INC., 53 Asheland Avenue, pg. 179
MARKET CONNECTIONS, 82 Patton Avenue , pg. 383

Belmont

LYERLY AGENCY, 126 North Main Street, pg. 382

Boone

APPNET, 7883 North Carolina Highway 105 South, pg. 173

Bridgeton

HIGH TIDE CREATIVE, 208 Bridge Street, pg. 85

Burlington

ETHOS CREATIVE, 3061 South Church Street, pg. 69

Cary

CONTRAST CREATIVE, 2598 Highstone Road, pg. 222
IGNITE SOCIAL MEDIA, 15501 Weston Parkway, pg. 686
MEDTHINK COMMUNICATIONS, 1001 Winstead Drive, pg. 112
R + M, 15100 Weston Parkway, pg. 196
S&A COMMUNICATIONS, 301 Cascade Point Lane, pg. 645

Chapel Hill

3 BIRDS MARKETING, 505 B West Franklin Street, pg. 207
DATA DECISIONS GROUP, 6350 Quadrangle Drive, pg. 443
JENNINGS & COMPANY, Chapel Hill, 110 Banks Drive, pg. 92
THE FUTURES COMPANY, 1300 Environ Way, pg. 450

Charlotte

54 BRANDS, 1515 Mockingbird Lane, pg. 321
ABZ CREATIVE PARTNERS, 1000 Music Factory Boulevard, pg. 171
AC&M GROUP, 1307 West Morehead Street, pg. 537
ADAMS OUTDOOR ADVERTISING, 2299 Scott Futrell Drive, pg. 549
ALLIANCE SALES & MARKETING, 5113 Piper Station Drive, pg. 30
BOLT, 1415 South Church Street, pg. 3
BOONEOAKLEY, 1445 South Mint Street, pg. 41
BURKE COMMUNICATIONS , 1220 South Graham Street, pg. 176

AGENCIES

GEOGRAPHIC INDEX OF AGENCIES

CHERNOFF NEWMAN, 5970 Fairview Road, pg. 590
CONCENTRIC MARKETING, 500 East Boulevard, pg. 52
CRAFTED, 1713 Cleveland Avenue, pg. 178
DOGGETT ADVERTISING, INC., 5970 Fairview Road, pg. 63
DOUGLAS DISPLAYS, 7506 East Independence Boulevard, pg. 551
FLEISHMANHILLARD, 1435 West Morehead Street, pg. 605
GMR MARKETING, 1435 West Morehead Street, pg. 307
GTB, 11540 North Community House Road, pg. 368
HB&M SPORTS, 1000 West Morehead Street, pg. 307
HMH, 1000 West Morehead Street, pg. 86
LUQUIRE GEORGE ANDREWS, INC., 4201 Congress Street, pg. 382
MODE, 2173 Hawkins Street, pg. 251
MOWER, 615 South College Street, pg. 628
MYTHIC, 200 South Tryon Street, pg. 119
OCTAGON, 9115 Harris Corners Parkway, pg. 313
PUBLICIS HAWKEYE, 325 Arlington Avenue, pg. 399
QUINT EVENTS, 9300 Harris Corners Parkway, pg. 314
RAYCOM SPORTS, 1900 West Morehead Street, pg. 314
RED MOON MARKETING, 4100 Coca-Cola Plaza, pg. 404
SHOOK KELLEY, 2151 Hawkins Street, pg. 198
SPECIALIZED MEDIA SERVICES, 741 Kenilworth Avenue, pg. 513
TATTOO PROJECTS, LLC, 801 South Peter Street, pg. 146
TAYLOR, 10150 Mallard Creek Road, pg. 651
THEORY HOUSE : THE AGENCY BUILT FOR RETAIL, 4806 Park Road, pg. 683
TIVOLI PARTNERS, 2115 Rexford Road, pg. 293
UNION, 2000 West Morehead Street, pg. 273
WRAY WARD, 900 Baxter Street, pg. 433

Concord

BARNHARDT DAY & HINES, Post Office Box 163, pg. 36

Cornelius

MEDIA POWER ADVERTISING, 18047 West Catawba Avenue, pg. 486

Durham

IMAGE ASSOCIATES INC., 5475 Lumley Road, pg. 241
MCKINNEY, 318 Blackwell Street, pg. 111
THE PARAGRAPH PROJECT, 131 Orange Street, pg. 152
THE REPUBLIK, 211 Rigsbee Avenue, pg. 152
W5, 3211 Shannon Road, pg. 451
WILLOWTREE, INC., 324 Blackwell Street, pg. 535

Fayetteville

HODGES ASSOCIATES, P.O. Box 53805, pg. 86
THE WRIJEN COMPANY, 225 Green Street, pg. 546

Gastonia

SUMNER GROUP, 223 West Main Avenue, pg. 415

Greensboro

APPLE ROCK ADVERTISING & DISPLAY, 7602 Business Park Drive, pg. 565
BOULTON CREATIVE, 601 West Smith Street, pg. 41
BOUVIER KELLY, INC., 212 South Elm Street, pg. 41
MITRE AGENCY, 328 East Market Street, pg. 191
PACE COMMUNICATIONS, 1301 Carolina Street, pg. 395
QUIXOTE GROUP, 3107 Brassville Road, pg. 402
RLF COMMUNICATIONS, 532 South Elm Street, pg. 643
SFW AGENCY, 1301 Carolina Street, pg. 16
SHIFT NOW, 715 North Eugene Street, pg. 140
STAYWELL, 407 Norwalk Street, pg. 292
STEALING SHARE, 301 South Elm Street, pg. 18
TARGETBASE MARKETING, 202 CentrePort Drive, pg. 293

Greenville

IGOE CREATIVE, 1694 East Arlington Boulevard, pg. 373

Harrisburg

CSM PRODUCTION, 6427 Saddle Creek Court, pg. 304

High Point

BREAKING LIMITS MARKETING, LLC., 265 Eastchester Drive, pg. 303
CREATIVE SERVICES, 806 Westchester Drive, pg. 594
KEMP ADVERTISING + MARKETING, 3001 North Main Street, pg. 378
TRONE BRAND ENERGY, INC., 1823 Eastchester Drive, pg. 427

Holly Springs

919 MARKETING, 102 Avent Ferry Road, pg. 574

Mooresville

MIDAN MARKETING, 108 Gateway Boulevard, pg. 13

New Bern

LAURA BURGESS MARKETING, Post Office Box 13978, pg. 622
TYSINGER PROMOTIONS, INC., 3310 Trent Road, pg. 571

Raleigh

ACQUIRE, 305 Church at North Hills Street, pg. 1
ANOROC AGENCY, INC., 822 Wake Forest Road, pg. 326
APCO WORLDWIDE, 19 West Hargett Street, pg. 578
AVENIR BOLD, 612 Wade Avenue, pg. 328
BALDWIN&, 321 West Davie Street, pg. 35
BOLT PR, 618 West Jones Street, pg. 585
BTB MARKETING COMMUNICATIONS, 900 Ridgefield Drive, pg. 44
CENTERLINE DIGITAL, 509 West North Street, pg. 220
CLEAN, 6601 Six Forks Road, pg. 5
ECKEL & VAUGHAN, 706 Hillsborough Street, pg. 599
EXCELERATE DIGITAL, 111 West Hargett Street, pg. 233
FLEISHMANHILLARD, 4350 Lassiter at North Hill Avenue, pg. 606
FRENCH / WEST / VAUGHAN, 112 East Hargett Street, pg. 361
KETCHUM, 1201 Edwards Mill Road, pg. 378
KOROBERI NEW WORLD MARKETING, 236 South Boylan Avenue, pg. 95
MCKEEMAN COMMUNICATIONS, 4816 Six Forks Road, pg. 626
MEDIA PARTNERS, INC., 4020 Barrett Drive, pg. 486
MEDIA TWO INTERACTIVE, 112 South Blount Street, pg. 486
THE STONE AGENCY, 3906 Wake Forest Road, pg. 20
VITALINK COMMUNICATIONS, 10809 Cokesbury Lane, pg. 159
WITZ COMMUNICATIONS, INC., 555 Fayetteville Street, pg. 663

Research Triangle Park

NETSERTIVE, 2400 Perimeter Park Drive, pg. 253

Rocky Mount

LEWIS ADVERTISING, INC., 1050 Country Club Road, pg. 380

Wake Forest

SIGNATURE AGENCY, 1784 Heritage Center Drive, pg. 141

Wilmington

BANNER DIRECT, P.O. Box 10851, pg. 280
MAXIMUM DESIGN & ADVERTISING, INC, 7032 Wrightsville Avenue, pg. 107
MORVIL ADVERTISING & DESIGN GROUP, 1409 Audubon Boulevard, pg. 14
SAGE ISLAND, 1638 Military CutoffRoad, pg. 138

Winston Salem

BULL & BEARD, 305 West Fourth Street, pg. 44
WILDFIRE, 709 North Main Street, pg. 162

Winston-Salem

BELLOMY RESEARCH, 175 Sunnynoll Court, pg. 442
CCL BRANDING, 300 South Liberty Street, pg. 176
HIGH SYNERGY LLC, 495 Burkes Crossing, pg. 9
MEDIAHUB WINSTON SALEM, 525 Vine Street, pg. 386
THE VARIABLE, 575 East Fourth Street, pg. 153
VELA, 315 North Spruce Street, pg. 428

NORTH DAKOTA

Bismarck

AGENCY MABU, 1003 Gateway Avenue, pg. 29
ODNEY ADVERTISING AGENCY, 117 West Front Avenue, pg. 392

Fargo

FLINT COMMUNICATIONS, INC., 101 Tenth Street, North, pg. 359
H2M, 320 Fifth Street North, pg. 81
IRONCLAD MARKETING, 4225 38th Street South, pg. 90
PROMERSBERGER COMPANY, 4838 Rocking Horse Circle, pg. 638

NORTHWEST TERRITORIES

A-67

GEOGRAPHIC INDEX OF AGENCIES

Yellowknife

KELLETT COMMUNICATIONS, 4912 49th Street, pg. 94
OUTCROP GROUP, 5109 48 Street, pg. 124

NOVA SCOTIA

Bedford

CLARY FLEMMING & ASSOCIATES, 1356 Bedford Highway, pg. 561

Halifax

COLOUR, 1791 Barrington Street, pg. 343
COMPASS COMMUNICATIONS, 5837 Almon Street, pg. 52
KONNEKT DIGITAL ENGAGEMENT, 6148 Quinpool Road, pg. 245
NATIONAL PUBLIC RELATIONS, 1625 Grafton Street, pg. 631
TIME & SPACE MEDIA, 2570 Argicola Street, pg. 520
TRAMPOLINE, 1559 Barrington Street, pg. 20

OHIO

Akron

ANTHONY THOMAS ADVERTISING, 727 South Broadway Street, pg. 32
ARRAY CREATIVE, 495 Wolf Ledges Parkway, pg. 173
GEOMETRY, 388 South Main Street, pg. 362
HITCHCOCK FLEMING & ASSOCIATES, INC., 500 Wolf Ledges Parkway, pg. 86
KLEIDON AND ASSOCIATES, 3517 Embassy Parkway, pg. 95
KNOX MARKETING, 1730 Acron Peninsula, pg. 568
LOUIS & PARTNERS DESIGN, 2138 North Cleveland Massillon Road, pg. 190
WHITESPACE CREATIVE, 243 Furnace Street, pg. 162

Batavia

KAESER & BLAIR, 4236 Grissom Drive, pg. 567

Beachwood

ELEVATION, 23400 Mercantile Road, pg. 305
PROED COMMUNICATIONS, 25101 Chagrin Boulevard, pg. 129

Blue Ash

EPSILON, 4445 Lake Forest Drive, pg. 283

Boardman

PRODIGAL MEDIA COMPANY, 42 Mcclurg Rd, pg. 15

Brecksville

CAPSTONE MEDIA, 8227 Brecksville Road, pg. 459

Broadview Heights

HMT ASSOCIATES, INC., 335 Treeworth Boulevard, pg. 681

Canton

INNIS MAGGIORE GROUP, 4715 Whipple Avenue, Northwest, pg. 375
WRL ADVERTISING, 4470 Dressler Road, Northwest, pg. 163

Chagrin Falls

MCHALE & KOEPKE COMMUNICATIONS, 210 Bell Street, pg. 111

Cincinnati

84.51, 100 West Fifth Street, pg. 441
BRANDIENCE, 700 Walnut Street, pg. 42
BURKE, INC., 500 West Seventh Street, pg. 442
CHANGEUP, 700 West Pete Rose Way, pg. 5
CURIOSITY ADVERTISING, 35 East Seventh Street, pg. 223
DESKEY INTEGRATED BRANDING, 120 East Eighth Street, pg. 7
EMPOWER, 15 East 14th Street, pg. 354
ENGINE, 310 Culvert Street, pg. 444
FRCH DESIGN WORLDWIDE, 311 Elm Street, pg. 184
GEOMETRY, 302 West Third Street, pg. 363
GREY MIDWEST, 302 West Third Street, pg. 366
GYRO, 7755 Montgomery Road, pg. 368
HOLLAND ADVERTISING, 8040 Hosbrook Drive, pg. 87
IDEOPIA, 4270 Ivy Pointe Boulevard, pg. 88
IPSOS ASI, 3505 Columbia Parkway, pg. 446
JAGGED PEAK, 5389 East Provident Drive, pg. 91
LOHRE & ASSOCIATES, INC., 126A West 14th Street, pg. 381
LPK, 19 Garfield Place, pg. 12
MARKETVISION RESEARCH, 5151 Pfeiffer Road, pg. 447
MATTER CREATIVE GROUP, 9466 Montgomery Road, pg. 107
MEDIADEX LLC, 5784 Eaglesridge Lane, pg. 489
MRA ADVERTISING/PRODUCTION SUPPORT SERVICES, INC., 3979 Erie Avenue, pg. 118
NORTON OUTDOOR ADVERTISING, 5280 Kennedy Avenue, pg. 554
PEP, 201 East Fourth Street, pg. 569
PLATINUM MARKETING GROUP, 1205 Pendleton Street, pg. 506
POWERS AGENCY, INC., One West Fourth Street, pg. 398
PROXIMITY WORLDWIDE, 700 West Pete Rose Way, pg. 258
RSW/US, 6725 Miami Avenue, pg. 136
SAATCHI & SAATCHI X, 231 West 12th Street, pg. 682
ST. GREGORY GROUP MARKETING, 9435 Waterstone Boulevard, pg. 144
TCAA, 4555 Lakeforest Drive, pg. 147
TNS, 302 West Third Street, pg. 450
US DIGITAL PARTNERS, 311 Elm Street, pg. 273
WORDSWORTH COMMUNICATIONS, 538 Reading Road, pg. 663

Cleveland

ADCOM COMMUNICATIONS, INC., 1370 West Sixth Street, pg. 210
AMERICAN SOLUTIONS, 5300 Tadex Parkway, pg. 565
AUTOMOTIVE EVENTS, 19111 Detroit Road, pg. 328
BRANDMUSCLE, 1100 Superior Avenue, pg. 337
BRANDPIVOT, 2012 West 25th Street, pg. 337
BROKAW, INC., 1213 West Sixth Street, pg. 43
BROWN FLYNN COMMUNICATIONS LTD., 50 Public Square, pg. 586
CINECRAFT PRODUCTIONS, INC., 2515 Franklin Boulevard, pg. 561
DIX & EATON, 200 Public Square, pg. 351
DONER, 1001 Lakeside Avenue, pg. 352
EPSTEIN DESIGN PARTNERS, INC., 13017 Larchmere Boulevard, pg. 182
FAHLGREN MORTINE PUBLIC RELATIONS, 1100 Superior Avenue East, pg. 602
FALLS COMMUNICATIONS, 50 Public Square, pg. 357
GAP COMMUNICATIONS GROUP, INC., 1667 East 40th Street, pg. 540
GOLDFARB WEBER CREATIVE MEDIA, The Caxton Building, Suite 500, pg. 562
MARCUS THOMAS, 4781 Richmond Road, pg. 104
MARKETING DIRECTIONS, INC., 28005 Clemens Road, pg. 105
NAS RECRUITMENT COMMUNICATIONS, 9700 Rockside Road, pg. 667
NOTTINGHAM-SPIRK DESIGN, INC., 2200 Overlook Road, pg. 193
PARTNERS FOR INCENTIVES, 6545 Carnegie Avenue, pg. 569
PARTNERS RILEY LTD., 1375 Euclid Avenue, pg. 125
POINT TO POINT, 23240 Chagrin Boulevard, pg. 129
R STRATEGY GROUP, 812 Huron Road East, pg. 16
RH BLAKE INC., 26600 Renaissance Parkway, pg. 133
ROBOTS & PENCILS, 1215 Superior Avenue, pg. 264
SONNHALTER, 1320 Sumner Avenue, pg. 411
STERN ADVERTISING, INC., 950 Main Avenue, pg. 413
SWEENEY PUBLIC RELATIONS, 19106 Old Detroit Road, pg. 651
THUNDER TECH, 3635 Perkins Avenue, pg. 426

Columbus

30 LINES, 121 East Nationwide Boulevard, pg. 207
ADEPT MARKETING, 855 Grandview Avenue, pg. 210
BAESMAN, 274 Marconi Boulevard, pg. 167
BELLE COMMUNICATION, 175 South Third Street, pg. 582
BIG RED ROOSTER, 121 Thurman Avenue, pg. 3
BRAINSTORM MEDIA, 1423 Goodale Boulevard, pg. 175
BURKHOLDER FLINT ASSOCIATES, Ten East Weber Road, pg. 338
CHUTE GERDEMAN, 455 South Ludlow Street, pg. 177
CREATIVE SPOT, 430 East Rich Street, pg. 55
DESIGN-CENTRAL, 6464 Presidential Gateway, pg. 179
FAHLGREN MORTINE PUBLIC RELATIONS, 4030 Easton Station, pg. 70
FITCH, 585 South Front Street, pg. 183
FRAZIERHEIBY, 1500 Lake Shore Drive, pg. 75
IBM IX, 250 South High Street, pg. 240
KREBER, 2580 Westbelt Drive, pg. 379
MATRIX MEDIA SERVICES, 463 East Town Street, pg. 554
MILLS JAMES PRODUCTIONS, 3545 Fishinger Boulevard, pg. 491
MINDSTREAM INTERACTIVE, 250 West Street, pg. 250
OLOGIE, 447 East Main Street, pg. 122
PAUL WERTH ASSOCIATES, INC., 10 North High Street, pg. 635
PRIORITY DESIGNS, INC., 100 South Hamilton Road, pg. 195
RATTLEBACK, INC., 1847 West Fifth Avenue, pg. 262
RESOURCE/AMMIRATI, 250 South High Street, pg. 263
RMD ADVERTISING, 6116 Cleveland Avenue, pg. 643
RON FOTH ADVERTISING, 8100 North High Street, pg. 134

A-68

AGENCIES

GEOGRAPHIC INDEX OF AGENCIES

THE SHIPYARD, 580 North Fourth Street, pg. 270

Cuyahoga Falls

TRIAD/NEXT LEVEL, 1701 Front Street, pg. 156

Dayton

BERRY NETWORK, 3100 Kettering Boulevard, pg. 295
KEY-ADS, INC., 50 East Third Street, pg. 553
NOVA CREATIVE GROUP, INC., 7812 McEwen Road, pg. 193
OIA / MARKETING, 4240 Wagner Road, pg. 122
REAL ART DESIGN GROUP, 520 East First Street, pg. 197
THE OHLMANN GROUP, 1605 North Main Street, pg. 422
TRICOMB2B, 109 North Main Street, pg. 427
UPWARD BRAND INTERACTIONS, 116 East Third Street, pg. 158
VISUAL MARKETING ASSOCIATES, 1105 West Third Street, pg. 204
YECK BROTHERS COMPANY, 2222 Arbor Boulevard, pg. 294

Dublin

CP MEDIA SERVICES, INC., 6479 Reflections Drive, pg. 463

Fairlawn

ST&P COMMUNICATIONS, INC., 320 Springside Drive, pg. 412

Hudson

AKHIA PUBLIC RELATIONS, INC., 85 Executive Parkway, pg. 575

Kettering

STEPHENS DIRECT, 417 East Stroop Road, pg. 292

Lakewood

ROSENBERG ADVERTISING, 12613 Detroit Avenue, pg. 134

Lewis Center

MINDS ON, INC., 8864 Whitney Drive, pg. 250

Loveland

ENVIRONMENTAL TECHNOLOGIES & COMMUNICATIONS, INC., 600 West Loveland Avenue, pg. 602

Marietta

CLAYMAN & ASSOCIATES, Reno Business Park, pg. 51
OFFENBERGER & WHITE, INC., Post Office Box 1012, pg. 193
TGG BRAND MARKETING & DESIGN, 140 Gross Street, pg. 148

Massillon

E-B DISPLAY CO., INC., 1369 Sanders Avenue Southwest, pg. 180

Mentor

JCF MARKETING, 7740 Metric Drive, pg. 91

Miamisburg

SOURCELINK, LLC, 3303 West Tech Road, pg. 292

Milford

ACUPOLL RESEARCH, 1001 Ford Circle, pg. 441

North Canton

CROWL, MONTGOMERY & CLARK, INC., 713 South Main Street, pg. 347

Powell

EYETHINK, 265 North Liberty Street, pg. 182

Solon

GOLDSTEIN GROUP COMMUNICATIONS, INC., 30500 Solon Industrial Parkway, pg. 365

Springfield

SHIFTOLOGY COMMUNICATION, 137 East Main Street, pg. 647

Sylvania

CREATIVE OXYGEN LLC, 5723 Main Street, pg. 178

Toledo

COMMUNICA, INC., 31 North Erie Street, pg. 344
COOPER-SMITH ADVERTISING, 3500 Granite Circle, pg. 462
FLS MARKETING, 4635 West Alexis Road, pg. 359
HANSON, INC., Four Seagate Building, pg. 237
HART, 811 Madison Aveneue, pg. 82
MADISON AVENUE MARKETING GROUP, 1600 Madison Avenue, pg. 287
WRK ADVERTISING, 3450 West Central Avenue, pg. 163

Twinsburg

SCRATCH OFF SYSTEMS, 2457 Edison Boulevard, pg. 569

Valley View

FATHOM, 8200 Sweet Valley Drive, pg. 673

Westerville

GSW WORLDWIDE / GSW, FUELED BY BLUE DIESEL, 500 Olde Worthington Road, pg. 80

Westlake

SHAMROCK COMPANIES, INC., 24090 Detroit Road, pg. 291
STEVENS STRATEGIC COMMUNICATIONS, INC., 28025 Clemens Road, pg. 413

Willoughby

MEISTER INTERACTIVE, 37733 Euclid Avenue, pg. 250

Youngstown

FARRIS MARKETING, 4845 Market Street, pg. 357

Zanesville

BARNES ADVERTISING CORPORATION, 1580 Fairview Road, pg. 549

Zoar

WHITEMYER ADVERTISING, INC., Post Office Box 430, pg. 161

OKLAHOMA

Norman

BLUE HERON COMMUNICATIONS, 3260 Marshall Avenue, pg. 584

Oklahoma City

ACKERMAN MCQUEEN, INC., 1601 Northwest Expressway, pg. 26
ACKERMAN MCQUEEN, INC., 1601 Northwest Expressway, pg. 26
ANGLIN PUBLIC RELATIONS, 720 Northwest 50th Street, pg. 577
BEALS CUNNINGHAM STRATEGIC SERVICES, 2333 East Britton Road, pg. 332
BIGWING, 100 West Main Street, pg. 217
BOILING POINT MEDIA, 7801 North Robinson, pg. 439
INSIGHT CREATIVE GROUP, 19 Northeast Ninth Street, pg. 89
JONES PUBLIC RELATIONS, INC., 228 Robert South Kerr Street, pg. 617
JORDAN ADVERTISING, 3111 Quail Springs Parkway, pg. 377
ROBOT HOUSE, 24 West Park Place, pg. 16
STAPLEGUN DESIGN, LLC, 204 North Robinson Avenue, pg. 412
VI MARKETING & BRANDING, 125 Park Avenue, pg. 428

Tulsa

BROTHERS & CO., 4860 South Lewis Avenue, pg. 43
BULLSEYE DATABASE MARKETING, 5546 South 104th East Avenue, pg. 280
CONSUMER LOGIC, 4500 South 129th East Avenue, pg. 443
IDEASTUDIO, 6528 East 101st Street, pg. 10
LITTLEFIELD BRAND DEVELOPMENT, 1350 South Boulder Avenue, pg. 12
PROPELLER COMMUNICATIONS, 1335 East 11th Street, pg. 639
SCHNAKE TURNBO FRANK, INC, 20 East Fifth Street, pg. 646
WALSH BRANDING, 302 South Cheyenne Avenue, pg. 204
WINNERCOMM, 4500 South 129th East Avenue, pg. 564

ONTARIO

Ancaster

GEOGRAPHIC INDEX OF AGENCIES

BRICKWORKS COMMUNICATIONS, INC., 1377 Cormorant Road, pg. 337

Aurora

THE MARKETING GARAGE, 15243 Yonge Street, pg. 420

Binbrook

ANNEX GRAPHICS & DESIGN, 200 Festival Way, pg. 172

Burlington

INTERKOM CREATIVE MARKETING, 386 Martha Street, pg. 168
JAN KELLEY MARKETING, 1006 Skyview Drive, pg. 10
KEARNS MARKETING GROUP, INC., 4-4101 Fairview Street, pg. 94
OKD MARKETING GROUP, 3375 North Service Road, pg. 394

Guelph

THE LETTER M MARKETING, 285 Woolwich Street, pg. 420

Hamilton

MJM PRODUCTIONS, 440 King Street West, pg. 563

Kanata

ASH TECHNOLOGY MARKETING, 35 Dartmoor Drive, pg. 34

London

A.A. ADVERTISING, 383 Souvereign Road, pg. 565
ADHOME CREATIVE, 318 Wolfe Street, pg. 27
THE MARKETING DEPARTMENT, 457 King Street, pg. 420

Markham

ADASTRA CORPORATION, Le Parc Office Tower, pg. 167
DYVERSITY COMMUNICATIONS, 8500 Leslie Street, pg. 66

Mississagua

PATTISON OUTDOOR ADVERTISING, 2700 Matheson Boulevard East, pg. 555

Mississauga

BOND BRAND LOYALTY, 6900 Maritz Drive, pg. 280
BRAND PROTECT, 5090 Explorer Drive, pg. 672
BRIDGEMARK, 77 City Centre Drive, pg. 4
KENNA, 90 Burnhamthorpe Road West, pg. 244
KUBIK, 1680 Mattawa Avenue, pg. 309
MACKINNON CALDERWOOD ADVERTISING, 1555 Dundas Street, West, pg. 483
MARCOM GROUP, INC., 1200 Courtney Park Drive East, pg. 311
MOSAIC NORTH AMERICA, 2700 Matheson Boulevard East, pg. 312
PALMER MARKETING, 2355 Derry Road East, pg. 396

North Bay

TWG COMMUNICATIONS, 101 Worthington Street, East, pg. 427

North York

CHIZCOMM, 258 Wilson Avenue, pg. 50

Oakville

3H COMMUNICATIONS, INC., 309 Church Street, pg. 321

Ottawa

ACART COMMUNICATIONS, INC., 171 Nepean Street, pg. 322
ACCURATE DESIGN & COMMUNICATION, INC., 57 Auriga Drive, pg. 171
BANFIELD AGENCY, 35 Armstrong Street, pg. 329
DELTA MEDIA, INC., 350 Sparks Street, pg. 596
FLEISHMANHILLARD HIGHROAD, 45 O'Connor Street, pg. 606
LAUNCHFIRE, INC., 22 Hamilton Avenue North, pg. 568
MCGILL BUCKLEY, 2206 Anthony Avenue, pg. 110
MCMILLAN, 541 Sussex Drive, pg. 484
MEDIAPLUS ADVERTISING, 141 Catherine Street, pg. 386
NATIONAL PUBLIC RELATIONS, 81 Metcalfe Street, pg. 631
SOSHAL, 203-421 Richmond Road, pg. 143
THE / MARKETING / WORKS, Six Hamilton Avenue, pg. 19
THE BYTOWN GROUP, 2487 Kaladar Avenue, pg. 201
VALTECH, 987A Wellington Street, pg. 273

Ottawa

HILL+KNOWLTON STRATEGIES CANADA, 50 O'Connor Street, pg. 613

Richmond Hill

COMMIX COMMUNICATIONS, INC., 1595 16th Avenue, pg. 592
DOVETAIL COMMUNICATIONS, INC., 30 East Beaver Creek Road, pg. 464
PRIME ADVERTISING, 9133 Bayview Avenue, pg. 398

Saint Catharines

ENTERPRISE CANADA, 55 King Street, pg. 7

Saint Jacobs

QUARRY INTEGRATED COMMUNICATIONS, 1440 King Street, North, pg. 402

Thornhill

TAG, 10 Disera Drive, pg. 145

Toronto

6DEGREES, 121 Bloor Street East, pg. 321
9TH CO., 96 Spadina Avenue, pg. 209
AIMIA, 130 King Street, pg. 167
ANDERSON DDB HEALTH & LIFESTYLE, 33 Bloor Street East, pg. 31
ANITHING IS POSSIBLE RECRUITING, 20 Birch Avenue, pg. 667
ANOMALY, 46 Spadina Avenue, pg. 326
ANTIBODY HEALTHCARE COMMUNICATIONS, One University Avenue, pg. 32
APEX PUBLIC RELATIONS, 365 Bloor Street East, pg. 578
ARGYLE COMMUNICATIONS, 175 Bloor Street East, pg. 578
ARMSTRONG PARTNERSHIP LIMITED, 23 Prince Andrew Place, pg. 565
ARRAY MARKETING GROUP, INC., 45 Progress Avenue, pg. 565
ARRIVALS + DEPARTURES, 491 College Street West, pg. 34
ATLANTICA CONTENT STUDIOS, 219 Dufferin Street, pg. 35
AV COMMUNICATIONS, 215 Spadina Avenue, pg. 35
B-STREET, 40 Holly Street, pg. 681
BARRETT AND WELSH, 577 Kingston Road, pg. 36
BBDO CANADA, Two Bloor Street West, pg. 330
BEAKBANE MARKETING, INC., 150 King Street West, pg. 2
BEEVISION & HIVE, 75 Highcroft Road, pg. 174
BENSIMON BYRNE, 225 Wellington Street West, pg. 38
BEST LIGHT COMMUNICATIONS, 171 Morrison Avenue, pg. 216
BEYOND MARKETING GROUP, 117C-219 Dufferin Street, pg. 685
BIMM DIRECT & DIGITAL, 36 Distillery Lane, pg. 280
BLACK ROCK MARKETING GROUP, 101 Duncan Mill Road, pg. 39
BLAST RADIUS, 517 Wellington Street West, pg. 217
BOB'S YOUR UNCLE, 219 Dufferin Street, pg. 335
BRUCE MAU DESIGN, 340 King Street, East, pg. 176
BT/A ADVERTISING, 1128 Yonge Street, pg. 44
CALEXIS ADVERTISING & MARKETING COUNSEL, 92 Isabella Street, pg. 339
CAMP JEFFERSON, 47 Jefferson Avenue, pg. 219
CARAT, One University Avenue, pg. 461
CENTRAL STATION, 14 Birch Avenue, pg. 341
CITIZEN RELATIONS, 33 Jefferson Avenue, pg. 590
CLEAN SHEET COMMUNICATIONS, 1255 Bay Street, pg. 342
COMMUNIQUE, 21 Four Seasons Place, pg. 303
CONCRETE DESIGN COMMUNICATIONS, INC., Two Silver Avenue, pg. 178
COSSETTE MEDIA, 32 Atlantic Avenue, pg. 345
COWAN & COMPANY COMMUNICATIONS, 20 Bay Street, pg. 593
CPC HEALTHCARE COMMUNICATIONS, 144 Front Street, West, pg. 53
CRITICAL MASS, INC., 312 Adelaide Street, West, pg. 223
CUNDARI INTEGRATED ADVERTISING, 26 Duncan Street, pg. 347
DAC GROUP, 1210 Sheppard Avenue East, pg. 224
DAGGERWING GROUP, 601-312 Adelaide Street West, pg. 56
DAY COMMUNICATIONS GROUP, INC., Ten Alcorn Avenue, pg. 349
DDB CANADA, 33 Bloor Street, pg. 224
DEBUT GROUP, 775A The Queensway, pg. 349
DENTSUBOS INC., One University Avenue, pg. 61
DOUG&PARTNERS, 380 Wellington Street W, pg. 353
EDELMAN, 150 Bloor Street West, pg. 601
ENTERPRISE CANADA, 595 Bay Street, pg. 231
FCB TORONTO, 219 Dufferin Street, pg. 72
FCB/SIX, 219 Dufferin Street, pg. 358
FIELD DAY, 107 Atlantic Avenue, pg. 358
FLEISHMANHILLARD HIGHROAD, 33 Bloor Street, East, pg. 606
FORSMAN & BODENFORS, 340 King Street East, pg. 74
FOXX ADVERTISING & DESIGN, One Greensboro Drive, pg. 184

AGENCIES

GEOGRAPHIC INDEX OF AGENCIES

FUSE MARKETING GROUP, INC., 379 Adelaide Street West, pg. 8
GCI GROUP, 160 Bloor Street, East, pg. 607
GMR MARKETING, 33 Bloor Street East, pg. 307
GRASSROOTS ADVERTISING, INC., 17R Atlantic Avenue, pg. 691
GREY CANADA, 46 Spadina Avenue, pg. 365
GRIP LIMITED, 179 John Street, pg. 78
GROUNDZERO, 517 Wellington Street, West, pg. 78
GWP BRAND ENGINEERING, 25 Morrow Avenue, pg. 9
HAMBLY & WOOLLEY, INC., 121 Logan Avenue, pg. 185
HARBINGER COMMUNICATIONS, INC., 20 Victoria Street, pg. 611
HAVAS MEDIA GROUP, 473 Adelaide Street West, pg. 470
HAVAS WORLDWIDE TORONTO, 473 Adelaide Street West, pg. 83
HEAD GEAR ANIMATION, 25 Brant Street, pg. 186
HEALTHWISE CREATIVE RESOURCE GROUP, 67 Yonge Street, pg. 83
HILL+KNOWLTON STRATEGIES CANADA, 160 Bloor Street East, pg. 613
HOLMES CREATIVE COMMUNICATIONS, 847 Adelaide Street West, pg. 614
HUGE, INC., 219 Dufferin Street, pg. 240
IMI INTERNATIONAL, 20 Birch Avenue, pg. 445
IMPACT MOBILE, Four King Street West, pg. 534
INITIATIVE, 10 Bay Street, pg. 479
INVENTA, 700 King West, pg. 10
IPROSPECT, One University Avenue, pg. 674
IPSOS, 160 Bloor Street East, pg. 445
ISAAC REPUTATION GROUP, 240 Logan Avenue, pg. 10
J. GOTTHEIL MARKETING COMMUNICATIONS, INC., 100 King Street West, pg. 376
JAM3, 325 Adelaide Street West, pg. 243
JOHN ST., 172 John Street, pg. 93
JULIET, 225 Geary Avenue, pg. 11
JUNCTION59, 128A Sterling Road, pg. 378
JUNGLE MEDIA, 33 Jefferson Avenue, pg. 481
JUNIPER PARK\ TBWA, 33 Bloor Street East, pg. 93
JWT TORONTO, 160 Bloor Street East, pg. 378
KANTAR MILLWARD BROWN, Two Bloor Street East, pg. 446
KINGSTAR DIRECT, INC., Three Tank House Lane, pg. 562
KLICK HEALTH, 175 Bloor Street East, pg. 244
LA, INC., 130 Spadina Avenue, pg. 11
LEO BURNETT TORONTO, 175 Bloor Street East, pg. 97
LEXPR, 21 Camden Street, pg. 622
LMA, 67 Mowat Avenue, pg. 623
LUMENCY INC., 184 Front Street East, pg. 310
M/SIX, 99 Spadina Avenue, pg. 483
MANNING SELVAGE & LEE, 445 King Street West, pg. 624
MARSHALL FENN COMMUNICATIONS, 1300 Yonge Street, pg. 625
MATCHSTICK, 219 Dufferin Street, pg. 692
MBC MARKETING, INC., 5650 Yonge Street, pg. 568
MCCANN CANADA, 200 Wellington Street, pg. 384
MCILROY & KING, 688 Richmond Street West, pg. 484
MEDIA DIMENSIONS LIMITED, 366 Adelaide Street East, pg. 485
MEDIA EXPERTS, 200 Wellington Street West, pg. 485
MEDIA PROFILE, 579 Richmond Street West, pg. 627
MEDIACOM CANADA, One Dundas Street West, pg. 489
MINDSHARE, 160 Bloor Street East, pg. 495
MIRUM AGENCY, 160 Bloor Street East, pg. 251
MONTANA STEELE ADVERTISING, 5255 Yonge Street, pg. 117
MOTUM B2B, 282 Richmond Street East, pg. 14
MVP MARKETING, 5 Glenaden Avenue, East, pg. 390
MYRIAD MARKETING, INC., 340 King Street East, pg. 168
NARRATIVE, 225 Welling Street West, pg. 631

NATIONAL PUBLIC RELATIONS, 320 Front Street West, pg. 631
NO FIXED ADDRESS INC., 50 Carroll Street, pg. 120
NORTHERN LIGHTS DIRECT, 257 Adelaide Street West, pg. 289
NOVUS MEDIA, INC., 510 Front Street, pg. 497
OGILVY, 33 Yonge Street, pg. 394
OGILVY HEALTH, 33 Yonge Street, pg. 122
OMD CANADA, 67 Richmond Street West, pg. 501
ONEMETHOD INC., 225 Wellington Street West, pg. 123
ONESTOP MEDIA GROUP, 14 Duncan Street, pg. 503
OVE DESIGN & COMMUNICATIONS LIMITED, 111 Queen Street East, pg. 193
OVERCAT COMMUNICATIONS, 84 Avenue Road, pg. 634
PHD CANADA, 96 Spadina Avenue, pg. 504
PILOT PMR, 250 The Esplanade, pg. 636
PIRATE TORONTO, 260 King Street East, pg. 195
PORTER NOVELLI CANADA, Two Bloor Street, West, pg. 638
PROOF EXPERIENCES, 33 Bloor Street East, pg. 314
PROOF INC., 33 Bloor Street East, pg. 449
PUBLICIS TORONTO, 111 Queen Street East, pg. 639
PUBLICIS.SAPIENT, 134 Peter Street, pg. 260
PUNCH COMMUNICATIONS, 179 John Street, pg. 640
RADONICRODGERS COMMUNICATIONS, INC., 5399 Eglinton Avenue, West, pg. 402
RAIN 43, 573 King Street East, pg. 262
RED URBAN, 33 Bloor Street East, pg. 405
RESHIFT MEDIA, 49 Spadina Avenue, pg. 687
RETHINK COMMUNICATIONS, INC., 96 Spadina Avenue, pg. 133
SAATCHI & SAATCHI CANADA, 175 Bloor Street East, pg. 136
SECRET LOCATION, 134 Peter Street, pg. 563
SHIKATANI LACROIX BRANDESIGN, INC., 387 Richmond Street East, pg. 198
SID LEE, 952 Queen Street West, pg. 141
STARCOM WORLDWIDE, 175 Bloor Street East, pg. 517
STEPHEN THOMAS, 184 Front Street East, pg. 412
STRATEGIC OBJECTIVES, 184 Front Street East, pg. 650
STRATEGICAMPERSAND, 1235 Bay Street, pg. 414
SWERVE DESIGN GROUP, 152 St. Patrick Street, pg. 416
SYMBILITY INTERSECT, 30 Adelaide East, pg. 268
TAXI, 495 Wellington Street West, pg. 146
TCP INTEGRATED DIRECT, INC., 515 Consumers Road, pg. 293
THE BRAND FACTORY, 144 Bloor Street West, pg. 19
THE COLLECTIVE BRANDSACTIONAL MARKETING, INC., 2345 Yonge Street, pg. 149
THE COMMUNICATIONS GROUP, INC., 250 Ferrand Drive, pg. 653
THE HENDERSON ROBB GROUP, 401 Bay Street, pg. 151
THE HIVE STRATEGIC MARKETING, 544 King Street West, pg. 420
THE METRICK SYSTEM, 100 Miranda Avenue, pg. 152
THE TURN LAB INC., 2216 Queen Street East, pg. 425
THE&PARTNERSHIP, 99 Spandina Avenue, pg. 154
TRACK DDB, 33 Bloor Street, East, pg. 293
TRAFFIKGROUP, 559 College Street, pg. 426
TRILLIUM CORPORATE COMMUNICATIONS, INC., One Yonge Street, pg. 656
TUMBLEWEED PRESS, 1560 Avenue road, pg. 293
UBERFLIP, 370 Dufferin Street, pg. 535
UNION CREATIVE, 479 Wellington Street West, pg. 273
UNIVERSAL MCCANN, 10 Bay Street, pg. 524
VIZEUM, 1 University Avenues, pg. 525
VMC MEDIA, 370 King Street West, pg. 526

WAVEMAKER, 160 Bloor Street East, pg. 529
WEBER SHANDWICK, 351 King Street E, pg. 662
WUNDERMAN THOMPSON, 160 Bloor Street East, pg. 435
XAXIS, 160 Bloor Street East, pg. 277
YIELD-INTEGRATED COMMUNICATIONS & ADVERTISING, 128 A Sterling Road, pg. 164
ZENO GROUP, 26 Wellington Street E, pg. 665
ZULU ALPHA KILO, 260 King Street East, pg. 165
ZYNC COMMUNICATIONS INC., 130 Queens Quay East, pg. 22

Vaughn

SPAR GROUP, INC., 10 Planchet Road, pg. 266

Waterloo

EMERGE2 DIGITAL, 554 Parkside Drive, pg. 231

Welland

TRI-MEDIA INTEGRATED MARKETING TECHNOLOGIES, 1027 Pelham Street, pg. 427

Windsor

HCA MINDBOX, 4600 Rhodes Drive, pg. 83

Woodbridge

ADD IMPACT INC., 120 Jevelan Drive, pg. 565

OREGON

Beaverton

ALL POINTS MEDIA, 10140 Southwest Allen Boulevard, pg. 549
DIGITAL MARK GROUP, 17933 Northwest Evergreen Place, pg. 225
EPIQ SYSTEMS, 10300 Southwest Allen Boulevard, pg. 232

Bend

FACEOUT STUDIOS, 520 South West Powerhouse Drive, pg. 182
G5 SEARCH MARKETING INC., 550 Northwest Franklin Avenue, pg. 673
GLOBAL STRATEGIES, 19785 Village Office Court, pg. 673
MANDALA, 2855 Northwest Crossing Drive, pg. 103
ZONION CREATIVE GROUP, 61396 South Highway 97, pg. 21

Eugene

ADLIB, LTD., 1600 Valley River Drive, pg. 27
CAWOOD, 1200 High Street, pg. 340
FUNK, LEVIS & ASSOCIATES, 931 Oak Street, pg. 184
K DUNN & ASSOCIATES, 296 East Fifth Avenue, pg. 93

Hillsboro

MKTX, 6125 Northeast Cornell Road, pg. 116
PINNACLE EXHIBITS, 7090 Northwest Westmark Drive, pg. 556

Hood River

A-71

GEOGRAPHIC INDEX OF AGENCIES

BLANCOMEDIA, 920 Hull Street, pg. 217
BLUE COLLAR INTERACTIVE, 407 Portway Avenue, pg. 217

Lake Oswego

BILLUPS WORLDWIDE, 340 Oswego Pointe Drive, pg. 550
CAPPELLI MILES, Two Centerpoint Drive, pg. 47
CHEVALIER ADVERTISING, INC., Three Centerpointe Drive, pg. 342
LAWRENCE PR, 16555 Boones Ferry Road, pg. 622
MCKENZIE WORLDWIDE, 4800 Southwest Meadows Road, pg. 626

Portland

52 LTD, 135 Northeast Ninth Avenue, pg. 667
ADPEARANCE, 2035 North West Front Avenue, pg. 671
AKQA, 1120 Northwest Couch Street, pg. 212
ALLISON+PARTNERS, 252 Southeast Second Avenue, pg. 577
ANVIL MEDIA, INC, 310 Northeast Failing Street, pg. 671
BORDERS PERRIN NORRANDER, INC., 520 Southwest Yamhill Street, pg. 41
BRADSHAW ADVERTISING, 811 Northwest 19th Avenue, pg. 42
BRINK COMMUNICATIONS, 1300 Southeast Stark Street, pg. 337
CHARACTER LLC, 1925 Northwest Overton Street, pg. 5
CINCO DESIGN, 1700 Southeast 11th Avenue, pg. 177
CMD, 1631 Northwest Thurman Street, pg. 51
COATES KOKES, INC., 421 Southwest Sixth Avenue, pg. 51
CONKLING FISKUM & MCCORMICK, 1001 Southwest Fifth Avenue, pg. 592
DHX ADVERTISING, 217 Northeast Eighth Avenue, pg. 351
EAST BANK COMMUNICATIONS, 215 Southeast Ninth Avenue, pg. 353
EDELMAN, 520 Southwest Yamhill Street, pg. 600
EMERGE INTERACTIVE, 412 Southwest 12th Avenue, pg. 231
GARD COMMUNICATIONS, 1140 Southwest 11th Avenue, pg. 75
GRADY BRITTON ADVERTISING, 107 Southeast Washington Street, pg. 78
HALLOCK & BRANCH, 4137 Southwest Sixth Avenue Drive, pg. 81
HAVAS EDGE, 920 Southwest Sixth Avenue, pg. 284
HEART CREATIVE, 2293 North Interstate Avenue, pg. 238
HENRY V EVENTS, 6360 Northeast Martin Luther King Boulevard, pg. 307
HMH, 1800 Southwest First Avenue, pg. 86
HUB COLLECTIVE, LTD., 1200 NW Naito Parkway, pg. 186
INDUSTRY, 415 Southwest 10th Avenue, pg. 187
INSTRUMENT, 3529 North Williams Avenue, pg. 242
KOOPMAN OSTBO INC., 412 Northwest Eighth Avenue, pg. 378
KROGER MEDIA SERVICES, 3800 Southeast 22nd Avenue, pg. 96
LANE PR, 905 Southwest 16th Avenue, pg. 621
LARA MEDIA SERVICES, LLC, 2156 Northeast Broadway Street, pg. 379
LEOPOLD KETEL & PARTNERS, 118 Southwest First Avenue, pg. 99
LIQUID AGENCY, INC., 2505 Southeast 11th Avenue, pg. 12
MAGNETO BRAND ADVERTISING, 227 Southwest Pine Street, pg. 13
MBT MARKETING, 107 Southeast Washington Street, pg. 108
METROPOLITAN GROUP, 519 Southwest Third Avenue, pg. 387
MINDSHARE, 1800 Northwest Upshur Street, pg. 495
MUTT INDUSTRIES, 431 Northwest Flanders Street, pg. 119
NEMO DESIGN, 1875 Southeast Belmont Street, pg. 193
NONBOX, 5331 Southwest Macadam Avenue, pg. 121
NORTH, 1515 Northwest 19th Avenue, pg. 121
OPINIONATED, 116 Northeast Sixth Avenue, pg. 123
OWEN JONES AND PARTNERS, 408 Northwest Fifth Avenue, pg. 124
PUBLITEK NORTH AMERICA, 520 Southwest Yamhill Street, pg. 401
R/GA, 420 Northwest 14th Avenue, pg. 261
RAIN, Modern Media Building, pg. 402
RAINS BIRCHARD MARKETING, 1001 Southeast Water Avenue, pg. 641
REBELLIOUS PR, 501 Southeast 14th Avenue, pg. 641
REVELRY AGENCY, 806 Southwest Broadway, pg. 406
RICOCHET PARTNERS, 521 Southwest Eleventh Avenue, pg. 406
ROUNDHOUSE - PORTLAND, 975 Southeast Main Street, pg. 408
R\WEST, 321 Northeast Couch, pg. 136
SANDSTROM PARTNERS, 808 Southwest Third Avenue, pg. 198
SASQUATCH, 532 Southeast Ankeny Street, pg. 138
SECOND STORY INTERACTIVE, 1330 Northwest 14th Avenue, pg. 265
SOCKEYE CREATIVE, 240 North Broadway, pg. 199
SPARKLOFT MEDIA, 601 Southwest Oak Street, pg. 688
SWIFT, 1250 Northwest 17th Avenue, pg. 145
THE GREAT SOCIETY, 1306 Northwest Hoyt Street, pg. 150
THESIS, 1417 Northwest Everett Street, pg. 270
TURTLEDOVE CLEMENS, INC., 1110 Northwest Flanders, pg. 427
TWENTY FOUR-SEVEN, INC., 425 Northeast Ninth Avenue, pg. 203
WIEDEN + KENNEDY, 224 Northwest 13th Avenue, pg. 430
ZIBA, 1044 Northwest Ninth Avenue, pg. 205

Tualatin

MEDIA PARTNERS, 18840 South West Boones Ferry Road, pg. 386

Wilsonville

PAC / WEST COMMUNICATIONS, 8600 Southwest Saint Helens Drive, pg. 635

PENNSYLVANIA

Allentown

KEENAN-NAGLE ADVERTISING, 1301 South 12th Street, pg. 94
KLUNK & MILLAN ADVERTISING, 1620 Pond Road, pg. 95
LEHIGH MINING & NAVIGATION, 600 Hamilton Street, pg. 97
NUSTREAM, 609 Hamilton Street, pg. 254

Ambler

DID AGENCY, 201 South Maple Avenue, pg. 62

Ardmore

GREGORY FCA COMMUNICATIONS, INC., 27 West Athens Avenue, pg. 611

Bala Cynwyd

ENTERCOM COMMUNICATIONS CORP., 401 City Avenue, pg. 551
HARMELIN MEDIA, 525 Righters Ferry Road, pg. 467
KELSH WILSON DESIGN, 19 Bala Avenue, pg. 188

Berwyn

INTERNATIONAL DIRECT RESPONSE, INC., 1125 Lancaster Avenue, pg. 286
QUATTRO DIRECT, 200 Berwyn Park, pg. 290

Bethel Park

BLD MARKETING, 3591 Ridgeway Drive, pg. 334

Bethlehem

STIEGLER, WELLS, BRUNSWICK & ROTH, INC., 3865 Adler Place, pg. 413

Blue Bell

BEMARKETING SOLUTIONS, 3 Valley Square, pg. 216
MAYOSEITZ MEDIA, 751 Arbor Way, pg. 483

Bryn Mawr

BRONSTEIN & WEAVER, INC., 24 North Bryn Mawr Avenue, pg. 280
BUCHANAN PUBLIC RELATIONS, 890 County Line Road, pg. 587

Carnegie

BRADLEY BROWN DESIGN, 602 Poplar Way, pg. 175

Chalfont

RECKNER, 1600 Manor Drive, pg. 449

Cheltenham

KEYSTONE OUTDOOR ADVERTISING, Post Office Box 202, pg. 553

Chester Springs

NORTHLIGHT ADVERTISING, INC., 1208 Kimberton Road, pg. 121

Chesterbrook

DMW WORLDWIDE, LLC, 701 Lee Road, pg. 282

Clarks Green

CONDRON MEDIA, 120 North Abington Road, pg. 52

Conshohocken

15 MINUTES, 1982 Butler Pike, pg. 301
20NINE DESIGN STUDIOS, 730 E elm Street, pg. 171

AGENCIES
GEOGRAPHIC INDEX OF AGENCIES

BRIAN COMMUNICATIONS, 200 Four Falls Corporate Center, pg. 586
MANGOS INC., 1010 Spring Mill Avenue, pg. 103
SQUARE 2 MARKETING, INC., 555 East North Lane, pg. 143

Dillsburg

SUASION, 129 West Harrisburg Street, pg. 145

Downingtown

SCHUBERT COMMUNICATIONS. INC., 112 Schubert Drive, pg. 139

Doylestown

DEETER ASSOCIATES, Post Office Box 817, pg. 60
FURIA RUBEL COMMUNICATIONS, INC., 2 Hidden Lane, pg. 607
PINNACLE HEALTH COMMUNICATIONS, LLC, 259 Veterans Lane, pg. 128
PORETTA & ORR, INC., 450 East Street, pg. 314
SAGEFROG MARKETING GROUP, 62 East Oakland Avenue, pg. 138

Eagleville

ASHLEY ADVERTISING AGENCY, 2825 Soni Drive, pg. 34

Emmaus

ALTITUDE MARKETING, 225 Main Street, pg. 30

Erie

ALTMAN-HALL ASSOCIATES, 235 West Seventh Street, pg. 30
ENGEL O'NEILL ADVERTISING, 2124 Sassafras Street, pg. 68
ROUTE 1A ADVERTISING, 5507 West Ridge Road, pg. 134

Everett

ID GRAPHICS, 25 East Main Street, pg. 186

Export

INFINITY CONCEPTS, 5331 Triangle Lane, pg. 285

Freedom

MSP, 155 Commerce Drive, pg. 289
TRUE SENSE MARKETING, 155 Commerce Drive, pg. 293

Glen Mills

SSRS, One Braxton Way, pg. 450

Glenside

PASKILL, STAPLETON & LORD, One Roberts Avenue, pg. 256

Harleysville

NMI, 272 Ruth Road, pg. 448

Harrisburg

ANDCULTURE, 614 North Front Street, pg. 213
JPL, 471 JPL Wick Drive, pg. 378
MANSI MEDIA, 3899 North Front Street, pg. 104
MERIT, 2201 North Front Street, pg. 386
PAVONE MARKETING GROUP, 1006 Market Street, pg. 396
QUANTUM COMMUNICATIONS, 123 State Street, pg. 640
QUENCH, 1006 Market Street, pg. 131
TARGET MEDIA USA, 4750 Lindle Road, pg. 518

Horsham

DUDNYK EXCHANGE, Five Walnut Grove Drive, pg. 66

Ivyland

GROUP G MARKETING PARTNERS, 99 Willard Avenue, pg. 284

Jamison

TIMMONS & COMPANY , 1753 Kendarbren Drive, pg. 426

Jenkintown

ART 270, INC., 741 Yorkway Place, pg. 173
COMMUNICATION SOLUTIONS GROUP, 200 Old York Road, pg. 592
CONTROL V EXPOSED, The Pavilion, pg. 222
THE LAUNCHPAD GROUP, 610 Old York Road, pg. 546

King of Prussia

CMI MEDIA, LLC, 2200 Renaissance Boulevard, pg. 342
MERCURY MEDIA, 700 American Avenue, pg. 288
MERKLE, 900 East Eighth Avenue , pg. 114

Kulpsville

HANLON CREATIVE, 1744 Sumneytown Pike, pg. 81

Lancaster

GODFREY, 40 North Christian Street, pg. 8
HOWARD MILLER ASSOCIATES, INC., 20-A East Roseville Road, pg. 87
STONER BUNTING ADVERTISING, 322 North Arch Street, pg. 414
WEB TALENT MARKETING, 322 North Arch Street, pg. 276
WHITE GOOD & COMPANY, INC., 226 North Arch Street, pg. 430

Langhorne

VINCODO LLC, 2300 East Lincoln Highway, pg. 274

Lititz

DONOVAN ADVERTISING, 180 West Airport Road, pg. 352
LISTRAK, 100 West Millport Road, pg. 246

Lower Gwynedd

ADVANCE DESIGN INTERACTIVE, 809 North Bethlehem Pike, pg. 211

Malvern

CADIENT GROUP, 72 East Swedesford Road, pg. 219
MINKUS & ASSOCIATES , Five Firethorn Lane, pg. 191
STREAM COMPANIES, 400 Lapp Road, pg. 415
VOVEO MARKETING GROUP, 100 Deerfield Lane, pg. 429

Mechanicsburg

FRY COMMUNICATIONS, INC, 800 West Church Road, pg. 361
UNIVERSAL MEDIA, INC., 4999 Louise Drive, pg. 525

Media

ALLIED PIXEL, 77 West Baltimore Pike, pg. 561
SHAMLIAN ADVERTISING, 105 West Third Street, pg. 140

Montgomeryville

PULSECX, 211-B Progress Drive, pg. 290

Montoursville

GREGORY WELTEROTH ADVERTISING, 356 Laurens Road, pg. 466

Mountaintop

MOJAVE ADVERTISING, 395 Oak Hill Road, pg. 192

Munhall

THIS IS RED, 605 East Ninth Avenue, pg. 271

Newtown Square

EMC OUTDOOR, 5068 West Chester Pike, pg. 551
THE RADIO AGENCY, 15 Reese Avenue, pg. 293

Philadelphi

DEARDORFF ASSOCIATES, INC., 400 Market Street, pg. 60

Philadelphia

160OVER90, 510 Walnut Street, pg. 1
ALLEN & GERRITSEN, 1619 Walnut Street, pg. 30
BELLEVUE COMMUNICATIONS, 200 South Broad Street, pg. 582
BENCHWORKS, 2424 East York Street, pg. 333
BLUECADET INTERACTIVE, 1526 Frankford Avenue, pg. 218
BRAITHWAITE COMMUNICATIONS, 1500 Walnut Street, pg. 585
BRESLOW PARTNERS, 2042 Rittenhouse Square, pg. 586
BROLIK PRODUCTIONS, 990 Spring Garden Street, pg. 561
BROWNSTEIN GROUP, INC., 215 South Broad Street, pg. 44
CADENT NETWORK, 50 South 16th Street, pg. 280
CASHMAN & ASSOCIATES, 232 North Second Street, pg. 589
CLOUD GEHSHAN ASSOCIATES, 400 Market Street, pg. 177
CROSSMEDIA, Three Rector Street, pg. 463
D4 CREATIVE GROUP, 4646 Umbria Street, pg. 56
DEFAZIO COMMUNICATIONS, 12 West Willow Grove Avenue, pg. 596
DESIGN SCIENCE, 123 South Broad Street, pg.

GEOGRAPHIC INDEX OF AGENCIES

AGENCIES

179
DEVINE + PARTNERS, 1700 Market Street, pg. 596
DIGITAS HEALTH LIFEBRANDS, 100 Penn Square East, pg. 229
DISCOVERY USA, 100 East Penn Square, pg. 63
DMI PARTNERS, One South Broad Street, pg. 681
DOMUS ADVERTISING, 123 South Broad Street, pg. 352
DSC ADVERTISING, 990 Spring Street, pg. 66
EVOKE HEALTH, One South Broad Street, pg. 69
FINCH BRANDS, 123 South Broad Street, pg. 7
FMI DIRECT, INC., 2100 Kubach Road, pg. 284
GROUP TWO ADVERTISING, INC., 1617 JFK Boulevard, pg. 78
HARRIS, BAIO & MCCULLOUGH, 520 South Front Street, pg. 369
KARMA AGENCY, 230 South Broad Street, pg. 618
LEVLANE ADVERTISING, 100 Penn Square, East, pg. 380
MILLENNIUM 3 MANAGEMENT, 421 North Seventh Street, pg. 543
MOD WORLDWIDE, 121 South Broad Street, pg. 192
MUNROE CREATIVE PARTNERS, 121 South Broad Street, pg. 192
NEFF ASSOCIATES, INC., 13 South Third Street, pg. 391
NEUE, 1608 Walnut Street, pg. 253
O3 WORLD, 1339 Frankford Avenue, pg. 14
PUBLICIS HEALTH MEDIA, The Wanamaker Building 100 Penn Square East, pg. 506
QUAKER CITY MERCANTILE, 114-120 South Thirteenth Street, pg. 131
RAZORFISH HEALTH, 100 Penn Square East, pg. 262
RED TETTEMER O'CONNELL + PARTNERS, One South Broad Street, pg. 404
SEER INTERACTIVE, 1033 North Second Street, pg. 677
SIGNATURE COMMUNICATIONS, 417 North Eighth Street, pg. 410
SPARKS, 2828 Charter Road, pg. 315
SPECTRA, 3601 South Broad Street, pg. 315
SUBLIME COMMUNICATIONS, 2001 Market Street, pg. 415
SWELL, LLC, 21 South 11th Street, pg. 145
THE GARFIELD GROUP, 325 Chestnut Street, pg. 419
TIERNEY COMMUNICATIONS, 1700 Market Street, pg. 426
WEBLINC, LLC, 22 South Third Street, pg. 276
YOH, 1500 Spring Garden Street, pg. 277

Phoenixville

MILLER DESIGNWORKS, 400 Franklin Avenue, pg. 191

Pittsburgh

A TO Z COMMUNICATIONS, 960 Penn Avenue, pg. 24
APPLE BOX STUDIOS, 1243 Penn Avenue, pg. 32
BARKLEY REI, 2740 Smallman Street, pg. 215
BCW PITTSBURGH, Four Gateway Center, pg. 581
BEYOND SPOTS & DOTS INC., 1034 Fifth Avenue, pg. 333
BRABENDERCOX, 1218 Grandview Avenue, pg. 336
BRUNNER, 11 Stanwix Street, pg. 44
CAMPOS INC, 960 Penn Avenue, pg. 443
CATALYST ADVERTISING, 10 Bedford Square, pg. 48
CHEMISTRY COMMUNICATIONS INC., 535 Smithfield Street, pg. 50
COLD SPARK MEDIA, 307 Fourth Avenue, pg. 51
ELIAS SAVION ADVERTISING, 625 Liberty Avenue, pg. 68
ELISCO ADVERTISING, 3707 Butler Street, pg. 68
ELLIANCE, 600 River Avenue, pg. 231

FIREMAN CREATIVE, 7101 Penn Avenue, pg. 183
GARRISON HUGHES, 100 First Avenue, pg. 75
GATESMAN, 444 Liberty Avenue, pg. 361
HAVAS PR, 925 Liberty Avenue, pg. 612
IDEAMILL, 6101 Penn Avenue, pg. 88
KOLANO DESIGN, INC., 6026 Centre Avenue, pg. 189
LEVY MG, Four Smithfield Street, pg. 245
MARC USA, Commerce Court, pg. 104
MOXIE, 611 William Penn Place, pg. 251
NFM+DYMUN, 200 First Avenue, pg. 120
PIPITONE GROUP, 3933 Perrysville Avenue, pg. 195
PUSH 7, 100 First Avenue, pg. 131
REDSHIFT, The Koppers Building, pg. 133
RJW MEDIA, 12827 Frankstown Road, pg. 507
SMITH BROTHERS AGENCY, LP, 116 Federal Street, pg. 410
THOUGHTFORM DESIGN, 3700 South Water Street, pg. 202
WALL TO WALL STUDIOS, 1010 Western Avenue, pg. 204
WHERE EAGLES DARE, 200 First Avenue, pg. 161
WORDWRITE COMMUNICATIONS, 611 William Penn Place, pg. 663
YELLOW SUBMARINE MARKETING COMMUNICATIONS, 24 South 18th Street, pg. 164

Plymouth Meeting

BAILEY BRAND CONSULTING, 200 West Germantown Pike, pg. 2
FVM STRATEGIC COMMUNICATIONS, 630 West Germantown Pike, pg. 75
VAULT COMMUNICATIONS, INC., 610 West Germantown Pike, pg. 658

Presto

COYNE ADVERTISING & PUBLIC RELATIONS, 3030 Annandale Drive, pg. 345

Rydal

THOMAS J. PAUL, INC., 1061 Rydal Road, pg. 20

Sellersville

THE SIMON GROUP, INC., 1506 Old Bethlehem Pike, pg. 153

Sharpsburgs

DEEPLOCAL, 1601 Marys Avenue, pg. 349

Sinking Spring

THE ANDERSON GROUP, 879 Fritztown Road, pg. 19

Souderton

ALLEBACH COMMUNICATIONS, 117 North Main Street, pg. 29

State College

SNAVELY & ASSOCIATES, 112 West Foster Avenue, pg. 199

Stevens

UNITY MARKETING, INC., 206 E Church Street, pg. 451

Trevose

OUTFRONT MEDIA, 4667 Somerton Road, pg. 555

Wallingford

GILLESPIE GROUP, 101 North Providence Road, pg. 76
GOODWIN DESIGN GROUP, 541 Avondale Road, pg. 185

Warrendale

DONER CX, 40 Pennwood Place, pg. 282

Wayne

23K STUDIOS, 232 Conestoga Road, pg. 23
BOYD TAMNEY CROSS, 998 Old Eagle School Road, pg. 42
CAPGEMINI, 500 East Swedesford Road, pg. 219
CUSTOMEDIALABS, 460 East Swedesford Road, pg. 223
LIFEBRANDS, 1275 Drummers Lane, pg. 287
SAM BROWN INC., 303 West Lancaster Avenue, pg. 645

West Chester

GECKO GROUP, 211 West Chestnut Street, pg. 184
THE MERZ GROUP, Westtown Business Center, pg. 19

Westchester

RAIN, 121 North Walnut Street, pg. 402

Wilkes-Barre

MASLOW LUMIA BARTORILLO ADVERTISING, 182 North Franklin Street, pg. 106

Wynnewood

OUT OF THE BLUE PRODUCTIONS, 257 East Lancaster Avenue, pg. 290

Wyoming

INDEPENDENT GRAPHICS INC., 242 West Eighth Street, pg. 374

Yardley

APOTHECOM ASSOCIATES, LLC, 800 Township Line Road, pg. 32
HENRY & GERMANN PUBLIC AFFAIRS, LLC, 1669 Edgewood Road, pg. 613

York

DIO, 3111 Farmtrail Road, pg. 62
GAVIN ADVERTISING, 328 West Market Street, pg.
MARKETING WORKS, 1651 Mount Zion Road, pg. 105

PRINCE EDWARD ISLAND

Charlottetown

AGENCIES

GEOGRAPHIC INDEX OF AGENCIES

RESULTS MARKETING & ADVERTISING, 117 Queen Street, pg. 405

QUEBEC

Gatineau

INNOVACOM MARKETING & COMMUNICATIONS, 73 Laurier Street, pg. 375

Laval

GENDRON COMMUNICATIONS, 2130 Boulevard Dagenais West, pg. 362

Montreal

ATELIER DU PRESSE-CITRON, 372 Saint Catherine Street West, pg. 173
BAM STRATEGY, 4810 rue Jean Talon, West, pg. 215
BLEUBLANCROUGE, 780 Brewster Avenue, pg. 40
BLIND FERRET, 2308 32 East Avenue, pg. 217
BOB COMMUNICATIONS, 774 Saint Paul Street, West, pg. 41
CARAT, 3970 Saint Amdroise, pg. 461
CLOUDRAKER, 1435 rue Saint-Alexandre, pg. 5
COMMUNICATIONS DG4, INC., 1001 Rue Lenoir, pg. 6
COSSETTE MEDIA, 2100 Drummond Street, pg. 345
DENTSUBOS INC., 3970 Saint Ambroise Street, pg. 61
ENERGI PR, 430 Sainte-Helene, pg. 601
GENERATION, 5570 Cartier, pg. 362
GEOMETRY, 215 rue Saint-Jacques, pg. 363
IPROSPECT, 3970 St-Ambroise Street, pg. 674
LG2, 3575 Sainte Laurent Boulevard, pg. 380
MAISONBRISON, 2160 de la Montagne Street, pg. 624
MARTEL ET COMPAGNIE PUBLICITE 358 Beaubien West Street, pg. 288
MCCANN CANADA, 413 Saint-Jacques Street West, pg. 447
MCCANN MONTREAL, 413 Saint-Jacques Street West, pg. 108
MEDIA EXPERTS, 7236 Marconi Street, pg. 485
MEDIACOM, 999 Boul de Maisonneuve West, pg. 489
MIRUM AGENCY, 500 rue St. Jacques, pg. 251
NATIONAL PUBLIC RELATIONS, 1155 Metcalfe Street, pg. 631
NEWAD, 4200 Saint-Laurent Boulevard, pg. 554
OGILVY MONTREAL, 215 Saint-Jacques Street, pg. 394
PATTISON OUTDOOR ADVERTISING, 359 Place Royale, pg. 555
PORTER NOVELLI CANADA, 1600 Notre Dame West, pg. 638
PUBLICIS MONTREAL, 358 Rue Beaubien Quest Bureau 500, pg. 507
SID LEE, One Place Ville Marie, pg. 140
SNELL MEDICAL COMMUNICATION, INC., 1529 Rue Sherbrooke West, pg. 648
TAM TAM \ TBWA 1470 Peel Street, pg. 416
TAXI, 1435 Rue St. Alexandre, pg. 146
TEQUILA COMMUNICATION & MARKETING, INC., 4446 Saint-Laurent Boulevard, pg. 418
TOUCHE!, 3575 boulevard Saint-Laurent, pg. 520
ZENITH MEDIA CANADA, 3530 St-Laurent Boulevard, pg. 531
ZIP COMMUNICATION, 615 Rene-Leresques Boulevard, pg. 21

Quebec City

COSSETTE MEDIA, 300 St. Paul Street, pg. 345
NATIONAL PUBLIC RELATIONS, 140 Grande Allee East, pg. 632
TRIOMPHE MARKETING & COMMUNICATION, 360 Franquet, pg. 156
VISION7 INTERNATIONAL, 300 St. Paul Street, pg. 429

RHODE ISLAND

Newport

PERFORMANCE RESEARCH, 25 Mill Street, pg. 448
WORLDWAYS SOCIAL MARKETING, 45 Third Street, pg. 690

Providence

(ADD)VENTURES, 20 Risho Avenue, East, pg. 207
ADVOCACY SOLUTIONS, LLC, Four Richmond Square, pg. 575
CATALYST, INC., 275 Promenade Street, pg. 48
DUFFY & SHANLEY, INC., 10 Charles Street, pg. 66
LOGICA DESIGN, 16 Harkness Street, pg. 190
MATTER COMMUNICATIONS, INC., 260 West Exchange Street, pg. 626
NAIL COMMUNICATIONS, 63 Eddy Street, pg. 14
RDW GROUP, 125 Holden Street, pg. 403
REGAN COMMUNICATIONS GROUP, 127 Dorrance Street, pg. 642
SLN, INC., 400 Massasoit Avenue, pg. 677

Riverside

READE COMMUNICATIONS, Post Office Drawer 15039, pg. 641

Tiverton

HVS AMERICAN HOSPITALITY CO., 327 Village Road, pg. 372

Warren

TAYLOR BOX COMPANY, 293 Child Street, pg. 201

Warwick

COMMUNICATION ARTS GROUP, INC., 30 Bellair Avenue, pg. 178
MMSI, 931 Jefferson Boulevard, pg. 496
PRIMEDIA, 1775 Bald Hill Road, pg. 506

SASKATCHEWAN

Regina

BROWN COMMUNICATIONS GROUP, INC., 2220 12th Avenue, pg. 338
PHOENIX GROUP, 1621 Albert Street, pg. 128

Saskatoon

LMNO, 3002 Louise Street, pg. 100
MGM COMMUNICATIONS, 433 20 Street, West, pg. 387

SOUTH CAROLINA

Aiken

ALISON SOUTH MARKETING GROUP, 132 Chesterfield Street South, pg. 29

Bluffton

BFG COMMUNICATIONS, Six Anolyn Court, pg. 333

Charleston

BATES DESIGN, 217 Lucas Street, pg. 174
RAWLE-MURDY ASSOCIATES, 960 Morrison Drive, pg. 403
SOUTH, 58 Broad Street, pg.
THE BOSWORTH GROUP, 668 Shortwood Street, pg. 148
VISITURE, 444 King Street, pg. 678

Columbia

ADCO, 1220 Pickens Street, pg. 27
BUONASERA MEDIA SERVICES, PO Box 7185, pg. 457
CHERNOFF NEWMAN, 1411 Gervais Street, pg. 341
GRACE OUTDOOR ADVERTISING, 1201 Lincoln Street, pg. 552
PUSH DIGITAL, 2721 Devine Street, pg. 640
THE ADAMS GROUP, 925 Gervais Street, pg. 418

Florence

ADAMS OUTDOOR ADVERTISING, 1385 Alice Drive, pg. 549

Greenville

BRAINS ON FIRE, 1263 Pendleton Street, pg. 691
CARGO LLC, 631 South Main Street, pg. 47
DNA CREATIVE COMMUNICATIONS, 110 Edinburgh Court, pg. 598
DOM360, 120 Broadus Avenue, pg. 230
EP+CO., 110 East Court Street, pg. 356
FEREBEELANE, Three North Laurens Street, pg. 358
INFINITY MARKETING, 874 South Pleasantburg Drive, pg. 374
JEFF DEZEN PUBLIC RELATIONS, 13-A East Coffee Street, pg. 617
SHIFT, 1322 East Washington Street, pg. 17
SOURCELINK, LLC, 1224 Poinsett Highway, pg. 292
VANTAGEPOINT, INC., 80 Villa Road, pg. 428

Mt Pleasant

LEVELWING MEDIA, LLC, 913 Bowman Road, pg. 245

Murrells Inlet

VISIBILITY AND CONVERSIONS, 11947 Grandhaven Drive, pg. 159

Myrtle Beach

BANTON MEDIA, 10607 Highway 707, pg. 329
FAHLGREN MORTINE PUBLIC RELATIONS, Post Office Box 51621, pg. 602
LHWH ADVERTISING & PUBLIC RELATIONS, 3005 Highway 17 Bypass North, pg. 381
THE BRANDON AGENCY, 3023 Church Street, pg. 419

North Charleston

GEOGRAPHIC INDEX OF AGENCIES

ADAMS OUTDOOR ADVERTISING, 4845 O'Hear Avenue, pg. 549

Simpsonville

JACKSON MARKETING GROUP, 1068 Holland Road, pg. 188

Wadmalaw Island

FISHBAIT MARKETING, 1968 Long Creek Road, pg. 306

West Columbia

RIGGS PARTNERS, 750 Meeting Street, pg. 407

SOUTH DAKOTA

Deadwood

TDG COMMUNICATIONS, 93 Sherman Street, pg. 417

Mitchell

G.F. ADVERTISING, 411 South Ohlman, pg. 75

Rapid City

EPIC OUTDOOR ADVERTISING, 720 Saint Anne Street, pg. 552
HOT PINK, INC., 201 Main Street, pg. 87

Sioux Falls

ADWERKS, INC., 136 South Dakota Avenue, pg. 28
INSIGHT MARKETING DESIGN, 401 East Eighth Street, pg. 89
LAWRENCE & SCHILLER, 3932 South Willow Avenue, pg. 97
MEDIA ONE ADVERTISING, 3918 South Western Avenue, pg. 112
PAULSEN MARKETING COMMUNICATIONS, 3510 South First Avenue Circle, pg. 126

TENNESSEE

Brentwood

CONVERSION INTERACTIVE AGENCY, 5210 Maryland Way, pg. 222
JARRARD PHILLIPS CATE & HANCOCK, 219 Ward Circle, pg. 616

Chattanooga

FANCY RHINO, 600 Georgia Avenue, pg. 233
HUMANAUT, 1427 Williams Street, pg. 87
MILLER-REID, 1200 Mountain Creek Road, pg. 115
THE JOHNSON GROUP, 436 Market Street, pg. 420
TRUE NORTH CUSTOM PUBLISHING, LLC, 1301 Riverfront Parkway, pg. 564
VAYNERMEDIA, 800 Market Street, pg. 689
WHITEBOARD.IS, 701 Cherry Street, pg. 430

Clarksville

BLF MARKETING, 103 Jefferson Street, pg. 334

Cookeville

MMA CREATIVE, 480 Neal Street, pg. 116

Franklin

ALDAY COMMUNICATIONS, 144 Southeast Parkway, pg. 576
ETCH MARKETING, 106 Mission Court, pg. 357
LEADING EDGE COMMUNICATIONS, 206 Bridge Street, pg. 97
METACAKE LLC, 600 South Margin Street, pg. 386

Jackson

ADELSBERGER MARKETING, Eigth Yorkshire Cove, pg. 322
DCA / DCPR, 441 East Chester Street, pg. 58

Johnson City

CREATIVE ENERGY, INC., 3206 Hanover Drive, pg. 346

Knoxville

ACKERMANN PUBLIC RELATIONS, 1111 Northshore Drive, pg. 574
ASEN MARKETING & ADVERTISING, INC., 18 Emory Place, pg. 327
CONWAY MARKETING COMMUNICATIONS, 6400 Baum Drive, pg. 53
DESIGNSENSORY, 1740 Commons Point Drive, pg. 62
GIRL ON THE ROOF, INC, 1920 Willow View Lane, pg. 364
MOXLEY CARMICHAEL, 445 South Gay Street, pg. 629
MP MEDIA & PROMOTIONS, 2099 Thunderhead Road, pg. 252
PYXL, 625 South Gay Street, pg. 131
SMARTER SEARCHES, 120 Suburban Road, pg. 410
THE SHELTON GROUP, 111 East Jackson Avenue, pg. 153
THE TOMBRAS GROUP, 620 South Gay Street, pg. 424

Maryville

ORANGE ORCHARD, 357 Ellis Avenue, pg. 634

Memphis

ARCHER MALMO, 65 Union Avenue, pg. 32
COUNTERPART, 40 South Idlewild Street, pg. 345
DOUG CARPENTER & ASSOCIATES, LLC, 11 West Huling Avenue, pg. 64
EASTPORT HOLDINGS, 813 Ridge Lake Boulevard, pg. 353
GOOD ADVERTISING, INC., 5100 Poplar Avenue, pg. 365
INFERNO, LLC, 505 Tennessee Street, pg. 374
ODEN MARKETING & DESIGN, 158 Vance Avenue, pg. 193
RED DELUXE, 85 Union Avenue, pg. 507
SIGNATURE MARKETING SOLUTIONS, 1755 Kirby Parkway, pg. 141
SULLIVAN BRANDING, Indigo, pg. 415

Nashville

1220 EXHIBITS, INC., 3801 Vulcan Drive, pg. 301
ADVENT, 2316 Cruzen Street, pg. 301
BLR FURTHER, 109 Westpark Drive, pg. 334

CORPORATE COMMUNICATIONS, 3100 West End Avenue, pg. 593
CRITICAL MASS, INC., 209 Tenth Avenue South, pg. 223
DALTON + ANODE, 926 Main Street, pg. 348
DASH TWO, 2008 21st Avenue South, pg. 551
DVL SEIGENTHALER, 700 12th Avenue South, pg. 599
FLUENT360, 438 Houston Street, pg. 540
G7 ENTERTAINMENT MARKETING, 801 18th Avenue South, pg. 306
GO WEST CREATIVE, 100 Taylor Street, pg. 307
GS&F, 209 Tenth Avenue South, pg. 367
HARMON GROUP, 807 Third Avenue, South, pg. 82
INDUSTRIAL STRENGTH MARKETING, INC., 1401 Fifth Avenue North, pg. 686
IOSTUDIO, 565 Marriott Drive, pg. 242
JUMPCREW, 3201 Dickerson Pike, pg. 93
LAM ANDREWS, 1201 Eighth Avenue South, pg. 379
LEWIS COMMUNICATIONS, 310 Seven Springs Way, pg. 100
LOVELL COMMUNICATIONS, INC., 3212 Westend Avenue, pg. 623
MCNEELY PIGOTT & FOX PUBLIC RELATIONS, 611 Commerce Street, pg. 626
PLA MEDIA, 1303 16th Avenue, South, pg. 637
POWELL CREATIVE, 1801 West End Avenue, pg. 258
REDPEPPER, 305 Jefferson Street37208, pg. 405
REED PUBLIC RELATIONS, 1720 West End Avenue, pg. 642
SOCIAL LINK, 41 Peabody Street, pg. 411
TAILLIGHT TV, 30 Middleton Street, pg. 315
THE BOHAN AGENCY, 124 Twelfth Avenue South, pg. 418
THE BRADFORD GROUP, 2115 Yeaman Place, pg. 148
THE BUNTIN GROUP, 230 Willow Street, pg. 148
THE DESIGNORY, 209 10th Avenue South, pg. 269
VARALLO PUBLIC RELATIONS, 640 Spence Lane, pg. 658
ZEHNDER COMMUNICATIONS, INC., 2030 Lindell Avenue, pg. 436

Oak Ridge

AKINS PUBLIC STRATEGIES, 105 Mitchell Road, pg. 575

Signal Mountain

OUTDOOR NATION, 1807 Taft Highway, pg. 554

Whites Creek

MARTIN & COMPANY ADVERTISING, 3504 Knight Road, pg. 106

TEXAS

Addison

AD CETERA, INC., 15570 Quorum Drive, pg. 26
AD PLACE, 4750 Frank Luke Drive, pg. 26
ADVANTIX DIGITAL, 14285 Midway Road, pg. 211
ANSIRA, 15851 Dallas Parkway, pg. 326
ASHER MEDIA, 15303 Dallas Parkway, pg. 455
CHAMPION MANAGEMENT GROUP, LLC, 15455 Dallas Parkway, pg. 589
HCK2 PARTNERS, 3875 Ponte Avenue, pg. 613
MENTLER & COMPANY, 4819 Broadway Street, pg. 113
PROTERRA ADVERTISING, 16415 Addison Road, pg. 130
THE BARBER SHOP MARKETING, 14135 Midway Road, pg. 148

A-76

AGENCIES

GEOGRAPHIC INDEX OF AGENCIES

THE IDEA GROVE, 14800 Quorum Drive, pg. 654

Allen

M2W RETAILDETAIL, PO Box 1896, pg. 102

Arlington

CLEAR CHANNEL OUTDOOR, 3700 East Randol Mill Road, pg. 550
DECISION ANALYST, INC. , 604 Avenue H East, pg. 539
WHEELER ADVERTISING, INC., 624 Six Flags Drive, pg. 430

Austin

(UN)COMMON LOGIC, 5926 Balcones Drive, pg. 671
10FOLD, 600 Congress Avenue, pg. 573
97 DEGREES WEST, 901 South MoPac Expressway, pg. 24
ADLUCENT, 2130 South Congress Avenue, pg. 671
AMPERSAND AGENCY, 2901 Via Fortuna, pg. 31
APOGEE RESULTS, 3006 Longhorn Boulevard, pg. 672
ARCHER MALMO, 2901 Via Fortuna, pg. 214
AVALANCHE MEDIA GROUP, 11200 County Down Drive, pg. 455
BAKERY, 758 Springdale Road, pg. 215
BANDOLIER MEDIA, 1002 Rio Grande Street, pg. 685
BAZAARVOICE, INC., 10901 South Stonelake Boulevard, pg. 216
BCW AUSTIN, 206 East Ninth Street, pg. 581
CALLEN, 205 West Ninth Street, pg. 46
CAMP, 316 West 12th Street, pg. 46
CARVE COMMUNICATIONS, 4616 Arapahoe Trail, pg. 588
CULTURAL STRATEGIES, INC, 3300 Bee Cave Road, pg. 347
DELAUNE & ASSOCIATES, 7000 North Mopac Expressway, pg. 60
DOOR NUMBER 3, 910 West Avenue, pg. 64
DRUMROLL, 301 Congress Avenue, pg. 230
DWA MEDIA, 100 Congress Street, pg. 464
DYAL AND PARTNERS, 400 West Cesar Chavez, pg. 180
EDELMAN, Yarings Building, 506 Congress Avenue #300, pg. 601
ENTERMEDIA, 11801 Domain Boulevard, pg. 231
FD2S, 1634 East Cesarchavez Street, pg. 183
GREATEST COMMON FACTORY, 1023 Springdale Road, pg. 365
GSD&M, 828 West Sixth Street, pg. 79
HAHN PUBLIC COMMUNICATIONS, 4200 Marathon Boulevard, pg. 686
HARTE HANKS, INC., 2800 Wells Branch Parkway, pg. 284
HCB HEALTH, 701 Brazos Street, pg. 83
HELMS WORKSHOP, 2201 North Lamar, pg. 9
HILL+KNOWLTON STRATEGIES, 500 West Fifth Street, pg. 613
JUST MEDIA, INC., 1604 Nueces Street, pg. 481
KSM SOUTH, 300 West Sixth Street, pg. 482
LEE TILFORD AGENCY, 5725 Highway 290 West, pg. 97
LEVERAGE MARKETING, LLC, 2400 East Cesar Chavez, pg. 675
MCGARRAH JESSEE, 121 West Sixth Street, pg. 384
MERCURY MAMBO, 1107 South Eighth Street, pg. 543
MIGHTY & TRUE, 10222 Pecan Park Blvd, pg. 250
MQ&C ADVERTISING, INC., 1108 Lavaca Street #110-333, pg. 389
ORANGE142, 716 Congress Avenue, pg. 255
PREACHER, 119 West Eighth Street, pg. 129
PROOF ADVERTISING, 114 West Seventh Street, pg. 398

PUBLICIS.SAPIENT, 300 West Sixth Street, pg. 260
R/GA, 405 North Lamar Boulevard, pg. 261
REAGAN OUTDOOR ADVERTISING, 7301 Burleson Road, pg. 557
REDROC AUSTIN, 13018 Research Boulevard, pg. 132
SENSIS, 3303 Northland Drive, pg. 139
SHERRY MATTHEWS ADVOCACY MARKETING, 200 South Congress Avenue, pg. 140
SNACKBOX LLC, 510 South Congress Avenue, pg. 648
SPRINGBOX, 708 Colorado Street, pg. 266
STEEL DIGITAL STUDIOS, 6414 Bee Cave Road, pg. 200
T3, 1801 North Lamar Boulevard, pg. 268
THE DAVIS GROUP, 3800 North Lamar Boulevard, pg. 519
THIRD EAR, 410 Baylor Street, pg. 546
TKO ADVERTISING, 6606 North Lamar Boulevard, pg. 155
TRUE IMPACT MEDIA, 2028 East Ben White Boulevard, pg. 558
VMLY&R, 206 East Ninth Street, pg. 429
WE COMMUNICATIONS, 106 East Sixth Street, pg. 660
WORKHORSE MARKETING, 3809 South Second Street, pg. 433
ZILKER MEDIA, 14735 Fitzhugh Road, pg. 665

Bellaire

WARD CREATIVE COMMUNICATIONS, Post Office Box 239, pg. 659

Boerne

TEN PEAKS MEDIA, 309 Water Street, pg. 269

Bryan

JB KNOWLEDGE TECHNOLOGIES, INC., 110 North Bryan Avenue, pg. 243
THE MATTHEWS GROUP, INC., 400 Lake Street, pg. 151

Canton

DUX PUBLIC RELATIONS, Post Office Box 1329, pg. 599

Carrollton

A. LARRY ROSS COMMUNICATIONS, 4300 Marsh Ridge Road, pg. 574
BEDFORD ADVERTISING, INC., 1718 Trinity Valley Drive, pg. 38

Coppell

DERSE, INC., 586 South Royal Lane, pg. 304

Corpus Christi

KAILO COMMUNICATIONS STUDIO, LLC, 555 North Carancahua, pg. 618

Dallas

3HEADED MONSTER, 211 North Ervay Street, pg. 23
4FRONT, 5646 Milton Street, pg. 208
9THWONDER, 4228 North Central Expressway, pg. 321
AARS & WELLS, INC., 3500 Maple Avenue, pg. 321
ACKERMAN MCQUEEN, INC., 1717 McKinney Avenue, pg. 26
AGENCY CREATIVE, 14875 Landmark Boulevard, pg. 29
ALETHEIA MARKETING & MEDIA, Tollway Towers, pg. 454
ALLISON+PARTNERS, 1919 McKinne Avenue, pg. 577
ALLYN MEDIA, 3838 Oak Lawn Avenue, pg. 577
ANDROVETT LEGAL MEDIA & MARKETING, 4144 North Central Expressway , pg. 577
ANSIRA, 13155 Noel Road, pg. 1
AVREAFOSTER, 500 North Akard Street, pg. 35
BANOWETZ + COMPANY, INC., 3809 Parry Avenue, pg. 36
BCW DALLAS, 500 North Akard Street, pg. 581
BELMONT ICEHOUSE, 3116 Commerce Street, pg. 333
BELO + COMPANY, 8350 North Central Expressway, pg. 216
BLUE 449, 2828 Routh Street, pg. 456
BOXCAR CREATIVE, 2422 South Malcolm X Boulevard, pg. 219
BRANDING PLUS MARKETING GROUP, 18333 Preston Road, pg. 456
BURNS360, 7557 Rambler Road, pg. 587
CAMELOT STRATEGIC MARKETING & MEDIA, 8140 Walnut Hill Lane, pg. 457
CHARLIEUNIFORMTANGO, 1722 Routh Street, pg. 561
CITRUS ADVERTISING, 1409 South Lamar, pg. 50
CLICK HERE, 2801 North Central Express Way, pg. 221
COMMERCE HOUSE, 110 Leslie Street , pg. 52
DALA, 4144 North Central Expressway, pg. 595
DIESTE, 1999 Bryan Street, pg. 539
DUNCAN / DAY ADVERTISING, 6513 Preston Road, pg. 66
EDELMAN, 1845 Woodall Rogers Freeway, pg. 600
EISENBERG & ASSOCIATES, 1444 Oak Lawn Avenue, pg. 181
EVENTLINK INTERNATIONAL , 5910 North Central Expressway, pg. 305
FIREHOUSE, INC., 14860 Landmark Boulevard, pg. 358
FLEISHMANHILLARD, 1999 Bryan Street, pg. 605
GARZA CREATIVE GROUP, 414 Country View Lane, pg. 76
GENESCO SPORTS ENTERPRISES, 5944 Luther Lane, pg. 306
GODO DISCOVERY COMPANY, 4827 Memphis Street, pg. 77
GOLIN, 13455 Noel Road, pg. 609
GTB, 500 North Akard Street, pg. 80
IMAGINUITY, 1601 Bryan Street, pg. 373
IMAGINUITY INTERACTIVE, INC., 1409 South Lamar Street, pg. 241
JOHNSON & SEKIN, 800 Jackson Street, pg. 10
KATZ MEDIA GROUP, 3500 Maple Avenue, pg. 481
KETCHUM SOUTH, 1999 Bryan Street, pg. 620
KOEPPEL DIRECT, 16200 Dallas Parkway , pg. 287
KRAUSE ADVERTISING, 8750 North Central Expressway, pg. 379
LATITUDE, 2801 North Central Expressway, pg. 379
LAUNCH AGENCY, 3400 Carlisle Street, pg. 97
LDWW GROUP, 1444 Oak Lawn, pg. 622
MAGIC LOGIX, 5001 Spring Valley Road, pg. 382
MALONEY STRATEGIC COMMUNICATIONS , 8111 LBJ Freeway, pg. 103
MILLER AD AGENCY, 2711 Valley View Lane, pg. 115
MINDSTREAM MEDIA GROUP - DALLAS, 1717 Main Street, pg. 496
MM2 PUBLIC RELATIONS, 1700 Pacific Avenue, pg. 627
MOD OP, 12377 Merit Drive, pg. 388
MOROCH PARTNERS, 3625 North Hall Street, pg. 389
NEXTMEDIA, INC., 3625 North Hall Street, pg. 497
NIMBLE WORLDWIDE, 2001 North Lamar Street, pg. 391
OUTFRONT MEDIA, 11233 North Stemmons Freeway, pg. 555

A-77

GEOGRAPHIC INDEX OF AGENCIES

PETERSON RAY & COMPANY, 2220 South Harwood, pg. 127
PUBLICIS HAWKEYE, 2828 Routh Street, pg. 399
RBMM, 7007 Twin Hills Avenue, pg. 196
RHODES STAFFORD WINES, CREATIVE 14643 Dallas Parkway, pg. 406
RICHARDS CARLBERG, 2801 North Central Expressway, pg. 406
RICHARDS/LERMA, 7007 Twin Hills Avenue, pg. 545
SAATCHI & SAATCHI DALLAS, 2021 McKinney Avenue, pg. 136
SCA PROMOTIONS, INC., 3030 LBJ Freeway, pg. 569
SLINGSHOT, LLC, 208 North Market Street, pg. 265
SPAETH COMMUNICATIONS, INC., 8150 North Central Expressway, pg. 648
SPM COMMUNICATIONS, 2030 Main Street, pg. 649
SQUIRES & COMPANY, 3624 Oak Lawn Avenue, pg. 200
SUNWEST COMMUNICATIONS, 4851 LBJ Freeway, pg. 651
TACITO DIRECT MARKETING, 14165 Proton Road, pg. 292
TANDEM THEORY, 15400 Knoll Trail, pg. 269
TEAM ONE, 2021 McKinney Ave, pg. 418
THE ACTIVE NETWORK, 717 North Harwood Street, pg. 570
THE DOZIER COMPANY, Post Office Box 140247, pg. 419
THE INFINITE AGENCY, 2001 Bryan Street, pg. 151
THE INTEGER GROUP - DALLAS, 1999 Bryan Street, pg. 570
THE LOOMIS AGENCY, 17120 Dallas Parkway, pg. 151
THE MARGULIES COMMUNICATIONS GROUP, 6210 Campbell Road, pg. 654
THE MARKETING ARM, 1999 Bryan Street, pg. 316
THE MCCARTHY COMPANIES, 4245 North Central Expressway, pg. 151
THE POINT GROUP, 5949 Sherry Lane, pg. 152
THE POWELL GROUP, 10000 North Central Expressway, pg. 655
THE PURSUANT GROUP, 15660 Dallas Parkway, pg. 422
THE RICHARDS GROUP, INC., 2801 North Central Expressway, pg. 422
THREE BOX STRATEGIC COMMUNICATIONS, 12222 Merit Drive, pg. 656
TIC TOC, 4006 East Side Avenue, pg. 570
TPN, 1999 Bryan Street, pg. 683
TRACTORBEAM, 325 Caesar Chavez Expressway, pg. 156
TRUEPOINT COMMUNICATIONS, 14800 Landmark Boulevard, pg. 657
TURNSTILE, INC., 2002 Academy Lane, pg. 427
WALO CREATIVE, INC., 1601 Elm Street, pg. 161
WEBER SHANDWICK, 3030 Olive Street, pg. 660
WHITE PANTS AGENCY, 2528 Elm Street, pg. 276
WPROMOTE, 6060 North Central Expressway, pg. 679

Denton

SWASH LABS, 608 East Hickory Street, pg. 145

El Paso

AIM RESEARCH, 1900 Solano Drive, pg. 441
CULTURESPAN MARKETING, 5407 North Mesa, pg. 594
EMERY GROUP ADVERTISING, 1519 Montana Avenue, pg. 68
MITHOFF BURTON PARTNERS, 123 West Mills Avenue, pg. 115
SANDERS\WINGO, 303 North Oregon Street, pg. 138

Farmers Branch

JDM, 4100 Spring Valley Road, pg. 243

Flower Mound

IVIE & ASSOCIATES, INC., 601 Silveron Boulevard, pg. 91

Fort Worth

AMNET, 1021 Foch Street, pg. 454
BALCOM AGENCY, 1413 Rio Grande Ave, pg. 329
GCG MARKETING, 2421 West Seventh Street, pg. 362
IMMOTION STUDIOS, 4717 Fletcher Avenue, pg. 89
INTERSTAR MARKETING & PUBLIC RELATIONS, 610 Grove Street, pg. 616
IPROSPECT, 1021 Foch Street, pg. 674
PAVLOV, 3017 West Seventh Street, pg. 126
PMG, 2821 West Seventh Street, pg. 257
THE STARR CONSPIRACY, 122 South Main Street, pg. 20
WARREN DOUGLAS ADVERTISING, 1204 West Seventh Street, pg. 161
WITHERSPOON MARKETING COMMUNICATIONS, 1200 West Freeway, pg. 663

Frisco

THE WARD GROUP, INC - MEDIA STEWARDS, 5750 Genesis Court, pg. 520
VMLY&R, 3010 Gaylord Parkway, pg. 275

Grapevine

POS OUTDOOR MEDIA, 2410 Dove Loop Road, pg. 556

Houston

9THWONDER, 1800 West Loop South, pg. 453
9THWONDER AGENCY, 1201 San Jacinto Street, pg. 453
AD RESULTS MEDIA, 320 West Cott, pg. 279
ADCETERA, 3000 Louisiana Street, pg. 27
AXIOM, 1702 Washington Avenue, pg. 174
BAYARD BRADFORD, 10810 Katy Freeway, pg. 215
BRANDEXTRACT, LLC, 7026 Old Katy Road, pg. 4
BRIGGS & CALDWELL, 9801 Westheimer Road, pg. 456
BRIVICMEDIA, INC., 10200 Richmond Avenue, pg. 456
CHIEF OUTSIDERS, 4801 Woodway Drive, pg. 443
CMA DESIGN, 1207 Dunlavy Street, pg. 177
COHEN GROUP, 430 Heights Boulevard, pg. 51
DE LA GARZA PUBLIC RELATIONS, INC., 5773 Woodway Drive, pg. 595
DESIGN AT WORK CREATIVE SERVICES, 3701 Kirby Drive, pg. 179
DEUTSER, 5847 San Felipe Street, pg. 443
DG STUDIOS, 3040 Post Oak Boulevard, pg. 179
DMN3, 5600 Northwest Central Drive, pg. 230
GILBREATH COMMUNICATIONS, INC., 15995 North Barkers Landing, pg. 541
GLOBAL COMMUNICATION WORKS, 5301 Heatherglen Drive, pg. 608
HERRING DESIGN STUDIO, 1216 Hawthorne Street, pg. 186
HILL, 3512 Lake Street, pg. 186
HILL+KNOWLTON STRATEGIES, 708 South Main Street, pg. 613
IDFOUR, 1001 South Dairy Ashford Street, pg. 285
JOHN MANLOVE ADVERTISING, 5125 Preston Avenue, pg. 93
JUDSON DESIGN ASSOCIATES, 805 Rhode Place, pg. 188
LIMB DESIGN, 1702 Houston Avenue, pg. 100
LOPEZ NEGRETE COMMUNICATIONS, INC., 3336 Richmond Avenue, pg. 542
LOVE ADVERTISING, 3550 West 12th Street, pg. 101
MMI AGENCY, 1712 Pease Street, pg. 116
NORTON CREATIVE, 9434 Katy Freeway, pg. 121
OPTIDGE, 7322 Southwest Freeway, pg. 255
OUTFRONT MEDIA, 1600 Studemont Road, pg. 555
PENNEBAKER, LMC, 1100 West 23rd Street, pg. 194
PIERPONT COMMUNICATIONS, INC., 1233 West Loop South, pg. 636
SAVAGE DESIGN GROUP, 4203 Yoakum Boulevard, pg. 198
SIX FOOT STUDIOS, 2415 West Alabama, pg. 265
SULLIVAN GROUP, 4545 South Pinemont Drive, pg. 315
THE LEE GROUP, 3115 Allen Parkway, pg. 420
TWINENGINE, 7650 San Felipe, pg. 203
UNIFIED RESOURCES, INC., 10665 Richmond Avenue, pg. 571
WUNDERMAN DATA PRODUCTS, 6002 Rogerdale Road, pg. 451
YOU SQUARED MEDIA, 7026 Old Katy Road, pg. 436

Humble

STEEP CREEK MEDIA, 1036 First Street East, pg. 557

Irving

AGENCY 720, 545 East John Carpenter Freeway, pg. 323
COOKSEY COMMUNICATIONS, 5525 North MacArthur Boulevard, pg. 593
EPSILON, 6021 Connection Drive, pg. 283
JAVELIN AGENCY, 7850 North Belt Line Road, pg. 286
LEGION ADVERTISING, 1400 Drive, pg. 542
MARC RESEARCH, 1425 Greenway Drive, pg. 447
MOSAIC NORTH AMERICA, 220 East Las Colinas Boulevard, pg. 312
RAPP WORLDWIDE, 7850 North Belt Line Road, pg. 291
RPA, 5605 North MacArthur Boulevard, pg. 135
SANDELMAN & ASSOCIATES, 534 Rockingham Drive, pg. 449
TARGETBASE MARKETING, 7850 North Belt Line Road, pg. 292
TRACYLOCKE, 7850 North Belt Line Road, pg. 683
VIZION INTERACTIVE, 400 East Royal Lane, pg. 678

Lubbock

THE PRICE GROUP INC., 1801 Broadway, pg. 152

Lucas

KEYRELEVANCE, 1125 Brockdale Park, pg. 675

McAllen

FANTICH MEDIA, 609 West US Highway 83, pg. 71

Midland

HANCOCK ADVERTISING GROUP, INC., 3300 North A Street, pg. 81
SDB CREATIVE GROUP, 3000 North Garfield, pg. 139

Nacogdoches

AGENCIES

GEOGRAPHIC INDEX OF AGENCIES

HANCOCK ADVERTISING AGENCY , 243 Old Tyler Road, pg. 81

Odessa

CVA ADVERTISING & MARKETING, INC., 5030 East University Boulevard, pg. 56

Plano

BIZCOM ASSOCIATES, 1400 Preston Road, pg. 584
BRIERLEY & PARTNERS, 5465 Legacy Drive , pg. 167
INTERTREND COMMUNICATIONS, 7920 Preston Rd, pg. 541
LEARFIELD IMG COLLEGE, 2400 Dallas Parkway, pg. 310
PLANO PROFILE, 1413 Gables Court, pg. 195
PROPAC, 6300 Communications Parkway, pg. 682
REDONK MARKETING, 5000 Legacy Dr., pg. 405
SHOPTOLOGY, 7800 North Dallas Parkway, pg. 682

Richardson

CORPORATE MAGIC INC, 3310 Matrix Drive, pg. 303
HALLIBURTON INVESTOR RELATIONS, 2140 Lake Park Boulevard, pg. 611
KNOWLEDGEBASE MARKETING, INC., 2050 North Greenville Avenue, pg. 446
THE SHOP AGENCY, 514 Lockwood Street, pg. 153

Round Rock

DELL BLUE, 401 Dell Way, pg. 60

Rowlett

LIME MEDIA, 4951 Grisham Drive, pg. 568

San Antonio

ADI MEDIA, 1350 North Loop 1604 East, pg. 171
ANDERSON MARKETING GROUP, 7420 Blanco Road, pg. 31
CREATIVE CIVILIZATION - AN AGUILAR / GIRARD AGENCY, 1100 Northwest Loop 410, pg. 561
DEBERRY GROUP, 110 Broadway Street, pg. 595
DUBLIN STRATEGIES GROUP, 454 Soledad, Suite 300, pg. 598
FPO MARKETING, 8035 Broadway, pg. 360
FROST & SULLIVAN, 7550 IH 10 West, pg. 444
GALLOWAY RESEARCH SERVICE, 4751 Hamilton Wolfe Road, pg. 444
GDC MARKETING & IDEATION, 219 East Houston Street, pg. 362
HARTE HANKS, INC., 9601 McAllister Freeway, pg. 284
HELEN THOMPSON MEDIA, 8035 Broadway, pg. 473
I HEART MEDIA, 3714 North Pan Am Expressway, pg. 552
INTERLEX COMMUNICATIONS, 4005 Broadway, pg. 541
INVENTIVA, 19179 Blanco Road, pg. 541
KGBTEXAS COMMUNICATIONS, 200 East Grayson, pg. 95
MARKET VISION, INC., 8647 Wurzbach Road, pg. 568
NUMEDIA GROUP, INC., 5886 De Zavala Road, pg. 254
PMG RETAIL & ENTERTAINMENT, 16035 University Oak, pg. 128
TAYLOR WEST ADVERTISING, INC., 503 Avenue A, pg. 416
TEXAS CREATIVE, 334 North Park Drive, pg. 201

THE ATKINS GROUP, 501 Soledad Street, pg. 148
THE WOOD AGENCY, 7550 Interstate Highway 10 West, pg. 154

South Houston

DANCIE PERUGINI WARE PUBLIC RELATIONS, 1600 West Loop, pg. 595

Spring Branch

OUSSET AGENCY, 20540 Highway 46 West, pg. 395

Sugar Land

FREED ADVERTISING, 1650 Highway 6, pg. 360

Venus

ASH-ALLMOND ASSOCIATES, 6800 North FM 157 , pg. 566

UTAH

Farmington

FRONTLINE PUBLIC INVOLVEMENT, Post Office Box 1033, pg. 606

Lehi

97TH FLOOR, 2600 Executive Parkway, pg. 209

North Salt Lake

PROGREXION, 330 North Cutler Drive, pg. 449

Ogden

MARKETSTAR CORPORATION, 2475 Washington Boulevard, pg. 383
SAUNDERS OUTDOOR ADVERTISING, 1764 West 2900 South, pg. 557

Park City

RIESTER, 1441 West Ute Boulevard, pg. 406
SIMBOL, 1741 Teal Drive, pg. 647
WHITNEY ADVERTISING & DESIGN, 6410 North Business Park Loop Road, pg. 430

Provo

INSIDESALES.COM, 1712 South East Bay Boulevard, pg. 168

Salt Lake City

AXIS41, 175 West 200 South, pg. 215
BRANDHIVE, 48 West Market Street, pg. 336
CLEARLINK, 5202 West Douglas Corrigan Way, pg. 221
EXPERTVOICE, 9 Exchange Place, pg. 233
FUEL MARKETING, 2005 East 2700 South, pg. 361
HINT CREATIVE, 10 W 100 S, pg. 86
HOLMES & COMPANY, 34 South 600 East, pg. 87
KASSING ANDREWS ADVERTISING, 2545 East Parley's Way, pg. 94
LOVE COMMUNICATIONS, 546 South 200 West, pg. 101
METHOD COMMUNICATIONS, 47 West 200 South, pg. 386
MRM//MCCANN, 60 East South Temple, pg. 118
NSON, 731 East South Temple Street, pg. 448
PENNA POWERS BRIAN HAYNES, 1706 Major Street, pg. 396
R&R PARTNERS, 837 East South Temple, pg. 132
REAGAN OUTDOOR ADVERTISING, 1775 North Warm Springs Road, pg. 557
RICHTER7, 150 South State Street, pg. 197
STRUCK, 159 West Broadway, pg. 144
THE SUMMIT GROUP, 117 West 400 South, pg. 153
WILKINSON FERRARI & COMPANY, 1336 South 1100 East, pg. 663
YESCO OUTDOOR MEDIA, 2401 South Foothill Drive, pg. 559
ZABRISKIE & ASSOCIATES, 1600 South Main Street, pg. 664

Sandy

AFA KRAUSE, 45 West 10000 South, pg. 28
NEUTRON INTERACTIVE, 9490 South 300 West, pg. 253
SAXTON HORNE, 85 East 9400 South, pg. 138
THE OSTLER GROUP, 7430 South Creek Road, pg. 422

VERMONT

Bethel

THE IMAGINATION COMPANY , 920 Campbell Road, pg. 201

Burlington

BRANDTHROPOLOGY INC., 266 Pine Street, pg. 4
KELLIHER SAMETS VOLK, 212 Battery Street, pg. 94
PLACE CREATIVE COMPANY, 187 South Winooski Avenue, pg. 15
SHARK COMMUNICATIONS, 255 South Champlain Street, pg. 265
TENTH CROW CREATIVE, One Mill Street, pg. 201

Richmond

HMC 2, 65 Millet Street, pg. 371

Vinooski

FUSE, LLC, 110 West Canal Street, pg. 8

Waitsville

PALE MORNING MEDIA, 4403 Main Street, pg. 635

Winooski

NEW BREED MARKETING , 20 Winooski Falls Way, pg. 675

VIRGINIA

Alexandria

BRAND RESOURCES GROUP, 110 South Union Street, pg. 3
CAMPAIGN SOLUTIONS, 117 North Saint Asaph

GEOGRAPHIC INDEX OF AGENCIES

Street, pg. 219
CREATIVE RESPONSE CONCEPTS, 2850 Eisenhower Avenue, pg. 593
EVENT STRATEGIES, INC., 4416 Wheeler Avenue, pg. 305
FISHBOWL, 44 Canal Center Plaza, pg. 234
FUSZION / COLLABORATIVE, 7500 Elba Road, pg. 184
GRAFIK MARKETING COMMUNICATIONS, 625 North Washington Street, pg. 185
MARKETING GENERAL, INC., 625 North Washington Street, pg. 288
NOMAD EVENT SERVICES, 3211 Colvin Street, pg. 312
REDPEG MARKETING, 727 North Washington Street, pg. 692
REINGOLD, 1321 Duke Street, pg. 405
REVOLUTION AGENCY, 1020 Princess Street, pg. 133
SHIRLEY & BANISTER PUBLIC AFFAIRS, 122 South Patrick Street, pg. 647
SMITH & HARROFF, 1555 King Street, pg. 647
SUNSTAR STRATEGIC, 300 North Washington Street, pg. 651
THE HAWTHORN GROUP, 625 Slaters Lane, pg. 653
WILLIAMS WHITTLE, 711 Princess Street, pg. 432
YES&, 1700 Diagonal Road, pg. 436

Arlington

ACCENTURE INTERACTIVE, 1100 Wilson Boulevard, pg. 322
ATLANTIC LIST COMPANY, 2300 Ninth Street, South , pg. 280
BEACONFIRE REDENGINE, 2300 Clarendon Boulevard, pg. 216
CHAPMAN CUBINE & HUSSEY, 2000 15th Street North, pg. 281
CHAPMAN CUBINE + HUSSEY, 2000 15th Street North, pg. 281
DUNN ASSOCIATES, 2111 Wilson Boulevard, pg. 598
EFX MEDIA, 2300 South Ninth Street, pg. 562
ENC STRATEGY, 3100 Clarendon Boulevard, pg. 68
FIXATION MARKETING, 901 North Stuart Street, pg. 359
FLEXPOINT MEDIA, 1800 Wilson Boulevard, pg. 74
HAVIT, 3811 North Fairfax Drive, pg. 83
LMO ADVERTISING, 1776 Wilson Boulevard, pg. 100
LYONS & SUCHER ADVERTISING, 2900 South Quincy Street, pg. 382
PAPPAS GROUP, 4100 North Fairfax Drive, pg. 396
STATESIDE ASSOCIATES, 1101 Wilson Boulevard, pg. 649
STRATEGIC MEDIA, INC., 1911 North Fort Meyer, pg. 518
THE BEYTIN AGENCY, 2533 Wilson Boulevard, pg. 652

Ashburn

STAGE2 MARKETING, 10 Ninth 22705 High Haven Terrace, pg. 18

Blacksburg

THE PRIME FACTORY, 2000 Kraft Drive, pg. 422

Charlottesville

JOURNEY GROUP, 418 Fourth Street, Northeast, pg. 377
WILLOWTREE, INC., 107 Fifth Street Southeast, pg. 535

Chesapeake

NEWTON MEDIA, 824 Greenbriar Parkway, pg. 497

Dulles

WALLACE & COMPANY, 22970 Indian Creek Drive, pg. 161

Fairfax

BARE INTERNATIONAL, 3702 Pender Drive, pg. 442
NOVA ADVERTISING, 3917 Old Lee Highway, pg. 392

Falls Church

EVERGREEN & CO., 200 Park Avenue, pg. 182
FOCUSED IMAGE, 2941 Fairview Park Drive, pg. 235
SMITH GIFFORD, INC., 106 West Jefferson Street, pg. 143
VIGET LABS, 105 West Broad Street, pg. 274

Fredericksburg

STORY COLLABORATIVE, 2326 Plank Road, pg. 414

Glen Allen

HAVAS HELIA, 4490 Cox Road, pg. 285

Hampton

RAOUST + PARTNERS, 516 Settlers Landing Road, pg. 403

Hayes

LCI COMMUNICATIONS, INC., 8865 LIttle England Road, pg. 97

Herndon

DALY GRAY, INC., 620 Herndon Parkway, pg. 595
TEAM VELOCITY MARKETING, 13825 Sunrise Valley Drive, pg. 418

Lorton

DESIGN AND PRODUCTION INCORPORATED, 7110 Rainwater Place, pg. 179

Manassas

AMERICAN TARGET ADVERTISING , 9625 Surveyor Court, pg. 279
IMAGINE, 9415 West Street, pg. 241

McLean

ACUMEN SOLUTIONS, 8280 Greensboro Drive, pg. 167
BOOZ ALLEN HAMILTON, Hamilton Building, pg. 218
D3 SYSTEMS, 8300 Greensboro Drive, pg. 56
IGNITE MEDIA SOLUTIONS, 1356 Beverly Road, pg. 241
MERRITT GROUP PUBLIC RELATIONS, 8251 Greensboro Drive, pg. 627
OCTAGON, 7950 Jones Branch Drive, pg. 313
SAGE COMMUNICATIONS, LLC, 1651 Old Meadow Road, pg. 409
STRATEGIC COMMUNICATIONS GROUP, INC., 1751 Pinnacle Drive, pg. 688
WELZ & WEISEL COMMUNICATIONS, 8200 Greensboro Drive, pg. 662

Middlebrook

JAYMIE SCOTTO & ASSOCIATES, Post Office Box 20, pg. 616

Norfolk

GOLDMAN & ASSOCIATES, 1527 Bordeaux Place, pg. 608
GROW INTERACTIVE, 427 Granby Street, pg. 237
OTTO DESIGN & MARKETING, 1611-C Colley Avenue, pg. 124
PRIMM & COMPANY, 112 College Place, pg. 129

Reston

BUFFALO.AGENCY, 12700 Sunrise Valley Drive, pg. 587
CLARABRIDGE, INC., 11400 Commerce Park Drive, pg. 167
CONFERENCE INCORPORATED, 11709 Bowman Green Drive, pg. 303
HINGE, 1851 Alexander Bell Drive, pg. 370
INTERMARKETS, INC., 11951 Freedom Drive, pg. 242
JIM RICCA & ASSOCIATES, 1902 Association Drive, pg. 92
PSA CREATIVE COMMUNICATION, 1880 Campus Commons Drive, pg. 314

Richmond

93 OCTANE, 105 East Grace Street, pg. 279
ALAN NEWMAN RESEARCH, 1025 Boulders Parkway, pg. 441
ALLIANCE GROUP LTD, 2201 West Main Street, pg. 576
ARTS & LETTERS, 1805 Highpoint Avenue, pg. 34
AUTHENTIC, 101 West Seventh Street, pg. 214
BIG RIVER, 515 Hull Street, pg. 3
BURFORD COMPANY, 125 East Main Street, pg. 45
CHARLES RYAN ASSOCIATES, INC., 1900-A East Franklin Street, pg. 589
ELEVATION MARKETING, Nine West Main Street, pg. 67
FAMILIAR CREATURES, 3300 West Broad Street, pg. 71
FRANKLIN STREET MARKETING & ADVERTISING, 9700 Farrar Court, pg. 360
GAIN, 8003 Franklin Farms Drive, pg. 284
GLYNNDEVINS, 207 West Franklin Street, pg. 364
HUNTSINGER & JEFFER, INC., 809 Brook Hill Circle, pg. 285
INITIATE-IT LLC, 1813 East Broad Street, pg. 375
LEWIS MEDIA PARTNERS, 500 Libbie Avenue, pg. 482
MADISON & MAIN, 101 East Cary Street, pg. 382
NDP, 2912 West Leigh Street, pg. 390
PADILLA, 101 West Commerce Road, pg. 635
PLANET CENTRAL, 4210 Patterson Avenue, pg. 257
PROPHET, 1801 East Cary Street, pg. 15
RANDALL BRANDING AGENCY, 11 South 12th Street, pg. 16
RHUDY & COMPANY, 1600 Roseneath Road, pg. 643
SCOUTCOMMS, 5806 Grove Avenue, pg. 646
SIDDALL, 715 East Fourth Street, pg. 141
SPURRIER GROUP, 101 South 15th Street, pg. 513
THE BERGMAN GROUP, INC, 7204 Glen Forest Drive, pg. 148
THE HODGES PARTNERSHIP, 1805 East Broad Street, pg. 653

A-80

AGENCIES

GEOGRAPHIC INDEX OF AGENCIES

THE KING AGENCY, Three North Lombardy Street, pg. 151
THE MARTIN AGENCY, One Shockoe Plaza, pg. 421
YEBO, 1408 Roseneath Road, pg. 164

Roanoke

ACCESS, 701 Patterson Avenue, pg. 322
SOURCE4, 3473 Brandon Avenue Southwest, pg. 569

Sterling

NEUSTAR, INC., 21575 Ridgetop Circle, pg. 289

Tysons

WHITE64, 8603 Westwood Center Drive, pg. 430

Vienna

ACTIVE MEDIA, 8150 Leesburg Pike, pg. 671
SPEAKERBOX COMMUNICATIONS, 8603 Westwood Center Drive, pg. 649

Virginia Beach

BCF, 4500 Main Street, pg. 581
DAVIS AD AGENCY, 1705 Baltic Avenue, pg. 58
ETERNAL WORKS, 4588 South Plaza Trail, pg. 357
MERIDIAN GROUP, 575 Lynnhaven Parkway, pg. 386
O'BRIEN ET AL. ADVERTISING, 3113 Pacific Avenue, pg. 392
RED CHALK STUDIOS, 323A First Colonial Road, pg. 404
RUBIN COMMUNICATIONS GROUP, 4876 Princess Anne Road, pg. 644

Woodbridge

CREATING RESULTS, 14000 Crown Court, pg. 346

Woodlawn

BRAZZELL MARKETING, 44 Dewberry Drive, pg. 337

WASHINGTON

Bainbridge Island

QUINN / BREIN COMMUNICATIONS, 403 Madison Avenue North, pg. 402

Bellevue

GA CREATIVE, 10500 Northeast Eighth Street, pg. 361
ILIUM ASSOCIATES, INC., 600 108th Avenue, Northeast, pg. 88
METIA, 800 Bellevue Way Northeast, pg. 250
WE COMMUNICATIONS, 225 108th Avenue, Northeast, pg. 660
XEVO, 10900 Northeast Eighth Street, pg. 535

Bellingham

BARON & CO, 401 Harris Avenue, pg. 580
TOOLHOUSE, INC., 2925 Roeder Avenue, pg. 155

Bothell

EAGLEVIEW TECHNOLOGIES, INC., 3700 Monte Villa Parkway, pg. 230

Chehalis

THE ADVOCATE AGENCY, 429 North Market Boulevard, pg. 148

Everett

FANNIT INTERNET MARKETING SERVICES, 2911 Hewitt Avenue, pg. 357

Federal Way

BRANDNER COMMUNICATIONS, INC., 32026 32nd Avenue South, pg. 42

Issaquah

CONNECTION MODEL LLC, 5825 221st Place Southeast, pg. 344
MARKETRY, INC., 1420 Northwest Gilman Boulevard, pg. 288

Kenmore

REELTIME MEDIA, 19930 68th Avenue Northeast, pg. 507

Kennewick

ARTMIL GRAPHIC DESIGN, 5601 West Clearwater Avenue, pg. 173
P.S. MEDIA, 7303 West Canal Drive, pg. 395

Lynnwood

STEVENSON ADVERTISING, 16521 Thirteenth Avenue West, pg. 144

Mercer Island

GIORDANO KEARFOTT DESIGN, INC., 5712 92nd Avenue Southeast, pg. 184

Mountlake Terrace

DESTINATION MARKETING, 6808 220th Street, pg. 349
LODESTAR MARKETING GROUP, 6808 220th Street Southwest, pg. 381

Poulsbo

MASTERWORKS, 19462 Powder Hill Place, Northeast, pg. 687

Redmond

DRIVE SHOP, 18300 Redmond Way, pg. 304

Seattle

3RD THIRD MARKETING, 811 First Avenue, pg. 279
AD MARK SERVICES, 2107 Elliott Avenue, pg. 441
ALLISON+PARTNERS, 710 Second Avenue, pg. 576
ARTEFACT, 619 Western Avenue, pg. 173
BAROKAS PUBLIC RELATIONS, 1012 First Avenue, pg. 580
BELIEF AGENCY, 4611 11th Avenue North West, pg. 38
BEYOND TRADITIONAL, 79 South Horton Street, pg. 691
BLACKWING CREATIVE, 1500 Fourth Avenue, pg. 40
BLUE 449, 424 Second Avenue West, pg. 456
CATALYSIS, 1601 East John Street, pg. 340
COMMUNIQUE PR, 1631 Fifteenth Avenue West, pg. 592
COMSCORE, 316 Occidental Avenue South, pg. 443
COPACINO + FUJIKADO, LLC, 1425 Fourth Avenue, pg. 344
DCG ONE, 4401 East Marginal Way South, pg. 58
DELOITTE DIGITAL, 109 Marion Street, pg. 224
DENNY MOUNTAIN MEDIA, 1300 North Northlake Way, pg. 225
DIRECT RESOURCES GROUP, 1520 Fourth Avenue,, pg. 281
DNA SEATTLE, 1301 Fifth Avenue, pg. 180
DOUBLEKNOT CREATIVE, 1124 Eastlake Avenue East, pg. 180
EDELMAN, 1601 Fifth Avenue, pg. 601
ESSENCE, 221 Yale Avenue North, pg. 232
FILTER, 1425 Fourth Avenue, pg. 234
FIRMANI & ASSOCIATES, INC., 3601 Fremont Avenue North, pg. 604
FORMATIVE, 821 Second Avenue, pg. 235
GARRIGAN LYMAN GROUP, 1524 Fifth Avenue, pg. 236
GMMB, 1200 Westlake Avenue, North, pg. 364
GRAVITY DESIGN, INC., 11 Vine Street, pg. 185
GREENRUBINO, 1938 Fairview Avenue East, pg. 365
HACKERAGENCY, 1326 Fifth Avenue, pg. 284
HANSEN BELYEA, 109 West Denny Way, pg. 185
HAYTER COMMUNICATIONS, 2929 First Avenue, pg. 612
HUNT MARKETING GROUP, 1809 Seventh Avenue, pg. 285
HYDROGEN, 1520 Fourth Avenue, pg. 87
IDEOCLICK, 568 First Avenue, pg. 241
JONES ADVERTISING, 603 Stewart Street, pg. 93
JWT INSIDE, 221 Yale Avenue, pg. 667
KILLER VISUAL STRATEGIES, 511 Boren Avenue North, pg. 189
KITEROCKET, 4743 Ballard Avenue Northwest, pg. 620
MARCHEX, INC., 520 Pike Street, pg. 675
MEDIA PLUS, INC., 160 Roy Street, pg. 486
MEKANISM, 814 East Pike Street, pg. 113
MERLINO MEDIA GROUP, 4616 25th Avenue Northeast, pg. 491
MOORE INK, 4422 48th Avenue South, pg. 628
NECTAR COMMUNICATIONS, 1601 5th Avenue, pg. 632
NYHUS COMMUNICATIONS, 720 Third Avenue, pg. 633
OMD SEATTLE, 710 Second Avenue, pg. 502
OWEN MEDIA, 1652 20th Avenue, pg. 634
PB&, 255 South King Street, pg. 126
PHINNEY / BISCHOFF DESIGN HOUSE, 614 Boylston Avenue, East, pg. 194
POP, INC., 1326 Fifth Avenue, pg. 195
PORTENT, 920 Fifth Ave, pg. 676
PORTER NOVELLI, 710 Second Avenue, pg. 637
PRODUCT CREATION STUDIO, 425 West Lake Avenue North, pg. 563
PRR, 1501 Fourth Avenue, pg. 399
PUBLICIS CONSULTANTS | PR 424 Second Avenue West, pg. 639
PUBLICIS WEST, 424 Second Avenue West, pg. 130
PUBLICIS.SAPIENT, 424 Second Avenue West, pg. 259
PURDIE ROGERS, INC., 2288 West Commodore Way, pg. 130
PWC, 1420 Fifth Avenue, pg. 260
PYRAMID COMMUNICATIONS, 1932 First Avenue, pg. 401
RAFFETTO HERMAN STRATEGIC COMMUNICATIONS, 1111 Third Avenue, pg. 641
RATIO INTERACTIVE, 413 Pine Street, pg. 262
RATIONAL INTERACTION, 1201 Third Avenue, pg. 262

A-81

GEOGRAPHIC INDEX OF AGENCIES

REMER, INC., 205 Marion Street, pg. 405
RICHMOND PUBLIC RELATIONS, 1601 Fifth Avenue, pg. 643
SERUM AGENCY, 1326 Fifth Avenue, pg. 508
SID LEE, 1505 Fifth Avenue, pg. 140
SMASHING IDEAS, 2211 Elliott Avenue, pg. 266
SPARK FOUNDRY, 424 Second Avenue West, pg. 512
STRATEGIES 360, 1505 Westlake Avenue North, pg. 650
STRUM, 1200 Sixth Avenue, pg. 18
TEAGUE, 110 Union Street, pg. 201
TETHER, 316 Occidental Avenue South, pg. 201
THE FEAREY GROUP, 1809 Seventh Avenue, pg. 653
THE MARKETING PRACTICE, 2231 1st Avenue, pg. 169
VMLY&R, 221 Yale Avenue North, pg. 275
WEBER SHANDWICK, 818 Stewart Street, pg. 660
WHEELHOUSE DIGITAL MARKETING GROUP, 2356 W. Commodore Way, pg. 678
WONGDOODY, 1011 Western Avenue, pg. 162
WORKTANK, 400 East Pine Street, pg. 21
WUNDERMAN THOMPSON SEATTLE, 414 Olive Way, pg. 435
YESLER, 506 Second Avenue, pg. 436
ZUMOBI, 1525 Fourth Avenue, pg. 535

Spokane

BHW1 ADVERTISING, 522 West Riverside Avenue, pg. 3
BOOM CREATIVE, 621 West Mallon Avenue, pg. 41
BRAND IT ADVERTISING, 122 North Raymond Road, pg. 42
CHAPTER & VERSE, 111 North Post Street, pg. 341
DESAUTEL HEGE COMMUNICATIONS, 315 West Riverside, pg. 596
KLUNDTHOSMER DESIGN, 216 West Pacific Avenue, pg. 244
QUISENBERRY, 700 South Dishman Road, pg. 131
SEVEN2 INTERACTIVE, 244 West Main Avenue, pg. 265
SMITH, 530 West Avenue, pg. 266
STRATEGY LABS, 154 South Madison Street, pg. 267

Spokane Valley

HATCH ADVERTISING, 15413 East Valley Way, pg. 82

Tacoma

JAYRAY, 535 East Dock Street, pg. 377
SANDS, COSTNER & ASSOCIATES, 1117 Broadway, pg. 138
VOXUS PR, 117 South Eighth Street, pg. 658

Vachon

EGG, 10613 Southwest 138th Street, pg. 7

Vancouver

ALLING HENNING & ASSOCIATES, 415 West Sixth Street, pg. 30

Walla Walla

COFFEY COMMUNICATIONS, 1505 Business One Circle, pg. 281

Woodinville

BENSUSSEN DEUTSCH & ASSOCIATES, 15525 Woodinville-Redmond Road, Northeast, pg. 566

Yakima

SPD&G, Lake Aspen Office Park, pg. 411

WEST VIRGINIA

Charleston

ASHER AGENCY, 117 Summers Street, pg. 327
CHARLES RYAN ASSOCIATES, INC., 601 Morris Street, pg. 590
THE MANAHAN GROUP, 222 Capitol Street, pg. 19

Fayetteville

DIGITAL RELATIVITY, 129 South Court Street, pg. 226

Morgantown

BLAINETURNER ADVERTISING, 1401 Saratoga Avenue, pg. 584

South Charleston

ANN GREEN COMMUNICATIONS INC, 300 D Street, pg. 577

WISCONSIN

Appleton

THE WEIDERT GROUP, 1107 East South River Street, pg. 425

Belleville

THE GUNTER AGENCY, 1029 River Street, pg. 150

Brookfield

ADSERTS, 14750 West Capitol Drive, pg. 27
ADVERTISING ART STUDIOS, INC., 4120 North Calhoun Road, pg. 172
IMAGE MAKERS ADVERTISING, INC., 17110 West Greenfield Avenue, pg. 88
LEPOIDEVIN MARKETING, 245 South Executive Drive, pg. 380
SEROKA BRAND DEVELOPMENT, 200 South Executive Drive, pg. 646

Burlington

CANNELLA RESPONSE TELEVISION, 848 Liberty Drive, pg. 281

Cedarburg

HENKE & ASSOCIATES, INC., 236 Hamilton Road, pg. 370

Delafield

DBA MARKETING COMMUNICATIONS, 385 Williamstowne, pg. 349

Grafton

INSIGHT MARKETING, LLC, 1108 Bridge Street, pg. 616

Green Bay

ENVANO, INC., 2985 South Ridge Road, pg.
IMAGINASIUM, 320 North Broadway, pg. 89
INSIGHT CREATIVE, INC., 1816 Sal Street, pg. 89
THE KARMA GROUP, 118 South Adams Street, pg. 420

Hales Corners

NONBOX, 5307 South 92nd Street, pg. 121

Hartland

CHARLESTON|ORWIG, INC., 515 West North Shore Drive, pg. 341

Madison

6AM MARKETING, 2901 West Beltline Highway, pg. 1
ACUMIUM, LLC, 717 John Nolen Drive, pg. 210
ADAMS OUTDOOR ADVERTISING, 102 East Badger Road, pg. 549
HIEBING, 315 Wisconsin Avenue, pg. 85
KENNEDY COMMUNICATIONS, Nine Odana Court, pg. 482
KNUPP & WATSON & WALLMAN, 2010 Eastwood Drive, pg. 378
LINDSAY, STONE & BRIGGS, One South Pinckney Street, pg. 100
PLANET PROPAGANDA, 605 Williamson Street, pg. 195
POP-DOT, 122 West Washington Avenue, pg. 257
PUTNAM ROBY WILLIAMSON COMMUNICATIONS, One South Pinckney Street, pg. 640
RS & K, 155 East Wilson, pg. 408
SHINE UNITED, 202 North Henry Street, pg. 140
STEPHAN & BRADY, INC., 1850 Hoffman Street, pg. 412
TMA+PERITUS, 33 East Main Street, pg. 202
WOOD COMMUNICATIONS GROUP, 22 North Carroll Street, pg. 663

Mequon

PKA MARKETING, 1009 West Glen Oaks Lane, pg. 397

Milwaukee

7SUMMITS, 1110 Old World Third Street, pg. 209
A.B. DATA, LTD, 600 AB Data Drive, pg. 279
ANTHOLOGIE, 207 East Buffalo Street, pg. 31
ASCEDIA, 161 South First Street, pg. 672
BADER RUTTER & ASSOCIATES, INC., 1433 Northwater Street, pg. 328
BOELTER & LINCOLN, INC., 222 East Erie Street, pg. 41
BRANIGAN COMMUNICATIONS, 312 East Buffalo Street, pg. 586
BVK, 250 West Coventry Court, pg. 339
CELTIC ADVERTISING, 316 North Milwaukee Street, pg. 341
CORE CREATIVE, 600 West Virginia Street, pg. 344
CRAMER-KRASSELT, 246 East Chicago Street, pg. 54
CULVER BRAND DESIGN, 205 West Highland Avenue, pg. 178
DCI-ARTFORM, 2727 West Good Hope Road, pg. 304
DERSE, INC., 3800 West Canal Street, pg. 304
HANSON DODGE, INC., 220 East Buffalo Street, pg. 185
HOFFMAN YORK, 200 North Water Street, pg. 371

ILEVEL MEDIA, 309 North Water Street, pg. 615
JACOBSON ROST, 322 North Broadway Street, pg. 376
JIGSAW, LLC, 710 North Plankinton Avenue, pg. 377
LAUGHLIN CONSTABLE, INC., 207 East Michigan Street, pg. 379
LAYER ONE MEDIA, INC., 623 West Vliet Street, pg. 245
MANIFESTO, 628 North Broadway, pg. 104
MCDILL DESIGN, 626 North Water Street, pg. 190
MORTENSON KIM, 117 North Jefferson Street, pg. 118
MUELLER COMMUNICATIONS, INC., 1749 North Prospect Avenue, pg. 630
NELSON SCHMIDT INC., 600 East Wisconsin Avenue, pg. 120
OMNIVORE, 311 East Chicago Street, pg. 123
PHOENIX MARKETING GROUP, INC., 6750 Maple Terrace, pg. 128
PROPELLER, 207 East Buffalo Street, pg. 130
ROCKET LAWN CHAIR, 205 West Highland Avenue, pg. 407
STIR, LLC, 330 East Kilbourn Avenue, pg. 413
TREFOIL GROUP, 735 North Water Street, pg. 656
WALZAK ADVERTISING, 1228 North Astor Street, pg. 161
ZIZZO GROUP ADVERTISING & PUBLIC RELATIONS, 207 North Milwaukee Street, pg. 437

New Berlin

GMR MARKETING, 5000 South Towne Drive, pg. 306

Oshkosh

HOT OPERATOR, 52 Stoney Beach Road, pg. 9

Pewaukee

AFFIRM AGENCY, N28 W23050 Roundy Drive, pg. 323
CLEAR CHANNEL OUTDOOR, 908 Silvernail Road, pg. 551
PLATYPUS ADVERTISING & DESIGN, N29 W23810 Woodgate Court West, pg. 397

Verona

ROUNDHOUSE MARKETING & PROMOTIONS, 560 East Verona Avenue, pg. 408

Waukesha

MORGAN & MYERS, N16 W23233 Stone Ridge Drive, pg. 389

Wausau

AMPERAGE, 3550 West Stewart Avenue, pg. 325
KINZIEGREEN MARKETING GROUP, 915 Fifth Street, pg. 95

West Bend

EPIC CREATIVE, 300 South Sixth Avenue, pg. 7

Wisconsin Rapids

THE GOODNESS COMPANY, 820 Baker Street, pg. 419

CLIENT INDUSTRIES INDEX

Agricultural Business

360I, LLC, New York, NY, pg. 320
360PRPLUS, Boston, MA, pg. 573
ACCESS BRAND COMMUNICATIONS, New York, NY, pg. 1
ARNOLD WORLDWIDE, Boston, MA, pg. 33
AXIOM MARKETING COMMUNICATIONS, Bloomington, MN, pg. 579
BADER RUTTER & ASSOCIATES, INC. , Milwaukee, WI, pg. 328
BARKLEY, Kansas City, MO, pg. 329
BBDO WORLDWIDE, New York, NY, pg. 331
BIZCOM ASSOCIATES, Plano, TX, pg. 584
BLUE 449, San Francisco, CA, pg. 456
BRANDINGBUSINESS, Irvine, CA, pg. 4
BROADHEAD, Minneapolis, MN, pg. 337
BROWNSTEIN GROUP, INC., Philadelphia, PA, pg. 44
BRUNET-GARCIA ADVERTISING, INC., Jacksonville, FL, pg. 44
BULLISH INC, New York, NY, pg. 45
C-COM GROUP, INC., Miami, FL, pg. 587
CASANOVA//MCCANN, New York, NY, pg. 538
COLLE MCVOY, Minneapolis, MN, pg. 343
COLLECTIVELY, INC., San Francisco, CA, pg. 685
CONTROL V EXPOSED, Jenkintown, PA, pg. 222
CRITICAL MASS, INC., New York, NY, pg. 223
CROSBY MARKETING COMMUNICATIONS, Annapolis, MD, pg. 347
CUTWATER, San Francisco, CA, pg. 56
DDB CANADA, Toronto, ON, pg. 224
DDB CHICAGO, Chicago, IL, pg. 59
DDB NEW YORK, New York, NY, pg. 59
DEUTSCH, INC., New York, NY, pg. 349
DEUTSCH, INC., Los Angeles, CA, pg. 350
DEVRIES GLOBAL, New York, NY, pg. 596
DONER, Southfield, MI, pg. 63
DROGA5, New York, NY, pg. 64
EDELMAN, Chicago, IL, pg. 353
EDELMAN, Washington, DC, pg. 600
EP+CO., Greenville, SC, pg. 356
EPIC SIGNAL, New York, NY, pg. 685
FCB NEW YORK, New York, NY, pg. 357
FIG, New York, NY, pg. 73
FLEISHMANHILLARD WEST COAST, Los Angeles, CA, pg. 606
FLYNN, Pittsford, NY, pg. 74
GALLEGOS UNITED, Huntington Beach, CA, pg. 75
GEOMETRY, Akron, OH, pg. 362
HAVAS MEDIA GROUP, Chicago, IL, pg. 469
HAVAS NEW YORK, New York, NY, pg. 369
HEALIXGLOBAL, New York, NY, pg. 471
HEARTS & SCIENCE, New York, NY, pg. 471
HELLMAN ASSOCIATES, INC., Waterloo, IA, pg. 84
HUGHESLEAHYKARLOVIC, Saint Louis, MO, pg. 372
HUMANAUT, Chattanooga, TN, pg. 87
HUNTER PUBLIC RELATIONS, New York, NY, pg. 614
ID MEDIA, New York, NY, pg. 477
IMRE, Baltimore, MD, pg. 374
IN CONNECTED MARKETING, Stamford, CT, pg. 681
INITIATIVE, New York, NY, pg. 477
INTERPUBLIC GROUP OF COMPANIES, New York, NY, pg. 90
IRIS, New York, NY, pg. 376
J3, New York, NY, pg. 480
KCSA STRATEGIC COMMUNICATIONS, New York, NY, pg. 619
KETCHUM, New York, NY, pg. 542
KETCHUM SOUTH, Atlanta, GA, pg. 620
LATORRA, PAUL & MCCANN, Syracuse, NY, pg. 379
LIVEWORLD, San Jose, CA, pg. 246
LOCAL PROJECTS, New York, NY, pg. 190
M BOOTH & ASSOCIATES, INC. , New York, NY, pg. 624
MAPR, Boulder, CO, pg. 624
MARTIN WILLIAMS ADVERTISING, Minneapolis, MN, pg. 106
MBB AGENCY, Leawood, KS, pg. 107
MCCANN NEW YORK, New York, NY, pg. 108
MCGARRYBOWEN, Chicago, IL, pg. 110
MEDIAHUB BOSTON, Boston, MA, pg. 489
MEDIAHUB WINSTON SALEM, Winston-Salem, NC, pg. 386
MEKANISM, San Francisco, CA, pg. 112
MERKLEY + PARTNERS, New York, NY, pg. 114
MILNER BUTCHER MEDIA GROUP, Los Angeles, CA, pg. 491
MINDSHARE, New York, NY, pg. 491
MODERN CLIMATE, Minneapolis, MN, pg. 388
MORNINGSTAR COMMUNICATIONS, Overland Park, KS, pg. 628
MOXIE, Atlanta, GA, pg. 251
MRY, New York, NY, pg. 252
NEO MEDIA WORLD, New York, NY, pg. 496
NEXTLEFT, San Diego, CA, pg. 254
NINA HALE CONSULTING, Minneapolis, MN, pg. 675
OGILVY, Chicago, IL, pg. 393
OMD, New York, NY, pg. 498
OMD, Chicago, IL, pg. 500
OMNICOM GROUP, New York, NY, pg. 123
OPENMIND, New York, NY, pg. 503
OSBORN & BARR COMMUNICATIONS, Saint Louis, MO, pg. 395
OSTER & ASSOCIATES, INC., San Diego, CA, pg. 123
PACE COMMUNICATIONS, Greensboro, NC, pg. 395
PADILLA, Minneapolis, MN, pg. 635
PKA MARKETING, Mequon, WI, pg. 397
PLANIT, Baltimore, MD, pg. 397
PLUSMEDIA, LLC, Danbury, CT, pg. 290
PORTER NOVELLI, New York, NY, pg. 637
PORTER NOVELLI, Washington, DC, pg. 637
PUBLICIS HAWKEYE, Dallas, TX, pg. 399
PULSECX, Montgomeryville, PA, pg. 290
RAPP WORLDWIDE, New York, NY, pg. 290
REPUBLICA HAVAS, Miami, FL, pg. 545
RESOLUTION MEDIA, Chicago, IL, pg. 676
RHEA & KAISER MARKETING , Naperville, IL, pg. 406
RICHARDS CARLBERG, Dallas, TX, pg. 406
RODGERS TOWNSEND, LLC, Saint Louis, MO, pg. 407
ROKKAN, LLC, New York, NY, pg. 264
RON FOTH ADVERTISING, Columbus, OH, pg. 134
SAATCHI & SAATCHI WELLNESS, New York, NY, pg. 137
SCHAFER CONDON CARTER, Chicago, IL, pg. 138
SHOPPR, New York, NY, pg. 647
SIGNAL THEORY, Kansas City, MO, pg. 141
SPARK FOUNDRY, Chicago, IL, pg. 510
STERLING-RICE GROUP, Boulder, CO, pg. 413
STRAWBERRYFROG, New York, NY, pg. 414
SWELLSHARK, New York, NY, pg. 518
TBWA\WORLDHEALTH, Chicago, IL, pg. 147
TERRI & SANDY, New York, NY, pg. 147
THE MARKETING ARM, Dallas, TX, pg. 316
TRANSLATION, Brooklyn, NY, pg. 299
UNIVERSAL MCCANN, San Francisco, CA, pg. 428
UNIVERSAL MCCANN, Toronto, ON, pg. 524
UPSHOT , Chicago, IL, pg. 157
VAYNERMEDIA, New York, NY, pg. 689
VELOCITY OMC, New York, NY, pg. 158
WEBER SHANDWICK, Chicago, IL, pg. 661
WIEDEN + KENNEDY, Portland, OR, pg. 430
WPP GROUP, INC., New York, NY, pg. 433
WUNDERMAN THOMPSON, Miami, FL, pg. 547
YAMAMOTO, Minneapolis, MN, pg. 435
YEBO, Richmond, VA, pg. 164
ZENITH MEDIA, New York, NY, pg. 529
ZENITH MEDIA, Atlanta, GA, pg. 531
ZENO GROUP, New York, NY, pg. 664
ZENO GROUP, Chicago, IL, pg. 664

Apparel & Accessories

160OVER90, Santa Monica, CA, pg. 207
180LA, Los Angeles, CA, pg. 23
215 MCCANN, San Francisco, CA, pg. 319
22SQUARED INC., Atlanta, GA, pg. 319
360I, LLC, Atlanta, GA, pg. 207
360I, LLC, New York, NY, pg. 320
360I, LLC, Chicago, IL, pg. 208
360PRPLUS, Boston, MA, pg. 573
5W PUBLIC RELATIONS, New York, NY, pg. 574
72ANDSUNNY, Brooklyn, NY, pg. 24
9THWONDER, Houston, TX, pg. 453
ACCENTURE INTERACTIVE, Chicago, IL, pg. 209
ACENTO ADVERTISING, INC., Santa Monica, CA, pg. 25
ADMIRABLE DEVIL, Washington, DC, pg. 27
AFG&, New York, NY, pg. 28
AGENCYQ, Washington, DC, pg. 211
AGENCYSACKS, New York, NY, pg. 29
AIR PARIS NEW YORK, New York, NY, pg. 172
AKQA, San Francisco, CA, pg. 211
AKQA, New York, NY, pg. 212
ALISON BROD PUBLIC RELATIONS, New York, NY, pg. 576
ALWAYS ON COMMUNICATIONS , Pasadena, CA, pg. 454
AMALGAM, Los Angeles, CA, pg. 324
AMP3 PUBLIC RELATIONS, New York, NY, pg. 577
ANALOGFOLK, New York, NY, pg. 439
ANOMALY, New York, NY, pg. 325
ANOMALY, Venice, CA, pg. 326
APEX PUBLIC RELATIONS, Toronto, ON, pg. 578
ARGONAUT, INC., San Francisco, CA, pg. 33
ARNOLD WORLDWIDE, Boston, MA, pg. 33
ASTOUND COMMERCE, San Bruno, CA, pg. 214
AUXILIARY, Grand Rapids, MI, pg. 173
AZIONE PR, Los Angeles, CA, pg. 579
BACKBONE MEDIA, Carbondale, CO, pg. 579
BADGER & WINTERS, New York, NY, pg. 174
BARBARIAN, New York, NY, pg. 215
BARKER, New York, NY, pg. 36
BARKLEY, Kansas City, MO, pg. 329
BARON & BARON, INC., New York, NY, pg. 36
BARRETTSF, San Francisco, CA, pg. 36
BASIC, San Diego, CA, pg. 215
BBDO ATL, Atlanta, GA, pg. 330
BBDO WORLDWIDE, New York, NY, pg. 331
BCW AUSTIN, Austin, TX, pg. 581
BECORE, Los Angeles, CA, pg. 302
BERK COMMUNICATIONS, New York, NY, pg. 583
BERLIN CAMERON, New York, NY, pg. 38
BIGBUZZ MARKETING GROUP, New York, NY, pg. 217
BLAZE, Santa Monica, CA, pg. 584
BLEUBLANCROUGE, Montreal, QC, pg. 40
BLUE CHIP MARKETING & COMMUNICATIONS, Northbrook, IL, pg. 334
BOLT PR, Raleigh, NC, pg. 585
BOXCAR CREATIVE, Dallas, TX, pg. 219
BPCM, New York, NY, pg. 585
BRAND ZOO INC., San Francisco, CA, pg. 42
BRIGHT RED\TBWA, Tallahassee, FL, pg. 337
BROTHERS & CO., Tulsa, OK, pg. 43
BUERO NEW YORK, New York, NY, pg. 176
BUFFALO.AGENCY, Reston, VA, pg. 587
BULLISH INC, New York, NY, pg. 45
BURRELL COMMUNICATIONS GROUP, INC. , Chicago, IL, pg. 45
BUTLER, SHINE, STERN & PARTNERS, Sausalito, CA, pg. 45
BVK, Milwaukee, WI, pg. 339
CALLAHAN CREEK , Lawrence, KS, pg. 4
CAMP + KING, San Francisco, CA, pg. 46
CAPGEMINI, Wayne, PA, pg. 219
CARAT, New York, NY, pg. 459

CLIENT INDUSTRIES INDEX — AGENCIES

CARMICHAEL LYNCH, Minneapolis, MN, pg. 47
CASANOVA//MCCANN, Costa Mesa, CA, pg. 538
CHANDELIER CREATIVE, New York, NY, pg. 49
CITIZEN RELATIONS, Los Angeles, CA, pg. 590
CITIZEN RELATIONS, New York, NY, pg. 590
CLEAN SHEET COMMUNICATIONS, Toronto, ON, pg. 342
COBURN COMMUNICATIONS, New York, NY, pg. 591
CODE FOUR, Huntington Beach, CA, pg. 343
COLLE MCVOY, Minneapolis, MN, pg. 343
COLLECTIVELY, INC., San Francisco, CA, pg. 685
COMMCREATIVE, Framingham, MA, pg. 343
COMMON THREAD COLLECTIVE, Santa Ana, CA, pg. 221
CONCENTRIC MARKETING, Charlotte, NC, pg. 52
CONE, INC., Boston, MA, pg. 6
CONILL ADVERTISING, INC., Miami, FL, pg. 538
CONILL ADVERTISING, INC., El Segundo, CA, pg. 538
CONNELLY PARTNERS, Boston, MA, pg. 344
CONTROL V EXPOSED, Jenkintown, PA, pg. 222
COOLGRAYSEVEN, New York, NY, pg. 53
CORNERSTONE AGENCY, New York, NY, pg. 53
COYNE PUBLIC RELATIONS, Parsippany, NJ, pg. 593
CPC STRATEGY, San Diego, CA, pg. 672
CRAMER-KRASSELT, Chicago, IL, pg. 53
CRAMER-KRASSELT, Milwaukee, WI, pg. 54
CRISPIN PORTER + BOGUSKY, Boulder, CO, pg. 346
CRITICAL MASS, INC., New York, NY, pg. 223
CROSSMEDIA, Los Angeles, CA, pg. 463
CROSSROADS, Kansas City, MO, pg. 594
CUTWATER, San Francisco, CA, pg. 56
D'ORAZIO & ASSOCIATES, Beverly Hills, CA, pg. 594
DARBY COMMUNICATIONS, Asheville, NC, pg. 595
DDB CANADA, Toronto, ON, pg. 224
DENTSU AEGIS NETWORK, New York, NY, pg. 61
DENTSU X, New York, NY, pg. 61
DEUTSCH, INC., New York, NY, pg. 349
DEVRIES GLOBAL, New York, NY, pg. 596
DIFFUSION PR, New York, NY, pg. 597
DIGITAS, Boston, MA, pg. 226
DIGITAS, New York, NY, pg. 226
DIGITAS, Chicago, IL, pg. 227
DIRECT AGENTS, INC., New York, NY, pg. 229
DKC PUBLIC RELATIONS, New York, NY, pg. 597
DMA UNITED, New York, NY, pg. 63
DOEANDERSON ADVERTISING, Louisville, KY, pg. 352
DROGA5, New York, NY, pg. 64
DUFFY & SHANLEY, INC., Providence, RI, pg. 66
EDELMAN, Chicago, IL, pg. 353
EICOFF, Chicago, IL, pg. 282
ELEPHANT, Brooklyn, NY, pg. 181
ELEVATE, Chicago, IL, pg. 230
ELEVEN, INC., San Francisco, CA, pg. 67
EMPOWER, Cincinnati, OH, pg. 354
ENERGY BBDO, INC., Chicago, IL, pg. 355
EP+CO., Greenville, SC, pg. 356
EP+CO., New York, NY, pg. 356
ESSENCE, New York, NY, pg. 232
ESSENCE, Minneapolis, MN, pg. 233
FACTORY PR, New York, NY, pg. 602
FARM, Lancaster, NY, pg. 357
FCB CHICAGO, Chicago, IL, pg. 71
FCB WEST, San Francisco, CA, pg. 72
FINN PARTNERS, Chicago, IL, pg. 604
FIRSTBORN, New York, NY, pg. 234
FLEISHMANHILLARD, Kansas City, MO, pg. 604
FLEISHMANHILLARD, San Francisco, CA, pg. 605
FLUID, INC., New York, NY, pg. 235
FORWARDPMX, New York, NY, pg. 360
FRENCH / WEST / VAUGHAN, Raleigh, NC, pg. 361
FTI CONSULTING, New York, NY, pg. 606
FUSE MARKETING GROUP, INC., Toronto, ON, pg. 8
FUSE, LLC, Vinooski, VT, pg. 8
GATES, New York, NY, pg. 76
GEOMETRY, New York, NY, pg. 362

GIANT PROPELLER, Burbank, CA, pg. 76
GIANT SPOON, LLC, New York, NY, pg. 363
GIANT SPOON, LLC, Los Angeles, CA, pg. 363
GMLV, Newark, NJ, pg. 466
GODWIN GROUP, Jackson, MS, pg. 364
GOLIN, Los Angeles, CA, pg. 609
GOTHAM, INC., New York, NY, pg. 77
GRADIENT EXPERIENTIAL LLC, New York, NY, pg. 78
GRAJ + GUSTAVSEN, INC., New York, NY, pg. 8
GREATEST COMMON FACTORY, Austin, TX, pg. 365
GREY GROUP, New York, NY, pg. 365
GREY MIDWEST, Cincinnati, OH, pg. 366
GREY WEST, San Francisco, CA, pg. 367
GROUPM, New York, NY, pg. 466
GROW INTERACTIVE, Norfolk, VA, pg. 237
GTB, Dearborn, MI, pg. 367
GYK ANTLER, Manchester, NH, pg. 368
HANGARFOUR CREATIVE, Brooklyn, NY, pg. 81
HAPI, Phoenix, AZ, pg. 81
HAVAS FORMULA, San Diego, CA, pg. 612
HAVAS MEDIA GROUP, New York, NY, pg. 468
HAVAS MEDIA GROUP, Toronto, ON, pg. 470
HAVAS MEDIA GROUP, Chicago, IL, pg. 469
HAVAS NEW YORK, New York, NY, pg. 369
HAVAS SPORTS & ENTERTAINMENT, New York, NY, pg. 370
HAVAS WORLDWIDE CHICAGO, Chicago, IL, pg. 82
HAWORTH MARKETING & MEDIA, Minneapolis, MN, pg. 470
HAYMAKER, Los Angeles, CA, pg. 83
HEARTS & SCIENCE, New York, NY, pg. 471
HEAT, San Francisco, CA, pg. 84
HI-GLOSS, North Bay Village, FL, pg. 84
HILL+KNOWLTON STRATEGIES, New York, NY, pg. 613
HILL+KNOWLTON STRATEGIES, Los Angeles, CA, pg. 613
HINT CREATIVE, Salt Lake City, UT, pg. 86
HL GROUP, New York, NY, pg. 614
HORIZON MEDIA, INC., Los Angeles, CA, pg. 473
HORIZON MEDIA, INC., New York, NY, pg. 474
HUGE, INC., Brooklyn, NY, pg. 239
HUGE, INC., Atlanta, GA, pg. 240
IBM IX, Columbus, OH, pg. 240
ICED MEDIA, New York, NY, pg. 240
ICF NEXT, Minneapolis, MN, pg. 372
ICON MEDIA DIRECT, Sherman Oaks, CA, pg. 476
ICR, New York, NY, pg. 615
ICROSSING, New York, NY, pg. 240
IGNITE SOCIAL MEDIA, Cary, NC, pg. 686
INITIATIVE, New York, NY, pg. 477
INITIATIVE, Los Angeles, CA, pg. 478
INNOCEAN USA, Huntington Beach, CA, pg. 479
INSIDE/OUT COMMUNICATIONS, Steamboat Springs, CO, pg. 616
INTERESTING DEVELOPMENT, New York, NY, pg. 90
IPROSPECT, Fort Worth, TX, pg. 674
ISAAC REPUTATION GROUP, Toronto, ON, pg. 10
IXCO, Brooklyn, NY, pg. 243
JACKSON MARKETING GROUP, Simpsonville, SC, pg. 386
JAM COLLECTIVE, San Francisco, CA, pg. 616
JANE SMITH AGENCY, New York, NY, pg. 377
JANUARY DIGITAL, New York, NY, pg. 243
JEBCOMMERCE, Coeur d'Alene, ID, pg. 91
JELLYFISH, San Francisco, CA, pg. 243
JENNIFER BETT COMMUNICATIONS, New York, NY, pg. 617
JL MEDIA, INC., Union, NJ, pg. 481
JNA ADVERTISING, Overland Park, KS, pg. 92
JOAN, New York, NY, pg. 92
JOHANNES LEONARDO, New York, NY, pg. 92
JOHN ST., Toronto, ON, pg. 93
KAPLOW COMMUNICATIONS, New York, NY, pg. 618
KELLIHER SAMETS VOLK, Burlington, VT, pg. 94
KELLY, SCOTT & MADISON, INC., Chicago, IL, pg. 482
KENNA, Mississauga, ON, pg. 244
KEPLER GROUP, New York, NY, pg. 244
KETCHUM, Chicago, IL, pg. 619
KETCHUM, New York, NY, pg. 542
KIKU OBATA & CO., Saint Louis, MO, pg. 188

KINNEY + KINSELLA, New York, NY, pg. 11
KRUPP KOMMUNICATIONS, New York, NY, pg. 686
KWT GLOBAL, New York, NY, pg. 621
LAFORCE, New York, NY, pg. 621
LAIRD + PARTNERS, New York, NY, pg. 96
LAPIZ, Chicago, IL, pg. 542
LAURA DAVIDSON PUBLIC RELATIONS, New York, NY, pg. 622
LEAP, Louisville, KY, pg. 245
LEO BURNETT WORLDWIDE, Chicago, IL, pg. 98
LINHART PUBLIC RELATIONS, Denver, CO, pg. 622
LOCAL PROJECTS, New York, NY, pg. 190
LOCKARD & WECHSLER, Irvington, NY, pg. 287
LOVE COMMUNICATIONS, Salt Lake City, UT, pg. 101
LUMENCY INC., New York, NY, pg. 310
LUXE COLLECTIVE GROUP, New York, NY, pg. 102
LYONS CONSULTING GROUP, Chicago, IL, pg. 247
M BOOTH & ASSOCIATES, INC., New York, NY, pg. 624
M&C SAATCHI LA, Santa Monica, CA, pg. 482
M&C SAATCHI PERFORMANCE, New York, NY, pg. 247
M/SIX, New York, NY, pg. 482
MADWELL, Brooklyn, NY, pg. 13
MAGRINO PUBLIC RELATIONS, New York, NY, pg. 624
MANIFEST, New York, NY, pg. 248
MARC USA, Pittsburgh, PA, pg. 104
MARCA MIAMI, Coconut Grove, FL, pg. 104
MARINA MAHER COMMUNICATIONS, New York, NY, pg. 625
MARKETSMITH, INC, Cedar Knolls, NJ, pg. 483
MAROON PR, Columbia, MD, pg. 625
MARTIN WILLIAMS ADVERTISING, Minneapolis, MN, pg. 106
MATTE PROJECTS, New York, NY, pg. 107
MCCANN WORLDGROUP, Birmingham, MI, pg. 109
MCGARRAH JESSEE, Austin, TX, pg. 384
MCGARRYBOWEN, Chicago, IL, pg. 110
MCILROY & KING, Toronto, ON, pg. 484
MCKINNEY, Durham, NC, pg. 111
MECHANICA, Newburyport, MA, pg. 13
MEDIA ASSEMBLY, Southfield, MI, pg. 385
MEDIA ASSEMBLY, New York, NY, pg. 484
MEDIA EXPERTS, Montreal, QC, pg. 485
MEDIA STORM, New York, NY, pg. 486
MEDIACOM, Playa Vista, CA, pg. 486
MEDIACOM, New York, NY, pg. 487
MEDIAHUB BOSTON, Boston, MA, pg. 489
MEDIAHUB NEW YORK, New York, NY, pg. 249
MEDIASSOCIATES, INC., Sandy Hook, CT, pg. 490
MERING, Sacramento, CA, pg. 114
METEORITE PR, Boulder, CO, pg. 627
MINDSHARE, New York, NY, pg. 491
MINDSHARE, Chicago, IL, pg. 494
MITCHELL, Fayetteville, AR, pg. 627
MKTG INC, New York, NY, pg. 311
MMB, Boston, MA, pg. 116
MODCOGROUP, New York, NY, pg. 116
MOMENTUM MEDIA PR, Boulder, CO, pg. 628
MOMENTUM WORLDWIDE, New York, NY, pg. 117
MONO, Minneapolis, MN, pg. 117
MOTHER NY, New York, NY, pg. 118
MOVEMENT STRATEGY, New York, NY, pg. 687
MOXIE SOZO, Boulder, CO, pg. 192
MRM//MCCANN, New York, NY, pg. 289
MSLGROUP, New York, NY, pg. 629
MULLENLOWE U.S. BOSTON, Boston, MA, pg. 389
NAIL COMMUNICATIONS, Providence, RI, pg. 14
NEMO DESIGN, Portland, OR, pg. 193
NIGHT AGENCY, LLC, New York, NY, pg. 692
O'KEEFE REINHARD & PAUL, Chicago, IL, pg. 392
OBSERVATORY MARKETING, Los Angeles, CA, pg. 122
OGILVY, New York, NY, pg. 393
OGILVYONE WORLDWIDE, New York, NY, pg. 255
OMD, New York, NY, pg. 498
OMD LATIN AMERICA, Miami, FL, pg. 543
OMD SAN FRANCISCO, San Francisco, CA, pg. 501
OMD WEST, Los Angeles, CA, pg. 502
OPTIMUM SPORTS, New York, NY, pg. 394
ORGANIC, INC., San Francisco, CA, pg. 255

AGENCIES

ORGANIC, INC., New York, NY, pg. 256
ORSI PUBLIC RELATIONS, Los Angeles, CA, pg. 634
OUTSIDEPR, Sausalito, CA, pg. 634
OWEN JONES AND PARTNERS, Portland, OR, pg. 124
OXFORD COMMUNICATIONS, Lambertville, NJ, pg. 395
PACE COMMUNICATIONS, Greensboro, NC, pg. 395
PALE MORNING MEDIA, Waitsville, VT, pg. 635
PALISADES MEDIA GROUP, INC., Santa Monica, CA, pg. 124
PARTNERS + NAPIER, Rochester, NY, pg. 125
PARTY LAND, Marina Del Rey, CA, pg. 125
PEREIRA & O'DELL, New York, NY, pg. 257
PERISCOPE, Minneapolis, MN, pg. 127
PHD, San Francisco, CA, pg. 504
PHD CANADA, Toronto, ON, pg. 504
PHD USA, New York, NY, pg. 505
PLANET PROPAGANDA, Madison, WI, pg. 195
PLUSMEDIA, LLC, Danbury, CT, pg. 290
PMG, Fort Worth, TX, pg. 257
POINT TO POINT, Cleveland, OH, pg. 129
POSTERSCOPE U.S.A., New York, NY, pg. 556
PRCG | HAGGERTY, LLC, New York, NY, pg. 638
PREACHER, Austin, TX, pg. 129
PUBLICIS HAWKEYE, Dallas, TX, pg. 399
PUBLICIS NORTH AMERICA, New York, NY, pg. 399
PUBLICIS.SAPIENT, New York, NY, pg. 258
PURE GROWTH, New York, NY, pg. 507
QUATTRO DIRECT, Berwyn, PA, pg. 290
QUIGLEY-SIMPSON, Los Angeles, CA, pg. 544
QUIRK CREATIVE, Brooklyn, NY, pg. 131
R&J STRATEGIC COMMUNICATIONS, Bridgewater, NJ, pg. 640
R/GA, New York, NY, pg. 260
R/GA, Austin, TX, pg. 261
RAIN, Portland, OR, pg. 402
READY SET ROCKET, New York, NY, pg. 262
REBELLIOUS PR, Portland, OR, pg. 641
RED ANTLER, Brooklyn, NY, pg. 16
RED DOOR INTERACTIVE, San Diego, CA, pg. 404
RED HAVAS, New York, NY, pg. 641
RED TETTEMER O'CONNELL + PARTNERS, Philadelphia, PA, pg. 404
REDPOINT MARKETING PR, INC., New York, NY, pg. 642
RENAISSANCE, San Diego, CA, pg. 263
REPRISE DIGITAL, New York, NY, pg. 676
RILEY HAYES ADVERTISING, INC., Minneapolis, MN, pg. 407
ROGERS & COWAN/PMK*BNC, Los Angeles, CA, pg. 643
ROKKAN, LLC, New York, NY, pg. 264
RYGR, Carbondale, CO, pg. 409
SAATCHI & SAATCHI, New York, NY, pg. 136
SAATCHI & SAATCHI X, Cincinnati, OH, pg. 682
SCOUT MARKETING, Atlanta, GA, pg. 139
SCOUTCOMMS, Richmond, VA, pg. 646
SDI MEDIA GROUP, Los Angeles, CA, pg. 545
SEITER & MILLER ADVERTISING, New York, NY, pg. 139
SHADOW PUBLIC RELATIONS, New York, NY, pg. 646
SHIFT COMMUNICATIONS, LLC, Boston, MA, pg. 647
SHINE UNITED, Madison, WI, pg. 140
SHOPPR, New York, NY, pg. 647
SID LEE, Seattle, WA, pg. 140
SILTANEN & PARTNERS ADVERTISING, El Segundo, CA, pg. 410
SIX DEGREES GROUP, New York, NY, pg. 647
SOCIALDEVIANT, LLC, Chicago, IL, pg. 688
SOURCECODE COMMUNICATIONS, New York, NY, pg. 648
SPARK FOUNDRY, New York, NY, pg. 508
SPARK FOUNDRY, Chicago, IL, pg. 510
SQUEAKY WHEEL MEDIA, New York, NY, pg. 267
STARCOM WORLDWIDE, Chicago, IL, pg. 513
STELLA RISING, New York, NY, pg. 267
STELLA RISING, Westport, CT, pg. 518
STERN ADVERTISING, INC., Cleveland, OH, pg. 413

SUB ROSA, New York, NY, pg. 200
SWANSON RUSSELL ASSOCIATES, Lincoln, NE, pg. 415
SWIFT, Portland, OR, pg. 145
SYZYGY US, New York, NY, pg. 268
T3, Austin, TX, pg. 268
TACO TRUCK CREATIVE, Carlsbad, CA, pg. 145
TAXI, New York, NY, pg. 146
TAXI, Montreal, QC, pg. 146
TAXI, Toronto, ON, pg. 146
TAYLOR, New York, NY, pg. 651
TBD, San Francisco, CA, pg. 146
TBWA \ CHIAT \ DAY, New York, NY, pg. 416
TBWA/MEDIA ARTS LAB, Los Angeles, CA, pg. 147
TETHER, Seattle, WA, pg. 201
THE BRANDON AGENCY, Myrtle Beach, SC, pg. 419
THE COMMUNITY, Miami Beach, FL, pg. 545
THE GATE WORLDWIDE, New York, NY, pg. 419
THE LAUNCHPAD GROUP, Jenkintown, PA, pg. 546
THE LYMAN AGENCY, Napa, CA, pg. 654
THE MANY, Pacific Palisades, CA, pg. 151
THE MARKETING ARM, Dallas, TX, pg. 316
THE MARTIN AGENCY, Richmond, VA, pg. 421
THE MEDIA KITCHEN, New York, NY, pg. 519
THE RICHARDS GROUP, INC., Dallas, TX, pg. 422
THE VAULT, New York, NY, pg. 154
THE VIA AGENCY, Portland, ME, pg. 154
THE WRIJEN COMPANY, Fayetteville, NC, pg. 546
THE&PARTNERSHIP, New York, NY, pg. 426
THINK PR, New York, NY, pg. 655
THIRD EAR, Austin, TX, pg. 546
TINUITI, New York, NY, pg. 678
TOTH + CO., Concord, MA, pg. 202
TPN, Dallas, TX, pg. 683
TRANSLATION, Brooklyn, NY, pg. 299
TRIPTENT, New York, NY, pg. 156
TRUE COMMUNICATIONS, Sausalito, CA, pg. 657
TRUEPOINT COMMUNICATIONS, Dallas, TX, pg. 657
TURNER PUBLIC RELATIONS, Denver, CO, pg. 657
TURNER PUBLIC RELATIONS, New York, NY, pg. 657
UNCONQUERED, Baltimore, MD, pg. 203
UNITED COLLECTIVE, Huntington Beach, CA, pg. 428
UNITED ENTERTAINMENT GROUP, New York, NY, pg. 299
UNIVERSAL MCCANN, New York, NY, pg. 521
UNIVERSAL MCCANN, San Francisco, CA, pg. 428
UNTITLED WORLDWIDE, New York, NY, pg. 157
UPSHOT, Chicago, IL, pg. 157
VALTECH, New York, NY, pg. 273
VERDE BRAND COMMUNICATIONS, Durango, CO, pg. 658
VIRTUE WORLDWIDE, Brooklyn, NY, pg. 159
VISION CREATIVE GROUP, Morris Plains, NJ, pg. 204
VISITURE, Charleston, SC, pg. 678
VITRO AGENCY, San Diego, CA, pg. 159
VMLY&R, Kalamazoo, MI, pg. 274
VMLY&R, Kansas City, MO, pg. 274
VMLY&R, New York, NY, pg. 160
VMLY&R, Chicago, IL, pg. 275
VSA PARTNERS, INC., Chicago, IL, pg. 204
WALT & COMPANY COMMUNICATIONS, Campbell, CA, pg. 659
WALTON ISAACSON, Chicago, IL, pg. 547
WARSCHAWSKI PUBLIC RELATIONS, Baltimore, MD, pg. 659
WASSERMAN MEDIA GROUP, Carlsbad, CA, pg. 317
WAVEMAKER, New York, NY, pg. 526
WE ARE SOCIAL, New York, NY, pg. 690
WEBER SHANDWICK, Boston, MA, pg. 660
WEBER SHANDWICK, Denver, CO, pg. 662
WEBER SHANDWICK, New York, NY, pg. 660
WIEDEN + KENNEDY, Portland, OR, pg. 430
WIEDEN + KENNEDY, New York, NY, pg. 432
WORK & CO, Brooklyn, NY, pg. 276
WORLD WIDE MIND, Venice Beach, CA, pg. 163
WP NARRATIVE_, New York, NY, pg. 163
WUNDERMAN THOMPSON, New York, NY, pg. 434
YARD, New York, NY, pg. 435
YOUNG & LARAMORE, Indianapolis, IN, pg. 164
ZAMBEZI, Culver City, CA, pg. 165

CLIENT INDUSTRIES INDEX

ZENITH MEDIA, New York, NY, pg. 529
ZENITH MEDIA, Santa Monica, CA, pg. 531
ZENO GROUP, New York, NY, pg. 664
ZENO GROUP, Chicago, IL, pg. 664
ZIMMERMAN ADVERTISING, Fort Lauderdale, FL, pg. 437

Associations & Organizations

160OVER90, Santa Monica, CA, pg. 207
180LA, Los Angeles, CA, pg. 23
4FRONT, Dallas, TX, pg. 208
72ANDSUNNY, Playa Vista, CA, pg. 23
9THWONDER, Playa Vista, CA, pg. 453
9THWONDER AGENCY, Houston, TX, pg. 453
AD:60, Brooklyn, NY, pg. 210
ADCETERA, Houston, TX, pg. 27
ADVANTAGE INTERNATIONAL, Los Angeles, CA, pg. 301
AFG&, New York, NY, pg. 28
AGENCYEA, Chicago, IL, pg. 302
AKA NYC, New York, NY, pg. 324
ALMA, Coconut Grove, FL, pg. 537
AMMUNITION, Atlanta, GA, pg. 212
ANALOGFOLK, New York, NY, pg. 439
APEX PUBLIC RELATIONS, Toronto, ON, pg. 578
ARCHER MALMO, Austin, TX, pg. 214
ARNOLD WORLDWIDE, Boston, MA, pg. 33
ATLANTIC LIST COMPANY, Arlington, VA, pg. 280
AUGUSTINE, Roseville, CA, pg. 328
AUTHENTIQUE AGENCY, Atlanta, GA, pg. 538
BACKBONE MEDIA, Carbondale, CO, pg. 579
BANNER PUBLIC AFFAIRS, Washington, DC, pg. 580
BARTON COTTON, Baltimore, MD, pg. 37
BBDO ATL, Atlanta, GA, pg. 330
BBDO WORLDWIDE, New York, NY, pg. 331
BBH, New York, NY, pg. 37
BERNSTEIN-REIN ADVERTISING, INC., Kansas City, MO, pg. 39
BIMM DIRECT & DIGITAL, Toronto, ON, pg. 280
BML PUBLIC RELATIONS, Florham Park, NJ, pg. 584
BOZELL, Omaha, NE, pg. 42
BRODEUR PARTNERS, Boston, MA, pg. 586
BROWNSTEIN GROUP, INC., Philadelphia, PA, pg. 44
BRUNET-GARCIA ADVERTISING, INC., Jacksonville, FL, pg. 44
BUFFALO.AGENCY, Reston, VA, pg. 587
BURRELL COMMUNICATIONS GROUP, INC., Chicago, IL, pg. 45
BUTLER, SHINE, STERN & PARTNERS, Sausalito, CA, pg. 45
BVK, Milwaukee, WI, pg. 339
CACTUS MARKETING COMMUNICATIONS, Denver, CO, pg. 339
CAMPBELL EWALD, Detroit, MI, pg. 46
CAMPBELL EWALD NEW YORK, New York, NY, pg. 47
CANVAS WORLDWIDE, Playa Vista, CA, pg. 458
CANVAS WORLDWIDE, New York, NY, pg. 458
CATALYST PUBLIC RELATIONS, New York, NY, pg. 589
CITIZEN RELATIONS, New York, NY, pg. 590
CLICK HERE, Dallas, TX, pg. 221
CLOUDRED, Brooklyn, NY, pg. 221
COLLE MCVOY, Minneapolis, MN, pg. 343
COOKERLY PUBLIC RELATIONS INC., Atlanta, GA, pg. 593
CORNETT INTEGRATED MARKETING SOLUTIONS, Lexington, KY, pg. 344
CRAMER-KRASSELT, Chicago, IL, pg. 53
CREATIVE CIVILIZATION - AN AGUILAR / GIRARD AGENCY, San Antonio, TX, pg. 561
CRISPIN PORTER + BOGUSKY, Boulder, CO, pg. 346
CROSBY MARKETING COMMUNICATIONS, Annapolis, MD, pg. 347
CUNDARI INTEGRATED ADVERTISING, Toronto, ON, pg. 347
DAGGER, Atlanta, GA, pg. 224
DALTON AGENCY, Jacksonville, FL, pg. 348

A-87

CLIENT INDUSTRIES INDEX — AGENCIES

DDB SAN FRANCISCO, San Francisco, CA, pg. 60
DEG DIGITAL, Overland Park, KS, pg. 224
DESIGN ARMY LLC, Washington, DC, pg. 179
DESIGNSENSORY, Knoxville, TN, pg. 62
DEUTSCH, INC., New York, NY, pg. 349
DEUTSCH, INC., Los Angeles, CA, pg. 350
DIGITAL PULP, New York, NY, pg. 225
DIMASSIMO GOLDSTEIN, New York, NY, pg. 351
DONER, Southfield, MI, pg. 63
DRAGON ARMY, Atlanta, GA, pg. 533
DVL SEIGENTHALER, Nashville, TN, pg. 599
EDELMAN, Chicago, IL, pg. 353
EDELMAN, New York, NY, pg. 599
EDELMAN, Washington, DC, pg. 600
ELEVEN, INC., San Francisco, CA, pg. 67
EMPOWER, Cincinnati, OH, pg. 354
ENERGY BBDO, INC., Chicago, IL, pg. 355
EP+CO., Greenville, SC, pg. 356
ERICH & KALLMAN, San Francisco, CA, pg. 68
ESSENCE, Seattle, WA, pg. 232
EVINS COMMUNICATIONS, LTD., New York, NY, pg. 602
EXPONENT PR, Minneapolis, MN, pg. 602
FARM, Lancaster, NY, pg. 357
FCB CHICAGO, Chicago, IL, pg. 71
FCB NEW YORK, New York, NY, pg. 357
FIG, New York, NY, pg. 73
FINN PARTNERS, New York, NY, pg. 603
FIREHOUSE, INC., Dallas, TX, pg. 358
FKQ ADVERTISING, INC., Clearwater, FL, pg. 359
FLEISHMANHILLARD, Saint Louis, MO, pg. 604
FLEISHMANHILLARD, San Francisco, CA, pg. 605
FLEISHMANHILLARD WEST COAST, Los Angeles, CA, pg. 606
FLOWERS COMMUNICATIONS GROUP, Chicago, IL, pg. 606
FOODMINDS, LLC, Chicago, IL, pg. 606
FORSMAN & BODENFORS, New York, NY, pg. 74
FORSMAN & BODENFORS, Toronto, ON, pg. 74
FORWARDPMX, Minneapolis, MN, pg. 360
FRENCH / WEST / VAUGHAN , Raleigh, NC, pg. 361
GALLEGOS UNITED, Huntington Beach, CA, pg. 75
GENERATOR MEDIA + ANALYTICS, New York, NY, pg. 466
GEOMETRY, Akron, OH, pg. 362
GO WEST CREATIVE, Nashville, TN, pg. 307
GOLIN, Chicago, IL, pg. 609
GOLIN, Atlanta, GA, pg. 609
GOLIN, Los Angeles, CA, pg. 609
GOLIN, Miami, FL, pg. 609
GOOD APPLE DIGITAL, New York, NY, pg. 466
GOODBY, SILVERSTEIN & PARTNERS, San Francisco, CA, pg. 77
GP GENERATE, LLC, Los Angeles, CA, pg. 541
GRAVITY.LABS, Chicago, IL, pg. 365
GREENHAUS, San Diego, CA, pg. 365
GREY GROUP, New York, NY, pg. 365
GRP MEDIA, INC., Chicago, IL, pg. 467
GSD&M, Austin, TX, pg. 79
HABERMAN, Minneapolis, MN, pg. 369
HARLEY & CO, New York, NY, pg. 9
HARMELIN MEDIA, Bala Cynwyd, PA, pg. 467
HAVAS EDGE, Boston, MA, pg. 284
HAVAS EDGE, Carlsbad, CA, pg. 285
HAVAS MEDIA GROUP, New York, NY, pg. 468
HAVAS MEDIA GROUP, Chicago, IL, pg. 469
HAVAS MEDIA GROUP, Boston, MA, pg. 470
HAVAS SPORTS & ENTERTAINMENT, Atlanta, GA, pg. 370
HAVAS WORLDWIDE CHICAGO, Chicago, IL, pg. 82
HAWORTH MARKETING & MEDIA, Minneapolis, MN, pg. 470
HEXNET DIGITAL MARKETING, Wall, NJ, pg. 239
HILL HOLLIDAY, Boston, MA, pg. 85
HORIZON MEDIA, INC., New York, NY, pg. 474
HUGE, INC., Brooklyn, NY, pg. 239
HUGHESLEAHYKARLOVIC, Saint Louis, MO, pg. 372
HUNT ADKINS, Minneapolis, MN, pg. 372
ICF NEXT, Minneapolis, MN, pg. 372
ICROSSING, New York, NY, pg. 240
IDFIVE, Baltimore, MD, pg. 373

IMRE, Baltimore, MD, pg. 374
INNOCEAN USA, Huntington Beach, CA, pg. 479
INTERLEX COMMUNICATIONS, San Antonio, TX, pg. 541
IPNY, New York, NY, pg. 90
JELLYFISH U.S., Baltimore, MD, pg. 243
KELLIHER SAMETS VOLK, Burlington, VT, pg. 94
KETCHUM, Chicago, IL, pg. 619
KETCHUM, New York, NY, pg. 542
KETCHUM, Los Angeles, CA, pg. 619
KETCHUM WEST, San Francisco, CA, pg. 620
KGLOBAL, Washington, DC, pg. 620
LAKE GROUP MEDIA, INC., Armonk, NY, pg. 287
LANDOR, New York, NY, pg. 11
LAUGHLIN CONSTABLE, INC., Milwaukee, WI, pg. 379
LEO BURNETT DETROIT, Troy, MI, pg. 97
LEO BURNETT WORLDWIDE, Chicago, IL, pg. 98
LEVLANE ADVERTISING, Philadelphia, PA, pg. 380
LMO ADVERTISING, Arlington, VA, pg. 100
LOPEZ NEGRETE COMMUNICATIONS, INC., Houston, TX, pg. 542
LOVE ADVERTISING, Houston, TX, pg. 101
LOVE COMMUNICATIONS, Salt Lake City, UT, pg. 101
LUMENCY INC., New York, NY, pg. 310
M&C SAATCHI LA, Santa Monica, CA, pg. 482
MADDEN MEDIA, Tucson, AZ, pg. 247
MAGRINO PUBLIC RELATIONS, New York, NY, pg. 624
MANIFEST, New York, NY, pg. 248
MARC USA, Pittsburgh, PA, pg. 104
MARCUS THOMAS, Cleveland, OH, pg. 104
MCCANN NEW YORK, New York, NY, pg. 108
MEDIA ASSEMBLY, New York, NY, pg. 484
MEDIA CAUSE, Atlanta, GA, pg. 249
MEDIA EXPERTS, Toronto, ON, pg. 485
MEDIA TWO INTERACTIVE, Raleigh, NC, pg. 486
MEDIACOM, New York, NY, pg. 487
MEDIAHUB LOS ANGELES, El Segundo, CA, pg. 112
MEDIAHUB WINSTON SALEM, Winston-Salem, NC, pg. 386
MEDIAMONKS, Venice, CA, pg. 249
MEDIASSOCIATES, INC., Sandy Hook, CT, pg. 490
MERKLEY + PARTNERS, New York, NY, pg. 114
METEORITE PR, Boulder, CO, pg. 487
MINDSTREAM MEDIA GROUP - DALLAS, Dallas, TX, pg. 496
MISSY FARREN & ASSOCIATES, LTD., New York, NY, pg. 627
MKTG INC, New York, NY, pg. 311
MMGY GLOBAL, Kansas City, MO, pg. 388
MODCOGROUP, New York, NY, pg. 116
MODIFLY INC., San Marcos, CA, pg. 687
MORGAN + COMPANY, New Orleans, LA, pg. 496
MOXIE, Atlanta, GA, pg. 251
MPRM PUBLIC RELATIONS, Los Angeles, CA, pg. 629
MSLGROUP, New York, NY, pg. 629
MUH-TAY-ZIK / HOF-FER, San Francisco, CA, pg. 119
MULLENLOWE U.S. LOS ANGELES, El Segundo, CA, pg.
MWWPR, New York, NY, pg. 631
MWWPR, Washington, DC, pg. 631
NEXTMEDIA, INC., Dallas, TX, pg. 497
OGILVY, New York, NY, pg. 393
OGILVY PUBLIC RELATIONS, New York, NY, pg. 633
OGILVY PUBLIC RELATIONS, Washington, DC, pg. 634
OMD, New York, NY, pg. 498
OMD, Chicago, IL, pg. 500
OMD WEST, Los Angeles, CA, pg. 502
OMELET, Culver City, CA, pg. 122
ONE & ALL, Atlanta, GA, pg. 289
ORANGE ORCHARD, Maryville, TN, pg. 634
ORCI, Santa Monica, CA, pg. 543
OSBORN & BARR COMMUNICATIONS, Saint Louis, MO, pg. 395
OWEN JONES AND PARTNERS, Portland, OR, pg. 124

PACE COMMUNICATIONS, Greensboro, NC, pg. 395
PADILLA, Minneapolis, MN, pg. 635
PADILLA, New York, NY, pg. 635
PADILLA, Richmond, VA, pg. 635
PENTAGRAM, New York, NY, pg. 194
PEREIRA & O'DELL, New York, NY, pg. 257
PERISCOPE, Minneapolis, MN, pg. 127
PLANIT, Baltimore, MD, pg. 397
PLUSMEDIA, LLC, Danbury, CT, pg. 290
PM3, Atlanta, GA, pg. 544
POINT TO POINT, Cleveland, OH, pg. 129
PORTER NOVELLI, New York, NY, pg. 637
PORTER NOVELLI, Washington, DC, pg. 637
PORTER NOVELLI, Boston, MA, pg. 637
PORTER NOVELLI, Los Angeles, CA, pg. 637
PP+K, Tampa, FL, pg. 129
PUBLICIS NORTH AMERICA, New York, NY, pg. 399
PUBLICIS WEST, Seattle, WA, pg. 130
PUBLICIS.SAPIENT, Boston, MA, pg. 259
QUIGLEY-SIMPSON, Los Angeles, CA, pg. 544
R/GA, New York, NY, pg. 260
R/GA, Chicago, IL, pg. 261
RAPP WORLDWIDE, Irving, TX, pg. 291
RAPP WORLDWIDE, Los Angeles, CA, pg. 291
RAPPORT OUTDOOR WORLDWIDE, Los Angeles, CA, pg. 557
RAYCOM SPORTS, Charlotte, NC, pg. 314
RED DELUXE, Memphis, TN, pg. 507
RED URBAN, Toronto, ON, pg. 405
RENEGADE COMMUNICATIONS, Hunt Valley, MD, pg. 405
REPUBLICA HAVAS, Miami, FL, pg. 545
RESOLUTION MEDIA, Chicago, IL, pg. 676
ROKKAN, LLC, New York, NY, pg. 264
ROUNDPEG, Silver Spring, MD, pg. 408
RP3 AGENCY, Bethesda, MD, pg. 408
SCHAFER CONDON CARTER, Chicago, IL, pg. 138
SHERRY MATTHEWS ADVOCACY MARKETING, Austin, TX, pg. 140
SID LEE, Toronto, ON, pg. 141
SIGNAL THEORY, Kansas City, MO, pg. 141
SOCIALFLY, New York, NY, pg. 688
SOLVE, Minneapolis, MN, pg. 17
SPACE150, Minneapolis, MN, pg. 266
SPARK FOUNDRY, New York, NY, pg. 508
SPARK FOUNDRY, Chicago, IL, pg. 510
SPARKS & HONEY, New York, NY, pg. 450
SS+K, New York, NY, pg. 144
STARCOM WORLDWIDE, Chicago, IL, pg. 513
STEPHEN THOMAS, Toronto, ON, pg. 412
STERLING-RICE GROUP, Boulder, CO, pg. 413
STRAUSS MEDIA STRATEGIES, INC., Washington, DC, pg. 518
STRUCK, Salt Lake City, UT, pg. 144
SUB ROSA, New York, NY, pg. 200
SWANSON RUSSELL ASSOCIATES, Lincoln, NE, pg. 415
TATTOO PROJECTS, LLC, Charlotte, NC, pg. 146
TBWA \ CHIAT \ DAY, New York, NY, pg. 416
TBWA \ CHIAT \ DAY, Los Angeles, CA, pg. 146
TEAM ONE, Los Angeles, CA, pg. 417
THE HODGES PARTNERSHIP, Richmond, VA, pg. 653
THE INTEGER GROUP - MIDWEST, Des Moines, IA, pg. 570
THE KERRY GROUP, Fenton, MO, pg. 316
THE MARKETING STORE WORLDWIDE, Chicago, IL, pg. 421
THE MARTIN AGENCY, Richmond, VA, pg. 421
THE NARRATIVE GROUP, New York, NY, pg. 654
THE RICHARDS GROUP, INC., Dallas, TX, pg. 422
THE ROSEN GROUP, New York, NY, pg. 655
THE S3 AGENCY, Boonton, NJ, pg. 424
THE TOMBRAS GROUP, Knoxville, TN, pg. 424
THE VIA AGENCY, Portland, ME, pg. 154
TOM, DICK & HARRY CREATIVE, Chicago, IL, pg. 426
TOUCHPOINT INTEGRATED COMMUNICATIONS, Darien, CT, pg. 520
TRIBAL WORLDWIDE, New York, NY, pg. 272
TRIPTENT, New York, NY, pg. 156
TRUE NORTH INC., New York, NY, pg. 272
UNIVERSAL MCCANN, San Francisco, CA, pg. 428
UPROAR, Orlando, FL, pg. 657

AGENCIES
CLIENT INDUSTRIES INDEX

USIM, Los Angeles, CA, pg. 525
VERDE BRAND COMMUNICATIONS, Durango, CO, pg. 658
VMLY&R, Chicago, IL, pg. 160
VMLY&R, Seattle, WA, pg. 275
WEBER SHANDWICK, Boston, MA, pg. 660
WEBER SHANDWICK, New York, NY, pg. 660
WEBER SHANDWICK, Chicago, IL, pg. 661
WHITE64, Tysons, VA, pg. 430
WIEDEN + KENNEDY, Portland, OR, pg. 430
WIEDEN + KENNEDY, New York, NY, pg. 432
ZENITH MEDIA, New York, NY, pg. 529
ZENITH MEDIA, Atlanta, GA, pg. 531
ZENO GROUP, Chicago, IL, pg. 664
ZENO GROUP, Toronto, ON, pg. 665
ZIMMERMAN ADVERTISING, Fort Lauderdale, FL, pg. 437

Automotive

180LA, Los Angeles, CA, pg. 23
22SQUARED INC., Atlanta, GA, pg. 319
360I, LLC, Atlanta, GA, pg. 207
360I, LLC, New York, NY, pg. 320
9THWONDER, Playa Vista, CA, pg. 453
ACCENTURE INTERACTIVE, New York, NY, pg. 209
ADVANTAGE INTERNATIONAL, Los Angeles, CA, pg. 301
AGENCY 720, Detroit, MI, pg. 323
AGENCY 720, Alpharetta, GA, pg. 323
AGENCY 720, Naperville, IL, pg. 323
AGENCY 720, Irving, TX, pg. 323
AGENCY 720, Westlake Village, CA, pg. 323
ALLISON+PARTNERS, Scotsdale, AZ, pg. 577
ALLISON+PARTNERS, Dallas, TX, pg. 577
ALMA, Coconut Grove, FL, pg. 537
ANCHOR WORLDWIDE, New York, NY, pg. 31
ANOMALY, New York, NY, pg. 325
ANTHONY BARADAT & ASSOCIATES, Miami, FL, pg. 537
APCO WORLDWIDE, Washington, DC, pg. 578
ARNOLD WORLDWIDE, Boston, MA, pg. 33
ART MACHINE, Hollywood, CA, pg. 34
ATMOSPHERE PROXIMITY, New York, NY, pg. 214
AUXILIARY, Grand Rapids, MI, pg. 173
BAILEY LAUERMAN, Los Angeles, CA, pg. 2
BALDWIN&, Raleigh, NC, pg. 35
BANDY CARROLL HELLIGE, Louisville, KY, pg. 36
BARKLEY, Kansas City, MO, pg. 329
BBDO WORLDWIDE, New York, NY, pg. 331
BECORE, Los Angeles, CA, pg. 302
BERLINE, Royal Oak, MI, pg. 39
BIG COMMUNICATIONS, INC., Birmingham, AL, pg. 39
BIGBUZZ MARKETING GROUP, New York, NY, pg. 217
BLEUBLANCROUGE, Montreal, QC, pg. 40
BLUE 449, Seattle, WA, pg. 456
BLUE C ADVERTISING, Costa Mesa, CA, pg. 334
BLUE CHIP MARKETING & COMMUNICATIONS, Northbrook, IL, pg. 334
BLUE FOUNTAIN MEDIA, New York, NY, pg. 175
BORDERS PERRIN NORRANDER, INC., Portland, OR, pg. 41
BRADLEY AND MONTGOMERY, Indianapolis, IN, pg. 336
BRAITHWAITE COMMUNICATIONS, Philadelphia, PA, pg. 585
BRANDINGBUSINESS, Irvine, CA, pg. 4
BRIGHT RED\TBWA, Tallahassee, FL, pg. 337
BROADHEAD, Minneapolis, MN, pg. 337
BRODEUR PARTNERS, New York, NY, pg. 586
BRUNNER, Pittsburgh, PA, pg. 44
BRUNNER, Atlanta, GA, pg. 44
BURRELL COMMUNICATIONS GROUP, INC., Chicago, IL, pg. 45
BUTLER, SHINE, STERN & PARTNERS, Sausalito, CA, pg. 45
BVK, Milwaukee, WI, pg. 339
CAMP, Austin, TX, pg. 46
CAMPBELL EWALD, Detroit, MI, pg. 46

CANVAS WORLDWIDE, Playa Vista, CA, pg. 458
CANVAS WORLDWIDE, New York, NY, pg. 458
CARAT, New York, NY, pg. 459
CARAT, Detroit, MI, pg. 461
CARMICHAEL LYNCH, Minneapolis, MN, pg. 47
CASANOVA//MCCANN, Costa Mesa, CA, pg. 538
CASHMERE AGENCY, Los Angeles, CA, pg. 48
CHEMISTRY ATLANTA, Atlanta, GA, pg. 50
CITIZEN RELATIONS, Los Angeles, CA, pg. 590
CLICK HERE, Dallas, TX, pg. 221
COGNISCIENT MEDIA/MARC USA, Charlestown, MA, pg. 51
COLLE MCVOY, Minneapolis, MN, pg. 343
COMMCREATIVE, Framingham, MA, pg. 343
COMMONWEALTH // MCCANN, Detroit, MI, pg. 52
CONE, INC., Boston, MA, pg. 6
CONILL ADVERTISING, INC., El Segundo, CA, pg. 538
CONTROL V EXPOSED, Jenkintown, PA, pg. 222
CRAMER-KRASSELT, Chicago, IL, pg. 53
CRAMER-KRASSELT, New York, NY, pg. 53
CREATIVEONDEMAND, Coconut Grove, FL, pg. 539
CRITICAL MASS, INC., Chicago, IL, pg. 223
CRITICAL MASS, INC., New York, NY, pg. 223
CROSSMEDIA, New York, NY, pg. 463
CUNDARI INTEGRATED ADVERTISING, Toronto, ON, pg. 347
DAILEY & ASSOCIATES, West Hollywood, CA, pg. 56
DAVID&GOLIATH, El Segundo, CA, pg. 57
DDB CHICAGO, Chicago, IL, pg. 59
DENTSU X, New York, NY, pg. 61
DENTSUBOS INC., Toronto, ON, pg. 61
DIESTE, Dallas, TX, pg. 539
DIGITAS, Boston, MA, pg. 226
DIGITAS, Chicago, IL, pg. 227
DIGITAS, Detroit, MI, pg. 229
DKY INTEGRATED MARKETING COMMUNICATIONS, Minneapolis, MN, pg. 352
DOEANDERSON ADVERTISING, Louisville, KY, pg. 352
DONER, Cleveland, OH, pg. 352
DONER, Southfield, MI, pg. 63
DOREMUS & COMPANY, New York, NY, pg. 64
DRIVEN 360, Manhattan Beach, CA, pg. 598
DROGA5, New York, NY, pg. 64
DUNCAN CHANNON, San Francisco, CA, pg. 66
EDELMAN, Chicago, IL, pg. 353
EDELMAN, New York, NY, pg. 599
EDELMAN, San Francisco, CA, pg. 601
EMPOWER, Cincinnati, OH, pg. 354
ENDEAVOR - CHICAGO, Chicago, IL, pg. 297
FACTORY 360, New York, NY, pg. 306
FALLON WORLDWIDE, Minneapolis, MN, pg. 70
FALLS AGENCY, Minneapolis, MN, pg. 70
FARM, Lancaster, NY, pg. 357
FAST HORSE, Minneapolis, MN, pg. 603
FCB CHICAGO, Chicago, IL, pg. 71
FCB WEST, San Francisco, CA, pg. 72
FINGERPAINT MARKETING, Saratoga Springs, NY, pg. 358
FIREHOUSE, INC., Dallas, TX, pg. 358
FLEISHMANHILLARD, Detroit, MI, pg. 606
FLUENT360, Nashville, TN, pg. 540
FLUENT360, Chicago, IL, pg. 540
FREDERICK SWANSTON, Alpharetta, GA, pg. 360
FUSE MARKETING GROUP, INC., Toronto, ON, pg. 8
GALLEGOS UNITED, Huntington Beach, CA, pg. 75
GARAGE TEAM MAZDA, Costa Mesa, CA, pg. 465
GARRIGAN LYMAN GROUP, Seattle, WA, pg. 236
GENOME, New York, NY, pg. 236
GEOMETRY, New York, NY, pg. 362
GIANT SPOON, LLC, New York, NY, pg. 363
GOCONVERGENCE, Orlando, FL, pg. 364
GOLIN, Chicago, IL, pg. 609
GOODBY, SILVERSTEIN & PARTNERS, San Francisco, CA, pg. 77
GP GENERATE, LLC, Los Angeles, CA, pg. 541
GREY CANADA, Toronto, ON, pg. 365
GREY GROUP, New York, NY, pg. 365
GSD&M, Austin, TX, pg. 79
GTB, Dearborn, MI, pg. 367

HANSON, INC., Toledo, OH, pg. 237
HARMELIN MEDIA, Bala Cynwyd, PA, pg. 467
HAVAS FORMULA, San Diego, CA, pg. 612
HAVAS MEDIA GROUP, New York, NY, pg. 468
HAVAS MEDIA GROUP, Chicago, IL, pg. 469
HAVAS MEDIA GROUP, Boston, MA, pg. 470
HAVAS MEDIA GROUP, Miami, FL, pg. 470
HAVAS SPORTS & ENTERTAINMENT, Atlanta, GA, pg. 370
HAVAS WORLDWIDE CHICAGO, Chicago, IL, pg. 82
HAWTHORNE ADVERTISING, Fairfield, IA, pg. 285
HAWTHORNE ADVERTISING, Los Angeles, CA, pg. 370
HEARST AUTOS, San Francisco, CA, pg. 238
HEAT, San Francisco, CA, pg. 84
HIGHDIVE, Chicago, IL, pg. 85
HILL HOLLIDAY, Boston, MA, pg. 85
HILL+KNOWLTON STRATEGIES, Chicago, IL, pg. 370
HMH, Portland, OR, pg. 86
HOFFMAN YORK, Milwaukee, WI, pg. 371
HORIZON MEDIA, INC., New York, NY, pg. 474
HUDSON ROUGE, New York, NY, pg. 371
HUDSON ROUGE, Dearborn, MI, pg. 372
HUNTER PUBLIC RELATIONS, New York, NY, pg. 614
ICF NEXT, Minneapolis, MN, pg. 372
ICF NEXT, Chicago, IL, pg. 614
ICROSSING, Chicago, IL, pg. 241
ID MEDIA, New York, NY, pg. 477
INITIATIVE, New York, NY, pg. 477
INNOCEAN USA, Huntington Beach, CA, pg. 479
INTERTREND COMMUNICATIONS, Plano, TX, pg. 541
INTERTREND COMMUNICATIONS, INC., Long Beach, CA, pg. 541
IRIS, New York, NY, pg. 376
IRIS ATLANTA, Atlanta, GA, pg. 90
ISOBAR US, New York, NY, pg. 242
JACK MORTON WORLDWIDE, Robbinsville, NJ, pg. 309
JACK MORTON WORLDWIDE, Detroit, MI, pg. 309
JACKSON MARKETING GROUP, Simpsonville, SC, pg. 188
JELLYFISH U.S., Baltimore, MD, pg. 243
JENNINGS & COMPANY, Chapel Hill, NC, pg. 92
JMPR PUBLIC RELATIONS, Woodland Hills, CA, pg. 617
JOHANNES LEONARDO, New York, NY, pg. 92
JUMP 450 MEDIA, New York, NY, pg. 481
JWT TORONTO, Toronto, ON, pg. 378
KERN, Woodland Hills, CA, pg. 287
KETCHUM, New York, NY, pg. 542
KETCHUM, Los Angeles, CA, pg. 619
KETCHUM SOUTH, Atlanta, GA, pg. 620
KETCHUM WEST, San Francisco, CA, pg. 620
KOVEL FULLER, Culver City, CA, pg. 96
LAUGHLIN CONSTABLE, INC., Milwaukee, WI, pg. 379
LAUNCH DIGITAL MARKETING, Naperville, IL, pg. 245
LAUNDRY SERVICE, Brooklyn, NY, pg. 287
LEAP, Louisville, KY, pg. 245
LEGACY MARKETING PARTNERS, Chicago, IL, pg. 310
LEO BURNETT DETROIT, Troy, MI, pg. 97
LEO BURNETT WORLDWIDE, Chicago, IL, pg. 98
LEVLWING MEDIA, LLC, Mt Pleasant, SC, pg. 245
LEVLANE ADVERTISING, Philadelphia, PA, pg. 380
LOCAL PROJECTS, New York, NY, pg. 190
LOCKARD & WECHSLER, Irvington, NY, pg. 287
LOPEZ NEGRETE COMMUNICATIONS, INC., Houston, TX, pg. 542
LUCKIE & COMPANY, Birmingham, AL, pg. 382
LUMENCY INC., Toronto, ON, pg. 310
LUMENCY INC., New York, NY, pg. 310
LUQUIRE GEORGE ANDREWS, INC., Charlotte, NC, pg. 382
M BOOTH & ASSOCIATES, INC., New York, NY, pg. 624
M/SIX, Toronto, ON, pg. 483
MADWELL, Brooklyn, NY, pg. 13

A-89

CLIENT INDUSTRIES INDEX — AGENCIES

MAJOR TOM, Vancouver, BC, pg. 675
MAJOR TOM, New York, NY, pg. 247
MANIFEST, New York, NY, pg. 248
MARC USA, Chicago, IL, pg. 104
MARC USA, Pittsburgh, PA, pg. 104
MARKETING ARCHITECTS, Minneapolis, MN, pg. 288
MARKETING FACTORY, INC., Venice, CA, pg. 383
MATCHMG, Chicago, IL, pg. 384
MAXIMUM MARKETING SERVICES, Chicago, IL, pg. 107
MCCANN WORLDGROUP, Birmingham, MI, pg. 109
MCGARRYBOWEN, New York, NY, pg. 109
MCGARRYBOWEN, San Francisco, CA, pg. 385
MCGARRYBOWEN, Chicago, IL, pg. 110
MEDIA ASSEMBLY, Southfield, MI, pg. 385
MEDIA ASSEMBLY, New York, NY, pg. 484
MEDIA WORKS, LTD., Baltimore, MD, pg. 486
MEDIACOM, New York, NY, pg. 487
MEDIACOM CANADA, Toronto, ON, pg. 489
MEDIAHUB LOS ANGELES, El Segundo, CA, pg. 112
MEDIAHUB WINSTON SALEM, Winston-Salem, NC, pg. 386
MERKLEY + PARTNERS, New York, NY, pg. 114
MGH ADVERTISING, Owings Mills, MD, pg. 387
MILNER BUTCHER MEDIA GROUP, Los Angeles, CA, pg. 491
MINDSHARE, New York, NY, pg. 491
MINDSHARE, Atlanta, GA, pg. 493
MINDSHARE, Chicago, IL, pg. 494
MINDSTREAM MEDIA GROUP - DALLAS, Dallas, TX, pg. 496
MIRUM AGENCY, San Diego, CA, pg. 251
MISSY FARREN & ASSOCIATES, LTD., New York, NY, pg. 627
MLT CREATIVE, Tucker, GA, pg. 116
MMB, Boston, MA, pg. 116
MOMENTUM WORLDWIDE, New York, NY, pg. 117
MORSEKODE, Minneapolis, MN, pg. 14
MOTIVATE, INC., San Diego, CA, pg. 543
MRM//MCCANN, Princeton, NJ, pg. 252
MSLGROUP, New York, NY, pg. 629
MUH-TAY-ZIK / HOF-FER, San Francisco, CA, pg. 119
MULLENLOWE U.S. LOS ANGELES, El Segundo, CA, pg.
MUSE USA, Santa Monica, CA, pg. 543
MYTHIC, Charlotte, NC, pg. 119
NEXT MARKETING, Norcross, GA, pg. 312
NIMBLE WORLDWIDE, Dallas, TX, pg. 391
O'KEEFE REINHARD & PAUL, Chicago, IL, pg. 392
OCEAN MEDIA, INC., Huntington Beach, CA, pg. 498
OGILVYONE WORLDWIDE, New York, NY, pg. 255
OMD, New York, NY, pg. 498
OMD CANADA, Toronto, ON, pg. 501
OMD SAN FRANCISCO, San Francisco, CA, pg. 501
OMNICOM MEDIA GROUP, Los Angeles, CA, pg. 503
ORCI, Santa Monica, CA, pg. 543
ORGANIC, INC., San Francisco, CA, pg. 255
ORGANIC, INC., New York, NY, pg. 256
OSK MARKETING & COMMUNICATIONS, INC., New York, NY, pg. 634
OTEY WHITE & ASSOCIATES, Baton Rouge, LA, pg. 123
PACE COMMUNICATIONS, Greensboro, NC, pg. 395
PADILLA, Minneapolis, MN, pg. 635
PEPPERCOMM, INC., New York, NY, pg. 687
PEREIRA & O'DELL, New York, NY, pg. 257
PERISCOPE, Minneapolis, MN, pg. 127
PHD, Los Angeles, CA, pg. 504
PHD CHICAGO, Chicago, IL, pg. 504
PHD USA, New York, NY, pg. 505
PM3, Atlanta, GA, pg. 544
POSTERSCOPE U.S.A., Detroit, MI, pg. 556
POSTERSCOPE U.S.A., New York, NY, pg. 556
PP+K, Tampa, FL, pg. 129
PRAYTELL, Brooklyn, NY, pg. 258
PRICEWEBER MARKETING COMMUNICATIONS, INC., Louisville, KY, pg. 398
PUBLICIS NORTH AMERICA, New York, NY, pg. 399
PUBLICIS.SAPIENT, Boston, MA, pg. 259
PUBLICIS.SAPIENT, Los Angeles, CA, pg. 259

PUBLICIS.SAPIENT, Birmingham, MI, pg. 260
QORVIS COMMUNICATIONS, LLC, Washington, DC, pg. 640
QUESTUS, San Francisco, CA, pg. 260
R&R PARTNERS, Phoenix, AZ, pg. 132
R/GA, New York, NY, pg. 260
RAPP WORLDWIDE, Irving, TX, pg. 291
RE:GROUP, INC., Ann Arbor, MI, pg. 403
RECALIBRATE MARKETING COMMUNICATIONS, Costa Mesa, CA, pg. 404
RED DOOR INTERACTIVE, San Diego, CA, pg. 404
RED HAVAS, New York, NY, pg. 641
REVOLUTION, Chicago, IL, pg. 406
RIGHTPOINT, Oakland, CA, pg. 263
ROKKAN, LLC, New York, NY, pg. 264
RON FOTH ADVERTISING, Columbus, OH, pg. 134
RPA, Santa Monica, CA, pg. 134
SAATCHI & SAATCHI CANADA, Toronto, ON, pg. 136
SAATCHI & SAATCHI DALLAS, Dallas, TX, pg. 136
SAATCHI & SAATCHI LOS ANGELES, Torrance, CA, pg. 137
SASQUATCH, Portland, OR, pg. 138
SIGMA MARKETING INSIGHTS, Rochester, NY, pg. 450
SILVERLIGHT DIGITAL, New York, NY, pg. 265
SOLVE, Minneapolis, MN, pg. 17
SPARK FOUNDRY, New York, NY, pg. 508
SPARK FOUNDRY, Chicago, IL, pg. 510
SPARK FOUNDRY, Atlanta, GA, pg. 512
SPARK44, New York, NY, pg. 411
STARCOM WORLDWIDE, Chicago, IL, pg. 513
STARCOM WORLDWIDE, Detroit, MI, pg. 517
STARCOM WORLDWIDE, New York, NY, pg. 517
STRATACOMM, INC., Southfield, MI, pg. 650
SUB ROSA, New York, NY, pg. 200
SWANSON RUSSELL ASSOCIATES, Lincoln, NE, pg. 415
SWARM, Atlanta, GA, pg. 268
SWITCH, Saint Louis, MO, pg. 145
SYZYGY US, New York, NY, pg. 268
TARGETBASE MARKETING, Irving, TX, pg. 292
TATTOO PROJECTS, LLC, Charlotte, NC, pg. 146
TAXI, Toronto, ON, pg. 146
TBC, Baltimore, MD, pg. 416
TBWA \ CHIAT \ DAY, New York, NY, pg. 416
TEAM EPIPHANY, New York, NY, pg. 652
TEAM ONE, Los Angeles, CA, pg. 417
TEAM ONE, Dallas, TX, pg. 418
TEAM VELOCITY MARKETING, Herndon, VA, pg. 418
TENET PARTNERS, Norwalk, CT, pg. 19
THE AXIS AGENCY, Century City, CA, pg. 545
THE DESIGNORY, Longbeach, CA, pg. 149
THE GEORGE P. JOHNSON COMPANY, Torrance, CA, pg. 316
THE INTEGER GROUP - MIDWEST, Des Moines, IA, pg. 570
THE KERRY GROUP, Fenton, MO, pg. 316
THE MARTIN AGENCY, Richmond, VA, pg. 421
THE MCCARTHY COMPANIES, Dallas, TX, pg. 151
THE MEDIA KITCHEN, New York, NY, pg. 519
THE NARRATIVE GROUP, New York, NY, pg. 654
THE RICHARDS GROUP, INC., Dallas, TX, pg. 422
THE SHIPYARD, Newport Beach, CA, pg. 153
THE SWEET SHOP, Hollywood, CA, pg. 564
THE TOMBRAS GROUP, Knoxville, TN, pg. 424
THE VAULT, New York, NY, pg. 154
THE WILBERT GROUP, Atlanta, GA, pg. 655
THIS IS RED, Munhall, PA, pg. 271
THREE FIVE TWO, INC., Atlanta, GA, pg. 271
TPN, Dallas, TX, pg. 683
TREFOIL GROUP, Milwaukee, WI, pg. 656
TREVELINO / KELLER COMMUNICATIONS GROUP, Atlanta, GA, pg. 656
UNDERTONE, New York, NY, pg. 273
UNION, Charlotte, NC, pg. 273
UNIVERSAL MCCANN, New York, NY, pg. 521
UNIVERSAL MCCANN DETROIT, Birmingham, MI, pg. 524
UPSHOT, Chicago, IL, pg. 157
UWG, Dearborn, MI, pg. 546
VENABLES BELL & PARTNERS, San Francisco, CA, pg. 158

VITRO AGENCY, San Diego, CA, pg. 159
VIZEUM, New York, NY, pg. 526
VMLY&R, Kansas City, MO, pg. 274
VMLY&R, New York, NY, pg. 160
WALTON ISAACSON CA, Culver City, CA, pg. 547
WAVEMAKER, New York, NY, pg. 526
WAVEMAKER, San Francisco, CA, pg. 528
WE COMMUNICATIONS, Bellevue, WA, pg. 660
WEBER SHANDWICK, Boston, MA, pg. 660
WEBER SHANDWICK, New York, NY, pg. 660
WEBER SHANDWICK, Birmingham, MI, pg. 662
WILLOWTREE, INC., Charlottesville, VA, pg. 535
WILLOWTREE, INC., Durham, NC, pg. 535
WMX, Miami, FL, pg. 276
WOLFGANG, Los Angeles, CA, pg. 433
WPP GROUP, INC., New York, NY, pg. 433
WUNDERMAN THOMPSON ATLANTA, Atlanta, GA, pg. 435
YOUNG & LARAMORE, Indianapolis, IN, pg. 164
ZAMBEZI, Culver City, CA, pg. 165
ZEHNDER COMMUNICATIONS, INC., New Orleans, LA, pg. 436
ZENITH MEDIA, New York, NY, pg. 529
ZENO GROUP, New York, NY, pg. 664
ZENO GROUP, Chicago, IL, pg. 664
ZENO GROUP, Santa Monica, CA, pg. 665
ZIMMERMAN ADVERTISING, Fort Lauderdale, FL, pg. 437

Beverages

160OVER90, Santa Monica, CA, pg. 207
215 MCCANN, San Francisco, CA, pg. 319
22SQUARED INC., Atlanta, GA, pg. 319
22SQUARED INC., Tampa, FL, pg. 319
360I, LLC, Atlanta, GA, pg. 207
360I, LLC, New York, NY, pg. 320
360I, LLC, Chicago, IL, pg. 208
360PRPLUS, Boston, MA, pg. 573
360PRPLUS, New York, NY, pg. 573
3RD COAST PR, Chicago, IL, pg. 573
5W PUBLIC RELATIONS, New York, NY, pg. 574
72ANDSUNNY, Playa Vista, CA, pg. 23
72ANDSUNNY, Brooklyn, NY, pg. 24
ABEL NYC, New York, NY, pg. 25
ACCENTURE INTERACTIVE, New York, NY, pg. 209
ADK GROUP, Louisville, KY, pg. 210
ADMIRABLE DEVIL, Washington, DC, pg. 27
AGENCY SQUID, Minneapolis, MN, pg. 441
AKQA, San Francisco, CA, pg. 211
ALISON BROD PUBLIC RELATIONS, New York, NY, pg. 576
ALLIANCE SALES & MARKETING, Charlotte, NC, pg. 30
ALLISON+PARTNERS, New York, NY, pg. 576
ALMA, Coconut Grove, FL, pg. 537
AMOBEE, INC., Chicago, IL, pg. 213
AMP AGENCY, Boston, MA, pg. 297
ANALOGFOLK, New York, NY, pg. 439
ANOMALY, New York, NY, pg. 325
ANOMALY, Venice, CA, pg. 326
ARC WORLDWIDE, Chicago, IL, pg. 327
ARCHRIVAL, INC., Lincoln, NE, pg. 1
ARENA MEDIA, New York, NY, pg. 454
ARGONAUT, INC., San Francisco, CA, pg. 33
ART MACHINE, Hollywood, CA, pg. 34
ASHLEY ADVERTISING AGENCY, Eagleville, PA, pg. 34
ATRIUM, New York, NY, pg. 579
BACKBONE MEDIA, Carbondale, CO, pg. 579
BAM CONNECTION, Brooklyn, NY, pg. 2
BANDY CARROLL HELLIGE, Louisville, KY, pg. 36
BARKER, New York, NY, pg. 36
BARKLEY, Kansas City, MO, pg. 329
BBDO CANADA, Toronto, ON, pg. 330
BBDO WORLDWIDE, New York, NY, pg. 331
BCW NEW YORK, New York, NY, pg. 581
BECORE, Los Angeles, CA, pg. 302
BENSON MARKETING GROUP, Napa, CA, pg. 280
BERK COMMUNICATIONS, New York, NY, pg. 583

A-90

AGENCIES
CLIENT INDUSTRIES INDEX

BERLIN CAMERON, New York, NY, pg. 38
BFG COMMUNICATIONS, Bluffton, SC, pg. 333
BIG BLOCK, El Segundo, CA, pg. 217
BIG SPACESHIP, Brooklyn, NY, pg. 455
BKV, Miami, FL, pg. 334
BLAZE, Santa Monica, CA, pg. 584
BLUE 449, Dallas, TX, pg. 456
BLUE CHIP MARKETING & COMMUNICATIONS, Northbrook, IL, pg. 334
BLUE COLLAR INTERACTIVE, Hood River, OR, pg. 217
BRAND CONNECTIONS, LLC, New York, NY, pg. 336
BRAND CONTENT, Boston, MA, pg. 42
BRAND NEUE CO, Homewood, AL, pg. 3
BRANDSTAR, Deerfield Beach, FL, pg. 337
BRANDWARE PUBLIC RELATIONS, INC., Atlanta, GA, pg. 585
BREAD & BUTTER PUBLIC RELATIONS, Los Angeles, CA, pg. 586
BROADHEAD, Minneapolis, MN, pg. 337
BRUNNER, Pittsburgh, PA, pg. 44
BUONASERA MEDIA SERVICES, Columbia, SC, pg. 457
BURNS GROUP, New York, NY, pg. 338
BURRELL COMMUNICATIONS GROUP, INC., Chicago, IL, pg. 45
BUTLER, SHINE, STERN & PARTNERS, Sausalito, CA, pg. 45
CAGE POINT, New York, NY, pg. 457
CALHOUN & COMPANY COMMUNICATIONS, San Francisco, CA, pg. 588
CANVAS WORLDWIDE, Playa Vista, CA, pg. 458
CANVAS WORLDWIDE, New York, NY, pg. 458
CAPGEMINI, Wayne, PA, pg. 219
CARAT, New York, NY, pg. 459
CASANOVA//MCCANN, Costa Mesa, CA, pg. 538
CAVALRY, Chicago, IL, pg. 48
CBX, New York, NY, pg. 176
CHIEF MEDIA, New York, NY, pg. 281
CLARITY COVERDALE FURY, Minneapolis, MN, pg. 342
COLANGELO & PARTNERS, New York, NY, pg. 591
COLANGELO SYNERGY MARKETING, INC., Darien, CT, pg. 566
COLLE MCVOY, Minneapolis, MN, pg. 343
COLLECTIVELY, INC., San Francisco, CA, pg. 685
CONILL ADVERTISING, INC., El Segundo, CA, pg. 538
CONNECT AT PUBLICIS MEDIA, Chicago, IL, pg. 462
COPACINO + FUJIKADO, LLC, Seattle, WA, pg. 344
CORNETT INTEGRATED MARKETING SOLUTIONS, Lexington, KY, pg. 344
COVET PUBLIC RELATIONS, San Diego, CA, pg. 593
COYNE PUBLIC RELATIONS, Parsippany, NJ, pg. 593
CRAMER-KRASSELT, Chicago, IL, pg. 53
CRAMER-KRASSELT, Milwaukee, WI, pg. 54
CREATIVE ENERGY, INC., Johnson City, TN, pg. 346
CRISPIN PORTER + BOGUSKY, Boulder, CO, pg. 346
CROSSMEDIA, Philadelphia, PA, pg. 463
CSE, INC., Atlanta, GA, pg. 6
CULL GROUP, Grand Rapids, MI, pg. 56
CULTIVATOR ADVERTISING & DESIGN, Denver, CO, pg. 178
CURIOSITY ADVERTISING, Cincinnati, OH, pg. 223
CURRENT, Chicago, IL, pg. 594
CUTWATER, San Francisco, CA, pg. 56
DAGGER, Atlanta, GA, pg. 224
DAILEY & ASSOCIATES, West Hollywood, CA, pg. 56
DAVID, Miami, FL, pg. 57
DDB CANADA, Toronto, ON, pg. 224
DDB CHICAGO, Chicago, IL, pg. 59
DDB NEW YORK, New York, NY, pg. 59
DELTA MEDIA, INC., Miami, FL, pg. 551
DENTSU AEGIS NETWORK, New York, NY, pg. 61

DENTSU X, New York, NY, pg. 61
DENTSUBOS INC., Toronto, ON, pg. 61
DEUTSCH, INC., New York, NY, pg. 349
DEUTSCH, INC., Los Angeles, CA, pg. 350
DEVITO/VERDI, New York, NY, pg. 62
DIESTE, Dallas, TX, pg. 539
DIGITAS, Boston, MA, pg. 226
DIGITAS, New York, NY, pg. 226
DIGITAS, Atlanta, GA, pg. 228
DKC PUBLIC RELATIONS, New York, NY, pg. 597
DOEANDERSON ADVERTISING, Louisville, KY, pg. 352
DONER, Southfield, MI, pg. 63
DONER CX, Norwalk, CT, pg. 352
DOUBLE-FORTE, San Francisco, CA, pg. 230
DRAFTLINE, New York, NY, pg. 353
DROGA5, New York, NY, pg. 64
DRUMROLL, Austin, TX, pg. 230
DUFFY & SHANLEY, INC., Providence, RI, pg. 66
DUNCAN CHANNON, San Francisco, CA, pg. 66
DVL SEIGENTHALER, Nashville, TN, pg. 599
EDELMAN, Seattle, WA, pg. 601
EDELMAN, Toronto, ON, pg. 601
EDELMAN, Chicago, IL, pg. 353
EDELMAN, New York, NY, pg. 599
EDELMAN, Washington, DC, pg. 600
EDGE MARKETING, Stamford, CT, pg. 681
ENERGY BBDO, INC., Chicago, IL, pg. 355
ENGINE, New York, NY, pg. 231
ENGINE MEDIA GROUP, New York, NY, pg. 465
ENVOY, INC., Omaha, NE, pg. 356
EP+CO., Greenville, SC, pg. 356
EP+CO., New York, NY, pg. 356
EPIC SIGNAL, New York, NY, pg. 685
EPSILON, Irving, TX, pg. 283
ERICH & KALLMAN, San Francisco, CA, pg. 68
ESSENCE, Seattle, WA, pg. 232
EVINS COMMUNICATIONS, LTD., New York, NY, pg. 602
EXPONENT PR, Minneapolis, MN, pg. 602
FACTORY 360, New York, NY, pg. 306
FALLON WORLDWIDE, Minneapolis, MN, pg. 70
FAMILIAR CREATURES, Richmond, VA, pg. 71
FCB CHICAGO, Chicago, IL, pg. 71
FCB NEW YORK, New York, NY, pg. 357
FCB TORONTO, Toronto, ON, pg. 72
FEARLESS AGENCY, New York, NY, pg. 73
FF CREATIVE, New York, NY, pg. 234
FF CREATIVE, Los Angeles, CA, pg. 234
FIG, New York, NY, pg. 73
FINE DESIGN GROUP, San Francisco, CA, pg. 183
FINN PARTNERS, Los Angeles, CA, pg. 604
FIREHOUSE, INC., Dallas, TX, pg. 358
FIRSTBORN, New York, NY, pg. 234
FISH CONSULTING LLC, Fort Lauderdale, FL, pg. 604
FITZCO, Atlanta, GA, pg. 73
FKQ ADVERTISING, INC., Clearwater, FL, pg. 359
FLINT & STEEL, New York, NY, pg. 74
FLYNN, Pittsford, NY, pg. 74
FORSMAN & BODENFORS, New York, NY, pg. 74
FRANK COLLECTIVE, Brooklyn, NY, pg. 75
GALE, New York, NY, pg. 236
GALLEGOS UNITED, Huntington Beach, CA, pg. 75
GEILE/LEON MARKETING COMMUNICATIONS, Saint Louis, MO, pg. 362
GENERATOR MEDIA + ANALYTICS, New York, NY, pg. 466
GENUINE INTERACTIVE, Boston, MA, pg. 237
GEOMETRY, New York, NY, pg. 362
GEOMETRY, Akron, OH, pg. 362
GEOMETRY, Chicago, IL, pg. 363
GIANT SPOON, LLC, New York, NY, pg. 363
GMR MARKETING, New Berlin, WI, pg. 306
GMR MARKETING CHICAGO, Chicago, IL, pg. 307
GOLIN, Chicago, IL, pg. 609
GOLIN, New York, NY, pg. 610
GOODBY, SILVERSTEIN & PARTNERS, San Francisco, CA, pg. 77
GREENHOUSE AGENCY, Irvine, CA, pg. 307
GREY GROUP, New York, NY, pg. 365
GREY WEST, San Francisco, CA, pg. 367

GROUPM, New York, NY, pg. 466
GSD&M, Austin, TX, pg. 79
GURU MEDIA SOLUTIONS, San Francisco, CA, pg. 80
GUT MIAMI, Miami, FL, pg. 80
GYK ANTLER, Manchester, NH, pg. 368
HABERMAN, Minneapolis, MN, pg. 369
HARGROVE INC., Lanham, MD, pg. 307
HARMELIN MEDIA, Bala Cynwyd, PA, pg. 467
HATCH DESIGN, San Francisco, CA, pg. 186
HAVAS FORMULA, San Diego, CA, pg. 612
HAVAS FORMULATIN, New York, NY, pg. 612
HAVAS MEDIA GROUP, New York, NY, pg. 468
HAVAS NEW YORK, New York, NY, pg. 369
HAVAS SPORTS & ENTERTAINMENT, New York, NY, pg. 370
HAVAS WORLDWIDE CHICAGO, Chicago, IL, pg. 82
HAVAS WORLDWIDE SAN FRANCISCO, San Francisco, CA, pg. 370
HAWTHORNE ADVERTISING, Fairfield, IA, pg. 285
HEARTS & SCIENCE, New York, NY, pg. 471
HEARTS & SCIENCE, Atlanta, GA, pg. 473
HEAT, San Francisco, CA, pg. 84
HFS COMMUNICATIONS, West Granby, CT, pg. 567
HIGHFIELD, New York, NY, pg. 85
HORIZON MEDIA, INC., Los Angeles, CA, pg. 473
HORIZON MEDIA, INC., New York, NY, pg. 474
HOT IN THE KITCHEN, St. Louis, MO, pg. 9
HUGE, INC., Brooklyn, NY, pg. 239
HUMANAUT, Chattanooga, TN, pg. 87
ICF NEXT, Minneapolis, MN, pg. 372
ICF NEXT, Chicago, IL, pg. 614
ICROSSING, New York, NY, pg. 240
IFUEL, New York, NY, pg. 88
IN CONNECTED MARKETING, Stamford, CT, pg. 681
INITIATIVE, New York, NY, pg. 477
INTERESTING DEVELOPMENT, New York, NY, pg. 90
INTERMARK GROUP, INC., Birmingham, AL, pg. 375
IPROSPECT, New York, NY, pg. 674
JACK MORTON WORLDWIDE, New York, NY, pg. 308
JACK MORTON WORLDWIDE, Chicago, IL, pg. 309
JENERATE PR, Wailea, HI, pg. 617
JOHANNES LEONARDO, New York, NY, pg. 92
JOHN ST., Toronto, ON, pg. 93
JONES KNOWLES RITCHIE, New York, NY, pg. 11
JONESWORKS, New York, NY, pg. 618
JUNIPER PARK\ TBWA, Toronto, ON, pg. 93
KELLY, SCOTT & MADISON, INC., Chicago, IL, pg. 482
KEPLER GROUP, New York, NY, pg. 244
KETCHUM, New York, NY, pg. 542
KETCHUM SOUTH, Atlanta, GA, pg. 620
KETCHUM WEST, San Francisco, CA, pg. 620
KUHL SWAINE, Saint Louis, MO, pg. 11
KWG ADVERTISING, INC., New York, NY, pg. 96
LANE PR, Portland, OR, pg. 621
LAUGHLIN CONSTABLE, INC., Chicago, IL, pg. 380
LAUNCHSQUAD, San Francisco, CA, pg. 621
LAUNDRY SERVICE, Brooklyn, NY, pg. 287
LEAP, Louisville, KY, pg. 245
LEGACY MARKETING PARTNERS, Chicago, IL, pg. 310
LEO BURNETT WORLDWIDE, Chicago, IL, pg. 98
LIPPE TAYLOR, New York, NY, pg. 623
LLOYD&CO, New York, NY, pg. 190
LUMENCY INC., Toronto, ON, pg. 310
LUMENCY INC., New York, NY, pg. 310
LUXE COLLECTIVE GROUP, New York, NY, pg. 102
M BOOTH & ASSOCIATES, INC., New York, NY, pg. 624
M/SIX, New York, NY, pg. 482
MACIAS CREATIVE, Miami, FL, pg. 543
MADWELL, Brooklyn, NY, pg. 13
MAHALO SPIRITS GROUP, Delray Beach, FL, pg. 13
MARKSTEIN, Birmingham, AL, pg. 625
MARRINER MARKETING COMMUNICATIONS, Columbia, MD, pg. 105
MCCANN NEW YORK, New York, NY, pg. 108
MCCUE PUBLIC RELATIONS, Burbank, CA, pg. 626
MCGARRYBOWEN, New York, NY, pg. 109

A-91

CLIENT INDUSTRIES INDEX — AGENCIES

MCGARRYBOWEN, San Francisco, CA, pg. 385
MCGARRYBOWEN, Chicago, IL, pg. 110
MCKINNEY, Durham, NC, pg. 111
MDC PARTNERS, INC., New York, NY, pg. 385
MEDIA ASSEMBLY, New York, NY, pg. 484
MEDIA ASSEMBLY, Century City, CA, pg. 484
MEDIA BROKERS INTERNATIONAL, Alpharetta, GA, pg. 485
MEDIA STORM, Norwalk, CT, pg. 486
MEDIACOM, New York, NY, pg. 487
MEDIACOM CANADA, Toronto, ON, pg. 489
MEDIAHUB LOS ANGELES, El Segundo, CA, pg. 112
MEKANISM, San Francisco, CA, pg. 112
MEKANISM, New York, NY, pg. 113
MELT, LLC, Atlanta, GA, pg. 311
MERKLEY + PARTNERS, New York, NY, pg. 114
MERLINO MEDIA GROUP, Seattle, WA, pg. 491
MILNER BUTCHER MEDIA GROUP, Los Angeles, CA, pg. 491
MINDGRUVE, San Diego, CA, pg. 534
MINDSHARE, New York, NY, pg. 491
MINDSHARE, Playa Vista, CA, pg. 495
MKG, New York, NY, pg. 311
MKTG INC, New York, NY, pg. 311
MKTG INC, Chicago, IL, pg. 312
MODCRAFT, Boulder, CO, pg. 628
MODERN CLIMATE, Minneapolis, MN, pg. 388
MONO, Minneapolis, MN, pg. 117
MOOSYLVANIA, Saint Louis, MO, pg. 568
MOROCH PARTNERS, Dallas, TX, pg. 389
MOTHER NY, New York, NY, pg. 118
MOTIVATE, INC., San Diego, CA, pg. 543
MOWER, Buffalo, NY, pg. 389
MOXIE, Pittsburgh, PA, pg. 251
MOXIE, Atlanta, GA, pg. 251
MUH-TAY-ZIK / HOF-FER, San Francisco, CA, pg. 119
MULLENLOWE U.S. BOSTON, Boston, MA, pg. 389
MULLENLOWE U.S. LOS ANGELES, El Segundo, CA, pg.
MULLENLOWE U.S. NEW YORK, New York, NY, pg. 496
MULTIPLY, Washington, DC, pg. 630
MWEBB COMMUNICATIONS , Culver City, CA, pg. 630
MWWPR, East Rutherford, NJ, pg. 630
NEW & IMPROVED MEDIA, El Segundo, CA, pg. 497
NICE & COMPANY, San Francisco, CA, pg. 391
NORTH, Portland, OR, pg. 121
O'BRIEN ET AL. ADVERTISING, Virginia Beach, VA, pg. 392
ODYSSEUS ARMS, San Francisco, CA, pg. 122
OGILVY, Chicago, IL, pg. 393
OGILVY, New York, NY, pg. 393
OGILVY, Coral Gables, FL, pg. 393
OMD, New York, NY, pg. 498
OMD, Chicago, IL, pg. 500
OMD CANADA, Toronto, ON, pg. 501
OMD WEST, Los Angeles, CA, pg. 502
OMELET, Culver City, CA, pg. 122
OPENMIND, New York, NY, pg. 503
OPINIONATED, Portland, OR, pg. 123
ORCI, Santa Monica, CA, pg. 543
OUTFRONT MEDIA, New York, NY, pg. 554
OUTSIDEPR, Sausalito, CA, pg. 634
PADILLA, Minneapolis, MN, pg. 635
PADILLA, Richmond, VA, pg. 635
PALE MORNING MEDIA, Waitsville, VT, pg. 635
PARADISE, Saint Petersburg, FL, pg. 396
PARTNERS + NAPIER, Rochester, NY, pg. 125
PARTY LAND, Marina Del Rey, CA, pg. 125
PAVONE MARKETING GROUP, Harrisburg, PA, pg. 396
PERISCOPE, Minneapolis, MN, pg. 127
PGR MEDIA, Boston, MA, pg. 504
PHD CHICAGO, Chicago, IL, pg. 504
PHD USA, New York, NY, pg. 505
PM3, Atlanta, GA, pg. 544
POLLOCK COMMUNICATIONS, INC., New York, NY, pg. 637
PORTER NOVELLI, New York, NY, pg. 637
POSTERSCOPE U.S.A., New York, NY, pg. 556
POWERHOUSE COMMUNICATIONS, Santa Ana, CA, pg. 638
PRAYTELL, Brooklyn, NY, pg. 258
PREACHER, Austin, TX, pg. 129
PRICEWEBER MARKETING COMMUNICATIONS, INC., Louisville, KY, pg. 398
PROOF ADVERTISING, Austin, TX, pg. 398
PROXIMITY WORLDWIDE, Cincinnati, OH, pg. 258
PUBLICIS HAWKEYE, Dallas, TX, pg. 399
PUBLICIS NORTH AMERICA, New York, NY, pg. 399
PUBLICIS TORONTO, Toronto, ON, pg. 639
PUBLICIS.SAPIENT, New York, NY, pg. 258
PUBLICIS.SAPIENT, Boston, MA, pg. 259
PUBLICIS.SAPIENT, Seattle, WA, pg. 259
PUBLICIS.SAPIENT, Austin, TX, pg. 260
QUAKER CITY MERCANTILE, Philadelphia, PA, pg. 131
QUENCH, Harrisburg, PA, pg. 131
R/GA, New York, NY, pg. 260
R/GA, Chicago, IL, pg. 261
RACHEL KAY PUBLIC RELATIONS, Solana Beach, CA, pg. 640
RAPP WORLDWIDE, New York, NY, pg. 290
RAPPORT OUTDOOR WORLDWIDE, Birmingham, MI, pg. 556
READY SET ROCKET, New York, NY, pg. 262
READY STATE, San Francisco, CA, pg. 132
RED TETTEMER O'CONNELL + PARTNERS, Philadelphia, PA, pg. 404
REDTREE PRODUCTIONS, Boston, MA, pg. 563
REELTIME MEDIA, Kenmore, WA, pg. 507
REPUBLICA HAVAS, Miami, FL, pg. 545
REVELRY AGENCY, Portland, OR, pg. 406
RFBINDER PARTNERS, INC., Needham, MA, pg. 642
RISE AND SHINE AND PARTNERS, Minneapolis, MN, pg. 134
ROBOTS & PENCILS, Cleveland, OH, pg. 264
ROCKET SCIENCE, Larkspur, CA, pg. 643
ROGERS & COWAN/PMK*BNC, Los Angeles, CA, pg. 643
ROKKAN, LLC, New York, NY, pg. 264
ROSEWOOD CREATIVE, Los Angeles, CA, pg. 134
ROUNDHOUSE - PORTLAND, Portland, OR, pg. 408
RPA, Santa Monica, CA, pg. 134
RPM ADVERTISING, Chicago, IL, pg. 408
SAGON - PHIOR, Los Angeles, CA, pg. 409
SHADOW PUBLIC RELATIONS, New York, NY, pg. 646
SID LEE, Toronto, ON, pg. 141
SLOANE & COMPANY, New York, NY, pg. 647
SOCKEYE CREATIVE, Portland, OR, pg. 199
SOHO EXPERIENTIAL, New York, NY, pg. 143
SPACE150, Minneapolis, MN, pg. 266
SPARK FOUNDRY, New York, NY, pg. 508
SPARK FOUNDRY, Chicago, IL, pg. 510
SPARK FOUNDRY, El Segundo, CA, pg. 512
SPARK FOUNDRY, Seattle, WA, pg. 512
SPARKS & HONEY, New York, NY, pg. 450
SPARKS GROVE, INC., Atlanta, GA, pg. 199
SPI MARKETING, New York, NY, pg. 411
SPRINGBOX, Austin, TX, pg. 266
SSPR, Chicago, IL, pg. 649
STANTON & COMPANY, Marina Del Rey, CA, pg. 649
STARCOM WORLDWIDE, Chicago, IL, pg. 513
STARCOM WORLDWIDE, North Hollywood, CA, pg. 516
STARCOM WORLDWIDE, New York, NY, pg. 517
STELLA RISING, Westport, CT, pg. 518
STORY WORLDWIDE, New York, NY, pg. 267
STRAWBERRYFROG, New York, NY, pg. 414
SUB ROSA, New York, NY, pg. 200
SUPERUNION, New York, NY, pg. 18
SWELLSHARK, New York, NY, pg. 518
SWIFT, Portland, OR, pg. 145
SWITCH, Saint Louis, MO, pg. 145
TAXI, New York, NY, pg. 146
TAXI, Toronto, ON, pg. 146
TAYLOR , New York, NY, pg. 651
TBWA \ CHIAT \ DAY, New York, NY, pg. 416
TBWA \ CHIAT \ DAY, Los Angeles, CA, pg. 146
TEAM ENTERPRISES, Fort Lauderdale, FL, pg. 316
TEAM EPIPHANY, New York, NY, pg. 652
TEAM ONE, Los Angeles, CA, pg. 417
TERRI & SANDY, New York, NY, pg. 147
TETHER, Seattle, WA, pg. 201
THE BROOKLYN BROTHERS, New York, NY, pg. 148
THE BUNTIN GROUP, Nashville, TN, pg. 148
THE COMMUNITY, Miami Beach, FL, pg. 545
THE DISTILLERY PROJECT, Chicago, IL, pg. 149
THE ESCAPE POD, Chicago, IL, pg. 150
THE INTEGER GROUP - MIDWEST, Des Moines, IA, pg. 570
THE JOHNSON GROUP, Chattanooga, TN, pg. 420
THE MANY, Pacific Palisades, CA, pg. 151
THE MARKETING ARM, Dallas, TX, pg. 316
THE MARS AGENCY, Southfield, MI, pg. 683
THE MARTIN AGENCY, Richmond, VA, pg. 421
THE NARRATIVE GROUP, New York, NY, pg. 654
THE POLLACK PR MARKETING GROUP, New York, NY, pg. 655
THE REPUBLIK, Durham, NC, pg. 152
THE RICHARDS GROUP, INC., Dallas, TX, pg. 422
THE ROSEN GROUP, New York, NY, pg. 655
THE S3 AGENCY, Boonton, NJ, pg. 424
THE SAWTOOTH GROUP , Red Bank, NJ, pg. 152
THE SHOP AGENCY, Richardson, TX, pg. 153
THE TOMBRAS GROUP, Knoxville, TN, pg. 424
THE VIA AGENCY, Portland, ME, pg. 154
THE&PARTNERSHIP, New York, NY, pg. 426
THIRD EAR, Austin, TX, pg. 546
TPN, Chicago, IL, pg. 571
TRACK MARKETING GROUP, New York, NY, pg. 156
TRACYLOCKE , Wilton, CT, pg. 684
TRAFFIC DIGITAL AGENCY, Clawson, MI, pg. 271
TRAINA DESIGN, San Diego, CA, pg. 20
TRINITY BRAND GROUP, Berkeley, CA, pg. 202
TRUE MEDIA, Columbia, MO, pg. 521
TURNER DUCKWORTH, San Francisco, CA, pg. 203
TVGLA, Los Angeles, CA, pg. 273
UNIVERSAL MCCANN, New York, NY, pg. 521
UPSHOT , Chicago, IL, pg. 157
VALTECH, New York, NY, pg. 273
VAULT COMMUNICATIONS, INC., Plymouth Meeting, PA, pg. 658
VAYNERMEDIA, New York, NY, pg. 689
VAYNERMEDIA, Chattanooga, TN, pg. 689
VENABLES BELL & PARTNERS, San Francisco, CA, pg. 158
VERMILION DESIGN, Boulder, CO, pg. 204
VIRTUE WORLDWIDE, Brooklyn, NY, pg. 159
VITRO AGENCY, San Diego, CA, pg. 159
VIZEUM, New York, NY, pg. 526
VMLY&R, New York, NY, pg. 160
VSA PARTNERS, INC. , Chicago, IL, pg. 204
WALO CREATIVE, INC., Dallas, TX, pg. 161
WALTON ISAACSON, Chicago, IL, pg. 547
WASSERMAN MEDIA GROUP, Los Angeles, CA, pg. 317
WAVEMAKER, New York, NY, pg. 526
WAVEMAKER, Chicago, IL, pg. 529
WE COMMUNICATIONS, Bellevue, WA, pg. 660
WEBER SHANDWICK, New York, NY, pg. 660
WEBER SHANDWICK, Chicago, IL, pg. 661
WHITE PANTS AGENCY, Dallas, TX, pg. 276
WIEDEN + KENNEDY, Portland, OR, pg. 430
WIEDEN + KENNEDY, New York, NY, pg. 432
WONDERFUL AGENCY, Los Angeles, CA, pg. 162
WORLD WIDE MIND, Venice Beach, CA, pg. 163
WRAY WARD, Charlotte, NC, pg. 433
WUNDERMAN THOMPSON, New York, NY, pg. 434
YARD, New York, NY, pg. 435
YOUNG & LARAMORE, Indianapolis, IN, pg. 164
ZAMBEZI, Culver City, CA, pg. 165
ZAPWATER COMMUNICATIONS, Chicago, IL, pg. 664
ZEHNDER COMMUNICATIONS, INC., New Orleans, LA, pg. 436
ZENITH MEDIA, New York, NY, pg. 529
ZENITH MEDIA CANADA, Montreal, QC, pg. 531

Broadcasting

160OVER90, Santa Monica, CA, pg. 207
180LA, Los Angeles, CA, pg. 23
360I, LLC, New York, NY, pg. 320

AGENCIES

CLIENT INDUSTRIES INDEX

360I, LLC, Los Angeles, CA, pg. 208
5W PUBLIC RELATIONS, New York, NY, pg. 574
72ANDSUNNY, Playa Vista, CA, pg. 23
72ANDSUNNY, Brooklyn, NY, pg. 24
ACCENTURE INTERACTIVE, New York, NY, pg. 209
AKQA, San Francisco, CA, pg. 211
AKQA, New York, NY, pg. 212
ALISON BROD PUBLIC RELATIONS, New York, NY, pg. 576
ALLEN & GERRITSEN, Philadelphia, PA, pg. 30
ALLIED INTEGRATED MARKETING, Cambridge, MA, pg. 576
ALLIED INTEGRATED MARKETING, Hollywood, CA, pg. 576
ALLIED INTEGRATED MARKETING, New York, NY, pg. 324
AMP AGENCY, Los Angeles, CA, pg. 213
ANOMALY, New York, NY, pg. 325
ARCHRIVAL, INC., Lincoln, NE, pg. 1
ARENAS, Los Angeles, CA, pg. 455
ARNOLD WORLDWIDE, Boston, MA, pg. 33
ARTS & LETTERS, Richmond, VA, pg. 34
ASTOUND COMMERCE, San Bruno, CA, pg. 214
BARRETTSF, San Francisco, CA, pg. 36
BBDO ATL, Atlanta, GA, pg. 330
BBDO SAN FRANCISCO, San Francisco, CA, pg. 330
BBDO WEST, Los Angeles, CA, pg. 331
BBDO WORLDWIDE, New York, NY, pg. 331
BBH, New York, NY, pg. 37
BBH, West Hollywood, CA, pg. 37
BCW LOS ANGELES, Los Angeles, CA, pg. 581
BECK MEDIA & MARKETING, Santa Monica, CA, pg. 582
BECK MEDIA & MARKETING, Atlanta, GA, pg. 582
BERLIN CAMERON, New York, NY, pg. 38
BIG SPACESHIP, Brooklyn, NY, pg. 455
BLEUBLANCROUGE, Montreal, QC, pg. 40
BOOYAH ONLINE ADVERTISING, Denver, CO, pg. 218
BPG ADVERTISING, West Hollywood, CA, pg. 42
BRAND NEW SCHOOL EAST, New York, NY, pg. 175
BROWNSTEIN GROUP, INC., Philadelphia, PA, pg. 44
CACTUS MARKETING COMMUNICATIONS, Denver, CO, pg. 339
CHEMISTRY ATLANTA, Atlanta, GA, pg. 50
CIVIC ENTERTAINMENT GROUP, New York, NY, pg. 566
CO:COLLECTIVE, LLC, New York, NY, pg. 5
COOPER-SMITH ADVERTISING, Toledo, OH, pg. 462
COOPER-SMITH ADVERTISING, Stamford, CT, pg. 462
CRAMER-KRASSELT, Chicago, IL, pg. 53
CRAMER-KRASSELT, New York, NY, pg. 53
CRITICAL MASS, INC., New York, NY, pg. 223
CROSSMEDIA, New York, NY, pg. 463
CROW CREATIVE, New York, NY, pg. 55
CSM SPORT & ENTERTAINMENT, New York, NY, pg. 347
DDB NEW YORK, New York, NY, pg. 59
DEUTSCH, INC., New York, NY, pg. 349
DIGITAS, Boston, MA, pg. 226
DIGITAS, San Francisco, CA, pg. 227
DIRECT AGENTS, INC., New York, NY, pg. 229
DMA UNITED, New York, NY, pg. 63
DONER, Southfield, MI, pg. 63
DROGA5, New York, NY, pg. 64
ELEPHANT, Brooklyn, NY, pg. 181
ELEVATION, LTD, Washington, DC, pg. 540
ELEVEN, INC., San Francisco, CA, pg. 67
ESSENCE, San Francisco, CA, pg. 232
ESSENCE, New York, NY, pg. 232
ESSENCE, Seattle, WA, pg. 232
ESSENCE, Los Angeles, CA, pg. 233
FALLON WORLDWIDE, Minneapolis, MN, pg. 70
FCB CHICAGO, Chicago, IL, pg. 71
FEREN COMMUNICATIONS, New York, NY, pg. 603
FUSEIDEAS, LLC, Winchester, MA, pg. 306
GENERATOR MEDIA + ANALYTICS, New York, NY, pg. 466
GIANT SPOON, LLC, New York, NY, pg. 363
GMR MARKETING, New Berlin, WI, pg. 306

GOODBY, SILVERSTEIN & PARTNERS, San Francisco, CA, pg. 77
GOODMAN MEDIA INTERNATIONAL, INC., New York, NY, pg. 610
GRADIENT EXPERIENTIAL LLC, New York, NY, pg. 78
GRETEL, New York, NY, pg. 78
GREY WEST, San Francisco, CA, pg. 367
GROW INTERACTIVE, Norfolk, VA, pg. 237
GTB, Dearborn, MI, pg. 367
GYK ANTLER, Manchester, NH, pg. 368
GYRO, Denver, CO, pg. 368
HARMELIN MEDIA, Bala Cynwyd, PA, pg. 467
HAVAS MEDIA GROUP, New York, NY, pg. 468
HAVAS SPORTS & ENTERTAINMENT, New York, NY, pg. 370
HEARTS & SCIENCE, New York, NY, pg. 471
HEARTS & SCIENCE, Los Angeles, CA, pg. 473
HOOK, Ann Arbor, MI, pg. 239
HORIZON MEDIA, INC., Los Angeles, CA, pg. 473
HORIZON MEDIA, INC., New York, NY, pg. 474
HUGE, INC., Brooklyn, NY, pg. 239
ICF NEXT, Minneapolis, MN, pg. 372
ICON MEDIA DIRECT, Sherman Oaks, CA, pg. 476
IGNITED, El Segundo, CA, pg. 373
IMAGINARY FORCES, Los Angeles, CA, pg. 187
IMG LIVE, Atlanta, GA, pg. 308
INDUSTRY, Portland, OR, pg. 187
INITIATIVE, New York, NY, pg. 477
JELLYFISH U.S., Baltimore, MD, pg. 243
JOHANNES LEONARDO, New York, NY, pg. 92
KEPLER GROUP, New York, NY, pg. 244
KOVEL FULLER, Culver City, CA, pg. 96
M/SIX, New York, NY, pg. 482
MACQUARIUM, INC., Atlanta, GA, pg. 247
MARC USA, Pittsburgh, PA, pg. 104
MARCA MIAMI, Coconut Grove, FL, pg. 104
MATTE PROJECTS, New York, NY, pg. 107
MAXMEDIA INC., Atlanta, GA, pg. 248
MCCANN NEW YORK, New York, NY, pg. 108
MCGARRYBOWEN, New York, NY, pg. 109
MEDIA STORM, Norwalk, CT, pg. 486
MEDIA STORM, New York, NY, pg. 486
MEDIAHUB BOSTON, Boston, MA, pg. 489
MEDIAHUB LOS ANGELES, El Segundo, CA, pg. 112
MEDIASPOT, INC., Corona Del Mar, CA, pg. 490
MEDIASSOCIATES, INC., Sandy Hook, CT, pg. 490
MEKANISM, New York, NY, pg. 113
MINDSHARE, New York, NY, pg. 491
MKG, New York, NY, pg. 311
MMGY GLOBAL, New York, NY, pg. 388
MONO, Minneapolis, MN, pg. 117
MOROCH PARTNERS, Dallas, TX, pg. 389
MOXIE, Atlanta, GA, pg. 251
MPRM PUBLIC RELATIONS, Los Angeles, CA, pg. 629
MULLENLOWE U.S. BOSTON, Boston, MA, pg. 389
MYTHIC, Charlotte, NC, pg. 119
NEMER, FIEGER & ASSOCIATES, Minneapolis, MN, pg. 391
NOBLE PEOPLE, New York, NY, pg. 120
NOM, Los Angeles, CA, pg. 121
NORTH 6TH AGENCY, New York, NY, pg. 633
OGILVY, New York, NY, pg. 393
OMD, New York, NY, pg. 498
OMD, Chicago, IL, pg. 500
OMD ATLANTA, Atlanta, GA, pg. 501
OMD ENTERTAINMENT, Burbank, CA, pg. 501
OMD SAN FRANCISCO, San Francisco, CA, pg. 501
OMD WEST, Los Angeles, CA, pg. 502
OMELET, Culver City, CA, pg. 122
OUTFRONT MEDIA, New York, NY, pg. 554
PERISCOPE, Minneapolis, MN, pg. 127
PHD USA, New York, NY, pg. 505
PLUSMEDIA, LLC, Danbury, CT, pg. 290
PM3, Atlanta, GA, pg. 544
PUBLICIS HAWKEYE, Dallas, TX, pg. 399
PUBLICIS MONTREAL, Montreal, QC, pg. 507
PUBLICIS NORTH AMERICA, New York, NY, pg. 399
PUBLICIS TORONTO, Toronto, ON, pg. 639
PUBLICIS.SAPIENT, New York, NY, pg. 258
PUBLICIS.SAPIENT, San Francisco, CA, pg. 259
QUATTRO DIRECT, Berwyn, PA, pg. 290

RAPP WORLDWIDE, New York, NY, pg. 290
RAPP WORLDWIDE, Los Angeles, CA, pg. 291
READY SET ROCKET, New York, NY, pg. 262
RENEGADE COMMUNICATIONS, Hunt Valley, MD, pg. 405
REPUBLICA HAVAS, Miami, FL, pg. 545
RLM PUBLIC RELATIONS, New York, NY, pg. 643
ROUNDHOUSE - PORTLAND, Portland, OR, pg. 408
SAATCHI & SAATCHI, New York, NY, pg. 136
SDI MEDIA GROUP, Los Angeles, CA, pg. 545
SENSIS AGENCY, Los Angeles, CA, pg. 545
SID LEE, New York, NY, pg. 141
SLOANE & COMPANY, New York, NY, pg. 647
SOCIAL CHAIN, New York, NY, pg. 143
SPARK FOUNDRY, New York, NY, pg. 508
SPARK FOUNDRY, Chicago, IL, pg. 510
SPARK FOUNDRY, El Segundo, CA, pg. 512
SPARK FOUNDRY, Atlanta, GA, pg. 512
STANTON PUBLIC RELATIONS & MARKETING, New York, NY, pg. 649
STARCOM WORLDWIDE, Chicago, IL, pg. 513
STARCOM WORLDWIDE, North Hollywood, CA, pg. 516
STARCOM WORLDWIDE, Detroit, MI, pg. 517
STARCOM WORLDWIDE, New York, NY, pg. 517
SUB ROSA, New York, NY, pg. 200
SUPERJUICE, Atlanta, GA, pg. 651
SUPERUNION, New York, NY, pg. 18
TAYLOR, New York, NY, pg. 651
TBC, Baltimore, MD, pg. 416
TBWA \ CHIAT \ DAY, New York, NY, pg. 416
TBWA \ CHIAT \ DAY, Los Angeles, CA, pg. 146
TBWA/MEDIA ARTS LAB, Los Angeles, CA, pg. 147
THE COMMUNITY, Miami Beach, FL, pg. 545
THE MANY, Pacific Palisades, CA, pg. 151
THE MARKETING ARM, Dallas, TX, pg. 316
THE MARTIN AGENCY, Richmond, VA, pg. 421
THE OUTCAST AGENCY, San Francisco, CA, pg. 654
THE RICHARDS GROUP, INC., Dallas, TX, pg. 422
THE&PARTNERSHIP, New York, NY, pg. 426
THINKSO CREATIVE LLC, New York, NY, pg. 155
THIRD EAR, Austin, TX, pg. 546
THREE FIVE TWO, INC., Atlanta, GA, pg. 271
TRANSLATION, Brooklyn, NY, pg. 299
TRIBAL WORLDWIDE, New York, NY, pg. 272
UNIVERSAL MCCANN, New York, NY, pg. 521
UNIVERSAL MCCANN, Los Angeles, CA, pg. 524
UPSHOT, Chicago, IL, pg. 157
VENABLES BELL & PARTNERS, San Francisco, CA, pg. 158
VIRTUE WORLDWIDE, Brooklyn, NY, pg. 159
VMLY&R, New York, NY, pg. 160
VOCE COMMUNICATIONS, A PORTER NOVELLI COMPANY, San Francisco, CA, pg. 658
WAVEMAKER, New York, NY, pg. 526
WAVEMAKER, Los Angeles, CA, pg. 528
WE ARE SOCIAL, New York, NY, pg. 690
WEBER SHANDWICK, New York, NY, pg. 660
WHITE PANTS AGENCY, Dallas, TX, pg. 276
WIEDEN + KENNEDY, New York, NY, pg. 432
WILEN MEDIA CORPORATION, Melville, NY, pg. 432
WILLOWTREE, INC., Charlottesville, VA, pg. 535
WILLOWTREE, INC., Durham, NC, pg. 535
WORLD WIDE MIND, Venice Beach, CA, pg. 163
WUNDERMAN THOMPSON, New York, NY, pg. 434
WUNDERMAN THOMPSON, Toronto, ON, pg. 435
YAMAMOTO, Minneapolis, MN, pg. 435
ZENO GROUP, Santa Monica, CA, pg. 665

Consumer Electronics

1000HEADS, New York, NY, pg. 691
215 MCCANN, San Francisco, CA, pg. 319
360I, LLC, New York, NY, pg. 320
360PRPLUS, Boston, MA, pg. 573
72ANDSUNNY, Playa Vista, CA, pg. 23
72ANDSUNNY, Brooklyn, NY, pg. 24
9THWONDER, Playa Vista, CA, pg. 453
ACCESS BRAND COMMUNICATIONS, San Francisco,

CLIENT INDUSTRIES INDEX — AGENCIES

CA, pg. 574
ACENTO ADVERTISING, INC., Santa Monica, CA, pg. 25
ADAM&EVE DDB, New York, NY, pg. 26
ADVANTAGE INTERNATIONAL, Stamford, CT, pg. 301
AKQA, San Francisco, CA, pg. 211
AKQA, New York, NY, pg. 212
ALLEN & GERRITSEN, Philadelphia, PA, pg. 30
ALLISON+PARTNERS, Seattle, WA, pg. 576
AMMUNITION, Atlanta, GA, pg. 212
AMUSEMENT PARK, Santa Ana, CA, pg. 325
ANOMALY, New York, NY, pg. 325
ANSIRA, Addison, TX, pg. 326
ARC WORLDWIDE, Chicago, IL, pg. 327
ARGONAUT, INC., San Francisco, CA, pg. 33
ARTS & LETTERS, Richmond, VA, pg. 34
ATMOSPHERE PROXIMITY, New York, NY, pg. 214
AXICOM, San Francisco, CA, pg. 579
BADGER & WINTERS, New York, NY, pg. 174
BASIC, San Diego, CA, pg. 215
BBDO WORLDWIDE, New York, NY, pg. 331
BBH, New York, NY, pg. 37
BBH, West Hollywood, CA, pg. 37
BCW AUSTIN, Austin, TX, pg. 581
BCW NEW YORK, New York, NY, pg. 581
BECORE, Los Angeles, CA, pg. 302
BELIEF AGENCY, Seattle, WA, pg. 38
BIG SPACESHIP, Brooklyn, NY, pg. 455
BIGFISH PR, Boston, MA, pg. 685
BLAZE, Santa Monica, CA, pg. 584
BLUE 449, New York, NY, pg. 455
BLUE CHIP MARKETING & COMMUNICATIONS, Northbrook, IL, pg. 334
BOLIN MARKETING, Minneapolis, MN, pg. 41
BOOYAH ONLINE ADVERTISING, Denver, CO, pg. 218
BRADLEY AND MONTGOMERY, Indianapolis, IN, pg. 336
BRANDDEFINITION, New York, NY, pg. 4
BRANDWARE PUBLIC RELATIONS, INC., Atlanta, GA, pg. 585
BROWNSTEIN GROUP, INC., Philadelphia, PA, pg. 44
BRUNNER, Pittsburgh, PA, pg. 44
BURRELL COMMUNICATIONS GROUP, INC., Chicago, IL, pg. 45
CARAT, Culver City, CA, pg. 459
CARAT, New York, NY, pg. 459
CARAT, Chicago, IL, pg. 461
CARVE COMMUNICATIONS, Austin, TX, pg. 588
CHANDELIER CREATIVE, New York, NY, pg. 49
CITIZEN RELATIONS, Los Angeles, CA, pg. 590
CITIZEN RELATIONS, New York, NY, pg. 590
CMD, Portland, OR, pg. 51
CO:COLLECTIVE, LLC, New York, NY, pg. 5
COLLE MCVOY, Minneapolis, MN, pg. 343
COLLECTIVELY, INC., San Francisco, CA, pg. 685
COMMCREATIVE, Framingham, MA, pg. 343
CONILL ADVERTISING, INC., Miami, FL, pg. 538
CONILL ADVERTISING, INC., El Segundo, CA, pg. 538
CORNERSTONE AGENCY, New York, NY, pg. 53
COSSETTE MEDIA, Quebec City, QC, pg. 345
COYNE PUBLIC RELATIONS, Parsippany, NJ, pg. 593
CRAMER-KRASSELT, Chicago, IL, pg. 53
CRAMER-KRASSELT, New York, NY, pg. 53
CRISPIN PORTER + BOGUSKY, Boulder, CO, pg. 346
CRITICAL MASS, INC., New York, NY, pg. 223
CROW CREATIVE, New York, NY, pg. 55
DAVID&GOLIATH, El Segundo, CA, pg. 57
DCX GROWTH ACCELERATOR, Brooklyn, NY, pg. 58
DDB CANADA, Toronto, ON, pg. 224
DELLA FEMINA/ROTHSCHILD/JEARY PARTNERS, New York, NY, pg. 61
DENNY MOUNTAIN MEDIA, Seattle, WA, pg. 225
DENTSU AEGIS NETWORK, New York, NY, pg. 61
DEUTSCH, INC., Los Angeles, CA, pg. 350
DEVRIES GLOBAL, New York, NY, pg. 596
DIESTE, Dallas, TX, pg. 539

DIFFUSION PR, New York, NY, pg. 597
DIGITAS, San Francisco, CA, pg. 227
DIRECT AGENTS, INC., New York, NY, pg. 229
DOMUS ADVERTISING, Philadelphia, PA, pg. 352
DONER, Southfield, MI, pg. 63
DROGA5, New York, NY, pg. 64
DWA MEDIA, San Francisco, CA, pg. 464
EDELMAN, Chicago, IL, pg. 353
EDELMAN, Dallas, TX, pg. 600
EDELMAN, Los Angeles, CA, pg. 601
EDELMAN, San Francisco, CA, pg. 601
EFM AGENCY, San Diego, CA, pg. 67
EICOFF, Chicago, IL, pg. 282
ELEPHANT, Brooklyn, NY, pg. 181
ELEVATION, LTD, Washington, DC, pg. 540
ELEVATOR, Carlsbad, CA, pg. 67
ELEVEN, INC., San Francisco, CA, pg. 67
EMPOWER, Chicago, IL, pg. 355
ENERGY BBDO, INC., Chicago, IL, pg. 355
ENGINE, New York, NY, pg. 231
EPSILON, San Francisco, CA, pg. 283
ESSENCE, San Francisco, CA, pg. 232
ESSENCE, New York, NY, pg. 232
ESSENCE, Seattle, WA, pg. 232
ESSENCE, Minneapolis, MN, pg. 233
FCB CHICAGO, Chicago, IL, pg. 71
FCB WEST, San Francisco, CA, pg. 72
FF CREATIVE, New York, NY, pg. 234
FINGERPAINT MARKETING, Saratoga Springs, NY, pg. 358
FINN PARTNERS, San Francisco, CA, pg. 603
FIRSTBORN, New York, NY, pg. 234
FLEISHMANHILLARD, Boston, MA, pg. 605
FLEISHMANHILLARD, San Francisco, CA, pg. 605
FORSMAN & BODENFORS, New York, NY, pg. 74
GEOMETRY, New York, NY, pg. 362
GIANT PROPELLER, Burbank, CA, pg. 76
GIANT SPOON, LLC, New York, NY, pg. 363
GIANT SPOON, LLC, Los Angeles, CA, pg. 363
GIGASAVVY, Irvine, CA, pg. 237
GMR MARKETING, New Berlin, WI, pg. 306
GOLIN, San Francisco, CA, pg. 609
GOLIN, Los Angeles, CA, pg. 609
GOODBY, SILVERSTEIN & PARTNERS, San Francisco, CA, pg. 77
GOTHAM, INC., New York, NY, pg. 77
GREY GROUP, New York, NY, pg. 365
GREY MIDWEST, Cincinnati, OH, pg. 366
GREY WEST, San Francisco, CA, pg. 367
GROW INTERACTIVE, Norfolk, VA, pg. 237
GTB, Dearborn, MI, pg. 367
GYK ANTLER, Manchester, NH, pg. 368
GYRO, Cincinnati, OH, pg. 368
GYRO NY, New York, NY, pg. 369
H&G MARKETING, Big Lake, MN, pg. 80
HAVAS FORMULA, San Diego, CA, pg. 612
HAVAS NEW YORK, New York, NY, pg. 369
HAVAS WORLDWIDE CHICAGO, Chicago, IL, pg. 82
HAWORTH MARKETING & MEDIA, Los Angeles, CA, pg. 471
HEARTS & SCIENCE, New York, NY, pg. 471
HEAT, San Francisco, CA, pg. 84
HEAT, New York, NY, pg. 370
HELLO DESIGN, Culver City, CA, pg. 238
HILL HOLLIDAY, Boston, MA, pg. 85
HOFFMAN YORK, Milwaukee, WI, pg. 371
HOOK, Ann Arbor, MI, pg. 239
HORIZON MEDIA, INC., New York, NY, pg. 474
HUB STRATEGY & COMMUNICATION, San Francisco, CA, pg. 9
HUEMEN DESIGN, Stamford, CT, pg.
HUGE, INC., Brooklyn, NY, pg. 239
HYFN, Los Angeles, CA, pg. 240
ICF NEXT, Minneapolis, MN, pg. 372
ICROSSING, New York, NY, pg. 240
IGNITE SOCIAL MEDIA, Cary, NC, pg. 686
IGNITED, El Segundo, CA, pg. 373
INDUSTRY, Portland, OR, pg. 187
INITIATIVE, New York, NY, pg. 477
INITIATIVE, Los Angeles, CA, pg. 478
INTERPUBLIC GROUP OF COMPANIES, New York, NY, pg. 90
IPROSPECT, New York, NY, pg. 674

JENSEN DESIGN ASSOCIATES, Long Beach, CA, pg. 188
JOHANNES LEONARDO, New York, NY, pg. 92
JUST MEDIA, INC., Emeryville, CA, pg. 481
KETCHUM, Raleigh, NC, pg. 378
KETCHUM, Chicago, IL, pg. 619
KETCHUM, New York, NY, pg. 542
KETCHUM SOUTH, Atlanta, GA, pg. 620
KOVERT CREATIVE, New York, NY, pg. 96
KWT GLOBAL, New York, NY, pg. 621
LAPIZ, Chicago, IL, pg. 542
LAUNDRY SERVICE, Brooklyn, NY, pg. 287
LAURA BURGESS MARKETING, New Bern, NC, pg. 622
LDWW GROUP, Dallas, TX, pg. 622
LEHIGH MINING & NAVIGATION, Allentown, PA, pg. 97
LEO BURNETT WORLDWIDE, Chicago, IL, pg. 98
LIQUID ADVERTISING, INC., El Segundo, CA, pg. 100
LOCAL PROJECTS, New York, NY, pg. 190
LOCKARD & WECHSLER, Irvington, NY, pg. 287
LOVE COMMUNICATIONS, Salt Lake City, UT, pg. 101
M&C SAATCHI LA, Santa Monica, CA, pg. 482
M&C SAATCHI PERFORMANCE, New York, NY, pg. 247
M/SIX, New York, NY, pg. 482
M:UNITED//MCCANN, New York, NY, pg. 102
MADISON AVENUE SOCIAL, New York, NY, pg. 103
MAGRINO PUBLIC RELATIONS, New York, NY, pg. 624
MANIFEST, Phoenix, AZ, pg. 383
MANIFEST, Saint Louis, MO, pg. 248
MANIFEST, Chicago, IL, pg. 248
MANIFEST, New York, NY, pg. 248
MARC USA, Pittsburgh, PA, pg. 104
MARINA MAHER COMMUNICATIONS, New York, NY, pg. 625
MATTE PROJECTS, New York, NY, pg. 107
MAX BORGES AGENCY, Miami, FL, pg. 626
MCCANN NEW YORK, New York, NY, pg. 108
MCCANN WORLDGROUP, Birmingham, MI, pg. 109
MCGARRYBOWEN, New York, NY, pg. 109
MCGARRYBOWEN, San Francisco, CA, pg. 385
MCKINNEY, Durham, NC, pg. 111
MCNEELY PIGOTT & FOX PUBLIC RELATIONS, Nashville, TN, pg. 626
MEDIA ASSEMBLY, Southfield, MI, pg. 385
MEDIA ASSEMBLY, Century City, CA, pg. 484
MEDIA DIRECT, INC., Carmel, IN, pg. 112
MEDIA EXPERTS, Toronto, ON, pg. 485
MEDIACOM, Playa Vista, CA, pg. 486
MEDIACOM, New York, NY, pg. 487
MEDIAHUB BOSTON, Boston, MA, pg. 489
MEDIAHUB NEW YORK, New York, NY, pg. 249
MINDGRUVE, San Diego, CA, pg. 534
MINDSHARE, New York, NY, pg. 491
MINDSHARE, Chicago, IL, pg. 494
MKG, New York, NY, pg. 311
MMGY GLOBAL, New York, NY, pg. 388
MONO, Minneapolis, MN, pg. 117
MOSES, INC., Phoenix, AZ, pg. 118
MOTHER NY, New York, NY, pg. 118
MRM//MCCANN, New York, NY, pg. 289
MRY, New York, NY, pg. 252
MSLGROUP, New York, NY, pg. 629
MUH-TAY-ZIK / HOF-FER, San Francisco, CA, pg. 119
MULLENLOWE U.S. BOSTON, Boston, MA, pg. 389
MWWPR, East Rutherford, NJ, pg. 630
NEO MEDIA WORLD, New York, NY, pg. 496
NEXT MARKETING, Norcross, GA, pg. 312
OCEAN MEDIA, INC., Huntington Beach, CA, pg. 498
OGILVY, Chicago, IL, pg. 393
OGILVY, New York, NY, pg. 393
OGILVY PUBLIC RELATIONS, New York, NY, pg. 633
OGILVY PUBLIC RELATIONS, Chicago, IL, pg. 633
OGILVYONE WORLDWIDE, New York, NY, pg. 255
OLIVER RUSSELL, Boise, ID, pg. 168
OMD, New York, NY, pg. 498

AGENCIES

OMD ENTERTAINMENT, Burbank, CA, pg. 501
OMD SAN FRANCISCO, San Francisco, CA, pg. 501
OMD WEST, Los Angeles, CA, pg. 502
OMELET, Culver City, CA, pg. 122
OMNICOM GROUP, New York, NY, pg. 123
ON BOARD EXPERIENTIAL MARKETING, Sausalito, CA, pg. 313
OXFORD COMMUNICATIONS, Lambertville, NJ, pg. 395
PALISADES MEDIA GROUP, INC., Santa Monica, CA, pg. 124
PARTNERS + NAPIER, Rochester, NY, pg. 125
PARTY LAND, Marina Del Rey, CA, pg. 125
PATTERN, New York, NY, pg. 126
PEPPERCOMM, INC., New York, NY, pg. 687
PERISCOPE, Minneapolis, MN, pg. 127
PETROL, Burbank, CA, pg. 127
PHD, San Francisco, CA, pg. 504
PHD CHICAGO, Chicago, IL, pg. 504
PHD USA, New York, NY, pg. 505
PIA AGENCY, Carlsbad, CA, pg. 506
PJA ADVERTISING + MARKETING, Cambridge, MA, pg. 397
PMG, Fort Worth, TX, pg. 257
POSTERSCOPE U.S.A., New York, NY, pg. 556
PUBLICIS NORTH AMERICA, New York, NY, pg. 399
PUBLICIS TORONTO, Toronto, ON, pg. 639
PUBLICIS.SAPIENT, Chicago, IL, pg. 259
PWC DIGITAL SERVICES, Hallandale Beach, FL, pg. 260
QUIGLEY-SIMPSON, Los Angeles, CA, pg. 544
R&J STRATEGIC COMMUNICATIONS, Bridgewater, NJ, pg. 640
R/GA, New York, NY, pg. 260
R2INTEGRATED, Baltimore, MD, pg. 261
RABINOVICI & ASSOCIATES, INC., Hallandale Beach, FL, pg. 544
RACEPOINT GLOBAL, Boston, MA, pg. 640
RAIN, New York, NY, pg. 262
RAPP WORLDWIDE, New York, NY, pg. 290
RAPP WORLDWIDE, Irving, TX, pg. 291
RAPP WORLDWIDE, Los Angeles, CA, pg. 291
RESPONSE MARKETING, New Haven, CT, pg. 133
RODGERS TOWNSEND, LLC, Saint Louis, MO, pg. 407
SAATCHI & SAATCHI , New York, NY, pg. 136
SAATCHI & SAATCHI X, Cincinnati, OH, pg. 682
SALT BRANDING, San Francisco, CA, pg. 16
SARD VERBINNEN & CO, San Francisco, CA, pg. 646
SDI MEDIA GROUP, Los Angeles, CA, pg. 545
SET CREATIVE, New York, NY, pg. 139
SHADOW PUBLIC RELATIONS, New York, NY, pg. 646
SHIKATANI LACROIX BRANDESIGN, INC., Toronto, ON, pg. 198
SHOPTOLOGY, Plano, TX, pg. 682
SIEGEL & GALE, New York, NY, pg. 17
SPACE150, Minneapolis, MN, pg. 266
SPARK FOUNDRY, New York, NY, pg. 508
SPARK FOUNDRY, Chicago, IL, pg. 510
SPARK FOUNDRY, El Segundo, CA, pg. 512
SPARK FOUNDRY, Atlanta, GA, pg. 512
SPRINGBOX, Austin, TX, pg. 266
STARCOM WORLDWIDE, Chicago, IL, pg. 513
STARCOM WORLDWIDE, Toronto, ON, pg. 517
STARCOM WORLDWIDE, New York, NY, pg. 517
STEALTH CREATIVE, St. Louis, MO, pg. 144
STORY WORLDWIDE, New York, NY, pg. 267
STRATEGIC AMERICA, West Des Moines, IA, pg. 414
STRUCK, Salt Lake City, UT, pg. 144
SUB ROSA, New York, NY, pg. 200
SUNSHINE SACHS, New York, NY, pg. 650
SUPERUNION, New York, NY, pg. 18
SWIFT, Portland, OR, pg. 145
TACO TRUCK CREATIVE, Carlsbad, CA, pg. 145
TANDEM THEORY, Dallas, TX, pg. 269
TAYLOR , New York, NY, pg. 651
TBWA \ CHIAT \ DAY, New York, NY, pg. 416
TBWA \ CHIAT \ DAY, Los Angeles, CA, pg. 146
TBWA/MEDIA ARTS LAB, Los Angeles, CA, pg. 147
TENET PARTNERS, Norwalk, CT, pg. 19

THE BRAND AMP, Costa Mesa, CA, pg. 419
THE COMMUNITY, Miami Beach, FL, pg. 545
THE MANY, Pacific Palisades, CA, pg. 151
THE MARTIN AGENCY, Richmond, VA, pg. 421
THE RICHARDS GROUP, INC., Dallas, TX, pg. 422
THE&PARTNERSHIP, New York, NY, pg. 426
THIRD EAR, Austin, TX, pg. 546
THIS IS RED, Munhall, PA, pg. 271
THREE FIVE TWO, INC., Atlanta, GA, pg. 271
TOM, DICK & HARRY CREATIVE, Chicago, IL, pg. 426
TOUCHSTORM, New York, NY, pg. 570
TRACYLOCKE, Irving, TX, pg. 683
UNDERTONE, New York, NY, pg. 273
UNIVERSAL MCCANN, San Francisco, CA, pg. 428
UPSHOT , Chicago, IL, pg. 157
USIM, Los Angeles, CA, pg. 525
VISION CREATIVE GROUP, Morris Plains, NJ, pg. 204
VMLY&R, Austin, TX, pg. 429
VMLY&R, Kansas City, MO, pg. 274
VMLY&R, New York, NY, pg. 160
VMLY&R, Seattle, WA, pg. 275
WALT & COMPANY COMMUNICATIONS, Campbell, CA, pg. 659
WAVEMAKER, New York, NY, pg. 526
WE ARE SOCIAL, New York, NY, pg. 690
WE COMMUNICATIONS, Bellevue, WA, pg. 660
WEBER SHANDWICK, Boston, MA, pg. 660
WEBER SHANDWICK, New York, NY, pg. 660
WIEDEN + KENNEDY, Portland, OR, pg. 430
WILLOWTREE, INC., Charlottesville, VA, pg. 535
WILLOWTREE, INC., Durham, NC, pg. 535
WONGDOODY, Seattle, WA, pg. 162
WPP GROUP, INC., New York, NY, pg. 433
WUNDERMAN HEALTH, New York, NY, pg. 164
WUNDERMAN THOMPSON, New York, NY, pg. 434
WUNDERMAN THOMPSON, Irvine, CA, pg. 435
WUNDERMAN THOMPSON ATLANTA, Atlanta, GA, pg. 435
ZAMBEZI, Culver City, CA, pg. 165
ZEHNDER COMMUNICATIONS, INC., New Orleans, LA, pg. 436
ZENITH MEDIA, Santa Monica, CA, pg. 531
ZENO GROUP, New York, NY, pg. 664
ZIMMERMAN ADVERTISING, Fort Lauderdale, FL, pg. 437

Digital Business Provider

1000HEADS, New York, NY, pg. 691
160OVER90, Santa Monica, CA, pg. 207
215 MCCANN, San Francisco, CA, pg. 319
360I, LLC, New York, NY, pg. 320
360PRPLUS, Boston, MA, pg. 573
5W PUBLIC RELATIONS, New York, NY, pg. 574
72ANDSUNNY, Playa Vista, CA, pg. 23
72ANDSUNNY, Brooklyn, NY, pg. 24
ACCENTURE INTERACTIVE, New York, NY, pg. 209
ADAM&EVE DDB, New York, NY, pg. 26
AGENCY 720, Detroit, MI, pg. 323
AGENCY 720, Alpharetta, GA, pg. 323
AGENCY 720, Naperville, IL, pg. 323
AGENCY 720, Irving, TX, pg. 323
AGENCY 720, Westlake Village, CA, pg. 323
AKQA, San Francisco, CA, pg. 211
AKQA, New York, NY, pg. 212
ALISON BROD PUBLIC RELATIONS, New York, NY, pg. 576
ALLEN & GERRITSEN, Philadelphia, PA, pg. 30
ALLISON+PARTNERS, New York, NY, pg. 576
ALLISON+PARTNERS, Dallas, TX, pg. 577
ALLISON+PARTNERS, Chicago, IL, pg. 577
AMALGAM, Los Angeles, CA, pg. 324
AMOBEE, INC., Chicago, IL, pg. 213
ANALOGFOLK, New York, NY, pg. 439
ANOMALY, New York, NY, pg. 325
ANOMALY, Toronto, ON, pg. 326
ANOMALY, Venice, CA, pg. 326
APEX PUBLIC RELATIONS, Toronto, ON, pg. 578
ARGONAUT, INC., San Francisco, CA, pg. 33

CLIENT INDUSTRIES INDEX

ARIA MARKETING, INC., Newton, MA, pg. 441
ARNOLD WORLDWIDE, Boston, MA, pg. 33
ARTS & LETTERS, Richmond, VA, pg. 34
B/HI, INC. - LA, Los Angeles, CA, pg. 579
BACKBONE MEDIA, Carbondale, CO, pg. 579
BADGER & WINTERS, New York, NY, pg. 174
BANNER PUBLIC AFFAIRS, Washington, DC, pg. 580
BARBARIAN, New York, NY, pg. 215
BARKER, New York, NY, pg. 36
BARKLEY, Kansas City, MO, pg. 329
BARRETTSF, San Francisco, CA, pg. 36
BASIC, San Diego, CA, pg. 215
BBDO WEST, Los Angeles, CA, pg. 331
BBDO WORLDWIDE, New York, NY, pg. 331
BBH, New York, NY, pg. 37
BBH, West Hollywood, CA, pg. 37
BECK MEDIA & MARKETING, Santa Monica, CA, pg. 582
BEHAVIOR, LLC, New York, NY, pg. 216
BELIEF AGENCY, Seattle, WA, pg. 38
BIG FAMILY TABLE, Los Angeles, CA, pg. 39
BIG SPACESHIP, Brooklyn, NY, pg. 455
BLUE 449, New York, NY, pg. 455
BLUE 449, Dallas, TX, pg. 456
BLUE CHIP MARKETING & COMMUNICATIONS, Northbrook, IL, pg. 334
BPG ADVERTISING, West Hollywood, CA, pg. 42
BRADLEY AND MONTGOMERY, Indianapolis, IN, pg. 336
BRILLIANT PR & MARKETING, Scottsdale, AZ, pg. 586
BRODEUR PARTNERS, Boston, MA, pg. 586
BROWN BAG MARKETING, Atlanta, GA, pg. 338
BROWNSTEIN GROUP, INC., Philadelphia, PA, pg. 44
BULLISH INC, New York, NY, pg. 45
BURNS GROUP, New York, NY, pg. 338
BURRELL COMMUNICATIONS GROUP, INC. , Chicago, IL, pg. 45
BWR PUBLIC RELATIONS, Beverly Hills, CA, pg. 587
CAMELOT STRATEGIC MARKETING & MEDIA, Dallas, TX, pg. 457
CAMP + KING, San Francisco, CA, pg. 46
CAMPBELL EWALD, Detroit, MI, pg. 46
CANVAS BLUE, Los Angeles, CA, pg. 47
CAPGEMINI, Wayne, PA, pg. 219
CARAT, Culver City, CA, pg. 459
CARAT, New York, NY, pg. 459
CARAT, Detroit, MI, pg. 461
CASANOVA//MCCANN, Costa Mesa, CA, pg. 538
CATALYST DIGITAL, Boston, MA, pg. 220
CBX, New York, NY, pg. 176
CHANDELIER CREATIVE, New York, NY, pg. 49
CHILD'S PLAY COMMUNICATIONS, New York, NY, pg. 590
CITIZEN RELATIONS, Los Angeles, CA, pg. 590
CITIZEN RELATIONS, New York, NY, pg. 590
CIVIC ENTERTAINMENT GROUP, New York, NY, pg. 566
CMD, Portland, OR, pg. 51
CNX, New York, NY, pg. 51
CO:COLLECTIVE, LLC, New York, NY, pg. 5
COLLE MCVOY, Minneapolis, MN, pg. 343
COLLECTIVELY, INC., San Francisco, CA, pg. 685
COMMONWEALTH // MCCANN, Detroit, MI, pg. 52
CONFIDANT, Brooklyn, NY, pg. 592
CONILL ADVERTISING, INC., Miami, FL, pg. 538
CONILL ADVERTISING, INC., El Segundo, CA, pg. 538
CONTEND, Los Angeles, CA, pg. 52
CONTROL V EXPOSED, Jenkintown, PA, pg. 222
COVET PUBLIC RELATIONS, San Diego, CA, pg. 593
COYNE PUBLIC RELATIONS, Parsippany, NJ, pg. 593
CRAMER-KRASSELT , Chicago, IL, pg. 53
CREATIVE CIVILIZATION - AN AGUILAR / GIRARD AGENCY, San Antonio, TX, pg. 561
CREATIVE DIGITAL AGENCY, San Ramon, CA, pg. 222

CLIENT INDUSTRIES INDEX — AGENCIES

CRITICAL MASS, INC., New York, NY, pg. 223
CROSSMEDIA, New York, NY, pg. 463
CROSSROADS, Kansas City, MO, pg. 594
CSM SPORT & ENTERTAINMENT, New York, NY, pg. 347
CUTWATER, San Francisco, CA, pg. 56
DAVID, Miami, FL, pg. 57
DDB CHICAGO, Chicago, IL, pg. 59
DDB NEW YORK, New York, NY, pg. 59
DENNY MOUNTAIN MEDIA, Seattle, WA, pg. 225
DENTSU AEGIS NETWORK, New York, NY, pg. 61
DEUTSCH, INC., New York, NY, pg. 349
DEUTSCH, INC., Los Angeles, CA, pg. 350
DEVINE + PARTNERS, Philadelphia, PA, pg. 596
DEVRIES GLOBAL, New York, NY, pg. 596
DIGITAS, New York, NY, pg. 226
DIGITAS, San Francisco, CA, pg. 227
DIGITAS, Detroit, MI, pg. 229
DIRECT AGENTS, INC., New York, NY, pg. 229
DKC PUBLIC RELATIONS, New York, NY, pg. 597
DONER, Southfield, MI, pg. 63
DPR GROUP, INC., Frederick, MD, pg. 598
DROGA5, New York, NY, pg. 64
DUNCAN CHANNON, San Francisco, CA, pg. 66
ELEPHANT, Brooklyn, NY, pg. 181
ELEVATE, Chicago, IL, pg. 230
ELEVATION, LTD, Washington, DC, pg. 540
ELEVEN, INC., San Francisco, CA, pg. 67
EMPOWER, Cincinnati, OH, pg. 354
ENERGY BBDO, INC., Chicago, IL, pg. 355
EP+CO., Greenville, SC, pg. 356
EP+CO., New York, NY, pg. 356
ERICH & KALLMAN, San Francisco, CA, pg. 68
ESSENCE, San Francisco, CA, pg. 232
ESSENCE, New York, NY, pg. 232
ESSENCE, Seattle, WA, pg. 232
ESSENCE, Los Angeles, CA, pg. 233
ESSENCE, Minneapolis, MN, pg. 233
FACTORY PR, New York, NY, pg. 602
FALLON WORLDWIDE, Minneapolis, MN, pg. 70
FCB WEST, San Francisco, CA, pg. 72
FETCH, San Francisco, CA, pg. 533
FIRSTBORN, New York, NY, pg. 234
FISH CONSULTING LLC, Fort Lauderdale, FL, pg. 604
FLEISHMANHILLARD, Detroit, MI, pg. 606
FLUID, INC., New York, NY, pg. 235
FORSMAN & BODENFORS, New York, NY, pg. 74
FRENCH / WEST / VAUGHAN , Raleigh, NC, pg. 361
FUSEIDEAS, LLC, Winchester, MA, pg. 306
GALLEGOS UNITED, Huntington Beach, CA, pg. 75
GATES, New York, NY, pg. 76
GIANT SPOON, LLC, New York, NY, pg. 363
GIANT SPOON, LLC, Los Angeles, CA, pg. 363
GMR MARKETING, New Berlin, WI, pg. 306
GOLIN, San Francisco, CA, pg. 609
GOLIN, Chicago, IL, pg. 609
GOLIN, Los Angeles, CA, pg. 609
GOLIN, New York, NY, pg. 610
GOODBY, SILVERSTEIN & PARTNERS, San Francisco, CA, pg. 77
GOODMAN MEDIA INTERNATIONAL, INC., New York, NY, pg. 610
GOTHAM, INC., New York, NY, pg. 77
GRETEL, New York, NY, pg. 78
GREY CANADA, Toronto, ON, pg. 365
GREY GROUP, New York, NY, pg. 365
GREY MIDWEST, Cincinnati, OH, pg. 366
GRIP LIMITED, Toronto, ON, pg. 78
GROW INTERACTIVE, Norfolk, VA, pg. 237
GSD&M, Austin, TX, pg. 79
GTB, Dearborn, MI, pg. 367
GUT MIAMI, Miami, FL, pg. 80
GYK ANTLER, Manchester, NH, pg. 368
HAPI, Phoenix, AZ, pg. 81
HARMELIN MEDIA, Bala Cynwyd, PA, pg. 467
HAVAS FORMULA, San Diego, CA, pg. 612
HAVAS FORMULATIN, New York, NY, pg. 612
HAVAS MEDIA GROUP, New York, NY, pg. 468
HAVAS MEDIA GROUP, Chicago, IL, pg. 469
HAVAS NEW YORK, New York, NY, pg. 369
HEARST AUTOS, San Francisco, CA, pg. 238

HEARTS & SCIENCE, New York, NY, pg. 471
HEARTS & SCIENCE, Atlanta, GA, pg. 473
HEARTS & SCIENCE, Los Angeles, CA, pg. 473
HEAT, San Francisco, CA, pg. 84
HL GROUP, New York, NY, pg. 614
HOLLAND - MARK, Boston, MA, pg. 87
HOOK, Ann Arbor, MI, pg. 239
HORIZON MEDIA, INC., Los Angeles, CA, pg. 473
HORIZON MEDIA, INC., New York, NY, pg. 474
HOTHOUSE, Atlanta, GA, pg. 371
HUB STRATEGY & COMMUNICATION, San Francisco, CA, pg. 9
HUGE, INC., Brooklyn, NY, pg. 239
ICF NEXT, Minneapolis, MN, pg. 372
ICF NEXT, Chicago, IL, pg. 614
IGNITE SOCIAL MEDIA, Cary, NC, pg. 686
IGNITED, El Segundo, CA, pg. 373
IMAGINARY FORCES, Los Angeles, CA, pg. 187
IMG LIVE, Atlanta, GA, pg. 308
INDUSTRY, Portland, OR, pg. 187
INITIATIVE, New York, NY, pg. 477
INITIATIVE, Los Angeles, CA, pg. 478
INTERESTING DEVELOPMENT, New York, NY, pg. 90
INTERPUBLIC GROUP OF COMPANIES, New York, NY, pg. 90
IPG360, Los Angeles, CA, pg. 90
JACK MORTON WORLDWIDE, Detroit, MI, pg. 309
JEBCOMMERCE, Coeur d'Alene, ID, pg. 91
JMPR PUBLIC RELATIONS, Woodland Hills, CA, pg. 617
JOELE FRANK, WILKINSON BRIMMER KATCHER, New York, NY, pg. 617
JOHANNES LEONARDO, New York, NY, pg. 92
JONES KNOWLES RITCHIE, New York, NY, pg. 11
JUNIPER PARK\ TBWA, Toronto, ON, pg. 93
KEPLER GROUP, New York, NY, pg. 244
KETCHUM, Chicago, IL, pg. 619
KETCHUM, New York, NY, pg. 542
KIKU OBATA & CO., Saint Louis, MO, pg. 188
KOVERT CREATIVE, New York, NY, pg. 96
KRUPP KOMMUNICATIONS, New York, NY, pg. 686
KVELL, Santa Monica, CA, pg. 96
KWT GLOBAL, New York, NY, pg. 621
LAFORCE, New York, NY, pg. 621
LAIRD + PARTNERS, New York, NY, pg. 96
LAPIZ, Chicago, IL, pg. 542
LAUNCHSQUAD, New York, NY, pg. 621
LAUNDRY SERVICE, Brooklyn, NY, pg. 287
LEAP, Louisville, KY, pg. 245
LEO BURNETT DETROIT, Troy, MI, pg. 97
LEO BURNETT WORLDWIDE, Chicago, IL, pg. 98
LEVERAGE, Tampa, FL, pg. 245
LIGHTNING ORCHARD, Brooklyn, NY, pg. 11
LINDSAY, STONE & BRIGGS, Madison, WI, pg. 100
LIQUID ADVERTISING, INC., El Segundo, CA, pg. 100
LLOYD&CO, New York, NY, pg. 190
LOCAL PROJECTS, New York, NY, pg. 190
LUMENCY INC., New York, NY, pg. 310
LUQUIRE GEORGE ANDREWS, INC., Charlotte, NC, pg. 382
M&C SAATCHI PERFORMANCE, New York, NY, pg. 247
M/SIX, New York, NY, pg. 482
M/SIX, Toronto, ON, pg. 483
M:UNITED//MCCANN, New York, NY, pg. 102
MADWELL, Brooklyn, NY, pg. 13
MADWELL, Denver, CO, pg. 103
MARC USA, Pittsburgh, PA, pg. 104
MARCA MIAMI, Coconut Grove, FL, pg. 104
MARINA MAHER COMMUNICATIONS, New York, NY, pg. 625
MARKETING ARCHITECTS, Minneapolis, MN, pg. 288
MARKETSMITH, INC, Cedar Knolls, NJ, pg. 483
MARKSTEIN, Birmingham, AL, pg. 625
MAROON PR, Columbia, MD, pg. 625
MATRIX PARTNERS, LTD., Chicago, IL, pg. 107
MATTE PROJECTS, New York, NY, pg. 107
MCCANN NEW YORK, New York, NY, pg. 108
MCCANN WORLDGROUP, Birmingham, MI, pg. 109
MCCUE PUBLIC RELATIONS, Burbank, CA, pg. 626
MCGARRYBOWEN, Chicago, IL, pg. 110

MCKINNEY, Durham, NC, pg. 111
MEDIA ASSEMBLY, New York, NY, pg. 484
MEDIA BROKERS INTERNATIONAL, Alpharetta, GA, pg. 485
MEDIA DESIGN GROUP, LLC, Los Angeles, CA, pg. 485
MEDIACOM, Playa Vista, CA, pg. 486
MEDIACOM, New York, NY, pg. 487
MEDIAHUB BOSTON, Boston, MA, pg. 489
MEDIAHUB LOS ANGELES, El Segundo, CA, pg. 112
MEDIAHUB NEW YORK, New York, NY, pg. 249
MEDIASMITH, INC. , San Francisco, CA, pg. 490
MEDIASPOT, INC. , Corona Del Mar, CA, pg. 490
MEKANISM, San Francisco, CA, pg. 112
MEKANISM, New York, NY, pg. 113
MINDSHARE, New York, NY, pg. 491
MINDSHARE, Playa Vista, CA, pg. 495
MINDSHARE, Portland, OR, pg. 495
MINDSHARE, San Francisco, CA, pg. 495
MINDSTREAM MEDIA GROUP - DALLAS, Dallas, TX, pg. 496
MISSY FARREN & ASSOCIATES, LTD., New York, NY, pg. 627
MKG, New York, NY, pg. 311
MKTG INC, New York, NY, pg. 311
MODCOGROUP, New York, NY, pg. 116
MOMENTUM WORLDWIDE, New York, NY, pg. 117
MONO, Minneapolis, MN, pg. 117
MOSES, INC., Phoenix, AZ, pg. 118
MOTHER, Los Angeles, CA, pg. 118
MOTHER NY, New York, NY, pg. 118
MOVEMENT STRATEGY, New York, NY, pg. 687
MOXIE, Atlanta, GA, pg. 251
MOXIE COMMUNICATIONS GROUP, New York, NY, pg. 628
MOXIE SOZO, Boulder, CO, pg. 192
MSLGROUP, New York, NY, pg. 629
MUH-TAY-ZIK / HOF-FER, San Francisco, CA, pg. 119
MULLENLOWE U.S. BOSTON, Boston, MA, pg. 389
MWEBB COMMUNICATIONS , Culver City, CA, pg. 630
NAIL COMMUNICATIONS, Providence, RI, pg. 14
NEXT MARKETING, Norcross, GA, pg. 312
NOBLE PEOPLE, New York, NY, pg. 120
NOM, Los Angeles, CA, pg. 121
NORTH 6TH AGENCY, New York, NY, pg. 633
NOVUS MEDIA, INC., Plymouth, MN, pg. 497
OBSERVATORY MARKETING, Los Angeles, CA, pg. 122
OCEAN MEDIA, INC., Huntington Beach, CA, pg. 498
OGILVY, Chicago, IL, pg. 393
OGILVY, New York, NY, pg. 393
OGILVY PUBLIC RELATIONS, Chicago, IL, pg. 633
OGILVY PUBLIC RELATIONS, San Francisco, CA, pg. 634
OMD, New York, NY, pg. 498
OMD, Chicago, IL, pg. 500
OMD ENTERTAINMENT, Burbank, CA, pg. 501
OMD SAN FRANCISCO, San Francisco, CA, pg. 501
OMD WEST, Los Angeles, CA, pg. 502
OMELET, Culver City, CA, pg. 122
OMNICOM GROUP, New York, NY, pg. 123
ON BOARD EXPERIENTIAL MARKETING, Sausalito, CA, pg. 313
OSTER & ASSOCIATES, INC., San Diego, CA, pg. 123
OWEN JONES AND PARTNERS, Portland, OR, pg. 124
OXFORD COMMUNICATIONS, Lambertville, NJ, pg. 395
PACE COMMUNICATIONS, Greensboro, NC, pg. 395
PALISADES MEDIA GROUP, INC., Santa Monica, CA, pg. 124
PAPPAS GROUP, Arlington, VA, pg. 396
PARALLEL PATH, Boulder, CO, pg. 256
PARTY LAND, Marina Del Rey, CA, pg. 125
PATTERN, New York, NY, pg. 126
PEREIRA & O'DELL, San Francisco, CA, pg. 256
PERISCOPE, Minneapolis, MN, pg. 127
PHD, San Francisco, CA, pg. 504
PHD USA, New York, NY, pg. 505

A-96

AGENCIES

PLUSMEDIA, LLC, Danbury, CT, pg. 290
PMG, Fort Worth, TX, pg. 257
PORTER NOVELLI, New York, NY, pg. 637
POSTERSCOPE U.S.A., Detroit, MI, pg. 556
POSTERSCOPE U.S.A., New York, NY, pg. 556
POWERPHYL MEDIA SOLUTIONS, New York, NY, pg. 506
PREACHER, Austin, TX, pg. 129
PUBLICIS HAWKEYE, Dallas, TX, pg. 399
PUBLICIS NORTH AMERICA, New York, NY, pg. 399
PUBLICIS WEST, Seattle, WA, pg. 130
PUBLICIS.SAPIENT, Seattle, WA, pg. 259
QUIGLEY-SIMPSON, Los Angeles, CA, pg. 544
QUIRK CREATIVE, Brooklyn, NY, pg. 131
R/GA, New York, NY, pg. 260
R/GA, San Francisco, CA, pg. 261
R/GA, Chicago, IL, pg. 261
R2INTEGRATED, Baltimore, MD, pg. 261
RACEPOINT GLOBAL, Boston, MA, pg. 640
RAIN, Portland, OR, pg. 402
RAIN, New York, NY, pg. 262
RALPH, California, CA, pg. 262
RAPPORT OUTDOOR WORLDWIDE, Los Angeles, CA, pg. 557
RAUXA, Costa Mesa, CA, pg. 291
RED ANTLER, Brooklyn, NY, pg. 16
RED TETTEMER O'CONNELL + PARTNERS, Philadelphia, PA, pg. 404
RENAISSANCE, San Diego, CA, pg. 263
RESOURCE/AMMIRATI, Columbus, OH, pg. 263
RODGERS TOWNSEND, LLC, Saint Louis, MO, pg. 407
ROKKAN, LLC, New York, NY, pg. 264
RPA, Santa Monica, CA, pg. 134
RUBENSTEIN ASSOCIATES, New York, NY, pg. 644
RYGR, Carbondale, CO, pg. 409
SAATCHI & SAATCHI , New York, NY, pg. 136
SAATCHI & SAATCHI X, Cincinnati, OH, pg. 682
SALT BRANDING, San Francisco, CA, pg. 16
SANDERS\WINGO, El Paso, TX, pg. 138
SDI MEDIA GROUP, Los Angeles, CA, pg. 545
SECRET FORT, Chicago, IL, pg. 139
SET CREATIVE, New York, NY, pg. 139
SHADOW PUBLIC RELATIONS, New York, NY, pg. 646
SID LEE, Montreal, QC, pg. 140
SIX DEGREES GROUP, New York, NY, pg. 647
SOURCE COMMUNICATIONS, Hackensack, NJ, pg. 315
SPACE150, Minneapolis, MN, pg. 266
SPARK FOUNDRY, New York, NY, pg. 508
SPARK FOUNDRY, Chicago, IL, pg. 510
SPARK FOUNDRY, El Segundo, CA, pg. 512
SPARK FOUNDRY, Atlanta, GA, pg. 512
SPARKS & HONEY, New York, NY, pg. 450
SPM COMMUNICATIONS, Dallas, TX, pg. 649
SPRINGBOX, Austin, TX, pg. 266
SS+K, New York, NY, pg. 144
STARCOM WORLDWIDE, Chicago, IL, pg. 513
STARCOM WORLDWIDE, North Hollywood, CA, pg. 516
STARCOM WORLDWIDE, Detroit, MI, pg. 517
STARCOM WORLDWIDE, New York, NY, pg. 517
STEIN IAS, New York, NY, pg. 267
STELLA RISING, Westport, CT, pg. 518
STELLAR MARKETING, Excelsior, MN, pg. 518
STERLING-RICE GROUP, Boulder, CO, pg. 413
STERN ADVERTISING, INC., Cleveland, OH, pg. 413
SUB ROSA, New York, NY, pg. 200
SUNSHINE SACHS, New York, NY, pg. 650
SUPERJUICE, Atlanta, GA, pg. 651
SWIFT, Portland, OR, pg. 145
T3, Austin, TX, pg. 268
TAXI, New York, NY, pg. 146
TAXI, Toronto, ON, pg. 146
TAYLOR , New York, NY, pg. 651
TAYLOR, Charlotte, NC, pg. 651
TBD, San Francisco, CA, pg. 146
TBWA \ CHIAT \ DAY, New York, NY, pg. 416
TBWA \ CHIAT \ DAY, Los Angeles, CA, pg. 146
TBWA/MEDIA ARTS LAB, Los Angeles, CA, pg. 147
TERRI & SANDY, New York, NY, pg. 147

TETHER, Seattle, WA, pg. 201
THE AXIS AGENCY, Century City, CA, pg. 545
THE BUNTIN GROUP, Nashville, TN, pg. 148
THE COMMUNITY, Miami Beach, FL, pg. 545
THE HATCH AGENCY, San Francisco, CA, pg. 653
THE MANY, Pacific Palisades, CA, pg. 151
THE MARTIN AGENCY, Richmond, VA, pg. 421
THE MEDIA KITCHEN, New York, NY, pg. 519
THE NARRATIVE GROUP, New York, NY, pg. 654
THE OUTCAST AGENCY, San Francisco, CA, pg. 654
THE RICHARDS GROUP, INC., Dallas, TX, pg. 422
THE TAG EXPERIENCE, Miami, FL, pg. 688
THE WILLIAM MILLS AGENCY, Atlanta, GA, pg. 655
THE&PARTNERSHIP, New York, NY, pg. 426
THINKSO CREATIVE LLC, New York, NY, pg. 155
THIRD EAR, Austin, TX, pg. 546
THREE FIVE TWO, INC., Atlanta, GA, pg. 271
THREESIXTYEIGHT, Baton Rouge, LA, pg. 271
TPN, Chicago, IL, pg. 571
TRANSLATION, Brooklyn, NY, pg. 299
TRIBAL WORLDWIDE, New York, NY, pg. 272
TRUEPOINT COMMUNICATIONS, Dallas, TX, pg. 657
TVGLA, Los Angeles, CA, pg. 273
TWENTY-FIRST CENTURY BRAND, San Francisco, CA, pg. 157
TWO NIL, Los Angeles, CA, pg. 521
UNIVERSAL MCCANN, New York, NY, pg. 521
UNIVERSAL MCCANN, Los Angeles, CA, pg. 524
UPSHOT , Chicago, IL, pg. 157
VALTECH, New York, NY, pg. 273
VAYNERMEDIA, New York, NY, pg. 689
VERITONE ONE, San Diego, CA, pg. 525
VESTED, New York, NY, pg. 658
VIRTUE WORLDWIDE, Brooklyn, NY, pg. 159
VM1 (ZENITH MEDIA + MOXIE), New York, NY, pg. 526
VMLY&R, Kalamazoo, MI, pg. 274
VMLY&R, New York, NY, pg. 160
VMLY&R, Seattle, WA, pg. 275
WALRUS, New York, NY, pg. 161
WAVEMAKER, New York, NY, pg. 526
WE COMMUNICATIONS, Bellevue, WA, pg. 660
WEBER SHANDWICK, New York, NY, pg. 660
WEBER SHANDWICK, Birmingham, MI, pg. 662
WIEDEN + KENNEDY, Portland, OR, pg. 430
WIEDEN + KENNEDY, New York, NY, pg. 432
WONGDOODY, Seattle, WA, pg. 162
WUNDERMAN HEALTH, New York, NY, pg. 164
WUNDERMAN THOMPSON, New York, NY, pg. 434
YARD, New York, NY, pg. 435
ZENITH MEDIA, New York, NY, pg. 529
ZIMMERMAN ADVERTISING, Fort Lauderdale, FL, pg. 437

Education

160OVER90, Philadelphia, PA, pg. 1
160OVER90, Santa Monica, CA, pg. 207
ALLEN & GERRITSEN, Boston, MA, pg. 29
AMP AGENCY, Los Angeles, CA, pg. 213
AMPERSAND AGENCY, Austin, TX, pg. 31
ANVIL MEDIA, INC, Portland, OR, pg. 671
ARNOLD WORLDWIDE, Boston, MA, pg. 33
BARKER, New York, NY, pg. 36
BARRETTSF, San Francisco, CA, pg. 36
BECKER MEDIA , Oakland, CA, pg. 38
BEHAVIOR, LLC, New York, NY, pg. 216
BROADBEAM MEDIA, New York, NY, pg. 456
BROWNSTEIN GROUP, INC., Philadelphia, PA, pg. 44
BULL & BEARD, Winston Salem, NC, pg. 44
BVK, Milwaukee, WI, pg. 339
CASHMAN & KATZ INTEGRATED COMMUNICATIONS, Glastonbury, CT, pg. 340
CHILD'S PLAY COMMUNICATIONS, New York, NY, pg. 590
CINEMASTREET, New York, NY, pg. 50
CLEAN, Raleigh, NC, pg. 5
COLLECTIVELY, INC., San Francisco, CA, pg. 685

CLIENT INDUSTRIES INDEX

COMMUNICATIONS STRATEGY GROUP, Denver, CO, pg. 592
COPACINO + FUJIKADO, LLC, Seattle, WA, pg. 344
CORNETT INTEGRATED MARKETING SOLUTIONS, Lexington, KY, pg. 344
COSSETTE MEDIA, Toronto, ON, pg. 345
COYNE PUBLIC RELATIONS, Parsippany, NJ, pg. 593
CRITICAL MASS, INC., Chicago, IL, pg. 223
CRITICAL MASS, INC., New York, NY, pg. 223
CROSSMEDIA, Philadelphia, PA, pg. 463
DENIZEN GROUP, Culver City, CA, pg. 225
DESIGN ARMY LLC, Washington, DC, pg. 179
DIRECT AGENTS, INC., New York, NY, pg. 229
DIRECT RESULTS, Venice, CA, pg. 63
DOUG&PARTNERS, Toronto, ON, pg. 353
EDELMAN, Chicago, IL, pg. 353
EFM AGENCY, San Diego, CA, pg. 67
EMPOWER, Cincinnati, OH, pg. 354
EMPOWER, Chicago, IL, pg. 355
EP+CO., Greenville, SC, pg. 356
FRIENDS & NEIGHBORS, Minneapolis, MN, pg. 7
FULL CONTACT ADVERTISING, Boston, MA, pg. 75
FUSEIDEAS, LLC, Winchester, MA, pg. 306
GATESMAN, Pittsburgh, PA, pg. 361
GENERATOR MEDIA + ANALYTICS, New York, NY, pg. 466
GOODMAN MEDIA INTERNATIONAL, INC., New York, NY, pg. 610
GSD&M, Austin, TX, pg. 79
GSD&M, Chicago, IL, pg. 79
GYK ANTLER, Manchester, NH, pg. 368
HAPI, Phoenix, AZ, pg. 81
HAVAS FORMULA, San Diego, CA, pg. 612
HAVAS MEDIA GROUP, Chicago, IL, pg. 469
HAVAS MEDIA GROUP, Boston, MA, pg. 470
HILL HOLLIDAY, Boston, MA, pg. 85
HUB STRATEGY & COMMUNICATION, San Francisco, CA, pg. 9
HUGHESLEAHYKARLOVIC, Saint Louis, MO, pg. 372
HUNTER PUBLIC RELATIONS, New York, NY, pg. 614
ICF NEXT, Minneapolis, MN, pg. 372
ICF NEXT, Chicago, IL, pg. 614
IDFIVE, Baltimore, MD, pg. 373
IMAGINARY FORCES, Los Angeles, CA, pg. 187
INFINITY MARKETING, Greenville, SC, pg. 374
INITIATIVE, Los Angeles, CA, pg. 478
INTERLEX COMMUNICATIONS, San Antonio, TX, pg. 541
INTERMARKET COMMUNICATIONS, New York, NY, pg. 375
JELLYFISH U.S., Baltimore, MD, pg. 243
JOHNSON & SEKIN, Dallas, TX, pg. 10
KARSH & HAGAN, Denver, CO, pg. 94
KELLY, SCOTT & MADISON, INC., Chicago, IL, pg. 482
KEPLER GROUP, New York, NY, pg. 244
KETCHUM, New York, NY, pg. 542
KIOSK CREATIVE LLC, Novato, CA, pg. 378
LAGRANT COMMUNICATIONS, Los Angeles, CA, pg. 621
LEAP, Louisville, KY, pg. 245
LEO BURNETT WORLDWIDE, Chicago, IL, pg. 98
LEVLANE ADVERTISING, Philadelphia, PA, pg. 380
LIPMAN HEARNE, INC. , Chicago, IL, pg. 381
LUCKIE & COMPANY, Birmingham, AL, pg. 382
M&C SAATCHI LA, Santa Monica, CA, pg. 482
MACIAS CREATIVE, Miami, FL, pg. 543
MAKIARIS MEDIA SERVICES, Middletown, CT, pg. 483
MANIFEST, New York, NY, pg. 248
MBB AGENCY, Leawood, KS, pg. 107
MBUY, Chicago, IL, pg. 484
MCGARRYBOWEN, New York, NY, pg. 109
MEDIA LOGIC, Albany, NY, pg. 288
MEDIA TWO INTERACTIVE, Raleigh, NC, pg. 486
MEDIACOM, New York, NY, pg. 487
MEDIAHUB WINSTON SALEM, Winston-Salem, NC, pg. 386
MEDIASSOCIATES, INC., Sandy Hook, CT, pg. 490

CLIENT INDUSTRIES INDEX

AGENCIES

MINDSHARE, New York, NY, pg. 491
MMB, Boston, MA, pg. 116
MORTAR ADVERTISING, San Francisco, CA, pg. 117
MOXIE SOZO, Boulder, CO, pg. 192
MULLENLOWE U.S. BOSTON, Boston, MA, pg. 389
MYTHIC, Charlotte, NC, pg. 119
NEO MEDIA WORLD, New York, NY, pg. 496
NEXTMEDIA, INC., Dallas, TX, pg. 497
NUSTREAM, Allentown, PA, pg. 254
OGILVY PUBLIC RELATIONS, Chicago, IL, pg. 633
OMD, Chicago, IL, pg. 500
OMD SAN FRANCISCO, San Francisco, CA, pg. 501
OMD WEST, Los Angeles, CA, pg. 502
ORANGE LABEL ART & ADVERTISING, Newport Beach, CA, pg. 395
ORANGE ORCHARD, Maryville, TN, pg. 634
OXFORD COMMUNICATIONS, Lambertville, NJ, pg. 395
PADILLA, Minneapolis, MN, pg. 635
PAPPAS GROUP, Arlington, VA, pg. 396
PGR MEDIA, Boston, MA, pg. 504
PLANIT, Baltimore, MD, pg. 397
PROOF ADVERTISING, Austin, TX, pg. 398
PUBLICIS NORTH AMERICA, New York, NY, pg. 399
R2INTEGRATED, Baltimore, MD, pg. 261
RAPP WORLDWIDE, Los Angeles, CA, pg. 291
RED DOOR INTERACTIVE, San Diego, CA, pg. 404
RED SQUARE AGENCY, Mobile, AL, pg. 642
RISE INTERACTIVE, Chicago, IL, pg. 264
SALT BRANDING, San Francisco, CA, pg. 16
SANDERS\WINGO, El Paso, TX, pg. 138
SENSIS AGENCY, Los Angeles, CA, pg. 545
SFW AGENCY, Greensboro, NC, pg. 16
SHARP COMMUNICATIONS, INC., New York, NY, pg. 140
SHOK IDEA GROUP, INC, New Smyrna Beach, FL, pg. 17
SILTANEN & PARTNERS ADVERTISING, El Segundo, CA, pg. 410
SOSHAL, Ottawa, ON, pg. 143
SPARK, Tampa, FL, pg. 17
SPRINGBOX, Austin, TX, pg. 266
SPURRIER GROUP, Richmond, VA, pg. 513
SS+K, New York, NY, pg. 144
STEIN IAS, New York, NY, pg. 267
TATTOO PROJECTS, LLC, Charlotte, NC, pg. 146
TBWA \ CHIAT \ DAY, Los Angeles, CA, pg. 146
TENET PARTNERS, Norwalk, CT, pg. 19
THE BERGMAN GROUP, INC, Richmond, VA, pg. 148
THE BOHAN AGENCY, Nashville, TN, pg. 418
THE COMMUNITY, Miami Beach, FL, pg. 545
THE DAVIS GROUP, Austin, TX, pg. 519
THE FRANK AGENCY, INC., Overland Park, KS, pg. 150
THE HODGES PARTNERSHIP, Richmond, VA, pg. 653
THE RICHARDS GROUP, INC., Dallas, TX, pg. 422
THE S3 AGENCY, Boonton, NJ, pg. 424
THESEUS COMMUNICATIONS, New York, NY, pg. 520
THINKSO CREATIVE LLC, New York, NY, pg. 155
THREE FIVE TWO, INC., Atlanta, GA, pg. 271
TOM, DICK & HARRY CREATIVE, Chicago, IL, pg. 426
TRAFFIK ADVERTISING, Irvine, CA, pg. 156
TRIBAL WORLDWIDE, New York, NY, pg. 272
TRILIA , Boston, MA, pg. 521
TRONE BRAND ENERGY, INC., High Point, NC, pg. 427
TWENTY-FIRST CENTURY BRAND, San Francisco, CA, pg. 157
TWO BY FOUR COMMUNICATIONS, LTD., Chicago, IL, pg. 157
UNCONQUERED, Baltimore, MD, pg. 203
UNIVERSAL MCCANN, New York, NY, pg. 521
WE COMMUNICATIONS, Bellevue, WA, pg. 660
YOUNG & LARAMORE, Indianapolis, IN, pg. 164

Energy, Gasoline & Oil

ACKERMAN MCQUEEN, INC., Oklahoma City, OK, pg. 26
ACKERMAN MCQUEEN, INC., Oklahoma City, OK, pg. 26
ALLEN & GERRITSEN, Philadelphia, PA, pg. 30
ALLSCOPE MEDIA, New York, NY, pg. 454
ARCHER MALMO, Austin, TX, pg. 214
ASO ADVERTISING, Roswell, GA, pg. 328
BBDO WORLDWIDE, New York, NY, pg. 331
BERNSTEIN-REIN ADVERTISING, INC., Kansas City, MO, pg. 39
BIG COMMUNICATIONS, INC., Birmingham, AL, pg. 39
BLUE 449, Dallas, TX, pg. 456
BLUE SKY , Atlanta, GA, pg. 40
BRANDWARE PUBLIC RELATIONS, INC., Atlanta, GA, pg. 585
BROADHEAD, Minneapolis, MN, pg. 337
BUTLER, SHINE, STERN & PARTNERS, Sausalito, CA, pg. 45
C-COM GROUP, INC., Miami, FL, pg. 587
CALYPSO, Portsmouth, NH, pg. 588
CAMPBELL EWALD, Detroit, MI, pg. 46
CARAT, Atlanta, GA, pg. 459
CARMICHAEL LYNCH, Minneapolis, MN, pg. 47
CAYENNE CREATIVE, Birmingham, AL, pg. 49
CHAPTER & VERSE, Spokane, WA, pg. 341
CLEAN, Raleigh, NC, pg. 5
CLICK HERE , Dallas, TX, pg. 221
COLLE MCVOY, Minneapolis, MN, pg. 343
CONE, INC., Boston, MA, pg. 6
CRAMER-KRASSELT, New York, NY, pg. 53
CRAMER-KRASSELT , Milwaukee, WI, pg. 54
CRITICAL MASS, INC., New York, NY, pg. 223
CUTWATER, San Francisco, CA, pg. 56
DAILEY & ASSOCIATES, West Hollywood, CA, pg. 56
DDB CHICAGO, Chicago, IL, pg. 59
DEG DIGITAL, Overland Park, KS, pg. 224
DENTSU X, New York, NY, pg. 61
DIGITAS, Chicago, IL, pg. 227
DIGITAS, Detroit, MI, pg. 229
DOREMUS & COMPANY, New York, NY, pg. 64
DP+, Farmington Hills, MI, pg. 353
DROGA5, New York, NY, pg. 64
EDELMAN, Chicago, IL, pg. 353
ELEVEN, INC., San Francisco, CA, pg. 67
FCB CHICAGO, Chicago, IL, pg. 71
FITZCO, Atlanta, GA, pg. 73
FLEISHMANHILLARD, Saint Louis, MO, pg. 604
FLYNN WRIGHT, INC., Des Moines, IA, pg. 359
FUSE MARKETING GROUP, INC., Toronto, ON, pg. 8
GATESMAN, Pittsburgh, PA, pg. 361
GENOME, New York, NY, pg. 236
GEOMETRY, New York, NY, pg. 362
GOLIN, Chicago, IL, pg. 609
GP GENERATE, LLC, Los Angeles, CA, pg. 541
GREY GROUP, New York, NY, pg. 365
GREY WEST, San Francisco, CA, pg. 367
GSD&M, Austin, TX, pg. 79
HAVAS NEW YORK, New York, NY, pg. 369
HCK2 PARTNERS, Addison, TX, pg. 613
HEINRICH MARKETING, INC., Denver, CO, pg. 84
HELEN THOMPSON MEDIA, San Antonio, TX, pg. 473
HELLMAN ASSOCIATES, INC., Waterloo, IA, pg. 84
HILL+KNOWLTON STRATEGIES, Chicago, IL, pg. 370
HMH, Portland, OR, pg. 86
HOFFMAN YORK, Milwaukee, WI, pg. 371
HUGE, INC., Brooklyn, NY, pg. 239
ICF NEXT, Minneapolis, MN, pg. 372
ICROSSING, New York, NY, pg. 240
ID MEDIA, New York, NY, pg. 477
INITIATIVE, New York, NY, pg. 477
INITIATIVE, Chicago, IL, pg. 479
INTERMARK GROUP, INC., Birmingham, AL, pg. 375
INTERTREND COMMUNICATIONS, INC., Long Beach, CA, pg. 541
INVENTIVA, San Antonio, TX, pg. 541
IRIS ATLANTA, Atlanta, GA, pg. 90
JUNIPER PARK\ TBWA, Toronto, ON, pg. 93
JUST MEDIA, INC., Emeryville, CA, pg. 481
KWT GLOBAL, New York, NY, pg. 621
LEO BURNETT WORLDWIDE, Chicago, IL, pg. 98
LOVE ADVERTISING, Houston, TX, pg. 101
LUCKIE & COMPANY, Birmingham, AL, pg. 382
MARKETSMITH, INC, Cedar Knolls, NJ, pg. 483
MARTIN WILLIAMS ADVERTISING, Minneapolis, MN, pg. 106
MAXMEDIA INC., Atlanta, GA, pg. 248
MAYOSEITZ MEDIA, Blue Bell, PA, pg. 483
MEDIA ASSEMBLY, New York, NY, pg. 484
MEDIA BROKERS INTERNATIONAL, Alpharetta, GA, pg. 485
MEDIA BUYING SERVICES, INC., Phoenix, AZ, pg. 485
MEDIA DIMENSIONS LIMITED, Toronto, ON, pg. 485
MEDIA PARTNERS, Tualatin, OR, pg. 386
MEDIACOM, New York, NY, pg. 487
MEDIAHUB WINSTON SALEM, Winston-Salem, NC, pg. 386
MINDSHARE, New York, NY, pg. 491
MINDSHARE, Atlanta, GA, pg. 493
MINDSHARE, Chicago, IL, pg. 494
MINDSHARE, Playa Vista, CA, pg. 495
MINDSTREAM MEDIA GROUP - DALLAS, Dallas, TX, pg. 496
MIRUM AGENCY, San Diego, CA, pg. 251
MOMENTUM WORLDWIDE, New York, NY, pg. 117
MONO, Minneapolis, MN, pg. 117
MORGAN + COMPANY, New Orleans, LA, pg. 496
MRY, New York, NY, pg. 252
MUH-TAY-ZIK / HOF-FER, San Francisco, CA, pg. 119
NIMBLE WORLDWIDE, Dallas, TX, pg. 391
O'KEEFE REINHARD & PAUL, Chicago, IL, pg. 392
OGILVY, Chicago, IL, pg. 393
OGILVY, New York, NY, pg. 393
OMD, Chicago, IL, pg. 500
OMD ATLANTA, Atlanta, GA, pg. 501
ON IDEAS, Jacksonville, FL, pg. 394
PACO COLLECTIVE, Chicago, IL, pg. 544
PEPPERCOMM, INC., New York, NY, pg. 687
PHD CHICAGO, Chicago, IL, pg. 504
PHD USA, New York, NY, pg. 505
PORTER NOVELLI, New York, NY, pg. 637
QUATTRO DIRECT, Berwyn, PA, pg. 290
R&R PARTNERS, Las Vegas, NV, pg. 131
R/GA, Austin, TX, pg. 261
R2INTEGRATED, Baltimore, MD, pg. 261
RACEPOINT GLOBAL, Boston, MA, pg. 640
RAPP WORLDWIDE, Irving, TX, pg. 291
RED DOOR INTERACTIVE, San Diego, CA, pg. 404
REDPOINT MARKETING PR, INC., New York, NY, pg. 642
RHEA & KAISER MARKETING , Naperville, IL, pg. 406
RIESTER, Park City, UT, pg. 406
RPA, Santa Monica, CA, pg. 134
SEARCH DISCOVERY, INC., Atlanta, GA, pg. 677
SENSIS AGENCY, Los Angeles, CA, pg. 545
SILVERLIGHT DIGITAL, New York, NY, pg. 265
SOLVE, Minneapolis, MN, pg. 17
SPACE150, Minneapolis, MN, pg. 266
SPARK FOUNDRY, Chicago, IL, pg. 510
ST. JOHN & PARTNERS ADVERTISING & PUBLIC RELATIONS, Jacksonville, FL, pg. 412
STRUCK, Salt Lake City, UT, pg. 144
TAXI, Toronto, ON, pg. 146
THE BUNTIN GROUP, Nashville, TN, pg. 148
THE GREAT SOCIETY, Portland, OR, pg. 150
THE INTEGER GROUP - MIDWEST, Des Moines, IA, pg. 570
THE KERRY GROUP, Fenton, MO, pg. 316
THE RICHARDS GROUP, INC., Dallas, TX, pg. 422
THREE ATLANTA, LLC, Atlanta, GA, pg. 155
TIERNEY COMMUNICATIONS, Philadelphia, PA, pg. 426
TRICOMB2B, Dayton, OH, pg. 427
UNIVERSAL MCCANN, New York, NY, pg. 521
VERT MOBILE LLC, Atlanta, GA, pg. 274
VMC MEDIA, Toronto, ON, pg. 526
VMLY&R, Austin, TX, pg. 429
VMLY&R, Kansas City, MO, pg. 274

AGENCIES

VMLY&R, New York, NY, pg. 160
WAVEMAKER, New York, NY, pg. 526
WAVEMAKER, San Francisco, CA, pg. 528
WUNDERMAN THOMPSON ATLANTA, Atlanta, GA, pg. 435
YOUNG & LARAMORE, Indianapolis, IN, pg. 164
ZENO GROUP, Chicago, IL, pg. 664
ZETA INTERACTIVE, New York, NY, pg. 277

Entertainment

1000HEADS, New York, NY, pg. 691
160OVER90, Santa Monica, CA, pg. 207
215 MCCANN, San Francisco, CA, pg. 319
360I, LLC, New York, NY, pg. 320
360PRPLUS, Boston, MA, pg. 573
4FRONT, Chicago, IL, pg. 208
5W PUBLIC RELATIONS, New York, NY, pg. 574
72ANDSUNNY, Playa Vista, CA, pg. 23
72ANDSUNNY, Brooklyn, NY, pg. 24
ACCENTURE INTERACTIVE, El Segundo, CA, pg. 322
ACCENTURE INTERACTIVE, New York, NY, pg. 209
ADAM&EVE DDB, New York, NY, pg. 26
AKQA, San Francisco, CA, pg. 211
AKQA, New York, NY, pg. 212
AKQA, Portland, OR, pg. 212
ALLEN & GERRITSEN, Boston, MA, pg. 29
ALLEN & GERRITSEN, Philadelphia, PA, pg. 30
ALLIANCE GROUP LTD, Richmond, VA, pg. 576
ALLIED INTEGRATED MARKETING, Cambridge, MA, pg. 576
ALLIED INTEGRATED MARKETING, Hollywood, CA, pg. 576
ALLIED INTEGRATED MARKETING, New York, NY, pg. 324
AMP AGENCY, Los Angeles, CA, pg. 213
ANDERSON DIRECT & DIGITAL, Poway, CA, pg. 279
ANOMALY, New York, NY, pg. 325
ARCHRIVAL, INC., Lincoln, NE, pg. 1
ARGONAUT, INC., San Francisco, CA, pg. 33
ARNOLD WORLDWIDE, Boston, MA, pg. 33
ART MACHINE, Hollywood, CA, pg. 34
ARTICULATE SOLUTIONS, Gilroy, CA, pg. 34
ARTS & LETTERS, Richmond, VA, pg. 34
ASHER MEDIA, Addison, TX, pg. 455
ASO ADVERTISING, Roswell, GA, pg. 328
AUTHENTIQUE AGENCY, Atlanta, GA, pg. 538
B/HI, INC. - LA, Los Angeles, CA, pg. 579
BAILEY LAUERMAN, Omaha, NE, pg. 35
BARKLEY, Kansas City, MO, pg. 329
BARRETTSF, San Francisco, CA, pg. 36
BARU ADVERTISING, Culver City, CA, pg. 538
BBDO ATL, Atlanta, GA, pg. 330
BBDO SAN FRANCISCO, San Francisco, CA, pg. 330
BBDO WORLDWIDE, New York, NY, pg. 331
BBH, New York, NY, pg. 37
BBH, West Hollywood, CA, pg. 37
BCW LOS ANGELES, Los Angeles, CA, pg. 581
BCW NEW YORK, New York, NY, pg. 581
BEACON MEDIA, Mahwah, NJ, pg. 216
BEBER SILVERSTEIN GROUP, Miami, FL, pg. 38
BELIEF AGENCY, Seattle, WA, pg. 38
BERK COMMUNICATIONS, New York, NY, pg. 583
BIG SPACESHIP, Brooklyn, NY, pg. 455
BIG YAM, Scottsdale, AZ, pg. 583
BIZCOM ASSOCIATES, Plano, TX, pg. 584
BLUE 449, New York, NY, pg. 455
BLUE 449, Dallas, TX, pg. 456
BLUE CHIP MARKETING & COMMUNICATIONS, Northbrook, IL, pg. 334
BOB GOLD & ASSOCIATES, Redondo, CA, pg. 585
BPG ADVERTISING, West Hollywood, CA, pg. 42
BRADLEY AND MONTGOMERY, Indianapolis, IN, pg. 336
BRIGHT RED\TBWA, Tallahassee, FL, pg. 337
BRILLIANT PR & MARKETING, Scottsdale, AZ, pg. 586
BROWNSTEIN GROUP, INC., Philadelphia, PA, pg. 44
BRUNSWICK GROUP, New York, NY, pg. 587

BUFFALO.AGENCY, Reston, VA, pg. 587
BURNS GROUP, New York, NY, pg. 338
BUTLER, SHINE, STERN & PARTNERS, Sausalito, CA, pg. 45
BWR PUBLIC RELATIONS, Beverly Hills, CA, pg. 587
CACTUS MARKETING COMMUNICATIONS, Denver, CO, pg. 339
CARAT, Culver City, CA, pg. 459
CARAT, New York, NY, pg. 459
CASANOVA//MCCANN, Costa Mesa, CA, pg. 538
CCMEDIA, Reno, NV, pg. 49
CHEMISTRY ATLANTA, Atlanta, GA, pg. 50
CHILD'S PLAY COMMUNICATIONS, New York, NY, pg. 590
CHIZCOMM, North York, ON, pg. 50
CICERON, Minneapolis, MN, pg. 220
CIVIC ENTERTAINMENT GROUP, New York, NY, pg. 566
CLARITY COVERDALE FURY, Minneapolis, MN, pg. 342
CLICK HERE , Dallas, TX, pg. 221
CMD, Portland, OR, pg. 51
CO:COLLECTIVE, LLC, New York, NY, pg. 5
COMPADRE, Los Angeles, CA, pg. 221
CONILL ADVERTISING, INC., El Segundo, CA, pg. 538
COOLFIRE STUDIOS, Saint Louis, MO, pg. 561
CORNERSTONE AGENCY, New York, NY, pg. 53
COYNE PUBLIC RELATIONS, Parsippany, NJ, pg. 593
CRAMER-KRASSELT , Chicago, IL, pg. 53
CRONIN, Glastonbury, CT, pg. 55
CROSSMEDIA, New York, NY, pg. 463
CROSSMEDIA, Los Angeles, CA, pg. 463
CROSSMEDIA, Philadelphia, PA, pg. 463
CUNDARI INTEGRATED ADVERTISING, Toronto, ON, pg. 347
CURRENT , Chicago, IL, pg. 594
DAILEY & ASSOCIATES, West Hollywood, CA, pg. 56
DALTON + ANODE, Nashville, TN, pg. 348
DALTON AGENCY, Jacksonville, FL, pg. 348
DANCIE PERUGINI WARE PUBLIC RELATIONS, South Houston, TX, pg. 595
DAVID&GOLIATH, El Segundo, CA, pg. 57
DDB NEW YORK, New York, NY, pg. 59
DENIZEN GROUP, Culver City, CA, pg. 225
DENNY MOUNTAIN MEDIA, Seattle, WA, pg. 225
DENTSU AEGIS NETWORK, New York, NY, pg. 61
DENTSUBOS INC., Toronto, ON, pg. 61
DESIGNSENSORY, Knoxville, TN, pg. 62
DEUTSCH, INC., New York, NY, pg. 349
DEUTSCH, INC., Los Angeles, CA, pg. 350
DIGITAS, Boston, MA, pg. 226
DIGITAS, New York, NY, pg. 226
DIGITAS, San Francisco, CA, pg. 227
DIMASSIMO GOLDSTEIN, New York, NY, pg. 351
DIRECT AGENTS, INC., New York, NY, pg. 229
DIXON SCHWABL ADVERTISING, Victor, NY, pg. 351
DONER, Southfield, MI, pg. 63
DOUG&PARTNERS, Toronto, ON, pg. 353
DROGA5, New York, NY, pg. 64
DUFFY & SHANLEY, INC., Providence, RI, pg. 66
DUNN&CO, Tampa, FL, pg. 353
DUREE & COMPANY, Fort Lauderdale, FL, pg. 598
EDELMAN, New York, NY, pg. 599
EDELMAN, Los Angeles, CA, pg. 601
EFM AGENCY, San Diego, CA, pg. 67
EGC MEDIA GROUP, INC., Melville, NY, pg. 354
ELEPHANT, Brooklyn, NY, pg. 181
ELEVATION, LTD, Washington, DC, pg. 540
ELEVEN, INC., San Francisco, CA, pg. 67
EMPOWER, Chicago, IL, pg. 355
ENERGY BBDO, INC., Chicago, IL, pg. 355
ESSENCE, San Francisco, CA, pg. 232
ESSENCE, New York, NY, pg. 232
ESSENCE, Seattle, WA, pg. 232
ESSENCE, Los Angeles, CA, pg. 233
EXPLORE COMMUNICATIONS, Denver, CO, pg. 465
FCB WEST, San Francisco, CA, pg. 72
FEARLESS AGENCY, New York, NY, pg. 73

CLIENT INDUSTRIES INDEX

FEREN COMMUNICATIONS, New York, NY, pg. 603
FETCH, Los Angeles, CA, pg. 533
FINCH BRANDS, Philadelphia, PA, pg. 7
FINN PARTNERS, San Francisco, CA, pg. 603
FINN PARTNERS, Chicago, IL, pg. 604
FIREHOUSE, INC., Dallas, TX, pg. 358
FIRSTBORN, New York, NY, pg. 234
FLEISHMANHILLARD, Kansas City, MO, pg. 604
FLOWERS COMMUNICATIONS GROUP, Chicago, IL, pg. 606
FORSMAN & BODENFORS, New York, NY, pg. 74
FOUNDRY, Reno, NV, pg. 75
FRENCH / WEST / VAUGHAN , Raleigh, NC, pg. 361
FUSION92, Chicago, IL, pg. 235
GENOME, New York, NY, pg. 236
GIANT SPOON, LLC, New York, NY, pg. 363
GIANT SPOON, LLC, Los Angeles, CA, pg. 363
GMR MARKETING, New Berlin, WI, pg. 306
GO WEST CREATIVE, Nashville, TN, pg. 307
GOLIN, Chicago, IL, pg. 609
GOLIN, Los Angeles, CA, pg. 609
GOODBY, SILVERSTEIN & PARTNERS, San Francisco, CA, pg. 77
GOODMAN MEDIA INTERNATIONAL, INC., New York, NY, pg. 610
GP GENERATE, LLC, Los Angeles, CA, pg. 541
GRADIENT EXPERIENTIAL LLC, New York, NY, pg. 78
GREENOUGH COMMUNICATIONS, Watertown, MA, pg. 610
GREY GROUP, New York, NY, pg. 365
GREY WEST, San Francisco, CA, pg. 367
GROUPM, New York, NY, pg. 466
GROW INTERACTIVE, Norfolk, VA, pg. 237
GSD&M, Austin, TX, pg. 79
GTB, Dearborn, MI, pg. 367
GYK ANTLER, Manchester, NH, pg. 368
HAHN PUBLIC COMMUNICATIONS, Austin, TX, pg. 686
HAVAS FORMULA, San Diego, CA, pg. 612
HAVAS MEDIA GROUP, New York, NY, pg. 468
HAWORTH MARKETING & MEDIA, Minneapolis, MN, pg. 470
HEARTS & SCIENCE, New York, NY, pg. 471
HEARTS & SCIENCE, Los Angeles, CA, pg. 473
HELLO DESIGN, Culver City, CA, pg. 238
HILL HOLLIDAY, Boston, MA, pg. 85
HMC ADVERTISING, INC., Chula Vista, CA, pg. 541
HOFFMAN YORK, Milwaukee, WI, pg. 371
HOOK, Ann Arbor, MI, pg. 239
HORIZON MEDIA, INC., Los Angeles, CA, pg. 473
HORIZON MEDIA, INC., New York, NY, pg. 474
HUEMEN DESIGN, Stamford, CT, pg.
HUEMOR, New York, NY, pg. 239
HUGE, INC., Brooklyn, NY, pg. 239
I.D.E.A., San Diego, CA, pg. 9
ICF NEXT, Minneapolis, MN, pg. 372
ICF NEXT, Chicago, IL, pg. 614
IDFIVE, Baltimore, MD, pg. 373
IGNITE SOCIAL MEDIA, Cary, NC, pg. 686
IGNITED, El Segundo, CA, pg. 373
IMAGINARY FORCES, Los Angeles, CA, pg. 187
IMG LIVE, Atlanta, GA, pg. 308
INDUSTRY, Portland, OR, pg. 187
INITIATE-IT LLC, Richmond, VA, pg. 375
INITIATIVE, New York, NY, pg. 477
INITIATIVE, Los Angeles, CA, pg. 478
INITIATIVE, San Diego, CA, pg. 479
INTERPUBLIC GROUP OF COMPANIES, New York, NY, pg. 90
IPNY, New York, NY, pg. 90
JOHANNES LEONARDO, New York, NY, pg. 92
JOHNSON & SEKIN, Dallas, TX, pg. 10
KETCHUM, New York, NY, pg. 542
KOVERT CREATIVE, New York, NY, pg. 96
KWT GLOBAL, New York, NY, pg. 621
LAPLACA COHEN ADVERTISING, New York, NY, pg. 379
LAUNDRY SERVICE, Brooklyn, NY, pg. 287
LEAP, Louisville, KY, pg. 245
LEO BURNETT WORLDWIDE, Chicago, IL, pg. 98

CLIENT INDUSTRIES INDEX

AGENCIES

LEVIATHAN, Chicago, IL, pg. 189
LIQUID ADVERTISING, INC., El Segundo, CA, pg. 100
LITTLEFIELD BRAND DEVELOPMENT, Tulsa, OK, pg. 12
LITZKY PUBLIC RELATIONS, Hoboken, NJ, pg. 623
LOCKARD & WECHSLER, Irvington, NY, pg. 287
LOU HAMMOND GROUP, New York, NY, pg. 381
M BOOTH & ASSOCIATES, INC., New York, NY, pg. 624
M&C SAATCHI LA, Santa Monica, CA, pg. 482
M&C SAATCHI PERFORMANCE, New York, NY, pg. 247
M/SIX, New York, NY, pg. 482
M:UNITED//MCCANN, New York, NY, pg. 102
MACQUARIUM, INC., Atlanta, GA, pg. 247
MADISON & MAIN, Richmond, VA, pg. 382
MAGRINO PUBLIC RELATIONS, New York, NY, pg. 624
MAJOR TOM, New York, NY, pg. 247
MARCUS THOMAS, Cleveland, OH, pg. 104
MARKET VISION, INC., San Antonio, TX, pg. 568
MARKETSMITH, INC, Cedar Knolls, NJ, pg. 483
MATCH ACTION MARKETING GROUP, Boulder, CO, pg. 692
MATTE PROJECTS, New York, NY, pg. 107
MAYOSEITZ MEDIA, Blue Bell, PA, pg. 483
MCCANN NEW YORK, New York, NY, pg. 108
MCCANN WORLDGROUP, Birmingham, MI, pg. 109
MCGARRYBOWEN, New York, NY, pg. 109
MCGARRYBOWEN, San Francisco, CA, pg. 385
MCKINNEY, Durham, NC, pg. 111
MDB COMMUNICATIONS, INC., Washington, DC, pg. 111
MEDIA ASSEMBLY, Southfield, MI, pg. 385
MEDIA LOGIC, Albany, NY, pg. 288
MEDIA STORM, New York, NY, pg. 486
MEDIA WORKS, LTD., Baltimore, MD, pg. 486
MEDIACOM, Playa Vista, CA, pg. 486
MEDIACOM, New York, NY, pg. 487
MEDIAHUB LOS ANGELES, El Segundo, CA, pg. 112
MEDIASSOCIATES, INC., Sandy Hook, CT, pg. 490
MEKANISM, New York, NY, pg. 113
MERGE, Chicago, IL, pg. 113
MINDSHARE, New York, NY, pg. 491
MINDSHARE, Playa Vista, CA, pg. 495
MINDSHARE, Toronto, ON, pg. 495
MINDSHARE, Portland, OR, pg. 495
MINDSHARE, San Francisco, CA, pg. 495
MINDSTREAM MEDIA GROUP - DALLAS, Dallas, TX, pg. 496
MINTZ & HOKE, Avon, CT, pg. 387
MKG, New York, NY, pg. 311
MOD OP, Dallas, TX, pg. 388
MONO, Minneapolis, MN, pg. 117
MORGAN + COMPANY, New Orleans, LA, pg. 496
MOROCH PARTNERS, Dallas, TX, pg. 389
MOSES, INC., Phoenix, AZ, pg. 118
MOTHER NY, New York, NY, pg. 118
MOWER, Atlanta, GA, pg. 389
MOXIE, Atlanta, GA, pg. 251
MPRM PUBLIC RELATIONS, Los Angeles, CA, pg. 629
MRM//MCCANN, Salt Lake City, UT, pg. 118
MUH-TAY-ZIK / HOF-FER, San Francisco, CA, pg. 119
MULLENLOWE U.S. BOSTON, Boston, MA, pg. 389
MURPHY & COMPANY, Greenwich, CT, pg. 630
MURPHY O'BRIEN, INC., Los Angeles, CA, pg. 630
MWWPR, East Rutherford, NJ, pg. 630
NARRATIVE, Toronto, ON, pg. 631
NATIONAL CINEMEDIA, New York, NY, pg. 119
NEMER, FIEGER & ASSOCIATES, Minneapolis, MN, pg. 391
NET CONVERSION, Orlando, FL, pg. 253
NEXT MARKETING, Norcross, GA, pg. 312
NOBLE PEOPLE, New York, NY, pg. 120
NORTH, Portland, OR, pg. 121
OBSERVATORY MARKETING, Los Angeles, CA, pg. 122
OGILVY PUBLIC RELATIONS, San Francisco, CA, pg. 634

OMD, New York, NY, pg. 498
OMD, Chicago, IL, pg. 500
OMD ENTERTAINMENT, Burbank, CA, pg. 501
OMD WEST, Los Angeles, CA, pg. 502
OMELET, Culver City, CA, pg. 122
ON BOARD EXPERIENTIAL MARKETING, Sausalito, CA, pg. 313
OPERAM LLC, Los Angeles, CA, pg. 255
PACE, Boca Raton, FL, pg. 124
PALISADES MEDIA GROUP, INC., Santa Monica, CA, pg. 124
PAPPAS GROUP, Arlington, VA, pg. 396
PARTNERS + NAPIER, Rochester, NY, pg. 125
PENTAGRAM, New York, NY, pg. 194
PERCEPTURE, Rashberg, NJ, pg. 636
PEREIRA & O'DELL, San Francisco, CA, pg. 256
PERISCOPE, Minneapolis, MN, pg. 127
PETERMAYER, New Orleans, LA, pg. 127
PETROL, Burbank, CA, pg. 127
PHD, Los Angeles, CA, pg. 504
PHD USA, New York, NY, pg. 505
PLANIT, Baltimore, MD, pg. 397
PORTER NOVELLI, New York, NY, pg. 637
POSTERSCOPE U.S.A., New York, NY, pg. 556
POWER, Louisville, KY, pg. 398
POWERPHYL MEDIA SOLUTIONS, New York, NY, pg. 506
PP+K, Tampa, FL, pg. 129
PRAYTELL, Brooklyn, NY, pg. 258
PUBLICIS HAWKEYE, Dallas, TX, pg. 399
PUBLICIS NORTH AMERICA, New York, NY, pg. 399
PUBLICIS TORONTO, Toronto, ON, pg. 639
PUBLICIS WEST, Seattle, WA, pg. 130
PUBLICIS.SAPIENT, New York, NY, pg. 258
PUBLICIS.SAPIENT, San Francisco, CA, pg. 259
PUBLICIS.SAPIENT, Seattle, WA, pg. 259
PURERED, Princeton, NJ, pg. 130
PWC DIGITAL SERVICES, Hallandale Beach, FL, pg. 260
R&R PARTNERS, Las Vegas, NV, pg. 131
R/GA, New York, NY, pg. 260
R2INTEGRATED, Baltimore, MD, pg. 261
RAIN, New York, NY, pg. 262
RALPH, California, CA, pg. 262
RAPP WORLDWIDE, Irving, TX, pg. 291
RAPP WORLDWIDE, Los Angeles, CA, pg. 291
RAPPORT OUTDOOR WORLDWIDE, Los Angeles, CA, pg. 557
RBB COMMUNICATIONS, Miami, FL, pg. 641
RED HAVAS, New York, NY, pg. 641
RED SQUARE AGENCY, Mobile, AL, pg. 642
RED TETTEMER O'CONNELL + PARTNERS, Philadelphia, PA, pg. 404
REN BEANIE, Lake Worth, FL, pg. 642
RICHARDS CARLBERG, Dallas, TX, pg. 406
RIESTER, Phoenix, AZ, pg. 406
RON FOTH ADVERTISING, Columbus, OH, pg. 134
ROUNDHOUSE - PORTLAND, Portland, OR, pg. 408
RPM ADVERTISING, Chicago, IL, pg. 408
SALT BRANDING, San Francisco, CA, pg. 16
SANDY HILLMAN COMMUNICATIONS, Towson, MD, pg. 645
SAYLES & WINNIKOFF COMMUNICATIONS, New York, NY, pg. 646
SCHAFER CONDON CARTER, Chicago, IL, pg. 138
SCREAM AGENCY, LLC, Denver, CO, pg. 139
SDI MEDIA GROUP, Los Angeles, CA, pg. 545
SECRET LOCATION, Toronto, ON, pg. 563
SHARP COMMUNICATIONS, INC., New York, NY, pg. 140
SHIFT COMMUNICATIONS, LLC, Boston, MA, pg. 647
SHIKATANI LACROIX BRANDESIGN, INC., Toronto, ON, pg. 198
SHOPTOLOGY, Plano, TX, pg. 682
SID LEE, Montreal, QC, pg. 140
SID LEE, New York, NY, pg. 141
SOCIAL CHAIN, New York, NY, pg. 143
SPACE150, Minneapolis, MN, pg. 266
SPARK FOUNDRY, New York, NY, pg. 508
SPARK FOUNDRY, Chicago, IL, pg. 510
SPARK FOUNDRY, El Segundo, CA, pg. 512
SPARK FOUNDRY, Atlanta, GA, pg. 512

SPURRIER GROUP, Richmond, VA, pg. 513
ST. JOHN & PARTNERS ADVERTISING & PUBLIC RELATIONS, Jacksonville, FL, pg. 412
STARCOM WORLDWIDE, Chicago, IL, pg. 513
STARCOM WORLDWIDE, North Hollywood, CA, pg. 516
STARCOM WORLDWIDE, Detroit, MI, pg. 517
STARCOM WORLDWIDE, New York, NY, pg. 517
STORY WORLDWIDE, New York, NY, pg. 267
SUB ROSA, New York, NY, pg. 200
SUNSHINE SACHS, New York, NY, pg. 650
SUPERJUICE, Atlanta, GA, pg. 651
TAXI, New York, NY, pg. 146
TAYLOR, New York, NY, pg. 651
TAYLOR, Charlotte, NC, pg. 651
TBWA \ CHIAT \ DAY, New York, NY, pg. 416
TBWA \ CHIAT \ DAY, Los Angeles, CA, pg. 146
TEAM ONE, Los Angeles, CA, pg. 417
TENET PARTNERS, New York, NY, pg. 450
THE BUNTIN GROUP, Nashville, TN, pg. 148
THE COMMUNITY, Miami Beach, FL, pg. 545
THE DAVIS GROUP, Austin, TX, pg. 519
THE GAB GROUP, Boca Raton, FL, pg. 653
THE HIVE STRATEGIC MARKETING, Toronto, ON, pg. 420
THE MANY, Pacific Palisades, CA, pg. 151
THE MARKETING ARM, Dallas, TX, pg. 316
THE MARTIN AGENCY, Richmond, VA, pg. 421
THE MEDIA KITCHEN, New York, NY, pg. 519
THE NARRATIVE GROUP, New York, NY, pg. 654
THE OUTCAST AGENCY, San Francisco, CA, pg. 654
THE RICHARDS GROUP, INC., Dallas, TX, pg. 422
THE SAWTOOTH GROUP, Red Bank, NJ, pg. 152
THE VARIABLE, Winston-Salem, NC, pg. 153
THE ZIMMERMAN AGENCY, Tallahassee, FL, pg. 426
THE&PARTNERSHIP, New York, NY, pg. 426
THINK JAM, West Hollywood, Los Angeles, CA, pg. 299
THIRD EAR, Austin, TX, pg. 546
THREE FIVE TWO, INC., Atlanta, GA, pg. 271
TIERNEY COMMUNICATIONS, Philadelphia, PA, pg. 426
TONGAL, Santa Monica, CA, pg. 20
TOUCHE!, Montreal, QC, pg. 520
TOUCHSTORM, New York, NY, pg. 570
TRAILER PARK, Hollywood, CA, pg. 299
TRIBAL WORLDWIDE, New York, NY, pg. 272
TRILIA, Boston, MA, pg. 521
TRIPLEPOINT, San Francisco, CA, pg. 656
TROZZOLO COMMUNICATIONS GROUP, Kansas City, MO, pg. 657
TRUE NORTH INC., New York, NY, pg. 272
TURNSTILE, INC., Dallas, TX, pg. 427
TWO BY FOUR COMMUNICATIONS, LTD., Chicago, IL, pg. 157
UNIVERSAL MCCANN, New York, NY, pg. 521
UNIVERSAL MCCANN, Los Angeles, CA, pg. 524
UNIVERSAL MCCANN, San Francisco, CA, pg. 428
UNIVERSAL MEDIA, INC., Mechanicsburg, PA, pg. 525
UPSHOT, Chicago, IL, pg. 157
USIM, Los Angeles, CA, pg. 525
VERITONE ONE, San Diego, CA, pg. 525
VIRTUE WORLDWIDE, Brooklyn, NY, pg. 159
VIZION INTERACTIVE, Irving, TX, pg. 678
VMLY&R, Atlanta, GA, pg. 274
VMLY&R, New York, NY, pg. 160
VMLY&R, Seattle, WA, pg. 275
VOCE COMMUNICATIONS, A PORTER NOVELLI COMPANY, San Francisco, CA, pg. 658
WAVEMAKER, New York, NY, pg. 526
WAY TO BLUE, Los Angeles, CA, pg. 275
WE COMMUNICATIONS, Bellevue, WA, pg. 660
WEBER SHANDWICK, New York, NY, pg. 660
WEBER SHANDWICK, Chicago, IL, pg. 661
WEBER SHANDWICK, Birmingham, MI, pg. 662
WESTON | MASON, Marina Del Rey, CA, pg. 430
WHITE PANTS AGENCY, Dallas, TX, pg. 276
WIEDEN + KENNEDY, Portland, OR, pg. 430
WIEDEN + KENNEDY, New York, NY, pg. 432
WIT MEDIA, New York, NY, pg. 162

AGENCIES

CLIENT INDUSTRIES INDEX

WONGDOODY, Seattle, WA, pg. 162
WORLD WIDE MIND, Venice Beach, CA, pg. 163
WUNDERMAN THOMPSON, New York, NY, pg. 434
ZENITH MEDIA, New York, NY, pg. 529
ZENITH MEDIA CANADA, Montreal, QC, pg. 531
ZENO GROUP, New York, NY, pg. 664
ZIMMERMAN ADVERTISING, Fort Lauderdale, FL, pg. 437
ZION & ZION, Tempe, AZ, pg. 165

Financial Services

22SQUARED INC., Atlanta, GA, pg. 319
22SQUARED INC., Tampa, FL, pg. 319
360I, LLC, Atlanta, GA, pg. 207
360I, LLC, New York, NY, pg. 320
72ANDSUNNY, Brooklyn, NY, pg. 24
9THWONDER AGENCY, Houston, TX, pg. 453
A TO Z COMMUNICATIONS, Pittsburgh, PA, pg. 24
ACCENTURE INTERACTIVE, New York, NY, pg. 209
ACENTO ADVERTISING, INC., Santa Monica, CA, pg. 25
AD CETERA, INC., Addison, TX, pg. 26
AD PARTNERS, INC., Tampa, FL, pg. 26
AKQA, San Francisco, CA, pg. 211
ALLEN & GERRITSEN, Boston, MA, pg. 29
ALLISON+PARTNERS, New York, NY, pg. 576
ALMA, Coconut Grove, FL, pg. 537
ANCHOR WORLDWIDE, New York, NY, pg. 31
ANDERSON DIRECT & DIGITAL, Poway, CA, pg. 279
ANOMALY, New York, NY, pg. 325
ANSON-STONER, INC., Winter Park, FL, pg. 31
APCO WORLDWIDE, Washington, DC, pg. 578
APOLLO INTERACTIVE, El Segundo, CA, pg. 214
ARGONAUT, INC., San Francisco, CA, pg. 33
ARNOLD WORLDWIDE, Boston, MA, pg. 33
AUTHENTIC, Richmond, VA, pg. 214
AUXILIARY, Grand Rapids, MI, pg. 173
B&P ADVERTISING, Las Vegas, NV, pg. 35
BACKBONE MEDIA, Carbondale, CO, pg. 579
BADER RUTTER & ASSOCIATES, INC. , Milwaukee, WI, pg. 328
BAILEY LAUERMAN, Omaha, NE, pg. 35
BARKER, New York, NY, pg. 36
BARKLEY, Kansas City, MO, pg. 329
BARRETTSF, San Francisco, CA, pg. 36
BBDO ATL, Atlanta, GA, pg. 330
BBDO CANADA, Toronto, ON, pg. 330
BBDO SAN FRANCISCO, San Francisco, CA, pg. 330
BBDO WORLDWIDE, New York, NY, pg. 331
BEEBY CLARK+MEYLER, Stamford, CT, pg. 333
BEHAVIOR, LLC, New York, NY, pg. 216
BENSIMON BYRNE, Toronto, ON, pg. 38
BERLIN CAMERON, New York, NY, pg. 38
BERNSTEIN-REIN ADVERTISING, INC., Kansas City, MO, pg. 39
BFG COMMUNICATIONS, Bluffton, SC, pg. 333
BLUE 449, New York, NY, pg. 455
BLUESPACE CREATIVE, Denison, IA, pg. 3
BOATHOUSE GROUP, INC., Waltham, MA, pg. 40
BRIAN COMMUNICATIONS, Conshohocken, PA, pg. 586
BROADBEAM MEDIA, New York, NY, pg. 456
BROWNSTEIN GROUP, INC., Philadelphia, PA, pg. 44
BRUNET-GARCIA ADVERTISING, INC., Jacksonville, FL, pg. 44
BRUNNER, Pittsburgh, PA, pg. 44
CACTUS MARKETING COMMUNICATIONS, Denver, CO, pg. 339
CAGE POINT, New York, NY, pg. 457
CAMELOT STRATEGIC MARKETING & MEDIA, Dallas, TX, pg. 457
CAMPBELL EWALD, Detroit, MI, pg. 46
CAMPBELL EWALD, West Hollywood, CA, pg. 47
CAPGEMINI, Wayne, PA, pg. 219
CARAT, New York, NY, pg. 459
CASHMERE AGENCY, Los Angeles, CA, pg. 48
CHANDELIER CREATIVE, New York, NY, pg. 49
CHEMISTRY ATLANTA, Atlanta, GA, pg. 50
CI&T, San Francisco, CA, pg. 5

CITIZEN RELATIONS, New York, NY, pg. 590
CLICK HERE , Dallas, TX, pg. 221
CMD, Portland, OR, pg. 51
CODE AND THEORY, New York, NY, pg. 221
COLLE MCVOY, Minneapolis, MN, pg. 343
CONDUCTOR, New York, NY, pg. 672
CONILL ADVERTISING, INC., Miami, FL, pg. 538
CONILL ADVERTISING, INC., El Segundo, CA, pg. 538
CONNELLY PARTNERS, Boston, MA, pg. 344
COWAN & COMPANY COMMUNICATIONS, Toronto, ON, pg. 593
CRAMER-KRASSELT , Chicago, IL, pg. 53
CREATIVEONDEMAND, Coconut Grove, FL, pg. 539
CRITICAL MASS, INC., Chicago, IL, pg. 223
CRITICAL MASS, INC., New York, NY, pg. 223
CRONIN, Glastonbury, CT, pg. 55
CROSSMEDIA, New York, NY, pg. 463
CROWLEY WEBB & ASSOCIATES, Buffalo, NY, pg. 55
CTP, Boston, MA, pg. 347
CUTWATER, San Francisco, CA, pg. 56
DAGGER, Atlanta, GA, pg. 224
DAILEY & ASSOCIATES, West Hollywood, CA, pg. 56
DAVID&GOLIATH, El Segundo, CA, pg. 57
DDB CHICAGO, Chicago, IL, pg. 59
DDB SAN FRANCISCO, San Francisco, CA, pg. 60
DENTSUBOS INC., Toronto, ON, pg. 61
DEUTSCH, INC., New York, NY, pg. 349
DIESTE, Dallas, TX, pg. 539
DIGITAS, Boston, MA, pg. 226
DIGITAS, Chicago, IL, pg. 227
DIGITAS, Atlanta, GA, pg. 228
DIMASSIMO GOLDSTEIN, New York, NY, pg. 351
DONER, Southfield, MI, pg. 63
DOREMUS & COMPANY, New York, NY, pg. 64
DOUG&PARTNERS, Toronto, ON, pg. 353
DROGA5, New York, NY, pg. 64
DUFFY & SHANLEY, INC., Providence, RI, pg. 66
EDELMAN, Chicago, IL, pg. 353
EDELMAN, New York, NY, pg. 599
ELEVEN, INC., San Francisco, CA, pg. 67
EMPOWER, Cincinnati, OH, pg. 354
ENDEAVOR - CHICAGO, Chicago, IL, pg. 297
ENERGY BBDO, INC., Chicago, IL, pg. 355
EPSILON, Wilton, CT, pg. 282
EPSILON , New York, NY, pg. 283
ESSENCE, New York, NY, pg. 232
ESSENCE, Seattle, WA, pg. 232
ESSENCE, Minneapolis, MN, pg. 233
FALLON WORLDWIDE, Minneapolis, MN, pg. 70
FARM, Lancaster, NY, pg. 357
FAST HORSE, Minneapolis, MN, pg. 603
FCB CHICAGO, Chicago, IL, pg. 71
FCB NEW YORK, New York, NY, pg. 357
FCB WEST, San Francisco, CA, pg. 72
FIG, New York, NY, pg. 73
FIRESPRING, Lincoln, NE, pg. 234
FITZCO, Atlanta, GA, pg. 73
FORGE WORLDWIDE, Boston, MA, pg. 183
FORSMAN & BODENFORS, New York, NY, pg. 74
FRASER COMMUNICATIONS, Los Angeles, CA, pg. 540
FREDERICK SWANSTON, Alpharetta, GA, pg. 360
FRENCH / WEST / VAUGHAN , Raleigh, NC, pg. 361
FULLSIX MEDIA, Brooklyn, NY, pg. 465
FUSEIDEAS, LLC, Winchester, MA, pg. 306
FUSION92, Chicago, IL, pg. 235
GALLEGOS UNITED, Huntington Beach, CA, pg. 75
GENERATOR MEDIA + ANALYTICS, New York, NY, pg. 466
GEOMETRY, New York, NY, pg. 362
GEOVISION, Watertown, MA, pg. 540
GIANT SPOON, LLC, New York, NY, pg. 363
GIGASAVVY, Irvine, CA, pg. 237
GMR MARKETING, New Berlin, WI, pg. 306
GMR MARKETING SAN FRANCISCO, San Francisco, CA, pg. 307
GODFREY DADICH, San Francisco, CA, pg. 364
GODWIN GROUP, Jackson, MS, pg. 364
GOLIN, Chicago, IL, pg. 609

GOODBY, SILVERSTEIN & PARTNERS, San Francisco, CA, pg. 77
GREGORY FCA COMMUNICATIONS, INC., Ardmore, PA, pg. 611
GREY GROUP, New York, NY, pg. 365
GRIP LIMITED, Toronto, ON, pg. 78
GROUPM, New York, NY, pg. 466
GRP MEDIA, INC., Chicago, IL, pg. 467
GSD&M, Austin, TX, pg. 79
GSD&M, Chicago, IL, pg. 79
GYK ANTLER, Manchester, NH, pg. 368
HACKERAGENCY, Seattle, WA, pg. 284
HARMELIN MEDIA, Bala Cynwyd, PA, pg. 467
HAVAS EDGE, Portland, OR, pg. 284
HAVAS FORMULA, San Diego, CA, pg. 612
HAVAS FORMULALATIN, New York, NY, pg. 612
HAVAS HELIA, Baltimore, MD, pg. 285
HAVAS MEDIA GROUP, New York, NY, pg. 468
HAVAS MEDIA GROUP, Boston, MA, pg. 470
HAVAS NEW YORK, New York, NY, pg. 369
HAVAS SPORTS & ENTERTAINMENT, New York, NY, pg. 370
HAVAS WORLDWIDE CHICAGO, Chicago, IL, pg. 82
HEARTS & SCIENCE, New York, NY, pg. 471
HEARTS & SCIENCE, Atlanta, GA, pg. 473
HEARTS & SCIENCE, Los Angeles, CA, pg. 473
HEAT, San Francisco, CA, pg. 84
HIKER, New York, NY, pg. 239
HILL HOLLIDAY, Boston, MA, pg. 85
HILL+KNOWLTON STRATEGIES, Chicago, IL, pg. 370
HILL+KNOWLTON STRATEGIES CANADA, Toronto, ON, pg. 613
HISPANIC GROUP , Miami, FL, pg. 371
HORIZON MEDIA, INC., Los Angeles, CA, pg. 473
HORIZON MEDIA, INC., New York, NY, pg. 474
HUGE, INC., Brooklyn, NY, pg. 239
HUGE, INC., Washington, DC, pg. 240
ICF NEXT, Minneapolis, MN, pg. 372
ICR, New York, NY, pg. 615
ICROSSING, New York, NY, pg. 240
ID MEDIA, New York, NY, pg. 477
IMRE, Baltimore, MD, pg. 374
INITIATIVE, New York, NY, pg. 477
INITIATIVE, Los Angeles, CA, pg. 478
INITIATIVE, San Diego, CA, pg. 479
INTERMARKET COMMUNICATIONS, New York, NY, pg. 375
IW GROUP, INC., Los Angeles, CA, pg. 541
JADI COMMUNICATIONS, INC., Laguna Beach, CA, pg. 91
JENNIFER CONNELLY PUBLIC RELATIONS, New York, NY, pg. 617
JL MEDIA, INC., Union, NJ, pg. 481
JOAN, New York, NY, pg. 92
JOHANNES LEONARDO, New York, NY, pg. 92
JOHN ST., Toronto, ON, pg. 93
JONES PUBLIC RELATIONS, INC. , Oklahoma City, OK, pg. 617
JUNIPER PARK\TBWA, Toronto, ON, pg. 93
KARSH & HAGAN, Denver, CO, pg. 94
KCSA STRATEGIC COMMUNICATIONS, New York, NY, pg. 619
KEMPERLESNIK COMMUNICATIONS , Chicago, IL, pg. 619
KEPLER GROUP, New York, NY, pg. 244
KETCHUM, Chicago, IL, pg. 619
KETCHUM, New York, NY, pg. 542
KIOSK CREATIVE LLC, Novato, CA, pg. 378
LANDOR, New York, NY, pg. 11
LAPIZ, Chicago, IL, pg. 542
LAUGHLIN CONSTABLE, INC., Milwaukee, WI, pg. 379
LAUGHLIN CONSTABLE, INC., Chicago, IL, pg. 380
LEAP, Louisville, KY, pg. 245
LEO BURNETT WORLDWIDE, Chicago, IL, pg. 98
LEVIATHAN, Chicago, IL, pg. 189
LITTLE & COMPANY , Minneapolis, MN, pg. 12
LITTLEFIELD BRAND DEVELOPMENT, Tulsa, OK, pg. 12
LOCAL PROJECTS, New York, NY, pg. 190
LOCATION3 MEDIA, Denver, CO, pg. 246

A-101

CLIENT INDUSTRIES INDEX — AGENCIES

LOPEZ NEGRETE COMMUNICATIONS, INC., Houston, TX, pg. 542
LOVE ADVERTISING, Houston, TX, pg. 101
M BOOTH & ASSOCIATES, INC., New York, NY, pg. 624
M&C SAATCHI LA, Santa Monica, CA, pg. 482
M/SIX, New York, NY, pg. 482
MADWELL, Brooklyn, NY, pg. 13
MANIFEST, Saint Louis, MO, pg. 248
MANIFEST, Chicago, IL, pg. 248
MANIFEST, New York, NY, pg. 248
MARKETING ARCHITECTS, Minneapolis, MN, pg. 288
MARKETING FACTORY, INC., Venice, CA, pg. 383
MATLOCK ADVERTISING & PUBLIC RELATIONS, Atlanta, GA, pg. 107
MCCANN CANADA, Toronto, ON, pg. 384
MCCANN CANADA, Montreal, QC, pg. 447
MCCANN MONTREAL, Montreal, QC, pg. 108
MCCANN NEW YORK, New York, NY, pg. 108
MCCANN WORLDGROUP, Birmingham, MI, pg. 109
MCD PARTNERS, New York, NY, pg. 249
MCGARRAH JESSEE, Austin, TX, pg. 384
MCGARRYBOWEN, New York, NY, pg. 109
MCKINNEY, Durham, NC, pg. 111
MDB COMMUNICATIONS, INC., Washington, DC, pg. 111
MEDIA ASSEMBLY, Southfield, MI, pg. 385
MEDIA ASSEMBLY, New York, NY, pg. 484
MEDIA ASSEMBLY, Century City, CA, pg. 484
MEDIA DESIGN GROUP, LLC, Los Angeles, CA, pg. 485
MEDIA EXPERTS, Toronto, ON, pg. 485
MEDIA LOGIC, Albany, NY, pg. 288
MEDIA TWO INTERACTIVE, Raleigh, NC, pg. 486
MEDIACOM, Playa Vista, CA, pg. 486
MEDIACOM, New York, NY, pg. 487
MEDIACOM CANADA, Toronto, ON, pg. 489
MEDIAHUB BOSTON, Boston, MA, pg. 489
MEDIAHUB LOS ANGELES, El Segundo, CA, pg. 112
MEDIAHUB NEW YORK, New York, NY, pg. 249
MEDIASPOT, INC., Corona Del Mar, CA, pg. 490
MEKANISM, San Francisco, CA, pg. 112
MELT, LLC, Atlanta, GA, pg. 311
MERGE, Chicago, IL, pg. 113
MGH ADVERTISING, Owings Mills, MD, pg. 387
MIGHTY ROAR, Roswell, GA, pg. 250
MILNER BUTCHER MEDIA GROUP, Los Angeles, CA, pg. 491
MINDSHARE, New York, NY, pg. 491
MINDSHARE, Atlanta, GA, pg. 493
MINDSHARE, Chicago, IL, pg. 494
MINDSHARE, Playa Vista, CA, pg. 495
MINDSHARE, Toronto, ON, pg. 495
MINDSHARE, Portland, OR, pg. 495
MINDSHARE, San Francisco, CA, pg. 495
MKG, New York, NY, pg. 311
MMB, Boston, MA, pg. 116
MMGY GLOBAL, Kansas City, MO, pg. 388
MMGY GLOBAL, New York, NY, pg. 388
MODCOGROUP, New York, NY, pg. 116
MONO, Minneapolis, MN, pg. 117
MONTIETH & COMPANY, New York, NY, pg. 628
MORRISON, Atlanta, GA, pg. 117
MOTHER NY, New York, NY, pg. 118
MOTIVATE, INC., San Diego, CA, pg. 543
MOXIE, Atlanta, GA, pg. 251
MRM//MCCANN, New York, NY, pg. 289
MRM//MCCANN, Salt Lake City, UT, pg. 118
MSLGROUP, Chicago, IL, pg. 629
MUH-TAY-ZIK / HOF-FER, San Francisco, CA, pg. 119
MULLENLOWE U.S. BOSTON, Boston, MA, pg. 389
MULLENLOWE U.S. LOS ANGELES, El Segundo, CA, pg.
MULLENLOWE U.S. NEW YORK, New York, NY, pg. 496
MUSE USA, Santa Monica, CA, pg. 543
MWWPR, Los Angeles, CA, pg. 630
MYTHIC, Charlotte, NC, pg. 119
NELSON SCHMIDT INC., Milwaukee, WI, pg. 120
NEO MEDIA WORLD, New York, NY, pg. 496
NEXT MARKETING, Norcross, GA, pg. 312
NEXTMEDIA, INC., Dallas, TX, pg. 497
OCEAN MEDIA, INC., Huntington Beach, CA, pg. 498
OCTAGON, Stanford, CT, pg. 313
OGILVY, New York, NY, pg. 393
OGILVY, Toronto, ON, pg. 394
OGILVY GOVERNMENT RELATIONS, Washington, DC, pg. 633
OGILVY PUBLIC RELATIONS, Washington, DC, pg. 634
OGILVY PUBLIC RELATIONS, Chicago, IL, pg. 633
OGILVYONE WORLDWIDE, New York, NY, pg. 255
OMD, New York, NY, pg. 498
OMD, Chicago, IL, pg. 500
OMD SAN FRANCISCO, San Francisco, CA, pg. 501
OMD WEST, Los Angeles, CA, pg. 502
OMELET, Culver City, CA, pg. 122
OPENMIND, New York, NY, pg. 503
ORCI, Santa Monica, CA, pg. 543
ORGANIC, INC., New York, NY, pg. 256
PACE COMMUNICATIONS, Greensboro, NC, pg. 395
PADILLA, Richmond, VA, pg. 635
PALISADES MEDIA GROUP, INC., Santa Monica, CA, pg. 124
PARTNERS + NAPIER, Rochester, NY, pg. 125
PEPPERCOMM, INC., New York, NY, pg. 687
PEREIRA & O'DELL, San Francisco, CA, pg. 256
PEREIRA & O'DELL, New York, NY, pg. 257
PERISCOPE, Minneapolis, MN, pg. 127
PHD, Los Angeles, CA, pg. 504
PHD CANADA, Toronto, ON, pg. 504
PHD CHICAGO, Chicago, IL, pg. 504
PHD USA, New York, NY, pg. 505
PHENOMENON, Los Angeles, CA, pg. 439
PLANIT, Baltimore, MD, pg. 397
PLUSMEDIA, LLC, Danbury, CT, pg. 290
PM3, Atlanta, GA, pg. 544
PORTER NOVELLI, New York, NY, pg. 637
POWERS AGENCY, INC., Cincinnati, OH, pg. 398
PROOF ADVERTISING, Austin, TX, pg. 398
PUBLICIS NORTH AMERICA, New York, NY, pg. 399
PUBLICIS WEST, Seattle, WA, pg. 130
PUBLICIS.SAPIENT, New York, NY, pg. 258
PUBLICIS.SAPIENT, Chicago, IL, pg. 259
PUBLICIS.SAPIENT, Los Angeles, CA, pg. 259
QUATTRO DIRECT, Berwyn, PA, pg. 290
R&R PARTNERS, Las Vegas, NV, pg. 131
R/GA, New York, NY, pg. 260
RAIN, Portland, OR, pg. 402
RAPP WORLDWIDE, New York, NY, pg. 290
RAPP WORLDWIDE, Los Angeles, CA, pg. 291
RBB COMMUNICATIONS, Miami, FL, pg. 641
RE:GROUP, INC., Ann Arbor, MI, pg. 403
READY SET ROCKET, New York, NY, pg. 262
REBEL INTERACTIVE, Southington, CT, pg. 403
RED DOOR INTERACTIVE, San Diego, CA, pg. 404
RED HAVAS, New York, NY, pg. 641
RED TETTEMER O'CONNELL + PARTNERS, Philadelphia, PA, pg. 404
REDPOINT MARKETING PR, INC., New York, NY, pg. 642
RESOLUTION MEDIA, Chicago, IL, pg. 676
RISE INTERACTIVE, Chicago, IL, pg. 264
RODGERS TOWNSEND, LLC, Saint Louis, MO, pg. 407
RPA, Santa Monica, CA, pg. 134
RUBENSTEIN ASSOCIATES, New York, NY, pg. 644
SAATCHI & SAATCHI, New York, NY, pg. 136
SALT BRANDING, San Francisco, CA, pg. 16
SANDBOX, Kansas City, MO, pg. 409
SASSO, Baton Rouge, LA, pg. 138
SAXTON HORNE, Sandy, UT, pg. 138
SEARCH DISCOVERY, INC., Atlanta, GA, pg. 677
SEITER & MILLER ADVERTISING, New York, NY, pg. 139
SID LEE, New York, NY, pg. 141
SIEGEL & GALE, New York, NY, pg. 17
SIGMA MARKETING INSIGHTS, Rochester, NY, pg. 450
SIGNAL THEORY, Kansas City, MO, pg. 141
SIGNAL THEORY, Wichita, KS, pg. 141
SLINGSHOT, LLC, Dallas, TX, pg. 265
SOLVE, Minneapolis, MN, pg. 17
SOME CONNECT, Chicago, IL, pg. 677
SPARK FOUNDRY, New York, NY, pg. 508
SPARK FOUNDRY, Chicago, IL, pg. 510
SPARK FOUNDRY, El Segundo, CA, pg. 512
SPARK FOUNDRY, Atlanta, GA, pg. 512
SPARKS GROVE, INC., Atlanta, GA, pg. 199
SPRINGBOX, Austin, TX, pg. 266
SPURRIER GROUP, Richmond, VA, pg. 513
SQUEAKY WHEEL MEDIA, New York, NY, pg. 267
SS+K, New York, NY, pg. 144
STARCOM WORLDWIDE, Chicago, IL, pg. 513
STARCOM WORLDWIDE, New York, NY, pg. 517
STEIN IAS, New York, NY, pg. 267
STRAWBERRYFROG, New York, NY, pg. 414
SUB ROSA, Austin, TX, pg. 200
SUPERFLY, New York, NY, pg. 315
SUPERUNION, New York, NY, pg. 18
SWELLSHARK, New York, NY, pg. 518
SWITCH, Saint Louis, MO, pg. 145
T3, Austin, TX, pg. 268
TALLWAVE, Scottsdale, AZ, pg. 268
TARGETBASE MARKETING, Irving, TX, pg. 292
TAYLOR, New York, NY, pg. 651
TAYLOR, Charlotte, NC, pg. 651
TBC, Baltimore, MD, pg. 416
TBWA \ CHIAT \ DAY, New York, NY, pg. 416
TBWA \ CHIAT \ DAY, Los Angeles, CA, pg. 146
TDA_BOULDER, Boulder, CO, pg. 147
TEAM EPIPHANY, New York, NY, pg. 652
TEAM ONE, Los Angeles, CA, pg. 417
TERRI & SANDY, New York, NY, pg. 147
THE AXIS AGENCY, Century City, CA, pg. 545
THE COMMUNITY, Miami Beach, FL, pg. 545
THE DESIGNORY, Longbeach, CA, pg. 149
THE GATE WORLDWIDE, New York, NY, pg. 419
THE GEORGE P. JOHNSON COMPANY, Torrance, CA, pg. 316
THE LOOMIS AGENCY, Dallas, TX, pg. 151
THE MARKETING ARM, Dallas, TX, pg. 316
THE MARTIN AGENCY, Richmond, VA, pg. 421
THE MEDIA KITCHEN, New York, NY, pg. 519
THE OUTCAST AGENCY, San Francisco, CA, pg. 654
THE RICHARDS GROUP, INC., Dallas, TX, pg. 422
THE TAG EXPERIENCE, Miami, FL, pg. 688
THE TOMBRAS GROUP, Knoxville, TN, pg. 424
THE VARIABLE, Winston-Salem, NC, pg. 153
THE VAULT, New York, NY, pg. 154
THE VIA AGENCY, Portland, ME, pg. 154
THE WILLIAM MILLS AGENCY, Atlanta, GA, pg. 655
THE&PARTNERSHIP, New York, NY, pg. 426
THINKSO CREATIVE LLC, New York, NY, pg. 155
THIRD EAR, Austin, TX, pg. 546
TOM, DICK & HARRY CREATIVE, Chicago, IL, pg. 426
TPN, Chicago, IL, pg. 571
TRACTION CORPORATION, San Francisco, CA, pg. 271
TRANSLATION, Brooklyn, NY, pg. 299
TRIBAL WORLDWIDE - VANCOUVER, Vancouver, BC, pg. 272
TRILIA, Boston, MA, pg. 521
TRONE BRAND ENERGY, INC., High Point, NC, pg. 427
UNIVERSAL MCCANN, New York, NY, pg. 521
UNIVERSAL MCCANN, San Francisco, CA, pg. 428
UNIVERSAL MCCANN DETROIT, Birmingham, MI, pg. 524
UPSHOT, Chicago, IL, pg. 157
USIM, Los Angeles, CA, pg. 525
VAYNERMEDIA, New York, NY, pg. 689
VENABLES BELL & PARTNERS, San Francisco, CA, pg. 158
VERITONE ONE, San Diego, CA, pg. 525
VESTED, New York, NY, pg. 658
VMLY&R, Atlanta, GA, pg. 274
VMLY&R, Kansas City, MO, pg. 274
VMLY&R, New York, NY, pg. 160
VSA PARTNERS, INC., Chicago, IL, pg. 204
WALT & COMPANY COMMUNICATIONS, Campbell, CA, pg. 659
WARSCHAWSKI PUBLIC RELATIONS, Baltimore, MD,

AGENCIES

pg. 659
WASSERMAN MEDIA GROUP, Los Angeles, CA, pg. 317
WAVEMAKER, Toronto, ON, pg. 529
WAVEMAKER, Chicago, IL, pg. 529
WEBER SHANDWICK, Saint Louis, MO, pg. 660
WEBER SHANDWICK, New York, NY, pg. 660
WEBER SHANDWICK, Baltimore, MD, pg. 661
WEBER SHANDWICK, Birmingham, MI, pg. 662
WHITESPACE CREATIVE, Akron, OH, pg. 162
WIEDEN + KENNEDY, Portland, OR, pg. 430
WORDSWORTH COMMUNICATIONS, Cincinnati, OH, pg. 663
WPP GROUP, INC., New York, NY, pg. 433
WPROMOTE, El Segundo, CA, pg. 678
WUNDERMAN HEALTH, New York, NY, pg. 164
WUNDERMAN THOMPSON, New York, NY, pg. 434
WUNDERMAN THOMPSON, Toronto, ON, pg. 435
WUNDERMAN THOMPSON ATLANTA, Atlanta, GA, pg. 435
YES DESIGN GROUP, Los Angeles, CA, pg. 21
YOH, Philadelphia, PA, pg. 277
YOUNG & LARAMORE, Indianapolis, IN, pg. 164
ZENITH MEDIA, New York, NY, pg. 529
ZENITH MEDIA, Santa Monica, CA, pg. 531
ZENO GROUP, New York, NY, pg. 664
ZENO GROUP, Chicago, IL, pg. 664
ZIMMERMAN ADVERTISING, Fort Lauderdale, FL, pg. 437
ZUBI ADVERTISING, Coral Gables, FL, pg. 165

Food

215 MCCANN, San Francisco, CA, pg. 319
22SQUARED INC., Atlanta, GA, pg. 319
22SQUARED INC., Tampa, FL, pg. 319
360I, LLC, Atlanta, GA, pg. 207
360I, LLC, New York, NY, pg. 320
360I, LLC, Chicago, IL, pg. 208
360PRPLUS, Boston, MA, pg. 573
3HEADED MONSTER, Dallas, TX, pg. 23
3RD COAST PR, Chicago, IL, pg. 573
5W PUBLIC RELATIONS, New York, NY, pg. 574
72ANDSUNNY, Playa Vista, CA, pg. 23
72ANDSUNNY, Brooklyn, NY, pg. 24
919 MARKETING, Holly Springs, NC, pg. 574
9THWONDER, Playa Vista, CA, pg. 453
9THWONDER AGENCY, Houston, TX, pg. 453
AC&M GROUP, Charlotte, NC, pg. 537
ACCENTURE INTERACTIVE, New York, NY, pg. 209
ACCESS BRAND COMMUNICATIONS, San Francisco, CA, pg. 574
ACCESS BRAND COMMUNICATIONS, New York, NY, pg. 1
ACENTO ADVERTISING, INC., Santa Monica, CA, pg. 25
ACOSTA, INC., Jacksonville, FL, pg. 322
ACTIVE INTERNATIONAL, Pearl River, NY, pg. 439
AD PARTNERS, INC., Tampa, FL, pg. 26
AGENCY WITHIN, Lond Island City, NY, pg. 323
AGENCYEA, Chicago, IL, pg. 302
AKQA, San Francisco, CA, pg. 211
ALISON BROD PUBLIC RELATIONS, New York, NY, pg. 576
ALL POINTS PUBLIC RELATIONS, Deerfield, IL, pg. 576
ALLEBACH COMMUNICATIONS, Souderton, PA, pg. 29
ALLEN & GERRITSEN, Boston, MA, pg. 29
ALLISON+PARTNERS, Los Angeles, CA, pg. 576
ALLISON+PARTNERS, San Francisco, CA, pg. 576
ALLISON+PARTNERS, New York, NY, pg. 576
ALLISON+PARTNERS, Dallas, TX, pg. 577
ALLISON+PARTNERS, Chicago, IL, pg. 577
ALMA, Coconut Grove, FL, pg. 537
ALWAYS ON COMMUNICATIONS , Pasadena, CA, pg. 454
AMOBEE, INC., Chicago, IL, pg. 213
AMPERSAND AGENCY, Austin, TX, pg. 31
AMUSEMENT PARK, Santa Ana, CA, pg. 325
ANOMALY, New York, NY, pg. 325

ANOMALY, Venice, CA, pg. 326
ANVIL MEDIA, INC, Portland, OR, pg. 671
ARC WORLDWIDE, Chicago, IL, pg. 327
ARENA MEDIA, New York, NY, pg. 454
ARGONAUT, INC., San Francisco, CA, pg. 33
ART MACHINE, Hollywood, CA, pg. 34
ASHER MEDIA, Addison, TX, pg. 455
ATRIUM, New York, NY, pg. 579
AUGUSTINE, Roseville, CA, pg. 328
BACKBONE MEDIA, Carbondale, CO, pg. 579
BADGER & WINTERS, New York, NY, pg. 174
BAILEY LAUERMAN, Omaha, NE, pg. 35
BALDWIN&, Raleigh, NC, pg. 35
BARBARIAN, New York, NY, pg. 215
BARKER, New York, NY, pg. 36
BARKLEY, Kansas City, MO, pg. 329
BARKLEY BOULDER, Boulder, CO, pg. 36
BARRETTSF, San Francisco, CA, pg. 36
BARU ADVERTISING, Culver City, CA, pg. 538
BAYSHORE SOLUTIONS, Tampa, FL, pg. 216
BBDO ATL, Atlanta, GA, pg. 330
BBDO CANADA, Toronto, ON, pg. 330
BBDO MINNEAPOLIS, Minneapolis, MN, pg. 330
BBDO WORLDWIDE, New York, NY, pg. 331
BBH, New York, NY, pg. 37
BCW AUSTIN, Austin, TX, pg. 581
BCW LOS ANGELES, Los Angeles, CA, pg. 581
BCW NEW YORK, New York, NY, pg. 581
BELLE COMMUNICATION, Columbus, OH, pg. 582
BERK COMMUNICATIONS, New York, NY, pg. 583
BERNSTEIN-REIN ADVERTISING, INC., Kansas City, MO, pg. 39
BFG COMMUNICATIONS, Bluffton, SC, pg. 333
BFG COMMUNICATIONS, Atlanta, GA, pg. 333
BIG RIVER, Richmond, VA, pg. 3
BIZCOM ASSOCIATES, Plano, TX, pg. 584
BLAZE, Santa Monica, CA, pg. 584
BLOOM ADS, INC., Woodland Hills, CA, pg. 334
BLUE 449, New York, NY, pg. 455
BLUE 449, Dallas, TX, pg. 456
BLUE CHIP MARKETING & COMMUNICATIONS, Northbrook, IL, pg. 334
BML PUBLIC RELATIONS, Florham Park, NJ, pg. 584
BOATBURNER, St Paul, MN, pg. 40
BOLIN MARKETING, Minneapolis, MN, pg. 41
BOONEOAKLEY, Charlotte, NC, pg. 41
BRADSHAW ADVERTISING, Portland, OR, pg. 42
BRAND CONTENT, Boston, MA, pg. 42
BRANDIENCE, Cincinnati, OH, pg. 42
BRANDMUSCLE, Cleveland, OH, pg. 337
BRANDWARE PUBLIC RELATIONS, INC., Atlanta, GA, pg. 585
BRIGHT RED\TBWA, Tallahassee, FL, pg. 337
BRIGHTWAVE MARKETING, INC., Atlanta, GA, pg. 219
BROADHEAD, Minneapolis, MN, pg. 337
BROKAW, INC., Cleveland, OH, pg. 43
BROWNSTEIN GROUP, INC., Philadelphia, PA, pg. 44
BRUNET-GARCIA ADVERTISING, INC., Jacksonville, FL, pg. 44
BRUNNER, Pittsburgh, PA, pg. 44
BUONASERA MEDIA SERVICES, Columbia, SC, pg. 457
BURNS GROUP, New York, NY, pg. 338
BURRELL COMMUNICATIONS GROUP, INC. , Chicago, IL, pg. 45
BUTLER, SHINE, STERN & PARTNERS, Sausalito, CA, pg. 45
BVK, Milwaukee, WI, pg. 339
C SPACE, Boston, MA, pg. 443
C3 COMMUNICATIONS, INC., San Diego, CA, pg. 588
CALHOUN & COMPANY COMMUNICATIONS, San Francisco, CA, pg. 588
CALLAHAN CREEK , Lawrence, KS, pg. 4
CALLEN, Austin, TX, pg. 46
CAM MEDIA, INC., Wakefield, MA, pg. 457
CAMP + KING, San Francisco, CA, pg. 46
CAMPBELL EWALD, Detroit, MI, pg. 46
CAMPBELL EWALD NEW YORK, New York, NY, pg. 47
CANVAS BLUE, Los Angeles, CA, pg. 47

CLIENT INDUSTRIES INDEX

CANVAS WORLDWIDE, Playa Vista, CA, pg. 458
CARAT, Culver City, CA, pg. 459
CARAT, Atlanta, GA, pg. 459
CARAT, New York, NY, pg. 459
CARDENAS MARKETING NETWORK, Chicago, IL, pg. 303
CARMICHAEL LYNCH, Minneapolis, MN, pg. 47
CASANOVA//MCCANN, Costa Mesa, CA, pg. 538
CASANOVA//MCCANN, New York, NY, pg. 538
CASHMERE AGENCY, Los Angeles, CA, pg. 48
CAYENNE CREATIVE, Birmingham, AL, pg. 49
CBX, New York, NY, pg. 176
CHAMPION MANAGEMENT GROUP, LLC, Addison, TX, pg. 589
CHANDELIER CREATIVE, New York, NY, pg. 49
CHEMISTRY ATLANTA, Atlanta, GA, pg. 50
CHEMISTRY CLUB, San Francisco, CA, pg. 50
CITIZEN RELATIONS, Los Angeles, CA, pg. 590
CITIZEN RELATIONS, New York, NY, pg. 590
CJRW NORTHWEST, Springdale, AR, pg. 566
CLARITY COVERDALE FURY, Minneapolis, MN, pg. 342
CLEAN, Raleigh, NC, pg. 5
CLICK HERE , Dallas, TX, pg. 221
COBURN COMMUNICATIONS, New York, NY, pg. 591
CODE AND THEORY, New York, NY, pg. 221
COGNISCIENT MEDIA/MARC USA, Charlestown, MA, pg. 51
COLLE MCVOY, Minneapolis, MN, pg. 343
CONE, INC., Boston, MA, pg. 6
CONILL ADVERTISING, INC., Miami, FL, pg. 538
CONILL ADVERTISING, INC., El Segundo, CA, pg. 538
CONNELLY PARTNERS, Boston, MA, pg. 344
CONQUER MEDIA, Simon's Island, GA, pg. 52
CONSTELLATION AGENCY, New York, NY, pg. 221
CONTROL V EXPOSED, Jenkintown, PA, pg. 222
CONVERGEDIRECT, New York, NY, pg. 462
COOKSEY COMMUNICATIONS, Irving, TX, pg. 593
COOPER-SMITH ADVERTISING, Toledo, OH, pg. 462
COOPER-SMITH ADVERTISING, Stamford, CT, pg. 462
CORNETT INTEGRATED MARKETING SOLUTIONS, Lexington, KY, pg. 344
COSSETTE MEDIA, Toronto, ON, pg. 345
COWAN & COMPANY COMMUNICATIONS, Toronto, ON, pg. 593
COYNE PUBLIC RELATIONS, Parsippany, NJ, pg. 593
CRAMER-KRASSELT , Chicago, IL, pg. 53
CRAMER-KRASSELT, New York, NY, pg. 53
CRAMER-KRASSELT , Milwaukee, WI, pg. 54
CREATA, Oakbrook Terrace, IL, pg. 346
CREATIVE B'STRO, New York, NY, pg. 222
CREATIVE CIVILIZATION - AN AGUILAR / GIRARD AGENCY, San Antonio, TX, pg. 561
CREATIVE ENERGY, INC., Johnson City, TN, pg. 346
CRISPIN PORTER + BOGUSKY, Boulder, CO, pg. 346
CROSBY MARKETING COMMUNICATIONS, Annapolis, MD, pg. 347
CROSSMEDIA, New York, NY, pg. 463
CROSSMEDIA, Los Angeles, CA, pg. 463
CROSSMEDIA, Philadelphia, PA, pg. 463
CROSSROADS, Kansas City, MO, pg. 594
CSE, INC., Atlanta, GA, pg. 6
CTI MEDIA , Atlanta, GA, pg. 464
CURIOSITY ADVERTISING, Cincinnati, OH, pg. 223
CURLEY & PYNN PUBLIC RELATIONS MANAGEMENT, INC., Maitland, FL, pg. 594
CURRENT , Chicago, IL, pg. 594
CURRENT LIFESTYLE MARKETING, New York, NY, pg. 594
CUTWATER, San Francisco, CA, pg. 56
DAILEY & ASSOCIATES, West Hollywood, CA, pg. 56
DALTON + ANODE, Nashville, TN, pg. 348
DANCIE PERUGINI WARE PUBLIC RELATIONS, South Houston, TX, pg. 595
DANIEL BRIAN ADVERTISING, Rochester, MI, pg. 348

A-103

CLIENT INDUSTRIES INDEX — AGENCIES

DAVID, Miami, FL, pg. 57
DAVID&GOLIATH, El Segundo, CA, pg. 57
DAVIS ELEN ADVERTISING, Los Angeles, CA, pg. 58
DAVIS HARRISON DION ADVERTISING, Chicago, IL, pg. 348
DB&M MEDIA, Costa Mesa, CA, pg. 349
DDB CANADA, Toronto, ON, pg. 224
DDB CHICAGO, Chicago, IL, pg. 59
DDB NEW YORK, New York, NY, pg. 59
DDB SAN FRANCISCO, San Francisco, CA, pg. 60
DELOITTE DIGITAL, Seattle, WA, pg. 224
DENTSU X, New York, NY, pg. 61
DENTSUBOS INC., Toronto, ON, pg. 61
DEUTSCH, INC., New York, NY, pg. 349
DEUTSCH, INC., Los Angeles, CA, pg. 350
DEVITO/VERDI, New York, NY, pg. 62
DEVRIES GLOBAL, New York, NY, pg. 596
DIESTE, Dallas, TX, pg. 539
DIGITAS, Boston, MA, pg. 226
DIGITAS, New York, NY, pg. 226
DIGITAS, San Francisco, CA, pg. 227
DIGITAS, Chicago, IL, pg. 227
DIGITAS, Atlanta, GA, pg. 228
DIRECTOHISPANIC, LLC, North Hollywood, CA, pg. 681
DOEANDERSON ADVERTISING , Louisville, KY, pg. 352
DONER, Los Angeles, CA, pg. 352
DONER, Southfield, MI, pg. 63
DRAGON ARMY, Atlanta, GA, pg. 533
DRAKE COOPER, Boise, ID, pg. 64
DROGA5, New York, NY, pg. 64
DUNCAN CHANNON, San Francisco, CA, pg. 66
DUNN&CO, Tampa, FL, pg. 353
DVL SEIGENTHALER, Nashville, TN, pg. 599
E29 MARKETING, Larkspur, CA, pg. 67
ECHO MEDIA GROUP, Tustin, CA, pg. 599
EDELMAN, Atlanta, GA, pg. 599
EDELMAN, Seattle, WA, pg. 601
EDELMAN , Toronto, ON, pg. 601
EDELMAN, Chicago, IL, pg. 353
EDELMAN, New York, NY, pg. 599
EDELMAN, Washington, DC, pg. 600
EDELMAN, Portland, OR, pg. 600
EDELMAN, Los Angeles, CA, pg. 601
EDELMAN, Dallas, TX, pg. 600
EDGE MARKETING, Stamford, CT, pg. 681
EGC MEDIA GROUP, INC., Melville, NY, pg. 354
EICOFF, Chicago, IL, pg. 282
ELEVATION MARKETING, Richmond, VA, pg. 67
EMPOWER, Cincinnati, OH, pg. 354
ENDAI WORLDWIDE, New York, NY, pg. 231
ENERGY BBDO, INC., Chicago, IL, pg. 355
ENGINE, New York, NY, pg. 231
ENVISIONIT MEDIA, INC., Chicago, IL, pg. 231
EP+CO., Greenville, SC, pg. 356
EPIC SIGNAL, New York, NY, pg. 685
EPSILON, Chicago, IL, pg. 283
ERASERFARM, Tampa, FL, pg. 357
ERICH & KALLMAN, San Francisco, CA, pg. 68
ESSENCE, New York, NY, pg. 232
ESSENCE, Seattle, WA, pg. 232
ESSENCE, Los Angeles, CA, pg. 233
ESSENCE, Minneapolis, MN, pg. 233
EVANSHARDY + YOUNG, Santa Barbara, CA, pg. 69
EVOK ADVERTISING, Heathrow, FL, pg. 69
EXPONENT PR, Minneapolis, MN, pg. 602
EXVERUS MEDIA INC., Los Angeles, CA, pg. 465
FACT & FICTION, Boulder, CO, pg. 70
FALLON WORLDWIDE, Minneapolis, MN, pg. 70
FAME, Minneapolis, MN, pg. 70
FANG DIGITAL MARKETING, Burbank, CA, pg. 234
FARM, Lancaster, NY, pg. 357
FAST HORSE, Minneapolis, MN, pg. 603
FCB CHICAGO, Chicago, IL, pg. 71
FCB NEW YORK, New York, NY, pg. 357
FCB WEST, San Francisco, CA, pg. 72
FINCH BRANDS, Philadelphia, PA, pg. 7
FINEMAN PR, San Francisco, CA, pg. 603
FINN PARTNERS, Los Angeles, CA, pg. 604
FIREHOUSE, INC., Dallas, TX, pg. 358
FIRSTBORN, New York, NY, pg. 234

FISH CONSULTING LLC, Fort Lauderdale, FL, pg. 604
FISHMAN PUBLIC RELATIONS INC., Northbrook, IL, pg. 604
FITZCO, Atlanta, GA, pg. 73
FKQ ADVERTISING, INC., Clearwater, FL, pg. 359
FLEISHMANHILLARD, Chicago, IL, pg. 605
FLUENT360, Chicago, IL, pg. 540
FLYING A , Pasadena, CA, pg. 359
FOODMINDS, LLC, Chicago, IL, pg. 606
FOODMIX MARKETING COMMUNICATIONS, Elmhurst, IL, pg. 359
FORSMAN & BODENFORS, New York, NY, pg. 74
FORSMAN & BODENFORS, Toronto, ON, pg. 74
FORTNIGHT COLLECTIVE, Boulder, CO, pg. 7
FREDERICK SWANSTON, Alpharetta, GA, pg. 360
FRENCH / WEST / VAUGHAN , Raleigh, NC, pg. 361
FULL CONTACT ADVERTISING, Boston, MA, pg. 75
FUNWORKS, Oakland, CA, pg. 75
FUSION92, Chicago, IL, pg. 235
GALLEGOS UNITED, Huntington Beach, CA, pg. 75
GATESMAN, Pittsburgh, PA, pg. 361
GENERATOR MEDIA + ANALYTICS, New York, NY, pg. 466
GENUINE INTERACTIVE, Boston, MA, pg. 237
GEOMETRY, New York, NY, pg. 362
GEOMETRY, Akron, OH, pg. 362
GESTALT BRAND LAB, La Jolla, CA, pg. 76
GIANT SPOON, LLC, Los Angeles, CA, pg. 363
GIGASAVVY, Irvine, CA, pg. 237
GLOBAL RESULTS COMMUNICATIONS, Irvine, CA, pg. 608
GLOW, New York, NY, pg. 237
GMR MARKETING, New Berlin, WI, pg. 306
GODFREY, Lancaster, PA, pg. 8
GOLIN, Chicago, IL, pg. 609
GOLIN, Los Angeles, CA, pg. 609
GOLIN, New York, NY, pg. 610
GOODBY, SILVERSTEIN & PARTNERS, San Francisco, CA, pg. 77
GRAVITY.LABS, Chicago, IL, pg. 365
GREATEST COMMON FACTORY, Austin, TX, pg. 365
GRETEL, New York, NY, pg. 78
GREY GROUP, New York, NY, pg. 365
GREY MIDWEST, Cincinnati, OH, pg. 366
GREY WEST, San Francisco, CA, pg. 367
GROUPM, New York, NY, pg. 466
GRP MEDIA, INC., Chicago, IL, pg. 467
GS&F , Nashville, TN, pg. 78
GSD&M, Austin, TX, pg. 79
GSD&M, Chicago, IL, pg. 79
GURU MEDIA SOLUTIONS, San Francisco, CA, pg. 80
GUT MIAMI, Miami, FL, pg. 80
GYK ANTLER, Manchester, NH, pg. 368
HABERMAN, Minneapolis, MN, pg. 369
HAHN PUBLIC COMMUNICATIONS, Austin, TX, pg. 686
HANGAR12, Chicago, IL, pg. 567
HARMELIN MEDIA, Bala Cynwyd, PA, pg. 467
HATCH DESIGN, San Francisco, CA, pg. 186
HAVAS FORMULA, San Diego, CA, pg. 612
HAVAS FORMULATIN, New York, NY, pg. 612
HAVAS MEDIA GROUP, New York, NY, pg. 468
HAVAS MEDIA GROUP, Chicago, IL, pg. 469
HAVAS MEDIA GROUP, Boston, MA, pg. 470
HAVAS NEW YORK, New York, NY, pg. 369
HAVAS SPORTS & ENTERTAINMENT, Atlanta, GA, pg. 370
HAVAS SPORTS & ENTERTAINMENT, New York, NY, pg. 370
HAVAS TONIC, New York, NY, pg. 285
HAVAS WORLDWIDE CHICAGO, Chicago, IL, pg. 82
HAWORTH MARKETING & MEDIA, Minneapolis, MN, pg. 470
HAYMAKER, Los Angeles, CA, pg. 83
HEART CREATIVE, Portland, OR, pg. 238
HEARTS & SCIENCE, New York, NY, pg. 471
HEILBRICE, Newport Beach, CA, pg. 84
HELLMAN ASSOCIATES, INC., Waterloo, IA, pg. 84

HELMS WORKSHOP, Austin, TX, pg. 9
HIEBING, Madison, WI, pg. 85
HILL HOLLIDAY, Boston, MA, pg. 85
HILL+KNOWLTON STRATEGIES, Chicago, IL, pg. 370
HILL+KNOWLTON STRATEGIES, New York, NY, pg. 613
HORIZON MEDIA, INC., Los Angeles, CA, pg. 473
HORIZON MEDIA, INC., New York, NY, pg. 474
HUGE, INC., Brooklyn, NY, pg. 239
HUNTER PUBLIC RELATIONS, New York, NY, pg. 614
HYFN, Los Angeles, CA, pg. 240
HYPE CREATIVE PARTNERS, Marina Del Rey, CA, pg. 88
I.D.E.A., San Diego, CA, pg. 9
ICF NEXT, Minneapolis, MN, pg. 372
ICF NEXT, Chicago, IL, pg. 614
ICON INTERNATIONAL, INC., Greenwich, CT, pg. 476
ICR, New York, NY, pg. 615
ICROSSING, Chicago, IL, pg. 241
IDEASTUDIO, Tulsa, OK, pg. 10
IGNITE SOCIAL MEDIA, Cary, NC, pg. 686
IGNITED, El Segundo, CA, pg. 373
IGT MEDIA HOLDINGS, Miami, FL, pg. 477
IMM, Boulder, CO, pg. 373
IMW AGENCY, Costa Mesa, CA, pg. 374
IN CONNECTED MARKETING, Stamford, CT, pg. 681
INFINITY MARKETING, Greenville, SC, pg. 374
INGREDIENT, Minneapolis, MN, pg. 10
INITIATIVE, New York, NY, pg. 477
INITIATIVE, Los Angeles, CA, pg. 478
INITIATIVE, Chicago, IL, pg. 479
INITIATIVE, San Diego, CA, pg. 479
INK & ROSES, New York, NY, pg. 615
INK LINK MARKETING LLC, Miami Lakes, FL, pg. 615
INNERWORKINGS, INC., Chicago, IL, pg. 375
INNOCEAN USA, Huntington Beach, CA, pg. 479
INTERESTING DEVELOPMENT, New York, NY, pg. 90
INTERMARK GROUP, INC., Birmingham, AL, pg. 375
INVESTIS DIGITAL, New York, NY, pg. 376
IRIS, New York, NY, pg. 376
IRIS ATLANTA, Atlanta, GA, pg. 90
ISOBAR US, New York, NY, pg. 242
IVIE & ASSOCIATES, INC., Flower Mound, TX, pg. 91
IW GROUP, INC., Los Angeles, CA, pg. 541
IXCO, Brooklyn, NY, pg. 243
J3, New York, NY, pg. 480
JACKSON SPALDING INC., Atlanta, GA, pg. 376
JACOBSON ROST, Milwaukee, WI, pg. 376
JACOBSON ROST, Chicago, IL, pg. 376
JAY ADVERTISING, INC., Rochester, NY, pg. 377
JOHANNES LEONARDO, New York, NY, pg. 92
JOHN ST., Toronto, ON, pg. 93
JOHNSON & SEKIN, Dallas, TX, pg. 10
JONES KNOWLES RITCHIE, New York, NY, pg. 11
JONESWORKS, New York, NY, pg. 618
JUNIPER PARK\ TBWA, Toronto, ON, pg. 93
JWT TORONTO, Toronto, ON, pg. 378
KASTNER, Los Angeles, CA, pg. 94
KEKST & COMPANY, INC., New York, NY, pg. 619
KELLY, SCOTT & MADISON, INC., Chicago, IL, pg. 482
KEPLER GROUP, New York, NY, pg. 244
KETCHUM, Chicago, IL, pg. 619
KETCHUM, New York, NY, pg. 542
KETCHUM, Los Angeles, CA, pg. 619
KETCHUM SOUTH, Atlanta, GA, pg. 620
KETCHUM WEST, San Francisco, CA, pg. 620
KINETIC WORLDWIDE, New York, NY, pg. 553
KIRVIN DOAK COMMUNICATIONS, Las Vegas, NV, pg. 620
KNOWN, Los Angeles, CA, pg. 298
KONNECT AGENCY, Los Angeles, CA, pg. 620
KOOPMAN OSTBO INC., Portland, OR, pg. 378
KOVEL FULLER, Culver City, CA, pg. 96
KROGER MEDIA SERVICES, Portland, OR, pg. 96
KSM SOUTH, Austin, TX, pg. 482
KWG ADVERTISING, INC., New York, NY, pg. 96

LAFORCE, New York, NY, pg. 621
LAK PR, New York, NY, pg. 621
LANE PR, Portland, OR, pg. 621
LAPIZ, Chicago, IL, pg. 542
LAUNDRY SERVICE, Brooklyn, NY, pg. 287
LEAP, Louisville, KY, pg. 245
LEGEND PR, New York, NY, pg. 622
LEGION ADVERTISING, Irving, TX, pg. 542
LEO BURNETT WORLDWIDE, Chicago, IL, pg. 98
LERNER ADVERTISING, Beverly Hills, MI, pg. 99
LEVELWING MEDIA, LLC, Mt Pleasant, SC, pg. 245
LINDSAY, STONE & BRIGGS, Madison, WI, pg. 100
LINHART PUBLIC RELATIONS, Denver, CO, pg. 622
LIPPE TAYLOR, New York, NY, pg. 623
LITTLE ARROWS, Marina Del Rey, CA, pg. 687
LLOYD&CO, New York, NY, pg. 190
LMO ADVERTISING, Arlington, VA, pg. 100
LO:LA, El Segundo, CA, pg. 101
LOCAL PROJECTS, New York, NY, pg. 190
LOPEZ NEGRETE COMMUNICATIONS, INC. , Houston, TX, pg. 542
LOVE COMMUNICATIONS, Salt Lake City, UT, pg. 101
LRXD, Denver, CO, pg. 101
LUCKY BREAK PUBLIC RELATIONS, Los Angeles, CA, pg. 623
LUMENCY INC., Toronto, ON, pg. 310
LUXE COLLECTIVE GROUP, New York, NY, pg. 102
LYONS CONSULTING GROUP, Chicago, IL, pg. 247
M BOOTH & ASSOCIATES, INC. , New York, NY, pg. 624
MACCABEE GROUP PUBLIC RELATIONS, Minneapolis, MN, pg. 624
MADWELL, Brooklyn, NY, pg. 13
MANHATTAN MARKETING ENSEMBLE, New York, NY, pg. 382
MANIFEST, Saint Louis, MO, pg. 248
MANIFEST, Chicago, IL, pg. 248
MARC USA, Pittsburgh, PA, pg. 104
MARCA MIAMI, Coconut Grove, FL, pg. 104
MARINA MAHER COMMUNICATIONS, New York, NY, pg. 625
MARKSTEIN, Birmingham, AL, pg. 625
MARLIN NETWORK, Springfield, MO, pg. 105
MARRINER MARKETING COMMUNICATIONS, Columbia, MD, pg. 105
MARTIN WILLIAMS ADVERTISING, Minneapolis, MN, pg. 106
MASON, INC. , Bethany, CT, pg. 383
MATCHMG, Chicago, IL, pg. 384
MATLOCK ADVERTISING & PUBLIC RELATIONS, Atlanta, GA, pg. 107
MATTER COMMUNICATIONS, INC., Newburyport, MA, pg. 626
MBB AGENCY, Leawood, KS, pg. 107
MCCANN MINNEAPOLIS, Minneapolis, MN, pg. 384
MCCANN NEW YORK, New York, NY, pg. 108
MCGARRAH JESSEE, Austin, TX, pg. 384
MCGARRYBOWEN, New York, NY, pg. 109
MCGARRYBOWEN, San Francisco, CA, pg. 385
MCGARRYBOWEN, Chicago, IL, pg. 110
MCKINNEY, Durham, NC, pg. 111
MDB COMMUNICATIONS, INC., Washington, DC, pg. 111
MEDIA ASSEMBLY, Southfield, MI, pg. 385
MEDIA ASSEMBLY, New York, NY, pg. 484
MEDIA ASSEMBLY, Century City, CA, pg. 484
MEDIA EXPERTS, Toronto, ON, pg. 485
MEDIA STORM, New York, NY, pg. 486
MEDIACOM, Playa Vista, CA, pg. 486
MEDIACOM, New York, NY, pg. 487
MEDIACOM, Chicago, IL, pg. 489
MEDIAHUB BOSTON, Boston, MA, pg. 489
MEDIAHUB LOS ANGELES, El Segundo, CA, pg. 112
MEDIASPOT, INC. , Corona Del Mar, CA, pg. 490
MEDIAURA, Jefferson, IN, pg. 250
MEDIAWORX, Shelton, CT, pg. 490
MEKANISM, San Francisco, CA, pg. 112
MEKANISM, New York, NY, pg. 113
MEKANISM, Seattle, WA, pg. 113
MELT, LLC, Atlanta, GA, pg. 311
MERCER CREATIVE GROUP, Vancouver, BC, pg. 191

MERGE, Chicago, IL, pg. 113
MERKLEY + PARTNERS, New York, NY, pg. 114
MGH ADVERTISING , Owings Mills, MD, pg. 387
MIDAN MARKETING, Chicago, IL, pg. 13
MIND ACTIVE, St. Louis, MS, pg. 675
MINDSHARE, New York, NY, pg. 491
MINDSHARE, Atlanta, GA, pg. 493
MINDSHARE, Chicago, IL, pg. 494
MINDSHARE, Toronto, ON, pg. 495
MINDSTREAM MEDIA GROUP - DALLAS, Dallas, TX, pg. 496
MITCHELL, Fayetteville, AR, pg. 627
MOD OP, Dallas, TX, pg. 388
MODE, Charlotte, NC, pg. 251
MODERN CLIMATE, Minneapolis, MN, pg. 388
MONO, Minneapolis, MN, pg. 117
MOOSYLVANIA, Saint Louis, MO, pg. 568
MORGAN + COMPANY, New Orleans, LA, pg. 496
MOROCH PARTNERS, Dallas, TX, pg. 389
MORRISON, Atlanta, GA, pg. 117
MOTHER, Los Angeles, CA, pg. 118
MOTHER NY, New York, NY, pg. 118
MOTIVATE, INC., San Diego, CA, pg. 543
MOXIE, Pittsburgh, PA, pg. 251
MOXIE, Atlanta, GA, pg. 251
MRY, New York, NY, pg. 252
MSLGROUP, New York, NY, pg. 629
MSLGROUP, Boston, MA, pg. 629
MSLGROUP, Chicago, IL, pg. 629
MUH-TAY-ZIK / HOF-FER, San Francisco, CA, pg. 119
MULLENLOWE U.S. BOSTON, Boston, MA, pg. 389
MULLENLOWE U.S. LOS ANGELES, El Segundo, CA, pg.
MURPHY O'BRIEN, INC., Los Angeles, CA, pg. 630
MWWPR, Chicago, IL, pg. 631
MWWPR, East Rutherford, NJ, pg. 630
MWWPR, New York, NY, pg. 631
NAIL COMMUNICATIONS, Providence, RI, pg. 14
NEO MEDIA WORLD, New York, NY, pg. 496
NET CONVERSION, Orlando, FL, pg. 253
NICE & COMPANY, San Francisco, CA, pg. 391
NIMBUS, Louisville, KY, pg. 391
NINA HALE CONSULTING, Minneapolis, MN, pg. 675
NO LIMIT AGENCY, Chicago, IL, pg. 632
NOISE DIGITAL, Vancouver, BC, pg. 254
NORBELLA, Boston, MA, pg. 497
NORTH, Portland, OR, pg. 121
NORTON CREATIVE, Houston, TX, pg. 121
O'BRIEN ET AL. ADVERTISING, Virginia Beach, VA, pg. 392
O'KEEFE REINHARD & PAUL, Chicago, IL, pg. 392
OFF MADISON AVENUE, Phoenix, AZ, pg. 392
OGILVY, Chicago, IL, pg. 393
OGILVY, New York, NY, pg. 393
OMD, New York, NY, pg. 498
OMD, Chicago, IL, pg. 500
OMD SAN FRANCISCO, San Francisco, CA, pg. 501
OMD WEST, Los Angeles, CA, pg. 502
OMELET, Culver City, CA, pg. 122
OMNICOM GROUP, New York, NY, pg. 123
ON IDEAS, Jacksonville, FL, pg. 394
ON IDEAS, Sarasota, FL, pg. 634
ONEMETHOD INC., Toronto, ON, pg. 123
OPENMIND, New York, NY, pg. 503
ORCI, Santa Monica, CA, pg. 543
ORIGINAL IMPRESSIONS, Miami, FL, pg. 289
OSBORN & BARR COMMUNICATIONS, Saint Louis, MO, pg. 395
OUTFRONT MEDIA, New York, NY, pg. 554
OXFORD COMMUNICATIONS, Lambertville, NJ, pg. 395
PACE COMMUNICATIONS, Greensboro, NC, pg. 395
PACO COLLECTIVE, Chicago, IL, pg. 544
PADILLA, Minneapolis, MN, pg. 635
PADILLA, New York, NY, pg. 635
PADILLA, Richmond, VA, pg. 635
PAL8 MEDIA, INC., Santa Barbara, CA, pg. 503
PALE MORNING MEDIA, Waitsville, VT, pg. 635
PAPPAS GROUP, Arlington, VA, pg. 396
PARALLEL PATH, Boulder, CO, pg. 256

PARTNERS + NAPIER, Rochester, NY, pg. 125
PARTY LAND, Marina Del Rey, CA, pg. 125
PATHWAY GROUP LLC, New York, NY, pg. 503
PAVONE MARKETING GROUP, Harrisburg, PA, pg. 396
PEPPERCOMM, INC., New York, NY, pg. 687
PEREIRA & O'DELL, San Francisco, CA, pg. 256
PERISCOPE, Minneapolis, MN, pg. 127
PETERMAYER, New Orleans, LA, pg. 127
PHD CHICAGO, Chicago, IL, pg. 504
PHD USA, New York, NY, pg. 505
PHILOSOPHY COMMUNICATION, Denver, CO, pg. 636
PIERSON GRANT PUBLIC RELATIONS, Fort Lauderdale, FL, pg. 636
PLANET PROPAGANDA, Madison, WI, pg. 195
PLUSMEDIA, LLC, Danbury, CT, pg. 290
POLLOCK COMMUNICATIONS, INC., New York, NY, pg. 637
POLVORA ADVERTISING, Boston, MA, pg. 544
PORTER NOVELLI, New York, NY, pg. 637
PORTER NOVELLI, Washington, DC, pg. 637
PORTER NOVELLI, Los Angeles, CA, pg. 637
POSTERSCOPE U.S.A., New York, NY, pg. 556
POV SPORTS MARKETING, Wayne, PA, pg. 314
POWELL TATE, Washington, DC, pg. 638
POWERHOUSE COMMUNICATIONS, Santa Ana, CA, pg. 638
PP+K, Tampa, FL, pg. 129
PRAYTELL, Brooklyn, NY, pg. 258
PREACHER, Austin, TX, pg. 129
PROFESSIONAL MEDIA MANAGEMENT, Grand Rapids, MI, pg. 130
PROOF ADVERTISING, Austin, TX, pg. 398
PUBLIC WORKS, Minneapolis, MN, pg. 130
PUBLICIS HAWKEYE, Dallas, TX, pg. 399
PUBLICIS MID AMERICA, Boise, ID, pg. 639
PUBLICIS NORTH AMERICA, New York, NY, pg. 399
PUBLICIS TORONTO, Toronto, ON, pg. 639
PUBLICIS.SAPIENT, New York, NY, pg. 258
PUBLICIS.SAPIENT, Chicago, IL, pg. 259
PULSAR ADVERTISING, Washington, DC, pg. 401
QUENCH, Harrisburg, PA, pg. 131
QUIGLEY-SIMPSON, Los Angeles, CA, pg. 544
R&J STRATEGIC COMMUNICATIONS, Bridgewater, NJ, pg. 640
R&R PARTNERS, Phoenix, AZ, pg. 132
R/GA, Chicago, IL, pg. 261
R/GA, Austin, TX, pg. 261
RACHEL KAY PUBLIC RELATIONS, Solana Beach, CA, pg. 640
RAIN, Portland, OR, pg. 402
RAIN, New York, NY, pg. 262
RAINDROP AGENCY INC, San Diego, CA, pg. 196
RAPP WORLDWIDE, New York, NY, pg. 290
RAPP WORLDWIDE, Irving, TX, pg. 291
RAPP WORLDWIDE, Los Angeles, CA, pg. 291
RAPPORT OUTDOOR WORLDWIDE, Birmingham, MI, pg. 556
RAPPORT OUTDOOR WORLDWIDE, Los Angeles, CA, pg. 557
RAWLE-MURDY ASSOCIATES, Charleston, SC, pg. 403
REACH AGENCY, Santa Monica, CA, pg. 196
RED HAVAS, New York, NY, pg. 641
RED SQUARE AGENCY, Mobile, AL, pg. 642
RED TETTEMER O'CONNELL + PARTNERS, Philadelphia, PA, pg. 404
RED URBAN, Toronto, ON, pg. 405
REDPEPPER, Nashville, TN, pg. 405
REED PUBLIC RELATIONS, Nashville, TN, pg. 642
REELTIME MEDIA, Kenmore, WA, pg. 507
REPUBLICA HAVAS, Miami, FL, pg. 545
RESOLUTION MEDIA, Chicago, IL, pg. 676
RESPONSE MARKETING, New Haven, CT, pg. 133
REVELRY AGENCY, Portland, OR, pg. 406
RFBINDER PARTNERS, INC., Needham, MA, pg. 642
RHEA & KAISER MARKETING , Naperville, IL, pg. 406
RHYTHM, Irvine, CA, pg. 263
RICHARDS CARLBERG, Dallas, TX, pg. 406
RICHARDS/LERMA, Dallas, TX, pg. 545
RIESTER, Phoenix, AZ, pg. 406
RIESTER, El Segundo, CA, pg. 407

CLIENT INDUSTRIES INDEX

AGENCIES

RISE AND SHINE AND PARTNERS, Minneapolis, MN, pg. 134
RISE INTERACTIVE, Chicago, IL, pg. 264
RJW MEDIA, Pittsburgh, PA, pg. 507
ROBOT HOUSE, Oklahoma City, OK, pg. 16
ROBOTS & PENCILS, Cleveland, OH, pg. 264
ROCKET SCIENCE, Larkspur, CA, pg. 643
RODGERS TOWNSEND, LLC, Saint Louis, MO, pg. 407
RON FOTH ADVERTISING, Columbus, OH, pg. 134
ROX UNITED, Huntington Beach, CA, pg. 644
RPA, Santa Monica, CA, pg. 134
RUDER FINN, INC., New York, NY, pg. 645
RUNSWITCH PR, Louisville, KY, pg. 645
SAATCHI & SAATCHI, New York, NY, pg. 136
SAATCHI & SAATCHI X, Springdale, AR, pg. 682
SAATCHI & SAATCHI X, Cincinnati, OH, pg. 682
SANDERSON & ASSOCIATES LTD., Chicago, IL, pg. 645
SCHAFER CONDON CARTER, Chicago, IL, pg. 138
SCOPPECHIO, Louisville, KY, pg. 409
SCOUT MARKETING, Atlanta, GA, pg. 139
SCRUM50, South Norwalk, CT, pg. 409
SDI MEDIA GROUP, Los Angeles, CA, pg. 545
SEITER & MILLER ADVERTISING, New York, NY, pg. 139
SHERWOOD OUTDOOR, INC., New York, NY, pg. 557
SHINE UNITED, Madison, WI, pg. 140
SHOPHER MEDIA, Fort Lauderdale, FL, pg. 682
SIGNAL THEORY, Kansas City, MO, pg. 141
SIGNAL THEORY, Wichita, KS, pg. 141
SILTANEN & PARTNERS ADVERTISING, El Segundo, CA, pg. 410
SKIVER ADVERTISING, Costa Mesa, CA, pg. 142
SLEEK MACHINE, Boston, MA, pg. 142
SLINGSHOT, LLC, Dallas, TX, pg. 265
SLOANE & COMPANY, New York, NY, pg. 647
SMITH BROTHERS AGENCY, LP, Pittsburgh, PA, pg. 410
SNACKBOX LLC, Austin, TX, pg. 648
SOCKEYE CREATIVE, Portland, OR, pg. 199
SODA POP PUBLIC RELATIONS LLC, Los Angeles, CA, pg. 648
SOLVE, Minneapolis, MN, pg. 17
SOME CONNECT, Chicago, IL, pg. 677
SPACE150, Minneapolis, MN, pg. 266
SPARK FOUNDRY, New York, NY, pg. 508
SPARK FOUNDRY, Chicago, IL, pg. 510
SPARK FOUNDRY, El Segundo, CA, pg. 512
SPARK FOUNDRY, Seattle, WA, pg. 512
SPARKS & HONEY, New York, NY, pg. 450
SPARKS GROVE, INC., Atlanta, GA, pg. 199
SPM COMMUNICATIONS, Dallas, TX, pg. 649
SPRINGBOX, Austin, TX, pg. 266
SRW, Chicago, IL, pg. 143
SS+K, New York, NY, pg. 144
SSPR, Chicago, IL, pg. 649
ST. JOHN & PARTNERS ADVERTISING & PUBLIC RELATIONS, Jacksonville, FL, pg. 412
STANTON & COMPANY, Marina Del Rey, CA, pg. 649
STARCOM WORLDWIDE, Chicago, IL, pg. 513
STARCOM WORLDWIDE, North Hollywood, CA, pg. 516
STARCOM WORLDWIDE, New York, NY, pg. 517
STELLA RISING, Westport, CT, pg. 518
STERLING-RICE GROUP, Boulder, CO, pg. 413
STIR, LLC, Milwaukee, WI, pg. 413
STORY WORLDWIDE, New York, NY, pg. 267
STRATEGIC OBJECTIVES, Toronto, ON, pg. 650
STRAWBERRYFROG, New York, NY, pg. 414
SUB ROSA, New York, NY, pg. 200
SUNSHINE SACHS, New York, NY, pg. 650
SUPPLY MEDIA, Boulder, CO, pg. 145
SWELLSHARK, New York, NY, pg. 518
SWIFT, Portland, OR, pg. 145
SYZYGY US, New York, NY, pg. 268
T1 MEDIA, LCC, Weston, MA, pg. 518
T3, Austin, TX, pg. 268
T3, Atlanta, GA, pg. 416
TALLWAVE, Scottsdale, AZ, pg. 268
TANDEM THEORY, Dallas, TX, pg. 269
TATTOO PROJECTS, LLC, Charlotte, NC, pg. 146

TAXI, New York, NY, pg. 146
TAXI, Toronto, ON, pg. 146
TAYLOR, New York, NY, pg. 651
TBWA \ CHIAT \ DAY, New York, NY, pg. 416
TBWA \ CHIAT \ DAY, Los Angeles, CA, pg. 146
TDA_BOULDER, Boulder, CO, pg. 147
TERRI & SANDY, New York, NY, pg. 147
TETHER, Seattle, WA, pg. 201
THE BENDER GROUP, Upper Montclair, NJ, pg. 652
THE BOHAN AGENCY, Nashville, TN, pg. 418
THE BUNTIN GROUP, Nashville, TN, pg. 148
THE BUTIN GROUP, St. Simons Island, GA, pg. 652
THE COMMUNITY, Miami Beach, FL, pg. 545
THE DISTILLERY PROJECT, Chicago, IL, pg. 149
THE ESCAPE POD, Chicago, IL, pg. 150
THE FANTASTICAL, Boston, MA, pg. 150
THE GAB GROUP, Boca Raton, FL, pg. 653
THE INFINITE AGENCY, Dallas, TX, pg. 151
THE INTEGER GROUP, Lakewood, CO, pg. 682
THE INTEGER GROUP - DALLAS, Dallas, TX, pg. 570
THE INTEGER GROUP - MIDWEST, Des Moines, IA, pg. 570
THE JOHNSON GROUP, Chattanooga, TN, pg. 420
THE LOOMIS AGENCY, Dallas, TX, pg. 151
THE MANY, Pacific Palisades, CA, pg. 151
THE MARKETING ARM, Dallas, TX, pg. 316
THE MARKETING STORE WORLDWIDE, Chicago, IL, pg. 421
THE MARS AGENCY, Southfield, MI, pg. 683
THE MARTIN AGENCY, Richmond, VA, pg. 421
THE MOTION AGENCY, Chicago, IL, pg. 270
THE NARRATIVE GROUP, New York, NY, pg. 654
THE RAMEY AGENCY, Jackson, MS, pg. 422
THE REPUBLIK, Durham, NC, pg. 152
THE RICHARDS GROUP, INC., Dallas, TX, pg. 422
THE ROSEN GROUP, New York, NY, pg. 655
THE SUSSMAN AGENCY, Southfield, MI, pg. 153
THE TOMBRAS GROUP, Knoxville, TN, pg. 424
THE VIA AGENCY, Portland, ME, pg. 154
THE WATSONS, New York, NY, pg. 154
THE ZIMMERMAN AGENCY, Tallahassee, FL, pg. 426
THINK MOTIVE, Denver, CO, pg. 154
THINKSO CREATIVE LLC, New York, NY, pg. 155
THIRD EAR, Austin, TX, pg. 546
THREESIXTYEIGHT, Baton Rouge, LA, pg. 271
TIERNEY COMMUNICATIONS, Philadelphia, PA, pg. 426
TPN, Dallas, TX, pg. 683
TPN, Chicago, IL, pg. 571
TRACK DDB, Toronto, ON, pg. 293
TRACTION CORPORATION, San Francisco, CA, pg. 271
TRACYLOCKE, Irving, TX, pg. 683
TRACYLOCKE, Chicago, IL, pg. 426
TREVELINO / KELLER COMMUNICATIONS GROUP, Atlanta, GA, pg. 656
TRUE MEDIA, Columbia, MO, pg. 521
TURNER DUCKWORTH, San Francisco, CA, pg. 203
TWO NIL, Los Angeles, CA, pg. 521
UNIVERSAL MCCANN, New York, NY, pg. 521
UNIVERSAL MCCANN, San Francisco, CA, pg. 428
UNIVERSAL MCCANN, Toronto, ON, pg. 524
UNIVERSAL MCCANN DETROIT, Birmingham, MI, pg. 524
UNIVERSAL MEDIA, INC., Mechanicsburg, PA, pg. 525
UPROAR, Orlando, FL, pg. 657
UPSHOT, Chicago, IL, pg. 157
USIM, New York, NY, pg. 525
USIM, Los Angeles, CA, pg. 525
VAULT COMMUNICATIONS, INC., Plymouth Meeting, PA, pg. 658
VAYNERMEDIA, New York, NY, pg. 689
VAYNERMEDIA, Chattanooga, TN, pg. 689
VENABLES BELL & PARTNERS, San Francisco, CA, pg. 158
VERDE BRAND COMMUNICATIONS, Durango, CO, pg. 658
VERITONE ONE, San Diego, CA, pg. 525

VERMILION DESIGN, Boulder, CO, pg. 204
VIEWPOINT CREATIVE, Newton, MA, pg. 159
VIRTUE WORLDWIDE, Brooklyn, NY, pg. 159
VITRO AGENCY, San Diego, CA, pg. 159
VMLY&R, Kansas City, MO, pg. 274
VMLY&R, New York, NY, pg. 160
VMLY&R, Chicago, IL, pg. 160
VMLY&R, Seattle, WA, pg. 275
VSA PARTNERS, INC., Chicago, IL, pg. 204
WALMART MEDIA GROUP, San Bruno, CA, pg. 684
WALO CREATIVE, INC., Dallas, TX, pg. 161
WALRUS, New York, NY, pg. 161
WALTON ISAACSON, Chicago, IL, pg. 547
WARREN DOUGLAS ADVERTISING, Fort Worth, TX, pg. 161
WARSCHAWSKI PUBLIC RELATIONS, Baltimore, MD, pg. 659
WATAUGA GROUP, Orlando, FL, pg. 21
WAVEMAKER, New York, NY, pg. 526
WAVEMAKER, Toronto, ON, pg. 529
WEBER SHANDWICK, New York, NY, pg. 660
WEBER SHANDWICK, Chicago, IL, pg. 661
WIDMEYER COMMUNICATIONS, Washington, DC, pg. 662
WIEDEN + KENNEDY, Portland, OR, pg. 430
WIEDEN + KENNEDY, New York, NY, pg. 432
WOLFGANG, Los Angeles, CA, pg. 433
WONDERFUL AGENCY, Los Angeles, CA, pg. 162
WONGDOODY, Seattle, WA, pg. 162
WORKINPROGRESS, Boulder, CO, pg. 163
WUNDERMAN THOMPSON, New York, NY, pg. 434
WUNDERMAN THOMPSON ATLANTA, Atlanta, GA, pg. 435
YAMAMOTO, Minneapolis, MN, pg. 435
YARD, New York, NY, pg. 435
ZAMBEZI, Culver City, CA, pg. 165
ZAPWATER COMMUNICATIONS, Chicago, IL, pg. 664
ZAPWATER COMMUNICATIONS, Santa Monica, CA, pg. 664
ZEHNDER COMMUNICATIONS, INC., New Orleans, LA, pg. 436
ZEHNDER COMMUNICATIONS, INC., Baton Rouge, LA, pg. 437
ZENITH MEDIA, New York, NY, pg. 529
ZENITH MEDIA, Atlanta, GA, pg. 531
ZENITH MEDIA CANADA, Montreal, QC, pg. 531
ZENO GROUP, New York, NY, pg. 664
ZENO GROUP, Chicago, IL, pg. 664
ZENO GROUP, Santa Monica, CA, pg. 665
ZIMMERMAN ADVERTISING, Fort Lauderdale, FL, pg. 437
ZION & ZION, Tempe, AZ, pg. 165
ZULU ALPHA KILO, Toronto, ON, pg. 165

Furniture

22SQUARED INC., Atlanta, GA, pg. 319
22SQUARED INC., Tampa, FL, pg. 319
360I, LLC, New York, NY, pg. 320
72ANDSUNNY, Playa Vista, CA, pg. 23
ADVERTISING MANAGEMENT SERVICES, INC., Andover, MA, pg. 28
AGENTI MEDIA SERVICES, Plymouth, MN, pg. 453
ANOMALY, New York, NY, pg. 325
ANSIRA, Addison, TX, pg. 326
APCO WORLDWIDE, New York, NY, pg. 578
BADER RUTTER & ASSOCIATES, INC., Milwaukee, WI, pg. 328
BARKLEY, Kansas City, MO, pg. 329
BBDO MINNEAPOLIS, Minneapolis, MN, pg. 330
BOOYAH ONLINE ADVERTISING, Denver, CO, pg. 218
CAMRON, New York, NY, pg. 588
CARAT, Atlanta, GA, pg. 459
CARAT, New York, NY, pg. 459
CHANDELIER CREATIVE, New York, NY, pg. 49
CHARLES BEARDSLEY ADVERTISING, Avon, CT, pg. 49
CKC AGENCY, Farmington Hills, MI, pg. 590
CLEARLINK, Salt Lake City, UT, pg. 221
COLLE MCVOY, Minneapolis, MN, pg. 343
CONNELLY PARTNERS, Boston, MA, pg. 344

A-106

AGENCIES

CLIENT INDUSTRIES INDEX

CONTROL V EXPOSED, Jenkintown, PA, pg. 222
CROSSMEDIA, Los Angeles, CA, pg. 463
CROSSMEDIA, Philadelphia, PA, pg. 463
DDB CHICAGO, Chicago, IL, pg. 59
DEVITO/VERDI, New York, NY, pg. 62
DIRECT AGENTS, INC., New York, NY, pg. 229
DROGA5, New York, NY, pg. 64
EDELMAN, New York, NY, pg. 599
EMPOWER, Cincinnati, OH, pg. 354
EP+CO., Greenville, SC, pg. 356
ESSENCE, New York, NY, pg. 232
ESSENCE, Minneapolis, MN, pg. 233
FACTORY 360, New York, NY, pg. 306
FCB CHICAGO, Chicago, IL, pg. 71
FIG, New York, NY, pg. 73
FKQ ADVERTISING, INC., Clearwater, FL, pg. 359
GOLIN, Chicago, IL, pg. 609
GROUPM, New York, NY, pg. 466
HAVAS FORMULA, El Segundo, CA, pg. 612
HAVAS MEDIA GROUP, Boston, MA, pg. 470
HAWORTH MARKETING & MEDIA, Minneapolis, MN, pg. 470
HILL+KNOWLTON STRATEGIES, Tampa, FL, pg. 613
HORIZON MEDIA, INC., New York, NY, pg. 474
HOTHOUSE, Atlanta, GA, pg. 371
HUGE, INC., Brooklyn, NY, pg. 239
ICF NEXT, Minneapolis, MN, pg. 372
INITIATIVE, Chicago, IL, pg. 479
IW GROUP, INC., Los Angeles, CA, pg. 541
JACKSON SPALDING INC., Atlanta, GA, pg. 376
JAY ADVERTISING, INC., Rochester, NY, pg. 377
JWT TORONTO, Toronto, ON, pg. 378
KETCHUM, Chicago, IL, pg. 619
KETCHUM, New York, NY, pg. 542
LAIRD + PARTNERS, New York, NY, pg. 96
LEO BURNETT WORLDWIDE, Chicago, IL, pg. 98
LIFEBRANDS, Wayne, PA, pg. 287
LITTLE & COMPANY , Minneapolis, MN, pg. 12
LOCAL PROJECTS, New York, NY, pg. 190
LOPEZ NEGRETE COMMUNICATIONS, INC. , Houston, TX, pg. 542
LOVE ADVERTISING, Houston, TX, pg. 101
LOVE COMMUNICATIONS, Salt Lake City, UT, pg. 101
LUMENCY INC., Toronto, ON, pg. 310
LUMENCY INC., New York, NY, pg. 310
MACCABEE GROUP PUBLIC RELATIONS, Minneapolis, MN, pg. 624
MAISONBRISON, Montreal, QC, pg. 624
MARCOM GROUP, INC., Mississauga, ON, pg. 311
MAXMEDIA INC., Atlanta, GA, pg. 248
MCGARRYBOWEN, San Francisco, CA, pg. 385
MEDIA TWO INTERACTIVE, Raleigh, NC, pg. 486
MILNER BUTCHER MEDIA GROUP, Los Angeles, CA, pg. 491
MINDSHARE, New York, NY, pg. 491
MINDSHARE, Chicago, IL, pg. 494
MITCHELL, Fayetteville, AR, pg. 627
MOTHER NY, New York, NY, pg. 118
MRM//MCCANN, San Francisco, CA, pg. 289
MULLENLOWE U.S. BOSTON, Boston, MA, pg. 389
NOVITA COMMUNICATIONS, New York, NY, pg. 392
OGILVY, New York, NY, pg. 393
OMD CANADA, Toronto, ON, pg. 501
OMELET, Culver City, CA, pg. 122
ORGANIC, INC., New York, NY, pg. 256
PACE COMMUNICATIONS, Greensboro, NC, pg. 395
PERISCOPE, Minneapolis, MN, pg. 127
PETERSON MILLA HOOKS , Minneapolis, MN, pg. 127
PHD CHICAGO, Chicago, IL, pg. 504
PHD USA, New York, NY, pg. 505
PLUSMEDIA, LLC, Danbury, CT, pg. 290
PREACHER, Austin, TX, pg. 129
PUBLICIS HAWKEYE, Dallas, TX, pg. 399
RICHARDS/LERMA, Dallas, TX, pg. 545
RPA, Santa Monica, CA, pg. 134
SAATCHI & SAATCHI , New York, NY, pg. 136
SAATCHI & SAATCHI X, Springdale, AR, pg. 682
SPARK FOUNDRY, New York, NY, pg. 508
STRATEGIC OBJECTIVES, Toronto, ON, pg. 650
SUB ROSA, New York, NY, pg. 200

SWARM, Atlanta, GA, pg. 268
TANDEM THEORY, Dallas, TX, pg. 269
THE BLUESHIRT GROUP, San Francisco, CA, pg. 652
THE DISTILLERY PROJECT, Chicago, IL, pg. 149
THE HOFFMAN AGENCY, San Jose, CA, pg. 653
THE RICHARDS GROUP, INC., Dallas, TX, pg. 422
THE SUSSMAN AGENCY, Southfield, MI, pg. 153
THE TOMBRAS GROUP, Knoxville, TN, pg. 424
THE WILBERT GROUP, Atlanta, GA, pg. 655
THE YAFFE GROUP, Southfield, MI, pg. 154
THIRD EAR, Austin, TX, pg. 546
TOUCHPOINT INTEGRATED COMMUNICATIONS, Darien, CT, pg. 520
TPN, Dallas, TX, pg. 683
TUNHEIM PARTNERS, Bloomington, MN, pg. 657
UWG, Brooklyn, NY, pg. 546
VINCODO LLC, Langhorne, PA, pg. 274
VMLY&R, Kansas City, MO, pg. 274
WALMART MEDIA GROUP, San Bruno, CA, pg. 684
WALT & COMPANY COMMUNICATIONS, Campbell, CA, pg. 659
WAVEMAKER, New York, NY, pg. 526
WIEDEN + KENNEDY, Portland, OR, pg. 430
WINGMAN MEDIA, Westlake Village, CA, pg. 529
WORDSWORTH COMMUNICATIONS, Cincinnati, OH, pg. 663
WORK & CO, Brooklyn, NY, pg. 276
ZENO GROUP, Chicago, IL, pg. 664
ZIMMERMAN ADVERTISING, Fort Lauderdale, FL, pg. 437
ZOZIMUS AGENCY, Boston, MA, pg. 665

Government

&BARR, Orlando, FL, pg. 319
360I, LLC, Atlanta, GA, pg. 207
360I, LLC, New York, NY, pg. 320
ADCETERA, Houston, TX, pg. 27
ADVENTURE CREATIVE, Brainerd, MN, pg. 28
ALL TERRAIN, Chicago, IL, pg. 302
ALMA, Coconut Grove, FL, pg. 537
ANDERSON DIRECT & DIGITAL, Poway, CA, pg. 279
AQUA MARKETING & COMMUNICATIONS, St. Petersburg, FL, pg. 326
ARNOLD WORLDWIDE, Boston, MA, pg. 33
BANDY CARROLL HELLIGE , Louisville, KY, pg. 36
BARKLEY, Kansas City, MO, pg. 329
BBDO ATL, Atlanta, GA, pg. 330
BBH, New York, NY, pg. 37
BEAUTIFUL DESTINATIONS, New York, NY, pg. 38
BEBER SILVERSTEIN GROUP, Miami, FL, pg. 38
BFG COMMUNICATIONS, Bluffton, SC, pg. 333
BIG COMMUNICATIONS, INC., Birmingham, AL, pg. 39
BLUE SKY , Atlanta, GA, pg. 40
BOONEOAKLEY, Charlotte, NC, pg. 41
BORDERS PERRIN NORRANDER, INC., Portland, OR, pg. 41
BRANDDEFINITION, New York, NY, pg. 4
BRIVICMEDIA, INC., Houston, TX, pg. 456
BRUNET-GARCIA ADVERTISING, INC., Jacksonville, FL, pg. 44
BVK, Milwaukee, WI, pg. 339
CACTUS MARKETING COMMUNICATIONS, Denver, CO, pg. 339
CAMPBELL EWALD NEW YORK, New York, NY, pg. 47
CASANOVA//MCCANN, Costa Mesa, CA, pg. 538
CASPARI MCCORMICK, Wilmington, DE, pg. 340
CATCH NEW YORK, New York, NY, pg. 340
CHARLES RYAN ASSOCIATES, INC. , Charleston, WV, pg. 590
CHEMISTRY ATLANTA, Atlanta, GA, pg. 50
CJRW, Little Rock, AR, pg. 590
CLM MARKETING & ADVERTISING, Boise, ID, pg. 342
CLOUDRED, Brooklyn, NY, pg. 221
COGNISCIENT MEDIA/MARC USA, Charlestown, MA, pg. 51
COLLE MCVOY, Minneapolis, MN, pg. 343
CONNELLY PARTNERS, Boston, MA, pg. 344

CORINTHIAN MEDIA, INC., New York, NY, pg. 463
COSSETTE MEDIA, Quebec City, QC, pg. 345
CREATIVE DIGITAL AGENCY, San Ramon, CA, pg. 222
CRITICAL MASS, INC., Chicago, IL, pg. 223
CRITICAL MASS, INC., Calgary, AB, pg. 223
CROSBY MARKETING COMMUNICATIONS, Annapolis, MD, pg. 347
CULTIVATOR ADVERTISING & DESIGN, Denver, CO, pg. 178
CUTWATER, San Francisco, CA, pg. 56
D. EXPOSITO & PARTNERS, New York, NY, pg. 539
DALTON AGENCY, Jacksonville, FL, pg. 348
DALTON AGENCY, Atlanta, GA, pg. 57
DAVID&GOLIATH, El Segundo, CA, pg. 57
DDB CANADA, Toronto, ON, pg. 224
DDB CHICAGO, Chicago, IL, pg. 59
DDB SAN FRANCISCO, San Francisco, CA, pg. 60
DECKER, Glastonbury, CT, pg. 60
DENTSU X, New York, NY, pg. 61
DENTSUBOS INC., Toronto, ON, pg. 61
DESIGNSENSORY, Knoxville, TN, pg. 62
DEVELOPMENT COUNSELLORS INTERNATIONAL, LTD., New York, NY, pg. 596
DEVENEY COMMUNICATIONS, New Orleans, LA, pg. 596
DIGITAL RELATIVITY, Fayetteville, WV, pg. 226
DIRECT AGENTS, INC., New York, NY, pg. 229
DKC PUBLIC RELATIONS, New York, NY, pg. 597
DRAKE COOPER, Boise, ID, pg. 64
DVL SEIGENTHALER, Nashville, TN, pg. 599
ECKEL & VAUGHAN, Raleigh, NC, pg. 599
EDELMAN, Seattle, WA, pg. 601
EDELMAN, Chicago, IL, pg. 353
EDELMAN, Washington, DC, pg. 600
ELEVATION, LTD, Washington, DC, pg. 540
ELEVEN, INC., San Francisco, CA, pg. 67
ENVISIONIT MEDIA, INC., Chicago, IL, pg. 231
EVANSHARDY + YOUNG, Santa Barbara, CA, pg. 69
FAHLGREN MORTINE PUBLIC RELATIONS, Columbus, OH, pg. 70
FAHLGREN MORTINE PUBLIC RELATIONS, Myrtle Beach, SC, pg. 602
FCB CHICAGO, Chicago, IL, pg. 71
FCB NEW YORK, New York, NY, pg. 357
FCB TORONTO, Toronto, ON, pg. 72
FINN PARTNERS, New York, NY, pg. 603
FKQ ADVERTISING, INC., Clearwater, FL, pg. 359
FLEISHMANHILLARD, Saint Louis, MO, pg. 604
FLUENT360, Nashville, TN, pg. 540
FRONTIER STRATEGIES, INC., Ridgeland, MS, pg. 465
FSC INTERACTIVE, New Orleans, LA, pg. 235
FUSE MARKETING GROUP, INC., Toronto, ON, pg. 8
FUSEIDEAS, LLC, Winchester, MA, pg. 306
GKV, Baltimore, MD, pg. 364
GREENHAUS, San Diego, CA, pg. 365
GREENRUBINO, Seattle, WA, pg. 365
GSD&M, Austin, TX, pg. 79
GSD&M, Chicago, IL, pg. 79
GYK ANTLER, Manchester, NH, pg. 368
HANSON DODGE, INC., Milwaukee, WI, pg. 185
HARMELIN MEDIA, Bala Cynwyd, PA, pg. 467
HAVAS MEDIA GROUP, New York, NY, pg. 468
HAVAS NEW YORK, New York, NY, pg. 369
HAVAS WORLDWIDE SAN FRANCISCO, San Francisco, CA, pg. 370
HIEBING, Madison, WI, pg. 85
HILL HOLLIDAY, Boston, MA, pg. 85
HILL+KNOWLTON STRATEGIES, Washington, DC, pg. 613
HIRSHORN ZUCKERMAN DESIGN GROUP, Rockville, MD, pg. 371
HOFFMAN YORK, Milwaukee, WI, pg. 371
HORIZON MEDIA, INC., Los Angeles, CA, pg. 473
ICF NEXT, Minneapolis, MN, pg. 372
IGNITED, El Segundo, CA, pg. 373
INTERLEX COMMUNICATIONS, San Antonio, TX, pg. 541
INTERMARK GROUP, INC., Birmingham, AL, pg. 375

CLIENT INDUSTRIES INDEX

J PUBLIC RELATIONS, New York, NY, pg. 616
JNA ADVERTISING, Overland Park, KS, pg. 92
JONES HUYETT PARTNERS, Topeka, KS, pg. 93
KARSH & HAGAN, Denver, CO, pg. 94
KELLY, SCOTT & MADISON, INC., Chicago, IL, pg. 482
LAUGHLIN CONSTABLE, INC., Milwaukee, WI, pg. 379
LAURA DAVIDSON PUBLIC RELATIONS, New York, NY, pg. 622
LAWRENCE & SCHILLER, Sioux Falls, SD, pg. 97
LG2, Montreal, QC, pg. 380
LMO ADVERTISING, Arlington, VA, pg. 100
LOU HAMMOND GROUP, New York, NY, pg. 381
LUCKIE & COMPANY, Birmingham, AL, pg. 382
LUQUIRE GEORGE ANDREWS, INC., Charlotte, NC, pg. 382
M BOOTH & ASSOCIATES, INC. , New York, NY, pg. 624
MADDEN MEDIA, Tucson, AZ, pg. 247
MAKIARIS MEDIA SERVICES, Middletown, CT, pg. 483
MARC USA, Chicago, IL, pg. 104
MARC USA, Pittsburgh, PA, pg. 104
MARCUS THOMAS, Cleveland, OH, pg. 104
MARIS, WEST & BAKER, Jackson, MS, pg. 383
MARKETSMITH, INC, Cedar Knolls, NJ, pg. 483
MARKHAM & STEIN, Miami, FL, pg. 105
MARRINER MARKETING COMMUNICATIONS, Columbia, MD, pg. 105
MAXAUDIENCE, Carlsbad, CA, pg. 248
MAYOSEITZ MEDIA, Blue Bell, PA, pg. 483
MBUY, Chicago, IL, pg. 484
MCCANN NEW YORK, New York, NY, pg. 108
MCCANN WORLDGROUP, Birmingham, MI, pg. 109
MCKEE WALLWORK & COMPANY, Albuquerque, NM, pg. 385
MDB COMMUNICATIONS, INC., Washington, DC, pg. 111
MERING, Sacramento, CA, pg. 114
MILES MEDIA GROUP, LLP, Sarasota, FL, pg. 387
MILES PARTNERSHIP, Sarasota, FL, pg. 250
MINDSHARE, Atlanta, GA, pg. 493
MISSY FARREN & ASSOCIATES, LTD., New York, NY, pg. 627
MMGY GLOBAL, Kansas City, MO, pg. 388
MMGY GLOBAL, New York, NY, pg. 388
MMGY NJF, New York, NY, pg. 628
MORGAN + COMPANY, New Orleans, LA, pg. 496
MORTENSON KIM, Indianapolis, IN, pg. 118
MOWER, Buffalo, NY, pg. 389
MVNP, Honolulu, HI, pg. 119
MWWPR, East Rutherford, NJ, pg. 630
NANCY MARSHALL COMMUNICATIONS , Augusta, ME, pg. 631
NDP, Richmond, VA, pg. 390
NOBLE STUDIOS, Reno, NV, pg. 254
O'KEEFE REINHARD & PAUL, Chicago, IL, pg. 392
ODNEY ADVERTISING AGENCY, Bismarck, ND, pg. 392
OFF MADISON AVENUE, Phoenix, AZ, pg. 392
OGILVY, Toronto, ON, pg. 394
OGILVY GOVERNMENT RELATIONS, Washington, DC, pg. 633
OGILVY PUBLIC RELATIONS, Washington, DC, pg. 634
OH PARTNERS, Phoenix, AZ, pg. 122
OMD, New York, NY, pg. 498
OMD, Chicago, IL, pg. 500
OMD ATLANTA, Atlanta, GA, pg. 501
OMD CANADA, Toronto, ON, pg. 501
OMD WEST, Los Angeles, CA, pg. 502
ONE & ALL, Atlanta, GA, pg. 289
OPAD MEDIA SOLUTIONS, LLC, New York, NY, pg. 503
ORANGE142, Austin, TX, pg. 255
OSBORN & BARR COMMUNICATIONS, Saint Louis, MO, pg. 395
PADILLA, Richmond, VA, pg. 635
PARADISE, Saint Petersburg, FL, pg. 396
PERISCOPE, Minneapolis, MN, pg. 127
PETERMAYER, New Orleans, LA, pg. 127
PHD CANADA, Toronto, ON, pg. 504

PM3, Atlanta, GA, pg. 544
PORTER NOVELLI, New York, NY, pg. 637
PORTER NOVELLI, Washington, DC, pg. 637
POWELL TATE, Washington, DC, pg. 638
PP+K, Tampa, FL, pg. 129
PROOF ADVERTISING, Austin, TX, pg. 398
PUBLICIS TORONTO, Toronto, ON, pg. 639
PUBLICIS.SAPIENT, Boston, MA, pg. 259
PUBLICIS.SAPIENT, Seattle, WA, pg. 259
PURERED, Princeton, NJ, pg. 130
QORVIS COMMUNICATIONS, LLC, Washington, DC, pg. 640
R&R PARTNERS, Las Vegas, NV, pg. 131
RDW GROUP , Providence, RI, pg. 403
RE:GROUP, INC., Ann Arbor, MI, pg. 403
RED TETTEMER O'CONNELL + PARTNERS, Philadelphia, PA, pg. 404
RESCUE SOCIAL CHANGE GROUP, San Diego, CA, pg. 133
SAATCHI & SAATCHI , New York, NY, pg. 136
SANDERS\WINGO, El Paso, TX, pg. 138
SHERRY MATTHEWS ADVOCACY MARKETING, Austin, TX, pg. 140
SIMONS / MICHELSON / ZIEVE, INC., Troy, MI, pg. 142
SOCKEYE CREATIVE, Portland, OR, pg. 199
SONSHINE COMMUNICATIONS, Miami, FL, pg. 648
SPARKLOFT MEDIA, Portland, OR, pg. 688
SPURRIER GROUP, Richmond, VA, pg. 513
STELLAR AGENCY, Torrance, CA, pg. 267
STRATEGIC AMERICA, West Des Moines, IA, pg. 414
SULLIVAN BRANDING, Memphis, TN, pg. 415
TBC, Baltimore, MD, pg. 416
THE ATKINS GROUP, San Antonio, TX, pg. 148
THE BUNTIN GROUP, Nashville, TN, pg. 148
THE CONCEPT FARM, Long Island City, NY, pg. 269
THE EHRHARDT GROUP, INC., New Orleans, LA, pg. 653
THE MANY, Pacific Palisades, CA, pg. 151
THE MARTIN AGENCY, Richmond, VA, pg. 421
THE RICHARDS GROUP, INC., Dallas, TX, pg. 422
THE SAN JOSE GROUP LTD., Chicago, IL, pg. 546
THE TOMBRAS GROUP, Knoxville, TN, pg. 424
THE ZIMMERMAN AGENCY, Tallahassee, FL, pg. 426
THIRD EAR, Austin, TX, pg. 546
TIME ADVERTISING, Millbrae, CA, pg. 155
TIMEZONEONE, Chicago, IL, pg. 155
TOUCHE!, Montreal, QC, pg. 520
TRACYLOCKE, Irving, TX, pg. 683
TRAMPOLINE, Halifax, NS, pg. 20
TRIBAL WORLDWIDE - VANCOUVER, Vancouver, BC, pg. 272
TRUE MEDIA, Minneapolis, MN, pg. 521
TRUMPET ADVERTISING, New Orleans, LA, pg. 157
TURNER PUBLIC RELATIONS, Denver, CO, pg. 657
TURNER PUBLIC RELATIONS, New York, NY, pg. 657
UNION, Charlotte, NC, pg. 273
UNIVERSAL MCCANN, New York, NY, pg. 521
UNIVERSAL MCCANN, Los Angeles, CA, pg. 524
UNIVERSAL MCCANN DETROIT, Birmingham, MI, pg. 524
USIM, New York, NY, pg. 525
UWG, Brooklyn, NY, pg. 546
VENABLES BELL & PARTNERS, San Francisco, CA, pg. 158
VI MARKETING & BRANDING, Oklahoma City, OK, pg. 428
VISIBILITY AND CONVERSIONS, Murrells Inlet, SC, pg. 159
VLADIMIR JONES, Colorado Springs, CO, pg. 429
VMLY&R, Kansas City, MO, pg. 274
VMLY&R, New York, NY, pg. 160
WATAUGA GROUP, Orlando, FL, pg. 21
WAVEMAKER, New York, NY, pg. 526
WAVEMAKER, Toronto, ON, pg. 529
WEBER SHANDWICK, New York, NY, pg. 660
WEBER SHANDWICK, Chicago, IL, pg. 661
WHITE64, Tysons, VA, pg. 430
WIEDEN + KENNEDY, Portland, OR, pg. 430

WILLIAMS RANDALL, Indianapolis, IN, pg. 432
WUNDERMAN THOMPSON ATLANTA, Atlanta, GA, pg. 435
XENOPHON STRATEGIES, INC., Washington, DC, pg. 664
YEBO, Richmond, VA, pg. 164
ZAMBEZI, Culver City, CA, pg. 165
ZEHNDER COMMUNICATIONS, INC., New Orleans, LA, pg. 436
ZENO GROUP, New York, NY, pg. 664

Health care

215 MCCANN, San Francisco, CA, pg. 319
22SQUARED INC., Atlanta, GA, pg. 319
360I, LLC, New York, NY, pg. 320
3RD COAST PR, Chicago, IL, pg. 573
5W PUBLIC RELATIONS, New York, NY, pg. 574
72ANDSUNNY, Playa Vista, CA, pg. 23
72ANDSUNNY, Brooklyn, NY, pg. 24
88 BRAND PARTNERS, Chicago, IL, pg. 171
97TH FLOOR, Lehi, UT, pg. 209
9THWONDER, Playa Vista, CA, pg. 453
9THWONDER, Houston, TX, pg. 453
9THWONDER, Dallas, TX, pg. 321
A.D.K., Los Angeles, CA, pg. 321
AAAZA, Los Angeles, CA, pg. 537
ABELSON-TAYLOR, Chicago, IL, pg. 25
ACCENTURE INTERACTIVE, New York, NY, pg. 209
ACCESS BRAND COMMUNICATIONS, San Francisco, CA, pg. 574
ACCESS BRAND COMMUNICATIONS, New York, NY, pg. 1
ACKERMAN MCQUEEN, INC., Oklahoma City, OK, pg. 26
ADCOM COMMUNICATIONS, INC., Cleveland, OH, pg. 210
AFG&, New York, NY, pg. 28
AGENCYEA, Chicago, IL, pg. 302
AKQA, San Francisco, CA, pg. 211
ALDAY COMMUNICATIONS, Franklin, TN, pg. 576
ALISON BROD PUBLIC RELATIONS, New York, NY, pg. 576
ALLEN & GERRITSEN, Boston, MA, pg. 29
ALMA, Coconut Grove, FL, pg. 537
ALWAYS ON COMMUNICATIONS , Pasadena, CA, pg. 454
AMP AGENCY, Boston, MA, pg. 297
ANALOGFOLK, New York, NY, pg. 439
ANDERSON DIRECT & DIGITAL, Poway, CA, pg. 279
ANOMALY, New York, NY, pg. 325
ANTONIO & PARIS, San Francisco, CA, pg. 32
ANVIL MEDIA, INC, Portland, OR, pg. 671
APOLLO INTERACTIVE, El Segundo, CA, pg. 214
ARCALEA LLC, Chicago, IL, pg. 672
ARCHER MALMO, Memphis, TN, pg. 32
AREA 23, New York, NY, pg. 33
ARGONAUT, INC., San Francisco, CA, pg. 33
ARGYLE COMMUNICATIONS , Toronto, ON, pg. 578
ARNOLD WORLDWIDE, Boston, MA, pg. 33
ARNOLD WORLDWIDE, New York, NY, pg. 34
ARTISANS ON FIRE, Las Vegas, NV, pg. 327
ASTOUND COMMERCE, San Bruno, CA, pg. 214
ATMOSPHERE PROXIMITY, New York, NY, pg. 214
ATRIUM, New York, NY, pg. 579
AUXILIARY, Grand Rapids, MI, pg. 173
BADER RUTTER & ASSOCIATES, INC. , Milwaukee, WI, pg. 328
BADGER & WINTERS, New York, NY, pg. 174
BAM CONNECTION, Brooklyn, NY, pg. 2
BANDY CARROLL HELLIGE , Louisville, KY, pg. 36
BARKER, New York, NY, pg. 36
BARRETTSF, San Francisco, CA, pg. 36
BARTON COTTON, Baltimore, MD, pg. 37
BASIC, San Diego, CA, pg. 215
BBDO WORLDWIDE, New York, NY, pg. 331
BEBER SILVERSTEIN GROUP, Miami, FL, pg. 38
BEHRMAN COMMUNICATIONS, New York, NY, pg. 582
BIG COMMUNICATIONS, INC., Birmingham, AL, pg. 39
BIG RIVER, Richmond, VA, pg. 3

AGENCIES

BKV, Miami, FL, pg. 334
BLUE CHIP MARKETING & COMMUNICATIONS, Northbrook, IL, pg. 334
BLUE SKY, Atlanta, GA, pg. 40
BOATHOUSE GROUP, INC., Waltham, MA, pg. 40
BRAND CONNECTIONS, LLC, New York, NY, pg. 336
BROADHEAD, Minneapolis, MN, pg. 337
BRODEUR PARTNERS, Boston, MA, pg. 586
BROGAN & PARTNERS, Birmingham, MI, pg. 538
BROKAW, INC., Cleveland, OH, pg. 43
BRUNET-GARCIA ADVERTISING, INC., Jacksonville, FL, pg. 44
BRUNNER, Pittsburgh, PA, pg. 44
BRUNSWICK GROUP, New York, NY, pg. 587
BURNS GROUP, New York, NY, pg. 338
BURRELL COMMUNICATIONS GROUP, INC., Chicago, IL, pg. 45
BUTLER / TILL, Rochester, NY, pg. 457
BUTLER, SHINE, STERN & PARTNERS, Sausalito, CA, pg. 45
BVK, Milwaukee, WI, pg. 339
C-COM GROUP, INC., Miami, FL, pg. 587
CACTUS MARKETING COMMUNICATIONS, Denver, CO, pg. 339
CADIENT GROUP, Malvern, PA, pg. 219
CAGE POINT, New York, NY, pg. 457
CALLEN, Austin, TX, pg. 46
CAMPBELL EWALD, Detroit, MI, pg. 46
CAMPBELL EWALD, West Hollywood, CA, pg. 47
CAMPBELL EWALD NEW YORK, New York, NY, pg. 47
CARAT, New York, NY, pg. 459
CARDENAS MARKETING NETWORK, Chicago, IL, pg. 303
CARMICHAEL LYNCH, Minneapolis, MN, pg. 47
CASANOVA//MCCANN, Costa Mesa, CA, pg. 538
CASHMAN & KATZ INTEGRATED COMMUNICATIONS, Glastonbury, CT, pg. 340
CATALYST, INC., Providence, RI, pg. 48
CBX, New York, NY, pg. 176
CHANNEL COMMUNICATIONS, Towson, MD, pg. 341
CHAPPELLROBERTS, Tampa, FL, pg. 341
CHEMISTRY ATLANTA, Atlanta, GA, pg. 50
CHEMISTRY COMMUNICATIONS INC., Pittsburgh, PA, pg. 50
CHIEF MEDIA, New York, NY, pg. 281
CITIZEN RELATIONS, Los Angeles, CA, pg. 590
CITIZEN RELATIONS, New York, NY, pg. 590
CLARITY COVERDALE FURY, Minneapolis, MN, pg. 342
CLEAN, Raleigh, NC, pg. 5
CLICK HERE, Dallas, TX, pg. 221
CMI MEDIA, LLC, King of Prussia, PA, pg. 342
CMM, New York, NY, pg. 591
COGNISCIENT MEDIA/MARC USA, Charlestown, MA, pg. 51
COLLE MCVOY, Minneapolis, MN, pg. 343
COMMCREATIVE, Framingham, MA, pg. 343
COMMERCE HOUSE, Dallas, TX, pg. 52
COMMUNICATIONS STRATEGY GROUP, Denver, CO, pg. 592
CONCENTRIC HEALTH EXPERIENCE, New York, NY, pg. 52
CONILL ADVERTISING, INC., Miami, FL, pg. 538
CONILL ADVERTISING, INC., El Segundo, CA, pg. 538
CONNELLY PARTNERS, Boston, MA, pg. 344
CONTROL V EXPOSED, Jenkintown, PA, pg. 222
CONVERGEDIRECT, New York, NY, pg. 462
COPACINO + FUJIKADO, LLC, Seattle, WA, pg. 344
CORNETT INTEGRATED MARKETING SOLUTIONS, Lexington, KY, pg. 344
COYNE PUBLIC RELATIONS, Parsippany, NJ, pg. 593
CRAMER-KRASSELT, Chicago, IL, pg. 53
CRAMER-KRASSELT, Milwaukee, WI, pg. 54
CREATIVE CIVILIZATION - AN AGUILAR / GIRARD AGENCY, San Antonio, TX, pg. 561
CREATIVE DIGITAL AGENCY, San Ramon, CA, pg. 222
CREATIVE PARTNERS, LLC, Stamford, CT, pg. 346
CREATIVEONDEMAND, Coconut Grove, FL, pg. 539
CRITICAL MASS, INC., Chicago, IL, pg. 223

CRITICAL MASS, INC., New York, NY, pg. 223
CRONIN, Glastonbury, CT, pg. 55
CROSBY MARKETING COMMUNICATIONS, Annapolis, MD, pg. 347
CROSSMEDIA, Philadelphia, PA, pg. 463
CROW CREATIVE, New York, NY, pg. 55
CURRENT, Chicago, IL, pg. 594
CUTWATER, San Francisco, CA, pg. 56
DAGGER, Atlanta, GA, pg. 224
DAILEY & ASSOCIATES, West Hollywood, CA, pg. 56
DBA MARKETING COMMUNICATIONS, Delafield, WI, pg. 349
DDB CANADA, Toronto, ON, pg. 224
DDB HEALTH, New York, NY, pg. 59
DDB NEW YORK, New York, NY, pg. 59
DEBERRY GROUP, San Antonio, TX, pg. 595
DEFAZIO COMMUNICATIONS, Philadelphia, PA, pg. 596
DELOITTE DIGITAL, Seattle, WA, pg. 224
DESTINATION MARKETING, Mountlake Terrace, WA, pg. 349
DEUTSCH, INC., New York, NY, pg. 349
DEVITO/VERDI, New York, NY, pg. 62
DEVRIES GLOBAL, New York, NY, pg. 596
DID AGENCY, Ambler, PA, pg. 62
DIESTE, Dallas, TX, pg. 539
DIFFUSION PR, New York, NY, pg. 597
DIGENNARO COMMUNICATIONS, New York, NY, pg. 597
DIGITAS, Boston, MA, pg. 226
DIGITAS, New York, NY, pg. 226
DIGITAS, San Francisco, CA, pg. 227
DIGITAS, Chicago, IL, pg. 227
DIGITAS HEALTH LIFEBRANDS, Philadelphia, PA, pg. 229
DIGITAS HEALTH LIFEBRANDS, New York, NY, pg. 229
DMW WORLDWIDE, LLC, Chesterbrook, PA, pg. 282
DNA SEATTLE, Seattle, WA, pg. 180
DOEANDERSON ADVERTISING, Louisville, KY, pg. 352
DONER, Cleveland, OH, pg. 352
DONER, Southfield, MI, pg. 63
DOREMUS & COMPANY, New York, NY, pg. 64
DOREMUS & COMPANY, San Francisco, CA, pg. 64
DOUG&PARTNERS, Toronto, ON, pg. 353
DP+, Farmington Hills, MI, pg. 353
DRAGON ARMY, Atlanta, GA, pg. 533
DRAKE COOPER, Boise, ID, pg. 64
DROGA5, New York, NY, pg. 64
DUNCAN CHANNON, San Francisco, CA, pg. 66
ECHOS BRAND COMMUNICATIONS, San Francisco, CA, pg. 599
EDELMAN, Chicago, IL, pg. 353
EDELMAN, New York, NY, pg. 599
EDELMAN, Washington, DC, pg. 600
EDELMAN, San Francisco, CA, pg. 601
EDGE MARKETING, Stamford, CT, pg. 681
EFM AGENCY, San Diego, CA, pg. 67
EGC MEDIA GROUP, INC., Melville, NY, pg. 354
EICOFF, Chicago, IL, pg. 282
ELEPHANT, Brooklyn, NY, pg. 181
ELEVATION, LTD, Washington, DC, pg. 540
ELEVEN, INC., San Francisco, CA, pg. 67
EMPOWER, Cincinnati, OH, pg. 354
ENDAI WORLDWIDE, New York, NY, pg. 231
ENERGY BBDO, INC., Chicago, IL, pg. 355
ENGINE, New York, NY, pg. 231
EPSILON, Irving, TX, pg. 283
EPSILON, Chicago, IL, pg. 283
EPSILON, Chicago, IL, pg. 283
EXVERUS MEDIA INC., Los Angeles, CA, pg. 465
FARM, Lancaster, NY, pg. 357
FCB CHICAGO, Chicago, IL, pg. 71
FCB HEALTH, New York, NY, pg. 72
FCB NEW YORK, New York, NY, pg. 357
FCB WEST, San Francisco, CA, pg. 72
FIG, New York, NY, pg. 73
FINCH BRANDS, Philadelphia, PA, pg. 7
FINGERPAINT MARKETING, Saratoga Springs, NY, pg. 358
FINN PARTNERS, San Francisco, CA, pg. 603

CLIENT INDUSTRIES INDEX

FINN PARTNERS, New York, NY, pg. 603
FIRSTBORN, New York, NY, pg. 234
FITZCO, Atlanta, GA, pg. 73
FLEISHMANHILLARD, Kansas City, MO, pg. 604
FLEISHMANHILLARD, Boston, MA, pg. 605
FLEISHMANHILLARD, San Francisco, CA, pg. 605
FLEISHMANHILLARD, New York, NY, pg. 605
FLYNN, Pittsford, NY, pg. 74
FORWARD BRANDING, Webster, NY, pg. 184
FRESH COMMUNICATIONS, North Reading, MA, pg. 606
FURMAN ROTH ADVERTISING, New York, NY, pg. 361
GATESMAN, Pittsburgh, PA, pg. 361
GENERATOR MEDIA + ANALYTICS, New York, NY, pg. 466
GENUINE INTERACTIVE, Boston, MA, pg. 237
GEOMETRY, New York, NY, pg. 362
GEOMETRY, Akron, OH, pg. 362
GEOVISION, Watertown, MA, pg. 540
GIANT SPOON, LLC, New York, NY, pg. 363
GIANT SPOON, LLC, Los Angeles, CA, pg. 363
GIGASAVVY, Irvine, CA, pg. 237
GKV, Baltimore, MD, pg. 364
GLYNNDEVINS MARKETING, Kansas City, MO, pg. 364
GOLIN, San Francisco, CA, pg. 609
GOLIN, Chicago, IL, pg. 609
GOLIN, Los Angeles, CA, pg. 609
GOOD APPLE DIGITAL, New York, NY, pg. 466
GOODBY, SILVERSTEIN & PARTNERS, San Francisco, CA, pg. 77
GREATER THAN ONE, New York, NY, pg. 8
GREY GROUP, New York, NY, pg. 365
GREY MIDWEST, Cincinnati, OH, pg. 366
GREY WEST, San Francisco, CA, pg. 367
GROUPM, New York, NY, pg. 466
GRP MEDIA, INC., Chicago, IL, pg. 467
GSD&M, Austin, TX, pg. 79
GSW WORLDWIDE, New York, NY, pg. 79
GSW WORLDWIDE / GSW, FUELED BY BLUE DIESEL, Westerville, OH, pg. 80
GYK ANTLER, Manchester, NH, pg. 368
GYRO, Cincinnati, OH, pg. 368
HABERMAN, Minneapolis, MN, pg. 369
HANSON DODGE, INC., Milwaukee, WI, pg. 185
HARMELIN MEDIA, Bala Cynwyd, PA, pg. 467
HARRISON & STAR, INC., New York, NY, pg. 9
HARRISON MEDIA, Harrison Township, MI, pg. 468
HAVAS EDGE, Portland, OR, pg. 284
HAVAS EDGE, Carlsbad, CA, pg. 285
HAVAS EDGE, Carlsbad, CA, pg. 285
HAVAS FORMULA, San Diego, CA, pg. 612
HAVAS FORMULATIN, New York, NY, pg. 612
HAVAS HEALTH & YOU, New York, NY, pg. 82
HAVAS MEDIA GROUP, New York, NY, pg. 468
HAVAS MEDIA GROUP, Chicago, IL, pg. 469
HAVAS MEDIA GROUP, Boston, MA, pg. 470
HAVAS NEW YORK, New York, NY, pg. 369
HAVAS TONIC, New York, NY, pg. 285
HAVAS WORLDWIDE CHICAGO, Chicago, IL, pg. 82
HAVAS WORLDWIDE SAN FRANCISCO, San Francisco, CA, pg. 370
HAWORTH MARKETING & MEDIA, Minneapolis, MN, pg. 370
HAWTHORNE ADVERTISING, Fairfield, IA, pg. 285
HAWTHORNE ADVERTISING, Los Angeles, CA, pg. 370
HAYTER COMMUNICATIONS, Seattle, WA, pg. 612
HCB HEALTH, Austin, TX, pg. 83
HEALIXGLOBAL, New York, NY, pg. 471
HEARTS & SCIENCE, New York, NY, pg. 471
HEAT, San Francisco, CA, pg. 84
HEAT, New York, NY, pg. 370
HEAT, Chicago, IL, pg. 84
HERO DIGITAL, San Francisco, CA, pg. 238
HILL HOLLIDAY, New York, NY, pg. 85
HILL HOLLIDAY, Boston, MA, pg. 85
HILL+KNOWLTON STRATEGIES, New York, NY, pg. 613
HITCHCOCK FLEMING & ASSOCIATES, INC., Akron, OH, pg. 86

CLIENT INDUSTRIES INDEX — AGENCIES

HORIZON MEDIA, INC., Los Angeles, CA, pg. 473
HORIZON MEDIA, INC., New York, NY, pg. 474
HUB STRATEGY & COMMUNICATION, San Francisco, CA, pg. 9
HUGE, INC., Brooklyn, NY, pg. 239
HUGHESLEAHYKARLOVIC, Saint Louis, MO, pg. 372
HUNT ADKINS, Minneapolis, MN, pg. 372
HUNTER PUBLIC RELATIONS, New York, NY, pg. 614
ICF NEXT, Minneapolis, MN, pg. 372
ICON MEDIA DIRECT, Sherman Oaks, CA, pg. 476
ICROSSING, New York, NY, pg. 240
ID MEDIA, New York, NY, pg. 477
IDEAOLOGY ADVERTISING, Marina Del Rey, CA, pg. 88
IDFIVE, Baltimore, MD, pg. 373
IGNITE SOCIAL MEDIA, Cary, NC, pg. 686
IMMERSION ACTIVE, INC., Frederick, MD, pg. 241
IMRE, Baltimore, MD, pg. 374
IN CONNECTED MARKETING, Stamford, CT, pg. 681
INCEPTION MARKETING, San Francisco, CA, pg. 374
INITIATIVE, New York, NY, pg. 477
INITIATIVE, Los Angeles, CA, pg. 478
INK & ROSES, New York, NY, pg. 615
INKHOUSE PUBLIC RELATIONS, San Francisco, CA, pg. 616
INNOCEAN USA, Huntington Beach, CA, pg. 479
INSIGHT PRODUCT DEVELOPMENT, Chicago, IL, pg. 445
INTERMARK GROUP, INC., Birmingham, AL, pg. 375
INTERPUBLIC GROUP OF COMPANIES, New York, NY, pg. 90
INTOUCH SOLUTIONS, INC., Overland Park, KS, pg. 242
IRIS, New York, NY, pg. 376
J3, New York, NY, pg. 480
JAY ADVERTISING, INC., Rochester, NY, pg. 377
JOELE FRANK, WILKINSON BRIMMER KATCHER, New York, NY, pg. 617
JOHN ST., Toronto, ON, pg. 93
JUNIPER PARK\ TBWA, Toronto, ON, pg. 93
KAPLOW COMMUNICATIONS, New York, NY, pg. 618
KCSA STRATEGIC COMMUNICATIONS, New York, NY, pg. 619
KELLY, SCOTT & MADISON, INC., Chicago, IL, pg. 482
KEPLER GROUP, New York, NY, pg. 244
KETCHUM, Raleigh, NC, pg. 378
KETCHUM, Washington, DC, pg. 619
KETCHUM, New York, NY, pg. 542
KETCHUM, Los Angeles, CA, pg. 619
KETCHUM SOUTH, Atlanta, GA, pg. 620
KETCHUM WEST, San Francisco, CA, pg. 620
KGBTEXAS COMMUNICATIONS, San Antonio, TX, pg. 95
KOEPPEL DIRECT, Dallas, TX, pg. 287
KWG ADVERTISING, INC., New York, NY, pg. 96
LANETERRALEVER, Phoenix, AZ, pg. 245
LAPIZ, Chicago, IL, pg. 542
LAUNDRY SERVICE, Brooklyn, NY, pg. 287
LEO BURNETT WORLDWIDE, Chicago, IL, pg. 98
LEVLANE ADVERTISING, Philadelphia, PA, pg. 380
LINDSAY, STONE & BRIGGS, Madison, WI, pg. 100
LIPPE TAYLOR, New York, NY, pg. 623
LITTLE BIG BRANDS, White Plains, NY, pg. 12
LIVEWORLD, San Jose, CA, pg. 246
LOCAL PROJECTS, New York, NY, pg. 190
LOCATION3 MEDIA, Denver, CO, pg. 246
M BOOTH & ASSOCIATES, INC., New York, NY, pg. 624
MADRAS GLOBAL, New York, NY, pg. 103
MADWELL, Brooklyn, NY, pg. 13
MANIFEST, Phoenix, AZ, pg. 383
MANIFEST, Saint Louis, MO, pg. 248
MANIFEST, Chicago, IL, pg. 248
MANIFEST, New York, NY, pg. 248
MANIFESTO, Milwaukee, WI, pg. 104
MARC USA, Chicago, IL, pg. 104
MARC USA, Pittsburgh, PA, pg. 104

MARCUS THOMAS, Cleveland, OH, pg. 104
MARINA MAHER COMMUNICATIONS, New York, NY, pg. 625
MARKETSMITH, INC, Cedar Knolls, NJ, pg. 483
MARTIN WILLIAMS ADVERTISING, Minneapolis, MN, pg. 106
MASON, INC. , Bethany, CT, pg. 383
MATTER CREATIVE GROUP, Cincinnati, OH, pg. 107
MBB AGENCY, Leawood, KS, pg. 107
MCCANN MINNEAPOLIS, Minneapolis, MN, pg. 384
MCCANN NEW YORK, New York, NY, pg. 108
MCCANN TORRE LAZUR, Mountain Lakes, NJ, pg. 109
MCCANN WORLDGROUP, Birmingham, MI, pg. 109
MCGARRYBOWEN, New York, NY, pg. 109
MCGARRYBOWEN, San Francisco, CA, pg. 385
MCGARRYBOWEN, Chicago, IL, pg. 110
MCNALLY TEMPLE & ASSOCIATES, INC., Sacramento, CA, pg. 626
MCS, INC., Basking Ridge, NJ, pg. 111
MEDIA ASSEMBLY, Southfield, MI, pg. 385
MEDIA ASSEMBLY, New York, NY, pg. 484
MEDIA LOGIC, Albany, NY, pg. 288
MEDIA STORM, New York, NY, pg. 486
MEDIACOM, New York, NY, pg. 487
MEDIACOM CANADA, Toronto, ON, pg. 489
MEDIAHUB NEW YORK, New York, NY, pg. 249
MEDIAHUB WINSTON SALEM, Winston-Salem, NC, pg. 386
MEDIAMONKS, Venice, CA, pg. 249
MEDIASMITH, INC. , San Francisco, CA, pg. 490
MEDIASPACE SOLUTIONS, Minnetonka, MN, pg. 490
MEDIASPOT, INC. , Corona Del Mar, CA, pg. 490
MEDIASSOCIATES, INC., Sandy Hook, CT, pg. 490
MEKANISM, New York, NY, pg. 113
MERCURY PUBLIC AFFAIRS, New York, NY, pg. 627
MERGE, Boston, MA, pg. 113
MERGE, Chicago, IL, pg. 113
MERKLEY + PARTNERS, New York, NY, pg. 114
METIA, Bellevue, WA, pg. 250
MEYOCKS GROUP, West Des Moines, IA, pg. 387
MGH ADVERTISING, Owings Mills, MD, pg. 387
MINDSHARE, New York, NY, pg. 491
MINDSHARE, Atlanta, GA, pg. 493
MINDSHARE, Chicago, IL, pg. 494
MINDSHARE, Toronto, ON, pg. 495
MINDSTREAM MEDIA GROUP - DALLAS, Dallas, TX, pg. 496
MINTZ & HOKE, Avon, CT, pg. 387
MMB, Boston, MA, pg. 116
MMGY GLOBAL, New York, NY, pg. 388
MMSI, Warwick, RI, pg. 496
MODCRAFT, Boulder, CO, pg. 628
MODERN CLIMATE, Minneapolis, MN, pg. 388
MOMENTUM WORLDWIDE, Saint Louis, MO, pg. 568
MOROCH PARTNERS, Dallas, TX, pg. 389
MOTHER NY, New York, NY, pg. 118
MOVEO INTEGRATED BRANDING, Chicago, IL, pg. 14
MOXIE, Atlanta, GA, pg. 251
MOXIE SOZO, Boulder, CO, pg. 192
MRY, New York, NY, pg. 252
MSLGROUP, New York, NY, pg. 629
MSLGROUP, Boston, MA, pg. 629
MULLENLOWE U.S. BOSTON, Boston, MA, pg. 389
MULLENLOWE U.S. NEW YORK, New York, NY, pg. 496
MWWPR, East Rutherford, NJ, pg. 630
MY FRIEND'S NEPHEW, Atlanta, GA, pg. 119
NEBO AGENCY, LLC, Atlanta, GA, pg. 253
NELSON SCHMIDT INC., Milwaukee, WI, pg. 120
NEO MEDIA WORLD, New York, NY, pg. 496
NEON, New York, NY, pg. 120
NICE & COMPANY, San Francisco, CA, pg. 391
NSA MEDIA GROUP, INC., Downers Grove, IL, pg. 497
OFF MADISON AVENUE, Phoenix, AZ, pg. 392
OGILVY, Chicago, IL, pg. 393
OGILVY, New York, NY, pg. 393
OGILVY, Toronto, ON, pg. 394
OGILVY PUBLIC RELATIONS, Washington, DC, pg. 634

OGK CREATIVE, Del Ray Beach, FL, pg. 14
OKD MARKETING GROUP, Burlington, ON, pg. 394
OMD, New York, NY, pg. 498
OMD, Chicago, IL, pg. 500
OMD CANADA, Toronto, ON, pg. 501
OMD SAN FRANCISCO, San Francisco, CA, pg. 501
OMNICOM GROUP, New York, NY, pg. 123
OPENMIND, New York, NY, pg. 503
ORGANIC, INC., New York, NY, pg. 256
OUTDOOR MEDIA GROUP, Jersey City, NJ, pg. 554
OUTSIDEPR, Sausalito, CA, pg. 634
PACE COMMUNICATIONS, Greensboro, NC, pg. 395
PACIFIC COMMUNICATIONS, Irvine, CA, pg. 124
PACO COLLECTIVE, Chicago, IL, pg. 544
PADILLA, Minneapolis, MN, pg. 635
PADILLA, Richmond, VA, pg. 635
PARTNERS + NAPIER, Rochester, NY, pg. 125
PARTY LAND, Marina Del Rey, CA, pg. 125
PATIENTS & PURPOSE, New York, NY, pg. 126
PATTERN, New York, NY, pg. 126
PB&, Seattle, WA, pg. 126
PEREIRA & O'DELL, New York, NY, pg. 257
PERISCOPE, Minneapolis, MN, pg. 127
PGR MEDIA, Boston, MA, pg. 504
PHD CHICAGO, Chicago, IL, pg. 504
PHD USA, New York, NY, pg. 505
PLANIT, Baltimore, MD, pg. 397
PONDELWILKINSON INC, Woodland Hills, CA, pg. 637
PORTER NOVELLI, New York, NY, pg. 637
POSTERSCOPE U.S.A., New York, NY, pg. 556
POV SPORTS MARKETING, Wayne, PA, pg. 314
PRESTON KELLY, Minneapolis, MN, pg. 129
PROOF ADVERTISING, Austin, TX, pg. 398
PUBLICIS HAWKEYE, Dallas, TX, pg. 399
PUBLICIS HAWKEYE, Vail, CO, pg. 399
PUBLICIS HEALTH, New York, NY, pg. 639
PUBLICIS MONTREAL, Montreal, QC, pg. 507
PUBLICIS NORTH AMERICA, New York, NY, pg. 399
PUBLICIS TORONTO, Toronto, ON, pg. 639
PUBLICIS.SAPIENT, New York, NY, pg. 258
PUBLICIS.SAPIENT, Seattle, WA, pg. 259
PULSECX, Montgomeryville, PA, pg. 290
PURERED, Princeton, NJ, pg. 130
PUROHIT NAVIGATION, Chicago, IL, pg. 401
QUIGLEY-SIMPSON, Los Angeles, CA, pg. 544
QUINSTREET, INC., Foster City, CA, pg. 290
QUIRK CREATIVE, Brooklyn, NY, pg. 131
QUIXOTE GROUP, Greensboro, NC, pg. 402
R&R PARTNERS, Las Vegas, NV, pg. 131
R&R PARTNERS, Phoenix, AZ, pg. 132
R/GA, New York, NY, pg. 260
R2INTEGRATED, Baltimore, MD, pg. 261
RACEPOINT GLOBAL, Boston, MA, pg. 640
RAIN, Portland, OR, pg. 402
RAPP WORLDWIDE, New York, NY, pg. 290
RE:GROUP, INC., Ann Arbor, MI, pg. 403
REBEL INTERACTIVE, Southington, CT, pg. 403
REVIVE HEALTH, Minneapolis, MN, pg. 133
RHEA & KAISER MARKETING , Naperville, IL, pg. 406
RISE INTERACTIVE, Chicago, IL, pg. 264
ROBOTS & PENCILS, Cleveland, OH, pg. 264
ROUNDPEG, Silver Spring, MD, pg. 408
RP3 AGENCY, Bethesda, MD, pg. 408
RUDER FINN, INC., New York, NY, pg. 645
SAATCHI & SAATCHI , New York, NY, pg. 136
SAATCHI & SAATCHI WELLNESS, New York, NY, pg. 137
SAATCHI & SAATCHI X, Cincinnati, OH, pg. 682
SCHAFER CONDON CARTER, Chicago, IL, pg. 138
SCOPPECHIO, Louisville, KY, pg. 409
SECRET WEAPON MARKETING, Los Angeles, CA, pg. 139
SEIDEN GROUP, INC. , New York, NY, pg. 410
SHARP COMMUNICATIONS, INC., New York, NY, pg. 140
SIEGEL & GALE, New York, NY, pg. 17
SIGMA MARKETING INSIGHTS, Rochester, NY, pg. 450
SLINGSHOT, LLC, Dallas, TX, pg. 265
SMARTY SOCIAL MEDIA, Santa Ana, CA, pg. 688
SMITH BROTHERS AGENCY, LP, Pittsburgh, PA,

A-110

AGENCIES

pg. 410
SMITH GIFFORD, INC., Falls Church, VA, pg. 143
SOLVE, Minneapolis, MN, pg. 17
SPACE150, Minneapolis, MN, pg. 266
SPARK FOUNDRY, New York, NY, pg. 508
SPARK FOUNDRY, Chicago, IL, pg. 510
SPM COMMUNICATIONS, Dallas, TX, pg. 649
SPRINGBOX, Austin, TX, pg. 266
SS+K, New York, NY, pg. 144
SSCG MEDIA GROUP, New York, NY, pg. 513
SSPR, Chicago, IL, pg. 649
STANDARD BLACK, Los Angeles, CA, pg. 144
STARCOM WORLDWIDE, Chicago, IL, pg. 513
STARCOM WORLDWIDE, Detroit, MI, pg. 517
STARCOM WORLDWIDE, New York, NY, pg. 517
STELLA RISING, Westport, CT, pg. 518
STERLING-RICE GROUP, Boulder, CO, pg. 413
STONE WARD ADVERTISING, Little Rock, AR, pg. 413
STONEARCH CREATIVE, Minneapolis, MN, pg. 144
STORANDT PANN MARGOLIS & PARTNERS, LaGrange, IL, pg. 414
STRATEGIC AMERICA, West Des Moines, IA, pg. 414
STRAWBERRYFROG, New York, NY, pg. 414
STRUCK, Salt Lake City, UT, pg. 144
SUB ROSA, New York, NY, pg. 200
SUNSHINE SACHS, New York, NY, pg. 650
SUPERUNION, New York, NY, pg. 18
SWIFT, Portland, OR, pg. 145
TALLWAVE, Scottsdale, AZ, pg. 268
TARGETBASE MARKETING, Irving, TX, pg. 292
TARGETBASE MARKETING, Greensboro, NC, pg. 293
TAYLOR , New York, NY, pg. 651
TBC, Baltimore, MD, pg. 416
TBWA \ CHIAT \ DAY, New York, NY, pg. 416
TBWA\WORLDHEALTH, Chicago, IL, pg. 147
TDA_BOULDER, Boulder, CO, pg. 147
TENET PARTNERS, Norwalk, CT, pg. 19
TERRI & SANDY, New York, NY, pg. 147
THE AXIS AGENCY, Century City, CA, pg. 545
THE BOHAN AGENCY, Nashville, TN, pg. 418
THE BUNTIN GROUP, Nashville, TN, pg. 148
THE CDM GROUP, New York, NY, pg. 149
THE HYBRID CREATIVE, Santa Rosa, CA, pg. 151
THE IDEA GROVE, Addison, TX, pg. 654
THE JOHNSON GROUP, Chattanooga, TN, pg. 420
THE LANE COMMUNICATIONS GROUP, New York, NY, pg. 654
THE LAVIDGE COMPANY, Phoenix, AZ, pg. 420
THE MARKETING ARM, Dallas, TX, pg. 316
THE MARS AGENCY, Southfield, MI, pg. 683
THE MARTIN AGENCY, Richmond, VA, pg. 421
THE RICHARDS GROUP, INC., Dallas, TX, pg. 422
THE SAN JOSE GROUP LTD., Chicago, IL, pg. 546
THE TOMBRAS GROUP, Knoxville, TN, pg. 424
THE VARIABLE, Winston-Salem, NC, pg. 153
THE VIA AGENCY, Portland, ME, pg. 154
THE WEINBACH GROUP, INC., Miami, FL, pg. 425
THEBLOC, New York, NY, pg. 154
THESEUS COMMUNICATIONS, New York, NY, pg. 520
THINKSO CREATIVE LLC, New York, NY, pg. 155
THIRD EAR, Austin, TX, pg. 546
THIS IS RED, Munhall, PA, pg. 271
THREAD, Tustin, CA, pg. 271
THREE FIVE TWO, INC., Atlanta, GA, pg. 271
TIERNEY COMMUNICATIONS, Philadelphia, PA, pg. 426
TIMBERLAKE MEDIA SERVICES, INC., Naperville, IL, pg. 520
TOGORUN, Washington, DC, pg. 656
TOKY BRANDING + DESIGN, Saint Louis, MO, pg. 202
TOLLESON DESIGN, San Francisco, CA, pg. 202
TOM, DICK & HARRY CREATIVE, Chicago, IL, pg. 426
TPN, Dallas, TX, pg. 683
TPN, Chicago, IL, pg. 571
TRANSLATION, Brooklyn, NY, pg. 299
TRIBAL WORLDWIDE, New York, NY, pg. 272
TRIBAL WORLDWIDE - VANCOUVER, Vancouver, BC, pg. 272
TWO NIL, Los Angeles, CA, pg. 521
UNIVERSAL MCCANN, New York, NY, pg. 521
UNIVERSAL MCCANN, San Francisco, CA, pg. 428
UNIVERSAL MCCANN, Toronto, ON, pg. 524
UPROAR, Orlando, FL, pg. 657
VAYNERMEDIA, New York, NY, pg. 689
VELOCITY OMC, New York, NY, pg. 158
VENABLES BELL & PARTNERS, San Francisco, CA, pg. 158
VITRO AGENCY, San Diego, CA, pg. 159
VMLY&R, Kalamazoo, MI, pg. 274
VMLY&R, New York, NY, pg. 160
WALLACE CHURCH, INC., New York, NY, pg. 204
WALRUS, New York, NY, pg. 161
WARREN DOUGLAS ADVERTISING, Fort Worth, TX, pg. 161
WAVEMAKER, New York, NY, pg. 526
WEBER SHANDWICK, Boston, MA, pg. 660
WEBER SHANDWICK, Dallas, TX, pg. 660
WEBER SHANDWICK, Los Angeles, CA, pg. 662
WEBER SHANDWICK, New York, NY, pg. 660
WEBER SHANDWICK, Chicago, IL, pg. 661
WEBER SHANDWICK, San Francisco, CA, pg. 662
WIDMEYER COMMUNICATIONS, Washington, DC, pg. 662
WIEDEN + KENNEDY, Portland, OR, pg. 430
WILLOWTREE, INC., Charlottesville, VA, pg. 535
WILLOWTREE, INC., Durham, NC, pg. 535
WORDSWORTH COMMUNICATIONS, Cincinnati, OH, pg. 663
WPP GROUP, INC., New York, NY, pg. 433
WUNDERMAN HEALTH, New York, NY, pg. 164
WUNDERMAN THOMPSON, Washington, DC, pg. 434
WUNDERMAN THOMPSON, Miami, FL, pg. 547
WUNDERMAN THOMPSON, New York, NY, pg. 434
WUNDERMAN THOMPSON, Toronto, ON, pg. 435
XENOPHON STRATEGIES, INC., Washington, DC, pg. 664
YAMAMOTO, Minneapolis, MN, pg. 435
ZEHNDER COMMUNICATIONS, INC., New Orleans, LA, pg. 436
ZEHNDER COMMUNICATIONS, INC. , Baton Rouge, LA, pg. 437
ZENITH MEDIA, New York, NY, pg. 529
ZENITH MEDIA, Atlanta, GA, pg. 531
ZENITH MEDIA CANADA, Montreal, QC, pg. 531
ZENO GROUP, New York, NY, pg. 664
ZIMMERMAN ADVERTISING, Fort Lauderdale, FL, pg. 437

Home Related

215 MCCANN, San Francisco, CA, pg. 319
22SQUARED INC., Atlanta, GA, pg. 319
22SQUARED INC., Tampa, FL, pg. 319
360I, LLC, Atlanta, GA, pg. 207
360I, LLC, New York, NY, pg. 320
360PRPLUS, Boston, MA, pg. 573
360PRPLUS, New York, NY, pg. 573
5W PUBLIC RELATIONS, New York, NY, pg. 574
72ANDSUNNY, Brooklyn, NY, pg. 24
9THWONDER, Playa Vista, CA, pg. 453
9THWONDER, Houston, TX, pg. 453
9THWONDER AGENCY, Houston, TX, pg. 453
ACCENTURE INTERACTIVE, New York, NY, pg. 209
ACCESS BRAND COMMUNICATIONS, New York, NY, pg. 1
ACENTO ADVERTISING, INC., Santa Monica, CA, pg. 25
ADVANTAGE INTERNATIONAL, Stamford, CT, pg. 301
AGENTI MEDIA SERVICES, Plymouth, MN, pg. 453
ALISON BROD PUBLIC RELATIONS, New York, NY, pg. 576
ALLISON+PARTNERS, Seattle, WA, pg. 576
ALMA, Coconut Grove, FL, pg. 537
AMMUNITION, Atlanta, GA, pg. 212
ANSIRA, Dallas, TX, pg. 1
ANSIRA, Addison, TX, pg. 326
ANTHONY BARADAT & ASSOCIATES, Miami, FL, pg. 537

CLIENT INDUSTRIES INDEX

APCO WORLDWIDE, New York, NY, pg. 578
ARCHER MALMO, Memphis, TN, pg. 32
ARNOLD WORLDWIDE, Boston, MA, pg. 33
ARRAY CREATIVE, Akron, OH, pg. 173
ASHER MEDIA, Addison, TX, pg. 455
ATMOSPHERE PROXIMITY, New York, NY, pg. 214
AXIOM MARKETING COMMUNICATIONS, Bloomington, MN, pg. 579
BACKBONE MEDIA, Carbondale, CO, pg. 579
BAILEY LAUERMAN, Los Angeles, CA, pg. 2
BARKER, New York, NY, pg. 36
BARKLEY, Kansas City, MO, pg. 329
BARRETTSF, San Francisco, CA, pg. 36
BBDO MINNEAPOLIS, Minneapolis, MN, pg. 330
BBDO WORLDWIDE, New York, NY, pg. 331
BBH, West Hollywood, CA, pg. 37
BCW AUSTIN, Austin, TX, pg. 581
BCW NEW YORK, New York, NY, pg. 581
BEBER SILVERSTEIN GROUP, Miami, FL, pg. 38
BFG COMMUNICATIONS, Bluffton, SC, pg. 333
BIG RED ROOSTER, Columbus, OH, pg. 3
BIGBUZZ MARKETING GROUP, New York, NY, pg. 217
BIZCOM ASSOCIATES, Plano, TX, pg. 584
BKV, Miami, FL, pg. 334
BLUE 449, San Francisco, CA, pg. 456
BLUE CHIP MARKETING & COMMUNICATIONS, Northbrook, IL, pg. 334
BOLIN MARKETING, Minneapolis, MN, pg. 41
BOZELL, Omaha, NE, pg. 42
BRANDINGBUSINESS, Irvine, CA, pg. 4
BRIGHT RED\TBWA, Tallahassee, FL, pg. 337
BRIGHTWAVE MARKETING, INC., Atlanta, GA, pg. 219
BROADBEAM MEDIA, New York, NY, pg. 456
BROWNSTEIN GROUP, INC., Philadelphia, PA, pg. 44
BRUNNER, Pittsburgh, PA, pg. 44
BRUNNER, Atlanta, GA, pg. 44
BULLISH INC, New York, NY, pg. 45
BVK, Milwaukee, WI, pg. 339
CAMPBELL EWALD, Detroit, MI, pg. 46
CAMPBELL EWALD NEW YORK, New York, NY, pg. 47
CANVAS WORLDWIDE, Playa Vista, CA, pg. 458
CAPGEMINI, Wayne, PA, pg. 219
CARAT, Atlanta, GA, pg. 459
CARAT, New York, NY, pg. 459
CARAT, Montreal, QC, pg. 461
CARMICHAEL LYNCH, Minneapolis, MN, pg. 47
CASANOVA//MCCANN, Costa Mesa, CA, pg. 538
CHANDELIER CREATIVE, New York, NY, pg. 49
CINEMASTREET, New York, NY, pg. 50
CLEARLINK, Salt Lake City, UT, pg. 221
CMD, Portland, OR, pg. 51
COLLE MCVOY, Minneapolis, MN, pg. 343
COLLECTIVELY, INC., San Francisco, CA, pg. 685
COLLING MEDIA, Scottsdale, AZ, pg. 51
COMMCREATIVE, Framingham, MA, pg. 343
CONILL ADVERTISING, INC., El Segundo, CA, pg. 538
CONTROL V EXPOSED, Jenkintown, PA, pg. 222
COSSETTE MEDIA, Quebec City, QC, pg. 345
COYNE PUBLIC RELATIONS, Parsippany, NJ, pg. 593
CRAMER-KRASSELT , Chicago, IL, pg. 53
CRAMER-KRASSELT , Milwaukee, WI, pg. 54
CREATIVE ENERGY, INC., Johnson City, TN, pg. 346
CUNDARI INTEGRATED ADVERTISING, Toronto, ON, pg. 347
CURIOSITY ADVERTISING, Cincinnati, OH, pg. 223
CUTWATER, San Francisco, CA, pg. 56
DAILEY & ASSOCIATES, West Hollywood, CA, pg. 56
DARLING AGENCY, New York, NY, pg. 57
DAVIS HARRISON DION ADVERTISING, Chicago, IL, pg. 348
DDB CHICAGO, Chicago, IL, pg. 59
DDB NEW YORK, New York, NY, pg. 59
DEG DIGITAL, Overland Park, KS, pg. 224
DEUTSCH, INC., Los Angeles, CA, pg. 350

A-111

CLIENT INDUSTRIES INDEX — AGENCIES

DEVRIES GLOBAL, New York, NY, pg. 596
DIESTE, Dallas, TX, pg. 539
DIGITAS, New York, NY, pg. 226
DIGITAS, San Francisco, CA, pg. 227
DIGITAS, Chicago, IL, pg. 227
DIRECT AGENTS, INC., New York, NY, pg. 229
DIX & EATON, Cleveland, OH, pg. 351
DOEANDERSON ADVERTISING, Louisville, KY, pg. 352
DOMUS ADVERTISING, Philadelphia, PA, pg. 352
DONER, Cleveland, OH, pg. 352
DONER, Southfield, MI, pg. 63
DROGA5, New York, NY, pg. 64
DRS & ASSOCIATES, North Hollywood, CA, pg. 598
DUFFY & SHANLEY, INC., Providence, RI, pg. 66
E/LA ADVERTISING, Irvine, CA, pg. 67
EARTHBOUND BRANDS, New York, NY, pg. 7
ECHO MEDIA GROUP, Tustin, CA, pg. 599
EDELMAN, Chicago, IL, pg. 353
EFM AGENCY, San Diego, CA, pg. 67
EICOFF, Chicago, IL, pg. 282
ELEVATION MARKETING, Richmond, VA, pg. 67
ELEVATOR, Carlsbad, CA, pg. 67
ELEVEN, INC., San Francisco, CA, pg. 67
EMPOWER, Cincinnati, OH, pg. 354
ENERGY BBDO, INC., Chicago, IL, pg. 355
ENGINE, New York, NY, pg. 231
EP+CO., Greenville, SC, pg. 356
EPIC SIGNAL, New York, NY, pg. 685
ESSENCE, New York, NY, pg. 232
ESSENCE, Seattle, WA, pg. 232
ESSENCE, Minneapolis, MN, pg. 233
EXPONENT PR, Minneapolis, MN, pg. 602
FALLON WORLDWIDE, Minneapolis, MN, pg. 70
FALLS AGENCY, Minneapolis, MN, pg. 70
FANG DIGITAL MARKETING, Burbank, CA, pg. 234
FAST HORSE, Minneapolis, MN, pg. 603
FCB CHICAGO, Chicago, IL, pg. 71
FCB WEST, San Francisco, CA, pg. 72
FEREBEELANE, Greenville, SC, pg. 358
FIG, New York, NY, pg. 73
FINGERPAINT MARKETING, Saratoga Springs, NY, pg. 358
FIREHOUSE, INC., Dallas, TX, pg. 358
FISHMAN PUBLIC RELATIONS INC., Northbrook, IL, pg. 604
FITZCO, Atlanta, GA, pg. 73
FKQ ADVERTISING, INC., Clearwater, FL, pg. 359
FLEISHMANHILLARD, Saint Louis, MO, pg. 604
FLEISHMANHILLARD WEST COAST, Los Angeles, CA, pg. 606
FORSMAN & BODENFORS, New York, NY, pg. 74
FUNCTION:, Atlanta, GA, pg. 184
GARRIGAN LYMAN GROUP, Seattle, WA, pg. 236
GATESMAN, Springfield, MO, pg. 361
GATESMAN, Pittsburgh, PA, pg. 361
GENERATOR MEDIA + ANALYTICS, New York, NY, pg. 466
GEOMETRY, New York, NY, pg. 362
GEOMETRY, Akron, OH, pg. 362
GIANT SPOON, LLC, New York, NY, pg. 363
GODFREY, Lancaster, PA, pg. 8
GOLIN, Los Angeles, CA, pg. 609
GOODBY, SILVERSTEIN & PARTNERS, San Francisco, CA, pg. 77
GOTHAM, INC., New York, NY, pg. 77
GRADIENT EXPERIENTIAL LLC, New York, NY, pg. 78
GREGORY WELTEROTH ADVERTISING, Montoursville, PA, pg. 466
GREY GROUP, New York, NY, pg. 365
GREY WEST, San Francisco, CA, pg. 367
GROUPM, New York, NY, pg. 466
GS&F, Nashville, TN, pg. 367
GYK ANTLER, Manchester, NH, pg. 368
GYRO, Cincinnati, OH, pg. 368
GYRO, Denver, CO, pg. 368
HANSON DODGE, INC., Milwaukee, WI, pg. 185
HARMELIN MEDIA, Bala Cynwyd, PA, pg. 467
HAVAS FORMULA, San Diego, CA, pg. 612
HAVAS FORMULA, El Segundo, CA, pg. 612

HAVAS FORMULATIN, New York, NY, pg. 612
HAVAS MEDIA GROUP, New York, NY, pg. 468
HAVAS MEDIA GROUP, Chicago, IL, pg. 469
HAVAS MEDIA GROUP, Boston, MA, pg. 470
HAVAS WORLDWIDE CHICAGO, Chicago, IL, pg. 82
HAWORTH MARKETING & MEDIA, Minneapolis, MN, pg. 470
HAWTHORNE ADVERTISING, Fairfield, IA, pg. 285
HAWTHORNE ADVERTISING, Los Angeles, CA, pg. 370
HEAT, San Francisco, CA, pg. 84
HEAT, New York, NY, pg. 370
HEILBRICE, Newport Beach, CA, pg. 84
HILL HOLLIDAY, Boston, MA, pg. 85
HILL+KNOWLTON STRATEGIES CANADA, Toronto, ON, pg. 613
HITCHCOCK FLEMING & ASSOCIATES, INC., Akron, OH, pg. 86
HORIZON MEDIA, INC., New York, NY, pg. 474
HUGE, INC., Brooklyn, NY, pg. 239
HUNT ADKINS, Minneapolis, MN, pg. 372
HUNTER PUBLIC RELATIONS, New York, NY, pg. 614
HYDROGEN, Seattle, WA, pg. 87
ICED MEDIA, New York, NY, pg. 240
ICF NEXT, Minneapolis, MN, pg. 372
ICON MEDIA DIRECT, Sherman Oaks, CA, pg. 476
ICROSSING, New York, NY, pg. 240
IMRE, Baltimore, MD, pg. 374
INCREMENTAL MEDIA, Bellmore, NY, pg. 477
INITIATIVE, New York, NY, pg. 477
INTERESTING DEVELOPMENT, New York, NY, pg. 90
INTERMARK GROUP, INC., Birmingham, AL, pg. 375
INTRINZIC, INC., Newport, KY, pg. 10
JACK MORTON WORLDWIDE, Robbinsville, NJ, pg. 309
JACKSON SPALDING INC., Atlanta, GA, pg. 376
JEFF DEZEN PUBLIC RELATIONS, Greenville, SC, pg. 617
JELLYFISH U.S., Baltimore, MD, pg. 243
JOELE FRANK, WILKINSON BRIMMER KATCHER, New York, NY, pg. 617
KEPLER GROUP, New York, NY, pg. 244
KETCHUM, Chicago, IL, pg. 619
KETCHUM, New York, NY, pg. 542
KETCHUM, Los Angeles, CA, pg. 619
KETCHUM SOUTH, Atlanta, GA, pg. 620
KETCHUM WEST, San Francisco, CA, pg. 620
KWT GLOBAL, New York, NY, pg. 621
LAIRD + PARTNERS, New York, NY, pg. 96
LAK PR, New York, NY, pg. 621
LAUGHLIN CONSTABLE, INC., Milwaukee, WI, pg. 379
LAUNDRY SERVICE, Brooklyn, NY, pg. 287
LEO BURNETT WORLDWIDE, Chicago, IL, pg. 98
LERNER ADVERTISING, Beverly Hills, MI, pg. 99
LEVY MG, Pittsburgh, PA, pg. 245
LIFEBRANDS, Wayne, PA, pg. 287
LIPPE TAYLOR, New York, NY, pg. 623
LITZKY PUBLIC RELATIONS, Hoboken, NJ, pg. 623
LOCAL PROJECTS, New York, NY, pg. 190
LOCATION 8, Wilmington, DE, pg. 101
LOCKARD & WECHSLER, Irvington, NY, pg. 287
LUMENCY INC., Toronto, ON, pg. 310
LUMENCY INC., New York, NY, pg. 310
M BOOTH & ASSOCIATES, INC., New York, NY, pg. 624
M&C SAATCHI PERFORMANCE, New York, NY, pg. 247
MADRAS GLOBAL, New York, NY, pg. 103
MAGRINO PUBLIC RELATIONS, New York, NY, pg. 624
MANIFEST, New York, NY, pg. 248
MARC USA, Pittsburgh, PA, pg. 104
MARCA MIAMI, Coconut Grove, FL, pg. 104
MARCUS THOMAS, Cleveland, OH, pg. 104
MARKETSMITH, INC, Cedar Knolls, NJ, pg. 483
MARTIN WILLIAMS ADVERTISING, Minneapolis, MN, pg. 106
MAX BORGES AGENCY, Miami, FL, pg. 626
MAXMEDIA INC., Atlanta, GA, pg. 248
MBB AGENCY, Leawood, KS, pg. 107

MCCANN NEW YORK, New York, NY, pg. 108
MCCANN WORLDGROUP, Birmingham, MI, pg. 109
MCGARRYBOWEN, New York, NY, pg. 109
MCGARRYBOWEN, San Francisco, CA, pg. 385
MCGARRYBOWEN, Chicago, IL, pg. 110
MCKINNEY, Durham, NC, pg. 111
MEDIA ASSEMBLY, Southfield, MI, pg. 385
MEDIA BROKERS INTERNATIONAL, Alpharetta, GA, pg. 485
MEDIA TWO INTERACTIVE, Raleigh, NC, pg. 486
MEDIACOM, Chicago, IL, pg. 489
MEDIAHUB BOSTON, Boston, MA, pg. 489
MEDIASSOCIATES, INC., Sandy Hook, CT, pg. 490
MEKANISM, San Francisco, CA, pg. 112
MERING, Sacramento, CA, pg. 114
MERKLEY + PARTNERS, New York, NY, pg. 114
MERLOT MARKETING, Sacramento, CA, pg. 114
MIGHTY ROAR, Roswell, GA, pg. 250
MILLER BROOKS, INC., Zionsville, IN, pg. 191
MILNER BUTCHER MEDIA GROUP, Los Angeles, CA, pg. 491
MINDSHARE, New York, NY, pg. 491
MINDSHARE, Atlanta, GA, pg. 493
MINDSHARE, Chicago, IL, pg. 494
MINDSTREAM INTERACTIVE, Columbus, OH, pg. 250
MODERN CLIMATE, Minneapolis, MN, pg. 388
MONO, Minneapolis, MN, pg. 117
MOROCH PARTNERS, Dallas, TX, pg. 389
MOTHER NY, New York, NY, pg. 118
MRM//MCCANN, Princeton, NJ, pg. 252
MRM//MCCANN, San Francisco, CA, pg. 289
MSLGROUP, Chicago, IL, pg. 629
MUH-TAY-ZIK / HOF-FER, San Francisco, CA, pg. 119
MULLENLOWE U.S. BOSTON, Boston, MA, pg. 389
MULTIPLY, Washington, DC, pg. 630
NATIONAL PUBLIC RELATIONS, Toronto, ON, pg. 631
NEO MEDIA WORLD, New York, NY, pg. 496
NORTH, Portland, OR, pg. 121
NORTH 6TH AGENCY, New York, NY, pg. 633
NORTHLIGHT ADVERTISING, INC., Chester Springs, PA, pg. 121
NOVUS MEDIA, Inc., Plymouth, MN, pg. 497
O'KEEFE REINHARD & PAUL, Chicago, IL, pg. 392
OCEAN MEDIA, INC., Huntington Beach, CA, pg. 498
OGILVY, Chicago, IL, pg. 393
OGILVY, New York, NY, pg. 393
OGILVY PUBLIC RELATIONS, New York, NY, pg. 633
OGILVYONE WORLDWIDE, New York, NY, pg. 255
OMD, New York, NY, pg. 498
OMD, Chicago, IL, pg. 500
OMD CANADA, Toronto, ON, pg. 501
OMD LATIN AMERICA, Miami, FL, pg. 543
OMD SAN FRANCISCO, San Francisco, CA, pg. 501
OMD WEST, Los Angeles, CA, pg. 502
OPENMIND, New York, NY, pg. 503
OPINIONATED, Portland, OR, pg. 123
OSBORN & BARR COMMUNICATIONS, Saint Louis, MO, pg. 395
OXFORD COMMUNICATIONS, Lambertville, NJ, pg. 395
PADILLA, Minneapolis, MN, pg. 635
PADILLA, Richmond, VA, pg. 635
PEPPERCOMM, INC., New York, NY, pg. 687
PEREIRA & O'DELL, San Francisco, CA, pg. 256
PERISCOPE, Minneapolis, MN, pg. 127
PHD CHICAGO, Chicago, IL, pg. 504
PHD USA, New York, NY, pg. 505
PLANIT, Baltimore, MD, pg. 397
PLUSMEDIA, LLC, Danbury, CT, pg. 290
PMG, Fort Worth, TX, pg. 257
PREACHER, Austin, TX, pg. 129
PUBLICIS HAWKEYE, Dallas, TX, pg. 399
PUBLICIS NORTH AMERICA, New York, NY, pg. 399
PUBLICIS TORONTO, Toronto, ON, pg. 639
PURDIE ROGERS, INC., Seattle, WA, pg. 130
PUSH, Orlando, FL, pg. 401
R/GA, New York, NY, pg. 260
R/GA, Chicago, IL, pg. 261
RAIN, Portland, OR, pg. 402

A-112

AGENCIES

RAPP WORLDWIDE, New York, NY, pg. 290
RAUXA, Costa Mesa, CA, pg. 291
RED HAVAS, New York, NY, pg. 641
REDROC AUSTIN, Austin, TX, pg. 132
RESPONSE MARKETING, New Haven, CT, pg. 133
RESULTS MARKETING & ADVERTISING, Charlottetown, PE, pg. 405
RICHARDS CARLBERG, Dallas, TX, pg. 406
RICHARDS/LERMA, Dallas, TX, pg. 545
RISE AND SHINE AND PARTNERS, Minneapolis, MN, pg. 134
ROBOTS & PENCILS, Cleveland, OH, pg. 264
RODGERS TOWNSEND, LLC, Saint Louis, MO, pg. 407
ROUNDHOUSE - PORTLAND, Portland, OR, pg. 408
SHADOW PUBLIC RELATIONS, New York, NY, pg. 646
SHINE UNITED, Madison, WI, pg. 140
SID LEE, Seattle, WA, pg. 140
SIGNAL THEORY, Kansas City, MO, pg. 141
SLINGSHOT, LLC, Dallas, TX, pg. 265
SLOANE & COMPANY, New York, NY, pg. 647
SOLVE, Minneapolis, MN, pg. 17
SOURCECODE COMMUNICATIONS, New York, NY, pg. 648
SPACE150, Minneapolis, MN, pg. 266
SPARK FOUNDRY, New York, NY, pg. 508
SPARK FOUNDRY, Chicago, IL, pg. 510
SPARK FOUNDRY, El Segundo, CA, pg. 512
SPM COMMUNICATIONS, Dallas, TX, pg. 649
SPRINGBOX, Austin, TX, pg. 266
STARCOM WORLDWIDE, Chicago, IL, pg. 513
STARCOM WORLDWIDE, New York, NY, pg. 517
STRATEGIC AMERICA, West Des Moines, IA, pg. 414
STRATEGIC OBJECTIVES, Toronto, ON, pg. 650
SUB ROSA, New York, NY, pg. 200
SUBLIME COMMUNICATIONS, Stamford, CT, pg. 415
SUPERUNION, New York, NY, pg. 18
SWANSON RUSSELL ASSOCIATES, Lincoln, NE, pg. 415
SWIFT, Portland, OR, pg. 145
SWITCH, Saint Louis, MO, pg. 145
TALLWAVE, Scottsdale, AZ, pg. 268
TANDEM THEORY, Dallas, TX, pg. 269
TEAK, San Francisco, CA, pg. 19
TEAM ONE, Los Angeles, CA, pg. 417
TECH IMAGE, LTD., Chicago, IL, pg. 652
TENET PARTNERS, Norwalk, CT, pg. 19
THE BLUESHIRT GROUP, San Francisco, CA, pg. 652
THE BUNTIN GROUP, Nashville, TN, pg. 148
THE CONSULTANCY PR, Los Angeles, CA, pg. 653
THE ESCAPE POD, Chicago, IL, pg. 150
THE INTEGER GROUP - MIDWEST, Des Moines, IA, pg. 570
THE LAUNCHPAD GROUP, Jenkintown, PA, pg. 546
THE LOOMIS AGENCY, Dallas, TX, pg. 151
THE MARS AGENCY, Southfield, MI, pg. 683
THE MOTION AGENCY, Chicago, IL, pg. 270
THE RICHARDS GROUP, INC., Dallas, TX, pg. 422
THE SAN JOSE GROUP LTD., Chicago, IL, pg. 546
THE THORBURN GROUP, Minneapolis, MN, pg. 20
THE TOMBRAS GROUP, Knoxville, TN, pg. 424
THE VARIABLE, Winston-Salem, NC, pg. 153
THE WOO AGENCY, Culver City, CA, pg. 425
THEORY HOUSE : THE AGENCY BUILT FOR RETAIL, Charlotte, NC, pg. 683
THIRD EAR, Austin, TX, pg. 546
THIS IS RED, Munhall, PA, pg. 271
THREE ATLANTA, LLC, Atlanta, GA, pg. 155
TPN, Dallas, TX, pg. 683
TRACYLOCKE, Chicago, IL, pg. 426
TREFOIL GROUP, Milwaukee, WI, pg. 656
TRICOMB2B, Dayton, OH, pg. 427
TRONE BRAND ENERGY, INC., High Point, NC, pg. 427
TWO NIL, Los Angeles, CA, pg. 521
UNIVERSAL MCCANN, New York, NY, pg. 521
UPSHOT, Chicago, IL, pg. 157
UWG, Brooklyn, NY, pg. 546
VELOCITY OMC, New York, NY, pg. 158
VENABLES BELL & PARTNERS, San Francisco, CA, pg. 158
VERITONE ONE, San Diego, CA, pg. 525
VITRO AGENCY, San Diego, CA, pg. 159
VMLY&R, Kansas City, MO, pg. 274
VMLY&R, New York, NY, pg. 160
VMLY&R, Chicago, IL, pg. 160
VSA PARTNERS, INC., Chicago, IL, pg. 204
WAVEMAKER, New York, NY, pg. 526
WE ARE SOCIAL, New York, NY, pg. 690
WE COMMUNICATIONS, Bellevue, WA, pg. 660
WEBER SHANDWICK, Boston, MA, pg. 660
WEBER SHANDWICK, Dallas, TX, pg. 660
WEBER SHANDWICK, New York, NY, pg. 660
WESTON | MASON, Marina Del Rey, CA, pg. 430
WIEDEN + KENNEDY, Portland, OR, pg. 430
WILLOWTREE, INC., Charlottesville, VA, pg. 535
WILLOWTREE, INC., Durham, NC, pg. 535
WORDSWORTH COMMUNICATIONS, Cincinnati, OH, pg. 663
WORK & CO, Brooklyn, NY, pg. 276
WP NARRATIVE_, New York, NY, pg. 163
WPP GROUP, INC., New York, NY, pg. 433
WRAY WARD, Charlotte, NC, pg. 433
WUNDERMAN HEALTH, New York, NY, pg. 164
WUNDERMAN THOMPSON, New York, NY, pg. 434
WUNDERMAN THOMPSON, Irvine, CA, pg. 435
X3 CREATIVE, Smyrna, GA, pg. 205
YAMAMOTO, Minneapolis, MN, pg. 435
YARD, New York, NY, pg. 435
YOUNG & LARAMORE, Indianapolis, IN, pg. 164
YPM, Irvine, CA, pg. 679
ZEHNDER COMMUNICATIONS, INC., New Orleans, LA, pg. 436
ZENITH MEDIA, New York, NY, pg. 529
ZENITH MEDIA, Atlanta, GA, pg. 531
ZENITH MEDIA CANADA, Montreal, QC, pg. 531
ZENO GROUP, New York, NY, pg. 664
ZENO GROUP, Chicago, IL, pg. 664
ZIMMERMAN ADVERTISING, Fort Lauderdale, FL, pg. 437
ZULU ALPHA KILO, Toronto, ON, pg. 165

Manufacturing

1000HEADS, New York, NY, pg. 691
AKQA, San Francisco, CA, pg. 211
ALLEN & GERRITSEN, Boston, MA, pg. 29
AMMUNITION, Atlanta, GA, pg. 212
ANTHONY BARADAT & ASSOCIATES, Miami, FL, pg. 537
ARCANA ACADEMY, Los Angeles, CA, pg. 32
BADER RUTTER & ASSOCIATES, INC., Milwaukee, WI, pg. 328
BALDWIN&, Raleigh, NC, pg. 35
BCW AUSTIN, Austin, TX, pg. 581
BCW NEW YORK, New York, NY, pg. 581
BIG COMMUNICATIONS, INC., Birmingham, AL, pg. 39
BIGBUZZ MARKETING GROUP, New York, NY, pg. 217
BRANDINGBUSINESS, Irvine, CA, pg. 4
BROADBEAM MEDIA, New York, NY, pg. 456
BROADHEAD, Minneapolis, MN, pg. 337
BRUNNER, Pittsburgh, PA, pg. 44
BRUNNER, Atlanta, GA, pg. 44
CAMPBELL EWALD, Detroit, MI, pg. 46
CATALYST, INC., Providence, RI, pg. 48
CLEAN, Raleigh, NC, pg. 5
CLICK HERE , Dallas, TX, pg. 221
COLLE MCVOY, Minneapolis, MN, pg. 343
COLLECTIVELY, INC., San Francisco, CA, pg. 685
CRAMER-KRASSELT, New York, NY, pg. 53
CROW CREATIVE, New York, NY, pg. 55
CUTWATER, San Francisco, CA, pg. 56
DDB CHICAGO, Chicago, IL, pg. 59
DDB NEW YORK, New York, NY, pg. 59
DENTSU X, New York, NY, pg. 61
DEUTSCH, INC., Los Angeles, CA, pg. 350
DIGITAS, Boston, MA, pg. 226
DIGITAS, Chicago, IL, pg. 227

CLIENT INDUSTRIES INDEX

DIGITAS, Detroit, MI, pg. 229
DIX & EATON, Cleveland, OH, pg. 351
DPR GROUP, INC., Frederick, MD, pg. 598
DRS & ASSOCIATES, North Hollywood, CA, pg. 598
EARTHBOUND BRANDS, New York, NY, pg. 7
EICOFF, Chicago, IL, pg. 282
ELEVATION MARKETING, Richmond, VA, pg. 67
EP+CO., Greenville, SC, pg. 356
EPIC SIGNAL, New York, NY, pg. 685
FALLON WORLDWIDE, Minneapolis, MN, pg. 70
FALLS COMMUNICATIONS, Cleveland, OH, pg. 357
FARM, Lancaster, NY, pg. 357
FAST HORSE, Minneapolis, MN, pg. 603
FCB CHICAGO, Chicago, IL, pg. 71
FIG, New York, NY, pg. 73
FIREHOUSE, INC., Dallas, TX, pg. 358
FITZCO, Atlanta, GA, pg. 73
FLEISHMANHILLARD, Saint Louis, MO, pg. 604
FLIGHT PATH CREATIVE, Traverse City, MI, pg. 74
FOODMIX MARKETING COMMUNICATIONS, Elmhurst, IL, pg. 359
FORTY TWO EIGHTY NINE, Rockton, IL, pg. 359
FUNCTION:, Atlanta, GA, pg. 184
GARRIGAN LYMAN GROUP, Seattle, WA, pg. 236
GATESMAN, Pittsburgh, PA, pg. 361
GEOMETRY, New York, NY, pg. 362
GOLIN, Chicago, IL, pg. 609
GROUPM, New York, NY, pg. 466
GS&F , Nashville, TN, pg. 367
GSD&M, Austin, TX, pg. 79
GYRO, Cincinnati, OH, pg. 368
GYRO, Denver, CO, pg. 368
GYRO, Chicago, IL, pg. 368
HANSON, INC., Toledo, OH, pg. 237
HAVAS EDGE, Portland, OR, pg. 284
HAVAS FORMULA, San Diego, CA, pg. 612
HAVAS MEDIA GROUP, New York, NY, pg. 468
HAVAS MEDIA GROUP, Boston, MA, pg. 470
HAVAS MEDIA GROUP, Miami, FL, pg. 470
HAVAS WORLDWIDE CHICAGO, Chicago, IL, pg. 82
HAWTHORNE ADVERTISING, Fairfield, IA, pg. 285
HAWTHORNE ADVERTISING, Los Angeles, CA, pg. 370
HELEN THOMPSON MEDIA, San Antonio, TX, pg. 473
HITCHCOCK FLEMING & ASSOCIATES, INC. , Akron, OH, pg. 86
HORIZON MEDIA, INC., New York, NY, pg. 474
HUGHESLEAHYKARLOVIC, Saint Louis, MO, pg. 372
HUNT ADKINS, Minneapolis, MN, pg. 372
HUNTER PUBLIC RELATIONS, New York, NY, pg. 614
ICON MEDIA DIRECT, Sherman Oaks, CA, pg. 476
ICR, New York, NY, pg. 615
INITIATIVE, Chicago, IL, pg. 479
INTERMARK GROUP, INC., Birmingham, AL, pg. 375
JACK MORTON WORLDWIDE, Robbinsville, NJ, pg. 309
KOROBERI NEW WORLD MARKETING, Raleigh, NC, pg. 95
L.C. WILLIAMS & ASSOCIATES, INC., Chicago, IL, pg. 621
LANDOR, New York, NY, pg. 11
LAUGHLIN CONSTABLE, INC., Milwaukee, WI, pg. 379
LAUGHLIN CONSTABLE, INC., Chicago, IL, pg. 380
LEAP, Louisville, KY, pg. 245
LEO BURNETT WORLDWIDE, Chicago, IL, pg. 98
LEVY MG, Pittsburgh, PA, pg. 245
LIFEBRANDS, Wayne, PA, pg. 287
LITTLEFIELD BRAND DEVELOPMENT, Tulsa, OK, pg. 12
M BOOTH & ASSOCIATES, INC. , New York, NY, pg. 624
MANIFEST, New York, NY, pg. 248
MARC USA, Pittsburgh, PA, pg. 104
MARCUS THOMAS, Cleveland, OH, pg. 104
MARRINER MARKETING COMMUNICATIONS, Columbia, MD, pg. 105

A-113

CLIENT INDUSTRIES INDEX — AGENCIES

MARTIN WILLIAMS ADVERTISING, Minneapolis, MN, pg. 106
MAXMEDIA INC., Atlanta, GA, pg. 248
MAYOSEITZ MEDIA, Blue Bell, PA, pg. 483
MCCANN NEW YORK, New York, NY, pg. 108
MCCANN WORLDGROUP, Birmingham, MI, pg. 109
MCKINNEY, Durham, NC, pg. 111
MEDIA DIRECT, INC., Carmel, IN, pg. 112
MEDIACOM, New York, NY, pg. 487
MEDIAHUB BOSTON, Boston, MA, pg. 489
MEDIAHUB WINSTON SALEM, Winston-Salem, NC, pg. 386
MEKANISM, San Francisco, CA, pg. 112
MERLOT MARKETING, Sacramento, CA, pg. 114
METHOD COMMUNICATIONS, Salt Lake City, UT, pg. 386
MINDSHARE, New York, NY, pg. 491
MINDSHARE, Chicago, IL, pg. 494
MODERN CLIMATE, Minneapolis, MN, pg. 388
MOMENTUM WORLDWIDE, New York, NY, pg. 117
MORRISON, Atlanta, GA, pg. 117
MOXIE SOZO, Boulder, CO, pg. 192
MRM//MCCANN, Princeton, NJ, pg. 252
NELSON SCHMIDT INC., Milwaukee, WI, pg. 120
NEO MEDIA WORLD, New York, NY, pg. 496
NIMBLE WORLDWIDE, Dallas, TX, pg. 391
O'KEEFE REINHARD & PAUL, Chicago, IL, pg. 392
OGILVY, Chicago, IL, pg. 393
OGILVY, New York, NY, pg. 393
OMD, Chicago, IL, pg. 500
OMD WEST, Los Angeles, CA, pg. 502
OSBORN & BARR COMMUNICATIONS, Saint Louis, MO, pg. 395
OXFORD COMMUNICATIONS, Lambertville, NJ, pg. 395
PADILLA, Minneapolis, MN, pg. 635
PADILLA, Richmond, VA, pg. 635
PEPPERCOMM, INC., New York, NY, pg. 687
PEREIRA & O'DELL, San Francisco, CA, pg. 256
PERISCOPE, Minneapolis, MN, pg. 127
PHD CHICAGO, Chicago, IL, pg. 504
PHD USA, New York, NY, pg. 505
PKA MARKETING, Mequon, WI, pg. 397
PLANIT, Baltimore, MD, pg. 397
PORTER NOVELLI, New York, NY, pg. 637
PREMIER EVENT SERVICES, Steamboat Springs, CO, pg. 314
PRICEWEBER MARKETING COMMUNICATIONS, INC., Louisville, KY, pg. 398
PUBLICIS HAWKEYE, Dallas, TX, pg. 399
PUBLICIS HAWKEYE, Vail, CO, pg. 399
PUBLICIS NORTH AMERICA, New York, NY, pg. 399
PUBLICIS.SAPIENT, Seattle, WA, pg. 259
R&J STRATEGIC COMMUNICATIONS, Bridgewater, NJ, pg. 640
RED DOOR INTERACTIVE, San Diego, CA, pg. 404
RHEA & KAISER MARKETING, Naperville, IL, pg. 406
RICHARDS CARLBERG, Dallas, TX, pg. 406
ROBOTS & PENCILS, Cleveland, OH, pg. 264
SAATCHI & SAATCHI CANADA, Toronto, ON, pg. 136
SANDSTORM DESIGN, Chicago, IL, pg. 264
SCHAFER CONDON CARTER, Chicago, IL, pg. 138
SEARCH DISCOVERY, INC., Atlanta, GA, pg. 677
SID LEE, Seattle, WA, pg. 140
SIGMA MARKETING INSIGHTS, Rochester, NY, pg. 450
SIGNAL THEORY, Kansas City, MO, pg. 141
SIGNAL THEORY, Wichita, KS, pg. 141
SIMANTEL GROUP, Peoria, IL, pg. 142
SOLVE, Minneapolis, MN, pg. 17
SPARK FOUNDRY, Chicago, IL, pg. 510
SPRINGBOX, Austin, TX, pg. 266
STARCOM WORLDWIDE, Chicago, IL, pg. 513
STRATEGIC AMERICA, West Des Moines, IA, pg. 414
STRAWBERRYFROG, New York, NY, pg. 414
SUPERUNION, New York, NY, pg. 18
TEAM ONE, Los Angeles, CA, pg. 417
TETHER, Seattle, WA, pg. 201
THE BUNTIN GROUP, Nashville, TN, pg. 148
THE GATE WORLDWIDE, New York, NY, pg. 419

THE INTEGER GROUP - MIDWEST, Des Moines, IA, pg. 570
THE KARMA GROUP, Green Bay, WI, pg. 420
THE SHIPYARD, Newport Beach, CA, pg. 153
THE THORBURN GROUP, Minneapolis, MN, pg. 20
THE VARIABLE, Winston-Salem, NC, pg. 153
THEBLOC, New York, NY, pg. 154
THINKSO CREATIVE LLC, New York, NY, pg. 155
THREE ATLANTA, LLC, Atlanta, GA, pg. 155
TPN, Dallas, TX, pg. 683
TRICOMB2B, Dayton, OH, pg. 427
TRONE BRAND ENERGY, INC., High Point, NC, pg. 427
TWO BY FOUR COMMUNICATIONS, LTD., Chicago, IL, pg. 157
UNIVERSAL MCCANN, New York, NY, pg. 521
UPSHOT, Chicago, IL, pg. 157
VENABLES BELL & PARTNERS, San Francisco, CA, pg. 158
VMLY&R, Kalamazoo, MI, pg. 274
VMLY&R, New York, NY, pg. 160
VSA PARTNERS, INC., Chicago, IL, pg. 204
WAVEMAKER, New York, NY, pg. 526
WAVEMAKER, San Francisco, CA, pg. 528
WEBER SHANDWICK, New York, NY, pg. 660
WPP GROUP, INC., New York, NY, pg. 433
WUNDERMAN HEALTH, New York, NY, pg. 164
WUNDERMAN THOMPSON, New York, NY, pg. 434
YOUNG & LARAMORE, Indianapolis, IN, pg. 164
ZENITH MEDIA, New York, NY, pg. 529
ZENITH MEDIA, Atlanta, GA, pg. 531

Office Related

360I, LLC, New York, NY, pg. 320
ACENTO ADVERTISING, INC., Santa Monica, CA, pg. 25
AKQA, San Francisco, CA, pg. 211
ALLEN & GERRITSEN, Boston, MA, pg. 29
AMUSEMENT PARK, Santa Ana, CA, pg. 325
AUXILIARY, Grand Rapids, MI, pg. 173
BADER RUTTER & ASSOCIATES, INC., Milwaukee, WI, pg. 328
BARBARIAN, New York, NY, pg. 215
BCW AUSTIN, Austin, TX, pg. 581
BCW NEW YORK, New York, NY, pg. 581
BLAZE, Santa Monica, CA, pg. 584
BRANDIGO, Newburyport, MA, pg. 336
BRIGHT RED\TBWA, Tallahassee, FL, pg. 337
BROWNSTEIN GROUP, INC., Philadelphia, PA, pg. 44
CATALYST, INC., Providence, RI, pg. 48
CLICK HERE, Dallas, TX, pg. 221
CODE AND THEORY, New York, NY, pg. 221
COLLE MCVOY, Minneapolis, MN, pg. 343
CONNELLY PARTNERS, Boston, MA, pg. 344
CONTROL V EXPOSED, Jenkintown, PA, pg. 222
CRITICAL MASS, INC., New York, NY, pg. 223
CRONIN, Glastonbury, CT, pg. 55
CUTWATER, San Francisco, CA, pg. 56
DDB CANADA, Toronto, ON, pg. 224
DDB NEW YORK, New York, NY, pg. 59
DELLA FEMINA/ROTHSCHILD/JEARY PARTNERS, New York, NY, pg. 61
DENTSU AEGIS NETWORK, New York, NY, pg. 61
DENTSU X, New York, NY, pg. 61
DEUTSCH, INC., Los Angeles, CA, pg. 350
DIGITAS, Boston, MA, pg. 226
DIGITAS, New York, NY, pg. 226
DIX & EATON, Cleveland, OH, pg. 351
DONER CX, Norwalk, CT, pg. 352
DRAKE COOPER, Boise, ID, pg. 64
EICOFF, Chicago, IL, pg. 282
ELEPHANT, Brooklyn, NY, pg. 181
ELEVATION, LTD, Washington, DC, pg. 540
ELEVATOR, Carlsbad, CA, pg. 67
ELEVEN, INC., San Francisco, CA, pg. 67
ENGINE, New York, NY, pg. 231
EPIC SIGNAL, New York, NY, pg. 685
FACTORY 360, New York, NY, pg. 306
FALLON WORLDWIDE, Minneapolis, MN, pg. 70
FAST HORSE, Minneapolis, MN, pg. 603

FIG, New York, NY, pg. 73
FORGE WORLDWIDE, Boston, MA, pg. 183
GATESMAN, Springfield, MO, pg. 361
GEOMETRY, New York, NY, pg. 362
GIANT PROPELLER, Burbank, CA, pg. 76
GREY GROUP, New York, NY, pg. 365
GROUPM, New York, NY, pg. 466
GYRO, Cincinnati, OH, pg. 368
HARGROVE INC., Lanham, MD, pg. 307
HAVAS MEDIA GROUP, Chicago, IL, pg. 469
HAVAS MEDIA GROUP, Boston, MA, pg. 470
HAVAS NEW YORK, New York, NY, pg. 369
HAVAS WORLDWIDE CHICAGO, Chicago, IL, pg. 82
HAWTHORNE ADVERTISING, Fairfield, IA, pg. 285
HAWTHORNE ADVERTISING, Los Angeles, CA, pg. 370
HEARTS & SCIENCE, New York, NY, pg. 471
HILL HOLLIDAY, New York, NY, pg. 85
HUNT ADKINS, Minneapolis, MN, pg. 372
HUNTER PUBLIC RELATIONS, New York, NY, pg. 614
IPROSPECT, Boston, MA, pg. 674
JACK MORTON WORLDWIDE, New York, NY, pg. 308
JENSEN DESIGN ASSOCIATES, Long Beach, CA, pg. 188
KING & COMPANY, New York, NY, pg. 620
LEO BURNETT WORLDWIDE, Chicago, IL, pg. 98
LEVERAGE MARKETING GROUP, Newtown, CT, pg. 99
LITTLE & COMPANY, Minneapolis, MN, pg. 12
LOVE ADVERTISING, Houston, TX, pg. 101
M&C SAATCHI LA, Santa Monica, CA, pg. 482
MACCABEE GROUP PUBLIC RELATIONS, Minneapolis, MN, pg. 624
MAIER ADVERTISING, INC., Farmington, CT, pg. 103
MARC USA, Pittsburgh, PA, pg. 104
MCGARRYBOWEN, New York, NY, pg. 109
MCGARRYBOWEN, Chicago, IL, pg. 110
MEDIA ASSEMBLY, Southfield, MI, pg. 385
MEDIACOM, New York, NY, pg. 487
MEDIAHUB BOSTON, Boston, MA, pg. 489
MEKANISM, San Francisco, CA, pg. 112
MERKLEY + PARTNERS, New York, NY, pg. 114
MILNER BUTCHER MEDIA GROUP, Los Angeles, CA, pg. 491
MINDSHARE, New York, NY, pg. 491
MONO, Minneapolis, MN, pg. 117
MORNINGSTAR COMMUNICATIONS, Overland Park, KS, pg. 628
MRM//MCCANN, New York, NY, pg. 289
MSLGROUP, New York, NY, pg. 629
MUH-TAY-ZIK / HOF-FER, San Francisco, CA, pg. 119
MULLENLOWE U.S. BOSTON, Boston, MA, pg. 389
MWWPR, East Rutherford, NJ, pg. 630
NEO MEDIA WORLD, New York, NY, pg. 496
NEXTLEFT, San Diego, CA, pg. 254
NINA HALE CONSULTING, Minneapolis, MN, pg. 675
OGILVY, New York, NY, pg. 393
OH PARTNERS, Phoenix, AZ, pg. 122
OMD SAN FRANCISCO, San Francisco, CA, pg. 501
OMD WEST, Los Angeles, CA, pg. 502
OXFORD COMMUNICATIONS, Lambertville, NJ, pg. 395
PADILLA, Minneapolis, MN, pg. 635
PEPPERCOMM, INC., New York, NY, pg. 687
PEREIRA & O'DELL, San Francisco, CA, pg. 256
PHD CHICAGO, Chicago, IL, pg. 504
PJA ADVERTISING + MARKETING, Cambridge, MA, pg. 397
POSTERSCOPE U.S.A., New York, NY, pg. 556
ROKKAN, LLC, New York, NY, pg. 264
SALT BRANDING, San Francisco, CA, pg. 16
SDI MEDIA GROUP, Los Angeles, CA, pg. 545
SEARCH DISCOVERY, INC., Atlanta, GA, pg. 677
SIGMA MARKETING INSIGHTS, Rochester, NY, pg. 450
SPARK FOUNDRY, Chicago, IL, pg. 510
STORY WORLDWIDE, New York, NY, pg. 267
SUB ROSA, New York, NY, pg. 200
SUPERUNION, New York, NY, pg. 18
SWARM, Atlanta, GA, pg. 268

A-114

AGENCIES

T3, Austin, TX, pg. 268
TBWA \ CHIAT \ DAY, New York, NY, pg. 416
TBWA/MEDIA ARTS LAB, Los Angeles, CA, pg. 147
THE COMMUNITY, Miami Beach, FL, pg. 545
THE GEORGE P. JOHNSON COMPANY, New York, NY, pg. 316
THE WILBERT GROUP, Atlanta, GA, pg. 655
THINKSO CREATIVE LLC, New York, NY, pg. 155
THIRD EAR, Austin, TX, pg. 546
TOUCHPOINT INTEGRATED COMMUNICATIONS, Darien, CT, pg. 520
TWENTY-FIRST CENTURY BRAND, San Francisco, CA, pg. 157
VENABLES BELL & PARTNERS, San Francisco, CA, pg. 158
VMLY&R, New York, NY, pg. 160
WALT & COMPANY COMMUNICATIONS, Campbell, CA, pg. 659
WAVEMAKER, New York, NY, pg. 526
WEBER SHANDWICK, New York, NY, pg. 660
WPP GROUP, INC., New York, NY, pg. 433
WUNDERMAN HEALTH, New York, NY, pg. 164
WUNDERMAN THOMPSON, New York, NY, pg. 434
WUNDERMAN THOMPSON ATLANTA, Atlanta, GA, pg. 435
ZENITH MEDIA, New York, NY, pg. 529
ZENITH MEDIA, Santa Monica, CA, pg. 531
ZENITH MEDIA, Atlanta, GA, pg. 531

Packaged Goods

1000HEADS, New York, NY, pg. 691
160OVER90, Santa Monica, CA, pg. 207
215 MCCANN, San Francisco, CA, pg. 319
360I, LLC, Atlanta, GA, pg. 207
360I, LLC, New York, NY, pg. 320
360I, LLC, Chicago, IL, pg. 208
360I, LLC, Los Angeles, CA, pg. 208
360PRPLUS, Boston, MA, pg. 573
3RD COAST PR, Chicago, IL, pg. 573
5W PUBLIC RELATIONS, New York, NY, pg. 574
72ANDSUNNY, Playa Vista, CA, pg. 23
72ANDSUNNY, Brooklyn, NY, pg. 24
97TH FLOOR, Lehi, UT, pg. 209
9THWONDER, Playa Vista, CA, pg. 453
9THWONDER AGENCY, Houston, TX, pg. 453
ABEL NYC, New York, NY, pg. 25
ACCENTURE INTERACTIVE, New York, NY, pg. 209
ACCESS BRAND COMMUNICATIONS, New York, NY, pg. 1
ACKERMANN PUBLIC RELATIONS, Knoxville, TN, pg. 574
ACTIVE INTERNATIONAL, Pearl River, NY, pg. 439
ADK GROUP, Louisville, KY, pg. 210
AFG&, New York, NY, pg. 28
AGENCY SQUID, Minneapolis, MN, pg. 441
AIR PARIS NEW YORK, New York, NY, pg. 172
AIRFOIL PUBLIC RELATIONS, Royal Oak, MI, pg. 575
AKQA, San Francisco, CA, pg. 211
ALISON BROD PUBLIC RELATIONS, New York, NY, pg. 576
ALLEBACH COMMUNICATIONS, Souderton, PA, pg. 29
ALLISON+PARTNERS, Seattle, WA, pg. 576
ALLISON+PARTNERS, New York, NY, pg. 576
ALMA, Coconut Grove, FL, pg. 537
ALWAYS ON COMMUNICATIONS, Pasadena, CA, pg. 454
AMMUNITION, Atlanta, GA, pg. 212
AMOBEE, INC., Chicago, IL, pg. 213
AMP AGENCY, Boston, MA, pg. 297
AMUSEMENT PARK, Santa Ana, CA, pg. 325
ANALOGFOLK, New York, NY, pg. 439
ANOMALY, New York, NY, pg. 325
ANOMALY, Venice, CA, pg. 326
ARC WORLDWIDE, Chicago, IL, pg. 327
ARCALEA LLC, Chicago, IL, pg. 672
ARCHER MALMO, Memphis, TN, pg. 32
ARCHER MALMO, Austin, TX, pg. 214
ARCHRIVAL, INC., Lincoln, NE, pg. 1

ARGONAUT, INC., San Francisco, CA, pg. 33
ARGYLE COMMUNICATIONS, Toronto, ON, pg. 578
ARNOLD WORLDWIDE, Boston, MA, pg. 33
ASTOUND COMMERCE, San Bruno, CA, pg. 214
ATRIUM, New York, NY, pg. 579
AUGUSTINE, Roseville, CA, pg. 328
AZIONE PR, Los Angeles, CA, pg. 579
BADGER & WINTERS, New York, NY, pg. 174
BAILEY LAUERMAN, Omaha, NE, pg. 35
BAM CONNECTION, Brooklyn, NY, pg. 2
BARBARIAN, New York, NY, pg. 215
BARKER, New York, NY, pg. 36
BARKLEY, Kansas City, MO, pg. 329
BASIC, San Diego, CA, pg. 215
BBDO ATL, Atlanta, GA, pg. 330
BBDO CANADA, Toronto, ON, pg. 330
BBDO MINNEAPOLIS, Minneapolis, MN, pg. 330
BBDO SAN FRANCISCO, San Francisco, CA, pg. 330
BBDO WORLDWIDE, New York, NY, pg. 331
BCW AUSTIN, Austin, TX, pg. 581
BCW NEW YORK, New York, NY, pg. 581
BEACH HOUSE PR, Newport Beach, CA, pg. 582
BEACON MEDIA, Mahwah, NJ, pg. 216
BECORE, Los Angeles, CA, pg. 302
BEEBY CLARK+MEYLER, Stamford, CT, pg. 333
BEHRMAN COMMUNICATIONS, New York, NY, pg. 582
BENSON MARKETING GROUP, Napa, CA, pg. 280
BERK COMMUNICATIONS, New York, NY, pg. 583
BERLIN CAMERON, New York, NY, pg. 38
BERNSTEIN-REIN ADVERTISING, INC., Kansas City, MO, pg. 39
BFG COMMUNICATIONS, Bluffton, SC, pg. 333
BIG RIVER, Richmond, VA, pg. 3
BIG SPACESHIP, Brooklyn, NY, pg. 455
BKV, Miami, FL, pg. 334
BLUE 449, New York, NY, pg. 455
BLUE CHIP MARKETING & COMMUNICATIONS, Northbrook, IL, pg. 334
BOXCAR CREATIVE, Dallas, TX, pg. 219
BRADSHAW ADVERTISING, Portland, OR, pg. 42
BRAND CONNECTIONS, LLC, New York, NY, pg. 336
BRAND CONTENT, Boston, MA, pg. 42
BRANDIENCE, Cincinnati, OH, pg. 42
BRANDMUSCLE, Cleveland, OH, pg. 337
BREAD & BUTTER PUBLIC RELATIONS, Los Angeles, CA, pg. 586
BRIAN COMMUNICATIONS, Conshohocken, PA, pg. 586
BROADHEAD, Minneapolis, MN, pg. 337
BROWNSTEIN GROUP, INC., Philadelphia, PA, pg. 44
BRUNNER, Pittsburgh, PA, pg. 44
BRUNSWICK GROUP, New York, NY, pg. 587
BUFFALO.AGENCY, Reston, VA, pg. 587
BULLISH INC, New York, NY, pg. 45
BUONASERA MEDIA SERVICES, Columbia, SC, pg. 457
BURNS GROUP, New York, NY, pg. 338
BURRELL COMMUNICATIONS GROUP, INC., Chicago, IL, pg. 45
C-COM GROUP, INC., Miami, FL, pg. 587
CAGE POINT, New York, NY, pg. 457
CALLAHAN CREEK, Lawrence, KS, pg. 4
CAMP, Austin, TX, pg. 46
CAMP + KING, San Francisco, CA, pg. 46
CAMPBELL EWALD, Detroit, MI, pg. 46
CAMPBELL EWALD NEW YORK, New York, NY, pg. 47
CANVAS BLUE, Los Angeles, CA, pg. 47
CANVAS WORLDWIDE, Playa Vista, CA, pg. 458
CANVAS WORLDWIDE, New York, NY, pg. 458
CAPGEMINI, Wayne, PA, pg. 219
CARAT, New York, NY, pg. 459
CARDENAS MARKETING NETWORK, Chicago, IL, pg. 303
CARMICHAEL LYNCH, Minneapolis, MN, pg. 47
CASANOVA//MCCANN, Costa Mesa, CA, pg. 538
CASANOVA//MCCANN, New York, NY, pg. 538
CAVALRY, Chicago, IL, pg. 48
CAYENNE CREATIVE, Birmingham, AL, pg. 49
CBX, New York, NY, pg. 176
CHAMPION MANAGEMENT GROUP, LLC, Addison, TX, pg. 589

CLIENT INDUSTRIES INDEX

CHANDELIER CREATIVE, New York, NY, pg. 49
CHECKMARK COMMUNICATIONS, Saint Louis, MO, pg. 49
CHEMISTRY COMMUNICATIONS INC., Pittsburgh, PA, pg. 50
CHIEF MEDIA, New York, NY, pg. 281
CITIZEN RELATIONS, Los Angeles, CA, pg. 590
CITIZEN RELATIONS, New York, NY, pg. 590
CMM, New York, NY, pg. 591
COBURN COMMUNICATIONS, New York, NY, pg. 591
COHN MARKETING, INC., Denver, CO, pg. 51
COLANGELO SYNERGY MARKETING, INC., Darien, CT, pg. 566
COLLE MCVOY, Minneapolis, MN, pg. 343
COLLECTIVELY, INC., San Francisco, CA, pg. 685
COLLING MEDIA, Scottsdale, AZ, pg. 51
CONE, INC., Boston, MA, pg. 6
CONFIDANT, Brooklyn, NY, pg. 592
CONILL ADVERTISING, INC., Miami, FL, pg. 538
CONILL ADVERTISING, INC., El Segundo, CA, pg. 538
CONNECTIVITY STRATEGY, Tampa, FL, pg. 462
CONNELLY PARTNERS, Boston, MA, pg. 344
CONQUER MEDIA, Simon's Island, GA, pg. 52
CONTROL V EXPOSED, Jenkintown, PA, pg. 222
COOLGRAYSEVEN, New York, NY, pg. 53
COPACINO + FUJIKADO, LLC, Seattle, WA, pg. 344
CORNETT INTEGRATED MARKETING SOLUTIONS, Lexington, KY, pg. 344
COSSETTE MEDIA, Quebec City, QC, pg. 345
COSSETTE MEDIA, Toronto, ON, pg. 345
COYNE PUBLIC RELATIONS, Parsippany, NJ, pg. 593
CRAMER-KRASSELT, Chicago, IL, pg. 53
CRAMER-KRASSELT, Milwaukee, WI, pg. 54
CREATA, Oakbrook Terrace, IL, pg. 346
CREATIVE ENERGY, INC., Johnson City, TN, pg. 346
CREATIVEONDEMAND, Coconut Grove, FL, pg. 539
CRISPIN PORTER + BOGUSKY, Boulder, CO, pg. 346
CRITICAL MASS, INC., New York, NY, pg. 223
CROSSMEDIA, New York, NY, pg. 463
CROSSMEDIA, Los Angeles, CA, pg. 463
CROSSMEDIA, Philadelphia, PA, pg. 463
CSE, INC., Atlanta, GA, pg. 6
CULL GROUP, Grand Rapids, MI, pg. 56
CURIOSITY ADVERTISING, Cincinnati, OH, pg. 223
CURRENT, Chicago, IL, pg. 594
CUTWATER, San Francisco, CA, pg. 56
DAILEY & ASSOCIATES, West Hollywood, CA, pg. 56
DALTON + ANODE, Nashville, TN, pg. 348
DAVID, Miami, FL, pg. 57
DAVID&GOLIATH, El Segundo, CA, pg. 57
DDB CANADA, Toronto, ON, pg. 224
DDB CHICAGO, Chicago, IL, pg. 59
DDB NEW YORK, New York, NY, pg. 59
DEBERRY GROUP, San Antonio, TX, pg. 595
DEG DIGITAL, Overland Park, KS, pg. 224
DELTA MEDIA, INC., Miami, FL, pg. 551
DENTSU AEGIS NETWORK, New York, NY, pg. 61
DENTSU X, New York, NY, pg. 61
DENTSUBOS INC., Toronto, ON, pg. 61
DEUTSCH, INC., New York, NY, pg. 349
DEUTSCH, INC., Los Angeles, CA, pg. 350
DEVRIES GLOBAL, New York, NY, pg. 596
DIESTE, Dallas, TX, pg. 539
DIGITAL SURGEONS, LLC, New Haven, CT, pg. 226
DIGITAS, New York, NY, pg. 226
DIGITAS, San Francisco, CA, pg. 227
DIGITAS, Chicago, IL, pg. 227
DIGITAS, Atlanta, GA, pg. 228
DIRECT AGENTS, INC., New York, NY, pg. 229
DIRECTOHISPANIC, LLC, North Hollywood, CA, pg. 681
DIX & EATON, Cleveland, OH, pg. 351
DKC PUBLIC RELATIONS, New York, NY, pg. 597
DOEANDERSON ADVERTISING, Louisville, KY, pg. 352

CLIENT INDUSTRIES INDEX — AGENCIES

DONER, Los Angeles, CA, pg. 352
DONER, Southfield, MI, pg. 63
DOUBLE-FORTE, San Francisco, CA, pg. 230
DRAFTLINE, New York, NY, pg. 353
DRAGON ARMY, Atlanta, GA, pg. 533
DROGA5, New York, NY, pg. 64
DUFFY & SHANLEY, INC., Providence, RI, pg. 66
DUMONT PROJECT, Marina Del Rey, CA, pg. 230
DUNCAN CHANNON, San Francisco, CA, pg. 66
DVL SEIGENTHALER, Nashville, TN, pg. 599
E29 MARKETING, Larkspur, CA, pg. 67
EDELMAN, Seattle, WA, pg. 601
EDELMAN, Chicago, IL, pg. 353
EDELMAN, New York, NY, pg. 599
EDELMAN, Washington, DC, pg. 600
EDELMAN, Portland, OR, pg. 600
EDGE MARKETING, Stamford, CT, pg. 681
EICOFF, Chicago, IL, pg. 282
ELEVATE, Chicago, IL, pg. 230
ELEVATION MARKETING, Richmond, VA, pg. 67
EMPOWER, Cincinnati, OH, pg. 354
ENDAI WORLDWIDE, New York, NY, pg. 231
ENERGY BBDO, INC., Chicago, IL, pg. 355
ENGINE, New York, NY, pg. 231
ENVISIONIT MEDIA, INC., Chicago, IL, pg. 231
ENVOY, INC., Omaha, NE, pg. 356
EP+CO., Greenville, SC, pg. 356
EPIC SIGNAL, New York, NY, pg. 685
EPSILON, Irving, TX, pg. 283
EPSILON, Chicago, IL, pg. 283
EPSILON, Chicago, IL, pg. 283
ERICH & KALLMAN, San Francisco, CA, pg. 68
ESSENCE, New York, NY, pg. 232
ESSENCE, Seattle, WA, pg. 232
ESSENCE, Minneapolis, MN, pg. 233
EVB, Oakland, CA, pg. 233
EXPONENT PR, Minneapolis, MN, pg. 602
EXVERUS MEDIA INC., Los Angeles, CA, pg. 465
FACT & FICTION, Boulder, CO, pg. 70
FACTORY 360, New York, NY, pg. 306
FALLON WORLDWIDE, Minneapolis, MN, pg. 70
FAMA PR, INC., Boston, MA, pg. 602
FAMILIAR CREATURES, Richmond, VA, pg. 71
FANG DIGITAL MARKETING, Burbank, CA, pg. 234
FARM, Lancaster, NY, pg. 357
FAST HORSE, Minneapolis, MN, pg. 603
FCB CHICAGO, Chicago, IL, pg. 71
FCB HEALTH, New York, NY, pg. 72
FCB NEW YORK, New York, NY, pg. 357
FCB TORONTO, Toronto, ON, pg. 72
FCB WEST, San Francisco, CA, pg. 72
FEARLESS AGENCY, New York, NY, pg. 73
FEREBEELANE, Greenville, SC, pg. 358
FF CREATIVE, New York, NY, pg. 234
FF CREATIVE, Los Angeles, CA, pg. 234
FIG, New York, NY, pg. 73
FINCH BRANDS, Philadelphia, PA, pg. 7
FINE DESIGN GROUP, San Francisco, CA, pg. 183
FINN PARTNERS, New York, NY, pg. 603
FINN PARTNERS, Los Angeles, CA, pg. 604
FIRSTBORN, New York, NY, pg. 234
FITZCO, Atlanta, GA, pg. 73
FKQ ADVERTISING, INC., Clearwater, FL, pg. 359
FLEISHMANHILLARD, Kansas City, MO, pg. 604
FLEISHMANHILLARD, Saint Louis, MO, pg. 604
FLEISHMANHILLARD, Chicago, IL, pg. 605
FLINT & STEEL, New York, NY, pg. 74
FLY COMMUNICATIONS, INC., New York, NY, pg. 74
FLYNN, Pittsford, NY, pg. 74
FOODMIX MARKETING COMMUNICATIONS, Elmhurst, IL, pg. 359
FORSMAN & BODENFORS, New York, NY, pg. 74
FORSMAN & BODENFORS, Toronto, ON, pg. 74
FRANK COLLECTIVE, Brooklyn, NY, pg. 75
FREDERICK SWANSTON, Alpharetta, GA, pg. 360
FRENCH / WEST / VAUGHAN, Raleigh, NC, pg. 361
FRESH COMMUNICATIONS, North Reading, MA, pg. 606
FUNCTION:, Atlanta, GA, pg. 184
FUSION92, Chicago, IL, pg. 235

GALLEGOS UNITED, Huntington Beach, CA, pg. 75
GATESMAN, Pittsburgh, PA, pg. 361
GENERATOR MEDIA + ANALYTICS, New York, NY, pg. 466
GENUINE INTERACTIVE, Boston, MA, pg. 237
GEOMETRY, New York, NY, pg. 362
GEOMETRY, Akron, OH, pg. 362
GEOMETRY, Chicago, IL, pg. 363
GIANT SPOON, LLC, New York, NY, pg. 363
GMR MARKETING, New Berlin, WI, pg. 306
GOLIN, Chicago, IL, pg. 609
GOLIN, Los Angeles, CA, pg. 609
GOLIN, Dallas, TX, pg. 609
GOLIN, New York, NY, pg. 610
GOODBY, SILVERSTEIN & PARTNERS, San Francisco, CA, pg. 77
GOODMAN MEDIA INTERNATIONAL, INC., New York, NY, pg. 610
GOTHAM, INC., New York, NY, pg. 77
GP GENERATE, LLC, Los Angeles, CA, pg. 541
GRAVITY.LABS, Chicago, IL, pg. 365
GREENHOUSE AGENCY, Irvine, CA, pg. 307
GREY GROUP, New York, NY, pg. 365
GREY MIDWEST, Cincinnati, OH, pg. 366
GREY WEST, San Francisco, CA, pg. 367
GROUPM, New York, NY, pg. 466
GRP MEDIA, INC., Chicago, IL, pg. 467
GSD&M, Austin, TX, pg. 79
GSD&M, Austin, TX, pg. 79
GUT MIAMI, Miami, FL, pg. 80
GYK ANTLER, Manchester, NH, pg. 368
HABERMAN, Minneapolis, MN, pg. 369
HANGAR12, Chicago, IL, pg. 567
HARGROVE INC., Lanham, MD, pg. 307
HARMELIN MEDIA, Bala Cynwyd, PA, pg. 467
HATCH DESIGN, San Francisco, CA, pg. 186
HAVAS EDGE, Carlsbad, CA, pg. 285
HAVAS FORMULA, San Diego, CA, pg. 612
HAVAS FORMULATIN, New York, NY, pg. 612
HAVAS HEALTH & YOU, New York, NY, pg. 82
HAVAS MEDIA GROUP, New York, NY, pg. 468
HAVAS MEDIA GROUP, Chicago, IL, pg. 469
HAVAS MEDIA GROUP, Boston, MA, pg. 470
HAVAS NEW YORK, New York, NY, pg. 369
HAVAS SPORTS & ENTERTAINMENT, New York, NY, pg. 370
HAVAS TONIC, New York, NY, pg. 285
HAVAS WORLDWIDE CHICAGO, Chicago, IL, pg. 82
HAWORTH MARKETING & MEDIA, Minneapolis, MN, pg. 470
HAWTHORNE ADVERTISING, Fairfield, IA, pg. 285
HAWTHORNE ADVERTISING, Los Angeles, CA, pg. 370
HEALIXGLOBAL, New York, NY, pg. 471
HEARTS & SCIENCE, New York, NY, pg. 471
HEARTS & SCIENCE, Atlanta, GA, pg. 473
HEAT, San Francisco, CA, pg. 84
HEILBRICE, Newport Beach, CA, pg. 84
HELMS WORKSHOP, Austin, TX, pg. 9
HIEBING, Madison, WI, pg. 85
HILL HOLLIDAY, Boston, MA, pg. 85
HILL+KNOWLTON STRATEGIES, New York, NY, pg. 613
HILL+KNOWLTON STRATEGIES CANADA, Toronto, ON, pg. 613
HORIZON MEDIA, INC., Los Angeles, CA, pg. 473
HORIZON MEDIA, INC., New York, NY, pg. 474
HUGE, INC., Brooklyn, NY, pg. 239
HUMANAUT, Chattanooga, TN, pg. 87
HUNTER PUBLIC RELATIONS, New York, NY, pg. 614
IBM IX, Columbus, OH, pg. 240
ICF NEXT, Minneapolis, MN, pg. 372
ICF NEXT, Chicago, IL, pg. 614
ICON MEDIA DIRECT, Sherman Oaks, CA, pg. 476
ICR, New York, NY, pg. 615
ICROSSING, New York, NY, pg. 240
ICROSSING, Chicago, IL, pg. 241
ID MEDIA, New York, NY, pg. 477
IFUEL, New York, NY, pg. 88
IGNITE SOCIAL MEDIA, Cary, NC, pg. 686
IMAGINARY FORCES, Los Angeles, CA, pg. 187
IMAGINUITY, Dallas, TX, pg. 373

IMM, Boulder, CO, pg. 373
IN CONNECTED MARKETING, Stamford, CT, pg. 681
INCEPTION MARKETING, San Francisco, CA, pg. 374
INGREDIENT, Minneapolis, MN, pg. 10
INITIATIVE, New York, NY, pg. 477
INITIATIVE, Los Angeles, CA, pg. 478
INK & ROSES, New York, NY, pg. 615
INTERESTING DEVELOPMENT, New York, NY, pg. 90
INTERPUBLIC GROUP OF COMPANIES, New York, NY, pg. 90
INVESTIS DIGITAL, New York, NY, pg. 376
IPROSPECT, New York, NY, pg. 674
IRIS, New York, NY, pg. 376
IW GROUP, INC., Los Angeles, CA, pg. 541
IXCO, Brooklyn, NY, pg. 243
J3, New York, NY, pg. 480
JACK MORTON WORLDWIDE, New York, NY, pg. 308
JACK MORTON WORLDWIDE, Boston, MA, pg. 309
JACOBSON ROST, Milwaukee, WI, pg. 376
JACOBSON ROST, Chicago, IL, pg. 376
JANE SMITH AGENCY, New York, NY, pg. 377
JANUARY DIGITAL, New York, NY, pg. 243
JEFF DEZEN PUBLIC RELATIONS, Greenville, SC, pg. 617
JOHANNES LEONARDO, New York, NY, pg. 92
JOHN ST., Toronto, ON, pg. 93
JONESWORKS, New York, NY, pg. 618
JUNIPER PARK\ TBWA, Toronto, ON, pg. 93
JWT TORONTO, Toronto, ON, pg. 378
KARSH & HAGAN, Denver, CO, pg. 94
KASTNER, Los Angeles, CA, pg. 94
KCSA STRATEGIC COMMUNICATIONS, New York, NY, pg. 619
KEKST & COMPANY, INC., New York, NY, pg. 619
KELLY, SCOTT & MADISON, INC., Chicago, IL, pg. 482
KEMPERLESNIK COMMUNICATIONS, Chicago, IL, pg. 619
KEPLER GROUP, New York, NY, pg. 244
KETCHUM, Chicago, IL, pg. 619
KETCHUM, New York, NY, pg. 542
KETCHUM, Los Angeles, CA, pg. 619
KETCHUM SOUTH, Atlanta, GA, pg. 620
KETCHUM WEST, San Francisco, CA, pg. 620
KINETIC WORLDWIDE, New York, NY, pg. 553
KOOPMAN OSTBO INC., Portland, OR, pg. 378
KROGER MEDIA SERVICES, Portland, OR, pg. 96
KUHL SWAINE, Saint Louis, MO, pg. 11
KWG ADVERTISING, INC., New York, NY, pg. 96
L.C. WILLIAMS & ASSOCIATES, INC., Chicago, IL, pg. 621
LAIRD + PARTNERS, New York, NY, pg. 96
LAK PR, New York, NY, pg. 621
LANE PR, Portland, OR, pg. 621
LAPIZ, Chicago, IL, pg. 542
LAUNDRY SERVICE, Brooklyn, NY, pg. 287
LEAP, Louisville, KY, pg. 245
LEGACY MARKETING PARTNERS, Chicago, IL, pg. 310
LEGEND PR, New York, NY, pg. 622
LEGION ADVERTISING, Irving, TX, pg. 542
LEO BURNETT WORLDWIDE, Chicago, IL, pg. 98
LIPPE TAYLOR, New York, NY, pg. 623
LITTLE BIG BRANDS, White Plains, NY, pg. 12
LIVEWORLD, San Jose, CA, pg. 246
LLOYD&CO, New York, NY, pg. 190
LOCAL PROJECTS, New York, NY, pg. 190
LOCKARD & WECHSLER, Irvington, NY, pg. 287
LOPEZ NEGRETE COMMUNICATIONS, INC., Houston, TX, pg. 542
LRXD, Denver, CO, pg. 101
LUMENCY INC., Toronto, ON, pg. 310
LUMENCY INC., New York, NY, pg. 310
LUXE COLLECTIVE GROUP, New York, NY, pg. 102
LYONS CONSULTING GROUP, Chicago, IL, pg. 247
M BOOTH & ASSOCIATES, INC., New York, NY, pg. 624
M/SIX, New York, NY, pg. 482
MACCABEE GROUP PUBLIC RELATIONS, Minneapolis, MN, pg. 624
MACIAS CREATIVE, Miami, FL, pg. 543
MADWELL, Brooklyn, NY, pg. 13

AGENCIES

CLIENT INDUSTRIES INDEX

MAGRINO PUBLIC RELATIONS, New York, NY, pg. 624
MANHATTAN MARKETING ENSEMBLE, New York, NY, pg. 382
MARC USA, Chicago, IL, pg. 104
MARC USA, Pittsburgh, PA, pg. 104
MARCA MIAMI, Coconut Grove, FL, pg. 104
MARCUS THOMAS, Cleveland, OH, pg. 104
MARINA MAHER COMMUNICATIONS, New York, NY, pg. 625
MARKETSMITH, INC, Cedar Knolls, NJ, pg. 483
MARLIN NETWORK, Springfield, MO, pg. 105
MARRINER MARKETING COMMUNICATIONS, Columbia, MD, pg. 105
MARTIN WILLIAMS ADVERTISING, Minneapolis, MN, pg. 106
MATCHMG, Chicago, IL, pg. 384
MATRIX PARTNERS, LTD., Chicago, IL, pg. 107
MATTER COMMUNICATIONS, INC., Newburyport, MA, pg. 626
MBA PARTNERS, New York, NY, pg. 626
MBB AGENCY, Leawood, KS, pg. 107
MCCANN MINNEAPOLIS, Minneapolis, MN, pg. 384
MCCANN MONTREAL, Montreal, QC, pg. 108
MCCANN NEW YORK, New York, NY, pg. 108
MCCANN TORRE LAZUR, Mountain Lakes, NJ, pg. 109
MCGARRAH JESSEE, Austin, TX, pg. 384
MCGARRYBOWEN, New York, NY, pg. 109
MCGARRYBOWEN, San Francisco, CA, pg. 385
MCGARRYBOWEN, Chicago, IL, pg. 110
MCKINNEY, Durham, NC, pg. 111
MCNALLY TEMPLE & ASSOCIATES, INC., Sacramento, CA, pg. 626
MEDIA ASSEMBLY, Southfield, MI, pg. 385
MEDIA ASSEMBLY, New York, NY, pg. 484
MEDIA BROKERS INTERNATIONAL, Alpharetta, GA, pg. 485
MEDIA STORM, Norwalk, CT, pg. 486
MEDIACOM, Playa Vista, CA, pg. 486
MEDIACOM, New York, NY, pg. 487
MEDIACOM, Chicago, IL, pg. 489
MEDIACOM CANADA, Toronto, ON, pg. 489
MEDIAHUB BOSTON, Boston, MA, pg. 489
MEDIAHUB WINSTON SALEM, Winston-Salem, NC, pg. 386
MEDIAMONKS, Venice, CA, pg. 249
MEDIAWORX, Shelton, CT, pg. 490
MEKANISM, San Francisco, CA, pg. 112
MEKANISM, New York, NY, pg. 113
MELT, LLC, Atlanta, GA, pg. 311
MERGE, Chicago, IL, pg. 113
MERKLEY + PARTNERS, New York, NY, pg. 114
MERLINO MEDIA GROUP, Seattle, WA, pg. 491
MGH ADVERTISING , Owings Mills, MD, pg. 387
MIDAN MARKETING, Chicago, IL, pg. 13
MILK, South Norwalk, CT, pg. 115
MILNER BUTCHER MEDIA GROUP, Los Angeles, CA, pg. 491
MIND ACTIVE, St. Louis, MS, pg. 675
MINDGRUVE, San Diego, CA, pg. 534
MINDSHARE, New York, NY, pg. 491
MINDSHARE, Chicago, IL, pg. 494
MINDSHARE, Playa Vista, CA, pg. 495
MINDSHARE, Toronto, ON, pg. 495
MINDSTREAM MEDIA GROUP - DALLAS, Dallas, TX, pg. 496
MITCHELL, Fayetteville, AR, pg. 627
MKG, New York, NY, pg. 311
MKTG INC, New York, NY, pg. 311
MKTG INC, Chicago, IL, pg. 312
MODCOGROUP, New York, NY, pg. 116
MODE, Charlotte, NC, pg. 251
MODERN CLIMATE, Minneapolis, MN, pg. 388
MONO, Minneapolis, MN, pg. 117
MOOSYLVANIA, Saint Louis, MO, pg. 568
MOROCH PARTNERS, Dallas, TX, pg. 389
MOTHER, Los Angeles, CA, pg. 118
MOTHER NY, New York, NY, pg. 118
MOTIVATE, INC., San Diego, CA, pg. 543
MOWER, Buffalo, NY, pg. 389
MOXIE, Pittsburgh, PA, pg. 251
MOXIE, Atlanta, GA, pg. 251

MOXIE COMMUNICATIONS GROUP, New York, NY, pg. 628
MOXIE SOZO, Boulder, CO, pg. 192
MRY, New York, NY, pg. 252
MSLGROUP, New York, NY, pg. 629
MSLGROUP, Boston, MA, pg. 629
MUH-TAY-ZIK / HOF-FER, San Francisco, CA, pg. 119
MULLENLOWE U.S. BOSTON, Boston, MA, pg. 389
MULLENLOWE U.S. LOS ANGELES, El Segundo, CA, pg.
MULLENLOWE U.S. NEW YORK, New York, NY, pg. 496
MULTIPLY, Washington, DC, pg. 630
MURPHY & COMPANY, Greenwich, CT, pg. 630
MWWPR, Los Angeles, CA, pg. 630
MWWPR, East Rutherford, NJ, pg. 630
MWWPR, New York, NY, pg. 631
NAIL COMMUNICATIONS, Providence, RI, pg. 14
NEO MEDIA WORLD, New York, NY, pg. 496
NEON, New York, NY, pg. 120
NEW & IMPROVED MEDIA, El Segundo, CA, pg. 497
NEW HONOR SOCIETY, Saint Louis, MO, pg. 391
NICE & COMPANY, San Francisco, CA, pg. 391
NINA HALE CONSULTING, Minneapolis, MN, pg. 675
NOISE DIGITAL, Vancouver, BC, pg. 254
NORTH, Portland, OR, pg. 121
NOVUS MEDIA, INC., Plymouth, MN, pg. 497
O'BRIEN ET AL. ADVERTISING, Virginia Beach, VA, pg. 392
O'KEEFE REINHARD & PAUL, Chicago, IL, pg. 392
ODYSSEUS ARMS, San Francisco, CA, pg. 122
OFF MADISON AVENUE, Phoenix, AZ, pg. 392
OGILVY, Chicago, IL, pg. 393
OGILVY, Playa Vista, CA, pg. 393
OGILVY, New York, NY, pg. 393
OGILVY, Coral Gables, FL, pg. 393
OGILVY, Toronto, ON, pg. 394
OH PARTNERS, Phoenix, AZ, pg. 122
OMD, New York, NY, pg. 498
OMD, Chicago, IL, pg. 500
OMD CANADA, Toronto, ON, pg. 501
OMD LATIN AMERICA, Miami, FL, pg. 543
OMD SAN FRANCISCO, San Francisco, CA, pg. 501
OMD WEST, Los Angeles, CA, pg. 502
OMELET, Culver City, CA, pg. 122
OMNICOM GROUP, New York, NY, pg. 123
ON IDEAS, Jacksonville, FL, pg. 394
ONION, INC., Chicago, IL, pg. 394
OPENMIND, New York, NY, pg. 503
OPINIONATED, Portland, OR, pg. 123
ORANGE ORCHARD, Maryville, TN, pg. 634
ORCI, Santa Monica, CA, pg. 543
ORGANIC, INC., San Francisco, CA, pg. 255
ORGANIC, INC., New York, NY, pg. 256
OSBORN & BARR COMMUNICATIONS, Saint Louis, MO, pg. 395
OXFORD COMMUNICATIONS, Lambertville, NJ, pg. 395
PACE COMMUNICATIONS, Greensboro, NC, pg. 395
PACIFIC COMMUNICATIONS, Irvine, CA, pg. 124
PACO COLLECTIVE, Chicago, IL, pg. 544
PADILLA, Minneapolis, MN, pg. 635
PADILLA, Richmond, VA, pg. 635
PALE MORNING MEDIA, Waitsville, VT, pg. 635
PARTNERS + NAPIER, Rochester, NY, pg. 125
PARTY LAND, Marina Del Rey, CA, pg. 125
PATIENTS & PURPOSE, New York, NY, pg. 126
PATTERN, New York, NY, pg. 126
PAVONE MARKETING GROUP, Harrisburg, PA, pg. 396
PEPPERCOMM, INC., New York, NY, pg. 687
PEREIRA & O'DELL, San Francisco, CA, pg. 256
PERISCOPE, Minneapolis, MN, pg. 127
PETERMAYER, New Orleans, LA, pg. 127
PGR MEDIA, Boston, MA, pg. 504
PHD CHICAGO, Chicago, IL, pg. 504
PHD USA, New York, NY, pg. 505
PLUSMEDIA, LLC, Danbury, CT, pg. 290
PM3, Atlanta, GA, pg. 544
PMG, Fort Worth, TX, pg. 257
POLVORA ADVERTISING, Boston, MA, pg. 544

PORTER NOVELLI, New York, NY, pg. 637
POSTERSCOPE U.S.A., New York, NY, pg. 556
POV SPORTS MARKETING, Wayne, PA, pg. 314
POWELL TATE, Washington, DC, pg. 638
POWERHOUSE COMMUNICATIONS, Santa Ana, CA, pg. 638
PRAYTELL, Brooklyn, NY, pg. 258
PREACHER, Austin, TX, pg. 129
PRESTON KELLY, Minneapolis, MN, pg. 129
PRICEWEBER MARKETING COMMUNICATIONS, INC., Louisville, KY, pg. 398
PROOF ADVERTISING, Austin, TX, pg. 398
PROXIMITY WORLDWIDE, Cincinnati, OH, pg. 258
PUBLIC WORKS, Minneapolis, MN, pg. 130
PUBLICIS HAWKEYE, Dallas, TX, pg. 399
PUBLICIS NORTH AMERICA, New York, NY, pg. 399
PUBLICIS TORONTO, Toronto, ON, pg. 639
PUBLICIS.SAPIENT, New York, NY, pg. 258
PUBLICIS.SAPIENT, Boston, MA, pg. 259
PUBLICIS.SAPIENT, Seattle, WA, pg. 259
PURERED, Princeton, NJ, pg. 130
QUAKER CITY MERCANTILE, Philadelphia, PA, pg. 131
QUENCH, Harrisburg, PA, pg. 131
QUIGLEY-SIMPSON, Los Angeles, CA, pg. 544
QUIRK CREATIVE, Brooklyn, NY, pg. 131
QUIXOTE GROUP, Greensboro, NC, pg. 402
R/GA, New York, NY, pg. 260
R/GA, Chicago, IL, pg. 261
R/GA, Austin, TX, pg. 261
RACEPOINT GLOBAL, Boston, MA, pg. 640
RAIN, Portland, OR, pg. 402
RAIN, New York, NY, pg. 262
RAPP WORLDWIDE, New York, NY, pg. 290
RAPPORT OUTDOOR WORLDWIDE, Birmingham, MI, pg. 556
RE:GROUP, INC., Ann Arbor, MI, pg. 403
REACH AGENCY, Santa Monica, CA, pg. 196
READY SET ROCKET, New York, NY, pg. 262
RED DOOR INTERACTIVE, San Diego, CA, pg. 404
RED FUSE COMMUNICATIONS, New York, NY, pg. 404
RED TETTEMER O'CONNELL + PARTNERS, Philadelphia, PA, pg. 404
REDPOINT MARKETING PR, INC., New York, NY, pg. 642
REDTREE PRODUCTIONS, Boston, MA, pg. 563
REELTIME MEDIA, Kenmore, WA, pg. 507
REPRISE DIGITAL, New York, NY, pg. 676
REPUBLICA HAVAS, Miami, FL, pg. 545
RESOURCE/AMMIRATI, Columbus, OH, pg. 263
REVELRY AGENCY, Portland, OR, pg. 406
RHEA & KAISER MARKETING , Naperville, IL, pg. 406
RHYTHM, Irvine, CA, pg. 263
RICHARDS CARLBERG, Dallas, TX, pg. 406
RIESTER, Phoenix, AZ, pg. 406
RIESTER, El Segundo, CA, pg. 407
RISE AND SHINE AND PARTNERS, Minneapolis, MN, pg. 134
RISE INTERACTIVE, Chicago, IL, pg. 264
ROBOTS & PENCILS, Cleveland, OH, pg. 264
ROCKET SCIENCE, Larkspur, CA, pg. 643
RODGERS TOWNSEND, LLC, Saint Louis, MO, pg. 407
ROGERS & COWAN/PMK*BNC, Los Angeles, CA, pg. 643
ROKKAN, LLC, New York, NY, pg. 264
RON FOTH ADVERTISING, Columbus, OH, pg. 134
ROUNDHOUSE - PORTLAND, Portland, OR, pg. 408
RPA, Santa Monica, CA, pg. 134
RPM ADVERTISING, Chicago, IL, pg. 408
RUDER FINN, INC., New York, NY, pg. 645
SAATCHI & SAATCHI , New York, NY, pg. 136
SAATCHI & SAATCHI WELLNESS, New York, NY, pg. 137
SAATCHI & SAATCHI X, Springdale, AR, pg. 682
SAATCHI & SAATCHI X, Cincinnati, OH, pg. 682
SAGON - PHIOR, Los Angeles, CA, pg. 409
SANDSTORM DESIGN, Chicago, IL, pg. 264
SARD VERBINNEN, New York, NY, pg. 646
SARD VERBINNEN & CO, San Francisco, CA, pg. 646

A-117

CLIENT INDUSTRIES INDEX

SCOUT MARKETING, Atlanta, GA, pg. 139
SCRUM50, South Norwalk, CT, pg. 409
SDI MEDIA GROUP, Los Angeles, CA, pg. 545
SEITER & MILLER ADVERTISING, New York, NY, pg. 139
SHADOW PUBLIC RELATIONS, New York, NY, pg. 646
SHIKATANI LACROIX BRANDESIGN, INC., Toronto, ON, pg. 198
SHINE UNITED, Madison, WI, pg. 140
SHOPPR, New York, NY, pg. 647
SID LEE, Toronto, ON, pg. 141
SIGNAL THEORY, Kansas City, MO, pg. 141
SLINGSHOT, LLC, Dallas, TX, pg. 265
SLOANE & COMPANY, New York, NY, pg. 647
SMITH BROTHERS AGENCY, LP, Pittsburgh, PA, pg. 410
SOCKEYE CREATIVE, Portland, OR, pg. 199
SPACE150, Minneapolis, MN, pg. 266
SPARK FOUNDRY, New York, NY, pg. 508
SPARK FOUNDRY, Chicago, IL, pg. 510
SPARK FOUNDRY, El Segundo, CA, pg. 512
SPARK FOUNDRY, Seattle, WA, pg. 512
SPARKS & HONEY, New York, NY, pg. 450
SPARKS GROVE, INC., Atlanta, GA, pg. 199
SPI MARKETING, New York, NY, pg. 411
SPRINGBOX, Austin, TX, pg. 266
SRW, Chicago, IL, pg. 143
SSCG MEDIA GROUP, New York, NY, pg. 513
SSPR, Chicago, IL, pg. 649
ST. JOHN & PARTNERS ADVERTISING & PUBLIC RELATIONS, Jacksonville, FL, pg. 412
STARCOM WORLDWIDE, Chicago, IL, pg. 513
STARCOM WORLDWIDE, North Hollywood, CA, pg. 516
STARCOM WORLDWIDE, New York, NY, pg. 517
STELLA RISING, Westport, CT, pg. 518
STERLING-RICE GROUP, Boulder, CO, pg. 413
STONEARCH CREATIVE, Minneapolis, MN, pg. 144
STORY WORLDWIDE, New York, NY, pg. 267
STRAWBERRYFROG, New York, NY, pg. 414
SUB ROSA, New York, NY, pg. 200
SUNSHINE SACHS, New York, NY, pg. 650
SUPERUNION, New York, NY, pg. 18
SWELLSHARK, New York, NY, pg. 518
SWIFT, Portland, OR, pg. 145
SWITCH, Saint Louis, MO, pg. 145
SYZYGY US, New York, NY, pg. 268
T3, Austin, TX, pg. 268
TARGETBASE MARKETING, Irving, TX, pg. 292
TARGETBASE MARKETING, Greensboro, NC, pg. 293
TAXI, New York, NY, pg. 146
TAXI, Toronto, ON, pg. 146
TAYLOR , New York, NY, pg. 651
TAYLOR & POND INTERACTIVE, San Diego, CA, pg. 269
TBC, Baltimore, MD, pg. 416
TBWA \ CHIAT \ DAY, New York, NY, pg. 416
TBWA \ CHIAT \ DAY, Los Angeles, CA, pg. 146
TBWA\WORLDHEALTH, Chicago, IL, pg. 147
TDA_BOULDER, Boulder, CO, pg. 147
TEAM ENTERPRISES, Fort Lauderdale, FL, pg. 316
TEAM EPIPHANY, New York, NY, pg. 652
TEAM ONE, Los Angeles, CA, pg. 417
TERRI & SANDY, New York, NY, pg. 147
THE BROOKLYN BROTHERS, New York, NY, pg. 148
THE BUNTIN GROUP, Nashville, TN, pg. 148
THE BUTIN GROUP, St. Simons Island, GA, pg. 652
THE CDM GROUP, New York, NY, pg. 149
THE COMMUNITY, Miami Beach, FL, pg. 545
THE DISTILLERY PROJECT, Chicago, IL, pg. 149
THE ESCAPE POD, Chicago, IL, pg. 150
THE HODGES PARTNERSHIP, Richmond, VA, pg. 653
THE HYBRID CREATIVE, Santa Rosa, CA, pg. 151
THE INTEGER GROUP - DALLAS, Dallas, TX, pg. 570
THE INTEGER GROUP - MIDWEST, Des Moines, IA, pg. 570
THE JOHNSON GROUP, Chattanooga, TN, pg. 420
THE KERRY GROUP, Fenton, MO, pg. 316
THE MANY, Pacific Palisades, CA, pg. 151

THE MARKETING ARM, Dallas, TX, pg. 316
THE MARS AGENCY, Southfield, MI, pg. 683
THE MARTIN AGENCY, Richmond, VA, pg. 421
THE MOTION AGENCY, Chicago, IL, pg. 270
THE NARRATIVE GROUP, New York, NY, pg. 654
THE RICHARDS GROUP, INC., Dallas, TX, pg. 422
THE ROSE GROUP, Santa Monica, CA, pg. 655
THE S3 AGENCY, Boonton, NJ, pg. 424
THE SAWTOOTH GROUP , Red Bank, NJ, pg. 152
THE SHIPYARD, Newport Beach, CA, pg. 153
THE SHOP AGENCY, Richardson, TX, pg. 153
THE TOMBRAS GROUP, Knoxville, TN, pg. 424
THE VIA AGENCY, Portland, ME, pg. 154
THIRD EAR, Austin, TX, pg. 546
THREE FIVE TWO, INC., Atlanta, GA, pg. 271
TOGORUN, Washington, DC, pg. 656
TPN, Dallas, TX, pg. 683
TPN, Chicago, IL, pg. 571
TRACK DDB, Toronto, ON, pg. 293
TRACK MARKETING GROUP, New York, NY, pg. 156
TRACTION CORPORATION, San Francisco, CA, pg. 271
TRACYLOCKE , Wilton, CT, pg. 684
TRACYLOCKE, Chicago, IL, pg. 426
TRAINA DESIGN, San Diego, CA, pg. 20
TRIBAL WORLDWIDE, New York, NY, pg. 272
TRINITY BRAND GROUP, Berkeley, CA, pg. 202
TRIPTENT, New York, NY, pg. 156
TRONE BRAND ENERGY, INC., High Point, NC, pg. 427
TRUE MEDIA, Columbia, MO, pg. 521
TURNER DUCKWORTH, San Francisco, CA, pg. 203
UNIVERSAL MCCANN, New York, NY, pg. 521
UNIVERSAL MCCANN, San Francisco, CA, pg. 428
UNIVERSAL MCCANN, Toronto, ON, pg. 524
UPROAR, Orlando, FL, pg. 657
UPSHOT , Chicago, IL, pg. 157
USIM, New York, NY, pg. 525
VALTECH, New York, NY, pg. 273
VAULT COMMUNICATIONS, INC., Plymouth Meeting, PA, pg. 658
VAYNERMEDIA, New York, NY, pg. 689
VELOCITY OMC, New York, NY, pg. 158
VENABLES BELL & PARTNERS, San Francisco, CA, pg. 158
VERDE BRAND COMMUNICATIONS, Durango, CO, pg. 658
VERITONE ONE, San Diego, CA, pg. 525
VIRTUE WORLDWIDE, Brooklyn, NY, pg. 159
VITRO AGENCY, San Diego, CA, pg. 159
VIZEUM, New York, NY, pg. 526
VMLY&R, New York, NY, pg. 160
VMLY&R, Chicago, IL, pg. 160
VMLY&R, Chicago, IL, pg. 275
VSA PARTNERS, INC. , Chicago, IL, pg. 204
WALLACE CHURCH, INC., New York, NY, pg. 204
WALMART MEDIA GROUP, San Bruno, CA, pg. 684
WALO CREATIVE, INC., Dallas, TX, pg. 161
WALRUS, New York, NY, pg. 161
WALTON ISAACSON, Chicago, IL, pg. 547
WARSCHAWSKI PUBLIC RELATIONS, Baltimore, MD, pg. 659
WASSERMAN MEDIA GROUP, Los Angeles, CA, pg. 317
WATAUGA GROUP, Orlando, FL, pg. 21
WAVEMAKER, New York, NY, pg. 526
WAVEMAKER, Toronto, ON, pg. 529
WAVEMAKER, Chicago, IL, pg. 529
WE COMMUNICATIONS, Bellevue, WA, pg. 660
WEBER SHANDWICK, New York, NY, pg. 660
WEBER SHANDWICK, Chicago, IL, pg. 661
WHITE PANTS AGENCY, Dallas, TX, pg. 276
WHITESPACE CREATIVE, Akron, OH, pg. 162
WIDMEYER COMMUNICATIONS, Washington, DC, pg. 662
WIEDEN + KENNEDY, Portland, OR, pg. 430
WIEDEN + KENNEDY, New York, NY, pg. 432
WONDERFUL AGENCY, Los Angeles, CA, pg. 162
WONGDOODY, Seattle, WA, pg. 162
WORLD WIDE MIND, Venice Beach, CA, pg. 163
WP NARRATIVE_, New York, NY, pg. 163
WPP GROUP, INC., New York, NY, pg. 433
WRAY WARD, Charlotte, NC, pg. 433

AGENCIES

WUNDERMAN HEALTH, New York, NY, pg. 164
WUNDERMAN THOMPSON, New York, NY, pg. 434
WUNDERMAN THOMPSON, Miami, FL, pg. 547
YARD, New York, NY, pg. 435
ZAMBEZI, Culver City, CA, pg. 165
ZEHNDER COMMUNICATIONS, INC., New Orleans, LA, pg. 436
ZENITH MEDIA, New York, NY, pg. 529
ZENITH MEDIA, Atlanta, GA, pg. 531
ZENITH MEDIA CANADA, Montreal, QC, pg. 531
ZENO GROUP, New York, NY, pg. 664
ZENO GROUP, Chicago, IL, pg. 664
ZENO GROUP, Santa Monica, CA, pg. 665
ZIMMERMAN ADVERTISING, Fort Lauderdale, FL, pg. 437
ZULU ALPHA KILO, Toronto, ON, pg. 165

Publishing & Printed Media

160OVER90, Santa Monica, CA, pg. 207
72ANDSUNNY, Brooklyn, NY, pg. 24
ACCENTURE INTERACTIVE, New York, NY, pg. 209
AIRFOIL PUBLIC RELATIONS, Royal Oak, MI, pg. 575
ALISON BROD PUBLIC RELATIONS, New York, NY, pg. 576
ALLEN & GERRITSEN, Boston, MA, pg. 29
ALLEN & GERRITSEN, Philadelphia, PA, pg. 30
AMOBEE, INC., Chicago, IL, pg. 213
APCO WORLDWIDE, New York, NY, pg. 578
ARCHRIVAL, INC., Lincoln, NE, pg. 1
ARNOLD WORLDWIDE, Boston, MA, pg. 33
ASHER MEDIA, Addison, TX, pg. 455
ASO ADVERTISING, Roswell, GA, pg. 328
ATLANTIC 57, Washington, DC, pg. 2
ATMOSPHERE PROXIMITY, New York, NY, pg. 214
BARBARIAN, New York, NY, pg. 215
BARKER, New York, NY, pg. 36
BARKLEY, Kansas City, MO, pg. 329
BBDO CANADA, Toronto, ON, pg. 330
BBDO WORLDWIDE, New York, NY, pg. 331
BEHAVIOR, LLC, New York, NY, pg. 216
BERLIN CAMERON, New York, NY, pg. 38
BPG ADVERTISING, West Hollywood, CA, pg. 42
BRAVE PUBLIC RELATIONS, Atlanta, GA, pg. 586
BRILLIANT PR & MARKETING, Scottsdale, AZ, pg. 586
BROWNSTEIN GROUP, INC., Philadelphia, PA, pg. 44
BRUNNER, Pittsburgh, PA, pg. 44
CLICK HERE , Dallas, TX, pg. 221
CNX, New York, NY, pg. 51
CONDUCTOR, New York, NY, pg. 672
CONTRAST & CO, Annapolis, MD, pg. 6
CRAMER-KRASSELT , Chicago, IL, pg. 53
CREATIVE CIVILIZATION - AN AGUILAR / GIRARD AGENCY, San Antonio, TX, pg. 561
CRISPIN PORTER + BOGUSKY, Boulder, CO, pg. 346
CROSSMEDIA, New York, NY, pg. 463
CROSSROADS, Kansas City, MO, pg. 594
CUNDARI INTEGRATED ADVERTISING, Toronto, ON, pg. 347
DARBY COMMUNICATIONS, Asheville, NC, pg. 595
DAVID, Miami, FL, pg. 57
DDB CHICAGO, Chicago, IL, pg. 59
DESIGN ARMY LLC, Washington, DC, pg. 179
DIESTE, Dallas, TX, pg. 539
DIFFUSION PR, New York, NY, pg. 597
DIGITAS, New York, NY, pg. 226
DIGITAS, San Francisco, CA, pg. 227
DIMASSIMO GOLDSTEIN, New York, NY, pg. 351
DIRECT AGENTS, INC., New York, NY, pg. 229
DIX & EATON, Cleveland, OH, pg. 351
DJG MARKETING, New York, NY, pg. 352
DKC PUBLIC RELATIONS, New York, NY, pg. 597
DROGA5, New York, NY, pg. 64
EDGE MARKETING, Stamford, CT, pg. 681
EFM AGENCY, San Diego, CA, pg. 67
ELEPHANT, Brooklyn, NY, pg. 181
ELEVATION, LTD, Washington, DC, pg. 540
EMPOWER, Chicago, IL, pg. 355

A-118

AGENCIES
CLIENT INDUSTRIES INDEX

ENERGY BBDO, INC., Chicago, IL, pg. 355
ESSENCE, Seattle, WA, pg. 232
EVINS COMMUNICATIONS, LTD., New York, NY, pg. 602
FACEOUT STUDIOS, Bend, OR, pg. 182
FCB TORONTO, Toronto, ON, pg. 72
FINN PARTNERS, San Francisco, CA, pg. 603
FINN PARTNERS, New York, NY, pg. 603
FIRSTBORN, New York, NY, pg. 234
FLY COMMUNICATIONS, INC., New York, NY, pg. 74
FUSEIDEAS, LLC, Winchester, MA, pg. 306
GODFREY DADICH, San Francisco, CA, pg. 364
GOLIN, San Francisco, CA, pg. 609
GOLIN, New York, NY, pg. 610
GOODBY, SILVERSTEIN & PARTNERS, San Francisco, CA, pg. 77
GOTHAM, INC., New York, NY, pg. 77
GRETEL, New York, NY, pg. 78
GREY GROUP, New York, NY, pg. 365
GREY WEST, San Francisco, CA, pg. 367
GUT MIAMI, Miami, FL, pg. 80
GYK ANTLER, Manchester, NH, pg. 368
HARMELIN MEDIA, Bala Cynwyd, PA, pg. 467
HAVAS MEDIA GROUP, New York, NY, pg. 468
HAVAS MEDIA GROUP, Chicago, IL, pg. 469
HAVAS MEDIA GROUP, Boston, MA, pg. 470
HAVAS NEW YORK, New York, NY, pg. 369
HAVAS SPORTS & ENTERTAINMENT, New York, NY, pg. 370
HELLO DESIGN, Culver City, CA, pg. 238
HORIZON MEDIA, INC., New York, NY, pg. 474
HUNT ADKINS, Minneapolis, MN, pg. 372
ICF NEXT, Minneapolis, MN, pg. 372
ICF NEXT, Chicago, IL, pg. 614
ID MEDIA, New York, NY, pg. 477
IGNITED, El Segundo, CA, pg. 373
INITIATIVE, Los Angeles, CA, pg. 478
INVENTIVA, San Antonio, TX, pg. 541
IRIS ATLANTA, Atlanta, GA, pg. 90
JELLYFISH U.S., Baltimore, MD, pg. 243
JOHANNES LEONARDO, New York, NY, pg. 92
KEPLER GROUP, New York, NY, pg. 244
KERN, Woodland Hills, CA, pg. 287
KETCHUM, New York, NY, pg. 542
KWT GLOBAL, New York, NY, pg. 621
LEAP, Louisville, KY, pg. 245
LEO BURNETT WORLDWIDE, Chicago, IL, pg. 98
LEXPR, Toronto, ON, pg. 622
LUMENCY INC., Toronto, ON, pg. 310
LUMENCY INC., New York, NY, pg. 310
M BOOTH & ASSOCIATES, INC., New York, NY, pg. 624
M&C SAATCHI PERFORMANCE, New York, NY, pg. 247
M/SIX, New York, NY, pg. 482
MANIFEST, New York, NY, pg. 248
MARC USA, Pittsburgh, PA, pg. 104
MCD PARTNERS, New York, NY, pg. 249
MCGARRYBOWEN, New York, NY, pg. 109
MCGARRYBOWEN, San Francisco, CA, pg. 385
MCGARRYBOWEN, Chicago, IL, pg. 110
MEDIA STORM, Norwalk, CT, pg. 486
MEDIACOM, New York, NY, pg. 487
MEDIAHUB BOSTON, Boston, MA, pg. 489
MEDIAMONKS, Venice, CA, pg. 249
MINDSHARE, New York, NY, pg. 491
MINDSHARE, Toronto, ON, pg. 495
MINDSTREAM MEDIA GROUP - DALLAS, Dallas, TX, pg. 496
MOVEMENT STRATEGY, New York, NY, pg. 687
MPRM PUBLIC RELATIONS, Los Angeles, CA, pg. 629
MSLGROUP, New York, NY, pg. 629
NOBLE PEOPLE, New York, NY, pg. 120
NORTH 6TH AGENCY, New York, NY, pg. 633
OGILVY, Chicago, IL, pg. 393
OGILVY, New York, NY, pg. 393
OGILVY PUBLIC RELATIONS, Chicago, IL, pg. 633
OMD, New York, NY, pg. 498
OMD, Chicago, IL, pg. 500
OMD CANADA, Toronto, ON, pg. 501
OMD ENTERTAINMENT, Burbank, CA, pg. 501

OMD WEST, Los Angeles, CA, pg. 502
OMELET, Culver City, CA, pg. 122
PADILLA, Minneapolis, MN, pg. 635
PARTNERS + NAPIER, Rochester, NY, pg. 125
PERISCOPE, Minneapolis, MN, pg. 127
PGR MEDIA, Boston, MA, pg. 504
PKPR, New York, NY, pg. 637
PLUSMEDIA, LLC, Danbury, CT, pg. 290
PUBLICIS HAWKEYE, Dallas, TX, pg. 399
PUBLICIS NORTH AMERICA, New York, NY, pg. 399
PUBLICIS.SAPIENT, New York, NY, pg. 258
PWC DIGITAL SERVICES, Hallandale Beach, FL, pg. 260
RAIN, New York, NY, pg. 262
RAPP WORLDWIDE, Los Angeles, CA, pg. 291
RE:GROUP, INC., Ann Arbor, MI, pg. 403
REPRISE DIGITAL, New York, NY, pg. 676
RISE INTERACTIVE, Chicago, IL, pg. 264
ROUNDHOUSE - PORTLAND, Portland, OR, pg. 408
RUBENSTEIN ASSOCIATES, New York, NY, pg. 644
SALT BRANDING, San Francisco, CA, pg. 16
SDI MEDIA GROUP, Los Angeles, CA, pg. 545
SPARK FOUNDRY, New York, NY, pg. 508
SPARK FOUNDRY, Chicago, IL, pg. 510
SPARK FOUNDRY, Atlanta, GA, pg. 512
SS+K, New York, NY, pg. 144
STARCOM WORLDWIDE, Chicago, IL, pg. 513
STARCOM WORLDWIDE, North Hollywood, CA, pg. 516
STARCOM WORLDWIDE, Detroit, MI, pg. 517
STARCOM WORLDWIDE, New York, NY, pg. 517
STEIN IAS, New York, NY, pg. 267
SUB ROSA, New York, NY, pg. 200
TAXI, New York, NY, pg. 146
TAXI, Toronto, ON, pg. 146
TAYLOR , New York, NY, pg. 651
TBC, Baltimore, MD, pg. 416
TBWA \ CHIAT \ DAY, New York, NY, pg. 416
TBWA \ CHIAT \ DAY, Los Angeles, CA, pg. 146
THE BUNTIN GROUP, Nashville, TN, pg. 148
THE COMMUNITY, Miami Beach, FL, pg. 545
THE FOUNDRY @ MEREDITH CORP, New York, NY, pg. 150
THE GARFIELD GROUP, Philadelphia, PA, pg. 419
THE MANY, Pacific Palisades, CA, pg. 151
THE RICHARDS GROUP, INC., Dallas, TX, pg. 422
THE&PARTNERSHIP, New York, NY, pg. 426
THINKSO CREATIVE LLC, New York, NY, pg. 155
THREE ATLANTA, LLC, Atlanta, GA, pg. 155
THREE FIVE TWO, INC., Atlanta, GA, pg. 271
TOUCHSTORM, New York, NY, pg. 570
TRACK MARKETING GROUP, New York, NY, pg. 156
TRIAD RETAIL MEDIA, St. Petersburg, FL, pg. 272
UNIVERSAL MCCANN, New York, NY, pg. 521
UPSHOT , Chicago, IL, pg. 157
UWG, Brooklyn, NY, pg. 546
VAYNERMEDIA, New York, NY, pg. 689
VERSO ADVERTISING, New York, NY, pg. 159
VIRTUE WORLDWIDE, Brooklyn, NY, pg. 159
VMC MEDIA, Toronto, ON, pg. 526
VOICE MEDIA GROUP, Phoenix, AZ, pg. 526
WALKER SANDS COMMUNICATIONS, Chicago, IL, pg. 659
WAVEMAKER, New York, NY, pg. 526
WHITE PANTS AGENCY, Dallas, TX, pg. 276
WIEDEN + KENNEDY, Portland, OR, pg. 430
WIEDEN + KENNEDY, New York, NY, pg. 432
WONGDOODY, Seattle, WA, pg. 162
WORK & CO, Brooklyn, NY, pg. 276
WORLD WIDE MIND, Venice Beach, CA, pg. 163
WUNDERMAN THOMPSON, New York, NY, pg. 434
WUNDERMAN THOMPSON ATLANTA, Atlanta, GA, pg. 435
ZAMBEZI, Culver City, CA, pg. 165
ZETA INTERACTIVE, New York, NY, pg. 277

Real Estate

AD CETERA, INC., Addison, TX, pg. 26
AGENCYSACKS, New York, NY, pg. 29
AMP AGENCY, Boston, MA, pg. 297

BANDY CARROLL HELLIGE , Louisville, KY, pg. 36
BARKLEY, Kansas City, MO, pg. 329
BATTERY, Hollywood, CA, pg. 330
BEYOND, San Francisco, CA, pg. 216
BLUE 449, New York, NY, pg. 455
BROWNSTEIN GROUP, INC., Philadelphia, PA, pg. 44
BUTLER, SHINE, STERN & PARTNERS, Sausalito, CA, pg. 45
CAMP + KING, San Francisco, CA, pg. 46
CAMPBELL EWALD, Detroit, MI, pg. 46
CHEMISTRY ATLANTA, Atlanta, GA, pg. 50
CONILL ADVERTISING, INC., Miami, FL, pg. 538
DAILEY & ASSOCIATES, West Hollywood, CA, pg. 56
DEFINITION 6, Atlanta, GA, pg. 224
DIFFUSION PR, New York, NY, pg. 597
DIGENNARO COMMUNICATIONS, New York, NY, pg. 597
DKY INTEGRATED MARKETING COMMUNICATIONS, Minneapolis, MN, pg. 352
DROGA5, New York, NY, pg. 64
DUNCAN CHANNON, San Francisco, CA, pg. 66
ELEVATOR, Carlsbad, CA, pg. 67
ESSENCE, Seattle, WA, pg. 232
FEREBEELANE, Greenville, SC, pg. 358
FIG, New York, NY, pg. 73
FLY COMMUNICATIONS, INC., New York, NY, pg. 74
GREENHAUS, San Diego, CA, pg. 365
GREY GROUP, New York, NY, pg. 365
GROUPM, New York, NY, pg. 466
GYRO, Cincinnati, OH, pg. 368
HANSON, INC., Toledo, OH, pg. 237
HAVAS FORMULA, San Diego, CA, pg. 612
HAVAS MEDIA GROUP, Boston, MA, pg. 470
HAVAS MEDIA GROUP, Chicago, IL, pg. 469
HORIZON MEDIA, INC., New York, NY, pg. 474
ICR, New York, NY, pg. 615
INFINITY MARKETING, Greenville, SC, pg. 374
JUNIPER PARK\ TBWA, Toronto, ON, pg. 93
LAUGHLIN CONSTABLE, INC., Milwaukee, WI, pg. 379
MACY + ASSOCIATES, INC., Playa del Rey, CA, pg. 382
MADE MOVEMENT, Boulder, CO, pg. 103
MARINO ORGANIZATION, INC., New York, NY, pg. 625
MEDIA ASSEMBLY, New York, NY, pg. 484
MEDIACOM, New York, NY, pg. 487
MINDSHARE, New York, NY, pg. 491
MOD OP, Dallas, TX, pg. 388
MULLENLOWE U.S. BOSTON, Boston, MA, pg. 389
NORTH 6TH AGENCY, New York, NY, pg. 633
OGILVY, New York, NY, pg. 393
PACE ADVERTISING AGENCY, INC., New York, NY, pg. 124
PB&, Seattle, WA, pg. 126
POLVORA ADVERTISING, Boston, MA, pg. 544
PREACHER, Austin, TX, pg. 129
PRESTON KELLY, Minneapolis, MN, pg. 129
RACEPOINT GLOBAL, Boston, MA, pg. 640
RAIN, Portland, OR, pg. 402
RAPPORT OUTDOOR WORLDWIDE, Los Angeles, CA, pg. 557
RE:GROUP, INC., Ann Arbor, MI, pg. 403
RED DOOR INTERACTIVE, San Diego, CA, pg. 404
RED TETTEMER O'CONNELL + PARTNERS, Philadelphia, PA, pg. 404
RESULTS ADVERTISING, Hasbrouck Heights, NJ, pg. 405
RON FOTH ADVERTISING, Columbus, OH, pg. 134
RPA, Santa Monica, CA, pg. 134
SAATCHI & SAATCHI CANADA, Toronto, ON, pg. 136
SARD VERBINNEN, New York, NY, pg. 646
SIGMA MARKETING INSIGHTS, Rochester, NY, pg. 450
SILTANEN & PARTNERS ADVERTISING, El Segundo, CA, pg. 410
SOLVE, Minneapolis, MN, pg. 17
SPRINGBOX, Austin, TX, pg. 266

A-119

CLIENT INDUSTRIES INDEX — AGENCIES

STEIN IAS, New York, NY, pg. 267
THE COLLECTIVE BRANDSACTIONAL MARKETING, INC. , Toronto, ON, pg. 149
THE PORTFOLIO MARKETING GROUP, New York, NY, pg. 422
THE RICHARDS GROUP, INC., Dallas, TX, pg. 422
THE TOMBRAS GROUP, Knoxville, TN, pg. 424
TWENTY-FIRST CENTURY BRAND, San Francisco, CA, pg. 157
UNIVERSAL MCCANN, San Francisco, CA, pg. 428
VENABLES BELL & PARTNERS, San Francisco, CA, pg. 158
WEBER SHANDWICK, New York, NY, pg. 660
WESTON | MASON, Marina Del Rey, CA, pg. 430
WORKING MEDIA GROUP, New York, NY, pg. 433

Retail Stores & Chains

1000HEADS, New York, NY, pg. 691
215 MCCANN, San Francisco, CA, pg. 319
22SQUARED INC., Atlanta, GA, pg. 319
22SQUARED INC., Tampa, FL, pg. 319
360I, LLC, Atlanta, GA, pg. 207
360I, LLC, New York, NY, pg. 320
360I, LLC, Chicago, IL, pg. 208
3HEADED MONSTER, Dallas, TX, pg. 23
5W PUBLIC RELATIONS, New York, NY, pg. 574
72ANDSUNNY, Playa Vista, CA, pg. 23
72ANDSUNNY, Brooklyn, NY, pg. 24
9THWONDER, Houston, TX, pg. 453
ACCENTURE INTERACTIVE, New York, NY, pg. 209
ACENTO ADVERTISING, INC., Santa Monica, CA, pg. 25
AD:60, Brooklyn, NY, pg. 210
ADMIRABLE DEVIL, Washington, DC, pg. 27
AIR PARIS NEW YORK, New York, NY, pg. 172
AKQA, San Francisco, CA, pg. 211
AKQA, New York, NY, pg. 212
ALISON BROD PUBLIC RELATIONS, New York, NY, pg. 576
ALLEN & GERRITSEN, Boston, MA, pg. 29
ALLISON+PARTNERS, Dallas, TX, pg. 577
AMP3 PUBLIC RELATIONS, New York, NY, pg. 577
AMPERSAND AGENCY, Austin, TX, pg. 31
AMUSEMENT PARK, Santa Ana, CA, pg. 325
ANOMALY, New York, NY, pg. 325
ANOMALY, Venice, CA, pg. 326
APCO WORLDWIDE, New York, NY, pg. 578
APOLLO INTERACTIVE, El Segundo, CA, pg. 214
ARTISANS ON FIRE, Las Vegas, NV, pg. 327
ASTOUND COMMERCE, San Bruno, CA, pg. 214
BACKBONE MEDIA, Carbondale, CO, pg. 579
BADER RUTTER & ASSOCIATES, INC. , Milwaukee, WI, pg. 328
BADGER & WINTERS, New York, NY, pg. 174
BAESMAN, Columbus, OH, pg. 167
BANDY CARROLL HELLIGE , Louisville, KY, pg. 36
BARKLEY, Kansas City, MO, pg. 329
BARON & BARON, INC., New York, NY, pg. 36
BARRETTSF, San Francisco, CA, pg. 36
BBDO ATL, Atlanta, GA, pg. 330
BBDO CANADA, Toronto, ON, pg. 330
BBDO WORLDWIDE, New York, NY, pg. 331
BCW NEW YORK, New York, NY, pg. 581
BELIEF AGENCY, Seattle, WA, pg. 38
BERK COMMUNICATIONS, New York, NY, pg. 583
BERNSTEIN-REIN ADVERTISING, INC., Kansas City, MO, pg. 39
BIG COMMUNICATIONS, INC., Birmingham, AL, pg. 39
BIG SPACESHIP, Brooklyn, NY, pg. 455
BLEUBLANCROUGE, Montreal, QC, pg. 40
BLOOM ADS, INC., Woodland Hills, CA, pg. 334
BLUE 449, New York, NY, pg. 455
BLUE 449, San Francisco, CA, pg. 456
BPCM, New York, NY, pg. 585
BRADLEY AND MONTGOMERY, Indianapolis, IN, pg. 336
BRANDWARE PUBLIC RELATIONS, INC., Atlanta, GA, pg. 585
BRAVE PUBLIC RELATIONS, Atlanta, GA, pg. 586

BROWNSTEIN GROUP, INC., Philadelphia, PA, pg. 44
BULLISH INC, New York, NY, pg. 45
BUONASERA MEDIA SERVICES, Columbia, SC, pg. 457
BUTLER, SHINE, STERN & PARTNERS, Sausalito, CA, pg. 45
BVK, Milwaukee, WI, pg. 339
C SPACE, Boston, MA, pg. 443
CAMELOT STRATEGIC MARKETING & MEDIA, Dallas, TX, pg. 457
CAPGEMINI, Wayne, PA, pg. 219
CARAT, Culver City, CA, pg. 459
CARAT, Atlanta, GA, pg. 459
CARAT, New York, NY, pg. 459
CARMICHAEL LYNCH, Minneapolis, MN, pg. 47
CASANOVA//MCCANN, Costa Mesa, CA, pg. 538
CBX, New York, NY, pg. 176
CHANDELIER CREATIVE, New York, NY, pg. 49
CITIZEN RELATIONS, New York, NY, pg. 590
CLEAN SHEET COMMUNICATIONS, Toronto, ON, pg. 342
CLICK HERE , Dallas, TX, pg. 221
CMD, Portland, OR, pg. 51
COBURN COMMUNICATIONS, New York, NY, pg. 591
COLLE MCVOY, Minneapolis, MN, pg. 343
COLLECTIVELY, INC., San Francisco, CA, pg. 685
CONE, INC., Boston, MA, pg. 6
CONSTELLATION AGENCY, New York, NY, pg. 221
CONTROL V EXPOSED, Jenkintown, PA, pg. 222
CONVEYOR MEDIA, Denver, CO, pg. 462
COYNE PUBLIC RELATIONS, Parsippany, NJ, pg. 593
CRAMER-KRASSELT, New York, NY, pg. 53
CRAMER-KRASSELT , Milwaukee, WI, pg. 54
CREATIVE ENERGY, INC., Johnson City, TN, pg. 346
CRISPIN PORTER + BOGUSKY, Boulder, CO, pg. 346
CRITICAL MASS, INC., Chicago, IL, pg. 223
CRITICAL MASS, INC., New York, NY, pg. 223
CROSSMEDIA, New York, NY, pg. 463
CROSSMEDIA, Los Angeles, CA, pg. 463
CURRENT , Chicago, IL, pg. 594
DALTON AGENCY, Jacksonville, FL, pg. 348
DANCIE PERUGINI WARE PUBLIC RELATIONS, South Houston, TX, pg. 595
DAVIS ELEN ADVERTISING, Los Angeles, CA, pg. 58
DDB NEW YORK, New York, NY, pg. 59
DELOITTE DIGITAL, Seattle, WA, pg. 224
DENNY MOUNTAIN MEDIA, Seattle, WA, pg. 225
DENTSU AEGIS NETWORK, New York, NY, pg. 61
DENTSU X, New York, NY, pg. 61
DEUTSCH, INC., New York, NY, pg. 349
DEUTSCH, INC., Los Angeles, CA, pg. 350
DEVITO/VERDI, New York, NY, pg. 62
DIESTE, Dallas, TX, pg. 539
DIGITAS, Boston, MA, pg. 226
DIGITAS, New York, NY, pg. 226
DIGITAS, San Francisco, CA, pg. 227
DIGITAS, Chicago, IL, pg. 227
DIGITAS, Atlanta, GA, pg. 228
DIRECT AGENTS, INC., New York, NY, pg. 229
DIX & EATON, Cleveland, OH, pg. 351
DNA SEATTLE, Seattle, WA, pg. 180
DONER CX, Norwalk, CT, pg. 352
DOREMUS & COMPANY, New York, NY, pg. 64
DROGA5, New York, NY, pg. 64
DUNCAN CHANNON, San Francisco, CA, pg. 66
EDELMAN, Atlanta, GA, pg. 599
EDELMAN, Seattle, WA, pg. 601
EDELMAN, Chicago, IL, pg. 353
EDELMAN, New York, NY, pg. 599
ELEPHANT, Brooklyn, NY, pg. 181
ELEVEN, INC., San Francisco, CA, pg. 67
EMPOWER, Cincinnati, OH, pg. 354
ENERGY BBDO, INC., Chicago, IL, pg. 355
ENVISIONIT MEDIA, INC., Chicago, IL, pg. 231
EP+CO., Greenville, SC, pg. 356
EPSILON, San Francisco, CA, pg. 283
ESSENCE, New York, NY, pg. 232

ESSENCE, Seattle, WA, pg. 232
ESSENCE, Minneapolis, MN, pg. 233
FACTORY 360, New York, NY, pg. 306
FALLON WORLDWIDE, Minneapolis, MN, pg. 70
FAME, Minneapolis, MN, pg. 70
FARM, Lancaster, NY, pg. 357
FAST HORSE, Minneapolis, MN, pg. 603
FCB CHICAGO, Chicago, IL, pg. 71
FIG, New York, NY, pg. 73
FINCH BRANDS, Philadelphia, PA, pg. 7
FINN PARTNERS, New York, NY, pg. 603
FIREHOUSE, INC., Dallas, TX, pg. 358
FISHMAN PUBLIC RELATIONS INC., Northbrook, IL, pg. 604
FKQ ADVERTISING, INC., Clearwater, FL, pg. 359
FLEISHMANHILLARD, Boston, MA, pg. 605
FLUID, INC., New York, NY, pg. 235
FLY COMMUNICATIONS, INC., New York, NY, pg. 74
FORWARDPMX, New York, NY, pg. 360
FUSE, LLC, Vinooski, VT, pg. 8
GALLEGOS UNITED, Huntington Beach, CA, pg. 75
GATES, New York, NY, pg. 76
GATESMAN, Pittsburgh, PA, pg. 361
GCI GROUP, Toronto, ON, pg. 607
GENOME, New York, NY, pg. 236
GEOMETRY, New York, NY, pg. 362
GMR MARKETING, New Berlin, WI, pg. 306
GOLIN, Chicago, IL, pg. 609
GOLIN, Dallas, TX, pg. 609
GRADIENT EXPERIENTIAL LLC, New York, NY, pg. 78
GRAJ + GUSTAVSEN, INC., New York, NY, pg. 8
GREY GROUP, New York, NY, pg. 365
GROUPM, New York, NY, pg. 466
GS&F , Nashville, TN, pg. 367
GSD&M, Austin, TX, pg. 79
GSD&M, Chicago, IL, pg. 79
GYK ANTLER, Manchester, NH, pg. 368
GYRO, Denver, CO, pg. 368
GYRO, Chicago, IL, pg. 368
HAPI, Phoenix, AZ, pg. 81
HARGROVE INC., Lanham, MD, pg. 307
HARMELIN MEDIA, Bala Cynwyd, PA, pg. 467
HAVAS FORMULA, San Diego, CA, pg. 612
HAVAS MEDIA GROUP, New York, NY, pg. 468
HAVAS MEDIA GROUP, Chicago, IL, pg. 469
HAVAS MEDIA GROUP, Boston, MA, pg. 470
HAVAS NEW YORK, New York, NY, pg. 369
HAVAS SPORTS & ENTERTAINMENT, Atlanta, GA, pg. 370
HAVAS WORLDWIDE CHICAGO, Chicago, IL, pg. 82
HAWORTH MARKETING & MEDIA, Minneapolis, MN, pg. 470
HEARTS & SCIENCE, New York, NY, pg. 471
HEARTS & SCIENCE, Los Angeles, CA, pg. 473
HEILBRICE, Newport Beach, CA, pg. 84
HIEBING, Madison, WI, pg. 85
HILL+KNOWLTON STRATEGIES, Chicago, IL, pg. 370
HL GROUP, New York, NY, pg. 614
HOLLAND - MARK, Boston, MA, pg. 87
HORIZON MEDIA, INC., Los Angeles, CA, pg. 473
HORIZON MEDIA, INC., New York, NY, pg. 474
HUGE, INC., Brooklyn, NY, pg. 239
HUNT ADKINS, Minneapolis, MN, pg. 372
IBM IX, Columbus, OH, pg. 240
ICED MEDIA, New York, NY, pg. 240
ICF NEXT, Minneapolis, MN, pg. 372
ICON MEDIA DIRECT, Sherman Oaks, CA, pg. 476
ICR, New York, NY, pg. 615
ICROSSING, New York, NY, pg. 240
ICROSSING, Chicago, IL, pg. 241
ID MEDIA, New York, NY, pg. 477
IDEAMILL, Pittsburgh, PA, pg. 88
IGNITED, El Segundo, CA, pg. 373
IMM, Boulder, CO, pg. 373
INFINITEE COMMUNICATIONS, INC., Atlanta, GA, pg. 374
INITIATIVE, New York, NY, pg. 477
INITIATIVE, Los Angeles, CA, pg. 478
INITIATIVE, Chicago, IL, pg. 479

AGENCIES — CLIENT INDUSTRIES INDEX

INITIATIVE, San Diego, CA, pg. 479
INNERWORKINGS, INC., Chicago, IL, pg. 375
INTERPUBLIC GROUP OF COMPANIES, New York, NY, pg. 90
IPROSPECT, Fort Worth, TX, pg. 674
IPROSPECT, Boston, MA, pg. 674
IRIS ATLANTA, Atlanta, GA, pg. 90
IVIE & ASSOCIATES, INC., Flower Mound, TX, pg. 91
IW GROUP, INC., Los Angeles, CA, pg. 541
IXCO, Brooklyn, NY, pg. 243
JANUARY DIGITAL, New York, NY, pg. 243
JAY ADVERTISING, INC., Rochester, NY, pg. 377
JNA ADVERTISING, Overland Park, KS, pg. 92
JOELE FRANK, WILKINSON BRIMMER KATCHER, New York, NY, pg. 617
JOHANNES LEONARDO, New York, NY, pg. 92
JOHN ST., Toronto, ON, pg. 93
JWT TORONTO, Toronto, ON, pg. 378
KCSA STRATEGIC COMMUNICATIONS, New York, NY, pg. 619
KELLY, SCOTT & MADISON, INC., Chicago, IL, pg. 482
KEPLER GROUP, New York, NY, pg. 244
KETCHUM, Chicago, IL, pg. 619
KETCHUM, New York, NY, pg. 542
KETCHUM SOUTH, Atlanta, GA, pg. 620
KIKU OBATA & CO., Saint Louis, MO, pg. 188
KOVERT CREATIVE, New York, NY, pg. 96
KROGER MEDIA SERVICES, Portland, OR, pg. 96
KRUPP KOMMUNICATIONS, New York, NY, pg. 686
LAFORCE, New York, NY, pg. 621
LAIRD + PARTNERS, New York, NY, pg. 96
LAK PR, New York, NY, pg. 621
LAPIZ, Chicago, IL, pg. 542
LAUGHLIN CONSTABLE, INC., Milwaukee, WI, pg. 379
LEAP, Louisville, KY, pg. 245
LEGACY MARKETING PARTNERS, Chicago, IL, pg. 310
LEO BURNETT WORLDWIDE, Chicago, IL, pg. 98
LITTLE & COMPANY, Minneapolis, MN, pg. 12
LOCAL PROJECTS, New York, NY, pg. 190
LOPEZ NEGRETE COMMUNICATIONS, INC., Houston, TX, pg. 542
LOVE COMMUNICATIONS, Salt Lake City, UT, pg. 101
LUQUIRE GEORGE ANDREWS, INC., Charlotte, NC, pg. 382
LUXE COLLECTIVE GROUP, New York, NY, pg. 102
M BOOTH & ASSOCIATES, INC., New York, NY, pg. 624
M&C SAATCHI PERFORMANCE, New York, NY, pg. 247
M:UNITED//MCCANN, New York, NY, pg. 102
MACCABEE GROUP PUBLIC RELATIONS, Minneapolis, MN, pg. 624
MADRAS GLOBAL, New York, NY, pg. 103
MANIFEST, Phoenix, AZ, pg. 383
MANIFEST, New York, NY, pg. 248
MARC USA, Pittsburgh, PA, pg. 104
MARCUS THOMAS, Cleveland, OH, pg. 104
MARKETSMITH, INC, Cedar Knolls, NJ, pg. 483
MARTIN WILLIAMS ADVERTISING, Minneapolis, MN, pg. 106
MATLOCK ADVERTISING & PUBLIC RELATIONS, Atlanta, GA, pg. 107
MATTE PROJECTS, New York, NY, pg. 107
MAXMEDIA INC., Atlanta, GA, pg. 248
MCCANN NEW YORK, New York, NY, pg. 108
MCCANN WORLDGROUP, Birmingham, MI, pg. 109
MCGARRAH JESSEE, Austin, TX, pg. 384
MCGARRYBOWEN, New York, NY, pg. 109
MCGARRYBOWEN, San Francisco, CA, pg. 385
MCGARRYBOWEN, Chicago, IL, pg. 110
MCKINNEY, Durham, NC, pg. 111
MCNEELY PIGOTT & FOX PUBLIC RELATIONS, Nashville, TN, pg. 626
MEDIA ASSEMBLY, New York, NY, pg. 484
MEDIA BROKERS INTERNATIONAL, Alpharetta, GA, pg. 485
MEDIA EXPERTS, Montreal, QC, pg. 485
MEDIA EXPERTS, Toronto, ON, pg. 485

MEDIA LOGIC, Albany, NY, pg. 288
MEDIA PLUS, INC., Seattle, WA, pg. 486
MEDIA STORM, Norwalk, CT, pg. 486
MEDIA TWO INTERACTIVE, Raleigh, NC, pg. 486
MEDIACOM, Playa Vista, CA, pg. 486
MEDIACOM, New York, NY, pg. 487
MEDIACOM, Chicago, IL, pg. 489
MEDIACOM CANADA, Toronto, ON, pg. 489
MEDIAHUB BOSTON, Boston, MA, pg. 489
MEDIAHUB NEW YORK, New York, NY, pg. 249
MEDIAHUB WINSTON SALEM, Winston-Salem, NC, pg. 386
MEDIAMONKS, Venice, CA, pg. 249
MEDIASSOCIATES, INC., Sandy Hook, CT, pg. 490
MGH ADVERTISING, Owings Mills, MD, pg. 387
MINDSHARE, New York, NY, pg. 491
MINDSHARE, Atlanta, GA, pg. 493
MINDSHARE, Chicago, IL, pg. 494
MINDSHARE, Playa Vista, CA, pg. 495
MINDSTREAM MEDIA GROUP - DALLAS, Dallas, TX, pg. 496
MIRUM AGENCY, San Diego, CA, pg. 251
MITCHELL, Fayetteville, AR, pg. 627
MODCOGROUP, New York, NY, pg. 116
MOMENTUM WORLDWIDE, New York, NY, pg. 117
MONAHAN MEDIA, Clarkston, MI, pg. 496
MONO, Minneapolis, MN, pg. 117
MOOSYLVANIA, Saint Louis, MO, pg. 568
MORNINGSTAR COMMUNICATIONS, Overland Park, KS, pg. 628
MOTHER NY, New York, NY, pg. 118
MOXIE COMMUNICATIONS GROUP, New York, NY, pg. 628
MRM//MCCANN, New York, NY, pg. 289
MSLGROUP, New York, NY, pg. 629
MUH-TAY-ZIK / HOF-FER, San Francisco, CA, pg. 119
MULLENLOWE U.S. BOSTON, Boston, MA, pg. 389
MULLENLOWE U.S. LOS ANGELES, El Segundo, CA, pg.
MULLENLOWE U.S. NEW YORK, New York, NY, pg. 496
MULTIPLY, Washington, DC, pg. 630
MWWPR, East Rutherford, NJ, pg. 630
NEO MEDIA WORLD, New York, NY, pg. 496
NEXT MARKETING, Norcross, GA, pg. 312
NEXTLEFT, San Diego, CA, pg. 254
NINA HALE CONSULTING, Minneapolis, MN, pg. 675
NOBLE PEOPLE, New York, NY, pg. 120
NORBELLA, Boston, MA, pg. 497
NORTH 6TH AGENCY, New York, NY, pg. 633
NOVUS MEDIA, INC., Plymouth, MN, pg. 497
NSA MEDIA GROUP, INC., Downers Grove, IL, pg. 497
O'KEEFE REINHARD & PAUL, Chicago, IL, pg. 392
OBSERVATORY MARKETING, Los Angeles, CA, pg. 122
OCEAN MEDIA, INC., Huntington Beach, CA, pg. 498
OGILVY, Chicago, IL, pg. 393
OGILVY, New York, NY, pg. 393
OGILVY PUBLIC RELATIONS, Chicago, IL, pg. 633
OGILVYONE WORLDWIDE, New York, NY, pg. 255
OGK CREATIVE, Del Ray Beach, FL, pg. 14
OLOGIE, Columbus, OH, pg. 122
OMD, New York, NY, pg. 498
OMD CANADA, Toronto, ON, pg. 501
OMD LATIN AMERICA, Miami, FL, pg. 543
OMD SAN FRANCISCO, San Francisco, CA, pg. 501
OMD WEST, Los Angeles, CA, pg. 502
OMELET, Culver City, CA, pg. 122
ON IDEAS, Jacksonville, FL, pg. 394
ON IDEAS, Sarasota, FL, pg. 634
ORGANIC, INC., New York, NY, pg. 256
OUTSIDEPR, Sausalito, CA, pg. 634
PACE COMMUNICATIONS, Greensboro, NC, pg. 395
PARTNERS + NAPIER, Rochester, NY, pg. 125
PEPPERCOMM, INC., New York, NY, pg. 687
PEREIRA & O'DELL, New York, NY, pg. 257
PERISCOPE, Minneapolis, MN, pg. 127
PHD, San Francisco, CA, pg. 504
PHD USA, New York, NY, pg. 505

PLANIT, Baltimore, MD, pg. 397
PLUSMEDIA, LLC, Danbury, CT, pg. 290
PMG, Fort Worth, TX, pg. 257
POSTERSCOPE U.S.A., New York, NY, pg. 556
POV SPORTS MARKETING, Wayne, PA, pg. 314
PRAYTELL, Brooklyn, NY, pg. 258
PREACHER, Austin, TX, pg. 129
PRESTON KELLY, Minneapolis, MN, pg. 129
PROFESSIONAL MEDIA MANAGEMENT, Grand Rapids, MI, pg. 130
PUBLICIS HAWKEYE, Dallas, TX, pg. 399
PUBLICIS NORTH AMERICA, New York, NY, pg. 399
PUBLICIS.SAPIENT, New York, NY, pg. 258
PUBLICIS.SAPIENT, Seattle, WA, pg. 259
PUBLICIS.SAPIENT, Chicago, IL, pg. 259
PULSAR ADVERTISING, Washington, DC, pg. 401
QUATTRO DIRECT, Berwyn, PA, pg. 290
R/GA, New York, NY, pg. 260
R/GA, San Francisco, CA, pg. 261
R/GA, Austin, TX, pg. 261
R2INTEGRATED, Baltimore, MD, pg. 261
RAIN, Portland, OR, pg. 402
RAIN, New York, NY, pg. 262
RAPP WORLDWIDE, Irving, TX, pg. 291
RAWLE-MURDY ASSOCIATES, Charleston, SC, pg. 403
RED DOOR INTERACTIVE, San Diego, CA, pg. 404
RED HAVAS, New York, NY, pg. 641
RED SQUARE AGENCY, Mobile, AL, pg. 642
REDPEPPER, Nashville, TN, pg. 405
REPUBLICA HAVAS, Miami, FL, pg. 545
RICHARDS/LERMA, Dallas, TX, pg. 545
RISE INTERACTIVE, Chicago, IL, pg. 264
RJW MEDIA, Pittsburgh, PA, pg. 507
ROKKAN, LLC, New York, NY, pg. 264
RPA, Santa Monica, CA, pg. 134
RYGR, Carbondale, CO, pg. 409
SAATCHI & SAATCHI, New York, NY, pg. 136
SAATCHI & SAATCHI CANADA, Toronto, ON, pg. 136
SAATCHI & SAATCHI X, Springdale, AR, pg. 682
SALT BRANDING, San Francisco, CA, pg. 16
SCHAFER CONDON CARTER, Chicago, IL, pg. 138
SDI MEDIA GROUP, Los Angeles, CA, pg. 545
SEITER & MILLER ADVERTISING, New York, NY, pg. 139
SHADOW PUBLIC RELATIONS, New York, NY, pg. 646
SHIFT COMMUNICATIONS, LLC, Boston, MA, pg. 647
SID LEE, Toronto, ON, pg. 141
SID LEE, Culver City, CA, pg. 141
SIEGEL & GALE, New York, NY, pg. 17
SILVERLIGHT DIGITAL, New York, NY, pg. 265
SINGER ASSOCIATES, San Francisco, CA, pg. 647
SIX DEGREES GROUP, New York, NY, pg. 647
SLOANE & COMPANY, New York, NY, pg. 647
SOLVE, Minneapolis, MN, pg. 17
SOME CONNECT, Chicago, IL, pg. 677
SPARK FOUNDRY, New York, NY, pg. 508
SPARK FOUNDRY, Chicago, IL, pg. 510
SPARK FOUNDRY, Seattle, WA, pg. 512
SPM COMMUNICATIONS, Dallas, TX, pg. 649
SPRINGBOX, Austin, TX, pg. 266
SS+K, New York, NY, pg. 144
ST. JOHN & PARTNERS ADVERTISING & PUBLIC RELATIONS, Jacksonville, FL, pg. 412
STANDARD BLACK, Los Angeles, CA, pg. 144
STARCOM WORLDWIDE, Chicago, IL, pg. 513
STELLA RISING, Westport, CT, pg. 518
STERN ADVERTISING, INC., Cleveland, OH, pg. 413
STONE WARD ADVERTISING, Little Rock, AR, pg. 413
SUB ROSA, New York, NY, pg. 200
SWARM, Atlanta, GA, pg. 268
SYZYGY US, New York, NY, pg. 268
T3, Austin, TX, pg. 268
TANDEM THEORY, Dallas, TX, pg. 269
TATTOO PROJECTS, LLC, Charlotte, NC, pg. 146
TAXI, New York, NY, pg. 146
TAXI, Montreal, QC, pg. 146
TBC, Baltimore, MD, pg. 416

A-121

CLIENT INDUSTRIES INDEX

AGENCIES

TBWA \ CHIAT \ DAY, Los Angeles, CA, pg. 146
TBWA/MEDIA ARTS LAB, Los Angeles, CA, pg. 147
TERRI & SANDY, New York, NY, pg. 147
THE BLUESHIRT GROUP, San Francisco, CA, pg. 652
THE BOHAN AGENCY, Nashville, TN, pg. 418
THE BRANDON AGENCY, Myrtle Beach, SC, pg. 419
THE BUNTIN GROUP, Nashville, TN, pg. 148
THE COMMUNITY, Miami Beach, FL, pg. 545
THE CONCEPT FARM, Long Island City, NY, pg. 269
THE DISTILLERY PROJECT, Chicago, IL, pg. 149
THE INTEGER GROUP - MIDWEST, Des Moines, IA, pg. 570
THE KERRY GROUP, Fenton, MO, pg. 316
THE LAUNCHPAD GROUP, Jenkintown, PA, pg. 546
THE MARS AGENCY, Southfield, MI, pg. 683
THE MARTIN AGENCY, Richmond, VA, pg. 421
THE MEDIA KITCHEN, New York, NY, pg. 519
THE RICHARDS GROUP, INC., Dallas, TX, pg. 422
THE SHEPPARD GROUP, Glendale, CA, pg. 424
THE SHOP AGENCY, Richardson, TX, pg. 153
THE TOMBRAS GROUP, Knoxville, TN, pg. 424
THE VAULT, New York, NY, pg. 154
THE VIA AGENCY, Portland, ME, pg. 154
THE WATSONS, New York, NY, pg. 154
THE WILBERT GROUP, Atlanta, GA, pg. 655
THE YAFFE GROUP, Southfield, MI, pg. 154
THE&PARTNERSHIP, New York, NY, pg. 426
THIRD EAR, Austin, TX, pg. 546
THREE FIVE TWO, INC., Atlanta, GA, pg. 271
TIERNEY COMMUNICATIONS, Philadelphia, PA, pg. 426
TINUITI, New York, NY, pg. 678
TPN, Dallas, TX, pg. 683
TRACYLOCKE, Irving, TX, pg. 683
TRANSLATION, Brooklyn, NY, pg. 299
TRIBAL WORLDWIDE, New York, NY, pg. 272
TRIPTENT, New York, NY, pg. 156
TRUEPOINT COMMUNICATIONS, Dallas, TX, pg. 657
TWO NIL, Los Angeles, CA, pg. 521
UNCONQUERED, Baltimore, MD, pg. 203
UNITED ENTERTAINMENT GROUP, New York, NY, pg. 299
UNIVERSAL MCCANN, New York, NY, pg. 521
UNIVERSAL MCCANN, San Francisco, CA, pg. 428
UNIVERSAL MCCANN DETROIT, Birmingham, MI, pg. 524
UNIVERSAL MEDIA, INC., Mechanicsburg, PA, pg. 525
UPROAR, Orlando, FL, pg. 657
UPSHOT , Chicago, IL, pg. 157
USIM, New York, NY, pg. 525
USIM, Los Angeles, CA, pg. 525
UWG, Brooklyn, NY, pg. 546
VENABLES BELL & PARTNERS, San Francisco, CA, pg. 158
VERITONE ONE, San Diego, CA, pg. 525
VERT MOBILE LLC, Atlanta, GA, pg. 274
VINCODO LLC, Langhorne, PA, pg. 274
VMLY&R, Kalamazoo, MI, pg. 274
VMLY&R, Kansas City, MO, pg. 274
VMLY&R, New York, NY, pg. 160
VMLY&R, Chicago, IL, pg. 160
VMLY&R, Seattle, WA, pg. 275
WALMART MEDIA GROUP, San Bruno, CA, pg. 684
WALRUS, New York, NY, pg. 161
WARNER COMMUNICATIONS, Boston, MA, pg. 659
WARSCHAWSKI PUBLIC RELATIONS, Baltimore, MD, pg. 659
WAVEMAKER, New York, NY, pg. 526
WE COMMUNICATIONS, Bellevue, WA, pg. 660
WEBER SHANDWICK, Dallas, TX, pg. 660
WEBER SHANDWICK, Denver, CO, pg. 662
WONDERFUL AGENCY, Los Angeles, CA, pg. 162
WONGDOODY, Seattle, WA, pg. 162
WORK & CO, Brooklyn, NY, pg. 276
WP NARRATIVE_, New York, NY, pg. 163
WUNDERMAN THOMPSON ATLANTA, Atlanta, GA, pg. 435
YAMAMOTO, Minneapolis, MN, pg. 435
YARD, New York, NY, pg. 435
YEBO, Richmond, VA, pg. 164

YOUNG & LARAMORE, Indianapolis, IN, pg. 164
ZENITH MEDIA, New York, NY, pg. 529
ZENO GROUP, New York, NY, pg. 664
ZENO GROUP, Chicago, IL, pg. 664
ZIMMERMAN ADVERTISING, Fort Lauderdale, FL, pg. 437
ZOZIMUS AGENCY, Boston, MA, pg. 665

Service Businesses

1000HEADS, New York, NY, pg. 691
160OVER90, New York, NY, pg. 301
160OVER90, Los Angeles, CA, pg. 301
180LA, Los Angeles, CA, pg. 23
215 MCCANN, San Francisco, CA, pg. 319
22SQUARED INC., Atlanta, GA, pg. 319
360I, LLC, New York, NY, pg. 320
72ANDSUNNY, Playa Vista, CA, pg. 23
97TH FLOOR, Lehi, UT, pg. 209
9THWONDER, Playa Vista, CA, pg. 453
9THWONDER, Houston, TX, pg. 453
9THWONDER AGENCY, Houston, TX, pg. 453
ACENTO ADVERTISING, INC., Santa Monica, CA, pg. 25
AIR PARIS NEW YORK, New York, NY, pg. 172
ALLEN & GERRITSEN, Boston, MA, pg. 29
ALLISON+PARTNERS, Seattle, WA, pg. 576
ALLSCOPE MEDIA, New York, NY, pg. 454
ALMA, Coconut Grove, FL, pg. 537
AMP AGENCY, Boston, MA, pg. 297
ANOMALY, New York, NY, pg. 325
ANVIL MEDIA, INC, Portland, OR, pg. 671
APRIL SIX, San Francisco, CA, pg. 280
ARCANA ACADEMY, Los Angeles, CA, pg. 32
ARCHER MALMO, Memphis, TN, pg. 32
ASO ADVERTISING, Roswell, GA, pg. 328
BABBIT BODNER, Atlanta, GA, pg. 579
BARBARIAN, New York, NY, pg. 215
BARKLEY, Kansas City, MO, pg. 329
BARRETTSF, San Francisco, CA, pg. 36
BBDO WEST, Los Angeles, CA, pg. 331
BBDO WORLDWIDE, New York, NY, pg. 331
BEEBY CLARK+MEYLER, Stamford, CT, pg. 333
BELIEF AGENCY, Seattle, WA, pg. 38
BERLIN CAMERON, New York, NY, pg. 38
BIZCOM ASSOCIATES, Plano, TX, pg. 584
BRADLEY AND MONTGOMERY, Indianapolis, IN, pg. 336
BRUNET-GARCIA ADVERTISING, INC., Jacksonville, FL, pg. 44
BTB MARKETING COMMUNICATIONS, Raleigh, NC, pg. 44
BULLISH INC, New York, NY, pg. 45
CAMELOT STRATEGIC MARKETING & MEDIA, Dallas, TX, pg. 457
CAPGEMINI, Wayne, PA, pg. 219
CARAT, Culver City, CA, pg. 459
CARAT, New York, NY, pg. 459
CATALYST DIGITAL, Boston, MA, pg. 220
CATALYST, INC., Providence, RI, pg. 48
CHEMISTRY ATLANTA, Atlanta, GA, pg. 50
CHEN PR, INC., Boston, MA, pg. 590
CLEAR CHANNEL OUTDOOR, Oakland, CA, pg. 550
CLICK HERE , Dallas, TX, pg. 221
CMD, Portland, OR, pg. 51
COBURN COMMUNICATIONS, New York, NY, pg. 591
CODE AND THEORY, New York, NY, pg. 221
COLLECTIVELY, INC., San Francisco, CA, pg. 685
COLLING MEDIA, Scottsdale, AZ, pg. 51
COMMUNICATIONS STRATEGY GROUP, Denver, CO, pg. 592
CONTROL V EXPOSED, Jenkintown, PA, pg. 222
COYNE PUBLIC RELATIONS, Parsippany, NJ, pg. 593
CREATIVE CIVILIZATION - AN AGUILAR / GIRARD AGENCY, San Antonio, TX, pg. 561
CRITICAL MASS, INC., New York, NY, pg. 223
CROSSBOW GROUP, Westport, CT, pg. 347
CUNDARI INTEGRATED ADVERTISING, Toronto, ON, pg. 347
DAGGER, Atlanta, GA, pg. 224

DANCIE PERUGINI WARE PUBLIC RELATIONS, South Houston, TX, pg. 595
DDB SAN FRANCISCO, San Francisco, CA, pg. 60
DEG DIGITAL, Overland Park, KS, pg. 224
DENNY MOUNTAIN MEDIA, Seattle, WA, pg. 225
DENTSU AEGIS NETWORK, New York, NY, pg. 61
DENTSU X, New York, NY, pg. 61
DEUTSCH, INC., New York, NY, pg. 349
DEUTSCH, INC., Los Angeles, CA, pg. 350
DEVINE + PARTNERS, Philadelphia, PA, pg. 596
DIRECT AGENTS, INC., New York, NY, pg. 229
DOREMUS & COMPANY, New York, NY, pg. 64
DRAKE COOPER, Boise, ID, pg. 64
DROGA5, New York, NY, pg. 64
DUNCAN CHANNON, San Francisco, CA, pg. 66
DWA MEDIA, San Francisco, CA, pg. 464
EDELMAN , Toronto, ON, pg. 601
EDELMAN, Chicago, IL, pg. 353
ELEVATION, LTD, Washington, DC, pg. 540
EMPOWER, Cincinnati, OH, pg. 354
ESSENCE, Seattle, WA, pg. 232
FALLON WORLDWIDE, Minneapolis, MN, pg. 70
FAMILIAR CREATURES, Richmond, VA, pg. 71
FAST HORSE, Minneapolis, MN, pg. 603
FCB CHICAGO, Chicago, IL, pg. 71
FIG, New York, NY, pg. 73
FISHMAN PUBLIC RELATIONS INC., Northbrook, IL, pg. 604
FORSMAN & BODENFORS, New York, NY, pg. 74
FRENCH / WEST / VAUGHAN , Raleigh, NC, pg. 361
GALLEGOS UNITED, Huntington Beach, CA, pg. 75
GARRISON HUGHES, Pittsburgh, PA, pg. 75
GERSHONI, San Francisco, CA, pg. 76
GIANT SPOON, LLC, Los Angeles, CA, pg. 363
GMR MARKETING, New Berlin, WI, pg. 306
GOLIN, Chicago, IL, pg. 609
GREGORY FCA COMMUNICATIONS, INC., Ardmore, PA, pg. 611
GRETEL, New York, NY, pg. 78
GREY GROUP, New York, NY, pg. 365
GYRO, Chicago, IL, pg. 368
HAPI, Phoenix, AZ, pg. 81
HARMELIN MEDIA, Bala Cynwyd, PA, pg. 467
HAVAS EDGE, Carlsbad, CA, pg. 285
HAVAS FORMULA, San Diego, CA, pg. 612
HAVAS FORMULATIN, New York, NY, pg. 612
HAVAS MEDIA GROUP, New York, NY, pg. 468
HAVAS MEDIA GROUP, Chicago, IL, pg. 469
HAVAS NEW YORK, New York, NY, pg. 369
HAVAS SPORTS & ENTERTAINMENT, New York, NY, pg. 370
HEARTS & SCIENCE, New York, NY, pg. 471
HEARTS & SCIENCE, Atlanta, GA, pg. 473
HEARTS & SCIENCE, Los Angeles, CA, pg. 473
HELLMAN ASSOCIATES, INC., Waterloo, IA, pg. 84
HORIZON MEDIA, INC., Los Angeles, CA, pg. 473
HORIZON MEDIA, INC., New York, NY, pg. 474
HOTHOUSE, Atlanta, GA, pg. 371
ICF NEXT, Minneapolis, MN, pg. 372
IDFIVE, Baltimore, MD, pg. 373
IMG LIVE, Atlanta, GA, pg. 308
INITIATIVE, New York, NY, pg. 477
INTERPUBLIC GROUP OF COMPANIES, New York, NY, pg. 90
ISOBAR US, New York, NY, pg. 242
JACKSON SPALDING INC., Atlanta, GA, pg. 376
JMPR PUBLIC RELATIONS, Woodland Hills, CA, pg. 617
JUNIPER PARK\TBWA, Toronto, ON, pg. 93
KCSA STRATEGIC COMMUNICATIONS, New York, NY, pg. 619
KEPLER GROUP, New York, NY, pg. 244
KERN, Woodland Hills, CA, pg. 287
KETCHUM, New York, NY, pg. 542
KETCHUM SOUTH, Dallas, TX, pg. 620
KOVERT CREATIVE, New York, NY, pg. 96
KWT GLOBAL, New York, NY, pg. 621
LAIRD + PARTNERS, New York, NY, pg. 96
LAKE GROUP MEDIA, INC., Armonk, NY, pg. 287
LANDOR, New York, NY, pg. 11
LAUGHLIN CONSTABLE, INC., Milwaukee, WI, pg.

AGENCIES

379
LEAP, Louisville, KY, pg. 245
LEVELWING MEDIA, LLC, Mt Pleasant, SC, pg. 245
LOCATION3 MEDIA, Denver, CO, pg. 246
LUMENCY INC., Toronto, ON, pg. 310
LUMENCY INC., New York, NY, pg. 310
M:UNITED//MCCANN, New York, NY, pg. 102
MANIFEST, New York, NY, pg. 248
MATTER COMMUNICATIONS, INC., Newburyport, MA, pg. 626
MBB AGENCY, Leawood, KS, pg. 107
MCCANN NEW YORK, New York, NY, pg. 108
MCCANN WORLDGROUP, Birmingham, MI, pg. 109
MCGARRYBOWEN, New York, NY, pg. 109
MCGARRYBOWEN, San Francisco, CA, pg. 385
MCGARRYBOWEN, Chicago, IL, pg. 110
MEDIA ASSEMBLY, Southfield, MI, pg. 385
MEDIACOM, Playa Vista, CA, pg. 486
MEDIACOM, New York, NY, pg. 487
MEDIAHUB BOSTON, Boston, MA, pg. 489
MINDSHARE, New York, NY, pg. 491
MINDSHARE, Atlanta, GA, pg. 493
MINDSTREAM INTERACTIVE, Columbus, OH, pg. 250
MINDSTREAM MEDIA GROUP - DALLAS, Dallas, TX, pg. 496
MLT CREATIVE, Tucker, GA, pg. 116
MODERN CLIMATE, Minneapolis, MN, pg. 388
MORNINGSTAR COMMUNICATIONS, Overland Park, KS, pg. 628
MSLGROUP, New York, NY, pg. 629
MULLENLOWE U.S. BOSTON, Boston, MA, pg. 389
MULLENLOWE U.S. NEW YORK, New York, NY, pg. 496
MWWPR, East Rutherford, NJ, pg. 630
NETWORK AFFILIATES, INC., Lakewood, CO, pg. 391
NEUE, Philadelphia, PA, pg. 253
NEXT MARKETING, Norcross, GA, pg. 312
NEXTLEFT, San Diego, CA, pg. 254
NEXTMEDIA, INC., Dallas, TX, pg. 497
NINA HALE CONSULTING, Minneapolis, MN, pg. 675
NOBLE PEOPLE, New York, NY, pg. 120
NUSTREAM, Allentown, PA, pg. 254
OCEAN MEDIA, INC., Huntington Beach, CA, pg. 498
OGILVY, New York, NY, pg. 393
OGILVY PUBLIC RELATIONS, New York, NY, pg. 633
OLIVER RUSSELL, Boise, ID, pg. 168
OMD, New York, NY, pg. 498
OMD SAN FRANCISCO, San Francisco, CA, pg. 501
OMD SEATTLE, Seattle, WA, pg. 502
ON IDEAS, Jacksonville, FL, pg. 394
OPAD MEDIA SOLUTIONS, LLC, New York, NY, pg. 503
OSTER & ASSOCIATES, INC., San Diego, CA, pg. 123
PACE COMMUNICATIONS, Greensboro, NC, pg. 395
PACIFIC COMMUNICATIONS, Irvine, CA, pg. 124
PEREIRA & O'DELL, San Francisco, CA, pg. 256
PERISCOPE, Minneapolis, MN, pg. 127
PHD, San Francisco, CA, pg. 504
PHD USA, New York, NY, pg. 505
PLUSMEDIA, LLC, Danbury, CT, pg. 290
PORTER NOVELLI, New York, NY, pg. 637
POSTERSCOPE U.S.A., New York, NY, pg. 556
PUBLICIS HAWKEYE, Dallas, TX, pg. 399
PUBLICIS NORTH AMERICA, New York, NY, pg. 399
PUBLICIS.SAPIENT, New York, NY, pg. 258
PUBLICIS.SAPIENT, Seattle, WA, pg. 259
PUSH, Orlando, FL, pg. 401
PWC DIGITAL SERVICES, Hallandale Beach, FL, pg. 260
R/GA, New York, NY, pg. 260
R2INTEGRATED, Baltimore, MD, pg. 261
READY SET ROCKET, New York, NY, pg. 262
RED ANTLER, Brooklyn, NY, pg. 16
RHEA & KAISER MARKETING , Naperville, IL, pg. 406
RODGERS TOWNSEND, LLC, Saint Louis, MO, pg. 407
ROKKAN, LLC, New York, NY, pg. 264
ROUNDHOUSE - PORTLAND, Portland, OR, pg. 408
RUDER FINN, INC., New York, NY, pg. 645
SALT BRANDING, San Francisco, CA, pg. 16
SANDERS\WINGO, El Paso, TX, pg. 138
SDI MEDIA GROUP, Los Angeles, CA, pg. 545
SEARCH DISCOVERY, INC., Atlanta, GA, pg. 677
SECRET WEAPON MARKETING, Los Angeles, CA, pg. 139
SEITER & MILLER ADVERTISING, New York, NY, pg. 139
SHIKATANI LACROIX BRANDESIGN, INC., Toronto, ON, pg. 198
SIGMA MARKETING INSIGHTS, Rochester, NY, pg. 450
SITRICK AND COMPANY, INC., Los Angeles, CA, pg. 647
SLOANE & COMPANY, New York, NY, pg. 647
SOLVE, Minneapolis, MN, pg. 17
SONSHINE COMMUNICATIONS, Miami, FL, pg. 648
SOURCECODE COMMUNICATIONS, New York, NY, pg. 648
SPACE150, Minneapolis, MN, pg. 266
SPARK FOUNDRY, Chicago, IL, pg. 510
SS+K, New York, NY, pg. 144
STANTON PUBLIC RELATIONS & MARKETING, New York, NY, pg. 649
STARCOM WORLDWIDE, Chicago, IL, pg. 513
STEIN IAS, New York, NY, pg. 267
STRATEGIS, Boston, MA, pg. 414
STRUCK, Salt Lake City, UT, pg. 144
SWIFT, Portland, OR, pg. 145
SWITCH, Saint Louis, MO, pg. 145
T3, Austin, TX, pg. 268
TALLWAVE, Scottsdale, AZ, pg. 268
TAYLOR , New York, NY, pg. 651
TBC, Baltimore, MD, pg. 416
TBWA \ CHIAT \ DAY, Los Angeles, CA, pg. 146
THE BERGMAN GROUP, INC, Richmond, VA, pg. 148
THE BUNTIN GROUP, Nashville, TN, pg. 148
THE LOOMIS AGENCY, Dallas, TX, pg. 151
THE MARTIN AGENCY, Richmond, VA, pg. 421
THE MEDIA KITCHEN, New York, NY, pg. 519
THE NARRATIVE GROUP, New York, NY, pg. 654
THE OUTCAST AGENCY, San Francisco, CA, pg. 654
THE POLLACK PR MARKETING GROUP, Los Angeles, CA, pg. 654
THE POLLACK PR MARKETING GROUP, New York, NY, pg. 655
THE RICHARDS GROUP, INC., Dallas, TX, pg. 422
THINKSO CREATIVE LLC, New York, NY, pg. 155
THIRD EAR, Austin, TX, pg. 546
THREE ATLANTA, LLC, Atlanta, GA, pg. 155
THREE FIVE TWO, INC., Atlanta, GA, pg. 271
THREESIXTYEIGHT, Baton Rouge, LA, pg. 271
TRANSLATION, Brooklyn, NY, pg. 299
TRIBAL WORLDWIDE, New York, NY, pg. 272
TWO NIL, Los Angeles, CA, pg. 521
UNIVERSAL MCCANN, New York, NY, pg. 521
VERITONE ONE, San Diego, CA, pg. 525
VITRO AGENCY, San Diego, CA, pg. 159
VMLY&R, Seattle, WA, pg. 275
WALT & COMPANY COMMUNICATIONS, Campbell, CA, pg. 659
WAVEMAKER, New York, NY, pg. 526
WE COMMUNICATIONS, Bellevue, WA, pg. 660
WEBER SHANDWICK, Boston, MA, pg. 660
WELZ & WEISEL COMMUNICATIONS, McLean, VA, pg. 662
WIEDEN + KENNEDY, Portland, OR, pg. 430
WMX, Miami, FL, pg. 276
WONDERFUL AGENCY, Los Angeles, CA, pg. 162
YAMAMOTO, Minneapolis, MN, pg. 435
YPM, Irvine, CA, pg. 679
ZAMBEZI, Culver City, CA, pg. 165
ZIMMERMAN ADVERTISING, Fort Lauderdale, FL, pg. 437

Sports & Recreation

160OVER90, Philadelphia, PA, pg. 1
160OVER90, Santa Monica, CA, pg. 207
215 MCCANN, San Francisco, CA, pg. 319
360PRPLUS, Boston, MA, pg. 573
4FRONT, Chicago, IL, pg. 208
72ANDSUNNY, Playa Vista, CA, pg. 23
ACCENTURE INTERACTIVE, Chicago, IL, pg. 209
ACCENTURE INTERACTIVE, New York, NY, pg. 209
ACENTO ADVERTISING, INC., Santa Monica, CA, pg. 25
ADRENALIN, INC., Denver, CO, pg. 1
ADVENTURE CREATIVE, Brainerd, MN, pg. 28
AFG&, New York, NY, pg. 28
AKQA, San Francisco, CA, pg. 211
ALLEN & GERRITSEN, Boston, MA, pg. 29
ALLIANCE GROUP LTD, Richmond, VA, pg. 576
ALLISON+PARTNERS, Seattle, WA, pg. 576
ALLISON+PARTNERS, New York, NY, pg. 576
AMELIE COMPANY, Denver, CO, pg. 325
AMP AGENCY, Boston, MA, pg. 297
AMUSEMENT PARK, Santa Ana, CA, pg. 325
ANALOGFOLK, New York, NY, pg. 439
ANOMALY, New York, NY, pg. 325
APEX PUBLIC RELATIONS, Toronto, ON, pg. 578
ARGONAUT, INC., San Francisco, CA, pg. 33
ARNOLD WORLDWIDE, Boston, MA, pg. 33
ART MACHINE, Hollywood, CA, pg. 34
ASTOUND COMMERCE, San Bruno, CA, pg. 214
AUTHENTIC, Richmond, VA, pg. 214
AUXILIARY, Grand Rapids, MI, pg. 173
BACKBONE MEDIA, Carbondale, CO, pg. 579
BARKER, New York, NY, pg. 36
BARKLEY, Kansas City, MO, pg. 329
BAYSHORE SOLUTIONS, Tampa, FL, pg. 216
BECORE, Los Angeles, CA, pg. 302
BELIEF AGENCY, Seattle, WA, pg. 38
BENSIMON BYRNE, Toronto, ON, pg. 38
BERK COMMUNICATIONS, New York, NY, pg. 583
BERNSTEIN-REIN ADVERTISING, INC., Kansas City, MO, pg. 39
BLEUBLANCROUGE, Montreal, QC, pg. 40
BLUE CHIP MARKETING & COMMUNICATIONS, Northbrook, IL, pg. 334
BLUE STATE DIGITAL, New York, NY, pg. 335
BOOYAH ONLINE ADVERTISING, Denver, CO, pg. 218
BPG ADVERTISING, West Hollywood, CA, pg. 42
BRANDWARE PUBLIC RELATIONS, INC., Atlanta, GA, pg. 585
BRENER ZWIKEL & ASSOCIATES, Reseda, CA, pg. 586
BROTHERS & CO., Tulsa, OK, pg. 43
BROWNSTEIN GROUP, INC., Philadelphia, PA, pg. 44
BUFFALO.AGENCY, Reston, VA, pg. 587
BUTLER, SHINE, STERN & PARTNERS, Sausalito, CA, pg. 45
CAMP + KING, San Francisco, CA, pg. 46
CAMPBELL EWALD, Detroit, MI, pg. 46
CARAT, New York, NY, pg. 459
CARAT, Chicago, IL, pg. 461
CARMICHAEL LYNCH, Minneapolis, MN, pg. 47
CASANOVA//MCCANN, Costa Mesa, CA, pg. 538
CHAPPELLROBERTS, Tampa, FL, pg. 341
CHEMISTRY COMMUNICATIONS INC., Pittsburgh, PA, pg. 50
CITIZEN RELATIONS, New York, NY, pg. 590
CLEAN SHEET COMMUNICATIONS, Toronto, ON, pg. 342
COLLE MCVOY, Minneapolis, MN, pg. 343
CONDUCTOR, New York, NY, pg. 672
CONTROL V EXPOSED, Jenkintown, PA, pg. 222
COPACINO + FUJIKADO, LLC, Seattle, WA, pg. 344
CPC STRATEGY, San Diego, CA, pg. 672
CRAMER-KRASSELT , Chicago, IL, pg. 53
CRAMER-KRASSELT, New York, NY, pg. 53
CRAMER-KRASSELT , Milwaukee, WI, pg. 54
CREATIVE CIVILIZATION - AN AGUILAR / GIRARD AGENCY, San Antonio, TX, pg. 561
CROSSMEDIA, New York, NY, pg. 463
CSE, INC., Atlanta, GA, pg. 6
CTP, Boston, MA, pg. 347
CUKER INTERACTIVE, Carlsbad, CA, pg. 223

CLIENT INDUSTRIES INDEX — AGENCIES

CURRENT , Chicago, IL, pg. 594
CUTWATER, San Francisco, CA, pg. 56
DAILEY & ASSOCIATES, West Hollywood, CA, pg. 56
DALTON AGENCY, Jacksonville, FL, pg. 348
DANCIE PERUGINI WARE PUBLIC RELATIONS, South Houston, TX, pg. 595
DARBY COMMUNICATIONS, Asheville, NC, pg. 595
DDB CHICAGO, Chicago, IL, pg. 59
DDB NEW YORK, New York, NY, pg. 59
DECIBEL BLUE, Scottsdale, AZ, pg. 595
DENTSU X, New York, NY, pg. 61
DESIGNSENSORY, Knoxville, TN, pg. 62
DEUTSCH, INC., New York, NY, pg. 349
DEVITO/VERDI, New York, NY, pg. 62
DIGITAS, Boston, MA, pg. 226
DIGITAS, New York, NY, pg. 226
DIVISION OF LABOR, Sausalito, CA, pg. 63
DKY INTEGRATED MARKETING COMMUNICATIONS, Minneapolis, MN, pg. 352
DMA UNITED, New York, NY, pg. 63
DOEANDERSON ADVERTISING , Louisville, KY, pg. 352
DONER, Southfield, MI, pg. 63
DONER CX, Norwalk, CT, pg. 352
DRAGON ARMY, Atlanta, GA, pg. 533
DROGA5, New York, NY, pg. 64
DUFFY & SHANLEY, INC., Providence, RI, pg. 66
DUREE & COMPANY, Fort Lauderdale, FL, pg. 598
EDELMAN, New York, NY, pg. 599
ELEVEN, INC., San Francisco, CA, pg. 67
EMSPACE + LOVGREN, Omaha, NE, pg. 355
ENERGY BBDO, INC., Chicago, IL, pg. 355
ENGINE MEDIA GROUP, New York, NY, pg. 465
ESSENCE, Seattle, WA, pg. 232
FALLON WORLDWIDE, Minneapolis, MN, pg. 70
FALLS AGENCY, Minneapolis, MN, pg. 70
FCB CHICAGO, Chicago, IL, pg. 71
FETCH, Los Angeles, CA, pg. 533
FIG, New York, NY, pg. 73
FINCH BRANDS, Philadelphia, PA, pg. 7
FINN PARTNERS, Chicago, IL, pg. 604
FIRSTBORN, New York, NY, pg. 234
FISH CONSULTING LLC, Fort Lauderdale, FL, pg. 604
FLEISHMANHILLARD, San Francisco, CA, pg. 605
FLOWERS COMMUNICATIONS GROUP, Chicago, IL, pg. 606
FLUID, INC., New York, NY, pg. 235
FLY COMMUNICATIONS, INC., New York, NY, pg. 74
FLYNN, Pittsford, NY, pg. 74
FUSE, LLC, Vinooski, VT, pg. 8
FUSEIDEAS, LLC, Winchester, MA, pg. 306
GATESMAN, Pittsburgh, PA, pg. 361
GENERATOR MEDIA + ANALYTICS, New York, NY, pg. 466
GENUINE INTERACTIVE, Boston, MA, pg. 237
GIANT SPOON, LLC, New York, NY, pg. 363
GKV, Baltimore, MD, pg. 364
GMR MARKETING, New Berlin, WI, pg. 306
GODWIN GROUP, Jackson, MS, pg. 364
GOLIN, Dallas, TX, pg. 609
GOLIN, Miami, FL, pg. 609
GOODBY, SILVERSTEIN & PARTNERS, San Francisco, CA, pg. 77
GREY WEST, San Francisco, CA, pg. 367
GS&F , Nashville, TN, pg. 367
GSD&M, Austin, TX, pg. 79
GYK ANTLER, Manchester, NH, pg. 368
HAHN PUBLIC COMMUNICATIONS, Austin, TX, pg. 686
HANSON DODGE, INC., Milwaukee, WI, pg. 185
HARGROVE INC., Lanham, MD, pg. 307
HARMELIN MEDIA, Bala Cynwyd, PA, pg. 467
HAVAS MEDIA GROUP, New York, NY, pg. 468
HAVAS MEDIA GROUP, Boston, MA, pg. 470
HAVAS SPORTS & ENTERTAINMENT, New York, NY, pg. 370
HAVAS WORLDWIDE CHICAGO, Chicago, IL, pg. 82
HAWORTH MARKETING & MEDIA, Minneapolis, MN, pg. 470
HAWTHORNE ADVERTISING, Fairfield, IA, pg. 285

HAWTHORNE ADVERTISING, Los Angeles, CA, pg. 370
HAYTER COMMUNICATIONS, Seattle, WA, pg. 612
HEARTS & SCIENCE, New York, NY, pg. 471
HEXNET DIGITAL MARKETING, Wall, NJ, pg. 239
HILL HOLLIDAY, New York, NY, pg. 85
HINT CREATIVE, Salt Lake City, UT, pg. 86
HOFFMAN YORK, Milwaukee, WI, pg. 371
HORIZON MEDIA, INC., Los Angeles, CA, pg. 473
HORIZON MEDIA, INC., New York, NY, pg. 474
HUGE, INC., Brooklyn, NY, pg. 239
HUNTER PUBLIC RELATIONS, New York, NY, pg. 614
ICF NEXT, Minneapolis, MN, pg. 372
ICON MEDIA DIRECT, Sherman Oaks, CA, pg. 476
ICR, New York, NY, pg. 615
IMG LIVE, Atlanta, GA, pg. 308
INITIATIVE, New York, NY, pg. 477
INITIATIVE, Chicago, IL, pg. 479
INNOCEAN USA, Huntington Beach, CA, pg. 479
INVENTIVA, San Antonio, TX, pg. 541
IOMEDIA, INC., New York, NY, pg. 90
IPROSPECT, Boston, MA, pg. 674
JACKSON MARKETING GROUP, Simpsonville, SC, pg. 188
JAM COLLECTIVE, San Francisco, CA, pg. 616
JAY ADVERTISING, INC., Rochester, NY, pg. 377
JEFF DEZEN PUBLIC RELATIONS, Greenville, SC, pg. 617
JELLYFISH, San Francisco, CA, pg. 243
JOAN, New York, NY, pg. 92
JOHANNES LEONARDO, New York, NY, pg. 92
JULIET, Toronto, ON, pg. 11
KEPLER GROUP, New York, NY, pg. 244
KETCHUM, New York, NY, pg. 542
KETTLE, New York, NY, pg. 244
LAFORCE, New York, NY, pg. 621
LAUGHLIN CONSTABLE, INC., Milwaukee, WI, pg. 379
LEAP, Louisville, KY, pg. 245
LEHIGH MINING & NAVIGATION, Allentown, PA, pg. 97
LEO BURNETT WORLDWIDE, Chicago, IL, pg. 98
LEWIS MEDIA PARTNERS, Richmond, VA, pg. 482
LOCATION3 MEDIA, Denver, CO, pg. 246
LOCKARD & WECHSLER , Irvington, NY, pg. 287
LRXD, Denver, CO, pg. 101
LUMENCY INC., New York, NY, pg. 310
M BOOTH & ASSOCIATES, INC. , New York, NY, pg. 624
M&C SAATCHI LA, Santa Monica, CA, pg. 482
M&C SAATCHI PERFORMANCE, New York, NY, pg. 247
MACQUARIUM, INC., Atlanta, GA, pg. 247
MADISON & MAIN, Richmond, VA, pg. 382
MAGRINO PUBLIC RELATIONS, New York, NY, pg. 624
MANRIQUE GROUP, Minneapolis, MN, pg. 311
MARC USA, Pittsburgh, PA, pg. 104
MARKETING FACTORY, INC., Venice, CA, pg. 383
MARKHAM & STEIN, Miami, FL, pg. 105
MARTIN WILLIAMS ADVERTISING, Minneapolis, MN, pg. 106
MASTRO COMMUNICATIONS, INC., Green Brook, NJ, pg. 626
MATCHMG, Chicago, IL, pg. 384
MATTE PROJECTS, New York, NY, pg. 107
MAYOSEITZ MEDIA, Blue Bell, PA, pg. 483
MCGARRAH JESSEE, Austin, TX, pg. 384
MCGARRYBOWEN, New York, NY, pg. 109
MCKINNEY, Durham, NC, pg. 111
MECHANICA, Newburyport, MA, pg. 13
MEDIA ASSEMBLY, Southfield, MI, pg. 385
MEDIA ASSEMBLY, Century City, CA, pg. 484
MEDIA TWO INTERACTIVE, Raleigh, NC, pg. 486
MEDIACOM, Playa Vista, CA, pg. 486
MEDIACOM, New York, NY, pg. 487
MEDIAHUB BOSTON, Boston, MA, pg. 489
MEDIAHUB LOS ANGELES, El Segundo, CA, pg. 112
MEDIAHUB NEW YORK, New York, NY, pg. 249
MEDIAHUB WINSTON SALEM, Winston-Salem, NC, pg. 386
MEKANISM, New York, NY, pg. 113

MERING, Sacramento, CA, pg. 114
METEORITE PR, Boulder, CO, pg. 627
MINDSTREAM MEDIA GROUP - DALLAS, Dallas, TX, pg. 496
MISSY FARREN & ASSOCIATES, LTD., New York, NY, pg. 627
MKTG INC, New York, NY, pg. 311
MMB, Boston, MA, pg. 116
MODERN CLIMATE, Minneapolis, MN, pg. 388
MOROCH PARTNERS, Dallas, TX, pg. 389
MORSEKODE, Minneapolis, MN, pg. 14
MOVEMENT STRATEGY, New York, NY, pg. 687
MOXIE SOZO, Boulder, CO, pg. 192
MRM//MCCANN, New York, NY, pg. 289
MUH-TAY-ZIK / HOF-FER, San Francisco, CA, pg. 119
MULLENLOWE U.S. BOSTON, Boston, MA, pg. 389
MULLENLOWE U.S. LOS ANGELES, El Segundo, CA, pg.
MUSE USA, Santa Monica, CA, pg. 543
MWWPR, East Rutherford, NJ, pg. 630
MWWPR, Washington, DC, pg. 631
NAIL COMMUNICATIONS, Providence, RI, pg. 14
NOBLE PEOPLE, New York, NY, pg. 120
NORTH, Portland, OR, pg. 121
OFF MADISON AVENUE, Phoenix, AZ, pg. 392
OGILVY, Chicago, IL, pg. 393
OGILVY, New York, NY, pg. 393
OMD, New York, NY, pg. 498
OMD CANADA, Toronto, ON, pg. 501
OMD ENTERTAINMENT, Burbank, CA, pg. 501
OMD WEST, Los Angeles, CA, pg. 502
ON IDEAS, Jacksonville, FL, pg. 394
OPTIMUM SPORTS, New York, NY, pg. 394
ORCI, Santa Monica, CA, pg. 543
OUTSIDEPR, Sausalito, CA, pg. 634
OWEN JONES AND PARTNERS, Portland, OR, pg. 124
PACE, Boca Raton, FL, pg. 124
PACE COMMUNICATIONS, Greensboro, NC, pg. 395
PACO COLLECTIVE, Chicago, IL, pg. 544
PADILLA, Minneapolis, MN, pg. 635
PERCEPTURE, Rashberg, NJ, pg. 636
PERFORMICS, New York, NY, pg. 676
PERISCOPE, Minneapolis, MN, pg. 127
PETERMAYER, New Orleans, LA, pg. 127
PHD, San Francisco, CA, pg. 504
PHD CHICAGO, Chicago, IL, pg. 504
PHD USA, New York, NY, pg. 505
PMG, Fort Worth, TX, pg. 257
POWER, Louisville, KY, pg. 398
PUBLICIS HAWKEYE, Dallas, TX, pg. 399
PUBLICIS NORTH AMERICA, New York, NY, pg. 399
PUBLICIS.SAPIENT, Los Angeles, CA, pg. 259
QUIRK CREATIVE, Brooklyn, NY, pg. 131
R/GA, New York, NY, pg. 260
RACEPOINT GLOBAL, Boston, MA, pg. 640
RAPP WORLDWIDE, Los Angeles, CA, pg. 291
READY SET ROCKET, New York, NY, pg. 262
REBEL VENTURES INC., Los Angeles, CA, pg. 262
RECALIBRATE MARKETING COMMUNICATIONS, Costa Mesa, CA, pg. 404
RED TETTEMER O'CONNELL + PARTNERS, Philadelphia, PA, pg. 404
REVOLUTION, Chicago, IL, pg. 406
RP3 AGENCY, Bethesda, MD, pg. 408
RPA, Santa Monica, CA, pg. 134
RYGR, Carbondale, CO, pg. 409
SALTWORKS, Boston, MA, pg. 197
SAXTON HORNE, Sandy, UT, pg. 138
SCHAFER CONDON CARTER, Chicago, IL, pg. 138
SCOUTCOMMS, Richmond, VA, pg. 646
SEARCH DISCOVERY, INC., Atlanta, GA, pg. 677
SHEPHERD AGENCY, Jacksonville, FL, pg. 410
SHIFT COMMUNICATIONS, LLC, Boston, MA, pg. 647
SHIKATANI LACROIX BRANDESIGN, INC., Toronto, ON, pg. 198
SHINE UNITED, Madison, WI, pg. 140
SHOPPR, New York, NY, pg. 647
SID LEE, Culver City, CA, pg. 141
SIMONS / MICHELSON / ZIEVE, INC., Troy, MI, pg. 142

A-124

AGENCIES — CLIENT INDUSTRIES INDEX

SIX DEGREES GROUP, New York, NY, pg. 647
SLOANE & COMPANY, New York, NY, pg. 647
SOLVE, Minneapolis, MN, pg. 17
SOURCECODE COMMUNICATIONS, New York, NY, pg. 648
SPARK FOUNDRY, Chicago, IL, pg. 510
SPERO MEDIA, New York, NY, pg. 411
SPM COMMUNICATIONS, Dallas, TX, pg. 649
ST. JOHN & PARTNERS ADVERTISING & PUBLIC RELATIONS, Jacksonville, FL, pg. 412
STARCOM WORLDWIDE, Chicago, IL, pg. 513
STARCOM WORLDWIDE, Detroit, MI, pg. 517
STARCOM WORLDWIDE, New York, NY, pg. 517
STRAWBERRYFROG, New York, NY, pg. 414
STRUCK, Salt Lake City, UT, pg. 144
SUB ROSA, New York, NY, pg. 200
SWIFT, Portland, OR, pg. 145
T3, Austin, TX, pg. 268
TACO TRUCK CREATIVE, Carlsbad, CA, pg. 145
TARGETBASE MARKETING, Irving, TX, pg. 292
TAYLOR , New York, NY, pg. 651
TBWA \ CHIAT \ DAY, Los Angeles, CA, pg. 146
TENET PARTNERS, New York, NY, pg. 450
TETHER, Seattle, WA, pg. 201
THE BOHAN AGENCY, Nashville, TN, pg. 418
THE BRAND AMP, Costa Mesa, CA, pg. 419
THE BROOKLYN BROTHERS, New York, NY, pg. 148
THE BUNTIN GROUP, Nashville, TN, pg. 148
THE GEORGE P. JOHNSON COMPANY, Torrance, CA, pg. 316
THE HIVE STRATEGIC MARKETING, Toronto, ON, pg. 420
THE HOFFMAN AGENCY, San Jose, CA, pg. 653
THE KARMA GROUP, Green Bay, WI, pg. 420
THE LEVINSON TRACTENBERG GROUP, New York, NY, pg. 151
THE LYMAN AGENCY, Napa, CA, pg. 654
THE MANY, Pacific Palisades, CA, pg. 151
THE MARKETING ARM, Dallas, TX, pg. 316
THE MARTIN AGENCY, Richmond, VA, pg. 421
THE MEDIA KITCHEN, New York, NY, pg. 519
THE NARRATIVE GROUP, New York, NY, pg. 654
THE TOMBRAS GROUP, Knoxville, TN, pg. 424
THE TURN LAB INC., Toronto, ON, pg. 425
THE VAULT, New York, NY, pg. 154
THINKSO CREATIVE LLC, New York, NY, pg. 155
THIRD EAR, Austin, TX, pg. 546
THRIVEHIVE, Las Vegas, NV, pg. 271
TOUCHPOINT INTEGRATED COMMUNICATIONS, Darien, CT, pg. 520
TRANSLATION, Brooklyn, NY, pg. 299
TROIKA/MISSION GROUP, Los Angeles, CA, pg. 20
TROZZOLO COMMUNICATIONS GROUP, Kansas City, MO, pg. 657
TWO NIL, Los Angeles, CA, pg. 521
UNCONQUERED, Baltimore, MD, pg. 203
UNDERTONE, New York, NY, pg. 273
UNITED ENTERTAINMENT GROUP, New York, NY, pg. 299
UNIVERSAL MCCANN, New York, NY, pg. 521
UNIVERSAL MCCANN, San Francisco, CA, pg. 428
UPSHOT , Chicago, IL, pg. 157
USIM, New York, NY, pg. 525
VENABLES BELL & PARTNERS, San Francisco, CA, pg. 158
VERDE BRAND COMMUNICATIONS, Durango, CO, pg. 658
VERMILION DESIGN, Boulder, CO, pg. 204
VIBES MEDIA, Chicago, IL, pg. 535
VIRTUE WORLDWIDE, Brooklyn, NY, pg. 159
VISITURE, Charleston, SC, pg. 678
VIVA CREATIVE, Rockville, MD, pg. 160
VMLY&R, Kansas City, MO, pg. 274
VMLY&R, New York, NY, pg. 160
VSA PARTNERS, INC. , Chicago, IL, pg. 204
WALZ TETRICK ADVERTISING, Mission, KS, pg. 429
WASSERMAN MEDIA GROUP, Los Angeles, CA, pg. 317
WAVEMAKER, New York, NY, pg. 526
WEBER SHANDWICK, New York, NY, pg. 660
WIEDEN + KENNEDY, Portland, OR, pg. 430
WIEDEN + KENNEDY, New York, NY, pg. 432

WILEN MEDIA CORPORATION, Melville, NY, pg. 432
WORLD WIDE MIND, Venice Beach, CA, pg. 163
WP NARRATIVE_, New York, NY, pg. 163
WUNDERMAN THOMPSON, New York, NY, pg. 434
WUNDERMAN THOMPSON ATLANTA, Atlanta, GA, pg. 435
YAMAMOTO, Minneapolis, MN, pg. 435
YARD, New York, NY, pg. 435
YOUNG & LARAMORE, Indianapolis, IN, pg. 164
ZAMBEZI, Culver City, CA, pg. 165
ZIMMERMAN ADVERTISING, Fort Lauderdale, FL, pg. 437
ZION & ZION, Tempe, AZ, pg. 165
ZIZZO GROUP ADVERTISING & PUBLIC RELATIONS, Milwaukee, WI, pg. 437
ZOOM MEDIA, New York, NY, pg. 559

Technology

1000HEADS, New York, NY, pg. 691
160OVER90, New York, NY, pg. 301
160OVER90, Los Angeles, CA, pg. 301
215 MCCANN, San Francisco, CA, pg. 319
360I, LLC, New York, NY, pg. 320
360PRPLUS, Boston, MA, pg. 573
3POINTS COMMUNICATIONS, Chicago, IL, pg. 573
72ANDSUNNY, Playa Vista, CA, pg. 23
72ANDSUNNY, Brooklyn, NY, pg. 24
97TH FLOOR, Lehi, UT, pg. 209
9THWONDER, Playa Vista, CA, pg. 453
9THWONDER, Houston, TX, pg. 453
9THWONDER AGENCY, Houston, TX, pg. 453
ACCENTURE INTERACTIVE, El Segundo, CA, pg. 322
ACCESS BRAND COMMUNICATIONS, San Francisco, CA, pg. 574
ACCESS BRAND COMMUNICATIONS, New York, NY, pg. 1
ACENTO ADVERTISING, INC., Santa Monica, CA, pg. 25
ACKERMANN PUBLIC RELATIONS , Knoxville, TN, pg. 574
ADAM&EVE DDB, New York, NY, pg. 26
ADVANTAGE INTERNATIONAL, Stamford, CT, pg. 301
AGENCYEA, Chicago, IL, pg. 302
AKQA, San Francisco, CA, pg. 211
AKQA, New York, NY, pg. 212
ALLEN & GERRITSEN, Boston, MA, pg. 29
ALLEN & GERRITSEN, Philadelphia, PA, pg. 30
ALLISON+PARTNERS, Seattle, WA, pg. 576
ALLISON+PARTNERS, New York, NY, pg. 576
AMMUNITION, Atlanta, GA, pg. 212
AMUSEMENT PARK, Santa Ana, CA, pg. 325
ANOMALY, New York, NY, pg. 325
ANTHONY BARADAT & ASSOCIATES, Miami, FL, pg. 537
APRIL SIX, San Francisco, CA, pg. 280
ARC WORLDWIDE, Chicago, IL, pg. 327
ARCHER MALMO, Austin, TX, pg. 214
ARCHETYPE, New York, NY, pg. 33
ARGONAUT, INC., San Francisco, CA, pg. 33
ARIA MARKETING, INC., Newton, MA, pg. 441
ARNOLD WORLDWIDE, Boston, MA, pg. 33
ARTS & LETTERS, Richmond, VA, pg. 34
ATMOSPHERE PROXIMITY, New York, NY, pg. 214
AUXILIARY, Grand Rapids, MI, pg. 173
AXICOM, San Francisco, CA, pg. 579
B/HI, INC. - LA, Los Angeles, CA, pg. 579
BALDWIN&, Raleigh, NC, pg. 35
BARBARIAN, New York, NY, pg. 215
BARKLEY, Kansas City, MO, pg. 329
BARRETTSF, San Francisco, CA, pg. 36
BBDO MINNEAPOLIS, Minneapolis, MN, pg. 330
BBDO SAN FRANCISCO, San Francisco, CA, pg. 330
BBDO WORLDWIDE, New York, NY, pg. 331
BBH, New York, NY, pg. 37
BBH, West Hollywood, CA, pg. 37
BECK MEDIA & MARKETING, Atlanta, GA, pg. 582
BECKER MEDIA , Oakland, CA, pg. 38

BECORE, Los Angeles, CA, pg. 302
BEEBY CLARK+MEYLER, Stamford, CT, pg. 333
BELIEF AGENCY, Seattle, WA, pg. 38
BEYOND, San Francisco, CA, pg. 216
BFG COMMUNICATIONS, Bluffton, SC, pg. 333
BIG SPACESHIP, Brooklyn, NY, pg. 455
BLANC & OTUS , San Francisco, CA, pg. 584
BLAZE, Santa Monica, CA, pg. 584
BLUE 449, New York, NY, pg. 455
BLUE C ADVERTISING, Costa Mesa, CA, pg. 334
BOOYAH ONLINE ADVERTISING, Denver, CO, pg. 218
BRADLEY AND MONTGOMERY, Indianapolis, IN, pg. 336
BRANDIGO, Newburyport, MA, pg. 336
BRANDWARE PUBLIC RELATIONS, INC., Atlanta, GA, pg. 585
BRIGHT RED\TBWA, Tallahassee, FL, pg. 337
BRODEUR PARTNERS, Boston, MA, pg. 586
BROWNSTEIN GROUP, INC., Philadelphia, PA, pg. 44
BRUNNER, Pittsburgh, PA, pg. 44
BRUNNER, Atlanta, GA, pg. 44
BTB MARKETING COMMUNICATIONS, Raleigh, NC, pg. 44
BUSINESSONLINE, San Diego, CA, pg. 672
BUTLER, SHINE, STERN & PARTNERS, Sausalito, CA, pg. 45
CAMELOT STRATEGIC MARKETING & MEDIA, Dallas, TX, pg. 457
CAMPBELL EWALD, Detroit, MI, pg. 46
CARAT, Culver City, CA, pg. 459
CARAT, New York, NY, pg. 459
CARAT, Chicago, IL, pg. 461
CARAT, Detroit, MI, pg. 461
CARGO LLC, Greenville, SC, pg. 47
CARVE COMMUNICATIONS, Austin, TX, pg. 588
CASANOVA//MCCANN, Costa Mesa, CA, pg. 538
CATALYST, INC., Providence, RI, pg. 48
CENTERLINE DIGITAL, Raleigh, NC, pg. 220
CHEN PR, INC., Boston, MA, pg. 590
CICERON, Minneapolis, MN, pg. 220
CINEMASTREET, New York, NY, pg. 50
CLEAN, Raleigh, NC, pg. 5
CMD, Portland, OR, pg. 51
CO:COLLECTIVE, LLC, New York, NY, pg. 5
COBURN COMMUNICATIONS, New York, NY, pg. 591
CODE AND THEORY, New York, NY, pg. 221
COLLE MCVOY, Minneapolis, MN, pg. 343
COLLECTIVELY, INC., San Francisco, CA, pg. 685
COMMCREATIVE, Framingham, MA, pg. 343
COMMUNICATIONS STRATEGY GROUP, Denver, CO, pg. 592
CONDUCTOR, New York, NY, pg. 672
CONNELLY PARTNERS, Boston, MA, pg. 344
COVET PUBLIC RELATIONS, San Diego, CA, pg. 593
CREATIVE ENERGY, INC., Johnson City, TN, pg. 346
CRITICAL MASS, INC., Chicago, IL, pg. 223
CRITICAL MASS, INC., New York, NY, pg. 223
CRONIN, Glastonbury, CT, pg. 55
CROW CREATIVE, New York, NY, pg. 55
CTP, Boston, MA, pg. 347
DDB CANADA, Toronto, ON, pg. 224
DDB CHICAGO, Chicago, IL, pg. 59
DDB NEW YORK, New York, NY, pg. 59
DDB SAN FRANCISCO, San Francisco, CA, pg. 60
DEFINITION 6, Atlanta, GA, pg. 224
DELLA FEMINA/ROTHSCHILD/JEARY PARTNERS, New York, NY, pg. 61
DENNY MOUNTAIN MEDIA, Seattle, WA, pg. 225
DENTSU AEGIS NETWORK, New York, NY, pg. 61
DEUTSCH, INC., New York, NY, pg. 349
DEUTSCH, INC., Los Angeles, CA, pg. 350
DIESTE, Dallas, TX, pg. 539
DIGITAS, Boston, MA, pg. 226
DIGITAS, New York, NY, pg. 226
DIGITAS, San Francisco, CA, pg. 227
DIGITAS, Chicago, IL, pg. 227
DIRECT AGENTS, INC., New York, NY, pg. 229
DONER, Southfield, MI, pg. 63

A-125

CLIENT INDUSTRIES INDEX

DOREMUS & COMPANY, New York, NY, pg. 64
DOREMUS & COMPANY, San Francisco, CA, pg. 64
DROGA5, New York, NY, pg. 64
DWA MEDIA, San Francisco, CA, pg. 464
DWA MEDIA, Boston, MA, pg. 464
EDELMAN, Atlanta, GA, pg. 599
EDELMAN, Chicago, IL, pg. 353
EDELMAN, New York, NY, pg. 599
EDELMAN, Dallas, TX, pg. 600
EDELMAN, Los Angeles, CA, pg. 601
EDELMAN, San Francisco, CA, pg. 601
EFM AGENCY, San Diego, CA, pg. 67
ELEPHANT, Brooklyn, NY, pg. 181
ELEVATION MARKETING, Richmond, VA, pg. 67
ELEVATION, LTD, Washington, DC, pg. 540
ELEVATOR, Carlsbad, CA, pg. 67
ELEVEN, INC., San Francisco, CA, pg. 67
EMPOWER, Chicago, IL, pg. 355
ENERGY BBDO, INC., Chicago, IL, pg. 355
ENGINE, New York, NY, pg. 231
EP+CO., Greenville, SC, pg. 356
EPSILON, San Francisco, CA, pg. 283
ESSENCE, San Francisco, CA, pg. 232
ESSENCE, New York, NY, pg. 232
ESSENCE, Seattle, WA, pg. 232
FCB CHICAGO, Chicago, IL, pg. 71
FCB WEST, San Francisco, CA, pg. 72
FF CREATIVE, New York, NY, pg. 234
FINGERPAINT MARKETING, Saratoga Springs, NY, pg. 358
FINN PARTNERS, San Francisco, CA, pg. 603
FINN PARTNERS, New York, NY, pg. 603
FLEISHMANHILLARD, Boston, MA, pg. 605
FLEISHMANHILLARD, Washington, DC, pg. 605
FLEISHMANHILLARD, Saint Louis, MO, pg. 604
FLY COMMUNICATIONS, INC., New York, NY, pg. 74
FORGE WORLDWIDE, Boston, MA, pg. 183
FORSMAN & BODENFORS, New York, NY, pg. 74
FREDERICK SWANSTON, Alpharetta, GA, pg. 360
FUNCTION:, Atlanta, GA, pg. 184
FUSION PUBLIC RELATIONS, New York, NY, pg. 607
GALLEGOS UNITED, Huntington Beach, CA, pg. 75
GARRIGAN LYMAN GROUP, Seattle, WA, pg. 236
GATESMAN, Springfield, MO, pg. 361
GATESMAN, Pittsburgh, PA, pg. 361
GENUINE INTERACTIVE, Boston, MA, pg. 237
GIANT PROPELLER, Burbank, CA, pg. 76
GIANT SPOON, LLC, New York, NY, pg. 363
GIANT SPOON, LLC, Los Angeles, CA, pg. 363
GIGASAVVY, Irvine, CA, pg. 237
GMR MARKETING, New Berlin, WI, pg. 306
GODFREY DADICH, San Francisco, CA, pg. 364
GOLIN, San Francisco, CA, pg. 609
GOLIN, Chicago, IL, pg. 609
GOLIN, Los Angeles, CA, pg. 609
GOODBY, SILVERSTEIN & PARTNERS, San Francisco, CA, pg. 77
GOTHAM, INC., New York, NY, pg. 77
GRAYLING, New York, NY, pg. 610
GREENOUGH COMMUNICATIONS, Watertown, MA, pg. 610
GREY GROUP, New York, NY, pg. 365
GREY WEST, San Francisco, CA, pg. 367
GROUPM, New York, NY, pg. 466
GROW INTERACTIVE, Norfolk, VA, pg. 237
GSD&M, Austin, TX, pg. 79
GTB, Dearborn, MI, pg. 367
GYK ANTLER, Manchester, NH, pg. 368
GYRO, Cincinnati, OH, pg. 368
GYRO NY, New York, NY, pg. 369
HANSON, INC., Toledo, OH, pg. 237
HAVAS EDGE, Portland, OR, pg. 284
HAVAS FORMULA, San Diego, CA, pg. 612
HAVAS FORMULATIN, New York, NY, pg. 612
HAVAS MEDIA GROUP, New York, NY, pg. 468
HAVAS MEDIA GROUP, Boston, MA, pg. 470
HAVAS NEW YORK, New York, NY, pg. 369
HAVAS WORLDWIDE CHICAGO, Chicago, IL, pg. 82
HAVAS WORLDWIDE SAN FRANCISCO, San Francisco, CA, pg. 370
HAWTHORNE ADVERTISING, Fairfield, IA, pg. 285

HAWTHORNE ADVERTISING, Los Angeles, CA, pg. 370
HCB HEALTH, Austin, TX, pg. 83
HEARTS & SCIENCE, New York, NY, pg. 471
HEARTS & SCIENCE, Los Angeles, CA, pg. 473
HEAT, San Francisco, CA, pg. 84
HEAT, New York, NY, pg. 370
HELLO DESIGN, Culver City, CA, pg. 238
HERO DIGITAL, San Francisco, CA, pg. 238
HI5.AGENCY, Burbank, CA, pg. 239
HILL HOLLIDAY, New York, NY, pg. 85
HILL HOLLIDAY, Boston, MA, pg. 85
HILL+KNOWLTON STRATEGIES, New York, NY, pg. 613
HISPANIC GROUP, Miami, FL, pg. 371
HOOK, Ann Arbor, MI, pg. 239
HORIZON MEDIA, INC., New York, NY, pg. 474
HOTWIRE PR, San Francisco, CA, pg. 614
HUB STRATEGY & COMMUNICATION, San Francisco, CA, pg. 9
HUDSON ROUGE, New York, NY, pg. 371
HUDSON ROUGE, Dearborn, MI, pg. 372
HUEMEN DESIGN, Stamford, CT, pg.
HUGE, INC., Brooklyn, NY, pg. 239
HUMANAUT, Chattanooga, TN, pg. 87
HUNTER PUBLIC RELATIONS, New York, NY, pg. 614
HYFN, Los Angeles, CA, pg. 240
ICF NEXT, Minneapolis, MN, pg. 372
ICROSSING, New York, NY, pg. 240
ID MEDIA, New York, NY, pg. 477
IGNITE SOCIAL MEDIA, Cary, NC, pg. 686
IGNITED, El Segundo, CA, pg. 373
INDUSTRY, Portland, OR, pg. 187
INITIATIVE, New York, NY, pg. 477
INITIATIVE, Los Angeles, CA, pg. 478
INITIATIVE, Chicago, IL, pg. 479
INTERPUBLIC GROUP OF COMPANIES, New York, NY, pg. 90
INVESTIS DIGITAL, New York, NY, pg. 376
IRIS, Chicago, IL, pg. 376
ISOBAR US, Boston, MA, pg. 242
JACK MORTON WORLDWIDE, New York, NY, pg. 308
JELLYFISH U.S., Baltimore, MD, pg. 243
JENSEN DESIGN ASSOCIATES, Long Beach, CA, pg. 188
JOHANNES LEONARDO, New York, NY, pg. 92
JPR COMMUNICATIONS, Woodland Hills, CA, pg. 618
JUNIPER PARK\ TBWA, Toronto, ON, pg. 93
JUST MEDIA, INC., Emeryville, CA, pg. 481
KARBO COMMUNICATIONS, San Francisco, CA, pg. 618
KETCHUM, Raleigh, NC, pg. 378
KETCHUM, New York, NY, pg. 542
KETCHUM, Los Angeles, CA, pg. 619
KETCHUM WEST, San Francisco, CA, pg. 620
KOVERT CREATIVE, New York, NY, pg. 96
KWT GLOBAL, New York, NY, pg. 621
LANDOR, New York, NY, pg. 11
LAUNDRY SERVICE, Brooklyn, NY, pg. 287
LEAP, Louisville, KY, pg. 245
LEHIGH MINING & NAVIGATION, Allentown, PA, pg. 97
LEO BURNETT WORLDWIDE, Chicago, IL, pg. 98
LEVERAGE, Tampa, FL, pg. 245
LEVERAGE MARKETING GROUP, Newtown, CT, pg. 99
LIGHTNING ORCHARD, Brooklyn, NY, pg. 11
LIPPE TAYLOR, New York, NY, pg. 623
LIQUID ADVERTISING, INC., El Segundo, CA, pg. 100
LOCAL PROJECTS, New York, NY, pg. 190
LUQUIRE GEORGE ANDREWS, INC., Charlotte, NC, pg. 382
M&C SAATCHI LA, Santa Monica, CA, pg. 482
M&C SAATCHI PERFORMANCE, New York, NY, pg. 247
M/SIX, New York, NY, pg. 482
M:UNITED//MCCANN, New York, NY, pg. 102
MACQUARIUM, INC., Atlanta, GA, pg. 247
MADRAS GLOBAL, New York, NY, pg. 103
MAIER ADVERTISING, INC., Farmington, CT, pg. 103

MANIFEST, Saint Louis, MO, pg. 248
MANIFEST, Chicago, IL, pg. 248
MANIFESTO, Milwaukee, WI, pg. 104
MASTERMIND MARKETING, Atlanta, GA, pg. 248
MATTE PROJECTS, New York, NY, pg. 107
MATTER COMMUNICATIONS, INC., Newburyport, MA, pg. 626
MAXMEDIA INC., Atlanta, GA, pg. 248
MCCANN NEW YORK, New York, NY, pg. 108
MCCANN WORLDGROUP, Birmingham, MI, pg. 109
MCGARRYBOWEN, New York, NY, pg. 109
MCGARRYBOWEN, San Francisco, CA, pg. 385
MCMILLAN, Ottawa, ON, pg. 484
MCNEELY PIGOTT & FOX PUBLIC RELATIONS, Nashville, TN, pg. 626
MECHANICA, Newburyport, MA, pg. 13
MEDIA ASSEMBLY, Southfield, MI, pg. 385
MEDIA ASSEMBLY, Century City, CA, pg. 484
MEDIACOM, Playa Vista, CA, pg. 486
MEDIACOM, New York, NY, pg. 487
MEDIAHUB BOSTON, Boston, MA, pg. 489
MEDIAHUB WINSTON SALEM, Winston-Salem, NC, pg. 386
MEDIASMITH, INC., San Francisco, CA, pg. 490
MEDIASSOCIATES, INC., Sandy Hook, CT, pg. 490
MERGE, Boston, MA, pg. 113
METHOD COMMUNICATIONS, Salt Lake City, UT, pg. 386
MILNER BUTCHER MEDIA GROUP, Los Angeles, CA, pg. 491
MINDSHARE, New York, NY, pg. 491
MINDSHARE, Chicago, IL, pg. 494
MKG, New York, NY, pg. 311
MMGY GLOBAL, New York, NY, pg. 388
MOD OP, Dallas, TX, pg. 388
MOMENTUM WORLDWIDE, New York, NY, pg. 117
MONO, Minneapolis, MN, pg. 117
MONTNER & ASSOCIATES, Westport, CT, pg. 628
MOROCH PARTNERS, Dallas, TX, pg. 389
MORTAR ADVERTISING, San Francisco, CA, pg. 117
MOSES, INC., Phoenix, AZ, pg. 118
MOVEO INTEGRATED BRANDING, Chicago, IL, pg. 14
MRM//MCCANN, New York, NY, pg. 289
MRM//MCCANN, Salt Lake City, UT, pg. 118
MRY, New York, NY, pg. 252
MUH-TAY-ZIK / HOF-FER, San Francisco, CA, pg. 119
MULLENLOWE U.S. BOSTON, Boston, MA, pg. 389
MULLENLOWE U.S. NEW YORK, New York, NY, pg. 496
NEO MEDIA WORLD, New York, NY, pg. 496
NEXT MARKETING, Norcross, GA, pg. 312
OBSERVATORY MARKETING, Los Angeles, CA, pg. 122
OCEAN MEDIA, INC., Huntington Beach, CA, pg. 498
OGILVY, Chicago, IL, pg. 393
OGILVY, New York, NY, pg. 393
OGILVY PUBLIC RELATIONS, New York, NY, pg. 633
OGILVY PUBLIC RELATIONS, San Francisco, CA, pg. 634
OGILVYONE WORLDWIDE, New York, NY, pg. 255
OH PARTNERS, Phoenix, AZ, pg. 122
OLIVER RUSSELL, Boise, ID, pg. 168
OMD, New York, NY, pg. 498
OMD, Chicago, IL, pg. 500
OMD ENTERTAINMENT, Burbank, CA, pg. 501
OMD SAN FRANCISCO, San Francisco, CA, pg. 501
OMD WEST, Los Angeles, CA, pg. 502
OMELET, Culver City, CA, pg. 122
OMNICOM GROUP, New York, NY, pg. 123
ON BOARD EXPERIENTIAL MARKETING, Sausalito, CA, pg. 313
ORGANIC, INC., San Francisco, CA, pg. 255
ORGANIC, INC., New York, NY, pg. 256
OSTER & ASSOCIATES, INC., San Diego, CA, pg. 123
OUTFRONT MEDIA, New York, NY, pg. 554
OWEN JONES AND PARTNERS, Portland, OR, pg. 124

AGENCIES

PADILLA, Minneapolis, MN, pg. 635
PADILLA, Richmond, VA, pg. 635
PAPPAS GROUP, Arlington, VA, pg. 396
PARTNERS + NAPIER, Rochester, NY, pg. 125
PEPPERCOMM, INC., New York, NY, pg. 687
PEREIRA & O'DELL, San Francisco, CA, pg. 256
PERFORMICS, Chicago, IL, pg. 676
PERISCOPE, Minneapolis, MN, pg. 127
PETROL, Burbank, CA, pg. 127
PHD, San Francisco, CA, pg. 504
PHD USA, New York, NY, pg. 505
PIA AGENCY, Carlsbad, CA, pg. 506
PJA ADVERTISING + MARKETING, Cambridge, MA, pg. 397
PMG, Fort Worth, TX, pg. 257
PORTER NOVELLI, New York, NY, pg. 637
POSTERSCOPE U.S.A., New York, NY, pg. 556
POWERPHYL MEDIA SOLUTIONS, New York, NY, pg. 506
PRAYTELL, Brooklyn, NY, pg. 258
PROOF ADVERTISING, Austin, TX, pg. 398
PROTERRA ADVERTISING, Addison, TX, pg. 130
PUBLICIS HAWKEYE, Dallas, TX, pg. 399
PUBLICIS HAWKEYE, Vail, CO, pg. 399
PUBLICIS NORTH AMERICA, New York, NY, pg. 399
PUBLICIS TORONTO, Toronto, ON, pg. 639
PUBLICIS WEST, Seattle, WA, pg. 130
PUBLICIS.SAPIENT, San Francisco, CA, pg. 259
PUBLICIS.SAPIENT, Chicago, IL, pg. 259
PWB, Ann Arbor, MI, pg. 131
PWC DIGITAL SERVICES, Hallandale Beach, FL, pg. 260
R&R PARTNERS, El Segundo, CA, pg. 402
R/GA, New York, NY, pg. 260
R2INTEGRATED, Baltimore, MD, pg. 261
RACEPOINT GLOBAL, Boston, MA, pg. 640
RAIN, Portland, OR, pg. 402
RAPP WORLDWIDE, New York, NY, pg. 290
RAPP WORLDWIDE, Irving, TX, pg. 291
RAPP WORLDWIDE, Los Angeles, CA, pg. 291
RATIONAL INTERACTION, Seattle, WA, pg. 262
RED ANTLER, Brooklyn, NY, pg. 16
RED DOOR INTERACTIVE, San Diego, CA, pg. 404
RESPONSE MARKETING, New Haven, CT, pg. 133
RISE AND SHINE AND PARTNERS, Minneapolis, MN, pg. 134
RISE INTERACTIVE, Chicago, IL, pg. 264
RUDER FINN, INC., New York, NY, pg. 645
SALT BRANDING, San Francisco, CA, pg. 16
SDI MEDIA GROUP, Los Angeles, CA, pg. 545
SEARCH DISCOVERY, INC., Atlanta, GA, pg. 677
SHIKATANI LACROIX BRANDESIGN, INC., Toronto, ON, pg. 198
SHOPTOLOGY, Plano, TX, pg. 682
SID LEE, New York, NY, pg. 141
SIEGEL & GALE, New York, NY, pg. 17
SIGMA MARKETING INSIGHTS, Rochester, NY, pg. 450
SIGNAL THEORY, Kansas City, MO, pg. 141
SIGNAL THEORY, Wichita, KS, pg. 141
SIMANTEL GROUP, Peoria, IL, pg. 142
SMALL ARMY, Boston, MA, pg. 142
SPACE150, Minneapolis, MN, pg. 266
SPARK FOUNDRY, New York, NY, pg. 508
SPARK FOUNDRY, Chicago, IL, pg. 510
SPARK FOUNDRY, El Segundo, CA, pg. 512
SPARK FOUNDRY, Atlanta, GA, pg. 512
SPRINGBOX, Austin, TX, pg. 266
SSPR, Chicago, IL, pg. 649
STARCOM WORLDWIDE, Chicago, IL, pg. 513
STARCOM WORLDWIDE, Toronto, ON, pg. 517
STARCOM WORLDWIDE, New York, NY, pg. 517
STEIN IAS, New York, NY, pg. 267
STERLING COMMUNICATIONS, INC., Los Gatos, CA, pg. 650
STORY WORLDWIDE, New York, NY, pg. 267
STRATEGIC AMERICA, West Des Moines, IA, pg. 414
STRATEGIS, Boston, MA, pg. 414
STRUCK, Salt Lake City, UT, pg. 144
SUB ROSA, New York, NY, pg. 200
SUPERUNION, New York, NY, pg. 18
T3, Austin, TX, pg. 268
TACO TRUCK CREATIVE, Carlsbad, CA, pg. 145
TAYLOR , New York, NY, pg. 651
TBD, San Francisco, CA, pg. 146
TBWA \ CHIAT \ DAY, New York, NY, pg. 416
TBWA \ CHIAT \ DAY, Los Angeles, CA, pg. 146
TBWA/MEDIA ARTS LAB, Los Angeles, CA, pg. 147
TENET PARTNERS, Norwalk, CT, pg. 19
THE BRAND AMP, Costa Mesa, CA, pg. 419
THE COMMUNITY, Miami Beach, FL, pg. 545
THE DISTILLERY PROJECT, Chicago, IL, pg. 149
THE GARFIELD GROUP, Philadelphia, PA, pg. 419
THE GEORGE P. JOHNSON COMPANY, New York, NY, pg. 316
THE HOFFMAN AGENCY, San Jose, CA, pg. 653
THE IDEA GROVE, Addison, TX, pg. 654
THE MARTIN AGENCY, Richmond, VA, pg. 421
THE OUTCAST AGENCY, San Francisco, CA, pg. 654
THE RICHARDS GROUP, INC., Dallas, TX, pg. 422
THINK JAM, West Hollywood, Los Angeles, CA, pg. 299
THIRD EAR, Austin, TX, pg. 546
THIS IS RED, Munhall, PA, pg. 271
THREAD, Tustin, CA, pg. 271
THREE FIVE TWO, INC., Atlanta, GA, pg. 271
TONGAL, Santa Monica, CA, pg. 20
TOUCHSTORM, New York, NY, pg. 570
TRACYLOCKE, Irving, TX, pg. 683
TRAINA DESIGN, San Diego, CA, pg. 20
TRIBAL WORLDWIDE, New York, NY, pg. 272
TRICOMB2B, Dayton, OH, pg. 427
TRONE BRAND ENERGY, INC., High Point, NC, pg. 427
UNDERTONE, New York, NY, pg. 273
UNIVERSAL MCCANN, New York, NY, pg. 521
UNIVERSAL MCCANN, San Francisco, CA, pg. 428
UPSHOT , Chicago, IL, pg. 157
UWG, Dearborn, MI, pg. 546
VALTECH, Ottawa, ON, pg. 273
VENABLES BELL & PARTNERS, San Francisco, CA, pg. 158
VERITONE ONE, San Diego, CA, pg. 525
VIEWSTREAM, San Francisco, CA, pg. 274
VMLY&R, Austin, TX, pg. 429
VMLY&R, Atlanta, GA, pg. 274
VMLY&R, Kansas City, MO, pg. 274
VMLY&R, New York, NY, pg. 160
VMLY&R, Seattle, WA, pg. 275
VOCE COMMUNICATIONS, A PORTER NOVELLI COMPANY, San Francisco, CA, pg. 658
VSA PARTNERS, INC. , Chicago, IL, pg. 204
WALT & COMPANY COMMUNICATIONS, Campbell, CA, pg. 659
WARREN DOUGLAS ADVERTISING, Fort Worth, TX, pg. 161
WAVEMAKER, New York, NY, pg. 526
WAVEMAKER, Los Angeles, CA, pg. 528
WE COMMUNICATIONS, Bellevue, WA, pg. 660
WE COMMUNICATIONS, San Francisco, CA, pg. 660
WEBER SHANDWICK, Boston, MA, pg. 660
WEBER SHANDWICK, Dallas, TX, pg. 660
WEBER SHANDWICK, Seattle, WA, pg. 660
WEBER SHANDWICK, New York, NY, pg. 660
WEBER SHANDWICK, San Francisco, CA, pg. 662
WELZ & WEISEL COMMUNICATIONS, McLean, VA, pg. 662
WIEDEN + KENNEDY, Portland, OR, pg. 430
WIER / STEWART, Augusta, GA, pg. 162
WILLOWTREE, INC., Charlottesville, VA, pg. 535
WILLOWTREE, INC., Durham, NC, pg. 535
WUNDERMAN THOMPSON, New York, NY, pg. 434
YAMAMOTO, Minneapolis, MN, pg. 435
ZAMBEZI, Culver City, CA, pg. 165
ZEHNDER COMMUNICATIONS, INC., New Orleans, LA, pg. 436
ZENITH MEDIA, Santa Monica, CA, pg. 531
ZENITH MEDIA, Chicago, IL, pg. 531
ZENO GROUP, New York, NY, pg. 664

Telecommunications

CLIENT INDUSTRIES INDEX

1000HEADS, New York, NY, pg. 691
160OVER90, Santa Monica, CA, pg. 207
215 MCCANN, San Francisco, CA, pg. 319
360I, LLC, New York, NY, pg. 320
360PRPLUS, Boston, MA, pg. 573
72ANDSUNNY, Playa Vista, CA, pg. 23
72ANDSUNNY, Brooklyn, NY, pg. 24
97TH FLOOR, Lehi, UT, pg. 209
9THWONDER, Playa Vista, CA, pg. 453
A TO Z COMMUNICATIONS, Pittsburgh, PA, pg. 24
ABELSON-TAYLOR, Chicago, IL, pg. 25
ACCENTURE INTERACTIVE, New York, NY, pg. 209
ACCESS BRAND COMMUNICATIONS, San Francisco, CA, pg. 574
ADAM&EVE DDB, New York, NY, pg. 26
ADASIA, Englewood Cliffs, NJ, pg. 26
ADVANTAGE INTERNATIONAL, Stamford, CT, pg. 301
AI MEDIA GROUP, LLC, New York, NY, pg. 211
AKQA, San Francisco, CA, pg. 211
AKQA, New York, NY, pg. 212
ALISON BROD PUBLIC RELATIONS, New York, NY, pg. 576
ALLEN & GERRITSEN, Boston, MA, pg. 29
ALLEN & GERRITSEN, Philadelphia, PA, pg. 30
ALLISON+PARTNERS, Seattle, WA, pg. 576
ALLISON+PARTNERS, New York, NY, pg. 576
ALLISON+PARTNERS, Dallas, TX, pg. 577
ALMA, Coconut Grove, FL, pg. 537
AMELIE COMPANY, Denver, CO, pg. 325
AMP AGENCY, Boston, MA, pg. 297
ANOMALY, New York, NY, pg. 325
ANOMALY, Toronto, ON, pg. 326
ARC WORLDWIDE, Chicago, IL, pg. 327
ARENA MEDIA, New York, NY, pg. 454
ARENAS, Los Angeles, CA, pg. 455
ARGONAUT, INC., San Francisco, CA, pg. 33
ARKETI GROUP, Atlanta, GA, pg. 578
ARNOLD WORLDWIDE, Boston, MA, pg. 33
ARNOLD WORLDWIDE, New York, NY, pg. 34
ARTS & LETTERS, Richmond, VA, pg. 34
ASO ADVERTISING, Roswell, GA, pg. 328
ASTOUND COMMERCE, San Bruno, CA, pg. 214
AXICOM, San Francisco, CA, pg. 579
BAM CONNECTION, Brooklyn, NY, pg. 2
BARKER, New York, NY, pg. 36
BBDO ATL, Atlanta, GA, pg. 330
BBDO WEST, Los Angeles, CA, pg. 331
BBDO WORLDWIDE, New York, NY, pg. 331
BBH, New York, NY, pg. 37
BBH, West Hollywood, CA, pg. 37
BCW AUSTIN, Austin, TX, pg. 581
BCW NEW YORK, New York, NY, pg. 581
BECK MEDIA & MARKETING, Santa Monica, CA, pg. 582
BEEBY CLARK+MEYLER, Stamford, CT, pg. 333
BEHAVIOR, LLC, New York, NY, pg. 216
BELIEF AGENCY, Seattle, WA, pg. 38
BERLIN CAMERON, New York, NY, pg. 38
BEYOND, San Francisco, CA, pg. 216
BIG FAMILY TABLE, Los Angeles, CA, pg. 39
BIG SPACESHIP, Brooklyn, NY, pg. 455
BLANC & OTUS , San Francisco, CA, pg. 584
BLEUBLANCROUGE, Montreal, QC, pg. 40
BLUE 449, New York, NY, pg. 455
BLUE 449, Dallas, TX, pg. 456
BOLIN MARKETING, Minneapolis, MN, pg. 41
BPG ADVERTISING, West Hollywood, CA, pg. 42
BRADLEY AND MONTGOMERY, Indianapolis, IN, pg. 336
BRANDDEFINITION, New York, NY, pg. 4
BRODEUR PARTNERS, Boston, MA, pg. 586
BROTHERS & CO., Tulsa, OK, pg. 43
BROWNSTEIN GROUP, INC., Philadelphia, PA, pg. 44
BURRELL COMMUNICATIONS GROUP, INC. , Chicago, IL, pg. 45
BVK, Milwaukee, WI, pg. 339
C-COM GROUP, INC., Miami, FL, pg. 587
CACTUS MARKETING COMMUNICATIONS, Denver, CO, pg. 339
CAMELOT STRATEGIC MARKETING & MEDIA, Dallas, TX, pg. 457

A-127

CLIENT INDUSTRIES INDEX — AGENCIES

CAMPBELL EWALD NEW YORK, New York, NY, pg. 47
CARAT, Culver City, CA, pg. 459
CARAT, New York, NY, pg. 459
CARAT, Chicago, IL, pg. 461
CARDENAS MARKETING NETWORK, Chicago, IL, pg. 303
CARMICHAEL LYNCH, Minneapolis, MN, pg. 47
CASANOVA//MCCANN, Costa Mesa, CA, pg. 538
CATALYST, INC., Providence, RI, pg. 48
CAYENNE CREATIVE, Birmingham, AL, pg. 49
CITIZEN RELATIONS, Los Angeles, CA, pg. 590
CIVIC ENTERTAINMENT GROUP, New York, NY, pg. 566
CLEAN SHEET COMMUNICATIONS, Toronto, ON, pg. 342
CMD, Portland, OR, pg. 51
CNX, New York, NY, pg. 51
CO:COLLECTIVE, LLC, New York, NY, pg. 5
COLLECTIVELY, INC., San Francisco, CA, pg. 685
COMMUNICATIONS STRATEGY GROUP, Denver, CO, pg. 592
CONDUCTOR, New York, NY, pg. 672
CONILL ADVERTISING, INC., El Segundo, CA, pg. 538
CONNELLY PARTNERS, Boston, MA, pg. 344
CONTEND, Los Angeles, CA, pg. 52
COOPER-SMITH ADVERTISING, Toledo, OH, pg. 462
COOPER-SMITH ADVERTISING, Stamford, CT, pg. 462
COYNE PUBLIC RELATIONS, Parsippany, NJ, pg. 593
CRAMER-KRASSELT, Chicago, IL, pg. 53
CREATIVE CIVILIZATION - AN AGUILAR / GIRARD AGENCY, San Antonio, TX, pg. 561
CREATIVE DIGITAL AGENCY, San Ramon, CA, pg. 222
CRISPIN PORTER + BOGUSKY, Boulder, CO, pg. 346
CRITICAL MASS, INC., New York, NY, pg. 223
CRITICAL MASS, INC., Calgary, AB, pg. 223
CROSSBOW GROUP, Westport, CT, pg. 347
CROSSMEDIA, New York, NY, pg. 463
CROSSROADS, Kansas City, MO, pg. 594
CROW CREATIVE, New York, NY, pg. 55
CSE, INC., Atlanta, GA, pg. 6
CULTURE ONE WORLD, Washington, DC, pg. 539
CURIOSITY ADVERTISING, Cincinnati, OH, pg. 223
DALTON AGENCY, Atlanta, GA, pg. 57
DAVIS ELEN ADVERTISING, Los Angeles, CA, pg. 58
DDB CANADA, Toronto, ON, pg. 224
DDB NEW YORK, New York, NY, pg. 59
DDB SAN FRANCISCO, San Francisco, CA, pg. 60
DENNY MOUNTAIN MEDIA, Seattle, WA, pg. 225
DENTSU AEGIS NETWORK, New York, NY, pg. 61
DENTSU X, New York, NY, pg. 61
DEUTSCH, INC., New York, NY, pg. 349
DEVRIES GLOBAL, New York, NY, pg. 596
DIGITAS, Boston, MA, pg. 226
DIGITAS, New York, NY, pg. 226
DIGITAS, San Francisco, CA, pg. 227
DIGITAS, Chicago, IL, pg. 227
DIGITAS, Atlanta, GA, pg. 228
DIRECT AGENTS, INC., New York, NY, pg. 229
DKC PUBLIC RELATIONS, New York, NY, pg. 597
DOEANDERSON ADVERTISING, Louisville, KY, pg. 352
DONER, Southfield, MI, pg. 63
DOREMUS & COMPANY, San Francisco, CA, pg. 64
DROGA5, New York, NY, pg. 64
DWA MEDIA, San Francisco, CA, pg. 464
EDELMAN, Atlanta, GA, pg. 599
EDELMAN, Chicago, IL, pg. 353
EDELMAN, New York, NY, pg. 599
EDELMAN, Los Angeles, CA, pg. 601
EDELMAN, San Francisco, CA, pg. 601
EDGE MARKETING, Stamford, CT, pg. 681
EFM AGENCY, San Diego, CA, pg. 67
EICOFF, Chicago, IL, pg. 282
ELEPHANT, Brooklyn, NY, pg. 181
ELEVATION MARKETING, Richmond, VA, pg. 67

ELEVATION, LTD, Washington, DC, pg. 540
ELEVEN, INC., San Francisco, CA, pg. 67
EMPOWER, Cincinnati, OH, pg. 354
ENERGY BBDO, INC., Chicago, IL, pg. 355
EP+CO., Greenville, SC, pg. 356
ESSENCE, San Francisco, CA, pg. 232
ESSENCE, New York, NY, pg. 232
ESSENCE, Seattle, WA, pg. 232
ESSENCE, Los Angeles, CA, pg. 233
EVINS COMMUNICATIONS, LTD., New York, NY, pg. 602
FACTORY 360, New York, NY, pg. 306
FAHLGREN MORTINE PUBLIC RELATIONS, Columbus, OH, pg. 70
FALLON WORLDWIDE, Minneapolis, MN, pg. 70
FARM, Lancaster, NY, pg. 357
FCB CHICAGO, Chicago, IL, pg. 71
FCB HEALTH, New York, NY, pg. 72
FCB NEW YORK, New York, NY, pg. 357
FCB WEST, San Francisco, CA, pg. 72
FF CREATIVE, New York, NY, pg. 234
FIG, New York, NY, pg. 73
FINCH BRANDS, Philadelphia, PA, pg. 7
FINN PARTNERS, San Francisco, CA, pg. 603
FIRSTBORN, New York, NY, pg. 234
FLASHPOINT PUBLIC RELATIONS, San Francisco, CA, pg. 604
FLEISHMANHILLARD, Saint Louis, MO, pg. 604
FLUID, INC., New York, NY, pg. 235
FLY COMMUNICATIONS, INC., New York, NY, pg. 74
FLYNN WRIGHT, INC., Des Moines, IA, pg. 359
FORSMAN & BODENFORS, New York, NY, pg. 74
FORWARDPMX, New York, NY, pg. 360
FUNCTION:, Atlanta, GA, pg. 184
FUSE MARKETING GROUP, INC., Toronto, ON, pg. 8
FUSEIDEAS, LLC, Winchester, MA, pg. 306
GALLEGOS UNITED, Huntington Beach, CA, pg. 75
GENERATOR MEDIA + ANALYTICS, New York, NY, pg. 466
GEOMETRY, New York, NY, pg. 362
GIANT SPOON, LLC, New York, NY, pg. 363
GIANT SPOON, LLC, Los Angeles, CA, pg. 363
GIGASAVVY, Irvine, CA, pg. 237
GMR MARKETING, New Berlin, WI, pg. 306
GOLIN, San Francisco, CA, pg. 609
GOLIN, Chicago, IL, pg. 609
GOLIN, Dallas, TX, pg. 609
GOLIN, New York, NY, pg. 610
GOODBY, SILVERSTEIN & PARTNERS, San Francisco, CA, pg. 77
GOODMAN MEDIA INTERNATIONAL, INC., New York, NY, pg. 610
GRADIENT EXPERIENTIAL LLC, New York, NY, pg. 78
GRETEL, New York, NY, pg. 78
GREY GROUP, New York, NY, pg. 365
GRIP LIMITED, Toronto, ON, pg. 78
GROW INTERACTIVE, Norfolk, VA, pg. 237
GTB, Dearborn, MI, pg. 367
GYK ANTLER, Manchester, NH, pg. 368
GYRO, Cincinnati, OH, pg. 368
GYRO, Denver, CO, pg. 368
GYRO NY, New York, NY, pg. 369
HANLEY WOOD MARKETING, Minneapolis, MN, pg. 9
HARMELIN MEDIA, Bala Cynwyd, PA, pg. 467
HAVAS FORMULA, San Diego, CA, pg. 612
HAVAS FORMULATIN, New York, NY, pg. 612
HAVAS HEALTH & YOU, New York, NY, pg. 82
HAVAS MEDIA GROUP, New York, NY, pg. 468
HAVAS MEDIA GROUP, Chicago, IL, pg. 469
HAVAS MEDIA GROUP, Boston, MA, pg. 470
HAVAS NEW YORK, New York, NY, pg. 369
HAVAS SPORTS & ENTERTAINMENT, Atlanta, GA, pg. 370
HAVAS SPORTS & ENTERTAINMENT, New York, NY, pg. 370
HAVAS WORLDWIDE CHICAGO, Chicago, IL, pg. 82
HEARTS & SCIENCE, New York, NY, pg. 471
HEARTS & SCIENCE, Atlanta, GA, pg. 473
HEARTS & SCIENCE, Los Angeles, CA, pg. 473
HEAT, San Francisco, CA, pg. 84

HEAT, New York, NY, pg. 370
HELLO DESIGN, Culver City, CA, pg. 238
HERO DIGITAL, San Francisco, CA, pg. 238
HI5.AGENCY, Burbank, CA, pg. 239
HILL HOLLIDAY, New York, NY, pg. 85
HILL HOLLIDAY, Boston, MA, pg. 85
HILL+KNOWLTON STRATEGIES, New York, NY, pg. 613
HISPANIC GROUP, Miami, FL, pg. 371
HL GROUP, New York, NY, pg. 614
HOLLAND - MARK, Boston, MA, pg. 87
HOOK, Ann Arbor, MI, pg. 239
HORIZON MEDIA, INC., Los Angeles, CA, pg. 473
HORIZON MEDIA, INC., New York, NY, pg. 474
HUGE, INC., Brooklyn, NY, pg. 239
HUGHESLEAHYKARLOVIC, Saint Louis, MO, pg. 372
HUNTER PUBLIC RELATIONS, New York, NY, pg. 614
HYFN, Los Angeles, CA, pg. 240
ICF NEXT, Minneapolis, MN, pg. 372
ICF NEXT, Chicago, IL, pg. 614
ICROSSING, New York, NY, pg. 240
ICROSSING, Chicago, IL, pg. 241
ID MEDIA, New York, NY, pg. 477
IGNITED, El Segundo, CA, pg. 373
IMAGINARY FORCES, Los Angeles, CA, pg. 187
IMAGINE, Manassas, VA, pg. 241
IMG LIVE, Atlanta, GA, pg. 308
INDUSTRY, Portland, OR, pg. 187
INFINITY MARKETING, Greenville, SC, pg. 374
INITIATIVE, Los Angeles, CA, pg. 478
INKHOUSE PUBLIC RELATIONS, Waltham, MA, pg. 615
INKHOUSE PUBLIC RELATIONS, San Francisco, CA, pg. 616
INTERESTING DEVELOPMENT, New York, NY, pg. 90
INTERMARK GROUP, INC., Birmingham, AL, pg. 375
INTERPUBLIC GROUP OF COMPANIES, New York, NY, pg. 90
INTERTREND COMMUNICATIONS, INC., Long Beach, CA, pg. 541
INTOUCH SOLUTIONS, INC., Overland Park, KS, pg. 242
INVESTIS DIGITAL, New York, NY, pg. 376
IPROSPECT, Fort Worth, TX, pg. 674
IPROSPECT, New York, NY, pg. 674
ISAAC REPUTATION GROUP, Toronto, ON, pg. 10
ISOBAR US, Boston, MA, pg. 242
J3, New York, NY, pg. 480
JAYMIE SCOTTO & ASSOCIATES, Middlebrook, VA, pg. 616
JEBCOMMERCE, Coeur d'Alene, ID, pg. 91
JELLYFISH U.S., Baltimore, MD, pg. 243
JOHANNES LEONARDO, New York, NY, pg. 92
JUNIPER PARK\ TBWA, Toronto, ON, pg. 93
JUST MEDIA, INC., Emeryville, CA, pg. 481
KARBO COMMUNICATIONS, San Francisco, CA, pg. 618
KEL & PARTNERS, Boston, MA, pg. 619
KEPLER GROUP, New York, NY, pg. 244
KERN, Woodland Hills, CA, pg. 287
KETCHUM, Raleigh, NC, pg. 378
KETCHUM, Chicago, IL, pg. 619
KETCHUM WEST, San Francisco, CA, pg. 620
KIKU OBATA & CO., Saint Louis, MO, pg. 188
KOVERT CREATIVE, New York, NY, pg. 96
KRUPP KOMMUNICATIONS, New York, NY, pg. 686
KWT GLOBAL, New York, NY, pg. 621
LAPIZ, Chicago, IL, pg. 542
LAUNDRY SERVICE, Brooklyn, NY, pg. 287
LAWRENCE PR, Lake Oswego, OR, pg. 622
LEAP, Louisville, KY, pg. 245
LEO BURNETT WORLDWIDE, Chicago, IL, pg. 98
LIKEABLE MEDIA, New York, NY, pg. 246
LIQUID ADVERTISING, INC., El Segundo, CA, pg. 100
LOCAL PROJECTS, New York, NY, pg. 190
LOPEZ NEGRETE COMMUNICATIONS, INC., Houston, TX, pg. 542
LUQUIRE GEORGE ANDREWS, INC., Charlotte, NC, pg. 382
M BOOTH & ASSOCIATES, INC., New York, NY,

AGENCIES

pg. 624
M&C SAATCHI LA, Santa Monica, CA, pg. 482
M&C SAATCHI PERFORMANCE, New York, NY, pg. 247
M/SIX, New York, NY, pg. 482
M8, Miami, FL, pg. 542
M:UNITED//MCCANN, New York, NY, pg. 102
MACQUARIUM, INC., Atlanta, GA, pg. 247
MADWELL, Denver, CO, pg. 103
MANGAN HOLCOMB PARTNERS, Little Rock, AR, pg. 103
MANIFEST, Phoenix, AZ, pg. 383
MANIFEST, Saint Louis, MO, pg. 248
MANIFEST, Chicago, IL, pg. 248
MARC USA, Pittsburgh, PA, pg. 104
MARCA MIAMI, Coconut Grove, FL, pg. 104
MARKETING ARCHITECTS, Minneapolis, MN, pg. 288
MARKETSMITH, INC, Cedar Knolls, NJ, pg. 483
MASTERMIND MARKETING, Atlanta, GA, pg. 248
MATTE PROJECTS, New York, NY, pg. 107
MAXMEDIA INC., Atlanta, GA, pg. 108
MCCANN NEW YORK, New York, NY, pg. 108
MCCANN WORLDGROUP, Birmingham, MI, pg. 109
MCD PARTNERS, New York, NY, pg. 249
MCGARRYBOWEN, New York, NY, pg. 109
MCGARRYBOWEN, San Francisco, CA, pg. 385
MCKINNEY, Durham, NC, pg. 111
MEDIA ASSEMBLY, Southfield, MI, pg. 385
MEDIA LOGIC, Albany, NY, pg. 288
MEDIA TWO INTERACTIVE, Raleigh, NC, pg. 486
MEDIACOM, Playa Vista, CA, pg. 486
MEDIACOM, New York, NY, pg. 487
MEDIAHUB BOSTON, Boston, MA, pg. 489
MEDIAHUB LOS ANGELES, El Segundo, CA, pg. 112
MEDIASMITH, INC. , San Francisco, CA, pg. 490
MEKANISM, San Francisco, CA, pg. 112
MEKANISM, New York, NY, pg. 113
MINDSHARE, New York, NY, pg. 491
MINDSHARE, Playa Vista, CA, pg. 495
MINDSHARE, Portland, OR, pg. 495
MINDSHARE, San Francisco, CA, pg. 495
MKG, New York, NY, pg. 311
MLT CREATIVE, Tucker, GA, pg. 116
MOMENTUM WORLDWIDE, New York, NY, pg. 117
MONO, Minneapolis, MN, pg. 117
MOTHER NY, New York, NY, pg. 118
MOVEMENT STRATEGY, New York, NY, pg. 687
MOXIE, Atlanta, GA, pg. 251
MPRM PUBLIC RELATIONS, Los Angeles, CA, pg. 629
MRM//MCCANN, Salt Lake City, UT, pg. 118
MRY, New York, NY, pg. 252
MSLGROUP, New York, NY, pg. 629
MUH-TAY-ZIK / HOF-FER, San Francisco, CA, pg. 119
MULLENLOWE U.S. BOSTON, Boston, MA, pg. 389
MYTHIC, Charlotte, NC, pg. 119
NEO MEDIA WORLD, New York, NY, pg. 496
NEXT MARKETING, Norcross, GA, pg. 312
NEXTMEDIA, INC., Dallas, TX, pg. 497
NOBLE PEOPLE, New York, NY, pg. 120
NOBLE STUDIOS, Reno, NV, pg. 254
NOM, Los Angeles, CA, pg. 121
OCEAN MEDIA, INC., Huntington Beach, CA, pg. 498
OGILVY, Chicago, IL, pg. 393
OGILVY, New York, NY, pg. 393
OGILVY PUBLIC RELATIONS, New York, NY, pg. 633
OGILVY PUBLIC RELATIONS, Washington, DC, pg. 634
OGILVY PUBLIC RELATIONS, Chicago, IL, pg. 633
OGILVYONE WORLDWIDE, New York, NY, pg. 255
OGK CREATIVE, Del Ray Beach, FL, pg. 14
OLIVER RUSSELL, Boise, ID, pg. 168
OMD, New York, NY, pg. 498
OMD, Chicago, IL, pg. 500
OMD CANADA, Toronto, ON, pg. 501
OMD ENTERTAINMENT, Burbank, CA, pg. 501
OMD SAN FRANCISCO, San Francisco, CA, pg. 501
OMD WEST, Los Angeles, CA, pg. 502
OMNICOM GROUP, New York, NY, pg. 123

OPTIMUM SPORTS, New York, NY, pg. 394
OWEN JONES AND PARTNERS, Portland, OR, pg. 124
PACE COMMUNICATIONS, Greensboro, NC, pg. 395
PADILLA, Minneapolis, MN, pg. 635
PAN COMMUNICATIONS, Boston, MA, pg. 635
PAPPAS GROUP, Arlington, VA, pg. 396
PERISCOPE, Minneapolis, MN, pg. 127
PHD, San Francisco, CA, pg. 504
PHD CHICAGO, Chicago, IL, pg. 504
PHD USA, New York, NY, pg. 505
PIA AGENCY, Carlsbad, CA, pg. 506
PINTA USA, LLC, Coral Gables, FL, pg. 397
PKPR, New York, NY, pg. 637
PLUSMEDIA, LLC, Danbury, CT, pg. 290
PM3, Atlanta, GA, pg. 544
PORTER NOVELLI, New York, NY, pg. 637
POSTERSCOPE U.S.A., New York, NY, pg. 556
POWERPHYL MEDIA SOLUTIONS, New York, NY, pg. 506
PRAYTELL, Brooklyn, NY, pg. 258
PREACHER, Austin, TX, pg. 129
PROOF ADVERTISING, Austin, TX, pg. 398
PUBLICIS HAWKEYE, Dallas, TX, pg. 399
PUBLICIS NORTH AMERICA, New York, NY, pg. 399
PUBLICIS TORONTO, Toronto, ON, pg. 639
PUBLICIS WEST, Seattle, WA, pg. 130
PUBLICIS.SAPIENT, San Francisco, CA, pg. 259
PUBLICIS.SAPIENT, Seattle, WA, pg. 259
PUBLICIS.SAPIENT, Chicago, IL, pg. 259
PUBLICIS.SAPIENT, Atlanta, GA, pg. 259
PWC DIGITAL SERVICES, Hallandale Beach, FL, pg. 260
QUATTRO DIRECT, Berwyn, PA, pg. 290
QUIGLEY-SIMPSON, Los Angeles, CA, pg. 544
R&R PARTNERS, Las Vegas, NV, pg. 131
R/GA, New York, NY, pg. 260
R/GA, San Francisco, CA, pg. 261
R/GA, Chicago, IL, pg. 261
R2INTEGRATED, Baltimore, MD, pg. 261
RAIN, Portland, OR, pg. 402
RAIN, New York, NY, pg. 262
RAPP WORLDWIDE, New York, NY, pg. 290
RAPP WORLDWIDE, New York, NY, pg. 291
RAPPORT OUTDOOR WORLDWIDE, Los Angeles, CA, pg. 557
RAUXA, Costa Mesa, CA, pg. 291
RED DOOR INTERACTIVE, San Diego, CA, pg. 404
RED PEAK GROUP, New York, NY, pg. 132
RED TETTEMER O'CONNELL + PARTNERS, Philadelphia, PA, pg. 404
RETHINK COMMUNICATIONS, INC., Vancouver, BC, pg. 133
REVELRY AGENCY, Portland, OR, pg. 406
RFBINDER PARTNERS, INC., New York, NY, pg. 642
RISE INTERACTIVE, Chicago, IL, pg. 264
RODGERS TOWNSEND, LLC, Saint Louis, MO, pg. 407
ROGERS & COWAN/PMK*BNC, Los Angeles, CA, pg. 643
ROKKAN, LLC, New York, NY, pg. 264
RPA, Santa Monica, CA, pg. 134
SAATCHI & SAATCHI , New York, NY, pg. 136
SAATCHI & SAATCHI WELLNESS, New York, NY, pg. 137
SALT BRANDING, San Francisco, CA, pg. 16
SANDERS\WINGO, El Paso, TX, pg. 138
SDI MEDIA GROUP, Los Angeles, CA, pg. 545
SECRET FORT, Chicago, IL, pg. 139
SECRET WEAPON MARKETING, Los Angeles, CA, pg. 139
SET CREATIVE, New York, NY, pg. 139
SHIFT COMMUNICATIONS, LLC, Boston, MA, pg. 647
SID LEE, New York, NY, pg. 141
SIEGEL & GALE, New York, NY, pg. 17
SLOANE & COMPANY, New York, NY, pg. 647
SOCIAL CHAIN, New York, NY, pg. 143
SPACE150, Minneapolis, MN, pg. 266
SPARK FOUNDRY, New York, NY, pg. 508
SPARK FOUNDRY, Chicago, IL, pg. 510
SPARK FOUNDRY, El Segundo, CA, pg. 512

CLIENT INDUSTRIES INDEX

SPARK FOUNDRY, Atlanta, GA, pg. 512
SPARKS GROVE, INC., Atlanta, GA, pg. 199
SPRINGBOX, Austin, TX, pg. 266
SS+K, New York, NY, pg. 144
STANDARD BLACK, Los Angeles, CA, pg. 144
STANTON PUBLIC RELATIONS & MARKETING, New York, NY, pg. 649
STARCOM WORLDWIDE, Chicago, IL, pg. 513
STARCOM WORLDWIDE, North Hollywood, CA, pg. 516
STARCOM WORLDWIDE, Detroit, MI, pg. 517
STARCOM WORLDWIDE, Toronto, ON, pg. 517
STARCOM WORLDWIDE, New York, NY, pg. 517
STEALTH CREATIVE, St. Louis, MO, pg. 144
STEIN IAS, New York, NY, pg. 267
STERLING COMMUNICATIONS, INC. , Los Gatos, CA, pg. 650
STORY WORLDWIDE, New York, NY, pg. 267
STRUCK, Salt Lake City, UT, pg. 144
SUB ROSA, New York, NY, pg. 200
SUPERJUICE, Atlanta, GA, pg. 651
SUPERUNION, New York, NY, pg. 18
T3, Austin, TX, pg. 268
TALLWAVE, Scottsdale, AZ, pg. 268
TAXI, New York, NY, pg. 146
TAYLOR , New York, NY, pg. 651
TBC, Baltimore, MD, pg. 416
TBD, San Francisco, CA, pg. 146
TBWA \ CHIAT \ DAY, New York, NY, pg. 416
TBWA \ CHIAT \ DAY, Los Angeles, CA, pg. 146
TBWA/MEDIA ARTS LAB, Los Angeles, CA, pg. 147
TEAM ONE, Los Angeles, CA, pg. 417
THE 360 AGENCY, Los Angeles, CA, pg. 418
THE BRAND AMP, Costa Mesa, CA, pg. 419
THE BUNTIN GROUP, Nashville, TN, pg. 148
THE COMMUNITY, Miami Beach, FL, pg. 545
THE FOUNDRY @ MEREDITH CORP, New York, NY, pg. 150
THE HOFFMAN AGENCY, San Jose, CA, pg. 653
THE IDEA GROVE, Addison, TX, pg. 654
THE INTEGER GROUP - DALLAS, Dallas, TX, pg. 570
THE MANY, Pacific Palisades, CA, pg. 151
THE MARS AGENCY, Southfield, MI, pg. 683
THE MARTIN AGENCY, Richmond, VA, pg. 421
THE MEDIA KITCHEN, New York, NY, pg. 519
THE OUTCAST AGENCY, San Francisco, CA, pg. 654
THE RAMEY AGENCY, Jackson, MS, pg. 422
THE RICHARDS GROUP, INC., Dallas, TX, pg. 422
THE SAN JOSE GROUP LTD., Chicago, IL, pg. 546
THE&PARTNERSHIP, New York, NY, pg. 426
THINKSO CREATIVE LLC, New York, NY, pg. 155
THIRD EAR, Austin, TX, pg. 546
THREE ATLANTA, LLC, Atlanta, GA, pg. 155
THREE FIVE TWO, INC., Atlanta, GA, pg. 271
TIERNEY COMMUNICATIONS, Philadelphia, PA, pg. 426
TOUCHPOINT INTEGRATED COMMUNICATIONS, Darien, CT, pg. 520
TOUCHSTORM, New York, NY, pg. 570
TPN, Chicago, IL, pg. 571
TRACYLOCKE, Irving, TX, pg. 683
TRANSLATION, Brooklyn, NY, pg. 299
TRIBAL WORLDWIDE, New York, NY, pg. 272
TRILIA , Boston, MA, pg. 521
TRIPTENT, New York, NY, pg. 156
TRUEPOINT COMMUNICATIONS, Dallas, TX, pg. 657
TWENTY-FIRST CENTURY BRAND, San Francisco, CA, pg. 157
TWO NIL, Los Angeles, CA, pg. 521
UNIVERSAL MCCANN, New York, NY, pg. 521
UNIVERSAL MCCANN, Los Angeles, CA, pg. 524
UNIVERSAL MCCANN, San Francisco, CA, pg. 428
UNIVERSAL MCCANN, Toronto, ON, pg. 524
UPSHOT , Chicago, IL, pg. 157
VAYNERMEDIA, New York, NY, pg. 689
VELOCITY OMC, New York, NY, pg. 158
VENABLES BELL & PARTNERS, San Francisco, CA, pg. 158
VERITONE ONE, San Diego, CA, pg. 525
VERSO ADVERTISING, New York, NY, pg. 159
VESTED, New York, NY, pg. 658

A-129

CLIENT INDUSTRIES INDEX — AGENCIES

VIEWSTREAM, San Francisco, CA, pg. 274
VIRTUE WORLDWIDE, Brooklyn, NY, pg. 159
VM1 (ZENITH MEDIA + MOXIE), New York, NY, pg. 526
VMLY&R, Kansas City, MO, pg. 274
VMLY&R, New York, NY, pg. 160
VMLY&R, Seattle, WA, pg. 275
VOCE COMMUNICATIONS, A PORTER NOVELLI COMPANY, San Francisco, CA, pg. 658
WALKER SANDS COMMUNICATIONS, Chicago, IL, pg. 659
WAVEMAKER, New York, NY, pg. 526
WE COMMUNICATIONS, Bellevue, WA, pg. 660
WE COMMUNICATIONS, San Francisco, CA, pg. 660
WEBER SHANDWICK, Boston, MA, pg. 660
WEBER SHANDWICK, Seattle, WA, pg. 660
WEBER SHANDWICK, New York, NY, pg. 660
WELZ & WEISEL COMMUNICATIONS, McLean, VA, pg. 662
WIEDEN + KENNEDY, Portland, OR, pg. 430
WIEDEN + KENNEDY, New York, NY, pg. 432
WILEN MEDIA CORPORATION, Melville, NY, pg. 432
WINGMAN MEDIA, Westlake Village, CA, pg. 529
WOLFGANG, Los Angeles, CA, pg. 433
WONGDOODY, Seattle, WA, pg. 162
WP NARRATIVE_, New York, NY, pg. 163
WPP GROUP, INC., New York, NY, pg. 433
WUNDERMAN HEALTH, New York, NY, pg. 164
WUNDERMAN THOMPSON, Miami, FL, pg. 547
WUNDERMAN THOMPSON, New York, NY, pg. 434
WUNDERMAN THOMPSON, Irvine, CA, pg. 435
WUNDERMAN THOMPSON SEATTLE, Seattle, WA, pg. 435
YOUNG & LARAMORE, Indianapolis, IN, pg. 164
ZAMBEZI, Culver City, CA, pg. 165
ZEHNDER COMMUNICATIONS, INC., New Orleans, LA, pg. 436
ZENITH MEDIA, New York, NY, pg. 529
ZENO GROUP, New York, NY, pg. 664
ZETA INTERACTIVE, New York, NY, pg. 277
ZIMMERMAN ADVERTISING, Fort Lauderdale, FL, pg. 437

Textiles

22SQUARED INC., Atlanta, GA, pg. 319
AKQA, San Francisco, CA, pg. 211
AMELIE COMPANY, Denver, CO, pg. 325
ANSIRA, Dallas, TX, pg. 1
ASHER MEDIA, Addison, TX, pg. 455
BARKLEY, Kansas City, MO, pg. 329
BIGBUZZ MARKETING GROUP, New York, NY, pg. 217
BOLIN MARKETING, Minneapolis, MN, pg. 41
BRUNNER, Atlanta, GA, pg. 44
COMMCREATIVE, Framingham, MA, pg. 343
CREATIVE ENERGY, INC., Johnson City, TN, pg. 346
DAGGER, Atlanta, GA, pg. 224
DDB NEW YORK, New York, NY, pg. 59
DENTSU X, New York, NY, pg. 61
DIRECT AGENTS, INC., New York, NY, pg. 229
EARTHBOUND BRANDS, New York, NY, pg. 7
FCB CHICAGO, Chicago, IL, pg. 71
FEREBEELANE, Greenville, SC, pg. 358
GYRO, Chicago, IL, pg. 368
GYRO, Denver, CO, pg. 368
HILL HOLLIDAY, Boston, MA, pg. 85
HUGE, INC., Brooklyn, NY, pg. 239
ICF NEXT, Minneapolis, MN, pg. 372
JACK MORTON WORLDWIDE, Robbinsville, NJ, pg. 309
MADWELL, Brooklyn, NY, pg. 13
MARCUS THOMAS, Cleveland, OH, pg. 104
MCKINNEY, Durham, NC, pg. 111
MEDIA ASSEMBLY, Southfield, MI, pg. 385
MIGHTY ROAR, Roswell, GA, pg. 250
MINDSHARE, New York, NY, pg. 491
MOROCH PARTNERS, Dallas, TX, pg. 389
MRM//MCCANN, Princeton, NJ, pg. 252
NAIL COMMUNICATIONS, Providence, RI, pg. 14

NDP, Richmond, VA, pg. 390
PACE COMMUNICATIONS, Greensboro, NC, pg. 395
PADILLA, Richmond, VA, pg. 635
PARTNERS + NAPIER, Rochester, NY, pg. 125
PUBLICIS HAWKEYE, Dallas, TX, pg. 399
RICHARDS CARLBERG, Dallas, TX, pg. 406
SCOUT MARKETING, Atlanta, GA, pg. 139
SPARK FOUNDRY, Chicago, IL, pg. 510
TALLWAVE, Scottsdale, AZ, pg. 268
THE RICHARDS GROUP, INC., Dallas, TX, pg. 422
THE VARIABLE, Winston-Salem, NC, pg. 153
VMLY&R, Kalamazoo, MI, pg. 274
WEBER SHANDWICK, New York, NY, pg. 660
WRAY WARD, Charlotte, NC, pg. 433

Transportation & Shipping

AKQA, San Francisco, CA, pg. 211
AKQA , Washington, DC, pg. 212
ANDERSON ADVERTISING, Scottsdale, AZ, pg. 325
ANTHONY BARADAT & ASSOCIATES, Miami, FL, pg. 537
BAILEY LAUERMAN, Omaha, NE, pg. 35
BARKLEY, Kansas City, MO, pg. 329
BBDO WORLDWIDE, New York, NY, pg. 331
BCW AUSTIN, Austin, TX, pg. 581
BCW NEW YORK, New York, NY, pg. 581
BELMONT ICEHOUSE, Dallas, TX, pg. 333
BERNSTEIN-REIN ADVERTISING, INC., Kansas City, MO, pg. 39
BRUNNER, Pittsburgh, PA, pg. 44
CAMPBELL EWALD, Detroit, MI, pg. 46
DIX & EATON, Cleveland, OH, pg. 351
EDELMAN, New York, NY, pg. 599
EICOFF, Chicago, IL, pg. 282
FCB CHICAGO, Chicago, IL, pg. 71
FORSMAN & BODENFORS, New York, NY, pg. 74
GEOMETRY, New York, NY, pg. 362
GOLIN, New York, NY, pg. 610
GOLIN, Chicago, IL, pg. 609
GOLIN, Dallas, TX, pg. 609
HAVAS NEW YORK, New York, NY, pg. 369
HAWORTH MARKETING & MEDIA, Minneapolis, MN, pg. 470
HIEBING, Madison, WI, pg. 85
INITIATIVE, New York, NY, pg. 477
IW GROUP, INC., Los Angeles, CA, pg. 541
JACKSON MARKETING GROUP, Simpsonville, SC, pg. 188
JCIR, New York, NY, pg. 617
JWT TORONTO, Toronto, ON, pg. 378
KWT GLOBAL, New York, NY, pg. 621
LITTLEFIELD BRAND DEVELOPMENT, Tulsa, OK, pg. 12
LOPEZ NEGRETE COMMUNICATIONS, INC. , Houston, TX, pg. 542
MARC USA, Chicago, IL, pg. 104
MARC USA, Pittsburgh, PA, pg. 104
MARKHAM & STEIN, Miami, FL, pg. 105
MCCANN NEW YORK, New York, NY, pg. 108
MCGARRYBOWEN, San Francisco, CA, pg. 385
MEDIA ASSEMBLY, New York, NY, pg. 484
MEDIAHUB WINSTON SALEM, Winston-Salem, NC, pg. 386
MINDSHARE, New York, NY, pg. 491
MITCHELL, Fayetteville, AR, pg. 627
MOWER, Buffalo, NY, pg. 389
MULLENLOWE U.S. BOSTON, Boston, MA, pg. 389
MULLENLOWE U.S. NEW YORK, New York, NY, pg. 496
OMD, New York, NY, pg. 498
OMELET, Culver City, CA, pg. 122
PACE COMMUNICATIONS, Greensboro, NC, pg. 395
PHD CHICAGO, Chicago, IL, pg. 504
PLUSMEDIA, LLC, Danbury, CT, pg. 290
PORTER NOVELLI, New York, NY, pg. 637
PULSAR ADVERTISING, Washington, DC, pg. 401
RP3 AGENCY, Bethesda, MD, pg. 408
SAATCHI & SAATCHI , New York, NY, pg. 136
SAATCHI & SAATCHI X, Springdale, AR, pg. 682
SHEPHERD AGENCY, Jacksonville, FL, pg. 410
SIMANTEL GROUP, Peoria, IL, pg. 142

SLOANE & COMPANY, New York, NY, pg. 647
SOCKEYE CREATIVE, Portland, OR, pg. 199
SUPERUNION, New York, NY, pg. 18
SWITCH, Saint Louis, MO, pg. 145
T3, Austin, TX, pg. 268
THE INTEGER GROUP - MIDWEST, Des Moines, IA, pg. 570
THE MARTIN AGENCY, Richmond, VA, pg. 421
THE MEDIA KITCHEN, New York, NY, pg. 519
THE WATSONS, New York, NY, pg. 154
TPN, Dallas, TX, pg. 683
UNIVERSAL MCCANN, New York, NY, pg. 521
VALTECH, New York, NY, pg. 273
VMLY&R, New York, NY, pg. 160
VMLY&R, Kansas City, MO, pg. 274
WALMART MEDIA GROUP, San Bruno, CA, pg. 684
WAVEMAKER, New York, NY, pg. 526
WPP GROUP, INC., New York, NY, pg. 433
WUNDERMAN HEALTH, New York, NY, pg. 164
WUNDERMAN THOMPSON, New York, NY, pg. 434

Travel & Hospitality

&BARR, Orlando, FL, pg. 319
160OVER90, Santa Monica, CA, pg. 207
360I, LLC, Atlanta, GA, pg. 207
360I, LLC, New York, NY, pg. 320
360I, LLC, Chicago, IL, pg. 208
360PRPLUS, Boston, MA, pg. 573
5W PUBLIC RELATIONS, New York, NY, pg. 574
72ANDSUNNY, Playa Vista, CA, pg. 23
90OCTANE, Denver, CO, pg. 209
ACCENTURE INTERACTIVE, Chicago, IL, pg. 209
ACCENTURE INTERACTIVE, New York, NY, pg. 209
AGENCY 720, Detroit, MI, pg. 323
AGENCY 720, Alpharetta, GA, pg. 323
AGENCY 720, Naperville, IL, pg. 323
AGENCY 720, Irving, TX, pg. 323
AGENCY 720, Westlake Village, CA, pg. 323
AGENCYSACKS, New York, NY, pg. 29
AIR PARIS NEW YORK, New York, NY, pg. 172
AKQA, New York, NY, pg. 212
AKQA, Portland, OR, pg. 212
ANDERSON DIRECT & DIGITAL, Poway, CA, pg. 279
ANOMALY, New York, NY, pg. 325
ANTHOLOGY MARKETING GROUP, Honolulu, HI, pg. 326
ARENA MEDIA, New York, NY, pg. 454
AUGUSTINE, Roseville, CA, pg. 328
B&P ADVERTISING, Las Vegas, NV, pg. 35
BACKBONE MEDIA, Carbondale, CO, pg. 579
BARKLEY, Kansas City, MO, pg. 329
BBDO ATL, Atlanta, GA, pg. 330
BBDO SAN FRANCISCO, San Francisco, CA, pg. 330
BBDO WORLDWIDE, New York, NY, pg. 331
BBH, New York, NY, pg. 37
BCW NEW YORK, New York, NY, pg. 581
BEEBY CLARK+MEYLER, Stamford, CT, pg. 333
BERLINROSEN, New York, NY, pg. 583
BIG COMMUNICATIONS, INC., Birmingham, AL, pg. 39
BIG SPACESHIP, Brooklyn, NY, pg. 455
BKV, Miami, FL, pg. 334
BLAZE, Santa Monica, CA, pg. 584
BOOYAH ONLINE ADVERTISING, Denver, CO, pg. 218
BRADLEY AND MONTGOMERY, Indianapolis, IN, pg. 336
BRANDMAN AGENCY, New York, NY, pg. 585
BRIGHT RED\TBWA, Tallahassee, FL, pg. 337
BROADBEAM MEDIA, New York, NY, pg. 456
BRODEUR PARTNERS, Boston, MA, pg. 586
BUTLER, SHINE, STERN & PARTNERS, Sausalito, CA, pg. 45
BVK, Milwaukee, WI, pg. 339
CACTUS MARKETING COMMUNICATIONS, Denver, CO, pg. 339
CAMPBELL EWALD, Detroit, MI, pg. 46
CARAT, Atlanta, GA, pg. 459
CARAT, New York, NY, pg. 459
CARAT, Detroit, MI, pg. 461

A-130

AGENCIES

CASANOVA//MCCANN, Costa Mesa, CA, pg. 538
CCMEDIA, Reno, NV, pg. 49
CENDYN, Boca Raton, FL, pg. 220
CHEMISTRY ATLANTA, Atlanta, GA, pg. 50
CITIZEN RELATIONS, Los Angeles, CA, pg. 590
CITIZEN RELATIONS, New York, NY, pg. 590
CJRW, Little Rock, AR, pg. 590
COBURN COMMUNICATIONS, New York, NY, pg. 591
COLLECTIVELY, INC., San Francisco, CA, pg. 685
COMMONWEALTH // MCCANN, Detroit, MI, pg. 52
CONTROL V EXPOSED, Jenkintown, PA, pg. 222
COPACINO + FUJIKADO, LLC, Seattle, WA, pg. 344
COYNE PUBLIC RELATIONS, Parsippany, NJ, pg. 593
CREATIVE DIGITAL AGENCY, San Ramon, CA, pg. 222
CRISPIN PORTER + BOGUSKY, Boulder, CO, pg. 346
CRITICAL MASS, INC., Chicago, IL, pg. 223
CRITICAL MASS, INC., Calgary, AB, pg. 223
CRONIN, Glastonbury, CT, pg. 55
CROSSMEDIA, New York, NY, pg. 463
CTP, Boston, MA, pg. 347
CULTIVATOR ADVERTISING & DESIGN, Denver, CO, pg. 178
CULTURE ONE WORLD, Washington, DC, pg. 539
CUNDARI INTEGRATED ADVERTISING, Toronto, ON, pg. 347
CURRENT , Chicago, IL, pg. 594
CURRENT LIFESTYLE MARKETING, New York, NY, pg. 594
DAILEY & ASSOCIATES, West Hollywood, CA, pg. 56
DALY GRAY, INC., Herndon, VA, pg. 595
DANCIE PERUGINI WARE PUBLIC RELATIONS, South Houston, TX, pg. 595
DAVID&GOLIATH, El Segundo, CA, pg. 57
DDB CANADA, Toronto, ON, pg. 224
DDB CANADA, Vancouver, BC, pg. 58
DDB CHICAGO, Chicago, IL, pg. 59
DECKER ROYAL AGENCY, New York, NY, pg. 596
DENIZEN GROUP, Culver City, CA, pg. 225
DENTSU AEGIS NETWORK, New York, NY, pg. 61
DENTSU X, New York, NY, pg. 61
DENTSUBOS INC., Toronto, ON, pg. 61
DESIGNSENSORY, Knoxville, TN, pg. 62
DEVELOPMENT COUNSELLORS INTERNATIONAL, LTD.,
    New York, NY, pg. 596
DEVRIES GLOBAL, New York, NY, pg. 596
DIESTE, Dallas, TX, pg. 539
DIGENNARO COMMUNICATIONS, New York, NY, pg. 597
DIGITAS, San Francisco, CA, pg. 227
DIGITAS, Atlanta, GA, pg. 228
DIGITAS, Detroit, MI, pg. 229
DIMASSIMO GOLDSTEIN, New York, NY, pg. 351
DKY INTEGRATED MARKETING COMMUNICATIONS, Minneapolis, MN, pg. 352
DONER, Southfield, MI, pg. 63
DRAKE COOPER, Boise, ID, pg. 64
EDELMAN, San Francisco, CA, pg. 601
ELEVEN, INC., San Francisco, CA, pg. 67
EP+CO., Greenville, SC, pg. 356
ESSENCE, New York, NY, pg. 232
EVINS COMMUNICATIONS, LTD., New York, NY, pg. 602
EXL MEDIA, Incline Village, NV, pg. 465
FAHLGREN MORTINE PUBLIC RELATIONS, Columbus, OH, pg. 70
FALLON WORLDWIDE, Minneapolis, MN, pg. 70
FCB TORONTO, Toronto, ON, pg. 72
FCB WEST, San Francisco, CA, pg. 72
FCB/SIX, Toronto, ON, pg. 358
FEED MEDIA PUBLIC RELATIONS, Denver, CO, pg. 603
FF CREATIVE, New York, NY, pg. 234
FIG, New York, NY, pg. 73
FINN PARTNERS, New York, NY, pg. 603
FKQ ADVERTISING, INC., Clearwater, FL, pg. 359
FLEISHMANHILLARD, Detroit, MI, pg. 606

FLUID, INC., New York, NY, pg. 235
FORSMAN & BODENFORS, New York, NY, pg. 74
FOUNDRY, Reno, NV, pg. 75
FUSE MARKETING GROUP, INC., Toronto, ON, pg. 8
GIANT SPOON, LLC, Los Angeles, CA, pg. 363
GLODOW NEAD COMMUNICATIONS, San Francisco, CA, pg. 608
GOLIN, Chicago, IL, pg. 609
GP GENERATE, LLC, Los Angeles, CA, pg. 541
GREENHAUS, San Diego, CA, pg. 365
GREY GROUP, New York, NY, pg. 365
GRIP LIMITED, Toronto, ON, pg. 78
GSD&M, Austin, TX, pg. 79
GYRO, Cincinnati, OH, pg. 368
HANAPIN MARKETING, Bloomington, IN, pg. 237
HAVAS MEDIA GROUP, New York, NY, pg. 468
HAVAS MEDIA GROUP, Chicago, IL, pg. 469
HAVAS MEDIA GROUP, Boston, MA, pg. 470
HAVAS MEDIA GROUP, Miami, FL, pg. 470
HAVAS NEW YORK, New York, NY, pg. 369
HAVAS SPORTS & ENTERTAINMENT, Atlanta, GA, pg. 370
HAWKINS INTERNATIONAL PUBLIC RELATIONS, New York, NY, pg. 612
HAWORTH MARKETING & MEDIA, Minneapolis, MN, pg. 470
HEMSWORTH COMMUNICATIONS, Fort Lauderdale, FL, pg. 613
HI-GLOSS, North Bay Village, FL, pg. 84
HIKER, New York, NY, pg. 239
HILL HOLLIDAY, Boston, MA, pg. 85
HILL+KNOWLTON STRATEGIES, New York, NY, pg. 613
HILL+KNOWLTON STRATEGIES CANADA, Toronto, ON, pg. 613
HMC ADVERTISING, INC., Chula Vista, CA, pg. 541
HOORAY AGENCY, Irvine, CA, pg. 239
HORIZON MEDIA, INC., New York, NY, pg. 474
HOTHOUSE, Atlanta, GA, pg. 371
HS AD, Los Angeles, CA, pg. 87
HUNTER HAMERSMITH, North Miami, FL, pg. 87
HYLINK, Santa Monica, CA, pg. 240
I.D.E.A., San Diego, CA, pg. 9
ICF NEXT, Minneapolis, MN, pg. 372
ICF NEXT, Chicago, IL, pg. 614
ICON MEDIA DIRECT, Sherman Oaks, CA, pg. 476
IGNITIONONE, New York, NY, pg. 673
IMG LIVE, Atlanta, GA, pg. 308
INITIATIVE, Los Angeles, CA, pg. 478
INITIATIVE, San Diego, CA, pg. 479
INITIATIVE, Toronto, ON, pg. 479
IPG360, Los Angeles, CA, pg. 90
IPROSPECT, Fort Worth, TX, pg. 674
ISOBAR US, New York, NY, pg. 242
IXCO, Brooklyn, NY, pg. 243
JACK MORTON WORLDWIDE, Detroit, MI, pg. 309
JACKSON SPALDING INC., Atlanta, GA, pg. 376
JCDECAUX NORTH AMERICA, New York, NY, pg. 553
JOAN, New York, NY, pg. 92
JWT TORONTO, Toronto, ON, pg. 378
KARSH & HAGAN, Denver, CO, pg. 94
KEPLER GROUP, New York, NY, pg. 244
KETCHUM, New York, NY, pg. 542
KETCHUM, Los Angeles, CA, pg. 619
KETCHUM SOUTH, Dallas, TX, pg. 620
KIRVIN DOAK COMMUNICATIONS, Las Vegas, NV, pg. 620
KWT GLOBAL, New York, NY, pg. 621
LAIRD + PARTNERS, New York, NY, pg. 96
LAUNDRY SERVICE, Brooklyn, NY, pg. 287
LAURA DAVIDSON PUBLIC RELATIONS, New York, NY, pg. 622
LEGACY MARKETING PARTNERS, Chicago, IL, pg. 310
LEO BURNETT DETROIT, Troy, MI, pg. 97
LG2, Montreal, QC, pg. 380
LITTLEFIELD BRAND DEVELOPMENT, Tulsa, OK, pg. 12
LMO ADVERTISING, Arlington, VA, pg. 100
LOPEZ NEGRETE COMMUNICATIONS, INC. , Houston, TX, pg. 542

CLIENT INDUSTRIES INDEX

LOU HAMMOND GROUP, New York, NY, pg. 381
LUCKY GENERALS, New York, NY, pg. 101
M BOOTH & ASSOCIATES, INC. , New York, NY, pg. 624
MADDEN MEDIA, Tucson, AZ, pg. 247
MAGRINO PUBLIC RELATIONS, New York, NY, pg. 624
MANIFEST, New York, NY, pg. 248
MARKHAM & STEIN, Miami, FL, pg. 105
MATTE PROJECTS, New York, NY, pg. 107
MCCANN NEW YORK, New York, NY, pg. 108
MCCANN WORLDGROUP, Birmingham, MI, pg. 109
MCGARRYBOWEN, New York, NY, pg. 109
MCGARRYBOWEN, Chicago, IL, pg. 110
MCKINNEY, Durham, NC, pg. 111
MEDIA EXPERTS, Toronto, ON, pg. 485
MEDIA STORM, Norwalk, CT, pg. 486
MEDIA STORM, New York, NY, pg. 486
MEDIACOM, Playa Vista, CA, pg. 486
MEDIACOM, New York, NY, pg. 487
MEDIACOM, Vancouver, BC, pg. 489
MEDIAHUB BOSTON, Boston, MA, pg. 489
MEDIAHUB WINSTON SALEM, Winston-Salem, NC, pg. 386
MEDIASSOCIATES, INC., Sandy Hook, CT, pg. 490
MEKANISM, San Francisco, CA, pg. 112
MEKANISM, Seattle, WA, pg. 113
MERCURY MEDIA, Los Angeles, CA, pg. 288
MERKLE, King of Prussia, PA, pg. 114
MILES PARTNERSHIP, Sarasota, FL, pg. 250
MILK, South Norwalk, CT, pg. 115
MINDSHARE, New York, NY, pg. 491
MINDSHARE, Toronto, ON, pg. 495
MIRUM AGENCY, San Diego, CA, pg. 251
MISSY FARREN & ASSOCIATES, LTD., New York, NY, pg. 627
MMGY GLOBAL, Kansas City, MO, pg. 388
MMGY GLOBAL, New York, NY, pg. 388
MMGY NJF, New York, NY, pg. 628
MONO, Minneapolis, MN, pg. 117
MORGAN + COMPANY, New Orleans, LA, pg. 496
MOSES, INC., Phoenix, AZ, pg. 118
MOTHER NY, New York, NY, pg. 118
MOVEMENT STRATEGY, New York, NY, pg. 687
MOXIE, Atlanta, GA, pg. 251
MSLGROUP, New York, NY, pg. 629
MULLENLOWE U.S. BOSTON, Boston, MA, pg. 389
MULLENLOWE U.S. LOS ANGELES, El Segundo, CA, pg.
MULLENLOWE U.S. NEW YORK, New York, NY, pg. 496
MURPHY O'BRIEN, INC., Los Angeles, CA, pg. 630
MUSTACHE, Brooklyn, NY, pg. 252
MWWPR, Los Angeles, CA, pg. 630
NANCY MARSHALL COMMUNICATIONS , Augusta, ME, pg. 631
NARRATIVE, Toronto, ON, pg. 631
NEUSTAR, INC., Sterling, VA, pg. 289
NIKE COMMUNICATIONS, INC., New York, NY, pg. 632
NOBLE PEOPLE, New York, NY, pg. 120
NOBLE STUDIOS, Reno, NV, pg. 254
NYHUS COMMUNICATIONS, Seattle, WA, pg. 633
OCEAN MEDIA, INC., Huntington Beach, CA, pg. 498
OFF MADISON AVENUE, Phoenix, AZ, pg. 392
OGILVY, New York, NY, pg. 393
OGILVY PUBLIC RELATIONS, New York, NY, pg. 633
OGILVYONE WORLDWIDE, New York, NY, pg. 255
OH PARTNERS, Phoenix, AZ, pg. 122
OMD SEATTLE, Seattle, WA, pg. 502
OMD VANCOUVER, Vancouver, BC, pg. 502
OMD WEST, Los Angeles, CA, pg. 502
OMELET, Culver City, CA, pg. 122
ORANGE142, Austin, TX, pg. 255
ORIGIN DESIGN + COMMUNICATIONS, Whistler, BC, pg. 123
OSTER & ASSOCIATES, INC., San Diego, CA, pg. 123
OUTDOOR MEDIA GROUP, Jersey City, NJ, pg. 554
PACE COMMUNICATIONS, Greensboro, NC, pg. 395

A-131

CLIENT INDUSTRIES INDEX — AGENCIES

PARTNERS + NAPIER, Rochester, NY, pg. 125
PB&, Seattle, WA, pg. 126
PEOPLE IDEAS & CULTURE, Brooklyn, NY, pg. 194
PHD, Los Angeles, CA, pg. 504
PHD CHICAGO, Chicago, IL, pg. 504
PHD USA, New York, NY, pg. 505
PMG, Fort Worth, TX, pg. 257
PORTER NOVELLI, New York, NY, pg. 637
POSTERSCOPE U.S.A., Detroit, MI, pg. 556
POSTERSCOPE U.S.A., New York, NY, pg. 556
PP+K, Tampa, FL, pg. 129
PROOF ADVERTISING, Austin, TX, pg. 398
PUBLICIS HAWKEYE, Dallas, TX, pg. 399
PUBLICIS NORTH AMERICA, New York, NY, pg. 399
PUBLICIS TORONTO, Toronto, ON, pg. 639
PUBLICIS.SAPIENT, New York, NY, pg. 258
PUBLICIS.SAPIENT, Coconut Grove, FL, pg. 259
PUBLICIS.SAPIENT, Seattle, WA, pg. 259
PULSAR ADVERTISING, Washington, DC, pg. 401
QUINN & COMPANY, New York, NY, pg. 640
QUIRK CREATIVE, Brooklyn, NY, pg. 131
R&R PARTNERS, Las Vegas, NV, pg. 131
RAPP WORLDWIDE, Irving, TX, pg. 291
RAUXA, Costa Mesa, CA, pg. 291
RBB COMMUNICATIONS, Miami, FL, pg. 641
RED SQUARE AGENCY, Mobile, AL, pg. 642
REDPOINT MARKETING PR, INC., New York, NY, pg. 642
REPUBLICA HAVAS, Miami, FL, pg. 545
RIESTER, Phoenix, AZ, pg. 406
RIGHTPOINT, Oakland, CA, pg. 263
ROKKAN, LLC, New York, NY, pg. 264
RON FOTH ADVERTISING, Columbus, OH, pg. 134
RPA, Santa Monica, CA, pg. 134
RUBENSTEIN ASSOCIATES, New York, NY, pg. 644
SAATCHI & SAATCHI, New York, NY, pg. 136
SANDY HILLMAN COMMUNICATIONS, Towson, MD, pg. 645
SHIFT COMMUNICATIONS, LLC, Boston, MA, pg. 647
SID LEE, Seattle, WA, pg. 140
SID LEE, Montreal, QC, pg. 140
SPARK FOUNDRY, New York, NY, pg. 508
SPARK FOUNDRY, Chicago, IL, pg. 510
SPARKLOFT MEDIA, Portland, OR, pg. 688
SPRINGBOX, Austin, TX, pg. 266
SS+K, New York, NY, pg. 144
STARCOM WORLDWIDE, Chicago, IL, pg. 513
STELLA RISING, Westport, CT, pg. 518
STRUCK, Salt Lake City, UT, pg. 144
SUB ROSA, New York, NY, pg. 200
SULLIVAN BRANDING, Memphis, TN, pg. 415
SUPERHEROES NEW YORK, Brooklyn, NY, pg. 145
SWELLSHARK, New York, NY, pg. 518
SWITCH, Saint Louis, MO, pg. 145
SYZYGY US, New York, NY, pg. 268
TALLWAVE, Scottsdale, AZ, pg. 268
TAXI, Toronto, ON, pg. 146
TBC, Baltimore, MD, pg. 416
TBWA \ CHIAT \ DAY, New York, NY, pg. 416
TEAM ONE, Los Angeles, CA, pg. 417
TERRI & SANDY, New York, NY, pg. 147
THAYER MEDIA, Denver, CO, pg. 519
THE AXIS AGENCY, Century City, CA, pg. 545
THE COMMUNITY, Miami Beach, FL, pg. 545
THE EHRHARDT GROUP, INC., New Orleans, LA, pg. 653
THE IDEA GROVE, Addison, TX, pg. 654
THE MARTIN AGENCY, Richmond, VA, pg. 421
THE MEDIA KITCHEN, New York, NY, pg. 519
THE NARRATIVE GROUP, New York, NY, pg. 654
THE RICHARDS GROUP, INC., Dallas, TX, pg. 422
THE S3 AGENCY, Boonton, NJ, pg. 424
THE SAWTOOTH GROUP, Red Bank, NJ, pg. 152
THE TOMBRAS GROUP, Knoxville, TN, pg. 424
THE WATSONS, New York, NY, pg. 154
THINKSO CREATIVE LLC, New York, NY, pg. 155
THIRD EAR, Austin, TX, pg. 546
TINSLEY ADVERTISING, Miami, FL, pg. 155
TOUCHE!, Montreal, QC, pg. 520
TRAINA DESIGN, San Diego, CA, pg. 20
TRAKTEK PARTNERS, Needham, MA, pg. 271
TRILIA, Boston, MA, pg. 521

TRUMPET ADVERTISING, New Orleans, LA, pg. 157
TWENTY-FIRST CENTURY BRAND, San Francisco, CA, pg. 157
UNIVERSAL MCCANN, New York, NY, pg. 521
UNIVERSAL MCCANN, Los Angeles, CA, pg. 524
UNIVERSAL MEDIA, INC., Mechanicsburg, PA, pg. 525
VENABLES BELL & PARTNERS, San Francisco, CA, pg. 158
VERMILION DESIGN, Boulder, CO, pg. 204
VIRTUE WORLDWIDE, Brooklyn, NY, pg. 159
VLADIMIR JONES, Colorado Springs, CO, pg. 429
VMLY&R, Kansas City, MO, pg. 274
VMLY&R, New York, NY, pg. 160
VMLY&R, Chicago, IL, pg. 160
VSA PARTNERS, INC., Chicago, IL, pg. 204
WAVEMAKER, New York, NY, pg. 526
WEBER SHANDWICK, Birmingham, MI, pg. 662
WIEDEN + KENNEDY, Portland, OR, pg. 430
WIEDEN + KENNEDY, New York, NY, pg. 432
WILLOWTREE, INC., Charlottesville, VA, pg. 535
WILLOWTREE, INC., Durham, NC, pg. 535
WMX, Miami, FL, pg. 276
WUNDERMAN THOMPSON, New York, NY, pg. 434
YOUNG & LARAMORE, Indianapolis, IN, pg. 164
ZAPWATER COMMUNICATIONS, Chicago, IL, pg. 664
ZENITH MEDIA, New York, NY, pg. 529
ZENO GROUP, New York, NY, pg. 664
ZION & ZION, Tempe, AZ, pg. 165

BRANDING AGENCIES

160OVER90
510 Walnut Street
Philadelphia, PA 19106
Tel.: (215) 732-3200
Fax: (215) 732-1664
Web Site: www.160over90.com

Employees: 17
Year Founded: 2000

Discipline: Branding

Christian Carl *(Chief Creative Officer)*
Darryl Cilli *(Founder & Executive Chairman)*
Michael Sprouse *(Chief Financial Officer)*
Matt Yuskewich *(Chief Creative Officer)*
Cory McCall *(Co-Chief Creative Officer & Principal)*
Kimberly Hallman *(Senior Vice President)*
David Burden *(Senior Vice President, Strategy)*
Ryan Brown *(Vice President, Client Services)*
Michelle Woolford *(Associate Director, Public Relations)*
Patrick Macomber *(Group Creative Director)*
Tracy Kopco *(Director, Media & Analytics)*
Kat Saoyen *(Creative Director)*
Alexandra Wittchen *(Director, Strategy)*
Kristen Guernsey Metz *(Group Account Director)*
Ashley Troost *(Project Manager, Media)*
Brittany Resnick *(Media Supervisor)*
Katie Butler *(Account Supervisor)*
Kyle Malone *(Media Planner)*
Michael Duggan *(Manager, Analytics)*
Hillary Crawford *(Senior Digital Producer)*
Ally Martelli *(Group Project Manager)*

Accounts:
Arizona Coyotes
University of Oregon

6AM MARKETING
2901 West Beltline Highway
Madison, WI 53713
Tel.: (608) 232-9696
Fax: (608) 232-9636
Toll Free: (800) 356-8362
Web Site: www.6ammarketing.com

Year Founded: 2014

Discipline: Branding

Wayne Harris *(President)*
Bill Patton *(Executive Creative Director)*
Ian Mullarney *(Director, Web Development & Digital)*
Jill Skowronski *(Director, Strategy & Accounts)*
John Scapes *(Senior Director, Art)*

6P MARKETING
44 Princess Street
Winnipeg, MB R3B 1K2
Tel.: (204) 772-4061
Web Site: www.6pmarketing.com

Year Founded: 1999

Discipline: Branding

Paul Provost *(President & Founder)*
Robert Mensies *(Director, Client Strategy)*
Tracey Winch *(Director, Client Services)*

Lisa Paille *(Manager, Culture & Operations)*
Brent Smith *(Senior Brand Strategist & Marketing Planner)*

ACCESS BRAND COMMUNICATIONS
1285 Avenue of the Americas
New York, NY 10019
Tel.: (212) 805-8000
Web Site: accesstheagency.com/

Employees: 20
Year Founded: 2005

Discipline: Branding

Talley Summerlin *(Senior Vice President)*
Anna Boisvert *(Senior Vice President & Group Director, Consumer)*
Hannah Longman *(Vice President)*
Christine Ropke *(Account Director)*
Clare Nordstrom *(Senior Account Executive)*
Elizabeth Trocchia *(Assistant Account Executive)*
Bob Osmond *(Senior Vice President & General Manager - New York & Director, Client Services)*

Accounts:
Filippo Berio
Lysol
NETGEAR, Inc.

ACQUIRE
305 Church at North Hills Street
Raleigh, NC 27609
Tel.: (919) 817-1418
Web Site: www.acquirerdu.com

Year Founded: 2013

Discipline: Branding

Zack Schuch *(Chief Executive Officer & National Director, Operations)*
Grant Gulledge *(Managing Partner)*

ADRENALIN, INC.
54 West 11th Avenue
Denver, CO 80204
Tel.: (303) 454-8888
Fax: (303) 454-8889
Toll Free: (888) 757-5646
Web Site: www.goadrenalin.com

Year Founded: 1997

Discipline: Branding

Daniel Price *(Principal & President)*
Rick Fillmon *(Principal & Vice President, Business Operations)*
Jessica McGurn *(Senior Director, Brand Strategy)*

Accounts:
Harlem Globetrotters

AGENCY 850
940 Canton Street
Roswell, GA 30075
Toll Free: (855) 580-8101

Web Site: www.agency850.com

Discipline: Branding

Chris DeBlasio *(Chief Executive Officer & Executive Producer)*
Jon Kelly *(Chief Operating Officer)*
Kristopher Drees *(Media Director)*
Luis Rivera *(Digital Content Creator)*

AGENCY UNDERGROUND
805 Mainstreet
Minneapolis, MN 55434
Tel.: (612) 578-5104
Web Site: www.agencyunderground.com

Year Founded: 2013

Discipline: Branding

Robert Casserly *(Partner & Strategic Director)*
Bob Rice *(Writer & Executive Director)*

ANSIRA
13155 Noel Road
Dallas, TX 75240
Toll Free: (800) 231-8179
Web Site: www.ansira.com

Employees: 80
Year Founded: 1996

Discipline: Branding

David Pierpont *(Senior Vice President, Performance Media)*
Justin Trudel *(Senior Vice President, Corporate Development)*
Mark Miller *(Vice President, Media Strategy)*
Shaun Parnell *(Vice President, Technology Integration & Analytics)*
Dave Schroeder *(Vice President, Technology & Delivery)*
Megan DuBose *(Assistant Vice President, Strategy)*

Accounts:
Wilsonart International, Inc.

ANY_
12-16 Vestry Street
New York, NY 10012
Tel.: (917) 202-5693
Web Site: www.weareany.com

Year Founded: 2015

Discipline: Branding

Assaf Dagan *(Co-Founder & Chief Creative Officer)*
Roy Lotan *(Co-founder & Chief Design Officer)*
Erica Remmele *(Head, Studio)*
Alexandra Frank *(Brand Strategy Manager)*

ARCHRIVAL, INC.
720 O Street
Lincoln, NE 68508
Tel.: (402) 435-2525
Fax: (402) 435-8937
Web Site: www.archrival.com

Brands. Marketers. Agencies. Search Less. Find More.
Try out the online version at www.winmo.com

AGENCIES - JULY, 2020 — BRANDING AGENCIES

Year Founded: 1997

Discipline: Branding

Sarah Yost *(Head, Workflow & Production)*
Dan Gibson *(Creative Director)*
Eileen Flynn *(Director, Field Marketing)*
Jesseca Marchand *(Director, Operations)*
Amy Filipi *(Communication Manager)*
Joel Kreutzer *(Head, Design & Senior Designer)*
Clint Runge *(Managing Director)*

Accounts:
Red Bull North America, Inc.

ATHORN, CLARK & PARTNERS
21 West 46th Street
New York, NY 10036
Tel.: (212) 457-6152
Web Site: athornclark.com

Year Founded: 1998

Discipline: Branding

George Clark *(Owner)*
John Athorn *(Co-Chairman)*
Jason Chiusano *(Director, Design & Production)*

ATLANTIC 57
The Watergate
Washington, DC 20037
Tel.: (202) 266-7000
Web Site: www.atlantic57.com

Year Founded: 2012

Discipline: Branding

Kate Watts *(President)*
Merrill Wasser *(Vice President, Strategy, Growth & Marketing)*
Russell Gossett *(Creative Director, Product)*
Eric Rosato *(Head, Business Strategy & Operations)*
Janeen Williamson *(Associate Director, Strategy & Growth)*
Gabriel Muller *(Senior Creative Producer, Editorial)*
Anna Nussbaum *(Senior Manager, Strategy)*
Kim Kaull *(Senior Manager, Marketing)*
Jenny Pally *(Designer, Product)*
Ali Epstein *(Strategy Associate)*
Adam Fisher *(Senior Editorial Associate)*

Accounts:
The Atlantic

AYZENBERG GROUP, INC.
49 East Walnut Street
Pasadena, CA 91103
Tel.: (626) 584-4070
Fax: (626) 584-3954
Web Site: www.ayzenberg.com

Employees: 35
Year Founded: 1993

Discipline: Branding

Eric Ayzenberg *(Chief Executive Officer)*
Chris Younger *(President)*
Vincent Juarez *(Chief Media Officer)*
Gary Goodman *(Chief Creative Officer)*
Stuart Pope *(Chief Communications Officer)*
Edgar Davtyan *(Principal & Chief Finance Officer)*
Scott Cookson *(Executive Vice President & Executive Creative Director)*

Bill Buckley *(Vice President, Brand Integration)*
Justin Hills *(Vice President, Client Services)*
James Kim *(Vice President, Client Services)*
Michael Marina *(Vice President, Digital)*
Matt Rice *(Vice President, Creative Operations)*
Erik Schmitt *(Creative Director)*
Sean Brust *(Associate Creative Director)*
Caroline Collins *(Account Director, Social Media)*
Clarence Lansang *(Head, Illustration & Creative Director)*
Gary Seastrom *(Art Director)*
Justin Kirby *(Account Director)*
Matt Bretz *(Executive Creative Director)*
Noah Eichen *(Creative Director)*
Max Ornstein *(Senior Account Executive)*

BAILEY BRAND CONSULTING
200 West Germantown Pike
Plymouth Meeting, PA 19462-1047
Tel.: (610) 940-9030
Fax: (610) 940-2254
Web Site: www.baileygp.com

Employees: 35
Year Founded: 1985

Discipline: Branding

Christopher Bailey *(President & Chief Executive Officer)*
Jamie Gailewicz *(Vice President, Client Services)*
Steve Perry *(Creative Director)*
Amy Grove *(Associate Creative Director)*
Ben Knepler *(Director, Brand Strategy)*
Cheryl Camuso *(Brand Director)*
Jenn Lucas *(Director, Finance & Administration)*
Danielle Palladino *(Brand Director)*
Emily Zuwiala-Rogers *(Art Director)*
Sam Wallis *(Art Director)*
Gary LaCroix *(Associate Creative Director)*
Eric Yeager *(Associate Creative Director & Director, Media Production)*
Dan Nocket *(Senior Web Developer)*
Travis Jones *(Account Manager)*
Ed Zachmeyer *(Digital Solutions Manager)*
Chad Wetzel *(Account Manager)*
Colin George *(Content Strategist)*
Dawn Chrisman *(Financial Coordinator)*
Rachel Trainer *(Digital Marketing Coordinator)*

BAILEY LAUERMAN
12655 West Jefferson Boulevard
Los Angeles, CA 90066
Tel.: (323) 457-4088
Web Site: www.baileylauerman.com

Year Founded: 1970

Discipline: Branding

Gwen Ivey *(Group Account Director)*

Accounts:
Bosch Auto Parts
Cuties

BAKER BRAND COMMUNICATIONS
3015 Main Street
Santa Monica, CA 90405
Tel.: (310) 393-3993
Fax: (310) 394-4705
Web Site: www.bakerbuilds.com

Employees: 20

Year Founded: 1984

Discipline: Branding

Gary Baker *(Owner, President & Executive Creative Director)*
Jill Stephens *(Vice President, Business Development)*

BAM CONNECTION
20 Jay Street
Brooklyn, NY 11201
Tel.: (718) 801-8299
Web Site: www.thebam.com

Year Founded: 2013

Discipline: Branding

Rob Baiocco *(Chief Creative Officer & Co-Founder)*
Maureen Maldari *(Chief Executive Officer)*
Stephen Kraus *(Deputy Chief Creative Officer)*
Gary Ennis *(Director, Creative)*
Anthony DelleCave *(Managing Director)*

Accounts:
Akorn, Inc.
Barone Fini
Bausch Health Companies Inc.
Keystone Canna Remedies
Layer Cake Wines
Redemption Rye Whiskey
Terlato Wine Group
Yellow Tail
ZTE USA, Inc.

BBMG
20 Jay Street
Brooklyn, NY 11201
Tel.: (212) 473-4902
Fax: (212) 473-6914
Web Site: www.bbmg.com

Year Founded: 2003

Discipline: Branding

Raphael Bemporad *(Founding Partner & Chief Strategy Officer)*
Ankur Naik *(Account Team Lead)*

BEAKBANE MARKETING, INC.
150 King Street West
Toronto, ON M5H 1J9
Tel.: (416) 787-4900
Fax: (416) 787-9665
Web Site: www.beakbane.com

Employees: 11
Year Founded: 1986

Discipline: Branding

Tom Beakbane *(President)*
Dale Moser *(Creative Director)*
Lou Arenas *(Account Director)*

BEAR IN THE HALL
17 Murray Street
New York, NY 10007
Tel.: (646) 460-0647
Fax: (646) 460-0647
Web Site: bearinthehall.com

Discipline: Branding

Tom Cook *(Chief Creative Officer)*
Nicole Bonito *(President)*

Brands. Marketers. Agencies. Search Less. Find More.
Try out the online version at www.winmo.com

BRANDING AGENCIES

AGENCIES - JULY, 2020

Geraldine Szabo *(Director, Planning)*
Philip Pignato *(Junior Graphic Designer)*

BESON 4 MEDIA GROUP
13500 Sutton Park Drive
Jacksonville, FL 32224
Web Site: www.beson4.com

Year Founded: 1998

Discipline: Branding

AJ Beson *(President & Chief Executive Officer)*
Mike Hicks *(Executive Vice President)*
Stephanie Autry *(Director, Business Development)*
Tim Hamby *(Director, Creative)*
Courtney Cooper *(Manager, Creative Operations)*
Kayla Brooke *(Manager, Account)*

BHW1 ADVERTISING
522 West Riverside Avenue
Spokane, WA 99201
Tel.: (509) 456-8640
Web Site: bhw1.com

Year Founded: 1996

Discipline: Branding

Lorri Johnston *(Senior Art Director)*
Jamie Sijohn *(Account Manager)*
Nancy Nabors *(Manager, Business)*
Karen Kager *(Manager, Production & Traffic)*
Russ Wheat *(Account Supervisor)*

BIG RED ROOSTER
121 Thurman Avenue
Columbus, OH 43206
Tel.: (614) 255-0200
Fax: (614) 255-0205
Web Site: www.bigredrooster.com

Year Founded: 2002

Discipline: Branding

Aaron Spiess *(Executive Vice President & Founder)*
Diane Perduk Rambo *(Executive Vice President & Creative Director)*
Josh Broehl *(Senior Vice President)*
Tammy Kavicky *(Vice President, Strategy)*
Stephen Jay *(Senior Vice President & Managing Director)*
Jaymie Gelino *(Senior Vice President, Operations)*
Staci Mandrell *(Senior Vice President & Managing Director)*
Dana Fleming *(Vice President, Merchandising)*
Michelle Isroff *(Vice President, Design)*
Mary Margaret Connell *(Vice President, Development)*

Accounts:
Rheem Air Conditioners & Heating

BIG RIVER
515 Hull Street
Richmond, VA 23223
Tel.: (804) 864-5363
Fax: (804) 864-5373
Web Site: www.bigriveradvertising.com

Employees: 8
Year Founded: 2001

Discipline: Branding

Fred Moore *(President & Chief Executive Officer)*
Geoff Stone *(Creative Director)*
Jan Crable *(Director, Communication Strategy)*

Accounts:
Anthem BlueCross BlueShield of Virginia
Mini MoonPie

BIGEYE AGENCY
3203 Lawton Road
Orlando, FL 32803
Tel.: (407) 839-8599
Web Site: bigeyeagency.com

Year Founded: 2011

Discipline: Branding

Justin Ramb *(President)*
Sandra Marshall *(Vice President, Client Services)*
Seth Segura *(Vice President, Creative)*
Timothy McCormack *(Vice President, Media & Analytics)*
Sarah Huskins *(Manager, Account)*
Dana Cassell *(Senior Manager, Strategy)*
Karen Hidalgo *(Associate Account Manager)*
Matt Hutchens *(Producer, Video)*

BLACK TWIG, LLC
7711 Bonhomme Avenue
Saint Louis, MO 63105
Tel.: (314) 255-2340
Fax: (314) 255-2353
Web Site: www.blacktwigllc.com

Year Founded: 2006

Discipline: Branding

Tom Gatti *(Partner & Director, Business Development)*
Lauren Freinberg *(Partner)*
Mary DeHahn *(Partner, Consulting)*
Nick Benedick *(Partner)*

BLUESPACE CREATIVE
1205 Broadway
Denison, IA 51442
Mailing Address:
Post Office Box 158
Denison, IA 51442
Tel.: (712) 263-2211
Fax: (712) 263-2213
Toll Free: (866) 860-2583
Web Site: www.bluespacecreative.com

Discipline: Branding

Scott Winey *(Founder & President)*
Nate Perry *(Creative Director)*
Aaron Lingren *(Account & Design Manager - Wells Fargo Bank)*
Luke Vaughn *(Brand Manager)*

Accounts:
Wells Fargo

BOLT
1415 South Church Street
Charlotte, NC 28203-4116
Tel.: (704) 372-2658
Fax: (704) 372-2655
Web Site: www.boltgroup.com

Employees: 20
Year Founded: 1985

Discipline: Branding

Ed Holme *(Principal & Business Development)*
Jamey Boiter *(Principal & Director, Brand Development)*

BRAND INSTITUTE, INC.
200 Southeast First Street
Miami, FL 33131
Tel.: (305) 374-2500
Fax: (305) 374-2504
Toll Free: (800) 527-2637
Web Site: www.brandinstitute.com

Employees: 100
Year Founded: 1993

Discipline: Branding

William Johnson *(President, United States Eastern & Canada)*
Can Celebican *(Vice President, Global Business Development)*
Mary Lewis *(Director, Business Development)*

BRAND INSTITUTE, INC.
400 Corporate Pointe
Culver City, CA 90230
Tel.: (310) 830-6111
Fax: (310) 830-6119
Toll Free: (800) 527-2637
Web Site: www.brandinstitute.com

Year Founded: 1993

Discipline: Branding

Dave Dettore *(President, Western Division & Asia)*
Solome Zerfu *(Associate Director, Brand Development - Los Angeles)*

BRAND NEUE CO
2907 Central Avenue
Homewood, AL 35209
Tel.: (205) 588-4226
Web Site: www.brandneue.co

Year Founded: 2014

Discipline: Branding

Roger Ellenburg *(Founding Partner)*
Doug Sappington *(Founding Partner)*
Joey Graddy *(Partner & Creative Director)*

Accounts:
Royal Cup, Inc.

BRAND RESOURCES GROUP
110 South Union Street
Alexandria, VA 22314
Tel.: (703) 739-8350
Fax: (703) 739-8340
Web Site: www.brgcommunications.com/

Employees: 10
Year Founded: 2001

Discipline: Branding

Jane Barwis *(Founder & President)*
Shannon McDaniel *(Senior Vice President)*

BRAND THIRTY-THREE
1622 Gramercy Avenue
Torrance, CA 90501
Tel.: (310) 320-4911
Fax: (310) 320-2875

Brands. Marketers. Agencies. Search Less. Find More.
Try out the online version at www.winmo.com

AGENCIES - JULY, 2020 — BRANDING AGENCIES

Web Site: www.brand33.com
Employees: 9
Discipline: Branding

Mike Dean *(President & Chief Executive Officer)*
Richard Rothenberg *(Chief Financial Officer)*
Jamie Graupner *(Creative Director)*
Jennie Tankai *(Media & Print Buyer)*

BRANDDEFINITION
121 West 27th Street
New York, NY 10001
Tel.: (212) 660-2555
Web Site: brand-definition.com

Year Founded: 2010

Discipline: Branding

Chris Hertzog *(Director, Digital Media Services)*
Howard Carder *(Director, Editorial)*
Philip Weiss *(Director, Operations)*
Daniel O'Connell *(Managing Director)*

Accounts:
Enterprise Ireland
JVC Company of America
Sunbrite TV, LLC

BRANDEXTRACT, LLC
7026 Old Katy Road
Houston, TX 77024
Tel.: (713) 942-7959
Fax: (713) 942-0032
Web Site: www.brandextract.com

Year Founded: 2005

Discipline: Branding

Greg Weir *(Partner & Vice President, Digital Marketing & Analytics)*
Malcolm Wolter *(Partner & Vice President, Digital)*
Bo Bothe *(President & Chief Executive Officer)*
Jonathan Fisher *(Chairman)*
Cynthia Stipeche *(Director, Brand Experience)*
Elizabeth Tindall *(Brand Strategist)*
Leigh Anne Bishop *(Project Manager, Digital)*

BRANDGENUITY, LLC
1700 Broadway
New York, NY 10019
Tel.: (212) 925-0730
Fax: (212) 924-9060
Web Site: www.brand-genuity.com

Employees: 8
Year Founded: 2003

Discipline: Branding

Adina Avery-Grossman *(Partner & Managing Director)*
Louis Drogin *(Partner)*
Jay Asher *(Partner)*
Andrew Topkins *(Partner & Owner)*
Rachel Humiston *(Senior Director, Client Services)*

BRANDINGBUSINESS
One Wrigley
Irvine, CA 92618
Fax: (949) 586-1201
Web Site: www.brandingbusiness.com

Employees: 48
Year Founded: 1994

Discipline: Branding

Ray Baird *(Founding Partner)*
Ryan Rieches *(Founding Partner, Strategy)*
Alan Brew *(Founding Partner)*
Michael Dula *(Founding Partner & Chief Creative Officer)*
Pam Walker *(Director, Finance & Human Resources)*

Accounts:
Permlight Products, Inc.
Toyota Material Handling USA, Inc.
Villeroy & Boch Bathroom and Wellness

BRANDSAVVY, INC.
8822 South Ridgeline Boulevard
Highlands Ranch, CO 80129
Tel.: (303) 471-9991
Fax: (720) 344-2394
Toll Free: (877) 471-9991
Web Site: www.brandsavvyinc.com

Employees: 9

Discipline: Branding

Gary Naifeh *(Principal & Owner)*
Karl Peters *(Creative Director)*

BRANDTHROPOLOGY INC.
266 Pine Street
Burlington, VT 05401
Tel.: (802) 862-2400
Fax: (802) 304-1006
Toll Free: (888) 862-2400
Web Site: www.brandthropology.com/

Discipline: Branding

Matthew Dodds *(Chief Brandthropologist)*
Anne Dodds *(Media Brandthropologist)*

BRANDTRUST, INC.
444 North Michigan Avenue
Chicago, IL 60611
Tel.: (312) 440-1833
Fax: (312) 440-9987
Web Site: www.brandtrust.com

Year Founded: 1998

Discipline: Branding

Daryl Travis *(Founder & Chief Executive Officer)*
Carmie Stornello *(Director, People Operations)*
Ed Jimenez *(Creative Director)*
Dave Healing *(Group Director, Client Services)*
Erin Kelly *(Group Director, Client Development & Marketing)*
Christian Lauffer *(Director, Client Services - Insights)*
Beth Wozniak *(Finance Director)*
Meghan Bryan *(Senior Manager, Client Development)*
Gillian Carter *(Senior Marketing Manager, Client Development)*
Jenny Forsman *(Designer)*
Sophia Tang *(Client Development Strategist, Insights & Analytics)*

BRICKHOUSE DESIGN
11338 Big Canoe
Jasper, GA 30143

Tel.: (706) 268-1437
Web Site: www.brickhousedesign.com

Employees: 2

Discipline: Branding

Paul Foretich *(Principal)*
Karen Webster *(Principal)*

BRIDGEMARK
77 City Centre Drive
Mississauga, ON L5B 2N5
Tel.: (905) 281-7240
Fax: (905) 270-3601
Toll Free: (866) 335-9457
Web Site: www.bridgemarkbranding.com

Discipline: Branding

Steve Davis *(President)*
Michael Giller *(Vice President & Account Director)*
Doug Robson *(Account Director)*

BRITTON MARKETING & DESIGN GROUP
6112 Constitution Drive
Fort Wayne, IN 46804
Tel.: (260) 469-0450
Toll Free: (866) 357-6687
Web Site: www.brittonmdg.com

Year Founded: 2006

Discipline: Branding

Susan Britton *(Owner & Principal Creative Director)*
Amy Reff *(Associate Creative Director)*
Melissa Hoch *(Project Manager, Traffic & Account)*

BSY ASSOCIATES
960 Holmdel Road
Holmdel, NJ 07733
Tel.: (732) 817-0400
Fax: (732) 817-1411
Toll Free: (800) 231-8244
Web Site: www.bsya.com

Discipline: Branding

Barbara Spector Yeninas *(Senior Partner & Chief Executive Officer)*
Lisa LoManto Aurichio *(President, Public Relations & Marketing)*

C3
10955 Granada Lane
Overland Park, KS 66211
Tel.: (913) 491-6444
Fax: (913) 491-3677
Toll Free: (800) 452-6444
Web Site: www.c3brandmarketing.com

Year Founded: 1987

Discipline: Branding

Bob Cutler *(Chief Executive Officer)*
Jennifer Loper *(President)*
Jodi Bertram *(Account Director)*

CALLAHAN CREEK
805 New Hampshire Street
Lawrence, KS 66044

Brands. Marketers. Agencies. Search Less. Find More.
Try out the online version at www.winmo.com

BRANDING AGENCIES

AGENCIES - JULY, 2020

Tel.: (785) 838-4774
Fax: (785) 838-4033
Web Site: www.callahancreek.com

Employees: 55
Year Founded: 1982

Discipline: Branding

John Kuefler *(Executive Vice President, Chief Digital Officer)*
Sarah Etzel *(Chief Financial Officer)*
Jan-Eric Anderson *(Chief Strategy Officer & Vice President)*
Chris Marshall *(President & Chief Executive Officer)*
Paul Behnen *(Chief Creative Officer)*
Zack Pike *(Vice President, Strategy & Marketing Analytics)*
Cecilia Riegel *(Media Director)*
Greg Haflich *(New Business Director)*
Rachel Rubin *(Media Account Lead)*
Mark Tribble *(Director, Account Management)*
Shelly Deveney *(Group Account Director & Director, Operations)*
Ben Smith *(Director, Social & Emerging Media)*
Chris Ralston *(Senior Art Director)*
Dee Myers *(Director, Human Resources)*
Jacqueline Harmon *(Group Account Director)*
Krista Thorson *(Account Supervisor)*
Kyle Babson *(Social Media Content Strategist)*
Adrianne Hernandez *(Social Media Specialist)*
Lisa Frey *(Account Supervisor)*
Jeff Daniels *(Account Supervisor)*
Megan Spreer *(Senior Social Media Manager)*
Emily Holliday *(Senior Social Media Community Manager)*
Amy Young *(Account Supervisor)*
Brandi Frye *(Senior Account Manager)*
Sara Fisk *(Senior Campaign Analyst)*
Sonya Collins *(Senior Graphic Designer)*

Accounts:
Cici's Pizza
Elevate Dog Food
Hill's Pet Nutrition, Inc.

CANNONBALL AGENCY
8251 Maryland Avenue
Saint Louis, MO 63105
Tel.: (314) 445-6400
Fax: (314) 726-3359
Web Site: www.cannonballagency.com

Year Founded: 2004

Discipline: Branding

Stacy Goldman *(Principal & Chief Strategist)*
Steve Hunt *(Chief Creative Officer)*
Mike Binnette *(Creative Officer)*
Jeff Mahar *(Senior Vice President & Digital Marketing Director)*
Douglas Murdoch *(Vice President, Advertising)*
Lauren Steiner *(Executive Account Director)*
Aric Jost *(Creative Director)*
Cori Wilson *(Account Director)*
Dave Stallman *(Creative Director)*
Joseph Bishop *(Creative Director)*
Tony McCue *(Associate Creative Director)*
Mary Jarnagin *(Business Manager, Broadcast Production)*

CATALYST MARKETING COMPANY
1466 Van Ness Avenue
Fresno, CA 93721
Tel.: (559) 252-2500
Fax: (559) 777-8686
Web Site: www.teamcatalyst.com

Employees: 35
Year Founded: 1975

Discipline: Branding

Mark Astone *(Chief Executive Officer)*
Vikki Pass *(Media Director)*
Monica Arnaldo *(Media Planner & Media Buyer)*
Michele Raffanello *(Senior Media Planner & Buyer)*
Stephanie Stoven *(Senior Media Planner & Buyer)*

CHANGEUP
700 West Pete Rose Way
Cincinnati, OH 45203
Toll Free: (844) 804-7700
Web Site: www.changeupinc.com

Year Founded: 2014

Discipline: Branding

Lee Carpenter *(Founding Partner & Chief Executive Officer)*
Lynn Gonsior *(Partner & Chief Operating Officer)*
Bill Chidley *(Partner & Strategy Lead)*
Caitlin Neyer *(Director, Strategic Partnerships)*
Ryan Brazelton *(Executive Creative Director)*
Jamie Cornelius *(Executive Creative Director)*
Glen Middleton *(Executive Director, Architecture)*
Andrew Carpenter *(Director, Strategic Partnerships)*

CHARACTER
447 Battery Street
San Francisco, CA 94111
Tel.: (415) 227-2100
Fax: (415) 227-2191
Web Site: www.charactersf.com

Employees: 6
Year Founded: 1999

Discipline: Branding

Benjamin Pham *(Co-Founder & Creative Director)*
Tish Evangelista *(Principal & Creative Director)*
Rishi Shourie *(Partner & Creative Director)*
Anna Boyarsky *(Head, Growth)*
Andy Giles *(Director, Client Partnerships)*
Melanie Wood *(Director, Program Management)*
Matt Carvalho *(Director, Digital)*
Hayley Decker *(Senior Brand Strategist)*

CHARACTER LLC
1925 Northwest Overton Street
Portland, OR 97209
Tel.: (503) 223-3999
Web Site: www.characterweb.com

Employees: 6
Year Founded: 2002

Discipline: Branding

David Altschul *(President & Partner)*
Jim Hardison *(Owner & Creative Director)*
Sara Vasquez *(Account Director)*
Wayne Rowe *(Sales Manager)*

CI&T
1330 Broadway
San Francisco, CA 94612
Web Site: www.us.ciandt.com

Year Founded: 2006

Discipline: Branding

Thelton McMillian *(Chief Growth Officer)*
Young Pham *(Chief Strategy Officer)*
Darren Murata *(Experience Strategist)*
Christy McMillian *(Head, Speaking Engagements)*

Accounts:
Bank of the West, Inc.

CLEAN
6601 Six Forks Road
Raleigh, NC 27615
Tel.: (919) 544-2193
Fax: (919) 473-2200
Web Site: www.cleaninc.com

Employees: 1
Year Founded: 1996

Discipline: Branding

Jeremy Holden *(Co-Chair, Owner)*
Natalie Perkins *(Chief Executive Officer)*
Lance Baker *(Chief Financial Officer)*
Bob Ranew *(Co-Creative Director)*
Glen Fellman *(Executive Creative Director)*
Jon Parker *(Associate Design Director)*
Alice Brady *(Associate Creative Director)*
Alexa Tesoriero *(Director, New Manager)*

Accounts:
Carolina Ale House
Hyster
InvisAlign
Kenan-Flagler School of Business
Lenovo Group Limited
Moses H. Cone Health System
North Carolina State University
Sensus

CLOUDRAKER
1435 rue Saint-Alexandre
Montreal, QC H3A 2G4
Tel.: (514) 499-0005
Fax: (514) 499-0525
Web Site: www.cloudraker.com

Discipline: Branding

Thane Calder *(Founder & Chief Executive Officer)*
Pascal Hebert *(President)*

CO:COLLECTIVE, LLC
419 Park Avenue South
New York, NY 10003
Tel.: (212) 505-2300
Fax: (646) 380-4687
Web Site: www.cocollective.com

Year Founded: 2010

Discipline: Branding

Rosemarie Ryan *(Co-Founder & Co-Chief Executive Officer)*
Ty Montague *(Co-Founder & Co-Chief Executive Officer)*
Neil Parker *(Chief Strategy Officer & Co-Founder)*
Scott Mitchell *(Chief Financial Officer)*
Amanda Ginzburg *(Head, Marketing)*

winmo — Brands. Marketers. Agencies. Search Less. Find More.
Try out the online version at www.winmo.com

AGENCIES - JULY, 2020 — BRANDING AGENCIES

Jessica Ash *(Strategy Lead)*
Marilyn Markman *(Strategy Lead)*
Liz Henry *(Senior Manager, Business Development)*
Kelli MacDonald *(Managing Director)*

Accounts:
Youtube.com

COMMUNICATIONS DG4, INC.
1001 Rue Lenoir
Montreal, QC H4C 2Z6
Tel.: (514) 933-2420
Fax: (514) 931-4143
Web Site: www.dg4.com

Employees: 6
Year Founded: 1979

Discipline: Branding

Karen Peters *(Finance Manager & Principal)*
Ted Krajewski *(Production Manager)*

CONE, INC.
290 Congress Street
Boston, MA 02210
Tel.: (617) 227-2111
Fax: (617) 523-3955
Web Site: www.conecomm.com

Year Founded: 1980

Discipline: Branding

Mike Lawrence *(Executive Vice President & Chief Reputation Officer)*
Allison DaSilva *(Executive Vice President)*
Marc Berliner *(Senior Vice President)*
Stephanie Doherty *(Vice President)*
Sarah Faith *(Vice President)*
Chrissy Redmond *(Vice President)*
Molly Finnegan *(Vice President)*
Emily Carlucci *(Vice President, Human Recourses)*
Molly Owen *(Manager, Account)*
Andrea List *(Senior Manager, Insights)*
Katie Morrison *(Account Manager)*
Katy Cirrone *(Account Supervisor)*
Hannah Charney *(Account Executive)*
Caroline Regan *(Account Supervisor)*
Ameara Harb *(Senior Account Executive)*

Accounts:
Ben & Jerry's Homemade, Inc.
Chicco USA, Inc.
Jiffy Lube
OrthoLite

CONTRAST & CO
2200 Somerville Road
Annapolis, MD 21401
Tel.: (410) 703-5378
Web Site: www.contrastandco.com/m

Year Founded: 2015

Discipline: Branding

Carin Pachner *(Chief Executive Officer)*
Dharma Pachner *(Founder & Creative Director)*

Accounts:
Unison
Wiley

CORE STRATEGY GROUP
3000 Old Alabama Road
Alpharetta, GA 30022
Tel.: (404) 307-3903
Toll Free: (877) 604-6743
Web Site: www.corestrategygroup.com

Employees: 90
Year Founded: 1999

Discipline: Branding

Scott Miller *(Chief Executive Officer)*

CRAMER
425 University Avenue
Norwood, MA 02062
Tel.: (781) 278-2300
Fax: (781) 278-8464
Web Site: www.cramer.com

Employees: 150
Year Founded: 1982

Discipline: Branding

Rich Sturchio *(President)*
Thom Faria *(Chief Executive Officer)*
Patrick Martin *(Partner, Client Services)*
Tim Martin *(Executive Vice President, Operations)*
T. J. Martin *(Executive Vice President & Group Director)*
Julie Walker *(Executive Vice President)*
Greg Martin *(Senior Vice President, Finance)*
Ian McGonnigal *(Senior Vice President, Strategic Accounts)*
Julie Ogles *(Senior Vice President, Operations)*
Angel Micarelli *(Senior Vice President, Strategy & Content)*
Scott Connolly *(Senior Vice President, Business Solutions)*
Steven Johnson *(Senior Vice President, Creative Services)*
Christine Fleming *(Vice President, Human Resources)*
Edward Feather *(Director, Account Services)*
Mark Wilson *(Executive Creative Director)*
Bill Foley *(Senior Director, Business Solutions)*
Brad Harris *(Associate Creative Director)*
Doug Randall *(Creative Director, Corporate Events)*
Joseph Case *(Director, Video)*
Kristine M. Bostrom *(Director, Finance Planning & Analysis)*
Kate Romano *(Marketing Director)*
Michael Powers *(Director, Animation)*
Mark J. Slater *(Associate Creative Director)*
Timothy Owens *(Creative Director)*
Katie Lynch *(Senior Manager, Proposal)*
Scott Palmer *(Managing Director - Cramer Motion Studios)*

CSE, INC.
150 Interstate North Parkway, Southeast
Atlanta, GA 30339
Tel.: (770) 955-1300
Fax: (770) 952-5691
Web Site: www.groupcse.com

Year Founded: 1986

Discipline: Branding

Lonnie Cooper *(Chairman & Founder)*
Monty Mullig *(President, Digital - IfThen)*
Jay Weiner *(Senior Vice President, Finance)*
Lori Adams Murphy *(Senior Vice President, User Experience)*
Jelanii Reed *(Vice President, Client Leadership)*

Accounts:
AT&T Mobility, LLC
Atlanta Hawks
The Coca-Cola Company
The PGA of America

CUE, INC.
520 Nicollet Mall
Minneapolis, MN 55402
Tel.: (612) 465-0030
Web Site: www.designcue.com

Employees: 4
Year Founded: 2004

Discipline: Branding

Ed Mathie *(Partner & Managing Director)*
Alan Colvin *(Partner & Creative Director)*

D & I CREATIVE
3254 Larimer Street
Denver, CO 80205
Tel.: (303) 292-3455
Fax: (303) 292-3424
Web Site: dandicreative.com

Employees: 7
Year Founded: 1971

Discipline: Branding

Ben Gust *(Partner & Director, Design)*
Eli Gerson *(Partner & Interactive Director)*

DDM MARKETING & COMMUNICATIONS
100 Grandville Southwest
Grand Rapids, MI 49503
Tel.: (616) 454-0505
Fax: (616) 454-1134
Toll Free: (888) 223-0505
Web Site: www.ddmnet.com

Year Founded: 1990

Discipline: Branding

Mike McCarthy *(Partner, Principal & President)*
Mark Blodger *(Principal)*
Jennifer Beadling *(Account Manager & Account Manager Team Lead)*
JoAnne Gritter *(Operations Director)*
Britany Bell *(Digital Media Planner & Buyer)*
Troy Boehm *(Digital Marketing Manager)*
Brianne Novak *(Content & Social Media Administrator)*
Ann Hansen *(Media Strategist)*

DELIA ASSOCIATES
456 Route 22 West
Whitehouse, NJ 08888
Mailing Address:
Post Office Box 338
Whitehouse, NJ 08888
Tel.: (908) 534-9044
Fax: (908) 534-6856
Web Site: www.delianet.com

Employees: 3
Year Founded: 1964

Discipline: Branding

Ed Delia *(President)*
Lori Delia *(Vice President & General Counsel)*
Richard Palatini *(Director, Creative & Brand*

Brands. Marketers. Agencies. Search Less. Find More.
Try out the online version at www.winmo.com

BRANDING AGENCIES

Strategy)

DENNEEN & COMPANY
222 Berkeley Street
Boston, MA 02116
Tel.: (617) 236-1300
Fax: (617) 267-5001
Web Site: www.denneen.com/

Employees: 8
Year Founded: 1993

Discipline: Branding

Mark Denneen *(President & Chief Executive Officer)*
John Clevenger *(Executive Vice President)*

DESKEY INTEGRATED BRANDING
120 East Eighth Street
Cincinnati, OH 45202-2118
Tel.: (513) 721-6800
Fax: (513) 639-7575
Web Site: www.deskey.com

Employees: 60
Year Founded: 1929

Discipline: Branding

Doug Studer *(President & Chief Executive Officer)*
Doug Sovonick *(Chief Creative Officer)*
Becky Hyde–Nordloh *(Chief Financial Officer)*
Amanda Matusak *(Vice President, Brand Strategy)*
Joe Kruse *(Vice President, Client Services)*
Lianna McKenzie *(Creative Director)*
Andy Snyder *(Director, Business Development)*
Christy Hannegan *(Director, Operations)*
Debbie Happe *(Account Director)*

DREAMSPAN
11645 North Cave Creek Road
Phoenix, AZ 85020
Tel.: (602) 354-7640
Fax: (602) 354-7641
Web Site: www.dreamspan-pi.com

Discipline: Branding

Gary Kehoe *(Chief Executive Officer)*
Johnathan Hall *(Chief Financial Officer)*
Ron Pannuzzo *(President)*
Cecile Kehoe *(Chief Operating Officer)*

EARTHBOUND BRANDS
156 Fifth Avenue
New York, NY 10010
Tel.: (646) 873-3800
Web Site: www.earthboundbrands.com

Year Founded: 2000

Discipline: Branding

Jeff Cohen *(Co-Founder)*
Susan McKenna *(Vice President, Creative Services & Brand Development)*
Ryane Montanez *(Director, Marketing)*
Mikaela Klimovitz *(Associate Manager, Public Relations & Social Media)*
Regine Payne *(Specialist, eCommerce - Under the Canopy)*
Abe Cohen *(Senior Manager, Licensing & Business Development)*

Accounts:

Kevlar

EGG
10613 Southwest 138th Street
Vachon, WA 98070
Tel.: (206) 352-1600
Fax: (206) 352-1601
Web Site: www.eggusa.net

Year Founded: 2003

Discipline: Branding

Marty McDonald *(Creative Director & Founding Partner)*
Hilary Bromberg *(Strategic Director & Partner)*

ENTERPRISE CANADA
55 King Street
Saint Catharines, ON L2R 3HA
Tel.: (905) 682-7203
Fax: (905) 682-7481
Web Site: www.oebenterprise.com

Employees: 7

Discipline: Branding

Stephen Murdoch *(Vice President, Public Relations)*
Courtney De Caire *(Public Relations Project Manager)*

EPIC CREATIVE
300 South Sixth Avenue
West Bend, WI 53095
Tel.: (262) 338-3700
Web Site: epiccreative.com

Year Founded: 1989

Discipline: Branding

Timmothy Merath *(Chief Operating Officer)*
Fuzz Martin *(Chief Strategy Officer)*
Jim Becker *(President & Chief Executive Officer)*
Ben Mason *(Associate Creative Director)*
Dan Augustine *(Creative Director)*
Heather Cich *(Operations Manager)*
Leah Melichar *(Account Manager)*
Mary Hacker *(Account Manager)*
Scott Covelli *(Supervisor, Public Relations)*
Andy Parmann *(Account Executive, Social Media)*
Benjamin Wick *(Editor)*
Yujing Wang *(Specialist, Digital Marketing)*

FCEDGE, INC.
1850 Southwest Fountain View Boulevard
Port St. Lucie, FL 34986
Tel.: (772) 221-0234
Fax: (772) 221-0214
Toll Free: (877) 352-3343
Web Site: www.fcedge.com

Employees: 8

Discipline: Branding

Tina Luce *(President & Account Director)*
Michael Visconte *(Executive Vice President & Creative Director)*

FIDGET BRANDING
6255 West Sunset Boulevard
Los Angeles, CA 90028
Tel.: (323) 658-8000
Web Site: www.fidgetbranding.com

Year Founded: 2019

Discipline: Branding

Bonnie Nijst *(President & Chief Executive Officer)*
Arthur Zeesman *(Chief Growth Officer)*
Sergio Belletini *(Creative Director)*
Jules Zeesman *(Account Coordinator)*

FINCH BRANDS
123 South Broad Street
Philadelphia, PA 19109
Tel.: (215) 413-2686
Fax: (215) 413-2687
Web Site: www.finchbrands.com/

Employees: 46
Year Founded: 1998

Discipline: Branding

Daniel Erlbaum *(Chief Executive Officer)*
Bill Gullan *(President)*
John Ferreira *(Senior Vice President, Insights & Strategy)*
Lauren Collier *(Senior Vice President, Brand & Marketing Strategy)*
Devon Moyer *(Art Director)*
Annette Saggiomo *(Senior Strategist, Brand)*
Tracy Grimes *(Manager, Accounting)*

Accounts:
Fathead, LLC
NutriSystem, Inc.

FORCE 5
1433 Northside Boulevard
South Bend, IN 46615
Tel.: (574) 234-2060
Web Site: www.discoverforce5.com

Year Founded: 2003

Discipline: Branding

David Morgan *(Brand Strategist, Vice President & Partner)*
Deb DeFreeuw *(Owner, President & Certified Strategist)*

FORTNIGHT COLLECTIVE
1727 15th Street
Boulder, CO 80302
Tel.: (720) 331-7098
Web Site: www.fortnightcollective.com

Year Founded: 2016

Discipline: Branding

Andy Nathan *(Founder & Chief Executive Officer)*
Ted Morse *(Director, Client Services)*
Claire Marquess *(Brand Director)*
Jen Kubis *(Brand Director)*
Molly Hennessy *(Brand Director)*
Katie Andrews *(Brand & Operations Coordinator)*
Mandy Eckford *(Managing Director - North America)*
Aimee Luther *(Managing Director - Europe)*

Accounts:
Yasso, Inc.

FRIENDS & NEIGHBORS
27 North Fourth Street
Minneapolis, MN 55401
Tel.: (612) 643-5710
Web Site: www.friends-neighbors.com

AGENCIES - JULY, 2020 — BRANDING AGENCIES

Year Founded: 2012

Discipline: Branding

Tom Fugleberg *(Co-Founder & Co-Creative Lead)*
Mark Bubula *(Co-Founder & President)*
Aaron Smith *(Associate Account Director)*
Tesa Raymond *(Account Director)*
Molly Dunne *(Associate Creative Director)*
Tonja Younger *(Project Director)*
Beth Tarr *(Finance Director)*
Jen Rorke *(Account Director)*
Justin Theroux *(Senior Designer)*

Accounts:
University of Minnesota

FUSE MARKETING GROUP, INC.
379 Adelaide Street West
Toronto, ON M5V 1S5
Tel.: (416) 368-3873
Fax: (416) 368-1716
Web Site: www.fusemarketinggroup.com

Employees: 40
Year Founded: 2003

Discipline: Branding

Garo Keresteci *(Founding Partner)*
Stephen Brown *(President)*
Mike Preston *(Chairman)*

Accounts:
Canadian Tire Corporation Limited
Las Vegas Convention & Visitors Authority

FUSE, LLC
110 West Canal Street
Vinooski, VT 05404
Mailing Address:
P.O. Box 4509
Burlington, VT 05406
Tel.: (802) 598-1008
Web Site: www.fusemarketing.com

Employees: 35
Year Founded: 1995

Discipline: Branding

Brett Smith *(Partner)*
Bill Carter *(Partner)*
Issa Sawabini *(Partner)*
Julie Jatlow *(Vice President, Strategic Planning)*
Heather Hennessy *(Digital Communications Group Director)*
Lauren Machen *(Account Director, Public Relations & Digital Communications)*
Clark Colon *(Director, Event Marketing)*
Doug Clark *(Creative Director)*
Scott Rivers *(Production Director)*
Sera Vautier *(Account Director)*
Jeremy Oclatis *(Associate Account Director)*
Marissa Kemler McDonald *(Director, Strategic Planning)*
Tim Maher *(Director, Brand Strategy)*
Laurie Francis *(Director, Human Resources & Operations)*
Mark Heitzinger *(Account Director)*
Tim Bentley *(Senior Director, Creative Services)*
Hayley Cimler *(Senior Account Manager, Brand Strategy)*

Accounts:
Dick's Sporting Goods, Inc.

Puma

FUSION MARKETING
1928 Locus Street
St. Louis , MO 63103
Tel.: (314) 576-7500
Web Site: fuelcreativegroup.com

Employees: 8
Year Founded: 1979

Discipline: Branding

Michael Cox *(Chief Finance Officer)*
Grant Stiff *(Senior Vice President, Business Development)*
Scott Gaterman *(Senior Vice President, Marketing Account Services)*
Gina Monroe *(Vice President, Human Resource)*
Cam Phillips *(Senior Program, Manager)*
Chris Haffner *(Supervisor, Production)*
Bret Monahan *(Manager, Financial Planning & Analysis)*
Eric Schneider *(Senior Manager, New Business)*
Lisa Lawless *(Senior Program Manager, Experiential Marketing)*
Theresa Blomker *(Account Manager)*
Samantha Dulle *(Account Executive)*
Ruth Hillier *(Coordinator, Accounts Payable)*

GAMEPLAN CREATIVE, LLC
343 West Erie Street
Chicago, IL 60654
Tel.: (312) 867-1800
Fax: (312) 867-1900
Web Site: gameplancreative.com

Employees: 7
Year Founded: 2004

Discipline: Branding

Tom O'Grady *(Founder, President & Chief Creative Officer)*
Patricia Aguilar *(Managing Partner)*

GODFREY
40 North Christian Street
Lancaster, PA 17602
Tel.: (717) 393-3831
Fax: (717) 393-1403
Web Site: www.godfrey.com

Employees: 54
Year Founded: 1947

Discipline: Branding

Stacy Whisel *(President)*
Erin Michalak *(Senior Vice President & Director, Account Service)*
Josh Albert *(Vice President, Business Development)*
Bridey Orth *(Creative Director)*
Seth Mariscal *(Media Director)*
Kim Tull *(Manager, Creative Resource)*
Thomas Gorman *(Producer - Vendor Resources)*
Jim Everhart *(Senior Copywriter)*
Brian Moore *(Senior Copywriter)*

Accounts:
Luxaire

GRAJ + GUSTAVSEN, INC.
210 Fifth Avenue
New York, NY 10010
Tel.: (212) 387-0070
Fax: (212) 387-0080

Web Site: www.ggny.com

Employees: 15

Discipline: Branding

Simon Graj *(Partner & Chief Executive Officer)*
Raymond Graj *(Partner & Chief Operating Officer)*
Eric Gustavsen *(President)*
Scott Todd *(Senior Vice President, Licensing & Strategic Partnerships)*

Accounts:
Easy Spirit
Easy Spirit

GREATER THAN ONE
395 Hudson Street
New York, NY 10014
Tel.: (212) 252-1999
Fax: (212) 252-7364
Web Site: www.greaterthanone.com

Employees: 60
Year Founded: 2000

Discipline: Branding

Elizabeth Izard Apelles *(Chief Executive Officer)*
Amanda Powers *(Partner)*
Bill Major *(Chief Operating Officer)*
Andrew Bast *(Chief Strategy Officer)*
Kieran Walsh *(President)*
John Mahler *(Partner & Director, Strategy)*
Ken Winell *(Chief Technology Officer)*
Pamela Pinta *(Partner)*
Christa Toole *(Partner, Search Marketing & Web Analytics)*
Arielle Chavkin *(Group Associate Media Director)*
Cailean Contini *(Account Director)*
Pilar Belhumeur *(Executive Creative Director)*
Amari Lilton *(Senior Copywriter)*

Accounts:
Obagi Medical Products, Inc.

GREEN TEAM ADVERTISING
1460 Broadway
New York, NY 10036
Tel.: (646) 902-6982
Fax: (212) 966-6178
Web Site: www.greenteamglobal.com

Employees: 19
Year Founded: 1993

Discipline: Branding

Hugh Hough *(President & Partner)*
Hank Stewart *(Executive Vice President, Communications Strategy)*

GREENHOUSE PARTNERS
1881 Ninth Street
Boulder, CO 80302
Tel.: (303) 464-7811
Fax: (303) 464-7796
Web Site: www.greenhousepartners.com

Employees: 30

Discipline: Branding

Pete Burridge *(Chief Executive Officer)*
TJ Rhine *(Chief Creative Officer & Partner)*

GRETEMAN GROUP

Brands. Marketers. Agencies. Search Less. Find More.
Try out the online version at www.winmo.com

BRANDING AGENCIES

1425 East Douglas Avenue
Wichita, KS 67211
Tel.: (316) 263-1004
Fax: (316) 263-1060
Web Site: www.gretemangroup.com

Employees: 22
Year Founded: 1989

Discipline: Branding

Sonia Greteman *(President & Creative Director)*
Deanna Harms *(Executive Vice President & Senior Strategist)*
Ashley Bowen Cook *(Vice President, & Director, Brand)*
Marc Bosworth *(Art Director)*
Chaney Kimball *(Senior Digital Art Director)*
Jordan Walker *(Digital Director)*
Lori Heinz *(Production Manager)*
Donna Grow *(Brand Production Manager)*
Ginny Walton *(Manager, Pricing & Media Buyer)*
Shae Blevins *(Strategist, Digital)*
Stephanie Stover *(Brand Manager)*
Joshua Wood *(Editor & Senior Writer)*

GREY BEAUTY GROUP
200 Fifth Avenue
New York, NY 10010
Tel.: (212) 546-2000
Fax: (212) 546-1625
Web Site: www.grey.com

Discipline: Branding

Kathleen O'Brien *(Creative Director)*

GWP BRAND ENGINEERING
25 Morrow Avenue
Toronto, ON M6R 2H9
Tel.: (416) 593-4000
Fax: (416) 593-4001
Web Site: www.brandengineering.com

Discipline: Branding

Philippe Garneau *(Co-Founder, President & Executive Creative Director)*
Robert Morand *(Executive Vice President & General Manager)*

HANLEY WOOD MARKETING
430 First Avenue, North
Minneapolis, MN 55401
Tel.: (612) 338-8300
Fax: (612) 338-7044
Web Site: www.hanleywoodmarketing.com

Employees: 80
Year Founded: 1976

Discipline: Branding

Kellie Schmidt *(Supervisor, Project Management)*
Grace Johnson *(Director, Digital Services)*
Brendan Kearin *(Account Director)*

Accounts:
Verizon Communications, Inc.

HARLEY & CO
252 Seventh Avenue
New York, NY 10001
Tel.: (646) 559-0903
Web Site: www.harleyandcompany.com

Year Founded: 2012

Discipline: Branding

Sarah Hill *(Founder & Partner)*
Sarah Hall *(Founder & Partner, Creative Strategy)*
Alexandra Hall *(Co-Founder & Partner)*
Arthur Vallin *(Creative Director)*

Accounts:
AmeriCares Foundation

HARRISON & STAR, INC.
75 Varick Street
New York, NY 10013
Tel.: (212) 727-1330
Fax: (212) 822-6590
Web Site: www.harrisonandstar.com

Year Founded: 1986

Discipline: Branding

Ty Curran *(Chairman)*
Bob Gemignani *(Executive Vice President & Chief Human Resources Officer)*
Mario Muredda *(Chief Executive Officer)*
Michael Norkin *(Executive Vice President & Group Creative Director)*
Adam Hessel *(Executive Vice President & Executive Creative Director)*
Sarah Stout *(Senior Vice President & Group Account Supervisor)*
Michael Steiner *(Senior Vice President & Experience Planner)*
Alexandra Ross *(Vice President & Supervisor, Group Account)*

Accounts:
Actemra
Avastin
Genentech, Inc.
Herceptin
Rituxan
Tarceva
Xeloda

HELMS WORKSHOP
2201 North Lamar
Austin, TX 78705
Tel.: (512) 213-6100
Web Site: helmsworkshop.com

Year Founded: 2010

Discipline: Branding

Christian Helms *(Founder & Creative Director)*
Greg Hoy *(Director, Sales & Marketing)*
Ryan Kitchens *(Manager, Brand)*

Accounts:
Chinook Seedery

HIGH SYNERGY LLC
495 Burkes Crossing
Winston-Salem, NC 27104
Tel.: (336) 978-5029
Fax: (336) 722-8107
Web Site: www.highsynergyllc.com/

Employees: 15
Year Founded: 2000

Discipline: Branding

James Webster *(Founder & Chief Creative Officer)*
Tammy Webster *(Founder & Chief Executive Officer)*

HOT IN THE KITCHEN
3118 Sutton Boulevard
St. Louis, MO 63143
Tel.: (314) 646-1468
Web Site: www.hotinthekitchen.com

Year Founded: 2009

Discipline: Branding

Bill Schmidt *(Partner)*
Lynne Brinker *(Founder, Owner & Partner)*
Joe Ortmeyer *(Executive Creative Director)*
Aubrey Morris *(Senior Account Director)*

Accounts:
RumChata

HOT OPERATOR
52 Stoney Beach Road
Oshkosh, WI 54902
Toll Free: (800) 316-3198
Web Site: www.hotoperator.com/

Employees: 10
Year Founded: 1994

Discipline: Branding

Kelly Laux *(Managing Partner)*
Mark Laux *(Managing Partner)*

HUB STRATEGY & COMMUNICATION
39 Mesa Street
San Francisco, CA 94129
Mailing Address:
Post Office Box 29407
San Francisco, CA 94129-0407
Tel.: (415) 561-4345
Fax: (415) 771-5965
Web Site: www.hubstrategy.com

Year Founded: 2001

Discipline: Branding

D.J. O'Neil *(Chief Executive Officer & Creative Director)*
Jason Rothman *(Creative Director)*
Ernest Leo *(Strategist & Business Development Manager)*
Spencer Terris *(Producer)*

Accounts:
HPE Nimble Storage
Oculus Rift
Stanford Children's Health
VIPKID

I.D.E.A.
444 West Beech Street
San Diego, CA 92101
Tel.: (619) 295-8232
Fax: (619) 295-8234
Web Site: www.theideabrand.com

Year Founded: 2012

Discipline: Branding

Jonathan Bailey *(Founder & Chief Relationships Officer)*
Indra Gardiner Bowers *(Founder & Chief Executive Officer)*
Torie Covington *(Director, Public Relations)*

Accounts:
Harrah's Resort Southern California
Rubio's Baja Grill

AGENCIES - JULY, 2020 — BRANDING AGENCIES

Rubio's Restaurants, Inc.

IDEASTUDIO
6528 East 101st Street
Tulsa, OK 74133
Tel.: (918) 381-0805
Web Site: www.ideastudio.com

Year Founded: 1978

Discipline: Branding

Lori Walderich *(Principal & Chief Creative Officer)*
Jeff Walderich *(Owner & Business Manager)*

Accounts:
Mazzio's Corporation

INGRAM CONSUMER DYNAMICS
135 Grand Street
New York, NY 10013
Tel.: (212) 925-7400
Fax: (212) 925-9899
Web Site: www.consumerdynamics.com

Employees: 5
Year Founded: 1993

Discipline: Branding

Nancy Schaefer *(Managing Partner)*
Sybil Wailand *(Managing Partner)*

INGREDIENT
1621 Hennepin Avenue, East
Minneapolis, MN 55414
Tel.: (612) 877-7620
Fax: (612) 904-6657
Web Site: www.ideapark.com

Discipline: Branding

Brian Brown *(Partner & Director, Brand Experience)*
Mike Deneen *(Partner & Director, Client Services)*

Accounts:
Betty Crocker

INNOVATION PROTOCOL
3275 Wilshire Boulevard
Los Angeles, CA 90010
Tel.: (213) 626-0660
Fax: (310) 861-0115
Toll Free: (800) 586-2215
Web Site: www.innovationprotocol.com

Year Founded: 2006

Discipline: Branding

Sasha Strauss *(Managing Director)*
Jon Cohen *(Vice President & General Manager)*
Matthew Muller *(Creative Director)*
Jamie Sperling *(Associate Director, Brand Development)*
Jody Menerey *(Director, Client Partnerships)*
McNeal Maddox *(Director, Brand Development)*

INTRINZIC, INC.
One Levee Way
Newport, KY 41071
Tel.: (859) 261-2200
Web Site: www.intrinzicbrands.com

Year Founded: 1999

Discipline: Branding

Wendy Vonderhaar *(Chief Executive Officer)*
Dave Townsend *(President)*
Chris Heile *(Chief Strategy Officer)*
Katie Peters *(Account Director)*
Mary Kaser *(Manager, Human Resource)*
Michelle Kolenz *(Senior Account Manager)*
Rob Pasquinucci *(Senior Strategist, Public Relations & Content)*

Accounts:
The Hillman Companies, Inc.

INVENTA
700 King West
Toronto, ON M5V 2Y6
Tel.: (416) 252-1450
Fax: (416) 252-3713
Web Site: www.inventaworld.com

Employees: 35
Year Founded: 1996

Discipline: Branding

Leann Yutuc *(Account Manager)*
Oliver Best *(Account Manager)*

INVENTA
1401 West Eighth Avenue
Vancouver, BC V6H 1C9
Tel.: (604) 687-0544
Web Site: www.inventaworld.com

Discipline: Branding

Brent Nichols *(Executive Vice President & Co-Founder)*
David Nichols *(President & Co-Founder)*
Alexa Freudigmann *(Senior Vice President & Partner)*

ISAAC REPUTATION GROUP
240 Logan Avenue
Toronto, ON M4M 2N9
Tel.: (416) 970-7247
Web Site: www.isaacgroup.ca

Year Founded: 2009

Discipline: Branding

Mike Robitaille *(President)*
Bob Goulart *(Partner Creative Director)*
Stephen Oliver *(Director, Finance)*

Accounts:
Freedom Mobile
Harry Rosen, Inc.

JACOBS AGENCY, INC.
325 West Huron Street
Chicago, IL 60654
Tel.: (312) 664-5000
Fax: (312) 664-5080
Web Site: www.jacobsagency.com

Employees: 37

Discipline: Branding

Tom Jacobs *(President)*
Susan Saltwell *(Vice President, Strategy & Client Services)*

JAN KELLEY MARKETING
1006 Skyview Drive
Burlington, ON L7P 0V1
Tel.: (905) 631-7934
Fax: (905) 632-6924
Toll Free: (800) 461-7304
Web Site: www.jankelleymarketing.com

Employees: 68
Year Founded: 1948

Discipline: Branding

Approx. Annual Billings: $4.00

Chantel Broten *(President)*
Jim Letwin *(Executive Chairman)*
Ken Nicholson *(Chief Financial Officer & Vice President)*
Lynn Ridley *(Vice President, Creative)*
Mike Bzowski *(Director, Video & Motion Graphics)*
Anita Kitchen *(Associate Creative Director)*
Amy Williams *(Director, Client Performance)*
David Barnes *(Art Director)*
Geoff Redwood *(Creative Director)*
Jennifer Candlish *(Director, Communication)*
Kamila Karwowski *(Director, Communication)*
Mark Walters *(Art Director)*
Pam Murdock *(Account Director)*
Randi Amoroso *(Project Director)*
Ashley Coles *(Strategist, Digital)*
Chelsea Craig *(Strategist, Digital)*
Candice Sells *(Account Manager)*
Terri Cameron *(Manager, Media)*
Nicholas Ginty *(Senior Graphic Designer)*
Cathy Sheppard *(Receptionist)*

JMW CONSULTANTS, INC.
1266 East Main Street
Stamford, CT 06902
Tel.: (203) 352-5000
Web Site: wwww.jmw.com

Year Founded: 1982

Discipline: Branding

Maurice Cohen *(Founder & Executive Consultant)*
David Spiwack *(Partner)*
Jerry Straus *(Chief Executive Officer)*
Harvey Dubin *(Vice President)*
Deborah Seymour *(Head, Communications)*

JOHNSON & SEKIN
800 Jackson Street
Dallas, TX 75202
Tel.: (214) 244-0690
Web Site: www.johnsonandsekin.com

Year Founded: 2008

Discipline: Branding

Chris Sekin *(Co-Owner & Executive Creative Director)*
Kent Johnson *(Co-Owner & Creative Director)*
Mike Stopper *(Director, Creative Strategy & Momentum)*
Krista McCrimmon *(Creative Director)*
Katherine Kornegay *(Digital Director & Account Director)*
James Harrison *(Associate Creative Director)*
Zack Ward *(Associate Creative Director)*
Kelsey Doyle *(Senior Account Executive)*
Olivia Price *(Senior Account Executive)*

Accounts:
Baylor University
Dallas Zoo
Fuzzy's Taco Shop
Pizza Inn

Brands. Marketers. Agencies. Search Less. Find More.
Try out the online version at www.winmo.com

BRANDING AGENCIES

AGENCIES - JULY, 2020

JONES KNOWLES RITCHIE
85 Spring Street
New York, NY 10012
Tel.: (347) 205-8200
Web Site: www.jkrglobal.com

Year Founded: 1990

Discipline: Branding

Sara Hyman *(Chief Executive Officer - North America)*
Jenna Portela *(Director, Group Account)*
Tosh Hall *(Global Executive Creative Director)*
Grace Dawson *(Director, Brand)*
Gavin May *(Head, Strategy)*
Casey James *(Head, Creative Operations)*
Nell Strizich *(Senior Account Manager)*
Francesca Zaccone *(Senior Account Manager)*
Owen McAleer *(Senior Account Manager)*
Olivia Legere *(Managing Director)*

Accounts:
Dunkin'
Graze.com

JULIET
225 Geary Avenue
Toronto, ON M6H 2C1
Tel.: (416) 533-2522
Web Site: www.wearejuliet.com

Year Founded: 2017

Discipline: Branding

Sarah Stringer *(Co-Founder & Chief Strategy Officer)*
Ryan Spelliscy *(Co-Founder & Chief Creative Officer)*
Denise Cole *(Co-Founder & Head, Art)*
Jes Watson *(Business Lead)*
Maria Jose Arias *(Art Director)*
Nicole Nyholt *(Art Director)*
Rachel Harding *(Copywriter)*

Accounts:
Cervelo Cycles

KELLEY HABIB JOHN INTEGRATED MARKETING
155 Seaport Boulevard
Boston, MA 02210
Tel.: (617) 241-8000
Fax: (617) 241-8110
Web Site: www.khj.com

Year Founded: 1983

Discipline: Branding

Judy Habib *(Chief Executive Officer)*
Sylvie Askins *(Principal, Executive Vice President & Chief Strategy Officer)*
Adam Cramer *(Principal, Senior Vice President & Creative Director)*
Todd Baird *(Senior Vice President, Strategy & Planning)*
Tod Brubaker *(Vice President & Creative Director)*
Michelle Karalekas *(Senior Director, Client Services)*

KINGSPOKE
480 Congress Street
Portland, ME 04101
Tel.: (207) 200-4828
Web Site: www.kingspoke.co

Year Founded: 2014

Discipline: Branding

Chantal Nakouzi *(Chief Executive Officer)*
Patrick Krulik *(Creative Director)*

KINNEY + KINSELLA
45 West 21st Street
New York, NY 10010
Tel.: (212) 620-0356
Fax: (212) 620-0357
Web Site: www.kinneyandkinsella.com

Year Founded: 2001

Discipline: Branding

Katie Kinsella *(Founder)*
Stacy Aboyoun *(Account Executive, Public Relations)*

Accounts:
Mido
Raymond Weil Geneve

KUHL SWAINE
1016 Mississippi Avenue
Saint Louis, MO 63104
Tel.: (314) 932-5463
Web Site: www.kuhlswaine.com

Year Founded: 2011

Discipline: Branding

Dave Swaine *(Director, Creative & Co-Owner)*
Dave Kuhl *(Director, Account Services & Co-Owner)*
Jim Palumbo *(Director, Business Development)*
Molly Carr *(Account Director)*
Michael Vollman *(Associate Creative Director)*
Andrew Young *(Account Manager)*

Accounts:
Old Forester

LA, INC.
130 Spadina Avenue
Toronto, ON M5V 2L4
Tel.: (416) 585-2237
Fax: (416) 585-2220
Web Site: www.la-ads.com

Employees: 20
Year Founded: 1986

Discipline: Branding

Lawrence Ayliffe *(President & Chief Creative Officer)*
David Klugsberg *(President & Chief Operating Officer)*
Coni Kennedy *(Partner & Vice President, Creative)*
Betty Ulanowski *(Controller)*

LANDOR
200 Fifth Avenue
New York, NY 10010
Tel.: (646) 682-1600
Fax: (646) 614-4474
Toll Free: (888) 252-6367
Web Site: landor.com

Employees: 90
Year Founded: 1941

Discipline: Branding

Thomas Ordahl *(Chief Strategy Officer)*
Gabriel Miller *(President - Americas)*
Durk Barnhill *(Executive Director, Business Development)*
Ashley Rosenbluth *(Senior Client Director)*
Danielle Prevete *(Director, Strategy & Employee Engagement)*
Jasmine Tanasy *(Executive Director, Naming & Verbal Identity)*
Jane Boynton *(Creative Director)*
Elyse Kazarinoff *(Creative Director, Verbal Branding)*
Marie Minyo *(Executive Director, Client Services)*
Julie Doughty *(Director, Naming & Verbal Identity)*
Colin Lange *(Executive Director, Culture & Engagement - Landor Americas)*

Accounts:
Accenture, Ltd.
Genworth Financial, Inc.
Leviton Manufacturing Co. Inc.
United Negro College Fund, Inc.

LANDOR
1001 Front Street
San Francisco, CA 94111-1424
Tel.: (415) 365-1700
Fax: (415) 365-3190
Toll Free: (888) 252-6367
Web Site: landor.com

Employees: 209
Year Founded: 1941

Discipline: Branding

Mark Frankel *(Executive Creative Director)*
Mimi Chakravorti *(Executive Director, Strategy)*
Jo Clarke *(Executive Director, Activation)*
Christina Choi *(Brand Strategy Director)*
Marc Hershon *(Senior Manager, Naming & Verbal Identity)*
Chris Lehmann *(Managing Director)*

LEVINE & ASSOCIATES, INC.
1777 Church Street, Northwest
Washington, DC 20036
Web Site: www.levinedc.com

Year Founded: 1988

Discipline: Branding

John Vance *(President)*
Barbara Levine *(Founder & Consultant)*

LIGHTHOUSE, INC.
531 Roselane Street
Marietta, GA 30060
Tel.: (770) 590-4897
Fax: (770) 218-8255
Web Site: www.insidelighthouse.com

Employees: 10

Discipline: Branding

Sonny Goodall *(Co-Owner)*
Rob Chaput *(Co-Founder & Principal)*
Kim McNeil *(Chief Financial Officer)*
Shawn Shipman *(Creative Development Manager)*
Dan Martin *(Senior Director, Creative Services)*
Ashley Jernigan *(Senior Account Manager)*

LIGHTNING ORCHARD

11

AGENCIES - JULY, 2020 — BRANDING AGENCIES

55 Washington Street
Brooklyn, NY 11201
Tel.: (929) 277-3600
Web Site: lightningorchard.com

Year Founded: 2019

Discipline: Branding

Jeff Kling *(Chief Creative Officer)*
Barney Robinson *(Chief Executive Officer)*
Laura Janness *(Chief Strategy Officer)*
Julie Carroll *(Account Director)*
Lucie Kittel *(Account Director)*
Adelaide Smythe *(Account Director)*

Accounts:
Dashlane

LIQUID AGENCY, INC.
448 South Market Street
San Jose, CA 95113
Tel.: (408) 850-8800
Fax: (408) 850-8825
Web Site: www.liquidagency.com

Employees: 20
Year Founded: 2000

Discipline: Branding

Scott Gardner *(Chief Executive Officer)*
Dennis Hahn *(Chief Strategy Officer)*
Christopher Rowlison *(President)*
Marty Neumeier *(Director, CEO Branding)*
Paul Simon *(Creative Director)*

LIQUID AGENCY, INC.
2505 Southeast 11th Avenue
Portland, OR 97202
Tel.: (503) 535-7600
Web Site: www.liquidagency.com

Year Founded: 2000

Discipline: Branding

Elizabeth Hepburn *(Group Account Director)*
Jessica Chandler *(Senior Program Manager)*
Matthew Walker *(Senior Program Manager)*

LITTLE & COMPANY
100 Washington Avenue, South
Minneapolis, MN 55401
Tel.: (612) 375-0077
Fax: (612) 375-0423
Web Site: www.littleco.com

Employees: 22
Year Founded: 1979

Discipline: Branding

Monica Little *(Founder & Chair)*
Joe Cecere *(President & Chief Creative Officer)*
Mike Schacherer *(Vice President & Creative Director)*
Alexandra Weaver *(Account Director)*

Accounts:
OfficeMax, Inc.
Securian Financial Group

LITTLE BIG BRANDS
One North Broadway
White Plains, NY 10601
Tel.: (914) 437-8686
Fax: (914) 206-6007
Web Site: www.littlebigbrands.com

Year Founded: 2001

Discipline: Branding

Crystal Bennett *(Partner & Director, Business Development)*
John Nunziato *(Founder & Creative Director)*
Pamela Long *(Partner & Director, Client Services)*
Frank Tantao *(Director, Production)*
Karla Finlan *(Account Director)*
Richard Palmer *(Creative Director)*
Emma Jackson *(Manager, Studio)*

Accounts:
Finesse

LITTLEFIELD BRAND DEVELOPMENT
1350 South Boulder Avenue
Tulsa, OK 74119
Tel.: (918) 295-1000
Fax: (918) 295-1001
Toll Free: (888) 295-9325
Web Site: www.littlefield.us

Employees: 22
Year Founded: 1980

Discipline: Branding

David Littlefield *(President & Chief Executive Officer)*
Laurie Tilley *(Executive Vice President, Brand Strategy)*
Mike Rocco *(Vice President & Creative Director)*
Brad Crosby *(Director, New Business)*
Courtney Roberts *(Director, Art)*
Candace Chupp *(Senior Director, Art)*
Jason Jordan *(Associate Creative Director)*
Steve Roop *(Director, Interactive)*
Kelly Anderson *(Senior Account Planner)*
Hillary Atkinson *(Account Planner)*
Brandon Bergin *(Manager, Video Production)*
Chelsea Clement *(Manager, Account)*

Accounts:
BOK Financial Corporation / Bank of Oklahoma
Ditch Witch
Groendyke Transports, Inc.
Hard Rock Hotel & Casino Tulsa

LONGITUDE
334 East Walnut Street
Springfield, MO 65806
Tel.: (417) 986-2336
Web Site: www.longitudedesign.com

Year Founded: 2010

Discipline: Branding

Dustin Myers *(Chief Executive Officer)*
Jeremy Wells *(Chief Marketing Officer)*

LOYALKASPAR
40 Exchange Place
New York, NY 10005
Tel.: (212) 343-1037
Web Site: www.loyalkaspar.com

Year Founded: 2003

Discipline: Branding

David Herbruck *(Principal & President)*
Beat Baudenbacher *(Principal & Chief Creative Officer)*
Anna Minkkinen *(Creative Director)*
Daniel Doernemann *(Executive Creative Director)*

LPI GROUP
253 62nd Avenue SE
Calgary, AB T2H 0R5
Tel.: (403) 735-0655
Fax: (403) 735-0530
Toll Free: (888) 835-0655
Web Site: www.lpi-group.com

Year Founded: 1990

Discipline: Branding

Craig Lindsay *(President & Managing Partner - Calgary Office)*
Ed Quong *(Creative Director)*
Erin Henry *(Client Services Director)*
Glenda Lapitan *(Finance Director)*
Becky Foster *(Senior Production Manager)*
Dawn LaPeare *(Senior Account Manager)*
Rochelle Gracia *(Account Manager -Coca - Cola, Monster Energy & NOS Energy)*
Ken Youngberg *(Managing Director, Growth & Innovation)*

LPK
19 Garfield Place
Cincinnati, OH 45202-4391
Tel.: (513) 241-6401
Fax: (513) 241-1423
Web Site: www.lpk.com

Employees: 15

Discipline: Branding

Jerry Kathman *(Chairman, Board)*
Nathan Hendricks *(Chief Creative Officer)*
Michael Wintrob *(Vice President, Strategy)*
David Volker *(Creative Director)*
Annie Rizzo *(Director, Design Activation)*
Mike Proctor *(Group Director)*

M+R
1101 Connecticut Avenue Northwest
Washington, DC 20036
Tel.: (202) 223-9541
Fax: (202) 223-9579
Web Site: www.mrss.com

Year Founded: 1991

Discipline: Branding

Arthur Malkin *(Founding Partner)*
Bill Wasserman *(President & Partner- Washington, D.C.)*
Hilary Zwerdling *(Senior Vice President)*
Sang Lee *(Vice President, IT - Washington, D.C.)*

M+R
11 Park Place
New York, NY 10007
Tel.: (917) 438-4630
Web Site: www.mrss.com

Year Founded: 1991

Discipline: Branding

Donald Ross *(Founding Partner, Principal & Chief Executive Officer)*
Michael Ward *(Partner)*
Jessica Bosanko *(Senior Vice President)*

M+R

Brands. Marketers. Agencies. Search Less. Find More.
Try out the online version at www.winmo.com

BRANDING AGENCIES

526 East Front Street
Missoula, MT 59802
Mailing Address:
Post Office Box 5800
Missoula, MT 59806
Tel.: (406) 549-2848
Fax: (406) 721-8535
Web Site: www.mrss.com

Year Founded: 1991

Discipline: Branding

C.B. Pearson *(Senior Vice President)*
Derek Goldman *(Campaign Manager)*

MAD GENIUS
279 South Perkins Street
Ridgeland, MS 39157
Tel.: (601) 605-6234
Web Site: madg.com

Year Founded: 2005

Discipline: Branding

Kim Sykes *(Production Manager)*
Monte Kraus *(Manager, Production & Senior Producer)*
Adam Daniel *(Supervisor, Post Production & Sound)*

MADWELL
243 Boerum Street
Brooklyn, NY 11206
Tel.: (347) 713-7486
Web Site: www.madwell.com

Year Founded: 2010

Discipline: Branding

Chris Sojka *(Co-Founder & Creative Director)*
David Eisenman *(Co-Founder & Chief Executive Officer)*
Adam Levite *(Head, Video & Motion & Creative Director)*
Dan Tucker *(Chief Financial Officer)*
Sandy Sherman *(Vice President, Production)*
Jess Mireau *(Vice President, Strategy)*
Laura Etheredge *(Vice President, Communications)*
Meghan McCormick *(Director, Social Media)*
Diana Bosniack *(Creative Director)*
Lindsey Sims *(Director, Media)*
Brigid McEntee *(Director, Production)*
Kalynn Rubino *(Associate Director, Production)*
Colin McKenzie *(Account Director)*
Conor Birney *(Group Director, Design)*
Jenny Liu *(Associate Media Director)*
Julia Compton *(Director, Design)*
Laura Wasson *(Creative Director)*
Matt Fry *(Head, Experiential & Associate Creative Director)*
Rachel Devor *(Strategist, Social Media)*
Sydney Sadler *(Account Supervisor)*
Stephanie Valente *(Community Manager)*
Jessie Blake *(Account Supervisor)*
Ana Meza *(Senior Designer)*
Anna Lindell *(Senior Designer)*
Berto Aguayo *(Senior Producer, Creative)*
Sean Holland *(Managing Director - Sibling)*

Accounts:
ALOHA.com
BEDGEAR
Bloody Mary Mix
Happy Family Brands
HAPPYBABY
Harmless Harvest, Inc.
Margarita Mix
Pina Colada Mix
Root Insurance
Strawberry Daiquiri Mix
Sweet & Sour Mix
The Rockport Company
Vita Coco, LLC
Zing Zang

MAGNETO BRAND ADVERTISING
227 Southwest Pine Street
Portland, OR 97204
Tel.: (503) 222-7477
Fax: (503) 222-7737
Web Site: www.magnetoworks.com

Year Founded: 2001

Discipline: Branding

Craig Opfer *(Owner & Creative Director)*
Paul Landaker *(Account Director)*

MAHALO SPIRITS GROUP
85 Southeast Fourth Avenue
Delray Beach, FL 33483
Web Site: rsvpcapital.com/mahalo-spirits-group/

Discipline: Branding

Eric Lear *(Partner & Chief Operating Officer)*
Carl St. Philip *(Partner & Chief Financial Officer)*
Stephen Groth *(President & Chief Executive Officer)*
Johnny Lazenby *(Vice President - Southeast)*
Kyle Groth *(Investor Relations)*

Accounts:
Treaty Oak Distilling

MATCHSTIC
437 Memorial Drive
Atlanta, GA 30312
Tel.: (404) 446-1511
Fax: (404) 446-1512
Web Site: www.matchstic.com

Year Founded: 2003

Discipline: Branding

Blake Howard *(Co-Founder & Creative Director)*
Craig Johnson *(Co-Founder & President)*

MECHANICA
75 Water Street
Newburyport, MA 01950
Tel.: (978) 499-7871
Fax: (978) 499-7876
Toll Free: (800) 889-9913
Web Site: www.mechanicausa.com

Year Founded: 2004

Discipline: Branding

Jim Garaventi *(Co-Founder & Creative Director)*
Ted Nelson *(Co-Founder & Chief Executive Officer)*
Arabella Plum *(Principal & Chief Operating Officer)*
Libby DeLana *(Co-Founder & Director, Creative)*
Jim Amadeo *(Director, Creative)*
Ted Jendrysik *(Creative Director)*
Lisa Adams *(Director, Brand Engagement Strategy)*
Polly Clapp *(Director, Creative Services)*
Megan Ward *(Brand Director)*
Emily Grimes *(Brand Director)*
Ashley McGilloway Campbell *(Brand Manager)*
Anastasia Gallardo *(Manager, Brand)*
Eric Connolly *(Coordinator, Brand)*

Accounts:
Creo
Kodiak Boots
Saucony

MIDAN MARKETING
1529 West Armitage Avenue
Chicago, IL 60642
Tel.: (773) 276-9712
Fax: (773) 276-9700
Web Site: www.midanmarketing.com

Year Founded: 2004

Discipline: Branding

Michael Uetz *(Principal & Owner)*
Steve Hixon *(Strategy & Business Services Director)*
Maggie O'Quinn *(New Business Development Manager)*
Katie Simmons *(Account Executive)*

Accounts:
Tyson Fresh Meats, Inc.

MIDAN MARKETING
108 Gateway Boulevard
Mooresville, NC 28117
Tel.: (704) 664-6328
Fax: (704) 663-6318
Web Site: www.midanmarketing.com

Year Founded: 2004

Discipline: Branding

Danette Amstein *(Principal & Owner)*
Jamie Schatz *(Associate Creative Director)*
Cassandra Staley *(Social Media Coordinator)*

MILES BRANDNA
10111 Inverness Main Street
Englewood, CO 80112
Tel.: (720) 259-0480
Fax: (303) 293-9994
Web Site: www.milesbrand.com

Year Founded: 1986

Discipline: Branding

David Miles *(President & Brand Strategist)*
Genevieve Benson *(Director, Business Development)*

MILLENNIUM MARKETING SOLUTIONS
10900 Pump House Road
Annapolis Junction, MD 20701
Tel.: (410) 792-8100
Fax: (301) 604-7941
Web Site: www.mm4solutions.com

Employees: 10
Year Founded: 1993

Discipline: Branding

Janice Tippett *(Owner & President)*
Chris Stielper *(Senior Interactive Designer &

Brands. Marketers. Agencies. Search Less. Find More.
Try out the online version at www.winmo.com

AGENCIES - JULY, 2020 — BRANDING AGENCIES

Developer)

MIRESBALL
2605 State Street
San Diego, CA 92103
Tel.: (619) 234-6231
Fax: (619) 234-1807
Web Site: www.miresball.com

Employees: 24
Year Founded: 1985

Discipline: Branding

John Ball *(Principal & Creative Director)*
Holly Houk *(Managing Director)*

MJR CREATIVE GROUP
1114 North Fulton Street
Fresno, CA 93728
Tel.: (559) 499-1930
Fax: (559) 499-1020
Web Site: www.mjrmedia.com

Discipline: Branding

Mike Rolph *(President & Chief Executive Officer)*
Jana Bukilica *(Chief Finance Officer)*
Frank Ruiz *(Art Director)*
Bradley Fitzhenry *(Director, Strategic Brand Planning)*
Brian Moore *(Creative Director)*
Geoff Johnston *(Account Director)*
Jason Bukilica *(Account Director)*

MONIGLE ASSOCIATES, INC.
150 Adams Street
Denver, CO 80206
Fax: (303) 321-7939
Toll Free: (800) 346-4710
Web Site: www.monigle.com

Year Founded: 1973

Discipline: Branding

Glenn Monigle *(President & Principal)*
Kurt Monigle *(Principal)*
Rick Jacobs *(Principal & Chief Strategy Officer)*
Gunnar Jacobs *(Executive Director)*
Jenny Vandehey *(Director, Insights & Strategy)*
T.J. Thurman *(Graphic Designer)*

MORSEKODE
333 South Seventh Street
Minneapolis, MN 55402
Tel.: (952) 853-9555
Fax: (952) 853-2250
Web Site: www.morsekode.com

Discipline: Branding

Mark Morse *(Chief Executive Officer & Chief Creative Officer)*
Dain Larson *(Creative Director)*
Kate Caverno *(Account Director)*
Monique Thomas *(Associate Creative Director)*
Denise Bornhausen *(Manager, Business)*
Marsha Erickson *(Graphic Designer)*

Accounts:
Global Electric Motorcars
Polaris ATVs
Polaris Inc.
Polaris Motorcycles
Polaris Timbersled

MORVIL ADVERTISING & DESIGN GROUP
1409 Audubon Boulevard
Wilmington, NC 28403
Tel.: (910) 342-0100
Web Site: www.morvil.com

Year Founded: 1985

Discipline: Branding

Jeff Morvil *(President & Director, Creative)*
Tim Jones *(Creative Director)*
David Southerland *(Production Manager)*
Joy Hall *(Project Manager & Manager, Marketing)*
Melissa Stanley *(Project Manager)*
Odette Arnold *(Senior Copywriter)*

MOTUM B2B
282 Richmond Street East
Toronto, ON M5A 1P4
Tel.: (416) 598-2225
Fax: (416) 598-5611
Web Site: www.motumb2b.com

Employees: 11
Year Founded: 2006

Discipline: Branding

Mark Whiting *(Vice President, Technology)*
Steve Lendt *(Director, Analytics & Media)*

MOVEO INTEGRATED BRANDING
190 South LaSalle Street
Chicago, IL 60603
Fax: (630) 571-3031
Toll Free: (888) 725-0215
Web Site: www.moveo.com

Discipline: Branding

Bob Murphy *(Managing Partner)*
Brian Davies *(Managing Partner)*
Dave Cannon *(Senior Vice President, Creative Technology & Digital Services)*
Angela Schmidt *(Senior Vice President, Creative Services)*
Sheri Granholm *(Senior Vice President, Consulting & Engagement)*
Nicole Dubina *(Senior Media Planner)*

Accounts:
AMITA Health
Molex Incorporated

MVC AGENCY
14724 Ventura Boulevard
Sherman Oaks, CA 91403
Tel.: (818) 718-2005
Fax: (818) 718-2582
Web Site: www.mvcagency.com

Year Founded: 1998

Discipline: Branding

Jason Pires *(Co-Founder, Chief Executive Officer & Creative Director)*
Marioly Molina *(Co-Founder & Art Director)*
Nicholas Castelli *(Director, Strategy)*

NAIL COMMUNICATIONS
63 Eddy Street
Providence, RI 02903
Tel.: (401) 331-6245
Fax: (401) 331-2987
Web Site: www.nail.cc

Employees: 15
Year Founded: 1998

Discipline: Branding

Brian Gross *(Owner)*
Alec Beckett *(Partner & Creative Director)*
Jeremy Crisp *(Managing Partner)*
Lizzi Weinberg *(Managing Director)*
Myles Dumas *(Director, Design)*
Rebecca Donovan *(Account Director)*
Niki Brazier *(Senior Account Manager)*
Jaki Selwyn *(Producer)*
Stephen Fitch *(Account Manager)*
Jeanette Palmer *(Managing Director)*

Accounts:
Polartec
Stonyfield Farm
Topo Athletic

NOSTRUM, INC.
401 East Ocean Boulevard
Long Beach, CA 90802
Toll Free: (800) 540-7414
Web Site: www.nostruminc.com

Year Founded: 1980

Discipline: Branding

Susan Collida *(President & Chief Executive Officer)*
Laurie Campbell *(Copywriter)*
Susan Chew *(Creative Director)*
Laura Gill *(Account Manager)*
Beverly Auxier *(Agency Manager)*

O3 WORLD
1339 Frankford Avenue
Philadelphia, PA 19125
Tel.: (215) 592-4739
Fax: (215) 592-4610
Web Site: www.o3world.com

Employees: 3
Year Founded: 2005

Discipline: Branding

Michael Gadsby *(Partner & Chief Experience Officer)*
Keith Scandone *(Partner & Chief Executive Officer)*
Justin Handler *(Account Strategist)*

OBJECT 9
1145 Zonolite Road
Atlanta, GA 30306
Tel.: (404) 888-6599
Toll Free: (888) 265-8437
Web Site: www.object9.com

Year Founded: 2000

Discipline: Branding

Branden Lisi *(Partner & President)*
Jon Cato *(Partner & Chief Executive Officer)*
Virginia Lero *(Graphic Designer)*

OGK CREATIVE
1200 East Atlantic Avenue
Del Ray Beach, FL 33483

Brands. Marketers. Agencies. Search Less. Find More.
Try out the online version at www.winmo.com

BRANDING AGENCIES
AGENCIES - JULY, 2020

Tel.: (561) 450-6721
Web Site: www.ogk.agency

Year Founded: 2011

Discipline: Branding

Craig Kuperman *(Co-Founder)*
Christopher Occhipinti *(Co-Founder)*
Don Tolep *(Creative Business Strategist)*

Accounts:
Centra Health, Inc.
Meijer, Inc.
SBA Communications Corporation

ONE TRICK PONY
251 Bellevue Avenue
Hammonton, NJ 08037
Tel.: (609) 704-2660
Web Site: www.1trickpony.com

Year Founded: 2004

Discipline: Branding

Rob Reed *(Owner & Creative Director)*
Keith Pizer *(Partner, Co-Founder, & Chief, Business)*
Stephen Snyder *(Senior Account Director, Emerging Brand Initiatives)*
Charissa Elliot *(Creative Director)*
Danielle Bradley *(Art Director)*
Joyce DeStasio *(Account Director)*
Milt Pony *(Associate Creative Director - Horsing Around)*
Nicole Ducoin *(Art Director)*
Rodney Ibarra *(Associate Art Director)*
Sean Byrne *(Director, Digital Project Management)*
Jim Justice *(Account Manager & Interactive Strategist)*
Sal Colasurdo *(Manager, Interactive Account & Project)*

PARTNERS IN CRIME
1749 Union Street
San Francisco, CA 94123
Tel.: (415) 505-6244
Web Site: www.partnersincrime.co

Year Founded: 2015

Discipline: Branding

Lee Einhorn *(Partner)*
Stephen Goldblatt *(Founder & Creative Director)*

PERSUASION ARTS & SCIENCES
16 West 26th Street
Minneapolis, MN 55404
Tel.: (612) 928-0626
Web Site: persuasionism.com

Year Founded: 2007

Discipline: Branding

Dion Hughes *(Founder & Creative Director)*
Mark Johnson *(Founder & Creative Innovation Officer)*

PIVOT MARKETING
646 Virginia Avenue
Indianapolis, IN 46203
Tel.: (317) 536-0047
Web Site: www.pivotmarketing.com

Year Founded: 2006

Discipline: Branding

Jenn Schimmelpfennig *(Owner & President)*
Melissa Rowe *(Event Specialist)*

PLACE CREATIVE COMPANY
187 South Winooski Avenue
Burlington, VT 05401
Tel.: (802) 660-2051
Web Site: www.placecreativecompany.com

Year Founded: 2001

Discipline: Branding

Steve Crafts *(Creative Director & Partner)*
Keri Piatek *(Partner & Design Director)*
David Speidel *(Partner & Chief Operating Officer)*

POINT-ONE-PERCENT
584 Broadway
New York, NY 10012
Tel.: (212) 488-1701
Fax: (212) 366-3284
Web Site: www.point-one-percent.com

Employees: 8
Year Founded: 2002

Discipline: Branding

Alexander Duckworth *(President & Partner)*
Katie Jansen *(Creative Director)*

PRODIGAL MEDIA COMPANY
42 Mcclurg Rd
Boardman, OH 44512
Tel.: (330) 707-2088
Web Site: prodigalcompany.com

Year Founded: 1994

Discipline: Branding

Jeff Hedrich *(President & Strategist, Brand)*
Adrienne Sabo *(Creative Director)*
Jill Jenkins *(Business Manager & Senior Account Executive)*
Shari Pritchard *(Production Manager & Senior Graphic Designer)*
Tony Marr *(Senior Account Manager)*
Adam Richards *(Senior Analyst, Research)*

PROPHET
1801 East Cary Street
Richmond, VA 23223
Tel.: (804) 644-2200
Fax: (804) 775-2289
Web Site: www.prophet.com

Employees: 22
Year Founded: 1992

Discipline: Branding

Chiaki Jin Nishino *(Senior Partner)*
Catherine Strotmeyer *(Director, New Business)*

PROPHET
One Bush Street
San Francisco, CA 94104
Tel.: (415) 677-0909
Fax: (415) 677-9020
Web Site: www.prophet.com

Employees: 30
Year Founded: 1992

Discipline: Branding

David Aaker *(Vice Chairman)*
Michael Dunn *(Chairman & Chief Executive Officer)*
Kevin O'Donnell *(Senior Partner & Chief Talent Officer)*
Simon Marlow *(Chief Financial Officer & Chief Operating Officer)*
Jill Steele *(Director, Corporate Strategy)*

PROPHET
564 West Randolph
Chicago, IL 60661
Tel.: (312) 879-1930
Fax: (312) 879-1940
Web Site: www.prophet.com

Employees: 29
Year Founded: 1992

Discipline: Branding

Scott Davis *(Chief Growth Officer & Senior Partner)*
Cindy Levine *(Director, Quality)*
Mike Leiser *(Senior Partner & Chief Strategy Officer)*
John Baglivo *(Chief Marketing Officer)*
Craig Stout *(Associate Partner & Creative Director)*
Amanda Nizzere *(Director, Marketing)*
Barri Sweeney *(Accounting & Human Resources Benefits)*
Andrew Dubois *(Senior Engagement Manager)*

PROPHET
160 Fifth Avenue
New York, NY 10010
Tel.: (212) 244-1116
Fax: (212) 244-1117
Web Site: www.prophet.com

Employees: 100
Year Founded: 1992

Discipline: Branding

Peter Dixon *(Senior Partner & Chief Creative Officer)*
Chan Suh *(Senior Partner & Chief Digital Officer)*
Tyler Durham *(Partner)*
Todd Redmon *(Partner)*
Darrell Ross *(Partner, Digital Transformation)*
Abraham Sirignano *(Partner, Service & Product Innovation)*
Andrew Marcum *(Senior Insights & Analytics Manager)*

Q LTD
109 Catherine Street
Ann Arbor, MI 48104
Tel.: (734) 668-1695
Web Site: www.qltd.com

Year Founded: 1981

Discipline: Branding

Peter Morville *(Vice President, User Experience)*
Jeff Callender *(Managing Director)*
Paul Koch *(Strategist, Brand & Writer)*
Patricia Greve *(Editor)*
Christine Golus *(Owner & Senior Managing Director)*

Brands. Marketers. Agencies. Search Less. Find More.
Try out the online version at www.winmo.com

AGENCIES - JULY, 2020   BRANDING AGENCIES

R STRATEGY GROUP
812 Huron Road East
Cleveland, OH 44115
Tel.: (216) 325-0920
Web Site: www.rstrategygroup.com

Discipline: Branding

Jeff Rusnak *(President & Chief Executive Officer)*
Kathy Berta *(Vice President)*

RANDALL BRANDING AGENCY
11 South 12th Street
Richmond, VA 23219
Tel.: (804) 767-4979
Web Site: www.randallbranding.com

Year Founded: 2011

Discipline: Branding

Jesse Randall *(President & Chief Creative Officer)*
Brent McCormick *(Senior Graphic Designer)*
Katelyn Stutterheim *(Strategic Account Manager)*

RED ANTLER
20 Jay Street
Brooklyn, NY 11201
Tel.: (212) 677-5690
Web Site: redantler.com

Year Founded: 2007

Discipline: Branding

Emily Heyward *(Co-Founder & Chief Strategist)*
JB Osborne *(Co-Founder & Chief Executive Officer)*
Simon Endres *(Co-Founder & Chief Creative Officer)*
Haynes David *(Group Client Director)*
Bradley Kranjec *(Senior Art Director)*
Kelsey Rohwer *(Communications Director)*
Dan Crawford *(Design Lead)*
Challen Hodson *(Client Director)*
Tim Graves *(Client Director)*
Sarah Betts *(Associate Creative Director)*
Marni Kane *(Director, Strategy)*
Katie Nulty *(Client Director)*
Jonah Fay-Hurvitz *(Strategy Director)*
Lindsay Brillson *(Creative Director)*
Daniel Renda *(Brand Director)*
Annick Thomas *(Art Director)*
Jeremy Turner *(Art Director)*
Jim Casey *(Managing Director)*
Elisa Werbler *(Senior Art Director)*
Beau Brown *(Group Client Director)*
Kyle Marzonie *(Director, Business Development)*
Joshua Freeland *(Client Director)*
Molly Martell *(Strategy Lead)*
Jackie Backer *(Senior Integrated Producer)*
Charlotte Heilbronn *(Client Lead)*
Matthew Heigl *(Brand Designer)*
Lindsay St. Clair *(Senior Brand Designer)*
Blake Lyon *(Chief Business Officer)*

Accounts:
CLEAR
Hinge
Movado Group, Inc.

REDSCOUT
30 Cooper Square
New York, NY 10003
Tel.: (646) 336-6028

Fax: (646) 336-6122
Web Site: www.redscout.com

Year Founded: 2000

Discipline: Branding

Ivan Kayser *(Partner & Chief Executive Officer)*
Jonah Disend *(Founder & Chairman)*
Marina Ammirato *(Partner & Chief Client Officer)*
Cassidy Krug *(Senior Strategist)*

ROBOT HOUSE
24 West Park Place
Oklahoma City, OK 73103
Tel.: (405) 202-1268
Web Site: http://robothousecreative.com/

Year Founded: 2003

Discipline: Branding

Brian Winkler *(Partner & Principal)*
Adam LeNaire *(Partner & Creative)*
Brett Grimes *(Partner)*

Accounts:
Hideaway Pizza

ROCKIT SCIENCE AGENCY
7520 Perkins Road
Baton Rouge, LA 70808
Tel.: (225) 615-8895
Fax: (225) 709-9490
Web Site: www.rockitscienceagency.com

Year Founded: 2002

Discipline: Branding

Brent Sims *(Principal & Brand Strategist)*
Brad Bongiovanni *(President & Chief Creative Officer)*
Amy Crawford *(Vice President & Account Director)*
Grant Hurlbert *(Creative Director)*
Theresa Thao Nguyen *(Account Executive)*

SALT BRANDING
1620 Montgomery Street
San Francisco, CA 94111
Tel.: (415) 616-1500
Fax: (415) 362-3495
Web Site: www.saltbranding.com

Employees: 5
Year Founded: 2001

Discipline: Branding

Rick Herrick *(Co-Founder & Managing Director)*
David Neugebauer *(Co-Founder & Director, Strategy)*
Paul Parkin *(Co-Founder & Creative Director)*

Accounts:
Bank of America Corporation
Cornerstone OnDemand
Entrust DataCard Corporation
Microsoft Corporation
Pearson Education
Teach for America, Inc.

SCHAWK, INC.
2325 North Burdick
Kalamazoo, MI 49007
Tel.: (269) 381-3820
Fax: (269) 382-9009
Web Site: www.schawk.com

Discipline: Branding
Michelle Rohlman *(Senior Account Manager)*
Leigh Wheeler *(Supervisor, Client Coordination)*

SCHERMER
12 North 12th Street
Minneapolis, MN 55403
Tel.: (612) 375-9999
Fax: (612) 375-9998
Web Site: www.schermer.co

Employees: 6
Year Founded: 1996

Discipline: Branding

Chris Schermer *(President & Owner)*
Jennifer Alstead *(Vice President, Operations)*
Mariann Hohe *(Vice President, Strategy & Planning)*
Matt Mudra *(Director, Digital Strategy)*
Miranda Durrant *(Creative Director)*
Shannon Daugherty *(Associate Creative Director)*
Sarah Whitcomb *(Senior Project Manager, Digital)*
Joanna Zuidema *(Senior Graphic Designer)*

SEQUEL STUDIO
12 West 27th Street
New York, NY 10001
Tel.: (212) 994-4320
Fax: (646) 935-0582
Web Site: www.sequelstudio.com

Employees: 13
Year Founded: 2001

Discipline: Branding

Wendy Blattner *(Principal)*
John Nishimoto *(Principal & Creative Director, Brand Development)*
Dana Gonsalves *(Creative Director)*
Alex Polanco *(Digital Design Director)*

SFW AGENCY
1301 Carolina Street
Greensboro, NC 27401
Tel.: (336) 333-0007
Fax: (336) 333-9177
Web Site: www.sfwresults.com

Employees: 11
Year Founded: 1984

Discipline: Branding

Peter Mitchell *(President)*
Ged King *(Chief Executive Officer)*
Matt King *(Chief Marketing Officer)*
David Geren *(Executive Vice President, & Accounts Director)*
Vickie Canada *(Vice President & Creative Director)*
Ashley Dillon *(Marketing Director)*
Rick McCarthy *(Director, Insights & Analytics)*
Evan Weinstein *(Art Director)*
Megan Cleworth *(Director, Digital Strategy)*
Renee Owens *(Associate Creative Director)*
Shayla Stockton *(Senior Account Executive)*
Chelsea Higgins *(Account Supervisor)*
Linda Rosa *(Senior Production Manager)*
Jonathan Davis *(Analyst, Research)*
Maury Kennedy *(General Manager, Social Media)*

Accounts:
Wake Forest University

Brands. Marketers. Agencies. Search Less. Find More.
Try out the online version at www.winmo.com

16

BRANDING AGENCIES
AGENCIES - JULY, 2020

SHIFT
1322 East Washington Street
Greenville, SC 29607
Tel.: (864) 235-8821
Fax: (864) 235-4408
Web Site: www.shiftisgood.com/

Year Founded: 2010

Discipline: Branding

Mike Harrison *(President)*
Gary Upham *(Graphic Designer)*

SHOK IDEA GROUP, INC
434 Canal Street
New Smyrna Beach, FL 32168
Tel.: (386) 957-3939
Web Site: www.shokme.com

Year Founded: 2011

Discipline: Branding

Scott Disbennett *(Principal & Creative)*
Jesse McIver *(Art Director)*
Nicol Foresta *(Manager, Production & Design)*

Accounts:
University of Central Florida

SIEGEL & GALE
195 Broadway
New York, NY 10007
Tel.: (212) 453-0400
Fax: (212) 453-0401
Web Site: www.siegelgale.com

Employees: 100
Year Founded: 1969

Discipline: Branding

Howard Belk *(Co-President & Chief Creative Officer)*
David Srere *(Co-Chief Executive Officer & Chief Strategy Officer)*
Margaret Molloy *(Global Chief Marketing Officer & Head, Business Development)*
Michael Gross *(Chief Financial Officer)*
Whitney Wortman *(Vice President, Business Development)*
Brian Rafferty *(Global Director, Business Analytics & Insights)*
Leesa Wytock *(Group Director, Experience)*
Molly Muldoon *(Director, Public Relations)*
Steffanie Haase *(Group Director, Creative Services)*
Billy Kingsland *(Group Director, Brand Communication)*
Rolf Wulfsberg *(Global Director, Business Analytics)*
Patrick Gough *(Director, Marketing)*
Britt Bulla *(Senior Director, Strategy)*
Austyn Stevens *(Creative Director)*
Christie Ryan *(Account Director)*
Courtney Canale *(Director, Experience)*
Lloyd Blander *(Creative Director)*
Hannah Post *(Associate Director, Brand Communication)*
Marc Desmond *(Associate Director, Business Analytics & Insights)*
Kira Sea *(Senior Designer)*
Rafael Medina *(Associate Creative Director)*

Accounts:
CooperVision, Inc.
CVS Health
Gannett Co., Inc.
HP, Inc.
Morgan Stanley
Quest Diagnostics, Inc.
United Technologies Corporation

SIEGEL & GALE
12555 West Jefferson Boulevard
Los Angeles, CA 90066
Tel.: (310) 312-2200
Fax: (310) 228-3301
Web Site: www.siegelgale.com

Employees: 30
Year Founded: 1969

Discipline: Branding

Jason Cieslak *(President, Pacific Rim)*
Matthias Mencke *(Creative Director)*
Blake Bakken *(Associate Creative Director)*
Jason Hall *(Head, Creative - Naming)*

SIGNATURE ADVERTISING
409 Canal Street
Milldale, CT 06467-0698
Tel.: (860) 426-2144
Fax: (203) 250-9285
Web Site: www.signaturebrandfactory.com

Employees: 10
Year Founded: 1990

Discipline: Branding

Bruce Staebler *(Owner & Chief Creative Officer)*
Roger Chiocchi *(Vice President, Marketing)*
Steve Whinfield *(Senior Production Manager)*

SIX DEGREES, LLC
8040 East Gelding Drive
Scottsdale, AZ 85260
Tel.: (480) 627-9850
Fax: (480) 627-9851
Web Site: www.six-degrees.com

Employees: 21
Year Founded: 1999

Discipline: Branding

Frank Schab *(Chief Operating Officer)*
Mark Laverman *(Executive Director, Branding & Advertising)*

SOLVE
Nine South 12th Street
Minneapolis, MN 55403
Tel.: (612) 208-0404
Toll Free: (612) 677-2500
Web Site: www.solve-ideas.com

Year Founded: 2011

Discipline: Branding

Roman Paluta *(Partner & Director, Business Development)*
Corey Johnson *(President)*
Hans Hansen *(Co-Founder)*
John Colasanti *(Chief Executive Officer)*
Kara Brower *(Partner)*
Eric Sorensen *(Managing Creative Director)*
Ryan Murray *(Director, Account Management)*
Andrew Pautz *(Account Director)*
Neil James *(Associate Director, Connection Strategy)*
Pat Horn *(Executive Creative Director)*
Lisa Johnson *(Director, Production)*
Tony Rivera *(Team Project Manager)*

Julia Gaede *(Account Manager)*
Zach Goren Slovin *(Senior Copywriter)*
Stephanie Remley *(Media Strategist)*

Accounts:
American Standard Brands
Home & Garden Showplace
Indian Motorcycles
Medifast, Inc.
Porsche Cars North America, Inc.
Raymond James Financial, Inc.
Real 'Za Pizza
Slingshot
Steward Health Care LLC
Sunoco, LP
Taylor Rental
The V Foundation
True Value Company
TrueValue
TruServ Corporation

SPARK
2309 West Platt Street
Tampa, FL 33609
Tel.: (813) 253-0300
Web Site: www.sparkbrand.com

Year Founded: 2001

Discipline: Branding

Michael Peters *(Founder & Chief Creative Officer)*
Dulani Porter *(Executive Vice President)*
Elliott Bedinghaus *(Vice President, Creative)*
Nashira Babooram *(Director, Media)*
Alex Coyle *(Associate Creative Director)*
Nicole Luistro *(Senior Manager, Community)*

Accounts:
University of South Florida

SPARXOO AGENCY
450 Knights Run Ave.
Tampa, FL 33602
Tel.: (813) 402-0208
Web Site: www.sparxoo.com

Year Founded: 2007

Discipline: Branding

Dave Capece *(Founding Partner & Chief Executive Officer)*
Rob Kane *(Vice President, Client Development)*

SPIKER COMMUNICATIONS
3200 Brooks Street
Missoula, MT 59801
Mailing Address:
Post Office Box 8567
Missoula, MT 59807
Tel.: (406) 721-0785
Fax: (406) 728-8915
Web Site: www.spikercomm.com

Employees: 12
Year Founded: 1983

Discipline: Branding

Wes Spiker *(President & Co-Owner)*
Chris Spiker *(Partner & Co-Owner)*
Anita Cleland *(Account Manager & Strategist)*

SPROUTLOUD MEDIA NETWORKS
15431 Southwest 14th Street

Brands. Marketers. Agencies. Search Less. Find More.
Try out the online version at www.winmo.com

AGENCIES - JULY, 2020 — BRANDING AGENCIES

Sunrise, FL 33326
Tel.: (877) 634-9260
Toll Free: (888) 274-3802
Web Site: www.sproutloud.com/master

Year Founded: 2005

Discipline: Branding

Jared Shusterman *(Founder & Chief Executive Officer)*
Gary Ritkes *(Managing Partner & President)*
Holly Bridges *(Senior Manager, Client Services)*
Nina Arcabascio *(Manager - Partner Support & Engagement Manager)*

STAGE2 MARKETING
10 Ninth 22705 High Haven Terrace
Ashburn, VA 20148
Tel.: (703) 729-6683
Fax: (703) 729-6889
Web Site: www.stage2marketing.net

Discipline: Branding

Susan Schuster *(Founder & President)*
Phil Morgan *(Chief Financial Officer)*

STEALING SHARE
301 South Elm Street
Greensboro, NC 27401
Tel.: (336) 389-9315
Web Site: www.stealingshare.com

Discipline: Branding

Tom Dougherty *(President & Chief Executive Officer)*
JoAnne Cross *(President - Resultant Research)*
Corbin Rusch *(Senior Brand Strategist)*
Mike Vanausdeln *(Senior Brand Strategist)*

STERLING BRANDS
75 Varick Street
New York, NY 10013
Tel.: (212) 329-4600
Fax: (212) 329-4700
Web Site: www.sterlingbrands.com

Employees: 65
Year Founded: 1992

Discipline: Branding

Peter Mundy *(Chief Financial Officer)*
Mike Bainbridge *(Executive Vice President & Business Leader)*
Philippe Becker *(Chief Creative Officer & Managing Director)*

STRATA-MEDIA, INC.
Four Venture
Irvine, CA 92618
Mailing Address:
Post Office Box 1689
Laguna Beach, CA 92652
Tel.: (714) 771-0667
Fax: (714) 538-6127
Web Site: www.strata-media.com

Employees: 43
Year Founded: 1995

Discipline: Branding

Al Esquerra *(Chief Executive Officer)*
Lisa Trachtman *(President)*
Kimberly Hansen *(Senior Art Director)*

STRUM
1200 Sixth Avenue
Seattle, WA 98101
Tel.: (206) 340-6111
Fax: (206) 344-5717
Web Site: www.strumagency.com

Year Founded: 1988

Discipline: Branding

Mark Weber *(Chairman & Chief Executive Officer)*
Josh Streufert *(Creative Director & Principal)*
Ben Stangland *(President & Chief Operating Officer)*
Randy Schultz *(Vice President, Marketing)*
Karen McGaughey *(Vice President, Client Services & Principal)*

STUDE-BECKER ADVERTISING
332 Minnesota Street
Saint Paul, MN 55101
Tel.: (651) 293-1393
Fax: (651) 223-8050
Web Site: www.stude-becker.com

Employees: 8

Discipline: Branding

Michael Dunn *(President)*
Robert Stude *(Art Director)*
Susan Donohue *(Copywriter)*

STUDIONORTH
1616 Green Bay Road
North Chicago, IL 60064
Tel.: (847) 473-4545
Fax: (847) 473-4547
Web Site: www.studionorth.com

Employees: 43

Discipline: Branding

Mark Mohr *(Chief Executive Officer)*
Michael Matteoni *(Chief Operating Officer)*
Mark Schneider *(Senior Creative Director)*
Doug Duty *(Director, New Market Development)*
Stacy Goebel *(Social Marketing Director)*

SUBURBIA STUDIOS
590 Beaver Lake Road RR3
Victoria, BC V9E 2J7
Tel.: (250) 744-1231
Fax: (250) 744-1232
Web Site: www.suburbiaadvertising.com

Year Founded: 1989

Discipline: Branding

Jacquie Arnatt *(Partner & General Manager)*
Jeremie White *(Partner & Director, Design)*
Russ Willms *(Owner)*
Bruce Meikle *(Associate Creative Director)*
Jacquie Henning *(Account Manager)*

SULLIVAN
450 West 14th Street
New York, NY 10014
Tel.: (212) 888-2881
Fax: (212) 888-2766
Web Site: www.sullivannyc.com

Year Founded: 1990

Discipline: Branding

Barbara Sullivan *(Founder & Managing Partner)*

John Paolini *(Partner & Executive Creative Director)*
Nicole Ferry *(Partner & Executive Director, Strategy)*
Nancy Schulman *(Partner & Executive Director, Strategy)*
Valentine McGovern *(Chief Financial Officer)*
Alexandra Ten *(Growth Coordinator)*
Rachel Ward *(Managing Director, Growth)*
Christian Castellano *(Managing Director, Strategy)*

SUPERUNION
114 Fifth Avenue
New York, NY 10011
Tel.: (212) 336-3200
Fax: (212) 755-9474
Web Site: www.superunion.com

Employees: 7
Year Founded: 1986

Discipline: Branding

Sabah Ashraf *(Chief Executive Officer, North America)*
Ross Clugston *(Executive Creative Director)*
Vincent Roffers *(Executive Strategy Director)*

Accounts:
Bank of America Corporation
Breathe Right Nasal Strips
Crock-Pot
Flonase
Fris
HP, Inc.
Malibu
Newell Brands, Inc.
Sharpie
Spectrum
SPX Corporation

SYPARTNERS
475 Brannan Street
San Francisco, CA 94107
Tel.: (415) 536-6600
Fax: (415) 536-6601
Web Site: www.sypartners.com/

Employees: 40
Year Founded: 1994

Discipline: Branding

Keith Yamashita *(Chairman & Founder)*
Lisa Maulhardt *(Executive Vice President)*

SYPARTNERS
395 Hudson Street
New York, NY 10014
Tel.: (212) 201-9005
Fax: (212) 201-9006
Web Site: www.sypartners.com

Year Founded: 1994

Discipline: Branding

Susan Schuman *(Chief Executive Officer)*
Jessica Orkin *(Principal & Consulting Lead)*

TAILFIN MARKETING COMMUNICATIONS
1246 Virginia Avenue, Northeast
Atlanta, GA 30306
Tel.: (404) 872-9798
Fax: (404) 872-9107
Web Site: www.tailfin.com

Brands. Marketers. Agencies. Search Less. Find More.
Try out the online version at www.winmo.com

BRANDING AGENCIES

AGENCIES - JULY, 2020

Year Founded: 1999

Discipline: Branding

Greg Abel *(Founder & Director, Client Services)*
Dan McGuire *(Account Director)*
Jose Estrada *(Art Director)*

TAIT SUBLER
60 South Sixth Street
Minneapolis, MN 55402
Tel.: (612) 758-2000
Fax: (612) 758-2001
Web Site: www.taitsubler.com

Employees: 6
Year Founded: 2000

Discipline: Branding

Bruce Tait *(Founding Partner)*
Dodie Subler *(Founding Partner)*

TARGET 10
248 West 35th Street
New York, NY 10001
Tel.: (212) 245-6040
Fax: (212) 245-6048
Web Site: www.target-10.com

Discipline: Branding

Matt Tumminello *(President)*
Matthew Wagner *(Account Director)*

TEAK
330 Jackson Street
San Francisco, CA 94111
Tel.: (415) 296-1114
Web Site: www.teaksf.com/

Year Founded: 2004

Discipline: Branding

Greg Rowan *(Partner & Creative Director)*
Kevin Gammon *(Partner & Creative Director)*

Accounts:
Duraflame
Duraflame, Inc.

TENET PARTNERS
20 Marshall Street
Norwalk, CT 06854
Tel.: (212) 329-3030
Web Site: www.tenetpartners.com

Employees: 42

Discipline: Branding

Hampton Bridwell *(Managing Partner & Chief Executive Officer)*
James Cerruti *(Senior Partner, Strategy & Research)*
Jessica McHie *(Director, Business Development & Marketing)*

Accounts:
General Electric Corporation
St. John's University

THE / MARKETING / WORKS
Six Hamilton Avenue
Ottawa, ON K1Y 4R1
Tel.: (613) 241-4167
Fax: (613) 241-7321
Web Site: www.the-marketing-works.com

Employees: 8
Year Founded: 1993

Discipline: Branding

Rob Woyzbun *(Managing Partner & President)*
Joel Greenberg *(Director, Finance)*

THE ANDERSON GROUP
879 Fritztown Road
Sinking Spring, PA 19608
Tel.: (610) 678-1506
Fax: (610) 678-5891
Web Site: www.theandersongrp.com

Employees: 18
Year Founded: 1987

Discipline: Branding

Linda Anderson *(Managing Partner & Owner)*
Keith Heberling *(Vice President & Executive Account Director)*
Jeff Phillips *(Creative Director)*

THE BEANSTALK GROUP
1285 Avenue of the Americas
New York, NY 10019
Tel.: (212) 421-6060
Fax: (212) 421-6388
Web Site: www.beanstalk.com

Employees: 60
Year Founded: 1991

Discipline: Branding

Michael Stone *(Chairman)*
Allison Ames *(President & Chief Executive Officer)*
Debra Restler *(Senior Vice President, Business Development & Marketing)*
Celia Asprea *(Vice President, Human Resources)*
Caren Chacko *(Vice President, Brand Management)*
Hope Angowitz *(Associate Vice President, Brand Management)*

THE BEANSTALK GROUP
78 Southwest Seventh Street
Miami, FL 33130
Tel.: (305) 668-7000
Fax: (305) 668-7001
Web Site: www.beanstalk.com

Discipline: Branding

Frances Alvarez *(Vice President, Brand Management)*
Fernanda Coutinho *(Associate Director)*

THE BRAND CONSULTANCY
2200 Pennsylvania Avenue Northwest
Washington, DC 20037
Tel.: (202) 337-5300
Fax: (202) 333-2659
Web Site: www.thebrandconsultancy.com

Employees: 7
Year Founded: 2003

Discipline: Branding

Diane Beecher *(Chief Executive Officer & Senior Strategist)*
Mark Morris *(Founder & Senior Strategist)*

THE BRAND FACTORY
144 Bloor Street West
Toronto, ON M5S 1M4
Tel.: (416) 920-8115
Fax: (416) 920-0282
Toll Free: (888) 731-8115
Web Site: www.thebrandfactory.com

Employees: 30
Year Founded: 1997

Discipline: Branding

Joseph Sulpizi *(President & Chief Creative Officer)*
Roberto Yangosian *(Account Manager)*
Antonio De Frenza *(Account Manager)*
Claudio Pellegrino *(Senior Graphic Designer)*
Arthur Hayward *(Executive Producer)*

THE CALIBER GROUP
4007 East Paradise Falls Drive
Tucson, AZ 85712
Tel.: (520) 795-4500
Fax: (520) 792-9720
Web Site: www.calibergroup.com

Employees: 9
Year Founded: 1997

Discipline: Branding

Kerry Stratford *(President)*
Linda Welter *(Principal & Chief Executive Officer)*
Maria DelVecchio *(Creative Director)*
Michelle Livingston *(Strategist, Media)*

THE GRIST
181 Newbury Street
Boston, MA 02116
Tel.: (617) 390-8958
Web Site: https://www.thegrist.com/

Year Founded: 2006

Discipline: Branding

Ted Schlueter *(Chief Executive Officer)*
Dennis Baldwin *(Founder & Managing Partner)*
Dan Madson *(Chief Creative Officer)*
Colby Greco *(Account Director)*
Celia Misra *(Account Director)*

THE MANAHAN GROUP
222 Capitol Street
Charleston, WV 25301
Tel.: (304) 343-2800
Fax: (304) 343-2788
Web Site: www.manahangroup.com

Employees: 11

Discipline: Branding

George Manahan *(Chief Executive Officer & Founder)*
Bethany West *(Senior Media Buyer)*
Tammy Harper *(Senior Account Manager)*

THE MERZ GROUP
Westtown Business Center
West Chester, PA 19380
Tel.: (610) 429-3160
Fax: (610) 325-4509
Web Site: www.themerzgroup.com

Employees: 8
Year Founded: 1995

Discipline: Branding

Brands. Marketers. Agencies. Search Less. Find More.
Try out the online version at www.winmo.com

AGENCIES - JULY, 2020 — BRANDING AGENCIES

Noreen Cahalane *(Group Account Director & Partner)*
Mary Kate LoConte *(Group Account Director & Partner)*
Kelly Delaney *(Senior Account Executive)*

THE MIXX
350 Seventh Avenue
New York, NY 10001
Tel.: (212) 695-6663
Fax: (212) 695-6664
Web Site: www.themixxnyc.com

Year Founded: 1996

Discipline: Branding

Robyn Streisand *(Founder & Chief Executive Officer)*
Dean Jenkins *(Director, Creative)*

THE STARR CONSPIRACY
122 South Main Street
Fort Worth, TX 76104
Tel.: (817) 204-0400
Web Site: thestarrconspiracy.com/

Year Founded: 1999

Discipline: Branding

Bret Starr *(Founder & Chief Executive Officer)*
Steve Smith *(Partner & Chief Marketing Officer)*
Jeffrey Petersen *(Director, Sales)*
Jonathan Goodman *(General Manager - San Francisco)*

THE STONE AGENCY
3906 Wake Forest Road
Raleigh, NC 27609
Tel.: (919) 845-1956
Fax: (919) 845-6755
Web Site: www.thestoneagency.com

Employees: 30
Year Founded: 1995

Discipline: Branding

Chris Stone *(Owner & Chief Executive Officer)*
Michele Stone *(Principal & President)*
Walter Peel *(Chief Financial Officer)*
Jackie D'Antonio *(Vice President, Strategy)*
Anita Fleming *(Accountant)*

THE THORBURN GROUP
811 Glenwood Avenue
Minneapolis, MN 55405
Tel.: (612) 226-3861
Web Site: www.thethorburngroup.com

Year Founded: 1994

Discipline: Branding

Bill Thorburn *(Chief Executive Officer & Chief Creative Officer)*
Patrick Weas *(Chief Operating Officer & Executive Strategy Director)*
Eric Sickler *(Vice President, Client Services)*
Sara Piepgras *(Brand Engagement Director)*

Accounts:
American Standard Brands

THOMAS J. PAUL, INC.
1061 Rydal Road
Rydal, PA 19046
Tel.: (215) 886-3220

Web Site: www.thomasjpaul.com

Employees: 85
Year Founded: 1972

Discipline: Branding

John Paul *(President)*
Bob Ladd *(Senior Vice President, Accounts & Planning)*
Richard Pace *(Vice President, Director)*
Matt Murray *(Senior Art Director)*

TONGAL
1918 Main Street
Santa Monica, CA 90405
Tel.: (424) 835-4959
Web Site: tongal.com

Year Founded: 2009

Discipline: Branding

Mark Burrell *(Co-Founder)*
James DeJulio *(Co-Founder & President)*
Rob Salvatore *(Chief Executive Officer)*
Jaime Newton *(Head, Central & Mid-West Accounts)*
Caleb Light-Wills *(Senior Vice President, Creative)*
Andy Begal *(Vice President)*
Tina Walsh *(Vice President, Content Strategy)*
Jason Provisor *(Vice President, Strategic Accounts)*
Erin Fredman *(Vice President, Brand & Entertainment)*
Christina Gergis *(Head, People)*
Tommy Reid *(Executive Producer)*

Accounts:
American Girl
Hot Wheels

TONIQ, LLC
207 East 32nd Street
New York, NY 10016-6305
Tel.: (212) 755-2929
Fax: (212) 755-5802
Web Site: www.toniq.com

Employees: 6
Year Founded: 1999

Discipline: Branding

Cheryl Swanson *(Founder & Managing Partner)*
Craig Swanson *(Owner)*

TORQUE
167 North Racine Avenue
Chicago, IL 60607
Tel.: (312) 421-7858
Fax: (312) 421-7866
Web Site: www.torque.digital

Employees: 8
Year Founded: 1992

Discipline: Branding

Kevin Masi *(Co-Founder & Chief Marketing Officer)*
Eric Masi *(Co-Founder & President)*
Jennifer Masi *(Principal & Director, Creative Services)*

TRAINA DESIGN
10680 Treena Street
San Diego, CA 92104

Tel.: (619) 567-7100
Web Site: www.trainadesign.com

Year Founded: 2007

Discipline: Branding

David Traina *(President)*
Mark Gallo *(Creative Director)*
Matt Bachmann *(Director, Brand Startegy)*
Kristi Jones *(Director, Account Services)*
Andrew Walpole *(Director, Web Services)*
Leo Rabelo *(Digital Creative Director)*
Megan Duncan *(Senior Visual Brand Strategist)*

Accounts:
Ballast Point
Riverbed Technology
Thermo Fisher Scientific, Inc.
Uniworld Boutique River Cruise Collection

TRAMPOLINE
1559 Barrington Street
Halifax, NS B3J 1Z7
Tel.: (902) 429-8741
Fax: (902) 407-2081
Web Site: trampolinebranding.com

Year Founded: 2004

Discipline: Branding

Leslie Gascoigne *(President)*
Mark Gascoigne *(Chief Executive Officer)*
Razvan Luca *(Director, Media)*
Nadine LaRoche *(Director, Integration & Account Director)*
Larry Bootland *(Director, Operations - Twist)*
Tanya Kavelaars-DiPenta *(Account Director)*
Trevor Millett *(Associate Creative Director)*
Brittany Halll *(Art Director)*
Jonathan Richard *(Art Director)*
Megan LeVatte *(Account Manager)*
Stephanie Pelley *(Supervisor, Digital Media)*
Nicola Hancock *(Strategist, Media)*
Sarah Healy *(Strategist, Social Media & Content)*
Rachael Crump *(Account Coordinator)*
Hannah Ghosn *(Coordinator, Social Media)*
Cara Sutherland *(Content Writer)*

Accounts:
Nova Scotia Tourism

TRIBE, INC.
2100 Riveredge Parkway
Atlanta, GA 30328
Tel.: (404) 256-5858
Fax: (404) 256-0344
Web Site: www.tribecreativeinc.com

Employees: 4
Year Founded: 2002

Discipline: Branding

Elizabeth Cogswell Baskin *(Chief Executive Officer & Executive Creative Director)*
Steve Baskin *(President & Chief Strategy Officer)*
Brittany Walker *(Account Supervisor)*
Parker Carlson *(Account Manager)*

TROIKA/MISSION GROUP
101 South La Brea Avenue
Los Angeles, CA 90036
Tel.: (323) 965-1650
Fax: (323) 965-7855
Web Site: www.thetmgrp.com

Brands. Marketers. Agencies. Search Less. Find More.
Try out the online version at www.winmo.com

BRANDING AGENCIES

Employees: 20
Year Founded: 2001

Discipline: Branding

Dan Pappalardo (Founder, President & Executive Creative Director)
Oleg Korenfeld (President)
Kevin Aratari (Head, Business Development)
Gil Haslam (Executive Creative Director - Sports)
Aaron Sapiro (Account Director - Sports)
Rob Sonner (Director, Technology)
Divya Joseph (Senior Producer)
Paul Brodie (Managing Director, Creative)

Accounts:
PGA Tour, Inc.

UNO
111 East Franklin Avenue
Minneapolis, MN 55404
Tel.: (612) 874-1920
Fax: (612) 874-1912
Web Site: www.unobranding.com

Discipline: Branding

Luis Fitch (Co-Founder, Principal & Creative Director)
Carolina Ornelas (Co-Founder & Managing Partner)

UPSHIFT CREATIVE GROUP
730 North Franklin Street
Chicago, IL 60654
Tel.: (312) 750-6800
Fax: (312) 750-6900
Web Site: www.upshiftcreative.com

Year Founded: 2000

Discipline: Branding

Richard Shanks (President)
Courtney Reilly (Partner & Account Director)
Nick Staal (Design Director)

VERDIN
3580 Sacramento Drive
San Luis Obispo, CA 93401
Tel.: (805) 541-9005
Fax: (805) 541-9007
Web Site: www.verdinmarketing.com

Discipline: Branding

Mary Verdin (President & Chief Strategy Officer)
Adam Verdin (Principal)
Ashlee Akers (Partner & Vice President, Client Services)
Lisa Campolmi (Media & Research Strategist)
Adam Morgan (Account Manager)
Michelle Starnes (Operations Manager)
Megan Condict (Senior Designer)

VIGOR
1320 Ellsworth Industrial Boulevard
Atlanta, GA 30318
Tel.: (678) 855-7235
Web Site: www.vigorbranding.com

Year Founded: 2003

Discipline: Branding

Joseph Szala (Principal)

Aaron Tovi (Creative Director & Strategist)

VITAMIN
3237 Eastern Avenue
Baltimore, MD 21224
Tel.: (410) 732-6542
Fax: (410) 732-6541
Web Site: www.vitaminisgood.com/

Year Founded: 2002

Discipline: Branding

Mike Karfakis (Chief Operating Officer)
Amanda Karfakis (Chief Executive Officer)
Trevor Best (Art Director)

WATAUGA GROUP
1501 West Colonial Drive
Orlando, FL 32804
Tel.: (407) 982-2696
Web Site: www.wataugagroup.com

Employees: 4
Year Founded: 2004

Discipline: Branding

Neil Romaine (Partner & Director, Strategic Marketing)
Leslie Osborne (Chief Executive Officer)
Charles Osborne (Managing Partner & Chief Vision Officer)
Jenny Williams (Chief Process Officer)
Nancy Revell (Associate Director, Media)
Melonie Sturm (Media Director)
Carolyn Mailloux (Media Supervisor)
Jennifer Schneberger (Media Supervisor)
Jennifer Gutkowski (Senior Media Planner)
Amber Hallums (Senior Analyst, Digital Marketing)
Alexy Cardenas (Coordinator, Media)
Debbie Booker (Supervisor, Media)

Accounts:
Drake's
Little Debbie
McKee Foods Corporation
Panama City Beach Convention & Visitors Bureau
Sunbelt

WOLFF OLINS
200 Varick Street
New York, NY 10014
Tel.: (212) 505-7337
Fax: (212) 505-8791
Web Site: www.wolff-olins.com

Employees: 30
Year Founded: 1965

Discipline: Branding

Christine Arakelian (Head, Business Development, - North America)
Chris Maclean (Creative Director)
Jan Eumann (Head of Design)
Nomzamo Majuqwana (Director, Strategy)
Sophia Ahn (Manager, Content & Marketing)
Kate Magoc (Senior Writer)
Amanda Munilla (Managing Director - San Francisco)
Amy Lee (Managing Director - New York)

WORKS DESIGN GROUP
7905 Browning Road
Pennsauken, NJ 08109
Toll Free: (856) 665-4774

Web Site: www.worksdesigngroup.com

Year Founded: 1994

Discipline: Branding

Bill Hutches (Founder & Principal)
Kristin Meile (Director, Accounts)
Eric Norton (Director, Operations)
Chris Burton (Art Director)
Rachel Cannon (Senior Graphic Designer)
Taylor Getler (Business Development Associate)

WORKTANK
400 East Pine Street
Seattle, WA 98122
Tel.: (206) 254-0950
Fax: (206) 374-2650
Web Site: www.worktankwebcasts.com

Year Founded: 2001

Discipline: Branding

Leslie Rugaber (Chief Executive Officer)
Brian Snyder (Vice President, Delivery Technology)

WSL STRATEGIC RETAIL
307 Seventh Avenue
New York, NY 10001
Tel.: (212) 924-7780
Fax: (212) 924-7608
Web Site: www.wslstrategicretail.com

Discipline: Branding

Wendy Liebmann (Chief Executive Officer & Chief Shopper)
Candace Corlett (President)

YES DESIGN GROUP
4401 Wilshire Boulevard
Los Angeles, CA 90010
Tel.: (323) 330-9300
Web Site: www.yesdesigngroup.com

Employees: 6
Year Founded: 1998

Discipline: Branding

Lori J. Posner (President & Founder)
Judy Scheer (Creative Strategy & Partner)

Accounts:
Whittier Trust

ZIP COMMUNICATION
615 Rene-Leresques Boulevard
Montreal, QC H3B 1P5
Tel.: (514) 844-6006
Fax: (514) 844-6010
Web Site: www.zipcom.ca

Employees: 8

Discipline: Branding

Michele Leduc (President & Chief Creative Officer)
Dani Deschamps (Director, Administrative Services)

ZONION CREATIVE GROUP
61396 South Highway 97
Bend, OR 97702
Tel.: (541) 350-2778
Web Site: www.zonioncreative.com

Brands. Marketers. Agencies. Search Less. Find More.
Try out the online version at www.winmo.com

AGENCIES - JULY, 2020 — BRANDING AGENCIES

Year Founded: 2013

Discipline: Branding

Sonja Anderson *(Founder & Director)*
Mitja Kadow *(Client Account Director)*
Dan Moses *(Digital Marketing Director)*
Rachel Rice *(Project Manager)*

ZORCH
223 West Erie Street
Chicago, IL 60654
Tel.: (312) 751-8010
Web Site: www.zorch.com

Year Founded: 2002

Discipline: Branding

Mike Wolfe *(Chief Executive Officer)*
Marci Chapman *(Chief Information Officer)*
Lauren Senter *(Senior Vice President, Business Development)*
Katie Geise *(Senior Vice President, Account Management)*
Julie Trost *(Vice President, Operations)*
Joe Hosler *(Director, Brand & Creative Services)*
Bonnie Bannon *(Account Manager)*
Meghan McManigal *(Account Manager)*

ZYNC COMMUNICATIONS INC.
130 Queens Quay East
Toronto, ON M5A 0P6
Tel.: (416) 322-2865
Web Site: www.zync.ca

Year Founded: 2004

Discipline: Branding

Marko Zonta *(Partner & Creative Director)*
Brad Breininger *(Co-Founder & Lead Strategist)*
Gabi Gomes *(Account Director)*
Vincent Champenois *(Design Director)*
Heather Stokes *(Senior Graphic Designer)*
Christian Rosenthal *(Digital Manager)*

22

CREATIVE/ADVERTISING AGENCIES

180LA
12555 West Jefferson Boulevard
Los Angeles, CA 90066
Tel.: (310) 382-1400
Fax: (310) 382-1401
Web Site: www.180LA.com

Year Founded: 2007

Discipline: Creative/Advertising

Barbara Overlie *(Chief Financial Officer)*
Al Moseley *(Global President & Chief Creative Officer)*
David Emery *(Head, Production & Executive Producer)*
Mike Bokman *(Creative Director)*
Jason Rappaport *(Group Creative Director)*
Elizabeth Lay *(Art Director)*
Jillian Nalty *(Director, Business Development)*
Loretta Zolliecoffer *(Director, Business Affairs)*
Robison Mattei *(Senior Creative Art Director)*
Chelsea Tijerina *(Junior Art Director)*
Morgan Theis *(Brand Manager)*
Will Sands *(Senior Copywriter)*
Sandy Song *(Managing Director)*

Accounts:
Cox Enterprises, Inc.
Lululemon Corporation
United States Fund for Unicef

23K STUDIOS
232 Conestoga Road
Wayne, PA 19087
Tel.: (610) 971-2000
Fax: (610) 971-1620
Web Site: www.23k.com

Year Founded: 1991

Discipline: Creative/Advertising

Tom King *(President & Chief Executive Officer)*
Aaron Shupp *(Director, Interactive Marketing)*
Kellie Wallace *(Art Director)*

2E CREATIVE
411 North Tenth Street
Saint Louis, MO 63101
Tel.: (314) 436-2323
Fax: (314) 436-1333
Web Site: www.2ecreative.com

Year Founded: 1999

Discipline: Creative/Advertising

Ross Toohey *(Chief Executive Officer)*
Joe Toohey *(Chief Creative Officer)*
Steve Winkler *(Production Manager)*

3
1550 Mercantile Avenue Northeast
Albuquerque, NM 87107
Tel.: (505) 293-2333
Fax: (505) 293-1198
Web Site: www.3advertising.com

Employees: 5
Year Founded: 2005

Discipline: Creative/Advertising

Chris Moore *(Partner & Director, Strategy)*
Sam Maclay *(Partner & Creative Director)*
Tim McGrath *(Partner & Director, Design)*
Sue Lewis *(Partner & Director, Media)*
Zak Rutledge *(Senior Art Director)*
Jason Rohrer *(Senior Copywriter & Manager, Creative)*

31 LENGTHS
79 Madison Avenue
New York, NY 10016
Tel.: (646) 690-9729
Web Site: www.31lengths.net

Year Founded: 2012

Discipline: Creative/Advertising

Michael Jordan *(Founder & Chief Executive Officer)*
Angelle Juneau *(Creative Director)*

360 GROUP
310 West Michigan Street
Indianapolis, IN 46202
Tel.: (317) 633-1456
Fax: (317) 633-1461
Web Site: www.360grouponline.com

Year Founded: 1960

Discipline: Creative/Advertising

David Cranfill *(President & Co-Founder)*
Scott Willy *(Co-Founder & Senior Vice President, Creative Services)*
Dan Myers *(Media Director)*

3FOLD COMMUNICATIONS
2031 K Street
Sacramento, CA 95811
Tel.: (916) 442-1394
Fax: (916) 442-1664
Web Site: 3foldcomm.com

Year Founded: 2004

Discipline: Creative/Advertising

Angela Criser *(Principal & Chief Innovation Officer)*
Gordon Fowler *(Principal & Co-Founder)*
Katelyn Downey *(Vice President, Client Services)*
Jamie Von Sossan *(Director, Operations)*

3HEADED MONSTER
211 North Ervay Street
Dallas, TX 75201
Tel.: (972) 685-0479
Web Site: 3headedmonster.com

Year Founded: 2014

Discipline: Creative/Advertising

Shon Rathbone *(Founder, Creative Chairman)*
Crystal Anderson *(Partner & Strategy Director)*
Mark Ford *(Co-Founder & Director, Design)*
Sarah Brandon *(Senior Art Director)*

Ashley Parker *(Head, Client Services)*
Travis Hanson *(Art Director)*
Diana Hershberger *(Account Manager)*
Deina McNabb *(Business Manager)*
Alyssa Simmons *(Account Executive)*
Lauren Butowsky *(Account Executive)*
Courtney PicKell *(Strategist, Social Media)*
Mallory Massa *(Copywriter)*

Accounts:
Nothing Bundt Cakes
Orange Leaf Holdings, LLC
Tropical Smoothie Cafe
Wingstop Restaurants

3MARKETEERS ADVERTISING, INC.
6399 San Ignacio
San Jose, CA 95119
Tel.: (408) 293-3233
Fax: (408) 293-2433
Web Site: www.3marketeers.com

Year Founded: 1986

Discipline: Creative/Advertising

Jeff Holmes *(Chief Executive Officer & Creative Director)*
Beryl Israel *(Vice President, Account Services)*
Willy Lam *(Director, Application Development)*
Kristina Montes *(Senior Account Manager)*

5IVE
1620 Central Avenue Northeast
Minneapolis, MN 55413
Tel.: (612) 315-3495
Web Site: www.5ivempls.com

Year Founded: 2010

Discipline: Creative/Advertising

Boriana Strzok *(Founder & Chief Executive Officer)*
Tiffany Hahnfeldt *(Director, Account & Project Management)*
Miki Mosman *(Creative Content Producer)*
Andi Jordt *(Senior Designer)*
Mike Borell *(Writer & Producer)*

72ANDSUNNY
12101 West Bluff Creek Drive
Playa Vista, CA 90094
Tel.: (310) 215-9009
Fax: (310) 215-9012
Web Site: www.72andsunny.com

Year Founded: 2004

Discipline: Creative/Advertising

Matt Jarvis *(Partner & Co-Chairman)*
Glenn Cole *(Founder & Co-Chief Creative Officer)*
John Boiler *(Co-Founder & Chairman)*
Teri Miller *(President)*
Jason Norcross *(Partner & Executive Creative Director)*
Bryan Rowles *(Partner & Executive Creative Director)*

Brands. Marketers. Agencies. Search Less. Find More.
Try out the online version at www.winmo.com

AGENCIES - JULY, 2020 — CREATIVE/ADVERTISING AGENCIES

Robert Nakata *(Owner)*
Evin Shutt *(Chief Executive Officer & Partner)*
Rhea Hill *(Deputy Chief Operating Officer & Interim Managing Director)*
Sedef Onar *(Partner & Chief Talent Officer)*
Chris Kay *(Partner & Chief Executive Officer - Asia Pacific)*
Kelly Schoeffel *(Co-Head, Strategy & Executive Strategy Director)*
Matt Murphy *(Partner & Executive Creative Director)*
Erwin Federizo *(Group Creative Director)*
Tim Wolfe *(Group Creative Director)*
Jessica Brewer *(Brand Director)*
Charissa Kinney *(Partnerships & Legal Director - Business Affairs - Tinder, Pinterest, Truth & Pluto TV)*
Danielle Gard *(Brand Director)*
Gui Borchert *(Executive Creative Director)*
Cat Wilson *(Group Strategy Director)*
Reymundo Andrade *(Deputy Executive Creative Director)*
Simon Hall *(Group Brand Director)*
Marc Pardy *(Strategy Director)*
John Graham *(Group Strategy Director)*
Kasia Molenda *(Strategy Director)*
Ashley Broughman *(Brand Director, Google Nest & Marriott Bonvoy)*
Shannon Reed *(Business Development Director)*
Bryan Smith *(Executive Strategy Director)*
Keith Cartwright *(Executive Creative Director)*
Laura Likos *(Director, Brand Management)*
Scott Reedy *(Associate Creative Director)*
Ryan Warner *(Brand Director)*
Ben Ng *(Art Director & Designer)*
Kate Morrison *(Director, Production)*
Michael Osbourn *(Group Strategy Director)*
Zach Hilder *(Group Creative Director)*
Emily Connelly *(Group Brand Director - Google)*
Elizabeth Rosenberg *(Global Head, Communications)*
Paula Maki *(Creative Director)*
Nicole Haase *(Group Production Director)*
Adam Szajgin *(Creative Director)*
Francisco Puppio *(Creative Director & Writer)*
Gabo Curielcha *(Creative Director & Designer)*
Geno Burmester *(Senior Art Director)*
Gideon Gillard *(Senior Art Director)*
Grace Espejel *(Associate Director, Creative & Art)*
Greg White *(Director, Communication Strategy)*
Heather Lewis *(Director, Strategy)*
Jack Lagomarsino *(Creative Director)*
JC Abbruzzi *(Group Creative Director)*
Juri Zaech *(Senior Art Director)*
Kristian Grove Moller *(Creative Director)*
La Tanya Ware *(Director, Partnerships & Legal)*
Marcus Yuen *(Art Director)*
Yen Ho *(Director, Operations)*
Marie Simoni *(Manager, Brand & Junior Strategist)*
Megan Russell *(Senior Brand Director, Truth Initiative)*
William Nader *(Brand Director)*
Beau Thomason *(Manager, Partnerships & Legal)*
Amy McEwan *(Senior Strategist - Google)*
Kayla Moe *(Brand Coordinator & Manager)*
Jena Casiean *(Senior Operations Manager)*
Michelle Casale *(Senior Brand Manager)*
Makenna Magarity *(Senior Brand Manager)*
Jennifer Toohey *(Senior Brand Manager)*
Katie Martin *(Brand Director - NFL)*
Cory Conrad *(Senior Writer)*
Molly Mohr *(Senior Brand Manager)*
Peter Hughes *(Senior Writer)*
Samantha Mintz *(Writer)*
Sofia Somoza *(Brand Manager)*
Zeynep Taslica *(Executive Producer)*
Gigi Braybrooks *(Senior Strategist)*
Jami Quan *(Executive Assistant)*
Angelica Luchini *(New Business Strategist - Pluto TV)*
Simon Gibson *(Senior Copywriter)*
Samuel Moore *(Senior Copywriter)*
Audrey Sigel *(Brand Coordinator - NFL & Activision Blizzard)*
Kennedy Harris *(Brand Coordinator - Google, Pluto TV)*

Accounts:
Activision Blizzard, Inc.
Activision Publishing, Inc.
Activision Publishing, Inc.
Call of Duty
Carl's Jr.
CKE Restaurants, Inc.
Destiny
eBay
Google Chrome
Google Duo
Google, Inc.
Match.com, Inc.
National Football League, Inc. (NFL)
National Geographic Channel
Pabst Blue Ribbon
Pinterest
Pluto TV
Smirnoff
Smirnoff Ice
Stubhub.com
Tillamook County Creamery Association
Tinder
Trojan Fire & Ice
Truth
Tuft & Needle
Uber

72ANDSUNNY
55 Water Street
Brooklyn, NY 11201
Tel.: (212) 993-1300
Fax: (310) 215-9012
Web Site: www.72andsunny.com

Year Founded: 2004

Discipline: Creative/Advertising

Lauren Smith *(Director, Operations)*
Lora Schulson *(Director, Production)*
Brittni Hutchins *(Director, Business Development)*
Devon Hong *(Group Creative Director)*
Saeid Vahidi *(Strategy Director)*
Nick Kaplan *(Group Creative Director)*
Adam Rubin *(Brand Director)*
Diana Gonzalez *(Group Brand Director)*
Antony Kalathara *(Group Creative Director)*
Megan Bowen *(Group Brand Director)*
Chena Stephenson *(Creative Director)*
Sidney Henne *(Strategy Director)*
Lena Laque-Almond *(Art Director)*
Fairchild Fries *(Director, Design)*
Melissa Morahan *(Director, Talent)*
Skylar Steward *(Group Director, Data Strategy)*
Tim Jones *(Executive Director, Strategy - NY)*
Ryan Chong *(Senior Executive Producer)*
Jim Moriarty *(Director, Brand Citizenship)*
Jake Thorndike *(Senior Brand Manager)*
Amy Orgel *(Senior Project Manager)*
Kamran Gossieaux *(Brand Manager - Smirnoff Global)*
Jordan Hesslein *(Brand Manager)*
Jonathan Weiss *(Junior Producer, Film)*
Jorge Brandao *(Senior Writer)*
Justine Basil *(Strategist)*
Lee Boulton *(Writer)*
Tori Matthews *(Senior Brand Manager)*
Quentin Perry *(Business Affairs Specialists)*
Aaron Gaita *(Senior Strategist)*
Kaylah Burton *(Senior Social Strategist)*
David Girandola *(Recruiter, Creative)*
Emily Hovis *(Writer)*

Accounts:
23andMe, Inc.
Axe
Axe Deodorant
Axe Shock Body Wash
Axe Styling Gel
Carl's Jr.
Comcast Corporation
Google, Inc.
Hardee's
LG Mobile Phones
Marcus by Goldman Sachs
New Era Cap Company, Inc.
Smirnoff
Smirnoff Ice
Trojan
Xfinity TV

818 AGENCY
110 East 25th Street
New York, NY 10010
Tel.: (646) 926-0061
Web Site: www.818agency.com

Year Founded: 2013

Discipline: Creative/Advertising

Jed Wexler *(CEO, Event Director, & Content Chief)*
Billy Gray *(Creative Consultant)*
Curt Feather *(Paid Social Lead)*

97 DEGREES WEST
901 South MoPac Expressway
Austin, TX 78746
Tel.: (512) 473-2500
Fax: (512) 320-5422
Web Site: www.97dwest.com

Year Founded: 2004

Discipline: Creative/Advertising

Vera Fischer *(Founder & Marketing Strategist)*
Kyle Pickens *(Chief Operating Officer & Partner)*
Suzanne Kyba *(Director, Marketing)*
Addison Story *(Supervisor, Account)*
Angela Hile *(Manager, Marketing)*

A TO Z COMMUNICATIONS
960 Penn Avenue
Pittsburgh, PA 15222
Tel.: (412) 471-4160
Web Site: www.atozcommunications.com

Employees: 1
Year Founded: 1988

Discipline: Creative/Advertising

Alan Boarts *(President & Chief Creative Director)*
Holly Bulvony *(Senior Vice President, Communications)*
Phyliss Gastgeb *(Vice President, Marketing)*

CREATIVE/ADVERTISING AGENCIES
AGENCIES - JULY, 2020

Aimee Downing *(Senior Art Director)*

Accounts:
PNC Bank

A. BRIGHT IDEA
210 Archer Street
Bel Air, MD 21014
Tel.: (410) 836-7180
Fax: (410) 836-0186
Web Site: www.abrightideaonline.com

Year Founded: 1996

Discipline: Creative/Advertising

Anita Brightman *(Founder & Chief Executive Officer)*
T.J. Brightman *(President)*
Chad Mitchell *(Chief Finance Officer)*
Cobey Dietrich *(Executive Vice President, Verbal & Visual Communications)*
Melissa Mauldin *(Vice President, Verbal Communications)*
Lisa Condon *(Senior Director, Graphic Services)*
Brian Lobsinger *(Senior Director, Brand & Web Development)*
Eric Bach *(Director, Video Creative)*
Rose Brightman *(Office Manager)*
Cari Ashkin *(Specialist, Communications)*
Emily Hennegan *(Specialist, Graphic Design)*
Nate Keezer *(Specialist, Multimedia)*
Robyn Hicks *(Specialist, Graphic Design)*

A. MARCUS GROUP
545 Eighth Avenue
New York, NY 10018
Tel.: (212) 929-5007
Web Site: amarcusgroup.com

Employees: 5
Year Founded: 1998

Discipline: Creative/Advertising

Penny Goldstein *(Vice President, Operations)*
Angela Middleton *(Senior Art Director)*
Maria Madera *(Director, Sales)*

A.D. LUBOW
404 Fifth Avenue
New York, NY 10018
Tel.: (212) 564-3250
Fax: (212) 564-2866
Web Site: www.adlubow.com

Discipline: Creative/Advertising

Anne van der Does *(Vice President & Principal Photographer)*
Arthur Lubow *(President & Creative Director)*
Mildred Lalica *(Senior Graphic Designer)*
Nico Marcellino *(Director, Multimedia & Web Design)*
Sukanya Cherdrungsi *(Senior Art Director)*

A5
One North LaSalle Street
Chicago, IL 60602
Tel.: (312) 706-2525
Fax: (312) 706-2526
Web Site: www.a5inc.com

Year Founded: 2001

Discipline: Creative/Advertising

John Harris *(Principal)*

Fletcher Martin *(Partner & Creative Director)*
Clarice Harris *(Manager, Business)*
Lizzy Kreindler *(Manager, Account & Specialist, Content)*
Margaret Hill *(Specialist, Public Relations)*

ABEL NYC
508 Broadway
New York, NY 10012
Tel.: (212) 226-2324
Web Site: www.abelnyc.com

Year Founded: 2018

Discipline: Creative/Advertising

Jamie Daigle *(Account Director)*
Curtis Wingate *(Associate Creative Director)*
Matt Poveromo *(Account Manager)*
Mark De Luca *(Strategist)*
Julian Shiff *(Founder & Chief Executive Officer)*

Accounts:
Tullamore Dew

ABELSON-TAYLOR
33 West Monroe Street
Chicago, IL 60603
Tel.: (312) 894-5500
Fax: (312) 894-5526
Web Site: www.abelsontaylor.com

Employees: 247
Year Founded: 1981

Discipline: Creative/Advertising

Dale Taylor *(President & Chief Executive Officer)*
Keith Stenlund *(Chief Financial Officer)*
Jay Carter *(Executive Vice President & Director, Strategy Services)*
Stephen Neale *(Executive Vice President & Chief Creative Officer)*
Kristen McGirk *(Senior Vice President & Account Director)*
Eric Densmore *(Senior Vice President & Account Director)*
Tristen George *(Senior Vice President & Director, Experience Design)*
Beverly Wright *(Senior Vice President & Account Director)*
Jeff Berg *(Senior Vice President & Director, Client Services)*
Noah Lowenthal *(Senior Vice President & Group Creative Director)*
Lynnette Hunter *(Senior Vice President & Director, Account)*
Josh Vizek *(Vice President & Group Creative Director)*
Mark Finn *(Vice President & Account Director)*
Mitch Apley *(Vice President & Director, Broadcast & Print Production)*
Beth Carik *(Vice President, Human Resources)*
Lisa Chengary *(Senior Director, Engagement Strategy)*
Inbal Pawlowski *(Vice President, Account Planning & Strategy)*
Dave Schafer *(Associate Director, Digital Production)*
Jody Van Swearingen *(Creative Director)*
Ashley Hughes *(Associate Account Director)*
Allison Newell *(Associate Director, Project Management)*
Andrea Kartley *(Senior Project Manager)*
Ronnie Sun *(Media Supervisor)*
Lori Teich *(Account Executive)*

Elizabeth Galanis *(Senior Account Executive)*
Kathy Kraft *(Production Business Affairs Manager)*
Joe Bolokowicz *(Senior Producer, Print)*
Jaclyn Schwartz *(New Business Associate)*
Skylar Beatus *(Assistant Media Planner)*
Shannon Gant *(New Business Coordinator)*

Accounts:
AbbVie, Inc.
AndroGel
Aranesp
Astellas Pharma US, Inc.
Enbrel
Epogen
Neulasta
Rozerem
Sanofi U.S

ACCELERATION PARTNERS
16 Rae Avenue
Needham, MA 02492
Tel.: (617) 963-0839
Web Site: www.accelerationpartners.com

Year Founded: 2007

Discipline: Creative/Advertising

Robert Glazer *(Founder & Chief Executive Officer)*
Sarah Johnson Days *(Chief Client Officer)*
Matthew Wool *(President)*
Tess Waresmith *(Chief, Staff)*
Laurie Cutts *(Head, Partnerships & Media)*
Alison Chew *(Senior Director, Performance Partnerships)*
Allison Cirincione *(Core Account Director, Affiliate Marketing)*
Renee Christensen *(Client Success Director, Affiliate Marketing)*
Tyla Cobb *(Account Director)*
Angela Hughes *(Associate Director, Affiliate Training & Quality)*
Veronica Gauthier *(Director, Key Accounts)*
Devon Wright *(Director, Client Services Operations)*
Lindsey Scerba *(Associate Account Director, Affiliate Marketing)*
Natalie Pugh *(Client Success Director)*
Amy Crider *(Associate Account Director - Affiliate Marketing)*
Bonnie Herman *(Senior Account Manager - SEO & Digital Strategy)*
Bonnie MacDonald *(Senior Event Marketing Manager)*
Carmen Moloney *(Senior Account Manager, Affiliate Marketing)*
Katie Woodward *(Senior Manager, Marketing Operations)*
Galen Schneider *(Affiliate Marketing Manager)*
Christina Polizzi *(Senior Manager, Insights & Analytics)*
Joanne Lambert *(Senior Designer)*

ACENTO ADVERTISING, INC.
2001 Wilshire Boulevard
Santa Monica, CA 90403
Tel.: (310) 943-8300
Fax: (310) 943-8310
Web Site: www.acento.com

Employees: 32
Year Founded: 1983

Discipline: Creative/Advertising

Marco Cassese *(Partner & Chief Creative*

Brands. Marketers. Agencies. Search Less. Find More.
Try out the online version at www.winmo.com

AGENCIES - JULY, 2020 — CREATIVE/ADVERTISING AGENCIES

Officer)
Donnie Broxson *(Chief Executive Officer)*
Sofia Escamilla *(Vice President, Media)*
Lourdes Washington *(Vice President, Client Leadership)*
Angelica Garcia *(Vice President & Director, Strategy)*
Yeris Vargas *(Account Manager)*
Jonathan Ortega *(Paid Social Specialist)*

Accounts:
Black & Decker
Epson America, Inc.
Jewel-Osco
Save-A-Lot
Staples, Inc.
SUPERVALU, Inc.
The ServiceMaster Company
Wells Fargo Community Banking

ACKERMAN MCQUEEN, INC.
1601 Northwest Expressway
Oklahoma City, OK 73118
Tel.: (405) 843-7777
Fax: (405) 848-8034
Web Site: www.am.com

Employees: 127
Year Founded: 2001

Discipline: Creative/Advertising

Rodney Lipe *(President & Director, Client Services)*
Angus McQueen *(Chief Executive Officer)*
Bill Winkler *(Chief Financial Officer & Secretary)*
Edmund Martin *(Chairman)*
Hillary Farrell *(Vice Chairman)*
Jeanette Elliott *(Executive Vice President & Creative Director)*
Jon Minson *(Executive Vice President & Creative Director)*
Ashley Ball *(Executive Vice President & Creative Director)*
Mike Dennehy *(Executive Vice President, Corporate Technology & Interactive Services)*
Lael Erickson *(Executive Vice President & Creative Director)*
Peter Farrell *(Executive Vice President & Interactive Creative Director)*
Becky King *(Executive Vice President & Creative Director)*
Barbara Johnston *(Senior Vice President & Management Supervisor)*
Michael Ives *(Senior Vice President & Corporate Director, Photography)*
Jeanne Oden *(Senior Vice President & Digital Knowledge Manager)*
Chelsey McKnight *(Senior Vice President & Account Supervisor)*
Trey Rick *(Business Affairs Director)*
Jeff Minson *(Financial Analyst)*
Tiffany Poole *(Strategy, Content Development,Copywriter)*

Accounts:
Integris Health System
OGE Energy Corporation

ACKERMAN MCQUEEN, INC.
1601 Northwest Expressway
Oklahoma City, OK 73118
Tel.: (405) 843-7777
Fax: (918) 582-4512
Web Site: www.am.com

Employees: 20
Year Founded: 2001

Discipline: Creative/Advertising

Revan McQueen *(Chief Executive Officer)*
Henry Martin *(Chief Creative Officer)*
Bruce Parks *(Executive Vice President & Creative Director)*
Melanie Montgomery *(Executive Vice President & Management Supervisor)*

Accounts:
Williams Power Group

ACKERMAN MCQUEEN, INC.
1717 McKinney Avenue
Dallas, TX 75226
Tel.: (214) 217-2500
Fax: (214) 217-2510
Web Site: www.am.com

Year Founded: 2001

Discipline: Creative/Advertising

Jesse Greenberg *(Chief Strategy Officer)*
Grant Spofford *(Executive Vice President, Digital)*
Brian Darley *(Vice President, Digital Production)*

ACOM HEALTHCARE
175 Durby Street
Hingham, MA 02043
Tel.: (781) 749-9290
Fax: (781) 740-2943
Web Site: www.acomhealthcare.com

Employees: 15
Year Founded: 1982

Discipline: Creative/Advertising

Jonathan Katz *(Partner)*
Warren Pelissier *(Partner)*
Alison Schuck *(Account Supervisor)*

ACTIVISION BLIZZARD MEDIA
654 Madison Avenue
New York, NY 10065
Tel.: (212) 486-8770
Web Site: www.activisionblizzardmedia.com

Discipline: Creative/Advertising

Patrick Bevilacqua *(Director, US Client Solutions)*
Claire Nance *(Head, Marketing Communications)*
Kevin Caballes *(Senior Manager, Sales Operations)*
Tina Hoppe *(B2B Marketing - Media)*
Tina Tseng *(Principal Product Manager)*
Andrew Van Eyck *(Agency Partnerships, Senior Account Executive)*

AD CETERA, INC.
15570 Quorum Drive
Addison, TX 75001
Tel.: (972) 387-5577
Fax: (972) 387-0034
Web Site: www.adceterainc.com

Year Founded: 1992

Discipline: Creative/Advertising

Carol Thompson *(President & Creative Director)*

Wayne Zartman *(Vice President & Media Buyer)*
Bonica Brown *(Art Director)*

Accounts:
City National Bank
Holiday Builders, Inc.
Hudson & Marshall

AD PARTNERS, INC.
5200 West Linebaugh Avenue
Tampa, FL 33624
Tel.: (813) 418-4645
Web Site: www.adpartnersagency.com

Employees: 12
Year Founded: 2004

Discipline: Creative/Advertising

Tony Ceresoli *(Founder & President)*
Darlene Levi *(Executive Vice President & Managing Director)*
Skeek Allen *(Vice President & Creative Director)*
Dennis Garcia *(Associate Creative Director)*
Becky Tanner *(Media Director)*
Jonni Watts *(Director, Video Production)*
Kathleen Tetidrick *(Senior Media Buyer)*
Heather Jones *(Manager, Digital Media)*

Accounts:
Amscot Financial
Beef O' Brady's Family Sports Pub

AD PLACE
4750 Frank Luke Drive
Addison, TX 75001
Mailing Address:
Post Office Box 247
Addison, TX 75001
Tel.: (214) 941-6811
Fax: (214) 946-6503
Web Site: www.theadplace.com

Discipline: Creative/Advertising

Tracy Watson *(Owner & President)*
Jenny Connally *(Partner)*
Judy Margolis *(Media Director)*

ADAM&EVE DDB
75 Varick Street
New York, NY 10013
Tel.: (212) 415-2000
Web Site: www.adamandeveddb.com

Discipline: Creative/Advertising

Daniel Bonder *(Executive Creative Director)*
David Brown *(Executive Creative Director)*
James Rowe *(Business Director)*
Lily Waters *(Account Director - Samsung Home Appliances)*
Sean Tanner *(Associate Producer)*
Stuart Harrison *(Planning Associate - London & New York)*

Accounts:
PlayStation
Playstation 4
Playstation Vue
Virgin Media, Inc.

ADASIA
400 Sylvan Avenue
Englewood Cliffs, NJ 07632
Tel.: (201) 608-0388

Brands. Marketers. Agencies. Search Less. Find More.
Try out the online version at www.winmo.com

CREATIVE/ADVERTISING AGENCIES

AGENCIES - JULY, 2020

Fax: (212) 871-6883
Web Site: www.adasia-us.com

Year Founded: 1997

Discipline: Creative/Advertising

Kevin Lee *(Founder, President & Chief Executive Officer)*
Annie Shih *(Managing Partner, Multicultural Marketing & Account Planner)*
Caleb Ha *(Creative Director)*
Sarah Choi *(Creative Director)*
Karen Park *(Account Supervisor)*

Accounts:
Verizon Communications, Inc.

ADCETERA
3000 Louisiana Street
Houston, TX 77006
Tel.: (713) 522-8006
Fax: (713) 522-8018
Web Site: www.adcetera.com

Employees: 48
Year Founded: 1982

Discipline: Creative/Advertising

Kristy Sexton *(Chief Creative Officer & Founder)*
John Sexton *(Chief Financial Officer)*
Susie Cavazos *(Vice President, Business Development)*
George Salinas *(Vice President, Creative Services)*
Matthew Alberty *(Vice President, Digital Services)*
Lisa Nguyen *(Senior Designer, Production)*

Accounts:
Visit The Woodlands

ADCO
1220 Pickens Street
Columbia, SC 29201
Fax: (803) 252-6410
Toll Free: (803) 765-1133
Web Site: www.adcoideas.com

Year Founded: 1990

Discipline: Creative/Advertising

Lora Prill *(Vice President, Marketing & Partner)*
Brian Murrell *(Partner & Creative Director)*
Lanier Jones *(President & Chief Executive Officer)*

ADCREASIANS
3530 Wilshire Boulevard
Los Angeles, CA 90010
Tel.: (213) 389-9300
Fax: (213) 389-9393
Web Site: www.adcreasians.com

Year Founded: 2007

Discipline: Creative/Advertising

Soa Kang *(Chief Executive Officer)*
Ted Park *(Creative Director)*

ADELPHI, INC.
488 Madison Avenue
New York, NY 10022
Tel.: (212) 515-8174
Fax: (646) 602-7061

Web Site: www.adelphi-group.com

Employees: 35
Year Founded: 1986

Discipline: Creative/Advertising

Chris Gray *(Managing Director)*

ADFINITY MARKETING GROUP
600 Oakland Road Northeast
Cedar Rapids, IA 52402
Tel.: (319) 363-3338
Fax: (319) 366-2770
Web Site: www.adfinitymarketing.com

Employees: 8
Year Founded: 2001

Discipline: Creative/Advertising

Alan Harrington *(President & Co-Creative Director)*
Pamela Stark *(Owner & President - PS Adfinity)*
Felicia Wyrick *(Partner & Director, Public Relations)*
Kathy Slaymaker *(Graphic Designer & Media Buyer)*

ADFIRE HEALTH
Two Landmark Square
Stamford, CT 06901
Tel.: (646) 671-1805
Toll Free: (800) 941-8409
Web Site: adfirehealth.com

Discipline: Creative/Advertising

Richard Kaskel *(Founder, Managing Partner - Katon Direct & Adfire Health)*
Lilia Tse *(Vice President, Sales)*
Caitlin Demko *(Director, Marketing)*
Jayne Coleman *(Account Manager)*
Kathy LeClair *(Ad Ops Manager - Kanton Direct & Adfire Health)*

ADHAWKS ADVERTISING & PUBLIC RELATIONS, INC.
507 North Watterson Trail
Louisville, KY 40243
Tel.: (502) 244-6774
Fax: (502) 589-3208
Web Site: www.adhawks.com

Employees: 12
Year Founded: 1984

Discipline: Creative/Advertising

Jeffrey Bieber *(Director, Strategy)*
Jenna Bloom *(Franchise Account Manager)*

ADHOME CREATIVE
318 Wolfe Street
London, ON N6B 2C5
Tel.: (519) 672-9090
Web Site: www.adhomecreative.com

Year Founded: 1999

Discipline: Creative/Advertising

Tony Soares *(Partner & Group Account Director)*
Nik Reid *(Associate Director, Creative)*
Mark Brown *(Partner)*
Kathryn Byfield *(Manager, Production)*
Jason Brown *(Account Supervisor)*

ADJECTIVE & CO.
320 First Street North
Jacksonville Beach, FL 32250
Tel.: (904) 638-6131
Web Site: adjectiveandco.com

Year Founded: 2013

Discipline: Creative/Advertising

Taylor Harkey *(Executive Creative Director)*
Brittany Norris *(Director, Digital)*

ADLIB, LTD.
1600 Valley River Drive
Eugene, OR 97401
Tel.: (541) 342-5068
Fax: (541) 342-5218
Web Site: www.adlib.com

Employees: 12
Year Founded: 1977

Discipline: Creative/Advertising

Donna Smith *(Owner & President)*
Von Foster *(Art Director)*

ADMIRABLE DEVIL
2424 Pennsylvania Avenue NW
Washington, DC 20037
Tel.: (202) 505-0165
Web Site: www.admirabledevil.com

Year Founded: 2016

Discipline: Creative/Advertising

Joel Johnson *(Co-Founder & Chief Strategist)*
Michael Carpenter *(Co-Founder & Co-Executive Creative Director)*
Bruce Gray *(Co-Founder & Co-Executive Creative Director)*

Accounts:
Sierra Nevada Brewing Company
Stage Stores, Inc.

ADSERTS
14750 West Capitol Drive
Brookfield, WI 53005
Tel.: (262) 794-9010
Fax: (262) 794-9008
Toll Free: (800) 346-6919
Web Site: www.adserts.com

Employees: 15
Year Founded: 1980

Discipline: Creative/Advertising

Mike Guest *(President & Owner)*
Jennifer Williams *(Vice President & Partner)*
Liz Sharp-Curro *(Director, Project Development & Print Manager)*

ADSERVICES, INC.
2450 Hollywood Boulevard
Hollywood, FL 33020
Tel.: (954) 922-9395
Toll Free: (800) 963-1914
Web Site: www.adservices.net

Year Founded: 1989

Discipline: Creative/Advertising

Steve Fales *(President)*
Eugene Pogrensky *(Director, Web Development)*
Shawn Vann *(Strategist, Business)*
Gregg Goldstein *(Senior Consultant, Marketing)*

Brands. Marketers. Agencies. Search Less. Find More.
Try out the online version at www.winmo.com

AGENCIES - JULY, 2020

CREATIVE/ADVERTISING AGENCIES

ADSMITH COMMUNICATIONS, INC.
1736 East Sunshine
Springfield, MO 65804
Tel.: (417) 881-7722
Web Site: www.adsmith.biz

Year Founded: 2001

Discipline: Creative/Advertising

Angela Smith *(President)*
Holly Atkinson *(Director, Author Services)*
Trevor Akin *(Director, Art)*

ADVENTURE CREATIVE
1001 Kingwood Street
Brainerd, MN 56401
Tel.: (218) 824-7775
Web Site: www.adventurecreative.com

Year Founded: 2005

Discipline: Creative/Advertising

Gina Nacey *(President & Executive Creative Director)*
Scott Mitchell *(Founder & Chief Executive Officer)*
Jaye Peterson *(Vice President, Strategy)*
Rachel Anderson *(Director, Art & Design)*
Amy Henry *(Senior Designer)*

Accounts:
Kinetic
Explore Minnesota Tourism

ADVERTISING MANAGEMENT SERVICES, INC.
283 South Main Street
Andover, MA 01810
Tel.: (978) 475-6239
Fax: (978) 470-1864
Web Site: advertisingmanagement.com

Discipline: Creative/Advertising

Margaret Salafia *(Owner)*
Paul Salafia *(President)*

Accounts:
Bernie & Phyl's Furniture

ADVERTISING MEDIA PLUS, INC.
5397 Twin Knolls Road
Columbia, MD 21045
Mailing Address:
Post Office Box 1529
Ellicot City, MD 21041
Tel.: (410) 740-5009
Fax: (410) 494-4496
Web Site: www.ampsinc.net

Employees: 30
Year Founded: 2003

Discipline: Creative/Advertising

Dan Medinger *(President, Chief Executive Officer & Owner)*
Patti Medinger *(Vice President & Co-Owner)*

ADVERTISING SAVANTS
2100 Locust Street
Saint Louis, MO 63103
Tel.: (314) 231-7900
Fax: (314) 231-1777
Web Site: www.adsavants.com

Year Founded: 1991

Discipline: Creative/Advertising

Kevin Reardon *(Founder & Principal)*
Tia Liston *(Creative Director)*
Ashley Fehr *(Account Director)*
Karen Boes-Decampi *(Senior Project Manager)*

ADWERKS, INC.
136 South Dakota Avenue
Sioux Falls, SD 57104
Tel.: (605) 357-3690
Fax: (605) 357-3691
Web Site: www.adwerks.com

Employees: 2
Year Founded: 1999

Discipline: Creative/Advertising

Jim Mathis *(President & Co-Owner)*
Kristi Cornette *(Media Buyer)*

AFA KRAUSE
45 West 10000 South
Sandy, UT 84070
Tel.: (801) 486-7455
Fax: (801) 486-7454
Web Site: afakrause.com/

Discipline: Creative/Advertising

Frederick Krause *(President)*
Amber Hampshire *(Vice President, Account Services)*

AFG&
71 Fifth Avenue
New York, NY 10003
Mailing Address:
One Dag Hammarskjold Plaza
New York, NY 10017
Tel.: (212) 832-3800
Fax: (212) 486-6518
Web Site: www.avrettfreeginsberg.com

Employees: 106
Year Founded: 1975

Discipline: Creative/Advertising

Frank Ginsberg *(Chairman & Chief Executive Officer)*
Agostino Colotti *(Chief Financial Officer & Chief Operating Officer)*
Gib Marquardt *(Co-Chief Creative Officer)*
Yucel Erdogan *(Co-Chief Creative Officer)*
Gary Cunningham *(Executive Group Director, Integrated Creative Services)*
Bunny Peters *(Director, Human Resources)*
Sarah Porwoll *(Account Director)*
Tara Decoursey *(Managing Group Director)*
Colin Glaum *(Digital Director)*
Tamar Arslanian *(Account Director)*
Jonathan Schleyer *(Global Planning Director)*
Alexa LoPresti *(Art Director)*
Desmond Williams *(Creative Director)*
Clara Mohino *(Strategy Director)*
Bradley Bates *(Creative Director)*
Chayoung Park *(Director, Digital Production)*
Peter DelGandio *(Creative Director)*
Danielle Tolkin *(Managing Supervisor)*
Colin Ferguson *(Management Supervisor)*
Minyoung Park *(Manager of Broadcast Production and Business Affairs)*
Alex Denney *(Senior Account Executive)*
Tom Haggloff *(Copywriter)*
Justin Hertzberg *(Assistant Account Executive)*
Hector Migliacci *(Client Services - TV & Digital Production)*
Dawn Terrazas *(Executive Group Managing Director)*

Accounts:
Americaine
Anacin
Auro
BACID
BC Powder
Beano
Beggin' Strips
Beggin' Strips
Blistex
Blistex, Inc.
Boil-Ease
Boudreaux's Butt Paste
Caldesene
Cat Chow
CEPASTAT
Chap-et
Chloraseptic
Clear Eyes
Cloverine
Compound W
Compoz
Debrox
DenTek
Dermarest
DiabetAid
Dramamine
Ecotrin Aspirin
Efferdent
Effergrip
Ezo
Fancy Feast
Fleet Laboratories
Freezone
Friskies
Friskies
Gentle Naturals
Gly-Oxide
Goody's Headache Powders
Hydralate
Kank-A
Kitten Chow
Kondremul
Little Remedies
Luden's Throat Drops
Mighty Dog
Monistat
Mosco
Murine Ears
Murine Tears
NasalCrom
Nix
Norforms
Nostrilla
Nytol
Odor-Eaters
Outgro
Oxipor
Pedia-Lax
PediaCare
Percogesic
Phazyme
Prestige Brands Holdings, Inc.
Prevacid 24Hr
Pronto
Purina ONE
Purina ONE
Skin Shield

28

CREATIVE/ADVERTISING AGENCIES
AGENCIES - JULY, 2020

Sominex
Stanback
Stri-dex
Stye
Sucrets
Summer's Eve
Tagamet HB
The Doctor's Brush Picks
The Doctor's NightGuard
Tidy Cats
Ting
U.S. Equestrian Federation (USEF)
Uristat Relief Pak
Vitron-C
Wartner

AGENCY 51 ADVERTISING
106 West Fourth Street
Santa Ana, CA 92701
Tel.: (877) 526-0411
Fax: (309) 404-4164
Web Site: www.adagency51.com

Year Founded: 2001

Discipline: Creative/Advertising

Scott Muscarella *(President & Chief Executive Officer)*
Chris Poole *(Art Director)*
Richard Pooley *(Graphic Designer)*

AGENCY CREATIVE
14875 Landmark Boulevard
Dallas, TX 75254
Tel.: (972) 488-1660
Fax: (978) 773-1061
Web Site: www.agencycreative.com

Employees: 2
Year Founded: 2001

Discipline: Creative/Advertising

Mark Wyatt *(Founder & Chief Executive Officer)*
Mike Scannell *(President & Chief Digital Officer)*
Bart Hirneise *(Executive Creative Director)*
Christie Ward *(Director, Accounting)*
Scott Schindele *(Account Director)*
Toan Dang *(Associate Creative Director)*
Morgan Arnold *(Specialist, Search Engine Marketing)*

AGENCY MABU
1003 Gateway Avenue
Bismarck, ND 58503
Tel.: (701) 250-0728
Fax: (701) 250-1788
Toll Free: (800) 568-9346
Web Site: www.agencymabu.com

Year Founded: 2002

Discipline: Creative/Advertising

Mike Mabin *(Owner & President)*
Alexander Mabin *(Executive Vice President & Business Development Manager)*
Nancy Mabin *(Vice President)*

AGENCYSACKS
345 Seventh Avenue
New York, NY 10001
Tel.: (212) 826-4004
Fax: (212) 593-7824
Web Site: www.agencysacks.com

Employees: 35
Year Founded: 2001

Discipline: Creative/Advertising

Marty Smith *(Strategy Consultant)*
Andrew Sacks *(Owner & President)*
John Mercurio *(Chief Financial Officer & Chief Operating Officer)*
Lynn Kokorsky *(Art Director & Creative Director)*
Amy Pofahl *(Account Director)*
Jessica Haas *(Senior Art Director)*
Abbey Bishop *(Account Supervisor)*

Accounts:
Al Faisaliah Hotel
Caneel Bay
Corde Valle
Hotel Al Kohzama
Jumby Bay
King Pacific Lodge
Las Ventanas al Paraiso
Lazare Kaplan International Inc.
Martineau Bay
Revital
Rosewood Abu Dhabi
Rosewood Celeste
Rosewood Corniche
Rosewood Crescent Hotel
Rosewood Dubai
Rosewood Hotel Georgia
Rosewood Hotels & Resorts, LLC
Rosewood Inn of the Anasazi
Rosewood Little Dix Bay
Rosewood Mansion on Turtle Creek
Rosewood Mayakoba
Rosewood San Miguel de Allende
Rosewood Sand Hill
San Ysidro Ranch
Simon Premium Outlets
The Carlyle
The Mansion on Peachtree
Verdura

AGENDA NYC
630 Ninth Avenue
New York, NY 10036
Tel.: (212) 582-6200
Fax: (212) 582-2747
Web Site: www.agendanyc.com

Employees: 18
Year Founded: 1999

Discipline: Creative/Advertising

Victor Rivera *(Chief Executive Officer & Partner)*
Daniel Koh *(Partner & Creative Director)*
David Stewart *(Principal)*
Rich Lim *(Director, Business Development)*
Emily Simmons *(Account Director)*
Devon Zanca *(Account Manager)*

ALISON SOUTH MARKETING GROUP
132 Chesterfield Street South
Aiken, SC 29801
Tel.: (803) 226-0284
Web Site: www.alisonsouthmarketing.com

Year Founded: 2010

Discipline: Creative/Advertising

Mike Thomas *(Chief Executive Officer)*
Cynthia South *(President)*
Ron Turner *(Vice President, Brand Development)*

ALLEBACH COMMUNICATIONS
117 North Main Street
Souderton, PA 18964
Tel.: (215) 721-7693
Fax: (215) 721-7694
Web Site: www.allebach.com

Employees: 5
Year Founded: 1990

Discipline: Creative/Advertising

Jamie Allebach *(Chief Executive Officer & Chief Creative Officer)*
Todd Bergey *(President)*
Rick Wiener *(Media Director)*
Tammy Allebach *(Vice President & Director, New Opportunities)*
Scott Cooter *(Creative Director)*
Ryan J. Dauksis *(Art Director, Copywriter & Editor, Video)*
Nathan Bachynski *(Digital Marketing Coordinator)*
Mellisa Harris *(Account Coordinator)*

Accounts:
Mama Lucia
Quaker Maid Meats
Utz Quality Foods

ALLEN & GERRITSEN
Two Seaport Lane
Boston, MA 02210
Tel.: (857) 300-2000
Fax: (617) 926-0133
Web Site: www.a-g.com

Employees: 60
Year Founded: 1985

Discipline: Creative/Advertising

Paul Allen *(Chairman & Founder)*
Andrew Graff *(Chief Executive Officer)*
Kevin Olivieri *(Chief Technology Officer)*
Brian Babineau *(Chief Strategy & Engagement Officer)*
Jen Putnam *(Chief Creative Officer)*
Kevin Sweeney *(Chief Financial Officer)*
Dan Beder *(President)*
Brian Donovan *(Senior Vice President & Group Marketing Director)*
Darshan Sampathu *(Senior Vice President, Analytics)*
Will Phipps *(Senior Vice President, Media)*
Amy Snelling *(Senior Vice President, Business Leadership)*
Sandra Peralta *(Senior Vice President, Talent)*
Brenna Fitzgerald *(Senior Vice President, Public Relations)*
Peter Valle *(Vice President & Group Creative Director)*
Marie Rockett *(Vice President & Group Creative Director)*
Yeva Kulidzhanova *(Vice President, Analytics)*
Derek Welch *(Vice President, Media)*
Tammy Casserly *(Director, Connections & Relationships - Primal)*
Cristin Barth *(Director, Content)*
Eva Wasko *(Director, Public Relations)*
Erin Arbaugh *(Associate Creative Director)*
Molly Bluhm *(Director, Business Leadership)*
Alexandra Bartholomew *(Senior Media Planner)*
Austin Alfredson *(Senior Media Planner)*
Brianna Quinn *(Public Relations Supervisor)*
Chris Donnelly *(Senior Vice President &*

Brands. Marketers. Agencies. Search Less. Find More.
Try out the online version at www.winmo.com

AGENCIES - JULY, 2020

CREATIVE/ADVERTISING AGENCIES

Managing Director, Brand Experiences)
Scott Sneath *(Managing Director - Primal)*

Accounts:
AmeriSourceBergen Corporation
Berklee College of Music
BlueCross BlueShield Association
BlueCross BlueShield of Massachusetts
Boston Celtics Limited Partnership
Boston Scientific Corporation
Bright Horizons Family Solutions, Inc.
First Citizens Bancshares, Inc.
First Citizens Bank
Hannaford Brothers
Los Angeles Zoo
MFS Investment Management
Ninety Nine Restaurant & Pub
NTT Data, Inc.
Penn Foster Career School
Raymond Corporation
ShareFile
Shure Incorporated
Staples, Inc.
Temple University
The Dun & Bradstreet Corporation
Villanova University
Waters Corporation

ALLEN & GERRITSEN
1619 Walnut Street
Philadelphia, PA 19103
Tel.: (215) 667-8719
Fax: (215) 667-8651
Web Site: www.a-g.com

Year Founded: 1985

Discipline: Creative/Advertising

Tim Reeves *(Principal)*
Monica Lorusso *(Executive Vice President, Strategy)*
Lyndsey Fox *(Vice President, Strategy)*
Joe Young *(Vice President, Business Leadership)*
Hoon Oh *(Vice President & Creative Director)*
Mark Garman *(Vice President & Creative Director)*
Dan Pettine *(Manager, Public Relations)*
Mike Raetsch *(Managing Director)*

Accounts:
Shure Incorporated
Sunoco, Inc.
Xfinity TV
Xfinity Voice

ALLIANCE SALES & MARKETING
5113 Piper Station Drive
Charlotte, NC 28277
Tel.: (704) 752-1919
Web Site: alliancesalesinc.com

Year Founded: 2004

Discipline: Creative/Advertising

Bob Belsky *(President)*
Scott Anderson *(Chief Executive Officer)*
Zach Claywell *(Digital Marketing Manager)*
Kirsten Barner *(Marketing Manager)*

Accounts:
KRa Sports Drink

ALLING HENNING & ASSOCIATES
415 West Sixth Street
Vancouver, WA 98660
Web Site: www.ahainc.com

Year Founded: 1994

Discipline: Creative/Advertising

Betsy Henning *(Managing Principal & Founder)*
Kimberley Britton *(Senior Account Director)*
Alicia Katzman *(Senior Account Director)*
Casey Guidinger *(Director, Finance & Operations)*
Jessica Blackman Nelson *(Manager, Project)*
Rod Alexander *(Senior Account Manager)*
Brent Wilson *(Managing Principal, Strategy & Creative)*

ALOYSIUS BUTLER & CLARK
819 North Washington Street
Wilmington, DE 19801
Tel.: (302) 655-1552
Web Site: www.abccreative.com

Discipline: Creative/Advertising

Paul Pomeroy *(President)*
Tom McGivney *(Chief Executive Officer)*
Steve Merino *(Chief Creative Officer)*
Linda Shopa *(Chief Financial Officer)*
David Brond *(Vice President & Director, Account Services)*
Lee Ann Qualls *(Media Director)*
Scott Bille *(Director, Interactive)*
Michael English *(Director, Motion Graphics & Animation)*
Joanna Ford *(Director, Public Relations & Social Media)*
Jenn Grybowski *(Associate Creative Director)*
John Orr *(Director, Public Relations)*
Tony Ross *(Director, Creative Services)*
Colleen Masters *(Group Creative Director)*
Kenny Kim *(Group Creative Director)*
Stacy Baker *(Account Supervisor)*
Mike Cordrey *(Account Supervisor)*
Kathleen Doyle *(Supervisor, Digital Media)*
John Sammons *(Media Supervisor)*
Ashley Shuey *(Supervisor, Media)*
Teresa McAleese *(Senior Media Supervisor)*
Stuart Thomas *(Specialist, Digital Media)*
Jennifer Tumulty *(Production Artist)*
Lynda Rudolph *(Brand Strategist)*
Tori Zugehar *(Account Project Coordinator)*

ALTITUDE MARKETING
225 Main Street
Emmaus, PA 18049
Tel.: (610) 421-8601
Web Site: www.altitudemarketing.com

Year Founded: 2004

Discipline: Creative/Advertising

Andrew Stanten *(President)*
Gwen Shields *(Chief Operating Officer & Partner)*
Adam Smartschan *(Vice President, Innovation & Strategy)*
Jaime Heintzelman *(Director, Production & Operations)*
Laura Budraitis *(Director, Client Relations)*
Drew Frantzen *(Director, Web Services)*
Matthew Borrelli *(Director, Design Services)*
Louis Holzman *(Manager, Business Development)*
Lindsey Bray *(Content Marketing Specialist)*
Barbara Quaglieri *(Digital Marketing Specialist)*
Claire Herndon *(Content Marketing Coordinator)*

ALTMAN-HALL ASSOCIATES
235 West Seventh Street
Erie, PA 16501
Tel.: (814) 454-0158
Fax: (814) 454-3266
Web Site: www.altman-hall.com

Year Founded: 1995

Discipline: Creative/Advertising

Timothy Glass *(President)*
Matt Glass *(Partner)*
Colleen Stubbs *(Creative Director)*
Sue Horton *(Media Coordinator)*

AMOBEE, INC.
352 Park Avenue South
New York, NY 10010
Tel.: (650) 353-4399
Web Site: www.amobee.com

Year Founded: 2005

Discipline: Creative/Advertising

Scott Ferber *(Chief Innovation Officer)*
Domenic Venuto *(Chief Operations Officer)*
Melinda Theo *(Vice President, Sales Operations)*
Jeremy Haft *(Vice President, Sales)*
Max Knight *(Vice President, Analytics Services)*
Zakiyya Amatullah-Wali *(Vice President, Client Services - East)*
James Burka *(Senior Manager, Business Development)*
Tim Anderson *(Account Manager)*
Sydney Armstrong *(Account Lead)*
Matthew Murphy *(Senior Manager, Advertising Operations)*
Gregory Thide *(Account Lead)*

AMPERAGE
200 First Street
Cedar Rapids, IA 52401-1821
Tel.: (319) 298-0242
Fax: (319) 298-0243
Web Site: www.amperagemarketing.com

Employees: 37
Year Founded: 1973

Discipline: Creative/Advertising

Mark Mathis *(Partner, Chief Strategy Officer)*
Bryan Earnest *(President & Chief Executive Officer)*
James Infelt *(Partner & Chief Digital Officer)*
Steve Erickson *(Partner & Chief Creative Officer)*
Denise Hesser *(Director, Media)*
Cindy Baumann *(Creator, Opportunities)*
Erin Bishop *(Marketing Director & Strategist, Research)*
Margaret Whitson *(Digital Media Marketing Manager)*
Jessica Petersen *(Account Manager)*
Kim Johnson *(Digital Strategist)*
Brian Monroe *(Regional Account Executive)*
Rachael Holland *(Account Executive, Client Service)*

AMPERAGE
6711 Chancellor Drive
Cedar Falls, IA 50613
Tel.: (319) 268-9151
Fax: (319) 268-0124

CREATIVE/ADVERTISING AGENCIES

Toll Free: (877) 932-3279
Web Site: www.MEandV.com

Employees: 40
Year Founded: 1979

Discipline: Creative/Advertising

Jim Infelt *(Partner & Chief Digital Officer)*
Lori Davis *(Director, Public Relations & Marketing Content)*
Kathy Schreiner *(Director, Finance & Operations)*
Monte Bowden *(Creative Director)*
Samantha Gipper *(Art Director)*
Tiffini Kieler *(Creative Director)*
Brian Foelske *(Senior Editor, Video)*
Kelli Jo Folkers-Whitesell *(Media Buyer)*
Kris Wieland *(Account Manager)*
Julie Weiand *(Accounting Coordinator)*

AMPERSAND AGENCY
2901 Via Fortuna
Austin, TX 78746
Tel.: (512) 462-3366
Web Site: www.ampersandagency.com

Year Founded: 2005

Discipline: Creative/Advertising

Jeff Montgomery *(President & Head, Media)*
Cindy Montgomery *(Chief Executive Officer & Chief Strategist)*
Nicole Walker *(Vice President, Account Management)*
Liz Schwab *(Director, Growth)*

Accounts:
Brookshire Brothers, LTD
Texas A&M University - Kingsville

ANCHOR WORLDWIDE
333 Hudson Street
New York, NY 10013
Tel.: (917) 472-7260
Web Site: www.anchorww.com

Year Founded: 2016

Discipline: Creative/Advertising

Aaron Sedlak *(Chief Creative Officer, Partner)*
Sebastian Eldridge *(Chief Executive Officer, Co-Founder)*
Saxon Eldridge *(Chief Operating Officer, Co-Founder)*
David Gross *(Founding Partner)*
Eric DItzlan *(Chief Strategy Officer, Co-Founder)*
Robert Gilbert *(Chief Content Officer, Director)*
Julia Davis *(Account Director)*
Allison Wade *(Account Director)*
Ainsley Kuptz *(Director, Brand Strategy)*
River Ibe *(Account Manager)*
Hunter Blakely *(General Manager)*
Kevin Gilcher *(Social Strategy, Community Management)*
Caitlin Rodstein *(Associate Partner)*
Chelsea Sager *(Account Supervisor)*

Accounts:
ActiveHybrid
Alphera Financial Services
BMW 1 Series
BMW 2 Series
BMW 3 Series
BMW 4 Series
BMW 5 Series
BMW 6 Series
BMW 7 Series
BMW 8 Series
BMW C Series
BMW F Series
BMW i
BMW K Series
BMW K Series
BMW M
BMW Manufacturing
BMW Motorrad USA
BMW of North America, LLC
BMW R Series
BMW S Series
BMW X
BMW Z4
MINI Cooper
Rolls-Royce Motor Cars

ANDERSON DDB HEALTH & LIFESTYLE
33 Bloor Street East
Toronto, ON M4W 3H1
Tel.: (416) 960-3830
Fax: (416) 960-5531
Web Site: www.andersonddb.com

Employees: 175
Year Founded: 1972

Discipline: Creative/Advertising

Kevin Brady *(President & Chief Executive Officer)*
Gord Desveaux *(Executive Vice President & Director, Strategy)*
Tony Miller *(Vice President & Executive Creative Director)*
Anthony Duguay *(Associate Director, Creative)*
Veronica Pineda *(Account Director)*
Mark Boutte *(Director, Digital Strategy & Services)*
Enza Pitrolo *(Associate Creative Director)*
Randy Vogel *(Director, Global Strategy & Integration - DePuy)*
Lou-Anne Gaudino *(Global Account Director)*
Chad Buechler *(Print Production Supervisor)*
Abi Saiyanthan *(Account Executive, New Business & Content Strategist)*

ANDERSON MARKETING GROUP
7420 Blanco Road
San Antonio, TX 78216
Tel.: (210) 223-6233
Fax: (210) 223-1051
Web Site: www.andersonmarketing.com

Employees: 50
Year Founded: 1970

Discipline: Creative/Advertising

Chuck Anderson *(Chief Executive Officer)*
Julius Germano *(Chief Operating Officer & Partner)*
Kim Gresham *(President & Partner)*
Christopher Pawlik *(Creative Director)*
Soeurette Shook-Kelly *(Director, Corporate Development)*
Dirk Ronk *(Copywriter)*
Sylvia Trevino *(Media Director)*
Tiffany Gabaldon *(Associate Creative Director)*
Janet Hancock *(Media Planner & Buyer)*
Tom Sullivan *(Manager, Production)*
Jacqueline Yarrington *(Senior Account Executive)*

ANDERSON PARTNERS
444 Regency Parkway Drive
Omaha, NE 68114
Tel.: (402) 341-4807
Fax: (402) 341-2846
Toll Free: (800) 551-9737
Web Site: www.andersonpartners.com

Year Founded: 1989

Discipline: Creative/Advertising

Krista Meisinger *(Chief Financial Officer)*
Deb Murray *(President)*
Deborah Murray *(President)*

ANDREA OBSTON MARKETING COMMUNICATIONS
Three Regency Drive
Bloomfield, CT 06002
Tel.: (860) 243-1447
Fax: (860) 243-5048
Web Site: www.aomc.com

Employees: 4
Year Founded: 1982

Discipline: Creative/Advertising

Andrea Obston *(President)*
Bob Breno *(Creative Director)*
Erica West *(Business Manager)*

ANNEX EXPERIENCE
36 East Grand Street
Chicago, IL 60611
Tel.: (312) 799-7000
Web Site: annexexp.com

Year Founded: 1998

Discipline: Creative/Advertising

Linda Burns *(Vice President)*
John Frantz *(Vice President, Operations)*
Jess Shoman *(Art Director)*

ANSON-STONER, INC.
111 East Fairbanks Avenue
Winter Park, FL 32789-4349
Tel.: (407) 629-9484
Fax: (407) 629-9480
Web Site: www.anson-stoner.com

Year Founded: 1983

Discipline: Creative/Advertising

Andy Anson *(President)*
Jessica Roberts *(Senior Vice President)*
Tom Macaluso *(Senior Vice President & Creative Director)*
Karen Madanick *(Vice President & Media Director)*
Justin Bohn *(Vice President & Financial Director)*
Corey Hickey *(Associate Interactive Director)*
Tessa Henley *(Project Manager)*
Katie Lumley *(Digital Media Buyer)*

Accounts:
Seacoast National Bank

ANTHOLOGIE
207 East Buffalo Street
Milwaukee, WI 53202
Tel.: (414) 316-2620
Web Site: anthologieworks.com/

Brands. Marketers. Agencies. Search Less. Find More.
Try out the online version at www.winmo.com

AGENCIES - JULY, 2020 — CREATIVE/ADVERTISING AGENCIES

Year Founded: 2011
Discipline: Creative/Advertising

Jeff McClellan *(President)*
Ben Baker *(Vice President, Operations & Client Services)*
Monica Doro *(Designer & Digital Media Artist)*

ANTHONY THOMAS ADVERTISING
727 South Broadway Street
Akron, OH 44311
Tel.: (330) 253-6888
Fax: (330) 253-7000
Web Site: www.anthonythomas.com

Employees: 6
Year Founded: 1988

Discipline: Creative/Advertising

Thom Misbrener *(Founding Partner)*
Tony Gioglio *(Founding Partner)*
Daniel Sferra *(Partner)*

ANTIBODY HEALTHCARE COMMUNICATIONS
One University Avenue
Toronto, ON M5J 2P1
Tel.: (416) 929-0528
Fax: (416) 929-9905
Web Site: www.antibodycommunications.com

Employees: 16
Year Founded: 2003

Discipline: Creative/Advertising

James Cran *(Chief Executive Officer & Co-Founder)*
Christine Willis *(Vice President)*

ANTONIO & PARIS
535 Mission Street
San Francisco, CA 94105
Tel.: (415) 625-2942
Web Site: www.antonioandparis.com

Year Founded: 2003

Discipline: Creative/Advertising

Antonio Buchanan *(Co-Founder & Chief Strategic Officer)*
Paris Hinson *(Co-Founder & Chief Creative Officer)*

Accounts:
NorthShore University HealthSystem
Tenet Healthcare Corporation

AOR, INC.
1020 Cherokee Street
Denver, CO 80204
Tel.: (303) 871-9700
Fax: (303) 871-9731
Web Site: www.thinkaor.com

Employees: 6
Year Founded: 1992

Discipline: Creative/Advertising

Matthew Keeney *(President)*
Derek Newcom *(Chief Executive Officer)*
Alyssa Ash *(Director, Creative Services)*
Tom Comber *(Senior Art Director)*
Kelsey Mast *(Project Manager, Digital)*

Elena Mlotkowski *(Account Executive)*
Shannon Torphy *(Junior Designer)*
Zach Thomas *(Designer, Print & Web)*

APOTHECOM ASSOCIATES, LLC
800 Township Line Road
Yardley, PA 19067
Tel.: (215) 497-8800
Fax: (215) 497-8801
Web Site: www.apothecom.com

Employees: 50
Year Founded: 1999

Discipline: Creative/Advertising

Mike Brown *(Chief Operating Officer)*
Rick Lang *(Vice President, Communications & Technology)*

APPENCY
Post Office Box 340846
Sacramento, CA 95834
Toll Free: (877) 875-1882
Web Site: www.appency.com

Year Founded: 2009

Discipline: Creative/Advertising

Aaron Watkins *(Co-Founder & President)*
Shannon Kiehn *(Director, Operations)*

APPLE BOX STUDIOS
1243 Penn Avenue
Pittsburgh, PA 15222
Tel.: (412) 642-3971
Web Site: appleboxstudios.com

Year Founded: 2002

Discipline: Creative/Advertising

Michael Wertz *(Principal, Director, Creative & Writer)*
Dan Filipek *(Vice President Client Services)*
Thad Ciechanowski *(Vice President - Motion Pictures)*
Amy Meyers *(Media Director)*
Dan Brettholle *(Creative Director)*
Tana Mitchell *(Director, Human Resources & Business Manager)*

APPLETON CREATIVE
539 Delaney Avenue
Orlando, FL 32801
Tel.: (407) 246-0092
Web Site: www.appletoncreative.com

Year Founded: 1987

Discipline: Creative/Advertising

Diana LaRue *(Chief Executive Officer)*
Michael Speltz *(Vice President & Principal)*
Dolly Sanborn *(Senior Art Director)*
Eric Czerwonka *(Director, Creative & Senior Designer & Animator)*
Douglas Stewart *(Director, Account Management)*
Lindsey Tamaddon *(Manager, Account & Social Marketing)*

ARCANA ACADEMY
13323 West Washington Boulevard
Los Angeles, CA 90066
Tel.: (310) 279-5024
Web Site: www.arcanaacademy.com

Year Founded: 2011
Discipline: Creative/Advertising

Shane Hutton *(Managing Partner)*
Lee Walters *(Managing Partner & Founder)*
Marshall Detwiler *(Account Director)*
Jessica Darke *(Producer)*

Accounts:
Dignity Memorial
KILZ Casual Color Paints
KILZ Primers

ARCHER MALMO
65 Union Avenue
Memphis, TN 38103
Tel.: (901) 523-2000
Fax: (901) 526-4237
Toll Free: (800) 535-8943
Web Site: www.archermalmo.com

Employees: 120
Year Founded: 1952

Discipline: Creative/Advertising

Approx. Annual Billings: $135.00

Russ Williams *(Chief Executive Officer & Principal)*
Gary Backaus *(Chief Creative Strategy Officer)*
Gokben Yamandag *(Chief Digital Officer)*
Tom Barzizza *(President, Archer Malmo Retail)*
Ken Rohman *(Principal & Chief Digital Officer)*
Martha Hample *(Senior Vice President & Director, Operations)*
Jay Cooper *(Senior Vice President & Group Account Director)*
Patricia Emory-Walker *(Senior Vice President, Group Account Director)*
Mike Butler *(Senior Vice President & Group Account Director)*
Beverly Mattingly *(Senior Vice President & Group Account Director)*
Mary Lynn Gratzer *(Senior Vice President & Director, Client Services)*
Meredith Cuevas *(Senior Vice President & Director, Group Account)*
Fred Nichols *(Vice President & Account Director)*
Justin Dobbs *(Vice President & Group Creative Director)*
Rob Hoerter *(Vice President & Account Director)*
Greg Hastings *(Group Creative Director)*
Leigh Anne Rose *(Group Creative Director)*
Richard Williams *(Associate Creative Director)*
Eric Christopherson *(Associate Creative Director)*
AmyBeth Hastings *(Director, Communications)*
Ronny Scholz *(Interactive Art Director)*
Amanda Casabella *(Associate Creative Director)*
Jill Ellis *(Account Director)*
Amanda Dent *(Associate Creative Director & Copywriter)*
Brian Dixon *(Senior Art Director)*
Emily Lowery Long *(Account Director - Palm Beach Tan)*
Heather Laiche *(Senior Art Director)*
Jason Lee *(Senior Art Director)*
Katie Frasier *(Director, Integrated Communication Strategy)*
Katie Benjamin Steed *(Senior Art Director)*
Kong Wee Pang *(Art Director & Associate Creative Director)*
Lialah Putman-Harper *(Senior Art Director)*
Leah Jones *(Associate Creative Director & Art Director)*

CREATIVE/ADVERTISING AGENCIES

Mary Alice Snowden (Account Director)
Matt Rand (Executive Creative Director)
Rich Playford (Art Director & Associate Creative Director)
Trish Swope (Director, Human Resources)
Tamera Lawrence (Director, Integrated Communications Strategy)
Abhilash Shamsunder (Director, Technology)
Katie Tobin (Director, Strategy & Insights)
Lauren Reaves (Senior Account Executive)
Jennifer Stein (Account Supervisor)
Susan Rogers (Media Buying Supervisor)
Barry Wolverton (Brand Manager, Content)
Jeff Janovetz (Project Manager, Digital)
Josephina Ofiara (Account Supervisor)
Matt Musick (Senior Strategist, Creative)
Wesley Melton (Project Manager, Digital)
Melanie Towery Prevost (Senior Account Executive)
Lisa Hawkins (Media Assistant)
Allison Chen (Specialist, Public Relations)
Kandi Cook (Analyst, Digital Quality Assurance)
Shaina Guttman (Senior Account Executive)
Diana Hopkins (Account Supervisor)

Accounts:
American Snuff Company
Grizzly
Merry Maids
Smith & Nephew, Inc.
Terminix

ARCHETYPE
250 Park Avenue South
New York, NY 10003
Tel.: (212) 331-8461
Web Site: www.archetype.co

Employees: 25
Year Founded: 2019

Discipline: Creative/Advertising

John Carter (Senior Vice President)
Bethany Latta (Account Director)
Rachel Jones (Account Director)
Samantha Evans (Account Director)
Peter White (Account Director & North American Paid Social Media Lead)
Jason Mayde (Global Technology Director)
Carmen Pineiro (Account Executive)
Monica Earle (Senior Account Executive)

Accounts:
Raytheon Company

ARCHETYPE
100 Montgomery Street
San Francisco, CA 94104
Tel.: (415) 593-8200
Web Site: www.archetype.co

Year Founded: 2019

Discipline: Creative/Advertising

Sean Mills (Partner)
Helena Maus (Chief Executive Officer)
Laurie Eisendrath (Chief Finance Officer)
Chris Kraeuter (Senior Vice President)
Sami Asiri (Vice President)
Chase Fitzgerald (Vice President)
Kelsey Sutcliffe (Account Director, Integrated Marketing)
Christopher Arboleda (Account Manager)
Jorah Huntington (Account Executive)
Elena Shikaloff (Account Executive)
Kate Miller (Account Manager)

Rena Henri (Account Executive)
Elena Trierweiler (Business Development)
Jason Prodoehl (Regional Office Manager)
Sarah Dean (Creative Designer)
Carolina Noguera (General Manager)

ARCHETYPE
31 Milk Street
Boston, MA 02109
Web Site: www.archetype.co

Year Founded: 2019

Discipline: Creative/Advertising

Ken Peters (Executive Vice President)
Cara Foley (Vice President)
Patrick Abberton (Senior Account Executive)

ARCHETYPE
925 North La Brea Avenue
Los Angeles, CA 90038
Web Site: www.archetype.co

Year Founded: 2019

Discipline: Creative/Advertising

Lindsey Arent Schank (Vice President, Media Relations)
Nicole Kruse (Account Director)
Morgan Ballard (Account Executive)

AREA 23
622 Third Avenue
New York, NY 10017
Tel.: (917) 265-2623
Web Site: www.area23hc.com/

Year Founded: 2007

Discipline: Creative/Advertising

Tim Hawkey (Chief Creative Officer)
Brad Peebles (Executive Vice President & Group Director, Management)
Julie Pilon (Executive Vice President & Executive Director, Strategic Planning)
James Coghlan (Senior Vice President & Group Director, Strategic Planning)
Andrew Gerchak (Senior Vice President & Creative Director)
Lauren Livingston (Senior Vice President & Management Director)
Carin Apter (Vice President & Director, Account)

Accounts:
Genentech, Inc.

ARGONAUT, INC.
1268 Sutter Street
San Francisco, CA 94109
Tel.: (415) 633-8200
Web Site: www.argonautinc.com

Year Founded: 2013

Discipline: Creative/Advertising

Katie Miller (Chief Marketing Officer)
Ana Dixon (Chief Financial Officer)
Tristan Besse (Director, Group Brand)
Dharnesh Kaur (Director, Research & Consumer Insights)
Jordan Wood (Director, Group Brand)
Linda Casson (Director, Production Business Affairs)
Eric Cosper (Group Creative Director)

Brian Olsen (Head, Strategy)
Matt Kelsen (Director, Creative)
Shane Fleming (Director, Creative)
Rob Calabro (Group Creative Director)
Ali Esterly (Creative Director)
Grant Minnis (Creative Director)
Joseph Nemec (Art Director)
Alan Stout (Head, Strategy)
Brittany Rivera (Associate Creative Director)
Maura Heilbron (Head, Culture)
Rebecca Kallman (Group Account Director)
Hilary Maloney (Brand Strategist)
Katherine Berchtold (Brand Manager - Cricket Wireless)
Chris Remy (Manager, Brand)
Tashia Neuhaus (Integrated Producer)
Austin White (Copywriter - Honey Bunches of Oats, NerdWallet & Cricket)
Jake Ullman (Brand Strategist)
JT Pierce (Managing Director)

Accounts:
Appleton Estate Jamaica Rum
Cricket
Dropbox, Inc.
Fitbit
Great Grains
Honey Bunches of Oats
NerdWallet
Right Rice
Tom Clancy

ARNOLD WORLDWIDE
10 Summer Street
Boston, MA 02110
Tel.: (617) 587-8000
Fax: (617) 587-8004
Web Site: www.arnoldworldwide.com

Employees: 610
Year Founded: 1946

Discipline: Creative/Advertising

Sean McBride (Chief Creative Officer)
George Sargent (Chief Executive Officer)
Lucia Ferrante (Chief Financial Officer)
Catherine Sheehan (Executive Vice President & Director, Brand Strategy)
Vallerie Bettini (Executive Vice President & Director, Marketing)
Scott Karambis (Senior Vice President, Brand Strategy)
Sean O'Neill (Executive Vice President & Director, Business Strategy & Analytics)
Gail Felcher (Senior Vice President & Director, Marketing)
Gregg Nelson (Senior Vice President & Group Creative Director)
Bill Girouard (Senior Vice President & Creative Director)
Julianna Akuamoah (Senior Vice President, Human Resources)
Chris Valencius (Senior Vice President & Brand Director)
Laura Hendrickx (Senior Vice President & Chief, Staff)
Kathy McMann (Vice President & Director, Art Production)
Sam Mullins (Vice President & Creative Director)
Mallory Brannan (Vice President & Director, Marketing)
Megan Kosakowski (Vice President & Director, Marketing)
Justin Galvin (Vice President & Creative Director)

AGENCIES - JULY, 2020
CREATIVE/ADVERTISING AGENCIES

Elisha Goldstein *(Vice President & Director, Creative Talent)*
Tamara DeOrio *(Vice President & Director, Brand Experience Production)*
James Bray *(Executive Creative Director)*
Casey Potash *(Director, Marketing - Barclay's & PUR)*
Max Geraldo *(Executive Creative Director)*
Lanna Tokuhiro *(Associate Director, Brand Strategy)*
Fred Saldanha *(Executive Creative Director)*
Susan Hovsepian *(Associate Director, Project Management)*
Pat Carney *(Broadcast Producer)*
Brian Freedman *(Director, Business Strategy)*
Danielle Balanov *(Head, Business Affairs & Assistant Producer)*
Kristen Sullivan *(Supervisor, Business Management Group)*
Shaye Ellis *(Senior Manager, Marketing)*
Christine Cavallaro *(Manager, Marketing)*
McKensie Saldo *(Manager, New Business)*
Emily Gatsas *(Senior Project Manager)*
Gabriella Candelieri *(Manager, Marketing)*
Molly Chisholm *(Senior Strategist, Brand)*
Rich Russo *(Managing Director & Chief Creative Officer)*
Paul Nelson *(Managing Director)*
Lisa Bamber *(Executive Vice President & Managing Director)*

Accounts:
Allergan, Inc.
Amgen, Inc.
Barclays Capital
Boston Bruins
Centers For Disease Control & Prevention
ESPN, Inc.
Huntington Bancshares, Inc.
It's a 10 Haircare
Jeep
Jeep Wrangler
Kaplan, Inc.
Merck & Company, Inc.
Progressive Auto Insurance
Progressive Casualty Insurance Company
Progressive Direct
Progressive Homeowner's Insurance
Progressive.com
PUR Water
Purdue University
Sanofi U.S
Santander
Saucony
SharkNinja
The American Red Cross
The Huntington National Bank

ARNOLD WORLDWIDE
205 Hudson Street
New York, NY 10013
Tel.: (212) 463-1000
Fax: (212) 463-1490
Web Site: www.arnoldworldwide.com/

Employees: 125
Year Founded: 1946

Discipline: Creative/Advertising

Kent Koren *(Creative Director)*
Erik Mednis *(Executive Creative Director)*
Lucas Casao *(Director, Creative)*
Steve Willis *(Senior Art Director)*
Heather Church *(Senior Art & Content Producer)*
Aaron Alamo *(Director, Creative)*
Chris Kasper *(Account Supervisor)*

Sophie Moskowitz *(Senior Marketing Manager)*
Amanda Ubeda *(Senior Marketing Manager)*
Stuart Raffel *(Senior Broadcast Producer)*

Accounts:
NYU Medical Center
Sanofi U.S

ARRIVALS + DEPARTURES
491 College Street West
Toronto, ON M6G 1A5
Tel.: (902) 461-2700
Fax: (902) 461-2701
Web Site: www.extremegroup.com

Employees: 60
Year Founded: 1997

Discipline: Creative/Advertising

Daniel Tolensky *(Chief Financial Officer & Partner)*
Alan Gee *(Chairman, Creative)*
Michael Bevacqua *(President & Partner)*
Angela Sung *(Associate Director, Creative & Art Director)*
Jeff Simpson *(Associate Creative Director & Art Director)*
Jennifer Sutherland *(Client Services Director)*
Justin Ryan *(Account Supervisor)*
Aaron Woolfson *(Copywriter)*

ART MACHINE
6922 Hollywood Boulevard
Hollywood, CA 90028
Tel.: (310) 746-1600
Fax: (310) 657-4952
Web Site: www.artmachine.com

Year Founded: 1999

Discipline: Creative/Advertising

John McMahon *(President & Creative Director- Trailer Park)*
Jeremy Kaplan *(President & Creative Director)*
David Prosenko *(Senior Vice President, Operations)*
Reggie Hidalgo *(Art Director)*

Accounts:
Alfa Romeo
FCA US, LLC
Los Angeles Clippers
Los Angeles Rams
Universal Studios Hollywood

ARTICULATE SOLUTIONS
65 Fifth Street
Gilroy, CA 95020
Fax: (408) 852-0384
Web Site: www.articulate-solutions.com

Year Founded: 1991

Discipline: Creative/Advertising

Katherine Filice *(Chief Executive Officer & Executive Creative Director)*
Jason Raby *(Director, Communications)*
Jenny Arellano *(Manager, Marketing Communications)*

Accounts:
Gilroy Gardens

ARTIME GROUP
65 North Raymond Avenue
Pasadena, CA 91103

Tel.: (626) 583-1855
Fax: (626) 583-1861
Web Site: www.artimegroup.com

Employees: 15
Year Founded: 1991

Discipline: Creative/Advertising

Henry Artime *(Principal)*
Van Nguyen *(Vice President)*
Sam Kim *(Vice President, Interactive Technologies)*
Bill Myers *(Director, Business Development & Writer)*
Olia Vradiy *(Senior Designer - User Interface & User Experience)*
Austin Lack *(Coordinator, Public Relations & Writer)*

ARTS & LETTERS
1805 Highpoint Avenue
Richmond, VA 23230
Tel.: (804) 454-7233
Web Site: www.artsandletters.xyz

Year Founded: 2017

Discipline: Creative/Advertising

Charles Hodges *(Founder & Executive Creative Director)*
Jed Grossman *(Executive Creative Director)*
Letitia Jacobs *(Head, Integrated Production)*
Andy Grayson *(Director, Strategy)*
Danielle Flagg *(Executive Creative Director)*
Katie Hoak *(Business Director, Arts & Letters Creative Co.)*
Rich Weinstein *(Managing Director)*

Accounts:
Google Chromebook

ASH TECHNOLOGY MARKETING
35 Dartmoor Drive
Kanata, ON K2M 1S6
Tel.: (613) 591-3800
Fax: (613) 591-1256
Toll Free: (877) 591-3800
Web Site: www.marketing-wizards.com

Employees: 15
Year Founded: 1990

Discipline: Creative/Advertising

Gary Phippard *(President & Chief Executive Officer)*
Karan Williams *(Vice President, Operations)*

ASHLEY ADVERTISING AGENCY
2825 Soni Drive
Eagleville, PA 19403
Tel.: (610) 631-5500
Web Site: www.ashleyadvertising.com

Year Founded: 1995

Discipline: Creative/Advertising

Frank Gussoni *(President)*
Eric Ennis *(Director, Out of Home & Transit Media)*
Rachel Laird *(New Business Manager)*
Kevin Pollock *(Media Buyer)*

Accounts:
D.G. Yuengling & Son

34

CREATIVE/ADVERTISING AGENCIES

AGENCIES - JULY, 2020

ASPECT RATIO
5151 Lankershim Boulevard
Los Angeles, CA 91601
Tel.: (323) 467-2121
Fax: (323) 467-0901
Web Site: www.aspectratio.com

Employees: 130
Year Founded: 1978

Discipline: Creative/Advertising

Lisa Feldman *(Co-President & Creative Director)*
Jeff Niford *(Manager, Information Technology)*
Rachel Bentley *(Finance Coordinator)*

ATLANTICA CONTENT STUDIOS
219 Dufferin Street
Toronto, ON M6K 3J1
Tel.: (905) 752-2431
Web Site: www.fueladvertising.com

Employees: 40
Year Founded: 1977

Discipline: Creative/Advertising

Jean Speirs *(Vice President & Creative Director)*
Alanna McQuibban *(Vice President, Management Director)*

AUDIENCEX
13468 Beach Avenue
Marina Del Rey, CA 90292
Tel.: (310) 289-4422
Fax: (310) 289-4423
Web Site: www.audiencex.com

Year Founded: 2008

Discipline: Creative/Advertising

Jason Wulfsohn *(Chief Executive Officer & Co-Chairman)*
Reeve Benaron *(Chief Executive Officer & Co-Founder)*
Ryan Carhart *(Chief Financial Officer)*
Brian Ko *(Chief Commercial Officer)*
Shane Taylor *(Vice President, Sales & Partnerships)*
Lauren Hutton *(Vice President, Technology)*
Stephanie Denevan *(Vice President, Client Services)*
Tiffany Kim *(Director, People Operations)*
Thomas LaPlante *(Senior Director, Technical Operations)*
Joseph Horine *(Director, Strategy)*
Alvaro Fajardo *(Director, User Experience & Design)*
Angela Bennett *(Director, Programmatic Strategy)*
Dana Kobylarski *(Account Manager)*
Emily Molloy *(Senior Customer Success Manager)*

AV COMMUNICATIONS
215 Spadina Avenue
Toronto, ON M5T 2C7
Tel.: (416) 866-8882
Fax: (416) 866-8883
Web Site: www.avcommunications.ca

Employees: 5
Year Founded: 2003

Discipline: Creative/Advertising

Joycelyn David *(Owner & Chief Executive Officer)*
Shaharyar Irfan *(Business Director)*

AVENUE 25 ADVERTISING & DESIGN
9201 North 25th Avenue
Phoenix, AZ 85021
Tel.: (602) 864-1233
Fax: (602) 995-2942
Web Site: ave25.com

Year Founded: 1991

Discipline: Creative/Advertising

Rusty Pile *(President & Director, Marketing)*
Kelly Pile *(Executive Vice President & Director, Operations)*

AVREAFOSTER
500 North Akard Street
Dallas, TX 75201
Tel.: (214) 855-1400
Fax: (214) 259-3670
Web Site: www.avreafoster.com

Employees: 30
Year Founded: 1991

Discipline: Creative/Advertising

Dave Foster *(President & Chief Executive Officer)*
Darren Avrea *(Chairman)*
Suzanne Miller *(Senior Vice President, Client Relationships)*
Andrew Skola *(Vice President, Strategy)*
Christine Guiang *(Account Director)*
Kenny Osborne *(Creative Director)*
Molly Hawthorne *(Associate Creative Director)*
Laura Fidelman *(Senior Account Executive)*
Lisa Goin *(Managing Group Creative Director)*

B&P ADVERTISING
900 South Pavillion Center Drive
Las Vegas, NV 89144
Tel.: (702) 967-2222
Fax: (702) 967-2223
Web Site: www.bpadlv.com

Employees: 35
Year Founded: 2001

Discipline: Creative/Advertising

Robert Catalano *(Partner & Executive Creative Director)*
Chuck Johnston *(President & Principal)*
Rob Catalano *(Principal & Executive Creative Director)*
George McCabe *(Director, Public Relations)*

Accounts:
Nevada State Bank
The Cosmopolitan Hotel & Casino

B2 ADVERTISING
5675 Strand Court
Naples, FL 34110
Tel.: (239) 593-3600
Fax: (239) 593-3331
Web Site: www.b2ads.com

Employees: 9

Discipline: Creative/Advertising

Robyn Bonaquist *(President & Business Director)*
Garrett Phillips *(Senior Account Executive)*

BACKUS TURNER INTERNATIONAL
2436 North Federal Highway
Lighthouse Point, FL 33064
Tel.: (954) 727-9977
Fax: (954) 727-9966
Web Site: www.backusturner.com

Employees: 6
Year Founded: 1978

Discipline: Creative/Advertising

Larry Turner *(President)*
Rene Mahfood *(Vice President)*
Roberta Backus Turner *(Creative Director)*

BAILEY LAUERMAN
1299 Farnam Street
Omaha, NE 68102
Tel.: (402) 514-9400
Fax: (402) 475-5115
Web Site: www.baileylauerman.com

Employees: 63
Year Founded: 1970

Discipline: Creative/Advertising

Carter Weitz *(Chairman & Chief Creative Officer)*
Greg Andersen *(Chief Executive Officer)*
Spencer Peery *(Chief Financial Officer & Head, Finance)*
Sean Faden *(Vice President & Creative Director)*
Chris Laughlin *(Vice President & Controller, Finance)*
Jessica Jarosh *(Group Account Director)*
Lauren Schuster *(Head, Business Development)*
Aaron Jarosh *(Associate Creative Director)*
Megan Storm *(Associate Director, Media)*
Kathleen Al-Marhoon *(Head, Public Relations)*
Brittany Redden *(Senior Account Executive)*
Jocelyn Houston *(Account Supervisor)*
Casey Stokes *(Associate Director, Creative)*
Rachel Cain *(Public Relations & Social Specialist)*
Marlee Cowdrey *(Copywriter)*

Accounts:
AMC Theatres
Ameritas Life Insurance Corp.
Bellevue University
Cargill Meat Solutions
Cargill, Inc.
Cuties
Phillips 66 Lubricants
Sun Pacific
Union Pacific Corporation
Union Pacific Corporation

BALASH ADVERTISING
One Trans Am Plaza Drive
Oakbrook Terrace, IL 60181
Tel.: (630) 268-8011
Fax: (630) 268-8112
Web Site: www.balash.com

Employees: 10

Discipline: Creative/Advertising

Paul Balash *(President)*
Gwen Mayers *(Creative Director)*

BALDWIN&
321 West Davie Street
Raleigh, NC 27601

AGENCIES - JULY, 2020 — CREATIVE/ADVERTISING AGENCIES

Tel.: (919) 680-0900
Web Site: www.baldwinand.com

Year Founded: 2009

Discipline: Creative/Advertising

Jennifer Hazelett *(Director, Account Management)*
Jennifer Matthews *(Design Director)*
Katharine Belloir *(Account Director)*
Emily Watson *(Associate Creative Director)*
Ashley Yetman *(Brand Strategy Director)*
Tonya Martin *(Senior Project Manager)*
Jarod Diaz *(Senior Media Planner)*
Alex Warner *(Account Manager)*
Jerry Bodrie *(Managing Director)*

Accounts:
Cree, Inc.
KIOTI Tractor
Krispy Kreme Doughnuts, Inc.
Long John Silver's Restaurants, Inc.

BANDUJO DONKER & BROTHERS
22 West 21st Street
New York, NY 10010
Tel.: (212) 332-4100
Fax: (212) 336-6068
Web Site: www.bandujo.com

Year Founded: 1993

Discipline: Creative/Advertising

Approx. Annual Billings: $21.00

Jose Bandujo *(President & Founder)*
Amanda Kane *(Chief Operating Officer)*
Bob Brothers *(Executive Creative Director, Art)*
Wes Hester *(Managing Director, Digital)*
Shawn Kelly *(Executive Creative Director, Copywriting)*
Ana Paz *(Senior Account Director)*
Ryosuke Matsumoto *(Art Director)*

BANDY CARROLL HELLIGE
307 West Muhammed Ali Boulevard
Louisville, KY 40202-3213
Tel.: (502) 589-7711
Fax: (502) 589-0390
Web Site: www.bch.com

Employees: 27
Year Founded: 1989

Discipline: Creative/Advertising

Susan Bandy *(Partner)*
Mark Carroll *(Partner)*
Tim Hellige *(Partner)*
Lynnette Kokomoor *(Chief Financial Officer & Director, Human Resources)*
Gary Sloboda *(Partner & Executive Creative Director)*
Matt Kamer *(Partner & Director, Public Relations)*
Angie Albanese *(Supervisor, Accounting)*
Kathy Furnish *(Media Planner & Buyer)*
Jennifer Howard *(Supervisor, Public Relations)*
Lauren Burdette *(Manager, Public Relations)*
Terri Isgrigg *(Coordinator, New Business)*

Accounts:
Big O Tires, Inc.
Delta Dental Plans Association
Fuzzy's Vodka
Greater Louisville Convention & Visitors Bureau
Kentucky Lottery Corporation
Simon Property Group, Inc.

BANOWETZ + COMPANY, INC.
3809 Parry Avenue
Dallas, TX 75226
Tel.: (214) 823-7300
Fax: (214) 823-8280
Web Site: www.banowetz.com

Employees: 6
Year Founded: 1986

Discipline: Creative/Advertising

Leon Banowetz *(President & Executive Creative Director)*
Molly Banowetz *(Partner)*
Ryan Bailey *(Director, Creative)*
Wes Phelan *(Art Director & Senior Designer)*
Dawn Grimes *(Senior Production Manager)*
Janna Jackson *(Senior Account Executive)*
Kris Shelton-Murphy *(Senior Designer)*

BARKER
30 Broad Street
New York, NY 10004
Tel.: (212) 226-7336
Fax: (212) 226-7937
Web Site: www.barkernyc.com

Employees: 25
Year Founded: 2003

Discipline: Creative/Advertising

John Barker *(Founder & Chief Idea Officer)*
Jason Spies *(Executive Vice President & Chief Strategy Officer)*
Scott Cohn *(Senior Vice President, Creative Content)*
Sandi Harari *(Executive Vice President & Creative Director)*
Kim Meacham *(Senior Vice President & Account Director)*
Lauren Reddy *(Director, Strategy & Account Management)*
Maya Kagan *(Associate Creative Director)*

Accounts:
Bausch & Lomb, Inc.
Bennigan's
Biotrue
CustomInk
Grime Boss
I Am King
Lumify
Miele, Inc.
Physique 57
Platts
ReNu
Sani-Hands
Siemens Education & Training
SlimFast
SlimFast Foods Company
Soothe
Steak & Ale
Sunsweet Growers
Totes-Isotoner Corporation
WaffleWaffle

BARKLEY BOULDER
2905 Center Green Court
Boulder, CO 80301
Tel.: (303) 386-3957
Web Site: www.barkleyus.com

Year Founded: 2012

Discipline: Creative/Advertising

Vaughn Allen *(Group Strategy Director)*
Miller Jones *(Creative Director)*
Malory Toscano *(Account Supervisor)*
Eric Forsyth *(Account Lead)*
Alex Everett *(Activation Manager)*
Jeff Graham *(Partner & Managing Director)*

Accounts:
Pizza Patron, Inc.

BARNHARDT DAY & HINES
Post Office Box 163
Concord, NC 28026
Mailing Address:
56 Cabarrus Avenue West
Concord, NC 28025
Tel.: (704) 786-7193
Fax: (704) 786-5150
Web Site: www.bdandh.com

Employees: 12
Year Founded: 1983

Discipline: Creative/Advertising

Thomas Day *(President & Chief Executive Officer)*
Mike Scardino *(Chief Creative Officer)*
Alaine Hines-Bollinger *(Senior Vice President, Account Services)*
Laurey McElroy *(Vice President, Account Services)*
Darrel Myers *(Creative Director)*
Bev Stroman *(Director, Finance Services)*

BARON & BARON, INC.
435 Hudson Street
New York, NY 10014
Tel.: (212) 397-8000
Fax: (212) 397-8001
Web Site: www.baron-baron.com

Employees: 25

Discipline: Creative/Advertising

Lisa Atkin *(Chief Executive Officer)*
Fabien Baron *(President)*
Patrick-Robert Harriman *(Business Director)*

Accounts:
Coach

BARRETT AND WELSH
577 Kingston Road
Toronto, ON M4E 1R3
Tel.: (416) 628-8503
Fax: (416) 686-7898
Web Site: www.barrettandwelsh.com

Year Founded: 2003

Discipline: Creative/Advertising

Ishan Ghosh *(Partner & Chief Executive Officer)*
Gavin Barrett *(Chief Creative Officer, Owner & Founding Partner)*
Mike Welsch *(Owner, Founding Partner & Creative Director)*

BARRETTSF
250 Sutter Street
San Francisco, CA 94108
Tel.: (415) 986-2960
Web Site: www.barrettsf.com

Year Founded: 2012

Brands. Marketers. Agencies. Search Less. Find More.
Try out the online version at www.winmo.com

CREATIVE/ADVERTISING AGENCIES

AGENCIES - JULY, 2020

Discipline: Creative/Advertising

Patrick Kelly *(Managing Partner & Founder)*
Jillian Davis *(Director, Brand Strategy)*
Molly Warner *(Account Director)*
Brad Kayal *(Associate Creative Director)*
Rafi Kugler *(Director, Recruiting)*
Jen Hart *(Associate Creative Director)*
Robert Woods *(Group Account Director)*
Jamie Barrett *(Founder & Executive Creative Director)*
Conor Duignan *(Head, Broadcast Production & Associate Partner)*
Aryan Aminzadeh *(Creative Director)*
Meredith Karr *(Associate Creative Director)*
Phillip Fattore *(Senior Copywriter & Associate Creative Director)*
Byron Wages *(Associate Creative Director)*
Jessica Sugerman *(Senior Art Director)*
Todd Eisner *(Creative Director)*
William De Ryk *(Account Director)*
Julia Ortinez-Hansen *(Account Supervisor)*
Anna Raynor *(Account Supervisor)*
Lyndsey Sotwick *(Account Supervisor)*
Lyndsey Dorian *(Account Supervisor)*
Charlotte Dugoni *(Producer, Broadcasting)*
Kevin Albrecht *(Brand Strategist)*
Shelby Williamson *(Brand Strategist)*
Ali Nimmo *(Assistant Account Manager)*

Accounts:
Chime
Cost Plus, Inc.
Pac-12 Network
Rubio's Baja Grill
Rubio's Restaurants, Inc.
Sutter Health
TOTO, USA
WWE 2k
Zappos.com, Inc.

BARTLEY & DICK ADVERTISING
330 West 38th Street
New York, NY 10018
Tel.: (212) 947-3433
Fax: (212) 947-3393
Web Site: www.bartleyndick.com

Employees: 4
Year Founded: 1999

Discipline: Creative/Advertising

Scott Bartley *(Partner & Creative Director)*
Rick Biolsi *(Partner & Design Director)*

BARTON COTTON
3030 Waterview Avenue
Baltimore, MD 21230
Tel.: (410) 685-1260
Web Site: www.bartoncotton.com

Year Founded: 1928

Discipline: Creative/Advertising

Kathy Calta *(President)*
Elizabeth Connell *(Digital Marketing Account Executive)*

Accounts:
March of Dimes
Shriners Hospitals for Children

BASS ADVERTISING
815 Nebraska Street
Sioux City, IA 51101
Tel.: (712) 277-3450
Fax: (712) 277-2441
Web Site: www.bassadvertising.com

Year Founded: 1973

Discipline: Creative/Advertising

Will Bass *(President)*
Austin Bass *(Creative Director)*

BASSET & BECKER ADVERTISING
1353 13th Avenue
Columbus, GA 31901
Tel.: (706) 327-0763
Web Site: www.bassetandbecker.com

Year Founded: 1972

Discipline: Creative/Advertising

Bill Becker *(President)*
Allison Heigler *(Creative Director)*

BAYARD ADVERTISING AGENCY, INC.
1430 Broadway
New York, NY 10010
Tel.: (212) 228-9400
Fax: (212) 358-8477
Web Site: www.bayardad.com

Employees: 94
Year Founded: 1923

Discipline: Creative/Advertising

Louis Naviasky *(Chief Executive Officer)*
Gordon Waldorf *(President & Owner)*
Matthew Gilbert *(Chief Creative Officer)*
Bill Davidson *(Division President)*
Matt Luba *(Executive Vice President, Digital Media & Analytics)*
Don Sabatino *(Senior Vice President, Business Development)*
Rosemary Petreikis *(Senior Vice President & General Manager)*
Kim Harrell *(Senior Vice President, Business Development & Client Strategy)*
Eric Holwell *(Senior Vice President, Strategy)*
Anthony Andre *(Vice President, Client Strategy)*
Mitch Gerson *(Vice President, New Business Development)*
Daniel O'Neill *(Vice President, Client Strategy)*
Ken Guglielmo *(Vice President, Business Development)*
Michael Halperin *(Director, Interactive)*
Zachery Tweddell *(Senior Director, Marketing & Employer Brand)*
Jack Folz *(Senior Director, Programmatic Media)*
Alexandra Anema *(Director, Social Media)*
Joel Benton *(Manager, Promotional Products Division)*
Camille Berlioz *(Programmatic Media Trader)*
Patrick Yund *(Digital Strategist)*
William Mowery *(Specialist, Digital Support)*
Duncan Bintrim *(Media Specialist)*

BBH
32 Avenue of the Americas
New York, NY 10013
Tel.: (212) 812-6600
Fax: (212) 242-4110
Web Site: www.bartleboglehegarty.com

Employees: 130
Year Founded: 1998

Discipline: Creative/Advertising

Sarah Watson *(Chairwoman)*
Megan Poole *(Account Director)*
Justin Marciani *(Head, Operations)*
Alex Monger *(Head, Account Management)*
Diego Fonseca *(Creative Director)*
Lucas Bongioanni *(Creative Director)*
Shana Honig *(Account Director)*
Allison Cornford *(Group Account Director - Brighthouse Financial)*
Jackie Anzaldi *(Creative Director)*
Jonathan Mackler *(Executive Creative Director & Head, Creative)*
Brooke Kaylor *(Head, Integrated Production)*
Tom Callard *(Head, Planning)*
Julia Brenton *(Account Director, Growth - North America)*
Bruno Franchino *(Associate Creative Director)*
Hora Sormani *(Associate Creative Director)*
Librado Sanchez *(Director, Business Affairs)*
Liz Loudy *(Associate Director, Creative & Copywriter)*
Dylan Fauss *(Strategist)*
Shelley Giera *(Producer, Content)*
Brett Edgar *(Managing Director)*

Accounts:
British Airways
CARE USA
FanDuel
Google Chrome
GrubHub
JBL
NYC & Company Visitors Bureau
Southern New Hampshire University
The Weather Channel, Inc.

BBH
8360 Melrose Avenue
West Hollywood, CA 90069
Tel.: (323) 204-0160
Fax: (323) 389-2019
Web Site: www.bartleboglehegarty.com/losangeles/

Year Founded: 1998

Discipline: Creative/Advertising

Ned McNeilage *(Chief Creative Officer)*
Trina Sethi *(Account Director)*
Daniel Gearing *(Business Director)*
Katie Acosta *(Director, Brand Strategy)*
Lindsey Cummings *(Director, Communications Strategy)*
Tom Murphy *(Head, Account Management)*
Lesley Danger Bea *(Creative Director)*
Peter Williams *(Executive Producer)*
Emily Rosen *(Associate Director, Creative)*
Danger Bea *(Creative Director)*
Kevin Tosi *(Senior Copywriter)*
Frances Great *(Managing Director)*

Accounts:
E! Entertainment Television
Google Play
Houzz
Quibi

BBK WORLDWIDE
117 Kendrick Street
Needham, MA 02494
Tel.: (617) 630-4477
Fax: (617) 630-5090
Web Site: www.bbkhealthcare.com

AGENCIES - JULY, 2020 — CREATIVE/ADVERTISING AGENCIES

Employees: 30
Year Founded: 1983

Discipline: Creative/Advertising

Bonnie Brescia *(Founding Principal)*
Rob Laurens *(Senior Strategic Consultant)*

BEACON HEALTHCARE COMMUNICATIONS
135 Route 202/206
Bedminster, NJ 07921
Tel.: (908) 781-2600
Web Site: www.beaconhc.com

Year Founded: 2001

Discipline: Creative/Advertising

John Puglisi *(President & Chief Executive Officer)*
Tim Millas *(Managing Partner & Chief Creative Officer)*
Adrienne T. Lee *(Chief Strategic Officer)*
Bill Werbaneth *(Executive Creative Director)*
Guido Hurst *(Director, Creative & Art)*
Selin Bilgin *(Senior Art Director)*
Larry Lannino *(General Manager)*
Bruce Markewicz *(Managing Director, Interactive)*

BEAUTIFUL DESTINATIONS
419 Park Avenue South
New York, NY 10016
Web Site: www.beautifuldestinations.com

Year Founded: 2014

Discipline: Creative/Advertising

Remi Carlioz *(Chief Creative Officer)*
Gabor Harrach *(Chief Content Officer)*
Ashton Atlas *(Client Solutions Director)*
Kate Balch *(Head, Production)*
Anne Marie Crosthwaite *(Head, Editorial)*
Meagan Bryan *(Social Media Manager)*
Lauren Weber *(Producer)*
Domenica Herrick *(Associate, Business Insights & Operations)*
Oliva Mazzetti *(Post Production Coordinator)*

Accounts:
Jamaica Tourist Board

BEBER SILVERSTEIN GROUP
89 Northeast 27th Street
Miami, FL 33137
Tel.: (305) 856-9800
Fax: (305) 854-7686
Toll Free: (800) 275-2327
Web Site: www.thinkbsg.com/

Employees: 65
Year Founded: 1972

Discipline: Creative/Advertising

Jennifer Beber *(President & Chief Executive Officer)*
Elaine Silverstein *(Chairman)*
Mitch Shapiro *(Partner & General Manager)*
Bruce Noonan *(President, Travel Group)*
Ann Marie Drozd *(Executive Vice President)*
Joe Perz *(Creative Director)*
Victoria Penn *(Media Director)*

Accounts:
AvMed Health Plans
Florida's Turnpike Enterprise
Kansas City Zoo
PGT Industries, Inc.
PGT WinGuard
SunPass

BECKER / GUERRY
107 Tindall Road
Middletown, NJ 07748
Tel.: (732) 671-6440
Fax: (732) 671-4350
Web Site: www.beckerguerry.com

Discipline: Creative/Advertising

Robert Becker *(President)*
Peter Guerry *(Creative Director)*

BECKER MEDIA
2633 Telegraph Avenue
Oakland, CA 94612
Tel.: (510) 465-6200
Fax: (510) 465-6056
Web Site: www.beckermedia.net

Employees: 17

Discipline: Creative/Advertising, Full Service/Integrated

Roger Becker *(Founder & Chairman)*
Brent Davis *(Senior Director, Client Services)*
Ernie DeCoite *(Director, Paid Search)*
Roberta Greenberg Gochman *(Senior Media Buyer)*

Accounts:
Keiser University
Spartan College of Aeonautics & Technology

BEDFORD ADVERTISING, INC.
1718 Trinity Valley Drive
Carrollton, TX 75006
Tel.: (972) 458-1150
Fax: (972) 385-7526
Toll Free: (800) 880-6840
Web Site: www.bedfordads.com

Year Founded: 1980

Discipline: Creative/Advertising

Jeff Jutte *(President & Partner)*
Alexis Prochnow *(Partner & Vice President)*
Eric Foster *(Creative Director)*

BELIEF AGENCY
4611 11th Avenue North West
Seattle, WA 98107
Tel.: (206) 659-6297
Web Site: beliefagency.com

Year Founded: 2012

Discipline: Creative/Advertising

Jesse Bryan *(Founding Partner & Chief Executive Officer)*
Andy Maier *(Partner)*
Hannah Lofgren *(Director, Production)*
Jonathan Dunn *(Account Director)*
Rachelle Cummings *(Creative Director)*
Dave Powell *(Digital Marketing Manager)*
Joseph Gannon *(Account Manager)*
Marcus Hackler *(Managing Director)*

Accounts:
Microsoft Corporation
Seattle Seahawks, Inc.

BENEDICT ADVERTISING
640 North Peninsula Drive
Daytona Beach, FL 32118
Tel.: (386) 255-1222
Fax: (904) 255-6932
Web Site: www.benedictadv.com

Year Founded: 1974

Discipline: Creative/Advertising

Michael Benedict *(President)*
Greg Otte *(Vice President, Client Services)*
Amanda Smith *(Public Relations & Influencer Marketing Director)*

BENSIMON BYRNE
225 Wellington Street West
Toronto, ON M5V 3G7
Tel.: (416) 922-2211
Fax: (416) 922-8590
Web Site: www.bensimonbyrne.com

Employees: 100
Year Founded: 1993

Discipline: Creative/Advertising

Jack Bensimon *(President & Founder)*
David Rosenberg *(Chief Creative Officer & Partner)*
Colleen Peddie *(Chief Financial Officer & Partner)*
Joseph Bonnici *(Executive Creative Director & Partner)*
Erin O'Connor *(Vice President & Group Account Director)*
Dan Strasser *(Creative Director)*
Sandi Truffen *(Director, Client Services)*
Thomas Shadoff *(Director, Media)*
Michelle Pilling *(Director, Production Services)*
Jordan Lane *(Program Director)*
Ashley Belfast *(Project Manager)*
Sarah Lowden *(Senior Media Planner)*

Accounts:
Canadian Football League (CFL)
Scotiabank

BERLIN CAMERON
Three Columbus Circle
New York, NY 10019
Tel.: (212) 375-8111
Web Site: www.berlincameron.com

Employees: 83
Year Founded: 1997

Discipline: Creative/Advertising

Kerry Ernst *(Chief Financial Officer)*
Ewen Cameron *(Founder)*
Jennifer DaSilva *(President)*
Joel Arnold *(Creative Director)*
Emily Bond *(Account Director)*
Michael Milligan *(Creative Director)*
Jamie Silverman *(Creative Director)*
Kristy Heilenday *(Senior Art Director)*
Eric Weiss *(Executive Producer)*
Megan Adamson-Jackes *(Senior Copywriter)*
Robin Potash *(Managing Director)*
Karen Flanagan *(Managing Director)*

Accounts:
Chromat
Wall Street Journal Weekend Edition
Wild Turkey
Wild Turkey American Honey

38

CREATIVE/ADVERTISING AGENCIES

Wild Turkey Rare Breed

BERLINE
423 North Main Street
Royal Oak, MI 48067
Tel.: (248) 593-4744
Fax: (248) 593-4740
Web Site: www.berline.com

Employees: 35
Year Founded: 1982

Discipline: Creative/Advertising

Jim Berline *(Chairman)*
Michelle Horowitz *(President, Berline)*
Melanie Edwards *(Vice President & Media Director)*
Ellen Wright *(Senior Media Buyer & Planner)*

Accounts:
Elio Motors

BERNSTEIN-REIN ADVERTISING, INC.
4600 Madison Avenue
Kansas City, MO 64112
Tel.: (816) 756-0640
Fax: (816) 399-6000
Toll Free: (800) 571-6246
Web Site: www.b-r.com

Year Founded: 1964

Discipline: Creative/Advertising

Steve Bernstein *(President)*
Larry Lunsford *(Chief Financial Officer & Senior Vice President)*
Steve Bullock *(Executive Vice President & Head, Insight & Strategy)*
Jules Boasberg *(Senior Vice President, Client Engagement)*
Vernon Williams *(Senior Vice President, Accounts & Project Management)*
Vaughn Ericson *(Senior Vice President & Director, Media Acquisitions)*
Steve Kuegler *(Senior Vice President, Client Engagement & Analytics)*
Dawn Ridge *(Senior Vice President & Group Account Director)*
Paula Lintner *(Vice President & Experience Planning Director)*
Larson Stiegemeyer *(Vice President & Group Account Director)*
Susan Bernstein Luetje *(Vice President, Business Development)*
Darren Hunt *(Vice President & Account Director)*
Michelle Hershberger *(Media Buyer)*
Kimberly Bodker *(Account Supervisor)*
Logan Grieder *(Project Manager)*
Drew Whittaker *(Assistant Media Planner)*
Chris Perkins *(Managing Director)*

Accounts:
Beauty Brands Inc
Flagstar Bank
Gulf Oil, LP
Kansas City Chiefs Football Club, Inc.
LPL Financial
McDonald's
Metropolitan Life Insurance Co.
Old Dominion Freight Line, Inc.
Ronald McDonald House Charities

BEUERMAN MILLER FITZGERALD
643 Magazine Street
New Orleans, LA 70130
Tel.: (504) 524-3342
Fax: (504) 524-5166
Web Site: www.ontargetwithbmf.com

Year Founded: 2002

Discipline: Creative/Advertising

Ron Thompson *(President - Marketing)*
Virginia Miller *(Partner & Owner)*
Greg Beuerman *(Partner & Owner)*
Anna Corin Koehl *(Vice President, Public Relations)*
Julie O'Callaghan *(Office Manager)*

BFW ADVERTISING
2500 N Military Trail
Boca Raton, FL 33431
Tel.: (561) 962-3300
Fax: (561) 962-3339
Web Site: www.gobfw.com

Year Founded: 1990

Discipline: Creative/Advertising

Christian Boswell *(President & Owner)*
Jim Workman *(Chief Executive Officer)*
Bill Henkel *(Manager, Interactive Media)*

BIDLACK CREATIVE GROUP
2300 Washtenaw Avenue
Ann Arbor, MI 48104
Tel.: (734) 996-1850
Fax: (734) 996-1852
Toll Free: (800) 978-1850
Web Site: www.bidlack.com

Employees: 8
Year Founded: 1987

Discipline: Creative/Advertising

Christopher Bidlack *(Co-Founder)*
Linda Bidlack *(President)*

BIG COMMUNICATIONS, INC.
2121 Second Avenue North
Birmingham, AL 35203
Tel.: (205) 322-5646
Fax: (205) 322-0036
Web Site: www.bigcom.com

Year Founded: 1995

Discipline: Creative/Advertising

John Montgomery *(Founder, Chief Executive Officer & Chairman)*
Ford Wiles *(Partner & Chief Creative Officer)*
Mark Ervin *(President)*
Niki Lim *(Director, Business Development)*
Aaron Gresham *(Executive Creative Director)*
Merry Michael Smith *(Media Director)*
Mary Jane Cleage *(Director, Accounts)*
Robert Brodrecht *(Digital Operations Lead)*
Shannon Broom Harris *(Creative Director)*
Manu Gabaldon *(Multicultural Strategy Lead - Social & Content)*
Ashley Foster *(Public Relations Lead)*
Shaydah Rabiee *(Senior Media Planner & Buyer)*
Satina Richardson *(Senior Account Executive)*
Kate Hannon *(Media Buyer & Planner)*
Maggie Woodroof *(Media Coordinator)*

Accounts:
Ashland, Inc.
Birmingham Convention & Visitors Bureau
Brookwood Baptist Health
DuraBlend
MaxLife
NextGen
SynPower
Team Valvoline
Valvoline
Valvoline Express Care
Valvoline Inc.

BIG FAMILY TABLE
12901 West Jefferson Boulevard
Los Angeles, CA 90066
Tel.: (310) 862-3732
Web Site: www.bigfamilytable.com

Year Founded: 2018

Discipline: Creative/Advertising

Guto Araki *(Chief Creative Officer)*
Lacy Borko *(Account Director)*
Neal Desai *(Creative Director)*
Max Pollak *(Senior Art Director)*
Eric Christy Manchester *(Creative Director)*
Mary Ellen Duggan *(Head, Integrated Production)*
Will Burroughs *(Head, Strategy)*
Courteney Case *(Account Executive)*
Ravi Jayanath *(Senior Strategist)*
Akilah Passmore *(Designer)*
Karina Azevedo *(Junior Strategic Planner)*

Accounts:
Hulu

BINARY PULSE TECHNOLOGY MARKETING
2040 Main Street
Irvine, CA 92614
Tel.: (949) 336-7400
Web Site: www.binarypulse.com

Employees: 18
Year Founded: 1999

Discipline: Creative/Advertising

Tim Howell *(President)*
Drew Mehl *(Principal & Creative Director)*

BIOLUMINA
75 Varick Street
New York, NY 10013
Tel.: (646) 364-1500
Web Site: www.biolumina.com

Year Founded: 2008

Discipline: Creative/Advertising

Kirsten Kantak *(President & Chief Executive Officer)*
Brenda Aske *(Senior Vice President & Director, Strategy)*
Diane Iler-Smith *(Senior Vice President & Executive Creative Director)*
Judy Kides *(Senior Finance Director & Vice President, Operations)*
Margie Kurasz *(Vice President & Director, Digital Services)*
Emily Chaisson *(Group Art Supervisor)*

BLACK ROCK MARKETING GROUP
101 Duncan Mill Road
Toronto, ON M3B 1Z3
Tel.: (416) 385-1494

Brands. Marketers. Agencies. Search Less. Find More.
Try out the online version at www.winmo.com

AGENCIES - JULY, 2020 — CREATIVE/ADVERTISING AGENCIES

Fax: (416) 385-8789
Web Site: www.blackrockmarketing.com
Year Founded: 1998
Discipline: Creative/Advertising

Tim Fallis *(President)*
Laurie Hall *(Vice President)*

BLACKDOG ADVERTISING
8771 Southwest 129th Terrace
Miami, FL 33176
Tel.: (305) 253-8388
Web Site: blackdogadvertising.com
Year Founded: 1989
Discipline: Creative/Advertising

John W. Penney *(Chief Executive Officer & Creative Director, Online & Offline Advertising)*
Kathy Penney *(Chief Operating Officer)*
Humberto Abeja *(Director, Design)*
Jessica Tomlin *(Associate Creative Director)*
Mitch Meyers *(Director, Internet Marketing)*
Mylene Valerius *(Manager, Production & Estimating)*
Erika Jacoby *(Graphic Designer)*
Samantha Oertel *(Designer, Web)*

BLACKWING CREATIVE
1500 Fourth Avenue
Seattle, WA 98101
Tel.: (425) 827-2506
Fax: (425) 822-0155
Web Site: www.blackwingcreative.com

Employees: 15
Year Founded: 1994

Discipline: Creative/Advertising

Tim Hodgson *(Principal & Director, Video & Motion Media)*
Gary Meyers *(President & Creative Director)*
Stephanie Cooper *(Account Director)*
Jonathan Butts *(Executive Creative Director)*
Gina Markovich *(Production Director)*
John Kennedy *(Manager, Business Development)*

BLAKESLEE
916 North Charles Street
Baltimore, MD 21201
Tel.: (410) 727-8800
Fax: (410) 752-1302
Web Site: www.blakesleeadv.com/
Year Founded: 1931

Discipline: Creative/Advertising

Duane LeVine *(President & Chief Operating Officer)*
Tom Wilson *(Vice President & Creative Director)*
Trudy Setree *(Vice President, Account Services)*
Adam Campbell *(Art Director & Web Designer)*

BLEUBLANCROUGE
780 Brewster Avenue
Montreal, QC H4C 2K1
Tel.: (514) 875-7007
Fax: (514) 875-5990
Web Site: www.bleublancrouge.ca/en/

Employees: 60
Year Founded: 1987

Discipline: Creative/Advertising

Sebastien Faure *(Chief Executive Officer)*
Lise Lepage *(Vice President, Finance & Administration)*
Elise Guillemette *(Vice President, Brand Language Services)*
Dominique Bulmer *(Co-Creative Director)*
Lisanne Auger-Bellemare *(Director, Production)*
Richard Yergeau *(Editor, Video & Designer - Motion)*

Accounts:
New Balance Canada
Toyota Canada
Videotron Itee

BLIND SOCIETY
7014 East Camelback Road
Scottsdale, AZ 85251
Tel.: (480) 317-1313
Web Site: www.blindsociety.com
Year Founded: 2005

Discipline: Creative/Advertising

Jim Clark *(Owner, Partner & Creative Director)*
Teri Bockting *(Partner & Strategic Director)*
Kari Tuttle *(Associate Creative Director)*

BLUE ADVERTISING
607 14th Street Northwest
Washington, DC 20005
Tel.: (202) 905-0710
Web Site: www.blueadvertising.com
Year Founded: 2005

Discipline: Creative/Advertising

Bob McKernan *(President)*
Nancy Wright *(Senior Vice President)*

BLUE BEAR CREATIVE
1221 Auraria Parkway
Denver, CO 80204
Tel.: (719) 287-8945
Web Site: www.bluebearcreative.co

Discipline: Creative/Advertising

Anne Lake *(Account Director, Co-Founder & Brand Strategist)*
Alex Oesterle *(Chief Executive Officer)*
Nate Amack *(Co-Founder & Creative Technologist)*
Lauren Lake *(Social Media Manager)*
Jenni Pinkelman *(Project Manager)*
Annie Lake *(Strategist, Brand)*

BLUE OLIVE CONSULTING
1205 Northwood Avenue
Florence, AL 35630
Tel.: (256) 767-9937
Fax: (256) 767-3248
Web Site: www.theblueolive.com

Employees: 10

Discipline: Creative/Advertising

Britton Watson *(President & Chief Operating Officer)*
Gregory Watson *(Chief Executive Officer & New Business Specialist)*

BLUE SKY
950 Joseph E. Lowery Boulevard
Atlanta, GA 30318
Tel.: (404) 876-0200

Fax: (404) 876-0212
Web Site: blueskyagency.com

Employees: 25
Year Founded: 1994

Discipline: Creative/Advertising

Rob Farinella *(President)*
Mike Schatz *(Creative Director & Senior Vice President)*
Melissa Nordin *(Senior Vice President & Media Director)*
Allie Clark *(Senior Vice President & Director, Client Services)*
Alex Payne *(Social Media Director)*
Shannon Brinkley *(Senior Account Manager)*

Accounts:
Gas South, LLC
Georgia Department of Economic Development
Northside Hospital

BLUESPIRE MARKETING
433 South Main Street
West Hartford, CT 06110
Tel.: (860) 678-4300
Fax: (860) 678-4301
Toll Free: (800) 727-6397
Web Site: www.goodbait.com

Employees: 20
Year Founded: 1980

Discipline: Creative/Advertising

William Pemberton *(Vice President, Client & Strategy)*
Roxy DeBlois *(Digital Strategies Manager)*

BLUETEXT
2121 Wisconsin Avenue
Washington, DC 20007
Tel.: (202) 469-3600
Web Site: www.bluetext.com

Year Founded: 2011

Discipline: Creative/Advertising

Don Goldberg *(Managing Partner & Chief Media Officer)*
Brian Lustig *(Managing Partner & Chief Public Relations Officer)*
Michael Quint *(Managing Partner & Chief Strategy Officer)*
Jason Siegel *(Managing Partner & Chief Creative Officer)*
Calin Gunn *(Public Relations Director)*
Erik Fong *(Director, Video)*
Paula Eisenbraun *(Visual & UX Designer)*

BOATBURNER
275 East Fourth Street
St Paul, MN 55101
Tel.: (612) 716-3815
Web Site: www.boatburnerco.com

Year Founded: 2016

Discipline: Creative/Advertising

Teddy Hobbins *(Chief Executive Officer)*
Doug Mickschl *(Partner, Creative Director)*

BOATHOUSE GROUP, INC.
260 Charles Street
Waltham, MA 02453
Tel.: (781) 663-6600

Fax: (781) 663-6601
Web Site: www.boathouseinc.com

Employees: 50
Year Founded: 2001

Discipline: Creative/Advertising

John Connors III *(Chief Executive Officer & Founder)*
Meredith Barron *(Principal)*
Tracy Kochan *(Director, Broadcast Media)*
Daniel Sears *(Director, Analytics & Reporting)*
Britt Teravainen *(Media Director)*
Jaime Lisk *(Account Director)*
Michele Madaris *(Group Account Director)*
Mark Nikolewski *(Director, Digital Design)*
Jennifer O'Connor *(Director, Agency Operations)*
Andrea Reissfelder *(Human Resources & Accounting)*
Kyle Bishop *(Manger, Digital, Production & Strategy)*
Shaina Allison Lurie *(Supervisor, Digital Media)*

Accounts:
Caritas Christi
Merrill Lynch & Co., Inc.

BOB COMMUNICATIONS
774 Saint Paul Street, West
Montreal, QC H3C 1M4
Tel.: (514) 842-4262
Fax: (514) 842-7262
Web Site: www.bob.ca

Employees: 20
Year Founded: 2002

Discipline: Creative/Advertising

Patrick Bibeau *(President)*
Jean-Francois Joyal *(Vice President, General Manager & Partner)*
Nathalie Turcotte *(Partner & Vice President, Consulting Group)*
Clauderic Saint-Amand *(Associate Vice President)*
Daniel Guimond *(Director, Digital & Content)*
Laura Fortin *(Director, Consulting)*
Marie-Noelle Turcotte *(Director, Production)*

BOELTER & LINCOLN, INC.
222 East Erie Street
Milwaukee, WI 53202
Tel.: (414) 271-0101
Fax: (414) 271-1436
Web Site: www.boelterlincoln.com

Employees: 35
Year Founded: 1975

Discipline: Creative/Advertising

Jill Brzeski *(President & Chief Executive Officer)*
Wendy Appelbaum *(Partner & Director, Financial & Adminstration)*
Dawn Agacki *(Chief Operating Officer & Vice President)*
Lisa Huebner *(Vice President & Media Director)*
Brian Stefanik *(Associate Creative Director)*

BOLCHALK FREY MARKETING
310 South Williams Boulevard
Tucson, AZ 85711
Tel.: (520) 745-8221
Fax: (520) 745-5540

Web Site: www.adwiz.com
Employees: 10
Year Founded: 1964

Discipline: Creative/Advertising

Robyn Frey *(President & Creative Director)*
Katrina Noble *(Senior Director, Media & Marketing Strategy)*
Kristen Oaxaca *(Senior Graphic Designer)*

BOLIN MARKETING
2523 Wayzata Boulevard
Minneapolis, MN 55405
Tel.: (612) 374-1200
Fax: (612) 377-4226
Toll Free: (800) 876-6264
Web Site: www.bolinmarketing.com/

Year Founded: 1950

Discipline: Creative/Advertising

Todd Bolin *(President & Chief Executive Officer)*
Tom Carbonneau *(Chief Financial Officer & Executive Vice President)*
Jack Silverman *(Vice President, Business Development)*
Lindsey Denne *(Senior Director, Client Services)*
Justin Zwieg *(Creative Director & Design Director)*

Accounts:
JVC Company of America
Truvia
Wilsonart
Wilsonart International, Inc.

BOLING ASSOCIATES
5100 North Sixth Street
Fresno, CA 93710
Tel.: (559) 244-4922
Fax: (559) 244-5740
Web Site: www.bolingassociates.com

Discipline: Creative/Advertising

Chris Boling *(President)*
Jan Boling *(Owner)*

BOOM CREATIVE
621 West Mallon Avenue
Spokane, WA 99201
Tel.: (509) 252-0540
Web Site: www.boomcreative.biz

Year Founded: 2004

Discipline: Creative/Advertising

Daniel Thorpe *(President & Chief Executive Officer)*
Amanda Nolan *(Project Manager, Client Relations)*

BOONEOAKLEY
1445 South Mint Street
Charlotte, NC 28203
Tel.: (704) 333-9797
Fax: (704) 348-2834
Web Site: www.booneoakley.com

Employees: 14
Year Founded: 2000

Discipline: Creative/Advertising

David Oakley *(Owner, President & Creative Director)*
Jim Mountjoy *(Director - EYE Lab)*
Eric Roch von Rochsburg *(Design Director)*
Claire Oakley *(Director, Account Services)*
Laura Wallace *(Account Director)*
Laura Beebe *(Art Director)*
David Hamrick *(Head, Business Development & Senior Account Executive)*
Katy Spiecha *(Accounting Manager)*
Mary Gross *(Senior Copywriter)*
Steve Lasch *(Senior Copywriter)*

Accounts:
Bojangles' Restaurants, Inc.
Charlotte Convention & Visitors Bureau
Dukes Bread
Emerald Coast Convention & Visitors Bureau

BORDERS PERRIN NORRANDER, INC.
520 Southwest Yamhill Street
Portland, OR 97204
Tel.: (503) 227-2506
Fax: (503) 227-4827
Web Site: www.bpninc.com

Employees: 35
Year Founded: 1977

Discipline: Creative/Advertising

Lori Gaffney *(Chief Executive Officer)*
Andrea Mitchell *(Media Director)*
Casey Casanova *(Account Director)*
Rosy Boyer *(Director, Finance)*
Alison Raynak *(Media Supervisor)*
Emily Bobbe *(Media Buyer)*

Accounts:
K&N Engineering, Inc.
Oregon State Lottery

BOULTON CREATIVE
601 West Smith Street
Greensboro, NC 27401
Tel.: (336) 373-1919
Fax: (336) 373-1998
Web Site: www.boultoncreative.com

Discipline: Creative/Advertising

Beth Boulton *(President)*
Heather Herndon *(Creative Director)*
Courtney Sparrow *(Account Supervisor & Copywriter)*

BOUVIER KELLY, INC.
212 South Elm Street
Greensboro, NC 27401-2605
Tel.: (336) 275-7000
Fax: (336) 275-9988
Web Site: www.bouvierkelly.com

Employees: 19
Year Founded: 1974

Discipline: Creative/Advertising

Pete Parsells *(President & Chief Executive Officer)*
Denny Kelly *(President)*
Louis M. Bouvier Jr. *(Chairman)*
Suzanne Neal *(Executive Vice President)*
Phillip Yeary *(Vice President & Creative Director)*
Lesley Thompson *(Media Director)*
Sam Logan *(Strategist, Digital)*

Brands. Marketers. Agencies. Search Less. Find More.
Try out the online version at www.winmo.com

AGENCIES - JULY, 2020 — CREATIVE/ADVERTISING AGENCIES

Lindsay Masi *(Coordinator, Public Relations)*
Samantha Hudson *(Account Coordinator)*

BOYD TAMNEY CROSS
998 Old Eagle School Road
Wayne, PA 19087-1802
Tel.: (610) 293-0500
Fax: (610) 687-8199
Web Site: www.boydtamneycross.com

Year Founded: 1980

Discipline: Creative/Advertising

Tom Cancelmo *(President)*
Chris Murray *(Executive Vice President & Partner)*

BOZELL
1022 Leavenworth Street
Omaha, NE 68102
Tel.: (402) 965-4300
Fax: (402) 965-4399
Web Site: www.bozell.com

Year Founded: 1921

Discipline: Creative/Advertising

Kim Mickelsen *(Owner & Managing Principal)*
Robin Donovan *(Owner & Managing Principal)*
Jackie Miller *(Chief Marketing Officer & Owner)*
Tracy Koeneke *(Media Director)*
Laura Spaulding *(Manager, Corporate Communications)*

Accounts:
VT Industries
YWCA of the USA

BPG ADVERTISING
Post Office Box 46306
West Hollywood, CA 90046
Tel.: (323) 954-9522
Fax: (323) 954-9293
Web Site: bpgagency.com

Discipline: Creative/Advertising

Steph Sebbag *(Chief Executive Officer & Partner)*
Andy Robbins *(Partner & Chief Operations Officer)*
Keith Wildasin *(Vice President, Creative Strategy & Narrative)*
Janet Chang *(Vice President, Social & Accounts)*
Oleg Zatler *(Executive Director, Creative - Print)*
Aaron Vill *(Senior Director)*

Accounts:
A&E Networks
ABC, Inc.
Cable News Network
ESPN, Inc.
Fandango Media
Food Network
Freeform
Lifetime Entertainment Services
MovieTickets.com, Inc.
NBC Sports Network
The History Channel
Universal HD
Universal Kids

BRADSHAW ADVERTISING
811 Northwest 19th Avenue
Portland, OR 97209
Tel.: (503) 221-5000
Fax: (503) 241-9000
Web Site: www.bradshawads.com

Year Founded: 1986

Discipline: Creative/Advertising

Barb Bradshaw *(Chief Executive Officer)*
Emilie Timmer *(Media Director)*

Accounts:
Figaro's Pizza
United States Bakery

BRAND CONTENT
580 Harrison Avenue
Boston, MA 02118
Tel.: (617) 338-9111
Web Site: www.brandcontent.com

Year Founded: 2002

Discipline: Creative/Advertising

Doug Gladstone *(Chief Executive Officer & Chief Creative Officer)*
Shaunna Keller *(Director, Strategy & Innovation & Digital Lead)*
Kelly Gross *(Director, Client Engagement)*
Jim Bizier *(Creative Director)*

Accounts:
Baileys Coffee Creamers
Diageo North America
Heluva Good!

BRAND IT ADVERTISING
122 North Raymond Road
Spokane, WA 99206
Tel.: (509) 891-8300
Web Site: www.branditadvertising.com

Year Founded: 1987

Discipline: Creative/Advertising

Dan Mathews *(Principal)*
Michelle Dennison-Bunch *(Art Director)*

BRAND VALUE ACCELERATOR
600 West Broadway
San Diego, CA 92101
Toll Free: (866) 880-6203
Web Site: www.bvaccel.com

Year Founded: 2013

Discipline: Creative/Advertising

Michael Cassidy *(Chief Executive Officer)*
Melissa Lopez *(President, Marketing Services)*
J.J. Bannasch *(Senior Vice President, Marketing)*
Hilary Berryhill *(Vice President, People & Culture)*
Andrew Bear *(Director, Growth Solutions)*
Derek Satley *(Business Development Director)*
Laura Wusthoff *(Director, Media)*
Nicole Gilmore *(Associate Partnership Marketing Manager)*
Hani Haidao *(Senior Paid Social Media Manager)*

BRAND ZOO INC.
1620 Montgomery Street
San Francisco, CA 94111
Tel.: (650) 703-0393
Web Site: http://www.brandzoo.co

Year Founded: 2014

Discipline: Creative/Advertising

Courtney Reeser *(Principal)*
Phil Battat *(Principal)*
Bill Chiaravalle *(Principal & Creative Director)*
Kathy Battat *(Operations & Program Manager)*

Accounts:
Vionic Group LLC

BRANDIENCE
700 Walnut Street
Cincinnati, OH 45202
Tel.: (513) 333-4100
Fax: (513) 333-4101
Web Site: brandience.com

Employees: 35
Year Founded: 2003

Discipline: Creative/Advertising

Brian McHale *(Chief Executive Officer & Owner)*
Maria Topken *(Vice President, Client Leadership)*
Bill Brassine *(Vice President & Media Director)*
Tim Hogan *(Vice President, Executive Creative Director)*
Todd Jessee *(Creative Director)*
Kathy Staarmann *(Director, Human Resources)*
Annie Collins *(Social Media Strategist)*
Allison Kluge *(Social Media Strategist)*

Accounts:
Skyline canned & frozen foods
Skyline Chili Restaurants
Skyline Chili, Inc.
Tropical Smoothie Cafe

BRANDKARMA, LLC
668 North Coast Highway
Laguna Beach, CA 92651
Tel.: (949) 585-9000
Fax: (732) 748-0430
Web Site: www.core-create.com

Employees: 35
Year Founded: 1991

Discipline: Creative/Advertising

Ken Ribotsky *(Owner & Chief Executive Officer)*
Dorene Weisenstein Ribotsky *(Co-Owner, Executive Vice President & Chief Creative Officer)*

BRANDNER COMMUNICATIONS, INC.
32026 32nd Avenue South
Federal Way, WA 98001
Tel.: (253) 661-7333
Fax: (253) 661-7336
Web Site: www.brandner.com

Employees: 20
Year Founded: 1988

Discipline: Creative/Advertising

Paul Brandner *(Co-Owner & Director, Operations)*
Kimberly Brandner *(Co-Owner & Marketing Director)*
Stephen Henry *(Creative Director)*

BRANDPIE
154 West 14th Street

CREATIVE/ADVERTISING AGENCIES
AGENCIES - JULY, 2020

New York, NY 10011
Tel.: (646) 878-9972
Web Site: www.brandpie.com

Year Founded: 2008

Discipline: Creative/Advertising

MaryLee Sachs *(Co-Founder & Chief Executive Officer - U.S.)*
Rik Haslam *(Executive Creative Partner)*
Michael Mackay *(Creative Director)*
Lauren Strickland *(Account Director)*

BRANDTAILERS
17838 Fitch
Irvine, CA 92614
Tel.: (949) 442-0500
Fax: (949) 442-2886
Web Site: www.brandtailers.com/

Employees: 22
Year Founded: 1990

Discipline: Creative/Advertising

Cheril Hendry *(Chief Executive Officer)*
Kristen Roberts *(Executive Vice President & Director, Account Services)*
Monica Lyons *(Media Director)*

BRIECHLE-FERNANDEZ MARKETING SERVICES
265 Industrial Way, West
Eatontown, NJ 07724-2213
Tel.: (732) 982-8222
Fax: (973) 912-4410
Web Site: www.bfmarketing.com

Year Founded: 1984

Discipline: Creative/Advertising

Christian Fernandez *(Executive Vice President)*
Arthur Guns *(Creative Director)*

BRIGHTHOUSE, LLC
Ponce City Market
Atlanta, GA 30308
Tel.: (404) 240-2500
Fax: (404) 240-2501
Web Site: www.thinkbrighthouse.com

Employees: 12
Year Founded: 1995

Discipline: Creative/Advertising

Cathy Carlisi *(President & Chief Creative Officer)*
Dolly Meese *(Executive Vice President & Chief Strategy Officer)*
Ashley Grice *(Chief Executive Officer)*
Kim Rich *(Chief Financial Officer)*

BRILLIANT MEDIA STRATEGIES
900 West Fifth Avenue
Anchorage, AK 99501
Tel.: (907) 276-6353
Fax: (907) 276-1042
Web Site: www.brilliantak.com

Employees: 22

Discipline: Creative/Advertising

Debbie Reinwand *(President & Chief Executive Officer)*

John Tracy *(President & Chief Executive Officer)*
David Harper *(Strategist, Online Media)*

BRILLMEDIA.CO
10880 Wilshire Blvd.
Los Angeles, CA 90024
Tel.: (818) 720-1632
Web Site: https://brillmedia.co/

Year Founded: 2013

Discipline: Creative/Advertising

Robert Brill *(Chief Executive Officer)*
Tony Price *(Chief Operating Officer)*
Linda Mansour *(Senior Account Manager)*
Sarah Freund *(Senior Programmatic Buyer)*

BROADSTREET
242 West 30th Street
New York, NY 10001
Tel.: (212) 780-5700
Fax: (212) 780-5710
Web Site: www.broadstreet.com

Employees: 65
Year Founded: 1981

Discipline: Creative/Advertising

Mark Baltazar *(Chief Executive Officer & Managing Partner)*
Claudia Tressler *(Chief Operating Officer & Partner)*
Ed Gibbons *(Partner & Chief Financial Officer)*
Brian Curp *(Media Director)*

BRODERICK ADVERTISING
735 Riverside Drive
Jackson, MS 39202-1166
Tel.: (601) 355-8585
Fax: (601) 355-8590
Web Site: www.broderickbates.com

Employees: 10
Year Founded: 1983

Discipline: Creative/Advertising

John Broderick *(President)*
Steve Tadlock *(Creative Director)*

BROGAN TENNYSON GROUP, INC.
2245 US Highway 130
Dayton, NJ 08810
Tel.: (732) 355-0700
Web Site: www.brogantennyson.com

Year Founded: 1982

Discipline: Creative/Advertising

Bill Quinn *(President)*
Shirlene Soos *(Chief Financial Officer)*
Wendy Schuetz *(Executive Vice President)*
Howard Kenworthy *(Senior Vice President)*
Brian Jimenez *(Production Artist)*

BROKAW, INC.
1213 West Sixth Street
Cleveland, OH 44113
Tel.: (216) 241-8003
Fax: (216) 241-8033
Toll Free: (866) 425-0101
Web Site: www.brokaw.com

Year Founded: 1992

Discipline: Creative/Advertising

Mike Bratton *(Chief Financial Officer)*
Gregg Brokaw *(Managing Partner)*
Tim Brokaw *(Co-Owner)*
Steve McKeown *(Associate Creative Director)*
Leah Dwyer *(Account Director)*
Jayme Koslelnik *(Account Supervisor)*

Accounts:
Bruegger's Enterprises
University Hospitals of Cleveland

BROTHERS & CO.
4860 South Lewis Avenue
Tulsa, OK 74105
Tel.: (918) 743-8822
Fax: (918) 742-9628
Web Site: www.broco.com

Employees: 32
Year Founded: 1974

Discipline: Creative/Advertising

Paul Brothers *(President & Executive Creative Director)*
Tommy Campbell *(Chief Creative Officer)*
Jeff Tolle *(Senior Vice President, Digital)*
Eric Barnes *(Senior Vice President, Account Service)*
Heath Kennedy *(Vice President, Digital Strategy)*
James Lawson *(Vice President)*
Dave Thomas *(Vice President, Account Planning)*
John Dunlap *(Creative Director)*
Laura Beth Matson *(Director, Outdoor Recreation Media)*
Amy Williams *(Writer & Producer)*
Holly Gray *(Account Supervisor)*
Kevin Waggoner *(Account Executive)*

Accounts:
Remington
Remington Arms, Inc.
UA Fish
UA Freedom
UA Hunt
UA Tactical

BROWN PARKER | DEMARINIS ADVERTISING
1825 Northwest Corporate Boulevard
Boca Raton, FL 33431
Tel.: (561) 276-7701
Fax: (561) 276-7709
Web Site: www.bpdadvertising.com

Year Founded: 2002

Discipline: Creative/Advertising

Jason Brown *(Chief Executive Officer & Chief Strategy Officer)*
Ward Parker *(Partner & Chief Creative Officer)*
Vince DeMarinis *(Partner & Creative Director)*
Jessica Schmidt *(President)*
Vanessa Anderson *(Vice President, Agency Operations)*
Josh Donaghue *(Associate Vice President, Media)*
Amanda Harrison *(Vice President, Client Operations)*
Jeff Goldman *(Associate Creative Director)*
Bill Anderson *(Senior Project Manager)*
Sarah Brock *(Senior Account Manager)*
Paula Forastiero *(Senior Strategist, Digital & Content)*
Whitney Honeycutt *(Senior Media Buyer)*

Brands. Marketers. Agencies. Search Less. Find More.
Try out the online version at www.winmo.com

AGENCIES - JULY, 2020 — CREATIVE/ADVERTISING AGENCIES

Brielle Lintz *(Strategist, Social Media)*
Alejandra Leon *(Digital Media Buyer)*
Christine Senke *(Strategist, Social Media - Hospitals, Healthcare & Medical)*

BROWNSTEIN GROUP, INC.
215 South Broad Street
Philadelphia, PA 19107
Tel.: (215) 735-3470
Fax: (215) 735-6298
Web Site: www.brownsteingroup.com

Employees: 50
Year Founded: 1964

Discipline: Creative/Advertising

Berny Brownstein *(Chairman & Chief Creative Officer)*
Carol Petro *(Chief Financial Officer & Senior Vice President)*
Adam Deringer *(Partner & General Manager - Nucleus Digital)*
Jill Losada *(Director, Project Management & Planning)*
Laura Emanuel *(Director, Public Relations)*
Erin Allsman *(Managing Director)*
Terry Dukes *(Director, Client Services)*
Gary Greenberg *(Executive Creative Director)*
Chris Grenier *(Creative Director)*
Meredith Schwinder *(Creative Director)*
Aimee Cicero *(Manager, Public Relations Events - Urban Hiker)*

Accounts:
Anti-Defamation League
Comcast Corporation
Lincoln Financial Group
National Lacrosse League
Pennsylvania Real Estate Investment Trust
Philadelphia Museum of Art
Ricoh Corporation
The Giant Company
TruGreen
TruGreen LawnCare
Universal Technical Institute

BRUNET-GARCIA ADVERTISING, INC.
1534 Oak Street
Jacksonville, FL 32204
Tel.: (904) 346-1977
Fax: (904) 346-1917
Toll Free: (866) 346-1977
Web Site: www.brunetgarcia.com

Year Founded: 2003

Discipline: Creative/Advertising

Diane Brunet-Garcia *(Founder & Chief Operating Officer)*
Jorge Brunet-Garcia *(President & Chief Executive Officer)*
Eduardo Sarmiento *(Executive Vice President, Creative)*
Aerien Mull *(Associate Creative Director)*
Chad Villarroel *(Account Manager)*
Kate Jolley *(Brand Marketing Manager)*
Lisa Goodrich *(Business Development Strategist)*

Accounts:
Baptist Health South Florida
FEMA
Florida Department of Health
United States Department of Agriculture

BRUNNER
11 Stanwix Street
Pittsburgh, PA 15222-1312
Tel.: (412) 995-9500
Fax: (412) 995-9501
Toll Free: (800) 545-5372
Web Site: www.brunnerworks.com

Employees: 150
Year Founded: 1989

Discipline: Creative/Advertising

Michael Brunner *(Chairman & Chief Executive Officer)*
Scott Morgan *(President & Partner)*
Rick Gardinier *(Chief Digital Officer & Partner)*
Rob Schapiro *(Chief Creative Officer)*
Ken Johns *(Senior Vice President, Client Experience)*
Rose Lied *(Senior Vice President & Group Account Strategy Director)*
Kevin Amos *(Vice President - Performance, Marketing & Analytics)*
Daniel Gbur *(Vice President, Digital Performance Marketing)*
David Lied *(Vice President & Account Director)*
Jackie Murray *(Vice President & Creative Director)*
Kristen Cook *(Vice President & Group Account Director)*
Lauren Smart Mannetti *(Vice President, Communications Planning & Media)*
Patrick Stroh *(Vice President, Data Science & Decision Analysis)*
Kathy Baldauf *(Associate Media Director, Broadcast)*
Meredith Klein *(Director, Public Relations)*
Kevin Corfield *(Associate Creative Director)*
Derek Julin *(Associate Creative Director)*
Chrissy Lynn *(Associate Director, Performance Marketing Operations)*
Dave Vissat *(Creative Director)*
Jeff Shill *(Creative Director & Copywriter)*
Kristen Taggert *(Director, Social Media)*
Joel Ulrich *(Senior Media Strategist)*
Jim Lundy *(Senior Manager, Production & Operations)*
Ashley Miller *(Account Manager)*
Ashley Jones *(Manager, Public Relations Content)*
Alex Kotz *(Account Manager)*
Dana Lucas *(Senior Account Manager)*
Julia Devine *(Media Planner & Media Buyer)*
Trish Duffy *(Manager, User Experience Design)*
Emily DeShantz *(Associate Producer)*
Alaina Sapienza *(Senior Copywriter, Social Media)*
Brittany Nycz *(Coordinator, New Business)*

Accounts:
Bruster's Real Ice Cream, Inc.
Cheddar's Scratch Kitchen
Eaton Corporation
Golf Pride
Highmark Health
LaRosa's, Inc.
Lucky Leaf
Mitsubishi Electric & Electronics USA, Inc.
Musselman's
Mylan, Inc.
Owens Corning
Penske Truck Leasing
The Taunton Press, Inc.
WesBanco, Inc.

BRUNNER
1100 Peachtree Street Northeast
Atlanta, GA 30309
Tel.: (404) 479-2200
Fax: (404) 479-9850
Web Site: www.brunnerworks.com

Employees: 15
Year Founded: 1989

Discipline: Creative/Advertising

Louis Sawyer *(Chief Strategy Officer & Senior Vice President)*
Jake Bendel *(Group Account Director)*
Zak Cochran *(Account Director)*
Candice Puzak *(Group Media Director)*
Ivan Tafur *(Group Media Director)*
Patrick Culhane *(Director, Business Development & Strategy)*
Jeffrey Maggs *(Managing Director - Atlanta Office)*

Accounts:
Eaton Corporation
Great Southern Wood Preserving, Inc.
Shaw Industries
Yellawood

BT/A ADVERTISING
1128 Yonge Street
Toronto, ON M4W 2L8
Tel.: (416) 323-3282
Fax: (416) 323-3280
Web Site: www.btacreates.com/

Year Founded: 2013

Discipline: Creative/Advertising

Barry Avrich *(Partner)*
Tori Laurence *(Partner)*
Jeffrey Halcro *(Creative Director & Vice President)*
Mark Ritchie *(Director, Media)*
Heather Graham *(Senior Media Supervisor & Digital Lead)*

BTB MARKETING COMMUNICATIONS
900 Ridgefield Drive
Raleigh, NC 27609
Tel.: (919) 872-8172
Fax: (919) 872-8875
Web Site: www.btbmarketing.com

Year Founded: 1988

Discipline: Creative/Advertising

Chris Burke *(President)*
Geoff Dunkak *(Vice President, Creative Services)*
Cris Masselle *(Director, Strategic Client Marketing)*

Accounts:
AVX Corporation
Call2Recycle

BULL & BEARD
305 West Fourth Street
Winston Salem, NC 27106
Tel.: (888) 996-2855
Web Site: www.bullandbeard.com

Year Founded: 2013

Discipline: Creative/Advertising

Robby Berthume *(Co-Founder & Chief Executive*

Brands. Marketers. Agencies. Search Less. Find More.
Try out the online version at www.winmo.com

44

CREATIVE/ADVERTISING AGENCIES

AGENCIES - JULY, 2020

Officer)
Jason Drass *(Managing Partner & Co-Founder)*

Accounts:
Wake Forest University

BULLISH INC
135 Bowery
New York, NY 10002
Tel.: (212) 634-4224
Web Site: bullish.co

Year Founded: 2015

Discipline: Creative/Advertising

Brent Vartan *(Managing Partner)*
Nate Moore *(Design Director)*
Kate Scott *(Partner, Strategy)*
Jazz Powell *(Account Manager)*
Jake Tieman *(Creative)*
Zach Lev *(Partner & Director)*
Michael Duda *(Managing Partner)*

Accounts:
Dwyer Group, Inc.
Eloquii Design Inc.
Foot Locker, Inc.
Harry's

BULLY PULPIT INTERACTIVE
1445 New York Avenue NW
Washington, DC 20036
Tel.: (202) 331-0052
Fax: (202) 331-0113
Web Site: www.bpimedia.com

Year Founded: 2009

Discipline: Creative/Advertising

Claire Koeneman *(Partner)*
Andrew Bleeker *(Founder & President)*
Ben Coffey Clark *(Partner & Head, Business Development)*
Lianne Bollinger *(Senior Director)*
Cassie Smith *(Media Planner)*
Emilie Tardiff *(Media Manager)*

BURFORD COMPANY
125 East Main Street
Richmond, VA 23219
Tel.: (804) 780-0354
Fax: (804) 780-0067
Web Site: www.burfordadvertising.com

Employees: 10
Year Founded: 1969

Discipline: Creative/Advertising

Doug Burford *(President & Creative Director)*
Nancy Burford *(Chief Financial Officer)*
Ardis Fishburne *(Creative Director)*
Lori Dawson *(Media Director)*
Jennifer Hine *(Analyst, Media)*

BURRELL COMMUNICATIONS GROUP, INC.
233 North Michigan Avenue
Chicago, IL 60601
Tel.: (312) 297-9600
Fax: (312) 297-9841
Web Site: www.burrell.com

Employees: 126
Year Founded: 1971

Discipline: Creative/Advertising

McGhee Williams-Osse *(Co-Chief Executive Officer)*
Fay Ferguson *(Co-Chief Executive Officer)*
Lou Disilvestro *(Chief Financial Officer & Executive Vice President)*
Lewis Williams *(Chief Creative Officer & Executive Vice President)*
James Patterson *(Senior Vice President & Group Account Director)*
Linda Jefferson *(Senior Vice President, Group Media Services)*
Rebecca Williams *(Vice President & Group Creative Director)*
Charlene Guss *(Vice President, Human Resources)*
Stephen French *(Vice President, Account Planning)*
Tracy Anderson *(Vice President, Public Relations & Engagement Marketing)*
Corey Seaton *(Vice President, Creative Director)*
Maisha Pearson *(Vice President)*
Kevin Brockenbrough *(Vice President, Planning Director - Toyota)*
Nikki Crump *(Vice President, Account Management Director)*
Donna Hodge *(Vice President, Media)*
Courtney Weaver *(Associate Director, Media)*
Jihan Jefferson West *(Associate Account Director)*
Paris Ivory *(Associate Account Director, Public Relations)*
Trapper Damian *(Account Director)*
David Harley *(Associate Creative Director)*
Lorraine Miller *(Account Director)*
Jamal Ali *(Associate Director, Account - McDonald's)*
Derrick Harmon *(Senior Art Director)*
Wes Jones *(Senior Director, Art)*
Carl Koestner *(Associate Director, Creative)*
Lisa McConnell *(Creative Director)*
William Moore *(Associate Media Director)*
Quinncy Bynum *(Art Director)*
Brittny Pharr *(Account Director)*
Ayanna Shamese *(Associate Director, Creative)*
Erica Terry *(Supervisor, Media)*
Dave Jackson *(Account Supervisor, Engagement Marketing)*
Amina Mance *(Supervisor, Media)*
Jordan LuSane *(Senior Account Manager)*
Marquan Luckey *(Manager, Digital Content)*
Camille Johnson *(Junior Manager, Communications)*
Jeffrey Fortune *(Senior Planner, Strategic)*
Jessica Griffin *(Public Relations - McDonalds)*
Yvette Cornejo-Smith *(Account Supervisor - Toyota)*
Shirley Portee *(Executive Producer)*
Bria Purdiman *(Senior Account Executive, Public Relations)*
Jasmin Rivers *(Media Planner - McDonald's)*
Samuel Bauer *(Media Planner - Toyota)*
Paitra Pleasant *(Social Media Planner)*
Amanda Breedlove *(Senior Account Executive)*
Brittni Cullar *(Senior Account Executive - McDonald's)*
Angelica Jones *(Account Executive)*
Anne Gibson *(Senior Brand Planner)*

Accounts:
Aussie
Coca-Cola
Head & Shoulders
Herbal Essences
Ivory
McDonald's
Olay

Olay Definity
Olay Professional
Olay Quench Body Lotion
Olay Regenerist Moisturizer
Olay Total Effects
Old Spice
Old Spice Body Wash
Old Spice Red Zone
Pamper's
Pamper's Cruisers
Pamper's Sensitive
Pantene
Pantene
Safeguard
SK-II
Tide
Tide Coldwater
Tide Free
Tide Pods
Tide to Go
Tide Ultra
Tide with Febreze
Toyota Avalon
Toyota Camry
Toyota Corolla
Toyota Motor Sales, U.S.A., Inc.
Toyota Prius
Toyota RAV4
Verizon Communications, Inc.

BUTLER, SHINE, STERN & PARTNERS
20 Liberty Ship Way
Sausalito, CA 94965
Tel.: (415) 331-6049
Fax: (415) 331-3524
Web Site: www.bssp.com

Employees: 97
Year Founded: 1993

Discipline: Creative/Advertising

Greg Stern *(Chairman)*
John Butler *(Co-Chairman)*
Patrick Kiss *(Partner & President)*
Chris Cummings *(Chief Strategy Officer)*
Denis Moore *(Chief Finance Officer)*
Amy Clawson *(Director, Human Resources & Operations)*
Caitlin Shapiro *(Account Director)*
Vince Genovese *(Executive Director, Integrated Production)*
Jordan Gilbertson *(Director, Communications Planning)*
Anders Gustafsson *(Group Creative Director)*
Jake Bayham *(Strategy Director)*
Sohail Bhatia *(Associate Director, Strategy)*
Savannah Hicks *(Senior Art Director)*
Lynn Nakamura *(Art Director)*
Ed Patterson *(Creative Director)*
Amber McIntosh *(Director, Creative Resources)*
Alex Eley *(Account Director)*
Ian Boyd *(Director, Content)*
Patrick Gregory *(Account Supervisor)*
Lauren Chatman *(Associate Producer, Content Studio)*
Alfred Meneses Rojas *(Supervisor, Performance Marketing)*
Jillian Grekulak *(Communications Planner)*
AJ Marino *(Account Supervisor)*
Ashley Wood *(Senior Copywriter)*
Lindsay Grant *(Managing Director)*

Accounts:
Blue Shield of California
BoltBus

Brands. Marketers. Agencies. Search Less. Find More.
Try out the online version at www.winmo.com

AGENCIES - JULY, 2020 — CREATIVE/ADVERTISING AGENCIES

City of Hope Cancer Center
FootJoy
Greyhound Bus Lines, Inc.
Greyhound Bus Lines, Inc.
Krave Jerky
Michael Angelo's
Mitsubishi Motors North America, Inc.
NBA 2K
Noosa Yoghurt
PowerBar
Rao's Homemade
Redfin Corporation
Sorel
SunRun, Inc.

C. GRANT & COMPANY
102 North Cross Street
Wheaton, IL 60187
Tel.: (630) 803-0464
Web Site: cgrantandcompany.com

Year Founded: 2000

Discipline: Creative/Advertising

Julie Busteed *(Project Manager)*
Jymette Seager *(Account Manager)*

CALDWELL VANRIPER
701 East New York Street
Indianapolis, IN 46204
Tel.: (317) 632-6501
Fax: (317) 632-4438
Web Site: www.cvrindy.com

Employees: 30
Year Founded: 1955

Discipline: Creative/Advertising

Jan Amonette *(Senior Vice President)*
Julie Muncy *(Vice President, Human Resources)*
Dustin Thompson *(Director, Social Media)*
Katie Clements *(Associate Creative Director)*
Mary Brown *(Associate Director, Media & Digital Strategy)*
Kara Shaw *(Senior Business Manager)*
Blake Lofgren *(Account Supervisor)*
Megan Neely *(Account Executive)*
Anna Arnott *(Digital Engagement Strategist)*
Rex Huffman *(Digital Engagement Strategist)*

CALLEN
205 West Ninth Street
Austin, TX 78701
Tel.: (512) 361-2300
Web Site: www.thisiscallen.com

Year Founded: 2017

Discipline: Creative/Advertising

Craig Allen *(Founder & Chief Creative Officer)*
Julianna Simon *(Head, Strategy)*
Matt Nall *(Creative Director)*
Hannah Jones *(Creative Operations Manager)*
Kyle Davis *(Copywriter)*
David Hughes *(Managing Director)*

Accounts:
CLIF Bar
Clif Bar & Company

CALLIS & ASSOCIATES
1727 West Seventh Street
Sedalia, MO 65301-4321
Tel.: (660) 826-2822
Fax: (660) 827-2510
Toll Free: (866) 826-2823
Web Site: www.ecallis.com

Employees: 8

Discipline: Creative/Advertising

Cliff Callis *(President)*
Charlyn Callis *(Vice President)*
Megan Hartman *(Director, Client Services)*
Tim Noland *(Creative Director)*
Hannah Sartin *(Account Executive)*
Jim Callis *(Treasurer)*

CAMBRIDGE BIOMARKETING
245 First Street
Cambridge, MA 02142
Tel.: (617) 225-0001
Fax: (617) 225-0988
Web Site: www.cambridgebmg.com

Year Founded: 2001

Discipline: Creative/Advertising

Ben Beckley *(President)*
Annemarie Crivelli *(Head, Digital, Technology & Innovation)*
Michael Costello *(Directory, Copy, Craft & Strategy)*
Rich Thorne *(Creative Director, Art)*
Alisa Shakarian *(Head, Experience & Artistry)*
Christine Hill *(Associate Director, Operations)*
Jennifer Pantano Campbell *(Associate Director, Creative & Art)*
Prescott Taylor *(Head, Finance)*
Janelle Yorker *(Group Supervisor, Management)*
Mary Poluikis *(Group Supervisor, Management)*
Nick Agboyani *(Group Account Supervisor)*
Alyse Sukalski *(Managing Director)*

CAMP
316 West 12th Street
Austin, TX 78701
Tel.: (512) 474-8363
Web Site: camphq.com

Year Founded: 2009

Discipline: Creative/Advertising

Jeff Nixon *(Co-Founder & Creative Director)*
Clark Evans *(Co-Founder & Creative Director)*

Accounts:
Sylvania Silverstar Ultra High Headlights

CAMP + KING
87 Graham Street
San Francisco, CA 94129
Tel.: (415) 345-6680
Web Site: www.camp-king.com

Year Founded: 2011

Discipline: Creative/Advertising

Jamie King *(Partner & Chief Executive Officer)*
Roger Camp *(Founder & Chief Creative Officer)*
Anne Saulnier *(Director, Talent & Operations)*
David Morrissey *(Director, Strategy & Junior Partner)*
Rikesh Lal *(Creative Director & Junior Partner)*
Jesse Dillow *(Director, Creative & Junior Partner)*
Emily Dillow *(Director, Brand & Junior Partner)*
Rick Morrison *(Associate Creative Director)*
Melissa Macarian *(Senior Art Director)*
Christopher Nash *(Associate Creative Director)*

Christine Kelder Plascencia *(Associate Finance Director)*
Michael Ng *(Associate Creative Director)*
Michael Whelan *(Director, Creative Content)*
Stacy McClain *(Director, Content Production)*
Heather Lord *(Associate Brand Director)*
Roxanne Cobbs *(Brand Supervisor)*
Helen Oddone *(Brand Supervisor)*
Ellen Obletz *(Brand Supervisor)*
Julia Shew *(Manager, Brand)*
Paige Robertson *(Senior Strategist)*
Sally Kallet *(Senior Strategist)*
Sophia Fyfield *(Associate Producer)*
Evan Burton *(Copywriter)*
Prav Potu *(Editor)*
Kristin Barbour *(Junior Partner & Managing Director - Chicago)*

Accounts:
Del Taco LLC
Energizer
EVEREADY Battery Company, Inc.
Papa John's International
RE/MAX International, Inc.
UGG

CAMPBELL EWALD
2000 Brush Street
Detroit, MI 48226
Tel.: (586) 574-3400
Fax: (586) 558-5891
Web Site: www.c-e.com

Employees: 1300
Year Founded: 1911

Discipline: Creative/Advertising

Kevin Wertz *(Chief Executive Officer)*
Kari Shimmel *(Chief Marketing & Strategy Officer)*
Jari Auger *(Chief Financial Officer & Chief Operating Officer)*
Jo Shoesmith *(Chief Creative Officer)*
Kyle Smalley *(Senior Vice President & Print Production Manager)*
Helen Giles *(Media Supervisor)*
Jennifer Thomas *(Vice President & Associate Creative Director)*
David Bierman *(Executive Creative Director)*
Deborah Osborne *(Human Resources Director)*
Joe Godard *(Creative Director)*
Todd Yerman *(Director, Business Development)*
Josh Huling *(Associate Director Business Development)*
Chris Marchegiani *(Director, Strategic Planning)*
Laura Rogers *(Executive Creative Director)*
Dawn Price *(Manager, Financial Analysis & Contract Administration)*
Ken Carver *(Associate Media Director, National Investments)*
Kristina Kachner *(Supervisor, Local Media Buying)*
Hillary Glaser *(Associate Director, Search & Content Strategy)*
Francheska Gjeloshaj *(Strategist, Integrated Brand)*
Olivia Roth *(Supervisor, Integrated Strategy)*
Victoria Kenny *(Analyst)*
Kelly Savela *(Strategist, Social Media)*
Lauren Dutchik *(Senior Account Executive)*
Mitchell Tortelli *(Account Coordinator)*

Accounts:
Carfax, Inc.
Carrier Corporation

46

CREATIVE/ADVERTISING AGENCIES
AGENCIES - JULY, 2020

Clear Scalp & Hair Therapy
Delonghi America, Inc.
Detroit Lions
Dow Solar Solutions
Lear Corporation
Magnum
Milk PEP
Olympic Paints & Stains
OnStar
OnStar Corporation
Taubman Centers, Inc.
TRESemme
Union Bank of California
Valero Energy Corporation
Yellow Roadway Corporation

CAMPBELL EWALD
1840 Century Park East
West Hollywood, CA 90067
Tel.: (310) 358-4800
Fax: (310) 473-3856
Web Site: www.lowecampbellewald.com

Employees: 50
Year Founded: 1911

Discipline: Creative/Advertising

Paul Jennings *(Group Director, Media Strategy)*
Meredith Snavely *(Group Director, Media Strategy)*
Jason Tisser *(Executive Creative Director)*
Johana Giraldo *(Associate Director, Digital Media)*
Carlos Navarro *(Director, Performance Media)*
Nathalie Rocklin *(Media Buyer)*
Jocelle Untalan *(Account Executive)*
Kendra Hwang *(Associate Director, Media)*
Zenaida Marvin *(Managing Director)*
Jamie Lewis *(Managing Director, Digital)*

Accounts:
Kaiser Foundation Health Plan, Inc.
Kaiser Permanente Northern California Region
Kaiser Permanente of the Mid-Atlantic States
Union Bank of California

CAMPBELL EWALD
1840 Century Park East
Los Angeles, CA 90067
Tel.: (310) 358-4800
Web Site: www.c-e.com

Year Founded: 1911

Discipline: Creative/Advertising

Jim Lorden *(Group Director, Media Strategy)*
Jamie Lewis *(Managing Director - Digital)*

CAMPBELL EWALD NEW YORK
386 Park Avenue South
New York, NY 10016
Tel.: (646) 762-6700
Web Site: www.c-e.com

Employees: 470
Year Founded: 1911

Discipline: Creative/Advertising

Sal Taibi *(President)*
Jonathan Lange *(Executive Vice President & Director, Account Service)*
Jamie Rubin *(Senior Vice President & Managing Director, Media)*
Chip Rich *(Executive Creative Director)*
Lisa Stroh *(Vice President & Account Director)*

Lane Sorkin *(Vice President & Director, Media)*
Yoko Fujita *(Creative Director)*
Kelley Samanka *(Associate Creative Director)*
Jennifer Chang *(Strategist, Brand & Integrated)*
Nicole Regan *(Senior Director, Art)*
Ben Breier *(Associate Director, Strategy)*
Aidan Porter *(Senior Account Executive)*
Desiree Mata *(Account Supervisor)*
Josh Wigod *(Senior Account Supervisor)*
Alexandria Gibson *(Media Planner & Buyer)*
Maribel Moya *(Senior Project Manager)*

Accounts:
Bayer Consumer Care Division
Bayer Pharmaceuticals
Claritin
Clear Scalp & Hair Therapy
Delonghi America, Inc.
Empire State Development Tourism
I Love NY
Magnum
Milk Life Campaign
Milk Life Campaign
Milk PEP
Snuggle
Sour Patch Kids
TRESemme

CANNABRAND
511 Broadway
Denver, CO 80203
Tel.: (303) 223-7411
Web Site: www.cannabrand.co/

Year Founded: 2014

Discipline: Creative/Advertising

Olivia Mannix *(Co-Founder & Chief Executive Officer)*
Artemis Bodor *(Account Manager)*
Kristal Pelkey *(Account Manager)*
Katelyn Zieff *(Account Executive)*

CANVAS BLUE
700 South Flower Street
Los Angeles, CA 90017
Tel.: (213) 335-5670
Web Site: canvasblue.com

Year Founded: 2014

Discipline: Creative/Advertising

Joshua Levitt *(Vice President & Director, Media Relations)*
Rich Bronshvag *(Executive Creative Director)*
Melissa Barto *(Director)*
Marissa Mavaega *(Manager)*
Samantha Sackin *(Managing Director)*

Accounts:
Blaze Pizza, LLC
Butterfinger
Del Taco LLC

CAPPELLI MILES
Two Centerpoint Drive
Lake Oswego, OR 97035
Tel.: (503) 241-1515
Fax: (503) 241-1511
Web Site: www.cappellimiles.com

Year Founded: 1982

Discipline: Creative/Advertising

Mickey Miles *(Owner & President)*
Darcey Price *(Media Director)*

CARDINAL COMMUNICATIONS USA
295 Madison Avenue
New York, NY 10017
Tel.: (212) 997-3200
Fax: (212) 696-2310
Web Site: www.cardinalcommusa.com

Employees: 35
Year Founded: 1993

Discipline: Creative/Advertising

Ronnie Shapiro *(Chief Executive Officer)*
Jaclyn Perlmutter *(President)*
Peter Vacca *(Senior Art Director)*

CARGO LLC
631 South Main Street
Greenville, SC 29601
Tel.: (864) 704-1160
Web Site: www.thecargoagency.com

Year Founded: 2006

Discipline: Creative/Advertising

Scott Brand *(Partner & Client Engagement Director)*
Kacey Murphy *(Chief Operating Officer & Owner)*
Dan Gliatta *(Chief Executive Officer & Co-Founder)*
Hays Sligh *(Marketing Specialist)*

Accounts:
Lenovo Group Limited

CARMICHAEL LYNCH
110 North Fifth Street
Minneapolis, MN 55403
Tel.: (612) 334-6000
Fax: (612) 334-6085
Web Site: www.carmichaellynch.com

Employees: 290
Year Founded: 1962

Discipline: Creative/Advertising

Julie Batliner *(President & Managing Partner)*
Mark Feriancek *(Chief Operating Officer)*
Marcus Fischer *(Chief Executive Officer)*
John Green *(Chief Financial Officer)*
Stacy Janicki *(Director, Account Management & Senior Partner)*
Marty Senn *(Chief Creative Officer)*
Lachlan Badenoch *(Chief Strategy Officer)*
Grete Lavrenz *(Executive Vice President & Food & Nutrition Chair)*
Emily Buchanan *(Executive Vice President & Senior Director, Brand Marketing)*
Eric Hausman *(Senior Vice President & Partner)*
Rebecca Lunna *(Vice President)*
Erika Collins *(Senior Director, New Business & Partner)*
Eden Thompson *(Director, Brand Planning)*
Betsy Burgeson *(Group Director, Partner Consumer Engagement)*
Tracy Krulich *(Group Media Director)*
Tom Sebanc *(Creative Director)*
Neil Goodspeed *(Senior Partner & Director, Media)*
Ed Huerta-Margotta *(Director, Talent Acquisition)*
Sarah Scherbring *(Group Account Director - Schwan's Consumer Brands)*
Krista Kelly *(Group Account Director)*
William Stentz *(Director, Marketing Analytics)*

Brands. Marketers. Agencies. Search Less. Find More.
Try out the online version at www.winmo.com

47

AGENCIES - JULY, 2020 — CREATIVE/ADVERTISING AGENCIES

Nellie Murray *(Associate Media Director)*
Courtney Thomas *(Account Director)*
Mackenzie Kauffman *(Account Director)*
Megan McGrath *(Associate Media Director)*
Randy Hughes *(Executive Creative Director & Senior Partner)*
Christine Gault *(Associate Creative Director)*
Jaime Westlund *(Associate Media Director)*
Paula Weisenbeck *(Account Director)*
Amy Jo Preisler *(Account Director)*
Jennifer Kern *(Group Media Director)*
Alissa Anderson *(Group Account Director)*
Olga Leykind *(Associate Media Director)*
Brian Lambert *(Creative Director)*
Chris Carlberg *(Senior Art Director)*
Lisa Holzemer *(Digital Account Director)*
Milton Un *(Director, Design)*
Steph Hayden *(Art Director)*
Josh Leutz *(Executive Creative Director)*
Meagan Pagliara *(Planning Director - Subaru)*
Melanie Callahan *(Associate Director, Digital Project Management)*
Andrew Lapham *(Senior Engagement Strategist)*
Abby Jenkins *(Account Manager - Subaru)*
Caroline Rudzinski *(Project Manager)*
Geordan Vakos *(Account Supervisor)*
Brad Wellman *(Account Supervisor)*
Lauren Stoelk *(Media Supervisor)*
Jonathan Bush *(Manager, Product Information)*
Mandi Longtin *(Senior Integrated Project Manager)*
Emily Anderson *(Media Supervisor)*
Yun Zagarzazu *(Media Supervisor)*
Andrea Serrian *(Account Supervisor)*
Kendra Komejan *(Account Supervisor)*
Madi Verschaetse *(Assistant Account Executive - Subaru Digital)*
Alison Barbeln *(Senior Account Manager)*
Julianna Baalson *(Media Planner)*
Lexi Gusso *(New Business Manager)*
Megan Howe *(Senior Account Manager)*
Evan O'Connor *(Digital Account Supervisor)*
Halle Mason *(Media Planner)*
Andrew Wetzel *(Senior Designer)*
Dustin Smith *(Senior Social Strategist)*
Sarah Poluha *(Senior Brand Strategist)*
Megan Winterhalter *(Senior Copywriter)*
Scott Westerman *(Media Planner)*
Anthony Tran-Vu *(Analytics Strategist)*
Colin Murphy *(Media Planner)*
Melissa Bakewell *(Senior Media Planner)*
Matt O'Keefe *(Account Executive)*
Cavan Reagan Reichmann *(Senior Partner & Managing Director, Social Engagement)*

Accounts:
76 Gasoline
Arla Foods, Inc.
BJ's Restaurants, Inc.
BRZ
Bush Brothers & Company
ConocoPhillips
Crosstrek
DSM Nutritional Product
Forester
Formica Corporation
Helzberg Diamonds
Honey Bunches of Oats
Impreza
Legacy
MasterBrand Cabinets, Inc.
Minnesota Twins
National Rugby Football League (NRFL)
Outback
Phillips 66 Company
Red Wing
Schutt Sports
Schwan Food Company
Sherwin Williams
Subaru of America, Inc.
Truvia
WRX
Xcel Energy, Inc.

CAROL H. WILLIAMS ADVERTISING
1625 Clay Street
Oakland, CA 94612
Tel.: (510) 763-5200
Fax: (510) 763-9226
Web Site: www.carolhwilliams.com

Employees: 150
Year Founded: 1986

Discipline: Creative/Advertising

Carol Williams *(President, Chief Executive Officer & Chief Creative Officer)*
Carol Wyatt *(Director, Human Resources)*

CARPENTER GROUP
75 Broad Street
New York, NY 10012
Tel.: (212) 431-6666
Fax: (212) 334-9723
Web Site: www.carpenternyc.com

Employees: 17
Year Founded: 1982

Discipline: Creative/Advertising

Chris Bragas *(Chief Financial & Operating Officer)*
Polly Carpenter *(Founder & Chief Executive Officer)*
Claire Taylor *(Executive Vice President & Creative Strategies Director)*
Paul Verga *(Client Engagement Director)*

CASHMERE AGENCY
12530 Beatrice Street
Los Angeles, CA 90066
Tel.: (323) 928-5080
Web Site: www.cashmereagency.com

Year Founded: 2003

Discipline: Creative/Advertising

Seung Chung *(President)*
Ted Chung *(Chairman)*
William Petersen *(Senior Vice President, Social Media)*
Rona Mercado *(Vice President, Marketing)*
Brianne Pins *(Vice President, Public Relations & Influencer Marketing)*
Cameron Crane *(Vice President, Accounts)*
Joey Furutani *(Vice President)*
Nicholas Adler *(Vice President, Business Development)*
Ryan Ford *(Executive Vice President & Chief Creative Officer)*
Camila Crews *(Senior Director, Public Relations)*
Aisha Bean *(Director, People & Culture)*
Jesse Nicely *(Director, Creative Strategy)*
Kyle Dineen *(Director, Social Media)*
Chuka Schneider *(Group Account Director)*
Tynesha Williams *(Creative Director)*
Yulia Gonzalez *(Social Media Account Manager)*
Ashlyn Whittington *(Senior Account Manager, Social)*
Bree Jones *(Manager, Public Relations)*
Keiko Schnelle *(Senior Creative Strategist)*

Accounts:
BMW of North America, LLC
Jack in the Box, Inc.

CATALYST ADVERTISING
10 Bedford Square
Pittsburgh, PA 15203
Tel.: (412) 381-1100
Fax: (412) 381-0900
Web Site: www.catalyst-adv.com

Employees: 10

Discipline: Creative/Advertising

Jim Stupar *(Owner)*
Mark Baldauf *(Partner & Account Supervisor)*

CATALYST, INC.
275 Promenade Street
Providence, RI 02908
Tel.: (401) 732-1886
Fax: (401) 732-5528
Web Site: www.catalystb2b.com

Employees: 15
Year Founded: 1991

Discipline: Creative/Advertising

Brian Odell *(President & Chief Executive Officer)*
Tom Hamlin *(Chief Activation Officer)*

Accounts:
Davol, Inc.
EFI
Metso Automation, Inc.

CAVALRY
233 North Michigan Avenue
Chicago, IL 60601
Tel.: (312) 846-4500
Web Site: www.cavalryagency.com

Year Founded: 2012

Discipline: Creative/Advertising

Leyla Dailey *(Chief Creative Officer)*
Martin Stock *(Founder & Chief Executive Officer)*
Karl Turnbull *(Founder & Chief Strategy Officer)*
Jennifer Gerwen *(Senior Vice President & Group Account Director)*
William Matznick *(Senior Vice President & Group Creative Director)*
Katie Halpern *(Strategic Planning Director, Vice President)*
Alyssa Alvarez *(Account Director)*
Blaine Mastenbrook *(Account Supervisor)*
David Farley *(Account Executive)*
Madison Giller *(Planner)*

Accounts:
Ballast Point
Corona Light
Corona Premier
Corona Refresca
Kim Crawford
Kim Crawford
Meiomi
Modelo Chelada
Modelo Especial
Modelo Negra

Brands. Marketers. Agencies. Search Less. Find More.
Try out the online version at www.winmo.com

CREATIVE/ADVERTISING AGENCIES

Newport
Paso Creek
Robert Mondavi Private Selection
Ruffino
Woodbridge by Robert Mondavi

CAYENNE CREATIVE
3024 Third Avenue South
Birmingham, AL 35233
Tel.: (205) 322-4422
Web Site: www.cayennecreative.com

Year Founded: 2004

Discipline: Creative/Advertising

Dan Monroe *(Owner & Creative Director)*
Sam Burn *(Principal, Strategy)*
Dan Murch *(Owner)*
Lyndale Smithson *(Media Director)*
Andy Odum *(Creative Director)*
Christopher Ryan Baker *(Art Director)*
Dana Vague *(Director, Design)*
Sam Brasseale *(Director, Interactive)*
Abby Dupuy *(Operations Manager)*
Mary Frances Somerall *(Account Supervisor)*
Zach Searcy *(Manager, Digital Community)*
Caroline Taylor *(Digital Media Specialist)*

Accounts:
Altec Industries, Inc.
Golden Flake Snack Foods, Inc.

CCMEDIA
448 Ridge Street
Reno, NV 89501
Tel.: (775) 327-4200
Fax: (530) 582-4414
Web Site: www.cc.media

Year Founded: 1991

Discipline: Creative/Advertising

Laura Partridge *(President)*
Ally Hutson *(Vice President & Media Director)*

Accounts:
Atlantis Casino & Resort, Inc.

CCP DIGITAL
Web Site: ccp.digital/

Year Founded: 2013

Discipline: Creative/Advertising

Chris Pulley *(Chief Executive Officer)*
Travis Wright *(Chief Marketing Officer)*
Adrienne Goss *(Senior Vice President, Digital Strategy)*
Stephanie Roberts *(Vice President, Client Services)*
Ryan Loiacono *(Digital Marketing)*

CD&M COMMUNICATIONS
48 Free Street
Portland, ME 04101
Tel.: (207) 774-7528
Fax: (207) 772-3788
Web Site: www.cdmc.com

Employees: 20
Year Founded: 1978

Discipline: Creative/Advertising

Ken Krauss *(Partner & Creative Director)*
Duncan Stout *(President)*

Mike Yoder *(Creative Director)*
David Page *(Account Executive)*
Walter Briggs *(Creative & Brand Strategist- CD&M Communications)*

CDHM ADVERTISING, INC.
1100 Summer Street
Stamford, CT 06905
Tel.: (203) 967-7200
Fax: (203) 967-2620
Web Site: www.cdhm.com

Year Founded: 1964

Discipline: Creative/Advertising

Gary Sumple *(Co-Owner & Managing Partner)*
John Walker *(Co-Owner & Managing Partner)*
Maria Basile *(Art Director)*

CENTRA360
1400 Old Country Road
Westbury, NY 11590
Tel.: (516) 997-3147
Web Site: www.centra360.com

Year Founded: 1996

Discipline: Creative/Advertising

Robert Bell *(Chief Operating Officer)*
Howard Davidson *(Chief Marketing Officer - Shopper Marketing Group)*
Randi Berger *(Executive Vice President, Promotions Group)*
Mark Biggin *(Senior Vice President, Experiential Group)*
Chariot Crespo *(Vice President, Marketing Partnerships)*
Sue Mysel *(Senior Brand Activation Director)*
Linda Suraci *(Senior Director, Brand Activation)*
Michelle Greenberg *(Account Executive)*

CENTRON
32 Old Flip
New York, NY 10005
Tel.: (646) 722-8900
Fax: (646) 722-8988
Web Site: www.centroncom.com

Employees: 40
Year Founded: 2005

Discipline: Creative/Advertising

Meredith Pugh *(Chief Growth & Strategy Officer)*
Celine Vita *(President - Centron Advertising)*
Carolyn O'Neill *(Chief Creative Officer)*

CERAMI WORLDWIDE COMMUNICATIONS, INC.
100 Passaic Avenue
Fairfield, NJ 07004
Tel.: (973) 844-8481
Web Site: www.ceramiworldwide.com

Year Founded: 2006

Discipline: Creative/Advertising

Nick Cerami *(Founder & President)*
Mari Ippolito *(Senior Vice President & Managing Director)*

CGT MARKETING, LLC
275-B Dixon Avenue
Amityville, NY 11701

Tel.: (631) 842-4600
Fax: (631) 842-6301
Web Site: www.cgtmarketingllc.com

Discipline: Creative/Advertising

Mitch Tobol *(Partner)*
Fred Candiotti *(Partner & Creative Director)*
Vincent Grucci *(Partner)*
William Lang *(Creative Director)*
Susan Brenman *(Account Manager)*
Donna Munnelly *(Manager, Production & Media)*

CHANDELIER CREATIVE
611 Broadway
New York, NY 10012
Tel.: (212) 620-5252
Fax: (212) 620-5329
Web Site: www.chandeliercreative.com

Employees: 11
Year Founded: 2005

Discipline: Creative/Advertising

Richard Christiansen *(Founder & Creative Director)*
Eric Druckenmiller *(Head, Strategy)*
Marshall Ryan Bower *(Director, Design)*
Connor Stanley *(Director, New Business)*
Katie Olsen *(Head, Integrated Production)*
Michael Scanlon *(Head, Creative)*
Eileen Eastburn *(Head, Accounts)*

Accounts:
Target Corporation

CHANDELIER CREATIVE
5634 North Figueroa Street
Los Angeles, CA 90042
Tel.: (424) 285-5517
Web Site: www.chandeliercreative.com

Year Founded: 2005

Discipline: Creative/Advertising

David Boxser *(Chief Marketing Officer)*
Eneida Elenes *(Account Director)*
Dwight Armstrong *(Creative Director)*
Liz Cornine *(Business Director)*
Lucia Reynolds *(Account Manager)*
John Peralta *(Coordinator, New Business)*

CHARLES BEARDSLEY ADVERTISING
31 East Main Street
Avon, CT 06001
Tel.: (860) 676-0256
Fax: (860) 674-1917
Web Site: www.cfbeardsley.com

Year Founded: 1946

Discipline: Creative/Advertising

Nancy Ketchiff *(Partner)*
Price Ketchiff *(Director, Business Development)*

Accounts:
Design Within Reach, Inc.

CHECKMARK COMMUNICATIONS
1111 Chouteau Avenue
Saint Louis, MO 63102-1025
Tel.: (314) 982-3400
Fax: (314) 982-2915
Web Site: www.purina.com

Brands. Marketers. Agencies. Search Less. Find More.
Try out the online version at www.winmo.com

AGENCIES - JULY, 2020 — CREATIVE/ADVERTISING AGENCIES

Discipline: Creative/Advertising

Teresa Sausville (Executive Creative Director)
Alexia Kulaitis (Director, Digital Product Group)
Sarah Rockwell (Associate Creative Director)
David Boyd (Director, Strategy)
Craig Johnson (Senior Account Director)
Sarah Cortopassi (Digital Strategy Lead)
Erica Thurston (Account Manager)

Accounts:
Alpo
Beggin' Strips
Beneful
Cat Chow
Deli-Cat
Dog Chow
Fancy Feast
Friskies
Kit 'N Kaboodle
Kitten Chow
Nestle Purina PetCare Company
Purina ONE
Tidy Cats

CHEMISTRY ATLANTA
1045 West Marietta Street Northwest
Atlanta, GA 30318
Tel.: (404) 262-2623
Fax: (404) 237-2811
Web Site: www.chemistryagency.com

Employees: 39
Year Founded: 1986

Discipline: Creative/Advertising

Talley Hultgren (Executive Vice President & Chief Strategy Officer)
Chris Breen (Partner & Chief Creative Officer)
Tim Smith (President)
Mark Simonton (Executive Vice President & General Manager)
Jeff Abbott (Executive Vice President & Media Director)
Taylor Guglielmo (Executive Vice President, Business Development)
Joanne Truffelman (Executive Director)
Carl Corbitt (Executive Creative Director)
Anja Duering (Executive Creative Director)
Courtney Saul (Group Director, Account)
Kevin Wilson (Director, Integrated Production)
Brittany Riley (Creative Director)
Michael Micetich (Associate Creative Director)
David Anderson (Lead Digital Designer)
Jacquelyn Turner (Senior Manager, Social Media)
Matt McLaren (Senior Strategist)
Tristan Otto (Associate Media Planner & Buyer)

Accounts:
Atlanta Botanical Garden, Inc.
Atlanta Convention & Visitors Bureau
Children's Healthcare of Atlanta
Cox Interactive Media
Flower Child
Piedmont Medical Center
Sea Island Company
Willis HRH

CHEMISTRY CLUB
451 Pacific Avenue
San Francisco, CA 94133
Tel.: (415) 989-2500
Fax: (415) 732-9535
Web Site: www.chemistryclub.com

Employees: 20

Year Founded: 2009

Discipline: Creative/Advertising

Grant Richards (Partner & Executive Creative Director)
Scott Aal (Executive Creative Director & Partner)

Accounts:
See's Candies, Inc.

CHEMISTRY COMMUNICATIONS INC.
535 Smithfield Street
Pittsburgh, PA 15222
Tel.: (412) 642-0642
Fax: (412) 642-0650
Web Site: www.chemistryagency.com

Employees: 20
Year Founded: 1977

Discipline: Creative/Advertising

Geoff Tolley (Chief Creative Officer & President)
Ned Show (Chief Executive Officer)
Dan Dehner (Chief Interactive Officer)
Jason Dille (Executive Vice President, Media)
Mark Vigna (Vice President & Group Account Director)
Katie Boardman (Media Supervisor)
Perri Nitzberg (Account Executive)

Accounts:
Children's Healthcare of Atlanta
LifeStyles
Massage Envy
SKYN
UPMC

CHIEF MARKETING OFFICER COUNCIL
1494 Hamilton Way
San Jose, CA 95125
Web Site: www.cmocouncil.org

Year Founded: 2001

Discipline: Creative/Advertising

Bryan DeRose (Vice President, Business Development)
Natalie Fleisher (Creative Director)
Saagar Patel (Senior Marketing & Operations Specialist)
Donovan Neale-May (Founder & Executive Director)

CHIZCOMM
258 Wilson Avenue
North York, ON M3H 1S6
Tel.: (416) 551-0822
Web Site: chizcomm.com

Year Founded: 2013

Discipline: Creative/Advertising

Kathleen Campisano (Global Chief Marketing Officer)
Donna MacNeil (President)
Dean Shoukas (Senior Vice President, Digital Marketing)
Kassandra O'Brien (Vice President)
Haley McGean (Associate Director)
Hailey Sugar (Account Executive, Marketing & Communications)

Averie Hunt (Supervisor, Social Media Marketing)
Nathan Kornet (Digital Account Manager)
Natasha Masci (Marketing & Communications Associate)

Accounts:
PlayMonster

CHRISTIE & CO.
800 Garden Street
Santa Barbara, CA 93101
Tel.: (805) 969-3744
Fax: (805) 969-3697
Web Site: christieand.co

Employees: 18
Year Founded: 1992

Discipline: Creative/Advertising

Gillian Christie (Founder & Chief Executive Officer)
Alissa Sears (Vice President, Growth & Strategy & Director, Global Betterment)

CINEMASTREET
567 Fort Washington Avenue
New York, NY 10033
Tel.: (917) 825-0204
Web Site: www.cinemastreet.net

Discipline: Creative/Advertising

Dana Offenbach (Owner & Producer)
Ed Han (Director)
Mariah Duff (Associate Producer)

Accounts:
Roomba

CIRCUS MAXIMUS
33 Irving Place
New York, NY 10003
Tel.: (212) 256-1624
Web Site: www.circusmaximus.com

Year Founded: 2013

Discipline: Creative/Advertising

Paul Sutton (Partner & Director of Production)
Ryan Kutscher (Co-Founder & Chief Creative Officer)
Ashley Richardson-George (Director, Content Strategy)
Alaina Andreozzi (Senior Account Director)

CITRUS ADVERTISING
1409 South Lamar
Dallas, TX 75215
Tel.: (214) 998-4644
Web Site: www.citrusadvertising.com

Year Founded: 2018

Discipline: Creative/Advertising

Sheila Lemon (Founder & Chief Executive Officer)
Melinda Yoder (Operations)
Nancy Terrell (Director, Client Collaboration & Integration)
Jason Shipp (Executive Creative Director)

CLARITYQUEST
93 Shennecossett Road
Groton, CT 06340

CREATIVE/ADVERTISING AGENCIES
AGENCIES - JULY, 2020

Toll Free: (877) 887-7611
Web Site: www.clarityqst.com

Year Founded: 2001

Discipline: Creative/Advertising

Christine Slocumb *(President & Founder)*
Brian Shilling *(Director, Branding & Digital Marketing)*
Casey Sokolowski *(Senior Creative Director)*
Marla Sokolowski *(Senior Project Manager & Marketing Systems Lead)*
Melanie Hilliard *(Senior Marketing Consultant)*

CLAYMAN & ASSOCIATES
Reno Business Park
Marietta, OH 45750
Tel.: (740) 376-1470
Fax: (740) 376-1471
Web Site: www.claymanandassociates.com

Employees: 7
Year Founded: 1954

Discipline: Creative/Advertising

Larry Clayman *(Senior Account Executive)*
Sheri Oxley *(Production Manager)*

CLEAR
41 East 11th Street
New York, NY 10003
Tel.: (212) 884-9959
Fax: (212) 937-3618
Web Site: www.clr-inc.com/

Discipline: Creative/Advertising

Sedef Onder *(Managing Partner & Strategist)*
Christopher Kokinos *(Partner & Chief Creative Officer)*
Brian Hull *(Creative Director, Digital)*
Alene Jackson *(Creative Director)*
Jaimie MaGuire *(Creative Director, Digital)*
Lisa McGarry *(Creative Director, Art)*
Jenny Wang *(Senior Designer)*
Mozell Miley-Bailey *(Senior Communications Strategist)*

CM&N ADVERTISING
320 East Main Street
Somerville, NJ 08876
Tel.: (908) 722-8000
Fax: (908) 722-2055
Web Site: www.cmn-adv.com

Employees: 10
Year Founded: 1951

Discipline: Creative/Advertising

Frank Fasano *(President & General Manager)*
Dominick Cirilli *(Executive Vice President & Creative Director)*
Merrilee Zigarelli *(Director, New Business Development)*

CMD
1631 Northwest Thurman Street
Portland, OR 97209
Tel.: (503) 223-6794
Fax: (503) 223-2430
Web Site: www.cmdpdx.com

Employees: 115
Year Founded: 1978

Discipline: Creative/Advertising

Darren Rankin *(President)*
Elizabeth Shoemaker *(Vice President, Account Services & Strategy)*
Brian Unflat *(Creative Director)*
Kevin Murphy *(Director, Digital Strategy & Analytics)*
Trevor Smith *(Account Director)*
Jon Stengle *(Creative Director)*
Andy Cale *(Creative Director)*
Brandt Nelson *(Senior Art Director)*
Caryn Herder *(Director, Planning & Strategy)*
Claire Fisher *(Account Supervisor)*
Anna Pasquale *(Account Supervisor)*
Patti Cody *(Managing Director, Paid Media)*

Accounts:
AlternaPlus
Banner Corporation
Caradco
CenturyLink
Contours
Energy Saver
FiniShield
Gladiatior
HP, Inc.
IWP
JELD-WEN, Inc.
Klamath Door
Microsoft
Norco
Pozzi
The Summit Collection

CNX
One World Trade Center
New York, NY 10007
Tel.: (212) 286-2860
Web Site: cnx.condenast.com

Year Founded: 2018

Discipline: Creative/Advertising

Brendon Volpe *(Head, Strategy)*
Ben Perreira *(Executive Strategy Director)*
Rebekah Strotman *(Associate Manager, Experiences)*
John Deschner *(Managing Director)*

Accounts:
Conde Nast Publications, Inc.

COATES KOKES, INC.
421 Southwest Sixth Avenue
Portland, OR 97204
Tel.: (503) 241-1124
Fax: (503) 241-1326
Web Site: www.coateskokes.com

Discipline: Creative/Advertising

Jeanie Coates *(Founder & Chief Executive Officer)*
Steve Kokes *(President & Strategic Director)*
Mike Sheen *(Creative Director & Vice President)*
Meghan Burke *(Media Director)*

COGNISCIENT MEDIA/MARC USA
20 City Square
Charlestown, MA 02129
Tel.: (617) 250-8580
Web Site: www.cogniscientmedia.com

Year Founded: 1955

Discipline: Creative/Advertising

David Buklarewicz *(Executive Vice President & Executive Media Director)*
Jon Kagan *(Vice President, Search)*
Sadie Barlow *(Director, Integrated Media)*
Julie Mandragouras *(Associate Media Director - Marc USA)*
Lauren Rockwell *(Associate Director, Search Engine Optimization)*

Accounts:
Belle Tire
BSN
Five Star Quality Care
Maryland State Lottery
Optimum Nutrition
Qdoba Restaurant Corporation

COHEN GROUP
430 Heights Boulevard
Houston, TX 77007
Tel.: (713) 439-1439
Fax: (713) 439-1499
Web Site: www.cohenup.com

Discipline: Creative/Advertising

Mark Cohen *(President & Creative Director)*
Deb Freilich *(Media Director)*
Robert Miller *(Art Director)*

COHN MARKETING, INC.
2434 W Caithness Place
Denver, CO 80211
Tel.: (303) 839-1415
Fax: (303) 839-1511
Web Site: www.cohnmarketing.com

Employees: 11
Year Founded: 2000

Discipline: Creative/Advertising

Jeff Cohn *(Chief Executive Officer & President)*
Teri Springer *(Senior Art Director)*
Karen Johnson *(Account Director)*
Andrea Drabczyk *(Senior Producer, Digital)*

Accounts:
Green Beans Coffee WorldCafe

COLD SPARK MEDIA
307 Fourth Avenue
Pittsburgh, PA 15222
Tel.: (412) 626-6690
Web Site: www.coldspark.com

Year Founded: 2011

Discipline: Creative/Advertising

Mark Harris *(Managing Partner)*
AJ Johnston *(Project Manager)*

COLE CREATIVE
654 Beacon Street
Boston, MA 02215
Tel.: (617) 236-4699
Fax: (617) 236-0373
Web Site: www.cole-co.com

Year Founded: 1985

Discipline: Creative/Advertising

John Cole *(Founder & Creative Director)*
Erika Petersson *(Vice President, Production)*

COLLING MEDIA

Brands. Marketers. Agencies. Search Less. Find More.
Try out the online version at www.winmo.com

AGENCIES - JULY, 2020 — CREATIVE/ADVERTISING AGENCIES

14362 North Frank Lloyd Wright Boulevard
Scottsdale, AZ 85260
Tel.: (480) 351-3953
Web Site: www.collingmedia.com

Year Founded: 2009

Discipline: Creative/Advertising

Fred Petrovsky *(Chief Marketing Officer)*
Brian Colling *(Owner & Chief Executive Officer)*
Peter Colling *(Chief Operating Officer)*
Doug Campbell *(Director, Digital Services)*
Jordan Schuster *(Digital Marketing Manager)*
Jordan Walsh *(Marketing, Brand & Content Manager - MiracleBrands)*
Don Toivola *(Paid Search Manager)*
Ali Watson *(Paid Social Media Manager)*
David DeMar *(Senior Search Engine Optimization Strategist)*

Accounts:
Miracle Brands, LLC
MiracleWipes
Shasta Pools

COMMERCE HOUSE
110 Leslie Street
Dallas, TX 75207
Tel.: (214) 550-5550
Web Site: www.commercehouse.com

Year Founded: 2005

Discipline: Creative/Advertising

Leigh Sander *(Creative Director & Principal)*
Ashley Watson *(Chief Marketing Officer)*
Mark Denesuk *(Founder & President)*
Nancy Crume *(Principal, Strategic Planning & Insights)*
Vincent LoProsti *(Creative Director & Principal)*

Accounts:
Texas Health Resources

COMMONWEALTH // MCCANN
500 Woodward Avenue
Detroit, MI 48226
Tel.: (313) 202-3700
Web Site: www.cw-mccann.com

Year Founded: 2012

Discipline: Creative/Advertising

Brad Emmett *(Chief Creative Officer)*
Todd Riddle *(Chief Creative Officer - Global Markets)*
Gary Pascoe *(Chief Creative Officer - North America)*
Jeff Beverly *(Executive Vice President & Global Content Director)*
Samantha Ankeny *(Senior Vice President, Operations & Account Director)*
Tom Cote *(Vice President & Group Account Director)*
Kalyn Barnum *(Group Account Director)*
Kathy Speck *(Creative Director)*
Joseph Gielniak *(Creative Director)*
Mitch Pangborn *(Art Director)*
Gabrielle Burrows *(Director, Global Strategy)*
Victor Quattrin *(Associate Creative Director - Chevrolet)*
Robert Guisgand *(Executive Creative Director)*
James Adame *(Global Director, Design)*
Jackie Carline *(Associate Director, Communications)*
Bill Wilt *(Account Director - Chevrolet Silverado)*
Kelly Balagna *(Executive Producer)*
Julie Daniels *(Group Account Director - Chevrolet, Certified Retail & Retail)*
Jeffery Moore *(Senior Account Executive - Chevrolet)*
Haley Stone *(Art Director)*
Andrea Goulette *(Account Supervisor)*
Chris Skalsky *(Account Supervisor)*
Jeff Adams *(Global Senior Asset Manager)*
Molly Fox *(Account Supervisor - Chevrolet)*
Chris Balicki *(Managing Director - Chevrolet, North America)*

Accounts:
Chevrolet
Chevrolet Certified Services
Chevy Bolt EV
Chevy Camaro
Chevy Colorado
Chevy Corvette Grand Sport
Chevy Corvette Stingray
Chevy Corvette Z06
Chevy Corvette ZR1
Chevy Cruze
Chevy Equinox
Chevy Express
Chevy Impala
Chevy Malibu
Chevy Silverado
Chevy Sonic
Chevy Spark
Chevy Suburban
Chevy Tahoe
Chevy Traverse
Chevy Trax
Chevy Volt

COMMUNICORP, INC.
1001 Lockwood Avenue
Columbus, GA 31999
Tel.: (706) 324-1182
Fax: (706) 596-3129
Web Site: communicorp.com

Year Founded: 1981

Discipline: Creative/Advertising

Eric Seldon *(President & Chief Executive Officer)*
Kirk Barnett *(Manager, Commercial Sales)*
Joy Hamilton *(Senior Account Executive)*
Kenneth Braner *(Senior Account Executive)*

COMPASS COMMUNICATIONS
5837 Almon Street
Halifax, NS B3K 1T7
Tel.: (902) 455-3307
Fax: (902) 455-1158
Web Site: www.compasscommunications.ca

Employees: 12
Year Founded: 1993

Discipline: Creative/Advertising

Tony Blom *(Creative Director)*
Mike Blom *(Media Director)*
Brian Hicks *(Account Coordinator)*

CONCENTRIC HEALTH EXPERIENCE
330 Hudson Street
New York, NY 10013
Tel.: (212) 633-9700
Fax: (212) 675-2209
Web Site: www.concentrichx.com

Employees: 12
Year Founded: 2002

Discipline: Creative/Advertising

Michael Sanzen *(Co-Founder & Chief Creative Officer)*
Ken Begasse, Jr. *(Co-Founder & Chief Executive Officer)*
Julie Preston *(Executive Vice President & Director, Client Services)*
Sayan Ray *(Executive Vice President & Group Creative Director)*
Holly Hoff *(Senior Vice President & Strategy Director)*
Brielle DePalma *(Vice President & Director, Growth)*

Accounts:
Enbrel

CONCENTRIC MARKETING
500 East Boulevard
Charlotte, NC 28203
Tel.: (704) 731-5100
Fax: (704) 344-1600
Web Site: www.getconcentric.com

Employees: 13
Year Founded: 2000

Discipline: Creative/Advertising

Bob Shaw *(President & Partner)*
Kelli Masilun *(Vice President, Strategy)*

Accounts:
Gerber Childrenswear, Inc.

CONDRON MEDIA
120 North Abington Road
Clarks Green, PA 18411
Tel.: (570) 344-6888
Fax: (570) 344-6669
Web Site: www.condronandcompany.com

Employees: 8
Year Founded: 1994

Discipline: Creative/Advertising

Philip Condron *(Chief Executive Officer)*
Kim Kryeski *(Marketing & Project Manager)*

CONQUER MEDIA
16 Boardwalk Plaza
Simon's Island, GA 31522
Tel.: (912) 638-9130
Web Site: www.conquerww.com

Year Founded: 2005

Discipline: Creative/Advertising

Brent Barbee *(President)*
Sara Lewis *(Director, Buying)*
Ashley Karim-Kincey *(Director, Account Strategy & Planning)*
Evann Bishop *(Senior Media Planner & Buyer)*
Taylor Wilson *(Assistant Media Planner & Buyer)*
Lauren Moorehead *(Media Planner & Buyer)*
Courtney Black *(Planning Specialist)*

Accounts:
Farm Rich

CONTEND

CREATIVE/ADVERTISING AGENCIES
AGENCIES - JULY, 2020

759 North Spring Street
Los Angeles, CA 90012
Tel.: (213) 279-3960
Web Site: www.contendco.com

Year Founded: 2014

Discipline: Creative/Advertising

Steven Amato *(President & Chief Content Officer)*
Cristina Pedroza *(Head, Business Intelligence & Content Insights)*

Accounts:
Verizon Wireless, Inc.

CONWAY MARKETING COMMUNICATIONS
6400 Baum Drive
Knoxville, TN 37919
Tel.: (865) 588-5731
Fax: (865) 588-7617
Toll Free: (800) 882-7875
Web Site: www.conwaymktg.com

Employees: 9
Year Founded: 1977

Discipline: Creative/Advertising

Bill Conway, Jr. *(Chief Executive Officer & Founder)*
Becky Hastings *(Account Coordinator & Media Planner)*
Tracy Beddingfield *(Account Executive & Manager)*

COOLGRAYSEVEN
220 East 23rd Street
New York, NY 10010
Tel.: (212) 627-7799
Web Site: www.coolgrayseven.com

Year Founded: 2004

Discipline: Creative/Advertising

Andrew Egan *(Founder & Executive Creative Director)*
Gavin Manley *(Managing Director)*

Accounts:
Josie
Josie Natori
N Natori
Natori

COONEY, WATSON & ASSOCIATES
30813 Academy Parkway South Northeast
Albuquerque, NM 87109
Tel.: (505) 293-2000
Fax: (505) 293-2121
Toll Free: (800) 687-3417
Web Site: www.cwastrategic.com

Discipline: Creative/Advertising

Patti Watson *(President)*
Dana Bloomquist *(Senior Account Executive)*
Phyllis Baker *(Senior Account Executive)*

CORNERSTONE AGENCY
71 West 23rd Street
New York, NY 10010
Tel.: (212) 741-7100
Fax: (212) 741-4747

Web Site: www.cornerstoneagency.com

Employees: 20
Year Founded: 1996

Discipline: Creative/Advertising

Rob Stone *(Owner & Co-Chief Executive Officer)*
Jon Cohen *(Co-Chief Executive Officer)*
Anthony Holland *(Chief Operating Officer)*
Arturo Garcia *(Account Director)*
Steve Caputo *(Executive Creative Director)*

Accounts:
G-Shock
The Orchard

CORNERSTONE MARKETING & ADVERTISING
114 Logan Lane
Santa Rosa Beach, FL 32459
Tel.: (850) 231-3087
Fax: (850) 231-3089
Web Site: www.theideaboutique.com

Discipline: Creative/Advertising

Lisa Marie Burwell *(Co-Owner & President)*
Gerald Burwell *(Co-Founder, Owner & Publisher)*

CORPORATE REPORTS, INC.
2635 Century Parkway
Atlanta, GA 30345
Tel.: (404) 233-2230
Fax: (404) 233-2713
Web Site: www.corporatereport.com

Employees: 16

Discipline: Creative/Advertising

Brooke Graydon *(President)*
Josh Dempsey *(Executive Vice President)*
Kitsie Riggall *(Vice President & Creative Director)*

COUDAL PARTNERS
401 North Racine Avenue
Chicago, IL 60642
Web Site: www.coudal.com

Employees: 8
Year Founded: 1990

Discipline: Creative/Advertising

Jim Coudal *(President)*
Michele Sieler *(Partner)*

CPC HEALTHCARE COMMUNICATIONS
144 Front Street, West
Toronto, ON M5J 2L7
Tel.: (416) 494-9995
Fax: (416) 494-2328
Web Site: www.cpchealthcare.com

Employees: 25
Year Founded: 1984

Discipline: Creative/Advertising

Kevin Bell *(Managing Partner)*
Chris McEvenue *(Vice President & Principal)*

CRAMER-KRASSELT
902 Broadway
New York, NY 10010
Tel.: (212) 889-6450
Fax: (212) 532-4062
Web Site: www.c-k.com

Employees: 16
Year Founded: 1898

Discipline: Creative/Advertising

Nancy Aresu *(Executive Vice President & General Manager)*
Craig Markus *(Senior Vice President & Executive Creative Director)*
Andrew Swank *(Senior Vice President & Director, Account Management)*
Erica Herman *(Senior Vice President, Brand Planning)*
Molly Finley *(Group Creative Director)*
Jimmy Pardalis *(Senior Project Manager)*
Lauren Glazier *(Account Supervisor)*

Accounts:
Benihana, Inc.
Brookstone, Inc.
Coolpix
EcoPower
Effectv
National Cable Communications LLC
Nikon Corporation
Nikon D series
Nikon SLR Cameras

CRAMER-KRASSELT
225 North Michigan Avenue
Chicago, IL 60601-7601
Tel.: (312) 616-9600
Web Site: www.c-k.com

Employees: 462
Year Founded: 1898

Discipline: Creative/Advertising

Marshall Ross *(Vice Chairman & Chief Creative Officer)*
Karen Seamen *(President & Chief Operating Officer)*
Andrew Meyer *(Senior Vice President & Executive Creative Director)*
Alison Schulte *(Senior Vice President & Group Account Director)*
Stephani Estes *(Senior Vice President & Executive Director, Media Strategy)*
Margot Bogue *(Senior Vice President & Director, Brand Planning)*
Chris Hanley *(Senior Vice President & Group Account Director)*
Jeff Kean *(Senior Vice President & Technology Director)*
Brad Kramer *(Senior Vice President & Executive Director, Information Technology)*
Ashley Bahlmann *(Senior Vice President & Group Media Director)*
Kristin Babcock *(Senior Vice President, Search & Paid Social)*
Renee Chez *(Senior Vice President & Group Account Director)*
Bill Dow *(Senior Vice President & Group Creative Director)*
Gary Doyle *(Senior Vice President & Group Creative Director)*
Julie Sheridan *(Senior Vice President & Group Account Director)*
Craig Likhite *(Vice President & Creative Manager)*
Marcia Selig *(Senior Vice President & Director, Media Operations)*
Christina Calvit *(Vice President & Group*

Brands. Marketers. Agencies. Search Less. Find More.
Try out the online version at www.winmo.com

AGENCIES - JULY, 2020 — CREATIVE/ADVERTISING AGENCIES

Creative Director)
Rich Mules *(Vice President & Account Director)*
Jason Reno *(Vice President & Account Director)*
Kelly Ginley *(Vice President & Group Media Director)*
Jennifer Mathis *(Senior Vice President & Media Director)*
Tiffany Williams *(Vice President & Group Account Director)*
Nicholas Papagiannis *(Vice President & Director, Search)*
Elizabeth Dacko *(Vice President & Senior Campaign Manager)*
Laurie Rosko *(Vice President, Account Director)*
James Kaplan *(Vice President & Account Director)*
Ben Blaska *(Vice President & Account Supervisor)*
Dana Fulena *(Vice President, Account Director - Corona Extra)*
Tony Wei *(Vice President & Senior Digital Producer)*
Maria Prysock *(Vice President & Director, Public Relations)*
Michelle Gonnella *(Associate Search & Paid Social Director)*
Rick Standley *(Creative Director)*
Lizzie Bartek *(Brand Planning Director)*
Ashley Stevens *(Supervisor, Account)*
Christine Formenti *(Senior Media Buyer, Direct Response)*
Sarah Ray *(Media Supervisor)*
Carrie Tiz *(Supervisor, Spot Broadcast)*
Brian Deavers *(Senior Spot Buyer)*
Claudia Bahena *(Senior Buyer)*
Sarah Katcher *(Media Supervisor)*
Anna Umholtz *(Digital Media Operations Supervisor)*
Katie Jordan *(Manager, National Broadcast Investment)*
Kate Fiala *(Programmatic Manager)*
Veronica McGhee *(Supervisor, Search)*
Jamie Kogler *(Account Supervisor)*
Lisa Sanders *(Account Supervisor)*
Lauren Lucaccioni *(Media Planner)*
Martine Johnston *(Senior Account Executive)*
Josean Hill *(Media Planner)*
Ryan Wettersten *(Media Planner)*
John Doessel *(Senior Copywriter)*
Andrea Sausen *(Senior Administrative Assistant, Media)*
Michael Kaplan *(Senior Paid Social Specialist)*
Zachary Garvey *(Assistant Media Planner)*
Taylor Ellis *(Senior Human Resources Generalist)*
Kiara Caridine *(National SAVI Buyer)*
Lucia Varlotta *(Public Relations & Social Coordinator)*

Accounts:
Bombardier Recreational Products, Inc.
Boxster
California's Great America
Carowinds
Casa Noble Tequila
Cat's Pride
Cayenne
Cayman
Cedar Fair, LP
Cedar Point
CorningWare
Corona Extra
Cotton USA
Dorney Park
Edward D. Jones & Co., LP
Gemstar - TV Guide International, Inc.
Great America
Kings Dominion
Kings Island
Knott's Berry Farm
Marzetti
Michigan's Adventure
New York Frozen Foods
Pacifico
Panamera
Porsche 911
Porsche Cars North America, Inc.
PYREX
Sister Schubert's
Ski-Doo
Smart Ones
Soak City
T. Marzetti Company
The Alzheimer's Association
The Quiet One
Valleyfair!
Vitamix Corporation
Wildish
Worlds of Fun
Zicam

CRAMER-KRASSELT
246 East Chicago Street
Milwaukee, WI 53202-4705
Tel.: (414) 227-3500
Fax: (414) 276-8710
Web Site: www.c-k.com

Employees: 165
Year Founded: 1898

Discipline: Creative/Advertising

Betsy Brown *(Executive Vice President & General Manager)*
Scott Shulick *(Senior Vice President, Planning Director)*
John Freckmann *(Senior Vice President & Director, Account Management)*
Kelly Vogt *(Senior Vice President, Account Director)*
Nicky Moravec *(Vice President & Human Resources Manager)*
Grant Fiorita *(Vice President & Group Media Director)*
Kelli Rathke *(Senior Vice President & Media Director)*
Rachel Brubeck *(Vice President & Group Media Director)*
Chad Verly *(Vice President & Creative Director)*
Marlaina Quintana *(Senior Vice President, Public Relations & Group Account Director)*
Eric Ebenhoch *(Vice President & Group Account Director)*
Joe Gacioch *(Media Supervisor)*
Hannah Covelli *(Senior Manager, Public Relations)*
Lauren Kahle *(Account Supervisor)*

Accounts:
Baker's Secret
Benihana, Inc.
Black Magic
Bombardier Recreational Products, Inc.
Bosch Power Tools
Can-Am
Chicago Cutlery
Children's Hospitals of Wisconsin
Cintas Corporation
CORELLE
CorningWare
Echo, Inc.
EKCO
Evinrude
Florsheim
Generac Power Systems, Inc.
Gumout
ITW Global
Jel Sert Company
Magnalite
Nunn Bush
OLFA
PYREX
Rain-X
Revere (RevereWare)
Robert Bosch Tool Corporation
RotoZip
Roundy's
Skil Power Tools
Stacy Adams
Visions
World Kitchen, LLC

CREATIVE COMMUNICATION ASSOCIATES
2 Third Street
Troy, NY 12180
Tel.: (518) 427-6600
Fax: (518) 427-6679
Web Site: www.ccanewyork.com

Year Founded: 1983

Discipline: Creative/Advertising

Darcy Sokolewicz *(Vice President, Marketing & Media)*
Daniel Kehn *(Senior Vice President, Strategy)*

CREATIVE JUICE
75 Marietta Street
Atlanta, GA 30303
Toll Free: (844) 584-2379
Web Site: www.itscreativejuice.com

Year Founded: 2013

Discipline: Creative/Advertising

Octavia Warren-Gilmore *(Founder & Chief Creative Officer)*
Tierra Filhiol *(Lead Strategist)*
Taylor Reed *(Junior Graphic Designer)*

CREATIVE MARKETING ALLIANCE
191 Clarksville Road
Princeton Junction, NJ 08550
Tel.: (609) 799-6000
Fax: (609) 799-7032
Toll Free: (800) 852-4269
Web Site: www.cmasolutions.com

Year Founded: 1987

Discipline: Creative/Advertising

Jeffrey Barnhart *(President & Chief Executive Officer)*
Dave Sherwood *(Vice President & Creative Director)*
Lynn McCullough *(Director, Events & Planning)*

CREATIVE MARKETING RESOURCE, INC.
325 West Huron Street
Chicago, IL 60654
Tel.: (312) 943-6266
Fax: (312) 787-8586
Web Site: www.cmresource.com

CREATIVE/ADVERTISING AGENCIES

AGENCIES - JULY, 2020

Discipline: Creative/Advertising

Jackie Wagner *(President)*
Lynn Goodwin *(Controller)*

CREATIVE RESOURCES GROUP, INC.
116 Long Pond Road
Plymouth, MA 02360
Tel.: (508) 830-0072
Fax: (508) 830-0826
Web Site: www.meetcrg.com

Employees: 5
Year Founded: 1991

Discipline: Creative/Advertising

Charlie Rasak *(President & Creative Director)*
Dawn Rasak *(Chief Executive Officer & Media Buyer)*
Dennis Huston *(Vice President & Art Director)*
Caleb Rasak *(Production Manager & Director of Photography)*
Aymee Levis *(Office Manager)*
Jessica Banis *(Editor, Video & Associate Producer)*

CREATIVE SPOT
430 East Rich Street
Columbus, OH 43215
Tel.: (614) 280-9280
Fax: (614) 280-9282
Web Site: www.creativespot.com

Year Founded: 1994

Discipline: Creative/Advertising

Don Nixon *(Principal, Accounts)*
Mitch Greenwald *(Principal, Accounts)*
Tom Evans *(Interactive Director)*
Brittany Timmons *(Account Manager)*

CRESCENDO
5000 Executive Parkway
San Ramon, CA 94583
Tel.: (925) 939-1800
Fax: (925) 939-1829
Web Site: www.crescendoagency.com

Employees: 10
Year Founded: 2003

Discipline: Creative/Advertising

Parkash Ahuja *(President & Chief Executive Officer)*
Xavier Ahuja *(Managing Director, Business Strategy & Operations)*

CRONIN
50 Nye Road
Glastonbury, CT 06033
Tel.: (860) 659-0514
Fax: (860) 659-3455
Web Site: www.cronin-co.com

Employees: 55
Year Founded: 1947

Discipline: Creative/Advertising

Steve Wolfberg *(Chief Creative & Growth Officer)*
Kimberly Manning *(Chief Executive Officer)*
Jeffery Mullaly *(Chief Financial Officer)*
Mia Walters *(Senior Vice President, Digital Strategy & Technology)*

Gary Capreol *(Senior Vice President & Director, Media & Analytics)*
Betsey Gainey *(Senior Vice President, Brand Strategy & Management)*
Wayne Raicik *(Senior Vice President & Creative Director)*
AnnMarie Kemp *(Vice President, Engagement & Influence)*
Lester Ayala *(Vice President & Director, Integrated Production)*
Frank Rinaldi *(Vice President & Executive Brand Director)*
Jeff Mard *(Vice President, Innovation & Business Development)*
Diane Woodruff *(Executive Administrator)*
Tracy Klimkoski *(Senior Director, Media & Analytics)*
Kristen Ganci *(Senior Digital Designer)*
Maria Ciriello *(Senior Director, Brand Management & Client Services)*
Greg Lifhits *(Director, Digital Media & Analytics)*
Jodi Ciarleglio *(Supervisor, Integrated Operations)*
Nicole Frutoso *(Project Management Lead)*
Sonny Gamboa *(Senior Digital Designer)*
Suzanne Carbonella *(Account Supervisor)*
Joseph Morelli *(Senior Manager, Digital Project)*
Kate Anderson *(Brand Supervisor, Engagement & Influence)*
Kelly Krug *(Senior Content Creator)*
Katharine Laban *(Manager, Talent & Engagement)*
Michelle Carter *(Brand Supervisor)*
Ian Schnaufer *(Media & Analytics Manager)*
Christine Arens O'Halloran *(Manager, Media & Analytics)*
Emily Erdman Albohm *(Brand Supervisor)*
Michelle Rice *(Account Executive)*

Accounts:
Amica Mutual Insurance Company
AZO
BrainStrong
CIGNA Corporation
Dana-Farber Cancer Institute
Estroven
Foxwoods Resort Casino
Harvard Pilgrim Healthcare, Inc.
i-Cool
i-Health, Inc.
Konica Minolta Business Solutions, USA, Inc.
Liberty Bank
Mohegan Sun
Montefiore Medical Center
Ovega-3
TIAA

CROW CREATIVE
25 Broadway
New York, NY 10004
Tel.: (646) 904-8660
Web Site: www.crowcreativeagency.com

Year Founded: 2017

Discipline: Creative/Advertising

Robert Lehmann *(Founder & Creative Director)*
Nicole Olivieri *(Consultant, Client Services)*

Accounts:
Charter Communications, Inc.
Kaiser Permanente of the Mid-Atlantic States
ScanSnap
Spectrum
The Presidio Corporation

CROWLEY WEBB & ASSOCIATES
268 Main Street
Buffalo, NY 14202-4108
Tel.: (716) 856-2932
Fax: (716) 856-2940
Web Site: www.crowley-webb.com

Employees: 35
Year Founded: 1986

Discipline: Creative/Advertising

Jim Hettich *(Chairman & Chief Executive Officer)*
John Fletcher *(Chief Financial Officer)*
Jean Fletcher *(Chief Finance Officer)*
Jim Crowley *(Senior Vice President & Media Director)*
Jeff Pappalardo *(Partner & Creative Director)*
Tricia Barrett *(Vice President, Operations)*
Biagio Patti *(Vice President & Associate Director. Media)*
Matt Low *(Vice President & Creative Director)*
Andrea Berki-Nnuji *(Senior Director, Analytics)*
Nicole Reinard *(Art Director)*
Jessica Carroll *(Senior Media Buyer & Planner)*
Leah Dorothy Bleuer *(Senior Media Planning & Buyer)*
Mary Kroll *(Production Manager)*
Matt Mccarthy *(Production Manager)*
Alaina Garvey *(Senior Project Manager)*
Darryl Colling *(Supervisor, Creative)*
Debbie Pollina *(Manager, Accounting)*
Jennifer Zimpfer *(Manager, Resource)*
Katie Briggs *(Manager, Public Relations)*
Liz Mattingly *(Supervisor, Creative)*
Mary Cooke *(Media Planner & Media Buyer)*
Nicole Lawniczak *(Account Supervisor)*
Shannon Vogel *(Account Supervisor)*
Cuyler Hettich *(Account Executive)*
Joe Russell *(Account Executive)*
Jon Gerlach *(Senior Designer, User Experience)*
Paige Meckler *(Coordinator, Public Relations)*

Accounts:
M&T Bank Corporation

CSM SPORTS & ENTERTAINMENT
6625 Network Way
Indianapolis, IN 46278
Tel.: (317) 344-1900
Fax: (317) 344-1901
Web Site: www.csm.com

Employees: 50

Discipline: Creative/Advertising

Matt Godbout *(Senior Vice President, Client Partnerships)*
Jonny Codalata *(Group Director, Brand Strategy)*
Ryan Sawrie *(Director, Social Media & Content)*
Marcy Carson *(Senior Director, Procurement)*
Craig Huffman *(Director, Experiential Marketing)*
Sara Gotovich *(Senior Account Director, Events)*
Katy Smith *(Digital Senior Manager)*
Jennifer Magley *(Senior Manager, Brand Partnerships)*
Ashlee Huffman *(General Manager)*

CSM SPORTS & ENTERTAINMENT
440 Ninth Avenue
New York, NY 10001

Brands. Marketers. Agencies. Search Less. Find More.
Try out the online version at www.winmo.com

AGENCIES - JULY, 2020 — CREATIVE/ADVERTISING AGENCIES

Tel.: (646) 518-8650
Web Site: www.csm.com

Discipline: Creative/Advertising

Christa Carone *(President)*
Jeremy Erber *(Director, Partnership Development)*
Nicole Pawlak *(Director, Account Leadership)*
Laura Foltz *(Senior Manager, Sponsorship Sales & Strategy)*

CULL GROUP
1432 Wealthy Street, SE
Grand Rapids, MI 49506
Tel.: (616) 451-3653
Fax: (616) 451-4534
Web Site: www.cullgroup.com

Employees: 6

Discipline: Creative/Advertising

Jeff Seaver *(Principal)*
Chris Singel *(Director, Digital Marketing)*

Accounts:
Old Orchard Brands, Inc.

CUNEO ADVERTISING
1401 American Boulevard East
Bloomington, MN 55425
Tel.: (952) 707-1212
Fax: (952) 707-1295
Web Site: www.cuneoadvertising.com

Discipline: Creative/Advertising

Katie Jackson-Richter *(Vice President & Chief Operating Officer)*
Heidi Gedis *(Director, Marketing & Business Development)*
Kathleen Carlson *(Executive Director, Media Services)*
Meghan Robinson *(Director, Digital Services)*
Scott Surbaugh *(Account Services Director)*
Ginny Goff *(Office Manager)*

CURIOUS MEDIA
1228 First Street South
Nampa, ID 83651
Tel.: (208) 461-5551
Web Site: www.curiousmedia.com

Year Founded: 1999

Discipline: Creative/Advertising

Randy Jamison *(President & Creative Director)*
Phil Balisciano *(Senior Interactive Producer)*

CURRENT360
1324 East Washington Street
Louisville, KY 40206-1759
Tel.: (502) 589-3567
Fax: (502) 589-6448
Web Site: www.current360.com

Employees: 19
Year Founded: 1984

Discipline: Creative/Advertising

Rick Schardein *(Chief Executive Officer)*
Nick Ising *(President)*
Lisa Schardein *(Vice President, Operation)*
Kati Parrish *(Vice President, Client Services)*
Jenna Rogers *(Media Buyer)*

CUTWATER
950 Battery Street
San Francisco, CA 94111
Tel.: (415) 341-9100
Web Site: www.cutwatersf.com

Employees: 50
Year Founded: 2007

Discipline: Creative/Advertising

Chuck McBride *(Founder & Chief Creative Officer)*
Christian Hughes *(President & Principal)*
Michael Huntley *(Executive Integrated Producer)*
Greer Gonerka *(Group Account Director)*
Pip Bingemann *(Media Director)*
Lizzy Ryan *(Media Director)*
Sean Flores *(Creative Director)*
Toby Petersen *(Creative Director)*
Drew Prescott *(Digital Media Manager)*
Mackenzie Dowling *(Media Coordinator)*

Accounts:
Ariat International, Inc.
Axos Bank
MDsave, Inc.
Peet's Coffee & Tea, Inc.
Russell Stover
Russell Stover Chocolates
Sparkle
SunRun, Inc.
Unison
Visit Santa Barbara
Yogi Tea

CVA ADVERTISING & MARKETING, INC.
5030 East University Boulevard
Odessa, TX 79762
Tel.: (432) 368-5483
Fax: (432) 366-9434
Web Site: www.cvaadv.com

Year Founded: 1951

Discipline: Creative/Advertising

Craig Van Amburgh *(Owner & President)*
Rusty Edwards *(Art Director)*
Lila Evans *(Media Buyer)*

D/CAL
500 Griswold Street
Detroit, MI 48226
Web Site: www.dcalagency.com

Year Founded: 2018

Discipline: Creative/Advertising

Ryan Maconochie *(Co-Founder & Executive Creative Director)*
Adam Wilson *(Co-Founder, Strategy & Creative)*
Katherine Huber *(Director, Client Services)*

D3 SYSTEMS
8300 Greensboro Drive
McLean, VA 22102
Tel.: (703) 388-2450
Web Site: www.d3systems.com

Year Founded: 1985

Discipline: Creative/Advertising

Mathew Warshaw *(Chief Operating Officer)*
David Jodice *(Founder & Chief Executive Officer)*

Kelley Milligan Kline *(Chief Financial Officer)*
Allison Ballard *(Operations Manager)*

D4 CREATIVE GROUP
4646 Umbria Street
Philadelphia, PA 19127
Tel.: (215) 483-4555
Fax: (215) 483-4554
Web Site: www.d4creative.com

Employees: 30
Year Founded: 1990

Discipline: Creative/Advertising

Suzanne Hatfield *(Chief Executive Officer & Owner)*
Kurt Shore *(President)*
Sara Stuard *(Senior Vice President, Account Services)*
Dave Lesser *(Senior Creative Director)*

DAGGERWING GROUP
655 Madison Avenue
New York, NY 10065
Tel.: (917) 472-3700
Web Site: www.daggerwinggroup.com

Year Founded: 1999

Discipline: Creative/Advertising

Ewan Main *(Chief Executive Officer & Co-Founder)*

DAGGERWING GROUP
601-312 Adelaide Street West
Toronto, ON M5V 1R2
Tel.: (416) 673-8338
Web Site: www.daggerwinggroup.com

Year Founded: 1999

Discipline: Creative/Advertising

Edson Chaves *(Principal)*

DAILEY & ASSOCIATES
8687 Melrose Avenue
West Hollywood, CA 90069
Tel.: (310) 360-3106
Fax: (310) 360-0810
Web Site: www.daileyla.com

Employees: 250
Year Founded: 1968

Discipline: Creative/Advertising

Michelle Wong *(President)*
Bill Waldner *(Managing Partner)*
Jean Grabow *(Chief Executive Officer)*
Minh Le *(Chief Digital Officer)*
Susannah Laracy *(Chief Strategy Officer)*
Marcus Wesson *(Chief Creative Officer)*
Carlos Ariza *(Associate Partner & Media Director)*
Monica Tomazin *(Associate Media Director, Digital)*
Jane McCarthy *(Director, Strategy)*
Charney Weiss *(Director, Social Media)*
Francesca Casillas *(Art Director)*
Elaine Ng *(Senior Broadcast Negotiator)*
Petra Johnson *(Supervisor, Integrated Media)*
Jonathan Palmer *(Manager, New Business)*
Tara Carlson *(Manager, Social Media)*
Marissa Kitazawa *(Senior Producer & Content Creator)*
Brad Lohan *(Specialist, Search Engine*

CREATIVE/ADVERTISING AGENCIES
AGENCIES - JULY, 2020

Marketing)
Raymond Barrios *(Associate Director, Creative)*
Jessica Uribe *(Digital Producer)*
Yana Niang *(Coordinator, Account)*

Accounts:
Dole Food Company, Inc.
Dole Fresh Fruit
Dole Fresh Vegetables
Dole Frozen Fruit
Dole Fruit Bowls
DOLE Organics
Dole Packaged Foods, Inc.
Dole Pineapples
Dole Salads
Honda Motorcycles
Honda Watercraft
LEGOLAND
LEGOLAND Resorts
Nescafe Dolce Gusto
Skinny Cow
Skinny Cow
Southern California Edison Company
William Lyon Homes, Inc.

DAILEY COMMUNICATIONS
323 Second Street North
St. Petersburg, FL 33701
Tel.: (727) 896-4477
Fax: (727) 822-4402
Web Site: daileyadv.com/

Year Founded: 1983

Discipline: Creative/Advertising

Dick Dailey *(President)*
Michelle Temeyer *(Director, Client Services)*

DAILEY MARKETING GROUP
29829 Santa Margarita Parkway
Rancho Santa Margarita, CA 92688
Tel.: (949) 454-2418
Fax: (949) 454-2857
Toll Free: (888) 364-6584
Web Site: www.daileymarketing.com

Employees: 5

Discipline: Creative/Advertising

Jeff Dailey *(President & Chief Operating Officer)*
Jason Maletsky *(Digital Marketing Director)*

DALTON AGENCY
1360 Peachtree Street
Atlanta, GA 30309
Tel.: (404) 876-2800
Fax: (404) 876-2830
Web Site: www.daltonagency.com

Employees: 30
Year Founded: 1989

Discipline: Creative/Advertising

Ellen Repasky *(Vice President, Account Director)*
Scott Merritt *(Vice President, Media Relations)*
Kristie Cannon *(Creative Director)*
Steve Close *(Senior Media Buyer & Planner)*

Accounts:
Georgia Department of Economic Development
SouthernLINC Wireless

DANA COMMUNICATIONS
Two East Broad Street
Hopewell, NJ 08525
Tel.: (609) 466-9187
Fax: (609) 466-8608
Web Site: www.danacommunications.com

Year Founded: 1978

Discipline: Creative/Advertising

Lynn Kaniper *(Owner & President)*
Karen Paton *(Media Director)*
Tracy Stottler *(Executive Director - Southeast)*
Sandy Welsh *(Director, Accounts, Strategy, & Research)*

DARBY O'BRIEN ADVERTISING, INC.
Nine College Street
South Hadley, MA 01075-1421
Tel.: (413) 533-7045
Web Site: www.darbyobrien.com

Employees: 6
Year Founded: 1980

Discipline: Creative/Advertising

Darby O'Brien *(President)*
Gainer O'Brien *(Creative Director)*
Becky Torres *(Account Manager)*

DARLING AGENCY
181 Christopher Street
New York, NY 10001
Tel.: (212) 242-2000
Web Site: www.darlingagency.com

Year Founded: 2008

Discipline: Creative/Advertising

Ron Hatcher *(Chief Media Officer)*
Jeroen Bours *(Chief Executive Officer & Founder)*

Accounts:
BrewStation
The Scoop

DAVENPORT MOORHEAD & REDSPARK, INC.
8650 Minnie Brown Road
Montgomery, AL 36117
Tel.: (334) 244-5044
Fax: (334) 244-2095
Web Site: www.davmoor.com

Employees: 6
Year Founded: 1988

Discipline: Creative/Advertising

Gene Moorhead *(President)*
Frances Nelson *(Media Director)*

DAVID
21 Northeast 26th Street
Miami, FL 33137
Tel.: (786) 725-3415
Web Site: www.davidtheagency.com

Year Founded: 2011

Discipline: Creative/Advertising

Gaston Bigio *(Co-Founder)*
Matias Candia *(Assistant Planning Director)*
Jon Carlaw *(Director, Strategic Planning)*
Gabriella Fabbro *(Group Account Director)*

Jean Zamprogno *(Group Creative Director)*
Stefane Rosa *(Group Account Director)*
Fernando Pellizzaro *(Group Creative Director)*
Andy Tamayo *(Senior Art Director)*
Rafael Giorgino *(Account Director)*
Georgia Taylor *(Senior Creative)*
Jenny Gobel *(Account Supervisor)*
George Quiroz *(Management Supervisor, Account Services)*
Margarita Pena *(Senior Account Executive)*
Rachel Startz *(Account Executive)*
Anastasia Lara *(Creative Planner)*
Alexander Allen *(Senior Copywriter)*
Sarah Dembkowski *(Senior Copywriter)*
Ricardo Honegger *(Managing Director)*

Accounts:
Budweiser
Burger King Corporation
Caramels
Devour
Green & Black's
Heinz Ketchup
Mallomars
Milka
MilkBite
Sour Patch Kids
Swedish Fish
Tang
Terrys
Toblerone

DAVID&GOLIATH
909 North Sepulveda Boulevard
El Segundo, CA 90245
Tel.: (310) 445-5200
Fax: (310) 455-5201
Web Site: www.dng.com

Year Founded: 1999

Discipline: Creative/Advertising

Approx. Annual Billings: $420.00

David Angelo *(Founder & Chairman)*
Michele Tebbe *(Chief Marketing Officer)*
Laura Forman *(Chief Strategy Officer)*
Mark Monteiro *(Co-Pilot)*
Ben Purcell *(Executive Creative Director & Copywriter)*
Meredith Walsh *(Director, Print Services)*
Steve Yee *(Group Creative Director)*
Renee Welch *(Head, Strategy)*
John O'Hea *(Creative Director)*
Kristen Knape *(Director, Group Strategy & Head, Philanthropy)*
Stephanie Kohnen *(Creative Director)*
Richard Henderson *(Account Director)*
Jamie Simms *(Group Account Director)*
Greg Buri *(Group Creative Director, Copywriter)*
Janet Wang *(Account Director)*
Lindsay Brown *(Account Director)*
Mark Koelfgen *(Executive Creative Director & Copywriter)*
Robert Casillas *(Group Creative Director)*
Aleks Rzeznik *(Account Director)*
Lixaida Lorenzo *(Group Creative Director)*
Melissa Spano *(Group Account Director)*
Courtney Pulver *(Creative Director & Copywriter)*
Danny O'Connor *(Associate Creative Director)*
Donesh Olyaie *(Group Strategy Director)*
Natalie Gomez *(Associate Communications Director)*
Marc Schwarzberg *(Executive Creative Director & Head, Art)*

Brands. Marketers. Agencies. Search Less. Find More.
Try out the online version at www.winmo.com

CREATIVE/ADVERTISING AGENCIES

Frauke Tiemann *(Group Creative Director)*
Tiffany Smith *(Creative Director)*
Jason Miller *(Associate Creative Director & Writer)*
Kylie Lemasters *(Management Supervisor)*
Annelise Lorenzo *(Management Supervisor)*
Amy Laughlin *(Management Supervisor)*
Curt O'Brien *(Executive Producer)*
Christopher Coleman *(Executive Producer)*
Karen Jean *(Executive Producer)*
Jasmine Spraglin *(Senior Strategist)*
Stacy Garibay *(Account Management Supervisor, Sports Marketing & Sponsorships)*
Natalia Celis *(Producer)*
Chris Einhauser *(Managing Director)*
Paul Albanese *(Managing Director, Broadcast Production)*
Peter Bassett *(Managing Director, Technology & Integrated Production)*

Accounts:
Auto-Owners Insurance
California State Lottery Commission
Chicken of the Sea International
Jack in the Box, Inc.
Kia Cadenza
Kia Forte
Kia K900
Kia Motors America
Kia Niro
Kia Optima
Kia Rio
Kia Sedona
Kia Sorento
Kia Soul
Kia Sportage
New York - New York Hotel & Casino
Universal Parks & Resorts
Universal Studios Hollywood
VIZIO, Inc.

DAVIS AD AGENCY
1705 Baltic Avenue
Virginia Beach, VA 23451
Tel.: (757) 627-7373
Fax: (757) 627-4257
Web Site: www.davisadagency.com

Year Founded: 1976

Discipline: Creative/Advertising

Jerry Davis *(President)*
Will Hart *(Digital Director)*
Carrie Woolridge *(Media Director)*
Jessica Picardi *(Social Media Director)*
Brian Stauss *(Media Buyer)*
Sarah Nicosia *(Vice President & General Manager)*

DAVIS AD AGENCY
1010 Wisconsin Street
Washington, DC 20007
Tel.: (202) 775-8181
Fax: (202) 775-1533
Web Site: www.davisadagency.com

Year Founded: 1978

Discipline: Creative/Advertising

Brantley Davis *(Executive Vice President)*
Andy Kostecka *(Vice President, Client Services)*

DAVIS ADVERTISING
1331 Grafton Street
Worcester, MA 01610

Tel.: (508) 752-4615
Fax: (508) 421-8001
Web Site: www.davisad.com

Year Founded: 1948

Discipline: Creative/Advertising

Andy Davis *(Owner & President)*
Jeff Carbonneau *(Director, Video Production & Lighting Director)*
Jeff Sweet *(Art Director)*
Nicole Tadgell *(Art Director)*
Ben Thaler *(Media Director)*
Barbie Bell *(Account Executive)*

DAVIS ELEN ADVERTISING
865 South Figueroa Street
Los Angeles, CA 90017
Tel.: (213) 688-7000
Fax: (213) 688-7189
Web Site: www.daviselen.com

Employees: 120
Year Founded: 1925

Discipline: Creative/Advertising

Bob Elen *(President & Chief Operating Officer)*
Mark Davis *(Chairman & Chief Executive Officer)*
Greg Ahearn *(President & Chief Strategy Officer)*
Bert Kelley *(Partner & Executive Producer)*
David Moranville *(Partner & Chief Creative Officer)*
Ricci Pruden *(Vice President & Account Director)*
Brian Banks *(Vice President & Director, Digital Media)*
Derek Morrison *(Vice President, Public Relations & Communications)*
Benjamin Blascoe *(Group Creative Director)*
Paul Masatani *(Art Director)*
Karen Doolittle *(Director, Social Media)*
Melissa Ojeda *(Human Resources Manager)*
Gerald Baluyot *(Digital Media Planner)*

Accounts:
GreatCall, Inc.
Jitterbug
Smart & Final, Inc.

DAYNERHALL MARKETING & ADVERTISING
20 North Magnolia Avenue
Orlando, FL 32801
Tel.: (407) 428-5750
Fax: (407) 426-9896
Web Site: www.daynerhall.com

Employees: 12

Discipline: Creative/Advertising

Kitt Hancock *(President & Senior Partner)*
Tom Darling *(Managing Partner)*
Ingrid Darling *(Vice President, Account Management)*
Jessica Catton *(Senior Art Director)*
Maggie Centron *(Accountant)*

DCA / DCPR
441 East Chester Street
Jackson, TN 38301
Tel.: (731) 427-2080
Fax: (731) 427-0780
Web Site: www.dca-dcpr.com

Discipline: Creative/Advertising

Seth Chandler *(Chief Executive Officer)*
Patricia Pipkin *(President & Media Director)*
Blake Bergeron *(Creative Director)*

DCF ADVERTISING
35 West 36th Street
New York, NY 10018
Tel.: (212) 625-9484
Fax: (212) 625-8565
Web Site: dcfadvertising.com/

Year Founded: 2000

Discipline: Creative/Advertising

James Deangelo *(Owner & Executive Creative Director & Principal)*
John Fortune *(Principal & Executive Account Director)*
Lizzy Kitces *(Associate Creative Director)*

DCG ONE
4401 East Marginal Way South
Seattle, WA 98134
Tel.: (206) 784-6892
Web Site: www.dcgone.com

Year Founded: 1965

Discipline: Creative/Advertising

Tammy Peniston *(Chief Commercial Officer)*
Terry Storms *(Chief Executive Officer)*
Brad Clarke *(President)*
Joe Kirby *(Senior Director, Business Development)*
Kate Cook *(Account Director)*
Brian Anderson *(Director, Sales)*
Elona Kelly *(Director, Strategic Sources)*
David Carns *(Operations Director)*
Jon Hile *(Senior Account Manager)*
Ben Allen *(Managing Director - Hone Agency)*

DCX GROWTH ACCELERATOR
361 Stagg Street
Brooklyn, NY 11206
Tel.: (917) 499-5445
Web Site: www.dcx.nyc

Year Founded: 2015

Discipline: Creative/Advertising

Tom Sewell *(Executive Advisor & Chief Operating Officer)*
Doug Cameron *(Chief Strategy & Creative Officer)*
Laurent Bouaziz *(Vice President, Strategy)*
Alaina Paciulli *(Director, Integrated Media)*
Tommy Noonan *(Executive Creative Director)*

Accounts:
ecobee

DDB CANADA
777 Hornby Street
Vancouver, BC V6Z 2T3
Tel.: (604) 687-7911
Fax: (604) 640-4343
Web Site: www.ddbcanada.com

Employees: 150
Year Founded: 1949

Discipline: Creative/Advertising

Paige Calvert *(Director, Public Relations &*

CREATIVE/ADVERTISING AGENCIES
AGENCIES - JULY, 2020

Corporate Communications)

Accounts:
Rocky Mountaineer

DDB CANADA
10025 102nd A Avenue
Edmonton, AB T5J 2Z2
Tel.: (780) 424-7000
Fax: (780) 423-0602
Web Site: www.ddbcanada.com

Employees: 30
Year Founded: 1969

Discipline: Creative/Advertising

Helene Leggatt *(President)*
Martha Jamieson *(Senior Vice President, Strategic Services)*
Kathy Shapka *(Vice President & Media Director)*
Eva Polis *(Creative Director)*
Debbie Shinehoft *(Director, Production)*
Howard Poon *(Design Director)*
Kate Leadbeater *(Digital Director)*

DDB CHICAGO
225 North Michigan Avenue
Chicago, IL 60601
Tel.: (312) 552-6000
Fax: (312) 552-2383
Web Site: www.ddb.com

Employees: 550
Year Founded: 1949

Discipline: Creative/Advertising

Paul Gunning *(President & Chief Operating Officer - DDB U.S.)*
Diane Jackson *(Chief Production Officer)*
Azher Ahmed *(Chief Digital Officer & Executive Vice President - DDB U.S.)*
Britt Nolan *(Chief Creative Officer - North America)*
Mark Hansen *(Chief Client Officer & Managing Director)*
Eric Zuncic *(Chief Strategy Officer - North America)*
Tricia Russo *(Chief Strategy Officer & Executive Vice President)*
John Carstens *(Executive Vice President & Executive Creative Director)*
Christopher Pultorak *(Executive Vice President & Director, Team DDB - U.S. Army)*
Jon Flannery *(Executive Vice President & Executive Creative Director)*
Jamie McGarry *(Executive Vice President & Director, Business Development - DDB U.S.)*
Kevin Richey *(Executive Vice President & Strategic Lead - U.S. Army)*
Mel Routhier *(Senior Vice President & Executive Creative Director)*
Anna Stassen *(Senior Vice President & Group Creative Director)*
Ben Gladstone *(Senior Vice President & Group Account Director)*
Travis Parr *(Senior Vice President & Group Creative Director)*
Matt Blitz *(Senior Vice President & Executive Producer)*
Myra Nussbaum *(Senior Vice President & Group Creative Director)*
Jon Ellis *(Senior Vice President & Executive Producer)*
Suzanne Stovall *(Senior Vice President & Group Account Director)*
Adam Crandall *(Senior Vice President & Group Strategy Director)*
Jesse Bayer *(Senior Vice President & Group Strategy Director)*
Marcia Iacobucci *(Senior Vice President & Director, Group Creative)*
Kiska Howell *(Senior Vice President & Director, Group Account)*
Jake Lestan *(Vice President, Account Management)*
Erin Wong *(Vice President & Director, Strategy)*
Jennifer Nolden *(Vice President & Group Director, Business)*
Veronica Zamiar *(Vice President & Account Director)*
Alejandro Juli *(Vice President & Creative Director)*
Kimberly Brun *(Vice President & Senior Account Director)*
Matthew Babazadeh *(Vice President & Director, Strategy)*
Bart Culberson *(Creative Director)*
Mark Mulhern *(Global Business Director - Unilever)*
Peggy Ward *(Director, Creative Services)*
Allison Bulow *(Associate Creative Director)*
Madeline DeWree *(Associate Creative Director)*
Colin Selikow *(Executive Creative Director)*
Kate Kerans *(Global Account Director)*
Ryan Carter *(Associate Creative Director)*
Kamerin Elsasser *(Associate Producer)*
Tim Holmes *(Creative Director)*
Kristen Manias *(Associate Creative Director)*
Kevin Brown *(Creative & Strategy Resource Director)*
Shelby Tamura *(Senior Art Director)*
Erika Rosenwinkel *(Account Director & Mission Lead - U.S. Army)*
Mike Norgard *(Director, Social & Digital)*
Colleen Keesey *(Senior Director, Art)*
Nathan Monteith *(Director, Group Creative)*
Jim White *(Digital Creative Director)*
John Hansa *(Executive Creative Director)*
Tony Katalinic *(Creative Director)*
Josh Lenze *(Global Brand Lead - Mars)*
Molly Madden *(Supervisor, Business Development)*
Zoe Grubbe *(Manager, Production)*
Oliver Glenn *(Account Supervisor)*
Susan Cartland *(Senior Producer)*
Jonathan King *(Account Supervisor)*
Rachel Dawson *(Account Supervisor)*
Jason Georgen *(Senior Producer)*
Jacqueline Hines *(Global Account Supervisor)*
Jane Steinhoff *(Global Account Executive)*
Rachel Dansey *(Project Manager)*
Kyle Piazza *(Account Supervisor)*

Accounts:
Coors
Coors Light
Emerson Electric Company
FCA US, LLC
Goodlife Recipe
Jeep
Jeep Cherokee
Jeep Compass
Jeep Grand Cherokee
Jeep Renegade
Jeep Wrangler
Juicy Fruit
Life-Savers
Mars Petcare
McGuire Furniture
Miller Lite
Miracle Whip
Robern
Skittles
Starburst
State Farm Auto Insurance
U.S. Army
Whistling Straits

DDB HEALTH
200 Varick Street
New York, NY 10014
Tel.: (212) 896-1300
Web Site: www.ddbhealth.com

Year Founded: 1999

Discipline: Creative/Advertising

Michael Schreiber *(Managing Partner & Executive Creative Director)*
Jennie Fischette *(President)*
Eileen Yaralian *(Executive Vice President & Director, Strategic Services)*
Peter Agliardo *(Executive Vice President & Creative Director)*
Julie Tripi *(Vice President & Account Supervisor, AgencyRx)*

Accounts:
Lesinurad
Lynparza

DDB NEW YORK
437 Madison Avenue
New York, NY 10022-7001
Tel.: (212) 415-2000
Fax: (212) 759-3120
Web Site: www.ddb.com

Employees: 298
Year Founded: 1949

Discipline: Creative/Advertising

Keith Reinhard *(Chairman Emeritus - DDB Worldwide)*
Keith Bremer *(Chief Financial Officer - DDB Worldwide)*
Chuck Brymer *(Chairman - DDB Worldwide)*
Britt Hayes *(Chief People Officer - North America)*
Ari Weiss *(Global Chief Creative Officer)*
Audrey Melofchik *(President)*
Katie Sherman *(Regional Account Director - North America)*
Maria Tender *(Director, Strategic Planning)*
Jennifer Fox *(Director, Brand Planning)*
Cassandra Anderson *(Creative Director)*
Lea Ladera *(Creative Director)*
Samantha Gen *(Group Business Director)*
Meghan O'Brian *(Account Director)*
Caroline Uffelman *(Account Director)*
Cheryl Horsfall *(Executive Creative Director)*
Lauren Solomon *(Account Director)*
Ani Munoz *(Group Creative Director)*
Katie Jensen *(Director, Group Creative)*
Teri Altman *(Integrated Executive Producer)*
Lauren Neuman *(Group Business Director)*
Maddie McDermott *(Account Supervisor)*
Victor Zeiris *(Creative Director)*
Silvia Colsher *(Creative Director)*
Rosswell Saunders *(Creative Director)*
Austin DeJonge *(Senior Art Director)*
Kelsey Ellefson *(Director, Strategy - Kroger)*
Avery Young *(Senior Creative - Heineken, Unilever, Pepsi, Kroger, Hasbro, Cotton)*
Melanie Mesrobian *(Management Supervisor)*
Kelly McCann *(Manager, Broadcast Business - DDB Worldwide)*
Kayla Oak *(Account Executive)*
Michael Collins *(Managing Partner)*

Brands. Marketers. Agencies. Search Less. Find More.
Try out the online version at www.winmo.com

AGENCIES - JULY, 2020

CREATIVE/ADVERTISING AGENCIES

Accounts:
All
all free clear
all Oxi-Active
Angel Soft
Aricept
Breyers
Clean & Clear
Combat
Coors Light
Cotton, Inc.
Depuy, Inc.
Dial
Dial for Men
Dial NutriSkin
Emend
ETHICON, Inc.
Eukanuba
Gardasil
Good Humor
Iams
Instagram Inc
Knorr
Lipton
Mevacor
Persil ProClean
Purex
Purex Complete Crystals Softener
Renuzit
Right Guard
Royal Canin USA, Inc.
Seasonique
Spectrum
Sunlight
Sunlight Dishwasher Detergent
The Kroger Company
Transitions Optical, Inc.
Tribeca Cinemas
Tribeca Enterprises
Tribeca Film Festival
Tribeca Film Festival International
U.S. Tennis Association
Unilever Ice Cream
Vytorin
Zetia
Zocor
Zostavax

DDB SAN FRANCISCO
600 California Street
San Francisco, CA 94108
Tel.: (415) 732-3600
Fax: (415) 732-3636
Web Site: ddbnorthamerica.com

Employees: 175
Year Founded: 1996

Discipline: Creative/Advertising

John McCarthy *(President)*
Valerie Bengoa *(Executive Vice President & Finance Director)*
Whitney Ball *(Vice President & Head, Talent)*
Sam Renbarger *(Group Strategy Director)*
Ben Wolan *(Executive Creative Director)*
Mark Krajan *(Group Creative Director)*
Chris Toffoli *(Creative & Design Director)*
Kelly Larson *(Account Director)*
Alex Burke *(Strategy Director)*
Stevie Chu *(Account Executive)*

Accounts:
BJ's Restaurants, Inc.
iShares
LifeLock, Inc.
Norton AntiVirus

Partnership for Drug-Free America, Inc.
Symantec Corporation

DEANGELIS ADVERTISING
100 South Ashley Drive
Tampa, FL 33602
Toll Free: (800) 318-5047
Web Site: www.deangelisads.com

Year Founded: 2004

Discipline: Creative/Advertising

Mark DeAngelis *(Chief Executive Officer & Founder)*
Tamara Schomske *(Vice President, Dealer Development)*

DEARDORFF ASSOCIATES, INC.
400 Market Street
Philadelphi, PA 19106
Tel.: (302) 764-7573
Fax: (302) 764-5451
Web Site: www.deardorffassociates.com

Employees: 17
Year Founded: 1984

Discipline: Creative/Advertising

Jill Deardorff *(President & Chief Creative Officer)*
Jaime Vanaman *(Account Director)*
Wes Richards *(Associate Creative Director)*
Michelle Hassett *(Production Manager)*

DEARING GROUP
1330 Win Hentschel Boulevard
West Lafayette, IN 47906
Tel.: (765) 423-5470
Fax: (765) 423-2881
Web Site: www.dearing-group.com

Employees: 10
Year Founded: 1976

Discipline: Creative/Advertising

Bob Dearing *(President & Owner)*
Ross Tanner *(Vice President & Brand Strategist)*
Collin Harbison *(Creative Director)*
Flossie Hayden *(Office Manager)*
Chelsea Shamy *(Account Executive)*
Kati Leslie *(Public Relations Specialist)*

DECKER
99 Citizens Drive
Glastonbury, CT 06033
Tel.: (860) 659-1311
Fax: (860) 659-3062
Toll Free: (800) 777-3677
Web Site: www.deckerdoesit.com

Year Founded: 1977

Discipline: Creative/Advertising

James Decker *(Founding Partner)*
Kathy Boucher *(President & Partner)*
Paul Tedeschi *(Vice President & Executive Creative Director)*
Jimmy Ashworth *(Creative Director)*
Kim Keller *(Senior Art Director)*
Bernie Hrubala *(Creative Director)*
Lynda Osborne *(Creative Services Manager)*
Paula Nevins *(Senior Account Executive)*

Accounts:

Connecticut Lottery Corporation

DECODED ADVERTISING
32 Old Slip
New York, NY 10005
Tel.: (212) 422-3790
Web Site: www.decodedadvertising.com

Year Founded: 2014

Discipline: Creative/Advertising

David Weinstock *(Partner & Chief Creative Officer - Decoded Creative)*
Matthew Rednor *(Founder & Chief Executive Officer)*
Addie Conner *(Partner & Chief Innovation Officer - Decoded Advanced Media)*
James Stephens *(Partner & Managing Director - Decoded Creative)*
Alexandru Marinescu *(Controller)*
Chris Mozolewski *(Chief Financial Officer)*
James Donner *(Vice President, Media Strategy)*
Brandon Waters *(Brand Director)*
Libby Lindsey *(Director, Client Solutions)*
Arielle Mendelsohn *(Director, Creative Operations)*
Laura Holmes *(Creative Director)*
Lauren Sabedra *(Group Brand Director)*
Jordan Rednor *(Executive Director)*
Samantha Meyerson *(Associate Manager, Client Solutions)*
Ally Abramowitz *(Manager, Client Solutions)*
Sofia Pouget-Prieto *(Senior Client Solutions Manager)*
Lachlan Macpherson *(Brand Manager)*
Charlie Freyre *(Senior Manager, Client Development)*
Natalia Cade *(Associate Creative Director)*
Eric Yin *(Lead Media Strategist)*
Nicole Peterson *(Brand Coordinator)*

DEETER ASSOCIATES
Post Office Box 817
Doylestown, PA 18901
Tel.: (215) 348-3890
Fax: (215) 348-4261
Web Site: www.deeterusa.com

Employees: 9
Year Founded: 1985

Discipline: Creative/Advertising

Drew Deeter *(President)*
Linda Deeter *(Vice President & Creative Director)*

DELAUNE & ASSOCIATES
7000 North Mopac Expressway
Austin, TX 78731
Tel.: (512) 454-4631
Fax: (512) 454-4635
Web Site: www.delaune.com

Year Founded: 1980

Discipline: Creative/Advertising

Renee DeLaune *(Owner & President)*
Nemesio Sanchez *(Accounting Manager)*

DELL BLUE
401 Dell Way
Round Rock, TX 78682
Web Site: www.dellblue.com

Year Founded: 2013

Brands. Marketers. Agencies. Search Less. Find More.
Try out the online version at www.winmo.com

CREATIVE/ADVERTISING AGENCIES

Discipline: Creative/Advertising

Joel Davis *(Group Creative Director)*
Seth Perisho *(Group Creative Director)*
Ryan Malone *(Account Lead)*
Erica McCarley *(Senior Project Manager)*
Addie Oscher *(Strategic Planner)*
Mary Albanese *(Senior Project Manager)*
Suzanne Baldwin *(Senior Art Buyer)*
Miriam Streck *(Global Online Operations Manager)*
Amy Waldrop Miles *(Senior Project Manager)*
Stephanie Romero *(Junior Art Director)*
Cristina Reyna-Neel *(Associate Creative Director)*
David Eiben *(Senior Managing Director)*

DELLA FEMINA/ROTHSCHILD/JEARY PARTNERS
304 Park Avenue South
New York, NY 10010
Tel.: (212) 506-0700
Fax: (212) 506-0751
Web Site: www.dfjp.com

Discipline: Creative/Advertising

Jerry Della Femina *(Chairman)*
Susan Farren *(Senior Vice President & Director, Client Services)*
Paul Kruger *(Creative Director)*

Accounts:
Gigabeat
Toshiba America, Inc.

DENMARK - THE AGENCY
227 Sandy Springs Place
Sandy Springs, GA 30328
Tel.: (404) 256-3681
Fax: (404) 250-9626
Web Site: www.denmarktheagency.com

Year Founded: 1986

Discipline: Creative/Advertising

Priscilla Jessup *(Founder, President & Chief Executive Officer)*
Nick Ali *(Principal)*
Eric Van Fossen *(Executive Creative Director)*

DENTSU AEGIS NETWORK
150 East 42nd Street
New York, NY 10017
Tel.: (212) 591-9100
Web Site: www.dentsuaegisnetwork.com

Employees: 90
Year Founded: 1966

Discipline: Creative/Advertising

Jacki Kelley *(Chief Executive Officer - Americas)*
Kenneth Hein *(Chief Communications Officer)*
Doug Ray *(Chief Executive Officer, Media Americas)*
Angela Johnson *(Client Development Officer)*
Donna Wiederkehr *(Chief Growth Strategist - Americas)*
Nathan Carver *(Chief Technology Officer, Media - Americas)*
Akash Jairath *(Chief Data Officer, Media)*
Michelle Salle *(Chief People Officer)*
Cara Lewis *(Executive Vice President, Video Investment)*
Dave Sederbaum *(Executive Vice President, US Video Investment)*
Samuel Tait *(Executive Vice President, Managing Director - Media Transformation)*
David Fasola *(Executive Vice President & Head, Product - General Motors)*
Brad Alperin *(Senior Vice President & Integrated Strategy Lead)*
Karine McMaster *(Vice President & Director, Advanced Local Media)*
Jennifer Hess *(Vice President)*
John Harden *(Global Head, Operations)*
Monica Pastor *(Associate Director)*
Hawa Robbie *(Director, Global Program Management)*
Caitlin Flynn *(Director, Media Platforms)*
Craig Sofer *(Senior Vice President & Managing Director - M1)*
Jeff Tan *(Managing Director, Product & Innovation - Dentsu Aegis Network)*

Accounts:
Fendi North America, Inc.
LVMH, Inc.
Microsoft Corporation
Trinity Oaks
United Airlines / United Continental

DENTSU X
32 Avenue Of The Americas
New York, NY 10013
Tel.: (646) 970-0926
Fax: (646) 486-0030
Web Site: www.dxglobal.com

Year Founded: 2009

Discipline: Creative/Advertising

Yuriy Boykiv *(President)*
Luba Tolkachyov *(Chief Operating Officer)*
Rob Douglas *(Executive Vice President, Client Services)*
Boris Litvinov *(Senior Vice President, Digital Media)*
Rod Alanis *(Vice President, Strategy)*
Patrick Jurasic *(Vice President & Director, Communications Planning)*
Mir Akhgar *(Vice President, Client Services)*
Lilian Laskin *(Vice President, Operations & Human Resources)*
Rachel Reiss *(Account Director)*
Carlos Cervantes *(Associate Media Director)*
Yael Muhlrad *(Director, Digital Media)*
David White Jr. *(Supervisor, Integrated Publishing)*
Seth Beacher *(Supervisor, Media & Communications Planning)*
Justin Williams *(Director, Integrated Publishing)*
Kelly Fischer *(Integrated Media Planner)*
Macarena Castrillon *(Manager, Account)*

Accounts:
Chevron
FAGE USA Dairy Industry
Fendi North America, Inc.
Gore-Tex
IDT Corporation
LVMH, Inc.
Pilgrim's Pride Corporation
Red Door Spas by Elizabeth Arden
U.S. Army

DENTSUBOS INC.
One University Avenue
Toronto, ON M5J 2P1
Tel.: (416) 929-9700
Web Site: www.dentsubos.com

Employees: 11
Year Founded: 2012

Discipline: Creative/Advertising

Stephen Kiely *(President & Chief Executive Officer)*
Caley Erlich *(Senior Vice President)*
Angus Robinson *(Assistant Vice President, Data & Analytics)*
Filip Wantuch *(Vice President, Content Development & Digital Production)*
Travis Cowdy *(Vice President & Executive Creative Director)*
Rajesh Bhalsod *(Associate Vice President, Print Production)*
Matt Pendrill *(Account Executive)*
Logan Gabel *(Associate Creative Director)*
Graeme Campbell *(Associate Creative Director)*
Jasmine Motala *(Strategic Planner)*
Igor Nesterenko *(Planner, Media)*
Terra Stephen *(Content Manager)*
Marina Ferraz *(Account Supervisor)*
Phelia Wong *(Senior Project Manager, Digital)*
Laura Maganja *(Media Supervisor)*

Accounts:
Agropur Cooperative
Allegro Cheese
Bright Cheese House
Canadian Reserve
Loto-Quebec
Manulife Financial Corporation
Parmalat Canada, Ltd.
Subway
Toyota Canada
Ultima Foods
Vintage Hotels

DENTSUBOS INC.
3970 Saint Ambroise Street
Montreal, QC H4C 2C7
Tel.: (514) 848-0010
Web Site: www.dentsubos.com

Year Founded: 2012

Discipline: Creative/Advertising

Dimitra Georgakis *(Assistant Vice President, Client Services & Business Development)*
Cynthia Guillemette *(Finance Director)*
Michael Aronson *(Associate Creative Director)*
Julien Thiry *(Associate Creative Director)*
Thibault Etheart *(Account Supervisor)*

DEPARTURE
427 C Street
San Diego, CA 92101
Tel.: (619) 269-9598
Fax: (619) 237-2569
Web Site: dptr.co

Year Founded: 2011

Discipline: Creative/Advertising

Emily Rex *(Co-Founder & Chief Executive Officer)*
Art Bradshaw *(Principal)*
Elisse Thurston *(Digital Marketing & Project Manager)*
Hannah Mussey *(Project Manager)*

DESIGN 446

AGENCIES - JULY, 2020 — CREATIVE/ADVERTISING AGENCIES

2411 Atlantic Avenue
Manasquan, NJ 08736
Tel.: (732) 292-2400
Fax: (732) 206-0775
Web Site: www.design446.com

Employees: 13

Discipline: Creative/Advertising

Tom Villane *(President)*
Ann Marie Baker *(Vice President)*
Brian Stern *(Creative Director)*
Nick Nagle *(Director, Operations)*
Anthony Warn *(Art Director)*
Kelly Ragan *(Senior Account Manager)*
Laura Anne Crossan *(Account Manager & Public Relations Specialist)*
Emily Pollio *(Social Media Specialist)*
Leslie Gleason *(Print Production Coordinator)*

DESIGNSENSORY
1740 Commons Point Drive
Knoxville, TN 37932
Tel.: (865) 690-2249
Web Site: www.designsensory.com

Year Founded: 2001

Discipline: Creative/Advertising

Brandon Rochelle *(President & Executive Technical Director)*
Joseph Nother *(Founder, Vice President & Executive Creative Director)*
Josh Loenber *(Director, Strategy)*
Taylor Walters *(Head, Production)*
Jessica Johnson *(Director, Media)*
Sarah Loebner *(Art Director)*
Mary Blair *(Account Director)*
Lindsay Miller *(Creative Director)*
Chris McAdoo *(Creative Director & Account Manager)*
Brea Pate *(Account Project Manager)*
Kate Ambos *(Account Manager)*
Susan Hamilton *(Content Manager)*
Ryan Lee *(Brand Strategy Specialist)*
Samantha Yakowenko *(Assistant, Media Planner & Buyer & Search Engine Optimization Specialist)*
Hunter Foster *(Public Relations & Social Media Specialist)*
Rachel Worley *(Public Relations & Marketing Specialist)*
Emily Bullen *(Production Coordinator)*

Accounts:
Augusta Tourism
Bristol Motor Speedway
South Carolina Department of Commerce

DEVINE COMMUNICATIONS
9300 Fifth Street North
Saint Petersburg, FL 33702
Tel.: (727) 573-2575
Web Site: www.devineads.com/

Year Founded: 1982

Discipline: Creative/Advertising

David Devine *(Chief Executive Officer)*
Tim Devine *(Vice President, Account Services)*
Jim Kenefick *(Creative Director)*

DEVITO GROUP
151 West 19th Street
New York, NY 10011
Tel.: (212) 924-7430
Fax: (212) 924-7946
Web Site: www.devitogroup.com

Employees: 15

Discipline: Creative/Advertising

Frank DeVito *(Partner & President)*
Chris DeVito *(Creative Director & Partner)*

DEVITO/VERDI
330 Hudson Street
New York, NY 10013
Tel.: (212) 431-4694
Fax: (212) 431-4940
Web Site: www.devitoverdi.com

Employees: 50
Year Founded: 1991

Discipline: Creative/Advertising

Sal DeVito *(Chief Creative Officer)*
Ellis Verdi *(President, Chief Executive Officer & Co-Founder)*
Chris Tinkham *(Executive Vice President & Media Director)*
Barbara Michelson *(Head, Broadcast Production)*
Rob Slosberg *(Creative Director)*
Vincent Tulley *(Associate Creative Director)*
Andrew Brief *(Director, Account Services)*
Chris Arrighi *(New Business Director)*
Manny Santos *(Creative Director)*
Kelly Durcan *(Director, Public Relations)*

Accounts:
84 Lumber Company
BayCare Health Care
Bernie & Phyl's Furniture
BevMo!
Duane Reade, Inc.
Legal Sea Foods, Inc.
Lenox Hill Hospital
Massachusetts General Hospital
Mount Sinai Hospital
National Thoroughbred Racing Association

DID AGENCY
201 South Maple Avenue
Ambler, PA 19002
Tel.: (215) 964-1917
Fax: (215) 283-6005
Web Site: www.didagency.com

Year Founded: 2004

Discipline: Creative/Advertising

Abby Galardi *(Managing Partner)*
Kerry Scribner *(Senior Vice President, Director, Production)*
Pat Chenot *(Senior Vice President, Client Services)*
Kristin Colleluori *(Vice President, Group Account Director)*
David Hackett *(Vice President, Creative Director)*
Karen Onorato *(Vice President, Creative Services)*
Brittany Tanney *(Vice President, Project Director)*
Jennifer Threlfall *(Vice President, Strategic Client Partnerships)*
Sig Gross *(Director, Creative)*
Steve Chiles *(Director, Strategy)*
Anna McClure *(Director, Creative)*
Zachery Torre *(Associate Director, Creative)*
Angela Mancini *(Senior Director, Photography & Video)*
Cailine Petzold *(Senior Account Director)*
Lana Mills *(Group Account Director)*
Allison Reighart *(Account Director)*
Michael Marques *(Senior Art Director)*
Arriel Mecca *(Account Director)*
Trevor Navarra *(Senior Art Director, Photography & Video)*
Natalie Cuttic *(Account Director)*
Lisa Sweeney *(Senior Account Director)*
Terri Foreman *(Director, Strategy)*
Lauren Zollo *(Director, Creative)*
Jillian Appicello-Heyl *(Account Director)*
Scott Kmiec *(Associate Director, Creative)*
Christopher Boyd *(Director, Creative)*
Elyse Cole *(Managing Partner)*
Rose McDermott *(Assistant Managing Producer)*
Angela Mimm *(Manager, Content)*
Jacqueline Taylor *(Junior Media Planner)*
Dennis Eng *(Media Supervisor)*
Emma Willis *(Media Planner)*
Lauren Arkatin *(Account Supervisor)*
Angela Goch *(Media Supervisor)*
Erika Warner *(Account Supervisor)*
Dominic Presutti *(Account Supervisor)*
Erin Lynch *(Producer, Associate Editor, Video)*
Patty Henhoeffer *(Managing Partner)*
Bill Fay *(Managing Partner)*

Accounts:
Carmex
Salix Pharmaceuticals, Ltd.

DIO
3111 Farmtrail Road
York, PA 17406
Tel.: (717) 764-8288
Fax: (717) 764-1415
Toll Free: (888) 852-9143
Web Site: www.diousa.com

Employees: 50

Discipline: Creative/Advertising

David Pridgen, II *(President & Chief Executive Officer)*
Regis Maher *(President & Chief Operating Officer)*
Susanne Jewell *(Vice President, Operations & Human Resources)*
David Fortney *(Director, Information Technology & Controller)*
Elizabeth Shaffer *(Art Director, Creative)*

DIRECT ASSOCIATES
46 Rockland Street
Natick, MA 01760
Tel.: (508) 650-9911
Fax: (508) 519-5858
Web Site: www.directassociates.com

Year Founded: 2004

Discipline: Creative/Advertising

Rich Hoey *(Chief Financial Officer)*
Eileen Carew *(Founder)*
Deanna Dolecki *(President)*
Jennifer Carney *(Creative Director)*
Michael Osipenko *(Senior Director, New Business Partnerships)*

DIRECT IMPACT, INC.
655 Craig Road
Saint Louis, MO 63141
Tel.: (314) 336-1300
Fax: (314) 567-1497

Brands. Marketers. Agencies. Search Less. Find More.
Try out the online version at www.winmo.com

CREATIVE/ADVERTISING AGENCIES
AGENCIES - JULY, 2020

Web Site: www.directimpactinc.com
Employees: 18
Discipline: Creative/Advertising

George Snyder (President)
Tina Meyer (Graphic Artist)
Brenda Thomas (Senior Production Manager)

DIRECT RESULTS
815 Hampton Drive
Venice, CA 90291
Tel.: (310) 382-5000
Fax: (800) 635-2313
Web Site: www.directresults.com

Year Founded: 2007

Discipline: Creative/Advertising

Jill Albert (President)
Tim Martinez (Chief Strategy Advisor)
Peter Albert (Director, Operations)
Sheri White (Business Development Manager)
Jason Griner (Account Supervisor & Media Buyer)

Accounts:
University of Southern California

DIRECTIVE CONSULTING
5281 California Avenue
Irvine, CA 92617
Tel.: (949) 214-4024
Web Site: directiveconsulting.com/about/orange-cou

Year Founded: 2014

Discipline: Creative/Advertising

Garrett Mehrguth (Chief Executive Officer & Co-Founder)
Tanner Shaffer (Chief Operating Officer & Co-Founder)
Hannah Mans (Director, Marketing)
Brady Cramm (Director, PPC)
Ashton Newell (Lead Digital PR Strategist)
Andrew Choco (Senior Account Executive)

DISCOVERY USA
100 East Penn Square
Philadelphia, PA 19107
Tel.: (267) 765-8501
Web Site: www.discoveryworldwide.com

Year Founded: 1944

Discipline: Creative/Advertising

Jamie Dernik (Vice President, Group Account Director)
Lauren Hirsch (Account Director)
Christopher Martin (Group Art Supervisor)
Ilana Rosen (Account Supervisor)

DIVISION OF LABOR
2730 Bridgeway
Sausalito, CA 94985
Tel.: (415) 944-8185
Web Site: www.DivisionofLabor.com

Year Founded: 2010

Discipline: Creative/Advertising

Josh Denberg (Founder & Creative Director)
Rebecca Reid (Account Director)
Faruk Sagcan (Creative Director)
Dan Carlton (Strategic Planner)

Accounts:
San Jose Sharks, LP

DJ-LA, LLC
11400 West Olympic Boulevard
Los Angeles, CA 90064
Tel.: (310) 473-1000
Fax: (310) 573-2145
Web Site: www.dj-la.com

Year Founded: 2001

Discipline: Creative/Advertising

Dennis Horlick (President)
Jackie Horlick (Chief Executive Officer)
Scott Doughty (Executive Vice President & Creative Director)

DL MEDIA INC.
720 West Center Circle
Nixa, MO 65714
Tel.: (417) 725-1816
Web Site: www.dlmedia.com

Year Founded: 1997

Discipline: Creative/Advertising

Dianne Davis (President & Owner)
Gomas Tonya (Media & Client Services)

DLC INTEGRATED MARKETING
2600 Douglas Road
Coral Gables, FL 33134
Tel.: (305) 374-9494
Fax: (305) 374-9495
Web Site: www.dlcim.com

Employees: 10

Discipline: Creative/Advertising

Cristina Martinez (Vice President & General Manager)
Luis Capaldo (Creative Director)

DMA UNITED
68 White Street
New York, NY 10013
Tel.: (212) 334-3168
Web Site: www.dmaunited.com

Employees: 5
Year Founded: 1994

Discipline: Creative/Advertising

Sam Sohaili (Chief Creative Officer)
Marc Beckman (Chief Executive Officer)
Nancy Chanin (Senior Vice President, Sales)
Michael Phelan (Director, Strategy)
Piper Obradovich (Senior Vice President, Digital Marketing)
Alexis Ortiz (Account Director)
Conor Florance (Account Director)
Michael Mallon (Senior Art Director)

Accounts:
BBC Worldwide Americas, Inc.
The Finish Line, Inc.
True Religion Apparel, Inc.

DO NOT DISTURB
7704 Concerto Lane
San Diego, CA 92127
Web Site: donotdisturbcreative.com/

Year Founded: 2017

Discipline: Creative/Advertising

Sophie Masson (Co-Founder & Chief Executive Officer)
Daniel Andreani (Founder & Creative Lead)
Jihan Elgibali (Producer)

DOGGETT ADVERTISING, INC.
5970 Fairview Road
Charlotte, NC 28210
Fax: (704) 377-2444
Web Site: www.doggettadvertising.com

Discipline: Creative/Advertising

George Doggett (President)
Jeff Doggett (Vice President & Creative Director)

DON FARLEO AD & DESIGN CO.
56 33rd Avenue South
Saint Cloud, MN 56301
Tel.: (320) 229-9089
Web Site: www.adcoinc.com

Employees: 4

Discipline: Creative/Advertising

Don Farleo (President & Owner)
Diane Farleo (Manager, Sales, Print Buying & Account Services)

DONER
25900 Northwestern Highway
Southfield, MI 48075
Tel.: (248) 354-9700
Web Site: www.doner.com

Year Founded: 1937

Discipline: Creative/Advertising

Monica Tysell (Chief Integration Officer)
Craig Conrad (President)
Eric Weisberg (Global Chief Creative Officer)
David DeMuth (Global President & Chief Executive Officer)
Marcus Collins (Chief Consumer Connections Officer)
Naveen Passey (Chief Financial & Operating Officer)
Sue Cheslin Guise (Executive Vice President & Director, Operations)
Alima Trapp (Senior Vice President, Strategic Planning)
Chad Cooper (Senior Vice President & Director, Operations)
Karen Cathel (Senior Vice President & Executive Creative Director)
Joe Kantor (Senior Vice President & Director, Data Strategy & Analytics)
Amy Murrin (Vice President & Brand Leader)
Laurie Stone (Vice President, Brand Leadership)
Adina Sigler (Vice President & Brand Leader)
Kelly Finnigan (Brand Leader)
Adam Burkett (Creative Director)
Beth Baumgartner (Head, Brand)
Kate Wojan (Associate Art Director)
Liam Soren (Senior Copywriter)
Burke di Piazza (Copywriter)
Olivia Hill (Copywriter)
Rachel West (Senior Brand Strategist)
Courtney McClear (Account Executive, Business Development)

Brands. Marketers. Agencies. Search Less. Find More.
Try out the online version at www.winmo.com

AGENCIES - JULY, 2020 — CREATIVE/ADVERTISING AGENCIES

Andrew Lamar *(Senior Multicultural Strategist)*

Accounts:
Allegheny Health Network
Ally Financial, Inc.
Anthem, Inc.
Beaumont Health
Children's Mercy Hospitals & Clinics
Children's Tylenol
Chrysler Pacifica
Core Power
E! Entertainment Television
Eckrich
Fairlife, LLC
Farmland Foods, Inc.
Fiat
Fleischmann's Yeast
GAIN Capital Group, LLC
GOJO Industries
GUM
Hackensack Meridian Health
Highmark Health
Hollywood Casino
Hungry Howie's Pizza & Subs, Inc.
JBL
Listerine
Listerine Whitening Rinse
Listerine Zero
Los Angeles Clippers
McDonald's
Medstar Health
Nature's Bounty Co.
Nikon Corporation
Owens Corning
Potbelly Sandwich Shop
Prestone
Purell
Ram
Smithfield Foods, Inc.
Spice Islands
The Detroit Zoo
Tropicana Las Vegas, Inc.
Tylenol
YUP!
Zyrtec

DOOR NUMBER 3
910 West Avenue
Austin, TX 78701
Tel.: (512) 391-1773
Fax: (512) 391-1926
Web Site: www.dn3austin.com

Employees: 12
Year Founded: 1995

Discipline: Creative/Advertising

Prentice Howe *(President & Chief Creative Officer)*
Noah Davis *(Executive Creative Director)*
Zach Cochran *(Vice President, Media Director)*
Karen Reiner *(Vice President & Director, Account Services)*
Ines Morel Coudurier *(Senior Art Director)*

DOREMUS & COMPANY
75 Varick Street
New York, NY 10013
Tel.: (212) 366-3000
Fax: (212) 366-3060
Web Site: www.doremus.com

Employees: 100
Year Founded: 1991

Discipline: Creative/Advertising

Joe Rivas *(Chief Executive Officer)*
Stu Garrett *(Creative Director)*
Kelly Higgins *(Director, Strategic Partnerships)*
Kali Williams *(Associate Media Director)*
Philip Katz *(Group Head, Media & Engagement)*
Amy Pathiyil *(Director, DNA Analytics)*
Frank Piskopanis *(Manager, Information Technology)*

Accounts:
Corning, Inc.
Knight Capital Group, Inc.
Marsh & McLennan Companies, Inc.
Owens-Illinois, Inc.
Shell Lubricants
Sun Life Financial, Inc.

DOREMUS & COMPANY
55 Union Street
San Francisco, CA 94111
Tel.: (415) 273-7800
Fax: (415) 398-0854
Web Site: www.doremus.com

Employees: 20
Year Founded: 1903

Discipline: Creative/Advertising

Garrett Lawrence *(President & General Manager - Doremus San Francisco)*
Joe McCormack *(Chief Creative Officer)*
John Mannion *(Executive Vice President & Director, Client Relations & Brand Strategy)*
David Rowe *(Vice President & Director, Media & Strategic Partnerships)*
JoAnna Berke *(Group Account Director)*
Mark Butorac *(Creative Director)*
Artem Peplov *(Director, Analytics & Advertising Operations)*
Sidra Zia Butt *(Experience & Social Strategy Associate Director)*

Accounts:
Corning, Inc.
IDT Corporation

DORN MARKETING
34 North Bennett Street
Geneva, IL 60134
Tel.: (630) 232-2010
Fax: (630) 232-2033
Web Site: www.egdinc.com

Year Founded: 1976

Discipline: Creative/Advertising

James Dorn *(President)*
Joe Caruso *(Creative Director)*
Kerrie Martin *(Senior Engagement Manager)*

DOUG CARPENTER & ASSOCIATES, LLC
11 West Huling Avenue
Memphis, TN 38103
Tel.: (901) 372-5100
Web Site: www.doug-carpenter.com

Year Founded: 2010

Discipline: Creative/Advertising

Doug Carpenter *(Principal)*
Anita Wathen *(Director, Operations)*
Andrea Wiley *(Director, Account Management)*
Mollie Baker *(Senior Art Director)*
John David Dowdle *(Senior Art Director)*

Abbie Gordon *(Senior Account Manager)*

DOVETAIL
12 Maryland Plaza
Saint Louis, MO 63108
Tel.: (314) 361-9800
Fax: (314) 361-9801
Web Site: www.maringweissman.com

Employees: 15
Year Founded: 1979

Discipline: Creative/Advertising

Scott Leisler *(Partner, President & Chief Creative Officer)*
Donna MacDonald *(Senior Vice President, Brand Management)*
Dan Graney *(Creative Director)*

DRAKE COOPER
416 South Eighth Street
Boise, ID 83702
Tel.: (208) 342-0925
Fax: (208) 342-0635
Web Site: www.drakecooper.com

Year Founded: 1978

Discipline: Creative/Advertising

Jamie Cooper *(Chief Executive Officer)*
John Drake *(Chief Strategy Officer)*
Sara Chase *(Account Services Director)*
Brad Weigle *(Director, Digital)*
Dylan Amundson *(Creation Director)*
Jill Smith *(Media Director/Planner)*
Cale Cathey *(Director, Art)*
Jessica Carter *(Account Director)*
Katie S. Nichols *(Senior Art Director)*
Steve Norell *(Creative Director)*
Joshua Haugen *(Account Supervisor)*
Amanda Jones *(Brand Manager)*
Emily Gray *(Brand Manager)*
Elisia Schrauth *(Project Manager)*
Malia Cramer *(Brand Manager)*
Nikki Reynolds *(Strategist, Media)*
Liesle Doggett *(Media Buyer/Planner)*
Dustin Fuller *(Media Buyer/Planner)*
Maria Walker *(Analyst, Marketing)*

Accounts:
Big Bear Mountain Resorts
Boise Cascade Corporation
Idaho Lottery
J.R. Simplot Company
St. Luke's Regional Medical Center

DRIVE BRAND STUDIO
170 Kearsarge Street
North Conway, NH 03860
Mailing Address:
Post Office Box 2838
North Conway, NH 03860
Tel.: (603) 356-3030
Fax: (603) 356-3991
Web Site: www.drivebrandstudio.com

Employees: 27

Discipline: Creative/Advertising

Nancy Clark *(Owner & President)*
Jen Hall *(Project Manager, Web)*
Donna Stuart *(Editor, Online Marketing & Writer)*

DROGA5

CREATIVE/ADVERTISING AGENCIES

AGENCIES - JULY, 2020

120 Wall Street
New York, NY 10005
Tel.: (917) 237-8888
Fax: (917) 237-8889
Web Site: www.droga5.com

Discipline: Creative/Advertising

David Droga *(Founder & Creative Chairman)*
Sally-Ann Dale *(Chief Creation Officer)*
Erika Kipreos *(Chief Culture & Experience Officer - New York & Global)*
Neil Heymann *(Global Chief Creative Officer)*
Sean Lackey *(Chief Marketing Officer)*
Colleen Leddy *(Chief Media Officer)*
Jonny Bauer *(Global Chief Strategy Officer)*
Susie Nam *(Chief Operating Officer)*
Tim Gordon *(Co-Chief Creative Officer)*
Sarah Thompson *(Global Chief Executive Officer)*
Amy Avery *(Chief Intelligence Officer)*
Felix Richter *(Co-Chief Creative Officer)*
Jason Severs *(Chief Design Officer)*
Jennifer Candelario *(Chief Information Officer)*
Dan Ng *(Group Strategy Director - Sprint, Chase & MailChimp)*
Samantha Deevy *(Group Director, Communications Strategy)*
Derek Jamison *(Associate Director, Real Estate & Building Operations)*
Julia Albu *(Head, Creative Integration)*
Alex Woods *(Group Account Director)*
Will Davie *(Group Strategy Director)*
Yan Wang *(Group Director, Communications Strategy)*
Delphine McKinley *(Group Communications Strategy Director)*
Ned Sonnenschein *(Director, Strategy)*
Lindsay Cole *(Group Account Director)*
George Bennett *(Head, Experience Strategy)*
Samantha Sutantio *(Director, Communications Strategy)*
Tasha Cronin *(Co-Head, Interactive Production & Integration Lead)*
Karen Short *(Executive Creative Director)*
Ben Brown *(Group Strategy Director)*
Dean Challis *(Head, Communications Strategy)*
Kathryn Ruocco *(Communications Strategy Director)*
Anthony Khaykin *(Group Data Strategy Director)*
Emily Mulvey *(Strategy Director)*
Lily Ng *(Group Data Strategy Director)*
Ryan Raab *(Creative Director)*
Juliana Cobb *(Executive Creative Director)*
Shane Chastang *(Group Account Director)*
Alexander Nowak *(Global Head, Art)*
Jordan Cappadocia *(Account Director)*
Laurie Howell *(Group Creative Director)*
Toby Treyer-Evans *(Group Creative Director)*
Tara Lawall *(Group Creative Director)*
Harry Roman-Torres *(Head, Strategy)*
Celeste Pulman *(Account & Strategy Operations Lead)*
Cris Scardino *(Account Director)*
Jesse Brihn *(Director, Film Production)*
Mike Pignone *(Director, Communications Strategy)*
Ben Nilsen *(Group Director, Communications Strategy)*
Justin Durazzo *(Co-Director, Interactive Production)*
Bradley Allen *(Account Director)*
Marissa Guerra *(Account Director)*
Lauren Tomlinson *(Account Director)*
Rob Adams *(Head, Engineering)*
Dan Pulito *(Associate Design Director)*
Hillary Fink *(Director, Communications Strategy)*
Mike Hasinoff *(Executive Producer, Film)*
Tradd Salvo *(Data Strategy Director)*
Elizabeth Federico *(Account Director)*
Elizabeth Hartley *(Director, Communications Strategy)*
Jessica Kingsbery *(Group Account Director)*
Leilanni Todd *(Associate Creative Director)*
Thomas Vendittelli *(Associate Director, Business Affairs)*
Frank Renwick *(Group Account Director - Chase, Kraft Heinz, Evian, Mattress Firm, Rivian, United Rentals)*
Marvin Miranda *(Group Strategy Director)*
Adrian Chan *(Associate Creative Director)*
Andrew Fergusson *(Group Creative Director)*
Anna Fine *(Director, Design)*
Alyssa Georg *(Creative Director)*
Bianca Escobar *(Associate Director, Art Production)*
Belen Marquez *(Art Director)*
Chris Burgess *(Group Account Director)*
Castro Desroches *(Art Director)*
Cecilia Diaz *(Director, Strategy)*
Christina Fieni *(Director, Data Strategy)*
Cliff Lewis *(Director, Art Production & Executive Producer)*
Cara Roberts *(Account Director)*
Craig Wong *(Group Director, Experience Design)*
Devin Croda *(Group Director, Design)*
Daniel Kelly *(Creative Director)*
Deepa Sen *(Group Director, Strategy)*
Dustin Tomes *(Creative Director)*
Elena Knox *(Creative Director)*
George McQueen *(Associate Creative Director)*
Henry Kember *(Associate Creative Director)*
Inna Kofman *(Senior Art Director)*
Jim Curtis *(Creative Director)*
Joel Francke *(Associate Creative Director)*
Jen Lally *(Associate Creative Director, Design)*
Julie Matheny *(Associate Creative Director)*
Kevin Brady *(Group Creative Director)*
Kia Heinnen *(Associate Creative Director)*
Luke Chard *(Senior Art Director)*
Lauren LaValle *(Executive Group Account Director)*
Melisa Chamorro *(Associate Creative Director)*
Michael Kleinman *(Associate Creative Director)*
Marybeth Ledesma *(Associate Creative Director)*
Maria Wan *(Director, Design)*
Mark Yoon *(Director, Design)*
Nick Maschmeyer *(Director, Brand Strategy)*
Ola Abayomi *(Account Director)*
Philippa Campbell *(Group Account Director)*
Paul A. Eckelmann *(Head, Project Management)*
Patrick M. Horton *(Art Director)*
Paul Meates *(Creative Director)*
Riely Clough *(Associate Director, Print & Fabrication Services)*
Ray Del Savio *(Executive Creative Director)*
Ryan Fitzgerald *(Creative Director)*
Rich Greco *(Group Director, Design)*
Rob Lugo *(Director, Print Services)*
Ryan McDaid *(Director, Strategy)*
Rob McQueen *(Senior Art Director)*
Ruben Mercadal *(Associate Director, Film Production - New York)*
Scott Bell *(Executive Creative Director)*
Sarah Garman *(Director, Strategy)*
Sam McCluskey *(Senior Art Director)*
Stacey Smith *(Associate Creative Director)*
Thom Glover *(Creative Director)*
Tobias Lindborg *(Art Director)*
Tom McQueen *(Associate Creative Director)*
Vignesh Seshadri *(Senior Art Director)*
Gabriela Avila *(Brand Strategy Director)*
Mosito Ramaili *(Account Supervisor)*
Rosalie Bonner *(Account Supervisor - Chase)*
Tori Tessalone *(Account Supervisor)*
Joe Watana *(Senior Project Manager)*
Tessa Muchura *(Senior Project Manager)*
Jeff Winsper *(Account Manager)*
Kenzie Grubbs *(Account Manager)*
Clare Driggs *(Account Manager)*
Kevin Lee *(Account Manager - Mailchimp & Chase)*
Janelle Whitehurst *(Account Manager - IHOP)*
Scott Chinn *(Managing Director - Second Child)*
Melissa Pasternak *(Account Manager)*
Laurie Parish *(Senior Manager, Public Relations & Communications)*
Sydney Golden *(Account Manager)*
Lara Yegenoglu *(Senior Project Manager)*
Alyssa Cashman *(Senior Producer)*
Ashley Diddell *(Account Supervisor)*
Annie Sherbon *(Account Supervisor)*
Ann Marie Turbitt *(Senior Manager, Business Affairs)*
Brandon Chen *(Senior Producer, Film)*
Bo Djogo *(Executive Producer, Experiential)*
Danielle Frank *(Account Manager)*
Dave Stephenson *(Executive Producer, Film)*
Isabella Lebovitz *(Producer, Film)*
Jennifer Chen *(Senior Producer, Broadcasting)*
Jonathan Hecht *(Supervisor, Music)*
Jacob Herman *(Producer, Broadcasting & Film)*
Kaveri Gautam *(Senior Strategist)*
Kiki Powell *(Senior Manager, Business Affairs)*
Mike Ladman *(Supervisor, Music)*
Mariel Milner *(Senior Strategist, Communications)*
Nicole Bazzinotti *(Senior Producer, Interactive)*
Shaunda Slade *(Senior Manager, Business Affairs)*
Topher Cochrane *(Senior Producer, Film)*
Tim Leathart *(Account Supervisor)*
Tehjal Suri *(Account Supervisor)*
Wendy Kaplan *(Senior Manager, Traffic)*
Yardley Hansen *(Account Supervisor)*
Kevin Wilkerson *(Senior Communications Strategist)*
Clark Cofer *(Communications Strategist)*
Graham Jones *(Senior Strategist)*
Joy McKenzie *(Senior Data Strategist)*
Cherish Lee *(Communications Strategist)*
Alexandra Cohen *(Senior Strategist - IHOP & Harley-Davidson)*
Giovanna Saffos *(Copywriter)*
Rebecca Pottinger *(Senior Copywriter)*
Craig Gerringer *(Senior Copywriter)*
Daniel Litzow *(Senior Copywriter)*
Diana Perez *(Copywriter)*
Evan Barkoff *(Senior Copywriter)*
Emily Berger *(Copywriter)*
Felix Karlsson *(Copywriter)*
Jordan Dodson *(Senior Copywriter)*
James Garvey *(Senior Designer - User Experience)*
Jennifer Yoon *(Senior Copywriter)*
Kathryn Brylinsky *(Senior Designer)*
Mietta McFarlane *(Senior Copywriter)*
Nicholas Bauman *(Senior Copywriter)*
Ted Meyer *(Senior Copywriter)*
Samantha Cavanagh *(Coordinator, Public Relations & Communications)*
Daniel Gonda *(Managing Director)*

Accounts:
Almond Joy
Angry Birds
Biofreeze
Blue Apron

AGENCIES - JULY, 2020

CREATIVE/ADVERTISING AGENCIES

Clearasil
Clearasil Ultra
Coach
CoverGirl
CoverGirl Clean
Covergirl Exact Eyelights
CoverGirl Lash Blast
Covergirl Outlast
Covergirl Queen
Dos Equis
Dos Equis Amber
ESPN, Inc.
ESPN, Inc.
Essentia Water LLC
Facebook
GoodNites
Harley-Davidson
Hennessy
Hershey's
Huggies
Huggies Little Movers
Huggies Little Snugglers
Huggies Little Swimmers
Huggies Special Delivery
IHOP
Johnsonville Brats
Johnsonville Breakfast Sausage
Johnsonville Foodservice
Johnsonville Italian
Johnsonville Sausage
JPMorgan Chase & Co.
Kraft Macaroni & Cheese
Letgo
MakerBot Industries
Maserati North America, Inc.
Mattress Firm, Inc
Mounds
Nordstrom, Inc.
NRG Energy, Inc.
Pier 1 Imports
Prudential Financial
Pull-Ups
Reb'L Fleur
Rhapsody International
Rivian
SportsCenter
Sprint Corporation
The Allstate Corporation
The New York Times
Twizzlers Twists
Uniqlo USA
United Rentals, Inc.
York

DSC ADVERTISING
990 Spring Street
Philadelphia, PA 19123
Tel.: (215) 923-3200
Web Site: www.dscadv.com

Discipline: Creative/Advertising

Joseph Caserta *(President & Chief Creative Officer)*
Joseph DiLeonardo *(Chief Executive Officer)*
Ken Suman *(Senior Vice President, Account Management)*
Tony Leone *(Director, Production & Traffic)*
Bruno Circolo *(Art Director)*
Matt Mungan *(Director, Interactive Services)*
Rich Caserta *(Senior Art Director)*

DUDNYK EXCHANGE
Five Walnut Grove Drive
Horsham, PA 19044
Tel.: (215) 443-9406
Fax: (215) 443-0207
Toll Free: (800) 438-3695
Web Site: www.dudnykhealth.com

Employees: 60
Year Founded: 1993

Discipline: Creative/Advertising

Edward Dudnyk *(Owner & Chief Executive Officer)*
Christopher Tobias *(President)*
John Kemble *(Executive Vice President & Creative Producer)*
Heather Drahos *(Vice President & Group Account Director)*

DUFFY & SHANLEY, INC.
10 Charles Street
Providence, RI 02904
Tel.: (401) 274-0001
Fax: (401) 274-3535
Web Site: www.duffyshanley.com

Year Founded: 1973

Discipline: Creative/Advertising

Jon Duffy *(President)*
Karen Shuster *(Vice President & Director, Media)*
Annette Maggiacomo *(Vice President, Partner & Public Relations)*
Suzanne Griscom *(Vice President, Digital Strategy)*
Michael Silvia *(Creative Director & Writer)*
Cait Arsenault *(Senior Account Executive)*

Accounts:
Anthony & Sylvan Pools Corporation
College Ave Student Loans LLC
Dorel Juvenile Group, Inc.
Foster Grant
Narragansett Brewing Company

DUNCAN / DAY ADVERTISING
6513 Preston Road
Dallas, TX 75024
Tel.: (469) 429-1974
Web Site: www.duncanday.com

Employees: 4
Year Founded: 1986

Discipline: Creative/Advertising

Leslie Duncan *(Managing Partner & Chief Operating Officer)*
Stacey Day *(Managing Partner & Creative Director)*

DUNCAN CHANNON
114 Sansome Street
San Francisco, CA 94104
Tel.: (415) 306-9296
Fax: (415) 306-9201
Web Site: www.duncanchannon.com

Year Founded: 1990

Discipline: Creative/Advertising

Andy Berkenfield *(Chief Executive Officer & Partner)*
Parker Channon *(Chief Marketing Officer, Founder & Partner)*
Robert Duncan *(Chairman, Founder & President)*
Gary Stein *(Chief Integration Officer)*
Michael Lemme *(Chief Creative Officer & Partner)*
Renee Phipps *(Chief Financial Officer)*
Leslie Diard *(Media Director)*
Anne Elisco-Lemme *(Executive Creative Director)*
Jamie Katz *(Director, Account Management)*
John Kovacevich *(Executive Creative Director)*
Noel Johnson *(Director, Marketing & Client Engagement)*
Brandon Sugarman *(Associate Director, Digital)*
Madelaine Robinson *(Associate Director, Communications Planning)*
Kelleen Peckham *(Director, Brand Strategy)*
Kat Michie *(Associate Creative Director)*
J. Moe *(Art Director)*
Rosheila Robles *(Director, Project Management)*
Nick Gustafson *(Account Director)*
Emily McCormick *(Associate Director, Communications Planning)*
Chelsea Peart *(Account Manager, New Business)*
Steven Jackson *(Senior Communications Planner)*
Sydney McComas *(Account Supervisor)*
Valerie Nerio *(Account Supervisor)*
Adam Flynn *(Strategist, Social Norms)*
Davis Wolfe *(Account Supervisor)*
Eric Kozak *(Senior Producer, Digital)*
Keenan Hemje *(Senior Producer, Broadcasting)*
Claire Cabatu *(Social Media Manager - Paid & Organic)*
Madeline Lambie *(Senior Copywriter)*
Olivia Alley *(Associate Communications Planner)*
Johan Kaufman *(Brand Strategist)*
Shannon Burns *(Senior Designer)*
Scott Whipple *(Designer, Studio)*

Accounts:
Big Wave Golden Ale
Black Forest Gummy Bears
DriveTime Automotive Group
Fire Rock Pale Ale
GrubHub
InnovAsian
John Muir Health
Knotel
Koko Brown
Kona Brewing Company
Longboard Island Lager
Pipeline Porter
Save Mart Supermarkets
Sonoma-Cutrer Vineyards
SweeTARTS
TriNet Group, Inc.
Upwork Global Inc.
Wailua Wheat

DYVERSITY COMMUNICATIONS
8500 Leslie Street
Markham, ON L3T 7M8
Tel.: (905) 907-6911
Fax: (905) 907-6919
Web Site: www.dyversity.com

Employees: 15
Year Founded: 1993

Discipline: Creative/Advertising

Albert Yue *(President & Owner)*
Jensen Tsoi *(Creative Director)*

E. W. BULLOCK ASSOCIATES
19 West Garden Street
Pensacola, FL 32502
Mailing Address:
Post Office Box 1983
Pensacola, FL 32591
Tel.: (850) 438-4015
Fax: (850) 433-6104

Web Site: www.ewbullock.com

Year Founded: 1982

Discipline: Creative/Advertising

Sandra Bartoszewicz *(Chief Financial Officer)*
Ellis Bullock *(President)*
Leslie Perino *(Chief Operating Officer)*
Trisha Idoni *(Art Director)*
Sarah Turner *(Art Director)*

E/LA ADVERTISING
18401 Von Karman Avenue
Irvine, CA 92612
Tel.: (949) 222-2760
Web Site: www.ela1.com

Year Founded: 2004

Discipline: Creative/Advertising

Andre Filip *(Chief Executive Officer)*
Carlos Musquez *(Executive Creative Director)*

Accounts:
Thermador

E29 MARKETING
12 E Sir Francis Drake Boulevard
Larkspur, CA 94939
Tel.: (415) 891-0400
Web Site: www.e29marketing.com

Year Founded: 2017

Discipline: Creative/Advertising

Amie Stanley *(Founder & Chief Executive Officer)*
Carol Maggio *(Director, Strategy)*
Terra Chamberlin *(Group Account Director)*
Shantelle Wasag *(New Business Development)*

Accounts:
Chicken of the Sea International

E3 MARKETING
312 Pearl Street
New Albany, IN 47150
Tel.: (812) 941-1722
Fax: (812) 841-1772
Web Site: www.dudgeon-co.com

Employees: 7

Discipline: Creative/Advertising

Tom Dudgeon *(Co-owner & President)*
Barbara Kirk *(Media Director)*

EBBEN GROUP
175 Highland Avenue
Needham Heights, MA 02494
Tel.: (781) 449-3244
Web Site: www.ebbengroup.com

Employees: 12
Year Founded: 2013

Discipline: Creative/Advertising

Bill Ebben *(Chief Executive Officer)*
Jim Rosenberg *(Managing Director, Client Strategy)*
Kevin Owens *(Managing Director, Creative Services)*
Wendie DaSilva *(Accounts Director, Advertising)*

ECHO SPORTS MARKETING
6400 Hollis Street
Emeryville, CA 94608
Tel.: (415) 981-2500
Fax: (415) 981-2600
Web Site: www.echosports.com

Discipline: Creative/Advertising

Doug Nelson *(Principal & Partner)*
Sam Peck *(Principal & Partner)*
Lauren Crawford *(Account Manager)*

EDWARD NEWLAND ASSOCIATES, INC.
1161 Broad Street
Shewsbury, NJ 07702
Tel.: (732) 576-1519
Fax: (732) 530-2803
Web Site: www.ena-inc.com

Employees: 20
Year Founded: 1985

Discipline: Creative/Advertising

Ted Newland *(Owner, Senior Managing Partner)*
Robert Newland *(Managing Partner)*

EFM AGENCY
251 Tenth Avenue
San Diego, CA 92101
Tel.: (619) 232-8800
Web Site: www.efmagency.com

Discipline: Creative/Advertising

Morgan Graham *(Partner & Chief Experience Officer)*
Javier Iniguez *(Chief Executive Officer)*

Accounts:
GE Lighting
Siemens Healthineers
Sony Electronics

EL AUTOBUS
2750 Northwest Third Avenue
Miami, FL 33127
Tel.: (305) 397-8119
Web Site: www.elautobus.com

Year Founded: 2007

Discipline: Creative/Advertising

Simon De Franca *(Owner & Production Director)*
Roberto Fonfria *(Owner & Creative Director)*
Sandra Weisinger *(Creative Director)*
Andres Hernandez *(Office Administrator)*

ELEMENT 8
119 Merchant Street
Honolulu, HI 96813
Tel.: (808) 587-8258
Fax: (808) 587-8455
Web Site: http://www.element8.ae/

Year Founded: 2010

Discipline: Creative/Advertising

Chris Ching *(Partner & Creative Director)*
Jerry Blue *(Owner & Director, Account Services)*

ELEVATION MARKETING
Nine West Main Street
Richmond, VA 23220
Tel.: (804) 780-2300
Fax: (804) 780-2323
Web Site: www.elevationadvertising.com

Employees: 6
Year Founded: 2001

Discipline: Creative/Advertising

Frank Gilliam *(Founding Partner & Creative Director)*
Aaron Dotson *(Principal & Creative Director)*
Casey Stokes *(Vice President)*
Shade Wilson *(Director, Digital Strategy)*
Bryce Praught *(Art Director & Designer)*
Kate Bredimus *(Associate Creative Director)*
Liz Belte *(Art Director)*
Emily Greenwood *(Senior Account Manager)*
Kim Moore *(Senior Account Manager)*
Corey Lane *(Senior Account Manager)*
Joe Castro *(Search Engine Marketing Manager)*
Lauren Prezioso *(Project Manager)*
Nikki Battle *(Digital Marketing Specialist)*
Carol Gregory *(Senior Manager, Operations & Project Management)*
Marnie Martin *(Senior Manager, Operations & Project Management)*
Megan Bagli *(Social Media Manager)*
Tara Rowan *(Senior Project Manager)*
Katie Stone *(Account Manager)*
Jackson Downey *(Assistant Account Planner)*
Beth Borum *(Associate Creative Director)*
Caleb Walker *(SEM Analyst)*

Accounts:
Arconic
The Spice Hunter

ELEVATOR
5431 Avenida Encinas
Carlsbad, CA 92008
Tel.: (760) 494-7590
Web Site: www.elevatoragency.com

Year Founded: 2003

Discipline: Creative/Advertising

Frank Cowell *(President & Creative Director)*
Joseph Freeman *(Vice President)*

Accounts:
Brightview
Toshiba America, Inc.

ELEVEN, INC.
500 Sansome Street
San Francisco, CA 94111
Tel.: (415) 707-1111
Fax: (415) 707-1100
Web Site: www.eleveninc.com

Employees: 50
Year Founded: 1999

Discipline: Creative/Advertising

Courtney Buechert *(Chief Executive Officer & Partner)*
Rob Price *(Co-Founder & Executive Creative Director)*
Michael Borosky *(Co-Founder & Executive Creative Director)*
Ted Bluey *(Associate Partner & Creative Director)*
Jarett Hausske *(President)*
Ken Kula *(Chief Financial Officer & Partner)*
Mike McKay *(Chief Creative Officer & Partner)*
Ryan Ku *(Head, Strategy & Brand Innovation)*
Jack Harding *(Creative Director)*

AGENCIES - JULY, 2020

CREATIVE/ADVERTISING AGENCIES

Kelly McCullough *(Creative Director)*
Monique Verrier *(Associate Partner & Director, Creative Services)*
Chad Leitz *(Associate Partner & Creative Director)*
Marisa Buss *(Group Business Director)*
Eric Lombardi *(Associate Partner & Director, Client Health)*
Paul Golubovich *(Director, Production)*
Ben Cook *(Director, Client Finance & Revenue)*
Daisy Serafini *(Art Director)*
Flavia Gonzalez *(Senior Art Director)*
Matthew Wakeman *(Creative Director)*
Mike Butler *(Art Director)*
Tamara Grozik *(Senior Project Manager)*
Ivana Grahovac *(Senior Strategist)*
Michele Sileo *(Managing Director)*

Accounts:
Apple, Inc.
Aria
Autodesk, Inc.
California Pacific Medical Center
Coinstar, Inc.
Common Sense Media Inc.
Dignity Health
Electrify America
Getaround, Inc
Helix OpCo LLC
Oakland Athletics
Oakley, Inc.
Pella Corporation
San Francisco Convention & Visitors Bureau
The Bank of New York Mellon Corporation
Union Bank of California
Visa, Inc.

ELIAS SAVION ADVERTISING
625 Liberty Avenue
Pittsburgh, PA 15222
Tel.: (412) 642-7700
Fax: (412) 642-2277
Web Site: www.elias-savion.com

Employees: 30
Year Founded: 1976

Discipline: Creative/Advertising

Ronnie Savion *(Executive Vice President & Chief Creative Officer)*
Philip Elias *(President & Chief Executive Officer)*
Genny Lewis *(Human Resource Manager)*

ELISCO ADVERTISING
3707 Butler Street
Pittsburgh, PA 15201
Tel.: (412) 586-5840
Web Site: www.elisco.com

Year Founded: 1978

Discipline: Creative/Advertising

John Elisco *(President & Creative Director)*
John Caruso *(Director, Business Development)*

EMERY GROUP ADVERTISING
1519 Montana Avenue
El Paso, TX 79902
Tel.: (915) 532-3636
Fax: (915) 544-7789
Toll Free: (888) 651-8888
Web Site: www.emerygroup.com

Year Founded: 1977

Discipline: Creative/Advertising

Tom Emery *(President)*
Liz Acosta *(General Manager)*

EMI STRATEGIC MARKETING, INC.
15 Broad Street
Boston, MA 02109
Tel.: (617) 224-1101
Fax: (617) 451-1193
Web Site: www.emiboston.com

Year Founded: 1989

Discipline: Creative/Advertising

Campbell Edlund *(President & Chief Executive Officer)*
Ken Lubar *(Chief Technology Officer & Vice President)*
Anthony Nygren *(Executive Vice President, Investments Practice)*
Mark Malloy *(Executive Creative Director)*
Charlene Paradise *(Managing Director, Payments Practice)*
Nathan Hepp *(Interactive Art Director)*
Greg Smith *(Managing Director - Marketing)*
Mark Ronan *(Managing Marketing, Marketing)*

ENC STRATEGY
3100 Clarendon Boulevard
Arlington, VA 22101
Tel.: (571) 297-1230
Web Site: www.encstrategy.com

Employees: 15
Year Founded: 1993

Discipline: Creative/Advertising

Eva Neumann *(President & Chief Executive Officer)*
Megann Daw Clarke *(Vice President)*

ENGEL O'NEILL ADVERTISING
2124 Sassafras Street
Erie, PA 16502
Tel.: (814) 454-3111
Fax: (814) 456-7879
Web Site: www.engeloneill.com

Employees: 8

Discipline: Creative/Advertising

Nancy O'Neill *(Partner)*
Gregory Engel *(Partner)*
Sue Lucas *(Media Director)*
Julie Monaghan *(Office Manager)*

ENLIGHTEN
2425 Nashville Road
Bowling Green, KY 42101
Toll Free: (866) 442-1191
Web Site: getenlightened.io

Year Founded: 2018

Discipline: Creative/Advertising

Timothy Kennedy *(Vice President, Advertising Sales)*
Eric Rosen *(Vice President, Monetization)*
Corey Fryia *(Marketing Director)*
Dallas Fancher *(Senior Consultant)*
Robin Sullivan *(Marketing Assistant)*

ENSO
1526 Cloverfield Boulevard
Santa Monica, CA 90404
Tel.: (310) 526-8273
Web Site: www.enso.co

Year Founded: 2012

Discipline: Creative/Advertising

Sebastian Buck *(Co-Founder & Strategic Lead)*
Kirk Souder *(Co-Founder & Chief Creative Officer)*
Niklas Lilja *(Member, Board)*
Tiago Pereira *(Creative Director)*

EPICENTER CREATIVE
2305 Broadway
Boulder, CO 80302
Tel.: (303) 786-8633
Fax: (303) 484-3947
Web Site: www.epicentercreative.com

Year Founded: 1985

Discipline: Creative/Advertising

Cindi Yaklich *(Co-Owner, President & Art Director)*
Lydia Pottoff *(Co-Owner & Art Director)*

ERIC ROB & ISAAC
509 President Clinton Avenue
Little Rock, AR 72201
Tel.: (501) 978-6329
Web Site: www.ericrobisaac.com

Year Founded: 2004

Discipline: Creative/Advertising

Eric Lancaster *(Owner)*
Rob Bell *(Principal)*
Isaac Alexander *(Principal)*
Camille Norman *(Media Director)*
Ben Johnson *(Designer & Strategist, Brand)*

ERICH & KALLMAN
535 Mission Street
San Francisco, CA 94105
Tel.: (415) 963-9922
Web Site: www.erich-kallman.com

Year Founded: 2016

Discipline: Creative/Advertising

Steven Erich *(Co-Founder & Managing Director)*
Eric Kallman *(Co-Founder & Creative Director)*
Jill Garrison *(Chief Operating Officer)*
Rebecca Harris *(Strategy Director)*
Julie Pfleger *(Account Director)*
Julie Erich *(Director, Operations & Business Development)*
Patrick Newman *(Copywriter)*
Stacie Larsen *(Art Director)*
Laura Miley *(Account Director)*
Tony Billmeyer *(Account Director)*
Olivia Baker *(Producer)*
Allie Carr *(Copywriter)*

Accounts:
Astral Tequila
Fat Tire
Lucky Charms
OneHope Wine
Reese's Peanut Butter Puffs

ESPARZA ADVERTISING

68

CREATIVE/ADVERTISING AGENCIES

423 Copper Avenue Northwest
Albuquerque, NM 87102
Tel.: (505) 765-1505
Fax: (505) 765-1518
Web Site: www.letsmakeascene.com

Employees: 10

Discipline: Creative/Advertising

Del Esparza *(Owner & President)*
Roberta Clark *(Chief Financial Officer & Principal)*
Craig Berry *(Creative Director)*
Eve Wakeland *(Account Director)*
Kiki Jones-Lopez *(Production & Traffic Manager)*

ESROCK PARTNERS
60 North Frontage Road
Burr Ridge, IL 60527
Tel.: (708) 349-8400
Fax: (708) 349-8471
Toll Free: (888) 377-6257
Web Site: www.esrock.com

Employees: 35
Year Founded: 1978

Discipline: Creative/Advertising

Kevin Wilson *(Chief Executive Officer & Owner)*
Heather Goewey *(Partner, Marketing Communications)*
Clay Coughlin *(Director, Business Development)*
Helen Lipke *(Recruitment Advertising Manager)*
Travis Fish *(Account Manager)*

ESTEY-HOOVER ADVERTISING & PUBLIC RELATIONS
20201 Southwest Birch Street
Newport Beach, CA 92660
Tel.: (949) 756-8501
Fax: (949) 756-8506
Web Site: www.estey-hoover.com

Employees: 20
Year Founded: 1975

Discipline: Creative/Advertising

Dan Hoover *(Founder, President & Creative Director)*
John Cooper *(Vice President, Creative Services, Newport Beach)*
Joan Carol *(Director, Operations - Newport Beach)*
Tanis Campbell *(Specialist, Internet)*

ESTIPONA GROUP
Post Office Box 10606
Reno, NV 89510
Tel.: (775) 786-4445
Fax: (775) 786-7102
Toll Free: (888) 622-5853
Web Site: www.estiponagroup.com

Employees: 9
Year Founded: 1993

Discipline: Creative/Advertising

Edward Estipona *(President & Chief Executive Officer)*
Paige Galeoto *(Vice President, Creative)*
Jackie Shelton *(Vice President, Public Relations)*
Mikalee Byerman *(Vice President, Strategy)*
Brian Raszka *(Senior Art Director)*
Nicole Rose *(Client Services Manager)*

ETHOS CREATIVE
3061 South Church Street
Burlington, NC 27215
Tel.: (336) 506-7631
Fax: (336) 270-4542
Web Site: www.ethoscreate.com

Year Founded: 2012

Discipline: Creative/Advertising

Matt Mullen *(Creative Partner & Founder)*
Christine Xoinis *(Creative Partner & Founder)*

EVANSHARDY + YOUNG
829 De la Vina Street
Santa Barbara, CA 93101-3285
Tel.: (805) 963-5841
Fax: (805) 564-4279
Web Site: www.ehy.com

Discipline: Creative/Advertising

Dennis Hardy *(President & Chief Executive Officer)*
Lily Katz-Smolenske *(Senior Vice President & Media Director)*
Kirk Evans *(Vice President & Associate Creative Director)*
Suzan Sonna *(Print Production Manager)*
Candice Tang Nyholt *(Senior Account Executive)*

Accounts:
California Walnut Board

EVOK ADVERTISING
1485 International Parkway
Heathrow, FL 32746
Tel.: (407) 302-4416
Fax: (407) 302-4417
Web Site: www.evokad.com

Year Founded: 2002

Discipline: Creative/Advertising

Terry Mooney *(Partner & New Business Officer)*
Larry Meador *(Chief Executive Officer)*
Mark Holt *(Partner & Director, New Business Development)*
Christopher LeBlanc *(Vice President & Executive Creative Director)*
Stewart Hill *(Vice President, Strategic Planning)*
Cheryl Parker *(Client Services Director)*
Lynn Whitney-Smith *(Manager, Creative Services)*
Jonathan Strubel *(Media Planner & Buyer)*
Tanya Zeiher *(Managing Director)*

Accounts:
Pita Pit USA

EVOKE GIANT
1700 Montgomery Street
San Francisco, CA 94111
Web Site: www.giantagency.com

Year Founded: 2002

Discipline: Creative/Advertising

Steven Gold *(Chief Executive Officer)*
Adam Gelling *(President)*
Eric Steckelman *(Chief Growth Officer)*
Jeffrey Nemy *(Chief Finance Officer)*
Michael Sperling *(Principal)*
Stephen Mullens *(Founder & Partner)*
Janet Vennari *(Executive Vice President & Director, Client Services)*
Kristina Ellis *(Executive Vice President & Executive Creative Director)*
Andrew Wint *(Senior Vice President, Technology)*
Josh Yoburn *(Senior Vice President, Medical & Scientific Strategy)*
Michele Adams *(Senior Vice President & Creative Director)*
Kimberly Robinson *(Account Group Supervisor)*
Dana Nakagawa *(Supervisor, Art)*
Felicity Pal *(Supervisor, Copy)*
Borys Czernichowski *(Engineer, Solutions)*

EVOKE HEALTH
One South Broad Street
Philadelphia, PA 19107
Tel.: (267) 765-4992
Fax: (215) 625-9037
Web Site: www.evokegroup.com

Employees: 32
Year Founded: 2004

Discipline: Creative/Advertising

Maryellen Royle *(Partner, Public Relations & Influence)*

EVOKE HEALTH
101 Sixth Avenue
New York, NY 10013
Tel.: (212) 228-7200
Fax: (212) 228-2156
Web Site: www.evokeinteraction.com

Employees: 35
Year Founded: 2006

Discipline: Creative/Advertising

Reid Connolly *(Chief Executive Officer)*
Jackson Manning *(Account Director)*
Jason Trojanowski *(Creative Director)*
Joy Yih *(Senior Art Director)*

EVR ADVERTISING
155 Dow Street
Manchester, NH 03101
Tel.: (603) 647-8606
Fax: (603) 647-8607
Web Site: www.evradvertising.com

Employees: 16
Year Founded: 1989

Discipline: Creative/Advertising

Jeff Eisenberg *(President)*
Pete Ricci *(Vice President, Creative & Digital Services)*
Christine Rival *(Director, Operations)*
Deb Choate *(Director, Operations)*
Jim Fennell *(Director, Public Relations & Content Services)*
Margo Johnson *(Creative Director)*
Kelly Nylander *(Social & Video Manager)*
Mariah Ehrgott *(Digital Marketing Manager)*
Daniel Powers *(Designer, Web)*
Melanie Richard *(Media Planner)*
Brittni Byron *(Traffic Coordinator)*

EXPERT MARKETING
7985 Santa Monica Boulevard
Los Angeles, CA 90046
Tel.: (323) 737-7177
Web Site: www.expertmarketing.com

Employees: 18
Year Founded: 1996

Brands. Marketers. Agencies. Search Less. Find More.
Try out the online version at www.winmo.com

AGENCIES - JULY, 2020 — CREATIVE/ADVERTISING AGENCIES

Alan Dale *(President)*
Louise Manfe *(Vice President, Digital Media & Marketing)*

EXSEL ADVERTISING
420 Main Street
Sturbridge, MA 01566
Mailing Address:
Post Office Box 1166
Sturbridge, MA 01566
Tel.: (774) 241-0041
Fax: (508) 885-0214
Web Site: www.exselad.com

Employees: 13
Year Founded: 1991

Discipline: Creative/Advertising

Rich Suitum *(President)*
Linda Waterman *(Controller)*
Kathy Ruddy *(Vice President & Account Executive)*

FACT & FICTION
2000 Central Avenue
Boulder, CO 80301
Tel.: (303) 867-8870
Web Site: factandfiction.work

Discipline: Creative/Advertising

Luke Frydenger *(Co-Founder & Partner)*
Kyle Taylor *(Founding Partner & Creative Director)*
Colin Stein *(Content Producer)*
Jacob Glazier *(Content Creator)*

Accounts:
Blue Ribbon Classics
SorBabes

FAHLGREN MORTINE PUBLIC RELATIONS
4030 Easton Station
Columbus, OH 43219
Tel.: (614) 383-1500
Fax: (614) 222-2200
Web Site: www.fahlgrenmortine.com

Employees: 115
Year Founded: 1962

Discipline: Creative/Advertising

Brent Holbert *(Chief Financial Officer)*
Neil Mortine *(President & Chief Executive Officer)*
Aaron Brown *(Executive Vice President)*
Amy Dawson *(Executive Vice President)*
Sean Cowan *(Executive Vice President, Creative & Digital Experience)*
Wendy Cramer *(Senior Vice President)*
Marty McDonald *(Executive Vice President)*
Ed Patterson *(Vice President, Information Technology)*
Carrie Morris *(Vice President & Creative Director)*
Scott Stripe *(Vice President)*
Sarah O'Driscoll *(Associate Vice President)*
Mike Klebacha *(Senior Digital Account Director)*
Erin Balow *(Senior Manager, Corporate Communications)*
Bobby Ritzi *(Supervisor, Media Connections)*
Heather Bartman *(Account Supervisor)*
Alyssa Smith *(Account Supervisor)*

Pam Lowe *(Account Supervisor)*

Accounts:
Nevada Commission on Tourism
North Dakota Travel & Tourism

FAIN & TRIPP
215 Grayson Industrial Parkway
Grayson, GA 30017
Tel.: (678) 985-4500
Fax: (678) 985-4600
Web Site: www.faintripp.com

Discipline: Creative/Advertising

Russ Tripp *(Owner)*
Debbie Fain *(Owner & Vice President)*
Janice Turner *(Marketing Account Executive)*

FALL ADVERTISING
10960 Wheatlands Avenue
Santee, CA 92071
Fax: (619) 258-7752
Web Site: www.fallads.com

Discipline: Creative/Advertising

Donald Fall *(Owner)*
Russell Turner *(Vice President & Creative Director)*
Dave Billick *(Senior Art Director)*

FALLON MEDICA
620 Shrewsbury Avenue
Tinton Falls, NJ 07701
Tel.: (732) 345-3500
Fax: (732) 212-1927
Web Site: www.clinedavis.com

Employees: 30
Year Founded: 1984

Discipline: Creative/Advertising

Tim Fallon *(President)*
Bina O'Brien *(Executive Vice President, Operations)*

FALLON WORLDWIDE
500 North Third Street
Minneapolis, MN 55401
Tel.: (612) 758-2345
Fax: (612) 758-2346
Web Site: www.fallon.com

Employees: 325
Year Founded: 1981

Discipline: Creative/Advertising

Mike Buchner *(Chairman)*
Niki Dobratz *(Chief Marketing Officer)*
Rocky Novak *(Chief Executive Officer)*
Jay Morrison *(Senior Art Director)*
Chad Koehnen *(Group Strategy Director)*
Andy Rhode *(Media Director)*
Meredith Zander *(Associate Media Director)*
Kelly Holley *(Account Director)*
Cory Simpson *(Associate Media Director)*
Julie McBride *(Director, Talent & Communications)*
Marc Mason *(Group Account Director)*
Patrick Figueroa *(Executive Creative Director)*
Rachel Quinlan *(Group Media Director)*
Brendan Lawrence *(Director, Integrated Business Affairs)*
Rick Utzinger *(Executive Creative Director)*

Suzy Langdell *(Account Director)*
Pat Sidoti *(Head, Production)*
Elizabeth Applen *(Director, Creative Operations)*
Jordan Hoffarber *(Director, Group Account)*
Mona Morris *(Senior Business Affairs Manager)*
Carlyn Donovan *(Media Supervisor)*
Payton Gallogly *(Account Supervisor)*
Karli Kolbert *(Manager, New Business & Account Manager)*
Megan Marsolek *(Broadcast Traffic Manager)*
Lindsay McNelis *(Account Supervisor)*
Mara Keller *(Social Strategist)*
Tiffany Luong *(Supervisor, Digital Media)*

Accounts:
Arby's Restaurant Group, Inc.
Big Ten Network
CNBC, Inc.
Culligan
Culligan International Company
Cumberland Farms, Inc.
DanActive
Danimals
Dannon Light & Fit
Horizon Organic
Hotwire, Inc.
International Delight
KeyBank
Loctite
Massage Envy
Nuveen Investments
NYSE MKT LLC
Silk Milk
Silk Pure Almond Milk
So Delicious
SToK Cold Brew
Waitr
Wallaby

FALLS AGENCY
635 Ninth Street Southeast
Minneapolis, MN 55414
Tel.: (612) 872-6372
Fax: (612) 872-1018
Web Site: www.fallsagency.com

Year Founded: 1982

Discipline: Creative/Advertising

Sharon Lund *(President)*
Bryan Jordahl *(Art Director)*
Lisa Rothschild *(Supervisor, Account)*

Accounts:
Kawasaki Motors Corporation, USA

FAME
121 Washington Avenue North
Minneapolis, MN 55401
Tel.: (612) 746-3263
Fax: (612) 746-3333
Web Site: www.fameretail.com

Year Founded: 1989

Discipline: Creative/Advertising

Lynne Robertson *(President, Chief Executive Officer & Owner)*
Julie Feyerer *(Vice President & Creative Director)*
Yves Roux *(Vice President & Creative Director)*
Mike Fetrow *(Executive Creative Director)*
Justin Ungs *(Director, Account Management)*

Accounts:

CREATIVE/ADVERTISING AGENCIES

SUPERVALU, Inc.

FAMILIAR CREATURES
3300 West Broad Street
Richmond, VA 23230
Tel.: (804) 286-2077
Web Site: www.familiarcreatures.com

Year Founded: 2018

Discipline: Creative/Advertising

Dustin Artz *(Co-Founder & Creative Director)*
Justin Bajan *(Co-Founder & Creative Director)*

Accounts:
Devils Backbone Brewing
Two Men And A Truck International, Inc.

FANCY LLC
11 Broadway
New York, NY 10004
Tel.: (212) 343-2629
Web Site: www.fancynyc.com

Year Founded: 2011

Discipline: Creative/Advertising

Katie Keating *(Co-Founder & Creative Director)*
Erica Fite *(Co-Founder & Creative Director)*
Lindsey Seyman *(Managing Partner, Accounts)*

FANTICH MEDIA
609 West US Highway 83
McAllen, TX 78501
Tel.: (956) 928-0500
Fax: (956) 928-0501
Web Site: www.fantichmedia.com

Discipline: Creative/Advertising

Marc Fantich *(President)*
Manny Garza *(Creative Director)*
Eric Fantich *(Digital Creative Director)*
Michelle Mann *(Marketing Manager)*

FARM DESIGN INCORPORATED
12 Silver Lake Road
Hollis, NH 03049
Mailing Address:
Post Office Box 1260
Hollis, NH 03049
Tel.: (603) 465-9800
Fax: (603) 465-9801
Web Site: www.farmpd.com

Employees: 35
Year Founded: 1971

Discipline: Creative/Advertising

Marc Dubreuil *(Vice President, Business Development)*
Darrin Manke *(General Manager)*
Tristan Sedqwick *(Marketing Communications Manager)*

FATHEAD DESIGN, INC.
6039 North Maplewood Avenue
Chicago, IL 60654
Tel.: (773) 338-1313
Web Site: www.fatheaddesign.com

Year Founded: 1999

Discipline: Creative/Advertising

Gregg Tomlinson *(Principal)*
Tonya Tomlinson *(Principal)*

FATHOM
73 West Monroe Street
Chicago, IL 60603
Tel.: (312) 561-5532
Web Site: www.fathomdelivers.com

Year Founded: 1997

Discipline: Creative/Advertising

Jim Kohl *(Vice President, Marketing)*
Deanna Fleming *(Social Media Manager)*

FCB CHICAGO
875 North Michigan Avenue
Chicago, IL 60611
Tel.: (312) 425-5000
Fax: (312) 425-5010
Web Site: www.fcbchi.com

Employees: 644
Year Founded: 1873

Discipline: Creative/Advertising

Tina Manikas *(President, FCB/RED)*
Michael Fassnacht *(President & Chief Executive Officer)*
Andres Ordonez *(Chief Creative Officer)*
Kelly Graves *(Chief Marketing Officer & Executive Vice President)*
Mark Jungwirth *(Chief Financial & Technology Officer)*
Fernando Espejel *(Chief Technology Officer)*
Ross Quinn *(Executive Vice President & Director, Customer Solutions)*
Cary Pierce *(Executive Vice President & Group Management Director)*
Teddy Brown *(Executive Vice President & Executive Creative Director - FCB Global)*
Kevin Grady *(Executive Vice President & Head, Design)*
Ecole Weinstein *(Executive Vice President & Executive Director, Creative)*
Lisa Bright *(Executive Vice President & Executive Director, Creative)*
Antoniette Wico *(Executive Vice President & Director, Group Management)*
Bella Patel *(Executive Vice President, Human Resources)*
Kerry Hill *(Executive Vice President & Director, Production)*
Jennifer Neumann *(Senior Vice President & Group Management Director)*
Scot Havrilla *(Senior Vice President & Group Management Director)*
Will St. Clair *(Senior Vice President & Director, Integrated Production)*
Howard Klein *(Senior Vice President & Consumer Marketing Director)*
Christine Lindquist *(Senior Vice President & General Manager, Healthcare Practice)*
Josh Blacksmith *(Senior Vice President & General Manager, CRM)*
Avital Pinchevsky *(Senior Vice President & Executive Director, Creative)*
Bobbi Bowers *(Senior Vice President & Creative Director)*
Gwen Hammes *(Senior Vice President & Director, Group Management)*
Liz Drouin *(Senior Vice President & Director, Management)*
Cherie Davies *(Senior Vice President & Director, Group Creative)*
Kathleen Tax Wille *(Senior Vice President & Director, Creative)*
Samuel Luchini *(Senior Vice President & Executive Creative Director)*
Kerry Ciociola *(Senior Vice President & Creative Director)*
Romaine Mackenzie *(Senior Vice President & Group Management Director)*
Nat Jones *(Vice President & Creative Director)*
Nicole Emerick *(Vice President & Director, Social Media)*
Katie Lowman *(Vice President & Strategic Planning Director)*
Zachary Kieltyka *(Vice President & Management Director)*
Tom Hehir *(Senior Vice President & Director, Strategic Planning)*
Tor Lemhag *(Vice President & Director, Creative)*
Nancy Khurana *(Vice President & Director, Strategic Planning)*
Leah McGee *(Vice President & Director, Strategic Planning)*
Bruno Mazzotti *(Vice President & Director, Creative)*
Emily Jelsomeno *(Vice President & Director, Strategic Planning)*
Lindsay Tyler *(Vice President & Director, Production - Lord + Thomas)*
Joseph Tipre *(Vice President & Director, Production - Lord + Thomas)*
Dave Alper *(Vice President, Analytics)*
Nok Sangdee *(Director, Creative)*
Meredith Goodspeed *(Management Director - FCB Global)*
Alex Guglielmo *(Account Director)*
Karin Carlisle *(Director, Account)*
Grey Ingram *(Director, Creative)*
Katherine Fliess *(Director, Account)*
Kelly O'Keefe *(Director, Art)*
Brittany Saito *(Director, Account)*
Shannon Fanelli *(Director, Account)*
Angelica Heng *(Supervisor, Account)*
Kristin Oberg *(Associate Director, Project Management)*
Brian Steckel *(Creative Director - Lord + Thomas)*
Timothy Kosnik *(Engagement Director)*
Erin Hudec *(Supervisor, Account)*
Phil Paquette *(Director, Strategic Planning)*
Kendall Valenstein *(Account Supervisor)*
Kathy Behrens *(Senior Manager, Production)*
Maggie Gradala *(Account Supervisor)*
Adam Repp *(Senior Copywriter)*
Michael Fox *(Account Supervisor)*
Valerie Bonner *(Broadcast Producer)*
Chloe Lebamoff *(Senior Copywriter)*
Colette Charak *(Account Executive)*
Emily Schmidt *(Account Supervisor)*
Cesar Gomez *(Manager, Social Media)*
Eric Lessens *(Account Supervisor)*
Ally Khajenouri *(Account Supervisor)*
Hayet Rida *(Senior Brand Strategist, Shopper & Influencer)*
Jeannie Slezak *(Broadcast Producer)*
Vidya Ranganathan *(Senior Strategic Planner)*
Shelly Yusko *(Communications Associate)*
Lauren Lenart *(Associate Creative Director)*
Blythe Green *(Copywriter)*
Erika Pflederer *(Senior Vice President & Managing Director - Lord + Thomas)*
Eric Chun *(Executive Vice President & Managing Director, Strategic Analytics)*
Jorie Livingston *(Management Director)*

Accounts:
Academy Sports & Outdoors, Ltd.

AGENCIES - JULY, 2020

CREATIVE/ADVERTISING AGENCIES

Aramark Corporation
Blue Bunny
BMO Harris Bank N.A.
Bon & Viv
Choose Chicago
Clorox Disinfecting Wipes
Clorox Liquid Bleach
Cottonelle
Cottonelle Fresh
Cox Communications, Inc.
Cran-Brrr-Rita
Fiat
GE Appliances, a Haier Company.
General Electric Corporation
Glad
Go RVing Coalition
GreenWorks
Jeep
Jeep Grand Cherokee
Kleenex
Lime-A-Rita
Liquid-Plumr
Mang-O-Rita
MFS Investment Management
Michelob Ultra
Motorola Mobility, Inc.
Ortho Tri-Cyclen
Ortho Tri-Cyclen Lo
Partnership for Drug-Free America, Inc.
Pine-Sol
Raz-Ber-Rita
Scott Products
Scott Professional Products
Sears Holding Corporation
Straw-Ber-Rita
Taco Bell Corporation
The Boeing Company
The Clorox Company
The Dow Chemical Company
Walmart Stores, Inc.

FCB HEALTH
100 West 33rd Street
New York, NY 10001
Tel.: (212) 672-2300
Fax: (212) 672-2301
Web Site: www.fcbhealthcare.com

Employees: 230
Year Founded: 1873

Discipline: Creative/Advertising

Dana Maiman *(President & Chief Executive Officer)*
Graham Johnson *(Executive Vice President & Chief Product Officer)*
Michael Guarino *(Chief Commercial Officer)*
Mike Devlin *(Executive Vice President & Group Creative Director)*
Sarah Hall *(Executive Vice President & Executive Director)*
Suzanne Molinaro *(Executive Vice President & Director, Production)*
Patrick Tobin *(Executive Vice President & Director, Creative)*
Salvatore Diana *(Executive Vice President & Director, Creative)*
Kathleen Nanda *(Executive Vice President & Executive Creative Director)*
Joseph Riippi *(Executive Vice President & Group Creative Director)*
Terrence Rouse *(Senior Vice President & Director, Strategic Planning)*
Jessica Wey *(Senior Vice President & Creative Director)*
Brent Heindl *(Senior Vice President & Director, Creative)*
Cynthia Rothbard *(Senior Vice President & Group Director, Creative)*
Kamran Aslam *(Senior Vice President & Director, Technology)*
Jennifer Maroney *(Senior Vice President, Customer Experience & Engagement)*
Marissa Kraft *(Senior Vice President & Director, Creative)*
Julia Glick *(Vice President & Associate Creative Director)*
Meghan Reilly *(Vice President & Director, Account)*
Deika Abdi *(Vice President & Director, Management)*
Meylin Lopez *(Supervisor, Account)*
Jennifer Rauch *(Vice President & Director, Management)*
Gloria Choi *(Vice President & Director, Strategic Planning)*
Melissa Ludwig *(Associate Director, Creative)*
Ryan Smith *(Vice President & Strategic Planning Director)*
Daniela Carrasco *(Vice President, Account Lead)*
Jennifer Valentine *(Vice President & Management Director)*
Amalia Hohberger *(Vice President & Account Director)*
Steven Emry *(Vice President & Creative Director)*
Tiffini Swanston *(Director, Customer Relationship Management)*
Cristin Parise *(Director, Account)*
Christina Richichi Costello *(VP, Account Director)*
Casey Ross *(Director, Social Media Strategy)*
Cynthia Flowers *(Senior Vice President & Director, Strategic Planning)*
Shannon McGee *(Director, Account)*
Gabriela Martinez *(Senior Director, Art)*
Olivia Acerra *(Supervisor, Group Art)*
Zack Stone *(Supervisor, Account)*
Rachel Silverman *(Account Executive)*
Melba Arevalo *(Integrated Producer)*
Garry Harper *(VP, Associate Creative Director (Copy))*

Accounts:
AbbVie, Inc.
Atripla
Bactroban Cream
Boostrix
Engerix-B
Genentech, Inc.
Gilead Sciences, Inc.
Havrix
Infanrix
Lamictal
Malarone
Orilissa
Pediarix
Plavix (co-marketed with Bristol-Myers Squibb)
Timentin
Tip-Lok
Twinrix
Uloric
Valtrex
Wellbutrin

FCB TORONTO
219 Dufferin Street
Toronto, ON MK6 3J1
Tel.: (416) 483-3600
Fax: (416) 489-8782
Web Site: www.fcbtoronto.com

Employees: 250
Year Founded: 1873

Discipline: Creative/Advertising

Shelley Brown *(Chief Strategy Officer)*
Nancy Crimi-Lamanna *(Chief Creative Officer)*
Jeff Hilts *(Chief Creative Officer)*
Monica Hofmann *(Chief Financial Officer)*
Sunil Sekhar *(Vice President, Human Resources)*
Cynthia Roach *(Vice President, & Group Account Director)*
Ricky Jacobs *(Vice President & Management Director)*
Stef Fabich *(Vice President & Director, Integrated Production)*
Tracy Little *(Vice President & Managing Director)*
Jodi Spanninga *(Vice President, & Group Account Director)*
Ravi Singh *(Group Account Director)*
Eryn LeMesurier *(Director, Strategic Planning)*
Olivia Selbie *(Account Supervisor)*
Shelagh Hartford *(Senior Strategist)*

Accounts:
Air Canada
Lassonde Industries, Inc.
Ontario Tourism Marketing Partnership Corporation
Torstar Corporation

FCB WEST
1160 Battery Street
San Francisco, CA 94111-1909
Tel.: (415) 820-8000
Fax: (415) 820-8087
Web Site: www.fcb.com

Employees: 125
Year Founded: 1873

Discipline: Creative/Advertising

Joe Oh *(Chief Executive Officer)*
Karin Onsager-Birch *(Chief Creative Officer)*
Simon White *(Chief Strategic Officer)*
Mike Giger *(Senior Vice President & Group Management Director)*
Sue Redington *(Senior Vice President & Group Management Director)*
Arlene Bae *(Senior Vice President & Group Management Director)*
Drew Meiser *(Senior Art Director)*
Michael Long *(Executive Creative Director)*
Justin Moore *(Executive Creative Director)*
Ryan Riley *(Director, Account Planning)*
Paola Cammareri *(Account Supervisor)*
Courtney Whiting *(Senior Account Executive)*
Jessica Brown *(Project & Creative Manager)*
Caroline Hunt *(Assistant Account Executive)*

Accounts:
Ameriprise Financial Services, Inc.
Battlefield
Clorox 2
Clorox Clean Up
Clorox Disinfecting Spray
Clorox Disinfecting Wipes
Clorox Liquid Bleach
Clorox Toilet Bowl Cleaner
Clorox Toilet Wand
dENIZEN
Dockers
EA Games
Electronic Arts, Inc.
Ghirardelli Chocolate Company
Glad

Brands. Marketers. Agencies. Search Less. Find More.
Try out the online version at www.winmo.com

CREATIVE/ADVERTISING AGENCIES

Glad ForceFlex
Glad Press 'n Seal
GladWare
Hotwire, Inc.
Kikkoman
Kikkoman International, Inc.
Levi Strauss & Company
Levi's
Levi's 511
Levi's Jeans
Levi's 501
Liquid-Plumr
Pine-Sol
The Clorox Company

FCBCURE
Five Sylvan Way
Parsippany, NJ 07054
Tel.: (973) 984-2755
Fax: (973) 984-2759
Web Site: www.fcbcure.com

Employees: 267
Year Founded: 1986

Discipline: Creative/Advertising

Tammy Fischer *(Executive Vice President & Co-Managing Director)*
Alex Chiong *(Senior Vice President & Group Creative Director)*

FEARLESS AGENCY
12 West 21st Street
New York, NY 10010
Tel.: (646) 789-4789
Fax: (401) 256-5032
Web Site: fearless.agency

Year Founded: 2010

Discipline: Creative/Advertising

Jerry Judge *(Chief Executive Officer & Partner)*
Robert Davidman *(Partner)*
Mike Head *(Partner)*
Peter Gibb *(Partner)*
Tim Walsh *(Partner)*
Robert McMahon *(Media & Account Manager)*

Accounts:
Def Jam Recording
Diageo North America

FERGUSON ADVERTISING, INC.
347 West Berry Street
Fort Wayne, IN 46802
Tel.: (260) 426-4401
Fax: (260) 422-6417
Toll Free: (866) 469-6000
Web Site: www.fai2.com

Employees: 21
Year Founded: 2002

Discipline: Creative/Advertising

John Ferguson *(President)*
Nancy Wright *(Chief Executive Officer)*
Ryan Holt *(Vice President, Digital Services)*
Bob Kiel *(Vice President, Creative Director)*
Kyle Martin *(Vice President, Account Services)*
Brian Art *(Art Director)*
Greg Smith *(Art Director)*
Jason McFarland *(Senior Art Director)*
Kevin Erb *(Director, Public Relations & Social Media & Account Manager)*

Carol Havers *(Production Manager)*
Andi Backs-Chin *(Senior Account Executive)*
Liz Stuby *(Account Executive)*
Lauren Coxen *(Account Coordinator)*

FIG
628 Broadway Street
New York, NY 10012
Tel.: (212) 267-8800
Web Site: www.figagency.com

Year Founded: 2013

Discipline: Creative/Advertising

Scott Vitrone *(Partner & Chief Creative Officer)*
Mark Figliulo *(Founder & Chief Executive Officer)*
Caroline Krediet *(Partner, Strategy)*
Judith Carr-Rodriguez *(President & Founding Partner)*
Robert Valdes *(Partner & Head, Production)*
Richard Tan *(Partner, Chief Financial Officer & Chief Operating Officer)*
Laura Ries *(Media Director)*
Molly Jamison *(Director, Creative)*
Ted Alcarez *(Executive Director, People & Culture)*
Ross Fletcher *(Creative Director)*
Kristen King *(Executive Director, Client Services)*
Finnian O'Neill *(Executive Director, Client Services)*
Katie Gallagher *(Account Director)*
Sara Jagielski *(Director, Integrated Business Affairs)*
Howard Finkelstein *(Creative Director)*
Alexis de Seve *(Account Director)*
Amy White *(Director, Project Management)*
Cara Drolshagen *(Group Strategy Director)*
Kortney Brand *(Media Planner)*
Kristen Mondshein *(Account Manager)*
Pamela Honores *(Manager, Paid Social Media)*
Nicole-Juliet Friedman *(Integrated Media Planner)*
Angela Kohlhoff *(Associate Media Director)*
Connor Dunlap *(Social Strategist)*
Bobby Miller *(Associate Media Director)*

Accounts:
Benjamin Moore & Company
Bowflex
Bright Health
Children's Hospital Colorado
Ketel One Citroen Vodka
Ketel One Vodka
Nautilus, Inc.
Pete and Gerry's Organics, LLC
Seabourn Cruises
Vanity Fair
Virgin Atlantic Airways
Zillow, Inc.

FIREFLY CREATIVE SERVICES
2556 Apple Valley Road
Atlanta, GA 30319
Tel.: (404) 262-7424
Fax: (404) 365-9616
Web Site: www.fireflyatlanta.com

Employees: 6
Year Founded: 1969

Discipline: Creative/Advertising

Barton Wood *(President & Creative Director)*
Brad Lawley *(Creative Director)*

FIRMIDABLE
1539 Jackson Avenue
New Orleans, LA 70130
Mailing Address:
Post Office Box 53445
New Orleans, LA 70153
Tel.: (504) 525-0932
Fax: (504) 525-7011
Web Site: www.themarketingcenter.com

Year Founded: 1991

Discipline: Creative/Advertising

Nathan Chapman *(President, Founder & Owner)*
Mandy Lee *(Media Director)*

FITZCO
944 Brady Avenue Northwest
Atlanta, GA 30318
Tel.: (404) 504-6900
Fax: (404) 239-0548
Web Site: www.fitzco.com

Employees: 92
Year Founded: 1983

Discipline: Creative/Advertising

Dave Fitzgerald *(Chairman & Founder)*
Evan Levy *(Chief Operating Officer)*
Keri Palmer *(Chief Financial Officer)*
Noel Cottrell *(Chief Creative Officer)*
David Matathia *(Chief Strategy & Marketing Officer)*
Matt Woehrmann *(Chief Executive Officer)*
Joyce Faulkner *(Director, New Business)*
Lindsey Tatgenhorst *(Account Director)*
Claire Russell *(Vice President, Digital Platforms & Connections Specialist)*
Kelly Simpson *(Director, Project Management)*
Michelle Chong *(Connections Strategy Director)*
Sherman Winfield *(Vice President & Creative Director)*
Hannah Williams *(Art Director)*
Erick Holmquist *(Junior Art Director)*
Pam Hood *(Connections Specialist)*
Carter Johnson *(Account Management Supervisor)*
Brandon Hobbs *(Senior Digital Campaign Manager)*
Dejana Peric *(Account Manager)*
Jennifer Jones *(Investments Supervisor)*
Logan Frost *(Supervisor, Digital Platforms)*
Melanie Sherman *(Account Manager)*
David Berngartt *(Senior Producer)*
Erika Tribble *(Senior Producer)*
Evan Miguel *(Copywriter)*
Mackenzie Randolph *(Connections Strategy Associate)*
Salina Kamara *(Associate, Digital Platforms)*

Accounts:
Checkers Drive-In Restaurants
Coca-Cola
Coca-Cola
Coke Zero
Fanta
French's Classic Yellow Mustard
French's French Fried Onions
MedExpress Urgent Care, LLC
Nestle USA, Inc.
Odwalla
Quikrete Companies, Inc.
Rally's Hamburger Restaurants
Southern Company
Sprite Zero

Brands. Marketers. Agencies. Search Less. Find More.
Try out the online version at www.winmo.com

Synovus Financial Corporation

FIVEHUNDRED DEGREES STUDIO
2326 North Miami Avenue
Miami, FL 33127
Tel.: (305) 224-1023
Web Site: www.500degreesstudio.com

Year Founded: 2014

Discipline: Creative/Advertising

Daniel Cibran *(Founder & Vice President, Corporate Development)*
Kimberly Hughes *(Vice President & Account Director)*
Luis Ferrero *(Associate Creative Director)*

FLEXPOINT MEDIA
1800 Wilson Boulevard
Arlington, VA 22201
Web Site: flexpointmedia.com

Year Founded: 2017

Discipline: Creative/Advertising

Kegan Beran *(Co-Founder & President)*
Tim Cameron *(Co-Founder & Chief Executive Officer)*
Steve Johnston *(Chief Operating Officer)*

FLIGHT PATH CREATIVE
117 Half South Union Street
Traverse City, MI 49684
Tel.: (231) 946-7255
Fax: (231) 946-5746
Web Site: www.flightpathcreative.com

Discipline: Creative/Advertising

Aaron Swanker *(Co-Founder & Creative Director)*
Dan Smith *(Co-Founder & Account Director)*
Heather Swanker *(Art Director)*

Accounts:
Mahar Tool

FLINT & STEEL
255 West 36th Street
New York, NY 10001
Tel.: (212) 242-5000
Web Site: flintandsteel.com

Year Founded: 2012

Discipline: Creative/Advertising

Chris McKee *(Chief Executive Officer & Founder)*
Marc Greengrass *(Chief Operating Officer & Founder)*
Jordan Swan *(Senior Creative Director)*
Kevin Polay *(Director, Content)*

Accounts:
good2grow

FLY COMMUNICATIONS, INC.
575 Eighth Avenue
New York, NY 10018
Tel.: (212) 675-8484
Fax: (212) 675-3677
Web Site: www.flycommunications.com

Employees: 7
Year Founded: 2001

Discipline: Creative/Advertising

Larry Rowen *(Co-Founder & Co-Owner)*
Dave Warren *(Co-Founder & Co-Owner)*
Danielle Ma *(Director, Accounts)*

Accounts:
Kiss My Face Corp.
New York Jets
Scholastic, Inc.
University of California - Santa Cruz
Web.com, Inc.

FLYING MACHINE
1250 Broadway
New York, NY 10001
Fax: (212) 226-7122
Web Site: www.flyingmachine.tv

Year Founded: 2004

Discipline: Creative/Advertising

Micha Riss *(President, Managing Partner & Creative Director)*
Daniel Acharkan *(Partner & Director, New Media)*
Daisuke Endo *(Vice President & Creative Director)*

FLYNN
175 Sully's Trail
Pittsford, NY 14534
Tel.: (585) 421-0100
Fax: (585) 421-0121
Toll Free: (800) 628-9653
Web Site: www.helloflynn.com

Employees: 50
Year Founded: 1967

Discipline: Creative/Advertising

Kevin Flynn *(Partner & Owner)*
Chris Flynn *(Partner)*
Colleen Bogart *(Executive Director, Media Services)*
Robbie Magee *(Executive Director)*
Brianna Bennett *(Senior Media Supervisor)*
Anglea Schmale *(Digital Media Planner)*
Ashley Saltzman *(Senior Account Executive)*

Accounts:
Buffalo Bills, Inc.
Genesee Brewing Company
Genny Cream Ale
Preferred Care, Inc.
W. F. Young, Inc.

FORESIGHT GROUP
2822 North Martin Luther King Jr. Boulevard
Lansing, MI 48906
Tel.: (517) 485-5700
Fax: (517) 485-0202
Toll Free: (800) 766-8409
Web Site: www.foresightgr.com

Discipline: Creative/Advertising

Bill Christofferson *(Owner & President)*
Stacey Trzeciak *(Sales Manager)*

FORSMAN & BODENFORS
160 Varick Street
New York, NY 10013
Tel.: (212) 633-0080
Fax: (212) 463-8643
Web Site: www.forsman.co

Employees: 300
Year Founded: 1986

Discipline: Creative/Advertising

Keith Butters *(Global Chief Technology Officer)*
Michael Densmore *(Chief Executive Officer)*
Steve McCall *(Director, Global Business Leadership & Chief Executive Officer - Canada)*
Ted Florea *(Global Chief Strategy Officer)*
Guy Hayward *(Global Chief Executive Officer)*
Yuna Park *(Director, Engagement)*
Steven Gorski *(Associate Director, Strategy)*
Elias Kakomanolis *(Head, Creative Operations)*
Alison Moser *(Head, Business Development)*
Matthew Friday *(Director, Business Affairs)*
Danny Hernandez *(Director, Communications & Public Relations)*
Elizabeth Asselin *(Business Director)*
Dhiren Khemlani *(Executive Director, Business Leadership)*
Johan Eghammer *(Creative Director)*
Matt Creamer *(Group Creative Director)*
Laura Peguero *(Content Producer)*
Cerra Buckholz *(Group Creative Director)*
Jordan Chouteau *(Group Creative Director)*
Drew Orapello *(Associate Director, Data & Analytics)*
Ryan Gifford *(Senior Art Director)*
Chester Lombardo *(Senior Art Director)*
Andrew Dean *(Strategist)*
Johan Olivero *(Creative Director)*
Stephen Faulkner *(Associate Director, Data & Analytics)*
Andreas Baumert *(Group Creative Director)*
Claudette Martin *(Associate Creative Director)*
Deirdre McMurray *(Executive Print Producer)*
Alex Zadeii *(Business Development Manager)*
Kyla Taub *(Content Manager)*
Akiva Marder *(Content Manager)*
Ginny Lee *(Account Supervisor)*
Amber Wimmer *(Producer)*
Denise Klapp *(Senior Manager, Business Affairs)*
Victor Barczyk *(Senior Editor, Video)*
Kimberly Stephens *(Integrated Producer, Engagement)*

Accounts:
Belvedere
Black & Decker
Boar's Head Provisions Company, Inc.
Bostitch
DeWalt Power Tools & Accessories
Infinity
JBL
Monster Worldwide, Inc.
OPEN: The Small Business Network
PODS Enterprises, Inc.
Qapital
Revel
TE Connectivity
Tecate Light
The Vanguard Group, Inc.
TruMoo
Windstream.net
World of Hyatt

FORSMAN & BODENFORS
340 King Street East
Toronto, ON M5A 1K8
Tel.: (416) 260-7000
Fax: (416) 260-7100
Web Site: www.forsman.co

Employees: 40
Year Founded: 1987

Discipline: Creative/Advertising

Matt Hassell *(Chief Creative Officer)*

CREATIVE/ADVERTISING AGENCIES

Julien Bissuel *(Vice President & Director, Client Services)*
Lorri MacDonald *(Managing Director)*

Accounts:
Fruttare
Klondike
Magnum
Popsicle
The Canadian Women's Foundation

FOUNDRY
255 North Sierra Street
Reno, NV 89501
Tel.: (775) 784-9400
Fax: (775) 329-5899
Web Site: www.foundryideas.com

Year Founded: 1988

Discipline: Creative/Advertising

Jim Bauserman *(Owner)*
Carla Acree *(Director, Media Services)*
Anne White *(Senior Artist)*
Callie Crawford *(Director, Social Media)*
Bridgette Paulson *(Senior Media Buyer)*

Accounts:
Couer d'Alene Casino
Inn of the Mountain Gods

FRANK COLLECTIVE
253 36th Street
Brooklyn, NY 11232
Tel.: (646) 606-2211
Web Site: frankcollective.com

Year Founded: 2011

Discipline: Creative/Advertising

Michael Wasilewski *(Founding Partner & Chief Creative Officer)*
Peter Chlebak *(Associate Creative Director)*
Michael Savage *(Copywriter)*
John Loonam *(Managing Director)*

Accounts:
Barefoot Wine & Bubbly

FRAZIERHEIBY
1500 Lake Shore Drive
Columbus, OH 43204
Tel.: (614) 481-7534
Fax: (614) 481-8261
Web Site: www.frazierheiby.com

Employees: 13
Year Founded: 1983

Discipline: Creative/Advertising

Doug Frazier *(Chief Creative Officer)*
Bryan Haviland *(President & Chief Executive Officer)*
Lauren Parker *(Executive Vice President)*
Ann Mulvany *(Vice President, Marketing & Operations)*
Whitney Somerville *(Vice President, Client Service & Strategy)*
Wesleigh Mowry *(Senior Graphic Designer)*

FULL CONTACT ADVERTISING
186 Lincoln Street
Boston, MA 02118
Tel.: (617) 948-5400
Toll Free: (866) 748-3700
Web Site: www.gofullcontact.com

Year Founded: 2006

Discipline: Creative/Advertising

Marty Donohue *(Partner & Creative Director)*
Jen Maltby *(Chief Strategy Officer)*
Tim Foley *(Partner & Creative Director)*
Angela Godfrey *(Director, Account Management)*
Lawrence O'Toole *(Creative Director)*
Kevin Barlow *(Creative Director)*
Kate Sumner *(Director, Finance)*
Erin Regan *(New Business Consultant)*

Accounts:
Bentley University
D'Angelo
Not Your Average Joe's
Papa Gino's

FUNWORKS
343 19th Street
Oakland, CA 94612
Tel.: (510) 851-9940
Web Site: www.howfunworks.com

Year Founded: 2014

Discipline: Creative/Advertising

Craig Mangan *(Chief Creative Officer & Co-Founder)*
Paul Charney *(Founder & Chief Executive Officer)*
Claire Crozier *(Senior Account Director)*
Devin McNulty *(Creative Strategist)*
Kevin Turner *(Senior Copywriter)*
Jodi Naglie *(Account Manager)*

Accounts:
Cafe Rio Mexican Grill

FVM STRATEGIC COMMUNICATIONS
630 West Germantown Pike
Plymouth Meeting, PA 19462
Tel.: (610) 941-0395
Fax: (610) 941-0580
Web Site: www.thinkfvm.com

Employees: 18
Year Founded: 1987

Discipline: Creative/Advertising

Paul Fleming *(Chief Executive Officer)*
Laurie Van Metre *(President)*
Helen Smith *(Executive Vice President & Business Manager)*
Jon Cohen *(Executive Vice President, Client Services)*
Tom O'Brien *(Head, New Business Development)*
Karen Murphy *(Director, Media & Campaigns)*

G.F. ADVERTISING
411 South Ohlman
Mitchell, SD 57301
Tel.: (605) 996-1669
Fax: (605) 996-1707
Toll Free: (800) 658-5541
Web Site: www.gfadvertising.com

Employees: 9
Year Founded: 2001

Discipline: Creative/Advertising

Steve Clark *(General Manager & Owner)*
Brad Wiese *(Creative Director)*

GALLEGOS UNITED
300 Pacific Coast Highway
Huntington Beach, CA 92648
Tel.: (714) 794-6400
Fax: (714) 794-6420
Web Site: www.grupogallegos.com

Employees: 90
Year Founded: 2001

Discipline: Creative/Advertising

Andrew Delbridge *(Co-President, Chief Strategy & Engagement Officer)*
Harvey Marco *(Co-President & Chief Creative Officer)*
Jennifer Rusin-Mull *(Chief Marketing Officer)*
John Gallegos *(Founder, President & Chief Executive Officer)*
Maria Maldini *(Director, Creative Operations)*
Aldo Chuc *(Social Media Director)*
Dino Spadavecchia *(Executive Creative Director)*
Sharon Cleary *(Creative Director)*
Catarina Goncalves *(Director, Strategic Planning)*
Silvina Cendra *(Head, Strategy & Planning)*

Accounts:
Cacique, Inc.
California Milk Processors Board
Chick-Fil-A, Inc.
Coronado Brewing Company, INc.
Energizer
Foster Farms
The American Red Cross
The Pep Boys
TurboTax Consumer
turbotax.com

GARD COMMUNICATIONS
1140 Southwest 11th Avenue
Portland, OR 97205
Tel.: (503) 221-0100
Fax: (503) 221-6928
Toll Free: (800) 800-7132
Web Site: www.gardcommunications.com

Year Founded: 1979

Discipline: Creative/Advertising

Brian Gard *(Founder & Chief Executive Officer)*
Liz Fuller *(President)*
Scott Sparling *(Director, Strategy)*
John Plymale *(Vice President & Creative Director)*
Valarie Grudier *(Director, Finance & Operations)*
Scott Gallagher *(Director, Public Relations)*
Mary Ann Aldridge *(Counsel)*

GARRAND MOEHLENKAMP
75 Washington Avenue
Portland, ME 04101
Tel.: (207) 772-3119
Fax: (207) 828-1699
Web Site: www.garrand.com

Employees: 25

Discipline: Creative/Advertising

Brenda Garrand *(Chairman)*
Kevin Moehlenkamp *(Chief Executive Officer & Chief Commercial Officer)*
Matt Stiker *(President)*

GARRISON HUGHES

Brands. Marketers. Agencies. Search Less. Find More.
Try out the online version at www.winmo.com

AGENCIES - JULY, 2020 — CREATIVE/ADVERTISING AGENCIES

100 First Avenue
Pittsburgh, PA 15222
Tel.: (412) 338-0123
Web Site: www.garrisonhughes.com

Year Founded: 2003

Discipline: Creative/Advertising

Dave Hughes *(Owner & Art Director)*
Bill Garrison *(Owner & Copywriter)*
Mike Giunta *(Creative Director & Senior Vice President)*
Dave Popelka *(Executive Vice President & Director, Strategy & Business Development)*
Corinne Stenander *(Art Director)*
Corinne Kunselman *(Media Director)*
Jenn Reed *(Account Executive)*

Accounts:
Reed Smith, LLP

GARZA CREATIVE GROUP
414 Country View Lane
Dallas, TX 75043
Tel.: (214) 720-3888
Fax: (214) 720-3889
Web Site: www.garzacreativegroup.com

Employees: 2
Year Founded: 1991

Discipline: Creative/Advertising

Vicki Garza *(Chief Executive Officer)*
Paco Garza *(President & Senior Creative Officer)*

GATES
17 West 17th
New York, NY 10011
Tel.: (646) 580-1751
Web Site: gatescreative.com

Year Founded: 2014

Discipline: Creative/Advertising

Gerrard Wilkinson *(Partner)*
Cecilia Gates *(Founder & Executive Creative Director)*

Accounts:
Ann Taylor

GATESMAN
200 East Randolph Street
Chicago, IL 60601
Tel.: (312) 670-2900
Web Site: www.gatesmanagency.com

Year Founded: 2006

Discipline: Creative/Advertising

Christy Kelly *(Vice President & Group Account Director)*

GEAR COMMUNICATIONS
48 Elm Street
Stoneham, MA 02180
Tel.: (781) 279-3200
Web Site: www.gearcommunications.com

Year Founded: 2009

Discipline: Creative/Advertising

Connie Swaebe *(Partner & Chief Operating Officer)*
Jennifer Gear *(Owner)*

Kate Nielson *(Vice President)*
Audrey Genest *(Assistant Account Executive)*
Kerry Keohane *(Manager, Special Projects)*
Megan Cunningham *(Account Supervisor)*

GEARSHIFT ADVERTISING
930 West 16th Street
Costa Mesa, CA 92627
Tel.: (949) 734-7460
Web Site: http://www.gearshiftads.com/

Year Founded: 2013

Discipline: Creative/Advertising

Nevin Marino *(Partner & Director, Production)*
Norm Tribe *(Partner & Director, Creative & Digital)*

GEARY INTERACTIVE
3136 East Russell Road
Las Vegas, NV 89120
Web Site: www.gearycompany.com

Year Founded: 2000

Discipline: Creative/Advertising

James McKusick *(Partner)*
Alice Anderson *(Media Director)*
Bob Burch *(Art Director)*
Glenn Larsen *(Creative Director & Art Director)*
Kenny Shore *(Creative Director)*
Jessica Sclafani *(Production Manager)*
Teri Mckusick *(Comptroller)*

GERSHONI
785 Market Street
San Francisco, CA 94103
Tel.: (415) 397-6900
Web Site: www.gershoni.com

Employees: 10
Year Founded: 1996

Discipline: Creative/Advertising

Gil Gershoni *(Co-Founder & Creative Director)*
Amy Gershoni *(Co-Founder & President)*
Kelly Graham *(Account Director)*
Vanessa Morato *(Head, UI & Engr - UX)*
Jake Durrett *(Senior Producer, Creative)*

Accounts:
Deloitte

GESTALT BRAND LAB
7580 Fay Avenue
La Jolla, CA 92037
Web Site: www.gestaltbrands.com

Discipline: Creative/Advertising

Chad Farmer *(Partner & Creative Director)*
Hicham Badri *(Creative Director)*
Shane Fabila *(Art Director)*
Brian Munce *(Co-Founder & Managing Director)*

Accounts:
Luna Grill

GHOSTPISTOLS
5792 West Jefferson Boulevard
Santa Monica, CA 90016
Tel.: (424) 532-0759
Web Site: ghostpistols.com

Year Founded: 2018

Discipline: Creative/Advertising

Damian Fitzgerald *(Co-Founder, Executive Creative Director)*
Matt Heck *(Executive Creative Director)*

GIANT PROPELLER
135 N Greenland Drive
Burbank, CA 91505
Tel.: (310) 464-2801
Web Site: www.giantpropeller.com

Year Founded: 2014

Discipline: Creative/Advertising

Jordan Freda *(Co-Founder & Chief Executive Officer)*
Mike Bodkin *(Co-Founder & Chief Operating Officer)*
Kevin Williams *(Media Campaign Manager)*
Aylin Sevgili *(Manager, Social Media)*
Yulia Shcherbinina *(Project Coordinator)*

Accounts:
Orient Watch
Sprayground

GILLESPIE GROUP
101 North Providence Road
Wallingford, PA 19086
Tel.: (610) 924-0900
Fax: (610) 924-0909
Web Site: www.gillespiegroup.com

Employees: 10
Year Founded: 1992

Discipline: Creative/Advertising

Michael Gillespie Sr. *(President & Chief Executive Officer)*
Michael Gillespie Jr. *(Vice President, Client Services)*
Sean Gillespie *(Vice President, Creative Services)*

GLOBAL MEDIA GROUP
30252 Tomas
Rancho Santa Margarita, CA 92688
Tel.: (949) 635-1940
Web Site: globalmediagroup.com

Year Founded: 1996

Discipline: Creative/Advertising

Maurice Torres *(Senior Director, Digital Marketing)*
Mariah Helmer *(Media Coordinator)*
Meagan Manian *(Digital Marketing Coordinator)*
Brittany Wiecek *(Media Coordinator)*
Maria Mangiarulo *(Media Coordinator)*

GLYPHIX
6964 Shoup Avenue
West Hills, CA 91307
Tel.: (818) 704-3994
Fax: (818) 704-8850
Web Site: www.glyphix.com

Employees: 10
Year Founded: 1997

Discipline: Creative/Advertising

Larry Cohen *(President)*
Brad Wilder *(Creative Director)*

Brands. Marketers. Agencies. Search Less. Find More.
Try out the online version at www.winmo.com

CREATIVE/ADVERTISING AGENCIES
AGENCIES - JULY, 2020

GODO DISCOVERY COMPANY
4827 Memphis Street
Dallas, TX 75207
Tel.: (214) 393-8470
Web Site: www.gododiscoveryco.com

Year Founded: 2006

Discipline: Creative/Advertising

Todd Lancaster *(Chief Creative Officer & Partner)*
Olivia Cole *(Chief Operating Officer)*
Erik Herskind *(Chief Executive Officer)*
Brittney Stephens *(Client Services Director)*
Jamey Molberg *(Lead, Agency Operations)*

Accounts:
Spence Diamonds

GOMEDIA
2074 Park Street
Hartford, CT 06106
Tel.: (860) 232-6700
Web Site: www.go-media.com

Year Founded: 2003

Discipline: Creative/Advertising

Chad Turner *(Co-Founder & President)*
Jason Chesire *(Art Director)*
Nicole Steneri Morrow *(Manager, Creative)*
Sarah Branigan *(Brand Manager)*
Jamie Esposito *(Digital Strategist)*
Jana Dvorin *(Media Strategist)*

GOODBY, SILVERSTEIN & PARTNERS
720 California Street
San Francisco, CA 94108-2404
Tel.: (415) 392-0669
Fax: (415) 788-4303
Web Site: www.goodbysilverstein.com

Employees: 320

Discipline: Creative/Advertising

Jeff Goodby *(Co-Founder, Co-Chairman & Partner)*
Rich Silverstein *(Co-Founder, Co-Chairman & Partner)*
Derek Robson *(President & Managing Partner)*
Jill Sammons *(Assistant Vice President, Brand & Integrated Marketing)*
James Horner *(Executive Broadcast Producer & Associate Partner)*
Zach Canfield *(Associate Partner & Director, Talent)*
Brian McPherson *(Managing Partner)*
Leslie Barrett *(Managing Partner)*
Margaret Johnson *(Chief Creative Officer & Partner)*
Bonnie Wan *(Partner & Head, Brand Strategy)*
Margaret Coles *(Associate Partner & Head, Data Analytics & Research)*
Jon Wyville *(Creative Director)*
John Thorpe *(Group Brand Strategy Director)*
Jon Wolanske *(Creative Director)*
Meredith Vellines *(Director, Communications)*
Chris Nilsen *(Account Director)*
Dong Kim *(Group Communication Strategy Director)*
Jim Elliott *(Executive Creative Director)*
Theo Abel *(Group Account Director)*
Hanna Wittmark *(Associate Creative Director)*
Caitlin Neelon *(Director, Communication Strategy)*
Cassidy Wilber *(Director, Brand Strategy)*
Rachel Fagin *(Account Director)*
Tod Puckett *(Executive Broadcast Producer)*
Kiki Veralrud *(Account Director)*
Victoria Barbatelli *(Senior Director, CommunicationS)*
Jens Waernes *(Creative Director)*
Alissa Sheely *(Account Director)*
William Elliott *(Creative Director)*
Danny Gonzalez *(Executive Creative Director)*
David Suarez *(Executive Creative Director)*
Nick Reggars *(Group Content Strategy Director)*
Kelly Evans-Pfeifer *(Group Director, Brand Strategy)*
Meredith Williams *(Director, Account Management & Group Account Director)*
Nicole Richards *(Communication Strategy Director)*
Clark Gieseke *(Account Director)*
Roger Baran *(Creative Director)*
Melissa Buck *(Account Director)*
Ryan West *(Account Director)*
Judy Ybarra *(Associate Director, Business Affairs)*
Kurt Mills *(Associate Creative Director)*
Florian Marquardt *(Associate Creative Director)*
Carlos Rangel *(Associate Creative Director)*
Eleanor Rask *(Art Director)*
Kevin Leung *(Art Director)*
Britta Savik *(Account Director)*
Stephanie Bousquet *(Director, Brand Strategy)*
Katie Lancaster *(Account & Operations Director)*
Fernando Salvador *(Associate Creative Director)*
Tristan Graham *(Creative Director)*
Felipe Lima *(Creative Director)*
Shanley McClure *(Account Director)*
Ross Fischer *(Associate Creative Director)*
Matthew Edwards *(Creative Director - BMW)*
Wesley Phelan *(Creative Director - BMW)*
Kristen Tsitsos *(Account Director)*
Harper Bokum-Fauth *(Director, Brand Strategy)*
Becca Morris *(Account Director)*
Leila Gage *(Broadcast Production Head)*
Cassi Husain *(Group Director, Research & Analytics Strategy)*
Nando Sperb *(Art Director)*
Nathan Shipley *(Technical Director)*
Briana Patrick *(Brand Strategist)*
Callen Gustafson *(Senior Account Manager)*
Olivia Mullen *(Account Manager)*
Chrissy Shearer *(Business Affair Manager)*
Ellen Lovoy *(Account Manager)*
Maren Severtson *(Senior Communication Strategist)*
Adrian Hernandez *(Integrated Producer)*
Jacob Sperla *(Senior Communication Strategist)*
Chelsea Bruzzone *(Account Manager)*
Hannah Hadley *(Assistant Account Manager)*
Molly Navalinski *(Account Manager)*
Andrew Betoff *(Account Manager)*
Carmen Guan *(Account Manager)*
Lindsay Agosta *(Account Manager)*
Lorenz Ortiz *(Senior Designer)*
Ariel Berk *(Account Manager)*
Sydney Campbell *(Assistant Account Manager)*
Mollie Norin *(Account Manager)*
Kate Colantuono *(Account Manager)*
Haley Grialou *(Account Manager)*
Heidi Killeen *(Senior Manager, Business Affairs)*
Kateri McLucas *(Producer)*
Stephanie DeNatale *(Senior Producer, Broadcasting)*
Jenna Duboe *(Associate Director, Account Management)*
Gabriella Svensk Dishotsky *(Senior Brand Strategist)*
Craig Shervin *(Copywriter)*
Ginny Rider *(Brand Strategist)*
Michael Gallucci *(Copywriter)*
Madison Cameron *(Brand Strategist)*
Matt Hudgins *(Senior Communications Strategist)*
Matt Flaker *(Executive Producer)*
Maria Ragusa *(Associate Manager, Account)*

Accounts:
BMW 1 Series
BMW 2 Series
BMW 3 Series
BMW 4 Series
BMW 5 Series
BMW 6 Series
BMW 7 Series
BMW C Series
BMW F Series
BMW of North America, LLC
Cheetos
Comcast Corporation
Doritos
Dreyer's
Edy's
Envy
General Electric Corporation
Golden State Warriors
HP, Inc.
Liberty Mutual Automotive Insurance
Liberty Mutual Insurance Companies
Nestle Dreyer's Grand Ice Cream Holdings, Inc.
One Medical
Pavilion
Pepsi
PepsiCo, Inc.
PopSugar
Rolls-Royce Motor Cars
Samuel Adams Boston Ale
Samuel Adams Boston Beer
The Boston Beer Company, Inc.
Tostitos
Truly Hard Seltzer
Women's Tennis Association
Xfinity Home
Xfinity TV
Xfinity Voice

GOTHAM, INC.
622 Third Avenue
New York, NY 10017
Tel.: (212) 414-7000
Fax: (212) 414-7107
Web Site: www.beautyatgotham.com

Employees: 187
Year Founded: 1994

Discipline: Creative/Advertising

Approx. Annual Billings: $663.00

Laurie Donlon *(President & Global Brand Director)*
Laura Norcini *(Integrated Account Director)*
Amy Bailey *(Group Account Director)*
Elysia Berman *(Senior Art Director)*
Sara Belcastro *(Director, Human Resources)*
Megan Alexander *(Account Supervisor)*
Crystal Lee *(Senior Account Executive)*
Helen Lepore *(Executive Assistant)*
Monica Lum *(International Account Supervisor)*

Accounts:
Britax
hibu
Hitachi America, Ltd.
Maybelline Color Sensational

AGENCIES - JULY, 2020 — CREATIVE/ADVERTISING AGENCIES

Maybelline Define-A-Lash
Maybelline Dream
Maybelline Eye Studio
Maybelline Face Studio
Maybelline FIT me!
Maybelline Great Lash
Maybelline Instant Age Rewind
Maybelline Lash Stiletto
Maybelline New York
Maybelline Super Stay Better Skin
Maybelline Superstay Foundation
Maybelline Superstay Lipstick
Maybelline Volum Express
Maybelline XXL
Royal Doulton
Waterford Crystal
Wedgwood

GRADIENT EXPERIENTIAL LLC
150 West 28th Street
New York, NY 10001
Tel.: (212) 997-9742
Web Site: www.wearegradient.com

Year Founded: 2010

Discipline: Creative/Advertising

Colin McKenzie *(Partner & Head, Account Services)*
Anthony Coppers *(Founder & Creative Director)*
Pauline Oudin *(Partner & Managing Director)*
Jeremy Rumeld *(Head, Operations)*
Jennifer de Fouchier *(Creative Director)*

Accounts:
A&E Networks
Tiffany & Company
Twentieth Century Fox Film Corporation
Van Cleef & Arpels, Inc.
ZTE USA, Inc.

GRADY BRITTON ADVERTISING
107 Southeast Washington Street
Portland, OR 97214
Tel.: (503) 228-4118
Fax: (503) 273-8817
Web Site: www.gradybritton.com

Year Founded: 1974

Discipline: Creative/Advertising

Andy Askren *(Partner & Executive Creative Director)*
Paige Campbell *(President & Partner)*
Sarah Prince *(Media Director)*
Andy Ehlen *(Senior Media Planner & Buyer)*
Kelly Burns *(Senior Account Manager)*
Sandy Ragnetti *(Senior Account Manager)*

GRAGG ADVERTISING
450 East Fourth Street
Kansas City, MO 64106
Tel.: (816) 931-0050
Web Site: www.graggadv.com

Employees: 30
Year Founded: 1992

Discipline: Creative/Advertising

Darryl Mattox *(President & Chief Operating Officer)*
Gregory Gragg *(Chief Executive Officer & Chairman)*

Fred Frantz *(Executive Vice President)*
Mark Buchele *(Director, Media Service)*

GRAHAM OLESON
525 Communication Circle
Colorado Springs, CO 80905
Tel.: (719) 635-7335
Fax: (719) 635-1143
Toll Free: (800) 776-7336
Web Site: www.grahamadv.com

Employees: 60
Year Founded: 1978

Discipline: Creative/Advertising

Jerry Graham *(Owner)*
Kirk Oleson *(Chief Executive Officer)*

GRANT MARKETING
581 Boylston Street
Boston, MA 02116
Tel.: (857) 305-3382
Fax: (617) 796-0188
Web Site: www.grantmarketing.com

Employees: 7
Year Founded: 1986

Discipline: Creative/Advertising

Bob Grant *(President & Owner)*
Grant Penny *(Art Director)*

GRAPEVINE COMMUNICATIONS
5201 Paylor Lane
Sarasota, FL 34240
Tel.: (941) 351-0024
Web Site: grapeinc.com

Year Founded: 1988

Discipline: Creative/Advertising

Allison Imre Perkowski *(President)*
Gabriele Harris *(Vice President, Business Development)*
Eric Buchanan *(Art Director)*
Heidi Cook *(Director, Operations)*
John Butzko *(Director, Communication)*
Michael Hamlin *(Director, Art)*
Tammy Dumer *(Director, Finance)*
Taylor Lawless *(Director, Brand Strategy)*
Joan Burnell *(Production & Traffic Manager)*

GRETEL
Three West 18th Street
New York, NY 10011
Tel.: (212) 226-6211
Web Site: www.gretelny.com

Year Founded: 2005

Discipline: Creative/Advertising

Greg Hahn *(Owner)*
Ryan Moore *(Executive Creative Director)*
Matt Delbridge *(Associate Creative Director)*
Sue Murphy *(Creative Director)*
Emilie Shane *(Production Coordinator)*
Larissa Marquez *(General Manager)*

Accounts:
The Daily Podcast

GRIFFIN ARCHER
126 North Third Street
Minneapolis, MN 55401
Tel.: (612) 309-2050

Web Site: www.griffinarcher.com

Year Founded: 2013

Discipline: Creative/Advertising

Ellie Anderson *(Founder & Chief Executive Officer)*
Tyler Karlberg *(Manager, Digital Media Content)*
Edie Stenberg *(Social Media Specialist, Content Creator & Junior Art Director)*

GRIP LIMITED
179 John Street
Toronto, ON M5T 1X4
Tel.: (416) 340-7111
Web Site: www.griplimited.com

Employees: 98
Year Founded: 2002

Discipline: Creative/Advertising

David Chiavegato *(Partner, Creative)*
David Crichton *(Creative Partner)*
Scott Dube *(Partner, Creative)*
Rich Pryce-Jones *(Partner)*
Bob Shanks *(Founding Partner, Business Development)*
Randy Stein *(Partner, Creative)*
Emily Robinson *(Director, Business)*
Ben Steele *(Associate Creative Director)*
Mike Koe *(Associate Creative Director)*
Martin McClorey *(Director, Group Account)*
David Greisman *(Account Director)*
Liz Crofton *(Executive Producer & Director, Production & Creative Services)*
Justin Fisette *(Account Manager)*

Accounts:
Priceline.com, Inc.
Royal Bank of Canada

GROUNDZERO
517 Wellington Street, West
Toronto, ON M5V 1G1
Tel.: (416) 598-0444
Fax: (416) 596-9744
Web Site: www.groundzero.to

Employees: 20

Discipline: Creative/Advertising

Bill Roberts *(Managing Partner)*
Paula Roberts *(Chief Executive Officer, Halo)*
Bill Keenan *(Creative Director, Advertising)*

GROUP NINE
952 South Third Street
Louisville, KY 40203
Tel.: (502) 589-5785
Web Site: www.groupnine.com

Employees: 5

Discipline: Creative/Advertising

Shirley Rivoli *(Owner & President)*
Karen Brown *(Account Executive & Media Coordinator)*

GROUP TWO ADVERTISING, INC.
1617 JFK Boulevard
Philadelphia, PA 19103
Tel.: (215) 561-2200
Web Site: www.grouptwo.com

CREATIVE/ADVERTISING AGENCIES
AGENCIES - JULY, 2020

Year Founded: 2005

Discipline: Creative/Advertising

Mollie Elkman Gerson *(Owner & President)*
Daniel Gerson *(Chief Operating Officer & Controller)*
John A. Damiri *(Strategist, Media)*
Megan Farrell *(Senior Copywriter)*

GRUPO UNO INTERNATIONAL
2000 Ponce De Leon Boulevard
Coral Gables, FL 33134
Tel.: (305) 448-6111
Fax: (305) 448-5553
Web Site: www.grupouno.com

Employees: 30
Year Founded: 1994

Discipline: Creative/Advertising

Tino Reiser *(President)*
Jesus Rodriguez *(Creative Director)*
Lina Cruz *(Account Director)*

GSD&M
828 West Sixth Street
Austin, TX 78703-5420
Tel.: (512) 242-4736
Fax: (512) 427-4700
Web Site: www.gsdm.com

Employees: 670
Year Founded: 1971

Discipline: Creative/Advertising

Tim McClure *(Co-Founder)*
Roy Spence *(Co-Founder & Chairman)*
Duff Stewart *(Chief Executive Officer)*
Judy Trabulsi *(Co-Founder)*
Tom Hamling *(Senior Vice President & Group Creative Director)*
Jay Russell *(Chief Creative Officer & Executive Vice President)*
Marianne Malina *(President)*
Brent Ladd *(Senior Vice President & Group Creative Director)*
Keith Jose *(Senior Vice President & Director, New Business)*
Bo Bradbury *(Senior Vice President & Group Account Director)*
Andrew Teagle *(Chief Strategist)*
Carrie Hines *(Senior Vice President & Group Account Director)*
Jeanne Crockett *(Senior Vice President, Operations)*
Ryan Carroll *(Senior Vice President & Group Creative Director)*
Scott Brewer *(Senior Vice President & Group Creative Director)*
Jack Epsteen *(Senior Vice President & Director, Production)*
Jim Firestone *(Vice President & Group Strategy Director)*
Coley Platt *(Vice President & Account Director)*
Kirya Francis *(Vice President & Director & Inclusion)*
Nancy Ryan *(Vice President & Director, Business Development)*
Amy Lyon *(Vice President & Account Director)*
Shawn Mackoff *(Vice President & Group Account Director)*
Jefferson Burruss *(Vice President & Executive Producer)*
Kimberly Tice *(Vice President & Account Director)*
Yolanda Aquino *(Vice President & Broadcast Buying Director)*
Sabia Siddiqi *(Vice President & Account Director)*
Norah Rudyk *(Vice President, Account Director)*
John D'Acierno *(Vice President & Group Strategy Director)*
Brett Baker *(Group Creative Director)*
Janice Suter *(Director, Social Media)*
Jeff Maki *(Group Creative Director & Writer)*
Shannon Lugo *(Vice President & Account Director)*
Lara Bridger *(Creative Director)*
Bill Marceau *(Group Creative Director)*
Dale Austin *(Associate Creative Director)*
Christopher Colton *(Creative Director)*
Shannon Jensen *(Director, Digital Media & Advertising Technology)*
Lindsay Wakabayashi *(Director, Business Affairs)*
Lara Drew *(Associate Director, Business & Legal Affairs)*
Bill Bayne *(Group Creative Director)*
Alex Lang *(Senior Art Director)*
Hannah Dobbs *(Junior Director, Art)*
Kevin Lane *(Associate Creative Director & Writer)*
Jacqueline Salliotte *(Account Director)*
Ivy Phan *(Art Director)*
Kate Gates *(Associate Creative Director)*
Phillip Brady-Joyner *(Media Director)*
Samantha Cowley *(Director, Communications Strategy)*
Phillip Joyner *(Media Director)*
Becky Carrel *(Senior Print Producer)*
Megan Stewart *(Associate Media Director, Operations & Technology)*
Susana Skinner *(Senior Media Buyer)*
Amanda Traversi *(Senior Digital Producer)*
Maria Roepke *(Project Manager)*
Kyle Pieper *(Media Supervisor)*
Lindsey Kuhn *(Account Supervisor)*
Retha Cioppa *(Account Supervisor)*
Tien Nguyen *(Senior Manager, SEM & Advertising Operations)*
Christine Kwak *(Account Supervisor)*
Roni Skwiersky *(Senior Media Buyer)*
Elizabeth Stelling *(Senior Project Manager)*
Jennifer Depinet *(Senior Media Planner)*
Bret Zieman *(Contract Manager)*
Christie Lyons *(Project Supervisor)*
Caroline Boynton *(Assistant Media Planner)*
Sara Holl *(Senior Media Planner)*
Mandy Wang *(Media Planner)*
Devin Smith *(Media Planner)*
Valerie Furgerson *(Brand Strategist)*
Nick Howard *(Senior Strategist)*
Chris Bailey *(Product Specialist)*
Janna Marin *(Associate Content Producer - Ross, DD's Discounts, Popeyes, Pizza Hut, Jack Links, Southwest Airlines, Food Lion)*
Kathryn McKirahan *(Account Supervisor)*

Accounts:
Alfa Romeo
American Petroleum Institute
Ascension Seton
Blue Bunny
Capital One Financial Corporation
Champions Tour
Chrysler
Chrysler 300
Chrysler Pacifica
Compass Bank
Cost Plus, Inc.
Dodge
Dodge Challenger
Dodge Charger
Dodge Durango
Dodge Grand Caravan
Dodge Journey
Dodge Viper
Food Lion, Inc.
Hampton Inn & Suites
Harry's
Hilton Garden Inn
Home2 Suites
Homewood Suites
Jack Link's Beef Jerky
Mamba
Merci
PGA Tour, Inc.
Pizza Hut, Inc.
Pure Silk
Ram
Rapid Rewards
Riesen Candy
Saint Thomas Health
Southwest Airlines
Southwest.com
Sport Clips
Steak 'n Shake
Storck U.S.A., LP
SYSCO Corporation
The Goodyear Tire & Rubber Company
Toffifay
Tuscani Pasta
U.S. Air Force
United States Olympic Committee
Universal Studios Hollywood
University of Arkansas
University of Texas at Austin
Victoria
Walmart Global eCommerce
Werther's Original
WingStreet

GSD&M
225 North Michigan Avenue
Chicago, IL 60601
Tel.: (312) 586-4900
Web Site: www.gsdm.com

Employees: 75
Year Founded: 1971

Discipline: Creative/Advertising

Betty Pat McCoy *(Senior Vice President & Managing Director, Media Investment)*
Ulian Valkov *(Vice President & Associate Director, National Investment)*
Meredith Bivens *(Vice President & Associate Director, National Broadcast)*
Erin Bernethy *(Media Director)*
Les Stipp *(Media Supervisor & Buyer)*
Teresa Hill-Saadan *(Supervisor, Media)*

Accounts:
Blue Bunny
Mamba
Merci
Northwestern Mutual
Riesen Candy
Sport Clips
Storck U.S.A., LP
Toffifay
U.S. Air Force
University of Arkansas
Werther's Original

GSW WORLDWIDE
200 Vesey Street

AGENCIES - JULY, 2020 — CREATIVE/ADVERTISING AGENCIES

New York, NY 10281
Tel.: (614) 848-4848
Fax: (646) 437-4810
Web Site: www.gsw-w.com

Employees: 30
Year Founded: 1977

Discipline: Creative/Advertising

Sonja Foster-Storch *(President - North America)*
Jon Parkinson *(Senior Vice President & Director, Integrated Production)*

Accounts:
Valley Hospital

GSW WORLDWIDE / GSW, FUELED BY BLUE DIESEL
500 Olde Worthington Road
Westerville, OH 43082
Tel.: (614) 543-6020
Fax: (614) 848-3477
Web Site: www.gswa.com

Employees: 500
Year Founded: 1977

Discipline: Creative/Advertising

Dan Smith *(President - Columbus)*
Joe Daley *(Chief Strategy Officer - inVentiv Health Commercial)*
David Querry *(President & Managing Director - Navicor Group)*
Scott Page *(Executive Vice President & General Manager)*
Beth Schieber *(Senior Vice President & Group Account Director)*

Accounts:
Astellas Pharma US, Inc.
Eli Lilly & Company
Humalog
Theravance, Inc.

GTB
500 North Akard Street
Dallas, TX 75201
Tel.: (214) 468-3460
Web Site: www.gtb.com

Employees: 12

Discipline: Creative/Advertising

David Caldwell *(Executive Vice President & Managing Partner)*
Otto Bischoff *(Senior Vice President, Local Integrated Media Manager)*
Carla Shoope *(Senior Vice President, Client Relations Manager)*
Brett Peters *(Vice President, Marketing Director)*
Oshin Anjum *(Senior Media Planner)*
Nuria Franco *(Senior Local Market Specialist)*

GUD MARKETING
1223 Turner Street
Lansing, MI 48906-4363
Tel.: (517) 267-9800
Fax: (517) 267-9815
Web Site: www.gudmarketing.com

Employees: 20
Year Founded: 1978

Discipline: Creative/Advertising

Debbie Horak *(Partner & Chief Growth Officer)*

Lisa Crumley *(Partner, Chief Strategy Officer)*
Larry Amburgey *(Finance Director)*
Emmie Musser *(Media Director)*
Jill Holden *(Strategic Planning Director)*
Julie Krueger *(Client Planning & Service Director)*

GUMGUM
1314 Seventh Street
Santa Monica, CA 90401
Tel.: (310) 260-9666
Fax: (310) 861-8211
Web Site: www.gumgum.com

Year Founded: 2007

Discipline: Creative/Advertising

Ken Weiner *(Chief Technology Officer)*
Phil Schraeder *(Chief Executive Officer)*
Patrick Gildea *(Chief Financial Officer)*
Ben Plomion *(Chief Growth Officer)*
Travis ONeil *(Senior Vice President, Operations)*
Adam Schenkel *(Senior Vice President, Global Commercial Development)*
Jeremy Kaplan *(Senior Vice President, Sales)*
Mark Ensley *(Vice President, Automotive)*
David Newton *(Art Director)*
Rachel Lombardo *(Senior Account Manager)*

GURU MEDIA SOLUTIONS
330 Fell Street
San Francisco, CA 94102
Tel.: (415) 252-0700
Web Site: http://weareguru.com/

Year Founded: 2008

Discipline: Creative/Advertising

Renee Brown *(Account Director)*
Cheryl Eaton *(Managing Director & Partner)*

Accounts:
Clover Sonoma Farms
Mamma Chia
REBBL

GUT MIAMI
117 Northeast First Avenue
Miami, FL 33132
Web Site: www.gut.agency

Year Founded: 2018

Discipline: Creative/Advertising

Anselmo Ramos *(Co-Founder & Chief Creative Officer)*
Paulo Fogaca *(Chief Operating Officer & Partner)*
Carmen Rodriguez *(Chief Client Officer & Partner)*
Jeff Hodgson *(Creative Director)*
Ricardo Casal *(Executive Creative Director & Partner)*
Sofia Rosell *(Senior Art Director)*
Eli Ferrer *(Creative Director)*
Aileen Echenique *(Business Director)*
Andrew Gonzalez *(Junior Art Director)*
Willow Ennen *(Junior Art Director)*
Juan Javier Pena *(Executive Creative Director & Partner)*
Samantha Lemoine *(Director, Content)*
Monique Beauchamp *(Management Supervisor)*
Jennifer Rangel *(Account Supervisor)*
Renata Neumann *(Senior Producer)*

Wonsik Cho *(Copywriter)*

Accounts:
Philadelphia Cream Cheese
Popeyes Louisiana Kitchen
Tim Hortons, Inc.

H&G MARKETING
17217 198th Avenue
Big Lake, MN 55309
Tel.: (763) 263-8998
Web Site: www.hgreps.com

Discipline: Creative/Advertising

Mike Harsany *(Vice President, Operations)*
Justin Giarusso *(Principal Manager)*
Tim Cohick *(Sales & Marketing Specialist - New England)*
Craig Mitchell *(Sales & Marketing Specialist - New York & Northwest Pennsylvania)*
Randy Clark *(Sales & Marketing Specialist - Virginia & West Virginia)*
Steve Davis *(Sales & Marketing Specialist - New Jersey, Maryland & Delaware)*

Accounts:
Nightstick

H&L PARTNERS
100 Webster Street
Oakland, CA 94607
Tel.: (415) 434-8500
Fax: (415) 434-8484
Web Site: www.handlpartners.com

Employees: 65
Year Founded: 1985

Discipline: Creative/Advertising

Josh Nichol *(Chief Executive Officer)*
Andrea Alfano *(Chief Operating Officer)*
Trey Curtola *(President)*
Michael Ramirez *(Senior Vice President & Media Director)*
Crystal Sawyer *(Senior Vice President & Managing Director)*
Maribel Orozco *(Vice President & Director, Multicultural Marketing)*
Dallas Baker *(Vice President & Creative Director)*
Chris Cronin *(Vice President & Group Account Director)*
Brianna Brooks *(Account Director)*
Camille Kahrimanian *(Account Director)*
Ald Matias *(Advertising Operations Manager)*
Leslie Gordon *(Account Supervisor)*
Carly Bonilla-Flores *(Supervisor, Media)*
Jorge Sandoval *(Senior Project Manager, Integrated)*

H&L PARTNERS
4625 Lindell Boulevard
Saint Louis, MO 63108
Tel.: (314) 454-3400
Fax: (314) 802-2919
Web Site: www.handlpartners.com

Employees: 14
Year Founded: 1985

Discipline: Creative/Advertising

Mark Schaeffer *(Executive Vie President, Business Development)*
Tyler Martin *(Senior Vice President & Managing Director)*

80

Shaun Young *(Associate Creative Director)*
Michelle Loehr *(Media Director)*

H2M
320 Fifth Street North
Fargo, ND 58102
Tel.: (701) 237-4180
Fax: (701) 237-4519
Web Site: www.h2m.biz

Discipline: Creative/Advertising

Dan Altenbernd *(Chief Operating Officer & Partner)*
Dave Hanson *(Partner & President)*
Nancy Mansouri *(Chief Financial Officer)*

HAGER SHARP, INC.
1030 15th Street Northwest
Washington, DC 20005
Tel.: (202) 842-3600
Fax: (202) 842-4032
Web Site: www.hagersharp.com

Year Founded: 1973

Discipline: Creative/Advertising

Walter Watts *(Chief Financial Officer)*
Jennifer Wayman *(President & Chief Executive Officer)*
Debra Silimeo *(Executive Vice President)*
Christina Nicols *(Senior Vice President & Director, Strategic Planning & Research)*
Mike Gallagher *(Senior Vice President & Creative Director)*
Elizabeth Osborn *(Vice President)*
Aaron Murphy *(Vice President & Creative Director)*
Pamela Nieto *(Account Supervisor)*

HAGGMAN
39 Shore Road
Gloucester, MA 01930
Mailing Address:
Post Office Box 1491
Manchester, MA 01944
Tel.: (978) 525-3742
Fax: (978) 525-4867
Web Site: www.haggman.com

Employees: 8

Discipline: Creative/Advertising

Emily Haggman *(President)*
Julia Leonard *(Vice President & Senior Copywriter)*

HAILEY SAULT
Deltt-Seitz Market Place
Duluth, MN 55802
Tel.: (218) 728-3651
Fax: (218) 728-6202
Web Site: htkmarketing.com

Employees: 25
Year Founded: 1975

Discipline: Creative/Advertising

Marsha Hystead *(Chief Creative Officer & Partner)*
Mike Seyfer *(President & Partner)*
Laurie O'Neill *(Vice President, Account Services)*
Denise Archer *(Production Manager)*

HALLOCK & BRANCH
4137 Southwest Sixth Avenue Drive
Portland, OR 97239
Tel.: (503) 224-1711
Fax: (503) 224-3026
Web Site: www.hallockandbranch.com/

Employees: 10
Year Founded: 1959

Discipline: Creative/Advertising

Jackie Hallock *(President & Creative Director)*
Tiger Branch *(Chief Executive Officer)*

HALLPASS MEDIA
3185 Airway Avenue
Costa Mesa, CA 92626
Tel.: (949) 757-4242
Web Site: hallpassnetwork.com

Year Founded: 2005

Discipline: Creative/Advertising

Albert Hall *(President)*
Sergio Millas *(Vice President, Digital Media)*
Jordan Cuellar *(Graphic Designer)*
Max Miller *(Manager, Producer & Digital Media)*
Tucker Corrigan *(Associate, Marketing)*
AJ Sambado *(Operations Assistant)*

HAMAZAKI WONG MARKETING GROUP
555 Howe Street
Vancouver, BC V6C 2C2
Tel.: (604) 669-8282
Fax: (604) 669-2288
Web Site: www.hamazakiwong.com

Employees: 9
Year Founded: 1989

Discipline: Creative/Advertising

Sonny Wong *(President & Creative Director)*
Lilian Chen *(Director, Strategy)*
Michael Wong *(Art Director)*
Stewart Wong *(Account Manager)*
William Wong *(General Manager)*

HANCOCK ADVERTISING AGENCY
243 Old Tyler Road
Nacogdoches, TX 75961
Mailing Address:
Post Office Box 630010
Nacogdoches, TX 75963
Fax: (936) 560-0845
Toll Free: (888) 295-2982
Web Site: www.hancockadvertising.com/

Year Founded: 1972

Discipline: Creative/Advertising

Chris Hancock *(President)*
Chuck Hancock *(Chairman)*
Lance Kitchens *(Art Director)*
Michele Stevens *(Accounting & Media Manager)*

HANCOCK ADVERTISING GROUP, INC.
3300 North A Street
Midland, TX 79705
Tel.: (432) 694-2181
Fax: (432) 694-2290
Web Site: www.hancockgroup.net

Employees: 3
Year Founded: 1986

Discipline: Creative/Advertising

Jolene Hancock *(Owner)*
Janie Dyer *(General Manager)*

HANGARFOUR CREATIVE
261 Fifth Avenue
Brooklyn, NY 11215
Web Site: www.hangarfour.co

Year Founded: 1991

Discipline: Creative/Advertising

Jenna Bissonnette *(Vice President, Account Services)*
Max Geller *(Video Producer)*
Alexandra Colisto *(Digital Designer - Social Media)*

Accounts:
Hanky Panky

HANLON CREATIVE
1744 Sumneytown Pike
Kulpsville, PA 19438
Tel.: (267) 421-5755
Web Site: www.hanloncreative.com

Year Founded: 2000

Discipline: Creative/Advertising

Christopher Hanlon *(Founder, Co-Owner & Creative Director)*
Andrew Hanlon *(Co-Founder, Co-Owner & President)*
Toby Eberly *(Executive Vice President & General Manager)*
Adam Garman *(Project Manager, Web Development)*
Janet Hanlon *(Office Manager)*

HANNA & ASSOCIATES
1090 East Lakeshore Drive
Coeur d'Alene, ID 83814
Tel.: (208) 667-2428
Fax: (208) 765-8044
Web Site: www.hanna-advertising.com

Discipline: Creative/Advertising

Dayne Hanna *(Founder)*
Jeff Hanna *(Chief Executive Officer)*
John Baechler *(President)*
Dwain Smart *(Associate Creative Director)*
Justin Childers *(Media Director)*
Cathy Duer *(Account Executive)*
Rebecca Reeves *(Senior Account Executive)*

HANSON WATSON ASSOCIATES
1411 15th Street
Moline, IL 61265
Tel.: (309) 764-8315
Fax: (309) 764-8336
Web Site: www.hansonwatson.com

Discipline: Creative/Advertising

James Watson *(President)*
Tim Wilkinson *(Director, Business Development)*
Katherine Betcher *(Director, Art & Creative)*
Jody Smith *(Business Manager)*

HAPI

AGENCIES - JULY, 2020

CREATIVE/ADVERTISING AGENCIES

4642 North 32nd Street
Phoenix, AZ 85018
Tel.: (602) 919-4000
Web Site: www.livehapi.com

Year Founded: 2009

Discipline: Creative/Advertising

Jason Hackett *(Owner & Creative Director)*
Ian Hackett *(Director, Business Development)*

Accounts:
6pm.com

HARMON GROUP
807 Third Avenue, South
Nashville, TN 37210
Tel.: (615) 256-3393
Fax: (615) 256-3464
Web Site: www.harmongrp.com

Year Founded: 1988

Discipline: Creative/Advertising

Rick Arnemann *(Owner & Chief Executive Officer)*
Kenneth Schulz *(President, Harmon Catalog)*
Barry Jones *(Vice President, Creative Services)*
Charles Priddy *(Senior Account Executive & Director, Design & Art)*
Greg Westbrook *(Social Media Director)*

HARQUIN
80 Surrey Drive
New Rochelle, NY 10804
Tel.: (914) 738-9620
Web Site: www.harquin.com

Discipline: Creative/Advertising

Fred Bruck *(Partner & Vice President, Accounts)*
Sherry Bruck *(Owner & President)*

HART
811 Madison Aveneue
Toledo, OH 43604
Tel.: (419) 893-9600
Fax: (419) 893-9070
Web Site: www.hartinc.com

Employees: 55

Discipline: Creative/Advertising

Mike Hart *(President & Chief Executive Officer)*
Sean Rodman *(Creative Director & Chief Writer)*
Susan Degens *(Vice President, Media)*
Rick Carey *(Vice President & Creative Director)*
Jeff Payden *(Senior Art Director)*
Anna Crociata *(Group Media Director)*
Randy Phipps *(Executive Creative Director)*
Esther Fabian *(Senior Account Executive)*
Sharon Stemen *(Manager, New Business Development)*

HATCH ADVERTISING
15413 East Valley Way
Spokane Valley, WA 99037
Mailing Address:
Post Office Box 14200
Spokane Valley, WA 99214-0200
Tel.: (509) 228-0654
Fax: (509) 228-0652
Web Site: www.ads-gha.com

Discipline: Creative/Advertising

Greg Hatch *(Owner)*
Terinda Payton *(Media Director, Broadcast Fire)*
Chris Cody *(Account Executive)*

HAVAS HEALTH & YOU
200 Madison Avenue
New York, NY 10016
Tel.: (212) 532-1000
Fax: (212) 251-2766
Web Site: www.havashealthandyou.com

Employees: 200
Year Founded: 1980

Discipline: Creative/Advertising

Donna Murphy *(Global Chief Executive Officer & Partner)*
Shazzia Khan *(Global Chief of Staff & Chief Talent Officer)*
Allison Ceraso *(President & Chief Experience Officer - Havas Health Plus)*
Cheryl Fielding *(Group President)*
Ed Stapor *(Partner & Chief Client Officer)*
Megan Rokosh *(Global Chief Marketing Officer)*
Jeff Hoffman *(Partner & Chief Development Officer)*
Louis Massaia *(Executive Vice President & Chief Creative Officer)*
Letty Albarran *(Executive Vice President & Executive Creative Director, Copy)*
Mary Mazza *(Executive Vice President & Brand Strategist)*
Meredith Levy Bernstein *(Senior Vice President & Director, Business Development)*
Meredith Levy *(Senior Vice President & Director, Business Development)*
Terri Passick *(Senior Vice President, Talent Acquisition)*
Julieta Smith *(Senior Vice President, Planning)*
James Akhbari *(Vice President & Digital Media Director)*
Jennifer Korngut *(Vice President & Account Supervisor - Havas Health Plus)*
Jonah Berg *(Vice President & Director, Growth)*
Elliot Taub *(Vice President & Associate Creative Director)*
Seth Rothberg *(Lead Interactive Developer)*
Matthew Abate *(Head, Experience Design - Havas Ekino)*

Accounts:
Lantus
Lovenox
Oporia

HAVAS WORLDWIDE CHICAGO
36 East Grand Avenue
Chicago, IL 60611-4592
Tel.: (312) 640-6800
Web Site: chi.havasworldwide.com/

Employees: 200
Year Founded: 1942

Discipline: Creative/Advertising

Paul Marobella *(Chairman & Chief Executive Office - North America)*
John Norman *(Chief Creative Officer - Chicago)*
Anna Parker *(Chief Strategy Officer)*
Lisa Evia *(President, Media - Chicago)*
Nicole Laughlin *(President & Chief Client Officer - Chicago)*
Tom Grant *(Senior Vice President, Programmatic Platforms & Operations)*
Constance George *(Vice President & Client Lead)*
Anders Da Silva *(Creative Director)*
Brian Cooper *(Director, Production)*
Elizabeth Pearce *(Program Director)*
Lewis McVey *(Director, Group Creative)*
Blake Winfree *(Group Creative Director)*
Jon Linton *(Group Account Director)*
Jeanne Wu *(Group Account Director)*
Mariana Parke *(Group Brand Director)*
Michelle Gerstin *(Director, Group Strategy)*
Jimmy Dietzen *(Creative Director)*
Josh Mizrachi *(Creative Director)*
Sarah Berkley *(Senior Art Director)*
Miles Beauseigneur *(Senior Art Director)*
Nick Lipton *(Group Creative Director)*
Adam Vohlidka *(Group Creative Director - The Annex)*
Shelby Georgis *(Group Creative Director)*
Joie Mikitson *(Executive Producer)*
Erika Pokraka *(Director, Resource Management)*
Becca Hartlieb *(Account Executive)*
Riviera McCollum *(Supervisor, Social Media)*
Eric Yohnka *(Senior Copywriter)*
Abby Wiscomb *(Copywriter)*
Casey Carpenter *(Senior Strategist)*
Andria Assalley *(Specialist, Performance Media)*
Mackenzie O'Bannon *(Programmatic Trader)*
Amy Merchant *(Managing Director)*

Accounts:
AutoZone, Inc.
Babybel
Bel Brands USA, Inc.
Bertolli
Boursin
Camel
Chicago Ideas
Claire's Stores, Inc.
Cracker Barrel Old Country Store
Duralast
Funfetti
Hefty
Hefty
Hefty Baggies
Hefty EasyFlaps
Hefty Everyday
Hefty EZ Foil
Hefty EZ Ovenware
Hefty OneZip Freezer
Hefty OneZip Jumbo
Hefty OneZip Sandwich
Hefty OneZip Storage
Hefty Outdoor Trash Cans
Hefty Renew
Hefty Step-On
Hefty Tableware
Hefty Touch-Lid Wastebasket
Hefty TwistTie
Hefty Ultra Flex
Kaukauna
Michelin North America, Inc.
Mike's Hard Beverage Company
Mike's Hard Lemonade
Moen
Moen, Inc.
Pillsbury
Pillsbury
Price's
Ragu
Reynolds Consumer Products
Reynolds Packaging Group
Reynolds Wrap
The Humane Society of the United States
The Laughing Cow
Wilson Sporting Goods Company
WisPride
Yellowstone Forever

Brands. Marketers. Agencies. Search Less. Find More.
Try out the online version at www.winmo.com

82

CREATIVE/ADVERTISING AGENCIES
AGENCIES - JULY, 2020

HAVAS WORLDWIDE TORONTO
473 Adelaide Street West
Toronto, ON M4V 1T1
Tel.: (416) 920-6864
Fax: (416) 920-5043
Web Site: www.havasworldwide.ca/

Employees: 80

Discipline: Creative/Advertising

Thomas Olesinski *(Chief Executive Officer)*
Bradley Kowalski *(Account Director)*

HAVIT
3811 North Fairfax Drive
Arlington, VA 22203
Tel.: (202) 795-8530
Fax: (301) 604-2843
Web Site: www.havitad.com

Year Founded: 2004

Discipline: Creative/Advertising

Scott Mikolajczyk *(Chief Executive Officer)*
Carolina Skelly *(Executive Vice President)*
Scott Collin *(Executive Creative Director)*
Eric Sackett *(Manager, Studio)*

HAWK
77 Vaughn Harvey Boulevard
Moncton, NB E1C 0K2
Tel.: (506) 877-1400
Fax: (506) 877-1500
Web Site: www.hawk.ca

Employees: 55
Year Founded: 2007

Discipline: Creative/Advertising

Jeff Gaudet *(Owner & Managing Director)*
Susan Jones *(Vice President Strategy)*
Chris Choiniere *(Creative Director)*

HAYMAKER
4126 West Jefferson Boulevard
Los Angeles, CA 90016
Tel.: (310) 427-7728
Web Site: www.hymkr.co

Discipline: Creative/Advertising

Matt Johnson *(Co-Founder & Chief Strategy Officer)*
Jay Kamath *(Co-Founder & Chief Creative Officer)*
Molly Danziger Johnson *(Brand Director)*
Nicole Dezzutti *(Senior Brand Manager)*

Accounts:
King's Hawaiian
Reef Americas

HCA MINDBOX
4600 Rhodes Drive
Windsor, ON N8W 5C2
Tel.: (519) 977-1611
Fax: (519) 977-9036
Web Site: www.hcamindbox.com/

Employees: 14
Year Founded: 1987

Discipline: Creative/Advertising

Paul Charbonneau *(President & Chief Executive Officer)*

Andrew Ryan *(Vice President, Creative Director & Writer)*
Chris Renaud *(Senior Account Manager)*

HCB HEALTH
701 Brazos Street
Austin, TX 78701
Tel.: (512) 320-8511
Fax: (512) 320-8990
Web Site: www.hcbhealth.com

Employees: 62
Year Founded: 2001

Discipline: Creative/Advertising

Kerry Hilton *(Chief Executive Officer & Executive Creative Director)*
Nancy Beesley *(President)*
Kim Carpenter *(Associate Partner & Managing Director - Health & Wellness Division)*
Francesco Lucarelli *(Executive Vice President & Managing Director, BioPharma)*
Amy Hansen *(Senior Vice President & Creative Director)*
Dave Russell *(Vice President, Media Strategy)*
Harry Stavrou *(Vice President, Digital Services)*
Lori Lipscomb *(Vice President, Financial)*
Michele Evans *(Director, Creative)*
Linda Brown *(Senior Broadcast Media Buyer)*
Jessica Dube *(Senior Media Planner & Buyer)*

Accounts:
BD
Solis Women's Health

HDMZ
55 West Wacker Drive
Chicago, IL 60601
Tel.: (312) 506-5200
Web Site: www.hdmz.com

Year Founded: 1936

Discipline: Creative/Advertising

Dan Hoexter *(President & Chief Executive Officer)*
Dillon Allie *(Vice President, Client Services)*
Katie Cibula *(Vice President, Client Services)*
Hooshna Amaria *(Vice President, Client Services)*
John Pantlind *(Media Director)*
Lindsey Mattucci *(Associate Creative Director)*
Michael Nienow *(Creative Director)*

HEALTH4BRANDS CHELSEA
200 Madison Avenue
New York, NY 10016
Tel.: (212) 299-5000
Fax: (212) 299-5050
Web Site: www.h4bchelsea.com

Employees: 150
Year Founded: 1961

Discipline: Creative/Advertising

Ed Stapor *(Partner)*
Christian Bauman *(Partner & Chief Creative Officer)*
Michael Peto *(President & Chief, Village Operations)*
Michele Coppa *(Vice President, Human Resources)*

HEALTHCARE CONSULTANCY GROUP
488 Madison Avenue
New York, NY 10022
Tel.: (212) 849-7900
Fax: (212) 856-8885
Web Site: www.hcg-int.com

Employees: 180
Year Founded: 1987

Discipline: Creative/Advertising

Brian Kielty *(Chief Financial & Operating Officers)*
Delphine Dubois *(Chief Executive Officer - Health Science Communications)*
Gregory Imber *(President - Hyphen Digital)*
Matthew D'Auria *(Chief Executive Officer)*
Elizabeth Robinson *(Executive Vice President, Learning & Development)*
Jennifer Wheeler *(Executive Vice President & Director, Client Services)*
Matt Lear *(Senior Vice President & Creative Director)*
Joyce O'Connor *(Vice President, Client Services - Health Science Communications)*
Brunhilde Vergouwen *(Senior Group Account Director)*
Joe Walsh *(Director, Operations)*

HEALTHCARE SUCCESS
2860 Michelle Drive
Irvine, CA 92606
Tel.: (949) 491-1827
Toll Free: (800) 656-0907
Web Site: www.healthcaresuccess.com

Year Founded: 2006

Discipline: Creative/Advertising

Stewart Gandolf *(Chief Executive Officer & Creative Director)*
Jeff Mancino *(Chief Financial Officer)*
Raheim Bundle *(Director, Digital Strategy)*
Regina Sirko *(Digital Account Manager)*
Leslie Brooks *(Digital Account Manager)*
Peter Do *(Business Development Manager)*
Garrick Gaffney *(Digital Account Supervisor)*
Eddie Olivas *(Senior Web Developer)*
Charles DeNatale *(Senior Media Buyer)*
Kathy Roy Gaughran *(Senior Strategist, Marketing)*
Simona Ramos *(Associate Creative Director)*
Kyle Hojem *(Marketing Coordinator & Assistant to the Chief Executive Officer)*
Chloe Ribotsky *(Account Coordinator)*
Celeste Ethington *(Account & Media Coordinator)*

HEALTHSTAR COMMUNICATIONS
1000 Wyckoff Avenue
Mahwah, NJ 07430
Tel.: (201) 560-5370
Fax: (732) 726-0943
Web Site: www.healthstarcom.com

Employees: 45

Discipline: Creative/Advertising

Christopher Sweeney *(Chief Executive Officer)*
Cassie Jones *(Accounts Payable Manager)*

HEALTHWISE CREATIVE RESOURCE GROUP
67 Yonge Street
Toronto, ON M5E 1J8
Tel.: (416) 366-4494

Brands. Marketers. Agencies. Search Less. Find More.
Try out the online version at www.winmo.com

AGENCIES - JULY, 2020   CREATIVE/ADVERTISING AGENCIES

Fax: (416) 365-3664
Web Site: www.healthwisecrg.com

Employees: 10
Year Founded: 1992

Discipline: Creative/Advertising

Mark Grummett *(Chief Financial Officer)*
Renee Lagace *(Managing Director & President)*
Kevin Chiu *(Senior Art Director)*

HEAT
1100 Sansome Street
San Francisco, CA 94111
Tel.: (415) 477-1999
Fax: (415) 477-4990
Web Site: www.thisisheat.com

Year Founded: 2004

Discipline: Creative/Advertising

Steve Stone *(Founder & Chief Creative Officer)*
John Elder *(Chief Executive Officer & Co-founder)*
Justin Cox *(Chief Strategy Officer)*
Mike Barrett *(President)*
Greg Coffin *(Associate Creative Director)*
Warren Cockrel *(Executive Creative Director)*
Zoe Dunnington *(Lead Platform Strategist)*
Molly Cabe *(Strategy Head)*
Jonathan Byrne *(Creative Director)*
Liza Bobrow *(Director, Operations)*
Anna Rowland *(Senior Brand Strategist)*
Olivia Balicki *(Group Account Director)*
Elaine Cox *(Executive Creative Director)*
Tara Harris *(Associate Head, Business Development)*
Priya Wittke *(Account Supervisor)*
Sam Glassoff *(Senior Brand Strategist)*
Aaron Lang *(Managing Director - San Francisco)*

Accounts:
Cambria Estate Winery
dENIZEN
Edmeades
Grand Reserve
Jackson Estate
Jackson Family Australian Wines
Jackson Family Chilean Wines
Jackson Family Wines, Inc.
Jackson Spire Collection
John Hancock Financial Services, Inc.
K-J Avant
La Crema
Les Schwab Tire Centers
LG G6
Matanzas Creek
Murphy-Goode
Russell's Reserve
Stature
Teva Pharmaceuticals USA
Vintner's Reserve

HEAT
111 South Wacker Drive
Chicago, IL 60606
Tel.: (312) 486-1000
Web Site: www.thisisheat.com

Year Founded: 2004

Discipline: Creative/Advertising

Kristine Kobe *(Group Account Director)*
Julia Hammond *(Managing Director & General Manager - Chicago)*

Accounts:
Aspen Dental Management, Inc.

HEILBRICE
One Corporate Plaza Drive
Newport Beach, CA 92660
Tel.: (949) 336-8800
Web Site: www.heilbrice.com

Employees: 40
Year Founded: 1987

Discipline: Creative/Advertising

Hal Brice *(Co-Founder & Co-Chief Executive Officer)*
Robert Guevarra *(Vice President, Operations)*
Janel Kennedy *(Vice President, Account Services)*
Doris Heil *(Director, Human Resources)*
Scott Burris *(Associate Creative Director)*

Accounts:
Carpet One
Ralph's Grocery Company

HEINRICH MARKETING, INC.
2228 Blake Street
Denver, CO 80205
Tel.: (303) 233-8660
Fax: (303) 233-4564
Toll Free: (800) 356-5036
Web Site: www.heinrich.com

Employees: 35
Year Founded: 1976

Discipline: Creative/Advertising

George Eddy *(President & Owner)*
Matt Ingwalson *(Vice President, Creative Strategy)*
Laura Sonderup *(Managing Director & Senior Strategist - Hispanidad,)*
Steven Greenwald *(Media Director)*
Erin Iwata *(Director, Digital Strategy)*
Linds Johnson *(Associate Media Director)*
Molly Ford *(Senior Digital Designer)*

Accounts:
The AES Corporation

HEINZEROTH MARKETING GROUP
415 Y Boulevard
Rockford, IL 61107
Tel.: (815) 967-0929
Fax: (815) 967-0983
Toll Free: (866) 300-5929
Web Site: www.heinzeroth.com

Employees: 9

Discipline: Creative/Advertising

Loren Heinzeroth *(President)*
Roger Peterson *(Senior Account Manager)*
Lisa Nielsen *(Account Executive, Public Relations & Media Buy)*
Michele Piefer *(Graphic Designer)*
Scott Heinzeroth *(Account Executive)*

HELLMAN ASSOCIATES, INC.
1225 West Fourth Street
Waterloo, IA 50702
Mailing Address:
Post Office Box 627
Waterloo, IA 50704
Tel.: (319) 234-7055
Fax: (319) 234-2089
Toll Free: (800) 747-7055
Web Site: www.hellman.com

Year Founded: 1967

Discipline: Creative/Advertising

Bob Hellman *(Chairman)*
Tony Luetkehans *(Co-President & Creative Director)*
Dwight Fritts *(Executive Vice President, Business Development)*
Kim Rogers *(Coordinator, Media & Account Manager)*

Accounts:
Cenex
CHS, Inc.
Ecolab, Inc.

HEPTAGON, INC.
615 West Colfax Avenue
South Bend, IN 46601
Tel.: (574) 289-7888
Fax: (574) 232-2945
Web Site: www.heptagoninc.com

Employees: 7

Discipline: Creative/Advertising

Chris Batalis *(President)*
Tim Batalis *(Vice President)*

HERCKY, PASQUA, HERMAN, INC.
324 Chestnut Street
Roselle Park, NJ 07204
Tel.: (908) 241-9474
Fax: (908) 241-8961
Web Site: www.hph-comm.com

Discipline: Creative/Advertising

Peter Hercky *(Owner)*
Michael Pasqua *(Partner)*
Pat Smith *(Media Director)*

HERNANDEZ & GARCIA, LLC
7366 North Lincoln Avenue
Lincolnwood, IL 60712
Tel.: (847) 676-4445
Fax: (847) 676-1420
Web Site: www.soyhng.com

Employees: 15

Discipline: Creative/Advertising

Maritza Hernandez *(Managing Partner & Creative Director)*
Margarita Garcia *(President & Chief Operating Officer)*
Katia Tous *(Director, Media)*

HI-GLOSS
1666 Kennedy Causeway
North Bay Village, FL 33141
Tel.: (305) 759-7288
Fax: (305) 759-7290
Web Site: www.hi-gloss.com

Year Founded: 2005

Discipline: Creative/Advertising

Roberto Villazon *(Owner & President)*

CREATIVE/ADVERTISING AGENCIES
AGENCIES - JULY, 2020

Carrie Copeland *(Vice President)*

Accounts:
Fontainebleau Resorts, LLC
Longines

HIEBING
315 Wisconsin Avenue
Madison, WI 53703
Tel.: (608) 256-6357
Fax: (608) 256-0693
Web Site: www.hiebing.com

Employees: 50
Year Founded: 1981

Discipline: Creative/Advertising

Dave Florin *(President & Partner)*
Barry Edison *(Partner & Vice President, Touchpoint Strategy)*
Sean Mullen *(Partner, Vice President & Creative Director)*
Jeane Kropp *(Partner & Director, Brand Strategy)*
Ann Dencker *(Partner & Director, Insight & Strategic Research)*
Jaimi Brown *(Partner & Director, Strategy)*
Amanda Broderick *(Partner & Associate Director, Public Relations, Social Media & Content)*
Erin Holzbauer *(Partner & Associate Media Director)*
Dana Arnold *(Vice President, Public Relations, Social Media & Content)*
Dan Martin *(Director, Strategy)*
Eena Taylor *(Director, Digital)*
Ginny Brocker *(Associate Director, Public Relations & Social Media)*
Lynn Borkenhagen *(Media Director)*
Leanne Havertape *(Media Buyer & Planner)*
Amanda Fier *(Account Supervisor)*
Chris Richard *(Production Manager)*
David Byrne *(Senior Media Planner)*
Jay Gullixson *(Art Buyer & Producer, Broadcast)*
Karen Koenig *(Business Manager)*
Kristin Mueller *(Senior Media Planner)*
Shelley Beere *(Account Supervisor)*
Sara Tetzloff *(Senior Account Executive, Public Relations & Social Media)*
Lauren Smith *(Senior Account Executive, Public Relations, Content & Social Media)*
Tessa Bisek *(Senior Account Executive)*
Katie Helscher *(Account Executive, Public Relations & Social Media)*
Holly Wachtendonk *(Account Supervisor)*

Accounts:
Chuy's Restaurants
Culver's Franchising System, Inc.
Kwik Trip, Inc.
Schneider National, Inc.
Wisconsin Department of Tourism

HIGH TIDE CREATIVE
208 Bridge Street
Bridgeton, NC 28519
Tel.: (252) 671-7087
Web Site: www.hightidecreative.com

Year Founded: 2008

Discipline: Creative/Advertising

Tom Lewis *(Principal & Creative Director)*
Todd Willis *(Owner & President)*
Kim Kruger *(Partner & Media Director)*
Alicia Hawkins *(Art Director)*
Dawn Osterlund-Martin *(Manager, Traffic)*

HIGHDIVE
311 West Superior
Chicago, IL 60654
Tel.: (312) 588-6922
Web Site: highdiveus.com

Year Founded: 2016

Discipline: Creative/Advertising

Mark Gross *(Co-Founder & Creative Director)*
Chad Broude *(Co-Founder & Chief Creative Officer)*
Megan Lally *(Managing Partner, Business Leadership, Operations & Strategy)*
Luis Slotkin *(Managing Partner, Business Strategy)*
Kaley Meier *(Lead Account Director)*

Accounts:
Jeep
Ram

HIGHFIELD
401 Broadway
New York, NY 10013
Tel.: (212) 226-6343
Fax: (646) 892-9771
Web Site: www.gethighfield.com

Year Founded: 2016

Discipline: Creative/Advertising

Jared Spiegel *(Co-Founder & Chief Operating Officer)*
Erik Hogfeldt *(Chief Creative Officer)*
Michelle Villarreal *(Account Director)*
Alexander Norling *(Associate Creative Director)*

Accounts:
Reed's Inc.

HILL HOLLIDAY
104 West 40th Street
New York, NY 10018
Tel.: (212) 905-7000
Fax: (212) 905-7100
Toll Free: (800) 545-0295
Web Site: www.hhcc.com

Employees: 150
Year Founded: 1968

Discipline: Creative/Advertising

Katerina Sudit *(Chief Media Officer)*
Lauren Herman *(Senior Vice President & Creative Director)*
Lisa Kleinman *(Vice President & Broadcast Media Director)*
David Parise *(Vice President & Creative Director)*
Diana Chen *(Vice President & Account Director)*
Kathy Kocian *(Associate Director & Program Manager)*
Tory Jason *(Art Director)*
Niko Coutroulis *(Creative Director)*
Jarard Isler *(Art Director & Graphic Designer)*
Rachel Rawlinson *(Producer, Broadcasting)*
J.R Roach *(Senior Copywriter)*
Linda Bennett *(Managing Director)*

Accounts:
Autosuture
Charles River Laboratories Intl., Inc.
Pitney Bowes, Inc.
U.S. Tennis Association

HILL HOLLIDAY
53 State Street
Boston, MA 02109
Tel.: (617) 366-4000
Fax: (617) 366-8364
Web Site: www.hhcc.com

Employees: 608
Year Founded: 1968

Discipline: Creative/Advertising

Lance Jensen *(Chief Creative Officer & Executive Vice President)*
Lesley Bielby *(Chief Strategy Officer)*
Karen Kaplan *(Chairman & Chief Executive Officer)*
Chris Wallrapp *(President)*
Mike Proulx *(Chief Innovation Officer)*
Gayle Nyre *(Senior Vice President, New Business)*
Mike Burns *(Senior Vice President & Account Director)*
Scott Simpson *(Senior Vice President & Group Planning Director)*
Brian Gonsar *(Senior Vice President & Executive Producer)*
Rick McHugh *(Senior Vice President & Creative Director)*
Scott Hainline *(Senior Vice President & Executive Broadcast Producer)*
Nancy Lehrer *(Senior Vice President & Account Director)*
Chris Greene *(Executive Vice President & Group Account Director)*
Karen Hite *(Senior Vice President & Creative Director - Art)*
Austin Gardner-Smith *(Senior Vice President, Growth)*
Lindsay Blanch *(Senior Vice President & Head, Decision Science)*
Scott Adler *(Vice President, Account Director)*
Cara Fearing *(Senior Vice President & Group Planning Director)*
Kate Ferris *(Vice President, Business Development)*
Matty Poitras *(Vice President & Creative Director - Copy)*
Pete Shamon *(Vice President & Creative Director - Copy)*
Lisa Belden *(Vice President, Executive Integrated Producer)*
Mark Ferrandini *(Vice President & Associate Media Director)*
Bailey Woodhull *(Vice President, Planning Director)*
Jennifer Cioto *(Associate Media Director)*
Brittany Boilard *(Associate Director, Platform Media)*
Ilan Frankel *(Associate Creative Director)*
Kelly Nichols *(Associate Creative Director)*
Emily Denton *(Associate Director, Analytics)*
Eric Hertenstein *(Management Supervisor)*
Kristen Kouloheras *(Account Supervisor)*
Jeremy Strege *(Senior Account Executive)*
Gina Niemiec *(Senior Digital Media Billing Specialist)*
Taylor Coli *(Assistant Digital Strategist)*
Alexa Easton *(Associate Strategist)*
Haleigh Kelleher *(Account Executive)*
Adam Goldstein *(Account Executive)*
Alexandra McInnis *(Associate Digital Producer)*

Accounts:
BMW Motorrad USA
Capella Education Company
Capture cleaner

Brands. Marketers. Agencies. Search Less. Find More.
Try out the online version at www.winmo.com

AGENCIES - JULY, 2020 — CREATIVE/ADVERTISING AGENCIES

Frontier Communications
Great Wolf Lodges
Great Wolf Resorts, Inc.
Harvard Pilgrim Healthcare, Inc.
IdeaPaint, Inc.
LG Appliances
LG Electronics U.S.A., Inc.
Medtronic
Merrill Lynch & Co., Inc.
Novartis Pharmaceuticals Corporation
Partners HealthCare System, Inc.
Partnership for Drug-Free America, Inc.
Putnam Investments, Inc.
SAFECO Corporation
Sweethearts
TracFone Wireless, Inc.
Visiting Nurse Service of New York
Xarelto

HILTON & MYERS ADVERTISING
3350 North Country Club Road
Tucson, AZ 85716
Tel.: (520) 881-4550
Web Site: www.hiltonmyersadv.com

Discipline: Creative/Advertising

Doug Myers *(President & Co-Creative Director)*
Kim Anderson *(Director, Media Services)*

HINT CREATIVE
10 W 100 S
Salt Lake City, UT 84101
Tel.: (801) 521-2919
Fax: (801) 521-5066
Web Site: www.hintcreative.com

Year Founded: 2006

Discipline: Creative/Advertising

Christian Hansen *(Principal & Creative Director)*
Analisa Estrada *(Art Director)*

Accounts:
DC Shoes

HIP ADVERTISING
2809 Mansion Road
Springfield, IL 62711
Tel.: (217) 789-4447
Fax: (217) 789-4441
Web Site: www.hipadvertising.com

Employees: 6
Year Founded: 1993

Discipline: Creative/Advertising

Myra Hoffman *(President & Owner)*
Sanya Kushak *(Designer, Web)*

HIRONS & COMPANY
422 East New York Street
Indianapolis, IN 46202
Tel.: (317) 977-2206
Fax: (317) 977-2208
Web Site: www.hirons.com

Employees: 35
Year Founded: 1978

Discipline: Creative/Advertising

Tom Hirons *(Chairman)*
Jim Parham *(Chief Executive Officer)*

Deana Haworth *(Chief Operating Officer)*
Mike Murphy *(Senior Vice President)*
Jane Burch *(Vice President, Print Production)*
Erin Kimbowa Ladyman *(Account Coordinator)*
Kelsey Brewer *(Senior Account Director)*
Pam Linsley *(Creative Director)*
Emily Hayden *(Account Manager)*
Kendall Prinsen *(Senior Account Manager)*
Laura Crafton *(Account Manager)*
Pat Broviak *(Senior Accounting Specialist)*

HITCHCOCK FLEMING & ASSOCIATES, INC.
500 Wolf Ledges Parkway
Akron, OH 44311
Fax: (330) 996-7060
Toll Free: (888) 376-7601
Web Site: www.teamhfa.com

Employees: 99
Year Founded: 1940

Discipline: Creative/Advertising

Keith Busch *(Partner)*
Dale Elwell *(Partner, Client Services)*
Matt McCallum *(Partner, Operations)*
Sandi Nelson *(Director, Purchasing & Legal Compliance)*
Mike Pocci *(Director, Connections Planning)*
Megan Minnotti *(Account Manager)*
Ashley McCool *(Senior Content Manager, Public Relations & Social Media)*
Amy Clevenger *(Manager, Integrated Media)*

Accounts:
Akron General Medical Center
LP BuildSmart
SmartSide

HITWISE
2120 Colorado Avenue
Santa Monica, CA 90404
Tel.: (310) 571-1235
Web Site: www.hitwise.com

Discipline: Creative/Advertising

Jonathan Azuri *(Product Manager)*
Lisa Ly *(Manager, Marketing)*

HMH
1800 Southwest First Avenue
Portland, OR 97201
Tel.: (503) 295-1922
Fax: (503) 295-1938
Toll Free: (800) 295-1938
Web Site: www.hmhagency.com

Employees: 45
Year Founded: 1978

Discipline: Creative/Advertising

Ed Herinckx *(President & Chief Executive Officer)*
Paula Phillis *(Vice President & Director, Production)*
Megan Miller *(Vice President & Client Services Director)*
Jeff Nichols *(Creative Director)*
Patti Bateman *(Director, Design)*
Steve Cox *(Creative Director)*
Cindi Elsom *(Account Supervisor)*
Cindy Marks *(Senior Producer)*
Mardi Ball *(Manager, Accounting)*
Denise Hollingsworth *(Director, Brand Strategy)*

Robb Beck *(Senior Analyst, Digital Marketing)*

Accounts:
Idaho Power Company
Thomas Built Buses, Inc.

HMH
1000 West Morehead Street
Charlotte, NC 28208
Tel.: (704) 323-4444
Fax: (704) 323-4440
Toll Free: (888) 527-6237
Web Site: www.hmhagency.com

Year Founded: 1978

Discipline: Creative/Advertising

Jenn Hausman *(Media Director)*
Shawn Kelley *(Executive Creative Director)*
Betsy Kite *(Account Supervisor)*
Dana Thomas *(Strategist, Digital & Social)*
Christina Chu *(Senior Account Executive, Public Relations)*

HODDER
3925 Excelsior Boulevard
Minneapolis, MN 55416
Tel.: (612) 333-1025
Fax: (612) 359-3636
Web Site: www.hodder.tv

Year Founded: 1987

Discipline: Creative/Advertising

Kent Hodder *(Chief Executive Officer & Executive Creative Director)*
Nancy Bordson *(Chief Operating Officer & Vice President)*
David Fried *(Director, DOOH)*

HODGES & ASSOCIATES
2829 Second Avenue South
Birmingham, AL 35233
Tel.: (205) 328-4357
Fax: (205) 328-4366
Web Site: www.thehighroad.com

Year Founded: 2004

Discipline: Creative/Advertising

Greg Hodges *(Founder, President & Creative Director)*
Ryan Murphy *(Senior Graphic Designer & Photographer)*

HODGES ASSOCIATES
P.O. Box 53805
Fayetteville, NC 28305
Tel.: (910) 483-8489
Fax: (910) 483-7197
Web Site: www.hodgesassoc.com

Employees: 15
Year Founded: 1974

Discipline: Creative/Advertising

Anna Hodges Smith *(Owner, President & Account Executive)*
Chuck Smith *(Vice President & Production Manager)*
Jerri Allison *(Senior Art Director)*

HOFFMAN IMC
1056 Hendricks Avenue
Jacksonville, FL 32207

Brands. Marketers. Agencies. Search Less. Find More.
Try out the online version at www.winmo.com

86

CREATIVE/ADVERTISING AGENCIES

Tel.: (904) 398-9663
Fax: (904) 398-9695
Toll Free: (800) 599-0048
Web Site: hoffmanimc.com/hoffmanimc

Employees: 8
Year Founded: 1993

Discipline: Creative/Advertising

Jeff Hoffman (President)
John Davis (Media Director)

HOLLAND - MARK
745 Atlantic Avenue
Boston, MA 02111
Tel.: (617) 247-1111
Fax: (617) 247-1110
Web Site: www.holland-mark.com

Employees: 15
Year Founded: 2006

Discipline: Creative/Advertising

Robert Waldeck (President)
Renee Bolz (Vice President & Director, Client Services)
Jim Magary (Strategist, Media)

Accounts:
ecoATM Gazelle
Myca

HOLLAND ADVERTISING
8040 Hosbrook Drive
Cincinnati, OH 45236
Tel.: (513) 744-3001
Toll Free: (877) 865-0977
Web Site: www.hollandadvertising.com

Employees: 16
Year Founded: 1937

Discipline: Creative/Advertising

Bryan Holland (Partner & New Business Development- Interactive)
Mark Holland (Partner)
Justin Ellison (Graphic Designer & Web Designer)

HOLMES & COMPANY
34 South 600 East
Salt Lake City, UT 84102
Tel.: (801) 355-2211
Fax: (801) 363-5929
Toll Free: (800) 748-5115
Web Site: www.holmesco.com

Discipline: Creative/Advertising

Lisa Holmes (Chief Executive Officer)
Rod Miller (Creative Director)

HORICH HECTOR LEBOW ADVERTISING
101 Schilling Road
Hunt Valley, MD 21031
Tel.: (410) 329-1950
Fax: (410) 329-1210
Toll Free: (800) 878-8989
Web Site: www.hhladv.com

Year Founded: 1982

Discipline: Creative/Advertising

Charlie Horich (Chief Executive Officer & Founder)
Chip Hector (Partner & Chief Operating Officer)
Brad Lebow (President)
Brenda Hanlon (Vice President & Media Director)
Miles Anderson (Creative Director)
Ronald Katzen (Accountant)
Kristin Hollis (Production Manager)

HOT DISH ADVERTISING
800 Washington Avenue, North
Minneapolis, MN 55401
Tel.: (612) 341-3100
Fax: (612) 341-0555
Web Site: www.hotdishad.com

Year Founded: 1999

Discipline: Creative/Advertising

Dawn Kane (Chief Executive Officer & Co-Founder)
Greg Lindberg (Chief Financial Officer & Co-Founder)
Jennifer Campbell (President)
Natalie Wendel (Director, Digital)
Jen Formanek (Senior Account Executive)
Hayley Erstad (Senior Account Executive)

HOT PINK, INC.
201 Main Street
Rapid City, SD 57701
Tel.: (605) 341-2388
Fax: (605) 341-7039
Web Site: www.imagineagency.com

Employees: 10

Discipline: Creative/Advertising

Bill Fleming (Chief Executive Officer & Owner)
Susan Turnbull (Owner)

HOWARD MILLER ASSOCIATES, INC.
20-A East Roseville Road
Lancaster, PA 17601
Tel.: (717) 581-1919
Fax: (717) 291-2042
Web Site: www.globalhma.com/

Discipline: Creative/Advertising

Drew Dorgan (President)
Jamie Wilson (Account Director)
Erin Lebo (Strategist, Creative)
Rita Kissam (Business Manager)
Karen Chiodo (Administrative Assistant)
Jason Getz (Designer, Interactive)

HS AD
3550 Wilshire Boulevard
Los Angeles, CA 90010
Tel.: (213) 251-8822
Fax: (213) 251-8821
Web Site: www.hsadusa.com

Discipline: Creative/Advertising

Henry Choi (Senior Art Director)
Anna Kim (Senior Manager)

Accounts:
Korean Air Lines

HUMANAUT
1427 Williams Street
Chattanooga, TN 37408
Tel.: (423) 771-9646
Web Site: www.humanaut.is

Year Founded: 2013

Discipline: Creative/Advertising

David Littlejohn (Founder & Chief Creative Officer)
Andrew Clark (Founder & Chief Strategist)
Dan Jacobs (Director, Content)
Carrie Warren (Senior Director, Art)
Fritsl Butler (Manager, Account)
Allie Eady (Manager, Talent & Culture)
Tommy Wilson (Director, Production)
Coleson Amon (Designer)
Samantha Taylor (Coordinator, Strategy)

Accounts:
Organic Valley Family of Farms
PetSafe
Suja Juice

HUNTER HAMERSMITH
725 Northeast 125th Street
North Miami, FL 33161
Tel.: (305) 895-8430
Fax: (305) 892-9611
Web Site: www.hhadvertising.net

Employees: 45

Discipline: Creative/Advertising

Cheryl Hamersmith (President)
Bette Blum (Media Director)
Bryan Ludwick (Senior Media Director)
Robert Horowitz (Media Planner)

Accounts:
Beach Resorts
Royal Plantations
Sandals Resorts International
Signature Guest

HYBRID DESIGN
777 Florida Street
San Francisco, CA 94110
Tel.: (415) 227-4700
Fax: (415) 227-4706
Web Site: www.hybrid-design.com

Year Founded: 2001

Discipline: Creative/Advertising

Brian Flynn (Owner & Principal)
Dora Drimalas (Principal & Creative Director)

HYDROGEN
1520 Fourth Avenue
Seattle, WA 98101
Tel.: (206) 389-9500
Fax: (206) 389-4849
Web Site: www.hydrogenadvertising.com

Employees: 20
Year Founded: 2001

Discipline: Creative/Advertising

Tom Scherer (Co-Founder & President)
Mary Knight (Executive Creative Director, Partner)
Michael McGrath (Principal, Art Director & Creative Director)
Hillary Miller (Vice President, Account Strategy)
Lauren Rose (Media Director)

AGENCIES - JULY, 2020   CREATIVE/ADVERTISING AGENCIES

Accounts:
Emtek Products
Franke Kitchen Systems

HYPE CREATIVE PARTNERS
13953 Panay Way
Marina Del Rey, CA 90292
Web Site: www.hypecreativepartners.com

Year Founded: 2016

Discipline: Creative/Advertising

Cynthia Ferngren *(Founder & Chief Executive Officer)*
Robert Rivers *(Creative Director, Hype Digital Marketing)*

Accounts:
Grill Concepts, Inc.

I2I ADVERTISING & MARKETING
611 Alexander Street
Vancouver, BC V6A 1E1
Tel.: (604) 254-5452
Fax: (604) 254-0443
Web Site: www.i2iadvertising.com

Employees: 9
Year Founded: 1994

Discipline: Creative/Advertising

Stuart Ince *(Partner & Director, Client Services)*
Cameron Iverson *(Partner & Marketing Director)*

IDEA BANK MARKETING
701 West Second Street
Hastings, NE 68901
Mailing Address:
Post Office Box 2117
Hastings, NE 68902
Tel.: (402) 463-0588
Fax: (402) 463-2187
Web Site: www.ideabankmarketing.com

Year Founded: 1982

Discipline: Creative/Advertising

Sherma Jones *(Presdient)*
Julie Fahrlander *(Project Manager)*

IDEA ENGINEERING, INC.
21 East Carrillo
Santa Barbara, CA 93101
Tel.: (805) 963-5399
Web Site: www.ideaengineering.com

Year Founded: 2001

Discipline: Creative/Advertising

Wayne Kimbell *(Partner)*
Simon Dixon *(Chief Executive Officer & Co-Founder)*
Joyce Valentino *(Chief Financial Officer)*
Jimmy W. A. Smith *(Chief Engineer, Electrical)*
Richard Gregoire *(Principal & Manager, Process Engineering)*
Jeanne Spencer *(Vice President, Creative Director)*
Alicia Chasse *(Controller)*
Wallace Reinecke *(Vice President)*
Marcello Santone *(Senior Designer, Piping)*

IDEAMILL
6101 Penn Avenue
Pittsburgh, PA 15206
Tel.: (412) 924-0027
Fax: (412) 924-0034
Web Site: www.ideamill.com

Employees: 4

Discipline: Creative/Advertising

Anthony Musmanno *(Chief Creative Officer)*
Doug Kochmanski *(Art Director)*
Allison Eash *(Media Planner & Buyer)*

Accounts:
TravelCenters of America, LLC

IDEAOLOGY ADVERTISING
4223 Glencoe Avenue
Marina Del Rey, CA 90292
Tel.: (310) 306-6501
Fax: (310) 306-6508
Web Site: www.ideaology.biz

Employees: 12
Year Founded: 1997

Discipline: Creative/Advertising

Cary Sacks *(President)*
Dino Santilli *(Creative Director)*
Cindy Humbert *(Media Director)*
Kim Ashton *(Account Director)*
Chuck Copin *(General Manager)*

Accounts:
Childrens Hospital Los Angeles

IDENTITY
400 West 14th Street
New York, NY 10014
Tel.: (212) 683-2500
Web Site: www.identityid.com

Discipline: Creative/Advertising

Alana Hearn *(Partner & Executive Producer)*

IDEOPIA
4270 Ivy Pointe Boulevard
Cincinnati, OH 45245
Tel.: (513) 967-6480
Web Site: www.ideopia.com

Employees: 14

Discipline: Creative/Advertising

Susan Abramovitz *(Partner)*
Ben Singleton *(Director, Public Relations)*

IFUEL
276 Fifth Avenue
New York, NY 10001
Tel.: (212) 994-6700
Fax: (212) 994-6699
Web Site: www.ifuelinteractive.com

Employees: 50
Year Founded: 1992

Discipline: Creative/Advertising

Bill Tucker *(Chief Executive Officer)*
Kristina Tucker *(Managing Partner, iFuel Interactive)*

Accounts:
Alexander Grappa
Aneri
Arrogant Frog
Bertani
Blue Fish
Boissiere
Bottega Vinaia
Boulard
Callia
Cavit
Col d'Orcia
Condesa de Leganza
Faustino
Feudi
Frapin Cognac
Glen Deveron
Gosset Champagne
Jean-Luc Columbo
Laboure-Roi
Lancers
Lunetta Prosecco
Marchesi di Barolo
Navarro Correas
Palm Bay International
Planeta
Principato
Remy Pannier
Rocca delle Macie
Santa Rita
Santana
Sella & Mosca
Straccali
Terrazze Della Luna
Verrazzano
VOSS Water
VOSS Water USA

IGNITE CREATIVE SERVICES, LLC
7619 East Pinnacle Peak Road
Scottsdale, AZ 85255
Toll Free: (855) 438-4464
Web Site: www.ignitecs.co

Year Founded: 2010

Discipline: Creative/Advertising

Kim Gouch *(Principal & Owner)*
Celia Waddington *(Principal & Owner)*

ILIUM ASSOCIATES, INC.
600 108th Avenue, Northeast
Bellevue, WA 98004
Tel.: (425) 646-6525
Web Site: www.ilium.com

Employees: 15
Year Founded: 1972

Discipline: Creative/Advertising

Carolyn Perez-Andersen *(Chief Executive Officer & President)*
Bob Prowda *(Executive Vice President)*
Don Sellars *(Vice President)*
John Gobis *(Associate Vice President)*

IMAGE MAKERS ADVERTISING, INC.
17110 West Greenfield Avenue
Brookfield, WI 53005
Tel.: (262) 650-8300
Fax: (262) 650-1595
Toll Free: (866) 443-7365
Web Site: www.imagemakersadv.com

Employees: 10
Year Founded: 1983

Brands. Marketers. Agencies. Search Less. Find More.
Try out the online version at www.winmo.com

CREATIVE/ADVERTISING AGENCIES

AGENCIES - JULY, 2020

Discipline: Creative/Advertising

Tina Chovanec *(President)*
Jane Fischer *(Director, Media Services)*
Sarah Appleton Zubarik *(Manager, Social & Specialty Media)*
Sylvie Hergott *(Senior Graphic Designer)*

IMAGE MASTERS
429 Grogan Avenue
Merced, CA 95341
Tel.: (209) 723-1691
Fax: (209) 723-9726
Toll Free: (800) 667-8594
Web Site: www.imagemasters.com/

Employees: 20
Year Founded: 1988

Discipline: Creative/Advertising

Tim O'Neill *(Chief Executive Officer & Owner)*
Adrian Rodriguez *(Art Director)*

IMAGINASIUM
320 North Broadway
Green Bay, WI 54303
Tel.: (920) 431-7872
Fax: (920) 431-7875
Toll Free: (800) 820-4624
Web Site: www.imaginasium.com

Employees: 18

Discipline: Creative/Advertising

Denis Kreft *(President)*
Laura Myers *(Director, Marketing & Client Services)*
Melinda Morella-Olson *(Director, Strategic Engagement)*
Kory Lax *(Managing Creative Director & Creative Director)*

IMC / IRVINE MARKETING COMMUNICATIONS
960 Holmdel Road
Holmdel, NJ 07733-2138
Tel.: (732) 332-0515
Fax: (732) 332-0520
Web Site: www.imc-nj.com

Year Founded: 1983

Discipline: Creative/Advertising

Stephen Aronson *(Managing Partner & Principal)*
Robert Zick *(Owner)*
Peter Dugan *(Chief Operating Officer)*
Julie Evans *(Director, Production)*
Danielle Miles *(Creative Director)*
Regina Sherman *(Director, Creative)*
Rebecca Kist *(Group Account Manager, Trade Promotions)*

IMMOTION STUDIOS
4717 Fletcher Avenue
Fort Worth, TX 76107
Tel.: (817) 344-1965
Toll Free: (817) 344-1964
Web Site: www.immotionstudios.com

Year Founded: 1995

Discipline: Creative/Advertising

Lindsey Hurr *(Vice President & Certified Brand Strategist - Fort Worth Advertising Agency & Brand)*

Tom Schuller *(Creative Director)*

IMPRENTA COMMUNICATIONS GROUP
315 West Ninth Street
Los Angeles, CA 90015
Tel.: (213) 210-2500
Web Site: icgworldwide.com

Year Founded: 2001

Discipline: Creative/Advertising

Ken Tiratira *(Chief Strategy Officer & Senior Vice President, Operations)*
Ronald Wong *(President & Chief Executive Officer)*
Katreena Salgado *(Senior Vice President)*
Steve Patno *(Manager, Production & Graphics)*

IMPRESSIONS
393 Jericho Turnpike
Mineola, NY 11501
Tel.: (516) 739-3210
Fax: (516) 621-5538
Web Site: www.impressionsaba.com

Employees: 35
Year Founded: 1972

Discipline: Creative/Advertising

Anthony Schettino *(President & Founder)*
Jeff Thurau *(Senior Art Director & Director, Information Technology)*
Susan Landau *(Account Supervisor)*
LouAnn Pugliese *(Account Supervisor)*

IN PLAIN SIGHT MARKETING LLC
515 West Fourth Street
Carson City, NV 89703
Tel.: (775) 443-6660
Web Site: www.ipsmllc.com

Year Founded: 2011

Discipline: Creative/Advertising

Kathie Taylor *(Chief Marketing Officer)*
Renee Plain *(Owner & Chief Executive Officer)*

INNOVAIRRE
Two Executive Campus
Cherry Hill, NJ 08002
Tel.: (856) 663-2500
Web Site: www.innovairre.com

Year Founded: 2014

Discipline: Creative/Advertising

Don McKenzie *(President & Chief Growth Officer)*
Dawn Brelsford *(Vice President & Chief Strategist)*
Jill Querceto *(Vice President, Creative Strategy & Innovation)*

INSIDE OUT COMMUNICATIONS
23 Water Street
Holiston, MA 01746
Tel.: (508) 429-8184
Web Site: www.iocomm.com

Year Founded: 1987

Discipline: Creative/Advertising

Alicia Frick Laguarda *(President)*
Maria Stearns *(Vice President, Client Services)*
Rebecca Palmer *(Director, Operations, Business Development & Finance)*

INSIGHT CREATIVE GROUP
19 Northeast Ninth Street
Oklahoma City, OK 73104
Tel.: (405) 728-3062
Web Site: icgadv.com

Year Founded: 2006

Discipline: Creative/Advertising

Eric Joiner *(Chief Executive Officer & Co-Founder)*
Doug Farthing *(Chief Creative Officer)*
Rusty Duncan *(Partner & Chief Operating Officer)*
Sharee Farmer *(Director, Operations)*
Amy Nickerson *(Senior Art Director)*
Erin Acuff *(Media Director)*
Jason Reynolds *(Account Director - ICG)*
Lisha Dunlap *(Manager, Content)*
Steve Loftis *(Strategist, Brand)*
Brandon Anderson *(Graphic Designer)*

INSIGHT CREATIVE, INC.
1816 Sal Street
Green Bay, WI 54302
Tel.: (920) 468-7459
Fax: (920) 468-0830
Web Site: www.insightcreative.com

Employees: 15
Year Founded: 1989

Discipline: Creative/Advertising

Jim Von Hoff *(President)*
Niki Petit *(New Business Director)*
Andy Van Remortel *(Media Director)*
Cindy Struensee *(Business Director)*
Jay Bauer *(Creative Director)*
Molly Setzer *(Manager, Media)*

INSIGHT MARKETING DESIGN
401 East Eighth Street
Sioux Falls, SD 57103
Tel.: (605) 275-0011
Fax: (605) 275-0056
Web Site: insightmarketingdesign.com

Year Founded: 2003

Discipline: Creative/Advertising

Candy Van Dam *(Partner & Chief Strategy Officer)*
Doug Moss *(Founding Partner & Executive Creative Director)*
Jill Smith *(Vice President, Digital Services)*
Roger Nolan *(Vice President, Account Services)*
Jon Carroll *(Creative Director)*
Ben Hodgins *(Art Director & Manager, Operations)*
Gaye Grider *(Media Director)*

INTEGRATED MARKETING SOLUTIONS
400 West Liberty Drive
Wheaton, IL 60187
Tel.: (312) 242-4700
Fax: (312) 664-5454
Web Site: www.imssolutionists.com

Year Founded: 1995

Brands. Marketers. Agencies. Search Less. Find More.
Try out the online version at www.winmo.com

AGENCIES - JULY, 2020 — CREATIVE/ADVERTISING AGENCIES

Discipline: Creative/Advertising

Bryan Sanzotti *(Co-Founder & President)*
Bob Unglaub *(Partner)*
Pam Basone *(Partner & Vice President)*

INTEGRITY
6358 Delmar Boulevard
Saint Louis, MO 63130
Tel.: (314) 727-3600
Web Site: www.integritystl.com

Employees: 33
Year Founded: 1953

Discipline: Creative/Advertising

Larry Weintraub *(Partner)*
Rob Weintraub *(Senior Executive)*
John Simanowitz *(Founder & Chief Executive Officer)*
Betsy Bartholomew *(Media Director)*
Dwight Stamp *(Senior Art Director)*
Danielle Block *(Senior Program Manager)*
Chris Gewehr *(Senior Program Manager)*
Kim House *(Senior Program Manager)*

INTERACTIVE ADVERTISING BUREAU
116 East 27th Street
New York, NY 10016
Tel.: (212) 380-4700
Web Site: www.iab.net

Year Founded: 1996

Discipline: Creative/Advertising

Randy Rothenberg *(President & Chief Executive Officer)*
Patrick Dolan *(President & Chief Operating Officer)*
Dennis Buchheim *(Executive Vice President & General Manager - Tech Lab)*
Sheryl Goldstein *(Senior Vice President, Member Investment & Marketing)*
Rick Berger *(Vice President, Membership Investment & Relations)*
Virginia Rollet Moore *(Vice President, Events)*
Soizic Sacrez *(Senior Director, Marketing)*
Meredith Green *(Manager, Research & Analytics)*

INTERESTING DEVELOPMENT
25 Peck Slip
New York, NY 10038
Tel.: (503) 333-9095
Web Site: www.interestingdevelopment.com

Year Founded: 2018

Discipline: Creative/Advertising

Paul Caiozzo *(Founder & Chief Creative Officer)*
Nathan Frank *(Founder & Head, Brand)*
Tamera Geddes *(Chief Executive Officer & Managing Director)*
Shannon Coletti *(Group Account Director)*
Tom Haslow *(Head, Strategy)*
Johan Leandersson *(Creative Director)*
Kelsey Shang *(Copywriter)*

Accounts:
Babbel
Parachute Home
Siggi's
Vita Coco, LLC
Zulily, Inc.

INTERPUBLIC GROUP OF COMPANIES
909 Third Avenue
New York, NY 10022
Tel.: (212) 704-1200
Fax: (212) 704-1201
Web Site: www.interpublic.com

Employees: 43700
Year Founded: 1960

Discipline: Creative/Advertising

Philippe Krakowsky *(Chief Operating Officer)*
Heide Gardner *(Chief Diversity & Inclusion Officer)*
Michael Roth *(Chairman & Chief Executive Officer)*
Christopher Carroll *(Chief Accounting Officer & Senior Vice President)*
Julie Connors *(Chief Risk Officer & Senior Vice President, Audit)*
Simon Bond *(Chief Growth Officer & Senior Vice President)*
Jerry Leshne *(Senior Vice President, Investor Relations)*
Tom Cunningham *(Vice President, Corporate Communications)*
Terry Peigh *(Managing Director & Senior Vice President)*

Accounts:
Johnson & Johnson
Microsoft Corporation
Microsoft Corporation

INUVO, INC.
500 President Clinton Avenue
Little Rock, AR 72201
Tel.: (501) 205-8508
Web Site: www.inuvo.com

Discipline: Creative/Advertising

Richard Howe *(Chairman & Chief Executive Officer)*
Trey Barrett *(Chief Operating Officer)*
John B. Pisaris *(General Counsel)*

INVNT
524 Broadway
New York, NY 10012
Tel.: (212) 334-3415
Web Site: www.invnt.com

Year Founded: 2008

Discipline: Creative/Advertising

Scott Cullather *(Chief Executive Officer)*
Jim McDonald *(Chief Implementation Officer)*
Kristina McCoobery *(Chief Operating Officer)*
Michael Kitson *(Chief Production Officer)*
Paul Blurton *(Chief Creative Officer)*
Matt Flachsenhaar *(Senior Creative Director)*
Jonathan Serluco *(Senior Producer)*
Brian Link *(Creative Associate)*
Alexandra Serowoky *(Graphic Designer)*
Scott Michael Kerr *(Managing Director, Strategic Accounts)*

IOMEDIA, INC.
640 West 28th Street
New York, NY 10001
Tel.: (212) 352-1115
Fax: (212) 352-1117
Web Site: www.io-media.com

Year Founded: 1997

Discipline: Creative/Advertising

Peter Korian *(President)*
Steve Korian *(Executive Vice President)*
Steven Korian *(Executive Vice President)*
Eugene Carroll *(Vice President, Infrastructure & IT Services)*
Megan Doran *(Director, Operations)*

Accounts:
Portland Timbers

IPG360
11111 Santa Monica Boulevard
Los Angeles, CA 90025
Tel.: (310) 405-7470
Web Site: ipg360.com

Year Founded: 2017

Discipline: Creative/Advertising

Jeff Marks *(Chief Executive Officer)*
Matt Wiener *(Vice President, Business Development & Consulting)*

Accounts:
HotelPlanner

IPNY
32 Old Slip
New York, NY 10005
Tel.: (212) 488-4769
Web Site: ipny.com

Year Founded: 2012

Discipline: Creative/Advertising

Bruce Lee *(Chief Creative Partner)*
Jill McClabb *(Co-Founder & Creative Director)*
Andy Semons *(Partner & Head, Strategy)*
Chris Parker *(Partner, Creative)*
Joseph A. Dessi *(Managing Partner)*
Matthew Biagi *(Account Director)*
Timothy Smith *(Director, Media & Communications)*

Accounts:
First Amendment Museum

IRIS ATLANTA
112 Krog Street Northeast
Atlanta, GA 30307
Tel.: (404) 816-9422
Web Site: www.iris-worldwide.com

Employees: 20
Year Founded: 2010

Discipline: Creative/Advertising

Simon Candy *(Executive Creative Director)*
Lexi Corn *(Creative Director)*
Chris Buda *(Executive Producer)*
Katelyn Gualtieri *(Senior Account Executive)*
Serena Zammit *(Managing Director- Iris Worldwide)*
Elizabeth Hall *(Managing Director)*

Accounts:
Bentley Motors, Inc.
Lamborghini
Shell Lubricants
Zaxby's Franchising, Inc.

IRONCLAD MARKETING
4225 38th Street South

CREATIVE/ADVERTISING AGENCIES

Fargo, ND 58104
Tel.: (701) 373-0062
Web Site: www.ironcladmktg.com

Year Founded: 2009

Discipline: Creative/Advertising

Denise Stoppleworth *(President & Owner)*
Mitchell Wagner *(Director, Digital Marketing)*
Sarah Roberts *(Art Director & Graphic Designer)*

ISADORA AGENCY
1600 Rosecrans Avenue
Manhattan Beach, CA 90266
Tel.: (310) 560-4675
Web Site: isadoradigitalagency.com

Year Founded: 2009

Discipline: Creative/Advertising

Isadora Marlow-Morgan *(Founder, President)*
Alex Mathias *(Vice President)*
Sheriah Altobar *(Digital Producer)*
Carina Lora *(Digital Producer, Senior Web Project Manager)*

IVIE & ASSOCIATES, INC.
601 Silveron Boulevard
Flower Mound, TX 75028
Tel.: (972) 899-5000
Fax: (972) 899-5050
Web Site: www.ivieinc.com

Employees: 75
Year Founded: 1993

Discipline: Creative/Advertising

Buddy Martensen *(Executive Vice President & Chief Marketing Officer)*
Brandon Ivie *(President)*
Renee Rawlings *(President, Emerging markets)*
Warren Ivie *(Founder & Chief Executive Officer)*
Gary Long *(Executive Vice President)*
David Needham *(Executive Vice President, Client Services)*
Kay Ivie *(Executive Vice President)*
Tim Vickeroy *(Vice President, Sales & Business Development)*
Robert Duran *(Executive Creative Director)*
Debi Amon *(Vice President, Client Services)*
Joe Worley *(Vice President, Client Services)*
Paula Jackson *(Media Director)*
Charles Meyer *(Director, Business Development)*
Laurie Raymundo *(Marketing Director)*
Megan Martinez *(Media Buyer)*

Accounts:
Albertsons, LLC

J. W. MORTON & ASSOCIATES
1924 Saint Andrews Court, Northeast
Cedar Rapids, IA 52402
Tel.: (319) 378-1081
Fax: (319) 378-1827
Web Site: www.jwmorton.com

Employees: 8
Year Founded: 1984

Discipline: Creative/Advertising

Dave Morton *(President, Marketing Services)*
Jeff Westrom *(President, Creative Services & Senior Creative Director)*
Kristopher Sullens *(Art Director)*

Kevin Northway *(Senior Art Director)*
Scott Appleget *(Senior Account Manager)*
Chris Schulte *(Assistant Account Manager)*

J.R. THOMPSON COMPANY
26970 Haggerty Road
Farmington Hills, MI 48331
Tel.: (248) 553-4566
Fax: (248) 553-2138
Web Site: www.jrthompson.com

Year Founded: 1974

Discipline: Creative/Advertising

Jamie McCarthy *(Chief Creative Officer, Innovation)*
Josh Perry *(Officer, Client & Strategic Development & Senior Vice President)*
Marcy McCausland *(Chief Account Officer & Controller)*
Terry Ayrault *(Chief Creative Officer)*
Kurt Kerttu *(Senior Vice President, Operations)*
Fiona McKenna *(Vice President, Client Services)*
Dave Rainney *(Vice President, Technology)*
Brian Ferencz *(Senior Art Director)*
Eric Aldrich *(Director, Client Service)*
Susan Weatherhead *(Director, Business Development)*
Tom Gurisko *(Associate Creative Director)*
Tom Ussery *(Director, Business Intelligence)*
Nicole Newman *(Manager, Client Services)*
Holly Weberman *(Senior Supervisor, Client Service)*
Kristen Meisnitzer *(Account Executive)*
Lindsay Leonard *(Specialist, Client Service)*

J.T. MEGA, INC.
4020 Minnetonka Boulevard
Minneapolis, MN 55416
Tel.: (952) 929-1370
Toll Free: (800) 923-6342
Web Site: www.jtmega.com

Employees: 35
Year Founded: 1976

Discipline: Creative/Advertising

Phil Lee *(President)*
Bob Beach *(Vice President, Creative Services)*
Clarice Halberg *(Vice President & Management Supervisor)*
Don Mullen *(Vice President & Media Director)*
Michael Alberts *(Vice President, Management Supervisor)*
Ann Strong *(Vice President, Management Supervisor & Director, Client Services)*
Clarice Hallberg *(Vice President & Management Supervisor)*
Patrick Dupont *(Senior Art Director)*
Sandri Dekker *(Digital Development Director)*
Anna Braun *(Director, Business Development)*
Mieko Anderson *(Senior Interactive Designer)*
Alicia Neubauer *(Manager, Social Media Content & Community)*
Alexandra Aagaard *(Senior Account Executive)*
Brooke Rymer *(Senior Account Executive)*
Catherine Smalley *(Account Supervisor)*
Stephanie Cadmus *(Account Supervisor)*

JADI COMMUNICATIONS, INC.
1110 Glenneyre Street
Laguna Beach, CA 92651
Tel.: (949) 494-8900
Web Site: www.jadicom.com

Year Founded: 1997

Discipline: Creative/Advertising

Denise Roberson *(President & Chief Executive Officer)*
Lisa Roberson-Beery *(Development Director)*
Timothy Morra *(Executive Creative Director)*

Accounts:
Experian Information Solutions, Inc.

JAGGED PEAK
5389 East Provident Drive
Cincinnati, OH 45246
Toll Free: (866) 345-5835
Web Site: www.jaggedpeak.com

Year Founded: 2001

Discipline: Creative/Advertising

Blake Vaughn *(Executive Vice President, eCommerce)*
Doug Aldrich *(Specialist, Digital Marketing)*
Brian Brown *(Manager, eCommerce Operations)*

JAJO, INC.
131 North Rock Island
Wichita, KS 67202
Tel.: (316) 267-6700
Fax: (316) 267-3531
Web Site: www.jajo.net

Year Founded: 2003

Discipline: Creative/Advertising

Steve Randa *(Managing Partner)*
Shawn Stuckey *(Managing Partner)*
Eric Andreae *(Art Director)*
Mike Gangwere *(Associate Creative Director)*
Kevin Gehrer *(Business Manager)*
Lea Frevert *(Brand Manager)*
Evan Fast *(Specialist, Brand)*
Matt Nelson *(Copywriter)*
Monica Shuey *(Specialist, Brand)*

JAMISON ADVERTISING GROUP
333 F Street
Chula Vista, CA 91910
Tel.: (619) 691-1200
Fax: (619) 691-8662
Web Site: www.jamisonadvertising.com

Discipline: Creative/Advertising

Jerry Jamison *(Owner & Principal)*
Julie Estrada *(Account Coordinator)*

JCF MARKETING
7740 Metric Drive
Mentor, OH 44060
Tel.: (440) 247-4548
Fax: (440) 247-2294
Web Site: www.jcfmarketing.com

Discipline: Creative/Advertising

Peter Frantz *(President & Marketing Director)*
Steve Shaffer *(Vice President & Media Director)*
Al Cohen *(Public Relations Director)*

JEBCOMMERCE
610 W Hubbard
Coeur d'Alene, ID 83814

Brands. Marketers. Agencies. Search Less. Find More.
Try out the online version at www.winmo.com

AGENCIES - JULY, 2020 — CREATIVE/ADVERTISING AGENCIES

Fax: (866) 595-4529
Toll Free: (800) 208-6215
Web Site: jebcommerce.com

Year Founded: 2004

Discipline: Creative/Advertising

Jamie Birch *(Founder & Chief Executive Officer)*
Gabe Ripley *(Director, Creative Services)*

Accounts:
Zulily, Inc.

JEKYLL AND HYDE
26135 Plymouth Road
Redford, MI 48239
Tel.: (313) 937-1000
Fax: (313) 937-1908
Toll Free: (800) 500-4210
Web Site: jekyllhydeagency.com

Year Founded: 1996

Discipline: Creative/Advertising

Sally Young *(President)*
Mark Young *(Chief Executive Officer)*
Robb Taylor *(Chief Creative Officer)*
Jeff Peterman *(Media Director)*
Michelle Pike *(Director, Accounts)*
Cameron Solu *(Digital Media Manager)*
Justin Girouard *(Account Executive)*
Carl Rozkowski *(Digital Media Analyst)*

JENNINGS & COMPANY
Chapel Hill, 110 Banks Drive
Chapel Hill, NC 27514-5860
Tel.: (919) 929-0225
Fax: (919) 968-8278
Web Site: www.jenningsco.com

Employees: 25

Discipline: Creative/Advertising

Paige Zinn *(Owner & Chief Operating Officer)*
Dan Dunlop *(President & Chief Executive Officer)*
Dewey Mooring *(Vice President)*
Kathleen Anzenberger *(Art Director)*
Suzanne Williams *(Art Director)*
Bruce Wlach *(Manager, Client Services)*
Cheryl Witherspoon *(Manager, Accounting)*
Tim Brennan *(Account Supervisor)*

Accounts:
Autocar
Volvo Trucks North America, Inc.
Volvo VHD
Volvo VHD 430
Volvo VN
Volvo VNL 300
Volvo VNL 430
Volvo VNL 630
Volvo VNL 670
Volvo VNL 730
Volvo VNL 780
Volvo VNM 200
X Peditor

JERRY DeFALCO ADVERTISING
1060 Maitland Center Commons
Maitland, FL 32751
Tel.: (407) 661-3131
Web Site: www.jerrydefalco.com

Discipline: Creative/Advertising

J. P. Royston *(President)*
Dominick Cullari *(Vice President, Audio Production)*

JIM RICCA & ASSOCIATES
1902 Association Drive
Reston, VA 20191
Tel.: (703) 486-9200
Fax: (703) 486-8727
Web Site: www.jimricca.com

Discipline: Creative/Advertising

Tony Estrella *(President)*
Lois Sohn *(Senior Graphic Designer)*
Emily Potthast *(Web & Interactive Director)*
Jackie Price *(Business Manager)*

JNA ADVERTISING
7101 College Boulevard
Overland Park, KS 66210
Tel.: (913) 327-0055
Fax: (913) 327-0059
Web Site: www.jna-advertising.com

Employees: 7
Year Founded: 1921

Discipline: Creative/Advertising

John Nohe *(Chief Executive Officer)*
Lance McCormick *(Chief Creative Officer & Vice President)*
Angie Williams *(Vice President & Director, Client Services)*
Jordan Garcia *(President)*
Tom Wirt *(Vice President & Executive Creative Director)*
Jolee Liebnitz *(Vice President, Operations)*
Susan Tiehen *(Creative Director)*
Megan Ferguson *(Social Media Supervisor)*
Natalie Neppl *(Media Supervisor)*
Laura Dold *(Account Supervisor)*

Accounts:
Kansas State Lottery
Palmetto Moon

JOAN
44 Wall Street
New York, NY 10005
Tel.: (917) 838-7410
Web Site: www.joancreative.com

Year Founded: 2016

Discipline: Creative/Advertising

Magnus Blair *(Chief Strategy Officer)*
Jaime Robinson *(Chief Creative Officer & Co-Founder)*
Lisa Clunie *(Chief Executive Officer & Co-Founder)*
Renee Jennings *(Chief Financial Officer)*
Dan Lucey *(Executive Creative Director)*
Sarah Collinson *(Head, Account Management)*
Katie Persichilli *(Account Director)*
Becca Patrick *(Director, Creative Services)*
Chris Turney *(Strategy Director)*
Bryce Hooton *(Associate Creative Director & Copywriter)*
Hannah Lewman *(Strategist)*
Mica Gallino *(Associate Creative Director)*
Raelyn Martin *(Account Executive)*

Accounts:
Keds
Safe Auto Insurance Company
Virgin Hotels

JOHANNES LEONARDO
628 Broadway
New York, NY 10012
Tel.: (212) 462-8120
Fax: (212) 614-3977
Web Site: www.johannesleonardo.com

Year Founded: 2007

Discipline: Creative/Advertising

Jan Jacobs *(Co-Founder & Chief Creative Officer)*
Leo Premutico *(Co-Founder & Co-Chief Creative Officer)*
Bryan Yasko *(President)*
Sam McCallum *(Group Account Director - Alexander Wang & Adidas)*
Ben Muldrew *(Business Integration Lead)*
Emily Wilcox *(Head, Account Management)*
Ray Smiling *(Creative Director)*
Dominique Dalton *(Account Director)*
Mark Aronson *(Head, Strategy)*
Johnny Roelofs *(Associate Strategy Director)*
Rachel Ngun *(Senior Art Director)*
Ben Myers *(Head, Business Development)*
Omid Amidi *(Creative Director)*
Charles Watlington *(Design Director)*
Kevin Watkins *(Creative Director)*
Haley Mazza *(Group Brand Director)*
Daniel Grech *(Creative Director)*
Emily Garvey Elias *(Group Strategy Director)*
Maria Perez *(Head, Production & Operations)*
Rachel Frederick *(Creative Director)*
Hunter Hampton *(Creative Director)*
Jeph Burton *(Associate Creative Director)*
Mary Bakarich *(Group Director, Strategy)*
Paul Gregson *(Creative Director)*
Bharat Kumar *(Creative Director)*
Marcelo Ramirez *(Creative Director)*
Benton Roman *(Group Executive Producer)*
Gulru Soylu *(Account Supervisor)*
Jocelyn Choi *(Account Supervisor)*
Adriana Mariella *(Account Supervisor)*
Mal Gertz *(Management Supervisor)*
Andrea Clemente *(Senior Producer)*
Alexandra Olivo *(Producer)*
Tina Diep *(Executive Producer)*
Matthew Choi *(Senior Brand Strategist)*
Andrew Raine *(Senior Strategist)*
Kaki Pope *(Account Supervisor)*

Accounts:
adidas America, Inc.
Alexander Wang, Inc.
Bagel Bites
Bleacher Report
Cape Line
Classico
Gap
Google, Inc.
Madden NFL
Massachusetts Mutual Life Insurance Company
Ore-Ida
The Coca-Cola Company
Velveeta
Velveeta
Vizzy
Volkswagen CC
Volkswagen Eos
Volkswagen Golf
Volkswagen Golf GTI
Volkswagen Golf SportWagon

CREATIVE/ADVERTISING AGENCIES

Volkswagen Jetta
Volkswagen of America, Inc.
Volkswagen Passat
Volkswagen Tiguan
Volkswagen Touareg SUV

JOHN MANLOVE ADVERTISING
5125 Preston Avenue
Houston, TX 77505
Tel.: (800) 848-4088
Web Site: johnmanlove.com

Year Founded: 1961

Discipline: Creative/Advertising

Leah Manlove Howard *(Chief Strategy Officer)*
Gina Manlove *(Vice President)*
Melody Farkas *(Manager, Production & Account Executive)*

JOHN ST.
172 John Street
Toronto, ON M5T 1X5
Tel.: (416) 348-0048
Fax: (416) 348-0050
Web Site: www.johnst.com

Employees: 38
Year Founded: 2001

Discipline: Creative/Advertising

Arthur Fleischmann *(Chief Executive Officer)*
Angus Tucker *(Chief Creative Officer)*
Joanna Groszek *(Chief Financial Officer)*
Megan Towers *(Chief Strategy Officer)*
Trevor Thomas *(Director, Strategic Planning)*
Caitlin Bourada *(Director, Account Services)*
Angelica Bennett *(Account Director)*
Cas Binnington *(Executive Director, Production)*
Christine Macdonald *(Director, Account)*
Lindsay Lalonde *(Director, People)*
Les Tapolczai *(Director, Experience Planning)*
Ariel Segal *(Account Executive)*
Leigh McParland *(Account Executive)*
Nikita Nelson *(Account Supervisor)*

Accounts:
Boston Pizza International
Corby Distilleries Limited
Maple Leaf Foods, Inc.
President's Choice
Shoppers Drug Mart Corporation
Winners Merchants, Inc.
Wiser's

JOHNSON-RAUHOFF, INC.
2525 Lake Pine Drive
Saint Joseph, MI 49085
Tel.: (269) 428-3377
Fax: (269) 428-3312
Toll Free: (800) 572-3996
Web Site: www.johnsonrauhoff.com

Employees: 75
Year Founded: 1969

Discipline: Creative/Advertising

Donald Johnson *(Chairman)*
Jackie Huie *(Chief Executive Officer & Chairman)*
Mason Johnson *(Chief Operating Officer)*
Dawn Williams *(Chief Talent Officer)*
Michael Huie *(President)*
Amy Hemphill *(Director, Human Resources & Senior Recruiter)*

Rob Regovich *(Manager, Studio)*

JONES ADVERTISING
603 Stewart Street
Seattle, WA 98101
Tel.: (206) 691-3124
Fax: (206) 691-3495
Web Site: www.jonesadvertising.com

Year Founded: 2001

Discipline: Creative/Advertising

Mark Jones *(Owner, President & Creative Director)*
David Edgerton *(Associate Creative Director)*
Kimberly Lukens *(Account Supervisor)*

JONES HUYETT PARTNERS
3200 Southwest Huntoon Street
Topeka, KS 66604
Tel.: (785) 228-0900
Fax: (785) 228-9990
Web Site: www.jhpadv.com

Employees: 13
Year Founded: 1988

Discipline: Creative/Advertising

Gary Jones *(President & Chief Creative Officer)*
Kurt Eskilson *(Senior Vice President & Chief Financial Officer)*
Jake Huyett *(Executive Vice President, Marketing & Account Services)*
Linda Bull *(Senior Vice President, Human Resources)*
Linda Eisenhut *(Vice President)*
Sherri Wilson *(Media Director)*
Melissa White *(Strategist, Digital Marketing)*

Accounts:
Kansas Department of Wildlife, Parks & Tourism

JUICE PHARMA WORLDWIDE
322 Eighth Avenue
New York, NY 10001
Tel.: (212) 647-1595
Web Site: www.juicepharma.com

Year Founded: 2002

Discipline: Creative/Advertising

Forrest King *(Founding Partner & Chief Innovation Officer)*
Lynn Macrone *(Owner, Partner & Chief Creative Officer)*
Lois Moran *(Founding Partner)*
Joan Wildermuth *(Chief Creative Officer & Executive Director)*

JUMBOSHRIMP ADVERTISING
544 Bryant Street
San Francisco, CA 94107
Tel.: (415) 369-0500
Fax: (415) 369-0501
Web Site: www.jumboshrimp.com

Year Founded: 2001

Discipline: Creative/Advertising

Robert Ahearn *(Founder, Owner, & Managing Director)*
Michelle Verloop *(Senior Account Director)*
Shane Diiullo *(Creative Director)*

JUMPCREW
3201 Dickerson Pike
Nashville, TN 37207
Toll Free: (866) 281-5287
Web Site: jumpcrew.com

Year Founded: 2016

Discipline: Creative/Advertising

Lavall Chichester *(Chief Marketing Officer)*
Gordy Casasco *(Vice President, SEO & Content)*
Abbey Keane *(Director, Client Success)*
Chad Aiken *(Social Media Consultant)*
Katie Rogers *(Marketing & Sales Specialist)*
Tara Picaro *(Digital Marketing Manager)*
Ashley Arone *(Digital Marketing Specialist)*
Enza Yoo *(Sales Marketing Coordinator)*

JUNIPER PARK\ TBWA
33 Bloor Street East
Toronto, ON M4W 3H1
Tel.: (416) 260-6600
Web Site: www.juniperparktbwa.com

Year Founded: 1987

Discipline: Creative/Advertising

Jill Nykoliation *(Chief Executive Officer)*
David Toto *(President)*
Graham Lang *(Chief Creative Officer)*
Dustin Rideout *(Chief Strategy Officer)*
Shelly-Ann Scott *(Vice President & Group Account Director)*
Lin Wan *(Group Account Director)*
Edoardo Albani *(Account Director)*
Eric Cicero *(Art Director)*
Rubene DeSousa *(Senior Studio Artist)*
Greg Telford *(Business Development Manager)*
Lisa Harvey *(Account Supervisor)*
Steve Emmens *(Managing Director, Integrated Production)*

Accounts:
Bell Canada
Cadillac Fairview Corporation Ltd.
Centrum
CIBC
CIBC
Emergen-C
GlaxoSmithKline, Inc.
OGX
Petro-Canada
QuickBooks
Recipe Unlimited Corporation
The Capital Group of Companies, Inc.
Tropicana
TurboTax Consumer

K DUNN & ASSOCIATES
296 East Fifth Avenue
Eugene, OR 97401
Tel.: (541) 341-4519
Fax: (541) 344-1856
Toll Free: (800) 553-0135
Web Site: www.kdunn.com

Employees: 7
Year Founded: 1990

Discipline: Creative/Advertising

Kathryn Dunn *(Co-Founder & Director, Marketing)*
Paul Fenley *(Director & Partner)*

K2MD
125 Truman Street, Northeast
Albuquerque, NM 87108

AGENCIES - JULY, 2020 — CREATIVE/ADVERTISING AGENCIES

Tel.: (505) 260-1175
Fax: (505) 260-1155
Toll Free: (800) 260-1165
Web Site: k2md.com/

Employees: 10
Year Founded: 1988

Discipline: Creative/Advertising

Brenda Kilmer *(Principal & President)*
Richard Kilmer *(Principal, Vice President, & Creative Director)*
Frank Duran *(Principal & Vice President, Account Services)*

KANGBINO
250 West 99th Street
New York, NY 10025
Tel.: (917) 684-0645
Web Site: www.kangbino.com

Year Founded: 2018

Discipline: Creative/Advertising

Lisa Kang Gambino *(Co-Founder & Chief Executive Officer)*
Michael Gambino *(Co-Founder & Chief Creative Officer)*

KAPOWZA
3600 O'Donnell Street
Baltimore, MD 21224
Tel.: (443) 769-3730
Web Site: www.kapowza.co

Year Founded: 2015

Discipline: Creative/Advertising

Dan Schepleng *(President & Creative Director)*
Sean Sutherland *(Director, Accounts)*

KARSH & HAGAN
685 South Broadway
Denver, CO 80209
Tel.: (303) 296-8400
Fax: (303) 296-2015
Web Site: www.karshhagan.com

Employees: 70
Year Founded: 1977

Discipline: Creative/Advertising

Pocky Marranzino *(Co-Chief Executive Officer)*
Tracy Broderick *(President)*
Kathy Hagan Brown *(Co-Chief Executive Officer)*
Jeffery Martin *(Chief Creative Officer & Vice President)*
David Stewart *(Vice President & Creative Technology Director)*
Becky Ferguson *(Vice President & Director, Broadcasting & Video Production)*
Bonnie Carheden *(Director, Integrated Production)*
Nikki Burmaster *(Associate Media Director)*
Lindsey Mills *(Senior Art Director)*
Carol Quinn *(Account Director)*
Lauren Corna *(Account Director)*
Mark Stiltner *(Associate Creative Director)*
Ivy Vaughn *(Media Planner & Buyer)*
Scott Brakora *(Account Supervisor)*

Accounts:
American Crew
Colorado Travel & Tourism Authority
Denver International Airport
Denver Metro Convention & Visitors Bureau
Pinnacle Bancorp, Inc.
University of Colorado Colorado Springs

KASSING ANDREWS ADVERTISING
2545 East Parley's Way
Salt Lake City, UT 84109
Tel.: (801) 424-5005
Fax: (801) 424-5006
Web Site: www.kassingandrews.com

Year Founded: 2005

Discipline: Creative/Advertising

Karen Andrews *(Partner)*
Jason Kassing *(Partner)*

KASTNER
5340 Alla Road
Los Angeles, CA 90066
Tel.: (310) 458-2000
Fax: (310) 458-6300
Web Site: kastnerandpartners.us

Employees: 50
Year Founded: 1985

Discipline: Creative/Advertising

Brandon Rochon *(Chief Creative Officer - North America)*
Simone Nobili *(Creative Director)*
Kevin O'Brien *(Head of Client Services)*
Rena Banks *(Operations, Resources Director)*
Jeff Erin *(Creative Director)*

Accounts:
Cheez Doodles
Wise Foods, Inc.

KCD, INC.
475 Tenth Avenue
New York, NY 10018
Tel.: (212) 590-5100
Fax: (212) 590-5101
Web Site: www.kcdworldwide.com

Employees: 30
Year Founded: 1984

Discipline: Creative/Advertising

Ed Filipowski *(Owner & Co-Chairman)*
Julie Mannion *(Co- Chairman)*
Marty Griffeth *(Partner & Global Finance Director)*
Andria Arizmendi *(Senior Publicist)*

KEA ADVERTISING
217 Route 303
Valley Cottage, NY 10989
Tel.: (845) 268-8686
Fax: (845) 268-8699
Web Site: www.keaadvertising.com

Employees: 21

Discipline: Creative/Advertising

Henry Kwartler *(President & Chief Executive Officer)*
Dean Errigo *(Vice President & Art Director)*
Dean Miller *(Vice President)*
Brandon Hoffman *(Director, Digital Marketing)*
Linda Augustoni *(Senior Media Coordinator & Direct Mail Manager)*
Vlada Koleva *(Account Manager, Inside)*

KEARNS MARKETING GROUP, INC.
4-4101 Fairview Street
Burlington, ON L7L 4Y8
Tel.: (905) 637-5755
Fax: (905) 637-6502
Web Site: www.kearnsmarketing.com

Employees: 5
Year Founded: 1978

Discipline: Creative/Advertising

Jack Kearns *(President)*
Michelle Kearns *(Marketing Manager & Owner - Kearns Social Media Marketing)*

KEENAN-NAGLE ADVERTISING
1301 South 12th Street
Allentown, PA 18103
Tel.: (610) 797-7100
Fax: (610) 797-8212
Web Site: www.keenannagle.com

Year Founded: 1985

Discipline: Creative/Advertising

Michael Keenan *(Owner & President)*
Carol Sarubin *(Chief Finance Officer)*
Paul Leese *(Director, Marketing & Media Services)*
Alissa Nieli *(Art Director)*
James Nicnick *(Director, Web Development)*
Gena Cavallo *(Manager, Print & Production)*
Rob Burns *(Designer)*

KELLETT COMMUNICATIONS
4912 49th Street
Yellowknife, NT X1A 2N7
Tel.: (867) 669-9344
Fax: (867) 669-9354
Toll Free: (877) 669-9364
Web Site: www.kellcomm.com

Employees: 5
Year Founded: 1998

Discipline: Creative/Advertising

Bill Kellett *(President)*
Allison Camenzuli *(Creative Director & Partner)*
Peter Epp *(Director, Digital Solutions)*

KELLIHER SAMETS VOLK
212 Battery Street
Burlington, VT 05401
Tel.: (802) 862-8261
Fax: (802) 863-4724
Web Site: www.ksvc.com

Employees: 50
Year Founded: 1977

Discipline: Creative/Advertising

Tim Volk *(Partner & Advisor)*
Yoram Samets *(Chairman & Owner)*
Linda Kelliher *(Chief Creative Director & Founder)*
Amiee Frost *(Director, Connections Planning & Buying)*
Donna Liebert *(Director, Systems & Controller)*
Kathleen Kavanagh *(Associate Connections Director, Optimization Lead)*
Tim White *(Manager, IT)*
Rachel Gage *(Director, Project Management)*
Dave Treston *(Senior Account Planner)*
Erin Fagnant *(Managing Director)*

CREATIVE/ADVERTISING AGENCIES
AGENCIES - JULY, 2020

Accounts:
Acorn
Green Energy Consumers Alliance

KERTIS CREATIVE
786 South Shelby Street
Louisville, KY 40203
Web Site: kertiscreative.com

Discipline: Creative/Advertising

Stephen Kertis *(President & Founder)*
Amber Garvey *(Vice President)*
Brett Marshall *(Director, Creative)*

KGBTEXAS COMMUNICATIONS
200 East Grayson
San Antonio, TX 78215
Tel.: (210) 826-8899
Fax: (210) 826-8872
Web Site: www.kgbtexas.com

Year Founded: 1994

Discipline: Creative/Advertising

Katie Harvey *(President & Chief Executive Officer)*
Edith Ramirez *(Vice President, Financial)*
Ron Landreth *(Creative Director)*
Daniela Lopez *(Account Executive)*
Marcella Dalmau *(Associate Account Executive)*
Tricia Lynn Silva *(Account Executive, Public Affairs)*

Accounts:
Caring Senior Services

KINER COMMUNICATIONS
44651 Village Court
Palm Desert, CA 92260
Tel.: (760) 773-0290
Web Site: www.kinercom.com

Year Founded: 1994

Discipline: Creative/Advertising

Scott Kiner *(Chief Executive Officer)*
Sheila Kiner *(Chief Executive Officer)*
Linda Furbee *(Vice President, Account Director)*
Sandy Piedra *(Media Director)*

KINETIC CHANNEL MARKETING
127 West Berry Street
Fort Wayne, IN 46802
Tel.: (260) 482-4800
Toll Free: (877) 482-4802
Web Site: www.discoverkinetic.com

Year Founded: 2005

Discipline: Creative/Advertising

Stacy McHorse *(Principal, Owner & Co-Founder)*
Michelle Alonzo *(Principal, Owner & Co-Founder)*

KINETIC MARKETING GROUP
117 North Broadway
Billings, MT 59101
Tel.: (406) 534-2140
Web Site: www.kineticmg.com

Discipline: Creative/Advertising

Dana Pulis *(Principal)*
Kelsea Schreiner *(Strategic Director)*

KINZIEGREEN MARKETING GROUP
915 Fifth Street
Wausau, WI 54403
Tel.: (715) 845-4251
Fax: (715) 842-3399
Web Site: www.kinziegreen.com

Employees: 11
Year Founded: 1966

Discipline: Creative/Advertising

Kirk Howard *(Owner & President)*
Bridget Leonhard *(Vice President, Operations)*
Jody McCormick *(Media Director & Account Executive)*
Patti Howard *(Account Services Manager)*
Chris Martin *(Manager, Interactive Services)*

KLEIDON AND ASSOCIATES
3517 Embassy Parkway
Akron, OH 44333
Tel.: (330) 666-5984
Fax: (330) 666-6833
Web Site: www.kleidon.com

Employees: 8
Year Founded: 1975

Discipline: Creative/Advertising

Dennis Kleidon *(Chief Executive Officer)*
Rose Kleidon *(Owner & Executive Vice President)*
Kurt Kleidon *(President)*
Peggy Schobert *(Director, Operations & Media Relations)*
Tim Klinger *(Creative Director)*
Diana Lueptow *(Director, Strategic Communications)*

KLUNK & MILLAN ADVERTISING
1620 Pond Road
Allentown, PA 18104
Tel.: (610) 973-2400
Fax: (610) 973-2407
Web Site: www.klunkmillan.com

Year Founded: 1989

Discipline: Creative/Advertising

Jim Klunk *(President)*
Michelle Gaynor *(Vice President, Client Services)*
Dan Agostinelli *(Director, Web & Interactive Services)*
Robert Perillo *(Executive Creative Director)*
Gwenn Lundy *(Art Director)*
Jason Ziemba *(Art Director)*
Jennifer O'Donnell *(Media Planner)*
Jerry Brahm *(Operations Manager)*
Kat Yesvetz *(Media Buyer & Coordinator, Traffic)*
Katelyn Schwartz *(Social Media Specialist)*
Calla Kostelnik *(Marketing Assistant)*

KNIGHT
130 South Orange Avenue
Orlando, FL 32801
Tel.: (407) 206-1011
Fax: (407) 206-1019
Web Site: www.knightagency.com

Employees: 30
Year Founded: 1994

Discipline: Creative/Advertising

Mike Hinn *(Chief Executive Officer)*
John Logan *(President)*
Danielle Krischik *(Chief Communications Officer)*
Michael Foristall *(Director, Joint Ventures)*
Maggie Babb *(Executive Director, Operations & Culture)*
Christopher Eng *(Associate Creative Director)*
Monet Massa-Sena *(Manager, Social Media & Copywriter)*

KNOCK, INC.
1307 Glenwood Avenue
Minneapolis, MN 55405
Tel.: (612) 333-6511
Fax: (612) 455-6866
Toll Free: (877) 965-6625
Web Site: www.knockinc.com

Year Founded: 2001

Discipline: Creative/Advertising

Lili Hall *(President & Chief Executive Officer)*
Todd Paulson *(Partner & Chief Creative Officer)*
Carrie Mielke *(Vice President & Account Director)*
Dan Weston *(Vice President & Creative Director)*
Tom Newton *(Vice President, Business Development)*
Jodi Grundyson *(Vice President, Strategy)*
Creighton King *(Vice President, Creative Execution)*
Matthew Delfino *(Vice President, Information Technology)*
Kobby Appiah *(Director, Creative Technology)*

KNOODLE SHOP
4450 North 12th Street
Phoenix, AZ 85014
Tel.: (602) 530-9900
Web Site: www.knoodle.com

Year Founded: 1999

Discipline: Creative/Advertising

Matthew Wilson *(Vice President, Creative & Partner)*
Rosaria Cain *(Chief Executive Office & Media Director)*
Sandra Guadarrama-Baumunk *(Chief Operations Officer & Vice President, Client Services)*
Ania Kubicki *(Partner & Vice President, Public Relations)*
Tobin Ernst *(Senior Director, Media Relations)*
Nicole Phillips *(Marketing Director)*
Joshua Ballard *(Media Buyer)*

KORN HYNES ADVERTISING
18 Cattano Avenue
Morristown, NJ 07960
Tel.: (973) 538-4864
Fax: (973) 538-6047
Web Site: www.kornhynes.com

Employees: 9

Discipline: Creative/Advertising

Andy Korn-Hauschild *(Partner & President)*
John Hynes *(Partner & Creative Director)*
Jennifer Larsen *(Account Director & Associate Creative Director)*

KOROBERI NEW WORLD

Brands. Marketers. Agencies. Search Less. Find More.
Try out the online version at www.winmo.com

AGENCIES - JULY, 2020 — CREATIVE/ADVERTISING AGENCIES

MARKETING
236 South Boylan Avenue
Raleigh, NC 27603
Tel.: (919) 438-2423
Web Site: www.koroberi.com

Employees: 18
Year Founded: 1999

Discipline: Creative/Advertising

Kathryn Olive *(President)*
Bruce Olive *(Chief Executive Officer)*
Natalie Curtis *(Vice President)*

Accounts:
Flowserve Corporation

KOVEL FULLER
9925 Jefferson Boulevard
Culver City, CA 90232
Tel.: (310) 841-4444
Fax: (310) 841-4598
Web Site: www.kovelfuller.com

Employees: 45
Year Founded: 1999

Discipline: Creative/Advertising

John Fuller *(Owner & Chief Executive Officer)*
Steve Fuller *(President)*
Jim Reilly *(Senior Vice President & Account Director)*
Denese Hebert *(Vice President, Finance & Administration)*
Lee Matsunami *(Managing Director, Digital)*

Accounts:
Advan
Avid Tires
Mohawk Tires
Prodigy Tires
Sizzler
Spectrum
Yokohama Tire Corporation
Yokohama Tires

KOVERT CREATIVE
665 Broadway
New York, NY 10012
Tel.: (212) 335-0100
Web Site: kovertcreative.com

Year Founded: 2016

Discipline: Creative/Advertising

Joseph Assad *(Chief Executive Officer)*
Lewis Kay *(Co Chief Executive Officer)*
Annie Malter Nathan *(Vice President, Brand Marketing & Communications)*
Rebecca Assing *(Manager, Marketing Communications)*
Thomas Piccolo *(Associate, Brand Marketing & Public Relations)*

Accounts:
Microsoft
Xbox

KRACOE SZYKULA & TOWNSEND INC.
2950 West Square Lake Road
Troy, MI 48098-5725
Tel.: (248) 641-7500
Fax: (248) 641-4779
Web Site: www.ksthip.com

Year Founded: 1991

Discipline: Creative/Advertising

Ed Szykula *(Partner, Owner & Principal)*
Andrew Townsend *(Creative Director & Principal)*
Roland Kracoe *(Principal)*

KROGER MEDIA SERVICES
3800 Southeast 22nd Avenue
Portland, OR 97202
Tel.: (503) 232-8844
Web Site: www.krogerprecisionmarketing.com

Discipline: Creative/Advertising

Kendra Clune *(Associate Media Director)*
Samantha Campbell *(Marketing Planner)*
Amber Shively *(Senior Media Planner)*
Patrick Walsh *(Manager, Media Platform)*
Kim Vidler *(Manager, Media Partnership)*
Marisa Cranswick *(Senior Manager, Media Planning)*
Marley Warholak *(Manager, Media Platform)*
Alex Orr *(Manager, Media Platform)*
Ashley Brown *(Media Partnership Strategist)*
James Dalgarno *(Strategist, Media Partnership)*
Carl Kemp *(Indirect Sourcing Manager)*
Erin Cavender *(Coordinator, Media Campaign)*
Elaine King *(Coordinator, Media Partnership)*

Accounts:
Food 4 Less Supermarkets
Fred Meyer Jewelers
Fred Meyer Stores
Fry's Food & Drug Stores, Inc.
Ralph's Grocery Company
The Kroger Company

KRUSKOPF & COMPANY
310 Fourth Avenue, South
Minneapolis, MN 55415
Tel.: (612) 338-3870
Fax: (612) 630-5158
Web Site: kctruth.com

Employees: 22
Year Founded: 1987

Discipline: Creative/Advertising

Sue Kruskopf *(Chief Executive Officer)*
Chris Actis *(President & Chief Growth Officer)*
Robb Burnham *(Creative Director & Vice President)*
Mike Cronin *(Vice President & Associate Creative Director)*
Jeannette Tschida *(Media Director)*

KVELL
2928 Fourth Street
Santa Monica, CA 90405
Web Site: www.kvell.co

Year Founded: 2015

Discipline: Creative/Advertising

Dalit Saad *(Co-Founder)*
Adam Rosenberg *(Co-Founder & Director, New Business)*

Accounts:
Boxed

KWG ADVERTISING, INC.
200 West 41st Street
New York, NY 10036
Tel.: (212) 414-9000
Web Site: www.kwgadv.com

Year Founded: 1967

Discipline: Creative/Advertising

Jeff Graybill *(Managing Partner)*
Jim Williams *(President)*
Valerie Cipriati *(Senior Vice President & Director, Strategic Media)*
Dave Duran *(Vice President & Group Director, Broadcast Strategy & Operations)*
Maya Milbert *(Director, Media)*
Christina Chin *(Media Director, Planning)*
Stacey Stern *(Director, Media)*
Chrissy Madalone *(Account Director)*
Nicole Kingston *(Director, Digital Media)*
Kelly Killelea *(Group Director, Digital Strategy & Operations)*
Kimberly Reydel *(Account Director)*
Lisa Vaccarella *(Supervisor, Media Buying)*

Accounts:
Apple & Eve, LP
Fruitables
Ocean Spray Cranberries, Inc.
Schiff
Schiff Nutrition International, Inc.

LAIRD + PARTNERS
475 Tenth Avenue
New York, NY 10018
Tel.: (212) 478-8181
Web Site: www.lairdandpartners.com

Year Founded: 2002

Discipline: Creative/Advertising

Trey Laird *(Chairman & Chief Creative Officer)*
Mike Karam *(Chief Strategy Officer)*
Justin Gee *(Chief Financial Officer)*
Patrick Kinsella *(Vice President, Creative Services)*
Jackie Irmen *(Vice President & Group Account Director)*
Cristobal Melendez *(Group Account Director)*
Natalie Paul *(Director, Social Strategy & Content)*
Madison Sanders *(Account Supervisor)*
Arielle Rodriguez *(Senior Production Graphic Designer)*
Jackie Blum *(Managing Director)*

Accounts:
Adidas Fragrance
April Fields
Calvin Klein, Inc.
Celine Dion's Belong
CK Be
CK Contradiction
CK Escape
CK Eternity
CK Euphoria
CK Obsession
CK One
DKNY
Escada (fragrance)
Four Seasons Hotels & Resorts
Hue
Iconix Brand Group
Jimmy Choo, Ltd.
Juicy Couture Fragrances
La Cross
Lane Bryant
N. Y. C. New York Color
Restoration Hardware, Inc.

Brands. Marketers. Agencies. Search Less. Find More.
Try out the online version at www.winmo.com

CREATIVE/ADVERTISING AGENCIES AGENCIES - JULY, 2020

Tiffany & Company
Tommy Hilfiger Corporation

LAUNCH ADVERTISING
3528 Tejon Street
Denver, CO 80211
Tel.: (303) 433-4126
Fax: (303) 433-4377
Web Site: www.launchadvertising.com

Year Founded: 2002

Discipline: Creative/Advertising

Suzette McKinnon *(Partner & Creative Director)*
Martha Peck *(Owner, Partner & Creative Director)*
Betsy Bartholomew *(Partner & Account Manager)*

LAUNCH AGENCY
3400 Carlisle Street
Dallas, TX 75204
Tel.: (972) 818-4100
Fax: (972) 818-4101
Web Site: www.launchagency.com

Employees: 16
Year Founded: 2003

Discipline: Creative/Advertising

Michael Boone *(Principal & Account Director)*
David Wilgus *(Principal & Creative Director)*
Diane Seimetz *(Principal)*
Jason Giles *(Director, Client Service)*

LAWLER BALLARD VAN DURAND
675 Ponce de Leon Avenue
Atlanta, GA 30308
Tel.: (404) 817-0701
Fax: (404) 658-0237
Web Site: www.lbvd.com

Discipline: Creative/Advertising

Tinsley Van Durand *(President & Owner)*
Steve Saari *(Creative Director)*
Bob Coyle *(Managing Director)*

LAWRENCE & SCHILLER
3932 South Willow Avenue
Sioux Falls, SD 57105
Tel.: (605) 338-8000
Fax: (605) 338-8892
Toll Free: (888) 836-6224
Web Site: www.l-s.com

Employees: 55
Year Founded: 1976

Discipline: Creative/Advertising

Scott Lawrence *(President)*
Dan Edmonds *(Senior Vice President, Design Services)*
Mark Glissendorf *(Senior Vice President, Operations & Public Relations)*
John Pohlman *(Executive Vice President, Creative Services)*
Carrie Biondi *(Vice President, Business Development & Client Service)*
Laura Mitchell *(Vice President, Digital)*
Tracy Saathoff *(Vice President, Insights & Strategy & Media)*
Jamie Hegge *(Director, Client Service)*
Kim Ringen *(Office Manager)*
Carly Hegstad *(Senior Digital Strategist)*

Accounts:
South Dakota Department of Tourism

LCI COMMUNICATIONS, INC.
8865 Little England Road
Hayes, VA 23072
Tel.: (804) 339-6155
Web Site: www.lci180.com

Discipline: Creative/Advertising

Tom Hostenske *(Principal)*

LEADING EDGE COMMUNICATIONS
206 Bridge Street
Franklin, TN 37064
Tel.: (615) 790-3718
Fax: (615) 794-4524
Web Site: www.leadingedgecommunications.com

Employees: 8
Year Founded: 1994

Discipline: Creative/Advertising

Eddie Coutras *(Principal, President & Owner)*
Susie Barber *(Productions Manager)*

LEADING EDGES ADVERTISING
2100 Eighth Street
Meridian, MS 393001
Tel.: (601) 483-9810
Fax: (601) 485-6976
Web Site: www.leadingedges.net

Year Founded: 2000

Discipline: Creative/Advertising

Tony Pompelia *(President)*
Leslie Hiatt *(Account Executive)*

LEE TILFORD AGENCY
5725 Highway 290 West
Austin, TX 78735
Tel.: (512) 899-1100
Fax: (512) 899-1900
Web Site: www.leetilford.com

Employees: 20
Year Founded: 1976

Discipline: Creative/Advertising

Anthony Tilford *(Founder & President)*
John Dillon *(Controller)*

LEHIGH MINING & NAVIGATION
600 Hamilton Street
Allentown, PA 18101
Tel.: (484) 821-0920
Fax: (484) 821-0921
Web Site: www.lehighminingandnavigation.com

Year Founded: 2004

Discipline: Creative/Advertising

Denis Aumiller *(Managing Partner & Creative Director)*
Scott Byers *(Managing Partner, Creative)*
Larry Feldman *(Chief Finance Officer)*

Accounts:
Olympus America, Inc.

LEO BURNETT DETROIT
3310 West Big Beaver Road
Troy, MI 48084
Tel.: (248) 458-8300
Fax: (248) 458-8729
Web Site: www.leoburnett.com

Employees: 300

Discipline: Creative/Advertising

Bob Winter *(Chief Creative Officer)*
Tony Booth *(Executive Vice President & Global Creative Services Director)*
Emily Shahady *(Executive Vice President & Managing Director)*
Delayne Turner *(Senior Vice President, Human Resources & Talent Director)*
Brian Dooley *(Senior Vice President & Director, Integrated Production)*
Jesse Spencer *(Senior Vice President, Social Media & Digital Strategy)*
Joya Harris *(Senior Vice President & Group Account Director, Gen Motors Certified Service)*
Tom Bogner *(Vice President & Director, Project Management)*
Steve Lampert *(Vice President & Group Strategy Director)*
Erik Zaar *(Vice President & Executive Producer)*
Harry Kniznik *(Vice President & Creative Director)*
Andrew Bacheller *(Account Director)*
Ted Gott *(Director, Strategic Insights & Analytics)*
Glen Hilzinger *(Integrated Group Creative Director & Copywriter)*
Bob Veasey *(Group Creative Director & Art Director)*
Lindsey Wells *(Account Director)*
Tim Thomas *(Creative Director - Buick)*
Emily Zack *(Account Director)*
Daniel Birney *(Associate Creative Director)*
Dayna Czarniecki *(Digital Asset Manager)*
Anisha Tandon *(GMC Community Manager)*
Deborah McCauley-Ellis *(Senior Manager, Business Affairs)*
Nichole Seguin *(Senior Account Executive)*
Mike Lamrock *(Senior Analyst, Data & Analysis)*

Accounts:
ACDelco
Buick
Buick Cascada
Buick Enclave
Buick Encore
Buick Envision
Buick LaCrosse
Buick Regal
General Motors Corporation
GMC
GMC Acadia
GMC Canyon
GMC Certified Service
GMC Savana
GMC Sierra
GMC Terrain
GMC Yukon
National Collegiate Athletic Association

LEO BURNETT TORONTO
175 Bloor Street East
Toronto, ON M4W 3R9
Tel.: (416) 925-5997
Fax: (416) 925-4716
Web Site: www.leoburnett.ca

Employees: 250

Brands. Marketers. Agencies. Search Less. Find More.
Try out the online version at www.winmo.com

AGENCIES - JULY, 2020   **CREATIVE/ADVERTISING AGENCIES**

Discipline: Creative/Advertising
Brent Nelson *(Executive Vice President & Chief Strategy Officer)*
Brent Nelsen *(Managing Partner, Senior Vice President & Director, Strategic Planning - Canada)*
Lisa Greenberg *(Chief Creative Officer)*
Heather Chambers *(Senior Vice President & Creative Director)*
David Moss *(Senior Vice President & Director, Operations & Group Account Director)*
Franca Piacente *(Senior Vice President & Head, Broadcast Production Services)*
Tahir Ahmad *(Senior Vice President & Head of Strategy)*
Steve Persico *(Senior Vice President & Creative Director)*
David Buckspan *(Vice President & Group Director, Accounts)*
Anchie Contractor *(Vice President & Group Account Director)*
Dan Koutoulakis *(Vice President & Director, Strategy)*
Sam Cerullo *(Group Creative Director)*
Anthony Chelvanathan *(Group Creative Director)*
Marcus Sagar *(Senior Copywriter & Group Creative Head)*
Genevieve Cote *(Director, Account)*
Ngaio Potts *(Group Account Director)*
Chris Munnik *(Creative Director)*
Dejan Djuric *(Director, Design)*
Gord Cathmoir *(Director, Print Studio Operations)*
Kelly Zettel *(Creative Director)*
Lucyed Hernandez *(Art Director)*
Morgan Kurchak *(Group Head, Creative)*
Natasha Dagenais *(Group Account Director)*
Paul Giannetta *(Creative Director)*
Roshel Kidd *(Account Director)*
Will Bodak *(Head, Retail)*
Kevin Stephen *(Print Producer & Print Studio Supervisor)*
David Eades *(Senior Print Producer)*
Elizabeth Rivers *(Supervisor, Accounts)*
Aryana Hassan *(Account Supervisor)*
Melanie Palmer *(Manager, Broadcasting & Exec Producer)*
Mike Coulson *(Senior Planner, Strategic)*
Milly Khill *(Account Supervisor)*
Shannon Farrell *(Producer)*
Ashleigh Mulholland *(Account Executive)*
Matt Williamson *(Senior Copywriter)*
Shauna Roe *(Copywriter)*

LEO BURNETT WORLDWIDE
35 West Wacker Drive
Chicago, IL 60601
Tel.: (312) 220-5959
Fax: (312) 220-3299
Web Site: www.leoburnett.us

Employees: 900
Year Founded: 1935

Discipline: Creative/Advertising

Andrew Swinand *(Chief Executive Officer - North America & Interim President)*
Matt Marcus *(Chief Experience Officer)*
Aki Spicer *(Chief Strategy Officer)*
Liz Taylor *(Global Chief Creative Officer)*
Katie Newman *(Chief Marketing Officer)*
Jennifer Skidgel *(Chief, Staff)*
Billie Smith *(Chief Talent Officer)*
Jeanie Caggiano *(Executive Vice President & Executive Creative Director)*
Debbie Bougdanos *(Executive Vice President & Director, Talent Acquisitions)*
David Brot *(Executive Vice President & Group Account Director)*
Marty Harper *(Executive Vice President & Director, Strategic Planning)*
Kevin Lilly *(Executive Vice President & Director, Strategy)*
Chris Bergen *(Executive Vice President & Group Business Lead)*
Mike Davidson *(Executive Vice President & Head, Integrated Production)*
Denny Grant *(Executive Vice President & Head, Business Leadership)*
Steve Bonnell *(Executive Vice President & Global Account Director)*
Dan Chodrow *(Executive Vice President & Executive Creative Director)*
Kerri Soukup *(Executive Vice President & Executive Creative Director)*
Kieran Ots *(Executive Vice President & Executive Creative Director)*
Mark Burgess *(Executive Vice President & Account Director)*
Radim Svoboda *(Executive Vice President, Business Management)*
Sarah Block *(Executive Vice President & Creative Director)*
Doug Buffo *(Senior Vice President & Director, Information Services)*
Gordy Sang *(Senior Vice President & Creative Director)*
Leigh Armstrong *(Senior Vice President & Global Brand Director, Business Leadership)*
Amanda Butts *(Senior Vice President & Creative Director)*
Brian Siedband *(Senior Vice President & Creative Director)*
Isabela Ferreira *(Senior Vice President & Creative Director)*
Veronica Puc *(Senior Vice President & Director, Production)*
Pushpa Gopalan *(Senior Vice President & Director, Strategy)*
Barb Murphy *(Senior Vice President, Operations)*
Megan Farquhar *(Senior Vice President & Creative Director)*
Alissa Coronna *(Senior Vice President, Strategy & Analytics)*
Chris von Ende *(Senior Vice President & Director, Creative & Art)*
Christopher Bridgland *(Senior Vice President & Director, Strategy)*
Denis Giroux *(Senior Vice President & Executive Producer)*
Jeff Candido *(Senior Vice President & Group Creative Director)*
Jim Stallman *(Senior Vice President & Creative Director)*
Juan Woodbury *(Senior Vice President, Creative Director & Executive Producer)*
Katie Hammond *(Senior Vice President & Account Director, Operations)*
Melissa Healy *(Senior Vice President & Group Creative Director)*
Scott Kemper *(Senior Vice President & Executive Producer)*
Molly Stewart *(Vice President & Talent Management Director)*
Tony Cregler *(Senior Vice President & Director, Brand Strategy)*
Bianca Bradford *(Senior Vice President & Account Director)*
Colleen Raleigh *(Global Account Director & Vice President)*
Mikal Pittman *(Vice President & Creative Director)*
Holly Springer *(Vice President & Account Director)*
Tod Szewczyk *(Vice President & Director, Emerging Technology & Innovation)*
Megan Bannon *(Vice President & Director, Strategy)*
Joanna Moy *(Vice President & Strategic Planning Director)*
Lisa Ivy *(Vice President & Global Strategy Director)*
Aaron Pendleton *(Vice President & Creative Director, Allstate)*
Andrew Malloy *(Vice President & Director, Strategy)*
Jill Reformado *(Vice President & Director, Recruiting)*
John Kistner *(Vice President & Creative Director)*
Kyle Poff *(Vice President & Director, Design)*
Laura Siebenman *(Vice President)*
Michelle Scallate-Hartley *(Vice President & Account Director)*
Natalie Taylor *(Vice President & Creative Director)*
Peggy Walter *(Vice President & Director, Celebrity Services)*
Ray Swift *(Vice President & Director, Production Consulting)*
Rebecca Ewan *(Vice President & Account Director)*
Scott Smith *(Vice President & Creative Director)*
Brian Shembeda *(Group Creative Director)*
Lacey Gilbert *(Strategy Director)*
Mao Moua *(Associate Director, Creative Resource)*
Amy Walloch *(Account Director)*
Ariel Tishgart *(Strategy Director)*
Sarah Kaminsky *(Account Director)*
Rick Hamann *(Executive Creative Director)*
Casey Gilford *(Strategy Director)*
Carly Richter *(Account Director)*
Daniel Jaramillo *(Senior Art Director)*
Mark Sandy *(Associate Creative Director)*
Jordan Sparrow *(Associate Creative Director)*
Madeline Reusch *(Senior Art Director)*
Bridget Rose *(Director, Production Consulting)*
Chip Kelly *(Associate Creative Director & Copywriter)*
Chris Clark *(Director, Music)*
Dave Derrick *(Associate Creative Director & Writer)*
Dominick Maiolo *(Executive Creative Director)*
Donna Foster *(Art Director & Associate Creative Director)*
Eric Schwieger *(Associate Creative Director & Copywriter)*
Kevin Goff *(Associate Creative Director & Copywriter)*
Kristen Schwanz *(Associate Creative Director)*
Michael Shanahan *(Director, Production Operations)*
Mike Razim *(Director, Strategy)*
Mike Ward *(Creative Director & Writer)*
Rene Delgado *(Associate Creative Director)*
Robert McDowell *(Associate Creative Director)*
Ryan Stotts *(Creative Director)*
Sean Hannaway *(Creative Director)*
Travis Klausmeier *(Associate Creative Director)*
Tomasz Walkosz *(Associate Finance Director)*
Rachita Vasan *(Strategist)*
Kristen Walters *(Senior Art Director)*
Elise Cowan *(Senior Account Executive)*
Tara Collins *(Director, Account)*
Nickay Penado *(Supervisor, Global Marketing)*

Brands. Marketers. Agencies. Search Less. Find More.
Try out the online version at www.winmo.com

98

CREATIVE/ADVERTISING AGENCIES

AGENCIES - JULY, 2020

Monica Stahl *(Account Supervisor)*
Brooke Feigenbaum *(Senior Account Executive)*
Rachel Perzek *(Account Supervisor)*
Stephanie Treppler *(Senior Project Manager)*
Anne Carbo *(Production Manager)*
Beth Dolnick *(Senior Producer)*
Bonnie Van Steen *(Senior Producer)*
Brian Behling *(Senior Producer)*
Britt Godsell *(Senior Producer)*
Carolyn Raginia *(Production Manager)*
Elvena Dowd *(Senior Business Manager)*
Greg Somerlot *(Senior Editor)*
Katie Stuiber *(Manager, Database)*
Kylie Loeffler *(Producer)*
Laura Rinas *(Senior Strategist, Brand)*
Linda Yuen *(Senior Manager, Talent & Rights)*
Marieli Ronda *(Account Supervisor)*
Patrick Witt *(Senior Producer)*
Sasvi Alam *(Account Supervisor)*
Shirley Costa *(Senior Business Manager)*
Tony Grossman *(Senior Producer, Integrated)*
Sean Logan *(Senior Community Manager)*
Karen Rangel *(Manager, Social Media)*
Javier Valle *(Senior Copywriter - Allstate, Marshalls, Fage Yogurts & Purina)*
Garrett Vernon *(Senior Copywriter)*
Kylee Shelhamer *(Senior Account Executive)*
Josefina Welin *(Assistant Account Executive & Business Development)*
Ben Doessel *(Senior Copywriter)*
Kelly Godfray *(Senior Account Executive)*
Sara Hill *(Account Executive)*
Soham Chatterjee *(Senior Copywriter)*
Antoine Geadah *(Managing Director)*
Adine Becker *(Senior Producer)*
Amy Cheronis *(Managing Director)*

Accounts:
Abbott Laboratories
Alcon Laboratories, Inc.
Aldi Food Stores, Inc.
Altria Group, Inc.
Always
Ann & Robert H. Lurie Children's Hospital of Chica
Aussie
Bank of America Corporation
Beam Suntory, Inc.
Beneful
Benson & Hedges
Blue Moon
Bounce
Capri Sun
Cheez-It
ComEd
Coors Banquet
Coors Light
Copenhagen
Country Time
Cracker Barrel
Crest
Crystal Light
Delta Faucet Company
Dog Chow
Donkey Kong
Downy
Dreft
Esurance
Facebook Messenger
FAGE USA Dairy Industry
Fanta
Fekkai
Firestone Industrial Products Co.
Fixodent
Gain
Head & Shoulders

Herbal Essences
Invesco Ltd.
Jell-O
Jim Beam
Jim Beam Kentucky Fire
Kellogg Company
Kellogg School of Management
Kellogg's Corn Flakes
Kellogg's Froot Loops
Kellogg's Frosted Flakes
Kellogg's Frosted Mini Wheats
Kellogg's Frosted Mini Wheats
Kellogg's Raisin Bran
Kellogg's Raisin Bran Crunch
Kellogg's Special K
Keystone Light
Kraft Heinz Company
Kraft Singles
L&M
Marlboro
Marshalls
Miller High Life
Mr. Clean
Nintendo
Nintendo DS (dual screen)
Nintendo of America, Inc.
Olay
Old Spice
Oral-B
Oral-B Glide
Pantene
Parliament
Planters
Pokemon
Pro Plan
Raisin Bran Extra
Rice Krispies
Rice Krispies Treats
Scope
Scotch
Seagram's Ginger Ale
Serta Simmons Bedding LLC
SK-II
Skoal
Spider-Man
Sprite
Tide
Town House
TracFone Wireless, Inc.
UnitedHealth Group, Inc.
US Cellular Corporation
Virginia Slims
Visionworks of America, Inc.
Wii
Wingstop Restaurants
Zelda

LEOPOLD KETEL & PARTNERS
118 Southwest First Avenue
Portland, OR 97204
Tel.: (503) 295-1918
Fax: (503) 295-3601
Web Site: www.leoketel.com

Employees: 25
Year Founded: 1996

Discipline: Creative/Advertising

Terra Spencer *(Founder, Partner & Managing Director)*
Jerry Ketel *(Creative Director)*
Jeremy Bolesky *(Designer)*
Molly Streuli *(Production Manager & Copywriter)*
Kiah Bray *(Manager, Accounting)*

LERNER ADVERTISING
19940 Sunnyslope
Beverly Hills, MI 48025
Tel.: (248) 645-1200
Web Site: www.lerneradvertising.com

Discipline: Creative/Advertising

Ross Lerner *(Owner & President)*
Kevin McGlynn *(Director, Accounts & Producer)*

Accounts:
Jet's Pizza
Wallside Inc.

LESSING-FLYNN ADVERTISING CO.
220 Southeast Sixth Street
Des Moines, IA 50309
Tel.: (515) 274-9271
Web Site: www.lessingflynn.com

Year Founded: 1907

Discipline: Creative/Advertising

Tom Flynn, III *(President & Principal)*
Connor Flynn Jr. *(Chairman)*
Jessica Held *(Vice President, Account Services & Principal)*
Joe Rosenberg *(Vice Chairman)*
Chris Hanson *(Creative Director)*
Joel Clifton *(Senior Art Director)*
Jeff Caldwell *(Content Marketing Manager)*
Taylor Rookaird *(Project Manager)*
Shannon Hughes *(Media Strategist)*
Laura Plumb *(Digital Strategist)*
Kaylee Tritle *(Media Specialist)*

LEVEL
724 North First Street
Minneapolis, MN 55401
Tel.: (612) 338-8000
Fax: (612) 338-9824
Web Site: www.levelmpls.com

Employees: 25
Year Founded: 1986

Discipline: Creative/Advertising

John Foley *(Chief Executive Officer & Founder)*
Lois Dirksen *(President & Brand Strategist)*
Laura Shiue *(Vice President, Strategic Marketing & Media)*
Kim Thelen *(Vice President, Strategic Planning & Client Services)*

LEVERAGE MARKETING GROUP
117-119 South Main Street
Newtown, CT 06470
Tel.: (203) 270-6699
Fax: (203) 270-3491
Web Site: www.leverage-marketing.com

Employees: 12
Year Founded: 1984

Discipline: Creative/Advertising

Tom Marks *(Chief Executive Officer & General Manager)*
Sue Kaufman *(Office Manager)*
Lauren Adiletti *(Account Executive)*

Accounts:
IBM Corporation

Brands. Marketers. Agencies. Search Less. Find More.
Try out the online version at www.winmo.com

AGENCIES - JULY, 2020 — CREATIVE/ADVERTISING AGENCIES

LEWIS COMMUNICATIONS
2030 First Avenue North
Birmingham, AL 35203
Tel.: (205) 980-0774
Fax: (205) 437-0250
Web Site: www.lewiscommunications.com

Employees: 35
Year Founded: 1952

Discipline: Creative/Advertising

Spencer Till *(Senior Vice President & Chief Creative Office)*
Larry Norris *(President & CEO & Owner)*
Carlton Wood *(Vice President & Client Services Direct)*
Gary Brandon *(Vice President & Strategist, Brand)*
Val Holman *(Vice President & Director, Operations)*
Stephen Curry *(Executive Creative Director)*
Jason Headrick *(Associate Creative Director)*
Jennifer Carter *(Director, Channel Engagement)*
Roy Burns III *(Creative Director)*
Kelly Collar *(Financial Services Specialist)*
Mary Margaret Brown *(Senior Media Specialist)*
Ali Smith *(Project Manager, Research)*
Joy Mims *(Senior Account Manager)*
Peyton VanderWoude *(Senior Account Manager)*
Kathleen Sharp *(Senior Specialist, Digital Media)*

LEWIS COMMUNICATIONS
310 Seven Springs Way
Nashville, TN 37027
Tel.: (615) 661-4995
Fax: (615) 661-4772
Web Site: www.lewiscommunications.com

Employees: 6
Year Founded: 1952

Discipline: Creative/Advertising

Ken Wilson *(Vice President & Managing Director)*
Jake Fagan *(Vice President, Digital)*
Robert Froedge *(Creative Director)*
Katie Peninger *(Account Director)*
Joe Chisenall *(Digital Content Designer)*
Jacy Baggett *(Digital Strategist)*

LEWIS COMMUNICATIONS
1668 Government Street
Mobile, AL 36604
Tel.: (251) 476-2507
Fax: (251) 470-9658
Web Site: www.lewiscommunications.com

Employees: 75
Year Founded: 1952

Discipline: Creative/Advertising

Ellen Faulkner *(Senior Vice President & Managing Director)*
Tripp Lewis *(Director, New Business Development)*
Catherine Bartz *(Channel Engagement Director)*
Amanda Zeh Peacock *(Senior Art Director)*
Deanna Chisholm *(Senior Art Director)*
Jim Sealy *(Director, Finance Services)*
John Michael Morris *(Senior Media Manager)*
Mary Flynn *(Social Media Manager)*
Connor Pipkins *(Senior Strategist, Digital)*
Courtney Rooney Haupt *(Operations Manager)*
Jennifer Dira *(Account Supervisor)*
Jordan Newman *(Strategist, Brand)*

Rhonda Wilkinson *(Account Supervisor)*

LIMB DESIGN
1702 Houston Avenue
Houston, TX 77007
Tel.: (713) 529-1117
Fax: (713) 529-1558
Web Site: www.limbdesign.com

Employees: 10

Discipline: Creative/Advertising

Linda Limb *(Owner)*
Biddie Webb *(Partner)*

LINDSAY, STONE & BRIGGS
One South Pinckney Street
Madison, WI 53703
Tel.: (608) 251-7070
Fax: (608) 251-8989
Web Site: www.lsb.com

Employees: 30
Year Founded: 1978

Discipline: Creative/Advertising

Marsha Lindsay *(Chair & Chief Strategist - Client Growth, Branding & Innovation)*
Julie Herfel *(Partner & Executive Vice President, Creative Operations)*
Phil Ouellette *(President & Chief Operating Officer)*
Lindsay Ferris *(Senior Vice President & Chief Marketing Strategist)*
Bill Winchester *(President & Chief Creative Officer)*
Amy Rohn *(Senior Vice President & Director, Public Relations)*

Accounts:
EatStreet
UP4 Probiotics

LINETT & HARRISON
219 Changebridge Road
Montville, NJ 07045
Tel.: (908) 686-0606
Fax: (973) 912-8806
Web Site: www.linettandharrison.com

Discipline: Creative/Advertising

Sam Harrison *(President, Chief Operating Officer & Director, Account Services)*
Diane Ahle *(Account Executive & Director, Recruitment Advertising)*

LINNIHAN FOY ADVERTISING
615 First Avenue Northeast
Minneapolis, MN 55413
Tel.: (612) 331-3586
Fax: (612) 238-3000
Web Site: www.linnihanfoy.com

Year Founded: 2002

Discipline: Creative/Advertising

Neal Linnihan *(President)*
Sean Foy *(Co-Founder & Partner)*
Dan Rasmussen *(Vice President & Partner)*
Dan Dennison *(Controller)*
Brian Flis *(Creative Director & Designer)*
Erin Gibson *(Media Director)*
Tracy Briese *(Media Director)*
Dennis Brekke *(Creative Director, Interactive)*

Aubrey Kvasnicka *(Strategist, Media)*
Conor Franzen Linnihan *(Strategist, Design)*
Liv Tollefson *(Account Supervisor & Senior Strategist, Media)*
Adam Kraft *(Public Relations Specialist & Account Executive)*
Erik Lillejord *(Account Executive)*

LIQUID ADVERTISING, INC.
138 Eucalyptus Drive
El Segundo, CA 90245
Tel.: (310) 450-2653
Fax: (310) 450-2658
Web Site: www.liquidadvertising.com

Year Founded: 2001

Discipline: Creative/Advertising

Will Akerlof *(President & Chief Executive Officer)*
Kevin Joyce *(Executive Vice President, Global Media)*
Patrick Runco *(Vice President & Executive Creative Director)*
Kelvin Malena *(Director, Strategy)*
Nikki DePaola *(Director, Media)*
Rick Dressler *(Director, Media)*

Accounts:
Blizzard Entertainment, Inc.

LMNO
3002 Louise Street
Saskatoon, SK S7J 3L8
Tel.: (306) 373-6233
Fax: (306) 373-3778
Web Site: www.marketingden.com

Employees: 24
Year Founded: 1976

Discipline: Creative/Advertising

Shelley Arvay *(President)*
Corey Michel *(Account Director & President)*
Tina Assie-Kurtz *(Directort, Account Services)*
Joanne Harnett *(Special Projects Manager- LMNO)*
Garnet McElree *(Executive Creative Director)*
Kathy Penteluke *(Office Manager)*
Richard Noble *(Production Artist)*
Paige UnRuh *(Account Executive)*
Jessica Tremblay *(Account Executive)*
Chris Kleiter *(Strategy Director)*

LMO ADVERTISING
1776 Wilson Boulevard
Arlington, VA 22209
Tel.: (703) 875-2193
Fax: (703) 875-2199
Web Site: www.lmo.com

Employees: 48
Year Founded: 1995

Discipline: Creative/Advertising

Chris Laughlin *(President & Chief Executive Officer)*
Scott Laughlin *(Co-Owner & Director, Strategic Planning)*
David Marinaccio *(Chief Creative Officer)*
Lauren Pappas *(Associate Media Director)*

Accounts:
Air National Guard
Army National Guard
Avis Rent A Car
Big Brothers Big Sisters of America

CREATIVE/ADVERTISING AGENCIES

The National Guard Bureau
Vocelli Pizza

LO:LA
840 Apollo Street
El Segundo, CA 90245
Tel.: (323) 879-6004
Web Site: www.TheLolaAgency.com

Year Founded: 2016

Discipline: Creative/Advertising

Nick Platt *(Founder & Chief Executive Officer)*
Rosanne Ramos *(Partner & Head, Client Relations)*
Dave Scott *(Creative Director)*

Accounts:
Fleming's Prime Steakhouse and Wine Bar

LOCATION 8
28 South Poplar Street
Wilmington, DE 19801
Tel.: (302) 655-7142
Fax: (302) 655-6770
Web Site: www.location8.com

Discipline: Creative/Advertising

Erik Vaughn *(Founder)*
David Swajeski *(Founder)*

Accounts:
Armstrong Flooring

LONGWATER ADVERTISING
619 Tattnall Street
Savannah, GA 31401
Tel.: (912) 233-9200
Fax: (912) 233-1663
Web Site: www.longwater.com

Employees: 10

Discipline: Creative/Advertising

Elaine Longwater *(President)*
Anastasia Kontos *(Chief Executive Officer)*

LOONEY ADVERTISING
Seven North Mountain Avenue
Montclair, NJ 07042
Tel.: (973) 783-0017
Web Site: www.looney-advertising.com

Discipline: Creative/Advertising

Sean Looney *(President & Creative & Strategic Lead)*
Debbie Looney *(Creative Director & Production & Operations Manager)*
Jennifer Seaman *(Media Lead)*

LOVE & COMPANY
7490 New Technology Way
Frederick, MD 21703
Tel.: (301) 663-1239
Fax: (301) 663-1553
Web Site: www.loveandcompany.com

Employees: 12
Year Founded: 1980

Discipline: Creative/Advertising

Rob Love *(Chief Executive Officer & President)*
Tyler Sprecher *(Principal & Executive Vice President, Creative & Brand Strategy)*
Ann Love *(Founder)*
Lisa Pearre *(Principal & Chief Client Services Officer)*
Laureen McGuire *(Vice President, Sales Services)*
Sarah Camp *(Interactive Communications Director & Director, Digital Strategy)*
Ashley Hewitt *(Project Manager)*
Pat Barto *(Manager, Traffic & Production)*

LOVE ADVERTISING
3550 West 12th Street
Houston, TX 77008
Tel.: (713) 552-1055
Fax: (713) 552-9155
Toll Free: (800) 544-5683
Web Site: www.loveadv.com

Employees: 20
Year Founded: 1979

Discipline: Creative/Advertising

Brenda Love *(President & Founder)*
Billie Van Slyke *(Executive Vice President)*
Shannon Moss *(Senior Vice President, Strategic Development)*
Jonathan Kane *(Senior Vice President, Digital Strategy)*
Mia Vieira *(Associate Media Director)*
Brett Reiland *(Art Director)*
Nicole Plunkett *(Senior Digital Media Planner & Buyer)*
Elise Garland *(Senior Account Supervisor)*
Jessica Castillo *(Digital Media Buyer & Planner)*
Alissa Fono *(Brand Manager)*
Jonathan Thompson *(Web Developer)*

Accounts:
Boy Scouts of America
Caldwell Securities Ltd.
CenterPoint Energy
Gallery Furniture

LOVE COMMUNICATIONS
546 South 200 West
Salt Lake City, UT 84101
Tel.: (801) 519-8880
Fax: (801) 519-8884
Web Site: www.lovecomm.net

Employees: 25
Year Founded: 1999

Discipline: Creative/Advertising

Tom Love *(President)*
Preston Wood *(Partner & Creative Director)*
Alan Reighard *(Partner, Brand Planning)*
Richard B. Love *(Partner & Director, Creative)*
Aaron Evans *(Vice President & Group Account Director)*
John Youngren *(Vice President & Group Account Director)*
Megan Griffin *(Media Director)*
Jonathan Smithgall *(Director, Digital Marketing)*
Chip Haskell *(Creative Director)*

Accounts:
Arctic Circle Restaurants, Inc.
Oboz Footwear
RC Willey Home Furnishings
Utah Office of Tourism

LOVIO-GEORGE, INC.
681 West Forest Avenue
Detroit, MI 48201-1113
Tel.: (313) 832-2210
Fax: (313) 831-0240
Web Site: www.loviogeorgeinc.com

Year Founded: 1983

Discipline: Creative/Advertising

Christina Lovio-George *(President & Chief Executive Officer)*
Marlene Bruder *(Chief Finance Officer)*
John George *(Vice President & Creative Director)*
Heather George *(Vice President, Integrated Marketing)*

LRXD
1480 Humboldt Street
Denver, CO 80218
Tel.: (303) 333-2936
Fax: (303) 333-3046
Web Site: lrxd.com

Employees: 5
Year Founded: 1968

Discipline: Creative/Advertising

Kelly Reedy *(Partner)*
Patrick Gill *(Chairman)*
John Gilbert *(Chief Digital Officer)*
Eric Kiker *(Partner & Chief Strategy Officer)*
Gary Gonya *(Chief Strategy Officer)*
Tony George *(Chief Operating Officer)*
Sam Johnson *(Media Director)*
Jamie Reedy *(Creative Director)*
Megan Gonzalez *(Director, Group Account)*
Andy Dutlinger *(Director, Creative)*
Ashley Rutstein *(Associate Director, Creative)*
Kelsey Steffes *(Associate Creative Director)*
Alana Hancock *(Director, Account)*
Megan McClure *(Senior Account Manager)*
Jessica Willis *(Manager, Account)*
Kristina Sotolongo *(Manager, Digital Marketing)*
Danielle Jones *(Project Manager)*
Jason Oppenheimer *(Copywriter)*

Accounts:
Back Yard Burgers, Inc.
Curves International, Inc.
Granite City Food & Brewery Ltd.
Jenny Craig Weight Loss Centers
Jenny Craig, Inc.
Jenny Direct
Zespri International Limited

LUCKY GENERALS
333 Hudson Street
New York, NY 10013
Web Site: www.luckygenerals.com

Year Founded: 2013

Discipline: Creative/Advertising

Jess Roubadeaux *(Strategy Partner)*
Chris Serrano *(Creative Director)*
James Fox *(Managing Partner - New York)*

Accounts:
Celebrity Cruises

LUME CREATIVE
70 Hudson Street
Hoboken, NJ 07030
Tel.: (201) 204-0002
Web Site: www.lumecreative.com

Brands. Marketers. Agencies. Search Less. Find More.
Try out the online version at www.winmo.com

AGENCIES - JULY, 2020 — CREATIVE/ADVERTISING AGENCIES

Discipline: Creative/Advertising

John Luciano *(Co-Founder & Partner)*
Dan Meyer *(Co- Founder & Partner)*
Nicole Ricciardi *(Creative Director)*

LUXE COLLECTIVE GROUP
49 West 27th Street
New York, NY 10001
Tel.: (212) 627-3300
Fax: (212) 627-3966
Web Site: luxecg.com

Employees: 40
Year Founded: 1987

Discipline: Creative/Advertising

Walter Coyle *(Chief Executive Officer)*
Dieter Gonzales *(Senior Vice President & Chief Financial Officer)*
Alyce Panico *(President & Executive Vice President, Director of Media Services)*
Kristen Farren *(Executive Vice President, Integrated Strategy)*
Lisa Vaccaro *(Associate Media Director)*
Aileen Kirby *(Director, Integrated Strategy)*
Andrian Andreev *(Media Planner, Integrated Strategy)*
Scott Jeffers *(Senior Manager, Integrated Strategy)*

Accounts:
Bebe
Chartreuse
Citizen Watch Company of America, Inc.
Clarins Group
Domaine
Eileen Fisher
Folonari Wines
Frederick Wildman & Sons, Ltd
Hermes of Paris, Inc.
Melini
Santi

LYON & ASSOCIATES CREATIVE SERVICES, INC.
3366 North Torrey Pines Court
La Jolla, CA 92037
Tel.: (858) 350-4797
Web Site: www.lyonassoc.com

Year Founded: 1990

Discipline: Creative/Advertising

Mark Lyon *(Principal)*
Matt Fitzsimons *(Creative Director)*
Susan Lyon *(Managing Director)*

M2W RETAILDETAIL
PO Box 1896
Allen, TX 75013
Tel.: (972) 407-1332
Fax: (972) 407-1221
Toll Free: (877) 270-7242
Web Site: www.m2winc.com

Discipline: Creative/Advertising

Clare Wynne *(President)*
Lindsay Gottshall *(Project Manager)*

M3 AGENCY
229 Fury's Ferry Road
Augusta, GA 30907
Tel.: (706) 651-0053
Fax: (706) 651-0535
Web Site: www.m3agency.com

Employees: 12
Year Founded: 1998

Discipline: Creative/Advertising

Rick Donaldson *(Chief Executive Officer)*
Lynn Forbes *(Art Director)*
Amy Donaldson *(Director, Digital)*
Ashley Drummond *(Account Supervisor)*
Courtney Prouty *(Strategist, Media)*

M5
41 South River Road
Bedford, NH 03110
Tel.: (603) 627-9600
Fax: (603) 627-9603
Web Site: www.m5.ca

Year Founded: 1989

Discipline: Creative/Advertising

Jason Knights *(Director, Client Services)*
Joe Stanieich-Burke *(Account Manager)*

M5 MARKETING COMMUNICATIONS
42 O'Leary Avenue
Saint John's, NL A1B 4B7
Mailing Address:
Post Office Box Station A
Saint John's, NL A1B 4B7
Tel.: (709) 753-5559
Fax: (709) 754-3990
Toll Free: (888) 738-5211
Web Site: www.m5.ca

Employees: 60

Discipline: Creative/Advertising

Heather Dalton *(Partner)*
Chris MacInnes *(Partner)*
Colin Power *(Search Specialist)*

M:UNITED//MCCANN
622 Third Avenue
New York, NY 10017
Tel.: (646) 865-2000
Web Site: munited.com/

Year Founded: 2014

Discipline: Creative/Advertising

Bill LaRoe *(Chief Operating Officer)*
Tina Galley *(Executive Vice President & Group Account Director)*
Michelle Kiely *(Execuitve Vice President & Global Strategy Director)*
Jason Kolinsky *(Senior Vice President & Group Account Director)*
Eldad Heilweil *(Senior Vice President & Group Strategy Director)*
Carolyn Johnson *(Senior Vice President & Head, Integrated Production)*
Rosemary Calderone *(Senior Vice President & Account Director)*
Kevin Nelson *(Managing Director)*

Accounts:
Microsoft
Microsoft Corporation

MACHER
1518 Abbot Kinney Boulevard
Venice, CA 90291
Tel.: (310) 581-5222
Fax: (310) 581-5223
Web Site: www.macher.com

Year Founded: 1984

Discipline: Creative/Advertising

Derek Hydon *(President)*
Alex Roncal *(Officer Manager)*

MAD 4 MARKETING
5255 33rd Avenue, Northwest
Fort Lauderdale, FL 33309
Tel.: (954) 485-5448
Fax: (954) 485-5410
Web Site: www.mad4marketing.com

Employees: 15
Year Founded: 1992

Discipline: Creative/Advertising

Christine Madsen *(President & Founder)*
Veronica Venable *(Manager, Account)*

MAD MEN MARKETING
1001 Kings Avenue
Jacksonville, FL 32207
Tel.: (904) 355-1766
Web Site: http://www.madmenmarketinginc.com/

Year Founded: 2008

Discipline: Creative/Advertising

Ryan Blair *(Chief Operating Officer)*
Paul Witt *(Senior Vice President & Director - Agency - Tampa Bay)*
Justin DeStefano *(Vice President & Director, Production)*
Joe Stelma *(Vice President & Director, Marketing)*
Molly McDaniel *(Account Director)*
Alyssa Brunning *(Account Manager, Strategic)*

MADANDWALL
259 East Seventh Street
New York, NY 10009
Tel.: (973) 865-9535
Web Site: www.madandwall.com

Year Founded: 2015

Discipline: Creative/Advertising

Mike Rogers *(Co-Founder & Creative Director)*
Eric Alexander *(Co-Founder & Chief Strategy Officer)*

MADDOCK DOUGLAS
111 Adell Place
Elmhurst, IL 60126
Fax: (630) 279-0553
Web Site: www.maddockdouglas.com

Year Founded: 1991

Discipline: Creative/Advertising

Mike Maddock *(Chief Executive Officer & Founding Partner)*
Wes Douglas *(Co-Founding Partner)*
Luisa Uriarte *(Executive Vice President & Managing Partner)*
Charles Andrew *(Chief Financial Officer)*
Wesley Douglas *(Co-Founder & Director, Innovation & Creative)*
Gino Chirio *(Executive Vice President, Growth

Services)
David Maclachlan *(Senior Vice President, Business Development)*
Joshua Philips *(Senior Vice President, Technology Strategy)*
Randy Simms *(Senior Vice President, Innovation Experience Design)*
Cindy Malone *(Vice President, Innovation)*
Chris Miller *(Creative Director)*
Kimberley Jensen *(Marketing Associate)*

MADE MOVEMENT
200 Pearl Street
Boulder, CO 80302
Tel.: (720) 420-9840
Web Site: www.mademovement.com

Year Founded: 2012

Discipline: Creative/Advertising

Dave Schiff *(Founder, Partner & Chief Creative Officer)*
Xandra Ess *(Chief Operating Officer)*
Steve Dolan *(Creative Director & Writer)*
Myles Rigg *(Senior Copywriter)*

Accounts:
Clayton Building Solutions
Clayton Homes, Inc.

MADISON AVENUE SOCIAL
Central Park West
New York, NY 10023
Tel.: (516) 978-5745
Web Site: madisonavenuesocial.com

Year Founded: 2016

Discipline: Creative/Advertising

Deirdre Catucci *(Co-Founder & Director)*
Frank McHale *(Chief Operations Officer)*
Tim McHale *(Chief Media Officer)*

Accounts:
Eva
Voicera

MADRAS GLOBAL
84 Wooster Street
New York, NY 10012
Tel.: (646) 741-8012
Web Site: www.madrasglobal.com

Year Founded: 2017

Discipline: Creative/Advertising

Fred Schuster *(Chief Executive Officer)*
Andrew Ladden *(Chief Creative Officer)*
Brett Jones *(Director, Client Services)*
Arianna Salcedo *(Director, Account & Client Services)*
Salpi Mekhjian *(Project Manager)*

Accounts:
Lenovo Group Limited
Macys.com
Ninja
Patheon, Inc.
Shark

MADWELL
1320 27th Street
Denver, CO 80205
Tel.: (347) 713-7486
Web Site: www.madwell.com

Year Founded: 2010

Discipline: Creative/Advertising

Jeff Gillette *(Executive Creative Director)*
Natalie Ross *(Group Account Director)*
Steve Barry *(Managing Director)*

Accounts:
Visible

MAGID
15260 Ventura Bouldevard
Sherman Oaks, CA 91403
Tel.: (818) 263-3300
Fax: (818) 263-3311
Web Site: www.magid.com

Year Founded: 1957

Discipline: Creative/Advertising

Brent Magid *(President & Chief Executive Officer)*
Mike Salmon *(Senior Vice President, Games)*
Rich McGuire *(Vice President)*

MAGNANI CONTINUUM MARKETING
200 South Michigan Avenue
Chicago, IL 60604-2402
Tel.: (312) 957-0770
Fax: (312) 957-0457
Web Site: www.magnani.com

Employees: 30

Discipline: Creative/Advertising

Justin Daab *(President)*
Shardool Pandit *(Vice President, User Experience & Design)*
Gail Straus *(Director, Research)*

MAIER ADVERTISING, INC.
1789 New Britain Avenue
Farmington, CT 06032
Tel.: (860) 677-4581
Fax: (860) 677-5854
Web Site: www.maier.com

Employees: 17
Year Founded: 1971

Discipline: Creative/Advertising

Todd Russell *(President)*
Laura Kennedy *(Executive Vice President, Finance)*
Rick Mellon *(Vice President, Creative)*
Harry McBrien *(Public Relations Director)*
Brian Connolly *(Director, Client Services)*
Kim Consonni *(Traffic Manager - Cigna)*
Corey Swistro *(Manager, Client Services)*

Accounts:
IBM Corporation

MALONEY STRATEGIC COMMUNICATIONS
8111 LBJ Freeway
Dallas, TX 75251
Tel.: (214) 342-8385
Fax: (214) 342-8386
Web Site: www.maloneystrategic.com

Employees: 11
Year Founded: 1993

Discipline: Creative/Advertising

John Maloney *(President)*
Brian Thompson *(Vice President)*
Budi Sutomo *(Creative Director)*

MAN MARKETING
765 Kimberly Drive
Carol Stream, IL 60188
Tel.: (630) 929-5200
Toll Free: (800) 752-9288
Web Site: www.manmarketing.com

Year Founded: 1980

Discipline: Creative/Advertising

Edward Mallof *(President)*
Frank DiMatteo *(Regional Accounts Director)*
Lee Zuika *(Finance Controller)*
Lucy Ferrari *(Account Executive)*
Kelley Stiles *(Senior Account Executive)*

MANDALA
2855 Northwest Crossing Drive
Bend, OR 97703
Tel.: (541) 389-6344
Fax: (541) 389-3531
Web Site: mandala.agency

Employees: 16

Discipline: Creative/Advertising

Matthew Bowler *(Partner)*
Laury Benson *(Chief Finance Officer)*
Paul Grignon *(Creative Director)*
Laura Bryant *(Media Director)*
Lori Hell *(Director)*

MANGAN HOLCOMB PARTNERS
2300 Cottondale Lane
Little Rock, AR 72202
Tel.: (501) 376-0321
Fax: (501) 376-6127
Web Site: www.manganholcomb.com

Employees: 28
Year Founded: 1972

Discipline: Creative/Advertising

Sharon Vogelpohl *(President & Partner)*
Chip Culpepper *(Partner & Chief Creative Officer)*
David Rainwater *(Chief Executive Officer & Partner)*
Karon Mann *(Vice President, Finance & Administration)*
Julie Robbins *(Director, Client Services)*
Molly Morrison *(Editor & Copywriter, Creative)*

Accounts:
Little Rock Convention & Visitors Bureau
Windstream Consumer & Small Business Division

MANGOS INC.
1010 Spring Mill Avenue
Conshohocken, PA 19428
Tel.: (610) 296-2555
Fax: (610) 640-9291
Web Site: www.mangosinc.com

Employees: 30
Year Founded: 1977

Discipline: Creative/Advertising

William Gast *(Chief Executive Officer & Principal)*

AGENCIES - JULY, 2020 — CREATIVE/ADVERTISING AGENCIES

Bradley Gast *(Chief Creative Officer & Principal)*
Joanne deMenna *(Senior Vice President & Director, Strategy)*
Brooke DeLuise *(Senior Vice President & Director, Account Management)*
Justin Moll *(Creative Director)*

MANIFESTO
628 North Broadway
Milwaukee, WI 52208
Tel.: (573) 268-5979
Web Site: www.manifestoagency.com

Year Founded: 2011

Discipline: Creative/Advertising

Dave Dyer *(Chief Executive Officer & Managing Partner)*
Tim Dyer *(Partner & Chief Storyteller)*

Accounts:
GE Healthcare

MANIFOLD
531 Howard Street
San Francisco, CA 94105
Tel.: (415) 978-9500
Toll Free: (818) 849-5590
Web Site: www.wearemanifold.com

Year Founded: 2010

Discipline: Creative/Advertising

Brian Mullin *(Founding Partner & Creative Director)*
Mike Weaver *(Founding Partner & Chief Operations Officer)*
Lauren Worley *(Manager, Public Relations & Marketing)*

MANSI MEDIA
3899 North Front Street
Harrisburg, PA 17110
Tel.: (717) 703-3030
Fax: (717) 703-3033
Toll Free: (800) 577-4067
Web Site: www.mansimedia.com/

Year Founded: 1991

Discipline: Creative/Advertising

Lisa Knight *(Vice President, Advertising)*
Chris Kazlauskas *(Director, Media Placement)*

MARBURY CREATIVE GROUP
3160 Main Street
Duluth, GA 30096
Tel.: (678) 735-5220
Web Site: www.marburycreativegroup.com

Year Founded: 2010

Discipline: Creative/Advertising

Rob Marbury *(Founder & Chief Creative Officer)*
Shelly Emanuel *(Partner & Executive Vice President)*
Carol Armitage *(Art Director)*
Heather Taylor *(Account Director)*

MARC USA
325 North Lasalle Street
Chicago, IL 60654
Tel.: (312) 321-9000
Fax: (312) 321-1736

Web Site: www.marcusa.com

Employees: 35
Year Founded: 1955

Discipline: Creative/Advertising

Jean McLaren *(Chief Marketing Officer)*
Cari Bucci Hulings *(President)*
Amy Nixon *(Senior Vice President, Group Account & Strategy Director)*
Matt Sullivan *(Senior Vice President, Group Creative Director)*
Stephane Auriol *(Account Director)*
Jocie Padgen *(Vice President, Account Director)*

Accounts:
Belle Tire
Carle Foundation Hospital
CLR
Cooper Tire & Rubber Company
Jelmar LLC
Maryland State Lottery
Navistar International Corporation
Tarn-X

MARC USA
Commerce Court
Pittsburgh, PA 15219
Tel.: (412) 562-2000
Fax: (412) 562-2022
Web Site: www.marcusa.com

Employees: 125
Year Founded: 1955

Discipline: Creative/Advertising

Tony Bucci *(Chairman & Chief Executive Officer)*
Michele Fabrizi *(President & Chief Executive Officer)*
Chris Heitmann *(Chief Innovation Officer)*
Bryan Hadlock *(Chief Creative Officer)*
Barbara Stefanis-Israel *(Senior Vice President & Director, Marketing)*
Cheryl Sills *(Senior Vice President & Director, Corporate Communications)*
Jon Galatis *(Senior Vice President, Group Account Director)*
CJ Kealey *(Vice President, Human Resource)*
Rob Throckmorton *(Director, Employment & Staffing)*
Bob Bauer *(Associate Buying Director)*
Lisa Flaherty *(Associate Media Director)*
Josh Blasingame *(Creative Director)*
Cassandra Costanzo *(Associate Media Director)*
Lisa Tristano-Martin *(Associate Director, Public Relations & Social Engagement)*
TJ Crawford *(Digital Strategy Director)*
Snake Roth *(Director, Integrated Production)*
Mandy Remeto *(Associate Media Director)*
Molly Perenic *(Supervisor, Human Resources)*
Christy Rodibaugh *(Media Buying Supervisor)*
Jenny Merriman *(Associate Media Supervisor)*
Brandy Mitchell *(Supervisor, New Business Development)*
Michelle Fuscaldo *(Management Supervisor)*
Claire Garvey *(New Business Coordinator)*

Accounts:
Belle Tire
Cooper Tire & Rubber Company
Dish Latino
GNC Corporation
Make-A-Wish Foundation of America
Maryland State Lottery
NASCAR
Oster

Panama Jack Inc
Pennsylvania Lottery
Qdoba Restaurant Corporation
Ruby Tuesday, Inc.
Sunbeam

MARCA MIAMI
3390 Mary Street
Coconut Grove, FL 33133
Tel.: (305) 665-5410
Fax: (305) 665-3533
Toll Free: (305) 423-8300
Web Site: www.marcamiami.com

Employees: 15
Year Founded: 2003

Discipline: Creative/Advertising

Armando Hernandez *(Chief Creative Officer & Partner)*
Tony Nieves *(President)*
Alan Campbell *(Chief Operating Officer & EVP, Operations)*
Alejandro Berbari *(Partner & Executive Creative Director)*
Yuvitza Olivera *(Vice President & Executive Director, Business Development)*

Accounts:
Dish Latino
IDT Corporation
Moen, Inc.
Panama Jack Inc
Subway

MARCUS THOMAS
4781 Richmond Road
Cleveland, OH 44128
Tel.: (216) 292-4700
Fax: (216) 378-0396
Toll Free: (888) 482-4455
Web Site: www.marcusthomasllc.com

Employees: 80
Year Founded: 1955

Discipline: Creative/Advertising

Jim Nash *(Chief Executive Officer & Managing Partner)*
Mark Bachmann *(Partner & Chief Client Officer)*
Joanne Kim *(Partner & Chief Diversity Officer)*
Jennifer Hirt-Marchand *(Partner, Research)*
Harvey Scholnick *(Owner, Partner & Chairman Emeritus)*
Joe Blaha *(Owner & Partner & Chief Financial Officer)*
Jason Hutchison *(Partner, Vice President & Management Supervisor, Website & Application Development)*
Ian Verschuren *(Partner & Chief Technology Officer)*
Jamie Venorsky *(Partner & Chief Creative Officer)*
King Hill *(Senior Vice President & Digital Strategist)*
Scott Chapin *(Senior Vice President, Analytics)*
Heidi Modarelli-Frank *(Partner & Senior Vice President, Social Strategy & Public Relations)*
Amber Zent *(Vice President & Director, Social Media)*
Pat Burnham *(Vice President, Account Service)*
Tim Bennett *(Vice President, Public Relations)*
Jason Mitton *(Vice President, Digital Production)*
Jim Sollisch *(Co-Executive Creative Directors)*
Brian Gillen *(Associate Creative Director)*

104

CREATIVE/ADVERTISING AGENCIES

Elizabeth Abate *(Media Director)*
Dagmar McGannon *(Media Director)*
Eric Holman *(Creative Director)*
Morgan Connor *(Director, Culture & Coaching)*
Stephanie Landes-Burris *(Co-Executive Creative Director)*
Mary White *(Media Buyer)*
Jill Lewis *(Management Supervisor)*
Stefanie Riediger *(Senior Strategic Planner)*
Ashley Bentley *(Digital Account Executive)*
Lisa Holmgren *(Senior Media Planner)*
Ela Sobolewski *(Business Development Manager)*
Rebecca Wulfeck *(Research Associate)*
Dave Evans *(Account Supervisor)*

Accounts:
Akron Children's Hospital
BEHR Process Corporation
Buckeye 5
Cash Explosion
Classic Lotto
Cool Cat
DexCom, Inc.
Kicker
Kraftmaid
Mega Millions
Money Island
Ohio State Lottery
Pick 3
Pick 4
Rolling Cash 5
Step2 Company
Swagelok Company
Swisspers
Swisspers Premium
Tarkett, Inc.
Ten-OH!
The Better Sleep Council
TourismOhio
TravelCenters of America, LLC
Troy-Bilt
White Outdoor
Yard Machines by MTD

MARGIE KORSHAK, INC.
875 North Michigan Avenue
Chicago, IL 60611
Tel.: (312) 751-2121
Fax: (312) 751-4220
Web Site: www.korshak.com

Employees: 14

Discipline: Creative/Advertising

Margie Korshak *(Chairman)*
Janie Goldberg-Dicks *(President)*

MARICICH HEALTHCARE COMMUNICATIONS
18201 McDurmott West
Irvine, CA 92614
Tel.: (949) 223-6455
Fax: (949) 223-6451
Web Site: www.maricich.com

Employees: 5
Year Founded: 1986

Discipline: Creative/Advertising

Mark Maricich *(Chief Executive Officer)*
David Maricich *(President)*
Cameron Young *(Creative Director)*
Debbie Karnowsky *(Executive Creative Director)*
Cindy Ramirez *(Manager, Print Production & Studio)*

MARKETING ALTERNATIVES, INC.
155 Chesterfield Industrial Boulevard
Chesterfield, MO 63005
Tel.: (636) 530-0088
Fax: (636) 530-1724
Web Site: www.mai-stl.com

Employees: 4
Year Founded: 1981

Discipline: Creative/Advertising

Guy McDermott *(Founder & Chief Executive Officer)*
Ted McDermott *(President)*

MARKETING DIRECTIONS, INC.
28005 Clemens Road
Cleveland, OH 44145
Tel.: (440) 835-5550
Fax: (440) 892-9195
Web Site: www.marketingdirectionsinc.com/

Discipline: Creative/Advertising

Nicholas J. Lowe *(President)*
John Brubaker *(Vice President & Special Projects Manager)*
Scott Camarati *(Creative Director)*
Marie Bozek *(Production Manager)*
Catherine Schwark-Risko *(Account Executive)*

MARKETING WORKS
1651 Mount Zion Road
York, PA 17406
Tel.: (717) 852-7171
Web Site: www.marketingworks.net

Employees: 14
Year Founded: 1987

Discipline: Creative/Advertising

Tina Rudisill *(President)*
Scott Bowman *(Vice President, Operations)*
Tom Vranich *(Vice President, Client Services)*
Sandy Wynegar *(Director, Client Services)*
Bill Hayward *(Director, Communications & Public Relations)*

MARKETPLACE
6500 Chippewa Street
St. Louis, MO 63103
Tel.: (314) 647-9500
Fax: (314) 446-3429
Web Site: www.market-pl.com

Year Founded: 2002

Discipline: Creative/Advertising

Phillip Landau *(Owner)*
Tracy Landau *(President & Chief Marketing Officer)*

MARKHAM & STEIN
2424 South Dixie Highway
Miami, FL 33133
Tel.: (305) 445-6642
Web Site: www.markhamandstein.com

Year Founded: 2016

Discipline: Creative/Advertising

Jeff Steinhour *(Founder & Chief Executive Officer)*
Markham Cronin *(Founding Partner & Chief Creative Officer)*
Tristan Fernandez *(Account Director)*
Evie Macias *(Account Director)*
Vanessa Dore *(Director, Traffic)*
Katie Coffey *(Director, Account)*
Aly Lopez *(Associate Creative Director)*
Brent Carlin *(Director, Digital)*
Jack Daniel Bagdadi *(Creative Director)*
Michael Perez *(Senior Media Supervisor)*
Leen Dahman *(Account Supervisor)*
Alec Lopez *(Producer)*
Karina Bagdadi *(Copywriter)*

Accounts:
Hell's Bay Boatworks
Mercury Marine Group
Mercury Marine Racing
Ryder
Virgin Voyages
Visit Florida

MARLIN NETWORK
305 West Mill Street
Springfield, MO 65806
Tel.: (417) 885-4524
Fax: (417) 887-3643
Toll Free: (417) 885-4500
Web Site: www.marlinco.com

Year Founded: 1985

Discipline: Creative/Advertising

Michael Stelzer *(Owner)*
Jackie Haldiman *(Vice President, Media)*
Matt Rose *(Creative Director)*
Nora Hiatt *(Art Director)*
Quentin Brown *(Senior Art Director)*
Shelbey Stockton *(Group Account Director)*
Jason Stanley *(Project Manager)*
Curt Bussen *(Senior Copywriter)*
Emily Dale *(Senior Account Executive)*

Accounts:
Mission Foods Foodservice

MARRINER MARKETING COMMUNICATIONS
6731 Columbia Gateway Drive
Columbia, MD 21046
Tel.: (410) 715-1500
Fax: (410) 995-3609
Web Site: www.marriner.com

Year Founded: 1989

Discipline: Creative/Advertising

Tighe Merkert *(President)*
Susan Gunther *(Vice President, Client Services & Partner)*
Rob Levine *(Vice President, Account Strategy & Partner)*
Wendy Simms *(Vice President, Media)*
Josie Griffin *(Controller)*
Anne Wineholt *(Media Supervisor)*
Hannah Force *(Manager, Social Media)*

Accounts:
Butterball, LLC
Knouse Foods, Inc.
Lucky Leaf
Maryland Tourism & Travel
Massimo Zanetti Beverage USA
Musselman's
Perdue Farms Incorporated

Brands. Marketers. Agencies. Search Less. Find More.
Try out the online version at www.winmo.com

AGENCIES - JULY, 2020 — CREATIVE/ADVERTISING AGENCIES

Phillips Foods, Inc.
Vulcan Materials
Zatarain's, Inc.

MARTIN & COMPANY ADVERTISING
3504 Knight Road
Whites Creek, TN 37189
Tel.: (615) 876-1822
Fax: (615) 876-9018
Web Site: www.martincoadvertising.com

Discipline: Creative/Advertising

Zan Martin *(President & Owner)*
Randy Martin *(Chief Financial Officer & Creative Director)*
Jeff Lee *(Vice President, Digital Marketing)*

MARTIN ADVERTISING
2801 University Boulevard
Birmingham, AL 35233
Tel.: (205) 930-9200
Toll Free: (800) 800-8881
Web Site: www.martinadvertising.com

Year Founded: 1977

Discipline: Creative/Advertising

David Martin *(Chief Executive Officer)*
Nanci Sexton *(Senior Vice President, Finance & Human Resources)*
Tim Kaiser *(Senior Vice President, Operations)*
Boyd Kaiser *(Vice President, New Business & Group Director)*
Pam Satterfield *(Vice President & Media Director)*
Scott Metzger *(Vice President & General Manager)*
Crawford Miller *(Digital Director)*
Jake Chappell *(Head, Digital Media)*
David Goetz *(Media Planner & Buyer)*
Brooks Gant *(Senior Graphic Designer)*
Lorita Faulkner *(Senior Media Buyer & Planner)*
Crystal Garcia *(Senior Media Planner & Buyer)*
Joe Schmidt *(Account Supervisor)*
Laurie Madigan *(Senior Media Planner)*
Cassidy King *(Senior Media Buyer)*
Farr Shell *(Media Planner & Media Buyer)*
Jessie Hancock *(Media Planner)*
Lisa Hamilton *(Senior Media Buyer)*
Emily Meek *(Assistant Media Buyer)*

MARTIN RETAIL GROUP
100 Renaissance Center Drive
Detroit, MI 48265
Web Site: www.martinretail.com

Discipline: Creative/Advertising

Jim Bickers *(Senior Vice President & Group Director - General Motors)*
Orlando Villegas *(Vice President & Account Director)*
Katherine Florkiewicz *(Vice President & Account Director)*
Sammy Bowers *(Account Executive)*
Leslie Porada *(Account Supervisor)*
Kris Stoliker *(Media Buyer)*
Tiffany Scarpelli *(Senior Account Executive)*
Abbey Pearson *(Account Supervisor - Cadillac)*
Jennifer Yu *(Account Executive - GM Account)*
Elisha Volland *(Assistant Account Executive)*
Alyssa Trapp *(Account Coordinator)*

MARTIN RETAIL GROUP
30930 Russell Ranch Road
Westlake Village, CA 91362
Toll Free: (800) 800-8881
Web Site: www.martinretail.com

Discipline: Creative/Advertising

Renata Coleman *(Regional Account Director- Buick & GMC)*
Chris Berghoudian *(Account Supervisor - Buick & GMC)*
Michael Vorgitch *(Account Executive)*
Brad Maxon *(General Manager)*

MARTIN RETAIL GROUP
375 Hudson Street
New York, NY 10014
Toll Free: (800) 800-8881
Web Site: www.martinretail.com

Discipline: Creative/Advertising

Patrick Sullivan *(Vice President & Regional Director - Northeast)*
Carolina Arriaga *(Assistant Account Executive)*

MARTIN RETAIL GROUP
11575 Great Oaks Way
Alpharetta, GA 30022
Toll Free: (800) 800-8881
Web Site: www.martinretail.com

Discipline: Creative/Advertising

Julie Jager *(Vice President & Director - Buick)*
Rob Kuehn *(Regional Director)*
Sheena Robinson *(Media Planning Supervisor - Cadillac)*
Kevin Duggan *(Account Supervisor - Cadillac)*
Madelyn Ellis *(Assistant Account Executive)*
Diane Kucia *(Account Supervisor - Buick)*
Rachel Wyatt *(Account Executive)*
Melanie Chapman *(Senior Media Buyer)*
Brelin Powell *(Account Supervisor)*
Morgan Caver *(Account Coordinator - General Motor's Cadillac)*

MARTIN WILLIAMS ADVERTISING
150 South Fifth Street
Minneapolis, MN 55402
Tel.: (612) 340-0800
Fax: (612) 342-9700
Web Site: www.martinwilliams.com

Employees: 180
Year Founded: 1947

Discipline: Creative/Advertising

Brian McHugh *(Senior Vice President & Chief Financial Officer)*
Brock Davis *(Chief Creative Officer)*
Lori Davis *(President)*
Swapna Desai *(Senior Vice President & Director, Business Strategy)*
Freddie Richards *(Senior Vice President & Head, Integrated Production)*
Marty Enerson *(Senior Vice President, Operations)*
Jessica Garrett *(Vice President & Group Media Director)*
Joy Miller *(Director, Studio Production)*
Dale Kocher *(Supervisor, Digital & Broadcast Media)*

Emily Carlson *(Associate Director, Media)*
Anna Winberg *(Director, Project Manager)*
Melissa Clark *(Strategic Planning Director)*
Nate Eul *(Senior Art Director)*
Steve Casey *(Executive Creative Director)*
Laura Wiering *(New Business Manager)*
Stephanie Keil *(Digital Engagement Strategist)*
Krissy Sorensen *(Media Supervisor)*
Hannah Johnson *(Media Planner)*
Megan Auren *(Account Manager)*
Haley Staffon *(Media Analyst)*

Accounts:
BlueCross BlueShield Association
Cenex
CHS, Inc.
Dormosedan
GlaxoSmithKline, Inc.
Kinze Manufacturing
Kubota Tractor Corporation
Mall of America
Mall of America
Minnesota Timberwolves
Patterson Companies, Inc.
Syngenta Corporation
Wolverine World Wide, Inc.

MARTINO-WHITE
543 North Central Avenue Hapeville
Atlanta, GA 30354
Tel.: (404) 768-8708
Web Site: www.martinowhite.com

Year Founded: 1972

Discipline: Creative/Advertising

Mark White *(Chief Executive Officer & General Manager)*
Bradley Ray *(Graphic Designer)*

MASCOLA GROUP
434 Forbes Avenue
New Haven, CT 06512
Tel.: (203) 469-6900
Fax: (203) 467-8558
Web Site: www.mascola.com

Year Founded: 1987

Discipline: Creative/Advertising

Chuck Mascola *(President & Business Growth Strategist)*
John Grego *(Accounting Management Specialist, Strategist)*
Lauren Leitch *(Media Specialist)*

MASLOW LUMIA BARTORILLO ADVERTISING
182 North Franklin Street
Wilkes-Barre, PA 18701
Tel.: (570) 824-1500
Fax: (570) 825-9757
Web Site: www.mlbadvertising.com

Year Founded: 1979

Discipline: Creative/Advertising

John Bartorillo *(President)*
Melanie Maslow Lumia *(Partner)*

MASON MARKETING
400 Whitney Road
Penfield, NY 14526
Tel.: (585) 249-1100
Fax: (585) 249-1060

CREATIVE/ADVERTISING AGENCIES

Web Site: www.masonmarketing.com

Employees: 35
Year Founded: 1986

Discipline: Creative/Advertising

Tim Mason *(Chief Executive Officer)*
Brad Schultz *(Chief Creative Officer)*
Timothy Mason *(President & Chief Executive Officer)*
Mike Cassidy *(Executive Vice President & Account Group Supervisor)*
Terri Cubiotti *(Executive Vice President & Client Services Director)*
Chris Markham *(Director, Digital Development)*
Tom Moyer *(Creative Director - Mason Digital)*
Gregory Danylak *(Supervisor, Creative)*

MATLOCK ADVERTISING & PUBLIC RELATIONS
107 Luckie Street, Northwest
Atlanta, GA 30303
Tel.: (404) 872-3200
Web Site: www.matlock-adpr.com

Employees: 40
Year Founded: 1986

Discipline: Creative/Advertising

Kent Matlock *(Chairman & Chief Executive Officer)*
Donald Webster *(Executive Vice President & Chief Financial Officer)*
Kirstin Popper *(Senior Vice Presidet & General Manager)*

Accounts:
Nationwide Insurance
Publix Supermarkets, Inc.

MATRIX ADVERTISING ASSOCIATES, INC.
85 Broad Street
New York, NY 10004
Tel.: (212) 334-6600
Fax: (212) 334-6228
Web Site: www.matrixadinc.com

Discipline: Creative/Advertising

Tomio Nagaoka *(President)*
Sara Akine *(Account Executive)*

MATRIX PARTNERS, LTD.
566 West Adams Street
Chicago, IL 60661
Tel.: (312) 648-9972
Fax: (312) 648-9978
Web Site: www.matrix1.com

Discipline: Creative/Advertising

Dennis Abelson *(Partner & Chief Creative Officer)*
Don Tomala *(Managing Director & Co-Founder)*
Rebecca Tomala *(Vice President, Client & Creative Services)*
Kristy Boulos *(Vice President & Account Supervisor)*
George Wielgus *(Senior Director, Art)*
Stephanie Krol *(Director, Public Relations)*
Alyson Brodsky *(Manager, Public Relations)*

Accounts:
PetGuard

MATTE PROJECTS
174 Hudson Street
New York, NY 10013
Tel.: (646) 854-2652
Web Site: matteprojects.com

Year Founded: 2012

Discipline: Creative/Advertising

Matthew Rowean *(Partner & Creative Director)*
Brett Kincaid *(Founding Partner)*
Max Pollack *(Co-Founder & Principal)*
Catrina Chang *(Account Director)*
Jeremie Feinblatt *(Director, Business Development)*
Gabrielle Bahnmuller *(Director, Human Resources & People Operations)*
Georgia Creer *(Producer)*
River Myers *(Director, Production)*
Sophie Saguil *(Account Manager)*
Andy Garden *(Public Relations & Marketing Manager)*
Nicole Ripka *(Post Production Manager)*
Paloma Brey *(Community Affairs)*
Courtney Yates *(Creative & Social Media Strategist)*

Accounts:
adidas America, Inc.
Airbnb, Inc.
Cartier, Inc.
Google, Inc.
Marriott Hotels & Resorts
Pure Barre

MATTER CREATIVE GROUP
9466 Montgomery Road
Cincinnati, OH 45242
Tel.: (513) 398-1700
Web Site: www.mattercreativegroup.com

Year Founded: 1999

Discipline: Creative/Advertising

Greg Fehrenbach *(Partner & Executive Creative Director)*
Joel Warneke *(Owner & Executive Creative Director)*
Debra Greene *(Account Director)*

Accounts:
ETHICON, Inc.

MAXIMUM DESIGN & ADVERTISING, INC
7032 Wrightsville Avenue
Wilmington, NC 28403
Tel.: (910) 256-2320
Fax: (910) 256-5171
Toll Free: (800) 609-0930
Web Site: www.mxmdesign.com

Employees: 9
Year Founded: 1998

Discipline: Creative/Advertising

Amy Tharrington *(Principal & Co-Founder)*
Kelly Burnette *(Principal & Co- Founder)*
Benson Wills *(Manager, Internet Development)*

MAXIMUM MARKETING SERVICES
833 West Jackson
Chicago, IL 60607
Tel.: (312) 226-4111
Fax: (312) 226-5765
Web Site: www.maxmarketing.com

Year Founded: 1981

Discipline: Creative/Advertising

Jennifer Tio *(President)*
Lynn Konsbruck *(Senior Account Executive)*

Accounts:
John Bean (JBC)
Snap-On, Inc.

MAY ADVERTISING & DESIGN, INC.
724 North First Street
Minneapolis, MN 55401
Tel.: (612) 332-2450
Fax: (612) 332-7578
Web Site: www.mayads.com

Employees: 11
Year Founded: 1981

Discipline: Creative/Advertising

Rich May, Jr. *(Owner & President)*
Dave Terry *(Art Director)*
Randy Jackson *(Senior Art Director)*
John Swanson *(Production Designer)*

MB PILAND
3127 Southwest Huntoon Street
Topeka, KS 66604
Tel.: (785) 232-4156
Web Site: www.mbpiland.com

Year Founded: 1998

Discipline: Creative/Advertising

Martha Bartlett Piland *(President & Chief Executive Officer)*
Alex Reilly *(Vice President & Principal)*

MBB AGENCY
5250 West 116th Place
Leawood, KS 66211
Tel.: (816) 531-1992
Fax: (816) 531-6692
Web Site: www.mbbagency.com

Employees: 30
Year Founded: 1982

Discipline: Creative/Advertising

Jim Brown *(Partner & Chief Executive Officer)*
Denny Meier *(Chief Financial Officer & Partner)*
Shan Neely *(Executive Creative Director & Partner)*
Bob Waddell *(Vice President- Matchup)*
Leah Mountain *(Vice President)*
Steven Burnett *(Vice President, Interactive Services)*
Richard Cherra *(Vice President, Strategy & New Business)*
Garrett Street *(Vice President & Creative Director)*
Leslie Marshall Godlewski *(Earned Media Director)*
Chad McClure *(Associate Creative Director)*
Erica Super *(Account Director)*
Rory Harms *(Art Director)*
Brendan Wray *(Art Director)*
Larry Fulcher *(Art Director)*
Danielle Beckham *(Director, Production & Project Management)*

Brands. Marketers. Agencies. Search Less. Find More.
Try out the online version at www.winmo.com

AGENCIES - JULY, 2020
CREATIVE/ADVERTISING AGENCIES

Lindsay Martin *(Account Supervisor)*
Liana Colvin *(Earned Media Manager)*
Michael McCulloch *(Paid Media Manager)*
Emily Choate *(Senior Paid Media Manager)*
Patti Rojas *(Account Manager)*
Erin Jurado *(Account Supervisor)*
Maureen Boesen *(Manager, Marketing)*
Christian Weld-Brown *(Partner)*
Abby Hecke *(Content Strategist)*
Olivia Male *(Account Coordinator)*
Katie Maloney *(Earned Media Coordinator)*
Tayler Donaldson *(Earned Media Coordinator)*
Steve Green *(Managing Director, Technology)*

Accounts:
Adventist Health System
Bon Ami
CHI Health
Chinet
Faultless Brands
Faultless Starch
MGP Ingredients, Inc.
University of Kansas

MBT MARKETING
107 Southeast Washington Street
Portland, OR 97214
Tel.: (503) 232-7202
Fax: (503) 232-7213
Web Site: www.mbtmarketing.com

Year Founded: 2002

Discipline: Creative/Advertising

Scott Thompson *(Managing Partner)*
Tara Christiano *(Media Buyer & Account Manager)*
Mia Carney *(Director, Operations)*
Blake Heiss *(Director, Creative Content)*
Devin Barr *(Account Director)*
Laura Davis *(Director, Creative Design)*
Taylor Johnson *(Senior Account Executive)*

MCCANN ERICKSON
800 Waterford Way
Miami, FL 33126
Tel.: (305) 269-3600
Web Site: www.mccann.com

Employees: 20
Year Founded: 1902

Discipline: Creative/Advertising

Carlos Gutierrez *(Chief Executive Officer)*

MCCANN HEALTH NEW YORK
622 Third Avenue
New York, NY 10017
Tel.: (646) 865-3246
Web Site: www.mccannhealth.com

Year Founded: 1979

Discipline: Creative/Advertising

Leo Tarkovsky *(President)*
Andrew Chamlin *(Chief Marketing Officer)*
Erica Yahr *(Chief Strategy Officer)*
John Reid *(Executive Vice President & Chief Creative Officer)*
June Laffey *(Chief Creative Officer)*
Matt Eastwood *(Global Chief Creative Officer)*
Tim Jones *(Executive Vice President & Executive Creative Director)*
Jeffrey Werbylo *(Senior Vice President & Group Strategy Director)*
Jeanne Jennings *(Vice President & Director, Media)*
Angela Kogler *(Vice President, Scientific Strategy)*
Aish Mercalde *(Vice President & Scientific Strategist)*
Lauren Galasso *(Account Supervisor)*
Kathy Love *(Executive Producer, Integrated)*
Vi Nguyen *(Account Supervisor)*
Katie Boyko *(Senior Producer)*

MCCANN MONTREAL
413 Saint-Jacques Street West
Montreal, QC H2Y 1N9
Tel.: (514) 935-9445
Fax: (514) 935-1964
Web Site: www.mccann.ca

Employees: 145
Year Founded: 1977

Discipline: Creative/Advertising

Nadia D'Alessandro *(Senior Vice President, Strategic Planning & Client Services)*

Accounts:
L'Oreal Canada, Inc.
MasterCard Canada

MCCANN NEW YORK
622 Third Avenue
New York, NY 10017-2703
Tel.: (646) 865-2000
Fax: (212) 867-5170
Web Site: www.mccannny.com

Employees: 1400
Year Founded: 1902

Discipline: Creative/Advertising

Eric Silver *(Chief Creative Officer - North America)*
Rob Reilly *(Global Creative Chairman)*
Devika Bulchandani *(President)*
Dana Mansfield *(Executive Vice President & Chief Talent Officer - North America)*
Lee Maicon *(Chief Strategy Officer - North America)*
Joe Kelly *(Global Chief Talent Officer)*
Tom Murphy *(Co-Chief Creative Officer)*
Sean Bryan *(Co-Chief Creative Officer)*
Alex Lubar *(President - Asia Pacific)*
Chris Macdonald *(Global President, Advertising & Allied Agencies)*
Luca Lindner *(President - McCann Worldgroup)*
Lyndsey Corona *(North America Chief Growth Officer)*
Nathy Aviram *(Chief Production Officer - New York)*
Craig Bagno *(Executive Vice President & Global Strategy Director)*
Kevin Scher *(Executive Vice President & Group Managing Director)*
Maru Kopelowicz *(Executive Vice President & Executive Creative Director)*
Sarah Watson *(Executive Vice President & Global Planning Director)*
Larry Platt *(Executive Vice President & Executive Creative Director)*
Caprice Yu *(Executive Creative Director & Executive Vice President)*
Emily Portnoy *(Executive Vice President & Head, Brand Strategy)*
Danielle Korn *(Executive Vice President)*
Kirk Campion *(Senior Vice President & Executive New Business Producer)*
Sallie Mars *(Senior Vice President & Global Creative Talent Director)*
Susan Frost Hamburg *(Senior Vice President & International Human Resources Director)*
Daniel Cohn *(Senior Vice President & Group Strategy Director)*
Kimberly Kress *(Senior Vice President, Talent Partnerships)*
Scott Berwitz *(Senior Vice President & Global Director, Marketing Communications)*
Jaime Winner *(Senior Vice President & Head, Social & Digital Strategy)*
Jen Peterson *(Senior Vice President & Executive Strategy Director)*
Dina Hovanessian *(Senior Vice President & Group Account Director)*
Cam Hoelter *(Senior Vice President & Executive Creative Director)*
Matthew Cunnell *(Senior Vice President, Group Account Director)*
Michael Erdman *(Senior Vice President & Director, Operations)*
Kirsten Meyer *(Senior Vice President & Executive Account Director)*
Jaclyn Currie *(Senior Vice President & Executive Account Director)*
Jill Petersen *(Senior Vice President & Director, Investments)*
Nicole Witover *(Vice President, Account Director)*
Jessica Schaevitz Deacon *(Vice President & Global Account Director)*
Chris McMurtrey *(Vice President Creative Director & Copywriter)*
Dan Wilkos *(Vice President & Strategy Director)*
Dana McCullough *(Vice President & Account Director)*
Emily Brown *(Vice President, Strategy Director)*
Caroline Fuller *(Vice President & Integrated Account Director)*
Andrea Kaye *(Vice President Art Production Manager & Integrated Producer)*
Lauren Elliott *(Vice President, Strategy)*
AJ Feld *(Vice President & Strategy Director)*
Kate Ebert *(Vice President Creative Director)*
Josie Castro *(Vice President & Director, Channel Planning)*
Chris Mitton *(Executive Creative Director)*
Dana Markiewicz *(Account Director)*
Erika Richter *(Associate Director Project Management)*
Pierre Lipton *(Global Executive Creative Director)*
Nickie Thongton *(Associate Creative Director)*
Hana Thomas *(Creative Talent Director)*
Elyssa Nemetsky *(Account Director)*
Justin Luk *(Strategy Director)*
Natsuko Bosaka *(Creative Director)*
Will Montgomery *(Associate Creative Director)*
Scott Higgins *(Creative Director)*
Carlos Wigle *(Vice President Creative Director)*
Ferdinand Daniele *(Creative Director)*
Tom Weingard *(Creative Director)*
Chioma Aduba *(Executive Account Director)*
Mikey Harmon *(Senior Art & Associate Creative Director)*
John Mescall *(Global Executive Creative Director)*
Leah Kennedy *(Project Management Lead - Beauty Team)*
Colleen Moisio *(Account Director)*
Holly Hessler *(Group Creative Director)*
Daniel Rodriguez *(Group Creative Director & Senior Vice President)*
Lauren McCrindle *(Senior Vice President Group Creative Director)*
Alex Little *(Creative Director)*

CREATIVE/ADVERTISING AGENCIES

Jordan Berger (Strategy Director)
Jonathan Doucette (Senior Art Director)
Gabriel San Jose (Senior Art Director)
Diandra Garcia (Account Director)
Adam Koehler (Creative Director)
Alejandra Santamaria (Global Account Director)
Ashley Glass (Associate Creative Director)
Lizzie Wilson (Associate Creative Director)
Andrew Bryson (Account Supervisor)
Megumi Sasada (Client Budget Manager, Finance)
Denis Mahon (Account Supervisor)
Mariano Pintor (Account Supervisor)
Javier Toledo (Senior Creative)
Claire Stewart (Senior Strategist)
Ryan McGee (Global Account Supervisor)
David Halberstadt (Integrated Production Business Manager)
Brianna Rano (Global Digital Asset Librarian)
Rosalind Mowitt (Senior Strategist)
Tamara Lecker (Senior Producer)

Accounts:
Actavis
Airborne
Boehringer Ingelheim Corp.
Cash4Life
Chick-Fil-A, Inc.
CIGNA Corporation
CIGNA HealthCare
Delsym
Dettol
Digestive Advantage
Dulera
Epiduo
FiOS
Godiva Chocolate
HomeGoods
Hornitos Tequila
Lockheed Martin Corporation
Lotto
Lovaza
Lysol
MasterCard Worldwide, Inc.
Mega Millions
MegaRed
MGM National Harbor
Microsoft Corporation
Microsoft Corporation
MLB Network
Mucinex
Mucinex DM
Mucinex Fast-Max
Nasdaq Stock Market, Inc.
National Geographic Channel
Nespresso USA, Inc.
New York State Lottery
Oracea
Qualcomm
Requip
State Street Global Advisors
Take Five
TGI Friday's
The Advertising Council
Toviaz
Tradjenta
U.S. Bancorp
Ulta Beauty
United States Postal Service
United States Postal Service
Verizon Communications, Inc.
Verizon Wireless, Inc.
Zantac
Zurich North America

MCCANN TORRE LAZUR
49 Bloomfield Avenue
Mountain Lakes, NJ 07046
Tel.: (973) 257-3900
Fax: (973) 263-4113
Web Site: www.mccanntorrelazur.com/

Employees: 250
Year Founded: 1979

Discipline: Creative/Advertising

Marcia Goddard (Executive Vice President & Chief Creative Officer)
Karen Shoshan (Senior Vice President, Client Services)
Donna Farrelly (Vice President, Office Services & Facilities)

Accounts:
Velexity

MCCANN WORLDGROUP
360 West Maple Road
Birmingham, MI 48009
Tel.: (248) 203-8000
Web Site: www.mccann.com

Year Founded: 1902

Discipline: Creative/Advertising

Suzanne Powers (Global Chief Strategy Officer)
Harris Diamond (Chairman & Chief Executive Officer)
Toby Southgate (Chief Growth Officer)
James Ward (President - Detroit)
Jeremy Miller (Executive Vice President & Chief Communications Officer)
Mark Canavan (Executive Vice President & Executive Creative Director)
Michael Crone (Executive Vice President & Director, Client Services)
Nicole Pasque (Program Manager)
Maureen Peck (Account Supervisor)

Accounts:
ADT Access Control
ADT Burglar Alarm/Intrusion Detection
ADT Carbon Monoxide Detection
ADT Security Services, Inc.
ADT Select
Agilent Technologies, Inc.
AirHog
AOL
Aptiv
Detroit Medical Center
Fleet & Commercial Operations
MGM Grand Detroit
MGM Resorts International
Michigan Economic Development Corporation
Prestone
Shoe Carnival, Inc.
Travel Michigan
U.S. Bancorp

MCCOMM GROUP
402 Oak Street Northeast
Decatur, AL 35601
Tel.: (256) 351-0560
Fax: (256) 351-0580
Web Site: www.mccommgroup.com

Employees: 10
Year Founded: 1987

Discipline: Creative/Advertising

Joel McWhorter (President)
Laura McWhorter (Chief Financial Officer)
Lynn Temple (Vice President)

MCDANIELS MARKETING & COMMUNICATIONS
11 Olt Avenue
Pekin, IL 61554
Tel.: (309) 346-4230
Fax: (309) 346-8458
Web Site: www.mcdanielsmarketing.com

Year Founded: 1966

Discipline: Creative/Advertising

Randall McDaniels (President)
Rod Standley (Senior Art Director)

MCFADDEN GAVENDER ADVERTISING, INC.
2951 North Swan Road
Tucsan, AZ 85712
Tel.: (520) 882-6262
Web Site: www.mcfaddengavender.com

Discipline: Creative/Advertising

Karen Gavender (Owner & Chief Executive Officer)
Barbara McFadden (Co-Founder & President)
Sean McGovern (General Manager)

MCGARRYBOWEN
601 West 26th Street
New York, NY 10001
Tel.: (212) 598-2900
Fax: (212) 598-2996
Web Site: www.mcgarrybowen.com

Year Founded: 2002

Discipline: Creative/Advertising

Gordon Bowen (Founder & Global Chairman)
Jennifer Zimmerman (Global & U.S. Chief Strategic Officer)
Phil Gaughran (Chief Integration Officer - U.S.)
Matt Ian (Chief Creative Officer)
Conner Huber (Chief Strategy Officer - New York)
Lucia Grillo (Chief Operating Officer)
Ida Rezvani (President)
Jon Dupuis (Global President)
Haydn Morris (Global Executive Creative Director)
Alex Augustinos (Creative Director)
Julie Scelzo (Global Executive Creative Director)
Marianne Besch (Executive Creative Director)
Trent Dunlop (Group Managing Director)
Eleanor Solomon (Group Managing Director)
Talia Bradicich (Associate Creative Director)
Pam Mufson (Director, Creative)
Paul Daligan (Global Head, Operations - American Express)
Alexander Beerden (Global Strategy Director)
Jonathan Dupuis (Global Managing Director)
Craig Cimmino (Executive Creative Director)
Soren Youngren (Creative Director)
Michael Raso (Global Executive Creative Director)
Ben Johannemann (Group Strategy Director)
Laura Chavoen (Executive Strategy Director)
Michelle Roufa (Executive Creative Director)
Lisa Grillo (Head, US Operations)
Ali Napier (Account Director)
David Doyle (Director, Content Strategy)
Matt Dimmer (Director, Creative)
Andre Galan (Group Managing Director)

Brands. Marketers. Agencies. Search Less. Find More.
Try out the online version at www.winmo.com

AGENCIES - JULY, 2020 — CREATIVE/ADVERTISING AGENCIES

Chris Pacetta *(Group Creative Director)*
David DiRienz *(Group Creative Director, Copy)*
Diane Epstein *(Executive Director, Planning)*
Jessica Terlizzi *(Associate Creative Director)*
Joanne Garber *(Director, Business Affairs)*
Joey Ziarko *(Account Managing Director)*
Katie Coe *(Account Director)*
Kayla Friedman Lewis *(Account Director)*
Michael Parrott *(Group Creative Director)*
Mike Latshaw *(Associate Creative Director)*
Nicole Elfstrom *(Account Managing Director)*
Paisley McCaffery *(Director, Content - Emerging Platforms)*
Pankaj Rawat *(Group Director, Strategy)*
Rebecca Ganswindt *(Director, Business Development - NY)*
Grant Flannery *(Group Strategy Director)*
Christopher Nelson *(Senior Art Director)*
Alex Oldfield-Mills *(Account Supervisor)*
Kevin Nguyen *(Senior Strategist)*
Samantha Lieberman *(Account Supervisor)*
Jennifer Jensen *(Manager, Marketing Science)*
Jillian Wisniewski *(Senior Manager, Business)*
Emilia Diaz *(Manager, Talent)*
Kristin Tanabe *(Account Executive)*
Jesse Custodio *(Copywriter)*
Hadley Allen *(Creative Coordinator)*
Brandon Fowler *(Managing Director)*
Deirdre Stone *(Managing Director, Creative Technology)*
Dante Piacenza *(Managing Director, Content Production)*
Lindsey Schmidt *(Global Managing Director)*
Patrick Rowley *(Group Managing Director)*
Chree Taylor *(Managing Director)*
Andrea Bonney *(Group Managing Director)*

Accounts:
5th Avenue
Almond Joy
American Express Company
AmericanExpress.com
AMEX Everyday Card
Belk Stores Services, Inc.
Brand USA
Breath Savers
Brookside
Bubble Yum
Burt's Bees
Cadbury Chocolates
Chantix
Continental Airlines / United Continental
Courtyard by Marriott
Crayola, LLC
DAGOBA
Fairfield Inn by Marriott
Ferrari - Maserati North America
Heath
Hershey's
Hershey's Bliss
Hershey's Cocoa
Hershey's Cookies & Cream
Hershey's Extra Dark
Hershey's Kisses
Hershey's Milk
Hershey's Milk Chocolate Chips
Hershey's Miniatures
Hershey's Nuggets
Hershey's Pot of Gold
Hershey's S'Mores
Hershey's Special Dark
Hershey's Sugar Free
Hershey's Symphony
Hershey's Syrup
Hershey's with Almonds
Ice Breakers Duo
Ice Breakers Frost
Ice Breakers Mints
Ice Breakers Sours
Indiplon
Intel Corporation
Jolly Rancher
Krackel
Maserati
Milk Duds
Mounds
Mr. Goodbar
Northrop Grumman Corporation
Olive Garden
OPEN: The Small Business Network
PayDay
Reese's
Reese's Fast Break
Reese's Nutrageous
Reese's Peanut Butter
Reese's Pieces Peanut Butter Cups
Residence Inn by Marriott
Rolo
Scharffen Berger
Skor
Spring Hills Suites
Staples, Inc.
Staples.com
Subway
Take5
The Hershey Company
Twizzlers Bites
Twizzlers Nibs
Twizzlers Pull 'N' Peel
Twizzlers Twists
Twizzlers Twists
United Airlines / United Continental
United States Olympic Committee
Wall Street Journal
Wall Street Journal
Wall Street Journal
Walt Disney World Parks & Resorts
Whatchamacallit
Whoppers
Xeon
York

MCGARRYBOWEN
515 North State Street
Chicago, IL 60604
Tel.: (312) 840-8300
Fax: (312) 441-0972
Web Site: www.mcgarrybowen.com

Year Founded: 2002

Discipline: Creative/Advertising

Ned Crowley *(Global Chief Creative Officer - U.S.)*
Jamie Shuttleworth *(Chief Strategy Officer - U.S.)*
Laurel Flatt *(President - Chicago)*
Kurt Fries *(Chief Creative Officer - Chicago)*
Shawna Ross *(Chief Strategy Officer - Chicago Office)*
Jeff Mccreesh *(Chief Finance Officer)*
Reed Roussel *(Director, Digital Technology)*
Anna Conroy *(Group Planning Director)*
Susan Betteridge *(Group Creative Director)*
Doug Behm *(Group Creative Director)*
Chris Robertson *(Group Director, Planning & Strategy)*
Dave Reger *(Executive Creative Director)*
Michael Straznickas *(Group Creative Director)*
Lisa Zitella *(Director, Digital Print & Production Operations)*
Alejandra Rubio *(Director, Strategic Planning)*
Dan Lescarbeau *(Director, Business Development)*
David McCradden *(Creative Director)*
Mike Wegener *(Creative Director)*
Todd Brusnighan *(Group Creative Director)*
Michelle Casey *(Account Director)*
Andres Arlia *(Creative Director)*
Scott Balows *(Creative Director)*
Elizabeth Sandoval *(Account Director)*
Lee Remias *(Group Creative Director)*
Joann Baker *(Director, Broadcast Business Affairs)*
Quentin Hirsley *(Associate Creative Director)*
Zulema Orozco *(Design Director)*
Allison Miller *(Creative Director)*
Alyssa Ollis *(Creative Director)*
Chris Kloet *(Creative Director)*
Christian Liu *(Creative Director)*
Kevin Kovanich *(Director, Strategy)*
Kristin Higgason *(Director, Creative Services)*
Lara Herzer *(Creative Director)*
Matthew Sharp Fera *(Creative Director)*
Nako Okubo *(Associate Creative Director)*
Ellen Cohen *(Director, Account Managing)*
Randi Schwieger *(Director, Account)*
Katelyn Berg *(Senior Art Director)*
Christen James *(Senior Art Producer)*
Claire Pent *(Account Supervisor)*
Haley Gibert *(Account Supervisor)*
Sydney Spreen *(Assistant Account Executive)*
Lindsey Brusnighan *(Group Executive Producer)*
Damien Peraino *(Executive Producer)*
Alica Townsend *(Senior Manager, Business)*
Bryan Hradek *(Copywriter)*
Sheila Schook *(Senior Experience Designer)*
Ellen Oberman *(Group Managing Director)*
Cindy Hicks *(Group Managing Director)*
Alaina Lovera *(Group Managing Director)*
Sally Cox *(Group Managing Director)*
Tom Smith *(Group Managing Director)*

Accounts:
BlueCross BlueShield Association
Brita
Burt's Bees
Burt's Bees, Inc.
Capri Sun
Courtyard by Marriott
Fairfield Inn by Marriott
Fairfield Inn by Marriott
Fresh Step
Hallmark Gold Crown
Hidden Valley Ranch
K.C. Masterpiece
Kenmore
Kingsford
Kool-Aid
Lunchables
MAVEN
Oscar Mayer
Oscar Mayer P3
Sears Holding Corporation
Spring Hills Suites

MCGILL BUCKLEY
2206 Anthony Avenue
Ottawa, ON K2B 6V2
Tel.: (613) 728-4199
Fax: (613) 728-6450
Web Site: www.mcgillbuckley.com

Employees: 10
Year Founded: 1996

Discipline: Creative/Advertising

Stephen McGill *(President & Creative Director)*
Nadine Buckley *(Director, Creative Services)*

110

CREATIVE/ADVERTISING AGENCIES

MCHALE & KOEPKE COMMUNICATIONS
210 Bell Street
Chagrin Falls, OH 44022
Tel.: (440) 542-0080
Fax: (216) 831-4342
Web Site: www.mchalekoepke.com

Discipline: Creative/Advertising

Jerome McHale *(Principal & President)*
Sally Koepke *(Principal & Partner)*
Vicki Gurich *(Office Manager)*

MCKENZIE WAGNER, INC.
1702 Interstate Drive
Champaign, IL 61822
Tel.: (217) 355-9533
Fax: (217) 355-9588
Toll Free: (800) 850-6325
Web Site: mckenziewagner.com/

Year Founded: 1993

Discipline: Creative/Advertising

Jill Kemper *(President)*
Chad McKenzie *(Executive Vice President & Creative Director)*
Gabby Gaytan *(Client Service Specialist)*

MCKINNEY
318 Blackwell Street
Durham, NC 27614
Tel.: (919) 313-0802
Fax: (919) 313-0805
Web Site: www.mckinney.com

Employees: 250
Year Founded: 1969

Discipline: Creative/Advertising

Janet Northen *(Partner, Executive Vice President & Director, Agency Communications)*
Brad Brinegar *(Chairman)*
Jonathan Cude *(Partner & Chief Creative Officer)*
Tim Jones *(Partner & Chief Financial Officer)*
Walt Barron *(Chief Strategy Officer)*
Lisa Hughes *(Executive Vice President & Group Account Director)*
Gretchen Walsh *(Senior Vice President & Group Account Director)*
Josh Eggleston *(Director, Content Production)*
Laura Gearino *(Vice President, Broadcast Business Affairs)*
Chelsie Irby *(Retoucher & Pre-Media Specialist)*
Brian LoPiccolo *(Vice President & Associate Director, Consumer & Business Insights)*
Elanah Abrams *(Director, Creative Resources)*
Bill Mattis *(Executive Director, Business Development)*
Jamie Weber *(Director, Business Development)*
Katrina Wallace *(Associate Media Director)*
Jenny Nicholson *(Group Creative Director & Copywriter)*
Lyle Yetman *(Group Creative Director)*
Will Chambliss *(Group Creative Director)*
Jordan Eakin *(Associate Creative Director)*
Kevin Murray *(Director, Strategy)*
Claudine Dusablon *(Associate Director, Talent Management)*
Lindsley Laham *(Account Director)*
Virginia Crotty *(Director, Resource Planning)*
Diane Myers *(Account Director)*
Melanie Wallace *(Account Supervisor)*

Kerry O'Connor *(Senior Strategist)*

Accounts:
Ascend Collection
Bath Paint
Big Boss Brewing Company
Cambria Suites
CenturyLink
Choice Hotels International, Inc.
Choice Privileges
Clarion Inn
Comfort Inn
Comfort Suites
Corian
Crocs
Econo Lodge
Jared the Galleria of Jewelry
Little Caesar's Pizza
MainStay Suites
Meijer, Inc.
Mentos
Nationwide Insurance
Quality Inn
Rodeway Inn
Samsung VR
Sleep Inn
Suburban
The Sherwin-Williams Company

MCKINNEY
1041 North Formosa Avenue
West Hollywood, CA 90046
Tel.: (323) 870-1600
Web Site: mckinney.com

Year Founded: 1969

Discipline: Creative/Advertising

Stephanie Charlebois *(Director, Strategy)*
Travis Spier *(Creative Director)*
Carlos Ortega *(Senior Designer)*
Kate Rauber *(Senior Producer)*
Matthew Johnson *(Content Creator)*
Sylvain Tron *(Managing Director - McKinney LA)*

MCKINNEY NEW YORK
22 West 21st Street
New York, NY 10010
Tel.: (646) 380-5800
Web Site: www.mckinney.com/

Year Founded: 1969

Discipline: Creative/Advertising

Joe Maglio *(Chief Executive Officer)*
Jasmine Dadlani *(Director, Strategy)*
Ryan Gardiner *(Account Director)*
Alex Shulhafer *(Group Creative Director)*
Erin Christensen *(Group Account Director)*
Zach Kohn *(Account Supervisor)*

MCLELLAN MARKETING GROUP
15920 Hickman Road
Clive, IA 50325
Tel.: (515) 251-8400
Fax: (515) 251-3174
Web Site: www.mclellanmarketing.com

Employees: 6
Year Founded: 1995

Discipline: Creative/Advertising

Drew McLellan *(President & Owner)*
Robin Blake *(Art Director)*

MCS ADVERTISING
4110 Progress Boulevard
Peru, IL 61354
Tel.: (815) 224-3011
Fax: (815) 224-4627
Web Site: www.mcsadv.com

Employees: 10
Year Founded: 1990

Discipline: Creative/Advertising

Mike Schmidt *(President & Chief Executive Officer)*
Andy Senica *(Graphic & Web Designer)*
Jake Kowalczyk *(Marketing Manager & Account Executive)*

MCS, INC.
110 Allen Road
Basking Ridge, NJ 07920
Tel.: (908) 234-9900
Fax: (908) 470-4490
Toll Free: (800) 477-9626
Web Site: www.mcspr.com

Employees: 30
Year Founded: 1985

Discipline: Creative/Advertising

Joe Boyd *(Chief Executive Officer)*
Eliot Harrison *(President)*
Laura DeZutter *(Vice President)*
Chad Hyett *(Executive Vice President)*
Jennifer McGuire Silvent *(Senior Vice President)*
Karen Dombek *(Vice President)*

Accounts:
Horizon BlueCross BlueShield of New Jersey

MDB COMMUNICATIONS, INC.
1634 I Street, North West
Washington, DC 20006
Tel.: (202) 835-0774
Fax: (202) 835-0656
Web Site: www.mdbcomm.com

Employees: 24
Year Founded: 1981

Discipline: Creative/Advertising

Cary Hatch *(President & Chief Executive Officer)*
Richard Coad *(Chief Creative Officer)*
Carole Reuschle *(Vice President & Director, Media)*
Clare Flannery *(Director, Public Relations & Media Strategy)*
Sheila Wexler *(Director, Marketing Strategy & Research)*
Andre Rolle *(Director, Art & Designer)*
Bill Hartman *(Director, Creative)*
Maria George *(Senior Account Executive)*
Kelsey Daddio *(Senior Media Buyer & Planner)*

Accounts:
Chevy Chase Trust
DC Fast Play
DC Lottery
DC Scratchers
DC4
Lucky for Life
Newseum, Inc.
Race2Riches
Roy Rogers Restaurants

AGENCIES - JULY, 2020 — CREATIVE/ADVERTISING AGENCIES

MEADSDURKET
502 10th Avenue
San Diego, CA 92101
Tel.: (619) 574-0808
Fax: (619) 574-1664
Web Site: www.meadsdurket.com

Employees: 38
Year Founded: 2004

Discipline: Creative/Advertising

Tony Durket *(Chief Creative Officer)*
Gary Meads *(Chief Executive Officer)*
Michelle Wall *(Associate Media Director)*

MEANS ADVERTISING
4320 Eaglepoint Parkway
Birmingham, AL 35242
Tel.: (205) 271-9980
Fax: (205) 271-5399
Web Site: www.meansadv.com

Employees: 11

Discipline: Creative/Advertising

Roger Means *(President)*
Kevin Gustin *(Vice President & Creative Director)*
Bruce Holly *(Art Director)*

MEDIA DEVELOPMENT, INC.
3701 East Lake Center Drive
Quincy, IL 62305
Mailing Address:
Post Office Box 411
Quincy, IL 62306
Tel.: (217) 224-9294
Fax: (217) 221-3453
Web Site: www.mediadevelopment.com

Employees: 9
Year Founded: 1982

Discipline: Creative/Advertising

Kathryn Thomas *(Director, Operations)*
Eric Thomas *(President)*

MEDIA DIRECT, INC.
5684 Ottawa Pass
Carmel, IN 46033
Mailing Address:
34 Brampton Street
Galloway, NJ 08205
Tel.: (317) 582-0326
Web Site: www.mediadirectinc.com

Discipline: Creative/Advertising

Larry Schulz *(Co-Founder & Chief Executive Officer)*
Robert Rongo *(Co-Founder & Chief Financial Officer)*

Accounts:
iHome
SDI Technologies, Inc.

MEDIA ETC.
2222 Kalakaua Avenue
Honolulu, HI 96815
Tel.: (808) 922-8974
Web Site: www.mediaetc.net

Discipline: Creative/Advertising

Yuko Porter *(Production Manager)*
Mutsumi Matsunobu *(Manager, Coordination & Writer)*
Kayo Watari *(Treasurer)*

MEDIA ONE ADVERTISING
3918 South Western Avenue
Sioux Falls, SD 57105
Tel.: (605) 339-0000
Fax: (605) 332-8211
Web Site: mediaone.com

Employees: 9

Discipline: Creative/Advertising

Greg Blomberg *(Partner)*
John Fiksdal *(Partner & President)*
Rebecca Goeden *(Controller)*
Eva Hofer *(Senior Art Director)*
Bryan Middleton *(Director, Audio & Video Production)*
Jason Shea *(Director, Web Development)*
Brad Blomberg *(Account Executive)*

MEDIA STAR PROMOTIONS
318 Clubhouse Lane
Hunt Valley, MD 21031
Tel.: (410) 825-8500
Fax: (410) 825-2690
Web Site: www.mspromotions.com

Year Founded: 1987

Discipline: Creative/Advertising

Brian Lazarus *(Chief Information Officer & Vice President)*
Patchaya Banks *(Creative Director)*
Percy Isaac *(Assistant Director, Human Services)*
Carrie O'Meara *(Director, Marketing)*
Sara Storck *(Business Development Manager)*

MEDIACROSS, INC.
2001 South Hanley Road
Saint Louis, MO 63144
Tel.: (314) 646-1101
Fax: (314) 646-8795
Web Site: www.mediacross.com

Year Founded: 1987

Discipline: Creative/Advertising

Jennifer Umali *(Chief Executive Officer)*
Gretchen Borzillo *(Vice President, Operations)*
Jessica Shasserre *(Director, Higher Education Marketing)*
Ashley Chartrand *(Lead Strategist)*
Brian Roberts *(Manager, Digital Marketing)*
Maggie Black *(Strategist)*

MEDIAHUB LOS ANGELES
2121 Park Place
El Segundo, CA 90245
Tel.: (424) 738-6600
Web Site: www.mullenlowemediahub.com

Year Founded: 1970

Discipline: Creative/Advertising

Ina Watkins *(Senior Vice President & Engagement Planning Director)*
Lisa Benadi *(Vice President & Group Director, Video Investments)*
Candace Hollar *(Vice President & Associate Media Director)*
Jennifer Cahill *(Vice President & Associate Media Director)*
Laura Kelly *(Vice President, Media Director)*
Ben Abt *(Vice President & Director, Group Media)*
Laura Jordan *(Regional Account Director)*
Matt Wilson *(Director, Video Investments)*
Hayley Gilbert *(Associate Director, Media)*
Terry Kim *(Media Supervisor)*
Sophie Turner *(Supervisor, Media)*
Alexis Ascher *(Supervisor, Media)*
Angelica Rivera *(Associate Media Director, Programmatic)*
Kelly Ross *(Supervisor, Integrated Media)*
Hillary Brandaw *(Supervisor, Media)*
Alexis Westin *(Senior Content Creator)*
Betsy Rosenbloom *(Senior Media & Content Creative)*
Kylie Kendall *(Account Supervisor)*
Kaitlyn Decker *(Media Planner)*
Vanessa Hughes *(Media Planner)*
Ann Schulte *(Media Supervisor, Programmatic)*
Leslie Hawkins *(Senior Paid Social Media Strategist)*

Accounts:
Acura
Acura ILX
Acura MDX
Acura NSX
Acura RDX
Acura RLX
Acura TLX
California Avocado Commission
Fox Corporation
FOX Sports Networks
Netflix
Patron
Patron Anejo
Patron Citronge
Patron Reposado
Patron XO Cafe
Pyrat
Pyrat Cask 1623
Pyrat Pistol
Pyrat XO Reserve
The Patron Spirits Company
Ultimat Vodka
Western Union Company

MEDTHINK COMMUNICATIONS
1001 Winstead Drive
Cary , NC 27513
Tel.: (919) 786-4918
Fax: (919) 786-4926
Web Site: www.medthink.com

Year Founded: 2004

Discipline: Creative/Advertising

Scott Goudy *(President)*
Angie Miller *(Senior Vice President, Client Partnerships)*
Ken Truman *(Vice President, Insights & Connections)*
Cassie Stox *(Senior Director, Media Strategy)*
John Kane *(Managing Director)*

MEKANISM
640 Second Street
San Francisco, CA 94107
Tel.: (415) 908-4000
Fax: (415) 908-3993
Web Site: www.mekanism.com

Year Founded: 2003

112

CREATIVE/ADVERTISING AGENCIES
AGENCIES - JULY, 2020

Discipline: Creative/Advertising

Jason Harris *(President & Chief Executive Officer)*
Tommy Means *(Partner & Executive Creative Director)*
Ian Kovalik *(Partner & Creative Director)*
Michael Zlatoper *(Chief Operating Officer)*
Tom Lyons *(Executive Vice President & Director, Creative)*
Jeremy Daly *(Head, Planning - West Region)*
Matthew Stafford *(Creative Director)*
Rick Thornhill *(Managing Director - Chicago)*
Tom Coates *(Executive Creative Director)*
Lexi Whelan *(Associate Brand Strategy Director)*
Laurie Wimer *(Creative Director)*
Ben Heller *(Creative Director)*
Bryan Davis *(Associate Creative Director)*
Grace Hwang *(Art Director)*
Jen Miller *(Associate Creative Director)*
Katie Bourgeois *(Senior Art Director)*
Lissa Pinkas *(Director, New Business)*
Meagan Cotruvo *(Head, Marketing Communication)*
Mills Adams *(Art Director)*
Alyssa Fea *(Brand Manager)*
Frank Lewis *(Executive Producer)*
Kourtney Luster *(Senior Manager, Talent & Business Affairs)*
Kat O'Meara *(Junior Producer)*
Katherine Gannon *(Brand Strategist)*
Caroline Johnson *(Copywriter)*
Earl Lee *(Senior Copywriter)*
Kara Bello *(Radio Producer)*
Megan Ubovich *(Senior Producer)*

Accounts:
Alaska Air Group, Inc.
Alaska Airlines
Charles Schwab Corporation
Cupcake Vineyards
Franzia Boxed Wine
Henry's Hard Soda
HotelTonight, Inc.
Jim Beam Kentucky Fire
Jose Cuervo
Method Products Inc.
Papa Murphy's International
Pepsi
Quilted Northern Bathroom Tissue
Smith & Forge Hard Cider

MEKANISM
250 Hudson Street
New York, NY 10013
Tel.: (212) 226-2772
Web Site: www.mekanism.com

Year Founded: 2003

Discipline: Creative/Advertising

Ambika Pai *(Chief Strategy Officer)*
Rory O'Flaherty *(Head, Media)*
Amy Henning *(Brand Director)*
Kristina McCauley *(Brand Director)*
David Horowitz *(Creative Director)*
Cassie Jackson *(Brand Director)*
Josh Druding *(Director, Social Strategy)*
Rachelle Avila *(Associate Communications Strategy Director)*
Jillian Goger *(Creative Director)*
Juan Pacheco *(Director, Analytics)*
Melissa Hill *(Head, Brand Management - East)*
Adama Sall *(Head, Planning - Eastern Region)*
Carrie Dino *(Media Director)*
Ben Phillips *(Group Strategy Director)*
Kara Coyle *(Creative Director)*

Todd Feitlin *(Creative Director & Copywriter)*
Asher Stamell *(Associate Director, Strategy)*
Katrina Mustakas *(Associate Creative Director)*
Philip Cheaney *(Director, Design)*
Genevieve Gray *(Brand Director)*
Austin McDonnell *(Senior Brand Manager)*
McKenzie Badger *(Brand Manager)*
Hunter Holbrook *(Media Planner)*
Danielle Sabalvaro *(Senior Brand Manager)*
Charlotte Deavers *(Brand Manager)*
Sean Gilleylen *(Senior Project Manager)*
Alyssa Kaplan *(Social Brand Manager)*
Alina Zhen *(Biddable Media Buyer & Planner)*
Jessica Murray Eliasek *(Executive Producer)*
Kyle Goethals *(Supervisor, Brand)*
Alex Riezebeek *(Associate Creative Director)*
Dylan Tooch *(Associate Director, Analytics)*
Ankit Dargad *(Media Analyst, Business Intelligence)*
Amanda Speer *(Senior Recruiter, Creative)*

Accounts:
Blink Health
Eos Products, LLC
HBO
Keystone Light
OkCupid
Peloton Cycle
Pepsi

MEKANISM
814 East Pike Street
Seattle, WA 98122
Tel.: (206) 745-9430
Web Site: mekanism.com

Year Founded: 2003

Discipline: Creative/Advertising

Pete Caban *(Partner & Head, Strategic Development)*
Kati Haberstock *(Head, Production)*
John-James Richardson *(Director, Communication Strategy)*
Myco Nguyen *(Senior Brand Manager)*
Ana Sabarots *(Brand Manager)*
Maggie Boler *(Project Manager)*
Anna Rainwater *(Senior Brand Strategist)*
Lisa Townsend Zakroff *(Managing Director)*

Accounts:
Alaska Air Group, Inc.
Alaska Airlines
Alaska Airlines
Papa Murphy's International

MENTLER & COMPANY
4819 Broadway Street
Addison, TX 75001
Tel.: (972) 233-1414
Fax: (972) 239-7361
Web Site: www.mentler.net

Employees: 8

Discipline: Creative/Advertising

Holly Mentler *(President)*
Michael Mentler *(Vice President)*

MERGE
23 Drydock Avenue
Boston, MA 02210
Tel.: (617) 330-9393
Fax: (617) 330-9394
Web Site: www.mergeworld.com

Employees: 40
Year Founded: 1989

Discipline: Creative/Advertising

Patrick McGloin *(President)*
Becky Minervino *(Chief Strategy Officer)*
Andrew Pelosi *(President)*
Bob Minihan *(Chief Creative Officer & Executive Vice President)*
Chris Demakis *(Executive Vice President, Sales)*
Stephanie Rogers *(Executive Vice President, Contact Planning)*
Anthony Henriques *(Executive Vice President & Creative Director)*
Evan Lavidor *(Executive Vice President, Technology)*
Brodie Rich *(Senior Vice President & Creative Director, Experience Design)*
Kara Pescatore-Tierney *(Vice President & Account Director)*
John Maloney *(Vice President & Director, Technology & Development)*
Richard Heald *(Vice President, Director)*
Jason Budelmann *(Vice President, Strategy & Analytics)*
Roy Wetherbee *(Director, Measurement & Analytics)*
Jennifer Goslin *(Account Director)*
Michael Piacente *(Director, Performance Marketing)*
Dario Leone *(Media Supervisor)*
Natasha Sporborg *(Assistant Account Executive)*
Jonathan Ianelli *(Managing Director, Client Services)*

Accounts:
Dell EMC
Horizon BlueCross BlueShield of New Jersey

MERGE
142 East Ontario Street
Chicago, IL 60611
Tel.: (312) 787-7667
Fax: (312) 787-2320
Web Site: www.mergechicago.com

Employees: 8
Year Founded: 1933

Discipline: Creative/Advertising

Ron Bess *(Chief Executive Officer)*
Riley Sheehan *(Chief Technology Officer)*
Chris Tussing *(Chief Marketing Officer)*
Kevin Houlihan *(President & Chief Creative Officer)*
Kellie Bliss *(Chief Client Officer, Executive Vice President & Provider Health & Wellness Practice Lead)*
Lauren Tucker *(Chief Strategy Officer)*
Lauren Sheehan *(Executive Vice President & Head, Design)*
Tony Bonilla *(Vice President & Creative Director)*
Megan Finkelman *(Vice President & Account Director)*
Jacob Robinson *(Vice President & Account Supervisor)*
Colin Quinn *(Vice President & Creative Director)*
Neil Cleary *(Vice President, Strategic Planning)*
Kat Wise *(Strategic Planner)*

Accounts:
Bakers Square
Chicago Museum of Science & Industry

Brands. Marketers. Agencies. Search Less. Find More.
Try out the online version at www.winmo.com

Health Care Services Corporation
Indiana University Health
Land O'Frost, Inc.
Marco's Pizza, Inc.
Roche Diagnostics Corporation
Village Inn

MERING
1700 I Street
Sacramento, CA 95811
Tel.: (916) 441-0571
Fax: (916) 441-1370
Web Site: www.mering.com

Year Founded: 1985

Discipline: Creative/Advertising

Dave Mering *(Founder & Chief Executive Officer)*
Lori Bartle *(President)*
Lorie Brewster *(Chief Financial Officer)*
Mark Taylor *(Chief Creative Officer)*
Tammy Haughey *(Vice President)*
Kristen Haro *(Associate Media Director)*
John Mergen *(Executive Media Director)*
Casey Soulies *(Media Director, Digital)*
Beth Shaini *(Associate Media Director)*
Christine Neville *(Account Director)*
Kerry Krasts *(Creative Director)*
John Risser *(Assistant Creative Director)*
Kevin Lukens *(Assistant Creative Art Director)*
Liz Ross *(Head, Production)*
Anthony Brooks *(Associate Creative Director)*
Amber Witzke *(Senior Art Director)*
Ken Dawson *(Director, Brand Management)*
Lori Richards *(Global Connections Manager)*
Wade Bare *(Account Executive)*
Catherine Sharp *(Account Supervisor)*
Michelle McIntosh *(Senior Account Executive)*
Jeff DePew *(Media Supervisor)*
Debi Huston *(Office Manager - MeringCarson)*
Chris Pagano *(Research Specialist)*

Accounts:
San Diego Tourism Authority
Tahiti Tourism
Victorinox
Victorinox Swiss Army Inc.
Victorinox Watches
Visit California

MERKLE
900 East Eighth Avenue
King of Prussia, PA 19406
Tel.: (443) 542-4000
Web Site: merkleinc.com

Year Founded: 1971

Discipline: Creative/Advertising

Sunil Rao *(Vice President, Analytics)*
Sudeshna Sen *(Vice President, Marketing Strategy & Analytics)*
Anamitra Chaudhuri *(Vice President, Merkle Analytics - Insurance & Financial Services Practice)*
Frank Tino *(Senior Director, Production)*
Amit Bansal *(Director, Merkle Analytics)*
Allison Metzger *(Manager, Digital Media Services)*
Pooja Mathur *(Manager, Analytics)*

Accounts:
United Airlines / United Continental

MERKLEY + PARTNERS
200 Varick Street
New York, NY 10014
Tel.: (212) 805-7500
Fax: (212) 366-3637
Web Site: www.merkleyandpartners.com

Employees: 260
Year Founded: 1993

Discipline: Creative/Advertising

Andy Hirsch *(Chief Creative Officer & Chairman)*
Alex Gellert *(Chief Executive Officer)*
Scott Gelber *(President & Chief Digital Officer)*
Roger Morales *(Chief Financial Officer)*
Adam Arnegger *(Chief Media Officer)*
Alex Grossman *(Executive Vice President & Group Planning Director)*
Lisa Mannarelli Puleo *(Executive Vice President & Group Account Director)*
Gary Grossman *(Director, Broadcast Production)*
Chris Landi *(Group Creative Director)*
Beverly Don *(Director, Art Production)*
Samantha Kaufman *(Media Director)*
Kyle Daley *(Director, Creative Services)*
Melissa Whitcomb *(Media Director)*
Kimberly Heller *(Associate Media Director)*
Max Godsil *(Group Creative Director & Writer)*
Joe Rispoli *(Account Director, Mercedes-Benz)*
Amy Teske *(Director, Social Investment)*
Beth Stirling *(Associate Media Director)*
Hallie Bates *(Associate Media Director)*
Jacqui Bontke *(Senior Art Director)*
Tara Nolan *(Director, Business Development)*
Maggi Vale *(Group Account Director, New Business)*
Taylor Rhodes *(Account Director)*
Cynthia Davis *(Chief Client Officer)*
Carrie Kaiser *(Art Director)*
Simon Nickson *(Group Head, Creative)*
Ethan Nadel *(Account Supervisor)*
Aiz Yikiel *(Broadcast Assistant Producer)*
Allison Bobruska *(Integrated Media Supervisor)*
Ryan Gross *(Media Planner)*
Mackenzie Phaneuf *(Account Executive)*
Eric Bellino *(Digital Project Manager)*
Anya Bondarenko *(Account Supervisor)*
David Stover *(Field Account Executive)*
Christina Harman *(Account Executive)*
Kirsten Harry *(Assistant Media Planner)*
Sloan Christopher *(Account Executive)*
Tian Richards *(Integrated Media Planner)*
Anna Worcester *(Integrated Media Planner)*
Carly Goodman *(Assistant Account Executive)*
Lucy Carr *(Integrated Media Planner)*
Mathilde Benington Hopkins *(General Manager, Media Interactive)*

Accounts:
All
BIC
BIC Consumer Products, Inc.
Bic Flex
BIC Soleil
BIC Stationery
Breville
Captain D's LLC
Cold-EEZE
Drixoral Products
Florida's Natural Growers
Land O'Frost, Inc.
Mercedes-Benz B-Class
Mercedes-Benz C-Class
Mercedes-Benz CLA
Mercedes-Benz CLS
Mercedes-Benz Commercial
Mercedes-Benz E-Class
Mercedes-Benz G-Class
Mercedes-Benz GLA
Mercedes-Benz GLC-Class
Mercedes-Benz GLE-Class
Mercedes-Benz S-Class
Mercedes-Benz SL
Mercedes-Benz SLC
Mercedes-Benz USA, LLC
Mercedes-Benz USA, LLC
Performix House
smart USA
The Advertising Council
White Castle Retail

MERLOT MARKETING
4430 Duckhorn Drive
Sacramento, CA 95834
Tel.: (916) 285-9835
Fax: (916) 285-9875
Web Site: www.merlotmarketing.com

Employees: 4
Year Founded: 2001

Discipline: Creative/Advertising

Debi Hammond *(Founder & Chief Executive Officer)*
Luis Sosa *(Manager, Public Relations)*
Brenda Forman *(Vice President & Managing Director)*

Accounts:
Inox
Perlick Corporation

MERRICK TOWLE COMMUNICATIONS
7474 Greenway Center Drive
Greenbelt, MD 20770
Tel.: (301) 974-6000
Web Site: www.merricktowle.com

Year Founded: 1985

Discipline: Creative/Advertising

Harry Merrick *(Chief Executive Officer)*
Glenn Towle *(Chief Operating Officer)*
Amy Weedon *(Executive Vice President, Media Services)*
Sean Ruberg *(Director, Brand Strategy)*
Courtney Dietz *(Director, Client Services)*
Donna McGee *(Director, Production)*
Robert Henninger *(Director, Information Technology)*
Shannon Gormley *(Project Manager)*
Tom Gilhuley *(Senior Account Manager, Marketing & Specialist - Digital Media)*
Gregg Hutson *(Senior Copywriter)*

METRICS MARKETING
101 Marietta Street
Atlanta, GA 30303
Tel.: (404) 526-9321
Fax: (404) 526-9324
Web Site: www.metricsmktg.com

Employees: 5
Year Founded: 1998

Discipline: Creative/Advertising

Sarah Lattimer *(President & Chief Executive Officer)*
Isadora Lanier *(Vice President)*
Mayi Sanchez *(Copywriter)*
Gail Warren *(Media Director)*

CREATIVE/ADVERTISING AGENCIES

MEYERS & PARTNERS
833 West Jackson Boulevard
Chicago, IL 60607
Tel.: (312) 733-9999
Fax: (312) 226-0526
Web Site: www.meyerspartners.com

Year Founded: 1983

Discipline: Creative/Advertising

Michael Meyers *(Founder & Chief Executive Officer)*
Jim Gasper *(Partner & Creative Director)*

MIGHTY 8TH MEDIA
83 East Main Street
Buford, GA 30518
Tel.: (770) 271-3001
Fax: (770) 271-3955
Web Site: www.m8th.com/

Discipline: Creative/Advertising

Jonathan Holmes *(Partner)*
Bradley Sherwood *(Partner & Creative Director)*
Justin Gillispie *(Director, Business Development)*
Ben Davis *(Senior Designer)*

MILK
11 Day Street
South Norwalk, CT 06854
Tel.: (203) 851-1100
Fax: (203) 851-1111
Web Site: www.milksono.com

Employees: 22
Year Founded: 2001

Discipline: Creative/Advertising

Deb Casey *(Partner & Director, Client Services)*
Joe Sequenzia *(Senior Partner & Chief Executive Officer)*

Accounts:
Eve Cigarettes
Grand Prix
Liggett Select
Liggett Vector Brands, Inc.
Morgan's Hotel Group
Pyramid

MILLER AD AGENCY
2711 Valley View Lane
Dallas, TX 75234
Tel.: (972) 243-2211
Web Site: www.milleradagency.com

Year Founded: 1984

Discipline: Creative/Advertising

Erik Radle *(Chief Executive Officer)*
Amanda Radle *(President & Chief Financial Officer)*
James Lee *(Vice President & Creative Director)*
Kirk Wooldridge *(Vice President, Account Services)*
Sasha Gelemanovic *(Art Director)*
Ben Ryan *(Creative Director)*
Kyle Hines *(Director, Digital Platforms)*
Jenni Halamuda *(Senior Account Supervisor)*
Stuart Lang *(Senior Media Manager)*
Seth Wilson *(Senior Account Supervisor)*
Roslyn Sinha *(Social Media & Influencer Marketing)*

Laura Pavlas *(Account Coordinator)*

MILLER ADVERTISING
220 West 42nd Street
New York, NY 10036
Tel.: (212) 929-2200
Fax: (212) 366-0925
Web Site: www.milleraa.com

Discipline: Creative/Advertising

Gene Bell *(Executive Vice President)*
Bessie Nicolas *(Client Management)*

MILLER ADVERTISING AGENCY, INC.
22 West 42nd Street
New York, NY 10036
Tel.: (212) 929-2200
Fax: (212) 727-4734
Toll Free: (800) 229-6574
Web Site: www.milleradvertising.com

Year Founded: 1919

Discipline: Creative/Advertising

Leonard Miller *(Chairman Emeritus)*
Nicole Miller *(President)*
Ryan Cohen *(Client Management)*

MILLER-REID
1200 Mountain Creek Road
Chattanooga, TN 37405
Tel.: (423) 875-5868
Fax: (423) 875-6573
Web Site: www.miller-reid.com

Employees: 15
Year Founded: 1979

Discipline: Creative/Advertising

Kent Keasler *(President)*
Jeanie Camp *(Media Director)*
Sam Turner *(Creative Director)*

MINDPOWER, INC.
337 Georgia Avenue, SE
Atlanta, GA 30312
Tel.: (404) 581-1991
Fax: (404) 581-1988
Web Site: www.mindpowerinc.com

Employees: 15

Discipline: Creative/Advertising

Jenny Brower *(Chief Operating Officer & Principal)*
Lisa Jordan *(President & Managing Partner & Principal)*

MINT ADVERTISING
120 West Main Street
Clinton, NJ 08809
Tel.: (908) 238-1500
Web Site: www.mintadvertising.com

Year Founded: 2002

Discipline: Creative/Advertising

Eric Schoenfeld *(Chief Executive Officer)*
Al Navarro *(Chief Creative Officer)*
Scott Robinson *(Vice President, Client Services)*
Sage Feighan *(Vice President & Director, Client Services)*
Anne Armelino *(Vice President & Media Director)*
Billy Joe Pyle *(Creative Director)*
Jamie Volansky *(Art Director)*
Sheri Wachenheim *(Public Relations Specialist)*
Laurie Richter *(Coordinator, Administrative)*

MINY
466 Lexington Avenue
New York, NY 10017
Tel.: (212) 210-7000
Web Site: www.miny.com

Year Founded: 2017

Discipline: Creative/Advertising

Zahida Subramanian *(Business Partner)*
Kristen Roman *(Account Executive)*
Daryl Ginnantonio *(Co-Head, Strategy)*
Maureen Meagher *(Account Director)*
Haley Aldoroty *(Account Manager)*

MISSION MEDIA, LLC
616 Water Street
Baltimore, MD 21202
Tel.: (410) 752-8950
Fax: (410) 752-8951
Web Site: www.missionmedia.net

Year Founded: 2000

Discipline: Creative/Advertising

Todd Harvey *(Founder & Executive Creative Director)*
Joe Loverde *(Owner)*
Nikki Lamond *(Principal & Director, Operations)*
Suzanne Rothrock *(Principal & Director, Accounts & Strategy)*
Ashleigh Torchiana *(Associate Director, Digital Marketing)*
Luke Andersen *(Art Director)*
Patrick Lamond *(Associate Creative Director)*
Eden Fitzkee *(Account Manager)*
Shaun Bingham *(Senior Designer)*
Sean Brescia *(Managing Director - Mission Experience & Director, Business Strategy & Development)*

MITHOFF BURTON PARTNERS
123 West Mills Avenue
El Paso, TX 79901
Tel.: (915) 544-9400
Fax: (915) 544-9426
Toll Free: (877) 335-2322
Web Site: www.mithoffburton.com

Employees: 15

Discipline: Creative/Advertising

Bill Burton *(Chairman & Chief Executive Officer)*
Peter Fraire *(President, Chief Operating Officer & Creative Director)*
Chana Burton *(Owner)*
Steffen Poessiger *(Vice President & Senior Director, Client Services)*
Dana Guerra *(Vice President, Client Services)*
Bianca Duran *(Social Media Manager)*

MKJ MARKETING
1501 South Belcher Road South
Largo, FL 33771
Tel.: (727) 524-8100
Web Site: www.mkjmarketing.com

Brands. Marketers. Agencies. Search Less. Find More.
Try out the online version at www.winmo.com

AGENCIES - JULY, 2020 — CREATIVE/ADVERTISING AGENCIES

Year Founded: 1982

Discipline: Creative/Advertising

Marilyn Gould *(Co-Owner & President)*
Glenn Gould *(Co-Owner & Chief Executive Officer)*

MKTX
6125 Northeast Cornell Road
Hillsboro, OR 97124
Tel.: (503) 646-6589
Fax: (503) 646-4124
Web Site: www.mktx.com

Discipline: Creative/Advertising

Bob Patterson *(Founder & President)*
Joe Santana *(Creative Director)*
Todd Wold *(Director, Internet Strategies)*

MLT CREATIVE
2730 Mountain Industrial Boulevard
Tucker, GA 30084
Tel.: (404) 292-4502
Fax: (404) 297-8359
Toll Free: (800) 265-1244
Web Site: www.mltcreative.com

Employees: 15
Year Founded: 1984

Discipline: Creative/Advertising

Billy Mitchell *(Managing Partner & Senior Creative Director)*
Glenn Taylor *(Managing Partner & Senior Creative Director)*
Matt Albert *(Art Director)*
Sonya Stoudemire *(Office Manager)*
Chris Davis *(Production Director)*

Accounts:
Manheim Specialty Auctions

MMA CREATIVE
480 Neal Street
Cookeville, TN 38501
Tel.: (931) 528-8852
Fax: (931) 520-3833
Toll Free: (800) 499-2332
Web Site: www.mmacreative.com

Employees: 20
Year Founded: 1990

Discipline: Creative/Advertising

Mike McCloud *(President & Chief Executive Officer)*
Randall McCloud *(Vice President & Creative Producer)*

MMB
580 Harrison Avenue
Boston, MA 02118
Tel.: (617) 670-9700
Fax: (671) 670-9711
Web Site: www.mmb580.com

Discipline: Creative/Advertising

Fred Bertino *(President & Co-Founder)*
Jamie Mambro *(Creative Director & Co-Founder)*
Chad Caufield *(Managing Partner)*
Carrie Parks *(Partner & Managing Director)*
Frank Orfanello *(Chief Finance Officer)*
Matt Fallon *(Account Director)*

David Register *(Executive Creative Director)*
Leslie Intoppa *(Director, Human Resources)*
Brian Ratner *(Digital Art Director)*
Sara Ventetuolo *(Director, Production)*
Neal Hughlett *(Creative Director)*
Brian Hayes *(Creative Director)*
Jon Greeley *(Account Director)*
Emily Quinn *(Manager, Agency Communications)*
Mia Rizzo *(Manager, Accounting)*
Kaitlin Sampson *(Assistant, Accounting)*

Accounts:
Boston Bruins
Boston University
Children's Hospital Boston
Foster Grant
Guggenheim Investments
Gulf States Toyota, Inc.
Harvard Business School

MMG
700 King Farm Boulevard
Rockville, MD 20850
Tel.: (301) 984-7191
Fax: (301) 984-7196
Web Site: www.mmgct.com/

Employees: 80
Year Founded: 1987

Discipline: Creative/Advertising

Helen West *(President)*
Tiffany Groller *(Senior Project Director)*
Lynn Walter *(Executive Assistant)*

MMI AGENCY
1712 Pease Street
Houston, TX 77003
Tel.: (713) 929-6900
Fax: (713) 523-7930
Web Site: www.mmiagency.com

Year Founded: 1986

Discipline: Creative/Advertising

Cindy Marion *(President & Founder)*
Maggie Malek *(Chief Executive Officer)*
Jung Choi *(Senior Vice President, Creative)*
Adrienne Adair *(Vice President, Creative)*

MMPR MARKETING
3939 East Campbell Avenue
Phoenix, AZ 85018
Tel.: (602) 264-2655
Fax: (602) 264-2633
Web Site: www.margomedia.com

Year Founded: 1997

Discipline: Creative/Advertising

Margo Kesler *(Founder)*
Grant Crone *(Principal)*

MOB MEDIA, INC.
26632 Towne Centre Drive
Foothill Ranch, CA 92610
Tel.: (949) 222-0220
Fax: (949) 222-0243
Web Site: www.mobmedia.com

Employees: 16
Year Founded: 1989

Discipline: Creative/Advertising

Jeffrey Monroe *(President)*

Paul Otis *(Chief Executive Officer)*

MOD OP
187 Lafayette Street
New York, NY 10013
Tel.: (212) 431-5324
Fax: (212) 431-6793
Web Site: www.modop.com

Year Founded: 2017

Discipline: Creative/Advertising

Limore Shur *(Chief Operating Officer)*
JC Addison *(Executive Vice President, Business Development)*
Marcelo Cardoso *(Director, Creative)*
Audra Pace *(Director, Creative)*
Seth Robson *(Director, IT)*
Sarah Lamping *(Senior Producer)*

MODCOGROUP
102 Madison Avenue
New York, NY 10016
Tel.: (212) 686-0006
Fax: (212) 686-6991
Web Site: www.modcomedia.com

Year Founded: 1991

Discipline: Creative/Advertising

Erik Dochtermann *(Founder & Chief Executive Officer)*
Amanda Willison *(Associate Media Director)*
Jeff Klein *(Associate Media Director)*
Daniel Cartwright *(Group Media Director)*
Joseph Jurkovic *(Director, Media)*
Stephanie Finkelstein *(Associate Director, Search Engine Optimization)*
Tim Bowe *(Associate Media Director)*
Kristen Kelly *(Senior Media Planner)*
Katherine Emoff *(Senior Media Supervisor)*
Kevin Renwick *(Media Supervisor)*
Libby Van Meter *(Manager, Brand Strategy)*
Kevin Levin *(Media Supervisor- Brighthouse Financial)*

Accounts:
Brighthouse Financial, Inc
Covenant House
Kenneth Cole New York
True Religion Apparel, Inc.
Vera Wang
Vera Wang (Fragrance)

MODERN BRAND COMPANY
1826 Third Avenue North
Birmingham, AL 35203
Tel.: (205) 705-3777
Web Site: www.themodernbrand.com

Year Founded: 2007

Discipline: Creative/Advertising

Bradford Kachelhofer *(Principal & Director, Creative Content)*
Michael Bell *(Founder, Partner & Strategist, Brand)*
Liz Harris *(Director, Public Relations & New Media)*
Mackenzie Hagan *(Web Designer)*

MODO MODO AGENCY
3715 Northside Parkway North West
Atlanta, GA 30327
Tel.: (770) 436-3100

116

CREATIVE/ADVERTISING AGENCIES

Fax: (770) 436-3090
Web Site: modomodoagency.com

Year Founded: 2007

Discipline: Creative/Advertising

Moira Vetter *(Chief Executive Officer)*
Khoi Ta *(Studio Manager)*

MOMENTUM WORLDWIDE
300 Vessey Street
New York, NY 10282
Tel.: (212) 367-4500
Fax: (212) 367-4501
Web Site: www.momentumww.com

Employees: 75
Year Founded: 1984

Discipline: Creative/Advertising

Chris Weil *(Chairman & Chief Executive Officer - Momentum Worldwide)*
Kevin McNulty *(President & Chief Marketing Officer)*
Elena Klau *(Chief Strategy & Analytic Officer - North America)*
Omid Farhang *(Chief Creative Officer)*
Jason Snyder *(Global Chief Technology Officer)*
Christine Shoaf *(Executive Vice President & Global Account Director)*
Nicole Kaplan *(Senior Vice President & Global Group Director & B2B Discipline Lead)*
Abbie Baehr *(Senior Vice President & Director, Strategy - North America)*
Bonnie Preece *(Senior Vice President & Account Director - West Coast)*
Glen Peden *(Vice President & Group Creative Director)*
Glenn Minerley *(Senior Vice President & Head, Music, entertainment & Esports)*
John Jenkinson *(Vice President & Director, Marketing & Communications - North America)*
David Chamberlain *(Executive Creative Director - North America)*
James Robinson *(Executive Creative Director)*
Alain Baburam *(Senior Art Director)*
Kevin Solomon *(Director, Business Leadership)*
Jesse Stoopler *(Senior Manager, Sports & Sponsorship Development)*
Hannah Miller *(Manager, Account)*
Emily Luckow *(Senior Account Executive & Manager, Account)*
Aleigh Huston-Lyons *(Senior Strategist)*
Catherine Clawson *(Senior Account Executive)*
Kevin Collins *(Executive Vice President & Managing Director)*
Richard Black *(Chief Growth Officer, North America)*

Accounts:
Chevron Corporation
SAP America, Inc.
Shoe Carnival, Inc.
Verizon Wireless, Inc.

MOMENTUM WORLDWIDE
384 Northyards Boulevard
Atlanta, GA 30313
Tel.: (404) 954-8200
Web Site: www.momentumww.com

Employees: 45
Year Founded: 1984

Discipline: Creative/Advertising

Mike Wilhelm *(Senior Vice President, Sports Sponsorship)*
Shaun Brown *(Senior Vice President, Growth & Innovation)*
Jennifer Birkel *(Vice President, Account Director)*
Jorge Hernandez *(Vice President, Business Leadership & Agency Integration)*
Jay Batavia *(Vice President, Sponsorship Consulting, Sports & Equipment)*
AJ Croce *(Associate Creative Director)*
Cameron Templeton *(Creative Director)*
Jose Lazarte *(Art Director)*
Jennifer Roberson *(Office Manager)*

MOMENTUM WORLDWIDE
444 North Michigan Avenue
Chicago, IL 60611
Tel.: (312) 245-3500
Fax: (312) 245-3550
Web Site: www.momentumww.com

Year Founded: 1984

Discipline: Creative/Advertising

Amy Barnard *(Senior Vice President & Group Director, Business Leadership)*
Andrew Stolp *(Director, Business Leadership)*
Michael Campione *(Senior Account Manager, Business Leadership)*
Kate Barron *(Manager, Business Leadership)*
Tiffany Moten *(Account Executive)*
Taylor Carr *(Account Executive)*

MONARCH COMMUNICATIONS, INC.
45 Essex Street
Millburn, NJ 07041
Tel.: (973) 912-9101
Web Site: www.moncominc.com

Year Founded: 2008

Discipline: Creative/Advertising

Ira Berkowitz *(Principal & Owner)*
Ron Ribaudo *(Creative Director)*

MONO
1350 Lagoon Avenue
Minneapolis, MN 55408
Tel.: (612) 454-4900
Web Site: www.mono-1.com

Employees: 15
Year Founded: 2004

Discipline: Creative/Advertising

Jeffrey Gorder *(Chief Growth Officer)*
James Scott *(Founder & Managing Partner)*
Michael Hart *(Founder & Chief Creative Officer)*
Chris Lange *(Founder & Chief Creative Officer)*
Julie Lenz Vessel *(Chief Talent Officer)*
Rebecca Tlustosch *(Chief Financial Officer)*
Steve Lynch *(Director, Strategy)*
Kacie Helgeson *(Account Director)*
Aaron O'Keefe *(Account Director)*
Kathleen Flanders *(Talent Director)*
Joel Stacy *(Group Creative Director)*
Brian Platt *(Group Creative Director)*
Allie Fendrick *(Social Strategy Director)*
Meagan Kato *(Strategic Planning Director)*
Stephanie Schafer *(Group Account Director)*
Jose Acosta *(Director, Integrated Production)*
Jack Beck *(Account Supervisor)*
Dave Bullen *(Creative Director)*
Erika Schumacher *(Group Director, Production)*
Joe King *(Group Account Director)*
Jolene Lew *(Director, Creative Operations)*
Melissa Mathei *(Group Account Director)*
Molly Loken *(Account Director)*
Dan Sundquist *(Producer)*
Heather Hint *(Project Manager)*
Laila Stainbrook *(Account Supervisor)*
Adam Ridgeway *(Copywriter & Associate Creative Director)*
Alea Toussaint *(Creative)*
Ethan Perushek *(Associate Strategist)*
Maddie Henke *(Strategist)*
Aaron Blaser *(Content Maker)*

Accounts:
Apple, Inc.
HGTV Home
Krylon
Leinenkugel's
Loews Hotels
Propel Fuels
Riot Games, Inc.
Sam's Club
Thomas English Muffins
Valspar

MONTANA STEELE ADVERTISING
5255 Yonge Street
Toronto, ON M2N 6P4
Tel.: (416) 222-9164
Fax: (416) 222-9659
Toll Free: (877) 678-3353
Web Site: www.montanasteele.com

Employees: 25
Year Founded: 1992

Discipline: Creative/Advertising

Rene DeSantis *(President)*
Joe Latobesi *(Managing Partner)*
Andy DeSantis *(Creative Director)*

MORRISON
Two Securities Centre
Atlanta, GA 30305
Tel.: (404) 233-3405
Fax: (404) 261-8384
Web Site: www.morrisonagency.com

Employees: 25
Year Founded: 1986

Discipline: Creative/Advertising

Bob Morrison *(Chairman & Chief Executive Officer)*
Jason Hatfield *(Chief Client Officer)*
Kyle Lewis *(Chief Creative Officer)*
Jennifer Keough Raj *(Director, Content & Research)*
Amanda Forgione *(Partner & Chief Operating Officer)*
Pryce Jackson *(Director, Talent & Growth)*
Richard Evelyn *(Group Account Director)*
Rebecca Lathem *(Associate Account Director)*

Accounts:
Hooters
Sealed Air Corporation
State Bank & Trust Company

MORTAR ADVERTISING
415 Stockton Street
San Francisco, CA 94108
Tel.: (415) 772-9907
Fax: (415) 772-9952

AGENCIES - JULY, 2020 — CREATIVE/ADVERTISING AGENCIES

Web Site: www.mortaragency.com
Employees: 14
Year Founded: 2002
Discipline: Creative/Advertising

Mark Williams *(Managing Partner & Chief Executive Officer)*
Ben Klau *(Chief Operating Officer)*
Brian Scheyer *(Executive Creative Director & Partner)*

Accounts:
Golden Gate University
VMWare, Inc.

MORTENSON KIM
117 North Jefferson Street
Milwaukee, WI 53202
Tel.: (414) 224-0212
Fax: (414) 224-0420
Web Site: www.mkr.agency

Employees: 30
Year Founded: 1967
Discipline: Creative/Advertising

Chris Mortenson *(Chief Executive Officer)*
Peter Kim *(President & Chief Creative Officer)*
Sarah Pittner *(Vice President, Account Management & Planning)*
Sean Ireton *(Director, Engagement & Reach)*
Jacqueline Janz *(Director, Communication)*
Stephanie Winter *(Supervisor, Media Buying)*
Calli Karter *(Account Executive)*

MORTENSON KIM
201 South Capitol Avenue
Indianapolis, IN 46225
Tel.: (317) 955-9414
Fax: (317) 955-9416
Web Site: www.mkr.agency

Discipline: Creative/Advertising

Bob Bourgeois *(Executive Vice President & Chief Client Officer)*
Peter Kim *(President & Chief Creative Officer)*
Chris Mortenson *(Chief Executive Officer & Owner)*

Accounts:
Hoosier Lottery

MOSES, INC.
106 East Buchanan Street
Phoenix, AZ 85004
Tel.: (602) 254-7312
Fax: (602) 254-1661
Web Site: www.mosesinc.com

Year Founded: 1982
Discipline: Creative/Advertising

Louie Moses *(President & Chief Creative Officer)*
Jodi Elle *(Partner & Chief Marketing Officer)*
Matt Fischer *(Partner & Chief Creative Officer)*
Kristin Altman *(Director, Research & Brand Strategist)*

Accounts:
Nintendo
Shutters on the Beach Hotel

MOTHER
5290 West Washington Boulevard
Los Angeles, CA 90016
Tel.: (310) 255-7289
Web Site: www.motherla.com

Discipline: Creative/Advertising

Romain Naegelen *(Managing Director)*
Joe Staples *(Executive Creative Director)*
Andrew Livingston *(Creative Director)*
Simon Bruyn *(Creative Director)*
Erin Goodsell *(Executive Producer)*
Pilar Peace *(Head, Art)*
John Meager *(Director, Group Account & Business Director)*
Evelyn Jiang *(Manager, Account)*
Seiya Cammayo *(Account Managerment)*
Stewart Poindexter *(Copywriter)*

Accounts:
Postmates, Inc
Sonic Corporation
The Honest Company

MOTHER NY
595 11th Avenue
New York, NY 10036
Tel.: (212) 254-2800
Web Site: www.mothernewyork.com

Employees: 30
Year Founded: 2003
Discipline: Creative/Advertising

Paul Malmstrom *(Creative Chairman & Founder)*
Charlie McKittrick *(Chief Strategy Officer & Partner)*
Corinna Falusi *(Chief Creative Officer & Partner)*
Peter Ravailhe *(Partner & Chief Executive Officer)*
Michael Rose *(Chief of Staff)*
Mark Sloan *(Head, Design)*
James Fraser *(Head, Strategy)*
Gordon Hull *(Creative Director)*
Craig Love *(Creative Director)*
Joshua Braithwaite *(Creative Director)*
Catalina Monsalve *(Art Director)*
Erik Norin *(Creative Director)*
Lisa Roytman *(Account Director)*
Matthijs van Leeuwen *(Director, Design)*
Joy Adler Kerekes *(Producer)*
Mandy Boddy *(Account Supervisor)*
Matt Schwartz *(Manager, Account)*
Hannah Tabor *(Strategist)*
Emily Sheehan *(Copywriter)*
Jessica Yan *(Designer)*
Sarah Sharp *(Copywriter)*
Sam Wright *(Senior Creative Strategist)*
Aarti Thiagarajan *(Managing Director & Partner)*

Accounts:
Club Monaco Corporate
Diamond Producers Association (DPA)
Headspace Inc.
Netflix
Oscar Health
Stella Artois
Stella Artois Cidre
T-Mobile USA
Target Corporation
TripAdvisor, LLC
Virgin Voyages
Wrangler

MOWER
211 West Jefferson Street
Syracuse, NY 13202
Tel.: (315) 466-1000
Fax: (315) 466-2000
Toll Free: (800) 724-0289
Web Site: www.mower.com

Employees: 75
Year Founded: 1959
Discipline: Creative/Advertising
Approx. Annual Billings: $171.00

Eric Mower *(Chairman & Chief Executive Officer)*
Chris Steenstra *(Chief Administrative Officer)*
Donna Ricciardi *(Vice President & Account Director)*
Robin Farewell *(Vice President & Director, Media)*
John Favalo *(Executive Vice President - B2B)*
Kevin Tripodi *(Senior Vice President & Creative Director)*
Stephanie Crockett *(Senior Vice President & Managing Director)*
Chuck Beeler *(Director, Public Relations & Senior Strategist)*
John Lacey *(Director, Public Relations)*
Ryan Garland *(Director, Digital Media Strategy)*
Lisa Dolbear *(Director, Account Planner-Insight)*

MRA ADVERTISING/PRODUCTION SUPPORT SERVICES, INC.
3979 Erie Avenue
Cincinnati, OH 45208
Tel.: (513) 561-5610
Web Site: www.mraservices.com

Discipline: Creative/Advertising

Fran Furtner *(President)*
Doug Bergheger *(Consultant, Production)*

MRM//MCCANN
60 East South Temple
Salt Lake City, UT 84111
Tel.: (801) 257-7700
Fax: (801) 257-7799
Web Site: www.mrmworldwide.com

Employees: 210
Discipline: Creative/Advertising

Samantha Nyhan *(President - West)*
Melissa Ditson *(Chief Creative Officer)*
Mary McBride *(Vice President & Director, Engagement)*
Barbara Hirsch *(Vice President & Group Strategy Director)*
Chad Warren *(Vice President, Relationship Marketing & Analytics)*

Accounts:
ClearOne Communications
Discovery Gateway
Verizon Enterprise Solutions
Zurich North America

MTI
3960 Jefferson Avenue Southeas
Wyoming, MI 49548
Tel.: (616) 458-1260
Fax: (616) 224-8464
Toll Free: (800) 748-0319

Brands. Marketers. Agencies. Search Less. Find More.
Try out the online version at www.winmo.com

CREATIVE/ADVERTISING AGENCIES
AGENCIES - JULY, 2020

Web Site: www.jwmessner.com

Year Founded: 1977

Discipline: Creative/Advertising

Brett Youker *(President & Chief Executive Officer)*
Mike Murphy *(Vice President & General Manager)*

MUDD ADVERTISING
915 Technology Parkway
Cedar Falls, IA 50613
Tel.: (319) 277-2003
Fax: (319) 277-4496
Toll Free: (888) 313-3536
Web Site: www.mudd.com

Employees: 120
Year Founded: 1981

Discipline: Creative/Advertising

Jim Mudd, Jr. *(President & Chief Executive Officer)*
Frank Seng *(Chief Finance Officer)*
Jim Sartorius *(Chief Information Officer)*
Chris Mudd *(President)*
Chad Wauters *(Vice President, Sales)*
Wendy Jermier *(Director, Human Resources)*
Vern Kalkbrenner *(Director, Digital Sales)*
Kathy Lenius *(Senior Media Buyer)*
Scott Braun *(Video Editor)*
Gabby Barnett *(Media Buyer)*
Mike Carlo *(Manager, Production Services)*
Ryan Regenold *(Brand Manager - National)*
Tim Brenden *(Brand Manager)*
Kim Leer *(Graphic Designer, Motion)*

MUH-TAY-ZIK / HOF-FER
220 Sansome Street
San Francisco, CA 94114
Tel.: (415) 255-6363
Web Site: mtzhf.com

Year Founded: 2010

Discipline: Creative/Advertising

John Matejczyk *(Co-Founder & Chief Creative Officer)*
Brendan Robertson *(Chief Strategy Officer - San Francisco)*
Matt Hofherr *(Co-Founder & Chief Strategy Officer)*
Tanya LeSieur *(Head, Production & Associate Partner)*
Katy Aquino *(Associate Partner & Director, Creative Operations)*
Carolina Cruz-Letelier *(Associate Partner & Director, Client Services)*
Joel Kaplan *(Executive Creative Director)*
Adam Ledbury *(Associate Creative Director)*
Allen Yu *(Associate Creative Director)*
Katie Ramp *(Director, Talent)*
Gerardo Agbuya *(Senior Art Director)*
Arthi Veeraragavan *(Director, Analytics)*
Cara Orlowski *(Director, Business Affairs)*
Jessica Bedussi *(Associate Director, Social Strategy)*
Ben Thomas *(Senior Brand Strategist - Audi)*
Davielle Boon *(Integrated Producer)*
Sergio Saucedo *(Analytical Strategist)*
Stephanie Farmas *(Brand Strategist)*
Teri Miller *(Managing Director)*

Accounts:
AAA Northern California, Nevada, & Utah
American Automobile Association
Audi of America, Inc.
Constellation Brands, Inc.
Intel Corporation
Method Products Inc.
New Amsterdam Vodka
OXO International
Penn Mutual Life Insurance Co.
Pennzoil
PGiMeet
Pokemon Go
Premiere Global Services, Inc.
Quaker State
Safeway, Inc.
Shell Lubricants
Staples, Inc.
Stubhub.com
Zoosk, Inc.
Zoosk.com

MUSEN STEINBACH WEISS
9666 Olive Boulevard
Olivette, MO 63132
Tel.: (314) 542-0400
Fax: (314) 542-0407
Web Site: www.mswmarketing.com

Employees: 6
Year Founded: 2006

Discipline: Creative/Advertising

Fred Steinbach *(Partner)*
Ed Musen *(Partner)*

MUTT INDUSTRIES
431 Northwest Flanders Street
Portland, OR 97209
Tel.: (503) 841-5427
Fax: (503) 841-5479
Web Site: www.muttindustries.com

Year Founded: 2009

Discipline: Creative/Advertising

Scott Cromer *(Partner)*
Steve Luker *(Partner & Creative Director)*

MVNP
745 Fort Street
Honolulu, HI 96813
Tel.: (808) 536-0881
Fax: (808) 535-1655
Web Site: www.mvnp.com

Employees: 15
Year Founded: 1946

Discipline: Creative/Advertising

Nick Ng Pack *(Chairman Emertius)*
Markus Staib *(President & Executive Officer)*
Lori Kimura *(Media Director)*
Patricia Eng *(Board Director)*
Jo Archibald *(Senior Copywriter)*

Accounts:
Hawaii Tourism Authority

MY FRIEND'S NEPHEW
675 Ponce De Leon Avenue Northeast
Atlanta, GA 30308
Tel.: (678) 507-1010
Web Site: myfriendsnephew.is

Year Founded: 2015

Discipline: Creative/Advertising

Chad Thrasher *(President & Principal)*
Josh Robinson *(Executive Creative Director, Principal)*

Accounts:
Thrive Senior Living

MYRON ADVERTISING & DESIGN
110-131 Water Street
Vancouver, BC V6B 4M3
Tel.: (604) 687-6604
Fax: (604) 687-7413
Web Site: www.myroncreative.com

Employees: 8
Year Founded: 1971

Discipline: Creative/Advertising

Kyle Balagno *(Owner & President)*
Lisa Steinson *(Account Manager & Media Planner)*
Donna Beijor *(Accountant)*

MYTHIC
200 South Tryon Street
Charlotte, NC 28202
Tel.: (704) 227-0700
Fax: (704) 227-0703
Web Site: www.bemythic.com

Year Founded: 2012

Discipline: Creative/Advertising

Lee James *(President & Chief Creative Officer)*
David Soliday *(Chief Executive Officer)*
Taylor Bryant *(Chief Marketing Officer)*
Sara Garces Roselli *(Executive Vice President, Operations)*
Beth Prus *(Senior Vice President & Director, Account Services)*
Wendy Parker *(Senior Vice President & Group Account Director)*
Leah Sanders *(Group Account Director)*
Geoff Parish *(Director, Interactive Technology)*
Joel Dinkel *(Creative Director)*
Wilson Douglas *(Account Supervisor)*
Alexandra Frazier *(Senior Copywriter)*
Morgan Myers *(Senior Account Executive)*

Accounts:
Driven Brands, Inc.
Maaco
Meineke Car Care Centers, Inc.
Spectrum
SunTrust Mortgage, Inc.
Take 5 Oil Change
TIAA
Tortal

NASUTI & HINKLE
5812 Walton Road
Bethesda, MD 20817
Tel.: (301) 588-9226
Web Site: www.nasuti.com

Employees: 6

Discipline: Creative/Advertising

Woody Hinkle *(Copywriter, Principal)*
Karen Nasuti *(President, Partner & Brand Strategist)*

NATIONAL CINEMEDIA
60 East 42nd Street
New York, NY 10165

Brands. Marketers. Agencies. Search Less. Find More.
Try out the online version at www.winmo.com

AGENCIES - JULY, 2020 — CREATIVE/ADVERTISING AGENCIES

Tel.: (212) 931-8100
Toll Free: (800) 844-0935
Web Site: www.ncm.com

Discipline: Creative/Advertising

Cliff Marks *(President & Interim Chief Executive Officer)*
Scott Felenstein *(Chief Revenue Officer & Executive Vice President)*
Steve Ochs *(Senior Vice President, Marketing & Creative)*
Amy Jane Finnerty *(Vice President, Corporate Communications)*

Accounts:
AMC Entertainment, Inc.
AMC Theatres

NATREL COMMUNICATIONS
119 Cherry Hill Road
Parsippany, NJ 07054
Tel.: (973) 292-8400
Fax: (973) 292-9101
Web Site: www.natrelhealth.com

Employees: 30
Year Founded: 1999

Discipline: Creative/Advertising

David Nakamura *(Founder)*
Nicole Hyland *(General Manager)*
Dave Scott *(Senior Vice President & Creative Director)*
Meghan Frisch *(Vice President & Account Group Supervisor)*
Tamra Micco *(Executive Director, Client Services)*

NAYLOR ASSOCIATION SOLUTIONS
5950 Northwest
Gainesville, FL 32607
Tel.: (352) 332-1252
Web Site: naylor.com

Year Founded: 1969

Discipline: Creative/Advertising

Alexander DeBarr *(President & Chief Executive Officer)*
Dave Bornmann *(Chief Marketing Officer)*
Craig Judt *(Vice President, Technology & Production)*

NELSON SCHMIDT INC.
600 East Wisconsin Avenue
Milwaukee, WI 53202
Tel.: (414) 224-0210
Fax: (414) 224-9463
Web Site: www.nelsonschmidt.com

Employees: 65
Year Founded: 1971

Discipline: Creative/Advertising

Dan Nelson, Jr. *(President & Chief Executive Offier)*
Christopher Vitrano *(Chief Marketing Officer)*
Cody Pearce *(Chief Operating Officer)*
Becky Davidson *(Account Director)*

Accounts:
Alliance Laundry Systems
CUNA Mutual Group
Mckesson Provider Technologies

Northwestern Mutual

NEON
1400 Broadway
New York, NY 10018
Tel.: (212) 727-5600
Fax: (646) 486-7020
Web Site: www.neon-nyc.com/

Year Founded: 2009

Discipline: Creative/Advertising

James Shapiro *(Chief Operating Officer)*
Mark Arnold *(Executive Vice President & Managing Director - FCB Health)*
Mardene Miller *(Executive Vice President & Managing Director)*
Nicole Duffy *(Senior Vice President & Management Director)*
Jeff Deutchman *(Senior Vice President, Acquisition & Production)*
David Newton *(Senior Vice President & Director, Creative)*
Kara Hatalski *(Vice President, Engagement Director)*
Serena Rosario-Stanley *(Vice President & Director, Integrated Production)*
Jennifer Troast *(Vice President & Managing Director)*
Meg Holland *(Vice President, Account Director)*
Kevin McHale *(Executive Vice President & Managing Director, Creative)*

Accounts:
Genentech, Inc.
Greenstone LLC
Janssen-Biotech, Inc.
ZMax

NETWAVE INTERACTIVE MARKETING, INC.
600 Bay Avenue
Point Pleasant, NJ 08742
Tel.: (732) 701-9797
Fax: (732) 701-9798
Web Site: www.netwaveinteractive.com

Year Founded: 1993

Discipline: Creative/Advertising

Dave McIndoe *(President)*
Adam McIndoe *(Director, Business Development)*

NEURON SYNDICATE
1016 Pico Boulevard
Santa Monica, CA 90405
Tel.: (310) 584-9446
Fax: (310) 399-4103
Web Site: www.neuronsyndicate.com

Year Founded: 2001

Discipline: Creative/Advertising

Ryan Cramer *(Chief Executive Officer & Partner & Creative Director)*
Sean Alatorre *(Creative Director & Partner)*

NEW RIVER COMMUNICATIONS, INC.
2977 West Broward Boulevard
Fort Lauderdale, FL 33312
Tel.: (954) 587-8820
Fax: (954) 581-3724
Web Site: www.newrivercommunications.com

Year Founded: 2000

Discipline: Creative/Advertising

Larry Montali *(Co-Founder & Creative Director)*
Rod Taylor *(President & Principal)*
Shaun Petersen *(Account Supervisor)*

NEWELL LEDBETTER ADVERTISING
3803 Palmer Park Boulevard
Colorado Springs, CO 80909
Tel.: (719) 635-9988
Web Site: www.nlamedia.com

Year Founded: 1996

Discipline: Creative/Advertising

Newell Ledbetter *(President)*
Zach Ledbetter *(Account Executive)*

NFM+DYMUN
200 First Avenue
Pittsburgh, PA 15222
Tel.: (412) 281-2345
Fax: (412) 281-3493
Web Site: www.nfmdymun.com

Year Founded: 1987

Discipline: Creative/Advertising

Terrie Rembish *(Media Director)*
Christine Beregi *(Account Executive)*

NM+U MARKETING COMMUNICATIONS, INC.
2103 Coral Way
Miami, FL 33145
Tel.: (305) 445-9020
Web Site: nmu.agency

Year Founded: 1997

Discipline: Creative/Advertising

Armando Lopez *(President & Principal)*
Maricruz Lopez *(Vice President)*

NO FIXED ADDRESS INC.
50 Carroll Street
Toronto, ON M4M 3G3
Tel.: (416) 947-8584
Web Site: nofixedaddressinc.com

Year Founded: 2016

Discipline: Creative/Advertising

Serge Rancourt *(Founder)*
Jennifer Siripong *(Chief Digital Officer)*
Dave Lafond *(Founder, President)*
Jordan Doucette *(Creative Partner)*
Mark Carpenter *(Chief Marketing Officer)*
Dino Demopoulos *(Chief Strategy Officer)*
Dave Federico *(Chief Creative Officer)*
Josh Budd *(Chief Creative Officer)*
Trent Thompson *(Director, Creative)*
Kristy Pleckaitis *(Director, Strategy)*
Shauna Lane *(Manager, Creative)*
Sam Macleod *(Supervisor, Integrated Account)*
Meghan Lingard *(Specialist, Digital Media)*
Erin Banting *(Associate Director)*

NOBLE PEOPLE
13 Crosby Street
New York, NY 10013
Tel.: (646) 664-1470

Brands. Marketers. Agencies. Search Less. Find More.
Try out the online version at www.winmo.com

CREATIVE/ADVERTISING AGENCIES

Web Site: www.noblepeople.co

Year Founded: 2010

Discipline: Creative/Advertising

John Newall *(President)*
Lindsay Lustberg *(Partner & Chief Operating Officer)*
Greg March *(Chief Executive Officer)*
Gary Hardwick *(Chairman)*
Tom Morrissy *(Chief Growth Officer)*
Matthew Borchard *(Group Director, Media)*
Hillary Wirth *(Director, Media)*
Burgess Bub *(Associate Director, Media)*
Olivia Young *(Group Media Director)*
Christina Valenzuela *(Media Director)*
Rebecca Sharon *(Director, Media)*
Daniella Elvira *(Associate Media Director)*
Scott Konopasek *(Media Director)*
Danny Weisman *(Media Director)*
Jayme Pounders *(Associate Media Director)*
Barry Dan *(Group Media Director)*
Mariana Skeadas *(Director, Local Activation)*
Josh Hardy *(Media Supervisor)*
Deyna Jeckell *(Supervisor, Media)*
Jasmine Wang *(Supervisor, Digital Media)*
Josh Schultz *(Media Planner)*
Megan Hennelly *(Supervisor, Media)*
Brianne Trester *(Manager, Operations)*
Tess Lione *(Media Supervisor)*
Erik DeFruscio *(Media Supervisor)*
Meredith Castellani *(Media Supervisor)*
Alexis Wydermyer *(Senior Integrated Media Planner)*
Paige Osborne *(Video Activation Specialist)*
Tiffany Jaquins *(Communications Strategist)*
Lauren Oberlander *(Assistant Media Planner)*
Erica Thill *(Assistant Media Planner)*
Mickey McAlary *(Communications Strategist)*

Accounts:
BJ's Wholesale Club, Inc.
Hallmark Channel
Hallmark Entertainment, Inc.
VICELAND TV
WeTransfer

NOM
600 Wilshire Boulevard
Los Angeles, CA 90017
Tel.: (323) 848-4270
Web Site: www.thisisnom.co

Year Founded: 2014

Discipline: Creative/Advertising

Loren Rochelle *(Co-Founder & Chief Executive Officer)*
Brent Neill *(Co-Founder & Chief Operating Officer)*
Robert Figueroa *(Senior Vice President, Sales & Partnerships)*
Christopher McMahon *(Director, Strategy)*
Hilary Lassoff *(Sales Director)*
Matthew Kim *(Director, Ad Operations)*
Melissa Madden *(Ad Operations Manager)*

Accounts:
iHeartMedia

NOMADIC AGENCY
7702 East Doubletree Ranch Road
Scottsdale, AZ 85258
Tel.: (480) 270-3000
Web Site: www.nomadicagency.com/

Year Founded: 2008

Discipline: Creative/Advertising

Rob Buchner *(Chief Executive Officer)*
Tim Washburn *(Co-Founder & Chief Creative Officer)*
Tim Welch *(Co-Founder, Board Memeber & Partner)*

NONBOX
5307 South 92nd Street
Hales Corners, WI 53130
Tel.: (414) 425-8800
Fax: (414) 425-0021
Web Site: www.nonboxpdx.com

Employees: 25
Year Founded: 1999

Discipline: Creative/Advertising

Greg Bell *(Vice President, Client Services)*
Kevin Brown *(Creative Director & Writer)*

NONBOX
5331 Southwest Macadam Avenue
Portland, OR 97239
Tel.: (503) 227-1638
Fax: (503) 417-8613
Web Site: www.nonboxpdx.com

Employees: 13
Year Founded: 1999

Discipline: Creative/Advertising

Judy Mann-Jensen *(Vice President, Media)*
Ian Hamilton *(President, Nonbox Sports)*

NORTH
1515 Northwest 19th Avenue
Portland, OR 97209
Tel.: (503) 222-4117
Fax: (503) 222-4118
Web Site: www.north.com

Year Founded: 2006

Discipline: Creative/Advertising

Rebecca Armstrong *(Principal & Managing Director)*
Mark Ray *(Principal & Chief Creative Officer)*
Caroline Desmond *(Director, Media Strategy)*
Jordan Delapoer *(Director, Brand Strategy)*
Ashod Simonian *(Creative Director)*
Dave Allen *(Director, Artist Advocacy - North Music)*
Peter Calandra *(Print Producer)*
Leif Hanson *(Designer, Motion & Editor)*

Accounts:
Focus Features
Hood River Distillers, Inc
Humm Kombucha
Pacific Natural Foods
Stanley

NORTH WOODS ADVERTISING
402 South Cedar Lake Road
Minneapolis, MN 55405
Tel.: (612) 340-9999
Fax: (651) 925-0063
Web Site: www.northwoodsadvertising.com

Employees: 10
Year Founded: 1989

Discipline: Creative/Advertising

Bill Hillsman *(President & Chief Creative Officer)*
Jill Harrison *(Business Manager & Finance Director)*

NORTHLIGHT ADVERTISING, INC.
1208 Kimberton Road
Chester Springs, PA 19425
Tel.: (484) 202-8506
Fax: (484) 202-8510
Web Site: www.northlightadvertising.com

Employees: 8
Year Founded: 2004

Discipline: Creative/Advertising

Rick Miller *(President & Creative Director)*
Linda Smith *(Vice President)*
Max Morresi *(Designer & Web Developer)*

Accounts:
Avalon Flooring

NORTON CREATIVE
9434 Katy Freeway
Houston, TX 77055
Tel.: (713) 691-6400
Web Site: www.norton-creative.com

Year Founded: 2014

Discipline: Creative/Advertising

Robin Blanchette *(Co-Founder & Chief Executive Officer)*
Deanna Parr *(Co-Founder & Chief Creative Officer)*
Vivian Velazquez *(Account Director)*
Erin Woltz DuBois *(Creative Director)*
Sara Lou *(Business Development Manager)*

Accounts:
Corner Bakery Cafe
Willies Restaurants

O'HARE & ASSOCIATES
286 Madison Avenue
New York, NY 10017
Tel.: (212) 286-9555
Web Site: www.ohareny.com

Year Founded: 1981

Discipline: Creative/Advertising

Kurt O'Hare *(President)*
Joan Nealon *(Partner)*
Mary Gallic *(Senior Digital Media Recruiter)*

O2KL
3 West 18th Street
New York, NY 10011
Tel.: (646) 839-6236
Fax: (212) 843-5279
Web Site: www.o2kl.com

Employees: 4
Year Founded: 2004

Discipline: Creative/Advertising

Tracey Owens *(President & Owner)*
John Kopilak *(Owner & Creative Director)*
Jim Lurie *(Partner)*
Frank Massenzio *(Director, Operations & Client Services)*
Nancy Keiter *(Art Director)*

Brands. Marketers. Agencies. Search Less. Find More.
Try out the online version at www.winmo.com

AGENCIES - JULY, 2020 — CREATIVE/ADVERTISING AGENCIES

Bill Bonomo *(Art Director)*
John Steinhardt *(Creative Director)*
Jennifer Vale *(Manager, Client Services)*
Martin Accetta *(Client Services)*

OBSERVATORY MARKETING
3105 South La Cienega Boulevard
Los Angeles, CA 90016
Tel.: (424) 288-2000
Fax: (424) 288-2900
Web Site: www.observatoryagency.com

Year Founded: 1975

Discipline: Creative/Advertising

Jae Goodman *(Chief Executive Officer)*
Linda Knight *(Chief Creative Officer)*
Bob Witter *(Director, Brand Integration)*
Travis McMichael, III *(Senior Director, Creative Strategy)*
Chris Totushek *(Executive Producer & Head, Production)*
Carly Allen *(Senior Producer)*
Lisa French *(Director, Brand)*
Sarah Donze *(Director, Brand)*
Farrell Ulrich *(Supervisor, Brand)*
Rudy Negrete *(Director, Multicultural)*
Erin Schlissel *(Senior Brand Strategist)*

Accounts:
Bonobos
Mattel, Inc.
ModCloth

ODYSSEUS ARMS
Eight California Street
San Francisco, CA 94111
Tel.: (415) 466-8990
Web Site: www.o-arms.com

Year Founded: 2011

Discipline: Creative/Advertising

Franklin Tipton *(Partner)*
Libby Brockhoff *(Partner & Creative Director)*
Eric Dunn *(Partner & Managing Director)*

Accounts:
Carlo Rossi

OGILVY COMMONHEALTH WORLDWIDE
400 Interpace Parkway
Parsippany, NJ 07054-2792
Tel.: (973) 352-1000
Fax: (973) 785-4457
Web Site: www.ogilvychww.com

Employees: 570
Year Founded: 1992

Discipline: Creative/Advertising

Andrew Schirmer *(Chief Executive Officer)*
Robert Saporito *(Chief Financial Officer & Executive Vice President)*
Marc Weiner *(Chief Operating Officer)*
Susan DiDonato *(Chief Talent Officer)*
Shelagh Brooke *(Executive Vice President & Chief Strategic Officer)*
David Chapman *(Executive Vice President, Global Business Integration)*
Beth Paulino *(Senior Vice President & Director, Communications & Public Relations)*
Jennifer Cerulli *(Senior Vice President & Management Supervisor)*
Judy Accardi *(Vice President, Operations)*

Brenda Rebilas *(Vice President & Creative Director)*
Chandani Rao *(Vice President & Account Group Supervisor)*

OGILVY COMMONHEALTH WORLDWIDE
Morris Corporate Center III
Parsipanny, NJ 07054
Tel.: (973) 352-1000
Fax: (973) 785-7877
Web Site: www.commonhealth.com

Employees: 50
Year Founded: 1992

Discipline: Creative/Advertising

Samantha Dolin *(Chief Creative Officer - North America)*
Mike Brune *(Executive Vice President & Creative Director)*
Anne Squadrito *(Senior Vice President, Group Creative Director, Art)*
Adam Veenstra *(Account Supervisor)*

OGILVY COMMONHEALTH WORLDWIDE
Morris Corporate Center III (Building C)
Parsippany, NJ 07054
Tel.: (973) 352-1000
Fax: (973) 352-2299
Web Site: www.commonhealth.com

Employees: 20
Year Founded: 1992

Discipline: Creative/Advertising

Rebecca Frederick *(President)*
Shannon O'Malley *(Senior Vice President & Managing Director)*

OGILVY HEALTH
636 11th Avenue
New York, NY 10036
Tel.: (212) 237-4000
Fax: (212) 966-7755
Web Site: www.ogilvyhealth.com

Employees: 130
Year Founded: 1986

Discipline: Creative/Advertising

Fran Davi *(Human Resources Director)*
Toby Trygg *(Executive Creative Director)*

OGILVY HEALTH
33 Yonge Street
Toronto, ON M5E 1X6
Tel.: (416) 920-5045
Fax: (416) 920-8487
Web Site: www.ochww.com

Employees: 15
Year Founded: 1986

Discipline: Creative/Advertising

Terry Cully *(Managing Director)*

OH PARTNERS
3550 North Central Avenue
Phoenix, AZ 85012
Tel.: (602) 254-5159
Fax: (602) 253-9380
Web Site: www.ohpartners.com

Year Founded: 1960

Discipline: Creative/Advertising

Scott Harkey *(Partner)*
Matthew Owens *(Chief Executive Officer)*
Matt Moore *(Partner & Chief Creative Officer)*
Matt Moore *(Partner & Chief Creative Officer)*
Dawn Webley *(Vice President, Media Services & Analytics)*
Heather Eichele *(Vice President)*
Angie Vollmers *(Director, Media)*
Camilla Innes *(Director, Insights & Strategy)*
Laurel Collins *(Director, Digital Media)*
Hillary Houghton *(Associate Director, Social Media, Strategy & Analytics)*
Adam Garcia *(Senior Art Director)*
Lynn Costello *(Media Buyer)*
Dawn Kemmer *(Account Supervisor)*
Jennifer Harlan *(Media Supervisor)*
Madelyn Lydon *(Manager, Content Strategy)*
Jason Postelwait *(Senior Copywriter)*

Accounts:
A/C Pro
Arizona Lottery
Armor All
Avnet, Inc.
STP
Virgin Hotels

OIA / MARKETING
4240 Wagner Road
Dayton, OH 45440
Tel.: (937) 222-6421
Fax: (937) 222-1642
Web Site: www.oia-inc.com

Employees: 5

Discipline: Creative/Advertising

Rick Bloomingdale *(President & General Manager)*
Beverly Trollinger *(Vice President, Operations)*
Holly Brumfield *(Manager, Production & Media)*

OLOGIE
447 East Main Street
Columbus, OH 43215
Tel.: (614) 221-1107
Fax: (614) 221-1108
Toll Free: (800) 962-1107
Web Site: www.ologieonline.com

Employees: 40
Year Founded: 1987

Discipline: Creative/Advertising

Beverly Ryan *(Founder & Senior Partner)*
Bill Faust *(Senior Partner & Chief Strategy Officer)*
Sarah Cygan *(Chief Human Resources Officer)*
Dawn Marinacci *(Executive Marketing Director)*
Ross Barton *(Associate Director, Project Management)*
Paul Davis *(Executive Creative Director)*
Kyle Kastranec *(Executive Creative Director)*
Mark Love *(Director, Video)*
Nathan Thornton *(Executive Creative Director)*
Suzanne Cahall *(Director, Accounting)*
Ryan Janiszewski *(Manager, Technology)*

Accounts:
Big Lots, Inc.

OMELET
3540 Hayden Avenue

Brands. Marketers. Agencies. Search Less. Find More.
Try out the online version at www.winmo.com

CREATIVE/ADVERTISING AGENCIES

Culver City, CA 90232
Tel.: (213) 427-6400
Fax: (213) 427-6401
Web Site: www.omeletla.com

Year Founded: 2004

Discipline: Creative/Advertising

Don Kurz *(Executive Chairman)*
Michael Wallen *(Partner & Chief Creative Officer)*
Thas Naseemuddeen *(Chief Executive Officer)*
Sarah Ceglarski *(Partner, Chief Marketing Officer)*
Dena Gonzalez *(Partner & Head, Business Planning & Delivery)*
Pete Talaba *(Chief Strategy Officer)*
Ricardo Diaz *(Partner & Executive Director, Digital)*
Raul Montes *(Creative Director)*
Chelsea O'Brien *(Creative Director)*
Tiffany Lam *(Senior Art Director)*
Alexandra Heide *(Associate Director, Communications Strategy)*
Chelsea Oz *(Senior Art Director)*
Ty Stafford *(Senior Content Strategist)*
Hannah Moore *(Senior Brand Manager)*
Andrew Krensky *(Managing Director)*

Accounts:
Academy of Motion Picture Arts and Sciences
Bill & Melinda Gates Foundation
Dermalogica
DTS, Inc.
Guardian Life Insurance Company of America
Pokemon
Princess Cruises, Inc.
Red Bull North America, Inc.
SoFi
Square Enix USA, Inc.
Ubisoft Entertainment
Walmart Stores, Inc.
Walmart Stores, Inc.

OMNICOM GROUP
437 Madison Avenue
New York, NY 10022
Tel.: (212) 415-3600
Fax: (212) 415-3530
Web Site: www.omnicomgroup.com

Employees: 58500
Year Founded: 1986

Discipline: Creative/Advertising

John Wren *(Chairman & Chief Executive Officer)*
Bruce Crawford *(Chairman - Omnicom Group)*
Philip Angelastro *(Executive Vice President & Chief Financial Officer)*
Chuck Kendig *(Chief Executive Officer)*
Scott Hagedorn *(Chief Executive Officer - North America)*
Tiffany Warren *(Senior Vice President & Chief Diversity Officer)*
John Swift *(Chief Operating Officer - North America)*
Nelson Freitas *(Global Chief Strategy Officer)*
Catherine Sullivan *(Chief Investment Officer - North America)*
Rita Rodriguez *(Executive Vice President)*
Janet Riccio *(Executive Vice President & Dean, Omnicom University)*
Claire Behar *(Executive Vice President & Global Client Leader - Omnicom Health Group)*
Karen van Bergen *(Executive Vice President & Dean, Omnicom University)*
Joanne Trout *(Senior Vice President, Global Communications)*
Leslie Chiocco *(Vice President, Human Resources & Retirement Benefits)*
Kate Houghton *(Vice President, Global Clients)*
Sharon Gordon *(Global Program Director - Omnicom University)*
Jodi Curley-Egan *(Director, Strategy)*
Christian Flouch *(Global Director, Executive Business)*
Robert Kaufman *(Director, Asset Management & Procurement)*
Liz Nash *(Senior Director, Strategic Research Solutions)*

Accounts:
ePrint
HP, Inc.
Instagram Inc
Johnson & Johnson
On The Border Mexican Grill & Cantina

OMNIVORE
311 East Chicago Street
Milwaukee, WI 53202
Tel.: (414) 276-1080
Fax: (414) 276-3327
Web Site: www.scottadv.com

Employees: 30
Year Founded: 1940

Discipline: Creative/Advertising

Chuck Reynolds *(Chairman)*
Kelly Ruschman *(Senior Vice President, Industry Engagement)*
Laura Helminger *(Senir Director, Integrated Communications Strategist)*

ONEMAGNIFY
322 A Street
Wilmington, DE 19801
Tel.: (302) 427-8544
Web Site: www.onemagnify.com

Year Founded: 1967

Discipline: Creative/Advertising

Paul DiCampli *(Creative Director)*
Gary Watson *(Director, Strategic Planning)*
Lisa Scott *(Managing Director & Chief Creative Officer)*

ONEMETHOD INC.
225 Wellington Street West
Toronto, ON M5V 3G7
Tel.: (416) 649-0180
Web Site: www.onemethod.com

Year Founded: 2001

Discipline: Creative/Advertising

Amin Todai *(President & Chief Creative Officer)*
Lisa Good *(Vice President, Group Account Director - Bensimon Byrne)*

Accounts:
Freshii

ONEWORLD COMMUNICATIONS
2001 Harrison Street
San Francisco, CA 94110
Tel.: (415) 355-1935
Fax: (415) 355-0295
Web Site: www.oneworldsf.com

Employees: 6
Year Founded: 1994

Discipline: Creative/Advertising

Fiona McDougall *(Director, Creative Services & Producer)*
Jonathan Villett *(Founder & President)*
Jonathan Villet *(President)*
Roger Burgner *(Manager, Production)*

OPINIONATED
116 Northeast Sixth Avenue
Portland, OR 97232
Tel.: (503) 983-7899
Web Site: www.opinionatedgroup.com

Year Founded: 2017

Discipline: Creative/Advertising

Mark Fitzloff *(Founder & Creative Director)*
Trish Adams *(President)*
Rob Palmer *(Creative Director)*
Dave Daines *(Strategy Director)*
Vicky Mo *(Art Director)*
Michael Frediani *(Director, Creative Operations)*
Scott Fish *(Copywriter)*

Accounts:
Deschutes Brewery
Seventh Generation, Inc.
Yogi Tea

ORIGIN DESIGN + COMMUNICATIONS
1002 Lynham Drive
Whistler, BC V0N 1B1
Tel.: (604) 932-8482
Web Site: www.origindesign.ca

Year Founded: 1993

Discipline: Creative/Advertising

MJ Legault *(Principal & Strategy Director)*
Danielle Kristmanson *(Principle & Creative Director)*

Accounts:
Glamping Hub

OSTER & ASSOCIATES, INC.
3525 Fifth Avenue
San Diego, CA 92103
Tel.: (619) 906-5540
Fax: (619) 906-5541
Web Site: www.osterads.com

Employees: 15

Discipline: Creative/Advertising

Bev Oster *(President & Creative Director)*
Andres Verjan *(Vice President, Client Services)*
Patrick Pierce *(Public Relations Manager)*

Accounts:
Big Bear Mountain Resorts
Dummen Orange
EventHi Inc.

OTEY WHITE & ASSOCIATES
8146 One Calis
Baton Rouge, LA 70809
Tel.: (225) 201-0032
Fax: (225) 761-9000
Web Site: www.oteywhite.com

Brands. Marketers. Agencies. Search Less. Find More.
Try out the online version at www.winmo.com

AGENCIES - JULY, 2020 — CREATIVE/ADVERTISING AGENCIES

Discipline: Creative/Advertising

Otey White *(President)*
Piper Wilson *(Controller)*
Melanie Cassidy *(Vice President, Account Services)*
Jennifer Gordon *(Senior Account Director)*
Trent Bland *(Director, Creative & Copywriter)*
Jack K. White *(Manager, Broadcasting Production)*
Haleigh Pope *(Account Executive)*

Accounts:
NAPA Auto Parts

OTTO DESIGN & MARKETING
1611-C Colley Avenue
Norfolk, VA 23517
Tel.: (757) 622-4050
Fax: (757) 623-4824
Web Site: www.thinkotto.com

Year Founded: 2000

Discipline: Creative/Advertising

Mark Atkinson *(Owner)*
Pete Leddy *(Partner & President)*
Cindy Mackey *(Marketing & Public Relations Director)*
Sherri Priester *(Media Director)*
Hunter Spencer *(Creative Director)*
Diane Lingoni *(Production Manager)*
Jenna Lambert *(Account Supervisor)*
Joe Mishkofski *(Manager, Studio)*
Kim Gudusky *(Account Supervisor)*
Lynlea Rudell *(Account Supervisor)*

OUTCROP GROUP
5109 48 Street
Yellowknife, NT X1A 1N5
Tel.: (867) 766-6700
Fax: (867) 873-2844
Web Site: www.outcrop.com

Employees: 25
Year Founded: 1975

Discipline: Creative/Advertising

Jen Hayward *(Chief Executive Officer)*
Robin Wotherspoon *(Senior Manager, Finance)*
Brian McCutcheon *(Senior Consultant)*

OWEN JONES AND PARTNERS
408 Northwest Fifth Avenue
Portland, OR 97209
Tel.: (503) 453-5737
Web Site: www.whoisowenjones.com

Year Founded: 2001

Discipline: Creative/Advertising

David Lowe-Rogstad *(Chief Financial Officer & Managing Director)*
Rusty Grim *(Chief Executive Officer & Co-Founding Partner)*
Adam Poe *(Group Account Director, Nike & Jordan Brand)*
Lissa Blackaby Forsterer *(Director, Business Development)*
Isiah Pringle *(Account Manager, Nike & Jordan Brand)*

Accounts:
Adobe Systems, Inc.
Jordan
The Nature Conservancy

PACE
7301 North Federal Highway
Boca Raton, FL 33487
Tel.: (561) 989-9550
Fax: (561) 989-9515
Toll Free: (800) 852-1717
Web Site: paceadv.com

Year Founded: 1986

Discipline: Creative/Advertising

Phyllis Green *(Chairman)*
Octavio Guzman *(Creative Director)*

Accounts:
Calder Race Course, Inc.

PACE ADVERTISING AGENCY, INC.
21 West 46th Street
New York, NY 10036
Tel.: (212) 331-8829
Web Site: www.paceadv.com

Year Founded: 1949

Discipline: Creative/Advertising

Cara Faske *(Chief Executive Officer)*
Holly Kingsley *(Chief Operating Officer)*

Accounts:
K. Hovnanian Enterprises

PACIFIC COMMUNICATIONS
18581 Teller Avenue
Irvine, CA 92612
Tel.: (714) 427-1900
Fax: (714) 427-1965
Web Site: www.pacificcommunications.com

Employees: 110
Year Founded: 1994

Discipline: Creative/Advertising

Craig Sullivan *(President)*
Peter Siegel *(Executive Vice President & Creative Director)*
Kun Yang Kim *(Senior Vice President & Director, Client Services)*
Ryan Orsini *(Senior Vice President & Director, Client Services)*
James Marlin *(Vice President, Agency Services)*
Patrick Macke *(Vice President & Group Creative Director, Interactive)*
Henry Lee *(Senior Vice President & Director, Client Services)*
Clif Wong *(Associate Creative Director)*
Marlene Magila *(Associate Creative Director)*
Joe Abiad *(Director, Finance & Operations)*
Taylor Dirks *(Media Manager)*
Amanda Feaser *(Account Group Supervisor)*
Matthew Tonick *(Account Executive)*

Accounts:
Botox
J.D. Power and Associates

PALISADES MEDIA GROUP, INC.
1601 Cloverfield Boulevard
Santa Monica, CA 90404
Tel.: (310) 564-5400
Fax: (310) 828-9117
Web Site: www.palisadesmedia.com

Employees: 65

Year Founded: 1996

Discipline: Creative/Advertising

Roger Schaffner *(Owner & Chief Executive Officer)*
Laura Jean Bracken *(President & Chief Operating Officer)*
Pamela McCarthy *(Senior Vice President & Director, People & Talent)*
Jeremy Viola *(Senior Vice President & Group Director, Strategy)*
Rhona Dass Sanchez *(Senior Vice President & Director, Strategic Planning & Visual Communications)*
Hwa Shih Lee *(Senior Vice President, Digital Marketing)*
Casey Brathwaite *(Senior Vice President & Group Director, Strategy)*
Yvonne Williams *(Vice President & Director, Digital Media)*
Matthew Glaeser *(Vice President, Digital Integration & Data)*
Brian O'Donnell *(Associate Director, Business Intelligence)*
Anne Gritzmacher *(Associate Director, Strategy)*
Matt Lundstrom *(Vice President & Creative Director, Digital)*
Albert Rios *(Associate Media Director - Mercury Insurance)*
Roxana Valdez *(Director, National Video)*
Jonathan Bareng *(Director, Broadcast Traffic)*
Brandy Lewis *(Assistant Media Buyer)*
Thomas Hurwitz *(Associate Director, National Video)*
Katie O'Donnell *(Senior Strategist)*
Mia Duncan *(Supervisor, Strategy)*
Daniella Lavi *(Media Supervisor, National Video)*
Brody Zimmerman *(Senior Strategist)*
Ashley Aczon *(Supervisor, Digital Media - Netflix)*
Hilary Langlois *(Strategist - Netflix)*

Accounts:
Duluth Trading Company
IMAX Corporation
Mercury Insurance Group, Inc.
Netflix
VIZIO, Inc.

PALISADES MEDIA GROUP, INC.
171 Madison Avenue
New York, NY 10016
Tel.: (646) 517-4727
Web Site: www.palisadesmedia.com

Year Founded: 2016

Discipline: Creative/Advertising

Ilana Golant *(Managing Director & Chief Operating Officer)*
Andrea Cardamone *(Executive Vice President & Managing Director)*
Lauren Foley *(Senior Vice President & Account Director)*
Amanda Miller *(Associate Director, Strategy)*
Tiffany Cheng *(Strategy Supervisor)*

PALMER ADVERTISING
466 Geary Street
San Francisco, CA 94102
Tel.: (415) 771-2327
Fax: (415) 771-1832
Web Site: palmeradagency.com

124

CREATIVE/ADVERTISING AGENCIES
AGENCIES - JULY, 2020

Employees: 4
Year Founded: 1997

Discipline: Creative/Advertising

Drew Palmer *(Agency Principal & Owner)*
Tyler Palmer *(Senior Account Manager)*

PANNOS MARKETING
57 Market Street
Manchester, NH 03101
Tel.: (603) 625-2443
Fax: (603) 625-5389
Toll Free: (877) 630-6115
Web Site: www.pannoswinzeler.com

Employees: 20

Discipline: Creative/Advertising

James Pannos *(President)*
Jay Bellemare *(Director, Production & Traffic)*
Amanda Wilmarth *(Media Manager)*
Cindy Gonya *(Senior Account Executive)*
Gregory Keegan *(Digital Media Coordinator)*

PAPPAS MACDONNELL, INC.
135 Rennell Drive
Southport, CT 06890
Tel.: (203) 254-1944
Fax: (203) 256-8232
Web Site: www.pappasmacdonnell.com

Employees: 12
Year Founded: 1977

Discipline: Creative/Advertising

Kyle MacDonnell *(Principal)*
Ron Carroll *(Executive Vice President, Strategy)*
Peter Bjorknas *(Director, Interactive)*
Lisa Mezoff *(Creative Director)*

PARADOWSKI CREATIVE
349 Marshall Avenue
Saint Louis, MO 63119
Tel.: (314) 241-2150
Fax: (314) 241-0241
Web Site: www.paradowski.com

Employees: 30
Year Founded: 1976

Discipline: Creative/Advertising

Gus Hattrich *(President)*
Brad Hauck *(Vice President, Creative Strategy)*
Melissa Galazka *(Vice President, Account Service)*
Pat Rosner *(Director, Insights & Planning)*
Travis Brown *(Associate Creative Director)*
Dan Rayfield *(Creative Director)*
Elise Moore *(Associate Creative Director)*
Alex Ogle *(Media Planner)*

PARKER & PARTNERS MARKETING RESOURCES, LLC
Post Office Box 725
Absecon, NJ 08201
Mailing Address:
709 Iroquois Avenue
Absecon, NJ 08201
Tel.: (609) 484-1859
Fax: (609) 484-9219
Toll Free: (800) 769-1590
Web Site: www.parkerandpartners.com

Employees: 12

Year Founded: 1987

Discipline: Creative/Advertising

Christine Parker *(President)*
Bill Parker *(Chief Creative Officer & Owner)*
Jennifer Morgan *(Account Executive)*

PARRIS COMMUNICATIONS, INC.
4510 Bellview Avenue
Kansas City, MO 64111
Tel.: (816) 931-8900
Fax: (816) 931-8991
Web Site: www.parriscommunications.com

Employees: 9
Year Founded: 1988

Discipline: Creative/Advertising

Roshann Parris *(President & Chief Executive Officer)*
Laurie Roberts *(Chief Operating Officer)*
Ryan Holmes *(Vice President, Community Relations)*
Kelly Cooper *(Account Services Director)*
Cadie Connors *(Account Supervisor)*
Kelsey Rockey *(Account Supervisor)*
Melissa Gall *(Account Executive)*

PARTNERS + NAPIER
One South Clinton Avenue
Rochester, NY 14604
Tel.: (585) 454-1010
Fax: (585) 454-1575
Toll Free: (800) 274-4954
Web Site: www.partnersandnapier.com

Year Founded: 2004

Discipline: Creative/Advertising

Jeff Gabel *(Chief Creative Officer)*
Courtney Cotrupe *(Chief Executive Officer)*
Rob Kottkamp *(Chief Creative Officer)*
Sharon Napier *(Founder & Chairman)*
Elaine Naum *(Senior Vice President, Head, Operations & Group Account Director)*
Julie DeRoller *(Senior Vice President & Group Director)*
Jordan Murphy *(Vice President, Group Media Director)*
Gregg Dinino *(Director, Public Relations)*
Dillon Constable *(Senior Art Director)*
Andy Rose *(Group Creative Director, Digital)*
Greg Smith *(Director, Retail Marketing)*
C.J. Gaffney *(Director, Strategy & Engagement)*
Cara Civiletti Mittler *(Account Director)*
Jessica DeMinco *(Account Director)*
Matthew Nespoli *(Director, Media)*
Mallory Diamond *(Director, Business Development)*
Scott Chapman *(Executive Director, Finance)*
Dan O'Donnell *(Group Director, Creative)*
Kelly Chapman *(Group Account Director)*
Michael Baron *(Executive Creative Director)*
Rick Calzi *(Senior Art Director)*
Scott Allen *(Creative Director)*
PJ Galgay *(Associate Creative Director & Copywriter)*
Robert Warchol *(Senior Art Director)*
Max Brown *(Senior Art Director)*
Matt Spaul *(Director & Editor)*
Lisa Fetkenhour *(Account Director)*
Chelsea Wagner *(Manager, Public Relations)*
Kory Andrieu *(Supervisor, Creative)*
Rick Cieply *(Account Supervisor)*

JP Smith *(Senior Production Artist)*
Parker Bemet *(Cinemaphotographer)*
Jeff Zielinski *(Production Supervisor)*
Nikki Howze *(Agency Producer)*
Julia Benson *(Senior Account Executive)*
Erica Eriksine *(Digital Media Manager)*
Justin Lahue *(Copywriter)*

Accounts:
Arthur Schuman Inc.
Bausch & Lomb, Inc.
Biotrue
BurgerFi
Conduent
Constellation Brands, Inc.
Delta Air Lines, Inc.
Eastman Kodak Company
Friendship Dairies, Inc.
Highmark Health
Mederma
Saputo
Smashburger
Strong National Museum of Play
TECGEN
USA Today
Wegmans Food Markets
Whisps

PARTNERS RILEY LTD.
1375 Euclid Avenue
Cleveland, OH 44115
Tel.: (216) 241-2141
Fax: (216) 479-2438
Web Site: www.partnersriley.com

Employees: 25

Discipline: Creative/Advertising

Rick Riley *(Partner & Creative Director)*
John Butler *(Partner & General Manager)*

PARTNERSCREATIVE
603 Woody Street
Missoula, MT 59802
Tel.: (406) 541-2263
Web Site: www.partnerscreative.com

Year Founded: 1999

Discipline: Creative/Advertising

Sean Benton *(Principal, Vice President & Creative Director)*
Susan Ash *(President)*
Steve Falen *(Vice President & Creative Director)*
Suzanne Elfstrom *(Director, Media & Public Relations)*
Tony Ferrini *(Director, Digital)*
Leta Brown *(Business Manager)*

PARTY LAND
114 Washington Boulevard
Marina Del Rey, CA 90292
Web Site: www.partyland.co

Year Founded: 2017

Discipline: Creative/Advertising

Matt Heath *(Co-Founder & Chief Executive Officer)*
Haley Hunter-Heath *(Co-Founder, General Manager & Recruiter)*
Sean McNamara *(Chief Marketing Officer)*
Marten Compoc *(Chief Technology Officer)*
Madison Gargan *(Account Director)*

AGENCIES - JULY, 2020 — CREATIVE/ADVERTISING AGENCIES

Accounts:
Adam&Eve
Arby's Restaurant Group, Inc.
Erbert & Gerbert's Sandwich Shops
Get Heal, Inc.
Harvest HOC
Liquid Death

PATHFINDERS ADVERTISING & MARKETING GROUP, INC.
1250 Park Place Road
Mishawaka, IN 46545
Tel.: (574) 259-5908
Fax: (574) 259-5978
Web Site: www.pathfind.com

Employees: 20
Year Founded: 1979

Discipline: Creative/Advertising

Steve Ball (Owner & Chief Executive Officer)
Vicki Holland (President)
Kelly Ball (Vice President)
Richard Abbott (Executive Creative Director)
Jane Basker (Art Support)

PATIENTS & PURPOSE
200 Varick Street
New York, NY 10014
Tel.: (212) 798-4400
Fax: (212) 867-3460
Web Site: www.patientsandpurpose.com

Discipline: Creative/Advertising

Deborah Deaver (President & Chief Executive Officer)
Dina Peck (Managing Partner & Executive Creative Director)
Tom Galati (Associate Partner & Creative Director)
Eliot Tyler (President)
John Deely (Executive Vice President & Director, Digital Experience)
Matthew Sherwood (Senior Vice President & Creative Director)
Tom Groves (Senior Vice President & Director, Account Planning)
Ryan Bell (Senior Vice President & Associate Director, Creative)
Laura Ortiz (Vice President & Group Account Supervisor)
Todd Weinstein (Vice President, Digital Strategy & Analytics)
Robert Wielgosh (Vice President & Director, Group Account)
Elizabeth Hess (Vice President & Director, Account)
Joe Morea (Vice President & Director, Group Account)
Megan Nehila (Senior Account Executive)

Accounts:
Actemra
Caduet
Genentech, Inc.
Lesinurad
Sutent

PATTERN
138 East Broadway
New York, NY 10002
Tel.: (212) 260-9565
Web Site: patternbrands.com

Year Founded: 2008

Discipline: Creative/Advertising

Nicholas Ling (Chief Executive Officer & Co-Founder)
Camille Baldwin (Vice President, Brand & Founding Team)
Dan Kenger (Vice President, Creative)
Lily Burtis (Senior Director, Strategic Initiatives)
Alex Brands (Senior Manager, Brand Marketing)
Carson Christman (Senior Manager, Marketing)
Soojeong Chi (Senior Manager, Business Operations)
Meg Sheehan (Manager, Growth Marketing)
Michael Shoiock (Senior Manager, Retention Marketing)
Suze Dowling (Partner & General Manager)

Accounts:
Hims, Inc.

PATTERSON BACH COMMUNICATIONS
450 Faye Street
Apopka, FL 32712
Tel.: (407) 645-1880
Fax: (407) 645-1985
Web Site: www.pat-bach.com

Employees: 16
Year Founded: 1964

Discipline: Creative/Advertising

Tim Bach (President)
Dan McDonald (Creative Director)

PAULSEN MARKETING COMMUNICATIONS
3510 South First Avenue Circle
Sioux Falls, SD 57105
Tel.: (605) 336-1745
Fax: (605) 336-2305
Web Site: www.paulsenmarketing.com

Year Founded: 1951

Discipline: Creative/Advertising

Thane Paulsen (Chief Executive Officer)
Mark Smither (Vice President & Strategy Director)
Jane Harms (Vice President, Finance & Human Resources)
Sara Steever (President)
Kristi Moss (Media Group Director)

PAVLOV
3017 West Seventh Street
Fort Worth, TX 76107
Tel.: (817) 336-6824
Fax: (817) 336-6823
Web Site: www.pavlovagency.com/

Employees: 15
Year Founded: 2001

Discipline: Creative/Advertising

Allen Wallach (President & Chief Executive Officer)
Khris Kesling (Creative Director)
Scott Kirk (Director, Brand Strategy)
Allan Cardozo (Director, Interactive & Operations)
Amanda Gibson (Account Services Director)
Richard Maxwell (Director, Transit Accounts)

PB&
255 South King Street
Seattle, WA 98104
Tel.: (206) 693-2562
Web Site: www.pbandseattle.com

Year Founded: 2016

Discipline: Creative/Advertising

Brittany Fero (Principal)
Pete Anderson (Head, Content Production)
Ben Salaman (Strategist)
Kaila Robinson (Strategist)

Accounts:
Providence Health System
Visit Seattle
Windermere Services, Inc.

PEAK BIETY, INC.
2901 West Busch Boulevard
Tampa, FL 33618
Tel.: (813) 227-8006
Fax: (813) 228-7898
Web Site: www.peakbiety.com

Employees: 8
Year Founded: 1990

Discipline: Creative/Advertising

Glen Peak (President)
Donette Arcos (Media Director)
Amy Phillips (Creative Director)

PERFORMANCE MARKETING
One Corporate Place
West Des Moines, IA 50266
Tel.: (515) 440-3550
Web Site: www.performancemarketing.com

Year Founded: 1999

Discipline: Creative/Advertising

Kevin Lentz (Owner)
Jim Swanson (Partner, Creative)
Tom West (Director, Production)
Andrew Gillman (Director, Public Relations)
Andi Mcilwee (Associate, Media Strategy)
MacKenzie Oztra (Account Executive)
Stephanie Maxwell (Associate Director, Media)
Ellie Walter (Graphic Designer)
Kristine White (Account Executive)
Samuel George (Account Coordinator)
Brooke Lofgren (Coordinator, Media)

PERICH ADVERTISING
117 North First Street
Ann Arbor, MI 48104
Tel.: (734) 769-2215
Fax: (734) 769-2322
Web Site: www.perich.com

Employees: 30
Year Founded: 1987

Discipline: Creative/Advertising

Ernie Perich (President & Creative Director)
Craig Dunaway (Vice President & Director, Client Services)
Carol Mooradian (Vice President & Director, Design)
Brad Jurgensen (Vice President, Media & Strategic Planning)
Dan Sygar (Vice President & Associate Creative Director)

Brands. Marketers. Agencies. Search Less. Find More.
Try out the online version at www.winmo.com

CREATIVE/ADVERTISING AGENCIES

Shirley Perich *(Vice President)*
Carol Austin *(Vice President, Production)*
Matt Mordarski *(Senior Digital Media Specialist)*

PERISCOPE
921 Washington Avenue, South
Minneapolis, MN 55415
Tel.: (612) 399-0500
Fax: (612) 339-1700
Toll Free: (800) 339-2103
Web Site: www.periscope.com

Year Founded: 1994

Discipline: Creative/Advertising

Virginia Hines *(Chief Financial Officer & Chief Operating Officer)*
Peter Nicholson *(Chief Creative Officer)*
Liz Ross *(President & Chief Executive Officer)*
Victor Kimble *(Executive Vice President & Director, Strategy)*
Peter Boosalis *(Executive Vice President & Business Development)*
Jenifer Anhorn *(Executive Vice President & Business Development)*
Chris Hiland *(Executive Vice President, Client Leadership)*
Jayson Truttmann *(Executive Vice President)*
John Keenan *(Executive Vice President, Marketing Analytics)*
Mike Gray *(Vice President & Group Account Director)*
Kim Coombe *(Vice President & Manager, Production)*
A. J. Scherbring *(Vice President & Director, Digital Creative)*
Katie Kelly-Landberg *(Vice President & Supervisor, Management)*
Kelsey Soby *(Vice President & Director, Marketing & Public Relations)*
Matt Miller *(Vice President & Group Creative Director)*
Scott Dahl *(Vice President & Group Creative Director)*
Sarah Gonsior *(Vice President & Group Account Director)*
Steve Sutherland *(Vice President & Director, Integrated Creative Production)*
Brian Kieser *(Associate Media Director)*
Matt Huber *(Director, Strategic Integration)*
Jason Bottenus *(Executive Creative Director)*
Heath Pochucha *(Executive Creative Director)*
Claire Dailey *(Account Director, Public Relations)*
Danny Kremer *(Associate Director, Analytics)*
Bill Brozack *(Account Director, Public Relations)*
Nicole Horton *(Director, Creative Services)*
Natalie Maiser *(Senior Director, Account)*
Kym Ohna *(Director, Creative)*
Bridget Jewell *(Creative Director)*
Dustin Joyce *(Creative Director)*
Erik Jacobs *(Director, Creative Studio)*
Greg Beaupre *(Creative Director)*
Jim McLarty *(Creative Director)*
Jen Neis *(Associate Creative Director)*
Jon Voth *(Director, Creative Technology)*
Lindsay Fischer *(Creative Director)*
Maggie Summers *(Director, Strategy)*
Nick Coldagelli *(Creative Director)*
Nicole Meyer *(Associate Creative Director)*
Bret Herzog *(Director, Strategy - Brand Engagement)*
Andrea Blakely *(Account Manager)*
Bill Berg *(Executive Producer)*

Gian Hill *(Account Supervisor)*
Gloria Vlatkovich *(Senior Project Manager)*
Heather Morse *(Group Project Manager)*
Katie Derheim *(Senior Producer, Content)*
Lauren Johnson *(Account Manager)*
Menzie Henderson *(Account Supervisor)*
Nicole Knutson *(Senior Project Manager)*
Randall Cunningham *(Account Supervisor)*
Shillie Fisher *(Senior Media Planner)*
Julianna Fenncy *(Account Manager)*
Jack Lunt *(Project Manager)*
Alanna Stangl *(Account Manager)*
Thom Kordonowy *(Copywriter)*
Taylor Lovaas *(Coordinator, Social Media)*

Accounts:
American Public Transportation Association
AutoTrader.com, LLC
Bandag
Bronson Healthcare Group, Inc.
Cox Business
Cox Communications, Inc.
Cox Enterprises, Inc.
Department 56, Inc.
Ferrara Candy Company
Firestone Tires
Intuit, Inc.
JCPenney Corporation, Inc.
Kelley Blue Book Company, Inc.
Minnesota Lottery
Mrs. Smith's
Pemco Insurance
Petco Animal Supplies, Inc.
Publix Supermarkets, Inc.
QuickBooks
Red Baron
Regal Marine Industries, Inc.
Revel Stoked Spiced Whisky
Rust-Oleum Corporation
Schwan Food Company
Schwan's Home Service
Target Corporation
Trolli
Truvia
UnitedHealth Group, Inc.
UV Vodka
Volvo Penta of the Americas, Inc.
Winmark Corporation

PETERMAYER
318 Camp Street
New Orleans, LA 70130
Tel.: (504) 581-7195
Fax: (504) 581-2731
Web Site: www.peteramayer.com

Employees: 110
Year Founded: 1967

Discipline: Creative/Advertising

Mark Mayer *(President & Chief Executive Officer)*
Josh Mayer *(Chief Creative Officer)*
Michelle Edelman *(Chief Strategy Officer)*
Candace Graham *(Vice President & Director, Marketing)*
David Crane *(Vice President & Director, Client Services)*
Desmond Lavelle *(Vice President & Executive Creative Director)*
Larry Lovell *(Vice President & Director, Public Relations)*
Bryan Rice *(Vice President & Director, Project Management)*
Jordy Luft *(Director, Media)*
Lynne McMillen *(Associate Director, Media)*

Jeremy Braud *(Director, Media & Connections Planning)*
Richard Landry *(Creative Director)*
Jason Otis *(Creative Director)*
Jennifer Rockvoan *(Director, Digital Production & Marketing Systems)*
Fernanda Burgel *(Creative Director)*
Sara Johnson *(Senior Media Planner & Buyer)*
Matthew Westfall *(Account Supervisor)*
Alissa Dunbar *(Media Supervidor)*
Alexis Vicknair *(Broadcast Producer)*
Arianne White *(Senior Strategist, Social Media)*
Kacey M. Hill *(Account Supervisor, Public Relations)*
Anna Plaisance *(Manager, Social Media)*
Margaret Taylor Tuskey *(Senior Account Executive, Public Relations)*
Maggie Robert *(Account Executive, Public Relations)*

Accounts:
Asheville Convention & Visitors Bureau
Audubon Aquarium of the Americas
Audubon Nature Institute
Audubon Zoo
New Orleans Saints
Visit Mississippi Gulf Coast
Williams Sausage
Zatarain's, Inc.

PETERSON MILLA HOOKS
1315 Harmon Place
Minneapolis, MN 55403-1926
Tel.: (612) 349-9116
Fax: (612) 349-9141
Web Site: www.pmhadv.com

Year Founded: 1989

Discipline: Creative/Advertising

David Peterson *(Founder & Executive Creative Director)*
Courtney Vincent *(Creative Director)*
Keith Bracknell *(Director, Technology)*
Heidi Coleman *(Creative Manager)*

Accounts:
Sleep Number Corporation

PETERSON RAY & COMPANY
2220 South Harwood
Dallas, TX 75215
Tel.: (214) 954-0522
Fax: (214) 954-1161
Web Site: www.peterson.com

Employees: 7
Year Founded: 1985

Discipline: Creative/Advertising

Bryan Peterson *(Chairman)*
Scott Ray *(Principal & Senior Creative)*
Carl Peterson *(New Media Designer)*

PETROL
443 North Varney Street
Burbank, CA 91502
Tel.: (323) 644-3720
Web Site: www.petrolad.com

Year Founded: 2003

Discipline: Creative/Advertising

Alan Hunter *(Chief Creative Officer & President)*
Ben Granados *(Executive Vice President & Chief

Brands. Marketers. Agencies. Search Less. Find More.
Try out the online version at www.winmo.com

AGENCIES - JULY, 2020 — CREATIVE/ADVERTISING AGENCIES

Strategy Officer)
Joe Granados *(Junior Vice President & Director, Audio Visual)*
Patrick H. Cervantes *(Junior Vice President, Communications)*
Wendy Hsu *(Account Director)*
Chris Bayaca *(Director, Media)*
Ellen Lee *(Media Director)*
Andrea Voskanian *(Associate Creative Director)*
Joshua Alvarado *(Senior Art Director)*
Mark Baham *(Senior Art Director)*
Samuel Clarke *(Director, Strategic Brand Development)*

Accounts:
Bandai Namco Games America, Inc.

PHOENIX CREATIVE
555 Washington Avenue
Saint Louis, MO 63101
Tel.: (314) 421-5646
Fax: (314) 421-5647
Web Site: www.phoenixcreative.com

Year Founded: 1989

Discipline: Creative/Advertising

Matt O'Neill *(Owner & Principal)*
David Dolak *(Partner & Chief Creative Officer)*
Matt O'Neill *(Senior Partner)*

PHOENIX GROUP
1621 Albert Street
Regina, SK S4P 2S8
Tel.: (306) 585-9500
Fax: (306) 352-8240
Web Site: www.thephoenixgroup.ca

Employees: 25
Year Founded: 1982

Discipline: Creative/Advertising

Karissa Hanson *(Partner & Vice President, Corporate Affairs)*
David Bellerive *(Partner & Vice President, Creative, Interactive & Media)*
Pam Klein *(President)*
Darren Mitchell *(Vice President, Strategic Development)*
Laila Haus *(Creative Director)*

PHOENIX MARKETING GROUP, INC.
6750 Maple Terrace
Milwaukee, WI 53213
Tel.: (414) 531-3189
Fax: (414) 531-3187
Web Site: www.phoenixmgi.com

Year Founded: 1979

Discipline: Creative/Advertising

Jean Radtke *(President & Chief Executive Officer)*
Charlie Radtke *(Owner, Vice President, & Creative Director)*

PIL CREATIVE GROUP
2030 South Douglas Road
Coral Gables, FL 33134
Tel.: (305) 442-1990
Web Site: www.pilcreativegroup.com

Year Founded: 2001

Discipline: Creative/Advertising

Patsy Linares *(Principal & Creative Director)*
Oscar Linares *(Broadcasting Consultant)*
Maria Hernandez *(Associate Creative Director)*
Gretel Rojas *(Associate Creative Director)*
Annabelle Reyes *(Account Services Director)*

PIMS
20 West 36th Street
New York, NY 10018
Tel.: (212) 279-5112
Fax: (212) 244-9603
Web Site: www.pimsinc.com

Year Founded: 1987

Discipline: Creative/Advertising

Mark Glickman *(President)*
Leighsa Kesselhaut *(Senior Executive Vice President)*
David Silbergleit *(Vice President, Sales & Marketing)*

PINCKNEY HUGO GROUP
760 West Genesee Street
Syracuse, NY 13204
Tel.: (315) 478-6700
Fax: (315) 426-1392
Web Site: www.pinckneyhugo.com

Discipline: Creative/Advertising

Douglas Pinckney *(President)*
Aaron Hugo *(Owner & Executive Vice President, Client Services)*
Kathi Brogan *(Vice President, Media Services)*
Christopher Pinckney *(Executive Creative Director)*
Colleen Kernan *(Director, Public Relations)*
Adam Jwaskiewicz *(Director, Interactive Services)*
Bryan Weinsztok *(Account Director)*
Cathy Van Order *(Director, Production Services)*
Scott McNany *(Creative Director)*
Patti McIntosh *(Director, Administration & Finance)*
Susan Muench *(Media Buyer)*
Bella Knapp *(Account Manager)*
Alexandra Gilmore *(Senior Strategist, Digital Media)*
Lindsey Smith *(Account Manager, Public Relations)*
Maggie Gotch *(Senior Account Manager)*

PINNACLE HEALTH COMMUNICATIONS, LLC
259 Veterans Lane
Doylestown, PA 18901
Tel.: (215) 489-9000
Web Site: www.pinnaclehc.com

Year Founded: 1998

Discipline: Creative/Advertising

Dave Dierk *(President)*
Mark DiLuigi *(Executive Vice President, Operations)*

PL COMMUNICATIONS
PL Communications
Scotch Plains, NJ 07076
Tel.: (908) 889-8884
Web Site: www.plcommunications.com

Year Founded: 1985

Discipline: Creative/Advertising
Paul Lavenhar *(Principal)*
Mary Murphy *(Marketing Director)*

PLAYBUZZ
49 West 23rd Street
New York, NY 10010
Web Site: www.playbuzz.com

Year Founded: 2012

Discipline: Creative/Advertising

Shachar Orren *(Chief Storyteller)*
Dara Handelman *(Marketing Lead - US)*
Corey Mahoney *(Account Manager)*
Michael Koh *(Manager, Social Media)*
Aja Koenig *(Senior Manager, Brand Partnerships)*
Matt Trotta *(General Manager - North America)*

PLOWSHARE GROUP, INC.
One Dock Street
Stamford, CT 06902
Tel.: (203) 425-3949
Fax: (203) 425-3950
Web Site: www.plowsharegroup.com

Employees: 7
Year Founded: 1994

Discipline: Creative/Advertising

Jeff Boal *(Chairman)*
Tom Derreaux *(Senior Vice President, Campaign Management & Media Monitoring)*
Katie Kellogg *(Senior Campaign Manager & Media Outreach)*

PLUS
162 West 21st Street
New York, NY 10011
Tel.: (212) 473-3800
Web Site: weareplus.com

Year Founded: 2002

Discipline: Creative/Advertising

Jeremy Hollister *(Founder & Director)*
Judy Wellfare *(Executive Creative Director)*

PMG RETAIL & ENTERTAINMENT
16035 University Oak
San Antonio, TX 78249
Tel.: (210) 341-8877
Fax: (210) 341-2553
Web Site: www.pmgsuccess.com

Discipline: Creative/Advertising

Brent Statzer *(President & Chief Executive Officer)*
Derrick Hegmon *(Chief Operating Officer & Senior Vice President)*

POINT B COMMUNICATIONS
600 West Fulton Street
Chicago, IL 60661
Tel.: (312) 867-7750
Fax: (312) 867-7751
Web Site: www.pointbcommunications.com

Employees: 18
Year Founded: 1975

Discipline: Creative/Advertising

CREATIVE/ADVERTISING AGENCIES

Rob Grusin *(President)*
Cary Lahucik *(Vice President, Operations)*
Hamish McDonald *(Vice President, Client Services)*
Jessica Stone Grusin *(Vice President)*
Tim Grob *(Controller)*
Carol Holderfield *(Senior Art Director)*
Chris Yuzeitis *(Manager, Media)*
John Novak *(Manager, Media)*
Liz-Marie Sorbun *(Manager, Employee Resources)*
Stephanie Fallara *(Account Executive)*

POINT TO POINT
23240 Chagrin Boulevard
Cleveland, OH 44122
Tel.: (216) 831-4421
Fax: (216) 831-3099
Web Site: www.pointtopoint.com/

Employees: 15
Year Founded: 1982

Discipline: Creative/Advertising

Mark Goren *(President & Chief Executive Officer)*
Megan Kacvinsky *(Partner, Client Delivery)*
Stephanie Weigel *(Account Director)*
Hannah Allozi *(Associate Creative Director)*
Jake Kellogg *(Vice President & Creative Director)*
Alexander Sprungle *(Senior Art Director)*
Melissa Acosta *(Senior Art Director)*
Jessica Fretthold *(Account Director)*
Elizabeth Polomsky *(Project Manager)*
Elise Kogelnik *(Media Manager)*
Maura Partridge *(Senior Account Coordinator)*
Andrew Fisher *(Coordinator, Digital Marketing)*

Accounts:
National Association of College Stores

PP+K
1102 North Florida Avenue
Tampa, FL 33602
Tel.: (813) 496-7000
Fax: (813) 496-7002
Toll Free: (866) 496-7001
Web Site: www.uniteppk.com

Employees: 20
Year Founded: 2004

Discipline: Creative/Advertising

Tom Kenney *(Principal Owner)*
Garrett Garcia *(Vice President, Business Insights)*
Andi Weinberger *(Associate Media Director)*
Nicholas Stoeckle *(Group Digital Director)*
Paul Prato *(Group Creative Director)*
Jesse Vahsholtz *(Group Account Director)*
Kyle Matos *(Experienced Account Director)*
Kristin Pirkola *(Supervisor, Broadcast Buying)*
Ariel Williams *(Associate Director, Media & Broadcast)*
Sarah Ferrell *(Account Director)*
Lauren Arney *(Director, Traffic)*
Jen Thornton *(Executive Director, Business Strategy)*
Kendra Mahon *(Senior Marketing Communications Manager)*
Tara Willette *(Senior Account Supervisor)*
Jessica Deheza *(Media Buyer)*
Catherine Hippelheuser *(Senior Media Planner)*
Sarah Morris *(Manager, Digital Media)*
Will Vargas *(Multicultural Integrated Media Planner)*

Kat Koerner *(Junior Paid Media Buyer)*
Elizabeth Phelps *(Managing Director, Integrated Media)*

Accounts:
American Society for the Prevention of Cruelty to
Big Boy Restaurants International
Florida Lottery
LEGOLAND
PDQ
Pirelli Tire North America

PREACHER
119 West Eighth Street
Austin, TX 78701
Tel.: (512) 489-0200
Web Site: www.preacher.co

Year Founded: 2014

Discipline: Creative/Advertising

Seth Gaffney *(Founder & Chief Strategy Officer)*
Rob Baird *(Founder & Chief Creative Officer)*
Krystle Loyland *(Founder & Chief Executive Officer)*
Jimmie Blount *(Associate Creative Director)*
Grant Watson *(Brand Director)*
Stephanie Smith *(Director, Brand)*
Amanda VanAntwerp *(Director, Operations)*
JJ Kraft *(Senior Art Director)*
Katie Gibson *(Brand Director)*
Heath Tavrides *(Director, Brand)*
Jessica Baker *(Director, Brand)*
Nick Troop *(Senior Art Director)*
Marika Wiggan *(Director, Strategy)*
Maxx Delaney *(Associate Creative Director)*
Greg Hunter *(Creative Director)*
Kellyn Blount *(Creative Director)*
Monique Ramos *(Senior Manager, Brand)*
Kristen Meade *(Senior Brand Manager)*
Abigail Press *(Senior Business Affairs Manager)*
Stephen Maroda *(Senior Strategist)*
Meegan Moore *(Manager, Brand)*
Douglas Kleeman *(Senior Strategist)*
Anna McCaleb *(Designer)*
Nathan James *(Designer)*
Ellen Nelson *(Coordinator, Production)*

Accounts:
Basil Hayden's
Bonobos
Knob Creek
Saatva, Inc.
SimpliSafe
Streeteasy.com
The Container Store
Tommy John, Inc.
Vital Farms

PRECISIONEFFECT
101 Tremont Street
Boston, MA 02108
Tel.: (617) 722-0019
Fax: (617) 722-6099
Web Site: www.precisioneffect.com

Employees: 42
Year Founded: 1978

Discipline: Creative/Advertising

Deborah Lotterman *(Chief Creative Officer)*
Carolyn Morgan *(President)*
Doug Chapman *(Senior Vice President & Creative Director)*
Michele Corcoran *(Associate Vice President, Resourcing)*
John Fitzpatrick *(Vice President, Interactive)*

PRECISIONEFFECT
3200 Park Center Drive
Cost Mesa, CA 92626
Tel.: (866) 762-1507
Fax: (949) 851-5091
Web Site: www.precisioneffect.com

Employees: 12
Year Founded: 1981

Discipline: Creative/Advertising

Paul Balagot *(Chief Experience Officer & Managing Director)*
Maeden Anda *(Associate Creative Director)*
Brian Gwaltney *(Senior Production Artist)*

PRESTON KELLY
222 First Avenue Northeast
Minneapolis, MN 55413
Tel.: (612) 843-4000
Fax: (612) 843-3900
Web Site: www.prestonkelly.com

Employees: 30
Year Founded: 1950

Discipline: Creative/Advertising

Chris Preston *(Partner & Chief Creative Officer)*
Jennifer Spire *(Partner & Chief Executive Officer)*
Peter Tressel *(Senior Vice President & Digital Creative Director)*
Yuliya Mycka *(Senior Vice President & Digital Director)*
Erika Mayerle *(Vice President & Account Director)*
Dan Ryan *(Vice President & Account Director)*
Beth Elmore *(Director, Production Services)*
Scott Dahlgren *(Media Connections Director)*
Betsey Ruesink *(Account Director)*
Shannon Stauff *(New Business Director)*
Charlie Tournat *(Associate Creative Director & Writer)*
Melissa Tresidder *(Creative Director)*
Alexa Harney *(Account Manager)*
Jessica Thompson *(Account Manager)*
Lucas Weaver *(Digital Strategist)*
Kevin Burbach *(Digital Strategist)*
Jessa Diebel *(Digital Strategist)*
Sadie Artis *(Media Planner)*

Accounts:
Catholic Health Initiatives
Edina Realty Home Services & Mortgages
Medtronic, Inc.
NoDoz Alertness Aid

PRIMM & COMPANY
112 College Place
Norfolk, VA 23510
Tel.: (757) 623-6234
Fax: (757) 622-9647
Toll Free: (800) 292-0299
Web Site: www.primmco.com

Discipline: Creative/Advertising

Tiffany Curran *(President & Media Director)*
Emily Primm *(Vice President & Treasurer)*

PROED COMMUNICATIONS

AGENCIES - JULY, 2020 — CREATIVE/ADVERTISING AGENCIES

25101 Chagrin Boulevard
Beachwood, OH 44122
Tel.: (216) 595-7919
Fax: (216) 595-0757
Web Site: www.proedcom.com

Employees: 985
Year Founded: 1991

Discipline: Creative/Advertising

Mary Rofael *(President)*
Greg Connel *(Executive Vice President, Strategic Communications)*
Seth Wawak *(Associate Financial Director)*
Kim Hayes *(Group Account Director)*
Allen McCrodden *(Creative Group Supervisor)*

PROFESSIONAL MEDIA MANAGEMENT
528 Bridge Street
Grand Rapids, MI 49504
Tel.: (616) 456-5555
Fax: (616) 456-8244
Web Site: www.promedmgt.com

Year Founded: 1988

Discipline: Creative/Advertising

Jack Ponstine *(President & Chief Executive Officer)*
Leigh Engelbrecht *(Account Manager)*

Accounts:
D&W Fresh Markets
Family Fare Supermarkets
Glen's Markets
SpartanNash Company

PROHASKA CONSULTING
99 Madison Avenue
New York, NY 10016
Tel.: (917) 576-9794
Web Site: www.prohaskaconsulting.com

Year Founded: 2011

Discipline: Creative/Advertising

Matt Prohaska *(Chief Executive Officer & Principal)*
Glenn Spoto *(Chief Financial Officer & Global Vice President, Investor Strategy)*
Ellen Oppenheim *(Vice President, Global Industry & Marketing Strategy)*
Jennifer Cole *(Vice President - Programmatic Ad Sales & Publisher Strategy)*
Scott Bender *(Global Head of Publisher Strategy & Business Development)*
Laura Gaffney *(Vice President, Global Publisher & Business Development)*
Bryan Halper *(Vice President, Finance & Global Investor Strategy)*
Renee Kujawski *(Director, Research & Team Operations)*
Ameet Shah *(Senior Director, Global Technology, Publisher & Data Strategy)*

PROPELLER
207 East Buffalo Street
Milwaukee, WI 53202
Tel.: (414) 277-7743
Fax: (414) 277-7784
Web Site: www.ideasthatpropel.com/

Employees: 10
Year Founded: 1993

Discipline: Creative/Advertising

Rick Thrun *(President & Creative Director)*
Laura Marx *(Owner & Client Liason - Propeller)*

PROTERRA ADVERTISING
16415 Addison Road
Addison, TX 75001
Tel.: (972) 732-9211
Fax: (972) 732-7687
Web Site: www.proterraadvertising.com/

Employees: 15
Year Founded: 1993

Discipline: Creative/Advertising

Danny Sanchez *(Chief Executive Officer & Owner)*
Lisa deLeon *(Chief Strategy Officer)*
Larry Sanchez *(Director, Small Business Marketing)*

Accounts:
CompuCom Systems, Inc.

PSYNCHRONOUS COMMUNICATIONS
300 Trade Center
Woburn, MA 01801
Tel.: (781) 569-2250
Fax: (781) 937-0466
Web Site: www.psynchronous.com

Employees: 5
Year Founded: 2002

Discipline: Creative/Advertising

Kris Washington *(Owner & Founding Partner & President)*
Kevin Zundl *(Owner)*
Annmarie Seldon *(Manager, Media Relations)*

PUBLIC WORKS
211 North First Street
Minneapolis, MN 55401
Tel.: (612) 351-1644
Web Site: http://www.publicworks.agency

Year Founded: 2016

Discipline: Creative/Advertising

Christopher Henderson *(Partner & Creative Lead)*
Derek Bitter *(Creative Lead)*
Brian Hurley *(Creative Lead)*
Jenny McDowell *(Founding Partner & Business Lead)*
Sarah Maki *(Project Management & Operations Lead)*

Accounts:
Honey-Comb
Malt-O-Meal

PUBLICIS WEST
424 Second Avenue West
Seattle, WA 98119
Tel.: (206) 285-2222
Fax: (206) 286-8388
Web Site: www.publicisseattle.com

Employees: 225
Year Founded: 1926

Discipline: Creative/Advertising

David Halleran *(Chief Financial Officer & Senior Vice President)*
Adam Deer *(Creative Director)*
Adam Thomason *(Group Account Director)*
Garth Knutson *(Group Account Director)*
Kyle Cavanaugh *(Associate Creative Director)*
Nicole McKeown *(Director, Strategy - HPE & Micron)*
Rob Kleckner *(Creative Director)*
Patrick Hutchinson *(Account Supervisor)*

Accounts:
Coinstar, Inc.
RealNetworks, Inc.
Special Olympics
T-Mobile USA

PURDIE ROGERS, INC.
2288 West Commodore Way
Seattle, WA 98199
Tel.: (206) 628-7700
Fax: (206) 628-2818
Web Site: www.purdierogers.com

Employees: 11
Year Founded: 1990

Discipline: Creative/Advertising

Andy Rogers *(President)*
Geo Purdie *(Principal)*
Marybeth Turk *(Director, Client Services)*
Barnett Turk *(Creative Director)*
Scott Rockwell *(Interactive Media Director)*
Sheila Otter *(Account Director)*

Accounts:
Oreck
Ply Gem

PURE BRAND COMMUNICATIONS
621 Kalamath Street
Denver, CO 80204
Tel.: (303) 625-1085
Web Site: www.pure-brand.com/

Discipline: Creative/Advertising

Dan Igoe *(Co-Owner & Brand Director)*
Gregg Bergan *(Co-Owner & Chief Creative Officer)*
Jerry Stafford *(Director, Design)*
Stacey Rose Knox *(Account Director)*

PURERED
211 College Road East
Princeton, NJ 08540
Tel.: (609) 945-8700
Web Site: www.purered.net

Year Founded: 1986

Discipline: Creative/Advertising

Chris Havard *(Senior Vice President, Advertising)*
Robert Mills *(Vice President, Performance Marketing)*
Vincent Travisano *(Vice President & Creative Director)*
Kenneth Fish *(Director, Digital Creative)*
Sheetal Modi *(Senior Account Executive)*
Caitlin Seaman *(Manager, Digital Analytics)*
Erin Scott *(Specialist, Digital Marketing)*

Accounts:
Arm & Hammer Double Duty
Jersey Cash 5
Mega Millions
New Jersey State Lottery Commission

CREATIVE/ADVERTISING AGENCIES

New Jersey State Lottery Instant Games
Pick 3
Pick 4
Pick-6 Lotto
Powerball

PURPLEGROUP
714 South Dearborn Street
Chicago, IL 60605
Tel.: (773) 394-8252
Fax: (773) 394-9959
Web Site: www.purplegrp.com/

Discipline: Creative/Advertising

Laritza Lopez *(Principal & President)*
Paul Corzo *(Creative Director)*
Annet Miranda *(Manager, Client Relations)*

PUSH 7
100 First Avenue
Pittsburgh, PA 15222
Tel.: (412) 323-9320
Fax: (412) 323-9334
Web Site: www.push7agency.com

Employees: 6

Discipline: Creative/Advertising

John Millea *(President)*
Kristi Schaefer *(Director, Client Services)*
Heidi Winkler *(Account Executive)*
Deanna Konesni *(Account Executive)*
Scot Wallace *(Director, Creative Services)*
Ian Faight *(Account Executive)*

PWB
2723 South State Street
Ann Arbor, MI 48104
Tel.: (734) 995-5000
Fax: (734) 995-5002
Web Site: www.pwb.com

Employees: 14
Year Founded: 1976

Discipline: Creative/Advertising

Sean Hickey *(Chief Operating Officer)*
Steve Peterson *(Chairman)*

Accounts:
Siemens - PLM Solutions

PYXL
625 South Gay Street
Knoxville, TN 37902
Tel.: (865) 690-5551
Web Site: www.thinkpyxl.com

Year Founded: 2000

Discipline: Creative/Advertising

Brian Winter *(Founder & Chief Executive Officer)*
Rebecca Myles *(Creative Director)*
Brenna Szul *(Director, Employee Experience)*

Q ADVERTISING & PUBLIC RELATIONS
8080 West Sahara Avenue
Las Vegas, NV 89117
Tel.: (702) 256-5511
Fax: (702) 838-9899
Web Site: www.qapr.com

Year Founded: 2002

Discipline: Creative/Advertising

Tim Quillin *(President & Chief Executive Officer)*
Sharry Quillin *(Partner & Chief Financial Officer)*
Nathan Gomez *(Director, Social Media)*
Benjamin Burns *(Director, Creative Strategy)*

QUAKER CITY MERCANTILE
114-120 South Thirteenth Street
Philadelphia, PA 19107
Tel.: (215) 922-5220
Fax: (215) 922-5228
Web Site: www.quakercitymercantile.com

Employees: 35
Year Founded: 1990

Discipline: Creative/Advertising

Steven Grasse *(Chief Executive Officer)*
Wade Keller *(Director, Creative)*
Bernadette Potts-Semel *(Senior Account Director)*
Ketura Tone *(Account Director)*
Ron Short *(Director, Art & Designer)*
Stephanie Marie Aviles *(Account Director)*
Jen Nolan *(Senior Account Manager)*
Joe Conti *(Senior Account Manager)*
Katharine Pecorino *(Account Manager)*
Chris Galvin *(Account Manager)*
Breanne Furlong *(Photographer)*

Accounts:
Hendrick's Gin
Milagro
Miller High Life

QUENCH
1006 Market Street
Harrisburg, PA 17101
Tel.: (717) 909-9524
Web Site: www.quenchagency.com

Year Founded: 2014

Discipline: Creative/Advertising

Amy Murray *(Partner & Chief Operating Officer)*
John Bassounas *(Partner & Client Services Director)*
Michael Pavone *(President & Chief Executive Officer)*
James Masden *(Chief Creative Officer)*
Jennifer Kehler *(Director, Media)*
Darby Hughes *(Director, Brand Strategy & Trends Expert)*
Greg Carney *(Director Communications Planning)*
Jonathan Cooper *(Director, Communications)*
Bill Starkey *(Creative Director)*
John Gilbert *(Group Creative Director & Copywriter)*
Jared Scott *(Director & General Manager)*
Ami Lawson *(Group Brand Manager)*
Courtney Bila *(Associate Brand Manager)*
Laura Osmolinski *(Brand Manager)*
Bradley Curran *(Business Development Manager)*
Cara Stefchak *(Senior Social Media Strategist)*

Accounts:
Del Monte Foods, Inc.
Herr Foods, Inc.
StarKist Co.
Sun-Maid Growers of California
Sun-Maid Raisins
Turkey Hill Dairy

QUIRK CREATIVE
67 35th Street
Brooklyn, NY 11232
Tel.: (917) 651-1873
Web Site: www.findyourquirk.com

Discipline: Creative/Advertising

Meryl Draper *(Chief Executive Officer)*
Gaelan Draper *(Creative Director & Partner)*
Chris Quesada *(Senior Account Executive)*

Accounts:
Keeps
Kimpton Hotel & Restaurant Group, LLC
PuppySpot
Sperry Top-Siders

QUISENBERRY
700 South Dishman Road
Spokane, WA 99206
Tel.: (509) 325-0701
Web Site: www.quisenberry.net

Year Founded: 1991

Discipline: Creative/Advertising

Coleen Quisenberry *(Owner, President & Chief Executive Officer)*
Teresa Meyer *(Media Director & Account Planner)*
Jordan Quisenberry *(Production & Operations Manager)*

R&R PARTNERS
6160 Plumas Street
Reno, NV 89519
Tel.: (775) 323-1611
Fax: (775) 323-9021
Web Site: www.rrpartners.com

Employees: 20

Discipline: Creative/Advertising

Pete Ernaut *(Partner & President, Government & Public Affairs)*
Jennifer Francis *(Account Director)*

R&R PARTNERS
900 South Pavilion Center Drive
Las Vegas, NV 89144
Tel.: (702) 228-0222
Fax: (702) 228-7885
Web Site: www.rrpartners.com

Employees: 260
Year Founded: 1974

Discipline: Creative/Advertising

Randy Snow *(Chief Strategic Officer & Principal)*
Billy Vassiliadis *(Chief Executive Officer & Principal)*
Rob Dondero *(Executive Vice President)*
Fletcher Whitwell *(Senior Vice President & Group Managing Director, Media & Publishing)*
Michelle Mader *(Senior Vice President, Operations)*
Chris Evans *(Vice President, Media)*
Todd Gillins *(Vice President, Research)*
Amberlee Engle *(Vice President, Client Partnerships)*
Joan Jungblut *(Corporate Media Director)*
Arnie DiGeorge *(Executive Creative Director)*
Pat Carrigan *(Corporate Director, Production Services)*

AGENCIES - JULY, 2020

CREATIVE/ADVERTISING AGENCIES

Tatiana Heniges *(Director, Digital)*
Emmarose Terry *(Media Director)*
Lindsey Hill Patterson *(Corporate Media Director)*
Brandi Skrtich *(Media Director)*
Trisha Stecker *(Corporate Director, Channel Strategy & Digital Media)*
Aimee Roberts *(Associate Media Director)*
Kristine Rasgorshek *(Media Strategy Director)*
Kris Cichoski *(Director, Social Content Publishing)*
Vaitari Anderson *(Executive Producer)*
Jill Blanchette *(Supervisor, Business Development)*
Sarah Catletti *(Account Supervisor)*
Marc Malloy *(Media Planner & Buyer)*
Erin McCleskey *(Public Relations Account Supervisor)*
Michael Catalano *(Media Director)*
Angela Suganuma *(Senior Project Manager)*
Mandi Enger *(Associate Media Strategy Supervisor)*
Alyssa Cohen *(Media Strategy Supervisor)*
Mellisa Deang *(Media Strategy Supervisor)*
Katie Fischer *(Channel & Media Strategy Supervisor)*
Matthew Corneil *(Paid Search Specialist)*
Rachel Olbur *(Media Strategist)*
Sara Geary *(Media Strategy Supervisor)*
Amanda Murphy *(Media Strategy Supervisor)*

Accounts:
Allegiant Air
Allegiant Air
Gogo, LLC
Intermountain Healthcare, Inc.
Las Vegas Convention & Visitors Authority
Mandalay Bay Resort Group
MGM Grand Detroit
National Bank of Arizona
NV Energy
Topgolf International, Inc.

R&R PARTNERS
837 East South Temple
Salt Lake City, UT 84102
Tel.: (801) 531-6877
Fax: (801) 531-6880
Web Site: www.rrpartners.com

Employees: 24
Year Founded: 1974

Discipline: Creative/Advertising

Bob Henrie *(Partner & Principal)*
Patrick Buller *(Associate Creative Director)*
Shannon Bukovinsky *(Media Director)*
Tiffeny Yen *(Community Affairs Strategist)*

R&R PARTNERS
121 East Buchanan Street
Phoenix, AZ 85004
Tel.: (480) 317-6040
Fax: (480) 804-0033
Web Site: www.rrpartners.com

Employees: 30

Discipline: Creative/Advertising

Karen Rulapaugh *(Corporate Media Director)*
Mallory Miranda *(Senior Brand Manager)*

Accounts:
Barrett-Jackson Auction Company
BlueCross BlueShield of Arizona
Cold Stone Creamery, Inc.

RADAR STUDIOS
401 West Ontario
Chicago, IL 60654
Tel.: (312) 266-2900
Web Site: www.radarstudios.com

Year Founded: 1999

Discipline: Creative/Advertising

Eve Cross *(Head, Production)*
Don Hoeg *(Founder)*
Karen Campagna *(Post Producer)*

RADIX COMMUNICATION
3399 South Lakeshore Drive
Saint Joseph, MI 49085
Tel.: (269) 982-7400
Web Site: radixcom.net/

Discipline: Creative/Advertising

Carl Mosher *(President)*
Colleen Stroup *(Accounting Manager)*

RAZORFISH HEALTH
35 West Wacker Drive
Chicago, IL 60601
Tel.: (312) 220-1500
Fax: (312) 222-2530
Web Site: www.razorfish.com

Employees: 58
Year Founded: 1990

Discipline: Creative/Advertising

T.J. Cimfel *(Senior Vice President & Group Creative Director)*
Karen Panozzo *(Associate Media Director)*
Kim Gray-Kaliski *(Senior Finance Manager)*

READY STATE
524 Union Street
San Francisco, CA 94133
Tel.: (650) 396-2557
Web Site: https://readystate.com/

Year Founded: 2013

Discipline: Creative/Advertising

Kabeer Mamnoon *(Co-Founder & Chief Executive Officer)*
Ian Clazie *(Co-Founder & Chief Creative Officer)*
Steven Wong *(Co-Founder & Chief Marketing Officer)*
Katherine Ogburn *(Director, Strategy)*
Elaine Choi *(Marketing Partner)*

Accounts:
Torani

REALTYADS
159 North Sangamon Street
Chicago, IL 60607
Tel.: (312) 330-5462
Web Site: www.realtyads.com/

Year Founded: 2019

Discipline: Creative/Advertising

Keegan Kuhn *(Co-Founder)*
Trevor Marticke *(Co-Founder)*
Jonathan Gordon *(Vice President, Sales)*
Harry Quaid *(Director)*

RED 7 E
637 West Main Street
Louisville, KY 40202-2921
Tel.: (502) 585-3403
Fax: (502) 582-2043
Web Site: www.red7e.com

Employees: 22
Year Founded: 1974

Discipline: Creative/Advertising

Dan Barbercheck *(President & Executive Creative Director)*
Jim Hoyland *(Chief Operating Officer & Vice President)*
Karl Feige *(Art Director)*

RED FUSION MEDIA
301 Ninth Street
Redlands, CA 92374
Tel.: (909) 798-7092
Web Site: www.redfusionmedia.com

Year Founded: 1999

Discipline: Creative/Advertising

Ron Burgess *(Chief Executive Officer)*
Molly Burgess *(President & General Manager)*

RED PEAK GROUP
625 Broadway
New York, NY 10012
Tel.: (212) 792-8930
Web Site: www.redpeakgroup.com

Year Founded: 2010

Discipline: Creative/Advertising

John Breen *(Executive Director, Health Strategy & Analytics)*
Annie Ly-Quan *(Director, Business Development)*

Accounts:
Gannett Co., Inc.

RED SIX MEDIA
319 Third Street
Baton Rouge, LA 70801
Tel.: (225) 615-8836
Web Site: https://www.redsixmedia.com/

Year Founded: 2209

Discipline: Creative/Advertising

Matt Dardenne *(Co-Owner & Creative Director)*
Kristen Rushing *(Co-Owner & Account Manager)*
Joe Martin *(Co-Owner & Creative Director)*
Meredith Landry *(Account Manager)*
Nicole Marchand *(Digital Strategist)*
Hannah Cousins *(Media Strategist)*

REDROC AUSTIN
13018 Research Boulevard
Austin, TX 78750
Tel.: (512) 770-1056
Fax: (512) 506-9229
Web Site: www.redrocadvertising.com/

Discipline: Creative/Advertising

Ernest Corder *(President & Chief Creative Officer)*
David Ciccoccioppo *(Creative Director)*
Kim Corder *(Accounting Director)*
Molly Crum *(Account Supervisor)*

Brands. Marketers. Agencies. Search Less. Find More.
Try out the online version at www.winmo.com

CREATIVE/ADVERTISING AGENCIES

Accounts:
Excel Industries/Hustler Turf Equipment

REDSHIFT
The Koppers Building
Pittsburgh, PA 15219
Tel.: (412) 697-2800
Web Site: www.redshiftdm.com

Year Founded: 2009

Discipline: Creative/Advertising

Jeff Lizik *(President & Chief Executive Officer)*
Bradley Hrutkay *(Vice President & Creative Director)*
Eric Rohrback *(Associate Director, Operations)*
Phil Schulte *(Account Manager)*
Maria Mack *(Digital Project Manager)*
Rachel LaMarco *(Digital Project Strategist)*

RESCUE SOCIAL CHANGE GROUP
2437 Morena Boulevard
San Diego, CA 92110
Tel.: (619) 231-7555
Fax: (619) 231-7589
Web Site: www.rescuescg.com

Year Founded: 2001

Discipline: Creative/Advertising

Kristin Carroll *(Chief Executive Officer)*
Jeff Jordan *(Founder, President & Executive Creative Director)*

Accounts:
Virginia Foundation for Healthy Youth

RESPONSE MARKETING
100 Crown Street
New Haven, CT 06510
Tel.: (203) 776-2400
Web Site: thepowertoprovoke.com

Year Founded: 2002

Discipline: Creative/Advertising

David Klineberg *(President & Partner)*
Carolyn Walker *(Chief Executive Officer & Managing Partner)*
Marc Broad *(Vice President, Technology & Digital)*
Steve Badowski *(Vice President, Creative)*
Kim DeMartino *(Client Services Director)*
Julia Nuara *(Senior Account Executive)*

Accounts:
Carrier Corporation
Logitech, Inc.
McAfee, Inc.
Okta, Inc.
Uncle Julio's Corporation

RETHINK COMMUNICATIONS, INC.
470 Granville Street
Vancouver, BC V6C 1V5
Tel.: (604) 685-8911
Fax: (604) 685-9004
Web Site: www.rethinkcanada.com/

Employees: 52
Year Founded: 1999

Discipline: Creative/Advertising

Ian Grais *(Creative Director & Partner)*
Chris Staples *(Owner & Creative Director)*
Tom Shepansky *(Founder & Managing Partner & Owner)*
Laura Rioux *(Partner & Head, Broadcasting Production)*
Andrew Alblas *(Art Director)*
Scott Lyons *(Account Director)*
Alex Lefebvre *(Account Director)*
Carrie Karim *(Account Director)*
Dan Culic *(Group Account Director)*
Jordon Lawson *(Copywriter & Associate Creative Director)*
Maxime Saute *(Creative Director)*
Mitch McKamey *(Group Account Director)*
Nicolas Quintal *(Creative Director)*
Rob Tarry *(Creative Director)*
Hayley Hewitt *(Manager, Creative Operations)*
Becky Rudson *(Account Manager)*
Tianna Fung *(Account Manager)*
Gordon Zhang *(Strategist, Amplification)*
Sarah Vingoe *(Producer, Broadcasting)*
Alex Bakker *(Designer)*
Xavier Blais *(Copywriter)*
Darren Yada *(Managing Partner, Strategy)*
Chelsea Stoelting *(Managing Director, Client Services)*

Accounts:
Shaw Communications, Inc.

RETHINK COMMUNICATIONS, INC.
96 Spadina Avenue
Toronto, ON M5V 2J6
Tel.: (416) 583-2178
Web Site: www.rethinkcanada.com/

Year Founded: 1999

Discipline: Creative/Advertising

Aaron Starkman *(Partner & Creative Director)*
Patrick Shing *(Associate Creative Director)*
Mike Dubrick *(Partner & Creative Director)*
Joel Holtby *(Partner & Creative Director)*
Alex Fleming *(Associate Director, Creative)*
Marie Lunny *(Director, Client Services)*
Stephanie Hurl *(Account Manager)*
Todd Harrison *(Producer, Digital)*
Sean O'Connor *(Copywriter)*
Christina Yu *(Managing Partner & Creative Director)*
Sean McDonald *(Managing Partner & Head, Strategy)*
Caleb Goodman *(Managing Partner)*
Leia Rogers *(Managing Partner & Director, Creative)*

REVIVE HEALTH
510 South Marquette Avenue
Minneapolis, MN 55402
Tel.: (615) 742-7242
Web Site: www.thinkrevivehealth.com

Employees: 5
Year Founded: 2009

Discipline: Creative/Advertising

Phil Stone *(Chief Operating Officer & Senior Vice President, Strategy)*
Chris Bevolo *(Executive Vice President)*

Accounts:
Virginia Commonwealth University Health System

REVOLUTION AGENCY
1020 Princess Street
Alexandria, VA 22314
Tel.: (703) 684-1776
Web Site: www.revolution-agency.com

Year Founded: 1997

Discipline: Creative/Advertising

Mark Dion *(Partner)*
Matt Leonardo *(Partner)*
Mike Murphy *(Senior Partner)*

RH BLAKE INC.
26600 Renaissance Parkway
Cleveland, OH 44128
Tel.: (215) 595-2400
Web Site: rhblake.com

Year Founded: 1950

Discipline: Creative/Advertising

Bruce Blake *(President)*
Dan Konstantinovsky *(Head, Business Development)*
Colleen McKenna *(Production Manager)*

RIDDLE & BLOOM
54 Canal Street
Boston, MA 02114
Tel.: (617) 242-9460
Web Site: riddleandbloom.com

Year Founded: 2007

Discipline: Creative/Advertising

Darren Ross *(President)*
Chip Rives *(Chief Executive Officer)*
Michael Carey *(Executive Vice President & Director, Client Services)*
Matt Fasano *(Vice President & Director, Client Services)*
Henry Lichtblau *(Senior Director, Business Development)*
Norman Yeun *(Account Director)*
Alyssa Nugent *(Senior Account Manager)*
Megan Clifford *(Account Manager)*

RIPLEY - WOODBURY MARKETING
3516 Bravata Drive
Huntington Beach, CA 92649
Tel.: (714) 846-2550
Fax: (714) 846-2514
Web Site: www.rwmarketing.com

Employees: 15
Year Founded: 1955

Discipline: Creative/Advertising

Mick Woodbury *(President)*
Terry Tsujioka *(Copywriter, Senior Account Executive)*

RISDALL MARKETING GROUP
2685 Long Lake Road
Roseville, MN 55113
Tel.: (651) 286-6700
Fax: (651) 631-2561
Toll Free: (888) 747-3255
Web Site: www.risdall.com

Employees: 60
Year Founded: 1972

Discipline: Creative/Advertising

Brands. Marketers. Agencies. Search Less. Find More.
Try out the online version at www.winmo.com

AGENCIES - JULY, 2020

CREATIVE/ADVERTISING AGENCIES

Approx. Annual Billings: $135.00
Ted Risdall *(Chairman & President)*
Jennifer Risdall *(Chief Operating Officer)*
Joel Koenigs *(Chief Technology Officer)*
Dave Folkens *(Senior Vice President)*
Mahmood Khan *(Senior Vice President, Digital Media & Analytics)*
Jim Sandstrom *(President, Risdall Sandstrom Media Works Division)*
Kelly Mapes *(Accounting Manager)*
Maggie Tompkins *(Account Executive)*

RISE AND SHINE AND PARTNERS
400 First Avenue North
Minneapolis, MN 55401
Tel.: (612) 279-1500
Fax: (612) 332-9995
Web Site: www.bdd.us

Year Founded: 2006

Discipline: Creative/Advertising

Kevin DiLorenzo *(President & Chief Executive Officer)*
Bob Barrie *(Partner & Executive Creative Director)*

Accounts:
Kemps, LLC
Rosetta Stone
Wagner Spray Tech

ROMANELLI COMMUNICATIONS
Two College Street
Clinton, NY 13323
Mailing Address:
Post Office Box 227
Clinton, NY 13323
Tel.: (315) 853-3941
Fax: (315) 853-3946
Toll Free: (800) 761-3944
Web Site: www.romanelli.com

Discipline: Creative/Advertising

Joe Romanelli *(President)*
Beth Romanelli-Hapanowicz *(Vice President)*
Bernie Freytag *(Creative Director)*
Joe Benincasa *(Senior Copywriter & Senior Art Director)*
Joshua Clemmons *(Account Director)*
Erinn Riley *(Graphic Designer)*
Susan Delaney-Ellis *(Manager, Accounting)*

ROME & COMPANY
233 East Wacker Drive
Chicago, IL 60601
Tel.: (312) 938-1013
Fax: (312) 938-2073
Web Site: romecreative.com

Discipline: Creative/Advertising

Jerry Roman *(President)*
Frank Stransky *(Senior Creative Director)*

RON FOTH ADVERTISING
8100 North High Street
Columbus, OH 43235
Tel.: (614) 888-7771
Fax: (614) 888-5933
Web Site: www.ronfoth.com

Employees: 48

Year Founded: 1975

Discipline: Creative/Advertising

Mike Foth *(Senior Vice President, Client Services)*
Larry Row *(Senior Vice President & Media Director)*
Kim Moore *(Senior Vice President, Client Services)*
David Henthorne *(Senior Vice President & Creative Director)*
Ron Foth Jr. *(Senior Vice President & Creative Director)*
Laura O'Mery *(Senior Vice President, Financial & Operations)*
Martin Nowak *(Vice President, Production)*
Milissa Weiss *(Vice President, Account Services)*
Mike Wilson *(Associate Creative Director)*
Gene Roy *(Senior Art Director, Broadcasting)*
Nikki Murray *(Senior Art Director)*
Chris Straka *(Senior Media Buyer & Planner)*
Justin Hage *(Senior Media Planner & Buyer)*
Debbie Fradette *(Senior Media Planner & Buyer)*
Megan Small *(Senior Conceptual Copywriter)*
Ashton Caldwell *(Assistant, Media)*
Grant Roby *(Senior Media Planner)*
Julie Low *(Supervisor, Broadcasting Media)*
Beth Pannier *(Coordinator, Media)*

Accounts:
Beau Rivage
Bob Evans Farms Restaurants
Bob Evans Farms, Inc.
California Academy of Sciences
Cosequin
Safelite Auto Glass Corporation
Washington Prime Group Inc.

RONIN ADVERTISING GROUP, LLC
400 University Drive
Coral Gables, FL 33134
Tel.: (305) 444-6868
Fax: (305) 859-9776
Web Site: www.roninadv.com

Employees: 50

Discipline: Creative/Advertising

Karen Ableman *(President)*
GiGi DiFazio *(Production Manager)*

ROSENBERG ADVERTISING
12613 Detroit Avenue
Lakewood, OH 44107
Tel.: (216) 529-7910
Fax: (216) 529-7915
Toll Free: (877) 279-4491
Web Site: www.rosenbergadv.com

Employees: 13
Year Founded: 1981

Discipline: Creative/Advertising

David Rosenberg *(Owner & Chief Executive Officer)*
Dave Simon *(Creative Director)*

ROSEWOOD CREATIVE
12101 Venice Boulevard
Los Angeles, CA 90066
Tel.: (310) 873-3366
Web Site: www.rosewoodcreative.com

Year Founded: 2013

Discipline: Creative/Advertising

Amir Mohamadzadeh *(Co-Founder)*
Matthew Bauer *(Co-Founder)*
Olivier Agostini *(Director, Creative Content)*
Jeremy Iovine *(Associate Director, Business Development)*
Kate Myers *(Director, Brand)*

Accounts:
Seedlip

ROUTE 1A ADVERTISING
5507 West Ridge Road
Erie, PA 16506
Tel.: (814) 461-9820
Fax: (814) 461-0594
Web Site: www.route1a.com

Employees: 10
Year Founded: 2002

Discipline: Creative/Advertising

Jamie Potosnak *(Owner, President & Creative Director)*
Damon Kleps *(Art Director)*
Mike Hermann *(Senior Copywriter)*
Brian Jaworski *(Account Executive)*
Vinny DiStefano *(Graphic Designer)*

ROWLEY SNYDER ABLAH
400 South Commerce
Wichita, KS 67202
Tel.: (316) 977-9600
Web Site: www.rsaconnect.com

Year Founded: 2010

Discipline: Creative/Advertising

Bruce Rowley *(Principal)*
Mike Snyder *(Principal)*

RPA
2525 Colorado Avenue
Santa Monica, CA 90404
Tel.: (310) 394-4000
Web Site: www.rpa.com

Employees: 512
Year Founded: 1986

Discipline: Creative/Advertising

Approx. Annual Billings: $957.00

Larry Postaer *(Co-Chairman)*
Gerry Rubin *(Co-Founder & Chairman)*
Peter Imwalle *(Executive Vice President & Chief Operating Officer)*
Gary Paticoff *(Executuve Vice President & Chief Production Officer)*
Cathleen Campe *(Chief Media Investment & Operations Manager)*
Joe Baratelli *(Executive Vice President & Chief Creative Officer)*
Tom Kirk *(Executive Vice President & Chief Client Officer)*
Brett Bender *(Executive Vice President & Chief Client Officer)*
Bill Hagelstein *(President & Chief Executive Officer)*
Jason Sperling *(Senior Vice President & Chief, Creative Development)*
Mike Margolin *(Senior Vice President & Chief Digital Officer)*

CREATIVE/ADVERTISING AGENCIES

AGENCIES - JULY, 2020

Lark Baskerville *(Senior Vice President)*
Lisa Herdman *(Senior Vice President & Director, National TV Buying & Branded Entertainment)*
Kirt Danner *(Senior Vice President & Group Account Director)*
Pat Mendelson *(Senior Vice President & Executive Creative Director)*
David Measer *(Senior Vice President & Group Strategic Planning Director)*
Christian Cocker *(Senior Vice President & Strategic Planning Director)*
Cliff Atkinson *(Senior Vice President & Executive Director, Digital Media)*
Brian McCord *(Senior Vice President & Executive Director Media Strategy)*
Selena Pizarro *(Senior Vice President & Director, Video Production)*
Fern McCaffrey *(Senior Vice President & Group Account Director - Honda Regional Marketing)*
Adam Lowrey *(Senior Vice President & Group Creative Director)*
Nathan Crow *(Senior Vice President & Group Creative Director)*
Ryan Johnson *(Senior Vice President & Group Director - Branded Content)*
Isadora Chesler *(Senior Vice President & Director, Video Production)*
Mia Von Sadovszky *(Senior Vice President & Group Strategic Planning Director)*
Hillary Haley *(Senior Vice President & Executive Director, Behavioral Science)*
Tim Leake *(Senior Vice President & Chief Marketing & Innovation Officer)*
Claire Browne *(Vice President & Director, Media Research)*
Ken Pappanduros *(Vice President & Creative Director)*
Jim Sieminski *(Vice President & Account Director)*
Britt McColl *(Vice President & Public Relations Director)*
Abe Diaz *(Vice President & Media Director)*
Michelle Lewis *(Vice President & Local Media Director)*
Dorian Raith *(Vice President & Media Director)*
Olivia Lioi *(Vice President & Director, Research, Analytics & Insights)*
Linda Kim *(Vice President & Director, Digital Production)*
Nichola Perrigo *(Vice President & Director, Digital Marketing)*
June Jashinski *(Vice President & Account Director)*
Hobart Birmingham *(Vice President & Creative Director)*
Perrin Anderson *(Vice President & Creative Director)*
Adam Blankenship *(Senior Vice President & Group Account Director)*
Marlon Hernandez *(Vice President & Group Creative Director)*
J Barbush *(Vice President & Creative Social Media Director)*
Maria Del Homme *(Vice President & Director, Business Affairs)*
Richard Bina *(Vice President, Strategic Planning)*
Nargis Pirani *(Vice President & Strategic Planning Director)*
Mike Dossett *(Vice President & Director, Digital Strategy)*
Rebecca Mendelson *(Vice President & Account Director)*
Marketa Bieschke *(Vice President, Technology)*
Jane LoSasso *(Account Director & Vice President)*

Katie Borisavljevic *(Vice President & Director, Project Management & Traffic Operations)*
Sara Little *(Vice President & Digital Management Supervisor)*
Stephanie Carcara *(Vice President, Digital Management Supervisor)*
Paul Fung *(Associate Creative Director)*
Samantha Baseford *(Associate Media Director)*
Tim Taylor *(Strategic Planning Director)*
Ashley Casiano *(Associate Media Director)*
Brooks Perry *(Associate Media Director, Programmatic)*
Nathan Alexander *(Associate Media Director, Local Media Services)*
Ana Ponce *(Executive Digital Producer)*
Joanna Cordero *(Associate Media Director)*
Andrea Liao *(Associate Media Director)*
Sarah May Bates *(Creative Director - Honda)*
Suzie Yeranosyan *(Senior Art Director)*
Kirk Williams *(Art & Creative Director)*
Marsha James *(Associate Media Director, National Video & Audio Investment Supervisor)*
Alexis Coller *(Digital Account Director)*
Erin Costello *(Associate Creative Director)*
Kay Lynn Dutcher *(Executive Producer)*
Elissa Murch *(Associate Director, Strategic Planner)*
Krystle Mullin *(Creative Director)*
Adrienne Feldman *(Account Director)*
Melissa Andraos *(Digital Media Director)*
Ariel Shukert *(Creative Director)*
Brooke Wong *(Junior Art Director)*
Ashley Baccus *(Associate Director, Digital Media)*
Heather LeFevre *(Associate Director, Strategy)*
Rachel Singer *(Account Supervisor)*
Rosalyn Bugg *(Senior Digital Producer)*
Mya Le *(Media Supervisor)*
Bert Choi *(Digital Marketing Manager)*
Gresia Franco *(Media Supervisor)*
Patricia Dino *(Management Supervisor)*
Tyler Sweeney *(Supervisor, Digital Strategy)*
Richard Thai *(Media Supervisor)*
Mike Vallone *(Account Supervisor)*
Alison Bickel *(Account Supervisor)*
Donny Menjivar *(Senior Account Executive - Honda)*
Audrey Folkmann *(Search Supervisor)*
David Bassine *(Copywriter)*
Jessica Shepard *(Assistant Producer)*
Madeline Logan *(Integrated Account Executive)*
Sapna Mistry *(Paid Social Media Planner)*
Maite Martin *(Senior Local Media Negotiator)*
Candace Callahan *(Negotiator, National Video & Audio Investment)*
Cathlyn Gonzales *(Account Executive)*
Jacob Gentry *(Management Supervisor)*
Shannon Villalta *(Media Supervisor - Honda & Acura)*
Marianella Walker *(Advanced Analytics Supervisor)*
Connor Richter *(Media Planner, Digital Paid & Social)*
David Misner *(Integrated Media Supervisor)*
Holly Lipkin *(Product Manager)*
Lorraine Schreyer *(Senior Content Producer, Broadcast & Digital)*
Molly Mejia *(Management Supervisor)*
Andres Recalde *(Senior Manager, Business Affairs)*
Dawn Burdue *(Manager, Program)*
Walker Pfost *(Junior Copywriter)*
Jacqueline Pliego *(Assistant Media Planner - La Z Boy)*
Jennifer Hyun *(Account Executive)*
Taylor Sui *(Senior Analyst, Analytics)*

Elijah Jones *(Video Production Coordinator)*
Ginger McMorran *(Digital Media Planner)*

Accounts:
Acura
Acura ILX
Acura MDX
Acura NSX
Acura RDX
Acura RLX
Acura TLX
AM/PM Mini Markets
American Honda Motor Co., Inc.
American Honda Motor Co., Inc.
Apartments.com
Apartments.com
Arco Gasoline
Dole Packaged Foods, Inc.
Farmers Auto Insurance
Farmers Homeowners Insurance
Farmers Insurance Group, Inc.
Honda
Honda
Honda Accord
Honda Accord
Honda Civic
Honda Civic
Honda Clarity
Honda Clarity
Honda CR-V
Honda CR-V
Honda CR-Z
Honda Fit
Honda Fit
Honda HR-V
Honda HR-V
Honda Odyssey
Honda Odyssey
Honda Pilot
Honda Pilot
Honda Ridgeline
Honda Ridgeline
La-Z-Boy Furniture Galleries
La-Z-Boy, Inc.
Pocky
Southwest Airlines
TikTok

RPA
7000 Central Parkway
Atlanta, GA 30328
Tel.: (310) 394-4000
Web Site: www.rpa.com

Year Founded: 1986

Discipline: Creative/Advertising

Anthony So *(Senior Vice President, Group Director)*
Jennifer Alkonis *(Associate Media Director)*
Lisa Baird *(Regional Account Director)*
Sarah O'Grady *(Manager, Local Media Services)*
Carlos Quintanilla *(Account Executive)*

RPA
5605 North MacArthur Boulevard
Irving, TX 75038-3070
Tel.: (972) 753-5200
Fax: (972) 753-0555
Web Site: www.rpa.com

Year Founded: 1986

Discipline: Creative/Advertising

Jeff Van Blarcom *(Regional Account Director)*
Stephanie Kalahar *(Local Media Manager)*

Brands. Marketers. Agencies. Search Less. Find More.
Try out the online version at www.winmo.com

AGENCIES - JULY, 2020

CREATIVE/ADVERTISING AGENCIES

RSW/US
6725 Miami Avenue
Cincinnati, OH 45243
Tel.: (513) 898-0940
Fax: (513) 559-3139
Web Site: www.rswus.com

Year Founded: 2005

Discipline: Creative/Advertising

Mark Sneider *(Owner & President)*
Lee McKnight *(Vice President, Sales)*
Beth Finn *(Director, New Business & Head, Recruitment)*

RUECKERT ADVERTISING
638 Albany Shaker Road
Albany, NY 12211-1125
Tel.: (518) 446-1091
Fax: (518) 446-1094
Web Site: www.rueckertadvertising.com

Year Founded: 1991

Discipline: Creative/Advertising

Dean Rueckert *(President, Public Relations)*
Edward Parham *(Vice President, Public Relations & Senior Copywriter)*
Jason Rueckert *(Art Director)*
Linda Mather *(Marketing Director)*
Steven Cass *(Comptroller)*
Chris Rueckert *(Account Executive)*

RUSSELL HERDER
275 Market Street
Minneapolis, MN 55405
Tel.: (612) 455-2360
Fax: (612) 333-7636
Toll Free: (800) 450-3055
Web Site: www.russellherder.com

Employees: 36
Year Founded: 1984

Discipline: Creative/Advertising

Brian Herder *(Principal & Chief Creative Officer)*
Carol Russell *(Chief Executive Officer)*

RUSSO PARTNERS, LLC
12 West 27th Street
New York, NY 10001
Tel.: (212) 845-4200
Fax: (212) 845-4260
Web Site: www.russopartnersllc.com

Discipline: Creative/Advertising

David Schull *(President)*
Tony Russo *(Chairman & Chief Executive Officer)*
Brad Prunty *(Executive Vice President)*

R\WEST
321 Northeast Couch
Portland, OR 97232
Tel.: (503) 223-5443
Web Site: www.rwest.com

Year Founded: 1997

Discipline: Creative/Advertising

Sarah Simmons *(Partner & President, Portland)*
Pia Finkell *(Senior Vice President & Director, Business Development & Integrated Communications)*
Heather Villanueva *(Senior Vice President & Director, Integrated Communications)*
Brian Hildenbrand *(Associate Media Director)*
Danielle Perez *(Media Director)*
Ian Johnson *(Associate Creative Director)*
Taylor Siolka *(Creative Director)*
Rebekah Roberson *(Brand Manager)*
Lauren Shahian *(Brand Manager)*
Kyle Torrens *(Senior Public Relations Account Executive)*

SAATCHI & SAATCHI
1675 Broadway
New York, NY 10019
Tel.: (212) 463-2000
Fax: (212) 463-9855
Web Site: www.saatchiny.com

Employees: 600
Year Founded: 1970

Discipline: Creative/Advertising

Natalia Schultz *(Chief Talent Officer - Americas)*
Andrea Diquez *(Chief Executive Officer)*
Christine Prins *(Chief Marketing Officer)*
Kevin Honey *(Group Account Director & Executive Vice President)*
Jenny Read *(Executive Vice President & Director, Integrated Production)*
Jane Jovanovic *(Executive Vice President & Global Strategy Director)*
Matt Mason *(Senior Vice President, Global Group Director)*
Caitlin Reynolds *(Vice President & Senior Account Director)*
Zachary Cyrus *(Vice President & Account Director)*
Melissa Mazenett *(Vice President & Director, Brand Strategy)*
Frank Fusco *(Vice President, Senior Creative Director)*
Lara Serrano *(Vice President & Global Account Director)*
Rachel Poad *(Vice President & Director, Regional Account)*
Brad Mislow *(Vice President & Director, Creative)*
Andrew DiMartino *(Vice President & Group Account Director)*
Paul Bichler *(Executive Creative Director & Woven Executive)*
Melissa Hochman *(Director, Experience Strategy)*
Ciara Siegel *(Account Director)*
Jennifer Brotman *(Account Director)*
Meagan Cancio *(Account Director)*
Jacopo Biorcio *(Senior Director, Art)*
Helen Shin *(Associate Creative Director)*
Claire Standridge *(Global Account Director)*
Jennifer Davidson *(Senior Graphic Designer & Art Director)*
Dean Shoukas *(Executive Producer, Content)*
Brooks Riggins *(Senior Copywriter)*
Rebecca Klado *(Supervisor, Account)*
Beth Ann Helminiak *(Manager, Broadcast Business Affairs)*
Nicole Collins *(Account Supervisor)*
Christian Ewing *(Account Manager)*

Accounts:
Abreva
Always
Atlantis Paradise Island
Bounce
Bounty
Cascade
Cascade
Chantix
Charmin
Charter Communications, Inc.
Chase Card Services
Cheer
Cold Stone Creamery, Inc.
Dawn
Downy
Era
Gain
GlaxoSmithKline, Inc.
Head & Shoulders
Lamisil
Luvs
Mr. Clean
Olay
Olay Definity
Olay Professional
Olay Quench Body Lotion
Olay Regenerist Moisturizer
Olay Total Effects
Pamper's
Pamper's Cruisers
Pamper's Sensitive
Pantene
Puffs
Swiffer
Tampax
The Procter & Gamble Company
Theraflu
Tide
Tide Coldwater
Tide Free
Tide Pods
Tide to Go
Tide Ultra
Tide with Febreze
VERB
Walmart Stores, Inc.

SAATCHI & SAATCHI CANADA
175 Bloor Street East
Toronto, ON M4W 3R8
Tel.: (416) 359-9595
Fax: (416) 866-8485
Web Site: www.saatchi.ca

Employees: 65
Year Founded: 1970

Discipline: Creative/Advertising

Stuart Payne *(President & Chief Executive Officer)*
John McCarter *(Executive Vice President & Managing Director)*
Brian Sheppard *(Executive Vice President & Executive Creative Director)*
Michelle Orlando *(Vice President & Head, Production - Canada)*
Andreas Doerig *(Vice President & Account Director)*
Steve Walker *(Broadcast Supervisor)*
Bill Ing *(Lead Print Producer)*

Accounts:
Barrick Gold Corporation
Scion Canada
SmartCentres
Toyota Canada

SAATCHI & SAATCHI DALLAS
2021 McKinney Avenue
Dallas, TX 75201
Tel.: (469) 357-2000
Web Site: wearesaatchi.com

CREATIVE/ADVERTISING AGENCIES

AGENCIES - JULY, 2020

Discipline: Creative/Advertising

Amanda Breaux *(Integrated Account Director)*
Michelle Agnew *(Group Account Director)*
Phil Teeple *(Group Director, Sponsorship & Experiential Marketing)*
Matt Davis *(Creative Director)*
Bryan DeSena *(Group Account Director)*
Nicole Timerson *(Account Director)*
Jamie Schneider *(Associate Director, Sponsorship & Experiential)*
Kimberly Bingham *(Account Director)*
Jana Hartline *(Group Director, Public Relations & Social Media)*
Danny Litwak *(Director, Strategy)*
Blake Whitney *(Account Director)*
Charles Paterson *(Account Supervisor)*
Elyse Engerer *(Account Supervisor)*
Brett Crockett *(Account Supervisor)*
Elizabeth Swiontek *(Account Supervisor - Digital & Social Media)*
Ermin Maslic *(Account Supervisor)*
Priscilla Mon *(Account Executive)*
Jacqueline Jorel *(Assistant Account Executive)*
Amber Canyon *(Account Supervisor - Content & Platform)*
Al Reid *(Managing Director)*

Accounts:
Toyota 4Runner
Toyota Avalon
Toyota Camry
Toyota Corolla
Toyota Highlander
Toyota Land Cruiser
Toyota Mirai
Toyota Motor Sales, U.S.A., Inc.
Toyota Prius
Toyota RAV4
Toyota Sequoia
Toyota Sienna
Toyota Supra
Toyota Tacoma
Toyota Tundra
Toyota Yaris
Toyota.com

SAATCHI & SAATCHI LOS ANGELES
3501 Sepulveda Boulevard
Torrance, CA 90505
Tel.: (310) 214-6000
Fax: (310) 214-6160
Web Site: www.saatchila.com

Employees: 280
Year Founded: 1970

Discipline: Creative/Advertising

Chuck Maguy *(Chief Executive Officer)*
Mark Turner *(Chief Strategy Officer)*
Jason Schragger *(Chief Creative Officer)*
Leo Circo *(Vice President & Creative Director)*
Sandra Fox *(Director, Client Services)*
Tara Stephens *(Group Director, Design & Branding)*
Erica Baker *(Management Director)*
John Lisko *(Executive Director, Communications)*
Fabio Costa *(Executive Creative Director)*
Scott Finders *(Director, Sponsorship & Experiential Marketing)*
Janet Waters *(Director, Media)*
Tom Scott *(Group Director, Media)*
Jayson McKeon *(Associate Media Director)*
Matt Hardesty *(Director, Product Information)*
Cathy Weaver *(Group Account Director)*
Steven Sluk *(Group Account Director)*
Atash Tara Saremi *(Associate Director, Sponsorship & Experiential Marketing)*
Amaya D'Amico *(Director, Strategic Planning)*
Randy Quan *(Associate Creative Director)*
Phil Samartan *(Senior Art Director)*
Jeremy Carson *(Creative Director)*
Chris Crockett *(Integrated Account Director)*
John Kritch *(Global Creative Director)*
David Dubois *(Associate Creative Director)*
Brian Jones *(Associate Creative Director)*
Kathleen Kindle *(Group Director, Connections & Insight Strategy)*
Helen Burdett *(Media Director)*
Ryan Kitagawa *(Director, Production - PMO Platform)*
Hector Aguilar *(Finance Director)*
Kari Jensen *(Director, Central Agency Analytics)*
Jerry Beers *(Managing Director - Central Agency Analytics)*
Keith Bellinger *(Director, Production - Digital & Social Media)*
Brian Frost *(Associate Creative Director)*
Chip McDonald *(Associate Creative Director & Copywriter)*
Chris Pierantozzi *(Executive Creative Director)*
Marc d'Avignon *(Group Creative Director, Olympics)*
Dan Sorgen *(Associate Creative Director)*
Evan Ferrari *(Group Director, Strategic Planning)*
Hailey Marsh *(Director, Brand Strategy)*
Hansoul Kim *(Account Director, Digital & Social)*
Leonardo Rosa Borges *(Associate Creative Director)*
Mikaela Sterling *(Media Director)*
Nicki Krinsky *(Director, Project Management & PMO)*
Robyn Stern *(Creative Director)*
Sara Seibert *(Group Director, Content Production)*
Verner Soler *(Associate Creative Director)*
Amy Petersen *(Group Media Director - Toyota Global)*
Emily Yurko *(Creative Director, Digital Platforms)*
Lauren Messina *(Management Supervisor)*
Judy Wu *(Associate Communications Director)*
Kathy Lippincott *(Senior Content Producer)*
Kathi Bolliger *(Senior Manager, Integrated Business Affairs)*
Katie Banghart *(Manager, Business Affairs)*
Izabela Berengut *(Senior Manager, Digital Assets)*
Leah Rotti *(Supervisor)*
Amy Peel *(Producer)*
Erin D'Angelo *(Manager, Integrated Business Affairs)*
Jacquie Marroquin *(Project Manager, Digital)*
Jessica Ignacio-Mesa *(Senior Project Manager)*
Rebecca Chu *(Supervisor, Earned Media)*
Sharda Mistry *(Senior Operations Manager, Print & Digital)*
Melissa Green *(Integrated Account Supervisor)*
Andrew Huynh *(Manager, Central Agency Analytics)*
Madeline Filley *(Digital Media Analyst)*
Alicia Simpson *(Assistant Account Executive)*
Amanda Ephrom *(Senior Planner, Strategic)*
Jennifer Malech *(Junior Copywriter)*
Lizbeth Cua *(Specialist, Digital Operations)*
Nate Rosen *(Account Executive)*
Phil Hinch *(Executive Digital Producer)*
Spencer Isaac *(Senior Planner, Strategic)*
Stephanie Dziczek *(Senior Content Producer)*
Suzie Sharma *(Specialist, Creative Services)*
Pamela Parsons *(Executive Producer)*

Accounts:
Toyota 4Runner
Toyota Avalon
Toyota Camry
Toyota Corolla
Toyota Highlander
Toyota Land Cruiser
Toyota Mirai
Toyota Motor Sales, U.S.A., Inc.
Toyota Prius
Toyota RAV4
Toyota Sequoia
Toyota Sienna
Toyota Supra
Toyota Tacoma
Toyota Tundra
Toyota Yaris
Toyota.com

SAATCHI & SAATCHI WELLNESS
1675 Broadway
New York, NY 10019
Tel.: (646) 746-5000
Web Site: www.saatchiwellness.com

Employees: 200

Discipline: Creative/Advertising

Kathy Delaney *(Chief Creative Officer)*
Kim Ketchell *(Executive Vice President, Account Planning & Integration)*
Tina Fisher *(Executive Vice President & Client Service Director)*
Steve Pytko *(Senior Vice President & Director, Broadcast Production)*
Norma Birnbaum *(Senior Vice President & Director, Strategic Planning)*
Scott Carlton *(Associate Creative Director)*
Carol Fiorino *(Creative Director)*
Angela Dawson *(Global Account Supervisor)*
Tamika Gray *(Senior Project Manager)*
Oliver Adriance *(Senior Copywriter)*
JD Cassidy *(President)*

Accounts:
Arimidex
Crestor
Dulera
Eloxatin
FRONTLINE
Multaq
NuvaRing
Taxotere
Transitions Optical, Inc.

SAESHE ADVERTISING
1055 West Seventh Street
Los Angeles, CA 90017
Tel.: (213) 683-2100
Fax: (213) 683-8103
Web Site: www.saeshe.com

Employees: 9
Year Founded: 1992

Discipline: Creative/Advertising

Lawrence Kwon *(President)*
Young Yu *(Senior Vice President, Operations)*
Roy Seow *(Executive Creative Director)*
Tess Tan *(Media Buyer)*
Lauren Halley *(Account Executive)*

Brands. Marketers. Agencies. Search Less. Find More.
Try out the online version at www.winmo.com

AGENCIES - JULY, 2020 — CREATIVE/ADVERTISING AGENCIES

SAGE ISLAND
1638 Military CutoffRoad
Wilmington, NC 28403
Tel.: (910) 509-7475
Web Site: sageisland.com

Year Founded: 1997

Discipline: Creative/Advertising

Kim Lannou *(Production Manager)*
Matthew Miller *(Senior Designer)*
Stephen Eyles *(Graphic Designer)*

SAGEFROG MARKETING GROUP
62 East Oakland Avenue
Doylestown, PA 18901
Tel.: (215) 230-9024
Fax: (215) 230-9039
Web Site: www.sagefrog.com

Discipline: Creative/Advertising

Mark Schmukler *(Co-Founder & Chief Executive Officer)*
Suzanne Morris *(Managing Partner & Head, Creative)*

SANDBOX
One East Wacker Drive
Chicago, IL 60601
Tel.: (312) 803-1900
Fax: (312) 803-1999
Web Site: www.sandboxww.com

Employees: 53
Year Founded: 1982

Discipline: Creative/Advertising

Joe Kuchta *(President)*
Mark Goble *(Chief Executive Officer)*
Roya Partovi *(Chief Creative Officer)*
Ryan Van Pelt *(Executive Vice President Client Service)*
Tracy Draksler Brown *(Senior Vice President & Group Client Services Director)*
Rich Campbell *(Vice President, Client Services)*
Chris Gavazzoni *(Vice President, Creative Services)*
Sharla Gabriel *(Vice President, Creative Operations)*
Martine Padilla *(Director, Production)*

SANDERS\WINGO
303 North Oregon Street
El Paso, TX 79901
Tel.: (915) 533-9583
Web Site: www.sanderswingo.com

Year Founded: 1958

Discipline: Creative/Advertising

Robert Wingo *(Chairman)*
Leslie Wingo *(President & Chief Executive Officer)*
Daphne Restovic *(Chief Financial Officer)*
Kerry Jackson *(Partner & Executive Vice President)*
Keisha Andrews-Rangel *(Senior Vice President & Executive Director)*
DeeDee Camozzi *(Vice President & Director, Project Management)*
Tom Lopez *(Senior Digital Art Director)*
Matthew Lopez *(Director, Human Resources)*
Memo Correa *(Creative Director)*
Jay Kleine *(Account Director)*

Mindy Gutierrez *(Manager, Traffic & Media Buying & Planning)*
Jasmin Palomo *(Media Buyer & Planner)*
Yvette Waite *(Media Buyer & Planner)*

Accounts:
AT&T, Inc.
El Paso Convention and Visitors Bureau
The University of Texas at El Paso

SANDS, COSTNER & ASSOCIATES
1117 Broadway
Tacoma, WA 98402
Tel.: (253) 572-2415
Fax: (253) 572-9224
Web Site: www.sandscostner.com

Employees: 4
Year Founded: 1974

Discipline: Creative/Advertising

Curtis Costner *(President & Owner)*
Cheree Royster *(Art Director)*

SASQUATCH
532 Southeast Ankeny Street
Portland, OR 97214
Tel.: (503) 222-2346
Fax: (503) 222-2492
Web Site: sasquatchagency.com

Year Founded: 1995

Discipline: Creative/Advertising

Ken Chitwood *(Chief Executive Officer)*
Mike Smith *(Co-Founder)*
Sean Haggerty *(Senior Art Director)*
Wes Barnhart *(Account Director)*
Danny Pettey *(Director, Public Relations)*
Nick Greener *(Group Account Director)*
Seth Biden *(Public Relations Specialist)*
Sandi McGrogan *(Designer)*

Accounts:
Pirelli Tire North America

SASSO
1669 Lobdell Avenue
Baton Rouge, LA 70806
Tel.: (225) 454-6536
Web Site: www.sassoagency.com

Year Founded: 2011

Discipline: Creative/Advertising

Stan Levy *(Founder, President & Chief Executive Officer)*
Lindsay Falgoust *(Director, Media)*
Kirsten Mixon *(Specialist, Social Media)*

Accounts:
GoAuto Insurance

SAXTON HORNE
85 East 9400 South
Sandy, UT 84070
Tel.: (801) 304-1000
Web Site: www.saxtonhorne.com

Year Founded: 1995

Discipline: Creative/Advertising

David Blain *(President)*
Spencer Beckstead *(Senior Vice President)*
Jon Menousek *(Director, Strategic Media)*

Kaylan Hazlett *(Director, Analytics)*
BeLinda Emerson *(Senior Media Planner & Buyer)*
Jessica Horst *(Account Manager)*
Michael Thompson *(Specialist, Digital Media)*

Accounts:
Utah Jazz

SCALES ADVERTISING
807 Broadway Street
Minneapolis, MN 55413
Tel.: (651) 641-0226
Fax: (651) 641-1031
Web Site: www.scalesadvertising.com

Year Founded: 1972

Discipline: Creative/Advertising

Walt Larsen *(President)*
Duane Dickhaus *(Creative Director)*
Anna Carruthers *(Director, Human Resources)*
Jill Gapinski *(Director, Human Resources & Accounting Manager)*
Corby Bodenburg *(Director, Digital Media)*

SCHAFER CONDON CARTER
1029 West Madison Street
Chicago, IL 60607
Tel.: (312) 464-1666
Fax: (312) 464-0628
Web Site: www.sccadv.com

Employees: 46
Year Founded: 1989

Discipline: Creative/Advertising

Approx. Annual Billings: $60.00

Gail Carter *(President & Chief Client Leadership Officer)*
Tim Condon *(Executive Chairman & Chief Culture Officer)*
David Selby *(Chief Executive Officer)*
Gwen Friedow *(Chief Strategy Officer)*
Suzanne Martineau *(Chief Human Insights Officer)*
Mike Grossman *(Chief Integration Officer)*
Greg Wenstrup *(Chief Operating Officer)*
Laura Koziel *(Associate Media Director)*
Denny Hebson *(Executive Creative Director)*
Ron Sone *(Creative Director)*
Paige Robinson *(Account Director, Public Relations & Influence Strategy)*
Laoise Rubio *(Account Director)*
Erika Sheridan *(Director, Media Services)*
Ben Behrman *(Associate Director, Digital)*
Sarah Tropp *(Account Supervisor)*
Julie Merkin *(Account Supervisor)*
Rebecca Arnal *(Account Manager)*
Eric Brauneis *(Account Supervisor)*
Corey Hill *(Media Planner)*

Accounts:
Advocate Health Care
Casey's General Stores
Chicago Cubs
Eastman Chemical Company
Giordano's, LLC
Indiana Pacers
Indianapolis Motor Speedway, LLC
IndyCar Series
LLumar
National Pork Board

SCHENK HAMPTON ADVERTISING

Brands. Marketers. Agencies. Search Less. Find More.
Try out the online version at www.winmo.com

CREATIVE/ADVERTISING AGENCIES
AGENCIES - JULY, 2020

3629 Orchard Road
Evansville, IN 47720
Tel.: (812) 424-8701
Fax: (812) 424-8721
Web Site: www.schenkhampton.com

Employees: 8

Discipline: Creative/Advertising

Karen Hampton *(Owner)*
Larry Hampton *(President & Owner)*

SCHIFINO LEE ADVERTISING
511 West Bay Street
Tampa , FL 33606
Tel.: (813) 258-5858
Fax: (813) 254-1146
Web Site: www.schifinolee.com

Employees: 20
Year Founded: 1993

Discipline: Creative/Advertising

Paola Schifino *(Principal)*
Ben Lee *(Principal)*
David Stob *(Media Director)*

SCHUBERT COMMUNICATIONS. INC.
112 Schubert Drive
Downingtown, PA 19335
Tel.: (610) 269-2100
Fax: (610) 269-2275
Web Site: www.schubertb2b.com

Employees: 18
Year Founded: 1978

Discipline: Creative/Advertising

Joe Schubert *(Founder & Chief Executive Officer)*
Rich Carango *(President & Creative Director)*
Chris Henneghan *(Vice President, Brand Strategy)*
Christopher Raymond *(Vice President, Interactive Services)*
Eileen Haines *(Coordinator, Media)*

SCOUT MARKETING
3391 Peachtree Road Northeast
Atlanta, GA 30326
Tel.: (404) 917-2688
Web Site: www.findscout.com

Year Founded: 1999

Discipline: Creative/Advertising

Bob Costanza *(Co-Founder & Chief Creative Officer)*
Cheryl Maher *(President & Chief Strategy Officer)*
Allen Stegall *(Principal & General Manager, Healthcare)*
Jennifer Brekke *(Chief Executive Officer & Partner)*
Raffi Siyahian *(President, Healthcare & Principal)*
Zebbie Gillispie *(Vice President, Creative Technology)*
Kelly Rabinowitz *(Vice President & Group Account Director)*
Jessica Dalati *(Account Director)*
Betsy Morrison *(Creative Director)*
Sarah Stennett *(Account Director)*
Peter Harris *(Associate Creative Director)*

Connor Wiegand *(Account Executive)*

Accounts:
Antron
Farm Rich
Seapak
StainMaster
Uncle Maddio's Pizza Joint

SCREAM AGENCY, LLC
1501 Wazee Street
Denver, CO 80202
Tel.: (303) 893-8608
Web Site: www.screamagency.com

Discipline: Creative/Advertising

Lora Ledermann *(Owner & Creative Director)*
Amy Mikkola *(Account Executive)*

Accounts:
Colorado Ballet

SCS HEALTHCARE MARKETING, INC.
1000 Wyckoff Avenue
Mahwah, NJ 07430
Tel.: (201) 891-3646
Fax: (201) 891-8656
Web Site: www.healthstarcom.com

Discipline: Creative/Advertising

Leigh Paeschke *(Chief Operating Officer - HealthSTAR Communications)*
Joe Tardibuono *(Executive Vice President - HealthSTAR Communications)*

SDB CREATIVE GROUP
3000 North Garfield
Midland, TX 79705
Tel.: (432) 218-6736
Fax: (432) 218-6793
Web Site: www.sdbcreativegroup.com

Year Founded: 2005

Discipline: Creative/Advertising

Shane Boring *(President)*
Dedee Boring *(Vice President)*

SECRET FORT
1008 West Lake Street
Chicago, IL 60607
Tel.: (312) 988-0685
Web Site: www.secretfort.com

Year Founded: 2016

Discipline: Creative/Advertising

Jason Henderson *(Chief Creative Officer & Founder)*
Logan Bennett *(Chief Experience Officer)*
Kelsey DeMarco *(Director, Operations)*

Accounts:
Cars.com

SECRET WEAPON MARKETING
5870 West Jefferson Boulevard
Los Angeles, CA 90016
Tel.: (310) 656-5999
Fax: (310) 656-6999
Web Site: www.secretweapon.net

Employees: 22

Year Founded: 1997

Discipline: Creative/Advertising

Richard Sittig *(President & Creative Director)*
Saro Karagueuzian *(Management Supervisor)*
Brock Anderson *(Group Account Director)*
Noah Meadors *(Senior Art Director)*
Gerardo Guillen *(Associate Creative Director)*
Molly Keen *(Account Supervisor)*
Megan Baer *(Junior Producer)*
Patrick Adams *(Managing Director)*

Accounts:
1-800-DENTIST

SEITER & MILLER ADVERTISING
121 East 24th Street
New York, NY 10016
Tel.: (212) 843-9900
Fax: (212) 843-9901
Web Site: www.seitermiller.com

Employees: 30
Year Founded: 1990

Discipline: Creative/Advertising

Bob Rose *(President)*
Ellen McKnight *(Media Planning Director)*
Martin Schneider *(Creative Director)*
Stefan Danielski *(Creative Director)*
Grace Jao *(Production Manager)*
William Tong *(Account Supervisor)*

Accounts:
Arnold
BDO Seidman, LLP
George Weston Bakeries, Inc.

SENSIS
3303 Northland Drive
Austin, TX 78731
Tel.: (512) 358-1756
Fax: (512) 358-9749
Web Site: www.sensisagency.com

Employees: 10
Year Founded: 1995

Discipline: Creative/Advertising

Karla Fernandez Parker *(Managing Director, Texas)*
Wanda Reyes-Rice *(Public Relations Director)*

SET CREATIVE
114 Fifth Avenue
New York, NY 10011
Tel.: (646) 738-7000
Web Site: www.setcreative.com/

Year Founded: 2009

Discipline: Creative/Advertising

Kurt Kujovich *(Interim Chief Executive Officer)*
Sabina Teshler *(Chairman)*
Emilie Vasu *(Director, Client Services & Managing Director)*

Accounts:
Sonos, Inc.
Verizon Wireless, Inc.

SHADOWMACHINE
940 North Mansfield Avenue
Los Angeles, CA 90038

AGENCIES - JULY, 2020

CREATIVE/ADVERTISING AGENCIES

Tel.: (323) 466-7771
Web Site: www.shadowmachine.com

Year Founded: 1999

Discipline: Creative/Advertising

Monica Mitchell *(Head, Production)*
Sean Gilroy *(Production Manager)*

SHAMLIAN ADVERTISING
105 West Third Street
Media, PA 19063
Tel.: (610) 892-0570
Fax: (610) 338-0675
Web Site: www.open-inc.com

Employees: 8

Discipline: Creative/Advertising

Fred Shamlian *(Founder & Chief Executive Officer)*
Joshua Phillips *(Senior Designer)*

SHARP COMMUNICATIONS, INC.
415 Madison Avenue
New York, NY 10017
Tel.: (212) 829-0002
Fax: (212) 823-0770
Web Site: www.sharpthink.com

Employees: 13
Year Founded: 1999

Discipline: Creative/Advertising

Robert Ireland *(Partner & Creative Director)*
Laura Mortensen *(President)*
James Brodsky *(Founder & Chief Executive Officer)*
Gina DeCandia *(Executive Vice President & Public Relations Group Director)*
Anri Seki *(Vice President & Senior Design Director)*
Jessica Ventura *(Vice President & Public Relations Account Director)*

Accounts:
Sotheby's Holdings, Inc.
Stern School of Business

SHERRY MATTHEWS ADVOCACY MARKETING
200 South Congress Avenue
Austin, TX 78704
Tel.: (512) 478-4397
Fax: (512) 478-4978
Toll Free: (877) 478-4397
Web Site: www.sherrymatthews.com

Employees: 30
Year Founded: 1983

Discipline: Creative/Advertising

Sherry Matthews *(Owner & Chief Executive Officer)*
Wardaleen Belvin *(Chief Finance Officer)*
Charles Webre *(Executive Vice President, Creative)*
Karen Purcell *(Executive Vice President, Media & Operations)*
Rex Peteet *(Executive Vice President & Creative Director, Design)*
Dandi Wright *(Senior Vice President & Account Director)*
Janet Lea *(Senior Vice President)*

Rich Terry *(Senior Vice President & Creative Director)*
Gretchen Hicks *(Vice President & Director, Design)*
Kenna Swift *(Vice President & Account Director)*
Marilyn Carter *(Creative Services Director)*
Paula Mayberry *(Director, Accounting, Human Resources & Operations)*
Rob Buck *(Director, Creative)*
Tom Grodek *(Art Director)*
Angie Nelson *(Producer)*
Erin Shilgalis *(Senior Media Buyer)*
Hillary Jenson *(Account Supervisor)*
John Brewster *(Strategist, Digital)*
Sandra Lipchak *(Accountant)*
Sarah Muyskens *(Account Supervisor)*
Susan Sullivan *(Office Manager)*
Beau Leboeuf *(Account Executive)*
Elizabeth McBride *(Account Executive & Content Writer)*
Liz Wilde *(Senior Account Executive)*

Accounts:
Texas Department of Transportation

SHIFT NOW
715 North Eugene Street
Greensboro, NC 27401
Tel.: (336) 285-0210
Fax: (866) 575-4541
Web Site: www.shiftnow.com

Year Founded: 2006

Discipline: Creative/Advertising

Kristi Griggs *(Owner & President)*
Shelley Garriss *(Senior Media Buyer)*
Doug Von Der Lippe *(Senior Account Executive)*

SHINE UNITED
202 North Henry Street
Madison, WI 53703
Tel.: (608) 442-7373
Fax: (608) 442-7374
Web Site: www.shineunited.com

Employees: 5

Discipline: Creative/Advertising

Curt Hanke *(Principal, Chief Executive Officer & Chief Strategist)*
Mike Kriefski *(Principal, President & Executive Creative Director)*
Chad Bollenbach *(Founder & Design Director)*
Nick Newlin *(Vice President & Group Account Director)*
Emily Bohochik *(Vice President & Group Account Director)*
John Krull *(Principal, Vice President, Creative Director)*
Greg Wold *(Partner, Director of Consumer Brands)*
Audelino Moreno *(Senior Art Director)*
Callie Watry *(Media Buyer)*
Nate Tredinnick *(Manager, Communications)*
Kourtney Freiburger *(Account Supervisor)*
Corrisa Bielefeldt *(Account Supervisor)*
Emily Kelly *(Account Executive)*
Sydney Smith *(Digital Marketing Strategist)*

Accounts:
Big Ass Fans
Descente Athletic Americas
Erbert & Gerbert's Sandwich Shops
HuHot Mongolian Grill LLC
Moon Cheese

SID LEE
1505 Fifth Avenue
Seattle, WA 98101
Tel.: (206) 467-5800
Fax: (206) 467-6411
Web Site: www.sidlee.com

Employees: 90
Year Founded: 1982

Discipline: Creative/Advertising

Jack Anderson *(Chief Executive Officer & Chairman)*
Maureen Estep *(Vice President, Client Engagement)*
Jamey Aiken *(Strategy Director)*
Jay Hilburn *(Director, Design)*
Ricki Pasinelli *(Senior Director, Client Engagement)*
Laura Masters *(Director, Client Engagement)*
Allison Roger *(Director, Creative)*
Jason Gingold *(Executive Director, Strategy)*
Kevi Louis-Johnson *(Creative Director)*
Peter Anderson *(Creative Director)*
Claudia Cisero *(Director, Marketing Communications)*
Britt Stromberg *(Head, Marketing)*
Felipe Minella *(Design Director)*
Jon Graeff *(Senior Designer)*
Karen Angell *(Account Supervisor - Client Service)*
Rachael Mates *(Senior Project Manager)*
Kaye Farmer *(Senior Project Manager)*
Katie Lee *(Senior Designer)*

Accounts:
Dickies Girl
Dickies Work Clothes
Holland America Line, Inc.
Weyerhaeuser Company

SID LEE
One Place Ville Marie
Montreal, QC H3B 2C6
Tel.: (514) 282-2200
Fax: (514) 282-0499
Web Site: www.sidlee.com

Employees: 155
Year Founded: 1993

Discipline: Creative/Advertising

Philippe Meunier *(Chief Creative Officer & Partner)*
Jean-Francois Fortin *(Vice President & Partner)*
Claudia Roy *(Global Head, Production, Vice President & Partner)*
Bertrand Cesvet *(Chief Executive Officer & Senior Partner)*
Alex Bernier *(Executive Creative Director)*
Katia Aubin *(Global Head, Communications)*
Samanta Briceno *(Senior Account Executive)*
Francis Gervais *(Director, Art)*
Genevieve Boulanger *(Group Account Director)*
Philippe Cossette *(Senior Art Director)*
Elisabeth Jamot *(Group Strategy Director)*
Jean-Francois Dumais *(Director, Creative)*
Sabrina Levesque *(Art Director)*
Philippe Bonnell *(Director, Creative)*
Silvan Reste *(Director, Art)*
Marie-Elaine Benoit *(Director, Creative)*
Peter Pak *(Director, Art)*
Sarah Lemire *(Designer)*
Paul Murphy *(Community Manager)*

Accounts:

Brands. Marketers. Agencies. Search Less. Find More.
Try out the online version at www.winmo.com

140

CREATIVE/ADVERTISING AGENCIES

AGENCIES - JULY, 2020

Bombardier Aerospace Canada, Inc.
Challenger Aircraft
Cirque du Soleil, Inc.
Learjet
TikTok

SID LEE
625 Broadway
New York, NY 10012
Tel.: (212) 792-8930
Web Site: sidlee.com

Year Founded: 1993

Discipline: Creative/Advertising

Stewart Devlin *(Executive Creative Director)*
Andrew Haug *(Executive Creative Director)*
Jeff Alpen *(Managing Director, Branding & Experience - U.S)*

Accounts:
Metropolitan Life Insurance Co.
Yahoo! Sports

SID LEE
952 Queen Street West
Toronto, ON M6J 1G8
Tel.: (416) 421-4200
Web Site: sidlee.com

Year Founded: 1993

Discipline: Creative/Advertising

Vito Piazza *(Group President)*
Jeffrey Da Silva *(Partner & Executive Creative Director)*
Nastassia Allamby *(Account Director)*
Amanda Loughran *(Head, Studio)*
Joanna Jamison *(Group Account Director)*
Tom Koukodimos *(Executive Creative Director)*

Accounts:
Rethink Breast Cancer
Starbucks Canada

SID LEE
3585 Hayden Avenue
Culver City, CA 90232
Tel.: (310) 955-1073
Web Site: www.sidlee.com

Year Founded: 1993

Discipline: Creative/Advertising

Cam Levin *(Chief Creative Officer - USA)*
Kelly Quinn *(Account Director)*
Driscoll Reid *(Executive Creative Director)*
Daniel Chandler *(Executive Creative Director)*
Mariota Essery *(Executive Creative Director)*
Casie Nitsch *(Head, Experiential)*
Morrison Conway *(Account Supervisor)*
Diana Ruiz *(Manager, Entertainment & Social)*
Kelly Weinberg *(Brand Partnerships)*
Kelly Warkentien *(Associate Creative Director - Art)*
Shea Lenniger *(Social Media Coordinator)*
Nicolas Van Erum *(Managing Partner - Los Angeles)*
Melissa Palazzo-Hart *(Chief Operating Officer & Managing Director - USA)*

Accounts:
The North Face

SID PATERSON ADVERTISING
232 Madison Avenue
New York, NY 10016
Tel.: (212) 725-9600
Fax: (212) 779-7291
Web Site: www.spadvertising.com

Employees: 20

Discipline: Creative/Advertising

Sid Paterson *(President)*
Tom Avitable *(Chief Creative Officer)*
Jack Bloom *(Senior Vice President, Marketing)*
Pat Asaro *(Media Director)*
Michael Rudman *(Production Manager)*

SIDDALL
715 East Fourth Street
Richmond, VA 23224
Tel.: (804) 788-8011
Fax: (804) 782-9792
Web Site: www.siddall.com

Employees: 25
Year Founded: 1975

Discipline: Creative/Advertising

John Siddall *(Chairman)*
Kira Siddall *(Executive Vice President)*
Roberta McDonnell *(Production Director)*

SIGNAL THEORY
4050 Pennsylvania Avenue
Kansas City, MO 64111
Tel.: (816) 474-1333
Fax: (816) 474-3427
Web Site: www.signaltheory.com

Employees: 100
Year Founded: 1971

Discipline: Creative/Advertising

John January *(Co-Chief Executive Officer)*
Jim Vranicar *(Chief Operating Officer)*
Tony Robinson *(Chief Financial Officer)*
Ali Mahaffy *(Co-Chief Executive Officer)*
Diane Young *(Vice President, Account Management)*
Seth Gunderson *(Vice President & Executive Creative Director)*
Staci Meyer *(Creative Director)*
Lori Whetter *(Digital Director)*
Jessica Bukowski *(Account Director)*
Bruce Eames *(Director, Business & Brand Strategy)*
Erika Chance *(Associate Director, Brand Strategy)*
Cheryl Tulipana *(Media Director)*
Andrew Kaminski *(Associate Account Director)*
Kristi Wasinger *(Senior Brand Contact Manager)*
Tim Stoecker *(Brand Contact Manager)*
Caitlin Winter *(Brand Manager)*
Claire Kaufman *(Field Marketing Supervisor)*
Melanie Leinwetter *(Senior Brand Manager)*
Megan Zander *(Content Strategist)*
Andrew Posch *(Copywriter)*
Sara Theurer *(Marketing Automation Strategist)*

Accounts:
Cargill Meat Solutions
Christopher Elbow Chocolates
Deere & Company
Equine, Cattle, & Swine
INTRUST Bank
John Deere Agriculture & Turf
John Deere Financial
Pratt & Whitney
Pratt & Whitney Canada

Swiss Re Corporation
Twist'd Q

SIGNAL THEORY
255 North Mead
Wichita, KS 67202
Tel.: (316) 263-0124
Web Site: https://www.signaltheory.com/

Year Founded: 1971

Discipline: Creative/Advertising

Lathi de Silva *(Managing Director)*
Scott Flemming *(Managing Director & Executive Creative Director)*

Accounts:
Cargill, Inc.
INTRUST Bank
Lycoming Engines
Pratt & Whitney

SIGNATURE AGENCY
1784 Heritage Center Drive
Wake Forest, NC 27587
Tel.: (919) 878-8989
Fax: (919) 878-3939
Toll Free: (800) 870-8700
Web Site: www.signatureagency.com

Employees: 12

Discipline: Creative/Advertising

Sidney Reynolds *(President & Chief Executive Officer)*
Anne Shelton *(Vice President)*

SIGNATURE MARKETING SOLUTIONS
1755 Kirby Parkway
Memphis, TN 38120
Tel.: (901) 754-2200
Fax: (901) 754-9118
Web Site: www.signatureadvertising.com

Employees: 65

Discipline: Creative/Advertising

Mark Henry *(Owner & Co-Founder)*
Charles Marshall *(Owner & Co-Founder)*
Curt Crocker *(Senior Art Director)*
John Mooney *(Director, Digital Media)*
Karen Parks *(Senior Creative Account Supervisor)*
Lindsey Capooth *(Account Manager)*

SILVER MARKETING, INC.
7910 Woodmont Avenue
Bethesda, MD 20814
Tel.: (301) 951-3505
Fax: (301) 652-3691
Web Site: www.silvermktg.com

Employees: 9
Year Founded: 1984

Discipline: Creative/Advertising

Pat Silver *(President & Chief Executive Officer)*
Katherine Carr *(Executive Vice President)*

SILVER TECHNOLOGIES, INC.
196 Bridge Street

Brands. Marketers. Agencies. Search Less. Find More.
Try out the online version at www.winmo.com

AGENCIES - JULY, 2020 — CREATIVE/ADVERTISING AGENCIES

Manchester, NH 03104
Tel.: (603) 669-6600
Fax: (603) 668-5771
Toll Free: (800) 669-8772
Web Site: www.silvertech.com

Employees: 10
Year Founded: 1996

Discipline: Creative/Advertising

Jeff McPherson *(Chief Digital Officer)*
Nick Soggu *(Founder & President)*
Eric Esposito *(Founder & Principal Architect, Software)*
William Storace *(Principal)*
Erin Presseau *(Strategic Interactive Manager)*

SIMANTEL GROUP
321 Southwest Water Street
Peoria, IL 61602
Tel.: (309) 674-7747
Fax: (309) 674-7756
Toll Free: (800) 351-7747
Web Site: www.simantel.com

Employees: 34
Year Founded: 1980

Discipline: Creative/Advertising

Maggie Misselhorn *(Principal)*
Misty Dykema *(Principal)*
Tim Leesman *(Principal)*
Chris Moehn *(Executive Creative Director)*
Jake Beyhl *(Creative Director)*
Lori Johnson *(Director, Service Delivery)*
Chrissie Niedens *(Controller)*
Abby Bell *(Executive Technology Director)*
Jackie Kellogg *(Executive Strategy Director)*
Erin Kennedy *(Executive Strategy Director)*
Jillian Light *(Director, Human Resources)*
Alicia Ruemelin *(Brand Director, Marketing)*
Jason Brown *(Director, Insights)*
Travis McGlasson *(Director, Marketing Technology)*
Rhonda Radosavlyev *(Media Manager)*
Nicki Urban *(Account Planner)*

Accounts:
Caterpillar, Inc.

SIMON + ASSOCIATES ADVERTISING
12000 West Pico Boulevard
Los Angeles, CA 90064
Tel.: (310) 445-8484
Web Site: www.simonworld.com

Year Founded: 1996

Discipline: Creative/Advertising

Joshua Simon *(President)*
Jane Simon *(Vice President & Executive Creative Director)*

SIMONS / MICHELSON / ZIEVE, INC.
1200 Kirts Boulevard
Troy, MI 48084
Tel.: (248) 362-4242
Fax: (248) 362-2014
Web Site: www.smz.com

Employees: 55

Discipline: Creative/Advertising

Jamie Michelson *(President & Chief Executive Officer)*
Pam Renusch *(Executive Vice President & Group Account Director)*
Michael Corbeille *(Executive Vice President & Executive Creative Director)*
Debbie Michelson *(Executive Vice President & Group Account Director)*
Kathleen Finley *(Senior Vice President & Director, Print Production)*
Amy Klein *(Vice Presdient & Director, Media Integration)*
Lisa Sabo *(Vice President & Creative Director)*
Joel Bienenfeld *(Vice President & Director, Broadcast Production)*
Terri Peirce *(Director, Media Buying)*
Victor Spieles *(Creative Director)*
Barbara Campagna *(Senior Supervisor, Graphics)*
Steven Klein *(Manager, Information Technology)*
Trish Cowan *(Senior Copywriter)*

Accounts:
Classic Lotto 47
Detroit Red Wings
Detroit Tigers, Inc.
Mega Millions
Michigan Lottery
Michigan Lottery Daily 3
Michigan Lottery Daily 4
Michigan Lottery Fantasy 5
Michigan Lottery Instant Games
Michigan Lottery Keno
Poker Lotto
Powerball

SINGLE SOURCE M.A.P., INC.
Post Office Box 29
Danvers, MA 01923
Mailing Address:
7 1/2 Bridge Street
Danvers, MA 01923
Tel.: (978) 777-9992
Fax: (978) 921-9454
Web Site: www.singlesourcepromo.com

Employees: 10

Discipline: Creative/Advertising

Rick Alpern *(Principal & President)*
Dee Alpern *(Chief Operating Officer)*
Linda Kirkland *(Creative Director)*

SJI ASSOCIATES
1001 Avenue of the Americas
New York, NY 10018
Tel.: (212) 391-7770
Fax: (212) 391-1717
Web Site: www.sjiassociates.com

Employees: 25
Year Founded: 1991

Discipline: Creative/Advertising

Suzy Jurist *(President)*
Dan O'Shea *(Partner & Vice President, Sales & Marketing)*
Dave Brubaker *(Director, On-Air Creative)*
David O'Hanlon *(Senior Art Director)*
Matthew Birdoff *(Director, Brand Strategy)*
Anthony K. Guardiola *(Manager, PrePress Production)*
Andrew Zimmerman *(Senior Designer)*
Carole Mayer *(Senior Copywriter & Designer)*

SKIVER ADVERTISING
1751 Placentia Avenue
Costa Mesa, CA 92627
Tel.: (949) 450-9998
Fax: (949) 502-6715
Web Site: www.skiver.com

Employees: 10
Year Founded: 2001

Discipline: Creative/Advertising

Jeremy Skiver *(Chief Executive Officer)*
Rob Pettis *(Executive Creative Director)*
Derek Hall *(Account Director)*

Accounts:
Hooters

SKY ADVERTISING, INC.
14 East 33rd Street
New York, NY 10016
Tel.: (212) 677-2500
Fax: (212) 677-2791
Toll Free: (888) 752-9664
Web Site: www.skyad.com

Year Founded: 1989

Discipline: Creative/Advertising, Full Service/Integrated

William Steely *(President & Chief Executive Officer)*
Janine Jones *(Chief Financial Officer & Vice President, Finance)*
Mike Tedesco *(Executive Vice President & Chief Operating Officer)*
Marcia Leventhal *(Senior Vice President, Sales)*
Roberta Schreiner *(Senior Vice President, Sales)*
Jimmy Cintron *(Vice President, Operations)*

SLEEK MACHINE
One State Street
Boston, MA 02109
Tel.: (857) 991-1214
Web Site: sleekmachine.com

Year Founded: 2014

Discipline: Creative/Advertising

Eric Montague *(Founder & President)*
Alex Viteri *(Chief Strategy & Engagement Officer)*

Accounts:
B.Good

SMALL ARMY
300 Massachusetts Avenue
Boston, MA 02116
Tel.: (617) 450-0000
Fax: (617) 450-0010
Web Site: www.smallarmy.net

Year Founded: 2002

Discipline: Creative/Advertising

Jeff Freedman *(Co-Founder & Chief Executive Officer)*
Allison Reilly *(Senior Partner & Executive Vice President, Relationships & Strategy)*
Sam Pitino *(Vice President & Executive Creative Director)*
Amy Staley *(Vice President, Operations)*
Elaine Heilemann *(Director, Relationship)*
Lisa Johnson *(Account Director)*

CREATIVE/ADVERTISING AGENCIES

Brianna Lonergan *(Director, Relationship)*
Melanie Moser *(Relationship Director)*

Accounts:
NetScout Systems, Inc.
SolidWorks

SMITH & JONES
24 Fourth Street
Troy, NY 12180
Tel.: (518) 272-2400
Fax: (518) 674-1216
Web Site: www.smithandjones.com

Employees: 18

Discipline: Creative/Advertising

Mark Shipley *(Chief Executive Officer & Strategy Director)*
Rachel Digman *(Controller)*
Dave Mercier *(Senior Art Director)*
Sharon Lawless *(Director, Print Production)*
Lynn White *(Production Manager)*

SMITH GIFFORD, INC.
106 West Jefferson Street
Falls Church, VA 22046
Tel.: (703) 532-5992
Fax: (703) 532-8011
Web Site: www.smithgifford.com

Employees: 10

Discipline: Creative/Advertising

Matt Smith *(Chief Executive Officer)*
Trisha Pierce *(President)*
Lisa Biskin *(Creative Director)*
Caitlin Scott *(Senior Account Manager)*

Accounts:
Inova Health System

SMUGGLER
38 West 21st Street
New York, NY 10010
Tel.: (212) 337-3327
Web Site: smugglersite.com

Year Founded: 2001

Discipline: Creative/Advertising

Patrick Milling-Smith *(Co-Founder & President)*
Allison Kunzman *(Executive Producer)*
Jacqy Lok *(Social Media Designer)*
Drew Santarsiero *(Executive Producer)*
Trace Henderson *(Sales & Management Associate)*

SOCIAL CHAIN
260 Fifth Avenue
New York, NY 10001
Tel.: (301) 455-8047
Web Site: www.socialchain.com

Year Founded: 2013

Discipline: Creative/Advertising

Steven Bartlett *(Co-Chief Executive Officer)*
Samuel Warren *(Account Director)*
Rocio Galan *(Social Strategy Director)*
Cathal Berragan *(Creative Director - USA)*
Paige Sode *(Social Media Manager)*
Adriana Wardle *(Social Media Manager)*
Christopher Lawrence *(Partnerships Manager)*
Kendall Blakeman *(Senior Account Manager)*
Sara Gharnit *(Content Strategist)*

Oliver Yonchev *(Managing Director - USA)*

Accounts:
Atlantic Records Group
HSN, Inc.

SOHO EXPERIENTIAL
16 Vestry Street
New York, NY 10013
Tel.: (212) 680-4220
Web Site: sohoexp.com

Year Founded: 2005

Discipline: Creative/Advertising

Brian Couch *(Senior Vice President, Client Services)*
Amber Guyton *(Executive Creative Director)*
Jenn Parchment *(Client Services Director)*
Cassie Leventhal *(Client Services Director)*
Janci Hannen *(Sponsorship Event Manager - Pendleton Whisky)*

Accounts:
Pendleton Whisky

SOSHAL
203-421 Richmond Road
Ottawa, ON K2A 4H1
Tel.: (613) 518-1008
Web Site: www.soshalgroup.com

Year Founded: 2010

Discipline: Creative/Advertising

Dave Hale *(Founder & Chief Executive Officer)*
Phil Sonea *(President & Chief Operating Officer)*
Sven Walther *(Director, Operations)*

Accounts:
Athabasca University

SPI GROUP, LLC
165 Passaic Avenue
Fairfield, NJ 07004
Tel.: (973) 244-9191
Fax: (973) 244-9193
Web Site: www.spigroup.com

Employees: 15
Year Founded: 1997

Discipline: Creative/Advertising

Heather Norian *(Director, Human Resources & Finance)*
Ollie Hartsfield *(Senior Director, Communications Strategy & Editorial)*
Pam Pizarro *(Art Director)*
Amanda Feliu *(Editorial Director)*
Angela Parente *(Project Manager)*
Brittany Martello *(Digital Account Manager)*
Michael Dooley *(Senior Manager)*
Steve Goodman *(General Manager)*
James Koppenal *(Senior Managing Director, Digital Communications)*
Sonali Munjal *(Managing Director)*

SPIKE DDB
55 Washington Street
Brooklyn, NY 11201
Tel.: (718) 596-5400
Fax: (212) 415-3101
Web Site: www.spikeddb.com

Employees: 30

Year Founded: 1996

Discipline: Creative/Advertising

Spike Lee *(Founder & Chief Executive Officer)*
Natasha Williamson *(Senior Account Director)*
Alex Tyree *(Client & Content Director)*

SPIRO & ASSOCIATES
2286 West First Street
Fort Myers, FL 33901
Tel.: (239) 481-5511
Fax: (239) 481-5852
Web Site: www.spiroandassociates.com

Year Founded: 1994

Discipline: Creative/Advertising

Christopher Spiro *(Chief Executive Officer)*
Mark Hedeman *(Senior Art Director)*
Christa Hoskins *(Art Director)*

SPOTCO
114 West 41st Street
New York, NY 10036
Tel.: (212) 262-3355
Web Site: www.spotnyc.com

Employees: 5
Year Founded: 1996

Discipline: Creative/Advertising

Aaliytha Stevens *(Chief Operating Officer)*
Beth Watson *(Vice President & Account Director)*
Stephen Sosnowski *(Senior Vice President, Business Development)*
Kristen Rathbun *(Vice President, Communications)*
Darren Cox *(Creative Director)*
Tom Greenwald *(Executive Creative Director)*
Brian Dratch *(Associate Director, Social Media)*
Kyle Fox *(Director, Media)*
Julie Boor *(Director, Business Development)*
Shelby Ladd *(Managing Director)*
Stephen Santore *(Managing Director)*

SQUARE 2 MARKETING, INC.
555 East North Lane
Conshohocken, PA 19428
Tel.: (215) 491-0100
Fax: (215) 491-0300
Toll Free: (888) 522-1255
Web Site: www.square2marketing.com

Year Founded: 2003

Discipline: Creative/Advertising

Mike Lieberman *(President, Co-Founder, Chief Executive Officer & Chief Revenue Scientist)*
Eric Keiles *(Partner & Chief Marketing Officer)*
Julie Golden *(President)*
Frank Tolkacz *(Growth Strategist)*

SRW
220 North Green STreet
Chicago, IL 60607
Tel.: (331) 481-6142
Web Site: srw.agency

Year Founded: 2016

Discipline: Creative/Advertising

Brian Rolling *(Co-Founder & Chief Creative Officer)*
Charlie Stone *(Co-Founder & Chief Executive

AGENCIES - JULY, 2020 — CREATIVE/ADVERTISING AGENCIES

Officer)
Kate Weidner (Co-Founder & Owner)
Ashley Thomas (Director, Public Relations)
Lauren Hayes (Senior Art Director)
Nicole Teeters (Strategist)
Melissa Sweere (Digital Strategist)
Whitney Oberg (Art Director)

Accounts:
Fonterra
Harvest Snaps
Popper Duos
Portland Pet Food Company

SS+K
88 Pine Street
New York, NY 10005
Tel.: (212) 274-9500
Fax: (212) 274-9598
Web Site: www.ssk.com

Employees: 54
Year Founded: 1993

Discipline: Creative/Advertising

Mark Kaminsky (Co-Founder & Partner)
Lenny Stern (Co-Founder & Partner)
Rob Shepardson (Co-Founder & Partner)
Kate Rothen (Partner & Chief Operating Officer)
Andrew Acampora (Chief Finance Officer)
Amy Frisch (Director, Client Services)
Stevie Archer (Executive Creative Director)
Katie McCormick (Strategist)
Claudia Cukrov (Group Strategy Director)
Reagan Fromm (Art Director)
Sarah Giarraffa (Manager, Business Affairs)
Nicholas Petrillo (Account Executive)
John Swartz (Managing Director, Production & Operations)
Kevin Skobac (Managing Director, Strategy Group)
Elisa Silva (Managing Director, Clients & Culture)

Accounts:
Baker & McKenzie
Bill & Melinda Gates Foundation
Canyon Ranch, Inc.
Delta Air Lines, Inc.
E*TRADE Bank
E*TRADE Financial Corporation
Etrade.com
FreshDirect, LLC
Kaplan, Inc.
Mount Sinai Health System
National Collegiate Athletic Association
Planned Parenthood Federation of America
The New Yorker
Wells Fargo & Company

ST. GREGORY GROUP MARKETING
9435 Waterstone Boulevard
Cincinnati, OH 45249
Tel.: (513) 769-8440
Fax: (513) 769-1640
Web Site: www.stgregory.com

Discipline: Creative/Advertising

Pat Martin (Chief Executive Officer)
Kyle O'Daniel (President)
Lori Martin (Creative Director)

STAMP IDEAS GROUP, LLC
111 Washington Avenue
Montgomery, AL 36104
Tel.: (334) 244-9933
Fax: (334) 244-7713
Toll Free: (888) 244-9933
Web Site: ww.stampideas.com

Year Founded: 1959

Discipline: Creative/Advertising

Bruce Reid (Principal & Director, Business Development)
David Allred (Principal & Managing Director, Operations)
Jim Leonard (Principal & Executive Creative Director)
Susan Bryan (Resource Director)
Roberta Pinkston (Media Purchasing Director)
Camille Leonard (Creative Director)
Cristen Bozeman (Media Buyer)

STANDARD BLACK
163 South La Brea Avenue
Los Angeles, CA 90036
Tel.: (310) 822-7200
Web Site: www.standardblack.com

Year Founded: 2009

Discipline: Creative/Advertising

Michael Sharp (Founder & Chief Executive Officer)
Jared Tomlinson (Partner & Executive Creative Director)
Lauren Gluck (Brand Director)

Accounts:
CVS Health
Rakuten Rewards

STEALTH CREATIVE
1617 Locust Street
St. Louis, MO 63103
Tel.: (314) 480-3606
Web Site: www.stealthcreative.com

Discipline: Creative/Advertising

Mindy Jeffries (President & Chief Executive Officer)
David Nimock (Vice President, Account Services)

Accounts:
Wahl Professional
WideOpenWest

STEBBINGS PARTNERS
427 John Dietsch Boulevard
Attleboro Falls, MA 02763
Tel.: (508) 699-7899
Web Site: www.stebbings.com

Employees: 12

Discipline: Creative/Advertising

Dave Stebbings (President & Chief Executive Officer)
Arthur Warner (Vice President, Client Services)

STEVENSON ADVERTISING
16521 Thirteenth Avenue West
Lynnwood, WA 98037
Tel.: (425) 787-9686
Fax: (425) 787-9702
Web Site: www.stevensonadvertising.com

Employees: 10

Discipline: Creative/Advertising

Brett Stevenson (President)
Tim Grand (Vice President, Sales & Account Executive)
Kathy Balcom (Vice President, Sales)

STONEARCH CREATIVE
710 South Second Street
Minneapolis, MN 55401
Tel.: (612) 200-5000
Web Site: www.stonearchcreative.com

Discipline: Creative/Advertising

Marcia Miller (President & Chief Executive Officer)
Judy Kessel (Founder & Chairperson)
Jen Mugnaini (Vice President, Account Management)
Kiki Romsaas (Director, Production & Project Management)
Allison Shulow (Creative Director)
Sue Katula (Marketing Director)
Hayley Doyle (Senior Project Manager)

Accounts:
Medela, Inc.

STRAND MARKETING
10 Railroad Street
Newburyport, MA 01950
Tel.: (978) 463-0780
Fax: (978) 463-0781
Web Site: www.strandmarketing.com

Employees: 4
Year Founded: 1994

Discipline: Creative/Advertising

David Strand (Chief Executive Officer & Brand Director)
David Bush (Creative Director)

STRUCK
159 West Broadway
Salt Lake City, UT 84101
Tel.: (801) 531-0122
Fax: (801) 531-0123
Web Site: www.struck.com

Year Founded: 1995

Discipline: Creative/Advertising

Pauline Ploquin (President)
Scott Sorenson (Creative Director)
Brent Watts (Executive Creative Director)
Kylie Kullack (Head, Client Partnership)
Colin Greenberg (Executive Producer)

Accounts:
Montage Deer Valley
Sage Software, Inc.
Sinclair Oil Corporation
Squatty Potty LLC
Utah Office of Tourism
WellBiz Brands, Inc.
ZAGG, Inc.

STUDIO NUMBER ONE, INC.
1331 West Sunset Boulevard
Los Angeles, CA 90026
Tel.: (213) 213-0070
Web Site: studionumberone.com

Brands. Marketers. Agencies. Search Less. Find More.
Try out the online version at www.winmo.com

CREATIVE/ADVERTISING AGENCIES
AGENCIES - JULY, 2020

Year Founded: 2003

Discipline: Creative/Advertising

Victoria Yarnish *(Vice President, Communications & Strategic Partnerships)*
Annie Pham *(Account Director)*

SUASION
129 West Harrisburg Street
Dillsburg, PA 17019
Tel.: (717) 432-2468
Fax: (717) 432-2420
Web Site: www.thesuasionway.com

Discipline: Creative/Advertising

Victoria Lindstrom *(President)*
Karen Gross *(Director, Marketing)*

SUDLER & HENNESSEY
230 Park Avenue, South
New York, NY 10003
Tel.: (212) 614-4100
Fax: (212) 598-6927
Web Site: www.sudler.com

Employees: 300
Year Founded: 1935

Discipline: Creative/Advertising

Louisa Holland *(Co-Chief Executive Officer - The Americas)*
Ellen Goldman *(Chief Financial & Operating Officer - Worldwide)*
Robin Davenport *(Executive Vice President & Executive Creative Director)*
Rosa Lombardo *(Director, Human Resources)*

SUKLE ADVERTISING & DESIGN
2430 West 32nd Avenue
Denver, CO 80211
Tel.: (303) 964-9100
Web Site: www.sukle.com

Employees: 10

Discipline: Creative/Advertising

Mike Sukle *(Owner & Creative Director)*
Dan Schultz *(Account Planner)*
Michon Schmidt *(Manager & Producer, Broadcasting)*
Greg Jesse *(Graphic Designer)*

SUPERHEROES NEW YORK
188 Broadway
Brooklyn, NY 11211
Tel.: (917) 909-1880
Web Site: hellosuperheroes.com

Year Founded: 2009

Discipline: Creative/Advertising

Geoff Desreumaux *(Partner & Head, Strategy)*
Beth Irvin *(Director, Client Services)*
Amanda Santalucia *(Integrated Producer)*
Rob Zuurbier *(Managing Partner)*

Accounts:
Sixt

SUPPLY MEDIA
2530 Frontier AVenue
Boulder, CO 80301

Web Site: supp.ly

Discipline: Creative/Advertising

Beth Sanders *(Senior Vice President)*
Christene Mallory *(Senior Digital Media Manager)*

Accounts:
Pancheros Mexican Grill

SWASH LABS
608 East Hickory Street
Denton, TX 76205
Tel.: (940) 808-0071
Web Site: www.swashlabs.com

Year Founded: 2011

Discipline: Creative/Advertising

Josh Berthume *(President)*
Diana Fonner *(Director, Agency Operations)*

SWELL, LLC
21 South 11th Street
Philadelphia, PA 19107
Tel.: (215) 422-3477
Web Site: swellstart.com

Year Founded: 2011

Discipline: Creative/Advertising

Greg O'Loughlin *(Founder & Partner)*
Staci Anderson *(Creative Director & Partner)*
Beth Hayden *(Account Manager)*

SWIFT
1250 Northwest 17th Avenue
Portland, OR 97209
Tel.: (503) 227-8305
Web Site: www.swift.co

Year Founded: 2007

Discipline: Creative/Advertising

Rick Albano *(Chief Creative Officer)*
Paul Wille *(Chief Operations Officer)*
Maren Elliott *(Chief Talent Officer)*
Meredith Chase *(Chief Strategy Officer)*
Marni Beardsley *(Chief Production Officer)*
Alicia McVey *(Co-Founder & Chief Creative Officer)*
Liz Valentine *(Co-Founder & Chief Executive Officer)*
Jaime Komitor *(Vice President, Client Services)*
Don Shelford *(Executive Creative Director)*
Emily Risher *(Supervisor, Account)*
Brooke-Lynn Howard *(Head, Strategy)*
Erin Stevens *(Associate Director, Creative)*
Dave Hubbard *(Account Director)*
Paul Bjork *(Creative Director)*
Kate Digilio *(Associate Creative Director)*
Brittany Woyma *(Director, Account)*
Danica Borgese *(Director, Account)*
Martin Warszawski *(Motion Designer)*
Dana Stalker *(Creative Director)*
Casey Sperzel *(Associate Director, Marketing Science)*
Pat McCaren *(Creative Director)*
Raina Jung *(Senior Designer)*
Kate Torsey *(Account Supervisor)*
Krissy Brunsman *(Senior Producer)*
Nathan Lattanzi *(Senior Strategist, Data)*
Amanda Combs *(Account Supervisor)*
Shloimy Notik *(Associate Creative Director)*

Chad O'Connell *(Associate Creative Director)*

Accounts:
Blue Apron
Fitbit
Gatorade
Outshine Fruit Snacks
PayPal, Inc.

SWITCH
6600 Manchester Avenue
Saint Louis, MO 63139
Tel.: (314) 206-7700
Fax: (314) 206-7738
Toll Free: (800) 445-0633
Web Site: www.switch.us

Employees: 100
Year Founded: 1980

Discipline: Creative/Advertising

John Nickel *(Co-President)*
Kevin Quigley *(Co-President)*
Christopher Jobst *(Vice President, Corporate Business Development)*
Craig Kammien *(Senior Creative Director)*
Sunny Stack *(Account Director)*
April Hayes *(Director, Field Sampling)*
Susie Sapp *(Business Development Manager)*
Katie Cambron *(Senior Research Analyst)*

Accounts:
5-Hour Energy
Bosch Power Tools
Enterprise Holdings
FedEx Corporation
Primerica Financial Services

TACO TRUCK CREATIVE
3172 Lionshead Avenue
Carlsbad, CA 92010
Tel.: (760) 517-8801
Web Site: tacotruckcreative.com

Year Founded: 2013

Discipline: Creative/Advertising

Travis Graham *(Partner & Creative Director)*
Dave Huerta *(Partner & Creative Director)*
Ernest Koury *(Partner & President)*
Amy Gelender *(Director, Client Services)*
Joshua Forstot *(Director, Innovation & Strategy)*
Dave Friz *(Director, Multimedia)*
Taryn Jaczko *(Account Executive)*

Accounts:
Big Bertha
Callaway
Callaway Golf Company
HX
Odyssey
Warbird
X-Series

TAG
10 Disera Drive
Thornhill, ON L4J 0A7
Tel.: (905) 940-1948
Fax: (905) 940-4489
Web Site: www.theautumngroup.ca

Employees: 10

Discipline: Creative/Advertising

Fabio Orlando *(Chief Executive & Creative*

Brands. Marketers. Agencies. Search Less. Find More.
Try out the online version at www.winmo.com

AGENCIES - JULY, 2020 — CREATIVE/ADVERTISING AGENCIES

Officer)
Gabriel Armstrong *(Executive Vice President)*

TARGET MARKETING & COMMUNICATIONS, INC.
90 Water Street
Saint John's, NL A1C 1A4
Tel.: (709) 739-8400
Fax: (709) 739-9699
Toll Free: (888) 739-8400
Web Site: www.targetmarketing.ca

Employees: 40

Discipline: Creative/Advertising

Noel O'Dea *(President & Director, Strategic & Creative Planning)*
Ernie Brake *(Account Director)*

TATTOO PROJECTS, LLC
801 South Peter Street
Charlotte, NC 28202
Tel.: (704) 900-7150
Web Site: www.tattooprojects.com

Year Founded: 2006

Discipline: Creative/Advertising

Buffy McCoy Kelly *(President)*
Daniel Pancotto *(Head, Business Development)*

Accounts:
Pylon Manufacturing Corporation
Ronald McDonald House Charities
Sheetz, Inc.
University of North Carolina - Charlotte

TAXI
Three Columbus Circle
New York, NY 10019
Tel.: (212) 414-8294
Fax: (212) 414-8444
Web Site: www.taxi-nyc.com

Employees: 30
Year Founded: 2004

Discipline: Creative/Advertising

David Jenkins *(President)*
Damion Sammarco *(Executive Creative Director)*
Blair Naylor *(Group Account Director)*
Kate Horne *(Director, Client Services)*

Accounts:
Destination XL Group, Inc.
Gevalia Kaffe
Grandparents.com, LLC
Mio
Mohegan Sun

TAXI
1435 Rue St. Alexandre
Montreal, QC H3A 2G4
Tel.: (514) 842-8294
Fax: (514) 842-6552
Web Site: www.taxi.ca

Employees: 50

Discipline: Creative/Advertising

Rafik Belmesk *(Vice President & Head, Strategy)*
Catherine Lapointe *(Group Account Director)*
Emma Toth *(General Manager)*

Accounts:
Reitmans (Canada) Limited

TAXI
495 Wellington Street West
Toronto, ON M5V 1E9
Tel.: (416) 598-4750
Fax: (416) 598-9754
Web Site: www.taxi.ca

Employees: 150

Discipline: Creative/Advertising

Michael Strasser *(Director, Operations)*
Afton Franklin *(Account Director)*
Corina Wilkes *(Group Account Director)*
Sunny Chang *(Account Director)*
Katherine Tomlinson *(Account Director)*
Joe Miller *(Account Supervisor)*

Accounts:
Canadian Tire Corporation Limited
Maxwell House
The DivaCup
WestJet Airlines, Ltd.

TAXI
515 Richards Street
Vancouver, BC V6B 2Z5
Tel.: (604) 683-8294
Fax: (604) 683-6112
Web Site: www.taxi.ca

Discipline: Creative/Advertising

Emily Kozniuk *(Account Director)*
Nikki Jobson *(Associate Creative Director)*
Lizzie Dabous *(Strategy Director)*

TBD
156 Second Street
San Francisco, CA 94105
Tel.: (415) 891-0000
Web Site: www.tbd.ooo

Year Founded: 2017

Discipline: Creative/Advertising

Jordan Warren *(Chief Executive Officer)*
Rafael Rizuto *(Chief Creative Officer)*
Leila Moussaoui *(Art Director)*
Sara Uhelski *(Copywriter)*

Accounts:
Evernote Corporation
Havaianas US
Nokia Corporation

TBWA \ CHIAT \ DAY
5353 Grosvenor Boulevard
Los Angeles, CA 90066-6913
Tel.: (310) 305-5000
Fax: (310) 305-6000
Web Site: www.tbwachiat.com

Employees: 400
Year Founded: 1968

Discipline: Creative/Advertising

Erin Riley *(President)*
Nick Barham *(Global Chief Strategy Officer)*
Renato Fernandez *(Chief Creative Officer - LA)*
Agathe Guerrier *(Global Co-Chief Strategy Officer)*
Simon Wassef *(Chief Strategy Officer)*
Scott MacMaster *(Executive Planning Director)*
Jennifer Nottoli *(Managing Director)*
Chuck Monn *(Executive Creative Director)*
Gigi Lewis *(Global Brand Director - Gatorade)*
Guy Helm *(Associate Creative Director)*
Mary Lou Bunn *(Executive Director, Growth)*
Amy Krieg *(Account Director)*
Jerico Cabaysa *(Managing Director)*
Juuso Myllyrinne *(Global Head, Performance Marketing)*
Jennifer Costello *(Head, Strategy)*
Martin Ramos *(Global Planning Director)*
Pamela Lloyd *(Brand Director)*
Robyn Morris *(Senior Brand Director - Gatorade)*
Ben Tolbert *(Senior Art Director)*
Doug Menezes *(Creative Director)*
Rhys Hillman *(Global Strategy Director - TBWA | Media Arts Lab)*
Sarah Rabia *(Global Director, Cultural Strategy)*
Emilie Arrive *(Director, Strategy)*
Matt Theisen *(Global Brand Lead)*
Jillian Rudman *(Account Director)*
John Hickman *(Group Planning Director)*
Jeremy Davis *(Strategy Director)*
Brian O'Rourke *(Executive Director, Production)*
Joshua McCrary *(Associate Creative Director)*
Dessiah Maxwell *(Director, Traffic Operations)*
Robin Rossi *(Director, Business Affairs)*
Dena Moore *(Executive Print Producer)*
Ewan Anderson *(Executive Digital Producer)*
Kelly Rosen *(Director, New Business Development)*
Mayte Carvalho *(Director, Business Strategy)*
Jourdan Hull *(Social Art Director)*
Aileen Baliat *(Senior Integrated Producer)*
Tony Burman-Loffredo *(Brand Director)*
Samira Shahabuddin *(Director, Strategy)*
Jesse Unger *(Director, Strategy)*
Judy Brill *(Senior Manager, Traffic Operations)*
Aubrey Larson *(Account Supervisor)*
Jill Durand *(Senior Business Affairs Manager)*
Teddy Notari *(Brand Manager)*
Chris Juhas *(Creative Director)*
Emma Mariscal *(Business Development Manager)*
Lindsay Friedgood *(Account Supervisor - Gatorade)*
Jodie Baron *(Senior Manager, National Promotions - Nissan United)*
Andrew Serrato *(Senior Digital Producer - Gatorade)*
Siena Palmacci *(Digital Producer)*
Connor Wudrick *(Associate Brand Manager - Gatorade)*
Jessica Ferri *(Account Supervisor)*
Erika Buder *(Producer)*
Liz Cartwright *(Creative Director)*
Devon Dickson *(Senior Strategist)*
Michael Schroepfer *(Associate Producer)*
Corianda Dimes *(Associate Director, Strategy)*
Michael Claypool *(Managing Director)*
Christian Stein *(Managing Director & Global Brand Leader)*

Accounts:
Academy of Motion Picture Arts and Sciences
Almond Breeze
Blue Diamond Almonds
Blue Diamond Bold Flavors
Blue Diamond Growers
Blue Diamond Oven Roasted Almonds
Diet Pepsi
Disney+
FileMaker, Inc.
G2
Gatorade
Google Play
IMAX Corporation
McCafe
Netflix

Brands. Marketers. Agencies. Search Less. Find More.
Try out the online version at www.winmo.com

CREATIVE/ADVERTISING AGENCIES

AGENCIES - JULY, 2020

Nut Thins
Pepsi
Pepsi Max
Pepsi Next
Pepsi Throwback
QuickBooks
Robinhood
Supercuts
The University of Phoenix
Tropicana

TBWA/MEDIA ARTS LAB
12539 Beatrice Street
Los Angeles, CA 90066
Tel.: (310) 305-4400
Fax: (310) 305-4499
Web Site: www.tbwamal.com

Year Founded: 2006

Discipline: Creative/Advertising

Marianne Stefanowicz *(Chief Communications Officer)*
Brent Anderson *(Global Chief Creative Officer)*
Andrew Zakim *(Strategy Director)*
Elaine Feinstein *(Account Director)*
Rohit Thawani *(Creative Lead, Digital Experiences)*
Arnau Bosch *(Group Creative Director)*
Dafna Garber *(Creative Director)*
Pierce Thiot *(Creative Director)*
Dean Rubinstein *(Global Group Director, Brand)*
Sara Clark *(Senior Art Producer)*
Jillian Dobbins *(Associate Digital Producer)*

Accounts:
Apple Music
Apple Pay
Apple TV
Apple TV+
Apple Watch
Apple, Inc.
iMac
iPad
iPhone
iPhoto
iPod
iTunes
Mac Pro
MacBook

TBWA\WORLDHEALTH
225 North Michigan Avenue
Chicago, IL 60601
Tel.: (312) 297-6700
Fax: (312) 649-7232
Web Site: tbwaworldhealth.com

Employees: 175
Year Founded: 1960

Discipline: Creative/Advertising

Dennis Hoppe *(Chief Financial Officer - Omnicom)*
Kristen Gengaro *(Managing Partner)*
Chris Rudnick *(Senior Vice President & Group Creative Director)*
Jerry Coamey *(Senior Vice President & Group Creative Director - Corbett)*
Amy Gerstein *(Vice President & Senior Manager, Operations & Events)*
John Moen *(Vice President & Associate Creative Director)*
Mark Springer *(Vice President & Senior Director, Financial Services)*
Michael Palencia *(Media Director)*

Accounts:
Zetia

TBWA\WORLDHEALTH
488 Madison Avenue
New York, NY 10022
Tel.: (212) 771-3000
Fax: (212) 771-3010
Toll Free: (800) 599-0188
Web Site: tbwaworldhealth.com

Employees: 300
Year Founded: 1994

Discipline: Creative/Advertising

Meaghan Onofrey *(Managing Partner)*
Robin Shapiro *(Global President)*
Sharon Callahan *(Chief Executive Officer)*
Paul Pfleiderer *(Chief Strategy Officer)*
Mo Hamzeh *(Vice President & Account Director)*
Diana Shu-wei Chen *(Account Director)*

TCA
701 San Marco Boulevard
Jacksonville, FL 32207
Tel.: (904) 642-8902
Fax: (904) 642-8916
Web Site: thecrossagency.com

Employees: 40

Discipline: Creative/Advertising

Natalie Wollet *(President)*
Melanie Johnson *(Media Strategist)*
Cailey Evans *(Media Services Coordinator)*

TCAA
4555 Lakeforest Drive
Cincinnati, OH 45242
Tel.: (513) 956-5550
Fax: (513) 956-5558
Web Site: www.tcaausa.com/

Year Founded: 1989

Discipline: Creative/Advertising

Louie Manetta *(Chief Operating Officer)*
Mike Schrader *(Vice President & Creative Director)*
John Desmond *(Vice President & Account Supervisor)*
Scott Atkinson *(Interactive Media Manager)*

TDA_BOULDER
1435 Arapahoe Avenue
Boulder, CO 80302
Tel.: (303) 247-1180
Fax: (303) 247-1214
Web Site: www.tdaboulder.com

Year Founded: 1989

Discipline: Creative/Advertising

Jonathan Schoenberg *(Executive Creative Director & Partner)*
Thomas Dooley *(Founder & Executive Creative Director)*
Constance DeCherney *(Director, Strategy)*
Jeremy Seibold *(Creative Director)*
Alex Rice *(Creative Director)*
Barrett Brynestad *(Associate Creative Director)*
Paul Siegel *(Account Director)*
Abby Schroder *(Director, Client Services)*
Heather Lee *(Media Supervisor)*
Blake McCarthy *(Assistant Media Planner)*

John Hope *(Production Manager)*

Accounts:
Ascent Native Fuel Whey Protein
Daiya Foods
FirstBank

TEN ADAMS MARKETING & ADVERTISING
1112 Southeast First Street
Evansville, IN 47713
Mailing Address:
Post Office Box 3432
Evansville, IN 47733
Tel.: (812) 422-7440
Fax: (812) 421-3553
Toll Free: (800) 489-7440
Web Site: www.tenadams.com

Employees: 11
Year Founded: 1985

Discipline: Creative/Advertising

Jon Headlee *(President)*
Kris Laufer *(Vice President, Creative Services)*
Erika Stilwell *(Media Planner & Buyer)*

TEN35
444 North Michigan Avenue
Chicago, IL 60611
Tel.: (312) 628-5700
Web Site: www.ten35.com

Year Founded: 2016

Discipline: Creative/Advertising

Sherman Wright *(Managing Partner & Chief Operating Officer)*
Robert Clifton *(Chief Creative Officer)*
Toni Harrison *(President, Public Relations)*
Kristian Stewart *(Senior Vice President, Strategy, Analytics & Research)*
Juan Santiago *(Vice President & Executive Creative Director)*
Nina Bell *(Associate Director, Experience)*
Susan Zid *(Director, Integrated Production)*
Bradley Taylor *(Group Creative Director)*
Alanna Marshall *(Associate Creative Director)*
Johnnie Lovett *(Director, Strategy & Integration)*

TERRI & SANDY
1133 Broadway
New York, NY 10010
Tel.: (917) 261-6792
Web Site: www.terrisandy.com

Year Founded: 2010

Discipline: Creative/Advertising

Sandy Greenberg *(Co-Founder & Chief Executive Officer)*
Terri Meyer *(Co-Founder & Chief Executive Officer)*
Marjorie Beutel *(Chief Financial Officer)*
Drew Halpern *(Group Account Director)*
Lauren Rubenstein *(Group Account Director)*
Chris Cannon *(Creative Director)*
Jillian Watkins *(Creative Director)*
Adrienne Marcino *(Director, Business Development)*
Tracy Chapman *(Director, Strategic Planning)*
Dani Barish Blevins *(Account Director, Integrated)*
Jeein Lee *(Art Director)*

Brands. Marketers. Agencies. Search Less. Find More.
Try out the online version at www.winmo.com

AGENCIES - JULY, 2020

CREATIVE/ADVERTISING AGENCIES

Todd Condie *(Creative Director)*
Josh Bablin *(Account Executive)*
Halle Mizrahi *(Account Supervisor)*
Tony Scopellito *(Managing Director)*

Accounts:
Applegate Farms
BJ's Wholesale Club, Inc.
CityMD
Culturelle
Freshpet
Goldenberg's Peanut Chews
Hot Tamales
Imagine Foods
Just Born, Inc.
MaraNatha
Microtel
Mike & Ike
Nestle Infant Nutrition & Gerber Products Company
Nutella
Peeps
Peeps
Rudi's Bakery
Spectrum Essentials
Spectrum Naturals
Spectrum Organic Products, Inc.
Teenee Beanee Gourmet jelly beans
The Hartford Financial Services Group, Inc.
Twinings North America

TERRY L. BUTZ CREATIVE INCORPORATED
104 Brookeridge Drive
Waterloo, IA 50702
Tel.: (319) 235-9367
Fax: (818) 735-8972
Web Site: www.tlbcreative.com

Employees: 17

Discipline: Creative/Advertising

Terry Butz *(President)*
Phil Mealy *(Vice President, Marketing)*

TGG BRAND MARKETING & DESIGN
140 Gross Street
Marietta, OH 45750
Mailing Address:
3901 Brisco Road
Parkersburg, WV 26104
Tel.: (304) 485-8990
Toll Free: (800) 628-8521
Web Site: www.tggbrandmarketing.com

Year Founded: 1973

Discipline: Creative/Advertising

Cheryl Ferrebee *(Owner)*
Andrea Munchmeyer *(Creative Director)*

THE AD STORE
3325 M Street, Northwest
Washington, DC 20007
Tel.: (202) 342-0222
Web Site: www.theadstoredc.com

Employees: 10
Year Founded: 2000

Discipline: Creative/Advertising

Tina Bagapor O'Harrow *(Owner & Principal)*
Kevin O'Harrow *(Chief Operating Officer)*

THE ADVOCATE AGENCY
429 North Market Boulevard
Chehalis, WA 98532
Tel.: (360) 748-6848
Fax: (360) 748-6841
Web Site: www.theadvocateagency.com

Discipline: Creative/Advertising

Judy DeVaul *(Partner)*
Frank DeVaul *(Partner, Chief Executive Officer & Owner)*
Renae Justice *(Business Manager)*

THE ALLEN LEWIS AGENCY, LLC
30600 Northwestern Highway
Farmington Hills, MI 48334
Tel.: (844) 879-8252
Toll Free: (844) 879-8252
Web Site: www.theallenlewisagency.com/

Year Founded: 2015

Discipline: Creative/Advertising

Chandra Lewis *(Co-Founder & Chief Operating Officer)*
Jocelyn Allen *(Co-Founder & Chief Executive Officer)*

THE ATKINS GROUP
501 Soledad Street
San Antonio, TX 78205
Tel.: (210) 444-2500
Fax: (210) 824-8326
Web Site: www.theatkinsgroup.com

Employees: 10

Discipline: Creative/Advertising

Dirk Mitchell *(Partner, Director Creative Services)*
Ann Perrine *(Partner & Vice President, Media Channels)*
Jayme LeGros *(Account Supervisor)*
Steve Atkins *(President & Chief Executive Officer)*
Erik Arredondo *(Senior Art Director, Interactive)*
Thuy Pham *(Art Director & Graphic Designer)*
Cecilia Novak *(Media Manager)*
Jill Dolde *(Media Channels Supervisor)*
Gabriella Flores *(Operations Manager)*
Amanda Lundblade *(Senior Account Supervisor)*

Accounts:
San Antonio Convention & Visitors Bureau
Visit Huntington Beach

THE BARBER SHOP MARKETING
14135 Midway Road
Addison, TX 75001
Tel.: (214) 217-7177
Web Site: www.thebarbershopmarketing.com

Discipline: Creative/Advertising

Amy Phyfer *(President)*
Christie Baldez *(Vice President, Business Development)*
Gaela Renee Hall *(Media Director)*
David Atkins *(Creative Director)*

THE BERGMAN GROUP, INC
7204 Glen Forest Drive
Richmond, VA 23236
Tel.: (804) 225-0600
Fax: (804) 225-0900
Web Site: www.bergmangroup.com

Discipline: Creative/Advertising

Bill Bergman *(President)*
Fred Wollenberg *(Director, Design)*

Accounts:
Sandler Systems, Inc.

THE BOSWORTH GROUP
668 Shortwood Street
Charleston, SC 29412
Tel.: (843) 795-7944
Web Site: www.thebosworthgroup.com

Year Founded: 1984

Discipline: Creative/Advertising

Kent Bosworth *(President & Chief Executive Officer)*
Gail Bosworth *(Executive Vice President)*

THE BRADFORD GROUP
2115 Yeaman Place
Nashville, TN 37206
Tel.: (615) 515-4888
Fax: (615) 515-4889
Web Site: www.bradfordgroup.com

Employees: 6
Year Founded: 2000

Discipline: Creative/Advertising

Jeff Bradford *(President & Chief Executive Officer)*
Gina Gallup *(Vice President & Chief Operating Officer)*
Molly Aggas *(Senior Account Manager)*

THE BROOKLYN BROTHERS
Seven West 22nd Street
New York, NY 10010
Tel.: (212) 242-0200
Fax: (212) 242-0217
Web Site: www.thebrooklynbrothers.com

Employees: 10
Year Founded: 2001

Discipline: Creative/Advertising

Ilana Fried *(Senior Producer)*

Accounts:
New York Rangers
Remy Martin V

THE BUNTIN GROUP
230 Willow Street
Nashville, TN 37210
Tel.: (615) 244-5720
Fax: (615) 256-5539
Web Site: www.buntingroup.com

Employees: 100
Year Founded: 1972

Discipline: Creative/Advertising, Out-of-Home Advertising

Jeffrey Buntin, Jr. *(President & Chief Executive Officer)*
Kathy Canady *(Executive Vice President & Chief*

Brands. Marketers. Agencies. Search Less. Find More.
Try out the online version at www.winmo.com

CREATIVE/ADVERTISING AGENCIES
AGENCIES - JULY, 2020

Insights Officer)
Dave Damman *(EVP, Managing Director & Chief Creative Officer)*
Tom Cocke *(Group Partner, Creative & Senior Vice President)*
Erin Halpin *(VP, Chief Community Officer)*
Mark Young *(Executive Vice President & Managing Director, Out of Home Media & GeoTrak HyperLocal Media)*
Brian Harkness *(Executive Vice President, Strategic Initiatives & Director, Operations)*
Ben Thomas *(Executive Vice President, Media & Innovation)*
Jon Carmack *(Executive Vice President, Operations & Technology)*
Ray Reed *(Executive Vice President & Creative Director)*
Geoffrey Lysaught *(EVP, Managing Director/Brand Performance)*
Tom Irvin *(Executive Vice President & Director, Finance Services)*
Tom Gibney *(Senior Vice President & Director, Content Production)*
Liz Diekman *(Senior Vice President & Group Brand Director)*
Alex Plewinski *(Senior Vice President & Group Account Director)*
Danna Grigson *(Vice President, Channel Engagement & Director)*
Jeff Parson *(Vice President & Group Digital Creative Director)*
Bryan Kemp *(Vice President, Channel Engagement Director)*
Erica Huss *(Vice President & Brand Director)*
David Kelleher *(Vice President & Management Supervisor, Out-of-Home Media)*
Erin Coors *(Vice President & Director, Agency Communications & Administration)*
Becky Benson *(Vice President & Brand Director, Regional Marketing)*
Christine Poss *(Vice President, Brand Integration)*
Kevin May *(Vice President, Controller & Director, Billing)*
Katie McAfee *(Associate Director, Field Management)*
Emily Wurz *(Associate Brand Director)*
Jessi Olson *(Brand Director)*
Sarah Fink *(Associate Brand Director)*
Don Bailey *(Senior Art Director)*
Joe Botich *(Director, Channel Engagement)*
Mallory Bradley *(Associate Brand Director)*
Marissa Harkai *(Associate Director, Workflow)*
Katie Hewson *(Brand Manager)*
Suzanne Palmer *(Manager, Channel Engagement)*
Whitney Sutton *(Print Production Manager)*
Elizabeth Sova *(Senior Brand Manager - CITGO & Hoosier Lottery)*
Paige Shafrath *(Producer, Content)*
Zach Frost *(Senior Strategist, Channel)*
Kacey Bundy *(Coordinator, Broadcast & Print Traffic)*
Ashley Jackson *(Channel Activation Specialist)*
Kaitlyn Wallace *(Channel Strategist - CITGO, Hutamaki & Chinet)*
Scott Teisch *(Specialist, Channel Activation)*

Accounts:
Bass Pro Shops, Inc.
Brookdale Senior Living
Cabela's
Chinet
CITGO Citguard Motor Oil
CITGO Lithoplex Greases
CITGO Lubricants
CITGO Pacemaker Gas Engine Oil
CITGO Petroleum Corporation
CITGO Superguard Motor Oils
CITGO Transguard
Clarion Lubricants
Coca-Cola Bottling Company Consolidated
Cracker Barrel Old Country Store
Genesco, Inc.
Hoosier Lottery
Huhtamaki Americas, Inc.
John Deere Licensed Products
Kentucky Lottery Corporation
Logan's Roadhouse, Inc.
Mystik
Outback Steakhouse, Inc.
Perkins Restaurant & Bakery
Servpro Industries, Inc.
Stillhouse Spirits
Tennessee Education Lottery Corporation
Tracker Boats
Trex Company, Inc.
Tropical Smoothie Cafe
TVA
Twitter, Inc.

THE CDM GROUP
220 East 42nd Street
New York, NY 10017
Tel.: (212) 907-4300
Fax: (212) 687-5411
Web Site: www.thecdmgroup.com/

Employees: 650
Year Founded: 1987

Discipline: Creative/Advertising

Kyle Barich *(Chief Executive Officer)*
Debra Polkes *(Chief Creative Officer)*
Sonoko Jacobson *(Senior Vice President & Account Planner)*
Lauren Keasey *(Vice President & Group Art Supervisor)*
Michelle Monte *(Vice President & Account Group Supervisor)*
Rachel Chopra *(Vice President & Account Supervisor)*
Brandon Swift *(Vice President & Analytics Manager)*

Accounts:
AstraZeneca Pharmaceuticals LP
FluMist
FluMist
Lucentis
Plax
Synagis
Synagis

THE CIRLOT AGENCY, INC.
1505 Airport Road
Flowood, MS 39232
Mailing Address:
Post Office Box 16087
Jackson, MS 39236
Tel.: (601) 664-2010
Fax: (601) 664-2610
Web Site: www.cirlot.com

Year Founded: 1984

Discipline: Creative/Advertising

Rick Looser *(Chief Operating Officer)*
Liza C. Looser *(Chief Executive Officer)*
Lynda Leslie *(Vice President & Creative Director)*
Greg Gilliland *(Vice President & Director, Interactive Media)*
Lisa Comer *(Director, Marketing Services)*

THE COLLECTIVE BRANDSACTIONAL MARKETING, INC.
2345 Yonge Street
Toronto, ON M4P 2E5
Tel.: (416) 449-4412
Fax: (416) 449-5501
Web Site: www.thecollective.ca

Employees: 11

Discipline: Creative/Advertising

David Abrams *(President & Chief Executive Officer)*
Geoff Seigel *(Executive Vice President & Media Director)*
Jamie De Rose *(Director, Client Services)*
Stacy Gallippi *(Operations Manager)*

Accounts:
Colliers International Property Consultants, Inc.

THE COMMUNICATIONS GROUP
400 West Capital Street
Little Rock, AR 72201
Tel.: (501) 376-8722
Fax: (501) 376-9405
Web Site: www.comgroup.com

Employees: 20
Year Founded: 1987

Discipline: Creative/Advertising

Dan Cowling *(President & Principal)*
Dana Rogers *(Vice President & Senior Art Director)*
Johnice L. Hopson *(Vice President, Accounting)*
Lisa Van Hook *(Director, Public Relations & Client Services)*
Brent Miller *(Associate Creative Director)*
Jason Brown *(Director, Public Relations)*
Diane Wingard *(Senior Account Planner)*
Heather Bailey *(Media Planner & Media Buyer)*
Jennifer Hipp *(Specialist, Social & Digital)*

THE DESIGNORY
211 East Ocean Boulevard
Longbeach, CA 90802
Tel.: (562) 624-0200
Web Site: www.designory.com

Year Founded: 1970

Discipline: Creative/Advertising

Paul Hosea *(Chief Executive Officer)*
Lynne Grigg *(President & Chief Creative Officer)*
Steve Davis *(Senior Creative Director)*
Andrea RePass *(Director, Account Planning)*
Jay Brida *(Creative Director - Copy)*
Alexander Berger *(Group Director, Technology)*
Chris Vournakis *(Global Senior Account Director)*
Patti Thurston *(Vice President, Efficacy)*

Accounts:
Audi of America, Inc.

THE DISTILLERY PROJECT
300 North Elizabeth Street
Chicago, IL 60607
Tel.: (312) 226-6919

AGENCIES - JULY, 2020 — CREATIVE/ADVERTISING AGENCIES

Web Site: www.distilleryproject.com

Year Founded: 2012

Discipline: Creative/Advertising

Ben Kline *(Founding Partner & Chief Strategy Officer)*
John Condon *(Founder & Chief Creative Officer)*
Per Jacobson *(Founding Partner & Creative Director)*
Kim Tanner *(Head, Operations)*
Nik Traxler *(Head, Production)*
Kristi Buckham Neitzel *(Manager, Creative)*

Accounts:
Arrow Electronics, Inc.
Fresh Thyme Farmers Market
Lifeway Foods, Inc.
Meijer, Inc.
Rooms To Go, Inc.

THE DRUCKER GROUP
1440 North Dayton Street
Chicago, IL 60642
Tel.: (312) 867-4960
Fax: (312) 867-4967
Web Site: www.druckergroup.com

Year Founded: 2003

Discipline: Creative/Advertising

Nick Andrus *(Partner & Director, Brand Planning & Research)*
Scott Drucker *(Managing Partner)*
Tim Terchek *(Partner & Executive Creative Director)*
Bob Wolff *(Director, Public Relations)*
Jim Samson *(Head, Visual Creative & Creative Director)*

THE ENGINE IS RED
401 Mendocino Avenue
Santa Rosa, CA 95401
Tel.: (707) 546-5448
Web Site: www.theengineisred.com

Year Founded: 2008

Discipline: Creative/Advertising

Chris Denny *(Founder & President)*
Kalli Sandberg *(Account Manager)*

Accounts:
Rombauer Vineyards

THE ESCAPE POD
400 North Peoria Street
Chicago, IL 60642
Tel.: (312) 274-1180
Web Site: www.theescapepod.com

Discipline: Creative/Advertising

Celia Jones *(Chief Executive Officer)*
Bob Sutter *(President & Director, Accounts)*
Vinny Warren *(Co-Founder & Executive Creative Director)*
Holly Willis *(Vice President & Account Director)*
Derek Sherman *(Executive Creative Director)*
Tyler Moore *(Director, Integrated Strategy)*
Anwar Khuri *(Executive Producer)*
Zachary Cheek *(Senior Digital Strategist)*
Norm Bilow *(Co-Founder & Managing Director)*

Accounts:
KIND LLC
Skil Power Tools
The a2 Milk Company
Wheat Thins

THE FANTASTICAL
33 Union Street
Boston, MA 02108
Tel.: (508) 726-2555
Web Site: www.thefantastical.com

Discipline: Creative/Advertising

Michael Ancevic *(Managing Partner & Chief Creative Officer)*
Steve Mietelski *(Managing Partner & Chief Creative Officer)*

Accounts:
Friendly's Ice Cream Corporation

THE FOUNDRY @ MEREDITH CORP
225 Liberty Street
New York, NY 10286
Tel.: (212) 522-1212
Web Site: www.thefoundry.nyc

Year Founded: 2015

Discipline: Creative/Advertising

Cara Deoul Perl *(Vice President & Creative Director)*
Dan Rubin *(Vice President, Strategy & Marketing)*
Robin Riddle *(Vice President, Content Strategy & Account Management)*
Katherine Connolly *(Associate Director, Content & Strategy)*
Jennifer Powlison *(Multi-Channel Content Strategy Manager, Advertising Director & Agency Of Record Lead)*
Michael Rivera *(Director, Content & Strategy)*
Louis Gubitosi *(Digital Director)*
Lauren Burger *(Director, Talent & Influencer Marketing)*
Blair Thill *(Associate Director, Branded Content & Strategy)*
Ana Lopes *(Account Director)*
Danielle Neagle *(Manager, Strategy & Marketing)*
Heeseung Kim *(Senior Manager, Content & Strategy)*
Angela Poccia *(Manager, Creative - Fashion & Beauty)*
Epatia Lilikas *(Associate, Content & Strategy)*
Katharine Lindskog *(Creative Coordinator)*

Accounts:
Allrecipes.com
Beautiful Kitchens & Baths
Better Homes & Gardens
Coastal Living
Cooking Light
Country Gardens
Departures
Diabetic Living
EatingWell
Entertainment Weekly
FamilyFun Magazine
Fit Pregnancy and Baby
Food & Wine
Health Magazine
InStyle
Martha Stewart Weddings
Meredith Corporation
Midwest Living
Money
Parents
People
People en Espanol
People.com
Rachael Ray Everyday
Real Simple
Recipe.com
Ser Padres
Shape
Siempre Mujer!
Sports Illustrated
Successful Farming
Traditional Home
Travel + Leisure
WOOD

THE FRANK AGENCY, INC.
10561 Barkley Street
Overland Park, KS 66212
Tel.: (913) 648-8333
Web Site: www.thefrankagency.com

Year Founded: 1981

Discipline: Creative/Advertising

Tony Ali *(President & Chief Executive Officer)*
Susan Reiter *(Chief Operations Officer)*
Andrew Booth *(Senior Vice President, Media Services)*
Sarah Cline *(Vice President, Business Development)*

Accounts:
Penn Foster Career School

THE GARY GROUP
1546 Seventh Street #301
Santa Monica, CA 90401
Tel.: (310) 264-1800
Fax: (310) 264-1804
Web Site: garygroup.com

Discipline: Creative/Advertising

Rick Rogers *(President)*
Dana Chung *(Director, Client Services)*
Marcy Ellenbogen *(Media Buyer)*
Gabriel Rameriz *(Supervisor, Digital Media)*

THE GREAT SOCIETY
1306 Northwest Hoyt Street
Portland, OR 97209
Web Site: www.greatsociety.com

Year Founded: 2006

Discipline: Creative/Advertising

Jennifer Tadjedin *(Partner & Director, Operations)*
Randall Schoonover *(Principal & Executive Creative Director)*

Accounts:
Portland General Electric

THE GUNTER AGENCY
1029 River Street
Belleville, WI 53508
Tel.: (608) 424-0264
Web Site: www.gunteradvertising.com

Employees: 10
Year Founded: 1998

Discipline: Creative/Advertising

Brands. Marketers. Agencies. Search Less. Find More.
Try out the online version at www.winmo.com

CREATIVE/ADVERTISING AGENCIES

Randy Gunter *(Chief Executive Officer & Partner)*
Cindy Gunter *(President)*

THE HENDERSON ROBB GROUP
401 Bay Street
Toronto, ON M5H 2Y4
Tel.: (416) 646-6604
Fax: (416) 363-0406
Web Site: www.hendersonrobb.com

Employees: 10
Year Founded: 1988

Discipline: Creative/Advertising

Bill Robb *(Partner, Vice President & Managing Director)*
Peter Henderson *(President & Creative Director)*

THE HYBRID CREATIVE
751 Fourth Street
Santa Rosa, CA 95404
Tel.: (707) 596-5100
Web Site: www.thehybridcreative.com

Year Founded: 2009

Discipline: Creative/Advertising

Alistair Campbell *(President)*
Zack Darling *(Chief Executive Officer)*
Colleen Beatty *(Director, Operations)*
Laurel Gregory *(Creative Director)*
Clifford Hill *(Marketing Support Specialist)*

Accounts:
Kush Energy
Kush Supply Co
KushCo Holdings

THE INFINITE AGENCY
2001 Bryan Street
Dallas, TX 75201
Tel.: (469) 310-5870
Web Site: www.theinfiniteagency.com

Year Founded: 2010

Discipline: Creative/Advertising

Jonathan Ogle *(Co-Founder & Managing Principal)*
Stephen Wade *(President)*
Batya Friedman *(Brand Director)*
Whitney Hamilton *(Social Media Manager)*
Alisa McCarthy *(Senior Brand Manager)*
Danielle Cody *(Producer)*

Accounts:
On The Border Mexican Grill & Cantina

THE JAMES AGENCY (TJA)
8100 East Indian School Road
Scottsdale, AZ 85251
Tel.: (480) 248-6710
Fax: (480) 323-2208
Web Site: www.thejamesagency.com

Year Founded: 2003

Discipline: Creative/Advertising

Veronique James *(Chief Executive Officer)*
Cristin Andrews *(Controller)*
Shane Tang *(Creative Director)*
Megan Simoes *(Director, Web Strategy & Development)*
Ashley Winkel *(Client Services Director)*
Darren Simoes *(Art Director)*

Keller Perry *(Public Relations Account Manager)*

THE KING AGENCY
Three North Lombardy Street
Richmond, VA 23220
Tel.: (804) 249-7500
Fax: (804) 249-7400
Web Site: www.thekingagency.com

Employees: 9
Year Founded: 1997

Discipline: Creative/Advertising

David King *(President & Creative Director)*
Daniel Jones *(Copywriter)*

THE LEVINSON TRACTENBERG GROUP
154 Grand Street
New York, NY 10013
Tel.: (646) 568-3166
Web Site: www.ltgny.com

Year Founded: 1995

Discipline: Creative/Advertising

Joel Tractenberg *(Partner)*
Joel Levinson *(Partner)*

Accounts:
Blatt Billiards

THE LOOMIS AGENCY
17120 Dallas Parkway
Dallas, TX 75248
Tel.: (972) 331-7000
Fax: (972) 331-7001
Web Site: www.theloomisagency.com

Employees: 40

Discipline: Creative/Advertising

Paul Loomis *(Chief Executive Officer)*
Julie Ondrusek *(Chief Operations Officer)*
Mike Sullivan *(President & Partner)*
Josh Whitaker *(Partner & Director, Digital)*
Laura Cottongim *(Controller)*
Tina Tackett *(Executive Creative Director)*
Aimee Bove *(Director, Media)*
Chelsea Ratliff *(Brand Director)*
Lauren Law *(Director, Business Development)*
Cecily Worthy *(Creative Director)*
Eric Brule *(Associate Creative Director)*
Jim Green *(Creative Director)*
Kimberly Smith *(Creative Director)*
Tayler McCarthy *(Associate Creative Director)*
Christina McKinney *(Account Director)*
Choong Lee *(Senior Art Director)*
Rachel Brittenham *(Senior Media Buyer)*
Lynn Fraker *(Senior Media Buyer)*
Jenna Oliver *(Brand Manager)*
Lauren Jilek *(Brand Coordinator)*

Accounts:
First United Bank
Golden Chick
Murphy's Deli Franchising, Inc
Rug Doctor, LP

THE MANY
17575 Pacific Coast Highway
Pacific Palisades, CA 90272
Tel.: (310) 399-1515
Web Site: www.themany.com

Year Founded: 2010

Discipline: Creative/Advertising

Jens Stoelken *(Founding Partner, Strategy)*
Damien Eley *(Partner, Executive Creative Director)*
Scott Harris *(Partner & Creative Director)*
Christian Jacobsen *(Strategy Partner, Executive Creative Director)*
Blake Marquis *(Partner, Design & Digital)*
Melissa Cabral *(Strategy Director)*
Tim Cyrol *(Director, Human Resources)*
Kristin Busk *(Director, Social Strategy)*
Laura Hoffman *(Brand Director)*
Karen Andres *(Brand Director)*
Iman Forde *(Director, Project Management)*
Austin Ho *(Art Director)*
Jordan Rich *(Art Director)*
Adam Valley *(Senior Creative)*
Nathan Stroot *(Senior Creative)*
Kristi Hughes *(Art Director)*
Dave Horowitz *(Director, Production)*
Alyssa DeSangro *(Associate Media Director)*
Adam Wagner *(Associate Director, Creative)*
Celine Faledam *(Associate Creative Director)*
Rachel Guest *(Associate Creative Director)*
Josh Paialii *(Creative Director)*
Kylie Wu *(Director, Brand)*
Kiley Denembo *(Manager, Creative Resource)*
Bruno Guerra *(Senior Brand Manager, Social Media)*
Kristin Puopolo *(Senior Project Manager)*
Caroline Tambling *(Media Supervisor)*
Elvis Sierra *(Creative)*
Brittany Berman *(Senior Strategist)*
Justice Mccree *(Media Planner)*
Todd Lombardo *(Managing Director, Brand & Social)*
Davis Jones *(Managing Director, Media Services)*
Maggie Cadigan *(Managing Director - Boston)*

Accounts:
Ibotta
iFly
Los Angeles Tourism & Convention Board
Qdoba Restaurant Corporation
Red Bull North America, Inc.
Sambazon, Inc.
Spindrift Beverage Co, Inc.
Stitch Fix
T3 Micro

THE MATTHEWS GROUP, INC.
400 Lake Street
Bryan, TX 77801
Tel.: (979) 823-3600
Web Site: www.thematthewsgroup.com

Year Founded: 1986

Discipline: Creative/Advertising

Drew Matthews *(President & Creative Director)*
Debbie Brow *(Office Manager)*

THE MCCARTHY COMPANIES
4245 North Central Expressway
Dallas, TX 75205
Tel.: (214) 361-7767
Fax: (214) 361-9033
Web Site: www.mccarthycompanies.com

Employees: 27
Year Founded: 1994

Discipline: Creative/Advertising

Tim McCarthy *(Chief Executive Officer)*
Johnette Beutel *(Chief Financial Officer &*

AGENCIES - JULY, 2020

CREATIVE/ADVERTISING AGENCIES

Chief Operating Officer)
Dan Llana *(Vice President, Business & Media Strategy)*
Chris Clarke *(Creative Service Director)*
Michelle Levins *(Director, Media Strategy)*

Accounts:
Central Florida Motor Sales, Inc.

THE METRICK SYSTEM
100 Miranda Avenue
Toronto, ON M6B 3W7
Tel.: (416) 781-0151
Fax: (416) 781-8455
Toll Free: (800) 631-9858
Web Site: www.metricksystem.com

Employees: 7

Discipline: Creative/Advertising

Laurence Metrick *(President & Creative Director)*
Ellie Metrick *(Marketing & Communication Manager)*

THE MILL
451 Broadway
New York, NY 10013
Tel.: (212) 337-3210
Fax: (212) 337-3259
Web Site: www.themill.com

Year Founded: 1990

Discipline: Creative/Advertising

Ian Bearce *(Head, Content - U.S.)*
Andrew Sommerville *(Director, Production)*
Isabelle du Plessis *(Global Head, Public Relations)*
Desi Gonzalez *(Executive Producer, Emerging Technology)*
Zu Al-Kadiri *(Executive Producer - North America)*
Rochelle Brown *(Executive Producer)*

THE MORAN GROUP
8900 Bluebonnet Boulevard
Baton Rouge, LA 70810
Tel.: (225) 769-1059
Fax: (225) 769-8435
Toll Free: (800) 375-9986
Web Site: www.moranadvertising.com/

Employees: 35
Year Founded: 1984

Discipline: Creative/Advertising

Jim Moran, Jr. *(President & Owner)*
Jim Moran, Sr. *(Vice President)*
Collin Middleton *(Digital Director)*

THE MULLIKIN AGENCY
1391 Plaza Place
Springdale, AR 72764
Tel.: (479) 750-0871
Fax: (479) 750-2685
Toll Free: (800) 750-0871
Web Site: www.mullikinad.com

Employees: 7

Discipline: Creative/Advertising

Randy Mullikin *(Owner & President)*
Julie Magnuson *(Vice President, Operations)*

THE OYA GROUP
1 University Avenue
Los Gatos, CA 95030
Tel.: (408) 358-3444
Web Site: oyagroup.com

Year Founded: 1994

Discipline: Creative/Advertising

Adam Gordon *(Storyteller in Chief)*
Karen Hebert *(Executive Creative Director/ Brand Strategist)*

THE PARAGRAPH PROJECT
131 Orange Street
Durham, NC 27701
Tel.: (919) 246-4958
Web Site: www.theparagraphproject.com

Year Founded: 2005

Discipline: Creative/Advertising

Dan Carlton *(Partner)*
Dave Alsobrooks *(Partner)*
Gwen McCarter Nagle *(Insights Director & Associate Partner)*

THE PLATFORM GROUP
130 Arena Street
El Segundo, CA 90245
Tel.: (310) 401-2000
Web Site: www.platform.la

Year Founded: 2012

Discipline: Creative/Advertising

Thomas Seris *(Head, Strategy & Partner)*
Todd Iorio *(Head, Production & Partner)*
Josh Esquibel *(Head, Creative & Partner)*
Kate Fields *(Managing Director)*

THE POINT GROUP
5949 Sherry Lane
Dallas, TX 75225
Tel.: (214) 378-7970
Fax: (214) 378-7968
Web Site: www.thepointgroup.com

Employees: 55
Year Founded: 1995

Discipline: Creative/Advertising

David Kniffen *(Chief Executive Officer)*
Brenda Hurtado *(President & Chief Operating Officer)*
Donna Lassen *(Chief Financial Officer)*
Heidi McKinley *(President, Public Relations)*
Ruth Baron *(Senior Vice President)*
Ann Peebles Rimkus *(Vice President, Media Strategy & Consumer Insights)*
Martha Cook *(Vice President)*
Billy Hayes *(Director, Technology)*
Mitch Friedman *(Creative Director)*
Crethann Hickman *(Director, Design)*
Scott Tims *(Account Supervisor)*

THE PRICE GROUP INC.
1801 Broadway
Lubbock, TX 79401
Mailing Address:
Post Office Box 3414
Lubbock, TX 79452
Tel.: (806) 763-5033
Fax: (806) 763-8030
Web Site: www.pricegroupinc.com

Year Founded: 2001

Discipline: Creative/Advertising

Pam Sharpe *(Media Director & Chief Operating Officer)*
Mike Meister *(President, Chief Executive Officer & Creative Director)*
Amanda Patterson *(Vice President & Controller)*
David Barnett *(Director, Technology)*
Natalia Lawson *(Senior Account Manager)*
Jared May *(Specialist, Motion Graphics)*

THE REPUBLIK
211 Rigsbee Avenue
Durham, NC 27701
Tel.: (919) 956-9400
Fax: (919) 956-9402
Web Site: www.therepublik.net

Employees: 15
Year Founded: 2001

Discipline: Creative/Advertising

Dwayne Fry *(Chief Strategy Officer)*
Robert Shaw West *(Chairman & Chief Executive Officer)*
Matt Shapiro *(Creative Director)*
Luke Modesto Rayson *(Senior Art Director)*
Rachel Wells *(Managing Director)*

Accounts:
Bedlam Vodka
Happy Dirt

THE RHOADS GROUP
519 North Howard Avenue
Tampa, FL 33606
Tel.: (813) 289-7600
Fax: (813) 286-6501
Web Site: www.therhoadsgroup.com/

Year Founded: 2002

Discipline: Creative/Advertising

Loren Rhoads *(Founder & Creative Director)*
Stephanie Ng Quarles *(Production Manager, Creative Services)*

THE SAWTOOTH GROUP
25 Bridge Avenue
Red Bank, NJ 07701
Tel.: (732) 945-1004
Fax: (732) 602-4212
Web Site: www.sawtoothgroup.com

Employees: 60
Year Founded: 1988

Discipline: Creative/Advertising

Kristi Bridges *(President & Chief Creative Officer)*
Anne-Marie Connors *(Controller)*
Jamie Caprio *(Director, Strategic Planning)*
Rebecca Mencel *(Director, Digital Media)*
Jamie Baldanza *(Associate Creative Director)*
Kate Schade *(Group Account Director)*

Accounts:
Explore Cuisine
Freixenet USA
Sands Casino Resort

THE SCOTT & MILLER GROUP
816 South Hamilton Street
Saginaw, MI 48602

CREATIVE/ADVERTISING AGENCIES
AGENCIES - JULY, 2020

Tel.: (989) 799-1877
Fax: (989) 799-6115
Toll Free: (888) 791-1876
Web Site: www.scottandmiller.com

Year Founded: 1964

Discipline: Creative/Advertising

Rusty Beckham *(President)*
Vogue Nowels *(Creative Director)*
David Dutton *(Account Manager & Senior Copywriter)*
John Polson *(Senior Copywriter)*

THE SHELTON GROUP
111 East Jackson Avenue
Knoxville, TN 37915
Tel.: (865) 524-8385
Fax: (865) 546-4911
Web Site: www.sheltongroupinc.com

Employees: 15
Year Founded: 1991

Discipline: Creative/Advertising

Suzanne Shelton *(President & Chief Executive Officer)*
Matt Brass *(Art Director)*

THE SHIPYARD
5000 Birch Street
Newport Beach, CA 92660
Tel.: (949) 833-8006
Fax: (949) 833-9155
Web Site: www.theshipyard.com

Employees: 50
Year Founded: 1983

Discipline: Creative/Advertising

Steve O'Leary *(Vice Chairman)*
Deidre McQuaide *(Managing Partner, West Coast)*
Michelle Todd *(Vice President, Account)*

Accounts:
2000 Flushes
3-in-One
Carpet Fresh
Lava
Mothers Polish
Spot Shot
WD-40 Company
X-14

THE SHOP AGENCY
514 Lockwood Street
Richardson, TX 75080
Tel.: (469) 759-0211
Web Site: www.theshopagency.com

Year Founded: 2016

Discipline: Creative/Advertising

David Soames *(Partner & Creative Director)*
Dustin Taylor *(Partner & Creative Director)*
Matt Sitser *(Partner & Account Director)*

Accounts:
Garrison Brothers Distillery
Tiff's Treats

THE SIMON GROUP, INC.
1506 Old Bethlehem Pike
Sellersville, PA 18960
Tel.: (215) 453-8700
Fax: (215) 453-1670
Web Site: www.simongroup.com

Year Founded: 1986

Discipline: Creative/Advertising

Dave Lesser *(President)*
Beth Smith *(Vice President, Public Relations)*
Karen Burke *(Vice President & Director, Finance)*
Mark Matyas *(Creative Director)*
Jena Warren *(Specialist, Digital Marketing & Account Manager)*

THE SOLUTIONS GROUP, INC.
161 Washington Valley Road
Warren, NJ 07059
Tel.: (732) 302-1223
Fax: (732) 356-9574
Web Site: www.thesolutionsgroupinc.com

Year Founded: 1984

Discipline: Creative/Advertising

Bill Gordy *(Chief Strategy Officer & Partner)*
Peter Ferrigno *(Chief Executive Officer)*
Barbara Soifer *(Vice President, Marketing & Communications)*

THE STORY LAB
2700 Pennsylvania Avenue
Santa Monica, CA 90404
Web Site: storylab.com

Year Founded: 2012

Discipline: Creative/Advertising

Tom Sebastian *(President, The Story Lab US)*
Mike Ferry *(Executive Vice President, Development & Executive Producer)*
Fraser McNeil *(Vice President, Brand Entertainment)*

THE SUMMIT GROUP
117 West 400 South
Salt Lake City, UT 84101
Tel.: (801) 595-1155
Fax: (801) 595-1165
Toll Free: (800) 382-4179
Web Site: www.summitslc.com/

Year Founded: 1981

Discipline: Creative/Advertising

Bill Paulos *(Chief Executive Officer & Partner)*
Todd Wolfenbarger *(President & Partner)*
James Rabdau *(Partner & Creative Director)*
Christy Whitehouse *(Partner)*
Sharon Roux *(Chief Operating Officer & Partner)*
Jordan Howe *(Partner & Director, Account Services)*
Cheri Wood *(Account Director - Subway)*
Jillian White *(Media Director)*
Tina Wismer *(Director, Business Development)*
Jennifer Ditty *(Head, Traditional & Media Buyer)*
Jesse Zamora *(Associate Director, Account Services)*
Karl Lundeberg *(Art Director)*
Wendy Manalac *(Account Manager)*

THE SUSSMAN AGENCY
29200 Northwestern Highway
Southfield, MI 48034
Tel.: (248) 353-5300
Fax: (248) 353-3800
Web Site: www.sussmanagency.com

Discipline: Creative/Advertising

Alan Sussman *(President & Chief Executive Officer)*
Tina Collison *(Vice President, Account Services)*
Vera Yardley *(Director, Operations)*
Lori Kenny *(Media Director)*
Amy Cheza *(Senior Account Executive)*

Accounts:
Art Van Furniture, Inc.
Olga's Kitchen

THE TOMBRAS GROUP
1776 Peachtree Street Northwest
Atlanta, GA 30309
Tel.: (404) 856-8720
Web Site: www.tombras.com

Year Founded: 1989

Discipline: Creative/Advertising

Anna Sherrill *(Vice President & Media Director)*
Silver Cuellar, III *(Creative Director)*
Noah Williams *(Associate Creative Director)*
Melissa Petrocco *(Associate Director, Field Marketing)*
Madeline Weekman *(Account Executive)*
David Rajecki *(Account Executive)*
Jeremiah King *(Account Executive, Field Marketing)*

THE VARIABLE
575 East Fourth Street
Winston-Salem, NC 27101
Tel.: (336) 721-1021
Fax: (336) 721-7787
Web Site: www.thevariable.com

Year Founded: 2011

Discipline: Creative/Advertising

Keith Vest *(Chairman)*
Joe Parrish *(Partner)*
David Mullen *(Partner & President)*
David Jones *(Vice President & Creative Director)*
Ray Trosan *(Director, Media & Business Development)*
Jennifer Ganshirt *(Director, Strategy & Insight)*
Keith Rose *(Director, Integrated Production)*
Gary Bostwick *(Associate Creative Director, Brand Citizenship)*
Jodi Heelan *(Associate Director, Business Development)*
Adria Cassese *(Assistant Media Director)*
Mandy Hubich *(Account Director)*
Kate Fenstermacher *(Associate Director, Operations)*
Jennifer Watson *(Account Director)*
Lindsey Johnson *(Group Account Director)*
Maddie Anderson *(Associate Media Director)*
Courtney Lewis *(Account Director)*
Mike Herman *(Associate Creative Director)*
Meredith Adams *(Integrated Communications Planner)*
Garrett Mansfield *(Account Executive)*
Erika Esterline *(Integrated Communications Planner)*

Accounts:

Brands. Marketers. Agencies. Search Less. Find More.
Try out the online version at www.winmo.com

AGENCIES - JULY, 2020 — CREATIVE/ADVERTISING AGENCIES

Advance America, Cash Advance Centers, Inc.
BASF Corporation
Char-Broil
Duke University Health System
Saber Grills
Saber Grills
Spin Master, Ltd.

THE VAULT
747 Third Avenue
New York, NY 10017
Tel.: (212) 913-9499
Web Site: thevaultnyc.com

Year Founded: 2010

Discipline: Creative/Advertising

Jon Paley *(Chief Executive Officer, Chief Creative Officer & Managing Partner)*
Josh Weissglass *(Managing Director)*

Accounts:
BMW i
BMW X
Eastbay
Foot Locker, Inc.
New Jersey Devils

THE VIA AGENCY
619 Congress Street
Portland, ME 04101
Tel.: (207) 221-3000
Fax: (207) 761-9422
Web Site: www.theviaagency.com

Employees: 65
Year Founded: 1993

Discipline: Creative/Advertising

John Coleman *(Chairman)*
Ivan Salazar *(Chief Financial Officer)*
Bobby Hershfield *(Chief Creative Officer)*
Leeann Leahy *(President & Chief Executive Officer)*
David Burfeind *(Chief Strategy Officer)*
Ian Dunn *(Creative Director)*
Teddy Stoecklein *(Executive Creative Director)*
Dan Bailin *(Director of Client Strategy)*
Scott Macleod *(Group Planning Director)*
Ken Matsubara *(Creative Director)*
Amos Goss *(Executive Director, Creative)*
Amy Waterman *(Head, Project)*
Chris Avantaggio *(Associate Creative Director)*
Chris Jacobs *(Associate Creative Director)*
Lauren Croteau *(Associate Creative Director)*
Morgan Gelfand *(Art Director)*
Matthew Scheumann *(Art Director)*
Perdy Mullins *(Director, Project Management)*
Sophia Abbott *(Head, Project)*
Kate Mockus *(Human Resources Manager)*
Judi Cutrone *(Senior Copywriter)*
Leo Schwach *(Senior Planner)*
Leslie Henderson *(Client Strategist)*
Hannah LaSala *(Client Strategist)*
Nicholas LaManna *(Planning Lead)*
Clare DeSantis *(Manager, Project)*
Brian Demick *(Project Manager)*
Barry Wolford *(Producer, Integrated)*
Duane Holmblad *(Manager, Studio)*
Jennifer Klumas *(Senior Producer, Broadcasting)*
Moya Fry *(Strategist, Client)*
Sarah Peck *(Client Strategist)*
Amanda Gray *(Senior Producer)*
Jennifer Arredondo *(Senior Designer - Studio)*
Jessica Fidalgo *(Copywriter)*
Chris Laryea *(Studio Designer - Creative)*

Accounts:
Arm & Hammer
Arm & Hammer Deodorants & Antiperspirants
Arm & Hammer Oral Care
Golden Corral Corporation
John F. Kennedy Library Foundation
L.L. Bean, Inc.
Lowe's Companies, Inc.
OxiClean
Perdue Farms Incorporated
Three Olives
Unum Group

THE WATSONS
150 West 30th Street
New York, NY 10001
Tel.: (212) 239-9703
Fax: (212) 239-9707
Web Site: www.itsthewatsons.com

Year Founded: 2003

Discipline: Creative/Advertising

Jennifer Williams *(Managing Partner, Account Management)*
Maggie Monteith *(Managing Partner, Creative)*
Paul Orefice *(Managing Partner, Creative)*
Brian Rosenkrans *(Art Director)*

Accounts:
Grand Central Terminal

THE WOOD AGENCY
7550 Interstate Highway 10 West
San Antonio, TX 78229
Tel.: (210) 474-7400
Fax: (210) 474-7499
Web Site: www.thewoodagency.com

Employees: 25
Year Founded: 1987

Discipline: Creative/Advertising

Skip Wood *(President & Chief Executive Officer)*
Trevor Wood *(Vice President)*
Christina Medina *(Vice President, Creative Services)*
Jessica Wood *(Director, Media)*
Derek Bryant *(Social Media Director)*
Jared Solis *(Media Buyer)*

THE YAFFE GROUP
26100 American Drive
Southfield, MI 48034
Tel.: (248) 262-1700
Fax: (248) 262-9601
Web Site: www.yaffe.com

Employees: 25
Year Founded: 1989

Discipline: Creative/Advertising

Michael Morin *(President)*
John Cassidy *(Chief Executive Officer)*
Mark Simon *(Chief Creative Officer)*
Mike McClure *(Executive Creative Director & Senior Vice President, Digital Communications)*
Victoria Webb *(Director, Client Services)*
Jim Siciliano *(Media Director)*
Heather Pence *(Senior Account Executive)*

Accounts:
Grand Home Furnishings Company
Star Furniture, Inc.

THE&PARTNERSHIP
99 Spandina Avenue
Toronto, ON M5V 3P8
Tel.: (647) 252-6801
Web Site: www.theandpartnership-na.com

Year Founded: 2013

Discipline: Creative/Advertising

Noreel Asuro *(Creative Director)*
Jake Bogoch *(Associate Creative Director)*

THEAGENCY
55 South Glenn Drive
Camarillo, CA 93010
Tel.: (805) 383-4550
Web Site: www.agency2.com

Year Founded: 1989

Discipline: Creative/Advertising

Bill Hamilton *(Chief Executive Officer & Creative Director)*
Heidi Hayes *(President & Chief Operating Officer)*

THEBLOC
32 Old Slip
New York, NY 10005
Tel.: (212) 524-6200
Fax: (212) 473-9997
Web Site: www.thebloc.com

Employees: 35
Year Founded: 2000

Discipline: Creative/Advertising

Approx. Annual Billings: $38.00

Jennifer Matthews *(President & Chief Executive Officer)*
Brit Till *(Executive Vice President & Creative Director)*

Accounts:
Cimzia
Cimzia
Farxiga
Fluvirin
Kombiglyze XR
Menveo
Novartis Vaccines & Diagnostics
RabAvert
UCB Group
UCB Pharma, Inc
Xigduo XR

THINK MOTIVE
2901 Blake Street
Denver, CO 80205
Tel.: (303) 302-2100
Web Site: thinkmotive.com

Employees: 5
Year Founded: 2001

Discipline: Creative/Advertising

Matt Statman *(Chief Executive Officer, Founder & Creative Director)*
Krista Nicholson *(President)*
Taylor Woodard *(Vice President & Senior Account Director)*
Brooke Bartlett *(Vice President, Digital)*
Mike Cole *(Vice President, Experiential)*
Hillary Miller *(Vice President & Group Account Director)*
Drew Wallace *(Associate Creative Director)*

CREATIVE/ADVERTISING AGENCIES

Matthew Proctor *(Experiential Creative Director)*
Ryan Eschenbach *(Director, Post Production)*
Spencer Trierweiler *(Group Creative Director)*
Aragorn Fenton *(Head, Production)*
Daniel Patu *(Creative Director)*
Chris Reinhard *(Creative Director)*
Gregory Hadden *(Executive Creative Director)*
Eric Ronshaugen *(Director, Concept)*
Kyla Applegate *(Supervisor, Social Media Account)*
Kate Acker *(Senior Digital Account Executive)*
Connor Kreidle *(Associate Account Manager)*
Kieran Anderson *(Senior Account Manager)*
Laura Graham *(Account Supervisor, Digital)*
Montanna Card *(Account Manager, Digital)*
Erin Chaiken *(Account Executive)*

Accounts:
Qdoba Restaurant Corporation

THINKSO CREATIVE LLC
10 West 37th Street
New York, NY 10018
Tel.: (212) 868-2499
Web Site: thinkso.com

Year Founded: 2006

Discipline: Creative/Advertising

Elizabeth Amorose *(Senior Partner)*
Brett Traylor *(Senior Partner)*
Shelly Batuyong *(Senior Design Director)*

Accounts:
Baylor College of Medicine
Knight Capital Group, Inc.
Memorial Sloan-Kettering Cancer Center
Mohawk Fine Papers, Inc.
New York Jets
Oportun, Inc.
Schulte Roth & Zabel LLP
Sesame Workshop
Stanford University
The Cleveland Clinic Foundation
The New York Times
Travelzoo USA
UBS Financial Services, Inc.

THOMA THOMA CREATIVE
1500 Rebsamen Park Road
Little Rock, AR 72202
Tel.: (501) 664-5672
Fax: (501) 664-5650
Web Site: www.thomathoma.com

Employees: 14

Discipline: Creative/Advertising

Martin Thoma *(Principal)*
Melissa Thoma *(Owner)*
Beverly Hall *(Controller)*
Diane Baxter *(Office Manager)*
Suzanne Sage *(Director, Client Services)*

THREE ATLANTA, LLC
550 Pharr Road
Atlanta, GA 30305
Tel.: (404) 266-0899
Fax: (404) 266-3699
Web Site: www.3atlanta.com

Employees: 33
Year Founded: 2000

Discipline: Creative/Advertising

Jackson Houk *(Chief Executive Officer)*
Brad Ramsey *(Vice President & Creative Director)*
Jeff Cole *(Vice President & Creative Director)*
Heather Taylor *(Vice President & Media Director)*
Mandi Gibson *(Director, Client Services)*

Accounts:
ajcjobs.com
Rinnai North
Southern Company Gas
ZEP, Inc.

THRULINE MARKETING
15500 West 113th Street
Lenexa, KS 66219
Tel.: (913) 254-6000
Fax: (913) 538-5078
Web Site: www.thru-line.com

Employees: 300
Year Founded: 1989

Discipline: Creative/Advertising

Justin Gill *(Chief Operating Officer)*
Mike McHugh *(Chief Executive Officer)*
Tracy Kreikemeier *(Chief Marketing Officer)*

TIME ADVERTISING
50 Victoria Avenue
Millbrae, CA 94030
Tel.: (650) 259-9388
Fax: (650) 259-9339
Web Site: www.timead.com

Employees: 25
Year Founded: 1987

Discipline: Creative/Advertising

Baron Suen *(President)*
Sherman Tung *(Vice President & Senior Creative Director)*
Bonnie Ho *(Media Planner)*

Accounts:
California State Lottery Commission

TIMEZONEONE
410 North Michigan Avenue
Chicago, IL 60611
Tel.: (312) 436-0851
Fax: (773) 913-0816
Web Site: www.timezoneone.com

Employees: 3
Year Founded: 1992

Discipline: Creative/Advertising

Daniel Thomas *(President & Chief Executive Officer)*
Madeline Carlson *(Public Relations Specialist)*

Accounts:
Illinois Office of Tourism

TINSLEY ADVERTISING
2000 South Dixie Highway
Miami, FL 33133
Tel.: (305) 856-6060
Fax: (305) 858-3877
Toll Free: (800) 273-1242
Web Site: www.tinsley.com

Employees: 95
Year Founded: 1974

Discipline: Creative/Advertising

Dorn Martell *(Chief Creative Officer & Executive Vice President)*
John Underwood *(Chief Marketing Officer)*
Rick Balter *(Chief Operating Officer)*
Casey Lunsford *(Chief Financial Officer)*
Scott Sussman *(Senior Vice President & Director, Media)*
Giovanny Gutierrez *(Director, Interactive Media)*
Julian Samper *(Art Director)*
Korryn Warner *(Senior Art Director)*
Rick Blitman *(Associate Creative Director)*
Sofie Vilar-Frary *(Supervisor, Accounting)*
Michelle Tannebaum *(Account Executive)*

Accounts:
SuperClubs Resorts

TIZIANI WHITMYRE
Commerce Center
Sharon, MA 02067
Tel.: (781) 793-9380
Fax: (781) 793-9395
Web Site: www.tizinc.com

Year Founded: 1991

Discipline: Creative/Advertising

Rick Whitmyre *(President & Principal)*
Scott Segel *(Controller)*
Robert Tiziani *(Chief Executive Officer)*
Don Goncalves *(Senior Vice President & Account Manager)*
Christopher Sullivan *(Senior Vice President, Interactive Services)*
Fred Martins *(Vice President & Creative Director)*
John Nero *(Vice President, Public Relations)*
Lydia Mello *(Media Director)*
Jennifer Guimond *(Manager, Client Services)*
Craig Sullivan *(Designer)*

TKO ADVERTISING
6606 North Lamar Boulevard
Austin, TX 78703
Tel.: (512) 472-4856
Fax: (512) 472-6044
Web Site: www.tkoadvertising.com

Employees: 10
Year Founded: 1995

Discipline: Creative/Advertising

Raul Garza *(Co-Founder & Creative Director)*
James Walker *(Co-Founder & Owner)*
Noe Perez *(Creative Director, Digital)*

TOOLHOUSE, INC.
2925 Roeder Avenue
Bellingham, WA 98225
Tel.: (360) 676-9275
Web Site: www.toolhouse.com

Year Founded: 1995

Discipline: Creative/Advertising

Mike Wiebe *(President)*
Chance Martenson *(Creative Director)*
Rosie Rayborn *(Controller)*

TOTAL COM
922 20th Avenue
Tuscaloosa, AL 35401

AGENCIES - JULY, 2020 CREATIVE/ADVERTISING AGENCIES

Tel.: (205) 345-7363
Fax: (205) 345-7373
Web Site: www.totalcommarketing.com

Employees: 7

Discipline: Creative/Advertising

Jimmy Warren *(President)*
Candice Butterfield *(Senior Art Director)*
Lori Moore *(Senior Account Manager)*

TOTALCOM
708 Ward Avenue
Huntsville, AL 35801
Tel.: (256) 534-6383
Web Site: www.totalcommarketing.com

Discipline: Creative/Advertising

Nancy Siniard *(Managing Partner)*
Molly Bailey *(Senior Art Director)*
Jeff Hinkle *(Senior Art Director)*
Elizabeth Webb *(Media Buyer & Director, Production)*

TOTO GROUP
139 Fulton Street
New York, NY 10038
Tel.: (212) 602-9902
Web Site: www.totogroup.com

Employees: 5
Year Founded: 1987

Discipline: Creative/Advertising

Andy Lun *(President, Chief Executive Officer)*
Kenneth Chiu *(Art Director)*

TRACK MARKETING GROUP
115 West 30th Street
New York, NY 10001
Tel.: (212) 542-5752
Web Site: www.trackmarketing.net

Year Founded: 2010

Discipline: Creative/Advertising

Lisa Heiman *(Partner)*
Lee Heiman *(Managing Partner)*

Accounts:
Billboard Magazine
Billboard Media Group
Kobrand Corporation

TRACTORBEAM
325 Caesar Chavez Expressway
Dallas, TX 75201
Tel.: (214) 747-5400
Fax: (214) 747-2716
Web Site: www.tractorbeam.com

Employees: 15
Year Founded: 1997

Discipline: Creative/Advertising

Peter Benanti *(Principal)*
Eric Benanti *(Principal)*
Lindsey Henrie *(Account Director)*
Matt George *(Creative Director)*
Ryan Owens *(Director, Digital Media)*

TRADE X PARTNERS
711 Third Avenue
New York, NY 10017

Tel.: (212) 506-0695
Fax: (212) 258-2655
Web Site: www.tradex-partners.com/

Year Founded: 2008

Discipline: Creative/Advertising

Vincent Laraia *(President & Chief Executive Officer)*
Gerry Purtell *(Vice President, Communications Planning)*
Virginia Daly *(Vice President, Media Services)*
Nick Kaftan *(Vice President, Integrated Barter Services)*
Gail Silberberg *(Vice President, Director Sourcing & Procurement)*
Devon Stielglitz *(Associate Director, Media & Marketing Trade Services)*

TRAFFIK ADVERTISING
8821 Research Drive
Irvine, CA 92618
Tel.: (949) 679-6820
Fax: (213) 405-2402
Web Site: www.traffikonline.com

Year Founded: 2001

Discipline: Creative/Advertising

Anthony Trimino *(President & Chief Creative Officer)*
Brent Shoji *(Executive Director, Account Services & Business Development Services & Digital)*
Shane Kimsey *(Director, Account & Strategy)*
Lauren Stupin *(Supervisor, Account)*
Jeremy Troutt *(Director, Creative)*
Jared Kavalle *(Manager, Account)*
Ankit Joshi *(Manager, Digital Marketing)*
Olivia Dadgar *(Coordinator, Account)*

Accounts:
BlueCross BlueShield of Vermont
University of Memphis

TREKK
2990 North Perryville Road
Rockford, IL 61107
Tel.: (866) 799-2879
Fax: (815) 962-2189
Web Site: www.trekk.com

Employees: 25

Discipline: Creative/Advertising

Laura Bennett *(President & Chief Executive Officer)*
Sarah Mannone *(Executive Vice President)*
Todd Thorpe *(Director, New Business Development)*
Michael Wilson *(Creative Director)*
Chris Brown *(Art Director)*
Emilee Christianson *(Senior Account Manager)*
Shayne Terry *(Senior Content Strategist)*
Kathy Kirkpatrick *(Marketing Assistant)*
Bryan Marsden *(Online Marketing Specialist)*
Erinn Rossol *(Marketing Coordinator)*

TRIAD/NEXT LEVEL
1701 Front Street
Cuyahoga Falls, OH 44221
Tel.: (330) 237-3531
Fax: (330) 237-3581
Web Site: www.triadadv.com

Year Founded: 1994

Discipline: Creative/Advertising

Rick Krochka *(President)*
Marsha Griswold *(Director, Client Services)*

TRICKEY JENNUS, INC.
5300 West Cypress Street
Tampa, FL 33607
Tel.: (813) 510-1054
Web Site: www.trickeyjennus.com

Year Founded: 2004

Discipline: Creative/Advertising

Colleen Trickey *(Owner & Principal)*
Tom Jennus *(Principal & Creative Director)*
Alicia Gregory *(Vice President, Account Services)*
Kathie Comella *(Chief Operating Officer)*

TRIOMPHE MARKETING & COMMUNICATION
360 Franquet
Quebec City, QC G1P 4N3
Tel.: (418) 527-3326
Fax: (418) 527-3712
Web Site: www.triomphe.ca

Employees: 20

Discipline: Creative/Advertising

Marc Robichaud *(President)*
Michel Rioux *(Vice President, Finance)*

TRIPTENT
400 West 14th Street
New York, NY 10014
Tel.: (212) 255-3600
Web Site: www.triptent.com

Year Founded: 2012

Discipline: Creative/Advertising

Joe Masi *(Chief Executive Officer)*
John Paul Tran *(Chief Creative Officer)*
Elizabeth DeMaso *(President)*
Alex Lose *(Director, Content & Production)*
Alana Hall *(Executive Producer)*

Accounts:
Kohl's Corporation
Pandora Jewelry
PetSmart

TROPIC SURVIVAL
1125 Northeast 125th Street
North Miami, FL 33161
Tel.: (305) 899-7229
Fax: (305) 899-7227
Web Site: www.tropicsurvival.com/

Year Founded: 1992

Discipline: Creative/Advertising

Jim Knutt *(Chief Executive Officer & Senior Creative Director)*
Sheila Duffy-Lehrman *(Chief Operating Officer & Senior Creative Director)*

TRUE MEDIA
4969 Olsen Memorial Highway
Golden Valley, MN 55422
Tel.: (763) 225-8600
Fax: (763) 225-8601
Web Site: www.truemediaservices.com

Brands. Marketers. Agencies. Search Less. Find More.
Try out the online version at www.winmo.com

CREATIVE/ADVERTISING AGENCIES

Employees: 12
Year Founded: 2005

Discipline: Creative/Advertising

Barbara Zeleny *(Media Buyer)*

TRUMPET ADVERTISING
2803 Saint Phillips Street
New Orleans, LA 70119
Tel.: (504) 525-4600
Fax: (504) 525-4620
Web Site: www.trumpetadvertising.com

Employees: 20
Year Founded: 1997

Discipline: Creative/Advertising

Robbie Vitrano *(Co-Founder)*
Pat McGuinness *(Co-Founder & Director, Content Development)*
Jenny Dalton McGuinness *(Partner & Director, Project Management)*
Scott Couvillon *(Partner & Brand Strategist)*
Malcolm Schwarzenbach *(Partner & Brand Strategist)*
Jude Chauvin *(Partner, Chief Financial Officer & Chief Operating Officer)*
Michael Manning *(Director, Production)*

Accounts:
Louisiana Office of Tourism

TSA COMMUNICATIONS
307 South Buffalo Street
Warsaw, IN 46580
Tel.: (574) 267-5178
Fax: (574) 267-2965
Web Site: www.tri-stateadv.com

Discipline: Creative/Advertising

Clay Kreicker *(President)*
April Menzie *(Creative Director & Interactive Manager)*

TUCCI CREATIVE
5967 East Fairmount Street
Tucson, AZ 85712
Tel.: (520) 296-7678
Fax: (520) 546-4598
Web Site: www.tuccicreative.com

Discipline: Creative/Advertising

Mark Tucci *(Owner & President)*
Tonya Milazzo *(Account Manager & Media Buyer)*
Luke Ralston *(Editor, Video & Specialist - Video Production)*

TURCHETTE ADVERTISING AGENCY
Nine Law Drive
Fairfield, NJ 07004
Tel.: (973) 227-8080
Fax: (973) 227-8342
Web Site: www.turchette.com

Employees: 18
Year Founded: 1950

Discipline: Creative/Advertising

Jim Gorab *(President)*
Deborah Gavin *(Senior Vice President)*
Rhona Siciliano *(Director, Media & Vice President)*

Danette Green *(Vice President, Account Management)*
Richard Koziol *(Creative Director)*
Dana Rovito *(Senior Account Supervisor, Brand Marketing & Public Relations)*

TURKEL
2871 Oak Avenue
Coconut Grove, FL 33133-5207
Tel.: (305) 476-3500
Web Site: www.turkelbrands.com

Employees: 30
Year Founded: 1983

Discipline: Creative/Advertising

Bruce Turkel *(Keynote Speaker)*
Roberto Schaps *(President & Chief Executive Officer)*
Tom Langley *(Senior Art Director)*
Sara Saiz *(Managing Director)*

TWENTY-FIRST CENTURY BRAND
44 Montgomery Street
San Francisco, CA 94104
Web Site: twentyfirstcenturybrand.com

Year Founded: 2018

Discipline: Creative/Advertising

Jonathan Mildenhall *(Co-Founder & Chief Executive Officer)*
Simon Phipps *(Chief Operating Officer)*
Rachel Holbrook *(Head, Content & Production)*
Lizz Niemeyer *(Brand Strategy)*
Skyler Muldaur *(Junior Strategist)*
Lucy Shafer *(Brand Strategy)*
Neil Barrie *(Co-Founder & Managing Partner)*
Alexandra Dimiziani *(Co-Founder & Global Managing Partner)*

Accounts:
Airbnb.com
Pinterest
The We Company

TWO BY FOUR COMMUNICATIONS, LTD.
10 North Dearborn Street
Chicago, IL 60602
Tel.: (312) 382-0100
Fax: (312) 382-8003
Web Site: www.twoxfour.com

Employees: 25
Year Founded: 1998

Discipline: Creative/Advertising

David Stevenson *(Founder, President & Chief Executive Officer)*
Adam Von Ohlen *(Senior Vice President & Creative Director)*
Tom Browning *(Senior Vice President & Director, Client Leadership)*
Aaron Sanfillippo *(Associate Creative Director)*
Emma Trager *(Media Supervisor)*

Accounts:
Brookfield Zoo
DePaul University
Paslode

UNCOMMON
2700 J Street

Sacramento, CA 95816
Tel.: (916) 448-6956
Fax: (916) 448-2049
Web Site: glassagency.com/

Year Founded: 1991

Discipline: Creative/Advertising

Siobhann Mansour *(Partner & Director, Media & Digital Marketing)*
Amber Williams *(President)*
Brantley Payne *(Partner & Creative Director)*
Abbey Borstad Biehl *(Brand Director)*

UNITED LANDMARK ASSOCIATES
3708 Swann Avenue
Tampa, FL 33609
Tel.: (813) 870-9519
Fax: (813) 222-0402
Web Site: www.unitedlandmark.com

Year Founded: 1984

Discipline: Creative/Advertising

Donald Niederpruem *(President)*
David Downing *(President, Brand)*
David Wilson *(Chief Marketing Officer)*
Linda Altman *(Senior Art Director)*
Sally Suarez *(Manager, Operations)*

UNTITLED WORLDWIDE
584 Broadway
New York, NY 10012
Tel.: (212) 334-2170
Web Site: www.untitledworldwide.com/

Year Founded: 2013

Discipline: Creative/Advertising

MT Carney *(Founder & Chief Executive Officer)*
Cheri Anderson *(Partner & Director, Production & Creative Services)*

Accounts:
Tommy Bahama Group

UPSHOT
350 North Orleans Street
Chicago, IL 60654
Tel.: (312) 943-0900
Fax: (312) 943-9699
Toll Free: (800) 779-2522
Web Site: www.upshot.agency

Year Founded: 1994

Discipline: Creative/Advertising

Brian Kristofek *(President & Chief Executive Officer)*
Kate May *(Chief Financial Officer & Senior Vice President, Finance & Administration)*
Ellen Slauson *(Executive Vice President, Account Management)*
Kristopher Boron *(Senior Vice President, Entertainment & Partnerships)*
Lisa Hurst *(Senior Vice President, Account Management)*
Casey Hess *(Senior Vice President, Strategic Growth)*
Brian Priest *(Senior Vice President, Group Creative Director)*
Jay Davidson *(Senior Vice President, Account Services)*
Udayan Kolandra *(Senior Vice President &*

AGENCIES - JULY, 2020 — CREATIVE/ADVERTISING AGENCIES

Planning Director)
Liz Aviles *(Vice President, Market Intelligence)*
Whitney Harper *(Vice President, Account Management)*
Jeff Daniel *(Vice President, Media & Analytics)*
Bill Fogarty *(Vice President & Creative Director)*
Mary Van De Walle *(Vice President, Strategic Planning)*
Colleen Detchev *(Media Director)*
Mariel Koepke *(Associate Media Director)*
Kenny Friedman *(Senior Creative Director)*
Kelly Kruse *(Account Director)*
Alyssa Gauger *(Senior Director, Creative)*
Grady Covington *(Senior Account Director)*
Allison Crain *(Senior Account Manager)*
Bradley Robers *(Paid Search Supervisor)*
Joseph Kaput *(Senior Digital Producer)*
Faye Rasmussen *(Account Supervisor)*

Accounts:
'47 Brand
ACH Food Companies, Inc.
Argo
Breakstone's
Breakstone's Liveactive
Casa Noble Tequila
Constellation Brands, Inc.
Corona Extra
Corona Light
Diehard
Elkay Manufacturing Company
Fleischmann's Yeast
Google, Inc.
Karo
Kenmore
Knudsen
Kraft Singles
Liftmaster
Mazola
Miracle-Gro
Modelo Especial
Modelo Negra
Nuveen Investments
Pacifico
Scotts
Sears Holding Corporation
Spice Islands
SVEDKA
The Fresh Market, Inc.
Victoria
Wholesome Sweeteners, Inc

UPWARD BRAND INTERACTIONS
116 East Third Street
Dayton, OH 45402
Tel.: (866) 432-8235
Fax: (937) 424-8951
Web Site: www.goupward.com

Year Founded: 1980

Discipline: Creative/Advertising

John Fimiani *(Partner & Director, Brand & Strategy)*
Bill Sterzenbach *(Partner)*
Wendy Jenkins *(Creative Director)*
Laura Rossiter *(Freelance Graphic Designer)*
Cindy Schnell *(Senior Client Strategist)*

VELOCITY OMC
437 Madison Avenue
New York, NY 10022
Tel.: (646) 289-7300
Fax: (212) 759-3120
Web Site: velocityomc.com

Discipline: Creative/Advertising

Lynn Mercado *(Executive Vice President & Creative Group Head)*
Jessica Tamberlane *(Executive Vice President & Group Business Director)*
Rachel Berg *(Senior Vice President, Strategy Director - Neutrogena, Aveeno, Johnson's Baby, Band-Aid)*
Tim Robinson *(Senior Vice President)*
Christina Andrushkiw *(Vice President & Head, Operations, Senior Producer - Johnson & Johnson, Wound Care, Roc, Rogaine, J&J Bbay, Kraft)*
Kate Zecher *(Vice President, Senior Business Director)*
Katie Fox *(Vice President, Consumer Media)*
Katie Ferrigno *(Associate Director, Social Strategy)*
Destiny Tudor *(Director, Art)*
Marissa Adler *(Director, Business)*
Jo Fennessy *(Assistant Account Executive - Neutrogena & Johnson's Baby)*
Lindsey Rosenthal *(Digital Lead, Business Supervisor - Neutrogena)*
Sarah Kearney *(Supervisor, Account)*
Stefanie Johnson *(Manager, Broadcast Traffic)*
Kayla Bressi *(Senior Manager, Channel)*
Tori Taylor *(Account Supervisor)*
Hannah Gruer *(Account Executive)*

Accounts:
Band-Aid
Hunter Douglas, Inc.
Johnson's Baby
Johnson's Head-to-Toe Baby Wash
Johnson's Soothing Vapor Baby Bath
RoC
Rogaine

VENABLES BELL & PARTNERS
201 Post Street
San Francisco, CA 94108
Tel.: (415) 288-3300
Fax: (415) 421-3683
Web Site: www.venablesbell.com

Employees: 70
Year Founded: 2001

Discipline: Creative/Advertising

Paul Venables *(Founder & Chairman)*
Mary Johnstone *(Associate Partner & Head, Talent)*
Gary Brown *(Chief Financial Officer & Associate Partner)*
Will McGinness *(Executive Creative Director & Partner)*
Kate Jeffers *(Partner, Managing Director)*
Paul Birks-Hay *(President & Partner)*
Erich Pfeifer *(Creative Director)*
Tyler Hampton *(Creative Director)*
Matthew Bottkol *(Associate Creative Director & Copywriter)*
Hilary Coate *(Head, Integrated Production)*
Julia Wu *(Brand Director - Audi)*
Victor Roa *(Art Director)*
Aditi Reddy *(Brand Director)*
Byron Del Rosario *(Creative Director)*
Justin Pitcher *(Group Brand Director)*
Avery Oldfield *(Associate Creative Director)*
Rich North *(Associate Creative Director)*
Scott Hubbard *(Retail Account Director - Eastern Region)*
Talya Fisher *(Program Management Lead)*
Matt Miller *(Art Director)*
Matt Keats *(Creative Director)*
Kristie Weston *(Group Brand Director & Business Development Lead)*
Adam Wolinsky *(Associate Creative Director)*
Nicole Miesfeld Smith *(Brand Director)*
Gavin Jones *(Director, Campaign Architecture)*
Amanda Younger *(Senior Art Director)*
Mike Riley *(Strategy Director)*
Michael Chase *(Director, Brand Management)*
Sally Hastings *(Senior Art Director)*
Meredith Osterhoff *(Group Brand Director)*
Gus Johnston *(Creative Director)*
Aisha Hakim *(Senior Art Director)*
Grant Piper *(Associate Creative Director)*
Patrice Boswell *(Brand Manager)*
Casey Warendorf *(Brand Supervisor - Audi)*
Lindsie Levinson *(Brand Manager)*
Laura Feder *(Project Manager & Creative Resource Manager)*
Julia Dedona *(Brand Manager - Audi)*
Caroline Moran *(Brand Supervisor - Audi)*
Emy Theodorakis *(Senior Strategist)*
Joel Monteleone *(Brand Manager)*
Jessica Roach *(Brand Supervisor)*
Dylan Phillips *(Senior Strategist)*
Scot van den Driesen *(Senior Copywriter)*
Collin Smith *(Copywriter)*

Accounts:
3M Company
A&E Networks
Ace
Audi A6
Audi of America, Inc.
Barclaycard
Chipotle
Clear Wireless
Command
Easton Bell Sports
Filtrete
Futuro
Greater Houston Convention & Visitor Bureau
Nexcare
Post-It Notes
Recreational Equipment, Inc.
Renaissance Hotels & Resorts
Scotch
Scotch Blue
Scotch Brite
SKYY Infusions
Trulia, Inc.

VENTURE COMMUNICATIONS, LTD.
2540 Kensington Road NW
Calgary, AB T2N 3S3
Tel.: (403) 237-2388
Fax: (403) 265-4659
Toll Free: (800) 665-4927
Web Site: www.venturecommunications.ca

Employees: 50
Year Founded: 1984

Discipline: Creative/Advertising

Arlene Dickinson *(Chief Executive Officer)*
Lindsay Smith *(Director, Content & Social Media)*

VENUE MARKETING GROUP
1201 U.S. Highway 1

Brands. Marketers. Agencies. Search Less. Find More.
Try out the online version at www.winmo.com

CREATIVE/ADVERTISING AGENCIES

AGENCIES - JULY, 2020

North Palm Beach, FL 33408
Tel.: (561) 844-1778
Fax: (561) 848-3649
Web Site: www.venueadv.com

Employees: 18

Discipline: Creative/Advertising

Tamra Fitzgerald *(President)*
Laura Coffey *(Office Manager & Director, Human Resources)*

VERSO ADVERTISING
79 Madison Avenue
New York, NY 10016
Tel.: (212) 292-2990
Web Site: www.versoadvertising.com/

Year Founded: 1989

Discipline: Creative/Advertising

Martha Otis *(President)*
Denise Berthiaume *(Owner & Chairman)*
Michael Kazan *(Executive Vice President & Managing Director)*
Jennifer Pasanen *(Vice President & Group Director)*

Accounts:
Bantam
HarperCollins Publishers, Inc.

VERTEX MARKETING COMMUNICATION
992 High Ridge Road
Stamford, CT 06905
Tel.: (203) 322-7770
Fax: (203) 322-1981
Web Site: www.vertexmarketing.com

Employees: 8
Year Founded: 1982

Discipline: Creative/Advertising

Barbara Occhino *(President & Creative Director)*
Ronald Occhino *(Owner & Chief Executive Officer)*

VEST ADVERTISING
3007 Sprowl Road
Louisville, KY 40299-3620
Tel.: (502) 267-5335
Fax: (502) 267-6025
Web Site: www.vestadvertising.com

Employees: 8
Year Founded: 1989

Discipline: Creative/Advertising

Rita Vest *(Principal & President)*
Mitch Gregory *(Associate Creative Director)*
Cody Vest *(Creative Director)*
Ben Hill *(Strategy Director)*
Kate Jennings *(Public Media Strategist)*

VIEWPOINT CREATIVE
55 Chapel Street
Newton, MA 02458
Tel.: (617) 597-6667
Fax: (781) 449-7272
Web Site: www.viewpointcreative.com

Employees: 30
Year Founded: 1988

Discipline: Creative/Advertising

Carlo Dipersio *(President)*
Lisa DiBella *(Controller)*
Mike Middeleer *(Executive Creative Director)*
Erik Quenzel *(Director, Engineering)*
Dave Shilale *(Executive Producer & General Manager)*
Don Days *(Editor, Creative)*
Dana Isenberg *(Producer)*
Penny Benatovich *(Producer)*

Accounts:
Honey Dew Associates, Inc.

VIRGEN ADVERTISING
2470 Saint Rose Parkway
Henderson, NV 89074
Tel.: (702) 616-0624
Fax: (702) 616-0644
Web Site: www.virgenad.com

Employees: 34

Discipline: Creative/Advertising

Merrel Virgen *(President & Creative Director)*
Andrew Hosak *(Owner, Chief Operating Officer & Executive Vice President)*

VIRTUE WORLDWIDE
55 Washington Street
Brooklyn, NY 11201
Tel.: (718) 928-9321
Web Site: www.virtueworldwide.com

Year Founded: 2006

Discipline: Creative/Advertising

Krystle Watler *(Senior Vice President & Head, Business Development - Americas)*
Heather McTavish *(Associate Creative Director)*
Susie Lyons *(Head, Strategy - US)*
Marianne Pizzi *(Head, Client Services)*
Kate Reeder *(Associate Strategy Director)*
Jonathan Santoro *(Executive Creative Director - PLAY & AUX Magazine)*
Tara Garcia *(Head, Recruitment & Creative Operations)*
Daniela Asaro *(Head, Integrated Production)*
Jill Rothman *(Head, Production)*
Sophia Moore *(Art Director)*
Paul Raffaele *(Design Director)*
Carli Nicholas *(Account Director)*
Trent Rohner *(Group Creative Director - VICE)*
Luke Taylor *(Client Partner)*
Simon Mogren *(Executive Creative Director - North America)*
Krissan Pattugalan *(Senior Designer)*
Daniel Bonomo *(Production Coordinator)*

Accounts:
Asics
Cazadores
Cholula Food Company
FIGHTLAND
i-D
MGM Resorts International
MOTHERBOARD
MUNCHIES
Netflix
noisey
Pandora Jewelry
Rolex Watch USA
the creators project
thump
VICE BOOKS
VICE FILMS
VICE Magazine
VICE MUSIC
VICE NEWS
VICE on HBO
VICE SPORTS
VICE TRAVEL
VICE.COM

VISIBILITY AND CONVERSIONS
11947 Grandhaven Drive
Murrells Inlet, SC 29576
Tel.: (866) 686-7275
Web Site: www.visibilityandconversions.com

Year Founded: 2010

Discipline: Creative/Advertising

Bill Rosenthal *(Chief Executive Officer)*
Olivia Elswick *(Social Media & Content Strategist)*
Chris Diem *(Digital Media Manager)*
Josh Kennon *(Marketing & Development Manager)*
Amber Dos Santos *(Social Media Strategist)*

Accounts:
Myrtle Beach Area Chamber of Commerce
Myrtle Beach Tourism

VITALINK COMMUNICATIONS
10809 Cokesbury Lane
Raleigh, NC 27614
Tel.: (919) 850-0605
Fax: (919) 850-0678
Web Site: www.vitalinkweb.com

Employees: 7

Discipline: Creative/Advertising

Jeanne Frazer *(President)*
Mike Steele *(Creative Director)*
Kathy Horn *(Marketing Consultant)*

VITRO AGENCY
2305 Historic Decatur Road
San Diego, CA 92106
Tel.: (619) 234-0408
Fax: (619) 234-4015
Web Site: www.vitroagency.com

Year Founded: 1993

Discipline: Creative/Advertising

John Vitro *(Principal & Executive Creative Director)*
Tom Sullivan *(Principal)*
Mike Brower *(Design Director)*
Brian Dunaway *(Brand Creative Director)*
Beth Mygind *(Account Director, Group Head)*
Kelly Loft *(Associate Media Director)*
Jake Camozzi *(Executive Creative Director)*
Victor Camozzi *(Executive Creative Director)*
Michael Catanzaro *(Director, Business Partnerships)*
Sean O'Meara *(Group Account Director)*
Douglas Hyland *(Creative Director)*
Joel Guidry *(Creative Director)*
Paul Lambert *(Senior Art Director)*
Robin Bartolini *(Creative Director)*
Will Roth *(Brand Director, Creative)*
Max Vitro *(Account Supervisor)*
Daniel Gaona *(Supervisor, Media)*

Accounts:
Boston Scientific Corporation
Caribou Coffee Company, Inc.
El Pollo Loco

Brands. Marketers. Agencies. Search Less. Find More.
Try out the online version at www.winmo.com

AGENCIES - JULY, 2020 — CREATIVE/ADVERTISING AGENCIES

Serengeti
Timex
Toyo Tire U.S.A. Co.
Vivint, Inc.

VIVA CREATIVE
164 Rollins Avenue
Rockville, MD 20852
Tel.: (301) 670-9700
Web Site: www.vivacreative.com

Discipline: Creative/Advertising

Emily Anderson Greene *(Founder & Chief Creative Officer)*
Joe Talbott *(President, Content & Creative)*
John Edgington *(Senior Strategist, Creative)*
Allie Johnson *(Content Producer)*

Accounts:
Washington Nationals

VMLY&R
601 Brickell Key Drive
Miami, FL 33131
Tel.: (305) 347-1950
Fax: (305) 347-1951
Web Site: www.vmlyr.com

Employees: 72
Year Founded: 1923

Discipline: Creative/Advertising

Eric Hoyt *(President & Chief Executive Officer)*
Emilio Alvarez-Recio *(Vice President, Business Development & Communication)*
Sybil Company *(Vice President & Managing Director)*
Victor Amador *(Associate Creative Director)*
Renee Lavecchia *(Executive Director, Client Engagement)*

VMLY&R
Three Columbus Circle
New York, NY 10019
Tel.: (212) 210-3653
Fax: (212) 490-9073
Web Site: www.vmlyr.com

Employees: 305
Year Founded: 1923

Discipline: Creative/Advertising

Matt Anthony *(President & Chief Executive Officer)*
Peter Law-Gisiko *(Chief Financial Officer)*
Frank Cavazzini *(Chief Financial Officer)*
Belle Frank *(Executive Vice President & Chief Strategy Officer, Global Health Practice)*
Michael Sussman *(Chief Executive Officer - BAV Group)*
Eric Campbell *(Global President)*
Lara Griggs *(Chief Operating Officer - New York)*
Wayne Best *(Chief Creative Officer)*
Yusuf Chuku *(Chief Strategy Officer - North America)*
John Godsey *(Chief Executive Officer - NY Office)*
JJ Schmuckler *(Global Chief Growth Officer)*
Tomas Gonsorcik *(Chief Strategy Officer)*
Jason Xenopoulos *(Co-Chief Creative Officer - North America)*
Jon Bird *(Chief Retail & Commerce Officer)*
Dot Giannone *(Executive Vice President &*
Director, Account Management)
Richard Butt *(Executive Vice President & Executive Creative Director)*
Jessica Post *(Executive Vice President & Managing Director, Global Technology Practice)*
Efran Vaca *(Executive Vice President & Managing Director, North America Health Practice)*
Ritchie Goldstein *(Senior Vice President, Art & Creative Director)*
Fern Cohen *(Executive Creative Director & Senior Vice President)*
Britta Dahl *(Vice President & Account Managing Director)*
Rachel Krouse *(Vice President & Group Account Director)*
Brianne Riches *(Vice President, Social & Digital)*
Nathalie Brown *(Vice President & Group Creative Director)*
Donna Brasko *(Vice President & Senior Program Director)*
Darlene Patishnock *(Vice President & Senior Program Director)*
Kyle Boots *(Vice President, Social Analytics)*
Nick Centofante *(Media Director)*
Tom Gilmore *(Executive Creative Director)*
John Bollinger *(Creative Director - Global Deployment)*
Theresa Ferrugio *(Media Director)*
Craig Elimeliah *(Executive Director, Client Experience)*
Chris Furse *(Executive Director, Global Business)*
Marykate Byrnes *(Associate Director Integrated Media)*
Melissa St. Fleur *(Associate Connections Director, Digital Media)*
Harsh Kapadia *(Executive Creative Director)*
Mitchell Geller *(Associate Director, Social Media)*
Katherine Piscatelli *(Group Account Director)*
Hamish McArthur *(Head, Design)*
Kayla Cobourn *(Director, Client Engagement)*
Jenna Rounds *(Director, Strategic Planning)*
Silmo Bonomi *(Executive Creative Director)*
Najla Haddad *(Executive Director, Client Engagement)*
David Quintiliani *(Group Creative Director)*
Rosanne Johnson *(Executive Director)*
Joao Coutinho *(Executive Creative Director - North America)*
Jinie Kwak *(Global Director, Communications)*
Amber Chenevert *(Strategy Director)*
Nicole Lombardo *(Account Director)*
Chelsea Dubin *(Director, Client Engagement)*
Christina Miller *(Director, Social Media Strategy)*
Matthew Terry *(Director, Creative Strategy & Commerce)*
Patricia Woodward *(Integrated Project Manager)*
Arantza Urruchua *(Account Supervisor)*
Tiffany Do *(Media Manager)*
Lucy Cross *(Manager, North America Public Relations & Corporate Communications)*
Karen Tshimanga *(Senior Campaign Program Manager - New Balance)*
Alexandra Arroliga *(Supervisor, Client Engagement)*
Qing Liu *(Senior Connections Manager, Advertising Operations)*
Kelly Conlin *(Senior Connections Manager, Media)*
Divya Munjal *(Manager, Brand Strategy & Analytics)*
Alexander Shatz *(Client Financial Manager)*
Bobby Jacques *(Executive Producer)*
Elizabeth Chabot *(Brand Planner)*
Brittany Hager *(Integrated Producer)*
Anna Ross *(Managing Director, Strategy)*
Becka Vigorito *(Managing Director)*
David Flemister *(Managing Director, Account)*
Lauren Lafranz *(Managing Director, Global Creative Operations)*
Daniel Nallen *(Supervisor, Connections)*

Accounts:
All Nippon Airways
Altice USA
Amtrak
Ashland Distribution Company
Ashland Specialty Chemical Company
Baileys Original Irish Cream
Butterball, LLC
Campbell Soup Company
Cape Cod
Cirque du Soleil, Inc.
Contrave
Crock-Pot
Crystal Cruises
Dannon Oikos (Licensed)
Danone North America
Dell Technologies
Fisher-Price
Goldfish Crackers & Snacks
Goldman Sachs Group, Inc.
Hillshire Farm
Kettle Brand
Laugh & Learn
LG Electronics U.S.A., Inc.
Linzess
Miss America
Mr. Coffee
National Hockey League
New Balance Athletic Shoe, Inc.
Newell Brands, Inc.
Office Depot, Inc.
Pepperidge Farm
Pepperidge Farm, Inc.
RetailMeNot, Inc.
RetailMeNot.com
Sharpie
Snyder's of Hanover
The Wendy's Company
U.S. Census Bureau
U.S. Navy

VMLY&R
303 Second Street
San Francisco, CA 94107
Tel.: (415) 882-0600
Fax: (415) 882-0601
Web Site: www.vmlyr.com

Employees: 100
Year Founded: 1923

Discipline: Creative/Advertising

Michael White *(Senior Vice President & Group Account Director)*

VMLY&R
233 North Michigan Avenue
Chicago, IL 60601
Tel.: (312) 596-3000
Fax: (312) 596-3130
Web Site: www.vmlyr.com

Employees: 70
Year Founded: 1923

Discipline: Creative/Advertising

Juliet Moffat *(Senior Vice President, Account*

Brands. Marketers. Agencies. Search Less. Find More.
Try out the online version at www.winmo.com

160

CREATIVE/ADVERTISING AGENCIES
AGENCIES - JULY, 2020

Services & Business Development)
Aaron Evanson (Executive Creative Director)
Brant Herzer (Creative Director)
Marissa Jaeckel (Director, Client Engagement)
Michelle Derderian (Executive Director, Client Engagement)

Accounts:
Azek Building Products, Inc.
Bel Brands USA, Inc.
Butterball, LLC
Doubletree Hotels
Embassy Suites
Giant Eagle, Inc.
Hotels.com, LP
Walgreen Co.
YMCA of the USA

VREELAND MARKETING
65 Forest Falls Drive
Yarmouth, ME 04096
Mailing Address:
Post Office Box 938
Yarmouth, ME 04096
Tel.: (207) 846-3714
Fax: (207) 846-3899
Web Site: www.vreeland.com

Discipline: Creative/Advertising

Rich Davies (Creative Partner & President)
Cindy Davies (Managing Partner)
Katherine Gallant (Vice President, Operations)
Kiki O. Connell (Director, Content)
Jessica Gilman (Specialist, Public Relations)
Sheldon Perkins (Senior Account Executive)
Virginia Archambault (Senior Account Executive)
Dori Shepard (General Manager)

WALLACE & COMPANY
22970 Indian Creek Drive
Dulles, VA 20166
Tel.: (703) 264-6400
Fax: (703) 264-1400
Web Site: www.wallaceandcompany.com

Employees: 30
Year Founded: 1980

Discipline: Creative/Advertising

Fraser Wallace (Chief Executive Officer & President)
Pete Bowers (Production Manager)
Erik Nowak (Senior Graphic Designer)

WALLWORK CURRY MCKENNA
10 City Square
Charlestown, MA 02129
Tel.: (617) 266-8200
Fax: (617) 266-8270
Web Site: www.wcm-partners.com

Discipline: Creative/Advertising

Jack Wallwork (Chief Executive Officer & Creative Director)
Alison Costello (Senior Vice President & Director, Client Services)
Emily Weber (Account Director)

WALO CREATIVE, INC.
1601 Elm Street
Dallas, TX 75201
Tel.: (214) 296-2391
Web Site: www.waloinc.com

Year Founded: 2014

Discipline: Creative/Advertising

Walter Barraza (Co-Founder & Creative Director)
Lalo Duran (Co-Founder & Managing Partner)

Accounts:
Jarritos Soft Drinks
Mineragua
Sangria Senorial

WALRUS
18 East 17th Street
New York, NY 10003
Tel.: (212) 645-2646
Fax: (646) 365-4660
Web Site: www.walrusnyc.com

Employees: 12
Year Founded: 2005

Discipline: Creative/Advertising

Deacon Webster (Owner & Chief Creative Officer)
Frances Webster (Owner & Chief Executive Officer)
Ryan Gordon (Head, Media)
Paula Beer Levine (Managing Director)
Jillian Dresser (Creative Director)
Evan Bross (Senior Art Director)
Valerie Hope (Director, Integrated Production & Creative Services)
Paul Savaiano (Head, Strategy)
Joncarl Hersey (Senior Manager, Media & Operations)
Emily Ambrosio (Supervisor, Account)
Lisi Powers (Senior Strategist, Search & Social)
Marco Diaddezio (Copywriter)

Accounts:
Arnicare
Colace
Cold Crush Ice Cream
Farm To Spoon
Kingston Fruit Bars
Lowes Foods LLC
Maloney & Porcelli
Maloney & Porcelli
Park Avenue Cafe
Slow-Mag
Smith & Wollensky (Boston)
Smith & Wollensky Restaurant Group, Inc.
Strawberry Toast Crunch
The Farmer's Dog

WALT KLEIN ADVERTISING
1873 South Bellaire Street
Denver, CO 80222
Web Site: www.wka.com

Year Founded: 1985

Discipline: Creative/Advertising

Walt Klein (Chief Executive Officer)
Cheryl Klein (President)

WALZAK ADVERTISING
1228 North Astor Street
Milwaukee, WI 53202
Tel.: (414) 276-7800
Fax: (414) 276-7819
Web Site: www.walzak.com

Employees: 5
Year Founded: 1980

Discipline: Creative/Advertising

Toni Walzak (Principal)
Kevin Walzak (Principal)

WARREN DOUGLAS ADVERTISING
1204 West Seventh Street
Fort Worth, TX 76102
Tel.: (817) 862-1400
Fax: (817) 862-1401
Web Site: www.warrendouglas.com

Discipline: Creative/Advertising

Doug Briley (President & Chief Executive Officer)
Steve Hanthorn (Vice President & Creative Director)
Cassidy Newton (Vice President, Data Sciences)
Adrienne King (Media Director)
Bryce Burton (Associate Creative Director)
Koula Budler (Manager, Business Development)

Accounts:
Essilor of America, Inc.
Kiolbassa Smoked Meats
Trend Micro, Inc.

WESTMORELAND FLINT
11 East Superior Street
Duluth, MN 55802
Tel.: (218) 727-1552
Fax: (218) 733-0463
Web Site: www.westmorelandflint.com

Year Founded: 1949

Discipline: Creative/Advertising

Jennifer Strickler (Senior Vice President, Brand Experience)
Ken Zakovich (Creative Director & Art Director)
Alan Josephson (Art Director)

WHERE EAGLES DARE
200 First Avenue
Pittsburgh, PA 15222
Tel.: (412) 407-5879
Web Site: whereeaglesdare.co/

Year Founded: 2015

Discipline: Creative/Advertising

Brian Franks (Founder & Executive Creative Director)
Zam Cadden (Creative Director)
Sarah Karwoski (Senior Creative)

WHITEMYER ADVERTISING, INC.
Post Office Box 430
Zoar, OH 44697
Mailing Address:
254 East Fourth Street
Zoar, OH 44697
Tel.: (330) 874-2432
Fax: (330) 874-2715
Web Site: www.whitemyer.com

Year Founded: 1971

Discipline: Creative/Advertising

Tom Simmelink (President)
Lisa Geers (Vice President, Interactive Media)
Dan Mehling (Vice President, Creative Services)

Brands. Marketers. Agencies. Search Less. Find More.
Try out the online version at www.winmo.com

AGENCIES - JULY, 2020 — CREATIVE/ADVERTISING AGENCIES

Chris Baio *(Account Executive & Strategist, Media)*

WHITESPACE CREATIVE
243 Furnace Street
Akron, OH 44304
Tel.: (330) 762-9320
Fax: (330) 762-9323
Web Site: www.whitespace-creative.com

Year Founded: 1994

Discipline: Creative/Advertising

Keeven White *(President & Chief Executive Officer)*
Greg Kiskadden *(Executive Vice President, Account Services)*

Accounts:
Crum & Forster Pet Insurance Group

WHM CREATIVE
1808 Telegraph Avenue
Oakland, CA 94612
Tel.: (415) 420-3107
Web Site: whmcreative.com

Year Founded: 2010

Discipline: Creative/Advertising

Thomas Whalen *(Partner)*
Audrey Merritt *(Partner)*
Jenny Nagel *(Chief of Staff)*

WIER / STEWART
982 Broad Street
Augusta, GA 30901
Tel.: (706) 447-2630
Web Site: www.wierstewart.com

Year Founded: 2005

Discipline: Creative/Advertising

Alex Weir *(Co-Founder & Creative Director)*
Daniel Stewart *(President & Studio Director)*
Amanda Ferguson *(Digital Producer)*
Eleanor Woodward *(Media Planner)*
Beth James *(Account Executive)*
Christina Tucker *(Director, Strategic Planning)*

Accounts:
TaxSlayer.com

WILDFIRE
709 North Main Street
Winston Salem, NC 27101
Tel.: (336) 777-3473
Fax: (336) 354-0047
Web Site: wildfireideas.com

Year Founded: 2001

Discipline: Creative/Advertising

Brad Bennett *(Owner & Chief Executive Officer)*
Mike Grice *(Founder & Chief Creative Officer)*
Jonathan Reed *(Associate Creative Director)*
Katherine Montgomery White *(Group Account Director)*
Traci Naff *(Creative Director)*
Elizabeth Earle *(Digital Media Planner & Buyer)*
Nick Karner *(Account Coordinator)*

WILLIAMS / CRAWFORD & ASSOCIATES
415 North Fifth Street
Fort Smith, AR 72901
Mailing Address:
Post Office Box 789
Fort Smith, AR 72902
Tel.: (479) 782-5230
Fax: (479) 782-6970
Web Site: www.williams-crawford.com

Employees: 20

Discipline: Creative/Advertising

Kevin Crawford *(President)*
Fred Williams *(Chief Executive Officer)*
Denise Williams *(Vice President, Media)*
Brock Girard *(Creative Director)*

WILSON CREATIVE GROUP, INC.
2343 Vanderbilt Beach Road
Naples, FL 34109
Tel.: (239) 597-9480
Web Site: www.wcgpros.com

Year Founded: 2007

Discipline: Creative/Advertising

Peggy Wilson *(President & Chief Executive Officer)*
Chris Pastir *(Art Director)*
Jeannine Darretta *(Creative Director)*
Erik Vilnius *(Art Director)*
Jama Dock *(Public Relations Director)*
Rob Kerns *(Digital Analyst)*
Thomas Loughran *(Account Coordinator)*
Delaney Carroll *(Account & Social Media Coordinator)*
Christian Anderson *(Traffic Coordinator)*

WINGARD CREATIVE
76 South Laura Street
Jacksonville, FL 32202
Tel.: (904) 372-1378
Fax: (904) 329-4488
Web Site: www.wearewingard.com

Year Founded: 2008

Discipline: Creative/Advertising

Russell Baker *(Chief Executive Officer)*
David Wingard *(Founder & Chief Creative Officer)*
Natalie DeYoung *(Director, Communications & Public Relations)*
Camille Middleton *(Account Director)*
Nicholas Villalva *(Senior Art Director)*
Adam Berry *(Digital Director)*
Kyle Brown *(Operations Manager)*
Lena Hall *(Social Media Manager)*
Madeline Rolfsen *(Account Executive)*
Natalie Schulte *(Assistant Account Executive)*

WIRTHWEIN CORPORATION
574 Main Street
East Aurora, NY 14052
Tel.: (716) 652-4788
Fax: (716) 652-3901
Web Site: www.wirthweinmarketing.com

Discipline: Creative/Advertising

Christine Wirthwein *(President)*
Melinda Whitehead *(Account Services Director)*

WIT MEDIA
150 West 28th Street
New York, NY 10001
Tel.: (212) 334-1810
Web Site: www.wit-media.com/

Discipline: Creative/Advertising

Clint White *(President & Co-Creative Director)*
Simona Killgour *(Chief Operating Officer)*
Kristen Earls *(Chief Strategy Officer)*
Jessica Ragusa *(Director, Media & Strategy)*

Accounts:
American Museum of Natural History

WOMENKIND
1441 Broadway
New York, NY 10018
Tel.: (212) 660-0400
Web Site: www.womenkind.net

Year Founded: 2007

Discipline: Creative/Advertising

Sandy Sabean *(Co-Founder, Partner & Chief Creative Officer)*
Kristi Faulkner *(Co-Founder & President)*

WONDERFUL AGENCY
11444 West Olympic Boulevard
Los Angeles, CA 90064
Tel.: (310) 966-8600
Web Site: www.wonderful.com

Discipline: Creative/Advertising

Lori Hobson *(Senior Vice President & Managing Director)*
Brian Fisher *(Vice President & Global Media Director)*
Sharon Kohl *(Associate Media Director)*
Jason Fryer *(Creative Director)*
Kemit McCullough *(Director, Project Management)*
Ellen Lu *(Associate Director, Digital Marketing Strategy)*
Tom Sann *(Executive Producer)*
Mara Greensweig *(Manager, National Television Buying)*

Accounts:
Fiji Water, LLC
Pom Wonderful
Teleflora
Teleflora, LLC
Wonderful Halos
Wonderful Pistachios

WONGDOODY
1011 Western Avenue
Seattle, WA 98104
Tel.: (206) 624-5325
Fax: (206) 624-2369
Web Site: www.wongdoody.com

Employees: 54
Year Founded: 1993

Discipline: Creative/Advertising

Tracy Wong *(Chairman & Chief Executive Officer)*
Knox Duncan *(Chief Strategy Officer)*
Jason Gearhart *(Group Account Director)*
Mark Watson *(Creative Director)*
Matt Ballew *(Associate Creative Director)*
Kari Connor *(Director, Market Strategy)*
Lori Hicks *(Associate Strategy Director)*
Jillian Shapiro *(Director, Digital & Data Marketing)*

Brands. Marketers. Agencies. Search Less. Find More.
Try out the online version at www.winmo.com

CREATIVE/ADVERTISING AGENCIES

Adam Nowak *(Creative Director)*
David Herrick *(Director, Technical)*
Jennie Moore *(Creative Director)*
Monkey Watson *(Creative Director)*
Patrick Moore *(Senior Art Director)*
Stacy McCann *(Senior Director, Integrated Production)*
Lindsay Campau *(Director, New Business Development)*
April Wiggan *(Group Account Director)*
Patrick Griffin *(Director, Production)*
Lindsay Koehler *(Account Director)*
Holly Cowan *(Group Account Director)*
Laura Haithcock *(Content Producer)*
Jessica Obrist *(Senior Supervising Producer)*
James Whittington *(Broadcast Editor)*
Lara Johannsen *(Creative Manager)*
Amber Tribble *(Customer & User Experience Lead)*
Ariel Smith *(Account Supervisor)*
Carrie Blocher *(Senior Producer, Content)*
Paula Branvold *(Account Supervisor)*
Brandy Flaherty *(Manager, Human Resources & Talent)*
Haley Schlatter *(Account Manager)*
Jen Joyce *(Senior Social Content Strategist)*
Madelynn Esteb *(Creative Coordinator)*

Accounts:
Amazon Echo
Amazon Fire
Amazon.com, Inc.
Quiznos
Seattle International Film Festival

WOODRUFF
501 Fay Street
Columbia, MO 65201
Tel.: (573) 875-7917
Fax: (573) 874-7979
Toll Free: (888) 300-7485
Web Site: wearewoodruff.com

Employees: 25
Year Founded: 1992

Discipline: Creative/Advertising

Terry Woodruff *(President & Chief Executive Officer)*
Shelley Thompson *(Chief Operating Officer)*
Scott Kington *(Executive Vice President, Strategic Planning & Brand Development)*
Reid Stella *(Vice President & Associate Creative Director)*
Andrew Grinch *(Director, Content)*
Sue Dillon *(Director, Public Relations)*
Tori Powers *(Director, Operations)*
Chad Stoway *(Senior Art Director)*
Brandon Shelton *(Associate Creative Director)*
Elizabeth Tallmage *(Account Manager)*
Shannan Baker Kenny *(Account Manager)*
Shelby Lane Mertz *(Account Executive)*
Mary Wheeler *(Social Media Specialist)*
Kelsey Maggio *(Copywriter)*
Sarah Chaney *(Account Coordinator)*

WORDBANK LLC
600 17th Street
Denver, CO 80202
Tel.: (720) 359-1580
Web Site: www.wordbank.com

Year Founded: 1988

Discipline: Creative/Advertising

Lindsay Johnson *(Chief Executive Officer)*
Clayton Warwick *(Assistant Director, Digital Strategy)*
Katie Edson *(Director, Customer Success)*
Katie Blakey *(Digital Marketing Ops Manager)*
Isabel Hulseman *(Social Media Strategist)*

WORDS AT WORK
800 Washington Avenue North
Minneapolis, MN 55401
Tel.: (612) 334-5960
Fax: (612) 334-3170
Web Site: www.wordsatwork.com

Year Founded: 1988

Discipline: Creative/Advertising

Dave Levi *(President)*
Chuck Rottinghaus *(Principal)*
Mark Yechout *(Interactive Design Director)*

WORKINPROGRESS
5660 Valmont Road
Boulder, CO 80301
Tel.: (720) 310-8642
Web Site: www.wipbdr.com

Year Founded: 2016

Discipline: Creative/Advertising

Evan Russack *(Partner, Account Strategy)*
Alex Guerri *(Partner, Account & Strategy)*
Stafford Bosak *(Partner, Production)*
Harold Jones *(Partner, Technology)*
Lauren Perlow *(Creative Director)*
Matt Talbot *(Partner & Creative)*
Stephen Dalton *(Creative Director)*
Stacy Moss *(Account & Strategy Director)*
Molly Schaaf *(Executive Producer)*
Morgan Collins *(Account Supervisor)*
Jimmy Rosen *(Senior Designer)*
Sally Kubancik *(Account Strategy Supervisor)*
Haley Garyet *(Associate Creative Director)*
Josh Shelton *(Associate Creative Director)*

Accounts:
Jimmy John's
Village Inn

WORLD WIDE MIND
1306 Abbot Kinney Boulevard
Venice Beach, CA 90291
Tel.: (310) 314-3600
Web Site: www.worldwidemind.com

Year Founded: 2005

Discipline: Creative/Advertising

Ben Nott *(Founder & Chief Creative Officer)*
Danny Izarraras *(Creative Produccer)*

Accounts:
Boardriders, Inc.
Red Bull North America, Inc.

WORX BRANDING & ADVERTISING
Post Office Box 7233
Prospect, CT 06712-0233
Mailing Address:
18 Waterbury Road
Prospect, CT 06712
Tel.: (203) 758-3311
Fax: (203) 758-6847
Web Site: www.theworxgroup.com

Discipline: Creative/Advertising

Joe Gugliotti *(Managing Partner)*
Grant Copeland *(President & Chief Creative Officer)*

WP NARRATIVE_
989 Avenue of the Americas
New York, NY 10018
Tel.: (646) 736-2395
Web Site: www.narrative.is

Year Founded: 2013

Discipline: Creative/Advertising

Tricia Clarke-Stone *(Co-Founder & Chief Executive Officer)*
Russell Simmons *(Chief Executive Officer)*
Aaron Royer *(Director, Content Production & Operations)*

Accounts:
JCPenney Corporation, Inc.
New York Rangers
Under Armour

WPP KANTAR MEDIA
Three World Trade Center
New York, NY 10007
Tel.: (212) 991-6000
Web Site: www.kantar.com

Employees: 50
Year Founded: 2009

Discipline: Creative/Advertising

Lynnette Cooke *(Chief Executive Officer)*
Michael Hill *(Vice President & Analytics Team Leader)*
Elaine Chen *(Vice President, Marketing Communications)*
Debbie Warner *(Vice President, Commercial Consulting)*
Christine Shaeffer *(Director, Global Internal Communications)*

WRK ADVERTISING
3450 West Central Avenue
Toledo, OH 43606
Tel.: (419) 531-0125
Fax: (419) 531-0128
Web Site: www.wrk.com

Employees: 7

Discipline: Creative/Advertising

Greg Kuehnle *(President & Chief Executive Officer)*
John Guitteau *(Vice President)*
Sue Pruss *(Art Director)*
Tom Carver *(Production Manager)*

WRL ADVERTISING
4470 Dressler Road, Northwest
Canton, OH 44718-2716
Tel.: (330) 493-8866
Fax: (330) 493-8860
Web Site: www.wrladv.com

Discipline: Creative/Advertising

Jeff LeBeau *(President)*
Bob Isenberg *(Vice President, Creative Services)*
David Fenn *(Vice President)*
David Jensen *(Art Director)*
Norio Saneshige *(Director, Creative & Account*

Brands. Marketers. Agencies. Search Less. Find More.
Try out the online version at www.winmo.com

AGENCIES - JULY, 2020 — CREATIVE/ADVERTISING AGENCIES

Executive)
Thomas Budinsky *(Senior Creative Director & Account Manager)*
Matt Nist *(Account Executive)*

WS
630 - Eighth Avenue Southwest
Calgary, AB T2P 1G6
Tel.: (403) 930-4900
Web Site: www.simplyws.com

Year Founded: 1992

Discipline: Creative/Advertising

Susan Groeneveld *(Founding Partner)*
Ric Fedyna *(Executive Vice President, Creative)*
Shannon Anderson *(Executive Vice President, Client Service)*
Graham Kahl *(Executive Vice President, Performance)*
Kyle Bruce *(Executive Vice President, Operations & Projects)*
Evan Macleod *(Associate Creative Director)*
Stephanie Ostermann *(Director, Content)*
Carla Howden *(Senior Account Manager)*
Janice Grenning *(Media & Account Executive)*
Megan McLeod *(Account Executive)*
Angela Wiens *(Account Coordinator)*

WUNDERMAN HEALTH
466 Lexington Avenue
New York, NY 10017
Tel.: (212) 210-7000
Web Site: www.wundermanhealth.com

Year Founded: 1985

Discipline: Creative/Advertising

Becky Chidester *(Chief Executive Officer - Wunderman World Health)*
Dan Wadleigh *(Chief Financial Officer)*
Matt Tepper *(Chief Strategy Officer)*
Nichole Davies *(Chief Strategy Officer)*
Helder Santo *(Chief Client Officer)*
Destry Sulkes *(Chief Experience Officer)*
Joe McGlynn *(Chief Growth Officer)*
Toni Iacono *(Associate Human Resources Director)*
William Martino *(Managing Director - Wunderman Health)*
Jill Walker *(Senior Vice President & Group Client Services Director - Wunderman World Health)*
Peter Flink *(Senior Vice President, Group Client Lead)*
Cynthia Vredenburgh *(Senior Vice President, Global Relationship Lead)*
Kieran Corrigan *(Senior Vice President & Creative Director)*
Mitali Banerjee *(Director, Strategy)*
Marissa Levy *(Account Director)*
Nora Farley *(Global Director, Creative Operations)*
Cassandra Sinclair *(Global Client Partner)*
Ali Donato *(Senior Strategist)*
Chris Silva *(Associate Creative Director)*
Andy Pimentel *(Executive Strategy Director)*
Lucas Pierson *(Account Supervisor)*
Maddison Lord *(Senior Digital Strategist)*

Accounts:
Abreva
Duracell, Inc.
Flonase
John Hancock Financial Services, Inc.
Lamisil
Mr. Coffee
Nationwide Insurance
Nicoderm CQ
Nicorette Gum
Nicorette Mini Lozenge
Poli-Grip
Polident
Sensodyne

WUNDERMAN HEALTH - KANSAS CITY
300 Northeast Richards Road
Kansas City, MO 64116
Tel.: (816) 842-8656
Fax: (816) 842-1522
Web Site: www.wundermanhealth.com

Employees: 32
Year Founded: 1999

Discipline: Creative/Advertising

Brian Archambault *(Executive Vice President - Kansas City Market Lead)*
Magali Sartain *(Senior Vice President & Managing Partner)*

XENOPSI
60 Broad Street
New York, NY 10004
Tel.: (212) 235-4000
Web Site: www.xenopsi.com

Year Founded: 1997

Discipline: Creative/Advertising

MichaelAaron Flicker *(Founder & President)*
David Muldoon *(Executive Creative Director)*
Emily Prevost *(Associate Account Director)*
Toni Raciotppo *(Media Director)*
Salman Javed *(Director, Operations)*
Patrick Winfield *(Art Director)*
Judd Cherry *(Associate Creative Director & Head, Production)*
Blaise McNamee *(Associate Media Director)*
Allison Martin *(Director, Strategy)*
Jaime Lash *(Head, Account Management)*
Connie Obra Le *(Associate Director, Integrated Media)*
Frank Esposito *(Associate Director, Social Media)*
Brock Whitfield *(Account Supervisor)*
Cindy Zupcic *(New Client Partnerships Manager)*
Steve Rebeiro *(Social Media Community & Content Manager)*

YEBO
1408 Roseneath Road
Richmond, VA 23230
Tel.: (804) 320-3232
Fax: (804) 320-1729
Web Site: weareyebo.com

Employees: 40
Year Founded: 1988

Discipline: Creative/Advertising

Robyn Deyo Zacharias *(President & Chief Executive Officer)*
Deb Hagan *(Chief Creative Officer)*
Jeff Smack *(Director, Interactive Media)*
Karen Ashworth *(Associate Media Director)*
Shelley Sergent *(Senior Media Buyer & Planner)*
Ron Villacarillo *(Senior Creative)*
Miranda Morgan *(Senior Copywriter)*
Mackenzie Spicer *(Account Executive)*

Accounts:
Cato
Cato Corporation
Cato Plus
It's Fashion
Southern States Cooperative, Inc.
Virginia Foundation for Healthy Youth
Virginia Lottery

YELLOW SUBMARINE MARKETING COMMUNICATIONS
24 South 18th Street
Pittsburgh, PA 15203
Tel.: (412) 208-6400
Web Site: www.yellowsubmarketing.com

Year Founded: 2007

Discipline: Creative/Advertising

Edward Fine *(Chief Creative Officer)*
George Garber *(President & Chief Executive Officer)*
John Harpur *(Director, Media)*
Zack Fine *(Marketing Manager)*

YIELD-INTEGRATED COMMUNICATIONS & ADVERTISING
128 A Sterling Road
Toronto, ON M6R 2B7
Tel.: (416) 588-4958
Fax: (416) 588-5708
Web Site: www.yieldbranding.com/

Employees: 15
Year Founded: 1989

Discipline: Creative/Advertising

Brad Usherwood *(Chief Executive Officer & Founder & Head, Strategy)*
Ted Nation *(President)*

YOUNG & LARAMORE
407 Fulton Street
Indianapolis, IN 46202
Tel.: (317) 264-8000
Fax: (317) 264-8002
Web Site: www.yandl.com

Employees: 65
Year Founded: 1983

Discipline: Creative/Advertising

Tom Denari *(President & Chief Strategy Officer)*
Paul Knapp *(Chief Executive Officer)*
Charlie Hopper *(Principal & Writer)*
Brad Schrader *(Chief Financial Officer)*
Trevor Williams *(Principal & Group Creative Director)*
Bryan Judkins *(Principal & Group Creative Director)*
Brad Bobenmoyer *(Vice President, Marketing & New Business Inquiries)*
Lindsey Warner *(Vice President & Director, Media)*
Carolyn Hadlock *(Principal & Executive Creative Director)*
Bess Browning *(Associate Director, Media)*
Zac Neulieb *(Associate Creative Director)*
Dave Theibert *(Associate Account Director)*
Jacqueline Hacker *(Associate Director)*
Scott King *(Creative Director)*
Luke Meyer *(Director, Digital)*
Laura Heape *(Associate Director, Media -

Brands. Marketers. Agencies. Search Less. Find More.
Try out the online version at www.winmo.com

CREATIVE/ADVERTISING AGENCIES

EchoPoint Media)
Shannon Quinn *(Director, Media - EchoPoint Media)*
Brian Schluep *(Senior Media Buyer & Planner)*
Cory Schneider *(Account Supervisor)*
Jamie Simpson *(Senior Media Buyer & Planner)*
Emily Hartley *(Supervisor, Media - EchoPoint Media)*
Lynn Kendall *(Manager, Production)*
Katlyn Gonzalez Becu *(Digital Media Planner & Buyer)*
Cassie Conklin *(Manager, Social Media)*
Samuel Hanes *(Account Manager)*
Catherine Watson *(Account Manager)*
Taylor DeVault *(Community Manager)*
Grace Gibbons *(Senior Account Manager)*
Sydney Jameson *(Account Manager)*
Henrik Persson *(Digital Strategist)*
Dan Shearin *(Associate Creative Director)*
Sarah Frucci *(Designer)*
Leslie Kavanaugh *(Senior Media Planner & Buyer - EchoPoint Media)*
Bridget Barbara *(Digital Media Buyer & Planner)*
Halley Smith *(Planner, Digital Media)*
Mason Thomas *(Analyst, Consumer Insights)*
Sydney Haggard *(Digital Developer)*
Julia Breakey *(Video Editor)*
Derek Hulsey *(Designer)*
Dakota Neal *(Out of Home Coordinator)*

Accounts:
American Standard Heating & Air Conditioning
Ball State University
Brizo
Cat Footwear
Chautauqua Airlines
Delta
Goodwill Industries International, Inc.
Hotel Tango Artisan Distillery
Indiana Farm Bureau Insurance
Marathon Ashland Petroleum, LLC
Pet Supplies Plus
Republic Airlines
Speedway
Speedway
Speedway SuperAmerica, LLC
The Hillman Companies, Inc.
The Indianapolis Star
Trane, Inc.

YOUNG COMPANY
361 Forest Avenue
Laguna Beach, CA 92651
Tel.: (949) 376-8404
Fax: (949) 376-9205
Web Site: www.youngcompany.com

Year Founded: 1949

Discipline: Creative/Advertising

Approx. Annual Billings: $10.00

Bart Young *(Chief Executive Officer)*
Lori Robinson *(Media Manager)*

ZAISS & COMPANY
11626 Nicholas Street
Omaha, NE 68154
Tel.: (402) 964-9293
Web Site: www.zaissco.com

Employees: 17

Discipline: Creative/Advertising

Tracy Zaiss *(Chief Strategist)*
Wendy Wiseman *(President & Chief Creative Officer)*

ZAMBEZI
10441 Jefferson Boulevard
Culver City, CA 90232
Tel.: (310) 450-6800
Web Site: www.zambezi-la.com

Year Founded: 2006

Discipline: Creative/Advertising

Gavin Lester *(Partner & Chief Creative Officer)*
Chris Raih *(Founder & President)*
Alex Cohn *(Partner & Head, Content)*
Jean Freeman *(Principal & Chief Executive Officer)*
Erickson Ilog *(Chief Financial Officer & Chief Operating Officer)*
Jill Burgeson *(Executive Director, Brand Strategy)*
Matt Sherman *(Creative Director)*
Jeff Siegel *(Co-Creative Director)*
Cody Witt *(Associate Creative Director)*
Gordon Gray *(Group Account Director)*
Grace Teng *(Executive Director, Media & Analytics)*
Laura Stayt *(Group Account Director, Beats by Dre)*
Goran Krstic *(Senior Art Director)*
Dalit Zagorin *(Strategy Director)*
Eric Tepe *(Director, Strategy)*
Ling Ly *(Head, Post Production)*
Stephanie Ramos *(Director, Creative Services)*
Julie Soluri *(Senior Art Director)*
Amy Diehl *(Senior Social Media Strategist)*
Alyssa Tigue *(Account Supervisor)*
Kailey Campos *(Senior Media Planner)*
Andrew Gage *(Executive Producer)*
Emily Frankenfeld *(Senior Project Manager)*
Sean Daly *(Account Supervisor)*
Carly Ayres *(Account Supervisor)*
Kristi Lira *(Senior Copywriter)*
Diego Sarmiento *(Senior Copywriter)*
Pete Brown *(Managing Director)*

Accounts:
Adams Golf
Beats by Dre
Experience Kissimmee
Kelley Blue Book Company, Inc.
TaylorMade Golf Company, Inc.
Ultimate Software
Vitaminwater

ZAMBOO
4079-A Redwood Avenue
Los Angeles, CA 90066
Tel.: (310) 822-4643
Fax: (310) 822-8384
Web Site: www.zamboo.com

Discipline: Creative/Advertising

Dave Zambotti *(Principal & Creative Director)*
Becca Bootes *(Co-Founder)*
Colleen Parks *(Designer)*

ZION & ZION
432 South Farmer Avenue
Tempe, AZ 85281
Tel.: (480) 751-1007
Web Site: www.zionandzion.com

Year Founded: 2003

Discipline: Creative/Advertising

Aric Zion *(Chief Executive Officer)*
Bridgette Foord *(Media Director)*
Jennifer Spangler *(Senior Account Supervisor)*

Accounts:
Casino Del Sol
Phoenix Raceway
Pita Jungle

ZOOM ADVERTISING
820 West Jackson Boulevard
Chicago, IL 60607
Tel.: (312) 279-2900
Fax: (312) 664-9214
Web Site: www.zoomchicago.com

Discipline: Creative/Advertising

Jeff Halcomb *(Owner & President)*
Larry Berleman *(Vice President, Creative Services)*

ZUBI ADVERTISING
2990 Ponce De Leon Boulevard
Coral Gables, FL 33134-7211
Tel.: (305) 448-9824
Fax: (305) 460-7011
Web Site: www.zubiad.com

Employees: 108
Year Founded: 1976

Discipline: Creative/Advertising

Michelle Zubizarreta *(Co-Owner)*
Tim Swies *(Executive Vice President)*
John Arnholt *(Senior Vice President, Finance)*
Isabella Sanchez *(Vice President, Media Integration)*
Pablo Miro *(Vice President, Growth Marketing)*
Susan Osorio *(Account Director)*
Ivan Calle *(Executive Creative Director)*
Kaytien Franco *(Account Executive)*

Accounts:
Genworth Financial, Inc.

ZULU ALPHA KILO
260 King Street East
Toronto, ON M5A 4L5
Tel.: (416) 777-9858
Fax: (416) 777-9859
Web Site: www.zulualphakilo.com

Year Founded: 2008

Discipline: Creative/Advertising

Zak Mroueh *(Chief Creative Officer & Founder)*
Mike Sutton *(President)*
Irfan Khan *(Creative Director)*
Sean Bell *(Group Strategy Director - Content & Innovation)*
Heather Segal *(Group Strategy Director)*
Roger Eyre *(Creative Director)*
Gerald Kugler *(Creative Director)*
Hilary Roberts *(Group Account Director)*
Matthew Sinuita *(Group Account Director)*
Michael Siegers *(Associate Creative Director)*
Tim Hopkins *(Group Strategy Director)*
Lauren Boultwood *(Account Director)*
Mike Johnson *(Account Director)*
Ryan Booth *(Creative Director)*
Kayla MacDonald *(Account Supervisor)*
James Farquharson *(Account Supervisor)*
Shaunagh Farrelly *(Account Supervisor)*
Ashleigh O'Brien *(Lead Studio Artist)*
Andrew Martin *(Production Artist)*

Charlotte Barber *(Strategist)*
Matthew McGrath *(Account Executive)*
Stephanie Gyles *(Digital Strategist)*
Laura Dubcovsky *(Senior Producer)*

Accounts:
Tim Hortons, Inc.
Whirlpool Canada

CRM AGENCIES

ACUMEN SOLUTIONS
8280 Greensboro Drive
McLean, VA 22102
Tel.: (703) 600-4000
Fax: (703) 600-4001
Web Site: www.acumensolutions.com

Year Founded: 1999

Discipline: CRM

David Joubran (Co-Founder, President & Chief Executive Officer)
David Marko (Managing Director, On-Demand Analytics & Information Management)

ADASTRA CORPORATION
Le Parc Office Tower
Markham, ON L3T 7M8
Tel.: (905) 881-7946
Fax: (905) 881-4782
Web Site: www.adastragrp.com

Year Founded: 1995

Discipline: CRM

Darren Edery (Chief Executive Officer)
Oliver Fuchs (Senior Vice President, Operations)
Krasen Paskalev (Senior Vice President, Delivery & Practice Management)

AIMIA
100 North Sixth Street
Minneapolis, MN 55403
Tel.: (763) 445-3500
Fax: (763) 212-4580
Web Site: www.aimia.com

Year Founded: 1968

Discipline: CRM

Cindy Faust (President & Chief Commercial Officer)
Mike Cornielle (Vice President, Global Platforms Solutions)
Lars Parmekar (Account Director)

AIMIA
130 King Street
Toronto, ON M5X 1C7
Tel.: (416) 354-3999
Fax: (905) 214-8693
Web Site: www.aimia.com

Employees: 300
Year Founded: 1968

Discipline: CRM

Jeremy Rabe (Chief Executive Officer)
Jeremy Molnar (Vice President, Analytics)

BAESMAN
274 Marconi Boulevard
Columbus, OH 43215
Tel.: (614) 771-2300
Fax: (614) 228-1107
Web Site: www.baesman.com

Year Founded: 1952

Discipline: CRM

Rod Baesman (Chief Executive Officer)
Tyler Baesman (Owner & President)
Evan Magliocca (Director, Marketing)
Carlyn Smith (Director, Marketing Operation & Client Success)
Gabrielle Clark (Account Manager)

Accounts:
Hibbett Sports, Inc.

BRAINSELL TECHNOLOGIES, LLC
458 Boston Street
Topsfield, MA 01938
Tel.: (978) 887-3870
Fax: (978) 412-9510
Toll Free: (866) 356-2654
Web Site: www.brainsell.net

Discipline: CRM

Jim Ward (President & Chief Executive Officer)
Ross Jones (Senior Vice President, Sales Engineering)

BRIERLEY & PARTNERS
5465 Legacy Drive
Plano, TX 75024
Tel.: (214) 760-8700
Fax: (214) 743-5511
Toll Free: (800) 899-8700
Web Site: www.brierley.com

Year Founded: 1985

Discipline: CRM

Hal Brierley (Chairman & Founder & Chief Loyalty Architect)
Bill Swift (Executive Vice President & Chief Technology Officer)
Kristen Dearing (Senior Vice President, Marketing & Alliances & Chief Sales Officer)
Kats Murakami (President & Chief Executive Officer)
J. Donald Smith (Senior Vice President, Strategy & Chief Analytics Officer)
Jennifer Carlile (Senior Vice President, Professional Services)
Elisabeth Keller (Senior Vice President, Client Services)

BRIERLEY & PARTNERS
15303 Ventura Boulevard
Sherman Oaks, CA 91403
Tel.: (323) 965-4000
Fax: (323) 965-4100
Toll Free: (800) 969-8674
Web Site: www.brierley.com

Employees: 35

Discipline: CRM

Jim Huppenthal (Senior Vice President, Creative Services)
Jill Goran (Senior Vice President & Group Creative Director)

CLARABRIDGE, INC.
11400 Commerce Park Drive
Reston, VA 20191
Tel.: (571) 299-1800
Fax: (571) 299-1805
Web Site: www.clarabridge.com

Year Founded: 2006

Discipline: CRM

Sid Banerjee (Vice Chairman, Founder & Chief Strategy Officer)
Mark Bishof (President & Chief Executive Officer)
Ram Ramachandran (Chief Technology Officer & Senior Vice President, Engineering & Global Services)
Bas Brukx (Chief Financial Officer)
Sal Uslugil (Chief Revenue Officer)
Fabrice Martin (Chief Product Officer)

CLICKFOX, INC.
3440 Peachtree Road, Northeast
Atlanta, GA 30326
Tel.: (404) 351-8020
Fax: (404) 351-2080
Toll Free: (877) 256-3761
Web Site: www.clickfox.com

Year Founded: 2000

Discipline: CRM

Tim Dahltorp (Chief Financial Officer)
Lenny Nash (Chief Executive Officer)
Lauren Smith (Executive Vice President, Alliances - North America)

CODE WORLDWIDE
220 East 42 Street
New York, NY 10017
Web Site: www.codeworldwide.com

Year Founded: 2003

Discipline: CRM

CRM UNLEASHED
31234 Wheel Avenue
Abbotsford, BC V2T 6G9
Tel.: (604) 504-7936
Fax: (604) 504-7976
Web Site: www.crmunleashed.com

Discipline: CRM

Sheldon Kornyk (Chief Executive Officer)
Colleen Kornyk (Chief Financial Officer - KCSI)

CUSTOMER COMMUNICATIONS GROUP
165 South Union Boulevard
Lakewood, CO 80228
Tel.: (303) 986-3000
Fax: (303) 989-4805
Toll Free: (800) 525-0313
Web Site: www.customer.com

CRM AGENCIES

Employees: 20
Year Founded: 1977

Discipline: CRM

Sandra Gudat *(President & Chief Executive Officer)*
Greg Sultan *(Senior Vice President & Strategist)*
Sushil Wenholz *(Vice President & Creative Director)*
Becky O'Brien *(Vice President & Creative Director)*

GENESYS TELECOMMUNICATIONS LABORATORIES
2001 Junipero Serra Boulevard
Daly City, CA 94014
Tel.: (650) 466-1100
Fax: (415) 437-1260
Toll Free: (888) 436-3797
Web Site: www.genesyslab.com

Year Founded: 1990

Discipline: CRM

Paul Segre *(Chairman)*
Merijn te Booij *(Chief Marketing Officer)*
Mark Friedman *(Senior Vice President, Global Cloud Customer Success & General Manager)*
Arnaud Kraaijvanger *(Senior Vice President, Marketing Insights & Operations)*

GERSON LEHRMAN GROUP
60 East 42nd Street
New York, NY 10165
Tel.: (212) 984-8500
Fax: (212) 984-8538
Web Site: glg.it

Employees: 100
Year Founded: 1998

Discipline: CRM

Mark Gerson *(Chairman)*
Jennifer Brooks *(Chief Marketing Officer)*
Paul Todd *(Chief Executive Officer)*
Bill Ronkoski *(Vice President)*

INSIDESALES.COM
1712 South East Bay Boulevard
Provo, UT 84606
Tel.: (385) 207-7252
Toll Free: (888) 297-3009
Web Site: www.insidesales.com

Discipline: CRM

Ken Krogue *(Co-Founder & President)*
David Elkington *(Co-Founder & Chief Executive Officer)*

INTERKOM CREATIVE MARKETING
386 Martha Street
Burlington, ON L7R 2P7
Tel.: (905) 332-8315
Fax: (905) 332-8316
Toll Free: (800) 565-0571
Web Site: www.interkom.ca

Employees: 11
Year Founded: 1981

Discipline: CRM

Martin Van Zon *(President & Chief Executive Officer)*
Hans Van Putten *(Director, Production & Purchasing)*

ISM, INC.
6900 Wisconsin Avenue
Bethesda, MD 20815-6111
Tel.: (301) 656-8448
Fax: (301) 656-8005
Web Site: www.ismguide.com

Year Founded: 1985

Discipline: CRM

Barton Goldenberg *(Found & President)*
Kathleen Barton *(Senior Vice President, Digital Strategy)*
John Chan *(Director, Software Lab)*

KEAP
1260 South Spectrum Boulevard
Chandler, AZ 85286
Tel.: (480) 807-0644
Fax: (480) 718-8445
Toll Free: (866) 800-0004
Web Site: www.keap.com

Year Founded: 2001

Discipline: CRM

Clate Mask *(Chief Executive Officer)*
Scott Martineau *(Co-Founder & Chief Customer Officer)*

LATCHA+ASSOCIATES
24600 Hallwood Ct
Farmington Hills, MI 48335
Web Site: www.latcha.com

Year Founded: 1997

Discipline: CRM

David Latcha *(Owner & Founder)*
Amanda Clements *(Digital Project Manager)*
Stefanie Kravetzker *(Account Manager)*

LEADMASTER
885 Woodstock Road
Roswell, GA 30075
Tel.: (800) 699-4164
Fax: (866) 244-4556
Web Site: www.leadmaster.com

Year Founded: 1998

Discipline: CRM

Russell King *(Managing Partner & Co-Founder)*
Andy Brownell *(Chief Executive Officer)*

MAXIMIZER SOFTWARE, INC.
260 - 60 Smithe Street
Vancouver, BC V6B 0P5
Tel.: (604) 601-8000
Fax: (604) 601-8001
Toll Free: (800) 804-6299
Web Site: www.maximizer.com/

Year Founded: 1995

Discipline: CRM

Iain Black *(President & Chief Executive Officer)*
Joseph Hui *(Vice President, Technology)*

MYRIAD MARKETING, INC.
340 King Street East
Toronto, ON M5A 1K8
Tel.: (416) 703-8701
Fax: (416) 703-8737
Web Site: www.myriadinc.com/html/home/myriad.htm

Employees: 20

Discipline: CRM

Roman Szostak *(Vice President & Director, Creative Services)*
Amy McCarten *(Managing Director, Account Operations)*

OLIVER RUSSELL
217 South 11th Street
Boise, ID 83702
Tel.: (208) 344-1734
Fax: (208) 344-1211
Web Site: www.oliverrussell.com

Employees: 22
Year Founded: 1991

Discipline: CRM

Russ Stoddard *(President & Founder)*
Fiona Gwozdz *(Public Relations Director)*

Accounts:
HP, Inc.
LunchBoxWax

SATUIT TECHNOLOGIES, INC.
100 Grossman Drive
Braintree, MA 02180
Tel.: (781) 871-7788
Web Site: www.satuit.com

Discipline: CRM

Karen Maguire *(President & Chief Executive Officer)*
Steve Northern *(Chief Financial Officer)*

SIMPLEVIEW, INC.
8950 North Oracle Road
Tucson, AZ 85704
Tel.: (520) 575-1151
Fax: (520) 575-1171
Web Site: www.simpleviewinc.com

Year Founded: 1991

Discipline: CRM, SEO/SEM

Ryan George *(Co-Founder & Chief Executive Officer)*
Bill Simpson *(Co-Founder & Chief Technology Officer)*
Scott Wood *(Chief Operations Officer)*
Cara Frank *(Vice President, Marketing)*
Greg Evans *(Vice President, Sales & Account Services)*
Kevin Bate *(Senior Director, Business Development)*
Chris George *(Director, Product Education)*
Ben Rosamond *(Product Manager)*

STARTEK
4550 Town Center Boulevard
Jeffersonville, IN 47130
Tel.: (812) 206-6200
Fax: (812) 206-6201
Web Site: www.accentonline.com

Year Founded: 1993

Discipline: CRM

Kelly Hilton *(Senior Director, Marketing, Communications & Employee Engagement)*

STAYINFRONT
107 Little Falls Road
Fairfield, NJ 07004-2105
Tel.: (973) 461-4800
Web Site: www.stayinfront.com

Discipline: CRM

Thomas Buckley *(Chief Executive Officer)*
Ken Arbadji *(Vice President, Sales - North American)*
Matt Barbieri *(Director, Information Technology)*

SUGARCRM
10050 North Wolfe Road
Cupertino, CA 95014
Tel.: (408) 454-6900
Fax: (408) 873-2872
Web Site: www.sugarcrm.com

Discipline: CRM

Rich Green *(Chief Product Officer & Chief Technology Officer)*
Clint Oram *(Co-Founder & Chief Strategy Officer)*
Craig Charlton *(Chief Executive Officer)*

SYNEOS HEALTH COMMUNICATIONS
500 Atrium Drive
Somerset, NJ 08873
Fax: (732) 537-4912
Toll Free: (800) 416-0555
Web Site: www.syneoshealth.com

Employees: 4000
Year Founded: 1999

Discipline: CRM

Rachel Stahler *(Chief Information & Digital Officer)*
Alistair Macdonald *(Chief Executive Officer)*

THE MARKETING PRACTICE
2231 1st Avenue
Seattle, WA 98121
Tel.: (206) 792-5544
Web Site: www.themarketingpractice.com

Year Founded: 2002

Discipline: CRM

Matt Harper *(Executive Vice President & Managing Director)*
David Hayes *(Vice President, Client Growth)*
Harmony Crawford *(Vice President, Operations)*
Matt Jones *(Account Director)*
Farris Holliday *(Director, Strategy)*
Claire Lund *(Marketing Manager)*

TICOMIX
5642 North Second Street
Loves Park, IL 61111
Tel.: (815) 847-3444
Fax: (815) 636-1480
Web Site: www.ticomix.com

Discipline: CRM

Tim Ancona *(President & Chief Executive Officer)*
Mike Roberts *(Vice President, Marketing)*

DESIGN AGENCIES

10 THOUSAND DESIGN
400 First Avenue North
Minneapolis, MN 55401
Tel.: (612) 305-6002
Web Site: www.10thousanddesign.com

Year Founded: 2016

Discipline: Design

Ed Bennett *(Founder & Executive Design Director)*
Mandy Rutherford *(Associate Account Director)*
Sam Soulek *(Group Creative Director)*
Diana Quenomoen *(Associate Director, Design)*
Dustin Yerks *(Associate Director, Design)*
John Doyle *(Executive Director Brand Experience)*
Kristin Woxland *(Managing Director)*
Natalie Judd *(Account Supervisor)*

20/20 CREATIVE GROUP
975 Osos Street
San Luis Obispo, CA 93401
Tel.: (805) 542-0707
Fax: (805) 542-0703
Web Site: www.2020creativegroup.com/

Year Founded: 2002

Discipline: Design

Alec Ramsey *(President & Creative Director)*
Adrienne Cueto *(Account Manager)*

20NINE DESIGN STUDIOS
730 E elm Street
Conshohocken, PA 19428
Tel.: (610) 238-0450
Fax: (610) 238-0453
Web Site: www.20nine.com

Employees: 9

Discipline: Design

Greg Ricciardi *(Founder, President & Chief Executive Officer)*
Gary Kopervas *(Senior Vice President, Brand Strategy & Innovation)*
Kevin Hammond *(Creative Director)*

2X4, INC.
180 Varick Street
New York, NY 10014
Tel.: (212) 647-1170
Fax: (212) 647-0454
Web Site: www.2x4.org

Year Founded: 1994

Discipline: Design

Michael Rock *(Founding Partner & Creative Director)*
Georgie Stout *(Founding Partner & Creative Director)*

4SIGHT, INC.
135 West 41st Street
New York, NY 10036
Tel.: (212) 253-0525
Web Site: www.4sightinc.com

Year Founded: 1996

Discipline: Design

Stuart Leslie *(President)*
Judy Kalvin *(Director, Public Relations)*
Fiorita Guerra *(Director, Human Resources)*

50,000 FEET, INC.
1700 West Irving Park Road
Chicago, IL 60613
Tel.: (773) 529-6760
Fax: (773) 529-6762
Web Site: www.50000feet.com

Employees: 10
Year Founded: 2001

Discipline: Design

Ken Fox *(Principal & Executive Creative Director)*
Michael Petersen *(Principal & Executive Creative Director)*
Jim Misener *(President & Managing Director)*
Christopher Prescher *(Principal & Chief Strategy Officer)*
Braden Kline *(Supervisor, Account)*

88 BRAND PARTNERS
542 South Dearborn Street
Chicago, IL 60605
Tel.: (312) 664-2500
Fax: (312) 664-8684
Web Site: www.88brandpartners.com/

Year Founded: 1988

Discipline: Design

Michael McGuire *(President & Chief Executive Officer)*
Elizabeth Paterson *(Group Account Director)*
Terry Boyd *(Associate Director, Creative)*
Joseph Popa *(Executive Director, Creative)*
Joe Frisone *(Director, Business Development)*
Barbara Jurgens *(Director, Client Services)*
Andy Yamashiro *(Senior Art Director)*
Deon Taylor *(Office Manager)*
Kevin Cahalin *(Strategist, Creative Content)*
Erica Pelletier *(Account Supervisor)*
Marlee Goldman *(Account Executive)*
Taylor Mackey *(Account Coordinator)*

Accounts:
NorthShore University HealthSystem

ABZ CREATIVE PARTNERS
1000 Music Factory Boulevard
Charlotte, NC 28206
Tel.: (704) 374-1072
Fax: (704) 374-1075
Web Site: www.abzcreativepartners.com

Year Founded: 1982

Discipline: Design

Regan Craig *(Creative Director & Chief Executive Officer)*
Carrie Lock *(Account Lead & Production Manager)*

Gwen Saunders *(Senior Designer - Digital & Multimedia)*
Ashlyn Kellner *(Senior Designer)*
Katie Center *(Account Coordinator)*

ACCURATE DESIGN & COMMUNICATION, INC.
57 Auriga Drive
Ottawa, ON K2E 8B2
Tel.: (613) 723-2057
Fax: (613) 228-0145
Web Site: www.accurate.ca

Employees: 16
Year Founded: 1988

Discipline: Design

Diane Dufour *(President)*
Marc Landry *(Partner & New Business Director)*
Doug Jackson *(Creative Director & Senior Communications Strategist)*
Eric Lapointe *(Marketing Communications Advisor)*

ADCO ADVERTISING AGENCY
1302 West Pioneer Parkway
Peoria, IL 61615
Tel.: (309) 692-7880
Fax: (309) 692-9925
Web Site: www.adcoagency.com

Employees: 6

Discipline: Design

Julie Russell *(President & Owner)*
Mike Cameron *(Studio Manager & Director, Creative Services)*

ADDISON
48 Wall Street
New York, NY 10005
Tel.: (212) 229-5000
Fax: (212) 929-3010
Web Site: www.addison.com

Employees: 40
Year Founded: 1962

Discipline: Design

Roger Byrom *(Chief Executive Officer & Managing Principal)*
Eliott Saltzman *(Chief Client Services & Development Officer)*
Richard Colbourne *(Creative Director)*
J.B. Soler *(Integrated Relationship Director)*
Karen Santiago *(Senior Content Producer)*
Keith Littlejohns *(Senior Strategist)*

ADI MEDIA
1350 North Loop 1604 East
San Antonio, TX 78232
Tel.: (210) 402-2841
Fax: (210) 495-0281
Web Site: www.adideasmedia.com

Employees: 30
Year Founded: 1991

Brands. Marketers. Agencies. Search Less. Find More.
Try out the online version at www.winmo.com

AGENCIES - JULY, 2020 — DESIGN AGENCIES

Discipline: Design

Debbie Johnson *(Owner & President)*
Allen Carlisle *(Owner & Vice President)*

ADRENALINE, INC.
3405 Piedmont Road Northeast
Atlanta, GA 30305
Tel.: (404) 252-9995
Fax: (404) 843-2393
Web Site: www.adrenalineagency.com

Employees: 8
Year Founded: 1998

Discipline: Design

Sean Keathley *(President)*
Gina Bleedorn *(Chief Experience Officer)*
Deborah Harvey *(Chief Finance Officer)*
David Doan *(Senior Vice President, Partner Solutions)*
Bryan Pettit *(Vice President & Account Executive - Digital Signage)*
Heather Milliman *(Vice President, Culture & Experience Training)*
Joe Walker *(Vice President, Business Development)*
Scott Hilton *(Vice President & Program Director)*
Matt Rollins *(Executive Creative Director)*
Linda Bennett *(Director, Client Solutions)*
Kelly Rose Cruz *(Account Coordinator)*

ADVANTAGE DESIGN GROUP
6877 Phillips Industrial Boulevard
Jacksonville, FL 32256
Tel.: (904) 722-8200
Fax: (904) 722-8822
Toll Free: (800) 657-1338
Web Site: www.advantagedesigngroup.com

Discipline: Design

Catherine Swingle *(Chief Operations Officer)*
Sam Swingle *(Chief Executive Officer)*

ADVERTISING ART STUDIOS, INC.
4120 North Calhoun Road
Brookfield, WI 53005
Tel.: (262) 439-9708
Fax: (414) 276-7925
Web Site: www.adarts.com

Employees: 10
Year Founded: 1932

Discipline: Design

Thomas Jahnke *(Owner & President)*
Doug Potter *(Account Representative)*

AGENCY 39A
10000 Washington Boulevard
Culver City, CA 90232
Tel.: (312) 513-3636
Web Site: www.agency39a.com

Year Founded: 2014

Discipline: Design

Shanon Marks *(President)*
Nancy Tai *(Chief People Officer)*
Kenny Horwat *(Director, Business Development)*

AGILITEE SOLUTIONS, INC.
23 Bunker Hill Drive
Londonderry, NH 03053
Toll Free: (855) 751-5469
Web Site: www.agilitee.com

Year Founded: 2011

Discipline: Design

Steve Street *(Founder & Chief Executive Officer)*
Tim Weaver *(Senior Architect & Development Lead)*
Cat Ganim *(Digital Architect & Client Strategy Lead)*
Joshua Vizzacco *(Lead Designer)*
James Otey *(Senior Researcher & Digital Architect)*
Andrew Venn *(Digital Architect & Business Analyst)*

AIR PARIS NEW YORK
20 West 22nd Street
New York, NY 10010
Tel.: (917) 410-7511
Web Site: www.airparisagency.com

Year Founded: 1997

Discipline: Design

Maria Vorovich *(Chief Strategy Officer)*
Mark Flna *(Chief Creative Officer)*
Dimitri Katsachnias *(Chief Executive Officer)*
Bike Bayer *(Director, Creative)*
Cara Possemato *(Senior Director, Art)*
Emma Hsu *(Director, Digital Art)*
Jeannie Chung *(Director, Creative)*
Anthony Carson *(Manager, Brand)*
Constantin Katsachnias *(Senior Account Manager)*
Alina Galaktionova *(Senior Graphic Designer)*
Marissa Squeri *(Associate Account Director)*

Accounts:
Ceramides
Elizabeth Arden
Elizabeth Arden, Inc.
Prevage
Skin Illuminating

ALL WEB PROMOTIONS
514 Fifth Street
Peru, IL 61354
Fax: (815) 220-7246
Toll Free: (888) 883-9462
Web Site: www.allwebpromotion.com

Year Founded: 1999

Discipline: Design

Peter Roebuck *(Co-Founder & Owner)*
Brandee Bell *(General Manager)*

ALTERNATIVES DESIGN
223 West 29th Street
New York, NY 10001
Tel.: (212) 239-0600
Fax: (212) 239-1625
Web Site: www.altny.com

Employees: 12
Year Founded: 1983

Discipline: Design

Mark Koch *(Partner & President)*
Julie Koch-Beinke *(Partner)*
Lynn Marfey *(Vice President, Creative Services)*

Heather Johnson *(Vice President, Marketing)*

ALTERPOP.COM
22 Oak Crest Drive
San Rafael, CA 94903
Tel.: (415) 871-5090
Web Site: www.alterpop.com

Employees: 5
Year Founded: 1997

Discipline: Design

Doug Akagi *(Principal)*
Dorothy Remington *(Principal & Partner)*

ALTITUDE
21 Whipple Street
Somerville, MA 02144
Tel.: (617) 623-7600
Fax: (617) 623-7755
Web Site: www.altitudeinc.com

Employees: 25

Discipline: Design

Debra Fleury *(Senior Brand Principal, Experience Practice)*
Philip Leung *(Director, UX Design)*
Cortney Thompson Rowan *(Director, Strategy)*

AMMUNITION, LLC
1500 Sansome Street
San Francisco, CA 94111
Tel.: (415) 632-1170
Fax: (415) 632-1180
Web Site: www.ammunitiongroup.com

Year Founded: 2007

Discipline: Design

Robert Brunner *(Founder & Partner)*
Matt Rolandson *(Partner)*
Darcy DiNucci *(Vice President, User Experience Design)*
Victoria Slaker *(Vice President, Industrial Design)*

ANNEX GRAPHICS & DESIGN
200 Festival Way
Binbrook, ON L0R 1C0
Tel.: (905) 464-8267
Web Site: www.annexgraphics.com

Employees: 4

Discipline: Design

Greg Davis *(President, Partner & Creative Director)*
Julie Davis *(Partner & Account Executive)*

ANTISTA FAIRCLOUGH DESIGN
64 Lenox Pointe, Northeast
Atlanta, GA 30324-3170
Tel.: (404) 816-3201
Fax: (404) 816-3301
Web Site: www.af-2k.com

Employees: 15
Year Founded: 1991

Discipline: Design

Tom Antista *(President & Creative Director)*
Tom Fairclough *(Co-Owner & Principal)*

Brands. Marketers. Agencies. Search Less. Find More.
Try out the online version at www.winmo.com

172

DESIGN AGENCIES

AGENCIES - JULY, 2020

AP LTD.
245 North Elmwood Avenue
Palatine, IL 60074
Tel.: (847) 816-3444
Fax: (847) 816-7784
Web Site: www.apltd.com

Employees: 8
Year Founded: 1978

Discipline: Design

Bill Pohlman *(Owner)*
Sheldon Anderson *(Creative Director)*

APPNET
7883 North Carolina Highway 105 South
Boone, NC 28607
Tel.: (828) 963-7286
Fax: (800) 483-3293
Toll Free: (800) 783-3293
Web Site: www.appnet.com

Discipline: Design

Mike Doble *(Owner)*
Adam Gaudelock *(Lead Designer)*

ARGUS, LLC
1552 Beach Street
Emeryville, CA 94708
Tel.: (415) 247-2800
Fax: (415) 247-2803
Web Site: www.argussf.com

Employees: 2
Year Founded: 1996

Discipline: Design

Stephanie Wade *(Principal & Creative Director)*
Jeff Breidenbach *(Principal & Creative Director)*

ARRAY CREATIVE
495 Wolf Ledges Parkway
Akron, OH 44311
Tel.: (330) 374-1960
Web Site: www.arraycreative.com

Year Founded: 2012

Discipline: Design

Eric Rich *(Principal)*
Ian Marin *(Managing Partner & Director, Design Services)*
Tara Shank *(Senior Art Director)*
Kim Rospotynski *(Senior Graphic Designer)*

Accounts:
Home Products International, Inc.

ART 270, INC.
741 Yorkway Place
Jenkintown, PA 19046
Tel.: (215) 885-2756
Fax: (215) 885-6725
Web Site: www.art270.com

Employees: 9

Discipline: Design

Carl Mill *(President & Creative Director)*
Dana Breslin *(Marketing Manager & Graphic Designer)*
John Opet *(Senior Graphic Designer)*

ARTBOX CREATIVE STUDIOS
12903 Main Street
Rogers, MN 55374
Tel.: (612) 483-7773
Web Site: www.artboxcs.com

Year Founded: 2007

Discipline: Design

Mike Hemp *(Owner & Creative Director)*
Dave Toepper *(Lead Designer)*
Mike Taylor *(Lead Developer)*

ARTEFACT
619 Western Avenue
Seattle, WA 98104
Tel.: (206) 384-4952
Web Site: www.artefactgroup.com

Year Founded: 2006

Discipline: Design

Gavin Kelly *(Chief Executive Officer)*
Dave Miller *(Director, Community & Talent)*
Holger Kuehnle *(Senior Director, Design)*
Jackson Chu *(Director, Design)*
Tesse Levine Sauerhoff *(Senior Director, Account & Strategy)*
Nicole Cooper *(Principal Designer)*
Alyssa Hiler *(Manager, People & Studio Operations)*
Kris Fung *(Senior Interaction Designer)*
Amelia Barlow *(Senior Designer)*
Joan Stoeckle *(Associate Director, Design)*

ARTISAN CREATIVE
27 Congress Street
Salem, MA 01970
Tel.: (978) 594-5517
Web Site: www.team-artisan.com

Year Founded: 2019

Discipline: Design

Drew Zang *(Founder)*
Tina Rhodes *(Vice President, Account Services)*

ARTMIL GRAPHIC DESIGN
5601 West Clearwater Avenue
Kennewick, WA 99336
Tel.: (509) 736-4002
Web Site: artmil.com

Year Founded: 1994

Discipline: Design

Dennis Miller *(Owner)*
Wade Steel *(Graphic & Web Designer)*

ASD / SKY
55 Ivan Allen Junior Boulevard
Atlanta, GA 30308
Tel.: (404) 688-3318
Fax: (404) 688-2255
Web Site: www.asdsky.com

Employees: 40
Year Founded: 1963

Discipline: Design

Thomas Williams *(President & Chief Executive Officer)*
Debbie Hooper *(Vice President, Finance)*
Jessica Toal *(Director, Business Development)*

ASHCRAFT DESIGN
4733 Darien Street
Torrance, CA 90503
Tel.: (424) 247-9070
Fax: (310) 473-7051
Web Site: www.ashcraftdesign.com

Employees: 7
Year Founded: 1986

Discipline: Design

Daniel Ashcraft *(President & Chief Design Officer)*
Heidi Ashcraft *(Owner)*

ASSOCIATED DESIGN SERVICE
11160 Southwest Highway
Palos Hills, IL 60465
Tel.: (708) 974-9100
Fax: (708) 974-1949
Web Site: www.associated-design.com

Employees: 7
Year Founded: 1947

Discipline: Design

Tom Noone *(Co-Owner & Vice President)*
Meg Noone *(Co-Owner & President)*

ASTRO STUDIOS
348 Sixth Street
San Francisco, CA 94103
Tel.: (415) 487-6787
Fax: (415) 487-6788
Web Site: www.astrostudios.com

Employees: 17
Year Founded: 1994

Discipline: Design

Brett Lovelady *(Founder & Chief Executive Officer)*
Jim Goodell *(Partner & Chief Operating Officer)*
Norio Fujikawa *(Executive Creative Director)*
Kristy Green *(Business Director)*
Celia Elmasu *(Senior Industrial Designer)*

ATELIER DU PRESSE-CITRON
372 Saint Catherine Street West
Montreal, QC H3B 1A2
Tel.: (514) 524-6138
Web Site: www.presse-citron.ca

Employees: 2

Discipline: Design

Jocelyn Laplante *(Partner & Art Director)*
Suzanne Cote *(Owner)*

AUXILIARY
818 Butterworth Southwest
Grand Rapids, MI 49504
Tel.: (616) 710-1355
Web Site: www.auxiliaryinc.com

Year Founded: 2005

Discipline: Design

Tom Crimp *(Owner & Creative Director)*
Mark Miotto *(Head, Account)*
Lindsay Davis *(Project Manager)*

Accounts:
Brunswick Billiards

Brands. Marketers. Agencies. Search Less. Find More.
Try out the online version at www.winmo.com

AGENCIES - JULY, 2020

DESIGN AGENCIES

Brunswick Bowling
Cat Footwear
Chaco
Hush Puppies
Merrell
Priority Health
Steelcase
Wolverine World Wide, Inc.

AXIOM
1702 Washington Avenue
Houston, TX 77007
Tel.: (713) 523-5711
Fax: (713) 523-6083
Web Site: www.axiomdg.com

Employees: 12
Year Founded: 1998

Discipline: Design

Tom Hair *(President)*
David Lerch *(Creative Director & Vice President)*
Laura Paddock *(Vice President, Messaging & Strategy)*
John Duplechin *(Interactive Director)*
Mike Wu *(Senior Art Director & Designer)*

BADGER & WINTERS
49 West 23rd Street
New York, NY 10010
Tel.: (212) 533-3222
Fax: (212) 533-5058
Web Site: www.badgerandwinters.com

Employees: 30
Year Founded: 1994

Discipline: Design

Madonna Badger *(Founder & Chief Creative Officer)*
Jim Winters *(President)*
Clark Fisher *(Creative Director - Beauty Lab)*
Grace Chu *(Executive Director, Creative)*
Zooey Creel *(Senior Director, Art)*
John Castillon *(Director, Creative)*
Shreena Patel *(Account Supervisor)*
Paris Metzger *(Senior Strategist)*
Natalie Troubh *(Managing Director)*

Accounts:
Clairol
Olay
Zale Corporation
Zales

BAKER & ASSOCIATES
6110 Blue Circle Drive
Minnetonka, MN 55343
Tel.: (952) 475-4200
Web Site: www.bkrdsn.com

Year Founded: 1978

Discipline: Design

Scott Baker *(Founder & Chief Creative Officer)*
Judy Reishus *(Chief Operating Officer)*

BAKER WOODWARD
8001 Charlotte Drive
Huntsville, AL 35802
Tel.: (256) 883-0963
Fax: (256) 882-2150
Web Site: www.bakerwoodward.com

Employees: 9

Discipline: Design

Lee Baker *(Partner)*
Jonathan Baker *(Partner)*
Craig Woodward *(President)*
Jim Callahan *(Creative Director)*

BARSUHN DESIGN
527 Marquette Avenue
Minneapolis, MN 55402
Tel.: (612) 339-2146
Fax: (612) 339-8760
Web Site: www.barsuhn.com

Employees: 5
Year Founded: 1980

Discipline: Design

Scott Barsuhn *(Chief Creative Officer)*
Rochelle Barsuhn *(Chief Financial Officer)*

BASELINE DESIGN, INC.
220 East 23rd Street
New York, NY 10010
Tel.: (212) 925-1656
Fax: (212) 925-1105
Web Site: www.baselinedesign.com

Employees: 10
Year Founded: 1997

Discipline: Design

Darcy Ann Flanders *(Founder & Chief Design Officer)*
Brenda Fiorentini *(Senior Graphic Designer)*

BATES DESIGN
217 Lucas Street
Charleston, SC 29492
Tel.: (843) 884-3234
Web Site: www.batesdesign.com

Discipline: Design

Chuck Bates *(Co-Founder & Creative Director)*
Suzanne Bates *(Co-Founder, Art Director & Senior Designer)*

BBR CREATIVE
300 Rue Beauoregard
Lafayette, LA 70508
Mailing Address:
Post Office Box 3136
Lafayette, LA 70502
Tel.: (337) 233-1515
Fax: (337) 232-4433
Web Site: www.bbrcreative.com

Employees: 10
Year Founded: 1997

Discipline: Design

Cherie Hebert *(Partner & Chief Executive Officer)*
Sara Ashy *(Chief Operations Officer & Partner)*
Lauren Bourgeois *(Vice President, Operations)*
Emily Burke *(Vice President, Account Service & Strategy)*
Monica Hebert *(Media Director)*
Bria Wheeler *(Account Services Director)*
Daniel Kedinger *(Director, Digital Marketing)*
Eddie Talbot *(Director, Digital Production & Information Technology)*
Kellie Viola *(Art Director)*

Cali Comeaux Mitchell *(Writer, Content)*
Cory Lagrange *(Strategist, Digital Marketing)*
Remi Leblanc *(Project Manager)*
Brie Hodges *(Senior Account Executive)*

BEARDWOOD & CO
588 Broadway
New York, NY 10012
Web Site: www.beardwood.com

Year Founded: 2004

Discipline: Design

Julia Beardwood *(Founding Partner)*
Sarah Williams *(Partner & Director, Creative)*
Derek Horn *(Designer)*
Jassica Bouvier *(Manager, Account & Strategy)*
Erin Buchanan *(Associate Director, Creative)*
Ryan Lynch *(Managing Partner)*

BEEVISION & HIVE
75 Highcroft Road
Toronto, ON M4L 3G4
Tel.: (416) 868-1700
Fax: (416) 868-9512
Web Site: www.beevision.com

Employees: 4
Year Founded: 1993

Discipline: Design

Nina Beveridge *(President & Creative Director)*
Paul Hart *(Director & Editor)*

BERNHARDT FUDYMA DESIGN GROUP
55 East End Avenue
New York, NY 10028
Tel.: (212) 889-9337
Fax: (212) 889-8007
Web Site: www.bfdg.com

Employees: 10
Year Founded: 1973

Discipline: Design

Craig Bernhardt *(Creative Director & Principal)*
Janice Fudyma *(Creative Director, Partner, & Brand Strategist)*
Kate Dautrich *(Art Director)*

BIG BANG, INC.
409 Mead Road
Decatur, GA 30030
Tel.: (404) 614-0660
Fax: (404) 614-0360
Web Site: www.bigbangip.com

Employees: 6
Year Founded: 1994

Discipline: Design

Steve Meister *(Partner & Director, Research)*
Devin Moore *(Partner & Creative Director)*

BIG MACHINE DESIGN
201 North Hollywood Way
Burbank, CA 91505
Tel.: (213) 620-1028
Fax: (323) 372-3926
Web Site: www.bigmachine.net

Discipline: Design

Brands. Marketers. Agencies. Search Less. Find More.
Try out the online version at www.winmo.com

DESIGN AGENCIES

Sean Owolo *(Executive Producer - Roger)*
Ken Carlson *(Co-Founder & Creative Director)*

BLACK & WHITE DESIGN
307 Orchard City Drive
Campbell, CA 95008
Tel.: (408) 341-1260
Fax: (408) 341-1266
Web Site: www.bwd.com

Discipline: Design

Suzanne Jansson *(Chief Executive Officer & Senior Account Director)*
Meredith Morin *(Creative Director)*

BLACK BEAR DESIGN GROUP
5342 Peachtree Road
Chamblee, GA 30341
Tel.: (678) 534-1143
Fax: (770) 270-0651
Toll Free: (888) 534-1143
Web Site: www.blackbeardesign.com

Discipline: Design

Samantha Hardwick *(Account Manager)*
Devon Champagne *(Sales Manager)*
Dalton Sapp *(Senior Project Manager)*
Brian Seo *(Social Media Manager)*
Jena Dunham *(Vice President, Operations & Managing Partner)*

BLENDERBOX
26 Dobbin Street
Brooklyn, NY 11222
Tel.: (718) 963-4594
Web Site: blenderbox.com

Year Founded: 2000

Discipline: Design

Jason Jeffries *(Chief Executive Officer & Founder)*
Sarah Jeffries *(President & Founder)*
Amanda Meffert *(Director, Project Management)*
Kristina Pedicone *(Director, Design & Lead, Design Team)*
Jessica Principato *(Senior Project Manager)*
Roxanne Hazelwood *(Manager, Project)*

BLIND
1702 Olympic Blvd
Santa Monica, CA 90404
Tel.: (310) 314-1618
Web Site: www.blind.com

Discipline: Design

Chris Do *(Chief Executive Officer)*
Ben Burns *(Digital Director)*
Greg Gunn *(Creative Director)*

BLUE FOUNTAIN MEDIA
102 Madison Avenue
New York, NY 10016
Tel.: (212) 260-1978
Fax: (212) 673-3963
Web Site: www.bluefountainmedia.com

Year Founded: 2003

Discipline: Design

Brian Byer *(Vice President, Content & Commerce Practice Lead)*

John Marcinuk *(Group Director, Integrated Marketing)*

Accounts:
Service King

BLUEMEDIA
8920 South McKemy Street
Tempe, AZ 85284
Tel.: (480) 317-1333
Fax: (480) 317-0277
Toll Free: (866) 401-2583
Web Site: www.bluemedia.com

Year Founded: 1997

Discipline: Design

RJ Orr *(Partner & Executive Vice President, Sales)*
Jared Smith *(Chief Executive Officer)*
Scott Hibler *(National Account Director)*
Jan Janiczek *(Manager, Brand & Events)*

BLUR STUDIO
3960 Ince Boulevard
Culver City, CA 90232
Tel.: (424) 298-4800
Fax: (310) 581-8850
Web Site: www.blur.com

Employees: 70
Year Founded: 1995

Discipline: Design

Tim Miller *(President & Creative Director)*
Jennifer Miller *(Design Director)*

BOND DIGITAL
2419 North Ashland Avenue
Chicago, IL 60614
Tel.: (773) 549-2710
Fax: (773) 549-2712
Web Site: www.bonddigital.com

Employees: 7
Year Founded: 1994

Discipline: Design

Joe Bond *(Co-Founder & Principal)*
Cindy Bond *(Co-Founder & Principal)*

BONFIRE LABS
190 Pacific Avenue
San Francisco, CA 94111
Tel.: (415) 394-8200
Fax: (415) 394-8004
Web Site: www.bonfirelabs.com

Year Founded: 2002

Discipline: Design

Mary Mathaisell *(Executive Producer & Partner)*
Jim Bartel *(Managing Director)*
Lisa Hinman *(President & Chief Financial Officer)*
Zach Rubin *(Head, Business Development)*
Judy Leung *(Visual Designer)*
John Hunt *(Producer)*

BRADLEY BROWN DESIGN
602 Poplar Way
Carnegie, PA 15106
Tel.: (412) 429-7000
Fax: (412) 429-1118
Toll Free: (800) 722-5492

Web Site: www.bradleybrowndesign.com

Employees: 6
Year Founded: 1980

Discipline: Design

Susie Bradley *(President & Creative Director)*
Paul Geinzer *(Senior Interactive Designer)*

BRAINSTORM MEDIA
1423 Goodale Boulevard
Columbus, OH 43212
Tel.: (614) 299-5611
Web Site: bsmedia.net

Year Founded: 1998

Discipline: Design

Pamela Hall *(Vice President)*
Greg Lawyer *(Director & Producer)*
Bill Jingo *(Production Manager)*
Bruce Knox *(Senior Account Manager)*
John Hetrick *(Specialist, Audio & Producer)*
Maria Clark *(Producer)*
Ryan Newell *(Specialist, Media)*

BRANCH
582 Sixth Street
San Francisco, CA 94103
Tel.: (415) 403-2282
Web Site: www.branchcreative.com

Year Founded: 2013

Discipline: Design

Nick Cronan *(Founder & Creative Director)*
Josh Morenstein *(Co-Founder)*

BRAND NEW SCHOOL EAST
121 Varick Street
New York, NY 10013
Tel.: (212) 343-7470
Fax: (212) 343-7471
Web Site: www.brandnewschool.com

Employees: 30
Year Founded: 2000

Discipline: Design

Devin Brook *(Managing Partner)*
Jonathan Notaro *(Executive Creative Director)*
Johanna MacArthur *(Head, Production)*

Accounts:
Fuel

BRANDEQUITY INTERNATIONAL
Seven Great Meadow
Newton, MA 02459
Tel.: (617) 969-3150
Fax: (617) 969-1944
Toll Free: (800) 969-3150
Web Site: www.brandequity.com

Employees: 6
Year Founded: 1960

Discipline: Design

Ted Selame *(President & Chief Executive Officer)*
Steve Smith *(Creative Director)*

BRECKENRIDGE DESIGN GROUP

AGENCIES - JULY, 2020 · DESIGN AGENCIES

1101 Connecticut Avenue Northwest
Washington, DC 20036
Tel.: (202) 441-3930
Fax: (202) 686-7199
Web Site: www.breckdesign.com

Employees: 6
Year Founded: 1981

Discipline: Design

Robin Breckenridge (President & Creative Director)
Monica Rokus (Art Director)

BRIGHT DESIGN
7700 Boeing Avenue
Los Angeles, CA 90045
Tel.: (310) 305-2565
Fax: (310) 305-2566
Web Site: www.brightdesign.com

Employees: 15
Year Founded: 1977

Discipline: Design

Christian Klawitter (Managing Partner)
Tuire Kontiainen (Managing Partner)

BROWN & COMPANY GRAPHIC DESIGN
801 Islington Street
Portsmouth, NH 03801
Tel.: (603) 436-5239
Fax: (603) 436-1363
Web Site: www.browndesign.com

Employees: 15
Year Founded: 1992

Discipline: Design

Mary Johanna Brown (Owner & President)
David Markovsky (Vice President & Creative Services Director)

BRUCE MAU DESIGN
340 King Street, East
Toronto, ON M5A 1K8
Tel.: (416) 306-6401
Fax: (416) 366-2151
Web Site: www.brucemaudesign.com

Employees: 15
Year Founded: 1985

Discipline: Design

Hunter Tura (President & Chief Executive Officer)
Jeffrey Ludlow (Chief Creative Officer)
Tom Keogh (Managing Director, Brands & Environments)
Diane Mahony (Managing Director)

BUCK
2630 Lacy Street
Los Angeles, CA 90031
Tel.: (213) 623-0111
Web Site: www.buck.tv

Discipline: Design

Jeff Ellermeyer (Principal & Managing Director)
Orion Tait (Principal & Executive Creative Director)
Ryan Honey (Principal & Creative Director)
Sean Dougherty (Creative Director)

Benjamin Langsfeld (Creative Director)
Doug Wilkinson (Head, CG & Technology)
Jenny Ko (Creative Director)
Jens Lindgren (Head, 3D)
Jodi Terwilliger (Creative Director)
Joe Mullen (Creative Director)
Jon Gorman (Creative Director)
Richard Gray (Associate Creative Director)
Tony Legato (Art Director)
Kitty Dillard (Head, Production)
Anne Skopas (Executive Producer)
Marc Steinberg (Supervisor, Visual Effects)
Nick Terzich (Senior Producer)

BUERO NEW YORK
401 Broadway
New York, NY 10013
Tel.: (212) 366-1004
Fax: (212) 366-4530
Web Site: www.buero-newyork.com

Year Founded: 2001

Discipline: Design

Alex Wiederin (Creative Director)
Ronit Avneri (Managing Director & Executive Producer)

BURKE COMMUNICATIONS
1220 South Graham Street
Charlotte, NC 28203
Tel.: (704) 377-2600
Fax: (704) 377-2677
Web Site: weareburke.com

Employees: 15
Year Founded: 1992

Discipline: Design

Jack Burke (Chief Executive Officer)
Andy Sumlin (Media Director)

C&G PARTNERS, LLC
116 East 16th Street
New York, NY 10003
Tel.: (212) 532-4460
Fax: (212) 532-4465
Web Site: www.cgpartnersllc.com

Employees: 32
Year Founded: 2005

Discipline: Design

Keith Helmetag (Partner)
Jonathan Alger (Partner)
Scott Plunkett (Associate Partner, Operations)
Alin Tocmacov (Associate Partner & Designer, Experience & Spatial)
Amy Siegel (Partner)
Leslie Dann (Associate Partner, Experience Design)
Maya Kopytman (Partner)

CALORI & VANDEN-EYNDEN, LTD.
130 West 25th Street
New York, NY 10001
Tel.: (212) 929-6302
Fax: (212) 615-2867
Web Site: www.cvedesign.com

Employees: 8
Year Founded: 1981

Discipline: Design

Chris Calori (President & Principal)
David Vanden-Eynden (Principal)

CAPSULE
100 Second Avenue North
Minneapolis, MN 55401
Tel.: (612) 341-4525
Fax: (612) 341-4577
Web Site: www.capsule.us

Employees: 8
Year Founded: 1999

Discipline: Design

Aaron Keller (Managing Principal & Founding Partner)
Brian Adducci (Founding Partner & Chief Creative Officer)
Dave Buchanan (Account Manager)

CARBONE SMOLAN AGENCY
22 West 19th Street
New York, NY 10011-4204
Tel.: (212) 807-0011
Fax: (212) 807-0870
Web Site: www.carbonesmolan.com

Employees: 28
Year Founded: 1976

Discipline: Design

Leslie Smolan (Partner & Director, Creative Strategy)
Kenneth Carbone (Partner, Chief Creative Director & Co-Founder)
Paul Rossi (Chief Executive Officer)
Carla Miller (Design Director)

CATAPULT STRATEGIC DESIGN
1690 North McClintock Drive
Tempe, AZ 85281
Tel.: (602) 381-0304
Fax: (602) 381-0323
Web Site: www.catapultu.com

Employees: 13
Year Founded: 1999

Discipline: Design

Brad Ghormley (Principal & Partner)
Dave Duke (Principal & Partner)
Art Lofgreen (Owner & Creative Director)

CBX
35 East 21st Street
New York, NY 10010
Tel.: (212) 404-7970
Web Site: www.cbx.com

Employees: 75
Year Founded: 2003

Discipline: Design

Gregg Lipman (Managing Partner)
Rick Barrack (Founding Partner & Chief Creative Officer)
Todd Maute (Partner)

Accounts:
Avalon Organics
Duane Reade, Inc.

CCL BRANDING
300 South Liberty Street

176

DESIGN AGENCIES

Winston-Salem, NC 27101
Tel.: (336) 723-9219
Fax: (336) 723-9249
Web Site: www.cclbranding.com

Employees: 12
Year Founded: 1978

Discipline: Design

David Cassels *(Chairman)*
Scott Caywood *(President)*
Tim Love *(Creative Director)*

CERADINI BRAND DESIGN
417 Grand Street
Brooklyn, NY 11211
Tel.: (718) 638-2000
Fax: (718) 638-2005
Web Site: www.ceradini.com

Year Founded: 1993

Discipline: Design

Dave Ceradini *(President & Chief Creative Officer)*
Lori Raymer *(Senior Vice President, Creative Services)*

CHAMELEON DESIGN GROUP
30 South Central Street
Milford, MA 01757
Tel.: (508) 439-4800
Fax: (508) 634-3322
Web Site: www.chameleondg.com

Year Founded: 2005

Discipline: Design

Jim Krone *(Partner, Co-Founder & Creative Director)*
Jeff Jordan *(Co-Founder & Chief Creative Officer)*

CHARLIE COMPANY CORP.
6025 Washington Boulevard
Culver City, CA 90232
Tel.: (310) 264-7100
Fax: (310) 394-7770
Web Site: www.charlieco.tv

Employees: 10
Year Founded: 2004

Discipline: Design

Chris Pagani *(Principal & Creative Director)*
Ryan Riccio *(Principal & Creative Director)*

CHASE DESIGN GROUP
99 Pasadena Avenue
South Pasadena, CA 91030
Tel.: (323) 668-1055
Fax: (323) 668-2470
Web Site: www.chasedesigngroup.com

Employees: 10
Year Founded: 1986

Discipline: Design

David Uratsu *(Controller & Chief Financial Officer)*
Chris Lowery *(President & Chief Strategist)*

CHEN DESIGN ASSOCIATES
1759 Broadway
Oakland, CA 94612
Tel.: (415) 896-5338
Fax: (415) 896-5339
Web Site: www.chendesign.com

Employees: 7
Year Founded: 1991

Discipline: Design

Joshua Chen *(Principal, Founder & Creative Director)*
Jeff Plank *(Director, Business Development)*

CHERMAYEFF & GEISMAR STUDIO
27 West 24th Street
New York, NY 10010
Tel.: (212) 532-4595
Fax: (212) 532-7711
Web Site: www.cgstudionyc.com

Employees: 5
Year Founded: 1960

Discipline: Design

Tom Geismar *(Partner)*
Sagi Haviv *(Partner & Designer)*

CHUTE GERDEMAN
455 South Ludlow Street
Columbus, OH 43215-5647
Tel.: (614) 469-1001
Fax: (614) 469-1002
Web Site: www.chutegerdeman.com

Employees: 30
Year Founded: 1989

Discipline: Design

Dennis Gerdeman *(Co-Founder)*
Wendy Johnson *(Executive Vice President, Account Management & Chief Operating Officer)*

CINCO DESIGN
1700 Southeast 11th Avenue
Portland, OR 97214
Tel.: (503) 282-9117
Fax: (503) 282-9116
Web Site: www.cincodesign.com

Employees: 12

Discipline: Design

Kirk James *(Chairman)*
Nic Ramirez *(Director, Creative Operations)*

CIULLA & ASSOCIATES
312 West Superior Street
Chicago, IL 60654
Tel.: (312) 943-5995
Fax: (312) 943-6922
Web Site: www.ciulla-mlr.com

Employees: 15
Year Founded: 1965

Discipline: Design

Sam Ciulla *(Owner, Chief Executive Officer & Executive Creative Director)*
Chris Ciulla *(Account Director & Brand Strategist)*

CLEAR RIVER ADVERTISING & MARKETING
2401 Eastlawn Drive
Midland, MI 48642
Tel.: (989) 631-9560
Web Site: www.clear-river.com

Employees: 14

Discipline: Design

Dan Umlauf *(President)*
Nathan Wilds *(Chief Creative Officer)*
Amy Rajewski *(Director)*
Pam Coates *(Account Service Manager)*

CLEVELAND DESIGN
25 Foster Street
Boston, MA 02169
Tel.: (617) 471-4641
Fax: (617) 469-0040
Web Site: www.clevelanddesign.com

Discipline: Design

Jenny Daughters *(Art Director)*
Lynn McNamee *(Business Manager)*
Diana Morales *(Designer)*

CLOUD GEHSHAN ASSOCIATES
400 Market Street
Philadelphia, PA 19106
Tel.: (215) 829-9414
Fax: (215) 829-9066
Web Site: www.cloudgehshan.com

Employees: 12

Discipline: Design

Virginia Gehshan *(Principal)*
Jerome Cloud *(Design Principal)*

CMA DESIGN
1207 Dunlavy Street
Houston, TX 77019
Tel.: (713) 834-0180
Web Site: www.cmadesign.com

Employees: 42

Discipline: Design

Bryan Sawyer *(President)*
Melanie Hoo *(Vice President, Marketing)*
Bob Milz *(Creative Director)*

COLINKURTIS ADVERTISING & DESIGN
2303 Charles Street
Rockford, IL 61104
Tel.: (815) 965-6657
Fax: (815) 965-6658
Web Site: www.colinkurtis.com

Employees: 4

Discipline: Design

Colin Kampmier *(President)*
Deborah Tucker *(Creative Director, Vice President)*

COLLINS:
88 University Place
New York, NY 10003
Tel.: (646) 760-0800
Web Site: www.wearecollins.com

Year Founded: 2007

Discipline: Design

AGENCIES - JULY, 2020 — DESIGN AGENCIES

Brian Collins *(Founder & Chief Creative Officer)*
Karin Soukup *(Managing Partner, Brand Experience Design)*
Tom Wilder *(Creative Director)*
Nick Ace *(Creative Director)*
Dashiell Alison *(Strategy Director)*
Ian Aronson *(Business Director)*
Antonia Lazar *(Associate Business Director)*
Courtney Shares *(Associate Director, Business Operations)*
Ben Crick *(Director, Design)*

COMMUNICATION ARTS GROUP, INC.
30 Bellair Avenue
Warwick, RI 02886
Tel.: (401) 861-1000
Fax: (401) 861-1131
Web Site: www.cagroup.com

Employees: 7
Year Founded: 1985

Discipline: Design

Fred Lusignan *(Owner & President)*
Chuck Lusignan *(Vice President & Creative Director)*

COMPASS DESIGN, INC.
401 North Third Sstreet
Minneapolis, MN 55401
Tel.: (612) 339-1595
Fax: (612) 339-1596
Web Site: www.compassdesigninc.com

Employees: 5
Year Founded: 1996

Discipline: Design

Mitch Lindgren *(Creative Director & Partner)*
Tom Arthur *(Partner & Senior Designer)*

CONCRETE DESIGN COMMUNICATIONS, INC.
Two Silver Avenue
Toronto, ON M6R 3A2
Tel.: (416) 534-9960
Fax: (416) 534-2184
Web Site: www.concrete.ca

Employees: 13

Discipline: Design

Diti Katona *(Chief Creative Officer)*
John Pylpczak *(President)*
Brandy McKinlay *(Director, Production Services)*
Jordan Poirier *(Creative Director)*

CONOVER
3131 Reynard Way
San Diego, CA 92103
Tel.: (619) 238-1999
Fax: (619) 238-1888
Web Site: www.studioconover.com

Employees: 8

Discipline: Design

Cecelia Conover *(Co-Owner)*
Dave Conover *(Co-Owner)*

CORNERSTONE STRATEGIC BRANDING, INC.
352 Seventh Avenue
New York, NY 10001
Tel.: (212) 686-6046
Fax: (212) 686-8894
Web Site: www.cornerstonebranding.com

Employees: 25
Year Founded: 1991

Discipline: Design

Chris Nunes *(Chief Executive Officer)*
Keith Steimel *(Chief Creative Officer)*

CRAFTED
1713 Cleveland Avenue
Charlotte, NC 28203
Tel.: (704) 342-2101
Web Site: craftedagency.com/

Discipline: Design

Greg Valvano *(Founder & Creative Director)*
Kayleigh Teachey *(Graphic Designer)*
Peter Mendez *(Managing Director & Director, Experience)*

CREATIVE OXYGEN LLC
5723 Main Street
Sylvania, OH 43560
Tel.: (419) 517-9801
Web Site: www.hoeck.net

Employees: 9
Year Founded: 2009

Discipline: Design

Debi Lewis-Koltoniak *(Partner)*
Linda Szyskowski *(Partner)*

CULT COLLECTIVE, LTD.
1025 10th Street Southeast
Calgary, AB T2G 3E1
Tel.: (403) 228-7949
Fax: (403) 245-5443
Web Site: www.cult.ca

Employees: 20
Year Founded: 2003

Discipline: Design

Charles Blackwell *(Creative Director & Chief Technology Officer)*
Chris Kneeland *(Co-Founder & Chief Executive Officer)*
Ryan Gill *(President)*

CULTIVATOR ADVERTISING & DESIGN
2737 Larimer Street
Denver, CO 80205
Tel.: (303) 444-4134
Fax: (800) 783-4152
Web Site: www.cultivatorads.com

Employees: 10
Year Founded: 2000

Discipline: Design

Chris Beatty *(Partner & Creative Director)*
Scott Coe *(Partner)*
Matt Neren *(Partner & Account Services Director)*
Tim Abare *(Partner)*
Monte Mead *(Principal & Creative Director)*
Stephanie Shawn *(Director, Digital Strategy)*

Micah Schmiedeskamp *(Art Director)*
Steve Moore *(Account Executive)*

Accounts:
1554
Abbey
Accumulation
Blue Paddle
Bottle Folley Pack
Can Folley Pack
Fat Tire
Glutiny
Hoptober
La Folie
Lips of Faith
New Belgium Citradelic
Rampant
Ranger
Shift
Snapshot
Telluride Tourism Board
Transatlantique Kriek
Trippel

CULVER BRAND DESIGN
205 West Highland Avenue
Milwaukee, WI 53203
Tel.: (414) 276-7550
Web Site: www.culverad.com

Employees: 15
Year Founded: 1988

Discipline: Design

Wells Culver *(Owner & President)*
Ian Culver *(Director, Client Services)*
Debbe Callesen *(Art Director)*

CURRAN & CONNORS, INC.
91 Sand Creek Road
Brentwood, CA 94513
Tel.: (949) 540-6733
Fax: (949) 622-5461
Toll Free: (800) 435-0406
Web Site: www.curran-connors.com

Employees: 15
Year Founded: 1965

Discipline: Design

Barbara Koontz *(Executive Vice President, Sales & Customer Experience)*
Matt Reese *(Director, Sales - West Coast)*
Abbey Lustig *(Sales Director - Midwest)*
Megan Lukas *(Graphic Designer)*

D | FAB DESIGN
1100 East Mandoline Avenue
Madison Heights, MI 48071
Tel.: (248) 597-0988
Fax: (248) 597-0989
Toll Free: (800) 968-9440
Web Site: www.dfabdesign.com

Discipline: Design

Jessica Roberts *(Chief Operating Officer)*
Nadine Geering *(Vice President, Strategic Design)*
Suzanne Wesoloski *(Design Studio Manager)*

DAAKE DESIGN CENTER
17002 Marcy Street
Omaha, NE 68118
Tel.: (402) 933-2959

DESIGN AGENCIES

Fax: (402) 932-4462
Web Site: www.daake.com

Year Founded: 2001

Discipline: Design

Greg Daake (President & Creative Director)
Lisa Daake (Vice President, Operations)
Sean Heisler (Senior Design Director)
Lisa Link (Media Manager)
Lisa Healy (Senior Brand Strategist)

DAVIDSON BELLUSO
4105 North 20th Street
Phoenix, AZ 85016
Tel.: (602) 277-1185
Fax: (602) 277-7448
Web Site: www.davidsonbelluso.com

Employees: 6

Discipline: Design

Todd Bresnahan (Chief Growth Officer)
Michela Davidson (Chief Executive Officer)
Rob Davidson (President)
Bruce Nilsson (Chief Creative & Strategy Officer)
Christine Korecki (Director, Account Management)
Gustavo Estrella (Director, Creative Services)
Gary Campbell (Public Relations Director)
Mike Barcia (Director, Digital Strategy)
Karen Chapman (Manager, New Business Development)
Gloria Ludolph (Project Manager)

DECKER DESIGN INC.
14 West 23rd Street
New York, NY 10010
Tel.: (212) 633-8588
Fax: (212) 633-8599
Web Site: www.deckerdesign.com

Employees: 5
Year Founded: 1986

Discipline: Design

Lynda Decker (President & Creative Director)
Alex Odell (Senior Interactive Designer)
Kimberly Riordan (Project Manager)

DESIGN AND PRODUCTION INCORPORATED
7110 Rainwater Place
Lorton, VA 22079
Tel.: (703) 550-8640
Fax: (703) 339-0296
Web Site: www.d-and-p.com

Employees: 125
Year Founded: 1949

Discipline: Design

Jay Barnwell (President)
Duncan Millar (Vice President, Business Development & Marketing)
Michael Lockard (Vice President, Operations)

DESIGN ARMY LLC
510 H Street, Northeast
Washington, DC 20002
Tel.: (202) 797-1018
Fax: (202) 478-1807
Web Site: www.designarmy.com

Year Founded: 2003

Discipline: Design

Jake Lefebure (Co-Founder & Chief Executive Officer)
Pum Lefebure (Co-Founder & Creative Director)

Accounts:
Human Rights Campaign
University of Virginia

DESIGN AT WORK CREATIVE SERVICES
3701 Kirby Drive
Houston, TX 77098
Tel.: (832) 200-8200
Fax: (832) 200-8202
Web Site: www.designatwork.com

Employees: 10
Year Founded: 1991

Discipline: Design

John Lowery (Founder & Chief Executive Officer)
Tricia Park (President)
Brittany Woodson (Director, Graphic Design)
Allison Garcia (Director, Public Relations)
Danielle Hicks (Account Services Director)
Kelcey Hesse (Director, Creative Services)
Rebekah Maurin (Director, Content Marketing)
Allyson Bowers (Senior Copywriter)

DESIGN CENTER, INC.
2040 Saint Clair Avenue
Saint Paul, MN 55105
Tel.: (651) 699-6500
Web Site: www.designcenterideas.com

Employees: 7
Year Founded: 1969

Discipline: Design

Ken Haus (President)
Chris Cornejo (Marketing Lead)

DESIGN ONE, INC.
53 Asheland Avenue
Asheville, NC 28801
Tel.: (828) 254-7898
Fax: (828) 254-7899
Toll Free: (828) 254-7898
Web Site: www.d1inc.com

Employees: 5
Year Founded: 1992

Discipline: Design

Suzanne Dawkins (Principal & President)
David Guinn (Principal & Creative Director)

DESIGN RESOURCE CENTER
424 Fort Hill Drive
Naperville, IL 60540
Tel.: (630) 357-6008
Fax: (630) 357-6040
Web Site: www.drcchicago.com

Employees: 10
Year Founded: 1990

Discipline: Design

Chuck Bokar (Principal)
John Norman (Principal)
Matthew Clemens (Managing Creative Director)

DESIGN SCIENCE
123 South Broad Street
Philadelphia, PA 19109
Tel.: (215) 627-4122
Fax: (215) 627-4335
Web Site: www.dscience.com

Employees: 20

Discipline: Design

Steve Wilcox (Principal)
Li Yue (Principal)

DESIGN-CENTRAL
6464 Presidential Gateway
Columbus, OH 43231
Tel.: (614) 890-0202
Fax: (614) 890-5880
Web Site: www.design-central.com

Employees: 26

Discipline: Design

Rainer Teufel (Principal)
Chris Brown (Business Development Manager)

DESIGNTHIS!
1290 Jefferson Street
Napa, CA 94559
Tel.: (707) 252-9425
Fax: (707) 257-6541
Web Site: www.designthis.com

Employees: 6
Year Founded: 1997

Discipline: Design

Kim Shaeffer (Chief Executive Officer, Chief Creative Officer & Principal)
Amy Predmore (Co-Founder & Digital Consultant)

DESIGNVOX
652 Croswell Avenue, Southeast
East Grand Rapids, MI 49506
Tel.: (616) 451-9858
Fax: (616) 451-2503
Web Site: www.designvox.com

Employees: 15
Year Founded: 1994

Discipline: Design

Michael Smith (Chief Executive Officer)
Michael Merk (Chief Communications Officer)
Andy Weber (Senior Developer)

DESIGNWORKS/USA
2201 Corporate Center Drive
Newbury Park, CA 91320
Tel.: (805) 499-9590
Fax: (805) 499-9650
Web Site: www.bmwgroupdesignworks.com/

Employees: 105
Year Founded: 1972

Discipline: Design

Holger Hampf (President)
Neil Brooker (Chief Operating Officer)
Peter Falt (Director, Strategic Partnering)

DG STUDIOS
3040 Post Oak Boulevard
Houston, TX 77056

Brands. Marketers. Agencies. Search Less. Find More.
Try out the online version at www.winmo.com

AGENCIES - JULY, 2020
DESIGN AGENCIES

Tel.: (713) 961-3311
Fax: (713) 961-1256
Web Site: www.dg-studios.com

Employees: 20
Year Founded: 1987

Discipline: Design

Lee Jones *(President)*
Gigi Hancock *(Chief Financial Officer & Vice President)*
Carol Devlin *(Vice President & Marketing Director)*

DIRCKS ASSOCIATES
550 North Country Road
Saint James, NY 11780
Tel.: (631) 584-2274
Fax: (631) 584-2043
Web Site: www.dircksny.com

Discipline: Design

Dave Dircks *(Chief Executive Officer)*
Rob Dircks *(President & Creative Director)*

DM.2
100 Challenger Road
Ridgefield, NJ 07660
Tel.: (201) 840-8910
Web Site: www.dm2design.com

Employees: 12
Year Founded: 1969

Discipline: Design

David Annunziato *(Founder, President & Managing Director)*
Chris Fuller *(Chief Strategist & Principal)*
Monica Berckes *(Senior Account Director)*
Nava Anav *(Associate Creative Director)*

DNA SEATTLE
1301 Fifth Avenue
Seattle, WA 98101
Tel.: (206) 770-9615
Fax: (206) 770-9015
Web Site: www.dnaseattle.com

Employees: 15
Year Founded: 1998

Discipline: Design

Dan Gross *(Principal & Executive Creative Director)*
Alan Brown *(Co-Founder & Chief Executive Officer)*
Christine Wise *(Chief Strategy Officer)*
Chris Witherspoon *(President & Chief Growth Officer)*
Caroline Ballaine *(Director, Client Services)*
Steve Williams *(Co-Executive Creative Director)*
Dave Echenoz *(Production Director)*
Summer Slater *(Director, Communication Strategy)*
Jake Bevis *(Associate Media Director)*
Annie Richards *(Account Director)*
Gabe haJiani *(Head, Creation & Content)*
Lauren Sooudi *(Brand Strategy Director)*
Noel Nickol *(Creative Director)*
Lindell Serrin *(Senior Art Director & Designer)*
Allyson Paisley *(Creative Director)*
Robert Scherzer *(Senior Data Strategist)*
Alex McHugh *(Account Supervisor)*
Chelsea Webber *(Senior Brand Strategist)*

Molly Alderson *(Business Development Manager)*
Rebecca Rubin *(Senior Brand Strategist)*
Charles Dolar *(Assistant Media Planner)*

Accounts:
Ben Bridge Jewelry Store
Group Health Cooperative

DON SCHAAF & FRIENDS, INC.
821 Chesapeake Avenue
Annapolis, MD 21403
Tel.: (202) 965-2600
Fax: (202) 965-2669
Toll Free: (866) 965-1313
Web Site: www.dsfriends.com

Employees: 14

Discipline: Design

Don Schaaf *(President)*
Matt Schaaf *(Executive Vice President)*
Ami Barker *(Executive Vice President)*
Mike Raso *(Executive Vice President)*

DOSSIER CREATIVE
611 Alexander Street
Vancouver, BC V6A 1E1
Tel.: (604) 255-2077
Fax: (604) 255-2097
Web Site: www.dossiercreative.com

Employees: 20
Year Founded: 1987

Discipline: Design

Don Chisholm *(Innovation Director, Co-Founder)*
Patrick Smith *(Creative Director)*
Gabriela Da Silva Hastie *(Project Manager)*

DOUBLEKNOT CREATIVE
1124 Eastlake Avenue East
Seattle, WA 98109
Tel.: (206) 378-0026
Fax: (206) 378-0027
Web Site: www.doubleknotcreative.com

Year Founded: 1995

Discipline: Design

David Blank *(Principal & Managing Partner)*
Jim Craig *(Creative Director)*
Jessica Villa *(Account Manager)*

DOUBLESPACE
254 Canal Street
New York, NY 10013
Tel.: (212) 366-1919
Fax: (212) 202-4818
Web Site: www.doublespace.com

Employees: 10
Year Founded: 1982

Discipline: Design

Jane Kosstrin *(Founder & Chief Creative Officer)*
Ross Anderson *(Chief Strategy Officer)*
Asher Sarlin *(Creative Director)*
Andia Smull *(Senior Marketing Director)*

DOXA TOTAL DESIGN STRATEGY, INC.
620 North College Avenue
Fayetteville, AR 72701
Tel.: (479) 582-2695
Fax: (479) 582-3858
Web Site: www.doxa.biz

Employees: 9
Year Founded: 1992

Discipline: Design

Tim Walker *(Principal & Director, Design)*
Neil Shipley *(Principal & Director, Operations)*

DUARTE
755 North Mary Avenue
Sunnyvale, CA 94085
Tel.: (650) 964-6745
Web Site: www.duarte.com

Year Founded: 1988

Discipline: Design

Nancy Duarte *(Chief Executive Officer)*
Mark Duarte *(Founder, Principal & Chief Financial Officer)*
Patti Sanchez *(Chief Strategy Officer)*
Becky Bausman *(Senior Vice President, Strategy)*
Paul Brown *(Vice President, Strategic Accounts)*
Catrinel Bartolomeu *(Head, Editorial)*
Jason Morrison *(Head, Business Development)*
Steve Wisham *(Art Director)*
Dan Durller *(Senior Art Director)*
Ryan Orcutt *(Associate Creative Director)*
James Nepomuceno *(Art Director)*
Diandra Macias *(Creative Director, Design)*
Vonn Magpantay *(Art Director)*
Amanda Lam *(Senior Account Manager)*
Brooke Embry *(Events Producer)*
Megan Huston *(Global Manager, Business Development)*
Brianna Spiegel *(Manager, Brand)*
Susana Garza *(Brand Manager)*
D.J. Rice *(Senior Brand Manager)*
Dan Gard *(Senior Production Designer)*
Yesenia Urena *(Coordinator, Client Service)*

DUPUIS
394 East Main Street
Ventura, CA 93001
Tel.: (805) 277-5200
Web Site: www.dupuisgroup.com

Employees: 25
Year Founded: 1987

Discipline: Design

Steven Dupuis *(Founder)*
John Silva *(President & Senior Creative Director)*
Jeff Pickett *(Executive Vice President, Finance & Operations)*

DYAL AND PARTNERS
400 West Cesar Chavez
Austin, TX 78701
Tel.: (512) 382-3580
Web Site: www.pagedyal.com

Year Founded: 2009

Discipline: Design

Herman Dyal *(Principal & Creative Director)*
Carla Fraser *(Principal & Director, Branding & Graphics)*

E-B DISPLAY CO., INC.

Brands. Marketers. Agencies. Search Less. Find More.
Try out the online version at www.winmo.com

DESIGN AGENCIES

1369 Sanders Avenue Southwest
Massillon, OH 44647
Mailing Address:
Post Office Box 650
Massillon, OH 44648
Tel.: (330) 833-4101
Fax: (330) 833-9844
Toll Free: (800) 321-9869
Web Site: www.ebdisplay.com

Employees: 180
Year Founded: 1952

Discipline: Design

Mike Rotolo *(Owner, President & Chief Executive Officer)*
Rick Philyaw *(Vice President, National Accounts)*
Ken Loy *(Creative Director)*
Steve Metz *(Production Manager)*

EDSA
1512 East Broward Boulevard
Fort Lauderdale, FL 33301
Tel.: (954) 524-3330
Fax: (954) 524-0177
Web Site: www.edsaplan.com

Employees: 110
Year Founded: 1960

Discipline: Design

Doug Smith *(President & Chief Executive Officer)*
Robert M. Dugan *(Principal)*
Courtney Moore *(Associate Principal)*
Eric Propes *(Associate Principal)*
Greggory R. Sutton *(Principal)*
Paul Kissinger *(Principal)*
Richard D. Centolella *(Principal)*
Jill Martinez *(Marketing Director)*

EISENBERG & ASSOCIATES
1444 Oak Lawn Avenue
Dallas, TX 75207
Tel.: (214) 528-5990
Fax: (214) 521-8536
Web Site: www.eisenberginc.com

Employees: 17
Year Founded: 1974

Discipline: Design

Arthur Eisenberg *(Owner)*
Liz Kline *(Principal)*

ELEPHANT
45 Main Street
Brooklyn, NY 11201
Web Site: www.helloelephant.com

Year Founded: 2014

Discipline: Design

Eric Moore *(Chief Executive Officer)*
Greg Assemat Tessandier *(President)*
Emily Hodkins *(Vice President, Marketing & Communications)*
JoRoan Lazaro *(Vice President, Product)*
Sean Bonthuys *(Vice President, Strategy)*
Charles Duncan, Jr. *(Vice President, Technology)*
Marco Pupo *(Vice President, Advertising)*
Luca Vergano *(Vice President, Strategy)*
Paul O'Neill *(Vice President, Strategy)*

Charles Fulford *(Global Executive Creative Director)*
Lisa Liang *(Director, Business Development)*
Elton Rhee *(Associate Creative Director)*
Melissa Ng *(Product Management Lead)*
Chris May *(Executive Creative Director)*
Michaelangelo McKasty *(Program Director)*
EJ Green *(Senior Project Manager & Producer)*
Paras Juneja *(Creative Technologist)*
Auro Trini Castelli *(Chief Strategy Officer)*
Cara DiNorcia *(General Manager - West Coast)*

Accounts:
Apple, Inc.
Comcast Corporation
Teva Pharmaceuticals USA

ELEPHANT SKIN
555 West Fifth Street
Los Angeles, CA 90013
Tel.: (917) 833-2782
Web Site: www.elephant-skin.com

Year Founded: 2016

Discipline: Design

Henrique Driessen *(Chief Executive Officer)*
Michael Pang *(Vice President, Business Development)*

ELEVATOR STRATEGY ADVERTISING & DESIGN, INC.
16 Sixth Avenue East
Vancouver, BC V5T 1J4
Tel.: (604) 737-4346
Fax: (604) 737-4348
Web Site: www.elevatorstrategy.com

Employees: 15

Discipline: Design

Bob Stamnes *(Chief Executive Officer)*
Allan Black *(Director, Client Services)*
Stefanie Kraupa *(Director, Media Services)*
Della Shellard *(Senior Accountant, Advertising & Design)*
Zina Minchenko *(Account Executive)*

ELIXIR DESIGN
2134 Van Ness Avenue
San Francisco, CA 94109
Tel.: (415) 834-0300
Fax: (415) 834-0101
Web Site: www.elixirdesign.com

Employees: 10
Year Founded: 1992

Discipline: Design

Jennifer Jerde *(Founder & Creative Director)*
Nathan Durrant *(Senior Designer & Art Director)*

ELMWOOD
531 West 25th Street
New York, NY 10001
Tel.: (646) 253-0520
Web Site: www.elmwood.com

Year Founded: 1977

Discipline: Design

Meg Beckum *(Executive Creative Director)*
Camilla Crane *(Director, Strategy)*
Marci Gentile *(Senior Account Director)*

Amelia Cheung *(Design Director)*
Nulty White *(Managing Partner)*

EMAGINE
1082 Davol Street
Fall River, MA 02720
Tel.: (781) 828-4500
Fax: (781) 828-4405
Web Site: www.emagine.com

Employees: 15
Year Founded: 1996

Discipline: Design

Bill Gadless *(President)*
Dawn Gadless *(Vice President, Business Development & Director, Marketing)*

EMERSON, WAJDOWICZ STUDIOS, INC.
530 West 25th Street
New York, NY 10001
Tel.: (212) 807-8144
Fax: (212) 675-0414
Web Site: www.designews.com

Employees: 8
Year Founded: 1982

Discipline: Design

Jurek Wajdowicz *(Principal & Creative Director)*
Lisa LaRochelle *(Principal & Senior Art Director)*

EMOTIVE BRAND
580 Second Street
Oakland, CA 94607
Tel.: (510) 496-8888
Web Site: www.emotivebrand.com

Discipline: Design

Tracy Lloyd *(Founding Partner)*
Bella Banbury *(Founding Partner)*
Kyla Grant *(Director, Operations)*
Robert Saywitz *(Director, Design)*
Chris Ames *(Strategist, Creative)*
Saja Chodosh *(Brand Manager)*
Stephen Banbury *(Strategist, Brand)*

ENERGY ENERGY DESIGN
303 Potrero Street
Los Gatos, CA 95060
Tel.: (408) 395-5911
Fax: (408) 395-8285
Web Site: www.nrgdesign.com

Employees: 8
Year Founded: 1991

Discipline: Design

Leslie Guidice *(Chief Executive Officer, Founder & Creative Director)*
Stacy Guidice *(Senior Designer & Art Director)*

EPI - COLORSPACE
8435 Helgerman Court
Gaithersburg, MD 20877
Tel.: (301) 990-2666
Fax: (301) 990-7890
Web Site: www.epicolorspace.com

Employees: 25

Discipline: Design

Brands. Marketers. Agencies. Search Less. Find More.
Try out the online version at www.winmo.com

James Moore *(President)*
Teresa Clark *(Accounts Payable Manager)*

EPSTEIN DESIGN PARTNERS, INC.
13017 Larchmere Boulevard
Cleveland, OH 44120
Tel.: (216) 421-1600
Web Site: www.epsteindesign.com

Employees: 8
Year Founded: 1962

Discipline: Design

Anne Toomey *(Partner & Co-Owner)*
John Okal *(Partner & Co-Owner)*

EQUANCYNO11, INC.
54 West 21st STreet
New York, NY 10010
Tel.: (212) 620-0177
Fax: (212) 620-4180
Web Site: www.equancyno11.com/

Employees: 9
Year Founded: 1999

Discipline: Design

Arnaud Lagrotte *(Chief Creative Officer & Vice President)*
Teresa Nocerino *(Account Executive)*

ESI DESIGN, INC.
111 Fifth Avenue
New York, NY 10003
Tel.: (212) 989-3993
Fax: (212) 691-0290
Web Site: www.esidesign.com

Employees: 40
Year Founded: 1976

Discipline: Design

Edwin Schlossberg *(President & Principal Designer)*
Tarley Jordan *(Director, Marketing & Communications)*

ESSENTIAL
143 South Street
Boston, MA 02111
Tel.: (617) 338-6057
Web Site: www.essential-design.com

Year Founded: 2001

Discipline: Design

Richard Watson *(Partner)*
Scott Stropkay *(Partner)*
Sonya Mead *(Director, Digital Experience & Design)*

ESSER DESIGN, INC.
2355 East Camelback Road
Phoenix, AZ 85016
Tel.: (602) 257-9790
Fax: (602) 340-1640
Web Site: www.esserdesign.com

Year Founded: 1982

Discipline: Design

Stephen Esser *(Partner, Strategy & Creative Development)*
Pam Esser *(Partner, Strategy & Business Development)*

ETHOS MARKETING & DESIGN
17 Ash Street
Westbrook, ME 04092
Tel.: (207) 856-2610
Fax: (207) 856-2609
Web Site: www.ethos-marketing.com

Employees: 19

Discipline: Design

Ted Darling *(Co-Founder, Chief Financial Officer & Vice President, Account Services)*
Judy Trepal *(Co-Founder & Vice President, Creative)*
Glenn Rudberg *(Co-Founder & Chief Marketing Officer)*
Robyn Dionne *(Director, Operations & Human Resources)*
Belinda Donovan *(Director, Public Relations)*
Jessica Laracy *(Art Director)*
Kiyo Tabery *(Art Director)*
Stewart Engesser *(Director, Concept Creative & Broadcast)*
Tim Blackstone *(Creative Director, Digital)*
Linda Sutch *(Media Planner)*
Daria Cullen *(Media Planner)*
Holly Martin *(Project Manager)*
Hannah Richards *(Strategist, Content Marketing)*
Judi Moffett *(Office Manager)*
Lori Keenan *(Accounting)*
Mike Collins *(Senior Strategist, Marketing)*
Maureen Hanley *(Project Manager)*
Suzanne K. Madore *(Strategist, Content Marketing)*
Judy Trainor *(Account Executive)*
Kim Laramy *(Account Executive & Strategist, Healthcare)*
Kim Webber *(Account Executive)*
Sarah Lyons Price *(Account Executive)*

EVERGREEN & CO.
200 Park Avenue
Falls Church, VA 22046
Tel.: (703) 241-9001
Fax: (703) 241-9060
Web Site: www.crabtreecompany.com

Employees: 12
Year Founded: 1983

Discipline: Design

Lucinda Crabtree *(President)*
Lori Kaye *(Principal)*
Susan Matthews *(Creative Director)*

EVIEW 360 CORPORATION
39255 Country Club Drive
Farmington Hills, MI 48331
Tel.: (248) 306-5191
Fax: (800) 852-2818
Web Site: www.eview360.com

Employees: 15
Year Founded: 1999

Discipline: Design

Wael Berrached *(Founder & Chief Creative Officer)*
Melissa Centra *(Chief Executive Officer)*

EVO DESIGN, LLC
1369 Main Street
Watertown, CT 06795
Tel.: (860) 945-1118
Fax: (860) 945-1104
Web Site: www.evodesign.com

Discipline: Design

Aaron Szymanski *(President)*
Scott Johnstone *(Toy Design Director)*
Michael Mennone *(Design Director)*
Deanna Cocivi *(Office Administrator)*

EXCLAIM!
220 North Smith Street, Gateway Center
Palatine, IL 60067
Tel.: (847) 392-0008
Fax: (847) 392-0879
Web Site: www.exclaim-inc.com

Employees: 25

Discipline: Design

Louis Claps *(Principal)*
Tony Krzysko *(Principal)*
Randy Kamptner *(Principal)*
Jim Berg *(Account Manager)*

EYETHINK
265 North Liberty Street
Powell, OH 43065
Tel.: (614) 841-1199
Fax: (614) 841-1121
Web Site: www.eyethink.com

Year Founded: 1989

Discipline: Design

Rich Rinsma *(Principal & Designer)*
Tom Webster *(Principal & Designer)*
Gary Sankey *(Art Director)*

FACEOUT STUDIOS
520 South West Powerhouse Drive
Bend, OR 97702
Tel.: (541) 323-3220
Fax: (541) 549-1097
Web Site: www.faceoutstudios.com

Employees: 8
Year Founded: 1997

Discipline: Design

Torrey Sharp *(Principal & Business Director)*
Charles Brock *(Principal & Creative Director)*
Tim Green *(Senior Art Director)*
Paul Nielsen *(Director, Production)*

Accounts:
Harper-Collins Christian Publishing

FAHRENHEIT 212
79 Fifth Avenue
New York, NY 10003
Tel.: (646) 654-1212
Fax: (212) 463-3901
Web Site: www.fahrenheit-212.com

Employees: 20
Year Founded: 2006

Discipline: Design

Pete Maulik *(Managing Partner)*
Adam Rubin *(Associate Partner)*
Alex Stock *(Partner)*
Mark Payne *(President & Head, Innovation)*

Brands. Marketers. Agencies. Search Less. Find More.
Try out the online version at www.winmo.com

DESIGN AGENCIES

Marcus Oliver *(Partner)*
Jamie Podhaizer *(Director, Strategy)*
Victoria Ozdemir *(Finance Director)*
Stephanie Costa *(Associate Innovation Consultant)*

FAKE LOVE
45 Main Street
Brooklyn, NY 11201
Tel.: (212) 995-9787
Web Site: www.fakelove.tv

Year Founded: 2010

Discipline: Design

Josh Horowitz *(Co-Founder & Chief Executive Officer)*
Taylor Hight *(Senior Vice President, Client Services)*
Blair Neal *(Director, Technology)*
Miranda Martell *(Director, Client Partnerships)*
Alex Robbins *(Producer)*
Sofia Aronov *(Creative Manager - New York Times)*
Grace Diggens *(Technical Producer)*

FALK HARRISON, INC.
1300 Baur Boulevard
Saint Louis, MO 63132
Tel.: (314) 531-1410
Fax: (314) 535-8640
Web Site: www.falkharrison.com

Employees: 20
Year Founded: 1971

Discipline: Design

Stephen Harrison *(President & Creative Director)*
Jon Falk *(Director, Sales & Marketing, & Partner)*
Matthew Falk *(Executive Vice President)*
Robert Bierman *(Creative Operations Manager)*

FD2S
1634 East Cesarchavez Street
Austin, TX 78702
Tel.: (512) 476-7733
Fax: (512) 473-2202
Web Site: www.fd2s.com

Employees: 30
Year Founded: 1985

Discipline: Design

Steven Stamper *(Principal)*
Curtis Roberts *(Creative Principal)*
Krystal Caldwell *(Operations Manager)*
Ranulfo Ponce *(Senior Designer)*
Rick Smits *(Senior Designer)*

FINE DESIGN GROUP
3450 Sacramento Street
San Francisco, CA 94118
Tel.: (415) 552-9300
Fax: (415) 552-9055
Web Site: www.wearefine.com

Employees: 10
Year Founded: 1993

Discipline: Design

Kenn Fine *(Founder, Principal & Creative Director)*
Steve Fine *(Owner)*

Accounts:
Trinchero Family Estates

FINISHED ART, INC.
708 Antone Street, Northwest
Atlanta, GA 30318
Tel.: (404) 355-7902
Fax: (404) 352-3846
Web Site: www.finishedart.com

Employees: 30
Year Founded: 1985

Discipline: Design

Donna Johnston *(President & Owner)*
Daphne Brown *(Account Manager)*

FIONTA
1150 18th Street Northwest
Washington, DC 20036
Tel.: (202) 296-4065
Web Site: www.confluencecorp.com

Discipline: Design

Lisa Rau *(Co-Founder & Chief Growth Officer)*
Jeffrey Sullivan *(Co-Founder & President)*
Karin Tracy *(Vice President, Marketing)*

FIREMAN CREATIVE
7101 Penn Avenue
Pittsburgh, PA 15208
Tel.: (412) 325-3333
Web Site: www.firemancreative.com

Year Founded: 2001

Discipline: Design

Paul Fireman *(President)*
Gail Fireman *(Director, Finance & Research)*
Gilad Ehven *(Senior Manager, Development)*
Macy Hyland *(Specialist, Digital Marketing)*

FISHER
5005 East Washington Street
Phoenix, AZ 85034
Tel.: (602) 955-2707
Fax: (602) 955-2878
Web Site: fisherphx.com

Discipline: Design

Greg Fisher *(Principal, Owner & President)*
Ana Cordova *(Art Director)*

FITCH
585 South Front Street
Columbus, OH 43215
Tel.: (614) 885-3453
Fax: (614) 885-4289
Web Site: www.fitch.com

Employees: 100
Year Founded: 1960

Discipline: Design

Brandon Boston *(Associate Design Director)*
Libby Riddell *(3D Designer)*

FITCH
16435 North Scottsdale Road
Scottsdale, AZ 85254
Tel.: (480) 998-4200
Fax: (480) 905-9423

Web Site: www.fitch.com

Employees: 54

Discipline: Design

Jay Adams *(Director, Design)*
Patrick Stanley *(Project Manager)*
Chris Harkman *(Project Manager)*

FOERSTEL DESIGN
249 South 16th Street
Boise, ID 83702
Tel.: (208) 345-6656
Fax: (208) 384-9226
Toll Free: (800) 396-2916
Web Site: www.foerstel.com

Employees: 28
Year Founded: 1985

Discipline: Design

Tom Foerstel *(President & Creative Director)*
Janell Count *(Director, Sales)*

FORCE MAJURE DESIGN INC.
219 36th Street
Brooklyn, NY 11232
Tel.: (212) 625-0708
Fax: (212) 625-0709
Web Site: www.forcemajeure.design

Employees: 25

Discipline: Design

Laurent Hainaut *(President & Chief Executive Officer)*
Magdalena Travis *(Art Director)*
Harry Chong *(Design Director)*
Megan Bradley *(Director, Client Services)*
Pierre Delebois *(Creative & Strategy Director)*
Michelle Mak *(Creative Director)*

FORGE WORLDWIDE
142 Berkeley Street
Boston, MA 02116
Tel.: (617) 262-4800
Fax: (617) 262-4826
Web Site: www.forgeworldwide.com

Employees: 10
Year Founded: 2005

Discipline: Design

Harry Chapin *(Chief Executive Officer)*
Rob Stewart *(Partner & Chief Creative Officer)*
Melissa Koehler *(Marketing Director)*
Elizabeth Jenkins *(Associate Account Director)*

Accounts:
Dragon NaturallySpeaking
Rockland Trust Company

FORMATION DESIGN GROUP
1263 Barnes Street Northwest
Atlanta, GA 30318
Tel.: (404) 885-1301
Fax: (404) 885-1302
Web Site: www.formationdesign.com

Year Founded: 1999

Discipline: Design

Bob Henshaw *(Founding Partner)*
Russell Kroll *(Founding Partner)*

AGENCIES - JULY, 2020 — DESIGN AGENCIES

FORWARD BRANDING
34 May Street
Webster, NY 14580
Tel.: (585) 872-9222
Fax: (585) 872-9213
Web Site: www.forwardbranding.com

Employees: 15
Year Founded: 1990

Discipline: Design

Jim Forward *(President)*
Carlo Jannotti *(Vice President)*

Accounts:
Bausch & Lomb, Inc.

FOXX ADVERTISING & DESIGN
One Greensboro Drive
Toronto, ON M9W 1C8
Tel.: (416) 245-6865
Fax: (416) 245-7144
Web Site: www.foxx.ca

Employees: 5
Year Founded: 1991

Discipline: Design

Joe Viecili *(Managing Partner)*
Michael Cecere *(Partner)*
Bob Whibbs *(Creative Director)*
Michelle Assenza *(Account Manager)*

FRANKE AND FIORELLA
401 North Third Street
Minneapolis, MN 55401
Tel.: (612) 338-1700
Fax: (612) 338-2300
Web Site: www.frankefiorella.com

Employees: 7
Year Founded: 1983

Discipline: Design

Deb Fiorella *(Principal & Strategy Director)*
Craig Franke *(Principal & Creative Director)*
Todd Monge *(Design Director)*

FRCH DESIGN WORLDWIDE
311 Elm Street
Cincinnati, OH 45202
Tel.: (513) 241-3000
Fax: (513) 241-5015
Web Site: www.frch.com

Employees: 180
Year Founded: 1968

Discipline: Design

James Fitzgerald *(Chairman)*
Thomas E. Horwitz *(Principal & Senior Vice President)*
Paul Lechleiter *(Chief Creative Officer & Partner)*
Jim Harkin *(Principal & Senior Vice President)*
James R. Tippmann *(Chief Executive Officer)*
James Stapleton *(Senior Vice President & Principal)*
Rob Depp *(Senior Vice President & Principal)*
Amy Rink *(Vice President)*
Barbara Beeghly *(Vice President)*
Heesun Kim *(Managing Director, Creative & Vice President)*
Lori Kolthoff *(Vice President, Resource Design)*
Rob Rink *(Vice President & Architect, Project)*
Scott Rink *(Vice President)*
Brian M. Sullivan *(Director & Architect)*
Craig Bonifas *(Director & Client Manager)*
Cassie Koch *(Director, Retail & Mixed - Use)*
Chad Marchese *(Creative Director)*
Jonathan Rolke *(Director & Architect)*
Lisa Carmack *(Director)*
Monica Lowry *(Director)*
Marty McCauley *(Director, Design)*
Mari Miura *(Director, Interior Design)*
Mike Ruehlman *(Director, Design)*
Meredith Seeds *(Director, Interior Design)*
Nicole McDevitt *(Director, Specialty Architecture)*
Raejean Downs *(Director & Designer, Interior - Hospitality - NELSON)*
Germana Gioglio *(Senior Project Manager)*
Melissa Paauwe *(Manager, Business Development)*
Erin Kessen *(Designer, NELSON)*
Elizabeth Birkenhauer *(Senior Project Coordinator)*
Philip Borkowski *(Project Coordinator - Specialty Retail Architecture Studio)*

FREDERICK & FROBERG DESIGN OFFICES, INC.
Eight Hillside Avenue
Montclair, NJ 07042
Tel.: (973) 509-0202
Fax: (973) 509-0042
Web Site: www.fboyz.com

Employees: 12
Year Founded: 1987

Discipline: Design

Tom Froberg *(Partner & Creative Director - StyleWorks Creative)*
Bill Frederick *(Principal & Creative Director - Fanbrandz)*

FUNCTION:
1372 Peachtree Street Northeast
Atlanta, GA 30309
Tel.: (404) 524-3075
Fax: (404) 524-3784
Web Site: www.functionatl.com

Employees: 8
Year Founded: 1998

Discipline: Design

Dana Castle *(Principal & Director, Strategy)*
Michele DeHaven *(Principal & Creative Director)*
Tanya Cox *(Director, Client Services)*

Accounts:
Kawneer Company, Inc.

FUNK, LEVIS & ASSOCIATES
931 Oak Street
Eugene, OR 97401
Tel.: (541) 485-1932
Fax: (541) 485-3460
Web Site: www.funkassociates.com

Employees: 14
Year Founded: 1980

Discipline: Design

Anne Marie Levis *(President & Creative Director)*
Chris Berner *(Senior Designer)*

FUSEPROJECT, INC.
1401 16th Street
San Francisco, CA 94103
Tel.: (415) 908-1492
Fax: (415) 908-1491
Web Site: www.fuseproject.com

Employees: 29
Year Founded: 1999

Discipline: Design

Yves Behar *(Founder & Chief Executive Officer)*
Angie Tadeo *(Strategy Lead)*
Ben White *(Vice President, Growth & Managing Director)*

FUSZION / COLLABORATIVE
7500 Elba Road
Alexandria, VA 22306
Tel.: (703) 548-8080
Fax: (703) 548-8382
Web Site: www.fuszion.com

Employees: 10

Discipline: Design

Rick Heffner *(President & Creative Director)*
Sue A. Smith *(Chief Finance Officer)*

FUTUREBRAND SPECK
One Twin Dolphin Drive
Redwood City, CA 94065
Tel.: (650) 830-3970
Web Site: www.speckdesign.com

Discipline: Design

Elisa Jagerson *(Chief Executive Officer Emeritus)*
Denise Pliskin *(Senior Director, Product Development Strategy)*

GECKO GROUP
211 West Chestnut Street
West Chester, PA 19380
Tel.: (610) 430-0305
Fax: (610) 430-8633
Web Site: www.geckogroup.com

Employees: 9

Discipline: Design

Ellie Byrom-Haley *(President & Chief Creative Officer)*
Kathy Hughes *(Creative Services Director)*
Jill Metzger *(Creative Director)*

GIORDANO KEARFOTT DESIGN, INC.
5712 92nd Avenue Southeast
Mercer Island, WA 98040
Tel.: (206) 236-3014
Web Site: www.gkd.com

Year Founded: 1986

Discipline: Design

Lance Kearfott *(Partner)*
Susan Giordano *(Owner)*

GOBIG BRANDING, INC.
Two Amanda Lane
Weston, MA 02493
Tel.: (781) 237-0131

Brands. Marketers. Agencies. Search Less. Find More.
Try out the online version at www.winmo.com

DESIGN AGENCIES

AGENCIES - JULY, 2020

Web Site: www.gobigbranding.com
Employees: 8
Discipline: Design

Gareth Debenham *(Founder & Creative Director)*
Eileen Debenham *(Founder & Creative Director)*

GODAT DESIGN
101 West Simpson Street
Tucson, AZ 85701
Tel.: (520) 620-6337
Fax: (520) 620-6341
Toll Free: (800) 515-7144
Web Site: www.gojodesign.com

Employees: 8
Discipline: Design

Ken Godat *(Owner & Creative Director & Principal)*
Brett Turner *(Senior Web Developer, Project Manager)*

GOODWIN DESIGN GROUP
541 Avondale Road
Wallingford, PA 19086
Tel.: (484) 442-8723
Fax: (610) 361-7886
Toll Free: (877) 468-6434
Web Site: www.goodwindesigngroup.com

Employees: 10
Year Founded: 1996

Discipline: Design

Bill Goodwin *(Founder, President & Creative Director)*
Terrance Montimore *(Director, Creative Services)*
Steve Fala *(Operations, Finance Manager)*

GRAFIK MARKETING COMMUNICATIONS
625 North Washington Street
Alexandria, VA 22314-1287
Tel.: (703) 299-4500
Fax: (703) 299-5999
Web Site: www.grafik.com

Employees: 31
Discipline: Design

Lance Wain *(Principal & President)*
David Collins *(Principal & Creative Director)*
Gregg Glaviano *(Principal & Creative Director)*
Lynn Umemoto *(Principal, Client Strategy)*
Johnny Vitorovich *(Principal & Creative Director)*
Hal Swetnam *(Senior Vice President & Chief Strategist, Creative)*
Robin Vaitonis *(Chief Operating Officer)*
Sun Yun *(Vice President, Experience Design & Creative Director, Digital)*
Esther Nardone *(Client Services Director)*
George Nicholas *(Creative Director)*

GRANT DESIGN COLLABORATIVE
111 East Marietta Street
Canton, GA 30114
Mailing Address:
Post Office Box 1910
Canton, GA 30169

Tel.: (770) 479-8280
Fax: (770) 479-4384
Web Site: www.grantcollaborative.com

Employees: 15
Year Founded: 1996

Discipline: Design

Bill Grant *(President & Creative Director)*
Matt DeFrain *(Creative Director)*
Elizabeth Seidle *(Senior Designer)*
Kurt Seidle *(Senior Designer)*

GRAPHIC SOLUTIONS, LTD.
3615 Kearny Villa Road
San Diego, CA 92113
Tel.: (619) 239-1335
Fax: (619) 235-6018
Web Site: www.graphicsolutions.com

Employees: 28
Year Founded: 1983

Discipline: Design

Ruben Andrews *(President & Founder)*
Simon Andrews *(Principal)*

GRAVITY DESIGN, INC.
11 Vine Street
Seattle, WA 98121
Tel.: (206) 454-3697
Web Site: www.gravityshack.com

Employees: 4
Year Founded: 1999

Discipline: Design

Barbara Combs *(Creative Director & Owner)*
Kirk Stanford *(Creative Director & Principal)*

GREENFIELD / BELSER LTD.
1129 20th Street Northwest
Washington, DC 20036
Tel.: (202) 775-0333
Fax: (202) 775-0402
Web Site: www.gbltd.com

Employees: 40
Year Founded: 1978

Discipline: Design

Burkey Belser *(President & Creative Director)*
Donna Greenfield *(Principal & Owner)*
Joe Walsh *(Principal & Creative Director)*
Erika Ritzer *(Principal, Small Firms)*

GROUP 22, INC.
1205 East Grand Avenue
El Segundo, CA 90245
Tel.: (310) 322-2210
Fax: (310) 836-9636
Web Site: www.group22.com

Employees: 15
Discipline: Design

Stephen Ludwig *(President & Creative Director)*
Scott Ludwig *(Art Director)*

HAMAGAMI/CARROLL, INC.
2256 Barry Avenue
Los Angeles, CA 90064
Tel.: (310) 458-7600
Fax: (310) 393-5245
Web Site: www.hcassociates.com

Year Founded: 1989
Discipline: Design

John Hamagami *(Managing Director & Partner)*
Justin Carroll *(Chief Creative Officer & Co-Owner)*

HAMBLY & WOOLLEY, INC.
121 Logan Avenue
Toronto, ON M4M 2M9
Tel.: (416) 504-2742
Fax: (416) 504-2745
Web Site: www.hamblywoolley.com

Employees: 14
Year Founded: 1990

Discipline: Design

Barb Woolley *(Partner)*
Bob Hambly *(Partner)*
Gord Woolley *(Director, Communications)*
Dominic Ayre *(Creative Director)*
Frances Chen *(Associate Designer)*
Andrew Ryther *(Associate, Interactive)*

HANGAR 18 CREATIVE GROUP
475 Main Street
Vancouver, BC V6A 2T7
Tel.: (604) 737-7111
Fax: (604) 737-7166
Web Site: www.h18.com

Employees: 14
Year Founded: 1996

Discipline: Design

Vida Jurcic *(Partner & Co-Creative Director)*
Lorill Hancock *(Project Manager)*

HANSEN BELYEA
109 West Denny Way
Seattle, WA 98119
Tel.: (206) 682-4895
Fax: (206) 623-8912
Web Site: www.belyea.com

Employees: 8
Year Founded: 1988

Discipline: Design

Brianna Home *(Principal & Strategic Director)*
Ron Hansen *(Principal & Design Director)*

HANSON DODGE, INC.
220 East Buffalo Street
Milwaukee, WI 53202
Tel.: (414) 347-1266
Fax: (414) 347-0493
Web Site: www.hansondodge.com

Employees: 63
Year Founded: 1981

Discipline: Design

Stacie Boney *(President)*
Mike Stefaniak *(Chief Strategy Officer)*
Tim Dodge *(Chief Executive Officer)*
Chris Buhrman *(Executive Creative Director)*
Brandon Powell *(Director, Digital Marketing)*
Megan Gavin *(Marketing Manager)*
Chris Becker *(Account Executive)*

Accounts:
Children's Hospitals of Wisconsin
Greater Milwaukee Convention & Visitors Bureau

Brands. Marketers. Agencies. Search Less. Find More.
Try out the online version at www.winmo.com

AGENCIES - JULY, 2020 — DESIGN AGENCIES

SOG Specialty Knives & Tools, LLC

HATCH DESIGN
116 New Montgomery
San Francisco, CA 94015
Tel.: (415) 398-1650
Web Site: www.hatchsf.com

Year Founded: 2007

Discipline: Design

Kat Karpati *(Director, Client Services)*
Brenda Bender *(Account Director)*

Accounts:
Coca-Cola

HAUGAARD CREATIVE GROUP
414 North Orleans Street
Chicago, IL 60654
Tel.: (312) 661-0666
Fax: (312) 661-0673
Web Site: www.haugaard.com

Discipline: Design

Phil Haugaard *(Owner & President)*
Linda LeTourneau *(Vice President & Account Director)*
Jose Parado III *(Vice President & Creative Director)*
Wes Cunningham *(Director, Production)*
Martina Crane *(Office Manager)*

HEAD GEAR ANIMATION
25 Brant Street
Toronto, ON M5V 2L9
Tel.: (416) 408-2020
Fax: (416) 408-2011
Web Site: www.headgearanimation.com

Year Founded: 1997

Discipline: Design

Julian Grey *(Owner, Partner & Director, Animation)*
Steve Angel *(Owner, Partner & Director, Animation)*

HELIX DESIGN, INC.
175 Lincoln Street
Manchester, NH 03103
Tel.: (603) 644-1408
Fax: (603) 644-1409
Web Site: www.helixdesign.net

Employees: 10
Year Founded: 1990

Discipline: Design

Joseph Schappler *(President, Founder & Owner)*
A.K. Stratton *(Vice President, Product Development)*

HERRING DESIGN STUDIO
1216 Hawthorne Street
Houston, TX 77006
Tel.: (713) 526-1250
Fax: (713) 526-1861
Web Site: www.herringdesign.com

Employees: 11
Year Founded: 1973

Discipline: Design

Stephen Herring *(President & Director, New Business Development)*
Douglas Timmermeyer *(Design Director & Brand Strategist)*

HERRMANN ADVERTISING DESIGN
30 West Street
Annapolis, MD 21401
Tel.: (410) 267-6522
Fax: (410) 295-0266
Web Site: www.herrmann.com

Employees: 25

Discipline: Design

Judi Herrmann *(President & Chief Creative Officer)*
John Albert *(Chief Business Development Officer & Senior Account Executive)*
Jane Farrell *(Senior Account Executive)*
Stephanie Blank *(Senior Account Executive)*

HILL
3512 Lake Street
Houston, TX 77098
Tel.: (713) 523-7363
Fax: (713) 523-6624
Web Site: www.hillonline.com

Employees: 8
Year Founded: 1982

Discipline: Design

Chris Hill *(Creative Director)*
Emily Duckett *(Chief Operations Officer)*

HUB COLLECTIVE, LTD.
1200 NW Naito Parkway
Portland, OR 97209
Tel.: (503) 222-0165
Web Site: www.hubltd.com

Year Founded: 2004

Discipline: Design

Lindsey Charlet *(Chief Executive Officer)*
Krista Kinder *(Chief, Accounts & Creative Strategy)*
Jennifer Guibord *(Director, Creative Development)*

HUGE, INC.
875 North Michigan Avenue
Chicago, IL 60611
Web Site: www.hugeinc.com

Year Founded: 1999

Discipline: Design

Amy Ferranti *(Vice President, Client Services)*
Yoko Terretta *(Vice President, Client Services)*
David Fitzgerald *(Group Engagement Director)*
Richard Davy *(Creative Director)*
Allyson Meyer *(Group Experience Director)*
Eric Cohen *(Associate Creative Director)*
Brandon Coleman *(Senior Product Designer)*

HUGHES DESIGN GROUP
50 Washington Street
South Norwalk, CT 06854
Tel.: (203) 866-9696
Fax: (203) 846-0762
Web Site: www.hugheslink.com

Employees: 14
Year Founded: 1984

Discipline: Design

Barney Hughes *(Strategic Director & Founder)*
Nancy Wargo *(Vice President, Senior Account & Marketing Director)*
Daniella Kohler *(Director, Account Services)*
Greg Martin *(Senior Creative Director)*
Jamie Teska *(Design Director)*

HUSH STUDIOS, INC.
141 Flushing Avenue
Brooklyn, NY 11205
Tel.: (718) 422-1537
Fax: (718) 422-1539
Web Site: www.heyhush.com

Year Founded: 2006

Discipline: Design

David Schwarz *(Creative Partner)*
Erik Karasyk *(Partner)*
Justin Martin *(Director, Technical)*
Kari Fry *(Development & Public Relations Producer)*
Kristen DiCamillo *(Executive Producer)*
Nicole Messier *(Lead Creative Technologist)*
Zoe Salditch *(Senior Producer)*

IA COLLABORATIVE
218 South Wabash Avenue
Chicago, IL 60604
Tel.: (312) 727-0027
Fax: (312) 727-0028
Web Site: www.iacollaborative.com

Employees: 15
Year Founded: 1999

Discipline: Design

Dan Kraemer *(Founder & Chief Design Officer)*
Kathleen Brandenburg *(Founder, Design Strategy)*
Michelle Roberts *(Senior Design Researcher)*

ID GRAPHICS
25 East Main Street
Everett, PA 15537
Tel.: (814) 285-8554
Web Site: www.idgraphics.net

Discipline: Design

Corey Meckes *(Co-Owner & Graphic Designer)*
Monica Meckes *(Co-Owner)*

IDEAS ON PURPOSE
307 Seventh Avenue
New York, NY 10001
Tel.: (212) 366-6355
Fax: (212) 366-6353
Web Site: www.ideasonpurpose.com

Employees: 8
Year Founded: 2000

Discipline: Design

Darren Namaye *(Principal & Creative Director)*
Michelle Marks *(Principal, Strategic & Creative Development)*
John Connolly *(Principal & Creative Director)*

IDEAS THAT KICK
911 West 50th Street

Brands. Marketers. Agencies. Search Less. Find More.
Try out the online version at www.winmo.com

DESIGN AGENCIES

Minneapolis, MN 55419
Tel.: (612) 343-8880
Fax: (612) 343-1021
Web Site: www.ideasthatkick.com/

Employees: 4
Year Founded: 2001

Discipline: Design

Mary Kemp *(Co-Founder & President)*
Stefan Hartung *(Creative Director)*
Kris Burns *(Integrated Marketing Strategy Lead)*

IDEO
395 Hudson Street
New York, NY 10013
Tel.: (212) 965-6100
Web Site: www.ideo.com

Year Founded: 1991

Discipline: Design

Duane Bray *(Global Head, Talent & Partner)*
Tom Eich *(Partner & Chief Technology Officer)*

IDEO
150 Forest Avenue
Palo Alto, CA 94301
Tel.: (650) 289-3400
Fax: (650) 289-3707
Web Site: www.ideo.com

Employees: 200
Year Founded: 1991

Discipline: Design

Tim Brown *(President & Chief Executive Officer)*
Tom Kelley *(Partner)*
Whitney Mortimer *(Partner & Chief Marketing Officer)*
Danny Stillion *(Partner & Executive Director, Design)*
Alex Grishaver *(Senior Director, Design)*
Nadia Walker *(Senior Director, Communications & Global Brand)*
Katie Clark *(Senior Director, Growth & Digital Operations, Global Brand)*
Geoff Schwarten *(Senior Growth & Digital Marketing Lead)*
Rachel Youngblade *(Content Marketing Manager)*

IMAGE 4
Seven Perimeter Road
Manchester, NH 03103
Tel.: (603) 644-0077
Fax: (603) 644-5810
Toll Free: (800) 735-1130
Web Site: www.image4.com

Employees: 15
Year Founded: 1987

Discipline: Design

Jeff Baker *(President, Creative Director & Owner)*
Elizabeth Hummel *(Vice President, Operations)*

IMAGINARY FORCES
2254 South Sepulveda Boulevard
Los Angeles, CA 90064
Tel.: (323) 957-6868
Fax: (323) 957-9577
Web Site: www.imaginaryforces.com

Employees: 50

Year Founded: 1996

Discipline: Design

Chip Houghton *(Partner & Managing Director)*
Peter Frankfurt *(Partner, Creative Director & Owner)*
Jon Hassell *(Executive Producer)*
Krista Templeton *(Director, Marketing)*
Wandie Kabule *(Executive Producer)*
Eden McFadden *(Executive Assistant & Operations)*

Accounts:
Animal Planet

IMAGINATION PUBLISHING, LLC
600 West Fulton Street
Chicago, IL 60661
Tel.: (312) 887-1000
Fax: (312) 887-1003
Web Site: www.imaginepub.com

Employees: 100
Year Founded: 1994

Discipline: Design

James Meyers *(Founder, Chief Executive Officer & President)*
Doug Kelly *(Executive Vice President & Design Director)*
Erin Slater *(Senior Vice President, Business Development)*

INC DESIGN
35 West 35th Street
New York, NY 10001
Tel.: (212) 599-2222
Fax: (212) 599-6666
Web Site: www.incdesign.com

Employees: 7
Year Founded: 1988

Discipline: Design

Bill Ferguson *(Founding Partner & Managing Partner)*
Martine Chepigin *(Founder & Managing Partner)*

INDIANA DESIGN CONSORTIUM, INC.
416 Main Street
Lafayette, IN 47901
Mailing Address:
Post Office Box 180
Lafayette, IN 47902
Tel.: (765) 423-5469
Fax: (765) 423-4440
Web Site: www.idc-marketing.com

Employees: 9

Discipline: Design

Patrick Nycz *(President & Chief Executive Officer)*
Kristy Blair *(Senior Art Director)*

INDIGO STUDIOS
660 11th Street Northwest
Atlanta, GA 30318
Tel.: (404) 872-0110
Fax: (404) 350-9905
Web Site: www.indigostudios.com

Employees: 7

Discipline: Design

Marc Rochon *(Founder & Advisor)*
Gary Book *(Associate Creative Director)*
Brian Gogolin *(Director, Marketing & Business Development)*
Eric Brackett *(Executive Producer)*

INDUSTRY
415 Southwest 10th Avenue
Portland, OR 97205
Tel.: (503) 395-7538
Web Site: www.industrypdx.com

Year Founded: 2011

Discipline: Design

Oved Valadez *(Co-Founder & Executive Creative Director)*
Meral Middleton *(Founding Partner & Managing Director)*
David Thorpe *(Founding Partner & Executive Director, Strategy)*
Jacy Weyer *(Creative Director)*
Marina Zertuche *(Lead Brand Designer)*
Corey Cahalane *(Account Director)*
Sarasota Proffitt *(Design Strategist)*
Shirley Van *(Industrial Designer)*
Sabrina Taylor *(Production Coordinator)*

Accounts:
YouTube Music

INERGY GROUP
109 Davis Hill Road
Weston, CT 06883
Tel.: (203) 563-9800
Fax: (203) 563-9984
Web Site: www.inergygroup.com

Employees: 15
Year Founded: 1971

Discipline: Design

Kristin Gibson *(Principal & Chief Operating Officer)*
Kurt Gibson *(Principal & Chief Creative Officer)*

INGENUITY
6299 Nall Avenue
Mission, KS 66202
Tel.: (913) 397-8850
Web Site: www.weareingenuity.com

Year Founded: 2003

Discipline: Design

David Chavez *(Chief Executive Officer)*
Sarah Chavez *(President)*

INTERBRAND
195 Broadway
New York, NY 10007
Tel.: (212) 798-7500
Fax: (212) 798-7501
Web Site: www.interbrand.com

Year Founded: 1974

Discipline: Design

Mark O'Brien *(Global Chief Financial & Operations Officer)*
Patrick Lopez *(Senior Principal, Analytics)*
Paola Norambuena *(Chief Communications Officer-*

Brands. Marketers. Agencies. Search Less. Find More.
Try out the online version at www.winmo.com

AGENCIES - JULY, 2020 — DESIGN AGENCIES

Australia)
Daniel Binns *(Chief Executive officer, New York)*

J. BRENLIN DESIGN, INC.
2054 Tandam Way
Norco, CA 92860
Tel.: (951) 549-1515
Fax: (951) 549-1453
Web Site: www.jbrenlin.com

Year Founded: 1985

Discipline: Design

Jane Brenlin *(President)*
Rick Haan *(Vice President & Partner)*
Susana Djuanda *(Manager - Media & Account Executive)*

JACKRABBIT DESIGN
333 Edge Hill Road
Milton, MA 02186
Tel.: (617) 298-6200
Web Site: www.jumpingjackrabbit.com

Year Founded: 1999

Discipline: Design

Dave Belyea *(Principal & Creative Director)*
Colin Waters *(Customer Experience Manager)*
Curtis Garofalo *(Multimedia Specialist)*
Mary Ryan *(Senior Designer)*
Kevin Croake *(Senior Web Designer)*
Mackenzie Danho *(Designer)*

JACKSON MARKETING GROUP
1068 Holland Road
Simpsonville, SC 29681
Tel.: (864) 272-3000
Fax: (864) 272-3040
Web Site: www.jacksonmg.com

Year Founded: 1987

Discipline: Design

Larry Jackson *(Chairman)*
Kevin Johnson *(Chief Operating Officer & Executive Vice President)*
David Jones *(Chief Marketing Officer & Executive Vice President)*
David Madson *(Chief Financial Officer & Executive Vice President)*
Chad Rucker *(Creative Director)*
John Mininger *(Senior Producer & Video Editor)*
Todd Steen *(Executive Director, Business Development)*
Alissa Ricci *(Media Supervisor)*
Jim Hahn *(Production Manager)*

Accounts:
Blue Bird Corporation
Burlington Northern Santa Fe Corporation
Burlington Northern Santa Fe Corporation
Harlem Globetrotters
NAPA Filters
Piaggio USA, Inc.
Wiley X

JB CHICAGO
230 West Superior Street
Chicago, IL 60654
Tel.: (312) 442-7223
Fax: (312) 264-0138
Web Site: www.jbchicago.com

Employees: 10
Year Founded: 2000

Discipline: Design

Stephen Gaither *(President)*
Christina Calderon *(Creative Director)*

JENSEN DESIGN ASSOCIATES
444 West Ocean Boulevard
Long Beach, CA 90802
Tel.: (562) 420-3000
Fax: (562) 424-5303
Web Site: www.jensendesign.com

Employees: 10
Year Founded: 1991

Discipline: Design

David Jensen *(President & Creative Director)*
Patty Jensen *(Vice President, Client Services)*

Accounts:
Toshiba Canada

JONES WORLEY DESIGN, INC.
723 Piedmont Avenue, Northeast
Atlanta, GA 30308-1416
Tel.: (404) 876-9272
Fax: (404) 876-9174
Web Site: www.jonesworley.com

Employees: 8

Discipline: Design

Cynthia Jones-Parks *(President & Chief Executive Officer)*
Shawn Lingle *(Vice President, Marketing)*

JUDSON DESIGN ASSOCIATES
805 Rhode Place
Houston, TX 77019
Tel.: (713) 520-1096
Fax: (713) 520-6836
Web Site: www.judsondesign.com

Employees: 7
Year Founded: 1979

Discipline: Design

Mark Judson *(Principal)*
Cindi Judson *(Partner)*

JUMP
625 Broadway
New York, NY 10012
Tel.: (212) 228-7474
Fax: (212) 228-6085
Web Site: www.nycjump.com

Employees: 10

Discipline: Design

Michael Saia *(Editor & Owner & President)*
Luis Moreno *(Owner & Editor)*

KAPOW, INC.
1620 Broadway
Santa Monica, CA 90404
Tel.: (310) 230-7600
Fax: (310) 394-5278
Web Site: www.kapow.com

Employees: 5
Year Founded: 1996

Discipline: Design

Ethan Goldstine *(Principal & Producer)*
Neal Steinberg *(Principal & Art Director)*

KELSH WILSON DESIGN
19 Bala Avenue
Bala Cynwyd, PA 19004
Tel.: (267) 765-0700
Fax: (215) 751-0824
Web Site: www.kelshwilson.com

Employees: 20
Year Founded: 1983

Discipline: Design

Fred Wilson *(Managing Principal)*
Lisa Winward *(Design Director)*
Melinda Wissman *(Account Director)*
Kathie Wissmann *(Business Manager)*

KENDAL KING GROUP
1925 Central Street
Kansas City, MO 64108
Tel.: (816) 569-6651
Fax: (816) 569-6652
Toll Free: (800) 542-9882
Web Site: kendalkinggroup.com

Year Founded: 1987

Discipline: Design

Scott King *(Chief Executive Officer & Chief Financial Officer)*
Kendal King *(Founder)*
Don Gore *(Vice President, Creative)*

KIDZSMART CONCEPTS
2855 Arbutus Street
Vancouver, BC V6J 0E6
Tel.: (604) 683-6633
Toll Free: (888) 292-9444
Web Site: www.kidzsmart.com

Employees: 20
Year Founded: 2000

Discipline: Design

Frank Holler *(President & Chief Executive Officer)*
Maureen Nemrava *(Director, Operations)*
Christian Casper *(Digital Director)*
Daniel Asel *(Creative Director)*
Jasmine Kafka *(Manager, Marketing Communications & Account Services)*
Michaela Deane *(Marketing Account Manager)*
Pierre Gilbert *(Manager, Sales & Production)*

KIKU OBATA & CO.
6161 Delmar Boulevard
Saint Louis, MO 63112-4621
Tel.: (314) 361-3110
Fax: (314) 361-4716
Web Site: www.kikuobata.com

Year Founded: 1977

Discipline: Design

Kiku Obata *(President)*
Kevin Flynn *(Vice President)*
Karen Van Horn *(Director, Human Resources)*

Accounts:
Dr. Scholl's Shoes (licensed)

Brands. Marketers. Agencies. Search Less. Find More.
Try out the online version at www.winmo.com

DESIGN AGENCIES

KILLER VISUAL STRATEGIES
511 Boren Avenue North
Seattle, WA 98109
Toll Free: (844) 454-5537
Web Site: killervisualstrategies.com

Year Founded: 2010

Discipline: Design

Amy Balliett *(Founder & Chief Executive Officer)*
Josh Miles *(President & Chief Creative Officer)*
Erin McCoy *(Director, Content Marketing & Public Relations)*
Jake Woodard *(Digital Producer)*

KIMBERLY BAER DESIGN ASSOCIATES
2452 Wilshire Boulevard
Santa Monica, CA 90403
Tel.: (310) 255-0902
Fax: (310) 586-6970
Web Site: www.kbda.com

Employees: 9
Year Founded: 1983

Discipline: Design

Kimberly Baer *(Principal & Owner)*
Susan Daugherty *(Business Manager)*

KIMBO DESIGN
409 Granville Street
Vancouver, BC V6C 1T2
Tel.: (604) 738-6448
Fax: (604) 738-6468
Web Site: www.kimbodesign.ca

Year Founded: 2001

Discipline: Design

Kim Pickett *(Principal & Creative Director)*
Thanh Nguyen *(Lead Web Developer)*
Sheryl Drake *(Project Manager & Coordinator, Digital Marketing)*

KINETIK COMMUNICATIONS GRAPHICS
1720 Florida Avenue Northwest
Washington, DC 20009
Tel.: (202) 797-0605
Fax: (202) 387-2848
Web Site: www.kinetikcom.com

Employees: 10
Year Founded: 1988

Discipline: Design

Samuel Shelton *(Principal & Creative Director)*
Jeffery Fabian *(Principal & Creative Director)*
Scott Reir *(Senior Designer)*
Jenny Skillman *(Managing Director)*

KOLANO DESIGN, INC.
6026 Centre Avenue
Pittsburgh, PA 15206-3921
Tel.: (412) 661-9000
Fax: (412) 661-9606
Web Site: www.kolano.com

Employees: 10
Year Founded: 1956

Discipline: Design

Bill Kolano *(President)*
Michele Sand *(Office Manager)*
Laura St.Amant *(Senior Project Manager & Account Manager)*

KOR GROUP
374 Congress
Boston, MA 02210
Tel.: (617) 330-1007
Fax: (617) 330-1004
Web Site: www.kor.com

Employees: 10
Year Founded: 1993

Discipline: Design

Anne Callahan *(Partner & Principal)*
Karen Dendy-Smith *(Partner)*
MB Jarosik *(Partner)*

KUHLMANN LEAVITT
7400 Pershing Avenue
Saint Louis, MO 63130
Tel.: (314) 725-6616
Fax: (314) 725-6618
Web Site: www.kuhlmannleavitt.com

Employees: 8
Year Founded: 2001

Discipline: Design

Deanna Kulhmann-Leavitt *(President & Design Director)*
Jenny Hodges *(Office Manager)*

LAM DESIGN ASSOCIATES, INC.
409 Manville Road
Pleasantville, NY 10570
Tel.: (914) 773-7600
Fax: (914) 773-7611
Web Site: www.lamdesign.com

Employees: 28
Year Founded: 1974

Discipline: Design

Michael Lafortezza, Jr. *(President & Managing Partner)*
DD Spencer *(Senior Vice President, Marketing & Strategy)*
Tim Augustine *(Executive Design Director)*
Ann Massa *(Senior Account Director)*

LEOTTA DESIGNERS, INC.
75 Valencia Avenue
Coral Gables, FL 33134
Tel.: (305) 371-4949
Fax: (305) 371-2844
Web Site: www.leottadesigners.com

Employees: 10
Year Founded: 1945

Discipline: Design

Ralph Schoennagel *(President)*
Luis Yepez *(Business Manager)*

LEVIATHAN
327 North Aberdeen Street
Chicago, IL 60607
Tel.: (312) 878-1500
Web Site: www.lvthn.com

Year Founded: 2010

Discipline: Design

Chad Hutson *(President & Chief Executive Officer)*
Jason White *(Co-Founder & Chief Creative Officer)*
Taylor Brinkman *(Senior Interactive Art Director)*
Liz Yardley *(Account Supervisor)*
Stephen Killion *(Associate Creative Director)*
Dmitry Fedorov *(Motion Designer)*
Matt Greenberg *(Creative Developer)*

Accounts:
Chicago Museum of Science & Industry
Northern Trust Corporation

LEXICON BRANDING, INC.
30 Liberty Ship Way
Sausalito, CA 94965
Tel.: (415) 332-1811
Fax: (415) 332-2528
Web Site: www.lexicon-branding.com

Year Founded: 1982

Discipline: Design

David Placek *(President)*
Jody Clark *(Associate, Creative Strategy & Trademark)*

LINESPACE
315 West Ninth Street
Los Angeles, CA 90015
Tel.: (310) 581-4400
Fax: (310) 558-2574
Web Site: www.linespace.com

Year Founded: 2003

Discipline: Design

Max Beach *(Partner & Chief Operating Officer)*
Nick Groh *(Partner)*
Clint Woesner *(Partner)*

LIPPINCOTT
499 Park Avenue
New York, NY 10022
Tel.: (212) 521-0000
Fax: (212) 754-2591
Web Site: www.lippincott.com

Employees: 30
Year Founded: 1943

Discipline: Design

Rodney Abbot *(Senior Partner, Design)*
Chris Colborn *(Chief Experience Officer)*
Fabian Diaz *(Senior Partner, Innovation)*
Connie Birdsall *(Senior Partner & Global Creative Director)*
Rick Wise *(Chief Executive Officer)*
Heather Stern *(Chief Marketing & Talent Officer)*
Allen Gove *(Senior Partner, Strategy)*
Cory Cruser *(Partner, Experience Innovation)*
Michael D'Esopo *(Senior Partner & Director, Brand Strategy)*
Richard Wilke *(Director, Global Business Development)*
Melissa Tischler *(Partner, Innovation)*
Wendy Tsang *(Senior Director, Talent & Culture)*
John Marshall *(Consultant)*
Rachel Robison *(Senior Associate, Marketing)*

LJG PARTNERS

AGENCIES - JULY, 2020 — DESIGN AGENCIES

1642 University Avenue
San Diego, CA 92103
Tel.: (619) 232-3000
Fax: (619) 232-3052
Web Site: www.ljg.com

Year Founded: 1994

Discipline: Design

John Greer *(President & Founding Partner)*
Candy Johnson *(Director, Operations)*
Gina Von der Kret *(Creative Director)*
Cameron Okamoto *(Director, Design)*

LLOYD&CO
180 Varick Street
New York, NY 10014-1410
Tel.: (212) 414-3100
Fax: (212) 414-3113
Web Site: www.lloydandco.com

Employees: 16
Year Founded: 1994

Discipline: Design

Doug Lloyd *(Founder & Creative Director)*
Jodi Sweetbaum *(President & Managing Director)*
Shari Kaufman-Lewis *(Senior Account Director)*
Rachel Levine *(Director, Creative Services)*

Accounts:
Pepsi
PepsiCo, Inc.

LOCAL PROJECTS
123 William Street
New York, NY 10038
Tel.: (212) 480-0479
Web Site: www.localprojects.com

Year Founded: 2001

Discipline: Design

Jake Barton *(Principal & Founder)*
Caitlin Mennen-Bobula *(Chief Operating Officer)*
Bobby Healey *(Managing Director & Chief Financial Officer)*
Christopher Fung *(Director, Motion Design & Creative Director)*
Whitney Rutter *(Director, Business Strategy)*
Christina Latina *(Director, Visual Experience Design & Associate Creative Director)*
Nathan Adkisson *(Director, Strategy & Associate Creative Director)*
Brook Anderson *(Executive Account Director)*
Eric Mika *(Creative Director & Director, Creative Technology)*
Ben Millstein *(Communications & Marketing Manager)*

Accounts:
General Electric Corporation
Johnson & Johnson
Target Corporation

LODGE DESIGN CO.
5933 East Washington Street
Indianapolis, IN 46219
Tel.: (317) 375-4299
Fax: (317) 375-4398
Web Site: www.lodgedesign.com

Employees: 6
Year Founded: 1999

Discipline: Design

Jason Roemer *(Principal & Owner)*
Jarrett Hagy *(President & Owner)*
Eric Stine *(Art Director)*
Ross Shafer *(Art Director)*

LOGICA DESIGN
16 Harkness Street
Providence, RI 02909
Tel.: (401) 751-7711
Fax: (401) 751-8275
Web Site: www.logicadesign.com

Employees: 6

Discipline: Design

Bob Lukens *(Owner & Creative Partner)*
Molly Regan *(Creative Partner & Designer)*

LOUEY / RUBINO DESIGN GROUP
2525 Main Street
Santa Monica, CA 90405
Tel.: (310) 396-7724
Fax: (310) 396-1686
Web Site: www.loueyrubino.com

Employees: 6
Year Founded: 1984

Discipline: Design

Robert Louey *(President & Creative Director)*
Regina Rubino *(Managing Director & Owner)*

LOUIS & PARTNERS DESIGN
2138 North Cleveland Massillon Road
Akron, OH 44333
Tel.: (330) 659-3161
Fax: (330) 659-3502
Web Site: www.louisandpartners.com

Employees: 25
Year Founded: 1960

Discipline: Design

Louis Nonno *(Owner & Managing Partner)*
Barb Churchill *(New Business Director)*
Chris Nonno *(Owner & Managing Partner)*

M-STREET CREATIVE
Seven Broadway
Freehold, NJ 07728
Tel.: (212) 678-6788
Fax: (732) 866-9411
Web Site: www.m-streetcreative.com/

Discipline: Design

Elayne Shuster *(Partner & Executive Producer)*
Vicki Stoiber *(Head, Production)*

MA3 AGENCY
39 Walker Street
New York, NY 10013
Tel.: (646) 291-6400
Web Site: www.ma3agency.com

Year Founded: 2007

Discipline: Design

Carine Bauvey *(Partner & Co-Chief Executive Officer)*
Jason Lannert *(Co-Chief Executive Officer & Chief Strategy & Brand Officer)*
Cyril Stanajic *(Brand Image & Creative Director)*

MARKETING BY DESIGN, INC.
500 Cummings Center
Beverly, MA 01915
Tel.: (978) 998-6600
Web Site: mbdesign.com

Year Founded: 1990

Discipline: Design

David Stowell *(Graphic Artist)*
Ivana Baric *(Project Manager)*
Katie Locke *(Business Development Manager)*
Ashley Smits *(Creative Project Manager)*
Amy Saad *(Senior Account Manager)*

MASS COMMUNICATIONS
1200 Lakeshore Avenue
Oakland, CA 94606
Tel.: (510) 735-9883
Fax: (415) 896-6301
Web Site: www.mass-communication.com

Employees: 5

Discipline: Design

Mike Stees *(Principal & Creative Director)*
Michael Mills *(Associate)*

MATRIX DEPARTMENT, INC.
243A Cedric Street
Leesburg, GA 31763
Tel.: (229) 888-7272
Fax: (229) 888-2662
Web Site: www.matrixdept.com

Employees: 8

Discipline: Design

John Bell *(President)*
Kaye Bell *(Administrative Director)*

MAURONEWMEDIA
23 East 73rd Street
New York, NY 10021
Tel.: (212) 249-3683
Web Site: www.mauronewmedia.com

Discipline: Design

Andrea Peterson Mauro *(Owner & Senior Vice President, Interactive Brand Development)*
Charles Mauro *(Founder & President)*

MCDILL DESIGN
626 North Water Street
Milwaukee, WI 53202
Tel.: (414) 277-8111
Fax: (414) 277-8220
Web Site: www.mcdilldesign.com

Employees: 17

Discipline: Design

Daniel Necci *(President)*
Michael Dillon *(Chief Executive Officer & Creative Director)*
Erin Strode *(Vice President, Client Services)*
Daryn Peterman *(Account Supervisor)*

MCELVENEY & PALOZZI
778 Oakridge Drive

190

DESIGN AGENCIES

AGENCIES - JULY, 2020

Rochester, NY 14617
Tel.: (585) 473-7630
Fax: (585) 473-9506
Web Site: www.mandpdesign.com

Employees: 11
Year Founded: 1983

Discipline: Design

Bill McElveney *(President & Chief Executive Officer)*
Stephen Palozzi *(Owner & Creative Director)*

MCMILLAN GROUP
25 Otter Trail
Westport, CT 06880
Tel.: (203) 227-8696
Fax: (203) 227-2898
Web Site: www.mcmillangroup.com

Employees: 2

Discipline: Design

Charles McMillan *(Principal)*
Nancy McMillan *(Principal)*

MERCER CREATIVE GROUP
1333 Johnston Street, Suite 100
Vancouver, BC V6H 3R9
Tel.: (604) 689-0880
Fax: (604) 689-3036
Web Site: www.mercerad.com

Employees: 20
Year Founded: 1987

Discipline: Design

Terry Mercer *(President & Creative Director)*
Pax Robertson *(Founding Partner)*
Jim Fox *(Director, Finance & Administration)*
Fiona Rigby *(Media Director)*

Accounts:
Panago Pizza

METHOD, INC.
151 Lafayette Street
New York, NY 10013
Tel.: (212) 981-9499
Fax: (212) 981-8195
Web Site: www.method.com

Year Founded: 1998

Discipline: Design

Meghan Bush *(Business Development Director)*
Misa Rodriguez *(Product Disigner)*
Reema Pinto *(Managing Director)*

MGT DESIGN
515 Valley Street
Maplewood, NJ 07040
Tel.: (908) 322-7707
Fax: (908) 322-7751
Web Site: www.mgtdesign.com

Employees: 6
Year Founded: 1993

Discipline: Design

Anne Giacalone *(Principal)*
Kevin Thompson *(Principal)*
Dave McMillin *(Owner)*

MICHAEL PATRICK PARTNERS
530 Howard Street
San Francisco, CA 94105
Tel.: (650) 327-3185
Fax: (650) 327-3189
Web Site: www.mppinc.com

Employees: 5
Year Founded: 1979

Discipline: Design

Dan O'Brien *(Co-Founder & President)*
Robert Maidens *(Creative Director)*

MICHAEL WOLK DESIGN ASSOCIATES
31 Northeast 28th Street
Miami, FL 33137
Tel.: (305) 576-2898
Fax: (305) 576-2899
Web Site: www.wolkdesign.com

Employees: 10
Year Founded: 1971

Discipline: Design

Michael Wolk *(Chairman, Creative Director & Owner)*
Darlene Boitel *(Purchasing Manager)*

MICROARTS CREATIVE AGENCY
655 Portsmouth Avenue
Greenland, NH 03840
Tel.: (603) 430-1110
Fax: (603) 431-5111
Web Site: www.microarts.com

Year Founded: 1988

Discipline: Design

Peter Getman *(Chief Executive Officer)*
AnnMarie Niswender *(Controller)*
Geoff Cunningham *(Creative Director)*
Blythe Langley *(Designer, Brand)*

MILLER BROOKS, INC.
11712 North Michigan Road
Zionsville, IN 46077
Tel.: (317) 873-8100
Fax: (317) 873-8110
Web Site: www.millerbrooks.com

Employees: 30
Year Founded: 1984

Discipline: Design

Barbie Wentworth *(President & Chief Executive Officer)*
Michael Thaman *(Senior Art Director)*
Paul Korman *(Media Planner & Buyer)*
Hollie Long *(Senior Media Planner & Buyer)*
Nicole Clark *(Social Media Specialist)*
Rosie O'Hara *(Managing Director)*

Accounts:
Rinnai North

MILLER DESIGNWORKS
400 Franklin Avenue
Phoenixville, PA 19460
Tel.: (610) 917-0100
Fax: (610) 917-9320
Web Site: www.millerdesignworks.com

Employees: 9

Discipline: Design

Steve Miller *(President)*
Scott Sharadin *(Creative Director)*
Marshall Oram *(Interactive Director)*

MILLER ZELL, INC.
6100 Fulton Industrial Boulevard Southwest
Atlanta, GA 30336
Tel.: (404) 691-7400
Fax: (404) 699-2189
Web Site: www.millerzell.com

Employees: 250
Year Founded: 1970

Discipline: Design

David Seem *(Chief Financial Officer - Miller Zell Ventures)*
Herman Miller *(President & Chief Executive Officer)*
Angie Coleman *(Senior Vice President, Account Management)*
Kyla Prater *(Senior Account Manager)*

MINKUS & ASSOCIATES
Five Firethorn Lane
Malvern, PA 19355
Tel.: (610) 525-6769
Fax: (610) 525-6829
Web Site: www.brandcatalysts.com

Employees: 8
Year Founded: 1986

Discipline: Design

Robert Minkus *(President)*
Karen King *(Vice President)*

MITCHELL ASSOCIATES, INC.
One Avenue of the Arts
Wilmington, DE 19801
Tel.: (302) 594-9400
Fax: (302) 656-7926
Toll Free: (888) 594-9400
Web Site: www.mitchellai.com

Employees: 42
Year Founded: 1965

Discipline: Design

Louis Rosenberg *(President & Interior Designer)*
Bill Endicott *(Principal - Environmental Graphic Design)*
Elaina Boyd *(Marketing Coordinator)*

MITRE AGENCY
328 East Market Street
Greensboro, NC 27401
Tel.: (336) 230-0575
Fax: (336) 230-0083
Web Site: www.mitreagency.com

Employees: 7
Year Founded: 2000

Discipline: Design

Will Ragsdale *(Partner & Client Services Director)*
Troy Tyner *(Partner & Creative Director)*

MK12 STUDIOS
4200 Pennsylvania Avenue
Kansas City, MO 64111

AGENCIES - JULY, 2020 — DESIGN AGENCIES

Tel.: (816) 931-2425
Fax: (816) 842-6299
Web Site: www.mk12.com

Employees: 5

Discipline: Design

Ben Radatz *(Designer, Partner & Co-Founder)*
Jed Carter *(Partner & Designer)*

MNA|BAX
337 Kent Road
New Milford, CT 06776
Tel.: (203) 885-7048
Fax: (860) 350-0979
Web Site: www.mnabax.com

Employees: 25

Discipline: Design

Brooke Baxter *(President)*
Adam Rose *(Studio Manager)*

MOCK, THE AGENCY
247 14th Street NW
Atlanta, GA 30318
Tel.: (470) 225-6814
Fax: (404) 352-4041
Web Site: http://www.mocktheagency.com/

Discipline: Design

Rob Broadfoot *(Partner & Creative Director)*
Don Mock *(Managing Partner & Creative Director, Advertising & Design)*
Donald J. Mock *(Managing Partner & Creative Director)*

MOD WORLDWIDE
121 South Broad Street
Philadelphia, PA 19107
Tel.: (215) 732-7666
Web Site: www.modworldwide.com

Year Founded: 2004

Discipline: Design

John Stanley *(Chief Executive Officer)*
Nina Stanley *(Owner & Chief Creative Officer)*
Alexandra Spada *(Director, Strategy & Neuromarketing)*
Matthew Dobbs *(Creative Director, Human Experience)*
Ben Levy *(Creative Director)*
Donald Wilmer *(Design Director)*
Michael Batista *(Creative Director, Motion)*
Adriana Vasquez *(Director, Accounts)*
Hifza Nosheen *(Senior Director, Brand Partnerships)*
Mira Crisp *(Creative Director)*
Kate Burke *(People Operations Manager)*
Jessie Taylor *(Account Manager)*
Nicole Bianchini *(Account Manager)*
Zach Walters *(Account Manager)*
Tim Spellman *(Associate Creative Director)*

MOJAVE ADVERTISING
395 Oak Hill Road
Mountaintop, PA 18707
Tel.: (570) 474-9355
Fax: (570) 474-9228
Web Site: www.mojavecreative.com

Employees: 5

Discipline: Design

Tom Zabroski *(President & Chief Executive Officer)*
Brian Zabroski *(Vice President)*
Ted Zeinier *(Creative Director)*

MOMENT
13 Crosby Street
New York, NY 10013
Tel.: (212) 625-9744
Fax: (212) 625-9747
Web Site: www.momentdesign.com

Discipline: Design

Brendan Reynolds *(Chief Executive Officer & Head, Consumer Experience Design - Verizon)*
Jacob Pastrovich *(Director, Marketing)*
Philip Kim *(Managing Director & Director, Customer Experience Design - Verizon)*

MONDO ROBOT
5445 Conestoga Court
Boulder, CO 80301
Tel.: (303) 800-2916
Web Site: www.mondorobot.com

Discipline: Design

Chris Hess *(Owner & Executive Creative Director)*
Garrett Wieronski *(Senior Art Director)*
Kai Rader *(Creative Director)*
Ben Frederick *(Senior Designer, Interaction)*
Todd Falzarano *(Specialist, Quality Assurance)*

MOSSWARNER
55 Corporate Drive
Trumbull, CT 06611
Tel.: (203) 268-2960
Fax: (203) 268-6619
Web Site: www.mosswarner.com

Discipline: Design

Bob Smithers *(President)*
Lee Nichols *(President & Chief Executive Officer)*
Douglas Blecher *(Vice President)*
Rusty Forman *(Creative Director, Content)*

MOTIV
803 Summer Street
Boston, MA 02127
Tel.: (617) 263-2211
Fax: (617) 263-2210
Web Site: www.the-motiv.com

Employees: 10
Year Founded: 1974

Discipline: Design

Bill Sterling *(Principal)*
Paul Metaxatos *(Principal)*
Pam Chase *(Director, New Business Development)*
Glenn Sundin *(Senior Director, Strategic Marketing)*
Kyle Marcella *(Creative Director)*
Ryan Frease *(Creative Director)*
Jenny Paola *(Senior Marketing Manager)*

MOXIE SOZO
1140 Pearl Street
Boulder, CO 80302

Tel.: (720) 304-7210
Web Site: www.moxiesozo.com

Year Founded: 1997

Discipline: Design

Leif Steiner *(Founder & Creative Director)*
Eric Nowels *(Interactive Director)*
Costa Raptis *(Director, Client Partnerships)*
Sara Hanson *(Senior Account Director)*
Rob Vermillion *(Director, Client Partnerships)*
Ivan Rocha *(Creative Director, Digital)*
Tyler Beckwith *(Designer)*

Accounts:
Backcountry.com
Ball Corporation
Case Logic
Hyland's Inc.
MyChelle Dermaceuticals, LLC
SmartWool
Stanford University

MOXY OX
PO Box 846
Tontitown, AR 72770
Tel.: (479) 419-5879
Web Site: moxyox.com

Year Founded: 2011

Discipline: Design

Matthew Huber *(President & Chief Operating Officer)*
Steve McBee *(Partner)*
Larry Netherton *(Production Manager)*

MRS & MR
105 Fifth Avenue
New York, NY 10003
Web Site: mrsandmr.com

Discipline: Design

Daniel Wadia *(Co-Founder)*
Kate Wadia *(Co-Founder & Chief Creative Officer)*

MUNROE CREATIVE PARTNERS
121 South Broad Street
Philadelphia, PA 19107
Tel.: (215) 563-8080
Fax: (215) 563-1270
Web Site: www.munroe.com

Employees: 23
Year Founded: 1988

Discipline: Design

Frank Pileggi *(Chief Operating Officer & Partner)*
Mike Cavallaro *(Senior Art Director)*
Michael Licata *(Partner & Chief Creative Officer)*
Sara McMillan *(President & Chief Strategy Officer)*
Dan Roteman *(Director, Finance & Operations)*
Brianna Schmidt *(Project Manager)*
Kathy Valusek *(Manager, Creative Services)*
Sarah Trussell-Scheppach *(Account Manager)*

MUTS & JOY, INC.
32 West 40th Street
New York, NY 10018
Tel.: (212) 764-1062

Brands. Marketers. Agencies. Search Less. Find More.
Try out the online version at www.winmo.com

DESIGN AGENCIES

Fax: (212) 764-4722
Web Site: www.mutsandjoy.com

Employees: 10
Year Founded: 1993

Discipline: Design

Joy Greene *(President & Co-Founder)*
Muts Yasumura *(Partner & Co-Founder)*
Gisele Sangiovanni *(Principle & Creative Director)*

NEIGER DESIGN, INC.
1515 Sherman Avenue
Evanston, IL 60201
Tel.: (847) 328-1648
Fax: (847) 328-1649
Web Site: www.neigerdesign.com

Employees: 6
Year Founded: 1988

Discipline: Design

Carol Neiger *(Owner & President)*
Stephanie Weiss *(Digital Marketing Strategist)*
Austin Godwin *(Digital Marketing Specialist)*

NEMO DESIGN
1875 Southeast Belmont Street
Portland, OR 97214
Tel.: (503) 872-9631
Web Site: www.nemodesign.com

Year Founded: 1999

Discipline: Design

Trevor Graves *(President)*
Jeff Bartel *(Principal & Executive Art Director)*
Mark Lewman *(Principal & Creative Director)*
Jon Stierwalt *(Senior Brand Director)*
Matt Graff *(Associate Creative Director)*
Jessica Vollendorf *(Creative Director)*
Kristy Beaulieu *(Strategy Director)*
Jay Floyd *(Director, Art & Designer)*
Halley Theodore *(Brand Strategist)*
Harriet Riley *(Digital Content Strategist)*

Accounts:
5.11, Inc.

NEVER BORING DESIGN
1016 14th Street
Modesto, CA 95354
Tel.: (209) 526-9136
Fax: (209) 526-1485
Toll Free: (800) 317-9136
Web Site: www.neverboring.com

Employees: 9
Year Founded: 1983

Discipline: Design

David Boring *(Owner & Creative Director)*
Julie Orona *(Art Director & Vice President)*

NICE SHOES
352 Park Avenue South
New York, NY 10010
Tel.: (212) 683-1704
Web Site: www.freestylecollective.com

Employees: 6
Year Founded: 1996

Discipline: Design

Dominic Pandolfino *(Owner)*
Gary Thomas *(Creative Director)*
Matt Greenwood *(Creative Director)*
Stefan Woronko *(Design Director)*
Lenny Mastrandrea *(Head, Colorist & Department)*
Angela Bowen *(Executive Producer)*
Justin Pandolfino *(Managing Director)*

NORTH CHARLES STREET DESIGN ORGANIZATION
222 West Saratoga Street
Baltimore, MD 21201
Tel.: (410) 539-4040
Fax: (410) 685-0961
Web Site: www.ncsdo.com

Employees: 17
Year Founded: 1972

Discipline: Design

Clifford Lull *(President & Creative Director)*
Amanda Shepherd *(Art Director)*
Ulfras Floyd *(Production Manager)*
Carol Remeikis *(Project Manager)*
Judy O'Brien *(Account Manager)*

NOTTINGHAM-SPIRK DESIGN, INC.
2200 Overlook Road
Cleveland, OH 44106
Tel.: (216) 231-7830
Web Site: www.nottinghamspirk.com

Employees: 50
Year Founded: 1972

Discipline: Design

John Nottingham *(Co-President)*
John Spirk *(Co-President)*

NOVA CREATIVE GROUP, INC.
7812 McEwen Road
Dayton, OH 45459
Tel.: (937) 434-9200
Fax: (937) 434-0400
Toll Free: (800) 726-1713
Web Site: www.novacreative.com

Employees: 11
Year Founded: 1983

Discipline: Design

Amy Niswonger *(Creative Director)*
Marilyn Shields *(Office Manager)*
Mackenzie Graves *(Graphic Designer)*

OBATA DESIGN, INC.
1610 Menard Street
Saint Louis, MO 63104-3702
Tel.: (314) 241-1710
Fax: (314) 241-8941
Web Site: www.obatadesign.com

Employees: 18
Year Founded: 1948

Discipline: Design

Rich Murphy *(President & Owner)*
Chris Haller *(Executive Vice President & Owner)*
Bob Prow *(Vice President)*

OBERLANDER GROUP
143 Remsen Street
Cohoes, NY 12047
Tel.: (518) 720-0050
Fax: (518) 427-8047
Web Site: www.oberlandergroup.com

Employees: 7

Discipline: Design

Mel Quinlan *(Owner)*
Flo Luckey *(Senior Art Director)*
John Oberlander *(Creative Director)*
Karen Paul *(Senior Graphic Designer)*

ODEN MARKETING & DESIGN
158 Vance Avenue
Memphis, TN 38103
Tel.: (901) 578-8055
Fax: (901) 578-1911
Web Site: www.oden.com

Employees: 50
Year Founded: 1971

Discipline: Design

Bill Carkeet *(Principal & Chief Executive Officer)*
Bret Terwilleger *(Principal & Chief Creative Officer)*
Tina Niclosi *(Principal & Executive Vice President)*
Todd Strickland *(Chief Financial Officer & Vice President)*
Ashley Livingston *(Vice President, Digital Marketing)*

OFFENBERGER & WHITE, INC.
Post Office Box 1012
Marietta, OH 45750
Mailing Address:
521 Fort Street
Marietta, OH 45750
Tel.: (740) 373-9010
Fax: (740) 373-9125
Toll Free: (800) 633-9448
Web Site: www.offwhite.com

Employees: 6
Year Founded: 1985

Discipline: Design

Bill White *(Chief Executive Officer)*
Chris Hlubb *(Web Developer)*

OLMSTED ASSOCIATES
432 North Saginaw Street
Flint, MI 48502-2013
Tel.: (810) 232-0070
Fax: (810) 232-2636
Web Site: www.olmstedassociates.com

Employees: 7

Discipline: Design

Karl Olmsted *(President & Creative Director)*
Brian Sanderson *(Vice President & Co-Creative Director)*

OVE DESIGN & COMMUNICATIONS LIMITED
111 Queen Street East
Toronto, ON M5C 1S2
Tel.: (416) 423-6228
Fax: (416) 423-2940

AGENCIES - JULY, 2020 — DESIGN AGENCIES

Web Site: www.ovedesign.com
Employees: 30
Year Founded: 1981
Discipline: Design

Michel Viau *(President & Chief Executive Officer)*
Monica Kessler *(Managing Partner)*
Melissa Westerby *(Account Director)*
Derek Wessinger *(Director, Design)*
Admira Nezirevic *(Managing Director, Client Service)*

P11CREATIVE, INC.
20331 Irvine Avenue
Newport Beach, CA 92660
Tel.: (714) 641-2090
Fax: (714) 641-2894
Web Site: www.p11.com

Employees: 19
Year Founded: 1989

Discipline: Design

Lance Huante *(President & Creative Director)*
Alex Chao *(Senior Graphic Designer)*
Aaron Ludwig *(Senior Interactive Designer)*

PAGE DESIGN GROUP
1900 29th Street
Sacramento, CA 95816
Tel.: (916) 457-0108
Web Site: www.pagedesigngroup.com

Employees: 10
Year Founded: 1980

Discipline: Design

Eric Grotenhuis *(Partner)*
Tracy Titus *(President & Art Director)*
Sherril Cortez *(Manager, Print Production)*

PANZANO & PARTNERS
304 Harper Drive
Moorestown, NJ 08057
Tel.: (856) 866-5500
Fax: (856) 866-1022
Web Site: www.panzanoandpartners.com

Year Founded: 1972

Discipline: Design

Bill Rubino *(President & Partner)*
David McCarty *(Partner & Creative Director)*

PARHAM SANTANA, INC.
41 East 11th Street
New York, NY 10003
Tel.: (212) 645-7501
Fax: (212) 645-8314
Web Site: www.parhamsantana.com

Employees: 9
Year Founded: 1985

Discipline: Design

John Parham *(President & Director, Branding)*
Maruchi Santana *(Chief Client Officer)*

PARKERWHITE
230 Birmingham Drive
Encinitas, CA 92007
Tel.: (760) 783-2020
Fax: (760) 783-4040

Web Site: www.parkerwhite.com
Discipline: Design

Cindy White *(Creative Director & Chief Executive Officer)*
Keith White *(Managing Partner & Brand Strategist)*
Eric Ng *(Director, Digital Services)*
Ryan Parker *(Designer, Digital)*

PEGGY LAURITSEN DESIGN GROUP
125 Main Street, Southeast
Minneapolis, MN 55414
Tel.: (612) 623-4200
Fax: (612) 623-9802
Web Site: www.pldg.com

Employees: 11

Discipline: Design

Peggy Lauritsen *(Owner & Chief Executive Artist)*
Amy Clarke *(President)*
Linda Gosslin *(Senior Account Executive)*

PENNEBAKER, LMC
1100 West 23rd Street
Houston, TX 77008
Tel.: (713) 963-8607
Fax: (713) 960-9680
Web Site: www.pennebaker.com

Employees: 20

Discipline: Design

Jeffrey McKay *(Principal & Creative Director)*
Ward Pennebaker *(Chief Executive Officer)*
Susan Pennebaker *(Principal)*
Katie Gray *(Vice President, Operations)*
Amol Sardesai *(Associate Creative Director)*
Ian Deranieri *(Head, UX & Associate Director)*
Richard Byrd *(Director, Content Strategy)*
Karin Macey *(Project Manager)*
Carrie Cash *(Designer)*

PENTAGRAM
250 Park Avenue South
New York, NY 10003
Tel.: (212) 683-7000
Fax: (212) 532-0181
Web Site: www.pentagram.com

Employees: 45
Year Founded: 1972

Discipline: Design

Michael Bierut *(Partner)*
Michael Gericke *(Partner)*
Abbott Miller *(Partner)*
Paula Scher *(Partner)*
Luke Hayman *(Partner)*
Eddie Opara *(Partner)*

Accounts:
Wildlife Conservation Society

PEOPLE DESIGN
168 Louis Campau Promenade Northwest
Grand Rapids, MI 49503
Tel.: (616) 459-4444
Fax: (616) 459-4477
Web Site: www.peopledesign.com

Employees: 20
Year Founded: 1997

Discipline: Design

Kevin Budelmann *(President)*
Yang Kim *(Executive Creative Director)*
Scott Krieger *(Senior Development Strategist)*

PEOPLE IDEAS & CULTURE
147 Front Street
Brooklyn, NY 11201
Tel.: (718) 254-7860
Web Site: www.pic-nyc.com

Discipline: Design

Doug Raboy *(Chief Idea Architect)*
Domenico Vitale *(Founder & Chief Idea Architect)*
Stefania Sessa *(Creative Director - Milano)*
Alessandro Bolla *(Copywriter)*

Accounts:
Wyndham Rewards

PERCEPTION NYC
345 Seventh Ave
New York, NY 10011
Tel.: (212) 563-3388
Fax: (212) 563-3571
Web Site: www.perceptionnyc.com

Year Founded: 2001

Discipline: Design

Danny Gonzalez *(Founder & Creative Director)*
Jeremy Lasky *(Principal & Founder)*

PETER GREEN DESIGN STUDIOS, INC.
2836 North Verdugo Road
Glendale, CA 91204
Tel.: (818) 546-3200
Fax: (818) 546-3260
Web Site: www.petergreendesign.com

Year Founded: 1977

Discipline: Design

Peter Green *(President)*
Dawn Green *(Account Manager)*

PHINNEY / BISCHOFF DESIGN HOUSE
614 Boylston Avenue, East
Seattle, WA 98102
Tel.: (206) 322-3484
Fax: (206) 322-3590
Web Site: www.phinneybischoff.com

Employees: 19
Year Founded: 1982

Discipline: Design

Leslie Phinney *(Chief Executive Officer & Creative Director)*
Karl Bischoff *(Owner & Chief Operations Officer)*
Holly Keenan *(President)*
Annett Kohlmann *(Director, Marketing)*
Bridget Perez *(Account Director & Strategist)*

PICTUREPLANE
2256 Barry Avenue

Brands. Marketers. Agencies. Search Less. Find More.
Try out the online version at www.winmo.com

DESIGN AGENCIES

Los Angeles, CA 90064
Tel.: (310) 393-0023
Fax: (310) 458-4881
Web Site: www.pictureplaneimaging.com

Employees: 12
Year Founded: 1989

Discipline: Design

Art Proulx *(Partner & Creative Director)*
Matt Katz *(Senior Vice President, Business Development)*

PIPITONE GROUP
3933 Perrysville Avenue
Pittsburgh, PA 15214
Tel.: (412) 321-0879
Fax: (412) 321-2217
Web Site: www.pipitonegroup.com

Employees: 25
Year Founded: 1991

Discipline: Design

Scott Pipitone *(President & Chief Executive Officer)*
Arnie Begler *(Principal & Chief Strategy Officer)*
Jeff Piatt *(Principal & Chief Creative Officer)*
Kirk Banasik *(Vice President, Building Products)*
Nancy Banasik *(Vice President & Strategic Account Planner)*
Augie Aggazio *(Vice President, Interactive Technology)*
Kim Tarquinio *(Director, Customer Experience)*
Grace Calland *(Account Supervisor)*
Alexander Oltmanns *(Content Specialist)*
Ben Korman *(Content Specialist)*
Hannah Grubow *(Content Strategist)*

PIRATE TORONTO
260 King Street East
Toronto, ON M5A 1K3
Tel.: (416) 594-3784
Fax: (416) 360-1789
Toll Free: (866) 899-4231
Web Site: www.piratetoronto.com

Employees: 40
Year Founded: 1990

Discipline: Design

Tom Eymundson *(Chief Executive Officer)*
Chris Tait *(Partner, Director & Composer)*
Vanya Drakul *(Partner, Director & Composer)*

PIVOT DESIGN, INC.
321 North Clark
Chicago, IL 60654
Tel.: (312) 787-7707
Fax: (312) 787-7737
Web Site: www.pivotdesign.com

Employees: 15
Year Founded: 1992

Discipline: Design

Brock Haldeman *(Founder & Executive Creative Director)*
Liz Haldeman *(President & Executive Creative Director)*

PLANET PROPAGANDA
605 Williamson Street
Madison, WI 53703
Tel.: (608) 256-0000
Fax: (608) 256-1975
Web Site: www.planetpropaganda.com

Year Founded: 1989

Discipline: Design

Dana Lytle *(Partner & Chief Executive Officer)*
John Besmer *(Partner & Chief Marketing Officer)*
Mike Park *(Principal - Brand P)*
Ben Hirby *(Partner & Creative Director, Digital)*
Emily Steele *(Account Director)*
Brian Hucek *(Creative Director)*
Jeremy Cesarec *(Director, Strategy)*
Guy Kirkland *(Group Creative Director)*
Tommy Cottam *(Business Development Lead)*
Andrea Slotten *(Manager, Production)*
Sarah Koler *(Account Supervisor)*
Corinne Schmutz *(Senior Project Manager)*
Brianna Delphey *(Senior Copywriter)*
Caroline Kreul *(Senior Account Executive)*
Karmin Arnold *(Account Supervisor)*
Mckenzie Halling *(Account Coordinator)*

Accounts:
Duluth Trading Company
Jersey Mike's Subs
Pancheros Mexican Grill

PLANO PROFILE
1413 Gables Court
Plano, TX 75075
Mailing Address:
Post Office Box 861237
Plano, TX 75086-1237
Tel.: (972) 769-7272
Fax: (972) 769-7277
Web Site: www.planoprofile.com

Year Founded: 1982

Discipline: Design

Philip Silvestri *(Publisher & President)*
Rebecca Silvestri *(Executive Editor)*
Susan Cunningham *(Coordinator, Sales)*

PLAY WORK GROUP
548 West 28th Street
New York, NY 10001
Tel.: (212) 239-4347
Web Site: www.playworkgroup.com

Year Founded: 2010

Discipline: Design

John Wolfington *(Founder)*
Monica Paganucci *(Founder)*

POP, INC.
1326 Fifth Avenue
Seattle, WA 98101
Tel.: (206) 728-7997
Fax: (206) 728-1194
Web Site: www.popagency.com

Employees: 60
Year Founded: 1996

Discipline: Design

Bill Predmore *(Founder & Chairman)*
Tony Hoskins *(Founding Partner)*
RJ Hilgers *(Chief Executive Officer)*
Kaci Clot *(Senior Vice President, Operations)*
Erin West *(Senior Vice President & Client Partner)*
Elaine Colenbrander *(Creative Director)*

POP2LIFE
1 World Trade Center
New York, NY 10007
Web Site: www.pop2life.com

Year Founded: 2003

Discipline: Design

Hunter Siegel *(Experiential Director - Conde Nast)*
Heba Elmasry *(Art Director)*
Karlyn Doyle *(Project Manager)*

POSTWORKS
110 Leroy Street
New York, NY 10014
Tel.: (212) 609-9400
Web Site: www.postworks.com

Employees: 180

Discipline: Design

Anthony Caputo *(Vice President, Post Production Services)*
Pat Gombos *(Director, Information Technology)*
Patrick Fallon *(Controller)*

POULIN + MORRIS DESIGN CONSULTANTS
919 Bernardi Lane
Palm Springs, CA 92262
Tel.: (212) 675-1332
Fax: (212) 675-3027
Web Site: www.poulinmorris.com

Employees: 11
Year Founded: 1991

Discipline: Design

Richard Poulin *(Principal & Design Director)*
Douglas Morris *(Principal & Design Director)*

PRESSLEY JOHNSON DESIGN
230 West Superior Street
Chicago, IL 60654
Tel.: (312) 800-0516
Fax: (312) 263-5419
Web Site: www.pjd.com

Employees: 12
Year Founded: 1985

Discipline: Design

Wendy Pressley-Jacobs *(Principal)*
William Johnson *(Principal)*
Gino Whitaker *(Interactive Director)*

PRIORITY DESIGNS, INC.
100 South Hamilton Road
Columbus, OH 43213
Tel.: (614) 337-9979
Fax: (614) 337-9499
Web Site: www.prioritydesigns.com

Employees: 38
Year Founded: 1991

Discipline: Design

Paul Kolada *(Principal)*
Mark Mnich *(Director, Business Development)*

AGENCIES - JULY, 2020 — DESIGN AGENCIES

PRODUCT VENTURES
55 Walls Drive
Fairfield, CT 06824
Tel.: (203) 319-1119
Fax: (203) 319-1113
Web Site: www.productventures.com

Year Founded: 1994

Discipline: Design

Peter Clarke *(Founder & Chief Executive Officer)*
Sarah Palomba *(Senior Client Director)*
James Fiala *(Manager, Creative Services)*

PROPAGANDA
3115 South Grand Boulevard
Saint Louis, MO 63118
Tel.: (314) 664-8516
Fax: (314) 664-8596
Web Site: www.propaganda-inc.com

Employees: 14
Year Founded: 1991

Discipline: Design

Paul Jarvis *(Co-Founder & Executive Creative Director)*
Flint Finlinson *(Co-Founder & Agency Director)*

PSYOP
45 Howard Street
New York, NY 10013
Tel.: (212) 533-9055
Fax: (212) 533-9112
Web Site: www.psyop.com

Employees: 30
Year Founded: 2000

Discipline: Design

Eben Mears *(Partner & Creative Director)*
Marie Hyon *(Partner & Creative Director)*
Marco Spier *(Partner & Creative Director)*

PSYOP
523 Victoria Avenue
Venice, CA 90291
Tel.: (310) 577-9100
Fax: (310) 577-9576
Web Site: www.psyop.tv

Year Founded: 2000

Discipline: Design

Todd Mueller *(Partner & Creative Director)*
Kylie Matulick *(Partner & Creative Director)*
Hunt Ramsbottom *(Chief Executive Officer)*
Justin Booth-Clibborn *(Chief Executive Producer)*
Judson Whigham *(Head, Brand Development)*
Alexei Bochenek *(Creative Director, Game & Designer - Narrative)*
Amanda Miller *(Executive Producer)*
Neysa Horsburgh *(Managing Director & Executive Producer)*

PURVIANCE & COMPANY
7404 Bland Avenue
Saint Louis, MO 63105-2102
Tel.: (314) 721-2765
Fax: (314) 721-3903
Web Site: www.purvianceco.com

Employees: 7

Discipline: Design

Terri Purviance *(Chief Operating Officer)*
George Purviance *(Owner & Creative Director)*

QUADRAS INTEGRATED
3176 Marjan Drive
Atlanta, GA 30340-3902
Tel.: (770) 458-2170
Fax: (770) 457-2473
Web Site: www.quadrasinc.com

Employees: 16
Year Founded: 1983

Discipline: Design

Sara Harris *(Co-President)*
Cynthia Morgan *(Co-President)*

QUIET LIGHT COMMUNICATIONS
220 East State Street
Rockford, IL 61104
Tel.: (815) 398-6860
Web Site: www.quietlightcom.com

Employees: 15

Discipline: Design

Terry Schroff *(Chief Executive Officer)*
Don Peach *(President, Operations & Director, New Business)*

R + M
15100 Weston Parkway
Cary, NC 27513
Tel.: (919) 677-9555
Fax: (919) 677-9511
Web Site: rmagency.com

Employees: 14
Year Founded: 1992

Discipline: Design

Beverly Murray *(Founder & Chief Executive Officer)*
Greg Norton *(President)*
Susan Nettles *(Vice President, Brand Culture)*
Chris Holleman *(Executive Interactive Director)*
Brett Hartsfield *(Associate Creative Director)*

RADICAL MEDIA
435 Hudson Street
New York, NY 10014
Tel.: (212) 462-1500
Fax: (212) 462-1600
Web Site: www.radicalmedia.com

Employees: 55

Discipline: Design

Jon Kamen *(Chairman & Chief Executive Officer)*
Mike Fiore *(Chief Financial Officer)*
Cathy Shannon *(Executive Vice President)*
Chris Kim *(Managing Director)*

RADICAL MEDIA
1630 12th Street
Santa Monica, CA 90404
Tel.: (310) 664-4500
Fax: (310) 664-4600
Web Site: www.radicalmedia.com

Employees: 25

Discipline: Design

Frank Scherma *(President)*
Chris Milk *(Director)*
Jennifer Heath *(Executive Producer, Music Video Sales)*

RAINDROP AGENCY INC
2311 Kettner Boulevard
San Diego, CA 92101
Tel.: (619) 512-2670
Web Site: www.raindropmarketing.com

Year Founded: 2009

Discipline: Design

Jacques Spitzer *(Chief Executive Officer)*
Adam Wagner *(Chief Strategy Officer)*
Carrie Jones *(Chief Public Relations & Social Media Officer)*
Carlos Ramirez *(Director, Media)*
Allison Tester *(Social Media Manager)*

Accounts:
Garden Fresh Restaurant Corp.
Souplantation
Sweet Tomatoes

RAMP CREATIVE
411 South Main Street
Los Angeles, CA 90013
Tel.: (213) 623-7267
Web Site: www.rampcreative.com

Employees: 2
Year Founded: 2003

Discipline: Design

Rachel Elnar *(Partner & Strategy Director)*
Michael Stinson *(Partner & Creative Director)*

RASSMAN DESIGN
2101 West 29th Avenue
Denver, CO 80211
Tel.: (303) 825-4532
Fax: (303) 825-6109
Web Site: www.rassmandesign.com

Employees: 6

Discipline: Design

John Rassman *(Owner)*
Lyn D'Amato *(Art Director)*
Andy Schneider *(Senior Graphic Designer & Developer)*

RBMM
7007 Twin Hills Avenue
Dallas, TX 75231
Tel.: (214) 987-6500
Fax: (214) 987-3662
Web Site: www.rbmm.com

Employees: 30
Year Founded: 1978

Discipline: Design

Brian Boyd *(Principal)*
Eric Flandorfer *(Production Designer)*

REACH AGENCY
2920 Nebraska Avenue
Santa Monica, CA 90404
Tel.: (310) 570-7185
Web Site: www.reach.agency

Brands. Marketers. Agencies. Search Less. Find More.
Try out the online version at www.winmo.com

DESIGN AGENCIES
AGENCIES - JULY, 2020

Discipline: Design

Frank Catapano *(Managing Partner)*
Gabe Gordon *(Co-Founder)*
Marc Hustvedt *(Partner)*
Jimmy Holleran *(Executive Vice President & Head, Entertainment)*
Karen Hart *(Vice President, Creative)*
Amanda Jason *(Vice President, Brand)*
Brad May *(Director, Brand)*
Rebecca Harris *(Director, Brand)*
Holly Joel *(Director, Operations)*
McKenzie Fields *(Senior Manager, Creative Strategy)*
Lauren Gardiner *(Producer, Creative)*

Accounts:
Butterfinger
California Pizza Kitchen
DiGiorno
Hot Pockets
Nestle Toll House

REAL ART DESIGN GROUP
520 East First Street
Dayton, OH 45402
Tel.: (937) 223-9955
Fax: (937) 223-3013
Web Site: www.realartusa.com

Employees: 23
Year Founded: 1985

Discipline: Design

Chris Wire *(President & Creative Director)*
Mark Kargl *(Creative Director)*

RED HERRING DESIGN
62 Summit Street
New York, NY 11231
Tel.: (212) 219-0557
Fax: (212) 219-0720
Web Site: www.rhdnyc.com

Employees: 6
Year Founded: 1990

Discipline: Design

Carol Bobolts *(Founding Principal & Creative Director)*
Jen Quinn *(Senior Art Director)*
Andrea Duarte *(Senior Art Director)*

REVIVAL FILM
608 Elizabeth Street
San Francisco, CA 94114
Tel.: (415) 550-8144
Fax: (415) 550-8591
Web Site: www.revival-film.com

Year Founded: 2019

Discipline: Design

Luis Pena *(Director & Photographer- Revival Film)*
Stephanie Farmer *(Executive Producer)*

RICHTER7
150 South State Street
Salt Lake City, UT 84111
Tel.: (801) 521-2903
Fax: (801) 359-2420
Web Site: www.richter7.com

Year Founded: 1971

Discipline: Design

Dave Newbold *(Partner, President & Executive Creative Director)*
Tal Harry *(President)*
Walt McRoberts *(Vice President & Director, Media Services)*
Joni Carrillo-Harry *(Integrated Media Planner & Buyer)*

RIZCO DESIGN
2003 NJ-71
Spring Lake, NJ 07762
Tel.: (732) 223-1944
Fax: (732) 223-1163
Web Site: www.rizcodesign.com

Year Founded: 2000

Discipline: Design

Keith Rizzi *(Partner & Creative Director)*
Debra Rizzi *(Partner & President)*

RK VENTURE
120 Morningside Drive Southeast
Albuquerque, NM 87108
Tel.: (505) 243-4000
Web Site: www.rkventure.com/

Employees: 19
Year Founded: 1982

Discipline: Design

Richard Kuhn *(Owner & Executive Creative Director)*
Rebecca Hahs *(Art Director & Senior Designer)*
Nick Tauro Jr. *(Creative Director, Broadcast & Writer)*
Dianne De Leon *(Account Manager)*
Pablo Garcia *(Office Manager)*
Mario Moreno *(Specialist, Production & Design)*
Lee Gallegos *(Coordinator, Social Media, Design & Production)*

RKS DESIGN
350 Conejo Ridge Avenue
Thousand Oaks, CA 91361
Tel.: (805) 370-1200
Fax: (805) 370-1201
Web Site: rksdesign.com

Year Founded: 1980

Discipline: Design

Lance Hussey *(Principal & Creative Director)*
Ravi Sawhney *(President & Chief Executive Officer)*

ROCK, PAPER, SCISSORS, LLC
178 East Crogan Street
Lawrenceville, GA 30046
Tel.: (678) 442-1825
Fax: (678) 442-7088
Web Site: www.123shoot.com

Employees: 7

Discipline: Design

Randy Sutt *(Owner & Chief Financial Officer)*
Amanda Sutt *(Chief Executive Officer & Creative Director)*

RR DONNELLEY
730 Peachtree Street
Atlanta, GA 30308
Tel.: (404) 320-3003
Fax: (404) 320-9638
Web Site: www.rrdonnelley.com

Employees: 40
Year Founded: 1864

Discipline: Design

Kevin Reed *(Senior Account Executive)*

RSD MARKETING
431 Fifth Avenue
New York, NY 10016
Tel.: (212) 686-6155
Web Site: www.rsdmarketing.com

Year Founded: 1978

Discipline: Design

Tom Dahl *(President)*
Richard Bianchi *(Partner & Senior Vice President)*
Dave Carroll *(Partner & Creative Director)*
Liz Bauer *(Creative Director, Interactive Media)*

RUSSELL DESIGN
115 Fifth Avenue
New York, NY 10003
Tel.: (646) 225-6260
Fax: (646) 225-6516
Web Site: www.russelldesign.com

Employees: 12

Discipline: Design

Anthony Russell *(President, Owner & Creative Director)*
Robert Barber *(Senior Associate & Director, Print Design)*

RWI
260 West 35th Street
New York, NY 10001
Tel.: (212) 576-1070
Fax: (212) 576-1081
Web Site: www.rwidesign.com

Employees: 15

Discipline: Design

Robert Webster *(President & Owner)*
Sophia Chung *(Creative Director)*

SALTWORKS
437 D Street
Boston, MA 02210
Tel.: (617) 578-0100
Fax: (617) 742-0100
Web Site: www.saltworksinc.com

Employees: 6

Discipline: Design

Doreen Caldera *(Co-Founder & Creative Partner)*
Paul Caldera *(Co-Founder & Creative Partner)*
Frances Wu *(Brand Strategy Partner)*

Accounts:
Segway, Inc.

SAMETZ BLACKSTONE ASSOCIATES
40 West Newton Street

Brands. Marketers. Agencies. Search Less. Find More.
Try out the online version at www.winmo.com

Boston, MA 02118
Tel.: (617) 266-8577
Fax: (617) 266-1937
Web Site: www.sametz.com

Employees: 18
Year Founded: 1979

Discipline: Design

Roger Sametz *(Principal, President & Chief Executive Officer)*
Donna Feetham *(Principal & Director, Finance)*
Michael Eads *(Principal & Director, Production)*

SANDSTROM PARTNERS
808 Southwest Third Avenue
Portland, OR 97204-2400
Tel.: (503) 248-9466
Fax: (503) 227-5035
Web Site: www.sandstrompartners.com

Employees: 15
Year Founded: 1990

Discipline: Design

Steve Sandstrom *(Executive Creative Director)*
Kelly Bohls *(Partner & Senior Project Manager)*
Jack Peterson *(Partner & President)*
Daniel Baxter *(Director, Strategy Planning)*
Chris Gardiner *(Associate Creative Director)*
Trevor Thrap *(Designer)*

SASAKI ASSOCIATES
64 Pleasant Street
Watertown, MA 02472
Tel.: (617) 926-3300
Fax: (617) 924-2748
Web Site: www.sasaki.com

Employees: 300
Year Founded: 1953

Discipline: Design

Dennis Pieprz *(Principal)*
Steve Roscoe *(Chief Financial Officer)*
Alan Ward *(Principal)*

SAVAGE DESIGN GROUP
4203 Yoakum Boulevard
Houston, TX 77006
Tel.: (713) 522-1555
Fax: (713) 522-1582
Web Site: www.savagedesign.com

Employees: 25
Year Founded: 1973

Discipline: Design

Paula Hansen *(Founder & Chairman)*
Bethany Andell *(President)*
Dahlia Salazar *(Principal, Vice President & Creative Director)*
Doug Hebert *(Principal & Design Director, Vice President)*

SAY IT LOUD!
1121 North Mills Avenue
Orlando, FL 32803
Tel.: (407) 898-7299
Fax: (407) 896-7234
Web Site: www.sayitloud.us

Employees: 7

Discipline: Design

Julio Lima *(Chief Executive Officer & Creative Director)*
Troy Branson *(Account Director)*
Cortney Smith *(Account Executive)*

SCOTT DESIGN INC
PO box 758
Capitola, CA 95010
Tel.: (831) 531-7680
Web Site: hotdesign.com

Year Founded: 1993

Discipline: Design

Matt Scott *(President)*
Bill Merikallio *(Art Director)*
Kirsti Scott *(Creative Director)*
Rhonda van Dyk *(Production Manager)*

SELBERT PERKINS DESIGN
432 Culver Boulevard
Playa Del Rey, CA 90293
Tel.: (310) 822-5223
Fax: (310) 822-5203
Web Site: www.selbertperkins.com

Employees: 8
Year Founded: 1988

Discipline: Design

Robin Perkins *(Chief Executive Officer & Creative Director)*
Andy Davey *(Partner)*
John Lutz *(Partner)*
Tricia Converse *(Principal, Marketing & Business Development)*

SELBERT PERKINS DESIGN COLLABORATIVE
Five Water Street
Arlington, MA 02476
Tel.: (781) 574-6605
Fax: (781) 574-6606
Web Site: www.selbertperkins.com

Employees: 6
Year Founded: 1980

Discipline: Design

Cliff Selbert *(Partner & Creative Director)*
Sheri Bates *(Principal, Print Communications & Digital)*
Linda Murphy Coragan *(Director, Operations)*

SHIKATANI LACROIX BRANDESIGN, INC.
387 Richmond Street East
Toronto, ON M5A 1P6
Tel.: (416) 367-1999
Fax: (416) 367-5451
Web Site: www.sld.com

Employees: 50
Year Founded: 1990

Discipline: Design

Jean-Pierre Lacroix *(Owner & President)*
Derek Petridis *(Chief Financial Officer)*
Richard Dirstein *(Executive Vice President, Creative & Innovation)*
Kim Yokota *(Vice President, Graphic Design)*
Diane Mullane *(Vice President, Client Services & New Business)*

Accounts:

Cineplex Inc.
Kruger, Inc.
The Source (Bell) Electronics, Inc.
Toronto Blue Jays Baseball Club

SHOOK KELLEY
2151 Hawkins Street
Charlotte, NC 28203
Tel.: (704) 377-0661
Fax: (704) 377-0953
Web Site: www.shookkelley.com

Employees: 35
Year Founded: 1992

Discipline: Design

Terry Shook *(Owner)*
Jeff Camillo *(Graphic Designer)*

SIMPLE TRUTH
314 West Superior Street
Chicago, IL 60654
Tel.: (312) 376-0360
Fax: (312) 376-0366
Web Site: www.yoursimpletruth.com

Year Founded: 1996

Discipline: Design

Susan Bennett *(Partner & Executive Creative Director)*
Marketa Drozd *(Partner & Executive Creative Director)*
Rhonda Kokot *(Managing Partner)*
Steve Batterson *(Associate Director, Brand Strategy)*
Claudine Guertin-Ceric *(Associate Creative Director)*
Sharon Heil *(Creative Director)*
Drew Larson *(Associate Creative Director)*
Brea Malloy *(Associate Director, Brand Strategy)*
James Maule *(Account Director)*
Janice Niederriter *(Director, Finance & Administration)*
Kimberley Terzis *(Creative Director)*
Jonah Doftert *(Account Director)*
Cathy Fields *(Account Supervisor)*

SIXSPEED
4828 West 35th Street
Minneapolis, MN 55416
Tel.: (952) 767-3464
Web Site: www.sixspeed.com

Year Founded: 2009

Discipline: Design

Grant Johnson *(Chief Creative Officer & Co-Founder)*
Andi Dickson *(Co-Founder)*
Thomas Cusciotta *(Co-Founder)*
Joe Hurd *(Chief Executive Officer)*
Julie Galicia *(Associate Producer, Events)*
Becky Holten *(Executive Director, Account Leadership & Business Development)*
Tara Meyers *(Executive Director, Experiential Content)*
Erik Oelke *(Associate Creative Director)*
Chris Hergott *(Director, Connection Strategy)*
Nick Rudie *(Associate Creative Director)*
Victoria Bartz *(Director, Project Management)*
Joe Marthaler *(Senior Account Manager)*
Alyssa Andersen *(Senior Project Manager)*
Andrew Ellingson *(Account Manager)*

DESIGN AGENCIES

Jack Plahn *(Producer)*
Mike Anderson *(Designer)*

Accounts:
Bushnell
Bushnell Performance Optics

SKA DESIGN
900 Palm Avenue
South Pasadena, CA 91030
Tel.: (626) 403-5870
Fax: (626) 403-5871
Web Site: www.skadesign.com

Employees: 20
Year Founded: 1965

Discipline: Design

Joseph Stoddard *(Principal & Vice President)*
Jon Fimbres *(Managing Principal)*

SKAGGS
414 Broadway
New York, NY 10013
Tel.: (212) 966-1603
Fax: (212) 966-1604
Web Site: www.skaggscreative.com

Year Founded: 1998

Discipline: Design

Jonina Skaggs *(Co-Founder & Art Director)*
Bradley Skaggs *(Co-Founder & Creative Director)*

SMART DESIGN,. INC
601 West 26th Street
New York, NY 10001
Tel.: (212) 807-8150
Fax: (212) 243-8514
Web Site: www.smartdesignusa.com

Employees: 60
Year Founded: 1980

Discipline: Design

Davin Stowell *(Chief Executive Officer)*
David Werzinger *(Chief Financial Officer)*
Tucker Fort *(Partner)*

SMITH DESIGN
Eight Budd Street
Morristown, NJ 07960
Mailing Address:
Post Office Box 8278
Glen Ridge, NJ 07028
Tel.: (973) 429-2177
Fax: (973) 429-7119
Web Site: www.smithdesign.com

Discipline: Design

Laraine Blauvelt *(Founding Partner)*
James Smith *(Founding Partner & Owner)*
Jenna Smith *(President & Chief Executive Officer)*
Glenn Hagen *(Chief Creative Officer)*

SMM ADVERTISING
811 West Jericho Turnpike
Smithtown, NY 11787
Tel.: (631) 265-5160
Fax: (631) 265-5185
Web Site: www.smmagency.com

Year Founded: 1985

Discipline: Design

Charles MacLeod *(Founder, President & Chief Executive Officer)*
Judy Bellem *(Principal & Director, Key Accounts)*
Judy DeBiase *(Vice President & Director, Creative Technology)*
Jen Schmitt *(Media Director & Account Executive)*
Jan Krsanac *(Director, Marketing)*
Bill Blaney *(Creative Director)*

SNAVELY & ASSOCIATES
112 West Foster Avenue
State College, PA 16801
Tel.: (814) 234-3672
Fax: (814) 234-3786
Toll Free: (800) 599-4582
Web Site: www.snavelyassociates.com

Employees: 20

Discipline: Design

Lawrence Snavely *(President)*
Marcy McClure *(Director, Business Operations)*
Debbie Shephard *(Creative Director)*

SOCKEYE CREATIVE
240 North Broadway
Portland, OR 97227
Tel.: (503) 226-3843
Fax: (503) 227-1135
Web Site: www.sockeye.tv

Employees: 12
Year Founded: 1997

Discipline: Design

Peter Metz *(Co-Founder & Chief Creative Officer)*
Andy Fraser *(Partner & Chief Executive Officer)*
Ryan Crisman *(Executive Producer)*
Lauren French *(Senior Designer)*

Accounts:
Mirth Provisions
Port of Portland

SOL DESIGN COMPANY
150 East Ponce de Leon Avenue
Atlanta, GA 30030
Tel.: (404) 373-0505
Fax: (800) 859-9504
Web Site: www.soldesignco.com

Year Founded: 2001

Discipline: Design

Mary Tveit *(Partner & Creative Director)*
Adam Rosenkoetter *(Partner & Technology Director)*

SONNEMAN DESIGN GROUP, INC.
20 North Avenue
Larchmont, NY 10538
Tel.: (914) 833-0128
Fax: (914) 833-0127
Web Site: www.sonneman.com

Employees: 10

Discipline: Design

Robert Sonneman *(Chief Executive Officer)*

Sonny Park *(President)*

SOOHOO DESIGNERS
1424 Marcelina Avenue
Torrance, CA 90501
Tel.: (310) 381-0170
Fax: (310) 381-0169
Web Site: www.soohoodesign.com

Employees: 6
Year Founded: 1976

Discipline: Design

Patrick SooHoo *(President)*
Kathy Hirata *(Chief Creative Officer & Vice President)*

SOULSIGHT
205 West Wacker Drive
Chicago, IL 60606
Tel.: (847) 681-4444
Fax: (847) 681-4445
Web Site: www.soulsight.com

Employees: 18
Year Founded: 1997

Discipline: Design

Adam Ferguson *(Partner & Chief Creative Officer)*
James Pietruszynski *(Partner & Chief Strategy Officer)*
Laura DeGroot *(Senior Vice President, Strategy)*
Laura Kowalski *(Director, Creative Strategy)*
Kristin Rupert *(Strategy Director)*
Katherine Teske *(Strategy Director)*
Tara Stein *(Associate Account Strategy Manager)*
Caitlyn Lucas *(Senior Account Strategy Manager)*

SPARKS GROVE, INC.
3333 Piedmont Road, Northeast
Atlanta, GA 30305
Tel.: (404) 961-9900
Fax: (404) 961-9890
Web Site: www.northhighland.com/services/experienc

Year Founded: 2006

Discipline: Design

Alex Bombeck *(President & Managing Director)*
Rob Sherrell *(Vice President & Client Partner)*
Elizabeth Searcy *(Vice President & Client Partner)*
Anne Shoulders *(Director & Master Practitioner)*
Courtney James *(Senior Manager, Finance)*
Kerry Whatley *(Resource Management Portfolio Partner)*

Accounts:
Bank of America Corporation
The Coca-Cola Company

SPIRAL DESIGN STUDIO, LLC
135 Mohawk Street
Cohoes, NY 12047
Tel.: (518) 326-1135
Fax: (518) 462-6625
Web Site: www.spiraldesign.com

Employees: 8
Year Founded: 1989

Discipline: Design

Robert Clancy *(Co-Founder & Principal)*

AGENCIES - JULY, 2020 — DESIGN AGENCIES

Lauren Payne *(Co-Founder & Principal)*
Neil Wright *(Creative Director)*

SPLASH
210 Hilldale Avenue
San Jose, CA 95136
Tel.: (408) 287-8600
Fax: (408) 287-8601
Web Site: www.splashsf.com

Year Founded: 1987

Discipline: Design

David Payne *(President)*
Regan Mahoney *(Account Manager)*
Linda Moquin *(Sales Support Manager)*
Blake Mine *(Account Executive)*

SPYGLASS CREATIVE
1639 Hennepin Avenue South
Minneapolis, MN 55403
Tel.: (612) 486-5959
Fax: (612) 486-5950
Web Site: www.spyglasscreative.com

Employees: 19

Discipline: Design

Andy Slothower *(Creative Director & Partner)*
Molly Rice *(Founder Partner & Director, Client Services)*
Ben Lang *(Creative Director, Digital)*

SQUIRES & COMPANY
3624 Oak Lawn Avenue
Dallas, TX 75219
Tel.: (214) 939-9194
Fax: (214) 939-3464
Web Site: www.squirescompany.com

Employees: 13
Year Founded: 1975

Discipline: Design

James Squires *(President)*
Michael Beukema *(Creative Director)*
Jamie Lucas *(Account Director)*
John Richardson *(Director, Technology)*

SRC ADVERTISING
8335 Sunset Boulevard
West Hollywood, CA 90069
Fax: (323) 465-5653
Web Site: www.src-adv.com

Employees: 5

Discipline: Design

Jim Rahman *(President & Owner)*
Debbie Schwartz *(Creative Director & Owner)*

STANTEC
1112 Pearl Street
Boulder, CO 80302
Tel.: (303) 447-8202
Fax: (303) 440-7096
Web Site: www.commarts-boulder.com

Employees: 55
Year Founded: 1973

Discipline: Design

Bob Gomes *(Board Member)*
Scott Murray *(Chief Operating Officer & Executive Vice President)*

Gord Johnston *(President & Chief Executive Officer)*

STEEL DIGITAL STUDIOS
6414 Bee Cave Road
Austin, TX 78746
Fax: (512) 444-0865
Toll Free: (800) 681-8809
Web Site: www.steeldigitalstudios.com

Year Founded: 2000

Discipline: Design

Kirsten Cutshall *(Chief Executive Officer)*
Cheryl Ann Habbe *(Partner, Executive Vice President & Director, Interactive)*
Denise Waid *(Partner & Creative Director)*
Samantha McCanless Dettmer *(President)*
Deanna Krischke *(Vice President, Business Development)*
Lori Owens *(Interactive Producer)*

STUDIO BLUE
800 West Huron Street
Chicago, IL 60622
Tel.: (312) 243-2241
Fax: (312) 243-1173
Web Site: www.studioblueinc.com

Employees: 8
Year Founded: 1993

Discipline: Design

Cheryl Towler Weese *(Partner)*
Brad Sturm *(Designer)*

STUDIO/LAB
One East Wacker Drive
Chicago, IL 60601
Tel.: (312) 873-7700
Fax: (312) 873-7710
Web Site: www.studiolab.com

Employees: 6
Year Founded: 1997

Discipline: Design

Marcia Lausen *(Principal)*
Tim Wilson *(Principal)*

STURGES & WORD
810 Baltimore Avenue
Kansas City, MO 64105
Tel.: (816) 221-7500
Fax: (816) 221-2174
Web Site: www.sturgesword.com

Employees: 12
Year Founded: 1995

Discipline: Design

Linda Word *(Principal & Creative Director)*
Melissa Sturges *(Principal)*
Michelle Cheesman *(Senior Account Manager)*
Katie Garcia *(Account Manager)*

SUB ROSA
353 West 12th Street
New York, NY 10014
Tel.: (212) 414-8605
Fax: (646) 349-1685
Web Site: www.wearesubrosa.com

Year Founded: 2005

Discipline: Design

Michael Ventura *(Founder & Chief Executive Officer)*
Catie Miller *(Executive Director, Strategy)*
Gabbie de Lara *(Director, Engagement)*
Rae Bernamoff *(Director, Design & Strategy)*
Matt Lower *(Managing Director)*
Ellie Lammer *(General Manager)*

Accounts:
ANVIL Knitwear
eBay
ESPN, Inc.
General Electric Corporation
HBO
Herman Miller, Inc.
Levi's
LVMH, Inc.
Marriott International, Inc.
New Balance Athletic Shoe, Inc.
Nike, Inc.
Pepsi
SoFi
Tiffany & Company

SUNDBERG & ASSOCIATES
9 East 45th Street
New York, NY 10017
Tel.: (212) 691-5477
Fax: (212) 691-0117
Web Site: www.sundbergassociates.com

Employees: 10
Year Founded: 1986

Discipline: Design

Greg Sundberg *(President)*
Doug Banquer *(Vice President & Creative Director)*

SUSSMAN / PREJZA & CO., INC.
970 North Broadway
Los Angeles, CA 90012
Tel.: (213) 253-0900
Fax: (310) 836-3980
Web Site: www.sussmanprejza.com

Employees: 20

Discipline: Design

Deborah Sussman *(Co-Owner)*
Paul Prejza *(Executive Vice President & Co-Owner)*

SUSSNER DESIGN COMPANY
718 Washington Avenue North
Minneapolis, MN 55401
Tel.: (612) 339-2886
Fax: (612) 339-2887
Web Site: www.sussner.com

Employees: 4
Year Founded: 1999

Discipline: Design

Derek Sussner *(President)*
Tessa Sussner *(Account Manager)*

SWERVE, INC.
77 Bleecker Street
New York, NY 10012
Tel.: (212) 742-9560
Fax: (866) 559-3667

Brands. Marketers. Agencies. Search Less. Find More.
Try out the online version at www.winmo.com

DESIGN AGENCIES
AGENCIES - JULY, 2020

Web Site: www.swerveinc.com
Employees: 8
Discipline: Design

Rob Croft *(Partner)*
Martin Short *(Partner)*

TAMOTSU YAGI DESIGN
2100 Abbott Kinney Boulevard
Venice, CA 90291
Tel.: (310) 482-3321
Fax: (310) 482-3322
Web Site: www.yagidesign.com

Employees: 10

Discipline: Design

Tamotsu Yagi *(Principal)*
Ritsuko Yagi *(Graphic Designer)*

TANK DESIGN
158 Sidney Street
Cambridge, MA 02139
Tel.: (617) 995-4000
Fax: (617) 995-4001
Web Site: www.tankdesign.com

Employees: 21
Year Founded: 1994

Discipline: Design

David Warren *(Partner & Creative Director)*
Fred Weaver *(Partner & Creative Director)*
Andrew Smiles *(Partner & Creative Director)*
Scott Watts *(Principal)*
Justine Mikulis *(Account Director & Partner)*
Geoff Donegan *(Creative Director & Partner)*
Kelly Heath *(Director, Operations)*
Daniel Pellegrini *(Content Creative Director)*

TAYLOR BOX COMPANY
293 Child Street
Warren, RI 02885
Tel.: (401) 245-5900
Toll Free: (800) 304-6361
Web Site: www.taylorbox.com

Employees: 10
Year Founded: 1885

Discipline: Design

Dan Shedd *(President)*
Julie Passey *(National Account Manager)*
Julianne Lefebvre *(Sales Manager)*
Krista Slaiding *(Project Manager)*

TAYLOR DESIGN
247 Main Street
Stamford, CT 06901
Tel.: (203) 969-7200
Fax: (203) 969-0594
Web Site: www.taylordesign.com

Employees: 7
Year Founded: 1992

Discipline: Design

Dan Taylor *(President, Creative Director & Account Director)*
Nora Vaivads *(Partner, New Business Development & Director, Human Resources)*
Laura Croft *(Senior Account Director)*
Hannah Fichandler *(Senior Art Director)*
Steve Habersang *(Senior Art Director)*

TEAGUE
110 Union Street
Seattle, WA 98101
Tel.: (206) 838-4200
Web Site: www.teague.com

Year Founded: 1926

Discipline: Design

John Barratt *(President & Chief Executive Officer)*
Sarah Matheny *(Marketing Director)*
Scott MacInnes *(Senior Consultant, Mobility Experience)*

TENTH CROW CREATIVE
One Mill Street
Burlington, VT 05401
Tel.: (802) 658-1369
Web Site: www.tenthcrowcreative.com

Employees: 12

Discipline: Design

Mark Crow *(President)*
Jennifer Raleigh *(Creative Director)*

TETHER
316 Occidental Avenue South
Seattle, WA 98104
Tel.: (206) 518-6300
Fax: (206) 518-6301
Web Site: tether.com

Year Founded: 2008

Discipline: Design

Stanley Hainsworth *(Chairman & Chief Creative Officer)*
Nancy Urner *(Directors, Operations)*
Julia Fiorito *(Director, Account)*
Meghan Cassens *(Manager, Account)*
Tina Ou *(Manager, Account)*
Bronson Folz-Edwards *(Senior Designer)*

Accounts:
Bulletproof Coffee
Safariland

TEXAS CREATIVE
334 North Park Drive
San Antonio, TX 78216
Tel.: (210) 828-8003
Fax: (210) 828-8079
Web Site: www.texascreative.com

Employees: 20
Year Founded: 1985

Discipline: Design

Brian Eickhoff *(President & Chief Creative Officer)*
Jamie Allen *(Chief Operating Officer)*
Josh Norman *(Executive Vice President & Creative Director)*
Ashley Landers *(Vice President, Client Services)*
Debbie Hamilton *(Director, Media Buying)*
Krystal Vela *(Media Director)*
Kim Worden *(Media Buyer)*
Rebecca Kellogg *(Account Executive)*
Shelbi Walker *(Assistant Account Executive)*

THACKWAY MCCORD
77 Bowery
New York, NY 10002
Tel.: (212) 995-1391
Web Site: thackwaymccord.com

Discipline: Design

Simon Thackway *(Managing Partner)*
Kat McCord *(Owner & Creative Director)*

THE ADSMITH
680 South Milledge Avenue
Athens, GA 30605
Mailing Address:
Post Office Box 391
Athens, GA 30603
Tel.: (706) 543-5555
Fax: (706) 548-0453
Web Site: www.theadsmith.com

Year Founded: 1982

Discipline: Design

Kirk Smith *(President)*
Harold Dean *(Creative & Art Director)*
Scott Hodges *(Creative Director)*

THE BIONDO GROUP
One Stamford Landing
Stamford, CT 06902
Tel.: (203) 327-5301
Fax: (203) 327-5654
Web Site: www.biondogroup.com

Employees: 13

Discipline: Design

Charles Biondo *(President & Chief Executive Officer)*
Constance Obarowski *(Vice President & Senior Account Director)*
Sean Conte *(Business Development Manager)*

THE BYTOWN GROUP
2487 Kaladar Avenue
Ottawa, ON K1Z 8B9
Tel.: (613) 562-1861
Fax: (613) 562-0987
Web Site: www.bytowngroup.com

Employees: 10

Discipline: Design

Bob Corrall *(President)*
Sonya Corrall *(Account Director)*

THE IMAGINATION COMPANY
920 Campbell Road
Bethel, VT 05032
Tel.: (802) 234-5809
Fax: (802) 234-9154
Web Site: www.theimaginationcompany.com

Year Founded: 1968

Discipline: Design

Jim Giberti *(President & Creative Director)*
Kristen Smith *(Owner)*

THE M-LINE
329 Bryant Street
San Francisco, CA 94107
Tel.: (415) 777-4433
Fax: (415) 777-1221
Web Site: www.the-m-line.com

AGENCIES - JULY, 2020　　　　DESIGN AGENCIES

Employees: 6
Year Founded: 1992

Discipline: Design

Mya Kramer *(Founder)*
Jef Loyola *(Creative Director & President)*

THE PEPPER GROUP
220 North Smith Street
Palatine, IL 60067
Tel.: (847) 963-0333
Fax: (847) 963-0888
Web Site: www.peppergroup.com

Employees: 12

Discipline: Design

Tim Padgett *(Founder & Chief Executive Officer)*
George Couris *(President)*
Cindy Wojdyla *(Vice President & Creative Director)*
Denise O'Neill *(Co-Founder, Vice President & Director, Finance)*
Lynn Ankele *(Coordinator, Production)*

THOUGHTFORM DESIGN
3700 South Water Street
Pittsburgh, PA 15203-2366
Tel.: (412) 488-8600
Fax: (412) 488-8647
Web Site: www.thoughtformdesign.com

Employees: 30
Year Founded: 1980

Discipline: Design

Steve Frank *(Director, Business Development & Principal)*
Anna Mihalko *(Finance Director & Shareholder)*

THREAD CONNECTED CONTENT
807 Broadway Street Northeast
Minneapolis, MN 55413
Tel.: (651) 702-2900
Fax: (651) 702-2929
Web Site: www.goeastdesign.com

Employees: 40
Year Founded: 1988

Discipline: Design

Tim Deis *(Chief Executive Officer & Owner)*
Christopher Weiss *(Creative Director)*
Nicole Ackmann *(Executive Creative Director)*

TMA+PERITUS
33 East Main Street
Madison, WI 53703
Tel.: (608) 234-4880
Fax: (715) 849-3900
Web Site: www.tmaperitus.com

Year Founded: 1983

Discipline: Design

Tom Marks *(President & Managing Partner)*
Kathy Marks *(Managing Partner)*

TODD ALLEN DESIGN
2812 Warren Street
Elkhart, IN 46516
Tel.: (574) 295-8866
Fax: (574) 293-2579
Web Site: www.tadesign.com

Discipline: Design

Todd Allen *(President & Executive Creative Director)*
James Korn *(Art Director)*

TOKY BRANDING + DESIGN
3001 Locust Street
Saint Louis, MO 63103
Tel.: (314) 534-2000
Fax: (314) 534-2001
Web Site: www.toky.com

Employees: 18
Year Founded: 1997

Discipline: Design

Eric Thoelke *(President & Executive Creative Director)*
Mary Thoelke *(Principal & Director, Operations)*
Katy Fischer *(Creative Director)*
Geoff Story *(Creative Director)*
Jerry Gennaria *(Senior Brand Strategist)*
Katherine Leonard *(Senior Brand & Content Strategist)*

Accounts:
Centene Corporation

TOLLESON DESIGN
560 Pacific Avenue
San Francisco, CA 94133
Tel.: (415) 626-7796
Fax: (415) 512-6767
Web Site: www.tolleson.com

Employees: 13
Year Founded: 1984

Discipline: Design

Steve Tolleson *(Principal & Executive Creative Director)*
Jesse Goldberg *(Strategy Director)*
Briana Tarantino *(Project Director & Senior Account Manager)*
Craig Clark *(Associate Creative Director)*
Jamie Calderon *(Creative Director)*
Molly Skonieczny *(Creative Director)*
Rene Rosso *(Director, Production Services)*
Randy Yau *(Creative Director)*
Patrick Mercier *(Senior Interactive Account Manager)*
Bryan Chen *(Senior Interactive Designer)*

Accounts:
Gilead Sciences, Inc.

TOTH + CO.
86 Baker Avenue Exension
Concord, MA 01742
Tel.: (617) 252-0787
Fax: (617) 252-0838
Web Site: www.toth.com

Employees: 45
Year Founded: 1982

Discipline: Design

Zack Toth *(President)*
Kimberlee Eten *(Creative Director)*
Jackie Loson *(Assistant Account Executive)*

Accounts:
Maurices

TR DESIGN, INC.
115 Tucker Farm Road
North Andover, MA 01845
Tel.: (978) 237-5945
Fax: (978) 470-4982
Web Site: www.trdesign.com

Employees: 10
Year Founded: 1986

Discipline: Design

Carroll Ray *(Principal & Creative Strategist)*
Paul Tepperman *(Principal & Creative Director)*

TRACTION CREATIVE COMMUNICATIONS
1020 Mainland Street
Vancouver, BC V6B 2T5
Tel.: (604) 408-7040
Fax: (604) 408-7041
Web Site: www.tractioncreative.com

Employees: 25
Year Founded: 1995

Discipline: Design

Dan Scherk *(Partner & Creative Director)*
Jeff Lucas *(General Manager & Partner)*
Nelson Lee *(Media Supervisor)*
Allison Ishida *(Account Supervisor)*

TRANS WORLD MARKETING
360 Murray Hill Parkway
East Rutherford, NJ 07073
Tel.: (201) 935-5565
Fax: (201) 559-2011
Toll Free: (201) 935-5565
Web Site: www.transworldmarketing.com

Year Founded: 1966

Discipline: Design

Bill Carafello *(President)*
Al Sayde *(Senior Vice President, Business Development)*

TREAT AND COMPANY, LLC
1315 Glenwood Avenue
Minneapolis, MN 55405
Tel.: (612) 455-6705
Fax: (612) 455-6866
Web Site: www.treatandcompany.com/

Discipline: Design

Lisa Fredrikson *(President)*
Lisa Dammann *(Vice President & Account Planning Director)*
Cheryl Meyer *(Vice President & Creative Director)*

TRINITY BRAND GROUP
817 Bancroft Way
Berkeley, CA 94710
Tel.: (510) 982-7177
Fax: (510) 982-7188
Web Site: www.trinitybrandgroup.com

Discipline: Design

Matthew Youngblood *(Principal & Founding Partner)*
Alan Smith *(Founding Partner & Executive Creative Director)*
Erin Paul *(Director, Design Strategy)*
Dexter Lee *(Design & Implementation Director)*

Brands. Marketers. Agencies. Search Less. Find More.
Try out the online version at www.winmo.com

202

DESIGN AGENCIES

Paul Kagiwada *(Creative Director)*
Laurie Kreisberg *(Director, Strategy & Client Services)*
Casey Cabler *(Internal Projects Manager)*
Kim Langworthy *(General Manager)*

Accounts:
Corona Premier

TROLLBACK & COMPANY
490 Broadway
New York, NY 10012
Tel.: (212) 529-1010
Fax: (212) 529-9540
Web Site: www.trollback.com

Employees: 10

Discipline: Design

Jakob Trollback *(Chief Executive Officer & Creative Director)*
Danielle Garcia *(Chief Financial Officer)*
Alex Moulton *(Chief Creative Officer)*
Elliott Chaffer *(Executive Creative Director)*
Bo Bishop *(Executive Director, Creative Strategy)*
Fran Roberts *(Creative Director)*
Erica Schrager *(Executive Producer)*

TRUNGALE, EGAN & ASSOCIATES
Eight South Michigan Avenue
Chicago, IL 60603
Tel.: (312) 578-1590
Fax: (312) 578-1591
Web Site: www.trungaleegan.com

Employees: 10
Year Founded: 1986

Discipline: Design

Bill Egan *(President)*
Brad Feldmar *(Executive Vice President)*
Dave Cermak *(Creative Director)*
Fred Steingraber *(Senior Account Manager)*

TURNER DUCKWORTH
615 Battery Street
San Francisco, CA 94111
Tel.: (415) 675-7777
Web Site: www.turnerduckworth.com

Employees: 8
Year Founded: 1992

Discipline: Design

Joanne Chan *(Chief Executive Officer)*
David Turner *(Partner)*
Jessica Rogers *(Chief Growth Officer)*
Michael Bukzin *(Senior Account Director)*
Sarah Moffat *(Creative Director)*
Mark Beyer *(Senior Account Director)*
Bailey James *(Senior Account Director)*
Wyeth Whiting *(Senior Account Director)*
Emma Melamed *(Junior Account Director)*
Andy Baron *(Creative Director)*
John Besford *(Creative Director)*
Jamie McCathie *(Creative Director)*
Sam Brown *(Managing Director, North America)*
Amelie Wen *(Director, Operations)*
Chris Garvey *(Creative Director)*
Tyler Brooks *(Design Director)*
Carolyn Ashburn *(Director, Design)*
Janice McManemy *(Senior Account Director)*
John Winkleman *(Senior Account Director)*

Kate Monahan *(Associate Account Director)*
Rebecca Williams *(Director, Design)*
Sofia Luczynski *(Studio Manager)*
Jessica Barr *(Account Manager)*
Kate Wierman *(Senior Account Manager)*
Michael Hope *(Operations Manager)*
Jordan Bosse *(Senior Account Manager)*
Michael Winston *(Lead Digital Designer)*
Hannah Steinberg *(Senior Designer)*
Nicole Jordan *(Senior Designer)*

Accounts:
Coca-Cola
Diet Cherry Coke
Lift
Sprite Zero
The Coca-Cola Company

TWENTY FOUR-SEVEN, INC.
425 Northeast Ninth Avenue
Portland, OR 97232
Tel.: (503) 222-7999
Fax: (503) 222-7919
Web Site: www.twentyfour7.com

Employees: 75
Year Founded: 1996

Discipline: Design

Mimi Lettunich *(President & Executive Creative Director)*
Jennifer Brothers *(Partner & Chief Operating Officer)*
Kyle Kendrick *(Senior Designer)*

TWINENGINE
7650 San Felipe
Houston, TX 77063
Tel.: (713) 255-1370
Fax: (504) 524-6359
Web Site: www.thehagency.com

Employees: 6

Discipline: Design

Winnie Hart *(President)*
Lorrie Lee *(Vice President & Director, Client Relations & New Business Development)*
Marcelle Rayner *(Director, Finance)*

TWO TWELVE
236 West 27th Street
New York, NY 10001
Tel.: (212) 254-6670
Fax: (212) 254-6614
Web Site: www.twotwelve.com

Employees: 35
Year Founded: 1980

Discipline: Design

David Gibson *(Principal)*
Ann Harakawa *(Principal)*

UNANIMOUS
8600 Executive Woods Drive
Lincoln, NE 68512
Tel.: (402) 423-5447
Fax: (402) 423-2871
Toll Free: (888) 317-5947
Web Site: www.unanimousagency.com/

Year Founded: 2014

Discipline: Design

Trent Wilcox *(President)*
Trenton Wilcox *(President)*
Matt O'Gorman *(Vice President)*
Scott Claypool *(Art Director)*

UNBOUNDARY
201 Seventeenth Street Northwest
Atlanta, GA 30363
Tel.: (404) 614-4299
Fax: (404) 614-4288
Web Site: www.unboundary.com

Employees: 25

Discipline: Design

Tod Martin *(President & Chief Executive Officer)*
Shaun Martin *(Executive Director)*

UNCONQUERED
3700 O'Donnell Street
Baltimore, MD 21224
Tel.: (646) 694-8109
Web Site: www.weareunconquered.co/

Year Founded: 2017

Discipline: Design

Brian Schneider *(Co-Founder & Chief Executive Officer)*
Jonathan Hanson *(Co-Founder & Chief Creative Officer)*
Lucy Glaser *(Director, Business Development)*

Accounts:
2U, Inc.
Brooks Running
New Balance Athletic Shoe, Inc.

UTÖKA
1510 Ellsworth Industrial Boulevard Northwest
Building Two
Atlanta, GA 30318
Tel.: (404) 874-7487
Fax: (404) 874-7497
Web Site: www.utoka.co

Employees: 10
Year Founded: 1992

Discipline: Design

Michael Zarrillo *(Principal & Chief Executive Officer)*
Ed Dye *(Principal & Chief Creative Officer)*
Elizabeth Guymon *(Vice President, Business Development & Operations)*
Julie Kutler *(Group Creative Director)*

VAULT49
36 West 20th Street
New York, NY 10011
Web Site: www.vault49.com

Year Founded: 2002

Discipline: Design

Spencer Ryan *(Creative Services Director)*
Emily Cristoforis *(Director, Strategy)*
Melissa Chavez *(Associate Design Director)*
Aaron Stephenson *(Associate Design Director)*
Kiki Saxon *(Director, Group Account)*
Donna Garvey *(Director, Account)*
Michelle Farhang *(Senior Account Manager)*
Stefanie Miltiadou *(Account Manager)*

DESIGN AGENCIES

VERMILION DESIGN
3055 Center Green Drive
Boulder, CO 80301
Tel.: (303) 443-6262
Web Site: www.vermilion.com

Employees: 13
Year Founded: 1980

Discipline: Design

Bob Morehouse *(Chief Executive Officer)*
Susan Aust *(Senior Account Director)*
Kevin Bonner *(Art Director)*
Paul Knipe *(Account Director)*
Sarah Halle *(Associate Creative Director, Copy)*
Thaddeus Napp *(Director, Strategy)*
Lauren Reynoso *(Senior Account Manager)*
Mary Mac *(Business Manager)*
Vanessa Rathbone *(Senior Account Manager & Strategist, Brand)*
Karen Tan *(Senior Designer)*

Accounts:
34 Degrees
Aspen Skiing Company, LLC
Aspen Snowmass
Obrigado

VISION CREATIVE GROUP
2740 Route 10 West
Morris Plains, NJ 07950
Tel.: (973) 984-3454
Fax: (973) 984-3314
Web Site: www.visioncreativegroup.com

Year Founded: 1987

Discipline: Design

Andy Bittman *(Founder)*
Sharon Petry *(President)*
Chris Marston *(Manager, Business Development)*

Accounts:
G-Shock

VISIONMARK USA
3600 Clipper Mill Road
Baltimore, MD 21211
Tel.: (410) 377-3135
Fax: (410) 377-3138
Web Site: www.visionmarkusa.com

Year Founded: 1995

Discipline: Design

Ralph Ringler *(Partner)*
Mary Ann Bauer *(Partner)*

VISUAL ASYLUM
1045 14th Street
San Diego, CA 92101
Tel.: (619) 233-9633
Fax: (619) 233-9637
Web Site: www.visualasylum.com

Employees: 6
Year Founded: 1987

Discipline: Design

MaeLin Levine *(Partner & Creative Director)*
Amy Jo Levine *(Partner & Designer)*

VISUAL MARKETING ASSOCIATES
1105 West Third Street
Dayton, OH 45402
Tel.: (937) 223-7500
Fax: (937) 223-6800
Web Site: www.vmai.com

Employees: 9
Year Founded: 1985

Discipline: Design

Kenneth Botts *(Founding Principal)*
Doug Knopp *(Chief Designer & Creative Director)*

VSA PARTNERS, INC.
600 West Chicago Avenue
Chicago, IL 60654
Tel.: (312) 427-6413
Fax: (312) 427-1903
Toll Free: (877) 422-1311
Web Site: www.vsapartners.com

Employees: 50
Year Founded: 1982

Discipline: Design

Dana Arnett *(Vice Chairman & Founding Partner)*
Curtis Schreiber *(President & Chief Design Officer)*
Bill Rosen *(Chief Executive Officer)*
Hugh Allspaugh *(Senior Vice President & Associate Partner, Marketing Strategy & Brand)*
Jim Toth *(Associate Partner & Executive Creative Director)*
Heather Torreggiani *(Chief Marketing Officer)*
Bob Silverman *(Chief Financial Officer)*
Anne-Marie Rosser *(Partner & Head, Client Engagement Practice)*
Brock Conrad *(Associate Partner & Executive Creative Director)*
Chrystine Witherspoon *(Associate Partner & Creative Director)*
Jeff Walker *(Senior Partner - VSA Partners)*
Josh Witherspoon *(Associate Partner & Creative Director)*
Mike Walsh *(Associate Partner, Strategic Engagements)*
William Rosen *(Chief Executive Officer)*
YanYan Zhang *(Associate Partner & Executive Creative Director)*
Sally Beck *(Director, Administration)*
Jerry Stiedaman *(Director, Client Engagement)*
Morgan Scott *(Director, Communications & Public Relations)*
Kyle Flynn *(Director, Strategy)*
Chris Stuart *(Director, Information Technology)*
Evan Thompson *(Creative Director)*
Jennifer Dickson *(Associate Director, Project Management)*
Katherine McIlwain *(Associate Director, Strategy)*
Liz Nichols *(Director, Project Management)*
Matt Ganser *(Creative Director)*
Mark Rowland *(Director, Client Engagement)*
Katlin Bole *(Senior Strategist)*
Drue McCurdy *(Senior Designer)*

Accounts:
2 Gingers
Breakers Palm Beach
Cargill, Inc.
CME Group
Integrity Windows & Doors
Kleenex
Marvin Windows & Doors
Sappi Fine Paper North America
Wilson Sporting Goods Company

VSA PARTNERS, INC.
95 Morton Street
New York, NY 10014
Tel.: (212) 869-1188
Fax: (212) 869-0099
Toll Free: (877) 422-1311
Web Site: www.vsapartners.com

Employees: 15
Year Founded: 1982

Discipline: Design

Andrea Spiegel *(Partner, Client Engagement)*
Michael Moroney *(Partner, Technology Practice Lead)*

WAGES DESIGN, INC.
887 West Marietta Street Northwest
Atlanta, GA 30318
Tel.: (404) 876-0874
Fax: (404) 876-0578
Web Site: www.wagesdesign.com

Employees: 9
Year Founded: 1981

Discipline: Design

Bob Wages *(Owner & Creative Director)*
Beth Perpall *(Office Manager)*

WALL TO WALL STUDIOS
1010 Western Avenue
Pittsburgh, PA 15233
Tel.: (412) 232-0880
Fax: (412) 232-0906
Web Site: www.walltowall.com

Employees: 10
Year Founded: 1992

Discipline: Design

Bernard Uy *(Owner & Creative Director)*
Pete Popivchak *(Partner & Vice President, Sales & Marketing)*
Larkin Werner *(Partner & Creative Director)*
Brian Kaiser *(Partner & Chief Financial Officer)*

WALLACE CHURCH, INC.
330 East 48th Street
New York, NY 10017
Tel.: (212) 755-2903
Fax: (212) 355-6872
Web Site: www.wallacechurch.com

Employees: 16
Year Founded: 1975

Discipline: Design

Stanley Church *(Founder & Chief Creative Officer)*
David Plansky *(Account Director)*
Celsae Vandenberg *(Innovation Director)*

Accounts:
GlaxoSmithKline, Inc.

WALSH BRANDING
302 South Cheyenne Avenue
Tulsa, OK 74103
Tel.: (918) 743-9600
Fax: (918) 388-9084
Web Site: www.walshbranding.com

Discipline: Design

Brands. Marketers. Agencies. Search Less. Find More.
Try out the online version at www.winmo.com

DESIGN AGENCIES

Approx. Annual Billings: $1.00

Rod Clifford *(Director, Environmental Graphics)*
Cassie Drake *(Associate Creative Director)*

WE ARE ROYALE
535 North Larchmont Boulevard
Los Angeles, CA 90004
Tel.: (323) 337-9990
Web Site: weareroyale.com

Year Founded: 2007

Discipline: Design

Heidi Netzley *(Director, Business Development)*
Brien Holman *(Executive Creative Director)*
Jayson Whitmore *(Executive Director, Brand Partnerships)*
Rhys Demery *(Executive Producer)*
Eric Zapakin *(Head, Production)*
Alicia Tagliasacchi *(C4D Designer & Animator)*

WHIPSAW, INC.
434 South First Street
San Jose, CA 95113
Tel.: (408) 297-9771
Fax: (408) 297-9775
Web Site: www.whipsaw.com

Discipline: Design

Dan Harden *(Chief Executive Officer, President & Principal Designer)*
Bob Riccomini *(Chief Technology Officer & Principal Engineer)*

WIER / STEWART
982 Broad Street
Augusta, GA 30901
Tel.: (706) 447-2630
Fax: (706) 922-5374
Web Site: www.wierstewart.com

Year Founded: 2005

Discipline: Design

Alex Wier *(Principal & Creative Director)*
Daniel Stewart *(President)*

WILLIAMS MCBRIDE GROUP
344 East Main Street
Lexington, KY 40507-1584
Mailing Address:
P.O. Box 910433
Lexington, KY 40507
Tel.: (859) 253-9319
Fax: (859) 233-0180
Toll Free: (800) 200-9596
Web Site: www.williamsmcbride.com

Employees: 6

Discipline: Design

Melissa Webber *(Creative Director & Partner)*
Tim Smith *(Principal)*

WILLOUGHBY DESIGN GROUP
602 Westport Road
Kansas City, MO 64111-3173
Tel.: (816) 561-4189
Fax: (816) 561-5052
Web Site: www.willoughbydesign.com

Employees: 17
Year Founded: 1978

Discipline: Design

Ann Willoughby *(Founder, Chief Creative Officer & Ambassador)*
Nicole Satterwhite *(Principal)*
Megan Semrick Stephens *(Managing Principal)*
Becky Ediger *(Senior Art Director)*

WONDERSAUCE
45 West 25th Street
New York, NY 10010
Tel.: (646) 756-5410
Web Site: www.wondersauce.com

Year Founded: 2011

Discipline: Design

Brett Waszkelewicz *(Partner & Chief Creative Officer)*
Eric Mayville *(Co-Founder)*
Seth Klassen *(Co-founder & Executive Creative Director)*
John Sampogna *(Co-Founder & Chief Executive Officer)*
Lindsey Munro *(Associate Product Director)*
Kate Hackenberg *(Director, Account Strategy)*
Gerald Hastings *(Associate Creative Director)*
Anthony Sampogna *(Design Director)*
Allison Brito *(Director, Business Operations)*
Kate Rosenzweig *(Digital Producer)*
Megan Blake *(General Manager)*

X3 CREATIVE
1300 Hawthorne Avenue
Smyrna, GA 30080
Tel.: (770) 436-2424
Web Site: www.x3creative.com

Employees: 8

Discipline: Design

Brian Wicklund *(President, Creative Director & Partner)*
Kristy Wicklund *(Partner)*

Accounts:
Rheem Air Conditioners & Heating

XJ BEAUTY
20472 Crescent Bay Drive
Lake Forest, CA 92630
Tel.: (949) 600-6980
Web Site: www.xj-beauty.com

Year Founded: 2007

Discipline: Design

Bill Xiang *(Chief Executive Officer)*
Jennifer Seeder *(Sales Director)*

Y MEDIA LABS
255 Shoreline Drive
Redwood City, CA 94065
Tel.: (415) 839-8584
Web Site: www.ymedialabs.com

Year Founded: 2009

Discipline: Design

Ashish Toshniwal *(Chief Executive Officer & Founder)*
Stephen Clements *(Chief Creative Officer)*
Sumit Mehra *(Founder, President & Chief Technology Officer)*
Jason Rzutkiewicz *(Senior Vice President, Client Services)*
Ashley Heltne *(Director, Client Engagement)*
Ryan Spencer *(Creative Director)*
Alex Huang *(Design Director)*
August Kreowski *(Creative Director)*
Will Leivenberg *(Director, Marketing)*
Pablo Arce *(Senior Director, Project & Program Management)*

ZELLER MARKETING & DESIGN
322 North River Street
East Dundee, IL 60118
Tel.: (847) 836-6022
Fax: (847) 836-6122
Web Site: www.zellermarketingdesign.com

Employees: 9
Year Founded: 1989

Discipline: Design

Joe Zeller *(President)*
LouAnn Zeller *(Vice President)*
Bob Fugate *(Associate Creative Director & Copywriter)*
Danielle Magana *(Project Manager)*
Andy Sauder *(Senior Graphic Designer & Web Designer)*
Jen Walker *(Senior Graphic Designer)*
Kailee Rose *(Graphic Designer)*

ZIBA
1044 Northwest Ninth Avenue
Portland, OR 97209
Tel.: (503) 223-9606
Fax: (503) 223-9783
Web Site: www.ziba.com

Employees: 95
Year Founded: 1984

Discipline: Design

Sohrab Vossoughi *(Founder & President)*
Colleen Stalwick *(Account Director)*

ZUNDA GROUP
41 North Main Street
South Norwalk, CT 06854
Tel.: (203) 853-9600
Fax: (203) 853-0623
Web Site: www.zundagroup.com

Employees: 19
Year Founded: 1981

Discipline: Design

Charles Zunda *(Partner & Chief Creative Officer)*
Gary Esposito *(Partner & Chief Creative Strategy Officer)*

Brands. Marketers. Agencies. Search Less. Find More.
Try out the online version at www.winmo.com

DIGITAL AGENCIES

(ADD)VENTURES
20 Risho Avenue, East
Providence, RI 02914
Tel.: (401) 453-4748
Fax: (401) 453-0095
Web Site: www.addventures.com

Employees: 20
Year Founded: 1989

Discipline: Digital

Mary Sadlier *(Executive Vice President & Chief Strategy Officer)*
Stephen Rosa *(President & Chief Executive Officer)*
Joseph Miech *(Chief Operating Officer)*
Wayne Vieira *(Senior Vice President, Design & Branding)*
Tracy Silva *(Senior Vice President, Quality Production)*
Andrea Reed *(Vice President, Marketing & Branding)*
Lisa Dutra Curtis *(Vice President, Experience Design)*
Joel Velez *(Managing Director, Strategy & Creative)*
Dominic Green *(Director, Content & Branding)*
Erica Millette *(Senior Director, Strategy & Insights)*
Jenn Snively *(Director, Content & Media)*
Richard Davia *(Managing Director, Creative & Branding)*
Lisa Reefe *(Senior Manager, Marketing & Strategy)*
Audrey Connors *(Senior Manager, Branding & Design)*
Anne Marie Zollo *(Manager, Strategy & Marketing)*
Grace Bevilacqua *(Manager, Design & Branding)*
Mark Laslo *(Manager, Videography & Technology)*

14TH & BOOM
444 North Michigan Avenue
Chicago, IL 60611
Web Site: www.14thandboom.com

Year Founded: 2012

Discipline: Digital

Mary Bonomo *(Founder & Chief Executive Officer)*
Janet Cerrato *(Executive Vice President, Media Director)*
Brian Kilpatrick *(Vice President, Digital Marketing)*
Summer Borkowski *(Associate Media Director)*
Taylor Nichols *(Account Director)*

160OVER90
3420 Ocean Park Boulevard
Santa Monica, CA 90405
Tel.: (310) 399-4242
Fax: (818) 399-4244
Web Site: www.160over90.com

Year Founded: 1999

Discipline: Digital

Derek VandenBosch *(Chief Operations Officer)*

David Foster *(Senior Vice President & Head, Account Management)*
Stephanie Tillinghast *(Vice President, Business Development)*
Noah Roper *(Group Account Director)*
Rachel Yanovski *(Associate Creative Director)*
James Littlejohn *(Associate Creative Director)*
Mark Beechy *(Executive Creative Director)*
Nicholas Sellers *(Associate Creative Director)*
Kate Moore *(Associate Creative Director)*

Accounts:
A&E Networks
Bud Light
Crayola, LLC
ESPN, Inc.
History2
Lifetime Entertainment Services
Michelob Ultra
Netflix
Under Armour
Walt Disney World Parks & Resorts
WGN America

1919
330 West 38th Street
New York, NY 10018
Tel.: (212) 982-6400
Fax: (212) 228-1988
Web Site: www.1919.com

Employees: 10

Discipline: Digital

Nick Wollner *(Owner & Chief Executive Officer)*
David McGoldrick *(Partner & Executive Producer)*

3 BIRDS MARKETING
505 B West Franklin Street
Chapel Hill, NC 27516
Fax: (919) 913-2751
Toll Free: (877) 285-1094
Web Site: www.3birdsmarketing.com

Year Founded: 2009

Discipline: Digital

Kristen Judd *(Co-Founder & Chief Executive Officer)*
Layton Judd *(Co-Founder & President)*
Evan Chaisson *(Vice President & General Manager, Digital Evaluation Division)*

30 LINES
121 East Nationwide Boulevard
Columbus, OH 43215
Tel.: (614) 859-5030
Web Site: 30lines.com

Year Founded: 2008

Discipline: Digital

Mike Whaling *(President & Founder)*
Kristi Fickert *(Senior Vice President, Engagement & Growth)*
Dilara Casey *(Vice President, Brand & Innovation)*
Shannan Keller *(Business Development Manager)*

David Kruk *(Digital Marketing Account Manager)*
Jessica Pope *(Account Manager)*

360I, LLC
1545 Peachtree Street, Northeast
Atlanta, GA 30309
Tel.: (404) 876-6007
Fax: (404) 876-9097
Toll Free: (888) 360-9630
Web Site: www.360i.com

Employees: 63
Year Founded: 1998

Discipline: Digital

Jared Belsky *(Chief Executive Officer)*
Nicole Fontenot *(Chief of Staff)*
Michael Dobbs *(Senior Vice President, Content Discovery)*
Laurie Baskin *(Senior Vice President, Account Leadership)*
Melanie Santiago *(Senior Vice President, Media)*
Aubrey Sabala *(Senior Vice President & Lead, Search Media Practice)*
Lauren Johnson *(Vice President, Integrated Media)*
Allison Kolber *(Vice President & Group Media Director)*
Amy McDermott *(Media Director)*
Jiri Vala *(Vice President & Group Director)*
Jenny Erickson-Reed *(Group Media Director, Integrated Media)*
Marjorie Vizethann *(Media Director, Paid Search)*
Kimberly Barnett *(Vice President, Product Marketing)*
Andrew Welsch *(Account Director)*
Tameka Fooks *(Search Engine Optimization Analytic Director)*
Brad Renner *(Group Director, Media & Structured Data)*
Stephen Hom *(Group Account Director)*
Kristen Richardson *(Group Account Director & Vice President)*
Anne Lokey *(Group Account Director)*
Chris Carpenter *(Media Director)*
Cindy Stein *(Group Director, Media)*
Michael Tooley *(Associate Media Director)*
Janet Whitney *(Media Director)*
Ashley Keetle *(Group Account Director)*
Mike Feldman *(Group Director)*
Ryan Friedman *(Group Media Director, Integrated Media)*
Josh Miller *(Group Media Director)*
Kelly Freeberg *(Account Director)*
Lawrence O'Donnell *(Group Director, Data Science)*
Adam Oppenheimer *(Associate Director, Media Technology)*
Faiza Mir *(Head, Conversion Practice)*
Amanda Papini *(Director, Human Resources)*
Brandon Speers *(Associate Director, Media)*
Melissa Kerwin *(Director, Paid Social Media)*
Christine Henning Reed *(Media Director)*
Kerry Liebling *(Senior Manager, Account)*
Greg Bishop *(Account Supervisor)*
Derrick Tarver *(Paid Social Media Supervisor)*
Emily Vandroff *(Account Supervisor)*
Kaylin Tomlin *(Senior Display Media Manager)*

Brands. Marketers. Agencies. Search Less. Find More.
Try out the online version at www.winmo.com

AGENCIES - JULY, 2020 — DIGITAL AGENCIES

Holly Corley *(Media Supervisor)*
Jared Ronis *(Media Supervisor - Paid Search)*
Janetta Davis *(Senior Media Manager - Paid Social)*
Nicole Tatro *(Manager, Media)*
Alex Kirkpatrick *(Supervisor, Integrated Media)*
Aman Garg *(Senior Manager Consumer Insights & Analysis)*
Melissa Olmstead *(Senior Media Manager)*
Rebecca Kantor *(Integrated Media Manager)*
Kelly Lange *(Media Manager)*
Skylar Sperin *(Senior Manager, Media)*
Jared Saddler *(Associate Manager, Media)*
Gabrielle Orlando *(Manager, Programmatic)*
Melissa Steuer *(Manager, Integrated Media)*
Stephen Koepp *(Senior Account Manager)*
Jennifer Fine *(Local Broadcast Buyer)*
Joseph Arbuckle *(Supervisor, Media)*
Douglas Cochran *(Media Manager)*
Cristen Cagle *(Manager, Media)*
Daniel Pak *(Supervisor, Search Engine Optimization)*
Marinda Yelverton *(Senior Manager, Influencer Marketing & Public Relations)*
Sarah McDonagh *(Supervisor, Media)*
Arlene Duran *(Senior Account Manager)*
Emily Caldwell *(Account Manager)*
Allison Ward *(Media Supervisor)*
Elizabeth Schaffer *(Supervisor, Programmatic Advertising)*

Accounts:
7-Eleven, Inc.
Advance Auto Parts, Inc.
Asheville Convention & Visitors Bureau
Equifax
JCPenney Corporation, Inc.
The Coca-Cola Company
The Red Roof Inn

360I, LLC
515 North State Street
Chicago, IL 60654
Web Site: www.360i.com

Year Founded: 1998

Discipline: Digital

Amanda Abar *(Executive Vice President & Managing Director)*
Tiffany Curry *(Senior Vice President & Group Account Director)*
Brendan Alberts *(Vice President, Search Lead)*
Bruce Williams *(Vice President, Media Practice Lead)*
Jonathan Fanucci *(Vice President, Performance Media Accounts)*
Amie Dowker *(Vice President, Strategy)*
Maggie Summers *(Vice President, Performance Media)*
Eliza Kaplan *(Director, Strategy)*
Jeremy Jackson *(Director, Strategy)*
Sydney Sobol *(Associate Account Director)*
Bridget Lackie *(Director, Media)*
Robbie Fuss *(Associate Media Director)*
Meredith Spitz *(Group Media Director)*
Maggie Lannon *(Associate Account Director)*
Erika Mahon *(Media Director)*
Elizabeth Peterman *(Group Director, Performance Media)*
Max Tosto *(Associate Media Director, Programmatic)*
Kathryn Flynn *(Director, Media)*
Joshua Cole *(Director, Group Account)*
Gabrielle Montgomery *(Director, Account)*
Martha Diggins *(Account Director)*

Brooke Schnitzlein *(Senior Manager, Media)*
Casey Drottar *(Senior Account Manager)*
Troy Holler *(Supervisor, Media)*
Rachel Fuller *(Manager, Media)*
Kadre Kappes *(Manager, Account)*
Kaitlin Kamp *(Manager, Account)*
Dominic Leto *(Manager, Programmatic Media)*
Derek Arguello *(Manager, Social Media Marketing)*
Anna Pontarelli *(Manager, Account)*
Kimani Williams *(Manager, Media)*
Jenna Bolazina *(Senior Manager, Media)*
Connor Goss *(Manager, Media)*
Becky Brown *(Supervisor, Media)*
Devon Frazer *(Senior Manager, Media)*
Anna Sutton *(Associate Manager, Media)*
Alexandra Murray *(Supervisor, Programmatic)*
Tina Umanskiy *(Manager, Account)*
Katelyn Saks *(Strategist)*
Marissa Ciko *(Manager, Paid Search)*
Rebecca Turkel *(Senior Account Manager)*
Kevin Alphonso *(Senior Media Manager, Paid Social)*
Sean Hogan *(Manager, Senior Media)*
Asaf Segal *(Senior Manager, Media)*
Patrick McMahon *(Supervisor, Media)*
Cheryl Edwards *(Account Supervisor)*
Arjun Khurana *(Associate Director, Media & Structured Data)*
Molly Morrow *(Associate Director, Account)*
Bobby Glasgow *(Senior Media Analyst)*
Molly Fitzgibbons *(Supervisor, Media)*
Tija Berzins *(Supervisor, Media)*
Jordyn Siegel *(Supervisor, Account)*

Accounts:
Designer Brands
Kashi Company
Strongbow Cider
United Airlines / United Continental

360I, LLC
12655 West Jefferson Boulevard
Los Angeles, CA 90066
Tel.: (888) 360-9630
Web Site: 360i.com

Year Founded: 1998

Discipline: Digital

Jennifer Alcantara *(Vice President, Integrated Planning)*
Meredith Meyer *(Group Account Director)*
Dave Rea *(Director, Partnerships & Performance - Fox Broadcasting)*
Brandi Lawrence *(Senior Media Manager - COX Automotive)*
Kelly Kim *(Supervisor, Ad Operations)*
Adrian Ortiz *(Supervisor, Integrated Planning)*
Jodie Rink *(Associate Media Manager, Integrated Media)*
Robert May *(Senior Media Analyst)*
Melissa McCormick *(Managing Director)*

Accounts:
Fox Broadcasting Company
Shiseido Americas Corporation

3Q DIGITAL
25 East Washington Street
Chicago, IL 60602
Tel.: (650) 539-4124
Web Site: www.3qdigital.com

Year Founded: 2008

Discipline: Digital

Shane Kern *(Chief Financial Officer)*
Rob Murray *(President)*
Jacob Ehrnstein *(Account Director)*
Vernon Johnson *(Business Development Manager)*
Evan Kurland *(Senior Account Manager)*
Jordan Shepherd *(Senior Account Manager)*
Kevin Parker *(Digital Marketing Account Manager)*
Monica Love *(Account Manager)*
Mary Morris *(Account Manager)*
Emily Saxon *(Account Associate)*
Leif Conway *(Digital Marketing Account Coordinator)*
Anthony Cronander *(Account Coordinator)*

4 NEXT INTERACTIVE
13717 South Route 30
Plainfield, IL 60544
Tel.: (815) 782-7348
Fax: (630) 416-7807
Web Site: www.4-next.com

Employees: 5

Discipline: Digital

Chris Pusateri *(President)*
Melanie Pusateri *(Vice President & Creative Director)*

4FRONT
5646 Milton Street
Dallas, TX 75206
Tel.: (469) 399-5570
Web Site: www.team4front.com

Year Founded: 2007

Discipline: Digital

Heather Klein *(Vice President, Digital)*
Andrea Lopez *(Digital Director)*
Brooks Byers *(Digital Director)*
Courtney Penland *(Digital Manager)*
Cory Winkler *(Digital Account Analyst)*
Gavin Wilkinson *(Digital Campaign Coordinator)*

Accounts:
Professional Bull Riders Association

4FRONT
325 West Huron Street
Chicago, IL 60654
Tel.: (312) 948-0260
Web Site: www.team4front.com

Year Founded: 2007

Discipline: Digital

Dan Migala *(Co-Founder & Chief Innovation Officer)*
Brian Gainor *(Vice President, Innovation)*
Ruchir Shah *(Director, Analytics & Business Intelligence)*
Becca Hemby *(Senior Manager, Innovation)*
Brooke Halvorsen *(Manager, Innovation)*
Justin Baldwin *(Partnerships Manager)*
Maureen Cronin *(Senior Manager, Digital Sales)*
Derek Striegle *(Senior Manager, Digital)*
Katie LaCroix *(Innovation Coordinator)*

Accounts:
Michigan International Speedway

5METACOM
10401 North Meridian Street
Indianapolis, IN 46290

DIGITAL AGENCIES

Tel.: (317) 580-7540
Fax: (317) 580-7550
Web Site: www.5metacom.com

Employees: 25
Year Founded: 1977

Discipline: Digital

Chris Wirthwein *(Chief Executive Officer & Owner)*
Patty Travis *(Media Director)*

7SUMMITS
1110 Old World Third Street
Milwaukee, WI 53203
Tel.: (877) 803-9286
Web Site: www.7summitsinc.com/

Year Founded: 2009

Discipline: Digital

Paul Stillmank *(Founder, Chairman & Chief Executive Officer)*
James Davidson *(Partner & Vice President, Community Solutions)*
Ben Kessler *(Chief Financial Officer)*
Cullen O'Brien *(Senior Vice President, Operations & Delivery Management)*
Bethany Perkins *(Vice President, Marketing)*

90OCTANE
621 17th Street
Denver, CO 80293
Tel.: (720) 904-8169
Fax: (303) 295-1577
Web Site: www.90octane.com

Year Founded: 2000

Discipline: Digital

Sam Eidson *(Co-Founder & Partner)*
Jim Grinney *(Founder & Partner)*
Matt Smolenski *(President)*
Kellie Felsten *(Director, Cross-Channel)*
Jennica Justice *(Cross Channel Director)*
Tyler Ventrella *(Media Strategist)*

Accounts:
Avalon Waterways
Cosmos
Globus Family of Brands
Monograms

97TH FLOOR
2600 Executive Parkway
Lehi, UT 84043
Tel.: (801) 341-1986
Web Site: 97thfloor.com

Year Founded: 2005

Discipline: Digital

Chris Bennett *(Chief Executive Officer)*
Wayne Sleight *(Chief Operating Officer)*
Paxton Gray *(Vice President, Operations)*
Amy Jackson *(Director, Sales)*
Joe Robledo *(Head, Organic Marketing Department)*
Brandon Stauffer *(Account Director)*
Joshua Moody *(Director, Research & Development)*
Jon Hammond *(Enterprise Campaign Manager)*
Matthew Jelalian *(Manager, Enterprise Content Marketing)*
Annalee Jarrett *(Manager, Marketing & Communications)*

Alex Skinner *(Enterprise Campaign Manager)*
PJ Howland *(Manager, Enterprise Campaign)*
Samantha Brown *(Manager, Enterprise Campaign)*
Jaclyn Gannon *(Manager, Campaign)*
Rachel Bascom *(Manager, Content & Writer)*
Blake Nielson *(Campaign Manager)*
Thomas Plaizier *(Enterprise Marketer - Digital Marketing)*
Felix Baca *(Pay Per Click Marketer)*
Evan Miller *(Enterprise Digital Marketer)*
Alondra Ponce De Leon *(Enterprise Digital Marketer)*
Tanner Frederiksen *(Enterprise Marketer)*
Jordan Brandon *(Digital Marketer)*

Accounts:
Nu Skin
O.C. Tanner
SalesForce.com, Inc.

9TH CO.
96 Spadina Avenue
Toronto, ON M5V 2J6
Tel.: (416) 923-9898
Web Site: www.9thco.com

Year Founded: 2013

Discipline: Digital

Ezra Silverton *(President, Operations & Website Design)*
Justin Cook *(President, Internet Marketing)*
Marvin Jobs *(Senior Vice President, Digital)*
Chantelle Meiboom *(Associate Vice President, Internet Marketing)*
Harry Amores *(Associate Vice President, Corporate)*

ABEL SOLUTIONS, INC.
3820 Mansell Road
Alpharetta, GA 30022
Tel.: (678) 393-1704
Web Site: www.abelsolutions.com

Year Founded: 1997

Discipline: Digital

David Hammond *(President)*
Jason Bell *(Chief Technology Officer)*
Scott Burba *(Vice President)*
Mike Murray *(Vice President)*
Susan Carbone *(Manager, Business)*

ABILITY COMMERCE
1300 Park of Commerce,
Delray Beach, FL 33445
Tel.: (561) 330-3151
Fax: (561) 330-3154
Web Site: www.abilitycommerce.com

Year Founded: 1999

Discipline: Digital

Diane Buzzeo *(Founder & President)*
Debbie Longo *(Vice President, Client Services)*
Christopher Buzzeo *(Vice President, Operation)*
Kimberly Paradise *(Vice President, Marketing & Professional Services)*
Patrick Reineke *(Director, Technology)*

ACCENTURE INTERACTIVE
800 Corporate Pointe
Culver City, CA 90232
Tel.: (424) 672-9500
Web Site: www.accentureinteractive.com

Employees: 70
Year Founded: 1969

Discipline: Digital

Steve Kerho *(Executive Vice President & Chief Strategy Officer)*
Matthew Pharr *(Managing Director- Accenture Interactive)*

ACCENTURE INTERACTIVE
500 West Madison Street
Chicago, IL 60661
Tel.: (312) 427-2470
Fax: (312) 427-2471
Web Site: www.accentureinteractive.com

Year Founded: 2001

Discipline: Digital

Kristina Keller *(Director, Digital Experience & Account)*
Maria Pontillo *(Director, Program)*
Lisa Hunt *(Director, Integrated Sales - My Food and Family by KraftHeinz)*
George Moreira *(Senior Manager, Marketing Strategy & Creative)*
Danielle Heller *(Manager, Client Strategy & Paid Social)*
Rachel Litt *(Account Supervisor)*
Scott Lutzow *(Managing Director)*
Robert Harles *(Managing Director, Global Lead Social Media & Emerging Channels)*
Danelle Faust *(Managing Director)*
Robert Raidt *(Managing Director & Senior Digital Transformation Executive)*
Melissa Ptasienski *(Managing Director, Digital Marketing)*

Accounts:
Country Inns & Suites by Carlson
Cycle Gear
Park Inn by Radisson
Radisson
Radisson Blu
Radisson Hotel Group
Radisson Red

ACCENTURE INTERACTIVE
225 Liberty Street
New York, NY 10281
Tel.: (212) 499-2000
Web Site: www.accentureinteractive.com

Year Founded: 1969

Discipline: Digital

Georgine Anton *(Executive Vice President & General Manager)*
Nikki Mendonca *(Global President, Accenture Interactive Operations)*
Doug Stark *(Senior Vice President & Executive Group Director)*
Jay Espiritu *(Director, Design)*
Marly Clamage *(Director, Account)*
Sarah Luvisi *(Director, Account)*
Kelly Rainey *(Director, Account)*
Jesse Darling *(Director, Creative)*
Markus Horak *(Executive Director, Creative & Global Content Innovation & Strategy)*
Linh Ngo *(Content Design & Implementation)*
Shama Diegnan *(Director, Account & Digital Service Engagement)*
Teja Patankar *(Lead, Marketing - North America)*
Sarah Pappen *(Manager, Marketing)*
Justin Garrett *(Executive, Digital Experience &*

Brands. Marketers. Agencies. Search Less. Find More.
Try out the online version at www.winmo.com

AGENCIES - JULY, 2020

DIGITAL AGENCIES

Brand & Content)
Julia Corbett *(Senior Editor - Accenture Interactive)*
Glenn Hartman *(Senior Managing Director, Global Digital Marketing)*
Christopher McNally *(Managing Director, Digital Transformation)*
Mish Fletcher *(Managing Director & Global Head, Marketing)*
Brett Gilman *(Managing Director, Business Development)*
Enslow Kable *(Managing Director)*
Joe Lozito *(Managing Director & Senior Digital Delivery Lead)*

Accounts:
AMC Networks, Inc.
Bank of America Corporation
Barilla America, Inc.
Carnation Breakfast Essentials
Chrysler
Coffee-Mate
Cool Whip
Dodge
Fiat
Heinz Ketchup
Hot Pockets
Jeep
Jell-O
Kampgrounds of America, Inc.
Merrill Edge
Merrill Lynch
Nescafe
Publix Supermarkets, Inc.
Ram
Stouffer's
Stove Top
TGI Friday's
The Leading Hotels of the World, Ltd.
Velveeta
WebMD

ACCESS TCA, INC.
One Main Street
Whitinsville, MA 01588
Tel.: (508) 234-9791
Fax: (508) 234-2139
Web Site: www.accesstca.com

Year Founded: 1985

Discipline: Digital

Michael Yag *(President & Chief Executive Officer)*
Jon Ellms *(Vice President & Principal)*
Amy Sondrup *(President)*
Stephen Ross *(Vice President, Creative)*

ACCESSO
1025 Greenwood Boulevard
Lake Mary, FL 32746
Tel.: (407) 333-7311
Web Site: www.accesso.com

Employees: 20

Discipline: Digital

TJ Christensen *(Executive Vice President, Sales & Marketing)*
Jeff Prystajko *(Senior UI Designer)*

ACHIEVE
313 Datura Street
West Palm Beach, FL 33401
Tel.: (561) 962-1962

Fax: (561) 833-4141
Web Site: www.achieveagency.com

Year Founded: 2007

Discipline: Digital

Clay Williams *(Chief Executive Officer)*
Monte Lambert *(Vice President, Solutions)*
Mariana Williams *(Director, Operations)*
Rai Masuda *(Director, Integrated Marketing)*
Amy Thayer *(Director, Research)*

ACUMIUM, LLC
717 John Nolen Drive
Madison, WI 53713
Tel.: (608) 310-9700
Fax: (608) 310-9701
Toll Free: (888) 422-8648
Web Site: www.acumium.com

Employees: 11
Year Founded: 2001

Discipline: Digital

Dan Costello *(Founder & Chief Executive Officer)*
Susan Olson *(Account Manager)*
Jona Decker *(Solutions Delivery Manager)*
Hannah Aime *(Digital Marketing Specialist)*
Becky Held *(Business Development Coordinator)*
Renata Bartlett *(eCommerce Account Coordinator)*
Jen Boyd *(Account Manager)*

AD:60
68 Jay Street
Brooklyn, NY 11201
Tel.: (718) 797-3047
Toll Free: (866) 404-2360
Web Site: www.ad60.com

Year Founded: 2010

Discipline: Digital

Jason Reposa *(Managing Partner)*
Alex Matjanec *(Partner & Chief Executive Officer)*
Tadas Nikulin *(Managing Partner)*

Accounts:
Christie's
Spencer Gifts, LLC
Spirit Halloween

ADCOM COMMUNICATIONS, INC.
1370 West Sixth Street
Cleveland, OH 44113
Tel.: (216) 574-9100
Fax: (216) 574-6131
Web Site: www.theadcomgroup.com

Year Founded: 1990

Discipline: Digital

Joe Kubic *(Co-Owner & Chief Executive Officer)*
Mark Nuss *(Chief Creative Officer)*
Mike Derrick *(Executive Vice President & Creative Director)*
Clyde Miles *(Executive Vice President, Marketing Strategy & Brand Planning)*
Loren Chylla *(Senior Executive Vice President & Account Director, Media & Acquisition)*
Craig Martin *(Senior Executive Vice President)*
Thomas Keathley *(Senior Vice President, Creative & Account Director)*

Hallie Fisher *(Senior Vice President)*
James Ganzer *(Vice President, Marketing Communications & Director, Media Strategy)*
Dennis Gentner *(Vice President, Operations)*
Alicia Lenhart *(Director, Media Strategy)*
John Znidarsic *(Creative Director)*
Joel Hammond *(Director, Public Relations & Brand Advocacy)*
Jeff Culliton *(Senior Director, Digital Strategy)*
Lee Norris *(Director, Brand Planning)*
Mark Szczepanik *(Group Creative Director)*
Morgan Rooks *(Senior Digital Strategy Manager)*
Melanie Park *(Senior Media Planner & Buyer)*
Ashley Mack Tomaro *(Account Manager)*
Debbie Jarab *(Senior Specialist, Paid Media)*

Accounts:
The Cleveland Clinic Foundation

ADEPT MARKETING
855 Grandview Avenue
Columbus, OH 43215
Tel.: (614) 360-3132
Web Site: www.adeptmarketing.com

Year Founded: 2007

Discipline: Digital

Danielle Walton *(Co-Founder)*
Justin Spring *(Co-Founder)*
Sara Kear *(Executive Vice President, Digital Strategy)*
Nancy Cloutier *(Executive Vice President, Growth)*
Jake Kaufman *(Director, Content Strategy)*
Justin Hines *(Director, Website Design & Development)*
Melissa Boswell *(Director, Account Strategy)*
Megan Medeiros *(Director, Acquisition)*
Marie Werhan *(Account Executive, Strategy)*
Marisa Forstyk *(Paid Media Analyst)*
Patrick Holcomb *(Account Associate - Client Experience)*

ADK GROUP
607 West Main Street
Louisville, KY 40202
Tel.: (502) 212-0894
Web Site: www.adkgroup.com

Year Founded: 2006

Discipline: Digital

Travis Triplett *(Director, Accounts)*
Amber Herndon *(Director, Marketing)*
Nick Watkins *(Digital Marketing Strategist)*

Accounts:
Sonoma-Cutrer Vineyards

ADK GROUP
11 Beacon Street
Boston, MA 02108
Toll Free: (800) 385-1751
Web Site: www.adkgroup.com

Year Founded: 2011

Discipline: Digital

Dan Tatar *(President)*
Chris Baker *(Chief Strategy Officer)*
Jon Clark *(Chief Technology Officer)*

ADMARKETPLACE

Brands. Marketers. Agencies. Search Less. Find More.
Try out the online version at www.winmo.com

DIGITAL AGENCIES

1385 Broadway
New York, NY 10018
Tel.: (212) 925-2022
Fax: (212) 925-2684
Web Site: www.admarketplace.com

Year Founded: 2000

Discipline: Digital

Adam Epstein *(President & Chief Operating Officer)*
Jamie Hill *(Founder & Chief Executive Officer)*
Michael Yudin *(Chief Technology Officer)*
Rebecca Engle *(Senior Vice President, Business Operations)*
Lonnie Klein *(Vice President, People & Talent Acquisition)*
Michael Salzman *(Director, Sales)*

ADQUADRANT
3200 Bristol Street
Costa Mesa, CA 92626
Tel.: (714) 596-9000
Web Site: www.adquadrant.com

Year Founded: 2014

Discipline: Digital

Warren Jolly *(President & Chief Executive Officer)*
Arjun Jolly *(Co-Founder & Chief Operating Officer)*
Danielle Ilan-Weber *(Vice President, Media Operations)*
Jeremy Fenderson *(Director, Paid Media)*
Hailey Branham *(Senior Account Manager)*
Dale Wilson *(Senior Media Analyst, Paid Search)*
Brent De Guzman *(Senior Media Buyer & Strategist)*

ADSUPPLY, INC.
10811 Washington Boulevard
Culver City, CA 90232
Tel.: (424) 298-8950
Web Site: www.adsupply.com

Discipline: Digital

Forrest Parker *(Chief Technology Officer & Vice President Systems & Technology)*
Justin Bunnell *(Chief Executive Officer)*
Alex Labbett *(Vice President, Sales)*

ADTAXI
101 West Colfax Avenue
Denver, CO 80202
Toll Free: (877) 856-4668
Web Site: www.adtaxi.com

Year Founded: 2010

Discipline: Digital

Jennifer Flanagan *(Vice President, Marketing)*
Doug Gesiorski *(Vice President, Ad Operations)*
Ryan Moffat *(Vice President, Sales)*
Megan Beam *(Vice President, Social, eCommerce, Strategic Partnerships)*
Yael Zlatin *(Head, eCommerce)*
David DeHart *(Director, Ad Operations)*
Amanda Muse *(Creative Lead)*
Bonnie Holloway *(Campaign Manager)*
Brittany Medina *(Programmatic Campaign Manager)*
Lindsay Martino *(Strategic Paid Search Campaign Manager)*
Mackenzii Bieke *(Marketing Coordinator)*

ADVANCE 360
One World Trade Center
New York, NY 10007
Web Site: www.advance360.com

Year Founded: 1922

Discipline: Digital

Anthony Espinoza *(Director, Digital & Business Development - New York Metro & Connecticut)*
Lily Kirov *(Director, Data & Insights)*
Dan Ryan *(Multimedia Advertising Director)*

ADVANCE 360
169 Monroe Avenue Northwest
Grand Rapids, MI 49503
Web Site: www.advance360.com

Year Founded: 1922

Discipline: Digital

Matthew Sharp *(Chief Digital Officer)*
Dan Gaydou *(Regional President - Midwest Region)*
Steve Westphal *(Vice President, National Sales)*
Nick Dionne *(Vice President)*

ADVANCE DESIGN INTERACTIVE
809 North Bethlehem Pike
Lower Gwynedd, PA 19002
Tel.: (215) 774-1000
Fax: (215) 233-9932
Toll Free: (800) 523-5990
Web Site: www.advancewebdesign.com

Employees: 18
Year Founded: 1997

Discipline: Digital

Somers Butcher *(Chief Executive Officer)*
Mark Kennedy *(Marketing Manager)*

ADVANTIX DIGITAL
14285 Midway Road
Addison, TX 75001
Tel.: (972) 427-3618
Web Site: www.advantixdigital.com

Year Founded: 2001

Discipline: Digital

Ed Ferreri *(Chief Financial Officer)*
Peter Handy *(Chief Executive Officer & Managing Director)*
Amine Bentahar *(Chief Operating Officer & Chief Digital Officer)*
Jessica Dawson *(Vice President, Performance Marketing)*
Jon Willette *(Vice President, Operations)*

ADVENTIVE, INC.
140 Allens Creek Road
Rochester, NY 14618
Tel.: (585) 672-6900
Web Site: www.adventive.com

Year Founded: 2009

Discipline: Digital

Jeff Lambert *(President & Chief Executive Officer)*
Beth Kribs-LaPierre *(Vice President, Product, Sales & Marketing)*

ADVERTISEMINT
7080 Hollywood Boulevard
Hollywood, CA 90028
Toll Free: (844) 236-4686
Web Site: www.advertisemint.com/

Year Founded: 2014

Discipline: Digital

Brian Meert *(Chief Executive Officer)*
Court Kellum *(Manager, Digital Marketing)*
Brandon Palacios *(Manager, Sales)*
Andrea Huerta *(Digital Specialist)*

AGENCYQ
1825 K Street, Northwest
Washington, DC 20006
Tel.: (202) 776-9090
Toll Free: (866) 734-7932
Web Site: www.agencyq.com

Year Founded: 1999

Discipline: Digital

Sean Breen *(President & Chief Executive Officer)*
Bob Poulin *(President & Chief Revenue Officer)*
Chris Merl *(Senior Vice President, Operations)*
Meghan Fishburn *(Vice President, Strategic Accounts)*

Accounts:
Rack Room Shoes, Inc.

AI MEDIA GROUP, LLC
1359 Broadway
New York, NY 10018
Tel.: (212) 660-2400
Web Site: www.aimediagroup.com

Discipline: Digital

Sergio Alvarez *(Chief Executive Officer & Founder)*
Andy Fenster *(President & Chairman)*
Ethan Clarke *(Vice President, Client Services)*
James Sarris *(Vice President, Client Services)*
Michael Cervantes *(Director, Digital Marketing)*

Accounts:
Mediacom Communications Corporation

AKQA
360 Third Street
San Francisco, CA 94107
Tel.: (415) 645-9400
Fax: (415) 645-9420
Web Site: www.akqa.com

Employees: 322
Year Founded: 1994

Discipline: Digital

Shabnum Mehra *(Senior Vice President & Managing Partner, Digital Strategy)*
Andrew Walter *(Director, Delivery)*
Sebastian Gunnewig *(Executive Director Strategy & UX)*
Allen Stern *(Group Media Director)*
Vivien Ku *(Associate Media Director)*
Dianne Hayashi *(Group Media Director)*
Lisa Ferragano *(Associate Media Director)*
Kristin Goto *(Client Partner)*
Mike Seiler *(Director, Search & Shopper)*
Helen Lin *(Group Media Director)*
Scott Day *(Group Media Director)*

Brands. Marketers. Agencies. Search Less. Find More.
Try out the online version at www.winmo.com

AGENCIES - JULY, 2020 — DIGITAL AGENCIES

Teresa Lau *(Associate Media Director)*
Miranda Molen *(Client Partner)*
Kaleigh McMurray *(Associate Media Director)*
Victoria Jefferson *(Client Partner)*
Wesley Cason *(Associate Director)*
Mark Uttley *(Group Strategy Director)*
Maria Gonzalez *(Supervisor, Social Media)*
Pamela Chen *(Director, Business Development & Marketing)*
Sean Quinn *(Director, Strategy)*
Alberto Aceves *(Group Media Director, Programmatic Strategy)*
Akira Takahashi *(Creative Director)*
Lauren Young *(Account Manager)*
Ryan Cwiklinski *(Senior Copywriter)*
Maddie McArthur *(Digital Media Supervisor)*
Cameron Willig *(Senior Media Planner)*
Gina Uhalde *(Media Planner)*
Kelsey Bertiglia *(Manager, Programmatic Strategy)*
Jamie Ozimek *(Supervisor, Media)*
Chris Vasques *(Campaign Manager, Paid Social)*
Molly Hayes *(Senior Integrated Producer)*
Haley Hammerling *(Senior Global Public Relations Manager - Gore-Tex)*
Amanda Woolery *(Media Strategy Supervisor)*
Jocelyn West *(Senior Campaign Manager)*
Taylor Reynolds *(Senior Media Planner)*
Andrew Bourque *(Manager, Paid Social Campaign)*
Kimberly Bauer *(Senior Media Analyst)*
Andrew York *(Associate Director, Operations)*
Christina Jacobs *(SEM Strategist)*
Scott Symonds *(Managing Director, Media)*
Simon Jefferson *(Managing Director - West Coast)*

Accounts:
Apple, Inc.
Burt's Bees, Inc.
Caterpillar
Caterpillar, Inc.
CLIF Bar
Clif Bar & Company
Elder Scrolls
Evian
Fallout
Gap
Gore-Tex
NVIDIA Corporation
Ticketmaster
Visa Signature Card
Visa, Inc.

AKQA
114 Fifth Avenue
New York, NY 10011
Tel.: (212) 989-2572
Web Site: www.akqa.com

Employees: 22
Year Founded: 1995

Discipline: Digital

Dan Ansell *(Strategy Director)*
Josh Combs *(Executive Creative Director)*
Resh Sidhu *(Group Creative Director)*
Gregory Varghese *(Technical Director)*
Amanda McCarthy *(Account Director)*
Jesse Fulton *(Group Director, Technical)*
Stacey McLean *(Senior Account Director)*
Rebecca Bolding *(Account Director)*
Don Hodgkinson *(Associate Strategist)*
Kiana Denlinger *(Designer)*

Accounts:
Chuck Taylor All Star
French Connection
Gmail
Google Adwords
Google Earth
Google TV
Google, Inc.
The Palms Casino & Resort
Verizon Wireless, Inc.

AKQA
Ten 10th Street Northwest
Atlanta, GA 30309
Tel.: (404) 334-3999
Web Site: www.akqa.com

Discipline: Digital

Lisa Rolf *(Director, Project Management)*
Sophie Dick *(Strategy Director)*
Sarah Gaddy *(Senior Project Manager)*
Johnny Lara *(Senior SEM Strategist)*
Sarah Lockwood *(Associate Creative Director)*
Ning Hu *(Digital Production Designer)*
Lauren Mayer *(Account Director, Delta Air Lines)*

AKQA
1120 Northwest Couch Street
Portland, OR 97209
Tel.: (503) 820-4300
Web Site: www.akqa.com

Year Founded: 1994

Discipline: Digital

Aaron Seymour-Anderson *(Creative Director)*
Ginny Golden *(Group Creative Director)*
Whitney Jenkins *(Creative Director)*
Sunil Mohan *(Director, Business)*
Jack Lodge *(Digital Account Manager)*
Kara Benton *(Associate Creative Director)*
Daniel Jones *(Senior Account Director)*
Docia Nartey-Koram *(Associate Director, Talent Acquisition)*
Riaad van der Merwe *(Associate Creative Director)*
Tim Germer *(Senior Search Strategist)*
Dustin Freeman *(Executive Producer)*
Osamu Akatsu *(Senior Designer)*
Christopher Maddock *(General Manager)*

Accounts:
The Palms Casino & Resort

AKQA
3299 K Street Northwest
Washington, DC 20007
Tel.: (202) 337-2572
Fax: (202) 551-9930
Web Site: www.akqa.com

Employees: 135
Year Founded: 1994

Discipline: Digital

Brendan Dibona *(Executive Creative Director)*
Susannah Fogarty *(Group Strategy Director)*
Lauren Wolfe *(Account Director)*
Ed Davis *(Senior Account Director)*
Douglas Smith *(Director, Technology)*
Atiq Abdullah *(IT Operations Director - North America)*
Thiago Balzano *(Associate Creative Director)*
Mike Hickman *(Associate Creative Director)*
Jim Beaudoin *(Group Creative Director)*
Jefferson Liu *(Group Creative Director)*
Lindsay Werner *(Account Director)*
Bryan Detwiler *(Client Director)*
Adam Abbruzzese *(Senior Program Manager)*
Tori Hodges *(Senior Producer)*
Laila Lynch *(Management Supervisor)*
Kourtney Wong *(Associate Program Manager)*
Grace Hardy *(North America Systems Manager)*
Erik Rogstad *(Managing Director)*
Rachel Barek *(Managing Director & General Manager)*

Accounts:
United States Postal Service

ALGONQUIN STUDIOS
200 Brisbane Building
Buffalo, NY 14203
Tel.: (716) 842-1439
Fax: (716) 842-1762
Web Site: www.algonquinstudios.com

Employees: 16

Discipline: Digital

Steve Kiernan II *(Chief Executive Officer)*
Steven Raines *(Chief Product Officer & Co-Founder)*

ALL COVERED
2812 Fairview Avenue, North
Roseville, MN 55113
Tel.: (763) 852-1600
Fax: (763) 852-1603
Web Site: www.omnera.com

Year Founded: 1996

Discipline: Digital

Glenn Mathis *(Vice President, Client Services & Engineering)*
Tom Waknitz *(Managing Director)*

ALLIANCE FOR AUDITED MEDIA
48 West Seegers Road
Arlington Heights, IL 60005-3913
Tel.: (224) 366-6939
Fax: (224) 366-6949
Web Site: www.auditedmedia.com

Year Founded: 1996

Discipline: Digital

Tom Drouillard *(President, Chief Executive Officer & Managing Director)*
Brian Condon *(Executive Vice President, Commercial Development)*

AMMUNITION
1175 Peachtree Street, Northeast
Atlanta, GA 30361
Mailing Address:
Post Office Box 79377
Atlanta, GA 30357
Tel.: (404) 267-1966
Web Site: www.ammunition.agency

Year Founded: 2017

Discipline: Digital

David Bernardino *(Chief Client Officer & Head, Research & Planning)*
Jeremy Heilpern *(President & Chief Executive Officer)*

212

DIGITAL AGENCIES

Jessica Burch *(Chief Creative Officer)*
Kelly Heilpern *(Chief Operating Officer & Head, Strategy)*
Chet Verigan *(Director, Technology)*
Carrie Smaha *(Group Account Director)*

Accounts:
Dacor Corporation
Mimaki USA
Mitsubishi Electric Cooling & Heating Solutions
Mr. Steam
Panasonic Eco Solutions
SharkBite
Skilled Labor Fund

AMOBEE, INC.
233 North Michigan Avenue
Chicago, IL 60601
Tel.: (312) 635-0821
Web Site: www.amobee.com

Year Founded: 2005

Discipline: Digital

Ryanne Laredo *(Senior Vice President, Client Services)*
Katie Roney *(Vice President, Client Services)*
Lisa Kopp Johnson *(Vice President, Midwest & West Coast Sales)*
Case Kenny *(Senior Director, Sales)*
Lexis Clark *(Senior Account Executive)*
Mark Williams *(Senior Director, Sales)*
Kelsey Sevening *(Director, Engagement Management)*
Jacqueline King *(Manager, Publisher Development)*
Daniel Laprea *(Manager, Engagement)*
Claire Riley *(Senior Account Manager)*
Lauren Sager *(Account Manager)*
Samantha Hosler *(Account Executive)*
Sadie Olen *(Senior Account Lead)*
Kristina Cobb *(Account Executive, Omnichannel & Programmatic Media)*

Accounts:
Breakstone's
Capri Sun
Claussen
Cool Whip
Country Time
Crystal Light
Delimex
Jell-O
Kool-Aid
Kraft Barbeque Sauce
Kraft Caramels
Kraft Dressings
Kraft Grated Parmesan Cheese
Kraft Green Goddess Dressing
Kraft Heinz Company
Kraft Macaroni & Cheese
Kraft Mayo
Kraft Singles
Kraft String Cheese
Lunchables
Lunchables
Miracle Whip
Oscar Mayer Naturals
Oscar Mayer P3
Planters
Planters Dessert Nuts
Planters Nut-rition Mixes
Planters Peanut Butter
Shake 'N Bake
Stove Top
Velveeta

AMOBEE, INC.
901 Marshall Street
Redwood City, CA 94063
Tel.: (650) 353-4399
Web Site: www.amobee.com

Year Founded: 2005

Discipline: Digital

Philip Smolin *(Chief Strategy Officer)*
Kim Perell *(Chief Executive Officer)*
Mark Liao *(Chief Financial Officer)*
Shouvick Mukherjee *(Chief Technology Officer)*
James Malins *(Senior Vice President, Programmatic)*
Amanda Currie *(Senior Vice President)*
Sean Adams *(Vice President, Global Agency Relations)*
Jonathan Wood *(Vice President, Product)*
Brittany Hawkins *(Vice President, Client Services)*
Patrick Welty *(Senior Director, Strategic Partnerships)*
Luke Adams *(Director, Sales)*
Dini Beretz *(Senior Director, Business Development)*
Luke Hathaway *(Director, Partnerships)*
Maureen Cullen *(Director, Partner Operations)*
Morgan McGraw *(Senior Regional Director, Sales - West)*
Alice Dickey *(Director, Account Management)*
Eric Monian *(Senior Director, Product Manager)*
Tim Giacomino *(Manager, Advertising Operations & Support)*
Jordyn Komack *(Manager, Account)*
Andrew Bukovics *(Senior Manager, Campaign Strategy & Optimization)*
Laura Milner *(Specialist, Operations)*

AMP AGENCY
6800 Center Drive
Los Angeles, CA 90045
Tel.: (310) 551-0200
Fax: (310) 551-0022
Web Site: www.ampagency.com

Employees: 30
Year Founded: 1995

Discipline: Digital

Carrie Libitsky *(Senior Vice President, Business Operations)*
Cindy Mai *(Director, Corporate Communication)*

Accounts:
FX Networks
Primrose School Franchising Company

AMPLIFIED DIGITAL AGENCY
900 North Tucker Boulevard
Saint Louis, MO 63101
Tel.: (314) 384-5156
Web Site: www.amplifieddigitalagency.com

Year Founded: 2013

Discipline: Digital

Andrews Colon *(Director, Agency Strategy)*
Brandi Unger *(Director, Sales)*
Francesca Eales *(Director, Creative & Strategy)*
Mark Buterin *(Manager, Digital Marketing)*
Melissa Grubbs Neal *(Manager, Digital Quality Assurance)*
Maureen Zwilling *(Senior Digital Campaign Strategist)*
Jolene Sherman *(Managing Director)*

AMPUSH
450 Ninth Street
San Francisco, CA 94103
Tel.: (415) 638-9663
Toll Free: (877) 267-8741
Web Site: www.ampush.com

Year Founded: 2009

Discipline: Digital

Jesse Pujji *(Chief Executive Officer & Co-Founder)*
Nick Shah *(Co-Founder & Chief Operation Officer)*

ANDCULTURE
614 North Front Street
Harrisburg, PA 17101
Tel.: (717) 233-2881
Fax: (717) 233-3601
Web Site: www.andculture.com

Employees: 15
Year Founded: 1997

Discipline: Digital

Joshua Benton *(Partner)*
David Hickethier *(Chief Executive Officer & Founder)*

ANIDEN INTERACTIVE
530 Lakeside Drive
Mountain View, CA 94085
Tel.: (650) 961-2341
Web Site: www.aniden.com

Year Founded: 1997

Discipline: Digital

David Chien *(Vice President, Product Development)*
Richard Herron *(Producer)*
Hsiao-Yu Chen *(Senior Designer)*

ANNALECT GROUP
195 Broadway
New York, NY 10007
Tel.: (212) 590-7667
Web Site: www.annalect.com

Year Founded: 2010

Discipline: Digital

Loren Grossman *(Global Chief Strategy Officer)*
Slavi Samardzija *(Global Chief Executive Officer)*
Adam Gitlin *(President)*
Steve Tobengauz *(Chief Financial & Operating Officer)*
Mark Reggimenti *(Chief Analytic Officer)*
Steve Katelman *(Executive Vice President, Global Digital Partnerships)*
Anna Nicanorova *(Vice President, Engineering)*
Pamela Marsh *(Managing Director, Primary Research & Insights - Omnicom Media Group)*
Dan Palan *(Director, Marketing)*
Brian Petersen *(Senior Director, Marketing Science)*
Kaitlin Debacker *(Associate Director, Platform Intelligence)*
Alicia Carroll *(Director, Marketing Science)*
Priscilla Aydin *(Group Director - Omnicom Media Group)*
Kristina Spade Denson *(Director, Audience Solutions)*

Brands. Marketers. Agencies. Search Less. Find More.
Try out the online version at www.winmo.com

DIGITAL AGENCIES

Albert Lau *(Director, Media Analytics)*
Derk Landes *(Group Director, Analytics)*

ANTICS DIGITAL MARKETING
981 Industrial Road
San Carlos, CA 94070
Tel.: (650) 595-4200
Fax: (650) 631-4200
Web Site: www.antics.com

Year Founded: 1996

Discipline: Digital

Charlie Ogden *(Co-Founder & Chief Executive Officer)*
Kevin Welsh *(Co-Founder, Creative Director & Chief Technical Officer)*
Dana Jorgensen *(Senior Project Manager)*

APOLLO INTERACTIVE
139 Illinois Street
El Segundo, CA 90245
Tel.: (310) 836-9777
Fax: (310) 836-6261
Toll Free: (800) 599-7499
Web Site: www.apollointeractive.com

Employees: 40
Year Founded: 1995

Discipline: Digital

Matthew Beshear *(Executive Vice President)*
Todd Anderson *(Senior Vice President)*
Andrew Shevin *(Vice President, Business Development)*
Carlos Sepulveda *(Director, Creative)*
Jasmine Taylor *(Director, Business Development)*
Jason Haase *(Manager, Financial & Analytics)*
Michael Ranshaw *(Vice President & Group Account Director)*

Accounts:
Extraco Banks
Eyemaster's
Visionworks
Visionworks of America, Inc.

ARCHER MALMO
2901 Via Fortuna
Austin, TX 78746
Tel.: (512) 532-2800
Fax: (512) 328-5645
Web Site: www.archermalmo.com

Year Founded: 1980

Discipline: Digital

Brooke Feachen *(Vice President & Director, Public Relations)*
Sofia Thapa *(Executive, Business Development)*

Accounts:
Ergon, Inc.
Implus Footcare, LLC
Seagate Technology, Inc.
Vertiv
World Vision

AREA 17
99 Richardson Street
Brooklyn, NY 11211
Tel.: (646) 277-7117
Web Site: www.area17.com

Year Founded: 2003

Discipline: Digital

George Eid *(Founder, Partner & Creative Director)*
Kemp Attwood *(Partner & Creative Director)*
Miguel Buckenmeyer *(Director, Design - New York City)*
Jen Kirkwood *(Program Director)*
Mark Jarecke *(Managing Director, New York)*

ASTOUND COMMERCE
1111 Bayhill Drive
San Bruno, CA 94066
Toll Free: (800) 591-4710
Web Site: www.astoundcommerce.com

Year Founded: 1999

Discipline: Digital

Andrew Sirotnik *(Chief Experience Officer)*
Andrew Guldman *(Vice President, Product Engineering, Research & Development)*
Bridget Fahrland *(Head, Digital Strategy)*
Susana Meza *(Senior Product Implementation Manager)*

Accounts:
Bare Escentuals, Inc.
Boardriders, Inc.
HSN, Inc.
Oakley, Inc.
Shaklee Corporation
The North Face

ATMOSPHERE PROXIMITY
1285 Avenue of the Americas
New York, NY 10019
Tel.: (212) 827-2505
Fax: (212) 827-2525
Web Site: www.atmosphereproximity.com

Employees: 90
Year Founded: 1997

Discipline: Digital

Stewart Krull *(Executive Vice President & Executive Creative Director)*
Alan Gutman *(Associate Director, Integrated Production)*
Rey Martinez *(Creative Director)*
Mathew Ford *(Director, Strategy)*
Dennis Marquez *(Account Supervisor)*
Garrett Franklin *(Managing Director)*

Accounts:
General Electric Corporation
The Economist

ATOMICDUST
3021 Locust Street
St. Louis, MO 63103
Tel.: (314) 241-2866
Fax: (314) 754-8132
Web Site: www.atomicdust.com

Year Founded: 2001

Discipline: Digital

Mike Spakowski *(Partner & Creative Director)*
Taylor Dixson *(Owner)*
Christen Ringhausen *(Senior Project Manager)*
Blaise Hart Schmidt *(Manager, Digital Marketing)*

ATTENTION SPAN MEDIA, LLC
5225 Wilshire Boulevard
Los Angeles, CA 90036
Tel.: (323) 936-0648
Fax: (323) 617-5028
Web Site: attentionspan.tv

Year Founded: 2008

Discipline: Digital

Josh McHugh *(Chief Executive Officer)*
Garrett Law *(Chief Strategy Officer)*
Tyson Law *(Chief, Design)*

AUGUST UNITED
740 South Mill Avenue
Tempe, AZ 85281
Tel.: (480) 339-3152
Fax: (480) 731-4822
Web Site: www.augustunited.com

Year Founded: 1999

Discipline: Digital

Bret Giles *(Co-Founder)*
Margie Traylor *(Chief Executive Officer)*

AUTHENTIC
101 West Seventh Street
Richmond, VA 23224
Tel.: (866) 682-6144
Web Site: beauthentic.digital

Year Founded: 2009

Discipline: Digital

J M Guthrie *(Chief Revenue Officer & Partner)*
David Roe *(Chief Executive Officer)*
Holly Myles *(Director, Account)*
Kim Foster *(Lead, Paid Media & SEO)*
Martha Cohen *(Executive Director, Client Services & Strategy)*
Katlyn Droke *(Senior Digital Strategist)*
Lauren Bruckmann *(Account Supervisor)*

Accounts:
Ameriprise Financial Services, Inc.
Capital One Financial Corporation

AVANTI INTERACTIVE, LLC
269 Beverly Hills Drive
Beverly Hills, CA 90212
Tel.: (323) 963-3312
Web Site: www.avantiinteractive.com/

Year Founded: 2009

Discipline: Digital

Jennifer Corbo-Castellanos *(Co-Founder & President)*
Emilio Castellanos *(Co-Founder & Chief Executive Officer)*

AVATAR LABS
16030 Ventura Boulevard
Encino, CA 91436
Tel.: (818) 784-2200
Fax: (818) 784-2204
Web Site: www.avatarlabs.com

Year Founded: 2001

Discipline: Digital

Suzanne Abramson Norr *(Chief Operating Officer)*
Rex Cook *(Owner)*
Laura Primack *(Vice President, Culture &

DIGITAL AGENCIES

Creative Services)
Nicole Karon *(Vice President, Client Services)*
James Safechuck *(Director, Innovation)*
Paul Thiel *(Creative Director)*

AXIS41
175 West 200 South
Salt Lake City, UT 84101
Tel.: (801) 303-6300
Fax: (801) 303-6339
Web Site: www.axis41.com

Employees: 26
Year Founded: 2001

Discipline: Digital

Ron Pynes *(Partner, Strategic Services)*
Steve Wiest *(Owner & Partner, Creative Services)*
Reed Wright *(Partner, Technical Services)*
Ashley Deley *(Marketing Analyst & Analytics Project Manager)*

AZAVAR TECHNOLOGIES CORPORATION
55 East Jackson Boulevard
Chicago, IL 60604
Tel.: (312) 583-0100
Fax: (312) 583-0200
Toll Free: (800) 683-0800
Web Site: www.azavar.com

Year Founded: 1996

Discipline: Digital

Jason Perry *(Founder, President & Chief Executive Officer)*
Patrick D'Helf *(Chief Operating Officer)*
Mike Fus *(Vice President, Operations)*
Kathy Hansen *(Operations Manager - Sharprint)*

B-REEL
77 Sands Street
Brooklyn, NY 11201
Tel.: (212) 966-6186
Web Site: www.b-reel.com

Year Founded: 1999

Discipline: Digital

Anders Wahlquist *(Chief Executive Officer)*
Mitchell Schwenz *(Senior Vice President & Senior Director)*
Suzanne Montgomery *(Brand Director)*
Kelly Wright *(Director, Strategy - New York)*
Mickael Coelho da Silveira *(Senior Creative Developer)*

B-SWING
700 Washington Avenue
Minneapolis, MN 55401
Tel.: (612) 752-1160
Fax: (612) 436-1135
Web Site: www.bswing.com

Employees: 15
Year Founded: 1997

Discipline: Digital

Jennifer Alstad *(Co-Founder & Chief Executive Officer)*
Eric Freeberg *(Co-Founder & Director, Product Development)*

BAKERY
758 Springdale Road
Austin, TX 78702
Tel.: (512) 766-1176
Web Site: www.bakery.agency

Year Founded: 2010

Discipline: Digital

Micky Ogando *(Chief Creative Officer & Principal)*
Hector Silva *(Chief Financial Officer & Chief Operating Officer)*

BAM STRATEGY
4810 rue Jean Talon, West
Montreal, QC H4P 2N5
Tel.: (514) 875-1500
Fax: (514) 875-2108
Toll Free: (888) 226-4550
Web Site: www.bamstrategy.com

Employees: 20
Year Founded: 1996

Discipline: Digital

Chris Emergui *(President)*
Lonn Shulkin *(President)*
Jeff Abracen *(Vice President & Creative Director)*
Xavier Picquerey *(Vice President, Client Services)*
Johan De Leon *(Director, Performance Marketing)*
Antony Larriviere *(Account Director)*
Brittany Wroblewski *(Account Director)*
Marie Karasseferian *(Account Director)*

BARBARIAN
112 West 20th Street
New York, NY 10011
Tel.: (212) 343-4215
Fax: (212) 343-4216
Web Site: barbariangroup.com

Year Founded: 2001

Discipline: Digital

Steven Moy *(Chief Executive Officer)*
Andrew Dawson *(Chief Strategy Officer)*
Lamar Hines *(Chief Technology Officer)*
Erin Metcalf *(Senior Account Director - Essie, Kiehl's & Garnier)*
Enrico Gatti *(Group Strategy Director)*
Peter Loftus *(Director, Business Development)*
Kevin Chan *(Group Creative Director)*
Katie Desimone *(Account Director)*
Leo Leone *(Executive Creative Director - Essie)*
Danielle Sherman *(Director, People & Culture)*
Janice Radomsky *(Group Strategy Director)*
Anna M. Olanow *(Account Director)*
Katie Puccio *(Social Growth Manager)*
Tom Sharkey *(Analytics Manager)*
Rachel Gruber *(Senior Strategist)*
Courtney Berry *(Managing Director)*

Accounts:
Bloomberg
Bloomberg BusinessWeek
Essie
IBM Corporation
KIND Healthy Snacks

BARKLEY REI
2740 Smallman Street
Pittsburgh, PA 15222
Tel.: (412) 683-3700

AGENCIES - JULY, 2020

Fax: (412) 683-1610
Web Site: www.rippleeffectsinteractive.com

Year Founded: 1998

Discipline: Digital

Shane Pryal *(Vice President & Marketing Manager)*
Greg Forsythe *(Senior Digital Marketing Strategist)*

BASIC
845 15th Street
San Diego, CA 92101
Tel.: (858) 755-6922
Web Site: www.basicagency.com

Year Founded: 2010

Discipline: Digital

Matt Faulk *(Chief Executive Officer)*
Ashley Reichel *(Vice President, Operations)*
Steven Denekas *(Vice President, Creative)*
Andrew Yanoscik *(Creative Director, Brand Strategy)*
Erwin Hines *(Creative Director, Innovation)*
Ryan Vancil *(Associate Design Director)*
Veronica Cordero *(Director, Design)*
Nicole Haines *(Digital Producer)*
Arthur Armenta IV *(Senior Designer, Interactive)*
Dan Otis *(Designer, Visual)*
Sun Beom *(Senior Designer)*

Accounts:
Beats by Dre
Blue Shield of California
Fruit of the Loom
Keen Footwear
L'Oreal
Volcom, Inc.

BASSO DESIGN GROUP
1050 Wilshire Drive, West
Troy, MI 48084
Tel.: (248) 530-6000
Fax: (248) 479-0670
Web Site: www.bassodesigngroup.com

Year Founded: 2003

Discipline: Digital

Greg Basso *(Managing Partner)*
Dan Santonocito *(Managing Partner)*
Kelly Cedroni *(Project Director)*

BAYARD BRADFORD
10810 Katy Freeway
Houston, TX 77043
Tel.: (281) 895-1490
Web Site: /www.bayardbradford.com/

Year Founded: 2016

Discipline: Digital

John Elmer *(Chief Executive Officer)*
Matt Lee *(Chief Marketing Officer)*
James Elmer *(Co-Founder & Chief Technology Officer)*
Martin Estill *(Chief Revenue Officer)*
Dominique James *(Account Director)*

BAYCREATIVE
400 Brannan Street
San Francisco, CA 94107

Brands. Marketers. Agencies. Search Less. Find More.
Try out the online version at www.winmo.com

AGENCIES - JULY, 2020 — DIGITAL AGENCIES

Tel.: (415) 434-4344
Fax: (415) 434-4346
Web Site: www.baycreative.com

Year Founded: 1997

Discipline: Digital

Scott Danish *(Co-Owner & President)*
Anne Spencer *(Graphic Designer)*

BAYSHORE SOLUTIONS
600 North Westshore Boulevard
Tampa, FL 33609
Tel.: (813) 902-0141
Fax: (813) 839-9022
Toll Free: (866) 352-4791
Web Site: www.bayshoresolutions.com

Employees: 40
Year Founded: 1996

Discipline: Digital

Kevin Hourigan *(President & Chief Executive Officer)*
Michael Sapp *(Chief Financial Officer)*

Accounts:
Nautique Boat Company
Tampa Bay Lightning Hockey Club
Tampa Bay Rays
The Melting Pot Restaurants, Inc.

BAZAARVOICE, INC.
10901 South Stonelake Boulevard
Austin, TX 78759
Tel.: (512) 551-6000
Fax: (512) 551-6001
Toll Free: (866) 522-9227
Web Site: www.bazaarvoice.com/

Discipline: Digital

Keith Nealon *(Chief Executive Officer)*
Joe Rohrlich *(Chief Revenue Officer)*
Suzin Wold *(Senior Vice President, Marketing)*
Rachel Hocevar *(Vice President, Client Success)*
Loran Gutt *(Vice President, Corporate Development)*
Veronica Hottenroth *(Director, Product Management - Insights)*
Quinn Donovan *(Client Success Director)*
Tim Pittman *(Client Success Director)*
Sean Haughey *(Engagement Manager)*
Diandra Garibay *(Senior Product Manager - Data)*
Ann Kennedy *(General Manager, Global Data)*

BBIG COMMUNICATIONS
Post Office Box 182110
Coronado, CA 92178
Web Site: www.bbigcommunications.com

Discipline: Digital

Dave Gibson *(President & Chief Executive Officer)*
Mark Igo *(Chief Operating Officer)*
Laura Riley *(Executive Vice President, Sales)*
Marlo Cagle *(Account Director)*
Mary Grace *(Sales & Marketing Analyst Manager)*
Gina Schmid *(Senior Brand Production Manager)*
Amanda Bokshan *(Marketing Coordinator)*

BCV EVOLVE
223 West Erie Street
Chicago, IL 60654

Tel.: (224) 333-1255
Web Site: www.bcvevolve.com

Year Founded: 2009

Discipline: Digital

Benji Greenberg *(Founder & Chief Executive Officer)*
Robin Chung *(Vice President, Client Services)*
Claire Apatoff *(Account Supervisor)*

BEACHY MEDIA
25-24 34th Street
Queens, NY 11103
Tel.: (814) 279-9825
Web Site: beachymedia.com

Year Founded: 2014

Discipline: Digital

Laura Beachy *(Co-Founder, Communications)*
Rachel Cochran *(Co-Founder, Design)*

BEACON MEDIA
One International Boulevard
Mahwah, NJ 07495
Tel.: (201) 335-0032
Fax: (201) 335-0033
Web Site: www.thebeaconmg.com

Discipline: Digital

Harold Chizick *(Chief Executive Officer)*
Paul Caldera *(Partner)*
Tom Horner *(President)*
Shelly Hirsch *(Chief Executive Officer)*
Lillian Lebron *(Executive Vice President, Account Services)*
Michael Pierre *(Head, Digital)*
Sandra Sterling *(Media Buyer & Planner)*
Jasmine Colon *(Manager, Broadcasting Traffic)*

Accounts:
Bella B
Caring Corners
Collections & Boon
Ertl
JJ Cole Collections
John Deere Licensed Products
Johnny Lightning
Lamaze
Learning Curve
The First Years
TOMY International

BEACONFIRE REDENGINE
2300 Clarendon Boulevard
Arlington, VA 22201
Tel.: (703) 894-0080
Web Site: www.beaconfire-red.com

Discipline: Digital

Liz Murphy *(Executive Vice President & Partner)*
Joseph McLaughlin *(Director, Analytics & Optimization)*
Ashleigh Lambert *(Director, Marketing Operations)*
Brian Rogel *(Director, Business Development)*
Eve Simon *(Creative Director)*
Austin Buckley *(Senior Account Manager)*
Erin Robertson *(Strategist, Client)*

BEHAVIOR, LLC
40 West 27th Street
New York, NY 10001
Tel.: (212) 532-4002
Fax: (212) 532-4090
Web Site: www.behaviordesign.com

Employees: 15

Discipline: Digital

Mimi Young *(Executive Vice President, Digital Design)*
Jeff Piazza *(Senior Vice President, Experience Design)*
Ralph Lucci *(Senior Vice President, Experience Design)*

Accounts:
McGraw-Hill Financial

BELO + COMPANY
8350 North Central Expressway
Dallas, TX 75206
Tel.: (844) 394-3710
Web Site: www.beloandco.com

Year Founded: 1999

Discipline: Digital

Eric Myers *(President)*
Milan Evans *(Chief Financial Officer)*
Cody Bailey *(Chief Strategy Officer)*
Gillian Breidenbach *(Vice President, Community & Civic Engagement)*
Chris Norton *(Senior Account Executive)*
Jane Jenevein *(Digital Campaign Manager)*

BEMARKETING SOLUTIONS
3 Valley Square
Blue Bell, PA 19422
Tel.: (484) 243-1816
Web Site: www.bemarketingsolutions.com

Discipline: Digital

Brandon Rost *(President)*
Tiffany Ellis *(Vice President, Operations)*
Allie Pigliavento *(Senior Account Manager)*
Ben Stephan *(Web & Graphic Designer)*
Stephanie Brace *(Web Designer)*

BEST LIGHT COMMUNICATIONS
171 Morrison Avenue
Toronto, ON M6E 1M6
Tel.: (416) 653-9925
Fax: (450) 546-3846
Web Site: www.best-light.com

Discipline: Digital

Frank Herr *(Owner & Co-Founder)*
John Herr *(Co-Founder)*

BEYOND
100 Montgomery Street
San Francisco, CA 94104
Tel.: (415) 944-1525
Web Site: www.bynd.com

Year Founded: 2010

Discipline: Digital

Matthew Iliffe *(Managing Partner - North America & General Manager - Beyond Austin)*
Emma Netland *(Senior Product Designer)*
Sam Smith *(General Manager)*

Brands. Marketers. Agencies. Search Less. Find More.
Try out the online version at www.winmo.com

DIGITAL AGENCIES
AGENCIES - JULY, 2020

Accounts:
SalesForce.com, Inc.
Trulia, Inc.

BEYOND
236 West 27th Street
New York, NY 10001
Tel.: (347) 460-5045
Web Site: www.bynd.com

Year Founded: 2010

Discipline: Digital

Matt Basford *(Partner)*
Molly McGaughan *(Director, Growth)*
Paige Weiners *(Associate Director, Global Marketing)*
Julian Simpson *(General Manager)*

BFO
3304 North Lincoln Avenue
Chicago, IL 60657
Toll Free: (877) 553-6863
Web Site: www.befoundonline.com

Year Founded: 2004

Discipline: Digital

Steve Krull *(Chief Executive Officer)*
Dan Golden *(President & Chief Search Artist)*
Beth Spiegel *(Chief Operating Officer)*
Josh Barwa *(Vice President, Sales & Marketing)*
Ben Hocking *(Director, SEO)*
Kelly Hogan *(Manager, Marketing)*
Brett Watson *(Account Manager, Paid Media)*
Kelley Thom *(Account Manager, SEM)*
Ryan McCullough *(Account Manager, SEM)*
Scott Diebel *(Senior Account Manager, Paid Media)*
Andrew Mast *(Specialist, Creative Search)*

BIG BLOCK
2205 Campus Drive
El Segundo, CA 90245
Tel.: (310) 954-9400
Web Site: www.bigblockla.com

Year Founded: 2011

Discipline: Digital

Tom Flanagan *(Chief Content & Innovation Officer)*
Joe DiMuro *(Chief Growth Officer)*
Seven Volpone *(Chief Executive Officer)*
Jamie Bendell *(Managing Partner, Executive Producer & Chairwoman)*
Janell Perez *(Chief Financial Officer)*
Kay Rough *(Head, Post Production)*
Curtis Doss *(Creative Director)*
Shaun Collings *(Creative Director)*
Robin Resella *(Creative Director)*
Edward Tomasi *(Managing Director, eSports)*

Accounts:
Wild Bill's

BIGBUZZ MARKETING GROUP
520 Eighth Avenue
New York, NY 10018
Tel.: (212) 461-6021
Web Site: www.bigbuzz.com

Year Founded: 1996

Discipline: Digital

Doug Graham *(Co-President & Chief Financial Officer)*
Kevin Kelly *(President & Chief Growth Officer)*
Bob Costabile *(Chief Creative Officer)*
Negeen Ghaisar *(Head, Digital Strategy)*
Mary Stanley *(Finance Director & Director, Administrative)*
Rachel Chansky *(Art Director)*
Tony J. Foley *(Account Manager)*

Accounts:
Garanimals
Honeywell Home

BIGWING
100 West Main Street
Oklahoma City, OK 73102
Tel.: (405) 475-3346
Web Site: www.bigwing.com

Year Founded: 2011

Discipline: Digital

Chris Davis *(Director, Account Management & Digital Sales)*
Zach Stabler *(Social Media Manager)*
Lisa Steves *(Senior Account Manager)*
Andrew Johnson *(Programmatic Display Specialist)*
Will Sagraves *(SEO Specialist)*

BIRDSALL INTERACTIVE
3527 Mount Diablo Boulevard
Lafayette, CA 94549
Tel.: (510) 385-4714
Web Site: www.birdsalldesigns.com

Employees: 8
Year Founded: 1991

Discipline: Digital

Maureen Birdsall *(Owner & Creative Force & Social Strategist)*
Mike Birdsall *(Chief Executive Officer)*

BLANCOMEDIA
920 Hull Street
Hood River, OR 97031
Tel.: (541) 490-4500
Fax: (541) 490-4993
Web Site: www.blancomedia.com

Employees: 1
Year Founded: 2002

Discipline: Digital

Elena Blanco *(Chief Technical Officer)*
Antonio Blanco *(Owner & Web Application Architect)*

BLANKET MARKETING GROUP
1540 River Park Drive
Sacramento, CA 95815
Tel.: (916) 870-8632
Fax: (916) 329-8601
Web Site: blanketmarketinggroup.com

Year Founded: 2005

Discipline: Digital

Michael Broughton *(President & Chief Executive Officer)*
Jesse Ching *(Specialist, Digital & Brand)*

BLAST RADIUS
517 Wellington Street West
Toronto, ON M5V 1G1
Tel.: (416) 214-4220
Fax: (416) 214-6765
Web Site: www.blastradius.com

Employees: 115
Year Founded: 1996

Discipline: Digital

Cass Zawadowski *(Vice President & Executive Creative Director)*

BLIND FERRET
2308 32 East Avenue
Montreal, QC H8T 3H4
Tel.: (514) 906-7587
Web Site: blindferret.com

Year Founded: 2004

Discipline: Digital

Randy Waxman *(Chief Executive Officer & Co-Founder)*
Ryan Sohmer *(Chief Creative Officer, Director, Animation & Co-Founder)*
Matthew Stone *(Director, Logistics)*
Jeff Moss *(Director, Business Development - Laughing Dragon Studios)*
Stuart Becker *(Director, Business Development - Agency)*
Stephanie Unger *(Director, Advertising Operations)*
Ryan Costello *(Special Project Manager)*
Kendra Carrie *(Director, Marketing)*

BLUE COLLAR INTERACTIVE
407 Portway Avenue
Hood River, OR 97031
Tel.: (541) 436-2800
Web Site: www.bluecollaragency.com

Year Founded: 2008

Discipline: Digital

April Donovan *(Partner & Creative Director)*
Tom Lehmann *(Partner & Creative Director)*
Tyler Reitz *(Senior Project Manager)*
Rob McCready *(Managing Director & Partner)*

Accounts:
Full Sail Brewing Co

BLUE MAGNET INTERACTIVE MARKETING & MEDIA, LLC
401 South LaSalle Street
Chicago, IL 60605
Tel.: (877) 361-1177
Web Site: www.bluemagnetinteractive.com

Year Founded: 2007

Discipline: Digital

Christopher Jones *(Co-Founder & Chief Marketing Officer)*
Matt Bitzer *(Co-Founder & Chief Executive Officer)*

BLUE MARBLE MEDIA
2987 Clairmont Road
Atlanta, GA 30329
Tel.: (404) 982-9552
Fax: (404) 982-9082
Web Site: www.bluemarblemedia.com

Brands. Marketers. Agencies. Search Less. Find More.
Try out the online version at www.winmo.com

AGENCIES - JULY, 2020 — DIGITAL AGENCIES

Year Founded: 1995

Discipline: Digital

Ben Barineau *(Principal & Creative Director)*
Cara Barineau *(Principal & Creative Director)*
Cal Miller *(Vice President, Business Development & Client Services)*

BLUE ONION
940 Wadsworth Boulevard
Lakewood, CO 80214
Tel.: (303) 597-9661
Web Site: www.blueonionmedia.com

Year Founded: 1979

Discipline: Digital

Eileen Weinert *(Chief Operating Officer)*
Joel Grabois *(Chief Executive Officer)*
Peter Teneyck *(Vice President, Business Development)*

BLUECADET INTERACTIVE
1526 Frankford Avenue
Philadelphia, PA 19125
Tel.: (267) 639-9956
Web Site: www.bluecadet.com

Year Founded: 2005

Discipline: Digital

Josh Goldblum *(Founder & Chief Executive Officer)*
Troy Lachance *(Principal & Executive Creative Director)*
Brad Baer *(Director, Strategy)*
Aaron Richardson *(Art Director)*
Lana Kovnot *(Senior Strategist)*
Victoria Jones *(Senior Producer)*
Sara Pasch *(Managing Director)*
Lilly Preston *(Managing Director & Executive Producer)*

BLUEPRINT DIGITAL
3885 Crestwood Parkway
Duluth, GA 30096
Tel.: (770) 817-9560
Fax: (678) 905-1494
Web Site: www.blueprintdigital.com

Year Founded: 2007

Discipline: Digital

Nathan Taitt *(Chief Executive Officer)*
Taylor Spooner *(Director, Content & Email Marketing)*

Accounts:
Pura Naturals

BLUETENT
218 East Valley Rd
Carbondale, CO 81623
Tel.: (970) 704-3240
Web Site: www.bluetent.com

Discipline: Digital

Braeden Flaherty *(Chief Product Officer)*
Jay Scherrer *(Partner & Chief Operating Officer)*
Ned Lucks *(Partner & Chief Technology Officer)*
Peter Scott *(President)*
Alisa Holmes *(Director, Client Solutions)*
Brynn Flaherty *(Director, Marketing Services)*

Eric Taylor *(Director, Email Marketing)*
Julia Southworth *(Director, Marketing)*
Andrew Gaylord *(Account Manager, Digital)*
Jack Scherrer *(Account Manager, SEM & Strategic)*
Kara Kacmarcik *(Account Manager, Strategic)*
Kate Robson *(Account Manager, Strategy)*

BOKKA GROUP
3457 Ringsby Court
Denver, CO 80216
Tel.: (720) 889-3741
Web Site: www.bokkagroup.com

Year Founded: 2001

Discipline: Digital

Dallas Johnson *(President & Interactive Director)*
Paula Huggett *(Vice President & Client Services Director)*

BOOMM MARKETING & COMMUNICATIONS
17 North Catherine
La Grange, IL 60525
Tel.: (708) 352-9700
Fax: (708) 352-9701
Web Site: www.boomm.com

Employees: 16

Discipline: Digital

Lisa Ryan *(Partner)*
Fred Gaede *(Chief Creative Officer)*
Gary Mattes *(Chief Executive Officer)*
Jeff Andrews *(Vice President, Client Services)*
Randy Mitchell *(Creative Director)*
Kathryn Brill *(Manager, Social Media & Content Marketing)*

BOOYAH ONLINE ADVERTISING
3001 Brighton Boulevard
Denver, CO 80216
Tel.: (303) 345-6100
Fax: (303) 345-6700
Web Site: www.booyahadvertising.com

Year Founded: 2001

Discipline: Digital

Troy Lerner *(Chief Executive Officer)*
Dan Gallagher *(Chief Strategy Officer)*
Kristopher Knight *(Chief Finance Officer)*
Crystal Stewart *(Vice President)*
Katie Holdsworth *(Vice President)*
Alex Namatevs *(Account Director)*
Christine Aultz *(Account Director)*
Cailin Fisher *(Account Director)*
Laine Bulakites *(Account Director)*
Melissa Leonas *(Director, Display)*
Carolyn Drozynski *(Senior Media Buyer)*
Lindsey Mericka *(Media Planner)*
Marie Northrup *(Planner, Digital Media)*
Sarah Israel *(Media Planner)*
Sam Ross *(Media Planner)*

Accounts:
American Furniture Warehouse
Aspen Skiing Company, LLC
TiVo, Inc.

BOOZ ALLEN HAMILTON
Hamilton Building

McLean, VA 22102
Tel.: (703) 902-5000
Fax: (703) 902-3333
Web Site: www.boozallen.com

Employees: 16600
Year Founded: 1914

Discipline: Digital

Approx. Annual Billings: $2.00

Ralph Shrader *(Chairman)*
Lloyd Howell *(Chief Financial Officer & Treasurer)*
Horacio Rozanski *(President & Chief Executive Officer)*
Chris Christou *(Principal & Director)*
Nyla Beth Gawel *(Vice President)*
Osama Malik *(Principal, Digital Strategy Management)*
Gary Labovich *(Executive Vice President - Systems Delivery Group & Next Generation Modernization Lead)*
Ronald Kadish *(Senior Executive Advisor)*
Joseph Dulny *(Senior Lead Scientist - Quantum, Analytics & Cyber)*
Karl-David Cantarella *(Creative Director)*
Jinnyn Jacob *(Innovation Strategist)*
Cheryl Wade *(Senior Associate, People Services - Diversity & Inclusion)*

BOSTON INTERACTIVE
529 Main Street
Charlestown, MA 02129
Tel.: (617) 241-7977
Fax: (617) 344-0773
Web Site: www.bostoninteractive.com

Year Founded: 1999

Discipline: Digital

Chuck Murphy *(Founder & Chief Executive Officer)*
Jaime Escott *(Director, Digital Strategy)*
Marc Rust *(Senior Director, Creative)*
Denise Goluboff *(Director, Account Services)*
Kassandra Coulombe *(Sales & Project Manager)*

BOUNTEOUS
4115 North Ravenswood Avenue
Chicago, IL 60613
Tel.: (877) 220-5862

Discipline: Digital

Mike Brown *(Chief Client Officer)*
Jeff Wink *(Chief Financial Officer)*
Keith Schwartz *(Chief Executive Officer)*
Chris Westall *(Chief Strategy Officer)*
Les Winograd *(Senior Vice President, Client Service)*
Amanda Ruzin *(Senior Vice President, Experience Design)*
John Telford *(Senior Vice President, Digital Solutions)*
Leah Weyandt *(Senior Vice President, Talent & Culture)*
Brian Ebling *(Vice President, Client Services)*
Elizabeth Janairo *(Lead, Data Analyst)*
Dan McClain *(Director, Delivery)*
Gina Sorrels *(Director, Talent Engagement)*
Heather Gantz *(Director, Business Analysis)*
Jen Santarelli *(Digital Developer & Campaign Specialist)*
Kylie Hoza *(Director, Program)*
Michael Moran *(Director, Client Service)*

Brands. Marketers. Agencies. Search Less. Find More.
Try out the online version at www.winmo.com

218

DIGITAL AGENCIES

AGENCIES - JULY, 2020

Sarah Romine *(Director, Culture Engagement)*
Stephanie Saucier *(Director, Marketing Services)*
Susan Allehoff *(Senior Manager, Account & Client Service)*

BOXCAR CREATIVE
2422 South Malcolm X Boulevard
Dallas, TX 75215
Tel.: (469) 227-8537
Fax: (469) 533-0704
Web Site: www.boxcarcreative.com

Year Founded: 2000

Discipline: Digital

Mollie Milligan *(Owner)*
Brian Fabian *(Founder & President)*
Jim Kuenzer *(Director, Creative Strategy)*
Sean McCracken *(Project Manager)*

Accounts:
bodycology

BRAND NETWORKS, INC.
40 Broad Street
Boston, MA 02109
Tel.: (617) 275-7050
Web Site: bn.co

Year Founded: 2007

Discipline: Digital

Jamie Tedford *(Chairman)*
Mike Garsin *(Board of Directors Member)*
Todd Taplin *(Chief Executive Officer)*
Kyle Psaty *(Vice President, Marketing)*

BRIGHTCOM
1201 West Fifth Street
Los Angeles, CA 90017
Fax: (213) 481-8482
Web Site: www.brightcom.com

Employees: 20
Year Founded: 1995

Discipline: Digital

Vijay Kancharla *(Chief Innovation Officer & Co-Founder)*

BRIGHTLINE
Two East 49th Street
New York, NY 10017
Tel.: (212) 271-0014
Fax: (212) 244-9393
Web Site: www.brightline.tv

Year Founded: 2003

Discipline: Digital

Robert Aksman *(Co-Founder & Chief Experience Officer)*
Jacqueline Corbelli *(Co-Founder, Chairman & Chief Executive Officer)*
Manny Berrios *(Chief Technology Officer)*
Alex Gero *(Executive Vice President, Finance)*
Brittany Londa *(Senior Account Executive)*
Laura Zahn *(Director, Operations)*
Hillary Blick *(Associate Creative Director)*
Victoria Dever *(Senior Account Director)*
Jason McGowan *(Director, Engineering)*
Tim Farrer *(Director, Product Design)*
Taylor Greenberg *(Account Manager)*

BRIGHTWAVE MARKETING, INC.
3340 Peachtree Road, Northeast
Atlanta, GA 30326
Tel.: (404) 253-2544
Fax: (509) 752-0879
Web Site: www.brightwavemarketing.com

Employees: 2
Year Founded: 2002

Discipline: Digital

Simms Jenkins *(Founder & Chief Executive Officer)*
Brent Rosengren *(Chief Client Officer)*
Raj Choudhury *(President)*
Mike Weaver *(Senior Vice President, Performance & Innovation)*
Spencer Kollas *(Vice President, Strategy & Analytics)*
Kelly Jacxsens *(Vice President & Group Account Director)*
Thomas Barnhart *(Vice President, Business Development)*
Laura Middleton *(Vice President, Operations & Delivery)*
Kristen Speagle *(Senior Director, Strategy)*
Rebecca Wingfield *(Account Director)*
Rick Khanna *(Associate Creative Director)*
Michelle Walker *(Director, Rapid Project Delivery)*
Quinn Giardina *(Senior Director, Talent Management)*
Felicia Trevino *(Program Director, Global Marketing Automation)*
Amanda Tuttle *(Director, Operations & Strategic Planning)*
Laura Sullivan *(Creative Director)*
William Asbury *(Account Director)*
Bart Bates *(Senior Director, Email Programs)*
Alexis Daniel *(Account Manager)*
Erin Smith *(Senior Project Manager)*
Amber Fawlkes *(Marketing Manager)*
Andrea Short *(Senior Strategist)*
Erica Jamison *(Senior Project Manager)*
Trevor Mitchell *(Manager, Client Success)*
Alexandra Braunstein *(Senior Strategist)*

Accounts:
Char-Broil
Ted's Montana Grill, Inc.

BULLSEYE STRATEGY
110 East Broward Boulevard
Fort Lauderdale, FL 33301
Tel.: (954) 591-8999
Web Site: www.bullseyestrategy.com

Year Founded: 2009

Discipline: Digital

Jonathan Schwartz *(Co-Founder & Chief Executive Officer)*
Maria Harrison *(Co-Founder & President)*

BURNS MARKETING
4848 Thompson Parkway
Loveland, CO 80534
Tel.: (970) 203-9656
Web Site: www.burnsmarketing.com

Year Founded: 1972

Discipline: Digital, Full Service/Integrated

Mike Burns *(President & Chief Executive Officer)*
Laurie Steele *(Senior Vice President, Client Services)*
Melissa Humbert *(Senior Vice President, Operations & Account Management)*
Joellen Sarmast *(Director, Brand Strategy)*

CADENT TECHNOLOGY
Four North Second Street
San Jose, CA 95113
Tel.: (408) 642-6400
Fax: (408) 971-0513
Web Site: www.cadenttech.tv

Discipline: Digital

Nick Troiano *(Chief Executive Officer)*
Keith Kryszczun *(Senior Vice President, Global Sales)*

CADIENT GROUP
72 East Swedesford Road
Malvern, PA 19355
Tel.: (484) 351-2800
Fax: (484) 351-2902
Web Site: www.cadient.com

Employees: 100
Year Founded: 2002

Discipline: Digital

Robert Holloway *(Vice President, Commercial Innovation & Strategy)*
Colleen Small *(Account Director)*

Accounts:
AstraZeneca Pharmaceuticals LP
Brilinta
Bydureon
Farxiga
Seroquel XR

CAMP JEFFERSON
47 Jefferson Avenue
Toronto, ON M6K 1Y3
Tel.: (416) 934-8401
Web Site: www.campjefferson.com

Year Founded: 2000

Discipline: Digital

Peter Bolt *(Senior Vice President & Managing Partner)*
Ian Barr *(Vice President & Director, Social Media & Innovation)*

CAMPAIGN SOLUTIONS
117 North Saint Asaph Street
Alexandria, VA 22314
Tel.: (703) 684-3435
Web Site: www.campaignsolutions.com

Year Founded: 1998

Discipline: Digital

Carter Kidd *(Chief Operating Officer & Senior Vice President)*
Becki Donatelli *(Founder & President)*
Timothy Nurnberger *(Chief Technology Officer & Vice President)*

CAPGEMINI
500 East Swedesford Road
Wayne, PA 1000119087
Tel.: (484) 654-1400

Brands. Marketers. Agencies. Search Less. Find More.
Try out the online version at www.winmo.com

AGENCIES - JULY, 2020 — DIGITAL AGENCIES

Fax: (484) 654-1401
Web Site: www.liquidhub.com

Year Founded: 2001

Discipline: Digital

Hank Summy *(Executive Vice President - Capgemini)*
Maggie Knight *(Managing Director & Senior Vice President, Account Management)*
Tom Lamb *(Managing Director - Capgemini Invent)*

Accounts:
Express, Inc.
Orkin, Inc.
Sazerac Company, Inc.
Wells Fargo

CARDINAL DIGITAL MARKETING
1720 Peachtree Street North West
Atlanta, GA 30309
Tel.: (404) 585-2096
Web Site: www.cardinaldigitalmarketing.com

Year Founded: 2009

Discipline: Digital

Jason Donovan *(President)*
Alex Membrillo *(Chief Executive Officer)*
Rich Briddock *(Vice President, Paid Media & Analytics)*
Lauren Thomas *(Director, Account Services)*
Scott Finlayson *(Digital Strategist)*
Erica Tykal *(Digital Account Manager)*
Alex Kemp *(Digital Strategist)*

CATALYST DIGITAL
501 Boylston Street
Boston, MA 02116
Tel.: (617) 663-4100
Web Site: www.catalystdigital.com

Year Founded: 1998

Discipline: Digital

Beth LeTendre *(Chief Executive Officer)*
Youna Haddad *(Partner & Group Director, Paid Search)*
Cara deBeer *(Partner & Paid Search Director)*
Nicholas Vining *(Director, Strategy & Insights)*
Kerry Curran *(Managing Partner, Marketing Integration)*

Accounts:
GasBuddy

CENDYN
980 North Federal Highway
Boca Raton, FL 33432
Tel.: (561) 750-3173
Fax: (561) 750-6795
Toll Free: (800) 760-8152
Web Site: www.cendyn.com

Year Founded: 1996

Discipline: Digital

Charles Deyo *(Chief Executive Officer & Founder)*
Robin Deyo *(Enterprise Business Officer)*
Tim Sullivan *(President)*
Michael Bennett *(Senior Vice President, Global Marketing & Business Development)*
Rachael Ponzan *(Vice President, Client Management & Operations)*

Renee Lavoie *(CRM Project Manager)*

Accounts:
Broadmoor Hotel, Inc.
OMNI Hotels

CENTERLINE DIGITAL
509 West North Street
Raleigh, NC 27603
Tel.: (919) 821-2921
Web Site: www.centerline.net

Year Founded: 1995

Discipline: Digital

Tami Gaythwaite *(Senior Vice President, Accounting & Chief Operating Officer)*
Charles Long *(Founder & Chief Executive Officer)*
Kristen Powers *(Vice President, Client Services)*
Erin Craft *(Vice President, Accounts)*
Rebecca Boney Dole *(Vice President, Operations)*
Ryan Keefer *(Group Interactive Director)*
John R. Kaplan *(Group Creative Director)*
Hudson Haines *(Creative Director)*
Amy Scott *(Account Manager)*
Dave Ellis *(Senior Writer, Content)*
Kelsey Atkins *(Account Manager)*
Jodi Schwartz *(Executive Specialist, Account)*

Accounts:
Iron Mountain, Inc.

CENTRO
2420 17th Street
Denver, CO 80202
Web Site: www.centro.net

Year Founded: 2001

Discipline: Digital

Elisabeth Sakla *(Director, Client & Media Services)*
Lisa Garcia *(Manager, Media & Client Services)*
Emily Olson *(Digital Media Specialist)*

CHARLEX, INC.
Two West 45th Street
New York, NY 10036
Tel.: (212) 719-4600
Fax: (212) 840-2747
Web Site: www.charlex.com

Employees: 115

Discipline: Digital

Chris Byrnes *(President)*
Corey Budro *(Senior Executive Producer - Beauty Affairs)*

CHINATOWN BUREAU
81 Prospect Street
New York, NY 11201
Web Site: www.chinatownbureau.com

Year Founded: 2018

Discipline: Digital

Paul Miser *(Chief Executive Officer & Co-Founder)*
Marie Berry *(Chief Strategy Officer & Co-Founder)*

CICERON
126 North Third Street
Minneapolis, MN 55401
Tel.: (612) 204-1919
Fax: (612) 305-9160
Web Site: www.ciceron.com

Year Founded: 1995

Discipline: Digital

Andrew Eklund *(Founder & Chief Executive Officer)*
Kraig Larson *(Founding Partner & Chief Creative Officer)*
Kristen Findley *(Vice President, Consumer Insights & Technologies)*
Anton Friant *(Vice President & Creative Director)*
Julie Verhulst *(Vice President, Strategy)*
Ashley Evenson *(Director, Emerging Media & Advertising Solutions)*
Phil Davis *(Director, Social Marketing)*
Amber Verhulst *(Director, Search & Analytics)*
Jody Biagini *(Senior Project Manager, Interactive)*
Kristina Epping *(Manager, Digital Campaign)*
Mary McDaniel *(Media Planner)*
Michelle Miles *(Strategist, Marketing & Automation)*
Philip Davis *(Strategist, Social Marketing & Advertising)*

Accounts:
MakeMusic, Inc.

CK ADVERTISING
12345 West Alameda Pkwy 301
Lakewood, CO 80228
Tel.: (239) 689-4000
Web Site: c-k.com/

Year Founded: 2001

Discipline: Digital

Paul Caldwell *(Partner)*
Tom Kerr *(Co-Owner)*
William Frazer *(Controller, Operations)*
Lucero Ruiz *(Director, Production)*
Ed Kiesel *(Creative Director)*
Karyn Cardona *(Media Director)*
Jeremy Baker *(Account Executive)*
Janet Talpasz *(Senior Account Executive)*
Kayla Baker *(Senior Account Executive)*
Jacqueline Miller *(General Manager)*

CKR INTERACTIVE, INC.
399 North Third Street
Campbell, CA 95008
Tel.: (408) 517-1400
Fax: (408) 517-1491
Web Site: www.ckrinteractive.com

Year Founded: 2001

Discipline: Digital

Curtis Rogers *(President & Chief Executive Officer)*
Michelle Ferreira *(Vice President, Client Strategy & Operations)*
Kasey Sixt *(Regional Vice President - Southern California)*
Brandon Spencer *(Director, Digital & Creative Services)*
Katie Kent *(Head, Project Management)*
Tony Rosato *(Director, Eastern Operations)*
Anne Hillman *(Senior Strategist, Client)*

DIGITAL AGENCIES — AGENCIES - JULY, 2020

CLEARLINK
5202 West Douglas Corrigan Way
Salt Lake City, UT 84116
Tel.: (801) 424-0018
Web Site: www.clearlink.com

Year Founded: 2003

Discipline: Digital

Adrian Lazo *(Executive Vice President, Marketing)*
Major Morris *(Senior Vice President, Sales & Operations)*

Accounts:
Mattress Firm, Inc

CLICK HERE
2801 North Central Express Way
Dallas, TX 75204
Tel.: (214) 891-5700
Fax: (214) 891-5333
Web Site: www.clickhere.com

Employees: 5
Year Founded: 1977

Discipline: Digital

Randy Bradshaw *(Principal, Digital)*
Brian Nadurak *(Senior Creative & Art Director)*

Accounts:
Chuck-E-Cheese
Corner Bakery Cafe
Mayo Clinic
Panini North America
Paper Retriever
People's United Bank
Prestone
Southern Company

CLIXO
556 Clayton Street
Denver, CO 80206
Tel.: (820) 213-6509
Web Site: www.clixosearch.com/

Discipline: Digital

Rick Highsmith *(Founder)*
Chris Kidwell *(Founder & Managing Partner, Head of Client Services)*
Clayton Laramie *(Partner)*
Matt Dombrow *(Head of Sales & Business Development)*

CLOCKWORK ACTIVE MEDIA
1501 East Hennepin Avenue
Minneapolis, MN 55414
Tel.: (612) 746-1850
Fax: (612) 677-3075
Web Site: www.clockwork.net

Year Founded: 2002

Discipline: Digital

Meghan McInerny *(Chief Operating Officer)*
Nancy Lyons *(Chief Executive Officer)*
Chuck Hermes *(Chief Experience Officer)*
Jenny Holman *(Vice President, Strategy & Solutions Development)*
Luke Vestrum *(Vice President, Account Director)*
Scott Jackson *(Director, Finance)*
Lyz Nagan *(Director, Communications)*
Vincent Cabansag *(Director, Technology)*
Keith Catalano *(Senior Engineer, Software)*

Leigh Grueber *(Sales & Marketing Specialist)*

CLOUDBERRY CREATIVE, INC.
56 West 22nd Street
New York, NY 10010
Tel.: (212) 837-1010
Fax: (212) 206-0760
Web Site: www.cloudberrycreative.com

Year Founded: 2009

Discipline: Digital

Sandy Williams *(Co-Founder & Chief Executive Officer)*
Paul Roeraade *(Co-Founder & Chief Creative Officer)*

CLOUDRED
67 35th Street
Brooklyn, NY 11232
Tel.: (212) 625-2820
Web Site: www.cloudred.com

Year Founded: 2004

Discipline: Digital

Allen Yee *(Owner & Creative Partner & Strategist)*
Cyril Tsiboulski *(Partner & Creative Director)*

Accounts:
The City of New York
United States Fund for Unicef

CODE AND THEORY
One World Trade Center
New York, NY 10007
Tel.: (212) 358-0717
Fax: (212) 358-1623
Web Site: www.codeandtheory.com

Year Founded: 2002

Discipline: Digital

Dan Gardner *(Co-Founder, Partner & Executive Director, User Experience)*
Michael Treff *(Managing Partner - New York)*
Dave DiCamillo *(Partner, Operations)*
Brandon Ralph *(Co-Founder)*
Laurent Pierre *(Chief Technology Officer)*
Christopher Kissock *(Consultant)*
Sara Bekerman *(Associate Director, Creative Strategy)*
Brent Buntin *(Director, Strategic Partnerships)*
Michael Reddy *(Group Director)*
Jessica Lee *(Creative Director)*
Pam Del Bene *(Director, Human Resources)*
Michael Shane *(Director, Creative Strategy)*
Alison Hess *(Creative Director)*
Brian Austin *(Director, Creative Strategy)*
Carla Johnson *(Senior Art Director)*
Chris Delia *(Group Creative Director)*
Daniel Nosonowitz *(Senior Art Director)*
Jesse Poe *(Director, Creative Strategy)*
Matthieu Mingasson *(Group Director & Head, Product)*
Moritz Kettler *(Director, Creative Strategy)*
Pamela Del Bene *(Director, Human Resources)*
Paul Simoneschi *(Group Director, Technology)*
Alexandra Mamorsky *(Associate Director, Experience Strategy & Design)*
Asli Aydin *(Senior Strategist, Creative)*
Lyndsay Elkins *(Executive Producer)*
Jake Goldstein *(Partnerships)*

Riley Walker *(Senior Designer, Motion)*
Michael Martin *(Managing Director)*
Ben Berentson *(Managing Director)*

Accounts:
Burger King Corporation
New York Life Insurance Company
NYLife
Xerox Corporation

COLLECTIVE BIAS, LLC
1750 South Osage Springs Drive
Rogers, AR 72758
Tel.: (479) 268-3232
Web Site: www.collectivebias.com

Year Founded: 2009

Discipline: Digital

Amy Callahan *(Co-Founder & Chief Client Officer)*
Holly Pavlika *(Senior Vice President, Marketing & Content)*
Crystal Putnam *(Vice President, Business Development)*
Kathleen Coughlin *(Vice President, Client Services)*

COMMON THREAD COLLECTIVE
3011 South Croddy Way
Santa Ana, CA 92704
Tel.: (949) 310-9103
Web Site: www.commonthreadco.com/

Year Founded: 2012

Discipline: Digital

Jordan Palmer *(Partner & Vice President Business Development)*
Joshua Rodarmel *(Operating Partner)*
Caitlin Thomason *(Manager, Account)*
Taylor Holiday *(Managing Partner)*

Accounts:
QALO, Inc.

COMPADRE
8240 Sunset Boulevard
Los Angeles, CA 90046
Tel.: (323) 963-5195
Web Site: compadre.agency/

Year Founded: 2014

Discipline: Digital

Josh Smith *(Creative Director)*
Charlotte West *(Senior Art Director)*
Jessica Garcia-Scharer *(Head, Production)*
Emma Koziara *(Marketing Coordinator)*

Accounts:
IMAX Corporation

CONSTELLATION AGENCY
110 William Street
New York, NY 10038
Tel.: (973) 943-1358
Web Site: www.constellationagency.com

Year Founded: 2016

Discipline: Digital

Matt Woodruff *(Co-Founder & President)*
Diana Lee *(Chief Executive Officer)*
David Johnson *(Vice President, Paid Media)*
Emily Geiger *(Campaign Manager)*

William Hum *(Senior Campaign Manager)*
Nicholas Lopez *(Campaign Manager)*
Adam Gerber *(Business Development Manager)*

Accounts:
Foodtown

CONTRAST CREATIVE
2598 Highstone Road
Cary, NC 27519
Tel.: (919) 469-9151
Fax: (919) 469-0331
Web Site: www.contrastcreative.com

Discipline: Digital

Tim Travitz *(Managing Partner)*
Kathleen McDonald *(President)*
Sheri Williams *(Manager, Accounting & Human Resources)*

CONTROL V EXPOSED
The Pavilion
Jenkintown, PA 19046
Tel.: (214) 725-2000
Toll Free: (888) 220-3003
Web Site: www.controlvexposed.com

Year Founded: 2018

Discipline: Digital

Jay Friedman *(President)*
Brody O'Harran *(Executive Vice President & Global Business Strategy)*
Doug Martin *(Vice President, Global Business Strategy)*
Adam Herman *(Vice President, Global Business Strategy)*
Justin Orkin *(Vice President, Global Business Strategy)*
Ned Gorges *(Vice President, Global Business Strategy)*

Accounts:
Anytime Fitness
General Motors Corporation
Kubota Tractor Corporation
Mattress Firm, Inc
NutriSystem, Inc.
Robert Wood Johnson University Hospital
SharkNinja
Soothe, Inc.
Staples, Inc.
Subaru of America, Inc.
Tacori Enterprises

CONVERGE CONSULTING
415 12th Avenue Southeast
Cedar Rapids, IA 52401
Web Site: www.convergeconsulting.org

Year Founded: 2011

Discipline: Digital

Ann Oleson *(Chief Executive Officer)*
Jay Kelly *(President & Co-Founder)*
Haley Warack *(Vice President, Digital Strategy)*
GiaPhu Dao *(Vice President, Data & Analytics)*
Jennifer Slaymaker *(Senior Director, Operations)*
Stacey McGurk *(Senior Client Services Director)*

CONVERSANT, LLC
10960 Wilshire Boulevard
Los Angeles, CA 90024
Tel.: (424) 270-2500
Toll Free: (877) 361-3316
Web Site: www.conversantmedia.com

Year Founded: 1998

Discipline: Digital

Joseph Engle *(Director, Sales Planning)*
Tahir Garcia *(Creative Sales Planner)*

CONVERSANT, LLC
101 North Wacker
Chicago, IL 60606
Tel.: (312) 588-3600
Fax: (312) 588-3671
Web Site: www.conversantmedia.com

Year Founded: 1998

Discipline: Digital

David Scrim *(Senior Vice President, Product & Pricing)*
Ben Eason *(Senior Vice President, Client Development)*
Kelly Merkel *(Vice President, Publisher Development - CJ Affiliate)*
Lindsay Schaal *(Director, Account Management)*
Christine Conway *(Director, Client Development)*
Joshua Dysart *(Director, Strategic Communications)*
Tanya Wattigney Smith *(Senior Director, Client Solutions)*
Michael Catalina *(Director, Business Development)*
Vicki Rodrigo *(Account Director)*
Jordan Olson *(Director, Client Development)*
Rick Janusz *(Creative Director)*
Vanessa D'Amore *(Product Manager, Creative)*
Katrina Dittrich *(Manager, Client Strategy)*
Chris Taylor *(Creative Technologist)*

CONVERSANT, LLC
565 Fifth Avenue
New York, NY 10017
Tel.: (646) 439-2600
Fax: (646) 439-2601
Web Site: www.conversantmedia.com

Year Founded: 1998

Discipline: Digital

James Farrar *(Director, Client Development)*
Jeniffer Benavente *(Senior Account Manager)*

CONVERSANT, LLC
30699 Russell Ranch Road
Westlake Village, CA 91362
Tel.: (818) 575-4500
Fax: (818) 575-4501
Toll Free: (877) 361-3316
Web Site: www.conversantmedia.com

Year Founded: 1998

Discipline: Digital

Heather Swarens *(Vice President, Media Development)*
Scott Mikoli *(Director, Media Development)*
Rania Shenouda *(Senior Director, Media Delivery)*

CONVERSION INTERACTIVE AGENCY
5210 Maryland Way
Brentwood, TN 37027
Tel.: (800) 264-2690
Web Site: www.conversionia.com

Year Founded: 1987

Discipline: Digital

Kelley Walkup *(President & Chief Executive Officer)*
Erin Young *(Vice President, Client Services)*
Beverly Ringstaff *(Director, Creative Services)*
Lance Britton *(Director, Innovation)*
Gina Edmonson *(Senior Executive Administrative Assistant & Event Coordinator)*

CONVINCE & CONVERT
885 South College Mall Road
Bloomington, IN 47401
Tel.: (602) 616-1895
Web Site: www.convinceandconvert.com

Year Founded: 2008

Discipline: Digital

Jay Baer *(Founder & President)*
Lauren Teague *(Strategist)*

COOPER
77 Sands Street
Brooklyn, NY 11201
Tel.: (212) 243-7777
Web Site: www.cooper.com

Year Founded: 1998

Discipline: Digital

Christian Linsey *(Director, Design)*
Kelly Dolan *(Associate Director, Corporate Training)*
Nick Gould *(Managing Director - Designit North America)*

CREATIVE B'STRO
1460 Broadway
New York, NY 10036
Tel.: (646) 453-7134
Web Site: www.bstro.com

Year Founded: 2004

Discipline: Digital

Jill Bendziewicz Tracy *(Founder, Chief Executive Officer & Chief Creative Officer)*
Mary Puls *(Executive Vice President & Managing Director)*
Geoff Sia *(Group Account Director)*
Ron Woloshun *(Creative Director)*
Lisa Schaffer *(Director, Business Development & Client Services)*

Accounts:
Splenda
Splenda

CREATIVE DIGITAL AGENCY
2440 Camino Ramon 111
San Ramon, CA 94583
Tel.: (415) 534-8639
Web Site: www.creativedigitalagency.com

Year Founded: 2017

Discipline: Digital

Jin Kim *(Chief Executive Officer)*
Kevin Almeida *(Vice President, Marketing)*

DIGITAL AGENCIES

Accounts:
Abbott Laboratories
Airbnb, Inc.
Los Angeles Tourism & Convention Board

CRITICAL MASS, INC.
225 North Michigan Avenue
Chicago, IL 60601
Tel.: (312) 288-2500
Toll Free: (800) 454-1964
Web Site: www.criticalmass.com

Year Founded: 1996

Discipline: Digital

John McLaughlin *(Chief Operating Officer)*
Amanda Levy *(Global Chief Client Officer)*
Diane Heun *(Executive Vice President, Business Development)*
Lisa Penelton *(Executive Vice President, Strategy)*
Deb Pasquale *(Senior Vice President & Client Partner)*
Leslie Perk *(Media Director)*
Mary Cusick *(Director, Marketing)*
Lauren Duchon *(Program Director)*
Lauren Zaleski *(Art Director)*
Amity Emmons *(Associate Director, Marketing Science)*
Rey Nungaray *(Executive Creative Director)*
Paul Serilla *(Strategy Director)*
Sara Pocius *(Senior Art Director)*
Nicoletta Milito *(Senior Media Planner)*
Kelly Byrne *(Social Media Strategist)*

Accounts:
Ascension Health
BMW of North America, LLC
Citigroup Global Capital Markets, Inc.
DePaul University
European Wax Center
Infiniti
Marriott International, Inc.
Nissan 370Z
Nissan Altima
Nissan Armada
Nissan Juke
Nissan Leaf
Nissan Maxima
Nissan Murano
Nissan North America, Inc.
Nissan Pathfinder
Nissan Rogue
Nissan Sentra
Nissan Titan
Nissan Versa
SAP America, Inc.
The Greater Miami Convention & Visitors Bureau

CRITICAL MASS, INC.
1011 Ninth Avenue Southeast
Calgary, AB T2G 0H7
Tel.: (403) 262-3006
Fax: (403) 262-7185
Web Site: www.criticalmass.com

Employees: 280
Year Founded: 1996

Discipline: Digital

Chris Gokiert *(President)*
Stephanie Warthe *(SEO Manager)*

Accounts:
AT&T Mobility, LLC
Travel Alberta International

CRITICAL MASS, INC.
200 Varick Street
New York, NY 10014
Tel.: (917) 606-8000
Web Site: www.criticalmass.com

Employees: 1
Year Founded: 1995

Discipline: Digital

Dianne Wilkins *(Chief Executive Officer)*
Grant Owens *(Chief Strategy Officer)*
Tony Glorioso *(Executive Vice President & Executive Creative Director)*
Sara Anhorn *(Executive Vice President, Talent)*
Darryl Braunmiller *(Senior Vice President & General Manager)*
Shelli Gutholm *(Global Vice President, Talent Acquisition)*
Samantha Smeach Stringfellow *(Vice President, Client Partner)*
Charlotte Diaz *(Vice President, Strategy)*
Eric Jaffe *(Associate Program Director)*
Simona Ternblom *(Group Creative Director)*
Evan Jones *(Executive Creative Director)*
Isabella Rodrigues *(Business Development Director)*
Daniel Lewis *(Marketing Science Director)*
Jana Swierczynski *(Senior Producer)*
Michelle Ober *(Business Development Coordinator)*

Accounts:
Apple, Inc.
AT&T, Inc.
Aveda Corporation
BMW of North America, LLC
Citi
ExxonMobil Corporation
Johnson's Baby
Quinnipiac University
South African Tourism

CRITICAL MASS, INC.
312 Adelaide Street, West
Toronto, ON M5V 1R2
Tel.: (416) 673-5275
Fax: (416) 673-5277
Web Site: www.criticalmass.com

Year Founded: 1996

Discipline: Digital

Mark Ashbaugh *(E Vice President & General Manager - Toronto)*
Shannon McEvoy-Halston *(Vice President, Strategy)*
Nadia Merola *(Associate Creative Director)*

CRITICAL MASS, INC.
209 Tenth Avenue South
Nashville, TN 37203
Tel.: (615) 259-6049
Web Site: www.criticalmass.com

Year Founded: 1996

Discipline: Digital

Sarah Chance *(Senior Account Manager - Nissan North America & Nissan Commercial Vehicles)*

CUESTA TECHNOLOGIES, LLC
20 Avenue Portola
El Granada, CA 94108
Tel.: (408) 376-2001
Fax: (904) 212-4380
Toll Free: (877) 255-9085
Web Site: www.cuesta.com

Employees: 15
Year Founded: 1995

Discipline: Digital

Laurie Swiryn *(Vice President, Education Market & Web Developer)*
Monty Swiryn *(General Manager)*

CUKER INTERACTIVE
5600 Avenida Encinas
Carlsbad, CA 92008
Tel.: (858) 345-1378
Web Site: www.cukerinteractive.com

Year Founded: 2006

Discipline: Digital

Aaron Cuker *(Chief Executive & Creative Officer)*
Katie Lyons *(Associate Director, Marketing)*

Accounts:
Giro

CURIOSITY ADVERTISING
35 East Seventh Street
Cincinnati, OH 45202
Tel.: (513) 744-6000
Web Site: www.curiosity360.com

Year Founded: 2010

Discipline: Digital

Matt Fischer *(Chief Executive Officer & Chief Creative Officer)*
Ashley Walters *(Chief Development Officer)*
Jeff Warman *(Chief Creative Officer)*
Trey Harness *(President & Chief Client Officer)*
Greg Livingston *(Chief Development Officer & Partner)*
Erin Morris *(Vice President, Client Operations)*
Bob Walker *(Associate Creative Director)*
Lee Taylor *(Director, Creative)*
Jane Manchester *(Senior Art Director)*
Amanda Wagner *(Project Manager)*
Julia McCray *(Senior Media Strategist)*

Accounts:
Cincinnati Bell
DairyPure
Formica Corporation
Roto-Rooter
Stonefire
TruMoo

CUSTOMEDIALABS
460 East Swedesford Road
Wayne, PA 19087
Tel.: (610) 225-0350
Web Site: www.customedialabs.com

Year Founded: 2000

Discipline: Digital

Manos Sifakis *(President & Chief Executive Officer)*
Maria Polenta *(Business Development Manager)*

DAC GROUP
401 South Fourth Street
Louisville, KY 40202

Brands. Marketers. Agencies. Search Less. Find More.
Try out the online version at www.winmo.com

AGENCIES - JULY, 2020

DIGITAL AGENCIES

Tel.: (502) 272-0882
Fax: (502) 582-2399
Toll Free: (800) 532-3565
Web Site: www.dacgroup.com

Employees: 30
Year Founded: 1972

Discipline: Digital

Mike Corak *(Vice President & General Manager)*
Jared Hendrickson *(Vice President & General Manager)*
Jenna Watson *(Vice President, Digital Media)*
Marcel Labbe *(Vice President, Human Resource - Canada)*
Christy Del Savio *(Director, PMO & Business Process)*
Chris Pulaski *(Group Account Director)*
Felicia Del Vecchio *(Director, Digital Media)*
Jennifer Walsh *(Account Director, Digital)*
Melissa Consaga *(Head, Media Operations)*
Amy Manning *(Operations Manager)*
Adrianne Diamond *(Account Manager)*
David Mabry *(Account Manager)*
Kyle Lynch *(Account Supervisor)*
Lindsay Larson *(Program Manager)*
Nicholas Manfredo *(Account Manager, Digital)*
Amanda Woolums *(Account Executive)*
Raymond Hanford *(Account Executive)*
Spencer Nash *(Specialist, Digital Media)*

DAC GROUP
1210 Sheppard Avenue East
Toronto, ON M2N 6X9
Tel.: (416) 492-3214
Toll Free: (800) 361-4322
Web Site: www.dacgroup.com

Employees: 65
Year Founded: 1972

Discipline: Digital

Mario Lemieux *(President - Canada)*
Kiran Prashad *(Vice President, Operations & Product Development & President - NY)*
Norm Hagarty *(Chief Executive Officer & Managing Partner)*
Nasser Sahlool *(Vice President, Client Strategy)*
Dan Temby *(Vice President, Technology)*
Damian Denobrega *(Creative Director)*
Carolyn Gibson *(Director, Operations)*
Rachel Stephen *(Account Manager)*
Bhavin Prashad *(Manager, Digital Media)*

DAGGER
746 Willoughby Way
Atlanta, GA 30312
Tel.: (404) 567-6527
Web Site: www.dagger.agency

Year Founded: 2013

Discipline: Digital

Al Patton *(Chief Creative Officer)*
Carla Guy *(Founder & Chief Experience Officer)*
Mike Popowski *(Chief Executive Officer)*
Adam Greenwald *(Chief, Staff)*
Missy Taylor *(Senior Vice President, Operations)*
Josh Ball *(Vice President & Group Business Director)*
Ben Mitchell *(Director, Communications)*
Chris Cella *(Director, Media Production)*
Liz Heard *(Senior Director, Strategy & Insights)*
Lauren Byers *(Junior Art Director)*
Kim Nguyen *(Lead Analyst)*
Megan Robertson *(Content Creator)*

Accounts:
AFLAC, Inc.
AFLAC, Inc.
American Cancer Society
Boys & Girls Clubs of America
Interface, Inc.
SweetWater Brewing Company
United Way of Greater Atlanta

DDB CANADA
33 Bloor Street
Toronto, ON M4W 3T4
Tel.: (416) 925-9819
Fax: (416) 921-4180
Web Site: www.ddbcanada.com

Employees: 200
Year Founded: 1963

Discipline: Digital

Brent Choi *(Chief Executive Officer & Chief Creative Officer)*
Graham Candy *(Vice President & Head, Strategy)*
Chris Webden *(Associate Director, Production - Tribal Worldwide)*
Krisztina Virag *(Account Director)*

Accounts:
British Columbia Ferry Services, Inc.
Canadian Blood Services
Dairy Farmers of Canada
Degree
Epson America, Inc.
Knorr
Lipton
Neutrogena Corporation
Nova Scotia Tourism
Philips Electronics Ltd.
RoC

DEEPEND NEW YORK
195 Bowery
New York, NY 10002
Tel.: (212) 253-1974
Fax: (212) 253-2375
Web Site: www.deepend.com

Employees: 20

Discipline: Digital

Iti Sakharet *(Partner & Creative Director)*
Jay Alger *(Partner & Managing Director)*

DEFERO
3131 East Camelback Road
Phoenix, AZ 85016
Tel.: (602) 368-3750
Fax: (602) 368-3756
Web Site: www.deferousa.com/

Year Founded: 2006

Discipline: Digital

Clyde Sedgwick *(Chief Agency Officer)*
Hailey Crider *(Senior Director, Agency Xperience)*

DEFINITION 6
420 Plasters Avenue
Atlanta, GA 30324

Tel.: (404) 870-0323
Fax: (404) 341-9983
Web Site: www.definition6.com

Employees: 45
Year Founded: 1997

Discipline: Digital

Jeff Katz *(Chief Executive Officer)*
Jason Rockman *(President)*
Stewart Brooks *(Chief Financial Officer)*
Margaret Parham Loyd *(Vice President & Digital Account Director)*
Curtis Cochran *(Director, Analytics)*
Christian Duplantis *(Associate Creative Director)*
Kristine Lemmermen *(Account Supervisor)*
Afton Brown *(Account Supervisor)*
Allison Turner *(Marketing Manager)*
Aina Danilova *(Digital Marketing Analyst)*

Accounts:
Gables Residential Trust
VeriFone, Inc.

DEFINITION 6
218 West 40th Street
New York, NY 10018
Tel.: (212) 201-4200
Fax: (212) 201-4210
Web Site: www.definition6.com

Year Founded: 2002

Discipline: Digital

Diana Lochridge *(Senior Vice President & Creative Director)*
Andrea Allen *(Vice President, Production)*
Andy Solomon *(Vice President, Operations)*
Jana Amchin *(Social Media Manager)*

DEG DIGITAL
6601 College Boulevard
Overland Park, KS 66211
Tel.: (913) 498-9988
Web Site: www.degdigital.com

Year Founded: 1999

Discipline: Digital

Neal Sharma *(Chief Executive Officer)*
Jeff Eden *(Chief Revenue Officer)*
Dale Hazlett *(Chief Financial Officer)*
Jasvindarjit Singh *(Principal & Chief Technology Officer)*
Tug McTighe *(Executive Creative Director)*
Joe Cromer *(Director, Portals & Collaboration)*
Cara Olson *(Senior Director, Partnerships)*
Adam Wertheim *(Manager, Support & Training Services)*
Joey Barnes *(Managing Director, Client Services)*

Accounts:
Armed Forces Insurance Corporation
Bon Ami
Faultless Brands
Faultless Starch
Ferrellgas Partners, LP
Salvation Army

DELOITTE DIGITAL
109 Marion Street
Seattle, WA 98104
Tel.: (206) 633-1167
Web Site: www.deloittedigital.com

Brands. Marketers. Agencies. Search Less. Find More.
Try out the online version at www.winmo.com

DIGITAL AGENCIES

Discipline: Digital

Alicia Hatch *(Chief Marketing Officer)*
Mike Brinker *(Global Lead & Partner)*
Donald Brady *(Principal)*
Alan Schulman *(Chief Creative Officer)*
Julie Storer *(Senior Manager - Chief Marketing Officer Office)*
Alex Garcia *(Global Director, Social)*
Andy Main *(U.S. Lead & Head, Deloitte Digital)*
Emily Lorenz *(Head, Content)*
Jason Barbacovi *(Associate Creative Director)*
Patrick Burchell *(Head, Digital Studio - Chicago)*
Noelle Firth *(Global Alliance Marketing Lead - Adobe & Facebook)*
Adam Ott *(Senior Manager, Engagement)*
Brian Meehan *(Manager, Client Engagement)*
Andre Alguero *(Managing Director)*
Chris Stauch *(Managing Director, Design & Creative)*
Todd Paris *(Managing Director)*

Accounts:
Aspen Dental Management, Inc.
Casey's General Stores
Chipotle

DELOITTE DIGITAL
330 Hudson Street
New York, NY 10013
Tel.: (212) 829-6000
Web Site: www.deloittedigital.com

Discipline: Digital

Scott Mager *(Principal - Deloitte Consulting)*
Michelle Young *(Vice President & Global Marketing Leader)*
Chris Muellenbach *(Head, Product Management - Artificial Intelligence Advertising)*
Jason Desmarais *(Account Director)*
Jocelyn Lee *(Head, AI Advertising Practice - Heat)*
Taegan Grice *(Group Director, Creative)*
Todd Ziaja *(Group Creative Director)*
Kathryn Zbikowski *(Senior Marketing Manager)*
Marcella Astini *(Account Supervisor)*
Michael Endres *(Senior Sales Executive, Digital Marketing)*
Eric Schwertzel *(Digital Reality Specialist Master)*
Lauren Bauer Mas *(Brand Sponsorship & Social Media Leader)*
Whitney Eden *(SEO Senior Specialist)*
Connie Wang *(Innovation Consultant)*
Tinley Melvin *(Design & Innovation Strategist)*
Zeilend Powell *(Manager, Engagement)*
Sean Young *(Business Development)*
Rich Whalen *(Managing Director)*
Adam Deutsch *(Managing Director)*
Andrew Dinsdale *(Managing Director, Digital Strategy)*
Timothy O'Connor *(Managing Director)*

DENIZEN GROUP
3431 Wesley Street
Culver City, CA 90232
Tel.: (310) 692-4175
Web Site: www.denizencompany.com

Year Founded: 2010

Discipline: Digital

Joe Matsushima *(Co-Founder & Creative Director)*
Joel Jensen *(Co-Founder & Creative Director)*
Amy Matsushima *(Co-Founder)*

Accounts:
Walt Disney World Parks & Resorts

DENNY MOUNTAIN MEDIA
1300 North Northlake Way
Seattle, WA 98103
Mailing Address:
Post Office Box 2330
North Bend, WA 98045
Tel.: (425) 831-7130
Web Site: www.dennymountain.com

Year Founded: 2004

Discipline: Digital

Jill Sherensky *(Founder & Chief Executive Officer)*
Elisa Gruber *(Chief, Staff)*
Teah Delfino *(Director, Marketing & Talent Acquisition)*
Bethany Phillips *(Manager, Digital Services)*
Ruth Twentey *(Human Resources Coordinator)*

Accounts:
Microsoft Corporation

DIGITAL ADDIX
5935 Cornerstone Court West
San Diego, CA 92121
Tel.: (858) 875-2989
Web Site: www.digitaladdix.com

Year Founded: 2014

Discipline: Digital

Todd Juneau *(Founder & President)*
Jennifer Curless *(Manager, Programmatic Media Trading)*

DIGITAL AUTHORITY PARTNERS
222 West Merchandise Mart Plaza
Chicago, IL 60654
Tel.: (312) 600-5433
Web Site: www.digitalauthority.me

Year Founded: 2016

Discipline: Digital

Codrin Arsene *(Chief Executive Officer & Founder)*
Michael Reddy *(President)*
Pranjal Bora *(Head, Product Management)*
Facundo Santana *(Head, Design)*
Alexandra Savidge *(Head, Marketing)*
Brent Reilly *(Head, Analytics)*
Yao Wee *(Artificial Intelligence Lead)*
Iolanda Bulgaru *(Senior Project Manager)*
Nancy Huynh *(Senior Marketing Analyst)*
Adam Rosa *(Analyst, Marketing)*
German Avellaneda *(Designer, Product)*
Marisa DiSarno *(Digital Marketing Coordinator)*

DIGITAL IMPULSE
480 Pleasant Street
Watertown, MA 02472
Tel.: (888) 211-8504
Web Site: www.digitalimpulse.com

Year Founded: 2011

Discipline: Digital

Andrew Kolidas *(Co-Founder & Chief Executive Officer)*
Chapin Bennett *(Director, Marketing Programs)*
Matthew Rich *(Managing Director)*

DIGITAL KITCHEN
600 West Fulton
Chicago, IL 60661
Tel.: (312) 944-3999
Fax: (312) 379-3998
Web Site: www.thisisdk.com

Year Founded: 1995

Discipline: Digital

Kim Clarke *(Chief Financial Officer)*
Ross Dickson *(Director, Information Technology)*
Nico Gibson *(Senior Brand Designer)*

DIGITAL LION MARKETING
370 South Doheny Drive
Beverly Hills, CA 90211
Tel.: (310) 888-7710
Web Site: www.digitallionmarketing.com

Year Founded: 1986

Discipline: Digital

Amy Palmer *(Principal, Managing Partner)*
Tracey Kavanagh *(Principal, Strategy & Accounts)*

DIGITAL MARK GROUP
17933 Northwest Evergreen Place
Beaverton, OR 97006
Tel.: (503) 966-3988
Web Site: www.digitalmarkgroup.com

Year Founded: 2014

Discipline: Digital

Adam Studer *(Chief Executive Officer)*
Stephen Hodges *(Co-Founder)*
Dano Ehler *(Co-Founder & Senior Vice President, Sales)*
Megan Galego *(Director, Social Media Marketing)*
Christian Crosier *(National Director, Sales)*
Andrea Marshall *(Campaign Manager)*
Samantha Newland *(Social Media Manager)*

DIGITAL OPERATIVE, INC.
404 Camino del Rio South
San Diego, CA 92108
Tel.: (619) 795-0630
Web Site: www.digitaloperative.com

Year Founded: 2008

Discipline: Digital

BJ Cook *(Co-Founder & Chief Executive Officer)*
Adam Levenson *(Co-Founder & Chief Technology Officer)*
Ryan Melamed *(Vice President, Strategy & Growth)*
Daniel Ginn *(Director, Technology)*
Jennifer Chesley *(Director, Digital Marketing)*
Nicholas Powell *(Strategist - Customer Experience)*
Barbie Newman *(Specialist, Digital Marketing)*
Keddy Russell-Curry *(Specialist, Paid Media)*

DIGITAL PULP
220 East 23rd Street
New York, NY 10010
Tel.: (212) 679-0676

Brands. Marketers. Agencies. Search Less. Find More.
Try out the online version at www.winmo.com

Fax: (212) 679-6217
Web Site: www.digitalpulp.com

Employees: 20
Year Founded: 1996

Discipline: Digital

Ron Fierman *(President)*
Gene Lewis *(Partner & Chief Creative Officer)*
Brian Loube *(Partner & Managing Director)*
Victoria Repka-Geller *(Chief Marketing Officer)*

Accounts:
Natural Resources Defense Council

DIGITAL RELATIVITY
129 South Court Street
Fayetteville, WV 25840
Tel.: (304) 397-8643
Web Site: www.digitalrelativity.com

Year Founded: 2010

Discipline: Digital

Pat Strader *(Founder & Chief Executive Officer)*
Sarah Powell-Henning *(Chief Operating Officer)*
Abbey Fiorelli *(Creative Director)*
Matt Sanchez *(Art Director)*
Alyssa Dreihaup *(Media Coordinator)*

Accounts:
West Virginia Tourism Board

DIGITAL REMEDY
1441 Broadway
New York, NY 10018
Tel.: (646) 863-8309
Fax: (206) 299-3449
Web Site: www.cpxi.com

Year Founded: 2000

Discipline: Digital

Michael Seiman *(Chief Executive Officer & Chairman)*
Michael Fleischman *(Chief Financial Officer)*
David Zapletal *(Chief, Innovation & Media Officer)*

DIGITAL SURGEONS, LLC
470 James Street
New Haven, CT 06513
Tel.: (203) 672-6201
Fax: (203) 785-0201
Web Site: www.digitalsurgeons.com

Year Founded: 2007

Discipline: Digital

Pete Sena *(Chief Executive & Creative Officer)*
David Salinas *(Co-Founder)*
Mark Myrick *(Partner & Director, Design)*

Accounts:
Sabra
Sabra Dipping Company, LLC
The Seaweed Bath Company

DIGITAS
40 Water Street
Boston, MA 02109
Tel.: (617) 867-1000
Fax: (617) 867-1111
Web Site: www.digitas.com

Employees: 800

Year Founded: 1980

Discipline: Digital

Jodi Robinson *(President, North America)*
Jonathan Tatlow *(Executive Vice President & Head, Strategy - North America)*
Sue DeSilva *(Executive Vice President & Executive Creative Director - North America)*
Terrie Rich *(Global Senior Vice President, Finance & Operations)*
Megan Jones *(Senior Vice President & Group Director, Media - US)*
Keith Orlowsky *(Senior Vice President & Head, Content - Boston, Detroit & New York Regions)*
Colleen Leahy *(Senior Vice President, Connections Strategy Capability Lead - US)*
Leon Barsoumian *(Senior Vice President, Strategy & Analysis)*
Brett Leary *(Senior Vice President & Lead, Commerce & Innovation)*
Julie Blanche *(Senior Vice President & Group Account Director)*
Erica Casey *(Senior Vice President, Talent)*
Liane Nadeau *(Head, Programmatic - North America)*
John Mataraza *(Vice President & Group Director)*
Douglas Salmon *(Vice President & Director, Media)*
Tara Hodson *(Vice President & Group Director, New Business)*
Jim Biciocchi *(Vice President & Group Director, Marketing - GroupeConnect)*
Howard Blazzard *(Vice President & Group Director, Technology Strategy)*
Matthew Henderson *(Vice President & Director, Strategy & Analysis)*
Meg Zebroski *(Vice President & Director, Strategy & Analytics)*
Katie Roberts *(Vice President & Director, Media - DigitasLBi)*
Megan McGoldrick *(Vice President, Data Science - Publicis Spine)*
Lindsey Warren *(Vice President & Director, Media)*
Lisa Oropallo *(Vice President & Art Director, Production)*
Adriann Fonstein *(Vice President & Group Director, Connections Strategy)*
Benjamin Seldin *(Associate Director, Creative Strategy)*
Steven Bithell *(Associate Director, Media Technology - US)*
Terence Tran *(Associate Director, Data & Analysis)*
Kimberly Pezone *(Account Director - GroupeConnect)*
Kate Sherrill *(Associate Media Director - GroupeConnect)*
KJ Warren *(Associate Director, Data & Analysis)*
Rob Auger *(North American Lead - Media Technology)*
Emily Smith *(Associate Director, Programmatic & Social)*
Emily Gullick *(Account Director)*
Tori Shulman *(Associate Director, Programmatic)*
Alex Binder *(Associate Media Director, Paid Social - GroupeConnect)*
Joe Shalkoski *(Manager, Media Technology)*
Caroline Richman *(Media Supervisor)*
Courtney Blanch *(Manager, Data & Analysis)*
Yohannes Chambers *(Media Supervisor)*
Jason Chou *(Media Technologist - GroupeConnect)*
Jessica Kerch *(Manager, Data & Analysis)*
Helen Voloshin *(Planner, Paid Social)*
Kelley Rapport *(Senior Analyst, Programmatic)*

Accounts:
Bank of America Corporation
Baskin-Robbins
CVS Caremark
Disneyland Resort
Dunkin' Brands, Inc.
Dunkin'
Dunlop
Goodyear
Indian Motorcycles
Just Tires
Kelly Tire
Memorial Sloan-Kettering Cancer Center
Merrill Edge
Merrill Lynch
Merrill Lynch & Co., Inc.
Pink
Pitney Bowes, Inc.
Polaris Inc.
Puma
Puma North America, Inc.
Slingshot
The Goodyear Tire & Rubber Company
U.S. Trust
Univision
Univision Communications, Inc.
Victoria's Secret

DIGITAS
375 Hudson Street
New York, NY 10014
Tel.: (212) 610-5000
Fax: (212) 350-7850
Web Site: www.digitas.com

Employees: 200
Year Founded: 1980

Discipline: Digital

Paul Dalton *(Chief Media and Growth Officer, International Region)*
Linda Piggot *(Chief Growth Officer)*
Atit Shah *(Chief Creative Officer)*
Clinton Simpson *(Managing Director & Chief Media Officer - North America)*
Michelle Tang *(Executive Vice President & Head, New Business & Marketing - North America)*
Shreya Kushari *(Executive Vice President, Media)*
Nathalie Huni *(Executive Vice President & Head, Design - North America)*
Pedro Perez *(Senior Vice President, Strategy & Analysis)*
Nick Barrios *(Vice President & Creative Director)*
Mario Aguirre *(Vice President & Director, Media)*
Samantha Baharvar *(Vice President & Group Director, Connections Planning)*
Julie Diffenbach *(Senior Vice President & Director, Media)*
Derek Jech *(Vice President & Group Director, Business Development)*
Brian Hunn *(Vice President & Group Creative Director)*
Hilary Kolman *(Vice President & Group Director)*
Bradley LaMendola *(Vice President & Director, Paid Social- GroupeConnect)*
Robert Knapp *(Vice President & Director, Search Marketing)*
Geoff Crowell *(Vice President & Director, Programmatic)*
Marla Theodore *(Vice President & Group Director, Media)*
Caitlin Bergmann *(Vice President & Content Director)*

DIGITAL AGENCIES

AGENCIES - JULY, 2020

Barbara Nonas *(Vice President & Director, Corporate Communications)*
Amanda Kelly *(Vice President & Group Director, Project Management)*
Brian Tapfar *(Vice President & Director, Paid Social)*
Whitney Grossman *(Art Director)*
Janelle Williamson *(Associate Director, Paid Social)*
Dwayne Koh *(Executive Creative Director)*
Lauren Appelwick *(Associate Director, Content Strategy)*
Danielle Dimarino *(Account Director)*
Tricia Heitzman *(Associate Director, Project Management)*
Lisa Feng *(Associate Director, Programmatic)*
Jeff Bobick *(Associate Director, Data & Analysis)*
Bryon Mirto *(Associate Director, Performance Marketing)*
Daniel Fung *(Manager, Media Technology)*
Beatriz Cuevas *(Senior Analyst, Data Analysis)*
Samantha Schmidt *(Account Supervisor)*
Zachary Celizic *(Programmatic Manager)*
Kyle Hertzberg *(Associate Director, Client Finance)*
Ilana Robins *(Associate Director, Business Development)*
Emily Turk *(Senior Associate, New Business)*
Eric Ng *(Associate Media Planner)*
Ryan Isenberg *(Senior Anaylst, Programmatic)*
Shivang Chopra *(Senior Post Producer)*
Claire Pearson *(Senior Associate, Account & Project Management)*
Caroline Winterton *(Executive Vice President & Managing Director - New York Region)*

Accounts:
1850 Coffee
AOL
Arrowroot
Audible, Inc.
Barnum's Animals
belVita
Bubblicious
Cafe Bustelo
Chiclets
Chips Ahoy!
Dentyne
Dentyne Ice
Dentyne Pure
Dunkin' at Home (licensed)
Dunkin'
Folgers
GlaxoSmithKline, Inc.
Halls
Handi-Snacks
Hewlett Packard Enterprise
Honey Maid
KitchenAid
Kleenex Wet Wipes
Lorna Doone
Macy's, Inc.
Macys.com
Memorial Sloan-Kettering Cancer Center
Nabisco
Nabisco 100 Calorie
Newtons
Nilla
Nutter Butter
Oreo Cakesters
Pitney Bowes, Inc.
Pitney Bowes, Inc.
Red Oval Farms
Ritz
Smucker's
Sociables
Social Tea Biscuits
Stride
Teddy Grahams
The J.M. Smucker Company
Trident
Trident Layers
Triscuit
Under Armour
Vea
Wheat Thins
Wheatsworth
Zwieback

DIGITAS
350 Bush Street
San Francisco, CA 94104
Tel.: (415) 293-2001
Fax: (415) 743-3999
Web Site: www.digitas.com

Employees: 90
Year Founded: 1980

Discipline: Digital

Jennifer Faraci *(Executive Vice President, Data & Analysis)*
John Stewart *(Executive Vice President, Data & Analysis)*
Kristin Scheve *(Senior Vice President, Media Director)*
Christopher Blaydon *(Senior Vice President, Data & Analysis)*
Jamie Gribin *(Senior Vice President & Head - North America Recruiting)*
Jenny Hall *(Senior Vice President, Creative Strategy)*
Tim Barlog *(Senior Vice President, Financial)*
Tony Bailey *(Senior Vice President, Technology)*
Carlos Ricque *(Senior Vice President, Creative)*
Ron D'Amico *(Vice President & Director, Corporate Communications)*
Stephanie Kaplan *(Vice President & Group Director, Account)*
Danisha Lomax *(Vice President & Director, Paid Social)*
Jennifer Cain *(Vice President & Group Director, Media Technology)*
Armando Zuniga *(Vice President & Creative Director)*
Helen Lauen *(Vice President & Group Director, Creative Strategy)*
Julie Wisniewski *(Vice President & Account Director)*
Keith Soljacich *(Vice President & Group Director, Experiential Technology)*
Liz Cole *(Vice President & Group Director, Social Strategy)*
Lia Micheels *(Associate Director)*
Tracey Pattani *(Senior Vice President & Head, Account Management - San Francisco Region)*
Ken Halvachs *(Associate Content Director)*
Michelle Tanaka *(Associate Media Director)*
Amanda Mobley *(Associate Director, Creative Strategy)*
Claire Farrell *(Associate Director, Operations)*
Cynthia Wilson *(Associate Director, Media Finance)*
Daniel Cosgrove *(Associate Creative Director)*
David Chriswick *(Head, Strategy - Chicago & West Coast)*
Dolly Vu *(Associate Director, Experience Design & Visual Design)*
Elliot Nam *(Associate Director, Data & Analysis)*
Emily Jeffers *(Account Director)*
Haylee Milnikel *(Associate Director, Programmatic Strategy & Analysis)*
Janet Miller *(Account Director)*
Jenny Corbett *(Associate Director, Project Management)*
Kate Newman *(Associate Director, Social Strategy)*
Madeline Rothenberg *(Media Director)*
Maggie Cooney *(Associate Director, Social Strategy)*
Mark Book *(Head, Content - North America)*
Molly Ryerson *(Associate Director, Project Management)*
Davina Hamilton *(Account Manager)*
Alexandra Powers *(Media Planner)*
Kevin Chou *(Manager, Media Technology)*
Michelle Higuera *(Planner, Paid Social)*
Brandon Dunaway *(Senior Programmatic Analyst)*
Siobhan Robinson *(Associate Media Planner)*
Alex Hudson *(Manager - Digital Media)*
Bree Wiethorn *(Supervisor, Media)*
Caroline James *(Strategist, Creative)*
Kelly Mulligan *(Supervisor, Media)*
Samantha Meltzer *(Manager, Data & Analysis)*
Timothy Choi *(Media Planner)*
Shreya Jerath *(Associate Planner, Paid Social Media)*
Breda McGing *(Senior Recruiter, Creative)*
Jordan Arkin *(Senior Analyst, Data & Analysis)*
Sarah Eagen *(Senior Associate, Account & Project Management)*
Jordan Richardson *(Associate Media Planner)*
Harley Garner *(Creative Strategist)*
Kingsley Taylor *(Executive Vice President & Managing Director)*

Accounts:
Amway Global
ARTISTRY
Kaiser Permanente Northern California Region
Lyft Inc.
Nutrilite
Pandora Media, Inc
PlayStation
Sephora
sephora.com
Starz Entertainment Group, LLC
Starz!
Taco Bell Corporation

DIGITAS
35 West Wacker Drive
Chicago, IL 60601
Tel.: (312) 729-0100
Fax: (312) 729-0111
Web Site: www.digitas.com

Employees: 100
Year Founded: 1980

Discipline: Digital

Michael Kahn *(Global Brand President)*
Bryan Reilly *(Chief Finance Officer - North America & Executive Vice President)*
Megan McCurry *(Executive Vice President & Group Media Director)*
Matthew Jacobson *(Executive Vice President & Global Executive Design Director)*
Chris Loeffler *(Executive Vice President & Global Client Lead)*
Michael Frease *(Executive Vice President & Executive Creative Director)*
Tim Reardon *(Senior Vice President & Group Account Director)*
Kristen Miller *(Senior Vice President, Creative & Client Lead - Chicago & San Francisco)*

Brands. Marketers. Agencies. Search Less. Find More.
Try out the online version at www.winmo.com

227

AGENCIES - JULY, 2020

DIGITAL AGENCIES

Jenna Sheeran *(Senior Vice President)*
Carrie Frazee *(Senior Vice President)*
Andrew Colberg *(Senior Vice President, Data & Analysis)*
Ara Najarian *(Senior Vice President & Head, Media Business Operations - North America)*
Brent Eveleth *(Senior Vice President, Design)*
Ronnie Dickerson Stewart *(Senior Vice President, Career Advancement & Inclusion)*
Nikki Keidan *(Vice President & Director, Recruitment Operations)*
Caitlin Cody *(Vice President & Group Director, Creative Strategy)*
Doug Malcolm *(Vice President & Group Director, Creative Strategy)*
Chris Jansma *(Vice President & Creative Director)*
Jacqueline Hanrahan *(Vice President & Director, Media Technology)*
Jenny Schauer *(Vice President & Director, Media)*
Ryanne Donnellon *(Vice President & Media Account Director)*
Stacey Richer *(Vice President & Director, Project Management)*
Stephanie Kelly *(Vice President & Group Director, Creative Strategy)*
Jenny Cain *(Vice President & Group Director, Media Technology)*
Rachael Yumo *(Vice President & Director, Data & Analysis)*
Caitlin Finn *(Vice President & Group Strategy Director)*
Pietro Bartoli *(Vice President & Director, Programmatic)*
Alycia Hamilton *(Vice President & Group Account Director)*
Tara Todd *(Vice President & Director, Strategy & Analytics - GroupeConnect)*
Jason Keith *(Vice President & Group Director, Strategy & Analysis)*
Heather Brooks *(Vice President & Creative Director)*
Jim Ricciardi *(Vice President & Group Creative Director)*
Mark Philip *(Vice President & Group Creative Director)*
Nicholas Puccio *(Vice President & Director, Media Business Operations)*
Ray Colameta *(Vice President & Director, Marketing Operations)*
Tom Howard *(Vice President & Group Account Director)*
Christina Goswiller *(Vice President & Director, Social Strategy)*
Michael Shmarak *(Vice President & Director, Corporate Communications)*
Julie Whiting *(Vice President & Director)*
Christine Monahan *(Senior Art Director)*
Beth Weeks *(Vice President & Director, Media)*
Madeline Howd *(Associate Director, Paid Social Media)*
Katy Hall *(Associate Director, Recourse Management)*
Natalie Baboulas *(Associate Media Director)*
Katie Meyer *(Account Director)*
Katy Strathmann *(Associate Director, Media Technology)*
Caitlin Hurley Dunn *(Associate Director, Social Strategy)*
James Collins *(Associate Creative Director)*
Jency Barnes *(Associate Director, Media Technology)*
Jessica Bergstresser *(Associate Creative Director)*
Michael Walsh *(Senior Art Director)*

Rodney Raftery *(Creative Director, Social)*
Samantha Bordignon *(Associate Creative Director)*
Rachel Williams *(Account Manager)*
Mandi Vanderveen *(Senior Analyst, Media Operations - Rewards & Loans)*
Sherif Aly *(Media Planner - GroupeConnect)*
Brandon Wolf *(Manager, Media Operations & Technology)*
Brittney Hinz *(Manager, Meida Business Operations - GroupeConnect)*
Lauren Wisniewski *(Manager, Programmatic)*
Emily Yuan *(Manager, Strategy & Analytics - Cash Rewards & Preferred Rewards)*
Dayna Reyna *(Senior Account Executive)*
Kara Doran *(Manager, Social Strategy)*
Chelsea Real *(Associate Director, Social Strategy)*
Nick Brauer *(Senior Programmatic Analyst)*
Jason Ziehm *(Senior Copywriter)*
Matt Adams *(Senior Designer, Experience)*
Morgan Carroll *(Executive Vice President, Managing Director & Executive Creative Chair - Chicago & San Francisco)*

Accounts:
Affresh
Amana
Amoco Gasoline
Bank of America Corporation
Biore
BP America, Inc.
Cheez-It
Club Crackers
Cottonelle
Delta Dental Plans Association
Eggo French Toaster Sticks
Eggo Pancakes
Eggo Waffles
Emerson Electric Company
Gladiator GarageWorks
Glidden
GoodNites
Huggies
Huggies Baby Wipes
Huggies Little Swimmers
Huggies Special Delivery
Jenn-Air
Jergens
John Frieda
John Frieda Sheer Blonde
Kaiser Foundation Health Plan, Inc.
Kao USA Inc.
Keebler
Kellogg's Frosted Flakes
Kellogg's Frosted Mini Wheats
Kellogg's Raisin Bran
Kellogg's Special K
Kenmore
KitchenAid
Kleenex
Macy's, Inc.
Macys.com
Maytag
Merrill Edge
Nutri-Grain
PPG Paints
Pull-Ups
Rice Krispies
Rice Krispies Treats
RXBar
Scott Products
Scott Professional Products
The Goodyear Tire & Rubber Company
TruStage
U by Kotex

U.S. Trust
Viva
Whirlpool
Whirlpool Corporation

DIGITAS
384 Northyards Boulevard Northwest
Atlanta, GA 30313
Tel.: (404) 460-1010
Web Site: www.digitas.com

Year Founded: 1980

Discipline: Digital

Peter Miller *(Chief Finance Officer)*
Alyse Schwartz *(Senior Vice President, Managing Director- Atlanta)*
Becky Friedman *(Senior Vice President & Regional Director, Production)*
Jennifer Awasano *(Senior Vice President & Group Creative Director)*
Matthew Carrow *(Senior Vice President & Group Director)*
Brian Schlager *(Vice President & Director, Data & Analysis)*
Brian Sherwell *(Vice President & Group Director, Creative & Experience Strategy)*
Dave Roth *(Vice President & Director, Content)*
Graham Shepherd *(Vice President & Creative Director)*
Isaac Lindberg *(Vice President & Director, Data & Analysis)*
Jully Hong *(Vice President & Group Director, Media Technology)*
Kara Scagnelli *(Vice President & Group Director, Media)*
Molly Molina Crawford *(Vice President & Group Creative Director)*
Parrish Griggs *(Vice President & Group Account Director)*
Peter Fehn *(Vice President & Director, Data & Analysis)*
Peter McCann *(Vice President, Director & Executive Producer)*
Sean Mahoney *(Vice President & Group Director, Content)*
Sergio Castro *(Vice President - North America & Group Director - Digital Studio)*
Stephen Nemeth *(Vice President & Director, Creative Strategy)*
Vanessa Toro *(Vice President, Creative Strategy)*
Zoe Bell *(Vice President & Group Creative Director)*
Brandon George *(Associate Creative Director)*
Lauren Freeman *(Account Director)*
RJ DiBella *(Vice President & Director, Media)*
Alyce Regan *(Account Director)*
Christopher Domin *(Associate Media Director)*
Dane Yankowich *(Art Director)*
Julianne Tyrol *(Associate Media Director)*
Justina Galvin *(Associate Director, Business Affairs)*
Kristy Jackson *(Account Director)*
Mussashi Shintaku *(Associate Creative Director)*
Raymond Lau *(Associate Director - TAAG)*
Samantha Salzano *(Associate Creative Director)*
Spencer Black *(Director, Creative & Design)*
Yudelka Candelario *(Account Director)*
Michael Wallace *(Senior Analyst)*
Dana Thompson *(Executive Producer)*
Jodi Sussman *(Supervisor, Media)*
Kevin Grover *(Producer)*
Lauren Kurfirst *(Manager, Project Management)*
Vandana Iyer *(Manager, New Business)*
Zack Hiatt *(Senior Analyst, Data & Analytics)*

Brands. Marketers. Agencies. Search Less. Find More.
Try out the online version at www.winmo.com

DIGITAL AGENCIES

Amanda VanderVeen *(Senior Analyst, Media Operations)*

Accounts:
BlackRock, Inc.
Delta Air Lines, Inc.
Fidelity National Information Services
iShares
Whole Foods Market

DIGITAS
150 West Jefferson Avenue
Detroit, MI 48226
Tel.: (313) 394-2800
Web Site: www.digitas.com

Year Founded: 1980

Discipline: Digital

Aaron Smith *(Senior Vice President & Managing Director)*
Brian McCallum *(Senior Vice President & Group Management Supervisor)*
John Snider *(Senior Vice President & Group Director, Creative Strategy)*
Emily Harrington *(Vice President & Account Director - Leo Burnett)*
Lauren Stapleton Pesta *(Vice President & Account Director)*
Nicole DeSalvio *(Vice President, Creative Services)*
Katie McCarty *(Account Director)*
Erin Hessling *(Associate Director, Project Management - Buick, Leo Burnett)*
Lauren Cousineau *(Account Manager)*
Jessica Brooks *(Manager, Integrated Production)*
Craig Florek *(Management Supervisor - Leo Burnett)*
Molly Disend *(Manager, Project Management)*
Lauren Calhoun *(Senior Account Executive - Leo Burnett)*
Matthew Woods *(Senior Specialist, Product Insights & Analysis - General Motors, Leo Burnett)*

Accounts:
Buick
Buick Cascada
Buick Enclave
Buick Encore
Buick Envision
Buick LaCrosse
Buick Regal
General Motors Corporation
GMC
GMC Acadia
GMC Canyon
GMC Savana
GMC Sierra
GMC Terrain
GMC Yukon
The Dow Chemical Company

DIGITAS HEALTH LIFEBRANDS
100 Penn Square East
Philadelphia, PA 19107
Tel.: (215) 545-4444
Fax: (215) 545-4440
Web Site: www.digitashealth.com

Employees: 200
Year Founded: 1990

Discipline: Digital

Len Dolce *(Group Chief Financial Officer, Communications & Media)*
Craig Douglass *(Chief Growth Officer)*
Greg Lewis *(Executive Vice President, Customer Engagement- Publicis)*
Brendan Gallagher *(Executive Vice President, Connected Health Innovations)*
Michael Leis *(Senior Vice President, Social Strategy)*
Diann Hamilton *(Senior Vice President & Executive Director, Planning)*
Annie Heckenberger *(Vice President & Group Director, Brand Communications Strategy)*
Melissa Seabright *(Vice President, Media - Publicis Health Media)*
Aileen Dreibelbis *(Service Design Lead)*
Patrick Johnson *(Vice President, Creative)*
Amy Peters *(Vice President, Account Director)*
Jeremy Kuhar *(Vice President, Creative Director)*
Geoff Thorne *(Vice President & Group Director)*
Jeff Olivo *(Vice President & Account Director)*
Alexa Rola *(Director, Media - Publicis Health Media)*
Amanda Kapsales *(Associate Media Director - Publicis Health Media)*
Jaclyn Stark *(Associate Media Director - Publicis Health Media)*
Maddyson Fleischut *(Media Director - Publicis Health Media)*
Erica Nardello *(Director, Content Strategy)*
JoAna Swan *(Director & Group Account Supervisor)*
Sharon Salmon *(Director, Strategic Account Planning)*
Julianna Borgia *(Associate Media Planner)*
Chloe Walsh *(Producer)*
Jonah Martinson *(Senior Manager & Strategist, Content)*
Sean Chase *(Group Account Supervisor)*
Jacqueline Mccullough *(Production Designer)*

Accounts:
Arimidex
AstraZeneca Pharmaceuticals LP
Brilinta
Brilique
Bydureon
Byetta
Caprelsa
Casodex
Crestor
Epanova
Farxiga
Faslodex
Iressa
Kombiglyze XR
Lesinurad
Lynparza
Movantik
Seroquel XR
Symbicort
Xigduo XR
Zoladex

DIGITAS HEALTH LIFEBRANDS
1675 Broadway
New York, NY 10019
Tel.: (212) 448-6700
Fax: (212) 350-7580
Web Site: www.digitashealth.com

Year Founded: 1991

Discipline: Digital

Susan Manber *(Chief Planning Officer - North America)*
Eric Muller *(President)*
Brian Lefkowitz *(Chief Creative Officer)*
Lee Fraser *(Executive Vice President & Chief Medical Officer)*
Yasemin Esit *(Senior Vice President, Data & Analytics)*
Bryan Chupp *(Vice President, Digital Strategy)*
Chris Seminowicz *(Vice President & Group Director, Strategy & Analytics)*
Elisabeth DiCicco *(Vice President & Director, Resource Management & Recruiting)*
Renee Grube *(Associate Director, Print Production)*
Jeromie Misenheimer *(Head, Creative Services & Executive Creative Director)*
Caroline Harrison *(Manager, Data & Analytics)*
Taylor Hills *(Senior Producer)*
Eileen Dugan *(Senior Art Buyer)*

Accounts:
Arimidex
AstraZeneca Pharmaceuticals LP
Brilinta
Brilique
Bydureon
Byetta
Caprelsa
Casodex
Crestor
Epanova
Farxiga
Faslodex
Iressa
Kombiglyze XR
Lesinurad
Lynparza
Movantik
Seroquel XR
Symbicort
Xigduo XR
Zoladex

DIRECT AGENTS, INC.
740 Broadway
New York, NY 10003
Tel.: (212) 925-6558
Web Site: www.directagents.com

Year Founded: 2003

Discipline: Digital

Josh Boaz *(Co-Founder & Managing Director)*
Dinesh Boaz *(Creative Director & Co-Founder)*
Mark Glauberson *(Executive Vice President, Media)*
Daniel Owen *(Executive Vice President)*
Megan Conahan *(Executive Vice President)*
Nicholas Galante *(Vice President, Growth)*
Jonathan Waite *(Director, Search & SEO)*
Brittany Lange *(Strategic Account Supervisor)*
Sarah Martinez-Noriega *(Senior Manager, Human Resources)*
Jonathan Viano *(Senior Business Development Manager)*
Joseph Sauro *(Senior Strategist - Analytics Team Lead)*

Accounts:
ADT Security Services, Inc.
Belkin International, Inc.
Bermuda Department of Tourism
Colgate-Palmolive Company
Course Hero
IntercontinentalExchange, Inc.
Marvel Entertainment, Inc.

AGENCIES - JULY, 2020
DIGITAL AGENCIES

Master & Dynamic
Scholastic, Inc.
Simon & Schuster
Terminix
The CW Television Network
Vonage Holdings Corporation
Wacoal America, Inc.
Walker & Company Brands

DMN3
5600 Northwest Central Drive
Houston, TX 77018
Tel.: (713) 868-3000
Fax: (713) 868-1388
Web Site: www.dmn3.com/

Year Founded: 1980

Discipline: Digital

Pam Lockard *(Founder & Chief Executive Officer)*
John Lacour *(Chief Operating Officer)*
Charles Eldred *(Creative Director)*

DOGWOOD PRODUCTIONS, INC.
757 Government Street
Mobile, AL 36602
Tel.: (251) 476-0858
Fax: (251) 479-0364
Toll Free: (800) 254-9903
Web Site: www.dogwoodproductions.com

Employees: 11

Discipline: Digital

Tad Denson *(President & New Business Director - Airwind Creative & Founder - Dogwood Productions)*
Jason Cruthirds *(Creative Director)*
John Strope *(Technical Director)*
Amy Murphy *(Multimedia Director)*

DOM360
120 Broadus Avenue
Greenville, SC 29601
Tel.: (864) 248-0886
Web Site: www.dom360.com

Year Founded: 2007

Discipline: Digital

Mike Weston *(Vice President & Chief Creative Officer)*
Robert Donovan *(Chief Executive Officer & Founder)*
Connie Gundrum *(Executive Vice President)*

DOTCMS
3059 Grand Avenue
Miami, FL 33133
Mailing Address:
Post Office Box 331781
Miami, FL 33233
Tel.: (305) 858-1422
Fax: (305) 441-0581
Web Site: www.dotcms.com/

Employees: 12
Year Founded: 2003

Discipline: Digital

Tim Brigham *(Co-Founder & Chief Revenue Officer)*
Jason Smith *(Chief User Experience Officer)*
Christina Nunez *(Director, Human Resources)*

DOUBLE-FORTE
351 California Street
San Francisco, CA 94104
Tel.: (415) 863-4900
Fax: (415) 863-4994
Web Site: www.double-forte.com

Discipline: Digital

Lee Caraher *(President + Chief Executive Officer)*
Maggie Zeman *(Senior Vice President & General Manager - New York)*
Patricia Denci *(Director)*

Accounts:
Franzia Boxed Wine

DRUMROLL
301 Congress Avenue
Austin, TX 78701
Tel.: (512) 651-3532
Web Site: www.drumroll.com

Year Founded: 2007

Discipline: Digital

Kirk Drummond *(Co-Founder & Chief Executive Officer)*
Chris Mollo *(Co-Founder & Chief Operating Officer)*

Accounts:
Real Good Vodka

DS SIMON PRODUCTIONS, INC.
229 West 36th Street
New York, NY 10018
Tel.: (212) 736-2727
Fax: (212) 736-7040
Toll Free: (800) 377-4666
Web Site: www.dssimon.com

Year Founded: 1986

Discipline: Digital

Doug Simon *(President & Chief Executive Officer)*
Eric Wright *(Senior Vice President, Marketing & Business Development)*

DUMONT PROJECT
4223 Glencoe Avenue
Marina Del Rey, CA 90292
Toll Free: (800) 778-2990
Web Site: www.dumontproject.com

Year Founded: 2009

Discipline: Digital

Dawn Perdew *(Founder & President)*
Katrina Osio *(Executive Vice President, Media & Marketing Strategy)*
Prerna Bhushan *(Executive Vice President)*
Rebecca Dorman *(Associate Director, Paid Social)*
Dawn Nuccio *(Director, SEO & Content)*
Tracy Tran-Canonigo *(Associate Director, Strategic Planning- Offline Media)*

Accounts:
Bare Escentuals, Inc.

EAGLEVIEW TECHNOLOGIES, INC.
3700 Monte Villa Parkway
Bothell, WA 98021
Fax: (425) 368-2935
Toll Free: (866) 659-8439
Web Site: www.eagleview.com

Year Founded: 2008

Discipline: Digital

Rishi Daga *(Chief Executive Officer)*
Matthew Quilter *(Chief Financial Officer)*
Ajai Sehgal *(Chief Technology Officer)*

EDULENCE INTERACTIVE
79 Madison Avenue
New York, NY 10016
Tel.: (212) 792-5800
Fax: (212) 792-5810
Toll Free: (866) 338-5362
Web Site: www.edulence.com

Discipline: Digital

Jon Tota *(Co-Founder & President)*
Peter Gretchell *(Executive Vice President, Business Development)*
Carolyn Haggerty *(Vice President, Business Management)*

ELEVATE
328 South Jefferson Street
Chicago, IL 60661
Tel.: (312) 932-1104
Fax: (312) 640-1597
Web Site: www.elevatedigitalcommerce.com

Year Founded: 2003

Discipline: Digital

Larry Bak *(President & Executive Creative Director)*
Jason Crichton *(Vice President, Interactive)*
Patti Gamble *(Director, Operations & Human Resources)*
Michael Tri *(Designer, Interactive)*

Accounts:
Bali
Champion
Hanes
Hanesbrand, Inc.
Just My Size
Lancome Cosmetics
Maidenform
One Hanes Place
Playtex
Redken Hair Care Products

ELEVATED THIRD
535 16th Street
Denver, CO 80202
Tel.: (303) 436-9113
Fax: (303) 648-4148
Web Site: www.elevatedthird.com

Year Founded: 2004

Discipline: Digital

Jeff Calderone *(Chief Executive Officer)*
Judd Mercer *(Creative Director)*
Harrison Liss *(Director, Business Development)*
Kathy Weisbrodt *(Account Director)*
Michael Lander *(Director, Technical)*
Nick Switzer *(Director, Development)*

DIGITAL AGENCIES

Lauren Motl (Designer, User Experience)

ELLIANCE
600 River Avenue
Pittsburgh, PA 15212
Tel.: (412) 391-2750
Fax: (412) 391-7170
Toll Free: (888) 926-6262
Web Site: www.elliance.com

Employees: 20

Discipline: Digital

Abu Noaman (President & Chief Executive Officer)
Craig Otto (Director, Brand Development)
Andrew Ormerod (Senior Interactive Designer)

EMERGE INTERACTIVE
412 Southwest 12th Avenue
Portland, OR 97205
Tel.: (503) 922-3483
Fax: (503) 296-5784
Web Site: www.emergeinteractive.com

Year Founded: 1998

Discipline: Digital

Jonathon Hensley (Chief Executive Officer & Chief Creative Officer)
Julian Pscheid (Chief Operating & Technical Officer)
Damon Gaumont (Creative Director)

EMERGE2 DIGITAL
554 Parkside Drive
Waterloo, ON N2L 5Z4
Tel.: (519) 886-0100
Fax: (519) 886-1027
Toll Free: (888) 242-5453
Web Site: www.emerge2.com

Employees: 10
Year Founded: 2000

Discipline: Digital

Approx. Annual Billings: $1.00

Daniel Reid (Chief Executive Officer, Strategic Planning)
Doug Braun (President)
Monica Reid (Vice President, Business Development)

EMERGENT DIGITAL
1855 First Avenue
San Diego, CA 92101
Tel.: (510) 619-6190
Web Site: www.emergentdigital.com/

Year Founded: 2014

Discipline: Digital

David Roth (Chief Executive Officer)
Hans Ortega-Endahl (Specialist, Paid Media)

EMFLUENCE, LLC
106 West 11th Street
Kansas City, MO 64105
Tel.: (816) 472-5643
Fax: (816) 472-8855
Toll Free: (877) 813-6245
Web Site: www.emfluence.com

Year Founded: 2003

Discipline: Digital

Dave Cacioppo (President & Chief Executive Officer)
Chris Cacioppo (Vice President & Chief Operating Officer)
Andy Perdue (Designer, Web)

ENDAI WORLDWIDE
213 West 35th Street
New York, NY 10001
Tel.: (212) 430-0808
Fax: (212) 202-5459
Web Site: www.endai.com

Year Founded: 1999

Discipline: Digital

Mike Ferranti (Chief Executive Officer)
Nancy Matnick (Chief Financial & Operations Officer)

Accounts:
NutriSystem, Inc.

ENGAGE MEDIA GROUP
481 Broadway
New York, NY 10013
Web Site: engagemedia.io/

Discipline: Digital

Kellee Khalil (Partner)
Da-In Hwang (Associate Brand Manager)

ENGINE
261 Madison Avenue
New York, NY 10016
Tel.: (212) 633-4567
Web Site: www.enginegroup.com

Employees: 45
Year Founded: 2002

Discipline: Digital

Rick Eiserman (Chief Executive Officer - North America)
Kasha Cacy (Global Chief Executive Officer)
Matt Steinwald (Senior Vice President & Executive Creative Director)
Steve Scutellaro (Senior Vice President & Group Account Director)
Tabor Theriot (Senior Producer)

Accounts:
Alpo
Aquapod
Arrowhead
Beggin' Strips
Beneful
Beneful
Cat Chow
Deer Park
Deli-Cat
Dog Chow
Dreyer's
Dreyer's Slow Churned
Edy's
Fancy Feast
Friskies
Jagermeister
Kit 'N Kaboodle
Kitten Chow
Mighty Dog
Moist & Meaty
Nestle Home Delivered Water
Nestle PURE LIFE
Nestle Purina PetCare Company
Ovaltine
Perrier Sparkling Water
Poland Spring Water
Pro Plan
Puppy Chow
Purina
Purina Beyond
Purina ONE
Purina Treats
Purina Veterinary Diets
San Pellegrino
Second Nature
Tidy Cats
Tombstone
Toshiba America, Inc.
Valvert
Whisker Lickin's
Yesterday's News

ENGINE DIGITAL
34 West Eighth Avenue
Vancouver, BC V5Y 1M7
Tel.: (604) 684-3330
Web Site: www.enginedigital.com

Year Founded: 2002

Discipline: Digital

Kele Nakamura (Founder & Chief Technology Officer)
Stephen Beck (Founder & Chief Executive Officer)
Dean Elissat (Vice President, Client Engagement)
Andrea Mead (Vice President, Production)
James Richardson (Vice President, Operations - Canada)
Brittany Houweling (Manager, Client Strategy)

ENTERMEDIA
11801 Domain Boulevard
Austin, TX 78758
Tel.: (833) 368-3712
Web Site: www.entermedianow.com

Discipline: Digital

Chris Kendall (Chief Technology Officer, Information Technology Director & Senior Developer)
Ethan Worrel (Principal)

ENTERPRISE CANADA
595 Bay Street
Toronto, ON M5G 2C2
Tel.: (416) 586-1474
Fax: (416) 586-1480
Toll Free: (888) 856-9733
Web Site: www.oeb.com

Employees: 3

Discipline: Digital

Brian Fox (Principle)
Barbara Fox (Chief Executive Officer)
Errol Chapman (Chief Financial Officer)

ENVISIONIT MEDIA, INC.
130 East Randolph Street
Chicago, IL 60601
Tel.: (312) 236-2000
Fax: (312) 277-4500
Web Site: envisionitagency.com

AGENCIES - JULY, 2020 — DIGITAL AGENCIES

Year Founded: 2002

Discipline: Digital

David Silverstein (Chief Operating Officer & Senior Strategist)
Todd Brook (Founder & Chief Executive Officer)
Jason Goldberg (Owner & Executive Vice President, Sales & Marketing)
Amy Russell (Controller)
Jennifer Laverty (Associate Media Director)
Amber Davis (Creative Director)
Chris Sorto (Associate Creative Director, Design)
Ryan Kenealy (Associate Creative Director)
Ben Clark (Media Director)
Kate Winston (Agency Lead, Strategy & Growth)
Marissa Liesenfelt (Director, Operations)
Matthew Elliott (Account Services Director)
Megan Porter (Director, Digital Marketing)
Rob Creek (Executive Creative Director)
Steve Ziemba (Head, Agency - Social Media Marketing)
Brian Ryback (Manager, Digital Solutions)
Robert DeRango (Specialist, Paid Media)
Jim Barrett (Digital Project Manager)
Harmony Chiou (Digital Project Manager)
Nick Lush (Senior Account Manager)
Stephanie Ring (Senior Digital Project Manager)
Darby Ellis (Senior Strategist, Search Engine Optimization)
Jennifer Laverty (Senior Media Planner, Digital & Buyer)
Nicole Brown (Senior Account Manager)
Cassie Swanson (Associate Digital Project Manager)

Accounts:
Choose Chicago
Red Gold Tomatoes

EPIQ SYSTEMS
10300 Southwest Allen Boulevard
Beaverton, OR 97005
Tel.: (503) 350-5800
Fax: (503) 350-5890
Toll Free: (800) 547-4407
Web Site: www.epiqsystems.com

Year Founded: 1988

Discipline: Digital

Marcus Henderson (Director, Client Services - West)
Kyle Bingham (Manager of Strategic Communications)

ESSENCE
130 Sutter Street
San Francisco, CA 94104
Tel.: (415) 852-3202
Fax: (415) 882-1526
Web Site: www.essenceglobal.com

Year Founded: 2005

Discipline: Digital

Christian Juhl (Global Chief Executive Officer)
Dave Marsey (President & Global Client Director - Google)
Jennifer Remling (Global Chief Talent Officer)
Dan Dobson-Smith (Chief Learning & Culture Officer)
Daniel Dobson-Smith (Chief Culture Officer & Chief Learning Officer)
Nicholas Byrd (Chief Finance Officer)
Oscar Garza (Executive Vice President, Media Activation)
Anant Mathur (Executive Vice President & Head, Analytics)
Garrick Schmitt (Executive Vice President & Director, Experience Design)
Sarah Lent (Senior Vice President, Business Development)
Jolie Giuffre (Director, Partnerships & Platforms)
Christina Lee (Director, Paid Social)
Dan Elddine (Head, Data Strategy - North America)
Jennifer Kwok (Associate Account Director)
Renee Engelhardt (Director, Analytics)
Chike Ume (Associate Director, Creative Strategy)
James Devlin (Head, Data Strategy)
Jackie Rogers (Strategist)
Pam Sullivan (President & Client Director - Los Angeles)

Accounts:
Google, Inc.
YouTube Music

ESSENCE
Three World Trade Center
New York, NY 10007
Tel.: (646) 837-5454
Web Site: www.essencedigital.com/

Discipline: Digital

Adam Gerber (President, Global Media)
Steve Williams (Global Chief Operating Officer)
Gaye Jackson (Senior Partner & Associate Media Director)
Brian Krick (Executive Vice President, Global Media Planning)
Jon Gittings (Executive Vice President, Strategy - North America)
Jesse Cahill (Senior Vice President, Product - North America)
Sam Weston (Senior Vice President, Global Communications)
Amari Pocock (Senior Vice President & Head, Media Planning)
Gila Wilensky (Senior Vice President, Media Activation - North America)
Jill Metcalf (Senior Vice President, Global Client Solutions)
Tiphaine Tarhan (Senior Vice President & Head, Analytics - North America)
Alison Hardy (Vice President, Client Services)
Mindi Ikeda (Vice President, Media Planning)
Jeanne Bright (Vice President, Global Platform Investment)
Nathaniel Root (Vice President & Client Partner, Digital Product, Media & Strategy)
Jared McCarthy (Vice President, Media Planning)
Mike Fisher (Vice President, Advanced TV & Audio)
Nirmal Nijjar (Vice President & Head, Search Activation - North America)
Matt Marshall (Vice President, Media Planning)
Erica Chen (Vice President, Strategy)
Chris Walsh (Vice President, Media Activation)
Danielle Vigue (Senior Director, Media Planning)
Marisa Wong (Associate Planning Director)
Jacqueline Vaccaro (Senior Partner & Associate Director)
Jason Lee (Associate Planning Director - Programmatic)
Jared Fox (Senior Director, Planning)
Jamarr Mills (Senior Planning Director)
Stephen Grap (Director, Activation)
Marla Bremer (Planning Director)
Elizabeth Burke (Associate Planning Director)
Viola Gurvits (Associate Director, Client Services)
Kelly Geer (Associate Planning Director & Integrated Media Supervisor)
Zach Doyle (Associate Director, Programmatic Activation)
Megan McElrath (Global Planning Director)
Peter Friedland (Senior Planning Director)
Adam McNicholas (Associate Planning Director)
Eugene Kusmartsev (Associate Director, Media Activation)
Kate Easterling (Director, Business Development)
Renelly Morel (Social Activation Director)
James Seelye (Supervisor, Digital Planning)
Christopher Infanzon (Media Activation Supervisor)
Sayli Thube (Media Planning Supervisor)
Sophie Hu (Supervisor)
Megan Dekanchuk (Media Planning Supervisor)
Ashley Poon (Media Planner)
Kelly McDonnell (Media Planner)
Peri Ngo (Advertising Operations Supervisor)
Amanda Kaplan (Digital Activation Manager)
Blair Smith (Display Activation Manager - Google Apps)
Peter McManus (Supervisor, Digital Media Planning)
Michael Morrison (Media Activation Manager, Paid Social)
Shane Dukes (Media Activation Manager)
Vanessa Collado (Media Activation Manager, Paid Social)
Liora Bogin (Associate Media Activation Manager, Paid Social)
Marissa Williams (Manager, Paid Social)
Michael Mianti (Manager, Media Activation)
Jessica McFadden (Programmatic Media Activation Manager)
Craig Stein (Media Planner)
Peter Kelly (Associate Activation Director)
Danielle Patota (Associate Director, Social)
Eddie Schmidt (Associate Director, Paid Social)

Accounts:
Android
Google Chromecast
Google Home
Google, Inc.
Oxygen Media
Oxygen.com
T-Mobile USA
Target Corporation
Universal Kids
Viking River Cruises

ESSENCE
221 Yale Avenue North
Seattle, WA 98109
Tel.: (206) 858-8060
Web Site: www.essencedigital.com

Discipline: Digital

Andrew Friedman (Vice President, Client Services)
Mindy Stanislovaitis (Vice President, Planning)
Gannon Mooney (Creative Director & Vice President)
Jennifer Batka (Media Planning Director)
Andrew Farley (Art Director)
Kelsey Ambrose (Associate Director, Display

DIGITAL AGENCIES

AGENCIES - JULY, 2020

Activation)
Dee Dee Jones *(Director, Operations)*
Alison Danner *(Client Director)*
Miguel Mateo *(Associate Account Director)*
James Mitchell *(Director, Media Planning)*
Amy Lower *(Project Manager)*
Emily Mattson *(Associate Activation Manager, Paid Social)*
Catherine Nguyen *(Social Activation Manager)*
Victor Cho *(Data Strategy Manager)*
Lillie Krop *(Supervisor, Paid Social)*
Serena Li *(Account Supervisor)*

Accounts:
AARP Magazine
ADT Security Services, Inc.
Anheuser-Busch Companies, Inc.
Capcom USA, Inc.
Century 21 Real Estate Corporation
Direct General Corporation
DIRECTV, Inc.
eBay
Google, Inc.
GrubHub
Sony Corporation of America
T-Mobile USA
Walt Disney Company

ESSENCE
6300 Wilshire Boulevard
Los Angeles, CA 90048
Web Site: www.essencedigital.com

Year Founded: 2005

Discipline: Digital

Michael Thomas *(Senior Vice President & Partner, Global Transformation - Universal Pictures)*
Meghan Myszokowski *(Vice President, Social Activation - North America)*
Bryan Kodish *(Associate Director, Planning)*
Elsa Gallardo *(Manager, Paid Social)*
Jarrett Houston *(Planning Supervisor)*
Taylor Martin *(Supervisor, Digital)*
Kayla Walian *(Supervisor, Digital)*
Ava Crum *(Planner, Digital Media)*
Karissa Wright *(Assistant Planner, Media)*
Derek Miley *(Supervisor, Digital Media)*
Eilly O'Neil Raposo *(Associate Director, Media - E!)*
Bradley Hargreaves *(Assistant Planner, Digital Media)*

Accounts:
Bravo Network
BravoTV.com
CNBC
E! Entertainment Television
Focus Features
MSNBC
NBCUniversal, Inc.
Oxygen Media
SyFy
SyFy.com
Universal Parks & Resorts
USA Network
USANetwork.com
Weather Channel

ESSENCE
100 South Fifth Street
Minneapolis, MN 55402
Tel.: (651) 846-2000
Web Site: www.essenceglobal.com

Discipline: Digital

Jason Harrison *(Chief Executive Officer)*
Leah Reini *(Vice President, Client Services)*
Jennifer Hahs *(Director, Business Planning)*
Emily Culp *(Director, Associate Planning)*
Zachary Martin *(Associate Media Director)*
Kat Torsiello *(Media Planning Supervisor - Target)*
Christian Viloria *(Media Activation Supervisor)*
Taja Braggs *(Media Activation Supervisor)*
Jeffrey Huang *(Associate Director, Planning)*
Hannah Lutz *(Assistant Media Planner)*
Santana Baker *(Coordinator, Media Activation)*

Accounts:
Target Corporation

ETHOS, PATHOS, LOGOS, LLC
211 West Wacker Drive
Chicago, IL 60606
Tel.: (312) 207-0133
Web Site: www.epldigital.com/

Year Founded: 2013

Discipline: Digital

Athan Tsakalakis *(Chief Operating Officer)*
Gyi Tsakalakis *(President)*
Danielle Woods *(Manager, Client Services)*
Steve Friedman *(Managing Director & Executive Vice President)*

EVB
1740 Telegraph Avenue
Oakland, CA 94612
Tel.: (650) 281-7293
Fax: (415) 281-3957
Web Site: www.evb.com

Employees: 20
Year Founded: 2000

Discipline: Digital

Shane Ginsberg *(President)*
Daniel Stein *(Founder & Chief Executive Officer)*
James Gassel *(Chief Operating Officer)*
John Reid *(Chief Creative Officer)*
Chris Szadkowski *(Creative Director)*
Neeti Attwood *(Head, Strategy)*
Kathleen Foutz *(Managing Director)*

EXCELERATE DIGITAL
111 West Hargett Street
Raleigh, NC 27601
Tel.: (704) 358-5188
Toll Free: (866) 413-7289
Web Site: www.exceleratedigital.com

Year Founded: 1857

Discipline: Digital

Lisa Hawreluk *(Director, Digital Business Development)*
Carlos Pelay *(Senior Digital Research & Marketing Analyst)*

EXIT 10 ADVERTISING
323 West Camden Street
Baltimore, MD 21212
Tel.: (443) 573-8210
Fax: (443) 573-8220
Web Site: www.exit10.com

Year Founded: 2006

Discipline: Digital

Eric Hartsock *(Owner, Managing Partner & Development Director)*
David White *(Managing Partner & Account Director)*
Jonathan Helfman *(Managing Partner & Creative Director)*
Scott Sugiuchi *(Managing Partner & Design Director)*

EXPERTVOICE
9 Exchange Place
Salt Lake City, UT 84101
Tel.: (888) 814-4764
Fax: (801) 485-5039
Web Site: www.experticity.com

Year Founded: 2004

Discipline: Digital

Tom Stockham *(Chief Executive Officer)*
Greg Cox *(Chief Product & Technology Officer)*
Jessica Morris *(Manager, Brand Strategy)*

EXTRACTABLE, INC.
612 Howard Street
San Francisco, CA 94105
Tel.: (415) 426-3600
Fax: (415) 227-4301
Web Site: www.extractable.com

Year Founded: 1999

Discipline: Digital

Jonah Burlingame *(Chief Strategy Officer)*
Craig McLaughlin *(Chief Executive Officer)*
Mark Ryan *(Chief Analytics Officer)*

EYEVIEW DIGITAL, INC.
33 East 33rd Street
New York, NY 10016
Tel.: (646) 430-3777
Web Site: www.eyeviewdigital.com

Year Founded: 2007

Discipline: Digital

Oren Harnevo *(Chief Executive Officer & Co-Founder)*
Amy Dolan *(Senior Vice President, Human Resource)*
Erik Schear *(Vice President, Sales, Auto, Travel & New Markets)*
Ben Flaccus *(Vice President, Sales)*
Andrew Wynschenk *(Director, Product Management)*
Henry Lam *(Manager, Client Analytics)*

FANCY PANTS
145 West 28th Street
New York, NY 10001
Tel.: (646) 688-5131
Web Site: www.fancypantsgroup.com

Year Founded: 2006

Discipline: Digital

Robby Rigano *(Chief Operating Officer)*
Hyun Park *(Senior Vice President, Business Development)*
David Chang *(Managing Director, Tech Strategy)*

FANCY RHINO

Brands. Marketers. Agencies. Search Less. Find More.
Try out the online version at www.winmo.com

AGENCIES - JULY, 2020 — DIGITAL AGENCIES

600 Georgia Avenue
Chattanooga, TN 37412
Tel.: (423) 800-7755
Web Site: fancyrhino.com

Year Founded: 2010

Discipline: Digital

Katie Nelson *(Chief Operating Officer)*
Tyler Keff Beasley *(Director & Editor)*

FANG DIGITAL MARKETING
921 North Ford Street
Burbank, CA 91505
Tel.: (626) 755-0995
Toll Free: (888) 886-2425
Web Site: www.fangdigital.com

Year Founded: 2010

Discipline: Digital

Jeff Ferguson *(Chief Executive Officer & Founder)*
Robert Lukowiak *(Digital Marketing Manager)*

Accounts:
Mill Creek
Stila Cosmetics
True Story Foods

FATHOM
71 Raymond Road
West Hartford, CT 06107
Tel.: (860) 677-9737
Fax: (860) 677-9767
Web Site: www.fathom.net

Year Founded: 2005

Discipline: Digital

Brent Robertson *(Partner)*
Ben Callaghan *(Associate Partner)*
Dave Louden *(Co-Founder & Partner)*

FF CREATIVE
530 Seventh Avenue
New York, NY 10018
Tel.: (917) 257-1354
Web Site: www.fredfarid.com

Year Founded: 2015

Discipline: Digital

Colin Nagy *(Head, Strategy)*
Susanna Ding *(Account Director)*
Laurent Leccia *(Creative Director)*

Accounts:
AC Hotels
HP, Inc.
Louis XIII

FF CREATIVE
1451 East Fourth Street
Los Angeles, CA 90033
Tel.: (917) 257-1354
Web Site: www.ffcreative.com

Year Founded: 2015

Discipline: Digital

Fred Raillard *(Co-Founder & Chief Executive Officer)*
Peter Jacobs *(Business Director)*
Chelsea Steiger *(Creative Director)*
Jules Chaffiotte *(Developer, New Business)*

Nicolas Berthier *(Director, Creative)*
Gabriela Merrihue *(Senior Producer)*

Accounts:
Louis XIII

FIFTYANDFIVE.COM
227 South Orlando Avenue
Winter Park, FL 32789
Tel.: (407) 745-5568
Web Site: www.fiftyandfive.com

Year Founded: 2006

Discipline: Digital

Lucas Vandenberg *(Founder & Managing Partner)*
Jenna Vandenberg *(Managing Partner & Chief Operating Officer)*
Juliana Calloway *(Director, Accounts)*
Stephen Vandenberg *(Manager, Accounts, Research & Insights)*

FILTER
1425 Fourth Avenue
Seattle, WA 98101
Tel.: (800) 336-0809
Web Site: www.filterdigital.com

Year Founded: 1991

Discipline: Digital

Joe Melanson *(Chief Executive Officer)*
Kristin Knight *(Founder & Executive Chair)*
Terry Harnisch *(Chief Financial Officer)*
Eric Adams *(Chief Operating Officer)*
Greg Welch *(Vice President, Sales)*
David Hensel *(Director, Marketing)*
Don Olson *(Director, Managed Team Services)*

FIRE STARTER STUDIOS
1023 North Hollywood Way
Burbank, CA 91505
Tel.: (747) 201-7400
Web Site: www.firestarterstudios.com

Year Founded: 2015

Discipline: Digital

Rachel Klein *(Chief Executive Officer)*
Kimberly Austin *(President & Executive Producer)*
Donnelle Fuller *(Director, Production)*

FIRESPRING
1201 Infinity Court
Lincoln, NE 68512
Tel.: (402) 437-0100
Fax: (402) 437-0101
Toll Free: (877) 214-1221
Web Site: www.firespring.com

Employees: 50
Year Founded: 1992

Discipline: Digital

Jay Wilkinson *(Chief Executive Officer)*
Tawnya Starr *(Executive Vice President, Sales)*
Dustin Behrens *(Chief Financial Officer)*

Accounts:
Assurity Life Insurance

FIRSTBORN
32 Avenue of the Americas
New York, NY 10013

Tel.: (212) 574-5300
Fax: (212) 765-7605
Web Site: www.firstborn.com

Employees: 20
Year Founded: 1997

Discipline: Digital

Alex Krawitz *(President)*
Dave Snyder *(Chief Creative Officer)*
Eric Decker *(Vice President, Technology)*
Ana Breton *(Vice President, Client Services)*
Emily Khalil *(Vice President, Production)*
Daniel Viedma *(Technical Director)*
Daniela Chavez *(Art Director)*
Jeremy Elliot *(Creative Director)*
Jessica Tainsh *(Associate Creative Director)*
Jennifer Xin *(Creative Director)*
Thomas Longo *(Executive Producer)*

Accounts:
Bloomberg L.P.
Cannondale Bicycle Corporation
Giorgio Armani Fragrance
Jagermeister
Kiehl's Since 1851, LLC
Lancome Cosmetics
Mongoose
Mountain Dew
Oculus Rift
Oculus VR
Pepsi
Puritan's Pride
S&P Global
SoBe
Supercell
Urban Decay Cosmetics, LLC

FISHBAT
76 West Main Street
Patchogue, NY 11772
Toll Free: (855) 666-1244
Web Site: www.fishbat.com

Year Founded: 2011

Discipline: Digital

Jennifer Calise *(Owner & Partner)*
Clay Darrohn *(Founder & Chief Executive Officer)*

FISHBOWL
44 Canal Center Plaza
Alexandria, VA 22314
Tel.: (703) 836-3421
Fax: (703) 836-3422
Toll Free: (800) 836-2818
Web Site: www.fishbowl.com

Employees: 5
Year Founded: 2000

Discipline: Digital

Mike Dodson *(Chief Executive Officer)*
Eric Douglass *(Senior Vice President, Client Success & Account Management)*
Tama Looney *(Senior Vice President, Research & Analytics)*
Brian Eckel *(Vice President, Operations)*
William Lilly *(Account Director)*
Joe Sandison *(Account Director)*
Heather Lawrence *(Head, Marketing)*
Brooks Robinson *(Customer Success Associate & Account Manager)*
Briana McGowan *(Account Manager, Digital Marketing)*

Brands. Marketers. Agencies. Search Less. Find More.
Try out the online version at www.winmo.com

DIGITAL AGENCIES

Kate Doyle *(Senior Marketing Consultant)*

FIVEFIFTY
3001 Brighton Blv
Denver, CO 80216
Tel.: (303) 796-0696
Web Site: www.fivefifty.com

Year Founded: 2012

Discipline: Digital

Ryan Wilson *(Founder & Chief Executive Officer)*
Erin Cole *(Senior Media Director)*
Josh Pauletic *(Account Director)*
Daniel Bombard *(Senior Campaign Manager)*
Lee White *(Campaign Manager)*
Allyson Schulte *(Account Manager)*

FLIGHTPATH
36 West 25th Street
New York, NY 10010
Tel.: (212) 674-5600
Fax: (212) 674-6956
Web Site: www.flightpath.com

Year Founded: 1994

Discipline: Digital

Jon Fox *(President)*
Denise De Castro *(Vice President & Director, Client Services)*
John Lee *(Vice President, Digital Marketing)*
Steven Louie *(Creative Director)*
Cavol Forbes *(Project Manager)*

FLUID, INC.
30 Broad Street
New York, NY 10004
Toll Free: (877) 343-3240
Web Site: www.fluid.com

Year Founded: 1999

Discipline: Digital

Mark Belanger *(Co-Founder & Chief Technology Officer)*
Vanessa Cartwright *(Chief Executive Officer & Managing Partner)*
Tamir Scheinok *(Chief Operating Officer)*
Frances Rivera *(Senior Director, Engagement- Astound Commerce)*
Jason Hart *(Group Creative Director)*
Joseph Paquette *(Senior Digital Art Director)*
Pamela Tamayo *(Senior Art Director)*
Jennifer Ryan *(Director, Marketing- Astound Commerce)*
Max Matero *(Manager, eCommerce Solutions Support)*
Rebecca Paul *(Senior Strategist- Astound Commerce)*
Veronica Anta *(Senior Engagement Manager)*
Jesse Sage *(Managing Director, New York & Senior Vice President, Delivery)*

Accounts:
Airbnb, Inc.
Keen Footwear
Nautica
Nixon USA, Inc.
Puma North America, Inc.
Stance, Inc.
TaylorMade Golf Company, Inc.
The Timberland Company
Wolverine World Wide, Inc.

FOCUSED IMAGE
2941 Fairview Park Drive
Falls Church, VA 22042
Tel.: (703) 739-8803
Fax: (703) 739-8809
Web Site: www.focusedimage.com

Employees: 16
Year Founded: 1985

Discipline: Digital

Toby Eckhardt *(President, Chief Executive Officer & Chief Creative Officer)*
Dave Scanlon *(Executive Vice President, Strategic Services)*
Kristina Messner *(Senior Vice President, Public Relations)*
Sis Pittman *(Vice President, Creative Director, Print)*
Greg German *(Vice President & Creative Director, Interactive)*
Matt Marsden *(Vice President, Business Development)*

FOLKLORE DIGITAL
319 First Avenue North
Minneapolis, MN 55401
Tel.: (612) 208-0352
Web Site: www.folklore.digital

Year Founded: 2016

Discipline: Digital

Michael Matheny *(Chief Executive & Creative Officer)*
Grant Buntje *(Chief Customer Officer)*
Shawn Bielefeldt *(Co-Founder & Experience Director)*
Jim Wakely *(Co-Founder)*
Maggie LaNasa *(Vice President, Strategy)*
Sean Van Dyk *(Creative Technologist)*
Whitney Borstad *(Digital Project Manager)*
AJ Koch *(Digital Project Manager)*
Meg Emory *(Digital Strategist)*

FORMATIVE
821 Second Avenue
Seattle, WA 98104
Tel.: (206) 792-5129
Web Site: www.formativeco.com

Year Founded: 2005

Discipline: Digital

Lee Sherman *(Partner & Chief Media Officer)*
Jonathan Rosoff *(Founder & Chief Executive Officer)*
Mark Doyle *(Chief Marketing & Brand Officer)*
Gernot Kalcher *(Senior Director, Product & Development)*
Joshua Downs *(Creative Director)*
Kazim Ali *(Strategy Director)*
Drew Warren *(Associate Director, Analytics)*
Jessica Devine *(Senior Manager, Strategy)*
Darlene Campos *(Digital Strategy Manager)*
Eric Kaplan *(Account Supervisor)*
Julie Chan *(Manager, Financial)*

FORTYFOUR
337 Elizabeth Street Northeast
Atlanta, GA 30307
Tel.: (404) 800-4984
Web Site: www.fortyfour.com

Year Founded: 2011

Discipline: Digital

Raghu Kakarala *(Managing Partner)*
Thomas Frank *(Managing Partner & Executive Creative Director)*
Adam Roe *(Managing Partner, Technology & Operations)*
Justin Marshall *(Associate Marketing Director)*
Lauren Wharton *(Associate Marketing Director)*
Roger Baldowski *(Creative Director)*
Graydon Gordian *(Group Creative Director)*
Maggie Baynham *(eCommerce Manager)*
Ashley Krug *(eCommerce Manager)*
Emily Kocoloski *(Social Media & Community Manager)*

FRWD
120 First Avenue North
Minneapolis, MN 55401
Tel.: (612) 235-5030
Web Site: www.frwdco.com

Year Founded: 2009

Discipline: Digital

Sarah Joseph *(Partner & Director, Business Operations)*
Angela Cady *(Senior Expert, Media)*
Chad Baures *(Senior Expert, Digital Media)*
Emily Bathe *(Senior Media Planner)*
Anne Raymond *(Senior Planner, Digital Media)*
Cassie Meyer *(Assistant Media Planner)*
Liz Bruno *(Media Planner)*

FSC INTERACTIVE
1943 Sophie Wright Place
New Orleans, LA 70130
Tel.: (504) 894-8011
Web Site: www.fscinteractive.com

Year Founded: 2007

Discipline: Digital

Tallie Merritt *(President)*
McKenzie Lovelace *(Founder & Chief Executive Officer)*
Terrance Taylor *(Director, Operations)*

Accounts:
New Orleans Tourism Marketing Corporation

FUSE INTERACTIVE
775 Laguna Canyon Road
Laguna Beach, CA 92651
Tel.: (949) 376-0438
Fax: (949) 376-0498
Web Site: www.gofuse.com

Employees: 30

Discipline: Digital

Stefan Drust *(Chief Executive Officer & Executive Director)*
Terry Chen *(Owner)*
Rick Gibson *(Chief Operating Officer)*
Matt DeAngelo *(Creative Director)*
Renee Whitley *(Account Supervisor)*

FUSION92
440 West Ontario Street
Chicago, IL 60654
Fax: (847) 822-9319
Toll Free: (888) 550-4864
Web Site: www.fusion92.com

Employees: 21

AGENCIES - JULY, 2020 — DIGITAL AGENCIES

Year Founded: 1997

Discipline: Digital

Matt Murphy *(Founder & Chief Executive Officer)*
Doug Dome *(President)*
Debbie Van Ooteghem *(Executive Vice President, Business Development & Training)*
Jacob Beckley *(Senior Vice President, Innovation)*
Vince Marinelli *(Vice President, Business Development)*
Marcella Dulac *(Media Director)*
John Capaul *(Director, Special Projects)*
Mark Jovic *(Associate Creative Director)*
John DeLuca *(Associate Creative Director)*
Laura Clesse *(Associate Director, Art)*
Eric Leder *(Technical Manager)*
Allison Scott *(Senior Manager, Media)*
Sarah Lackore *(Account Supervisor)*
John Geletka *(Consultant)*

Accounts:
Carl Buddig & Company
Raymond James Financial, Inc.
Redbox Automated Retail, LLC

FUSIONARY MEDIA, INC.
220 Grandville Avenue, Southwest
Grand Rapids, MI 49503
Tel.: (616) 454-2357
Fax: (616) 454-6827
Web Site: www.fusionary.com

Employees: 9
Year Founded: 1995

Discipline: Digital

Bryan Lewis *(Owner & Vice President)*
Steve Lewis *(Owner & President)*
Jack Baty *(Owner)*
Tracy Thomas *(Office Manager)*

FUSIONBOX
2031 Curtis Street
Denver, CO 80205
Tel.: (303) 952-7490
Web Site: www.fusionbox.com

Year Founded: 2001

Discipline: Digital

Alexander Groth *(President & Founder)*
Ivy Hastings *(Vice President, Strategy)*

FUZZ PRODUCTIONS
158 Roebling Street
Brooklyn, NY 11211
Tel.: (646) 832-2035
Web Site: fuzzproductions.com

Year Founded: 2001

Discipline: Digital

Nathanial Trienens *(Founder & Chief Executive Officer)*
Matthew Knuti *(Vice President, Engagement)*

G-NET MEDIA
7920 Sunset Boulevard
Los Angeles, CA 90046
Tel.: (323) 951-9399
Fax: (323) 951-9621
Web Site: www.g-net.tv/

Discipline: Digital

David Getson *(Co-Founder & Chief Executive Officer)*
John Rosenberg *(President)*
David Moodie *(Partner & Creative Director)*
Shelby Hill *(Head, Production)*
David Guida *(Director of Production Operations)*

GALE
170 Varick Street
New York, NY 10013
Tel.: (646) 862-3555
Web Site: www.gale.agency

Year Founded: 2014

Discipline: Digital

Brad Simms *(President & Chief Executive Officer)*
Rick Chiarelli *(Vice President & Growth Lead)*
Andrea Toop *(Global Lead, Business Development & Brand)*
Andrew Noel *(Managing Director)*
Cameron Ley *(Creative Director)*
Norah Rahamim *(Managing Director, APAC Region)*

Accounts:
SodaStream USA

GARRIGAN LYMAN GROUP
1524 Fifth Avenue
Seattle, WA 98101
Tel.: (206) 223-5548
Fax: (206) 223-0818
Toll Free: (877) 777-4454
Web Site: www.glg.com

Employees: 50
Year Founded: 1993

Discipline: Digital

Tim Garrigan *(Principal)*
Rebecca Lyman *(Principal)*
Bryan Cummings *(Chief Creative Officer)*
Jean Zartman *(Director, Customer Engagement)*
Aly Prestel *(Office Manager)*
Gerry Soroczak *(Lead Delivery Manager)*
Amy Howard *(Senior Media Strategist)*
Jessica Dringman *(Digital Marketing Coordinator)*

Accounts:
Fluke Corporation
Quantum Corporation
Toyo Tire U.S.A. Co.
Weyerhaeuser Company

GARRIGAN LYMAN GROUP
379 West Broadway
New York, NY 10012
Tel.: (212) 232-0270
Toll Free: (877) 777-4454
Web Site: www.glg.com

Employees: 4
Year Founded: 1993

Discipline: Digital

Chris Geiser *(Chief Technology Officer & General Manager - New York)*

GARTNER, INC.
56 Top Gallant Road
Stamford, CT 06904
Tel.: (203) 964-0096
Fax: (203) 316-6300
Web Site: www.gartner.com

Employees: 3555
Year Founded: 1979

Discipline: Digital

Eugene Hall *(Chief Executive Officer)*
Ken Davis *(Executive Vice President, Products & Services)*
Robin Kranich *(Executive Vice President, Human Resources)*
Dale Kutnick *(Senior Vice President, Executive Programs)*
Justin Zandri *(Vice President, Brand Strategy & Marketing Services)*
Barry Edelman *(Vice President, Digital Marketing)*
Gene Alvarez *(Managing Vice President)*
Jenny Sussin *(Managing Vice President)*
John Flynn *(Group Vice President, Marketing Offerings Business)*
Andrew Spender *(Group Vice President, Global Corporate Communications)*
Andrea Payne *(Vice President, User Sourced Content Strategy)*
Glenn Thode *(Executive Creative Director)*
Jessica Bower *(Director, Product Marketing)*
Oksana Allman *(Director, Content Strategy)*
Marc Mangone *(Senior Director, Marketing)*
Erik Hass *(Area Manager, Marketing Leaders)*
Pedro DeAbreu *(Manager, Senior Program & Marketing)*
Eric Stahl *(Manager, Brand Media & Performance Marketing)*
Victoria Eskew *(Conference Planner)*

GATE 6
16624 North 90th Street
Scottsdale, AZ 85260
Tel.: (623) 572-7725
Fax: (623) 572-7726
Toll Free: (877) 434-2836
Web Site: www.gate6.com

Discipline: Digital

Manish Mamnani *(President & Chief Executive Officer)*
Charmon Stiles *(Director, Digital & Product Manager)*

GEN.VIDEO
15 West 18th Street
New York, NY 10011
Tel.: (212) 500-6600
Fax: (212) 500-6601
Web Site: gen.video

Year Founded: 2004

Discipline: Digital

Bill Hildebolt *(Owner, President & Chief Executive Officer)*
Jessica Thorpe *(President & Co-Founder)*
Teresa Cantwell *(Vice President, Client Strategy)*

GENOME
Four World Trade Center
New York, NY 10007
Toll Free: (888) 669-6863
Web Site: www.geno.me

Year Founded: 2013

DIGITAL AGENCIES

Discipline: Digital

Matt Fitz-Henry *(Chief Executive Officer)*
Nate Herr *(Executive Vice President & Managing Partner)*

Accounts:
ExxonMobil Corporation
Universal Music Group

GENUINE INTERACTIVE
500 Harrison Avenue
Boston, MA 02118
Tel.: (617) 451-9700
Fax: (617) 451-9705
Web Site: www.wearegenuine.com

Year Founded: 2004

Discipline: Digital

Stephen Potter *(Senior Vice President, Creative Director)*
Kevin Redmond *(Senior Vice President, Strategy)*
Mike Norman *(Senior Vice President, Technology)*
Greg Knoff *(Vice President, Group Director)*
Brendon Buckley *(Vice President, Digital Strategy)*
Samantha Shaker *(Account Director)*
Joanna Field *(Account Director)*
Elizabeth Giuggio *(Creative Director)*
Laura Tirado *(Director, Creative)*
Jillian Curran *(Director, Strategy)*
Dakota Rabbitt *(Senior Account Executive)*
Jennifer Poirier *(Senior Vice President & Managing Director)*

Accounts:
Carbonite, Inc.
Eisai Corporation of North America
HP Hood, LLC
Sandoz
Spartan Race, Inc.
Welch's

GEONETRIC
415 12th Avenue Southeast
Cedar Rapids, IA 52401
Tel.: (319) 221-1667
Fax: (319) 221-1450
Toll Free: (800) 589-1171
Web Site: www.geonetric.com

Year Founded: 1999

Discipline: Digital

Linda Barnes *(Chief Executive Officer)*
Eric Englemann *(Founder & Chairman)*
David Sturtz *(Marketing Director)*

GIGASAVVY
14988 Sand Canyon Avenue
Irvine, CA 92618
Tel.: (877) 728-8901
Web Site: www.gigasavy.com

Year Founded: 2008

Discipline: Digital

Sven Johnston *(Founding Partner)*
Joel Tanner *(Co-Founder & Principal)*
Corey Mangold *(Co-Founder & Principal)*
Kyle Johnston *(President)*
Robert Zibell *(Vice President, Digital Media)*

Accounts:
Johnny Rockets Group, Inc.
Sun Capital Partners, Inc.
The Flame Broiler, Inc.
Toshiba

GLOW
333 Hudson Street
New York, NY 10013
Tel.: (212) 206-7370
Fax: (212) 208-0910
Web Site: www.weareglow.com

Employees: 12
Year Founded: 1998

Discipline: Digital

Mike Molnar *(Managing Partner)*
Peter Levin *(Chief Executive Officer)*
Ted Kacandes *(President)*
Howie Kleinberg *(Chief Operating Officer & President, Interactive)*
Jerry Levin *(Chief Financial Officer)*
Sean Lynam *(Director, Marketing)*
Aaron Perez *(Director Digital Strategist)*
Matt Will *(Creative Developer)*
Sarah Pine *(Associate Director, Social & Digital Strategy)*
Jennifer Fink *(Director, Digital & Social Strategy - GLOW Social & Digital)*

Accounts:
Jersey Mike's Subs

GRA INTERACTIVE
P.O. Box 6367
Boise, ID 83707
Tel.: (208) 345-4143
Fax: (208) 338-1238
Web Site: www.grainteractive.com

Employees: 4
Year Founded: 1986

Discipline: Digital

Tereasa Guy *(President)*
Toni Rome *(Creative Director)*

GROVE MARKETING, INC.
Nine Damon Mill Square
Concord, MA 01742
Tel.: (978) 451-0280
Fax: (978) 451-0281
Web Site: www.grove-marketing.com

Year Founded: 2003

Discipline: Digital

Pete Izzo *(Partner)*
Will MacNally *(Partner)*

GROW INTERACTIVE
427 Granby Street
Norfolk, VA 23510
Tel.: (757) 431-7710
Fax: (757) 431-7709
Web Site: www.thisisgrow.com

Year Founded: 2004

Discipline: Digital

Drew Ungvarsky *(Chief Executive Officer & Executive Creative Director)*
Nathan Brown *(Director, Business Development)*
Marcus White *(Creative Director)*
Eric Lohman *(Creative Director)*
Sarah Ann Walters *(Director, Strategy & Client Engagement)*
Brian Walker *(Director, Technology)*
Josh Newton *(Associate Director, Design)*
Joe Branton *(Director, Design)*
Sonya Parker *(Project Manager & Interactive Producer)*
Claudia Rosario *(Associate Producer)*
Jason Sutterfield *(Managing Director)*

Accounts:
Burberry Limited
Google, Inc.

GUPTA MEDIA
200 Berkeley Street
Boston, MA 02116
Tel.: (617) 682-3711
Web Site: www.guptamedia.com

Discipline: Digital

Gogi Gupta *(Chief Executive Officer & Founder)*
Jason Carrasco *(Vice President, Digital Media)*

HABANERO
1111 Melville Street
Vancouver, BC V6E 3V6
Tel.: (604) 709-6201
Fax: (604) 709-6073
Toll Free: (866) 841-6201
Web Site: www.habaneroconsulting.com

Year Founded: 1996

Discipline: Digital

Caterina Sanders *(Senior Consultant, Workplace Experiences)*
Chris Radcliffe *(Digital Workplace Advisor)*
Mallory O'Connor *(Practice Lead, Culture & Transformation)*

HANAPIN MARKETING
501 North Morton Street
Bloomington, IN 47404
Tel.: (812) 330-3134
Toll Free: (800) 392-3886
Web Site: www.hanapinmarketing.com

Year Founded: 2004

Discipline: Digital

Jeff Allen *(President)*
Tom Hootman *(Vice President, Revenue)*
Jeff Baum *(Director, Services)*
Cassie Oumedian *(Associate Director Services, Growth - Paid Social, PPC & Programmatic)*
Diane Anselmo *(Associate Director, Services)*
Matthew Umbro *(Associate Director, Search)*
Kristine Hyman *(Associate Director, Client Services)*
Jamie Newton *(Senior Demand Generation Manager)*

Accounts:
Icelandair

HANSON, INC.
Four Seagate Building
Toledo, OH 43604
Tel.: (419) 327-6100
Fax: (419) 327-6101
Web Site: www.hansoninc.com

Employees: 35
Year Founded: 1991

Discipline: Digital

AGENCIES - JULY, 2020

DIGITAL AGENCIES

Steve Hanson *(President & Chief Executive Officer)*
Jenny Jacob *(Chief Operating Officer)*
Melanie Christian *(Senior Vice President, Client Services & Strategy)*
Brett Krewson *(Director, Finance)*
Zak Jasinski *(Director, Market Development)*
Angela Linares *(Strategic Analyst)*
Krysta Irmen *(Senior Account Executive)*

Accounts:
Eaton Corporation
Jones Lang LaSalle

HAPPY MEDIUM
104 Southwest Fourth Street
Des Moines, IA 50309
Tel.: (515) 218-1477
Web Site: www.itsahappymedium.com

Year Founded: 2011

Discipline: Digital

Kristen Sabin *(Chief Operating Officer)*
Katie Patterson *(Founder & Chief Executive Officer)*
Doug Choi *(Creative Director)*
Christine Polson *(Director, Client Experience)*
Sarah Fisch *(Graphic Designer)*
Mary Ivey *(Account Coordinator)*

HARP INTERACTIVE
555 Waters Edge
Lombard, IL 60148
Tel.: (630) 691-9500
Fax: (630) 691-9525
Web Site: www.harpinteractive.com

Employees: 10
Year Founded: 1993

Discipline: Digital

Lisa Harp *(Owner)*
Peter Kehoe *(Senior Developer)*

HAVAS HELIA
700 East Pratt Street
Baltimore, MD 21202
Tel.: (410) 230-3700
Fax: (410) 534-6901
Web Site: www.havasheliana.com

Discipline: Digital

Kate Fulks *(Managing Director)*

HEARST AUTOS
550 Kearny Street
San Francisco, CA 94108
Tel.: (415) 844-6300
Web Site: www.hearstautos.com

Employees: 40
Year Founded: 2000

Discipline: Digital

Choon Choi *(Chief Operating Officer)*
Nick Matarazzo *(Chief Executive Officer)*
Brian Ledoux *(Senior Vice President, Revenue Operations)*
Aaron Nichols *(Vice President, Local Sales & Strategy)*
Libby Murad-Patel *(Vice President, Strategic Insights & Analytics)*
Aaron Serrao *(Vice President, Audience Development)*
Armen Abrahamian *(Vice President, Technology)*
Bridget Zayner *(Senior Manager, Publisher Team)*

Accounts:
Autoweb
Car.com

HEARST MAGAZINES DIGITAL MEDIA
300 West 57th Street
New York, NY 10019
Tel.: (212) 649-2000
Web Site: www.hearst.com/magazines/digital-media

Year Founded: 2006

Discipline: Digital

Brian Madden *(Senior Vice President, Development)*
Nicolas Neubeck *(Creative Director - HearstMade)*
Brett Hill *(Editorial Director - HearstMade)*
Liz Weiss *(Manager, SEO & Content Strategy)*

HEART CREATIVE
2293 North Interstate Avenue
Portland, OR 97227
Tel.: (858) 633-7491
Web Site: www.heartcreative.co

Year Founded: 2012

Discipline: Digital

Mollie Harris *(Co-Founder & Chief Executive Officer)*
Jennifer Bryman *(Co-Founder & President)*
Camille Dollins *(Marketing Director)*
Danguole Lekaviciute *(Creative Director)*

Accounts:
Fresh Del Monte Produce

HEARTBEAT IDEAS
1675 Broadway
New York, NY 10019
Tel.: (212) 812-2233
Fax: (212) 812-6380
Toll Free: (877) 347-5445
Web Site: www.weareheartbeat.com

Year Founded: 1998

Discipline: Digital

Bill Drummy *(Founder & Chairman)*
Lee Slovitt *(Executive Vice President & Relationship Lead)*
Jennifer Campanaro *(Senior Vice President & General Manager)*
Dan Haller *(Vice President, Engagement Strategy)*
Chris Whaites *(Creative Director)*
Michael Rodas *(Associate Media Director)*
Nancy Salerno *(Director, Content Services)*
James Talerico *(President & Executive Creative Director)*
Nadine Leonard *(Managing Director & Executive Director, Planning)*

HEARTBEAT IDEAS
2301 Rosecrans Avenue
El Segundo, CA 90245
Tel.: (310) 264-6952
Fax: (310) 393-6006
Web Site: www.weareheartbeat.com/

Year Founded: 1998

Discipline: Digital

Janelle Starr *(Executive Vice President, Marketing)*
Sadaf Hosseini *(Group Account Supervisor)*
Nadia Yousuf *(Group Account Supervisor)*

HELLO DESIGN
10305 Jefferson Boulevard
Culver City, CA 90232
Tel.: (310) 839-4885
Fax: (310) 839-4886
Web Site: www.hellodesign.com

Employees: 5

Discipline: Digital

David Lai *(Chief Executive Officer & Creative Director)*
George Lee *(Partner & Director, Production)*
Szu Ann Chen Smith *(Partner & Account Director)*
Hajime Himeno *(Director, Design)*
Tracy Hung *(Director, Design)*

Accounts:
AIWA

HERO DIGITAL
150 Spear Street
San Francisco, CA 94105
Tel.: (415) 230-0724
Web Site: www.herodigital.com

Year Founded: 2014

Discipline: Digital

Kenneth Parks *(Chief Marketing Officer)*
David Kilimnik *(Chief Executive Officer)*
Patrick Frend *(President)*
Jill Austin *(Principal, Talent Acquisition)*
Jon Eberly *(Executive Vice President)*
Jef Bekes *(Executive Vice President, Experience Design)*
Adam Trissel *(Senior Vice President, Technology)*
Owen Frivold *(Senior Vice President, Client Services)*
Kevin Lazorik *(Senior Vice President, Client Services)*
Carl Agers *(Executive Vice President, Strategy)*
Jerry Orabona *(Senior Vice President, Technology)*
Arun Kumar *(Senior Vice President, Data & Insights)*
Kate Dalbey *(Senior Vice President, Client Services)*
Robert Fisher *(Senior Vice President & Executive Creative Director)*
Jim Pothier *(Partner & Vice President, Sales)*
Ronnie D'Amico *(Vice President & Marketing Brand Communications Lead)*
Jake Louderback *(Creative Director)*
Gary Finn *(Executive Creative Director)*
Pallavi Arora *(Senior Director, Program Management)*
Rohan Woodward *(Head, Design)*
Saleema Fazal *(Senior Marketing Director)*
Raphael Lopez *(Senior Director, Data & Insights)*
Allison McGuire *(Senior Digital Project Manager)*

Accounts:
John Muir Health
SalesForce.com, Inc.

238

DIGITAL AGENCIES

AGENCIES - JULY, 2020

Symantec Corporation
Synaptics, Inc.
Synopsys, Inc.
Western Digital Corporation

HEXNET DIGITAL MARKETING
1800 Highway 34
Wall, NJ 07719
Tel.: (732) 276-9375
Toll Free: (866) 861-3660
Web Site: www.hexnet.com

Year Founded: 1998

Discipline: Digital

David Franco *(Founder)*
Jim Ned *(Media Consultant)*

Accounts:
NFL Alumni Association

HI5.AGENCY
2660 West Olive Avenue
Burbank, CA 91505
Tel.: (818) 955-5214
Web Site: hi5.agency

Year Founded: 2016

Discipline: Digital

Matt Sample *(President & Chief Creative Officer)*
Allan Gungormez *(Head, Strategy)*
Rekha Mohan *(Senior Social Content Manager)*
Charlie Jim-George *(Senior Creative Strategist)*

Accounts:
Cisco

HIKER
231 West 29th Street
New York, NY 10001
Tel.: (212) 947-2929
Web Site: www.hikercompany.com

Year Founded: 2002

Discipline: Digital

Gregor Clark *(President & Founder)*
Amber Yoder *(Director, Development & Content)*

Accounts:
Royal Caribbean Cruises, Ltd.
USAA

HOOK
255 East Liberty Street
Ann Arbor, MI 48104
Tel.: (734) 929-2631
Web Site: www.byhook.com

Year Founded: 2006

Discipline: Digital

Alison Davis *(Chief Operating Officer & Managing Director)*
Michael Watts *(Co-Founder, Chief Executive Officer & Managing Director)*
Aaron Schwartz *(Co-Founder & Chief Creative Officer)*
Nick Watts *(Partner & Head, Content)*
Chris Watts *(Partner & Head, Technology)*
Sara Frey *(Business Development Director)*
Tim Harkins *(Creative Director)*
Angela Sturrus *(Associate Creative Director)*
Izabela Hatfield *(Business Director)*

Kiersten Mutchnick *(Head, People)*
Logan Bell *(Creative Director)*
Kathryn Fischer *(Senior Manager, Business Affairs)*
Cora Green *(Human Resources Coordinator)*

Accounts:
Youtube TV

HOORAY AGENCY
18261 McDurmott West
Irvine, CA 92614
Tel.: (949) 442-9850
Fax: (949) 752-5060
Web Site: www.hyperdisk.com

Year Founded: 1993

Discipline: Digital

Nicholas Singer *(Founder & Chief Executive Officer)*
Roger Burns *(Vice President, Digital Integration)*
David Wilson *(Chief Technology Officer)*
Randy Stuck *(Vice President, Digital Strategy)*

Accounts:
Resorts World Las Vegas

HOUSE OF KAIZEN
21 West 46th Street
New York, NY 10036
Tel.: (212) 981-2700
Fax: (212) 981-2706
Web Site: www.houseofkaizen.com

Employees: 10
Year Founded: 2002

Discipline: Digital

Peter Figueredo *(Founding Partner & Head, Strategy - NYC)*
Chris Kramer *(Founding Partner)*
Matt Cronin *(Founding Partner)*

HUDSON RIVER GROUP
120 White Plains Road
Tarrytown, NY 10591
Tel.: (914) 769-0808
Web Site: www.hudsonrivergroup.com

Discipline: Digital

Sean Rice *(Chief Executive Officer & Chairman)*
Mark Stone *(Managing Director, Analytics & Client Services)*

HUEMOR
500 Seventh Avenue
New York, NY 10018
Tel.: (631) 393-6116
Web Site: www.huemor.rocks

Year Founded: 2011

Discipline: Digital

Michael Cleary *(Co-Founder & Chief Executive Officer)*
Jeff Gapinski *(Co-Founder & Chief, Memorable Digital Experiences)*
Peter Shelly *(Project Manager)*

Accounts:
Live Nation Entertainment, Inc.

HUGE, INC.

45 Main Street
Brooklyn, NY 11201
Tel.: (718) 625-4843
Fax: (718) 625-5157
Web Site: www.hugeinc.com

Employees: 30
Year Founded: 1999

Discipline: Digital

Matt Weiss *(President - Brooklyn Office)*
Pete Stein *(Global Chief Executive Officer)*
Gela Fridman *(Chief Technology Officer)*
Raj Singhal *(Chief Operations & Financial Officer)*
Jason Musante *(Chief Creative Officer)*
Michael Horn *(Chief Data Officer)*
Marlena Edwards *(Chief Talent Officer)*
Deborah Korono *(Group Vice President, Client Services)*
Mark Weintraub *(Managing Director, Brooklyn)*
Courtney Scott *(Vice President, Strategy)*
Emily Wengert *(Group Vice President, User Experience)*
Christie Allport *(Vice President, Global Communications)*
Mani Farhang *(Group Vice President, Product Management)*
Rory O'Flynn *(Vice President, Analytics)*
Amy Gish *(Vice President, Client Services)*
Blake Wirht *(Group Vice President, Client Services)*
Dan Williams *(Vice President, Client Services)*
Joceline Arseneault *(Group Vice President, Program Management)*
Jason Szatmary *(Group Vice President, Client Services)*
Mitsy Lopez-Baranello *(Group Vice President, Strategy)*
Matthew Waghorn *(Vice President, Strategy)*
Rebecca Moeller *(Vice President, Public Relations)*
Richard Swain *(Group Vice President, Strategy & Identity)*
Tina McCarthy *(Vice President, Client Services)*
Kevin Jones *(Vice President, Client Services)*
Bryan Lee *(Group Planning Director, Marketing Strategy)*
Natalie Mammone *(Creative Director)*
Evan Dody *(Executive Creative Director)*
Dick de Lange *(Global Head, Planning)*
Federico Garcia *(Global Executive Creative Director)*
David Clarke *(Executive Creative Director)*
Katie Birkel *(Director, Strategic Growth)*
Inessah Selditz *(Group Experiential Director)*
Douglas Christian *(Group Engagement Director)*
Andre Souza *(Director, Strategy)*
Diana Alickaj *(Director, Strategic Communications)*
Meg Douglass *(Group Creative Director)*
Katie Cranley *(Senior Art Director)*
Ashley Montes *(Engagement Director)*
Laura Trenary *(Head, Analytics)*
Alexander Bluman *(Group Director, Engagement)*
Ashlee Ciaramitaro *(Program Director)*
Andrew Delamarter *(Director, Search)*
Angela Sun *(Group Director, Engagement)*
Cindy Hoffman *(Director, Business Affairs)*
Emil Lanne *(Executive Creative Director)*
Gabrielle Parker *(Associate Media Director)*
Melissa Kloman *(Director, Planning)*
Mick Sutter *(Executive Creative Director)*
Mark Sytsma *(Director, Performance Media)*
Stephanie Loffredo *(Associate Director, Social Marketing)*

Digital Agencies

Brands. Marketers. Agencies. Search Less. Find More.
Try out the online version at www.winmo.com

AGENCIES - JULY, 2020 — DIGITAL AGENCIES

Sara Worthington *(Group Creative Director)*
Vidhi Shah *(Director, Creative)*
Kim Cortese *(Head, Production)*
Elizabeth Sullivan *(Senior Project Manager)*
Christine Nguyen *(Senior Media Planner)*
Estrella Zijlstra *(Senior Product Manager)*
Chris Tanabe *(Product Manager)*
Alanna Geoghegan *(Senior Project Manager)*
Michael Josephs *(Product Manager)*
Jamie Schram *(Senior Project Manager)*
Kristina King *(Senior Manager, Public Relations)*
Stephanie Fayngor *(Media Planner)*
Stephanie McClain *(Senior Project Manager)*
Donovan Mafnas *(Associate Creative Director)*
Alejandro Largo *(Associate Creative Director, Brand Strategy & Identity)*
Samar Zaman *(Senior Integrated Producer)*
Jason Schlossberg *(Managing Director, Strategic Communications)*

Accounts:
AccuWeather, Inc.
Brooks Running
C Spire Wireless
Canada Goose, Inc.
Casper Sleep, Inc.
Duke Energy Corporation
Eargo
Early Warning Services, LLC
Google, Inc.
Malibu
Marcus by Goldman Sachs
McDonald's
Morgan Stanley
Move, Inc.
Pantone, LLC.
Realtor.com
TracFone Wireless, Inc.
Zelle
Zumba Fitness, LLC

HUGE, INC.
530 Penn Street Northeast
Washington, DC 20002
Tel.: (202) 350-4600
Web Site: www.hugeinc.com

Year Founded: 1999

Discipline: Digital

Mike May *(Vice President, Strategy)*
Megan Malli *(Vice President, Client Services)*
Dan Hou *(Digital Product Strategy & Management)*
Tiffany Scourby *(Engagement Director)*
Richard Bloom *(Executive Creative Director)*
Karelia Jo Moore *(Associate Experience Director)*
Markus Hammer *(Senior Analyst)*

Accounts:
Credit Suisse USA

HUGE, INC.
409 13th Street
Oakland, CA 94612
Tel.: (510) 735-0700
Web Site: www.hugeinc.com

Year Founded: 1999

Discipline: Digital

Julia Batenhorst *(Group Engagement Director)*
Chad Weaver *(Group Engagement Director)*
Claudio Guglieri *(Group Creative Director)*
Chris Linden *(Associate Creative Director)*

Michael Chamberlin *(Managing Director)*

HUGE, INC.
219 Dufferin Street
Toronto, ON M6K 3J1
Tel.: (416) 545-5547
Web Site: www.hugeinc.com

Year Founded: 1999

Discipline: Digital

Lindy Bates *(Engagement Director)*
Melissa Swinton *(Associate Program Director)*
Chris Allen *(Creative Director)*
Elaine Dickson *(Associate Social Strategist)*
Matt Di Paola *(Managing Director)*

HUGE, INC.
1375 Peachtree Street Northeast
Atlanta, GA 30309
Tel.: (404) 461-9025
Web Site: www.hugeinc.com

Year Founded: 1999

Discipline: Digital

Derek Fridman *(Chief Design Officer)*
Keith Morris *(Vice President, Technology)*
Yasmine Nozile *(Vice President, Finance)*
Asmirh Davis *(Communications Planning Director)*
Roy Torres *(Creative Director)*
Julie Minchew *(Director, Planning)*
Joel Davis *(Engagement Director)*
Carrie Vogler *(Associate Director, Content Strategy)*
Brian Fletcher *(Group Technology Director)*
Allison Chait *(Manager, Engagement)*
Greg Lennartz *(Senior Analyst)*
Josie Rauss *(Senior Manager, Strategic Growth)*
Neil Caron *(Senior Product Manager)*
Renee Royal *(Executive Producer)*
Josie Capuano *(Manager, Business Development)*
Venous Naghashian *(Business Development Associate)*

Accounts:
No Nonsense Hosiery

HYFN
12777 West Jefferson Boulevard
Los Angeles, CA 90066
Tel.: (310) 971-9300
Web Site: www.hyfn.com

Year Founded: 2000

Discipline: Digital

Ashley Heron *(Chief Digital Officer)*
Scott Mallone *(Chief Strategy Officer)*
Scott Burton *(Chief Technology Officer)*
Phil Venuti *(Vice President, Strategic Partnerships)*
Greg Meyer *(Vice President, Client Partnerships & Influencer Marketing)*
Melanie Rhoads *(Group Director, Strategic Accounts)*
Laura Caccavo *(Director, Media Strategy)*
Kerry Meisner *(Associate Director, Social)*
Lauren Ancy *(Creative Producer)*
Ryan Holstein *(Manager, Sales Development & Operations)*

Accounts:
Friendly's Ice Cream Corporation
HP, Inc.

HYLINK
225 Santa Monica Boulevard
Santa Monica, CA 90401
Tel.: (310) 906-5965
Web Site: www.hylinkgroup.com

Year Founded: 1994

Discipline: Digital

Su Tong *(Chief Executive Officer)*
Xavier Sun *(Chief Operating Officer)*
Humphrey Ho *(Managing Partner)*
Yukun Bi *(Head, Strategic Planning)*
Yang Chen *(Senior Manager, Account & Media Planning)*

Accounts:
Brand USA

IBM IX
250 South High Street
Columbus, OH 43215
Tel.: (614) 621-2888
Fax: (614) 621-2873
Toll Free: (800) 550-5815
Web Site: www-935.ibm.com/services/ibmix/

Employees: 80
Year Founded: 1982

Discipline: Digital

Jennifer Hanley *(Partner & Studio Leader - Industry & Columbus)*
Dan Shust *(Chief Innovation Officer)*
Dennis Bajec *(Chief Creative Officer)*
David Shaw *(Director, Brand Strategy)*
Michael Yuzwa *(Creative Director)*
Kalee Hollon *(Associate Director, Marketing Activation)*
Brian Heffernan *(Leader, Growth Partnerships)*
Kristin Fletcher *(Head, Product Marketing)*
Steve Pickett *(Senior Manager, Business Development)*
John Caughell *(Associate, Business Development)*

Accounts:
ACANA
Champion Petfoods
Diesel Jeans
ORIJEN
Sally Beauty

ICED MEDIA
425 Broadway
New York, NY 10013
Tel.: (212) 835-9070
Web Site: www.icedmedia.com

Year Founded: 1999

Discipline: Digital

Leslie Hall *(Co-Founder & President)*
Carina Morandi *(Director, Strategy)*

Accounts:
Kmart

ICROSSING
300 West 57th Street
New York, NY 10019
Tel.: (212) 649-3900
Fax: (646) 280-1091
Web Site: www.icrossing.com

Employees: 45
Year Founded: 1998

Brands. Marketers. Agencies. Search Less. Find More.
Try out the online version at www.winmo.com

DIGITAL AGENCIES

AGENCIES - JULY, 2020

Discipline: Digital

Anne Bologna *(Chief Strategy Officer)*
Chris Apostle *(Chief Media Officer)*
Lora Kaye *(Senior Vice President & Head, Analytics)*
David Santos *(Vice President, Human Capital Management - Hearst)*
Amanda Betsold *(Vice President & Head, Programmatic)*
Gillian Greaves *(Vice President & Director, Client Services)*
Frederic Bonn *(Executive Creative Director)*
Taylor Ospina *(Account Director)*
Angela Casolaro *(Director, Business Development)*
Eric Hoover *(Director, Organic Media)*
Bryan Popkin *(Supervisor, Strategy)*
Priyanka Phalod *(Audience Planning, Senior Analyst)*

Accounts:
Bayer Consumer Care Division
DeKuyper
Humana, Inc.
Laphroaig
LG Electronics U.S.A., Inc.
Nair
Orajel
OxiClean
QlikTech International
SunRun, Inc.
TD Bank
The American Red Cross
The Children's Place
vitafusion
Voya Financial

ICROSSING
15169 North Scottsdale Road
Scottsdale, AZ 85254
Tel.: (480) 505-5800
Fax: (480) 505-5801
Web Site: www.icrossing.com

Employees: 150
Year Founded: 1998

Discipline: Digital

Nicolette Lynch *(Senior Director, Search Media Operations)*
Susan Scholler *(Group Director, Media)*
Martha Schulzinger *(Senior Project Manager)*
Emily Laciak *(Supervisor, Audience Planning)*
Emily Keim *(Project Manager)*

ICROSSING
312 North Carpenter Street
Chicago, IL 60607
Tel.: (312) 277-4700
Fax: (312) 277-4740
Web Site: www.icrossing.com/

Year Founded: 1998

Discipline: Digital

Clayton McLaughlin *(Senior Vice President & Head, Media Investment)*
Ryan Shaw *(Vice President, Media Strategy & Planning)*
Shannon Spatz *(Associate Director, Media Strategy)*
Jennifer Taylor *(Senior Project Manager)*
Laraib Fatima *(Senior Media Analyst)*

Accounts:
Belk Stores Services, Inc.
Bridgestone Americas, Inc.
PetSmart
Sargento Foods, Inc.

IDEOCLICK
568 First Avenue
Seattle, WA 98104
Tel.: (206) 274-1689
Web Site: www.ideoclick.com/

Year Founded: 2009

Discipline: Digital

Justin Leigh *(Co-Founder & Chief Executive Officer)*
Andy Burger *(Vice President, Business Development)*
Ben Winters *(Managing Director, Client Success & Vice President)*

IFTHEN DIGITAL
150 Interstate North Parkway
Atlanta, GA 30339
Tel.: (770) 955-1300
Web Site: www.ifthen.com

Year Founded: 2010

Discipline: Digital

Scott Woelfel *(Executive Vice President)*
Dave Rickett *(Senior Vice President, Digital Design & UX Design)*
Kenny Ferguson *(Vice President, Strategy)*
Stefan Kjartansson *(Executive Creative Director)*

IGNITE MEDIA SOLUTIONS
1356 Beverly Road
McLean, VA 22101
Tel.: (813) 855-5800
Toll Free: (800) 995-3138
Web Site: www.ignitemedia.com

Year Founded: 2006

Discipline: Digital

Michael Ferzacca *(Chief Executive Officer)*
Sam Gorewitz *(Senior Vice President, Sales)*

ILM SERVICES
5221 Viking Drive
Edina, MN 55435
Tel.: (952) 960-2220
Toll Free: (855) 321-3873
Web Site: www.ilmservice.com/#!

Year Founded: 2009

Discipline: Digital

Luna Ahmed *(President)*
Jason Carlson *(Account Executive)*

IMAGE ASSOCIATES INC.
5475 Lumley Road
Durham, NC 27703
Tel.: (919) 876-6400
Fax: (919) 876-7064
Toll Free: (800) 876-2602
Web Site: www.imageassociates.com

Employees: 15
Year Founded: 1983

Discipline: Digital

John Maruca *(President & Chief Executive Officer)*
Donna Corcoran *(Senior Art Director)*

IMAGINE
9415 West Street
Manassas, VA 20110
Tel.: (703) 873-7740
Web Site: www.imaginedc.net

Year Founded: 2004

Discipline: Digital

Patrick King *(Founder & Chief Executive Officer)*
Jason Castillo *(Creative Director)*
Emily Guerrero *(Director, Account Development)*

Accounts:
CenturyLink

IMAGINUITY INTERACTIVE, INC.
1409 South Lamar Street
Dallas, TX 75215
Tel.: (214) 572-3900
Fax: (214) 572-3901
Web Site: www.imaginuity.com

Employees: 6
Year Founded: 1997

Discipline: Digital

Corbett Guest *(Chief Strategy & Innovation Officer)*
Gary Hooker *(Chief Marketing Officer & Vice President, Business Development)*
Tony Osterhaus *(Chief Delivery Officer)*
Dax Davis *(Vice President, Digital Marketing Solutions)*
Debbie Potaniec *(Director, Project Management)*
Luis Figallo *(Creative Director, Digital)*
Tim Langford *(Executive Creative Director)*

IMMERSION ACTIVE, INC.
44 North Market Street
Frederick, MD 21701
Tel.: (301) 631-9277
Web Site: www.immersionactive.com

Employees: 7
Year Founded: 1998

Discipline: Digital

Jonathan Boehman *(Senior Digital Strategist & Lead, Innovation Group)*
Joe Ford *(President & Senior Digital Strategist)*
Kathi Scharf *(Director, Property Development Solutions)*
John Sears *(Director, Interactive)*

Accounts:
Home Instead Inc.

IMS MEDIA SOLUTIONS
85 Broad Street
New York, NY 10004
Tel.: (646) 654-5959
Fax: (646) 654-5901
Web Site: www.nielsen.com

Employees: 45

Discipline: Digital

AGENCIES - JULY, 2020 — DIGITAL AGENCIES

Lisa Finn *(Vice President & Director, US Agency Sales)*
Janet Shorter *(Director, Business Development)*

INGRAM MICRO, INC.
3351 Michelson Drive
Irvine, CA 92612
Tel.: (714) 566-1000
Web Site: www.ingrammicro.com

Discipline: Digital

Jennifer Anaya *(Vice President, Marketing - North America)*
Shirley Arteaga *(Senior Marketing Manager)*

INHANCE DIGITAL
8057 Beverly Boulevard
Los Angeles, CA 90048
Tel.: (323) 297-7700
Fax: (323) 297-7999
Web Site: www.inhance.com

Year Founded: 1997

Discipline: Digital

Penn Arthur *(Chief Executive Officer)*
Charles Howard *(Executive Producer)*

INSTRUMENT
3529 North Williams Avenue
Portland, OR 97227
Tel.: (503) 928-3188
Web Site: www.instrument.com

Year Founded: 2002

Discipline: Digital

JD Hooge *(Partner & Chief Creative Officer)*
Vince LaVecchia *(Founding Partner & Chief Operating Officer)*
Justin Lewis *(Co-Founder & Chief Executive Officer)*
Jessica Hartley *(Vice President, Strategy)*
Coryna Sorin *(Partner & Vice President, Account Services)*
Phong Ho *(Partner & Vice President, Technology)*
Tsilli Pines *(Vice President, Creative)*
Steve Mahn *(Design Director)*
Laureen Feeny *(Creative Director)*
Devin Thompson *(Creative Developer)*
Sarah Sturgill *(Executive Producer)*
Hannah Carlton *(Content Producer)*
Danielle Juncal *(Junior Producer)*

INTERMARKETS, INC.
11951 Freedom Drive
Reston, VA 20190
Tel.: (703) 242-7878
Fax: (703) 242-1822
Web Site: www.intermarkets.net

Year Founded: 1997

Discipline: Digital

Michael Snow *(Chief Business Development Officer)*
Erik Requidan *(Vice President, Sales & Programmatic Strategy)*
Carla Emmons *(Vice President, Technology)*
Shauna Schatz *(Vice President, Strategic Media)*

INTERNET MARKETING NINJAS
21 Corporate Drive
Clifton Park, NY 12065
Tel.: (518) 270-0854
Fax: (866) 303-8266
Web Site: www.internetmarketingninjas.com/

Year Founded: 1999

Discipline: Digital

Jim Boykin *(Founder & Chief Executive Officer)*
Christine Alber *(Vice President, Finance)*
Chris Sullivan *(Vice President, Sales)*
Suzy Gray *(Director, Social Media)*
Ann Smarty *(Manager, Community & Brand)*

INTERSECT DIGITAL LLC
709 West Huron Street
Ann Arbor, MI 48104
Tel.: (734) 827-9000
Toll Free: (877) 724-4368
Web Site: www.intersectdigital.com

Year Founded: 1999

Discipline: Digital

Kraig Rasche *(Owner & Chief Executive Officer)*
Ashlee Piper *(Senior Digital Producer)*

INTERTWINE INTERACTIVE
1111 North 13th Street
Omaha, NE 68102
Tel.: (402) 915-1182
Fax: (402) 614-0892
Web Site: www.intertwineinteractive.com/

Year Founded: 2006

Discipline: Digital

Jake Messerly *(Founder & Chief Executive Officer)*
Karissa Tomsen *(Vice President)*

INTOUCH SOLUTIONS, INC.
7045 College Boulevard
Overland Park, KS 66211
Tel.: (913) 317-9700
Fax: (913) 317-8110
Web Site: www.intouchsol.com

Employees: 30
Year Founded: 1999

Discipline: Digital

Faruk Capan *(Founder & Chief Executive Officer)*
Wendy Blackburn *(Executive Vice President, Marketing & Communications)*
Justin Chase *(Executive Vice President & Head, Innovation & Media)*
Connie Mullinix *(Senior Vice President, Finance & Administration)*
Greg Kirsch *(Senior Vice President, Creative & Development Services)*
Vicky Cory *(Vice President, Client Services)*
Camille Lauer *(Vice President, Strategic Planning)*
Jeff Huggins *(Senior Director, Technology Strategy)*
Marnie Vasquez *(Group Director, Strategic Planning)*
Kendra Robbins *(Account Supervisor)*
Tricia Vivona *(Media Supervisor)*

Accounts:
GoMeals

INTOUCH SOLUTIONS, INC.
205 North Michigan Avenue
Chicago, IL 60601
Tel.: (312) 540-6900
Fax: (312) 540-6999
Web Site: www.intouchsol.com

Year Founded: 1999

Discipline: Digital

Angela Tenuta *(Executive Vice President, Client Services)*
Jay Esangga *(Senior Art Director)*
Valerie Rose *(Group Strategy Director)*
Kelly Williams *(Senior Information Architect)*

ION INTERACTIVE, INC.
200 East Palmetto Park Road
Boca Raton, FL 33432
Tel.: (561) 394-9484
Fax: (561) 394-9773
Toll Free: (888) 466-4332
Web Site: www.ioninteractive.com

Employees: 10
Year Founded: 1998

Discipline: Digital

Anna Talerico *(Co-Founder & Executive Vice President)*
Susan Delz *(Director, Enterprise Account Development)*

IOSTUDIO
565 Marriott Drive
Nashville, TN 37214
Tel.: (615) 256-6282
Fax: (615) 256-6860
Web Site: www.iostudio.com

Year Founded: 2001

Discipline: Digital

Mitch Powers *(Chief Executive Officer)*
Chris West *(Partner)*
Keith Kawasaki *(Vice President, Client Services)*
Jen Mears *(Manager, Proposal & Account Supervisor)*

ISOBAR US
One South Station
Boston, MA 02110
Tel.: (617) 936-1600
Web Site: www.isobar.com

Year Founded: 2003

Discipline: Digital

Dave Meeker *(Chief Innovation Officer)*
Vikalp Tandon *(Senior Vice President, Global Data & Technology)*
Allison DeBaere *(Vice President)*
Anne Keane *(Director)*
Seth DeAvila *(Director, Research & Strategy)*
Molly Parisi *(Director, Engagement)*

Accounts:
Cisco

ISOBAR US
32 Avenue of the Americas
New York, NY 10013
Tel.: (212) 909-2300
Fax: (646) 963-2076

242

DIGITAL AGENCIES

Web Site: www.isobar.com

Discipline: Digital

Ricardo Salema *(Chief Creative Officer - U.S.)*
Ronald Ng *(Global Chief Creative Officer)*
Bruce Posner *(Chief Finance Officer)*
Jennifer Villany *(Senior Vice President, Portfolio Lead)*
Irving Zaks *(Director, Business Development)*
Rachel Bradshaw *(Director, Brand Strategy)*
Teressa Bur *(Director, Analytics)*
Matt Steiniger *(Seniot Manager, Digital Project)*
Matt Graff *(Senior Analyst, Insights)*

Accounts:
Enterprise Holdings
Zwilling

IX.CO
1261 Broadway
New York, NY 10001
Tel.: (646) 961-4906
Web Site: www.omnigon.com

Year Founded: 2008

Discipline: Digital

Igor Ulis *(President, Enterprise Solutions & Strategy)*
Mike Grushin *(Chief Platform Officer)*
David Nugent *(Chief Commercial Officer)*
Krishnan Ramachandran *(Chief Financial Officer)*
Kapil Manak *(Vice President, Engineering)*
Becki Civello *(Vice President, Commercial Operations)*
Joanna Solowey *(Vice President, Marketing & Communications)*
Adrian Benjamin *(Director, Strategic Growth)*
Jessica Kim *(Director, Internal Operations)*
Tom Nolan *(Director, Product)*
Michael Lishnevsky *(Senior Director, Strategic Consulting, Audience Growth & Monetization)*
Jamie Del Rossi *(Digital Strategist)*
Lauren Crupnick *(Marketing Coordinator)*

IXCO
117 Eighth Street
Brooklyn, NY 11215
Tel.: (917) 793-9245
Web Site: www.iandco.com

Year Founded: 2015

Discipline: Digital

Rem Reynolds *(Co-Founder)*
Rei Inamoto *(Co-Founder)*
Hong Ko *(Design Director - International)*
Nathalie Torres *(Director, Data)*

Accounts:
Ajinomoto Windsor
All Nippon Airways
Asics
Theory, Inc.

J.G. SULLIVAN INTERACTIVE, INC.
1600 Golf Road
Rolling Meadows, IL 60008
Tel.: (312) 943-1600
Fax: (574) 234-1490
Toll Free: (800) 363-9196
Web Site: www.jgsullivan.com

Discipline: Digital

Brett Knobloch *(Owner & President, Content-on-Demand)*
Al Croke *(President & Chief Executive Officer)*

JACOBSEYE
2100 Riveredge Parkway Northwest
Atlanta, GA 30328
Tel.: (404) 334-0096
Web Site: www.jacobseye.com

Year Founded: 2011

Discipline: Digital

Don Dixon *(Chief Operating Officer)*
Delano Massey *(Principal & Chief Executive Officer)*
Paul Golden *(Chief Marketing Officer)*
Megan Triplett *(Public Relations & Social Media Strategist)*

JAM3
325 Adelaide Street West
Toronto, ON M5V 1P8
Tel.: (416) 531-5263
Web Site: www.jam3.com

Year Founded: 2004

Discipline: Digital

Dan Clark *(Global Client Partner)*
Michael Dobell *(Partner)*
Mark McQuillan *(President & Founder)*
Vito Rezza *(Interim Chief Financial Officer)*
Pablo Vio *(Executive Creative Director)*
Florencia Courtaux *(Head, Production)*
Chris Holmes *(Associate Technology Director)*
Adam Romano *(Creative Director)*
Roger Dario *(Creative Director)*
Dirk van Ginkel *(Creative Director)*
Cassandra Gagliardi *(Client Partnerships Manager)*
Ali Rodriguez *(Marketing Manager)*
Kimberly Tindale *(Production Coordinator)*
Cassandra Hyde *(Production Coordinator)*
Jordan Cuddy *(Partner & Managing Director)*

JANUARY DIGITAL
40 Exchange Place
New York, NY 10004
Web Site: www.januarydigital.com

Year Founded: 2011

Discipline: Digital

Vic Drabicky *(Founder & Chief Executive Officer)*
JB Brokaw *(President & Chief Operating Officer)*
Roxana Zadeh *(Senior Lead)*
Tommy Chenoweth *(Head, People Strategy)*
Collin Perry *(Senior Director, Client Strategy & Service)*
David Weiss *(Analytics Engineer)*
Rebecca Perkel *(Account Manager, Strategy & Service)*
Esther Yang *(Manager, Client Strategy & Service)*
Tierney Wilson *(Managing Director)*

Accounts:
David's Bridal, Inc.
Drybar Holdings, LLC
NARS Cosmetics
Rebecca Taylor
Shiseido Americas Corporation
Vineyard Vines

JB KNOWLEDGE TECHNOLOGIES, INC.
110 North Bryan Avenue
Bryan, TX 77803
Mailing Address:
Post Office Box 711
Bryan, TX 77806
Fax: (877) 436-9312
Toll Free: (866) 888-8538
Web Site: www.jbknowledge.com

Employees: 3
Year Founded: 2001

Discipline: Digital

James Benham *(Chief Executive Officer)*
Pablo Landriel *(Director, Creative)*

JDM
4100 Spring Valley Road
Farmers Branch, TX 75244
Tel.: (214) 865-8077
Fax: (972) 257-1692
Web Site: jdm-digital.com

Year Founded: 2007

Discipline: Digital

Justin Downey *(President)*
Jenee Oxley *(Senior Creative Director)*

JELLYFISH
650 California Street
San Francisco, CA 94108
Tel.: (415) 949-2016
Web Site: www.jellyfish.com

Year Founded: 2005

Discipline: Digital

Alexandra Barber *(Account Director - Deckers Brands)*
Kate Mezzanotte *(Director, Programmatic Media)*
Sara Furney-howe *(Director, Paid Search)*
Melanie Li *(Programmatic Media Executive)*
Kylie Schneck *(Programmatic Display Executive)*
RJ Lozano *(Programmatic Media Manager)*
Lexi Halamandaris *(Senior Paid Search Specialist)*

Accounts:
Deckers Brands
UGG

JELLYFISH U.S.
250 South President Street
Baltimore, MD 21202
Tel.: (443) 927-1669
Web Site: www.jellyfish.net

Year Founded: 1999

Discipline: Digital

Paramjeet Sanghera *(Chief Technology Officer)*
Kevin Buerger *(Executive Vice President & Global Head - Jellyfish Dynamix)*
Daniel Wilkinson *(Head, Paid Media)*
Jennifer Thorpe *(Director, Operations - U.S.)*
Shamsul Chowdhury *(Head, Paid Social - US)*
Mario Schiappacasse *(Head, Display & RTB)*
Gary Scruggs *(Director, Analytics)*
Robby Douglas *(Data Planning Director)*
Emily Lasky *(Account Director)*

AGENCIES - JULY, 2020

AGENCIES - JULY, 2020 — DIGITAL AGENCIES

Elizabeth Walcott *(Marketing Manager)*
Jim Hamilton *(Managing Director & Head, U.S. Agency)*

Accounts:
Carfax, Inc.
Lincoln Tech
National Geographic Magazine
Rackspace Hosting Inc.
SalesForce.com, Inc.
The Stanley Works, Inc.
Walden University

KENNA
90 Burnhamthorpe Road West
Mississauga, ON L5B 3C3
Tel.: (905) 277-2900
Web Site: kenna.ca

Employees: 40
Year Founded: 1985

Discipline: Digital

Jeff Bowles *(President & Chief Executive Officer)*
Aimee Richard *(Account Director)*

Accounts:
Levi Strauss & Company Canada

KENSHOO
22 Fourth Street
San Francisco, CA 94103
Fax: (415) 536-2830
Toll Free: (877) 536-7462
Web Site: www.kenshoo.com

Year Founded: 2006

Discipline: Digital

Yoav Izhar-Prato *(Founder & Chief Executive Officer)*
Shirley Grill-Rachman *(Chief Operating Officer)*
Zvika Goldstein *(Vice President, Global Client Success)*
Christine Vincent *(Vice President, Customer Growth)*
Vincenz Barsanti *(Senior Client Success Manager)*
Samuel Dhuey *(Client Success Manager)*

KEPLER GROUP
6 East 32nd Street
New York, NY 10016
Tel.: (646) 689-2116
Web Site: www.keplergrp.com

Year Founded: 2012

Discipline: Digital

Rick Greenberg *(Chief Executive Officer)*
Garrett Dale *(Senior Vice President, Chief Partnership Officer)*
Remy Stiles *(Chief Strategy Officer)*
Nathaniel Kangpan *(Chief Information Officer)*
Patrick McDaniel *(Co-President)*
Andrew Toledano *(Chief Client Development Officer)*
Joshua Lerman *(Co-President)*
Matt Lowenbraun *(Senior Vice President, Business Operations)*
Tara Pagni *(Vice President, Client Solutions)*
Rebecca Ryan *(Associate Vice President, Talent)*
Mike Monaco *(Vice President, Client Solutions)*
Justin Sous *(Vice President, Optimization & Innovation)*

Mallory Simmonds *(Associate Vice President, Client Solutions & Development - Europe, Middle East & Africa)*
Chris Kilkes *(Client Solutions Director)*
Kevin Cahn *(Client Solutions Director)*
Katherine English *(Head, Product - KIP)*
Carlie Jurczynski *(Associate Director, Client Solutions)*
Michael Scognamiglio *(Associate Director, CRM & Marketing Analytics)*
Jeremy Botwinick *(Director, CRM)*
Leigh Rubin *(Client Solutions Manager)*
Margaret Ellis *(Marketing Analytics & Client Solutions Manager)*
Daniel Valero *(Manager, Client Solutions)*
Marisa Kataoka *(Client Solutions Manager)*
Mitch Beckman *(Senior Analyst, Optimization & Innovation)*
Noah Kershaw *(Senior Product Manager, Technology & Data Services)*
Aerin Marquis *(Senior Analyst, Optimization & Innovation)*
Eliana Galperin *(Client Solutions Analyst)*
Abigail Nevins *(Senior Analyst, Marketing Analytics)*
Kyle Doom *(Marketing Analyst)*
Jenna Murphy *(Marketing Analytics Analyst)*
Jake Hoin *(Senior Analyst, Optimization & Innovation)*
Conor Levy *(Senior Analyst)*
Katelyn Jones *(Senior Analyst, Optimization & Innovation)*

Accounts:
24 Hour Fitness Worldwide, Inc.
A Place for Mom
ABC Carpet & Home
American Express Company
Bed Bath & Beyond
buybuyBABY
Chubb Limited
Conde Nast Publications, Inc.
Conde Nast Publications, Inc.
CUNA Mutual Group
Dish Network
DoorDash
Fidelity Investments / FMR Corp.
Fidelity.com
Frontpoint Security Solutions, LLC
Hanes
J. Crew Group, Inc.
PayPal, Inc.
Pepsi
Sanofi U.S
Sling TV
Texas Capital Bank
The New York Times
University of Maryland

KETTLE
180 Varick Street
New York, NY 10014
Tel.: (646) 434-1046
Web Site: www.kettlenyc.com

Year Founded: 2009

Discipline: Digital

Olivier Peyre *(Co-Founder & Executive Creative Director)*
Lauren Kushner *(Partner & Managing Director)*
Tyler Peterson *(Co-Founder & Technical Director)*
Camille Imbert *(Creative Director)*
Scott Leighton *(Account Director)*
Shalimar Luis *(Creative Director)*

Jacob Budin *(Manager, Development)*

Accounts:
Town Sports International, Inc.

KINETIC COMMUNICATIONS
2025 Morris Avenue
Birmingham, AL 35203
Tel.: (205) 324-5858
Fax: (205) 324-7620
Web Site: www.kinetic.com

Year Founded: 1995

Discipline: Digital

Jay Brandrup *(Principal)*

KLICK HEALTH
175 Bloor Street East
Toronto, ON M4W 3R8
Tel.: (416) 214-4977
Web Site: www.klick.com

Year Founded: 1997

Discipline: Digital

Lori Grant *(President)*
Brian Kaiser *(Senior Vice President, Strategy)*
Frank Nestola *(Senior Vice President, Client Growth)*
Jennifer White *(Senior Vice President, Strategic Partnership)*
Alec Melkonian *(Senior Vice President, Client Engagement - North America)*
Mark McConaghy *(Senior Vice President, Strategy)*
Erwin Tumangday *(Vice President, Business Development & Growth)*
Dave Lougheed *(Vice President, Experience Design)*
Jacob Lustig *(Vice President, Platforms & Media Innovations)*
Lindsay Satterfield *(Vice President, Brand Strategy)*
Kevin Nalty *(Vice President, Strategy)*
Vivian Matalon *(Vice President & Group Account Director)*
Hallie Fenton *(Creative Director)*
Eric Daly *(Client Service Lead)*
Diana Nagel *(Director, Strategy)*
Jacqueline Goldberg *(Director, Media Planning)*
Pamela Hiddemen *(Senior Brand Strategist)*

KLIENTBOOST
2787 Bristol Street
Costa Mesa, CA 92626
Toll Free: (877) 501-3447
Web Site: www.klientboost.com

Year Founded: 2015

Discipline: Digital

Jonathan Dane *(Founder & Chief Executive Officer)*
Christopher Fitkin *(Chief Technology Officer)*
Kimberly Fitkin *(Vice President, Client Services)*
Richard Uruchurtu *(Vice President, Operations)*

KLUNDTHOSMER DESIGN
216 West Pacific Avenue
Spokane, WA 99201
Tel.: (509) 456-5576
Fax: (509) 456-5848
Web Site: www.klundthosmer.com

DIGITAL AGENCIES

Employees: 13
Year Founded: 1987

Discipline: Digital

Darin Klundt (President & Chief Creative Officer)
Jean Klundt (Partner & Chief Executive Officer)
Rick Hosmer (Partner & Chief Marketing Officer)
Mastery Sheets (Senior Front End Web Developer)
Micah Sheets (Back End Developer & IT Manager)

KONNEKT DIGITAL ENGAGEMENT
6148 Quinpool Road
Halifax, NS B3L 1A3
Tel.: (902) 407-0644
Web Site: www.konnektnow.com

Year Founded: 2006

Discipline: Digital

Jeff MacArthur (Chief Executive Officer)
Amber MacArthur (President)

L.E.T. GROUP, INC.
19940 Mona Road
Tequesta, FL 33469
Fax: (561) 658-6266
Toll Free: (888) 533-3636
Web Site: www.letgroup.com

Year Founded: 1998

Discipline: Digital

Kent Tewell (Founder & Chief Executive Officer)
Bethany Brown (Lead Designer & Project Manager)

L7 CREATIVE COMMUNICATIONS
5927 Balfour Court
Carlsbad, CA 92008
Tel.: (760) 931-0777
Fax: (858) 748-7436
Web Site: www.l7creative.com

Year Founded: 2001

Discipline: Digital

Tom Gallego (Founder & Chief Executive Officer)
Christine Tarantino-Gallego (Finance Director)
Theresa Boxberger (Director, Social Media Marketing)

LANETERRALEVER
645 East Missouri Avenue
Phoenix, AZ 85012
Tel.: (602) 258-5263
Fax: (480) 517-4948
Web Site: www.laneterralever.com

Year Founded: 1962

Discipline: Digital

Beau Lane (Partner & Executive Chairman)
Ian Barry (Chief Creative Officer)
Chris Johnson (Founder, Chief Executive Officer & President)
Andy Parnell (Chief Client Officer)
Fraser Elliott (Senior Vice President, Media Director)
Gil Rodriguez (Senior Vice President, Business Solutions)
Jody Alexander (Vice President, Client Satisfaction)

Matt Sicko (Vice President, Creative Director)
Scott Patten (Vice President, Strategic Planning)
Kirstin Jones (Director, Media Strategy)
Nick Dan-Bergman (Director, Marketing)
John Sizer (Account Director)
Cassandra Snelling (Associate Media Director)
Sinead Cunningham (Senior Media Planner)

Accounts:
Teva Neurosciences, Inc.

LAUNCH DIGITAL MARKETING
1864 High Grove Lane
Naperville, IL 60540
Tel.: (630) 614-1823
Web Site: www.launchdigitalmarketing.com

Year Founded: 2011

Discipline: Digital

Joe Chura (Chief Executive Officer)
Jennifer Strilko (Director, Operations)

Accounts:
Fletcher Jones Imports

LAUNCH INTERACTIVE, LLC
84 Peachtree Street
Atlanta, GA 30303
Tel.: (404) 965-3048
Web Site: www.launchxd.com

Year Founded: 2011

Discipline: Digital

Javier Santana (Co-Founder, Partner & Creative Director)
David Preiss (Co-Founder & Partner)

LAYER ONE MEDIA, INC.
623 West Vliet Street
Milwaukee, WI 53212
Tel.: (414) 224-0368
Web Site: www.layeronemedia.com

Year Founded: 2000

Discipline: Digital

Brody Buss (Founder & President)
Howard Halaska (Vice President, Client Strategy)

LEAP
2500 Technology Drive
Louisville, KY 40299
Tel.: (502) 212-1390
Fax: (502) 212-1391
Web Site: www.leapagency.com

Year Founded: 1999

Discipline: Digital

Daniel Knapp (Co-Founder & Chief Executive Officer)
Michael Wunsch (President)
Matt Taylor (Vice President, Client Services)

Accounts:
AutoZone, Inc.
Ceridian Corporation
Cintas Corporation
Evenflo Company, Inc.
Fiserv, Inc.
Fit For Me
Fruit of the Loom

Graco, Inc.
HomeGoods
Lily of France
McGraw-Hill Financial
Ricart Automotive, Inc.
Russell Brands, LLC
Spalding
Sutter Home
Texas Roadhouse, Inc.
University of Louisville
Vanity Fair
YUM! Brands, Inc.
Zumba Fitness, LLC

LEVELWING MEDIA, LLC
913 Bowman Road
Mt Pleasant, SC 29464
Tel.: (843) 631-4587
Toll Free: (212) 202-6346
Web Site: www.levelwing.com

Year Founded: 2002

Discipline: Digital

Jeff Adelson-Yan (Co-Founder & President)
Steve Parker (Co-Founder & Chief Executive Officer)
Jennifer Davidson (Senior Vice President, Business Development)
Monica Hoyer (Managing Director)

Accounts:
Bridgestone Americas, Inc.
Firestone Tires
Mellow Mushroom
Servpro Industries, Inc.

LEVER INTERACTIVE
701 Warrenville Road
Lisle, IL 60532
Tel.: (630) 435-6400
Web Site: www.leverinteractive.com

Year Founded: 2006

Discipline: Digital

Chris Gilmartin (Founder & President)
Emily Czachowski (Senior Director, Client Services)
David Sutton (Director, Strategy)
Valerie Guglielmi (Account Manager)

LEVERAGE
4111 West Cyprus Street
Tampa, FL 33607
Tel.: (813) 489-4494
Toll Free: (866) 611-6267
Web Site: www.leveragedigitalmedia.com

Year Founded: 2008

Discipline: Digital

Jay Taylor (Founder & Managing Director)
Leslie Carrero (Client Success Director)
Alexander Trejo (Senior Web Developer)
Michael Sraj (Website Support Specialist)
Jose Rodriguez (Content Strategist)
Brian Hall (Lead Content Strategist)

Accounts:
Pennexx Foods Inc

LEVY MG
Four Smithfield Street
Pittsburgh, PA 15222

Brands. Marketers. Agencies. Search Less. Find More.
Try out the online version at www.winmo.com

AGENCIES - JULY, 2020

DIGITAL AGENCIES

Tel.: (412) 201-1900
Fax: (412) 201-1410
Web Site: www.levymgi.com

Year Founded: 1986

Discipline: Digital

Todd Miller *(Director, Public Relations & Content Manager)*
Trisha Etherington *(Account Manager)*
Deborah Stein *(Specialist, Content & Branding)*

Accounts:
Chiphog
Cleveland Twist
Dennametal
Disston
Erickson
Fix-Perfect
Hanita
Hertel
Kenbore
Kendex
Kenloc
Kennametal, Inc.
KM
Mach 6
Mini-Mach
No-Chat
Permalok
RTW
Shear-Carb
Tenthset
Top Notch
Triad
Uni-Coat
Widia

LIGHTNING JAR
132 East 43rd Street
New York, NY 10017
Tel.: (212) 481-9070
Web Site: www.siite.com

Discipline: Digital

Alan Ruthazer *(Chief Creative Officer)*
Kevin Peckham *(Senior Partner & Chief Strategist, Brand)*

LIKEABLE MEDIA
240 West 37th Street
New York, NY 10018
Tel.: (212) 660-2458
Fax: (888) 899-2380
Web Site: www.likeable.com

Year Founded: 2012

Discipline: Digital

Dave Kerpen *(Co-Founder & Chairman)*
Carrie Kerpen *(Co-Founder & Chief Executive Officer)*
Fer Wang *(Vice President, Strategy)*
Honey Cantrell *(Vice President, Client Services)*
Heather Freiser *(Vice President, Content)*
James Reichert *(Account Director)*
Charlie Balk *(Senior Account Manager)*
Jessica Chen *(Senior Account Manager)*
Michael Dunn *(Project Manager)*
Brian Murray *(Recruiter)*
Candie Harris *(Board Member & Partner)*

Accounts:
Restaurant.com

LINCOLN DIGITAL GROUP
Greymon Drive
West Palm Beach, FL 33405
Tel.: (561) 264-8205
Web Site: lincolndigitalgroup.com/

Year Founded: 2010

Discipline: Digital

Justin Cerone *(Chief Executive Officer & Creative Director)*
Cara Mimum *(Designer)*
Karina Rubiera *(Art Director)*
Nick Hilden *(Copywriter)*

LISTRAK
100 West Millport Road
Lititz, PA 17543
Tel.: (717) 627-6080
Fax: (717) 627-6087
Web Site: www.listrak.com

Employees: 14
Year Founded: 1999

Discipline: Digital

Ross Kramer *(Co-Founder & Chief Executive Officer)*
Howard Kramer *(Co Founder & Chief Operating Officer)*
Rodney Bert *(Chief Financial Officer)*
Scott Sobers *(Chief Marketing Officer)*
Tawnya Amdor *(Executive Vice President)*
Kara Surrena *(Vice President, Sales)*
Brian Iovino *(Vice President, Product)*
Paul Barber *(Vice President, Human Resources)*
Brent Shroyer *(Vice President, Product Marketing)*
Carly Povilaitis *(Vice President, Professional Services)*
Megan Ouellet *(Director, Marketing - Customer Acquisitions)*
Annette Frattarole *(Director, Sales)*
Travis Buck *(Creative Director)*
Keith Brown *(Strategy Research Analyst)*
Mark Harnish *(Manager, Inside Sales)*
Liz Reiley *(Enterprise Sales Development Representative)*
Patrick Murray *(Account Manager)*
Greg Andrews *(Sales Manager)*
Anthony D'Imperio *(Digital Marketing Specialist)*

LIVEWORLD
4340 Stevens Creek Boulevard
San Jose, CA 95129
Tel.: (408) 370-4520
Toll Free: (800) 301-9507
Web Site: www.liveworld.com

Year Founded: 1998

Discipline: Digital

Peter Friedman *(Chairman & Chief Executive Officer)*
Jenna Woodul *(Executive Vice President & Chief Community Officer)*
David Houston *(Chief Financial Officer)*
Dawn Lacallade *(Chief Strategist)*
Lisa Sutton *(Chief Nurse, Clinical Operations)*
Martin Bishop *(Vice President, Client Services)*
Jason Liebowitz *(Vice President, New Business Development)*
Jason Kapler *(Vice President, Marketing)*
Frank Chevallier *(Vice President, Software Products)*
Jena Dengrove *(Vice President & Creative Director)*
Matthew Hammer *(Marketing Director)*

Accounts:
AbbVie, Inc.
AMAG Pharmaceuticals, Inc.
Bristol-Myers Squibb Company
Cancer Treatment Centers of America
Gilead Sciences, Inc.
Pfizer
Teva Pharmaceuticals USA
Zoetis

LOCATION3 MEDIA
820 16th Street
Denver, CO 80202
Tel.: (720) 881-8510
Toll Free: (877) 462-9764
Web Site: www.location3.com

Year Founded: 1999

Discipline: Digital

Andrew Beckman *(Chairman)*
Alex Porter *(Chief Executive Officer)*
Erik Whaley *(Chief Operating Officer)*
Mariah Harbert *(Associate Partner & Director)*
Tom Lynch *(Vice President, Growth & Development)*
Gloria Dutton *(Vice President, Digital Strategy)*
Carol Lee *(Senior Director, Local Business Development)*
Brooke Renzelmann *(Director, Paid Media)*
Josh Allen *(Senior Director, Marketing)*
Christine Schuldt *(Director, Strategic Accounts)*
Andy Redington *(Account Director)*
Vanessa Allen *(Group Account Director)*
Boyd Hathaway *(Head, Franchise Services)*
Jim Halligan *(Director, Paid Operations & Performance)*
Sarah Lich *(Group Account Director)*
Samantha Shennum *(Senior Account Manager)*
Christy Lynn Gray *(Associate Account Manager)*
Armando Barragan *(Account Manager)*
Elena Changalidi *(Associate Account Manager)*
Morgan Caswell *(Local Marketing Manager)*
Benedikt Hammer *(Account Manager, SEO)*
Henry Kortz *(Senior Accountant)*
Kody Pedersen *(Manager, Content & Marketing)*
Mandy Wodnick *(Senior Strategist, Search Engine Optimization)*
Justin Salazar *(Paid Search Strategist)*
Ellie Munoz *(Media Planner)*
Holden Berry *(Account Coordinator)*

Accounts:
Anytime Fitness
Basecamp Fitness
FastSigns
Self Esteem Brands
Waxing the City

LODGING INTERACTIVE
900 Lanidex Plaza
Parsippany, NJ 07054
Tel.: (877) 291-4411
Fax: (877) 833-7375
Web Site: www.lodginginteractive.com

Year Founded: 2000

Discipline: Digital

Brands. Marketers. Agencies. Search Less. Find More.
Try out the online version at www.winmo.com

DIGITAL AGENCIES

DJ Vallauri *(Owner, President & Chief Executive Officer)*
Rosella Virdo *(Chief Operating Officer)*
Gouri Karode *(Senior Manager, Analytics & Search Engine Marketing)*
Carly Licciardi *(Social Media Marketing Specialist)*

LOGIC SOLUTIONS, INC.
2929 Plymouth Road
Ann Arbor, MI 48105
Tel.: (734) 930-0009
Fax: (734) 930-9005
Web Site: www.logicsolutions.com

Year Founded: 1995

Discipline: Digital

Jimmy Hsiao *(Owner & Chief Executive Officer)*
Al Carpinelli *(Account Executive)*

LOGICAL MEDIA GROUP
445 West Erie Street
Chicago, IL 60654
Tel.: (312) 465-2911
Web Site: www.logicalmediagroup.com/

Year Founded: 2006

Discipline: Digital

Chris O'Neill *(Chief Executive Officer)*
Anish Shah *(Director, Client Services)*
Amelia Reid *(Paid Media Strategy Lead - Enterprise)*
Drew Pearson *(Account Director)*
Nat Almirall *(Paid Media Manger)*

LVLY STUDIOS
575 Lexington Avenue
New York, NY 10022
Tel.: (212) 317-0077
Fax: (212) 317-1048
Web Site: www.lvly.tv/

Employees: 21

Discipline: Digital

Ethel Rubinstein *(President & Chief Executive Officer - Lively Group)*
Cara Cutrone *(Executive Vice President & Managing Director)*
Darryl Mascarenhas *(Executive Creative Director)*

LYONS CONSULTING GROUP
20 North Wacker Drive
Chicago, IL 60606
Tel.: (312) 506-2020
Web Site: www.lyonscg.com

Year Founded: 2003

Discipline: Digital

Rich Lyons *(President & Chief Executive Officer)*
David Barr *(Co-Founder & Executive Vice President)*
Brian Wolfe *(Chief Information Officer & Vice President, Technology Services)*
Norman Alesi *(Chief Financial Officer & Chief Operating Officer)*
Danielle Savin *(Senior Director, Digital Strategy)*
Mike Davidson *(Executive Creative Director)*
Christian Sharrow-Blaum *(Strategist, Content Marketing)*
Emma Reifel *(Consultant, Digital Media)*
Julia Zimmerman *(Manager, Marketing Content & Communications)*
Jessica DePinto *(Manager, Business Development)*

Accounts:
Hickory Farms, LLC
Lilly Pulitzer

M&C SAATCHI PERFORMANCE
625 Broadway
New York, NY 10012
Tel.: (646) 619-2809
Web Site: www.mcsaatchiperformance.com

Employees: 20
Year Founded: 2006

Discipline: Digital

Andrea Nirsimloo *(Executive Vice President & Partner)*
Paul Anastasiadis *(Senior Vice President)*
Chris Morse *(Vice President, Growth Americas)*
Lauren Soviero *(Associate Director, Business Development)*
Josephina Volaric *(Senior Planning Manager)*

Accounts:
Audible, Inc.
Homesick Candles
Pokemon
Reebok
Skype, Inc.

MABBLY
116 West Hubbard Street
Chicago, IL 60654
Tel.: (312) 448-7473
Web Site: www.mabbly.com

Year Founded: 2003

Discipline: Digital

Hank Ostholthoff *(Chief Executive Officer)*
Alexander Blair *(Director, New Business & Partnerships)*
Cori Hunziker *(Head, People & Culture)*
Nicholas Kosirog-Jones *(Creative Brand Manager)*

MACQUARIUM, INC.
1800 Peachtree Street, Northwest
Atlanta, GA 30309
Tel.: (404) 554-4000
Fax: (404) 554-4001
Web Site: www.macquarium.com

Employees: 100
Year Founded: 1991

Discipline: Digital

Marc Adler *(Chairman & Founder)*
Carlos Pimenta *(Chief Executive Officer)*
Jay Cann *(Chief Technology Officer)*
Asa Sherrill *(Vice President, Experience Design)*
Don Brazil *(Vice President, Client Engagement)*

Accounts:
Mercedes-Benz Stadium
Yahoo! Inc.

MAD*POW
27 Congress Street
Portsmouth, NH 03801
Tel.: (603) 436-7177
Fax: (603) 386-6608
Web Site: www.madpow.com

Year Founded: 2000

Discipline: Digital

Will Powley *(Founder & Chief Creative Officer)*
Josh Corringham *(Executive Vice President, Business Development)*
Scott Sonia *(Senior Vice President, Design)*
Buck Beaudoin *(Senior Vice President & Creative Director)*
Courtney Parkinson *(Senior Project Manager)*

MAD*POW
179 Lincoln Street
Boston, MA 02111
Tel.: (617) 426-7177
Web Site: www.madpow.com

Year Founded: 2000

Discipline: Digital

Dustin DiTommaso *(Senior Vice President, Behavior Change Design)*
Ryan Queenan *(Marketing Manager)*

MADDEN MEDIA
345 East Toole Avenue
Tucson, AZ 85701-1823
Tel.: (520) 322-0895
Fax: (520) 319-6059
Web Site: www.maddenmedia.com

Employees: 30
Year Founded: 1982

Discipline: Digital

Kevin Madden *(Chairman & Owner)*
Grady Colson *(Chief Operating Officer & Partner)*
Dan Janes *(Chief Executive Officer)*
Brett Gordon *(Partner & Senior Vice President, Innovation & Strategy)*
Carl Cox *(Vice President, Client Experience)*
John Bridges *(Senior Account Director)*
Alexis Favis *(Senior Account Director)*
Andrea Chamberlin *(Senior Media Buyer, Market Engagement & Public Relations)*

Accounts:
Visit Tampa Bay

MAGNET MEDIA, INC.
500 Seventh Avenue
New York, NY 10018
Tel.: (646) 486-7109
Web Site: www.magnetmediafilms.com

Year Founded: 2000

Discipline: Digital

Megan Cunningham *(Founder & Chief Executive Officer)*
Jim Materowski *(Senior Vice President, Accounts & Operations)*
Francis Visaya *(Senior Art Director)*
Craig Lubman *(Vice President, Account Strategy & Development)*
Max Alex *(Senior Director, Strategic & Creative Development)*

MAJOR TOM
434 West 33rd Street
New York, NY 10001

AGENCIES - JULY, 2020 — DIGITAL AGENCIES

Tel.: (646) 798-5373
Toll Free: (888) 642-6765
Web Site: www.majortom.com

Year Founded: 2000

Discipline: Digital

Chris Breikss *(Founding Partner)*
April Yau *(Group Director, Account Services)*
Nora Herse *(Account Manager)*
Rose Durandisse *(Strategist, Paid Search)*

Accounts:
Cirque du Soleil, Inc.
Pirelli Tire North America

MAMMOTH ADVERTISING
36 East 20th Street
New York, NY 10003
Tel.: (212) 352-2200
Fax: (212) 375-1016
Web Site: www.mammothnyc.com/#/home

Year Founded: 2005

Discipline: Digital

Maria Quinn Shaw *(Co-Founder & Partner)*
Jennifer Johns *(Vice President, Client Services)*
Charles Lam *(Director, Production)*

MANIFEST
4625 Lindell Boulevard
Saint Louis, MO 63108
Tel.: (314) 881-1900
Toll Free: (877) 857-2956
Web Site: manifest.com

Year Founded: 2001

Discipline: Digital

Deni Allen *(Vice President, Business Development)*
John Weller *(Senior Account Director)*
Ben Eversmann *(Senior Art Director)*
Katrina Linker *(Senior Manager, Operations)*
Kelsie Brough *(Human Resources Coordinator)*

Accounts:
Allstate Automotive Insurance
Allstate Financial
Allstate Homeowner Insurance
Allstate Motorcycle Insurance
Dymatize Nutrition
Express Scripts, Inc.
Motorola Mobility, Inc.
Save-A-Lot
The Allstate Corporation
Wells Fargo Advisors

MANIFEST
35 East Wacker
Chicago, IL 60647
Tel.: (312) 563-1945
Toll Free: (877) 857-2956
Web Site: manifest.com

Year Founded: 2001

Discipline: Digital

Sacha Reeb *(Chief Creative Officer)*
Allison Branen *(Vice President, Portfolio Consulting Lead)*
Tom Fox *(Vice President, Delivery)*
Andy Angelos *(Director, Insights)*
Micahel Gallegly *(Associate User Experience Director)*
Kati Hagg *(Associate Account Director)*
Annie Hauser Clarkson *(Associate Creative Director)*
Mark Kats *(Group Account Director)*
Gordon Makely *(Associate Director, Technology)*
Matt Morgan *(Associate Director, Creative)*
Ashley Perrin *(Account Manager)*
Jazz Jenkins *(Associate Manager, Operations)*
Erik Viager *(Senior Associate, Business Development)*

Accounts:
Express Scripts, Inc.
Motorola Mobility, Inc.
Save-A-Lot
The Allstate Corporation

MANIFEST
228 East 45th Street
New York, NY 10017
Tel.: (312) 563-1945
Web Site: manifest.com

Year Founded: 2001

Discipline: Digital

David Brown *(Executive Chairman)*
Eric Goodstadt *(President)*
David Barron *(Chief Financial & Operating Officer)*
Liz Koman *(Chief Marketing Officer)*
Laura Yoars *(Senior Vice President, Client Services)*
Shaun Beaumont *(Vice President, Brand)*
Eva Heinzen *(Vice President, Creative Director)*
Geoffrey Director *(Group Director, Strategy)*
Amy Rachels *(Group Director, Operations)*
Courtney Eltringham *(Associate Creative Director)*
Jennifer Tyler *(Group Director, Account Operations)*
Alix McNamara *(Senior Manager, Operations)*
Allie Rocchio *(Senior Manager, Operations)*
Jessica Becker *(Managing Partner)*

Accounts:
AARP
Alamo Rent A Car
CDW Corporation
Delta Faucet Company
Express Scripts, Inc.
Johns Hopkins Health System
JW Marriott Hotels & Resorts
Michigan Medicine
MSC Industrial Supply
Primrose School Franchising Company
Swims
The Cleveland Clinic Foundation
University of California at Los Angeles

MASTERMIND MARKETING
1450 West Peachtree Street, Northwest
Atlanta, GA 30309
Tel.: (678) 420-4000
Fax: (678) 420-4090
Web Site: www.mastermindmarketing.com

Year Founded: 1983

Discipline: Digital

Mike Gelfond *(President & Partner)*
Daniel Dodson Jr. *(Chief Executive Officer)*
Maria Akridge *(Vice President, Finance)*
Dana DiFurio *(Account Supervisor)*

Accounts:
TomTom, Inc.

MATCHMG
800 Connecticut Avenue
Norwalk, CT 06854
Tel.: (877) 628-2405
Web Site: www.matchmg.com

Year Founded: 2010

Discipline: Digital

Brian Cohen *(Chief Executive Officer)*
Samantha Stout *(Vice President, Corporate Communications)*

MATMON.COM
303 West Capitol Avenue
Little Rock, AR 72201
Tel.: (501) 375-4999
Fax: (501) 687-0192
Toll Free: (800) 995-0442
Web Site: www.matmon.com

Employees: 8
Year Founded: 1996

Discipline: Digital

Matt Olson *(President, Chief Executive Officer & Founder)*
Jason Miller *(Senior Web Developer)*
Rahel Barr *(Account Manager)*

MAXAUDIENCE
5845 Avenida Encinas
Carlsbad, CA 92008
Toll Free: (844) 567-2810
Web Site: www.maxaudience.com

Year Founded: 2011

Discipline: Digital

Matt Smith *(Co-Founder & Chief Marketing Officer)*
Mark McIntyre *(Chief Executive Officer)*
Bruce Boyd *(Vice President, Digital Marketing & Business Development)*
Ben Kirby *(Vice President, Integrated Marketing)*
Ed Rutherfurd *(Vice President, Digital Marketing Strategy)*

Accounts:
U.S. Air Force

MAXMEDIA INC.
2160 Hills Avenue Northwest
Atlanta, GA 30318
Tel.: (404) 564-0063
Fax: (404) 949-0097
Web Site: www.maxmedia.com

Year Founded: 1996

Discipline: Digital

Keehln Wheeler *(Owner & Chief Executive Officer)*
Don Berg *(Executive Vice President)*

Accounts:
AT&T Mobility, LLC
Baker Hughes, Inc.
NCR Corporation
The Home Depot, Inc.
The Weather Channel, Inc.

DIGITAL AGENCIES

MCD PARTNERS
138 West 25th Street
New York, NY 10001
Tel.: (212) 500-4500
Fax: (212) 500-4555
Web Site: www.mcdpartners.com

Employees: 5
Year Founded: 1999

Discipline: Digital

Wasim Choudhury *(Chief Financial Officer & Partner)*
Ian Magnani *(Partner & Chief Relationship Officer)*
John Caruso *(Partner & Chif Creative Director)*
James Warren *(Director, Digital Intelligence)*
Nini Kao *(Senior Designer - Discover, Continental Tires & General Tires)*

Accounts:
Discover Financial Services, Inc.
Macmillan Publishing

MEDIA CAUSE
800 Battery Ave South East
Atlanta, GA 30339
Toll Free: (800) 705-1622
Web Site: mediacause.org

Year Founded: 2010

Discipline: Digital

Amy Small *(Senior Vice President, Brand & Creative)*
Ryan Fuquea *(Vice President, Project Management)*
Ida Persson *(Associate Director, Creative)*
Sarah Ackerman *(Senior Content Strategist & Copywriter)*

Accounts:
American Kennel Club, Inc.

MEDIA CAUSE
147 Natoma Street
San Francisco, CA 94105
Tel.: (800) 705-1622
Web Site: www.mediacause.org

Year Founded: 2010

Discipline: Digital

Eric Facas *(Founder & Chief Executive Officer)*
Michelle Thai *(Director, Account)*
Melvin Karsenti *(Director, Account)*
Safiyyah Abdul Khabir *(Senior Strategist)*
Stephanie Schug *(Senior Account Strategist)*

MEDIA CAUSE
170 Milk Street
Boston, MA 02109
Tel.: (800) 705-1622
Web Site: www.mediacause.org

Year Founded: 2010

Discipline: Digital

Cody Damon *(Co-Founder)*
Katey Parker *(Vice President, Marketing Services)*
Sara Trubiano *(Director, Account)*
Janine Guarino *(Account Strategist)*
Mina Poyraz *(Account Strategist)*

MEDIA CAUSE
1436 U Street North West
Washington, DC 20009
Tel.: (800) 705-1622
Web Site: www.mediacause.org

Year Founded: 2010

Discipline: Digital

Elyse Wallnut *(Director, Strategy)*
Ian Gardiner *(Director, Account)*
Dan Reed *(Senior Director, Digital Fundraising)*
Clara Campbell *(Senior Account Strategist)*
Tori Baskind *(Digital Fundraising Strategist)*

MEDIA GENESIS, INC.
1441 East Maple Road
Troy, MI 48083
Tel.: (248) 687-7888
Fax: (248) 687-7889
Toll Free: (800) 293-9299
Web Site: www.mediag.com

Year Founded: 1996

Discipline: Digital

Brad Frederick *(Founder & Chief Executive Officer)*
Antoine Dubeauclard *(President & Director, Business Development)*

MEDIA MONITORS, LLC
445 Hamilton Avenue
White Plains, NY 10601
Tel.: (914) 428-5971
Fax: (914) 259-4541
Web Site: www.mediamonitors.com

Year Founded: 2004

Discipline: Digital

Philippe Generali *(President & Chief Executive Officer)*
Frank Cammarata *(Vice President, Sales)*
Diana Stokey *(Marketing Director)*

MEDIACOM
2100 Commonwealth Boulevard
Ann Arbor, MI 48105
Tel.: (734) 677-8000
Fax: (734) 677-8001
Web Site: www.mediacomusa.com

Employees: 30
Year Founded: 1995

Discipline: Digital

Taylor Morgan *(Project Manager, Global Data Solutions)*
Matthew Wykes *(Ad Operations Manager)*

MEDIAHUB NEW YORK
386 Park Avenue South
New York, NY 10016
Tel.: (212) 633-0440
Fax: (212) 633-0434
Web Site: www.mediahubml.com

Employees: 32
Year Founded: 1998

Discipline: Digital

Aaron Reitkopf *(Global Chairman- MullenLowe Profero)*
Steve Kalb *(Senior Vice President & Director, Video Investments)*
Jessica Tomaszewski *(Vice President & Director, Search Engine Optimization)*
Mohammad Haque *(Vice President & Director, Paid Search)*
Persephone Kazl *(Vice President & Associate Media Director)*
Molly Lashner *(Supervisor, Media)*
Rob Collins *(Strategy Head)*
Laura Kavanagh *(Executive Director)*
Stephen Brandow *(Associate Media Director, Paid Social)*
Andrew Bouchie *(Creative Director - MullenLowe Profero)*
Yves Ruzibiza *(Head, Technology - MullenLowe Profero)*
Shalini Verma *(Media Supervisor)*
Mary Rose Kesser *(Media Supervisor)*
Marisa Halprin *(Senior Media Planner)*
Chrissy Leva *(Senior Digital Analyst)*
Kathryn Cucuzza *(Senior Integrated Media Planner)*
Ashley Hoelscher *(Senior Media Planner)*
Ann Fong *(Media Analyst)*
Geoffrey Malekian *(Associate Director, Strategic Analytics)*
Colbie Cassidy *(Media Planner)*

Accounts:
Banner Health Systems
Dropbox, Inc.
ecobee
Kaiser Permanente - Colorado Region
Kaiser Permanente - Georgia Region
Kaiser Permanente Northern California Region
Kaiser Permanente of the Mid-Atlantic States
Navy Federal Credit Union
New Balance Athletic Shoe, Inc.
Western Union Company

MEDIAMONKS
1214 Abbot Kinney Boulevard
Venice, CA 90291
Tel.: (907) 891-8571
Web Site: www.mediamonks.com

Year Founded: 2001

Discipline: Digital

Nick Fuller *(Senior Vice President, Growth)*
Cristina Torres *(Senior Vice President, Strategic Partnerships & Growth)*
Cynthia Lin *(Program Director)*
Chris Byrne *(Director, US Partnerships & Production)*
Job Bakker *(Creative Director)*
Kit Wilkes *(Lead, Embedded Studio Performance)*
Catherine Lee *(Executive Producer)*
Olivier Koelemij *(Managing Director)*

Accounts:
New Avon LLC

MEDIAMONKS
127 Elizabeth Street
New York, NY 10013
Tel.: (347) 767-6929
Web Site: www.mediamonks.com

Year Founded: 2001

Discipline: Digital

Cayal Mathura *(Senior Vice President, Growth)*
Kate Richling *(Vice President, Marketing)*
Alexander Otto *(Art Director)*
Michael Leen *(Business Partnerships Lead)*

Brands. Marketers. Agencies. Search Less. Find More.
Try out the online version at www.winmo.com

AGENCIES - JULY, 2020

DIGITAL AGENCIES

Brook Downton *(Executive Producer)*
Jason Prohaska *(Managing Director)*

MEDIAURA
360 Spring Street
Jefferson, IN 47130
Tel.: (812) 590-9900
Web Site: www.mediaura.com

Year Founded: 2003

Discipline: Digital

Amy Aebersold *(Chief Operating Officer)*
Andrew Aebersold *(Founder & Chief Executive Officer)*
Ashley Blakemore *(Director, Sales & Marketing)*
Joe Vance *(Creative Director)*
Corey Capps *(Client Maintenance)*
Michelle Welborn *(Business Development Specialist)*

Accounts:
Marco's Pizza, Inc.

MEISTER INTERACTIVE
37733 Euclid Avenue
Willoughby, OH 44094
Tel.: (440) 942-2000
Web Site: www.meistermedia.com

Year Founded: 1932

Discipline: Digital

Jim Sulecki *(Chief Content Officer)*
William Rigo *(Director, Corporate Marketing & Creative Services)*
Nick Mlachak *(Director, Media Services)*
Bob West *(Director, Business Services)*
David Frabotta *(Director, Editorial Market Development)*
Brian Dunay *(Business Services Manager)*
Scott McMurray *(National Account Manager)*
Diane Hart *(Manager, Account - Northeastern)*
Eric Davis *(Managing Director, AgriBusiness Group)*

METIA
800 Bellevue Way Northeast
Bellevue, WA 98004
Tel.: (425) 629-5800
Web Site: www.metia.com

Year Founded: 1988

Discipline: Digital

Andrew Martin *(Chief Executive Officer)*
Amber Whiteman *(Vice President - Seattle)*
Misia Tramp *(Vice President, Strategy & Insight)*
Liz High *(Vice President, Customer Experience Insight & Delivery)*
Monika Parashar *(Director, Strategic Accounts)*
Jiawen Shi *(Account Director)*
Sally Vilardi *(Account Director)*
Kate Pluth *(Director, Content Strategy)*
Jennifer Calvin *(Account Director)*
Rich Blackwell *(Creative Director)*
Kelsey Stewart *(Account Director)*
Dennis Corsaro *(Content Marketing Manager)*
Virginia Nunes *(Finance Manager)*

Accounts:
Seattle Children's Hospital

MICHAELS WILDER, INC.
7773 West Golden Lane
Peoria, AZ 85345
Tel.: (623) 334-0100
Fax: (623) 334-0200
Web Site: www.michaelswilder.com

Employees: 25
Year Founded: 1989

Discipline: Digital

Shelly Anderson *(Chief Executive Officer)*
Peri Bergh *(Senior Vice President, Client Services)*
Myles Bergh *(Vice President, Client Strategy)*

MIDNIGHT OIL CREATIVE
3800 Vanowen Street
Burbank, CA 91505
Tel.: (818) 295-6300
Web Site: www.moagency.com

Year Founded: 2003

Discipline: Digital

Denise Wong *(President)*
Daniel Chu *(Executive Vice President, Creative)*
Caitlin Cabral *(Vice President & Group Account Director)*
Anette Hughes *(Creative Director)*
John Posta *(Executive Director, Corporate Strategy)*
Christy Hayes *(Group Account Director)*
Sam Contreras *(Senior Art Director)*
Nicole Fuhrman *(Lead Strategist, Social & Digital)*

MIGHTY & TRUE
10222 Pecan Park Blvd
Austin, TX 78729
Tel.: (512) 587-3290
Web Site: www.mightyandtrue.com/

Year Founded: 2014

Discipline: Digital

Kevin Kerner *(Chief Executive Officer & Founder)*
Jenny Charanza *(Vice President, Client Strategy & Marketing)*
Jennifer Pyron *(Senior Director, Performance & Digital)*
Lauren Bosse *(Account Manager)*
Bray Taylor *(Senior Performance & Digital Strategist)*

MIGHTY ROAR
880 Marietta Highway
Roswell, GA 30075
Toll Free: (888) 772-2745
Web Site: www.mightyroar.com

Discipline: Digital

Kevin Smith *(President)*
Carol Montoto *(Vice President & Creative Director)*
Brian Vieira *(Director, Strategy)*
Christian Durrett *(Associate Creative Director)*
Page Kelley *(Account Director)*

Accounts:
Cognition Financial
Daltile
Pergo, Inc.

MILES PARTNERSHIP
6751 Professional Parkway West
Sarasota, FL 34240
Tel.: (941) 342-2300
Web Site: www.milespartnership.com

Discipline: Digital

Gray Lowry *(Vice President, Strategy & Insights)*
Amy Overbay *(Manager, Client Services)*

Accounts:
Arkansas Department of Parks & Tourism
Nebraska Tourism Office

MILESTONE INTERNET MARKETING
3001 Oakmead Village Drive
Santa Clara, CA 95051
Tel.: (408) 492-9055
Fax: (408) 492-9053
Toll Free: (888) 350-8396
Web Site: www.milestoneinternet.com

Year Founded: 1998

Discipline: Digital

Benu Aggarwal *(Founder & President)*
Anil Aggarwal *(Chief Executive Officer)*

MINDS ON, INC.
8864 Whitney Drive
Lewis Center, OH 43035
Tel.: (740) 548-1645
Fax: (740) 548-1649
Web Site: www.mindson.com

Year Founded: 2002

Discipline: Digital

Tom Augustine *(Founder & President)*
Gina Augustine *(Office Manager & Director, Finance, Human Resources & Administration)*

MINDSTREAM INTERACTIVE
250 West Street
Columbus, OH 43215
Tel.: (614) 754-2000
Web Site: www.mindstreaminteractive.com

Year Founded: 2014

Discipline: Digital

Steve Agganis *(President)*
Joe Sano *(Chief Operating Officer)*
Alison Trickett *(Senior Vice President, Client Growth)*
David Smith *(Associate Vice President, Marketing Strategy)*
Kaylyn Bredon *(Associate Vice President, Creative)*
Scott Curtis *(Associate Vice President, Technology)*
Wes Meermans *(Executive Studio Director)*

Accounts:
Stanley Steemer International, Inc.

MINDSTREAM MEDIA
100 Walnut Street
Peoria, IL 61602
Mailing Address:
Post Office Box 1410
Peoria, IL 61655

Brands. Marketers. Agencies. Search Less. Find More.
Try out the online version at www.winmo.com

DIGITAL AGENCIES
AGENCIES - JULY, 2020

Tel.: (309) 677-0400
Fax: (309) 677-0407
Toll Free: (877) 415-0023
Web Site: www.mindstreaminteractive.com

Employees: 110
Year Founded: 1963

Discipline: Digital

Terry Tanner *(Chief Executive Officer)*
Andrea Brandon *(Vice President, Marketing & Creative Services)*
Erin Ray *(Account Services Manager)*

MIRUM AGENCY
100 North Sixth Street
Minneapolis, MN 55403
Tel.: (612) 752-5500
Fax: (612) 752-5501
Web Site: www.mirumagency.com

Employees: 25
Year Founded: 2015

Discipline: Digital

Joyce Zincke *(Chief Operating Officer - Mirum U.S.)*
Brett Otzenberger *(Chief Technology Officer - North America)*
Eric Schafer *(Group Account Director)*
Kelsey Storkamp *(Associate Director, Design)*
Jordan Bainer *(Associate Business Director)*
Nathan Denton *(Group Creative Director)*

MIRUM AGENCY
350 10th Avenue
San Diego, CA 92101
Tel.: (619) 237-5552
Fax: (619) 237-5269
Web Site: www.mirumagency.com

Employees: 31
Year Founded: 2015

Discipline: Digital

Demetrios Kontizas *(Vice President, Technology)*
Greg Crockart *(Business Director)*
Michelle Zimmerman *(Business Director)*
Peter Sayn-Wittgenstein *(Executive Creative Director)*
Jennifer Fleck *(Director, Strategy)*
Taryn Waggoner *(Senior Producer)*
Brie Aseltine *(Producer)*
Jennifer York *(Senior Producer)*
John Lostaglio *(Senior Strategist, Paid Media)*

Accounts:
Royal Caribbean International
Shell Lubricants

MIRUM AGENCY
466 Lexington Avenue
New York, NY 10017
Tel.: (619) 237-5552
Fax: (212) 210-7700
Web Site: www.mirumagency.com

Year Founded: 2015

Discipline: Digital

Georgina Forster *(Managing Director, San Diego)*

MIRUM AGENCY
160 Bloor Street East
Toronto, ON M4W 3P7

Tel.: (416) 343-9992
Web Site: www.mirumagency.com

Year Founded: 2015

Discipline: Digital

Maxinne Abuyuan *(Creative Director)*
Matthew Clemente *(Senior Account Director)*
Cristina Gardeazabal *(Associate Creative Director, Content)*
Rob Cimicata *(Director, Technology)*
Amanda Wijesekera *(Content Manager)*

MIRUM AGENCY
500 rue St. Jacques
Montreal, QC H2Y 1S1
Tel.: (514) 987-9992
Web Site: www.mirumagency.com

Year Founded: 2015

Discipline: Digital

Victor Davoine *(General Manager)*

MODE
2173 Hawkins Street
Charlotte, NC 28203
Tel.: (704) 444-8034
Fax: (704) 377-2566
Web Site: www.madebymode.com

Year Founded: 2001

Discipline: Digital

Tyler Hawes *(Partner & Interactive Director)*
Jennifer Winters *(Strategist)*
Kate Micham *(Associate Director, Account Leadership)*

Accounts:
Boar's Head Provisions Company, Inc.

MODEL B
1015 15th Street Northwest
Washington, DC 20005
Web Site: www.modelb.com

Year Founded: 2016

Discipline: Digital

Abtin Buergari *(Co-Founder & Partner)*
Ashtan Moore *(Co-Founder & Partner)*
Dan Bender *(Co-Founder & Partner)*
Mark Minicucci *(Partner & Creative Technologist)*
Mohib Zubairi *(Director, Business Solutions)*
Tony Kurilla *(Manager, Digital)*

MODOP
758 North Highland Avenue
Los Angeles, CA 90038
Tel.: (323) 467-9600
Web Site: www.modop.com

Year Founded: 2011

Discipline: Digital

Jeff Suhy *(Founding Partner & President)*
Aaron Sternlicht *(Founding Partner & Executive Producer)*
Miles Dinsmoor *(Chief Operating Officer)*
Brian Kingston *(Chief Finance Officer)*
Roy Martin *(Chief Technology Officer)*
Shannon Clune *(Partner - GM PDX)*
Adrian Bailey *(Executive Creative Director)*

MONCUR ASSOCIATES
20700 Civic Center Drive
Southfield, MI 48076
Tel.: (248) 458-6990
Fax: (248) 458-6991
Web Site: www.thinkmoncur.com

Year Founded: 1985

Discipline: Digital

David Moncur *(Principal)*
Heather Kovarik *(Executive Creative Director)*
Chris Vermeren *(Senior Programmer)*

MOVEABLE INK
Five Bryant Park
New York, NY 10018
Toll Free: (800) 270-6033
Web Site: www.movableink.com

Year Founded: 2010

Discipline: Digital

Vivek Sharma *(Co-Founder & Chief Executive Officer)*
Michael Nutt *(Co-Founder & Chief Technology Officer)*
Lalit Chopra *(Director, Strategic Partnerships)*

MOVING IMAGE & CONTENT
315 Meserole Street, B3
New York, NY 11206
Tel.: (212) 937-9797
Web Site: www.movingimageandcontent.com/

Year Founded: 2010

Discipline: Digital

Quynh Mai *(Founder & Chief Executive Officer)*
Anthony Cospito *(Head of Strategy)*
Carly Cotton *(Account Executive)*
Diane Saw *(Account Director)*
Rachel Viega *(Managing Director)*

MOXIE
611 William Penn Place
Pittsburgh, PA 15219
Tel.: (412) 471-5300
Fax: (412) 471-3308
Web Site: moxieusa.com/home

Employees: 75
Year Founded: 2000

Discipline: Digital

Beth Nigro *(Executive Vice President & Managing Director)*
Brooke Young *(Senior Vice President & Group Account Director)*
Lindsey Braem *(Vice President, Client Partner)*
Justin Flagg *(Director, Design)*
Audra Joseph *(Senior Digital Analyst)*

Accounts:
Kibbles 'n Bits
Meow Mix
Milk Bone
Natural Balance
Nature's Recipe
Pup-Peroni
The J.M. Smucker Company

MOXIE
384 Northyards Boulevard, Northwest
Atlanta, GA 30313

AGENCIES - JULY, 2020

DIGITAL AGENCIES

Tel.: (678) 916-4500
Fax: (404) 601-4505
Web Site: www.moxieusa.com

Employees: 110
Year Founded: 2000

Discipline: Digital

Solange Claudio *(President & Chief Operating Officer)*
Justin Archer *(Executive Vice President, Marketing & Innovation)*
Mitch Scharf *(Executive Vice President & Managing Director)*
Erik Hostetler *(Senior Vice President & Executive Creative Director)*
David Burke *(Executive Vice President, Operations & Integration)*
Tracy Younglincoln *(Executive Vice President, Data, Technology, Intelligence & Experience)*
Melissa Hodgdon *(Senior Vice President & Media Director)*
Sonja Stanley *(Senior Vice President, Business Operations)*
Monique Delarosa *(Senior Vice President, Client Leadership - Verizon)*
John Rich *(Vice President, Future Experiences)*
Jodi Phillips *(Vice President, Intelligence)*
Danielle Donnelly *(Vice President, Strategy)*
Lindsey Teach *(Vice President, Media Director)*
Ashlyn Remillard *(Vice President, Social Strategy)*
Wynn Muse *(Vice President, Digital Solutions)*
Jared Kozel *(Executive Vice President & Executive Creative Director)*
Jonathan Kudla *(Vice President & Group Account Director)*
Christian Lozano *(Vice President & Group Account Director)*
Brittany Paris *(Account Director)*
Nick Phillips *(Media Director)*
Catherine Morgan *(Media)*
Chelsea Gattung *(Director, Content Strategy)*
Whitney Lentz *(Associate Media Director)*
Morgan Harvey *(Account Director)*
Heather Parker *(Media Director)*
Katherine Lehmann *(Senior Account Director)*
Karli Figueroa *(Director, Marketing)*
Brendan Kroll *(Director, Analytics)*
Brandon Hampton *(Creative Director)*
Virginia Alber-Glanstaetten *(Head, Brand Strategy)*
Taylor Bridgers *(Account Supervisor)*
Molly Wright *(Account Supervisor)*
Abby Hill *(Senior Content Strategist)*
Ali Benevento *(Account Supervisor)*
Amanda Mallen *(Account Manager)*
Karlyn Stanback *(Manager, Account)*
Annie Shenk *(Social Engagement Manager)*
Caroline Daws *(Manager, Analytics)*
Emily Harper *(Account Manager)*
Stephanie Singleton *(Senior Producer)*
Brian Krause *(Lead Analyst)*
Alexandra Cousino *(Associate Media Director - Smucker Pet Brands)*
Nikita Desai *(Media Planner)*
Tachelle Anderson *(Digital Media Planner)*
Claire Dillon *(Media Supervisor)*
Helena Wong *(Assistant Media Planner)*
Nicole Bradley *(Designer)*
Michael Ann Price *(Coordinator, Media Operations)*

Accounts:
9-Lives
AMC Entertainment, Inc.
AMC Theatres
American Cancer Society
Arby's Restaurant Group, Inc.
Chick-Fil-A, Inc.
Crystal Cruises
Delta Air Lines, Inc.
FiOS
Five Guys Burgers & Fries
FX Networks
Hallmark Channel
Kibbles 'n Bits
Milk Bone
Moe's Southwest Grill
Nationwide Insurance
Nature's Recipe
Pennington Seed, Inc.
Ruth's Chris Steak House
Sonny's Real Pit Bar-B-Q
The J.M. Smucker Company
Twentieth Century Fox Film Corporation
Wells Fargo Community Banking

MP MEDIA & PROMOTIONS
2099 Thunderhead Road
Knoxville, TN 37922
Tel.: (865) 966-6767
Web Site: www.mpmediapro.com/

Year Founded: 1996

Discipline: Digital

Melody Proud *(Creative Founder)*
Nicole Suits *(Director, Business Operations)*
Racheal Lovelace *(Media Buyer & Creative Services Coordinator)*

MRM//MCCANN
105 Carnegie Center
Princeton, NJ 08540
Tel.: (609) 895-0200
Fax: (609) 895-0222
Web Site: www.mrmworldwide.com

Employees: 150
Year Founded: 1982

Discipline: Digital

Marcy Samet *(Global Chief Marketing Officer)*
Sue DeNooyer *(Senior Vice President, Operations)*
Frann Goldstein *(Vice President & Director, Media Strategy)*
Justin Raiten *(Group Media Director)*

Accounts:
Honeywell International, Inc.

MRM//MCCANN
360 West Maple Road
Birmingham, MI 48009
Tel.: (248) 203-8000
Web Site: www.mrm-mccann.com

Employees: 6

Discipline: Digital

Jeff Cruz *(Executive Vice President & Chief Creative Officer)*
Tamy Harms *(President - Detroit)*
Fred Seidelman *(Executive Vice President & Chief Technology Officer)*
Subu Desaraju *(Executive Vice President, Performance Marketing)*
Jennifer Kohler *(Senior Vice President, Diversified Accounts)*
Nicole Dowswell *(Vice President, Global Communications)*
Megan O'Connor *(Associate Director, Customer Experience Strategy)*
Joe DeMilner *(Director, Technology)*
Drew Burrow *(Associate Content Manager)*
Anuradha Palepu *(Web Developer)*
Jason Touleyrou *(Analyst, Business Intelligence)*
Miranda Castillo *(Senior Digital Communications Specialist)*
De'Leon Dixon *(Performance Analyst)*
Kayla Todd *(Associate Content Manager)*

MRY
299 West Houston Street
New York, NY 10014
Tel.: (212) 274-0470
Fax: (888) 847-5321
Web Site: www.mry.com

Year Founded: 2002

Discipline: Digital

Janet Caputo Karp *(Senior Vice President, & Group Strategy Director)*
Andrew Fingerman *(Vice President, Group Strategy Director)*
Phillip Pessaro *(Vice President & Manager, Production)*
Virginia Alber-Glanstaetten *(Brand Strategy Head)*
Nicole Waxenblatt *(Group Creative Director)*
Elizabeth Cauvel *(Director, Creative)*
Anna Haczkiewicz *(Associate Creative Director)*
Marnie McLagan *(Account Director)*
Carolyn Fine *(Account Supervisor)*
Josh Crafter *(Account Supervisor)*
Abagael Salembier *(Account Supervisor)*
Misha Sumar *(Account Executive)*
Joe Ladd *(Managing Director)*

Accounts:
Blackberry
Cepacol
Children's Tylenol
Delsym
Infant's Tylenol
Johnson & Johnson
Listerine
Listerine Whitening Rinse
Listerine Zero
Mucinex
Mucinex DM
National Grid USA
Pop-Tarts

MULTIMEDIA SOLUTIONS, INC.
935 River Road
Edgewater, NJ 07020
Tel.: (201) 969-0161
Fax: (201) 969-2775
Web Site: www.multimediasolutions.com

Employees: 5
Year Founded: 1992

Discipline: Digital

Steven Zaleon *(Chief Executive Officer)*
Ed Moskowitz *(Executive Vice President & E-Solutions Architect)*

MUSTACHE
20 Jay Street

DIGITAL AGENCIES
AGENCIES - JULY, 2020

Brooklyn, NY 11201
Tel.: (212) 226-3493
Web Site: www.mustacheagency.com

Year Founded: 2010

Discipline: Digital

Todd Griffin *(Partner & Director, Accounts & Business Development)*
Jeff Cambron *(Head, Agency Relations)*
John Limotte *(Chief Executive Officer & Executive Producer)*
Will Bystrov *(Partner & Senior Creative Director)*
Roger Ramirez *(Head, Account Management)*
Roomie Huh *(Account Supervisor)*

Accounts:
Brand USA

NATIONAL BOSTON
115 Dummer Street
Brookline, MA 02446
Tel.: (617) 734-4800
Fax: (617) 734-6323
Web Site: www.nationalboston.com

Employees: 20

Discipline: Digital

Billy Stuart *(Media Director & Editor)*
Nick Sterling *(Executive Producer & Sales Manager)*

NATIVE DIGITAL, LLC
3502 Gillham Road
Kansas City, MO 64111
Web Site: nativedigital.com/

Year Founded: 2013

Discipline: Digital

Justin Watkins *(Chief Executive Officer)*
Jake Jacobson *(Vice President, Growth & Partnerships)*
Jackie Romero *(Account Services Director)*
Shelby Mathews *(Creative Director)*

NAVIGATE MARKETING
125 South Clark Street
Chicago, IL 60603
Tel.: (312) 762-7474
Fax: (312) 527-3170
Web Site: www.navigateresearch.com

Discipline: Digital

A.J. Maestas *(Founder & Chief Executive Officer)*
Jeff Nelson *(President)*
Alexa Linger *(Chief Revenue Officer)*
Matthew Zajac *(Chief, Staff)*
Mark Friederich *(Executive Vice President, Research)*
Julie Angell *(Senior Director, Communications)*

NEBO AGENCY, LLC
1000 Marietta Street NW
Atlanta, GA 30318
Toll Free: (877) 826-8970
Web Site: www.neboagency.com/

Year Founded: 2004

Discipline: Digital

Kimm Lincoln *(President)*
Adam Harrell *(Co-Founder)*
Brian Easter *(Co-Founder)*
Jenn Vickery *(Senior Vice President, Digital Strategy)*
Sarah Christiansen *(Vice President, Project Management)*
Stephanie Wallace *(Vice President, Owned Media)*
Cael Olsen *(Director, User Experience)*
Jenna Thomas *(Senior Director, Public Relations)*
Christy Williams *(Director, Marketing Project Management)*
Pete Lawton *(Creative Director)*
Alice Jaitla *(Director, Business Development)*
Mathew Shamloo *(Art Director)*
Anna Morgan *(Associate Director, Content)*
Jake Burk *(Associate Creative Director)*
Kelly Mancuso *(Senior Director, Paid Media)*
Rachel Gillett *(Director, Content)*
Amanda Oliver *(Director, Social Media Marketing)*
Marisa Remmers *(Director, Strategy & Insights)*
Artur Kim *(Director, Front-End Development)*
Damon Borozny *(Director, Project Management)*
Emily Winck *(Director, Web & Application Development)*
Erin Elijah *(Senior Manager, Interactive Projects)*
Alyssa Armstrong *(Digital Marketing, Project Manager)*
Donovan Shuman *(Strategist, Digital)*
Haley Stauffer *(Manager, Paid Media)*
Haley Filippone *(Public Relations Specialist)*
Courtney Bates *(Digital Media Buyer)*
Brian Alsobrook *(Senior Strategist)*
Mollie Jahnke *(Senior Email Marketing Strategist)*
Kevin Schroeder *(Specialist, Paid Media)*

Accounts:
Brookdale Senior Living

NET CONVERSION
141 North Magnolia Avenue
Orlando, FL 32801
Tel.: (407) 241-2044
Web Site: www.net-conversion.com

Year Founded: 2007

Discipline: Digital

Frank Vertolli *(Co-Founder)*
Kristina Canada *(Vice President, Integrated Marketing)*
Kenny Eisinger *(Analytics Lead)*
Brett Hughes *(Director, Analytics)*
Amanda Sumner *(Director, Account Management)*
Ricky Appelbaum *(Director, Business Development)*
Alexa Parsons *(Senior Analyst, Analytics)*
Valarie Lounsberry *(Senior Analyst, Analytics)*
Gabriela Benitez *(Senior Marketing Analyst)*
Nadia Ballard *(Product & Partnership Development)*

Accounts:
Universal Orlando
Universal Studios Hollywood

NETLINK
999 Tech Row
Madison Heights, MI 48071
Tel.: (248) 204-8800
Fax: (248) 204-8801
Toll Free: (800) 485-4462

Web Site: www.iocenter.net

Year Founded: 1999

Discipline: Digital

Dilip Dubey *(Co-Founder & Chief Executive Officer)*
Greg Hacias *(President - North America)*

NETSERTIVE
2400 Perimeter Park Drive
Research Triangle Park, NC 27560
Fax: (919) 300-5545
Toll Free: (800) 940-4351
Web Site: www.netsertive.com

Year Founded: 2009

Discipline: Digital

Brendan Morrissey *(Co-Founder & Chief Executive Officer)*
Bill Nagel *(Co-Founder & Chief Marketing Strategist)*
Steve Wall *(Vice President, Sales)*

NETWORK DESIGN & COMMUNICATIONS
276 Bowery
New York, NY 10012
Tel.: (212) 431-4675
Fax: (212) 431-5786
Web Site: www.networknyc.com

Employees: 7
Year Founded: 1986

Discipline: Digital

Katerina Caterisano *(President & Creative Director)*
Peter Brydges *(Director, Production Support)*

NEUE
1608 Walnut Street
Philadelphia, PA 19103
Tel.: (215) 964-0058
Web Site: neue.agency

Year Founded: 2015

Discipline: Digital

Jon Wise *(Founder & Creative Director)*
Carolina Velazquez *(Account Manager & Content Creator)*

Accounts:
FTD Flowers
Proflowers.com

NEUTRON INTERACTIVE
9490 South 300 West
Sandy, UT 84070
Tel.: (801) 327-9090
Fax: (801) 327-9077
Toll Free: (877) 276-1921
Web Site: www.neutroninteractive.com

Year Founded: 2005

Discipline: Digital

Dan Caffee *(Chief Executive Officer)*
Shaun Ritchie *(Co-Founder)*
Felicia Call *(President)*

NEXTGUEST DIGITAL
One Penn Plaza

Brands. Marketers. Agencies. Search Less. Find More.
Try out the online version at www.winmo.com

AGENCIES - JULY, 2020 — DIGITAL AGENCIES

New York, NY 10019
Tel.: (212) 752-8186
Fax: (212) 202-3670
Web Site: www.nextguestdigital.com

Year Founded: 2001

Discipline: Digital

Max Starkov *(Founder & Director)*
Jason Price *(Executive Vice President, Business Development)*
Mariana Safer *(Senior Vice President, Key Accounts)*
Jenny Jones *(Account Supervisor)*
Victoria Hsia *(Client Growth Manager)*

NEXTLEFT
1010 Turquoise Street
San Diego, CA 92109
Toll Free: (855) 671-1993
Web Site: nextleft.com/

Year Founded: 2016

Discipline: Digital

John McKusick *(Chief Executive Officer & Founder)*
Katie Fellenz *(Vice President, Marketing)*
Casey Novak *(Vice President, Client Services)*
Jason Zimelman *(Director, Earned Media)*
Brian Oddo *(Senior Manager, Account)*

Accounts:
Hallmark Greeting Cards

NINETY9X
160 Varick Street
New York, NY 10013
Tel.: (212) 941-4470
Web Site: mediastorm.biz

Year Founded: 2014

Discipline: Digital

Erin Richards *(Managing Director)*

NMPI
25 Broadway
New York, NY 10004
Web Site: nmpidigital.com

Year Founded: 2004

Discipline: Digital

Fabiola Blas *(Paid Media Manager)*
Amanda Reese *(Senior Manager, Paid Media)*
Danny Fishbein *(Senior Partnership, Sales Associate)*
Gabrielle Toback *(Senior Associate, Paid Media)*
Danielle Moyer *(Marketing Associate)*
Sinead Considine *(Senior Associate, Paid Media)*
Ed Camargo *(Managing Director - U.S.)*

NOBLE STUDIOS
50 West Liberty Street
Reno, NV 89501
Tel.: (775) 883-6000
Web Site: www.noblestudios.com

Year Founded: 2003

Discipline: Digital

Jarrod Lopiccolo *(Chief Executive Officer)*
Season Lopiccolo *(Chief Operating Officer)*
B. C. LeDoux *(Chief Creative Officer & Managing Director)*
Chad Hallert *(Vice President, Performance Marketing)*
Kimberly Pedego *(Vice President, Client Services)*
Tim Miley *(Creative Director)*
Jill Wieczorek *(Director, Strategic Planning)*
Danielle Christenson *(Manager, Digital Marketing)*
Monica C. Thompson *(Manager, Digital Marketing)*
Rick Saake *(Senior Manager, Digital Marketing)*

Accounts:
TravelNevada.com

NOBOX
3390 Mary Street
Miami, FL 33133
Tel.: (305) 571-2008
Fax: (305) 520-2001
Web Site: www.nobox.com

Discipline: Digital

Jayson Fittipaldi *(Co-Founder & Chief Innovation Officer)*
Diego Fernandez *(General Manager & Partner)*
Santiago Mas *(Chief Brand & Growth Officer)*
Margarita Irizarry *(Partner)*
Carlos Rangel *(Vice President, Business Operations)*
Milette Rosario *(Vice President, Client Services)*
Lizzy Pettigrew *(Creative Director)*
Wilmarie Velez *(Account Manager & Social Media Supervisor)*

NOISE DIGITAL
856 Homer Street
Vancouver, BC V6B 2W5
Tel.: (604) 689-9574
Fax: (604) 689-9575
Web Site: www.noisedigital.com

Year Founded: 1998

Discipline: Digital

Trevor Carr *(Founder & Chief Executive Officer)*
Emeline Bourdel *(Media Planning Supervisor)*
Carly Schmidt *(Senior Digital Campaign Manager)*
Nora Ahern *(Managing Director)*

Accounts:
Nature's Path

NOWSOURCING
9400 Williamsburg Plaza
Louisville, KY 40222
Tel.: (502) 442-7914
Web Site: www.nowsourcing.com

Year Founded: 2005

Discipline: Digital

Judy Wallace *(Managing Partner)*
Brian Wallace *(President & Owner)*

NO|INC
3600 Clipper Mill Road
Baltimore, MD 21211
Tel.: (410) 332-0041
Fax: (410) 332-0042
Web Site: www.noinc.com

Employees: 10
Year Founded: 1999

Discipline: Digital

James Hagen *(President)*
Andrew Spangler *(Owner)*

NTOOITIVE DIGITAL
8350 West Sahara Avenue
Las Vegas, NV 89117
Tel.: (702) 780-8888
Web Site: www.ntooitive.com

Year Founded: 2015

Discipline: Digital

Vikas Khorana *(Chief Technology Officer & Chief Strategy Officer)*
Ryan Christiansen *(Chief Executive Officer)*
Brian Johnson *(Chief Operating Officer)*
Armando Guerrero *(Vice President, Strategic Partnerships)*
Aaron Mills *(Director, Digital Operations)*
Hannah Leavitt *(Client Services Manager)*

Accounts:
L.A. Care Health Plan

NUCLEUS MEDICAL MEDIA
1275 Shiloh Road
Kennesaw, GA 30144
Tel.: (770) 805-0460
Fax: (770) 805-0430
Toll Free: (800) 338-5954
Web Site: www.nucleusmedicalmedia.com

Employees: 20
Year Founded: 1997

Discipline: Digital

Ron Collins *(Chief Executive Officer)*
Keith Pavlik *(President & Co-Founder)*

NUMEDIA GROUP, INC.
5886 De Zavala Road
San Antonio, TX 78249
Tel.: (210) 212-5600
Fax: (210) 212-5800
Web Site: www.numediagroupinc.com

Employees: 6
Year Founded: 1994

Discipline: Digital

Roy Schwaerzel *(President & Chief Executive Officer)*
Titima Schwaerzel *(Vice President, Chief Operating Officer & Co-Founder)*

NUMERATOR
233 South Wacker Drive
Chicago, IL 60606
Tel.: (312) 585-3927
Fax: (312) 529-5127
Toll Free: (800) 235-3781
Web Site: www.numerator.com

Year Founded: 2004

Discipline: Digital

Kevin Harakal *(Chief Operations Officer)*
Dennis Moore *(Chief Executive Officer)*
Diane Isler *(Vice President, Customer Success)*

NUSTREAM
609 Hamilton Street
Allentown, PA 18101

Brands. Marketers. Agencies. Search Less. Find More.
Try out the online version at www.winmo.com

DIGITAL AGENCIES

Tel.: (610) 432-2600
Web Site: www.nustreammarketing.com

Year Founded: 2010

Discipline: Digital

Kevin Fidler *(Partner)*
Brian Yount *(Marketing Director)*
Marissa Fornaro *(Digital Account Manager)*

Accounts:
Alphagraphics, Inc.
Drexel University

NUTRACLICK
24 School Street
Boston, MA 02108
Tel.: (617) 420-2485
Web Site: www.nutraclick.com

Year Founded: 2009

Discipline: Digital

Patrick Carroll *(Chief Marketing Officer)*
Jason Weiss *(Director, Customer Strategy)*
Tania Calderas *(Business Development Manager)*

NYLON TECHNOLOGY
350 Seventh Avenue
New york, NY 10001
Tel.: (212) 691-1134
Web Site: www.nylontechnology.com

Year Founded: 1997

Discipline: Digital

James Curran *(Partner & Co-Founder)*
Steve Grushcow *(Partner & Co-Founder)*

O'NEILL COMMUNICATIONS
2430 Herodian Way
Smyrna, GA 30080-2980
Tel.: (678) 384-7836
Fax: (770) 509-0027
Web Site: www.oneillcommunications.com

Employees: 7
Year Founded: 1987

Discipline: Digital

Gordon O'Neill *(President & Chief Executive Officer)*
Devika Rao *(President, Account Services)*

OGILVY
1200 17th Street
Denver, CO 80202
Fax: (720) 206-0868
Toll Free: (888) 310-5327
Web Site: www.effectiveinc.com

Year Founded: 2005

Discipline: Digital

Mike McFadden *(Executive Vice President, Digital Transformation)*
Kristen Cromer *(Vice President, Experience Design)*

OGILVYONE WORLDWIDE
636 11th Avenue
New York, NY 10036
Tel.: (212) 237-4000
Fax: (212) 237-5123
Web Site: www.ogilvy.com

Employees: 600
Year Founded: 1972

Discipline: Digital

Brian Fetherstonhaugh *(Executive Partner & Chief Talent Officer & Leader, Global Customer Engagement & Commerce)*
Carla Hendra *(Chief Executive Officer, Ogilvy Consulting)*
Joanna Seddon *(President, Global Brand Consulting - OgilvyRED)*
Chris Halsall *(President, Growth & Innovation - OgilvyRED)*
Peter Fasano *(Managing Partner, Digital Transformation)*
Susan Machtiger *(President, Brand & Marketing Strategy - OgilvyRED)*
Andrea Scotting *(Senior Partner & Group Creative Director)*
Debra Fried *(Senior Partner & Group Account Director)*
Doreen Fox *(Senior Partner & Group Creative Director)*
Robert Davis *(Head, Digital)*
Allison Karr *(Group Planning Director, Freelance - Neo)*
Edu de la Herran *(Group Creative Director)*
Dave Mackay *(Director, Engagement Planning)*
Ken Meyer *(Engineer, Digital Audio)*
Liz Deutch *(Managing Director, Client Services)*

Accounts:
British Airways
Citizens Financial Group, Inc.
Motorola
Seagate Technology, Inc.
Sears Holding Corporation
Southwest Airlines

ONE ELEVEN INTERACTIVE, INC.
6 Railroad Street West
Cornwall, CT 06796
Tel.: (860) 672-0043
Fax: (212) 260-8126
Web Site: www.oneeleven-group.com

Employees: 6
Year Founded: 1994

Discipline: Digital

Janet Carlson *(Chief Executive Officer & Creative Director)*
John Sanders *(Chief Operations Officer)*
Doug Bloom *(Partner & Executive Creative Director)*
Felicia Jones *(Director, Public Relations)*
Briana Juliano *(Manager, Communications)*

ONSTREAM MEDIA
1451 West Cypress Creek Road
Fort Lauderdale, FL 33309
Tel.: (954) 917-6655
Fax: (954) 917-6660
Toll Free: (866) 857-1960
Web Site: www.onstreammedia.com

Year Founded: 1993

Discipline: Digital

Randy Selman *(Chairman, President & Chief Executive Officer)*
Alan Saperstein *(Executive Vice President, Chief Operating Officer & Treasurer)*
Clifford Friedland *(Chief Strategy Officer)*
David Glassman *(Senior Vice President & Chief Marketing Officer)*
Robert Tomlinson *(Chief Financial Officer)*

OPERAM LLC
1041 North Formosa Avenue
Los Angeles, CA 90046
Toll Free: (855) 673-7261
Web Site: www.operam.com

Discipline: Digital

Johnny Wong *(Co-Founder, Operam & Panoramic)*
Brian Lam *(Group Director, Programmatic)*
Lesley Regoso *(Associate Account Director)*

Accounts:
A24 Films

OPTIDGE
7322 Southwest Freeway
Houston, TX 77074
Tel.: (832) 303-2686
Web Site: www.optidge.com/

Year Founded: 2010

Discipline: Digital

Danny Gavin *(Founder & Chief Strategist)*
Carli Lilies *(Account Manager)*
Bea Porter *(Manager, Social Media)*
Rachel Howle *(Manager, Digital Marketing)*

ORANGE142
716 Congress Avenue
Austin, TX 78701
Toll Free: (800) 208-8661
Web Site: www.orange142.com

Employees: 50
Year Founded: 1999

Discipline: Digital

Leah Woolford *(Founder & Chairman)*
Jeffrey Woolford *(Partner & Vice President, Research & Development)*
Cliff Ward *(Managing Director, Client & Partner Development)*
Scott Alexander *(Senior Account Director- Orange 142)*

Accounts:
Atlanta Convention & Visitors Bureau

ORGANIC, INC.
600 California Street
San Francisco, CA 94108
Tel.: (415) 581-5300
Fax: (415) 581-5400
Web Site: www.organic.com

Employees: 70
Year Founded: 1993

Discipline: Digital

Sachin Panjwani *(Vice President & Head, Strategy)*
Laura Kaye *(Vice President, Brand Partner)*
Mary Conley *(Associate Director, Client Services)*
Hanna Klein *(Associate Creative Director)*
Emily Hean *(Associate Director, Strategy)*
Jessica Summers *(Associate Creative Director)*
Kaleen Mayhew *(Senior Art Director)*
Lauren Morris *(Account Director)*

AGENCIES - JULY, 2020 — DIGITAL AGENCIES

Chris Brandus (Manager, Account)

Accounts:
Ford Motor Company
Kotex
Poise

ORGANIC, INC.
888 West Big Beaver Road
Troy, MI 48084
Tel.: (248) 454-4000
Fax: (248) 454-3370
Web Site: www.organic.com

Year Founded: 1993

Discipline: Digital

Jim Napolitano (Senior Vice President & Managing Director)
James Trumble (Senior Vice President & Head, US Strategy)

ORGANIC, INC.
220 East 42nd Street
New York, NY 10017
Tel.: (212) 965-6232
Web Site: www.organic.com

Employees: 40
Year Founded: 1992

Discipline: Digital

Laurel Rossi (Chief Partnerships Officer)
Andrew Carlson (Chief Experience Officer)
Cathy Butler (Chief Executive Officer)
Michael Aubrey (Senior Vice President, Operations & Delivery)
Katerina McCarthy (Senior Vice President & Managing Director)
Isabel Kantor (Senior Vice President, Technology)
Lauren Brucato (Project Manager)
Shomari Tomlinson (Senior Associate, Partnerships)

Accounts:
American Family Insurance Group
American Signature Inc
Carter's Inc.
Depend
Ford Motor Company
National Instruments Corporation
Poise
U by Kotex
Value City Furniture
Wells Fargo & Company
Wells Fargo & Company

ORPICAL GROUP
37 John Singer Sargent Way
Marlton, NJ 08053
Tel.: (856) 242-1520
Web Site: www.orpical.com

Year Founded: 2012

Discipline: Digital

Edward DuCoin (Chief Executive Officer)
Stefan Schulz (Director)

OUTBRAIN, INC.
39 West 13th Street
New York, NY 10011
Tel.: (646) 867-0149
Web Site: www.outbrain.com

Year Founded: 2006

Discipline: Digital

Yaron Galai (Co-Founder & Chief Executive Officer)
Elise Garofalo (Chief Financial Officer)
Aric Linkins (Senior Manager, Customer Success)

OVATIVE GROUP
729 North Washington Avenue
Minneapolis, MN 55401
Tel.: (612) 886-1010
Web Site: www.ovative.com

Year Founded: 2009

Discipline: Digital

Dale Nitschke (Founder & Chief Executive Officer)
Steve Baxter (Executive Vice President, Marketing Services)
Dianne Anderson (Vice President, Digital Media)
Zak Haines (Senior Director, Digital Media)
Ericka Strickland (Director, Marketing & Activation Services)
Jen Alcott (Senior Director, Client Services)
Alex Arnason (Senior Manager, Paid Media)
Joanna Kauppila (Senior Manager, Digital Media)
Kathryn Connelly (Manager, SEM)

OVERDRIVE INTERACTIVE
38 Everett Street
Allston, MA 02134
Tel.: (617) 254-5000
Fax: (617) 254-5003
Web Site: www.overdriveinteractive.com

Employees: 10
Year Founded: 2001

Discipline: Digital

Harry Gold (Chief Executive Officer & Managing Partner)
Ty Velde (Co-Founder & Director, Client Services)
Jeff Selig (Vice President, Earned Media & Analytics)
Andrew Abrahams (Director, Interactive Services)

PAGANO MEDIA
11 Millbrook Street
Worcester, MA 01606
Tel.: (508) 595-9200
Fax: (508) 595-9299
Web Site: www.paganomedia.com

Employees: 5
Year Founded: 1980

Discipline: Digital

Kathleen Pagano (Chief Executive Officer & Strategic Director)
Joe Pagano (President & Creative Director)

PARALLEL PATH
4688 Broadway Street
Boulder, CO 80304
Tel.: (303) 396-1111
Web Site: www.parallelpath.com/

Year Founded: 2005

Discipline: Digital

Bryan Boettiger (Co-Founder & Chief Operating Officer)
Hardy Kalisher (Executive Vice President)

Accounts:
Intelligent Offiice
Made in Nature

PASKILL, STAPLETON & LORD
One Roberts Avenue
Glenside, PA 19038-3497
Tel.: (215) 572-7938
Fax: (215) 572-7937
Web Site: www.psandl.com

Employees: 20
Year Founded: 1986

Discipline: Digital

Jim Paskill (President)
Luke Kempski (President - JPL)
David Black (Vice President, Market Research & Consulting)
Robert Oxman (Vice President & Director, Creative Services)
Kristin Convery (Media Manager)

PATH INTERACTIVE, INC.
915 Broadway
New York, NY 10010
Tel.: (212) 661-8969
Fax: (800) 946-1428
Toll Free: (800) 680-4304
Web Site: www.pathinteractive.com

Year Founded: 2005

Discipline: Digital

Michael Coppola (Chief Executive Officer & Founder)
Michael Candullo (Chief Operating Officer & Founder)
Ruben Quinones (Vice President, Client Strategy)
Inna Zeyger (Associate Director, Digital Media)
Lily Ray (Director, SEO)
James Connell (Group Director, Digital Media & Analytics)
Sarah Dryden (Group Director, SEO & Digital Content)
Asaf Shakham (Associate Creative Director)
Sara Molnick (Digital Account Manager)

PEAK CREATIVE MEDIA
3330 Larimer Street
Denver, CO 80205
Tel.: (303) 295-3373
Fax: (303) 455-3363
Web Site: www.peakcreativemedia.com

Year Founded: 2000

Discipline: Digital

Steve FitzRandolph (Owner)
Jennifer Collins (Project Manager)

PEREIRA & O'DELL
1265 Battery Street
San Francisco, CA 94111
Tel.: (415) 284-9916
Web Site: www.pereiraodell.com

Year Founded: 2008

Discipline: Digital

Brands. Marketers. Agencies. Search Less. Find More.
Try out the online version at www.winmo.com

DIGITAL AGENCIES

AGENCIES - JULY, 2020

Andrew O'Dell *(Co-Founder & Chief Executive Officer)*
P.J. Pereira *(Co-Founder & Creative Chairman)*
Robert Lambrechts *(Chief Creative Officer)*
Jeff Ferro *(Vice President & Director, Production)*
Chris Wilcox *(Vice President, Partnerships)*
Jason Apaliski *(Co-Executive Creative Director)*
Ryan Toland *(Co-Director, Client Services)*
Ashley Wells *(Director, Communications & Media Strategy)*
Lenny Karpel *(Group Brand Strategy Director)*
Kevin John *(Brand Director)*
Henry Arlander *(Head, Product & Innovation)*
Jennifer Carrillo *(Director, Operations)*
Lindsey Anderson *(Director, Project Management)*
Simon Friedlander *(Creative Director)*
Lily Fu *(Art Director)*
Hillary Ashton *(Senior Brand Supervisor)*
Caitlin Kinney *(Account Supervisor)*
Katherine Alders *(Brand Manager)*
Hope Stadilus *(Brand Supervisor)*
Daniel Hackett *(Senior Communications Strategist)*
Emily Kim *(Senior Insights & Data Strategist)*

Accounts:
Apples to Apples
Balderdash
Blokus
Cheesecake Factory, Inc.
Fifth Third Bank
Henkel Consumer Goods
Henkel Corporation
Mad Gab
Othello
Pass the Popcorn!
Phase 10
Pictionary
Proflowers.com
Purex
Renuzit
Rover.com
Scene It?
Soft Scrub
UNO

PEREIRA & O'DELL
Five Crosby Street
New York, NY 10013
Tel.: (212) 897-1000
Web Site: www.pereiraodell.com

Year Founded: 2008

Discipline: Digital

Tom Naughton *(Director, Strategy)*
Nick Sonderup *(Executive Creative Director)*
Gabrielle Barbuto *(Brand Director)*
Jake Dubs *(Creative Director & Writer)*
Nina Hensarling *(Communications Strategy Director)*
John Redmond *(Director, Brand Strategy)*
Kira Loretto *(Brand Strategy Director)*
Perry Morton *(Senior Art Director)*
Tiaan De Nysschen *(Brand Supervisor - MINI)*
Diana Soloaga *(Brand Manager - MINI)*
Erica Black *(Account Supervisor)*
Mona Gonzalez *(Managing Director)*

Accounts:
Direct Auto & Life Insurance
Direct General Corporation
Memorial Sloan-Kettering Cancer Center
MINI Cooper
The Advertising Council

The Timberland Company
Timberland
Timberland PRO

PERFICIENT DIGITAL
3027 Miller Road
Ann Arbor, MI 48103
Tel.: (734) 668-6678
Fax: (734) 668-1883
Web Site: www.perficient.com

Employees: 85
Year Founded: 1983

Discipline: Digital

Jim Hertzfield *(Principal & Chief Strategist)*
Katie Oziemski *(Senior Program Manager)*

PICO DIGITAL MARKETING
6105 South Main Street
Aurora, CO 80016
Tel.: (720) 943-8616
Web Site: www.choosepico.com/

Year Founded: 2014

Discipline: Digital

Samantha Bedford *(Founder & Chief Executive Officer)*
Caitlin Garcia *(Vice President, Strategic Partnerships)*
Heather Schallert *(Senior Director, SEO)*
Megan Sakas *(Director, Paid & SEO Integration)*

PLANET CENTRAL
4210 Patterson Avenue
Richmond, VA 23221
Tel.: (804) 726-9437
Web Site: www.planetcentral.com

Employees: 2
Year Founded: 1999

Discipline: Digital

Terry Fink *(Chief Executive Officer & Managing Partner)*
John Hoar *(Vice President, Creative)*

PLAUDIT DESIGN
2470 University Avenue West
Saint Paul, MN 55114
Tel.: (651) 646-0696
Fax: (651) 917-0600
Web Site: www.plauditdesign.com

Year Founded: 1998

Discipline: Digital

Michael Schlotfeldt *(Creative Director & Co-Founder)*
David Schlotfeldt *(Technology Director & Co-Founder)*

PLAYWIRE MEDIA
1000 East Hillsboro Boulevard
Deerfield Beach, FL 33441
Tel.: (954) 418-0779
Fax: (954) 252-2561
Web Site: www.playwiremedia.com

Year Founded: 2007

Discipline: Digital

Jayson Dubin *(Chief Executive Officer)*
Jonathan Trevisani *(Operations Manager)*

PMG
2821 West Seventh Street
Fort Worth, TX 76107
Tel.: (817) 420-9970
Web Site: www.pmg.com

Year Founded: 2010

Discipline: Digital

Timothy Lardner *(Partner, Client Strategy)*
George Popstefanov *(Founder & Chief Executive Officer)*
Price Glomski *(Executive Vice President)*
Lora Parker *(Vice President, Media Services)*
Nadia Ciccotelli *(Lead, Brand Media)*
David Gong *(Head, Marketing)*
Nick Drabicky *(Head, Agency Strategy)*
Earl Hwang *(Director, Global Client Strategy)*
Cristina Freeman *(Director, Media Operations)*
Jason White *(Director, SEO)*
Scott Everett *(Creative Director)*
Angela Seits *(Director, Social Media & Branded Content)*
Natalee Geldert *(Director, Brand Media & Partnerships)*
Ashley Homsher *(Director, Account)*
Natalee Cecil *(Director, Brand Media & Partnerships)*
Angela Seits *(Director, Influencer & Branded Content)*
Carly Carson *(Director, Social)*
Amanda Parker *(Account Supervisor)*
Chris Sinclair *(Head, People Operations)*
Dillon Larberg *(Social Media Manager)*
Devon Rosenberry *(Account Supervisor)*
Kia Pipkin *(Lead, Brand Media)*
Brannon Low *(Senior Manager, Client Operations)*
Amy Robinson *(Ad Operations Manager)*
Laura Bowman *(Programmatic Media Manager)*
Lauren Marr *(Senior Manager, Account)*
Dayle Magill *(Head, Client Operations)*
Abby Long *(Content Editor)*
Madeline Owen *(Coordinator, Agency Marketing)*
Dustin Engel *(General Manager, Corporate Development & Investments)*

Accounts:
Abercrombie & Fitch Company
Beats Electronics, LLC
Cole Haan, Inc.
CrusieOne, Inc.
J. Crew Group, Inc.
J. Crew Group, Inc.
Keen Footwear
Madewell
OpenTable, Inc.
Polo Ralph Lauren Corporation
The Orvis Company, Inc.

POLAR DESIGN
One Constitution Center
Charlestown, MA 02129
Tel.: (781) 404-4000
Fax: (978) 336-4687
Web Site: www.polardesign.com

Employees: 18
Year Founded: 1999

Discipline: Digital

Mark Jaklovsky *(Managing Director & Founder)*
Jolana Jaklovsky *(Owner & Chief Financial Officer)*
Jozef Jaklovsky *(Managing Partner)*

POP-DOT

Brands. Marketers. Agencies. Search Less. Find More.
Try out the online version at www.winmo.com

AGENCIES - JULY, 2020 — DIGITAL AGENCIES

122 West Washington Avenue
Madison, WI 53703
Tel.: (608) 571-0771
Web Site: www.popdotmarketing.com

Year Founded: 2013

Discipline: Digital

Kate Ewings *(Chief Executive Officer & Partner)*
Jason Fish *(Chief Strategist)*
Allison Kattreh *(Account Planner & Digital Strategist)*

POWELL CREATIVE
1801 West End Avenue
Nashville, TN 37203
Tel.: (615) 385-7736
Web Site: www.powellcreative.com

Year Founded: 1991

Discipline: Digital

Wayne Powell *(President & Senior Creative Director)*
Scott Spencer *(Vice President & Creative Director)*

PRAYTELL
1000 Dean Street
Brooklyn, NY 11238
Tel.: (718) 622-3682
Web Site: www.praytellagency.com

Year Founded: 2013

Discipline: Digital

Scott Schneider *(Chief Creative Officer)*
Andy Pray *(Founder)*
Beth Cleveland *(Managing Partner)*
Claudio Taratuta *(Managing Partner)*
Rhea Woods *(Vice President, Influencer Marketing)*
Kelly Gordon-Kaufman *(Vice President, Account Strategy)*
Ryan Delafosse *(Vice President, Creative Strategy)*
Kaitlin Novell *(Senior Director, Account Strategy)*
David Bright *(Creative Director)*
Nestor Bailly *(Director, Strategy)*
Sean Firko *(Director, Brand Strategy)*
Andrew Herrera *(Supervisor, Integrated Strategy)*
Grace Kang *(Associate Creative Director)*
Jeannie Crofts Evanchan *(Director, Account Strategy)*
Jon Chew *(Creative Director)*
Katie Siff *(Director, Creative Strategy)*
Nate Jaffee *(Head, Strategy)*
Sarah Chavey *(Senior Director, Account Strategy)*
Sigvard Alarcon *(Director of Paid Media and Analytics)*
Justin Jahng *(Account Supervisor, Strategy)*
Jarryd Boyd *(Senior Media Strategist)*
Maggie Lee *(Producer, Creative & Video)*

Accounts:
Anheuser-Busch Companies, Inc.
Carvel
Cinnabon
EasyCare
Fender
Focus Brands, Inc.
Guitar Center Management
MAC Cosmetics
McAlister's Corporation
NVIDIA Corporation
Schlotzsky's

PRIMACY
1577 New Britain Avenue
Farmington, CT 06032
Tel.: (860) 679-9332
Web Site: www.theprimacy.com

Year Founded: 2012

Discipline: Digital

Stan Valencis *(President)*
Rosie Walker *(Executive Vice President & Managing Director)*
Craig Kallin *(Senior Vice President, Strategic Solutions)*
Wendy Hensel *(Account Director)*
Alex Fraser *(Senior Strategist)*

PROXIMITY WORLDWIDE
700 West Pete Rose Way
Cincinnati, OH 45203-1892
Tel.: (513) 861-3668
Fax: (513) 487-6855
Web Site: barefootproximity.com

Discipline: Digital

Doug Worple *(Global Chief Executive Officer)*
Troy Hitch *(Global Chief Innovation Officer)*
Julie Hanser *(Director, Talent Development)*
Ross Phernetton *(Executive Creative Director)*

Accounts:
Illy Caffe North America, Inc.

PUBLICIS.SAPIENT
375 Hudson Street
New York, NY 10014
Tel.: (212) 798-6600
Fax: (212) 966-6915
Web Site: www.publicissapient.com

Employees: 391
Year Founded: 1995

Discipline: Digital

Ronald Shamah *(Co-Chief Executive Officer)*
Anthony Yell *(Chief Creative Officer - North America)*
Jem Ripley *(President - East Region)*
Bryan Matsuoka *(Executive Partner)*
Hetal Patel *(Partner, Client)*
Luz Tejada *(Senior Partner, Client)*
Robert Silver *(Senior Vice President & Head, National Media)*
Stevie Dove *(Vice President, Social & Content Marketing)*
Swaroop Reddy *(Group Vice President, Strategy & Consulting)*
Kerri Cullity *(Vice President, Business Development & Strategy)*
Leah Buley *(Vice President, Experience Research)*
Jennifer Berry *(Managing Partner & Group Vice President)*
Amy Junger *(Senior Director)*
Annie Ma *(Senior Director, Project Management)*
Colleen Gilbert *(Media Director)*
Alex Weishaupl *(Group Director, User Experience)*
Greg Boullin *(Head, Digital Product Innovation)*
John Casey *(Global Head, Public Relations & Media Relations)*
Barbara Chai *(Global Head, Content Strategy)*
Ed Vanga *(Senior Director, Product Management & Digital Transformation)*
Weston Johnson *(Associate Media Director)*
Josh Borstein *(Senior Director, Data Science & Analytics)*
Sisi Zhang *(Senior Director, Data Science & Analytics)*
Amos Ductan *(Group Director, Search)*
Andrew Sharetts *(Director, Digital, Social & Content Strategy)*
Benjamin Loh *(Art Director)*
Brian Brown *(Group Creative Director)*
Carly Costantino *(Group Media Director)*
Jeremy Teruya *(Director, Data Science)*
Jessica Zorn *(Associate Director, Data Instrumentation)*
Manja Kurzak *(Creative Director, Experience Design & Digital Product Innovation)*
Mike Roe *(Executive Creative Director, Central Reg)*
Yiannis Psaroudis *(Associate Director, Project Management)*
Malavika Rao *(Director, Brand Strategy)*
Harold Lee *(Technical Account Manager)*
Brian Lu *(Media Account Manager)*
Bia Jaime *(Media Planner)*
Courtney Clarke *(Media Planner)*
Alan Jin *(Manager, Data Analytics)*
Anna Lazar *(Manager, Data Science & Analytics)*
Natanya Gordon *(Manager, Data Science & Analytics)*
Amit Chawla *(Product Manager, Digital Product Management)*
Derek Zaentz *(Account Supervisor)*
Jesse Wilson *(Manager, Data)*
Mark Szandzik *(Manager, Data Sciences)*
Banks Farley *(Senior Digital Strategist)*
Britton Troth *(Senior Associate, Data Science & Analytics)*
Achyuta Burra *(Analyst, Data Science)*
Rob Dimen *(Coordinator, Media Account)*

Accounts:
AC Hotels
Aloft
Autograph Collection Hotels
Bayer Consumer Care Division
Citi
Element Hotels
First Response
Four Points by Sheraton
H&R Block, Inc.
JW Marriott Hotels & Resorts
Le Meridien
Marriott Hotels & Resorts
Marriott International, Inc.
Medtronic
Michael Kors
Peet's Coffee & Tea, Inc.
Protea Hotels
Red Bull North America, Inc.
Renaissance Hotels & Resorts
Sheraton Hotels & Resorts
St. Regis Hotels & Resorts
The Luxury Collection
The Ritz-Carlton Hotel Company, LLC
The Ritz-Carlton Hotel Company, LLC
Tribute Portfolio
Trojan
Trojan Fire & Ice
VF Corporation
Victoria's Secret
W Hotels
Westin Hotels & Resorts

DIGITAL AGENCIES

PUBLICIS.SAPIENT
350 Bush Street
San Francisco, CA 94104
Tel.: (415) 369-6300
Fax: (415) 284-7090
Web Site: www.publicissapient.com

Employees: 100
Year Founded: 1995

Discipline: Digital

Christopher Follett *(Vice President & Executive Creative Director - California)*
Nathan Oliver *(Head, Business Development)*
Todd Zerger *(Creative Director)*

Accounts:
CNN.com
Yahoo! Inc.

PUBLICIS.SAPIENT
424 Second Avenue West
Seattle, WA 98119
Tel.: (206) 816-8800
Fax: (206) 816-8808
Web Site: www.publicissapient.com

Employees: 812
Year Founded: 1995

Discipline: Digital

Samih Fadli *(Global Chief Intelligence Officer)*
Raymond Velez *(Chief Technology Officer)*
Whitney Hutchinson *(Group Vice President & Head, Data & Analytics - North America)*
Sue Gray *(Business Development Director)*
Kamalesh Loganathan *(Senior Director, Client Services)*
Mary McPherson *(Associate Director, Social Content & Engagement Strategy)*
Charlotte Cashill *(Senior Account Director)*
Catie Vigen *(Senior Media Planner)*

Accounts:
Amplifon USA
Axe
Dove
Essilor of America, Inc.
Expedia Group, Inc.
MD Anderson Cancer Center
Seabourn Cruises
T-Mobile USA
Tennant Company, Inc.
Total Wine & More
Tourism New Zealand

PUBLICIS.SAPIENT
222 Merchandise Mart Plaza
Chicago, IL 60654
Tel.: (312) 696-5000
Fax: (312) 876-9866
Web Site: www.publicissapient.com

Employees: 391
Year Founded: 1995

Discipline: Digital

Jason Goldberg *(Chief Commerce Strategy Officer)*
Julie Dickard *(Senior Client Partner)*
Kevin McElroy *(Vice President & Group Creative Director)*
Jerry Lawrence *(Vice President, Social Media & Content Marketing)*
Cristina Lawrence *(Group Vice President, Social & Content Marketing)*

Jon Reily *(Vice President & Head, Commerce Strategy)*
Martin Jacobs *(Vice President, Technology)*
Katie Rivard *(Associate Creative Director)*
Sarah Campbell *(Account Planning Director)*
Tammy Pepito *(Senior Director, Social & Content Marketing)*
Stefanie Goliszewski *(Account Supervisor)*
JP Saidnawey *(Senior Associate, Data Analytics)*
Alexandra Fotis *(Senior Associate, Data Science & Analytics)*
Ela Khan *(Senior Analyst, Data Science)*

Accounts:
Blackberry
Esurance
The Kroger Company

PUBLICIS.SAPIENT
131 Dartmouth Street
Boston, MA 02116
Tel.: (617) 621-0200
Fax: (617) 621-1300
Web Site: www.publicissapient.com

Employees: 2314
Year Founded: 1990

Discipline: Digital

Christopher Davey *(Chief Strategist & Global Head, Partnerships)*
John Maeda *(Chief Experience Officer)*
Teresa Barreira *(Global Chief Marketing Officer & Senior Vice President)*
Nigel Vaz *(Chief Executive Officer)*
Alan Wexler *(Chairman)*
Shiva Bharadwaj *(Executive Vice President, Sapient Consulting)*
Chirag Shah *(Senior Vice President & Head, Financial Technology & Innovation - North America)*
Frank Schettino *(Senior Vice President)*
Barry Fiske *(Group Vice President & Executive Creative Director)*
Lisa Kile *(Head, Delivery - Healthcare Vertical)*
Lauren Nguyen Cohen *(Director, Talent & Employer Brand)*
Paul Amelchenko *(Group Creative Director)*
David Herring *(Manager, Experience Lead)*
Bruna Camargo *(Senior Manager, Social Content)*
Amanda Gertler *(Analyst, Social Content)*
Rena Feldman *(Analyst, Social Content)*

Accounts:
Grey Goose
Mopar Auto Parts
United States Department of Health & Human Service

PUBLICIS.SAPIENT
2911 Grand Avenue
Coconut Grove, FL 33133
Tel.: (305) 253-0100
Fax: (617) 621-1300
Web Site: www.publicissapient.com

Employees: 150
Year Founded: 1990

Discipline: Digital

Joey Wilson *(President - South Region)*
Kristi Schneider *(Senior Account Director)*
Allison Bistrong *(Creative Director & Global Brand Lead, Marketing)*
Hilding Anderson *(Senior Director, Strategy & Consulting)*
Jessica Smoller *(Account Director)*
Macie Steils *(Account Director)*
Tiffany Ramirez *(Senior Project Manager)*
Katherine Oporta *(Manager, Media Account)*
Stacey Ramia *(Manager, Media Planning)*

Accounts:
Marriott Bonvoy
Marriott International, Inc.

PUBLICIS.SAPIENT
3630 Peachtree Street Northeast
Atlanta, GA 30326
Tel.: (770) 407-3400
Fax: (404) 739-5088
Web Site: www.publicissapient.com

Employees: 50
Year Founded: 1995

Discipline: Digital

Chris Hall *(Co-Chief Executive Officer - North America)*
Daniel Alpert *(Partner, Client & Vice President)*
Nadira Kalliecharan *(Vice President, Program Management - Digital Solutions & Digital Transformation Consulting)*
Kendra Hatcher King *(Group Strategy Lead - Publicis Groupe)*
Lindsay Wachs *(Capacity Partner & Director Staffing)*
Keefe Justice *(Associate Director, Creative)*
Smita Allex *(Director, Media)*
Dena Martin *(Associate Media Director)*
Joe McWilliams *(Associate Director, Data Science & Analytics)*
Maureen Streett *(Associate Director, Media)*
Betsy Spain *(Associate Director, Project Management)*
Nathan Oliver *(Head, Business Development - Retail - Transportation, Mobility, CPG & Western - North America)*
Nikki Farrah *(Senior Manager, Digital Product)*

Accounts:
AT&T Mobility, LLC

PUBLICIS.SAPIENT
2301 Rosecrans Avenue
Los Angeles, CA 90245
Tel.: (310) 343-6111
Web Site: www.publicissapient.com

Employees: 60
Year Founded: 1995

Discipline: Digital

Eric Erickson *(Vice President & Senior Director, Delivery & Operations)*
Stacey Barrette *(Associate Director, Project Management)*
Toby Past *(Group Creative Director)*
Ryan Wesierski *(Senior Account Director)*
Lea Taylor *(Associate Director, Social Content & Engagement Strategy)*
Robert Aquadro *(Associate Creative Director)*
Jamie Young *(Associate Director, Content Design)*
Peter Heinemann *(Senior Digital Project Manager)*
Airaby Bubica *(Account Supervisor)*

Accounts:
Acura

AGENCIES - JULY, 2020 — DIGITAL AGENCIES

Acura ILX
Acura MDX
Acura NSX
Acura RDX
Acura RLX
Acura TLX
American Honda Motor Co., Inc.
Honda
Honda Accord
Honda Civic
Honda Clarity
Honda CR-V
Honda Fit
Honda HR-V
Honda Odyssey
Honda Pilot
Honda Ridgeline

PUBLICIS.SAPIENT
300 West Sixth Street
Austin, TX 78701
Tel.: (512) 532-2000
Fax: (512) 532-2001
Web Site: www.publicissapient.com

Year Founded: 1995

Discipline: Digital

Chelsea Davis *(Lead Social & Content Strategist)*

Accounts:
Patron
The Patron Spirits Company

PUBLICIS.SAPIENT
2301 Rosecrans Avenue
El Segundo, CA 90245
Tel.: (310) 343-6111
Web Site: www.publicissapient.com

Year Founded: 1990

Discipline: Digital

Joshua Ratliff *(Senior Account Director)*

PUBLICIS.SAPIENT
35 West Wacker Drive
Chicago, IL 60601
Tel.: (312) 696-5000
Fax: (312) 458-1801
Web Site: www.publicissapient.com

Year Founded: 1990

Discipline: Digital

Zachary Jean Paradis *(Group Vice President, Experience Strategy Lead & Customer Experience Practice Lead)*

PUBLICIS.SAPIENT
134 Peter Street
Toronto, ON M5V 2H2
Tel.: (416) 645-1500
Fax: (416) 645-1501
Web Site: www.publicissapient.com

Year Founded: 1990

Discipline: Digital

Hemash Bhatti *(Manager, Marketing Strategy & Analytics)*
Anika Chadha *(Digital Manager)*
Nelson Pereira *(Managing Partner)*

PUBLICIS.SAPIENT
135 North Old Woodward
Birmingham, MI 48009
Tel.: (248) 530-4030
Fax: (248) 593-1089
Web Site: www.publicissapient.com

Year Founded: 1990

Discipline: Digital

Nicolas Karchon *(Account Director, Mopar)*
Nicole Reincke *(Account Director)*
Justin Yates *(Account Director)*
Jack Nelson *(Associate Director, Production)*
Joseph Burtoni *(Associate Director, Social Content & Engagement Strategy - FCA Brands)*
Malissa Martin *(Director, Digital Account)*
Chelsea Cooke *(Director, Account)*
Jennifer Murphy *(Account Director, Chrysler & Fiat)*
Lindsey Boswell *(Account Director)*
Beth Rea *(Senior Director, Social Content & Engagement Strategy - FCA)*
Anna Lazar *(Manager, Data Science & Analytics)*
Colleen Callahan *(Senior Account Executive)*
Kelly Maise *(Senior Account Manager)*
Jeff Malin *(Social Content Analyst)*
Margaret Fragel *(Analyst, Social Content - Jeep)*
Jacqlyn Ucinski *(Senior Account Executive)*

Accounts:
Chrysler
Dodge
Fiat
Jeep
Mopar Auto Parts
Ram

PWC
1420 Fifth Avenue
Seattle, WA 98101
Tel.: (206) 398-3000
Web Site: www.pwc.com

Year Founded: 2009

Discipline: Digital

Mitchell Weimer *(Director, Digital Retail)*
Brittnee Long *(Senior Manager, External Communications)*

PWC DIGITAL SERVICES
600 Silks Run
Hallandale Beach, FL 33009
Tel.: (305) 438-1800
Fax: (305) 438-1560
Toll Free: (877) 792-4357
Web Site: www.pwc.com

Discipline: Digital

Jose Reyes *(Principal, Chief Creative Officer)*
David Clarke *(Chief Experience Officer, Experience Consulting & Digital Consumer Markets Leader, Principal)*
Joe Atkinson *(Chief Digital Officer)*
Travis Sheppard *(Director, Experience Center)*
Garrett Bugda *(Director-PwC Advisory)*

Accounts:
PricewaterhouseCoopers
Sony Electronics

QUESTUS
675 Davis Street
San Francisco, CA 94111
Tel.: (415) 677-5719
Web Site: www.questus.com

Employees: 30
Year Founded: 1998

Discipline: Digital

Jordan Berg *(Co-Founder & Chief Creative Officer)*
Debbie Dumont *(Executive Vice President, Client Services)*
Matthew Hussey *(Vice President & Group Account Director)*
Jeff Wagener *(Vice President & Creative Director)*
Alyce Strapp *(Media Director)*
Justin McDonald *(Digital Strategist)*
Jason Kramer *(Senior Media Planner, Coordinator, Advertising Operations & Analyst)*

Accounts:
Bandit Series
Boulevard Series
Burgman Series
DR Series
GS Series
Hayabusa
King Quad Series
Ozark
Quad Series
RM-Z Series
Suzuki Marine
Suzuki Motor of America, Inc.
SV Series
TU Series
V-Strom

R/GA
450 West 33rd Street
New York, NY 10001
Tel.: (212) 946-4000
Fax: (212) 946-4010
Web Site: www.rga.com

Year Founded: 1977

Discipline: Digital

Barry Wacksman *(Vice Chairman & Global Chief Strategy Officer)*
Stephen Plumlee *(Vice Chairman)*
Richard Ting *(Global Chief Experience Officer)*
Joseph Tomasulo *(Executive Vice President & Global Chief Financial Officer)*
Saneel Radia *(Global Chief Innovation Officer)*
Jess Greenwood *(Global Chief Marketing Officer)*
Tiffany Rolfe *(Executive Vice President & Chief Creative Officer - US)*
Sean Lyons *(Global Chief Executive Officer)*
Nick Coronges *(Executive Vice President & Chief Technology Officer)*
Ivan Arbitman *(Chief Information Officer)*
Angie Hannam *(Executive Vice President & Global Chief Talent Officer)*
Chapin Clark *(Executive Vice President)*
Ben Williams *(Senior Vice President, Executive Creative Director & Head, Creative)*
Mike Rigby *(Vice President & Executive Creative Director - Business Transformation.)*
Rachel Mercer *(Vice President & Head, Strategy)*
Ilyssa Van Oss *(Vice President, Executive Director, Business Operations)*
David DeCheser *(Vice President & Group Executive Creative Director)*
Matt Van Dzura *(Executive Producer)*
Jo Hayes *(Associate Director)*

Brands. Marketers. Agencies. Search Less. Find More.
Try out the online version at www.winmo.com

260

DIGITAL AGENCIES

AGENCIES - JULY, 2020

Felicia Zhang *(Director, Executive Strategy)*
Nicholas Pringle *(Group Executive Director, Creative)*
Shawn Zupp *(Group Account Director)*
Ellie Bamford *(Head, Media)*
Joshua Lanz *(Group Director, Account)*
Nicolina Jennings *(Group Director, Account)*
Lisa Greenleaf *(Group Director, Production)*
Elizabeth Bourke *(Group Account Director)*
Erin Rabasca *(Executive Director, Content Studio Operations)*
Mike Donaghey *(Executive Creative Director)*
Chris Joakim *(Executive Creative Director)*
Erin Lynch *(Group Executive Creative Director)*
Augustus Sung *(Associate Creative Director)*
David Stevanov *(Associate Creative Director)*
Tahira McGhee *(Group Director, Media Management)*
Georgia Newton *(Group Account Director)*
Gabriela Laguna *(Director, Account)*
Genevieve George *(Global Executive Director, Marketing & Growth)*
Pete Fraser *(Group Director, Connections)*
Allie Walker *(Associate Director, Strategy)*
Cesar Marchetti *(Creative Director)*
Christian Butte *(Group Director, Creative)*
Gene Perelson *(Group Creative Director)*
Jenna Halliday *(Group Director, Production)*
John Berman *(Executive Creative Director)*
Liz Hart *(Group Director, Media Operations)*
Michael Beverley *(Group Account Director)*
Shashank Raval *(Director, Creative & Experience Design)*
Thomas Bossert *(Executive Creative Director, Brand Development & Group Director)*
Ryan Adair *(Creative Director)*
Peter Desouza *(Senior Manager, Human Resources)*
Kira Doyle *(Group Director, Production)*
Jason Burke *(Senior Copywriter)*
Harris Baum *(Manager, Growth & Development)*
Mikako Yoshii *(Senior Analyst, Marketing Sciences)*
Ina Choi *(Producer, Media)*
Josh Daghir *(Senior Strategist)*
Rachel Cantrell *(Senior Verbal Designer)*
Devon Bremer *(Media Planner & Buyer)*
Michael Stoopack *(Managing Director)*
Kyle Bunch *(Managing Director, Global Sports Venture Studio)*

Accounts:
Ally Bank
Ally Financial, Inc.
Antima
Burberry Timepieces
Chanel, Inc.
Clairol
Converse, Inc.
Emporio Armani Watches
Fossil
Fossil Blue
Fossil Group
General Electric Corporation
Guinness
LEGO
LEGO DUPLO
Lego Systems, Inc.
MakerBot Industries
Mastercard.com
Mercedes-Benz USA, LLC
Mercedes-Benz USA, LLC
Natural Instincts Hair Color
Nice 'n Easy
Nike+
Nike+ FuelBand
Nike, Inc.

PricewaterhouseCoopers
Relic
S.C. Johnson & Son, Inc.
SVEDKA
The Advertising Council
Verizon Communications, Inc.
Verizon Wireless, Inc.
Wella
Western Digital Corporation

R/GA
35 South Park
San Francisco, CA 94107
Tel.: (415) 624-2000
Web Site: www.rga.com

Year Founded: 1977

Discipline: Digital

David Corns *(Senior Vice President & Managing Director)*
Nik Karlsson *(Group Account Director)*
Brian Vandeputte *(Senior Art Director)*
Kevin Koller *(Creative Director)*
Yael Cesarkas Handelman *(Executive Strategy Director)*
Christopher Bridle *(Growth Director, Business Transformation)*
Dylan Boyd *(Director, New Programs Development - R/GA Ventures)*
Cara Watson *(Managing Director, Client Services)*

Accounts:
eBay
Reddit, Inc.
Slack Technologies, Inc.

R/GA
217 North Jefferson
Chicago, IL 60661
Tel.: (312) 276-5300
Web Site: www.rga.com

Year Founded: 1977

Discipline: Digital

Charles Chung *(Vice President & Executive Director, Production & Operations)*
AJ Hassan *(Vice President, Executive Creative Director)*
Maria Zavala *(Associate Media Director)*
Lizette Morazzani *(Creative Director)*
Derek Heinze *(Associate Creative Director)*
Andy La Fond *(Executive Director, Media)*
Sue Kohm *(Creative Director)*
Manny Fernandez *(Creative Director)*
Eric King *(Creative Director)*
Hannah Gargulak *(Senior Analyst, Finance)*
Kathryn Worthington *(Managing Director, Strategy)*

Accounts:
bubly
Cars.com
LIFEWTR
National Cattlemen's Beef Association
S.C. Johnson & Son, Inc.

R/GA
12777 West Jefferson Boulevard
Los Angeles, CA 90066
Tel.: (310) 882-2680
Web Site: www.rga.com

Year Founded: 1977

Discipline: Digital

Nicky Bell *(Senior Vice President & Managing Director)*
Adrian Barrow *(Executive Strategy Director)*
Jeanne Nicastro *(Global Executive Director, Talent Transformation)*
Stephen Larkin *(Executive Director, Growth)*
Jai Tedeschi *(Executive Director, Production & Operations)*
Jack Appleby *(Strategy Director)*
Cole Hammack *(Associate Strategy Director)*
Paige Poulsen *(Account Supervisor)*

R/GA
420 Northwest 14th Avenue
Portland, OR 97209
Tel.: (503) 734-2320
Web Site: www.rga.com

Year Founded: 1977

Discipline: Digital

Sammi Needham *(Vice President & Executive Creative Director)*
Angel Xie *(Associate Strategy Director)*
Joseph Mains *(Creative Director)*
Daan van Dam *(Associate Creative Director)*
Tara Moss *(Managing Director - Portland)*

R/GA
405 North Lamar Boulevard
Austin, TX 78703
Tel.: (512) 774-3600
Web Site: www.rga.com/offices/austin

Year Founded: 1977

Discipline: Digital

Katrina Bekessy *(Vice President, Technology)*
Melanie Mahaffey *(Director, Public Relations)*
Kate Gunning *(Associate Strategy Director)*
Megan Trinidad *(Executive Creative Director)*
Megan Mills *(Group Account Director)*
Devin Brown *(Associate Creative Director)*
Miles Gilbert *(Senior Art Director)*
Juan Pedro Gonzalez *(Associate Creative Director)*
Jess Jabbar *(Group Director, Production)*
Murray Wyse *(Group Creative Director)*
Erica Wilson *(Group Account Director)*
Elizabeth Thompson *(Executive Strategy Director)*
Marie Graw *(Account Supervisor)*
Charlotte Robertson *(Account Director)*
Candice Hahn *(Senior Vice President & Managing Director)*

Accounts:
Crocs
Frito-Lay, Inc.
RaceTrac Petroleum, Inc.

R2INTEGRATED
400 East Pratt Street
Baltimore, MD 21202
Tel.: (410) 327-0007
Fax: (410) 369-3671
Web Site: www.r2integrated.com

Year Founded: 2003

Discipline: Digital

David Taub *(Managing Director)*
Chris Chodnicki *(Co-Founder & Senior Vice President, Business Development & Partnerships)*

Brands. Marketers. Agencies. Search Less. Find More.
Try out the online version at www.winmo.com

AGENCIES - JULY, 2020 — DIGITAL AGENCIES

Jennifer Quinlan *(Chief Executive Officer)*
Nick Christy *(Senior Vice President, Technology)*
Sarah Hampton *(Senior Vice President, Operations)*
Cheryl Donaldson *(Vice President, Client Services)*
Rachel Lawrence *(Director, Media)*
Caroline Hook *(Account Director)*
Erica Sante *(Director, Marketing Automation)*
Lindsey Byroads *(Senior Director, Account Services - Digital Marketing)*
Rachel Curasi *(Media Director)*
Steve Hill *(Senior Director, Brand Strategy)*
Amy White *(Media Planner)*
Lauren Jones *(Media Planner)*
Erica Magnotto *(Search Engine Marketing Manager)*
Katie Keane *(Senior Media Planner)*
Regan Shields *(Senior Manager, Technical Project)*
Brianna Desmet *(Media Specialist)*

Accounts:
Bausch Health Companies Inc.
Constellation Energy Group, Inc.
Microsoft
National Aquarium in Baltimore, Inc.
SanDisk Corporation
University of Maryland
University of Michigan

RAIN
610 West 26th Street
New York, NY 10001
Tel.: (212) 206-6850
Web Site: rain.agency

Year Founded: 1999

Discipline: Digital

Will Hall *(Chief Creative Officer)*
Nithya Thadani *(Chief Executive Officer)*
Brian Edelman *(Partner)*
Nick Godfrey *(Chief Operating Officer)*
Greg Hedges *(Vice President, Emerging Experiences)*
Eric Turkington *(Vice President, Strategic Partnerships)*
Mia Azpeitia *(Vice President, Operations)*
Dale LaRue *(Director, Client Strategy)*
Matt Lang *(Director, Strategy)*
Elissa Dailey *(Engagement Strategist)*

Accounts:
Amazon Echo

RAIN 43
573 King Street East
Toronto, ON M5A 1M5
Tel.: (416) 361-1804
Fax: (416) 203-8002
Web Site: www.rain43.com

Discipline: Digital

John Yorke *(Chief Executive Officer)*
Christine McNab *(President)*
Duncan Porter *(Vice President & Executive Creative Director)*
Edge Watson *(Controller)*
Amanda Tucci *(Account Supervisor)*

RALPH
7204.5 Melrose Avenue
California, CA 90046
Tel.: (323) 413-2757
Web Site: www.ralphandco.com

Year Founded: 2005

Discipline: Digital

Iain Barrington-Light *(Founder & Chief Executive Officer)*
Rafael Medeiros *(Director, Senior Art)*
Jamil Larkins *(Social Producer)*
Chelsea Gagliano *(Strategist, Creative Social)*
Alexis Strobin *(Strategist, Creative Social)*
Kamisha Lauture *(Coordinator, Creative Social)*
Courtney Luer *(Coordinator, Creative Social)*

Accounts:
Netflix

RATESPECIAL INTERACTIVE LLC
46 Smith Alley
Paasadena, CA 91103
Tel.: (626) 376-4702
Web Site: www.ratespecial.com

Discipline: Digital

David Tam *(Chief Executive Officer & Co-Founder)*
Thomas McErlane *(President & Co-Founder)*
Bertrand Seow *(Chief Technology Officer & Co-Founder)*
Joanna Jardeleza *(Vice President, Marketing Operations)*
Christine Kim *(Vice President, Marketing Services)*

RATIO INTERACTIVE
413 Pine Street
Seattle, WA 98101

Year Founded: 2005

Discipline: Digital

Miles Pember *(Vice President, Human Resources)*
Russ Whitman *(Managing Director)*
Nate Thompson *(Managing Director)*

RATIONAL INTERACTION
1201 Third Avenue
Seattle, WA 98101
Tel.: (206) 623-1873
Web Site: www.rationalagency.com

Year Founded: 2009

Discipline: Digital

Joseph Debons *(Executive Chairman)*
Kristy Snowden *(Vice President, Client Services & Operations)*
Ian Clausen *(Vice President, Technology Strategy & Solutions)*
Jennifer Brien *(Account Director)*
Dj Wheeler *(Executive Managing Director)*

Accounts:
Acer America Corporation
Acer Switch
Aspire
Predator
Travel Mate
Veriton

RATTLEBACK, INC.
1847 West Fifth Avenue
Columbus, OH 43212
Tel.: (614) 486-0286
Fax: (614) 486-7460
Web Site: www.rattleback.com/

Employees: 9
Year Founded: 1972

Discipline: Digital

Jason Mlicki *(Principal)*
John Randle *(Creative Director)*
Renee Rodgers *(Account Supervisor)*

RAZORFISH HEALTH
100 Penn Square East
Philadelphia, PA 19107
Tel.: (267) 295-7100
Fax: (267) 295-7101
Web Site: www.razorfish.com

Employees: 120
Year Founded: 1996

Discipline: Digital

Marion Chaplick *(Chief Client Officer)*
Keri Hettel *(Senior Vice President & Group Director, Analytics)*
Mike Reiser *(Vice President - ACD)*
Stephanie Franke *(Vice President & Creative Director)*
Amanda Moyer *(Senior Account Director)*
Drew Griffin *(Director, Digital Solutions)*
David Paragamian *(Managing Director)*

READY SET ROCKET
636 Broadway
New York, NY 10012
Tel.: (212) 260-2636
Web Site: www.readysetrocket.com

Year Founded: 2009

Discipline: Digital

Aaron Harvey *(Co-Founder & Executive Creative Director)*
Alex Lirtsman *(Co-Founder & Chief Strategist)*
Lauren Nutt Bello *(Partner & Vice President, Client Services)*
Mike Shannon *(Associate Director, Operations)*

Accounts:
Deutsche Bank
Manhattan Mini Storage
Michael Kors
National Basketball Association
Seagram's Gin
Univision

REALITY INTERACTIVE, LLC
386 Main Street
Middletown, CT 06457
Tel.: (860) 346-2700
Web Site: www.realityi.com

Year Founded: 2004

Discipline: Digital

Craig Martin *(Principal & President)*
Bryson Hyte *(Partner & Chief Technology Officer)*
Jim Ligotti *(Partner & Chief Operating Officer)*

REBEL VENTURES INC.
6446 West 85th Place
Los Angeles, CA 90045

DIGITAL AGENCIES

Web Site: www.rblventures.com

Discipline: Digital

Craig Howe *(Co-Founder & Chief Executive Officer)*
Diana Klochkova *(Co-Founder & Chief Operating Officer)*
Jaci Hays *(Chief Revenue Officer)*
Joe Puglisi *(Head, Creative Strategy)*
Priscilla Lee *(Senior Manager, Business Operations & Strategy)*
Samantha Haglund *(Operations Coordinator)*

Accounts:
Golden State Warriors

RENAISSANCE
600 B Street
San Diego, CA 92109
Tel.: (858) 568-3054
Web Site: www.21strenaissance.com/

Year Founded: 2016

Discipline: Digital

Doug Darroch *(Founder)*
Dana Uzana *(Social Media Marketing Specialist)*

Accounts:
Lively
Mack Weldon

REPEQUITY
1211 Connecticut Avenue NW
Washington, DC 20036
Tel.: (202) 654-0800
Web Site: www.repequity.com

Year Founded: 2007

Discipline: Digital

Tripp Donnelly *(Founder & Chief Executive Officer)*
Kyong Choe *(Chief Financial Officer & Chief Operating Officer)*
Robert Fardi *(Partner, Equity & Executive Vice President)*
Eric Gilbertsen *(Executive Vice President, Digital Strategy & Client Services)*
Stephen Wanczyk *(Senior Vice President, Search & Social Media)*
Kenny Rufino *(Senior Vice President & Creative Director)*
Dan Katz *(Vice President, Strategy & Analytics)*
Avelyn Austin *(Vice President, Business Development & Marketing)*
Ashley Barna *(Vice President, Digital Advertising & Search Engine Optimization)*
Katie Garrett *(Vice President, Client Service)*
Tiffany Crockett *(Vice President, Client Service)*

RESOLUTE DIGITAL, LLC
601 West 26th Street
New York, NY 10001
Tel.: (212) 300-6806
Web Site: resolute.com

Year Founded: 2008

Discipline: Digital

Jarod Caporino *(Managing Partner)*
Brian McNamee *(Managing Partner)*
Aliciana Bowers-Odom *(Associate Media Director)*

RESOLUTION MEDIA
195 Broadway
New York, NY 10007
Tel.: (312) 980-1600
Fax: (312) 980-1699
Web Site: www.resolutionmedia.com

Year Founded: 2003

Discipline: Digital

Rachel Vicario *(Group Account Director- PHD)*
Kannan Selvaratnam *(Director, CommerceConnect Amazon)*
Maria Hakimi *(Group Director, Digital - OMD)*
Earn Tay *(Group Account Director - Commerce)*
Daniel Waylonis *(Associate Director - OMD)*
Amy Darwish *(Senior Director, Media Operations- Omnicom Media Group)*
Matthew Seidner *(Associate Director, Digital Activation - OMD)*
Michael Pecci *(Group Account Director)*
Taylor Shannon *(Director)*
Caren Axelrod *(Associate Director - PHD)*
Darby Brandon *(Supervisor, Paid Social - PHD)*

RESOURCE/AMMIRATI
250 South High Street
Columbus, OH 43215
Web Site: www.ibm.com/services/ibmix

Year Founded: 1981

Discipline: Digital

Kit Shea *(Director, Strategic Services)*
Sean Ryan *(Associate Director, Measurement & Analytics)*

Accounts:
BirchBox

RHYME & REASON DESIGN
PO Box 8671
Atlanta, GA 31106
Mailing Address:
685 Linwood Avenue
Atlanta, GA 30306
Tel.: (404) 793-7879
Web Site: www.rhymeandreasondesign.com

Year Founded: 2008

Discipline: Digital

Karen Pearson-Mckenzie *(Co-Founder & Creative Director)*
Scarlett Rosier *(Co-Founder & Director, Operations)*

RHYTHM
9860 Irvine Center Drive
Irvine, CA 92618
Tel.: (949) 783-5000
Fax: (949) 783-5001
Web Site: www.rhythmagency.com

Year Founded: 1996

Discipline: Digital

Craig Cooke *(Chief Executive Officer)*
Peter Bohenek *(President)*
Hannes Meyer *(Chief Creative Officer)*
Karene Haeseker *(Director, Project Management)*
Brad Atwater *(Director, Technology)*
Brooke Briggs *(Senior Manager, Traffic)*

Accounts:
Schreiber Foods, Inc.

RHYTHMONE
One Van De Graaf Drive
Burlington, MA 01803
Web Site: www.rhythmone.com

Employees: 46
Year Founded: 1995

Discipline: Digital

Karim Rayes *(Chief Product Officer)*
Katie Paulsen *(Vice President, Influencer Marketing)*
Chuck Moran *(Vice President, Revenue Operations)*
John Babcock *(Vice President, Influencer Sales)*
Melody Brunell *(Director, Influencer Activation)*
Caitlin Lucey *(Senior Director, Influencer Marketing)*
Chris Ryan *(Sales Director - Influencer Marketing)*
David Neuman *(Director, Social Media & Sales Strategy)*
Jenny Caleo *(Director, Platform Supply)*
Brittany Dickson *(Manager, Media Partnerships)*

RIGHTPOINT
50 Milk Street
Boston, MA 02110
Tel.: (617) 383-9007
Web Site: www.rightpoint.com

Year Founded: 2001

Discipline: Digital

Gregory Raiz *(Chief Innovation Officer)*
Vadim Dolt *(Managing Director & Senior Vice President, Marketing Technology)*
Chris Crombie *(Senior Vice President, Business Development & Alliances)*
Madlene Olander *(Vice President, Project Management Operations)*
Sarah Strauss *(Senior Director, Marketing)*
Brian Bohne *(Director, Project Management)*
Mark Ursino *(Senior Director, Technology & CMS Practice Lead)*
Christopher Anthony *(Art Director)*
Kate Quigley *(Associate Director, Project Management Digital Operations)*
Sandy Dekoschak *(Senior Project Manager)*
Michael Maloney *(Account Supervisor)*
Ankit Batheja *(Senior Digital Project Manager)*
Paige Swanbon *(Associate Project Manager)*
Wendy Karlyn *(Senior Vice President & Managing Director)*

RIGHTPOINT
1611 Telegraph Avenue
Oakland, CA 94612
Tel.: (415) 935-3390
Web Site: www.rightpoint.com

Year Founded: 2001

Discipline: Digital

Brad Schneider *(Co-Founder & Co-Chief Executive Officer)*
Ross Freedman *(Co-Founder & Co-Chief Executive Officer)*
Jobin Ephrem *(Executive Vice President, Technology & Executive Director)*
Anamika Lasser *(Senior Vice President, Design & Strategy)*
Micah Swigert *(Senior Vice President, Technology)*

AGENCIES - JULY, 2020 — DIGITAL AGENCIES

Ron Scheuman *(Senior Vice President, Operations)*
Rich Wood *(Vice President, Microsoft)*
Brandon Rozelle *(Vice President, Solution Strategy)*
Bradley Vesprini *(Vice President, Delivery)*
Michael Becker *(Vice President, Delivery Excellence)*
Tom Quish *(Vice President & Head, Design)*
Thomas John *(Senior Director & Commerce Practice Lead)*
Adrienne Chalfant Parker *(Account Director)*
Meggan Dunne *(Senior Project Manager)*

Accounts:
Greyhound Bus Lines, Inc.

RIPCORD DIGITAL, INC.
307 Third Street
Huntington Beach, CA 92648
Tel.: (714) 916-5650
Web Site: www.ripcorddigital.com/

Year Founded: 2010

Discipline: Digital

Justin Cato *(Principal & Co-Founder)*
Matt McCullough *(Principal & Co-Founder)*

RISE INTERACTIVE
One South Wacker Drive
Chicago, IL 60606
Tel.: (312) 281-9933
Web Site: www.riseinteractive.com

Year Founded: 2004

Discipline: Digital

Howard Diamond *(Chief Strategy Officer)*
Jon Morris *(Founder & Chief Executive Officer)*
Scott Conine *(Chief Operating Officer)*
Lawrence Fisher *(President)*
Reid Valfer *(Chief Client Delivery Officer)*
Brent Laufenberg *(Chief Technology Officer)*
Matthew Zaute *(Senior Vice President)*
Jeff Teitelbaum *(Senior Vice President, Account Management)*
Brian Speck *(Vice President, Accounting & Finance)*
Daniel Ripes *(Vice President, Global Partnerships & Account Management)*
Justin Garvin *(Vice President, Media)*
Mitch Perkal *(Vice President, Digital Strategy)*
Noel Burkman *(Vice President, Web & Mobile Development)*
Natalie Scherer *(Vice President, Marketing)*
Douglas Durkalski *(Vice President, Account Management)*
Chris Kimbrell *(Vice President, Account Management)*
Lou Amodeo *(Vice President, Digital Strategy)*
Ashmita Chatterjee *(Director, Account Management)*
Matthew Kent *(Associate Director, Account Management)*
Alison Golin *(Associate Director, Project Management)*
Elizabeth Lang *(Associate Director, SEO)*
Jean Zhang *(Creative Director)*
Jennifer Pino *(Marketing Director)*
Joy Wilson *(Senior Director, Product Management, Delivery & User Experience)*
Natalia Horst *(Associate Director, Paid Search)*
Robert Sauter *(Director & Head, Account Strategy)*
Madison Forbes *(Account Manager)*

Eliza Brashares *(Account Manager)*
Anna Castle *(Account Manager)*

Accounts:
Cardinal Health, Inc.
Kaplan, Inc.
Massachusetts Mutual Life Insurance Company
SalesForce.com, Inc.
Simply Good Foods Company
Ulta Beauty

ROBOTS & PENCILS
1215 Superior Avenue
Cleveland, OH 44114
Tel.: (866) 515-9897
Web Site: www.robotsandpencils.com

Year Founded: 2014

Discipline: Digital

Miles Molyneaux *(Chief Financial Officer)*
Tracey Zimmerman *(President)*

Accounts:
Nestle USA, Inc.
Parker Hannifin Corporation
RPM International, Inc.

ROCKET55
807 Broadway Street Northeast
Minneapolis, MN 55413
Tel.: (612) 315-2399
Web Site: www.rocket55.com

Year Founded: 2007

Discipline: Digital

Jake Butzer *(Partner)*
Reed Langton-Yanowitz *(Partner & Vice President, Paid Digital)*
Sara Dziedzic *(Partner & Executive Vice President, Business Development)*
Steve Ayres *(Founder & Chief Executive Officer)*
Nelson Fox *(Vice President, Development)*
Tyler Hetland *(Vice President, Marketing Strategy)*
Josh Volk *(SEO Team Lead)*
Evan Hanson *(Art Director)*
Alexandra Messerli *(Head, Accounts)*
Paige Craig *(Manager, Social Media)*
Zac Forsman *(Manager, Development)*
Dana Farmer *(Senior Paid Digital Strategist)*
Jared Townsend *(Copywriter & Specialist, Digital Marketing)*

ROKKAN, LLC
1675 Broadway
New York, NY 10019
Tel.: (212) 835-9300
Web Site: www.rokkan.com

Employees: 13
Year Founded: 2000

Discipline: Digital

John Noe *(Chief Executive Officer)*
Chung Ng *(Chief Experience Officer)*
Jim Blackwelder *(Chief Technology Officer)*
Brian Carley *(Chief Creative Officer)*
Lindsay Williams *(Chief Connections Officer)*
Matthew Garcia *(Executive Vice President & Chief Client Officer)*
Joe Tao *(Chief Delivery Officer)*
Michael Ma *(Senior Vice President & Executive Creative Director)*
Justin Costa *(Senior Vice President, Client Partnership)*
Vincent Au *(Senior Vice President, Experience Design)*
Anthony DiPaula *(Vice President & Creative Director)*
Bill Carlson *(Vice President & Group Creative Director)*
Darielle Smolian *(Vice President & Senior Producer, Art)*
Jeff Samson *(Vice President & Creative Director)*
Kevin Keehn *(Vice President & Creative Director)*
Barney Baxter *(Group Account Director)*
Nicole Herman *(Account Director)*
Steffany Wilson *(Associate Creative Director)*
Justin West *(Account Supervisor)*
Susan Spight *(Senior Manager, Business Affairs)*
Caelin Cacciatore *(Senior Designer)*
Daniel Ahern *(Senior Copywriter)*
Doug Loffredo *(Senior Designer)*
Tommy Dudley *(Copywriter)*
Aaron Kravitz *(Marketing Specialist)*

Accounts:
Balvenie
Cadillac
Cadillac ATS
Cadillac CT6
Cadillac CTS
Cadillac Escalade
Cadillac XT5
Cadillac XTS
Glenfiddich
Hallmark Signature
Hendrick's Gin
JetBlue
Kerzner International Limited
Milagro
Sailor Jerry
TAG Heuer
The Humane Society of the United States
Tullamore Dew
Verizon Wireless, Inc.
William Grant & Sons, Inc.

ROOM 214
3340 Mitchell Lane
Boulder, CO 80301
Tel.: (303) 444-9214
Toll Free: (866) 624-1851
Web Site: www.room214.com

Year Founded: 2004

Discipline: Digital

James Clark *(Co-Founder)*
Jason Cormier *(Co-Founder)*
Ben Castelli *(Agency Director)*

SANDSTORM DESIGN
4619 North Ravenswood Avenue
Chicago, IL 60640
Tel.: (773) 348-4200
Fax: (773) 348-4222
Web Site: www.sandstormdesign.com

Discipline: Digital

Sandy Marsico *(Chief Executive Officer & Founder)*
Andrea Wood *(Chief Operating Officer & Managing Director)*
Janna Fiester *(Vice President, User Experience & Brand Innovation)*
Nicholas Meshes *(Director, Analytics &

Brands. Marketers. Agencies. Search Less. Find More.
Try out the online version at www.winmo.com

DIGITAL AGENCIES

Technology)
Sean Fuller *(Technology Director)*
Karen Bartuch *(Director, Research & Strategy)*
Emily Kodner *(Senior Director, Client Delivery)*
Abigail Galvin *(Digital Strategist)*

Accounts:
Crown Holdings, Inc.

SECOND STORY INTERACTIVE
1330 Northwest 14th Avenue
Portland, OR 97209
Tel.: (503) 889-4505
Web Site: www.secondstory.com

Employees: 13
Year Founded: 1994

Discipline: Digital

Joel Krieger *(Chief Creative Officer)*
Stephany Gill *(Director, Art)*
Pavani Yalla *(Director, Creative)*
Paige Hudson *(Director, Creative)*
Hunter Spence *(Executive Director, Technology)*
Wells Caughey *(Director, Technology)*
Katie Shook *(Manager, Operations)*
Casey Mann *(Senior Producer)*
Brittany Grace *(Producer)*
Matt Richard *(Senior Creative Technologist)*
Emily Fernandez *(Creative Operations Associate)*

SELLING SOLUTIONS, INC.
3525 Piedmont Road Northeast
Atlanta, GA 30305
Tel.: (404) 261-4966
Fax: (404) 264-1767
Web Site: www.selsol.com

Discipline: Digital

Will Paullin *(President, Chief Executive Officer & Founder)*
James Paullin *(Vice President, Communications & Sales)*

SEVEN2 INTERACTIVE
244 West Main Avenue
Spokane, WA 99201
Tel.: (509) 624-1222
Web Site: www.seven2.com

Year Founded: 2004

Discipline: Digital

Nick Murto *(Principal)*
Tyler Lafferty *(Principal)*

SHARK COMMUNICATIONS
255 South Champlain Street
Burlington, VT 05401
Tel.: (802) 658-5440
Fax: (802) 658-0113
Web Site: www.sharkcomm.com

Discipline: Digital

Peter Jacobs *(President & Creative Director)*
Rick Brokaw *(Graphic Designer)*

SHIFT DIGITAL
348 East Maple Road
Birmingham, MI 48009
Tel.: (248) 594-2396
Web Site: www.shiftdigital.com

Year Founded: 2008

Discipline: Digital

Steve St. Andre *(Chief Executive Officer & Founder)*
James Alexander *(Chief Technology Officer)*
Phil Oriani *(Partner - Client Services)*
Brian Dukes *(Partner - Client Solutions)*
Brennan Barney *(Creative Director)*
Kara Hawthorne *(Digital Marketing Manager)*

SILVERLIGHT DIGITAL
15 East 32nd Street
New York, NY 10016
Tel.: (646) 650-5330
Web Site: www.silverlightdigital.com

Discipline: Digital

Lori Goldberg *(Chief Executive Officer & Founder)*
Michael Ackerman *(Senior Vice President & Managing Director)*
Stephen Wraspir *(Director, Media)*
David Sapinski *(Account Director)*
Meredith Hughes *(Search & Social Director)*
Helene Connelly *(Account Lead)*

Accounts:
Jiffy Lube

SINGLE GRAIN
707 Wilshire Boulevard
Los Angeles, CA 90017
Toll Free: (888) 316-6959
Web Site: www.singlegrain.com

Year Founded: 2005

Discipline: Digital

Eric Siu *(Owner & Chief Executive Officer)*
Aylin Cook *(Head, Content Marketing)*
Ben Yu *(Head, Media Solutions)*
Hannah Kim *(Operations Manager)*
Sabina Pannu *(Paid Media Manager)*
Sonya Nepali *(Paid Media Specialist)*
Anthony Lopez *(Media Solutions Specialist)*
Hannah Butler *(Social Media Coordinator)*

SITUATION INTERACTIVE
469 Seventh Avenue
New York, NY 10018
Tel.: (212) 982-3192
Fax: (212) 208-0937
Web Site: www.situationinteractive.com

Year Founded: 2001

Discipline: Digital

Damian Bazadona *(Founder & President)*
Jeremy Kraus *(Vice President, Client Services)*
Tom Lorenzo *(Vice President, Creative Services)*
Lisa Cecchini *(Vice President, Media & Analytics)*
Stephanie Sciandra *(Associate Creative Director)*
Jordan Person *(Executive Director, Business Development & Communications)*
Pippa Bexon *(Director, Client Services)*
Arlene Ulibas *(Director, Search & Analytics)*
Christina Ferrara *(Art Director)*
Chris Powers *(Executive Creative Director, Arts & Culture)*
John Howells *(Creative Director)*
Katryn Geane *(Director, Client Services)*

Mara Winkler *(Director, Paid Media)*
Peter Yagecic *(Director, Technical Projects)*
Mollie Shapiro *(Account Supervisor)*
Rachel Harpham *(Supervisor, Media)*

SIX FOOT STUDIOS
2415 West Alabama
Houston, TX 77098
Tel.: (713) 714-7236
Fax: (713) 522-3638
Web Site: www.6ft.com

Employees: 4
Year Founded: 2000

Discipline: Digital

Matt Ballesteros *(Chief Executive Officer)*
Elizabeth Summerlin *(Director, Operations)*

SKAR ADVERTISING
111 South 108th Avenue
Omaha, NE 68154
Tel.: (402) 330-0110
Fax: (402) 330-8791
Toll Free: (866) 330-0112
Web Site: www.skar.com

Year Founded: 1962

Discipline: Digital

Mike Collins *(Partner & Senior Vice President, Account Services)*
Joleen David *(President & Public Relations Director)*
Wayne Smith *(Chairman)*
Michael Duman *(Partner & Co-Creative Director)*
Lavon Eby *(Executive Vice President)*
Greg Ahrens *(Vice President & Co, Creative Director)*
Lauren Anderson *(Senior Media Buyer)*

SLINGSHOT, LLC
208 North Market Street
Dallas, TX 75202
Tel.: (214) 634-4411
Fax: (214) 634-5511
Web Site: www.slingshotllc.com

Employees: 100
Year Founded: 1995

Discipline: Digital

Owen Hannay *(Chairman & Chief Executive Officer)*
David Young *(President & Chief Operating Officer)*
Karen Stanton *(Chief Financial Officer)*
Paul Flowers *(Senior Vice President, Account Services & President - CIRCA 46)*
David Coats *(Vice President & Executive Creative Director)*
Charlotte Carter *(Vice President, Media & Communications Planning)*
Lindsay London *(Media Director)*
Clay Coleman *(Creative Director)*
Ann Vorlicky *(Executive Producer)*
Paige Lawson *(Media Supervisor)*
Katy Goodman *(Supervisor, Media)*
Amanda Brauer *(Senior Media Planner)*

Accounts:
Aspire Allergy & Sinus
Dickey's Barbecue Restaurants, Inc.
La Madeleine French Bakery & Cafe
Mission Foods

AGENCIES - JULY, 2020 — DIGITAL AGENCIES

MoneyGram International, Inc.
Pert Plus

SMASHING IDEAS
2211 Elliott Avenue
Seattle, WA 98121
Tel.: (206) 378-0100
Fax: (206) 378-5704
Web Site: www.smashingideas.com

Employees: 45
Year Founded: 1996

Discipline: Digital

Brian Burke *(Chief Executive Officer)*
Brian Marr *(Chief Strategy Officer)*
Jessica Barnes *(Creative Director)*
Bill Wright *(Technical Director)*
Paul Townsend *(Associate Director, Strategy)*
Anna Ho *(Associate Director, Strategy)*

SMITH
530 West Avenue
Spokane, WA 99201
Toll Free: (888) 222-8870
Web Site: www.smith.co

Year Founded: 2001

Discipline: Digital

Tony Steel *(President & Chief Executive Officer)*
Stephanie Crabtree *(Vice President, Client Services)*
Mark Cavanaugh *(Account Director)*

SOCIAL MEDIA LINK
483 Tenth Avenue
New York, NY 10018
Tel.: (212) 302-0777
Web Site: www.socialmedialink.com

Year Founded: 2009

Discipline: Digital

Susan Frech *(Chief Executive Officer)*
Katie Takacs *(Marketing Director)*

SOMETHING MASSIVE
6159 Santa Monica Boulevard
Los Angeles, CA 90038
Tel.: (310) 302-8900
Fax: (310) 362-8880
Web Site: somethingmassive.com

Year Founded: 2008

Discipline: Digital

John Moshay *(Partner)*
Chris Gibbin *(Partner)*
Rebecca Coleman *(Founder & Managing Partner)*
Dana Neujahr *(Executive Vice President & Head, Accounts & Media)*
Ariel Broggi *(Senior Vice President, Creative Director)*
Jen Brian *(Vice President, Production)*
Adam Reynolds *(Producer, Supervising)*

SPACE150
212 Third Avenue, North
Minneapolis, MN 55401
Tel.: (612) 332-6458
Fax: (612) 332-6469
Web Site: www.space150.com

Year Founded: 2000

Discipline: Digital

Billy Jurewicz *(Chief Executive Officer & Chief Creative Officer)*
Marc Jensen *(Managing Partner & Chief Innovation Officer)*
Dutch Thalhuber *(President)*
Matt Benka *(Chief Growth Officer)*
Dawn Lamm *(Chief Financial Officer)*
Char Roseblade *(Senior Vice President, Account Management)*
Sarah Zielie *(Vice President, Media)*
Katie Brown *(Vice President, Operations)*
Liz Grabek *(Vice President, Strategy)*
Brian Ritchie *(Executive Creative Director)*
Nicole Pamelia *(Account Director)*
Mickey Nelson *(Strategy Director)*
Dan Peschel *(Group Account Director)*
Malia Cone *(Account Supervisor)*
Alyssa Raiola *(Senior Strategist)*

Accounts:
Activision Blizzard, Inc.
Be The Match
Call of Duty
Call Of Duty World League
Cambria USA
Edward's
Freschetta
Kona Brewing Company
Mrs. Smith's
Pagoda Express
Red Baron
Tony's
Xcel Energy, Inc.

SPACE150
161 Bowery
New York, NY 10002
Tel.: (612) 332-6458
Web Site: www.space150.com

Year Founded: 2000

Discipline: Digital

Ned Lampert *(Executive Creative Director)*
Ryan Duffy *(Strategy Lead)*
Chris Cobb *(Executive Creative Director)*
Tia Hanke-Hills *(Associate Creative Director)*
Tracey Busch *(Executive Director)*

SPAR GROUP, INC.
1910 Updike Court
Auburn Hills, MI 48326
Tel.: (248) 364-7727
Fax: (248) 364-8607
Toll Free: (800) 477-5347
Web Site: www.sparinc.com

Employees: 50
Year Founded: 1967

Discipline: Digital

Kori Belzer *(Chief Operating Officer)*
Chris Olivier *(Chief Executive Officer & President)*

SPAR GROUP, INC.
10 Planchet Road
Vaughn, ON L4K 2C8
Tel.: (416) 783-2676
Fax: (888) 535-5712
Toll Free: (888) 535-5710
Web Site: www.sparinc.com

Employees: 20
Year Founded: 1967

Discipline: Digital

Mindy Finegold *(Vice President, Client Services)*
Niana Reid *(General Manager)*

SPEEDMEDIA INC.
200 Mildred Avenue
Venice, CA 90291
Tel.: (310) 437-7000
Fax: (310) 437-7007
Web Site: www.speedmedia.com/about/

Year Founded: 2007

Discipline: Digital

Kenny Francis *(President)*
Adam Buchanan *(Managing Director)*

SPIREMEDIA, INC.
2911 Walnut Street
Denver, CO 80205
Tel.: (303) 620-9974
Fax: (303) 629-6385
Web Site: www.spiremedia.com

Year Founded: 1998

Discipline: Digital

Michael Gellman *(Chief Executive Officer)*
Adam Hasemeyer *(President)*

SPORTVISION
6657 Kaiser Drive
Fremont, CA 94555
Tel.: (510) 736-2925
Web Site: www.sportvision.com

Employees: 2
Year Founded: 1998

Discipline: Digital

Rick Cavallaro *(Chief Scientist)*
Ted Chen *(Senior Vice President, Operations)*
Rhonda Brewer *(Director, PFX Operations)*
Peter Frank *(Media Production Manager)*
Rand Pendleton *(Senior Scientist & Advisor)*

SPRINGBOX
708 Colorado Street
Austin, TX 78701
Tel.: (512) 391-0065
Web Site: www.springbox.com

Employees: 5
Year Founded: 2004

Discipline: Digital

John Ellett *(Chief Executive Officer)*
Megan Coffey *(Chief Creative Officer)*
Maria Seaver *(Chief Experience Officer)*
Mason Adams *(Vice President, Demand Generation)*
Tiffany Dailey *(Senior Digital Project Manager)*
Samantha Berliner *(Associate Creative Director)*
Stephanie Skaggs *(Creative Director)*
Lori Samocha *(Associate Director, Creative)*
Allyson Frericks *(Ad Operations Manager)*

Accounts:
Dell Technologies
Harland Clarke
HomeAway, Inc.
Nestle USA, Inc.

266

Power Engineers, Inc.
University of Texas at Austin
Web.com, Inc.

SPRINKLR
29 West 35th Street
New York, NY 10001
Tel.: (917) 933-7800
Fax: (443) 331-0310
Web Site: www.tbgdigital.com

Year Founded: 2001

Discipline: Digital

Chris Lynch *(Chief Financial Officer)*
Chris MacPherson *(Strategic Account Executive)*

SQUEAKY WHEEL MEDIA
640 West 28th Street
New York, NY 10001
Tel.: (212) 994-5270
Fax: (212) 994-5271
Web Site: www.squeaky.com

Employees: 12
Year Founded: 2001

Discipline: Digital

Anthony Del Monte *(Founder, President & Chief Executive Officer)*
Mailet Lopez *(Partner & Director, Client Services)*
Drake Yang *(Creative Director)*
Mahmud Ferdous *(Director, Technology)*
Olivia Olszewski *(Art Director & Senior Designer)*
Dana Festejo *(Senior Designer)*

Accounts:
Max Mara USA
Northern Trust Corporation

STEADYRAIN
716 Geyer Avenue
St. Louis, MO 63104
Tel.: (314) 446-0733
Toll Free: (866) 571-2826
Web Site: www.steadyrain.com

Year Founded: 1999

Discipline: Digital

Thompson Knox *(Chief Strategy Officer & Partner)*
Joe Marcallini *(Chief Technology Officer & Partner)*
David Kidd *(Vice President, Digital Marketing)*
Jan Clinite *(Vice President, Strategy)*
Andrea Sucherman *(Vice President, Operations)*

STEIN IAS
432 Park Avenue South
New York, NY 10016-8013
Tel.: (212) 213-1112
Fax: (212) 779-7305
Web Site: www.steinbrand.com

Employees: 35
Year Founded: 2013

Discipline: Digital

Tom Stein *(Chairman & Chief Client Officer)*
Sue Guerrero *(Chief Operating Officer)*
Reuben Webb *(Chief Creative & Values Officer)*
Rob Morrice *(Chief Executive Officer)*

Danny Santos *(Director, Creative Services)*
Jason Abbate *(Director, Interactions)*
Rebecca Falk *(Global Account Director)*
Craig Duxbury *(Global Client Services Director)*
Jessica Stewart *(Director, Strategy)*
Tanya Kuznetsova *(Director, Art)*
Chase Grammer *(Director, Art)*
Jenny Truong *(Director, Art)*
Cynthia Scheid *(Director, Creative Operations)*

Accounts:
Applause App Quality, Inc.
AvalonBay Communities, Inc.
McGraw-Hill Financial
Mimeo, Inc.
RecruitLadders

STELLA RISING
920 Broadway
New York, NY 10010
Tel.: (203) 256-0880
Fax: (212) 629-4967
Web Site: www.stellarising.com

Employees: 21
Year Founded: 2002

Discipline: Digital

Anthony Vespucci *(Vice President, Retail & Business Services)*
Sacha Mohabeer *(Associate Director, Social Media)*

Accounts:
Skechers USA, Inc.

STELLAR AGENCY
21515 Hawthorne Boulevard
Torrance, CA 90503
Tel.: (310) 316-2754
Web Site: www.stellaragency.com

Year Founded: 2013

Discipline: Digital

Martin Pedersen *(Chief Executive Officer)*
Jason Widmann *(Director, Digital Strategy & User Experience)*
Miguel Echegaray *(Managing Director)*

Accounts:
Powerball Lottery

STEPHAN PARTNERS, INC.
462 Broadway
New York, NY 10013-4606
Tel.: (646) 254-8516
Fax: (212) 633-9049
Web Site: www.stephanpartners.com

Discipline: Digital

George Stephan *(Founder & Managing Partner)*
Brian Hack *(Digital Marketing Director)*

STORY WORLDWIDE
48 West 25th Street
New York, NY 10010
Web Site: www.storyworldwide.com

Year Founded: 1988

Discipline: Digital

Jacqueline Brini-Lieberman *(Chief Strategy Officer & Managing Director)*
Jerry Garcia *(Senior Director, Global Development)*

Accounts:
ARRIS Group, Inc.
Beech-Nut
Beefeater
Philadelphia Museum of Art

STRAIGHT NORTH, LLC
1001 West 31st Street
Downers Grove, IL 60515
Tel.: (630) 282-6911
Fax: (630) 366-8151
Toll Free: (800) 253-0716
Web Site: www.straightnorth.com

Year Founded: 1997

Discipline: Digital

David Duerr *(Chairman & Chief Executive Officer)*
Kevin Duffy *(President & Chief Creative Officer)*
Joseph Cahill *(Chief Strategy Officer)*
Aaron Wittersheim *(Chief Operating Officer)*
Ian Stevenson *(Vice President, Sales)*
Brad Shorr *(Director, Content Strategy)*
Matthew Lane *(Business Development Manager)*

STRATA
33 West Monroe Street
Chicago, IL 60603
Tel.: (312) 222-1555
Fax: (312) 222-2510
Web Site: www.stratag.com

Year Founded: 1984

Discipline: Digital

Joy Baer *(President & Chief Executive Officer)*
David Drucker *(Vice President & General Sales Manager)*
Harvey Kent *(Vice President)*
Judd Rubin *(Vice President, Revenue Development)*

STRATEGY LABS
154 South Madison Street
Spokane, WA 99201
Tel.: (509) 863-9658
Web Site: www.strategylabs.us/

Year Founded: 2016

Discipline: Digital

Ramsey Pruchnic *(President)*
Hannah Mendoza *(Director, Client Services)*
Savannah Rutter *(Account Manager)*
Steven Kutsch *(Graphic Designer)*

STRINGCAN INTERACTIVE
3719 North 75th Street
Scottsdale, AZ 85251
Tel.: (480) 510-3846
Web Site: http://www.stringcaninteractive.com/

Year Founded: 2009

Discipline: Digital

Jay Feitlinger *(Founder & Chief Executive Officer)*
Sarah Hiller *(Chief Operating Officer)*
Shana O'Connor *(Director, Sales & Marketing)*
Sara Dietz *(Account Director)*
Andrea Turnbow *(Director, Marketing Services)*

AGENCIES - JULY, 2020 — DIGITAL AGENCIES

SWARM
1222 Spring Street Northwest
Atlanta, GA 30309
Tel.: (404) 334-7030
Web Site: www.swarmagency.com

Year Founded: 2009

Discipline: Digital

Tom Ellis *(Founder & Chief Executive Officer)*
Alexa Ellis *(Vice President, Marketing)*
Jeremy Morris *(Vice President, Marketing Technology)*
Andrew Fishback *(Senior Developer)*
Kelsey Oliver *(Account Executive)*
Jennifer Mosher *(Senior Account Executive)*
Georgi Borisov *(Manager, Development)*
Krim Hirani *(Manager, Media)*
Christopher Campbell *(Manager, Data & Analytics)*
Colin Howells *(Manager, Design)*
Coreen Face *(Project Manager)*
Kirsten Green *(Junior Designer)*
MacKenzie Capps *(Junior Account Executive)*
Olivia Brooks *(Senior Account Executive)*

Accounts:
Aaron's, Inc.

SWEDEN UNLIMITED
199 Lafayette Street
New York, NY 10012
Tel.: (212) 941-5904
Web Site: www.swedenunlimited.com/

Year Founded: 1999

Discipline: Digital

Leja Kress *(Founding Partner & Chief Executive Officer)*
Victoria Clark *(Account & Business Development Manager)*

SYMBILITY INTERSECT
30 Adelaide East
Toronto, ON M5C 3G8
Tel.: (416) 924-2784
Web Site: www.bnotions.com

Year Founded: 2008

Discipline: Digital

Paul Crowe *(Chief Executive Officer)*
Mark Reale *(Director, Interface Development)*

SYNECHRON
15 Maiden Lane
New York, NY 10038
Tel.: (212) 619-5200
Web Site: www.synechron.com

Year Founded: 2012

Discipline: Digital

Josh Markowitz *(Senior Director & Global Head, Experience Strategy & Research & Digital Practice Lead)*
Cyrus Clemensen *(Senior Director & Head, Experience Development)*

SYSTEMS & MARKETING SOLUTIONS
191 South Oak Park Boulevard
Grover Beach, CA 93433
Tel.: (805) 481-0118

Fax: (805) 481-0252
Toll Free: (877) 300-9130
Web Site: www.smsrd.com

Discipline: Digital

Bob Dumouchel *(Chief Data Scientist)*
Joshua Erdman *(Chief Executive Officer)*
Diego Leon *(Digital Marketing Manager)*
Jackie Burns *(Digital Marketing Strategist)*

SYZYGY US
225 Broadway
New York, NY 10007
Tel.: (646) 757-5300
Web Site: www.syzygy.us

Year Founded: 1995

Discipline: Digital

David Bikowski *(Director)*
Jack Ireland *(Senior Insights Manager)*

Accounts:
Avis Budget Group, Inc.
Avis Rent A Car
Budget Rent A Car System, Inc.
Chanel, Inc.
Chrome Industries, Inc.
Keen Footwear
Kettle Brand
Mazda North American Operations

T3
1801 North Lamar Boulevard
Austin, TX 78701
Tel.: (512) 499-8811
Fax: (512) 499-8552
Web Site: www.t-3.com

Employees: 131
Year Founded: 1989

Discipline: Digital

Jay Suhr *(Chief Creative Officer & Senior Vice President)*
Lee Gaddis *(Chairman)*
Ben Gaddis *(President & Chief Executive Officer)*
Christian Barnard *(Chief Operating Officer)*
Jack Lynch *(Chief Intelligence Officer)*
Jill Runyon *(Vice President, Client Engagement)*
James Lanyon *(Vice President, Strategy & Innovation)*
Angela Yang *(Vice President, Growth)*
David Hawes *(Vice President, Portfolio Lead & Client Engagement)*
Chris Wooster *(Executive Creative Director)*
Caitlin McDaniel *(Director, Social Media)*
Carolyn Connolly *(Group Creative Director)*
Sarah Hoffman *(Director, Media & Social Strategy)*
Keith Tanski *(Group Director, Strategy)*
Courtney Barry *(Group Director, Production)*
Aaron Cacali *(Group Creative Director)*
Erik Dezendorf *(Account Director)*
Jen Smith *(Creative Director)*
Lauren D'Aloisio *(Senior Art Director)*
Stephanie Raddock *(Senior Strategist, Social Media)*
Candice Garcia *(Senior Connections Strategist, Social)*
Anna Gilligan *(Senior Strategist)*
Miro Cassetta *(Strategist, Social Connections)*

Accounts:

Auntie Anne's Pretzels
Bazaarvoice, Inc.
Capital One Financial Corporation
Carvel
Cinnabon
Edible Arrangements International, Inc.
Focus Brands, Inc.
Genghis Grill
McAlister's Corporation
Moe's Southwest Grill
Mongolian Concepts
Rite Aid Corporation
Schlotzsky's
Shoes.com
Staples, Inc.
The Allstate Corporation
Torchy's Tacos
UPS

TABOOLA
16 Madison Square West
New York, NY 10010
Tel.: (212) 206-7663
Web Site: www.taboola.com

Discipline: Digital

Adam Singolda *(Chief Executive Officer & Founder)*
Elad Maniv *(President & Chief Operating Officer)*
Paul Jelinek *(Senior Vice President, Corporate Development)*
Stephen Walker *(Senior Vice President, Worldwide Sales Operations)*
Michael Lombardi *(Vice President, Publisher Sales)*
Andrew Milk *(Senior Director, Product Marketing)*
Scott Rappaport *(Account Director)*
James Augello *(Director, Yield Optimization)*
Becky Lazarus *(Account Director, East Coast Accounts)*
Catherine Garcia *(Account Manager - Latin America & US Hispanic)*
Karen Germ *(Manager, Public Relations & Communications)*
Jonathan Stein *(Partner Success Director, Strategic Partnerships)*
Kirac Sogutlu *(Senior Enterprise Account Manager)*

TALLWAVE
4110 North Scottsdale Road
Scottsdale, AZ 85251
Tel.: (602) 840-0400
Toll Free: (855) 384-6564
Web Site: tallwave.com

Year Founded: 2009

Discipline: Digital

Jeffrey Pruitt *(Chairman & Chief Executive Officer)*
Ed Borromeo *(Partner & Chief Operating Officer)*
Robert Wallace *(Partner & Executive Vice President, Marketing)*
Stephanie Leach *(Vice President & Chief Technology Officer, Technology Services)*
Andrea Parsons *(Vice President, Client & Consultative Services)*
Jennifer Bonfilio *(Vice President, People)*
Brett Higginbotham *(Vice President, Finance)*
Jen Walsh *(Design Director, UX)*
Kailen Campbell *(Director, Operations)*

DIGITAL AGENCIES

Gary Coraggio *(Director, Business Development)*
Joanna Farwell *(Manager, Human Resources)*
Christopher De Herrera *(Brand & Marketing Design Manager)*
Brendan McInerney *(Senior Paid Media Specialist)*

Accounts:
AAA Life Insurance Company
American Express Company
Banner Health Systems
Culligan
Culligan International Company
Delaware North Companies, Inc.
Jani-King International, Inc.
Korn/Ferry International
Natural Grocers
Tarkett, Inc.
Waste Management, Inc.

TANDEM THEORY
15400 Knoll Trail
Dallas, TX 75248
Tel.: (972) 701-0186
Web Site: www.tandemtheory.com

Year Founded: 2013

Discipline: Digital

Mike McCartin *(Chief Operating Officer)*
Dave Kirwan *(Chief Executive Officer)*
Melissa Braden *(Executive Vice President, Client & Content Theory)*
Maggie Lucas *(Vice President, Account Management)*
Melody Raffloer *(Creative Director)*

Accounts:
At Home Group Inc.
La Madeleine French Bakery & Cafe
Rent-A-Center, Inc.

TARGETSPOT, INC.
33 East 33rd Street
New York, NY 10016
Tel.: (212) 631-0500
Web Site: www.targetspot.com

Year Founded: 2007

Discipline: Digital

Benjamin Cabonargi *(Vice President, Strategic Accounts)*
Dario Osowski *(Publisher Solutions Manager)*

TAYLOR & POND INTERACTIVE
840 Fifth Avenue
San Diego, CA 92101
Tel.: (619) 297-3742
Fax: (619) 297-3743
Web Site: www.taylorpond.com

Employees: 15
Year Founded: 1995

Discipline: Digital

Cindy Pond *(Partner)*
Jacquie Johnson *(Vice President, Business Development)*
Matt Torres *(Head, Video Production)*
Katelyn Winker *(Digital Account Manager)*
Ciera Chang *(Public Relations & Content Manager)*
Samantha Carbajal *(Graphic Designer)*

Accounts:
Wet 'n Wild

TEAM 201
541 North Fairbanks Court
Chicago, IL 60611
Web Site: team201.io/

Year Founded: 2018

Discipline: Digital

Clement Lemiere *(Chief Executive Officer)*
Sabrina Turman *(Content Director)*
Kelly Strodl *(Director, Integrated Marketing)*
Alpha Sadcopen *(Graphic Designer)*

TELESCOPE
11835 West Olympic Boulevard
Los Angeles, CA 90064
Tel.: (424) 270-2900
Fax: (310) 478-8328
Web Site: telescope.tv

Year Founded: 2002

Discipline: Digital

Jason George *(Chief Executive Officer)*
Ori Nakar *(Managing Director, EMEA)*
Theresa Huston *(Chief Operating Officer)*

TEN
330 Southwest Second Street
Fort Lauderdale, FL 33312
Tel.: (954) 524-8800
Web Site: www.agencyten.com

Year Founded: 1994

Discipline: Digital

Betsy Di Carlo *(President)*
Lindsay Valero *(Accounts Director)*
Melanie Newson *(Senior Art Director)*

TEN PEAKS MEDIA
309 Water Street
Boerne, TX 78006
Tel.: (830) 388-8110
Web Site: www.tenpeaksmedia.com

Discipline: Digital

Bob Cates *(Co-Founder & Director, Digital Strategy)*
Lauren Stewart *(Creative Director)*
Madison Jusko *(Director, Social Media & Content)*
Bret Williams *(Business Development Executive)*

THE BRICK FACTORY
925 15th Street Northwest
Washington, DC 20005
Tel.: (202) 499-4200
Web Site: www.bivings.com

Employees: 27
Year Founded: 1993

Discipline: Digital

Todd Zeigler *(Founder & Chief Executive Officer)*
Tom McCormick *(Chief Creative Officer)*
Gerry Blackwell *(Controller)*
Michael Lockard *(Senior Production Manager)*
Yukako Nishihara *(Strategist)*
Jei Park *(Senior Designer)*
Theodore Taylor *(Senior Designer)*

THE CONCEPT FARM
11-25 44th Road
Long Island City, NY 11101
Tel.: (212) 463-9939
Fax: (212) 463-7032
Web Site: www.conceptfarm.com

Employees: 20
Year Founded: 1999

Discipline: Digital

John Gellos *(Partner & Creative Director)*
Gregg Wasiak *(Partner & Director, Growth)*
Angel Maldonado *(Partner & Chief Operations Officer)*
Jessica Lombardo *(Account Director)*
Mike Mccall *(Director, Production)*
Griffin Stenger *(Managing Director)*

Accounts:
Aruba Tourism Authority
Century 21

THE CONCEPT STUDIO
165 Kings Highway North
Westport, CT 06880
Tel.: (203) 227-7444
Fax: (203) 227-7010
Web Site: www.TheConceptStudio.com

Year Founded: 1999

Discipline: Digital

Stephen O'Shea *(President & Founder)*
Stephen Macklin *(Director, Creative Services)*

THE DESIGNORY
225 North Michigan Avenue
Chicago, IL 60601
Tel.: (312) 729-4500
Fax: (312) 729-4540
Web Site: www.designory.com

Employees: 75
Year Founded: 1970

Discipline: Digital

Ashley Hudson *(Program Manager)*
Corina Kane *(Associate Project Manager)*
Brittany Nolan *(Marketing Strategist)*
Michael Lane *(Managing Director, Digital)*

THE DESIGNORY
209 10th Avenue South
Nashville, TN 37203
Tel.: (615) 514-7514
Fax: (615) 514-7611
Web Site: www.designory.com

Year Founded: 1970

Discipline: Digital

Scott Fortenberry *(Account Director)*
Katie Kleinheksel *(Management Supervisor)*
Meagan Smith *(Account Manager)*
Bryan Horning *(Senior Account Manager)*

THE DIGITAL HYVE
126 North Salina Street
Syracuse, NY 13202
Tel.: (315) 412-0988
Web Site: www.digitalhyve.com

AGENCIES - JULY, 2020

DIGITAL AGENCIES

Year Founded: 2014

Discipline: Digital

Jacob Tanner (Co-Founder)
Alexandra McEachron (Manager of Digital Marketing)
Maggie Tripodi (Digital Marketing Producer)

THE EVOKE GROUP
505 Fay Street
Columbia, MO 65201
Tel.: (573) 303-5476
Web Site: www.theevokegroup.com/

Year Founded: 2013

Discipline: Digital

Jessica Hagerty (President & Operations Director)
Austin Kolb (Co-Founder & Video Director)
Michelle Rippentrop (Digital Account Coordinator)

THE FOUNDRY AGENCY
5855 Sandy Springs Circle
Atlanta, GA 30328
Tel.: (404) 549-8897
Web Site: www.foundrylocal.com

Year Founded: 2009

Discipline: Digital

Bryan Beard (President)
Tim Brammer (Chief Executive Officer)

THE GRI MARKETING GROUP, INC.
One Enterprise Drive
Shelton, CT 06484
Tel.: (203) 261-3337
Fax: (203) 261-1113
Web Site: www.gridirect.com

Discipline: Digital

Brian Snider (President & Chief Creative Officer)
Eileen Hilinski (Managing Director)

THE LACEK GROUP
900 Second Avenue, South
Minneapolis, MN 55402
Tel.: (612) 359-3700
Fax: (612) 359-9395
Web Site: www.lacek.com

Employees: 100
Year Founded: 1993

Discipline: Digital

Bill Baker (Chief Executive Officer)
John Jarvis (Chief Creative Officer & Managing Partner)

THE LAREDO GROUP, INC.
6963 Wilson Road
West Palm Beach, FL 33413
Tel.: (954) 577-5700
Fax: (954) 577-5720
Web Site: www.laredogroup.com

Year Founded: 1996

Discipline: Digital

Leslie Laredo (President)
Jeff Leibowitz (Chief Executive Officer)

THE MOTION AGENCY
325 North LaSalle Drive
Chicago, IL 60654
Tel.: (312) 565-0044
Web Site: agencyinmotion.com

Year Founded: 2018

Discipline: Digital

Kimberly Eberl (Owner & Chief Executive Officer)
Stacy Gelman (Executive Vice President & Director, Operations)
Bonni Pear (Executive Vice President & Director, Entertainment & Lifestyle Brands)
Maureen Brennan (Senior Vice President, Public Relations)
Pete Herrnreiter (Vice President, Digital Strategy)
Jerry Barone (Vice President, Group Creative Director)
Jack Meehan (Director, Social Media)
Matthew Keszei (Supervisor, Strategy & Media)
Derek Serafin (Account Manager)
Erin McGraw (Group Manager)
Kevin Frank (Senior Account Executive)

Accounts:
Haribo of America, Inc.
Klein Tools, Inc.

THE PARTNERSHIP, INC.
1100 Circle 75 Parkway, SE
Atlanta, GA 30339
Tel.: (404) 880-0080
Fax: (404) 880-0270
Web Site: www.thepartnership.com

Employees: 12
Year Founded: 1983

Discipline: Digital

David Arnold (President)
Amanda Lucey (Owner & Chief Executive Officer)

THE SHIPYARD
580 North Fourth Street
Columbus, OH 53215
Toll Free: (800) 295-4519
Web Site: www.theshipyard.com

Year Founded: 2002

Discipline: Digital

Rick Milenthal (Chairman & Chief Executive Officer)
John Sydnor (Chief Growth Officer)
Joel Acheson (Chief Marketing Technology Officer)
Katie Canel (Director, Performance Media)
Jan Vitturi-Lochra (Account Director)
Brittany Thomas (Senior Art Director)
Carolyn Kerr (Director, Account Management)
Jared McKinley (Director, Biddable Media)
Julia Sebastian (Account Management Director)
Megan Dunick (Senior Planner, Media & Media Supervisor)
Blake Williams (Performance Media Manager & SEO Writer)

THE SUPERGROUP
154 Krog Street
Atlanta, GA 30307
Tel.: (404) 877-1711
Fax: (404) 877-1210
Web Site: www.thesupergroup.com

Discipline: Digital

Gabe Aldridge (Innovation Group Head & Co-Founder)
Brad Lewis (Creative Group Head & Co-Founder)

THE1STMOVEMENT, LLC
177 East Colorado Boulevard
Pasadena, CA 91105
Tel.: (626) 689-4993
Fax: (626) 628-1991
Web Site: www.the1stmovement.com

Discipline: Digital

Ming Chan (Founder & Chief Executive Officer)
Bryan Encina (Head, Technical)

THESIS
1417 Northwest Everett Street
Portland, OR 97209
Tel.: (503) 221-6200
Fax: (503) 228-4249
Web Site: https://thesis.agency/

Employees: 24
Year Founded: 2002

Discipline: Digital

Ryan Buchanan (Founder & Chief Executive Officer)
Isaac Morris (Chief Product Officer)
Cher Fuller (Director, Strategy - Nike)
Aaron Petrous (Performance Director)
KC Anderson (Senior Account Manager)
Deondrae Rhone (Project Manager, Digital Creative Operations - Nike)

THINK SHIFT, INC.
109 James Avenue
Winnipeg, MB R3B 0NG
Tel.: (204) 989-4323
Toll Free: (866) 627-7445
Web Site: www.thinkshiftinc.com

Year Founded: 2011

Discipline: Digital

Gordon Dmytriw (Chief Strategy Officer)
David Baker (Director & Chief Executive Officer Emeritus)
David Lazarenko (Partner & Chief Growth Officer)
Jay Holdnick (Chief Client Officer)
Grant Geard (Head, Interaction Design)
Alexandra Rohne (Account Executive)

THIRD WAVE DIGITAL
1841 Hardeman Avenue
Macon, GA 31201
Tel.: (478) 750-7136
Fax: (478) 750-7139
Toll Free: (888) 578-7865
Web Site: twd3.com

Year Founded: 1997

Discipline: Digital

Bart Campione (President)
Myron Bennett (Director, Creative Services)

DIGITAL AGENCIES

Carla Cicero *(Business Operations Director)*
Amy Thomas *(Director, Services)*
Alena R. Tyson *(Manager, Digital Marketing)*
Claire Childs *(Project Manager)*
Troy Jones *(Manager, Technical)*
Jeff Passmore *(Editor, Digital Media)*

THIS IS RED
605 East Ninth Avenue
Munhall, PA 15120
Tel.: (412) 288-8800
Web Site: www.thisisredagency.com

Year Founded: 2010

Discipline: Digital

Dave Croyle *(Producer & Project Manager)*
Jeff St. Mars *(Senior Designer)*
Klay Abele *(Designer, Motion)*

Accounts:
General Electric Corporation

THREAD
155 El Camino Real
Tustin, CA 92780
Tel.: (714) 730-4958
Web Site: www.hellothread.com

Year Founded: 2005

Discipline: Digital

Jeff Frazier *(Chief Executive Officer & Founder)*
Sean Vassilaros *(Chief Operating Officer)*
John Reites *(Chief Product Officer & Partner)*

Accounts:
ABIOMED, Inc.
Canon Medical Systems Corporation
Duke University Health System
Edwards Lifesciences Corporation
Johns Hopkins Health System
Ormco

THREE FIVE TWO, INC.
133 Southwest 130th Way
Newberry, FL 32669
Tel.: (352) 374-9657
Fax: (352) 374-6965
Toll Free: (877) 352-6334
Web Site: www.threefivetwo.com

Employees: 46
Year Founded: 1997

Discipline: Digital

Geoff Wilson *(President & Founder)*
Caroline Blake *(Partner)*
Robert Berris *(Senior Vice President, Innovation)*
Chelsea Burns *(Director, Growth Marketing)*
Damion Wasylow *(Director, Growth Marketing)*
Brian Russell *(Senior Strategist, Marketing)*
Erin Martin *(Senior Strategist, Innovation)*
Tim Pratt *(Interactive Designer)*

THREE FIVE TWO, INC.
817 West Peachtree Street
Atlanta, GA 30308
Fax: (404) 352-7126
Toll Free: (877) 352-6334
Web Site: www.threefivetwo.com

Year Founded: 1997

Discipline: Digital

Robert Berris *(Senior Vice President, Product Design & Innovation)*
Kacie Lett *(Senior Vice President, Strategy)*
Jennifer Sims *(Vice President, Client Success)*
David Yeend *(Director, Innovation)*
Sarah Barnett *(Director, Client Engagement)*

Accounts:
Andis
BlueCross BlueShield Association
Cable News Network
CCA Industries, Inc.
Children's Healthcare of Atlanta
CNN.com
Cummins, Inc.
DLH
Microsoft Corporation
Tampa Bay Times
University of Florida

THREESIXTYEIGHT
212 South 14th Street
Baton Rouge, LA 70802
Tel.: (225) 615-8443
Web Site: threesixtyeight.com

Year Founded: 2016

Discipline: Digital

Gus Murillo *(Chief Operating Officer)*
Kenny Nguyen *(Co-Founder & Chief Executive Officer)*
Jeremy Beyt *(Co-Founder & Chief Strategy Officer)*
Philip Roberts *(Executive Producer & Director)*
Ebony Smith *(Digital Strategist)*
Justin Hutchinson *(Partnership Coordinator)*

Accounts:
Waitr

THRIVEHIVE
108 Myrtle Street
Quincy, MA 02171
Tel.: (617) 249-2600
Web Site: thrivehive.com

Year Founded: 2011

Discipline: Digital

Carley McManus *(Senior Social Campaign Strategist)*
Kayla Heelan *(Account Communications Manager, Programmatic)*
Larisa Olson *(Manager, Display Advertising)*

THRIVEHIVE
1160 North Town Center Road
Las Vegas, NV 89144
Tel.: (702) 842-4602
Web Site: thrivehive.com

Year Founded: 2011

Discipline: Digital

Fabian Hernandez *(Strategic Campaign Manager)*
Kaelyn Crede *(Campaign Manager)*
Dannia Roman *(Team Lead, Campaign Management)*
Michael Flanagan *(President & General Manager)*

Accounts:
PGA Tour, Inc.

TINUITI
1855 Griffin Road
Dania Beach, FL 33004
Web Site: tinuiti.com

Year Founded: 2004

Discipline: Digital

Zach Morrison *(Chief Executive Officer)*
Tom Olivieri *(Vice President, Creative)*
Patrick Hayden *(Vice President, Paid Search)*
Natasha Blumenkron *(Senior Manager, Paid Social)*
Jordan Louis *(Paid Search Specialist)*
Diossley Rodriguez *(SEM Manager)*
Jeffrey Parks *(Manager, Insights & Analytics)*
Tanner Stephens *(Paid Search Specialist)*
Jason Beck *(Associate Digital Analyst)*
Parker Brown *(Paid Search Specialist)*
Natalia Escobar *(CRM & Email Specialist)*
Dylan Krebs *(Paid Social Coordinator)*
Danielle Andrew *(Paid Search Coordinator)*

TRACTION CORPORATION
1349 Larkin Street
San Francisco, CA 94109
Tel.: (415) 962-5800
Fax: (415) 962-5815
Web Site: www.tractionco.com

Year Founded: 2001

Discipline: Digital

Adam Kleinberg *(Co-Founder & Chief Executive Officer & Partner)*
Theo Fanning *(Partner & Executive Creative Director)*
Paul Giese *(Partner & Director, Technology)*
Krista Osol *(Account Director)*
Jessica Baum *(Media Director)*
Kellie Okai *(Art Director)*
Lauren McGehee *(Senior Strategist)*

Accounts:
American Beauty Pasta
California Bank & Trust, Inc.
Creamette
Ronzoni Garden Delight
Ronzoni Healthy Harvest
Ronzoni Pasta

TRAFFIC DIGITAL AGENCY
110 South Main Street
Clawson, MI 48017
Toll Free: (877) 772-9223
Web Site: www.trafficdigitalagency.com

Year Founded: 2012

Discipline: Digital

Jeremy Sutton *(President)*
Kyle Porter *(Vice President, Client Services & Sales)*
Drew Babik *(Director, Development Operations)*
Tim Allen *(Analyst, SEO & Content Creator)*
Lauren Ingrody *(Analyst, Marketing)*

Accounts:
Boxed Water is Better

TRAKTEK PARTNERS
661 Highland Avenue
Needham, MA 02494
Tel.: (617) 855-5148
Web Site: www.traktekpartners.com

Year Founded: 2009

Brands. Marketers. Agencies. Search Less. Find More.
Try out the online version at www.winmo.com

AGENCIES - JULY, 2020 — DIGITAL AGENCIES

Discipline: Digital

Jennifer Phillips *(Vice President, Marketing & Client Services)*
Matt Woolhouse *(Creative Director)*
Emma Marcotte *(Digital Marketing Manager)*
Cyril Lemaire *(Founder & Managing Partner)*

Accounts:
Sonesta International Hotels Corporation
Vantage Deluxe World Travel

TRAVEL SPIKE
2849 Paces Ferry Road
Atlanta, GA 30339
Tel.: (877) 230-4514
Web Site: www.travelspike.com

Year Founded: 2001

Discipline: Digital

Ryan Bifulco *(Founder & Chief Executive Officer)*
Howard Koval *(Executive Vice President, Business Development)*
Ian Ross *(Vice President, Sales)*
Alison Cox *(Associate Director, Strategic Planning)*
Breea Sharma *(Senior Manager, Strategic Planning)*

TRAVELCLICK, INC.
55 West 46th Street
New York, NY 10036
Tel.: (212) 817-4800
Web Site: travelclick.com

Year Founded: 1999

Discipline: Digital

Jeff Stuek *(President- North America)*
Greg Sheppard *(Senior Vice President, Business Intelligence & Product Marketing)*
Holly Hendrix *(Digital Media Campaign Manager)*

TRIAD RETAIL MEDIA
100 Carillon Parkway
St. Petersburg, FL 33716
Tel.: (727) 231-5041
Web Site: www.triadretail.com

Discipline: Digital

Sherry Smith *(Chief Executive Officer)*
David Haase *(Global Chief Development Officer)*
Rachel Costello *(Senior Vice President, Client Services)*
Garrett Albanese *(Vice President, Corporate Marketing)*
Jaime Dumala *(Vice President, Sales)*
Kristen Neale *(Senior Director, Marketing Insights)*
Christine Tebcherany *(Senior Client Director)*
Lauren Malaguti *(Director, Sales)*
Anne Cappello *(Manager, Business Operations - Walmart Media Group)*
Thomas Irizarry *(Technical Ad Operations Manager)*

Accounts:
Smartsource Magazine

TRIAD RETAIL MEDIA
140 East 45th Street
New York, NY 10017
Tel.: (646) 519-2700

Web Site: www.triadretail.com

Discipline: Digital

Kasey Hayden *(Director, Strategic Partnerships - Walmart.com)*

TRIAD RETAIL MEDIA
5504 Pinnacle Pointe
Rogers, AR 72758
Tel.: (479) 271-4700
Fax: (479) 271-7605
Web Site: www.triadretail.com

Year Founded: 2004

Discipline: Digital

Steve Cawood *(Senior Vice President, Digital Partnerships Marketing)*

TRIBAL WORLDWIDE
655 Madison Avenue
New York, NY 10065
Tel.: (212) 478-7850
Fax: (212) 515-8660
Web Site: www.tribalworldwide.com

Employees: 45
Year Founded: 2000

Discipline: Digital

Jamie Greenberg *(Associate Creative Director)*
Kinney Edwards *(Executive Creative Director)*
Meera Deepak *(Group Account Director)*

Accounts:
Advil
Advil Cold & Sinus
Advil PM
AOL
AT&T Innovation
AT&T Small Business
AT&T U-Verse
AT&T, Inc.
Boys & Girls Clubs of America
Children's Advil
DirecTV Now
DIRECTV, Inc.
Nine West Holdings, Inc.
Robitussin
Robitussin.com
The George Washington University
Thermacare

TRIBAL WORLDWIDE - VANCOUVER
777 Hornby Street
Vancouver, BC V6Z 2T3
Tel.: (604) 687-7911
Fax: (604) 640-4343
Web Site: www.tribalworldwide.ca

Employees: 140

Discipline: Digital

Patty Jones *(President)*
Neil Shapiro *(Group Creative Director & Copywriter)*
Dean Lee *(Executive Creative Director)*
Natalie Godfrey *(Vice President, Strategy)*

Accounts:
Destination Canada
Pacific Blue Cross

TRITON DIGITAL
15303 Ventura Boulevard
Sherman Oaks, CA 91403
Tel.: (818) 528-8860
Fax: (818) 990-0930
Web Site: www.tritondigital.com

Year Founded: 2006

Discipline: Digital

Neal Schore *(President & Chief Executive Officer)*
Mark Rosenbaum *(Chief Financial Officer & Executive Vice President)*
Jim Kerr *(Senior Vice President & Director, Client Services)*

TRITON DIGITAL
321 West 44th Street
New York, NY 10036
Toll Free: (866) 448-4037
Web Site: www.tritondigital.com

Year Founded: 2006

Discipline: Digital

John Rosso *(President, Market Development - Triton Digital)*
Micheline Sebbag *(Executive Vice President, Human Resources)*
Alex Fournier *(Senior Vice President, Product & Technology)*
Kristin Charron *(Vice President, Marketing)*
Michael O'Neil *(Vice President, Programmatic Partnerships)*

TRUE NORTH INC.
630 Third Avenue
New York, NY 10017
Tel.: (212) 557-4202
Fax: (212) 557-4204
Web Site: www.truenorthinc.com

Year Founded: 1994

Discipline: Digital

Steve Fuchs *(Chief Executive Officer)*
Tom Goosmann *(Chief Creative Officer)*
Tim Taylor *(Chief Operating Officer)*
Daniel Brown *(Executive Creative Director)*
John Como *(Executive Director, Client Services)*
Rehan Iqbal *(Executive Media Director)*
Tom Reinecke *(Media Director)*

Accounts:
American Society for the Prevention of Cruelty to
Covenant House
Disneyland Resort
Make-A-Wish Foundation of America
March of Dimes
The Nature Conservancy

TRUTH & ADVERTISING
454 North Broadway
Santa Ana, CA 92701
Tel.: (714) 542-8778
Fax: (714) 542-8757
Web Site: www.truthandadvertising.com

Employees: 10

Discipline: Digital

Joe Duffy *(Chief Executive Officer)*
Shawn Gill *(Creative Director)*

Brands. Marketers. Agencies. Search Less. Find More.
Try out the online version at www.winmo.com

272

DIGITAL AGENCIES
AGENCIES - JULY, 2020

Tracy Anderson *(Producer)*

TVGLA
5340 Alla Road
Los Angeles, CA 90066
Tel.: (310) 823-1800
Web Site: www.tvgla.com

Year Founded: 2007

Discipline: Digital

Dimitry Ioffe *(Chief Executive Officer & Founder)*
Brian Pettigrew *(President)*
Francisco Camberos *(Creative Director, Emerging Media)*
Shannon Turner *(Senior Account Director)*
Armando Llenado *(Executive Creative Director)*
Julie Gargan *(Executive Creative Director)*
Larry Davidson *(Director, Technology)*
Long Tran *(Creative Director)*
Sherry Hong *(Director, Human Resources)*
Amy Ruud *(Executive Producer, Digital)*
Eric DiMatteo *(Executive Producer)*

Accounts:
Winc

UENO
1263 Mission Street
San Francisco, CA 94103
Tel.: (415) 813-7553
Web Site: www.ueno.co

Year Founded: 2014

Discipline: Digital

Haraldur Thorleifsson *(Chief Executive Officer & Founder)*
Sasha Lubomirsky *(Creative Director, Product Design & Development)*
David Navarro *(Executive Director, Creative)*
Grayden Poper *(Director, Creative)*
Elizabeth Pace Donovan *(Marketing Director)*
Gillian Rode *(Executive Producer)*
Jessica Volodarksy *(Senior Producer)*
Gene Ross *(Design Lead)*
Korry Scott *(Senior Producer)*
Dac Nguyen *(Interactive Designer)*
Pen Stanton *(Executive Producer, New York)*
Jessie Mizrahi *(Senior Producer)*
Joshua Munsch *(Product Designer)*

UNDERTONE
One World Trade Center
New York, NY 10007
Tel.: (212) 685-8000
Fax: (212) 685-8001
Web Site: www.undertone.com

Year Founded: 2001

Discipline: Digital

Paul Prior *(Chief Operating Officer)*
Ran Cohen *(Senior Vice President, Product)*
Jason Friske *(Vice President, Finance)*
Justin Samuels *(Associate Director, Brand Marketing)*
Samantha Lopez *(Senior Director, Strategic Marketing & Planing)*
Jaimee Schuster *(Account Executive)*
Erik Zimmerman *(Manager, Strategic Marketing)*
Gregory Audley *(Manager, Programmatic Services)*
Mina Tung *(Creative Project Manager)*
Jeremy Amigo *(Senior Publisher Development Manager)*

Accounts:
Garmin International, Inc.
Vivofit

UNIFIED FIELD
33 East 33rd Street
New York, NY 10016
Tel.: (212) 532-9595
Fax: (212) 532-9667
Web Site: www.unifiedfield.com

Employees: 12

Discipline: Digital

Eli Kuslansky *(Founding Partner & Chief Strategist)*
Marla Supnick *(President & Owner)*
Jeff Miller *(Director, Programming)*
Maureen Lin *(Lead Designer)*

UNION
2000 West Morehead Street
Charlotte, NC 28208
Tel.: (704) 335-5424
Web Site: www.union.co

Year Founded: 2002

Discipline: Digital

Banks Wilson *(President & Director, Creative)*
Christy Holland *(Partner & Vice President)*
Megan Carrigan *(Director, Strategy)*
Jason Spooner *(Director, Business Development)*
Melanie Pearl *(Director, Account)*
Matt Ashbridge *(Director, Campaigns & Analytics)*
Christy Dukes *(Director, Engagement)*
Mallory Starnes *(Head, UX)*
Matt Taylor *(Creative Director)*
Bobby Webster *(Manager, Digital Campaign)*
Caroline Dixon *(Account Supervisor)*
Emily Ayers *(Account Manager)*
Shannon Parsley *(Account Manager)*
Amanda Zwerin *(Strategist, Paid Media)*
Derrick Deese *(Senior Designer)*
Riley Strong *(Senior Account Coordinator)*

Accounts:
Charlotte Convention & Visitors Bureau
Volvo Trucks North America, Inc.

UNION CREATIVE
479 Wellington Street West
Toronto, ON M5V 1X2
Tel.: (416) 598-4944
Web Site: www.unioncreative.com

Year Founded: 2012

Discipline: Digital

Lance Martin *(Partner & Executive Director, Creative)*
Jen Dark *(Vice President, Integrated Production)*
Rica Eckersley *(Creative Director)*
Adam Thur *(Creative Director)*
Samantha Marion *(Associate Media Director)*

US DIGITAL PARTNERS
311 Elm Street
Cincinnati, OH 45202
Tel.: (513) 929-4603
Fax: (513) 929-4608
Toll Free: (888) 460-3594
Web Site: www.usdigitalpartners.com

Year Founded: 2002

Discipline: Digital

Mark Miller *(Managing Partner & Client Leader)*
David Brecount *(Managing Partner & Client Leader)*

USE ALL FIVE, INC.
4223 Glencoe Avenue
Los Angeles, CA 90292
Tel.: (310) 270-5569
Fax: (310) 943-2682
Web Site: www.useallfive.com

Year Founded: 2007

Discipline: Digital

Levi Brooks *(Chief Executive Officer & Co-Founder)*
Jason Farrell *(Chief Technology Officer & Co-Founder)*

VALTECH
987A Wellington Street
Ottawa, ON K1Y 2Y1
Tel.: (514) 448-4035
Toll Free: (866) 915-2997
Web Site: www.valtech.com

Year Founded: 1995

Discipline: Digital

Shannon Ryan *(Executive Vice President - North America)*
Randy Woods *(Senior Vice President, Marketing & Services Strategy - North America)*
Daniel Roberge *(Vice President, Information Technology)*

Accounts:
Irdeto

VALTECH
4667 Cass Street
San Diego, CA 92109
Tel.: (858) 345-8040
Toll Free: (800) 619-3930
Web Site: https://www.valtech.com/

Discipline: Digital

Mike Maginnis *(Senior Vice President)*
Lindsey Harris *(Vice President, Experience)*
Jeremy Duimstra *(Managing Director & Senior Vice President, Connected Experiences)*

VALTECH
416 West 13th Street
New York, NY 10014
Tel.: (212) 366-1057
Web Site: https://www.valtech.com/

Year Founded: 1993

Discipline: Digital

Paul Lewis *(Chief Marketing Officer)*
Yovadee Nagapa-Chetty *(Director, Marketing)*
Rebecca Dupont *(Coordinator, Communications)*

Accounts:
Heineken USA, Inc.
L'Oreal
Lufthansa North America

Brands. Marketers. Agencies. Search Less. Find More.
Try out the online version at www.winmo.com

AGENCIES - JULY, 2020 — DIGITAL AGENCIES

VANGUARD DIRECT
519 Eighth Avenue
New York, NY 10018
Tel.: (212) 736-0770
Web Site: www.vanguarddirect.com

Employees: 110

Discipline: Digital

Bob O'Connell (President & Chief Executive Officer)
Joseph Corbo (Senior Account Executive)

VARICK MEDIA MANAGEMENT
711 Third Avenue
New York, NY 10017
Tel.: (646) 902-6610
Web Site: www.varick.co

Year Founded: 2008

Discipline: Digital

Paul Dolan (Chief Executive Officer)
Linda Alicea (Director, Client Strategy & Lead Consultant)
David DeSimone (Associate Director, Client Solutions)

VERT MOBILE LLC
1075 Zonolite Road, NE
Atlanta, GA 30306
Tel.: (404) 496-8378
Fax: (404) 410-0355
Toll Free: (866) 275-7555
Web Site: vertdigital.com

Year Founded: 2008

Discipline: Digital

Kevin Planovsky (Co-Founder & Principal, Account Strategy)
Michael Lentz (Co-Founder & Principal, Emerging Media)
Matt Griffin (President, Creative Technology)
Kelsey Agnew (Vice President, Strategy & Operations)
Lauren Harber (Associate Media Director)
Justin Dambach (Manager, Digital Marketing)
Rachel Foster (Supervisor, Digital Media)
Kendall Wilson (Manager, Account Strategy)
Elizabeth Grady (Manager, Digital Marketing)

Accounts:
RaceTrac Petroleum, Inc.

VERTIC
180 Varick Street
New York, NY 10014
Toll Free: (866) 951-8660
Web Site: www.vertic.com

Year Founded: 2002

Discipline: Digital

Sebastian Vedsted Jespersen (Founder, President & Chief Executive Officer)
Allan Petersen (Chief Financial Officer & Chief Operating Officer - Local)
Jonas Kochen (Partner & Chief Creative Officer)
Mads Petersen (Founder & Head - Europe, Middle East, Africa & Asia Pacific)
Laurence Lipworth (Executive Vice President, Client Engagement)
Mikkel Arnoldi Pedersen (Senior Vice President, Client Engagement)

Anna Doan (Executive Client Partner)

VIEWSTREAM
300 Brannan Street
San Francisco, CA 94107
Tel.: (415) 975-8686
Web Site: www.viewstream.com

Year Founded: 1999

Discipline: Digital

John Assalian (Chief Executive Officer)
Don Sparks (Vice President, Account Strategy)
Adam Zacek (Director, Accounts & Operations)

Accounts:
Autodesk, Inc.
Concur Technologies, Inc.
Cray, Inc.
NVIDIA Corporation

VIGET LABS
105 West Broad Street
Falls Church, VA 22046
Tel.: (703) 891-0670
Fax: (703) 832-0341
Web Site: www.viget.com

Year Founded: 1999

Discipline: Digital

Brian W. Williams (Co-Founder & Chief Executive Officer)
Andy Rankin (Co-Founder & President)
Cindy Caldwell (Vice President, Operations)
Tom Osborne (Vice President, Design)
Kevin Vigneault (Product Design Director)
Paul Koch (Director, Data & Analytics)
Jackson Fox (Director, User Experience Design)
Owen Shifflett (Art Director)

VINCODO LLC
2300 East Lincoln Highway
Langhorne, PA 19047
Tel.: (888) 645-8237
Fax: (888) 317-7704
Web Site: www.vincodo.com

Year Founded: 2010

Discipline: Digital

Tim Daly (Chief Executive Officer)
Kristin Foley (Vice President, Account Services)
Drew Brooke (Vice President, Marketing Services)
Tom Alison (Managing Director)

Accounts:
Rooms To Go, Inc.

VIVO360
219 Roswell Street
Alpharetta, GA 30009
Tel.: (770) 360-6330
Fax: (770) 360-6370
Web Site: www.vivo360inc.com

Year Founded: 2001

Discipline: Digital

Sophie Gibson (Founder & President)
Egan Gibson-Thompson (Chief Growth Officer)
Nage Gibson-Thompson (Account Director)

VIZERGY
4237 Salisbury Road North
Jacksonville, FL 32216
Tel.: (800) 201-1949
Fax: (904) 899-5809
Toll Free: (800) 201-1949
Web Site: www.vizergy.com

Year Founded: 1998

Discipline: Digital

Joseph Hyman (Founder & Chief Executive Officer)
Addams England (Vice President, Information Technology)
Andi Burt (Account Manager)

VMLY&R
600 East Michigan Avenue
Kalamazoo, MI 49007
Tel.: (269) 349-7711
Fax: (269) 349-3051
Web Site: www.vmlyr.com

Employees: 55
Year Founded: 1992

Discipline: Digital

Farris Khan (Group Director, Strategy & Insights)
Dean Suarez-Starfeldt (Managing Director, Strategy & Insights)

Accounts:
BASF Corporation
Express, Inc.
Zimmer Holdings, Inc.

VMLY&R
191 Peachtree Street
Atlanta, GA 30303
Tel.: (404) 870-3966
Web Site: www.vmlyr.com

Employees: 60
Year Founded: 1992

Discipline: Digital

Barbara Mende (Director, Client Engagement)
David Moreno (Managing Director, Strategy & Insights)
Met Uzer (Director, Experience Design)
Michelle Suttle (Managing Director, Partnerships & Business Development)
Rich Fabritius (Managing Director, Client Engagement)

Accounts:
BarbieGirls.com
State Street Corporation
State Street Global Advisors

VMLY&R
250 Richards Road
Kansas City, MO 64116
Tel.: (816) 283-0700
Fax: (816) 283-0954
Web Site: www.vmlyr.com

Employees: 300
Year Founded: 1992

Discipline: Digital

Mike Yardley (Chief Integration Officer)
Jon Cook (Global Chief Executive Officer & President)

Brands. Marketers. Agencies. Search Less. Find More.
Try out the online version at www.winmo.com

DIGITAL AGENCIES
AGENCIES - JULY, 2020

Amy Worley *(Chief Connections Officer)*
Jim Bellinghausen *(Chief Financial Officer)*
Debbi Vandeven *(Global Chief Creative Officer)*
Beth Wade *(Global Chief Marketing Officer)*
Jeff Geheb *(Chief Technology Officer)*
Todd Kirtley *(Chief Information Officer & Partner)*
Amy Winger *(Chief Strategy Officer)*
Chuck Searle *(Chief Client Officer & Executive Vice President - Kansas City)*
Brian Yamada *(Chief Innovation Officer)*
David Mitchell *(Chief Technology Officer)*
Tyler Smith *(Managing Director & Head, Production- North America)*
Jason Xenopoulos *(Chief Executive Officer - New York & Chief Creative Officer - North America)*
Jason Bedell *(Executive Director, Global Software Architecture & Development)*
Justin Shaw *(Director, Client Engagement)*
Chris Edmondson *(Executive Director)*
Chris Haggerty *(Group Program Director)*
Chad Martin *(Director, Social & Emerging Media - North America)*
Chris Corley *(Executive Director, Creative)*
Carrie Patterson Reed *(Group Director, Research)*
Tony Marin *(Director, Creative)*
Pat Piper *(Group Creative Director)*
James Billinger *(Platforms Delivery Lead)*
Mike Whaley *(Group Director, Mobility)*
Laura Brand *(Connections Director, Development)*
Frank Jurden *(Executive Director, Global Advisory)*
Kristen Sikorski *(Director, Media)*
Erica Hudson *(Supervisor, Client Engagement)*
Jason Gaikowski *(Global Lead, Business & Consumer Intelligence)*
Abby Fraser *(Director, Client Engagement)*
Shali Wade *(Executive Director, Office, Global Chief Executive Officer)*
Gard Gibson *(Executive Director, Global Ford Lead)*
Jason Cooper *(Director, Client Engagement)*
Derek Anderson *(Group Director, Creative)*
Andrew Crane *(Senior Director, Art)*
Matt McNary *(Senior Director, Art)*
Jeremy Franklin *(Director, Strategy & Insights)*
Nick Allegri *(Group Director, Creative)*
Stephen Martin *(Group Director, Creative)*
Andy Heddle *(Group Channel Director, eCommerce)*
Ethan Tedlock *(Associate Director, Creative)*
Kelly Gartenmayer *(Group Director, Client Engagement)*
Perry Puccetti *(Chief, Staff)*
David Altis *(Executive Director, Creative)*
Jerod Overley *(Group Director, Data Technology)*
John Heryer *(Group Director, Technology)*
Chase Cornett *(Managing Director, Strategy & Insights)*
Mark Serres *(Group Director, Client Engagement)*
Allison Pierce *(Executive Director, Creative)*
Matt Keck *(Associate Director, Conversation Design)*
Max Kunakhovich *(Director, Experience Design)*
Adam Seitz *(Group Creative Director)*
Belinda Lillard *(Channel Supervisor - Media)*
Chelsie McCullough *(Connections Supervisor, Social Media)*
Laura Picicci *(Supervisor, Operations)*
Julie Kolton *(Manager, Business Affairs- North America)*
Melina Bland *(Manager, Connections)*
Jessica Wiggins *(Senior Social Strategist)*
Taylor Steen *(Content Administrator)*
Jeremy Cline *(Senior Analyst, Strategy & Insights)*

John Mulvihill *(Executive Director, Marketing Services)*
Linda Bumgarner *(Executive Director, Creative)*
Mike Lundgren *(Managing Director, Innovation & Strategy)*
Stephanie DeCelles *(Managing Director, Client Engagement)*
Kate Frazier *(Managing Director, Client Engagement)*
Jen McDonald *(Chief Client Officer- North America)*
Jordan Cochran *(Managing Director, Client Engagement)*
Jason Bass *(Managing Director, Client Engagement)*
Kylie Schleicher *(Managing Director, Technology)*
Eric Beane *(Executive Director, Analytics & Insights - North America)*
Ian Davidson *(Executive Director, Strategy & Insights)*
Paul Hauser *(Managing Director, Planning & Research)*

Accounts:
BEAM
Cobra
Cobra Golf
Cobra King
Crystal Cruises
Electrolux Home Products North America
Electrolux Lawn Products
Frigidaire
Intel Corporation
J. G. Wentworth
JPMorgan Chase & Co.
Lee Jeans
NAPA Auto Parts
Navistar International Corporation
QuikTrip Corporation
Rooms To Go, Inc.
Second Skin
Sporting Kansas City
Sprint Corporation
Tennessee Department of Tourism
The Wendy's Company
Thrivent Mutual Funds
Zanussi

VMLY&R
3010 Gaylord Parkway
Frisco, TX 75034
Tel.: (972) 464-1033
Web Site: www.vmlyr.com

Employees: 10
Year Founded: 1992

Discipline: Digital

Jason Ferrara *(Group Creative Director)*
Eric Garza *(Director, Strategy & Insights)*
Kayla Bond *(Group Director, Loyalty & CRM)*

VMLY&R
221 Yale Avenue North
Seattle, WA 98109
Tel.: (206) 505-7583
Fax: (206) 505-7672
Web Site: www.vmlyr.com

Discipline: Digital

Eric Baumgarten *(Executive Vice President)*
Tanner Rogers-Goode *(Group Creative Director)*
Chris Howe *(Group Director, Experience Design)*
Jim Gascoigne *(Managing Director)*

Erik Magnuson *(Associate Planning Director)*
Griffin Waldau *(Senior Art Director)*
Ashley Mulholland *(Supervisor, Client Engagement)*
Cody Winter *(Managing Director)*

Accounts:
Bing
Microsoft Cloud
Microsoft Office 365
Microsoft Surface
MSN.com
National Cattlemen's Beef Association

VMLY&R
233 North Michigan Avenue
Chicago, IL 60601
Tel.: (312) 269-5563
Fax: (312) 332-8277
Web Site: www.vmlyr.com

Year Founded: 1992

Discipline: Digital

Madeline Larsen *(Executive Director)*
Jenna Nussbaum *(Creative Director)*
Melissa Barany *(Executive Producer)*
Katie Anderson *(Group Director, Client Engagement)*
Joe Michaelson *(Group Creative Director)*

Accounts:
Cottonelle
Scott Products
Viva

VODORI
171 North Aberdeen Street
Chicago, IL 60607
Tel.: (312) 324-3992
Web Site: www.vodori.com

Year Founded: 2005

Discipline: Digital

Scott Rovegno *(President & Co-Founder)*
Stacy Wolters *(Co-Founder & Vice President, Innovation)*
Grant Gochnauer *(Co-Founder & Chief Technical Officer)*

VOKAL INTERACTIVE
350 N Orleans Street
Chicago, IL 60654
Web Site: www.vokal.io

Year Founded: 2009

Discipline: Digital

Reid Lappin *(Chief Executive Officer & Founder)*
Austin Sheaffer *(Vice President, Operations)*
Joe Call *(Director, Creative)*
Amanda Sweis *(Manager, Engagement)*

WAY TO BLUE
750 North San Vicente Boulevard
Los Angeles, CA 90069
Web Site: www.waytoblue.com/

Year Founded: 1997

Discipline: Digital

Daniel Heale *(Executive Vice President & Chief Strategy Officer)*
Geoff Oki *(Creative Director)*

Brands. Marketers. Agencies. Search Less. Find More.
Try out the online version at www.winmo.com

AGENCIES - JULY, 2020 — DIGITAL AGENCIES

Accounts:
IMAX Corporation
Regal Cinemas
Regal Entertainment Group, Inc.

WEB TALENT MARKETING
322 North Arch Street
Lancaster, PA 17603
Tel.: (717) 283-4045
Web Site: www.webtalentmarketing.com

Discipline: Digital

Kaye Peloquin *(Chief Operating Officer)*
Mike Canarelli *(Co-Founder & Chief Executive Officer)*
Matt Burkarth *(Manager, Paid Advertising)*
Megan Snyder *(Marketing Manager)*

WEBLINC, LLC
22 South Third Street
Philadelphia, PA 19106
Tel.: (215) 925-1800
Fax: (215) 925-1922
Web Site: www.weblinc.com

Employees: 30
Year Founded: 1994

Discipline: Digital

Avery Amaya *(Chief Revenue Officer)*
Darren Hill *(Co-Founder & Chief Executive Officer)*

WHITE PANTS AGENCY
2528 Elm Street
Dallas, TX 75226
Tel.: (972) 910-2975
Web Site: www.whitepantsagency.com

Year Founded: 2014

Discipline: Digital

Brian Bethel *(Founder)*
Trevor Seeley *(Founder)*

Accounts:
Red Bull North America, Inc.

WIDEORBIT
1160 Battery Street
San Francisco, CA 94111
Tel.: (415) 675-6700
Fax: (415) 675-6701
Web Site: www.wideorbit.com

Year Founded: 1999

Discipline: Digital

Eric Mathewson *(Founder & Chief Executive Officer)*
Bruce Roberts *(President)*
Eric Moe *(Chief Technology Officer)*
Iris Escarraman *(Director, Client Services - Programmatic)*

WMX
3401 North Miami Avenue
Miami, FL 33127
Tel.: (305) 572-0404
Fax: (305) 572-0105
Web Site: www.wearewmx.com

Year Founded: 1999

Discipline: Digital

Andrew Stewart *(Founding Partner)*
Paul Pellerin *(Chief Executive Officer)*
Shane Phelps *(Senior Vice President, Operations)*
Vanessa Santa Cruz *(Director, SEO)*
Dennis Paredes *(Director, Performance)*
Scott Young *(Director, eCRM)*
Mariana Arias Duval *(Director, Account)*
Carolina Manrique *(Director, Marketing)*
Gustavo Klinar *(Creative Director)*
Felicia Foster *(Account Director)*

Accounts:
AeroMexico Airlines
Air Canada
Crystal Cruises
Enterprise Holdings
Karisma Hotels and Resorts Corporation

WORDS AND PICTURES CREATIVE SERVICE, INC.
One Maynard Drive
Park Ridge, NJ 07656
Tel.: (201) 573-0228
Fax: (201) 573-8966
Toll Free: (877) 573-0228
Web Site: www.wordsandpictures.net

Year Founded: 1987

Discipline: Digital

Wes Shaw *(Owner)*
Rhonda Smith DiNapoli *(President & Creative Director)*
Priyanka Shitole *(Director, Digital & Technology)*
Ryan Huban *(Engagement Director)*
David Gisler *(Senior Managing Art Director)*

WORK & CO
231 Front Street
Brooklyn, NY 11201
Tel.: (347) 470-4803
Web Site: work.co

Year Founded: 2013

Discipline: Digital

Felipe Memoria *(Founding Partner, Design)*
Jon Jackson *(Partner, Design)*
Gene Liebel *(Founding Partner, Product Management)*
Marcelo Eduardo *(Founding Partner, Technology)*
Mohan Ramaswamy *(Founding Partner, Strategy)*
Diego Zambrano *(Partner, Design)*
Thadeu Morgado *(Partner, Design)*
Tiago Luchini *(Partner, Technology)*
Casey Sheehan *(Partner, Design)*
Rachel Bogan *(Partner, Product Management)*
Lindsay Liu *(Group Director, Marketing)*
Laura Ambrose *(Design Director)*
Daniele Codega *(Design Director)*
Fabricio Teixeira *(Design Director)*
Victor Andrade *(Design Director)*
Rupal Parekh *(Director, Brand)*
Mai Nguyen *(Managing Director, Growth)*

Accounts:
Aldo Group, Inc.
IKEA USA

WRITE2MARKET
659 Auburn Avenue Northeast
Atlanta, GA 30312
Tel.: (404) 900-7722
Web Site: www.write2market.com

Year Founded: 2006

Discipline: Digital

Jean-Luc Vanhulst *(President)*
TJ Lane *(Senior Account Supervisor)*
Carla Etheridge *(Senior Account Executive)*
Casey Stokes *(Senior Account Executive)*

WYNG
55 West 21st Street
New York, NY 10010
Tel.: (646) 435-0555
Web Site: www.wyng.com

Year Founded: 2010

Discipline: Digital

Wendell Lansford *(Co-Founder)*
Prakash Mishra *(Chief Technology Officer & Co-Founder)*
John Yapaola *(Chief Executive Officer)*

X STUDIOS
601 West Webster Avenue
Winter Park, FL 32789
Tel.: (321) 281-1708
Web Site: www.xstudios.agency

Year Founded: 2006

Discipline: Digital

Tim Santor *(Co-Founder)*
David Morales *(Co-Founder)*
Sam Horton *(Director, Digital Experience)*

XAXIS
175 Greenwich Street
New York, NY 10007
Tel.: (646) 259-4200
Web Site: www.xaxis.com

Year Founded: 2011

Discipline: Digital

Marc Ohringer *(Senior Vice President, Global Account Services)*
JR Crosby *(Senior Vice President, Product & Strategy)*
John Meringolo *(Global Chief Financial Officer)*
Sara Robertson *(Global Vice President, Distruption)*
Anastasiya Blyukher *(Director, Program Management)*
Kelley Drake *(Director, Marketing)*
Alex Rosenthal *(Manager, Account Services)*
Greg Anderson *(Managing Director)*
EJ Howard *(Managing Director)*
Mike Pisula *(Managing Partner, Technology & Partnerships)*

XAXIS
6300 Wilshire Boulevard
Los Angeles, CA 90048
Tel.: (415) 403-8028
Fax: (310) 309-8121
Web Site: www.xaxis.com

Year Founded: 2011

Discipline: Digital

Jesse Nabel *(Director, Advertising Operations)*
Stu Richards *(Director, Xaxis West)*
Brennen Thompson *(Programmatic Coordinator)*

Brands. Marketers. Agencies. Search Less. Find More.
Try out the online version at www.winmo.com

DIGITAL AGENCIES

XAXIS
160 Bloor Street East
Toronto, ON M4W 0A2
Tel.: (416) 342-6600
Web Site: www.xaxis.com

Year Founded: 2011

Discipline: Digital

Danika Struiksma *(Group Director, Trading Strategy)*
Justin Cumby *(Managing Director)*

YOH
1500 Spring Garden Street
Philadelphia, PA 19130
Tel.: (215) 656-2650
Web Site: www.yoh.com

Employees: 80
Year Founded: 1982

Discipline: Digital

Scott Faktor *(Chief Sales Officer)*
Edward Shaw *(Chief Recruiting Officer & Executive Vice President, Executive Search)*
Emmett McGrath *(President)*
John Comito *(Chief Financial Officer)*
Peter Melomo *(Executive Vice President, Application Development Services)*
Kathleen King *(Senior Vice President, Enterprise Solutions)*
Diane Mammon *(Vice President, Marketing)*
Matt Rivera *(Vice President, Marketing & Communications)*

Accounts:
Merrill Lynch & Co., Inc.

ZAG INTERACTIVE
20 Western Boulevard
Glastonbury, CT 06033
Tel.: (860) 633-4818
Fax: (860) 633-2312
Web Site: www.zaginteractive.com

Year Founded: 2002

Discipline: Digital

Larry Miclette *(Founder, President & Chief Executive Officer)*
Mark Sarni *(Chief Financial Officer)*
Tony Shockley *(Senior Vice President, Technology)*
Michelle Brown *(Vice President, Marketing)*
Paul Andrews *(Vice President, Interactive Services)*
Camielle Griffiths *(Vice President, Client Services)*
Jennifer Buccini *(Art Director)*
Gregory Calnen *(Senior Account Manager)*
Alison Valerie *(Account Manager)*
Ashley Dallaire *(Account Manager)*
Joshua Orlando *(Senior Project Manager)*
Kristen Brown *(Project Manager)*
Abigail Boulrice *(Project Manager)*

ZEHNER
5766 West Jefferson Boulevard
Los Angeles, CA 90016
Tel.: (310) 765-1600
Toll Free: (877) 517-0322
Web Site: www.zehnergroup.com

Year Founded: 2007

Discipline: Digital

Noah Gedrich *(Chief Technology Officer)*
Matthew Zehner *(Founder & Chief Executive Officer)*
Michael Kucera *(Chief Operating Officer)*
Sukh Sidhu *(Vice President, Business Development & Strategic Alliances)*
Tino Doan *(Director, Commerce Strategy)*
Amanda Kinkeade *(Director, Commerce)*
Masha Agapov *(Creative Director)*
Margarito Mejia, Jr. *(Art Director)*
Erin House *(Project Manager)*
Hany Zayan *(Senior Project Manager)*
Tessa Smith *(Associate Project Manager)*

ZEMOGA, INC.
120 Old Ridgefield Road
Wilton, CT 06897-1425
Tel.: (203) 663-6214
Fax: (917) 591-8174
Web Site: www.zemoga.com

Year Founded: 2001

Discipline: Digital

DJ Edgerton *(Founder & Chief Executive Officer)*
Katherine Renteria *(Director, Project Management)*

ZETA INTERACTIVE
185 Madison Avenue
New York, NY 10016
Tel.: (212) 967-5055
Fax: (212) 967-1028
Web Site: www.zetainteractive.com

Year Founded: 2007

Discipline: Digital

Jeremy Klein *(President, Zeta Actions)*
Jarrod Yahes *(Chief Finance Officer)*
Harrison Davies *(Executive Vice President, Interactive)*
Tom Walsh *(Executive Vice President & Head, Zeta Labs)*
Bharat Goyal *(Senior Vice President, Engineering)*
John Lewis *(Vice President, Business Solutions)*
Marie Aiello Lippert *(Group Vice President, Operations & Technology Services - CRM)*
Jonathan Jaeger *(Senior Director, Interactive)*
Victor Sanchez *(Director, Strategy & Analysis)*
Alex Gitsis *(Director, Interactive Marketing)*
Dex Bindra *(Senior Director, Strategy & Analytics - ZetaXChance)*
Laura Kovacs *(Account Director)*
Pamela Monzey *(Account Director, Client Services)*
Chase Altenbern *(Sales Director)*
Jeffrey Stern *(Senior Director, Financial Planning & Analysis)*
Kristen Hessler Fusselman *(Account Director)*
Vladimir Yerichev *(Creative Director)*
Elizabeth Zator *(Senior Media Planner)*
Caitlin Pilkin *(Senior Campaign Manager, Interactive)*
Kristina Menendez *(Digital Marketing Account Manager)*
Kathleen Geer Petro *(Strategist, Digital Media)*
Madeline Morrison *(Senior Account Manager)*

Accounts:
SourceMedia, Inc.
United Water

Brands. Marketers. Agencies. Search Less. Find More.
Try out the online version at www.winmo.com

DIRECT / RELATIONSHIP AGENCIES

3RD THIRD MARKETING
811 First Avenue
Seattle, WA 98104
Tel.: (888) 776-5135
Web Site: www.3rdthirdmarketing.com

Year Founded: 2001

Discipline: Direct / Relationship

Cynthia Cruver *(Partner)*
Trish Mayer *(Director, Interactive Marketing)*
Diane Strathy *(Manager, Print Production)*
Ani Clifford *(Manager, Social Media)*
Lina Munford *(Interactive Marketing Designer)*

93 OCTANE
105 East Grace Street
Richmond, VA 23220
Tel.: (804) 643-8800
Web Site: www.93-octane.com

Year Founded: 2002

Discipline: Direct / Relationship

John Lindner Jr. *(Owner & Creative Director)*
Jenna Weidner *(Senior Art Director)*

A.B. DATA, LTD
600 AB Data Drive
Milwaukee, WI 53217
Tel.: (414) 961-6400
Fax: (414) 961-6410
Web Site: www.abdata.com

Employees: 50
Year Founded: 1980

Discipline: Direct / Relationship

Alan Wichtoski *(Chief Financial Officer & Vice President)*
Joe Manes *(Partner & Senior Vice President)*
Thomas Glenn *(President, Class Action Administrative)*
Katherine Versteegh *(Senior Vice President, Client Services)*
Jeff Mallach *(Vice President)*
Lizabeth Ludowissi *(Vice President, Production)*
Deb Rouse *(Vice President, Data Services & Technology)*
Kelly Gardner *(Vice President)*
Linda Young *(Vice President, Media)*
Meredith Feldman *(Vice President, Consulting)*
Stephanie Pampuch *(Print Buyer)*
Angela Jackson *(Senior Strategist)*
Bruce Arbit *(Co-Managing Director)*
Charles Pruitt *(Co-Managing Director)*

ACCUDATA AMERICA
5220 Summerlin Commons Boulevard
Fort Myers, FL 33907
Tel.: (239) 425-4400
Fax: (239) 425-4401
Toll Free: (800) 732-3440
Web Site: www.accudata.com

Employees: 175
Year Founded: 1990

Discipline: Direct / Relationship

Bree Verrengia *(Chief Executive Officer)*
Sean Kellum *(Vice President, Business Development)*

ACTON INTERNATIONAL, LTD.
5760 Cornhusker Highway
Lincoln, NE 68507
Tel.: (402) 694-2586
Web Site: www.acton.com

Year Founded: 1968

Discipline: Direct / Relationship

Kraig Prange *(Managing Partner)*
Frank Lambert *(Managing Partner)*
Joni Denny *(International Account Executive)*
Mike Nguyen *(Manager, Information Technology)*

ACXIOM CORPORATION
2503 Del Prado Boulevard South
Cape Coral, FL 33904
Tel.: (866) 977-6018
Fax: (215) 968-9410
Toll Free: (800) 732-9250
Web Site: www.acxiom.com

Employees: 45
Year Founded: 1969

Discipline: Direct / Relationship

Sandy Hurst *(Senior Director & Account Executive)*

AD RESULTS MEDIA
320 West Cott
Houston, TX 77007
Tel.: (713) 783-1800
Fax: (713) 783-1062
Web Site: adresultsmedia.com

Year Founded: 1998

Discipline: Direct / Relationship

Russell Lindley *(President & Partner)*
Marshall Williams *(Chief Executive Officer & Partner)*
Jennifer Christman *(Vice President, Media & Operations)*
Kathryn Lupton *(Account Director)*
Tiffany Constanza *(Account Manager)*
Meghan Heindel *(Media Buyer)*
Taylor Oberg *(Media Buyer)*

ADFARM
5940 Macleod Trail Southwest
Calgary, AB T2H 2G4
Tel.: (403) 410-7600
Web Site: www.adfarmonline.com

Year Founded: 1995

Discipline: Direct / Relationship

Ben Graham *(President)*
Glenn Dawes *(Director, Insights & Intelligence)*

AMERGENT
Nine Centennial Drive
Peabody, MA 01960
Tel.: (978) 531-1800
Fax: (978) 531-0400
Toll Free: (800) 370-7500
Web Site: www.amergent.com

Employees: 65
Year Founded: 1980

Discipline: Direct / Relationship

Jack Doyle *(President)*
Rick Hohman *(Chief Operating Officer)*
Mary Bogucki *(Senior Vice President)*

AMERICAN TARGET ADVERTISING
9625 Surveyor Court
Manassas, VA 20110
Tel.: (703) 392-7676
Fax: (703) 392-7654
Web Site: www.americantarget.com

Year Founded: 2007

Discipline: Direct / Relationship

Richard Viguerie *(Chairman)*
Kathleen Patten *(President & Chief Executive Officer)*
Mark Fitzgibbons *(President, Corporate & Legal Affairs)*
Rick Anderson *(Vice President & Account Executive)*

ANALYTICS-IQ, INC.
Six Concourse Parkway
Atlanta, GA 30328
Tel.: (770) 407-8854
Toll Free: (888) 612-4309
Web Site: analytics-iq.com

Year Founded: 2006

Discipline: Direct / Relationship

Mike Hattub *(Chief Operating Officer)*
Anna Brantley *(Chief Revenue Officer)*

ANDERSON DIRECT & DIGITAL
12650 Danielson Court
Poway, CA 92064
Tel.: (858) 413-0300
Fax: (858) 413-0220
Toll Free: (888) 694-5094
Web Site: www.andersondd.com

Employees: 125
Year Founded: 1985

Discipline: Direct / Relationship

Ted Tietge *(Chief Executive Officer)*
Randy Dale *(President & Chief Financial Officer)*
Scott Hopkins *(Executive Vice President)*
Todd Stoker *(Vice President, Operations)*
Mike Campbell *(Vice President, Client Strategy)*

Accounts:

Brands. Marketers. Agencies. Search Less. Find More.
Try out the online version at www.winmo.com

AGENCIES - JULY, 2020

DIRECT / RELATIONSHIP AGENCIES

Anthem, Inc.
BlueCross BlueShield of Arizona
California Chamber of Commerce
Cambia Health Solutions
Chumash Casino Resort
Crystal Cruises
Metropolitan Life Insurance Co.
Pechanga Resort & Casino
Rabobank N.A.

ANSIRA
2300 Locust Street
Saint Louis, MO 63103
Tel.: (314) 783-2300
Fax: (314) 783-2301
Web Site: www.ansira.com

Employees: 160
Year Founded: 1919

Discipline: Direct / Relationship

Jim Warner *(Executive Chairman)*
Amy Asahi *(Senior Vice President, Trade & Promotional Management)*
Kay Klos *(Senior Vice President, Local & Channel)*
Heidi Brooks *(Senior Vice President & Director - Digital Marketing Service & Support)*
Peter Soto *(Senior Vice President, Client Partnership)*
Jennifer Gibbs *(Vice President, Client Partnerships)*
Jeff Wingbermuehle *(Vice President, Print Production)*
Anne Marie Flanagan *(Assistant Vice President, Content Management)*
Courtney Jane Acuff *(Vice President, Product Marketing)*
Christina Klupe *(Assistant Vice President)*
Peggie Bayliss *(Assistant Vice President, Contract Services & Support)*
Santi Santiago *(Vice President)*
Kevin Wyss *(Account Director)*
Michael Billy *(Account Director)*
Alex Winters *(Senior Account Representative)*

APRIL SIX
847 Sansome Street
San Francisco, CA 94111
Tel.: (415) 363-6070
Web Site: www.aprilsix.com

Year Founded: 2000

Discipline: Direct / Relationship

Trent Talbert *(Director, Strategy)*
Jill Melchionda *(Managing Director)*

Accounts:
Box, Inc.
Demandbase, Inc.
HPE Nimble Storage
QlikTech International
Sage Software, Inc.

ASPEN MARKETING SERVICES
1240 North Avenue
West Chicago, IL 60185
Tel.: (630) 293-9600
Fax: (630) 293-7584
Toll Free: (800) 848-0212
Web Site: www.aspenms.com

Employees: 200
Year Founded: 1986

Discipline: Direct / Relationship

Jim Huston *(Chief Revenue Officer)*
Kevin Huck *(Executive Vice President, Client Services & Relations)*
Monte Wehrkamp *(Executive Vice President & Executive Creative Director)*
Mark Wollney *(Senior Vice President, Digital)*
Dan Maher *(Vice President, Agent Client Services)*
Todd McNab *(Vice President & General Manager, Client Services)*
Cathy Horn *(Vice President, Human Resources)*
George Gier *(Vice President & Executive Creative Director)*

ATLANTIC LIST COMPANY
2300 Ninth Street, South
Arlington, VA 22204
Tel.: (703) 528-7482
Fax: (703) 528-7492
Web Site: www.atlanticlist.com

Discipline: Direct / Relationship

Ingrid Loukota *(President & Chief Executive Officer)*
Maia Worden *(Chief Operating Officer)*
Rowena Gan *(List Manager)*

Accounts:
American Society for the Prevention of Cruelty to

BANNER DIRECT
P.O. Box 10851
Wilmington, NC 28404
Tel.: (212) 858-9883
Fax: (212) 218-7527
Web Site: www.bannerdirect.com

Employees: 12
Year Founded: 1990

Discipline: Direct / Relationship

Christine Fontana *(President)*
Michael Walsh *(Senior Vice President, Strategy & Relationship Management)*
Trudy Maus *(Executive Director, Creative & Production Services)*
Heather McGee *(Executive Director, Creative & Production Services - Direct Marketing)*

BENSON MARKETING GROUP
2700 Napa Valley Corporate Drive
Napa, CA 94558
Tel.: (707) 254-9292
Fax: (707) 254-0433
Web Site: www.bensonmarketing.com

Discipline: Direct / Relationship

Jeremy Benson *(President)*
Sarah Jones-Gillihan *(Vice President)*
Thea Schlendorf *(Account Supervisor)*
Ben Palos *(Senior Account Executive)*
Megan Helphand *(Account Coordinator)*

Accounts:
Campari America
Wild Turkey

BIMM DIRECT & DIGITAL
36 Distillery Lane
Toronto, ON M5A 3C4
Tel.: (416) 960-2432

Fax: (416) 960-1480
Web Site: www.bimm.com

Employees: 20
Year Founded: 1980

Discipline: Direct / Relationship

Brian Bimm *(Chairman & Chief Financial Officer)*
Mike Da Ponte *(President & Chief Executive Officer)*
Roehl Sanchez *(Executive Vice President & Chief Creative Officer)*
Rene Rouleau *(Vice President & Creative Director)*
Scott Keeling *(Vice President, Planning & Digital Transformation)*
Alia Kuksis *(Account Director)*
Jason Barg *(Director, Client Insights)*
Madhu Ravindra *(Senior Account Director)*

Accounts:
United Way of Greater Toronto

BOND BRAND LOYALTY
6900 Maritz Drive
Mississauga, ON L5W 1L8
Tel.: (905) 696-9400
Fax: (905) 696-9921
Toll Free: (844) 277-2663
Web Site: www.bondbrandloyalty.com/home/

Employees: 350
Year Founded: 1980

Discipline: Direct / Relationship

Bob MacDonald *(President & Chief Executive Officer)*
Morana Bakula *(Vice President, Customer Experience)*
Neil Woodley *(Creative Director)*
Paul Della Mora *(Senior Account Executive)*

BRONSTEIN & WEAVER, INC.
24 North Bryn Mawr Avenue
Bryn Mawr, PA 19010
Tel.: (610) 212-0869
Fax: (610) 771-4090
Web Site: www.bronsteinandweaver.com

Discipline: Direct / Relationship

Michael Bronstein *(Co-Founder & President)*
Matthew Weaver *(Co-Founder & Principal)*

BULLSEYE DATABASE MARKETING
5546 South 104th East Avenue
Tulsa, OK 74146-6508
Tel.: (918) 587-1731
Fax: (918) 587-0450
Web Site: www.bullseyedm.com

Year Founded: 1988

Discipline: Direct / Relationship

Deborah Kobe Norris *(Principal & Chief Executive Officer)*
Mark Jennemann *(President)*

CADENT NETWORK
50 South 16th Street
Philadelphia, PA 19102
Tel.: (215) 568-7066
Fax: (215) 564-5388
Web Site: www.cadent.tv

280

DIRECT / RELATIONSHIP AGENCIES

AGENCIES - JULY, 2020

Year Founded: 1994

Discipline: Direct / Relationship

Paul Alfieri *(Chief Marketing Officer)*
Rachel Hudson *(Senior Vice President, Network Operations, Pricing & Planning)*
Danielle Joyce *(Director, Broadcast Operations)*
Joshua Raskin *(Account Executive)*

CANNELLA RESPONSE TELEVISION
848 Liberty Drive
Burlington, WI 53105
Tel.: (262) 763-4810
Fax: (262) 763-2875
Web Site: www.drtv.com/

Year Founded: 1985

Discipline: Direct / Relationship

Robert Medved *(Chief Executive Officer)*
Frank Cannella *(Chairman & Founder)*
Christi Anderson *(Vice President, Marketing & Communications)*
Randy Suchy *(Project Manager)*
Maureen Gabriel *(Vice President, Media Sales)*
Mike Heflin *(Senior Account Executive)*

CARL BLOOM ASSOCIATES
81 Main Street
White Plains, NY 10601
Tel.: (914) 761-2800
Fax: (914) 761-2744
Web Site: www.carlbloom.com

Year Founded: 1976

Discipline: Direct / Relationship

Carl Bloom *(President)*
Robert Bloom *(President)*
Carrie Bloom *(Vice President, Client Services)*
Britt Rosenbaum *(Art Director & Studio Manager)*
Yalexa Corchado *(Manager, Traffic & Assistant Manager, Production)*

CENTRAL ADDRESS SYSTEMS
10303 Crown Point Avenue
Omaha, NE 68134
Tel.: (402) 964-9998
Toll Free: (866) 461-4693
Web Site: www.cas-online.com

Employees: 30
Year Founded: 1981

Discipline: Direct / Relationship

Mike Garrean *(Chief Executive Officer)*
Scott Swanson *(Director, Turbo Marketing)*

CHAPMAN CUBINE & HUSSEY
2000 15th Street North
Arlington, VA 22201
Tel.: (703) 248-0025
Fax: (703) 248-0029
Web Site: www.ccah.com/

Employees: 50

Discipline: Direct / Relationship

Jim Hussey *(Chairman & Founder)*
Kim Cubine *(President)*
Lon-Given Chapman *(Executive Vice President)*

CHAPMAN CUBINE + HUSSEY
2000 15th Street North
Arlington, VA 22201
Tel.: (703) 248-0025
Web Site: www.ccah.com

Year Founded: 2006

Discipline: Direct / Relationship

Shannon Murphy *(Principal)*
Kim Cubine *(President)*
Brenna Holmes *(Vice President, Digital Services)*
Colleen Hutchings *(Vice President & Senior Account Executive)*
Courtney Lewis *(Vice President, Direct Marketing)*
Meg Kross Lee *(Vice President, Client Services)*

CHIEF MEDIA
875 Sixth Avenue
New York, NY 10001
Tel.: (212) 300-8487
Fax: (212) 629-9505
Web Site: www.chiefmedia.com

Discipline: Direct / Relationship

Scott Paternoster *(Chief Executive Officer & Founder)*
Vic Golio *(President)*
John McTigue *(Chief Financial & Operating Officer)*
Amy Catterson-Iaboni *(Director, Media)*
Erica Ladis *(Associate Media Director)*

Accounts:
SlimFast
SlimFast Foods Company

COFFEY COMMUNICATIONS
1505 Business One Circle
Walla Walla, WA 99362
Tel.: (509) 525-0101
Fax: (509) 525-0281
Toll Free: (800) 253-2030
Web Site: www.coffeycommunications.com

Employees: 114
Year Founded: 1975

Discipline: Direct / Relationship

Alan Coffey *(Chief Executive Officer)*
Jane Coffey *(President)*

CREATIVE DIRECT RESPONSE, INC.
16900 Science Drive
Bowie, MD 20715
Tel.: (301) 858-1500
Fax: (301) 858-0107
Web Site: www.cdr-nfl.com

Discipline: Direct / Relationship

Marni Grimm *(Vice President, Production)*
Chuck Lowensen *(Art Director)*

CROSS COUNTRY COMPUTER
250 Carleton Avenue
East Islip, NY 11730-1240
Tel.: (631) 231-4200
Fax: (631) 231-9248
Web Site: www.crosscountrycomputer.com

Year Founded: 1975

Discipline: Direct / Relationship

Thomas Berger *(Principal & President & Chief Executive Officer)*
Elisa Berger *(Executive Vice President, Database Marketing & Principal)*
David Love *(Executive Vice President & Chief Security Officer)*
Irene Lory *(Vice President, Finance & Human Resources)*
Joan Redwood *(Vice President, Client Services)*
Harvey Cooper *(Director, Database Architecture)*

DATABASE MARKETING GROUP, INC.
Five Peters Canyon Road
Irvine, CA 92606
Tel.: (714) 727-0800
Fax: (714) 838-0327
Toll Free: (800) 547-5476
Web Site: www.dbmgroup.com

Employees: 50
Year Founded: 1991

Discipline: Direct / Relationship

John Engstrom *(Owner)*
Kurt Whitmer *(President)*
Yan Yan Xia *(Senior Vice President, Operations)*
Kayla Kelly *(Marketing Manager)*

DENTINO MARKETING
515 Executive Drive
Princeton, NJ 08540
Tel.: (609) 454-3202
Fax: (201) 332-4262
Toll Free: (800) 477-8372
Web Site: www.dentinomarketing.com

Discipline: Direct / Relationship

Karl Dentino *(President)*
Joel Rubinstein *(Creative Director)*
Rosalba De Meo *(Art Director)*
Richard Skolits *(Management Supervisor)*

DIAMOND COMMUNICATIONS SOLUTIONS
900 Kimberly Drive
Carol Stream, IL 60188
Tel.: (630) 597-9100
Fax: (630) 516-0403
Web Site: www.dmsolutions.com

Employees: 50

Discipline: Direct / Relationship

Greg Waite *(President)*
Mike Nevolo *(Executive Vice President, Corporate Sales & Marketing)*
Cyndi Greenglass *(Senior Vice President, Strategic Solutions)*

DIRECT RESOURCES GROUP
1520 Fourth Avenue,
Seattle, WA 98101
Tel.: (206) 749-0001
Fax: (206) 749-0005
Web Site: www.drg.com

Year Founded: 1993

Discipline: Direct / Relationship

Stephen Jensen *(Co-Founder & President)*
Scott Zorn *(Co-Founder & Managing Partner)*

Brands. Marketers. Agencies. Search Less. Find More.
Try out the online version at www.winmo.com

AGENCIES - JULY, 2020 — DIRECT / RELATIONSHIP AGENCIES

Lisa Carfagna *(Vice President, Marketing)*
Brad Douglas *(Vice President, Client Services)*
Roby Egan *(Account Executive)*

DIRECTAVENUE, INC.
5963 La Place Court
Carlsbad, CA 92008
Tel.: (760) 579-4200
Web Site: directavenue.com

Year Founded: 2007

Discipline: Direct / Relationship

Scott Kowalchek *(President & Chief Executive Officer)*
Marc Johnston *(Chief Financial Officer)*
Josh Pico *(Vice President, Media)*
Oscar Maria *(Director, Digital Media)*
Suzanne Powell *(Senior Media Buyer)*
Brendan Murphy *(Media Buyer)*
Paola Kettering *(Media Buyer)*
Matt Nadel *(Media Buyer)*

DME MARKETING
2441 Bellevue Avenue
Daytona Beach, FL 32114
Toll Free: (877) 720-0082
Web Site: www.dmedelivers.com

Year Founded: 1982

Discipline: Direct / Relationship

Mike Panaggio *(Chief Executive Officer)*
Kathy Wise *(President)*

DMW WORLDWIDE, LLC
701 Lee Road
Chesterbrook, PA 19087
Tel.: (610) 407-0407
Fax: (610) 407-0410
Web Site: www.dmwdirect.com

Year Founded: 1984

Discipline: Direct / Relationship

Bill Spink *(Chief Creative Officer & Partner)*
Josie Clippinger *(Executive Vice President & Chief Financial Officer)*
Mark Mandia *(President & Chief Executive Officer)*
Renee Mezzanotte *(Executive Vice President, Client Services)*
George Price *(Vice President, Business Development)*
Justin Stauffer *(Vice President, Integrated Marketing)*
Len Zappolo *(Senior Director, Media Services)*
Christina Clausen *(Manager, Human Resource - DMW Direct)*
Michael Wermuth *(Senior Media Planner & Buyer, Media Services)*

Accounts:
Premera Blue Cross

DONER CX
40 Pennwood Place
Warrendale, PA 15086
Tel.: (203) 291-4000
Web Site: www.source-marketing.com

Discipline: Direct / Relationship

Michael Newman *(Vice President, Strategic Business Analysis)*

Cory Vogan *(Senior Digital Marketing Specialist)*

DRM PARTNERS, INC.
50 Harrison Street
Hoboken, NJ 07030
Tel.: (201) 418-0050
Fax: (201) 418-0030
Web Site: www.drm-partners.com

Year Founded: 2004

Discipline: Direct / Relationship

Mary Ram *(Partner)*
Susan Pensabene *(President)*
Nicola Brathwaite *(Senior Account Director)*

E&M MEDIA GROUP
30 Jericho Executive Plaza
Jericho, NY 11753
Tel.: (212) 455-0177
Fax: (212) 455-0176
Web Site: www.emtvsales.com

Year Founded: 1995

Discipline: Direct / Relationship

Bonnie Schalle *(Owner & President)*
Sheldon Finkle *(Chief Financial Officer)*
Bruce Newman *(Vice President, Client Services)*
Samina Qureshi *(Director, Media - Short Form)*
Paola Carlino *(Media Director & Traffic Manager)*
Maria Miranda *(Director, Media - Spanish TV & Radio)*
Lydia Mauge *(Executive Data Manager)*

ECHO MEDIA SOLUTIONS
2400 Herodian Way
Smyrna, GA 30080
Tel.: (770) 955-3535
Fax: (770) 955-3599
Web Site: www.echo-media.com

Discipline: Direct / Relationship

Mike Puffer *(President)*
Kate Oemke *(Media Buyer & Print Coordinator)*

EICOFF
401 North Michigan Avenue
Chicago, IL 60611
Tel.: (312) 527-7100
Fax: (312) 527-7197
Toll Free: (800) 333-6605
Web Site: www.eicoff.com

Employees: 96
Year Founded: 1956

Discipline: Direct / Relationship

Ron Bliwas *(Chairman)*
Bill McCabe *(President & Chief Executive Officer)*
Matt Cote *(Senior Vice President & Director, Video Innovation)*
Mike Powell *(Senior Vice President & Executive Creative Director)*
Heather Lang *(Senior Vice President & Director, Media Analytics)*
Margaret Firalio *(Senior Vice President & Associate Media Director)*
Tim Burke *(Senior Vice President & Croup Creative Director)*
Chris Schaus *(Associate Group Media Director)*

Emily Pehl-Matthews *(Associate Media Director)*
Stephenie Mack *(Senior Media Buyer)*
Julianne Gleason *(Media Supervisor)*
Craig Meisenheimer *(Supervisor, Media)*

Accounts:
Cintas Corporation
Lincare Holdings, Inc.
Med 4 Home
Newell Brands, Inc.
NutriSystem, Inc.

EIRE DIRECT MARKETING, INC.
325 West Huron Street
Chicago, IL 60654
Tel.: (312) 640-4000
Fax: (312) 640-0324
Web Site: www.eiredirect.com

Employees: 20
Year Founded: 1987

Discipline: Direct / Relationship

Ellen Best *(Managing Partner)*
James Kearney *(Partner)*
Katie Moore *(Vice President & Director, Creative & Production)*

EPSILON
601 Edgewater Drive
Wakefield, MA 01880
Tel.: (781) 685-6000
Fax: (781) 685-0830
Toll Free: (800) 225-3333
Web Site: www.epsilon.com

Year Founded: 1969

Discipline: Direct / Relationship

Bryan Kennedy *(Chief Executive Officer)*
Wayne Townsend *(President, Technology Practice)*
George Carino *(Senior Vice President, Sales)*
Brian Trevor *(Senior Vice President, Research & Development)*
Neil Walsh *(Senior Vice President & Client Partner)*
Thomas Palleria *(Vice President, Business Development & Sales)*
Robert Cosentino *(Vice President & Practice Lead, Strategy & Insights)*
Bill DeFerrari *(Vice President, Product Management)*
Julia Driscoll *(Associate Account Executive)*

EPSILON
10 Westport Road
Wilton, CT 06897
Tel.: (203) 210-3000
Fax: (203) 210-7926
Web Site: www.epsilon.com

Employees: 360
Year Founded: 1969

Discipline: Direct / Relationship

Robert Powers *(Senior Vice President, Financial Services)*
Michael Schneidman *(Vice President - Strategic Consulting)*
Francisco Lopez *(Senior Account Supervisor)*

Accounts:
KeyBank

DIRECT / RELATIONSHIP AGENCIES

AGENCIES - JULY, 2020

EPSILON
4445 Lake Forest Drive
Blue Ash, OH 45242
Tel.: (513) 452-8200
Toll Free: (800) 309-0505
Web Site: www.epsilon.com

Year Founded: 1969

Discipline: Direct / Relationship

Alicia Busher *(Senior Account Executive)*
Paige Radcliff *(Account Executive)*

EPSILON
6021 Connection Drive
Irving, TX 75039
Tel.: (469) 262-0600
Fax: (972) 582-9700
Toll Free: (800) 309-0505
Web Site: www.epsilon.com

Discipline: Direct / Relationship

Tom Edwards *(Chief Digital Officer, Agency)*

Accounts:
Alive! Vitamins
GlaxoSmithKline, Inc.
Intarcia Therapeutics
Nature's Way Holding Company
Sparkling ICE

EPSILON
100 Montgomery Street
San Francisco, CA 94104
Tel.: (415) 367-6300
Fax: (415) 289-0120
Web Site: www.epsilon.com

Employees: 150
Year Founded: 1969

Discipline: Direct / Relationship

Mark Rovai *(Vice President, Brand Planning & Strategy)*
Arun Shankar *(Vice President, Digital Solutions)*
Leia Copacia *(Lead Strategist, CRM & Content)*

Accounts:
Dell Technologies

EPSILON
11030 Circle Point Road
Westminster, CO 80020
Tel.: (303) 410-5100
Fax: (303) 410-5595
Toll Free: (800) 309-0505
Web Site: www.epsilon.com

Year Founded: 1969

Discipline: Direct / Relationship

Stacey Hawes *(President - Data Practice)*
Zachary Baze *(Chief, Data Strategy)*
Jen Bouvat-Johnson *(Account Director)*
Arlene Lacharite *(Managing Director, Automotive & Data Delivery)*

EPSILON
1240 East North Avenue
Chicago, IL 60185
Tel.: (630) 293-5243
Fax: (847) 330-9155
Toll Free: (800) 309-0505

Web Site: www.epsilon.com

Year Founded: 1969

Discipline: Direct / Relationship

Kara Trivunovic *(Senior Vice President, Digital Solutions)*
Corey Ciszek *(Vice President, & Creative Director)*
Josh Brusin *(Vice President & Director, Brand Planning & Strategy)*
Denise Bernat *(Senior Project Director)*
Britta Petersen *(Director, Strategic Communications)*
Meggan Jozefczak *(Senior Director, Account)*
Bridget Sweeney *(Director, Art)*
Mackenzie Cimala *(Director, Art)*
Sadie Altvater *(Content Producer)*
Erienne Byers *(Account Supervisor)*
Kaitlin Milkovich *(Supervisor, Management)*
Emily Pauletto *(Client Account Executive)*

Accounts:
Abreva
Biotene
Excedrin
Flonase
Gas-X
Lamisil
Nicoderm CQ
Nicorette Gum
Nicorette Mini Lozenge
Parodontax
Poli-Grip
Polident
Sensodyne
Theraflu
Tums

EPSILON
104 South Michigan Avenue
Chicago, IL 60603
Tel.: (773) 796-5400
Web Site: www.epsilon.com

Year Founded: 1969

Discipline: Direct / Relationship

Richard McDonald *(President, Agency Practice)*
Sandor Kolkey *(Chief Client Officer & Senior Vice President)*
Ellen Ratchye Foster *(Senior Vice President & Head, Data Design & Analytics)*
Garrett Jackson *(Strategy & Growth)*

Accounts:
Daiichi Sankyo
Mizkan Americas

EPSILON
199 Water Street
New York, NY 10038
Tel.: (212) 457-7000
Fax: (212) 457-7040
Web Site: www.epsilon.com

Employees: 77
Year Founded: 1997

Discipline: Direct / Relationship

Stacia Goddard *(Executive Vice President, Strategic Marketing Services)*
Mark Hertenstein *(Senior Vice President, Enterprise Sales)*
Mercedes Tato *(Vice President, Sales & Marketing Technology)*

Paul Munsch *(Director, Digital Data Partnerships)*
Michael Shear *(Director, Digital Analytics - Analytic Consulting Group)*
Sarah Higbee *(Manager, Digital Strategic Consulting)*
Alec Hill *(Senior Account & Project Manager, Technical Client Services - Health Care Marketing)*

Accounts:
PurePoint Financial

ESTEE MARKETING GROUP
800 Westchester Avenue
Rye Brook, NY 10573
Tel.: (914) 235-7080
Fax: (914) 235-6518
Web Site: www.esteemarketing.com

Employees: 8

Discipline: Direct / Relationship

Geoffrey Batrouney *(Executive Vice President & Chief Operating Officer)*
Chris Ragusa *(President & Chief Executive Officer)*
Stan Madyda *(Senior Vice President)*
Deana Snyder *(Vice President)*

ETARGETMEDIA
6810 Lyons Technology Circle
Coconut Creek, FL 33073
Tel.: (954) 480-8470
Fax: (954) 480-8489
Toll Free: (888) 805-3282
Web Site: www.etargetmedia.com

Discipline: Direct / Relationship

Harris Kreichman *(Managing Partner & Executive Vice President, New Business Development)*
Karen Waddell *(Vice President, List Services)*

FIREWOOD
23 Geary Street
San Francisco, CA 94108
Tel.: (415) 872-5132
Web Site: www.firewoodmarketing.com

Year Founded: 2010

Discipline: Direct / Relationship

Lanya Zambrano *(Co-Founder & President)*
Juan Zambrano *(Co-Founder)*
Mary Grundy *(Senior Vice President & Group Account Director)*
Jeff Reese *(Senior Vice President & Group Account Director)*
Ron Davis *(Senior Vice President, Technology)*
Iris Hong *(Associate Director, Strategy)*
Al Pontes *(Senior Digital Marketing Manager, Team Lead)*
Jonathan Oei *(Digital Marketing Manager)*
Shwetha Pandit *(Senior Digital Marketing Manager - Google Domain)*

FISERV, INC.
5875 North Lindbergh Boulevard
Hazelwood, MO 63042
Tel.: (314) 387-2500
Fax: (314) 447-4230
Toll Free: (800) 467-7799
Web Site: www.fiserv.com

Direct / Relationship Agencies

Brands. Marketers. Agencies. Search Less. Find More.
Try out the online version at www.winmo.com

AGENCIES - JULY, 2020 — DIRECT / RELATIONSHIP AGENCIES

Employees: 200
Year Founded: 1984

Discipline: Direct / Relationship

Mike O'Brien *(Vice President, Strategic Solutions)*
Ken McLean *(Vice President, Finance - Fiserv Output Solutions)*

FMI DIRECT, INC.
2100 Kubach Road
Philadelphia, PA 19116
Tel.: (215) 464-0111
Fax: (215) 464-4870
Web Site: www.fmidm.com

Year Founded: 1981

Discipline: Direct / Relationship

Lisa Formica *(President & Partner)*
Mark Formica *(Partner & Customer Success)*

FOCUS USA
95 North State Route 17
Paramus, NJ 07652
Tel.: (201) 489-2525
Fax: (201) 489-4499
Web Site: www.focus-usa-1.com

Year Founded: 1994

Discipline: Direct / Relationship

Chicca D'Agostino *(Chief Executive Officer & President)*
Michael Ugenti *(President)*
John Fleming *(Corporate Vice President, Operations)*
Donna Young *(Corporate Vice President, Database Management)*
Meg Ugenti *(Corporate Director, Sales & Marketing)*
Courtney Cardozo *(Senior Manager, Client Relations)*
Madaline Shammas *(Manager, Client Relations & Email Marketing)*

FORCE MARKETING
3098 Piedmont Road, Northeast
Atlanta, GA 30305
Tel.: (678) 208-0667
Toll Free: (800) 818-2651
Web Site: www.forcemktg.com

Discipline: Direct / Relationship

John Fitzpatrick *(President & Chief Executive Officer)*
Cody Tomczyk *(Vice President, Sales)*
Eric Mercado *(Vice President, Sales)*
Jonathan Thompson *(Vice President, Automotive Marketing & Technology Enthusiast)*
Randy Sieger *(Vice President)*
Megan Crumpton *(Director, Sales)*
Kate Andra *(Vice President, Strategy)*
Jessica Sims *(Director, Major Accounts)*
Lauren Benton *(Business Analyst)*
Alicia Brooks *(Director, OEM Relationships)*
Brandt Farmer *(Associate Creative Director)*
Christopher Fitch *(Director, Interactive Marketing)*
Erin Mueller *(Director, Marketing & Media)*
Shirie Cantrell *(Controller & Director, Human Resources)*

G.A WRIGHT SALES, INC.
Post Office Box 460189
Denver, CO 80246
Mailing Address:
Post Office Box 460189
Denver, CO 80246
Tel.: (303) 333-4453
Fax: (303) 393-5320
Web Site: gawrightsales.com

Year Founded: 1981

Discipline: Direct / Relationship

Gary Wright *(Founder & Chief Executive Officer)*
Roger Morales *(Vice President, Operations)*

GAIN
8003 Franklin Farms Drive
Richmond, VA 23229
Tel.: (804) 673-4246
Web Site: www.hellogain.com

Year Founded: 2001

Discipline: Direct / Relationship

Erin Arnest Peterson *(Partner & Chief Executive Officer)*
James Sweeney *(Partner & Chief Strategy Officer)*
Ann Cobb *(Account Director)*
Charley Lyle *(Director, Data Processing)*
Brooke Bennett *(Finance Director)*

GROSSMAN MARKETING GROUP
30 Cobble Hill Road
Somerville, MA 02143
Tel.: (617) 623-8000
Fax: (617) 623-8058
Toll Free: (800) 368-1368
Web Site: www.grossmanmarketing.com

Year Founded: 1910

Discipline: Direct / Relationship

David Grossman *(Co-President)*
Ben Grossman *(Co-President)*
Doug Smith *(Chief Financial Officer)*
Vernon Ellis *(Creative Director)*
Amy Grossman *(Sales Manager)*
David Hough *(Print Project Manager)*
Bob Rotchford *(Account Executive)*

GROUP G MARKETING PARTNERS
99 Willard Avenue
Ivyland, PA 18974-3000
Tel.: (215) 957-9936
Web Site: www.groupgdirect.com

Year Founded: 1998

Discipline: Direct / Relationship

Greg Olenski *(Senior Managing Partner & Owner)*
Geff Rapp *(Senior Managing Partner)*
Sue Schlegel *(Vice President, Agency Operations)*

HACKERAGENCY
1326 Fifth Avenue
Seattle, WA 98101
Tel.: (206) 805-1500
Fax: (206) 805-1599
Web Site: www.hal2l.com

Employees: 112
Year Founded: 1986

Discipline: Direct / Relationship

Spyro Kourtis *(Chief Executive Officer)*
Tonny Wong *(Chief Technology Innovation Officer)*
Nasima Sadeque *(Chief Finance Officer)*
Michael Goerz *(Executive Account Director & Executive Vice President)*
Eric Osgood *(Director, Media)*
Lauren Petersen *(Project Coordinator, New Business)*

Accounts:
Standard Insurance Company

HARTE HANKS, INC.
9601 McAllister Freeway
San Antonio, TX 78216
Tel.: (210) 829-9000
Fax: (210) 829-9403
Toll Free: (800) 456-9748
Web Site: www.hartehanks.com

Employees: 22
Year Founded: 1924

Discipline: Direct / Relationship

Mark Del Priore *(Chief Financial Officer)*
Vanessa Ames *(Senior Vice President, Client Services)*
Nadia Nelipa *(Director, Marketing Analytics)*
Nancy Goedeke *(Manager, Digital Marketing & Customer Experience Support)*

HARTE HANKS, INC.
2800 Wells Branch Parkway
Austin, TX 78728
Tel.: (512) 434-1100
Toll Free: (800) 456-9748
Web Site: www.hartehanks.com

Employees: 20
Year Founded: 1924

Discipline: Direct / Relationship

Keith Sedlak *(Chief Growth Officer)*
Melissa Caston *(Director, Digital Delivery)*
Claudia Beck-Allen *(Business Development Manager)*
Madison Fayer *(Senior Account Executive)*
Chris Maness *(Associate Creative Director)*

HAVAS EDGE
920 Southwest Sixth Avenue
Portland, OR 97204
Tel.: (760) 929-0041
Web Site: www.havasedge.com

Employees: 60
Year Founded: 1988

Discipline: Direct / Relationship

Jay Dobson *(Vice President & Director, Finance)*
Christopher K. Stanvick *(Vice President & Director, Strategic Accounts)*

Accounts:
Agilent Technologies, Inc.
Visa Signature Card

HAVAS EDGE
10 Summer Street
Boston, MA 02110
Tel.: (617) 585-3000
Fax: (617) 585-3001
Web Site: www.havasedge.com

DIRECT / RELATIONSHIP AGENCIES

Employees: 40
Year Founded: 1991

Discipline: Direct / Relationship

Greg Johnson *(President & Chief Operating Officer)*
Karla Tateosian *(Vice President & Account Director)*
Scott Julewitz *(Vice President, Digital)*
Chris McConaughey *(Account Director)*

Accounts:
The Humane Society of the United States

HAVAS EDGE
2386 Faraday Avenue
Carlsbad, CA 92008
Tel.: (760) 929-0041
Fax: (760) 929-0104
Web Site: www.havasedge.com

Employees: 50
Year Founded: 1991

Discipline: Direct / Relationship

Steve Netzley *(Chief Executive Officer)*
Greg Johnson *(President & Chief Operating Officer)*
Shannon Ellis *(Executive Vice President, Business Development)*
Mary Webb *(Executive Vice President & Executive Creative Director)*
Abed Abusaleh *(Executive Vice President, Long Form)*
Nicky DeLaSalle *(Director, Business Development)*
Craig Schwarz *(Director, Short Form Media Group)*

Accounts:
Cancer Treatment Centers of America
LifeLock, Inc.
Oasis Legal Finance, LLC
The Humane Society of the United States

HAVAS EDGE
2386 Faraday Avenue
Carlsbad, CA 92008
Tel.: (310) 734-1333
Web Site: www.havasedge.com/

Year Founded: 1988

Discipline: Direct / Relationship

Jennifer Peabody *(Executive Vice President, Client Services - Short Form Media)*
Mary Webb *(Executive Vice President & Executive Creative Director)*
Sean Kalub *(Vice President, Client Services - Short Form Media)*

Accounts:
It's a 10 Haircare
SoClean Inc

HAVAS HELIA
700 East Pratt Street
Baltimore, MD 21202
Tel.: (410) 230-3700
Fax: (410) 752-6689
Toll Free: (800) 605-8971
Web Site: www.havasheliana.com

Employees: 50
Year Founded: 1981

Discipline: Direct / Relationship

Sarah Quackenbush *(Business Development Director)*

Accounts:
Liberty Mutual Automotive Insurance
Liberty Mutual Insurance Companies
Property Casualty Insurance Operations

HAVAS HELIA
4490 Cox Road
Glen Allen, VA 23060
Tel.: (804) 968-7400
Fax: (804) 968-7450
Web Site: www.havasdiscovery.com

Employees: 40
Year Founded: 1981

Discipline: Direct / Relationship

Ward Thomas *(Director, Analytics)*
Leslie Coyne *(Director, Data Services)*

HAVAS TONIC
205 Hudson Street
New York, NY 10013
Tel.: (212) 886-4100
Fax: (212) 886-4415
Web Site: tonic.havasworldwide.com

Employees: 400
Year Founded: 2005

Discipline: Direct / Relationship

Phil Silvestri *(Managing Director & Chief Creative Officer)*
Paul Klein *(Managing Partner)*
Eric Tsui *(Account Director)*
Cheslea Goodman *(Group Account Director)*
Lisa Murphy *(Group Account Planning Director)*
Suzanne Winkelman *(Group Account Director)*
Kurt Nossan *(Executive Creative Director)*
Maureen Russell *(Director, CRM)*
Caroline Smith *(Senior Director, Analytics & Insight)*

Accounts:
Abilify
Genzyme Corporation
Nutricia North America

HAWTHORNE ADVERTISING
2280 West Tyler Avenue
Fairfield, IA 52556
Tel.: (641) 472-3800
Fax: (641) 472-4553
Web Site: www.hawthorneadvertising.com

Employees: 72
Year Founded: 1986

Discipline: Direct / Relationship

Stephen Kelley *(Principal Scientist)*
Mary Papp *(Vice President & Account Director)*
Novena Cole *(Director, Accounting)*
Gina Lombardo-Negron *(Vice President & Media Director)*
Lori Zalensky *(Associate Media Director)*
Lindsey Oldham *(Senior Integrated Digital Strategist)*
Daylyn Krochak *(Product Development Manager)*
Brandy Septer *(Media Buyer)*

Accounts:
Black & Decker
Command
Hamilton Beach Brands, Inc.
Nestle Home Delivered Water
Scotch Brite
Stanley Black & Decker, Inc.

HUNT MARKETING GROUP
1809 Seventh Avenue
Seattle, WA 98101
Tel.: (206) 447-5665
Web Site: www.hmgseattle.com

Year Founded: 2006

Discipline: Direct / Relationship

Brian Hunt *(Founder & Chief Executive Officer)*
Corey Moran *(Founder & Director, Agency Services)*
Natalie Gossett *(Founder, President & Director, Client Services)*
Matt Hunt *(Founder & Director, Creative Services)*
Heather Green *(Senior Art Director)*

HUNTSINGER & JEFFER, INC.
809 Brook Hill Circle
Richmond, VA 23227-2503
Tel.: (804) 266-2499
Fax: (804) 266-8563
Toll Free: (800) 969-3342
Web Site: www.huntsinger-jeffer.com

Year Founded: 1964

Discipline: Direct / Relationship

Kelly Woodward *(President & Vice Chairman)*
Cheryl Martin *(Chief Executive Officer & Chairman)*
Shannon Holleman *(Director, List Services)*
Chris Pitzer *(Senior Art Director)*
Vicki Lester *(Strategy & Planning Executive)*

ICS CORPORATION
100 Friars Boulevard
West Deptford, NJ 08086
Tel.: (215) 427-3355
Fax: (215) 634-1522
Web Site: www.ics-corporation.com

Discipline: Direct / Relationship

Matthew Bastian *(President & Chief Executive Officer)*
David Neff *(Partner)*
John Staudenmayer *(Operations Manger)*
Kirk Fagan *(Senior Account Executive)*

IDFOUR
1001 South Dairy Ashford Street
Houston, TX 77077
Tel.: (281) 497-7606
Fax: (281) 497-7616
Web Site: www.interdirectusa.com

Employees: 20
Year Founded: 1988

Discipline: Direct / Relationship

Scott Haney *(President)*
Rick Mulinix *(Chief Marketing Strategist)*
David Nelson *(Director, Communications)*

INFINITY CONCEPTS

AGENCIES - JULY, 2020

DIRECT / RELATIONSHIP AGENCIES

5331 Triangle Lane
Export, PA 15632
Tel.: (724) 733-1200
Fax: (724) 733-1201
Web Site: www.infinityconcepts.net

Employees: 6

Discipline: Direct / Relationship

Mark Dreistadt *(Founder, President & Chief Executive Officer)*
Susie Dreistadt *(Vice President, Finance & Chief Financial Officer)*
Jason Dreistadt *(Chief Operating Officer & Vice President, Creative Services)*
Darrell Law *(Chief Growth Officer)*
Paul McDonald *(Media Director)*
George Konetes *(Director, Digital Media)*

INFINITY DIRECT
13220 County Road Six
Plymouth, MN 55441
Tel.: (763) 559-1111
Fax: (763) 553-1852
Web Site: infinitydirect.com

Discipline: Direct / Relationship

Amy Fischer *(Proofer & Editor)*
David Greenblat *(President)*
Tom Harding *(Chief Executive Officer)*
Shawn Harding *(Executive Vice President)*
Kathy Mays *(Vice President, Client Services)*
Katie Schmitz *(Vice President, Integrated Sales)*
Brent Bjorlin *(Business Development Director)*
Kirtie Royce *(Art Director)*
Lori Baldwin *(Art Director)*
Scott Kennedy *(Creative Director)*
Victoria Wise *(Group Account Director)*
Jennifer White *(Account Supervisor)*
Trent Weber *(Senior Account Executive)*
Chad VanderTop *(Senior Account Executive)*
Don Harding *(Senior Account Executive)*
Suzy Grunseth *(Senior Account Executive)*

INFOGROUP
155 West 23rd Street
New York, NY 10011
Web Site: www.infogroup.com

Year Founded: 1972

Discipline: Direct / Relationship

Mark Cullinane *(President - Local Marketing Solutions)*
Tim Smith *(Chief Marketing Officer - Local Marketing Solutions)*
Michael Iaccarino *(Chairman, President & Chief Executive Officer)*
Kristen Cuddy *(Senior Vice President & General Manager, Digital Solutions & Infogroup Media Solutions)*
Mary Ann Cardoso *(Vice President, Nonprofit Solutions)*
Don Castle *(Senior Director, Digital Strategy & Partnerships)*
Rob Patton *(Senior Director, Digital Strategy & Partnerships)*
Allison Lyttle *(Field Marketing Manager)*
Bart Piccirillo *(Senior Account Manager)*
Katherine Benazet *(Senior Strategist, Media)*

INFOGROUP MEDIA SOLUTIONS

155 West 23rd Street
New York, NY 10011
Toll Free: (800) 223-2194
Web Site: www.infogroupmediasolutions.com

Year Founded: 1969

Discipline: Direct / Relationship

Karen Mayhew *(Executive Vice President, Consumer Management)*
Mike Mayhew *(Senior Vice President, B2B Media Management)*
Nancy O'Reilly *(Senior Vice President, Insert Media)*
Larry May *(Senior Vice President, Strategic Development)*
Matt Musikar *(Senior Marketing Manager)*

INSIGHT OUT OF CHAOS
80 Broad Street
New York, NY 10004
Tel.: (212) 935-0044
Fax: (646) 259-3054
Web Site: www.iooc.com

Employees: 10
Year Founded: 1995

Discipline: Direct / Relationship

Spencer Hapoienu *(President)*
Nicole Jonas *(Vice President)*

INTEGRATED MERCHANDISING SYSTEMS
8338 Austin Avenue
Morton Grove, IL 60053
Tel.: (847) 583-3800
Toll Free: (877) 467-1200
Web Site: www.imsfastpak.com

Year Founded: 1985

Discipline: Direct / Relationship

Josh Tobey *(Chief Executive Officer)*
Todd Cromheecke *(Vice President, Marketing & Client Engagement)*
Deirdre Kerrigan *(Vice President & Executive Account Director)*

INTERNATIONAL DIRECT RESPONSE, INC.
1125 Lancaster Avenue
Berwyn, PA 19312
Tel.: (610) 993-0500
Fax: (610) 993-9938
Web Site: www.idronline.com

Discipline: Direct / Relationship

Douglas Guyer *(Co-Founder & President)*
David Amaro *(Vice President, Business Development)*

IWCO DIRECT
7951 Powers Boulevard
Chanhassen, MN 55317
Tel.: (952) 474-0961
Fax: (952) 474-6467
Web Site: www.iwco.com

Year Founded: 1969

Discipline: Direct / Relationship

James Andersen *(Chief Executive Officer)*

Joseph Morrison *(President)*
Mike Ertel *(Executive Vice President, Sales & Marketing)*
Debora Haskel *(Vice President, Marketing)*
Karen Weil *(Procurement Director)*
Sean Wambold *(Business Development Director)*
Kurt Ruppel *(Marketing Services Manager)*
Amy Fulton *(Customer Engagement Manager)*

J. SCHMID & ASSOCIATES
5800 Foxridge Drive
Mission, KS 66202
Tel.: (913) 236-8988
Fax: (913) 236-8987
Web Site: www.jschmid.com

Discipline: Direct / Relationship

Lois Brayfield *(Chief Executive Officer)*
Brent Niemuth *(President & Chief Creative Officer)*
Myndi Dillard *(Vice President, Client Services)*
Kristen Sobba *(Senior Art Director)*

JACOBS & CLEVENGER, INC.
303 E Upper Wacker Drive
Chicago, IL 60601
Tel.: (312) 894-3000
Fax: (312) 894-3005
Web Site: www.jacobsclevenger.com

Year Founded: 1982

Discipline: Direct / Relationship

Penny Clevenger *(Executive Vice President & Chief Financial Officer)*
Ron Jacobs *(Chief Executive Officer)*
John Kissane *(Director, Creative)*

JAVELIN AGENCY
7850 North Belt Line Road
Irving, TX 75063
Tel.: (972) 443-7000
Fax: (972) 443-7194
Web Site: www.javelinagency.com

Employees: 175
Year Founded: 2003

Discipline: Direct / Relationship

David Selwood *(Chief Analytics Officer)*
Tina Posey *(chief Executive Office & President, Client Services)*
David Anders *(Executive Vice President, Business Development & Strategic Alliances)*
John Mullin *(Senior Vice President, Strategy & Planning)*
Gavin Twigger *(Executive Creative Director)*
Kris Copeland *(Associate Creative Director)*
Danielle Snyder *(Account Executive)*
Zachary Kite *(Digital Project Manager)*
Juan Rodriguez *(Account Executive)*
Muhammad Amray *(Senior Analyst, Marketing Analytics)*

K/P CORPORATION
13951 Washington Avenue
San Leandro, CA 94578
Tel.: (510) 351-5400
Fax: (925) 543-5252
Toll Free: (877) 957-2677
Web Site: www.kpcorp.com

Employees: 35
Year Founded: 1929

286

DIRECT / RELATIONSHIP AGENCIES

AGENCIES - JULY, 2020

Discipline: Direct / Relationship

Brett Olszewski *(Chief Sales Officer & Chief Marketing Officer)*
Paul Braverman *(Chief Operations Officer)*
Joe Atturio *(Chief Executive Officer)*
Tom Middleton *(Chief Information Officer)*

KERN
20955 Warner Center Lane
Woodland Hills, CA 91367
Tel.: (818) 703-8775
Fax: (818) 703-8458
Toll Free: (800) 335-4244
Web Site: www.kernagency.com

Year Founded: 1991

Discipline: Direct / Relationship

Russell Kern *(President)*
Scott Levine *(Senior Vice President, Strategy)*

Accounts:
Dex Media, Inc.
Super Media
SuperPages.com

KOBIE MARKETING
100 Second Avenue South
Saint Petersburg, FL 33701
Tel.: (727) 822-5353
Fax: (727) 822-5265
Web Site: www.kobie.com

Employees: 18
Year Founded: 1990

Discipline: Direct / Relationship

Bram Hechtkopf *(Chief Executive Officer)*
Wendy Culpepper *(Chief Customer Officer)*
Marti Beller *(President)*
Bobby Greenberg *(Senior Vice President, Strategy & Insights)*
Kent Reifert *(Senior Manager, Operations)*

KOEPPEL DIRECT
16200 Dallas Parkway
Dallas, TX 75248
Tel.: (972) 732-6110
Web Site: www.koeppeldirect.com

Year Founded: 1995

Discipline: Direct / Relationship

Peter Koeppel *(President)*
Christena Garduno *(Chief Operating Officer)*
Sean Bartyzel *(Executive Vice President, Business Development)*
Nuno Andrade *(Vice President, Strategy)*
Darwin Aguinaldo *(Broadcast Media Director)*

Accounts:
eHealth, Inc.

LAKE GROUP MEDIA, INC.
1 Byram Brook Place
Armonk, NY 10504
Tel.: (914) 925-2400
Fax: (914) 925-2499
Web Site: www.lakegroupmedia.com

Employees: 51
Year Founded: 1961

Discipline: Direct / Relationship

Ryan Lake *(Owner & Chief Executive Officer)*
Karen Lake *(Owner & Chief Operating Officer)*
Lenny Medico *(Senior Vice President, List Management)*
Joe Robinson *(Senior Vice President)*
Mike Connolly *(Vice President)*
Allison Hoshia *(Vice President, Client Services)*
Belkys Reyes-Cuni *(Vice President, Data Management)*
Carrie French *(Associate Vice President, List Brokerage)*
Debbie Larsen *(Vice President, Sales)*
Jennifer Cuttler *(Vice President, Brokerage)*
Joanne Elias *(Associate Vice President, List Brokerage)*
Kathy Stivaletti *(Associate Vice President, List Brokerage)*
Lenore DeBellis *(Vice President)*
Mary Ellen Quirk *(Associate Vice President)*
Sheryl Benjamin *(Vice President)*
Shawn Danitz *(Account Director)*
Danny Grubert *(Vice President, List Management)*
Jim Gallagher *(Director, Insert Media Sales)*
Lisa Dolzadelli *(Director, Customer Service)*
Lisa Schoen *(Director, Art & Marketing)*
Anjie Logan *(Account Manager, Customer Service)*
Elisa Klatt *(Senior Account Executive)*
Felicia Pucci *(Account Executive)*
Carolyn Woodruff *(Managing Director, Brokerage)*
Heather Maylander *(Managing Director)*

Accounts:
Environmental Defense, Inc.

LAUNDRY SERVICE
55 Water Street
Brooklyn, NY 11201
Tel.: (212) 812-5671
Web Site: www.247laundryservice.com

Year Founded: 2009

Discipline: Direct / Relationship

Mike Mikho *(Chief Marketing Officer)*
Jordan Fox *(Head, Laundry Service & Cycle)*
Nick Sheingold *(Vice President, Strategy)*
Shayna Pilnick *(Vice President, Client Services & Operations)*
Brennen Schlueter *(Associate Director, Strategy)*
Michael Seide *(Account Director - BodyArmor)*
Danny Nunez *(Executive Creative Director)*
Anar Shah *(Group Media Director & Head, Paid Media)*
J.J. Lim *(Associate Creative Director - Copy)*
Brad Jones *(Creative Director)*
Mary French *(Group Account Director)*
Tess McBride *(Group Account Director)*
Daniel Palau *(Copywriter)*
Dan Rozier *(Creative Director)*
Chassey Reyes *(Strategy Director)*
Seth McGinnis *(Photographer)*
Stefani Baron *(Advertising Manager)*
Christina Torres *(Account Supervisor, Strategy, Paid Media & Client Services)*
Kevin Kinder *(Senior Social Media Manager)*
Sam Abrahams *(Manager, Digital Advertising)*
Jo-Anne Somera *(Senior Strategist)*
Amy Hellickson *(Vice President, Client Services & Global Managing Director)*

Accounts:
BodyArmor Nutrition, LLC
Celestial Seasonings
LG Mobile Phones
Lincoln
Lincoln MKC
Lincoln MKT
Lincoln MKZ
Lincoln Nautilus
Lincoln Navigator
Michelob Ultra
Orbitz
T-Mobile USA
Tic Tac

LIFEBRANDS
1275 Drummers Lane
Wayne, PA 19087
Tel.: (610) 717-5510
Web Site: lifebrandstv.com

Year Founded: 2009

Discipline: Direct / Relationship

Lisa Mount *(Vice President, Media Division)*
Debbie Field *(Media Buyer)*
Joel Marcantonio *(Media Buyer)*

Accounts:
MyPillow Inc

LOCKARD & WECHSLER
Two Bridge Street
Irvington, NY 10533
Tel.: (914) 591-6600
Fax: (914) 591-6652
Web Site: www.lwdirect.com

Year Founded: 1964

Discipline: Direct / Relationship

Asieya Pine *(President)*
Richard Wechsler *(President & Chief Executive Officer)*
Carolyn Sura *(Executive Vice President & Director, Broadcast)*
Rachel Hirschl *(Senior Vice President, Digital Media)*
Eddie Wilders *(Senior Vice President, Research & Analytics)*
Stacey Kaufman *(Senior Vice President & Director, Infomercial Division)*
Hilary Weinstein *(Vice President, Media investment officer)*
Brian Uhl *(Vice President, Client Services)*
Kurt Pisani *(Vice President, Client Services)*
Rachel Wilders *(Vice President, Client Services)*
Bill Sullivan *(Director, Business Development)*
Erik Fitzgerald *(Senior Account Supervisor)*

Accounts:
Finishing Touch
HD WrapArounds
IdeaVillage Products Corporation
Micro Touch

MADISON AVENUE MARKETING GROUP
1600 Madison Avenue
Toledo, OH 43604
Tel.: (419) 473-9000
Web Site: www.madavegroup.com

Year Founded: 1989

Discipline: Direct / Relationship

Jerry Brown *(Chief Executive Officer)*
Scott Greggory *(Chief Creative Officer)*
Valerie Likens *(Executive Vice President, Fulfillment)*

Brands. Marketers. Agencies. Search Less. Find More.
Try out the online version at www.winmo.com

Steve Evert *(Vice President, Business Development)*
Steve Timofeev *(Executive Vice President, Operations & Managing Partner, WebART)*
Brian Burk *(Senior Account Manager)*

MARKETING ARCHITECTS
110 Cheshire Lane
Minneapolis, MN 55305
Tel.: (952) 449-2500
Fax: (952) 449-2501
Web Site: www.marketingarchitects.com

Employees: 75
Year Founded: 1997

Discipline: Direct / Relationship

Chuck Hengel *(Founder & Chief Executive Officer)*
Paul Jackson *(Chief Media Officer)*
Brent Longval *(Chief Financial Officer)*
Rob DeMars *(Chief Creative Officer)*
Katie Scheetz *(Executive Vice President, Business Development)*
Angela Voss *(Executive Vice President, Account Services)*
Catrina McAuliffe *(Senior Vice President, Brand Strategy)*
Daniel Cleveland *(Vice President, Analytics)*
Ron Blevins *(Vice President, Media)*
Catherine Dettloff *(Vice President, Media)*
Paul Schmidt *(Vice President, Client Growth)*
Stephanie Leapaldt *(Vice President, Client Services)*
Matthew Hultgren *(Vice President, Analytics)*
Steve Lubin *(Vice President, Corporate Development)*
Eric Pilhofer *(Vice President, Creative Solutions)*
Whitney Stratten *(Vice President, Client Growth)*
Clark Hjelmstad *(Business Development Director)*
Ryan Rosin *(Media Operations Director)*
Heather Johnson *(Director, Business Development)*
Joe Ackerman *(Media Director)*
Elena Hengel *(Brand Manager)*
Jordan Rossler *(Marketing Analyst)*
Teegan Zimmerman *(Media Associate)*
Sean Haugen *(Media Operations Specialist)*
Kendra McGinnis *(Media Associate)*

Accounts:
CarParts.com, Inc.
Physicians Mutual Insurance
Shopkick

MARKETING GENERAL, INC.
625 North Washington Street
Alexandria, VA 22314
Tel.: (703) 739-1000
Fax: (703) 683-9228
Web Site: www.marketinggeneral.com

Employees: 65
Year Founded: 1978

Discipline: Direct / Relationship

Rick Whelan *(President)*
Raylene Woods *(Chief Operating Officer & Senior Vice President)*
Tony Rossell *(Senior Vice President)*
Un Johnson *(Accounting Director)*
Scott Seril *(Senior Account Director)*
Aleda Ahmed *(Studio Director)*

MARKETRY, INC.
1420 Northwest Gilman Boulevard
Issaquah, WA 98027
Tel.: (425) 451-1262
Fax: (425) 451-1941
Web Site: www.marketry.com

Year Founded: 1973

Discipline: Direct / Relationship

Greg Swent *(President & Chief Executive Officer)*
Lori Brenner *(Account Executive)*

MARTEL ET COMPAGNIE PUBLICITE
358 Beaubien West Street
Montreal, QC H2V 4Z6
Tel.: (514) 525-4290
Fax: (514) 525-0148
Web Site: www.marteletcompagnie.com

Employees: 15

Discipline: Direct / Relationship

Nancy Rozender *(President)*

MEDIA HORIZONS, INC.
800 Connecticut Avenue
Norwalk, CT 06854
Tel.: (203) 857-0770
Fax: (203) 857-0296
Web Site: www.mediahorizons.com

Employees: 40
Year Founded: 1988

Discipline: Direct / Relationship

Jim Kabakow *(Chief Executive Officer)*
Tom Reynolds *(Partner & Executive Vice President, Marketing)*
Alan Kraft *(Chief Revenue Officer)*
Liz Russell *(Vice President, Operations & Finance)*
Tracy Egan *(Vice President, Account Management)*
Erica DePalma *(Senior Vice President, Digital Marketing)*
Rachel Amori *(Vice President, Account Management)*
Heather Fogarty *(Director, Digital Marketing)*
Cherie Adami *(Human Resources Manager)*

MEDIA LOGIC
59 Wolf Road
Albany, NY 12205
Tel.: (518) 456-3015
Fax: (518) 456-4279
Toll Free: (866) 353-3011
Web Site: www.mlinc.com

Employees: 80
Year Founded: 1984

Discipline: Direct / Relationship

David Schultz *(President)*
Jim Sciancalepore *(Vice President & Senior Creative Director)*
Patrick Boegel *(Director, Media Integration)*
Jim McDonald *(Director, Business Development)*
Fred Ulrich *(Senior Account Supervisor)*
Carol Ainsburg *(Director, Studio Services)*
Christian Salmonsen *(Art Director)*
Greg Johnson *(Senior Art Director & Director, Design)*
Silvy Lang *(Associate Media Director)*

Arte Levy *(Senior Account Supervisor)*
Nicole Johnson *(Management Supervisor)*
Denise Carney-Jones *(Management Supervisor)*
Brooke Gross *(Senior Account Supervisor)*
Carolee Bennett *(Senior Manager, Social Content)*
Heidi Rodgers *(Senior Account Executive)*
Sheila Carroll *(Senior Account Executive)*
Vicki Venditti *(Senior Account Executive)*
Amy Keith *(Coordinator, Operations & Training)*

Accounts:
Bassett Healthcare
BlueCross BlueShield of Massachusetts
Health Net, Inc.
PNC Financial Services Group, Inc.
Stanford University
Trans World Entertainment Corporation
Trinity Health
Visa, Inc.

MEDPOINT COMMUNICATIONS
909 Davis Street
Evanston, IL 60201
Tel.: (847) 869-4700
Fax: (847) 869-4702
Web Site: www.medpt.com

Year Founded: 1990

Discipline: Direct / Relationship

Bill Cooney *(President & Chief Executive Officer)*
Tom Cooney *(Executive Vice President & Chief Technology Officer)*
Peggy Quinlan *(Senior Vice President & General Manager)*

MERCURY MEDIA
11620 Wilshire Boulevard
Los Angeles, CA 90025
Tel.: (310) 451-2900
Fax: (310) 451-9494
Web Site: www.mercurymedia.com

Employees: 75
Year Founded: 1989

Discipline: Direct / Relationship

Aisa Shelby *(Vice President, Operations)*

Accounts:
Vegas.com, LLC

MERCURY MEDIA
700 American Avenue
King of Prussia, PA 19406
Tel.: (484) 804-7700
Web Site: www.mercurymedia.com

Year Founded: 1989

Discipline: Direct / Relationship

Daniel McGillick *(Senior Vice President, Media)*

MIDLANTIC MARKETING SOLUTIONS
750 Fentress Boulevard
Daytona Beach, FL 32114
Tel.: (386) 274-1227
Fax: (386) 673-6061
Web Site: www.mmsidirect.com

Employees: 55
Year Founded: 1999

Brands. Marketers. Agencies. Search Less. Find More.
Try out the online version at www.winmo.com

DIRECT / RELATIONSHIP AGENCIES

Discipline: Direct / Relationship

David Sasser *(President)*
Doug Sasser *(Vice President & Director, Operations)*
Eric Tutunjian *(Director, Production)*

MODUS DIRECT
1343 Main Street
Sarasota, FL 34236
Tel.: (941) 552-6770
Web Site: www.modusdirect.com

Year Founded: 2009

Discipline: Direct / Relationship

Shani Reardon *(President)*
Jean Rebel *(Vice President, Business Development)*

MRM//MCCANN
622 Third Avenue
New York, NY 10017-6707
Tel.: (646) 865-6230
Fax: (646) 865-6264
Web Site: www.mrmworldwide.com

Employees: 250
Year Founded: 1982

Discipline: Direct / Relationship

Bill Kolb *(President, Diversifies Agencies)*
Ariana Stolarz *(Global Chief Strategy Officer)*
Joyce Karel *(President - U.S. East)*
Sung Chang *(Chief Creative Officer & Executive Vice President)*
Bradley Rogers *(Global Chief Operating Officer)*
Kate MacNevin *(Global Chief Executive Officer)*
Maria DePanfilis *(Senior Vice President & Director, Performance Analytics)*
Tony Jones *(Senior Vice President & Group Creative Director)*
Tarirai Chivore *(Vice President & Director, Performance)*
Matthew Simpson *(Vice President, Performance & Analytics)*
Linda Sorbera *(Global Director, Human Resources)*
Leigha Baugham *(Director, Social Media Strategy)*
Jay Cohen *(Account Director)*
Michael Cervoni *(Digital Director)*
Lily Corsaro *(Associate Project Manager)*
Samantha Riley *(Manager, Analytics)*
Roland Ferrao *(Manager, Data & Analytics)*
James Stewart-Meudt *(Senior Strategist, Social)*
Jordyn Rudolf *(Strategist, Social Media)*

Accounts:
Hitachi America, Ltd.
Royal Bank of Canada
Shoe Carnival, Inc.
Staples, Inc.

MRM//MCCANN
600 Battery Street
San Francisco, CA 94111
Tel.: (415) 262-5600
Web Site: www.mrmworldwide.com

Employees: 3

Discipline: Direct / Relationship

Stephanie Mace *(Executive Vice President & General Manager - West Region)*

Accounts:
California Closets Company

MSP
155 Commerce Drive
Freedom, PA 15042
Tel.: (724) 774-3244
Fax: (724) 744-6996
Toll Free: (800) 876-3211
Web Site: www.msp-pgh.com

Discipline: Direct / Relationship

Richard Bushee *(President)*
Doug Wright *(Chief Operating Officer)*
Rich Neal *(Account Manager)*
Kirstan Tervo *(Senior Account Executive - Sales)*

NEUSTAR, INC.
21575 Ridgetop Circle
Sterling, VA 20166
Tel.: (855) 898-0036
Web Site: www.targusinfo.com

Discipline: Direct / Relationship

Christopher Mackey *(Senior Principal - Identity Data Management Platform)*
Charles Gottdiener *(President & Chief Executive Officer)*
Ted Prince *(Senior Vice President, Analytic Solutions)*
Michele Sweeney *(Senior Director, Strategic Accounts)*
Colin Smith *(Director, Business Development)*
Andrew Thimme *(Executive Director, Marketing Services - Healthcare Focus)*
Edward Meisner *(Strategic Account Director)*
David Valdez *(Senior Principal Account Executive - Strategic Accounts)*
Tori D'Anna *(Manager, Business Development)*
Simon Majak *(Senior Manager, Sales Operations)*
Jarrad Walter *(Senior Manager, Inside Sales - Marketing Services)*

Accounts:
Scandinavian Airlines System (SAS)

NORTHERN LIGHTS DIRECT
257 Adelaide Street West
Toronto, ON M5H 1X9
Tel.: (416) 593-6104
Fax: (416) 593-7258
Web Site: www.northernlightsdirect.com

Year Founded: 1985

Discipline: Direct / Relationship

Pippa Nutt *(Chief Digital Officer)*
Bryan Walkey *(Chief Executive Officer)*
Anna Fowles *(Executive Vice President, Client Services)*
Jingyi Yu *(Media Buyer & Planner)*

NORTHERN LIGHTS DIRECT
314 West Superior Street
Chicago, IL 60654
Tel.: (312) 263-8686
Fax: (312) 624-7701
Web Site: www.northernlightsdirect.com

Year Founded: 1985

Discipline: Direct / Relationship

Vincent Heney *(Partner, Vice President & Senior Creative Director - Canada)*
Jason Bohrer *(Associate Media Director)*

ON BRAND 24
100 Cummings Center
Beverly, MA 01915
Tel.: (978) 524-8777
Fax: (978) 524-8787
Toll Free: (800) 572-5252
Web Site: www.pikecommunications.com

Employees: 30

Discipline: Direct / Relationship

Mark Fichera *(Chief Executive Officer)*
Mike Moody *(Chief Operating Officer & Vice President, Operations)*

ONE & ALL
3500 Lenox Road, Northeast
Atlanta, GA 30326
Tel.: (404) 522-8330
Fax: (404) 335-0313
Toll Free: (800) 241-9351
Web Site: www.oneandall.com

Employees: 240
Year Founded: 1919

Discipline: Direct / Relationship

Chip Grizzard *(Chief Executive Officer)*
Beau Hebert *(Chief Operating Officer)*
Perry Moore *(Senior Vice President, Execution & Delivery)*
Tonie Howard *(Senior Vice President - Animal Care)*
Lori Connolly *(Vice President, Research & Analytics)*
Dustin Riddle *(Senior Director, Digital Strategy)*

Accounts:
ALS Association
National Cancer Institute

ONE & ALL AGENCY
Two North Lake Avenue
Pasadena, CA 91101-1868
Tel.: (626) 449-6100
Fax: (626) 449-6190
Web Site: www.oneandall.com

Year Founded: 1985

Discipline: Direct / Relationship

Alan Hall *(President & Chief Executive Officer)*
Kevin White *(Senior Vice President, Media)*
John Wilkinson *(Vice President)*

OPERATIVE
Six East 32nd Street
New York, NY 10016
Tel.: (212) 994-8930
Fax: (212) 994-8921
Web Site: www.operative.com

Year Founded: 2001

Discipline: Direct / Relationship

Lorne Brown *(Founder & Chief Executive Officer)*
Devlin Jefferson *(Senior Vice President, Product Management)*

ORIGINAL IMPRESSIONS

AGENCIES - JULY, 2020 — DIRECT / RELATIONSHIP AGENCIES

12900 Southwest 89 Court
Miami, FL 33176
Tel.: (305) 233-1322
Toll Free: (888) 853-8644
Web Site: www.originalimpressions.com

Year Founded: 1982

Discipline: Direct / Relationship

Henry Herrera *(Executive Director, Operations)*
Laina Kawass *(Creative Director, Marketing)*

Accounts:
Pollo Tropical, Inc.

OUT OF THE BLUE PRODUCTIONS
257 East Lancaster Avenue
Wynnewood, PA 19096
Tel.: (610) 645-5665
Fax: (610) 645-7979
Web Site: www.outoftheblueproductions.com

Year Founded: 1993

Discipline: Direct / Relationship

Vikki Smith *(Executive Producer & Owner)*
Ron Cohen *(Director)*

PENN GARRITANO DIRECT RESPONSE MARKETING
2500 Shadywood Road
Excelsior, MN 55331
Tel.: (612) 333-3775
Fax: (612) 333-3778
Web Site: www.garritanogroup.com

Employees: 15
Year Founded: 1999

Discipline: Direct / Relationship

Joe Garritano *(President)*
Ryan Campbell *(Director, Account Services)*

PLUSMEDIA, LLC
100 Mill Plain Road
Danbury, CT 06813
Tel.: (203) 748-6500
Fax: (203) 748-6600
Web Site: www.plusme.com

Year Founded: 1998

Discipline: Direct / Relationship

Sherry Scapperotti *(President & Founder)*
Robert Fiore *(Chief Financial & Operating Officer)*
Sandra Roscoe *(Executive Vice President, Strategy & Development)*
Michelle Syme *(Executive Vice President)*
Dolores Babcock *(Senior Vice President)*
Adam Walker *(Vice President, Media)*
Chatty Teirstein *(Director, Media & Account Management)*
Nicole D'Agostino *(Director, Media Management)*
Anne Craig *(Director, Data Integrity & Analysis)*
Marissa Meredith *(Media Director)*
Kelvin Saez *(Director, Strategy & Planning)*
Angela Bompastore *(Director, Strategy & Planning)*
Joseph Burke *(Director, Production)*
Mike Natoli *(Director, Media & Account Management)*
Michelle Cruz *(Director, Media)*

Beth Runk *(Director, Media & Account Management)*
Emily Nielsen *(Senior Account Manager)*
Caroline Gherardi *(Account Executive)*
Valerie Moore *(Account Manager)*
Jessica Carnrick *(Marketing Communications Specialist)*
Tanya Brogan *(Account Executive)*
Christine Palmer *(Account Coordinator - Brokerage Media)*
Karina Hughes *(Account Coordinator)*

Accounts:
Barnes & Noble, Inc.
Colonial Penn Life Insurance Company
Feeding America
Fingerhut
Gerber Life Insurance
Guideposts
Harry's
HelloFresh
HSN, Inc.
L.L. Bean, Inc.
Publishers Clearing House
QVC, Inc.
Reader's Digest
Shoes.com
The Children's Place
The Economist
Walmart Stores, Inc.

PRISMA
2937 East Broadway Road
Phoenix, AZ 85040
Tel.: (602) 243-5777
Fax: (602) 268-4804
Web Site: www.prismagraphic.com

Employees: 15
Year Founded: 1980

Discipline: Direct / Relationship

Robert Anderson *(Chief Executive Officer)*
Rob Nawfel *(President)*
Alan McAbee *(Vice President, Strategic Accounts)*
Jennifer Decker *(Director, Client Services)*
Nicole Matt *(Manager, Business Development & Marketing Services)*

PULSECX
211-B Progress Drive
Montgomeryville, PA 18936
Tel.: (215) 699-9200
Fax: (215) 699-9240
Web Site: www.pulsecx.com/

Employees: 40
Year Founded: 1981

Discipline: Direct / Relationship

Jay Bolling *(Chairman & Owner)*
David Zaritsky *(Chief Executive Officer)*
Julia DeLuca *(Director, Project Management)*

Accounts:
Boehringer Ingelheim Animal Health

QUATTRO DIRECT
200 Berwyn Park
Berwyn, PA 19312
Tel.: (610) 993-0070
Web Site: quattro.agency

Employees: 4
Year Founded: 2004

Discipline: Direct / Relationship

Dan Lawler *(Senior Vice President & Group Account Director)*
Sean Kainec *(Vice President, Strategic Growth & Marketing)*
John Siemienski *(Vice President, Digital)*
Lynda Taylor *(Vice President & Group Account Director)*
Thomas McNamara *(Managing Director & Partner)*
Scott Cohen *(Managing Director & Partner)*
Dan Boerger *(Managing Director & Partner)*
Amy McDonald *(Senior Account Director)*
Mary Edwards *(Senior Account Director)*
Randy Phillips *(Account Director)*

Accounts:
AmeriGas Partners, LP.
Blue Nile, Inc.
NBC Sports Network
Pentagon Federal Credit Union

QUINSTREET, INC.
950 Tower Lane
Foster City, CA 94404
Tel.: (650) 578-7700
Fax: (650) 578-7604
Web Site: www.quinstreet.com

Employees: 200
Year Founded: 1999

Discipline: Direct / Relationship

Doug Valenti *(Chief Executive Officer)*
Greg Wong *(Senior Vice President & Chief Financial Officer)*
Marty Collins *(Senior Vice President, Corporate Development, Legal & Compliance)*
Ron Schnackenberg *(Vice President, Sales)*
Manik Gupta *(Vice President)*
Eric Seidelman *(Senior Director)*
Galina Tselenchuk *(Senior Director, Product Management)*

Accounts:
Bosley Medical Institute

RAPP WORLDWIDE
220 East 42nd Street
New York, NY 10017
Tel.: (212) 209-1600
Web Site: www.rapp.com

Employees: 160
Year Founded: 1965

Discipline: Direct / Relationship

Steve Takla *(Chief Financial Officer - Global)*
Marco Scognamiglio *(Chief Executive Officer - Global)*
Justin Thomas-Copeland *(President, Chief Executive Officer & Senior Vice President)*
Heather Salkin *(Senior Vice President & Executive Producer)*
Devin O'Loughlin *(Vice President, Global Communications)*
Melissa Marano *(Director, Experience Strategy)*
Diana Bell *(Account Supervisor)*
Audrey Patoureaux *(Global PeopleSoft Functional Analyst)*
Shari Reichenberg *(Managing Director)*

Accounts:
Charter Communications, Inc.
Gardasil
Gerber Good Start
Gerber Graduates

Brands. Marketers. Agencies. Search Less. Find More.
Try out the online version at www.winmo.com

290

DIRECT / RELATIONSHIP AGENCIES

GlaxoSmithKline, Inc.
HP, Inc.
Johnson & Johnson Family of Companies
LifeScan, Inc.
Nestle Infant Nutrition & Gerber Products Company
Nestle USA, Inc.
Nicorette Gum
Nicorette Gum
SAP America, Inc.
Viagra

RAPP WORLDWIDE
7850 North Belt Line Road
Irving, TX 75063
Tel.: (972) 409-5400
Fax: (972) 582-2001
Web Site: www.rapp.com

Employees: 400
Year Founded: 1965

Discipline: Direct / Relationship

Anne Marie Schiller *(Global Chief, Client Operations)*
Nicholas Climer *(Managing Partner & Executive Creative Director)*
Addison Deitz *(Executive Vice President & Director, Global Operations & Client Support)*
Greg Brent *(Vice President, Technology)*
Suellen Anderson *(Director, Program Management)*
Heather Mathews *(Supervisor, Client Services)*

Accounts:
Enterprise Rent-A-Car
ExxonMobil Corporation
HP, Inc.
Hyatt Hotel Corporation
McDonald's

RAPP WORLDWIDE
12777 West Jefferson Boulevard
Los Angeles, CA 90066
Tel.: (310) 563-7200
Fax: (310) 482-4201
Web Site: www.rapp.com

Employees: 71
Year Founded: 1965

Discipline: Direct / Relationship

John Wells *(President, Los Angeles & Dallas)*
Paul Blockey *(Senior Vice President & Director, Experience, Strategy & Design)*
Robert Boucher *(Vice President, Integrated Production)*
Greg Kaufman *(Vice President, Analytics Enablement)*
Jeffrey Coryell *(Associate Media Director)*
Steve Lau *(Associate Creative Director, Production)*
Angie Padovano *(Account Supervisor)*
Jon Bradley *(Senior Interactive Project Manager)*

Accounts:
AARP
Mattel, Inc.
McDonald's
The University of Phoenix
World Wrestling Entertainment, Inc.

RAPP WORLDWIDE
600 California Street
San Francisco, CA 94108
Web Site: www.rapp.com

Year Founded: 1965

Discipline: Direct / Relationship

Anne Marie Neal *(Global Chief Marketing Officer)*
Michael Callicotte *(Campaign Manager)*
Ludovic Gougat *(Managing Director)*

RAUXA
275A McCormick Avenue
Costa Mesa, CA 92626
Tel.: (714) 427-1271
Fax: (714) 437-3721
Web Site: www.rauxa.com

Year Founded: 1999

Discipline: Direct / Relationship

Jill Gwaltney *(Founder & Owner)*
Lan Nguyen *(Chief Financial Officer)*
Gina Smith *(President)*
Nanci Leos *(Chief Client Officer)*
Becky Gelder *(Associate Creative Director)*
Julie Anzulewicz *(Account Manager)*
Gary Chung *(Digital Marketing Specialist)*

Accounts:
Alaska Airlines
Frontpoint Security Solutions, LLC
Verizon Wireless, Inc.

RAUXA
225 Liberty Street
New York, NY 10281
Tel.: (212) 219-2490
Fax: (212) 219-2643
Web Site: www.rauxa.com

Year Founded: 1999

Discipline: Direct / Relationship

Jeff Geisler *(Chief Growth Officer)*
Lincoln Bjorkman *(Chief Creative Officer)*
Arthur Fullerton *(Chief Technology Officer)*
Ian Baer *(Chief Strategy Officer)*
Rita Ku *(Chief Intelligence Officer)*
Annie June *(Senior Vice President & Managing Director)*
Adan Romero *(Senior Vice President & Executive Creative Director)*
Nicole Camargo *(Vice President, Account Services)*
Michael Saunders *(Vice President, Marketing & Account Services)*
Becky Kitlan *(Vice President & Creative Director)*
Ryan Moglia *(Vice President, Strategy)*
Amanda Kochanasz *(Account Director)*
Geri Berman *(Account Director)*
Jeff Krotzer *(Associate Creative Director)*
Mindy Telmer *(Creative Lead, Health & Wellness)*

RDIALOGUE
115 Perimeter Center Place
Atlanta, GA 30346
Tel.: (404) 475-5800
Web Site: www.rdialogue.com

Year Founded: 2006

Discipline: Direct / Relationship

Phil Rubin *(Founder & Chief Executive Officer)*
Sarah Chane Abend *(Senior Client Partner)*
Kaycee Porter *(Creative Director)*
Laura Sarnicola *(Director, Client Strategy)*
Alina Charania *(Client Strategy Associate)*
Jeremy Abel *(Client Strategy Partner)*

RESULTS DRIVEN MARKETING
555 North Woodlawn Street
Wichita, KS 67208
Tel.: (316) 689-8555
Fax: (316) 689-8111
Toll Free: (877) 689-8555
Web Site: www.resultsdm.com

Employees: 11
Year Founded: 1998

Discipline: Direct / Relationship

Tom Hollingsworth *(Chief Executive Officer)*
Buddy Kuhn *(President)*
Peter Janssen *(Vice President)*
Stacie Margrave *(Vice President, Account Services)*
Shyla Boyer *(Senior Finance Manager)*

RICHARD HARRISON BAILEY AGENCY
One Indiana Square
Indianapolis, IN 46204
Tel.: (317) 634-2120
Web Site: www.rhb.com

Employees: 18
Year Founded: 1991

Discipline: Direct / Relationship

Rick Bailey *(Principal & Owner)*
Tamara Bailey *(Owner & Chief Financial Officer)*

SAPPER CONSULTING, LLC
2127 Innerbelt Business Center Drive
St. Louis, MO 63114
Tel.: (314) 561-9121
Web Site: www.sapperconsulting.com/

Year Founded: 2014

Discipline: Direct / Relationship

Matt Millen *(Chief Growth Officer)*
Ryan Shapiro *(National Director, Sales)*
Zach Allen *(Senior Director, Business Development)*
Sara Wynn *(Marketing Manager)*

SCOTWORK
One Pluckemin Way
Bedminster, NJ 07921
Tel.: (973) 428-1991
Fax: (973) 428-9838
Web Site: www.scotwork.com

Discipline: Direct / Relationship

Brian Buck *(Interim Chief Executive Officer)*
Sandy Sbarra *(Senior Vice President)*

SHAMROCK COMPANIES, INC.
24090 Detroit Road
Westlake, OH 44145
Tel.: (440) 899-9510
Fax: (440) 250-2180
Web Site: www.shamrockcompanies.net/

Discipline: Direct / Relationship

Gary Lesjak *(Chief Financial Officer)*
Tim Connor *(Chief Operations Officer)*

DIRECT / RELATIONSHIP AGENCIES

Bob Troop *(Chairman & Chief Executive Officer)*
Caryn Harknett *(Director, Communications)*

SMS MARKETING SERVICES
777 Terrace Avenue
Hasbrouck Heights, NJ 07604
Tel.: (201) 865-5800
Web Site: www.sms-inc.com

Employees: 25
Year Founded: 1987

Discipline: Direct / Relationship

Lon Mandel *(Chairman)*
Joanne Adams *(Executive Vice President, Data Solutions)*
Randi Morris *(Executive Vice President, Interactive Division)*
Anthony Accatino *(Vice President, Sales - Insert Media)*
Anna Feely *(Vice President, Business Development)*
Kathy Hermann *(Vice President, Sales - New Business Development)*
Kim Fitzgerald *(Vice President, Customer Aquisition)*
Amy Williamson *(Account Director)*

SOURCE ONE DIGITAL
1137 North Gateway Boulevard
Norton Shores, MI 49441
Tel.: (231) 755-0123
Fax: (231) 799-4099
Toll Free: (800) 898-3022
Web Site: www.sourceonedigital.com

Discipline: Direct / Relationship

Randy Crow *(Chief Executive Officer)*
Abby Crow *(President)*

SOURCELINK, LLC
3303 West Tech Road
Miamisburg, OH 45342
Tel.: (937) 885-8000
Web Site: www.sourcelink.com

Year Founded: 1997

Discipline: Direct / Relationship

Bob Nesbit *(President - SourceLink Ohio)*
Jennifer Sands *(Controller)*
Jay Blumberg *(Creative Director)*
Andrew Eignor *(Production Supervisor)*
Christine McKee *(Account Manager)*
Andrea Seiser *(Account Manager)*
Nicole Tucker *(Senior Account Manager)*

SOURCELINK, LLC
Five Olympic Way
Madison, MS 39110
Tel.: (601) 898-8700
Web Site: www.sourcelink.com

Employees: 118
Year Founded: 1997

Discipline: Direct / Relationship

Don Landrum *(Chief Executive Officer)*
Pamela Samuel *(Director, Human Resources)*
Greg Hamby *(Senior Director, Business Development)*
Miranda Mott *(Account Manager)*
Kristen Stapleton *(Strategic Relation Manager)*
Victoria Peloquin *(Account Manager)*

SOURCELINK, LLC
1224 Poinsett Highway
Greenville, SC 29609
Tel.: (864) 233-2519
Web Site: www.sourcelink.com

Year Founded: 1997

Discipline: Direct / Relationship

Don Lewis *(Chief Financial Officer)*
Keith Chadwell *(Chief Operations Officer)*
Cindy Miller *(Director, Business Development)*
Elizabeth Semmler *(Corporate Human Resource Director)*
Cathy Heckman *(Corporate Marketing Director)*
Rick Norman *(Director, Data Services)*
Brittany Boyd *(Strategic Marketing Manager)*
Pam Donohue *(Account Manager)*
Tracy Alberti *(Account Manager)*
Gabriel Planas *(Manager, Information Technology)*
Julianne Martin *(Strategic Relationship Manager)*
Jeff Garner *(Production Manager)*
Brittany Maas *(Operations Efficiency & Compliance Manager)*
Brittany Thurlow *(Account Manager)*
Amy Moore *(Manager, Strategic Relationship)*
Harrison Finney *(Manager, Strategic Relationship)*
Jon Cheek *(Plant Manager)*
Briana Carr *(Marketing Events Coordinator)*
Courtney Pannebaker *(Corporate Marketing Content Coordinator)*

SOURCELINK, LLC
500 Park Boulevard
Itasca, IL 60143
Tel.: (847) 238-5400
Toll Free: (866) 947-6872
Web Site: www.sourcelink.com

Year Founded: 1997

Discipline: Direct / Relationship

Cindy Randazzo *(Vice President & Chief Strategy Officer)*
Jim Wisnionski *(Division President & Corporate Chief Information Officer)*
Brent Tartar *(Executive Vice President, Sales & Marketing)*
David Funsten *(Vice President, Financial Services Strategy)*
Donald Bottelsen *(Director, Advanced Analytics)*
Maria Dennis *(Strategic Relationship Manager)*
Dan Browne *(Product Manager - MultiTrac)*
Kathrine Wells *(Manager, Strategic Relationship)*
Marek Goczal *(Manager, Development)*

SPECIALISTS MARKETING SERVICES, INC.
777 Terrace Avenue
Hasbrouck Heights, NJ 07604
Tel.: (201) 865-5800
Fax: (631) 293-8974
Web Site: www.specialistsms.com

Discipline: Direct / Relationship

Lonnie Mandel *(Chairman)*
Nora Bush *(Chief Financial Officer)*
Susan Giampietro *(Executive Vice President)*
Cyndi Lee *(Senior Vice President, Media Management)*

Jeremy Johnson *(Senior Vice President, Sales)*
Mary Ann Brennan-Montalbano *(Senior Vice President, Data Management & Operations)*
Michael Heaney *(Senior Vice President, Customer Acquisition)*
Theresa Horn *(Vice President, Sales)*
James Orleman *(Vice President, Information Technology)*
Judy Clancy *(Client Services Director)*

STAYWELL
407 Norwalk Street
Greensboro, NC 27407-1433
Tel.: (336) 547-8970
Fax: (336) 547-0768
Web Site: www.staywell.com

Employees: 15

Discipline: Direct / Relationship

Approx. Annual Billings: $1.00

Erin McCarthy *(Account Director)*
Traci Marsh *(Manager, Sales Operations)*

STEPHENS DIRECT
417 East Stroop Road
Kettering, OH 45429
Tel.: (937) 299-4993
Fax: (937) 299-9355
Web Site: www.stephensdirect.com

Discipline: Direct / Relationship

Phillip Stephens *(President, Chief Operating Officer)*
Amanda Brown *(Account Executive)*

TACITO DIRECT MARKETING
14165 Proton Road
Dallas, TX 75244
Tel.: (972) 458-2026
Fax: (972) 490-6520
Toll Free: (800) 621-2225
Web Site: www.tacito.com

Employees: 100
Year Founded: 1982

Discipline: Direct / Relationship

Gerrard Luisi *(President)*
Tony TaCito *(Owner & Chief Executive Officer)*
Andrew Munro *(Vice President, Sales)*

TALL TIMBERS MARKETING
381 Hubbard Street
Glastonbury, CT 06033
Tel.: (860) 657-3815
Fax: (860) 657-4379
Toll Free: (800) 426-5170
Web Site: talltimbersmarketing.com

Employees: 8
Year Founded: 1983

Discipline: Direct / Relationship

Ira Yellen *(President & Chief Executive Officer)*
Sheri Mathieu *(Visual Talent)*

TARGETBASE MARKETING
7850 North Belt Line Road
Irving, TX 75063-6098
Tel.: (972) 506-3400
Fax: (972) 506-3505

DIRECT / RELATIONSHIP AGENCIES

AGENCIES - JULY, 2020

Toll Free: (800) 446-6603
Web Site: www.targetbase.com

Employees: 200
Year Founded: 1978

Discipline: Direct / Relationship

Genine Balliet *(Chief People & Business Solutions Officer)*
Kimberley Walsh *(Chief Creative Officer)*
Beth Kuykendall *(Chief Strategy Officer)*
Mark Wright *(Chief Executive Officer)*
Stacey Crumbley *(President & Chief Client Officer)*
Kevin Bishop *(Chief Technology Officer)*
Dimitris Tsioutsias *(Chief Analytics Officer)*
Erik Lindholm *(Chief Financial Officer)*
Chris Sealy *(Senior Vice President, Client Services)*
Julie Petroski *(Vice President & Group Creative Director)*
Scott Bowdouris *(Vice President, Client Services)*
Lindsey Pults *(Vice President, Client Service)*
Lisa Buljan *(Vice President, Client Services)*
Lauren Hutson *(Group Creative Director)*
Frank Gerome *(Account Executive)*
Joanne Rooke *(Manager, Content)*
Michael Pichler *(Account Supervisor)*
Peter Phothirath *(Campaign Support Analyst)*

Accounts:
American Honda Motor Co., Inc.
Genworth Financial, Inc.
Lovaza
Wake Forest Baptist Health

TARGETBASE MARKETING
202 CentrePort Drive
Greensboro, NC 27409
Tel.: (336) 665-3800
Fax: (336) 665-3855
Web Site: www.targetbase.com

Employees: 40
Year Founded: 1978

Discipline: Direct / Relationship

Bill Cole *(Senior Vice President, Analytics)*
Ilene Harper *(Vice President, Strategy)*
Chris Hill *(Vice President, Strategic Business Analysis)*
Jimmy Rhodes *(Managing Director)*
Trevor Bond *(Director, Strategic Business Analytics)*
Julia Rapoport *(Account Executive)*
Clare Johnson *(Group Account Director)*
Claire McCaskill *(Account Supervisor)*
Robin Rettew *(Managing Director)*

Accounts:
GlaxoSmithKline, Inc.
Lamictal
Lovaza
VESIcare (co-marketed with Astellas Pharma)

TCP INTEGRATED DIRECT, INC.
515 Consumers Road
Toronto, ON M2J 4Z2
Tel.: (416) 493-0333
Fax: (416) 493-2888
Toll Free: (966) 828-4441
Web Site: www.tcpintegrated.com

Employees: 9

Discipline: Direct / Relationship

Allison Taylor *(President)*
Aris Gouvis *(Vice President, Client Services & Production)*

THE BALLANTINE CORPORATION
55 Lane Road
Fairfield, NJ 07004
Tel.: (973) 305-1500
Fax: (973) 305-1561
Web Site: www.ballantine.com

Discipline: Direct / Relationship

John Cote *(President)*
Chris Hoffman *(Vice President)*
Ryan Cote *(Director, Marketing & Digital)*
Matt Cote *(Director, Business Development)*
Scott Cote *(Director, Account Strategy)*

THE PIVOT GROUP
1720 I Street, NW
Washington, DC 20006
Tel.: (202) 478-7900
Web Site: www.thepivot.com

Discipline: Direct / Relationship

Trish Hoppey *(Partner)*
Dean Levitan *(Partner)*
Jason Miller *(Senior Vice President)*

THE RADIO AGENCY
15 Reese Avenue
Newtown Square, PA 19073
Tel.: (610) 892-7300
Fax: (610) 892-1899
Toll Free: (800) 969-2636
Web Site: www.radiodirect.com

Employees: 11

Discipline: Direct / Relationship

Mark Lipsky *(Chief Executive Officer)*
Barbra Tabnick *(President)*

THE VERDI GROUP, INC.
190 Office Park Way
Pittsford, NY 14534
Tel.: (585) 381-4275
Fax: (585) 381-4293
Web Site: www.theverdigroup.com

Employees: 10
Year Founded: 1995

Discipline: Direct / Relationship

Bob Green *(President & Creative Director)*
Mary Bonaccio *(Director, Client Services)*

TIVOLI PARTNERS
2115 Rexford Road
Charlotte, NC 28211
Tel.: (704) 981-1175
Toll Free: (866) 252-3367
Web Site: www.tivolipartners.com

Employees: 6
Year Founded: 1998

Discipline: Direct / Relationship

Lisa Bell *(Founder & Chief Creative Officer)*
Stacie Lowry *(Vice President, Client Services & Digital Operations)*

TOWER MEDIA ADVERTISING, INC.
233 North Michigan Avenue
Chicago, IL 60601
Tel.: (312) 856-9200
Fax: (312) 856-1300
Web Site: www.towermedia.com

Discipline: Direct / Relationship

Phil Rozansky *(President)*
Craig Waldschmidt *(Director, Paid Programming)*
Sheeri Weyers *(Director, Client Services)*
Jessica Lakich *(Senior Media Buyer)*

TRACK DDB
33 Bloor Street, East
Toronto, ON M4W 3T4
Tel.: (416) 972-7700
Web Site: www.rapp.com

Employees: 70
Year Founded: 1965

Discipline: Direct / Relationship

Paul Tedesco *(Vice President & Managing Director)*
Barb Williams *(Executive Creative Director)*
Italo Siciliano *(Creative Group Lead)*
Adam Fraser *(Group Account Director)*
Atash Khosrorad *(Director, Account)*
Martine Levy *(Managing Director)*

Accounts:
Knorr

TRUE SENSE MARKETING
155 Commerce Drive
Freedom, PA 15042
Tel.: (724) 371-3460
Fax: (724) 774-6919
Web Site: www.truesense.com

Discipline: Direct / Relationship

Steven Bushee *(Principal)*
Mark Ornowski *(Chief Financial Officer)*
Shawn Reed *(Senior Vice President)*
Jeff Nickel *(Senior Vice President, National Accounts)*
Maria Harmer *(Vice President, Creative Services)*
Traci Carney *(Account Director)*
Melissa Roberts *(Account Manager)*
Kristen Tenney Bocka *(Account Manager)*
Lindsay Duff *(Client Service Manager)*

TUMBLEWEED PRESS
1560 Avenue road
Toronto, ON M5M 3X5
Tel.: (416) 781-4010
Fax: (416) 781-2764
Web Site: www.tumblebooks.com

Employees: 3
Year Founded: 1996

Discipline: Direct / Relationship

Ron Zevy *(President & Chief Executive Officer)*
Rachela Naccarato *(Director, Sales & Marketing)*

TVA MEDIA GROUP
3950 Vantage Avenue

Brands. Marketers. Agencies. Search Less. Find More.
Try out the online version at www.winmo.com

Studio City, CA 91604
Toll Free: (818) 505-8300
Web Site: www.tvamediagroup.com

Year Founded: 1987

Discipline: Direct / Relationship

Jeffery Goddard *(Founder & Chief Executive Officer)*
Laura Goddard *(Chief Financial Officer & Executive Producer)*
Vicki Southard *(Director, Earned Media)*
Mark Mannschreck *(Editor & Senior Director)*

UBIQUITOUS MEDIA / GLOSS MEDIA
1412 Broadway
New York, NY 10018
Tel.: (212) 386-7070
Fax: (212) 533-0538
Web Site: www.glossmedia.com/

Year Founded: 2006

Discipline: Direct / Relationship

Perry Parkes *(President)*
Bob Schmidt *(Chairman)*

ULTIMATE PARKING
Three Copley Place
Boston, MA 02116
Tel.: (617) 424-1515
Toll Free: (617) 424-8912
Web Site: www.ultimateparking.com

Year Founded: 2003

Discipline: Direct / Relationship

Andrew Tuchler *(Managing Partner, Hospitality Division - LAZ Parking)*
Brian Haley *(Regional Vice President)*

VALASSIS
19975 Victor Parkway
Livonia, MI 48152
Tel.: (734) 591-3000
Fax: (734) 591-4994
Toll Free: (800) 437-0479
Web Site: www.valassis.com

Employees: 4100
Year Founded: 1969

Discipline: Direct / Relationship

Alan Schultz *(Chairman)*
Andi Hanson *(Media Planner)*
Andrea Parel *(Media Solutions Manager)*
Brittany Shannon *(Client Program Coordinator)*

WAX COMMUNICATIONS
261 North East First Street
Miami, FL 33132
Tel.: (305) 350-5700
Fax: (305) 371-5415
Toll Free: (800) 990-8775
Web Site: www.waxcom.com

Employees: 22
Year Founded: 1986

Discipline: Direct / Relationship

Approx. Annual Billings: $1.00

Bill Wax *(Founder & President)*
Jimmy Gonzalez *(Creative Director)*

WEBB/MASON
10830 Gilroy Road
Hunt Valley, MD 21031
Tel.: (410) 785-1111
Fax: (410) 584-7777
Web Site: www.webbmason.com

Discipline: Direct / Relationship

Warner Mason *(President & Chairman)*
Kip Webb *(Executive Vice President & Co-Founder)*
Doug Traxler *(Chief Revenue Officer)*
Ernie Vaile *(Chief Operating Officer)*
Dan Cahill *(Senior Vice President, Sales)*
Sarkis Hagopian *(Vice President, Sales)*
Jon Guidera *(Creative Director)*

WILAND DIRECT
7420 East Dry Creek Parkway
Niwot, CO 80503
Tel.: (303) 485-8686
Web Site: www.wilanddirect.com

Discipline: Direct / Relationship

Phil Wiland *(President & Chief Executive Officer)*
Tom Murray *(Senior Vice President, Strategic Initiatives)*
Will Clayton *(Senior Vice President, Digital Product Management)*

WORDCOM, INC.
56 Main Street
Ellington, CT 06029
Mailing Address:
Post Office Box 308
Ellington, CT 06029
Tel.: (860) 875-7373
Fax: (860) 872-2713
Toll Free: (800) 822-0622
Web Site: www.WordCom-inc.com

Employees: 15
Year Founded: 1981

Discipline: Direct / Relationship

Christopher Wachtel *(President & Chief Executive Officer)*
Melanie Tracy *(Account Manager)*

WORLDATA
3000 North Military Trail
Boca Raton, FL 33431-6321
Toll Free: (800) 331-8102
Web Site: www.worldata.com

Year Founded: 1975

Discipline: Direct / Relationship

Jay Schwedelson *(President & Chief Executive Officer)*
Helene Schwedelson *(Board of Directors)*
Ray Tesi *(Senior Vice President)*

YECK BROTHERS COMPANY
2222 Arbor Boulevard
Dayton, OH 45439
Tel.: (937) 294-4000
Fax: (937) 294-6985
Toll Free: (800) 417-2767
Web Site: www.yeck.com

Employees: 45

Year Founded: 1938

Discipline: Direct / Relationship

Sue Hardin *(Vice President, Info Services)*
Sherry Hang *(Director, Marketing & Creative Services)*
Mark Sorah *(Art Director)*
Alesia Campbell *(Head, Division & Account Executive)*
Janet Archer *(Account Manager)*
Mary Taylor *(Senior Account Manager)*
Lorelei Wahlrab *(Account Manager)*
Chris McClellan *(Account Coordinator)*

Z-CARD NORTH AMERICA
39 Broadway
New York, NY 10006
Tel.: (212) 797-3450
Fax: (212) 797-1530
Web Site: www.zcardna.com

Discipline: Direct / Relationship

Tim Kunhardt *(President)*
Bruce Negrin *(Senior Director, Sales)*
Kevin Levitz *(Manager, Sales)*
Diane Cavarretta *(Manager, Production)*

ZAKHILL GROUP
3435 Ocean Park Boulevard
Santa Monica, CA 90405
Tel.: (310) 399-4000
Fax: (310) 452-3010
Web Site: www.zakhill.com

Year Founded: 2003

Discipline: Direct / Relationship

Cynthia Hill *(President)*
Kelley McIntosh *(Principal)*
Tracy Merrill *(Vice President, Promotional Partnerships)*
Natalie Bernardy *(Director, Marketing & Promotions)*

Brands. Marketers. Agencies. Search Less. Find More.
Try out the online version at www.winmo.com

DIRECTORY/YELLOW PAGES AGENCIES

BERRY NETWORK
3100 Kettering Boulevard
Dayton, OH 45439
Fax: (937) 296-2011
Toll Free: (800) 366-1264
Web Site: www.berrynetwork.com

Employees: 180
Year Founded: 1910

Discipline: Directory/Yellow Pages

Sherri Kavanaugh *(Senior Vice President, Client Strategy)*
Kory Walton *(Vice President, Digital Strategy)*
Christa Collins *(Digital Media Manager)*

ENTERTAINMENT AGENCIES

141 HAWAII
735 Bishop Street
Honolulu, HI 96826
Tel.: (808) 792-9300
Fax: (808) 523-7098
Web Site: wpp.com/companies/141-premiere-sports--e

Discipline: Entertainment

Lori Yip *(Director, Communications)*

42 ENTERTAINMENT, LLC
727 South Main Street
Burbank, CA 91506
Tel.: (626) 356-1302
Fax: (626) 356-1940
Web Site: www.42entertainment.com

Employees: 20

Discipline: Entertainment

Susan Bonds *(Chief Executive Officer)*
Alex Lieu *(Chief Creative Officer)*
Johnny Rodriguez *(Vice President, Visual Design)*
Michael Borys *(Vice President, Interaction & Game Design)*
Paris Woodward *(Associate Producer)*

AMP AGENCY
77 North Washington Street
Boston, MA 02114
Tel.: (617) 723-8929
Fax: (617) 723-2188
Web Site: www.ampagency.com

Employees: 140
Year Founded: 1995

Discipline: Entertainment

Gary Colen *(President & Chief Executive Officer)*
Josh Pike *(Senior Vice President, Digital)*
Doug Grumet *(Senior Vice President, Media)*
Robyne Tanner *(Vice President, Finance & Controller)*
Greer Pearce *(Vice President, Strategy)*
Colin Booth *(Vice President & Executive Creative Director)*
Paula Berkel *(Media Director)*
Kevin Hurley *(Associate Media Director)*
Samantha Weinstein *(Director, Programmatic Media & Data Strategy)*
Michael Dolan *(Account Director, Innovative Technologies)*
Sean Quinn *(Associate Media Director)*
Derek Shore *(Account Supervisor)*
Lauren Peterson *(Senior Account Executive)*
Leah Kelly *(Senior Account Manager)*
Jenna Clapp *(Account Supervisor)*
Michael Mojahed *(Senior Specialist, Digital Media)*
Jessica Heckman *(Media Supervisor)*
Michael Mish *(Managing Director - Boston)*

Accounts:
Ansell Healthcare Incorporated
Flywheel Sports
NFL Players Association

OrthoLite
Spindrift Beverage Co, Inc.
Zillow, Inc.

BLT COMMUNICATIONS, LLC
6430 Sunset Boulevard
Hollywood, CA 90028
Tel.: (323) 860-4000
Fax: (323) 860-0890
Web Site: bltcommunications.com

Employees: 135
Year Founded: 1992

Discipline: Entertainment

Clive Baillie *(President & Chief Executive Officer)*
Ronnie Blumenberg *(Creative Director)*
Steve Namsinh *(Art Director)*
Melanie Witkower *(Social Manager)*

BRANDED ENTERTAINMENT NETWORK, INC.
15250 Ventura Boulevard
Sherman Oaks, CA 91403
Tel.: (310) 342-1500
Web Site: ben.productplacement.com

Discipline: Entertainment

Gary Shenk *(Founder)*
Ricky Ray Butler *(Chief Executive Officer)*
Kristin Glushon *(Executive Vice President, Client Development)*
Erin Schmidt *(Executive Vice President, Global Client Services)*
Ted Sheffield *(Executive Vice President, Operations & General Counsel)*
Caressa Douglas *(Senior Vice President, Content & Branded Integration)*
Aaron Frank *(Senior Vice President, Marketing, Strategy & Insights)*
Stephanie Dade *(Senior Vice President, Global Content & Integration)*
Will Park *(Executive Director, Brand Integration)*
Gregory Alleger *(Director, Digital Media)*
Shaina Silberstein *(Director, Client Services)*
Jill Gaffaney *(Director, Brand Partnerships)*
Cameron Partridge *(Head, Digital Partnerships)*
Kellie Urdang *(Global Director, Human Resources)*
Estelle Cramer *(Director, Operations)*
Maral Beylerian *(Senior Director, Global Client Services)*
Neha Basu *(Senior Manager, Strategy & Operations)*
Katy Wolf *(Senior Manager, Client Services)*
Wes Morton *(Marketing Manager)*
Omer Taub *(Senior Manager, Business Development)*
Jillian Raskin *(Manager, Brand Integration)*
Breanna Shepard *(Senior Manager, Content)*
Jessica Armstrong *(Manager, Marketing & Events)*
Keith Moffatt *(Controller)*
Rachel Solomon *(Account Coordinator, Client Services)*

BRANDED ENTERTAINMENT NETWORK, INC.
170 Varick Street
New York, NY 10013
Tel.: (212) 777-6200
Web Site: ben.productplacement.com

Discipline: Entertainment

Tamra Knepfer *(Senior Vice President - Greenlight)*
Karen Kehm *(Senior Director, Marketing)*
Caroline Murphy *(Strategy & New Business Coordinator)*

CAMPFIRE
40 Fulton Street
New York, NY 10038
Tel.: (212) 612-9600
Fax: (212) 625-9255
Web Site: www.campfirenyc.com

Year Founded: 2005

Discipline: Entertainment

Mike Monello *(Chief Creative Officer & Vice President)*
Nick Braccia *(Creative Director)*

ENDEAVOR - CHICAGO
121 West Wacker Drive
Chicago, IL 60601
Tel.: (312) 275-8200
Web Site: www.endeavorco.com

Year Founded: 2017

Discipline: Entertainment

Dan Jones *(Senior Vice President, Global Partnerships)*
Jeff Portugal *(Vice President, Global Partnerships)*
Trish Tulloch *(Senior Account Director)*
Michael Marion *(Senior Director, Account)*
Morgan Bonk *(Manager, Sports Sponsorship & Hospitality & Activation)*
Shelby Holt *(Senior Account Executive)*

Accounts:
Audi of America, Inc.

FAMILY FEATURES
5825 Dearborn Street
Mission, KS 66202
Tel.: (913) 722-0055
Fax: (913) 789-9228
Toll Free: (800) 800-5579
Web Site: www.familyfeatures.com

Year Founded: 1974

Discipline: Entertainment

Michael French *(Vice President, Operations & Finance)*
Robin Brannin *(Information Technology Manager)*
Sarah Fowler *(Director, Content Development)*
Steve Wilson *(Senior Manager, Account - Western Region)*

AGENCIES - JULY, 2020 — ENTERTAINMENT AGENCIES

HERO ENTERTAINMENT MARKETING
4590 Ish Drive
Simi Valley, CA 93063
Tel.: (805) 582-1294
Fax: (805) 527-2022
Web Site: www.heropp.com

Year Founded: 1997

Discipline: Entertainment

Julie Weinhouse *(Principal)*
Steve Ochs *(Principal)*

HERZOG & COMPANY
4640 Lankershim Boulevard
North Hollywood, CA 91602
Tel.: (818) 762-4640
Fax: (818) 762-4648
Web Site: herzogcompany.com/

Year Founded: 1995

Discipline: Entertainment

Mark Herzog *(Chief Executive Officer)*
Janet Shepard *(Chief Financial Officer)*
Andie Beckerman-Terry *(Senior Vice President, Original Programming Development)*
Kimberly Panunzio *(Director, Creative Content)*
Raleigh Stewart *(Creative Director, Design)*
Nicholas Ward *(Head, Production)*

KALEIDOSCOPE
64 Wooster Street
New York, NY 10012
Tel.: (212) 358-7750
Web Site: www.kscopenyc.com

Employees: 20

Discipline: Entertainment

Karen Jorgensen *(President & Chief Creative Officer)*
Tara Cacciola *(Vice President, Creative Services & Director)*

KNOWN
6420 Wilshire Boulevard
Los Angeles, CA 90048
Tel.: (323) 460-4035
Fax: (323) 460-4562
Web Site: www.known.is

Discipline: Entertainment

Michael Vamosy *(Chief Creative Officer)*
Mark Feldstein *(Partner & President, Studios)*
Brad Roth *(Partner & President, Studios)*
Sara Cahill *(Senior Vice President & Executive Director, Creative)*
Renee Samms *(Vice President, Digital 360)*
Matt LeBoeuf *(Vice President, Consumer Brands)*
Amanda Hanig *(Senior Creative Director)*
Brent Thornburg *(Creative Director)*
Hiko Mitsuzuka *(Director, Creative Services)*

Accounts:
Beyond Meat
California Pizza Kitchen, Inc.

KO CREATIVE
465 South Beverly Drive
Beverly Hills, CA 90212
Tel.: (310) 288-3820
Web Site: ko-creative.com

Year Founded: 1993

Discipline: Entertainment

Kristi Kilday *(Chief Executive Officer)*
Morgan Pritchard *(Creative Music Director)*

LATIN WE
5966 South Dixie Highway
South Miami, FL 33122
Tel.: (305) 572-1515
Fax: (305) 572-1510
Web Site: www.latinwe.com

Year Founded: 1998

Discipline: Entertainment

Luis Balaguer *(President & Chief Executive Officer)*
Melissa Escobar *(Executive Producer, KOATI - Latin World Entertainment Films)*
Mariana Segura *(Vice President, Marketing & Branded Entertainment)*

LEVERAGE AGENCY
515 Madison Avenue
New York, NY 10022
Tel.: (212) 752-2500
Fax: (212) 223-6982
Web Site: www.leverageagency.com

Discipline: Entertainment

Ben Sturner *(Founder, President & Chief Executive Officer)*
Andres Naftali *(President - Leverage Latino)*
David Rosenfeld *(Co-Founder & Managing Partner - Leverage Agency & Primo Entertainment)*
Bob Dudelson *(Vice President, Media Sales & Sponsorship)*
Chris Farrell *(Vice President, Strategy & Activation)*
Patricia Ginestiere *(General Counsel & Director, Business Development)*
Jake Brackman *(Marketing Manager, Global Sports & Entertainment)*

LIMELIGHT MEDIA, INC.
1516 Angelus Avenue
Los Angeles, CA 90026
Tel.: (818) 501-4043
Web Site: www.limelightmedia.net

Discipline: Entertainment

Wendy Dutwin *(President & Founder)*
Christina Roach *(Vice President, Entertainment Marketing)*

MAC PRESENTS
Seven West 18th Street
New York, NY 10011
Tel.: (646) 341-8109
Web Site: www.macpresents.com

Year Founded: 2004

Discipline: Entertainment

Jody Hall *(Chief Operating Officer)*
Marcie Allen *(President)*
Kacie Lehman *(Senior Vice President, Partnerships)*
Jessica Oettel *(Director, Finance)*

MOCEAN
2440 South Sepulveda Boulevard
Los Angeles, CA 90064
Tel.: (310) 481-0808
Fax: (310) 481-0807
Web Site: www.mocean.tv

Year Founded: 2000

Discipline: Entertainment

Michael McIntyre *(Founder)*
Erica Coates *(Executive Producer)*

PIER 3 ENTERTAINMENT
531 Esplanade
Redondo Beach, CA 90277
Tel.: (310) 376-5115
Web Site: www.pier3entertainment.com

Discipline: Entertainment

Elizabeth Turner *(Global Sales & Marketing Director)*
Andrea Rawlings *(Information Technology & Creative Director)*
Liz Borgia *(Office Manager)*

PLATINUM RYE
1285 Sixth Avenue
New York, NY 10019
Tel.: (917) 305-5600
Web Site: www.platinumrye.com

Year Founded: 1998

Discipline: Entertainment

Ryan Schinman *(Founder & Chief Executive Officer)*

PREMIER ENTERTAINMENT SERVICES
10615 Chandler Boulevard
North Hollywood, CA 91601
Tel.: (818) 753-9121
Fax: (818) 753-0769
Web Site: www.pesfilmtv.com

Discipline: Entertainment

Tony Engedal *(President)*
Michael Nusinow *(Vice President, Production)*

PROPAGANDA ENTERTAINMENT MARKETING
11264 Playa Court
Culver City, CA 90230
Tel.: (310) 397-2300
Web Site: www.propagandaem.com

Discipline: Entertainment

Ruben Igielko-Herrlich *(Founder & Chief Executive Officer)*
Daphne Briggs *(Vice President)*

ROC NATION
540 West 26th Street
New York, NY 10001
Tel.: (212) 292-8500
Web Site: www.rocnation.com

Year Founded: 2008

Discipline: Entertainment

Brett Yormark *(Co-Chief Executive Officer - Roc

Brands. Marketers. Agencies. Search Less. Find More.
Try out the online version at www.winmo.com

ENTERTAINMENT AGENCIES

Nation Unified & President, Business Operations & Strategy)
Michael Yormark *(Co-Chief Executive Officer, Roc Nation Unified & President, Business Operations & Strategy)*
Jana Fleishman *(Executive Vice President, Strategic Marketing, Business Development & Head Communications)*
Elisa Padilla *(Senior Vice President, Creative Strategy & Partnership Marketing)*
Stuart Bryan *(Vice President, Global Communications)*
Luisa Moreno *(Associate Director, Digital Marketing & Strategy)*
Christina Danko *(Director, Sports Marketing & Brand Activation)*
Glynn Murph *(Marketing Director)*
Amanda Prah *(Brand Activation Manager)*
Zachary Turtz *(Sports Marketing Analyst)*
Hayden Lee *(Coordinator, Brand Activation)*

SEARCH PARTY MUSIC
Six Saint Johns Lane
New York, NY 10013
Tel.: (212) 277-6397
Fax: (212) 807-1456
Web Site: www.searchparty-music.com

Year Founded: 2008

Discipline: Entertainment

Randall Poster *(Chief Creative Officer)*
Meghan Currier *(Music Supervisor)*

SERINO COYNE, INC.
1285 Avenue of the Americas
New York, NY 10019
Tel.: (212) 626-2700
Fax: (212) 626-2799
Web Site: www.serinocoyne.com

Year Founded: 1977

Discipline: Entertainment

Nancy Coyne *(Chairman & Owner)*
Greg Corradetti *(President)*
Catherine Reid *(Chief Financial Officer)*
Angelo Desimini *(Chief Executive Officer)*
Scott Yambor *(Vice President, Media Services)*
Leslie Barrett *(Managing Director)*
Kim Hewski *(Vice President, Research & CRM)*
Tom Callahan *(Vice President, Creative Strategy)*
Anna Pitera *(Group Director)*
Diana Salameh *(Director, Marketing & Communications)*
Hailey Barton *(Digital Media Director)*
Marci Kaufman *(Group Director, Client Services & Account Management)*
Agatha Knouse *(Director, Integrated Production)*
Suzanne Tobak *(Senior Director, Events)*
Grace Zoleta *(Accounting Director)*
Ginger Witt *(Director, Broadcast Business Affairs)*
Kevin Hirst *(Account Supervisor)*
Bobby Kirwin *(Senior Digital Media Buyer & Planner)*

SHARPLEFT, INC.
630 Ninth Avenue
New York, NY 10036
Tel.: (212) 284-9930
Fax: (212) 624-5942
Web Site: www.sharpleft.com

Discipline: Entertainment

Doug Langway *(Chief Executive Officer & Founder)*
Henry White *(Chief Operations Officer & Founder)*

THE KARPEL GROUP
47 East 19th Street
New York, NY 10003
Tel.: (212) 505-2900
Fax: (212) 505-2950
Web Site: www.thekarpelgroup.com

Year Founded: 1997

Discipline: Entertainment

Craig Karpel *(President)*
Tom Fatsi *(Vice President, Operations & Finance)*
Vinny Moschetta *(Vice President, Marketing)*
Ryan Turrin *(Vice President, Publicity)*

THINK JAM
750 North San Vincente Boulevard
West Hollywood, Los Angeles, CA 90069
Tel.: (323) 761-2333
Web Site: www.thinkjam.com

Year Founded: 2004

Discipline: Entertainment

Stella Ferguson *(Vice President, Communications)*
Mandy Rodgers *(Senior Account Director)*
Douglas Bohrer *(Associate Director, Strategy)*
Conner Schwerdtfeger *(Publicist)*
Geovani Rocha *(Senior Manager, Publicity)*
Emily George *(Manager, Account)*
Bess Drum *(Publicist)*
Ashley Tecson *(Publicity Manager)*

Accounts:
Elder Scrolls
Fallout

TMPG MEDIA
711 West Chester Avenue
White Plains, NY 10604-3806
Tel.: (914) 696-0100
Fax: (914) 696-0119
Web Site: www.tmpg.com

Employees: 16

Discipline: Entertainment

Mike Valentino *(President & Chief Executive Officer)*
Brian Jenkinson *(Chief Financial Officer)*
Cyndi Abramson *(Senior Vice President, Business Development)*
Cari Galle *(Vice President, Business Development)*

TRAILER PARK
6922 Hollywood Boulevard
Hollywood, CA 90028
Tel.: (310) 845-3000
Fax: (310) 845-3470
Web Site: www.trailerpark.com

Employees: 141
Year Founded: 1991

Discipline: Entertainment

George Anderson *(President, Creative Services)*
Matt Brubaker *(Chief Executive Officer & Creative Director - A/V Division)*
Rick Eiserman *(Chief Executive Officer)*
Howard Moggs *(Senior Vice President, Development - Engine)*
Kelly Adelman *(Senior Vice President & Creative Director)*
Michael Forester *(Vice President, Information Technology)*
Steven Bruno *(Vice President, Creative Services)*
Ryan Loiacono *(Vice President, Client Services)*
Stephanie Gutierrez *(Director, Digital & Social Marketing)*
Nara Walker *(Director, Creative)*
Tyler Routson *(Director, Operations)*

Accounts:
Disney On Ice
Feld Entertainment, Inc.

TRANSLATION
145 West 45th Street
Brooklyn, NY 11201
Tel.: (212) 299-5505
Fax: (212) 299-5512
Toll Free: (212) 299-5513
Web Site: www.translationllc.com

Discipline: Entertainment

Steve Stoute *(Chief Executive Officer & Founder)*
John McBride *(Senior Partner & Director, Strategy)*
John Greene *(Vice President & Strategy Lead - Translation Enterprises)*
John Fulbrook *(Group Creative Director, Design)*
Julia Farber *(Account Director)*
Susanna Swartley *(Head, Client Services)*
Thalia Tsouros *(Director, Business Affairs)*
Shon Mogharabi *(Director, Strategy)*
Jordan Meiselas *(Account Supervisor)*
Jordan Ofsevit *(Account Executive)*

Accounts:
AT&T, Inc.
Brooklyn Nets Basketball, LLC
Champs Sports
Kaiser Foundation Health Plan, Inc.
National Basketball Association
NBA Canada
New York Knicks
State Farm Auto Insurance
WNBA

UNITED ENTERTAINMENT GROUP
155 Sixth Avenue
New York, NY 10013
Tel.: (212) 445-0100
Web Site: www.uegworldwide.com

Year Founded: 2014

Discipline: Entertainment

David F. Caruso *(Chief Operating Officer)*
Jarrod Moses *(Founder, Chief Executive Officer & President)*
Adam Smith *(President, Global Marketing)*
Dave Santaniello *(Senior Vice President & Music Practice Lead)*
Jared Pearlman *(Senior Vice President, Branded Content)*
Michael Nuzzo *(Senior Vice President &

Brands. Marketers. Agencies. Search Less. Find More.
Try out the online version at www.winmo.com

AGENCIES - JULY, 2020

ENTERTAINMENT AGENCIES

Executive Creative Director)
Donald Franklin (Senior Vice President, Marketing)
Katie Rosholt (Senior Vice President, Business Development)
Brian Gartland (Vice President, Rights & Partnerships)
Katie Tufts (Director, Communications)
Kevin Chan (Senior Director, Esports)
Casey Parks (Senior Manager, Communications)

Accounts:
Asics
The North Face

UPP ENTERTAINMENT MARKETING
3401 Winona Avenue
Burbank, CA 91504
Tel.: (818) 526-0111
Fax: (818) 526-1466
Web Site: www.upp.net

Employees: 33
Year Founded: 1978

Discipline: Entertainment

Gary Mezzatesta (President & Chief Executive Officer)
Steve Rasnick (Senior Vice President)

YOURS TRULY
712 Santa Fe Avenue
Los Angeles, CA 90021
Web Site: creative.yourstru.ly

Year Founded: 2009

Discipline: Entertainment

Will Abramson (Principal)
Babak Khoshnoud (Co-Founder & Creative Director)

EVENT & SPONSORSHIP MARKETING AGENCIES

1220 EXHIBITS, INC.
3801 Vulcan Drive
Nashville, TN 37211
Tel.: (615) 333-1220
Fax: (615) 331-7141
Toll Free: (800) 245-1220
Web Site: www.1220.com

Year Founded: 1972

Discipline: Event & Sponsorship Marketing

Matthew Carden *(President & Chief Executive Officer)*
Craig Dunn *(Senior Vice President, Museum Services)*

15 MINUTES
1982 Butler Pike
Conshohocken, PA 19428
Tel.: (610) 832-1515
Fax: (610) 832-1585
Web Site: www.15minutesinc.com

Year Founded: 1987

Discipline: Event & Sponsorship Marketing

Nancy Becker *(President)*
Pam Derderian *(Chief Executive Officer)*

160OVER90
304 Park Avenue South
New York, NY 10010
Tel.: (212) 586-5100
Fax: (212) 489-5400
Web Site: www.160over90.com/

Year Founded: 1960

Discipline: Event & Sponsorship Marketing

Ed Horne *(President)*
Ryan Wagman *(Chief Creative Officer)*
Michele Ghee *(Executive Vice President, Business Development)*
Samantha Stark *(Executive Vice President, Public Relations & Communications)*
Anna Rogers *(Vice President, Experiential)*
McKenzie Muscat *(Vice President, Creative Operations)*
Rajiv Lahens *(Creative Director)*
Kelly Harrington *(Group New Business Director)*
Tori D'Annunzio *(Director, Client Service)*
Ricardo Munoz *(Strategy & Innovation Director)*
Caity Kauffman *(Senior Director, Digital, Social & Influencer Marketing)*
Ward Williams *(Group Creative Director)*
Delilah Kim *(Senior Art Director)*
Carly Walsh *(Director, Communications)*
Paul LaFleur *(Studio Head & Design Director)*
Adam Purdy *(Senior Director, Creative Strategy)*
Dan Kane *(Senior Designer)*
Fausto Toussaint Jr. *(Senior Manager, Production - Lowe's & NFL Partnership)*
Kendell Mock *(Associate Manager, Production)*
Lori Schmon *(Senior Producer)*
Christian Zamarripa *(Strategic Planner - Pernod Ricard)*
Alyssa Billups *(Senior Manager, Digital & Social Strategy)*
Imanol Routdhome *(Associate Strategist, Cultural Strategy & Planning)*

Accounts:
Aura Company

160OVER90
12400 Wilshire Boulevard
Los Angeles, CA 90025
Tel.: (424) 653-1900
Fax: (424) 653-1676
Web Site: www.160over90.com

Year Founded: 1960

Discipline: Event & Sponsorship Marketing

Derek van den Bosch *(Chief Operating Officer)*
Karen Brodkin *(Executive Vice President, Content Strategy & Partnerships)*
Mark Ervin *(Senior Vice President, IMG Clients)*
Dave Foster *(Senior Vice President & Head, Account Management)*
Gary Krakower *(Vice President, Worldwide Licensing)*
Randy Klein *(Vice President, Licensing)*
Joanna Cichocki *(Vice President, Global Partnership Strategy & Activation)*
Lauren Delshad *(Vice President, Operations)*
Aimee Duell *(Vice President, Entertainment Marketing)*
David Creechan *(Strategic Partnerships Director, Action Sports)*
Roni Sebastian *(Executive Creative Director)*
Ashley Bowen *(Global Director, Consumer Marketing)*
Nicole Goldberg *(Communications Director)*
Christian Dempster *(Event Director)*
Adam Griffiths *(Group Creative Director)*
Barry Chiang *(Associate Director, Production)*
Katelyn Baker *(Manager, Action Sports)*
Allison Karney *(Executive Producer)*
Jade Morton *(Senior Account Executive - Sports Partnerships)*

Accounts:
Aura Company

16W MARKETING
75 Union Avenue
Rutherford, NJ 07070
Tel.: (201) 507-4599
Web Site: www.16wmarketing.com

Employees: 10

Discipline: Event & Sponsorship Marketing

Steve Rosner *(Partner)*
Frank Vuono *(Partner)*

21 MARKETING
500 West Putnam Avenue
Greenwich, CT 06830
Web Site: www.21mktg.com

Year Founded: 1991

Discipline: Event & Sponsorship Marketing

Rob Prazmark *(Founder & President)*
Thomas Shepard *(Partner & Chief Marketing Officer)*
Dana Albalancy *(Manager, Marketing & Business Development)*

ABIGAIL KIRSCH
The Industrial Park
Stamford, CT 06902
Tel.: (203) 357-7400
Web Site: www.abigailkirsch.com

Year Founded: 1972

Discipline: Event & Sponsorship Marketing

James Kirsch *(Chief Executive Officer)*
Gina Monick *(Director, Marketing & Media)*

ADVANTAGE INTERNATIONAL
290 Harbor Drive
Stamford, CT 06902
Tel.: (203) 354-7564
Web Site: www.advantagemrktg.com

Year Founded: 2012

Discipline: Event & Sponsorship Marketing

Tom Haidinger *(President)*
Josh Ellovich *(Senior Vice President)*
Kyler Hengst *(Group Director)*
Tracey Goodfriend *(Account Director)*
Jacina Serbalik *(Associate Creative Director)*

Accounts:
LG Electronics U.S.A., Inc.

ADVANTAGE INTERNATIONAL
1840 Century Park East
Los Angeles, CA 90067
Tel.: (203) 354-7477
Web Site: www.advantagemrktg.com

Year Founded: 2012

Discipline: Event & Sponsorship Marketing

Jaime Cabrera *(Senior Vice President & Executive Creative Director)*
Jason Girone *(Vice President & Group Account Director)*
Hayden Hume *(Account Director)*
Alexandra Lytle *(Account Director)*
Michael Beck *(Senior Account Executive)*
Justin Decastro *(Account Executive)*

Accounts:
Hyundai Accent
Hyundai Azera
Hyundai Elantra
Hyundai Elantra GT
Hyundai Equus
Hyundai Genesis
Hyundai Motor America
Hyundai Santa Fe
Hyundai Sonata
Hyundai Tucson
Hyundai Veloster

ADVENT
2316 Cruzen Street
Nashville, TN 37211

Brands. Marketers. Agencies. Search Less. Find More.
Try out the online version at www.winmo.com

AGENCIES - JULY, 2020
EVENT & SPONSORSHIP MARKETING AGENCIES

Tel.: (615) 742-3355
Fax: (615) 742-1188
Toll Free: (888) 207-0294
Web Site: www.adventresults.com

Year Founded: 1996

Discipline: Event & Sponsorship Marketing

John Roberson *(Chief Executive Officer & Owner)*
Todd Austin *(President)*
Todd Cyphers *(Vice President, Implementation)*
Rick Myers *(Director, Marketing)*
Andrew Bryant *(Associate Vice President, Design Studio)*

AGENCYEA
311 West Walton Street
Chicago, IL 60610
Tel.: (312) 879-0186
Toll Free: (877) 450-8857
Web Site: www.agencyea.com

Year Founded: 2000

Discipline: Event & Sponsorship Marketing

Fergus Rooney *(Chief Executive Officer)*
Gabrielle Martinez *(Managing Partner)*
Susan Gooding *(Vice President, Client Services)*
Alec Richardson *(Vice President, Business Development)*
Claire Holland *(Vice President, Marketing & Communications)*
David St. Martin *(Vice President, Cultural Development)*
Lucy Stratton *(Vice President, Business Development)*
Rick Cosgrove *(Creative Director)*
Suzanne L'Erario *(Director, Production)*
Brittany McCullars *(Associate Director, Digital)*
Hunter Haas *(Group Account Director)*
Jessica Murray *(Account Director)*
Kristin Barbour *(Account Director)*
Kelley Gripp *(Director, Strategic Initiatives)*
Kristen Liggett *(Group Account Director)*
Sarah Spliethoff *(Associate Creative Director)*
Brian Donahoe *(Account Supervisor)*
Donna Panacchia *(Manager, Print)*
Erin Behbehani *(Account Manager)*
Joanna Badamo *(Senior Strategist, Creative)*
Kate McGivney *(Account Manager)*
Kelli Wolfgram *(Manager, Operations & Recruitment, Human Resource)*
Susan Malen *(Account Manager)*
Tessa Coan *(Marketing Communications Manager)*
Elise Farrington *(Senior Account Executive)*
Amy Bott *(Senior Account Coordinator)*

Accounts:
Ann & Robert H. Lurie Children's Hospital of Chica
CLIF Bar
GE Healthcare

ALL TERRAIN
2675 West Grand Avenue
Chicago, IL 60612
Tel.: (312) 588-3701
Web Site: www.allterrain.net

Year Founded: 1998

Discipline: Event & Sponsorship Marketing

Sarah Eck-Thompson *(Co-Founder & Chief Operating Officer)*
Brook Jay *(Co-Founder & Chief Marketing Officer)*
Holly Grosso *(Vice President, Finance & Administration)*

Accounts:
Illinois Department of the Lottery

APEL, INC.
295 Madison Avenue
New York, NY 10017
Tel.: (212) 688-8999
Web Site: www.apel-inc.com

Year Founded: 2000

Discipline: Event & Sponsorship Marketing

David Sass *(President)*
Harry Spero *(Principal)*
Jim Schwebel *(Principal)*
Leah Sass *(Senior Manager, Accounts & Business Development)*

ASV INC.
19603 South Vermont Avenue
Torrance, CA 90502
Tel.: (310) 217-9837
Web Site: www.asv1.com

Year Founded: 1988

Discipline: Event & Sponsorship Marketing

Shawn Andry *(Chief Executive Officer)*
Taline Hasholian *(President)*
Roy Walker *(Director, Business Development)*
Anthony Andry *(Marketing Executive & Content Creator)*
Sophie Kong *(Account Director)*
Lynda Diaz *(Event Services Manager)*
Irv Plank *(Production Specialist)*

AUGUST JACKSON
1501 South Clinton Street
Baltimore, MD 21224
Tel.: (410) 727-5575
Web Site: www.augustjackson.com

Year Founded: 2003

Discipline: Event & Sponsorship Marketing

Robyn Kress *(Executive Vice President, Campaign Readiness)*
Josh Johns *(Executive Vice President, Strategy)*
Regina Farrington *(Executive Vice President, Corporate Market Development)*
Alexandra Howar *(Account Director)*
Annie Korkowski *(Associate Creative Director)*
Arooj Rana *(Account Manager)*

AXXIS
845 South Ninth Street
Louisville, KY 40203-2026
Tel.: (502) 568-6030
Fax: (502) 568-6204
Web Site: www.axxisinc.com

Year Founded: 1973

Discipline: Event & Sponsorship Marketing

Erik Knappenberger *(Vice President, Operations)*
Stewart Davis *(Vice President, Production)*
Mark Hancock *(Director, Business Development)*
Justin Wardell *(Senior Account Director)*
Mike Graves *(Production Manager)*
Kate Schroeder *(Account Manager)*

BECORE
1652 Mateo Street
Los Angeles, CA 90021
Tel.: (213) 747-3123
Web Site: www.becore.com

Year Founded: 1999

Discipline: Event & Sponsorship Marketing

Mark Billik *(Founder & Chairman)*
Kelly Vaught *(Chief Marketing Officer & Principal)*
Nicole Malinowski *(Chief Financial Officer)*
Steve Dupee *(Chief Operating Officer)*
Roger Malinowski *(Vice President, Business Development)*
Alyssa Jones *(Vice President, Production & Operations)*
Jen Fisch *(Executive Creative Director)*
Alex Woodworth *(Business Development Manager)*

Accounts:
DTS, Inc.
Harley-Davidson
Mike's Hard Lemonade
Roxy

BIGSPEAK SPEAKERS BUREAU
23 South Hope Avenue
Santa Barbara, CA 93105
Tel.: (805) 965-1400
Web Site: www.bigspeak.com

Year Founded: 1995

Discipline: Event & Sponsorship Marketing

Barrett Cordero *(President)*
Jonathan Wygant *(Founder & Chief Executive Officer)*
Ken Sterling *(Executive Vice President, Marketing & Talent)*
Marianne Kuga *(Marketing Manager)*
Isabella Milano *(Business Development Advisor)*
Jessica Welch *(Marketing Content Associate)*
Emily O'Kelly *(Event Coordinator)*

BLAZER EXHIBITS & EVENTS
4227 Technology Drive
Fremont, CA 94538
Tel.: (408) 263-7000
Fax: (408) 904-7186
Web Site: www.blazerexhibits.com/

Year Founded: 1983

Discipline: Event & Sponsorship Marketing

Susan Graham *(Partner & Senior Account Executive)*
Dave Graham *(Owner & Chief Executive Officer)*

BONGARBIZ
426 Smith Street
Peekskill, NY 10566
Tel.: (914) 734-1177
Fax: (914) 734-8035
Web Site: www.bongarbiz.com

Discipline: Event & Sponsorship Marketing

Michael Bongar *(President)*
Tina Volz Bongar *(Partner & Creative & Marketing Director)*
Cheryl Schruefer *(Event Producer)*

BRAVO PRODUCTIONS

Brands. Marketers. Agencies. Search Less. Find More.
Try out the online version at www.winmo.com

EVENT & SPONSORSHIP MARKETING AGENCIES

AGENCIES - JULY, 2020

65 Pine Avenue
Long Beach, CA 90802
Tel.: (562) 435-0065
Fax: (562) 435-4421
Web Site: www.bravoevents-online.com

Employees: 6
Year Founded: 1987

Discipline: Event & Sponsorship Marketing

Thom Neighbors *(Co-Founder & Partner)*
Gregory Jenkins *(Co-Founder & Partner)*

BREAKING LIMITS MARKETING, LLC.
265 Eastchester Drive
High Point, NC 27262
Tel.: (203) 610-0509
Web Site: www.blmarketing.net

Discipline: Event & Sponsorship Marketing

Mark Hughes *(Chief Financial Officer)*
Bobby Labonte *(President & Chief Executive Officer)*

BREWCO MARKETING
106 Brewer Drive
Central City, KY 42330
Tel.: (270) 754-2264
Web Site: www.brewco.com

Year Founded: 1996

Discipline: Event & Sponsorship Marketing

Shane Kennedy *(President & General Manager)*
Todd Wilkerson *(Chief Executive Officer)*
Ryan Gililland *(Director, Sales & Marketing)*

BRUNO EVENT TEAM
100 Grandview Place
Birmingham, AL 35243
Tel.: (205) 967-4745
Fax: (205) 967-9940
Web Site: www.brunoeventteam.com

Year Founded: 1996

Discipline: Event & Sponsorship Marketing

Gene Hallman *(President & Chief Executive Officer)*
Angel Lewis *(Senior Director, Public Relations & Marketing)*

BURNS ENTERTAINMENT & SPORTS MARKETING, INC.
820 Davis Street
Evanston, IL 60201
Tel.: (847) 866-9400
Fax: (847) 491-9778
Web Site: www.burnsent.com

Year Founded: 1970

Discipline: Event & Sponsorship Marketing

Doug Shabelman *(President)*
Marc Ippolito *(President & General Counsel)*
Lori Nelson *(Executive Vice President, Entertainment & Music)*
Stacey Gersten *(Vice President, Brand & Agency Partnerships)*
Shane Arman *(Senior Director, Agency Relationships & Business Development)*
Aimee Freisthler *(Senior Account Executive)*

CAMEO MARKETING, INC.
41 Campus Drive
New Gloucester, ME 04260
Tel.: (207) 688-4580
Fax: (207) 688-4581
Web Site: www.cameomarketinginc.com

Year Founded: 1992

Discipline: Event & Sponsorship Marketing

Bob Tiernan *(President)*
Bonnie Tiernan *(Owner)*
Catriona Sumner *(Vice President, Marketing Services)*

CAMPOS CREATIVE WORKS
1715 14th Street
Santa Monica, CA 90404
Tel.: (310) 453-1511
Fax: (310) 453-8880
Web Site: www.ccwla.com

Discipline: Event & Sponsorship Marketing

Jennifer Gerich *(Partner, Marketing & Business Development)*
Julio Campos *(Founding Partner, President & Executive Creative Director)*
Sandra Sande *(Founding Partner & Chief Financial Officer)*

CARDENAS MARKETING NETWORK
1459 West Hubbard Street
Chicago, IL 60642
Tel.: (312) 492-6424
Fax: (773) 227-7201
Web Site: www.cmnevents.com

Employees: 20
Year Founded: 2003

Discipline: Event & Sponsorship Marketing

Henry Cardenas *(President & Chief Executive Officer)*
Erik Bankston *(Head, Integrated Marketing)*
Alexandra Cardenas *(Manager, Branded Entertainment)*
Luz Herrera *(Media Buyer)*
Rene Leal *(Branded Entertainment)*
Martha Botello *(Event Coordinator)*

Accounts:
Mars Wrigley Confectionery
Neutrogena Corporation
TracFone Wireless, Inc.

CMS, INC.
5777 West Century Boulevard
Los Angeles, CA 90045
Tel.: (310) 645-5604
Web Site: www.cmsbiz.com

Year Founded: 1985

Discipline: Event & Sponsorship Marketing

Diana Zimmerman *(President & Chief Executive Officer)*
Carol Ivy *(Chief Financial Officer)*

COMMUNIQUE
21 Four Seasons Place
Toronto, ON M9B 6J8
Tel.: (647) 436-8959
Fax: (647) 439-0070
Toll Free: (800) 721-8184
Web Site: www.communique.to

Employees: 10
Year Founded: 1982

Discipline: Event & Sponsorship Marketing

Ardith Freethy *(Associate)*
Karen Gislason *(Accountant)*

CONFERENCE INCORPORATED
11709 Bowman Green Drive
Reston, VA 20190-3501
Tel.: (703) 766-4900
Fax: (703) 904-7240
Toll Free: (888) 904-6932
Web Site: www.conferenceinc.com

Year Founded: 1986

Discipline: Event & Sponsorship Marketing

Donna Tschiffely *(President)*
Terri Jones *(Manager, Exhibit & Sponsorship Sales)*

CORPORATE MAGIC INC
3310 Matrix Drive
Richardson, TX 75082
Tel.: (972) 869-1919
Fax: (979) 869-9228
Toll Free: (800) 275-7026
Web Site: www.corporatemagicinc.com

Year Founded: 1996

Discipline: Event & Sponsorship Marketing

Jim Kirk *(President & Chief Creative Officer)*
Jeffrey Kirk *(Chief Operating Officer)*
Marty Gillespie *(Chief Financial Officer)*

CPC EXPERIENTIAL
1301 Corporate Center Drive
Eagan, MN 55121
Tel.: (651) 905-9339
Fax: (651) 905-9482
Web Site: www.cpcexp.com

Discipline: Event & Sponsorship Marketing

Doug Backer *(Owner & Chief Executive Officer)*
Randy Blakely *(Vice President, Operations)*
Dan Backer *(Producer)*

CREATIVE PRODUCERS GROUP
1220 Olive Street
Saint Louis, MO 63103
Tel.: (314) 367-2255
Fax: (314) 367-5510
Web Site: www.getcreative.com

Year Founded: 1985

Discipline: Event & Sponsorship Marketing

Keith Alper *(Chief Executive Officer)*
Steve Friedman *(President)*
Ellie Dupuis *(Vice President, Business Solutions)*
Sharon Reus *(Vice President, Production Operations & Client Services)*
Neale Rebman *(Director, Events)*
Michael Taylor *(Senior Account Director)*

CREATIVE SOLUTIONS GROUP
1250 North Crooks Road
Clawson, MI 48017

Brands. Marketers. Agencies. Search Less. Find More.
Try out the online version at www.winmo.com

AGENCIES - JULY, 2020
EVENT & SPONSORSHIP MARKETING AGENCIES

Tel.: (248) 288-9700
Web Site: www.csgnow.com
Year Founded: 1998
Discipline: Event & Sponsorship Marketing

Tom Valentine *(President)*
Bridget Clark *(Senior Director, Account Services)*

CREATIVE STRATEGIES GROUP
7010 Broadway
Denver, CO 80221
Tel.: (303) 469-7500
Fax: (303) 438-5613
Web Site: www.csg-sponsorship.com
Year Founded: 1995
Discipline: Event & Sponsorship Marketing

Bruce Erley *(President & Chief Executive Officer)*
Jeannie McFarland-Johnson *(Vice President, Communications)*

CSM PRODUCTION
6427 Saddle Creek Court
Harrisburg, NC 28075
Tel.: (704) 455-8888
Fax: (704) 455-1900
Web Site: www.gocsmproduction.com
Year Founded: 1987
Discipline: Event & Sponsorship Marketing

Jay Howard *(Founder & President)*
Ryan Baxter *(Chief Operating Officer)*

CZARNOWSKI
7545 Hartman Industrial Way
Austell, GA 30168
Tel.: (404) 351-2382
Fax: (404) 355-7511
Toll Free: (800) 247-4302
Web Site: www.czarnowski.com
Discipline: Event & Sponsorship Marketing

Jim Milanowski *(Vice President)*
Nick Simonette *(Vice President, Sales)*
Mark Cooper *(Director, Global Programs)*
Scott Van Sickle *(Director, Global Accounts)*
Andrew Schmidt *(Account Manager)*

CZARNOWSKI
2287 South Blue Island Avenue
Chicago, IL 60608
Tel.: (773) 247-1500
Toll Free: (800) 247-4302
Web Site: www.czarnowski.com
Discipline: Event & Sponsorship Marketing

Kip Nagle *(Owner, Shareholder & Director, Board)*
Blake Jungmeyer *(Senior Program Director)*

DECO PRODUCTIONS
14350 Northwest 56th court
Miami, FL 33054
Tel.: (305) 558-0800
Fax: (305) 825-8803
Toll Free: (800) 553-0800

Web Site: www.decoproductions.com
Year Founded: 1986
Discipline: Event & Sponsorship Marketing

Nicholas Zazzera *(President)*
Sharon Siegel *(Owner)*
Katie Walters *(Senior Account Executive)*
Rafael Berthin *(Director, Operations)*
Mark Reid *(Director, Production Operations)*
Ana Ibarra *(Director, Operations)*
Kristen Fraga *(Meetings & Event Manager)*
Gus Munoz *(General Manager)*

DERSE, INC.
3800 West Canal Street
Milwaukee, WI 53208
Tel.: (414) 257-2000
Fax: (414) 257-3798
Web Site: www.derse.com
Year Founded: 1948
Discipline: Event & Sponsorship Marketing

Bill Haney *(Chairman)*
Brett Haney *(Chief Executive Officer)*
Eric Preston *(President)*
Dan Serebin *(Chief Financial Officer)*
Bill McNamara *(Vice Chairman)*
Nick Borgdorff *(Executive Vice President)*
Russ Fowler *(Vice President, Marketing Environments)*
Kevin Hansen *(Vice President, Business Development)*
Colleen Chianese *(Vice President, Corporate Operations)*
Steve Vasatko *(Divisional Vice President)*
Rick Stoner *(Vice President, Sales & Client Strategy)*
Julia Haas *(Director, Marketing)*
Don Weston *(Director, Information Technology)*
Jane Marie Alberti *(Creative Services Operations Director)*
Sean Cheema *(Director, Operations)*
Dan Cieciwa *(Creative Director)*
Chris Weida *(Director, Corporate Operations)*
Nathan Van Dyke *(Art Director)*
Chris Alberti *(Senior Producer)*
Alli Hughes *(Marketing Supervisor)*
Alexa Snyder *(Producer Developer)*
Karrina Kontney *(Event Planner & Producer Developer)*
Andrew Homer *(Operations Director)*
Susan Riese *(Senior Marketing Specialist)*
Katie Boucher *(Content Strategist)*
Bethany Siegel *(Marketing Specialist)*
Mary Fogarty *(Digital Services Coordinator)*

DERSE, INC.
1100 Cobb Place Boulevard
Kennesaw, GA 30144
Tel.: (770) 428-1328
Web Site: www.derse.com
Year Founded: 1948
Discipline: Event & Sponsorship Marketing

Carol Martin *(Director, Business Development)*
Curtis McDaniel *(Director, Corporate Operations)*
Joel Derrigo *(Account Director)*
Alyson Greenstein *(Account Director)*
Ron Ash *(Manager, Project Management)*
Leslie Beach-Catton *(Senior Account Executive)*
Hayley Harmon *(Account Manager)*

Jessie Fream *(International Project Manager)*
John Starck *(Production Supervisor)*
Mackenzie Letherby *(Associate Environments Designer)*

DERSE, INC.
3696 Burwood Drive
Waukegan, IL 60085
Tel.: (847) 473-2149
Web Site: www.derse.com
Year Founded: 1948
Discipline: Event & Sponsorship Marketing

Romain Cluet *(Vice President, Business Development)*
Denny Lynn *(Divisional Operations Director)*
John Fricke *(Director, Business Development)*
Megan Frey *(Account Manager)*
David Meyer *(Production Supervisor - Service)*
James Elser *(Vice President & General Manager)*

DERSE, INC.
586 South Royal Lane
Coppell, TX 75019
Tel.: (972) 393-9046
Web Site: www.derse.com
Year Founded: 1948
Discipline: Event & Sponsorship Marketing

Mark McLain *(Vice President, Business Development)*
Brad Meyer *(Director, Business Development)*
Scott Williams *(Associate Creative Director)*
Kenney Rheinfeldt *(Production Supervisor)*
Eric Lewis *(Vice President & General Manager)*

DERSE, INC.
3200 East Gowan
North Las Vegas, NV 89030
Tel.: (702) 895-9998
Web Site: www.derse.com
Discipline: Event & Sponsorship Marketing

Todd Sussman *(Vice President, Creative)*
Logan Terry *(Vice President)*
Jill Waite *(Account Director)*
Jamie Kitchen *(Director, Operations)*
Andrew Clark *(Director, Creative)*
Melissa Kenny *(Account Manager)*
Darrun Walker *(Project Manager)*
Karen Hoefer *(Project Manager)*
Heather Riede *(Purchasing Supervisor)*
Lori Armijo *(Account Executive)*
Ethan Ehsan *(Senior Environments Designer)*
Randy Taylor *(Senior Account Executive)*
Kim Cain *(Logisitcs Supervisor)*
Bryan Kenny *(Senior Account Executive)*

DRIVE SHOP
18300 Redmond Way
Redmond, WA 98052
Tel.: (425) 869-8519
Web Site: www.driveshop.com
Year Founded: 1989
Discipline: Event & Sponsorship Marketing

Derek Drake *(Chief Executive Officer)*
Marty Mehl *(Chairman)*

EEI GLOBAL

EVENT & SPONSORSHIP MARKETING AGENCIES

1400 South Livernois
Rochester Hills, MI 48307
Toll Free: (800) 582-9250
Web Site: www.eeiglobal.com

Year Founded: 1981

Discipline: Event & Sponsorship Marketing

Derek Gentile *(Chairman, President & Chief Executive Officer)*
Chantelle Horton *(Chief Financial Officer)*
Kirk Brien *(General Manager & Vice President)*

ELEVATION
23400 Mercantile Road
Beachwood, OH 44122
Tel.: (216) 696-7776
Web Site: www.elevationgroup.com

Year Founded: 2002

Discipline: Event & Sponsorship Marketing

Steve Lindecke *(Managing Partner)*
Denny Young *(President)*

ELITE MARKETING GROUP
500 Seventh Avenue
New York, NY 10018
Tel.: (212) 933-9544
Fax: (212) 918-3421
Web Site: www.elitemg.com

Discipline: Event & Sponsorship Marketing

Brad Horowitz *(Chief Executive Officer)*
Matthew Klein *(Vice President, EXP)*

ESHOTS, INC.
200 East Randolph Street
Chicago, IL 60601
Tel.: (312) 253-1500
Toll Free: (312) 253-1529
Web Site: www.eshots.com

Year Founded: 1998

Discipline: Event & Sponsorship Marketing

Craig Steensma *(Chief Executive Officer)*
Gretchen Paige *(Chief Revenue Officer)*
Lisa Wensberg *(Vice President & Director, Business Development)*
Mark Adamski *(Director, Marketing)*
Chris Habrowski *(Director, Operations)*

EVENT STRATEGIES, INC.
4416 Wheeler Avenue
Alexandria, VA 22304
Tel.: (703) 684-0025
Fax: (703) 684-0015
Toll Free: (877) 684-0025
Web Site: www.eventstrategiesinc.com

Discipline: Event & Sponsorship Marketing

Tim Unes *(President)*
Scott Owen *(Event Operations Manager)*

EVENTAGE EVENT PRODUCTION
18 South Orange Avenue
South Orange, NJ 07079
Tel.: (973) 530-3900
Fax: (973) 530-3901
Web Site: www.eventage.net

Discipline: Event & Sponsorship Marketing

Jennifer Glass *(Partner)*
Matt Glass *(Partner & Chief Creative Officer)*
Carly Seiler Bovell *(Director)*
Michael Rozek *(Director)*

EVENTIVE MARKETING
220 East 42nd Street
New York, NY 10017
Tel.: (212) 463-9700
Fax: (212) 727-1716
Web Site: www.eventivemarketing.com

Employees: 20
Year Founded: 1993

Discipline: Event & Sponsorship Marketing

Quincy Marr *(Vice President, Account Leadership)*
Scott Solberg *(Senior Designer)*
Chris Crews *(Operations Manager)*
David Saalfrank *(Managing Director)*

EVENTLINK INTERNATIONAL
5910 North Central Expressway
Dallas, TX 75206
Tel.: (214) 750-9229
Fax: (214) 750-9559
Web Site: www.eventlinkintl.com

Discipline: Event & Sponsorship Marketing

Teri Abram *(President)*
Dick Abram *(Vice President, Corporate Relationships)*

EVENTLINK, LLC
5500 18 Mile Road
Sterling Heights, MI 48314
Tel.: (248) 585-0520
Web Site: www.go2eventlink.com

Year Founded: 2009

Discipline: Event & Sponsorship Marketing

Steve Tihanyi *(Chief Marketing Officer)*

EVENTMAKERS
10727 Riverside Drive
Toluca Lake, CA 91602
Tel.: (818) 762-3911
Fax: (818) 762-3744
Web Site: eventmakers.com

Discipline: Event & Sponsorship Marketing

Guy Genis *(Founder & Chief Executive Officer)*
Mark Genis *(Owner)*
Jessica Peterson *(Exeuctive Director, Events)*

EVENTNETUSA
100 Southeast Third Avenue
Fort Lauderdale, FL 33394
Tel.: (954) 467-9898
Fax: (954) 467-8252
Web Site: www.eventnetusa.com

Year Founded: 1976

Discipline: Event & Sponsorship Marketing

Joel Benson *(Founder & Chief Executive Officer)*
Ira Jaffe *(Vice President, Account Services)*
Allison House *(Senior Account Director)*

EVENTWORKS
340 West 131st Street
Los Angeles, CA 90061
Tel.: (323) 321-1793
Fax: (323) 321-1799
Web Site: www.eventworks.com

Year Founded: 1989

Discipline: Event & Sponsorship Marketing

Janet Elkins *(President)*
Ted Bowers *(Executive Vice President)*
Greg Holford *(Creative Director)*

EXECUTIVE VISIONS
7000 Miller Court East
Norcross, GA 30071
Tel.: (770) 416-6100
Web Site: www.executivevisions.com

Year Founded: 1986

Discipline: Event & Sponsorship Marketing

Michael Marto *(President & Chief Executive Officer)*
Robert Marto *(Principal & Executive Vice President)*

EXHIBIT AFFECTS
1156 West Southern Avenue
Tempe, AZ 85282
Tel.: (602) 431-0600
Fax: (602) 431-0602
Toll Free: (866) 689-0600
Web Site: www.skydisplay.com

Employees: 13
Year Founded: 1992

Discipline: Event & Sponsorship Marketing

Bob Stone *(President & Vice President, Operations)*
Robb Anderson *(Service Manager)*

EXPONATION
50 Glenlake Parkway
Atlanta, GA 30328
Tel.: (770) 649-0300
Web Site: www.exponation.net

Discipline: Event & Sponsorship Marketing

Angelo Varraone *(Chief Executive Officer & Chairman)*
Chris Gibbs *(President & Chief Operating Officer)*
Danielle Gibbs *(Co-Founder)*
Karen Varrone *(Vice President, Business Development)*
Jeanne Phillips *(Director, Sales)*
Kyler Post *(Online Advertising Sales Executive)*
Colin Berry *(Manager, Operations)*
Cory Fausz *(Manager, Communications)*
Chelsea Madeley *(Coordinator, Sales - Inside Sales)*

EXTRAORDINARY EVENTS
13425 Ventura Boulevard
Sherman Oaks, CA 91423
Tel.: (818) 783-6112
Fax: (818) 783-8957
Web Site: www.extraordinaryevents.net

Year Founded: 1988

Brands. Marketers. Agencies. Search Less. Find More.
Try out the online version at www.winmo.com

AGENCIES - JULY, 2020
EVENT & SPONSORSHIP MARKETING AGENCIES

Discipline: Event & Sponsorship Marketing

Andrea Michaels *(President)*
Flo Miniscloux *(Director, Production Services)*
Taylor Black *(Senior Account Manager)*

FACTORY 360
120 Fifth Avenue
New York, NY 10011
Tel.: (212) 242-2417
Fax: (212) 242-2419
Web Site: www.factory360.com

Year Founded: 2007

Discipline: Event & Sponsorship Marketing

Michael Fernandez *(Founder, Chief Executive Officer & President)*
Gabriela Neves *(Partner)*
Jason Coughlin *(Vice President, Client Activation)*
Nuria Rey *(Senior Account Manager)*

Accounts:
Aaron's, Inc.
Constellation Brands, Inc.
IDT Corporation
IDT Telecom
Metro by T-Mobile

FISHBAIT MARKETING
1968 Long Creek Road
Wadmalaw Island, SC 29487
Tel.: (843) 557-0535
Fax: (843) 557-0536
Web Site: www.fishbaitmarketing.com

Discipline: Event & Sponsorship Marketing

Rick Jones *(President)*
Brittany Schiller *(Vice President)*

FUSEIDEAS, LLC
Eight Winchester Place
Winchester, MA 01890
Tel.: (617) 776-5800
Fax: (617) 776-5821
Web Site: www.fuseideas.com

Year Founded: 2006

Discipline: Event & Sponsorship Marketing

Dennis Franczak *(President & Chief Executive Officer)*
Steve Mason *(Senior Vice President, Client Services)*
Justin Vogt *(Vice President, Business Development)*
Chuck Nease *(Vice President, Operations)*
Jill Atwood *(Account Director)*
Christina Baran *(Director, Agency Operations)*
Alaine Hansen *(Manager, Social Media)*
Chris Keohane *(Integrated Project Manager)*
Tracie Chinetti *(Managing Director, Media)*

Accounts:
Boston Bruins
Greater Wildwoods Tourism Improvement and Developm
Informa
Massachusetts State Lottery Commission
McGraw-Hill Financial
McGraw-Hill Financial
National Hockey League
Worcester Polytechnic Institute

FUSEIDEAS, LLC
199 Scott Street
Buffalo, NY 14204
Tel.: (617) 776-5800
Fax: (617) 776-5821
Web Site: www.fuseideas.com

Discipline: Event & Sponsorship Marketing

John Cimperman *(Executive Vice President, Brand Experiences)*
Rachel LaManna *(Account Director)*
Nathan Willis *(Experiential Marketing Manager)*
Andrea O'Bryant *(Project Manager)*
Cody Teijeira *(Event Coordinator)*
Madeline Carroll *(Account Coordinator)*

G7 ENTERTAINMENT MARKETING
801 18th Avenue South
Nashville, TN 37203
Tel.: (615) 988-3422
Web Site: www.g7.com

Year Founded: 2008

Discipline: Event & Sponsorship Marketing

Andre Gaccetta *(Chief Executive Officer)*
Rick Whetsel *(Vice President)*
Sarah Romero *(Director, Growth & Development)*
Wayne Leeloy *(Executive Director, Strategy)*
Tasha Young *(Senior Director, Client Services)*
Joni Miller *(Director, Operations)*
Christian Henderson *(Account Manager)*
Josiah Corbin *(Buyer, Talent & Producer - Event)*
Charlie Streit *(Senior Account Executive)*
Jasmine Evans *(Account Executive)*
Lauren Spurlock *(Senior Account Executive)*
Peter Brown *(General Manager)*

GAIL & RICE
30700 North Western Highway
Farmington Hills, MI 48334
Tel.: (248) 799-5000
Fax: (248) 799-5001
Web Site: www.gail-rice.com

Year Founded: 1931

Discipline: Event & Sponsorship Marketing

Tim Rice *(Owner)*
Chris Janese *(President)*
Pamela Tracy *(Vice President, National Accounts)*
Leslie Rice *(Vice President, Special Events & Entertainment)*
William Mattiace *(Director, Integrated Marketing Communications & Creative Strategy)*

GENESCO SPORTS ENTERPRISES
5944 Luther Lane
Dallas, TX 75225
Tel.: (214) 826-6565
Web Site: gsesports.com/

Year Founded: 1994

Discipline: Event & Sponsorship Marketing

John Tatum *(Owner, Chief Executive Office & President)*
Todd Blouin *(Senior Vice President)*
Laura Colven *(Vice President)*

Laura Sipes *(Vice President)*
Charles Rode *(Senior Director, Research & Insights)*
Delane Few *(Manager, Promotional Products Division)*
Lauren Fulcher *(Senior Account Manager)*

GMR MARKETING
5000 South Towne Drive
New Berlin, WI 53151
Tel.: (262) 786-5600
Fax: (262) 780-6141
Toll Free: (800) 447-8560
Web Site: www.gmrmarketing.com

Employees: 400
Year Founded: 1979

Discipline: Event & Sponsorship Marketing

Andy Hayman *(Senior Vice President & Head, Content Development & Production)*
Bryan Rasch *(Chief Innovation Officer)*
Lisa Cieslak *(Chief Financial Officer & Business Operations Officer)*
Joe Sutter *(Chief Creative Officer)*
Tyson Webber *(President)*
Cameron Parsons *(Chief Executive Officer)*
Alex Beer *(Chief Client Officer)*
Cameron Wagner *(Chief Client Officer)*
Elke Zysk Buerger *(Chief Strategy Officer)*
Tony Fowler *(Senior Vice President, Program Solutions)*
Sarah Como *(Vice President, Agency Communications)*
Tim Witmer *(Vice President, Digital Project Management)*
Jon Steltenpohl *(Vice President & Group Account Director)*
Chris Lierman *(Vice President, Strategy)*
Peter Smith *(Vice President, Mobile, Social & Digital Solution)*
Dennis Jenders *(Vice President, Digital & Social)*
Craig Vandermause *(Leader, Business Development - West Coast)*
Lisa Dellabella *(Senior Director, Client Management)*
Corrie Risher *(Director, Operations)*
Jeff Magnuson *(Vice President, Client Services)*
Anne Casey *(Vice President, Specialty Services)*
JoAnne Lynch *(Director, Business Operations)*
Jared Aeschbach *(Account Director)*
Emily Morrison *(Director, Account)*
Joni Vasos *(Group Director, Events - Mall Marketing & Senior Director, Events, Venues & Fleets)*
Tamara Kriese *(Director, Mobile & Digital Solutions)*
Brian Pettit *(Executive Creative Director)*
Jeff Bayson *(Executive Creative Director)*
LeAnn Hoksch *(Director, Digital Project Management)*
Jacqueline Woo *(Director, Global Sports & Entertainment Consulting)*
Bruce Dierbeck *(Social Media Director)*
Megan Riggi *(Senior Account Director)*
Elle Benway *(Account Director)*
Trevor Nackers *(Account Director)*
Tricia Madden *(Executive Administrator)*
Drew Sanders *(Digital Project Manager)*
Kelly Boyle *(Program Manager, Events)*
Dana Aschaker *(Account Executive, Client Services)*
Yasmeen Salem *(Client Relationship Partner)*
Craig Miller *(Account Executive)*
Jessica Fedran *(Social Media Coordinator)*

Brands. Marketers. Agencies. Search Less. Find More.
Try out the online version at www.winmo.com

EVENT & SPONSORSHIP MARKETING AGENCIES
AGENCIES - JULY, 2020

Zoe Sprout *(Coordinator, Account)*

Accounts:
HP, Inc.
Microsoft Corporation
National Football League, Inc. (NFL)
Pepsi
PepsiCo, Inc.
Visa, Inc.

GMR MARKETING
1435 West Morehead Street
Charlotte, NC 28208
Tel.: (704) 342-4450
Web Site: www.gmrmarketing.com

Employees: 70
Year Founded: 1979

Discipline: Event & Sponsorship Marketing

Jimmy Bruns *(Senior Vice President, Client Services)*
Marie Swegle *(Senior Account Director)*
Jocelyn Crane *(Account Supervisor)*

GMR MARKETING
33 Bloor Street East
Toronto, ON M4W 3H1
Tel.: (416) 342-5500
Toll Free: (800) 447-8560
Web Site: www.gmrmarketing.com

Employees: 6
Year Founded: 1979

Discipline: Event & Sponsorship Marketing

Ania Sponaski *(Vice President, Global Sponsorship Consulting)*
Jesse Pearson *(Creative Director)*

GMR MARKETING CHICAGO
225 North Michigan Avenue
Chicago, IL 60601
Tel.: (312) 324-8950
Fax: (312) 228-6949
Web Site: www.gmrmarketing.com

Employees: 25
Year Founded: 1979

Discipline: Event & Sponsorship Marketing

Lesley Pinckney *(Senior Vice President, Digital Strategy)*
Todd Fischer *(Senior Vice President, Global Sports & Entertainment Consulting)*
Julie Garcia-Sotak *(Director, Strategy)*

Accounts:
Miller64

GMR MARKETING SAN FRANCISCO
55 Union Street
San Francisco, CA 94111
Toll Free: (800) 447-8560
Web Site: www.gmrmarketing.com

Employees: 15
Year Founded: 1979

Discipline: Event & Sponsorship Marketing

Dave Rosenberg *(Chief Brand Officer)*
Mariana Alvaro *(Vice President, Digital Product Management)*
Dan Hall *(Account Director, Sports & Entertainment Marketing)*
David Lemke *(Executive Creative Director)*
Angel Ciangi *(Head, Strategy)*

Accounts:
Visa Signature Card

GO WEST CREATIVE
100 Taylor Street
Nashville, TN 37208
Tel.: (615) 365-9934
Fax: (805) 557-0433
Web Site: www.gowestcreativegroup.com

Year Founded: 1984

Discipline: Event & Sponsorship Marketing

David Fischette *(President, Chief Executive Officer & Chief Creative Officer)*
Rick Borja *(Senior Vice President, Partner, Executive Producer & Head, Logistics)*
Julie Johnston *(Vice President, People)*

Accounts:
National Museum of African American Music

GO! EXPERIENCE DESIGN
12 East 49th Street
New York, NY 10017
Tel.: (646) 473-3500
Web Site: goxd.com/

Employees: 35

Discipline: Event & Sponsorship Marketing

Steve Shlansky *(Chief Executive Officer & President)*
Rod Landry *(Chief Financial Officer)*
Kelly Crawford *(Managing Director - NY)*

GREENHOUSE AGENCY
1124 Main Street
Irvine, CA 92614
Tel.: (949) 748-6076
Web Site: www.greenhouseagency.com

Year Founded: 2004

Discipline: Event & Sponsorship Marketing

Thomas Barker *(Senior Vice President, Integration & Operations & Business Development)*
Mark Federman *(Director, Field Marketing)*
Christine Wang *(Director, Human Resources)*
Jasmine Lynch *(Manager, Brand - Brown-Forman's Premium Whiskey)*
Casey Gray *(Manager, Bourbon Event)*
Nicholas McShane *(Associate Director)*
Kayla Borton *(Brand Champion - Brown-Forman)*
Jose Vargas *(Multicultural Brand Champion - Jack Daniels)*

Accounts:
Brown-Forman Corporation
El Jimador
Gentleman Jack
Herradura
Jack Daniel's Tennessee Whiskey
Woodford Reserve

HARGROVE INC.
One Hargrove Drive
Lanham, MD 20706
Tel.: (301) 306-9000
Fax: (301) 306-9318
Web Site: www.hargroveinc.com

Year Founded: 1946

Discipline: Event & Sponsorship Marketing

Timothy McGill *(President & Chief Executive Officer)*
Carla McGill *(Owner & President)*
Ron Nycinski *(Vice President, Event Strategy & Development)*
Tracy Leahy *(Director, Account Management - Special Events)*
Daniel Noake *(Executive Producer)*
Will Alvey *(Vice President, National Sales & Industrial Relations)*

Accounts:
Budweiser
Staples, Inc.

HAVAS IMPACT
2885 Pacific Drive
Norcross, GA 30071
Tel.: (770) 263-0500
Fax: (770) 263-0810
Web Site: www.havasimpact.com

Employees: 50
Year Founded: 2002

Discipline: Event & Sponsorship Marketing

HAVAS SPORTS & ENTERTAINMENT
36 East Grand Avenue
Chicago, IL 60611
Tel.: (312) 640-4700
Web Site: www.havas-se.com

Year Founded: 1997

Discipline: Event & Sponsorship Marketing

Kaitlin Kelly *(Account Director)*

HB&M SPORTS
1000 West Morehead Street
Charlotte, NC 28208
Web Site: www.hbmsports.com

Discipline: Event & Sponsorship Marketing

George Harris *(President)*
Kim Burton *(Executive Vice President)*
Erin Shusko *(Vice President)*
Ron Kalina *(Associate Creative Director)*

HELO
1046 Princeton Drive
Marina Del Rey, CA 90292
Tel.: (310) 953-4688
Web Site: www.flyhelo.com

Year Founded: 2013

Discipline: Event & Sponsorship Marketing

Justin Moore-Lewy *(Partner & Executive Producer)*
Brendan Kiernan *(Global Managing Director)*
Tom Webster *(Executive Creative Director)*
Dario Verrini *(Brand Director)*
James Okumura *(Partner & Executive Producer)*

HENRY V EVENTS
6360 Northeast Martin Luther King Boulevard
Portland, OR 97211
Tel.: (503) 232-6666
Fax: (503) 239-8556

Brands. Marketers. Agencies. Search Less. Find More.
Try out the online version at www.winmo.com

AGENCIES - JULY, 2020 — EVENT & SPONSORSHIP MARKETING AGENCIES

Web Site: www.henryvevents.com
Year Founded: 1978
Discipline: Event & Sponsorship Marketing

Katja Asaro (Chief Executive Officer & Managing Director)
Ryan Watt (Director, Client Relations)
John Ellison (Executive Producer)
Matt Harper (Managing Director)

HMR DESIGNS
4200 West Bryn Mawr Avenue
Chicago, IL 60646
Tel.: (312) 649-0777
Fax: (312) 440-1634
Web Site: hmrdesigns.com/

Year Founded: 1987
Discipline: Event & Sponsorship Marketing

Bob Mertzlufft (President & Owner)
Byron Boone (Managing Partner)
Rishi Patel (Chief Executive Officer)

HOSTS NEW ORLEANS
365 Canal Street, Suite 1400
New Orleans, LA 70130
Tel.: (504) 524-8687
Fax: (504) 524-8885
Toll Free: (800) 368-4678
Web Site: hostsneworleans.com

Year Founded: 1958
Discipline: Event & Sponsorship Marketing

Terrence J. Epton (Executive Vice President, & Global Brand Ambassador)
Karen Christensen (Vice President, Global Sales)
Serena Melanco (Vice President - Sales)

IEG, LLC.
350 North Orleans Street
Chicago, IL 60654
Tel.: (312) 944-1727
Fax: (312) 944-1897
Toll Free: (800) 834-4850
Web Site: www.sponsorship.com

Year Founded: 1982
Discipline: Event & Sponsorship Marketing

Penny Perrey (Vice President & Director, Conferences & Training)

IMG LIVE
3475 Lenox Road Northeast
Atlanta, GA 30326
Tel.: (678) 405-7720
Web Site: imglive.com

Discipline: Event & Sponsorship Marketing

Susan Swanson (Senior Vice President, Agency Operations & General Manager)
Josh Pate (Senior Vice President, Production)
Bryan Callaghan (Director, Production)
Whitney Patel (Group Creative Director)
Anna Duffy (Director, Creative Services)
Terence Raines (Senior Art Director)
Katharine Collins (Account Manager)
Chris Keyes (Account Supervisor, Client Services)
Morgan Andrews (Account Manager)

Devon Malfitano (Associate Account Manager)
Evan Perzel (Senior Manager, Production)
Ian Dick (Senior Account Manager)

Accounts:
AT&T, Inc.
DIRECTV, Inc.
Marriott International, Inc.
T-Mobile USA
Ultimate Fighting Championship

IMPACT XM
250 Ridge Road
Dayton, NJ 08810
Tel.: (732) 274-2000
Fax: (732) 274-2417
Web Site: www.impactunlimited.com

Year Founded: 1973
Discipline: Event & Sponsorship Marketing

Jared Pollacco (President)
Michael Grivas (Vice President, Client Services)
Donna Bernero (Executive Account Director)

INFINITY MARKETING TEAM
8575 Higuera Street
Culver City, CA 90232
Tel.: (323) 962-4784
Fax: (323) 962-4794
Web Site: www.infinitymarketingteam.com

Year Founded: 2001
Discipline: Event & Sponsorship Marketing

Chad Tons (President)
Kristen Villarreal (Account Director, Events)

INSPIRA MARKETING GROUP
50 Washington Street
Norwalk, CT 06854
Tel.: (203) 939-1300
Web Site: www.inspiramarketing.com

Year Founded: 2008
Discipline: Event & Sponsorship Marketing

Jeff Snyder (Owner & Chief Inspiration Officer)
Kim Lawton (Senior Vice President, Client Services)
Brooke Stein (Vice President, Client Service)

INTERSPORT
303 East Walker Drive
Chicago, IL 60600
Tel.: (312) 661-0616
Fax: (312) 661-0622
Web Site: www.intersportnet.com

Employees: 55
Year Founded: 1985
Discipline: Event & Sponsorship Marketing

Charles Besser (Chairman & Chief Executive Officer)
Mark Adamle (President, Strategic Partnerships)
David Boblink (Chief Financial Officer)
Shannon Dan (Executive Vice President, Agency Services)
Stacey Warwick (Senior Vice President & General Manager)
Steve Stroud (Senior Vice President, Insights & Strategy)
Michael Ott (Associate Vice President, Golf &

Special Projects)
Jason Langwell (Executive Director, Rocket Mortgage Classic)
John Paquet (Executive Producer & Creative Director)
Kurt Melcher (Executive Director, Esports)
Justin Diamond (Programming Operations Manager)
Steve Flaherty (Manager, Communications, Marketing, Insights & Strategy)

INVISION COMMUNICATIONS
1280 Civic Drive
Walnut Creek, CA 94596
Tel.: (925) 944-1211
Fax: (925) 944-9774
Web Site: www.iv.com

Year Founded: 1991
Discipline: Event & Sponsorship Marketing

Drew Hagan (Co-Founder & Chief Culture Officer)
Rod Mickels (Co-Founder & Chief Executive Officer)

INVISION COMMUNICATIONS
550 Seventh Avenue
New York, NY 10018
Tel.: (212) 792-7800
Fax: (212) 529-1894
Web Site: www.iv.com

Year Founded: 1991
Discipline: Event & Sponsorship Marketing

Kate Crotty (Director, Production)
Annelise Feigin (Resource Traffic Manager)

INXPO
770 North Halsted Street
Chicago, IL 60642
Tel.: (312) 962-3708
Web Site: www.inxpo.com

Year Founded: 2004
Discipline: Event & Sponsorship Marketing

Jeff Pryhuber (Chief Technology Officer)
Meredith Schueneman (Vice President, Solutions & Learning Development)

JACK MORTON WORLDWIDE
909 Third Avenue
New York, NY 10022
Tel.: (212) 401-7000
Web Site: www.jackmorton.com

Employees: 750
Year Founded: 1939
Discipline: Event & Sponsorship Marketing

Jim Fenhagen (Executive Vice President, Design)
Cyndi Davis (Executive Vice President & Managing Director, Client Engagement)
David Bassiri (Senior Vice President & Director, Operations)
Ben Grossman (Senior Vice President & Strategy Director)
Jim Cavanaugh (Senior Vice President & Managing Director)
Julie Levinthal (Senior Vice President)
Samantha Fortino (Vice President & Director, Production)
Christine Stack (Vice President, Talent Acquisition)
Michelle Hartmann (Vice President & Group

Brands. Marketers. Agencies. Search Less. Find More.
Try out the online version at www.winmo.com

308

EVENT & SPONSORSHIP MARKETING AGENCIES

Account Director)
Olga Losada *(Producer)*
Lauren Lazarus *(Executive Producer - Cadillac House)*
Dan Beilke *(Senior Project Manager)*
Kellie Sciacca *(Associate Strategist)*

Accounts:
IBM Corporation
Jameson

JACK MORTON WORLDWIDE
500 Harrison Avenue
Boston, MA 02118
Tel.: (617) 585-7000
Fax: (617) 585-7171
Web Site: www.jackmorton.com

Employees: 60
Year Founded: 1939

Discipline: Event & Sponsorship Marketing

Josh McCall *(Chairman & Chief Executive Officer)*
Bill Davies *(Chief Financial Officer & Chief Operating Officer)*
Craig Millon *(Chief Client Officer)*
Phil Collyer *(Senior Vice President & Head, Creative Services)*
Jeb Blatt *(Senior Vice President)*
Alicia Durfee *(Vice President & Senior Account Director)*
Keith Manning *(Vice President & Group Creative Director)*
Sharon Crichton *(Global Head, Production)*
Erin Winker *(Senior Content Marketing Manager)*
Steve Mooney *(Managing Director)*

Accounts:
Global Protection Corporation

JACK MORTON WORLDWIDE
600 Battery Street
San Francisco, CA 94111
Tel.: (415) 318-4300
Fax: (415) 241-1111
Web Site: www.jackmorton.com

Year Founded: 1939

Discipline: Event & Sponsorship Marketing

Edward Scott *(Executive Vice President & President - U.S)*
Vince Belizario *(Senior Vice President & Group Account Director)*
Julian Rad *(Vice President, Senior Creative Director)*
Alvin Saywa *(Vice President, Group Creative Director)*
David Harrison *(Senior Creative Director)*
Tom Michael *(Managing Director)*

JACK MORTON WORLDWIDE
875 North Michigan Avenue
Chicago, IL 60611
Tel.: (312) 274-6060
Fax: (312) 440-9853
Web Site: www.jackmorton.com

Employees: 40
Year Founded: 1939

Discipline: Event & Sponsorship Marketing

Shelley Elkins *(Global Chief Creative Officer)*
Matt Pensinger *(Senior Vice President & Managing Director)*

Sean Callahan *(Vice President, Business Development)*
Michelle Gallagher *(Vice President & Director, Business Development)*
Jeremy Hodges *(Vice President & Executive Creative Director)*
Paul Fitzpatrick *(Vice President & Group Account Director)*
Erin Abbott *(Account Director)*
Jennifer Roe *(Senior Coordinator, Production)*

Accounts:
Coors Light

JACK MORTON WORLDWIDE
Ten Applegate Drive
Robbinsville, NJ 08691
Tel.: (609) 259-0500
Fax: (609) 259-4055
Web Site: www.jackmorton.com

Employees: 50
Year Founded: 1939

Discipline: Event & Sponsorship Marketing

Cyndi Davis *(Managing Director & Executive Vice President)*
Jenna Tucker-Kauffman *(Account Director)*
Jay Menashe *(Business Development Director)*

Accounts:
Honeywell International, Inc.

JACK MORTON WORLDWIDE
1840 Century Park East
Los Angeles, CA 90067
Tel.: (415) 318-4300
Web Site: www.jackmorton.com

Year Founded: 1939

Discipline: Event & Sponsorship Marketing

Audrey Eden *(Director, Entertainment)*
Alex Esguerra *(Vice President, Group Creative Director)*
Nevin Mizelle *(Art Director)*
Sean Sales *(Senior Associate Producer)*
Polly Fong *(Content Marketing Coordinator)*

JACK MORTON WORLDWIDE
2000 Brush Street
Detroit, MI 48226
Tel.: (313) 596-9100
Fax: (248) 269-9649
Web Site: www.jackmorton.com

Employees: 35
Year Founded: 1939

Discipline: Event & Sponsorship Marketing

Ross Fleckenstein *(Executive Vice President, Account Services)*
John Howard *(Executive Vice President & Managing Director - Detroit)*
Elizabeth Krato *(Executive Vice President & Director, Operations)*
John Rehm *(Senior Vice President, Global Marketing Services - Auto Shows, Branded Entertainment & Diversity)*
Gina Schremser *(Group Account Director - Buick GMC)*
Laura Bruce *(Senior Account Director)*
Lauren Savage *(Production Manager)*

Accounts:
Chevrolet

Chevy Bolt EV
Chevy Camaro
Chevy Colorado
Chevy Corvette Grand Sport
Chevy Corvette Stingray
Chevy Corvette Z06
Chevy Corvette ZR1
Chevy Cruze
Chevy Equinox
Chevy Express
Chevy Impala
Chevy Malibu
Chevy Silverado
Chevy Sonic
Chevy Spark
Chevy Suburban
Chevy Tahoe
Chevy Traverse
Chevy Trax
Chevy Volt

JUICE STUDIOS
1447 Peachtree Street
Atlanta, GA 30309
Tel.: (404) 817-9369
Fax: (404) 817-9398
Web Site: www.thejuicestudios.com/

Discipline: Event & Sponsorship Marketing

Ellen Woodard *(Partner & Vice President, Operations)*
Kris Hammett *(Owner, Planner, Meetings & Events, & Vice President, Sales)*
Kris Shea *(Partner & Vice President, Business Development)*
Angie Winckler *(Owner & Director, Logistics-Meetings & Events)*

KALLMAN WORLDWIDE
4 North Street
Waldwick, NJ 07463-1842
Tel.: (201) 251-2600
Web Site: www.kallman.com

Discipline: Event & Sponsorship Marketing

Tom Kallman *(President & Chief Executive Officer)*
Gerri Cozic *(Vice President)*
Ann Kallman *(Director, Creative Services)*
Joan Williams *(Deputy Director)*

KICKING COW PROMOTIONS, INC.
710 North Second Street
Saint Louis, MO 63102
Tel.: (314) 865-5600
Fax: (314) 865-5852
Web Site: www.kickingcow.com

Employees: 11
Year Founded: 1999

Discipline: Event & Sponsorship Marketing

Mike O'Leary *(President)*
Cindy Hagel *(Vice President, Client Services & Business Development)*
Carol Burton *(Office Manager)*

KUBIK
1680 Mattawa Avenue
Mississauga, ON L4X 3A5
Tel.: (905) 272-2818
Fax: (905) 272-3136

Brands. Marketers. Agencies. Search Less. Find More.
Try out the online version at www.winmo.com

AGENCIES - JULY, 2020   EVENT & SPONSORSHIP MARKETING AGENCIES

Toll Free: (877) 252-2818
Web Site: www.thinkkubik.com

Employees: 80
Year Founded: 1983

Discipline: Event & Sponsorship Marketing

Sam Kohn *(President)*
Elliot Kohn *(Principal & Chief Operating Officer)*
Patrick Dahan *(Vice President, Sales)*
Adriano Almeida *(Head, Creative Services & Strategy)*

LAS VEGAS EVENTS
770 East Warm Springs Road
Las Vegas, NV 89119
Tel.: (702) 260-8605
Fax: (702) 260-8622
Web Site: www.lasvegasevents.com

Year Founded: 1983

Discipline: Event & Sponsorship Marketing

Pat Christenson *(President)*
Tim Keener *(Vice President, Event Ticketing & Operations)*
Michael Mack *(Vice President, Marketing & Communications)*
Dale Eeles *(Vice President, Event Development)*
Bo Gardner *(Vice President, Corporate Marketing)*

LEARFIELD IMG COLLEGE
2400 Dallas Parkway
Plano, TX 75093
Tel.: (469) 241-9191
Fax: (469) 241-0110
Web Site: www.learfield.com

Discipline: Event & Sponsorship Marketing

Andy Rawlings *(Chief Revenue Officer & Executive Vice President)*
Roy Seinfeld *(Executive Vice President, Sales)*
Megan Eisenhard *(Vice President, Campus+)*
Scott Harding *(Vice President, Integrated Marketing)*
Charles Nieves *(General Manager - University of Miami Athletics)*
Rob Aycock *(Associate General Manager - Wake Forest Sports)*
Nick Kistler *(Associate General Manager)*

LEARFIELD SPORTS
937 Phillips Lane
Louisville, KY 40209
Tel.: (502) 852-0858
Fax: (502) 852-0816
Web Site: www.learfield.com

Discipline: Event & Sponsorship Marketing

John Penny *(Vice President & General Manager - Louisville Sports Properties)*
Lisa Turner *(Director, Partnership Services)*
Jason Sucher *(Director, Business Development - University of Louisville Athletics)*
Dean Boeh *(Manager, Business Development)*
Mike Shayotovich *(Senior Manager, Business Development - Louisville Sports Properties)*

LEGACY MARKETING PARTNERS
640 North LaSalle Drive
Chicago, IL 60654
Tel.: (312) 799-5400
Fax: (312) 799-5545
Web Site: legacymarketing.com

Employees: 3
Year Founded: 2003

Discipline: Event & Sponsorship Marketing

Vince Parrinello *(Chief Executive Officer - River North Group)*
Kevin Berg *(Chairman & Owner)*
Christopher Kapsalis *(President & Head, Strategy)*
Eric Sawitoski *(Executive Vice President, Creative & Digital)*
Mark Driggs *(Executive Vice President, Business Operations)*
Amanda Turnbull *(Executive Vice President, Client Services)*
Kristin Gusanders *(Executive Vice President, Client Services)*
Kim Georgeff *(Vice President, Client Services - Constellation Brands)*
Christine Sabol *(Vice President)*

Accounts:
Absolut Vodka
Beefeater
Cabela's
Chivas Regal
Hilton Grand Vacations
Hilton Worldwide
Jameson
Kahlua
Malibu
The Glenlivet
Yokohama Tire Corporation
Yokohama Tires

LIVE MARKETING
518 Davis Street
Evanston, IL 60201
Tel.: (312) 787-4800
Fax: (312) 944-4671
Web Site: www.livemarketing.com

Year Founded: 1971

Discipline: Event & Sponsorship Marketing

Mark Norby *(Director, Operations)*
Anne Trompeter *(Principal & Executive Creative Strategist)*
Tim Sheridan *(Creative Director & Senior Writer)*

LUMENCY INC.
184 Front Street East
Toronto, ON M5A 4N3
Tel.: (416) 481-3920
Web Site: lumency.co

Year Founded: 1996

Discipline: Event & Sponsorship Marketing

Ian Malcolm *(President & Chief Executive Officer)*
Aubrey Lovery *(Director, Experiential Practice)*
David Cohen *(Director, Group Account & Sponsorship)*
Paul Macklam *(Director, Account & Sponsorship)*

Accounts:
Anheuser-Busch Companies, Inc.
Bon & Viv
General Mills, Inc.
Haagen-Dazs (non US & Canada)
Home Hardware Stores Limited
Lexus
Nature Valley
Stella Artois
Toyota Motor Sales, U.S.A., Inc.

LUMENCY INC.
450 Lexington Avenue
New York, NY 10017
Tel.: (646) 880-9750
Web Site: lumency.co

Year Founded: 1996

Discipline: Event & Sponsorship Marketing

Jeff Rothlein *(Vice President, Sponsorship Practice)*
Kirby Zdrill *(Director, Growth)*

Accounts:
Anheuser-Busch Companies, Inc.
Bon & Viv
Castrol
Home Hardware Stores Limited
Lexus
Nike, Inc.
Stella Artois

MAIN EVENT MARKETING
Post Office Box 617
Niwot, CO 80544
Tel.: (303) 684-8081
Fax: (303) 684-8089
Web Site: maineventmarketing.us

Discipline: Event & Sponsorship Marketing

Howard Prouty *(President & Partner)*
Kathy Korpela *(Partner & Director, Program Development)*

MAINGATE, INC.
7900 Rockville Road
Indianapolis, IN 46214
Tel.: (317) 243-2000
Fax: (317) 241-6330
Web Site: www.maingateinc.com

Year Founded: 1963

Discipline: Event & Sponsorship Marketing

Dave Moroknek *(President & Chief Executive Officer)*
Robert Bell *(Chief Financial Officer)*
Bruce Lynch *(Chief Merchandise Officer)*
Samantha Rutan *(Director, Brand & Creative)*
Mark Higdon *(Director, Marketing)*

MAKAI, INC.
211 Nevada Street
El Segundo, CA 90245
Tel.: (310) 546-9585
Fax: (310) 546-9590
Web Site: http://www.makaiinc.com

Employees: 15
Year Founded: 1995

Discipline: Event & Sponsorship Marketing

Robbie Thain *(Founder & Chief Executive Officer)*
Lisa Shatts *(Executive Assistant & Office Manager)*

Brands. Marketers. Agencies. Search Less. Find More.
Try out the online version at www.winmo.com

EVENT & SPONSORSHIP MARKETING AGENCIES

MANRIQUE GROUP
333 Washington Avenue North
Minneapolis, MN 55401
Tel.: (612) 373-7071
Web Site: www.manriquegroup.com

Year Founded: 1998

Discipline: Event & Sponsorship Marketing

Denny Manrique *(Founder)*
Brian Dennis *(Chief Operating Officer & President)*
Joe Swift *(Director, Client Services)*

Accounts:
North American Hockey League

MARCOM GROUP, INC.
1200 Courtney Park Drive East
Mississauga, ON L5T 1P2
Tel.: (905) 565-0331
Fax: (905) 565-0339
Web Site: www.mgrp.com

Employees: 50
Year Founded: 1982

Discipline: Event & Sponsorship Marketing

Dave Heslop *(President)*
Karen Hodson *(Creative Director)*
Kevin Kirkwood *(Art Director)*
Ana Fonseca *(Supervisor, Data Entry Department)*
Cheryl Palmer *(Account Coordinator)*

Accounts:
Simmons Canada

MATREX EXHIBITS
301 South Church Street
Addison, IL 60101
Tel.: (630) 628-2233
Fax: (630) 628-2263
Web Site: www.matrexexhibits.com

Year Founded: 1987

Discipline: Event & Sponsorship Marketing

Jill Hebert *(Founder & Chief Executive Officer)*
Jeff Foulk *(Director, Client Services)*
Jef Heller *(Manager, Graphics)*

MC2
500 Interstate West Parkway
Lithia Springs, GA 30122
Tel.: (770) 745-1001
Fax: (770) 745-1223
Toll Free: (800) 322-9452
Web Site: www.mc-2.com

Employees: 78
Year Founded: 1999

Discipline: Event & Sponsorship Marketing

Keven Cole *(Field Service Supervisor & Project Manager)*
Ben Lewis *(General Manager)*

MC2
6830 Sensor Street
Las Vegas, NV 89119
Tel.: (702) 795-0500
Fax: (702) 262-2012
Toll Free: (800) 322-9452
Web Site: www.mc-2.com

Employees: 100

Year Founded: 1999

Discipline: Event & Sponsorship Marketing

Martin Knott *(Division President)*
Alicia Lozada *(Senior Account Director)*
Sheri Posey *(Marketing Manager)*

MC2
15 East Midland Avenue
Paramus, NJ 07652
Tel.: (845) 639-8600
Fax: (914) 578-1625
Toll Free: (800) 322-9452
Web Site: www.mc-2.com

Employees: 70
Year Founded: 1999

Discipline: Event & Sponsorship Marketing

Gary Benson *(Chief Executive Officer)*
Rich McAdam *(President)*

MEETING EXPECTATIONS
3525 Piedmont Road
Atlanta, GA 30305
Tel.: (404) 240-0999
Fax: (404) 240-0998
Web Site: www.meetingexpectations.com

Year Founded: 1992

Discipline: Event & Sponsorship Marketing

Brian Meyer *(Managing Partner)*
Jeff Rausch *(Partner & Board Member)*
Lisa Burton *(Senior Vice President)*
Christine Hilgert *(Senior Vice President)*
Karl Kirsch *(Vice President)*

MELT, LLC
3630 Peachtree Road
Atlanta, GA 30326
Tel.: (404) 812-1957
Fax: (404) 812-7072
Web Site: www.meltatl.com

Year Founded: 2000

Discipline: Event & Sponsorship Marketing

Vince Thompson *(Chief Executive Officer)*
David Culbertson *(Vice President & Creative Director)*
Travis Rice *(Vice President, Account Services)*
Jennifer Parker *(Director, Culinary)*

Accounts:
First Data Corporation
The Coca-Cola Company

MJM CREATIVE
The Chocolate Factory
New York, NY 10036
Tel.: (212) 924-7070
Fax: (212) 627-2910
Web Site: www.mjmcreative.com

Discipline: Event & Sponsorship Marketing

Chris Chambers *(Chief Executive Officer)*

MKG
599 Broadway
New York, NY 10012
Tel.: (212) 620-7770
Web Site: www.thisismkg.com

Year Founded: 2003

Discipline: Event & Sponsorship Marketing

Tracy Bussan *(President)*
Christine Capone *(Director, Marketing & Strategic Partnerships)*
Lauren Austin *(Executive Creative Director)*
Mary Anne Broccolo *(Design Director)*

Accounts:
Chase
Chase Consumer Financial Services
Gmail
Google Chrome
Google Docs
Google Earth
Google Mobile
Google Translate
Google TV
Google Voice
Google Wallet
Google Zeitgeist
Google+
Google, Inc.
JPMorgan Chase & Co.
Picasa
SketchUp

MKTG INC
32 Avenue of the Americas
New York, NY 10013
Tel.: (212) 366-3400
Fax: (212) 660-3863
Web Site: www.mktg.com

Employees: 500
Year Founded: 1992

Discipline: Event & Sponsorship Marketing

Peter Office *(Chief Operating Officer)*
Charlie Horsey *(Chief Executive Officer)*
Victoria Azarian *(Chief Creative Officer - U.S)*
Bryan Duffy *(President, Live)*
Bob Wilhelmy *(Chief Finance Officer)*
Matt Manning *(Executive Vice President, Marketing & Development)*
Gavin Blawie *(Senior Vice President, Strategy & Digital)*
Samantha Bond *(Vice President, Strategic Partnerships & Activation - Entertainment)*
Kim Barrett *(Vice President, Corporate Development)*
Elaine Deakers *(Vice President, Client Services)*
Gwyn Weiss *(Account Director, Client Services)*
Claire Gardner *(Director, Production)*
Tim Archibald *(Account Director)*
Iain McWhirter *(Client Director)*
Sean Connelly *(Senior Director, Sponsorship Strategy)*
Elissa Hollander *(Director)*
Matt Sych *(Director, Sponsorship Consulting)*
Jenny Rentzel *(Senior Marketing Manager)*
Jimmy Nicholson *(Senior Account Manager)*
Kevin Huynh *(Senior Manager, Client Services)*
Nicole Cho *(Manager, International)*
Stephanie Deters *(Senior Manager, Hospitality & Events)*
Monica Lang *(Coordinator, Client Services)*

Accounts:
Buchanan's
Bushmills Irish Whiskey
Captain Morgan
Ciroc
Ciroc Amaretto Vodka

Brands. Marketers. Agencies. Search Less. Find More.
Try out the online version at www.winmo.com

AGENCIES - JULY, 2020

EVENT & SPONSORSHIP MARKETING AGENCIES

Don Julio
Guinness
Johnnie Walker
Johnnie Walker Black Label
Johnnie Walker Blue Label
Johnnie Walker Platinum Label
Jose Cuervo
Nike Foundation
Tanqueray Gin

MKTG INC
343 West Erie Street
Chicago, IL 60654
Tel.: (312) 202-8900
Web Site: www.mktg.com

Year Founded: 1992

Discipline: Event & Sponsorship Marketing

Brian Marshall *(Vice President - Global)*
Matt Stark *(Director)*
Annie Ryan *(Account Director)*
Lisa Marshall *(Global Creative Director)*
Ryan Martin *(Director, Sponsorship Strategies & Activations)*
Kate Fullam *(Senior Manager, Hospitality & Events)*
Travis Stanford *(Producer)*
Molly Matthew *(Senior Producer)*

Accounts:
Talisker

MKTG INC
1620 Montgomery Street
San Francisco, CA 94111
Tel.: (415) 733-3300
Web Site: www.mktg.com

Year Founded: 1992

Discipline: Event & Sponsorship Marketing

Chris Liao *(Director, Strategy)*
Virginia Foxton *(Senior Director)*

MKTG INC
10311 Jefferson Boulevard
Culver City, CA 90232
Tel.: (310) 972-7900
Web Site: www.mktg.com

Year Founded: 1992

Discipline: Event & Sponsorship Marketing

Sherri Ferren *(Senior Vice President & Managing Director)*
Alyse Courtines *(Vice President, Client Services)*

MOSAIC NORTH AMERICA
2700 Matheson Boulevard East
Mississauga, ON L4W AV9
Tel.: (905) 238-8422
Fax: (905) 238-1998
Toll Free: (800) 847-2209
Web Site: www.mosaic.com

Discipline: Event & Sponsorship Marketing

Heather Radford *(Executive Vice President)*
Matthew Diamond *(Executive Vice President)*
Kelly McCarten *(Senior Vice President)*
Zarine Ruttonsha *(Senior Director, Business Development)*
Andrew Soberman *(Director, Client Services)*

Monika Smith *(Senior Account Manager)*
Melissa Moroney *(Event Producer, B2B)*

MOSAIC NORTH AMERICA
220 East Las Colinas Boulevard
Irving, TX 75039
Tel.: (877) 870-4800
Web Site: www.mosaic.com

Discipline: Event & Sponsorship Marketing

Jack Murphy *(Executive Vice President, Client Services)*
Angie Damron-Beene *(Senior Vice President)*
Dawn Hopper *(Vice President, Client Services)*
Brenda Ramirez *(Director, Client Services)*
Christine Phillips *(Senior Director, Client Services)*
Robert Ornelas *(Senior Account Manager, Client Services - Google Carrier Team)*
Cassidy Zimmerman *(Senior Account Manager, Client Services)*

MOSAIC NORTH AMERICA
320 North Elizabeth Street
Chicago, IL 60607
Tel.: (312) 526-3126
Fax: (312) 277-6788
Web Site: www.mosaic.com

Discipline: Event & Sponsorship Marketing

Bill Rodi *(Vice President, U.S Shopper Marketing)*
Kristen Buss *(Vice President, Strategy & Insights)*
Scott Dzierzanowski *(Associate Creative Director)*
Pauline Critch-Gilfillan *(Creative Conceptor)*

MOSAIC NORTH AMERICA
5 Hanover Square
New York, NY 10004
Tel.: (212) 563-1200
Web Site: www.mosaic.com

Discipline: Event & Sponsorship Marketing

Sara Cavolo *(Associate Director, Client Services)*
Tim Bogus *(Procurement Manager)*

MVP COLLABORATIVE, INC.
1751 East Lincoln Avenue
Madison Heights, MI 48071
Tel.: (248) 591-5100
Fax: (248) 591-5199
Web Site: www.mvpcollaborative.com

Discipline: Event & Sponsorship Marketing

Karl Siegert *(Chief Operating Officer)*
Kevin Danaj *(Chief Executive Officer & President)*
Crystal Alexander *(Controller)*
Jeff Kirk *(Vice President & Group Director)*

NA COLLECTIVE, LLC
147 West 25th Street
New York, NY 10001
Tel.: (212) 858-9405
Web Site: www.na-collective.com

Year Founded: 2014

Discipline: Event & Sponsorship Marketing

Chiara Adin *(Founding Partner & Chief Creative Officer)*
Kevin Starkes *(Head, Production & Partner)*
Jim Striebich *(Executive Producer)*

NEXT MARKETING
2820 Peterson Place
Norcross, GA 30071
Tel.: (770) 225-2200
Fax: (770) 225-2299
Web Site: www.nextmarketing.com

Employees: 15
Year Founded: 1993

Discipline: Event & Sponsorship Marketing

Henry Rischitelli *(Owner, President & Chief Executive Officer)*
Paul Duffy *(Executive Vice President, Client Services & Agency Operations)*
Tim Leaumont *(Executive Vice President, Finance & Business Operations)*
Seth Ferguson *(Senior Vice President, Events & Operations)*
Alicia Ferguson *(Account Supervisor)*
David Bixler *(Account Supervisor)*
Kevin Williams *(Program & Event Manager)*
Timothy Claypole *(Account Supervisor)*
Misty Jackson *(Manager, Accounting & Administration)*
Halley Wharton *(Account Executive)*
Anirudh Rallabhandi *(Account Coordinator)*
LaChelle Sessoms *(Account Coordinator)*

Accounts:
Continental Tire North America
HP, Inc.
Jabra
Metro by T-Mobile
Microsoft Corporation
The Principal Financial Group, Inc.

NOCOAST ORIGINALS
1910 Locust Street
Saint Louis, MO 63103
Tel.: (314) 361-1450
Web Site: www.nocoastoriginals.com

Year Founded: 1998

Discipline: Event & Sponsorship Marketing

Brad Carsten *(Senior Partner)*
Donna Meier *(Senior Partner - No Coast Originals)*
Jen Novak *(Senior Partner)*
Mark McInnis *(Senior Director, Account Services & Creative Development)*

NOMAD EVENT SERVICES
3211 Colvin Street
Alexandria, VA 22314
Tel.: (703) 354-2939
Fax: (703) 354-0530
Web Site: www.nomadevents.com

Discipline: Event & Sponsorship Marketing

Matt Fisher *(President)*
Desmond White *(Chief Audio Systems Engineer)*
Aaron Nugent *(Vice President)*
Allen Johnson *(Technician Director, Video Department)*

NTH DEGREE, INC.

Brands. Marketers. Agencies. Search Less. Find More.
Try out the online version at www.winmo.com

EVENT & SPONSORSHIP MARKETING AGENCIES

2675 Breckinridge Boulevard
Duluth, GA 30096
Tel.: (404) 296-5282
Fax: (404) 508-2979
Toll Free: (800) 621-7233
Web Site: www.nthdegree.com

Employees: 80
Year Founded: 1979

Discipline: Event & Sponsorship Marketing

Robert Lowe *(President - Events)*
Rich Ennis *(Chief Executive Officer)*
Steve Daugherty *(Vice President, Global Operations)*
Sandra Braun *(Director, National Accounts)*
Maureen Burke *(Senior Account Director)*
Elise Simons *(Director, Marketing Communications)*

OCTAGON
1375 Peachtree Street Northeast
Atlanta, GA 30309
Tel.: (678) 587-4940
Fax: (678) 587-4941
Web Site: www.octagon.com

Employees: 5
Year Founded: 1983

Discipline: Event & Sponsorship Marketing

Bo Heiner *(Senior Vice President)*

OCTAGON
30 East 60th Street
New York, NY 10022
Tel.: (212) 546-7300
Web Site: www.octagon.com

Year Founded: 1983

Discipline: Event & Sponsorship Marketing

Lisa Murray *(Executive Vice President, Chief Marketing Officer)*
Daniel Cohen *(Senior Vice President - Global Media Rights Consulting)*
Alex Rozis *(Vice President, Global Communications)*

OCTAGON
7950 Jones Branch Drive
McLean, VA 22107
Tel.: (703) 905-3300
Fax: (703) 905-4495
Web Site: www.octagon.com

Employees: 90
Year Founded: 1983

Discipline: Event & Sponsorship Marketing

Phil de Picciotto *(Founder & President)*
David Schwab *(Senior Vice President & Managing Director, First Call)*

OCTAGON
290 Harvard Drive
Stanford, CT 06902
Tel.: (203) 354-7400
Fax: (203) 354-7401
Web Site: www.octagon.com

Employees: 225
Year Founded: 1983

Discipline: Event & Sponsorship Marketing

Rick Dudley *(Chief Executive Officer - Octagon Worldwide)*
Lisa Murray *(Chief Marketing Officer & Executive Vice President)*
John Shea *(President, Marketing - Worldwide)*
Simon Wardle *(Chief Strategy Officer)*
Woody Thompson *(Executive Vice President, Marketing - North America)*
Andre Schunk *(Executive Vice President)*
Scott Seymour *(Senior Vice President, Golf)*
Brian Smith *(Senior Vice President, Human Resources)*
Jeff Meeson *(Vice President, Insights & Strategy)*
Aldo Kafie *(Vice President)*
Matthew Ferguson *(Vice President, Marketing Strategy)*
Noah Kolodny *(Group Director, Research)*

Accounts:
MasterCard Worldwide, Inc.

OCTAGON
832 Sansome Street
San Francisco, CA 94111
Tel.: (310) 854-8388
Web Site: www.octagon.com

Employees: 12
Year Founded: 1983

Discipline: Event & Sponsorship Marketing

Ken Landphere *(Director, Coaches, Team Sports)*

OCTAGON
9115 Harris Corners Parkway
Charlotte, NC 28269
Tel.: (704) 632-7900
Fax: (704) 632-7901
Web Site: www.octagon.com

Year Founded: 1983

Discipline: Event & Sponsorship Marketing

Kami Taylor *(Senior Vice President)*

OCTAGON
3333 Pinnacle Hills Parkway
Rogers, AR 72758
Tel.: (479) 715-6100
Web Site: www.octagon.com

Year Founded: 1983

Discipline: Event & Sponsorship Marketing

Annye DeGrand Fox *(Senior Event Director)*
John Post *(Event Manager)*
Justine Yu *(Senior Event Coordinator)*

ON BOARD EXPERIENTIAL MARKETING
85 Liberty Ship Way
Sausalito, CA 94965
Tel.: (415) 331-4789
Web Site: www.obexp.com

Year Founded: 1995

Discipline: Event & Sponsorship Marketing

Dan Hirsch *(Chief Executive Officer & Founder)*
Meimei Zimmerman *(Vice President, Accounts)*
Alvin Stafford *(Vice President, Accounts)*
Emily Luckett *(Vice President, Account Services)*
Colleen Trentham *(Associate Creative Director)*
Ariel Wilchek *(Creative Director)*
Molly Sbrega *(Account Director)*
Trish Rexroth *(Executive Creative Director)*
Kelsey Rubbelke *(Associate Design Director)*
Alisha Bryant *(Senior Account Director)*
Mark Monaco *(Manager, Digital Marketing Content)*
Sandra Enriquez *(Senior Account Manager)*
Kylie Sullivan *(Production Coordinator)*

Accounts:
Activision Publishing, Inc.
Call of Duty
Guitar Hero
Modern Warfare

PARADIGM SHIFT WORLDWIDE, INC.
17326 Devonshire Street
Northridge, CA 91325
Tel.: (818) 831-3005
Fax: (818) 831-1780
Web Site: www.psww.com

Employees: 8
Year Founded: 1999

Discipline: Event & Sponsorship Marketing

Dan Kough *(President, Event Marketing)*
Wendy Moodie *(President, Production & Technical Operations)*
Teresa Merkle *(President, Finance & Operations)*

PICTUREU PROMOTIONS
8601 Dunwoody Place
Atlanta, GA 30350
Tel.: (770) 552-9999
Fax: (404) 477-0874
Web Site: www.pictureu.com

Employees: 13
Year Founded: 1998

Discipline: Event & Sponsorship Marketing

David Wasserman *(Founder & President)*
Lindsey Gagnon *(Vice President & General Manager)*

PIERCE PROMOTIONS & EVENT MANAGEMENT
178 Middle Street
Portland, ME 04101
Tel.: (207) 523-1700
Fax: (207) 761-4570
Web Site: www.pierceevents.com

Employees: 134
Year Founded: 1983

Discipline: Event & Sponsorship Marketing

Bradley Lawwill *(President)*
Hilary Dupis-Mitchell *(Vice President, Client Services)*
John Muir *(Production Director)*

PME ENTERPRISES LLC
912 Silas Deane Highway
Wethersfield, CT 06109
Tel.: (860) 724-2649
Fax: (860) 371-2889
Web Site: www.pme-events.com

Discipline: Event & Sponsorship Marketing

Nan McCann *(Founder & President)*

Brands. Marketers. Agencies. Search Less. Find More.
Try out the online version at www.winmo.com

AGENCIES - JULY, 2020 — EVENT & SPONSORSHIP MARKETING AGENCIES

Jim McCann *(Founder & Chief Executive Officer)*

PORETTA & ORR, INC.
450 East Street
Doylestown, PA 18901
Tel.: (215) 345-1515
Fax: (215) 345-6459
Web Site: www.porettaorr.com

Year Founded: 1989

Discipline: Event & Sponsorship Marketing

Joe Poretta *(Co-Owner, President & Partner)*
Barbara Orr *(Co-Owner, Executive Vice President & Partner)*
John McKeon *(Senior Designer)*

POV SPORTS MARKETING
Web Site: www.povsportsmarketing.com

Year Founded: 2016

Discipline: Event & Sponsorship Marketing

Molly Arbogast *(President & Chief Executive Officer)*
Greg Coleman *(Senior Vice President, Brand Strategy & Activation)*
Nicole Soskin *(Director, Account Management)*
Zachary Lazzaro *(Account Coordinator)*

Accounts:
Independence Blue Cross
Stroehmann
Wawa, Inc.

PREMIER EVENT SERVICES
2300 Mount Werner Circle
Steamboat Springs, CO 80487
Tel.: (817) 313-0731
Fax: (970) 879-6105
Web Site: www.premiereventservicesus.com

Discipline: Event & Sponsorship Marketing

Rex McDaniel *(Principal & Executive Vice President, Operations)*
Mark Cox *(President)*

Accounts:
Evonik Degussa Corporation

PREMIER PARTNERSHIPS
1148 Fourth Street
Santa Monica, CA 90403
Tel.: (310) 656-2500
Fax: (310) 656-2590
Web Site: premierpartnerships.com

Year Founded: 2003

Discipline: Event & Sponsorship Marketing

Randy Bernstein *(Chief Executive Officer)*
Bryan Stewart *(Consultant, Corporate Partnerships)*
Todd Ferderer *(Senior Vice President, Finance & Administration)*

PREMIER PARTNERSHIPS
420 Lexington Avenue
New York, NY 10170
Tel.: (646) 741-3050
Web Site: premierpartnerships.com

Year Founded: 2003

Discipline: Event & Sponsorship Marketing

Spencer Wolf *(Vice President, Marketing Services)*
Mark Dakes *(Director, Partnerships)*
Ryan Byors *(Manager, Corporate Partnerships)*

PRESTON PRODUCTIONS, INC.
128 Barlett Street
Marlborough, MA 01752
Tel.: (508) 624-4100
Toll Free: (800) 822-2299
Web Site: www.prestonevents.com

Year Founded: 1983

Discipline: Event & Sponsorship Marketing

Rick Preston *(Chief Executive Officer)*
Susan Preston *(Chief Financial Officer)*

PROOF EXPERIENCES
33 Bloor Street East
Toronto, ON M4W 3H1
Tel.: (416) 969-2753
Web Site: www.proofexperiences.com/

Year Founded: 1999

Discipline: Event & Sponsorship Marketing

Mary Beth Denomy *(Founder & Chairman)*
Lisa Barrans *(President)*

PROXY SPONSORSHIP
7900 East Union Avenue
Denver, CO 80237
Tel.: (303) 517-7706
Web Site: www.proxypartners.com

Year Founded: 1998

Discipline: Event & Sponsorship Marketing

Mala Alvey *(Principal & Co-Founder)*
Jill Dithmer Rogers *(Principal & Co-Founder)*

PSA CREATIVE COMMUNICATION
1880 Campus Commons Drive
Reston, VA 20191
Tel.: (703) 234-1700
Fax: (703) 234-1701
Web Site: www.explorepsa.com

Employees: 102
Year Founded: 1986

Discipline: Event & Sponsorship Marketing

Lily Richardson *(Chief Executive Officer)*
Ashley Golden *(President)*
Peter Ryan *(Director, Operations)*
Diana Felde *(Senior Event Planner)*

QUINT EVENTS
9300 Harris Corners Parkway
Charlotte, NC 28269
Tel.: (704) 926-2700
Fax: (704) 926-2705
Toll Free: (866) 834-8663
Web Site: www.quintevents.com

Discipline: Event & Sponsorship Marketing

Ken Kurek *(Partner)*
John Langbein *(Partner)*

RAYCOM SPORTS
1900 West Morehead Street
Charlotte, NC 28208
Tel.: (704) 378-4400
Web Site: www.raycomsports.com

Year Founded: 1981

Discipline: Event & Sponsorship Marketing

Jimmy Rayburn *(Chief Operating Officer)*
Hunter Nickell *(Chief Executive Officer)*
George Johnson *(Senior Vice President, Programming & Distribution)*
Rob Reichley *(Senior Vice President & Executive Producer)*
Chad Swofford *(Vice President & General Manager - ACC Digital)*
Jim Ford *(Vice President, Sales)*
Jim Brannon *(Director, Sales)*
Shannon Fritts *(Senior Director, Event Marketing & Client Services)*

Accounts:
Atlantic Coast Conference

RED FROG EVENTS, LLC
33 North Dearborn Street
Chicago, IL 60603
Tel.: (312) 725-7722
Fax: (312) 533-2354
Web Site: redfrogevents.com

Year Founded: 2007

Discipline: Event & Sponsorship Marketing

Joe Reynolds *(Founder & Chief Executive Officer)*
Jonathan Wayland *(Talent Buyer & Director)*

REED EXHIBITION COMPANY
383 Main Avenue
Norwalk, CT 06851
Tel.: (203) 840-4800
Fax: (203) 840-5805
Web Site: www.reedexpo.com

Employees: 3

Discipline: Event & Sponsorship Marketing

Herve Sedky *(President)*
Bob McFarland *(Vice President, Sales)*
Rich Russo *(Industry Vice President)*
Christopher McCabe *(Vice President)*
Maria Ambruoso *(Director, Marketing)*
Lauren Van Rensburg *(Director, Marketing)*
Eric Peterson *(Account Executive, Sponsorship)*
Mike Critser *(Manager, Group Conference)*

SEQUOIA PRODUCTIONS
3685 Motor Avenue
Los Angeles, CA 90034
Tel.: (310) 836-3685
Fax: (310) 836-3680
Web Site: www.sequoiaprod.com

Discipline: Event & Sponsorship Marketing

Cheryl Cecchetto *(Founder & President)*
Gary Levitt *(Executive Vice President & Executive Producer)*

SMITH BUCKLIN CORPORATION
330 North Wabash Avenue
Chicago, IL 60611
Toll Free: (800) 539-9740

Brands. Marketers. Agencies. Search Less. Find More.
Try out the online version at www.winmo.com

EVENT & SPONSORSHIP MARKETING AGENCIES

Web Site: www.smithbucklin.com

Year Founded: 1949

Discipline: Event & Sponsorship Marketing

Colette Huzinec *(Chief People Officer & Senior Vice President)*
Jonathan Lurie *(Vice President, New Client Development)*
Meggan Teague *(Senior Manager, Business Development)*
Jennifer Clark *(Media Relations Manager)*
Eric Jacobson *(Corporate Communications)*

SMITH BUCKLIN CORPORATION
2025 M Street Northwest
Washington, DC 20036
Tel.: (202) 367-1100
Toll Free: (800) 539-9740
Web Site: www.smithbucklin.com

Discipline: Event & Sponsorship Marketing

Michael Payne *(Executive Vice President)*
Alexandra Mills *(Marketing & Communications Specialist)*

SOURCE COMMUNICATIONS
433 Hackensack Avenue
Hackensack, NJ 07601
Tel.: (201) 343-5222
Fax: (201) 343-5710
Web Site: www.sourcead.com

Employees: 40

Discipline: Event & Sponsorship Marketing

Larry Rothstein *(President)*
Marcia Wasser *(Executive Vice President & Chief Marketing Officer)*
Barry Bluestein *(Managing Partner & Chief Operating Officer)*
Amy Ehrlich *(Senior Vice President & Account Director)*
Erica Hayman *(Vice President & Account Director)*
Rich Degni *(Vice President & Creative Director)*
Linda Frankel *(Media Director)*
Gregg Spiegel *(Director, Strategic Planning)*
Jason Bacharach *(Account Director)*
Karyn Schachman *(Senior Media Buyer)*
Tony Maffei *(Manager, Media)*
William Zamlong *(Group Supervisor, Creative)*
Ashley Tenbekjian *(Senior Account Executive)*

Accounts:
SCRUFF

SPARKS
2828 Charter Road
Philadelphia, PA 19154
Tel.: (215) 676-6900
Fax: (215) 676-1991
Web Site: www.wearesparks.com

Employees: 265
Year Founded: 1966

Discipline: Event & Sponsorship Marketing

Bob Ginsburg *(Chief Financial Officer)*
Jeffrey Harrow *(Chairman)*
Scott Tarte *(Chief Executive Officer)*
Jane Hawley *(Senior Vice President, Client Strategy)*
Kristy Elisano *(Senior Vice President, Marketing & Public Relations)*
Susan Senyk *(Vice President, Strategic Accounts)*
Sally Muaturana *(Vice President, Events)*
Erik Weber *(Vice President, Creative)*
David Smiertka *(Vice President, Creative)*
Wendy Wilkerson *(Vice President, Strategic Accounts)*
Cynthia McArthur *(Vice President, Strategic Accounts)*
Cynthia Bell *(Vice President, Event Operations)*
Linda Gheen *(Director, International Business)*
Brian Cabanban *(Director, Strategic Partnerships)*
Kyle Crotty *(Account Director, Business Development)*
Meaghan Haas *(Director, Event Production)*
Sohini Mitra *(Director, Account Management, Western Region)*
Rod Morton *(Director, Digital Marketing)*
Allison Celli *(Associate Director, Creative)*
Jenny Yoon *(Director, Creative)*
Michelle DeSanctis *(Account Director, Events)*
Angie Brady *(Senior Account Manager)*
Lyndsey Murphy *(Senior Account Manager)*
Alexandra Warden *(Manager, Senior Event)*
Dyan Cornacchio *(Manager, Social Media)*
Charlotte Moriarty *(Associate Strategist)*
Mallory Wojtaszek *(Senior Event Operations Coordinator)*
Dominique Mortelliti *(Senior Events Account Coordinator)*
Courtney Hsu *(Coordinator, Events Account)*
Amanda Childs *(Coordinator, Event)*
Lieham Kifle *(Account Coordinator, Portables)*
Francesca Mascino *(Account Coordinator)*

SPECTRA
3601 South Broad Street
Philadelphia, PA 19148
Tel.: (215) 389-9477
Fax: (215) 952-5651
Web Site: www.spectraexperiences.com

Year Founded: 1998

Discipline: Event & Sponsorship Marketing

Bryan Furey *(Senior Vice President, Spectra Partnerships)*
Liam Weseloh *(Regional Vice President, Corporate Partnerships)*
Laurie Kemmit *(Vice President, Partnerships)*

SSG / BRANDINTENSE
102 Carolina Court
Archdale, NC 27263
Tel.: (336) 431-5600
Fax: (336) 431-5601
Toll Free: (800) 299-6176
Web Site: www.ssgbrandintense.com

Discipline: Event & Sponsorship Marketing

Jenny Ferguson *(Vice President, Operations)*
Matt Garrett *(Vice President, Growth & Development)*
Neil Garrison *(Production Superintendent)*

STEINER SPORTS MARKETING
145 Huguenot Street
New Rochelle, NY 10801
Tel.: (914) 307-1000
Fax: (914) 632-1102
Toll Free: (800) 759-7267
Web Site: www.steinersports.com

Employees: 75
Year Founded: 1987

Discipline: Event & Sponsorship Marketing

Brandon Steiner *(Chief Executive Officer)*

SULLIVAN GROUP
4545 South Pinemont Drive
Houston, TX 77041
Tel.: (832) 200-1010
Fax: (832) 200-1020
Web Site: www.sullivan-group.com

Employees: 6

Discipline: Event & Sponsorship Marketing

Clare Sullivan Jackson *(Founder & Chief Executive Officer)*
Steve Jackson *(Chief Operating Officer)*

SUPERFLY
381 Park Avenue, South
New York, NY 10016
Tel.: (212) 375-9652
Web Site: superf.ly

Year Founded: 1996

Discipline: Event & Sponsorship Marketing

Richard Gay *(Chief Operating Officer)*
Kerry Black *(Co-Founder)*
Rich Goodstone *(Co-Founder)*
Chad Issaq *(Executive Vice President, Business Development & Partnerships)*
Chris Sampson *(Executive Vice President, Programming)*
Stacy Moscatelli *(Executive Vice President, Brand Marketing & Creative)*
Megan Adams *(Vice President, Communications)*
Lauren Delaney *(Vice President, Client Services & Influencer Marketing)*
Ross DeFilippis *(Vice President, Social Media)*
Caitlin Maloney *(Creative Director)*
Robyn Reitzes *(Senior Director, Integrated Partnerships)*
Maureen Wynne *(Senior Creative Director)*
Anna Blake *(Director, Brand Marketing)*
David Alvaro *(Manager, Client Services)*
Ashley Peterkin *(Senior Project Manager)*
Tyler Wolff-Ormes *(Social Manager)*
Matthew Mores *(Senior Manager, Social Media)*
Eric Ginsberg *(Client Services Consultant)*
Valentina Adarraga *(Coordinator, Brand Marketing)*

Accounts:
Citibank

SUPERFLY
767 Valencia Street
San Francisco, CA 94110
Tel.: (415) 875-9857
Web Site: superf.ly

Year Founded: 1996

Discipline: Event & Sponsorship Marketing

Rick Farman *(Co-Founder)*
Margo Henderson *(Manager, Event Operations)*
Erik Grosfeld *(Manager, Event Operations)*
Sophie Franczyk *(Manager, Experiences)*

TAILLIGHT TV

AGENCIES - JULY, 2020 — EVENT & SPONSORSHIP MARKETING AGENCIES

30 Middleton Street
Nashville, TN 37210
Tel.: (615) 385-1034
Web Site: www.taillight.tv

Year Founded: 2000

Discipline: Event & Sponsorship Marketing

Tom Forrest *(President, Executive Producer & Director)*
Chandra LaPlume *(Partner & Executive Producer)*
Thom Oliphant *(Vice President, Development & Executive Producer)*
Kristen Forrest *(Executive Producer)*

TAMAR PRODUCTIONS
706 North Dearborn Street
Chicago, IL 60654
Tel.: (773) 880-1000
Fax: (312) 943-9477
Web Site: www.tamarproductionsinc.com

Discipline: Event & Sponsorship Marketing

Mary Ann Rose *(President & Chief Executive Officer)*
Heinz Kern *(Vice President)*

TEAM ENTERPRISES
One West Las Olas Boulevard
Fort Lauderdale, FL 33301
Tel.: (954) 862-2400
Fax: (954) 252-6201
Web Site: www.teamenterprises.com

Year Founded: 1989

Discipline: Event & Sponsorship Marketing

Daniel Gregory *(Chief Executive Officer)*
Sean O'Toole *(President)*
Pete Rodriguez *(Vice President, Production)*
Nichole Robillard *(Group Account Lead)*
Brandi Fritsch *(Director, Incubation Brands)*
Shannon Romano *(Director, National Field - Bacardi USA)*
Danielle Renfrew *(Activation Manager - Bacardi)*
Ashley Wilson *(Senior Accountant)*

Accounts:
Bacardi USA, Inc.
Coors Light
Miller Lite
Molson Coors Brewing Company

THE GEORGE P. JOHNSON COMPANY
120 Saint James Avenue
Boston, MA 02111
Tel.: (617) 535-9800
Fax: (508) 230-5696
Web Site: www.gpjco.com

Employees: 70
Year Founded: 1914

Discipline: Event & Sponsorship Marketing

Ryan Peet *(Creative Director)*
Michael Wood *(Senior Creative Director)*
Allison Sarna *(Event Producer)*
Samantha Engle *(Event Manager)*

THE GEORGE P. JOHNSON COMPANY
18500 Crenshaw Boulevard
Torrance, CA 90504
Tel.: (310) 965-4300
Fax: (310) 965-4696
Web Site: www.gpjco.com

Employees: 100
Year Founded: 1914

Discipline: Event & Sponsorship Marketing

Mike Rossi *(Executive Vice President, Operations & General Manager)*
James Updike *(Senior Vice President)*
John Romero *(Vice President & Account Director)*
Erik Reponen *(Executive Group Creative Director)*
Ron Adelman *(Account Director)*
Lindsey Van der Lyn *(Account Director, Honda & Acura)*
Geoffrey Mye *(Senior Creative Director)*
James Christian *(Executive Creative Director)*
Jeremy Twardowski *(Senior Director, Fabrication Estimating)*
Sarah Ball *(Manager, Event Services)*

Accounts:
Acura
Acura ILX
Acura MDX
Acura NSX
Acura RDX
Acura RLX
Acura TLX
American Honda Motor Co., Inc.
Infiniti
Lexus
Nissan North America, Inc.
Toyota Motor Sales, U.S.A., Inc.

THE GEORGE P. JOHNSON COMPANY
999 Skyway Road
San Carlos, CA 94070
Tel.: (650) 226-0600
Fax: (650) 226-0601
Web Site: www.gpjco.com

Employees: 20
Year Founded: 1914

Discipline: Event & Sponsorship Marketing

Chris Meyer *(Chief Executive Officer)*
Scott Burns *(Vice President, Executive Creative Director)*
Jack Derusha *(Senior Vice President & General Manager)*
Paolo Zeppa *(Senior Vice President, Client Success)*
Mark Mullen *(Vice President, Strategy)*
Scott Kellner *(Vice President, Marketing)*
Marcelle Hampton *(Vice President, Account Management)*
Nicole Feldman *(Vice President, Client Services)*
Timothy Mohr *(Senior Creative Director)*
Brenda Mardesich *(Senior Director, Account Operations)*
Suzanne Hanson *(Senior Creative Director)*
Marianne Tracy *(Senior Director, Graphic Operations & Production)*
Linda Yu *(Talent & Culture Manager)*
Heather Torbeck *(Senior Event Manager)*
Bo Mendoza *(Manager, Event Staffing)*
Jason Escalante *(Manager, Event)*

THE GEORGE P. JOHNSON COMPANY
3600 Giddings Road
Auburn Hills, MI 48326
Tel.: (248) 475-2500
Fax: (248) 475-2325
Web Site: www.gpjco.com

Employees: 200
Year Founded: 1914

Discipline: Event & Sponsorship Marketing

Otto Rosenbusch *(Senior Vice President, Operations)*
Eva Miller *(Vice President, Human Resources)*
Mary Manzella *(Director, Purchasing)*

THE GEORGE P. JOHNSON COMPANY
11 East 26th Street
New York, NY 10010
Tel.: (212) 401-7800
Web Site: www.gpjco.com

Discipline: Event & Sponsorship Marketing

Fiona Bruder *(Executive Vice President, Client Success)*
James Klein *(Senior Vice President, Live Production)*
Marcos Ribeiro *(Vice President & Global Executive Creative Director)*
Jennifer Shifman *(Vice President & General Manager)*
Denise Croden *(Senior Director, Event Production)*
Peter Williams *(Creative Director)*
Anna Gryglewska *(Manager, Events)*
Kami Hilkemeier *(Manager, Events)*

Accounts:
IBM Corporation

THE KERRY GROUP
44 Soccer Park Road
Fenton, MO 63026
Tel.: (636) 203-5550
Web Site: www.kerrygroup.net

Discipline: Event & Sponsorship Marketing

Robert McCann *(President & Chief Executive Officer)*
Ryan Jarrell *(Director, Digital Solutions)*

Accounts:
J.T. International USA, Inc.
Pennzoil
Quaker State
The Lupus Foundation of America

THE MARKETING ARM
1999 Bryan Street
Dallas, TX 75201
Tel.: (214) 259-3200
Fax: (214) 259-3201
Web Site: www.themarketingarm.com

Employees: 80
Year Founded: 1985

Discipline: Event & Sponsorship Marketing

Trina Roffino *(Chief Client Officer & President, Consumer Engagement)*
Gregg Hamburger *(Chief Integration Officer)*
Jeff Chown *(Chief Executive Officer, Entertainment & Lux)*
Brad Penman *(Chief Operating Officer)*

EVENT & SPONSORSHIP MARKETING AGENCIES

Chris Smith *(Chief Strategy Officer)*
Michelle Palmer *(President, Sports & Experiential)*
William Clark *(Founder)*
Nowell Upham *(Executive Vice President)*
Jay Evans *(Senior Vice President, Shopper & Consumer Engagement)*
Jeff Erickson *(Senior Vice President, Digital Integration)*
Lori Thelen *(Senior Vice President, Accounts)*
Andrew Thompson *(Vice President, TMA Experiential)*
Greg Neal *(Senior Vice President, TMA Content Studios)*
Kristn Owens Stuart *(Account Director)*
Lucas Knipp *(Senior Art Director)*
Amy Casey *(Account Manager)*
Rebecca Weitman *(Senior Director, Growth & Innovation)*
Sarah Worner *(Account Director)*
Ashleigh Adams *(Creative Director)*
Haley Vanhook *(Account Executive)*
Kaitria Sievers Humbard *(Director, Account)*
Corey Lark *(Agency Communications Supervisor)*
Bailey Robillard *(Manager, Digital Account)*
Colleen O'Connor *(Account Supervisor)*
Nick Zitaglio *(Manager, Account)*
Morgan Bridges *(Manager, Account)*
Lisa Foux *(Account Supervisor)*
Sarah Hougton *(Digital Strategist)*
Matt Delzell *(Managing Director - Davie Brown Talent)*

Accounts:
Cheetos
Doritos
Frito-Lay, Inc.
Lay's
Mars, Inc.
National Basketball Association
Ruffles
State Farm Insurance Companies
Tostitos
Whataburger, Inc.

THE MARKETING ARM
12777 West Jefferson Boulevard
Los Angeles, CA 90066
Tel.: (310) 754-3000
Fax: (310) 754-3001
Web Site: www.themarketingarm.com

Employees: 1
Year Founded: 1985

Discipline: Event & Sponsorship Marketing

Larry Weintraub *(Chief Innovation Officer)*
Uwe Gutschow *(Head, Strategy & Innovation)*

THE MARKETING ARM
1285 Sixth Avenue
New York, NY 10019
Tel.: (646) 335-0147
Web Site: www.themarketingarm.com

Employees: 1
Year Founded: 1985

Discipline: Event & Sponsorship Marketing

Robert Familetti *(Managing Director, New Business & Client Relations)*
Chris Ee *(Director, Insights & Analytics)*

THE SUNFLOWER GROUP
14001 Marshall Drive
Lenexa, KS 66215
Tel.: (913) 890-0900
Fax: (913) 307-8339
Toll Free: (800) 288-5085
Web Site: www.sunflowergroup.com

Employees: 180
Year Founded: 1979

Discipline: Event & Sponsorship Marketing

Darren Vance *(Senior Vice President, Sales & Business Development)*
Pete Reininga *(Senior Vice President, Marketing)*
Dug Schumacher *(Director, Creative Service)*
Rachel Schermoly *(Account Manager)*
Cheyenne Cavazos *(Account Manager)*

THE SUNFLOWER GROUP
360 Lexington Avenue
New York, NY 10017
Tel.: (212) 302-4141
Web Site: www.sunflowergroup.com

Discipline: Event & Sponsorship Marketing

Christine Goonan *(Director, Business Development)*
Yaritza Hernandez *(Senior Art Director)*
Marisa Agugliaro *(Social Media Manager)*
Jacqueline Feldman *(Account Executive)*

TIDESMART GLOBAL
380 US Route One
Falmouth, ME 04105
Tel.: (207) 828-4700
Web Site: www.tidesmart.com

Year Founded: 2001

Discipline: Event & Sponsorship Marketing

Steve Woods *(Founder & Chief Executive Officer)*
Tim Renyi *(Vice President, Client Development)*

TIGRIS SPONSORSHIP & MARKETING
5649 South Curtice Street
Littleton, CO 80120
Tel.: (720) 482-4193
Web Site: www.tigris-marketing.com

Year Founded: 2004

Discipline: Event & Sponsorship Marketing

Matt Yonan *(Founder & President)*
Tracie Miller *(Vice President, Development)*
Patrick Quiqney *(Vice President, Strategy)*

TRADEMARK EVENT PROMOTIONS, INC.
321 Potrero Avenue
San Francisco, CA 94103
Tel.: (415) 621-8000
Fax: (415) 621-8050
Web Site: www.trademarkevents.com

Year Founded: 1988

Discipline: Event & Sponsorship Marketing

Jon Forst *(Executive Producer & Chief Executive Officer)*
Elle Chan *(Co-Founder & Executive Producer)*
Wendy Cook *(Head, Production)*

TRITON PRODUCTIONS
420 Lincoln Road
Miami Beach, FL 33139
Tel.: (305) 535-8086
Fax: (305) 535-3996
Web Site: www.tritonproductions.com

Year Founded: 1999

Discipline: Event & Sponsorship Marketing

Javier Velarde *(President & Creative Director)*
Dana Cyboski *(Partner & Senior Vice President, Design & Production)*

TRUE X MEDIA
11925 Wilshire Boulevard
Los Angeles, CA 90025
Tel.: (310) 657-9900
Web Site: www.truex.com

Year Founded: 2007

Discipline: Event & Sponsorship Marketing

Christian Borges *(Senior Vice President, Marketing)*
Alex Van Camp *(Senior Vice President, Sales - West)*
Caylin Gentry *(Senior Account Manager)*
Scott Tsui *(Account Executive)*

VDA PRODUCTIONS
63 Inner Belt Road
Somerville, MA 02143
Tel.: (617) 628-1200
Fax: (617) 628-1424
Web Site: www.vdaproductions.com

Discipline: Event & Sponsorship Marketing

David Breen *(Founder, Owner & Principle Designer)*
Robert Russo *(Creative Director)*
Marcel Nyffenegger *(Senior Director, Project Management)*
James Walkowiak *(Director, Operations)*
Todd Sargent *(Project Manager)*
Jennifer Ashburn *(Sales Account Executive)*

WASSERMAN MEDIA GROUP
2251 Faraday Avenue
Carlsbad, CA 92008
Tel.: (760) 602-6200
Fax: (760) 602-9800
Web Site: www.teamwass.com

Discipline: Event & Sponsorship Marketing

Brad Lusky *(Executive Vice President)*
Robert Graff *(Senior Vice President, Brand Partnerships & Media)*
Zack Sugarman *(Senior Vice President, Properties)*
Blair Marlin *(Vice President, Action Sports & Olympics)*

Accounts:
Audemars Piguet North America

WASSERMAN MEDIA GROUP
10900 Wilshire Boulevard
Los Angeles, CA 90024
Tel.: (310) 407-0200
Web Site: www.teamwass.com

Year Founded: 1998

Brands. Marketers. Agencies. Search Less. Find More.
Try out the online version at www.winmo.com

AGENCIES - JULY, 2020 — EVENT & SPONSORSHIP MARKETING AGENCIES

Discipline: Event & Sponsorship Marketing

Casey Wasserman *(Chairman & Chief Executive Officer)*
Elizabeth Lindsey *(President, Brands & Properties)*
Fahri Ecvet *(Chief Operating Officer - Football)*
Michael R. Pickles *(Chief Legal Officer & General Counsel)*
Shelley Pisarra *(Executive Vice President, Global Insights)*
Circe Wallace *(Executive Vice President)*
John Mascatello *(Executive Vice President & Managing Executive, Golf)*
Ryan Berenson *(Executive Vice President, Finance & Accounting)*
Steve Marshman *(Executive Vice President, Canada)*
Thayer Lavielle *(Executive Vice President, Talent Marketing & Operations - The Collective)*
Travis Clarke *(Executive Director, Action Sports & Lifestyle)*

Accounts:
Michelob Ultra
USA Swimming
Wells Fargo

WE ARE BMF
50 West 23rd Street
New York, NY 10010
Tel.: (646) 455-0033
Web Site: https://wearebmf.com/

Year Founded: 2003

Discipline: Event & Sponsorship Marketing

Brian Feit *(Owner)*
Josh Tierney *(Vice President, Strategy)*
Jillian Cancro *(Account Director)*
Aaron Kirchner *(Executive Creative Director)*
Rose Welch *(Head, Production)*
Alexis McShea *(Manager, Marketing)*
Micole Himelfarb *(Senior Strategist, Creative)*
Haley Madsen *(Senior Producer)*
Evan Bryson *(Creative Strategist)*
Kylie Smith *(Account Coordinator)*
Abbie Black *(Coordinator, Production Department)*

WE'RE MAGNETIC
159 West 25th Street
New York, NY 10001
Tel.: (212) 242-9000
Fax: (212) 620-4068
Web Site: www.weremagnetic.com

Year Founded: 2012

Discipline: Event & Sponsorship Marketing

Jessica Reznick *(President)*
Stefanie Dang *(Chief Production Officer)*
Glenn Marck *(Creative Partner)*
Felicia Neuhof *(Senior Art Director)*
Rachel Saunders *(Global Director, Consumer Reach & Insights)*
Phil Koutsis *(Executive Creative Director)*
Daniel Gonzales *(Global Business Director)*
Rosalie Garlow *(Director, Creative)*
Wendy Strauss *(Art Director)*
Emil Czarnowski *(Group Creative Director)*
Amy Salamone *(Executive Business Lead)*
Trent Myers *(Event Producer)*
Valerie O'Bert *(Creative Lead)*
Tim Hutchins *(Managing Director)*

XPERIENCE COMMUNICATIONS
3 Parklane Boulevard
Dearborn, MI 48126
Tel.: (313) 271-3500
Web Site: www.xperiencecommunications.com

Year Founded: 2000

Discipline: Event & Sponsorship Marketing

Mary Kay Francis *(Managing Partner)*
John Jones *(Managing Partner)*
Joe Wenke *(Managing Partner)*
Mike Lucas *(Director, Production & Executive Producer)*
David Gutman *(Client Services Director)*
Holly Rocheleau *(Client Services Director)*
Jenny Sproul *(Senior Producer, Experiential Marketing)*

YAH. - YOU ARE HERE
150 Interstate North Parkway
Atlanta, GA 30339
Tel.: (770) 955-1300
Web Site: www.yahagency.com

Year Founded: 1996

Discipline: Event & Sponsorship Marketing

Doug Manning *(President)*
John Mitchell *(Executive Vice President, Client Leadership)*
Ryan Duffy *(Senior Vice President, Creative & Strategy)*
Diana Cleveland *(Vice President)*
Sean Schulte *(Vice President, Client Leadership)*
Greg Grantham *(Creative Director)*
Tegan Harris *(Creative Resource Manager)*
Kelly Lambeth *(Manager, Client Leadership)*

FULL SERVICE/INTEGRATED AGENCIES

&BARR
600 East Washington Street
Orlando, FL 32801-2938
Tel.: (407) 849-0100
Fax: (407) 849-0817
Web Site: www.andbarr.co

Employees: 50
Year Founded: 1957

Discipline: Full Service/Integrated

Dennis Nikles *(Vice President, Media & Analytics)*
Kim Blaylock *(Vice President, Account Services)*
Cristina Howard *(Director, Digital Media)*
Makeda Farrell *(Junior Media Planner & Buyer)*

Accounts:
Palm Beach County Tourism
Rosen Centre Hotel
Rosen Hotels & Resorts, Inc.
Rosen Plaza Hotel
Rosen's Shingle Creek Resort

215 MCCANN
215 Leidesdorff Street
San Francisco, CA 94111
Tel.: (415) 820-8700
Web Site: www.215mccann.com

Year Founded: 2006

Discipline: Full Service/Integrated

Scott Duchon *(Founder, Partner & Chief Creative Officer)*
Kelly Johnson *(President - San Francisco)*
Brian Wakabayashi *(Senior Vice President & Director, Strategy)*
Nicole Spinelli *(Group Account Director)*
Peter Goldstein *(Business Director)*
Julie Sinclair *(Group Account Director)*
Adam Reeves *(Executive Creative Director)*
Mandi Holdorf *(Director, Integrated Production)*
Nichole Geddes *(Creative Director)*
Shannon Duncan *(Creative Services Director)*
Brad Meyers *(Creative Director)*
Devina Hardatt *(Management Supervisor)*
Beth Windheuser *(Senior Brand Strategist)*
Samantha Fader *(Account Supervisor - New Business)*
Frank Fusco *(Copywriter)*
Chelsea Martin *(Brand Strategist)*
Jessie Ybarra *(Associate Producer)*
Chris Levy *(Account Supervisor)*

Accounts:
Columbia Sportswear Company
Easton Bell Sports
LinkedIn Corporation
Nescafe
Nestle USA, Inc.
San Francisco Giants
Workday, Inc.
Xbox
Xbox LIVE
Xbox One

22SQUARED INC.
1170 Peachtree Street, Northeast
Atlanta, GA 30309
Tel.: (404) 347-8700
Fax: (404) 347-8800
Web Site: www.22squared.com

Employees: 256
Year Founded: 1922

Discipline: Full Service/Integrated

Brandon Murphy *(President)*
Richard Ward *(Chairman & Chief Executive Officer)*
Mike Grindell *(Chief Administrative Officer & Executive Vice President)*
Erica Hoholick *(Chief Client Officer)*
Cheryl Davis *(Executive Vice President & Chief Financial Officer)*
Signe Peterson Garnitz *(Chief People Officer & Executive Vice President)*
John Stapleton *(Executive Vice President & Director Innovation & Design)*
Amanda Ferber *(Executive Vice President & Creative Operations Director)*
Christopher Tuff *(Executive Vice President & Director, Content Marketing & Partnerships)*
Krista Lang *(Senior Vice President & Executive Media Director - Media & Analytics)*
Austen Tully *(Senior Vice President, Group Account Director)*
Christy Cross *(Senior Vice President, Director Business Development)*
Daniel Brown *(Senior Vice President & Director, Digital Experience)*
Sarah Anderson *(Senior Vice President, Group Account Director)*
Genna Franconi *(Senior Vice President, Group Account Director)*
Donna Smith *(Senior Vice President & Associate Director, Creative Operations)*
Lesley Brown *(Senior Vice President & Group Account Director)*
Sanders Hearne *(Senior Vice President & Group Creative Director)*
Nick Holliday *(Vice President & Field Account Director)*
Jenni McDonough *(Vice President, Human Resources)*
Mara Evans *(Vice President & Creative Director)*
Janis Middleton *(Vice President & Account Director)*
Katie Mori *(Vice President & Director, Finance)*
Leigh Kellogg *(Vice President & Director, Analytics)*
Alex Bernstein *(Vice President & Director, Account)*
Alex Lukacs *(Vice President & Associate Creative Director)*
Mary Katherine Rordam *(Vice President & Director, Influencer Marketing)*
Ryan Stafford *(Vice President & Creative Director)*
Harley Jebens *(Director, User Experience Strategy)*
Shelly Saboorian *(Account Director)*
Keisha Smith *(Associate Media Director)*
Kameron Paries *(Associate Creative Director)*
Daniel Sanders *(Creative Director)*
Erica May *(Associate Media Director)*
Duane Smith *(Media Director)*
Natalia Ekisheva *(Performance Media Director)*
Charlie Legg *(Media Director)*
Gary Templeton *(Media Director)*
Shelly Saboorian *(Account Director)*
Raven Bennett *(Associate Director, Influencer Marketing)*
Katy Finney *(Strategy Director, Data & Intelligence)*
Summer Munger *(Director, Affiliate Marketing)*
Alecia Barrow *(Associate Media Director)*
Courtney Jones *(Manager, Business Development)*
John Kirk *(Senior Programmatic Buyer)*
Taylor Doane *(Senior Media Planner)*
Charleston Crouch *(Producer, Digital)*
Clay King *(Manager, Facilities)*
Mallory Adams *(Account Supervisor)*
Natalie Findling *(Management Supervisor)*
Carly Loux *(Senior Account Executive)*
Melanie Bostwick *(Senior Designer, Digital)*

Accounts:
Adventist Health System
Baskin-Robbins
EverBank Financial
Interface, Inc.
Publix
Publix Supermarkets, Inc.
Publix.com
SE Toyota Dealers Association
Spanx, Inc.
SunTrust Banks, Inc
SunTrust Mortgage, Inc.
SweetWater Brewing Company
The Home Depot, Inc.

22SQUARED INC.
100 North Tampa Street
Tampa, FL 33602-5225
Tel.: (813) 202-1200
Fax: (813) 202-1263
Web Site: www.22squared.com

Employees: 74
Year Founded: 1922

Discipline: Full Service/Integrated

Scott Sheinberg *(Executive Vice President, Chief Creative Officer & General Manager - Tampa)*
Ben West *(Chairman & Founder)*
Scott Stuart *(Executive Vice President & Deputy General Manager)*
Lindsay Baldwin *(Senior Vice President & Director, Video & Broadcast)*
Saya Heathco *(Senior Vice President & Strategy Director)*
Anne DiNapoli *(Senior Vice President & Group Media Director)*
Nicole Garcia *(Vice President, Media Director)*
Lori Lawery *(Vice President, Director, Production & Executive Producer)*
Eric Burke *(Vice President & Director, Creative)*
Mindy Adams *(Vice President & Group Creative Director)*
Tara Kelchner *(Vice President & Media Director)*
Rachel Damond *(Senior Art Director)*
Allison Chan *(Media Director)*
Meg Roberts *(Vice President, Communications*

Brands. Marketers. Agencies. Search Less. Find More.
Try out the online version at www.winmo.com

AGENCIES - JULY, 2020

FULL SERVICE/INTEGRATED AGENCIES

Planning Director)
Michelle Groux-Hux *(Associate Media Director)*
Dennis Wolfe *(Art Director)*
Jason Roberts *(Creative Director)*
Kevin Botfeld *(Executive Creative Director)*
Kevin Taylor *(Creative Director)*
Natalie Meeks *(Associate Creative Director)*
Gillian Permuy *(Vice President, Management Supervisor)*
Terri Wilson *(Senior Media Buyer)*
Jessica Lee *(Senior Media Buyer)*
Annie Farr *(Media Buyer)*
Yamy Gonzalez *(Senior Media Buyer)*
Monica Piazza *(Media Supervisor)*
Nicole Bruno *(Media Supervisor)*
Barry Salus *(Media Supervisor)*
Megan Valente *(Media Planner)*
Steven Regan *(Associate Media Supervisor)*
Katelyn Giglio *(Account Supervisor)*
Anne Gwynn *(Media Buyer)*
Dana Taji *(Senior Producer)*
Dana Wahlbeck *(Producer, Integrated)*
Ellie Clayman *(Senior Planner, Digital Media)*
Jo Ella Mathis *(Senior Manager, Business Affairs)*
Karen Burke *(Executive Producer, Integrated)*
Margaret Pfeiffer *(Media Buyer)*
Morgan Suarez *(Media Planner)*

Accounts:
Baskin-Robbins
EverBank Financial
Publix
Publix Supermarkets, Inc.
Publix.com
The Home Depot, Inc.

360I, LLC
32 Avenue of the Americas
New York, NY 10013
Tel.: (888) 279-7431
Web Site: www.360i.com

Year Founded: 1998

Discipline: Full Service/Integrated

Abbey Klaassen *(President - New York)*
Sherri Chambers *(Executive Vice President, Brand Stewardship & Growth)*
Menno Kluin *(Chief Creative Officer)*
Douglas Rozen *(Chief Media Officer)*
Raig Adolfo *(Chief Strategy Officer)*
Jared Belsky *(Chief Executive Officer)*
Thomas Meisner *(Chief Finance Officer)*
Scott Daly *(Executive Vice President & Integrated Media Director)*
Neil Smith *(Head, New Business)*
Doug Fidoten *(Executive Vice President & Account Director, Canon)*
Matthew Zogby *(Executive Vice President, Data & Analytics)*
Tracey Wexler Orpaz *(Senior Vice President, Integrated Media)*
Kolin Kleveno *(Senior Vice President & Head of Programmatic)*
Jessica Sanfilippo *(Senior Vice President, Group Media Director)*
Katrina Cabrera *(Senior Vice President, Communications & Culture)*
Julie Masser *(Vice President & Director, Integrated Publishing)*
Michael Kotick *(Vice President, Communications Planning Director)*
Joanna Hawkes *(Vice President & Strategy Director)*
Jacob Davis *(Vice President, Search &*

Performance Strategy)
Ryan Zia *(Vice President & Group Director, National Video Activation)*
Christopher Chobanian *(Vice President, Advanced Analytics)*
Scott Slattery *(Vice President, Public Relations & Influencer Marketing)*
Melissa Thomas *(Vice President, Media Operations)*
Bruno Cunha *(Vice President, Strategy)*
Brendan Alberts *(Vice President, Search Media)*
Julie Arndt *(Director, Account)*
Andrew Antaki *(Director, Communications Planning)*
Michael Giuggio *(Director, Communications Planning)*
Nicole Rousseau *(Director, Group Account)*
Annalisa Alosco *(Associate Director, Media Operations)*
Ashley Bowles *(Director, Integrated Media - Planning & Partnership)*
Joshua Safran *(Account Director)*
Emily Bell *(Group Media Director)*
Susie Neikirk *(Group Media Director)*
Valentina Bettiol *(Associate Director, Social Marketing)*
Alex Monaco *(Director, Integrated Media)*
Kelly Fisher *(Media Director)*
Michelle Carpenter *(Associate Director, Integrated Media)*
Angie Arner *(Strategy Director)*
Maggie Walsh *(Director, Strategy)*
Christopher Kief *(Head, Technology)*
Kelsie Kaufman *(Art Director)*
Colleen Rooney *(Associate Media Director)*
Doug Murray *(Creative Director)*
Andrew Hunter *(Creative Director)*
Sam Shepherd *(Executive Creative Director)*
Kevin McDonnell *(Associate Director)*
Jaymie Hall *(Media Director)*
Britani Luckman *(Media Director)*
PJ Sibille *(Account Director)*
Shalini Agrawal *(Director, Integrated Media)*
Phillip Huynh *(Paid Social Strategy Lead, Group Media Director)*
Piper Hickman *(Executive Creative Director - 7-Eleven, MINI, Champion & Oreo)*
Sheena Huria *(Associate Director, Communications Planning - Dentsu Aegis Network)*
Carissa Ranelycke Berlin *(Head, Integrated Production)*
Wayne Giampino *(Director, Programmatic)*
Ben Dreyfuss *(Senior Director, Data Science)*
Tara Scanlon *(Director, Integrated Media)*
Chris McKenna *(Director, Advanced Analytics)*
Jillian Zarem *(Associate Account Director - Reds Roof Inn, SoFi)*
Leigh Stolarz *(Art Director)*
Maynor Guzman *(Director, Programmatic)*
Alex Aybar *(Associate Director, Media Technology)*
Danielle Moylan *(Director, Insights & Planning)*
Elijah Bilotta *(Media Director, Paid Social)*
Jenna Zink *(Associate Creative Director)*
Lindsay Vuolo *(Director, Strategy)*
Elizabeth Peterman *(Group Director, Performance Media)*
Tanya Woods *(Head, Creative Services)*
Kathryn Dinizo Newman *(Associate Director, Programmatic)*
Danielle Calogera *(Group Director, Brand Management & Growth)*
Michelle Au *(Senior Associate Manager, Local Broadcast)*
Alicia Reddington *(Supervisor, Integrated Media)*

Liano Comito *(Senior Media Manager, Integrated Media)*
Natasha Lopez *(Media Manager)*
Jeremy Berman *(Supervisor, Integrated Media)*
Samantha Fischetti *(Senior Media Manager)*
Stefanie Vitale *(Media Supervisor, Paid Social)*
Anthony Domenick *(Communications Supervisor - Dentsu Aegis Network)*
Ashley Klett *(Supervisor, Communications Planning - Dentsu Aegis Network)*
Melissa Baum *(Supervisor, Integrated Publishing - Dentsu Aegis Publishing)*
Michelle Burdin *(Supervisor, Integrated Media)*
Jade Farrar *(Integrated Media Manager)*
Karina Khemani *(Senior Media Manager, Paid Social)*
Alden Millar *(Supervisor, Account)*
Samantha Meyer *(Supervisor, Media)*
Shannon Cash *(Account Manager - Bravo)*
Alyx Green *(Senior Manager, Media & Programmatic)*
Lucas D'Angelo *(Senior Manager, New Business)*
Spice Walker *(Senior Strategist)*
Samantha Drucker *(Integrated Media Supervisor)*
Stephanie Caruso *(Senior Manager, Social Marketing)*
Hannah Fink *(Associate Social Marketing Manager)*
Shannon Smith *(Media Manager, Social Media)*
Nicole Chun *(Senior Manager, Media Technology)*
Jake Harris *(Programmatic Media Manager)*
Ari Berkowitz *(Strategist, Social - OREO, Ritz Crackers & Sour Patch Kids)*
Marie Goldstein *(Senior Strategist, Social)*
Sarah Wanger *(Senior Manager, Social Marketing)*
Zach Gottlieb *(Programmatic Supervisor)*
Amari McFadden *(Associate Social Marketing Manager)*
W. Rose Kim *(Media Manager, Media Technology)*
Sarah Walker *(Associate, National Video Activation)*
Remy Raphael *(Associate Account Director)*
Jessica New *(Junior Copywriter)*
Adrienne Darnell *(Integrated Producer)*
Malaika Nicholas *(Social Marketing Strategist)*
Brian Ivory *(Account Supervisor)*
Leah Meranus *(Executive Vice President & Managing Director, Integrated Media)*

Accounts:
7-Eleven, Inc.
Aberlour
Absolut Vodka
Absolut Vodka
aerie by American Eagle
American Eagle Outfitters, Inc.
Arrowhead
Avion
Ballantine's
bareMinerals
Beefeater
Ben & Jerry's Homemade, Inc.
Bose Corporation
Bravo Network
Canon USA, Inc.
Champion
Chili's Grill & Bar
Chivas Regal
Cle De Peau Beaute
Coca-Cola Freestyle
Deer Park
Equifax
Fossil Group
Frank's RedHot Cayenne Pepper Sauce
French's Classic Yellow Mustard
French's French Fried Onions

Brands. Marketers. Agencies. Search Less. Find More.
Try out the online version at www.winmo.com

320

FULL SERVICE/INTEGRATED AGENCIES
AGENCIES - JULY, 2020

HBO
HBO Now
Home Box Office, Inc.
Hudson's Bay Company
Jacob's Creek
Jameson
Kahlua
Kellogg Company
Laura Mercier
Malibu
Martell
McCormick & Company, Inc.
MINI Cooper
National Car Rental
National Geographic Channel
NCL Corporation
Nespresso USA, Inc.
Nestle Waters North America, Inc.
New Orleans Tourism Marketing Corporation
Norwegian Cruises
Old Bay Seasonings
Olmeca Tequila
Oreo
Ozarka - TX, OK, LA, AR distribution
Pernod
Pernod Ricard USA
Perrier Jouet
Poland Spring Water
Raymour & Flanigan
Reckitt Benckiser, Inc.
Sak's Fifth Avenue
Saks Incorporated
Seagram's Gin
Shiseido Americas Corporation
SkinnyPop
Smirnoff
Smirnoff Ice
SoFi
Sonos, Inc.
The Coca-Cola Company
The Glenlivet
The Red Roof Inn
Ubisoft Entertainment
United Airlines / United Continental
USA Network
USANetwork.com
William Hill U.S

3H COMMUNICATIONS, INC.
309 Church Street
Oakville, ON L6J 1N9
Tel.: (905) 338-8177
Fax: (905) 338-1317
Web Site: www.3h.ca

Employees: 10
Year Founded: 1988

Discipline: Full Service/Integrated

Miriam Hara *(Founding Partner & Chief Creative Officer)*
David Hara *(Chief Financial Officer)*
Sal Hara *(Vice President, Procurement)*
Steve Ellison *(Vice President, Client Engagement)*
Debbie Young *(Media Director)*
Heather Moore *(Art Director)*
Lindsay Sleightholm *(Senior Graphic Designer)*
Roberto Contreras *(Specialist, Information Technology)*
Yukari Yoshitome *(Senior Graphic Designer)*

54 BRANDS
1515 Mockingbird Lane
Charlotte, NC 28209
Toll Free: (844) 360-5454
Web Site: www.54brands.com

Employees: 7
Year Founded: 2016

Discipline: Full Service/Integrated

Jack Burris *(President)*
Mark Surles *(Founding Partner)*
Dean Wagner *(Creative Director)*
Steve Peet *(Strategy Director)*
Kelly Cuddihy *(Director, Events)*

6DEGREES
121 Bloor Street East
Toronto, ON M4W 3M5
Tel.: (416) 446-7769
Web Site: 6deg.ca

Discipline: Full Service/Integrated

Troy Yung *(President & Chief Executive Officer)*
Dave Sharpe *(Co-Founder)*
Mike Brien *(Executive Vice President, Client Service)*
Angela Barbuto *(Account Director)*
Lesley Goldstein *(Group Account Director)*
Marian Baillie *(Director, Account)*
Natalie Kaiman *(Account Supervisor)*

78MADISON
999 Douglas Avenue
Altamont Springs, FL 32714
Tel.: (407) 788-7070
Fax: (407) 788-7090
Web Site: www.78madison.com

Employees: 25
Year Founded: 1983

Discipline: Full Service/Integrated

Joe Bouch *(Owner & Chief Executive Officer)*
Pamela Bouch *(Chief Operations Officer)*
Karen LaMonica *(Director, Public Relations)*
Cheryl Amirzadeh *(Creative Director)*
Izaak Hale *(Senior Art Director)*

9THWONDER
4228 North Central Expressway
Dallas, TX 75206
Tel.: (214) 824-7774
Fax: (214) 370-5382
Web Site: www.9thwonder.com

Employees: 25
Year Founded: 1980

Discipline: Full Service/Integrated

Katie Wilson *(Director, Account)*
Merritt Martin *(Associate Director, Creative)*
Nancy Treacy-Schell *(Senior Broadcast Negotiator)*
Bailey Troutt *(Supervisor, Account - Alcon)*
Seth Mitchell *(Head, Strategy & Managing Director)*

Accounts:
Alcon Laboratories, Inc.

A-TRAIN MARKETING COMMUNICATIONS
125 South Howes Street
Fort Collins, CO 80521
Tel.: (970) 419-3218
Fax: (970) 482-3442
Toll Free: (877) 351-8656
Web Site: www.atrainmarketing.com

Year Founded: 1997

Discipline: Full Service/Integrated

Gretchen Gaede *(President)*
Ryan Keiffer *(Chief Executive Officer)*
Dawna Susa *(Director, Operations)*
Charlie Mueller *(Director, Creative)*
Brittany LeBlanc *(Manager, Account)*

A.D.K.
453 South Spring Street
Los Angeles, CA 90013
Web Site: www.adkamerica.com

Discipline: Full Service/Integrated

David Liljegren *(President & Chief Operating Officer)*
Daniel Yamada *(Senior Vice President & Creative Director)*
Marija Kosanovich *(Senior Vice President, Media & Communications)*
Anita Chen *(Office Manager)*

Accounts:
Hisamitsu America, Inc.
Salonpas

A.L.T. LEGAL PROFESSIONALS MARKETING GROUP
Pavilions at Greentree
Marlton, NJ 08053
Tel.: (856) 810-0400
Fax: (856) 810-1636
Web Site: www.legalprofessionalsmarketing.com

Year Founded: 1993

Discipline: Full Service/Integrated

Les Altenberg *(President & Director, Client Services)*
Jean Arlene *(Vice President)*

AARS & WELLS, INC.
3500 Maple Avenue
Dallas, TX 75219
Tel.: (214) 446-0996
Web Site: www.aarswells.com

Year Founded: 2002

Discipline: Full Service/Integrated

Alex Wells *(President)*
Justin McGuffin *(Creative Director)*
Stephen Nardone *(Account Manager)*
Candice Kuzov *(Senior Interactive Developer)*
Sarah Schmidt *(Specialist, Content Development)*

ABBEY MECCA & COMPANY
95 Perry Street
Buffalo, NY 14203
Tel.: (716) 633-1218
Web Site: www.abbeymecca.com

Employees: 5
Year Founded: 1969

Discipline: Full Service/Integrated

Daniel Mecca *(President)*
Melissa Garrity *(Art Director)*
Elizabeth Ervolina *(Director, Content

Brands. Marketers. Agencies. Search Less. Find More.
Try out the online version at www.winmo.com

AGENCIES - JULY, 2020 — FULL SERVICE/INTEGRATED AGENCIES

Marketing)
Melissa Keith *(Media Planner & Buyer)*
Paul Maurer *(Graphic Designer)*

ABC CREATIVE GROUP
235 Walton Street
Syracuse, NY 13202
Tel.: (315) 471-1002
Fax: (315) 471-2240
Web Site: www.abcideabased.com

Employees: 6
Year Founded: 1986

Discipline: Full Service/Integrated

Travis Bort *(Owner & New Business Director)*
Jennifer Cline *(Chief Operating Officer & Consultant)*
Michael Haines *(Senior Art Director)*
Shane Leibler *(Director, Content Development)*
Kellyn Nicolli *(Director, Account Service)*
Trisha Stethers *(Manager, Traffic)*
Marty Furgal *(Graphic Designer)*

ABSTRAKT MARKETING GROUP
701 North First Street
Saint Louis, MO 63102
Tel.: (314) 577-0342
Web Site: www.abstraktmg.com

Year Founded: 2009

Discipline: Full Service/Integrated

Scott Scully *(President & Chief Executive Officer)*
Melanie Clark *(Vice President, Marketing & Creative Services)*

ACART COMMUNICATIONS, INC.
171 Nepean Street
Ottawa, ON K2P 0B4
Tel.: (613) 230-7944
Fax: (613) 232-5980
Web Site: www.acart.com

Employees: 40
Year Founded: 1976

Discipline: Full Service/Integrated

Al Albania *(President)*
John Westbrook *(Vice President, Client Services)*
Tom Megginson *(Creative Director)*
Kevin Scannell *(Media Director at Acart Communications)*
Natalie LaFleche *(Senior Media Planner & Buyer)*

ACCENTURE INTERACTIVE
1100 Wilson Boulevard
Arlington, VA 22209
Tel.: (703) 253-0050
Fax: (703) 253-0065
Web Site: www.accentureinteractive.com

Employees: 68
Year Founded: 1969

Discipline: Full Service/Integrated

Katie Townsley *(Vice President & Executive Director, Social)*
Garrott Smith *(Director, Creative Marketing Strategy)*
Ginny Kurbjeweit *(Senior Strategist)*

ACCENTURE INTERACTIVE
2141 Rosecrans Avenue
El Segundo, CA 90245
Tel.: (424) 702-4200
Web Site: www.accentureinteractive.com

Year Founded: 2001

Discipline: Full Service/Integrated

Tammy Soares *(Lead, West Coast - North America)*
Eva Neveau *(Executive Director, Creative)*
Fabio Matsui *(Director, Creative Technology)*
Juli Swingle *(Executive Director, Client Services)*
Scott Tieman *(Global Lead, Programmatic Services)*
Warner Carrillo *(Customer Insights & Growth Manager)*
Navid Madjidi *(Strategy Lead, Creative Marketing Services)*
Peter Kang *(Managing Director & Brand Creative Lead)*
Cyndie Beckwith *(Managing Director)*
Lianne Morgan *(Managing Director)*

Accounts:
Walt Disney StudioLab

ACCESS
701 Patterson Avenue
Roanoke, VA 24016
Tel.: (540) 344-2912
Fax: (540) 344-4079
Web Site: www.accessthewebsite.com

Employees: 11
Year Founded: 1996

Discipline: Full Service/Integrated

Tony Pearman *(Chief Creative Officer, Chief Executive Officer)*
Kris Bailey *(Vice President & Creative Director)*
Rachel Spencer *(Vice President, Director Research, Insights)*
Chris Henson *(Creative Director)*
Melissa Gibson *(Media Director & Business Manager)*
Brandi Dawson *(Senior Account Manager)*
Misty Smith-Klein *(Senior Account Manager)*
Trina Daniels *(Account Coordinator)*

ACORN WOODS COMMUNICATIONS
2120 Main Street
Huntington Beach, CA 92648
Tel.: (714) 960-5500
Web Site: www.acorn-woods.com

Discipline: Full Service/Integrated

Ron Benfield *(Owner & Visionary)*
Jon Vickers *(Production Manager)*

ACOSTA, INC.
6600 Corporate Center Parkway
Jacksonville, FL 32216
Mailing Address:
Post Office Box 551078
Jacksonville, FL 32255
Tel.: (904) 281-9800
Fax: (904) 281-9966
Web Site: www.acosta.com

Employees: 280

Year Founded: 1927

Discipline: Full Service/Integrated

Gary Chartrand *(Executive Chairman)*
Robert Hill *(Vice Chairmain, Board)*
Darian Pickett *(Chief Executive Officer)*
Vilma Consuegra *(Senior Vice President, Business Development & Corporate Marketing)*
Megan Figliuolo *(Senior Director, National Client Insights)*

Accounts:
High Liner Foods Canada, Inc.
High Liner Foods, Inc.

ACTION INTEGRATED MARKETING
3160 Campus Drive
Norcross, GA 30071
Tel.: (770) 451-7276
Fax: (770) 451-4107
Toll Free: (800) 478-8818
Web Site: www.onlyaction.com

Employees: 25
Year Founded: 1991

Discipline: Full Service/Integrated

Jay Murphree *(President & Chief Executive Officer)*
Sean McCullough *(Vice President, Account Services)*
Jeremy Jackson *(Vice President)*
Jamie Landers *(Media Director)*
Zach Baldwin *(Director, Creative Services)*
Conner Leblanc *(Director, Digital Marketing)*
Rachael Dvizac *(Senior Marketing Manager)*

ADAMS & KNIGHT ADVERTISING
80 Avon Meadow Lane
Avon, CT 06001
Tel.: (860) 676-2300
Fax: (860) 676-1940
Web Site: www.adamsknight.com

Year Founded: 1988

Discipline: Full Service/Integrated

Jill Adams *(Principal & Chief Executive Officer)*
Bill Knight *(Principal & Chief Marketing Officer)*
Donna Logan-Gabel *(Chief Operating Officer & Vice President, Production)*
Karen Belletsky *(Content Marketing Officer)*
Marc McFarland *(Vice President, Financial Services - Marketing)*
Brian McClear *(Senior Vice President, Marketing Technology)*
Reem Nouh *(Senior Vice President, Healthcare Marketing)*
Felicia Lindau *(Vice President, Strategic Services)*
Ryan Jakubowski *(Vice President, Interactive Services)*
Don Carter *(Creative Director)*
Denis Gendreau *(Director, Connection Planning & Analytics)*
Patrick Dugan *(Creative Director & Chief Copywriter)*

ADELSBERGER MARKETING
Eigth Yorkshire Cove
Jackson, TN 38305

Brands. Marketers. Agencies. Search Less. Find More.
Try out the online version at www.winmo.com

FULL SERVICE/INTEGRATED AGENCIES

AGENCIES - JULY, 2020

Tel.: (731) 506-5339
Web Site: kadelsberger.com

Year Founded: 2013

Discipline: Full Service/Integrated

Kevin Adelsberger *(Owner)*
Renae Adelsberger *(Content Creator)*
Ricky Santos *(Graphic Designer)*

ADG CREATIVE
7151 Columbia Gateway Drive
Columbia, MD 21046
Tel.: (443) 285-0008
Fax: (443) 285-0867
Web Site: www.adgcreative.net

Year Founded: 1991

Discipline: Full Service/Integrated

Jeff Antkowiak *(Chief Creative Officer)*
Evan Davis *(President)*
Jeff Kasakitis *(Senior Director, Strategy)*

ADSTRATEGIES, INC.
101 Bay Street
Easton, MD 21601
Tel.: (410) 822-2450
Fax: (410) 822-1672
Toll Free: (888) 456-2450
Web Site: www.adstrategies.com

Employees: 19
Year Founded: 1992

Discipline: Full Service/Integrated

Curt Van Loon *(President & Owner)*
Greg Bojko *(Chief Executive Officer & General Manager)*
Tennille Reid *(Creative Director)*
Jonna English *(Director, Traditional Media Services)*
Susan Schorr *(Media Buyer & Negotiator)*

ADWORKSHOP & INPHORM
44 Hadjis Way
Lake Placid, NY 12946
Mailing Address:
Post Office Box 645
Lake Placid, NY 12946
Tel.: (518) 523-3359
Fax: (518) 523-0255
Web Site: www.adworkshop.com

Year Founded: 1977

Discipline: Full Service/Integrated

Tom Connors *(Partner)*
Adele Connors *(Principal)*
Rebecca Northrup *(Director, Public Relations)*
Anne Rast *(Senior Art Director)*
Ben Hamelin *(Director, Web Services)*
Sandra Gagnon *(Senior Director)*
Kristy Mihill *(Senior Media Planner & Media Buyer)*
Natasha Ann Stevens *(Producer)*

AFFIRM AGENCY
N28 W23050 Roundy Drive
Pewaukee, WI 53072
Tel.: (262) 650-9900
Fax: (262) 650-3160
Toll Free: (800) 867-1890
Web Site: www.staplesmarketing.com

Employees: 13
Year Founded: 1976

Discipline: Full Service/Integrated

Danny Mager *(Principal & Marketing Director)*
Steve Stocker *(Principal & Chief Creative Officer)*
Max Levchin *(Chief Executive Officer)*
Rob Pfeifer *(Chief Risk Officer)*
Laura Monagle *(Vice President, Public Relations & Client Services)*
Cathy Looze *(Media Director)*
Roe Swanson *(Associate Media Director)*
Amy Opad *(Senior Account Executive)*

AGENCY 720
500 Woodward Avenue
Detroit, MI 48226
Tel.: (313) 483-0480
Web Site: www.agency720.com

Discipline: Full Service/Integrated

Ron Parkinson *(Chief Operating Officer)*
Henry Ozerities *(Senior Vice President & Director, Strategic Planning)*
Kyle Brazelton *(Vice President & Director, Finance)*
John Marshall *(Vice President & Creative Director)*
Steve Fromwiller *(Vice President & Digital Director)*
Edina Klein *(Director, Social Media Strategy)*
Debra Shrake *(Director, Human Resources)*
Lauren Turner *(Director, Social Media Operations & Analytics)*
Kelly Fischer *(Senior Social Account Mananger)*
Danielle Butcher *(Senior Project Manager)*

Accounts:
Chevrolet
Chevy Bolt EV
Chevy Camaro
Chevy Colorado
Chevy Corvette Grand Sport
Chevy Corvette Stingray
Chevy Corvette Z06
Chevy Corvette ZR1
Chevy Cruze
Chevy Equinox
Chevy Express
Chevy Impala
Chevy Malibu
Chevy Silverado
Chevy Sonic
Chevy Spark
Chevy Suburban
Chevy Tahoe
Chevy Traverse
Chevy Trax
Chevy Volt

AGENCY 720
11700 Great Oaks Way
Alpharetta, GA 30022
Tel.: (678) 256-3657
Web Site: www.agency720.com

Discipline: Full Service/Integrated

Ron Silagy *(Vice President & Regional Advertising Director - South East)*

Accounts:
GM Certified Used Vehicles

AGENCY 720
2135 CityGate Lane
Naperville, IL 60563
Tel.: (313) 483-0480
Web Site: www.agency720.com

Discipline: Full Service/Integrated

George Gibbs *(Vice President & Director, Regional Advertising - North Central)*
Amanda Jakovich *(Senior Account Director)*

Accounts:
GM Certified Used Vehicles

AGENCY 720
545 East John Carpenter Freeway
Irving, TX 75062
Tel.: (972) 646-7319
Web Site: www.agency720.com

Discipline: Full Service/Integrated

Rob Sumner *(Vice President & Regional Advertising Director)*

Accounts:
GM Certified Used Vehicles

AGENCY 720
30930 Russell Ranch Road
Westlake Village, CA 91362
Tel.: (805) 367-5814
Web Site: www.agency720.com

Discipline: Full Service/Integrated

Ken Lanes *(Vice President & Regional Director - Chevrolet West Region)*
Tracy Wong *(Account Director - Chevrolet)*
Jennifer Dyer *(Local Media Consultant)*

Accounts:
GM Certified Used Vehicles

AGENCY 720
44 Old Ridgebury Road
Danbury, CT 06810
Tel.: (313) 483-0480
Web Site: www.agency720.com

Discipline: Full Service/Integrated

Harold Kobakof *(Chief Executive Officer & President)*

AGENCY WITHIN
4334 32nd Place
Lond Island City, NY 11101
Toll Free: (844) 494-8446
Web Site: www.agencywithin.com

Year Founded: 2015

Discipline: Full Service/Integrated

Joe Yakuel *(Founder & Chief Executive Officer)*
Asher Chester *(Director, Performance Marketing)*
Jay Williams *(Director, Digital Strategy)*
Anthony Jabbour *(Director, Partnerships)*
Zane Comer *(Executive Creative Director)*
Blake Prentice *(Strategic Partnerships)*
Allison Wilson *(CRM Associate)*
Trish Preuss *(Graphic Designer)*

Accounts:
Shake Shack

Full Service/Integrated Agencies

Brands. Marketers. Agencies. Search Less. Find More.
Try out the online version at www.winmo.com

323

AGENCIES - JULY, 2020
FULL SERVICE/INTEGRATED AGENCIES

AIGNER/PRENSKY MARKETING GROUP
200 Dexter Avenue
Watertown, MA 02472
Tel.: (617) 254-9500
Fax: (617) 254-3700
Web Site: www.aignerprenskymarketing.com

Employees: 10
Year Founded: 1984

Discipline: Full Service/Integrated

Janet Prensky *(Partner)*
Leslie Cipolla *(Account Executive & Event Speacialist)*

AKA NYC
321 West 44th Street
New York, NY 10036
Tel.: (212) 584-0400
Web Site: aka.nyc

Year Founded: 2008

Discipline: Full Service/Integrated

Steve Grimes *(Chief Digital Officer)*
Elizabeth Findlay *(Vice President, Media & Client Services)*
Mark Blankenship *(Director, Integrated Content)*
Crystal Chase *(Director, Influencer Marketing)*
Elyce Henkin *(Director, Agency Partnerships)*
Natalie Byrne *(Group Director, Communications)*
Jennifer Blanco *(Group Director, Client Services)*
David Barrineau *(Director, Creative)*
Jacob Matsumiya *(Account Director & Account Supervisor)*
Ryan Cunningham *(Director, Creative)*
Jamaal Parham *(Director, Content)*
Ryan Greer *(Group Director, Digital Strategy & Media Activation)*
Shelly Meyer *(Manager, Brand Experience)*
Sean Fry *(Senior Manager, Account & Client Services)*
Marc Jablonski *(Manager, Business Insights)*
Bashan Aquart *(Executive Creative Director)*
Sean Doolittle *(Coordinator, Media)*
Mark Scoff *(Coordinator, Client & Account)*
Elizabeth Furze *(Managing Partner & Founding Member)*
Scott Moore *(Managing Partner, Marketing & Advertising)*

Accounts:
Metropolitan Museum of Art

AKOS
221 East Indianola Avenue
Phoenix, AZ 85012
Web Site: akosweb.com

Year Founded: 2012

Discipline: Full Service/Integrated

Sahil Saini *(Founder)*
Tanya Moushi *(Chief Empathy Officer)*
Vince Baarson *(Design Director)*
Ioana Popovici *(Human Resources Consultant)*

ALDEN MARKETING COMMUNICATIONS
1495 Pacific Highway
San Diego, CA 92101
Tel.: (619) 544-9299
Fax: (619) 544-0185

Web Site: www.aldenmc.com
Employees: 6
Year Founded: 1984

Discipline: Full Service/Integrated

Allen Guilmette *(Founder & Creative Director)*
Jennifer Austin *(Principal & Executive Vice President)*
Lesley Guilmette *(President & Managing Director)*

ALEXANDER ADVERTISING, INC.
2177 11th Court South
Birmingham, AL 35205
Tel.: (205) 939-1353
Web Site: alexanderadvertising.com

Discipline: Full Service/Integrated

Lisa Alexander *(President)*
Amanda Priest *(Director, Media Services)*

ALISON SOUTH MARKETING GROUP
668 Broad Street
Augusta, GA 30901
Tel.: (706) 724-3758
Fax: (706) 724-1093
Web Site: www.alisonsouthmarketing.com

Year Founded: 1982

Discipline: Full Service/Integrated

Mark Alison *(Senior Advisor)*
Kate Sanders *(Chief Operating Officer)*

ALLIED INTEGRATED MARKETING
1301 West Long Lake Road
Troy, MI 48098
Tel.: (248) 593-7821
Fax: (248) 593-7835
Web Site: alliedglobalmarketing.com

Year Founded: 1986

Discipline: Full Service/Integrated

Katrina Luts *(Senior Account Executive, Publicity & Promotions)*
Margo Baetens *(Senior Account Executive, Publicity & Promotions)*
Olivia Kalabat *(Senior Account Executive)*

ALLIED INTEGRATED MARKETING
103 West Lockwood
Saint Louis, MO 63119
Tel.: (314) 918-7788
Fax: (314) 918-8282
Web Site: www.alliedim.com

Year Founded: 1986

Discipline: Full Service/Integrated

Pete Maniscalco *(Director, Publicity & Promotions - Allied Global Marketing)*
Joe Moskus *(Senior Publicist - Allied Global Marketing)*

ALLIED INTEGRATED MARKETING
233 Broadway
New York, NY 10279
Tel.: (212) 819-8120
Fax: (212) 730-7556
Web Site: www.alliedim.com

Year Founded: 1986

Discipline: Full Service/Integrated

Tom Platoni *(Vice President & Creative Director)*
Melissa Colangelo *(Director, Publicity & Promotions)*

Accounts:
Fox Searchlight Pictures
Twentieth Century Fox

ALLIED TOURING
500 North Michigan Avenue
Chicago, IL 60611
Web Site: www.alliedlive.com

Year Founded: 1999

Discipline: Full Service/Integrated

Marya Peters *(Vice President - Touring Division)*
Jacqueline Smith *(Senior Marketing & Press Director)*

AM STRATEGIES
8910 University Center Lane
San Diego, CA 92122
Tel.: (858) 490-6910
Fax: (858) 490-6985
Web Site: www.am-strategies.com/

Year Founded: 1987

Discipline: Full Service/Integrated

Kathy Cunningham *(President & Owner)*
Utahna Hadden *(Vice President & Account Supervisor)*
Michele Marlo *(Executive Creative Director)*
Mark Stevens *(Media Director)*
Bonnie Carlson *(General Manager)*

AMALGAM
12575 Beatrice Street
Los Angeles, CA 90066
Tel.: (617) 221-6441
Web Site: amalgam.co

Year Founded: 2015

Discipline: Full Service/Integrated

Jared Circosta *(Partner & Technology Lead)*
Justin Seymour *(Executive Creative Director)*

Accounts:
UNTUCKit

AMBASSADOR ADVERTISING
1641 Langley Avenue
Irvine, CA 92614
Tel.: (949) 681-7600
Fax: (949) 681-7660
Web Site: www.ambassadoradvertising.com

Year Founded: 1959

Discipline: Full Service/Integrated

Peggy Campbell *(President)*
Charley Mefferd *(Vice President, Sales & Marketing - AMB-OS)*

Brands. Marketers. Agencies. Search Less. Find More.
Try out the online version at www.winmo.com

FULL SERVICE/INTEGRATED AGENCIES
AGENCIES - JULY, 2020

Lee Ann Jackson *(Manager, Social Media & Senior Media Strategist)*
Michelle Blood *(Senior Media Strategist)*
Katie Burke *(Account Executive)*
Jennifer Perez *(Media Strategist)*
Sheri Cooper *(Coordinator, Ministry Promotions & Media Strategist)*

AMEBA MARKETING
11665 Avena Place
San Diego, CA 92128
Tel.: (858) 946-0246
Fax: (858) 946-0247
Web Site: www.amebamarketing.com

Year Founded: 1996

Discipline: Full Service/Integrated

Doron Malka *(President)*
Jason Ang *(Senior Graphic Designer)*

AMELIE COMPANY
2601 Blake Street
Denver, CO 80205
Tel.: (303) 832-2700
Fax: (303) 832-2797
Web Site: www.ameliecompany.com

Year Founded: 2002

Discipline: Full Service/Integrated

Robin Ashmore *(Chief Marketing Officer & Strategic Planner)*
Benoit Guin *(Chief Executive Officer & Director, Media)*
Chad Hadersbeck *(Director, Business Development)*
Justin Kutner *(Associate Director, Marketing & Public Relations)*
Cecil Bozard *(Associate Director, Creative)*
Olivia Abtahi *(Director & Writer)*
Colleen Kennedy Hunter *(Supervisor, Media)*
Janelle Morgan *(Business Manager, Advertising & Public Relations)*
Rachel Edwards *(Copywriter)*

Accounts:
Babolat USA
Outlast Technologies
Trimble Navigation Limited

AMEREDIA, INC.
415 Jackson Street
San Francisco, CA 94111
Tel.: (415) 788-5100
Fax: (415) 449-3411
Web Site: www.ameredia.com

Year Founded: 2003

Discipline: Full Service/Integrated

Pawan Mehra *(Principal)*
Siggy Habtu *(Finance & Operations Director)*

AMPERAGE
3550 West Stewart Avenue
Wausau, WI 54401
Tel.: (715) 845-2382
Fax: (715) 848-5369
Web Site: www.amperagemarketing.com

Employees: 16
Year Founded: 1989

Discipline: Full Service/Integrated

Cynthia Baumann *(Creator, Opportunities)*
Chris Liedtke *(Director, Operations)*

AMPM, INC.
7403 West Wackerly Street
Midland, MI 48642
Mailing Address:
Post Office Box 1887
Midland, MI 48641
Tel.: (989) 837-8800
Fax: (989) 832-0781
Web Site: www.ampminc.com

Year Founded: 1969

Discipline: Full Service/Integrated

Mark Bush *(President)*
Ty Smith *(Creative Director)*
Kim Shreve *(Traffic Manager)*
Greg Branch *(Strategist, Brand)*

AMUSEMENT PARK
217 North Main Street
Santa Ana, CA 92701
Tel.: (714) 881-2300
Fax: (714) 881-2442
Web Site: www.amusementparkinc.com

Employees: 86
Year Founded: 1987

Discipline: Full Service/Integrated

Ed Collins *(President & Partner)*
Jimmy Smith *(Chairman, Partner & Chief Creative Officer)*
Sequel Smith *(Director, Creative & Writer)*

Accounts:
Chicken of the Sea International
Los Angeles Angels of Anaheim
Toshiba America Business Solutions, Inc.
Toshiba Copiers
Yogurtland

ANDERSON ADVERTISING
5800 East Thomas Road
Scottsdale, AZ 85251
Tel.: (480) 925-2229
Fax: (480) 925-2221
Web Site: www.anderson-adv.com

Year Founded: 2005

Discipline: Full Service/Integrated

Ted Anderson *(President)*
Adrianna Dalpiaz *(Vice President, Client Services)*
Sheri Heitner-Anderson *(Vice President & Account Director)*
Aaron Castiglione *(Creative Director)*
Laurie SantaLucia *(Account Director, Client Services)*
Laura Girard *(Director, Media Services)*

Accounts:
HarkinsTheatres
Verra Mobility

ANOMALY
536 Broadway
New York, NY 10012
Tel.: (917) 595-2200
Fax: (917) 595-2299
Web Site: www.anomaly.com

Employees: 60

Year Founded: 2004

Discipline: Full Service/Integrated

Mike Byrne *(Founding Partner & Chief Creative Officer)*
Jason DeLand *(Founding Partner)*
Justin Barocas *(Founding Partner)*
Carl Johnson *(Founding Partner & Executive Chairman)*
Paula Daly *(Global Chief Financial Officer)*
Richard Mulder *(Founding Partner)*
Eric Damassa *(Chief Marketing Officer)*
Franke Rodriguez *(Partner & Chief Executive Officer - Toronto & New York)*
Natasha Jakubowski *(Chief Innovation Officer & Managing Partner)*
Karina Wilsher *(Partner, Global Chief Executive Officer)*
Andrew Loevenguth *(Head, Production)*
Donnell Johnson *(Group Creative Director)*
Stephanie Miranda O'Donnell *(Business Director)*
Morgan Murray *(Business Director)*
Laura Massie *(Director, Brand & Innovation Strategy)*
Turan Tuluy *(Associate Creative Director)*
Valeria Mantica *(Account Director)*
Mark Sarosi *(Art & Design Director)*
Bryce Cline *(Creative Director)*
Seth Jacobs *(Group Creative Director)*
Damien Reid *(Director, Business)*
Mike Reuter *(Director, Business)*
Julia Clark *(Director, Business Affairs)*
Griffin Miller *(Account Director)*
Alyssa Tacopino *(Account Director)*
Colby Burlingame *(Business Director)*
Neal Mann *(Global Head, Transformation)*
Ross McLeod *(Account Director)*
Michael Burch *(Communications Strategy Director)*
Tom Gibson *(Group Director, Strategy)*
Erika Madison *(Head, Production)*
Jeff Beck *(Group Strategy Director, Cultural Marketing)*
Liz Delp *(Creative Director)*
Stephen Mendonca *(Associate Creative Director)*
Dylan Ostrow *(Associate Director, Creative)*
Ian Zelesko *(Group Planning Director)*
Carlos Alija *(Group Creative Director)*
Laura Sampedro *(Group Creative Director)*
Clare Hines *(Group Strategy Director)*
Jenalisa Trevino *(Account Director)*
Tyler Harris *(Account Director)*
Allison Sabol *(Global Talent Director)*
Brett Banker *(Group Business Director)*
Christina Gregory *(Group Director, Communication Strategy)*
Craig Schlesinger *(Associate Creative Director)*
Catherine Wolpe *(Business Director)*
David Woodbury *(Associate Creative Director)*
Emma Tonetti *(Project Director)*
Fabian Berglund *(Executive Creative Director)*
Jenny Hudak *(Head, Recruiting)*
Jennifer Sullivan *(Account Director)*
Cheryl Loo *(Group Business Director)*
Lianne Sheffy *(Strategy Director)*
Anna Bjelovuk *(Account Executive)*
Amelea Renshaw *(Senior Strategist)*
Sam Gray *(Account Supervisor - Reese's)*
Caroline Variano *(Account Director)*
Selin Selgur *(Account Executive, Innovation)*
Elizabeth Bruneau *(Senior Art Buyer, Integrated Producer)*
Cara Brininstool *(Senior Project Manager)*
Mariana Nicolau *(Business Development Manager)*
Emily Schade *(Account Supervisor)*
Lourdes Vasquez *(Integrated Producer)*

AGENCIES - JULY, 2020
FULL SERVICE/INTEGRATED AGENCIES

Michelle Yee *(Senior Project Manager)*
Destanee Bonds *(Account Executive)*
Ali Chastain *(Senior Strategist)*
Luca Bernardino *(Senior Designer)*
Kiara Whitehead *(Account Executive)*
Reid Burch *(Account Executive)*
Chris Hinkaty *(Managing Director - New York)*
Giovanni Villamar *(Managing Director)*

Accounts:
Ally Bank
Ally Financial, Inc.
Android
Android Wear
Beautyrest
Booking.com
Bulleit
Can-Am
Captain Morgan
Captain Morgan Parrot Bay
Carhartt, Inc.
Carnival Cruise Lines
Crown Royal
Dick's Sporting Goods, Inc.
Don Julio
Evinrude
Gordon's
Johnnie Walker
Johnnie Walker Black Label
Johnnie Walker Blue Label
Johnnie Walker Gold Label
Johnnie Walker Platinum Label
L'Occitane
New York Life Insurance Company
NYLife
Odwalla
Petco Animal Supplies, Inc.
Sally Hansen
Sea-Doo
Ski-Doo
Sonos, Inc.
Squarespace, Inc.
Twitch
Uber Eats
Vroom.com
Weight Watchers Weight Loss Center
WW
ww.com
Xoom

ANOMALY
46 Spadina Avenue
Toronto, ON M5V 2H8
Tel.: (647) 547-3440
Web Site: www.anomaly.com

Year Founded: 2004

Discipline: Full Service/Integrated

Pete Breton *(Partner & Executive Creative Director)*
Dave Douglass *(Partner & Executive Creative Director)*
Candace Borland *(President & Managing Partner)*
Bryden McDonald *(Head, Account Management)*
Lindsay Exelby *(Account Supervisor)*
Paul Lipson *(Group Strategy Director)*
Greg Clark *(Director, Finance)*
Janice Bisson *(Head, Production)*
Rich Brown *(Associate Creative Director)*
Matthew Donne *(Associate Creative Director & Writer)*
Jason Kerr *(Associate Creative Director)*
Max Bingham *(Art Director)*
Marko Pandza *(Associate Creative Director)*
Neil Blewett *(Creative Director)*

Roy Gruia *(Group Head, Business)*
Shelley Raymond *(Director, Talent & Culture)*
Haley Hunter *(Manager, Social Media - Hershey's Canada)*
Tejaswita Desai *(Manager, Production Business Affairs)*
Rhiannon Enss *(Account Supervisor)*
Brendan Scullion *(Copywriter)*
Dion Aralihalli *(Global Managing Director - ABI, Group Business Head)*

Accounts:
Ancestry.com Inc.
Kobo, Inc.

ANOMALY
1319 Abbot Kinney Boulevard
Venice, CA 90291
Tel.: (310) 392-3233
Web Site: www.anomaly.com

Year Founded: 2004

Discipline: Full Service/Integrated

Josh Fell *(Chief Creative Officer & Partner)*
Jiah Choi *(Partner & Chief Executive Officer)*
Aisea Laungaue *(Partner, Chief Strategy Officer)*
Carl Johnson *(Founding Partner & Executive Chairman)*
Josh Jefferis *(Group Business Director)*
Leslie Brennan *(Director, Strategy)*
Johnny Corpuz *(Director, Communications Strategy)*
John Joannides *(Group Business Director)*
Brian Moore *(Creative Director)*
Jenny Kang *(Senior Art Director)*
Matt Kalish *(Creative Director)*
Zach Myrow *(Creative Director)*
Philip Schaffer *(Business Director)*
Cameron Ford *(Senior Integrated Producer)*
Elizabeth Sandoval *(Senior Communications Strategist)*
Kyle Provo *(Copywriter)*

Accounts:
Allbirds, Inc
Diet Coke
Minute Maid
Minute Maid Juice
Minute Maid Premium Fruit Juice
Petco Animal Supplies, Inc.
The Minute Maid Company

ANOROC AGENCY, INC.
822 Wake Forest Road
Raleigh, NC 27604
Tel.: (919) 821-1191
Fax: (919) 821-1145
Web Site: www.anorocagency.com

Employees: 10
Year Founded: 1993

Discipline: Full Service/Integrated

Deborah Leoercher *(President & Lead Strategist)*
Alex Midgett *(Managing Partner & Lead Creative Director)*

ANSIRA
15851 Dallas Parkway
Addison, TX 75001
Tel.: (972) 663-1100
Fax: (214) 742-1655
Web Site: www.ansira.com/

Employees: 100
Year Founded: 1919

Discipline: Full Service/Integrated

Trae Clevenger *(Executive Vice President & Chief Strategy Officer)*
Cindy McEntire *(Chief Human Resources Officer)*
Laurie MacLaren *(Chief Financial & Operations Officer)*
Kelly Jo Sands *(Chief CRM & MarTech Officer)*
Adam Vandermyde *(Executive Vice President, Operations & Channel Marketing)*
Ray Rosenbaum *(Senior Vice President, MarTch Operations)*
Austin Wright *(Senior Vice President, Strategic Planning)*
Amanda Goodwin *(Senior Vice President, Strategy)*
Tory Marpe *(Senior Vice President, Analytics)*
Paul Johnson *(Senior Vice President, Data & Technology)*
Sukumar Muthya *(Senior Vice President, Marketing Technology)*
Julia Thuman *(Senior Vice President, Client Service)*
Logan Flatt *(Senior Vice President, Strategy Consulting)*
Bryan Ingram *(Vice President, Digital Services)*
Jared Berger *(Vice President, Client Partnership)*
Anthea Tanouye *(Associate Vice President, Local Social Media & Reputation Management)*
Shelly Reaser *(Manager, Talent Acquisition)*
Stephanie Conreaux *(Account Manager)*

Accounts:
Rent-A-Center, Inc.

ANTHOLOGY MARKETING GROUP
1003 Bishop Street
Honolulu, HI 96813
Tel.: (808) 544-3000
Web Site: www.anthologygroup.com

Year Founded: 1989

Discipline: Full Service/Integrated

Dennis Christianson *(Chief Executive Officer, Partner & President)*
Nathan Kam *(Partner & President, Public Relations)*
Amy Thompson-Ingraham *(Vice President, Account Services)*
Chuck Cohen *(Vice President, Media Services)*
Adrian Walker *(Associate Creative Director)*
Shere'e Quitevis *(Account Supervisor)*

Accounts:
Hawaiian Airlines

AQUA MARKETING & COMMUNICATIONS
360 Central Avenue
St. Petersburg, FL 33701
Tel.: (727) 892-9280
Web Site: www.WelcomeToAqua.com

Year Founded: 2010

Discipline: Full Service/Integrated

Dave Di Maggio *(President & Chief Executive Officer)*
Fran Vaccaro *(Vice President, Account Services)*
Megan Brewster *(Director, Public Relations)*

326

FULL SERVICE/INTEGRATED AGENCIES

AGENCIES - JULY, 2020

Summer Wright *(Account Executive)*

Accounts:
Greater Fort Lauderdale Visitors Bureau

ARC WORLDWIDE
35 West Wacker Drive
Chicago, IL 60601-4884
Tel.: (312) 220-3200
Fax: (312) 552-3801
Web Site: www.arcww.com

Employees: 425
Year Founded: 1962

Discipline: Full Service/Integrated

Chris Cancilla *(Chief Creative Officer)*
Bob Raidt *(Managing Director)*
Soche Picard *(Chief Executive Officer - North America)*
Elizabeth Harris *(Chief Strategy Officer)*
John Lowell *(Executive Vice President & Chief Intelligence Officer)*
Matt Denten *(Executive Vice President & Creative Director)*
Julie Rothweiler *(Executive Vice President & Account Director)*
Scott Fry *(Senior Vice President & Group Executive Producer)*
Karl Wenzel *(Senior Vice President & Account Director)*
Dana Stotts *(Senior Vice President, Business Leadership)*
Julie Glick *(Vice President, Account Director - MillerCoors, Kraft, Girl Scouts)*
Alma Klein *(Vice President, Creative Director - MillerCoors)*
Brenda Martinez *(Strategy Director)*
Taylor Spaeth *(Director, Strategic Planning)*
Chris Posdal *(Creative Director)*
Samantha Thiessen *(Senior Art Director - MillerCoors)*
Madeline Brennen *(Account Director - Campbells, Fairlife Milk)*
Dennis Sulit *(Senior Art Director)*
Kathy Paik *(Senior Art Director)*
Zach Basten *(Senior Art Director)*
Arm Theinpeng *(Senior Art Director)*
Ryan Ruark *(Associate Creative Director)*
Lauren Reynolds *(Account Director)*
Jessica Hanna *(Vice President & Account Director)*
Cristin Ervin *(Account Supervisor - MillerCoors)*
Rachel Duncker *(Senior Producer)*
Megan Roman *(Senior Strategist, Commerce Media)*
Evan Nelson *(Senior Account Executive)*
Corey Abad *(Account Supervisor)*
Carly Treister *(Senior Account Executive - MilkPEP)*
Megan Schoen *(Account Executive)*
Brad Slavick *(Account Supervisor)*
Andrew Rice *(Senior Account Executive)*
Ali Lewellen *(Senior Account Executive - MillerCoors)*
Gail Concepcion *(Account Executive - MillerCoors)*
Ashley Jones *(Account Supervisor)*
Katie Brady *(Account Executive - MillerCoors)*

Accounts:
Blue Moon
Cape Line
Coors
Coors Banquet
Coors Light
Coors Non-Alcoholic
Crispin
Diageo North America
Dunkin'
Dunkin'
Easy Tea
Extra Gold Lager
Hamm's
Henry Weinhard
Henry's Hard Soda
Icehouse
Intel Corporation
Keystone
Keystone Ice
Keystone Light
Killian's Irish Red
Magnum
Miller Genuine Draft
Miller High Life
Miller Lite
Miller64
Milwaukee's Best
Milwaukee's Best Light
Molson Canadian
Molson Canadian Light
Molson Coors Brewing Company
Molson Golden
Molson Ice
Red Dog
Redd's Apple Ale
Redd's Wicked
Sharp's
Smith & Forge Hard Cider
Sparks
Steel Reserve
Tenth and Blake Beer Company
The Coca-Cola Company
Third Shift Amber Lager

ARCHER COMMUNICATIONS, INC.
252 Alexander Street
Rochester, NY 14607
Tel.: (585) 461-1570
Fax: (585) 461-5313
Web Site: www.archercom.com

Year Founded: 1988

Discipline: Full Service/Integrated

Jeff Lennox *(Chief Executive Officer)*
Carrie Tschetter *(President)*
Elaine Lennox *(Partner, Business Development)*

ARENDS, INC.
515 North River Street
Batavia, IL 60510
Tel.: (630) 482-9800
Fax: (630) 990-2556
Web Site: www.arends-inc.com

Employees: 15
Year Founded: 1958

Discipline: Full Service/Integrated

John Arends *(Owner & Chief Engagement Officer)*
Jim McMillen *(Vice President & Account Director)*

ARTISANS ON FIRE
1114 South Main Street
Las Vegas, NV 89104
Tel.: (702) 622-2008
Web Site: www.artisansonfire.com/

Year Founded: 2016

Discipline: Full Service/Integrated

John Erminio *(Co-Founder & Chief Operations Officer)*
Dustin Iannotti *(Co-Founder)*
Grace Park *(Director, Art)*
Megan Bethge *(Manager, Social Media)*

Accounts:
Medizin
Planet 13
Trendi

ASEN MARKETING & ADVERTISING, INC.
18 Emory Place
Knoxville, TN 37917
Tel.: (865) 769-0006
Fax: (865) 769-0080
Web Site: www.asenmarketing.com

Employees: 25
Year Founded: 1983

Discipline: Full Service/Integrated

Paul Scoonover *(President & Chief Executive Officer)*
Stacey DeHart *(Chief Operating Officer)*
Mark Perriguey *(Senior Art & Information Technology Director)*
Brookney Morrell *(Creative Director & Account Manager)*

ASHER AGENCY
535 West Wayne Street
Fort Wayne, IN 46802
Tel.: (260) 424-3373
Fax: (260) 424-0848
Toll Free: (800) 900-7031
Web Site: www.asheragency.com

Year Founded: 1974

Discipline: Full Service/Integrated

Tom Borne *(Chief Executive Officer)*
Kara Kelley *(President)*
Jill Brown *(Senior Vice President & Media Director)*
Anthony Juliano *(Vice President & General Manager)*
Kelly Gayer *(Vice President & Creative Director)*
Dan Schroeter *(Vice President & Creative Director)*
Margaret Davidson *(Vice President, Strategic Development)*
Emily Harmeyer *(Art Director)*
Brandon Peat *(Senior Director, Digital Art)*
Lisa Starr *(Senior Media Buyer & Planner)*
Sasha Skow-Lindsey *(Account Supervisor)*
Tessa Gochtovtt *(Senior Media Planner & Buyer)*
Natalie Mann *(Media Planner & Buyer)*
Melanie George *(Account Executive)*
Erin Boedeker Blair *(Account Executive)*
Jeremy Jacobs *(Media Buyer)*
Leslie Larkins *(Media Planner & Buyer)*
Marina McQueary *(Senior Media Planner & Buyer)*
Erica Sullivan *(Account Supervisor)*
Tiffany Templeton *(Account Supervisor)*
Kirsten Hamrick *(Production Manager)*

ASHER AGENCY
117 Summers Street
Charleston, WV 25301-2110

AGENCIES - JULY, 2020 — FULL SERVICE/INTEGRATED AGENCIES

Tel.: (304) 342-1200
Fax: (304) 342-1285
Web Site: www.asheragency.com
Year Founded: 1974
Discipline: Full Service/Integrated

Steve Morrison *(Vice President & General Manager)*
Shannon Simon *(Director, Strategic Communications)*
Vince Harper *(Senior Art Director)*

ASHFORD ADVERTISING AGENCY
1528 North Sierra Vista Avenue
Fresno, CA 93703-4511
Tel.: (559) 255-8273
Fax: (559) 255-8203
Web Site: www.ashfordworld.com
Year Founded: 1970
Discipline: Full Service/Integrated

Frank Arnold *(President)*
Bill Choate *(Vice President & Director)*

ASO ADVERTISING
595 Atlanta Street
Roswell, GA 30075
Tel.: (404) 659-2769
Fax: (404) 659-7664
Web Site: www.asoy.com
Employees: 22
Year Founded: 1996
Discipline: Full Service/Integrated

Steve Harding *(President & Chief Executive Officer)*
Ryan Mikesell *(President & Chief Creative Officer)*
Sandra Love *(Senior Art Director)*

Accounts:
Georgia Aquarium
Georgia Natural Gas Services
The Atlanta Journal-Constitution

AUGUSTINE
3017 Douglas Boulevard
Roseville, CA 95661
Tel.: (916) 774-9600
Fax: (916) 774-9611
Web Site: www.augustineagency.com
Year Founded: 1996
Discipline: Full Service/Integrated

Debbie Augustine-Nelson *(Founder & Chief Creative Officer)*
Robert Nelson *(Owner)*
Jeff Roberts *(Senior Vice President)*
Jaime Hayden *(Manager, Public Relations & Content Marketing)*

Accounts:
Mission Foods
Visit Bastrop

AUSTIN & WILLIAMS ADVERTISING
80 Arkay Drive
Hauppauge, NY 11788
Tel.: (631) 231-6600
Fax: (631) 434-7022
Web Site: www.austin-williams.com
Year Founded: 1970
Discipline: Full Service/Integrated

Rick Chiorando *(Chief Executive Officer & Principal)*
Sandra Drucker *(Chief Financial Officer)*
Eva LaMere *(President)*
Andrew Catalano *(Chief Digital Officer)*
Carolyn Eckert *(Vice President & Account Director)*
Barbara Esposito *(Vice President & Strategist, Communications)*
Jennifer Forget *(Vice President, Client Engagement)*
Jody Fisher *(Vice President, Public Relations)*
Lisa Liebman *(Vice President & Managing Director)*
Bryan Hynes *(Creative Director)*
Frank Durante *(Director, Digital Development)*
Henry Luhmann *(Director, Production Services)*
Jerry Bentivegna *(Senior Art Director)*
Larry Baronciani *(Senior Art Director)*
Sallianne Nicholls *(Director, Creative Resource)*
Pamela Schneck *(Supervisor, Integrated Media Buying)*
Helen O'Rourke *(Strategist, Social Media)*
Jessica Ford *(Account Supervisor)*
Alissa Lindner *(Account Supervisor)*
Chris Tomaszewski *(Strategist, Paid Search)*
Juan Tejada *(Strategist, Digital Media)*
Nicholas Basil *(Web Developer)*
Tina Choy *(Editor, Copy - Quality Assurance)*
Rita O'Connor *(Coordinator, Media & Traffic)*

AUSTIN LAWRENCE GROUP, INC.
300 Main Street
Stamford, CT 06901
Tel.: (203) 961-8888
Fax: (203) 969-0266
Web Site: www.austinlawrence.com
Employees: 10
Year Founded: 1981
Discipline: Full Service/Integrated

Ken Lempit *(President)*
Suzanne Marsalisi *(Inbound Marketing & Client Services Director)*
Muhammad Farooq *(Senior Engineer, Software)*

AUTOMOTIVE EVENTS
19111 Detroit Road
Cleveland, OH 44116
Tel.: (440) 356-1383
Toll Free: (877) 856-8077
Web Site: www.automotive-events.com
Year Founded: 1976
Discipline: Full Service/Integrated

John Thorne *(Chief Executive Officer)*
Iain Dobson *(President)*
Jeff Emerine *(Executive Vice President, Operations, Production & Creative)*

AVENIR BOLD
612 Wade Avenue
Raleigh, NC 27605
Tel.: (919) 463-9680
Fax: (919) 463-9722
Toll Free: (800) 849-2118
Web Site: www.aboldagency.com
Year Founded: 1991
Discipline: Full Service/Integrated

Jan Johnson *(President & Chief Executive Officer)*
David Watts *(Creative Director)*
Karen Howell *(Media Director)*
Melissa Gagliardi *(Account Executive)*
Frank Acquantita *(Media Buyer)*

AVOCET COMMUNICATIONS
425 Main Street
Longmont, CO 80501
Tel.: (303) 678-7102
Fax: (303) 678-7109
Toll Free: (800) 718-5744
Web Site: avocetcommunications.com
Year Founded: 1982
Discipline: Full Service/Integrated

Kit Sutorius *(Chairman)*
Lori Sutorius Jones *(President & Chief Executive Officer)*
Corey Powers *(Director, Creative Services)*
Chris Sutorius *(Production Manager)*
Erica Bryant *(Account Manager)*
Reina Morrison *(Manager, Digital Marketing)*
Lisa Metzger *(Manager, Media Relations)*
Matthew Herman *(Account Executive)*
Samantha Goshia *(Coordinator, Social Media)*

BADER RUTTER & ASSOCIATES, INC.
1433 Northwater Street
Milwaukee, WI 53202
Tel.: (262) 784-7200
Fax: (262) 938-5595
Web Site: www.baderrutter.com
Employees: 150
Year Founded: 1974
Discipline: Full Service/Integrated

Greg Nickerson *(Chairman)*
Jeff Young *(President & Chief Executive Officer)*
Tom Posta *(Chief Operating Officer)*
Linda Hogan *(Chief Operating Officer)*
Ned Brown *(Chief Creative Officer)*
JoDee George *(Chief Client Officer)*
Patrick Smith *(Executive Vice President, MarTech)*
Allison Madell *(Executive Vice President, Public Relations & Social Media)*
Curtis Gorrell *(Strategic Consultant)*
Allison Lauer *(Recruitment Director)*
Colleen Grams *(Account Director)*
Gina Biel *(Group Director - Target Activation Group)*
Nina O'Brien *(Associate Director, Media)*
Manisha Nabke *(Associate Director, Engagement Strategy)*
Mark Bjorgo *(Management Director)*
Larry O'Brien *(Senior Director, Management & Strategist, Public Relations)*
Shawn Holpfer *(Executive Director, Design)*
Meghan Basile *(Associate Media Director)*
Mike Basse *(Creative Director)*
Steven Fischer *(Director, Digital Strategy)*
Tony Maurer *(Digital Director)*
Sarah Kmet-Hunt *(Executive Creative Director)*

328

FULL SERVICE/INTEGRATED AGENCIES

Phill Barufkin *(Executive Director & Marketing Strategy Leader)*
Grant Thekan *(Director, Strategy)*
Steve Silver *(Creative Director)*
Julie Ferris-Tillman *(Marketing Director)*
Jodi Paynter *(Head, Account Management Operations)*
Kristina Hopkins *(Head, Public Relations)*
Nicole Adrian *(Head, Public Relations)*
Zach Szewczyk *(Team Leader - Dow AgroSciences)*
Elizabeth Astin *(Team Leader - Dow AgroSciences)*
Kristin Wood *(Team Leader - Campaign Management)*
Mandy Rogers *(Media Supervisor)*
Ken Ryan *(Senior Account Executive)*
Meg Weichelt *(Senior Artist, Production)*
Alan Bell *(Senior Content Specialist)*

Accounts:
Boehringer Ingelheim Animal Health
Eastman Chemical Company
OfficeMax, Contract
Pioneer Hi-Bred International, Inc.
Schneider Electric North America
Standard Insurance Company
Zoro

BAKER STREET ADVERTISING
15 Lombard Street
San Francisco, CA 94111
Tel.: (415) 659-3900
Fax: (415) 659-3903
Web Site: www.bakerstadvertising.com

Year Founded: 1983

Discipline: Full Service/Integrated

Jack Boland *(Chairman)*
Brian Bacino *(Chief Creative Officer)*
Don Donovan *(Founder, Chief Executive Officer, Chairman & Owner)*
Bob Dorfman *(Executive Vice President & Executive Creative Director)*
Glenn Yajko *(Media Director)*
Shelly Trujillo-Kalianis *(Senior Media Planner & Associate Media Director)*

BALCOM AGENCY
1413 Rio Grande Ave
Fort Worth, TX 76102
Tel.: (817) 877-9933
Fax: (817) 877-5522
Web Site: www.balcomagency.com

Employees: 20

Discipline: Full Service/Integrated

Stuart Balcom *(President & Chief Executive Officer)*
Lynne Swihart *(Director, Production Services)*
Steve Cantrell *(Director, Client Services & Media Specialist)*
Carol Glover *(Creative Director)*
Brian Blankenship *(Interactive Creative Director)*
Lesley Dupre *(Account Director & Public Relations Specialist)*
Susan Schoolfield *(Director, Account)*
Chris Hawthorne *(Media Director)*
Ashley Freer *(Principal, Group Director & Strategist)*
Alan Parchman *(Account Director)*
Lauren Kimberlin *(Digital Project Manager & Digital Specialist)*
Christine Cantrell *(Manager, Account)*

Alexa Macmillan-Butler *(Senior Media Buyer & Planner)*

BALDWIN & OBENAUF, INC.
50 Division Street
Somerville, NJ 08876
Tel.: (908) 685-1510
Fax: (908) 707-9181
Web Site: www.bnoinc.com/

Employees: 20
Year Founded: 1981

Discipline: Full Service/Integrated

Joanne Obenauf *(Chief Executive Officer)*
George Jackus *(Senior Vice President & Creative Director)*
Beverly Thomas *(Vice President, Marketing & Strategic Accounts)*
Laura McLaughlin *(Director, Business Services)*

BANFIELD AGENCY
35 Armstrong Street
Ottawa, ON K1Y 2V4
Tel.: (613) 722-6832
Fax: (613) 722-7151
Web Site: www.bsl.com

Employees: 35
Year Founded: 1973

Discipline: Full Service/Integrated

Nancy Webb *(Chief Executive Officer)*
Timothy Jones *(President & Creative Director)*
John Charette *(Vice President & Creative Director)*

BANTON MEDIA
10607 Highway 707
Myrtle Beach, SC 29588
Tel.: (843) 299-1221
Web Site: www.bantonmedia.com

Year Founded: 2010

Discipline: Full Service/Integrated

Jake Gianelli *(Chief Operating Officer)*
Caustin Sutton *(Director, Social Media)*
Daniel Elliott *(Creative Director)*
Daniel German *(Director, Digital Services)*
Bryan Eckardt *(Director, Video Production)*
Kristi Juszkiewicz *(Office & Media Manager)*

BARKLEY
1740 Main Street
Kansas City, MO 64108
Tel.: (816) 842-1500
Web Site: www.barkleyus.com

Employees: 325
Year Founded: 1964

Discipline: Full Service/Integrated

Bill Fromm *(Founder)*
Jeff King *(Chief Executive Officer)*
Jason Parks *(Chief Growth Officer)*
Dan Fromm *(President & Chief Operating Officer)*
Jeff Fromm *(President - FutureCast)*
Tim Galles *(Chief Idea Officer)*
Amy Allen *(Chief Legal Counsel & Executive Vice President, Human Resources)*
Sam Meers *(Executive Vice President)*
Stephanie Parker *(Executive Vice President, Client Experience)*
Sara Buck *(Executive Vice President, Partner Experience)*
Brad Hanna *(Executive Vice President & Group Account Leader)*
Katy Hornaday *(Executive Vice President & Executive Creative Director)*
David Gutting *(Senior Vice President, Intelligence)*
Allisyn Wheeler *(Senior Vice President, Client Strategy & Operations)*
Andy Pitts *(Senior Vice President, Client Experience & Brand Leadership)*
Julie Levine *(Senior Vice President, Digital & Connected Experience)*
Chris Cardetti *(Vice President & Executive Strategy Director)*
Berk Wasserman *(Vice President & Creative Director)*
Jessica Best *(Vice President, Data-Driven Marketing)*
Brielyn Hess *(Vice President, Engagement & Paid Media)*
Howard Laubscher *(Vice President, Strategy Director)*
John Hornaday *(Vice President & Director, Account)*
Melany Esfeld *(Director, Integrated Production & Vice President)*
Jimmy Keown *(Vice President & Director, Growth Strategy)*
Justin Sutton *(Vice President, Brand Leadership)*
Anne Thomasson *(Vice President, Business Affairs & Talent Management)*
Paula Spacil *(Director, Creative Operations)*
Amy Do *(Director, Social Media)*
Eric Applequist *(Supervisor, Brand)*
John Dobson *(Director, Brand)*
Julie Dykstra *(Brand Director)*
Jessica Walden-Morden *(Creative Director)*
Austin Pratt *(Associate Media Director, Media Buying)*
Michael Lindquist *(Social Director)*
Tim McCracken *(Creative Director)*
Kellyn Dunn *(Strategy Director)*
Lexi White *(Associate Creative Director)*
Jeff Witcher *(Brand Director)*
Michael Levine *(Director, Growth Marketing)*
Ilana Marshall *(Director, Art)*
Bailey Grover *(Director, Social)*
Chris Cima *(Creative Director)*
Chris Larberg *(Senior Art Director)*
Doug Hentges *(Creative Director)*
Dustin Schirer *(Director, Creative Production)*
Jesse Bowen *(Associate Creative Director)*
Jordan Breindel *(Associate Creative Director)*
Joe DeSalvo *(Creative Director)*
Megan Adams *(Art Director)*
Marianne Gjerstad *(Group Director, Engagement)*
Serge Castagna *(Creative Director)*
Kennedy Stout *(Brand Director)*
Drew Hemeyer *(Art Director)*
Jim Leonard *(Senior Producer)*
Molly Griffin *(Senior Strategist)*
Allison Miller *(Media Buying Supervisor)*
Jordan Stephens *(Media Buyer Supervisor)*
Antonio Marquez *(Senior Media Buyer)*
Austin Martin *(Associate Social Manager)*
Shannon Scribner *(Content Supervisor)*
Taylor Craft *(Social Manager)*
Andria Belmares *(Brand Manager)*
Richard Robbins *(Senior Interactive Producer - Boulder)*
Caitlin Robb *(Senior Brand Manager)*
Madison Stanze *(Assistant Brand Manager)*
Katy Zimmerman *(Social Supervisor)*
Evan Holwick *(Brand Activation Manager)*

Brands. Marketers. Agencies. Search Less. Find More.
Try out the online version at www.winmo.com

AGENCIES - JULY, 2020
FULL SERVICE/INTEGRATED AGENCIES

Madison Schlager *(Manager, Brand)*
Jessica Monnett *(Supervisor, Media Planning)*
J. P. McIntosh *(Senior Producer, Integrated)*
Kathleen Frazier *(Supervisor, Brand, Health & Financial)*
Tifany Wrzesinski *(Senior Project Manager)*
Griffin Davis *(Producer, Creative)*
Justin Smith *(Senior Copywriter)*
Kallie Applegate *(Social Specialist)*
Emily Ladig *(Associate Strategist)*
Olivia Bohringer *(Strategist)*
Daniel Knutson *(Strategist, Social Media)*

Accounts:
At Home Group Inc.
Big O Tires, Inc.
Cache Valley Cheese
Cargill, Inc.
Clearfield
Club Keno
Cost Cutters
Dawn Food Products, Inc.
Dent Wizard International
Florida Crystals Corporation
Fogo de Chao Churrascaria, LLC
Gallo
Haribo Gold-Bears
Haribo of America, Inc.
Haribo Starmix
Haribo Twin Snakes
International Dairy Queen, Inc.
Justin's
Lotto
Lucky Dough
Mega Millions
Missouri Lottery
Pick 3
Pick 4
Planet Fitness
Powerball
Quiznos
Russell Athletic
School Choice
Schreiber
Schreiber Foods, Inc.
Show Me Cash
Spirit Airlines, Inc.
Square Enix USA, Inc.
Taco John's International, Inc.
Terminix
Tractor Supply Company
UMB Financial Corporation
United Van Lines Canada
Vanity Fair
Weis Markets, Inc.
Winnebago Industries, Inc.

BATTERY
6515 West Sunset Boulevard
Hollywood, CA 90028
Tel.: (323) 467-7267
Web Site: www.batteryagency.com

Year Founded: 2013

Discipline: Full Service/Integrated

Phillip Khosid *(Co-Founder & Chief Creative Officer)*
Anson Sowby *(Chief Executive Officer & Co-Founder)*
Scott Brown *(Partner & Executive Creative Director)*
Mike Parseghian *(Head, Brand & Partner)*
Zachary Hill *(Brand Director)*
Becky Ginos *(Associate Creative Director)*

Accounts:
Aecom Technology Corporation

BBDO ATL
3500 Lenox Road
Atlanta, GA 30326
Tel.: (404) 231-1700
Fax: (404) 841-1893
Web Site: www.bbdoatl.com

Employees: 180
Year Founded: 1951

Discipline: Full Service/Integrated

Robin Fitzgerald *(Chief Creative Officer)*
Sara Jones *(Executive Vice President & Chief Financial Officer)*
Ami Weiner *(Senior Vice President & Account Director)*
Tami Oliva *(Senior Vice President & Group Account Director)*
Marla Ulrich *(Senior Vice President & Head, Production)*
Derrick Ogilvie *(Vice President & Creative Director)*
David Welday *(Vice President & Account Director)*
Laura Perrizo *(Vice President & Account Director)*
Ray Edwards *(Director, Data Science & Advanced Analytics)*
Reid Howard *(Senior Integrated Producer)*
Nigel Tribe *(Head, Strategy)*
Mary O'Keefe *(Creative Director)*
Emily Miller *(Senior Copywriter)*
Ayanna Narcisse-Williams *(Broadcast Traffic Manager)*
Meg Foley *(Integrated Business Manager)*
Peter Bunarek *(Managing Director)*
Francis Woodard *(Senior Client Business Manager)*

Accounts:
AT&T Mobility, LLC
AT&T PREPAID
AT&T Wireless
Foot Locker, Inc.
Georgia Lottery Corporation
NCL Corporation
Norwegian Cruises
Peace Corps (Press Office)
Sanderson Farms, Inc.
The Original Honey Baked Ham Company of Georgia, I
The Weather Channel, Inc.
Voya Financial
Zoo Atlanta

BBDO CANADA
Two Bloor Street West
Toronto, ON M4W 3R6
Tel.: (416) 972-1505
Fax: (416) 972-5656
Web Site: www.bbdo.ca

Employees: 350
Year Founded: 1891

Discipline: Full Service/Integrated

Denise Rossetto *(Chief Creative Officer)*
Todd Mackie *(Chief Creative Officer)*
Dom Caruso *(President & Chief Executive Officer)*
Paul Reilly *(Chief Operating Officer)*
Beatrice Bodogh *(Vice President & Head, Broadcast Production)*
Stephanie Page *(Vice President & Group Account Director)*
Jason Dick *(Vice President, Project Management)*
Tom Kenny *(Vice President, Strategy)*
Tania Montemarano *(Account Director)*
Derek Blais *(Vice President & Associate Creative Director)*
Sonia Ruckemann *(Group Account Director)*
Travis Saint Denis *(Senior Account Planner)*
Sarah Ng *(Senior Project Manager)*
Dan La Cute *(Account Supervisor)*
Jia Cau *(Account Executive)*

Accounts:
Black Diamond
Harlequin Enterprises Ltd. Canada
Harvey's
Lactancia
Lowe's Canada
Mars Petcare
Olivina
Parmalat Canada, Ltd.
Recipe Unlimited Corporation
Royal Bank of Canada
Sargento
Swiss Chalet
Whiskas

BBDO MINNEAPOLIS
150 South Fifth Street
Minneapolis, MN 55402
Tel.: (612) 338-8401
Web Site: www.bbdompls.com

Year Founded: 1891

Discipline: Full Service/Integrated

Neil White *(President & Chief Executive Officer)*
Theodore Schweitz *(Vice President & Director, Planning)*
Angela Johnson *(Group Account Director)*
Robin Rooney *(Account Director)*
Debra Lustig *(Director, Production)*
Timothy Mattimore *(Executive Creative Director)*
Jessica Teigen *(Director, Project Management & Production)*
Nathalia Resende *(Creative Director)*
Kim Walsh *(Director, Production & Business Affairs)*

Accounts:
Allsteel, Inc.
Andersen Corporation
Andersen Windows
Black Label
Chi-Chi's Salsas
Cure 81
Dinty Moore
Fiserv, Inc.
Hormel
Hormel Chili
Hormel Compleats
Hormel Foods Corporation
Jennie-O Turkey Store
MegaMex Foods, LLC
Skippy
SPAM

BBDO SAN FRANCISCO
600 California Street
San Francisco, CA 94109
Tel.: (415) 808-6200
Fax: (415) 808-6221
Web Site: bbdosf.com

330

FULL SERVICE/INTEGRATED AGENCIES
AGENCIES - JULY, 2020

Employees: 37
Year Founded: 1891

Discipline: Full Service/Integrated

Jim Lesser *(President & Chief Executive Officer)*
Matt Miller *(Chief Creative Officer)*
Carter Nance *(Executive Vice President & Worldwide Business Director)*
Evyn Zell-Groner *(Executive Vice President & Group Account Director)*
Tim Millar *(Executive Vice President & Head, Strategy)*
Linda Domercq *(Senior Vice President, Finance & Human Resources)*
Melissa Miller *(Senior Vice President & Planning Director)*
Kim Fredkin *(Senior Vice President, Group Account Director)*
Jacqueline Djanikian *(Supervisor, Broadcast Business Affairs)*
Louise Doherty *(Senior Vice President & Head, Integrated Production)*
Meredith Krull *(Vice President & Group Strategy Director)*
Elana Shea *(Vice President & Senior Account Director)*
James Campbell *(Vice President, Senior Account Director)*
Monisha Lewis *(Vice President & Director, Communications)*
Steve Rutter *(Executive Creative Director)*
Michael Cornell *(Senior Art Director)*
Rachael Kelly *(Art Director)*
Jason Moussalli *(Creative Director)*
Jakub Szymanski *(Associate Creative Director)*
Adriana Falcon *(Director, Talent & Operations)*
Kate Catalinac *(Creative Director)*
Craig Nelson *(Senior Director, Art)*
Frankmy Olivo *(Senior Art Director)*
Corinne Goode *(Creative Director)*
Courtney Abel *(Head, Project Management)*
Christina Whalen *(Associate Director, Creative)*
Latasha Ewell *(Associate Director, Creative)*
Whitney Husnik *(Senior Producer)*
Elizabeth Clarity *(Account Supervisor)*
William Jones *(Account Supervisor)*
Catherine Cotaco *(Senior Traffic Manager)*
Patti Bott *(Executive Producer)*
Kristie Lee *(Senior Communications Planner)*
Molly Gasch *(Senior Brand Planner)*
Alexandra Hamill *(Account Executive)*
Jose Higuera *(Senior Strategist)*
Chava Quinn *(Interactive Producer)*
Kyle Rodriguez *(Supervisor, Management)*

Accounts:
American Girl
Barbie
Cesar
Fisher-Price
Harrah's Casino & Hotel
Hot Wheels
Masterfoods
NBC Sports Regional Network
Wells Fargo & Company
Wells Fargo Community Banking

BBDO WEST
12777 West Jefferson Boulevard
Los Angeles, CA 90066
Web Site: www.bbdo.com

Employees: 80
Year Founded: 1891

Discipline: Full Service/Integrated

David Povill *(Executive Vice President & Executive Creative Director)*
Stacia Parseghian *(Senior Vice President & Senior Director)*
David McKenzie *(Senior Vice President & Senior Director)*
Colin Vidika *(Vice President & Director, Project Management)*
Mac Russell *(Vice President & Communications Planning Director)*
Katie Brinkworth *(Creative Director)*
David Cuccinello *(Executive Creative Director)*
Mike Costello *(Creative Director)*
Rachel Greenlee *(Account Director)*
Allie Knill *(Account Supervisor)*
Rachel Nairn *(Managing Director)*

Accounts:
AT&T Mobility, LLC
AT&T Wireless
AT&T, Inc.
AT&T, Inc.
DIRECTV, Inc.

BBDO WORLDWIDE
1285 Sixth Avenue
New York, NY 10019
Tel.: (212) 459-5000
Fax: (212) 459-6455
Web Site: www.bbdo.com

Employees: 700
Year Founded: 1891

Discipline: Full Service/Integrated

David Lubars *(Chariman & Chief Creative Officer)*
Andrew Robertson *(President & Chief Executive Officer)*
Jeff Sautter *(Chief Operating & Chief People Officer)*
James Cannon *(Vice Chairman & Chief Financial Officer - BBDO Worldwide)*
Kirsten Flanik *(President & Chief Executive Officer - NY)*
Crystal Rix *(Global Chief Marketing Officer)*
Tracy Lovatt *(Chief Executive Officer - Batten & Co.)*
Greg Ketchum *(Executive Vice President & Executive Creative Director)*
Roy Elvove *(Executive Vice President & Director, Worldwide Communications)*
Tom Darbyshire *(Executive Vice President & Executive Creative Director)*
Jim Santora *(Executive Vice President & Senior Account Director)*
Joe DiMeglio *(Executive Vice President & Lead, Ford North America Business)*
Victoria Kaulback *(Executive Vice President, Strategy)*
Matt MacDonald *(Executive Vice President & Creative Director)*
Mark Cadman *(Executive Vice President & Managing Director)*
Lauren Connolly *(Executive Vice President & Executive Creative Director)*
Tom Godici *(Executive Vice President & Creative Director)*
Tim Bayne *(Executive Vice President & Executive Creative Director)*
Tom Markham *(Executive Vice President & Executive Creative Director)*
Lisa Piliguian *(Executive Vice President & Senior Account Director)*
Kathryn Brown *(Executive Vice President & Senior Account Director)*
Joanna Ruiz *(Executive Vice President)*
Susannah Keller *(Executive Vice President & Global Account Director)*
Amy Wertheimer *(Group Executive Producer)*
Paul Roebuck *(Executive Vice President & Global Business Lead - Ford)*
Troy Tarwater *(Executive Vice President, Global Operations & Partner Integration)*
Annemarie Norris *(Executive Vice President & Group Director, Behavioral Planning)*
Daniela Vojta *(Executive Vice President & Executive Creative Director)*
Sally Nathans *(Executive Vice President & Senior Account Director)*
Corey Cirillo *(Executive Vice President & Senior Account Director - Macy's, CVSHealth, Yahoo!, AmorePacific)*
Shahnaz Shroff *(Senior Vice President, Senior Director)*
Marisa Shockley *(Senior Vice President & Senior Director)*
Dan Blaney *(Senior Vice President, Group Executive Producer)*
Yin Chung *(Senior Vice President, Group Communications Planning Director - BBDO NY)*
Damjan Pita *(Senior Vice President & Digital Senior Creative Director)*
Greg Gerstner *(Senior Vice President & Senior Creative Director)*
Lindsey Conklin Cash *(Senior Director & Senior Vice President)*
Josh Steinman *(Senior Vice President & Senior Director)*
Janelle Van Wonderen *(Senior Vice President & Senior Account Director)*
Bernadette Naughten *(Senior Vice President, Director, Business Affairs)*
Jessica Nugent *(Senior Vice President, Production Services)*
Lance Vining *(Vice President & Creative Director)*
Jennifer Hunley *(Vice President, Planning Director)*
Tani Corbacho *(Vice President & Account Director)*
Phil Brolly *(Vice President & Account Director)*
Steve Panawek *(Vice President, Planning Director)*
Vishal Dheiman *(Vice President & Head, Innovation)*
Cailin Gibbons *(Vice President & Account Director)*
Karin Santiago *(Vice President & Planning Director)*
Bianca Guimaraes *(Vice President, Creative Director)*
Josh Goodman *(Vice President & Account Director)*
Ashley Gill *(Vice President & Account Director)*
Nicole Landesman *(Head, Business Development)*
Elizabeth Kelberg *(Vice President & Account Director)*
Pol Hoenderboom *(Vice President & Director, Creative)*
Bart Mol *(Vice President & Director, Creative)*
Kara Goodrich *(Senior Creative Director)*
Doug Fallon *(Chief Creative Officer)*
Steven Fogel *(Executive Creative Director)*
Gianfranco Arena *(Executive Creative Director)*
Peter Kain *(Creative Director & Copywriter)*
Taylor Marsh *(Creative Director)*
Anne Lac *(Creative Director)*
Judd Counsell *(Creative Director & Copywriter)*
Joaquin Salim *(Associate Creative Director)*

Brands. Marketers. Agencies. Search Less. Find More.
Try out the online version at www.winmo.com

331

AGENCIES - JULY, 2020

FULL SERVICE/INTEGRATED AGENCIES

Martins Zelcs (Associate Creative Director)
Danilo Boer (Executive Creative Director - Art & Design)
Mark Voehringer (Senior Creative Director)
Monty Pera (Creative Director)
Roberto Danino (Creative Director)
Clarissa Lampertz (Vice President, Account Director)
Frederick Kovey (Creative Director)
Nicholas Choremi (Art Director)
Jay Spahr (Associate Creative Director)
Susan Young (Executive Creative Director)
Zach Kula (Planning Director)
Kevin Mulroy (Creative Director & Writer)
Mariana Oliveira (Associate Creative Director)
Matthew Brink (Executive Creative Director)
Alex Booker (Executive Creative Director)
Bruno Borges (Associate Creative Director)
Susan Golkin (Executive Creative Director)
Brit Browning (Group Planning Director)
Peter Alsante (Creative Director)
Jessica Coulter (Creative Director)
Alexander Yesikov (Group Account Director)
Christina Stoddard (Director, Strategic Planning)
Philip Sicklinger (Executive Creative Director)
Marcos Kotlhar (Executive Creative Director)
Jamie Rutherford (Strategy Director)
Mark Girand (Director, Senior Creative)
Dena Walker (Head, Brand Planning North America - Ford)
Bryan Stokely (Associate Creative Director)
Raymond Dorcely (Account Director)
Benjamin Bass (Planning Director)
Brian Brydon (Director, Communications Planning)
Martin Staaf (Senior Director, Art)
Adam Livesey (Executive Creative Director & Art Director)
Andrew Jeske (Creative Director)
Adam Livesey (Executive Creative Director & Art Director)
Katie Young (Executive Producer, Interactive)
Matthew Page (Creative Director)
Adam Beilman (Account Director)
Lindsey Mawhee (Account Director)
Jasmine Batista (Senior Art Producer)
Erica Watts (Awards Manager)
Michael Woodall (Producer)
Blake Maraoui (Account Manager)
Paul Cisco (Business Affairs Manager)
Elizabeth Jacobs (Account Manager)
Christian Martinez (Account Executive)
Madeleine Reeves (Brand Planner)
Meghan Wood (Account Manager)
Rachel Passman (Account Manager)
Justin Perrelli (Account Manager)
Kristin Tolbert (Senior Planner)
Clare McGough (Senior Social Manager)
Lucy Bennett (Influencer Manager)
Corie Rosenblatt (Content Producer)
Alexandra Britt (Senior Strategic Planner - Johnson & Johnson Corporate, Janssen Pharmaceuticals, American Red Cross, Macy's)
Danielle Amico (Senior Interactive Producer)
Jessica Rello (Senior Copywriter)
Julie Naidu (Communications Planner)
Samuel Henderson (Account Manager)
Taylor Baird (Account Executive)
Mike Miles (Assistant Account Executive)
Madeline Bell (Account Executive)
Jackie Silver (Account Executive)
Brenna Tharnstrom (Senior Planner)
Tina Allan (Managing Director, Data Solutions)

Accounts:

Activision Publishing, Inc.
American Family Insurance Group
Amp Energy
AOL
Asmanex
AT&T Digital Life
AT&T Mobility, LLC
AT&T PREPAID
AT&T U-Verse
AT&T Wireless
AT&T, Inc.
Aunt Jemima
Avandamet
Avandaryl
Avandia
Bacardi
Bacardi 151
Bacardi 1873 Solera
Bacardi 8
Bacardi Anejo
Bacardi Big Apple
Bacardi Black
Bacardi Daiquiri
Bacardi Flavored Rum
Bacardi Gold
Bacardi Limon Citrus Rum
Bacardi Maestro De Ron
Bacardi Mixers
Bacardi Mojito
Bacardi Oakheart
Bacardi Party Drinks
Bacardi Pina Colada
Bacardi Silver
Bacardi Superior
Bacardi USA, Inc.
Band-Aid
BBC World News
Birds Eye
Birds Eye Voila
Bombay Sapphire
Cazadores
Christopher Reeve Paralysis Foundation
Corzo
CVS Caremark
CVS Health
Dewar's
Duncan Hines
Dunkin'
Economist Group
Emirates Airlines
Exxon Gasoline
ExxonMobil Corporation
FedEx Corporation
FedEx Express
FedEx Office
Fedex.com
Foot Locker, Inc.
Ford
Ford C-Max
Ford C-Max
Ford Edge
Ford Escape
Ford Expedition
Ford Explorer
Ford F-150
Ford F-250 Super Duty
Ford F-350 Super Duty
Ford F-450 Super Duty
Ford F-Series
Ford Fiesta
Ford Flex
Ford Focus
Ford Fusion
Ford Motor Company
Ford Mustang
Ford Taurus

GE GeoSpring
GE Healthcare
GE Lighting
GE Vscan
Havana Club Clear Rum
HP, Inc.
Instagram Inc
Johnson's Baby
Johnson's Baby
Johnson's Head-to-Toe Baby Wash
Kids Foot Locker
Lady Foot Locker
Lay's
M&M's
Macy's, Inc.
Malarone
Mars Petcare
Martini & Rossi
Martini Vermouth
Martini Wine
Merck & Company, Inc.
Mobil
Motorola Mobility, Inc.
Motorola Solutions, Inc.
Mrs. Butterworth's
Neosporin
Netscape
Nicotrol
Open Pit
Pedigree
Pedigree Dentastix
Pepsi
Pinnacle Foods Corporation
Rogaine
Sabic Innovative Plastics
SAP America, Inc.
Sheba
Snickers
Snickers
Sony Electronics
Starbucks Corporation
The American Red Cross
The Economist
Twinrix
Twix
Viagra
Visa Signature Card
Visa, Inc.
Vlasic
WhatsApp
Wish-Bone

BCA MARKETING COMMUNICATIONS
800 Westchester Avenue
Rye Brook, NY 10573
Tel.: (914) 697-4866
Fax: (212) 286-9736

Web Site: www.bcany.com

Employees: 9
Year Founded: 1977

Discipline: Full Service/Integrated

Jim Cronin (President & Chief Executive Officer)
Evelyn Galli (Chief Operating Officer)

BEALS CUNNINGHAM STRATEGIC SERVICES
2333 East Britton Road
Oklahoma City, OK 73131
Tel.: (405) 478-4755
Fax: (405) 478-4752
Web Site: www.bealscunningham.com

Brands. Marketers. Agencies. Search Less. Find More.
Try out the online version at www.winmo.com

FULL SERVICE/INTEGRATED AGENCIES
AGENCIES - JULY, 2020

Year Founded: 1916

Discipline: Full Service/Integrated

Nick Cunningham *(President)*
Mike Cunningham *(Chairman)*
Jon Lundeen *(Executive Vice President)*
Amber Minton *(Media Director)*

BECKER MEDIA
2633 Telegraph Avenue
Oakland, CA 94612
Tel.: (510) 465-6200
Fax: (510) 465-6056
Web Site: www.beckermedia.net

Employees: 17

Discipline: Creative/Advertising, Full Service/Integrated

Roger Becker *(Founder & Chairman)*
Brent Davis *(Senior Director, Client Services)*
Ernie DeCoite *(Director, Paid Search)*
Roberta Greenberg Gochman *(Senior Media Buyer)*

Accounts:
Keiser University
Spartan College of Aeonautics & Technology

BEEBY CLARK+MEYLER
700 Canal Street
Stamford, CT 06902
Tel.: (203) 653-7920
Fax: (509) 753-2795
Web Site: www.beebyclarkmeyler.com

Year Founded: 2005

Discipline: Full Service/Integrated

Michael Clark *(Principal)*
Thomas Beeby *(Principal & Chief Creative Officer)*
Stuart Meyler *(Principal)*
Amy McClain *(Group Director, Performance Media)*
James Mullany *(Group Director, Agency Media)*
Kate Hariton *(Director, Search & Performance Marketing)*
Maria Sparling *(Senior Account Director)*
Luigi Mondi *(Account Manager)*
Luke Aubrey *(Manager, Search & Performance Marketing)*
Janice Cupee *(Manager, Search & Performance Marketing)*
Kelly Stern *(Senior Analyst, Search & Performance Marketing)*

Accounts:
Aon Corporation
Banana Boat
Edge
Energizer
Hawaiian Tropic
Marriott International, Inc.
O.B.
Playtex Baby
Schick Intuition
Schick Xtreme 3
Skintimate
Xanterra Parks & Resorts

BELMONT ICEHOUSE
3116 Commerce Street
Dallas, TX 75226
Tel.: (972) 755-3200
Web Site: www.belmonticehouse.com

Year Founded: 2004

Discipline: Full Service/Integrated

Geoff Owens *(Creative Director)*
Sara Lawrence *(Account Supervisor)*
Scott Worley *(Project Manager)*
Erica Ashley Page *(Senior Account Executive)*
Tim Hudson *(Principal & Creative Director)*

Accounts:
Dallas Area Rapid Transit

BENCHWORKS
954 High Street
Chestertown, MD 21620
Tel.: (410) 810-8862
Web Site: www.benchworks.com

Year Founded: 1991

Discipline: Full Service/Integrated

Thad Bench *(Chief Executive Officer)*
Melissa Johnston *(President)*
Brenda Vujanic *(Chief Operating Officer)*
Erin Wilson *(Account Director)*
Thad Bench, II *(Business Development & Corporate Affairs Manager)*
Michelle Garvey *(Marketing Manager)*
Alli Santmyer *(Account Manager)*
Amanda Mills *(Senior Account Executive)*
Caroline Ruvo *(Senior Account Manager)*
Ellen Homyack *(Operations Manager)*
Erika Thompson *(Senior Account Executive)*

BENCHWORKS
2424 East York Street
Philadelphia, PA 19125
Tel.: (410) 810-8862
Web Site: www.benchworks.com

Year Founded: 1991

Discipline: Full Service/Integrated

Angelina Sciolla *(Executive Creative Director)*
Jayne Rutter *(Senior Account Manager)*
Cassidy Novotny *(Account Coordinator)*
Emil Andrusko *(Senior Vice President & Managing Director)*

BENENSON STRATEGY GROUP
777 Third Avenue
New York, NY 10017
Tel.: (212) 702-8777
Web Site: www.bsgco.com

Year Founded: 2000

Discipline: Full Service/Integrated

Carl Rossow *(Founder & Chief Operating Officer)*
Amy Levin *(Principal)*
Joel Benenson *(Founding Partner & President & Chief Executive Officer)*
Wei Guo *(Chief Financial Officer)*
Shira Angert *(Senior Vice President)*
Tobin Marcus *(Senior Vice President)*
Mitch Markel *(Principal)*
Michael Kulisheck *(Vice President, Research & Methodology)*

BEYOND SPOTS & DOTS INC.
1034 Fifth Avenue
Pittsburgh, PA 15219
Tel.: (412) 281-6215
Fax: (412) 281-6218
Web Site: www.beyondspotsanddots.com

Year Founded: 2006

Discipline: Full Service/Integrated

Melanie Querry *(Owner & President)*
Andreas Beck *(Chief Executive Officer)*
Joe Schwartz *(Project Manager & Leader, Digital Team)*

BFG COMMUNICATIONS
Six Anolyn Court
Bluffton, SC 29910
Tel.: (843) 837-9115
Web Site: www.bfgcom.com

Year Founded: 1993

Discipline: Full Service/Integrated

Kevin Meany *(President & Chief Executive Officer)*
Scott Seymour *(Vice President & Chief Creative Officer)*
Jason Vogt *(Vice President, Operations & Planning)*
Lisa Ringelstetter *(Vice President, Client Services)*
Ryan Clark *(Account Director)*
Jesse Bushkar *(Senior Director, Digital & Social)*
Michael Dunn *(Group Creative Director)*
Daniela Mathews *(Account Executive)*
Nolan Gauvreau *(Account Executive)*
Joseph Hickey *(Digital Analyst)*
Neil Arlett *(Managing Director, Business Development)*

Accounts:
Affresh
Alhambra
Barilla America, Inc.
Belmont Springs
Campari America
Church's Chicken
Hinckley Springs
Outback Steakhouse, Inc.
Progressive Casualty Insurance Company
South Carolina Division of Tourism
Sparkletts

BFG COMMUNICATIONS
1000 Marietta Street NW
Atlanta, GA 30318
Tel.: (404) 991-2511
Web Site: www.bfgcom.com

Year Founded: 1993

Discipline: Full Service/Integrated

McKenzie Welch *(Social Media Planner & Buyer)*
Renee Cooper *(Manager, Social Media)*
Holli Easton *(Managing Director)*

Accounts:
Church's Chicken

BIGFISH CREATIVE GROUP
7000 East First Avenue
Scottsdale, AZ 85251
Tel.: (480) 355-2550
Web Site: www.thinkbigfish.com

Year Founded: 1995

Discipline: Full Service/Integrated

Joe Pizzimenti *(Principal)*
Kevin Cornwell *(Director, Design)*
Jamie Williams *(Business Manager)*

Brands. Marketers. Agencies. Search Less. Find More.
Try out the online version at www.winmo.com

AGENCIES - JULY, 2020 — FULL SERVICE/INTEGRATED AGENCIES

BKM MARKETING ASSOCIATES
150 Grossman Drive
Braintree, MA 02184
Tel.: (781) 741-8005
Fax: (781) 741-8007
Web Site: www.bkmmarketing.com

Discipline: Full Service/Integrated

Bruce McMeekin *(Founder & Chief Executive Officer)*
Sam Ricco *(Managing Director, Program Implementation)*

BKV
848 Brickell Avenue
Miami, FL 33131
Tel.: (305) 372-0028
Fax: (305) 372-0880
Web Site: www.bvkmeka.com

Employees: 15
Year Founded: 1984

Discipline: Full Service/Integrated

Herman Echevarria *(Owner)*
Ileana Aleman *(Chief Creative Officer)*
Yasmin Guerrero *(Vice President, Client Services)*
Giselle Lozada *(Associate Media Director)*
Nereyda Lago *(Media Director)*
Marcos Troncoso *(Account Director)*
Maria Yolanda Osorio *(Senior Account Executive)*
Gonzalo Gonzalez *(Managing Director)*

Accounts:
Milwaukee Electric Tool Company
Pfizer
Shaw - Ross International Importers
Southwest Airlines Vacations

BLAIR, INC.
6085 Strathmoor Road
Rockford, IL 61107
Tel.: (815) 282-9060
Fax: (815) 282-9106
Web Site: www.blair-inc.com

Year Founded: 1979

Discipline: Full Service/Integrated

Brian Blair *(Owner)*
Scott Clark *(Vice President)*
Greg Blair *(Art Director & Owner)*

BLD MARKETING
3591 Ridgeway Drive
Bethel Park, PA 15102
Tel.: (412) 831-1959
Fax: (412) 571-1699
Toll Free: (866) 571-1606
Web Site: www.bld-marketing.com

Year Founded: 1975

Discipline: Full Service/Integrated

David Sladack *(President)*
Kevin Mayer *(Chief Executive Officer)*
Nick Murosky *(Director, Content Marketing)*
Garrett Andrae *(Creative Director & Managing Principal)*

BLF MARKETING
103 Jefferson Street
Clarksville, TN 37040
Tel.: (931) 552-0763
Fax: (931) 552-0785
Web Site: www.blfmarketing.com

Year Founded: 1978

Discipline: Full Service/Integrated

Jeff Bibb *(Managing Partner)*
Frank Lott *(Owner & Partner)*
Sharon Bibb *(Director, Human Resources)*
Holly Cummings *(Account Manager)*
Heather Snyder *(Account Manager & Coordinator - Clarksville)*
Maegan Collins *(Account Manager)*

BLOOM ADS, INC.
20720 Ventura Boulevard
Woodland Hills, CA 91364
Tel.: (818) 703-0218
Fax: (818) 703-8525
Web Site: bloomads.com

Discipline: Full Service/Integrated

Kathe Bloom *(President & Chief Executive Officer)*
Lisa Nichols Calabro *(Partner, Vice President & Chief Strategy Officer)*
Barbara DeHaven *(Director, Business Development)*
Kari Miller *(Media & Account Supervisor)*
Brandon Culjak *(Digital Media Buyer/Planner)*
Gregory Chason *(Media Buyer/Planner Integrated)*
Jill Monastersky *(Supervisor, Account & Media)*

Accounts:
99 Cents Only Stores
Smart & Final, Inc.

BLR FURTHER
1600 Resource Drive
Birmingham, AL 35242
Tel.: (205) 324-8005
Fax: (205) 324-7008
Toll Free: (800) 466-1337
Web Site: www.blrfurther.com

Year Founded: 1986

Discipline: Full Service/Integrated

Jeff Lawrence *(Chief Financial Officer)*
Cary Bynum *(Owner, President & Chief Executive Officer)*
Jared Lyvers *(Director, Interactive Services)*
Marc Stricklin *(Creative Director)*
Jonathan Greene *(Senior Art Director)*
Wayne Franklin *(Associate Creative Director)*
Lauren Beason *(Director, Project Management)*
Melissa Banks *(Agency Manager)*

BLR FURTHER
109 Westpark Drive
Nashville, TN 37027
Tel.: (615) 922-6187
Web Site: www.blrfurther.com

Year Founded: 1986

Discipline: Full Service/Integrated

Jerry May *(Executive Vice President & Director, Account Service)*
John Ellis *(Digital Strategist)*
Brandon Dinkel *(Digital Analyst)*

BLUE C ADVERTISING
3183 Airway Avenue
Costa Mesa, CA 92626
Tel.: (714) 540-5700
Web Site: www.bluecusa.com

Discipline: Full Service/Integrated

Eric Morley *(Principal)*
Jeff Bentley *(Principal & Creative Director)*
Michelle Antinora *(Controller)*
Lauren Padilla *(Senior Account Director)*
Juan Torres *(Designer)*

Accounts:
AEV Technologies, Inc.

BLUE CHIP MARKETING & COMMUNICATIONS
650 Dundee Road
Northbrook, IL 60062
Tel.: (847) 418-8000
Fax: (847) 418-8088
Web Site: www.bluechipww.com

Employees: 16
Year Founded: 1982

Discipline: Full Service/Integrated

Lowell Cantor *(Chief Operating Officer)*
Stanton Kawer *(President & Chief Executive Officer)*
Bob Klein *(Chief Strategy Officer)*
Ken Shore *(Chief Commercial Officer - Continuum Clinical)*
Joy Mead *(Executive Vice President, Business Leadership)*
Dan Eisenberg *(Senior Vice President, New Business & Marketing)*
Elizabeth Bleser *(Senior Vice President, Integrated Media)*
Pat Taflinger *(Senior Vice President, Media)*
Sarah VanHeirseele *(Senior Vice President, Strategic Integration)*
Adam Kaplan *(Senior Vice President, Information Systems & Learning)*
Jamie Olson *(Senior Vice President, Business Integration)*
Sherri Rosenberg *(Vice President & Media Director)*
Rob Eiseman *(Vice President, Public Relations)*
Jason Geis *(Vice President & Group Creative Director)*
Joel Walker *(Vice President & Group Creative Director)*
Katey Rybski *(Vice President, Client Leadership)*
Doug Van Andel *(Executive Creative Director)*
Carolyn Cradic *(Associate Director, Business Leadership)*
Caitlin Kennedy *(Director, Business Leadership & Digital Strategy)*
Josh McColough *(Director, Corporate Communications)*
Kevin Sherman *(Group Director, Digital Experience)*
Bill Haveron *(Director, Business Leadership)*
David Hubert *(Director, Digital Analytics)*
Stacey Perl *(Director, Media Buying)*
Cai O'Connell *(Programmatic Manager)*
Hillary Lytle *(Senior Business Growth Leader)*
Kaitlyn Beggs *(Senior Project Leader)*
Amy Ferraro *(Account Supervisor)*
Alexa Dorini *(Senior Account Executive)*
Stephanie Nowak *(Digital Analyst)*

Accounts:

FULL SERVICE/INTEGRATED AGENCIES

AGENCIES - JULY, 2020

Bag 'n Season
Bag 'n Season
Bausch & Lomb, Inc.
Bear Creek
Blue Bunny
Blue Ribbon Classics
Bomb Pop
Cat Footwear
Chambord
Chicago Botanic Garden
Chilly Cow
Cooper Tire & Rubber Company
Cream of Wheat
Daisy Brand, Inc.
Disney On Ice
Feld Entertainment, Inc.
Fisher Nut
Green Giant
Grill Mates
Haribo of America, Inc.
Jack Daniel's Tennessee Whiskey
John B. Sanfilippo & Son, Inc.
KAL
Las Palmas Mexican Foods
Lawry's
Lumify
Marvel Universe Live
McCormick & Company, Inc.
McCormick Extracts & Food Colors
McCormick Gourmet Collection
McCormick Gravies
McCormick Seasoning Mixes
Medline Industries, Inc.
Monster Energy AMA Supercross
Monster Jam
Nutraceutical International Corporation
Ortega
Perfect Pinch
Pirate's Booty
Pirate's Booty
PUR Water
Ricola USA, Inc.
Schreiber Foods, Inc.
Sesame Street Live
Solaray
Sonoma-Cutrer Vineyards
The Procter & Gamble Company
Trolls The Experience
White Castle Restaurant
Woodford Reserve

BLUE STATE DIGITAL
406 Seventh Street, Northwest
Washington, DC 20004
Fax: (202) 347-5255
Toll Free: (800) 290-6826
Web Site: www.bluestatedigital.com

Year Founded: 2004

Discipline: Full Service/Integrated

Joe Rospars *(Founder & Chief Executive Officer)*
Rich Mintz *(Executive Vice President)*
Alyssa Waldheim *(Director, Project & Operations)*
Mike Conlow *(Head, Technology Consulting)*
Katie Kreider *(Senior Account Director)*
Chris Goddard *(Director, Analytics)*
Brenna Foster *(Creative Director)*
Katie Newport *(Head, Creative & Delivery - DC)*
Matt Compton *(Director, Advocacy & Engagement)*
Paige Williams *(Associate Digital Analyst)*
Katie Wiley *(Managing Director - West Coast)*

BLUE STATE DIGITAL

101 Avenue of the Americas
New York, NY 10013
Tel.: (646) 205-1155
Toll Free: (800) 290-6826
Web Site: www.bluestatedigital.com

Year Founded: 2004

Discipline: Full Service/Integrated

Robert Laub *(Chief Financial Officer)*
Jack Steadman *(Chief Technology Strategist)*
Kate Swann *(Chief Operating Officer)*
Peter Fontana *(Executive Director, Insights, Strategy & Planning)*
Patrick Savoia *(Director, Global Media)*
Wiley Bowen *(Director, User Experience)*
Marie Danzig *(Global Head, Creative & Delivery)*
Matt Ipcar *(Executive Creative Director)*
Dan Thain *(Chief Fundraising Strategist & Creative Director)*
Ryan Seggel *(Global Managing Director)*
Stephen Muller *(Managing Director - New York)*
Andrew Paryzer *(Managing Director, Business Development)*

Accounts:
United States Olympic Committee

BLUE STATE DIGITAL
711 Atlantic Avenue
Boston, MA 02111
Toll Free: (800) 290-6826
Web Site: www.bluestatedigital.com

Year Founded: 2004

Discipline: Full Service/Integrated

Joshua Lewis *(Director, Business Development)*
Alexandra Broomhead *(Account Director, BSD Tools)*

BLUE WHEEL MEDIA
325 South Old Woodward
Birmingham, MI 48009
Tel.: (248) 825-4965
Web Site: www.bluewheelmedia.com

Year Founded: 2011

Discipline: Full Service/Integrated

Zach Riegle *(Director, Business Development)*
Jonathan McGraw *(Director, Strategy & Planning, Owned & Operated)*
Tayler Carpenter *(Advertising Manager)*
Alyssa Mountz *(Technical Marketing Manager)*
Ben Bowdon *(Account Manager & Digital Strategist)*
Holly Kitts *(Social Media Marketing Specialist)*
Ragen Cooper *(Paid Social Avertising Specialist)*

BLUESPIRE INC.
7650 Edinborough Way
Minneapolis, MN 55435
Fax: (952) 920-9930
Toll Free: (800) 727-6397
Web Site: www.bluespiremarketing.com

Year Founded: 1983

Discipline: Full Service/Integrated

Murad Velani *(President & Chief Executive Officer)*
Jim Gilbertson *(Chief Financial Officer)*
Jim Ornell *(Senior Vice President, Service Delivery)*
Kim Tamble *(Senior Vice President, Sales & Marketing)*
Josh Dahmes *(Vice President, Digital Marketing & Operations)*
Nicole Nye *(Senior Vice President, Client Services & Strategy)*

BMG
1540 Country Club Plaza
St. Charles, MO 63303
Tel.: (636) 946-7677
Web Site: www.bmg7677.com

Year Founded: 1973

Discipline: Full Service/Integrated

Daniel Borgmeyer *(Chief Executive Officer)*
Jack Borgmeyer *(President)*
Sean Cullen *(Chief Financial Officer)*
Alexandria Stauffer *(Vice President, Account Service)*
Sam Monica *(Creative Director)*
Adam Shaw *(Senior Media Strategist)*
Julie Stoffel *(Junior Media Buyer)*
Meaghan Wesolowski *(Digital Marketing Coordinator)*

BNMR CREATIVE & ADVERTISING
117 Northeast First Avenue
Miami, FL 33132
Tel.: (305) 400-4961
Web Site: www.benamorgrp.com

Year Founded: 2009

Discipline: Full Service/Integrated

Benjamin Linero *(Managing Partner & Creative Director)*
Fernando Galvez *(Co-Founder, Chief Business Development Officer & Partner)*

BOB'S YOUR UNCLE
219 Dufferin Street
Toronto, ON M6K 3J1
Tel.: (416) 506-9930
Fax: (416) 506-0392
Web Site: www.brainstormgroup.com

Employees: 32
Year Founded: 1992

Discipline: Full Service/Integrated

Bob Froese *(Chief Executive Officer)*
Dorothy McMillan *(Chief Creative Officer)*
Daryl Klein *(Associate Creative Director)*
Judy van Mourik *(Director, Production & Studio)*
Sara Presotto *(Director, Finance & Operations)*
Brian Flay *(Senior Writer)*
Jessica Abela-Froese *(Account Manager)*
Cora Brady *(Managing Director)*

BODDEN PARTNERS
102 Madison Avenue
New York, NY 10016
Tel.: (212) 328-1111
Web Site: www.boddenpartners.com

Employees: 75
Year Founded: 1975

Discipline: Full Service/Integrated

Chris Bodden *(President & Chief Executive Officer)*

AGENCIES - JULY, 2020 — FULL SERVICE/INTEGRATED AGENCIES

Martin Mitchell *(Partner & Chief Marketing Officer)*
Hank Jacobs *(Senior Vice President & Associate Creative Director)*
Jennifer Randolph *(Vice President, Marketing & Communications)*
Mark Silverman *(Account Director)*

BOHLSEN GROUP
201 South Capitol Avenue
Indianapolis, IN 46225
Tel.: (317) 602-7137
Fax: (317) 561-6584
Web Site: bohlsengroup.com

Year Founded: 2009

Discipline: Full Service/Integrated

Vicki Bohlsen *(Chief Executive Officer & Owner)*
Andy Wilson *(Vice President)*
David Cordell *(Group Director, Creative)*
Karen Hurt *(Director, Account)*
Jessica Redden *(Director, Event Publicity & Promotions)*

BOSCOBEL MARKETING COMMUNICATIONS
8606 Second Avenue
Silver Spring, MD 20910-3326
Tel.: (301) 588-2900
Fax: (301) 588-1363
Web Site: www.boscobel.com

Year Founded: 1978

Discipline: Full Service/Integrated

Joyce Bosc *(President & Chief Executive Officer)*
Michael Rudd *(Senior Public Relations Strategist)*

BOWSTERN
1650 Summit Lake Drive
Tallahassee, FL 32317

Discipline: Full Service/Integrated

Tom Derzypolski *(President)*
Kelly Robertson *(Chief Executive Officer)*
Jeremy Spinks *(Vice President, Online Design)*
Jonathan Watt *(Digital Strategist)*

BOYDEN & YOUNGBLUTT ADVERTISING
120 West Superior Street
Fort Wayne, IN 46802-1208
Tel.: (260) 422-4499
Fax: (260) 422-4044
Web Site: www.b-y.net

Employees: 17
Year Founded: 1990

Discipline: Full Service/Integrated

Jerry Youngblutt *(Founder & Principal)*
Andrew Boyden *(Creative Director)*
Ian Mosher *(Creative Director)*
Tim Faurote *(Art Director)*
Brooke Coe *(Senior Account Executive)*
Shardi Carroll *(Specialist, Content & Senior Copywriter)*

BRABENDERCOX
1218 Grandview Avenue
Pittsburgh, PA 15211
Tel.: (412) 434-6320
Fax: (412) 434-6391
Web Site: www.brabendercox.com

Employees: 13
Year Founded: 1982

Discipline: Full Service/Integrated

John Brabender *(Chief Creative Officer)*
Tiffany D'Alessandro *(Partner)*
Jim Titus *(Senior Art Director)*
Liz Kundu *(Senior Media Buyer & Planner)*

BRADLEY AND MONTGOMERY
One Monument Circle
Indianapolis, IN 46204
Tel.: (317) 423-1745
Fax: (317) 423-1748
Web Site: www.bamideas.com

Year Founded: 1999

Discipline: Full Service/Integrated

Mark Bradley *(President)*
Scott Montgomery *(Principal)*
Laurie Schneider *(Executive Vice President & Chief Operating Officer)*
Suzanne Williams *(Controller)*
Andrew Rodocker *(Creative Director)*
Gary Paultre *(Associate Creative Director)*
Brian Harris *(Executive Creative Director)*
Nate Piggush *(Strategy & Data Analyst)*
Kelli Kuehl *(Broadcast Producer)*

Accounts:
Aptiv
Bing
Conrad International Hotels
Internet Explorer
Microsoft Corporation
Microsoft Edge
Microsoft Groove
Microsoft Office
Microsoft Office 365
Minecraft
Skype, Inc.
Windows

BRADO
2100 Main Street
Irvine, CA 92614
Tel.: (949) 271-1180
Fax: (949) 271-1198
Web Site: www.brado.net

Employees: 27
Year Founded: 2001

Discipline: Full Service/Integrated

Clay Wilemon *(Founder, Chief Executive Officer & Chief Strategy Officer)*
Andy Ford *(Chief Transformation Officer)*
Andy Parham *(Chief Executive Officer)*
Amber Chao *(Vice President)*
Jim Cobb *(Vice President, Business Development)*
Elina Kingkade *(Account Director, Digital Intelligence)*
Shannon Jacobs *(Account Director)*
Katie Lineberry *(Director, Business Development)*

BRAND CONNECTIONS, LLC
360 Lexington Avenue
New York, NY 10017
Tel.: (917) 909-7060
Fax: (212) 302-0070
Web Site: www.brandconnections.com

Year Founded: 2001

Discipline: Full Service/Integrated

Victoria Drechsler *(Chief Operating Officer)*
Dave Chatoff *(Vice President, Strategy & Insights)*
John Fagan *(Vice President, Retail Operations)*
Emily Ryan *(Senior Director, Account Services)*

Accounts:
Altadis U.S.A., Inc.
Juicy Juice
Pfizer

BRAND INNOVATION GROUP
8902 Airport Drive
Fort Wayne, IN 46809
Tel.: (260) 469-4060
Web Site: gotobig.com

Year Founded: 1994

Discipline: Full Service/Integrated

Chad Stuckey *(Owner, President & Creative Director)*
Brady Wieland *(Manager, Operations & Production- INTO Digital Marketing)*

BRANDHIVE
48 West Market Street
Salt Lake City, UT 84101
Tel.: (801) 538-0777
Web Site: www.brandhive.com/

Employees: 13
Year Founded: 1997

Discipline: Full Service/Integrated

Jeff Hilton *(Co-Founder, Partner & Chief Marketing Officer)*
Matt Aller *(Co-Founder, Partner & Creative Director)*
Heidi Rosenberg *(Senior Counsel, Public Relations)*
Andy Yorkin *(President)*
Giles Wallace *(Art Director)*
James Fagedes *(Art Director)*
Melanee Brown *(Business Manager)*
Meet Nagar *(Senior Account Manager)*

BRANDIGO
26 Parker Street
Newburyport, MA 01950-2543
Tel.: (978) 462-0002
Fax: (978) 462-4337
Web Site: www.brandigo.com

Employees: 11
Year Founded: 1996

Discipline: Full Service/Integrated

Matt Bowen *(President - North America)*
Chris Langathianos *(Global Vice President, Brand Strategy)*
Tracy Hartman *(Director, Communications & Thought Leadership)*

Accounts:
Dictaphone Corp.

BRANDJUICE

336

FULL SERVICE/INTEGRATED AGENCIES
AGENCIES - JULY, 2020

1700 East 17th Avenue
Denver, CO 80218
Tel.: (303) 454-3263
Fax: (720) 932-9491
Web Site: www.brandjuice.com

Discipline: Full Service/Integrated

Peter Murane *(Chief Innovation & Chief Executive Officer, Brand VO2)*
Andrea Stone *(Managing Director)*

BRANDMUSCLE
1100 Superior Avenue
Cleveland, OH 44114
Tel.: (216) 464-4342
Fax: (216) 464-7211
Toll Free: (866) 464-4342
Web Site: www.brandmuscle.com

Employees: 60
Year Founded: 2000

Discipline: Full Service/Integrated

Mike Marchetti *(Executive Vice President, Consumer Brands)*
Lori Alba *(Vice President, Marketing)*
Kristen Babjack *(Vice President, Client Partnership)*
Lisa Emigh *(Senior Director, Contract Management RFP's)*
Jay Kelley *(Director, Performance Marketing)*

Accounts:
Duck Donuts

BRANDPIVOT
2012 West 25th Street
Cleveland, OH 44113
Tel.: (216) 400-8004
Web Site: www.btzbrand.com

Employees: 10
Year Founded: 2013

Discipline: Full Service/Integrated

Darcy Zehe *(Principal & Chief Operating Officer & Certified Brand Strategist)*
Matthew Blazer *(Principal & Chief Creative Officer)*

BRANDSTAR
3860 North Powerline Road
Deerfield Beach, FL 33073
Tel.: (844) 200-2525
Web Site: www.brandstar.com

Year Founded: 1995

Discipline: Full Service/Integrated

Doug Campbell *(Founder & Chief Revenue Officer)*
Mark Alfieri *(Founder, Chief Executive Officer & Executive Producer)*
Lauren Giannetti *(Executive Vice President, Branded Entertainment & Sponsorship)*
Forrest Haag *(Executive Vice President, Digital Marketing)*
Kelly Brooks-George *(Vice President & Integrated Media Director)*
Andrea Kraft *(Vice President, Marketing)*
Jose Oscar Rodriguez *(Director, Creative)*

Accounts:
Cheribundi, Inc.

BRANDT RONAT & COMPANY
60 McLeod Street
Merrit Island, FL 32953
Tel.: (321) 259-0024
Fax: (321) 259-0550
Web Site: www.brc60.com

Year Founded: 1991

Discipline: Full Service/Integrated

Linda Brandt *(Chief Executive Officer & Creative Director)*
Bill Ronat *(Chief Financial Officer & Owner)*
Ryan Brandt *(Minority Owner & Vice President)*

BRAZZELL MARKETING
44 Dewberry Drive
Woodlawn, VA 24381
Toll Free: (866) 272-3799
Web Site: brazzellmarketing.com

Year Founded: 2003

Discipline: Full Service/Integrated

Gary Brazzell *(President)*
Robert Bunn *(Specialist)*

BREWER DIRECT
507 South Myrtle Avenue
Monrovia, CA 91016
Tel.: (626) 359-1015
Fax: (626) 358-1036
Web Site: www.brewerdirect.com

Year Founded: 2004

Discipline: Full Service/Integrated

Randy Brewer *(President & Chief Executive Officer)*
Lolly Colombo *(Vice President, Client Services)*

BRICKWORKS COMMUNICATIONS, INC.
1377 Cormorant Road
Ancaster, ON L9G 4V5
Tel.: (905) 632-8772
Fax: (905) 632-4502
Web Site: www.brickworksonline.com

Employees: 20
Year Founded: 1921

Discipline: Full Service/Integrated

John Pitts *(President & Owner)*
Janet Saleh *(Accountant)*

BRIGHT RED\TBWA
1821 Miccosukee Commons Drive
Tallahassee, FL 32308
Tel.: (850) 668-6824
Web Site: www.brightredtbwa.com

Year Founded: 1987

Discipline: Full Service/Integrated

Liz Paradise *(Chief Creative Officer)*
Curtis Zimmerman *(President)*
Cole Zimmerman *(Vice President & Group Account Director)*
Paige Asker *(Account Manager)*
Maria Nedvidek *(Account Supervisor)*
Meghan Browning *(Public Relations Senior Account Coordinator)*
Andy Jorishie *(Manging Director)*

Accounts:
Ageless
Cooper Tire & Rubber Company
Dollywood
Dollywood's Splash Country
Dr. Grip
EasyTouch
Firehouse Subs
FriXion
G-2
G-2 Gel
Gold Toe
Hunter Fan Company
Interstate Hotels & Resorts, Inc.
Noble House Hotels & Resorts, Ltd.
Pilot Pen Corporation of America
Precise
Razor Point
Spotliter
TaxSlayer.com
Vanishing Point
VBall

BRIGHTON AGENCY, INC.
7711 Bonhomme Avenue
Saint Louis, MO 63105
Tel.: (314) 726-0700
Fax: (314) 961-9343
Toll Free: (800) 259-8617
Web Site: www.brightonusa.com

Employees: 75
Year Founded: 1989

Discipline: Full Service/Integrated

Tina Vonderhaar *(President & Chief Executive Officer)*
Jim Mayfield *(Senior Vice President)*
Scott McClure *(Senior Vice President, Influencer Engagement)*
Leo Madden *(Creative Director)*
Marty Sellmeyer *(Associate Creative Director)*
Emily Congdon *(Associate Art Director)*
Rob Smart *(Senior Multimedia Producer)*

BRINK COMMUNICATIONS
1300 Southeast Stark Street
Portland, OR 97214
Tel.: (503) 351-4988
Web Site: brinkcomm.com

Year Founded: 2012

Discipline: Full Service/Integrated

Marian Hammond *(Principal)*
Heidi Nielsen *(Principal & Design Director)*
Leslie Carlson *(Principal)*
Camille Trummer *(Account Manager)*
Mike Westling *(Senior Account Manager)*
Rose Kelsch King *(Senior Account Manager)*
Diane Goodwin *(Senior Strategist)*
Samantha Feld *(Designer)*

BROADHEAD
123 North Third Street
Minneapolis, MN 55401
Tel.: (612) 623-8000
Fax: (612) 623-4810
Web Site: www.broadheadco.com

Year Founded: 2001

Discipline: Full Service/Integrated

Dean Broadhead *(Chief Executive Officer)*
Beth Burgy *(President & Partner)*
Emilie Hitch *(Vice President, Brand Strategy &*

Brands. Marketers. Agencies. Search Less. Find More.
Try out the online version at www.winmo.com

AGENCIES - JULY, 2020 — FULL SERVICE/INTEGRATED AGENCIES

Insights & Co-Founder, Rabbit)
Jeff Novak (Chief Financial Officer)
Josh Kohnstamm (Executive Vice President)
Marie Jacobsen (Senior Vice President, Data & Technology)
Steve Renier (Senior Vice President, Talent)
Maija Hoehn (Senior Vice President, Engagement)
Leigh Thiel (Senior Vice President, Client Services)
Jeff Tresider (Senior Vice President & Executive Creative Director)
Alan Newbold (Senior Vice President, Advocacy)
April Hollander (Vice President & Media Director)
Aaron Berstler (Vice President, Account Director)
Wayne Carlson (Vice President, Brand Strategy & Insights)
Ryan Krumwiede (Vice President & Group Account Director)
Scott Nichols (Vice President & Account Director)
Chris Strohmeyer (Director, Creative Services)
Debbie Christensen (Creative Director)
John Walker (Creative Director)
Walt Burns (Creative Director)
Alyse Eyssautier (Senior Account Manager)

Accounts:
Blossom Water LLC
Boehringer Ingelheim Corp.
Bridgestone Americas, Inc.
Cargill, Inc.
CHS, Inc.
good2grow
The Mosaic Company

BROWN BAG MARKETING
3060 Peachtree Road
Atlanta, GA 30305
Tel.: (404) 442-5650
Fax: (404) 442-5651
Web Site: www.brownbagmarketing.com/

Year Founded: 2002

Discipline: Full Service/Integrated

Doug Brown (President & Founder)
Jerry Lewis (Vice President, Creative Director)
Sela Missirian (Vice President, Business Development)

Accounts:
Parkmobile

BROWN COMMUNICATIONS GROUP, INC.
2220 12th Avenue
Regina, SK S4P 0M8
Tel.: (306) 352-6625
Fax: (306) 357-1980
Toll Free: (877) 202-7696
Web Site: www.brown.ca

Employees: 40
Year Founded: 1966

Discipline: Full Service/Integrated

Ken Christoffel (President & Chief Executive Officer)
Lori Romanoski (Vice President, Client Relationships)

BULLDOG DRUMMOND
655 G Street
San Diego, CA 92101
Tel.: (619) 528-8404
Fax: (619) 528-8403
Web Site: www.bulldogdrummond.com

Year Founded: 1997

Discipline: Full Service/Integrated

Shawn Parr (Chief Executive Officer)
Annie Buchanan (Chief Financial Officer)
Megan Pilla (Chief Content Officer)
Erin Kaplan (Vice President, Brand & Innovation Strategy)
Catharine Francisco (Vice President, Operations)
Lisa Tyler (Operations Director)
Katie Schultz (Designer)
Erin Borawski (Strategist, Brand)

BURGESS ADVERTISING & ASSOCIATES, INC.
Six Fundy Road
Falmouth, ME 04105
Tel.: (207) 775-5227
Fax: (207) 775-3157
Web Site: www.burgessadv.com

Year Founded: 1986

Discipline: Full Service/Integrated

Meredith Strang Burgess (President & Chief Executive Officer)
Betty Angell (Media Director)
Oliver Payne (Creative Director)

BURKHART MARKETING ASSOCIATES, INC.
1620 East Riverside
Indianapolis, IN 46202
Tel.: (317) 231-0095
Fax: (317) 231-0096
Web Site: www.burkhartmarketing.com

Employees: 9
Year Founded: 1998

Discipline: Full Service/Integrated

Paul Burkhart (Founder, Chief Executive Officer & Growth Officer)
Erin Burkhart (Manager, Business Relations)

BURKHOLDER FLINT ASSOCIATES
Ten East Weber Road
Columbus, OH 43202
Tel.: (614) 228-2425
Fax: (614) 228-0631
Web Site: www.burkholderflint.com

Employees: 11

Discipline: Full Service/Integrated

Bob Wiseman (President)
Amy Hester (Account Executive & Media Director)

BURNS GROUP
220 West 19th Street
New York, NY 10011
Tel.: (212) 924-2293
Web Site: www.burnsgroupnyc.com

Year Founded: 2006

Discipline: Full Service/Integrated

Michael Burns (Founding Partner)

James Wilday (Founding Partner)
Ann Morton (Chief Operating Officer)
Joanne McKinney (Chief Executive Officer)
Chamie Baldwin (Chief Strategy Officer)
Alanda Fellows (Director, Integrated Production)
Sam Arcade (Executive Creative Director)
Eavan Cleary (Design Director)
Nicole Lucey (Executive Creative Director)

Accounts:
Centrum
Cocoa Pebbles
Earth's Best
Fruity Pebbles
GoldieBlox, Inc.
Grape Nuts
Great Grains
Labatt
Labatt Blue
Labatt Blue Light
Post Consumer Brands
Post Shredded Wheat
Ricola USA, Inc.
Seagram's Escapes
Seagram's Smooth
TERRA

BURNS MARKETING
4848 Thompson Parkway
Loveland, CO 80534
Tel.: (970) 203-9656
Web Site: www.burnsmarketing.com

Year Founded: 1972

Discipline: Digital, Full Service/Integrated

Mike Burns (President & Chief Executive Officer)
Laurie Steele (Senior Vice President, Client Services)
Melissa Humbert (Senior Vice President, Operations & Account Management)
Joellen Sarmast (Director, Brand Strategy)

BURST MARKETING
24 Fourth Street
Troy, NY 12180
Tel.: (518) 279-7945
Web Site: www.burstmarketing.net

Year Founded: 2009

Discipline: Full Service/Integrated

Mark Shipley (Chief Executive Officer & Strategy Director)
Sara Tack (Executive Vice President, Image & Identity)
Sara Tack (Executive Vice President & Director, Creative)
Sharon Lawless (Vice President, Client Relations)
Lynn White (Director, Operations)

BUYER ADVERTISING, INC.
189 Wells Avenue
Newton, MA 02459
Tel.: (617) 969-4646
Fax: (617) 969-6807
Web Site: www.buyerads.com

Year Founded: 1966

Discipline: Full Service/Integrated

Chuck Buyer (Principal & Owner)

Brands. Marketers. Agencies. Search Less. Find More.
Try out the online version at www.winmo.com

FULL SERVICE/INTEGRATED AGENCIES

AGENCIES - JULY, 2020

Joel Glick *(Vice President, Partner, & Director, Interactive Services)*
Ann Toll *(Vice President, Client Services)*
Jill Kushner *(Vice President & Director, Strategy)*
Alan Lovitz *(Vice President & Account Director)*
Marion Buyer *(Vice President, Creative Services)*
Elyse Effenson *(Media Director)*
Kristina Bunce *(Director, Relationship & New Business Development)*
Jonathan Caruso *(Manager, Digital Analytics)*

BVK
250 West Coventry Court
Milwaukee, WI 53217-3972
Tel.: (414) 228-1990
Fax: (414) 228-7561
Web Site: www.bvk.com

Employees: 140
Year Founded: 1984

Discipline: Full Service/Integrated

Gary Mueller *(Managing Partner & Executive Creative Director)*
Michael Voss *(Chief Executive Officer)*
Joel English *(Managing Partner)*
Bret Stasiak *(President)*
Peter Capper *(Managing Partner, Business Development)*
Kris Best *(Chief Financial Officer)*
Ron Gudinskas *(Senior Vice President, Planning)*
Stephanie Barkow *(Senior Vice President, Insights & Planning)*
Tamalyn Powell *(Senior Vice President & Group Account Director)*
Mary DeLong *(Senior Vice President & Director - Tourism)*
Angela Theriault *(Vice President & Account Director)*
Jeremy Whitt *(Vice President & Group Media Director)*
Kevin Steltz *(Managing Director & Vice President, Account Managment & Planning)*
Victoria Simmons *(Vice President & Group Account Director)*
Mike Czerwinski *(Vice President, Marketing Analytics)*
Jim Grothey *(Vice President, Account Services)*
David Kelly *(Vice President & Media Director)*
Pete Weninger *(Group Director, Media)*
Sarah Schmidt *(Director, Earned Media)*
Kevin Kriehn *(Executive Creative Director)*
Jennifer Law-Myles *(Director, Content Studio)*
Austin Kelley *(Art Director)*
Andrea Holschuh *(Director, Public Relations)*
Evan Jones *(Creative Director)*
Patty Weiss *(Associate Director, Media)*
Brian Ganther *(Executive Creative Director)*
Matt Herrmann *(Creative Director)*
Katelyn Tierney *(Senior Art Director)*
Nicole Irland *(Senior Art Director)*
Nick Pipitone *(Creative Director)*
Sarah Seidler *(Associate Media Director)*
Carol Story *(Senior Media Buyer & Planner)*
Laura Stingl *(Supervisor, Programmatic Media)*
Bridget Wirth *(Account Executive)*
Steven Johnson *(Manager, Marketing Analytics)*
Lauren Murray *(Account Supervisor - Earned Media)*
Karen Nennig *(Traffic Manager)*
Karen Bollinger *(Manager, E-mail Marketing & Web Producer)*
Gina Wittnebel *(Senior Graphic Designer)*
Andrew Ishihara *(Marketing Analytics Manager)*

Brian Krueger *(Senior Manager - Content Studio)*
Jamie Rawson *(Media Buyer)*
Kelley Dietz *(Account Supervisor)*
Marie Haas *(Senior Executive, Account)*
Erica Warnke *(Senior Account Executive)*
Liz Bentz *(Associate Director, Media)*
Callie Murphy *(Senior Account Executive, Earned Media)*
Samantha Smith *(Senior Copywriter)*
Summer Hansen *(Media Assistant)*

Accounts:
Brass Boot
Briggs & Stratton Corporation
Carmex
Lincoln Tech
Loyola University Medical Center
Maine Office of Tourism
OU Medicine
Priority Health
Renoe Tahoe USA
SAO by Stacy Adams
Simplicity Manufacturing, Inc.
St. Petersburg - Clearwater Convention & Visitors
TH Foods Inc.
TravelNevada.com
United Way Worldwide
Visit Orlando
West Virginia Tourism Board
Wyoming Travel & Tourism

CACTUS MARKETING COMMUNICATIONS
2128 15th Street
Denver, CO 80202
Tel.: (303) 455-7545
Fax: (303) 455-0408
Web Site: www.cactusdenver.com

Year Founded: 2002

Discipline: Full Service/Integrated

Joseph Conrad *(Founder & Chief Executive Officer)*
Norm Shearer *(Partner & Chief Creative Officer)*
Kris Byers *(Vice President, Business Operations)*
Mike Lee *(Vice President, Strategy)*
Ainslie Fortune *(Vice President, Client Services)*
Lisa Van Someren *(Vice President, Creative Operations)*
Andrew Baker *(Vice President, Creative Technology)*
Kristina Byers *(Vice President, Business Operations)*
Jeff Strahl *(Creative Director)*
Brian Watson *(Executive Creative Director)*
Summer Hershey *(Account Director)*
Lisa Hubbard *(Media Director)*
Brooke Woodruff *(Director, Production)*
Jonathan Barnett *(Account Director)*
Sarah Berkheimer *(Director, Design)*
Shea Tullos *(Creative Director)*
Martha Douglas *(Senior Integrated Producer)*
Katie Harker *(Media Planner)*
Regina Pron *(Senior Media Buyer, Broadcasting)*

Accounts:
Charter Media
Colorado Lottery
CommunityAmerica Credit Union
Jackson Hole Mountain Resort
Scott Credit Union
Sharp Healthcare

The Denver Zoo
University of Colorado Hospital
Washington County of Utah

CALDER BATEMAN COMMUNICATIONS
10241 -109 Street NW
Edmonton, AB T5J 1N2
Tel.: (780) 426-3610
Fax: (780) 425-6646
Web Site: www.calderbateman.com

Employees: 35
Year Founded: 1990

Discipline: Full Service/Integrated

Approx. Annual Billings: $2.00

Frank Calder *(Partner & Senior Strategist)*
Margaret Bateman *(Partner & Senior Strategist)*
Ernie Pasemko *(Partner)*
Suzanne Huitsing *(Art Director)*
Cheryl Meger *(Strategist)*
David Falconer *(Production Manager)*
Nicole Vestergaard *(Senior Strategist, Media)*
Monica MacLean *(Account Coordinator)*

CALEXIS ADVERTISING & MARKETING COUNSEL
92 Isabella Street
Toronto, ON M4Y 1N4
Tel.: (416) 967-9500
Fax: (416) 967-9645
Web Site: www.calexis.com

Employees: 10
Year Founded: 1991

Discipline: Full Service/Integrated

Barry Milavsky *(President & Creative Director)*
Mary Rizza *(Media Director)*

CAMERON ADVERTISING
350 Motor Parkway
Hauppauge, NY 11788
Tel.: (631) 232-3033
Fax: (631) 232-3111
Web Site: www.cameronadvertising.com

Year Founded: 1977

Discipline: Full Service/Integrated

Joe Cameron *(President, Chief Executive Officer & Chief Financial Officer)*
Mark Preiser *(Partner & Executive Vice President)*
Andrew Kline *(Client Services Director & Vice President, Marketing - Auto Division)*
Benjamin Coggiano *(Vice President, Client Services)*
Neil Hauser *(Art & Information Technology Director)*
Alicia Brauneisen *(Media Director)*
John Twomey *(Senior Creative Director)*
Rick Rudzinski *(Senior Creative Director)*
Sean Beyer *(Creative Director)*

CAMPBELL MARKETING AND COMMUNICATIONS
3200 Greenfield Road
Dearborn, MI 48120
Tel.: (313) 336-9000
Fax: (313) 336-9029
Web Site: www.campbellmarketing.com

AGENCIES - JULY, 2020 — FULL SERVICE/INTEGRATED AGENCIES

Employees: 136
Year Founded: 1983

Discipline: Full Service/Integrated

David Scheinberg *(Managing Partner)*
Kevin Kennedy *(Managing Partner & Executive Vice President)*
Greg Shea *(Managing Partner | Chief Operating Officer)*
David Losek *(Chief Finance Officer)*
Joe Vandervest *(Chief Information Officer)*
Bob Lewis *(Executive Vice President)*
Mary Mitchell *(Vice President)*
Dan Zacharias *(Account Director - Ford Sprint Cup Media Relations)*
Matt Fancett *(Account Director)*
Lesley Nadeau *(Account Supervisor)*
Tim Adkins *(Manager, Human Resource)*
Lachelle Laney *(Senior Account Executive)*

CANOPY BRAND GROUP
601 West 26th Street
New York, NY 10001
Tel.: (646) 767-6576
Web Site: www.canopybrandgroup.com

Year Founded: 2008

Discipline: Full Service/Integrated

Marc Sampogna *(Founder & Managing Director)*
Ahlilah Longmire *(Director, Experiential)*

CAPTAINS OF INDUSTRY, INC.
21 Union Street
Boston, MA 02108
Tel.: (617) 725-1959
Fax: (617) 725-0089
Web Site: www.captainsofindustry.com

Employees: 12

Discipline: Full Service/Integrated

Ted Page *(Owner, Principal & Creative Director)*
Fred Surr *(Principal & Executive Producer)*
Clift Jones *(President & Chief Executive Officer)*
Lauren Prentiss *(Strategy Director)*
Kacy Karlen *(Creative Director)*

CARROLL WHITE ADVERTISING
56 Perimeter Center East
Atlanta, GA 30346
Tel.: (770) 350-9800
Fax: (770) 350-8183
Web Site: www.carrollwhite.com

Year Founded: 1982

Discipline: Full Service/Integrated

Brent Carroll *(Partner & President)*
Jim White *(Partner & Vice President)*
Jennifer Aaron *(Executive Vice President, Account Services)*
Ryan Carroll *(Account Supervisor)*

CARSON STOGA COMMUNICATIONS INC.
1900 East Golf Road
Schaumburg, IL 60173
Tel.: (847) 884-0000
Fax: (847) 884-0397
Web Site: www.carsonstoga.com

Year Founded: 1999

Discipline: Full Service/Integrated

Susan Stoga *(Partner & Media Relations & Social Media Strategy Account Lead)*
Kellie Lewis *(Senior Associate, Media Relations & Social Media)*

CASHMAN & KATZ INTEGRATED COMMUNICATIONS
76 Eastern Boulevard
Glastonbury, CT 06033
Tel.: (860) 652-0300
Fax: (860) 652-0308
Web Site: www.cashman-katz.com

Employees: 17
Year Founded: 1992

Discipline: Full Service/Integrated

Tony Cashman *(President & Chief Executive Officer)*
Amanda Mueller *(Senior Vice President, Client Services & Partner)*
Eric Schweighoffer *(Vice President & Director, Media)*
Eric Cavoli *(Creative Director)*
Joni Krasusky *(Director, Research)*
Lorraine Dupont *(Management Supervisor, Account Planning)*
Christine MacDonald *(Media Buyer)*
Talia Cohen *(Media Planner & Buyer)*

Accounts:
ConnectiCare, Inc.
University of Connecticut School of Business

CASPARI MCCORMICK
307 A Street
Wilmington, DE 19801
Tel.: (302) 421-9080
Web Site: www.casparimccormick.com

Year Founded: 2001

Discipline: Full Service/Integrated

Sean McCormick *(Partner & Creative Director)*
Matt Caspari *(Partner, Creative Director & Copywriter)*

Accounts:
Mystic Country

CATALPHA ADVERTISING & DESIGN, INCORPORATED
6801 Loch Raven Boulevard
Towson, MD 21286
Tel.: (410) 337-0066
Fax: (410) 296-2297
Toll Free: (888) 337-0066
Web Site: www.catalpha.com

Employees: 12
Year Founded: 1986

Discipline: Full Service/Integrated

Don Keller *(Co-Owner)*
Karen Kerski *(Owner)*
Michael Garlitz *(Art Director)*

CATALYSIS
1601 East John Street
Seattle, WA 98112
Tel.: (206) 826-8000

Web Site: www.catalysis.com

Year Founded: 1992

Discipline: Full Service/Integrated

Grant Good *(President)*
Doug Hunt *(Chief Executive Officer & Founder)*
Matt Peterson *(Creative Director, Brand & Advertising)*
Nelson Fortier *(Account Director)*
Rick Gore *(Creative Director, Experience)*
Justin Barsotti *(Director, Research & Insights)*
Jimmy Menkena *(Associate Creative Director)*
Stephanie Stanley *(Director, Program Operations)*
Matt Gallagher *(Director, Strategic Accounts)*
Rob Watchman *(Director, Client Services)*
Katie Krieger *(Director, Accounts)*
Rae Avramenko *(Senior Graphic Designer)*
Christine Bombard *(Senior Design Strategist)*

CATALYST MARKETING COMMUNICATIONS
2777 Summer Street
Stamford, CT 06905
Tel.: (203) 348-7541
Fax: (203) 348-5688
Web Site: www.catalystmc.com

Employees: 5
Year Founded: 1994

Discipline: Full Service/Integrated

Charles Wintrub *(Chairman)*
Melissa LoParco *(President)*
Amanda DiPreta *(Art Director)*

CATALYST MARKETING DESIGN
624 West Wayne Street
Fort Wayne, IN 46802
Tel.: (260) 422-4888
Fax: (260) 422-8833
Web Site: www.catalystsite.com

Employees: 20
Year Founded: 1997

Discipline: Full Service/Integrated

Ted Kucinsky *(Founding Principal, President & Chief Creative Officer)*
Jeff Anderson *(Senior Creative Director)*

CATCH NEW YORK
15 East 32nd Street
New York, NY 10016
Tel.: (212) 715-8700
Fax: (646) 230-8011
Web Site: www.catch-nyc.com

Discipline: Full Service/Integrated

Arie Kovant *(Co-Founder & Managing Partner)*
Douglas Spitzer *(Co-Founder, Chief Creative Officer & Partner)*
Jason Dorin *(Managing Director & Partner)*

Accounts:
Curacao Tourist Board (CTB)

CAWOOD
1200 High Street
Eugene, OR 97401
Tel.: (541) 484-7052
Fax: (541) 345-1474

FULL SERVICE/INTEGRATED AGENCIES

AGENCIES - JULY, 2020

Web Site: www.cawood.com

Employees: 9
Year Founded: 1979

Discipline: Full Service/Integrated

Liz Cawood *(President)*
Melinda Dille *(Media Director)*
Cari Ingrassia *(Art Director)*
Nathan Cawood *(Operations Director)*

CBD MARKETING
54 West Hubbard Street
Chicago, IL 60654
Tel.: (312) 661-1050
Fax: (312) 951-6833
Web Site: www.cbdmarketing.com

Employees: 25
Year Founded: 1988

Discipline: Full Service/Integrated

Liz Brohan *(President & Chief Executive Officer)*
Mary Olivieri *(Executive Creative Director & Executive Vice President)*
Doug Davila *(Senior Vice President, Agency Strategy & Development)*

CCG MARKETING SOLUTIONS
14 Henderson Drive
West Caldwell, NJ 07006-6608
Tel.: (973) 808-0009
Fax: (973) 808-9740
Web Site: www.corpcomm.com

Employees: 250
Year Founded: 1964

Discipline: Full Service/Integrated

Steven Pinkin *(Chief Financial Officer)*
Simon Hooks *(Chief Executive Officer)*
Jeff Pinkin *(Executive Vice President, Business Development)*
Jeff Lawshe *(Senior Vice President & General Manager, Operations)*
Toni Koenig *(Vice President, Strategic Initiatives & Client Development)*
Barbara Cadmus *(Human Resources Manager)*

CCM, INC.
11 East 47th Street
New York, NY 10017
Tel.: (212) 689-8225
Fax: (212) 889-7388
Web Site: www.ccmthinkindependent.com

Year Founded: 1978

Discipline: Full Service/Integrated

Michael Chadwick *(President)*
Steve Polachi *(Partner)*

CELTIC ADVERTISING
316 North Milwaukee Street
Milwaukee, WI 53202
Tel.: (262) 789-7630
Fax: (262) 789-9454
Web Site: www.celticinc.com

Employees: 15
Year Founded: 1992

Discipline: Full Service/Integrated

Brian Meehan *(President & Owner)*

Kurt Lingel *(Executive Vice President & Partner)*

CELTIC MARKETING, INC.
8120 Lehigh Avenue
Morton Grove, IL 60053
Tel.: (847) 647-7500
Web Site: www.celticchicago.com

Year Founded: 1992

Discipline: Full Service/Integrated

Marlene Byrne *(Chief Executive Officer)*
Danielle Vitogiannes *(Director, Digital Services)*
Kurt Maloy *(Creative Director)*
Jim Heitzman *(President)*

CENTRAL STATION
14 Birch Avenue
Toronto, ON M4V 1C8
Tel.: (416) 293-1049
Web Site: www.zebrastudios.com

Employees: 24
Year Founded: 1997

Discipline: Full Service/Integrated

Paul Perkins *(Co-Founder & Partner)*
Joe Angellotti *(Co-Founder & Managing Partner)*
Jeff Millar *(Creative Director)*

CERBERUS
6317 Marshall Foch Street
New Orleans, LA 70124
Tel.: (504) 304-8461
Web Site: cerberus.agency

Year Founded: 2008

Discipline: Full Service/Integrated

Justin Bonura *(Partner & Creative Director)*
Rocky Russo *(Partner & Creative Director)*

CERCONE BROWN COMPANY
200 Portland Street
Boston, MA 02114
Tel.: (617) 248-0680
Fax: (617) 248-0677
Web Site: www.cerconebrown.com

Employees: 12
Year Founded: 2001

Discipline: Full Service/Integrated

Erika Brown *(Co-Founder & Partner)*
Len Cercone *(Co-Founder & Partner)*
Hayley Reissfelder *(Digital & Content Account Executive)*

CHANNEL COMMUNICATIONS
401 Washington Avenue
Towson, MD 21204
Tel.: (410) 296-0697
Fax: (410) 296-0963
Web Site: www.channel-com.com

Employees: 9

Discipline: Full Service/Integrated

Cory Farrugia *(President)*
Rick Grant *(Vice President)*
David Franek *(Chief Creative Officer)*

Accounts:

Patient First

CHAPPELLROBERTS
1600 East Eighth Avenue
Tampa, FL 33605
Tel.: (813) 281-0088
Fax: (813) 281-0271
Web Site: www.chappellroberts.com

Year Founded: 1978

Discipline: Full Service/Integrated

Colleen Chappell *(President & Chief Executive Officer)*
Christine Turner *(Executive Vice President & Principal)*
Glenn Horn *(Creative Director)*
Matthew Christ *(Media Director)*
Matt Boswell *(Executive Creative Director)*

Accounts:
Coast Dental Services, Inc.
Tampa Bay Buccaneers

CHAPTER & VERSE
111 North Post Street
Spokane, WA 99201
Tel.: (509) 688-2200
Fax: (509) 688-2299
Web Site: www.chapterandver.se

Employees: 11
Year Founded: 2003

Discipline: Full Service/Integrated

Jeff Sanborn *(Founder & Executive Creative Director)*
Brandt Heinemann *(Owner & Director, Planning)*

Accounts:
Avista Corporation

CHARLESTON|ORWIG, INC.
515 West North Shore Drive
Hartland, WI 53029
Tel.: (262) 563-5100
Fax: (262) 563-5101
Web Site: www.charlestonorwig.com

Employees: 63
Year Founded: 1992

Discipline: Full Service/Integrated

Lyle Orwig *(Chairman & Founding Partner)*
Mark Gale *(Chief Executive Officer & Partner)*
Marcy Tessmann *(President & Partner)*

CHEMPETITIVE GROUP
657 West Lake Street
Chicago, IL 60661
Tel.: (312) 997-2436
Fax: (312) 873-4548
Web Site: www.chempetitive.com

Year Founded: 2003

Discipline: Full Service/Integrated

Steve Johnson *(Managing Partner & Vice President, Strategy & Insight)*
Murad Sabzali *(Founder & Managing Partner)*
Jeff Bergau *(Founder & Managing Partner)*
Ken Li *(Director, Public Relations)*

CHERNOFF NEWMAN
1411 Gervais Street

Brands. Marketers. Agencies. Search Less. Find More.
Try out the online version at www.winmo.com

AGENCIES - JULY, 2020 — FULL SERVICE/INTEGRATED AGENCIES

Columbia, SC 29201
Tel.: (803) 254-8158
Fax: (803) 252-2016
Web Site: www.chernoffnewman.com

Employees: 60
Year Founded: 1970

Discipline: Full Service/Integrated

Rick Silver *(Vice Chairman)*
David Anderson *(Vice Chairman)*
David Campbell *(President & Chief Operating Officer)*
Heather Price *(Senior Vice President & Creative Director)*

CHEVALIER ADVERTISING, INC.
Three Centerpointe Drive
Lake Oswego, OR 97035
Tel.: (503) 639-9190
Fax: (503) 639-7122
Web Site: www.chevalier-adv.com

Discipline: Full Service/Integrated

Greg Chevalier *(President)*
Susan McMullen *(Production Manager)*

CHILLINGWORTH / RADDING, INC.
1123 Broadway
New York, NY 10010
Tel.: (212) 674-4700
Fax: (212) 979-0125
Web Site: www.chillradd.com

Discipline: Full Service/Integrated

Alexa Echavez-Taylor *(Vice President, Integrated Account & Media Director)*
Linda Greene *(Creative Director)*

CITIZEN GROUP
465 California Street
San Francisco, CA 94104
Tel.: (415) 321-3440
Web Site: www.citizengroup.com

Discipline: Full Service/Integrated

Robin Raj *(Founder & Executive Creative Director)*
Kelly Konis *(Director, Media & Partnerships)*
Amalia Sundberg *(Manager, Engagement)*
Kirsten Kjeldsen *(Senior Graphic Designer)*
David Cumpton *(Managing Director, Strategy & Account Management)*

CLARITY COVERDALE FURY
121 South Eighth Street
Minneapolis, MN 55402
Tel.: (612) 339-3902
Web Site: www.claritycoverdalefury.com

Employees: 25
Year Founded: 1979

Discipline: Full Service/Integrated

Rob Rankin *(President & Chief Executive Officer)*
Beth Morgan *(Chief Financial Officer)*
Jim Landry *(Executive Creative Director)*
Andy Brunn *(Associate Media Director)*

Molly Hull *(Director, Brand Development)*
Johnathan Schuster *(Media Planner)*

Accounts:
Altru Health System
International Dairy Queen, Inc.
Minnesota Zoo

CLARK & HUOT
One Lombard Place
Winnipeg, MB R3B 0X3
Tel.: (204) 949-1740
Fax: (204) 943-8371
Web Site: www.clarkhuot.com

Employees: 15

Discipline: Full Service/Integrated

Peter Clark *(Chief Executive Officer)*
Kyle Romeniuk *(Principal)*

CLARK NIKDEL POWELL
72 Fourth Street, Northwest
Winter Haven, FL 33881
Tel.: (863) 299-9980
Fax: (863) 297-9061
Web Site: www.nikdel.com

Employees: 12

Discipline: Full Service/Integrated

Chris Nikdel *(Partner & Art Director)*
Anne Powell *(Partner & Art Director)*
Ashley Mark Adkins *(Creative Director)*
Melea Gernert *(Business Manager)*
Aj Heisey *(Strategist, Digital Marketing)*

CLEAN SHEET COMMUNICATIONS
1255 Bay Street
Toronto, ON M5R 2A9
Tel.: (416) 545-8400
Web Site: www.cleansheet.ca

Year Founded: 2005

Discipline: Full Service/Integrated

Neil McOstrich *(Co-Founder & Chief Creative Officer)*
Catherine Frank *(Co-Founder, President & Chief Operations Officer)*
Joncarl Bresolin *(Group Account Director)*
Scott Shymko *(Associate Creative Director & Art Director)*

Accounts:
Globalive Communications Corp.
New Balance Canada

CLM MARKETING & ADVERTISING
588 West Idaho Street
Boise, ID 83702
Tel.: (208) 342-2525
Fax: (208) 384-1906
Web Site: www.clmnorthwest.com

Year Founded: 1980

Discipline: Full Service/Integrated

Brad Surkamer *(President)*
Becki Woodbury *(Executive Director, Research & Media)*
Max White *(Associate Creative Director)*
John Liebenthal *(Creative Director)*

Josh Mercaldo *(Senior Account Manager)*
Brooke Smith *(Senior Media Planner & Buyer)*
Benjamin Adams *(Digital Media Manager)*
Jill Moore *(Account Manager)*
Oscar Mariscal *(Manager, Digital Paid Media)*
Joelle Alexander *(Social Media Specialist)*

Accounts:
Idaho Lottery

CMI MEDIA, LLC
2200 Renaissance Boulevard
King of Prussia, PA 19406
Tel.: (484) 322-0880
Web Site: www.cmimedia.com

Year Founded: 1989

Discipline: Full Service/Integrated

Stan Woodland *(Chief Executive Officer)*
James Woodland *(Chief Strategy & Financial Officer)*
Susan Dorfman *(President)*
John Donovan *(President)*
Justin Freid *(Executive Vice President, Growth & Innovation)*
Eugene Lee *(Executive Vice President & Managing Director)*
Rebecca Frederick *(Executive Vice President, Client Finance)*
Andrew Miller *(Senior Vice President, Search Engine Marketing)*
Kelly Morrison *(Senior Vice President, Media)*
Kate Zwizanski *(Senior Vice President, Media)*
Alexandra Weag *(Senior Vice President, Media)*
Leanne Smith *(Senior Vice President, Insights & Analytics)*
Julie Mezrow *(Vice President, Media Operations)*
Nancy Logue *(Vice President, Human Resources)*
Sarah Tomalavage *(Vice President, Media)*
Joseph Post *(Vice President, Media)*
Troy Miles *(Vice President, Media)*
Jenny Baban *(Vice President, Media)*
Brett Marvel *(Vice President, Media)*
Ellen Wayland *(Director, Media)*
Andrew Gage *(Media Director)*
Courtenay Crawford *(Strategic Media Director)*
Dani Barsky *(Associate Director, Media)*
Kelly McFadden *(Media Director)*
Danielle Kramer *(Director, Media)*
Kyle Cooper *(Director, Media)*
Kristen Kohler *(Vice President, Media)*
Christine Mormile *(Associate Director, Media)*
Elaine Kao *(Associate Media Director)*
Jana Truax *(Director, Media)*
Vanessa Leaman *(Associate Director)*
Andrew Hansen *(Director, Media)*
Samantha Bogus *(Associate Director, Media)*
Melissa Wagner *(Director, Media)*
Ryan Burchinow *(Associate Director, Social Media)*
Deanna Fedick *(Director, Media)*
Ali Wolk *(Media Supervisor)*
Anna Cammisa *(Manager, Business Insights)*
Emilie Penny *(Supervisor, Marketing & Media)*
Emma Howard *(Associate Media Planner)*
Tiffany Kaehler *(Senior Media Planner)*
Alexandra Jarvis *(Associate Media Planner)*
Maygan Henzie *(Senior Media Planner)*
Nika Lanzetta *(Media Planner)*
Julie Barry *(Senior Media Planner)*
Moira Harper *(Senior Media Planner)*
Ausyn Swartz *(Senior Media Planner)*
Jessica Crowley *(Associate Media Director)*
Christian Pettinelli *(Associate Media Planner)*
Bianca Blando *(Senior Social Media Analyst)*

Brands. Marketers. Agencies. Search Less. Find More.
Try out the online version at www.winmo.com

FULL SERVICE/INTEGRATED AGENCIES
AGENCIES - JULY, 2020

Gabrielle Infante *(Media Planner)*
Ashley Marcello *(Media Supervisor)*
Haley Quinn *(Associate Media Planner)*
Kaitlyn Rafferty *(Senior Media Planner)*

Accounts:
Actemra
Activase
Avastin
Genentech, Inc.
Hemlibra

CODE FOUR
5252 Bolsa Avenue
Huntington Beach, CA 92649
Tel.: (714) 500-4994
Web Site: www.codefour.com

Year Founded: 2007

Discipline: Full Service/Integrated

Kevin Elliott *(President & Chief Executive Officer)*
Anthony Carmona *(Project Manager, Events)*

Accounts:
Tilly's, Inc.

COHEN-FRIEDBERG ASSOCIATES
17 Lantern Road
Framingham, MA 01702
Tel.: (508) 626-0211
Web Site: www.cfapromo.com/

Year Founded: 1996

Discipline: Full Service/Integrated

Eric Friedberg *(President)*
Mark Cohen *(Chief Executive Officer & Founder)*

COLLE MCVOY
400 First Avenue, North
Minneapolis, MN 55401
Tel.: (612) 305-6000
Fax: (612) 305-6500
Toll Free: (877) 297-8111
Web Site: www.collemcvoy.com

Employees: 165
Year Founded: 1935

Discipline: Full Service/Integrated

Phil Johnson *(Chief Operating Officer)*
Lisa Miller *(Chief Financial Officer)*
Christine Fruechte *(Chief Executive Officer & President)*
Mike Caguin *(Chief Creative Officer)*
Sue Hagstrom *(Human Resources Director)*
Mike Schwab *(Group Account Director)*
Paul Lammert *(Director, Technology)*
Kerry Moore *(Media Director)*
Steve Knapp *(Executive Director, Media)*
Erick Jensen *(Group Media Director)*
Ryan Olson *(Group Account Director)*
Casie Cook *(Strategy Director)*
Rob Hagemann *(Account Director)*
Amber Young *(Account Director)*
Hilary Lund *(Group Strategy Director)*
John Neerland *(Group Creative Director)*
Amy Larson *(Media Director)*
John Doyle *(Executive Director, Brand Experience)*
Dustin Black *(Group Creative Director)*
Adam St. John *(Creative Director)*
Puja Shah *(Creative Director)*

Alison Clark *(Lead Account Director)*
Rachel Schneider *(Account Account Director)*
Kelly Harmon Schmidt *(Account Director)*
James Lager *(Associate Media Director)*
Mark Andersen *(Group Creative Director)*
Gina Gray *(Director, Business Development)*
Tracy Richards *(Director, Creative Operations)*
Katie Hartman *(Group Account Director)*
Colleen Ryan *(Associate Media Investments Director)*
Jamie Moran *(Global Account Director)*
Jack Treacy *(Director, Art)*
Briana Fonda *(Group Strategy Director)*
Eric Hansen *(Associate Creative Director)*
Brad Smith *(Lead Print Producer)*
Tom Ferrara *(Senior Creative Technologist)*
Alix Nichols *(Senior Interactive Studio Artist)*
Isabel Ludcke *(Business Development Manager)*
Ashley Herink *(Senior Media Planner)*
Chris Rasmussen *(Senior Project Manager)*
Danny Walsh *(Senior Copywriter)*
Maryan Garane *(Experience Design Strategist)*
Kara Nielsen *(Senior Integrated Studio Artist & Designer)*
Anna Peterson *(Insight Strategist)*
Liz Kane *(New Business Coordinator)*
Ben Klaassen *(Account Supervisor)*
Jessica Henrichs *(Managing Director & Head, Client Growth)*

Accounts:
3M Company
Ace
AGCO Corporation
AGCO Parts
AGCO POWER
Associated Banc-Corporation
Associated Bank
Bellisio Foods, Inc.
Boston Market at Home
Cenex
Challenger
Children's Health Dallas
Chili's at Home
CHS, Inc.
CROPLAN
Cub Cadet
Cub Cadet Commercial
Elanco
Famous Dave's of America, Inc.
Fendt
Filtrete
Florida's Natural Growers
Futuro
Gleaner
Hesston
Jackson Hole Tourism
Land O'Lakes, Inc.
Massey Ferguson
Mountain Hardwear
Nexcare
Post-It Notes
Recreational Boating & Fishing Foundation
Scotch
Scotch Blue
Scotch Brite
Scotchgard
Sunflower
Target Corporation
USA Swimming
Valtra
Vermont Creamery
White Planters

COLOUR
1791 Barrington Street

Halifax, NS B3J 3K9
Tel.: (902) 421-1777
Fax: (902) 453-5221
Web Site: www.colour.ca

Employees: 100
Year Founded: 1977

Discipline: Full Service/Integrated

Chris Keevill *(Chief Executive Officer)*
Julie Martinson *(Chief Creative Officer)*
Jason Agar *(Vice President, Digital Production)*

COLUMN FIVE
45 main Street
Brooklyn, NY 11201
Tel.: (646) 351-0639
Web Site: columnfivemedia.com

Year Founded: 2009

Discipline: Full Service/Integrated

Stefan Malmsten *(Director, Production)*
Andrea Bravo-Campbell *(Director, Creative Operations)*
Asher Rumack *(Director, Strategy)*
Kelsey Cox *(Client Services Director)*
Tamara Burke Hlava *(Director, People Operations)*
Lindsay Hathaway *(Senior Editor)*
Megan Lieberman *(Senior Producer)*
Jake Burkett *(Managing Director)*

COMMCREATIVE
75 Fountain Street
Framingham, MA 01702
Tel.: (508) 620-6664
Fax: (508) 620-0592
Toll Free: (877) 620-6664
Web Site: www.commcreative.com

Year Founded: 1994

Discipline: Full Service/Integrated

Joanna Bittle *(Agency Partner, Strategy)*
Alex Nosevich *(Agency Partner, Brand Strategist)*
Ashley DePaolo *(President)*
Amy Grucela *(Vice President, Strategy)*
Patrick Negrini *(Associate Director, Digital Marketing)*
George Koukkos *(Creative Director)*
Carter Kasdon *(Associate Creative Director)*
Courtney Railing *(Digital Project Manager)*
Randi Lucius *(Paid Search Manager)*

Accounts:
Bose Corporation
Flooring America
Johnson Controls, Inc.
OOFOS, LLC

COMMIT AGENCY
58 West Buffalo Street
Chandler, AZ 85225
Tel.: (480) 921-3220
Fax: (480) 921-3228
Web Site: commitagency.com

Year Founded: 1987

Discipline: Full Service/Integrated

David Ralls *(President)*
Elaine Ralls *(Co-Founder & Chief Executive Officer)*

AGENCIES - JULY, 2020
FULL SERVICE/INTEGRATED AGENCIES

Joel Coen *(Chief Digital Officer)*
Lanny Ward *(Creative Director)*
Janelle Brannock *(Senior Director, Strategy)*
Carrie Kapp *(Director, Client Services)*
Justin Lee *(Director, Social Media & Content Strategy)*
Richard Haynie *(Associate Creative Director)*
Lindsey Lubenow *(Media Director)*
Kayley Greene *(Digital Implementation Specialist)*
Justin Hallman *(Digital Implementation Specialist)*
Sayo Akao *(Social Media Coordinator)*

COMMUNICA, INC.
31 North Erie Street
Toledo, OH 43604
Tel.: (419) 244-7766
Fax: (419) 244-7765
Toll Free: (800) 800-7890
Web Site: www.communica-usa.com

Year Founded: 1989

Discipline: Full Service/Integrated

Jeff Kimble *(Partner & Chief Executive Officer)*
Debra Monagan *(Partner & President)*
William Grindle *(President - Columbus)*
David Kanarowski *(Senior Vice President, Business Development)*

COMMUNICATORS GROUP
Nine Church Street
Keene, NH 03431
Tel.: (603) 357-5678
Fax: (802) 257-2143
Web Site: www.communicatorsgroup.com

Employees: 15
Year Founded: 1977

Discipline: Full Service/Integrated

Jeff Whitcomb *(President)*
Karen Hormel *(Vice President & Chief Financial Officer)*
Jim Hickey *(Vice President, Account Services)*
Peter Johnson *(Senior Account Executive)*

CONNECTION MODEL LLC
5825 221st Place Southeast
Issaquah, WA 98207
Tel.: (206) 400-7724
Web Site: connectionmodel.com

Year Founded: 2008

Discipline: Full Service/Integrated

David Carpenter *(President)*
Doug Milnor *(Principal, Digital Marketing Strategist)*
Amanda Joyce *(Manager, Media & Content)*

CONNELLY PARTNERS
46 Waltham Street
Boston, MA 02118
Tel.: (617) 521-5400
Fax: (617) 521-5499
Web Site: www.connellypartners.com

Employees: 50
Year Founded: 1999

Discipline: Full Service/Integrated

Steve Connelly *(President, Chief Executive Officer & Copywriter)*

Alyssa D'Arienzo Toro *(Senior Partner & Chief Creative Officer)*
Steven Doherty *(Chief Operating Officer & Chief Financial Officer)*
Richard Weinstein *(Senior Partner & Director, Media)*
Dana Wantman *(Senior Partner & Director, Brand Management)*
Scott Savitt *(Senior Partner & Director, Digital)*
Courtney Doyle *(Partner & Director, Growth)*
Barry Frechette *(Director, Creative Services)*
Renee Rochon *(Management Supervisor)*
Robert McCarthy *(Senior SEO & Associate Analytics Manager)*
Christopher Corrado *(Senior Media Supervisor)*
Emma Roehlke *(Senior Brand Manager)*
Andrew Velichansky *(Senior Brand Manager)*
Claire Sullivan *(Media Supervisor)*
Lauren Lukacsko *(Integrated Production Manager)*

Accounts:
Al Fresco
American Tourister
Atlantic Broadband
BD Medical
City Year
Gorton's, Inc.
Grateful Nation
Kayem Foods, Inc.
Massachusetts State Lottery Commission
Moo Inc.
Rowe Furniture
Salem Five Bank
Tufts Associates Health Plans, Inc.

COPACINO + FUJIKADO, LLC
1425 Fourth Avenue
Seattle, WA 98101
Tel.: (206) 467-6610
Fax: (206) 467-6604
Web Site: www.copacino.com

Year Founded: 1998

Discipline: Full Service/Integrated

Jim Copacino *(Co-Founder & Chief Creative Officer)*
Betti Fujikado *(Co-Founder & Director, Account Management)*
Tim O'Mara *(Director, Engagement Strategy)*
MacKenzie Huff *(Senior Integrated Producer)*
Tonya Murphy *(Media Director)*
Rebecca Arbeene *(Account Director)*
Andrew Gall *(Group Creative Director)*
Chris Copacino *(Senior Account Director & New Business Development)*
Mike Hayward *(Creative Director)*
Sun Yi *(Broadcast Production Manager)*
Dimitri Perera *(Marketing Sciences Manager)*
Paul Balcerak *(Senior Social Media & Content Strategist)*
Scott Foreman *(Managing Director)*

Accounts:
Baseball Club of Seattle / Seattle Mariners
Chateau Ste. Michelle
Holland America Line
Holland America Line, Inc.
Premera Blue Cross
Seattle Children's Hospital
Symetra
Washington State University

CORE CREATIVE
600 West Virginia Street
Milwaukee, WI 53204
Tel.: (414) 291-0912
Fax: (414) 291-0932
Web Site: www.corecreative.com

Employees: 20
Year Founded: 1994

Discipline: Full Service/Integrated

Ward Alles *(President)*
Jeff Speech *(Partner & Vice President, Creative Services)*
Beth Crivello-Wagner *(Vice President, Brand Services)*
Rich Vetrano *(Vice President & Managing Partner)*
Angi Krueger *(Vice President, Marketing & Business Development)*
Stephanie Burton *(Director, Healthcare Marketing)*
Jerry Higgins *(Creative Director)*
Dana Carpenter *(Director, Marketing Communications)*
Sarah Richmond-Basedow *(Senior Media Strategist)*

CORNETT INTEGRATED MARKETING SOLUTIONS
249 East Main Street
Lexington, KY 40507
Tel.: (859) 281-5104
Fax: (859) 281-5107
Web Site: www.teamcornett.com

Year Founded: 1984

Discipline: Full Service/Integrated

Kip Cornett *(Founder & Chief Executive Officer)*
Christy Hiler *(President)*
David Coomer *(Chief Creative Officer)*
Emmy Hartley *(Chief Growth Officer)*
Jessica Vincent *(Vice President & Director, Brand Management)*
Jason Falls *(Director, Digital & Social Strategy)*
Tim Jones *(Creative Director)*
Ashlee Harris *(Senior Account Planner)*
Bryan Rowe *(Senior Media Buyer & Planner)*
Allen Marler *(Social Community Manager)*
Emily Wuetcher *(Assistant Digital Media Buyer)*
Lacy Madden *(Account Planner)*
Madison Moynihan *(Social Media Assistant)*
Hunter Stoll *(Account Coordinator)*

Accounts:
A&W Restaurants, Inc.
Buffalo Trace
University of Kentucky
University of Kentucky Hospital

COSGROVE ASSOCIATES
81 Main Street
White Plains, NY 10601
Tel.: (212) 888-7202
Fax: (212) 888-7201
Web Site: www.cosgroveny.com

Employees: 35
Year Founded: 1970

Discipline: Full Service/Integrated

Jerry Cosgrove *(President)*
Paige Lockwood *(Vice President & Director, Client Services)*

FULL SERVICE/INTEGRATED AGENCIES
AGENCIES - JULY, 2020

COSSETTE MEDIA
300 St. Paul Street
Quebec City, QC G1S 7R1
Tel.: (418) 647-2727
Fax: (418) 647-2564
Web Site: www.cossette.com

Employees: 130
Year Founded: 1972

Discipline: Full Service/Integrated

Claude Lessard *(Chairman, President & Chief Executive Officer)*
Pierre Delagrave *(President, Media)*
Yvon Brossard *(Vice President, Creative)*
Michel-Alexandre Lessard *(Vice President, Strategy)*
Nathalie Bernier *(Media Director)*

Accounts:
Destination Canada
L'Oreal Canada, Inc.
Telus Corporation
Whirlpool Canada

COSSETTE MEDIA
32 Atlantic Avenue
Toronto, ON M6K 1X8
Tel.: (416) 922-2727
Fax: (416) 922-9450
Web Site: www.cossette.com

Employees: 350
Year Founded: 1969

Discipline: Full Service/Integrated

Carlos Moreno *(Global Chief Creative Officer)*
Wesley Wolch *(Chief Strategy Officer)*
Daniel Shearer *(President - Ontario & West)*
Doug Lowe *(Senior Vice President & General Manager, Production Services)*
Diane Devries *(Senior Vice President & Media Buying Director)*
Janis Lindenbergs *(Senior Vice President & Director, Client Service)*
Kathy McGuire *(Senior Vice President & Managing Director - McDonald's)*
Rosie Gentile *(Senior Vice President, Experience Design)*
Anabella Mandel *(Vice President & Head, Business)*
Geoff Wilton *(Vice President & Head, Business)*
Donna Nadeau *(Director, Broadcast Traffic & Talent)*
Tim Beach *(Associate Media Director)*
Ryan Langsford *(Director, Digital Investments)*
Terrence Ho *(Group Account Director - Koo Creative)*
Jenny Martin *(Group Media Director)*
Taylor McCarthy *(Creative Director)*
Carmen Steger *(Account Director)*
Craig McIntosh *(Executive Creative Director)*
Fernando Aloise *(Director, Strategy)*
Jaimes Zentil *(Creative Director)*
Jordan Hamer *(Associate Creative Director)*
Rachel Abrams *(Senior Writer & Creative Director)*
Spencer Dingle *(Associate Creative Director)*
Kandy Walker *(Broadcast Manager)*
Dianne Yu-Kinsey *(Manager, Broadcast Investment)*

Accounts:
Centennial College
Cheerios
Nature Valley
Old El Paso
Pillsbury

COSSETTE MEDIA
2100 Drummond Street
Montreal, QC H3G 1X1
Tel.: (514) 845-2727
Fax: (514) 282-4742
Web Site: www.cossette.com

Employees: 465
Year Founded: 1974

Discipline: Full Service/Integrated

Melanie Dunn *(President & Chief Executive Officer)*
Stephane Alozy *(Vice President & Digital Business Lead)*
Nadja Decarie *(Vice President & Lead, Strategies)*
Marian Borca *(Vice President, Technology)*
Martin Talbot *(Director, Business Intelligence & Data Science)*
Adriana Novoa *(Media Supervisor)*
Christina Forest *(Digital Buyer)*

COSSETTE MEDIA
1085 Homer Street
Vancouver, BC V6B 1J4
Tel.: (604) 669-2727
Fax: (604) 647-6299
Web Site: cossette.com

Employees: 150
Year Founded: 1972

Discipline: Full Service/Integrated

Nadine Cole *(Senior Vice President & General Manager)*
Adam Collins *(Vice President & Head, Strategy)*
Katie Ainsworth *(Executive Creative Director)*
Scott Schneider *(Creative Director)*
Grace Cho *(Senior Art Director)*
Robyn Smith *(Client Services Director)*
Christina Forest *(Buyer, Digital)*
Jared Gill *(Strategist)*
Joy Lucas *(Account Executive)*

COTTON & COMPANY
633 Southeast Fifth Street
Stuart, FL 34994
Tel.: (772) 287-6612
Fax: (772) 286-4737
Web Site: www.cottonco.com

Employees: 60
Year Founded: 1983

Discipline: Full Service/Integrated

Stephann Cotton *(President)*
Laurie Andrews *(Chief Marketing Officer)*
Angelene McCullough *(Digital Marketing Strategist)*

COUNTERPART
40 South Idlewild Street
Memphis, TN 38104
Tel.: (901) 323-4900
Fax: (901) 578-7878
Web Site: counterpartcd.com

Discipline: Full Service/Integrated

Sheperd Simmons *(President)*
Lisa Evano *(Vice President - Dallas)*

COWLEY ASSOCIATES
407 South Warren Street
Syracuse, NY 13202
Tel.: (315) 475-8453
Fax: (315) 475-8408
Web Site: www.cowleyweb.com

Discipline: Full Service/Integrated

Paul Cowley *(Founder, President)*
Gail Cowley *(Owner & Executive Vice President)*

COXRASMUSSEN & COMPANY
2830 F Street
Eureka, CA 95501
Tel.: (707) 445-3101
Fax: (707) 445-2550
Toll Free: (888) 982-1600
Web Site: www.coxrasmussen.com

Employees: 5
Year Founded: 1986

Discipline: Full Service/Integrated

Alicia Cox *(Owner)*
Erica Sutherland *(Public Relations & Media Buyer Director)*

COYNE ADVERTISING & PUBLIC RELATIONS
3030 Annandale Drive
Presto, PA 15142
Tel.: (412) 429-8408
Fax: (412) 787-0755
Web Site: www.coyneadv.com

Discipline: Full Service/Integrated

Jack Coyne *(Chief Executive Officer)*
Corinne Zielinski *(Vice President & Media Director)*

CPR COMMUNICATIONS
777 Terrace Avenue
Hasbrouck Heights, NJ 07604
Tel.: (201) 641-1911
Fax: (201) 641-2844
Toll Free: (800) 752-5588
Web Site: www.cpronline.com

Employees: 9
Year Founded: 1981

Discipline: Full Service/Integrated

Joe Carabello *(President & Chief Executive Officer)*
Laura Carabello *(Principal & Chief Creative Officer)*

CRANE METAMARKETING
300 Colonial Center Parkway
Roswell, GA 30076
Tel.: (770) 642-2082
Fax: (770) 642-9404
Toll Free: (888) 642-2400
Web Site: www.cranebrandwork.com

Employees: 10

Discipline: Full Service/Integrated

Patti Crane *(Founder)*
Shelly Peters *(Principal)*

CRC MARKETING SOLUTIONS

AGENCIES - JULY, 2020

FULL SERVICE/INTEGRATED AGENCIES

6321 Bury Drive
Eden Prairie, MN 55346
Tel.: (952) 937-6000
Fax: (952) 937-5155
Web Site: www.crc-inc.com

Employees: 12
Year Founded: 1979

Discipline: Full Service/Integrated

Elizabeth Petrangelo *(Owner)*
Michael Lundeby *(Owner)*
Jeff Coffey *(Director, Interactive Strategy)*

CREATA
1801 South Myers Road
Oakbrook Terrace, IL 60181
Tel.: (630) 861-2100
Fax: (630) 861-2111
Web Site: www.creata.com

Year Founded: 1973

Discipline: Full Service/Integrated

Tom Cunningham *(Senior Vice President & Group Account Director)*
Jim Tout *(Senior Vice President, Account Management & Business Services)*
Brian Petrocelli *(Vice President, Global Partnerships & Promotions)*
Catherine Steil *(Vice President, Account Services)*
Sarah Larsen *(Managing Director, Global Strategy)*

Accounts:
Kellogg Company

CREATING RESULTS
14000 Crown Court
Woodbridge, VA 22193
Tel.: (703) 494-7888
Web Site: www.creatingresults.com

Employees: 20

Discipline: Full Service/Integrated

Todd Harff *(Co-Founder)*
Michael Stakem *(Director, Creative Services)*
Amanda Combs *(Director, Marketing Strategies)*

CREATIVE COMMUNICATIONS CONSULTANTS, INC.
111 Third Avenue, South
Minneapolis, MN 55401
Tel.: (612) 338-5098
Fax: (612) 338-1398
Web Site: www.cccinc.com

Discipline: Full Service/Integrated

Susan McPherson *(Owner & President)*
Deb Hyden *(Media Director)*
Mary Jones *(Senior Account Manager)*

CREATIVE ENERGY, INC.
3206 Hanover Drive
Johnson City, TN 37604
Tel.: (423) 926-9494
Fax: (423) 929-7222
Web Site: www.creativeenergy.agency

Employees: 16
Year Founded: 1991

Discipline: Full Service/Integrated

Tony Treadway *(President & Chief Executive Officer)*
Teresa Treadway *(Co-Owner & Vice President, Media)*
Will Griffith *(Executive Creative Director)*
Dale Atkinson *(Senior Art Director)*
Jim Julien *(Director, Art)*
Meara Bridges *(Director, Art)*
David Brashears *(Director, New Business)*
Greg Nobles *(Creative Director)*
Hannah Howard *(Art Director)*
Joe Schnellmann *(Senior Art Director)*
Nate Hook *(Director, Digital Operations)*
Sharon Barnett *(Manager, Business)*
Randy Greear *(Manager, Production)*
Tonya Baker *(Account Executive)*
Trinity Lancaster *(Account Executive)*
Summer Stanley *(Copywriter)*
Jessica Lambert *(Account Executive)*

Accounts:
Ajinomoto Windsor
Green Mountain Gringo Salsa
Green Mountain Grino Strips
Mullican Flooring
Red Gold Tomatoes
Siemens Energy & Automation, Inc.
Texas Pete
The Coca-Cola Company
Universal Fibers Systems, LLC

CREATIVE MARKETING PLUS
213-37 39th Avenue
Bayside, NY 11361
Tel.: (917) 373-9022
Fax: (718) 606-6345
Web Site: www.creativemarketingplus.com

Employees: 15
Year Founded: 1982

Discipline: Full Service/Integrated

Richard Harrow *(President & Chief Executive Officer)*
Richard Marchione *(Internet Project Manager)*

CREATIVE PARTNERS, LLC
46 Southfield Avenue
Stamford, CT 06902
Tel.: (203) 705-9200
Fax: (203) 705-9201
Web Site: www.creativepartners.com

Employees: 20
Year Founded: 1986

Discipline: Full Service/Integrated

Peter Schelfhaudt *(Chairman & Chief Executive Officer)*
Laura Saggese *(Senior Vice President, Client Services)*
Chuck Casto *(Senior Vice President)*
Farnosh Olamai *(Art Director)*

Accounts:
Health Net, Inc.

CREATIVEDRIVE
55 Water Street
New York, NY 10041
Toll Free: (866) 924-4410
Web Site: www.creativedrive.com

Discipline: Full Service/Integrated

Myles Peacock *(Chief Executive Officer)*

Amy Romero *(Chief Marketing Officer)*
Claudia Crespo *(Director, Business Development)*

CRISPIN PORTER + BOGUSKY
6450 Gunpark Drive
Boulder, CO 80301
Tel.: (303) 628-5100
Web Site: www.cpbgroup.com

Employees: 5
Year Founded: 1988

Discipline: Full Service/Integrated

Danielle Aldrich *(President, West Coast)*
Johan Eghammer *(Co-Head, Creative & Executive Creative Director)*
Courtney Loveman *(Vice President & Co-Head, Strategy)*
Joselyn Bickford *(Vice President & Global Account Director)*
Kristi Kirkeide Boutiette *(Vice President & Account Director)*
Jen Hruska *(Vice President & Co-Head, Strategy)*
Dan Corken *(Vice President, Group Executive Producer)*
Sloan Schroeder *(Vice President & Director, Content Production)*
Adam Chasnow *(Vice President, Co-Head, Creative & Executive Creative Director)*
Jennifer Bollman *(Vice President & Group Media Director)*
Christi Clark *(Global Account Director)*
David Whitney *(Director, Agency Communications)*
Nicole Hering *(Strategy Director)*
Joseph Corr *(Executive Director, Creative Technology)*
Marcus Deliote *(Director, Information Technology)*
Liz Bedford *(Associate Media Director)*
Austin Mankey *(Associate Creative Director)*
Mike Motch *(Associate Creative Director)*
Kelly McCormick *(Creative Director)*
Quinn Katherman *(Creative Director)*
Lauren Walker *(Associate Media Director)*
Craig McDowell *(Associate Media Director)*
Ryan Contillo *(Associate Creative Director)*
Donny Brunner *(Associate Creative Director)*
Adam Skalecki *(Co-Head, Design)*
Erin Appenzoller *(Digital Supervisor)*
Emily Gruppo *(Account Supervisor)*
Hannah Crowley *(Supervisor, Media)*
Heather Vazza *(Content Manager)*
Mimi McCormick *(Integrated Producer)*
Alyssa Fitterer *(Management Supervisor)*
Sam Crawford *(Account Manager)*
Nick Schulte *(Supervisor, Management)*
Alina Moeller *(Senior Integrated Producer)*
Brittany Tangsrud *(Management Supervisor)*
Jake Harvey *(Manager, Digital Asset)*
Jamie Slade *(Senior Producer, Video)*
Katie Sherman *(Senior Strategist)*
Rachel Noonan *(Producer)*
Zach Brown *(Manager, Business Affairs)*
Emily Edwards *(Project Manager)*

Accounts:
American Airlines
American Heart Association
Arby's Restaurant Group, Inc.
Bonnier Corporation
Domino's
Fruit of the Loom
Goose Island
Hotels.com, LP
Noodles & Company
OtterBox

346

FULL SERVICE/INTEGRATED AGENCIES

Sorel
Vonage Holdings Corporation

CROSBY MARKETING COMMUNICATIONS
705 Melvin Avenue
Annapolis, MD 21401-1534
Tel.: (410) 626-0805
Fax: (410) 269-6547
Web Site: www.crosbymarketing.com

Employees: 36
Year Founded: 1973

Discipline: Full Service/Integrated

Ralph Crosby *(Founder & Chairman)*
Raymond Crosby *(President & Chief Executive Officer)*
Pam Atkinson *(Executive Vice President & Director, Connection Planning)*
Gillian Pommerehn *(Vice President, Public Relations & Reputation Management)*
Joel Machak *(Executive Creative Director)*
Lee Gatchel *(Digital Creative Director)*

Accounts:
St. Joseph Medical Center
United States Department of Agriculture

CROSSBOW GROUP
136 Main Street
Westport, CT 06880
Tel.: (203) 222-2244
Fax: (203) 226-7838
Web Site: www.crossbowgroup.com

Employees: 10

Discipline: Full Service/Integrated

Jay Bower *(President & Chief Executive Officer)*
Mary Plamieniak *(Chief Operating Officer)*
Dawn Duchene *(Senior Account Director)*

Accounts:
TheLadders.com

CROWL, MONTGOMERY & CLARK, INC.
713 South Main Street
North Canton, OH 44720
Tel.: (330) 494-6999
Fax: (330) 494-6242
Toll Free: (888) 649-8745
Web Site: www.crowlinc.com

Year Founded: 1959

Discipline: Full Service/Integrated

Jeff Crowl *(Chairman & President)*
Rod McGregor *(President)*

CSM SPORT & ENTERTAINMENT
440 Ninth Avenue
New York, NY 10001
Tel.: (212) 488-6500
Fax: (212) 741-5013
Web Site: www.csmleaddog.com

Year Founded: 1999

Discipline: Full Service/Integrated

Dan Mannix *(President & Chief Executive Officer)*
Danit Aronson *(Chief Partnership Officer)*

Gina Hagedorn *(Chief Operating Officer)*
Karen Ashnault *(Senior Vice President, Account Management)*
Dan Jahn *(Senior Vice President, Brand Promotions & Digital Solutions)*
Shauna Griffiths *(Senior Vice President, Strategic Marketing & Brand Partnerships)*
Gina Durante *(Senior Vice President, People & Talent)*
Darius Naficy *(Vice President, Creative Services)*
Victor Koppel *(Vice President, Client Partnerships)*
Stephanie Smilowitz *(Vice President, Account Management)*
Nina Ashkenazi *(Vice President, Account Management)*
Carter Schwarberg *(Creative Director)*
Ralph Jeudy *(Senior Director, Digital Project Management)*
Mary Saini *(Director, Brand Promotions)*
Stacy Gollinger *(Senior Manager, Integrated Marketing & Partnerships)*

Accounts:
ABC Network Television

CTP
77 North Washington Street
Boston, MA 02114
Tel.: (617) 412-4000
Fax: (781) 246-9371
Web Site: www.ctpboston.com

Year Founded: 1995

Discipline: Full Service/Integrated

Fred Conover *(President)*
Chip Tuttle *(Partner)*
Brian Heffron *(Partner & Executive Vice President, Public Relations)*
Grant Pace *(Owner & Executive Creative Director)*
Steve Angel *(Senior Vice President & Director, Strategy)*
Todd Graff *(Vice President, Public Relations)*
Dave Vater *(Vice President, Account Director)*
Lauren Kimball *(Vice President & Director, Account Management)*
Corey Welford *(Vice President, Public Affairs & Communications)*
Andrea Lenig *(Vice President & Media Director)*
Christine Hickey *(Director, People & Culture)*
Mark Bappe *(Director, Creative)*
Jesse Saler *(Art Director)*
Will Claflin *(Director, Creative Content)*
Christina Dear *(Associate Creative Director)*
Ariel Perry *(UX & Digital Projects Lead)*
Katie Ward *(Account Supervisor)*
Angela Cogliani *(Senior Account Executive)*
Caitlin Snider *(Senior Account Executive)*
Mark Fredrickson *(Managing Director, Technology Practice)*

Accounts:
Boston Red Sox
Eastern Bank Corporation
Pinehurst Resort and Country Club
Red Hat, Inc.
Sentient Jet

CULINARY SALES SUPPORT, INC.
452 North Sangamon Street
Chicago, IL 60642
Tel.: (312) 633-2040

Fax: (312) 372-1409
Web Site: www.cssiculinary.com

Year Founded: 2006

Discipline: Full Service/Integrated

Kevin Gross *(Senior Vice President)*
Thomas Talbert *(Vice President, Culinary Research & Development)*

CULTURAL STRATEGIES, INC.
3300 Bee Cave Road
Austin, TX 78746
Tel.: (512) 501-4971
Web Site: www.cultural-strategies.com

Year Founded: 2009

Discipline: Full Service/Integrated

Sebastian Puente *(Chief Executive Officer & Partner)*
Juan Tornoe *(Chief Marketing Officer & Partner)*

CUMMINS&PARTNERS
77 Ludlow Street
New York, NY 10002
Tel.: (917) 415-7018
Web Site: www.cumminsandpartners.com

Year Founded: 2011

Discipline: Full Service/Integrated

Sean Cummins *(Chief Executive Officer - Global)*
Olivia Santilli *(Vice President, Strategy & Media)*
Ryan McKinnon *(Account Director)*
Taylor Ottaviano *(Art Director)*
Monish Khara *(Graphic Designer)*

CUNDARI INTEGRATED ADVERTISING
26 Duncan Street
Toronto, ON M5V 2B9
Tel.: (416) 510-1771
Fax: (416) 510-1769
Web Site: www.cundari.com

Employees: 10
Year Founded: 1980

Discipline: Full Service/Integrated

Aldo Cundari *(Chairman & Chief Executive Officer)*
Malcolm McLean *(President, Chief Strategy Officer)*
Sean Barlow *(Chief Creative Officer)*
Maria Orsini *(Executive Vice President, Administration & Finance)*
Luke Moore *(Executive Vice President & General Manager, Operations & Media)*
Christopher Yang *(Project Manager)*

Accounts:
National Car Rental Canada, Inc.
Rona, Inc.
Royal Ontario Museum

CURVE COMMUNICATIONS
Nine West Broadway
Vancouver, BC V5Y 1P1
Tel.: (604) 684-3170
Fax: (604) 684-3171
Web Site: www.curvecommunications.com

Brands. Marketers. Agencies. Search Less. Find More.
Try out the online version at www.winmo.com

AGENCIES - JULY, 2020

FULL SERVICE/INTEGRATED AGENCIES

Year Founded: 2000

Discipline: Full Service/Integrated

George Affleck *(Chief Executive Officer & President)*
Amanda Bates *(Vice President)*

D.TRIO MARKETING GROUP
401 North Third Street
Minneapolis, MN 55401
Tel.: (612) 787-3333
Fax: (612) 436-0324
Web Site: www.dtrio.com

Year Founded: 2000

Discipline: Full Service/Integrated

Megan Devine *(Owner)*
Fred Driver *(Founding Partner)*
Maureen Dyvig *(Founding Partner)*
Sheryl Doyle *(Senior Vice President, Client Services)*
Danette Knickmeier *(Account Director)*
Beth Seitzberg *(Creative Director)*
Carol Wahl *(Senior Account Executive)*

D50 MEDIA
1330 Boylston Street
Chestnut Hill, MA 02461
Tel.: (800) 582-9606
Toll Free: (800) 582-9606
Web Site: www.d50media.com

Year Founded: 2011

Discipline: Full Service/Integrated

Adam Scott *(Associate Media Director)*
Sarah Spurway-Griffin *(Media Supervisor)*
Charles Bono *(Digital Marketing Manager)*
Allan Paul Jussaume *(Social Media Specialist)*

DAKOTA GROUP
75 Danbury Road
Ridgefield, CT 06877
Tel.: (203) 834-2004
Fax: (203) 834-2524
Web Site: www.dakotagrp.com

Employees: 6
Year Founded: 1993

Discipline: Full Service/Integrated

Peter Dattilo *(President)*
Schuyler Warner *(Owner)*
Gerry Hawkins *(Creative Director)*
Sean Garretson *(Senior Art Director)*

DALEY CONCEPTS
3656 Washington Boulevard
Indianapolis, IN 46205
Tel.: (317) 926-2622
Fax: (317) 926-2846
Web Site: www.daleyconcepts.com

Discipline: Full Service/Integrated

Michelle Daley *(President)*
Mike Daley *(Vice President)*

DALTON + ANODE
926 Main Street
Nashville, TN 37206
Tel.: (615) 742-1490
Fax: (615) 256-0105

Web Site: daltonanode.com
Employees: 11
Year Founded: 1963

Discipline: Full Service/Integrated

Kevin Endres *(Executive Vice President & Executive Creative Director)*
Rebecca Scarpatti *(Director, Production)*
Tony Drake *(Finance Director)*
Chris Lee *(Senior Product Owner)*
Jessica Howard *(Account Director)*
Anna Bickers *(Media Buyer & Planner)*
Heath Overton *(Account Supervisor)*

Accounts:
Country Music Hall of Fame & Museum

DALTON AGENCY
140 West Monroe Street
Jacksonville, FL 32202
Tel.: (904) 398-5222
Fax: (904) 398-5220
Web Site: www.daltonagency.com

Year Founded: 1989

Discipline: Full Service/Integrated

Jim Dalton *(President & Chief Executive Officer)*
Pat McKinney *(Executive Vice President & Chief Creative Officer)*
Jeremy Nettles *(Vice President, Social Media)*
Jo Ann Stephens *(Vice President, Business Manager)*
Chris Conte *(Vice President, Creative Director)*
Brendan Cumiskey *(Vice President, Strategy & Planning)*
Heather Houston *(Vice President, Account Director)*
Brian Kinkade *(Vice President & Account Director)*
Carly Bauer *(Media Director)*
Heather Gosendi *(Social Media Manager)*
Rebecca Sacks *(Assistant Media Planner)*
Robby Weber *(Social Media Coordinator)*

Accounts:
Bronx Zoo
Gate Petroleum Company
Jacksonville Jaguars
New York Aquarium
Pace Center for Girls
Susan G. Komen Breast Cancer Foundation, Inc.
Visit Jacksonville

DANIEL BRIAN ADVERTISING
222 South Main Street
Rochester, MI 48307
Tel.: (248) 601-5222
Fax: (248) 601-5205
Web Site: danielbrian.com/

Employees: 25
Year Founded: 1992

Discipline: Full Service/Integrated

Dan Cobb *(Chief Executive Officer & Founder)*
Lisa Blackwell *(Executive Vice President & Chief Experience Officer)*
Matt Bunk *(Executive Vice President & Creative Director)*
Paul Clancy *(Senior Vice President, Digital Media Strategy)*
Terry Thomas *(Senior Vice President & Director, Strategic Planning)*

Heather Henry *(Director, Media Operations)*
Larry Metante *(Senior Media Platform Manager)*
Amy Castle *(Senior Media Buyer)*
Heather Francis *(Senior Media Planner)*
Melanie Roberston *(Media Specialist)*

Accounts:
Hungry Howie's Pizza & Subs, Inc.
Papa John's International

DANIELS & ROBERTS, INC.
1013 Lucerne Avenue
Lake Worth, FL 33460
Tel.: (561) 241-0066
Fax: (561) 241-1198
Toll Free: (800) 488-0066
Web Site: www.danielsandroberts.com

Employees: 25
Year Founded: 1986

Discipline: Full Service/Integrated

Dan Muggeo *(Founder & Chief Executive Officer)*
Amy Scharf *(Vice President, Client Services)*
Frank Coffy *(Director, Production)*

DAS GROUP
9050 Pines Boulevard
Pembroke Pines, FL 33024
Tel.: (954) 893-8112
Fax: (954) 893-8143
Web Site: www.das-group.com

Year Founded: 1980

Discipline: Full Service/Integrated

Karen Korner *(Chief Executive Officer)*

DAVID JAMES GROUP
One Trans Am Plaza Drive
Oakbrook Terrace, IL 60181
Tel.: (630) 305-0003
Fax: (630) 384-1478
Web Site: www.davidjamesgroup.com

Year Founded: 2002

Discipline: Full Service/Integrated

David Laurenzo *(President)*
Anne O'Day *(Vice President, Client Services & Managing Director)*
Ron Zywicki *(Vice President, Creative Services)*

DAVIS HARRISON DION ADVERTISING
333 North Michigan Avenue
Chicago, IL 60601
Tel.: (312) 332-0808
Fax: (312) 332-4260
Web Site: www.dhdchicago.com

Employees: 26
Year Founded: 1970

Discipline: Full Service/Integrated

Sue Harrison *(Partner, Media Director)*
Bob Dion *(Partner)*
Vince Lombardo *(Vice President, Interactive Services)*
Nathaniel Davis *(Associate Creative Director)*
Brent Vincent *(Associate Director, Creative)*
Mike Apostolovich *(Art Director)*
Eliane Oneyear *(Production Manager)*
Erika Kennedy *(Account Supervisor)*
Kendra Loh *(Account Manager)*

Brands. Marketers. Agencies. Search Less. Find More.
Try out the online version at www.winmo.com

FULL SERVICE/INTEGRATED AGENCIES

Robert Callen *(Producer, Photography)*
Robert Grogan *(Account Supervisor)*

Accounts:
Bosch Power Tools
Ingredion, Inc.
Robert Bosch Tool Corporation

DAY COMMUNICATIONS GROUP, INC.
Ten Alcorn Avenue
Toronto, ON M4V 3A9
Tel.: (416) 480-6560
Fax: (416) 487-6121
Web Site: www.daycommunications.ca

Employees: 10
Year Founded: 1977

Discipline: Full Service/Integrated

Andy Day *(President & Chief Executive Officer)*
Jan Hughes *(Director, Digital & Brand Strategy)*
Kate Marshall *(Vice President, Client Service & General Manager)*

DB&M MEDIA
3200 Park Center Drive
Costa Mesa, CA 92626
Tel.: (949) 752-1444
Web Site: www.dbm-media.com

Year Founded: 2001

Discipline: Full Service/Integrated

Don Bartolo *(President & Chief Executive Officer)*
Diane Worley *(Accounts Director)*

Accounts:
Mountain Mike's Pizza

DBA MARKETING COMMUNICATIONS
385 Williamstowne
Delafield, WI 53018
Tel.: (262) 646-5400
Fax: (262) 646-6444
Web Site: www.dbamar.com

Employees: 6
Year Founded: 1997

Discipline: Full Service/Integrated

Don Becker *(Owner, President & New Business Director)*
Rebecca Retzer *(Creative Director)*

Accounts:
Michigan Medicine

DCI-ARTFORM
2727 West Good Hope Road
Milwaukee, WI 53209
Tel.: (414) 228-7000
Fax: (414) 228-3411
Toll Free: (800) 777-4805
Web Site: www.dci-artform.com

Employees: 225
Year Founded: 1944

Discipline: Full Service/Integrated

Patrick McGriff *(President)*
Jane Horner *(Vice President, Retail Science)*
Don Michalek *(Vice President & General Manager - Transportation Business Unit)*

DEBUT GROUP
775A The Queensway
Toronto, ON M8Z 1N1
Tel.: (416) 213-0123
Toll Free: (800) 311-1721
Web Site: www.debutgroup.com

Year Founded: 1997

Discipline: Full Service/Integrated

Ben Moorsom *(President & Chief Creative Officer)*
Ines Argiriu *(Vice President, Production)*
Patricia Andraos *(Director, Integrated Marketing & Client Strategy)*
Elizabeth Short *(Director, Accounts & Business Development)*
Arti Kaushal *(Director, Creative Strategy)*
Alona Taratuta *(General Manager & Director, Finance)*

DECCA DESIGN
476 South First Street
San Jose, CA 95113
Tel.: (408) 947-1411
Web Site: www.decdesign.com

Year Founded: 1991

Discipline: Full Service/Integrated

Sheila Hatch *(President & Director, Creative)*
Regina Damore *(Vice President, Operations)*
Drea Li *(Controller)*
James Reed *(Associate Creative Director)*
Heather Cresap *(Account Manager)*
Jeannie Ditter *(Senior Account Manager)*
Kathy Dydynski *(Senior Account Manager)*
Lynda Kolberg *(Senior Account Manager)*
May Bojorquez *(Senior Account Manager)*
Natasha Kramskaya *(Associate Creative Director)*
Azadeh Afifi *(Associate Director, Creative)*
Anna Chi *(Senior Graphic Designer)*
Nicole Gerardin *(Specialist, Marketing)*
Kerrie Inouye *(Coordinator, Production)*

DEEPLOCAL
1601 Marys Avenue
Sharpsburgs, PA 15255
Tel.: (412) 362-0201
Web Site: www.deeplocal.com

Year Founded: 2006

Discipline: Full Service/Integrated

Nathan Martin *(Founder & Chief Executive Officer)*
Heather Martin *(Chief Marketing Officer)*
Brittany Bell *(Program Lead)*
Emily Price *(Director, Business Development)*
Caroline Fisher *(Creative Marketing Director)*
Chad Calcagno *(Director, Client Services)*
Kendall Hannan *(Producer)*
Oscar Prom *(Senior Software Engineer Lead)*
Iain McDonald *(Director, Production)*

DELFINO MARKETING COMMUNICATIONS
400 Columbus Avenue
Valhalla, NY 10595-1335
Tel.: (914) 747-1400
Fax: (914) 747-1430
Toll Free: (800) 878-6584
Web Site: www.delfino.com

Year Founded: 1970

Discipline: Full Service/Integrated

Geno Delfino *(Chairman & Founder)*
Paul Delfino *(President)*
Christine Delfino Seneca *(Executive Vice President & General Manager)*
Maria Garvey *(Media Director)*

DESANTIS BREINDEL
30 West 21st Street
New York, NY 10010
Tel.: (212) 994-7680
Web Site: www.desantisbreindel.com

Year Founded: 2003

Discipline: Full Service/Integrated

Howard Breindel *(Partner)*
Dru DeSantis *(Owner)*
Sanjay Doshi *(Account Director, Program Management)*
Laura Mulcahey *(Director, Program Management)*
Clinton Clarke *(Creative Director)*
Leyah Farber *(Director, Brand & Digital Strategies)*
Debbie Kim *(Program Management)*
Emmy Jedras *(Managing Director, Strategy)*

DESTINATION MARKETING
6808 220th Street
Mountlake Terrace, WA 98043
Tel.: (425) 774-8343
Fax: (425) 774-8499
Web Site: www.destmark.com

Year Founded: 1984

Discipline: Full Service/Integrated

Chris Settle *(Executive Vice President & Director, Creative Services)*
Heather Taylor *(Director, Media)*
Andrea McArthur *(Director, Digital Services)*
Cameron Voetmann *(Account Director)*
Ellen Gerhard *(Director, Workflow Operations & Account Management)*
Melissa Baker *(Digital Marketing Strategist)*
Jessica Segur *(Digital Marketing Associate)*

Accounts:
The Vitamin Shoppe

DEUTSCH, INC.
330 West 34th Street
New York, NY 10001
Tel.: (212) 981-7600
Fax: (212) 981-7525
Web Site: www.deutsch.com

Employees: 1100
Year Founded: 1969

Discipline: Full Service/Integrated

Donny Deutsch *(Chairman)*
Val DiFebo *(Chief Executive Officer)*
Dan Kelleher *(Chief Creative Officer)*
Tom Entrup *(Chief Financial Officer)*
Erica Grau *(Partner & Chief Operating Officer)*
Tripp McCune *(Executive Vice President & Chief Information Officer)*
Vonda LePage *(Executive Vice President & Director, Corporate Communications)*
George Decker *(Executive Vice President & Group Creative Director)*
Maggie Connors *(Executive Vice President &

Brands. Marketers. Agencies. Search Less. Find More.
Try out the online version at www.winmo.com

AGENCIES - JULY, 2020 — FULL SERVICE/INTEGRATED AGENCIES

Head, Business Development)
Karen Benson (Executive Vice President & Director, Media Planning)
Jayme Maultasch (Executive Vice President, Group Account Director)
Maureen Burzynski (Executive Vice President & Director, Local Media Buying)
Katherine Moncrief (Executive Vice President & Director, Creative Talent)
Joe Calabrese (Executive Vice President & Director, Integrated Production)
Tyler Helms (Executive Vice President & Group Account Director)
Joanne Scannello (Executive Vice President & Group Creative Director)
Richard van Steenburgh (Executive Vice President, Data Strategy)
Matthew George (Executive Vice President & Communications Planning Director)
Julie Kravetz (Executive Vice President & Group Planning Director)
Kristen Rincavage (Senior Vice President & Account Director)
Sarah Rankin (Senior Vice President & Digital Group Media Director)
Andrew Arnot (Senior Vice President & Group Account Director)
Rich Kolopeaua (Senior Vice President & Group Creative Director)
Michelle Rowley (Senior Vice President & Group Planning Director)
Shreya Mukherjee (Senior Vice President & Group Planning Director)
Husani Oakley (Executive Vice President & Director, Technology & Innovation)
Martin Mannion (Senior Vice President & Director, Professional Strategy)
Maria Taris (Senior Vice President, Business Affairs)
Jeremy Gelade (Senior Vice President & Director, Creative Operations & Project Management)
Clara Kim (Vice President & Director, Project Management)
Dennis Warlick (Vice President, Strategic Technology)
Jaclyn Krongold (Vice President, Account Director & Global Lead)
Oliver Plunkett (Vice President & Media Director)
Derek Magesis (Vice President & Account Director)
Jiaqi Li (Vice President & Director, Data Strategy)
Vinney Tecchio (Vice President & Creative Director - Business Development)
Andrew Quay (Vice President & Planning Director)
Garett Awad (Vice President & Group Strategy Director)
Jeff Morgan (Vice President & Executive Producer)
Clifford Strashun (Vice President & Account Director)
Jeff Vinick (Executive Creative Director)
Barbara Chandler (Group Account Director)
Pete Johnson (Executive Creative Director)
Heather English (Vice President, Creative Director)
Vijay Patil (Associate Creative Director)
James Cowie (Creative Director)
Chris Cutone (Director, Human Resources)
Jeff Kopay (Creative Director)
Roger Bova (Head, Design)
Madalyn McLane (Account Director)
Michelle Munera (Director, Paid Social)

Diana Heald (Director, Social Media)
Caitlin Dilks (Digital Media Supervisor)
Melissa Betancur (Print Producer & Project Manager)
Daniel Jones (Media Supervisor)
Mick Potthast (Account Supervisor)
Armando Melendez (Account Executive)
LouLou David (Account Supervisor)
Morgan Busch (Paid Social Manager)
Orlando Nicot (Executive Assistant - Chief Executive Officer & Chief Operating Officer)
Helena Gould (Account Executive)
Nicole Camacho (Account Executive)

Accounts:
Acuvue
Anheuser-Busch Companies, Inc.
Budweiser
Busch
Busch Ice
Busch Light
H&R Block, Inc.
H&R Block, Inc.
Lighten Up!
Newman's Own
Newman's Own Pasta Sauces
Newman's Own Pizza
Newman's Own Popcorn
Newman's Own Salad Dressings
Newman's Own Salsa
Newman's Own, Inc.
Outback Steakhouse, Inc.
Parisienne Dijon Lime
Parmesan Roasted Garlic
Patek Philippe
Pink Virgin Lemonade
PNC Bank
PNC Financial Services Group, Inc.
PNC.com
Reebok
Reebok Classic
Reebok Combat
Reebok Crossfit
Reebok International Ltd.
Reebok Kids
Reebok Running
Reebok Training
Reebok UFC
Reebok Women
Shock Top
Starco Brands
The Vitamin Shoppe
TNT
Twentieth Century Fox Film Corporation
V-Go
Virgin Lemon-Aided Iced Tea
Virgin Lemonade

DEUTSCH, INC.
5454 Beethoven Street
Los Angeles, CA 90066-7017
Tel.: (310) 862-3000
Fax: (310) 862-3100
Web Site: www.deutschinc.com

Employees: 468
Year Founded: 1969

Discipline: Full Service/Integrated

Jeff White (Partner & Chief Marketing Officer - North America)
Pete Favat (Chief Creative Officer)
Kimberly Getty (President - Los Angeles)
Brett Craig (Chief Creative Officer)
Bob Maloney (Chief Financial Officer & Executive Vice President)
Pam Scheideler (Partner, Chief Digital Officer)
Montse Barrena (Executive Vice President & Group Account Director)
Nancy Alley (Executive Vice President & Chief Talent Officer)
Adam Graves (Executive Vice President & Group Account Director)
Troy Kelley (Executive Vice President & Group Account Director)
Lauren Tetuan (Executive Vice President & Digital Group Media Director)
Josh Teixeira (Executive Vice President & Group Strategy Director)
Ryan Lehr (Executive Vice President & Executive Creative Director)
Matthew Matzen (Executive Vice President & Group Account Director)
Heide Peper Hays (Executive Vice President, Business Intelligence)
Chris Carter (Executive Vice President & Account Director)
Adhemas Batista (Executive Vice President & Head, Design)
Diego de la Maza (Executive Vice President & Head, Production)
Erin Joyce (Senior Vice President & Director, Human Resources)
Justin Crawford (Senior Vice President & Creative Director)
Leigh McCarthy (Senior Vice President & Account Director)
Donald Tench (Executive Vice President & Director, Digital Production)
Carie Bonillo (Senior Vice President & Director, Traffic Operation)
Gabriela Farias (Senior Vice President & Director, Business Affairs)
Dan Kaplan (Senior Vice President & Executive Integrated Producer)
Marcus Kroon (Senior Vice President & Group Media Director)
Doris Chung (Senior Vice President & Executive Creative Director)
Mike Frank (Senior Vice President & Creative Director)
Mitch Polatin (Executive Vice President & Group Strategy Director)
Hayley Owen (Vice President & Associate Director- Media & Ad Technology)
Erin Shaw (Vice President & Account Director)
Taylor Reid (Vice President & Account Director)
Dana Commandatore (Executive Vice President & Executive Director, Creative Operations)
Jeffrey Blish (Executive Planning Director - Los Angeles)
Mikaela Liboro (Vice President, Director of Communications)
Kelsey Hodgkin (Head, Strategy - Los Angeles)
Jeremiah Wassom (Creative Director)
Kelly Childers (Vice President & Account Director)
Mary Connolly (Account Director)
Josh Lybarger (Vice President & Account Director)
Janet Shih (Associate Director, Strategy)
Carmen Love (Creative Director)
Elizabeth Cordingley (Creative Director)
Jasmin Esquivel (Associate Strategy Director)
Josh Hurley (Creative Director)
Mary Wuensch (Art Director)
Eric Zunkley (Design Director)
Kelsey Karson (Group Strategy Director)
Courtney Tylka (Senior Manager, Broadcast Traffic)
Eneida Mejia (Account Supervisor)
Lindsey Najdovski (Senior Digital Producer)

Brands. Marketers. Agencies. Search Less. Find More.
Try out the online version at www.winmo.com

FULL SERVICE/INTEGRATED AGENCIES
AGENCIES - JULY, 2020

Ken Rongey *(Executive Business Affairs Manager)*
Jimmy Gutierrez *(Executive Business Affairs Manager)*
Saeyoung Kim *(Senior Business Affairs Manager)*
Tara Haglund *(Account Supervisor)*
Ariel Theraube *(Senior Digital Producer)*
Parmis Ehsani *(Creative Resource Manager)*
Kate DeMallie *(Account Director)*
Lauren May *(Senior Integrated Producer)*
Erinn Middo *(Media Planner)*
Charlotte Hingley *(Account Executive)*
Avery Bellis *(Account Coordinator)*

Accounts:
7 Up
7-Eleven, Inc.
Angel Soft
Atom Tickets LLC
BEHR Process Corporation
California Milk Advisory Board
Canada Dry
CiCi Enterprises, Inc.
Clamato
Diet Dr Pepper
Dr Pepper
Dr Pepper Cherry
Dr Pepper Ten
Foster Farms
Georgia-Pacific Corporation
H&R Block, Inc.
Mott's
Nintendo
Nintendo DS (dual screen)
Nintendo of America, Inc.
Pokemon
Snapple
Squirt
Taco Bell Corporation
Vanity Fair

DEVANEY & ASSOCIATES
135 Village Queen Drive
Owings Mills, MD 21117
Tel.: (410) 296-0800
Fax: (410) 296-5237
Web Site: www.devaney.net

Employees: 15

Discipline: Full Service/Integrated

Diane Devaney *(Principal & President)*
Susan Casey *(Media Director)*
Michele Poet *(Art Director)*
Casey Boccia *(Creative Director)*
Kolleen Kilduff *(Senior Art Director)*
Lindsay Hebert *(Public Relations Director)*
Lisa D'Orsaneo *(Senior Account Executive)*

DG COMMUNICATIONS GROUP
98 Southeast Sixth Avenue
Delray Beach, FL 33483
Tel.: (561) 266-0127
Fax: (561) 266-0128
Web Site: www.damngood.agency

Discipline: Full Service/Integrated

Gavin Robin *(President & Chief Executive Officer)*
Aris Albaitis *(Technology Lead)*
Lissett Medina *(Senior Art Director)*
Kristian Weis *(Creative Strategist & Senior Copywriter)*
Mandy Robin *(Manager, Operations)*
Derek Channell *(Managing Director, Client Services)*

DGS MARKETING ENGINEERS
10100 Lantern Road
Fishers, IN 46037
Tel.: (317) 813-2222
Fax: (317) 813-2233
Web Site: www.dgsgroup.com

Employees: 22
Year Founded: 1986

Discipline: Full Service/Integrated

Marc Diebold *(Chairman)*
Leslie Galbreath *(Chief Executive Officer)*
Alkis Marangos *(Chief Marketing Officer)*
Chuck Bates *(Director, Public Relations)*

DHX ADVERTISING
217 Northeast Eighth Avenue
Portland, OR 97232
Tel.: (503) 872-9616
Web Site: www.dhxadv.com

Year Founded: 1998

Discipline: Full Service/Integrated

Dave DeMots *(President & Owner)*
Brandon Lehor *(Senior Art & Concept Director)*
Rob Cannon *(Graphic Designer)*

DIMASSIMO GOLDSTEIN
220 East 23rd Street
New York, NY 10010
Tel.: (212) 253-7500
Fax: (212) 228-8810
Web Site: www.digobrands.com

Employees: 30
Year Founded: 1996

Discipline: Full Service/Integrated

Mark DiMassimo *(Chief Executive Officer & Chief Strategy Officer)*
Lee Goldstein *(President & Owner)*
Desiree Cortez *(Chief Financial Officer)*
Lisa Caselnova *(Head, Talent & Director, Creative Services)*
Margot Vaughan *(Director, Media)*
Kelly Hannaka Marques *(Director, Brand)*
Morgan Kelly *(Group Brand Director, Lifestyle & Startup Brands)*
Trevor Hickey *(Associate Director, Creative)*
Claudia Mark *(Director, Creative)*
Quentin Webb *(Director, Studio)*
Chris Martin *(Director, Creative)*
Deb Roldan *(Director, Operations)*
Katheryn Renfroe *(Associate Director, Creative)*
Ernest Chan *(Junior Art Director)*
Matthew Peters *(Associate Director, Design)*
Matthew Cassatta *(Director, Creative)*
Karen Tomlin *(Director, Integrated Production)*
Kiri Wolfe *(Director, Brand)*
Taylor Way *(Brand Strategist)*
Liana Starrantino *(Growth Strategist)*
Chloe Evans *(Integrated Marketing Manager)*
Patrick Sneeden *(Manager, Brand)*
Hye Jung *(Assistant Brand Manager)*
Kyle Ortman *(Manager, Brand)*
Sierra Ziegler *(Intgrated Marketing Manager)*
Sara Grosso *(Junior Designer)*
Samantha Starr *(Account Supervisor)*
Khang Duong *(Media Planner)*
Shauna Sweeney *(Coordinator, Operations & Finance)*
Matthew Smith *(Brand Coordinator)*
Rose Marie Adamo *(Managing Partner)*

Accounts:
Bronx Zoo
Budget Rent A Car System, Inc.
EverBank Financial
Reader's Digest
TradeStation Securities, Inc.

DIVERSIFIED AGENCY SERVICES
655 Madison Avenue
New York, NY 10065
Tel.: (212) 415-3700
Fax: (212) 415-3530
Web Site: www.dasglobal.com

Employees: 25

Discipline: Full Service/Integrated

Robert Lorfink *(Global Chief Financial Officer)*
Dale Adams *(Chairman & Chief Executive Officer)*
John Doolittle *(President & Chief Financial Officer)*
Stacey Hightower *(Chief Operating Officer - Group E)*
Elizabeth Cornish *(Senior Vice President, Platforms)*
Danny Berliner *(Vice President, Business Development)*

DIX & EATON
200 Public Square
Cleveland, OH 44114
Tel.: (216) 241-0405
Fax: (216) 241-3070
Web Site: www.dix-eaton.com

Employees: 75
Year Founded: 1952

Discipline: Full Service/Integrated

Chas Withers *(Chief Executive Officer)*
Lisa Rose *(President)*
Matt Barkett *(Chief Client Officer)*
Kevin Poor *(Managing Director & Creative Director)*
Lisa Zone *(Managing Director)*

Accounts:
Avery Dennison Corporation
Informa
RPM International, Inc.
Swagelok Company
TravelCenters of America, LLC

DIXON SCHWABL ADVERTISING
1595 Mosley Road
Victor, NY 14564
Tel.: (585) 383-0380
Fax: (585) 383-1661
Web Site: www.dixonschwabl.com

Year Founded: 1987

Discipline: Full Service/Integrated

Lauren Dixon *(Chief Executive Officer)*
David Lyttle *(Managing Partner & Chief Financial Officer)*
Kim Allen *(Managing Partner, Communications)*
Jon Alhart *(Managing Partner, Digital)*
Mike Schwabl *(President)*
Jordan Dixon *(Managing Partner, Strategic Workflow)*
Bill Colburn *(Vice President, Creative Services)*

Brands. Marketers. Agencies. Search Less. Find More.
Try out the online version at www.winmo.com

AGENCIES - JULY, 2020 — FULL SERVICE/INTEGRATED AGENCIES

Shane Grant (Vice President, Account Services)
Andrew Knoblauch (Director, Content Marketing & Social Media)
Nicholas Vernetti (Senior Interactive Art Director)
Shad Froman (Video Production Manager)
Michaela Stone (Senior Media Manager)
Ryann Bouchard-Guglielmo (Public Relations Supervisor)

Accounts:
Kennedy Space Center

DJG MARKETING
1450 Broadway
New York, NY 10018
Tel.: (212) 370-9700
Fax: (212) 370-9780
Web Site: www.djgmarketing.com

Discipline: Full Service/Integrated

Marc Passarelli (Chief Executive Officer & President)
Scott Hill (President - ProCirc Retail Solutions Group)
Debbie Kaplan (Senior Vice President & Managing Director, Research Services)

Accounts:
The Taunton Press, Inc.

DKY INTEGRATED MARKETING COMMUNICATIONS
6009 Penn Avenue South
Minneapolis, MN 55419
Tel.: (612) 798-4070
Fax: (612) 798-4071
Web Site: www.dkyinc.com/

Discipline: Full Service/Integrated

Brian Dahl (President & Partner)
Mark Yaeger (Partner & Creative Director)
Mike Dobies (Partner & Creative Director)
Donnie Potter (Vice President, Digital)
Audrey Wilcox (Senior Account Manager)
Brynn Daniels (Account Manager)
Dan Domagala (Senior Account Executive)
Heidi Pfau (Account Executive)

Accounts:
Adventurer
Brave
Chieftain
Elante
Itasca
Journey DL
Minnie
Minnie Winnie
Passage
Rialta
Sightseer
Spirit Motor Homes
Suncruiser
Sundancer
Sunflyer
Sunova
Sunrise SE
Sunstar
Ultimate Advantage
Ultimate Freedom
Winnebago Industries, Inc.

DOEANDERSON ADVERTISING
620 West Main Street
Louisville, KY 40202
Tel.: (502) 589-1700
Fax: (502) 587-8349
Web Site: www.doeanderson.com

Employees: 105
Year Founded: 1915

Discipline: Full Service/Integrated

Todd Spencer (President & Chief Executive Officer)
Michael Littman (Executive Vice President & Chief Marketing Officer)
Stephanie Massler (Executive Vice President & Chief Innovation Officer)
David Vawter (Executive Vice President & Chief Creative Officer)
John Birnsteel (Chief Operating Officer & Executive Vice President)
Dan Burgess (Executive Vice President & Director, Public Relations)
Tom Walthall (Vice President & Management Supervisor)
Stephen Kauffman (Vice President, Account Director)
Ashley McNatt (Vice President, Strategic Planning)
Delane Wise (Vice President & Director, Broadcast Production)
Taylor Burch (Connections Director)
Michael Bagby (Creative Director, Retail Design)
Natalie Weis (Director, Creative)
Briony Norcross (Brand Analyst)
Jake King (Director, Art)
Bill Schelling (Production Manager)
Abby Worley (Account Manager)
Erin Spalding (Account Supervisor)
Bruce Pugh (Print Production Manager)
Sally Jo George (Senior Public Relations Manager)
Ashley Moore (Senior Account Manager, Jim Beam)
Anastasia Hill (Copywriter)
Coleen Byrn (Senior Digital Strategist)
Hannah Yager (Digital Media Strategist)

Accounts:
Bluegrass Cellular, Inc.
Carrier Corporation
Jim Beam
Legent
Louisville Slugger
Louisville Slugger Museum
Maker's Mark
Maker's Mark
Maker's Mark
Maker's Mark Distillery, Inc.
Maui Jim
Murray
Norton Healthcare
OhioHealth

DOMUS ADVERTISING
123 South Broad Street
Philadelphia, PA 19109
Tel.: (215) 772-2800
Fax: (215) 772-2819
Web Site: www.domus1.com

Employees: 27
Year Founded: 1993

Discipline: Full Service/Integrated

Betty Tuppeny (Chief Executive Officer & Owner)
Lisa Samara (President & Chief Operating Officer & Owner)

Accounts:
Lutron Electronics

DONER
Water's Edge 5510 Lincoln Boulevard
Los Angeles, CA 90094
Tel.: (424) 216-3400
Fax: (949) 623-4350
Web Site: www.doner.com

Employees: 127
Year Founded: 1937

Discipline: Full Service/Integrated

Jason Gaboriau (Chief Creative Officer & Executive Vice President)
Perry Cottrell (Senior Vice President, Director, Client Services)
Ann Antonini (Senior Vice President, Brand Leader)
Drew Brooks (Design Director & Associate Creative Director)
Brynn Malek (Associate Creative Director)

Accounts:
College Inn
Contadina
Del Monte Foods
Del Monte Foods, Inc.
S&W Foods

DONER
1001 Lakeside Avenue
Cleveland, OH 44114
Tel.: (216) 771-5700
Fax: (216) 771-1308
Web Site: www.doner.com

Employees: 90
Year Founded: 1937

Discipline: Full Service/Integrated

Shelby Rauen (Senior Vice President & Strategic Planner)
Karen Cummings (Vice President & Brand Leader)

Accounts:
Owens Corning
Summa Health System

DONER CX
101 Meritt 7
Norwalk, CT 06851
Tel.: (203) 291-4000
Fax: (203) 291-4010
Web Site: www.source-marketing.com

Employees: 40
Year Founded: 1989

Discipline: Full Service/Integrated

Kersten Mitton-Rivas (Chief Executive Officer)
Kerrie Scofield (Account Manager)

Accounts:
Juicy Juice
Staples, Inc.

DONOVAN ADVERTISING
180 West Airport Road
Lititz, PA 17543
Tel.: (717) 560-1333
Fax: (717) 560-2034
Web Site: www.donovanadv.com

Year Founded: 1974

FULL SERVICE/INTEGRATED AGENCIES

Discipline: Full Service/Integrated

Bill Donovan *(Chief Executive Officer & President)*
Matt London *(Operations Director)*

DOUG&PARTNERS
380 Wellington Street W
Toronto, ON M5V 1E3
Tel.: (416) 203-3470
Fax: (416) 203-9338
Web Site: www.dougpartners.com

Employees: 2

Discipline: Full Service/Integrated

Doug Robinson *(Partner)*
Adam White *(Partner)*
Kristin Burnham *(Head, Planning)*

Accounts:
Canadian Film Centre
Dr. Bernstein Health & Diet Clinics
Northwest & Ethical Investments, L.P.

DP+
38505 Country Club Drive
Farmington Hills, MI 48331
Tel.: (248) 489-8300
Web Site: www.dpplus.com

Year Founded: 1997

Discipline: Full Service/Integrated

Mark Petrosky *(Founder & Chief Executive Officer)*
Bill Hyde *(Chief Growth Officer)*
Jeff Scott *(President)*
Matt Gribas *(Chief Operating Officer)*
Andy Prakken *(Chief Integration Officer, Business Intelligence & Executive Vice President)*
Jimmy Kollin *(Chief Creative Officer)*
Adam Wilson *(Executive Vice President, Marketing)*
Roger Gallerini *(Executive Director, QSR Marketing)*
Paul Murray *(Director, Media)*
Mike Eckstein *(Group Director, Digital Marketing)*
Stacey Dunn *(Director, Brand Strategy)*
Matthew Zelley *(Executive Creative Director)*
Johanna Berger *(Director, Digital Media Operations)*
Scott Frank *(Associate Media Director)*
Laurie Schutte *(Associate Media Director)*
Micci Lasser *(Supervisor, Broadcast Negotiations)*
John Trudell *(Digital Media Supervisor)*
Kaylee Brown *(Media Planner)*

Accounts:
BlueCross BlueShield of Michigan
Consumers Energy Company

DRAFTLINE
125 West 24th Street
New York, NY 10011
Tel.: (212) 573-8500
Web Site: www.anheuser-busch.com/draftline

Year Founded: 2018

Discipline: Full Service/Integrated

Keslie Watts *(Art Director)*
Marshall Kuresman *(Lead Producer, Draftline)*

Steve Cady *(Associate Director, Creative)*
Ryan Kroog *(Associate Director, Creative)*
David Yeomans *(Senior Creative Producer)*

Accounts:
Anheuser-Busch Companies, Inc.

DUFT WATTERSON
176 South Capitol Boulevard
Boise, ID 83702
Tel.: (208) 917-2181
Web Site: www.duftwatterson.com

Year Founded: 2018

Discipline: Full Service/Integrated

Ward Duft *(Partner, Chief Executive Officer & Creative Director)*
Jill Watterson *(Partner & Chief Operating Officer)*
Tony Hart *(Associate Creative Director)*
Alex Rhodes *(Art Director)*
Jamie Donley *(Account Manager)*
Clint Sandquist *(Account Coordinator)*

DUNCAN MCCALL
4400 Bayou Boulevard
Pensacola, FL 32503
Tel.: (850) 476-5035
Fax: (850) 476-1556
Web Site: www.duncanmccall.com

Employees: 13
Year Founded: 1958

Discipline: Full Service/Integrated

Michael Duncan *(President)*
Bryan McCall *(Partner)*
Mary Nolan *(Media Director)*
Michelle Corley *(Art Director)*
Shellie McCall *(Office Manager)*

DUNN&CO
202 South 22nd Street
Tampa, FL 33605
Tel.: (813) 350-7990
Fax: (813) 273-8116
Web Site: www.dunn-co.com

Year Founded: 2003

Discipline: Full Service/Integrated

Troy Dunn *(President & Chief Creative Officer)*
Katharine Bonnet *(Vice President & Director, Digital)*
Kamden Kuhn *(Vice President & Director, Strategy)*
Heather Bruce *(Media Director)*
Mark Anderson *(Executive Creative Director)*
Josh Adams *(Senior Director, Multimedia)*
Seth Allen *(Director, Trade Show)*
Kathryn Tromba *(Digital Marketing Manager)*
Jessica Beasley *(Account Executive)*
Karli O'Connell *(Senior Account Executive)*
Elizabeth Ayers *(Senior Account Executive)*
Max Dempster *(Copywriter)*
Christa Savio *(Specialist, Multimedia)*

Accounts:
The Florida Aquarium
Tijuana Flats Burrito Company

E10
401 North Third Street
Minneapolis, MN 55401

Tel.: (612) 338-1353
Fax: (612) 338-1660
Web Site: www.e10inc.com

Employees: 8
Year Founded: 1982

Discipline: Full Service/Integrated

Bruce Eaton *(President & Senior Brand Strategist)*
Karena Casey *(Vice President, Brand Strategy)*
Rick Russie *(Web Technology Lead)*

EAST BANK COMMUNICATIONS
215 Southeast Ninth Avenue
Portland, OR 97214
Tel.: (503) 230-8959
Fax: (503) 230-8960
Web Site: www.eastbankads.com

Year Founded: 1976

Discipline: Full Service/Integrated

John Kosydar *(President)*
Richard Petralia *(Managing Director)*
Brian Murphy *(Creative Director)*

EASTPORT HOLDINGS
813 Ridge Lake Boulevard
Memphis, TN 38120
Tel.: (901) 425-9220
Web Site: www.eastportholdings.com

Discipline: Full Service/Integrated

Matt Wilson *(President & Chief Operating Officer)*
Bubba Patton *(Partner)*

EASTWEST MARKETING GROUP
404 Fifth Avenue
New York, NY 10018
Tel.: (212) 951-7220
Fax: (212) 951-7201
Web Site: www.eastwestmg.com

Employees: 60
Year Founded: 1983

Discipline: Full Service/Integrated

Traci Basile *(Manager, Studio Operations, Account & Project)*
Keith Manzella *(Vice President & Group Creative Director)*

ECHO DELTA
72 Fourth Street Northwest
Winter Haven, FL 33881
Tel.: (863) 877-3347
Web Site: echodelta.co

Year Founded: 1991

Discipline: Full Service/Integrated

Alex Nikdel *(President & Partner)*
Jarrett Smith *(Vice President, Strategy & Partner)*
Mark Adkins *(Creative Director)*
Tiffany Taunton *(Associate Creative Director)*

EDELMAN
200 East Randolph Drive
Chicago, IL 60601
Tel.: (312) 240-3000
Fax: (312) 240-2900

AGENCIES - JULY, 2020 — FULL SERVICE/INTEGRATED AGENCIES

Web Site: www.edelman.com

Employees: 360
Year Founded: 1952

Discipline: Full Service/Integrated

Judy John *(Chief Creative Officer)*
Maria O'Keefe *(U.S. Chief Talent Officer)*
Jeff Zilka *(Senior Counselor)*
Rachel Winer *(President - Edelman Chicago)*
Lynn Hanessian *(Chief Strategy Officer)*
Ashley Zak *(Vice President & Chief, Staff)*
Harlan Loeb *(Chairman, Practice, Crisis & Reputation Risk Advisory Services)*
Kevin Cook *(Chief Operating Officer - Chicago)*
Tristan Roy *(Global Chair, Digital)*
Laura Pietraszek *(Executive Vice President - US Benefits)*
David Armano *(Executive Vice President, Global Innovation & Integration)*
Lilia Arroyo Flores *(Executive Vice President & Head, Planning)*
Jackie Hopkins *(Executive Vice President, Marketing & New Business)*
Aaron Noffsinger *(Executive Vice President & Creative Director)*
Kristena Lucky *(Executive Vice President, Brand Practice)*
David Ryan *(Executive Vice President & Head, Practice & Corporate - National)*
Jahna Lindsay-Jones *(Executive Vice President & Head, Client Relationship)*
Richard Roche *(Executive Vice President & Strategist, Client)*
Melanie Jachles *(Senior Vice President, Digital)*
Matt Coldagelli *(Senior Vice President)*
Emily Killoren *(Senior Vice President)*
Michelle Tucker *(Senior Vice President & Creative Director)*
Alissa Schepisi *(Senior Vice President, Employee Experience)*
Andrea Williamson *(Senior Vice President)*
Baptiste Limb *(Senior Vice President & Creative Director)*
Jennifer Baskel *(Senior Vice President & Director, Talent & Human Resource)*
Katie Scrivano *(Senior Vice President, Earned Media Planning)*
Kate Boonstra *(Senior Vice President, Digital)*
Christina O'Rourke *(Senior Vice President & Head, Creative Production)*
Crystal Duncan *(Senior Vice President, Influencer Marketing)*
Rich Ketter *(Vice President, Global Server Infrastructure - Corporate MIS)*
Jed Lam *(Vice President)*
Joanna Hussey *(Vice President, Digital Strategy)*
Erin Fitzgerald *(Vice President)*
Larry Beaman *(Vice President, Influencer Marketing)*
Bryan Horner *(Vice President)*
Lauren Bell *(Vice President & Creative Director)*
Alayna Van Hall *(Vice President, Growth & Practice Development)*
Adam Kitzmann *(Vice President & Creative Director)*
Bianca Boyd *(Corporate Vice President)*
Carrie Becker *(Vice President)*
Leilah Ambrose *(Vice President & Creative Director)*
Lauren Schirripa *(Director, Strategy & Planning)*
David Thomas *(Director, Editorial)*

Hira Gomes *(Art Director)*
Lindsay Marett Leoni *(Account Director)*
Samantha Campana *(Account Director)*
Kristin Schmotzer *(Senior Account Supervisor)*
Gabriela Padilla *(Senior Account Executive, Performance Marketing)*
Matthew Kochis *(Senior Account Supervisor)*
Sara Anderson *(Senior Business Affairs Manager)*
Gabriela Castillo *(Account Supervisor)*
Allison Waltz *(U.S. Knowledge Manager)*
Fran Michalski *(Manager, Administrative)*
Renee Mailhiot *(Senior Media Supervisor)*
Jessica Pineda *(Senior Account Executive)*
John Edelman *(Managing Director, Global Engagement & Corporate Responsibility)*
Julie Biber *(Managing Director, Global Recruitment)*
Jamie Kieffer *(Managing Director, Client Strategy - Edelman Chicago)*
Charles Kaiser *(General Manager)*
Gina Hayes *(Managing Director, Client Programming)*
Katie Spring *(General Manager)*
Sheila Mulligan *(General Manager, Corporate Affairs & Advisory Services)*

Accounts:
American Intercontinental University
Amstel Light
Amstel Wheat
Barilla America, Inc.
Blackberry
Butterball, LLC
Carter's Inc.
General Electric Corporation
H&R Block, Inc.
Heineken Lager
Heineken Light
Huggies
Huggies Baby Wipes
Huggies Little Movers
Huggies Little Snugglers
Johnson & Johnson
LongHorn Steakhouse
Mars Wrigley Confectionery
Olive Garden
Petco Animal Supplies, Inc.
Rug Doctor, LP
Samsung Electronics America, Inc.
Shell Lubricants
Skype, Inc.
The National Dairy Council
United States Department of Agriculture
University of Missouri System
Wells Fargo

EDGE PUBLICOM
117 East Kalamazoo Street
Lansing, MI 48823
Tel.: (517) 487-3700
Fax: (517) 487-3830
Web Site: www.publicom.com

Employees: 15
Year Founded: 1978

Discipline: Full Service/Integrated

Lisa O'Connor *(President- Publicom)*
Lorri Rishar *(Chief Executive Officer- Edge Partnerships)*
Aaron Pumfery *(Chief Creative Officer)*

EG INTEGRATED
11820 Nicholas Street
Omaha, NE 68154
Tel.: (402) 614-3000

Web Site: www.egintegrated.com

Year Founded: 2007

Discipline: Full Service/Integrated

Tom Ervin *(Principal)*
Bill Ervin *(President & Creative Director)*
Debbie Westhues Hilt *(Director, Public Relations)*

EGC MEDIA GROUP, INC.
1175 Walt Whitman Road
Melville, NY 11747
Tel.: (516) 935-4944
Fax: (516) 942-3915
Web Site: www.egcgroup.com

Year Founded: 1985

Discipline: Full Service/Integrated

Ernest Canadeo *(Founder & Chief Executive Officer)*
Nicole Larrauri *(President)*
Pamela Siemen *(Controller)*
Angela Mertz *(Vice President, Integrated Media)*
Steve Castro *(Director, Digital Development)*
Meg Leary *(Account Supervisor)*
Jeanne Mitchell *(Account Manager)*
Tony Pasquariello *(Account Supervisor)*
Tina Zhen *(Account Manager)*

Accounts:
D'Addario
D'Addario & Company, Inc.
Evans Drumheads
Nature's Truth LLC
Planet Waves
Pro-Mark
PureSound
Red Mango, Inc.
Rico

ELEVATION MARKETING
275 East Rivulon Boulevard
Gilbert, AZ 85297
Tel.: (480) 775-8880
Fax: (480) 775-8882
Toll Free: (877) 888-3312
Web Site: www.elevationb2b.com

Year Founded: 1999

Discipline: Full Service/Integrated

Scott Miraglia *(President)*
Darren Jones *(Creative Director)*

EMPOWER
15 East 14th Street
Cincinnati, OH 45202
Tel.: (513) 871-9454
Fax: (513) 871-1804
Web Site: www.empowermm.com

Employees: 130
Year Founded: 1985

Discipline: Full Service/Integrated

Joe Lowry *(Chief Financial Officer)*
Lynne Veil *(Chief Operating Officer)*
Cathy Shaffner *(Chief Investment Officer & Senior Vice President, Marketing & Media)*
Jim Price *(Chief Executive Officer)*
Robert Fitzgerald *(President & Chief Operations Officer)*
Shaun Ethier *(Chief Client Officer)*

FULL SERVICE/INTEGRATED AGENCIES
AGENCIES - JULY, 2020

Tinus Strydom *(Chief Creative Officer)*
Joseph Lowry *(Chief Finance Officer)*
Mitchell Dunn *(Senior Vice President, Creative Media)*
Denise Halpin *(Senior Vice President, Client Marketing)*
Ryan Derrow *(Super Vice President, Media Innovation)*
Kellie Kantner *(Senior Vice President, & Head, Operations)*
Michele Toller *(Vice President, Media Marketing)*
Natalie Dalton *(Vice President, People Development)*
Stacy Anderson *(Vice President, Strategic Planning)*
Laura Nix *(Vice President, Client Leadership)*
Tim Glover *(Vice President, Account Services)*
Jacqueline Kingery *(Vice President & Business Lead)*
Amber McCune *(Director, Online Marketing)*
Kylee Alter *(Client Strategist)*
Ashley Neel *(Director, Digital Integration)*
Jessica Tramonte *(Director, Client Leadership)*
Heather Watson *(Director, Broadcast)*
Katy Batchler *(Director, Integration)*
Kate Rechtsteiner *(Director, Client Leadership)*
Megan Fontaine *(Associate Director, Client Leadership)*
Jennifer DeSutter *(Digital Media Director)*
Ali Kelly *(Associate Director, Marketing)*
Michael Sammons *(Associate Director, Media Integration)*
Amanda Birck *(Director, National Broadcast)*
Amber McCune *(Director, Online Marketing)*
Sean Dana *(Group Director, Creative)*
Michelle Dietz *(Senior Director, Broadcast)*
Meghann Craig *(Senior Director, Marketing)*
Renee Cherry *(Director, Digital Integration)*
Jason Langdon *(Creative Director)*
Heather Greenawalt *(Associate Director, Integration)*
Josh Flynn *(Senior Director)*
Lauren McNutt *(Director, Word of Mouth Marketing)*
Leigh-Ann Bortz *(Director, Social Media)*
Susan McClellan *(Director, Broadcast)*
Tonya Creamer *(Senior Director, Talent Acquisition)*
Tricia Wolfer *(Senior Director, Video - National)*
Rich Devine *(Head, Digital)*
Julie Beckner *(Specialist, Print)*
Mareka Miller *(Advertising Operations Senior Manager)*
Jennifer Schneller *(Senior Program Manager)*
Stacey Castellini *(Account Manager)*
Kimberly Waggoner *(Senior Manager, Account Services)*
Matthew Hill *(Senior Account Manager)*
Amy Lorensen *(Planner, Strategic)*
Katie Unkraut *(Strategist, Broadcasting Buying - National)*
Nicole Walther *(Senior Specialist, Programmatic)*
Samantha Morris *(Digital Media Specialist)*
Lisa Elmendorf *(Media Strategist)*
Shannon Constable *(Senior Broadcast Specialist)*
Alex Lefeld *(Specialist, Digital Media)*
Allie Snyder *(Senior Specialist, Digital Media)*
Cyndal Jones *(Specialist, Integration)*
Evan Remmy *(Specialist, Data Management)*
Kalie Hennessy *(Specialist, Digital Media)*
Molly Calderon *(Specialist, Digital Search)*
Raleigh Cavey *(Specialist, Influencer Marketing)*
Samantha Goecke *(Specialist, Digital Media)*

Accounts:
Ashley Furniture Industries, Inc.
Ashley HomeStore
Brooks Running
Bush Brothers & Company
Bush's Best Chilli Magic
Bush's Best Baked Beans
Bush's Best Grillin' Beans
Bush's Best Other Varieties
Carrington College
Dremel
Famous Footwear
Fifth Third Bank
Formica Corporation
GNC Corporation
High Performance
Jack Link's Beef Jerky
JD Byrider
LasikPlus
LCA-Vision, Inc.
O'Keeffe's Healthy Feet
O'Keeffe's Working Hands
O-Cedar
OneSight
PetSmart
Rust-Oleum
Rust-Oleum Corporation
The Gorilla Glue Company
TriHealth, Inc.

EMPOWER
325 West Huron
Chicago, IL 60654
Toll Free: (866) 916-3342
Web Site: www.empowermm.com

Year Founded: 1985

Discipline: Full Service/Integrated

Jason Kogut *(VP, Head of Integrated Planning US)*
Diana Patterson *(Integration Director)*
Sam Baron *(Director, Integration)*
Chris Reebie *(Senior Director, Search)*
Jacob Madison *(Senior Account Manager)*
Rose Nebel *(Digital Media Specialist)*
Andrea Kleinman *(Senior Account Manager)*
Hilary Burns *(Vice President, General Manager)*

Accounts:
LeapFrog Enterprises, Inc.
VTech Electronics North America, LLC

EMSPACE + LOVGREN
105 North 31st Avenue
Omaha, NE 68131
Tel.: (402) 397-7158
Fax: (402) 397-0354
Web Site: www.emspacegroup.com

Employees: 8
Year Founded: 1978

Discipline: Full Service/Integrated

Linda Lovgren *(President & Chief Executive Officer)*
Tom Nemitz *(Creative Director)*

Accounts:
Omaha Storm Chasers

ENERGY BBDO, INC.
225 North Michigan Avenue
Chicago, IL 60601
Tel.: (312) 337-7860
Fax: (312) 595-2582
Web Site: www.energybbdo.com

Employees: 185
Year Founded: 1932

Discipline: Full Service/Integrated

Tonise Paul *(Chairwoman)*
Larry Gies *(Executive Vice President & Chief Strategy Officer)*
Hung Vinh *(Lead Designer)*
Josh Ehart *(Executive Vice president & Chief Innovation Officer)*
Josh Gross *(Co-Chief Creative Officer)*
Pedro Perez *(Co-Chief Creative Officer)*
Nicole Benedick *(Executive Vice President & Director, Digital Operations - XI)*
Katie Summy *(Executive Vice President, Integrated Account Leadership & Client Service Director)*
Jeff Adkins *(President & Chief Executive Officer)*
Carla Eboli *(Executive Vice President)*
Lianne Sinclair *(Executive Vice President & Group Account Director)*
Trent Buterbaugh *(Executive Vice President & Client Services Director)*
John Pratt *(Executive Vice President, Production)*
Liz Gruszkievicz *(Senior Vice President, Client Service Director)*
Anna Bleers *(Senior Vice President & Client Service Director)*
Darcie Scianna *(Senior Vice President & Global Operations Director)*
Katey Martin *(Senior Vice President & Program Director - Xi)*
Elke Anderle *(Senior Vice President & Group Planning Director)*
Jonathan Linder *(Senior Vice President & Creative Director)*
Pete Ruest *(Senior Vice President & Global Group Account Director)*
Kevin Bogusz *(Senior Vice President & Client Service Director)*
Jonathan Fussell *(Senior Vice President & Creative Director)*
Tiffany Alexander *(Vice President & Account Director)*
Casey Conway *(Vice President & Planning Director)*
Shannon Smiley *(Vice President, Strategy Director, Cultural Exchange)*
Liz Miller Gershfeld *(Vice President & Senior Art Producer)*
Greg Morrison *(Vice President & Account Director, Business Development)*
Jose Perez *(Senior Vice President & Executive Creative Director)*
Erin Welsh *(Vice President & Senior Account Director)*
Jeff Cenna *(Vice President & Creative Director)*
Jamie DeFer *(Vice President & Global Account Director)*
Shannon Mehner *(Vice President & Strategy Director)*
Billy Jones *(Vice President, Account)*
Jessie Levy *(Integrated Account Director)*
Elizabeth Brown *(Strategy Director)*
Brian Pinkley *(Senior Art Director)*
Andrew Woodruff *(Director, Account)*
Elaine Kalvelage *(Senior Art Director)*
Jeremy Kanefsky *(Account Director)*
Dan McCormack *(Creative Director & Copywriter)*
Jeremy Hawking *(Program Director)*

Brands. Marketers. Agencies. Search Less. Find More.
Try out the online version at www.winmo.com

AGENCIES - JULY, 2020

FULL SERVICE/INTEGRATED AGENCIES

Jemilly Castro *(Strategy Director)*
Jon Leachman *(Creative Director)*
Manuel Torres *(Creative Director)*
Chris George *(Senior Art Director)*
Robin Laurens *(Director, Creative)*
Lily McNamara *(Global Account Director)*
Amy Taylor *(Director, Account)*
Lindsey Cohen *(Account Supervisor)*
Keith Thomas *(Creative Services Director)*
Katherine Vicari *(Account Supervisor)*
Danielle Keenan *(Senior Producer)*
Abby Lorber *(Account Supervisor)*
Thomas Zampa *(Technical Operations Manager)*
Jason Yang *(Senior Manager, Digital Project)*
Kate Gothing *(Project Manager)*
Kristin Grandberry *(Senior Account Executive)*
Jamie Harbron *(Account Supervisor)*
Liza Raser *(Senior Account Executive)*
Katheryn Batista *(Account Executive)*
Brittany Peskind *(Account Producer)*
Rujuta Gandhi *(Senior Strategist)*
Vanessa Luhr *(Senior Producer)*
Erin Knott *(Digital Designer)*
Cassidy Buzin *(Associate Creative Director)*
Renee Schlib *(Senior Research Analyst)*
Camila Hummel *(Associate Producer)*
Chelsea Henricks *(Strategist, Social Media)*
Catherine Yardley *(Global Assistant Account Executive)*
Marta Witko *(Account Executive)*
Taylor Thomas *(Senior Account Executive)*

Accounts:
5 Gum
Advantage
Afrin
Alert Gum
Aleve
Alka-Seltzer
Altoids
American Egg Board
Avocados From Mexico
Bayer Aspirin
Bayer Consumer Care Division
Bayer Corporation
Brown-Forman Corporation
Chicago White Sox Baseball Team
Citracal
Citracal Plus
Claritin
Creme Savers
Deep Woods OFF!
Doublemint
Drano
Eclipse
El Jimador
Extra
Flintstones Vitamins
Freedent
Herradura
Hubba Bubba
Jack Daniel's Sinatra Select
Jack Daniel's Single Barrel Tennessee Whiskey
Jack Daniel's Tennessee Apple
Jack Daniel's Tennessee Fire
Jack Daniel's Tennessee Honey
Jack Daniel's Tennessee Rye
Jack Daniel's Tennessee Whiskey
K9 Advantix
Kerrygold
Macy's, Inc.
Mars Wrigley Confectionery
Ocean Spray
Off Clip-On Fan
OFF!
OFF! Citronella

Old Forester
One-A-Day Vitacraves
One-A-Day Vitamins
Orbit
Pearle Vision
Phillips
Raid
Redd's Apple Ale
Redd's Wicked
Rosetta Stone
S.C. Johnson & Son, Inc.
Target Optical
U.S. News & World Report
United Way in Chicago
VTech Electronics North America, LLC
Windex
Winterfresh
Woodford Reserve
Wrigley's Gum
Zegerid
Ziploc
Ziploc Containers

ENLARGE MEDIA GROUP
110 East Ninth Street
Los Angeles, CA A1181
Tel.: (714) 374-5200
Fax: (714) 374-5211
Web Site: www.enlargemedia.com

Discipline: Full Service/Integrated

Jay Brown *(Partner & Creative Team Director)*
Rob Kee *(Partner)*

ENVOY, INC.
3317 North 107th Street
Omaha, NE 68134
Tel.: (402) 558-0637
Fax: (402) 558-0972
Web Site: www.envoyinc.com

Year Founded: 1988

Discipline: Full Service/Integrated

Kathy Broniecki *(Co-Owner & Chief Strategy Officer & Chief Executive Officer)*
Penny Hatchell *(Co-Owner & President)*
Meghan Kunkel *(Digital Media Manager)*
Barb Chvala *(Executive Assistant)*

Accounts:
VOSS Water

EP+CO.
110 East Court Street
Greenville, SC 29601
Tel.: (864) 271-0500
Fax: (864) 235-5941
Web Site: www.epandcompany.com

Employees: 145
Year Founded: 1986

Discipline: Full Service/Integrated

Allen Bosworth *(President)*
Con Williamson *(President & Chief Creative Officer)*
Jeff Hoffman *(Chief Growth Officer)*
Curtis Rose *(Chief Operating Officer)*
Michael Buss *(Executive Vice President & Group Creative Director)*
Bee Reynolds *(Creative Director)*
Jeff Howle *(Senior Vice President, Special Projects)*

Karl Dunn *(Senior Vice President & Director - CoLab)*
Scott Voege *(Senior Vice President & Group Account Director)*
Carolyn Philips *(Senior Vice President, Group Account Director)*
Regina Brizzolara *(Vice President & Executive Producer)*
Amanda Baizen *(Vice President, Account Director)*
Rebecca Lynch *(Vice President & Director, Communications)*
Charlotte Stirrup *(Vice President, Executive Content Producer)*
Jeff Fischer *(Vice President, Business Affairs - Tempur-Pedic)*
Leslie Scott *(Vice President, Creative Technology)*
Cory Schearer *(Creative Design Director)*
Chris Plating *(Director, Planning)*
Ellen Springer Page *(Creative Director)*
Craig Melchiano *(Creative Director)*
Karen Mawhinney *(Managing Director)*
Danny Miller *(Director, Content Production)*
Brian Connaughton *(Group Creative Director)*
Ellen Page *(Creative Director)*
Casey Church *(Associate Creative Director)*
Slylar Williams *(Art Director)*
Paul Domingo *(Art Director)*
Ryan Bailey *(Junior Art Director)*
Chris Vanderkleed *(Junior Art Director)*
Roderick Jensen *(Associate Creative Director)*
Lauren Hunt *(Brand Intelligence Director)*
Erin Mehaffey *(Manager, Retouching, DAM & Stock Licensing)*
Mary Smolen *(Account Supervisor)*
Bryson Mooring *(Account Supervisor)*
Farrah Johnson *(Account Manager)*
Meighan Fraga *(Management Supervisor)*
Michelle Turpin *(Copywriter)*
Margaret Bradfield *(Copywriter)*
Ashley Metcalf *(Account Supervisor - Tempur Sealy)*

Accounts:
Bojangles' Restaurants, Inc.
Deere & Company
Denny's Corporation
Havertys Furniture Company
Kill Cliff
Lenovo Group Limited
LinkedIn Corporation
Lowe's Companies, Inc.
Men's Wearhouse
Pilot Flying J, Inc.
Strayer University
Tempur Sealy International, Inc.
Tempur-Pedic
The Leading Hotels of the World, Ltd.
The UPS Store, Inc.
Verizon Wireless, Inc.
Worthington Industries

EP+CO.
104 West 40th
New York, NY 10018
Tel.: (212) 905-7100
Web Site: www.epandcompany.com

Year Founded: 1986

Discipline: Full Service/Integrated

Kat Shafer *(Executive Vice President)*
John Cornette *(Executive Vice President & Executive Creative Director)*
John Foster *(Senior Vice President & Group

356

FULL SERVICE/INTEGRATED AGENCIES

AGENCIES - JULY, 2020

Creative Director)
Vicky Gonzalez *(Senior Vice President, Production, Business Systems Ops)*
Steve Rodriguez *(Senior Vice President & Creative Services Director)*
Daniel Miller *(Senior Vice President & Director, Content Production)*
Robin Knight *(Senior Vice President, Brand Planning)*
Brittany Hunley *(Social Media Director, Vice President)*
Amanda Dwyer *(Vice President, Executive Account Producer)*
Mason Hedgecoth *(Creative Director)*
Elizabeth Crumpton *(Account Executive)*
Andrew Davis *(Senior Digital Strategist)*

Accounts:
Califia Farms
Tumi, Inc.

ERASERFARM
3123 East Fourth Avenue
Tampa, FL 33605
Tel.: (813) 865-3095
Web Site: www.eraserfarm.com

Year Founded: 2013

Discipline: Full Service/Integrated

Cindy Haynes *(Partner & Managing Director)*
James Rosene *(Partner & Creative Director)*

Accounts:
Moe's Southwest Grill

ETCH MARKETING
106 Mission Court
Franklin, TN 37067
Tel.: (615) 982-6634
Web Site: www.etchmarketingservices.com/

Discipline: Full Service/Integrated

Ryan Decker *(Creative Director)*
Derk Cheetwood *(Principal)*

ETERNAL WORKS
4588 South Plaza Trail
Virginia Beach, VA 23462
Tel.: (757) 271-4539
Web Site: www.eternalworks.com

Discipline: Full Service/Integrated

Tim Jones *(Founder)*
Ashlie Jones *(Partner)*
Tony Parson *(Marketing & Research Manager)*

FABCOM
7819 East Greenway Road
Scottsdale, AZ 85260
Tel.: (480) 478-8500
Web Site: www.fabcomlive.com

Year Founded: 1992

Discipline: Full Service/Integrated

Brian Fabiano *(Chief Executive Officer & Founder)*
Brianna Jennings *(Vice President, Client Services)*
Martin DiBello *(Director, Operations & Analytics)*
Sean Appelmann *(Director, Creative)*

Alexis Davis *(Manager, Social Media)*
Marissa Riley Roper *(Specialist, Digital Marketing)*

FAIRE, LLC
4926 Eskridge Ter Northwest
Washington, DC 20016
Tel.: (212) 920-5810
Web Site: www.fairedsgn.com

Year Founded: 2018

Discipline: Full Service/Integrated

Chris Stempky *(Managing Partner)*
Sherine Kazim *(Experience Design Lead)*

FALLS COMMUNICATIONS
50 Public Square
Cleveland, OH 44113
Tel.: (216) 696-0229
Web Site: www.wearefalls.com

Employees: 100
Year Founded: 1951

Discipline: Full Service/Integrated

Robert Falls *(Chief Executive Officer)*
Cat Kolodij *(Chief Integration Officer)*
Michael C. Marino *(Chief Executive Officer)*
Maggie Weitzel *(Executive Vice President, Administration)*
Susanne Brockman *(Senior Vice President & Media Director)*
Lane Strauss *(Creative Director & Vice President)*
Julie Telesz *(Vice President & Director, Account Management)*
Terry Tichy *(Vice President, Production)*
Courtney Yerega *(Vice President)*
Wendy Trem *(Vice President, Digital Services)*
Pete Jolicoeur *(Senior Project Manager)*
Jeremy Freeman *(Manager, Analysis & Reporting & Senior Media Planner)*
Kathy Posey *(Senior Media Buyer, Broadcasting)*
Janel Hlebak *(Senior Account Executive)*
Grant Passell *(Assistant Account Executive)*
Tom Okal *(Copywriter)*

Accounts:
Parker Hannifin Corporation

FANNIT INTERNET MARKETING SERVICES
2911 Hewitt Avenue
Everett, WA 98201
Tel.: (206) 734-3886
Web Site: fannit.com

Year Founded: 2010

Discipline: Full Service/Integrated

Keith Eneix *(Marketing Strategist)*
Neil Eneix *(Founder)*
Tony Lael *(Partner)*
Ryan Griffin *(Web Development, Design Manager & Strategist)*
Evan Ebert *(Content & Digital Marketing Strategist)*
Bryce Atilano *(Marketing Consultant)*

FARM
4493 Walden Avenue
Lancaster, NY 14086
Tel.: (716) 989-3200
Fax: (716) 989-3220

Web Site: www.growwithfarm.com

Employees: 35
Year Founded: 1986

Discipline: Full Service/Integrated

Bryan LeFauve *(Chief Operating Officer)*
Larry Robb *(Owner & Chief Executive Officer)*
Jill Fecher *(Vice President, Client Services)*
Matthew Cascarino *(Vice President & Executive Creative Director)*
Ashley Lewis *(Vice President, Strategic Partnerships)*
Brady McFadden *(Vice President, Client Services)*
Jeff Schaefer *(Vice President, Integrated Marketing)*
Kaitlyn Augustyniak *(Business Development Specialist)*

Accounts:
American Cancer Society
B-Quick
BiLo Foods (franchise)
DealerTrack
ESAB Cutting & Welding
New Era Cap Company, Inc.
Quality Markets
Sugarcreek
Tops Friendly Markets
Tops Xpress

FARRIS MARKETING
4845 Market Street
Youngstown, OH 44512
Tel.: (330) 782-8061
Fax: (330) 782-7246
Web Site: www.farrismarketing.com

Employees: 11
Year Founded: 1982

Discipline: Full Service/Integrated

George Farris *(Chief Executive Officer & Creative Director)*
Ed Farris *(President & Chief Financial Officer)*
John Farris *(Vice President & Creative Director)*

FASONE PARTNERS, INC.
4003 Pennsylvania Avenue
Kansas City, MO 64111
Tel.: (816) 753-7272
Fax: (816) 753-7229
Web Site: www.fasonepartners.com

Year Founded: 1975

Discipline: Full Service/Integrated

Karol Angotti *(Managing Partner)*
Julie Records *(Manager, Media & Account Services)*
Laura Strecker *(Media Buyer)*

FCB NEW YORK
100 West 33rd Street
New York, NY 10001
Tel.: (212) 885-3000
Fax: (212) 885-2803
Web Site: www.fcb.com

Employees: 532
Year Founded: 1873

Discipline: Full Service/Integrated

Brands. Marketers. Agencies. Search Less. Find More.
Try out the online version at www.winmo.com

AGENCIES - JULY, 2020 — FULL SERVICE/INTEGRATED AGENCIES

Susan Credle *(Global Chief Creative Officer)*
Brandon Cooke *(Global Chief Communications Officer)*
Cynthia Augustine *(Global Chief Talent Officer)*
Neil Miller *(Global Chief Operating Officer & Global Chief Financial Officer)*
Carter Murray *(Global Chief Executive Officer)*
Vita Harris *(Global Chief Strategy Officer)*
Jennifer Hohman *(Global Chief Marketing Officer)*
Ken Beatty *(Chief Analytics Officer)*
Elyssa Phillips *(Chief of Staff)*
Tyler Turnbull *(Chief Executive Officer)*
Gabriel Schmitt *(Chief Creative Officer)*
Ari Halper *(Chief Creative Officer)*
Todd Sussman *(Chief Strategy Officer)*
Lisa DuJat *(Executive Vice President & Chief Talent Officer)*
Alec Cocchiaro *(Executive Vice President & Director, Account Management)*
Madhu Malhan *(Senior Vice President & Director, Global Creative Services)*
Nichelle Sanders *(Senior Vice President & Group Account Director)*
Holly Brittingham *(Senior Vice President, Global Talent & Organization Development)*
Melianie Mitchem *(Senior Vice President & Director, Global Communications & Public Relations)*
Jillian Rossi *(Vice President, Account Director)*
Joyce Azor *(Vice President & Director, Traffic Management)*
Laura Dunn *(Senior Vice President & Director, New Business Development)*
Brooke Miller *(Vice President, Global Development)*
Jared Shell *(Account Director)*
Adam Isidore *(Director, Integrated Production)*
Jane Karpinskaia *(Director, Global Business Development)*
Sy-Jenq Cheng *(Executive Creative Director & Head, Art)*
Michael Aimette *(Executive Creative Director)*
Sarah Tarner *(Account Supervisor)*
Anthony Imgrund *(Project Manager)*
Elaine Wong *(Manager, Corporate Communications & Public Relations)*
Benjamin Michaels *(Senior Strategist)*
Alison Messina *(Senior Strategist)*
Kellie Gleason *(Senior Corporate Communications Associate)*
Jonathan Skewes *(Account Executive)*

Accounts:
Arrowhead
Deer Park
Food and Drug Administration
Ice Mountain - MW distribution
Internal Revenue Service
Lincoln Financial Group
Nestle Waters North America, Inc.
Nivea
OneMain Financial
Ozarka - TX, OK, LA, AR distribution
Plan B
United States Department of Agriculture
Vonage Holdings Corporation
Zephyrhills - FL distribution

FCB/SIX
219 Dufferin Street
Toronto, ON M6K 3J1
Tel.: (416) 483-3641
Web Site: fcbsix.com

Discipline: Full Service/Integrated

Ian MacKenzie *(Chief Creative Officer)*
Andrea Cook *(President)*
Anna Percy-Dove *(Executive Vice President, Strategy)*
Jonathan Tran *(Campaign Manager)*

Accounts:
Azamara

FELDMAN, GRALLA & ROBIN ADVERTISING
5737 Kanan Road
Agoura Hills, CA 91301
Tel.: (818) 991-0766
Fax: (818) 991-8612
Web Site: www.fgradv.com

Year Founded: 1978

Discipline: Full Service/Integrated

Marty Feldman *(Partner)*
Judy Gralla *(Partner)*

FEREBEELANE
Three North Laurens Street
Greenville, SC 29601
Tel.: (864) 370-9692
Web Site: www.ferebeelane.com

Year Founded: 2005

Discipline: Full Service/Integrated

Josh Lane *(Partner & Director, Account Strategy)*
Matt Ferebee *(Partner & Director, Creative Strategy)*

Accounts:
Le Creuset Of America, Inc.
Milliken & Company
Reynolds Lake Oconee

FIELD DAY
107 Atlantic Avenue
Toronto, ON M6K 1Y2
Tel.: (416) 408-4446
Fax: (416) 408-4447
Web Site: www.fieldday.com

Employees: 12
Year Founded: 1989

Discipline: Full Service/Integrated

Andrew Arntfield *(President & Strategist)*
Sandy Zita *(Creative Director & Partner)*
Arthur Oskan *(Art Director)*
Leah Rose *(Account Manager)*

FIFTEEN
599 Delaware Avenue
Buffalo, NY 14202
Tel.: (716) 608-6216
Web Site: www.agency15.com

Year Founded: 2009

Discipline: Full Service/Integrated

Zack Schneider *(Partner)*
Jennifer Fortune *(Media Director)*

FIFTEEN DEGREES
27 East 21st Street
New York, NY 10010

Tel.: (212) 545-7400
Fax: (212) 545-7433
Web Site: www.gpclarke.com

Year Founded: 2011

Discipline: Full Service/Integrated

Richard Clarke *(Co-Founder, Principal & Director, Account Services)*
Michael McLaurin *(Co-Founder & Director, Strategy & Creative)*
DeAnna Gonzales *(Vice President, Operations & Financial Director)*

FINGERPAINT MARKETING
395 Broadway
Saratoga Springs, NY 12866
Tel.: (518) 693-6960
Fax: (518) 693-6962
Web Site: fingerpaintmarketing.com/

Year Founded: 2008

Discipline: Full Service/Integrated

Ed Mitzen *(Owner)*
Bruce Rooke *(Head, Ideation & Innovation)*
MacKenzie Jones *(Manager, Account Services)*
Lindsay Eisinger *(Marketing Manger)*
Sarah Glose *(Digital Strategy)*
Lori Thatch *(Account Services)*

Accounts:
General Electric Corporation

FIREHOUSE, INC.
14860 Landmark Boulevard
Dallas, TX 75254
Tel.: (972) 692-0911
Fax: (972) 692-0912
Web Site: www.firehouseagency.com

Employees: 28
Year Founded: 1997

Discipline: Full Service/Integrated

Mark Hall *(Founder)*
Doug Miller *(Partner & Chief Financial Officer)*
Tripp Westbrook *(Chief Marketing Officer & Executive Creative Director)*
Steve Smith *(Partner & Chief Operating Officer)*
Trae Watlington *(Principal & Director, Strategic Planning)*
Megan Ward *(Director, Project Management)*
Blair Torres *(Account Director)*
Erica Baker *(Account Director)*
Amanda Driggers *(Account Director)*
Kevin Williams *(Brand & Communications Planner)*
Emma Coker *(Strategist, Digital Media)*
Phillip Brito *(Senior Project Manager)*
Matthew Kirby *(Account Supervisor)*
Ashley Shadowens *(Supervisor, Social Media & Public Relations)*
Jennifer VanWilder *(Supervisor, Media)*

Accounts:
Colonial Williamsburg Foundation
International Dairy Queen, Inc.
Interstate Battery System of America, Inc.
Lennox International, Inc.

FIRESPRING
1201 Infinity Court
Lincoln, NE 68512
Tel.: (402) 489-2121
Fax: (402) 489-2727
Web Site: www.snitilycarr.com

358

FULL SERVICE/INTEGRATED AGENCIES
AGENCIES - JULY, 2020

Employees: 45
Year Founded: 1992

Discipline: Full Service/Integrated

Andrew Tuzson *(Vice President, Creative)*
Bruce Coufal *(Director, Human Resources)*
Lori Koepke *(Media Director)*
Dustin Wilbourn *(Producer)*
Nicole Swanson *(Production Coordinator)*

FITZMARTIN
2917 Central Ave
Homewood, AL 35209
Tel.: (205) 322-1010
Web Site: www.fitzmartin.com

Employees: 13
Year Founded: 1992

Discipline: Full Service/Integrated

Sean Doyle *(Principal)*
Mac Logue *(Creative Director)*

FIXATION MARKETING
901 North Stuart Street
Arlington, VA 22203
Tel.: (240) 207-2009
Fax: (202) 371-0706
Web Site: www.fixation.com

Year Founded: 1962

Discipline: Full Service/Integrated

Rachel Gellman *(Senior Account Executive)*
Amanda Charney *(Senior Director, Accounts & Operations)*
Elizabeth Ellen *(Creative Director)*
Julia Ruxer *(Senior Account Executive)*
Lori Kurtyka *(Copywriter & Content Developer)*
Jean Whiddon *(Strategist, Brand Communications)*
Derrick Edwards *(Account Coordinator)*

FKQ ADVERTISING, INC.
15351 Roosevelt Boulevard
Clearwater, FL 33760
Tel.: (727) 539-8800
Fax: (727) 530-5696
Web Site: www.fkq.com

Employees: 55
Year Founded: 1961

Discipline: Full Service/Integrated

Lisa Faller *(President)*
George Ferris *(Executive Vice President & Partner)*
Rob Faller *(Executive Vice President)*
Karen Gorenflo *(Executive Vice President, Operations)*
Kip Pyle *(Director, Integrated Production)*
Christine Karner-Johnson *(Media Director)*
Gina Kline *(Group Media Director)*
Kathleen Ferlita *(Director, Digital Media)*

Accounts:
Choc Raspberry
Cinn Rasberry
Colombian Decaf
Colombian Estate
Colombian Supremo
Costa Rican Estate
Decaffeinated French Vanilla
Decaffeinated Hazelnut Creme
Enchanting Evening
French Roast
French Vanilla
Hawaii Estate
Hazelnut
Hazelnut Creme
Italian Espresso
Kona Blend
Melitta Coffeemaker
Melitta Traditional
Melitta USA, Inc.
Mini Brick
Morning Bliss
Morning Decadence
Niemann Foods, Inc.
Original Estate
South American Estate
Sun and Moon
Van Almond
Visit Tampa Bay
W. S. Badcock Corporation

FLINT COMMUNICATIONS, INC.
101 Tenth Street, North
Fargo, ND 58102
Mailing Address:
Post Office Box 2012
Fargo, ND 58107-2012
Tel.: (701) 237-4850
Fax: (701) 234-9680
Toll Free: (800) 747-4851
Web Site: www.flintcom.com

Employees: 65
Year Founded: 1946

Discipline: Full Service/Integrated

Roger Reierson *(Chief Executive Officer)*
Jodi Duncan *(President)*
Karen Grindberg *(Chief Financial Officer)*
Kimberly Janke *(Senior Vice President, Client Services)*
Kim Kemmer *(Director, Customer Insight)*
Mariah Madsen *(Director, Media)*
Tara Olson *(Account Manager)*

FLS MARKETING
4635 West Alexis Road
Toledo, OH 43632
Tel.: (419) 887-6801
Fax: (419) 241-5210
Web Site: www.flsmarketing.com

Year Founded: 1984

Discipline: Full Service/Integrated

Mark Luetke *(President)*
B.J. Fischer *(Vice President, Public Relations)*

FLYING A
35 North Arroyo Parkway
Pasadena, CA 91103
Tel.: (626) 376-4770
Web Site: www.flyingamedia.com

Year Founded: 1978

Discipline: Full Service/Integrated

Mike Amsbry *(Founder & Chief Financial Officer)*
Patrick Amsbry *(President)*
Sharon Reid *(Media Director)*

Accounts:
See's Candies, Inc.

FLYING HORSE COMMUNICATION
212 Discovery Drive
Bozeman, MT 59718
Tel.: (406) 586-9654
Web Site: www.fhcommunication.com/

Discipline: Full Service/Integrated

Murray Steinman *(President & Chief Executive Officer)*
Rafe Stewart *(Creative Director)*

FLYNN WRIGHT, INC.
1408 Locust Street
Des Moines, IA 50309
Tel.: (515) 243-2845
Fax: (515) 243-6351
Web Site: www.flynnwright.com

Employees: 38
Year Founded: 1984

Discipline: Full Service/Integrated

Aaron Kennedy *(President & Chief Executive Officer)*
Paul Schlueter *(Executive Vice President)*
Kelli Conger *(Media Director)*
Kiersten Maertens *(Director, Account Services)*
Mara White *(Director, Public Relations)*
Susan Hobart *(Media Partner Manager)*
Doug Stevens *(Digital Producer)*
Maggie Baker *(Account Executive)*

Accounts:
Alliant Energy Corporation
Mediacom Communications Corporation

FOODMIX MARKETING COMMUNICATIONS
103 West Arthur Street
Elmhurst, IL 60126
Tel.: (630) 366-7500
Fax: (630) 366-7519
Web Site: www.foodmix.net

Discipline: Full Service/Integrated

Dan O'Connell *(Founder & Chief Executive Officer)*
Peter Baughan *(Vice President, Communications)*

Accounts:
Archer Daniels Midland Company
Merckens

FORT GROUP, INC.
100 Challenger Road
Richfield Park, NJ 07660
Tel.: (201) 445-0202
Fax: (201) 445-0626
Web Site: www.fortgroupinc.com

Employees: 35
Year Founded: 1989

Discipline: Full Service/Integrated

Frank DiGioia *(Owner, President & Chief Executive Officer)*
Steven Laux *(Executive Vice President & Chief Creative Officer)*
Joe Moran *(Vice President & Account Director)*
Anthony Forte *(Vice President, Digital Strategy)*

FORTY TWO EIGHTY NINE

Brands. Marketers. Agencies. Search Less. Find More.
Try out the online version at www.winmo.com

AGENCIES - JULY, 2020

FULL SERVICE/INTEGRATED AGENCIES

12533 Wagon Wheel Road
Rockton, IL 61072
Tel.: (815) 394-0184
Fax: (815) 394-0291
Web Site: www.42en.com

Employees: 17

Discipline: Full Service/Integrated

Rick Belinson *(President)*
Carol Merry *(Senior Art Director)*
Amanda Nyen *(Media Director)*

Accounts:
Ondeo Nalco Chemical Company

FORWARDPMX
One World Trade Center
New York, NY 10007
Tel.: (212) 387-0300
Fax: (212) 387-7647
Toll Free: (800) 254-0330
Web Site: www.forwardpmx.com

Year Founded: 1990

Discipline: Full Service/Integrated

Mary Beth Keelty *(Chief Marketing Officer)*
Keisha Brescia *(Chief Operating Officer)*
Charles Hu *(Chief Technology Officer)*
Michael Cousineau *(Co-Chief Executive Officer)*
James Townsend *(Global Chief Executive Officer)*
Sloan Seymour *(Executive Vice President, New Business & Client Development)*
Valerie Davis *(Senior Vice President, Paid Media)*
Jennifer Schulties *(Senior Vice President, Integrated Media)*
Nicole Jennings *(Senior Vice President, Media Solutions)*
Tim Lippa *(Senior Vice President, Strategy)*
Suzanne Passavant *(Vice President, CRM Solutions)*
Brian Craig *(Vice President, Account Management)*
Glen Lalich *(Vice President, Research & Analysis)*
Clay Cazier *(Vice President, Search Strategy)*
Michael McVeigh *(Vice President, Performance Management)*
Mark Schroffner *(Director, Business Development)*
Kevin Limongelli *(Senior Creative Director)*
Michelle Sanchez *(Associate Director)*
Lauren Bolles *(Vice President, Account Management)*
Tina Laemers *(Associate Media Director)*
Natalie Krajsa *(Associate Media Director)*
Shannon Green *(Associate Director, Paid Media - ForwardPMX)*
Ethan Maruscak *(Junior Analyst)*
Abbi Glitman *(Coordinator, Paid Search)*

Accounts:
Eileen Fisher
Vineyard Vines
Vonage Holdings Corporation

FORWARDPMX
505 Highway 169 North
Minneapolis, MN 55441
Tel.: (952) 544-5121
Fax: (952) 544-6320
Toll Free: (800) 557-6782
Web Site: www.forwardpmx.com

Year Founded: 1990

Discipline: Full Service/Integrated

Andrea Timmerman *(Senior Vice President, Account Management)*
Tiffany Quast *(Vice President, Direct Mail)*
Jordan Partridge *(Manager, Print & Insert Advertising)*
Emily Selenski *(Senior Manager, Marketing)*
Courtney Stryk *(Senior Manager, Media Planning & Buying)*
Heather Singsaas *(Senior Manager, Marketing)*

Accounts:
Paralyzed Veterans of America

FOSTER MARKETING COMMUNICATIONS
3909-F Embassador Caffery Parkway
Lafayette, LA 70503
Tel.: (337) 235-1848
Fax: (337) 237-7246
Toll Free: (713) 522-9764
Web Site: www.fostermarketing.com

Year Founded: 1981

Discipline: Full Service/Integrated

George Foster *(Owner & Chief Executive Officer)*
Tiffany Harris *(President)*
Kristy Bonner *(Vice President, Digital Services)*
Megan Schreckenbach *(Vice President, Account Services)*

FPO MARKETING
8035 Broadway
San Antonio, TX 78209
Tel.: (210) 829-8855
Fax: (210) 829-1973
Web Site: www.fponly.com

Year Founded: 2003

Discipline: Full Service/Integrated

Francis Wearden *(Managing Partner & Chief Strategy Officer)*
Adriana Ramos-Wearden *(Creative Director)*

FRANK ADVERTISING
339 Princeton-Hightstown Road
Cranbury, NJ 08512
Tel.: (609) 490-0999
Fax: (609) 448-4343
Web Site: www.frankadvertisingus.com

Employees: 7

Discipline: Full Service/Integrated

Robert Frank *(President)*
Lori Dolnick *(Senior Vice President)*
Margaret Todd *(Key Account Director)*

FRANKLIN STREET MARKETING & ADVERTISING
9700 Farrar Court
Richmond, VA 23236
Tel.: (804) 320-3838
Fax: (804) 320-1999
Toll Free: (800) 644-8555
Web Site: www.franklinstreet.com

Employees: 15
Year Founded: 1986

Discipline: Full Service/Integrated

Will Flynn *(Founder & Consultant)*
Tim Roberts *(President & Chief Executive Officer)*
Dean Ruth *(Vice President, Operations)*
Mitchell Jordan *(Associate Creative Director)*
Kelly Jackson *(Finance Manager)*

FRED AGENCY
550 Pharr Road
Atlanta, GA 30305
Tel.: (404) 720-0995
Toll Free: (877) 391-3749
Web Site: www.fredagency.com

Year Founded: 2000

Discipline: Full Service/Integrated

Fred Adkins *(President & Chief Creative Officer)*
Amanda Burrow *(Creative Director)*
Donny Adkins *(Director, Digital Media & Interactive)*
Lowell Brillante *(Editor)*

FREDERICK SWANSTON
2400 Lakeview Parkway
Alpharetta, GA 30009
Tel.: (770) 642-7900
Fax: (770) 642-7026
Web Site: www.frederickswanston.com

Employees: 12
Year Founded: 1999

Discipline: Full Service/Integrated

Scott Frederick *(Partner, Creative & Art Director)*
Bill Swanston *(Partner, Creative Director & Copywriter)*

Accounts:
Exide Technologies
First Commercial Bank
Frosty Acres
Restaurant's Pride

FREEBAIRN & COMPANY
3390 Peachtree Road
Atlanta, GA 30326
Tel.: (404) 237-9945
Fax: (404) 231-2214
Web Site: www.freebairn.com

Year Founded: 1980

Discipline: Full Service/Integrated

John Freebairn *(President & Owner)*
Don Patton *(Senior Art Director)*
Julie Kahle *(Director, Media & Strategy)*

FREED ADVERTISING
1650 Highway 6
Sugar Land, TX 77478
Tel.: (281) 240-4949
Fax: (281) 240-4999
Web Site: www.freedadvertising.com

Employees: 18
Year Founded: 1984

Discipline: Full Service/Integrated

Gerald Freed *(Chief Executive Officer & Founder)*
Nancy Self *(Executive Creative Director)*

Brands. Marketers. Agencies. Search Less. Find More.
Try out the online version at www.winmo.com

FULL SERVICE/INTEGRATED AGENCIES
AGENCIES - JULY, 2020

Rosa Serrano *(Director, Media Strategy)*
Denise Tyrrell *(Account Management Supervisor)*
Mandy Deleon *(Senior Account Manager)*
Jordan Lippman *(Digital Media Supervisor)*

FRENCH / BLITZER / SCOTT
275 Madison Avenue
New York, NY 10016
Tel.: (212) 255-2650
Fax: (212) 255-0383
Web Site: www.frenchblitzerscott.com

Employees: 10

Discipline: Full Service/Integrated

Bob Scott *(President)*
Ernie Blitzer *(Partner & Creative Director)*
Ray Gaulke *(Executive Vice President)*
Ken Gudiatis *(Creative Director)*
Dunia Mars *(Media Director)*

FRENCH / WEST / VAUGHAN
112 East Hargett Street
Raleigh, NC 27601
Tel.: (919) 832-6300
Fax: (919) 832-8322
Web Site: www.fwv-us.com

Employees: 85
Year Founded: 1997

Discipline: Full Service/Integrated

Rick French *(Chairman & Chief Executive Officer)*
David Gwyn *(President)*
Natalie Best *(Chief Operation Officer)*
Jenny Pilewski *(Senior Vice President)*
Barrie Hancock *(Senior Vice President)*
Katie Johnson *(Vice President)*
Rachel Swanson *(Vice President)*
John Moore *(Creative Director)*
Peyton Burgess *(Senior Account Executive)*
Brewer Owen *(Account Associate)*
Alaina Ruggery *(Specialist, Social Media)*

Accounts:
Atlantic Coast Conference
BlitzPredict
Care Fresh
Healthy Pet
J. Peterman Company
PSCU
RealEats
Sound Royalties
Wrangler

FRY COMMUNICATIONS, INC
800 West Church Road
Mechanicsburg, PA 17055
Toll Free: (800) 334-1429
Web Site: www.frycomm.com

Employees: 20
Year Founded: 1934

Discipline: Full Service/Integrated

David Fry *(Chief Technology Officer)*
Henry Fry *(Chairman)*
Mike Weber *(Vice President, Manufacturing)*
Melissa Durborow *(Director, Marketing)*
Glenn Sollenberger *(Director, Postal Affairs)*
Harry Warner *(Director, Quality Assurance & Compliance)*
Elizabeth Bellis *(Project Manager, Marketing)*
Denny Kapp *(Plant Manager)*

Gary Deremer *(Plant Manager)*
Julie Stevens *(Project Manager)*
Randy Speer *(Project Manager)*
Terry Yeh *(Manager - MIS)*

FUEL MARKETING
2005 East 2700 South
Salt Lake City, UT 84109
Tel.: (801) 484-2888
Web Site: www.fuelmarketing.com

Year Founded: 2003

Discipline: Full Service/Integrated

Melinda Meier *(Chief Executive Officer & Vice President, Public Relations)*
Drea Leary *(Media Director & Account Management)*
Paul Eagleston *(Creative Director)*
Kallie Hardy *(Account Executive Media Buyer & Public Relations Specialist)*
Kenny Huynh *(Social Media Specialist)*

FURMAN ROTH ADVERTISING
801 Second Avenue
New York, NY 10017
Tel.: (212) 687-2300
Fax: (212) 687-0858
Web Site: www.furmanroth.com

Employees: 16

Discipline: Full Service/Integrated

Ernie Roth *(Chief Executive Officer & President)*
Jacki Friedman *(Executive Vice President, Partner & Director, Account Services)*
Mark Lefkowitz *(Executive Vice President & Media Director)*

Accounts:
Cohen's Fashion Optical

GA CREATIVE
10500 Northeast Eighth Street
Bellevue, WA 98004
Tel.: (425) 454-0101
Fax: (425) 454-0464
Web Site: www.gacreative.com

Employees: 15
Year Founded: 1984

Discipline: Full Service/Integrated

Karen Axtell *(Principal & Marketing Strategist)*
Sara Patillo *(Owner, Principal & Senior Designer)*
Julie Burke *(Principal & Account Manager)*
Jeff Welsh *(Principal, Creative Services)*

GAGE
10000 Highway 55
Minneapolis, MN 55441-6365
Tel.: (763) 595-3800
Web Site: www.gage.com

Employees: 95
Year Founded: 1992

Discipline: Full Service/Integrated

Tom Belle *(President & Chief Executive Officer)*
Skip Gage *(Founder & Owner)*
Jeff Schutt *(Vice President, Finance & Administration)*
Charlie Horning *(Vice President, Sales)*

Dan Hellerich *(Technical Lead)*

GAMS COMMUNICATIONS
308 West Erie Street
Chicago, IL 60654
Tel.: (312) 280-2740
Fax: (312) 280-7323
Web Site: www.gamscom.com

Year Founded: 1974

Discipline: Full Service/Integrated

Frank Giambrone *(President)*
David Giambrone *(Creative Director)*
Voni Giambrone *(Account Executive)*

GASLIGHT CREATIVE
713 West Germain Street
St. Cloud, MN 56301
Tel.: (320) 227-8455
Web Site: www.gaslightcreative.com

Year Founded: 2009

Discipline: Full Service/Integrated

Jodie Pundsack *(Co-Founder & Creative Strategist)*
Kelly Cane-Zaske *(Co-Founder & Marketing Strategist)*
Michael Nelson *(Interactive Media Director & Graphic Designer)*
Sidne Bofferding *(Business Development Manager & Marketing Consultant)*
Jessica Johnson *(Marketing Strategist)*

GATESMAN
2215 West Chesterfield Boulevard
Springfield, MO 65807
Tel.: (417) 875-5010
Fax: (417) 875-5051
Web Site: www.gatesmanagency.com

Employees: 280
Year Founded: 2006

Discipline: Full Service/Integrated

Karen Frost *(Vice President & Creative Director)*
Sandy Haymes *(Account Executive)*

Accounts:
Fellowes, Inc.
TTI Floor Care North America

GATESMAN
444 Liberty Avenue
Pittsburgh, PA 15222
Tel.: (412) 381-5400
Web Site: www.gatesmanagency.com

Year Founded: 2006

Discipline: Full Service/Integrated

John Gatesman *(Chief Executive Officer)*
Shannon Baker *(Partner & President)*
Kathy Oldaker *(Senior Vice President & Media Director)*
Deborah Zappia *(Senior Vice President & Director, Operations)*
Emily Hamill *(Senior Vice President & Director, Connections Strategy)*
Susan English *(Senior Vice President & Director, Public Relations & Social Media)*
Desiree Bartoe *(Vice President & Group Account Director)*

Full Service/Integrated Agencies

Brands. Marketers. Agencies. Search Less. Find More.
Try out the online version at **www.winmo.com**

AGENCIES - JULY, 2020 — FULL SERVICE/INTEGRATED AGENCIES

Beth Thompson (Associate Vice President & Group Account Director)
Mark DiPietro (Vice President & Creative Director)
Tim Friez (Vice President & Director, Information Technology & Cyber Security)
Matthew Axeman (Associate Creative Director)
Chris Callen (Supervisor, Project Management)

Accounts:
Carnegie Mellon University
Duquesne Light Company
Ebb Therapeutics
Mylan Pharmaceuticals
Northwell Health
Pittsburgh Paints
Pittsburgh Penguins Hockey Club
PPG Industries, Inc.
Rochester Institute of Technology
StarKist Co.
StarKist Flavor Fresh Pouch
SUPERVALU, Inc.
Thorntons
Tobii Dynavox
UPMC

GAUGER + ASSOCIATES
360 Post Street
San Francisco, CA 94108
Tel.: (415) 434-0303
Fax: (415) 434-0524
Web Site: www.gauger-associates.com

Year Founded: 1974

Discipline: Full Service/Integrated

David Gauger (President & Creative Director)
Rob Keil (Senior Art Director)

GCG MARKETING
2421 West Seventh Street
Fort Worth, TX 76107
Tel.: (817) 332-4600
Fax: (817) 877-4616
Web Site: www.gcgmarketing.com/

Employees: 30
Year Founded: 1970

Discipline: Full Service/Integrated

Neil Foster (Partner & President & Chief Executive Officer)
Allyson Cross (Executive Director, Marketing)
Brian Wilburn (Senior Art Director)
Marcie Greubel (Account Supervisor)
Jahnae Stout (Senior Marketing Manager)

GDC MARKETING & IDEATION
219 East Houston Street
San Antonio, TX 78205
Tel.: (210) 236-5000
Fax: (210) 271-7132
Web Site: www.gdc-co.com

Year Founded: 1995

Discipline: Full Service/Integrated

Frank Guerra (Chief Executive Officer & Founder)
Beth Wammack (Chief Operating Officer & Partner)

GEILE/LEON MARKETING COMMUNICATIONS
5257 Shaw Avenue
Saint Louis, MO 63110
Tel.: (314) 727-5850
Fax: (314) 727-5819
Web Site: www.geileon.com

Year Founded: 1989

Discipline: Full Service/Integrated

Dave Geile (Managing Partner & Creative Director)
Tim Leon (President & Brand Strategist)
Dan Diveley (Vice President, Business Development)
Randy Micheletti (Vice President & Director, Account Services)
Mary Sawyer (Vice President, Public Relations)
Ben Edmonson (Senior Art Director)
Meg Strange (Senior Brand Manager)
Luke Smith (Senior Account Executive)

Accounts:
Ezra Brooks Bourbon
Rebel Yell Bourbon
Yago Sant'Gria

GELIA WELLS & MOHR
390 South Youngs Road
Williamsville, NY 14221
Tel.: (716) 759-0930
Fax: (716) 629-3299
Web Site: www.gelia.com

Employees: 100
Year Founded: 1961

Discipline: Full Service/Integrated

James Phipps (President & Chief Executive Officer)
Daniel Phipps (Vice President, Sales & Marketing)
Gloria Pembleton (Media Director)
Jay Irving (Human Resources Director)
Keith Eichinger (Manager, Direct Marketing)
Anthony Andres (Senior Media Account Manager)
Kellie Mazur (Senior Copywriter)
Rick Long (Account Executive)

GENDRON COMMUNICATIONS
2130 Boulevard Dagenais West
Laval, QC H7L 5X9
Tel.: (450) 661-3814
Fax: (450) 661-3180
Web Site: www.gendron-pub.com

Employees: 17
Year Founded: 1986

Discipline: Full Service/Integrated

Christine Houle (President)
Jacques Gendron (Co-President)
Marc McEnnes (Creative Director)

GENERATION
5570 Cartier
Montreal, QC H2H 1X9
Tel.: (514) 521-3300
Fax: (514) 521-3161
Web Site: generation360.ca

Employees: 30
Year Founded: 1995

Discipline: Full Service/Integrated

Benoit L'Archeveque (Co-Founder)
Pierre Gagnon (President & Associate)
Stephanie Carbonneau (Executive Director)

GEOMETRY
636 11th Avenue
New York, NY 10036
Tel.: (212) 537-3700
Fax: (212) 537-3737
Web Site: www.geometry.com

Year Founded: 2013

Discipline: Full Service/Integrated

Beth Ann Kaminkow (Global Chief Executive Officer)
Pam Morrisroe (Executive Vice President, Account)
Phil White (Executive Vice President, Strategy - New York)
Holly Meloy (Executive Vice President & Managing Director)
Jennifer Gioffre (Executive Vice President & Managing Director - NYC)
Manuel Borde (Executive Vice President & Executive Creative Director - North America)
Michael Kaplan (Senior Vice President & Group Account Director)
Allysun Lundy (Vice President, Account)
Jennifer Santiago (Vice President, Content Producer)
Lindsay Fellows (Vice President, Global Account)
Rich Labot (Global Director, Network Operations)
Olivia Pasquinelli (Account Director, Digital Commerce Team)
Yanina Erman (Director, Corporate Communications - North America)
Paul Rubino (Associate Creative Director)
Michael Breen (Director, Digital Strategy)

Accounts:
Crock-Pot
Jagermeister
Kleenex Wet Wipes
Liberty Mutual Insurance Companies
Mr. Coffee
Nestle USA, Inc.
Newell Brands, Inc.
Pennzoil
Ritz
Sharpie
Shell Lubricants
TracFone Wireless, Inc.
Unilever North America

GEOMETRY
388 South Main Street
Akron, OH 44311
Tel.: (330) 376-6148
Fax: (330) 253-1218
Web Site: www.geometry.com

Year Founded: 2013

Discipline: Full Service/Integrated

Gail Kay (Executive Vice President & Managing Director - Akron)
Melvin Strobbe (Executive Vice President & Executive Creative Director)
Tony Bell (Senior Vice President & Group Account Director)
Betsy Foote (Vice President & Media Director)
Carrie Davis (Director, Project Management)
Katie Grissom (Associate Media Director)
Liz Soulsby (Media Planner & Buyer)
Alexis Pierscieniewski (Digital Media Buyer &

362

FULL SERVICE/INTEGRATED AGENCIES

Planner)
Marina Budi *(Assistant Media Planner)*
Jess Laurello *(Social Media Specialist)*

Accounts:
Deere & Company
Nestle USA, Inc.
The Sherwin-Williams Company

GEOMETRY
350 North Orleans Street
Chicago, IL 60654
Tel.: (312) 229-8500
Fax: (312) 229-8686
Web Site: www.geometry.com

Year Founded: 2013

Discipline: Full Service/Integrated

Scott McCallum *(Chief Executive Officer - North America)*
Nick Jones *(Chief Growth Officer)*
Tyler Murray *(President - North America)*
Curtis Munk *(Chief Strategy Officer - North America)*
John Manley *(Executive Vice President & Head, Strategy)*
Annette Fonte *(Senior Vice President, Account)*
James Pearson *(Senior Vice President, Group Creative Director)*
Chad Ingram *(Senior Vice President & Group Creative Director)*
Michelle Baumann *(Senior Vice President & Head, Business Analytics)*
Jon Goynshor *(Vice President & Head, Partnership Marketing- North America)*
Charlotte Arthur *(Vice President, Strategy)*
Joey Carosella *(Vice President, Operations)*
Laura Johnston *(Executive Creative Director)*
Justine Greenwald *(Executive Creative Director)*
Greg Hides *(Group Director, Delivery Management)*
Maggie Tinsley *(Digital Creative Director)*
Will Wilson *(Associate Creative Director)*
Clay Glazik *(Senior Art Director)*
Jodi Miller *(Producer)*

Accounts:
Maker's Mark

GEOMETRY
100 North Sixth Street
Minneapolis, MN 55403
Web Site: www.geometry.com

Year Founded: 2013

Discipline: Full Service/Integrated

Tony Ciresi *(Executive Vice President & Account Director)*
Genna Carlson *(Vice President & Account Director)*

GEOMETRY
3100 Market Street
Rogers, AR 72758
Tel.: (479) 845-3350
Web Site: www.geometry.com

Year Founded: 2013

Discipline: Full Service/Integrated

Lei Duran *(Vice President, Strategy)*

GEOMETRY
302 West Third Street
Cincinnati, OH 45202
Tel.: (513) 578-6721
Web Site: www.geometry.com

Year Founded: 2013

Discipline: Full Service/Integrated

Jenna Acklin *(Account Director)*
Cybil Foley *(Account Director)*

GEOMETRY
215 rue Saint-Jacques
Montreal, QC H2Y 1M6
Tel.: (312) 856-8535
Web Site: www.geometry.com

Year Founded: 2013

Discipline: Full Service/Integrated

David Henderson *(Associate Creative Director)*

GIANT SPOON, LLC
44 Wall Street
New York, NY 10005
Tel.: (888) 776-6650
Web Site: www.giantspoon.com

Year Founded: 2013

Discipline: Full Service/Integrated

Laura Correnti *(Partner)*
Trevor Guthrie *(Co-Founder)*
Anthony Pedalino *(Vice President, Media)*
Adam Wiese *(Vice President, Strategy)*
Kaitlyn Roche *(Director, Brand Strategy)*
Gage Heyburn *(Account Director)*
Mike Friedman *(Media Director)*
Joseph Goulart *(Associate Director)*
Mitchell Kapler *(Account Director)*
Ian Grody *(Group Creative Director)*
Gabrielle Fratangelo *(Senior Marketing & Communications Manager)*
Ryan Longley *(Senior Manager, Social Media)*
Edwin Rodriquez *(Manager, Performance Media)*
Chelsea Hartman *(Content Strategist)*
Gianpaulo Pons *(Junior Media Strategist)*
Suzanne Dengel *(Senior Social Strategist)*
Bobby Edwards *(Senior Media Strategist)*
Amanda Triglia *(Senior Media Strategist)*
Hayley Yerkes *(Associate Director, Strategy)*
Amelie DeBlois *(Associate Director)*

Accounts:
Cole Haan, Inc.
General Electric Corporation
HP, Inc.
Johnnie Walker
Massachusetts Mutual Life Insurance Company
NBCUniversal, Inc.
Stitch Fix
Synchrony
Yeti Coolers

GIANT SPOON, LLC
6100 Wilshire Boulevard
Los Angeles, CA 90048
Web Site: www.giantspoon.com

Year Founded: 2013

Discipline: Full Service/Integrated

Marc Simons *(Co-Founder)*
Jonathan Haber *(Co-Founder)*
Nathalie Con *(Vice President & Strategy Director)*
Michael Keller *(Vice President, Analytics)*
Will Thompson *(Vice President & Social Strategy Director)*
Catherine Huang *(Vice President, Business & Legal Affairs)*
Corbin Brown *(Vice President & Director, Strategy)*
JM Herrmann *(Vice President, Strategy)*
Alana White *(Executive Director, Global Media)*
Annie Nam *(Associate Director, Strategy)*
Russ Cohn *(Account Director)*
Grace Damo *(Director, Media Strategy)*
Bruna Gonzalez *(Associate Creative Director)*
Elysha Beckerman *(Associate Director, Content)*
Sharon Murff *(Director, Creative Resources & Services)*
Will Simpson *(Director, Strategy)*
Alison Berman *(Senior Media Strategist)*
Marisa Milisic *(Senior Copywriter)*
Taryn Maloy *(Junior Strategist)*
Pierre Parisot *(Managing Director & Head, Content)*

Accounts:
HP, Inc.
One Medical
San Diego Zoo Global
Stitch Fix
Uber

GIGANTE VAZ PARTNERS
915 Broadway
New York, NY 10010
Tel.: (212) 343-0004
Fax: (212) 343-0776
Toll Free: (800) 963-3030
Web Site: www.gigantevaz.com

Year Founded: 1989

Discipline: Full Service/Integrated

Paul Gigante *(Chief Executive Officer & Chief Creative Officer)*
James McHugh *(President, Media Services)*
Madeline Vaz *(Chief Operating Officer & Head, Client Services)*
Nancy Desmond *(Vice President, Account Director)*
Karen Lloyd *(Associate Account Director)*

GIOVATTO ADVERTISING
95 Route 17 South
Paramus, NJ 07652
Tel.: (201) 226-9700
Fax: (201) 226-1624
Web Site: www.giovatto.com

Discipline: Full Service/Integrated

John Giovatto *(Principal)*
Mario Giovatto *(Principal)*
Steve Aquino *(Vice President, Sales & Marketing)*
Brian Tomasella *(Controller)*
Michael Messano *(Vice President, Creative & Operations)*
Samantha Parisi *(Digital Marketing Director)*
Anthony Oade *(Creative Director)*
Gina Giovatto *(Senior Account Director)*
Jason Laychock *(Creative Director)*
Michael Earle *(Art Director)*
Danielle Lapinski *(Manager, Digital Marketing)*
Jesika Grosman *(Account Manager)*
Justin Giovatto *(Account Manager)*
Natalia Michell Alarcon *(Account Manager)*

Brands. Marketers. Agencies. Search Less. Find More.
Try out the online version at www.winmo.com

AGENCIES - JULY, 2020 — FULL SERVICE/INTEGRATED AGENCIES

Nicholas Pascali *(Manager, Accounts & Business Development)*
Dominic Capone *(Account Executive)*

GIRL ON THE ROOF, INC
1920 Willow View Lane
Knoxville, TN 37922
Tel.: (865) 742-3409
Toll Free: (866) 742-1993
Web Site: girlontheroof.com

Year Founded: 2009

Discipline: Full Service/Integrated

Carol Reeve *(Chief Marketing Officer)*
Iris Cole *(Manager, Strategist & Project)*

GKV
1500 Whetstone Way
Baltimore, MD 21230
Tel.: (410) 539-5400
Fax: (410) 234-2441
Web Site: www.gkv.com

Employees: 95
Year Founded: 1981

Discipline: Full Service/Integrated

Roger Gray *(Chairman & Chief Executive Officer)*
Jeff Millman *(Vice Chairman & Chief Creative Officer)*
Kevin Kempske *(President & Chief Operation Officer)*
Cathy Kowalewski *(Chief Financial Officer & Vice President)*
Jeffrey I. Millman *(Chief Creative Officer)*
Mark Rosica *(Partner & Creative Director)*
Dan Collins *(Senior Vice President & Chief Strategy Officer)*
Andrew Robinson *(Senior Vice President & Account Supervisor)*
Dan Robinson *(Senior Vice President & Director, Media Services)*
David Broscious *(Senior Vice President & Associate Creative Director)*
Mike Hilton *(Vice President & Director, Information Technology)*
Robin Rombro *(Associate Media Director)*
Amy Zimmerman *(Production Manager)*
Stacey Gomoljak Wynia *(Department Head, Public Relations & Social Media)*
Darren Myers *(Production Manager)*
Courtney Black *(Senior Account Executive)*

Accounts:
Bridgestone Golf
Coventry Health Care, Inc.
Maryland Powerball
Maryland State Lottery

GLYNNDEVINS
207 West Franklin Street
Richmond, VA 23220
Tel.: (804) 649-3704
Fax: (804) 649-3730
Web Site: www.sbanda.com

Employees: 30

Discipline: Full Service/Integrated

Sharon Brooks *(President, East Coast Office)*
Wayne Hicks *(Director, Development Consulting)*

GLYNNDEVINS MARKETING
8880 Ward Parkway

Kansas City, MO 64114
Tel.: (913) 491-0600
Fax: (913) 491-1369
Web Site: www.glynndevins.com

Employees: 80
Year Founded: 1987

Discipline: Full Service/Integrated

Sue McClure *(President & Chief Executive Officer)*
Janel Wait *(Chief Information Officer)*
Susan Bogan *(Chief Client Officer, Client Relations)*
Molly White *(Vice President, Brand Strategy)*
Alice Angulo *(Senior Account Executive)*

Accounts:
Benedictine Health System, Inc.

GMMB
3050 K Street, Northwest
Washington, DC 20007
Tel.: (202) 338-8700
Fax: (202) 338-2334
Web Site: www.gmmb.com

Employees: 150
Year Founded: 1982

Discipline: Full Service/Integrated

Raelynn Olson *(Managing Partner)*
Will Taliaferro *(Partner)*
Brad Perseke *(Partner & Media Director)*
Jim Margolis *(Senior Partner)*
Annie Burns *(Partner)*
Daniel Jester *(Partner, Media Buying & Planning)*
Adam Ferrari *(Senior Vice President & Senior Producer)*
Sarah Whitworth *(Vice President)*
Emily Meyer *(Account Supervisor)*

GMMB
1200 Westlake Avenue, North
Seattle, WA 98109
Tel.: (206) 352-8598
Fax: (206) 352-8758
Web Site: www.gmmb.com

Employees: 13
Year Founded: 1983

Discipline: Full Service/Integrated

Frank Greer *(Partner - Political Campaigns)*

GNF MARKETING
53 Old Route 22
Armonk, NY 10504
Tel.: (914) 273-2275
Fax: (914) 273-8859
Web Site: www.gnfmarketing.com

Discipline: Full Service/Integrated

Caren Berlin *(Chief Executive Officer)*
Steve Gold *(Chief Creative Officer)*
Angela Vecchio *(Executive Creative Director)*
Marc Weilheimer *(Director, Entertainment Marketing)*
Erika Howard *(Account Director)*
Nicole Pasternak *(Office Manager, Operations)*
Ross Cooper *(Managing Director)*

GOCONVERGENCE

4545 36th Street
Orlando, FL 32811
Tel.: (407) 296-4100
Fax: (407) 299-9907
Web Site: www.thegoco.com

Year Founded: 1997

Discipline: Full Service/Integrated

Brad Moore *(Senior Vice President, Creative Services)*
Chris Harris *(Senior Vice President, Creative & Marketing - Brand Action)*
Brian Townsend *(Vice President, Business Development)*
Mish Tucker Clark *(Vice President, Strategy & Accounts)*
Christian Andersen *(Director, Interactive Media)*
Smithy Sipes *(Director & Senior Producer)*
Aaron Reed *(Senior Art Director)*
Toby Dalsgaard *(Director, Creative Services)*
Ashley Plumley *(Director, Creative Services)*

Accounts:
Karma Automotive LLC

GODA ADVERTISING
1603 Colonial Parkway
Inverness, IL 60067-4732
Tel.: (847) 776-9900
Fax: (847) 776-9901
Web Site: www.goda.com

Employees: 16
Year Founded: 1984

Discipline: Full Service/Integrated

Elizabeth Kang *(President)*
Paul Goda *(Vice President, Special Projects)*
Tom Graham *(Vice President & Account Director)*
Lynn Christensen *(Office Manager, Trade Show Coordinator)*
Kim Maley *(Senior Copywriter)*

GODFREY DADICH
140 New Montgomery
San Francisco, CA 94105
Tel.: (415) 217-2800
Fax: (415) 217-2898
Web Site: www.godfreydadich.com

Employees: 4

Discipline: Full Service/Integrated

Patrick Godfrey *(Co-Founder & Co-Chief Executive Officer)*
Dennis O'Rourke *(Managing Partner & Chief Financial Officer)*
Danielle Bird *(Partner & Group Planning Director)*
Erik Welch *(Partner & Director, Production)*
Dev Finley *(Partner & Managing Director)*
Heather Brady *(Media Director)*

Accounts:
NetApp, Inc.
ServiceNow
Splunk, Inc.
Symantec Corporation
Wawanesa Mutual Insurance Co.
Wired Magazine

GODWIN GROUP
190 East Capitol Street
Jackson, MS 39201

winmo — Brands. Marketers. Agencies. Search Less. Find More.
Try out the online version at www.winmo.com

364

FULL SERVICE/INTEGRATED AGENCIES

AGENCIES - JULY, 2020

Mailing Address:
Post Office Box 531
Jackson, MS 39205-0531
Tel.: (601) 354-5711
Fax: (601) 960-5869
Web Site: www.godwin.com

Employees: 80
Year Founded: 1937

Discipline: Full Service/Integrated

Philip Shirley *(Chairman & Chief Executive Officer)*
Donna Ritchey *(Partner & Executive Vice President - GodwinGroup)*
John McKie *(Managing Partner)*
Susan James *(Chief Finance Officer)*
Lee Ragland *(Vice President & Director, Public Relations)*
Sue Templeman *(Vice President, Brand Management)*
Tal McNeill *(Executive Creative Director)*
Steve Alderman *(Senior Manager, Public Relations)*

Accounts:
Hancock Holding Company
Louisville Slugger

GOLDSTEIN GROUP COMMUNICATIONS, INC.
30500 Solon Industrial Parkway
Solon, OH 44139
Tel.: (440) 914-4700
Web Site: www.ggcomm.com

Employees: 12

Discipline: Full Service/Integrated

Joel Goldstein *(President)*
Mark Johnson *(Vice President)*
Jeff Spencer *(Creative Director)*

GOOD ADVERTISING, INC.
5100 Poplar Avenue
Memphis, TN 38137
Tel.: (901) 761-0741
Fax: (901) 682-2568
Toll Free: (800) 325-9857
Web Site: www.goodadvertising.com

Year Founded: 1982

Discipline: Full Service/Integrated

Ellen Isaacman *(President)*
Barney Street *(Executive Vice President, Operations)*
Megan Dwan *(Senior Art Director)*
Karen Crutchfield *(Supervisor, Accounting)*

GRAHAM GROUP
2014 West Pinhook Road
Lafayette, LA 70508
Mailing Address:
Post Office Box 51145
Lafayette, LA 70505
Tel.: (337) 232-8214
Fax: (337) 235-3787
Web Site: www.graham-group.com

Year Founded: 1979

Discipline: Full Service/Integrated

George Graham *(President)*
Michelle Constantine *(Chief Operations Officer)*

Raymond Credeur *(Creative Director)*
Denise Bishop *(Media Planner & Buyer)*
Julia Marks *(Interactive Coordinator)*

GRAVITY.LABS
363 West Erie Street
Chicago, IL 60654
Tel.: (312) 964-9910
Web Site: www.gravitylabs.agency

Year Founded: 2016

Discipline: Full Service/Integrated

Davin Power *(President)*
Ron Carlson *(Chief Executive Officer)*
Eric Prado *(Head, Client Service)*
Christi Powell *(Creative Director)*
Seth Mindel *(Head, Project Management)*
Ruth Keefover *(Consumer Public Relations Lead)*

Accounts:
Dairy Farmers of America

GRAY LOON MARKETING GROUP
300 Southeast Riverside Drive
Evansville, IN 47713
Tel.: (812) 422-9999
Fax: (812) 422-3342
Toll Free: (888) 472-9566
Web Site: www.grayloon.com

Employees: 10
Year Founded: 1994

Discipline: Full Service/Integrated

Jon Ruthenburg *(Chief Executive Officer)*
Brita Lewis Turbyfill *(Partner & Director, Outdoor Marketing)*
Tom Lewis *(Chief Operating Officer)*
Katie Dausmann *(Office Manager & Controller)*
Greg Gehlhausen *(Associate Design Director)*
Bryan Horstman *(Art Director)*
Jonathan Harling *(Director, Public Relations)*
Jason Ludwig *(Director, Web Development)*
Clint Davis *(Manager, Information Technology)*
Sarah Smith Barnum *(Project Manager, Web)*
Sara Schotter *(Project Manager)*
Jen Green *(Senior Designer)*
Leta Horstman *(Publisher, Web)*

GREATEST COMMON FACTORY
1023 Springdale Road
Austin, TX 78721
Tel.: (512) 410-1313
Web Site: www.gcfactory.com

Year Founded: 2011

Discipline: Full Service/Integrated

John Trahar *(Managing Partner & Strategic & Creative Lead)*
Melisa Smith *(Chief Financial Officer)*
Zach Rener *(Creative Director)*
Tyler Crelia *(Director, Creative & Video Production)*
Naomi Duckworth *(Director, Creative)*

Accounts:
Mama Fu's Asian House
Tecovas

GREENHAUS
2660 First Avenue
San Diego, CA 92103

Tel.: (619) 744-4024
Fax: (619) 744-4034
Web Site: greenhaus.com

Year Founded: 1996

Discipline: Full Service/Integrated

Craig Fuller *(Principal & Creative Director)*
Dave Roberts *(Art Director)*

Accounts:
Pardee Homes
Visit Anaheim

GREENRUBINO
1938 Fairview Avenue East
Seattle, WA 98102
Tel.: (206) 447-4747
Fax: (206) 447-9494
Web Site: www.greenrubino.com

Year Founded: 1977

Discipline: Full Service/Integrated

Cameron Green *(Partner)*
Lynn Parker *(Principal Strategist)*
John Rubino *(Partner)*
Kimanh Moreau *(Senior Digital Producer)*
Stacia Allen *(Client Services Director)*
Crystal Inge *(Client Services Director)*
Melissa Durfee Davis *(Media Director)*
Jon Njos *(Senior Manager, Media)*

Accounts:
Scenic Washington 365

GREY CANADA
46 Spadina Avenue
Toronto, ON M5V 2H8
Tel.: (416) 486-0700
Fax: (416) 486-0297
Web Site: www.grey.com/canada

Employees: 90
Year Founded: 1953

Discipline: Full Service/Integrated

Ian Westworth *(Senior Vice President & Head, Planning & Effectiveness)*
Nicole Lupke *(Senior Vice President & Managing Director)*
Christina Festoso *(Vice President & Account Director)*
Karen Barootes *(Director, Human Resources & Administration)*
Pete Ross *(Associate Creative Director)*
Petra Muir *(Finance Director)*
Genevieve Beharry *(Design Director)*

Accounts:
Volvo Cars Canada

GREY GROUP
200 Fifth Avenue
New York, NY 10010
Tel.: (212) 546-2020
Fax: (212) 546-2001
Web Site: www.grey.com

Employees: 2200

Discipline: Full Service/Integrated

Daniel Bennett *(Worldwide Chief Innovation Officer)*
Lisa Fabiano *(Chief of Staff)*
Cory Berger *(Global Chief Marketing Officer)*

Brands. Marketers. Agencies. Search Less. Find More.
Try out the online version at www.winmo.com

365

AGENCIES - JULY, 2020

FULL SERVICE/INTEGRATED AGENCIES

Owen Dougherty *(Executive Vice President & Chief Communications Officer)*
Michael Houston *(Worldwide Chief Executive Officer)*
Debby Reiner *(President, Global Clients & Global Client Leader, P&G & WPP)*
Marnie Kain-Cacossa *(Partner)*
John Patroulis *(Worldwide Chief Creative Officer)*
Jonathan Lee *(Chief Strategy Officer - New York)*
Chris Esposito *(Chief Financial Officer)*
Jason Kahner *(President, Global Health & Wellness Practice)*
Justine Armour *(Chief Creative Officer)*
Jeff Stamp *(Chief Content Officer)*
Jean Donahue *(Executive Vice President & Global Account Director)*
Brian Weston *(Executive Vice President & Global Account Director)*
Simon Ludowyke *(Executive Vice President, Business Development)*
Anjali Jain *(Executive Vice President & Director, Global Account)*
Nicole Nazarenus *(Senior Vice President & Account Director)*
Marie Kelly *(Senior Vice President, Experiential)*
Ilisia Shuke *(Senior Vice President & Account Director)*
Elizabeth Meny *(Senior Vice President & Direct, Global Account)*
Kate Bernhardt *(Senior Vice President & Account Director)*
Marie Massat *(Senior Vice President, Account Director)*
Emily Giordano *(Vice President & Account Director)*
Kelly Norris *(Senior Vice President & Account Director - Gillette & Always)*
Matthew Libbey *(Vice President & Account Director)*
Jake Weitzen *(Vice President & Account Director - Olumiant)*
Stephanie DiMilia *(Vice President & Global Account Director)*
Bruce McDonald *(Vice President & Executive Producer)*
Chris Finnegan *(Vice President & Account Director)*
Jeff Anderson *(Executive Creative Director)*
Qian Qian *(Executive Creative Director)*
Matthew Hock *(Associate Creative Director)*
Tristan Kincaid *(Executive Creative Director)*
Joanna Carver *(Executive Creative Director)*
Justin Roth *(Creative Director)*
Hannah Fishman *(Executive Creative Director)*
Patrick Conlon *(Creative Director)*
Joe Mongognia *(Executive Creative Director - Woven)*
Asan Aslam *(Group Creative Director)*
Mike Abell *(Creative Director)*
Jon Cochran *(Creative Director)*
Joseph Day *(Associate Director, Social Media & Senior Content Architect)*
Marina Beldi *(Associate Creative Director)*
Elaine McCormick *(Group Director, Creative)*
Daniel Massih *(Creative Director)*
Rachel Jillian West *(Global Head, Creative & Strategic Operations)*
Beth Rolfs *(Executive Strategy Director, Data)*
Kristen Schubert *(Account Director)*
Vicente Jorge *(Associate Creative Director)*
Robert Jencks *(Associate Creative Director)*
Karol Chang *(Strategy Director)*
Emily Schein *(Account Supervisor)*

Bryce Mathias *(Senior Creative)*
Peter Molnar *(Art Director)*
Bryan Burns *(Account Executive)*
Will Leonard *(Manager, Data Strategy)*
John Nelson *(Account Supervisor)*
Emily Waite *(Senior Planner)*
Grace Hargrave Thomas *(Account Supervisor)*
Hanna Cannell *(Account Supervisor)*
Payton Brown *(Account Supervisor)*
Marie Wachter *(Assistant Account Executive)*
Andrea Mosk *(Senior Account Executive)*
Jenny Natelson *(Manager, Integrated Project)*
Kathryn Petroni *(Integrated Project Manager)*
Nicolas Pilaprat *(Senior Integrated Planner)*
Colleen Mangan *(Senior Account Executive)*
Alex Grant *(Data Strategist)*
Anna Gerz *(Senior Strategic Planner)*
Caroline Lewis *(Strategist)*
May Moribe *(Junior Data Strategist)*
Shannon Connolly *(Account Executive)*
Don Pfeiffer *(Account Supervisor)*
Elizabeth Young *(Account Executive)*
Sylvia DeJesus *(Financial Coordinator)*
Ben Tauber *(Managing Director, Account Management)*

Accounts:
AARP
Abbott Laboratories
Advil
Advil
Advil Cold & Sinus
Advil PM
Alavert
Applebee's Services, Inc.
Applebees
AquaFresh
Bag 'n Season
Bose Corporation
Bounce
Bravia
Breathe Right Nasal Strips
Canon USA, Inc.
Cattlemen's Barbeque Sauce
Cialis
Citrucel
Dentu-Creme
Dimetapp
Discover Financial Services, Inc.
Douglas Elliman Real Estate
Downy
Eos
Essilor of America, Inc.
Flonase
Frank's RedHot Cayenne Pepper Sauce
G. I. Joe
Gillette
Gillette 2 in 1
Gillette Clinical Strength
Gillette Complete Skincare
Gillette Deodorant
Gillette Fresh & Clean
Gillette Fusion
Gillette Mach3
Gillette Venus
Gillette Venus Embrace
GlaxoSmithKline, Inc.
Global Gillette
Green Earth Technologies, Inc.
Grill Mates
Haagen-Dazs
Hasbro, Inc.
Herbal Essences
Hess Corporation
HSBC USA, Inc.
Imitrex

Jurassic Park
Lawry's
Lean Cuisine
Lindt & Sprungli USA, Inc.
LongHorn Steakhouse
ManpowerGroup
Marriott Bonvoy
Marriott Hotels & Resorts
Marriott International, Inc.
McCormick & Company, Inc.
McCormick Extracts & Food Colors
McCormick Gourmet Collection
McCormick Gravies
McCormick Seasoning Mixes
Monopoly
National Park Foundation
Nexium OTC
Olive Garden
Olumiant
Outshine Fruit Snacks
Panadol
Pantene
Perfect Pinch
Play-Doh
Playskool
Polident
PowerShot
Pringles
Robitussin
Robitussin.com
Sensodyne
Sheraton Hotels & Resorts
Star Wars Action Figures
T.J. Maxx
Taltz
The TJX Companies, Inc.
Thermacare
Tide
Transformers
Trulicity
Tums
Volvo C30
Volvo C70
Volvo Cars of North America, LLC
Volvo S40
Volvo S60
Volvo S80
Volvo V50
Volvo XC60
Volvo XC70
Volvo XC90
Whitney Museum of American Art

GREY MIDWEST
302 West Third Street
Cincinnati, OH 45202
Tel.: (513) 381-1380
Web Site: www.grey.com/midwest

Year Founded: 1917

Discipline: Full Service/Integrated

Steve Noble *(Chief Strategy Officer)*
Adam Kahn *(Chief Creative Officer)*
Christopher Reintz *(Executive Vice President, Client Services)*
John Stichweh *(Senior Vice President, Account Services)*
Jamie Grady *(Senior Vice President, Finance & Operations)*
Michelle Stechschulte *(Vice President & Director, Account)*
Marge Mikolajewski *(Vice President & Account Director)*
Priscila Fernandes *(Vice President, Project Management)*

FULL SERVICE/INTEGRATED AGENCIES

Yvonne Starkey-Posey *(Director, Strategy)*
Margaret Russo *(Group Creative Director)*
Katy Martinez *(Director, Creative Services)*
Jason Brandt *(Executive Global Digital Director - P&G)*
Christine McCambridge *(Executive Director, Grey Commerce)*
Katie Pembaur *(Director, Strategy)*
Brandy Sanger *(Director, Strategy)*
Newbear Lesniewski *(Associate Director, Creative)*
Emily Fague *(Account Supervisor)*
Andrea Bollin *(Group Director, Client Operations)*
Bryan Smith *(Account Supervisor)*
Leah Zimmer *(Senior Project Manager)*
Suzie Whelan *(Account Supervisor, eCommerce)*
Tony Desjardins *(Managing Director, Grey Midwest)*

Accounts:
Cascade
ConAgra Brands, Inc.
Febreze
Gillette
Olay

GREY WEST
303 Second Street
San Francisco, CA 94107
Tel.: (415) 403-8000
Fax: (415) 403-8001
Web Site: www.grey.com/us

Employees: 150
Year Founded: 1917

Discipline: Full Service/Integrated

Rodrigo Jatene *(Chief Creative Officer)*
Alex Morrison *(President)*
Ryan Miller *(Senior Vice President & Director, Strategic Planning)*
Tescia Deak *(Director, Creative)*
Bevan Mahaney *(Director, Creative)*
Tres Colacion *(Director, Creative)*

Accounts:
Fitbit
FX Networks
Graffigna
Hasbro, Inc.
Hasbro, Inc.
Hess Corporation
Marvel Entertainment, Inc.
McAfee, Inc.
Nestle USA, Inc.
Ring.com
Western Digital Corporation

GS&F
209 Tenth Avenue South
Nashville, TN 37203
Tel.: (615) 385-1100
Fax: (615) 783-0500
Web Site: www.gsandf.com

Employees: 90
Year Founded: 1978

Discipline: Full Service/Integrated

Jeff Lipscomb *(Chief Executive Officer & Co-Owner)*
Roland Gibbons *(Chief Creative Officer & Co-Owner)*
Mike Ernst *(Vice President & Group Media Director)*
Emilie Guthrie *(Vice President & Director, Account Management)*
Patrick Sherry *(Vice President & Director, Business Development)*
Adam Winstead *(Vice President, Human Resource & Operations)*
Shari Dennis *(Group Account Director)*
Lisa Weaver *(Group Media Director)*
Ryan Algaier *(Group Account Director)*
Stevee Curtis *(Account Director, Social Media)*
Adam Pawlowski *(Associate Creative Director)*
Meaghan Ogilvie *(Interactive Account Supervisor)*
Haley Austin *(Senior Digital Media Buyer & Planner)*
Garrett Lyon *(Senior Strategist)*
Benjamin Raley *(SEO Specialist)*

Accounts:
EZpanel
Hunt Brothers Pizza, LLC
Louisiana-Pacific
Louisiana-Pacific Corporation
LP Building Products
LP BuildSmart
LP CanExel
LP SolidStart
Nashville Predators
SmartSide
SmartStart
TechShield
TecLam
Tennessee Titans, LLC
Universal Lighting Technologies

GTB
550 Town Center Drive
Dearborn, MI 48126
Tel.: (313) 615-2000
Web Site: www.gtb.com

Employees: 400

Discipline: Full Service/Integrated

David Murphy *(President - US)*
Peter Rentschler *(President - Asia Pacific)*
Mike Bentley *(Global Chief Strategy Officer & Co-Managing Director)*
Andy Weil *(Global Chief Financial Officer)*
Brian Elwarner *(Chief Media Officer)*
Robert Rosiek *(Executive Vice President & Group Global Client Finance Director)*
Christopher Preuss *(Executive Vice President - WPP)*
Rob Hopman *(Senior Vice President - Team Detroit)*
Todd Chumley *(Senior Vice President & Executive Creative Director)*
John Ottaway *(Senior Vice President & Director, Operations - FCSD)*
Kelle Durocher *(Senior Vice President, Group Account Director)*
Mark Wallace *(Senior Vice President & Director, Budget & Operations)*
Joe Minnella *(Senior Vice President & Group Media Director)*
Kristen Bergmann *(Senior Vice President & Director, Digital Planning)*
Dan Hogan *(Senior Vice President & Account Director)*
Mike Muscat *(Senior Vice President & Strategy Director)*
Brian Curran *(Vice President & Senior Print Producer)*
Ron Kirkman *(Vice President & Manager, Broadcast Business)*
Ann Dupart *(Vice President & Associate Communications Director)*
Brett Collins *(Vice President & Account Director - Ford Enterprise)*
Scott Schroeder *(Vice President & Manager, National Broadcast)*
Kelley Callies *(Vice President & Manager - National Broadcast)*
Debra Ciccone *(Vice President & Digital Manager)*
Brett Norman *(Vice President & Director, Partnerships)*
Paul Kelley *(Vice President & Creative Director - Global Team Blue)*
Sefi Grossman *(Vice President & Technology Director)*
Erich Schock *(Vice President & Senior Director, Connections)*
Denise Moczydlowsky *(Group Account Director - CRM & FMCC)*
Julie Rumfeldt *(Supervisor, Communications)*
Debra Fisher Ruthven *(Associate Director, Communications)*
Kevin Teeple *(Associate Director, Media - Trucks)*
Jessica Mihelic *(Associate Account Director)*
Jaclyn Huffman *(Supervisor, Digital Media - Negotiation)*
Alexis OConnor *(Associate Creative Director)*
Francisco Milian *(Associate Director, Multicultural Media)*
Sarah Harbin *(Media Director, Paid Search)*
Stuart O'Neil *(Executive Creative Director)*
Kevin Treanor *(Global Director, E-Commerce Strategic)*
Becks Davis *(Director, Integrated Content)*
Sara Schneider *(Associate Media Director)*
Ben Schwandt *(Search Supervisor)*
Robert Ajlouny *(Associate Director, Media Operations)*
Kiran Chaudhri Lenz *(Director, Business Operations)*
Mike Hughes *(Ford Global Operations Lead)*
Kristen Zonta *(Associate Digital Media Director)*
Maureen Minor *(Director, Connections)*
Denise Spina *(Regional Communications Director)*
Mychael Metcalf *(Creative Director)*
Mike Steidemann *(Director, Programmatic - YouTube)*
Isaac Johnson *(Manager, Ad Operations)*
Maria McAvoy *(Brand Management Supervisor)*
Matt Porath *(Account Planner - Brand Content & Alliances)*
Bob Lynch *(Digital Communications Lead)*
Lauren Coyne *(Management Supervisor)*
Desiree Green *(Senior Digital Buying Negotiator)*
Sarah Hesse *(Supervisor, Digital Media Negotiator)*
Kelly McCanna *(Supervisor, Paid Search - Tier II)*
Jennifer Wright *(Manager, Cultural Anthropology)*
Mia Gocaj *(Senior Media Planner)*
Daina Salayon *(Supervisor, Media)*
Kate Mozer *(Senior Digital Media Planner, Content Hub)*
Jim Goss *(Senior Search Planner)*
Glenn Sutherland *(Management Supervisor)*
Barbara Toboy *(Senior Manager, Analytics)*
James Vassallo *(Senior Brand Communications Strategist)*
Michael Genevich *(Publisher - Content Studio)*
Sandy Grockau *(Administrative Assistant)*
Jaimie Mazzola *(Management Supervisor)*

Brands. Marketers. Agencies. Search Less. Find More.
Try out the online version at www.winmo.com

AGENCIES - JULY, 2020 — FULL SERVICE/INTEGRATED AGENCIES

Emily Tupper *(Senior Media Planner)*
Kendra Holmstedt *(Planner - Media - Hybrid)*
Dion Spivey *(Coordinator, Benefits & Compensation)*
Danielle Ciaffone *(Digital Media Planner)*
Lisa Gavioli *(Management Supervisor - Ford.com)*
Deena Woodrow *(Managing Director, Retail Media)*

Accounts:
Carhartt, Inc.
Ford
Ford C-Max
Ford Edge
Ford Escape
Ford Expedition
Ford Explorer
Ford F-150
Ford F-250 Super Duty
Ford F-350 Super Duty
Ford F-450 Super Duty
Ford F-Series
Ford Fiesta
Ford Flex
Ford Focus
Ford Fusion
Ford Motor Company
Ford Mustang
Ford Taurus
Strobe
Youtube.com

GTB
11540 North Community House Road
Charlotte, NC 28277
Tel.: (704) 540-8797
Fax: (704) 540-8798
Web Site: http://www.wpp.com/wpp/companies/team-de

Employees: 3

Discipline: Full Service/Integrated

Garianna Strickland *(Senior Vice President & Management Supervisor)*

GTE, INC.
3611 Motor Avenue
Los Angeles, CA 90034
Tel.: (310) 204-3970
Fax: (310) 204-3969
Web Site: www.gt-events.com

Discipline: Full Service/Integrated

Amy Glass *(President & Chief Executive Officer)*
Becky Glass *(President & Chief Executive Officer)*

GUMAS ADVERTISING
99 Shotwell Street
San Francisco, CA 94103
Tel.: (415) 621-7575
Fax: (415) 255-8804
Web Site: www.gumas.com

Employees: 15
Year Founded: 1984

Discipline: Full Service/Integrated

John Gumas *(Chief Executive Officer)*
Craig Alexander *(President)*
Pat Demiris *(Senior Vice President & Director, Operations)*
Rita Ipsen *(Account Director)*

GYK ANTLER
175 Canal Street
Manchester, NH 03101
Tel.: (603) 625-5713
Fax: (603) 626-6262
Web Site: www.gykantler.com

Year Founded: 1975

Discipline: Full Service/Integrated

Pam Hamlin *(President - York Creative Collective)*
Elaine Krause *(Chief Creative)*
Travis York *(Founder & Chief Executive Officer - York Creative Collective & Chief Executive Officer - GYK Antler)*
Michael Wachs *(Chief Creative Officer)*
Luke Garro *(Executive Vice President, Content)*
Sophia Cigliano *(Senior Vice President, Client Services & Account Planning)*
Nancy Boyle *(Senior Vice President & Director, Production Services)*
Paula Serafino *(Vice President, Director, Integrated Media)*
Michael Gatti *(Executive Creative Director)*
Marian Spurrier *(Head, Talent & Development)*
Mike Stevens *(Executive Director, Strategic Planning & Account Services)*
Tina Yanuszewski *(Director, Human Resources)*
Gloria Proulx *(Manager, Culture & Operations)*
Kristina Burke *(Account Supervisor)*
Jessica Ottaviano *(Supervisor, Digital Media)*
John Zahr *(Business Development Manager)*
Olivia Cimeno *(Media Planner & Specialist, Social Media)*
Lauren Beach *(Executive, Business Development)*
Jenna DiCicco *(Senior Brand Strategist)*
Kelsey Giovinelli *(Senior Account Executive)*
Mark Battista *(Managing Director - GYK Antler & Chief Brand Officer - York Creative Collective)*

Accounts:
Bose Corporation
CarGurus
Cat's Pride
Dartmouth Hitchcock Medical Center
Dunkin'
ESPN, Inc.
Hannaford Brothers
iRobot Corporation
John Hancock Financial Services, Inc.
KEN'S FOODS, INC.
Massachusetts Mutual Life Insurance Company
New Hampshire Travel & Tourism
Ocean Spray
Red Bull North America, Inc.
Sallie Mae
Sweet Baby Ray's (Distribution License)
Sweet Baby Ray's Catering
The Timberland Company

GYRO
7755 Montgomery Road
Cincinnati, OH 45236
Tel.: (513) 671-3811
Fax: (513) 671-8163
Web Site: www.gyrohsr.com

Employees: 74
Year Founded: 1981

Discipline: Full Service/Integrated

Adryanna Sutherland *(Chief Operating Officer)*
Angie Fischer *(President - Cincinnati)*
Sean Nestle *(Senior Vice President, Strategic Operations & Product Development)*
Ian Dahlman *(Senior Vice President, Digital Performance & AdTech)*
Judy R. Begehr *(Senior Vice President, Account Planning)*
Emily Guthrie *(Head, Media - North America)*
Cristina Heise *(Vice President, Buyer Experience Planning)*
Carolyn Ladd *(Vice President, Account Planning & Digital Strategy)*
Preeti Thakar *(Vice President & Account Director)*
Mike Tittel *(Executive Creative Director)*
Maura Pearson *(Account Executive)*
Marco Walls *(Creative Director)*
Jessi Link *(Senior Search Strategist)*
Sarah Willis *(Project Manager)*
Amanda Chasteen *(Senior Experience Planner)*

Accounts:
Delta Dental Plans Association
Hobart Corporation
Jabra
Pitney Bowes, Inc.
Sheetrock
Sheetrock
USG Corporation
Virgin Atlantic Airways

GYRO
1500 Wynkoop
Denver, CO 80202
Tel.: (303) 656-4900
Web Site: www.gyro.com

Year Founded: 1981

Discipline: Full Service/Integrated

Frank Garamy *(Vice President, Digital Integration)*
Heather Risatti *(Associate Director, Public Relations)*
Robert Tucker *(Director, Brand Strategy)*

Accounts:
Dem-Kote
Grainger
Johns Manville Corporation
Speedaire
W.W. Grainger, Inc.
Westward
WideOpenWest, LLC
WOW! Cable
WOW! Internet
WOW! Phone

GYRO
410 North Michigan Avenue
Chicago, IL 60611
Tel.: (312) 595-0203
Web Site: www.gyro.com

Year Founded: 1981

Discipline: Full Service/Integrated

Christopher Hill *(President)*
Philip Black *(Senior Vice President, Strategy)*
Natalie Snyder *(Vice President, Integrated Production)*
Gretchen Hentemann *(Group Account Director)*
John Castaneda *(Art Director & Associate Creative Director)*
Adrienne Houghton *(Strategy Director)*
Erin Neal *(Media Director)*

Accounts:
Acklands Grainger, Inc.
Dem-Kote

FULL SERVICE/INTEGRATED AGENCIES

Grainger
Grant Thornton International
Speedaire
W.W. Grainger, Inc.
Westward

GYRO NY
115 Broadway
New York, NY 10006
Tel.: (212) 915-2490
Web Site: www.gyro.com

Year Founded: 1981

Discipline: Full Service/Integrated

Christoph Becker *(Chief Executive & Creative Officer)*
Annie Dunleavy *(Vice President, Content Marketing)*
Kash Sree *(Group Creative Director)*
Adeline Martin *(Media Director)*
Marco Walls *(Creative Director)*
Regina Chung Loy *(Manager, Global Communications)*
Dayna Konko *(Senior Project Manager)*
Brittney Hanlon *(Senior Designer, Digital)*

Accounts:
Blackberry
BlackBerry Corporate
Blackberry Playbook
EmblemHealth, Inc
Medidata Solutions

H&L PARTNERS
756 West Peachtree Street Northwest
Atlanta, GA 30308
Tel.: (314) 454-3400
Web Site: www.handlpartners.com

Year Founded: 1985

Discipline: Full Service/Integrated

Rhonda Schweber *(Associate Media Director)*
Jennifer Evans *(Regional Director, Client Accounting)*
Carrie Cloud *(Account Supervisor)*
Hunter Glasoe *(Account Executive)*
Jennifer Jones *(Public Relations Manager)*
Maria Camila Ardila *(Assistant Media Planner)*

HABERMAN
430 First Avenue North
Minneapolis, MN 55401
Tel.: (612) 338-3900
Fax: (612) 338-4844
Web Site: www.modernstorytellers.com

Employees: 17
Year Founded: 1994

Discipline: Full Service/Integrated

Fred Haberman *(Chief Executive Officer & Co-Owner)*
Sarah Bell Haberman *(Co-Owner)*
Brian Wachtler *(President & Partner)*
Jon Zurbey *(Partner)*
Sunny Fenton *(Director, Partnership Development)*
Jeff Berg *(Creative Director & Partner)*
Janet Chambers *(Director, Account Management)*
Jessica Quinn *(Associate Account Director & Partner)*
Laura Nefs Leistikow *(Associate Project Management Director)*

Talia Wischmann *(Content Director)*
Nathan Rice *(Partner & Partnership Development Director)*
Erin Winslow *(Account Director)*
Jesse Ross *(Director, Creative & Technology)*
John Tuttle *(Director, Technology & Facilities)*
Molly Thorpe *(Connection & Engagement Strategist)*
Julia Brock *(Media Planner & Buyer)*
Rachel Gray *(Associate Engagement Director)*
Joshlyn Goepfrich *(Account Manager)*

Accounts:
Borden
Boston Scientific Corporation
ClearWay Minnesota
Daiya Foods
Jolly Time
Lorissa's Kitchen
Minnesota Partnership for Action Against Tobacco
Prairie Organic Vodka
Stella & Chewy's
The J.R. Watkins Co.
Zevia

HAROLD WARNER ADVERTISING, INC.
700 Parkside Avenue
Buffalo, NY 14216
Tel.: (716) 852-4410
Fax: (716) 852-4725
Web Site: www.haroldwarner.com

Year Founded: 1945

Discipline: Full Service/Integrated

Paul Offermann *(President)*
Frank McDaniel *(Art Director)*
Jill Walsh *(Production Manager)*
Ken Boos *(Account Executive)*

HARRIS, BAIO & MCCULLOUGH
520 South Front Street
Philadelphia, PA 19147
Tel.: (215) 440-9800
Fax: (215) 440-9812
Web Site: www.hbmadv.com

Employees: 30
Year Founded: 1986

Discipline: Full Service/Integrated

Jenny Thurstin *(Vice President, Account Management)*
Shawn Salvatore *(Vice President)*
Jim Leupold *(Vice President)*
Brett Harrell *(Vice President, Account Management)*
Ron Kalina *(Associate Creative Director)*
Kurt Andersen *(Account Executive)*

HAVAS NEW YORK
200 Hudson Street
New York, NY 10013
Tel.: (212) 886-4100
Fax: (212) 886-4415
Web Site: www.havasny.com

Employees: 500
Year Founded: 1991

Discipline: Full Service/Integrated

Tim Maleeny *(Chief Strategy Officer & President)*
Stephanie Nerlich *(Global Chief Client Officer)*
Frank Mangano *(Chief Financial & Operating Officer)*
Laura Maness *(Chief Executive Officer)*
Yvonne Bond *(Chief Network Initiatives & Communications Officer)*
Patti Clarke *(Chief Talent Officer)*
Harry Bernstein *(Chief Creative Officer)*
Elaine Purcell *(Co-Head, Strategy)*
Stephanie Pollitt *(Director, Business Development)*
Pete Gosselin *(Executive Creative Director)*
Laura Brillanti *(Account Director)*
Laure Ayel *(Global Growth & Marketing Director)*
Shannon Novak *(Director, Group Talent)*
Katie Resch *(Account Director)*
Nick Elliott *(Director, Creative)*
Emily McCormick *(Account Supervisor)*
Wendy Hu *(Account Supervisor)*
Benjamin Phillips *(Account Executive)*
Kelsey Gillen *(Senior Strategist)*
Quinn Levin *(Account Supervisor)*
Israel Garber *(Managing Director & Global Executive Creative Director)*
Morgan Seamark *(Managing Director & Head, Account Management)*

Accounts:
Advair
Air France
Air Wick
Atlantic City Convention & Visitors Authority
Aunt Jemima
Automatic Data Processing, Inc.
Barnes & Noble, Inc.
Birds Eye
Birds Eye Steamfresh
Birds Eye Voila
Clearasil
Consolidated Edison, Inc.
Coors Light
d-Con
Dos Equis
Duncan Hines
Easy-Off
Edible Arrangements International, Inc.
Epzicom (co-marketed with ViiV Healthcare)
Evian
Flonase
Frye Footwear
GlaxoSmithKline, Inc.
Hungry-Man
IBM Corporation
Jalyn
K-Y
Keurig
Keurig Green Mountain Coffee, Inc.
Lacoste USA
Lamictal
Lantus
Lender's
Lexiva (co-marketed with ViiV Healthcare)
Lime-A-Way
Log Cabin
Mrs. Butterworth's
Mrs. Paul's
NetJets
Old English
Open Pit
orbitz.com
Pernod Ricard USA
Pinnacle Foods Corporation
Potiga (co-marketed with Valeant)
Rackspace Hosting Inc.
Relovair

Resolve
Rid-X
Rite Aid Corporation
Sanofi U.S
Selzentry (co-marketed with ViiV Healthcare)
Staxyn (co-marketed with Merck)
Swanson
TD Ameritrade Holding Corporation
Treximet
Valtrex
Van de Kamp
VESIcare (co-marketed with Astellas Pharma)
Vlasic
Wish-Bone
Woolite
Zephyr

HAVAS SPORTS & ENTERTAINMENT
101 Marietta Street, Northwest
Atlanta, GA 30303
Tel.: (678) 701-0369
Fax: (678) 701-0393
Web Site: www.havas-se.com

Employees: 40
Year Founded: 1997

Discipline: Full Service/Integrated

Daniel Dao *(Executive Vice President, Creative & Connections & Managing Director)*
Amanda Daniels *(Executive Vice President, Client Services & Operations)*
Brad Jansen *(Managing Director & Executive Vice President, Strategy & Partnerships)*
Hilda Hermosillo *(Art Director)*
Laura Freel *(Group Director)*
Ranielle Barbas *(Creative Director)*
Taran Gilreath *(Senior Account Manager)*
Victoria Olson *(Manager, Marketing Communications)*

Accounts:
AutoZone, Inc.
Boys & Girls Clubs of America
Chick-Fil-A, Inc.
Delta Air Lines, Inc.
TracFone Wireless, Inc.

HAVAS SPORTS & ENTERTAINMENT
200 Hudson Street
New York, NY 10013
Tel.: (646) 587-5000
Web Site: www.havas-se.com

Year Founded: 1997

Discipline: Full Service/Integrated

Jenna Fidellow *(Senior Vice President, Entertainment Partnerships)*
Pat Prior *(Account Director)*

Accounts:
Christian Dior Perfumes, Inc.
Danone North America
Dow Jones & Company, Inc.
Remy Cointreau USA
TracFone Wireless, Inc.
Under Armour

HAVAS WORLDWIDE SAN FRANCISCO
1725 Montgomery Street
San Francisco, CA 94111

Tel.: (415) 345-7700
Fax: (415) 345-7701
Web Site: sf.havas.com/

Employees: 55
Year Founded: 1995

Discipline: Full Service/Integrated

Greg Chisar *(Senior Vice President & Group Account Director)*
Lyndsey Konrad *(Director, Human Resources & Talent Acquisition)*
Greg Hawkins *(Creative Director)*
Johnny Mueller *(Account Supervisor)*
Ernie Lageson *(Executive Creative Director & Managing Director)*
Monette Hagopian *(Managing Director)*

Accounts:
Roche Diagnostics Corporation
Seagate Technology, Inc.
U.S. Air Force
wine.com, Inc.

HAWKE MEDIA
2231 South Barrington Avenue
Los Angeles, CA 90064
Tel.: (310) 451-7295
Web Site: hawkemedia.com

Year Founded: 2014

Discipline: Full Service/Integrated

Erik Huberman *(Founder & Chief Executive Officer)*
Tony Delmercado *(Co-Founder & Chief Operating Officer)*
Jeeyan Rostam-Abadi *(Executive Vice President, Marketing)*
Nick Natale *(Sales Director)*
Stefan Kalczynski *(Director, Client Strategy)*
Austin Tingley *(Affiliate Marketing Manager)*
Andrew Castillo *(Media Buying Analyst)*

HAWTHORNE ADVERTISING
1201 West Fifth Street
Los Angeles, CA 90017
Tel.: (310) 844-0606
Fax: (310) 248-3998
Web Site: www.hawthorneadvertising.com

Employees: 20
Year Founded: 1986

Discipline: Full Service/Integrated

Tim Hawthorne *(Founder & Strategic Advisor)*
Jessica Hawthorne-Castro *(Chief Executive Officer)*
George Leon *(Chief Strategy Officer)*
Karla Crawford Kerr *(Vice President, Marketing)*
Michael Gurrieri *(Vice President & Account Director)*
Steve D'Amico *(Vice President, Business Intelligence)*
Neil Klayman *(Associate Creative Director)*
Christian Jones *(Head, Marketing)*

Accounts:
Command
Hamilton Beach Brands, Inc.
Post-It Notes
Scotch Brite

HEAT
330 Hudson Street
New York, NY 10013

Web Site: www.thisisheat.com

Year Founded: 2004

Discipline: Full Service/Integrated

Isaac Clemens *(Group Account Director)*
Sara Daino *(Head, Marketing)*
Robert Balog *(Group Creative Director)*
Kasia Olczak *(Senior Integrated Producer)*
Aniella Opalacz *(Associate Business Director)*
Danielle Parkes *(Head, Business Development)*
Cloves Menezes *(Associate Creative Director)*
Roger Chang *(Senior Brand Strategist)*
Leyland Streiff *(General Manager)*

Accounts:
Aspen Dental Management, Inc.
LG G6

HENKE & ASSOCIATES, INC.
236 Hamilton Road
Cedarburg, WI 53012
Tel.: (262) 375-9090
Fax: (262) 375-2262
Web Site: www.henkeinc.com/

Year Founded: 1986

Discipline: Full Service/Integrated

Jack Henke *(Owner)*
Annette Murtos *(Media Director)*

HERO MARKETING
833 Market Street
San Francisco, CA 94103
Tel.: (415) 590-7264
Web Site: www.heromarketing.com

Year Founded: 2012

Discipline: Full Service/Integrated

Lyn Rundell *(Co-Founder & Chief Executive Officer)*
Richard Bumgarner *(Co-Founder & Chief Creative Officer)*
Kim Johnson *(Executive Vice President & Managing Director)*
Alex Van Wagner *(Client Strategy Director)*

HILL+KNOWLTON STRATEGIES
222 Merchandise Mart Plaza
Chicago, IL 60654
Tel.: (312) 255-1200
Fax: (312) 595-3000
Web Site: www.hkstrategies.com

Employees: 46
Year Founded: 1997

Discipline: Full Service/Integrated

Maruta Capozzi *(Managing Director & Consumer Marketing Specialist)*
Liz Torrez *(Managing Director)*

Accounts:
Cold Stone Creamery, Inc.
Shell Lubricants
Shell Oil Company

HINGE
1851 Alexander Bell Drive
Reston, VA 20191
Tel.: (703) 391-8870
Fax: (703) 391-8871
Web Site: www.studiohinge.com

FULL SERVICE/INTEGRATED AGENCIES

Employees: 8
Year Founded: 2002

Discipline: Full Service/Integrated

Aaron Taylor *(Partner & Creative Director)*
Lee Fredrickson *(Managing Partner)*

HIRSHORN ZUCKERMAN DESIGN GROUP
10101 Molecular Drive
Rockville, MD 20850
Tel.: (301) 294-6302
Fax: (301) 294-6305
Web Site: www.hzdg.com

Year Founded: 1987

Discipline: Full Service/Integrated

Glenn Watts *(Chief Operating Officer)*
Karen Zuckerman *(President, Owner & Chief Creative Officer)*
Jerry Zuckerman *(Chief Executive & Financial Officer)*
Katie Hooper *(Chief Strategy Officer)*
Stacey DeOrzio *(Senior Vice President, Client Relations)*
Justine Song *(Vice President, Account Director & Real Estate Strategist)*
Chad Stockton *(Vice President & Creative Director)*
Gillian Goodman *(Vice President & Creative Director)*
Lindsay Maarec *(Director, Business Development)*
Jon Leon *(Senior Art Director)*
Ambyr Hochman *(Associate Director, Content Marketing)*
Debbie Norris *(Media Director)*
Jason Drumheller *(Associate Creative Director)*
Ellie West *(Senior Strategist, Brand)*
Chris Minesinger *(Senior Copywriter)*

Accounts:
Maryland Marketing Partnership

HISPANIC GROUP
8399 Northwest 30th Terrace
Miami, FL 33122
Tel.: (305) 477-5483
Fax: (305) 436-1953
Web Site: www.hispanicgroup.net

Year Founded: 2002

Discipline: Full Service/Integrated

Jose Valderrama *(Owner & President)*
Ivan Dibos *(Managing Director - HGLatam)*
Kurt Pflucker *(Vice President)*
Ximena Pazos *(Vice President & Media Director)*

Accounts:
Xoom Corporation
XOOM.com

HMC 2
65 Millet Street
Richmond, VT 05477
Tel.: (802) 434-7141
Fax: (802) 434-7140
Web Site: www.wearehmc.com

Employees: 15
Year Founded: 1988

Discipline: Full Service/Integrated

Paula Bazluke *(Partner, Vice President & Media Director)*
Tom Holmes *(President)*

HOFFMAN YORK
200 North Water Street
Milwaukee, WI 53202
Tel.: (414) 289-9700
Fax: (414) 289-0417
Web Site: www.hoffmanyork.com

Employees: 60
Year Founded: 1933

Discipline: Full Service/Integrated

Troy Peterson *(Chief Executive Officer & Managing Partner)*
Phil Backe *(Partner & Executive Director, Media)*
Sharon Boeldt *(Partner & Director, Earned Media)*
Vivian Moller *(Chief Financial Officer & Partner)*
Emily Dold *(Vice President & Director, Media)*
Pat Kopischkie *(Vice President & Director, Social Media)*
Beckie Christensen *(Senior Media Broadcast Buyer)*
Kendell Lee *(Media Supervisor)*
Robyn Nowak *(Account Supervisor)*
Nick Johnson *(Senior Media Planner)*
John Heavey *(Senior Media Strategist, Social Media)*

Accounts:
Chicago Museum of Science & Industry
Travel Montana
Wahl Animal
Wahl Clipper Corp.
Wahl Home Products
Yamaha Marine
Yamaha Watercraft

HOLLYROCK / MILLER
4436 NJ-27
Kingston, NJ 08528
Tel.: (866) 937-6251
Web Site: www.hollyrockmiller.com

Employees: 12
Year Founded: 1995

Discipline: Full Service/Integrated

Hugh Miller *(Chief Executive Officer)*
Tom Churak *(Creative Director)*

HOLLYWOOD AGENCY
18 Shipyard Drive
Hingham, MA 02043
Tel.: (781) 749-0077
Web Site: www.hollywoodagency.com

Year Founded: 2005

Discipline: Full Service/Integrated

Darlene Hollywood *(Principal)*
Ryan McKenna *(Senior Account Executive)*
Kim MacKenzie *(Senior Account Executive)*

HOT TOMALI COMMUNICATIONS, INC.
1441 East Pender Street
Vancouver, BC V5L 1V7
Tel.: (604) 893-8347
Fax: (604) 893-8396
Web Site: www.hottomali.com

Employees: 8
Year Founded: 1998

Discipline: Full Service/Integrated

Thomas Stringham *(President & Creative Director)*
Alice Openysheva *(Office Manager)*

HOTHOUSE
621 North Avenue Northeast
Atlanta, GA 30308
Tel.: (404) 223-5100
Fax: (404) 223-5105
Web Site: www.hothouseinc.com

Year Founded: 1998

Discipline: Full Service/Integrated

Jon Katinsky *(President & Chief Executive Officer)*
Nick Schittone *(Executive Vice President, Business Development)*
Jay Cronin *(Senior Vice President, Account Services)*
Stephen Weinstein *(Vice President & Group Account Director)*
Dale Bump *(Executive Creative Director)*
Laura Nix *(Account Director)*
Mike Katinsky *(Director, Operations & Technology)*
Ginger Nance *(Account Director)*
Laura Robichaux *(Director, Account)*
Winona Cobb *(Operations Manager)*
Jordan Parnell *(Marketing Manager)*
Alex Cortina *(Senior Account Manager)*
Allison Berger *(Digital Marketing Specialist)*

Accounts:
Avid Hotels
Candlewood Suites
CORT Business Services
CORT Event Furnishings
Crowne Plaza
Even Hotels
Holiday Inn Express
Holiday Inn Hotels & Resorts
Hotel Indigo
IHG® Rewards Club
InterContinental Hotels Group
Kimpton Hotels & Restaurants
Staybridge Suites

HOWELL LIBERATORE & WICKHAM, INC.
50 Pennsylvania Avenue
Elmira, NY 14902
Tel.: (607) 733-5666
Fax: (607) 734-5233
Web Site: www.hlamarketing.com

Discipline: Full Service/Integrated

Eiron Smith *(President)*
Donna Wujastyk *(Office Manager)*
Hope Johnson *(Senior Account Executive)*

HUDSON ROUGE
257 Park Avenue South, 20th Floor
New York, NY 10010
Tel.: (212) 845-0500
Fax: (212) 845-0600
Web Site: www.hudsonrouge.com

Year Founded: 2011

Discipline: Full Service/Integrated

Brands. Marketers. Agencies. Search Less. Find More.
Try out the online version at www.winmo.com

Paul Venn *(Chief Executive Offier)*
Jon Pearce *(Chief Creative Officer)*
Oliver Gibson *(Global Chief Strategy Officer)*
Mimi Song *(Senior Vice President & Group Communications Director)*
Eileen Lyons *(Senior Vice President & Group Account Director)*
Monique Frumberg *(Senior Vice President, Brand Content & Alliances & Group Director, Social Media)*
Andrew Hayes *(Vice President & Social Media Account Director)*
Mary Tyler McNider *(Media Director)*
Melissa Clark *(Assistant Media Director)*
Emlyn Allen *(Creative Director)*
Hana Sato *(Junior Art Director, Social)*
Ashley Eldridge *(Community Director)*
Natasha Tkach *(Associate Producer)*
Stephen Wright *(Associate Creative Director)*
Tavia Moore *(Social Project Manager)*
Tyla Wade *(Media Planner)*
Casey Browning *(Account Supervisor)*
Lorna Hanks *(Manager, Creative Operations)*
Jaclyn Denomme *(Junior Copywriter)*
Emily Wood *(Community Manager)*

Accounts:
Lincoln Aviator
Lincoln MKT
Lincoln MKZ
Lincoln Nautilus
Lincoln Navigator

HUDSON ROUGE
550 Town Center Drive
Dearborn, MI 48126
Tel.: (313) 615-2000
Fax: (212) 845-0600
Web Site: www.hudsonrouge.com

Year Founded: 2011

Discipline: Full Service/Integrated

Doug Molloy *(Executive Vice President, US Business Lead)*
Brad Carse *(Senior Vice President & Group Account Director)*
Liz Gillespie *(Senior Vice President & Group Account Director)*
Keenan Ellsberry *(Vice President & Director, Digital Strategy & Innovation)*
Gary Rosowski *(Vice President & Account Director)*
Kevin Teevens *(Creative Director)*
Mike Davis *(Associate Creative Director)*
Dana Monforton *(Digital Account Executive)*
Amy Schuyler *(Senior Manager, Digital Media & Social Analytics)*
Bryan Coole *(Management Supervisor)*
Jillian Covault *(Account Executive)*

Accounts:
Lincoln
Lincoln MKC

HUGHESLEAHYKARLOVIC
1141 South Seventh Street
Saint Louis, MO 63104
Tel.: (314) 571-6300
Fax: (314) 862-1616
Web Site: hlkagency.com

Employees: 50
Year Founded: 1977

Discipline: Full Service/Integrated

Eric Karlovic *(Partner)*
Joe Leahy *(Partner & Chief Creative Officer)*
Bob Sherron *(Vice President, Technology)*
Leslie Fulcher *(Group Buying Director)*
Maeve Dohogne *(Creative Director)*
Toni Edinger *(Account Director)*
Bob Harris *(Creative Director)*
Laura Vivian *(Account Director)*
Erin Gitau *(Account Director)*
Patricia Alt *(Account Director)*
Ryan Doggendorf *(Creative Director)*
Mark Baldridge *(Senior Account Manager)*
Tia Hochstein *(Strategist, Media)*

Accounts:
American Optometric Association
Bayer Crop Protection Fungicides
Bayer Crop Protection Herbicides
Bayer Crop Protection Insecticides
Bayer Crop Protection Seed Treatment
Bayer CropScience North America
BJC Health System
C Spire Wireless
KILZ Casual Color Paints
KILZ Primers
Webster University

HUNT ADKINS
15 South Fifth Street
Minneapolis, MN 55402-1577
Tel.: (612) 339-8003
Fax: (612) 339-8104
Web Site: www.huntadkins.com

Employees: 20
Year Founded: 1991

Discipline: Full Service/Integrated

Patrick Hunt *(President & Chief Executive Officer)*
Doug Adkins *(Chief Creative Officer & Vice President)*
Shelley Wicinske *(Partner & Director, Studio)*
Steve Mitchell *(Creative Director)*
Holli Maines *(Director, Client Services)*
Shanna Apitz *(Creative Director & Innovation)*
Alex Denholm *(Director, Business Development & Account director)*
Matt Russell *(Director, Connection Planning)*
Josh Johnson *(Director, Production)*

Accounts:
Great Clips
Hayward Industries, Inc.
Mayo Clinic
Vista Outdoor, Inc.

HVS AMERICAN HOSPITALITY CO.
327 Village Road
Tiverton, RI 02878
Mailing Address:
Post Office Box 268
Triverton, RI 02878
Tel.: (763) 591-7640
Web Site: www.hvs.com

Year Founded: 1988

Discipline: Full Service/Integrated

Kirby Payne *(President)*
Vicki Richman *(Chief Financial & Operations Officer)*
Jeffery Crowley *(Senior Vice President, New Business Development)*
JoAnn Mulnix *(Senior Vice President, Sales & Marketing)*

HYPE GROUP LLC
360 Central Avenue
Saint Petersburg, FL 33701
Tel.: (727) 623-9085
Fax: (727) 323-2694
Web Site: www.hypegroup.net/

Year Founded: 2009

Discipline: Full Service/Integrated

Brooke Boyd *(President)*
Kali Goodwin *(Brand Manager)*
Nicole Greco *(Manager, Creative Content)*
Nico Guidicessi *(Senior Graphic Designer)*

ICF NEXT
420 North Fifth Street
Minneapolis, MN 55401
Tel.: (612) 215-9800
Fax: (612) 215-9801
Web Site: www.icf.com/next

Year Founded: 1992

Discipline: Full Service/Integrated

Christina Zajic *(Partner, Communications & Engagement)*
Steve Peckham *(Partner & Lead, Sports & Entertainment)*
Anne Catherine Feeney *(Partner, Client Engagement)*
Thomas Douty *(Partner)*
Mike Sund *(Partner, Strategy)*
Ed Dziedzic *(Senior Partner & Managing Director)*
Stacy Kjelland *(Partner, Client Success & Growth)*
Nina Orezzoli *(Group Creative Director)*
Tom Lord *(Creative Director)*
Brian Bloodgood *(Creative Art Director)*
Emmanuelle Mehta *(Account Director)*
Ashli Henry *(Associate Media Director)*
Sarah Stilp *(Program Manager)*
Connie Sisco *(Senior Account Manager)*
Maria Opatz *(Account Supervisor)*
Solveig Franz *(Senior Account Executive)*
Taylor Higgins *(Senior Account Executive)*
Dawn Waltz *(Managing Director & People Lead)*

Accounts:
5 Gum
aerie by American Eagle
Alain Mikli
Altoids
American Eagle Outfitters, Inc.
Armani Exchange Eyewear
Arnette
Aurora Health Care
Auto-Mate
AutoCare ProHeat
Baylor College of Medicine
Baylor College of Medicine
BEHR Process Corporation
Bissell Big Green
Bissell CleanAlong
Bissell Cleanview
Bissell DeepClean
Bissell DigiPro
Bissell Easy Vac
Bissell Featherweight
Bissell Flip-It
Bissell Garage Pro
Bissell Healthy Home
Bissell Heavy Duty Professional Vacuum

FULL SERVICE/INTEGRATED AGENCIES

Bissell Lift-Off
Bissell Little Green
Bissell Momentum
Bissell Natural Sweep
Bissell Perfect Sweep Turbo
Bissell Pet Hair Eraser
Bissell PowerClean
Bissell PowerForce
Bissell PowerGlide
Bissell PowerGroom
Bissell PowerLifter
Bissell PowerSteamer
Bissell ProDry
Bissell ProHeat
Bissell PROlite
Bissell SpotBot
Bissell SpotClean
Bissell Symphony
BISSELL, Inc.
Boston Pizza International
Brooks Brothers
Bulgari
Burberry Eyewear
Burns & Wilcox, Ltd.
Chanel
Coach Eyewear
Commerce Bancshares, Inc.
CraftWorks Restaurants & Breweries, Inc.
Daisy Brand, Inc.
Digital River, Inc.
Discover Boating
Disney Direct-to-Consumer & International
Dolce & Gabbana Eyewear
Doublemint
Eclipse
Ecolab, Inc.
Emporio Armani Eyewear
Extra
EyeMed
Giorgio Armani Eyewear
Glasses.com
Higi
Ilori Optical
Jostens, Inc.
Juicy Fruit
LensCrafters, Inc.
Life-Savers
Luxottica Group
Menard, Inc.
Michael Kors Eyewear
Minnesota Wild
Miu Miu Eyewear
National Cancer Institute
National Hockey League
Nestle USA, Inc.
Oakley Eyewear
Optical Shop of Aspen
Orbit
Pearle Vision
PepsiCo, Inc.
Persol
Planters
Polo Ralph Lauren Eyewear
Prada Eyewear
QuickSteamer
Ralph Lauren Eyewear (licensed)
Ray-Ban
Scuderia Ferrari
Sears Holding Corporation
Sears Optical
Sharp Electronics Corporation
Skittles
Spot Lifter
Starburst
Stark Biotech Paris
Starkey Laboratories, Inc.
Steam Mop
Steam Shot
Steroflex
Sturdy Sweep
Sunglass Hut
Supercuts
Sweep Up
Swift Sweep
Target Optical
Terminix
The Vitamin Shoppe
Thomson Reuters Corporation
Tiffany & Company Eyewear
Tory Burch Eyewear
UnitedHealth Group, Inc.
University of Minnesota
University of Wisconsin System
Valentino Eyewear
Velocity
Versace Eyewear
Versus
Vogue (Licensed)
Whole Foods Market
Wyndham Hotels & Resorts, Inc.
Zing

IDFIVE
81 Mosher Street
Baltimore, MD 21217
Tel.: (410) 837-5555
Fax: (410) 783-0999
Web Site: www.idfive.com

Year Founded: 2005

Discipline: Full Service/Integrated

Sean Carton *(Chief Strategy Officer)*
Andres Zapata *(Co-Founder & Senior Vice President, Strategy)*
Chris Smith *(Director, Marketing)*
Matt McDermott *(Creative Director)*
Caitlin Currey-Ortiz *(Director, Client Services)*
John Frizzera *(Senior Marketing Manager)*
John Love *(Senior Media Strategist)*
Tracy O'Hare *(Senior Media Strategist)*
Jill Sprague *(Lead Media Strategist)*
Kiara Richmond *(Marketing Coordinator)*

Accounts:
Aerotek, Inc.
Harvard University
Howard University
Johns Hopkins Health System
Smithsonian Institution
University of Maryland

IGNITED
2150 Park Place
El Segundo, CA 90245
Tel.: (310) 773-3100
Fax: (310) 773-3101
Web Site: www.ignitedusa.com

Employees: 100
Year Founded: 1999

Discipline: Full Service/Integrated

Eric Johnson *(President & Chief Executive Officer)*
Whitney Stephenson *(Chief Financial Officer)*
Chalita Dasnanjali *(Vice President, Media)*
Christel Roldan *(Vice President, Brand Management)*
Bree Bandy *(Vice President, Brand Management & Operations)*
David Lock *(Vice President, Government, Experiential & Business Development)*
Sam Helphand *(Director, Creative Services & Production)*
Stephen Thi *(Media Director)*
Ron Graening *(Senior Artist, Production)*

Accounts:
Activision Publishing, Inc.
Merle Norman Cosmetics, Inc.
Motorola Mobility, Inc.
NBCUniversal, Inc.
The Library of Congress
Universal Parks & Resorts

IGOE CREATIVE
1694 East Arlington Boulevard
Greenville, NC 27858-5331
Tel.: (252) 355-8181
Fax: (252) 355-4030
Web Site: www.goigoecreative.com

Discipline: Full Service/Integrated

Emily Coffman *(President)*
Kitty Brann *(Vice President, Operations)*
Allison Philips *(Art Director)*

IMAGINE EXHIBITIONS, INC.
2870 Peachtree Road
Atlanta, GA 30305
Tel.: (404) 321-4322
Fax: (404) 495-4421
Web Site: www.imagineexhibitions.com

Employees: 12
Year Founded: 2009

Discipline: Full Service/Integrated

Mark Pettit *(Chief Marketing Officer)*
Tom Zaller *(President & Chief Executive Officer)*

IMAGINUITY
1601 Bryan Street
Dallas, TX 75201
Tel.: (469) 385-4790
Fax: (214) 760-7094
Web Site: www.calisepartners.com

Employees: 33
Year Founded: 2001

Discipline: Full Service/Integrated

Charlie Calise *(Principal & Chief Executive Officer)*
Kristin Nuckols *(Executive Media Director)*
Jill Juncker *(Account Director)*
Micac Seman *(Senior Media Director)*

Accounts:
HomeVestors of America, Inc.
Virbac Corporation

IMM
2000 Central Avenue
Boulder, CO 80301
Tel.: (303) 867-8800
Fax: (303) 867-8801
Web Site: www.imm.com

Year Founded: 2005

Discipline: Full Service/Integrated

AGENCIES - JULY, 2020 — FULL SERVICE/INTEGRATED AGENCIES

Wayne Chavez *(Co-Chairman & Founder)*
Gina Lee De Freitas *(President)*
Corien De Jong *(Senior Vice President & Executive Creative Director)*
Betsy Sellars *(Vice President, Media Performance)*
Aaron Copeland *(Director, Creative Technology)*
Dwight Muhlbradt *(Director, Partnerships)*
Callie Phelps *(Associate Director, Content & Communications)*
Henry Robinson *(Manager, Media Performance)*

Accounts:
Big 5 Sporting Goods Corporation
Blue Ribbon Classics
Noodles & Company
SorBabes

IMRE
909 Ridgebrook Road
Baltimore, MD 21152
Tel.: (410) 821-8220
Fax: (410) 821-5619
Web Site: www.imrecommunications.com

Employees: 26
Year Founded: 1993

Discipline: Full Service/Integrated

David Imre *(Chief Executive Officer)*
Mark Eber *(Partner & President)*
Jeff Smokler *(Partner & President - Imre Health)*
Mary Ann Wilson *(Chief Finance Officer)*
Ryan Jordan *(Senior Vice President & Creative Director)*
Christine Pierpoint *(Senior Vice President, Financial Services)*
Michael O'Mara *(Senior Vice President, Operations)*
Anne Denford *(Senior Vice President, Human Resource)*
Kirsty Whelan *(Senior Vice President, Strategy & Insights)*
Sarah Dembert *(Vice President, Healthcare)*
Nick Eber *(Vice President, Consumer)*
Matt Saler *(Vice President, Sports Marketing)*
Lindsay Hughes *(Vice President, Account - Health)*
Benjamin Myers *(Associate Creative Director)*
Jason Burelle *(Creative Director)*
Stefen Lovelace *(Account Director - Sports)*
Erin Hampton *(Senior Production Manager)*
Kristi Volke *(Account Manager)*
Amy M. Jones *(Senior Account Executive)*
Danielle Ippolito *(Senior Account Executive)*
Rachel Poisall *(Senior Account Executive - Imre health)*
Sarah Lane *(Account Executive)*

Accounts:
AstraZeneca Pharmaceuticals LP
Deere & Company
T. Rowe Price Group, Inc.

IMRE
60 Broad Street
New York, NY 10004
Tel.: (917) 477-4800
Web Site: www.imre.com

Year Founded: 1993

Discipline: Full Service/Integrated

Crystalyn Stuart *(Partner & President, Creators)*

Shanee Cohen *(Executive Vice President, Consumer)*
Brian Simmons *(Senior Vice President, Business Development)*

IMRE
6100 Wilshire Boulevard
Los Angeles, CA 90048
Tel.: (213) 289-9190
Web Site: www.imre.com

Year Founded: 1993

Discipline: Full Service/Integrated

Sanaz Marbley *(Group Director, Account)*
Joe Keenan *(Executive Director, LGBTQ & Entertainment)*
Stephanie Sones *(Account Manager)*

IMW AGENCY
3190 Airport Loop Drive
Costa Mesa, CA 92626
Tel.: (714) 557-7100
Web Site: www.imwagency.com

Year Founded: 1992

Discipline: Full Service/Integrated

Peter Bretschger *(Co-President & Chief Marketing Officer)*
Kari Bretschger *(Co-President & Chief Executive Officer)*
Christopher Bretschger *(Vice President, Strategy & Analytics)*
Marcie Gonzalez *(Associate Creative Director)*

Accounts:
Avocados From Mexico

IN PLACE MARKETING
703 North Willow Avenue
Tampa, FL 33606
Tel.: (813) 933-1810
Fax: (813) 932-8512
Web Site: inplacemarketing.com

Year Founded: 1971

Discipline: Full Service/Integrated

Barbara Commesso *(Owner)*
Joe Commesso *(Vice President & Chief Financial Officer)*
Pete Masem *(Creative Director)*

INCEPTION MARKETING
268 Bush Street
San Francisco, CA 94104
Tel.: (415) 399-1045
Web Site: www.inceptionmarketinginc.com

Year Founded: 1976

Discipline: Full Service/Integrated

Bill Criswell *(President)*
Rylie Schock *(Senior Account Executive)*

Accounts:
Tiger Balm

INDEPENDENT GRAPHICS INC.
242 West Eighth Street
Wyoming, PA 18644
Tel.: (570) 654-4040
Web Site: www.independentgraphics.com

Year Founded: 1986

Discipline: Full Service/Integrated

Lou Ciampi Jr. *(Owner & President)*
Stan Brozena *(Manager, Production)*
Jeff Fusco *(Manager, PrePress)*
Jim Ciampi *(Manager, Customer Service)*
Rich Mattei *(Manager, Customer Satisfaction)*

INFERNO, LLC
505 Tennessee Street
Memphis, TN 38103
Tel.: (901) 278-3773
Fax: (901) 278-3774
Web Site: www.creativeinferno.com

Employees: 30
Year Founded: 2001

Discipline: Full Service/Integrated

Tim Sellers *(Partner)*
Dan O'Brien *(Partner)*
Michael Overton *(Partner & Creative Director)*
Amy Lind *(Senior Art Director)*
Casey Kennedy *(Associate Art Director)*
Colleen Raddish *(Partner)*
John Hilgart *(Senior Strategist)*
Beth Wilson *(Manager, Public Relations)*
Liza Routh *(Account Supervisor)*
Ryan Knoll *(Account Manager)*
Trish McLaughlin *(Senior Writer)*
Brandon Davis *(Senior Copywriter)*
Caitlin Berry *(Senior Account Executive, Public Relations)*
Kristin Wescott *(Senior Account Executive)*

INFINITEE COMMUNICATIONS, INC.
3525 Piedmont Road Northeast
Atlanta, GA 30305
Tel.: (404) 231-3481
Fax: (404) 231-4276
Web Site: www.infinitee.com

Employees: 10
Year Founded: 1989

Discipline: Full Service/Integrated

Barbara McGraw *(Founder & Chief Marketing Officer)*
Jocelyn Smith *(Founder & Chief Executive Officer)*
Vince Vitti *(Vice President, Business Development & Digital Strategy)*
Marcia Schlehuber *(Director, Brand Management)*

Accounts:
Tanger Factory Outlet Centers, Inc.

INFINITY MARKETING
874 South Pleasantburg Drive
Greenville, SC 29607
Tel.: (864) 235-1700
Web Site: www.infinitymkt.com

Year Founded: 1993

Discipline: Full Service/Integrated

Tony Williams *(President & Chief Executive Officer)*
Tim Morrison *(Executive Vice President, Operations)*
Jane Hall *(Vice President, Strategy & Integration)*
Curt Westlake *(Director, Creative Services)*

FULL SERVICE/INTEGRATED AGENCIES
AGENCIES - JULY, 2020

Bill Shatten (Director, Client Services)
Michelle Stikeleather (Manager, Media Services)
Chelsea Lawdahl (Media Buyer)
Tim Collins (Production Manager)
Meghan Foreman (Manager, Marketing Analytics)
Chris Sweeney (Senior Data Analyst)
Ross McIlwain (Supervisor, Client Services)

Accounts:
Cafe Enterprises, Inc.
Clayton Building Solutions
Clayton Homes, Inc.
Fatz Cafe
Suddenlink Communications
Sylvan Learning

INITIATE-IT LLC
1813 East Broad Street
Richmond, VA 23223
Tel.: (804) 308-3654
Web Site: www.initiate-it.com

Year Founded: 2011

Discipline: Full Service/Integrated

Andrew Smith (President)
Alyssa Drewicz (Analyst, Digital)
Tom Hinkes (Account Executive)
Libby Chriss (Designer)

Accounts:
Hobby Town Unlimited, Inc.

INNERWORKINGS, INC.
600 West Chicago Avenue
Chicago, IL 60654
Tel.: (866) 766-5176
Fax: (716) 634-8617
Web Site: www.inwk.com/

Employees: 14
Year Founded: 2001

Discipline: Full Service/Integrated

Rich Stoddart (President & Chief Executive Officer)
Michelle Ganz (Vice President, Accounts)
David Duysen (Vice President, Business Development)
Bridget Freas (Vice President, Finance & Investor Relations)
Alyssa Griesch (Creative Director)
Juliann Bunna (Print Project Manager - Unilever)
Christopher Chan (Project Coordinator)

Accounts:
Weis Markets

INNIS MAGGIORE GROUP
4715 Whipple Avenue, Northwest
Canton, OH 44718-2651
Tel.: (330) 492-5500
Fax: (330) 492-5568
Toll Free: (800) 460-4111
Web Site: www.innismaggiore.com

Year Founded: 1974

Discipline: Full Service/Integrated

Dick Maggiore (President & Chief Executive Officer)
Lorraine Kessler (Principal, Strategy & Business Development)
Kathi Maggiore (Principal, Administration)
Mark Vandegrift (Chief Operating Officer & Principal)
David Collins (Principal, Web Development)
Jeff Monter (Vice President, Creative Services)
Scott Edwards (Executive Creative Director)
Justin Allen (Creative Director, Web)
Emily Mays (Art Director)
Jim Cyphert (Director, Public Relations)

INNOVACOM MARKETING & COMMUNICATIONS
73 Laurier Street
Gatineau, QC J8X 3V7
Tel.: (819) 771-6237
Fax: (819) 771-3169
Toll Free: (800) 771-6237
Web Site: www.innovacom.ca

Employees: 12
Year Founded: 1975

Discipline: Full Service/Integrated

Andre Guibord (President & Owner)
Jean Brunette (Vice President & Creative Director)
Sandra Lafontaine (Production Coordinator & Director, Client Services)

INNOVATIVE ADVERTISING
4250 Highway 22
Mandeville, LA 70471
Tel.: (985) 809-1975
Web Site: innovativeadagency.com

Year Founded: 1999

Discipline: Full Service/Integrated

Lena Liller (Chief Operating Officer & Director, Account Leadership)
Jennifer Connaughton (Partner & Chief Financial Officer)
Jay Connaughton (Partner)
Elizabeth Stokes (Inbound Marketing Director)
Nicole Wetwiski (Director, Digital Marketing)
Anna Schiff (Art Director)
Holly Watson (Traffic & Production Manager)
Laurie Mayeux (Digital Media Planner)

INTEGRATED MARKETING SERVICES, INC.
279 Wall Street
Princeton, NJ 08540-1519
Tel.: (609) 683-4035
Fax: (609) 683-8398
Web Site: www.imsworld.com

Discipline: Full Service/Integrated

Lois Kaufman (President)
Tony Casale (Chief Executive Officer - American Opinion Research)

INTERCOMMUNICATIONS, INC.
1375 Dove Street
Newport Beach, CA 92660
Tel.: (949) 644-7520
Fax: (949) 640-5739
Web Site: www.intercommunications.com

Discipline: Full Service/Integrated

Toni Alexander (President & Creative Director)
Pat Cherpeski (Senior Vice President & Chief Financial Officer)
Bob Weil (Senior Vice President, Digital Engagement)
Carolyn Marek (Media Director & Account Manager)
Tyler Strateman (Director, Marketing)
Richard Darner (Senior Art Director)
Barbara Landa (Production Supervisor)

INTERMARK GROUP, INC.
101 25th Street North
Birmingham, AL 35203
Tel.: (205) 803-0000
Fax: (205) 870-3843
Toll Free: (800) 624-9239
Web Site: www.intermarkgroup.com

Employees: 95
Year Founded: 1977

Discipline: Full Service/Integrated

Billy Sandford (Chief Financial Officer)
Jake McKenzie (Chief Executive Officer)
Becci Hart (President, Public Relations)
Josh Simpson (Chief Strategy Officer)
Matt Mckenzie (President - Alloy)
Paul Brusatori (Senior Vice President & Group Account Director)
Jim Poh (Senior Vice President, Communications & Media Director)
Kelly Darden (Vice President, Automotive Retail)
Ashley Prewitt (Vice President, Account Services)
Keith Otter (Chief Creative Officer)
Natalie Panciera (Media Supervisor)
Brian Gordon (Broadcast Buying Supervisor)
April Terry (Media Planner)

Accounts:
Alabama Bureau of Tourism & Travel
Altec Industries, Inc.
American Family Care
BlueCross BlueShield of Alabama
Kirkland's, Inc.
Krispy Kreme Doughnuts, Inc.
Nucor Corporation
Red Diamond, Inc.
Vulcan Materials

INTERMARKET COMMUNICATIONS
425 Madison Avenue
New York, NY 10017
Tel.: (212) 888-6115
Fax: (212) 888-6157
Web Site: www.intermarket.com

Employees: 17
Year Founded: 1986

Discipline: Full Service/Integrated

Martin Mosbacher (Managing Partner & Chief Executive Officer)
Matt Zachowski (Managing Partner & Executive Chairman)
Jade Faugno (Vice President)

Accounts:
Bryn Mawr College
Keefe, Bruyette & Woods, Inc.

INTERMEDIA ADVERTISING
22120 Clarendon Street
Woodland Hills, CA 91367
Tel.: (818) 995-1455
Fax: (818) 995-6093

Brands. Marketers. Agencies. Search Less. Find More.
Try out the online version at www.winmo.com

AGENCIES - JULY, 2020 — FULL SERVICE/INTEGRATED AGENCIES

Toll Free: (800) 846-3289
Web Site: www.intermedia-advertising.com

Year Founded: 1974

Discipline: Full Service/Integrated

Oscar Bassinson *(Creative Director & Vice President)*
Robert Yallen *(President & Chief Executive Officer)*
Kevin Szymanski *(Executive Vice President)*

INTERMEDIA ADVERTISING
22120 Clarendon Street
Woodland Hills, CA 91367
Tel.: (818) 995-1455
Web Site: www.intermedia-advertising.com

Year Founded: 1974

Discipline: Full Service/Integrated

Grant Rosenquist *(Senior Vice President, Media Insight & Planning)*
Lindsay Fontaine *(Vice President & Media Director)*

INVESTIS DIGITAL
240 West 37th Street
New York, NY 10018
Tel.: (646) 766-9000
Web Site: www.investisdigital.com

Year Founded: 2000

Discipline: Full Service/Integrated

Ian Koenig *(Senior Vice President, Business Development - US)*
Luke Bishop *(Vice President, Client Partner)*

Accounts:
BurgerFi
Groupon
Rolls-Royce North America, Inc.
Tarte Cosmetics

INVESTIS DIGITAL
11201 North Tatum Boulevard
Phoenix, AZ 85028
Tel.: (480) 426-9952
Web Site: www.investisdigital.com

Year Founded: 2000

Discipline: Full Service/Integrated

Austin Lemme *(Chief Creative Officer)*
Mark Healey *(Senior Vice President, Optimization)*
Rachael Zahn *(Vice President, Marketing & Sales Optimization)*
Chris Moreno *(Vice President, Paid Media)*
Ted Yntema *(Senior Director, Strategic Development)*
Samantha Kermode *(Senior Marketing Consultant)*
John Triplett *(Senior Marketing Consultant)*
Zach Etten *(Senior Marketing Consultant)*

IRIS
632 Broadway
New York, NY 10012
Tel.: (646) 257-2603
Fax: (212) 966-1671
Web Site: www.irisnation.com

Employees: 8
Year Founded: 1999

Discipline: Full Service/Integrated

Dipti Bramhandkar *(Executive Director, Planning - North America)*
Oliver Boughton *(Chief Operating Officer)*
Jeremy Cochran *(Chief Client Officer & Chief Executive Officer, Business)*
Jill Smith *(Chief Marketing Officer - North America)*
Marcus Liwag *(Associate Creative Director)*
Betsy Albright *(Head, Accounts)*
Carly Owen *(Director, Agency Brand & Content - North America)*
Kelly Willard *(Account Director)*
Allison Benoit *(Account Director)*
Christine Presto *(Producer, Digital)*

Accounts:
Air Wick
Barclaycard
Clearasil
Daimler Trucks North America LLC
Delsym
Durex
Easy-Off
Finish
Finish Quantum
Lanacane
Lysol
Mucinex Fast-Max
Resolve
Veet
Woolite

IRIS
200 North LaSalle Street
Chicago, IL 60601
Tel.: (312) 239-0187
Web Site: www.iris-worldwide.com

Year Founded: 2009

Discipline: Full Service/Integrated

Erin Creaney *(Head, Digital - North America)*
Brennen Roberts *(Managing Director)*

Accounts:
NetApp, Inc.

J. GOTTHEIL MARKETING COMMUNICATIONS, INC.
100 King Street West
Toronto, ON M5X 1C9
Tel.: (905) 762-1620
Fax: (905) 762-1621
Toll Free: (888) 762-1620
Web Site: www.jgottheilmarketing.com

Employees: 7

Discipline: Full Service/Integrated

Jeffrey Gottheil *(President & Creative Director)*
Gray Hammond *(Director, Market Information & Research)*
Gerry Crozier *(Media Director)*

J.R. THOMPSON COMPANY
26970 Haggerty Road
Farmington Hills, MI 48331
Tel.: (248) 553-4566
Fax: (248) 553-2138
Web Site: www.jrthompson.com

Year Founded: 1974

Discipline: Full Service/Integrated

Mark Bellissimo *(Chief Executive Officer)*
Laura Hoeft *(Client Services Executive)*

JACKSON SPALDING INC.
1100 Peachtree Street, Northeast
Atlanta, GA 30309
Tel.: (404) 724-2500
Fax: (404) 874-6545
Web Site: www.jacksonspalding.com

Year Founded: 1995

Discipline: Full Service/Integrated

Glen Jackson *(Co-Founder & Principal)*
Gene Crosby *(Chief Operating Officer)*
Caroline Duffy *(Founding Partner, Senior Counselor & Copywriter)*
Whitney Ott *(Co-Owner & Partner)*
Traci Messier *(Partner)*
Mike Martin *(Chief Creative Officer)*
Laura Lee *(Director, Media)*
Leigh Jackson *(Director, Public Relations)*
Carlyle MacPhail *(Communications Professional)*
Erica Martinez *(Public Relations & Marketing Professional)*

Accounts:
Chick-Fil-A, Inc.
Delta Air Lines, Inc.
Delta Skymiles Reward
Mattress Firm, Inc
Rollins, Inc.

JACOBSON ROST
322 North Broadway Street
Milwaukee, WI 53202
Tel.: (414) 220-4888
Fax: (414) 220-4889
Web Site: www.jacobsonrost.com

Employees: 50
Year Founded: 1957

Discipline: Full Service/Integrated

Jerry Flemma *(President & Chief Operating Officer)*
Steve Fernald *(Vice President & Director, Client Services)*
Jake Cripe *(Senior Account Executive)*

Accounts:
Carl Buddig & Company
Deli Cuts
Extra Thin
Fix Quix
Old Wisconsin Sausage

JACOBSON ROST
320 West Ohio Street
Chicago, IL 60654
Tel.: (312) 274-3340
Fax: (312) 274-3350
Web Site: www.jacobsonrost.com

Year Founded: 1957

Discipline: Full Service/Integrated

Pat Goggin *(Partner & Chief Strategy Officer)*
Steve Simoncic *(Chief Creative Officer)*
Tom Gorton *(Creative Director)*
Kristyn Bannon *(Group Account Director)*
Aimee Zozakiewicz *(Account Supervisor)*

Accounts:
Carl Buddig & Company
Deli Cuts

Brands. Marketers. Agencies. Search Less. Find More.
Try out the online version at www.winmo.com

FULL SERVICE/INTEGRATED AGENCIES

Extra Thin
Fix Quix
Old Wisconsin Sausage

JAFFE & PARTNERS
222 East 34th Street
New York, NY 10016
Tel.: (212) 696-5555
Fax: (212) 696-4998
Web Site: www.jaffeandpartners.com

Year Founded: 1991

Discipline: Full Service/Integrated

Steven Jaffe *(President & Partner)*
Betty Wall *(Partner & Director, Client Services)*

JANE SMITH AGENCY
584 Broadway
New York, NY 10012
Tel.: (646) 878-9303
Web Site: www.janesmithagency.com

Year Founded: 2015

Discipline: Full Service/Integrated

Alisha Goldstein *(Founder, Chief Executive Officer & Chief Creative Officer)*
Erica Kasel *(Chief Marketing Officer)*
Helaina Buzzeo *(Executive Producer & Head, Production)*

Accounts:
Cle De Peau Beaute
Lucky Brand Jeans
Lucky Brand LLC

JAY ADVERTISING, INC.
170 Linden Oaks
Rochester, NY 14625-2891
Tel.: (585) 264-3600
Fax: (585) 264-3650
Toll Free: (800) 836-6800
Web Site: www.jayww.com

Employees: 95
Year Founded: 1973

Discipline: Full Service/Integrated

Ferdinand Smith *(Chairman & Executive Creative Director)*
Gregory Smith *(President & Chief Executive Officer)*
Bob Nisson *(Chief Creative Officer)*
Guy Stephen Smith *(Senior Vice President & Partner)*
Jennifer Barone-Donahue *(Director, Integrated Media)*
Lisa Kreienberg *(Creative Director)*
Colleen Condon *(Director, Digital Services)*

Accounts:
Baxter Healthcare Corporation
PGA Tour, Inc.
Raymour & Flanigan
Reeds Jewelers, Inc.
Wegmans Food Markets

JAYRAY
535 East Dock Street
Tacoma, WA 98402
Tel.: (253) 627-9128
Fax: (253) 627-6548
Web Site: www.jayray.com

Year Founded: 1970

Discipline: Full Service/Integrated

Kathleen Deakins *(President & Senior Strategist)*
Jay Hember *(Senior Art Director)*
Jackie Zils *(Advisor)*

JEFFREY ALEC COMMUNICATIONS
149 South Barrington Avenue
Los Angeles, CA 90049
Tel.: (310) 265-1700
Fax: (310) 476-6770
Web Site: www.jeffreyalec.com

Employees: 3
Year Founded: 1985

Discipline: Full Service/Integrated

Jeff Levine *(President & Creative Director)*
Lorene Mori *(Executive Vice President, Operations)*

JEFFREY-SCOTT ADVERTISING
1544 Fulton Street
Fresno, CA 93721
Tel.: (559) 268-9741
Fax: (559) 268-9759
Web Site: www.jsaweb.com

Employees: 21
Year Founded: 1976

Discipline: Full Service/Integrated

Bruce Batti *(President & Owner)*
Wendy Batti *(Chief Financial Officer)*
Cathleen Figura *(Director, Operations)*

JELLYVISION LAB
848 West Eastman Street
Chicago, IL 60642
Tel.: (312) 266-0606
Web Site: www.jellyvisionlab.com/index.php

Year Founded: 2001

Discipline: Full Service/Integrated

Amanda Lannert *(Chief Executive Officer)*
Harry Gottlieb *(Founder)*
Brynn Michelich *(Chief Operating Officer)*
Helen Calvin *(Chief Revenue Officer)*
Tom Haley *(Chief Creative Officer)*
Alex Muehl *(Vice President, Implementation)*
Gabriel Val *(Vice President, Innovation & Special Projects)*

JIGSAW, LLC
710 North Plankinton Avenue
Milwaukee, WI 53203
Tel.: (414) 271-0200
Fax: (414) 271-0201
Web Site: www.jigsawllc.com

Employees: 5

Discipline: Full Service/Integrated

Steven Marsho *(Partner & President)*
Steven Wold *(Partner & Chief Creative Officer)*
Steve Clementi *(Creative Director & Marketing & Brand Strategist)*
Amanda Janssen-Egan *(Junior Partner & Media Director)*

Anne Linginfelter *(Senior Art Director)*
David Refinski *(Account Services Director)*
Johnny Abbate *(Director, Digital)*
Mike Luedke *(Director, Strategy)*
Cory Ampe *(Head, Content & Account Supervisor)*

JMG, INC.
15255 South 94th Avenue
Orland Park, IL 60462-3896
Tel.: (708) 403-4004
Fax: (708) 403-4111
Web Site: www.jmg-inc.com

Year Founded: 1986

Discipline: Full Service/Integrated

Allison Johnson *(President & Founder)*
Paul Johnson *(Chief Executive Officer)*

JOHNSON GRAY ADVERTISING
395 Second Street
Laguna Beach, CA 92651
Tel.: (949) 955-3781
Web Site: www.johnsongray.com

Discipline: Full Service/Integrated

Will Johnson *(President & Executive Creative Director)*
Hunter Johnson *(Senior Vice President, Business Development)*
Teri Rowland *(Vice President, Account Services)*

JONES & THOMAS, INC.
363 South Main Street
Decatur, IL 62523
Mailing Address:
Post Office Box 1338
Decatur, IL 62525
Tel.: (217) 423-1889
Fax: (217) 425-0680
Web Site: www.jonesthomas.com

Discipline: Full Service/Integrated

Bill Lehman *(President)*
Laura Hunt *(Account Executive)*

JORDAN ADVERTISING
3111 Quail Springs Parkway
Oklahoma City, OK 73134-2698
Tel.: (405) 840-3201
Fax: (405) 840-4149
Web Site: www.jordanet.com

Employees: 30
Year Founded: 1961

Discipline: Full Service/Integrated

Rhonda Hooper *(President & Chief Executive Officer)*
Sue Dimond *(Senior Vice President & Chief Financial Officer)*
Randy Bradley *(Vice President & Creative Director)*
Mike Wilkinson *(Senior Vice President & Director, Strategic Planning)*
Helen Reinheimer-Mercer *(Vice President & Media Director)*

JOURNEY GROUP
418 Fourth Street, Northeast
Charlottesville, VA 22902-4722
Tel.: (434) 961-2500

377

Fax: (434) 961-2507
Web Site: www.journeygroup.com

Employees: 15
Year Founded: 1992

Discipline: Full Service/Integrated

Greg Breeding (President & Creative Director)
Ron Londen (Chief Creative Strategist)
Andre Cadieux (Director, Finance)

JPL
471 JPL Wick Drive
Harrisburg, PA 17111
Tel.: (717) 558-8048
Fax: (717) 558-8349
Web Site: www.jplcreative.com

Year Founded: 1989

Discipline: Full Service/Integrated

Matt Daly (Vice President, Client Solutions)
Michael Collins (Director, Paid Media)
Jeffrey Donovan (Analytics Manager)
Jon Bishop (Senior Account Manager)
Torin Keefer (Digital Marketing Specialist)
Brian Aitken (Managing Director, & Head, Paid Media & Analytics)

JSTOKES
1444 North Main Street
Walnut Creek, CA 94596
Tel.: (925) 933-1624
Fax: (925) 933-0546
Web Site: www.jstokes.com

Year Founded: 1978

Discipline: Full Service/Integrated

Jim Stokes (President & Chief Executive Officer)
Daniel Stokes (Executive Vice President)

JUMP COMPANY
1120 South Sixth Street
Saint Louis, MO 63104
Tel.: (314) 776-9400
Web Site: www.jumpcompany.com

Year Founded: 2001

Discipline: Full Service/Integrated

Barrett Book (President)
Kevin Ripple (Partner & Creative Director, Design)
Mike Conway (Creative Director)

JUNCTION59
128A Sterling Road
Toronto, ON M6P 0A1
Tel.: (416) 484-1959
Fax: (416) 484-9846
Web Site: www.junction59.com

Employees: 12
Year Founded: 1985

Discipline: Full Service/Integrated

David Foy (President - Agency59 Response)
Marc Cooper (Chief Digital Officer & Vice President - Agency59 Response)
Brian Howlett (Chief Creative Officer)
Al Scornaienchi (President & Chief Executive Officer)
Shawn LeBelle (Head, Digital Media)

Gavin Ball (Account Supervisor)

JWT TORONTO
160 Bloor Street East
Toronto, ON M4W 3P7
Tel.: (416) 926-7300
Fax: (416) 926-7389
Web Site: www.jwt.com

Employees: 116
Year Founded: 1864

Discipline: Full Service/Integrated

Carolyn Bingham (Chief Operating Officer)
Susan Kim-Kirkland (President & Chief Executive Officer)
Dean Foerter (Chief Strategy Officer)
Ari Elkouby (Executive Creative Director)

Accounts:
Air Canada
Canadian Cancer Society
Mazda Canada
Splenda
Walmart Canada

KEMP ADVERTISING + MARKETING
3001 North Main Street
High Point, NC 27265
Tel.: (336) 869-2155
Fax: (336) 841-5425
Web Site: www.edkemp.com

Employees: 9

Discipline: Full Service/Integrated

Jon Kemp (President)
Tony Faucette (Vice President & Partner)
Denna Kemp (Media Director)
Brent Taylor (Creative Director)

KETCHUM
1201 Edwards Mill Road
Raleigh, NC 27607
Tel.: (919) 828-0806
Fax: (919) 834-7959
Web Site: www.ketchum.com

Employees: 70
Year Founded: 1994

Discipline: Full Service/Integrated

Kelly Calabria (Executive Vice President & Director, Health Services Sector)
Jonathan Wisely (Senior Vice President & Executive Creative Director - Ketchum)
Justin Coffin (Vice President & Media Director - Ketchum)

Accounts:
BlueCross BlueShield of North Carolina
Intel Corporation

KIOSK CREATIVE LLC
750 Grant Avenue
Novato, CA 94945
Tel.: (415) 895-5327
Web Site: www.kiosk.tm

Year Founded: 2011

Discipline: Full Service/Integrated

Claire Knoles (Co-Founder & Chief Operating Officer)

Munir Haddad (Co-Founder & Chief Executive Officer)
Dave Holden (Co-Founder & Chief Creative Officer)
Mark Nelson (Chief Digital Officer)
Joe Silvestri (Executive Vice President, Client Partnerships)
Ben Johnsen (Vice President, Strategy & Planning)
Susi Lynam (Vice President, Human Resources & Operations)
Renea Eure (Account Director)
Kristina Gudgel (Senior Designer & Web Developer)
Elizabeth Diles (Associate Media Director)
Christina Levant (Media Supervisor)
Jenn Hagerman (Senior Account Supervisor)
Melanie Howe (Senior Media Buyer)
Amy Laun (Senior Designer & Developer)
Molly Lazor (Account Executive - San Francisco)
Jennifer LeBrun (Accounting Supervisor)

Accounts:
City National Bank
The George Washington University
University of Arkansas

KNUPP & WATSON & WALLMAN
2010 Eastwood Drive
Madison, WI 53704
Tel.: (608) 232-2300
Fax: (608) 232-2301
Web Site: www.kw2madison.com

Year Founded: 1986

Discipline: Full Service/Integrated

Andy Wallman (President & Executive Creative Director)
Jennifer Savino (Co-Owner & Vice President)

KOOPMAN OSTBO INC.
412 Northwest Eighth Avenue
Portland, OR 97209
Tel.: (503) 223-2168
Fax: (503) 223-1819
Web Site: www.koopmanostbo.com

Year Founded: 1994

Discipline: Full Service/Integrated

Ken Koopman (Owner)
Craig Ostbo (Managing Partner)
Joe Parker (Partner & General Manager & Client Relations Director)
Robert Shepard (Partner & Creative Director)

Accounts:
Bob's Red Mill Natural Foods, Inc.
Franz Family Bakery

KPS3 MARKETING AND COMMUNICATIONS
500 Ryland
Reno, NV 89502
Tel.: (775) 686-7439
Fax: (775) 334-4313
Toll Free: (877) 572-7263
Web Site: www.kps3.com

Employees: 13
Year Founded: 1991

Discipline: Full Service/Integrated

Stephanie Kruse (President & Chief Strategist)
Rob Gaedtke (President & Chief Executive

FULL SERVICE/INTEGRATED AGENCIES

AGENCIES - JULY, 2020

Officer)
Kevin Jones *(Partner & Director, Creative & Technical)*
Chrisie Yabu *(Vice President, Public Relations)*
Jenna Hubert *(Creative Director)*
Julia Jones *(Director, SEO & Digital Media)*
Jaclyn March *(Senior Account Manager)*
Ashley Chisam *(Designer, Web & Graphic Designer)*
Vy Tat *(Designer)*

KRAUSE ADVERTISING
8750 North Central Expressway
Dallas, TX 75231
Tel.: (214) 823-5100
Web Site: www.krauseadvertising.com

Year Founded: 1979

Discipline: Full Service/Integrated

Jim Hradecky *(Principal & Chief Creative Officer)*
Candace Krause *(Vice President & Principal)*

KREBER
2580 Westbelt Drive
Columbus, OH 43228
Tel.: (614) 529-5701
Toll Free: (800) 777-3501
Web Site: www.kreber.com

Year Founded: 1905

Discipline: Full Service/Integrated

Stephen Kron *(Chief Financial Officer)*
Jack Kreber *(President)*
Jim Kreber *(Chief Executive Officer)*
Jeremy Gustafson *(Senior Vice President & Chief Strategy Officer)*
Deanne Staley *(Senior Vice President, Agency Director)*
Kyle Collins *(Vice President, Strategy & Editorial)*
Vincent Bonanno *(Senior Account Executive)*
Shannon Lewis *(Director, Client Solutions)*
Kevin Kinross *(Director, Integrated Services)*
Beth Bloom *(Account Director)*
Melissa Simmerman *(Director, Creative Strategy)*

LABELLE BARIN ADVERTISING
1000 Shelard Parkway
Saint Louis Park, MN 55426
Tel.: (952) 541-0310
Fax: (952) 541-1805
Web Site: labellebarin.com

Year Founded: 1991

Discipline: Full Service/Integrated

Jeff Barin *(Owner)*
William LaBelle *(Partner)*
Dave Sinykin *(Account Supervisor)*

LABOV MARKETING & TRAINING
609 East Cook Road
Fort Wayne, IN 46825
Tel.: (260) 497-0111
Fax: (260) 497-0007
Toll Free: (800) 365-2268
Web Site: www.labov.com

Employees: 55
Year Founded: 1981

Discipline: Full Service/Integrated

Barry LaBov *(Principal & President)*
Cathy Schannen *(Vice President & Account Director)*

LAM ANDREWS
1201 Eighth Avenue South
Nashville, TN 37203
Tel.: (615) 297-7717
Fax: (615) 297-4033
Web Site: www.lam-andrews.com

Employees: 9
Year Founded: 1991

Discipline: Full Service/Integrated

Doug Andrews *(Co-Founder & President)*
John Lam *(Partner & Creative Director)*

LANDERS & PARTNERS
13555 Automobile Boulevard
Clearwater, FL 33762
Tel.: (727) 572-5228
Fax: (727) 572-5910
Web Site: www.landersandpartners.com

Year Founded: 1977

Discipline: Full Service/Integrated

Michelle Darr *(President)*
Jenna Pullaro *(Director, Media Services)*
Jennifer Meadows *(Creative Director)*
JoAnn Chang *(Account Executive)*

LANMARK360
804 Broadway
West Long Branch, NJ 07764
Tel.: (732) 389-4500
Fax: (732) 389-4998
Web Site: www.lanmark360.com

Employees: 40
Year Founded: 1977

Discipline: Full Service/Integrated

Howard Klein *(President)*
Danielle Avalone *(Vice President, Account Services)*
Kurt Algayer *(Vice President, Operations)*
Ed Yasser *(Vice President, Integrated Marketing)*
Andrew Saklas *(Creative Director)*
Judy Adelman *(Media Manager)*

LAPLACA COHEN ADVERTISING
520 Broadway
New York, NY 10012
Tel.: (212) 675-4106
Fax: (212) 675-4763
Web Site: www.laplacacohen.com

Employees: 20
Year Founded: 1994

Discipline: Full Service/Integrated

Arthur Cohen *(President & Chief Executive Officer)*
Robby Marlin *(Director, Media & Accounts)*
Natasha Hernandez *(Assistant Controller)*
Elliott Stokes *(Media Planner)*

Accounts:
Philadelphia Museum of Art

LARA MEDIA SERVICES, LLC
2156 Northeast Broadway Street
Portland, OR 97232
Tel.: (503) 210-5427
Web Site: www.laramedia.com

Year Founded: 2000

Discipline: Full Service/Integrated

Victoria Lara *(Chief Executive Officer)*
Antonio Lara *(Chief Marketing Officer & Strategist)*

LARRY JOHN WRIGHT, INC.
231 North Alma School Road
Mesa, AZ 85201
Tel.: (480) 833-8111
Fax: (480) 969-2895
Toll Free: (800) 821-5068
Web Site: www.larryjohnwright.com

Year Founded: 1982

Discipline: Full Service/Integrated

John Wright *(President & Owner)*
J.R. Wright *(Chief Financial Officer)*
Jessica John-Stillwell *(Senior Vice President & Executive Director, Media)*
Lynne Sherer *(Senior Media Buyer)*

LATITUDE
2801 North Central Expressway
Dallas, TX 75204
Tel.: (214) 696-7900
Fax: (214) 696-7999
Web Site: www.latitude-trg.com

Employees: 25

Discipline: Full Service/Integrated

Terry Baughman *(Brand Experience Group Head)*
Cassandra Greenfield *(Brand Experience Strategist & Producer)*

LATORRA, PAUL & McCANN
120 East Washington Street
Syracuse, NY 13202
Tel.: (315) 476-1646
Fax: (315) 476-1611
Web Site: www.lpm-adv.com

Employees: 33
Year Founded: 1993

Discipline: Full Service/Integrated

Mike Ancillotti *(President)*
Bill Patrick *(Executive Vice President, Administration & Finance)*
Mark Anderson *(Media Director)*

Accounts:
Zoetis

LAUGHLIN CONSTABLE, INC.
207 East Michigan Street
Milwaukee, WI 53202
Tel.: (414) 272-2400
Fax: (414) 272-3056
Web Site: www.laughlin.com

Employees: 90
Year Founded: 1976

Discipline: Full Service/Integrated

Paul Brienza *(Chief Technology Officer)*

Brands. Marketers. Agencies. Search Less. Find More.
Try out the online version at www.winmo.com

AGENCIES - JULY, 2020 — FULL SERVICE/INTEGRATED AGENCIES

Rome Seifert *(Chief Financial Officer)*
Mark Carlson *(Chief Strategy Officer)*
Brian Knox *(Executive Vice President, Public Relations)*
Vanessa Watts *(Executive Vice President & Media Director)*
Lauren Garstecki *(Senior Vice President, Account Services)*
Nicole Weber *(Account Director)*

Accounts:
American Society for the Prevention of Cruelty to
Hoosier Lottery
JD Byrider
Master Lock Company
Mills Fleet Farm
Milwaukee Bucks
National Multiple Sclerosis Society
USG Corporation

LAUGHLIN CONSTABLE, INC.
200 South Michigan Avenue
Chicago, IL 60604
Tel.: (312) 422-5900
Fax: (312) 422-5901
Web Site: www.laughlin.com

Employees: 20
Year Founded: 1976

Discipline: Full Service/Integrated

John Maxham *(Chief Creative Officer)*
Mat Lignel *(Chief Executive Officer)*
Steve Laughlin *(Founder & Executive Chairman)*
Lisa Bennett *(Chief Creative Officer)*
Renee Haber *(Executive Vice President, Account Services)*
Susan Stearns *(Executive Vice President & Director, Account Services)*
Nicole Stone *(Senior Vice President, Business Development)*
Nikki Hill *(Vice President, Media)*
Maggie Avram *(Vice President, Digital Strategy)*
Vince Cook *(Executive Creative Director)*
Chris Ebel *(Creative Director)*
Kevin Shanley *(Associate Media Director)*
Chelsey Wahlstrom *(Account Director)*
Marisa Giannini *(Director, Paid Search & Paid Social)*
John Stachulski *(Director, Programmatic & Paid Social Strategy)*
Benjamin Bernhard *(Associate Director, Digital Strategy)*
Hillary Benson *(Supervisor, Media Buying)*

Accounts:
CP Kelco
D.G. Yuengling & Son
Jewelers Mutual Insurance Company

LEADMD
15849 North 77th Street
Scottsdale, AZ 85260
Tel.: (480) 278-7205
Fax: (888) 294-9854
Toll Free: 187777532363
Web Site: leadmd.com

Year Founded: 2009

Discipline: Full Service/Integrated

Justin Gray *(Chief Executive Officer & Founder)*
Andrea Lechner-Becker *(Chief Marketing Officer)*
Josh Wagner *(Vice President, Sales, Enterprise Account Executive & Head, Partnerships)*

Michael Davis *(Vice President, Client Success)*

LEPOIDEVIN MARKETING
245 South Executive Drive
Brookfield, WI 53005
Tel.: (262) 754-9550
Fax: (262) 754-9554
Web Site: lepoidevinmarketing.com

Employees: 10
Year Founded: 1997

Discipline: Full Service/Integrated

Dean LePoidevin *(Owner, President & Strategic Director)*
Susan Wirth *(Senior Public Relations Account Executive)*

LEVLANE ADVERTISING
100 Penn Square, East
Philadelphia, PA 19107
Tel.: (215) 825-9600
Fax: (215) 825-9601
Web Site: www.levlane.com

Employees: 45
Year Founded: 1984

Discipline: Full Service/Integrated

David Alan Lane *(President & Chief Executive Officer)*
Bruce Lev *(Partner & Chief Creative Officer)*
Timothy Garde *(Chief Innovation Leader - Life Sciences)*
Lori Miller *(Senior Vice President, Creative Strategist)*
Drake Newkirk *(Senior Vice President & Creative Director, Digital)*
Tony Sweeney *(Senior Vice President & Media Director)*
Kevin Dunn *(Senior Vice President, Strategy & Client Engagement)*
David Huehnergarth *(Senior Vice President & Director, Strategic Engagement)*
Dan Hall *(Vice President & Director, Digital Media)*
Josh Lev *(Vice President & Account Supervisor)*
Martin Bihl *(Executive Creative Director)*
Jason Rossano *(Account Director)*
Kiri Mladjen *(Senior Account Manager)*
Jaimie Vennell *(Supervisor, Media)*

Accounts:
Drexel University
Genomind
Jack Williams Tire Company
Philadelphia Corporation for Aging
Vital USA Inc.

LEWIS ADVERTISING, INC.
1050 Country Club Road
Rocky Mount, NC 27804
Mailing Address:
Post Office Drawer L
Rocky Mount, NC 27802
Tel.: (252) 443-5131
Fax: (252) 443-9340
Web Site: www.lainc.com

Employees: 60
Year Founded: 1969

Discipline: Full Service/Integrated

Gene Lewis *(Chairman & Chief Executive Officer)*
Don Williams *(President)*

Kim Council *(Senior Vice President & Chief Financial Officer)*
Phil Greer *(Senior Vice President, Account Management)*
Lee Lewis *(Senior Vice President, Out-of-Home Media)*
Vicki Raper *(Assistant Vice President, Media Services)*
Susan Harper *(Vice President, Print Production)*
Thomas Zawistowicz *(Vice President & Digital Project Manager)*
Alfred Arnold *(Vice President & Creative Director)*
Ursula Forrester *(Account Supervisor)*
Amy Miller *(Production Manager)*
Kristie Kennedy *(Media Buyer)*
Shyrlyn Parker *(Manager, Accounts Payable, Human Resource Administrative & Highway Logos)*

LEWIS GLOBAL COMMUNICATIONS
200 Wheeler Road
Burlington, MA 01803
Tel.: (781) 418-2400
Fax: (781) 274-6065
Web Site: www.teamlewis.com

Employees: 40
Year Founded: 1998

Discipline: Full Service/Integrated

Lillian Dunlap *(Director, Content Marketing)*
Jillian Carr *(Marketing Manager)*
Remy Frisch *(Account Executive)*
Amanda Steinman *(Senior Account Executive)*

LFO'CONNELL
750 Main Street
Islip, NY 11751
Tel.: (631) 277-8180
Fax: (631) 277-8961
Web Site: www.lfoconnell.com

Employees: 15
Year Founded: 1974

Discipline: Full Service/Integrated

Larry O'Connell *(President & Founder)*
Janice Shief *(Media Director)*

LG2
3575 Sainte Laurent Boulevard
Montreal, QC H2X 2T7
Tel.: (514) 281-8901
Fax: (514) 281-0957
Web Site: www.lg2.com

Year Founded: 1991

Discipline: Full Service/Integrated

Marc Fortin *(Partner, Vice President, & Executive Creative Director)*
Paul Gauthier *(Co-Founder)*
Jacques de Varennes *(Partner, Vice President & Creative Director)*
Alexis Robin *(Partner & Vice President, Digital Experience)*
Chris Hirsch *(Partner, Vice President & Executive Creative Director)*
Nellie Kim *(Partner, Vice President & Executive Creative Director)*
Nicolas Dion *(Partner & Creative Director)*
Penelope Fournier *(Partner & General Manager - Montreal)*
Claude Auchu *(Vice President, Creative &*

Brands. Marketers. Agencies. Search Less. Find More.
Try out the online version at www.winmo.com

FULL SERVICE/INTEGRATED AGENCIES

Desgin)
David Kessous *(Vice President & Creative Director, Design)*
Francois Sauve *(Vice President, Creative)*
Julie Pilon *(Counsel, Communication & Vice President)*
Alexandre Jourdain *(Head, Digital & Creative Director)*
Elise Cropsal *(Creative Director, Design)*
Emilie Masse *(Director, Consulting)*
Ingrid Roussel *(Head, Design)*
Isabelle Miville *(Director, Consulting)*
Jean Lafreniere *(Director, Art & Copywriter)*
Karine Payette *(Director, Consulting)*
Kathryne Beaulieu *(Director, Consulting)*
Liam Johnstone *(Art Director)*
Luc Du Sault *(Creative Director)*
Marie-Christine Huppe *(Director, Consulting)*
Marilou Aubin *(Creative Director)*
Nicolas Boisvert *(Creative Director)*
Patrick Rochon *(Art Director)*
Stuart Macmillan *(Creative Director)*
Vanessa Dicaire *(Director, Consulting, Branding & Design)*
Vincent Bernard *(Art Director)*
Catherine Darius *(Vice President, Strategy)*
Christine Larouche *(Strategist)*
Claudia Lemire *(Producer)*
Guillaume Bergeron *(Creative Writer)*
Isabelle Fonta *(Producer)*
Anthony Verge *(Graphic Designer)*
Jocelyn Leroy *(Copywriter, Interactive)*
Luc Dupere *(Copywriter)*
Madeline Dumayne *(Account Executive, Digital)*
Marie-Michelle Leboeuf *(Senior Account Executive)*
Mira Gauthier *(Graphic Designer)*
Valerie Wells *(Copywriter)*
Camille Sykes *(Coordinator, Creative)*
Marilyn Beaudin *(Coordinator - Design Studio)*

Accounts:
Tourisme Montreal

LHWH ADVERTISING & PUBLIC RELATIONS
3005 Highway 17 Bypass North
Myrtle Beach, SC 29577
Tel.: (843) 448-1123
Fax: (843) 626-2390
Toll Free: (800) 968-7293
Web Site: www.lhwhadvertising.com

Year Founded: 1987

Discipline: Full Service/Integrated

Andy Lesnik *(President)*
Tammy Stevens *(Accounting Manager)*
Dick Gibson *(Director, Production)*

LIPMAN HEARNE, INC.
200 South Michigan Avenue
Chicago, IL 60604
Tel.: (312) 356-8000
Fax: (312) 356-4005
Web Site: www.lipmanhearne.com

Year Founded: 1988

Discipline: Full Service/Integrated

Rob Moore *(Senior Consultant & Chief Executive Officer - Emeritus)*
Tom Abrahamson *(Executive Counsel)*
Donna Van de Water *(Chief Operating Officer)*
Minesh Parikh *(Chief Executive Officer)*

Peter Barber *(Executive Vice President, Business & Account Development)*
Katie Greer *(Senior Project Manager)*
Michiko Gupta *(Senior Digital Strategist)*

Accounts:
University of Cincinnati

LKH&S
142 East Ontario Street
Chicago, IL 60611
Tel.: (312) 595-0200
Fax: (312) 595-0300
Web Site: www.lkhs.com

Year Founded: 1992

Discipline: Full Service/Integrated

Sam Kirshenbaum *(Principal & Executive Creative Director)*
Stan Lewin *(Principal & Managing Director)*
Bill Heuglin *(Associate Creative Director)*
Jennyfer Butzen Dougherty *(Account Supervisor & Media Strategist)*
Christina McCarter *(Account Supervisor)*

LODESTAR MARKETING GROUP
6808 220th Street Southwest
Mountlake Terrace, WA 98043
Tel.: (206) 218-7921
Web Site: www.lodestarmg.com/

Year Founded: 2000

Discipline: Full Service/Integrated

Sarah Schwitters *(Co-Founder & Chief Marketing Strategist)*
Derek Schwitters *(Chief Executive Officer & Chief Digital Strategist)*
Andy Luc *(Assistant, Search Marketing)*
Lori Dean *(Specialist, Digital Marketing Communications)*

LODICO & COMPANY
60 McCallister Drive
Carlisle, MA 01741
Tel.: (978) 369-6556
Fax: (978) 369-6284
Web Site: www.lodicoandco.com

Employees: 6

Discipline: Full Service/Integrated

Barbara Sabran *(President & Creative Director)*
Ira Sabran *(Executive Vice President, Public Relations)*

LOHRE & ASSOCIATES, INC.
126A West 14th Street
Cincinnati, OH 45202
Tel.: (513) 961-1174
Fax: (513) 961-1192
Toll Free: (877) 608-1736
Web Site: www.lohre.com

Discipline: Full Service/Integrated

Chuck Lohre *(Owner & President)*
Myke Amend *(Design & Internet Developer)*

LOSASSO INTEGRATED MARKETING
4853 North Ravenswood Avenue
Chicago, IL 60640
Tel.: (773) 271-2100

Fax: (773) 271-4600
Web Site: www.losasso.com

Employees: 9
Year Founded: 1989

Discipline: Full Service/Integrated

Scott LoSasso *(President)*
David Fabbri *(Chief Strategy Officer)*
Mark Hollingsworth *(Chief Operating Officer & Principal)*
Julia Parisot *(Vice President, Business Development)*
Amanda Callahan *(Vice President, Account Director)*
Jada Cash *(Creative Director)*
Dimo Raychev *(Web Director)*
Jamie Goff *(Account Director)*
Giuseppe Nardone *(Director, Digital Strategy & Analytics)*
Sean Griffin *(Senior Copywriter)*

LOU HAMMOND GROUP
900 Third Avenue
New York, NY 10022
Tel.: (212) 308-8880
Fax: (212) 891-0200
Web Site: www.louhammond.com

Employees: 40
Year Founded: 1984

Discipline: Full Service/Integrated

Lou Rena Hammond *(Founder & Chairman)*
Stephen Hammond *(Chief Executive Officer)*
Charlotte Park *(Account Supervisor)*

Accounts:
Kentucky Travel
Mandarin Oriental Management
Mandarin Oriental Management
MGM Grand at Foxwoods
Panama City Beach Convention & Visitors Bureau
Visit NJ
Visit Santa Barbara

LP&G, INC.
2329 North Tucson Boulevard
Tucson, AZ 85716
Tel.: (520) 624-1116
Fax: (520) 624-0272
Web Site: www.lpginc.com

Year Founded: 1993

Discipline: Full Service/Integrated

Leslie Perls *(Owner & Creative Director)*
Elise Townsend *(Vice President, Strategy & Business Development)*
Jenny Hanke *(Manager, Accountant & Human Resources)*

LUBICOM MARKETING CONSULTING
1428 36th Street
Brooklyn, NY 11218
Tel.: (718) 854-4450
Fax: (718) 854-4474
Web Site: www.lubicom.com

Year Founded: 1984

Discipline: Full Service/Integrated

Menachem Lubinsky *(President & Chief Executive Officer)*

AGENCIES - JULY, 2020

FULL SERVICE/INTEGRATED AGENCIES

Eda Kram *(Media & Communications,)*

LUCKIE & COMPANY
600 Luckie Drive
Birmingham, AL 35223-2429
Tel.: (205) 879-2121
Fax: (205) 877-9855
Web Site: www.luckie.com

Year Founded: 1953

Discipline: Full Service/Integrated

Tom Luckie *(Chairman & Chief Executive Officer)*
Ed Mizzell *(Managing Director)*
Chris Statt *(Chief Operating Officer)*
Jane Mantooth *(Senior Vice President & Controller)*
Tripp Durant *(Vice President & Director, Account)*
Stephanie Naman *(Vice President & Creative Director)*
Jason Martin *(Associate Creative Director)*
Andrea Carver *(Account Supervisor)*
Lizzie Holt *(Senior Project Manager)*

Accounts:
Alabama Power Company
Express Oil Change
Gulf Power Company
Panama City Beach Convention & Visitors Bureau
Vanderbilt University

LUCKIE & COMPANY
3160 Main Street
Duluth, GA 30096
Tel.: (678) 638-2600
Web Site: www.luckie.com

Employees: 15
Year Founded: 1953

Discipline: Full Service/Integrated

John Gardner *(President)*
Mitch Bennett *(Chief Creative Officer)*
Mary Winslow *(Senior Vice President, Strategic Solutions)*

LUQUIRE GEORGE ANDREWS, INC.
4201 Congress Street
Charlotte, NC 28209
Tel.: (704) 552-6565
Fax: (704) 552-1972
Web Site: www.lgaadv.com

Year Founded: 1984

Discipline: Full Service/Integrated

Peggy Brookhouse *(President & Partner)*
Steve Luquire *(Founder & Chief Executive Officer)*
David Coburn *(Senior Vice President, Public Relations)*
Gretchen Voth *(Senior Vice President & Director, Emerging Solutions)*
Scott Gilmore *(Senior Vice President & Director, Travel & Recreation Brands)*
Brooks Luquire *(Senior Vice President & Co-Director, Client Service)*
Todd Aldridge *(Senior Vice President & Creative Director)*
Philip Tate *(Senior Vice President)*
Stacey McCray *(Vice President, Public Relations)*
Jane Duncan *(Vice President, Management Supervisor)*
Margaret Bond *(Vice President & Group Creative Director)*
Jon Cain *(Vice President & Group Creative Director)*
Chuck Griffiths *(Vice President & Controller)*
Shawn Gordon *(Vice President & Media Director)*
Jennifer Jones *(Vice President, Group Director, Creative & Copywriter)*
Stephanie Spicer *(Vice President & Director, Brand Strategy)*
Carolyn Hulbert *(Director, Digital Media)*
Mateo Wellman *(Vice President & Digital Director)*
Joe Tolley *(Art Director & Associate Creative Director)*
Bradley Ward *(Senior Art Director)*
Courtney Ottelin *(Senior Digital Project Manager)*
Sarah Helms *(Account Director)*
Amanda Gurkin *(Senior Account Executive)*
Bobbi Adderton *(Senior Manager, Production)*
Jeremy Selan *(Manager, Accounting & Operations)*
Michelle Reino *(Partner Program Manager)*

Accounts:
North Carolina Department of Commerce, Division of
TaxSlayer.com
Tire Pros

LYERLY AGENCY
126 North Main Street
Belmont, NC 28012
Tel.: (704) 525-3937
Fax: (704) 525-3938
Web Site: www.lyerly.com

Discipline: Full Service/Integrated

Elaine Lyerly *(President & Chief Executive Officer)*
Melia Lyerly *(Executive Vice President & Chief Operations Officer)*

LYONS & SUCHER ADVERTISING
2900 South Quincy Street
Arlington, VA 22206
Tel.: (703) 931-2000
Web Site: www.lyonsandsucher.com

Discipline: Full Service/Integrated

Mark Sucher *(Principal)*
Selva Martin *(Senior Graphic Designer)*

M45 MARKETING SERVICES
524 West Stephenson Street
Freeport, IL 61032-5003
Tel.: (815) 232-2121
Fax: (815) 297-0166
Web Site: www.m45.biz

Employees: 16
Year Founded: 2001

Discipline: Full Service/Integrated

Marilyn Smit *(Co-Founder)*
Joe Vaske *(Co-Founder)*
Peg Drane *(Graphic & Web Designer)*
Mary Schneider *(Manager, Business Development)*
Barb Aaby *(Account Manager)*
Julie Beach *(Communications Specialist)*

MACY + ASSOCIATES, INC.
411 Culver Boulevard
Playa del Rey, CA 90293
Tel.: (310) 821-5300
Fax: (310) 821-8178
Web Site: www.macyinc.com

Employees: 15
Year Founded: 1989

Discipline: Full Service/Integrated

Kimberly Macy *(President & Creative Director)*
John Halloran *(Director, Creative Services)*

Accounts:
Lennar Partners

MADISON & MAIN
101 East Cary Street
Richmond, VA 23219
Tel.: (804) 521-4141
Fax: (804) 521-4140
Toll Free: (877) 623-6246
Web Site: www.madisonmain.com

Discipline: Full Service/Integrated

David Saunders *(Chief Idea Officer)*
Molly Whitfield *(Chief Operating Officer)*
Derek Fair *(Copywriter)*

Accounts:
Richmond International Raceway

MAGIC LOGIX
5001 Spring Valley Road
Dallas, TX 75244
Tel.: (214) 694-2162
Fax: (972) 692-5737
Web Site: www.magiclogix.com

Year Founded: 2004

Discipline: Full Service/Integrated

Hassan Bawab *(Founder & Chief Executive Officer)*
Farah Bawab *(Digital Strategist)*

MANCUSO MEDIA
701 Palomar Airport Road
Carlsbad, CA 92011
Tel.: (760) 632-8211
Web Site: www.mancusomedia.com

Year Founded: 2006

Discipline: Full Service/Integrated

Gina Mancuso *(President & Chief Executive Officer)*
Eric Doyne *(Brand & Business Development)*
Jenny Mendoza *(Director, Digital Strategy)*
Candace Souleles *(Media Director)*
Elizabeth Miljan *(Digital Media Strategist)*
Dolly Varvis *(Senior Media Buyer)*

MANHATTAN MARKETING ENSEMBLE
443 Park Avenue South
New York, NY 10016
Tel.: (212) 779-2233
Fax: (212) 779-0825
Web Site: www.mme.net

Year Founded: 1990

Discipline: Full Service/Integrated

Brands. Marketers. Agencies. Search Less. Find More.
Try out the online version at www.winmo.com

FULL SERVICE/INTEGRATED AGENCIES

AGENCIES - JULY, 2020

Maury Maniff *(Senior Partner)*
Don Raskin *(Senior Partner)*
Brad Eisenstein *(Creative Director)*
Mabel Tong *(Senior Art Director)*
Eileen Arcangeli *(Account Director)*
Jimmy Ng *(Creative Director)*
Sook Kang-Fuentecilla *(Group Account Director)*

Accounts:
E.T. Browne Drug Company, Inc.
Nathan's Famous, Inc.
Palmer's Cocoa Butter Formula

MANIFEST
4110 North Scottsdale Road
Phoenix, AZ 85251
Tel.: (602) 395-5850
Fax: (602) 248-2925
Toll Free: (888) 626-8779
Web Site: www.manifest.com

Employees: 100
Year Founded: 2001

Discipline: Full Service/Integrated

Melissa Bouma *(Executive Vice President, Performance Marketing & Data Intelligence)*
Laura Marlowe *(Vice President, Print Production)*
Steven Garbade *(Vice President, Information Technology)*
Jordan Marlow *(Associate Director, Performance Marketing)*
Amy Linert *(Director, Engagement & Performance Marketing)*
Mary Winters *(Director, Production Technology)*
Stephanie Tusalem *(Senior Manager, Paid Media & Performance Marketing)*

Accounts:
CDW Corporation
WebMD

MANZELLA MARKETING GROUP
5360 Genesee Street
Bowmansville, NY 14026
Tel.: (716) 681-6565
Web Site: www.manzellamarketing.com

Year Founded: 1987

Discipline: Full Service/Integrated

Jim Manzella *(President & Chief Executive Officer)*
Shandra Holt *(Executive Vice President & Creative Director)*
Bob Crean *(Vice President, Account Services)*
Tom Sharer *(Production Manager & Art Director)*
Stephen Ketterer *(Senior Art Director)*

MARIS, WEST & BAKER
18 Northtown Drive
Jackson, MS 39211-3016
Mailing Address:
Post Office Box 12426
Jackson, MS 39236-2426
Tel.: (601) 977-9200
Fax: (601) 977-9257
Web Site: www.mwb.com

Discipline: Full Service/Integrated

Mike Booth *(Chief Financial Officer)*
Peter Marks *(Chief Executive Officer)*
Marc Leffler *(Creative Director & Partner)*
Keith Fraser *(Partner & Creative Director)*
Randy Lynn *(Partner & Creative Director, Digital)*
Tim Mask *(President)*
Austin Cannon *(Vice President, Interactive Services)*
Jana Bell *(Director, Agency Marketing)*
Paige Gousset *(Accountant)*

Accounts:
Mississippi Lottery Corporation

MARKET CONNECTIONS
82 Patton Avenue
Asheville, NC 28801
Tel.: (828) 254-9737
Fax: (828) 255-8569
Web Site: www.mktconnections.com

Year Founded: 1996

Discipline: Full Service/Integrated

Karen Tessier *(Owner & President)*
Sara Fields *(Director, Special Events & Marketing)*
Nathan Jordan *(Creative Director)*

MARKETING ALTERNATIVES, INC.
2550 Northwest Parkway
Elgin, IL 60124
Tel.: (847) 783-5600
Toll Free: (800) 808-6555
Web Site: www.mktalt.com

Year Founded: 1981

Discipline: Full Service/Integrated

Gary Stanko *(Chairman)*
Gary Jon Stanko Jr. *(President)*
Tracy DiAngelo *(Vice President, Client Services)*

MARKETING FACTORY, INC.
815 Hampton Drive
Venice, CA 90291
Tel.: (310) 314-8008
Web Site: www.marketingfactory.com

Employees: 9
Year Founded: 1999

Discipline: Full Service/Integrated

Rob Tonkin *(Founder & Chief Executive Officer)*
Natasha Hamidi *(Vice President, Finance & Human Resources)*
Heather Healy *(Executive Producer)*

Accounts:
Honda

MARKETLOGIC
8725 Northwest 18th Terrace
Miami, FL 33172
Tel.: (305) 513-8980
Web Site: mymarketlogic.com

Year Founded: 1994

Discipline: Full Service/Integrated

Marcelo Castro *(President & Chief Executive Officer)*
Hernan Brana *(Director & Partner)*
Margot Doejo *(Director, Channel Marketing)*
Cecilia Paz *(Account Executive - International)*
Katherine Gentile *(Account Executive)*
Marisol Marroquin *(Account Executive)*
Santiago Pereira *(Account Executive, Interactive Marketing)*
Gabriela Palma *(General Manager)*
Paz Terluk *(Country Manager - Mexico)*

MARKETSTAR CORPORATION
2475 Washington Boulevard
Ogden, UT 84401
Tel.: (800) 877-8259
Fax: (801) 393-4115
Toll Free: (800) 877-8259
Web Site: www.marketstar.com

Employees: 100
Year Founded: 1988

Discipline: Full Service/Integrated

Alan Hall *(Founder & Chairman)*
Keith Titus *(President & Chief Executive Officer)*
Ben Kaufmann *(Chief Financial Officer)*
Michelle Gunter *(Senior Vice President, Partnerships & Partner Channel Services)*
Samuel Newey *(Vice President, Business Development)*
Douglas Bay *(Director, Client Services)*

MARLO MARKETING COMMUNICATIONS
38 Chauncy Street
Boston, MA 02111
Tel.: (617) 375-9700
Fax: (617) 375-9797
Web Site: www.marlomc.com

Year Founded: 2004

Discipline: Full Service/Integrated

Marlo Fogelman *(Owner & Principal)*
Karen Wong *(Chief Operating Officer)*
Ann Peterson *(Executive Vice President, Consumer Products, B2B & Professional Services)*
Ariel Sasso Gardner *(Vice President- Restaurants, Travel Hospitality)*
Brianne Johanson *(Vice President, Consumer, Lifestyle Public Relations & Marketing)*
Kiersten Kane *(Creative Account Manager)*
Christina Berlinguet *(Account Manager, Consumer Products & Professional Services)*
Lisa LaMontagne MacGillivray *(Managing Director)*

MASON, INC.
23 Amity Road
Bethany, CT 06524
Tel.: (203) 393-1101
Fax: (203) 393-2813
Web Site: www.mason23.com

Year Founded: 1951

Discipline: Full Service/Integrated

Charlie Mason *(Chief Executive Officer)*
Steve Hayes *(President)*
Fran Onofrio *(President)*
Richard Gamer *(Executive Vice President & Creative Director)*
Angelo Porretta *(Vice President, Production)*
Elmer Grubbs *(Vice President & Associate Creative Director)*
Christian Renstrom *(Vice President, Business Development)*
Derek Beere *(Director, Client Services)*
Jaclyn Leutze *(Director, Account Management)*

Brands. Marketers. Agencies. Search Less. Find More.
Try out the online version at www.winmo.com

AGENCIES - JULY, 2020 — FULL SERVICE/INTEGRATED AGENCIES

Melissa Augeri *(Director, Client Services)*
Neil Johnson *(Creative Director, Digital)*
Jordana George *(Senior Public Relations Brand Manager)*

Accounts:
Bruegger's Enterprises
Yale-New Haven Hospital

MATCHMG
130 South Jefferson Street
Chicago, IL 60661
Tel.: (312) 733-1303
Fax: (312) 733-5883
Toll Free: (877) 628-2405
Web Site: www.matchmg.com

Year Founded: 2005

Discipline: Full Service/Integrated

Lisa Groot *(Vice President, Group Account Director)*
Lisa Sokolnicki *(Vice President, Client Services)*
Peteris Freimanis *(Head, Consumer & Shopper Marketing)*

Accounts:
Act II
Alexia
Andy Capp's
Angie's BOOMCHICKAPOP
Armour Star
Aunt Jemima Frozen Breakfast
Banquet
Bernstein's
Bertolli Frozen
BIGS Sunflower Seeds
Birds Eye
Birds Eye C&W
Birds Eye Voila
Blake's
Blue Bonnet
Brooks
Celeste
Chef Boyardee
Chicago Bears Football Club
ConAgra Brands, Inc.
Crunch'n Munch
David Sunflower Seeds
Dennison's
Duke's Meats
Duncan Hines
Duncan Hines Comstock and Wilderness
Earth Balance
Egg Beaters
Erin's
EVOL
Fiddle Faddle
Fleischmann's
Frontera
Gardein
Glutino
Gulden's
H.K. Anderson
Hawaiian Snacks
Healthy Choice
Hebrew National
Hungry-Man
Hunt's
Hunt's Canned Tomatoes
Husman's
Jiffy Pop
Kangaroo Brands
Kawasaki ATV
Kawasaki Gas Turbines
Kawasaki Jet Ski
Kawasaki Motorcycles
Kawasaki Motors Corporation, USA
Kid Cuisine
La Choy
Lender's
Libby's Meat
Log Cabin
Manwich
Marie Callender's
Marie Callender's Pot Pies
Mrs. Butterworth's
Mrs. Paul's
Mule Utility
Nalley
Odom's Tennessee Pride
Open Pit
Orville Redenbacher's
P.F. Chang's Frozen Meals
PAM
Parkay
Penrose
Peter Pan
Poppycock
Ranch Style
Reddi-Wip
Ro*Tel
Rosarita
Sandwich Bros. of Wisconsin
Slim Jim
Smart Balance
Snack Pack
Snyder of Berlin
Swiss Miss
Tim's Cascade Snacks
Udi's Gluten Free
Van Camp's
Van De Kamps
Vlasic
Wicked Kitchen
Wish-Bone
Wolf Brand

MAXWELL & MILLER MARKETING COMMUNICATIONS
141 East Michigan Avenue
Kalamazoo, MI 49007
Tel.: (269) 382-4060
Fax: (269) 382-0504
Web Site: www.maxwellandmiller.com

Discipline: Full Service/Integrated

Greg Miller *(President)*
Lisa Hall *(Account Director)*
Ruth Nurrie *(Media Director)*
Dan Willoughby *(Associate Creative Director)*

MCCANN CANADA
200 Wellington Street
Toronto, ON M5V 0N6
Tel.: (416) 594-6000
Web Site: www.mccann.ca

Employees: 650
Year Founded: 1922

Discipline: Full Service/Integrated

Ryan Timms *(President)*
Simon Sikorski *(Chief Executive Officer)*
Andy Langs *(Senior Vice President & Chief Technology Officer)*
Darren Clarke *(Chief Creative Officer)*
Brad Richardson *(Vice President & Group Account Director)*
Paisley McCrory *(Art Director)*
Waseem Shaikh *(Head, Creative & Copywriter)*

Accounts:
MasterCard Canada

MCCANN CANADA
238 Eleventh Avenue Southeast
Calgary, AB T2G 0X8
Tel.: (403) 269-6120
Fax: (403) 263-4634
Web Site: www.maclaren.com

Employees: 30
Year Founded: 1991

Discipline: Full Service/Integrated

Karen Pearce *(President - McCann West)*
Julie Evans *(Vice President, Media)*
Sean Fero *(Vice President & Director, Client Services)*
Lisa Gacek *(Group Account Director)*
Kerri Roe *(Account Director)*
Mark Lovely *(Associate Creative Director)*
Adrian Suva *(Senior Digital Designer)*

MCCANN MINNEAPOLIS
510 Marquette Avenue
Minneapolis, MN 55402-3389
Tel.: (612) 347-1000
Fax: (612) 347-1515
Web Site: www.mccannmpls.com

Employees: 325
Year Founded: 1933

Discipline: Full Service/Integrated

Luis Garrido *(Senior Vice President & Group Media Director)*
Jill Montag *(Vice President & Director, Investments)*
Jacqueline Grandstrand *(Interactive Project Manager)*
Taylor Fitzmaurice *(Manager, Business Operations)*

Accounts:
Betty Crocker
Johnsonville Brats
Johnsonville Sausage
Miracle Ear
Save-A-Lot
Wellmark, Inc.

MCGARRAH JESSEE
121 West Sixth Street
Austin, TX 78701
Tel.: (512) 225-2000
Fax: (512) 225-2020
Web Site: www.mc-j.com

Employees: 45
Year Founded: 1996

Discipline: Full Service/Integrated

Mark McGarrah *(Partner)*
Bryan Jessee *(Partner)*
James Mikus *(Executive Creative Director)*
Britton Upham *(Chief Executive Officer)*
Claire Whigham *(Chief Creative Officer)*
Melissa Fodo *(Engagement Director)*
Lauren Markaverich *(Media Director)*
Michel Lozen *(Office Concierge)*
Brett Eaton *(Business Strategy Director)*
Heather Snow *(Marketing Director)*
Joel Clement *(Creative Director)*

FULL SERVICE/INTEGRATED AGENCIES
AGENCIES - JULY, 2020

Jeremy Cox (Director, UX)
Libby Anderson (Planning Director)
Austin McKenna (Group Account Director)
Lucas Lane (Account Director)
Andrea Cruz (Account Director)
Elle Pace (Associate Strategy Director)
Avery Graham (Account Supervisor)
Meredith Cooper (Media Supervisor)
Tess Massey Cullers (Account Supervisor)
Rod Martin (General Manager)
Erin Mihanovic (Media Planner)
Mercedes Gray (Digital Media Supervisor & Operations Specialist)

Accounts:
Chaco
Cullen / Frost Bankers, Inc.
Greenskeeper
Haggar Clothing Company
Tuesday Morning Corporation
Whataburger, Inc.
Zippo BLU
Zippo Lighter

MCGARRYBOWEN
101 Montgomery Street
San Francisco, CA 94129
Tel.: (415) 276-8300
Fax: (415) 458-1671
Toll Free: (877) 319-4352
Web Site: www.mcgarrybowen.com

Employees: 14
Year Founded: 1997

Discipline: Full Service/Integrated

John Berg (Chief Executive Officer)
Tasha McVeigh (Chief Culture Officer)
Greg Johnson (Chief Innovation Officer)
Mike Wente (Chief Creative Officer)
Kate Walters (Chief Strategy Officer)
Kevin McCarthy (Executive Vice President, Executive Creative Director)
Rosemary Abendroth (Head, Communications)
Lisa Hubbert (Executive Producer)
Henry Peterson (Associate Creative Director)
Stacia Hanley (Group Director, Communications Strategy & Planning)
Pamela Rivera (Account Director)
Greg Shumchenia (Group Strategy Director)
Jeppe Christensen (Director, Social Media)
Jill Hackett (Director, Account)
Sydney Paine (Account Executive)
Faith Chihil (Social Media Manager)
Tiffany Chu (Social Media Strategist)
Leah Gajdos (Group Managing Director)

Accounts:
Brita
Burt's Bees
CA Technologies
Fresh Step
Hidden Valley
Hidden Valley Ranch
Juniper Networks, Inc.
Kingsford
Peet's Coffee & Tea, Inc.
Sony Walkman
The Clorox Company
Walmart Stores, Inc.
Walmart Supercenters

MCKEE WALLWORK & COMPANY
1030 Eighteenth Street Northwest
Albuquerque, NM 87104
Tel.: (505) 821-2999
Fax: (505) 821-0006
Toll Free: (888) 821-2999
Web Site: www.mckeewallwork.com

Employees: 21
Year Founded: 1997

Discipline: Full Service/Integrated

Steve McKee (President & Partner)
Pat Wallwork (Partner & Director, Media)
Jonathan Lewis (Partner, Vice President & Director, Strategy)
Dave Ortega (Creative Director & Partner)
Dayna Melvin (Finance Director)
Jazmin Najera (Media Buyer)
Maria Anderson (Senior Copywriter)

Accounts:
Albuquerque Convention & Visitors Bureau

MDC PARTNERS, INC.
330 Hudson Street
New York, NY 10013
Tel.: (646) 429-1800
Web Site: www.mdc-partners.com

Year Founded: 1980

Discipline: Full Service/Integrated

Frank Lanuto (Executive Vice President & Chief Financial Offer)
Mark Penn (Chairman & Chief Executive Officer)
Ryan Linder (Global Chief Marketing Officer & Executive Vice President)
Alex Delanghe Ewing (Chief Communications Officer)
Ashley Stewart (Partner, Communications)
Lotta Malm-Hallqvist (Managing Director & Chief Marketing Officer - Europe)
Michael Bassik (Chief Executive Officer - MDC Media Partners)
Vincenzo DiMaggio (Chief Accounting Officer & Senior Vice President)
David Ross (Executive Vice President, Strategy & Corporate Development)
Randy Duax (Senior Vice President, Talent & Recruiting)
Robyn Freye (Senior Vice President, Strategic Growth)
Rachel Catalani (Vice President, Marketing Strategies)
Preston Waller (Vice President & Head, Business Development - MDC Media Partners)
Jon Mirsky (General Counsel & Corporate Secretary)

Accounts:
Lone Star
Not Your Father's
Olympia
Pabst Blue Ribbon
Rainier
Stag
Stroh's

MEDIA ASSEMBLY
25800 Northwestern Highway
Southfield, MI 48075-1067
Tel.: (248) 415-3400
Fax: (248) 354-9745
Web Site: www.media-assembly.com

Year Founded: 1937

Discipline: Full Service/Integrated

Michael Fanuele (President)

Michael Stelmaszek (Executive Vice President & Executive Creative Director)
Tena Hermance (Senior Vice President & Brand Leader)
Bridget Lynn (Senior Vice President & Strategic Lead)
Amy Swain (Senior Vice President & Director, Creative Services)
Debbie Meister (Senior Vice President & Strategic Leader)
Kristin Hopper (Vice President & Associate Media Director)
Mary Frances Smyth (Vice President & Associate Media Director)
Lindsay Young (Vice President & Brand Leader - Doner)
Alicia Lingenfelter (Vice President & Associate Director, Media - Doner Advertising)
Adina Sigler (Vice President & Brand Leader)
Andrew Tahy (Vice President, Associate Media Director)
Jon Gunnells (Director, Paid Social & Search)
Chris McElmeel (Associate Creative Director)
Michelle Musallam (Associate Creative Director)
Virgil Adams (Associate Creative Director - Doner Advertising)
Alex Drukas (Associate Creative Director - Doner)
Sue Castleberry (Senior Business Manager - Doner)
Thy Ta Bland (Senior Business Manager - Doner)
Beth Baumgartner (Brand Leader - Doner)
Katie Pizzimenti (Supervisor)
Andrew Sarmiento (Integrated Communications Planner)
Kendra Mazey (Executive Managing Partner)

Accounts:
ACH Food Companies, Inc.
AKG
Aladino
Argo
Bake-Rite
C Spire Wireless
Capullo
Cordura
Durkee
Fleischmann's Yeast
French's
Frymax
Golden Griddle
Hackensack Meridian Health
Harman Kardon
Henri's
Highmark Blue Cross & Blue Shield
Highmark Health
Humko
Inca
Infinity
JBL
Karo
Kingsford's
Lexmark International
Manheim
Marie Callender's Restaurant & Bakery
Marie Callender's Restaurant & Bakery
Mazola
Mrs. Tucker
Ninety Nine Restaurant & Pub
Patak's
Perkins Restaurant & Bakery
Prestone
Red Robin
Redbox Automated Retail, LLC
Smithfield Foods, Inc.
Spice Islands

AGENCIES - JULY, 2020 — FULL SERVICE/INTEGRATED AGENCIES

Sweet ex
The Detroit Zoo
Tone's
UnitedHealthcare of California
Whirl

MEDIA PARTNERS
18840 South West Boones Ferry Road
Tualatin, OR 97062
Tel.: (503) 691-5553
Web Site: www.mediapartnersinc.net

Discipline: Full Service/Integrated

Nick Malliris (Co-President)
Carol Calvert (Co-President)

Accounts:
Idaho Power Company

MEDIAHUB WINSTON SALEM
525 Vine Street
Winston-Salem, NC 27101
Mailing Address:
Post Office Box 5627
Winston-Salem, NC 27113
Tel.: (336) 765-3630
Fax: (336) 659-0018
Web Site: www.mullenlowemediahub.com

Employees: 160
Year Founded: 1981

Discipline: Full Service/Integrated

Karen Wilson (Senior Vice President & Group Media Director)
Debbie Basham (Senior Vice President & Director, Audio & Video Investment)
Marianne King (Vice President & Associate Director, Alternative Media)
Jennifer Cross (Vice President & Account Director)
Jackie Grano (Associate Director, Media)
Eric Traver (Associate Director, Paid Social & Search)
Jennifer Roberts (Associate Media Director)
Lauri Bauer (Executive Director, Media)
Scott Wilkins (Supervisor, Media)
Megan Handerhan (Media Supervisor, Integrated Media Planner)
Taylor Hoerr (Manager, Strategic Analytics)
Courtney Jacobs (Senior Media Buyer)
Kathleen Van Gurp (Senior Media Planner)

Accounts:
Camel Snus
CARQUEST Corporation
CSX Transportation
Doral
Duke Energy Corporation
DXC Technology
Kumon North America
Ladies Professional Golf Association
Natural American Spirit
New Holland
Now
Royal Caribbean Cruises, Ltd.
Royal Caribbean International
The Pep Boys
TXU Corporation
Vantage
Vuse
Wake Forest Baptist Health

MEDIALINK
1155 Avenue of the Americas
New York, NY 10036
Tel.: (646) 259-3001
Fax: (323) 465-9230
Web Site: www.medialink.com

Year Founded: 2004

Discipline: Full Service/Integrated

Wenda Harris Millard (Vice Chairman)
Grant Gittlin (Chief Growth Officer)
Devrie DeMarco (Executive Vice President)
Andrea Kerr Redniss (Executive Vice President)
Karl Spangenberg (Executive Vice President)
Diana Naguib (Senior Vice President)
Dee Salomon (Senior Vice President & Curator-in-Residence)
Marcella Farman-Dietz (Senior Vice President, Events)
Scott Goodman (Senior Vice President)
Samantha Pillsbury (Director, Growth)
Donna Sharp (Managing Director)
JC Uva (Managing Director)

MEDIAPLUS ADVERTISING
141 Catherine Street
Ottawa, ON K2P 1C3
Tel.: (613) 230-3875
Fax: (613) 230-1458
Web Site: www.mediaplusadvertising.com

Employees: 20
Year Founded: 1984

Discipline: Full Service/Integrated

Don Masters (President & Creative Director)
Christine Kincaid (Chief Operating Officer & Vice President)
Josee Desjardins (Account Director)
Mark Skinner (Senior Art Director)

MENTUS
4660 La Jolla Village Drive
San Diego, CA 92122
Tel.: (858) 455-5500
Fax: (858) 455-6872
Web Site: www.mentus.com

Employees: 15
Year Founded: 1981

Discipline: Full Service/Integrated

Guy Iannuzzi (Chief Executive Officer & President)
Audrey Fagan - Miranda (Executive Vice President, Chief Financial Officer & General Manager)
Tracy Mitsunaga (Senior Vice President & Creative Director)
Janine Giambrone (Account Supervisor)
Leasa Fisher (Senior Account Supervisor)

MERCURY PUBLIC AFFAIRS
300 Tingey Street Southeast
Washington, DC 20003
Tel.: (202) 261-4000
Fax: (202) 261-4001
Web Site: www.mercuryllc.com

Employees: 20
Year Founded: 1994

Discipline: Full Service/Integrated

Vin Weber (Managing Partner & Chief Executive officer)
Adam Keigwin (Managing Director)

MERIDIAN GROUP
575 Lynnhaven Parkway
Virginia Beach, VA 23452-7331
Tel.: (757) 340-7425
Fax: (757) 340-8379
Web Site: www.themeridiangroup.com

Employees: 45
Year Founded: 1980

Discipline: Full Service/Integrated

Joe Takach (Chief Executive Officer)
Erin Brothers (Account Director, Public Relations)

MERIT
2201 North Front Street
Harrisburg, PA 17110
Tel.: (717) 652-0100
Fax: (717) 652-5054
Web Site: www.madewithmerit.com

Employees: 18
Year Founded: 1990

Discipline: Full Service/Integrated

Adam Vasquez (President & Chief Executive Officer)
Alexandra Rhodes (Chief Client Experience Officer)
Tom Hollerbach (Chief Innovation Officer)
Jamie Judy (Director, Program Management)

METACAKE LLC
600 South Margin Street
Franklin, TN 37064
Tel.: (615) 465-4884
Web Site: metacake.com

Year Founded: 2011

Discipline: Full Service/Integrated

Bob Strachan (Founder)
Kenneth Ott (Founder)
Taylor Watt (Marketing Coordinator)

METHOD COMMUNICATIONS
47 West 200 South
Salt Lake City, UT 84101
Tel.: (801) 461-9790
Fax: (801) 461-9791
Web Site: www.methodcommunications.com

Year Founded: 2010

Discipline: Full Service/Integrated

Jacob Moon (Partner & Executive Vice President)
Stephen Corsi (Executive Vice President)
Jenni Holladay (Senior Vice President, Marketing)
Katy Kenealy (Vice President)
Kristen Linsmeier (Account Executive)
Aaron Gough (Associate Creative Director)
Jenna Kastan (Director, Media Strategy)

Accounts:
View, Inc.

METROPOLIS ADVERTISING, INC.
719 Peachtree Road
Orlando, FL 32804
Tel.: (407) 835-8080
Fax: (407) 835-8070
Web Site: www.metroadv.com

FULL SERVICE/INTEGRATED AGENCIES

Employees: 12
Year Founded: 1996

Discipline: Full Service/Integrated

Brent Myrold *(Chief Executive Officer)*
Kevin Kent *(President & Creative Director)*

METROPOLITAN GROUP
519 Southwest Third Avenue
Portland, OR 97204
Tel.: (503) 223-3299
Fax: (503) 223-3474
Web Site: www.metgroup.com

Discipline: Full Service/Integrated

Eric Friedenwald-Fishman *(Founder & Creative Director)*
Al Machemehl *(Chief Operating Officer & Principal)*
Maria Elena Campisteguy *(Senior Executive Vice President & Principal)*
Jennifer Messenger Heilbronner *(Executive Vice President)*
Sean Garrison *(Art Director)*

MEYOCKS GROUP
6800 Lake Drive
West Des Moines, IA 50266
Tel.: (515) 225-1200
Fax: (515) 225-6400
Web Site: www.meyocks.com

Employees: 30
Year Founded: 1984

Discipline: Full Service/Integrated

Doug Jeske *(President & Chief Operating Officer)*
Rachel Allinson *(Senior Vice President & Creative Director)*
Chad Baker *(Vice President, Creative)*
Ali Kauffman *(Account Team Lead)*
Kristi Pauss *(Senior Media Planner & Buyer)*
Andrea Tagtow *(Senior Media Planner & Buyer)*
Deb Mitchell *(Account Manager)*
Katie Schetzsle *(Account Executive)*

Accounts:
Delta Dental Plans Association

MGH ADVERTISING
100 Painters Mill Road
Owings Mills, MD 21117
Tel.: (410) 902-5000
Fax: (410) 902-8712
Web Site: www.mghus.com

Year Founded: 1995

Discipline: Full Service/Integrated

Andy Malis *(Owner & Chief Executive Officer)*
Jane Goldstrom *(President & Chief Operating Officer)*
Ryan Goff *(Chief Marketing Officer, Executive Vice President & Director, Social Media Marketing)*
David Wassell *(Chief Creative Officer & Executive Vice President)*
John Patterson *(Executive Vice President & Executive Creative Director)*
Mike Skandalis *(Executive Vice President & Director, Planning)*
Chris McMurry *(Senior Vice President & Director, Public Relations & Damage Prevention Accounts)*
Cheryl Peluso *(Senior Vice President & Account Services Director)*
Edward Repasky *(Senior Vice President & Account Director)*
Kristi Stewart *(Senior Vice President & Group Account Director)*
Melissa Gray *(Vice President, Integrated Media)*
Kerry Owens *(Vice President, Public Relations & Account Director)*
Heather Douglas *(Vice President & Senior Manager, Social Media Marketing)*
Katie Cresswell *(Vice President & Director, Interactive Operations)*
Lisa Pennell *(Vice President, Digital Strategy)*
Sherri Reynolds Broughton *(Vice President & Senior Art Director)*
Heather Wassell *(Account Director)*
Allison Parks *(Senior Art Director, Interactive)*
Cayla Egan *(Art Director)*
Deena Callahan *(Director, Human Resources)*
Kelly Cahill *(Account Director, Marketing & Public Relations)*
Lindsey Halpin *(Account Director)*
Dennis Cashen *(Associate Director, Media Planning)*
Marah Radcliffe *(Account Supervisor)*
Matthew Owings *(Manager, Agency Marketing & New Business)*
Amanda Bailey *(Assistant, Media)*
Abigail Nowak *(Account Manager, Social Media Marketing)*
Christine Shake *(Media Planner & Media Buyer)*
Emily Meier *(Manager, Marketing & Public Relations Account)*
Joseph Gorman *(Manager, Print Production)*
Kimberly Ritchie *(Manager, Social Media Marketing)*
Lindsay Reed *(Account Manager)*
Brian Kelley *(Senior Copywriter)*
Kimberly Francois *(Account Executive)*
Steph Senkewicz *(Account Executive, Public Relations)*
Marissa Mazzella *(Account Coordinator, Social Media)*
Paul Didwall *(Account Coordinator, Social Media Marketing)*

Accounts:
Global Franchise Group, LLC
Golden Krust Caribbean Bakery & Grill
Great American Cookie Co.
Hendrick Automotive Group
Marble Slab
Medifast, Inc.
Papa John's International
Pretzel Time
Pretzelmaker
The Greene Turtle

MGM COMMUNICATIONS
433 20 Street, West
Saskatoon, SK S7M 0X3
Tel.: (306) 955-4811
Fax: (306) 955-2724
Web Site: www.mgmcommunications.com

Employees: 30

Discipline: Full Service/Integrated

Paul O'Byrne *(Chief Executive Officer & Partner)*
Dean Owen *(President)*
Greg Fehr *(Vice President, Public Relations)*

MILES MEDIA GROUP, LLP
6751 Professional Parkway West
Sarasota, FL 34240
Tel.: (941) 342-2300
Fax: (941) 907-0300
Toll Free: (800) 683-0010
Web Site: www.milespartnership.com

Discipline: Full Service/Integrated

Elena Prostova *(Vice President, New Business Development & Creative Director)*
Gray Lawry *(Vice President, Strategy & Insights)*
Theresa Overby *(Director, Social Media Strategy)*
Neal Alfano *(Creative Director & Account Manager)*
Natalie Kelly *(Project Manager)*
Erin Marvin *(Content Strategist)*

Accounts:
Georgia Department of Economic Development
Visit Florida

MILLENNIUM INTEGRATED MARKETING
150 Dow Street
Manchester, NH 03101
Tel.: (603) 792-2200
Toll Free: (877) 873-7445
Web Site: www.mill-im.com/

Year Founded: 2005

Discipline: Full Service/Integrated

Linda Fanaras *(President & Strategist)*
Jessica Chabot *(Vice President, Client Services)*
Mark Dingman *(Digital Creative Director)*

MILTON SAMUELS ADVERTISING & PUBLIC RELATIONS
328 West 38th Street
New York, NY 10018
Tel.: (212) 532-5151
Fax: (212) 532-5499
Web Site: www.msanewyork.com

Year Founded: 1960

Discipline: Full Service/Integrated

Keith Klein *(Chief Creative Officer)*
Paul Greenberg *(Managing Partner)*
Ron Spivak *(Senior Art Director)*

MINOR O'HARRA ADVERTISING
6170 Ridgeview Court
Reno, NV 89519
Tel.: (775) 853-5800
Fax: (775) 853-5801
Web Site: www.minoradvertising.com

Employees: 5

Discipline: Full Service/Integrated

Jim Minor *(Owner)*
Jennifer O'Harra *(Vice President & Partner)*

MINTZ & HOKE
40 Tower Lane
Avon, CT 06001

Brands. Marketers. Agencies. Search Less. Find More.
Try out the online version at www.winmo.com

AGENCIES - JULY, 2020 — FULL SERVICE/INTEGRATED AGENCIES

Tel.: (860) 678-0473
Fax: (860) 679-9750
Web Site: www.mintz-hoke.com

Employees: 50
Year Founded: 1971

Discipline: Full Service/Integrated

Andrew Wood *(Senior Vice President, Strategy & Planning)*
Ron Perine *(Chief Operating Officer & President)*
Sara-Beth Donovan *(Principal, Media)*
Sean Crane *(Chief Creative Officer)*
Lynette McCarthy *(Vice President & Director, Broadcast Buying)*
Lisa Geissler *(Associate Media Director)*
Michelle LaPointe *(Associate Media Director)*
Maribeth Magiera *(Broadcast Promotion Manager & Buyer)*
Penny Turton *(Media Planner)*
Scott Clouser *(Account Executive)*

Accounts:
Hartford Hospital
Mohegan Sun

MIRRORBALL
134 West 25th Street
New York, NY 10001
Tel.: (212) 604-9988
Web Site: www.mirrorball.com

Year Founded: 2003

Discipline: Full Service/Integrated

Michael Blatter *(Founder & Chief Executive Officer)*
Brian Orange *(Partner & Chief Operating Officer)*

MLIVE MEDIA GROUP
169 Monroe Avenue Northwest
Grand Rapids, MI 49503
Toll Free: (800) 878-1400
Web Site: www.mlivemediagroup.com

Year Founded: 1922

Discipline: Full Service/Integrated

Jeannie Parent *(Chief Revenue Officer)*
Andrea Miller *(Vice President, Operations)*
John Hiner *(Vice President, Content)*
Anne Drummond *(Director, Creative Advertising Sales)*

MMGY GLOBAL
4601 Madison Avenue
Kansas City, MO 64112
Tel.: (816) 472-5988
Fax: (816) 471-5395
Web Site: www.mmgyglobal.com/

Employees: 110
Year Founded: 1981

Discipline: Full Service/Integrated

Don Montague *(Chairman)*
Clayton Reid *(President & Chief Executive Officer)*
Calep Howard *(Chief Information Officer)*
Hugh McConnell *(Chief Financial Officer & Executive Vice President, Operations)*
Katie Briscoe *(Executive Vice President, Client & Interactive Services)*
Craig Compagnone *(Executive Vice President, Business Strategy)*
Stewart Colovin *(Executive Vice President, Creative & Brand Strategy)*
Lucas Cobb *(Senior Vice President, Data Strategy)*
Alana Patton *(Vice President, Media)*
Jessica Schultz *(Vice President, Planning & Strategy)*
Alan Kuykendall *(Vice President & Group Account Director)*
Justin Farmer *(Vice President, Business Strategy)*
Craig Paddock *(Director, Search Engine Marketing)*
Bill Steinke *(Group Media Director)*
Brent Anderson *(Creative Director)*
Chris Pomeroy *(Director, Global Strategies & Client Services - Spain)*
Rebekah Bell *(Director, Strategy & Accounts)*
Kaylee Oberzan *(Media Buyer)*
Megan Conder *(Social Media Manager)*
Kelsey Chabot *(Social Media Manager)*
Brett McAtee *(Media Buyer)*
Shannon Cummings *(Account Supervisor)*
Mackenzie Davidson *(Social Media Strategist)*
Maggie Edmondson *(Assistant Account Executive)*
Erin Brockus *(Coordinator, Human Resources)*

Accounts:
Aparium Hotel Group
Barbados Tourism Marketing, Inc.
Bermuda Department of Tourism
Club Med North America
Colorado Travel & Tourism Authority
Silversea Cruises, Ltd.
South Dakota Department of Tourism
Travel Guard
Visit KC

MMGY GLOBAL
360 Lexington Avenue
New York, NY 10017
Tel.: (212) 219-7560
Fax: (212) 219-0759
Web Site: www.mmgyglobal.com

Year Founded: 1981

Discipline: Full Service/Integrated

Julie Freeman *(Executive Vice President & Managing Director, Public Relations, Social & Experiential Marketing)*
Lauren Kaufman *(Senior Vice President - NJF)*
Sarika Chawla *(Senior Editor)*

Accounts:
Bermuda Department of Tourism
SONIFI
South Dakota Department of Tourism
Travel Guard

MOD OP
12377 Merit Drive
Dallas, TX 75251
Tel.: (972) 480-8383
Fax: (972) 669-9913
Web Site: www.modop.com

Employees: 30
Year Founded: 2017

Discipline: Full Service/Integrated

Mike Crawford *(President)*
Pam Watkins *(Senior Vice President, Business & Media Strategy)*
Jim Terry *(Senior Vice President, Account Services)*
Todd Brashear *(Vice President, Creative Services)*
Shannon Sullivan *(Vice President & Account Director)*
Kathy Andrews *(Director, Operations)*

Accounts:
Chuck-E-Cheese
CommScope, Inc.
Hudson & Marshall
Texas Instruments, Inc.

MODERN CLIMATE
515 Washington Avenue North
Minneapolis, MN 55401
Tel.: (612) 343-8180
Web Site: modernclimate.com

Year Founded: 2009

Discipline: Full Service/Integrated

Keith Wolf *(Chief Creative Officer)*
Jason Tell *(Chief User Experience Officer)*
Brant Haenel *(Chief Strategy Officer)*
Greg Engen *(President & Chief Executive Officer)*
Joe Soucheray *(Chief Technology Officer)*
Tracy Zach *(Vice President, Managing Director)*
Mary Kramer *(Vice President, Operations)*
Joe Sonka *(Vice President, Client Engagement)*
Kristin Fitzpatrick *(Vice President, Client Engagement)*
Curtis Smith *(Vice President, Business Development)*
Kevin Fitzgerald *(Director, Client Services)*
Dave Schutz *(Director, Creative)*
Briana Lidstone *(Client Engagement Supervisor)*
Luke Prosser *(Director, Interactive Creative)*
Cori Van Brunt *(Senior Project Manager)*
Lexi Hagel *(Project Manager)*
Michele Hogan *(Project Manager)*
Kerry O'Leary *(Project Manager)*
Justin Lerman *(Senior Copywriter)*
Meghan O'Hare *(Senior Designer)*
Patrick Hurley *(Strategist, Paid Media)*
Will Dolezal *(Senior Digital Marketing Strategist)*

Accounts:
Andersen Corporation
Anytime Fitness
Crystal Farms
Delta Spincast Reel
Omega Spincast Reel
Platinum Spincast Reel
Platinum Ti Spincast Reel
Simply Potatoes
Summit Brewing Company
The Mosaic Company
Zebco Authentic
Zebco Corporation
Zebco Gold

MONSTER XP
317 Northlake Boulevard
Altamonte Springs, FL 32701
Tel.: (321) 203-3104
Web Site: monsterxp.net

Year Founded: 2004

Discipline: Full Service/Integrated

John Payne *(Chief Executive Officer & Founder)*
Chris Poluski *(President)*

FULL SERVICE/INTEGRATED AGENCIES

Zach Chastain *(Account Director)*

MONTAGNE COMMUNICATIONS
814 Elm Street
Manchester, NH 03101
Tel.: (603) 644-3200
Fax: (603) 644-3216
Web Site: www.montagnecom.com

Year Founded: 2007

Discipline: Full Service/Integrated

Scott Tranchemontagne *(President & Partner)*
E.J. Powers *(Executive Vice President & Partner)*
Lisa Cramb *(Senior Account Manager)*

MORGAN & MYERS
N16 W23233 Stone Ridge Drive
Waukesha, WI 53188
Tel.: (262) 650-7260
Fax: (262) 650-7261
Web Site: www.morganmyers.com

Employees: 51
Year Founded: 1982

Discipline: Full Service/Integrated

Tim Oliver *(Principal & President)*
Linda Wenck *(Principal & Director, Corporate Affairs & Responsibility)*

MOROCH PARTNERS
3625 North Hall Street
Dallas, TX 75219-5110
Tel.: (214) 520-9700
Fax: (214) 520-5666
Web Site: www.moroch.com

Year Founded: 1981

Discipline: Full Service/Integrated

Tom Moroch *(Owner)*
Pat Kempf *(Vice Chairman)*
Matt Powell *(Chief Executive Officer)*
Kelly Correia *(Senior Partner)*
Clint Crowder *(Director, Integrated Production)*
Julie Gremminger *(Account Director)*
Courtney Standerfer *(Account Director-McDonalds)*
Emily Kopp *(Group Media Director)*
Samantha Tench *(Account Director)*
Stacie Bennett *(Director, Operations)*
Pam Stutler *(Director, Media Investment)*
Marguerite Ling *(Account Executive)*
Alyssa Lowe *(Account Director)*
Carrie Pinkley *(Director, Social Media)*
Shannon Morrison *(Operations & Talent Manager)*
Cary Dice *(Regional Marketing Manager)*
Melissa Hill *(Integrated Media Buyer)*
Lauren Young *(Media Planning Supervisor)*
Katelynn Martin *(Media Planning Supervisor)*
Allie Rokas *(Media Planner)*
Andrew Reimherr *(Account Executive - Visionworks Agency Representative)*
Emily Nelson *(Paid Social Strategist)*
Lauren Sanders *(Media Buyer)*

Accounts:
AEON Enhanced Performance
Disney Home Entertainment
Fine Line Features
Mannatech, Inc.
Mission Pharmacal Company
New Line Cinema Corporation
Planet Fitness
Six Flags, Inc.
The Coca-Cola Company
Touchstone Pictures
Walt Disney Pictures
Wilsonart
Wilsonart Flooring
Wilsonart International, Inc.
Wilsonart Laminate

MORTON, VARDEMAN & CARLSON
200 Broad Street Southwest
Gainesville, GA 30501
Tel.: (770) 536-8921
Fax: (770) 535-2753
Web Site: www.vardeman.com

Employees: 10
Year Founded: 1973

Discipline: Full Service/Integrated

John Vardeman *(President)*
Tina Carlson *(Executive Vice President & Creative Director)*
Bryan Nicoll *(Director, Digital Technologies)*
Jeff Butler *(Public Relations Director)*
Diane Speight *(Art Director)*
Patrick Ceska *(Senior Account Executive & Partner)*

MOSAIC NORTH AMERICA
8500 Baycenter Road
Jacksonville, FL 32256
Tel.: (904) 470-4196
Web Site: www.mosaic.com

Discipline: Full Service/Integrated

Monique Reynolds *(Associate Account Director)*
Brianne Cartlidge *(Senior Account Director)*

MOUNTAIN VIEW GROUP
834 Inman Village Parkway
Atlanta, GA 30307
Tel.: (404) 633-3366
Fax: (404) 633-1309
Web Site: www.mountainviewgroup.com

Employees: 5
Year Founded: 1981

Discipline: Full Service/Integrated

Thomas Gonyeau *(Principal)*
Stephen Pruitt *(Principal & Owner)*
Simon Umlauf *(Producer)*

MOVE COMMUNICATIONS
804 Phoenix Drive
Ann Arbor, MI 48108
Tel.: (734) 973-0100
Fax: (734) 973-0150
Web Site: www.movecommunications.com

Employees: 20
Year Founded: 1984

Discipline: Full Service/Integrated

Don Hart *(President)*
Carol Hart *(Chief Financial Officer & Principal)*

MOWER
50 Fountain Plaza
Buffalo, NY 14202
Tel.: (716) 842-2233
Fax: (716) 842-1271
Toll Free: (800) 724-0289
Web Site: www.mower.com

Employees: 40
Year Founded: 1959

Discipline: Full Service/Integrated

Doug Bean *(Vice Chairman & Chief Brand Officer)*
Cray Cyphers *(Senior Vice President & Account Director)*
Patrick Lewis *(Media Director)*
Mary Gendron *(Senior Vice President & Managing Director)*

Accounts:
Dundee
Genesee
Labatt
Lufthansa North America
Seagram's Escapes
Westchester County Tourism

MOWER
201 Seventeenth Street, Northwest
Atlanta, GA 30363
Tel.: (678) 587-0301
Fax: (770) 481-1500
Toll Free: (800) 724-0289
Web Site: www.mower.com

Employees: 25
Year Founded: 1959

Discipline: Full Service/Integrated

Lisa Huggins *(Chief Marketing Officer & Senior Partner)*
Tom Armentrout *(Executive Vice President, & Managing Director)*
Wally Stoneman *(Creative Director)*
Chad Wall *(Creative Director)*

Accounts:
High Museum of Art

MQ&C ADVERTISING, INC.
1108 Lavaca Street #110-333
Austin, TX 78701
Tel.: (512) 499-0660
Fax: (512) 469-0803
Web Site: www.mq-c.com

Year Founded: 1982

Discipline: Full Service/Integrated

Cindy Carman *(Owner)*
Ben Morris *(Founder & Chief Marketing Strategist)*

MULLENLOWE U.S. BOSTON
40 Broad Street
Boston, MA 02109
Tel.: (617) 226-9000
Fax: (617) 226-9100
Web Site: www.mullenloweus.com

Employees: 350
Year Founded: 1981

Discipline: Full Service/Integrated

Approx. Annual Billings: $970.00

Sheila Leyne *(Executive Vice President, Managing Partner & Director, Public Relations)*

AGENCIES - JULY, 2020
FULL SERVICE/INTEGRATED AGENCIES

David Swaebe *(Global Chief Growth Officer)*
Lee Newman *(Chief Executive Officer - U.S.)*
John Wolfarth *(Executive Vice President & Group Creative Director)*
John Kearse *(Senior Vice President & Group Creative Director)*
Jonathan Ruby *(Senior Vice President & Creative Director)*
Kay Pancheri *(Senior Vice President & Group Account Director)*
Ellie Gogan-Tilstone *(Senior Vice President & Head, Strategy)*
Don Lorenzet *(Senior Vice President & Group Account Director)*
Erin Gorrall *(Senior Vice President & Lead, Integrated Planning)*
Chere Furman *(Senior Vice President & Director, Creative Support Services)*
Kim Burns *(Senior Vice President & Director, Business Affairs)*
Steve Haroutunian *(Vice President & Director, Digital Creative Production)*
Tammy Skuraton *(Vice President & Director, Creative Recruiting - East Coast)*
Cameron Burnham *(Vice President & Account Director)*
Maria Rougvie *(Vice President & Manager, Business Affairs)*
Matt Mullen *(Vice President & Director, Strategy)*
Lauren Brennan *(Vice President & Account Director)*
Vanessa Fazio *(Vice President & Senior Manager, Business Affairs)*
Matt Clark *(Vice President & Director, Creative)*
Karen Goodman *(Vice President & Creative Director)*
Tim Vaccarino *(Executive Creative Director)*
Dave Weist *(Executive Creative Director)*
Alison Whisenant *(Account Director)*
Courtney Calvert *(Director, New Business)*
Jonathan Gadd *(Head, Strategy)*
Cody Drummer *(Associate Creative Director & Copywriter)*
Ryan Montgomery *(Associate Creative Director)*
Tim Bildsten *(Associate Creative Director)*
Aimee Van Zile-Buchwalter *(Director, Account)*
Jon Ridzon *(Account Director)*
Jessie Palasek *(Director, Operational Analytics)*
Casey McTiernan *(Digital Producer)*
Courtney Coyne *(Senior Digital Producer)*
Kristina Saliba *(Senior Copywriter)*
Jimmy George *(Senior Strategist)*
Sean O'Brien *(Head, Design)*
Katie Tammaro *(Senior Manager, Agency Communications)*
Colin Brown *(Senior Account Executive)*
Tanya Wasyluk *(Senior Copywriter)*
Francesca Prach *(Account Executive - Royal Caribbean)*
Caroline Casas *(Associate, User Experience Design)*

Accounts:
AG Industries
American Greetings Corporation
Blue Mountain.com
Burger King Corporation
Carlton Cards
Century 21 Real Estate Corporation
Constant Contact
CSX Transportation
DateWorks
Designers' Collection
E*TRADE Financial Corporation
ecoATM Gazelle
EdgeNet
Forget Me Not
Foxwoods Resort Casino
Gibson Greetings
Guildhouse
Inspirational
justwink.com
Kingsdown
Magnivision
Navy Federal Credit Union
Olympus
Papyrus
Patron
Patron Anejo
Patron Citronge
Patron Reposado
Patron XO Cafe
PlusMark
Public Broadcasting Service
Pyrat
Pyrat Cask 1623
Pyrat Pistol
Pyrat XO Reserve
Recycled Paper
Relativity
Royal Caribbean Cruises, Ltd.
Sennheiser Electronics Corporation
Shout
Sprout Network
Sweethearts
Talbots
The Patron Spirits Company
Ultimat Vodka
UPromise, Inc.
US Cellular Corporation
Yahoo! Inc.
Zappos.com, Inc.

MUSTANG MARKETING
3135 Old Conejo Road
Thousand Oaks, CA 91320
Tel.: (805) 498-8718
Fax: (805) 498-8752
Web Site: www.mustangmktg.com

Year Founded: 1986

Discipline: Full Service/Integrated

Scott Harris *(Chief Executive Officer)*
Dianne McKay *(President)*
Randi Harris *(Executive Vice President)*
Chris Barrett *(Vice President)*

MVP MARKETING
5 Glenaden Avenue, East
Toronto, ON M8Y 2L2
Tel.: (416) 235-0194
Fax: (416) 239-4524
Web Site: www.mvpmarketing.ca

Employees: 4
Year Founded: 1996

Discipline: Full Service/Integrated

Mike Phillips *(President)*
Len Ramsay *(Account Director)*
Catharine Barker *(Creative Director)*
Joanne Macrae *(Writer)*

MYRIAD TRAVEL MARKETING
6033 Century Boulevard
Los Angeles, CA 90045
Tel.: (310) 649-7700
Web Site: www.myriadmarketing.com

Year Founded: 1987

Discipline: Full Service/Integrated

Al Merschen *(Managing Partner)*
Michael Price *(Executive Vice President)*
Julie Averay Cuesta *(Vice President, Representation)*
Rebekah Bell *(Director, Strategy & Accounts)*
Laura Jones *(Director, Marketing Services)*
Carman Chan *(Account Director)*
Yalun Ho *(Account Manager)*
Jennifer Goger Eun *(Senior Client Services Manager)*
Fu-Hua Yang *(Senior Account Executive)*
Leah Swofford *(Account Executive)*
Stephanie Morrow *(Senior Account Executive)*

Accounts:
Fiji Airways

NATCOM MARKETING COMMUNICATIONS
318 Northwest 23rd Street
Miami, FL 33127
Tel.: (305) 756-8600
Fax: (305) 756-6294
Web Site: www.natcomglobal.com

Year Founded: 1982

Discipline: Full Service/Integrated

Robert Rodriguez *(Chief Executive Officer)*
Eddie Sarasola *(Co-Founder & President, International Markets)*

NCOMPASS INTERNATIONAL
8223 Santa Monica Boulevard
West Hollywood, CA 90064
Tel.: (323) 785-1700
Web Site: www.ncompassinternational.com

Year Founded: 2003

Discipline: Full Service/Integrated

Donna DiRenzo Graves *(Co-Founder, President & Chief Executive Officer)*
Kae Erickson *(Co-Founder & Chief Operating Officer)*
Matt Mayer *(Senior Vice President, Strategic Marketing)*
Michaela Keller McCoy *(Vice President, Client Services)*
Andrew Kloack *(Director, Production)*
Deanne Saffren *(Director, Experiential Marketing)*

NDP
2912 West Leigh Street
Richmond, VA 23230
Tel.: (804) 783-8140
Fax: (804) 783-0098
Toll Free: (800) 847-2674
Web Site: www.ndp.agency

Year Founded: 1984

Discipline: Full Service/Integrated

Susan Dubuque *(Principal)*
Roger Neathawk *(Chairman)*
Brent Morris *(Chief Executive Officer)*
Amy Baril *(Executive Vice President, Neathawk360)*
Tammy Harris *(Director, Media)*

Brands. Marketers. Agencies. Search Less. Find More.
Try out the online version at www.winmo.com

FULL SERVICE/INTEGRATED AGENCIES

Celeste Root *(Associate Director, Media & Neathawk360 Planner)*
Todd Williams *(Director, Creative)*
Sarah Sheldon *(Director, Digital Operations)*

Accounts:
Universal Fibers Systems, LLC
Virginia Lottery

NEAL ADVERTISING
153 Andover Street
Danvers, MA 01923
Tel.: (978) 774-4444
Fax: (978) 774-4490
Web Site: www.nealadv.com

Year Founded: 2005

Discipline: Full Service/Integrated

Neal Bocian *(President)*
Chad Foster *(Chief Creative Officer)*

NEFF ASSOCIATES, INC.
13 South Third Street
Philadelphia, PA 19106
Tel.: (215) 627-4747
Fax: (215) 923-6333
Web Site: www.neffassociates.com

Discipline: Full Service/Integrated

David Neff *(President)*
Adam Engelhart *(Creative Director)*

NEIMAND COLLABORATIVE
1100 Vermont Avenue Northwest
Washington, DC 20005
Tel.: (202) 637-9732
Fax: (202) 637-9733
Web Site: www.neimandcollaborative.com

Employees: 14

Discipline: Full Service/Integrated

Rich Neimand *(President & Owner)*
Shannon Rosenthal *(Vice President, Operations)*
Sarah Hutchinson *(Vice President, Creative Services & Partner)*

NELSON & GILMORE
1604 Aviation Boulevard
Redondo Beach, CA 90278
Tel.: (310) 376-0296
Fax: (310) 374-8995
Web Site: www.nelsongilmore.com

Employees: 14
Year Founded: 1978

Discipline: Full Service/Integrated

Wayne Nelson *(Chief Executive Officer)*
Paige Nelson *(President)*

NEMER, FIEGER & ASSOCIATES
6250 Excelsior Boulevard
Minneapolis, MN 55416-2799
Tel.: (952) 925-4848
Fax: (952) 925-1907
Web Site: www.nemerfieger.com

Employees: 30
Year Founded: 1957

Discipline: Full Service/Integrated

J. Marie Fieger *(Chief Executive Officer)*
Chad Olson *(Senior Vice President, Marketing)*
Juli Heath *(Broadcast Director)*
Kristin Laursen *(Senior Media Buyer)*
Peggy Hayes *(Manager, Financial Services)*
Alyssa Smith *(Account Executive, Entertainment Marketing)*
Amy Severson *(Senior Account Executive)*

Accounts:
New Line Cinema Corporation

NETWORK AFFILIATES, INC.
940 Wadsworth Boulevard
Lakewood, CO 80214
Tel.: (303) 232-2707
Fax: (303) 232-2241
Web Site: www.netaff.com

Employees: 65
Year Founded: 1982

Discipline: Full Service/Integrated

Norty Frickey *(President & Chief Executive Officer)*
Tammy Kehe *(Vice President, Legal Marketing)*
Alex Dodge *(Account Director)*
Emily Frickey *(Director, Digital Operations)*
Lisa Rosas *(Media Strategist & Senior Account Manager)*
Brian Hutchin *(Senior Account Manager)*

Accounts:
Jacoby & Meyers

NEW HONOR SOCIETY
555 Washington Avenue
Saint Louis, MO 63101
Tel.: (314) 231-2400
Fax: (314) 231-6622
Web Site: www.newhonorsociety.com

Year Founded: 2012

Discipline: Full Service/Integrated

Heidi Singleton *(President & Chief Creative Officer)*
Tracee Champa *(Vice President & Account Director)*
Derek Burr *(Director, Production Operations)*
Renee White *(Client Business Analyst)*

Accounts:
Swedish Match North America Inc.

NICE & COMPANY
921 Front Street
San Francisco, CA 94111
Tel.: (415) 344-4100
Fax: (415) 344-4104
Web Site: www.niceadvertising.com

Employees: 4
Year Founded: 1997

Discipline: Full Service/Integrated

Tim Nice *(Co-Founder & Partner)*
Kelly Nice *(Co-Founder & Partner)*
Darren Fitzgerald *(Vice President & Account Director)*
Doug Finelli *(Executive Director, Creative)*
Mandie Russell Clem *(Media Director)*
Simon Tam *(Associate Director, Creative)*
Eric Daudenarde *(Senior Media Planner)*

Accounts:

Crystal Geyser Water
Jelly Belly Candy Co.
Lighter Bake
Plum Smart
PlumSweets
Sunsweet Growers
Sunsweet Ones

NIMBLE WORLDWIDE
2001 North Lamar Street
Dallas, TX 75202
Tel.: (972) 788-7600
Fax: (972) 788-7680
Web Site: www.nimbleworldwide.com

Employees: 20
Year Founded: 2008

Discipline: Full Service/Integrated

Ed Bardwell *(Founder)*
Bob Wagner *(President)*

Accounts:
Peterbilt Motors
Safety-Kleen Corporation

NIMBUS
624 West Main Street
Louisville, KY 40202
Web Site: www.hellonimbus.com

Year Founded: 2001

Discipline: Full Service/Integrated

Stacey Wade *(President)*
Dana Crosby *(Chief Operating Officer & General Counsel)*
Beth Howard *(Vice President)*
Jayme Trondle *(Senior Designer)*
Jennifer Ball *(Account Manager)*
Jonathan Jeanty *(Marketing Strategist)*
Shandi Dorsey *(Coordinator, Events & Facilities)*

Accounts:
Papa John's International

NL PARTNERS
1231 Shore Road
Cape Elizabeth, ME 04107
Tel.: (207) 775-5251
Fax: (207) 775-3389
Web Site: www.nlpartners.com

Employees: 13
Year Founded: 1988

Discipline: Full Service/Integrated

Russ Leonard *(President)*
Dan McMillen *(Director, Media)*

NORRIS & COMPANY
Five Cabot Place
Stoughton, MA 02072
Tel.: (508) 510-5626
Web Site: www.nor.com

Employees: 15
Year Founded: 1979

Discipline: Full Service/Integrated

John Norris *(Vice President)*
Jim Norris *(President)*

NORTON AGENCY

Brands. Marketers. Agencies. Search Less. Find More.
Try out the online version at www.winmo.com

549 West Randolph Street
Chicago, IL 60661
Tel.: (630) 954-0500
Web Site: www.nortonadvertising.com

Employees: 15
Year Founded: 1989

Discipline: Full Service/Integrated

Sue Gehrke *(Principal & Creative Director)*
Mike LoPiano *(Principal & Chief Operating Officer)*
Anthony Salgado *(Vice President)*
Mark Miller *(Vice President & Account Services, Strategy & Planning)*
Kirsten Chiopelas *(Group Director, Account Services)*

NOVA ADVERTISING
3917 Old Lee Highway
Fairfax, VA 22030
Tel.: (703) 855-9641
Toll Free: (877) 492-5566
Web Site: www.novaadvertising.com

Year Founded: 2009

Discipline: Full Service/Integrated

Behzad Riazi *(President)*
Safa Damouzehtash *(Managing Partner)*
Fred Ostovar *(Director, Marketing)*

NOVITA COMMUNICATIONS
277 Broadway
New York, NY 10007
Tel.: (212) 528-3160
Fax: (917) 591-7292
Web Site: www.novitapr.com

Discipline: Full Service/Integrated

Christine Abbate *(President)*
Danielle McWilliams *(Senior Vice President)*
Kristin Coleman *(Vice President & Account Director)*
Alexandra Zwicky *(Account Director)*
Katie Bone *(Account Director)*
Lucy Mathias *(Senior Account Executive)*
Abby Perham *(Junior Account Executive)*
Katherine Smythe *(Account Executive)*

Accounts:
HBF

NUFFER SMITH TUCKER, INC.
4045 Third Avenue
San Diego, CA 92103
Tel.: (619) 296-0605
Fax: (619) 296-8530
Web Site: www.nstpr.com

Employees: 15
Year Founded: 1974

Discipline: Full Service/Integrated

Tom Gable *(Vice Chair)*
Bill Trumpfheller *(President)*
Kerry Tucker *(Chief Executive Officer)*
Price Adams *(Vice President)*
Natalie Haack *(Account Supervisor)*
Rebecca Schmidt *(Senior Account Executive)*
Tracy Moehnke *(Senior Account Executive)*
Teresa Stiles *(Managing Director)*

O'BRIEN ET AL. ADVERTISING
3113 Pacific Avenue
Virginia Beach, VA 23451
Tel.: (757) 422-3231
Fax: (757) 422-3439
Web Site: www.obrienetal.com

Discipline: Full Service/Integrated

Kevin O'Brien *(President)*
Brandi Bashford Jackson *(Media Director)*
Kevin Gaydosh *(Director, Public Relations & Strategic Planning)*
Stacy Bundy *(Account Executive)*
Naomi Vargas *(Production Manager)*
Ken Gortz *(Producer)*

Accounts:
Chase & Sanborn
Chock Full o' Nuts
Hills Bros.
Massimo Zanetti Beverage USA

O'CARROLL GROUP
125 Jefferson Drive
Lake Charles, LA 70605
Tel.: (337) 478-7396
Fax: (337) 478-0503
Web Site: www.ocarroll.com

Discipline: Full Service/Integrated

Peter O'Carroll *(President)*
Pam Doucet *(Vice President & Account Manager)*

O'KEEFE REINHARD & PAUL
328 South Jefferson Street
Chicago, IL 60661
Tel.: (312) 226-6144
Fax: (773) 442-0329
Web Site: www.okrp.com

Year Founded: 2013

Discipline: Full Service/Integrated

Tom O'Keefe *(Founder & Chief Executive Officer)*
Matt Reinhard *(Founder & Chief Creative Officer)*
Laura Fegley *(Chief Creative Officer)*
Nick Paul *(Founder & President)*
Natasha Kesaji *(Director, Account Services)*
NaShonna Griffin *(Account Director)*
Rahul Roy *(Head, Client Business)*
Betsy Ross *(Client Management Director)*
Jennifer Bills *(Creative Director)*
Nate Swift *(Director, Brand Strategy)*
Kirby Summers *(Senior Account Executive)*
Nicole Roy *(Client Management Director)*
Scott Mitchell *(Executive Producer)*
Marian Williams *(Creative Director)*
Katie Johnson *(Director, Production Business Affairs)*
Tim Rawls *(Executive Creative Director, Digital)*
Carolyn Bergen *(Creative Director & Writer)*
Michelle Litos *(Creative Director)*
Danae Belanger *(Associate Creative Director)*
Madison Jackson *(Associate Creative Director)*
Andrea Knowles *(Senior Art Director)*
Noel Margonza *(Art Director)*
Kelly Ventrelli *(Production Business Manager)*
Layne Steele Paddon *(Account Supervisor - Groupon)*
Eric Kripas *(Associate Director, Creative)*

Will Carter *(Designer)*

Accounts:
Ace Hardware Corporation
Big Lots, Inc.
Chevron
Chevron North America Inc
Chili's Grill & Bar
EGOPower+
Gildan Activewear, Inc.
Illinois Department of the Lottery
Illinois Office of Tourism
Skil Power Tools
Turtle Wax, Inc.

O2 IDEAS
505 20th Street
Birmingham, AL 35203
Tel.: (205) 949-9494
Fax: (205) 949-9449
Web Site: www.o2ideas.com

Employees: 95
Year Founded: 1967

Discipline: Full Service/Integrated

Shelley Stewart *(Founder)*
Bill Todd *(President)*
Linda Payne *(Chief Financial Officer & Partner)*
Rob Hardison *(Senior Art Director)*

ODNEY ADVERTISING AGENCY
117 West Front Avenue
Bismarck, ND 58504
Mailing Address:
Post Office Box 2035
Bismarck, ND 58502
Tel.: (701) 222-8721
Fax: (701) 222-8172
Toll Free: (888) 500-8721
Web Site: www.odney.com

Year Founded: 1985

Discipline: Full Service/Integrated

Michael Pierce *(Chief Digital Officer)*
Cindy Bittner *(Chief Financial Officer)*
Cindy Dupaul-Vogelsang *(Media Director)*
Mike Bruner *(Corporate Creative Director)*
Lynette Julson *(Media Planner & Buyer)*
Gwen Butler *(Vice President)*
Katie Hogfoss *(Media Buyer)*

Accounts:
North Dakota Travel & Tourism

OFF MADISON AVENUE
5555 East Van Buren
Phoenix, AZ 85008
Tel.: (480) 505-4500
Fax: (480) 505-4501
Web Site: www.offmadisonave.com

Employees: 60
Year Founded: 1998

Discipline: Full Service/Integrated

David Anderson *(President & Chief Executive Officer)*
Roger Hurni *(Managing Partner & Chief Creative Officer)*
Patrick Murphy *(Media Director)*

Accounts:
Arizona Office of Tourism
dotFIT, LLC

FULL SERVICE/INTEGRATED AGENCIES

OGILVY
350 West Mart Center Drive
Chicago, IL 60654
Tel.: (312) 856-8200
Fax: (312) 856-8207
Web Site: www.ogilvy.com

Employees: 190
Year Founded: 1948

Discipline: Full Service/Integrated

Joe Sciarrotta *(Deputy Chief Creative Officer - Worldwide)*
Laura McCullough *(Senior Partner & Executive Group Director)*
Donna Charlton-Perrin *(Partner & Group Creative Director)*
Chris Turner *(Senior Partner, Group Creative Director & Creative Integration Lead)*
Brad Silber *(Vice President)*
Katie Sheeran *(Vice President, Group Planning Director)*
Dave Loew *(Executive Creative Director)*
Whitney Burton *(Account Director)*
Amy Medellin *(Account Director)*
Patrick Seidel *(Associate Creative Director)*
Charles Brandl *(Executive Group Director)*
Estee Mathes *(Associate Creative Director)*
Samantha Gorelik *(Associate Creative Director & Copywriter)*
Jilian Oxler *(Global Account Director)*
Hital Pandya *(Creative Director)*
Greg Fox *(Creative Director)*
Passion Jackson *(Account Director)*
Piper Dolan *(Co-Head, Strategy)*
Molly Gilles *(Global Account Supervisor)*
Jordan Hallmark *(Account Supervisor)*
Melanie Gonzalez *(Account Supervisor - Tyson Foods)*
Hannah Lee *(Management Supervisor & Senior Producer)*
Abby Inman *(Account Supervisor)*
Alyssa Plac *(Creative Resource Manager)*
Lauren Klein *(Account Supervisor)*
Rachel Haas *(Account Executive)*
Maura Quinn *(Senior Strategist)*
Cathy Francque *(Group Managing Director & Office Head)*
Susan Stefaniak *(Global Managing Director)*
James Hidden *(Managing Director)*

Accounts:
BP America, Inc.
CDW Corporation
Chicago Blackhawks
Cisco
Corona Light
Dove
Dove Go Fresh
Jimmy Dean
Kraft Heinz Company
Modelo Especial
Morton Salt, Inc.
Pinnacle Vodka
Pinnacle Whipped Vodka
Sargento Foods, Inc.
Sargento Foods, Inc.
Shout
Suave Hair Care Products
Suave Skin Care
Walgreen Co.

OGILVY
12130 Millennium Drive
Playa Vista, CA 90094
Tel.: (310) 280-2200
Fax: (310) 280-2669
Web Site: www.ogilvy.com

Employees: 120
Year Founded: 1948

Discipline: Full Service/Integrated

Denee Zumwalt *(Account Supervisor)*

Accounts:
CLR
Jelmar LLC
Tarn-X

OGILVY
800 Douglas Road
Coral Gables, FL 33134
Tel.: (305) 569-3300
Fax: (305) 448-7817
Web Site: www.ogilvy.com

Employees: 10
Year Founded: 1985

Discipline: Full Service/Integrated

Uriel Sanchez *(Creative Director)*
Estefania Acosta *(Digital Project Manager)*
Gustavo Jordao *(Digital Project Manager)*

Accounts:
Red Stripe

OGILVY
636 11th Avenue
New York, NY 10036
Tel.: (212) 237-4000
Fax: (212) 237-5123
Web Site: www.ogilvy.com

Employees: 4000
Year Founded: 1948

Discipline: Full Service/Integrated

Shelly Lazarus *(Chairman Emeritus)*
David Fowler *(Senior Partner & Executive Creative Director - Worldwide)*
John Dunleavy *(Global President, Eightbar - IBM Brand Services)*
Lynn Roer *(Senior Partner & Director, Event Management & Experiential Design)*
Gloria Hall *(Senior Partner & Executive Director, Licensing)*
Lauren Crampsie *(President - NY)*
Karl Westman *(Senior Partner & Executive Music Producer)*
Donna Pedro *(Senior Partner, Chief Diversity Officer)*
Ben Richards *(Worldwide Chief Strategy Officer)*
Dustin Duke *(Senior Partner & Executive Creative Director)*
Paul Heath *(Worldwide Executive Director & Chief Growth Officer)*
Kim Slicklein *(President, OgilvyEarth)*
Lou Aversano *(Global Chief Client Officer)*
Jaime Prieto *(President, Global Brand Management)*
Adam Tucker *(Executive Partner & Global Lead, Brand Strategy & Advertising)*
Laird Stiefvater *(Chief Operating Officer - Global Brand Management)*
Jon Wagner *(Senior Partner & Executive Creative Director)*
Rebecca Barnard *(Partner & Executive Group Director)*
Terry Finley *(Senior Partner & Group Creative Director)*
Rich Wallace *(Group Creative Director)*
Corinne Kerns Lowry *(Senior Partner & Managing Director - Joint Head, Client Services)*
Jeff Traverso *(Senior Partner & Managing Director)*
Joan Voltz *(Senior Partner & Executive Group Director)*
Kimberly Duffy *(Executive Marketing Director & Senior Partner)*
Jean-Rene Zetrenne *(Chief Talent Officer)*
Nish Mith *(Group Chief Executive Officer)*
Antonis Kocheilas *(Executive Partner & Global Brand Strategy Lead)*
Jay Winn *(Senior Vice President & Managing Director Marketing Communications)*
Brian Smith *(Senior Vice President)*
David Shulman *(Vice President)*
Keith Anderson *(Executive Creative Director & Head, Art)*
Andy Jones *(Director, Worldwide Planning & Senior Partner)*
Ryan Blank *(Group Creative Director)*
Tony Whiteside *(Creative Director)*
Chris Curry *(Creative Director)*
Melissa Peterson *(Account Director - OgilvyOne)*
Ryan Quigley *(Associate Creative Director)*
Ricard Valero *(Group Creative Director)*
Andrew Miller *(Associate Creative Director)*
Ben Levine *(Executive Partner & Head, Global Partnerships)*
Jerry Dugan *(Senior Partner & Group Creative Director)*
Mike Hahn *(Executive Creative Director)*
Susan Westre *(Executive Creative Director)*
Shruti Tiwari *(Senior Director, Engagement Planning)*
WeiWei Dong *(Global Executive Creative Director)*
Megan Link *(Executive Director, Public Relations & Influence)*
Lesley Melincoff *(Executive Director, Program Management)*
John Long *(Executive Creative Director)*
Bettina Stephenson *(Account Director)*
Olivier Sentucq *(Global Executive Director)*
Liz O'Brien *(Account Director)*
Margaret Rimsky *(Senior Partner, Worldwide Group Planning Director)*
Ansley Williams *(Associate Director, Social)*
Melanie Greenblatt *(Account Supervisor)*
Horacio Rivera *(Account Supervisor)*
Jordan Browning *(Management Supervisor)*
Sara Smoler *(Manager, Business Development)*
David Ross *(Executive Producer)*
Tyler Borza *(Account Supervisor)*
Samantha Kaplan *(Account Executive)*
Morgan Maurer *(Marketing Manager)*
Tish Martinez *(Executive Assistant)*
Stephanie Brown *(Social Strategist)*
Katie Zubrow *(Senior Social Media Strategist)*
Rolando Leal *(Account Supervisor)*
Jeremy Kuhn *(Managing Director, International Markets)*

Accounts:
Aetna, Inc.
Aetna, Inc.
beIN Sports
BlackRock Solutions
BlackRock, Inc.
BP America, Inc.
Candlewood Suites
Caramels
Coca-Cola
Coke Zero
Country Crock

AGENCIES - JULY, 2020 — FULL SERVICE/INTEGRATED AGENCIES

Dove
Dove Ultimate Antiperspirant Deodorant
Factory Mutual Insurance Company
Fanta
Feeding America
FM Global
Green & Black's
Hellmann's
Hive Home
Holiday Inn Express
Holiday Inn Hotels & Resorts
Holiday Inn Hotels & Resorts
I Can't Believe It's Not Butter
IBM Corporation
IKEA USA
Instagram Inc
Lenovo Group Limited
Louis Vuitton
Mallomars
Mikimoto Company
Milka
MilkBite
Motorola
Motorola Mobility, Inc.
NASCAR
NASCAR
Nationwide Automotive Insurance
Nationwide Homeowners Insurance
Nationwide Insurance
Nationwide Mutual Insurance
Nesquik
Poland Spring Water
Pond's
Sage Software, Inc.
Siemens Corporation
Sour Patch Kids
Staybridge Suites
Swedish Fish
Tang
Terrys
The Washington Post
Toblerone
Washingtonpost.com

OGILVY
33 Yonge Street
Toronto, ON M5E 1X6
Tel.: (416) 367-3573
Fax: (416) 363-2088
Web Site: www.ogilvy-canada.com

Employees: 200
Year Founded: 1948

Discipline: Full Service/Integrated

Laurie Young *(Chief Executive Officer - Ogilvy & Mather Canada)*
Guy Stevenson *(Chief Customer Engagement Officer)*
Andy Watson *(Chief Financial Officer)*
Aviva Gröll *(Senior Partner & Group Account Director)*

Accounts:
American Express Canada, Inc.
Destination Canada
Dove

OGILVY MONTREAL
215 Saint-Jacques Street
Montreal, QC H2Y 1M6
Tel.: (514) 861-1811
Fax: (514) 861-0439
Web Site: www.ogilvy-montreal.ca

Employees: 45

Discipline: Full Service/Integrated

David Aubert *(Chief Executive Officer & Partner)*
Melissa Alfano *(Senior Account Executive)*
Danuta Mierzwinski *(Media Buyer)*
Martin Gosselin *(Creative Associate)*

OKD MARKETING GROUP
3375 North Service Road
Burlington, ON L7N 3G2
Tel.: (905) 632-8850
Fax: (905) 632-3505
Web Site: www.okd.com

Employees: 40
Year Founded: 1981

Discipline: Full Service/Integrated

Phil King *(Owner)*
Mary Ditta *(Vice President & Creative Director)*
Michelle Bowman *(Vice President)*

Accounts:
Alva-Amco Pharmacal Cos., Inc.

OLOMANA LOOMIS ISC
900 Fort Street Mall
Honolulu, HI 96813
Tel.: (808) 469-3250
Web Site: www.clomanaloomisisc.com

Year Founded: 1996

Discipline: Full Service/Integrated

Alan Tang *(Chairman, Chief Executive Officer & President)*
Carole Tang *(Chief Brand & Communications Officer)*
Natalie Cook *(Chief Operating Officer & Vice President, Marketing)*
Lisa Ching *(Marketing & Media Director)*
Lauren Regan *(Marketing Manager)*

OMNI ADVERTISING
622 Banyan Trail
Boca Raton, FL 33431
Tel.: (561) 620-4774
Fax: (561) 620-8774
Web Site: www.omniadvertising.com

Year Founded: 2001

Discipline: Full Service/Integrated

Ken Hudson *(Chief Executive Officer)*
Minda Katz *(Chief Financial Officer)*
Tia Larsen *(Senior Account Director)*
Nick Grosso *(Director, Digital Media)*
Iris Zayas *(Media Director)*
Lori Stille *(Creative Director & Copywriter)*
Amanda Boyd *(Senior Media Buyer)*
Gail Yaciuk *(General Manager)*

ON IDEAS
6 East Bay Street
Jacksonville, FL 32202-3664
Tel.: (904) 354-2600
Fax: (904) 354-7226
Web Site: www.onideas.com

Year Founded: 1978

Discipline: Full Service/Integrated

Approx. Annual Billings: $30.00

Tom Bolling *(Chief Operating Officer & Partner)*

David Bonner *(Chief Creative Officer)*
West Herford *(President & Chief Executive Officer)*
Deonna Carver *(Chief Finance Officer)*
Patricia Courtois *(Chief Client Officer & Executive Vice President)*
Thomas Bolling *(Partner & Chief Operating Officer)*
Denise Graham *(Vice President)*
Matthew Namey *(Social Media Strategist)*
Jared Rypkema *(Senior Copywriter)*

Accounts:
Jacksonville Jaguars
Veolia Environmental Service North America
Winn-Dixie

ONEFIRE, INC
801 West Main Street
Peoria, IL 61606
Tel.: (309) 740-0345
Web Site: https://onefire.com/

Employees: 20
Year Founded: 1956

Discipline: Full Service/Integrated

Jim Flynn *(Executive Vice President & Chief Brand Strategist- OneFire)*
Karen Korsgard *(Director, Client Services- OneFire)*

ONEMAGNIFY
One Kennedy Square
Detroit, MI 48226
Tel.: (313) 965-3000
Fax: (313) 965-2800
Web Site: www.marketingassociates.com

Year Founded: 2009

Discipline: Full Service/Integrated

Mark Petroff *(President & Chief Executive Officer)*
Andy Frey *(Chief Technology Officer)*
Sameer Desai *(Chief Operating Officer)*
Jenn Sanborn *(Director, Marketing, Planning & Project Management)*
Jennifer Ruecke-Caudell *(Client Services Director)*
Anne Howell *(Director, Global Application Management Services)*

ONION, INC.
730 North Franklin Street
Chicago, IL 60610
Tel.: (312) 751-0503
Web Site: www.theonion.com

Year Founded: 2015

Discipline: Full Service/Integrated

Kurt Mueller *(Chief Operating Officer)*
Mike McAvoy *(Chief Executive Officer)*
Eric Flinn *(Creative Director)*
Derek Tekus *(Head, Production)*
Drucilla Dence *(Manager, Business Development Operations)*
Justin Miller *(Writer)*

Accounts:
Barbasol

OPTIMUM SPORTS
195 Broadway

FULL SERVICE/INTEGRATED AGENCIES
AGENCIES - JULY, 2020

New York, NY 10007
Tel.: (212) 590-7020
Web Site: www.optimumsports.com/

Year Founded: 2003

Discipline: Full Service/Integrated

Tom McGovern *(President)*
Vanessa Berrios *(Associate Account Director)*
Meghan Barron *(Associate Director)*
Benjamin Rutchik *(Associate Director, Sports Investment)*
Jacqueline Bleazey *(Senior Director)*
Blaine Thompson *(Associate Director)*
Kristen Gray *(Director, Group Account)*
Brian Gribbon *(Supervisor)*
Jessica Goldstein *(Account Director)*
Cara Tringali *(Supervisor)*
Neil Messing *(Associate Director)*
Victoria Koutris Neamonitis *(Associate Director, Sports Strategy)*
Jared Merrell *(Managing Director)*
Jeremy Carey *(Managing Director)*

Accounts:
Under Armour

ORANGE LABEL ART & ADVERTISING
4000 MacArthur Boulevard
Newport Beach, CA 92660
Tel.: (949) 631-9900
Fax: (949) 631-8800
Web Site: www.orangelabeladvertising.com

Year Founded: 1972

Discipline: Full Service/Integrated

Wes Phillips *(Agency Partner)*
Debbie Nagel *(Agency Partner)*
Rochelle Reiter *(Agency Partner)*
Alyse Stranberg *(Director, Creative Strategy)*
Colleen Haberman *(Director, Special Projects)*
Brittany Zuloaga *(Senior Accountant)*
Michelle Regrut *(Strategist, Account)*
Michelle Torr *(Account Supervisor)*
Chelsea Ragland *(Specialist, Social Media)*

Accounts:
Chapman University

ORANGEROC
800 Bethel Street
Honolulu, HI 96813
Tel.: (808) 792-3077
Fax: (808) 792-3075
Web Site: www.orangeroc.com

Year Founded: 2006

Discipline: Full Service/Integrated

Melinda Mullis *(Principal & Chief Executive Officer)*
Katherine von Thelen *(Art Director)*

OSBORN & BARR COMMUNICATIONS
914 Spruce Street
Saint Louis, MO 63102
Tel.: (314) 726-5511
Fax: (314) 726-6350
Toll Free: (888) 235-4332
Web Site: www.osborn-barr.com

Year Founded: 1988

Discipline: Full Service/Integrated

Steve Barr *(Chairman)*
Rhonda Ries *(President & Chief Financial Officer)*
Adnan Sabic *(Chief Creative Officer)*
Suzan Knese *(Chief Operating Officer)*
John Meyer *(Director, Business Development)*
Zach Arnold *(Executive Creative Director)*
Steve Kozel *(Group Director, Strategy & Insights)*
Fred Thacker *(Manager, Information Technology & Facilities)*
Susan Hokanson *(Media Supervisor)*
Evan Brandt *(Associate Creative Director)*

Accounts:
Equine, Cattle, & Swine
Hayward Industries, Inc.
Missouri Division of Tourism
Rural Development
United States Department of Agriculture

OTT COMMUNICATIONS, INC.
13100 Magisterial Drive
Louisville, KY 40223
Tel.: (502) 267-6999
Fax: (502) 267-5445
Web Site: www.ottcom.com

Year Founded: 1973

Discipline: Full Service/Integrated

Chris Ott *(Owner, Principal & Chief Strategy Officer)*
Katie Windhorst *(Director, Marketing & Media)*

OUSSET AGENCY
20540 Highway 46 West
Spring Branch, TX 78070
Tel.: (830) 885-5130
Web Site: www.getousset.com

Employees: 5
Year Founded: 1982

Discipline: Full Service/Integrated

John Ousset *(President & Principal)*
Margaret A. Ousset *(Vice President & Marketing Director)*

OUT THERE ADVERTISING
22 East Second Street
Duluth, MN 55802
Tel.: (218) 720-6002
Fax: (218) 720-5828
Web Site: www.outthereadvertising.com

Employees: 10

Discipline: Full Service/Integrated

John Keuning *(Creative Director & Owner)*
Kim Keuning *(President & Owner)*
Daniel Litman *(Partner & Associate Creative Director)*
Julie Hudecheck *(Director, Account Services)*
Marta Fitzer *(Art Director)*
Sean Morgan *(Digital & Social Media Specialist)*
Bailey Sutherland *(Copywriter)*

OUTCOLD
2848 West Chicago Avenue
Chicago, IL 60622
Tel.: (312) 768-8253
Web Site: www.outcold.com

Year Founded: 2010

Discipline: Full Service/Integrated

Fritz Heffinger *(Chief Executive Officer & Co-Founder)*
Holly Heffinger *(Co-Founder & Chief Marketing Officer)*
Chris Werner *(Chief Operating Officer)*
Laurie Baker *(Account Director)*
Cliff Ewert *(Director, Production)*
Hannah Hoggatt *(Creative Director)*

OXFORD COMMUNICATIONS
11 Music Mountain Boulevard
Lambertville, NJ 08530
Tel.: (609) 397-4242
Fax: (609) 397-7594
Web Site: www.oxfordcommunications.com

Year Founded: 1986

Discipline: Full Service/Integrated

John Martorana *(President)*
Chuck Whitmore *(Owner)*
Chris Ledford *(Senior Vice President, Integrated Client Offering)*
Tim McAuliffe *(Vice President, Digital Integration)*
Stefanie Rumpf *(Director, Communications)*
Adam Ruth *(Associate Creative Director)*
Erin Ranjo *(Account Supervisor)*
Ashley Wood *(Social Media Channel Manager)*
Lauren Spencer *(Project Manager)*
Cayla Osborn *(Senior Account Manager)*
Davelle Allende *(Senior Manager, Digital Media & Manager, Business Development)*
Miriam Dubin *(Senior Media Planner & Buyer)*
Sue Ryba *(Manager, Billing)*
Sherry L. Smith *(Senior Account Manager)*
Guita Martorana *(General Manager)*

Accounts:
American Standard Brands
Brother International Corporation
L'Oreal
Rutgers University
Storck U.S.A., LP

P.S. MEDIA
7303 West Canal Drive
Kennewick, WA 99336
Tel.: (509) 737-1166
Fax: (509) 737-9166
Web Site: www.psmediainc.com

Year Founded: 1999

Discipline: Full Service/Integrated

Mark Showalter *(Co-Founder)*
Dave Praino *(Co-Founder)*

PACE COMMUNICATIONS
1301 Carolina Street
Greensboro, NC 27401
Tel.: (336) 378-6065
Web Site: www.paceco.com

Year Founded: 1973

Discipline: Full Service/Integrated

Jason Whiting *(President)*
Sean Murphy *(Vice President, Client Solutions & Managing Director & Partner)*
Leigh Ann Klee *(Chief Financial Officer & Chief Operations Officer)*

Brands. Marketers. Agencies. Search Less. Find More.
Try out the online version at www.winmo.com

395

AGENCIES - JULY, 2020 — FULL SERVICE/INTEGRATED AGENCIES

Bonnie McElveen-Hunter *(Owner)*
Gordon Locke *(Chief Marketing Officer & Executive Vice President)*
Anne Elwell *(Vice President, Client Solutions)*
Nicole Martin *(Vice President, Strategy, Media & Analytics)*
James DeCata *(Vice President, Production)*
Neil Marion *(Executive Creative Director)*
Kelley Mickler *(Director, Client Solutions)*

Accounts:
America Honda Finance Corporation
American Automobile Association
Argo Group
BB&T Corporation
Brighthouse Financial, Inc
Choice Hotels International, Inc.
Conrad International Hotels
Four Seasons Hotels & Resorts
Gold's Gym International, Inc.
Grant Thornton International
HCA, Inc.
Interstate Battery System of America, Inc.
New York Presbyterian Hospital
RetailMeNot, Inc.
RetailMeNot.com
Southwest Airlines
StainMaster
Syngenta Corporation
SYSCO Corporation
USAA
Verizon Wireless, Inc.
Waldorf-Astoria
Walmart Stores, Inc.
Wells Fargo

PAIGE GROUP
258 Genesee Street
Utica, NY 13502
Tel.: (315) 733-2313
Fax: (315) 733-1901
Web Site: www.paigegroup.com

Employees: 12
Year Founded: 1967

Discipline: Full Service/Integrated

Nancy Pattarini *(Chief Executive Officer & President)*
Carrie McMurray *(Vice President & Account Planner)*
Chrissy Shields *(Vice President & Media Director)*
Allison Damiano-DeTraglia *(Vice President, Account Services)*
Tracy Franchell *(Art Director & Studio Business Manager)*
Catherine Manion *(Manager, Public & Media Relations)*

PALLEY ADVERTISING & SYNERGY NETWORKS
100 Grove Street
Worcester, MA 01605
Tel.: (508) 792-6655
Web Site: www.palleyad.com

Employees: 6
Year Founded: 1985

Discipline: Full Service/Integrated

Warren Palley *(President)*
Bonnie Lowell *(Business Manager, Human Resources)*
Joseph Giacobbe *(General Manager)*

PALMER MARKETING
2355 Derry Road East
Mississauga, ON L5S 1V6
Tel.: (905) 672-6282
Toll Free: (800) 247-5550
Web Site: www.trypm.com

Year Founded: 1988

Discipline: Full Service/Integrated

Kate Andrews *(Director, Operations)*
Tom Palmer *(General Manager)*

PAPPAS GROUP
4100 North Fairfax Drive
Arlington, VA 22203
Tel.: (703) 349-7221
Web Site: www.pappasgroup.com/

Year Founded: 2003

Discipline: Full Service/Integrated

Allison Lee *(Account Director)*
Paula Moniz *(Director, Strategy Customer Experience Global Practice Lead)*
Nicole Stahlecker *(Digital Media Planner)*

Accounts:
1789 Restaurant
AOL
Blackboard, Inc.
Clyde's
Georgetown University
Old Ebbitt Grill
Rosetta Stone
The Hamilton DC

PARADISE
150 Second Avenue North
Saint Petersburg, FL 33701-3327
Tel.: (727) 821-5155
Fax: (727) 822-3722
Web Site: www.paradiseadv.com

Employees: 14
Year Founded: 2002

Discipline: Full Service/Integrated

Barbara Kerasek *(Co-Owner & Chief Executive Officer)*
Tom Merrick *(Chief Creative Officer)*
Tony Karasek *(Co-Owner & Executive Vice President)*
Glenn Bowman *(Vice President & Creative Director)*
Kristen Murphy *(Vice President, Business Development)*
Rudy Webb *(Vice President, Account Services)*
Mary Jane Kolassa *(Account Director, Public Relations)*
Tara Tufo *(Corporate Director, Communication)*

Accounts:
Daytona Beach Convention & Visitors Bureau
Kahwa Coffee
Little Rock Convention & Visitors Bureau

PATHOS
319 Clematis Street
West Palm Beach, FL 33401
Tel.: (561) 688-2880
Fax: (561) 688-2780
Web Site: www.wearepathos.com

Year Founded: 1990

Discipline: Full Service/Integrated

Ann Savage *(President & Media Buyer)*
Aimee Shaughnessy *(Director, Client Development)*

PAVONE MARKETING GROUP
1006 Market Street
Harrisburg, PA 17602
Tel.: (717) 234-8886
Fax: (717) 234-8940
Web Site: www.pavone.net

Year Founded: 1992

Discipline: Full Service/Integrated

Mike Pavone *(President & Chief Executive Officer)*
Ronaldo Jardim *(Chief Creative Officer)*
Gabrielle DeNofrio *(Associate Creative Director)*
Keith Seaman *(Associate Creative Director)*
Robin Neifield *(Group Brand Manager)*
Ian Hutchison *(Director, Client Operations)*
Zach Gibson *(Brand Manager)*
Dave Pender *(Manager, Technology)*
Jenna Weinstein *(Media Planner)*
Denise Zimmerman *(Business Growth Strategist)*
Lindsay Abayasekara *(Digital Marketing Strategist)*
Meredith Shewell *(Coordinator, Media)*

Accounts:
StarKist Co.
Turkey Hill Dairy

PENNA POWERS BRIAN HAYNES
1706 Major Street
Salt Lake City, UT 84115-1904
Tel.: (801) 487-4800
Fax: (801) 487-0707
Web Site: www.pennapowers.com

Employees: 25
Year Founded: 1984

Discipline: Full Service/Integrated

Mike Brian *(Partner)*
David Lloyd Smith *(President & Managing Partner)*
Christine Menges *(Vice President, Project Management)*
Stephanie Miller *(Vice President, Account Planning & Management)*
Traci Houghton *(Director, Finance)*
Erico Bisquera *(Creative Director)*
Marc Stryker *(Director, Media)*
Wendy Hansen *(Director, Account Planning)*
Patty Halabuk *(Senior Account Manager)*

PERCEPTIV
801 South Grand Avenue
Los Angeles, CA 90017
Tel.: (888) 498-9488
Fax: (213) 674-1064
Web Site: veryperceptiv.com

Employees: 10

Discipline: Full Service/Integrated

Craig Rettig *(Partner)*
Eric Sagucio *(Project Manager)*
Andre Verona *(Digital Designer & Producer)*

FULL SERVICE/INTEGRATED AGENCIES

PHIL & CO.
20 West 20th Street
New York, NY 10011
Tel.: (646) 490-6446
Web Site: www.philandcompany.com

Year Founded: 2008

Discipline: Full Service/Integrated

Cliff Sloan *(Founder & Chief Executive Officer)*
Rex Unger *(Director, Client Services)*

PHIRE GROUP
111 Miller Avenue
Ann Arbor, MI 48104
Tel.: (734) 332-4200
Fax: (734) 332-4300
Web Site: www.phiregroup.com

Year Founded: 2004

Discipline: Full Service/Integrated

Jim Hume *(Founder & Principal)*
Mike Rouech *(Vice President, Brand Strategy & Account Director)*
Michael Bahr *(Director, Marketing & Business Strategy)*
Alex Schillinger *(Director, Media)*
Matthew Crigger *(Director, Interactive Media)*
Tony Godzik *(Creative Director)*
Kurt Keller *(Creative Director)*
Casey Wood *(Account Executive)*

PICO PLUS
2716 Ocean Park Boulevard
Santa Monica, CA 90405
Tel.: (310) 450-1028
Web Site: www.picoplus.us

Year Founded: 1969

Discipline: Full Service/Integrated

Russell Heubach *(Creative Director)*
Michele Carpenter *(Marketing Manager)*
Cindy M. Tran *(Project Manager)*
Lee Roth *(General Manager)*

PIERCE-COTE ADVERTISING
683 Main Street
Osterville, MA 02655
Tel.: (508) 420-5566
Fax: (508) 420-3314
Web Site: www.pierce-cote.com

Employees: 10
Year Founded: 1988

Discipline: Full Service/Integrated

Brad Schiff *(President)*
Bradford Schiff *(President)*
Diane McPherson *(Vice President)*
John Migliaccio *(Executive Creative Director)*
Lynn O'Brien *(Art Director)*

PINNACLE ADVERTISING
1435 North Plum Grove Road
Schaumburg, IL 60173
Tel.: (847) 255-0000
Web Site: www.pinnacle-advertising.com

Discipline: Full Service/Integrated

Michael Magnusson *(President & Chief Executive Officer)*
Chris Arkell *(Executive Vice President & Managing Director)*
Kevin Micklo *(Media Director)*
Brian Brennan *(Director, Media Operations)*
Alissa Knytych *(Senior Media Buyer)*
Frances Wolff *(Broadcast Media Buyer)*
Stephanie Meehan *(Senior Media Buyer)*
Abbi Woodwort *(Digital Project Coordinator)*

PINTA USA, LLC
220 Alhambra Circle
Coral Gables, FL 33134
Tel.: (305) 615-1111
Web Site: www.pintausa.com

Discipline: Full Service/Integrated

Mike Valdes-Fauli *(President & Chief Executive Officer)*
Alejandro Barreras *(Creative Director)*
Helene Coutinho *(Director, Media Planning & Buying)*
Giancarlo Russo *(Director, Creative Services)*
Krysten Casabielle *(Account Director)*

Accounts:
CenturyLink

PJA ADVERTISING + MARKETING
12 Arrow Street
Cambridge, MA 02138
Tel.: (617) 492-5899
Fax: (617) 661-1530
Web Site: www.agencypja.com

Employees: 24
Year Founded: 1988

Discipline: Full Service/Integrated

Hugh Kennedy *(Executive Vice President, Planning & Partner)*
Phil Johnson *(Chief Executive Officer)*
Mike O'Toole *(President & Partner)*
Janet Carlisle *(Executive Vice President, Client Services)*
Aaron DaSilva *(Executive Vice President & Executive Creative Director)*
Robert Davis *(Executive Vice President & Director, Strategy)*
Greg Straface *(Senior Vice President, Business Development)*
Christopher Frame *(Vice President & Creative Director)*

Accounts:
Brother International Corporation
Brother Printers
Infor Global Solutions
Juniper Networks, Inc.
Trend Micro, Inc.

PKA MARKETING
1009 West Glen Oaks Lane
Mequon, WI 53092
Tel.: (262) 241-9414
Fax: (262) 241-9454
Web Site: www.pkamar.com

Year Founded: 1986

Discipline: Full Service/Integrated

Bruce Prom *(President & Partner, New Business)*
Bill Elverman *(Partner & Vice President, Public Relations)*

Accounts:
Case
CNH North America
Kobelco
New Holland

PLAN B
116 West Illinois
Chicago, IL 60654
Tel.: (312) 222-0303
Fax: (312) 222-0305
Web Site: www.thisisplanb.com

Employees: 30
Year Founded: 1998

Discipline: Full Service/Integrated

Clay Cooper *(Owner & Director, Client Services)*
Ric Vansickle *(Partner & Chief Operating Officer)*
Don Weaver *(Executive Creative Director)*
Jim Goldman *(Account Group Director)*
Jackie Wishau *(Account Director)*
Terry Mertens *(Group Creative Director)*

PLANIT
1414 Key Highway
Baltimore, MD 21202
Tel.: (410) 962-8500
Fax: (410) 962-8508
Web Site: www.planitagency.com

Employees: 60
Year Founded: 1994

Discipline: Full Service/Integrated

Matthew Doud *(President & Co-Founder)*
Ed Callahan *(Creative Strategist & Co-Founder)*
Trevor Villet *(Group Creative Director)*
Kristin Schields *(Account Director)*
Rich Fulks *(Director, Operations)*
Ryan Smith *(Group Strategy Director)*
Phil Reisinger *(Associate Creative Director)*
Jack Spaulding *(Executive Director, Strategy)*
Amy Basta *(Director, Media & Analytics)*
Adam Aud *(Associate Creative Director)*

Accounts:
AGCO Corporation
Barclaycard
CareFirst BlueCross BlueShield of Maryland
Def Jam Recording
FHI 360
Jackson Wheelbarrows
OneMain Financial
Razor-Back
Razorback
Sheetz, Inc.
The Ames Companies, Inc.
Universal Music Group

PLATYPUS ADVERTISING & DESIGN
N29 W23810 Woodgate Court West
Pewaukee, WI 53072
Tel.: (262) 522-8181
Fax: (262) 522-8180
Web Site: www.platypus-ad.com

Discipline: Full Service/Integrated

Dan Trzinski *(Owner & President)*
Gary Haas *(Creative Director & Associate Partner)*
Nancy Wilkes *(Director, Public Relations)*
Kathy Sorcan *(Media Director)*

AGENCIES - JULY, 2020 — FULL SERVICE/INTEGRATED AGENCIES

POCKET HERCULES
510 First Avenue North
Minneapolis, MN 55403
Tel.: (612) 435-8313
Fax: (612) 435-8318
Web Site: www.pockethercules.com

Year Founded: 2005

Discipline: Full Service/Integrated

Jason Smith *(Co-Founder, Partner & Creative Director, Art & Design)*
Tom Camp *(Co-Founder & Creative Director, Copywriting)*
Jack Supple *(Partner & Chief Creative Officer)*
Aaron Emery *(Art Director & Designer)*
Lisa Norman *(Executive Producer & Manager)*

PORCARO COMMUNICATIONS
433 West Ninth Avenue
Anchorage, AK 99501
Tel.: (907) 276-4262
Fax: (907) 276-7280
Web Site: www.porcarocommunications.com

Discipline: Full Service/Integrated

Mike Porcaro *(Chairman & Chief Executive Officer)*
Mark Hopkin *(President)*
Bob Thompson *(Vice President & Senior Art Director)*
John Hume *(Senior Art Director)*
Beth Laird *(Media Buyer)*

POTENZA INC
600 Jefferson Street
Lafayette, LA 70501
Tel.: (337) 446-4575
Web Site: www.potenzainc.com

Year Founded: 2007

Discipline: Full Service/Integrated

Frankie Russo *(Founder & Chief Executive Officer)*
Giorgio Russo *(Chief Creative Officer)*
Natalie Sandoz *(Director, Marketing & Business Development)*
Kayli Guidry *(Director, Sales)*
Joel Hebert *(Creative Director)*
Traci Onebane *(Director, Business Development)*

POTTS MARKETING GROUP
1115 Leighton Avenue
Anniston, AL 36207
Tel.: (256) 237-7788
Fax: (256) 237-8818
Web Site: www.pottsmarketing.com

Year Founded: 2001

Discipline: Full Service/Integrated

Tom Potts *(President)*
Bill Adams *(Creative Director)*
James Smith *(Director, Video Services)*
Candice Potts *(Office Manager)*

POUTRAY & PEKAR ASSOCIATES
344 West Main Street
Milford, CT 06460
Tel.: (203) 283-9511
Web Site: www.ingredientmarketingsolutions.com/

Employees: 8
Year Founded: 1963

Discipline: Full Service/Integrated

Carol Pekar *(Partner & Creative Director)*
Bill Poutray *(Owner)*

POWER
11701 Commonwealth Drive
Louisville, KY 40299
Tel.: (502) 267-0772
Fax: (502) 267-1727
Web Site: www.poweragency.com

Employees: 140
Year Founded: 1976

Discipline: Full Service/Integrated

David Power *(Chief Executive Officer)*
Tim Lucas *(President)*
Debra Cooley *(Chief Finance Officer)*
Laura Robinson *(Executive Creative Director)*
Shareen Dunn *(Executive Director, Digital)*
Andy Stillwagon *(Executive Director, Marketing)*
Glenn Goodman *(Executive Creative Director)*
Dennis Smiley *(Executive Director, Operations)*

Accounts:
Kentucky Derby
Kentucky Oaks

POWERS AGENCY, INC.
One West Fourth Street
Cincinnati, OH 45202-3623
Tel.: (513) 721-5353
Fax: (513) 721-0086
Web Site: www.powersagency.com

Year Founded: 1986

Discipline: Full Service/Integrated

Charles Powers *(Chairman)*
Lori Powers *(President & Chief Executive Officer)*
Krista Taylor *(Chief Marketing Officer)*

Accounts:
First Financial Bancorp

PRICEWEBER MARKETING COMMUNICATIONS, INC.
10701 Shelbyville Road
Louisville, KY 40243
Tel.: (502) 499-9220
Fax: (502) 491-5593
Web Site: www.priceweber.com

Employees: 70
Year Founded: 1968

Discipline: Full Service/Integrated

Richard Johnson *(Vice President & Chief Creative Officer)*
Fred Davis *(President & Chief Executive Officer)*
Mike Nickerson *(Chief Marketing Officer)*
Robert Trinkle *(Vice President & Account Director)*
Brad Mercer *(Vice President & Director, Account)*
Mel Bryant *(Group Creative Director - Writing & Strategy)*
John Casi *(Director, Business Development)*
Mary Kate Reed *(Media Director)*
Steve Kozarovich *(Account Director)*

Susan Hovekamp *(Director, Human Resources)*
David Lowe *(Digital Strategist & Analyst)*
Laurabeth Schmidt *(Purchasing Manager)*
Kristen Ungru *(Director, Account)*

Accounts:
Canadian Mist
Coopers' Craft
Cummins, Inc.
Early Times
Finlandia Vodka
Korbel
Meritor, Inc.
Old Forester
Pepe Lopez
Rio Tinto Alcan
Wabash National Corporation

PRIME ADVERTISING
9133 Bayview Avenue
Richmond Hill, ON L4B 4C5
Tel.: (905) 771-9585
Web Site: www.primead.com

Employees: 20

Discipline: Full Service/Integrated

Juliana Leung *(President)*
John Leung *(Chief Executive Officer)*
Peter Lam *(Creative Director)*

PRINCETON PARTNERS, INC.
205 Rockingham Row
Princeton, NJ 08540
Tel.: (609) 452-8500
Fax: (609) 452-7212
Web Site: www.princetonpartners.com

Employees: 60
Year Founded: 1968

Discipline: Full Service/Integrated

Tom Sullivan *(Chairman & Chief Executive Officer)*
Jeff Chesebro *(President)*
Christopher Sullivan *(Vice President, Cross Media Solutions)*

PROOF ADVERTISING
114 West Seventh Street
Austin, TX 78701
Tel.: (512) 345-6658
Fax: (512) 345-6227
Web Site: www.proof-advertising.com

Employees: 70
Year Founded: 1989

Discipline: Full Service/Integrated

Bryan Christian *(President)*
Craig Mikes *(Co-owner & Executive Creative Director)*
Elissa von Czoernig *(Associate Partner & Account Director)*
Jocelyn Friedman *(Associate Partner & Managing Director)*
Kimberly Granberry *(Chief Finance Officer)*
Ly Tran *(Associate Partner & Chief Media Officer)*
Krystal Grayson *(Associate Media Director)*
Emily Scruggs *(Social Media Director)*
Heather Hager *(Associate Digital Media Director)*
Lane Jordan *(Digital Creative Director)*
Nick Thomas *(Account Director)*

398

FULL SERVICE/INTEGRATED AGENCIES

AGENCIES - JULY, 2020

Michelle Flessner *(Account Director)*
Matthew Morris *(Senior Interactive Art Director)*
Kara McCoy *(Account Director)*
Tim Hicks *(Director, Studio Services)*
Bud Hasert *(Associate Creative Director)*
David Neilson *(Associate Media Director)*
Elaine Petralli *(Director, Talent)*
Emily Wannarka Gary *(Account Director)*
Kaleigh Haney *(Account Director)*
Kristin Knight *(Director, Culture)*
Amy Dobrinski *(Media Buying Supervisor)*
Mathieu Gregoire *(Senior Media Planner & Buyer)*
Alli Yarbrough *(Digital Media Supervisor)*
Jessica Bush *(Media Buyer)*
Roberto Rodriguez *(Senior Media Planner & Buyer)*
Britney Skillman *(Senior Account Executive)*
Jeri Rice *(Accountant)*
Kristen Thomas *(Media Planner & Buyer)*
Robb Lampman *(Supervisor, Media)*
Aizya McGee *(Junior Media Planner & Buyer)*
Natasha Suri *(Social Media Planner)*
Kristina Holt *(Production Artist)*
Kristee Humphrey *(Print & Interactive Production Artist)*
Annie Breihan *(Senior Account Executive)*
Brad Converse *(Copywriter)*
Katherine Bianco *(Account Executive)*
Blythe Wise *(Media Coordinator)*

Accounts:
Amplify Snack Brands
Apothic
Baylor University
Extraco Banks
Honeywell Aerospace
Office of the Governor Economic Development & Tour
SkinnyPop
Texas Tourism
Travelocity.com, Inc.

PRR
1501 Fourth Avenue
Seattle, WA 98101
Tel.: (206) 623-0735
Fax: (206) 623-0781
Web Site: www.prrbiz.com

Employees: 35
Year Founded: 1981

Discipline: Full Service/Integrated

Malika Klingler *(Principal, Director - Human Resources)*
Colleen Gants *(Co-President)*
BJ Foster *(Chief Finance Officer)*
Denise Walz *(Co-President & Head, Marketing & Creative)*
Mike Rosen *(Managing Principal)*
Bruce Brown *(Senior Director, Client Services)*
Alex Sobie *(Design Director)*
Miles Pomeroy *(Director, Information Technology)*
Amy Danberg *(Group Account Director)*
Diana Steeble *(Head, Healthcare - National & Principal, Strategic Communications)*
Susan Bjork *(Manager, Accounting)*

PUBLICIS HAWKEYE
2828 Routh Street
Dallas, TX 75201
Tel.: (214) 749-0080
Web Site: www.publicishawkeye.com

Employees: 225
Year Founded: 1999

Discipline: Full Service/Integrated

W. Joe DeMiero *(President)*
Brian McIntyre *(Chief Operating Officer)*
Allan Manaysay *(Vice President, Creative Director & Writer)*
Kirk DeCardenas *(Digital Director)*
Olivia von Plonski *(Associate Director, Business Development)*
Brian Dedering *(Associate Creative Director)*
Alex Pierce *(Associate Creative Director, Interactive)*
Brittany Barefoot-McGinnis *(Group Creative Director)*
Derek Rundgren *(Creative Director)*
Gary Hawthorne *(Group Creative Director)*
Jennifer Bell *(Group Creative Director)*
Josh Barto *(Associate Creative Director)*
Laura McCaskill *(Senior Art Director)*
Megan Kwan *(Associate Creative Director)*
Richard Goldrosen *(Director, Creative Services)*
Scott Hutchison *(Creative Director)*
Tim Bunker *(Associate Creative Director)*
Whitney Huffman *(Group Account Director)*
Natalie Bills *(Senior Account Executive)*
Rebecca Mendosa *(Account Supervisor)*
Caroline DeWree *(Account Executive)*
Wes Wright *(Managing Director, Digital)*
Melinda Gladitsch *(Managing Director Client Services)*
John L. Tedstrom *(Managing Director, Insight & Strategy)*

Accounts:
24 Hour Fitness Worldwide, Inc.
Abbott Nutrition
Agilent Technologies, Inc.
American Airlines Cargo
Anheuser-Busch Companies, Inc.
Bridgestone Golf
Cargill, Inc.
Delta Dental Plans Association
Gore-Tex (licensed)
Nestle PURE LIFE
Silversea Cruises, Ltd.
T-Mobile USA
Terminix
Terminix
The North Face
TruGreen
Walt Disney Company

PUBLICIS HAWKEYE
325 Arlington Avenue
Charlotte, NC 28203
Tel.: (704) 344-7900
Fax: (704) 344-7920
Web Site: www.publicishawkeye.com

Year Founded: 1999

Discipline: Full Service/Integrated

Scott Grissinger *(Senior Director, Analytics)*
Greg Osenga *(Managing Director)*

PUBLICIS HAWKEYE
12 Vail Road
Vail, CO 81657
Tel.: (970) 476-2071
Web Site: www.publicishawkeye.com

Year Founded: 1999

Discipline: Full Service/Integrated

John Tedstrom *(Managing Director, Insight & Strategy)*

Accounts:
Agilent Technologies, Inc.

PUBLICIS NORTH AMERICA
1675 Broadway
New York, NY 10019
Tel.: (212) 474-5000
Fax: (212) 474-5036
Web Site: www.publicisna.com

Employees: 176
Year Founded: 1926

Discipline: Full Service/Integrated

Approx. Annual Billings: $1,000.00

Dawn Winchester *(Chief Digital Officer)*
Susan Gianinno *(Senior Advisor)*
Tim Jones *(Chief Executive Officer, Publicis Media - Americas)*
Andrew Bruce *(Chief Executive Officer - North America)*
Lou Rossi *(Chief Commercial Officer - Publicis Media)*
Jamie Rosen *(President - Dept W)*
Carla Serrano *(Chief Executive Officer - New York & Chief Strategy Officer - Publicis Groupe)*
Louis-Philippe Tremblay *(Chief Creative Officer- One Publicis Team Samsung)*
Warren Griffiths *(President, Commercial Investments & Partnerships - Publicis Media)*
Matthew Fleischman *(President - Data, Technology & Innovation)*
Emmanuel Andre *(Chief Talent Officer - Publicis Groupe)*
Jeremy Bowles *(Chief Transformation Officer - Publicis Communications)*
Lisa Torres *(President - Multicultural)*
Adrian Sayliss *(Global Chief Finance Officer)*
Ava Jordhamo *(President, Operations - Americas)*
Brian Berg *(Chief Talent Officer - U.S.)*
David Penski *(Chief Executive Officer - U.S.)*
Helen Lin *(Chief Digital Officer)*
Mark Himelfarb *(Chief Finance Officer)*
Michael Wood *(Chief Executive Officer - PG One)*
Mick McCabe *(Chief Strategy Officer)*
Robert Camilleri *(Deputy Officer, Diversity & Inclusion)*
Steve Shames *(Chief Transformation Officer, Executive Vice President & Director, Commerce)*
Andy Bird *(Chief Creative Officer)*
David Corr *(Executive Vice President & Executive Creative Director)*
Paul Renner *(Executive Vice President & Global Creative Director)*
Meghan Grant *(Executive Vice President, Strategy - Verizon)*
Angela Pasqualucci *(Executive Vice President Brand Agency Leader & Worldwide Account Director)*
Joe Johnson *(Executive Vice President & Creative Director)*
Laurie Garnier *(Executive Vice President & Executive Creative Director - Healthcare)*
Yale Cohen *(Executive Vice President, Digital Investment & Standards - PMX)*
Amy Lanzi *(Executive Vice President, Commerce & Practice Lead)*
Marjorie Porter *(Executive Vice President & Brand Agency Leader)*
Eric Green *(Executive Vice President & Director, Experience Design)*

FULL SERVICE/INTEGRATED AGENCIES

Cheryl DiMartino *(Executive Vice President & Managing Director - Publicis OneTeam)*
Shann Biglione *(Executive Vice President, Global Strategy - platformGSK)*
Anita McGorty *(Executive Vice President, Corporate Communication)*
Gerry Killeen *(Executive Vice President & Managing Director, Creative Services)*
Jennifer Vianello *(Managing Director & Executive Vice President - Zenith)*
Karen Carbone Kraut *(Executive Vice President & Head, Communication Planning, Integrated Marketing & Business)*
Mark Hider *(Executive Vice President)*
Mark Ronquillo *(Executive Vice President & Executive Creative Director)*
Matt McKay *(Executive Vice President & Executive Creative Director)*
Michele Gilbert Rotman *(Executive Vice President & Head, P&G Category)*
Jill Danenberg *(Senior Vice President, Creative Director & Writer - Publicis Kaplan Thaler)*
Sabeen Ahmad *(Senior Vice President & Director, Global Strategy)*
Ben Zumsteg *(Senior Vice President & Director, Strategy)*
Brian Truss *(Senior Vice President & Group Account Director, Digital Strategy - P&G Oral Care)*
Yuri Lee *(Senior Vice President & Group Account Director)*
Malaika Danovitz *(Senior Vice President & Creative Director)*
Melissa Mideaker *(Senior Vice President & Global Commercial Business Director)*
Jennifer Baldwin *(Senior Vice President & Director, Strategic Planning)*
Alex Mailman *(Senior Vice President & Group Account Director)*
Carol Sinko *(Senior Vice President & Head, Publicis Learning)*
Dan Cohen *(Senior Vice President & Creative Director)*
Dana Lipsic *(Senior Vice President, Media Operations)*
Gina Leone *(Senior Vice President & Group Account Director)*
Helen Katz *(Senior Vice President, Data & Partnerships)*
Jane Strumba *(Senior Vice President, Research)*
Jeffrey Garrant *(Senior Vice President, Media Sports)*
Jeremy Filgate *(Senior Vice President & Executive Creative Director)*
Katharine Greis *(Senior Vice President, Operations, Business Development & Marketing Communications)*
Michael Reilly *(Senior Vice President & Group Account Director)*
Mila Babrikova *(Senior Vice President & Group Account Director)*
Sara Atsalakis *(Senior Vice President, Operations & Data Sciences)*
Shannon Davis *(Senior Vice President & Director, Resource Management & Communications - East)*
Victor Basile *(Senior Vice President & Director, Print & Art Production)*
Garth Hammer *(Vice President, Strategy Director)*
Lauren Pulwer *(Vice President & Account Director)*
Andrea Hoock *(Vice President & Account Director)*
Jason Gorman *(Vice President & Director, Creative)*

Michael Cartwright *(Vice President & Group Director, Content Solutions)*
Alessandra Pinho *(Vice President & Director, Strategy)*
Patrik Bolecek *(Vice President & Creative Director, Design)*
Clare Casey *(Vice President & Group Account Director)*
Lea Mastroberti *(Vice President, Group Account Director)*
Daniel Krisik *(Vice President, Analytics Consulting)*
Amy Kuznicki *(Vice President - Product Management)*
Bibi Lotter *(Vice President & Creative Director)*
Danial Rushton *(Vice President, Solutions Consulting)*
Danielle Brecker *(Vice President & Account Director)*
Jason Velliquette *(Vice President & Director, Digital & Strategy)*
Jennifer Lukoff Sobel *(Vice President & Director, Talent Acquisition)*
Jessica Kerwin *(Vice President, Product)*
Jackie Panepinto *(Vice President & Senior Manager, Traffic)*
Matt Horton *(Vice President, Partnerships)*
Melissa O'Shea *(Vice President, Communications & Culture - New York)*
Michelle Schiano *(Vice President, Strategic Marketing)*
Nadine Brown *(Vice President, Product Delivery)*
Rose Ahn *(Vice President, Investments & Partnerships)*
Stephanie Snell *(Vice President, Technology & Activation)*
Tim Legallo *(Vice President & Associate Director, Integrated Production)*
Margaux Logan *(Vice President & Head, Online Marketplaces Commerce - Americas)*
Lauren Schneidmuller *(Executive Producer & Vice President)*
Tabatha Roman *(Vice President & Director, Account)*
Gail Hollander *(Head, Account Management & Global Client Lead)*
Trac Nguyen *(Vice President & Director, Integrated Production)*
Alexandre Abrantes *(Associate Creative Director & Copywriter)*
Vanessa Kopec *(Account Director)*
Allie O'Shea *(Strategy Director)*
Nicole Lee *(Associate Director, Media Operations)*
Stephen Farquhar *(Group Client Lead - platformGSK)*
Nigel Gross *(Associate Creative Director)*
Nicholas Rezabek *(Creative Director)*
Krystle Corredor Rocci *(Digital Media & Content Director - Macy's & Citibank)*
Samantha Luton *(Account Director)*
Erica Roberts *(Executive Creative Director)*
Anthony Martin *(Director, Media Technology & Strategy)*
Brooke Adams *(Associate Director, Prospecting Strategy)*
Cheryl Trauernicht *(Associate Director)*
Dag Ormasen *(Director, Nordic Buying - Norway)*
Elisa Gougoux *(Director, Post Production - Nice Pixels - New York)*
Georgia Lobb *(Director, Corporate Communication - Americas)*
Jeff Cohen *(Director, Value Management)*
Jennifer Wang *(Art Director)*
Justin Via *(Creative Director)*

Keisha Hooks *(Associate Director, Insights & Strategy)*
Kira Gorbatkin *(Senior Art Director)*
Kristen Koop *(Director, Creative)*
Lucas Piken *(Director)*
Melanie Lyon Eisen *(Account Director, Brand Sponsorships)*
Patrick Merritt *(Associate Creative Director)*
Raymond Eng *(Director, Client Success)*
Rick Ransome *(Associate Director, Learning)*
Robert Mooney *(Director, Enterprise Strategy)*
Rodrigo Panucci *(Associate Creative Director)*
Stephanie McCullough *(Associate Director, Learning & Development)*
Thomas Carroll *(Director, Partnerships & Standards)*
Valicia Brown *(Director, Content)*
Victoria Grossman *(Director, Value Management)*
Gregory Pinkus *(Associate Director)*
Erika Maddrey *(Vice President & Account Director)*
Rebecca Harris *(Account Supervisor)*
Lauren Wojciechowski *(Account Supervisor)*
Suyun Wu *(Senior Integrated Producer)*
Melissa Deickmann *(Supervisor, National Video Activation - platformGSK)*
Alexa Fulmer *(Programmatic Manager)*
Alexis Sandler *(Supervisor)*
Ann Quinn *(Strategist, Digital)*
David Jacks *(Account Supervisor)*
Dylan Mizner *(Producer)*
Eliana Kandel *(Supervisor, Sponsorships)*
Joseph Hathaway-Perrin *(Account Supervisor)*
Kathy Vitiello *(Senior Project Manager)*
Leanna Criddle *(Account Supervisor)*
Mara Spece *(Account Supervisor)*
Michelle Findlay *(Producer, Art)*
Rachel Tierney *(Producer)*
Rebecca Malley *(Account Supervisor, Digital)*
Robert Robbins *(Manager, Print Production)*
Ting Lam *(Manager, Resource)*
Zachary Dubin *(Supervisor)*
Leslie Oddo *(Senior Program Manager)*
Deirdre Hering *(Copywriter)*
Douglas Zaner *(Editor)*
Emily Maenner *(Senior Analyst, Research)*
Michael Merali *(Specialist, Business Development)*
Nia Bolling *(Account Executive)*
Margaret Javier *(Senior UX Designer)*
Francis Anderson *(Executive Managing Director - Publicis OneTeam)*

Accounts:
1850 Coffee
9-Lives
Abreva
Adam's
Advil
Advil Cold & Sinus
Advil PM
Alavert
Align Technology, Inc.
Anti-Defamation League
Aricept
Bank of America Corporation
Biotene
Breathe Right Nasal Strips
Brilinta
Cadillac
Cadillac ATS
Cadillac CT6
Cadillac CTS
Cadillac CTS-V
Cadillac Escalade
Cadillac Escalade ESV

FULL SERVICE/INTEGRATED AGENCIES
AGENCIES - JULY, 2020

Cadillac XT5
Cadillac XTS
Cafe Bustelo
California Pizza Kitchen
Campbell Soup Company
Campbell's SpaghettiOs
Campbell's Chunky Soup
Celanese Chemicals
Celebrex
Centrum
Centrum Silver
Chantix
ChapStick
Citi
Citi Cards
Citibank
CitiMortgage
Coffee-Mate
Crisco
Dawn
Delta Dental Plans Association
DiGiorno
Disney+
Dunkin' at Home (licensed)
Dunkin'
EAS
Edmunds.com
Eliquis
Emergen-C
Ensure
Ferrero USA
Flonase
Folgers
Gannett Co., Inc.
GlaxoSmithKline, Inc.
Glucerna
Gravy Train
Heineken Light
Heineken USA, Inc.
Hewlett Packard Enterprise
Hot Pockets
Humira
InvisAlign
Jacks
Jif
Kava
Knott's Berry Farm
LG Electronics U.S.A., Inc.
Lipitor
Meow Mix
Milk Bone
Milo's Kitchen
Mondelez International
Natural Balance
Nature Made Nutritional Supplements
Nature's Recipe
Nescafe Dolce Gusto
Nexium OTC
Nicoderm CQ
Nicorette Gum
Nicorette Mini Lozenge
Outdoor Advertising Association of America
Pedialyte
PediaSure
PediaSure Sidekicks
Peterbilt Motors
Pfizer
Poli-Grip
Polident
Prego
Preparation H
Pup-Peroni
Pup-Peroni Nawsomes! Minis
Red Bull North America, Inc.
Red Lobster
Samsung Electronics America, Inc.

Save-A-Lot
Sensodyne
Similac
Smucker's
SUPERVALU, Inc.
Swanson
The Advertising Council
The Allstate Corporation
The J.M. Smucker Company
Theraflu
Thermacare
Tombstone
Toviaz
truROOTS
Tums
UBS Financial Services, Inc.
V8
V8 +Energy
V8 V-Fusion
Verizon Wireless, Inc.
Viagra
Vonage Holdings Corporation
Walt Disney Company
Walt Disney World
Walt Disney World Parks & Resorts
Well Yes!
Xyntha

PUBLITEK NORTH AMERICA
520 Southwest Yamhill Street
Portland, OR 97204
Tel.: (503) 546-1002
Fax: (503) 546-1001
Web Site: www.publitek.com

Employees: 10
Year Founded: 1993

Discipline: Full Service/Integrated

Kerry McClenahan (President & Chief Executive Officer)
David Smith (Vice President Creative Services)
Jess Lange (Vice President, Client Services)

PULSAR ADVERTISING
10940 Wilshire Boulevard
Los Angeles, CA 90024
Tel.: (323) 302-5101
Web Site: www.pulsaradvertising.com

Year Founded: 1992

Discipline: Full Service/Integrated

Alberto Gonzalez (Founder)
Morgan Daniels (Associate Creative Director)

PULSAR ADVERTISING
1023 15th Street Northwest
Washington, DC 20005
Tel.: (202) 775-7456
Web Site: www.pulsaradvertising.com

Year Founded: 1992

Discipline: Full Service/Integrated

Jim Wright (Partner, Strategic Marketing)
Katherine Carlson (Managing Director)

Accounts:
Metro-North Railroad
Metropolitan Transport Authority

PUROHIT NAVIGATION
233 South Wacker Drive
Chicago, IL 60606

Tel.: (312) 341-8100
Fax: (312) 341-8119
Web Site: www.purohitnavigation.com

Employees: 50
Year Founded: 1985

Discipline: Full Service/Integrated

Ahnal Purohit (President & Chief Executive Officer)
Monica Noce Kanarek (Chief Creative Officer)
Jim Cherrier (Director, Human Resources)

Accounts:
Hylenex Recombinant

PUSH
101 Ernestine Street
Orlando, FL 32801
Tel.: (407) 841-2299
Fax: (407) 841-0999
Web Site: www.pushhere.com

Employees: 55
Year Founded: 1996

Discipline: Full Service/Integrated

John Ludwig (Founding Partner & Chief Executive Officer)
Chris Robb (Partner & Chief Brand Officer)
Mark Unger (Partner & Chief Creative Officer)
Kevin Harrell (Creative Director)
Jim Brothers (Manager, Studio)
Jason Pennypacker (Account Supervisor)
Laura Dagner (Project Manager)

Accounts:
American Residential Services, Inc.

PUSHTWENTYTWO
30300 Telegraph Road
Bringham Farms, MI 48025
Tel.: (248) 335-9500
Fax: (248) 335-7848
Web Site: push22.com

Employees: 14
Year Founded: 2004

Discipline: Full Service/Integrated

Dave Sarris (Partner)
Mike Verville (Partner)
Rob Wilkie (Creative Director)
Paul Ryder (Director, New Business Development)

PYRAMID COMMUNICATIONS
1932 First Avenue
Seattle, WA 98101
Tel.: (206) 374-7788
Fax: (206) 374-7798
Web Site: www.pyramidcommunications.com

Discipline: Full Service/Integrated

John Hoyt (Partner)
Anne Tillery (Managing Partner)
Mae Moldenhauer (Director, Finance)

QUANTUM COMMUNICATIONS
1201 Story Avenue
Louisville, KY 40206
Tel.: (502) 568-6633
Fax: (502) 568-2722
Web Site: www.qtheagency.com

Employees: 15

Brands. Marketers. Agencies. Search Less. Find More.
Try out the online version at www.winmo.com

401

AGENCIES - JULY, 2020 — FULL SERVICE/INTEGRATED AGENCIES

Year Founded: 1994

Discipline: Full Service/Integrated

Linda Schuster *(President & Chief Executive Officer)*
Jim Miller *(Owner & Creative Director)*
Stephanie Rickert *(Director, Account Service)*
Josh Hampton *(Associate Creative Director)*
Jeff Franklin *(Account Coordinator)*

QUARRY INTEGRATED COMMUNICATIONS
1440 King Street, North
Saint Jacobs, ON N0B 2N0
Tel.: (519) 664-2999
Fax: (519) 743-3053
Toll Free: (888) 570-2020
Web Site: www.quarry.com

Employees: 150
Year Founded: 1973

Discipline: Full Service/Integrated

Ken Whyte *(President, Partner & Chief Operating Officer)*
Glenn Drummond *(Chief Innovation Officer)*
Alan Quarry *(Chairman)*
Sarah Harwood *(Vice President, Strategy)*
Justin Wong *(Head, Technical & Specialist - Marketing Automation)*
David Whyte *(Media Buyer)*
Angeline Parsons *(Writer)*
Mandey Moote *(Managing Director, Client Results)*

QUINLAN & CO.
726 Exchange Street
Buffalo, NY 14210
Tel.: (716) 691-6200
Fax: (716) 691-2898
Web Site: www.quinlanco.com

Employees: 16
Year Founded: 1987

Discipline: Full Service/Integrated

Gary Miller *(President)*
Malorie Benjamin *(Vice President & Media Director)*
Krista Roberts *(Art Director)*

QUINN / BREIN COMMUNICATIONS
403 Madison Avenue North
Bainbridge Island, WA 98110
Tel.: (206) 842-8922
Fax: (206) 842-8909
Web Site: www.quinnbrein.com

Year Founded: 1979

Discipline: Full Service/Integrated

Jeff Brein *(President & Co-Founder)*
Ginger Vaughan *(Vice President)*

QUIXOTE GROUP
3107 Brassville Road
Greensboro, NC 27310
Tel.: (336) 605-0363
Fax: (336) 665-8137
Web Site: www.quixotegroup.com

Employees: 15
Year Founded: 1999

Discipline: Full Service/Integrated

Chuck Mattina *(President, Chief Operating Officer & Chief Financial Officer)*
Kim Doran *(Chief Executive Officer)*
Lisa Kornblum *(Director, Operations)*
Jennifer Whisnant *(Senior Account Executive)*

Accounts:
Merz Pharmaceuticals

R&R PARTNERS
127 Penn Street
El Segundo, CA 90245
Tel.: (310) 321-3900
Web Site: www.rrpartners.com

Year Founded: 1974

Discipline: Full Service/Integrated

Brian Hoar *(Chief Marketing Officer)*
Justin Gilbert *(Vice President, Strategy & Insight)*
Kari Jaspersohn *(Marketing Director)*
Scott Murray *(Group Creative Director)*

Accounts:
The Boeing Company

RADONICRODGERS COMMUNICATIONS, INC.
5399 Eglinton Avenue, West
Toronto, ON M9C 5K6
Tel.: (416) 695-0575
Fax: (416) 695-0576
Toll Free: (800) 885-3029
Web Site: www.radonicrodgers.com

Employees: 10
Year Founded: 1997

Discipline: Full Service/Integrated

Ed Radonic *(Partner & Managing Director)*
Ross Rodgers *(Partner & Managing Innovator)*

RAIN
Modern Media Building
Portland, OR 97209
Tel.: (503) 276-4094
Fax: (503) 276-4096
Web Site: www.rainforgrowth.com

Employees: 25
Year Founded: 1998

Discipline: Full Service/Integrated

Tim O'Leary *(Co-Founder & Chairman)*
Michelle Cardinal *(Chief Executive Officer & Co-Founder)*
Jane Crisan *(President & Chief Operating Officer)*
Steve Diamond *(Chief Creative Officer)*
David Maher *(Chief Financial Officer)*
Sue Collins *(Chief Client Officer)*
Kyle Eckhart *(Senior Vice President, Client Development)*
Daniel Gallagher *(Senior Vice President, Brand Strategy & Research)*
Mark Simon *(Vice President, New Business Development - Respond2)*
Lester McCord *(Vice President & Group Director)*
Joy McCammon *(Vice President, Talent Management)*
Marilyn Davis *(Executive Vice President & Managing Partner)*
Susan Rupert *(Vice President & Media Director)*

Heather Horton *(Director Business Operations)*
Todd Yu *(Digital Media Associate Director)*
Garrett Browne *(Associate Director, Paid Search)*
Bianca Reed *(Senior Director, Client Development)*
Karen Egan *(Group Media Director)*
Jeff Beckerman *(Director, Production)*
Rachel Costanzo *(Associate Media Director)*
Tonya Walshe *(Senior Media Buyer)*
Ashley Stronach *(Media Planner)*
Whitney Klawier *(Digital Media Supervisor)*
Mallory Saldanha *(Digital Media Supervisor, Paid Search)*
Charles Nicolls *(Paid Search Supervisor)*
Ann Nguyen *(Assistant Media Planner)*
Emily Dang *(Project Specialist)*
Krystina Duvall *(Assistant Paid Social Specialist)*
Shelby Steinauer *(Junior Media Buyer)*
Takezo Marks *(Analyst, Digital Marketing Analytics)*
Arthur Foullon *(Digital Media Assistant Specialist)*
Jennifer Tuska *(Senior Analyst, Marketing Analytics)*

Accounts:
1-800-CONTACTS, Inc.
Aaptiv
bareMinerals
Bissell Big Green
Bissell Lift-Off
Bissell PowerGlide
Blinds.com
leads.com
Leesa Sleep LLC
LendingTree
LendingTree.com
Liingo Eyewear
Network Solutions
NutriSystem, Inc.
Renovation Experts
Riverbed Technology
Web.com, Inc.

RAIN
121 North Walnut Street
Westchester, PA 19380
Tel.: (610) 968-6600
Fax: (610) 651-5640
Web Site: www.rainforgrowth.com

Year Founded: 1998

Discipline: Full Service/Integrated

Robin Cohen *(Vice President, Client Strategy)*
Carolyn Powers *(Assistant Media Buyer)*
Morgan Kovatch *(Assistant Media Planner)*
Julia Poluch *(Media Coordinator)*

RAKA CREATIVE
501 Islington Street
Portsmouth, NH 03801
Tel.: (603) 436-7770
Fax: (603) 436-7774
Web Site: www.rakacreative.com

Year Founded: 2004

Discipline: Full Service/Integrated

Zang Garside *(Partner)*
Duncan Craig *(Partner)*
Daniel Marino *(Partner)*
Brian DeKoning *(Partner)*
Leigh Pazolt *(Art Director)*

Brands. Marketers. Agencies. Search Less. Find More.
Try out the online version at www.winmo.com

FULL SERVICE/INTEGRATED AGENCIES

Ryan Durling *(Director, Advertising)*

RAOUST + PARTNERS
516 Settlers Landing Road
Hampton, VA 23669
Tel.: (757) 723-5749
Fax: (757) 723-6090
Web Site: www.raoust.com

Employees: 9

Discipline: Full Service/Integrated

Olivier Raoust *(President & Chief Brand Strategist)*
Charlie Parr *(Creative Director, Partner & Chief Operating Officer)*

RAWLE-MURDY ASSOCIATES
960 Morrison Drive
Charleston, SC 29403
Mailing Address:
Post Office Box 1117
Charleston, SC 29402-1117
Tel.: (843) 577-7327
Fax: (843) 722-3960
Web Site: www.rawle-murdy.com

Employees: 40

Discipline: Full Service/Integrated

Bruce Murdy *(President)*
John Kautz *(Vice President & Director, Brand Management & Relationship)*
Michele Crull *(Vice President & Director, Operations)*
Sandy Corson *(Vice President & Director, Financial & Administrative)*
Daniel Brock *(Account Director, Public Relations & Social Media)*
Devon Gage *(Account Supervisor)*
Lauren Holloway *(Account Supervisor)*
Teresa Waters Raynor *(Manager, Accounting)*
Lauren Creel *(Specialist, Digital Marketing)*

Accounts:
Piggly Wiggly Food Stores

RCG ADVERTISING AND MEDIA
10031 Maple Steet
Omaha, NE 68134
Tel.: (402) 393-5435
Fax: (402) 393-2139
Web Site: https://www.rcgadvertising.com/

Year Founded: 1983

Discipline: Full Service/Integrated

Steve Armbruster *(Partner & Creative Director)*
Jim Svoboda *(President, Chief Executive Officer & Partner)*
Rod Szwanek *(Associate Creative Director, Electronic Media)*
Alison Rasgorshek *(Director, Media)*
Amanda Dunning-Peterson *(Director, Media)*
Morgan Westenburg Mendez *(Account Executive - Redstone Advertising)*

RDA INTERNATIONAL
110 East 25th Street
New York, NY 10010
Tel.: (212) 255-7700
Fax: (212) 229-9800
Web Site: www.rdai.com

Discipline: Full Service/Integrated

Anthony Bagliani *(Creative Director)*
Naoto Ono *(Creative Director - RDA Integrated)*

RDW GROUP
125 Holden Street
Providence, RI 02908
Tel.: (401) 521-2700
Fax: (401) 521-0014
Web Site: www.rdwgroup.com

Employees: 80
Year Founded: 1986

Discipline: Full Service/Integrated

Jay Conway *(Partner & Senior Vice President)*
Jeff Patch *(Partner & Executive Creative Director)*
Jim Pontarelli *(President)*
Dante Bellini, Jr. *(Partner & Executive Vice President, Agency Development)*
Jim Malachowski *(Chairman, Managing Partner)*
Phil Loscoe *(Partner & Senior Vice President)*
Marla Pinto *(Media Director & Partner)*
Martha Lindman *(Partner & Art Director)*
Sandy Fern *(Senior Vice President)*
Claudette Coyne *(Associate Media Director)*
Will Andersen *(Account Management)*
Joe Handly *(Senior Strategist, Media)*
Kelsey Terbil *(Marketing Analytics Specialist)*
John Beaupre *(Senior Copywriter)*

Accounts:
Rhode Island Commerce Corporation

RE:GROUP, INC.
213 West Liberty Street
Ann Arbor, MI 48104
Tel.: (734) 213-0200
Fax: (734) 327-6636
Web Site: www.regroup.us

Employees: 20
Year Founded: 2002

Discipline: Full Service/Integrated

Approx. Annual Billings: $18.00

Janet Muhleman *(President)*
Elizabeth Conlin *(Senior Vice President & Director, Client Services)*
Carey Jernigan *(Vice President & Director, Business Development)*
Rhonda Huie *(Vice President & Creative Director)*
Karyn Kozo *(Vice President & Director, Client Services)*
Cheryl Mrakitsch *(Vice President, Finance)*
Julie Kapnick *(Vice President, Operations)*
Emily Rupert *(Account Director)*
Cory Oslin *(Supervisor, Integrated Media)*

Accounts:
DFCU Financial
Healthplus of Michigan
Osram Sylvania
Osram Sylvania
Taubman Centers, Inc.
The Library of Congress
Ziebart International Corporation

REAL INTEGRATED
888 West Big Beaver Road
Troy, MI 48084
Tel.: (248) 540-0660

Fax: (248) 540-2124
Web Site: www.realintegrated.com

Employees: 60
Year Founded: 1954

Discipline: Full Service/Integrated

Dean Friedman *(Chief Executive Officer & Chairman)*
John Ozdych *(Chief Operating Officer & Executive Creative Director)*
Susan Schumacher *(Media Director)*

REAL WORLD, INC.
8098 North Via DeNegocio
Scottsdale, AZ 85258
Tel.: (480) 296-0160
Fax: (480) 296-0166
Web Site: www.realworldinc.com

Employees: 9

Discipline: Full Service/Integrated

Leah Wilson *(President & Owner)*
Ginny Michaelson *(Media Director)*
Jenny Lang *(Managing Director)*

REALITY2
11661 San Vicente Boulevard
Los Angeles, CA 90049
Tel.: (310) 826-5662
Fax: (310) 826-5606
Web Site: www.reality2.com

Discipline: Full Service/Integrated

Farida Fotouhi *(President & Chief Executive Officer)*
Jorge Alonso *(Partner & Creative Director)*

REBEL INTERACTIVE
142 Center Street
Southington, CT 06489
Mailing Address:
Post Office Box 223
Glastonbury, CT 06033
Tel.: (860) 930-1105
Web Site: rebelinteractivegroup.com

Year Founded: 1996

Discipline: Full Service/Integrated

Bryn Tindall *(Owner & Chief Executive Officer)*
Paul Pita *(Chief Branding Officer)*

Accounts:
Aetna, Inc.

REBUILD
2921 East Grand Boulevard
Detroit, MI 48202
Toll Free: (855) 725-3628
Web Site: rebuild.group/

Year Founded: 2012

Discipline: Full Service/Integrated

Josh Gershonowicz *(President & Chief Executive Officer)*
Steve Deangelis *(Founder & Chief Marketing Officer)*
Stephanie Ekelmann *(Director, Operations & New Business)*
Olivia Martin *(Social Media Manager)*

AGENCIES - JULY, 2020 — FULL SERVICE/INTEGRATED AGENCIES

RECALIBRATE MARKETING COMMUNICATIONS
3197 Airport Loop Drive
Costa Mesa, CA 92626
Tel.: (949) 510-7929
Web Site: www.recalibratemc.com

Discipline: Full Service/Integrated

Elias Dawly *(Founder)*
Michael Grina *(Media Director)*
Nicole Lee *(Media Supervisor)*

Accounts:
Kawasaki ATV
Kawasaki Gas Turbines
Kawasaki Jet Ski
Kawasaki Motorcycles
Kawasaki Motors Corporation, USA
Mule Utility

RECRUITICS
3685 Mount Diablo Boulevard
Lafayette, CA 94549
Tel.: (925) 284-0444
Fax: (925) 284-0448
Web Site: www.krtmarketing.com

Year Founded: 1972

Discipline: Full Service/Integrated

Jenny Skundrich *(Senior Vice President, Client Strategy)*
Adriana Kevill *(Senior Vice President, Marketing)*
Mona Tawakali *(Executive Vice President, Programmatic)*
Olivia Yongue *(Vice President, Client Strategy)*
Kara Somsen Diem *(Vice President, Client Strategy)*
Maya Garner *(Senior Client Strategist)*
Nicole Morris *(Director, Operations)*

RED CHALK STUDIOS
323A First Colonial Road
Virginia Beach, VA 23454
Tel.: (757) 437-1185
Web Site: redchalkstudios.com

Year Founded: 2010

Discipline: Full Service/Integrated

Kim Nelson *(Founder & Creative Director)*
Ellen McBride *(Director, Marketing Communications)*
Vicki Townsend *(Media Director)*
Elizabeth Evans *(Director, Public Relations)*
Ceindy Nunez *(Designer)*

RED DOOR INTERACTIVE
350 Tenth Avenue
San Diego, CA 92101
Tel.: (619) 398-2670
Fax: (619) 398-2671
Web Site: www.reddoor.biz

Employees: 30
Year Founded: 2002

Discipline: Full Service/Integrated

Reid Carr *(Chief Executive Officer)*
Dennis Gonzales *(Chief Operating Officer)*
John Faris *(President)*
Erika Werner *(Chief Marketing Officer)*
Amy Carr *(Executive Vice President & Human Resources Director)*
Patrick Cinco *(Creative Director)*
Andrew Batten *(Senior Director, Marketing Analytics & BI)*

Accounts:
Asics
Bridgepoint Education
CenturyLink
Drybar Holdings, LLC
San Diego Gas & Electric Company
Shea Homes, Inc.
WD-40 Company

RED FUSE COMMUNICATIONS
Three Columbus Circle
New York, NY 10019
Tel.: (212) 210-3873
Web Site: www.redfuse.com

Year Founded: 2012

Discipline: Full Service/Integrated

Steve Forcione *(Chief Executive Officer)*
Marta LaRock *(Global Chief Strategy Officer)*
Ellen Pace *(Global Client Leader)*
Jamie Ciamillo *(Global Associate Director, Digital)*
Katherine Butler *(Associate Account Director)*
Michael Poerio *(Director, Integrated Media - North America)*
Yuyu Fang *(Director, Programmatic)*
James Atherton *(Chief Strategy Officer)*
Sebastian Veron *(Associate Creative Director)*
John Dietz *(Global Brand Strategy Director)*
Alex Vigotov *(Account Supervisor)*
Sia Ekonomou *(Senior Account Executive)*
Caroline Olszewski *(Senior Account Executive)*
Bailey Canning *(Media Associate)*
Shannon Brent *(Media Associate)*
Olivia Giaimo *(Shopper Media Associate)*
Megan Croke *(Global Media Associate)*

Accounts:
Ajax
Colgate
Colgate 2in1
Colgate 360
Colgate Max Fresh
Colgate Optic White
Colgate Plus
Colgate ProClinical
Colgate Sensitive
Colgate Tartar Control
Colgate Total
Colgate Total Advanced
Colgate Wisp
Colgate-Palmolive Company
Dermassage Dishwasing Liquid
Fabuloso
Hill's Pet Nutrition, Inc.
Hill's Vet
Irish Spring
Irish Spring Aloe
Irish Spring Hair & Body
Lady Speed Stick
Lady Speed Stick 24/7
Lady Speed Stick Invisible Dry
Lady Speed Stick Stainguard
Murphy Oil Soap
Palmolive
Palmolive Antibacterial
Palmolive Oxy Plus
Palmolive Pure & Clear
Palmolive Soft Touch
Palmolive Ultra Fusion Clean
Palmolive Ultra Strength
Science Diet
Softsoap
Softsoap Body Wash
Sparkling White
Speed Stick
Speed Stick Antiperspirant
Speed Stick Gear
Speed Stick Irish Spring
Speed Stick Power
Speed Stick Stainguard
Suavitel Fabric Softener
Tom's of Maine
Total Fresh Strip Toothpaste

RED MOON MARKETING
4100 Coca-Cola Plaza
Charlotte, NC 28211
Tel.: (704) 366-1147
Fax: (704) 366-2283
Web Site: www.redmoonmkt.com

Employees: 16

Discipline: Full Service/Integrated

Jim Bailey *(President & Chief Executive Officer)*
Eddie Burklin *(Chief Financial Officer)*
Jim Duncan *(Executive Vice President, Sales & Marketing)*
Jimmy Harte *(Executive Vice President)*
Shyloe Cummings Luehrs *(Senior Vice President)*
Tyler Sigmon *(Senior Vice President)*
Mike Adams *(Vice President)*
Glenn Wilga *(Account Director)*
Amanda Maness *(Account Director)*
Krista Nuzum *(Account Director)*
Patrick Rineman *(Account Director)*
Chase Gregory *(Account Supervisor)*
Caitie Bailey *(Manager, Graphic & Social Media)*
Ethan Turner *(Senior Account Executive)*
Katie Nix Earnhardt *(Account Executive)*
Kelley Flynn *(Account Executive)*
Will Brooks *(Account Executive)*

RED TETTEMER O'CONNELL + PARTNERS
One South Broad Street
Philadelphia, PA 19107
Tel.: (267) 402-1410
Fax: (267) 402-1456
Web Site: www.redtettemer.com

Employees: 89
Year Founded: 1996

Discipline: Full Service/Integrated

Steve Red *(President & Chief Creative Officer)*
Carla Mote *(Managing Partner, Account Management & Operations)*
Steve O'Connell *(Partner & Executive Creative Director)*
Susan Baraczek *(Vice President & Director, Client Services)*
Todd Taylor *(Vice President & Creative Director)*
Kelly Goldenberg *(Media Director & Vice President)*
Adam Leaventon *(Vice President, Strategy)*
Ari Garber *(Vice President & Creative Director)*
Jessica O'Conor *(Vice President & Group Account Director)*
Alexis Papazian *(Account Director)*
Steve Thompson *(Creative Director)*
Chris Plehal *(Group Creative Director)*

FULL SERVICE/INTEGRATED AGENCIES

AGENCIES - JULY, 2020

Justin Rentzel *(Senior Art Director)*
Michelle Maben *(Art Director)*
Vann Madison *(Director, Strategy)*
Aaron Grando *(Director, Technology)*
Bergan Foley *(Senior Account Manager)*
Michael Bodenberger *(Digital Producer)*
Joe Mosca *(Executive Producer)*
Rachel Timmerman *(Strategist, Creative Media)*
Uri Weingarten *(Strategist)*
Catie Borzillo *(Senior Digital Strategist)*
Chip Schofield *(Editor)*
Dave Wiest *(Senior Designer)*
Lauren Meehan *(Specialist, Media)*

Accounts:
Century 21 Real Estate Corporation
Chronic Tacos
Dietz & Watson
Dietz Nuts
Morningstar Farms
Reyka
Schwinn Bicycles
Speck Products
Stetson
The Melting Pot Restaurants, Inc.
TradeKing
Under Armour
Visit Philadelphia
Yakima

RED THE AGENCY INC.
10235 111th Street
Edmonton, AB T5K 2V5
Tel.: (780) 426-3627
Fax: (780) 426-3620
Web Site: www.redjavelin.com

Employees: 15
Year Founded: 1991

Discipline: Full Service/Integrated

Lori Billey *(Managing Partner & Chief Executive Officer)*
Randy Cronin *(Partner & Director, Strategy & Research)*

RED URBAN
33 Bloor Street East
Toronto, ON M4W 3T4
Tel.: (416) 324-6330
Web Site: www.redurban.ca

Year Founded: 2001

Discipline: Full Service/Integrated

Steve Carli *(President - Red Urban Toronto)*
Pete Gardiner *(Senior Creative Director)*
Trevor Byrne *(Group Account Director)*
Mary Armstrong *(Senior Account Supervisor)*

Accounts:
McDonald's

REDONK MARKETING
5000 Legacy Dr.
Plano, TX 75024
Tel.: (972) 306-0276
Fax: (469) 952-2836
Web Site: www.redonkmarketing.com

Discipline: Full Service/Integrated

Phill Carpenter *(Principal & Creative Director)*
Shar Carpenter *(Principal & Managing Partner)*

REDPEPPER
305 Jefferson Street37208
Nashville, TN 37208
Tel.: (615) 320-9335
Web Site: redpepperland.com

Year Founded: 2001

Discipline: Full Service/Integrated

Tim McMullen *(Founder & Chief Executive Officer)*
Samara Anderson *(Vice President, Sales & Marketing)*
Caroline Hamel *(Director, Production Services)*
Cat Garnett *(Senior Strategist)*
Jennifer Williams *(Group Account Director & Head, Client Service)*
Ryan Dunlap *(Associate Creative Director)*
Erin Sephel *(Copywriter & Strategist, Content)*
Taylor Gerrity *(Account Supervisor)*
Allie Shanahan *(Account Supervisor)*
Clare Thomas *(Account Manager)*

Accounts:
Rouses Markets

REFUEL AGENCY
68 Culver Road
Monmouth Junction, NJ 08552
Tel.: (609) 655-8878
Fax: (609) 395-0737
Toll Free: (866) 360-9688
Web Site: www.refuelagency.com

Employees: 110
Year Founded: 2011

Discipline: Full Service/Integrated

John Weipz *(Vice President, Media & Promotions)*
Gregory Schober *(Manager, Military Programs)*

REINGOLD
1321 Duke Street
Alexandria, VA 22314
Tel.: (202) 333-0400
Fax: (202) 333-6622
Web Site: www.reingold.com

Employees: 20
Year Founded: 1985

Discipline: Full Service/Integrated

Joseph Ney *(Partner & Creative Director)*
Kevin Miller *(Partner & Chief Operating Officer)*
Doug Gardner *(Vice President, Information Technology)*
Scott San Martin *(Graphic Designer & Production Manager)*

RELISH MARKETING
619 East College Avenue
Decatur, GA 30030
Tel.: (404) 378-0470
Web Site: www.relishmarketing.com

Year Founded: 2009

Discipline: Full Service/Integrated

Pamela Willoughby *(President)*
Michael Palermo *(Creative Director)*
Mia Johnson *(Senior Account Supervisor)*

REMER, INC.
205 Marion Street
Seattle, WA 98104
Tel.: (206) 624-1010
Fax: (206) 467-2890
Web Site: www.remerinc.com

Year Founded: 1993

Discipline: Full Service/Integrated

Dave Remer *(Chief Executive Officer & Creative Director)*
Andrea Gordon *(Senior Vice President, Brand Strategy & Client Services)*
Teri Haverfield *(Business Manager & Accountant)*

RENEGADE COMMUNICATIONS
10950 Gilroy Road
Hunt Valley, MD 21031
Tel.: (410) 465-1400
Fax: (410) 667-1482
Web Site: renegadecommunications.com

Year Founded: 1988

Discipline: Full Service/Integrated

Brian Stetson *(Chief Information Technology Officer & Executive Director, Production)*
Tim Watkins *(President & Chief Executive Officer)*
Chris Beutler *(Chief Creative and Strategy Officer)*
Chris Roederer *(Director, Production)*

Accounts:
A&E Networks
Boy Scouts of America

RESOURCE ADVANTAGE GROUP, INC.
271 Route 46 West
Fairfield, NJ 07004
Tel.: (973) 882-1313
Fax: (973) 575-1720
Web Site: www.resourceadvantage.com

Employees: 15
Year Founded: 1992

Discipline: Full Service/Integrated

Barbara Mecchi-Knoll *(President)*
Felicia Osorio *(Project Manager)*

RESULTS ADVERTISING
777 Terrace Avenue
Hasbrouck Heights, NJ 07604
Tel.: (201) 288-7888
Fax: (201) 288-5112
Web Site: www.resultsinc.com

Discipline: Full Service/Integrated

David Green *(President & Owner)*
Jeff Rubin *(Executive Vice President & Creative Director)*

Accounts:
Mack-Cali Realty Corporation

RESULTS MARKETING & ADVERTISING
117 Queen Street
Charlottetown, PE C1A 4B3
Tel.: (902) 629-2375
Web Site: www.resultsinc.ca

Year Founded: 1994

Discipline: Full Service/Integrated

Brands. Marketers. Agencies. Search Less. Find More.
Try out the online version at www.winmo.com

AGENCIES - JULY, 2020 — FULL SERVICE/INTEGRATED AGENCIES

Heather Howatt *(Managing Partner, Director, Media & Communications & Account Manager)*
Brian Howatt *(Partner, Creative Director, & Account Manager)*
Greg Mercier *(Senior Graphic Designer)*

Accounts:
Padinox Incorporated

REVELRY AGENCY
806 Southwest Broadway
Portland, OR 97205
Tel.: (503) 227-3606
Fax: (503) 227-5933
Web Site: www.revelryagency.com

Year Founded: 2002

Discipline: Full Service/Integrated

Jim Crystal *(Founding Partner & Principal)*
Matt Heres *(Partner)*

Accounts:
Alaska Seafood Marketing Institute
Nestle Waters North America, Inc.
Schwan Food Company

REVOLUTION
210 North Carpenter Street
Chicago, IL 60607
Tel.: (312) 529-5850
Fax: (312) 529-5851
Web Site: www.revolutionworld.com

Employees: 20
Year Founded: 2001

Discipline: Full Service/Integrated

John Rowady *(President & Founder)*
Darren Marshall *(Chief, Staff)*
Brian Quarles *(Chief Creative Officer)*
Larry Mann *(Executive Vice President, Business Development)*
Garrett Mudd *(Executive Vice President, Integrated Client Services)*
Kent Thomas *(Senior Vice President, Business Intelligence)*
Dan Lobring *(Vice President, Marketing Communications)*
David Hood *(Associate Director, Integrated Client Services)*
Annie Richardson *(Director, Client Services)*
Anwar Robertson *(Associate Director, Digital Media)*
Lindsey Schumer *(Director, Integrated Client Services)*
Stephanie Bates *(Director, Client Services)*
Mikel Hormuth *(Senior Director, Marketing Communications)*
Kevin McGraw *(Associate Creative Director)*
Lauren Dudziak *(Director, Client Services)*
Anna Howard *(Manager, Public Relations & Communications)*
Michael Begel *(Manager, Client Services)*
Katie Kester *(Supervisor, Media Services)*
Kevin Loughery *(Public Relations Supervisor)*
Shak Wazir *(Managing Director, Production Services)*

Accounts:
Continental Tire North America
Polaris ATVs
Polaris Inc.

REYNOLDS & ASSOCIATES
2150 Park Place
El Segundo, CA 90245
Tel.: (310) 773-3690
Web Site: www.reynoldsla.com

Discipline: Full Service/Integrated

Chuck Reynolds *(President & Chief Executive Officer)*
Margie Gostyla *(Executive Vice President)*
Leticia Brunner *(Director, Media)*
Kat Shaver *(Director, Production Services)*

RHEA & KAISER MARKETING
400 East Diehl Road
Naperville, IL 60563
Tel.: (630) 505-1100
Fax: (630) 505-1109
Web Site: www.rkconnect.com

Employees: 125
Year Founded: 1978

Discipline: Full Service/Integrated

Diane Martin *(President & Chief Executive Officer)*
Stephanie Heusuk *(Chief Operating Officer)*
Stephen L. Rhea *(Founder & Chairman)*
Martha Fiszer *(Senior Vice President & Executive Creative Director)*
Jack Vos *(Vice President & Creative Director)*
Allison Saegebrecht *(Executive Media Director & Head, Media Services)*
Jeff Walter *(Executive Director, Account Management & Planning)*
Mike Hurt *(Director, Media Activation)*
Erin Skly *(Group Account Director)*
Grant Cassiday *(Associate Media Director)*
Marcy Miller *(Media Supervisor)*
Laura Findling *(Senior Account Supervisor)*
Amy McEvoy *(Senior Account Supervisor, Public Relations)*
Denise Mazurek *(Production Supervisor)*
Dustin Gerdes *(Manager, Analytics & Customer Engagement)*
Michelle Nickrent *(Account Manager, Planning & Integration)*
Cindy Sanders *(Media Buyer)*
Kelsey Hart *(Account Supervisor)*
Mary Hull *(Supervisor, Production)*
Patty Blystone *(Senior Accountant)*
Pete Hlavach *(Strategist, Digital)*
Sara McClendon *(Senior Account Manager, Public Relations)*
Megan Henry *(Senior Brand Strategist)*
Erinmarie Petty *(Coordinator, Client Accounting)*

Accounts:
Archer Daniels Midland Company
Aurora Health Care
Bayer Crop Protection Fungicides
Bayer Crop Protection Herbicides
Bayer Crop Protection Insecticides
Bayer Crop Protection Seed Treatment
Growmark, Inc.
NorthShore University HealthSystem
Peoples Gas
Underwriters Laboratories, Inc.

RHODES STAFFORD WINES, CREATIVE
14643 Dallas Parkway
Dallas, TX 75254
Tel.: (214) 528-1818
Fax: (214) 528-9091

Toll Free: (888) 869-9818
Web Site: www.rswcreative.com

Employees: 8
Year Founded: 1992

Discipline: Full Service/Integrated

Brad Wines *(President & Owner)*
Jeff Moore *(Senior Creative Director)*

RICHARDS CARLBERG
2801 North Central Expressway
Dallas, TX 75204
Tel.: (713) 965-0764
Fax: (713) 965-0135
Toll Free: (800) 333-4912
Web Site: www.richardscarlberg.com

Employees: 40
Year Founded: 1948

Discipline: Full Service/Integrated

Chuck Carlberg *(Principal)*
Gayl Carlberg *(Principal)*
Karen Holland *(Brand Creative & Art Director)*
Stephanie Weaver *(Manager, Brand Media)*
Felipe Garces *(Brand Media Planner)*

Accounts:
Blue Bell Creameries, LP
HomeVestors of America, Inc.
Houston Livestock Show & Rodeo
Mahindra USA, Inc.
Rheem Air Conditioners & Heating
Tarkett, Inc.

RICOCHET PARTNERS
521 Southwest Eleventh Avenue
Portland, OR 97205
Tel.: (503) 220-0212
Fax: (503) 220-0213
Web Site: www.ricochetpartners.com

Year Founded: 2005

Discipline: Full Service/Integrated

Peter Charlton *(Chief Executive Officer & Chief Creative Officer)*
Jeanne McKirchy-Spencer *(Chief Strategy Officer & President)*
Ron Spencer *(Director, Digital Media Production)*

RIESTER
1441 West Ute Boulevard
Park City, UT 84098
Tel.: (844) 602-3344
Web Site: www.riester.com

Year Founded: 1989

Discipline: Full Service/Integrated

Mike Ross *(Creative Director)*
Laura Carlson *(Director, Integration)*
Ben Dveirin *(Associate Creative Director)*
David J. Kovacs *(Associate Director, Content Strategy)*
Samara Byrne *(Senior Producer, Content)*

Accounts:
PacifiCorp Company

RIESTER
3344 East Camelback Road
Phoenix, AZ 85018
Tel.: (602) 462-2200

Brands. Marketers. Agencies. Search Less. Find More.
Try out the online version at www.winmo.com

FULL SERVICE/INTEGRATED AGENCIES
AGENCIES - JULY, 2020

Fax: (602) 307-5811
Web Site: www.riester.com

Year Founded: 1989

Discipline: Full Service/Integrated

Tim Riester *(Principal & Chief Executive Officer)*
Tom Ortega *(Principal & Chief Creative Officer)*
Alan Perkel *(Partner & Chief Digital Officer)*
Christina Borrego *(Director, Public Relations & Multicultural Services)*
Tricia Kashima *(Media Director)*
Kari Brill-Torrez *(Associate Director, Media)*
Stevie Lobosco *(Associate Director, Media & Innovation)*
Kelly Cross *(Public Relations & Integration Executive)*

Accounts:
Casino Arizona at Indian Bend
La Victoria
MegaMex Foods, LLC
Park City Mountain Resort

RIESTER
1960 East Grand Avenue
El Segundo, CA 90245
Tel.: (310) 563-2300
Fax: (310) 392-2595
Web Site: www.riester.com

Employees: 10
Year Founded: 1989

Discipline: Full Service/Integrated

Tim Riester *(Principal & Chief Executive Officer)*

Accounts:
MegaMex Foods, LLC

RIGER MARKETING COMMUNICATIONS
53 Chenango Street
Binghamton, NY 13902
Tel.: (607) 723-7441
Fax: (607) 723-7623
Web Site: www.riger.com

Discipline: Full Service/Integrated

Steve Johnson *(Managing Partner)*
Jamie Jacobs *(Partner)*
Laurie Van Kuren *(Manager, Media & Account Services)*
Mary Cromer *(Graphic Designer)*

RIGGS PARTNERS
750 Meeting Street
West Columbia, SC 29169
Tel.: (803) 799-5972
Fax: (803) 779-8447
Web Site: www.riggspartners.com

Employees: 15
Year Founded: 1987

Discipline: Full Service/Integrated

Teresa Coles *(Partner & President)*
Catherine Monetti *(Partner & Founder)*
Kevin Smith *(Partner & Director, Strategy)*
Ryon Edwards *(Partner & Director, Design)*
Tom Barr *(Partner)*
Kevin Archie *(Art Director & Graphic Designer)*
Michael Powelson *(Creative Director)*

Linda Hargett *(Media Planner)*
Lyn Barbour *(Media Planner)*
Kerry Fulton *(Digital Marketing Strategist)*

RILEY HAYES ADVERTISING, INC.
333 South First Street
Minneapolis, MN 55401
Tel.: (612) 338-7161
Fax: (612) 338-7344
Web Site: www.rileyhayes.com

Employees: 12
Year Founded: 1991

Discipline: Full Service/Integrated

Tom Hayes *(President & Founder)*
Dan Hoedeman *(Vice President, Engagement)*
Dave Plamann *(Vice President, Finance & Operations)*
Jason Langer *(Vice President & Executive Creative Director)*
Wendy Mills *(Director, Administration)*

Accounts:
Allen-Edmonds
Allen-Edmonds Shoe Corporation

RINCK ADVERTISING
113 Lisbon Street
Lewiston, ME 04240
Tel.: (207) 755-9470
Fax: (207) 755-9473
Web Site: www.rinckadvertising.com

Discipline: Full Service/Integrated

Peter Rinck *(Chief Executive Officer)*
Laura Davis *(Co-Owner & President)*
Karly Eretzian *(Vice President, Creative Services)*
Katie Greenlaw *(Director, Public Relations)*
Sarah Bird *(Director, Content)*
Sue Schenning *(Art Director)*
Vicky Ayer *(Media Planner & Buyer)*
Kathleen de Silva *(Senior Account Planner, Executive Leader)*
Amanda Frost-Houle *(Account Manager)*
Kristy Phinney *(Digital Project Manager)*
Lisa Ardia *(Manager, Web Marketing)*
Doug Morin *(Manager, Digital)*
Kevin Gove *(Manager, Public Relations)*
Kristel Wagner *(Manager, Public Relations)*
Mariah Rinck *(Media Planner)*
Veronica Dubois *(Buyer, Social Media)*
Elizabeth Daniels *(Account Executive)*
Heather Cyr *(Account Executive)*
Catherine Brezinski *(Coordinator, Traffic)*

RITTA & ASSOCIATES
45 Eisenhower Drive
Paramus, NJ 07652
Tel.: (201) 567-4400
Fax: (201) 567-7330
Web Site: www.ritta.com

Year Founded: 1978

Discipline: Full Service/Integrated

Jacqueline Millstein *(Chief Creative Officer)*
Koryn Schermer *(President & Chief Executive Officer)*
Kevin Janosz *(Chief Operating Officer)*
Paula Kull *(Account Supervisor)*
Steven Scheiner *(Manager, Print Production)*

RMI MARKETING & ADVERTISING
436 Old Hook Road
Emerson, NJ 07630
Tel.: (201) 261-7000
Fax: (201) 261-4970
Web Site: www.rmi-inc.com

Year Founded: 1973

Discipline: Full Service/Integrated

Ron Morgan *(Chairman & Chief Executive Officer)*
Jonathan Morgan *(Vice President, Marketing)*
Wes Savacool *(Manager, Production)*
Ellen Linsanta *(General Manager)*

RMR & ASSOCIATES
5870 Hubbard Drive
Rockville, MD 20852
Tel.: (301) 230-0045
Fax: (301) 217-5966
Web Site: www.rmr.com

Employees: 10
Year Founded: 1987

Discipline: Full Service/Integrated

Robyn Sachs *(President & Chief Executive Officer)*
Sandra Schwartzman *(Project Manager)*
Jim Cavender *(Art Director)*
Rachel Griffon *(Manager, Operations)*

ROBERTSON+PARTNERS
6061 South Fort Apache Road
Las Vegas, NV 89148
Tel.: (702) 947-7777
Fax: (702) 933-1260
Web Site: www.robertson.partners

Year Founded: 1979

Discipline: Full Service/Integrated

Scott Robertson *(President, Chief Executive Officer & Creative Director)*
Jeremy Thompson *(President)*
George Davey *(Chief Financial Officer)*
Pam Payne *(Vice President, Integrated Media & Measurement)*
Michael Dunn *(Creative Director)*

ROCKET LAWN CHAIR
205 West Highland Avenue
Milwaukee, WI 53203
Tel.: (262) 544-8800
Fax: (262) 544-8801
Web Site: www.rocketlawnchair.com

Discipline: Full Service/Integrated

Dean Bressler *(Partner & Creative Director)*
Dennis Estenson *(President & Vice President, Strategy)*

RODGERS TOWNSEND, LLC
200 North Broadway
Saint Louis, MO 63102
Tel.: (314) 436-9960
Fax: (314) 436-9961
Web Site: www.rodgerstownsend.com

Employees: 98
Year Founded: 1996

Discipline: Full Service/Integrated

Brands. Marketers. Agencies. Search Less. Find More.
Try out the online version at www.winmo.com

407

FULL SERVICE/INTEGRATED AGENCIES

Michael McCormick *(Chief Creative Officer)*
Andrew Dauska *(Chief Executive Officer)*
Jeremy Cockrell *(Vice President & Director, Digital Solutions)*
Carla Amschler *(Vice President & Strategic Business Director)*
Laura Duplain *(Vice President, Account Management)*
Suzanne Lange *(Vice President, Group Account Director)*
Ron Copeland *(Vice President, Group Creative Director)*
Angela Biebel *(Vice President & Director, Strategy)*
Jonathan Hansen *(Creative Director)*
Alexander Kerlick *(Strategy Director)*

Accounts:
AT&T, Inc.
Black Flag
Dingo
FURminator
Garden Safe
Hot Shot
Nature's Miracle
Repel
Smoothie King Franchises, Inc.
Spectracide
State Farm Auto Insurance
State Farm Insurance Companies
State Farm Life Insurance

ROHER / SPRAGUE PARTNERS
90 North Broadway
Irvington, NY 10533
Tel.: (914) 591-2500
Fax: (914) 591-6871
Web Site: www.rohersprague.com

Employees: 7
Year Founded: 1997

Discipline: Full Service/Integrated

Melanie Roher *(Partner)*
Sue Ann Sprague *(Partner)*
Adam Lein *(New Media & Design Manager)*

ROMPH & POU AGENCY
7225 Fern Avenue
Shreveport, LA 71105
Tel.: (318) 424-2676
Fax: (318) 221-3442
Web Site: www.rpagency.com

Year Founded: 1981

Discipline: Full Service/Integrated

Robert Pou *(President)*
Robin Hines *(Creative Director)*
Cynthia Green *(Media Buyer & Manager, Analysis)*
Jeffrey Romph *(Managing Partner)*

ROOT3 GROWTH MARKETING
1643 North Milwaukee Avenue
Chicago, IL 60647
Tel.: (773) 799-8200
Web Site: www.root3marketing.com/

Year Founded: 2014

Discipline: Full Service/Integrated

Scott Christiansen *(Founder & Chief Executive Officer)*
Kebra Shelhamer *(Vice President, Communications & Public Relations)*

Ashley La Fleur *(Account Director)*
Lindsey Craig *(Account Executive)*

ROUNDHOUSE - PORTLAND
975 Southeast Main Street
Portland, OR 97214
Tel.: (503) 287-0398
Web Site: www.roundhouseagency.com

Year Founded: 2001

Discipline: Full Service/Integrated

Joe Sundby *(Founder & Executive Creative Director)*
Dana Bainbridge *(Founder & Director, Design)*
Michael Brooks *(Account Director)*
Stacy Garnand *(Director, Client Services)*
Kyle Everett *(Associate Director, Creative)*
Mako Miyamoto *(Creative Director)*
Ryan Fleming *(Digital Designer)*
Krysten Krening *(Assistant, Photo Studio)*
Jessica Jones *(Senior Designer)*
Jennifer Crotteau *(Managing Director, Operations)*

Accounts:
Constellation Brands, Inc.
Leatherman Tool Group, Inc.
Red Bull North America, Inc.
Red Bull North America, Inc.
Redhook Ale Brewery, Inc.

ROUNDHOUSE MARKETING & PROMOTIONS
560 East Verona Avenue
Verona, WI 53593
Tel.: (608) 497-2550
Fax: (608) 497-2598
Web Site: www.roundhouse-marketing.com

Year Founded: 1992

Discipline: Full Service/Integrated

Mike Mahnke *(Co-Owner & Senior Vice President)*
Tim Cullen *(President & Co-Owner)*
Casey Moen *(Senior Account Manager & Co-Owner)*

ROUNDPEG
8121 Georgia Avenue
Silver Spring, MD 20910
Tel.: (301) 933-5669
Web Site: www.roundpegcomm.com

Year Founded: 2002

Discipline: Full Service/Integrated

Anne Boyle *(Partner & Director, Strategy)*
Polina Pinchevsky *(Partner & Creative Director)*

Accounts:
Sisters of Mercy Health System
The Humane Society of the United States

RP3 AGENCY
7250 Woodmont Avenue
Bethesda, MD 20814
Tel.: (301) 718-0333
Fax: (301) 718-9333
Web Site: www.rp3agency.com

Year Founded: 2009

Discipline: Full Service/Integrated

Beth Johnson *(Founder & Chief Executive Officer)*

Jim Lansbury *(Founder & Chief Creative Officer)*
Maggie Bergin *(Executive Director, Account Leadership)*
Chad Saul *(Executive Director, Business Development)*
Jacqui Hannigan *(Executive Director, Media)*
Dylan Bernd *(Executive Creative Director)*
Dan Sweet *(Director, Public Relations)*
Christina Pantelias *(Executive Director, Strategic Planning)*
Christina Pantelias *(Executive Director, Strategic Planning)*
Heather Hiban *(Account Executive)*
Caroline Miller *(Senior Account Executive)*
Bradley Ingram *(Public Relations Associate)*

Accounts:
Children's National Medical Center
Girl Scouts of the USA
Norfolk Southern Corporation
Philadelphia Flyers Hockey Club

RPM ADVERTISING
222 South Morgan Street
Chicago, IL 60607
Tel.: (312) 455-8600
Fax: (312) 455-8617
Toll Free: (800) 475-2000
Web Site: rpmadv.com

Year Founded: 1994

Discipline: Full Service/Integrated

Steve Platcow *(Chief Executive Officer)*
Larry Bessler *(Chief Creative Officer)*
Mark Malin *(President)*
Jennifer Wiza *(Chief Marketing Officer)*
Sarah Russell *(Senior Vice President & Account Director)*
Bob McCartney *(Creative Director)*
Brooke Podsiadlik *(Account Supervisor)*
Adam Rasmussen *(Supervisor, Media Planning)*

Accounts:
Penn National Gaming
Terlato Wine Group

RS & K
155 East Wilson
Madison, WI 53703
Tel.: (608) 827-0701
Fax: (608) 827-0702
Toll Free: (800) 373-0043
Web Site: www.rsandk.com/

Employees: 17

Discipline: Full Service/Integrated

Kay Krebsbach *(President & Principal)*
Laurie Wilkinson *(Chief Finance Officer)*
Nan Disalvo *(Executive Vice President)*
Jim Thackray *(Vice President)*
Patti Kessler *(Media Director)*

RUCKUS MARKETING
240 West 37th Street
New York, NY 10018
Tel.: (646) 564-3880
Web Site: www.ruckusmarketing.com

Year Founded: 2004

Discipline: Full Service/Integrated

Josh Wood *(Chief Executive Officer)*
Alex Friedman *(President)*
JJ Mathewson *(Director, New Accounts)*

Brands. Marketers. Agencies. Search Less. Find More.
Try out the online version at www.winmo.com

FULL SERVICE/INTEGRATED AGENCIES

RYGR
818 Industry Way
Carbondale, CO 81623
Tel.: (970) 924-0704
Web Site: www.rygr.us

Year Founded: 2016

Discipline: Full Service/Integrated

Brian Holcombe *(Principal)*
Greg Fitzsimmons *(Director, Public Relations)*
Ethan Peck *(Public Relations Account Manager)*
Madeline Fones *(Manager, Account)*
Nicole DeJarnatt *(Senior Manager, Account & Public Relations)*
Katherine Peach *(Account Manager)*
Max Krapff *(Account Manager)*
Emily Banks *(Account Manager)*
Eric Hockman *(Coordinator, Account)*
Timothy Nooney *(Coordinator, Account & Public Relations)*
Maria Brickman *(Account Coordinator)*
Sarvary Koller *(Account Coordinator)*

Accounts:
Backcountry.com
Body Glove International, LLC
Brunton Outdoor Group
Dakine
Deuter USA, Inc.
Duck Camp Co.
Fjallraven
Primus
Salomon
Suunto
The Orvis Company, Inc.

SAGE COMMUNICATIONS, LLC
1651 Old Meadow Road
McLean, VA 22102
Tel.: (703) 748-0300
Fax: (703) 564-0101
Web Site: www.aboutsage.com

Year Founded: 2002

Discipline: Full Service/Integrated

Larry Rosenfeld *(Co-Founder & Chief Executive Officer)*
David Gorodetski *(Founder, Chief Operating Officer & Executive Creative Director)*
Julie Murphy *(Partner & Senior Vice President, Public Relations)*
Bayard Brewin *(Vice President, Strategic Services)*
Brian Kelley *(Vice President, Public Relations & Employee Engagement)*
Duyen Truong *(Vice President, Public Relations)*
Karen O'Shaughnessy *(Vice President & Director, Media)*

SAGEPATH, INC.
3500 Lenox Road
Atlanta, GA 30326
Tel.: (404) 926-0078
Fax: (404) 631-6407
Web Site: www.sagepath.com

Discipline: Full Service/Integrated

Paul Collins *(Chief Experience Officer)*
Stan Thompson *(Vice President, Operations)*
Elaine Randant *(Director, Social Media)*
Jessica D'Amato *(Senior Director, Engagement)*
Bret Gunter *(Director, Copy)*

Mike Warin *(Senior Director, Engagement)*
Nadia Modrow *(Head, Software QA)*
Kelly Brereton *(Manager, Client Services)*

SAGON - PHIOR
2107 Sawtelle Boulevard
Los Angeles, CA 90025
Tel.: (310) 575-4441
Fax: (310) 575-4995
Web Site: www.sagon-phior.com

Year Founded: 1986

Discipline: Full Service/Integrated

Glenn Sagon *(Co-Founder & Chief Executive Officer)*
Rio Phior *(Co-Founder & Executive Creative Director)*
Len Dickter *(Co-Creative Director & Brand Strategist)*
Debby Mariscal *(Account Director)*

Accounts:
Tequila Rose

SALESFORCE DMP
One Market
San Francisco, CA 94105
Tel.: (415) 901-7000
Fax: (415) 901-7040
Toll Free: (800) 667-6389
Web Site: www.krux.com

Year Founded: 2010

Discipline: Full Service/Integrated

Tom Chavez *(Chief Executive Officer - Krux)*
Jos Boumans *(Vice President, Technical Operations & Infrastructure)*
Joydip Das *(Vice President, Product Management)*
Jon Ott *(Regional Vice President, Sales - Krux)*
Jennifer Whalen *(Director, Product Marketing, Trailblazer Marketing & Adoption)*

SANDBOX
300 Wyandotte Street
Kansas City, MO 64105
Tel.: (816) 584-8444
Fax: (816) 584-8310
Web Site: www.sandboxww.com

Employees: 40
Year Founded: 1926

Discipline: Full Service/Integrated

Mark Anthony *(Co-Founder & Co-Chair)*
Sharon Polk *(Senior Vice President, Account Services)*
Kari Palutis *(Vice President & Engagement Planner)*

Accounts:
Principal Bank

SCOPPECHIO
400 West Market Street
Louisville, KY 40202
Tel.: (502) 584-8787
Fax: (502) 589-9900
Web Site: www.scoppechio.com

Employees: 100
Year Founded: 1987

Discipline: Full Service/Integrated

Jerry Preyss *(Chief Executive Officer)*

Stephen Childress *(Chief Creative Officer)*
Toni Clem *(President & Chief Operating Officer)*
Kate Gray *(Chief Marketing Officer)*
Nick Johnson *(Executive Vice President, Performance Marketing)*
Bob Schweinsberg *(Senior Vice President, Performance Marketing)*
Regan Nichols *(Senior Vice President, Account Management)*
Michael Welch *(Vice President, Media Strategy & Operations)*
Melinda Adams *(Vice President, Human Resources)*
Holly Wood *(Director, Media)*
Melissa Bowman *(Director, Media)*
Sheila Saltsman *(Director, Production & Traffic)*
Katie Madison *(Director, Account Management)*
Katharine Crawford *(Director, Business Development)*
Adam Forsythe *(Media Buyer)*
Rachael Angel *(Media Planner & Buyer)*
Rikki Jarvis *(Senior Manager, Digital Project)*

Accounts:
Baptist Health Plan
Community Health Systems
Fazoli's Restaurants
KFC
LongHorn Steakhouse
Quorum Health Resources

SCORR MARKETING
2201 Central Avenue
Kearney, NE 68847
Tel.: (308) 237-5567
Fax: (308) 236-8208
Web Site: www.scorrmarketing.com

Discipline: Full Service/Integrated

Ben Rowe *(Senior Vice President & Chief Creative Officer)*
Krystle Buntemeyer *(President)*
Cinda Orr *(Chief Executive Officer)*
Lea Laferla *(Vice President, Marketing Services & Business Development)*
Brook Pierce *(Senior Director, Creative Services & Internal Marketing)*
Cherie Squires *(Senior Director, Program Management)*
Christine Wigert *(Director, Business Development)*
Dee Fuehrer *(Director, Trade Show)*
Drake Sauer *(Art Director)*
Holli Kroeker *(Manager, Public Relations & Media)*
Braeden Tyma *(Designer, Motion)*
Dallas Bacon *(Administration Coordinator, Business Development)*

SCRUM50
27 Ann Street
South Norwalk, CT 06854
Tel.: (203) 939-9400
Web Site: www.scrum50.com

Year Founded: 2014

Discipline: Full Service/Integrated

Stacy Thomson *(Vice President, eBusiness)*
Jennifer Miller *(Executive Creative Director & Partner)*
Michael LeBeau *(Founder & Managing Partner)*
Chris Parker *(Founder & Managing Partner)*

Accounts:

Brands. Marketers. Agencies. Search Less. Find More.
Try out the online version at www.winmo.com

Mondelez International

SEIDEN GROUP, INC.
112 Madison Avenue
New York, NY 10016
Tel.: (212) 223-8700
Fax: (212) 223-1188
Web Site: www.seidenadvertising.com

Employees: 25
Year Founded: 1984

Discipline: Full Service/Integrated

Matthew Seiden *(President, Chief Executive Officer & Founder)*
Susan Small-Weil *(Chief Planning Officer & Partner)*
Dario Cosmelli *(Account Director)*

Accounts:
New York Presbyterian Hospital
Visiting Nurse Service of New York

SGW INTEGRATED MARKETING
219 Changebridge Road
Montville, NJ 07045
Tel.: (973) 299-8000
Fax: (973) 299-7937
Web Site: www.sgw.com

Year Founded: 1990

Discipline: Full Service/Integrated

Frank Giarratano *(Senior Partner & Chief Marketing Officer)*
Dave Scelba *(Chairman & Co-Founder)*
Beverly Barnes *(President & Chief Executive Officer)*

SHEPHERD AGENCY
1301 Riverplace Boulevard
Jacksonville, FL 32207
Tel.: (904) 359-0981
Fax: (904) 359-0808
Web Site: www.shepherdagency.com

Employees: 30
Year Founded: 1984

Discipline: Full Service/Integrated

Robin Shepherd *(Founder & President)*
Mike Russell *(President & Chief Executive Officer)*
Jeff Hite *(Chief Financial Officer)*
Nancy Seely *(Executive Vice President, Public Relations)*
Tom Schifanella *(Executive Vice President, Creative Services)*
Mike Guiry *(Executive Vice President, Creative Services)*
Carole Vanderhoef Banks *(Vice President, Research & Planning)*
Larry Cobb *(Director, Search Engine Marketing & Analytics)*

Accounts:
CSX Transportation
PGA Tour, Inc.

SIDES & ASSOCIATES
222 Jefferson Street
Lafayette, LA 70501
Mailing Address:
Post Office Box 3267
Lafayette, LA 70502

Tel.: (337) 233-6473
Fax: (337) 233-6485
Web Site: www.sides.com

Discipline: Full Service/Integrated

Larry Sides *(President & Chief Executive Officer)*
Kathy Ashworth *(Executive Vice President & Senior Planner)*
Bridget Mires *(Vice President, Media)*

SIGNATURE COMMUNICATIONS
417 North Eighth Street
Philadelphia, PA 19123
Tel.: (215) 922-3022
Fax: (215) 922-3033
Web Site: www.signatureteam.com

Employees: 10

Discipline: Full Service/Integrated

Bob Brown *(Chief Operating Officer)*
Tony DeMarco *(Chief Executive Officer & Creative Director)*
Anthony Rosowski *(Vice President)*
Marissa O'Hara *(Media Director)*
John Gifford *(Art Director)*
Leslie Hamada *(Director, Marketing)*
Peter Schmitz *(Senior Art Director)*

SILTANEN & PARTNERS ADVERTISING
353 Coral Circle
El Segundo, CA 90245
Tel.: (310) 986-6200
Fax: (310) 321-5270
Web Site: www.siltanenpartners.com

Employees: 14
Year Founded: 1999

Discipline: Full Service/Integrated

Rob Siltanen *(Chief Creative Officer & Chairman)*
Ruth Amir *(Director, New Business & Chief Marketing Officer)*
Kelly Saffrey *(Group Account Director)*
Christina Lee Sherrill *(Director, Project Management)*
Chelsey Siltanen *(Director, Digital Strategy)*
Isabelle Stehley *(Director, Print Services)*
Joe Hemp *(Director, Creative)*
Scott Bremner *(Creative Director)*
Ashley Munoz *(Account Supervisor)*
Kenia Calderon *(Broadcast Producer)*
Alec Hodgman *(Senior Account Executive)*

Accounts:
Coldwell Banker Real Estate Corporation
Pei Wei Asian Diner
Pie Five
Skechers D'Lites
Skechers USA, Inc.
University of California at Los Angeles

SILVERMAN GROUP
436 Orange Street
New Haven, CT 06511
Tel.: (203) 562-6418
Fax: (203) 777-9637
Web Site: www.silvermangroup.com

Employees: 11
Year Founded: 2000

Discipline: Full Service/Integrated

Marcy Silverman *(President)*
Lisa Silverman *(Senior Account Supervisor, Co-Owner)*
George Shea *(Vice President, Strategic Development)*

SKY ADVERTISING, INC.
14 East 33rd Street
New York, NY 10016
Tel.: (212) 677-2500
Fax: (212) 677-2791
Toll Free: (888) 752-9664
Web Site: www.skyad.com

Year Founded: 1989

Discipline: Creative/Advertising, Full Service/Integrated

William Steely *(President & Chief Executive Officer)*
Janine Jones *(Chief Financial Officer & Vice President, Finance)*
Mike Tedesco *(Executive Vice President & Chief Operating Officer)*
Marcia Leventhal *(Senior Vice President, Sales)*
Roberta Schreiner *(Senior Vice President, Sales)*
Jimmy Cintron *(Vice President, Operations)*

SMARTER SEARCHES
120 Suburban Road
Knoxville, TN 37923
Tel.: (865) 935-4698
Web Site: smartersearches.com

Year Founded: 2012

Discipline: Full Service/Integrated

Courtney Herda *(Chief Executive Officer)*
Mara Robinette *(Coordinator, Digital Marketing)*

SMITH BROTHERS AGENCY, LP
116 Federal Street
Pittsburgh, PA 15212
Tel.: (412) 359-7200
Fax: (412) 391-3562
Web Site: www.smithbrosagency.com

Year Founded: 2002

Discipline: Full Service/Integrated

Lindsey Smith *(Partner & Co-Executive Creative Director)*
Bronson Smith *(Owner & Co-Chief Creative Director)*
Michael Bollinger *(President)*
Steve Hay *(Vice President, Client Services)*
Cathy Bowen *(Creative Director, Copy)*
Dan Monarko *(Head, Channel Strategy & Analytics)*
Milla Stolte *(Head, Strategic Planning & Research)*
Craig Seder *(Executive Creative Director)*
Bianca D'Elia *(Account Director)*
Matt Haritan *(Executive Producer)*
Albany Carlson *(Graphic Designer)*

Accounts:
Caeser Cardini's
Circus Peanuts
Dum Dum Pops
Dynamic Health
Eskimo Pie

Brands. Marketers. Agencies. Search Less. Find More.
Try out the online version at www.winmo.com

FULL SERVICE/INTEGRATED AGENCIES

Heritage Store
Iron Hill Brewery & Restaurant
Life-flo
Nestle Drumstick
Nestle Push-Up
Nutraceutical International Corporation
Pfeiffer
Saf-T-Pops
Sister Schubert's
Solaray
Sunny Green
T. Marzetti Company
Zand

SMITH MILLER MOORE
6219 Balcom Avenue
Encino, CA 91316
Tel.: (818) 708-1704
Fax: (818) 344-7179
Web Site: www.smithmillermoore.com/

Year Founded: 1978

Discipline: Full Service/Integrated

Patti Smith *(President & Chief Executive Officer)*
Marlene Moore *(Vice President, Public Relations)*

SOCIAL LINK
41 Peabody Street
Nashville, TN 37210
Tel.: (615) 873-0707
Web Site: sociallink.com

Year Founded: 2008

Discipline: Full Service/Integrated

Brady O'Rourke *(Chief Executive Officer)*
Damian Puhala *(Social Media Manager)*
Kristi Evans *(Graphic Designer)*
Amber Felgenhauer *(Vice President)*

SONNHALTER
1320 Sumner Avenue
Cleveland, OH 44115
Tel.: (216) 242-0420
Web Site: www.sonnhalter.com

Year Founded: 1977

Discipline: Full Service/Integrated

John Sonnhalter *(Founder)*
Matt Sonnhalter *(President)*
Scott Bessell *(Creative Director)*
Robin Heike *(Production Manager)*

SOUTHWEST STRATEGIES, LLC
401 B. Street
San Diego, CA 92101
Tel.: (858) 541-7800
Fax: (858) 541-7863
Web Site: www.swspa.com

Employees: 20
Year Founded: 2000

Discipline: Full Service/Integrated

Chris Wahl *(President)*
Alan Ziegaus *(Chairman)*
Jennifer Ziegaus Wahl *(Chief Executive Officer)*
Melissa Cameron *(Vice President)*
Hope Reilly *(Senior Manager, Public Affairs & Chief Social Media Specialist)*

Ashley Johnson *(Manager, Public Affairs)*
Jack Straw *(Senior Manager, Public Affairs)*

SPARK44
22 West 21st Street
New York, NY 10010
Tel.: (212) 527-8380
Web Site: www.spark44.com

Year Founded: 2011

Discipline: Full Service/Integrated

Brian Fraser *(Chief Creative Officer)*
Brendan Moran *(Creative Director- Jaguar & Land Rover)*
Keisy Bisono *(Associate Account Director)*
Sabina Sebastian *(Business Director)*
Peter Cooper *(Director, Art)*
Flavia Souza *(Associate Account Director)*
Fred Sanicola *(Executive Creative Director)*
Allison Jabaley Murry *(Account Director, Retail)*
Colleen Sullivan *(Marketing Director, Retail - Jaguar Land Rover Central Reg)*
Lee Aldridge *(Creative Director)*
Matthew Page *(Executive Creative Director - North America)*
Michael de Vries *(Head, Production)*
Mike Boles *(Creative Director)*
Peter Buck *(Executive Creative Director)*
Scott Hubbard *(Retail Account Director - Northern Region)*
Tim Hawkins *(Senior Art Director)*
Paul Castro *(Account Supervisor)*
Bec Couche *(Senior Copywriter)*
Brian Schiazza *(Manager, Digital Experience)*
Michael Imperiale *(Retail Account Manager - Jaguar Land Rover)*
Mason Troche *(Social Community Manager)*
Roxanne Alberts *(Account Executive- Customer Retention Marketing - Jaguar & Land Rover)*
Meagan Cotter *(Account Executive, Digital)*
Tony Hobley *(Managing Director, North America)*

Accounts:
Jaguar F-Pace
Jaguar F-TYPE
Jaguar USA
Jaguar XE
Jaguar XF
Jaguar XJ
Land Rover Discovery Sport
Land Rover Range Rover
Land Rover Range Rover Evoque
Land Rover USA

SPARK451, INC.
865 Merrick Avenue
Westbury, NY 11590
Tel.: (516) 442-4650
Fax: (516) 442-4647
Web Site: www.spark451.com

Year Founded: 2011

Discipline: Full Service/Integrated

Michael McGetrick *(Principal, Creative & Interactive Services)*
Steve Kerge *(Principal, Business Development)*
Ardis Kadiu *(Chief Creative Technologist)*
Ronald Tadross *(Chief Financial Officer)*
Irene Scala *(Creative Director)*
Meryl Axmacher *(Senior Client Development Strategist)*
Nicole Piering *(Digital Marketing Director)*

SPD&G
Lake Aspen Office Park
Yakima, WA 98902
Tel.: (509) 248-1760
Fax: (509) 575-7895
Web Site: www.spdadvertising.com

Year Founded: 1932

Discipline: Full Service/Integrated

Robert DiPietro *(Account Executive)*
Robert Phillips *(Account Manager & Creative Director)*
Trina Nixon *(Senior Art Director)*
Rhonda Karnitz *(Office Manager, Accounting & Media Buying)*
Darcie Hanratty *(Account Coordinator - Traffic & Print Media Buying)*

SPEAR MARKETING GROUP
1630 North Main Street
Walnut Creek, CA 94596
Tel.: (925) 891-9050
Fax: (925) 956-1979
Web Site: www.spearmarketing.com

Year Founded: 2009

Discipline: Full Service/Integrated

Howard Sewell *(President)*
Matt Randolph *(Chief Executive Officer)*
Gina Miller *(Vice President, Client Services)*
Stephen Schreffler *(Director, Operations)*
Ben Stephenson *(Creative Director)*
Hana Jacover *(Group Account Director)*
Annie Warner *(Group Account Director)*
Crystal Martin *(Art Director)*
MaryPat Davey *(Group Account Manager & Strategic Marketing Analyst)*
Brandon Sizemore *(Account Executive)*
Garrett Erny *(Marketing Automation Specialist)*
Alexandra Paxton *(Account Executive)*
Carolyn Marieb *(Senior Content Strategist & Copywriter)*

SPERO MEDIA
295 Madison Avenue
New York, NY 10017
Tel.: (212) 688-8999
Web Site: www.speromedia.com

Discipline: Full Service/Integrated

Harry Spero *(Owner & President)*
April Cotton *(Integrated Strategy Director)*
Brittany Cole *(Managing Director)*

Accounts:
Metropolitan Baseball Club, Inc.
New York Jets
NY Mets
U.S. Tennis Association

SPI MARKETING
307 Seventh Avenue
New York, NY 10001
Tel.: (212) 760-1400
Fax: (212) 760-0221
Web Site: www.spimarketing.com

Discipline: Full Service/Integrated

Scott Seitz *(Founder, Owner & Chief Executive Officer)*
George Maquieira *(Director, Marketing &*

Brands. Marketers. Agencies. Search Less. Find More.
Try out the online version at www.winmo.com

AGENCIES - JULY, 2020 — FULL SERVICE/INTEGRATED AGENCIES

Communications)

Accounts:
Absolut Vodka

SSDM
850 Stephenson Highway
Troy, MI 48083
Tel.: (313) 307-3154
Web Site: www.ssdm.co

Year Founded: 2008

Discipline: Full Service/Integrated

Nick Skislak *(President)*
Garry Cole *(Vice President, Client Solutions)*
Laura Oliveto *(Vice President, Marketing & Public Relations)*
Patrick Eslinger *(Marketing Manager)*
Amber Deedler *(Paid Media Manager)*

ST&P COMMUNICATIONS, INC.
320 Springside Drive
Fairlawn, OH 44333
Tel.: (330) 668-1932
Fax: (330) 668-2078
Web Site: www.stpinc.com

Employees: 20
Year Founded: 1992

Discipline: Full Service/Integrated

Noble Jones *(Partner & Senior Vice President, Strategic Planning)*
Rick Kenney *(Chief Operating Officer)*
Mike Kormushoff *(Partner, Senior Vice President & Account Supervisor)*
Russell Kern *(Creative Director)*
Denise Kraft *(Director, Media & Marketing Communications)*

ST. JOHN & PARTNERS ADVERTISING & PUBLIC RELATIONS
1301 Riverplace Boulevard
Jacksonville, FL 32207
Tel.: (904) 281-2500
Fax: (904) 281-0030
Web Site: www.sjp.com

Employees: 101
Year Founded: 1984

Discipline: Full Service/Integrated

Jeff McCurry *(Chief Operating Officer & President)*
Dan St. John *(Chief Executive Officer & Chairman)*
Celia Weeks *(Vice President & Director, Human Resources)*
Jenifer Harmon *(Vice President & Account Group Director)*
Lisa Gearhart *(Vice President & Director, Customer & Content Strategist)*
Peter Herbst *(Vice President & Executive Creative Director)*
Laurie Sullivan *(Vice President & Financial Director)*
Caroline Eddings *(Account Director)*
Robert Taylor *(Marketing Director)*
Gary Lockwood *(Director, Information Technology)*
Jennifer Hettler *(Director, Integrated Media Strategy)*

Casey Cowart *(Senior Media Strategist)*
Jamey Ivey *(Senior Account Manager)*
Kristen Bankert *(Copywriter)*

Accounts:
JEA
Richmond International Raceway
Sebring International Raceway, Inc.
Winn-Dixie

STACKPOLE & PARTNERS
222 Merrimac Street
Newbury Port, MA 01950
Tel.: (978) 463-6600
Fax: (978) 463-6610
Web Site: www.stackpolepartners.com

Year Founded: 1995

Discipline: Full Service/Integrated

Peter Stackpole *(President & Founder)*
Trev Stair *(Creative Director)*
Michelle Duncan *(Account Director)*

STAMATS COMMUNICATIONS
615 Fifth Street Southeast
Cedar Rapids, IA 52401
Mailing Address:
Post Office Box 1888
Cedar Rapids, IA 52406
Tel.: (319) 364-6167
Fax: (319) 365-5421
Toll Free: (800) 553-8878
Web Site: www.stamats.com

Employees: 90
Year Founded: 1923

Discipline: Full Service/Integrated

Peter Stamats *(President & Chief Executive Officer)*
Robert Sevier *(Senior Vice President, Strategy)*
Bill Stamats *(Executive Vice President)*
Marilyn Oswieler *(Senior Vice President, Client Services)*
Becky Morehouse *(Vice President, Client Services)*
Sabra Fiala *(Associate Vice President, Marketing & Communications)*
Muzel Chen *(Director, Digital Strategy)*
Jennifer Shaddox *(Director, Client Services)*

STAPLEGUN DESIGN, LLC
204 North Robinson Avenue
Oklahoma City, OK 73102
Tel.: (405) 271-1262
Web Site: www.staplegun.us

Year Founded: 2001

Discipline: Full Service/Integrated

Philip Baker *(Chief Executive Officer)*
Brent McCutchen *(President)*
Cameron Dawson *(Chief Operating Officer)*
Brandon Inda *(Creative Director)*

STARMARK INTERNATIONAL, INC.
210 South Andrews Avenue
Fort Lauderdale, FL 33301
Tel.: (954) 874-9000
Fax: (954) 874-9010
Toll Free: (888) 280-9630
Web Site: www.starmark.com

Employees: 60
Year Founded: 1998

Discipline: Full Service/Integrated

Peggy Nordeen *(Chief Executive Officer)*
Brett Circe *(Chief Interactive Officer)*
Jacqui Hartnett *(President)*
Katy Gewartowski *(Vice President & Account Director)*
Sue Kane *(Controller)*
Sherene Khan-Irani *(Media Director)*
Jeff Titelius *(Manager, Digital Services)*

STEELE BRANDING
125 North Garfield Avenue
Pocatello, ID 83204
Tel.: (208) 233-7206
Fax: (208) 233-7384
Web Site: www.steelebranding.com

Year Founded: 1979

Discipline: Full Service/Integrated

Jim Steele *(Chief Executive Officer)*
John Young *(Digital Marketing Director)*

STEELE+
11800 Amberpark Drive
Alpharetta, GA 30004
Tel.: (770) 772-3600
Fax: (770) 772-3601
Web Site: www.steeleplus.com

Employees: 9
Year Founded: 2003

Discipline: Full Service/Integrated

Scott Coleman *(President)*
Chris Steele *(Owner & Chief Executive Officer)*
Scott Estep *(Executive Vice President & Director, Media)*
Donna B. McKinley *(Executive Vice President & Director, Production)*

STEPHAN & BRADY, INC.
1850 Hoffman Street
Madison, WI 53704
Tel.: (608) 241-4141
Fax: (608) 241-4246
Web Site: www.stephanbrady.com

Year Founded: 1952

Discipline: Full Service/Integrated

George Whitely *(President & Chief Executive Officer)*
Daniel Hearn *(Executive Vice President & Chief Operating Officer)*
Emily Shea *(Vice President, Creative)*
Marki Landerud *(Vice President, Account & Business Development)*
Laura Krogstad *(Media Director)*

STEPHEN THOMAS
184 Front Street East
Toronto, ON M5A 4N3
Tel.: (416) 690-8801
Fax: (416) 690-7256
Web Site: www.stephenthomas.ca

Employees: 30
Year Founded: 1980

Discipline: Full Service/Integrated

Steve Thomas *(Chairman & Executive Creative*

Brands. Marketers. Agencies. Search Less. Find More.
Try out the online version at www.winmo.com

FULL SERVICE/INTEGRATED AGENCIES

Director)
Neil Gallaiford *(Chief Executive Officer)*
Mary Attfield *(Co-Founder)*
Paula Attfield *(President)*
Helen Kahlon *(Director, Production)*
Scott Jeffries *(Director, Media & Data Services)*

Accounts:
Amnesty International of the USA

STEPHENS & ASSOCIATES ADVERTISING
14720 Metcalf Avenue
Overland Park, KS 66223
Tel.: (913) 661-0910
Fax: (913) 661-0967
Web Site: www.thebrandwhisperers.com

Year Founded: 1980

Discipline: Full Service/Integrated

Chuck Stephens *(President & Chief Executive Officer)*
Patrick Sweet *(Chief Financial Officer)*
David Hill *(Account Management)*
Carol Stuart *(Production Manager)*

STEPHENZ GROUP
665 Lenfest Road
San Jose, CA 95113
Tel.: (408) 286-9899
Fax: (408) 286-9866
Toll Free: (800) 535-1055
Web Site: www.stephenz.com

Employees: 17
Year Founded: 1981

Discipline: Full Service/Integrated

Barbara Zenz *(President & Chief Executive Officer)*
Barbara Sater *(Vice President, Strategic Services)*
Stephanie Paulson *(Executive Creative Director)*

STERLING-RICE GROUP
1801 13th Street
Boulder, CO 80302
Tel.: (303) 381-6400
Fax: (303) 413-1425
Web Site: www.srg.com

Employees: 101
Year Founded: 1984

Discipline: Full Service/Integrated

Susan Peck *(Partner & Group Director, Media)*
Ed Rzasa *(Chief Client Service Officer)*
Dan Burak *(Managing Director & Partner)*
Adam Wohl *(Partner & Executive Creative Director)*
Robyn Zimmer *(Partner & Director, Media)*
Laurel Muir *(Partner & Managing Director, Account Services)*
Cindy Judge *(President & Chief Executive Officer)*
Amy Shipley *(Partner & Managing Director)*
Brad Derthick *(Partner & Director, Research)*
Jillian Holmstrom *(Partner & Director, Innovation)*
Jennifer Jones *(Partner & Director, Design Strategy)*
Lance Reed *(Partner & Creative Director)*
Matt Bromley *(Partner & Managing Director)*

Marissa Spainhour *(Associate Director, Digital Media)*
Patrick Campbell *(Creative Director)*
Eric Friedman *(Group Account Director)*
Kristin Kinney *(Associate Media Director)*
Kelli Goodwin *(Senior Account Director)*
Mickey Citarella *(Account Director)*
Alayna Zidek *(Art Director)*
Christie Wood *(Account Director)*
Kevin Appel *(Director, Culinary)*
Laura Morin *(Group Account Director)*
Rachael Harp *(Creative Director)*
Rob Renegar *(Associate Director, Insights)*
Bret Berman *(Senior Manager, Integrated Production)*
Kendall Saunders *(Assistant Account Manager)*
Anna Hedlund *(Media Planner)*
Christine Klatman *(Supervisor, Accounting)*
Nancy Hohenstein *(Manager, Accounting & Payroll)*
Rachael Thompson *(Assistant Account Manager & Junior Producer)*
Lillian Robinson *(Specialist, Marketing)*
Paris Hogan *(Specialist, Marketing)*
Sally Van Denover *(Coordinator, Marketing, Business Development & Public Relations)*

Accounts:
Brewers Association
Freddy's Frozen Custard & Steakburgers
PetArmor
Potatoes USA
The Almond Board of California

STERN ADVERTISING, INC.
950 Main Avenue
Cleveland, OH 44113
Tel.: (216) 464-4850
Fax: (216) 464-7859
Web Site: www.sternadvertising.com

Employees: 93
Year Founded: 1954

Discipline: Full Service/Integrated

Bill Stern *(Chief Executive Officer)*
Doug Cohen *(President)*
Stephen Romanenghi *(Executive Vice President & Executive Creative Director)*
Rick Defaut *(Senior Vice President, Integrated Media Services)*
Charlie Schafer *(Vice President & Group Account Director)*
Lynne Trivelli *(Director, Broadcast Media)*
Loretta Czarnomski *(Account Supervisor)*

Accounts:
Sterling Jewelers, Inc.

STEVENS ADVERTISING
190 Monroe Avenue Northwest
Grand Rapids, MI 49503
Tel.: (616) 942-2801
Fax: (616) 942-2804
Web Site: www.stevensinc.com

Discipline: Full Service/Integrated

Allen Crater *(President)*
Mike Muller *(Executive Vice President)*
Diane Rivard *(Media Director)*
Chris Conran *(Art Director)*
Nick Nawrocki *(Art Director)*
Lisa Decker *(Account Executive)*

STEVENS STRATEGIC COMMUNICATIONS, INC.
28025 Clemens Road
Westlake, OH 44145
Tel.: (440) 617-0100
Fax: (440) 389-8406
Web Site: www.stevensbaron.com

Year Founded: 1973

Discipline: Full Service/Integrated

Ed Stevens, Sr. *(Owner, Chairman & Chief Executive Officer)*
Julie Osborne *(Vice President)*
Steve Toth *(Senior Art Director)*
Meredith Rodriguez *(Manager, Client Services)*
Grant Coyle *(Manager, Technology)*
Jim DiFrangia *(Account Executive)*

STIEGLER, WELLS, BRUNSWICK & ROTH, INC.
3865 Adler Place
Bethlehem, PA 18017
Mailing Address:
Post Office Box 25187
Lehigh Valley, PA 18002-5187
Tel.: (610) 866-0611
Fax: (610) 866-8650
Toll Free: (877) 377-9286
Web Site: www.swbrinc.com/

Employees: 45
Year Founded: 1969

Discipline: Full Service/Integrated

Ernie Stiegler *(Chairman & Chief Executive Officer)*
Scott Friedman *(President & Chief Operating Officer)*
Donna Sinko *(Senior Executive Vice President, Digital & Creative)*
Donna Kopes *(Manager, Office Services)*

STIR, LLC
330 East Kilbourn Avenue
Milwaukee, WI 53202
Tel.: (414) 278-0040
Web Site: www.stirstuff.com

Employees: 30
Year Founded: 2000

Discipline: Full Service/Integrated

Brian Bennett *(Owner)*
Jeff Jasinowski *(Creative Director)*

Accounts:
Cousins Submarines, Inc.
National Business Furniture LLC

STONE WARD ADVERTISING
225 East Markham Street
Little Rock, AR 72201
Tel.: (501) 375-3003
Fax: (501) 375-8314
Web Site: www.stoneward.com

Employees: 51
Year Founded: 1984

Discipline: Full Service/Integrated

Millie Ward *(Owner & President)*
Larry Stone *(Chief Executive Officer & Executive Creative Director)*
John Rogers *(Chief Financial Officer & Treasurer)*

Brands. Marketers. Agencies. Search Less. Find More.
Try out the online version at www.winmo.com

413

AGENCIES - JULY, 2020
FULL SERVICE/INTEGRATED AGENCIES

Kyle Floyd *(Creative Director)*
Brenda Fowler *(Director, Print Production)*
Tommy Walker *(Director, Broadcast Production)*
Lucie Pathmann *(Director, Brand Management & Communications)*
Jay Stanley *(Creative Director)*
Bruce Wallace *(Art Director)*
Brett Parker *(Media Director)*
Danny Koteras *(Creative Director)*
Dana Berry *(Lead, Public Relations)*
Chris Earls *(Manager, Technology)*
Lauren Griffin Curtis *(Brand Manager)*
Mandy Wilkinson *(Media Planner & Buyer)*
Samantha Butler *(Media Planner & Media Buyer)*
Vicki Hall *(Accountant)*

Accounts:
Baptist Health Medical Center
Sport Clips

STONE WARD ADVERTISING
325 West Huron
Chicago, IL 60654
Tel.: (312) 464-1443
Web Site: www.stoneward.com

Year Founded: 1984

Discipline: Full Service/Integrated

Tom Lillig *(Director, Brand Management)*

STONER BUNTING ADVERTISING
322 North Arch Street
Lancaster, PA 17603
Tel.: (717) 291-1491
Fax: (717) 291-1057
Web Site: www.stonerbunting.com

Discipline: Full Service/Integrated

Dan Nguyen *(President & Owner)*
Emily Shuler *(Public Relations Account Executive)*

STORANDT PANN MARGOLIS & PARTNERS
15 West Harris Street
LaGrange, IL 60525
Tel.: (708) 246-7700
Fax: (708) 246-5184
Web Site: www.spmmarketing.com

Employees: 55
Year Founded: 1983

Discipline: Full Service/Integrated

Lawrence Margolis *(Partner, Executive Vice President & Director, Client Services)*
Dan Miers *(Chief Strategy Officer)*
Nancy Miller *(Chief Financial Officer)*
Bob Konold *(Senior Vice President & Creative Director)*
Donna Greene *(Vice President & Account Director)*

Accounts:
Emory University System Healthcare

STORY COLLABORATIVE
2326 Plank Road
Fredericksburg, VA 22401
Web Site: story-collaborative.com

Year Founded: 2009

Discipline: Full Service/Integrated
David Mills *(Founder)*
Dawn Mills *(Project Manager)*
Jennifer Bailey *(Web Marketing Strategist)*

STRATEGIC AMERICA
6600 Weston Parkway
West Des Moines, IA 50266
Tel.: (515) 453-2000
Fax: (515) 224-4181
Web Site: www.strategicamerica.com

Employees: 70
Year Founded: 1980

Discipline: Full Service/Integrated

Mike Schreurs *(Chairman)*
John Schreurs *(President & Chief Executive Officer)*
Bryce Thomson *(Principal & Vice President, Client Services)*
Nathan Johnson *(Vice President, Marketing Services)*
Dave Miglin *(Vice President, Interactive Services)*
Randy Belcher *(Executive Creative Director)*
Randy Driesen *(Account Supervisor)*
Dawn Buzynski *(Executive Director, Public Relations)*
Carolyn Hikiji *(Media Director)*
Wheaten Mather *(Director, Strategy & Insights)*
Caleb Bailey *(Media Buyer & Digital Strategist)*
Tracey Schwarz *(Senior Media Buyer & Planner)*
Carole Curtis *(Media Account Manager)*
Jen Leto *(Media Account Manager)*
Glenda Lynch *(Media Planner Buyer)*
Lisa Boden *(Senior Media Buyer & Planner)*
Holly Pratt *(Senior Media Buyer & Planner)*
Andrew Strum *(Account Manager)*
Rob Schreurs *(Account Manager)*
Jenny Wise *(Senior Account Manager)*
Amanda Glynn *(Account Supervisor)*
Patrick Green *(Senior Account Executive)*
Shea Wild *(Associate Production Manager)*
Kristin Catrenich *(Account Manager)*
Bri Larson *(Manager, Interactive Services)*
Brooke Long *(Assistant Account Manager)*

Accounts:
Hot Lotto
Iowa Lottery
Lennox International, Inc.
Lucky for Life
Mega Millions
Pick 3
Pick 4
Powerball
Pull Tabs
Scratch Tickets
Stryker Corporation

STRATEGICAMPERSAND
1235 Bay Street
Toronto, ON M5R3K4
Tel.: (416) 961-5595
Fax: (416) 961-7955
Toll Free: (877) 222-1653
Web Site: www.stratamp.com

Employees: 18
Year Founded: 1991

Discipline: Full Service/Integrated

Gayle Robin *(Partner)*
Miles Pollock *(Partner)*
Anita Wong *(Vice President, Public & Media Relations)*
Illya Noble *(Art Director)*

STRATEGIES
13681 Newport Avenue
Tustin, CA 92780
Tel.: (714) 957-8880
Fax: (714) 957-1373
Web Site: www.strategiesadpr.com

Employees: 8
Year Founded: 1991

Discipline: Full Service/Integrated

Tara Stoutenborough *(Owner & Principal)*
Linda White *(Principal)*
Deborah Jones *(Vice President)*
Lindsay Thompson *(Senior Account Manager)*

STRATEGIS
555 Amory Street
Boston, MA 02130
Tel.: (781) 297-9200
Web Site: www.strategis.is

Year Founded: 1999

Discipline: Full Service/Integrated

George Irish *(Principal & Chief Executive Officer)*
Dolores Gonsalves *(Principal & Chief Financial Officer)*
Lindsay Borgen *(Account Manager)*

Accounts:
Lionbridge Technologies, Inc.

STRAWBERRYFROG
350 Fifth Avenue
New York, NY 10018
Tel.: (212) 366-0500
Fax: (212) 366-0521
Web Site: www.strawberryfrog.com

Employees: 35
Year Founded: 1999

Discipline: Full Service/Integrated

Scott Goodson *(Founder, Chairman, & Chief Executive Officer)*
Karin Drakenberg *(Executive Vice President)*
Tyler DeAngelo *(Executive Creative Director)*
James Rogala *(Group Creative Director)*
Daniel Langlitz *(Group Account Director)*
Shana Bellot *(Client Service Director)*
Elizabeth Scordato *(Director, Project Management)*
Chris Belmore *(Senior Account Director)*
Dori Ellowitch *(Senior Account Director)*
Corel Theuma *(Executive Creative Director)*
Deaglan Macfarland *(Senior Director, Strategy)*
Liza Haffenberg *(Executive Group Director)*
Jilllian Abbott *(Senior Project Manager)*
Amanda Beraglia *(Account Manager)*

Accounts:
Crunch Fitness International, Inc.
HarrisDirect
Jim Beam
LifeBridge Health, Inc.
Mahindra USA, Inc.
Modern Accupuncture
Morgan Stanley
My/Mo Mochi Ice Cream
Sabra

Brands. Marketers. Agencies. Search Less. Find More.
Try out the online version at www.winmo.com

FULL SERVICE/INTEGRATED AGENCIES
AGENCIES - JULY, 2020

SunTrust Banks, Inc

STREAM COMPANIES
400 Lapp Road
Malvern, PA 19355
Tel.: (610) 644-8637
Fax: (610) 363-9008
Toll Free: (888) 449-7443
Web Site: www.streamcompanies.com

Employees: 8
Year Founded: 1998

Discipline: Full Service/Integrated

David Regn *(Co-Founder & Partner)*
Jason Brennan *(Co-Founder & Partner)*
Amol Waishampayan *(Vice President, Platform Marketing)*
Beth Haufler *(Senior Media Buyer)*
Amanda Moran *(Senior Media Buyer)*

STYLE ADVERTISING
3617 Eighth Avenue, South
Birmingham, AL 35222
Tel.: (205) 933-8893
Fax: (205) 933-8897
Web Site: www.styleadvertising.com

Year Founded: 1970

Discipline: Full Service/Integrated

Bill Stoeffhaas *(Partner & President)*
Chuck Cargal *(Partner & President)*
Erin Adair *(Media Buyer)*

SUASION COMMUNICATIONS GROUP
235 Shore Road
Somerpoint, NJ 08244
Tel.: (609) 653-0400
Fax: (609) 653-6483
Toll Free: (800) 222-0461
Web Site: www.suasionmarketing.com

Employees: 20
Year Founded: 1998

Discipline: Full Service/Integrated

Susan Adelizzi-Schmidt *(President)*
Michelle Salazar *(General Manager)*

SUBLIME COMMUNICATIONS
2001 Market Street
Philadelphia, PA 19103
Tel.: (203) 340-1010
Web Site: www.sublimecommunications.com

Year Founded: 2016

Discipline: Full Service/Integrated

Lilian Dutra *(Chief Financial Officer)*
Raluca Doaga *(Account Director)*

SUBLIME COMMUNICATIONS
20 Acosta Street
Stamford, CT 06902
Tel.: (203) 340-1010
Web Site: www.sublimecommunications.com

Year Founded: 2016

Discipline: Full Service/Integrated

Nicole Enslein *(Founder & Chief Executive Officer)*

Paula Brandes *(Account Director)*
Courtney Weil *(Account Manager)*

Accounts:
Eureka
Midea America Corp.

SUCCESS COMMUNICATIONS GROUP
26 Eastmans Road
Parsipanny, NJ 07054
Tel.: (973) 992-7800
Fax: (973) 992-7250
Web Site: scgadv.com

Year Founded: 1958

Discipline: Full Service/Integrated

Kurt Schwartz *(President)*
Glenn Gershaw *(President)*
Tom Marguccio *(Vice President & Creative Director)*
Kurt Praschak *(Vice President, Public Relations)*
Russ Zaborowski *(Associate Creative Director)*

SULLIVAN BRANDING
Indigo
Memphis, TN 38103
Tel.: (901) 526-6220
Fax: (901) 526-6222
Web Site: www.sullivanbranding.com/

Year Founded: 1983

Discipline: Full Service/Integrated

Brian Sullivan *(Principal & Chief Executive Officer)*
Ralph Berry *(Senior Vice President, Public Relations)*

Accounts:
Tunica Convention & Visitor's Bureau

SUMNER GROUP
223 West Main Avenue
Gastonia, NC 28052-4315
Tel.: (704) 865-4613
Fax: (704) 853-1776
Toll Free: (800) 331-4613
Web Site: www.sumnergroup.com

Year Founded: 1987

Discipline: Full Service/Integrated

Jacquelyn Sumner *(President)*
Michael Sumner *(Vice President, Client Services)*
John Endres *(Director, Internet Services)*

SUN & MOON MARKETING COMMUNICATIONS, INC.
75 Broad Street
New York, NY 10004
Tel.: (212) 686-9600
Fax: (914) 242-5415
Web Site: www.sunandmoonmktg.com

Employees: 15

Discipline: Full Service/Integrated

Madelyne Kirch *(President & New Business Director)*
Scott Silverman *(Vice President)*
Jessica Sand *(Creative Director)*

Philip Chadwick *(Director, Creative Services & Information Technology)*

SUNDIN ASSOCIATES
34 Main Street
Natick, MA 01760
Tel.: (508) 650-3972
Fax: (508) 650-3881
Web Site: www.sundininc.com

Year Founded: 1976

Discipline: Full Service/Integrated

Roger Sundin, Jr. *(Founder & Chief Operating Officer)*
Kristin Sundin Brandt *(President)*
Ed O'Donnell *(Executive Vice President)*
Bill Orsini *(Senior Art Director)*

SUNNY505
119 Dartmouth Drive, SE
Albuquerque, NM 87106
Tel.: (505) 764-4444
Fax: (505) 764-8636
Web Site: sunny505.com

Employees: 7
Year Founded: 1990

Discipline: Full Service/Integrated

Joan Griffin *(Chief Executive Officer & Owner)*
Dezaree Vega-Garcia *(President)*
Gabe Gallegos *(Media Strategist)*

SWANSON RUSSELL
14301 FNB Parkway
Omaha, NE 68154-5299
Tel.: (402) 393-4940
Fax: (402) 393-6926
Web Site: www.swansonrussell.com

Employees: 25
Year Founded: 1962

Discipline: Full Service/Integrated

Ed Salem *(Executive Vice President & Creative Director)*
Steve Johnson *(Vice President & Account Supervisor)*
Heather Garth *(Art Director)*
Kaila Shirey *(Media Buyer)*
Judy Pickens *(Media Planner)*
Chloe Brim *(Project Manager)*
Megan Bird *(Project Manager)*
Chloe King *(Project Manager)*
Emily Oatman *(Strategist, Digital)*
Mollie Wilken *(Public Relations Associate)*
Bri Koch *(Designer)*

SWANSON RUSSELL ASSOCIATES
1202 P Street
Lincoln, NE 68508
Tel.: (402) 437-6400
Fax: (402) 437-6401
Web Site: www.swansonrussell.com

Employees: 80
Year Founded: 1962

Discipline: Full Service/Integrated

Dave Hansen *(Partner & Chief Executive Officer)*
Brian Boesche *(Partner & Chief Creative Officer)*
Brent Schott *(President)*

Brands. Marketers. Agencies. Search Less. Find More.
Try out the online version at www.winmo.com

AGENCIES - JULY, 2020

FULL SERVICE/INTEGRATED AGENCIES

Kay Wigle *(Senior Vice President & Media Director)*
Dick Placzek *(Senior Vice President & Group Account Director)*
Stephanie Hays *(Account Supervisor)*
Brenda Warren *(Senior Media Buyer)*
Julie Nielson *(Associate Director, Media)*
David Garretson *(Senior Account Manager)*
Kimberly Merk *(Social Media Community Manager)*
Brittany Lentz *(Account Manager)*
Justin Klemsz *(Strategist, Digital)*
Kylie Legree *(Strategist, Digital)*
Neale Stadler *(Account Manager)*
Jeff Salem *(Senior Public Relations Counsel)*
Madison Patten *(Associate Writer & Producer)*
Abby Stonehocker *(Public Relations Coordinator)*
Lauren O'Malley *(Digital Production Coordinator)*

Accounts:
Briggs & Stratton Corporation
Propane Education & Research Council
Walls Outdoor Goods

SWERVE DESIGN GROUP
152 St. Patrick Street
Toronto, ON M5T 3J9
Tel.: (416) 340-7766
Web Site: www.swervedesign.com

Discipline: Full Service/Integrated

David Johnson *(Partner & Creative Director)*
Mark Haak *(Partner & Creative Director)*

SYMMETRI MARKETING GROUP, LLC
233 North Michigan Avenue
Chicago, IL 60601
Tel.: (312) 573-2220
Web Site: symmetrimarketing.com/

Year Founded: 2003

Discipline: Full Service/Integrated

Mark Masseur *(Principal & Executive Creative Director)*
Carl Triemstra *(President)*
Ryan Mannion *(Executive Vice President, Brand Strategy & Growth)*

T3
675 Ponce De Leon Avenue NorthEast
Atlanta, GA 30308
Tel.: (404) 751-1246
Web Site: www.t-3.com

Year Founded: 1983

Discipline: Full Service/Integrated

Kelley Mitchell Price *(Vice President, Experience & Design)*
Amy Rodriguez *(Director, Group Account)*
Jake Craney *(Engagement Manager)*
Sarah Giovino *(Manager, Engagement)*
Haley Winther *(Senior Account Executive)*

Accounts:
Church's Chicken

TAG COMMUNICATIONS, INC.
230 East Second Street
Davenport, IA 52801
Tel.: (563) 355-2200
Fax: (563) 355-7200

Web Site: www.adgroup.biz

Employees: 30

Discipline: Full Service/Integrated

Mike Vondran *(President & Chief Executive Officer)*
Don Farber *(Chief Creative Officer & Chief Digital Officer)*
Randy Jacobs *(President)*
Anne Spoden Kiss *(Vice President, Digital Services)*
Kathleen Vondran *(Vice President)*

TAM TAM \ TBWA
1470 Peel Street
Montreal, QC H3A 1T1
Tel.: (514) 285-1470
Fax: (512) 285-0014
Web Site: www.tamtamtbwa.com

Employees: 20
Year Founded: 1986

Discipline: Full Service/Integrated

Martin Sansregret *(President & Product Manager)*
Louise Audet *(Chief Accountant)*
Francois Canuel *(Vice President & General Manager)*
Dominique Beaulieu *(Media Group Director)*

TANEN DIRECTED ADVERTISING
12 South Main Street
Norwalk, CT 06854-2980
Tel.: (203) 855-5855
Fax: (203) 855-5865
Web Site: www.tanendirected.com

Employees: 10

Discipline: Full Service/Integrated

Ilene Tanen *(President)*
Christophe Bardot *(Director, Print Design)*
Vincent Zito Jr. *(Creative Director)*
Jennifer Floridia *(Manager, Account)*

TAYLOR WEST ADVERTISING, INC.
503 Avenue A
San Antonio, TX 78215
Tel.: (210) 805-0320
Fax: (210) 805-9371
Web Site: www.taylorwest.com

Year Founded: 1976

Discipline: Full Service/Integrated

Bill West *(Founder & Chief Executive Officer)*
Demica Lopez *(Account Services Director)*
Claire Backs *(Account Director)*

TBC
900 South Wolfe Street
Baltimore, MD 21231
Tel.: (410) 347-7500
Fax: (410) 986-1399
Web Site: www.tbc.us

Employees: 100
Year Founded: 1974

Discipline: Full Service/Integrated

Allan Charles *(President & Chief Creative Officer)*
Nicole Ward *(President)*
Howe Burch *(President)*
Erin Borkowski *(Vice President & Director, Media)*
Selena Pigrom *(Associate Media Director)*
Brent Burkhardt *(Public Relations)*
Connie Chung *(Account Director)*
Valerie Holstein *(Supervisor, Media)*
Claire LaVardera *(Director, Social Media)*

Accounts:
Asian Wall Street Journal
Dow Jones & Company, Inc.
dowjones.com
Hair Cuttery
Hall Acura Virginia Beach
Hall Chrysler/Jeep
Hall Honda
Heritage AutoPark Buick/Chevrolet
Heritage Imports Volkswagen
hibu
MileOne Automotive
MotorWorld Acura
MotorWorld Honda
MotorWorld Lexus
MotorWorld Scion
MotorWorld Toyota
University of Maryland Medical System Corporation
Visit Baltimore
Wall Street Journal
Wall Street Journal Europe
Wall Street Journal Online

TBWA \ CHIAT \ DAY
488 Madison Avenue
New York, NY 10022
Tel.: (212) 804-1000
Fax: (212) 804-1200
Web Site: www.tbwachiatdayny.com

Employees: 350
Year Founded: 1970

Discipline: Full Service/Integrated

Tom Carroll *(Chairman & President)*
Rob Schwartz *(Chief Executive Officer)*
Troy Ruhanen *(President & Global Chief Executive Officer)*
Nancy Reyes *(President)*
Chris Beresford-Hill *(Chief Creative Officer)*
Scott Tegethoff *(Global President, Audience Engagement)*
Doug Melville *(Chief Diversity Officer)*
Chris Garbutt *(Global Chief Creative Officer)*
Luke Eid *(Global President, Digital & Innovation)*
Jon Castle *(President, Nissan United & Global Clients)*
Evan Weissbrot *(Chief Engagement Officer)*
Amie Miller *(Chief Talent Officer)*
James Sowden *(Chief Strategy Officer)*
John Hunt *(Creative Chairman)*
Walt Connelly *(Global Executive Creative Director)*
Teresa Rad *(Director, Art Production)*
Mark Donohue *(Account Director)*
Carrie Lipper *(Group Group Account Director)*
John Doris *(Head, Integrated Production)*
Anaka Kobzev *(Global Head, Communications)*
Emily Zale *(Account Director)*
Lesley Parks *(Digital Strategy Director)*
Frannie Rhodes *(Executive Director, Creative Services)*
Amy Ferguson *(Executive Creative Director)*

416

FULL SERVICE/INTEGRATED AGENCIES

AGENCIES - JULY, 2020

Julia Neumann *(Executive Creative Director)*
Jexy Holman *(Creative Director)*
Nuno Teixeira *(Creative Director)*
Avi Steinbach *(Associate Creative Director)*
Barney Baxter *(Business Director)*
Ted Guidotti *(Global Creative Director)*
Erik Vervroegen *(Executive Creative Director)*
Amanda Revere *(Executive Producer)*
Anthony Viccars *(Precision Marketing Lead)*
Chris Rowson *(Head, Design & Group Creative Director)*
Steven Kreuch *(Senior Interactive Producer)*
Tom Hyde *(Executive Director, Digital Strategy)*
Chris Green *(Planning Director)*
Ashley Veltre *(Associate Creative Director)*
Lionel Carreon *(Executive Director, Global Creative Recruiting)*
LeeAna Benson *(Art Director)*
Peter Whalen *(Account Director)*
Danny Jackson *(Art Producer)*
Sarah Giarraffa *(Business Affairs Manager)*
Meredith Zambito *(Account Manager)*
Matthew Renne *(Global Strategy Supervisor)*
Lily Siff *(Account Manager)*
Bodi Karsono *(Digital Strategist)*
Timothy Tontz *(Senior Project Manager)*
Felicia Simmons *(Senior Business Manager)*
Danielle Rackley *(Production Manager)*
Victoria Krueger *(Head, Production Operations - Nissan United)*
Holden Rasche *(Associate Creative Director)*
Jilly Ko *(Creative Copywriter)*
Michael Obermeyer *(Senior Brand Strategist)*
Pietra Cangialosi *(Producer - Redslash)*

Accounts:
A&E Networks
Advanced Micro Devices, Inc.
Alli
BNY Melon
bubly
bubly
Commit
Danone North America
Diet Mountain Dew
Groupon
Hearts on Fire Company, LLC
Hilton Worldwide
Instagram Inc
Mayo Clinic
McDonald's
Mountain Dew
Mountain Dew Amp
Nicoderm CQ
Nicorette Gum
Nicorette Mini Lozenge
Nissan 370Z
Nissan Altima
Nissan Armada
Nissan Frontier
Nissan Juke
Nissan Leaf
Nissan Maxima
Nissan Murano
Nissan North America, Inc.
Nissan Pathfinder
Nissan Rogue
Nissan Sentra
Nissan Titan
Nissan Versa
Royal Salute
Singapore Airlines
TD Bank
The Bank of New York Mellon Corporation
The Recording Academy
The Travelers Companies, Inc.
Thomson Reuters Corporation
Travelers Auto Insurance
Zyban

TDG COMMUNICATIONS
93 Sherman Street
Deadwood, SD 57732
Tel.: (605) 722-7111
Fax: (605) 722-7112
Web Site: www.tdgcommunications.com

Discipline: Full Service/Integrated

Dustin Floyd *(Agency Director & Principal)*
Monte Amende *(Creative Director & Principal)*
Chad Blair *(Account Director)*
Jack Hughes *(Director, Web Development)*
Derek Olson *(Senior Artist)*

TEAM ONE
13031 West Jefferson Boulevard
Los Angeles, CA 90094-7039
Tel.: (310) 437-2500
Fax: (310) 322-7565
Web Site: www.teamone-usa.com

Year Founded: 1987

Discipline: Full Service/Integrated

Julie Michael *(Chief Executive Officer)*
Chris Graves *(Chief Creative Officer)*
Mark Miller *(Chief Strategy Officer)*
Michael Webb *(Chief Financial Officer)*
Damian Areyan *(Vice President & Director, Experiential Marketing & Sponsorships)*
Jason Stinsmuehlen *(Group Creative Director - Lexus)*
Meg Seiler *(Director, Marketing & Public Relations)*
Kyle Acquistapace *(Executive Director, Idea Communication)*
Sharon Kondo *(Group Director, Strategic Analytics)*
Craig Crawford *(Group Creative Director)*
James Hendry *(Group Creative Director)*
Rebecca Foster *(Group Director, Media Insights)*
Monica Mellier Reagan *(Group Media Director)*
Scott Thornton *(Associate Media Director)*
Tina Weinsoff *(Associate Media Director)*
Aris Tagle *(Group Director, Digital & Social Media Analytics)*
Meredith Gruen *(Group Account Director)*
Michael Nnadi *(Director, Interactive Production)*
Davide Vismara *(Creative Director)*
Kirsten Rutherford *(Executive Creative Director)*
Jon King *(Associate Creative Director)*
Preston Larson *(Group Director, Digital & Performance Media)*
Dan Unger *(Account Director - Central Area Lexus Dealer Association)*
Dee Dee Borman *(Associate Media Director)*
Regan Swegle *(Group Account Director)*
Jesse Blatz *(Creative Director)*
Ashley Maxfeldt *(Account Director)*
Colin Simonds *(Digital Strategy Director)*
Nada Kabbani *(Head, CRM Strategy & Analytics)*
Amy Oars *(Account Director)*
Amy Small *(Associate Director, Talent)*
Andrew Keegan *(Group Director, Technology)*
Cait Drury *(Executive Director, Talent)*
Chris D'Rozario *(Executive Creative Director)*
Donn Rohn *(Management Director, Strategy)*
Elizabeth Brownsen *(Executive Director, Operations & Technology)*
Greg Sandberg *(Director, Management)*
Ian Phillips *(Account Director)*
Jim Darling *(Art Director & Associate Creative Director)*
John Dohrmann *(Director, CRM)*
Julie Scher *(Associate Media Director, Broadcast)*
Nicole Cestaro *(Associate Director, Strategy)*
Rachel Gilmour *(Group Account Director)*
Ryan Davis *(Art Director)*
Steve Hanlon *(Senior Art Director)*
Steven Garcia *(Director, Cultural Anthropology)*
Susanna Leighton *(Director, Creative Services)*
Tyler Doupe *(Creative Director, Brand Messaging)*
Samantha Jones *(Digital Media Planner)*
Janet Anderson *(Associate Director, Business Affairs)*
Robin Watkins *(Management Supervisor, Social Media - Lexus)*
Tom Stiles *(Media Planner)*
Krysten Yaminy *(Ad Operations Manager)*
Amy Gershwin *(Senior Producer)*
Austin Tsai *(Assistant Media Planner)*
Jacob Brooks *(Senior Media Planner)*
Jade Whitford *(Project Manager)*
Jamie Lau *(Program Manager)*
Jenny Valladares *(Senior Producer)*
Jessica Solorzano *(Manager, Business Affairs)*
Kristen Foss *(Senior Planner, Strategic)*
Laura Schluckebier *(Senior Project Manager)*
Lauren Mabuni *(Planner, Strategic)*
Meredithe Woodward *(Account Supervisor)*
Rachel Biddlecombe *(Producer, Interactive)*
Riley Mackey *(Media Supervisor)*
Sam Walsh *(Executive Producer)*
Tami Kotarski *(Producer, Relationship Marketing)*
Stacey Cho *(Digital Media Supervisor)*
Chris Tobon *(Media Planner)*
Meagan Danielak *(Assistant Account Executive)*
Alla Arutcheva *(Senior Copywriter)*
Andrew Crawford *(Copywriter)*
Eric Jorgensen *(Copywriter, Creative)*
Haley Bright *(Account Executive)*
Jason Whitehead *(Copywriter)*
Kristina Khersonsky *(Account Executive, Experiential - Lexus)*
Patrick O'Rourke *(Copywriter)*

Accounts:
14 Hands
Antica Napa Valley
Antinori
Champagne Nicolas Feuillatte
Chateau Ste. Michelle
Col Solare
Columbia Crest
Conn Creek
Domaine Ste. Michelle
Erath
Eroica
Expedia Group, Inc.
Haras
Hawk Crest
HSBC USA, Inc.
Jacuzzi Brands Corporation
La Braccesca
Lexus
Lexus
Lexus Dealer Association
Lexus ES
Lexus F
Lexus GS
Lexus GX

Brands. Marketers. Agencies. Search Less. Find More.
Try out the online version at www.winmo.com

AGENCIES - JULY, 2020
FULL SERVICE/INTEGRATED AGENCIES

Lexus IS
Lexus LC
Lexus LFA
Lexus LS
Lexus LX
Lexus NX
Lexus RC
Lexus RX
Lexus UX
Make-A-Wish Foundation of America
Montenisa
Northstar
Stag's Leap Wine Cellars
Ste Michelle Wine Estates
STEAM Inventor Kits
Sundance Spas

TEAM ONE
299 West Houston Street
New York, NY 10014
Tel.: (212) 463-3098
Web Site: www.teamone-usa.com

Year Founded: 1987

Discipline: Full Service/Integrated

Linda Ranieri *(Director, Media)*
Daniel Franke *(Regional Account Director)*
Alfonso Cales *(Associate Media Director)*
Magan Felitto *(Account Executive, Experiential Marketing - Lexus)*
Chevaun Ellis *(Media Supervisor)*
Kate Bartow *(Supervisor, Experiential & Partnership Marketing - Lexus)*
Emily Absalom *(Media Planner)*
Christian Yiu *(Assistant Media Planner)*

TEAM ONE
2021 McKinney Ave
Dallas, TX 75201
Tel.: (469) 357-2300
Web Site: www.teamone-usa.com

Year Founded: 1987

Discipline: Full Service/Integrated

Ben Allison *(Account Director)*
Nichole Kirsch *(Group Media Director)*
Kris Morrison *(Account Director)*
Amanda Abrams *(Creative Director)*
Andra Passen *(Associate Media Director)*
Joel Dons *(Management Director)*
Cliff Adams *(Group Planning Director)*
Ryan Durr *(Associate Creative Director)*
Hilary Hanger *(Broadcast Media Supervisor)*
Brittany Roberts *(Digital Account Supervisor)*
Courtney Hanson *(Media Supervisor)*
Nate Giddings *(Account Supervisor)*
Rachel DeLesk *(Account Supervisor)*
Colleen Carlsen *(Account Supervisor - Social Media)*
Chris Chamberlin *(Digital Media Analyst)*
Alexa Kallen *(Advertising Operations Manager)*
Melanie Sanders *(Community Manager, Social Media)*
Monica Abbracciamento *(Digital Account Supervisor)*
Cara Lohman *(Strategic Planner)*
Brianna Porrello *(Assistant Media Planner)*
Chris Luciani *(Account Executive)*
Trang Fieman *(Strategic Planner)*
Kayla Riley *(Account Executive)*
Chanelle Billones *(Media Planner)*
Ryan Cohen *(Digital Account Executive)*
Brittany Bonner *(Media Planner)*

Megan Adler *(Account Coordinator)*
Grayson Mann *(Digital Account Coordinator)*
Parker Mayo *(Assistant Media Planner)*
Madison Rich *(Assistant Account Executive)*
Paul Silverman *(Managing Director)*

Accounts:
Lexus
Lexus Dealer Association
Lexus ES
Lexus GS
Lexus GX
Lexus IS
Lexus LC
Lexus LS
Lexus LX
Lexus NX
Lexus RC
Lexus RX
Lexus UX

TEAM VELOCITY MARKETING
13825 Sunrise Valley Drive
Herndon, VA 20171
Tel.: (877) 832-6848
Web Site: www.teamvelocitymarketing.com

Year Founded: 2005

Discipline: Full Service/Integrated

Budd Blackburn *(Owner & Founder)*
David Boice *(Co-Founder & Chief Executive Officer)*
Bill Reilly *(Chief Operating Officer)*
Justin S. Byrd *(President)*
Aaron Bickart *(Executive Vice President, Sales Operations)*
Laura Howe *(Senior Vice President, Enterprise Accounts)*
Regina Washington *(Vice President, Human Resource)*
Brittani Boice *(Director, Marketing)*
Danielle Williams *(Corporate Marketing Manager)*
James Poyer *(Senior Digital Analyst)*

Accounts:
Bentley Motors, Inc.
Bentley Motors, Inc.

TEQUILA COMMUNICATION & MARKETING, INC.
4446 Saint-Laurent Boulevard
Montreal, QC H2W 1Z5
Tel.: (514) 849-8005
Fax: (514) 849-9500
Web Site: www.tequila.ca

Employees: 15
Year Founded: 1993

Discipline: Full Service/Integrated

Serge Bouliane *(Co-President & Associate)*
Francois Dery *(Co-President & Associate)*

THE 360 AGENCY
10250 Constellation Boulevard
Los Angeles, CA 90067
Tel.: (818) 386-0010
Fax: (818) 386-1010
Web Site: www.the360agency.com

Year Founded: 2011

Discipline: Full Service/Integrated

Jennifer Banda Ludden *(Principal & Chief Financial Officer)*

Leticia Galindo *(Principal & Founder)*
Keitha Bialaszewski *(Director, Operations & Client Service)*

Accounts:
AT&T Mobility, LLC

THE ADAMS GROUP
925 Gervais Street
Columbia, SC 29201
Mailing Address:
Post Office Box 221
Columbia, SC 29202
Tel.: (803) 765-1223
Fax: (803) 254-4222
Web Site: www.adamsgroup.com

Employees: 20
Year Founded: 1983

Discipline: Full Service/Integrated

Wayne Adams *(President, Chief Executive Officer & Owner)*
Karis Hallman *(Vice President & Production Manager)*

THE BOHAN AGENCY
124 Twelfth Avenue South
Nashville, TN 37203
Tel.: (615) 327-1189
Fax: (615) 327-8123
Web Site: www.bohanideas.com

Employees: 57
Year Founded: 1990

Discipline: Full Service/Integrated

David Bohan *(Chairman)*
Shari Day *(President & Chief Executive Officer)*
Nicole Bateman *(Senior Vice President, Marketing Strategies & Executive Director, Planning)*
Jon Arnold *(Senior Vice President & Executive Creative Director)*
Farley Day *(Senior Vice President & Managing Director)*
Brian Gilpatrick *(Senior Vice President & Managing Director)*
Penny Rahe *(Vice President & Director, Video & Photo Production)*
Trish McGee *(Vice President, Public Relations)*
Sandra Huffine *(Director, Talent)*
Tony Gerstner *(Account Director)*
Bridget McCulley *(Group Director, Media Planning)*
Drew Hammond *(Associate Creative Director)*
Cindy Manning *(Director, Client Finance)*
Isobelle Hemmers *(Manager, Business Development)*
Lauren Minella *(Senior Social Media Strategist)*

Accounts:
AmSurg Corporation
BlueCross BlueShield of Tennessee
Dollar General Corporation
O'Charley's, Inc.
Ochsner Foundation Hospital
Precept
Stein Mart, Inc.
University of Tennessee - Knoxville
Village Inn

THE BOSTON GROUP
500 Harrison Avenue
Boston, MA 02118
Tel.: (617) 350-7020

Brands. Marketers. Agencies. Search Less. Find More.
Try out the online version at www.winmo.com

418

FULL SERVICE/INTEGRATED AGENCIES
AGENCIES - JULY, 2020

Fax: (617) 350-7021
Web Site: www.bostongroup.com

Employees: 15
Year Founded: 1995

Discipline: Full Service/Integrated

Leslie Kaplan *(Managing Director & Owner)*
Gina Preziosa *(Media Director)*
Mihran Minassian *(Director, Finance & Operations)*
Marc David Rapoza *(Associate Designer Director)*
John Grandy *(Director, Creative Services)*
Chris Lee *(Creative Director)*
Alison McCarthy *(Group Account Director)*
Angela Herbst *(Client Services Director)*
Matt Savage *(Associate Creative Director)*
Scott Thomas *(Associate Creative Director)*
Vaughn Misail *(Executive Creative Director)*
Hannah Lysak *(Media Supervisor)*
Melissa Foote *(Assistant Media Planner)*
Sarah Chen *(Data Science Analyst)*
Mark Thompson *(Senior Account Executive)*
Teresa Legein *(Account Executive)*

THE BRAND AMP
1945 Placentia Avenue
Costa Mesa, CA 92627
Tel.: (949) 438-1060
Fax: (562) 546-0210
Web Site: www.thebrandamp.com

Year Founded: 2013

Discipline: Full Service/Integrated

Marc Altieri *(Co-Founder)*
Todd Brooks *(Co-Founder)*
Nicole Fait *(Account Manager)*
Mike Whitmark *(Media Relations Specialist)*
Katie Kotarak *(Public Relations)*

Accounts:
Motorola Mobility, Inc.
TRX
ZAGG, Inc.

THE BRANDON AGENCY
3023 Church Street
Myrtle Beach, SC 29577
Tel.: (843) 916-2000
Fax: (843) 916-2053
Web Site: www.brandonadvertising.com

Employees: 50
Year Founded: 1959

Discipline: Full Service/Integrated

Scott Brandon *(Chief Executive Officer)*
Tyler Easterling *(President & Chief Operating Officer)*
Cary Murphy *(Regional President & Group Creative Director)*
Andy Kovan *(Executive Vice President & Director, Account Planning & Development)*
Shelby Greene *(Vice President & Media Director)*
Shelby Selner *(Vice President & Media Director)*
Barry Sanders *(Director, New Business Development)*
Nick McNeill *(Director, Interactive Analytics)*
Courtney Olbrich *(Associate Media Director)*
Christie De Antonio *(Account Director)*
Colin Mulqueen *(Senior Art Director)*
Jami Flannelly *(Project Director)*
Missy Thompson *(Account Director)*
Shawn Murray *(Director, Information Technology)*
Lynne Boykin *(Senior Account Manager)*

Sherry Moats *(Media Manager)*
Anna Brittain *(Manager, Traffic)*
Ashley Henley *(Manager, Email Marketing)*
Annette Shepherd *(Senior Program Manager)*
John Tyler Williamson *(Manager, Search Engine Optimization)*
Lisa Capparella *(Manager, Accounting)*
Lindsey Waltz *(Project Manager)*
Peter Boggeman *(Senior Account Manager)*
Valerie Roy *(Project Manager)*
Alex Hagg *(Media Coordinator)*
Chelsey Strife *(Junior Media Buyer)*
Kirby Groome *(Coordinator, Marketing & New Business)*

Accounts:
Hook + Gaff Watch Co.
Southern Tide, LLC

THE CYPHERS AGENCY
1682 Village Green
Crofton, MD 21114
Tel.: (410) 280-5451
Fax: (410) 280-5452
Toll Free: (888) 412-7469
Web Site: www.thecyphersagency.com

Employees: 20
Year Founded: 1989

Discipline: Full Service/Integrated

Dave Cyphers *(President)*
Darren Easton *(Vice President & Creative Director)*
Anna Forbes *(Senior Account Executive)*

THE DONEGER GROUP
463 Seventh Avenue
New York, NY 10018
Tel.: (212) 631-1280
Web Site: www.doneger.com

Year Founded: 1946

Discipline: Full Service/Integrated

Abbey Doneger *(President & Chief Executive Officer)*
Leslie Ghize *(Executive Vice President - Tobe & Executive Vice President - Doneger)*
Roberto Ramos *(Senior Vice President, Global Strategy & Communications)*
Thomas Burns *(Senior Vice President, New Business)*
Roseanne Cumella *(Senior Vice President, Merchandising)*
Kai Chow *(Director, Creative Services)*

THE DOZIER COMPANY
Post Office Box 140247
Dallas, TX 75204
Fax: (214) 744-1240
Web Site: www.thedoziercompany.com

Employees: 10
Year Founded: 2014

Discipline: Full Service/Integrated

David Dozier *(Principal)*
Debbie Hain *(Principal)*
Connie Dozier *(Principal)*

THE FOOD GROUP
466 Lexington Avenue
New York, NY 10017
Tel.: (212) 725-5766

Fax: (212) 686-2901
Web Site: www.thefoodgroup.com

Employees: 13
Year Founded: 1968

Discipline: Full Service/Integrated

Mark Cotter *(Chief Executive Officer)*

THE FOOD GROUP
3820 Northdale Boulevard
Tampa, FL 33624
Fax: (813) 932-1232
Web Site: www.thefoodgroup.com

Employees: 14
Year Founded: 1968

Discipline: Full Service/Integrated

Norm Tousignant *(Chief Financial Officer)*
Kyle Kraus *(Executive Vice President)*
Elissa Ferenbach *(Senior Vice President & Client Services Director)*
Catherine Dazevedo *(Vice President & Director, Media & Content Distribution)*
Audrey Prior *(Associate Media Director)*
Michele Cozza *(Director, Production)*
Annette Miranda *(Assistant Controller)*

THE GARFIELD GROUP
325 Chestnut Street
Philadelphia, PA 19106
Tel.: (215) 867-8600
Fax: (215) 867-8610
Web Site: www.garfieldgroup.com

Employees: 22
Year Founded: 1990

Discipline: Full Service/Integrated

Larry Garfield *(President & Founder)*
Les Brokaw *(Vice President & Chief Operating Officer)*
Bryon Lomas *(Vice President & Creative Director)*
Matt Pfluger *(Vice President, Digital Strategy)*
Alexa Hunt *(Account Supervisor)*

Accounts:
Franklin Electronic Publishers, Inc.

THE GATE WORLDWIDE
71 Fifth Avenue
New York, NY 10003
Tel.: (212) 508-3400
Fax: (212) 508-3543
Web Site: www.thegateworldwide.com

Year Founded: 1872

Discipline: Full Service/Integrated

David Bernstein *(Chief Creative Officer)*
Beau Fraser *(President & Chief Strategic Officer)*
Awilda Charriez *(Chief Financial & Operating Officer)*
Gina Graham *(Senior Digital Producer)*
Eric van den Heuvel *(Managing Director)*

Accounts:
AllianceBernstein L.P.
Cemex USA
Garanimals
Nasdaq Stock Market, Inc.

THE GOODNESS COMPANY

Brands. Marketers. Agencies. Search Less. Find More.
Try out the online version at www.winmo.com

419

AGENCIES - JULY, 2020 — FULL SERVICE/INTEGRATED AGENCIES

820 Baker Street
Wisconsin Rapids, WI 54494
Fax: (715) 423-1310
Toll Free: (866) 265-1001
Web Site: www.goodnesscompany.com

Year Founded: 1994

Discipline: Full Service/Integrated

Patrick Goodness *(President & Chief Executive Officer)*
Terri Goodness *(Chief Creative Officer & Principal)*

THE HEAVYWEIGHTS
1010 North Capitol Avenue
Indianapolis, IN 46204
Tel.: (317) 684-7777
Fax: (317) 684-7007
Web Site: www.theheavyweights.com

Employees: 7

Discipline: Full Service/Integrated

John Luginbill *(Founder & Chief Executive Officer)*
Kim Luginbill *(Chief Financial Officer)*
Katrina Hess *(Executive Creative Director)*

THE HIVE STRATEGIC MARKETING
544 King Street West
Toronto, ON M5V 1M3
Tel.: (416) 923-3800
Fax: (416) 923-4123
Web Site: www.thehiveinc.com

Employees: 38
Year Founded: 1993

Discipline: Full Service/Integrated

Andy Krupski *(Chairman)*
Rick Shaver *(Chief Executive Officer & President)*
Simon Creet *(Chief Creative Officer & Partner)*
Ted Rakoczy *(Chief Operating Officer)*
Jennifer Lukas *(Partner & Vice President, Experiential)*
Trent Fulton *(Vice President, Client Services)*

Accounts:
Live Nation Entertainment, Inc.
The Hockey Company

THE JOHNSON GROUP
436 Market Street
Chattanooga, TN 37402
Tel.: (423) 756-2608
Fax: (423) 756-7319
Web Site: www.johngroup.com

Employees: 60
Year Founded: 1996

Discipline: Full Service/Integrated

Pat Buckley *(Partner & Chief Creative Officer)*
Roger Vaughn *(Partner & Creative Director)*
Mike Polcari *(Partner & Creative Director)*
Joe Johnson *(President & Chief Executive Officer)*
Dixie Gilbert *(Chief Marketing Officer)*
Alice Ailey *(Vice President, Account Services)*
Reese Goode *(Associate Media Director)*
Vince Butler *(Public Relations Director)*
Tim Hanners *(Senior Head, Healthcare Marketing)*

Donna Barton *(Associate Media Director)*
Katie Delich *(Media Buyer)*

Accounts:
1% Nurture Milk
Cherry Brown Cow
Erlanger Health System
Mayfield Cottage Cheese
Mayfield Dairy Farms, Inc.
Mayfield French Onion Dip
Mayfield Frozen Punch
Mayfield Ice Cream Bars
Mayfield Ice Cream Sandwiches
Mayfield Lowfat Cottage Cheese
Mayfield Sherbet
Mayfield Sour Cream
McKee Foods Corporation
Mint Brown Cow
ReadyLeaf Lemonade
ReadyLeaf Sweet Tea
Snow Cream Ice Cream
Sour Pops
Sunbelt

THE JONES AGENCY
303 North Indian Canyon Drive
Palm Springs, CA 92262
Tel.: (760) 325-1437
Fax: (760) 325-7008
Web Site: www.jonesagency.com

Year Founded: 1958

Discipline: Full Service/Integrated

Kyle Radke *(Chief Executive Officer)*
Maryanne Coury *(Director, Media)*

THE KARMA GROUP
118 South Adams Street
Green Bay, WI 54301
Tel.: (920) 432-6685
Fax: (920) 432-7405
Web Site: www.attainkarma.com

Employees: 40
Year Founded: 1984

Discipline: Full Service/Integrated

Lynn Douville *(President & Chief Operations Officer)*
Steve Meyer *(Principal)*
Ellen Beardsley-Wildeman *(Senior Media Planner & Buyer)*
Denise Kopidlansky *(Media Buyer & Planner)*
Marissa Fish *(Account Executive)*
Sheryl Asman *(Senior Account Executive)*
Paul Gerlikovski *(Senior Account Executive)*

Accounts:
Gradall
Green Bay Packers
JLG Aerial Work Platforms
JLG Drop-deck Trailers
JLG Industries, Inc.
JLG Stock Pickers
JLG Telehandlers

THE LAVIDGE COMPANY
2777 East Camelback Road
Phoenix, AZ 85016
Tel.: (480) 998-2600
Fax: (480) 998-5525
Web Site: www.lavidge.com

Employees: 50
Year Founded: 1982

Discipline: Full Service/Integrated

Bill Lavidge *(Chief Executive Officer)*
Bob Case *(Chief Creative Officer)*
Alicia Wadas *(Chief Operating Officer & Vice President)*
Stephen Heitz *(Chief Innovation Officer)*
Jennifer Whittle *(Associate Director, Public Relations)*
Melanee Arnett *(Assistant Director, Interactive Media)*
Cammy Corken *(Media Supervisor)*
Kathy Knudson *(Office Manager)*
Sabrina Norris *(Account Supervisor)*
Betsey Griffin *(Managing Director, Media)*
Anne Robertson *(Managing Director, Public Relations)*
Tim Trull *(Managing Director & Director, Account Strategy)*

Accounts:
Banner Health Systems

THE LEE GROUP
3115 Allen Parkway
Houston, TX 77019
Tel.: (713) 864-8651
Fax: (713) 864-8415
Web Site: www.tlgadvertising.com

Employees: 7
Year Founded: 1980

Discipline: Full Service/Integrated

Ann Lee *(Principal & Founder)*
Sheila Corley *(Director, Media Services & Account Executive)*
Thomas Guerrero *(Creative Director)*

THE LETTER M MARKETING
285 Woolwich Street
Guelph, ON N1H 3V8
Tel.: (519) 836-6183
Fax: (519) 836-3155
Web Site: www.macmillanmarketing.com

Employees: 16
Year Founded: 1979

Discipline: Full Service/Integrated

Doug MacMillan *(President & Owner)*
Natasha Patterson *(Operations Manager)*
Stacy McCarthy *(Senior Account Manager)*

THE MARKETING DEPARTMENT
457 King Street
London, ON N6B 1S8
Tel.: (519) 439-8080
Fax: (519) 439-8081
Toll Free: (866) 439-8080
Web Site: www.tmd.ca

Employees: 14
Year Founded: 1996

Discipline: Full Service/Integrated

David Clilche *(President & Chief Executive Officer)*
Nicholas Callender *(Production Designer)*
Craig Forsey *(Creative Director)*
Link Malott *(Director, Operations)*

THE MARKETING GARAGE
15243 Yonge Street
Aurora, ON L4G 1L8

Brands. Marketers. Agencies. Search Less. Find More.
Try out the online version at www.winmo.com

FULL SERVICE/INTEGRATED AGENCIES

Tel.: (905) 727-6978
Fax: (905) 727-0103
Toll Free: (855) 223-8312
Web Site: www.themarketinggarage.ca

Employees: 10
Year Founded: 1994

Discipline: Full Service/Integrated

Brian Larter *(Co-Founder & Brand Mechanic)*
Bob Nunn *(Co-Founder, President & Chief Brand Officer)*

THE MARKETING STORE WORLDWIDE
55 West Monroe
Chicago, IL 60603
Tel.: (312) 614-4600
Web Site: www.tmsw.com

Employees: 150
Year Founded: 1986

Discipline: Full Service/Integrated

Rob Morgan *(Senior Vice President, Global Customer Data Analytics)*
Kurt Karlenzig *(Senior Vice President, Global Digital Strategy)*
Michael Edelstein *(Vice President & Director, Brand Partnerships)*
Devin Hauser *(Senior Vice President)*
Brian Fox *(Creative Director)*
Steve Perlman *(Director, Brand Partnerships)*

Accounts:
McDonald's

THE MARKETING STORE WORLDWIDE
55 West Monroe Road
Chicago, IL 60603
Tel.: (312) 614-4600
Fax: (630) 693-6970
Toll Free: (800) 944-7764
Web Site: www.themarketingstore.com

Employees: 20
Year Founded: 1986

Discipline: Full Service/Integrated

Mark Landolt *(President)*
Rob Pieper *(Senior Vice President, Planning & Strategy)*

THE MARTIN AGENCY
One Shockoe Plaza
Richmond, VA 23219-4132
Tel.: (804) 698-8000
Fax: (804) 698-8001
Web Site: www.martinagency.com

Employees: 300
Year Founded: 1965

Discipline: Full Service/Integrated

Approx. Annual Billings: $686.00

Kristen Cavallo *(Chief Executive Officer)*
Danny Robinson *(Chief Client Officer)*
Elizabeth Paul *(Chief Strategy Officer)*
Karen Costello *(Chief Creative Officer)*
Michael Chapman *(Chief Growth Officer)*
Chris Mumford *(President)*
Janet White *(Chief Financial Officer)*
Carmina Drummond *(Chief Culture Officer)*

Steve Bassett *(Senior Vice President & Group Creative Director)*
Lance Koenig *(Senior Vice President & Global Strategy Director)*
Greg Fischer *(Senior Vice President & Head, Communications & Engagement Strategy)*
Randy Freisner *(Senior Vice President & Director, Media Operations)*
Jason Komulainen *(Senior Vice President & Group Creative Director)*
Sydney Norton *(Senior Vice President & Group Account Director)*
Matt Mattox *(Senior Vice President & Group Account Director)*
Trent Patterson *(Senior Vice President, Creative Director & Writer)*
Karen Baber *(Senior Vice President & Group Project Management Supervisor)*
Peter Elmore *(Senior Vice President & Director, Client Services - Local Lead Generation)*
Liz Toms *(Senior Vice President & Director, Business Development)*
Brett Alexander *(Senior Vice President & Executive Producer)*
Cliff Sorah *(Senior Vice President & Group Creative Director)*
Jordan Muse *(Senior Vice President & Group Account Director)*
Tasha Dean *(Senior Vice President & Head, Integrated Production)*
Kevin Ragland *(Vice President & Associate Creative Director)*
Steve Sage *(Vice President & Creative Director)*
Anne Marie Hite *(Senior Vice President & Group Creative Director)*
Neel Williams *(Vice President & Creative Director)*
Justin Harris *(Vice President & Creative Director)*
Mike Kelley *(Vice President & Planning Director)*
Jeane Bibona *(Vice President & Group Director, Investments)*
Adam Stockton *(Creative Director)*
Alex Zamiar *(Associate Creative Director)*
Jonathan Richman *(Creative Director)*
Dave Gibson *(Creative Director & Writer)*
Mauricio Mazzariol *(Associate Creative Director)*
Tara Gorman *(Creative Director)*
Sean Riley *(Creative Director)*
Allison Hensley *(Account Director)*
Jon Glomb *(Account Director)*
Devin Heatley *(Associate Creative Director)*
Hill Shore *(Account Director)*
Lindsey King *(Creative Director)*
Andrew Bailey *(Associate Creative Director)*
Dustin Dodd *(Art Director)*
Pam Price *(Accounting Supervisor)*
Courtney Hurd *(Senior Project Manager)*
Debbie Douglas *(Supervisor, Broadcast Traffic)*
Santia Nance *(Media Planning Supervisor)*
Allison Slocum *(Media Supervisor, Engagement Team)*
Susan Zirkle *(Planning Supervisor)*
Ashlee King *(Local Operations Manager)*
Sherri Skellett *(Media Services Manager, Engagement Team)*
Suzanne Wieringo *(Broadcast Business Affairs Supervisor)*
Karen Gates *(Manager, Creative Services)*
Katie White *(Account Supervisor)*
Liza Miller *(Senior Broadcast Producer)*
Ken Marcus *(Senior Copywriter)*
Monica Cox *(Senior Financial Manager)*
Alice Isner *(Business Affairs Manager)*

Kerry McNally *(Media Planner)*
Kelsey Johnson *(Account Supervisor - Buffalo Wild Wings)*
Mark Shank *(Planner, Engagement Team)*
Tatiana Mazzariol *(Senior Project Manager)*
Tayler Anderson *(Account Executive)*
James Burns *(Associate Digital Producer)*
Shelby Pope *(Digital Producer)*
Taylor Carnard *(Associate Strategist)*
Arielle Blais *(Associate Content Producer)*
Jerry Hoak *(Executive Creative Director & Managing Partner)*

Accounts:
American Cancer Society
Barely There
Buffalo Wild Wings, Inc.
CarMax, Inc.
DoorDash
FreeCreditReport.com
GEICO Corporation
GEICO.com
Hanes
Hanesbrand, Inc.
Kayak.com
Lidl US
Magic: The Gathering
ManpowerGroup
Midas International
Old Navy
Oreo
Penske Truck Leasing
Ping, Inc.
Ritz
Sabra
Sabra Dipping Company, LLC
Sling TV
The Climate Reality Project
The UPS Store, Inc.
TIAA
Twisted Tea Brewing Company
UPS
UPS Freight
Virginia Tourism Corporation
Walmart Global eCommerce
Wizards of the Coast, Inc.

THE MARX GROUP
2175 East Francisco Boulevard
San Rafeal, CA 94901
Tel.: (415) 453-0844
Fax: (415) 451-0166
Web Site: www.themarxgrp.com

Employees: 2
Year Founded: 1984

Discipline: Full Service/Integrated

Tom Marx *(Chairman & Chief Strategy Officer)*
Karen Negri Marx *(Chief Financial Officer)*
Steffanie Savine *(Vice President, Sales & Accounts)*
Gloria Medina *(Project & Marketing Manager)*

THE MILLER GROUP
1515 Pacific Palaces
Pacific Palisades, CA 90272
Tel.: (310) 442-0101
Fax: (310) 442-0107
Web Site: www.millergroupmarketing.com

Year Founded: 1990

Discipline: Full Service/Integrated

Renee Miller *(President & Creative Director)*
Gary Bettman *(Chief Operating Officer)*

AGENCIES - JULY, 2020 — FULL SERVICE/INTEGRATED AGENCIES

Scott Steer *(Director, Branding & Promotion)*
Bill Williams *(Planner, Strategic)*
Kate Cochrane *(Associate Creative Director)*

THE MX GROUP
7020 High Grove Boulevard
Burr Ridge, IL 60527
Tel.: (630) 654-0170
Fax: (630) 654-0302
Toll Free: (800) 827-0170
Web Site: www.themxgroup.com

Employees: 50
Year Founded: 1988

Discipline: Full Service/Integrated

Andrew Mahler *(Chief Executive Officer & Co-Founder)*
Peter Wroblewski *(Principal & Co-Founder)*
Kevin Coe *(Vice President, Digital Development & Partner)*
Anthony Riley *(Senior Vice President)*
Kelly Olson *(Vice President, Client Services)*
Kellie de Leon *(Vice President, Marketing & Strategy)*
Jennifer O'Brien *(Interactive Art Director)*
Philip Levasseur *(Senior Art Director)*
Jennifer Haney-Crowe *(Account Director)*
Julia Szumny *(Account Director)*
Tyler Dunn *(Director, Interactive Art)*
Emily Williams *(Managing Director, Creative)*
Greg Arvanitakis *(Senior Art Director)*
Lisa Everett *(Account Director)*
Justin Cate *(Art Director)*
Nina Kuhlman *(Senior Manager, Marketing Communications)*
Kadie Kowalczyk *(Manager, Sales Operations)*
Megan Ryan *(Account Manager)*
Sarah Abram *(Account Manager)*
Kristin Bledsoe *(Senior Account Manager)*
Elise Traphagen *(Senior Account Manager)*
Sarah LaPalomento *(Senior Account Manager)*
Ann Fleming *(Senior Account Manager)*
Lisa Eckardt *(Account Manager)*
Cristina Sarnelli *(Senior Account Manager)*
Vrajesh Parikh *(Account Manager)*
Kelsey Miller *(Account Manager)*
Danielle Blazek *(Senior Account Manager)*
Ashley Lay *(Account Manager)*
Randall Von Zee *(Manager, Data & Analytics)*
Jenn Hollmeyer *(Senior Copywriter)*
Lucas Marvin *(Account Coordinator)*
Jessica Sauzameda *(Marketing Coordinator)*
Audrey Garrigan *(Account Coordinator)*
Alexandra Warren *(Account Coordinator)*

THE NOW GROUP
355 Burrard Street
Vancouver, BC V6C 2G8
Tel.: (604) 682-5441
Fax: (604) 681-4831
Toll Free: (877) 682-5441
Web Site: www.nowgroup.com

Employees: 10
Year Founded: 1991

Discipline: Full Service/Integrated

Paul Degenstein *(Chief Creative Officer & Senior Partner)*
Heather Fraser *(President & Chief Executive Officer)*
Wendy Snowdon *(Vice President, Finance)*
Michele Della Mattia *(Vice President, Operations)*

Joanne Deer *(Vice President, Strategic & Creative)*
Carrie Ann Barlow *(Media Director)*
Christina Day *(Production Manager)*
Ellaine C. Quiambao *(Coordinator, Media & Production)*

THE OHLMANN GROUP
1605 North Main Street
Dayton, OH 45405
Tel.: (937) 278-0681
Fax: (937) 277-1723
Web Site: www.ohlmanngroup.com

Year Founded: 1949

Discipline: Full Service/Integrated

Linda Kahn *(Chief Executive Officer & Director, New Media)*
David Bowman *(President)*
Walter Ohlmann *(President & Chief Executive Officer)*
Lori Ohlmann *(Senior Vice President, Account Services)*
Jim Hausfeld *(Vice President, Creative Director)*
Kim Gros *(Controller)*
Gary Haschart *(Director, Production)*
Algis Aukstuolis *(Director, Digital Media)*
Molly Chillinsky *(Associate Creative Director)*
Jason Hart *(Senior Art Director)*
Jennifer Kelsen *(Digital Campaign Manager)*
Helen Mumaw *(Media Buyer)*
Mary Ann Wootton *(Manager, Media)*
Pam Fister *(Assistant, Media)*
Andrea Hubler *(Account Executive)*
Andy Kittles *(Graphic Designer)*
Evelyn Ritzi *(Specialist, Communications)*

THE OSTLER GROUP
7430 South Creek Road
Sandy, UT 84093
Tel.: (801) 566-6081
Fax: (801) 566-6096
Web Site: www.ostlergroup.com

Discipline: Full Service/Integrated

Benji Burton *(Partner, Account Services)*
Laura Worthen *(Brand Manager & Account Executive)*

THE PORTFOLIO MARKETING GROUP
301 East 57th Street
New York, NY 10022
Tel.: (212) 490-2098
Web Site: www.pmgroup.bz

Discipline: Full Service/Integrated

Noel Mignott *(President)*
Inez Freund *(Vice President, Media Services)*

Accounts:
Pennsylvania Real Estate Investment Trust

THE PRIME FACTORY
2000 Kraft Drive
Blacksburg, VA 24060
Tel.: (540) 597-5716
Web Site: theprimefactory.com

Year Founded: 2015

Discipline: Full Service/Integrated

Justin Ashwell *(Founder & Managing Partner)*
Ron Poff *(Advising Partner)*

THE PURSUANT GROUP
15660 Dallas Parkway
Dallas, TX 75248
Tel.: (214) 866-7700
Web Site: www.pursuantgroup.com

Year Founded: 2001

Discipline: Full Service/Integrated

Trent Ricker *(Chief Executive Officer)*
Rebecca Gregory Segovia *(Executive Vice President, Marketing & Strategy)*

THE RAMEY AGENCY
3100 North State Street
Jackson, MS 39216
Tel.: (601) 898-8900
Fax: (601) 898-8999
Web Site: www.rameyagency.com

Employees: 30
Year Founded: 1985

Discipline: Full Service/Integrated

Chris Ray *(Chief Executive Officer)*
Jack Garner *(President)*
Jim Garrison *(Chief Operating Officer & Vice President)*
Bob Potesky *(Partner & Executive Creative Director)*
Eddie Woods *(Partner, Senior Vice President & Director, Integrated Marketing)*
Michelle Hill *(Vice President & Group Account Director)*
Jana Brady *(Account Director)*
Anne-Lauren Fratesi *(Director, Consumer Engagement)*
Josh Schooler *(Creative Director)*
Sherry Spille *(Finance Director)*
Wes Williams *(Senior Creative Director)*
Julie Staires *(Senior Media Buyer)*
Amanda Hall *(Senior Media Planner)*
Swayze Pentecost *(Manager, Marketing Solutions)*
Erick Evans *(Account Supervisor)*

Accounts:
C Spire Wireless
Newk's Eatery
The Catfish Institute

THE RICHARDS GROUP, INC.
2801 North Central Expressway
Dallas, TX 75204
Tel.: (214) 891-5700
Fax: (214) 891-2911
Web Site: www.richards.com

Employees: 655
Year Founded: 1976

Discipline: Full Service/Integrated

Jeff Armstrong *(Principal - Richards Partnership Marketing)*
Diane Fannon *(Brand Management Principal)*
Dale Hruby *(Principal)*
Pete Lempert *(Principal, Brand Management)*
Ruth Fitzgibbons *(Principal, Public Affairs & Relations)*
Brian Schadt *(Brand Management Principal)*
David Hall *(Brand Management Principal)*
Dave Kroencke *(Brand Management Principal)*
Rob VanGorden *(Principal, Brand Management)*

Brands. Marketers. Agencies. Search Less. Find More.
Try out the online version at www.winmo.com

FULL SERVICE/INTEGRATED AGENCIES   **AGENCIES - JULY, 2020**

Mike Malone *(Principal & Creative Group Head)*
Scot Dykema *(Chief Financial Officer)*
Jim Gaither *(Principal, Brand Media - Local Broadcast)*
Cort Gorman *(Principal, Brand Media)*
Mary Price *(Principal, Brand Media)*
Glenn Dady *(Principal & Creative Director)*
Stacie Barnett *(Principal, Public Relations)*
Chad Strohl *(Principal, Brand Management)*
Chuck Schiller *(Group Creative Director, Writer & Principal)*
James Hering *(Brand Management Principal)*
Rhonda Contreras *(Brand Management Principal)*
Stephanie VanderLinden *(Brand Management Principal)*
Dave Allen *(Brand Management Principal)*
Kyle Sawai *(Principal, Brand Management)*
Cheryl Huckabay *(Principal, Brand Media)*
Megan Self *(Principal)*
Sean Donovan *(Brand Management Principal)*
Andy Alexander *(Principal, Brand Management)*
Taylor Smiley *(Principal, Partnership Marketing)*
Greg Miller *(Principal, Public Relations)*
Zac Pritchett *(Brand Management Principal)*
Greg Gibson *(Director, Broadcast Production)*
John Baker *(Brand Planning Director)*
Lynda Hodge *(Creative Group Head & Art Director)*
Dennis Walker *(Creative Group Head & Art Director)*
Amanda Fowler *(Director, Recruitment)*
Leslie Tucker *(Brand Media Group Head)*
Gary Gibson *(Creative Group Head & Art Director)*
Chris Smith *(Group Creative Director)*
Sarah Franks *(Group Media Director)*
Christopher Owens *(Brand Planning Director)*
Sara Sax *(Director, Business Affairs)*
Leslie Showalter *(Director, Library & Research Services)*
Dave Snell *(Director, Brand Planning)*
Michael Stagner *(Group Media Director - Analytics)*
Dan Wilcox *(Director, Finance & Accounting)*
Tina Johnson *(Creative Group Head & Writer)*
David Morring *(Writer & Creative Director)*
Jim Baldwin *(Creative Group Head & Art Director)*
David Canright *(Creative Group Head & Writer)*
Bill Cochran *(Creative Group Head & Writer)*
David Eastman *(Creative Group Head & Writer)*
Ron Henderson *(Creative Group Head & Writer)*
Jeff Hopfer *(Creative Group Head & Art Director)*
Patrick Murray *(Creative Group Head & Art Director)*
Terence Reynolds *(Group Creative Head & Art Director)*
Peter Everitt *(Art Director)*
Jennifer Hill *(Group Media Director)*
Rob Baker *(Creative Group Head & Writer)*
Jimmy Bonner *(Creative Group Head & Art Director)*
Heath Griffith *(Group Media Director)*
Blythe Hartley-Sivie *(Brand Media Group Director)*
David NeSmith *(Director, Public Relations & SEO Content Strategy)*
Todd McArtor *(Creative Group Head & Art Director)*
Stephanie Williams *(Brand Management Team Lead)*
Danny Bryan *(Creative Group Head & Writer)*
Brian Linder *(Creative Director)*
Laurie Evans *(Brand Media Group Head)*
Robert Kurtz *(Group Media Director - SEM)*

Trevor Monteiro *(Group Media Director)*
Josh Phipps *(Group Media Director)*
Andy Coulston *(Creative Group Head & Art Director)*
Kyle Kelley *(Art Director)*
Mike LaTour *(Brand Creative Art Director)*
Rachel Migliore *(Creative Group Head & Art Director)*
Kevin Reid *(Art Director)*
Dave Stone *(Art Director)*
David Styler *(Senior Art Director)*
Aaron Thornton *(Creative Director)*
Tim Tone *(Creative Group Head & Art Director)*
Todd Tucker *(Art Director & Creative Group Head)*
Mike Washlesky *(Art Director)*
Shane Altman *(Creative Group Head & Art Director)*
Mike Bales *(Creative Group Head & Writer)*
Dustin Ballard *(Creative Group Head & Writer)*
Sue Batterton *(Creative Group Head & Writer)*
Lennon Courtney *(Creative Group Head & Writer)*
Bill Milkereit *(Creative Group Head & Writer)*
Matt Butcher *(Director, Brand Planning)*
Rob Hollenbeck *(Brand Creative & Art Director)*
Andrew Bui *(Art Director)*
Nick Denman *(Art Director)*
Kristen Scialo *(Art Director)*
Kate Fuller *(Brand Management, The Home Depot Team Leader)*
Jeff Kauffman *(Group Media Director - Emerging Media)*
Melissa Modersohn *(Group Media Director)*
Nora De los Rios *(Director, Brand & Media)*
Matt Whitaker *(Director, Digital Strategy)*
Mallorie Rodak *(Brand Planning Director)*
Caitlin Mitchell *(Social Media Strategist)*
Kiley White *(Account Director, Digital Brand Management)*
Luis Acevedo *(Brand Creative Art Director)*
Parker Bell *(Brand Creative Art Director)*
Kelly Ann Piland *(Brand Planning Director)*
Jaquie Hoyos *(Brand Media Director)*
Trevor Pulver *(Group Media Director)*
Warren Stepler *(Brand Planning Director)*
Scott Luther *(Director, Digital Strategy)*
Chris Ferrel *(Director, Digital Strategy)*
Bennie Reed *(Director, Digital Strategy)*
Keri Weber *(Brand Media Group Head)*
Jeffrey Kinkopf *(Group Media Director - SEM)*
Julia Melle *(Creative Group Head & Writer)*
Anthony Wild *(Operations Director)*
David Lee *(Brand Media & Programmatic Group Lead)*
Megan Musar *(Media Director)*
Phillip Lee *(Strategy Director)*
Emma Holland *(Art Director)*
Jeremy Moran *(Director, Analytic Solutions - Quadratic)*
Jessica Kingman *(Director, Digital Strategy)*
Krystle Wahnschaffe *(Brand Manager & Team Lead)*
Craig Atkinson *(Team Lead, Brand Management)*
Teri Jones *(Operations Manager)*
Klaire Hensley *(Brand Manager)*
Cassidy Wren *(Brand Manager)*
Jessica Walker *(Brand Manager - Team Lead)*
Janice Prewett *(Brand Media Negotiator)*
Lucie Prann *(Broadcast Negotiating Supervisor)*
Cathy Haggard *(Broadcast Negotiator)*
Greg Christensen *(Brand Creative Manager)*
Chris Cannon *(Copywriter)*
Alexis Crowell *(Copywriter)*
Joey Googe *(Senior Copywriter)*
Stuart Hill *(Senior Writer)*
Tara Kirk Robinson *(Brand Creative Manager & Writer)*

Andria Kushan *(Creative Group Head & Writer)*
Wendy Mayes *(Senior Copywriter)*
Gina Roberts *(Brand Creative Writer)*
Jack Westerholt *(Brand Creative Writer)*
Tim Wood *(Brand Creative Writer)*
Whitney Plonka *(Brand Manager)*
Kristin Trumble *(Brand Manager)*
Bonner LaBarba *(Brand Planner)*
April Iseral *(Brand Media Negotiator)*
Jeffrey Lefkovits *(Brand Manager)*
Jamie Soileau *(Brand Media Planner)*
Jeff Warren *(Brand Management Team Lead)*
Julie Richards *(Art Producer)*
Lynn Louria *(Broadcast Producer)*
Kayla Dietz *(Media Planner)*
Christopher Siminski *(Brand Manager)*
Erin Sutton *(Brand Management)*
Ann Bills *(Brand Manager)*
Jenny Dillon *(Brand Manager)*
Michael Nortman *(Brand Management)*
Lauren Haskins *(Brand Media Planner)*
Aubri Elliott *(Brand Media Manager)*
Stephanie Sweeney *(Brand Management)*
Katie Anderson *(Programmatic Media Planner)*
Kevyn Montesi *(Brand Manager)*
Mary Anne Lide *(Brand Creative Coordinator & Project Manager)*
Mackenzie Carmichael *(Brand Manager)*
Jane Skiles *(Media Planner)*
Shelly Laroche *(Brand Manager- Keurig & Dr. Pepper)*
Luke DaMommio *(Content Producer & Creator)*
Blake Balser *(Brand Manager)*
Hailey Pelham *(Brand Management Team Leader)*
Christine Stella *(Brand Manager)*
Leigha Van Sickle *(Brand Media Planner)*
Nathan Godinez *(Brand Manager)*
John Potts *(Media Planner)*
Elizabeth Stabler *(Brand Management Team Lead)*
Payne Parker *(Brand Planner)*
Jacqueline Hernandez *(Brand Manager)*
Samantha McCulley *(Brand Manager)*
Lauren Karmann *(Brand Manager)*
Claudia Iraheta *(Brand Media Planner)*
Michael Diaz de Leon *(Brand Media & Paid Social Media)*
Chloe Petersen *(Brand Manager)*
Brittany Barnes *(Brand Manager)*
Alyx Hadley *(Brand Management)*
Marissa Wachter *(Media Planner)*
Michelle McCain *(Brand Management)*
Kagan Baker *(Brand Manager)*
Angela Marticorena *(Brand Media Planner)*
Ashley Braithwaite *(Content Creator, Art Department)*
Robin Shelby *(Manager, Brand - Dr Pepper Snapple Group)*
Claire Boehm *(Brand Manager)*
Cindy Villalta *(Brand Manager)*
Camille Bernal *(Brand Management)*
Garrett Hardy *(Brand Media Planner)*
Alexander Unger *(Media Planner)*
Amanda Dixon *(Paid Social Media Specialist)*
Daniel Van *(Partnership Marketing Manager)*
Garrett Bruster *(Digital & Social Media Strategist)*
Pamela Kirkpatrick *(Brand Media Strategist)*
LaDonna Miller *(Brand Media Strategist)*
Gwendolyn Williams *(Brand Media Strategist)*
Laken Stramara *(Digital Strategist)*
Kristen Pankratz *(Brand Media Planner)*
Caitlyn Banowsky *(Media Analytics)*
Carson Tanoury *(Media Planner)*
Adelina Sun *(Social Strategist)*
Alexa Wageman *(Brand Management)*
Kendall Strohs *(Paid Social Media Specialist)*

Brands. Marketers. Agencies. Search Less. Find More.
Try out the online version at www.winmo.com

FULL SERVICE/INTEGRATED AGENCIES

Hannah Coon *(Social Media Strategist)*
Lauren Kozar *(Social Strategist)*
Sharron Cole *(Travel Service Coordinator)*
Carla Behlen *(Brand Media Specialist)*
Connie Andrews *(Creative & Brand Management Coordinator)*
Amanda Neace *(Brand Public Relations Coordinator)*
Rachel Kinsella *(Coordinator)*
Kelli Moore *(Administrative Coordinator)*

Accounts:
7 Up
A&W
Advance Auto Parts, Inc.
American Beverage Association
American Bible Society
American Cancer Society
American Diabetes Association
American Lung Association
American Signature Inc
Anderson-Erickson Dairy
Blue Plate
Boston Market Corporation
C.H. Guenther & Son, Inc.
Cardinal Health, Inc.
CASIO
Casio America, Inc.
Cayman Islands Department of Tourism
Choctaw Casinos
Credit One Bank
Dallas Symphony Orchestra
Dish Network
Dr Pepper
Famous Footwear
Farm Bureau Life Insurance Company
FBL Financial Group, Inc.
Firehouse Subs
First Choice Health
Florida Department of Citrus
Flowers Foods, Inc.
French Market
G-Shock
G6 Hospitality
Georgia Power Company
Girl Scouts of the USA
Goodman Manufacturing Co., LP
H-E-B
H-E-B Food & Drug
H-E-B Marketplace
H.E. Butt Grocery Company
Hobby Lobby Stores, Inc.
Honeywell / Consumer Products
Instinct
Keurig Dr Pepper Inc.
Kids II, Inc.
Luzianne Decaf Tea
Luzianne Tea
MD Anderson Cancer Center
Memorial Hermann Healthcare System
MGM Grand Las Vegas
Mitel Networks Corporation
Mohawk
Mohawk Industries, Inc.
Motel 6
Nature Sweet
Nature's Own
Nature's Variety
NatureSweet, Ltd.
NTT Data, Inc.
OMNI Hotels
Orkin, Inc.
P.F. Chang's China Bistro, Inc.
Prairie
Prestone
Primrose School Franchising Company
Propane Education & Research Council
Pulte Homes
PulteGroup, Inc.
Ram
Reily Companies
RiceSelect
SAIC
Salvation Army
Schwab Trading Services
Scripps Health
Sea Island Company
Sewell Automotive Companies
Shamrock Farms
Shiner Beer
Shiner Bock
Shiner Bohemian Black Lager
Shiner FM 966
Shiner Kolsch
Shiner Kosmos
Shiner Light Blonde
Shiner Oktoberfest
Shiner Premium
Shiner Ruby Redbird
Shiner White Wing
Shiner Wild Hare
Snapple
Southern Methodist University
Spoetzl Brewery
Steward Health Care LLC
Straight Up Tea
Studio 6
Sub-Zero Freezer Company, Inc.
Suddenlink Communications
Swans Down
Tasty Baking Company, Inc.
Tastykake
Textron Aviation
The Biltmore Company
The Dun & Bradstreet Corporation
The Home Depot, Inc.
The Maids International, Inc.
The Tire Rack
Things Remembered, Inc.
Tirerack.com
TV Guide
TXU Corporation
University of Texas - M.D. Anderson Cancer Center
Volunteers of America
Wolf
Wonder

THE S3 AGENCY
716 Main Street
Boonton, NJ 07005
Tel.: (973) 257-5533
Web Site: www.thes3agency.com

Year Founded: 2001

Discipline: Full Service/Integrated

Denise Blasevick *(Co-Founder & Chief Executive Officer)*
Adam Schnitzler *(Co-Founder & Chief Creative Officer)*
Stefanie Fernandez *(Vice President, Client Services)*
Leon Grassi *(Vice President, Sales & Marketing)*
Tracey Jeffas *(Senior Account Supervisor)*

Accounts:
CarePoint Health
Eight O'Clock Coffee
Wyndham Hotels & Resorts, Inc.

THE SHEPPARD GROUP
1800 South Brand Boulevard
Glendale, CA 91204
Tel.: (323) 200-2164
Web Site: www.thesheppard.com

Year Founded: 2007

Discipline: Full Service/Integrated

Matthew Sheppard *(Partner)*
Suzanne Sheppard *(Partner)*
Heather Spilsbury *(Vice President, Marketing & Strategy)*
Jody Wodrich *(Vice President, Production & Creative)*
Alicia Winding *(Director, Client Services)*
Lauren Stephenson *(Account Director)*
Igor Campos *(Design Director)*

Accounts:
Pet Supplies Plus

THE SOUZA AGENCY
2543 Housley Road
Annapolis, MD 21401
Tel.: (410) 573-1300
Fax: (410) 573-1305
Web Site: www.souza.com

Employees: 5
Year Founded: 1980

Discipline: Full Service/Integrated

Anthony Souza *(Founder)*
Roseanne Souza *(Managing Creative Director)*

THE TOMBRAS GROUP
620 South Gay Street
Knoxville, TN 37902
Tel.: (865) 524-5376
Fax: (865) 524-5667
Web Site: www.tombras.com

Discipline: Full Service/Integrated

Charlie Tombras *(Chief Executive Officer)*
John Welsch *(Chief Marketing Officer)*
Jeff Benjamin *(Chief Creative Officer)*
Kevin VanValkenburgh *(Chief Connections Officer)*
Dooley Tombras *(President)*
Nigel Carr *(Chief Strategy Officer)*
Jay Sokolow *(Senior Vice President)*
David Jacobs *(Senior Vice President & Lead Digital Strategist)*
Alice Mathews *(Senior Vice President & Management Supervisor)*
Brooke Duncan *(Senior Vice President & Group Account Director)*
David Avery *(Senior Vice President & Group Director)*
Ashley Butturini *(Senior Vice President & Group Account Director)*
Ken Cohen *(Senior Vice President)*
Neal Fondren *(Senior Vice President, Digital Operations)*
Ryan Edwards *(Senior Vice President, Integrated Search)*
Rusty Howard *(Senior Vice President & Director, Social Media)*
Ty Thornhill *(Senior Vice President & Group Account Director)*
Chris Finnegan *(Vice President & Media Director)*
Chris Randall *(Vice President & Account Director)*
Morgan McLees *(Vice President, Social Media*

FULL SERVICE/INTEGRATED AGENCIES — AGENCIES - JULY, 2020

Creative Director)
Joye Riddle *(Vice President & Associate Media Director)*
Emily Justus *(Vice President & Account Director)*
Ben Shires *(Vice President, Analytics)*
Brian Locascio *(Vice President & Creative Director)*
David Locascio *(Vice President & Creative Director)*
Michael Johnson *(Vice President & Account Director)*
Michele Quinn *(Associate Media Director)*
Jessica Gaylord *(Associate Social Media Director)*
Steven Hines *(Associate Director, Paid Search)*
Caitlin Smichowski *(Art Director)*
David Clark *(Account Director)*
Keith Thomason *(Associate Creative Director)*
Mark Grieco *(Group Account Director)*
Ian Nettleton *(Social Media Art Director)*
Lauren Stiff Evans *(Account Supervisor)*
Cynthia Wells *(Senior Media Buyer & Planner)*
Kate Theobald *(Paid Social Media Planner & Buyer)*
Maggie Matson *(Social Media Community Manager)*
Ali Buchanan *(Senior Planner, Connections)*
Allison Vaughan *(Strategist, Integrated Media)*
Deborah Redfield *(Supervisor, Media)*
Kelsey Wilson *(Strategist, Integrated Media)*
Lindsay Sexton *(Account Supervisor)*
Nathan Rhule *(Supervisor, Connections Planning)*
Brian Martori *(Senior Digital Project Manager)*
Brittany Bostick *(Assistant Media Buyer & Planner)*
Aaron Speaks *(Assistant Media Planner)*
Jordan Vines *(Public Relations Specialist)*
Jessica Dudley *(Senior Paid Search Analyst)*
Joshua Loomis *(Senior Paid Search Strategist)*
Weston Mildren *(Senior Account Executive)*
Kathryn Altshuler *(Assistant Media Planner, Display & Programmatic)*
Michael Looper *(Senior Copywriter)*
Eleanor Hawthorne *(Senior Social Strategist)*

Accounts:
Augusta Tourism
Bahama Breeze
BB&T Corporation
Clayton Building Solutions
Clayton Homes, Inc.
Daimler Trucks North America LLC
Drake's
Eddie V's Prime Seafood
Ekornes, Inc.
Fiesta Mart, Inc.
Food City
For Eyes Optical
Freightliner Trucks
GE Appliances, a Haier Company.
Great Clips
Isopure
Krusteaz
Mercy Health
National Retail Federation
Nissan North America, Inc.
Orangetheory
PGA Tour Superstore
RE/MAX International, Inc.
Seasons 52
Smooth Ambler
Smooth Ambler Spirits
Suntex Marinas
The Capital Grille
The Krystal Company
U.S. Department of Transportation

Weis Markets
Yard House
Zaxby's Franchising, Inc.

THE TURN LAB INC.
2216 Queen Street East
Toronto, ON M4E 1E9
Tel.: (416) 462-1570
Fax: (416) 462-1689
Web Site: theturnlab.com

Year Founded: 2018

Discipline: Full Service/Integrated

Howard Chang *(Co-Founder)*
Frank Aloise *(Co-Founder)*
Steven Aronovitch *(Co-Founder, Media)*

Accounts:
Golf Town Canada, Inc.

THE VANDIVER GROUP, INC.
16052 Swingley Ridge Road
Saint Louis, MO 63017
Tel.: (314) 991-4641
Fax: (314) 991-4651
Web Site: www.vandivergroup.com

Employees: 18
Year Founded: 1993

Discipline: Full Service/Integrated

Donna Vandiver *(President & Chief Executive Officer)*
Amy Crump *(Chief Financial Officer)*
Andrew Likes *(Senior Vice President)*

THE VIMARC GROUP INC.
1205 East Washington Street
Louisville, KY 40206
Tel.: (502) 261-9100
Fax: (502) 261-9105
Web Site: www.vimarc.com

Employees: 25
Year Founded: 1997

Discipline: Full Service/Integrated

Richmond Simpson *(President & Chief Executive Officer)*
Jason Lee *(Vice President, & Executive Creative Director)*
Donna Seale *(Media Director)*
Todd Krise *(Integrated Communications Director)*

THE WEIDERT GROUP
1107 East South River Street
Appleton, WI 54915
Tel.: (920) 731-2771
Fax: (920) 731-9142
Web Site: www.weidert.com

Discipline: Full Service/Integrated

Greg Linnemanstons *(President & Principal)*
Meg Hoppe *(Vice President, Content & Creative)*
Michelle Reindl *(Vice President, Administration)*
Brent Senske *(Director, Design & Technology)*
Frank Isca *(Inbound Strategist)*

THE WEINBACH GROUP, INC.
7301 Southwest 57th Court
Miami, FL 33143
Tel.: (305) 668-0070

Fax: (305) 668-3029
Web Site: www.weinbachgroup.com

Employees: 12
Year Founded: 1987

Discipline: Full Service/Integrated

Daniel Weinbach *(President & Chief Executive Officer)*
Phil Weinbach *(Chairman)*
Meieli Sawyer *(Director, Communication)*
Elaine Weinbach *(Comptroller)*

Accounts:
Xepi

THE WEINSTEIN ORGANIZATION, INC.
One South Wacker Drive
Chicago, IL 60606
Tel.: (312) 214-2900
Fax: (312) 214-1120
Web Site: www.twochicago.com

Year Founded: 1992

Discipline: Full Service/Integrated

Mark Weinstein *(President & Founder)*
Bhavesh Patel *(Director, Information Technology)*
Julie Determann *(Account Director)*
Stacy Dautel *(Account Director)*
Tracy Weinstein *(Account Director)*

THE WINNIE GROUP
PO Box 10745
Springfield, MO 65808
Tel.: (417) 882-1512
Fax: (417) 882-7141
Web Site: winniegrp.com

Discipline: Full Service/Integrated

Robert Winnie *(Owner & President)*
Karla Winnie *(Vice President)*

THE WOO AGENCY
9601 Jefferson Boulevard
Culver City, CA 90232
Tel.: (310) 558-1188
Fax: (310) 558-0294
Web Site: www.thewoo.com

Employees: 15
Year Founded: 1996

Discipline: Full Service/Integrated

Valerie Moizel *(Partner & Executive Creative Director)*
David Abehsera *(President)*
Mike Rose *(Director, Consumer Connections & Integrated Media)*
Caroline Di Giulio *(Associate Creative Director)*
Marilyn Nakazato *(Director, Design)*
Nathan Huft *(Art Director)*
Lorna Paul *(Head, Production)*
Hope Lee *(Managing Supervisor)*
Meredith Kendrick *(Management Supervisor)*
John Gibson *(Senior Vice President & Managing Director)*

Accounts:
BSH Home Appliances Corporation

Brands. Marketers. Agencies. Search Less. Find More.
Try out the online version at www.winmo.com

AGENCIES - JULY, 2020 — FULL SERVICE/INTEGRATED AGENCIES

THE ZIMMERMAN AGENCY
1821 Miccosukee Commons Drive
Tallahassee, FL 32308-5433
Tel.: (850) 668-2222
Fax: (850) 656-4622
Web Site: www.zimmerman.com

Employees: 100
Year Founded: 1987

Discipline: Full Service/Integrated

Curtis Zimmerman *(President & Partner)*
Carrie Zimmerman *(Co-Founder & Chief Executive Officer)*
Kerry Anne Watson *(Managing Director & President, Public Relations)*
Ivette Faulkner *(Senior Vice President, Public Relations)*
Sheila Simpson *(Senior Vice President, Human Resource)*
John Towler *(Vice President & Art Director)*
John Nicholas *(Vice President, Media Activation)*
Alycia Rea *(Vice President, Public Relations)*
Michelle Kelly *(Vice President)*
Carol Klopfenstein *(Director, Production)*
Jennifer Jackson *(Group Director, Public Relations)*
Chris Groom *(Accounting Manager)*
Ashleigh Dellinger *(Senior Account Manager)*
Natasha Wojcik *(Account Manager)*
Jill Trudeau *(Account Supervisor)*
Larry Richter *(Senior Media Planner & Buyer, Digital)*
Lauren Harrison *(Group Director)*

Accounts:
Hard Rock Cafe International, Inc.
Palm Beach County Tourism

THE ZIMMERMAN GROUP
12701 Whitewater Drive
Minnetonka, MN 55343
Tel.: (952) 470-8830
Fax: (952) 470-8807
Web Site: www.thezimmermangroup.com/

Year Founded: 1984

Discipline: Full Service/Integrated

Jim Zimmerman *(President & Owner)*
Kathy Ashpole *(Vice President)*
Brian Doeden *(Creative Director)*

THE&PARTNERSHIP
75 Spring Street
New York, NY 10012
Tel.: (646) 751-4600
Web Site: www.theandpartnership-na.com

Year Founded: 2013

Discipline: Full Service/Integrated

Andrew Bailey *(Chief Executive Officer & Partner)*
Colm Murphy *(Chief Strategy Officer)*
Agnes Fischer *(President)*
Kelly Stevens *(Chief Marketing Officer)*
Christian Hinchcliffe *(Partner & Chief Marketing Officer)*
Jacqueline Puzo *(Senior Partner & Director, Media)*
Robert DeSena *(Senior Partner & Media Director)*
Kate Dohaney *(Senior Vice President, Strategic & Creative Operations)*
Anthony Mariello *(Group Strategy Director)*

David Shaw *(Managing Director)*
Ryan Colet *(Account Director)*
Jon Ames *(Strategy Director)*
Corina Constantin *(Head, Marketing Intelligence)*
Natasha Romariz Maasri *(Creative Director)*
Renee Quan-Knowles *(Group Strategy Director)*
Elyse Finley *(Strategy Director)*
Justin Ruben *(Executive Creative Director)*
Dan Beckett *(Head, Art - North America)*
Danny Asensio *(Director, Creative Art)*
Tiffany Lo *(Associate Media Director)*
Makena Drutman *(Senior Planner)*

Accounts:
Carlsberg
Carlsberg Group
Chico's FAS, Inc.
John Hancock Financial Services, Inc.
Kronenbourg
Telus Corporation
TELUS Mobility
Wall Street Journal
Whitney Museum of American Art

THUNDER TECH
3635 Perkins Avenue
Cleveland, OH 44114
Tel.: (216) 391-2255
Fax: (216) 391-2258
Toll Free: (888) 321-8422
Web Site: www.thundertech.com

Discipline: Full Service/Integrated

Jason Therrien *(President)*
Bruce Williams *(Vice President, Development)*
Benjamin John *(Developer, Interactive)*

TIERNEY COMMUNICATIONS
1700 Market Street
Philadelphia, PA 19102
Tel.: (215) 790-4100
Fax: (215) 790-4363
Web Site: www.hellotierney.com

Employees: 120
Year Founded: 1942

Discipline: Full Service/Integrated

Mary Stengel Austen *(President & Chief Executive Officer)*
Debra Griffin *(Chief Financial Officer)*
Patrick Hardy *(Chief Creative Officer)*
Tracey Santilli *(Chief Growth Officer)*
Cathy Mazurek *(Executive Vice President, Finance)*
Shelly Hammon *(Executive Vice President)*
Theresa Zonia *(Vice President & Strategic Planner)*
April Miller *(Media Supervisor)*

Accounts:
Amerihealth
Balducci's Food Lover's Market
BlueCross BlueShield Association
C.F. Martin & Co., Inc.
Kings Super Markets, Inc.
PECO Energy Company

TIMMONS & COMPANY
1753 Kendarbren Drive
Jamison, PA 18929
Tel.: (267) 483-8220
Fax: (215) 340-5861
Web Site: www.rtimmons.com

Year Founded: 1974

Discipline: Full Service/Integrated

Rich Timmons *(Founder)*
Bob Kent *(President & Sales Director)*

TOM, DICK & HARRY CREATIVE
350 West Erie Street
Chicago, IL 60654
Tel.: (312) 327-9500
Fax: (312) 327-9501
Web Site: tdhcreative.com

Year Founded: 2002

Discipline: Full Service/Integrated

Approx. Annual Billings: $15.00

Bob Volkman *(Co-Founder & Creative Partner)*
Greg Reifel *(Co-Managing Partner)*
David Yang *(Co-Founder & Creative Partner)*
Thomas Richie *(Vice President & Creative Director)*
Don Nelson *(Vice President & Creative Director)*
Kelly Hundt *(Vice President & Account Director)*
Mike Finke *(Vice President & Account Director)*
Adriana Zavala *(Account Supervisor)*

Accounts:
Northern Illinois University
Shirley Ryan AbilityLab
TCF National Bank
Wahl Clipper Corp.
Wahl Professional

TRACYLOCKE
225 North Michigan Avenue
Chicago, IL 60601
Tel.: (312) 552-2200
Web Site: www.tracylocke.com

Year Founded: 1913

Discipline: Full Service/Integrated

Carol Pernikar *(Chief Strategy Officer)*
Megan Hague *(Region Director - North America)*
Joe Miller *(Executive Director, Global Operations)*
Michelle Tisdale *(Head of Strategic Intelligence)*
Erica Kipnis *(Account Supervisor)*
Katherine Graul *(Senior Project Manager)*
Danielli Alejos Oliver *(Senior Strategic Planner)*

Accounts:
Kellogg Company
S.C. Johnson & Son, Inc.

TRAFFIKGROUP
559 College Street
Toronto, ON M6G 1A9
Tel.: (416) 535-4131
Fax: (416) 535-8390
Web Site: www.traffikgroup.com/

Discipline: Full Service/Integrated

Whitney Gibson *(Head, Social Media & Account Director)*
Angela Harvey *(Head, Planning)*

TRAPEZE COMMUNICATIONS
1005 Broad Street

Brands. Marketers. Agencies. Search Less. Find More.
Try out the online version at www.winmo.com

FULL SERVICE/INTEGRATED AGENCIES

Victoria, BC V8W 2A1
Tel.: (250) 380-0501
Web Site: www.trapeze.ca

Year Founded: 1997

Discipline: Full Service/Integrated

Valerie Nathan *(Co-Owner & Creative Director)*
Richard Fisher *(Co-Owner & Agency Director)*
Martin Aveyard *(Associate Creative Director & Senior Art Director)*
Laura Gordon Mitchell *(Senior Art Director)*
Art Perreault *(Operations Manager)*

TRENCHLESS MARKETING
4 South San Francisco
Flagstaff, AZ 86001
Tel.: (888) 509-7996
Web Site: trenchlessmarketing.com

Year Founded: 2014

Discipline: Full Service/Integrated

Matt Benton *(Founder)*
John Tamburino *(Creative Director)*

TRI-MEDIA INTEGRATED MARKETING TECHNOLOGIES
1027 Pelham Street
Welland, ON L3C 3E2
Tel.: (905) 641-1627
Fax: (905) 732-3028
Toll Free: (877) 232-1577
Web Site: www.tri-media.com

Employees: 20
Year Founded: 1986

Discipline: Full Service/Integrated

Albert Iannantuono *(Chief Executive Officer)*
Irma Ettorre *(Director, Administration)*

TRICOMB2B
109 North Main Street
Dayton, OH 45402
Tel.: (937) 890-5311
Web Site: www.tricomb2b.com

Employees: 20
Year Founded: 1984

Discipline: Full Service/Integrated

Chris Eifert *(Principal)*
John Buscemi *(Principal)*
Mike Bell *(Vice President & Chief Creative Officer)*
Patrick McMullen *(Director, Marketing Technology)*
Scott Rogers *(Director, Strategic Accounts)*
Jonah Otchy *(Associate Director, Creative)*
Lorie Woods *(Account Manager, Client Services)*
Jon Berry *(Manager, Content Development)*
Abby Williams *(Account Manager, Client Services)*
Amy Shroyer *(Account Executive)*
Stacey Alspaugh *(Designer, Production)*
Scott Sadowski *(Associate, Public Relations)*
Robin Miller *(Client Services)*
Kaitlyn Kraus *(Marketing Specialist)*
Chris Houk *(Client Services)*
Kevin Meyers *(Creative Services)*
Lana Carroll *(Client Services)*
Kara Cox *(Traffic Coordinator)*
Dan Williams *(Lead, Digital Design)*

Accounts:
Crown Equipment Corporation
Emerson Climate Technologies

TRIGGER: COMMUNICATIONS & DESIGN
222 Third Avenue Southwest
Calgary, AB T2P 0B4
Tel.: (403) 539-2000
Fax: (403) 264-2705
Web Site: www.ideasthattrigger.com

Employees: 40
Year Founded: 2003

Discipline: Full Service/Integrated

Larry Bannerman *(President)*
Carmen Brown *(Chief Finance Officer)*

TRILIX MARKETING GROUP, INC.
615 Third Street
Des Moines, IA 50309
Tel.: (515) 221-4900
Fax: (515) 221-0000
Toll Free: (800) 671-1469
Web Site: www.trilixgroup.com

Employees: 15
Year Founded: 1989

Discipline: Full Service/Integrated

Todd Senne *(Partner & President)*
Ron Maahs *(Partner & Chief Executive Officer - Trilix Group)*
Brett Adams *(Chief Marketing Officer & Partner)*
Annette Halbur *(Controller & Director, Human Resources)*
Yancy de Lathouder *(Vice President, Technology)*
Paul Burger *(Associate Creative Director)*
Abe Goldstein *(Senior Account Manager)*
Janelle Steinkamp *(Senior Project Manager)*

TRONE BRAND ENERGY, INC.
1823 Eastchester Drive
High Point, NC 27265
Tel.: (336) 886-1622
Fax: (336) 886-2334
Web Site: www.tronebrandenergy.com

Employees: 100
Year Founded: 1982

Discipline: Full Service/Integrated

Rick Morgan *(Partner & Chief Financial Officer)*
Doug Barton *(President & Partner)*
Gary Towning *(Senior Vice President, Digital Strategy & Services)*
Robin Yontz *(Vice President & Creative Director)*

Accounts:
Amerix Corporation
Eaton Electrical Corporation
Greenies
Louisiana-Pacific Corporation
TIMCO Aviation Services, Inc.
UT College of Business Administration

TRUE MEDIA
1032 17th Avenue Southwest
Calgary, AB T2T 0A5
Tel.: (403) 736-0001
Fax: (403) 736-0002
Web Site: www.truemediaservices.com

Year Founded: 2005

Discipline: Full Service/Integrated

Chris Turnbull *(Associate Media Director)*
Michelle Ho *(Associate Media Director)*

TUKAIZ
2917 Latoria Lane
Franklin Park, IL 60131
Tel.: (847) 455-1588
Fax: (847) 455-0878
Toll Free: (800) 543-2674
Web Site: www.tukaiz.com

Year Founded: 1963

Discipline: Full Service/Integrated

Frank Defino Sr. *(Founder, Chairman & Managing Director)*
Christopher Calabria *(Chief Financial Officer, Vice President, & Managing Director)*
Frank Defino, Jr. *(Vice President & Managing Director)*
Dan Defino *(Vice President & Managing Director)*
Bill Hanna *(Director, Information Technology)*
Andrea Anders *(Human Resource Director)*

TURNSTILE, INC.
2002 Academy Lane
Dallas, TX 75234
Tel.: (214) 210-6000
Fax: (214) 210-5970
Web Site: turnstileinc.com

Discipline: Full Service/Integrated

Bill Meeder *(Partner)*
John Seeker *(President & Owner)*
Joel LaMascus *(Art Director)*
David Turner *(Director, Web Services)*
Bridget Mitchell McCullough *(Business Manager)*
Amber Grunewald *(Account Executive)*
Wendy Martinez *(Senior Account Executive)*

Accounts:
Boomer's
Castle Park
Idlewild & SoakZone
Malibu Grand Prix
Mountasia
Palace Entertainment, Inc.
Raging Waters
Speed Zone - Dallas
Speed Zone - Los Angeles
Splish Splash
Water Country
Wet 'n Wild

TURTLEDOVE CLEMENS, INC.
1110 Northwest Flanders
Portland, OR 97209
Tel.: (503) 226-3581
Fax: (503) 273-4277
Web Site: www.turtledove.com

Year Founded: 1942

Discipline: Full Service/Integrated

Jay Clemens *(President & Owner)*
Stuart Samuelson *(Vice President)*
Brooke Jones *(Production Director)*
Jeff Bernius *(Senior Creative)*
Dan Solitare *(Digital Service Manager)*

TWG COMMUNICATIONS

Brands. Marketers. Agencies. Search Less. Find More.
Try out the online version at www.winmo.com

427

AGENCIES - JULY, 2020 — FULL SERVICE/INTEGRATED AGENCIES

101 Worthington Street, East
North Bay, ON P1B 1G5
Tel.: (705) 472-1861
Fax: (705) 472-2343
Web Site: www.twg.co

Employees: 10
Year Founded: 1996

Discipline: Full Service/Integrated

William Ferguson *(Partner & Vice President, Creative)*
Donna Backer *(Account Manager)*
David Wolfe *(Account Manager)*
Marnie Ferreira *(Manager, Studio & Graphic Designer)*

UNITED COLLECTIVE
300 Pacific Coast Highway
Huntington Beach, CA 92648
Web Site: www.unitedcollective.com

Year Founded: 2017

Discipline: Full Service/Integrated

Jennifer Mull *(Chief Marketing Officer)*
John Gallegos *(Chief Executive Officer)*

Accounts:
Travelpro

UNIVERSAL MCCANN
600 Battery Street
San Francisco, CA 94111
Tel.: (415) 262-5500
Web Site: www.umww.com

Discipline: Full Service/Integrated

Jennifer Lyons *(Partner & Vice President, Portfolio Management)*
Kirk Landgraf *(Vice President, Partner & Group Director, Media)*
Allison Kaemmer *(Partner & Group Media Director)*
Chris Portella *(Executive Vice President, Managing Director & Client Business Partner)*
John-Paul Aguirre *(Executive Vice President, Co-Managing Director & Global Managing Partner)*
Keely Sweet *(Vice President & Supervisor, Client Service)*
Lauren Reeves *(Vice President & Group Partner, Activation)*
Alicia Ostarello *(Associate Media Director)*
Zoe Hatch *(Associate Media Director)*
Steve Lee *(Associate Media Director, Traditional & Digital Media)*
Kevin Langdon *(Partner, Strategy)*
Bitta Rezai *(Associate Director, Analytics)*
Sam Baird *(Portfolio Manager)*
Charlotte Kagan *(Media Supervisor)*
Clara Chang *(Global Manager, Portfolio Management)*
Claire Latimer *(Manager, Analytics)*
Ethan Melnick *(Manager, Advertising Operations)*
Nikki Shapiro *(Senior Portfolio Manager)*
Will Yong *(Senior Manager, Decision Sciences)*
Lydia Warren *(Media Planner)*
Jenna Millan *(Global Senior Manager)*
Josh Cook *(Senior Associate, Integrated Investment & Portfolio Management)*
Jordan Daley *(Senior Analyst, Decision Sciences)*
Eden Kovler *(Media Planner)*
Nick Jordan *(Senior Analyst)*
Colleen Batac *(Specialist, Media Planner & Paid Social)*

Accounts:
Applied Materials, Inc.
Cargill, Inc.
Charles Schwab Corporation
Columbia Sportswear Company
dENIZEN
Diamond Crystal
Diamond Crystal Salt
Dockers
Fitbit
Ghirardelli Chocolate Company
GoPro
Grapes from California
Levi Strauss & Company
Levi's
Levi's Jeans
Oakland Athletics
Stanford Hospital and Clinics
Truvia
Ubisoft Entertainment
Wells Fargo Advisors
Zillow, Inc.

UNIVERSAL WILDE
26 Dartmouth Street
Westwood, MA 02090
Tel.: (781) 251-2700
Web Site: www.universalwilde.com

Year Founded: 2004

Discipline: Full Service/Integrated

Stephen Flood *(President & Chief Executive Officer)*
Tony Santonastaso *(Vice President, Operations)*
Ryan Collins *(Director, Marketing)*

UPSIDE COLLECTIVE
80 State Street
Albany, NY 12207
Tel.: (518) 370-0108
Fax: (518) 370-1471
Web Site: www.upsidecollective.com

Employees: 22

Discipline: Full Service/Integrated

Brendan Casey *(President)*
Nancy Cronin *(Senior Account Executive)*
Tim McCutcheon *(Creative Director)*
Matt Garrison *(Head Programmer)*

UPSTREAMERS
2315 Lomita Boulevard
Lomita, CA 90717
Tel.: (562) 233-0023
Web Site: www.weareupstreamers.com

Year Founded: 2019

Discipline: Full Service/Integrated

Bryan Garcia *(Co-Founder & Chief Business Strategist)*
Martin Cerri *(Co-Founder & Chief Creative Strategist)*

UTOPIC
420 North Wabash Avenue
Chicago, IL 60611
Tel.: (312) 836-9000
Web Site: www.utopic.net

Employees: 10

Year Founded: 2009

Discipline: Full Service/Integrated

Jan Maitland *(Founder & Film Editor)*
Tim Kloehn *(Partner & Creative Editor)*
Craig Lewandowski *(Partner & Creative Editor)*
Matt Schuman *(Controller)*

VANTAGEPOINT, INC.
80 Villa Road
Greenville, SC 29615
Tel.: (864) 331-1240
Fax: (864) 331-1245
Web Site: www.vantagep.com

Employees: 30
Year Founded: 1993

Discipline: Full Service/Integrated

Henry Pellerin *(President & Chief Executive Officer)*
Tricia Cruver *(Chief Financial Officer & Vice President)*
Dave McQuaid *(Vice President & Creative Director)*
Andrea Simrell *(Director, Public Relations)*
Steve Woodington *(Associate Creative Director)*
Angie McEldowney *(Senior Account Manager)*
Alex McIntire *(Manager, Market Development & Specialist, Content)*

VELA
315 North Spruce Street
Winston-Salem, NC 27101
Tel.: (336) 245-2436
Fax: (336) 245-2572
Web Site: www.velaagency.com

Year Founded: 1984

Discipline: Full Service/Integrated

Ginger Gallagher *(President)*
Michelle Soyars *(Vice President, Creative Strategy)*

VERTICAL MARKETING NETWORK
15147 Woodlawn Avenue
Tustin, CA 92780
Tel.: (714) 258-2400
Fax: (714) 258-2409
Web Site: www.verticalmarketing.net

Employees: 12
Year Founded: 1996

Discipline: Full Service/Integrated

Philip Saifer *(President)*
Meryl Kotin *(Chief Financial Officer)*
Nicco Mouleart *(Vice President & Group Account Director)*
Shannon Murphy *(Creative Director)*
Tonja Hughes *(Media Director)*

VI MARKETING & BRANDING
125 Park Avenue
Oklahoma City, OK 73102
Tel.: (405) 525-0055
Fax: (405) 848-2089
Toll Free: (800) 800-3416
Web Site: www.vimarketingandbranding.com/

Employees: 25
Year Founded: 1989

Brands. Marketers. Agencies. Search Less. Find More.
Try out the online version at www.winmo.com

FULL SERVICE/INTEGRATED AGENCIES
AGENCIES - JULY, 2020

Discipline: Full Service/Integrated

Tim Berney *(President & Brand Strategist)*
Steve Sturges *(Partner & Executive Creative Director)*
Jacquelyn LaMar *(Vice President, Brand Development)*
Judi Startzman *(Vice President, Strategic Marketing)*

Accounts:
Oklahoma Tourism & Recreation

VILLING & CO.
5909 Nimtz Parkway
South Bend, IN 46628
Tel.: (574) 277-0215
Fax: (574) 277-5513
Web Site: www.villing.com

Year Founded: 1982

Discipline: Full Service/Integrated

Thom Villing *(President)*
Jeannine Villing *(Executive Vice President)*

VISION7 INTERNATIONAL
600 Lexington Avenue
New York, NY 10022
Tel.: (212) 613-4922
Web Site: www.vision7international.com

Year Founded: 2010

Discipline: Full Service/Integrated

Suresh Raj *(Chief Business Development Officer)*
Ethan Hays *(Senior Vice President & General Manager)*

VISION7 INTERNATIONAL
300 St. Paul Street
Quebec City, QC G1K 7R1
Tel.: (418) 647-2727
Web Site: www.vision7international.com

Year Founded: 2010

Discipline: Full Service/Integrated

Brett Marchand *(President & Chief Executive Officer)*
Martin Belanger *(Chief Administration Officer)*
Ludovic Olivier *(Chief Information Security Officer & Director, Information Security)*
Joseph Leon *(President, Media)*
Sandra Giguere *(Vice President, Legal Services)*

VLADIMIR JONES
Six North Tejon Street
Colorado Springs, CO 80903
Mailing Address:
Post Office Box 387
Colorado Springs, CO 80901
Tel.: (719) 473-0704
Fax: (719) 473-0754
Web Site: www.vladimirjones.com

Year Founded: 1970

Discipline: Full Service/Integrated

Nechie Hall *(Board Member)*
Meredith Vaughan *(Chief Executive Officer)*
Trudy Rowe *(Chief Financial Officer & Vice President)*
Debbie Frickey *(President)*
Jon Bross *(Media Director)*

Sara Lennon *(Associate Media Director)*
Matt Sylvan *(Associate Creative Director)*
Jon White *(Director, Digital & Data)*
Catherine Burdick *(Associate Media Director)*
Annie Rehage *(Senior Copywriter)*
Jennifer Seminara *(Media Planner)*
Jonathan Neugebauer *(Senior Media Planner)*
Brittany Livingston *(Account Supervisor)*
Ayla Larsen *(Senior Copywriter)*
Peyton Hopkins *(Copywriter)*
Nicole Sylte *(Administrative Coordinator)*

Accounts:
Broadmoor Hotel, Inc.
Nebraska Tourism Office
Tourism Santa Fe

VMLY&R
206 East Ninth Street
Austin, TX 78701
Tel.: (512) 343-0264
Fax: (512) 343-0659
Web Site: www.vmlyr.com

Employees: 52
Year Founded: 1985

Discipline: Full Service/Integrated

Paula Simchak *(Creative Director)*
Allison Griffin *(Assistant Account Manager)*
Jennifer Wilson *(Managing Director, Client Service)*

Accounts:
Reliant Energy
SanDisk Corporation

VOVEO MARKETING GROUP
100 Deerfield Lane
Malvern, PA 19355
Tel.: (610) 240-0400
Fax: (610) 240-0490
Web Site: www.voveo.com

Discipline: Full Service/Integrated

Mary Bea Damico *(President)*
Sam Damico *(Owner)*
Carla Nieser *(Director, Marketing Strategy & Services)*
Kara Tabella *(Senior Director, Client Services)*
Jason Matzner *(Creative Director)*
Maria Celusniak *(Manager, Marketing Strategy & Services)*
Theresa Bender *(Specialist, Marketing Communications & Writer)*
Molly Grab *(Specialist, Marketing Communications & Writer)*

VSBROOKS
255 Alhambra Circle
Coral Gables, FL 33134
Tel.: (305) 443-3500
Fax: (305) 443-3381
Web Site: www.vsbrooks.com

Employees: 4
Year Founded: 1996

Discipline: Full Service/Integrated

Vivian Santos *(Co-Founder, Managing Partner & Executive Director)*
Diana Brooks *(Co-Chief Executive Officer & Chief Strategist)*
Diana Ocasio *(Associate Creative Director)*
Rebecca Benitez *(Media Director)*

Anais Rodriguez *(Account Management Director)*
Gabriela Zamorano *(Director, Public Relations & Event Planning)*
Barbara Marchena *(Manager, Administrative Services)*
Monica Agurto *(Senior Media Buyer)*
Maria Williams *(Senior Project Manager)*
Danielle Frickey *(Account Executive)*

VWA
3390 Peachtree Road
Atlanta, GA 30326
Tel.: (404) 355-0126
Fax: (404) 355-8351
Web Site: www.vwaatlanta.com

Year Founded: 1984

Discipline: Full Service/Integrated

Alex Van Winkle *(President)*
Richard Johnson *(Creative Director)*
Kesha Young *(Senior Account Director)*

WALZ TETRICK ADVERTISING
5201 Johnson Drive
Mission, KS 66205
Tel.: (913) 789-8778
Fax: (913) 789-8493
Toll Free: (888) 883-4083
Web Site: www.wtads.com

Discipline: Full Service/Integrated

Charles Tetrick *(President & Chief Executive Officer)*
Blair Overesch *(Media Director)*
Jeff Chase *(Creative Director)*
Kelli Oestreich *(Senior Art Director)*
Katy Jennings *(Director, Business Strategy)*
Brenda Hinkle-Bachofer *(Director, Client Services)*
Shannon Jeffries *(Account Supervisor)*
Melba Morris *(Senior Media Buyer)*
Katie Knox *(Account Supervisor)*
Natasha Cottrell *(Media Assistant)*

Accounts:
Kansas City Royals Baseball Corporation

WASSERMAN & PARTNERS ADVERTISING, INC.
1020 Mainland Street
Vancouver, BC V6B 2T4
Tel.: (604) 684-1111
Fax: (604) 408-7048
Web Site: www.wasserman-partners.com

Employees: 10
Year Founded: 1995

Discipline: Full Service/Integrated

Alvin Wasserman *(Chairman & Chief Executive Officer)*
Andeen Pitt *(Partner & Vice President, Media & Business Development)*
Sue Deans *(Chief Financial Officer & Director, Administration)*
Liam Greenlaw *(Creative Director)*
Victoria Gray *(Director, Strategy Services)*
Shane Goth *(Supervisor, Strategic Services)*

WE ARE ALEXANDER
1227 Washington Avenue
St. Louis, MO 63103
Tel.: (314) 260-6360

Brands. Marketers. Agencies. Search Less. Find More.
Try out the online version at www.winmo.com

AGENCIES - JULY, 2020 — FULL SERVICE/INTEGRATED AGENCIES

Web Site: www.wearealexander.com
Year Founded: 1956

Discipline: Full Service/Integrated

Allan Meyerson *(President)*
Tim Rutter *(Chief Executive Officer)*
Charlie Hodges *(Senior Vice President, Experiential Marketing)*
Amie Gianino *(Senior Vice President, Corporate Strategy)*
Bill Goodspeed *(Director, Business Development)*
Neal Weber *(Senior Creative Director)*
Patrick Kearns *(Associate Creative Director)*
Shannon Miller *(Digital Strategist & UX Designer Director)*
Tara Gray *(Global Communications Director)*
Jason Edelen *(Director, Group Creative - Packaging)*
Megan Mulvihill *(Senior Director, Account)*
Jeff Rifkin *(Group Creative Director)*
Stephanie Pfund *(Project Manager, Development)*
Alessia Carlton *(Assistant Account Executive)*
Mark Hogan *(Supervisor, Account)*

WEDU
20 Market Street
Manchester, NH 03101
Tel.: (603) 647-9338
Web Site: www.wedu.com

Year Founded: 1998

Discipline: Full Service/Integrated

Sean Owen *(Chief Executive Officer)*
Amy Welch *(Head, Account Services)*

WEITZMAN ADVERTISING, INC.
Three Church Circle
Annapolis, MD 21401
Tel.: (410) 263-7771
Fax: (410) 263-7834
Web Site: www.weitzmanagency.com

Discipline: Full Service/Integrated

Alan Weitzman *(Owner)*
Elner Gant *(Executive Vice President, Weitzman Advertising)*
Michele Reiter *(Senior Vice President & Director, Accounts & Business Development)*
Katie Wright *(Senior Account Executive)*
Jeff Green *(Digital Designer & Strategist)*
Robert Weitzman *(Copywriter & Social Media Manager)*

WENDT
105 Park Drive South
Great Falls, MT 59401
Tel.: (406) 454-8500
Fax: (406) 771-0603
Web Site: www.thewendtagency.com

Discipline: Full Service/Integrated

Lorie Hager *(Chief Financial Officer)*
Brenda Peterson *(President & Chief Executive Officer)*
Carol Kruger *(Senior Vice President, Public Relations & Media Services)*
Kara Smith *(Creative Director)*
Merle McLeish *(Media Buyer)*
Jennifer Fritz *(Senior Account Manager)*
Johna Wilcox *(Account Manager)*

Pam Bennett *(Senior Media Strategist)*

WESTON | MASON
4136 Del Rey Avenue
Marina Del Rey, CA 90292
Tel.: (310) 207-6507
Fax: (310) 826-8098
Web Site: www.westonmason.com

Employees: 80
Year Founded: 1990

Discipline: Full Service/Integrated

Tom Weston *(Chief Executive Officer)*
Beverly Mason *(President)*
Ahou Nabifar *(Controller & Chief Financial Officer)*
Ian Simonian *(Vice President, Digital & Print Production)*
Samira Danesh *(Vice President, Creative Services)*
Drusilla De Veer *(Print Production Director)*

Accounts:
Richmond American Homes
The Orchard
Western Pacific Housing

WHEELER ADVERTISING, INC.
624 Six Flags Drive
Arlington, TX 76011
Tel.: (817) 633-3183
Fax: (817) 633-3186
Toll Free: (800) 678-7822
Web Site: www.wheeleradvertising.com

Employees: 25

Discipline: Full Service/Integrated

Ron Wheeler *(Chief Executive Officer)*
Leslie McDonald *(Vice President, Media & Operations)*

WHITE GOOD & COMPANY, INC.
226 North Arch Street
Lancaster, PA 17603
Tel.: (717) 396-0200
Fax: (717) 396-9483
Web Site: www.whitegood.com

Discipline: Full Service/Integrated

Sherry Qualls *(Owner, President & Chief Executive Officer)*
Rose Lantz *(Chief Financial Officer & Director, Human Resources)*

WHITE64
8603 Westwood Center Drive
Tysons, VA 22182
Tel.: (703) 793-3000
Fax: (703) 793-1495
Web Site: www.white64.com

Employees: 30
Year Founded: 1964

Discipline: Full Service/Integrated

Matthew White *(Owner, Chairman & Chief Executive Officer)*
Jose Banzon *(Executive Vice Presidnet, Client Engagement)*
Kerry Beutel *(President & Chief Operating Officer)*
Ingrid Vax *(Vice President, Business Development)*
Nate Whittington *(Vice President, Finance & Operations)*
Alicia Gehring *(Vice President, Media Strategy)*
Matt Walker *(Vice President, Group Creative Director)*
Kipp Monroe *(Executive Content Director)*
Kelly Weismiller *(Vice President & Account Director)*

Accounts:
American Chemistry Council, Inc.
Chamber of Commerce of the United States of Americ

WHITEBOARD.IS
701 Cherry Street
Chattanooga, TN 37402
Tel.: (615) 953-0080
Web Site: whiteboard.is

Year Founded: 2010

Discipline: Full Service/Integrated

Taylor Jones *(Founder & Chief Executive Officer)*
Kody Dahl *(Director, Design)*

WHITNEY ADVERTISING & DESIGN
6410 North Business Park Loop Road
Park City, UT 84098
Tel.: (435) 647-2918
Fax: (435) 647-3076
Web Site: www.whitneyonline.com

Employees: 1
Year Founded: 1991

Discipline: Full Service/Integrated

Jim Whitney *(Co-Owner & President)*
Robin Whitney *(Co-Owner, Vice President & Media Director)*
Pam Prevatt Woll *(Specialist, Promotional Products)*

WIEDEN + KENNEDY
224 Northwest 13th Avenue
Portland, OR 97207
Tel.: (503) 937-7000
Fax: (503) 937-8000
Web Site: www.wk.com

Employees: 250
Year Founded: 1982

Discipline: Full Service/Integrated

Approx. Annual Billings: $654.00

Dave Luhr *(Chairman)*
Dan Wieden *(Co-Founder & Chief Executive Officer)*
Susan Hoffman *(Chairwoman)*
Tom Blessington *(Co-President)*
Colleen DeCourcy *(Co-President & Chief Creative Officer)*
Claudia Valderrama *(Chief Finance Officer)*
Lawrence Teherani-Ami *(Media Director)*
Noreen Morioka *(Head, Design)*
Dan Sheniak *(Global Communications Planning Director - Nike)*
Byron Oshiro *(Co-Director WK12)*
Max Stinson *(Creative Director)*
Thomas Harvey *(Account Director)*

430

FULL SERVICE/INTEGRATED AGENCIES

AGENCIES - JULY, 2020

Emily Dalton (Associate Media Director)
Jason Bagley (Executive Director, Creative)
Kim Sizemore (Group Media Director)
Eric Baldwin (Executive Creative Director)
Stephanie Ehui (Group Media Director)
Alex Barwick (Group Media Director)
Melanie Myers (Global Talent Director)
David Newsome (Group Account Director)
Kelly Muller (Group Media Director)
Jason Kreher (Creative Director- Entertainment & Editorial)
Zack Jerome (Group Strategy Director)
Alberto Ponte (Global Creative Director- Nike)
Jason Strickland (Group Media Director)
Britton Taylor (Group Strategy Director)
Lisa Johnson (Associate Media Director)
Brian Goldstein (Associate Director, Media & Communications Strategy)
Chris Sullivan (Associate Media Director)
Kate Rutkowski (Brand Director- Nike Global)
Danielle Delph (Art Director)
Karrelle Dixon (Managing Director)
Brooke Stites (Global Group Brand Director)
Matt Sorrell (Creative Director)
Katie Hull (Director, Public Relations)
Emily Graham (Associate Director, Media & Communication Strategy)
Destinee Scott (Group Media Director)
Matt Skibiak (Creative Director)
Danny Sullivan (Brand Director)
Reme DeBisschop (Director, Media - North America)
Vinu Lakkur (Head, Analytics & Associate Media Director)
Lawrence Melilli (Creative Director)
Jesse Johnson (Group Brand Director)
Dan Viens (Creative Director)
James Moslander (Senior Art Director)
Derrick Ho (Creative)
Reid Schilperoort (Brand Strategy Director)
Andy Lindblade (Global Group Strategy Director)
Alyssa Ramsey (Brand Director)
Courtney Nelson (Group Director,Brand)
Bruno Frankel (Group Director, Strategy)
Anjali Patel (Associate Media Director)
Guy Featherstone (Creative Design Director)
Grant Thomas (Creative)
Katherine Gurgainus (Global Brand & Entertainment Director)
Henry Lambert (Brand Strategy Director)
Joe Albert (Art Director)
Nathan Goldberg (Planning Director)
Kimmy Cunningham (Brand Director)
Amber Lavender (Director, Business Affairs)
Tom Suharto (Group Strategy Director)
Jarrod Higgins (Creative Director)
Ashley Marshall (Creative Director)
Matthew Carroll (Art Director, Copywriter, Designer)
Becca Taylor (Strategy Director, Nike)
Naoki Ga (Art Director)
Angela Jones (Group Strategy Director)
Candice Harbour (Producer)
Freddie Powell (Creative Director)
Chuck Xu (Associate Account Director)
Erik Wade (Brand Director, Nike Basketball)
Corey Woodson (Brand Manager)
Nicole Jacek (Co-Head, Design)
Paige Weber (Media Supervisor)
Matt Hunnicutt (Director, Production)
Andre Gustavo Soares (Global Brand Director - Nike)
Cameron Soane (Art Director)
Heather Ryder (Creative Director)
Robin Rosenberg (Director, Creative Operations)
Alex Romans (Creative Director)

Grace Tsai Petrenka (Art Producer)
Patty Orlando (Creative Director)
Krystle Mortimore (Executive Producer & Brand Lead, Nike Global & North America)
Jack Welles (Art Director)
Hannah Hewitt (Brand DIrector)
Rebecca Groff (Global Director, Public Relations)
Maggie Jennings (Global Director, New Business)
Antony Goldstein (Group Creative Director)
Ben Grylewicz (Director, Craft & Film)
Caitlin Alexander (Art Director)
Chen Liang (Art Director)
Christen Brestrup (Art Director)
Daniel Sheniak (Director, Communication Planning - Nike)
Darcie Burrell (Creative Director)
Devin Gillespie (Art Director)
Emma Barnett (Art Director)
Erik Fahrenkopf (Creative Director)
Hal Curtis (Creative Director)
Jason Campbell (Creative Director)
Jeff Williams (Art Director)
Josh Bogdan (Creative Director & Copywriter)
Katie Willis (Art Director)
Lee Jennings (Art Director)
Matt Mulvey (Creative Director)
Nathan Nowinowski (Art Director)
Nick Morrissey (Creative Director & Senior Copywriter)
Nick Stokes (Art Director)
Patrick Nistler (Director, Art & Design & Senior Designer)
Pedro Izique (Head, Art)
Peter Wiedensmith (Director & Editor, Film)
Ramiro Del-Cid (Account Director)
Robbie Rane (Art Director)
Ryan O'Rourke (Creative Director)
Sara Phillips (Senior Art Director)
Tim Semple (Director, Art)
Evelyn Loomis (Head, Old Spice Brand & Senior Producer)
Melissa Meier (Associate Media Director)
AJ Blumenthal (Senior Brand Strategist)
Ryan Gallagher (New Business Manager)
Megan Riehl (Account Services Supervisor)
Maggie Harasyn (Business Affairs Manager)
Kallie Bullock (Communications & Media Supervisor)
Ryan Craven (Associate Director, Media & Communication Strategy)
Jocelyn Reist (Communications Planner)
Ryan Tenzeldam (Media Supervisor)
Laura Caldwell (Senior Manager, Broadcast Business Affairs)
Ghada Soufan (Account Supervisor)
Teresa Lutz (Senior Manager Affairs Manager)
Dusty Slowik (Senior Business Affairs Manager)
Ryan Hartsfield (Senior Creative)
Stacy Grogan (Senior Project Manager)
Steve Smith (Brand Manager)
Shaine Edwards (Copywriter)
Graham Wallace (Media Supervisor)
Mary Eliason (Communications Planning Supervisor)
Alex Hering (Media Planner)
Lindsey Warner (Brand Manager)
Tobin Kittoe (Brand Manager)
Annie Yuen (Media Supervisor)
Jonathan Thomas (Media Supervisor)
Madeline Parker (Brand Manager)
Kevin Moyer (Business Affairs Manager)
Emily Kahn (Business Affairs Manager)
Kennedy La Nier (Media Planner)
Breanna Jones (Brand Executive)
Amanda Claire (Manager, Creative Operations)

Amy Streger (Senior Producer, Design)
Anthony Holton (Strategist)
Beth Lussenhop (Account Manager)
Bob Guerrero (Producer)
Hayley Goggin (Producer)
Heather Smith Harvey (Executive Producer)
Jennifer Fiske (Senior Producer)
Jordan Schroeder (Manager, Creative Resource)
Karl Collins (Supervisor, Media)
Lindsay Reed (Senior Producer)
Nestor Gandia (Manager, Business Affairs)
Nicole Kaptur (Producer)
Robert Saxon (Executive Producer)
Timothy Bell (Manager, Business Affairs)
Vivian Zhang (Media Supervisor)
Matt Hisamoto (Senior Strategist)
Anna Boteva (Account Supervisor)
Heather Morba (Brand Manager)
Diana Hay (Global Recruiter)
Barrie Wilhelmi (Senior Recruiter)
Lindsay Varquez (Account Executive)
Mike Egan (Copywriter)
Andy Laugenour (Copywriter)
Samantha Serocki (Digital Strategist)
Justin Bradley (Comms & Media Planner)
Katie Schaller (Associate Producer)
Andrew Clayton (Digital Strategist)
Evan Lianopoulos (Media Analyst)
Katie Dyer (Digital Strategist)
Adam Tetreault (Copywriter)
Ansel Wallenfang (Copywriter)
Becca Wadlinger (Copywriter)
Bertie Scrase (Copywriter)
Derek Szynal (Copywriter)
Dylan Lee (Senior Copywriter)
Edward Harrison (Copywriter)
Jason Turner (Copywriter)
Kevin Steele (Copywriter)
Michael Devine (Account Executive)
Ryan Niland (Copywriter)
Ryan Snyder (Copywriter)
Seth Shelman (Designer, Studio)
Marcos Palacios (Associate Media Planner)
Alex Cabale (Media Planner)
Blair Ringgold (Media Planner)
Andrea Sierra (Talent Payment/ Business Affairs)
Mary Zuleger (Coordinator, Media Planning & Buying)
Renny Gleeson (Managing Director, Samsung)

Accounts:
Airbnb, Inc.
Allsteel, Inc.
American Indian College Fund
Chuck Taylor All Star
Converse, Inc.
Facebook
Finish
Finish Quantum
Heinz Ketchup
Heinz Ketchup
KFC
KFC
LAIKA, Inc.
Nike Baseball & Softball
Nike Basketball
Nike Brand
Nike iD
Nike Men's Training
Nike Running
Nike Tennis
Nike Women's Training
Nike+
Nike+ FuelBand
Nike, Inc.

Brands. Marketers. Agencies. Search Less. Find More.
Try out the online version at www.winmo.com

431

FULL SERVICE/INTEGRATED AGENCIES

NikeStore
Old Spice
Old Spice Body Wash
Old Spice Red Zone
Powerade
Samsung Galaxy
Sony Audio Equipment
Sony Electronics
Sony Electronics, Inc.
Sony Televisions
Sony Video Equipment
Soylent
Sprite
Travel Oregon
Travel Portland
TurboTax Consumer
turbotax.com

WIEDEN + KENNEDY
150 Varick Street
New York, NY 10013
Tel.: (917) 661-5200
Fax: (917) 661-5500
Web Site: www.wk.com

Employees: 80
Year Founded: 1982

Discipline: Full Service/Integrated

Nick Setounski *(Head, Integrated Production)*
Ava Rant *(Associate Producer)*
Desiree White *(Director, Finance & Administration)*
John Parker *(Creative Director)*
Jimm Lasser *(Executive Creative Director)*
Karlo Cordova *(Director, Media & Communications Planning)*
Stuart Jennings *(Creative Director)*
Karl Lieberman *(Executive Creative Director)*
Samantha Wagner *(Account Director)*
Gary Van Dzura *(Creative Director)*
Mike Welch *(Group Account Director)*
Anjali Patel *(Communications Planning Supervisor & Associate Media Director)*
Patrick Mauro *(Director, Broadcast Buying & Media Investment)*
Brad Phifer *(Copywriter)*
Joseph Zisa *(Associate Director, Audience Insights)*
Caleb Jensen *(Creative Director)*
Casey Bernard *(Account Director & Head, Account management Culture & Development)*
Rose Sacktor *(Art Director)*
John Petty *(Head, Social Strategy)*
Marques Gartrell *(Creative Director)*
Sean McLaughlin *(Creative Director)*
Amanda Tellier *(Senior Director, Media Strategy)*
Casey Jennings *(Head of Account Management Culture and Development)*
Blair Warren *(Art Director)*
Tara Kaimal *(Group Media Director)*
Nathan Wigglesworth *(Senior Art Director)*
Gerard Caputo *(Creative Director)*
Dan Hill *(Head, Strategy)*
Yann Samuels *(Director, Project Management)*
Patrick O'Donoghue *(Director, Business Affairs)*
Tass Tsitsopoulos *(Planning Director)*
Brandon Pracht *(Group Account Director)*
Price Manford *(Account Director)*
Jacqueline Steele *(Director, New Business)*
Boris Opacic *(Art Director)*
Stephane Missier *(Group Strategy Director)*
Laddie Peterson *(Creative Director)*
Christine Gignac *(Creative Director)*
Lena Barrows *(Director, Creative)*

Temma Shoaf *(Executive Producer)*
Patrick Tomasiewicz *(Director, Communications Strategy)*
Alison Joseph *(Art Director)*
Amy Wheeler *(Art Director)*
Brandon Henderson *(Creative Director)*
Chris Whalley *(Director, Creative Services)*
Deb Rosen *(Director, Art Production)*
Eric Helin *(Creative Director)*
Eric Quennoy *(Executive Creative Director)*
Grace Martin *(Art Director)*
Grant Mason *(Art Director)*
Jaclyn Rink Crowley *(Creative Director)*
Kirstie Maryott *(Director, Planning)*
Marisa Weber *(Director, New Business & Brand)*
Mark Bernath *(Executive Creative Director)*
Neil Sawhney *(Associate Director, Communication & Media Planning)*
Randy Diaz *(Art Director)*
Samantha Casagrande *(Media Director)*
Kristen Johnson *(Executive Assistant, Content Production)*
Wes Young *(Communications Planning Director)*
Branden Bouvia *(Associate Media Director)*
Alexandra Doomany *(Senior Project Manager)*
Tara McCann *(Manager, National Video Investment)*
Alex Scaros *(Management Supervisor)*
Crystal Moore *(Senior Media Buyer)*
Sarah Lynch *(Brand Manager)*
Meghan Mullen *(Management Supervisor)*
Sonia Bisono *(Traffic Supervisor & Business Affairs Manager)*
Ashley Keeler *(Supervisor, Integrated Media Strategist)*
Anna Beth Nagel *(Senior Manager, Business Affairs)*
Liz Lindberg *(Account Supervisor)*
Lauren Smith *(Management Supervisor)*
Alex Ledford *(Copywriter)*
Lee Ford *(Strategic Planner)*
Lauren Wilson *(Management Supervisor)*
Adrian Brinkley *(Senior Social Strategist)*
Katie Johnston *(Copywriter)*
Jonathan Irizarry *(Senior Social Strategist)*
Justine Lowe *(Senior Manager, Business Affairs)*
Tina Wyatt *(Traffic Manager)*
Alexey Novikov *(Producer)*
Alison Hill *(Executive Producer)*
Cheryl Warbrook *(Executive Producer)*
Chris Kelsch *(Manager, Studio)*
Connor Corr *(Strategist, Digital)*
David Niblick *(Senior Producer)*
Jessica Griffeth *(Senior Producer)*
Lindsey Timko *(Manager, Business Affairs)*
Matt Herman *(Senior Writer)*
Carina Polini *(Supervisor, Management)*
Raquel Castro *(Brand Manager)*
Mark Malloy *(Associate Director, Media & Communications Planning)*
Jasmine Cogdell *(Account Supervisor)*
John Jardine *(Managing Supervisor)*
Matthew Simpson *(Copywriter)*
Pepe Hernandez *(Copywriter)*
Kerry O'Connell *(Account Executive)*
Jamie Robinson *(Account Supervisor)*
Sophie Novick *(Social Content Strategist)*
Newman Granger *(Senior Brand Planner)*
Michelle Lamont *(Copywriter)*
Brian Ritter *(Senior Strategist)*
Jessica Ghersi *(Copywriter)*
Luke Sacherman *(Copywriter)*
Rylee Millerd *(Business Affairs Manager)*
Neal Arthur *(Managing Director)*

Accounts:

Bud Light
Country Music Association, Inc.
Delta Air Lines, Inc.
Duracell, Inc.
Fox Sports 1
FOX Sports Networks
Heinz Ketchup
Jordan
KFC
Lyft Inc.
McDonald's
Michelob Ultra
Nike Brand
Nike, Inc.
One Kings Lane
Sprite
Tinder

WILEN MEDIA CORPORATION
45 Melville Park Road
Melville, NY 11747
Tel.: (631) 439-5000
Fax: (631) 439-4536
Web Site: www.wilengroup.com

Employees: 50
Year Founded: 1971

Discipline: Full Service/Integrated

Darrin Wilen *(President)*
Richard Wilen *(Owner)*
Corey Wilen *(Executive Vice President)*
Allison Rekus *(Vice President, Client Experience)*
Rob Masi *(Vice President, Technology)*
Victoria Gennaro *(Vice President, Sales & National Accounts)*
Leslee Marin *(Vice President, Financial)*
Peter Bryk *(Vice President, Operations)*
Rich Meschi *(Vice President)*
Wayne Schombs *(Executive Creative Director)*
Chris Chan *(Associate Account Director)*
Katie Olsen *(Sales & Marketing Executive)*
Jeanette Monte *(Account Supervisor)*
Paul Lequerica *(Operations Manager)*
Paul Caravello *(Managing Director & Executive Vice President)*

Accounts:
Charter Communications, Inc.
New York Islanders

WILLIAMS RANDALL
21 Virginia Avenue
Indianapolis, IN 46204
Tel.: (812) 232-0360
Fax: (812) 232-1298
Toll Free: (888) 945-5726
Web Site: www.williamsrandall.com

Discipline: Full Service/Integrated

Erin Theis *(Director, Online & Traditional Media)*
Tammy Mantor *(Associate Media Director)*

Accounts:
Indiana Travel & Tourism

WILLIAMS WHITTLE
711 Princess Street
Alexandria, VA 22314
Tel.: (703) 836-9266
Fax: (703) 836-9267
Web Site: www.williamswhittle.com

FULL SERVICE/INTEGRATED AGENCIES
AGENCIES - JULY, 2020

Year Founded: 1967

Discipline: Full Service/Integrated

Rob Whittle *(Chief Executive Officer)*
Kelly Callahan-Poe *(President)*
Wendy Weaver *(Director, Media Services)*
Byron Johnson *(Director, Media Outreach)*
Renee Kelly *(Director, Media Outreach)*

WILLIAMSRANDALL MARKETING COMMUNICATIONS
21 Virginia Avenue
Indianapolis, IN 46204
Tel.: (317) 972-1234
Fax: (317) 972-7990
Toll Free: (888) 945-5726
Web Site: www.williamsrandall.com

Discipline: Full Service/Integrated

Gerry Randall *(Chief Executive Officer & Owner)*
David Stanton *(Executive Creative Director)*

WILLOW MARKETING
3590 North Meridian
Indianapolis, IN 46208
Tel.: (317) 257-5225
Fax: (317) 257-0184
Web Site: www.willowmarketing.com

Employees: 10

Discipline: Full Service/Integrated

Brad Gillum *(President, Chief Executive Officer & Chief Cheerleader)*
Kim Jones *(Vice President)*
Sue Richardson *(Vice President, Client Success)*
Mark Manuszak *(Director, Creative)*
Dylan Stone *(Account Manager, Digital)*
Maggie Hendrickson *(Senior Manager, Project & Events)*
Cara Bow *(Graphic Designer)*

WOLFGANG
2233 Barry Avenue
Los Angeles, CA 90064
Tel.: (424) 903-9381
Web Site: www.wolfgangla.com

Year Founded: 2016

Discipline: Full Service/Integrated

Seema Miller *(Co-Founder, President & Chief Strategy Officer)*
Mike Geiger *(Co-Founder & Chief Executive Officer)*
Colin Jeffrey *(Co-Founder & Chief Creative Officer)*
Chris Adams *(Creative Director)*

Accounts:
Panda Express
Panda Restaurant Group
TrueCar, Inc

WONGDOODY
8500 Steller Drive
Culver City, CA 90232
Tel.: (310) 280-7800
Fax: (310) 280-7780
Web Site: www.wongdoody.com/

Year Founded: 1993

Discipline: Full Service/Integrated

Ben Wiener *(Chief Executive Officer)*
Steven Orenstein *(Chief Finance Officer)*
Josh Mooney *(Executive Director, Business Development)*
Matt Burgess *(Group Creative Director)*
Kinley Lagrange *(Account Director)*
Typhanee Vreen *(Account Director)*
Vanessa Witter *(Creative Director)*
Amy Matheu *(Senior Art Director)*
Vickie Palm *(Senior Director, Production & Manager, Creative)*
Jody Thomas *(Group Director, Strategy & Planning)*
Jaclyn Raff *(Account Supervisor)*
Sophie Rudoff *(Junior Project Manager)*
Matteo Mosterts *(Executive Producer)*
Eva Doak *(Account Supervisor)*
Lindsay Bertsche *(Project Manager)*
Eryn Chen *(Assistant Account Executive)*
Colin Hodges *(Copywriter)*
Skyler Mattson *(Managing Director)*

WONGDOODY
One World Trade Center
New York, NY 10007
Web Site: http://www.wongdoody.com/

Year Founded: 1993

Discipline: Full Service/Integrated

Michael Chang *(Executive Director, Project Management)*
Adam Lipton *(Creative Director)*
Michael Harper *(Director, Business Development - East Region)*
Farah Burke *(Group Account Director)*
Tod Rathbone *(Managing Director, Digital Transformation)*

WORKHORSE MARKETING
3809 South Second Street
Austin, TX 78704
Tel.: (512) 910-7017
Web Site: www.workhorsemkt.com

Year Founded: 2003

Discipline: Full Service/Integrated

Guy Parker *(Chief Strategy Officer)*
Grant Chambers *(Founder & Chief Executive Officer)*
Allie Higgs *(Chief Operating Officer)*
Thomas Bacon *(Chief Technology Officer)*
Megan Davis *(Media Services Director)*
Patrick Lillard *(Creative Director)*
Jennifer Leaver *(Account Director)*
Alex Bajoris *(Director, Development)*
Aly Daily *(Account Manager)*
Kira Arnise *(Senior Account Manager)*
Teresa Cruz *(Senior Account Manager)*
Kalen Valentine *(Media Coordinator)*
Lisette Rodriguez *(Media Coordinator)*

WORKING MEDIA GROUP
1460 Broadway
New York, NY 10036
Tel.: (212) 679-2681
Web Site: www.workingmediagroup.com

Year Founded: 2005

Discipline: Full Service/Integrated

Kerry Tracy *(Co-Founder, Chief Executive Officer & Partner)*
Marty Avallone *(Co-Founder, Partner & Chief Executive Officer)*

Accounts:
Cushman & Wakefield, Inc.

WPP GROUP, INC.
Three World Trade Center
New York, NY 10017
Tel.: (212) 632-2200
Fax: (212) 632-2222
Web Site: www.wpp.com

Employees: 125
Year Founded: 1985

Discipline: Full Service/Integrated

Approx. Annual Billings: $47,819.00

Mark Read *(Chief Executive Officer)*
Kevin McCormack *(Press Officer)*
Ken Mulligan *(President, US Consumer Brands - Team J&J - The Neighborhood)*
Anne Newman *(Executive Vice President - Latin America)*
Rick Brook *(Senior Vice President, Global Client Operations)*
Martina Suess *(Vice President, Communications & Engagement)*
Paul Richardson *(Group Financial Director)*

Accounts:
Aprica
Baby Jogger
Bose Corporation
Calphalon
Contigo
Crock-Pot
Elmer's Products
FoodSaver
Johnson & Johnson
Mr. Coffee
Mr. Sketch
Newell Brands, Inc.
NUK
Oster
Paper Mate
Parker
Prismacolor
Sharpie
Sunbeam
Volkswagen of America, Inc.

WRAY WARD
900 Baxter Street
Charlotte, NC 28204
Tel.: (704) 332-9071
Fax: (704) 375-5971
Web Site: www.wrayward.com/

Year Founded: 1977

Discipline: Full Service/Integrated

Jennifer Appleby *(Owner, President & Chief Creative Officer)*
Sue Tatge *(Vice President & Director, Media)*
Kent Panther *(Vice President & Director, Business Development)*
John Roberts *(Vice President & Executive Creative Director)*
Charlie Elberson *(Vice President, Insights Strategist)*
Rob Horton *(Vice President & Director, Client Engagement)*
John Mader *(Vice President & Director, Connections)*
Leslie Gillock *(Vice President & Director,*

Brands. Marketers. Agencies. Search Less. Find More.
Try out the online version at www.winmo.com

AGENCIES - JULY, 2020

FULL SERVICE/INTEGRATED AGENCIES

Insights)
Morgan Rodden *(Controller)*
Patricia Propst *(Vice President & Director, Financial & Operations)*
Vivian Mize *(Vice President & Creative Director)*
Jennifer Voorhees *(Account Lead & Strategic Marketing Leader)*
Ilana Wiles *(Director, Connections Planning)*
Meaghan Waldron *(Director, Client Business)*
Bill Baker *(Director, Digital Strategy & Measurement)*
Chris Williams *(Creative Director, Motion)*
David Adams *(Senior Art Director & Senior Designer)*
Dana Haydock *(Head, Content)*
Heather Tamol *(Director, Public Relations & Content)*
Justin McKeon *(Director, Project Management)*
Laura King Edwards *(Head, Content)*
Laura Tice *(Associate Director, Motion)*
Ryan Lineberry *(Director, Project Management)*
Scott Eilmaker *(Group Creative Director)*
Wendy Storey *(Director, Search)*
Nikki Pacitti *(Media Buyer)*
Ashton Nichols *(Senior Project Manager)*
Kennedy Vaughan *(Project Manager)*
Lucas Weber *(Strategist, Content)*
Chris Walters *(Editor, Motion)*
David Haire *(Senior Designer)*
Griffin Glaze *(Editor, Motion)*

Accounts:
Ahnzu
American Olean
Carolina Beverage Company
Dal-Tile International Inc.
Daltile
Glen Raven, Inc.
Marazzi
Oldcastle Architectural, Inc.
Ragno
Sunbrella
Velux-America, Inc.

WUNDERMAN THOMPSON
466 Lexington Avenue
New York, NY 10017
Tel.: (212) 210-7000
Fax: (212) 210-7090
Web Site: www.jwt.com/en/newyork

Employees: 632
Year Founded: 1864

Discipline: Full Service/Integrated

Lewis Trencher *(Chief Financial Officer & Chief Operating Officer)*
Taras Wayner *(Chief Creative Officer)*
Laura Selfridge *(Partner & Director, Global Operations)*
Tamara Ingram *(Global Chairman)*
Vin Farrell *(Chief Content Officer - North America)*
Robyn Tombacher *(Chief Operations Officer - North America)*
Michael Asaro *(Chief Operating Officer)*
Adam Foulsham *(Chief Financial Officer)*
Steve Miller *(Chief Creative Officer & Senior Vice President)*
Greg McConnell *(Senior Vice President, Global Business Director)*
Megan Millard *(Vice President, Business Strategy)*
Mark Truss *(Global Director, Brand Intelligence)*

Aaron Padin *(Head, Art & Design)*
Nadine Andros *(Account Director)*
Caroline Coleman *(Director, Brand Production)*
Joseph Mueller *(Creative Director)*
Jeremy Kinder *(Executive Creative Director)*
Ariel Stern *(Business Director)*
Andrew Jones *(Business Director)*
Lindsey Gonnella *(Group Strategy Director)*
Gail Hilton *(Account Director)*
Lauren Galanek *(Director, Creative Operations)*
John Codling *(Director, Creative)*
Emma Gilding *(Executive Strategy Director)*
Josh Archer *(Director, Digital Strategy & Analytics)*
Karen Abbate *(Director, Creative)*
Victoria Radziunas *(Planning Director)*
Meg McGinley *(Group Director, Production)*
Melissa Krimm *(Director, Group Business)*
Moe Sheikha *(Strategy Director)*
Billy Faraut *(Executive Creative Director)*
Karen Harrison *(Director, Talent, Account Management & Strategic Planning)*
Lucie Greene *(Director, The Innovation Group)*
Scott Kogos *(Director, Operations)*
Jade Kramer *(Director, Analytics & Data Science)*
Cristina Blanco *(Senior Integrated Business Manager)*
Carmen Candelario *(Supervisor, Account)*
Alyssa Haaland *(Manager, Production Resource)*
Sean Kittredge *(Manager, Account)*
Jesse Girard *(Manager, Account)*
Lauren Eberhardt *(Executive Producer)*
Julie Cid *(Associate Director, Creative)*
Mary Choi *(Coordinator, New Business - North America)*

Accounts:
Amtrak
AstraZeneca Pharmaceuticals LP
Beringer Vineyards
Black Opal
Bloomberg L.P.
Bose Corporation
Buitoni
Bydureon
Byetta
Calphalon
Castello di Gabbiano
Cellar No. 8
Chateau St. Jean
Clinique Cosmetics
Cobra-Puma Golf
Coldstream Hills
Colores del Sol
Coppertone
Crock-Pot
Devil's Lair
Etude
Google, Inc.
Grand Marnier
Greg Norman Estates
HSBC USA, Inc.
Irwin
Kaopectate
Killawarra
Knorr
Lenox
Leo Buring
Lindemans
Lotrimin
MAC Cosmetics
Matua Valley
Meridian Vineyards
Mildara Blass
MiraLAX

Newell Brands, Inc.
Northwell Health
Paper Mate
Phillips
Puma North America, Inc.
Puma North America, Inc.
Remicade
Rock and Roll Hall of Fame + Museum, Inc.
Rolex Watch USA
Rosemount
Rubbermaid
Sbragia
Seppelt
Sharpie
Simponi
Souverain
St. Clement
Stags' Leap
Stouffer's
Stouffer's
Stouffer's Corner Bistro
SunSilk
Symbicort
T. Rowe Price Group, Inc.
TAZ
The Little Penguin
Tollana
Treasury Wine Estates
Wild Turkey
Wild Turkey Rare Breed
Wolf Blass
Wynns Coonawarra Estates

WUNDERMAN THOMPSON
1055 Thomas Jefferson Street, NW
Washington, DC 20007-5259
Tel.: (202) 625-2111
Fax: (202) 424-7900
Web Site: washingtondc.wunderman.com

Employees: 100
Year Founded: 1958

Discipline: Full Service/Integrated

Tuesday Poliak *(Chief Creative Officer & Executive Vice President - Wunderman Thompson Health)*
Sara Collis *(Senior Vice President Insights & Innovation)*
Samantha Scheidler *(Senior Vic President & Group Account Director)*
Deney Lam *(Vice President, Marketing Intelligence - Wunderman Thompson Health)*
Lindsay Lam *(Director, Insights & Innovation)*
Josephine Chen *(Associate Creative Director)*
Jen Perry *(Director, Analytics & Strategy)*
Nathan Gomez *(Associate Creative Director)*
Brittany Barre *(Account Supervisor)*
Mike Duke *(Managing Director)*

Accounts:
Novo Nordisk Pharmaceuticals, Inc.

WUNDERMAN THOMPSON
233 North Michigan Avenue
Chicago, IL 60601-5519
Tel.: (312) 596-2500
Fax: (312) 596-2600
Web Site: www.jwt.com/en/chicago

Employees: 100
Year Founded: 1958

Discipline: Full Service/Integrated

Janie Libles *(Chief Talent Officer)*
Melissa Dorko *(Chief Growth Officer)*

Brands. Marketers. Agencies. Search Less. Find More.
Try out the online version at www.winmo.com

434

FULL SERVICE/INTEGRATED AGENCIES
AGENCIES - JULY, 2020

Ian Sohn *(Chief Executive Officer - Central Region)*
Pat Petschel *(Senior Vice President & Client Service Director)*
Jack Hennessy *(Senior Digital Strategy Lead)*
Steve Terjeson *(Director, Analytics)*
Nick Mizera *(Digital Analytics Manager)*
Abigail Ward *(Project Manager - Wunderman Thompson Health)*

WUNDERMAN THOMPSON
2010 Main Street
Irvine, CA 92614
Tel.: (949) 754-2000
Fax: (949) 754-2001
Web Site: www.wundermanthompson.com

Employees: 400
Year Founded: 1958

Discipline: Full Service/Integrated

Jeff Browe *(Managing Director)*
Andrew Solmssen *(President - California)*
Liz Valentine *(Chief Executive Officer)*
Craig Evans *(Chief Creative Officer)*
Susie Lim *(Senior Vice President & Creative Director)*
Zoe Frank *(Vice President, Account Management)*
Valerie Carlson *(Executive Creative Director)*
Jamie Friedman *(Account Director)*
Kristyn Washburn *(Copywriter)*

Accounts:
Samsung Electronics America, Inc.

WUNDERMAN THOMPSON
160 Bloor Street East
Toronto, ON M4W 3P7
Tel.: (416) 926-7300
Web Site: www.jwt.com/en/canada

Year Founded: 1958

Discipline: Full Service/Integrated

Jeff Dack *(Chief Executive Officer - Canada)*
Kevin Flynn *(Senior Vice President, Strategy & Analytics)*
Sue Stephenson *(Director, Agency Operations)*
Ken St. Germain *(Data Operations Manager)*
Emma Cunningham *(Strategist)*
Scott Miskie *(Executive Vice President & Managing Director)*

Accounts:
Faslodex
Rogers Cable Communications, Inc.
Royal Canadian Mint

WUNDERMAN THOMPSON ATLANTA
3630 Peachtree Road Northeast
Atlanta, GA 30326
Tel.: (404) 365-7300
Fax: (404) 365-7377
Web Site: www.jwt.com/en/atlanta

Employees: 113
Year Founded: 1945

Discipline: Full Service/Integrated

Kim Bohlayer *(Executive Producer & Senior Partner)*
Carrie Philpott *(President)*
Spence Kramer *(Chief Executive Officer)*
Andrea Villa *(Business Director - Brand Messaging)*

Sean McNeeley *(Group Account Director)*
Sunni Thompson *(Director, Content Marketing)*
Christine Smith *(Head, New Business)*
Lucas Heck *(Director, Creative)*
Brittany Robinson *(Account Supervisor)*
Chris Wilson *(Managing Director, Client Services)*

Accounts:
Atlanta Falcons Football Club
Brother International Corporation
Brother Printers
Build-A-Bear Workshop, Inc.
Church's Chicken
FEMA
FloodSmart
Jiffy Lube
Kumho Tire USA, Inc.
Pennzoil
Pennzoil Ten Minute Oil Change
Quaker State
Shell Lubricants
Shell Oil Company
U.S. Marine Corps

WUNDERMAN THOMPSON SEATTLE
414 Olive Way
Seattle, WA 98101
Tel.: (206) 341-9885
Fax: (206) 749-9868
Web Site: www.wundermanthompson.com

Employees: 50
Year Founded: 2011

Discipline: Full Service/Integrated

Shane Atchison *(Chief Executive Officer)*
Adam Wolf *(Chief Technology Officer - Americas)*
Gus Weigel *(Chief Financial Officer - Americas)*
Martha Hiefield *(Chief Executive Officer - Americas)*
Brandon Geary *(Chief Strategy Officer)*
Justin Marshall *(President - Seattle)*
Beth Nouguier *(Executive Vice President, Accounts)*
Jason Ayers *(Senior Vice President, Strategy & Insights)*
Marc Sanford *(Senior Vice President, Strategy & Analytics)*
Jeff Whang *(Vice President, Strategy)*
Seth Garske *(Vice President, Marketing Science)*
Todd Derksen *(Director, Creative)*
Jon Dietrich *(Group Creative Director)*
Kelly Daniels *(Account Director)*
Nicole Michels McDonagh *(Group Creative Director)*
Mike Grigg *(Associate Creative Director)*
Erin Bradley *(Associate Creative Director)*
Victoria Ostrovskaya *(Senior Project Manager)*
Scott Churchill *(Senior Manager, Project & Resource Coordinator)*
Jeff Hasen *(Mobile Strategist - POSSIBLE Mobile)*
Brandon Turner *(Account Supervisor)*
Gareth Jones *(Managing Director - Seattle)*

Accounts:
AT&T Mobility, LLC
AT&T PREPAID
AT&T Wireless

YAMAMOTO
219 North Second Street
Minneapolis, MN 55401
Tel.: (612) 375-0180

Fax: (612) 342-2424
Toll Free: (888) 375-9910
Web Site: www.go-yamamoto.com

Employees: 40
Year Founded: 1979

Discipline: Full Service/Integrated

Kathy McCuskey *(Chief Executive Officer)*
Grant Smith *(Chief Creative Officer)*
Seth Rockers *(Chief Financial Officer)*
Lori Sharbono *(Director, Business Development)*
Amber Graves *(Group Account Director)*
Andy Ross *(Group Account Director)*
Chris Rahill *(Executive Director, Insights & Innovation)*
David Morrisette *(Director, Client Services)*
Shawn Pals *(Group Creative Director)*
Ann Baxter *(Business Development Manager)*
Kelly Bellini *(Operations & Resource Manager)*

Accounts:
Analog Devices, Inc.
BlueCross BlueShield of Minnesota
Cargill, Inc.
CSG Systems International, Inc.
Ecolab, Inc.
Effectv
Lenovo Group Limited
The Toro Company
Walgreen Co.
Walgreens.com

YAMAMOTO
444 North Michigan Avenue
Chicago, IL 60611
Tel.: (312) 822-1100
Web Site: www.go-yamamoto.com

Year Founded: 1979

Discipline: Full Service/Integrated

Brian Wendle *(Director, Business Development)*
Matt Morano *(Managing Director)*

YARD
25 Broadway
New York, NY 10001
Tel.: (212) 625-8372
Fax: (212) 625-1460
Web Site: www.yardnyc.com

Discipline: Full Service/Integrated

Jason Keehn *(Chief Growth Officer)*
Stephen Niedzwiecki *(Chief Creative Officer)*
Ruth Bernstein *(Chief Strategic Officer & Co-Founder)*
Richard Austin *(Executive Creative Director)*
Kate Wiberg *(Human Resources)*
Tennille Teague *(Head, Integrated Production)*
James Denman *(Executive Director, Strategy & Digital Innovation)*
Melissa Shacham *(Group Account Director)*
Teng Phour *(Style Director)*
Caroline Seklir *(Strategist)*
Bobby Bush *(Account Supervisor)*
Emily Green *(Executive Producer)*
Katrina Allick *(Coordinator, Production)*
Jarrod Bull *(Managing Director)*

Accounts:
Athleta
Campari
Crate & Barrel
Crocs

435

AGENCIES - JULY, 2020 — FULL SERVICE/INTEGRATED AGENCIES

David's Bridal, Inc.
John Varvatos
Johnston & Murphy
Restoration Hardware, Inc.
Stonyfield Farm
Tanqueray Gin

YES AND COMPANY
711 Third Avenue
New York, NY 10017
Web Site: www.yesandco.com

Discipline: Full Service/Integrated

Michael Bassik *(Chief Executive Officer)*

YES&
1700 Diagonal Road
Alexandria, VA 22314
Tel.: (703) 823-1600
Web Site: www.yesandagency.com

Year Founded: 2018

Discipline: Full Service/Integrated

Robert Sprague *(President & Chief Executive Officer)*
Greg Kihlstrom *(Chief Technology Officer)*
Jeb Brown *(Chairman & Chief Financial Officer)*
Edith Bullard-Britt *(Senior Vice President, Marketing)*
Romie Stefanelli *(Vice President, Client Services)*
Josh Golden *(Vice President & Senior Creative Director)*
Max Entman *(Vice President, Account Services)*
Ugur Ozkardesler *(Director, Digital)*
Clark Fairfield *(Art Director)*
Ozgur Coruhlu *(Director, UI & UX)*

YESLER
506 Second Avenue
Seattle, WA 98104
Tel.: (206) 512-8946
Web Site: www.yesler.com

Year Founded: 2003

Discipline: Full Service/Integrated

Mike Kichline *(Chief Executive Officer)*
David Jones *(President)*
Shelley Morrison *(Vice President, Account Strategy)*
Richard Miller *(Vice President, Innovation)*
Erin Meismer *(Director, Customer Advocacy)*
Greg Cabrera *(Executive Creative Director)*
Jessica Efta *(Account Director)*
Madison Plancich *(Senior Social Media Manager)*
Gabrielle Haber *(Marketing Operations Program Manager)*
Alexandra Pretto *(Paid Media Campaign Manager)*
Natalie Howard *(Associate Manager, Marketing Automation)*
Carlos Horn *(General Manager)*

YOLO SOLUTIONS
39 South Main Street
Clarkston, MI 48346
Tel.: (248) 421-3260
Web Site: www.yolosolutions.org

Discipline: Full Service/Integrated

Denise McQuillan *(Co-Owner, Creative Director & Strategist)*
John Clarey *(Co-Owner & Design Director)*

YOU SQUARED MEDIA
7026 Old Katy Road
Houston, TX 77024
Tel.: (713) 880-3387
Web Site: www.yousquaredmedia.com

Discipline: Full Service/Integrated

Tracey Cleckler *(President)*
Clarence Estes *(Executive Vice President)*
Sasha Jaramillo *(Senior Account Manager)*
Odalis Garcia *(Account Manager)*
Rose Garza *(Marketing Coordinator)*
Dulce Mota *(Assistant Account Coordinator)*

YOUTECH
387 Shuman Boulevard
Naperville, IL 60563
Tel.: (630) 348-9116
Web Site: www.youtechagency.com

Year Founded: 2012

Discipline: Full Service/Integrated

Wilbur You *(Founder & Chief Executive Officer)*
Michael Norris *(Chief Marketing Officer)*
Lauren Urban *(Chief Operating Officer)*
Frank Hilgers *(Vice President, Technology)*
Nathin Arthur *(Creative Director)*
Carrie Draper *(Accounts Manager)*
Taylor Esch *(Project Manager)*
Lisa Nowak *(Marketing Manager)*
Stephen Kujawa *(Senior Digital Marketing Strategist)*

YOUTECH
5725 North Scottsdale Road
Scottsdale, AZ 85250
Tel.: (480) 616-2248
Web Site: www.youtechagency.com

Year Founded: 2012

Discipline: Full Service/Integrated

Shawn Herrick *(Senior Digital Strategist)*
Micah German *(Paid Advertising Specialist)*
Sarah Pearlstein *(Search Engine Optimization Specialist)*
Colin Treat *(Search Engine Optimization Specialist)*

Z MARKETING PARTNERS
3905 Vincennes Road
Indianapolis, IN 46268
Tel.: (317) 924-6271
Fax: (317) 925-3854
Web Site: www.zmarketingpartners.com

Year Founded: 1950

Discipline: Full Service/Integrated

David Ayers *(Director, Public Relations)*
Rich Lunseth *(Creative Director)*
Rick Doyle *(Interactive Media Director)*
Allan Zukerman *(Chairman & Chief Executive Officer)*

ZEHNDER COMMUNICATIONS, INC.
365 Canal Street
New Orleans, LA 70130
Tel.: (504) 558-7778
Fax: (504) 558-7779
Toll Free: (877) 558-7778
Web Site: www.z-comm.com

Employees: 27
Year Founded: 1996

Discipline: Full Service/Integrated

Jeffrey Zehnder *(Chief Executive Officer)*
Shea Duet *(Partner & Manager, Creative Operations & Integration)*
Dave Maher *(Chief Digital Officer)*
Jeremy Hunnewell *(Chief Financial Officer & Business Strategist)*
William Gilbert *(Associate Creative Director)*
Erin Matthews *(Media Supervisor)*
Kate Lundin *(Media Director)*
Craig Shultz *(Director, Project Management)*
Erin Martin *(Account Executive)*
Katie Campbell *(Account Executive)*
Rob Hudak *(Director, Interactive Creative)*
Carol Tamporello *(Office Manager)*
Laura Gould *(Business Development Manager)*
Allison Stiel *(Social Media Manager)*
Lindsey Gonzales *(Media Planner & Buyer)*
Katherine Simon Andry *(Account Supervisor)*
Ellen Altamirano *(Social Media Manager)*
Henry Rotering *(Digital Project Manager)*
Katherine Andry *(Account Supervisor)*
Emily Jones *(Digital Media Planner & Buyer)*
Kristen Shaw *(Community Manager)*
Elliot Hutchinson *(Public Relations Manager)*
Stephanie Funti *(Human Resources Manager)*
Jennifer Booth Edelman *(Strategist, Social Media)*
Katie Kehler *(Project Manager)*
Nick Payne *(Supervisor, Project Management)*
Tambry Reed Slavich *(Senior Manager, Public Relations)*
Kevin Bekker *(Senior Digital Brand Strategist)*
Mike Hartnett *(Digital Media Specialist)*
Dante Nicholas *(Social Media & Marketing Strategist)*
Madeline Stackhouse *(Research & Analytics Specialist)*
Alyssa Braden *(Account Executive, Public Relations)*

Accounts:
Central Dupage Health
Central Dupage Hospital
Chila 'Orchata
Ericsson, Inc.
General Electric Corporation
Gran Gala
Louisiana State Lottery Corporation
Piccadilly Restaurants, LLC

ZEHNDER COMMUNICATIONS, INC.
2030 Lindell Avenue
Nashville, TN 37203
Tel.: (615) 880-2300
Fax: (615) 880-2310
Toll Free: (877) 558-7778
Web Site: www.z-comm.com

Year Founded: 1996

Discipline: Full Service/Integrated

Henry Chassaignac *(President & Executive Creative Director)*
Beth Swayne *(Associate Director, Account Services)*
Christina Maltese *(Senior Account Executive)*

FULL SERVICE/INTEGRATED AGENCIES
AGENCIES - JULY, 2020

ZEHNDER COMMUNICATIONS, INC.
4311 Bluebonnet Boulevard
Baton Rouge, LA 70809
Tel.: (225) 243-5302
Fax: (225) 243-5307
Web Site: www.z-comm.com

Year Founded: 1996

Discipline: Full Service/Integrated

Ann Edelman *(Vice President, Public Relations & Media)*
Jennifer Boneno *(Vice President, Client Development)*
Minette Chan *(Senior Media Buyer & Planner)*

Accounts:
Central Dupage Health
Central Dupage Hospital
Piccadilly Restaurants, LLC

ZGM COLLABORATIVE MARKETING
1324 17th Avenue Southwest
Calgary, AB T2T 5S8
Tel.: (403) 770-2250
Fax: (403) 770-2255
Web Site: www.zgm.ca

Year Founded: 1999

Discipline: Full Service/Integrated

Rob Fairhead *(Partner & Director, Partner Results)*
Mario Amantea *(Partner & Chief Operating Officer)*
Peter Bishop *(Partner & Director, Conversion)*
Dan King *(President & Partner)*

ZIMMERMAN ADVERTISING
6600 North Andrews Avenue
Fort Lauderdale, FL 33309-3069
Tel.: (954) 644-4000
Toll Free: (800) 248-8522
Web Site: www.zadv.com

Employees: 1000
Year Founded: 1985

Discipline: Full Service/Integrated

Jordan Zimmerman *(Founder & Chairman)*
David Nathanson *(Chief Creative Officer)*
Michael Goldberg *(Chief Executive Officer)*
Mitchell Hershey *(President - Nissan Division)*
Cliff Courtney *(Chief Strategy Officer & Executive Vice President)*
Jeff Pearson *(Chief Client Officer)*
Adam Herman *(Executive Vice President & Chief Integrated Media Officer)*
Michael Angelovich *(Chief Strategy Officer)*
Jim Heidelberg *(Chief Retail Strategy Officer)*
Brad Higdon *(Chief Marketing Officer)*
Ronnie Haligman *(President)*
Lisa Branigan *(Executive Vice President & Director, Integrated Media)*
Carol Koepke *(Executive Vice President & Group Account Director)*
Steve Gall *(Executive Vice President, Automotive)*
Dan Gitlitz *(Senior Vice President & Group Creative Director)*
Jill Schneider-Sutcliffe *(Senior Vice President & Group Operations Director)*
Lisa Rossi *(Senior Vice President & Group Account Director)*
Jennifer Austin *(Senior Vice President & Media Director)*
Monai Vano *(Senior Vice President & Director, Group Account)*
Sonia Grunbaum *(Vice President, Marketing)*
Jody Sadler *(Vice President & Group Media Planning Director)*
Shannon Spence *(Vice President & Director, Digital Media)*
Richard Ash *(Vice President & National Field Director)*
Kristin Regan *(Vice President & Group Account Director)*
Terri Papp *(Vice President & Director, Integrated Media Buying)*
Laura Duane *(Vice President & Director, Strategy)*
Sharon Feuer *(Vice President & Integrated Media Buying Director)*
Charles DeLong *(Creative Director)*
Lee Gonzalez *(Executive Creative Director)*
David Bork *(Group Integrated Media Planning Director)*
Riccardo Sabioni *(Creative Director)*
Liz Torrents *(Director, Broadcast Traffic)*
Steven Waterman *(Group Integrated Media Director)*
Kevin Wood *(Associate Technology Director)*
Katherine Perez *(Account Director)*
Travis McClure *(Account Director)*
Allie Rubin *(Group Account Director)*
Austin Butler *(Integrated Digital Media Director)*
Mackenzie Chaudhry *(Associate Media Director)*
Alexandra Gormann *(Associate Director, Content Strategy)*
Brittney Wright *(Director, Account Management - McDonald's)*
Nicole Fortier *(Broadcast Business Director)*
Manny Soto *(Account Director)*
Erman Erkur *(Associate Creative Director)*
Tamara Boggis *(Associate Creative Director)*
Shawn Renshaw *(Media Supervisor)*
Jennifer Galer *(Senior Media Buyer)*
Maria Ortiz *(Media Buying Supervisor)*
Michelle Hall *(Integrated Media Buying Supervisor - Broadcast Activations)*
Cody Morrow *(Director, Programmatic Trading)*
Carly Stevens *(Integrated Media Planner)*
Matthew Kaye *(Planning Supervisor- Nissan Division)*
Bianca Brody *(Production Manager- Nissan Division)*
Andrea Mettraux *(Account Supervisor)*
Ben Zackheim *(Senior Account Executive)*
Andrea Bustios *(Integrated Media Planner)*
Andrea Castillo *(Assistant Broadcast Production)*

Accounts:
AutoNation, Inc.
Broward Health
Chuck-E-Cheese
Consolidated Credit Counseling Services
ConsolidatedCredit.org
Five Below
Gabriel Brothers, Inc.
Hair Cuttery
Homestead-Miami Speedway
Kay Jewelers
La-Z-Boy, Inc.
Lazydays RV SuperCenter
McDonald's
Michaels
Papa John's International
Party City Corporation
Pure Barre
The RoomPlace
Urban Air Adventure Park

ZIZZO GROUP ADVERTISING & PUBLIC RELATIONS
207 North Milwaukee Street
Milwaukee, WI 53202
Tel.: (414) 319-5700
Fax: (414) 319-5717
Web Site: www.zizzogroup.com

Employees: 30

Discipline: Full Service/Integrated

Anne Zizzo *(President & Chief Executive Officer)*
Sue Colegrove *(Executive Vice President, Integrated Marketing)*
Lisa Ehlke *(Vice President, Public Relations)*
Stephen Scholler *(Associate Creative Director)*
Kristy Tlachac *(Senior Media Buyer & Planner)*
Becky Binns *(Media Buyer & Planner & Project Manager - AE)*
Kristin Bayer *(Senior Account Executive)*

Accounts:
Milwaukee Brewers Baseball Club

ZLR IGNITION
303 Watson Powell Jr. Way
Des Moines, IA 50309
Tel.: (515) 244-4456
Fax: (515) 244-5749
Web Site: www.zlrignition.com

Year Founded: 1987

Discipline: Full Service/Integrated

Louis Laurent *(Chairman)*
James Anfinson *(Chief Financial Officer & Vice President)*
Xan McNelly *(President & Chief Executive Officer)*
Bill Brewer *(Senior Vice President)*
Jason Boucher *(Vice President, Client Services)*
Jess Kennedy *(Senior Digital Media Strategist)*
Bob Delsol *(Executive Creative Director)*
Philip Schriver *(Associate Creative Director)*
Joshua Ladd *(Senior Account Manager, Business Development)*

Full Service/Integrated Agencies

INNOVATION AGENCIES

ACTIVE INTERNATIONAL
One Blue Hill Plaza
Pearl River, NY 10965
Tel.: (845) 735-1700
Fax: (845) 735-0717
Web Site: www.activeinternational.com

Year Founded: 1984

Discipline: Innovation

Alan Brown (President - Active International Holdings)
Alan Elkin (Co-Founder & Chief Executive Officer)
Arthur Wagner (Co-Founder & President)
Gary Steinbeck (Chief Financial Officer & Executive Vice President)
Dennis Quinn (Chief Revenue Officer)
Bill Georges (Global Chief Operating Officer)
Barbara Martino (Chief Revenue Officer - U.S. Core Business)
Elizabeth Topazio (President, Travel)
Hector Rodriguez (President - Active Freight & Logistics)
Kevin Farkas (President, Sales Operations & Chief Risk Officer)
Dominic Bencivenga (Chief Sales Officer - Global Travel)
Lisa Brown (Global Chief Strategy & Business Development Officer)
Dayna Elkin-Frank (General Counsel)
Jonathan Arm (Chief Investment Officer - National Broadcast & Senior Vice President)
Andrew Bulmer (President & Managing Director, Canada)
Bethany Harris (Executive Vice President, Agency Alliance Group)
Bob Pankuck (Executive Vice President, Client Management)
Liz Margolis (Executive Vice President, Corporate Operations & Planning)
Anat Gilad (Executive Vice President, Retail Merchandising)
Bob O'Neill (Executive Vice President & Media Director)
John Ruscin (Executive Vice President, Strategic Development)
James Meskauskas (Executive Vice President & General Manager, Strategy & Planning)
Kathy McGrath (Senior Vice President & Director, Digital Trade)
Doug Roeder (Senior Vice President, New Business Development)
Robert Acquaotta (Senior Vice President, Integrated Media)
Jeff Marder (Senior Vice President, Strategic Partners)
Tom Turner (Senior Vice President, Direct Response Media)
Catherine Boera (Senior Vice President & Director, Communications Planning)
George Kreis (Senior Vice President, Entertainment & Financial Services)
Casey Riccaldo (Senior Vice President, Digital Client Strategy)
George Blunt (Senior Vice President, Client Management)
Cecilia Barossi (Senior Vice President, Media Relations)
Andrew Frank (Senior Vice President, Sales & Merchandise Sales)
Diahanna Watson (Senior Vice President, Sales & Client Management)
Darren Riley (Senior Vice President)
Jon Lumerman (Senior Vice President - Digital)
Susanne Morello (Senior Vice President, Media)
Cristina Maramonte Dillow (Vice President & Account Director)
Steve Goldberg (Vice President & Associate Director, Planning)
Liam Moran (Vice President & Associate Planning Director)
James Ferguson (Vice President, Media Platforms & Advertising Operations)
Mark Spencer (Vice President, Sales Strategy & Partner Solutions)
Kimberly Presnail (Vice President, Marketing & Culture)
Mimi Salviato (Vice President, Media)
Monica So (Vice President, Financial)
Ron Malecot (Director, Sales Operations)
Corinne Chomiak Littleton (Senior Account Director, Media Relations)
Esther Tak (Group Account Director, Digital)
Christina Tasch (Associate Director, Print Media)
Lisa Gronsky (Director, Strategic Development)
Christine Lako (Director, Marketing)
Gurjit Bath (Director, New Business Development)
Hillary Nguyen (Supervisor, Media)
James Holden (Director, Merchandise Sales)
Scott Miles (Senior Director, Client Solutions)
Patti Malloy (Manager, Sales Administration)
Ellen Bennett (Senior Buyer, Direct Response)
Noreen Dambrot (Senior Buyer, Media)
Christine Chesterman (Senior Buyer, Media)
Stephanie Lauro (Senior Buyer, Integrated Media)
Andrew Pearlman (Senior Manager, Digital Trade)
Diane Luisi (Senior Media Buyer, Direct Response TV)
Joanna Gardini (Supervisor, Direct Response)
Jacquelyn Hatton (Media Buyer, Integrated)
Jessica Vera (Associate Media Buyer, Digital)
Scott Lisk (Senior Media Buyer, Digital)
Andrea Lloyd (Senior Key Account Buyer)
Dustin Metcalf (Supervisor, Media)
Jodi Graham (Manager, Media)
Salvatore Ragusa (Media Market Specialist)
Eric Cole (Senior Specialist, Media Market - Unwired Local TV Media Buying)
Heather Wennerholm (Senior Specialist, Media Market)
Mariana Kogut (Specialist, Media Market)
Beverly Whyte VanDerSlagt (Senior Key Account Buyer)
Charlie Bossy (Associate Key Account Buyer)
Christine Ermen (Lead Account Buyer)
Denise Murray (Key Media Buyer)
Lisa Attridge (Key Account Administrator)
Luke Lynett Howes (Associate Buyer, Key Account)
Victoria McMinn (Key Account Administrator, Canadian Media)
Samantha Perrone (Coordinator, New Business)

Accounts:
Kikkoman

ANALOGFOLK
122 West 27th Street
New York, NY 10001
Tel.: (917) 444-5922
Web Site: www.analogfolk.com/

Year Founded: 2008

Discipline: Innovation

Jim Wood (Partner & Creative Director)
Bill Brock (Founder)
Ruth Sreenan (Executive Vice President, Operations - U.S.)
Roland James (Associate Design Director)
Tina Cordes (Director, Strategy)
Michelle Choi (Associate Director, Data Strategy)
Claudeland Louis (Associate Creative Director)
Lavell Charlemagne (Senior Finance Manager)
Karen Staughton (Associate Director, Strategy)
Sina Iranikhah (Senior Strategist)
Kunal Muzumdar (Partner & Managing Director)

Accounts:
Blink Fitness
Johnnie Walker
Nike Men's Training
Nike Women's Training

BOILING POINT MEDIA
7801 North Robinson
Oklahoma City, OK 73116
Tel.: (405) 286-9635
Web Site: https://boilingpointmedia.com/

Year Founded: 2005

Discipline: Innovation

Ryan Bellgardt (Production Manager)
Josh McKamie (Senior Producer)
Kelly OConnor (Operations Manager & Senior Media Buyer)
Andy Swanson (Editor, Film)

GROUPM NEXT
622 Emerson Road
Saint Louis, MO 63141
Tel.: (314) 682-2100
Fax: (314) 682-2037
Web Site: www.groupmnext.com/

Employees: 30
Year Founded: 2012

Discipline: Innovation

Joseph Kowan (Senior Search Strategist - MEC)

PHENOMENON
5900 Wilshire Boulevard
Los Angeles, CA 90036
Tel.: (323) 648-4000
Web Site: www.phenomenon.com

Year Founded: 2006

Discipline: Innovation

AGENCIES - JULY, 2020
INNOVATION AGENCIES

Krishnan Menon *(Chairman & Chief Executive Officer)*
Jason De Turris *(Chief Strategy Officer)*
Kali Cushing *(Brand Director)*
Andrew Vranicar *(Head, Innovation)*
Martin Heaton *(Group Strategy Director)*
Ali Martin Filsoof *(Director, Design)*
Ryan Stoner *(Group Director, Strategy)*
Spencer Cook *(Associate Creative Director & Copywriter)*
Ted Kapusta *(Creative Director)*

Accounts:
Mr Cooper

PSFK
536 Broadway
New York, NY 10012
Tel.: (646) 520-4672
Web Site: www.psfk.com

Year Founded: 2004

Discipline: Innovation

Piers Fawkes *(Editor in Chief)*
Hedyeh Parsia *(Partner & Events Director)*

440

MARKET RESEARCH AGENCIES

451 RESEARCH
101 Federal Street
Boston, MA 02110
Tel.: (212) 505-3030
Web Site: www.451research.com

Discipline: Market Research

Jordan McKee *(Research Director)*
Emily Sandler *(Marketing Operations Manager)*

84.51
100 West Fifth Street
Cincinnati, OH 45202
Tel.: (513) 632-1020
Web Site: www.8451.com

Year Founded: 2015

Discipline: Market Research

Stuart Aitken *(Chief Executive Officer)*
Milen Mahadevan *(Chief Operating Officer)*
Bob Welch *(Senior Vice President, Communications & Media Services - Kroger)*
Michael Wilhite *(Vice President, Data Strategy)*
Dave Palm *(Senior Vice President, Operations)*
Damian Dotterweich *(Communications Manager)*

ABERDEEN GROUP, INC.
60 Hickory Drive
Waltham, MA 02451
Tel.: (617) 854-5200
Fax: (617) 723-7897
Toll Free: (800) 577-7891
Web Site: www.aberdeen.com

Year Founded: 1988

Discipline: Market Research

Keith Blackwell *(Chief Operating Officer)*
Charlie Tarzian *(President & Chief Innovation Officer)*
Andrew Connelly *(Senior Vice President, Corporate Development & Strategic Alliances)*
Jim Rapoza *(Director, Research)*
Jessie Coan *(Vice President, Marketing)*

ACUPOLL RESEARCH
1001 Ford Circle
Milford, OH 45150
Tel.: (513) 943-0020
Fax: (513) 943-0029
Web Site: www.acupoll.com

Discipline: Market Research

Ericca Dennehy *(Vice President, Account Management)*
George Brown *(Vice President, Client Development)*

AD MARK SERVICES
2107 Elliott Avenue
Seattle, WA 98121
Tel.: (206) 448-8850
Fax: (206) 448-8634
Web Site: www.admarkservices.com

Year Founded: 1991

Discipline: Market Research

Floyd Kolmer *(President)*
Laura Szczes *(Vice President & Account Director)*

ADDED VALUE
11 Madison Avenue
New York, NY 10010
Tel.: (212) 532-5500
Web Site: www.added-value.com

Year Founded: 1988

Discipline: Market Research

Maggie Taylor *(Chief Executive Officer - North America)*
Jordan Lucoff *(Vice President, Growth & Strategy - Kantar Brandstage)*

ADVOCATES FOR HUMAN POTENTIAL
490-B Boston Post Road
Sudbury, MA 01776
Tel.: (978) 443-0055
Fax: (518) 274-0416
Web Site: www.ahpnet.com/

Employees: 7
Year Founded: 1980

Discipline: Market Research

Darrell Berman *(Senior Director, Health Care Marketing)*
Alexandra Gasper *(Director, New Business Development)*

AEFFECT, INC.
740 Waukegan Road
Deerfield, IL 60015
Tel.: (847) 267-0169
Fax: (847) 267-0172
Web Site: www.aeffect.com

Year Founded: 1994

Discipline: Market Research

Michelle Kuhn *(Chief Executive Officer)*
Luis Aguilan *(Vice President, Finance & Operations)*

AFFECTIVA, INC.
53 State Street
Boston, MA 02109
Tel.: (781) 996-3037
Fax: (781) 642-7300
Toll Free: (888) 220-3944
Web Site: www.affectiva.com/

Year Founded: 2009

Discipline: Market Research

Rana el Kaliouby *(Chief Executive Officer & Co-Founder)*
Gabi Zijderveld *(Chief Marketing Officer)*
Andy Zeilman *(Chief Strategy Officer)*
Jay Turcot *(Vice President, AI)*
Mary Ann Fusi *(Senior Director, Business Development & Strategic Partnerships)*
Ashley McManus *(Director, Global Marketing)*
Sarah Ward *(Director, Operations)*
Michael Gionfriddo *(Product Manager - Mobility AI)*
Ashleen Bershad *(Event Manager)*
Isabela Daudt *(Marketing Analytics Manager)*

AGENCY SQUID
414 North Third Avenue
Minneapolis, MN 55401
Tel.: (612) 799-6613
Web Site: www.agencysquid.com

Year Founded: 2016

Discipline: Market Research

Miles Marmo *(Co-Founder, Partner & Director, Integrated Marketing)*
Brent Marmo *(Co-Founder)*

Accounts:
White Claw Hard Seltzer

AIM RESEARCH
1900 Solano Drive
El Paso, TX 79935
Tel.: (915) 591-4777
Fax: (915) 595-6305
Web Site: www.aimresearch.com

Employees: 18
Year Founded: 1969

Discipline: Market Research

Linda Adams *(Owner & Director, New Business)*
Joy Gallegos *(Associate Director)*

ALAN NEWMAN RESEARCH
1025 Boulders Parkway
Richmond, VA 23225
Tel.: (804) 272-6100
Fax: (804) 272-7145
Web Site: www.anr.com

Employees: 20
Year Founded: 1978

Discipline: Market Research

Alan Newman *(Chairman & Chief Executive Officer)*
Dan Hough *(President)*
Hugh Martin *(Chief Financial Officer)*
Terry Brisbane *(Vice President, Field Services)*

ARIA MARKETING, INC.
73 Chapel Street
Newton, MA 02458
Tel.: (617) 332-9999
Fax: (617) 558-5915
Web Site: www.ariamarketing.com

Employees: 12
Year Founded: 1999

Discipline: Market Research

Brands. Marketers. Agencies. Search Less. Find More.
Try out the online version at www.winmo.com

MARKET RESEARCH AGENCIES

Scott Collins *(President)*
Jessica Cohen *(Executive Vice President)*
Ashley Owen *(Senior Account Executive)*

Accounts:
Virgin Pulse

ASSOCIATION OF NATIONAL ADVERTISERS
Ten Grand Central
New York, NY 10017
Tel.: (212) 697-5950
Fax: (212) 867-7310
Web Site: www.ana.net

Year Founded: 1910

Discipline: Market Research

Bob Liodice *(President & Chief Executive Officer)*
Nick Primola *(Executive Vice President, Head, CMO Practice & Industry Leadership)*
Christine Manna *(President & Chief Operating Officer)*
Robert Rothe *(Group Executive Vice President & Chief Information Officer)*
Duke Fanelli *(Executive Vice President & Chief Marketing Officer)*
Vivian Frouxides *(Vice President, CMO Practice & Industry Leadership)*
Bill Duggan *(Group Executive Vice President)*
Kathleen Hunter *(Executive Vice President)*
Brian Davidson *(Senior Vice President, Member Relations)*
Marni Gordon *(Senior Vice President, Committees & Conferences)*
Andrea Kislan *(Senior Vice President, Finance & Administration)*
Shepard Kramer *(Senior Vice President, CMO Practice)*
Kristen McDonough *(Senior Vice President, Conferences)*
Mark Galliher *(Vice President, Marketing Communications)*
Lisa Guhanick *(Vice President, Marketing)*
Barbara Markfield *(Vice President, Membership)*
Debbie Rath *(Director, Member Relations)*
Christopher Scirocco *(Director, Membership Operations)*
Robert Marold *(Senior Director, Member Relations)*
Josh Stoller *(Senior Director, Sponsorship & Partner Programs)*
Erin Becker *(Creative Director)*
Andrew Eitelbach *(Senior Director, Marketing & Communications)*
Kerry Breen *(Director, Content Strategy)*
Angela Mootz *(Director, Sponsorships & Partner Programs)*
Mary Anne Farrell *(Manager, Information Services)*
Rolando Mendoza *(Database Administrator)*

ASSOCIATION OF NATIONAL ADVERTISERS
2020 K Street Northwest
Washington, DC 20006
Tel.: (202) 296-1883
Fax: (202) 296-1430
Web Site: www.ana.net

Year Founded: 1910

Discipline: Market Research

Dan Jaffe *(Group Executive Vice President, Government Relations)*
Keith Scarborough *(Senior Vice President, Government Relations)*
David Buzby *(Senior Director, Government Relations)*
Meghan Salome *(Senior Manager, Government Relations)*

BARE INTERNATIONAL
3702 Pender Drive
Fairfax, VA 22030
Tel.: (703) 591-9870
Fax: (703) 591-6583
Toll Free: (800) 296-6699
Web Site: www.bareinternational.com

Discipline: Market Research

Dale Bare *(Chief Executive Officer)*
Michael Bare *(President & Owner)*
Lynne Brighton *(Senior Vice President)*
Guy Caron *(Vice President & Managing Director)*

BECKETT & BECKETT, INC.
1051 East Altadena Drive
Altadena, CA 91001-2040
Tel.: (626) 791-7954
Fax: (626) 791-0579
Toll Free: (800) 335-8797
Web Site: www.beckettadv.com

Employees: 10
Year Founded: 1967

Discipline: Market Research

Sharon Beckett *(Managing Partner)*
Edward Beckett *(Founder & Chief Creative Officer)*

BELLOMY RESEARCH
175 Sunnynoll Court
Winston-Salem, NC 27106
Tel.: (336) 721-1140
Fax: (336) 721-1597
Toll Free: (800) 443-7344
Web Site: www.bellomyresearch.com

Year Founded: 1976

Discipline: Market Research

Jeff Goldman *(Senior Vice President & Account Director)*
Todd Jordan *(Vice President, Account Management)*
Matt Gullett *(Vice President, Platform Technologies)*
Courtney Dooley *(Vice President, Client Services)*

BOSTON RESEARCH GROUP
One Ash Street
Hopkinton, MA 01748-1896
Tel.: (508) 497-2555
Fax: (508) 497-2592
Web Site: www.bostonresearchgroup.com

Discipline: Market Research

James Fazzio *(Founding Partner & President)*
Paul McClanahan *(Owner & Partner)*
Paul Flaxman *(Vice President)*
Chuck Miller *(Vice President)*

BRAUN RESEARCH, INC.
271 Wall Street
Princeton, NJ 08540
Tel.: (609) 279-1600
Fax: (844) 223-9189
Web Site: www.braunresearch.com

Discipline: Market Research

Paul Braun *(President)*
David Oshman *(Senior Vice President, Client Relations)*
Shayne Poole *(Senior Vice President)*

BRC FIELD & FOCUS SERVICES
45 East Monterey Way
Phoenix, AZ 85012
Mailing Address:
Post Office Box 13178
Phoenix, AZ 85002-3178
Tel.: (602) 699-5016
Fax: (602) 252-2729
Web Site: www.brc-field.com

Discipline: Market Research

Jim Haynes *(President)*
Suzanne De Berge *(Senior Vice President & Chief Financial Officer)*
Richard Kamer *(Vice President, Operations)*
Earl De Berge *(Research Director)*
Bruce Hernandez *(Research Director)*

BROOKS-ROSE MARKETING RESEARCH, INC.
515 Madison Avenue
New York, NY 10022
Tel.: (212) 829-0888
Fax: (212) 829-0076
Web Site: www.brooks-rose.com

Discipline: Market Research

Mitchell Brooks *(President)*
Melanie Rosen *(Vice President & General Manager)*

BRUNO & RIDGWAY RESEARCH ASSOCIATES
3131 Princeton Pike
Lawrenceville, NJ 08648
Tel.: (609) 895-9889
Fax: (609) 895-6665
Web Site: www.brra.com

Employees: 30
Year Founded: 1970

Discipline: Market Research

Joe Ridgway, Sr. *(Chairman)*
Joseph Ridgway, Jr. *(President)*
Bret Presser *(Senior Vice President)*

BURKE, INC.
500 West Seventh Street
Cincinnati, OH 45203
Tel.: (513) 684-7656
Fax: (513) 684-7500
Toll Free: (800) 806-0183
Web Site: www.burke.com

Employees: 250
Year Founded: 1931

Discipline: Market Research

MARKET RESEARCH AGENCIES
AGENCIES - JULY, 2020

Diane Surette *(President & Chief Client Officer)*
Greg Van Scoy *(Senior Vice President, Client Services)*
Michael Webster *(Senior Vice President, Research Solutions)*
Andrew Ma *(Senior Vice President, Client Services & Member of the Board)*
Thani Farrar *(Senior Vice President, Client Services)*
Christie Reckman *(Vice President, Client Services)*
Kim Hardin *(Client Services Specialist)*
Penny Schenkel *(Client Experience Manager)*

C SPACE
290 Congress Street
Boston, MA 02210
Tel.: (617) 316-4000
Fax: (617) 923-3446
Web Site: www.communispace.com

Employees: 94
Year Founded: 1999

Discipline: Market Research

Gary Arena *(Chief Financial Officer)*
Charles Trevail *(Chief Executive Officer)*
Franco Bonadio *(Chief Creative Officer)*
Jessica DeVlieger *(President - Americas)*
Julie Wittes Schlack *(Senior Vice President, Innovation & Design)*
Manila Austin *(Vice President, Research)*
Dan Lake *(Vice President & Head, New Business)*
Elizabeth Roberts *(Managing Director & Vice President, Global Operations)*
Bill Alberti *(Chief Client Officer)*
Rebecca Mackenzie *(Director, Product Management)*
Paul Koelle *(Director, Sales Development & Operations)*
Angela Kesselman *(Associate Director)*
Lindsay Sullivan *(Director, Business Development)*
Sarah Timmings *(Associate Director, Innovation)*
Kayla Kaufman *(Associate)*

Accounts:
PeaPod, Inc.
Stop & Shop Supermarket Companies, Inc.

CAMPOS INC
960 Penn Avenue
Pittsburgh, PA 15222
Tel.: (412) 471-8484
Fax: (412) 471-8497
Web Site: www.campos.com

Employees: 13
Year Founded: 1986

Discipline: Market Research

Yvonne Campos *(Founder)*
Barbara Theobald *(Chief Operating Officer)*
A.J. Drexler *(Chief Executive Officer)*
Kelli Best *(Director, Field & Fulfillment)*

CENTER FOR MARKETING INTELLIGENCE
330 South 34th Street
New York, NY 10022
Tel.: (917) 265-2299
Web Site: http://www.interpublic.com/our-agencies/

Employees: 20
Year Founded: 1970

Discipline: Market Research
Robin Feuerstein *(Director)*
Barbara Silverbush *(Strategic Intelligence Analyst)*
Jennifer Sain *(Strategic Intelligence Analyst)*

CHADWICK MARTIN BAILEY
Two Oliver Street
Boston, MA 02109
Tel.: (617) 350-8922
Fax: (617) 451-5272
Web Site: www.chadwickmartinbailey.com

Employees: 35
Year Founded: 1984

Discipline: Market Research

Anne Bailey Berman *(Chairman)*
Jim Garrity *(Chief Executive Officer)*
Amy Modini *(Vice President & Practice Leader)*

CHIEF OUTSIDERS
4801 Woodway Drive
Houston, TX 77056
Tel.: (855) 777-2443
Toll Free: (855) 777-2443
Web Site: www.chiefoutsiders.com/

Year Founded: 2009

Discipline: Market Research

Art Saxby *(Chief Executive Officer, Founder & Principal)*
Clay Spitz *(Managing Partner - South)*

CLARK, MARTIRE, BARTOLOMEO
Three Winthrop Place
Leonia, NJ 07605
Tel.: (201) 568-0011
Fax: (201) 568-9740
Web Site: www.cmbinc.com

Employees: 10
Year Founded: 1983

Discipline: Market Research

Greg Martire *(Managing Partner)*
John Bartolomeo *(Managing Partner)*

CMI
2299 Perimeter Park Drive
Atlanta, GA 30341
Tel.: (678) 805-4000
Fax: (770) 936-0714
Toll Free: (888) 311-0936
Web Site: cmiresearch.com

Discipline: Market Research

Chet Zalesky *(Chief Executive Officer)*
Brooke Shafer *(Chief Executive Officer)*
Laura Caraway *(Senior Vice President, Operations)*

COMMUNITY MARKETING, INC.
584 Castro Street
San Francisco, CA 94114-2594
Tel.: (415) 437-3800
Fax: (415) 552-5104
Web Site: www.communitymarketinginc.com

Year Founded: 1992
Discipline: Market Research

David Paisley *(Senior Research Director)*
Glen Fishman *(Projects Director)*
Tom Roth *(Executive Vice President, General Manager)*

COMSCORE
316 Occidental Avenue South
Seattle, WA 98104
Tel.: (206) 447-1860
Web Site: www.comscore.com

Year Founded: 1999

Discipline: Market Research

Gary Warech *(Executive Vice President, Sales & Advertiser, Sports & Branded Entertainment)*
Barbara Jarzab *(Senior Vice President, Mobile Research)*
Ryan Williams *(Head, Client Insights - Travel & Retail)*

CONSUMER LOGIC
4500 South 129th East Avenue
Tulsa, OK 74134
Tel.: (918) 665-3311
Fax: (918) 665-3388
Toll Free: (800) 544-1494
Web Site: www.consumerlogicresearch.com

Year Founded: 1977

Discipline: Market Research

Dan Jarrett *(President)*
Lauren Palmer *(Project Manager)*

DATA DECISIONS GROUP
6350 Quadrangle Drive
Chapel Hill, NC 27517
Tel.: (919) 932-8803
Fax: (919) 932-8829
Web Site: www.datadecisionsgroup.com

Employees: 28
Year Founded: 1980

Discipline: Market Research

Dino Fire *(Chief Data Science Officer & President, Market Research & Data Science)*
Mike Hail *(Chief Executive Officer)*
David Schneider *(Executive Vice President, Business Development)*
Heather Primm *(Director, Operations)*

DEEP BLUE INSIGHT
5165 Roswell Road Northeast
Atlanta, GA 30342
Tel.: (404) 459-7100
Fax: (404) 459-7221
Web Site: www.deepblueinsight.com

Employees: 6

Discipline: Market Research

Stephanie Husk *(President)*
Kelli Lewis *(Senior Account Executive)*

DEUTSER
5847 San Felipe Street
Houston, TX 77057
Tel.: (713) 212-0700
Web Site: www.deutser.com/

Employees: 9

Brands. Marketers. Agencies. Search Less. Find More.
Try out the online version at www.winmo.com

443

AGENCIES - JULY, 2020

MARKET RESEARCH AGENCIES

Discipline: Market Research

Brad Deutser *(President & Chief Executive Officer)*
Diane Pittman *(Principal Consultant, Creative)*
Diana Lovelace *(Managing Consultant, Event Design & Production)*

DIGITAL RESEARCH, INC
172 Commercial Street
Portland, ME 04101
Tel.: (207) 985-7660
Fax: (207) 985-5569
Web Site: www2.digitalresearch.com

Year Founded: 1992

Discipline: Market Research

Bob Domine *(President & Chief Executive Officer)*
Traverse Burnett *(Associate Research Director)*

DISTINCTIVE MARKETING, INC.
516 Bloomfield Avenue
Montclair, NJ 07042
Tel.: (973) 746-9114
Fax: (973) 783-5555
Toll Free: (800) 835-5586
Web Site: www.distinctivemktg.com

Year Founded: 1990

Discipline: Market Research

Diane Spencer *(President & Chief Executive Officer)*
Margaret Douglas *(Manager, Diversity Marketing)*

DYNAMIC LOGIC
350 West Mart Center Drive
Chicago, IL 60654
Tel.: (312) 577-4070
Fax: (312) 276-4076
Web Site: http://www.dyna-logic.com/

Employees: 10
Year Founded: 1999

Discipline: Market Research

Chris Borchert *(Senior Vice President, Digital Client & Market Development)*

EBIQUITY
110 William Street
New York, NY 10038
Tel.: (312) 649-8225
Web Site: www.ebiquity.com

Employees: 6
Year Founded: 1997

Discipline: Market Research

Maigari Jinkiri *(Chief Revenue Officer - North America)*
Courtney Bricker Skelton *(Account Director, Client Services)*
Michael Reynolds *(Director, Advertising Intelligence)*
Christine Merrifield *(Managing Director, Media - North America)*

EDISON MEDIA RESEARCH
Six West Cliff Street
Somerville, NJ 08876
Tel.: (908) 707-4707

Fax: (908) 707-4740
Web Site: www.edisonresearch.com

Employees: 20
Year Founded: 1994

Discipline: Market Research

Larry Rosin *(President & Co-Founder)*
Joseph Lenski *(Executive Vice President & Co-Founder)*
Rob Farbman *(Senior Vice President)*
Sean Ross *(Vice President, Music & Programming)*
Melissa DeCesare *(Vice President)*
Tom Webster *(Vice President, Strategy & Marketing)*
Jennifer Orloff *(Office Manager)*

ENGAGEMENT LABS
65 Church Street
New Brunswick, NJ 08901
Tel.: (732) 846-6800
Fax: (732) 846-6900
Web Site: www.engagementlabs.com

Discipline: Market Research

Ed Keller *(Chief Executive Officer & Director)*
Brad Fay *(Senior Consultant)*

ENGINE
310 Culvert Street
Cincinnati, OH 45202
Tel.: (513) 283-8600
Fax: (513) 562-8819
Toll Free: (800) 729-6774
Web Site: www.orcinternational.com

Year Founded: 1973

Discipline: Market Research

Richard Catrone *(Executive Vice President, Global Operations)*
Ed Merritt *(Senior Vice President, Client Services)*
Paula Sprowl *(Senior Vice President)*
Sheilah Wagner *(Lead Analyst)*

ESCALENT
17430 College Parkway
Livonia, MI 48152
Tel.: (734) 542-7600
Fax: (734) 542-7620
Web Site: escalent.co

Year Founded: 1989

Discipline: Market Research

Melissa Sauter *(Chief Executive Officer)*
Todd Mundorf *(Chief Operating Officer)*
Lisa Viselli *(Senior Vice President, Marketing & Communications)*

ESCALENT
834 Inman Village Parkway
Atlanta, GA 30307
Tel.: (404) 521-9955
Fax: (404) 521-9263
Web Site: www.escalent.co

Year Founded: 1989

Discipline: Market Research

Gregory Mishkin *(Vice President, Research & Consulting)*
Katarina Johnson *(Senior Director, Qualitative Research & Consulting)*

FFR HEALTHCARE
233 South Wacker Drive
Chicago, IL 60606
Tel.: (312) 341-8117
Fax: (312) 341-8105
Web Site: www.ffresearch.com

Employees: 30

Discipline: Market Research

Ahnal Purohit *(President & Chief Executive Officer)*
Diana Manos *(Manager, Research Operations)*

FROST & SULLIVAN
7550 IH 10 West
San Antonio, TX 78229
Tel.: (210) 348-1000
Fax: (888) 690-3329
Toll Free: (877) 463-7678
Web Site: www.frostandsullivan.com

Year Founded: 1961

Discipline: Market Research

Matthew McSweegan *(Senior Director, Global Sales)*
Liberty Hodges *(Marketing Manager - North America)*
Jaylon Brinkley *(Marketing Communications Executive)*

GALLOWAY RESEARCH SERVICE
4751 Hamilton Wolfe Road
San Antonio, TX 78229
Tel.: (210) 734-4346
Fax: (210) 732-4500
Web Site: www.gallowayresearch.com

Year Founded: 1979

Discipline: Market Research

Elisa Galloway *(Owner & President)*
David Galloway *(Vice President, Client Services)*

GFK
200 Liberty Street
New York, NY 10281
Tel.: (212) 240-5300
Fax: (212) 689-3012
Web Site: www.gfk.com

Year Founded: 1934

Discipline: Market Research

Lori Halivopoulos *(Executive Vice President & Regional Director, Marketing Communications)*
Joe Beier *(Executive Vice President, Shopper & Retail Strategy)*
David Stanton *(Vice President, Marketing Communications)*
Joanna Patterson *(Vice President, Shopper & Retail Strategy & Client Account Director)*
Michael Mandato *(Vice President & Global Account Manager - Media Sector)*

GFK
420 North Wabash Avenue
Chicago, IL 60611
Tel.: (212) 240-5300

Brands. Marketers. Agencies. Search Less. Find More.
Try out the online version at www.winmo.com

MARKET RESEARCH AGENCIES

Web Site: www.gfk.com

Year Founded: 1934

Discipline: Market Research

Bob Torongo *(Executive Vice President - Ipsos Public Affairs)*
Justin Edge *(Global Head & General Manager - Healthcare)*
Annie Weber *(Managing Director - Ipsos Public Affairs)*

GFK CUSTOM RESEARCH, INC.
200 Liberty Street
New York, NY 10281
Tel.: (212) 240-5300
Fax: (212) 240-5353
Web Site: www.gfk.com

Employees: 150
Year Founded: 1934

Discipline: Market Research

Peter Feld *(Chief Executive Officer)*

GFK MRI
200 Liberty Street
New York, NY 10281
Tel.: (212) 884-9200
Fax: (212) 334-9339
Toll Free: (800) 310-3305
Web Site: www.mri.gfk.com

Employees: 45
Year Founded: 1934

Discipline: Market Research

Julian Baim *(Chief Research Officer)*
Mike Drankwalter *(Executive Vice President & Director, Commercial Media)*
George Kronheimer *(Vice President, Media Sales)*
Amy King *(Vice President, Media Sales)*

GFK MRI
420 Lower Wabash Avenue
Chicago, IL 60611
Toll Free: (800) 245-1551
Web Site: www.mri.gfk.com

Discipline: Market Research

Jamie Cunning *(Senior Vice President, Midwest Sales)*
Sarah Liddle *(Vice President, New York Agency Sales)*

GODBE COMMUNICATIONS
1575 Old Bayshore Highway
Burlingame, CA 94010
Tel.: (650) 288-3020
Fax: (650) 288-3003
Web Site: www.godbe.com

Year Founded: 1990

Discipline: Market Research

Bryan Godbe *(President)*
Leslie Godbe *(Chief Executive Officer)*
Charles Hester *(Vice President, Business Development)*

HAWKPARTNERS, LLC
101 Huntington Avenue
Boston, MA 02199
Tel.: (617) 395-1458
Fax: (617) 576-1300
Web Site: www.hawkpartners.com

Year Founded: 2002

Discipline: Market Research

Robert Duboff *(Chief Executive Officer & Co-Founder)*
Scott Berman *(President & Co-Founder)*
Tony Gallo *(Partner)*

IMI INTERNATIONAL
20 Birch Avenue
Toronto, ON M4V 1C8
Tel.: (480) 488-6333
Toll Free: (800) 784-5757
Web Site: www.consultIMI.com

Year Founded: 1971

Discipline: Market Research

Neal Covant *(Vice President, Client Services)*
Alan Armitstead *(Managing Director - U.S.A Division)*

INFORMA RESEARCH SERVICES
4080 McGinnis Ferry Road
Alpharetta, GA 30005-1762
Tel.: (678) 992-0332
Fax: (678) 992-0336
Toll Free: (800) 848-0218
Web Site: www.informars.com

Discipline: Market Research

Brian Richards *(Head, Sales, Retail & Consumer Banking - Americas)*
Paul Duncan *(National Account Director)*

INQUEST MARKETING
9100 Ward Parkway
Kansas City, MO 64114
Tel.: (816) 994-0994
Fax: (913) 341-1967
Web Site: www.inquestmarketing.com

Employees: 1
Year Founded: 1986

Discipline: Market Research

Brian Olson *(Owner)*
Kristi Sherer *(Director, Data Marketing)*
Jessica Bjorgaard *(Director, Public Relations & Social Media Content)*
Aaron Newell *(Art Director, Interactive)*
Joe Myers *(Executive Account Director)*
Scott Williams *(Group Director)*
Dennis Michael *(Production Manager)*

INSIGHT PRODUCT DEVELOPMENT
4660 North Ravenswood Avenue
Chicago, IL 60640
Tel.: (773) 907-9500
Fax: (773) 907-0645
Web Site: www.insightpd.com

Year Founded: 1988

Discipline: Market Research

Craig Scherer *(Senior Partner & Co-Founder)*
Doug Brewer *(Senior Partner & Co-Founder)*

Accounts:
Advanced Medical Optics, Inc.

INSIGHT STRATEGY GROUP
40 West 25th Street
New York, NY 10010
Tel.: (212) 584-2323
Fax: (212) 584-2324
Web Site: www.insightstrategygroup.com

Year Founded: 1998

Discipline: Market Research

Arikan Olguner *(President)*
Stephen Lenzen *(Senior Vice President, Quantitative Research)*
Sarah Chumsky *(Vice President, Insight - Kids)*
Sarah Gardiner *(Vice President, Media & Entertainment)*
Betsy Grimes *(Vice President, Research & Strategy)*
Allyson Aleman *(Senior Vice President, Qualitative Research)*
Mia Scelsi *(Senior Director, Operations)*

IPSOS
301 Merrit Seven
Norwalk, CT 06851
Tel.: (203) 840-3400
Fax: (203) 840-3450
Web Site: www.ipsos-na.com

Employees: 80
Year Founded: 1975

Discipline: Market Research

Janet Oak *(Senior Vice President, Media & Entertainment)*

IPSOS
222 South Riverside Plaza
Chicago, IL 60606
Tel.: (312) 526-4000
Fax: (312) 665-0601
Web Site: www.ipsos-na.com

Year Founded: 1975

Discipline: Market Research

Debbie Fineberg *(Vice President, Client Services & Marketing)*
Gil Niv *(Vice President, Business Development & Client Management)*

IPSOS
160 Bloor Street East
Toronto, ON M4W 1B9
Tel.: (416) 324-2900
Fax: (416) 324-2865
Toll Free: (866) 403-8488
Web Site: www.ipsos-na.com

Year Founded: 1975

Discipline: Market Research

Darrell Bricker *(Global Service Line Leader Public Affairs)*

IPSOS
360 Park Avenue South
New York, NY 10010
Tel.: (212) 265-3200
Fax: (202) 463-3600

Brands. Marketers. Agencies. Search Less. Find More.
Try out the online version at www.winmo.com

AGENCIES - JULY, 2020 — MARKET RESEARCH AGENCIES

Web Site: www.ipsos-na.com
Year Founded: 1975
Discipline: Market Research
Michael Gross *(Vice President)*

IPSOS ASI
3505 Columbia Parkway
Cincinnati, OH 45226
Tel.: (513) 872-4300
Fax: (513) 297-7207
Web Site: www.ipsos-na.com
Year Founded: 1975
Discipline: Market Research
Kristen Odenbach *(Senior Account Manager)*

IPSOS HEALTHCARE
1200 McArthur Boulevard
Mahwah, NJ 07430
Tel.: (201) 529-5540
Fax: (201) 529-2659
Web Site: www.ipsos.com
Employees: 40
Year Founded: 1975
Discipline: Market Research
Jackie Ilacqua *(Global Head, Syndicated Services & President, Global Oncology)*
Mark Scazafave *(Senior Vice President - US Tandem Oncology Monitor)*
Jeff Wasserman *(Vice President, Business Development)*
Michelle Marquez *(Senior Account Manager)*

JUAREZ AND ASSOCIATES, INC.
12139 National Boulevard
Los Angeles, CA 90064-3522
Tel.: (310) 478-0826
Fax: (310) 479-1863
Web Site: www.juarezassociates.com
Discipline: Market Research
Nicandro Juarez *(President)*
Susan Shafi *(Chief Financial Officer & General Counsel)*

KANTAR
3630 Peachtree Road Northeast
Atlanta, GA 30326
Tel.: (212) 991-6100
Web Site: www.tns-global.com
Employees: 3
Year Founded: 1998
Discipline: Market Research
Linda Schmidt *(Senior Vice President)*
Anita Watkins *(Global Head, Qualitative)*

KANTAR MEDIA
3 World Trade Center
New York, NY 10007
Toll Free: (800) 497-8450
Web Site: www.kantar.com
Employees: 55
Year Founded: 1999
Discipline: Market Research

Michelle Eule *(Chief Operating Officer, Media & Content)*
Amy Fenton *(Chief Client Officer - North America)*
Ann Green *(Managing Partner, Creative Development Practice)*
Anne Hunter *(Executive Vice President, Strategy & Growth)*
Joe Nowak *(Vice President, Innovation)*
Aaron Peterson *(Senior Director, Marketing & Insights)*
Doreen Wang *(Head, BrandZ)*
Jean Robinson *(Consultant)*
Carmen Bohoyo *(Managing Director, Insights - Western Region)*

KANTAR MILLWARD BROWN
3333 Warrenville Road
Lisle, IL 60532-1462
Tel.: (630) 505-0066
Fax: (630) 505-0077
Web Site: www.millwardbrown.com
Employees: 250
Year Founded: 1973
Discipline: Market Research
David Sandberg *(Group Chief Financial Officer)*
Satya Menon *(Executive Vice President, Analytic Practice - Kantar)*

KANTAR MILLWARD BROWN
Two Towne Square
Southfield, MI 48076
Tel.: (248) 351-2888
Fax: (248) 351-2878
Web Site: www.millwardbrown.com
Employees: 30
Year Founded: 1973
Discipline: Market Research
Peter Teachman *(Chief Operating Officer - North America)*

KANTAR MILLWARD BROWN
Two Bloor Street East
Toronto, ON M4W 3H8
Tel.: (416) 221-9200
Fax: (416) 221-2214
Web Site: www.millwardbrown.com
Employees: 40
Year Founded: 1973
Discipline: Market Research
Aurelio Diluciano *(Vice President, Strategy & Business Development)*
Cesar Zea *(Vice President, Client Management)*
David Scott *(NA Lead, ROC & Data Design)*

KANTAR TNS
350 North Orleans Street
Chicago, IL 60654
Tel.: (212) 991-6100
Web Site: www.tnsglobal.com
Employees: 800
Discipline: Market Research
Patrick Roney *(Senior Vice President)*
Sarah Kavich *(Senior Vice President, Client Leadership)*
Diana Sheehan *(Vice President, Client Leadership)*

Alfredo Troncoso *(Vice President, Global Brand & Marketing ROI)*
Philippe Geyskens *(Commercial Lead, Brand & Marketing ROI)*

KL COMMUNICATIONS
130 Maple Avenue
Red Bank, NJ 07701
Tel.: (732) 224-9991
Fax: (732) 224-9992
Web Site: www.klcommunications.com
Year Founded: 1996
Discipline: Market Research
Kevin P. Lonnie *(Founder & President)*
Allyssa Brant Gresser *(Executive Vice President, Client Services)*
Jamie Lang *(Senior Project Manager)*

KNOWLEDGEBASE MARKETING, INC.
2050 North Greenville Avenue
Richardson, TX 75082
Tel.: (972) 690-4493
Fax: (972) 705-2797
Toll Free: (866) 275-4526
Web Site: www.kbm1.com
Employees: 65
Year Founded: 1987
Discipline: Market Research
Joe Brehm *(Executive Vice President, Data Services)*

LIEBERMAN RESEARCH WORLDWIDE
1900 Avenue of the Stars
Los Angeles, CA 90067
Tel.: (310) 553-0550
Fax: (310) 553-4607
Web Site: www.lrwonline.com
Year Founded: 1973
Discipline: Market Research
David Sackman *(Chairman & Chief Executive Officer)*
Rachel Spiegelman *(President, Integrated Marketing)*
Joan Cassidy *(Vice President, Marketing & Communications)*
Jennifer Clarke *(Director, Finance)*

LOTAME
8850 Stanford Boulevard
Columbia, MD 21045
Tel.: (410) 379-2195
Fax: (646) 556-6806
Web Site: www.lotame.com
Year Founded: 2006
Discipline: Market Research
Mike Woosley *(Chief Operating Officer)*
Andy Monfried *(Founder & Chief Executive Officer)*
Jeremy Pinkham *(Chief Technology Officer)*
Jason Downie *(Chief Strategy Officer)*
Eric Hastings *(Executive Vice President, Technology)*
Steven Kim *(Vice President, Global Human Resources)*

446

MARKET RESEARCH AGENCIES

LOTAME
440 Ninth Avenue
New York, NY 10001
Tel.: (646) 556-6300
Fax: (646) 556-6808
Web Site: www.lotame.com

Year Founded: 2006

Discipline: Market Research

Madeline Rich *(Senior Vice President, Professional Services)*
Alex Theriault *(Vice President, Global Client Services)*
Megan McKenna *(Vice President, Marketing)*
Ryan Rolf *(Vice President, Data Solutions)*
Edward Leahy *(Director, Data Solutions)*
Danielle Smith *(Director, Marketing - Global Events)*
Sam Hill *(Associate Director, Data Operations)*
Sonia Rainville *(Creative Director)*

LRWMOTIVEQUEST
200 South Wacker Drive
Chicago, IL 60606
Web Site: www.lrwmotivequest.com

Discipline: Market Research

David Rabjohns *(Founder)*
Zach Nippert *(President & General Manager)*
Brook Miller *(Chief Technology Officer)*
Kirsten Recknagel *(General Manager)*

LUCAS MARKET RESEARCH
4101 Rider Trail North
Saint Louis, MO 63045
Tel.: (314) 344-0803
Fax: (314) 344-0932
Web Site: www.lucasresearch.net

Discipline: Market Research

Mary Lucas *(Owner & President)*
Suzanne Echelmeyer *(Vice President)*
Mary Harig *(Project Director)*

MAGID
8500 Normandale Lake Boulevard
Minneapolis, MN 55437
Tel.: (319) 377-7345
Fax: (319) 377-5861
Web Site: www.magid.com

Year Founded: 1957

Discipline: Market Research

Brent Magid *(President & Chief Executive Officer)*
Steve Ridge *(Chief Operating Officer)*
Beth Miller *(Chief Marketing & Strategy Officer)*
Scott Carlin *(Executive Vice President, Global Media & Entertainment)*

MAGNETIC
360 Park Avenue South
New York, NY 10010
Fax: (917) 591-2752
Web Site: www.magnetic.com

Year Founded: 2008

Discipline: Market Research

Teresa Feely *(Vice President, Marketing)*

Nicole Papola *(Senior Director, East Coast Sales)*

MARC RESEARCH
1425 Greenway Drive
Irving, TX 75038
Tel.: (800) 884-6272
Fax: (972) 983-0444
Toll Free: (800) 527-2680
Web Site: www.marcresearch.com

Employees: 60
Year Founded: 1965

Discipline: Market Research

Merrill Dubrow *(President & Chief Executive Officer)*
Susan Hurry *(Executive Vice President & Manager - West & Central Division)*
Patricia Wakim *(Senior Vice President, Finance)*
Alice Butler *(Senior Vice President)*
Paolo Canulla *(Director, Research & Vice President, Insights & Strategies)*

MARKETING EVALUATIONS, INC.
1129 Northern Boulevard
Manhasset, NY 11030
Tel.: (516) 365-7979
Fax: (516) 365-9351
Web Site: www.qscores.com

Discipline: Market Research

Steven Levitt *(President)*
Henry Schafer *(Executive Vice President)*

MARKETVISION RESEARCH
5151 Pfeiffer Road
Cincinnati, OH 45242
Tel.: (513) 791-3100
Fax: (513) 794-3500
Web Site: www.mv-research.com

Employees: 46
Year Founded: 1983

Discipline: Market Research

Donald McMullen *(Chairman)*
Tyler McMullen *(President)*
Brian Dundon *(Senior Vice President)*

MATTSON
343 Hatch Drive
Foster City, CA 94404
Tel.: (650) 574-8824
Web Site: www.mattsonco.com

Employees: 75
Year Founded: 1977

Discipline: Market Research

Steve Gundrum *(Chairman & Chief Creative Officer)*
Barb Stuckey *(President & Chief Innovation Officer)*
Justin Shimek *(Chief Executive Officer)*
Al Banisch *(Executive Vice President, New Product Strategy)*

MBC RESEARCH
270 Madison Avenue
New York, NY 10016
Tel.: (212) 679-4100

Fax: (212) 251-0001
Web Site: www.mbcresearch.com

Discipline: Market Research

Mary Baroutakis *(Partner & Co-Owner)*
Peter Demetriou *(Partner & Co-Owner)*

MCCANN CANADA
413 Saint-Jacques Street West
Montreal, QC H2Y 1N9
Tel.: (514) 935-9445
Web Site: www.mccann.ca

Year Founded: 1922

Discipline: Market Research

Mylene Savoie *(President - Montreal)*
Diane Ridgway-Cross *(Senior Vice President, Business Strategy & Development)*
Zilia Caiarelli *(Account Supervisor)*

Accounts:
Export Development Canada

MCLAUGHLIN & ASSOCIATES
566 South Route 303
Blauvelt, NY 10913
Tel.: (845) 365-2000
Fax: (845) 365-2008
Web Site: www.mclaughlinonline.com

Employees: 11

Discipline: Market Research

John McLaughlin *(Partner & Chief Executive Officer)*
Jim McLaughlin *(President & Partner)*
Marianne Campbell *(Media Director)*
Margie Fils *(Director, Operations)*

METRIXLAB
270 Farmington Avenue
Farmington, CT 06032
Tel.: (860) 242-2005
Fax: (860) 242-4857
Web Site: www.metrixlab.com

Year Founded: 1978

Discipline: Market Research

Dale Lersch *(Executive Vice President, Global Key Accounts)*
Gigi Ryan *(Global Key Accounts)*

MINTEL
333 West Wacker Drive
Chicago, IL 60606
Tel.: (312) 932-0400
Fax: (312) 932-0469
Web Site: www.mintel.com

Employees: 200
Year Founded: 1972

Discipline: Market Research

Pete Giannakopoulos *(President, CPG Americas)*
Lee Thompson *(Senior Vice President, Business Development)*
Phil Winkelman *(Associate Vice President, Media & Agency)*
Jen Werner *(Vice President, Marketing)*
Gaby Fireman *(Director, Sales)*
David Lockwood *(Consulting Director)*
David Luttenberger *(Director, Global Packaging)*

Brands. Marketers. Agencies. Search Less. Find More.
Try out the online version at www.winmo.com

AGENCIES - JULY, 2020 — MARKET RESEARCH AGENCIES

MITCHELL RESEARCH
314 Evergreen Street
East Lansing, MI 48823
Tel.: (517) 351-4111
Fax: (517) 351-1265
Web Site: www.mitchellresearch.net

Employees: 30
Year Founded: 1985

Discipline: Market Research

Steve Mitchell *(Chairman)*
Suzie Mitchell *(President & Chief Financial Officer)*

MSW RESEARCH
1400 Old Country Road
Westbury, NY 11590
Tel.: (516) 394-6000
Fax: (516) 394-6001
Web Site: www.mswresearch.com

Year Founded: 1968

Discipline: Market Research

Art Klein *(Managing Partner & President)*
Peter Klein *(Executive Chairman)*
Arlyn Brenner *(Executive Vice President)*

MULLIN / ASHLEY ASSOCIATES, INC.
332 Cannon Street
Chestertown, MD 21620
Mailing Address:
Post Office Box 118
Chestertown, MD 21620
Tel.: (410) 778-2184
Fax: (410) 778-6640
Web Site: www.mullinashley.com

Year Founded: 1978

Discipline: Market Research

Phil Nones *(President & Director, Client Services)*
Stephanie Anne Robbins Edwards *(Managing Partner)*
Marlyn King *(Creative Director)*

MUNN RABOT
33 West 17th Street
New York, NY 10011
Tel.: (212) 727-3900
Fax: (212) 604-9804
Web Site: www.munnrabot.com

Employees: 15
Year Founded: 1995

Discipline: Market Research

Orson Munn *(Owner &)*
Peter Rabot *(Executive Creative Director & Partner)*
Meghan Miloradovic *(Vice President & Group Account Director)*
Geraldine Gately *(Associate Media Director)*
Patricia Turken *(Senior Art Director)*

NEW WORLD GLOBAL RESEARCH
4700 Biscayne Boulevard
Miami, FL 33137
Tel.: (305) 576-1566
Fax: (305) 860-8094

Web Site: www.nwgr.net

Employees: 5

Discipline: Market Research

Alida Lechter Botero *(Owner, Vice President, Research & Director, Operations)*
Adrian Lechter Rey *(President)*

NMI
272 Ruth Road
Harleysville, PA 19438
Tel.: (215) 513-7300
Fax: (215) 513-1713
Web Site: www.nmisolutions.com

Discipline: Market Research

Maryellen Molyneaux *(President & Managing Partner)*
Steve French *(Managing Partner)*

NORMAN HECHT RESEARCH, INC.
20 Crossways Park Drive North
Woodberry, NY 11797
Tel.: (516) 496-8866
Fax: (516) 496-8165
Web Site: www.normanhechtresearch.com

Employees: 25
Year Founded: 1985

Discipline: Market Research

Norman Hecht *(Chief Executive Officer)*
Laura Greenberg *(Co-President & Chief Operating Officer)*
Dan Greenberg *(Co-President)*

NOVAK-BIRCH
130 Baltic Avenue
Baltimore, MD 21225
Tel.: (410) 354-3600
Fax: (410) 354-9504
Web Site: www.novakbirch.com

Employees: 19
Year Founded: 1987

Discipline: Market Research

Beau Birch *(President, Founder & Partner)*
Steve Novak *(Vice President & Partner)*
Valerie Novak *(Vice President, New Business Development & Government Contracting)*

NSON
731 East South Temple Street
Salt Lake City, UT 84102
Tel.: (801) 983-6766
Fax: (801) 355-6335
Web Site: www.nsoninfo.com

Year Founded: 1992

Discipline: Market Research

Ronald Nielson *(President & Chief Executive Officer)*
Shige Onda *(Research Director)*
Cory Mangelson *(Account Executive & Sales Manager)*

ORACLE DATA CLOUD
500 Eldorado Boulevard
Broomfield, CO 80021

Tel.: (303) 327-1600
Fax: (303) 327-1650
Web Site: datalogix.com

Year Founded: 2002

Discipline: Market Research

Michelle Hulst *(Group Vice President, Strategic Partnerships & Marketing- Oracle Data Cloud)*
Robin Opie *(Group Vice President, Data Science)*
Angela Myers *(Senior Director, CPG Retail Client Partnerships & Strategy)*
Natalie Kansteiner *(Director, Client Strategy & Solutions)*

PENN, SCHOEN & BERLAND ASSOCIATES, INC.
1110 Vermont Avenue, Northwest
Washington, DC 20005
Tel.: (202) 842-0500
Fax: (202) 289-0916
Web Site: www.psbresearch.com

Employees: 60
Year Founded: 1975

Discipline: Market Research

Robert Green *(Principal)*

PERFORMANCE RESEARCH
25 Mill Street
Newport, RI 02840
Tel.: (401) 848-0111
Fax: (401) 848-0110
Web Site: www.performanceresearch.com

Employees: 7
Year Founded: 1985

Discipline: Market Research

Jed Pearsall *(President)*
Bill Doyle *(Vice President)*
Marc Porter *(Manager, Observational Research)*
Jennifer Mello *(Senior Project Manager)*
Julia Burke *(Senior Project Manager)*

PHOENIX MARKETING INTERNATIONAL
6423 Montgomery Street
Rhinebeck, NY 12572
Tel.: (845) 876-8228
Fax: (845) 876-8284
Toll Free: (888) 876-7641
Web Site: www.phoenixmi.com

Year Founded: 1999

Discipline: Market Research

Allen DeCotiis *(Chairman & Chief Executive Officer)*
Heather Still *(Executive Vice President, Human Resources & Chief Privacy Officer)*
Martha Rea *(President & Chief Research Officer)*
Elizabeth Trachte *(Chief Financial Officer)*
Sanford Schwartz *(Advisor to the Chairman)*

PHOENIX MARKETING INTERNATIONAL
953 Route 202
Branchburg, NJ 08876
Tel.: (732) 563-8501
Fax: (732) 563-8505
Web Site: www.phoenixmi.com

Year Founded: 1999

MARKET RESEARCH AGENCIES
AGENCIES - JULY, 2020

Discipline: Market Research

David Pluchino *(Vice President - Travel & Leisure Division)*
Jeanette Dino *(Senior Research Manager - Travel & Leisure Division)*
John Antonello *(Managing Director - Travel & Leisure Division)*

PHOENIX MARKETING INTERNATIONAL
6423 Montgomery Street
Rhinebeck, NY 12572
Tel.: (845) 876-8228
Fax: (845) 876-8284
Web Site: www.phoenixmi.com

Year Founded: 1999

Discipline: Market Research

Paul Zeman *(Executive Vice President & General Manager, Communications & Brand - Analytics Division)*
Kristin Jutton *(Vice President, Marketing)*

POLARIS MARKETING RESEARCH
2596 Sunset Drive
Atlanta, GA 30347
Tel.: (866) 704-5247
Fax: (404) 816-0352
Web Site: www.polarismr.com

Employees: 16
Year Founded: 1989

Discipline: Market Research

Jan Carlson *(Founder & President)*
Shana Latham *(Vice President, Analytics)*

PQ MEDIA, LLC
Two Stamford Landing
Stamford, CT 06902
Tel.: (203) 921-5249
Fax: (203) 921-0367
Web Site: www.pqmedia.com

Employees: 2
Year Founded: 2002

Discipline: Market Research

Patrick Quinn *(President & Chief Executive Officer)*
Leo Kivijarv *(Executive Vice President & Director, Research)*

PROGREXION
330 North Cutler Drive
North Salt Lake, UT 84054
Tel.: (801) 384-4100
Web Site: www.progrexion.com

Year Founded: 2000

Discipline: Market Research

John Rasmussen *(Vice President, Finance)*
Jesse Beal *(Senior Vice President & General Manager)*

PROOF INC.
33 Bloor Street East
Toronto, ON M4W 3H1
Tel.: (416) 920-9000
Fax: (416) 920-3299

Web Site: www.environicsanalytics.ca
Employees: 7

Discipline: Market Research

Bruce MacLellan *(Chief Executive Officer)*
Mimi Carter *(U.S. General Manager & Senior Vice President)*
Stacey Flowers *(Vice President)*

QUANTUM MARKET RESEARCH, INC.
1000 Broadway
Oakland, CA 94607
Tel.: (510) 238-9010
Fax: (510) 238-9015
Toll Free: (866) 988-0888
Web Site: www.qresearch.us

Discipline: Market Research

Veronica Raymonda *(Founder & President)*
Terry Miller *(Programmer & Senior Supervisor, CATI Lab)*

QUESTEX
1900 L Street Northwest
Washington, DC 20036
Tel.: (202) 628-8778
Web Site: www.questex.com

Year Founded: 2000

Discipline: Market Research

Kate Spellman *(Chief Marketing Officer)*
Paul Miller *(Chief Executive Officer)*
Rebecca Willumson *(Vice President & Publisher, Life Sciences)*

RADIUS GLOBAL MARKET RESEARCH
120 Fifth Avenue
New York, NY 10011
Tel.: (212) 777-2700
Fax: (212) 777-4632
Web Site: www.radius-global.com

Year Founded: 1974

Discipline: Market Research

Jamie Myers *(Director, Client Services, Marketing & Sales)*
Chip Lister *(Managing Director)*

RECKNER
1600 Manor Drive
Chalfont, PA 18914
Tel.: (215) 822-6220
Web Site: www.reckner.com

Discipline: Market Research

Gina Cassel *(Senior Vice President, Operations)*
Peter Reckner *(Senior Vice President, Reckner Healthcare)*
Jeff Histand *(Vice President, Reckner Healthcare)*
Susan Phillippe *(Director, Reckner Healthcare)*
Michael Georgianna *(Account Director)*

REPUTATION INSTITUTE
399 Boylston Street
Boston, MA 02116
Tel.: (617) 758-0955

Web Site: www.reputationinstitute.com
Year Founded: 1997

Discipline: Market Research

Charles Fombrun *(Co-Founder & Chairman Emeritus)*
Kylie Wright-Ford *(Chief Executive Officer)*
Melanie LoBue *(Senior Director, Global Marketing)*
Kelsey Krapf *(Digital Marketing Manager)*
Amanda McCormick *(Marketing & Social Media Coordinator)*

ROSLOW RESEARCH GROUP
79 Main Street
Port Washington, NY 11050
Tel.: (516) 883-1110
Fax: (516) 883-4130
Web Site: www.roslowresearch.com

Employees: 3
Year Founded: 1984

Discipline: Market Research

Peter Roslow *(President)*
Carmen Castro *(Vice President)*

RTI RESEARCH
383 Main Avenue
Norwalk, CT 06851
Tel.: (203) 324-2420
Fax: (203) 964-8269
Web Site: www.rtiresearch.com

Employees: 5
Year Founded: 1979

Discipline: Market Research

David Rothstein *(Chief Executive Officer)*
Donna Bonoff *(Chief Financial Officer)*
Bradley Cooper *(Chief Information Security Officer)*
Steven Campana *(Executive Vice President)*
John Houghton *(Executive Vice President, Financial Services Practice)*
Susan Collin *(Senior Vice President)*
Lisa Cooper *(Senior Vice President)*
Debra Liscinsky *(Senior Vice President)*
Melissa Waetzman *(Senior Vice President)*
Melissa Usseglio *(Vice President)*

SANDELMAN & ASSOCIATES
534 Rockingham Drive
Irving, TX 75063
Tel.: (888) 897-7881
Fax: (972) 462-9490
Web Site: www.sandelman.com

Discipline: Market Research

Bev Cain *(President)*
Jeff Davis *(Chief Operating Officer)*
Dan Brusco *(Vice President, Information Services)*

SCENARIODNA
41 East 11th Street
New York, NY 10003
Tel.: (917) 364-9742
Fax: (347) 558-4012
Web Site: www.scenariodna.com

Year Founded: 2001

Discipline: Market Research

Brands. Marketers. Agencies. Search Less. Find More.
Try out the online version at www.winmo.com

449

AGENCIES - JULY, 2020 — MARKET RESEARCH AGENCIES

Tim Stock *(Partner & Managing Director)*
Marie Lena Tupot *(Managing Partner & Research Director)*

SIGMA MARKETING INSIGHTS
42 South Washington Street
Rochester, NY 14608
Tel.: (585) 473-7300
Fax: (585) 473-0337
Web Site: www.sigmamarketing.com

Employees: 90
Year Founded: 1985

Discipline: Market Research

Stefan Willimann *(Chief Executive Officer)*
Gregg Sullivan *(Executive, Strategic Business Solutions)*
Frank Sanseri *(Director, Information Technology)*
Melissa Beedham *(Director, Client Operations)*
Susan O'Connell *(Director, Human Resources)*
Mallory Tabolt *(Senior Account Manager)*

Accounts:
AAA Life Insurance Company
First Data Corporation
FMC Corporation
Nationwide Insurance
OnStar Corporation
Prudential Financial
Xerox Corporation

SNIPPIES, INC.
266 West 37th Street
New York, NY 10018
Tel.: (212) 594-9500
Toll Free: (877) 847-9500
Web Site: www.snippies.com

Employees: 15

Discipline: Market Research

Jeanne Finnerty *(President)*
Tom Di Cerbo *(Managing Partner)*
Kaieran Walsh *(Account Operations Manager)*

SPARKS & HONEY
437 Madison Avenue
New York, NY 10022
Tel.: (212) 894-5100
Fax: (212) 590-8100
Web Site: www.sparksandhoney.com

Year Founded: 2012

Discipline: Market Research

Terry Young *(Founder & Chief Executive Officer)*
Paul Butler *(Chief Operating Officer)*
Camilo La Cruz *(Chief Strategy Officer)*
Jeff Yang *(Vice President, Cultural Strategy)*
Robb Hanzi *(Vice President & Head, Growth Strategy)*
Kristin Cohen *(Head, Business Development)*
Annalie Killian *(Director, Human Networks)*
Cory Manna *(Account Director)*
Courtney Emery *(Senior Account Executive)*
Laura Chiavone *(Managing Partner, Business Transformation)*

Accounts:
McDonald's
PepsiCo, Inc.

SSRS

One Braxton Way
Glen Mills, PA 19342
Tel.: (484) 840-4300
Fax: (484) 840-4599
Web Site: www.ssrs.com

Discipline: Market Research

Melissa Herrmann *(President)*
Jordon Peugh *(Executive Vice President, Health Policy & Public Opinion Research)*
Susan Sherr *(Vice President, Demographic & Policy research)*

TENET PARTNERS
122 West 27th Street
New York, NY 10001
Tel.: (212) 329-3030
Fax: (212) 329-3031
Web Site: www.corebrand.com

Employees: 30
Year Founded: 1994

Discipline: Market Research

Jim Gregory *(Chairman)*
Russ Napolitano *(Partner)*
Andrew Bogucki *(Senior Partner & Creative Director)*
Brad Puckey *(Partner, CoreBrand Analytics)*
Beth Flom *(Senior Partner, Strategy)*
David Garcia *(Partner, Design)*
James Gregory *(Chairman)*
Renee Malfi *(Account Director)*
Janice Bissell *(Account Manager)*

Accounts:
Daytona Speedway / NASCAR

THE BANTAM GROUP
3101 Cobb Parkway Southeast
Atlanta, GA 30339
Tel.: (404) 815-9331
Fax: (404) 815-8954
Web Site: www.thebantamgroup.com

Employees: 9

Discipline: Market Research

Troy Nottingham *(Founder & President)*
Jean Frankenberger *(Founder)*
Christi Luskin *(Vice President & Account Director)*
Ellen Repasky *(Office Manager)*

THE FAMILY ROOM
41 North Main Street
Norwalk, CT 06854
Tel.: (203) 523-7878
Web Site: www.familyroomllc.com/

Employees: 18

Discipline: Market Research

George Carey *(Founder & Chief Executive Officer)*
Philip Kurien *(Managing Director)*

THE FUTURES COMPANY
1300 Environ Way
Chapel Hill, NC 27517
Tel.: (919) 932-8858
Fax: (919) 932-8829
Web Site: www.thefuturescompany.com

Employees: 15

Year Founded: 2008

Discipline: Market Research

Valeria Piaggio *(Senior Vice President, Head of Identity & Inclusion Insights)*
Emily Parenti *(Director, Marketing)*

THE G&R COOPERATIVE
24 North Main Street
Pennington, NJ 08534
Tel.: (609) 730-1550
Fax: (609) 730-1566
Web Site: www.gandrllc.com

Discipline: Market Research

Scott Purvis *(President)*
Stefanie Dursin *(Principal)*

THE JOESTER LORIA GROUP
30 Irving Place
New York, NY 10003
Tel.: (212) 683-5150
Fax: (212) 689-3300
Web Site: www.joesterloriagroup.com

Discipline: Market Research

Debra Joester *(President & Chief Executive Officer)*
Joanne Loria *(Executive Vice President & Chief Operating Officer)*

THE MARKETING WORKSHOP, INC.
3725 Da Vinci Court
Norcross, GA 30092
Tel.: (770) 449-6767
Fax: (770) 449-6739
Web Site: www.mwshop.com

Employees: 30
Year Founded: 1972

Discipline: Market Research

Jim Nelems *(Chief Executive Officer)*
Sherry Taylor *(Chief Financial Officer)*
Cari Pirello *(President)*

TNS
302 West Third Street
Cincinnati, OH 45202
Tel.: (513) 621-7887
Fax: (513) 621-7989
Web Site: www.tnsglobal.com/

Employees: 45
Year Founded: 1998

Discipline: Market Research

Kristopher Hull *(Senior Vice President & Head, Brand Guidance Center of Excellence - North America)*
Courtney Kohlhepp *(Manager, Qualitative Operations)*

TOLUNA
21 River Road
Wilton, CT 06897
Tel.: (203) 834-8585
Fax: (203) 834-8686
Toll Free: (888) 291-9997
Web Site: us.toluna.com

Brands. Marketers. Agencies. Search Less. Find More.
Try out the online version at www.winmo.com

Employees: 100
Year Founded: 2000

Discipline: Market Research

Janice Caston *(Vice President, Brand Marketing Operations)*
Bob Leitman *(Regional Vice President, Healthcare)*

UNITY MARKETING, INC.
206 E Church Street
Stevens, PA 17578
Tel.: (717) 336-1600
Fax: (717) 336-1601
Web Site: www.unitymarketingonline.com

Employees: 2
Year Founded: 1992

Discipline: Market Research

Pamela Danziger *(President & Founder)*
Greg Danziger *(Chief Financial Officer)*

V&L RESEARCH & CONSULTING, INC.
3340 Peachtree Road Northeast
Atlanta, GA 30326
Tel.: (404) 218-7584
Web Site: www.vlresearch.com

Discipline: Market Research

Dydra Virgil *(Principal)*
Delphyne Lomax *(Owner)*

W5
3211 Shannon Road
Durham, NC 27707
Tel.: (919) 932-1117
Fax: (919) 932-1127
Web Site: www.w5insight.com

Year Founded: 2002

Discipline: Market Research

Tom Daly *(Senior Partner)*
Martin Molloy *(Partner)*
Andy Williard *(Partner)*

WEINMAN SCHNEE MORAIS, INC.
250 West 57th Street
New York, NY 10107
Tel.: (212) 906-1900
Fax: (212) 906-1909
Web Site: www.wsm-inc.com

Year Founded: 1993

Discipline: Market Research

Cynthia Weinman *(Principal)*
Robert Morais *(Principal)*

WESTGROUP RESEARCH
3033 North 44th Street
Phoenix, AZ 85018
Tel.: (602) 707-0050
Fax: (602) 707-0055
Toll Free: (800) 999-1200
Web Site: www.westgroupresearch.com

Year Founded: 1959

Discipline: Market Research

Glenn Iwata *(Chief Executive Officer & Chief Research Officer)*
Kathryn DeBoer *(Senior Vice President & Chief Quality Officer)*
Bethany Helmer *(Chief Financial Officer)*
Dave Maddox *(Vice President & Senior Analyst)*

WPP KANTAR MEDIA
501 Boylston Street
Boston, MA 02116
Tel.: (617) 912-2828
Web Site: consulting.kantar.com

Employees: 45
Year Founded: 2009

Discipline: Market Research

Stephen DiMarco *(Chief Digital Officer)*
Steven Pattinson *(President)*
Bryan Gildenberg *(Chief Knowledge Officer - Retail)*
Dolly DeNyse *(Chief Revenue Officer)*
Tammy Hegarty *(Executive Vice President, Product Strategy & Marketing - Syndicated)*
Kerry Benson *(Content Analytics Practice Lead - North America)*
Katie Schoerning *(Senior Director, Marketing)*

WUNDERMAN DATA PRODUCTS
6002 Rogerdale Road
Houston, TX 77072
Tel.: (713) 995-2200
Fax: (713) 995-2201
Toll Free: (866) 275-4526
Web Site: www.kbmg.com

Employees: 100
Year Founded: 1997

Discipline: Market Research

Tom Young *(Chief Solution Officer)*
Andy Ziegler *(Executive Vice President, Process & Quality Improvement)*
Randy Herzog *(Vice President, Configuration Services)*
Ellen Sossaman *(Executive Assistant)*

YOUGOV
285 Hamilton Avenue
Palo Alto, CA 94301
Tel.: (650) 462-8000
Fax: (650) 462-8422
Web Site: today.yougov.com

Discipline: Market Research

Douglas Rivers *(Chief Scientist & Director)*
Ashley Grosse *(Senior Vice President, Client Services)*
Samantha Luks *(Managing Director, Scientific Research)*

Market Research Agencies

MEDIA BUYING & PLANNING AGENCIES

1105 MEDIA
6300 Canoga Avenue
Woodland Hills, CA 91367
Tel.: (818) 814-5200
Fax: (818) 734-1527
Web Site: www.1105media.com

Employees: 250
Year Founded: 2006

Discipline: Media Buying & Planning

Rajeev Kapur *(President & Chief Executive Officer)*
Erik Lindgren *(Chief Technology Officer)*
Michael Valenti *(Executive Vice President)*
Becky Nagel *(Vice President, Digital Strategy)*

26 DOT TWO LLC
33 Irving Place
New York, NY 10003
Web Site: www.26dottwo.com

Year Founded: 2007

Discipline: Media Buying & Planning

Chris Beck *(Chief Executive Officer)*
Carolyn Chou *(Vice President, Media)*
Andrew Combs *(Associate Director, Paid Search)*
Bridget McNamara *(Paid Media Supervisor)*
Kelly Barber *(Senior Search Planner)*
Katherine Grinnell *(Media Planner)*

Accounts:
Westfield Corporation

9THWONDER
12121 West Bluff Creek Drive
Playa Vista, CA 90094
Tel.: (310) 752-4400
Fax: (310) 752-4444
Web Site: www.9thwonder.com

Employees: 55
Year Founded: 1981

Discipline: Media Buying & Planning

Aaron Dubois *(Partner, Vice President, Digital)*
Tony Stern *(Partner & Global Head, Creative)*
Beatriz Acevedo *(Partner)*
David Muncie *(Director, Programmatic Media)*
Chloe Cotoulas *(Creative Director)*
Tori Young *(Director, Brand Strategy)*
Chris Hurdiss *(Account Director)*
Desiree Gates *(Brand Strategy Supervisor)*
Sue Villegas *(Account Manager)*
Kimberly Ye *(Media Planner)*
Rebecca Steadly *(Coordinator, Public Relations)*
Sara Hoerner *(Managing Director - Los Angeles)*

Accounts:
American Heart Association
Bosley Medical Institute
City of Hope Cancer Center
Deloitte
Dunn-Edwards Corporation
Minute Rice
Motiva Enterprises, LLC
Natrol, Inc.
Panasonic
Phillips 66 Company
Riviana Foods, Inc.
Samsung Electronics America, Inc.
Skinner
Success Rice

9THWONDER
1800 West Loop South
Houston, TX 77027
Tel.: (713) 867-3242
Fax: (713) 869-6564
Web Site: www.9thwonder.com

Employees: 35
Year Founded: 1980

Discipline: Media Buying & Planning

Cissy Arnold *(Senior Vice President & General Manager)*
Mark Whitfield *(Group Media Director)*

Accounts:
Siemens Oil, Gas & Marine
Stage Stores, Inc.
Texas Children's Hospital
The Bagster
Waste Management, Inc.

9THWONDER AGENCY
1201 San Jacinto Street
Houston, TX 77002
Fax: (713) 869-6149
Toll Free: (800) 994-1681
Web Site: www.9thwonder.com

Employees: 190
Year Founded: 1980

Discipline: Media Buying & Planning

Bill Fogarty *(Co-Founder & Co-Chairman)*
Kyle Allen *(Partner & Global Media Director)*
Jose Lozano *(Chief Executive Officer & Partner)*
Breck Templeton *(Chief Financial Officer)*
Michael Abbrecht *(Partner & New Business Director)*
Robert Herbst *(Research Director)*
Cynthia Markoski *(Finance Director)*
Stephanie Malabonga *(Associate Media Director)*
Amanda Minnich *(Group Planning Director)*
Tony Stern *(Partner & Global Head, Creative)*
Candice O'Connor *(Senior Broadcast Negotiator)*
Kimberly Pace *(Supervisor, Public Relations)*
Sandra Williams *(Account Manager)*
Claire Colvill *(Account Manager)*
William Thompson *(Digital Marketing Specialist)*
Kathryn Larson *(Account Manager)*
Javier Ruesga *(Paid Search Strategist)*
Lisa Parker *(Managing Director)*
Josh Okun *(Managing Partner - Global B2B)*

Accounts:
Amegy Bank
Amegy Insurance
Amegy Investments
Amegy Mortgage
Mahatma
Minute Rice
National Multiple Sclerosis Society
Pappadeaux
Pappas Bros. Steakhouse
Pappas Restaurants
Pappas Seafood House
Pappasito's Cantina
Phillips 66 Lubricants
Riviana Foods, Inc.
Siemens Oil, Gas & Marine
Stewart Title
Success Rice
The Bagster
Waste Management, Inc.

ABSOLUTE MEDIA INC.
1177 High Ridge Road
Stamford, CT 06905
Tel.: (203) 327-9090
Fax: (203) 323-1899
Web Site: www.absolutemediainc.com

Employees: 10
Year Founded: 1994

Discipline: Media Buying & Planning

Gene Willhoft *(Founder & President)*
Alison Grice *(Senior Vice President & Director, Media)*
Mary Ozkan *(Director, Media Services)*

ACCESS TO MEDIA
432 Front Street
Chicopee, MA 01013
Tel.: (866) 612-0034
Toll Free: (866) 612-0034
Web Site: www.accesstomedia.com

Year Founded: 2003

Discipline: Media Buying & Planning

Liz Jusko *(Vice President, Sales & Marketing)*
Andrea McEvady *(Manager, New Business Development)*
Stacy Franklin *(Senior Account Executive)*
Tina Hemond *(Media Buyer)*
Jenn Roissing *(Senior Account Manager)*

AGENTI MEDIA SERVICES
Two Carlson Parkway
Plymouth, MN 55447
Tel.: (612) 758-8600
Toll Free: (888) 229-4656
Web Site: www.agentimediaservices.com

Year Founded: 1987

Discipline: Media Buying & Planning

Amy Hill *(Market Analyst)*
Anne Erickson *(Media Accounting Coordinator)*

Accounts:
Mattress Firm, Inc

AIM PRODUCTIONS
Kaufman Astoria Studios
Astoria, NY 11106
Tel.: (718) 729-9288
Fax: (718) 786-0137
Web Site: www.aimproductionsinc.com

Employees: 15

Brands. Marketers. Agencies. Search Less. Find More.
Try out the online version at www.winmo.com

453

AGENCIES - JULY, 2020
MEDIA BUYING & PLANNING AGENCIES

Year Founded: 1982

Discipline: Media Buying & Planning

Patricia Ganguzza *(President)*
Kathryn Como *(Vice President, Production Resources)*
Alice Filippazzo-Murphy *(Director, Media Research)*
Jesse Zlatkin *(Creative Director)*
Denise Meuser *(Production Services)*

AKPD MESSAGE AND MEDIA
730 North Franklin Street
Chicago, IL 60654
Tel.: (312) 664-7500
Fax: (312) 664-0174
Web Site: www.akpmedia.com

Discipline: Media Buying & Planning

Sarah Hegeman *(Vice President, Production)*
Debra Schommer-Klein *(Vice President, Media Planning)*
Derek Renfeld *(Director, Research & Digital Strategy)*

ALETHEIA MARKETING & MEDIA
Tollway Towers
Dallas, TX 75248
Tel.: (972) 776-4073
Fax: (972) 829-9011
Web Site: www.aletheia-na.com

Year Founded: 2018

Discipline: Media Buying & Planning

Chris Schembri *(Founder & Chief Executive Officer)*
Damien Lamanna *(Senior Vice President & Digital Media Director)*
English Atkins *(Media Director)*
Britt Baumel *(Operations Director)*
Dante Dio *(Paid Social Media Manager)*
Lynn Mannion *(Senior Media Buyer)*
Dailon Smith *(Associate Media Planner)*

ALLSCOPE MEDIA
462 Seventh Avenue
New York, NY 10018
Tel.: (212) 253-1300
Fax: (212) 253-1625
Web Site: www.allscope.com

Employees: 40
Year Founded: 1971

Discipline: Media Buying & Planning

Evan Greenberg *(Chief Executive Officer & Owner)*
Leslie Jacobus *(Chief Operating Officer)*
Jonathan Sackett *(President & Chief Content Officer)*
Marlene Sklar *(Vice President, Planning & Strategy)*
Carol Caracappa *(Vice President, National Television - Media & Buying)*
Erica Moron *(Group Account Director)*
Carl Langrock *(Director, Strategic Services & Analytics)*
Kara Cooney *(Group Media Director)*
Eman Abuella *(Director, Digital Media)*
Joseph Sharp *(Group Account Director)*
Mike Pospisil *(Manager, Media, Billing & Finance)*

Daniel Marc *(Senior Digital Media Planner & Buyer)*
Jaclyn Hudock *(Media Planner)*
Minh-Vy Ngo *(Business Communications & Design Associate)*
Alana Grieco *(Media Planner)*

Accounts:
Jackson Hewitt, Inc.
Southern Company

ALWAYS ON COMMUNICATIONS
1308 East Colorado Boulevard
Pasadena, CA 91106
Tel.: (626) 698-0698
Web Site: www.alwaysoncommunications.com

Year Founded: 2009

Discipline: Media Buying & Planning

Martin Thomas *(President & Owner)*
Jeanette Igarashi *(Media Director)*
Malinda Vargas *(Media Planner)*

Accounts:
Anacin
BC Powder
Beano
Boudreaux's Butt Paste
Chloraseptic
Clear Eyes
Compound W
Debrox
Dermarest
Dramamine
Efferdent
Effergrip
Fleet Laboratories
Freezone
Goody's Headache Powders
Hydralate
Little Remedies
Luden's Throat Drops
Monistat
Monterey Gourmet Foods
NasalCrom
Nice
Nix
PediaCare
Phazyme
Prestige Brands Holdings, Inc.
Pulmuone USA
Summer's Eve
Uristat Relief Pak
Vitron-C
Wildwood Foods

AMNET
150 East 42nd Street
New York, NY 10017
Tel.: (212) 689-6800
Toll Free: (855) 926-6388
Web Site: www.amnetgroup.com

Year Founded: 2011

Discipline: Media Buying & Planning

Allison Schulte *(Senior Vice President, Product)*
Adeola Oyedele *(Associate Director, Client Results)*
Rebecca Rektorik *(Senior Director, Client Results)*
Lisa Arnold *(Senior Director, Trading Strategy)*
Billy Carroll *(Senior Director, Trading Strategy)*

Jason Smith *(Director, Client Results)*
Lauren Command *(Associate Director)*
Olivia Halas *(Associate Director)*
Jennifer Newman *(Senior Account Manager, Client Results)*
Erin Giancini *(Account Manager)*

AMNET
500 Woodward Avenue
Detroit, MI 48226
Tel.: (734) 736-3800
Web Site: www.amnetgroup.com

Discipline: Media Buying & Planning

Jennifer Scheel *(Senior Vice President, Digital Activation)*
Tami Peterson *(Director, Client Services)*
Jessica Schulz *(Director Client Services)*
Lauren Schubeck *(Associate Director)*
Devin McNalley *(Associate Director, Ad Quality)*
Kristen Peczynski *(Senior Account Manager)*
Stacey Shaw *(Associate Director)*
Olivia Halas *(Senior Account Manager - Cadillac)*
Rachel Boye *(Senior Account Manager)*

AMNET
1021 Foch Street
Fort Worth, TX 76107
Tel.: (817) 665-2135
Web Site: www.amnetgroup.com

Discipline: Media Buying & Planning

Ashwini Karandikar *(Global President)*
Stephanie Landrum *(Senior Vice President, Client Services)*
Leah Feigel *(Vice President, Client Results)*
Emily Kennedy *(Vice President, Trading Strategy)*
Amanda Sims *(Senior Manager, Marketing & Client Development)*
Alexis Cortez *(Senior Manager, Account)*
Shelby Prisby *(Manager, Account)*
Thomas Carroll *(Director)*
Sophie Krull *(Coordinator, Media)*

ANCHOR MEDIA SERVICES, LLC
17 Squadron Boulevard
New City, NY 10956
Tel.: (888) 912-6246
Web Site: www.anchormediaservices.com

Year Founded: 2016

Discipline: Media Buying & Planning

David King *(Chief Financial Officer)*
Sean Magee *(Founder & Chief Executive Officer)*
Randall Laird *(Senior Vice President, Asset Acquisition)*

ARENA MEDIA
200 Hudson Street
New York, NY 10013
Tel.: (646) 587-5000
Web Site: www.arenamedia.com

Year Founded: 2000

Discipline: Media Buying & Planning

Tim Simko *(Senior Vice President & Group Client Leader)*
Amy Labb *(Vice President & Account Director)*

Brands. Marketers. Agencies. Search Less. Find More.
Try out the online version at www.winmo.com

454

MEDIA BUYING & PLANNING AGENCIES
AGENCIES - JULY, 2020

Steve Fagioli *(Associate Account Director)*
Gonzalo Fernandez *(Media Supervisor - Havas Media Group)*
Jack Cusick *(Buyer, Digital Investments)*
Dina Santos *(Specialist - Havas)*

Accounts:
1800 Tequila
Boodles Gin
Bushmills Irish Whiskey
Cholula Food Company
Gran Centenario
Hangar One
Ion TV
Jose Cuervo
Kraken Rum
Maestro Dobel
Matusalem
Proximo Spirits
Stranahans Colorado Whiskey
Three Olives
Tincup
Travelocity.com, Inc.

ARENAS
3375 Barham Boulevard
Los Angeles, CA 90068
Tel.: (323) 785-5555
Fax: (323) 785-5560
Web Site: www.arenasgroup.com

Employees: 20
Year Founded: 1988

Discipline: Media Buying & Planning

Santiago Pozo *(Chief Executive Officer)*
Larry Gleason *(President - Distribution)*

Accounts:
ABC, Inc.

ASHER MEDIA
15303 Dallas Parkway
Addison, TX 75001
Tel.: (972) 732-6464
Fax: (972) 732-1161
Web Site: www.ashermedia.com

Employees: 21
Year Founded: 1999

Discipline: Media Buying & Planning

Kalyn Asher *(President)*
Mary Kim *(Associate Director, Media)*
Jackie Barrera *(Director, Broadcast Media Buying)*
Sarah Lerner *(Director, Media Planning)*
Stephanie Beugelsdijk *(Associate Media Director)*
Allison Archer *(Supervisor, Media)*

Accounts:
Consolidated Restaurant Operations, Inc.
Dallas Morning News, Inc.
Dallas Zoo
El Chico
III Forks
Shaw Industries

AUDIENCEXPRESS
460 West 34th Street
New York, NY 10001
Web Site: www.audiencexpress.com

Year Founded: 2012

Discipline: Media Buying & Planning

Anthony Viscuse *(Senior Director, Supply Side Relationship Management)*
Jeff Muir *(Vice President, Advanced TV Ad Sales)*
Michael Parent *(Director, Pricing & Planning)*
Rob Donner *(Account Executive)*
Greg Repicci *(Account Executive)*
David Raleigh *(Account Executive)*
Brendan Clancy *(Account Executive)*
Nick Lucci *(Senior Manager, Client Services)*
Brad Gabelmann *(Senior Account Executive)*

AVALANCHE MEDIA GROUP
11200 County Down Drive
Austin, TX 78747
Tel.: (512) 280-5650
Toll Free: (888) 422-0879
Web Site: www.avalanchemg.com/

Year Founded: 2012

Discipline: Media Buying & Planning

Lora Funderburk *(Director, Media Services)*
James Hill *(Strategic Media Director)*
Meaghan Dorroh *(Media Planner)*
Adriana Bueno *(Assistant Media Planner)*

BARLOW MEDIA
147 16th Street West
North Vancouver, BC V7M 1T3
Tel.: (604) 987-4838
Fax: (604) 987-7929
Web Site: www.barlowmedia.com

Employees: 7
Year Founded: 2000

Discipline: Media Buying & Planning

Carrie Ann Barlow *(President)*
Jenn Bowie *(Supervisor, Media)*
Harleen Virk *(Media Supervisor)*
Teaghan Iverson *(Buyer, Media)*

BCM MEDIA
30 Old Kings Highway South
Darien, CT 06820
Tel.: (203) 981-1570
Web Site: www.bcmmedia.biz/

Year Founded: 2013

Discipline: Media Buying & Planning

Brenda McKenna *(Founder & Managing Director)*
Shaun McKenna *(Senior Vice President, New Business Development)*
Jennifer Creegan *(Director, Broadcast)*
Kelly Kreho *(Director, Social Media & Content)*
Matt Lukens *(Director, Digital)*

BIG SPACESHIP
55 Washington Street
Brooklyn, NY 11201
Tel.: (718) 222-0281
Toll Free: (718) 971-1062
Web Site: www.bigspaceship.com

Employees: 45
Year Founded: 2000

Discipline: Media Buying & Planning

Michael Lebowitz *(Chief Executive Officer)*
Cedric Devitt *(Chief Creative Officer)*
Andrea Ring *(Chief Strategy Officer)*
Rick Disick *(Chief Financial Officer)*
Layne Harris *(Senior Vice President, Creative Technology)*
Lindsay Molsen *(Senior Vice President, Production & Operations)*
Dan Bort *(Vice President, Brand Strategy)*
Stacey Zimmerman *(Vice President & Group Account Director)*
Liz Agans *(Senior Art Director)*
Laura Breines *(Managing Director)*
Lauren Wannermeyer *(Associate Content Director)*
Jordan Makow *(Group Director, Production & Content)*
Harry Garcia *(Executive Director, Design)*
Stephanie Cortinhal *(Associate Strategy Director)*
Lucy Downs *(Senior Art Director)*
Nicholas Langworth *(Group Director)*
Shrivika Jain *(Account Director)*
Christine Gratton *(Director, Creative)*
Greg Berman *(Associate Director, Creative - Copy)*
Sean Adams *(Director, Marketing Intelligence)*
Jennifer Kung *(Director, Strategy)*
Kristen Kriisa *(Director, Creative)*
Lorna Ruane *(Associate Director, Marketing Intelligence)*
Sarah Masel *(Group Director, Strategy & Analytics)*
Alison Ng *(Group Director, Production)*
Cory Galster *(Director, Design)*
Lucas Rojas *(Associate Director, Strategy)*
Sarah Fisher *(Director, Art - Starbucks)*
Sean Flynn *(Strategy Director)*
Adam Gloo *(Group Creative Director)*
Kristina Caizley *(Creative Director)*
Lauren Miceli *(Senior Account Manager - Habsro Starbucks)*
Amanda Goldberg *(Senior Manager, Resource)*

Accounts:
BrightStar Healthcare
Google, Inc.
JetBlue
Sony Corporation of America
Starbucks Corporation
Youtube.com

BLUE 449
375 Hudson Street
New York, NY 10014
Tel.: (212) 820-3200
Fax: (212) 820-3300
Web Site: www.blue449.com

Employees: 300

Discipline: Media Buying & Planning

Melissa Shapiro *(President, Investment)*
David Ehlers *(Chief Executive Officer)*
Lauren Greco *(Executive Vice President, National Media Investment)*
Benjamin J. Ochnio *(Executive Vice President, Digital)*
Anita Arcentales *(Senior Vice President & Multicultural Brand Lead)*
Benson Hausman *(Senior Vice President, Business Development)*
Jeffrey Vider *(Senior Vice President & Strategic Communications Director)*
Michael Wyllie *(Senior Vice President, Strategic Planning)*
George Musi *(Senior Vice President & Head, Analytics & Insight)*
Nicole Giglio *(Senior Vice President, National Broadcast)*
Julia Gray *(Senior Vice President, Digital)*
Daniel Plaut *(Vice President, National Media*

Brands. Marketers. Agencies. Search Less. Find More.
Try out the online version at www.winmo.com

455

AGENCIES - JULY, 2020 — MEDIA BUYING & PLANNING AGENCIES

Investment)
Nicholas Caputo (Vice President & Strategic Communications Director)
Karen Zelenka (Vice President & Director, Strategic Planning)
Mike Eisenstein (Vice President, Analytics)
Janet Kiddy (Associate Media Director)
Meghan Dailey (Associate Media Director)
Marisa Theobald (Associate Director)
Alex Miltenberg (Associate Director, Media Investment - National)
Cortney Roder (Account Director)
Justin Radico (Associate Director, Media Investment - National)
Kaitlynn Kortvelesy (Associate Director, Media Investment - National)
Antonette Maysonet (Office Manager)
Rachel Bell (Associate Director)
Rachel Berk (Content Manager)
Vanesa Aguilar (Strategy Supervisor)
Molly Rothberg (supervisor, Digital Investment & Activation)
Victoria Catanzaro (Digital Manager)
Danielle Fluker (Strategic Planner)
Evan Wilkins (Supervisor)
Ryan Grogan (Supervisor)
Adam Mohan (Assistant Planner, Search)
Ariana Chirasello (Senior Planner)
Jaclyn Cheri (Manager, Content Marketing & Partnerships)
John Bowe (Supervisor, Search)
Kasia Kozlowska (Supervisor, Media)
Perri Lumish (Supervisor)
Sarah Harrison (Supervisor, Strategy)
Stephanie Lam (Senior Media Planner)
Raysha Dindiyal (Communications Strategy Supervisor)
Shevaun Morvan (Senior Associate Negotiator)
Anne Johnson (Senior Associate)
AJ Otranto (Paid Search Planner)

Accounts:
Alfred Dunhill of London, Inc.
Cartier, Inc.
Denny's Corporation
Epix
HP, Inc.
Liberty Mutual Automotive Insurance
Liberty Mutual Insurance Companies
Pizza Hut, Inc.
Rhapsody International
Simon Property Group, Inc.
Tena
Tuscani Pasta
WingStreet

BLUE 449
424 Second Avenue West
Seattle, WA 98119-0000
Tel.: (206) 285-2222
Fax: (206) 272-2498
Web Site: www.blue449.com

Discipline: Media Buying & Planning

Thomas McElroy (Chief Finance Officer - Optimedia)
Richardson Reigart (Senior Vice President, Strategy)
Lisa Allison (Senior Vice President & Director, Local Broadcast Investments)
Tim Viers (Vice President, Analytics)
Kelly Moon (Vice President, Strategy)
Cathy Gilham (Media Director, Paid Social)
Drew Gascon (Associate Media Director)
Serina Braddock (Associate Director)

Gianna Passarelli (Associate Media Director, Innovation)
Juan Gabriel Febles (Associate Director)
Kandace Farley (Associate Media Director)
Kendall Wall (Senior Media Planner)
Ann-Marie Hunter (Senior Planner, Digital)
Tatyana Laird (Senior Media Planner)
Brady Thompson (Senior Associate, Media Innovation)

Accounts:
Les Schwab Tire Centers

BLUE 449
2001 The Embarcadero
San Francisco, CA 94133
Tel.: (415) 293-2190
Web Site: www.blue449.com

Year Founded: 1995

Discipline: Media Buying & Planning

Felicia Mei (Associate Director, Digital)
Margot De La Pena (Director, Data & Platform Solutions)
Sarah Farnam (Digital Media Supervisor)
Elli Norberg (Associate Director, Strategy)
Anton Ivanenko (Supervisor, Business Intelligence & Data Scientist)

Accounts:
TruGreen
TruGreen LawnCare

BLUE 449
2828 Routh Street
Dallas, TX 75201
Tel.: (214) 749-0080
Web Site: www.blue449.com

Discipline: Media Buying & Planning

Susan Eberhart (Executive Vice President & Managing Director, Strategic Communications)
Dina Light-McNeely (Senior Vice President, Strategy)
Nicole Cappellino (Vice President & Group Director, Media Strategy)
Kyle Russ (Vice President, Strategic Planning)
Meegan Flanigan (Vice President, Communications Planning)
Matt McCary (Supervisor, Communications Planning)
Kendra Moore (Supervisor, Communications Planning)
Jason Pugh (Senior Communications Planner)
Annie Geisler (Assistant Media Planner)
Kendra Camilli (Supervisor, Communications Planning)

Accounts:
Denny's Corporation
Pizza Hut, Inc.
Reliant Energy
T-Mobile USA
Tito's Handmade Vodka

BLUE PLATE MEDIA SERVICES
35 Maple Street
Summit, NJ 07901
Tel.: (908) 918-0202
Fax: (908) 918-0008
Web Site: www.blueplatemedia.net

Discipline: Media Buying & Planning

David Becker (President)
Denise Vannucci (Senior Vice President & Creative Director)

BRANDING PLUS MARKETING GROUP
18333 Preston Road
Dallas, TX 75252
Tel.: (214) 824-4100
Fax: (214) 824-4102
Web Site: www.brandingplusmarketing.com

Year Founded: 2010

Discipline: Media Buying & Planning

Natalie Graham (Partner)
Wayne Walker (Partner)

BRIGGS & CALDWELL
9801 Westheimer Road
Houston, TX 77042
Tel.: (713) 532-4040
Fax: (713) 532-4046
Web Site: www.briggscaldwell.com

Year Founded: 2005

Discipline: Media Buying & Planning

Kellie Briggs (President)
Chris Caldwell (Partner & Vice President)
Athena Anzaldua (Media Buyer)
Kristina Early (Media Planner & Buyer)
Christy Saxer (Media Buyer)

BRIVICMEDIA, INC.
10200 Richmond Avenue
Houston, TX 77042
Tel.: (713) 977-3300
Web Site: www.brivicmedia.com/

Year Founded: 1996

Discipline: Media Buying & Planning

Allen Brivic (President)
Molly Brivic (Executive Vice President)
Kelley Robinson (Media Director)
Cristina Cantu-Fernandez (Media Manager)
Caitlin Stansfield (Media Manager)

Accounts:
Greater Houston Convention & Visitor Bureau

BROADBEAM MEDIA
298 5th Avenue
New York, NY 10001
Tel.: (347) 671-0504
Web Site: www.broadbeammedia.com

Year Founded: 2019

Discipline: Media Buying & Planning

Beth Vendice (President)
Kristi Tropp (Senior Vice President, Client)
Corinne Casagrande (Senior Vice President, Strategy & Digital)
Alex Sapoznikov (Senior Vice President, Analytics & Data Strategy)
Melissa Keller (Managing Director)

Accounts:
American Standard Brands
Beach Resorts
Netspend
Penn State University

Brands. Marketers. Agencies. Search Less. Find More.
Try out the online version at www.winmo.com

MEDIA BUYING & PLANNING AGENCIES

BROADCAST TIME, INC.
91 Blackhealth Road
Lido Beach, NY 11561
Tel.: (516) 431-2215
Fax: (516) 889-8511
Web Site: www.broadcasttime.com/

Discipline: Media Buying & Planning

Bruce Kuperschmid *(President)*
Peter Kuperschmid *(Executive Vice President)*

BUONASERA MEDIA SERVICES
PO Box 7185
Columbia, SC 29202
Tel.: (803) 315-2497
Fax: (803) 790-7225
Web Site: www.buonaseramedia.com

Year Founded: 2006

Discipline: Media Buying & Planning

Teri Buonasera *(Owner)*
Howard Buonasera *(President)*
Zach Cox *(Vice President)*
Olivia Hyatt *(Manager, Client Services)*

Accounts:
Harris Teeter, Inc.

BUTLER / TILL
1565 Jefferson Road
Rochester, NY 14623
Tel.: (585) 274-5100
Fax: (585) 274-5199
Toll Free: (855) 472-5100
Web Site: www.butlertill.com

Year Founded: 1998

Discipline: Media Buying & Planning

Tracy Till *(Member Board, Directors)*
Peter Infante *(Chief Strategy Officer)*
Melissa Palmer *(Chief Financial & Operating Officer)*
Kimberly Jones *(President & Chief Executive Officer)*
Amanda DeVito *(Vice President, Engagement)*
Keith Betz *(Vice President, Client Services)*
Sue Butler *(Chairman, Board Director)*
Michael DiCaprio *(Director, Communications Planning)*
Karen Sharp *(Group Media Director)*
David Grome *(Account Director)*
Mike Davis *(Director, Digital Media)*
Mary Rockefeller *(Group Account Director)*
Michael Deichmiller *(Group Account Director)*
Jill Currie *(Media Director)*
Ryan Lammela *(Associate Media Director)*
Erin Wendel *(Programmatic Media Manager)*
Jenna Landahl *(Process Manager)*
Lauren Strassman *(Senior Strategist, Media Investment)*
Patrick Willome *(Director, Data Management)*
Christine Falcipieri *(Supervisor, Digital Media)*
Kathleen Traver *(Senior Account Manager)*
Danielle Fox *(Supervisor, Digital Media)*
Sia Koppaka *(Digital Media Supervisor)*
Joelle Freeman *(Digital Media Supervisor)*
Maggie Leathersich *(Programmatic Media Supervisor)*
Michelle Roe *(Senior Strategist, Media Investment)*
Chris Palmeri *(Senior Strategist, Media Investment)*
Jennie Jones *(Senior Strategist, Media Investment)*
Gretchen Cummings *(Senior Strategist, Media Investment)*
Kellyn Smola *(Senior Media Investment Strategist)*
Gary Manitone *(Senior Digital Media Strategist)*
Nicole Coffey *(Digital Media Coordinator)*
Rachel Joshpe *(Digital Media Coordinator)*

Accounts:
Bausch & Lomb, Inc.

CAGE POINT
336 West 37th Street
New York, NY 10018
Tel.: (646) 386-2071
Web Site: cagepoint.com

Year Founded: 2016

Discipline: Media Buying & Planning

Shattuck Groome *(Founder & Chief Media Officer)*
Courtney Groome *(Executive Vice President)*
Mariana Walsh *(Vice President, Communications Strategy)*
Chad Hoffman *(Social Media Manager)*
Natalie Pestun *(Media Communications Strategist)*
Tanae Campbell *(Senior Media Planner)*
Ross Adler *(Assistant Digital Media Planner)*

Accounts:
Buffalo Trace
Fireball Whisky
Freshpet
Popular Community Bank
Rohto
Softlips

CALLAN ADVERTISING COMPANY
1126 North Hollywood Way
Burbank, CA 91505
Tel.: (818) 841-3284
Fax: (818) 841-3285
Web Site: www.scallan.com

Year Founded: 1993

Discipline: Media Buying & Planning

Sheri Callan *(Owner)*
Josh Allen *(Vice President, Media Operations)*
Tom Donatelli *(Vice President, Media Services)*
Steve Siers *(Director, Creative Services)*
Candace Ross *(Senior Media Negotiator)*
Amy Spalding *(Senior Manager, Digital Media)*
Angela Davis *(Senior Associate, National Media)*

CALLAN ADVERTISING COMPANY
37 West 20th Street
New York, NY 10011
Tel.: (212) 719-3284
Fax: (212) 719-3285
Web Site: www.scallan.com/

Year Founded: 1993

Discipline: Media Buying & Planning

Scott Warren *(Associate Media Director)*
Adriana Barden *(Senior Account Manager)*

CAM MEDIA, INC.
50 Audubon Road
Wakefield, MA 01880
Tel.: (781) 245-0092
Fax: (781) 245-7722
Web Site: www.cammedia.net

Year Founded: 1994

Discipline: Media Buying & Planning

John Mitchell *(President)*
Aaron Lewis *(Media Director)*
Phyllis Maguire *(Media Manager)*

Accounts:
Friendly's Ice Cream Corporation

CAMELOT STRATEGIC MARKETING & MEDIA
8140 Walnut Hill Lane
Dallas, TX 75231
Tel.: (214) 373-6999
Fax: (214) 373-6854
Web Site: camelotsmm.com

Employees: 50
Year Founded: 1983

Discipline: Media Buying & Planning

Brenda Wurst *(Co-Founder & President)*
Tom Kalahar *(Chief Executive Officer)*
Jack McEnaney *(Chief Financial Officer)*
Alex Richter *(Executive Vice President, Interactive Marketing)*
Ben Cooper *(Executive Vice President, Marketing & Media)*
Bruce Butcher *(Vice President, Customer Insights)*
Steve Lybrand *(Senior Vice President, Planning)*
Marva Cathey *(Vice President & Media Director)*
Charlie Thomas *(Vice President, Marketing & Media)*
David Hamlin *(Vice President, Strategic Planning)*
Chris Zarski *(Vice President, Interactive & Social Media)*
Alfred Van Hoven *(Vice President, Interactive)*
Susan Moore Nobis *(Vice President, Interactive & Digital)*
Rob Boverie *(Director, Customer Planning)*
Pat Kalahar *(Director, Digital Media)*
Janice Hudson *(Market Specialist)*
Sandra Valdespino *(Senior Account Executive)*
Karen Coffey *(Market Specialist)*
Vicki Cornelius *(Market Specialist)*
Matthew Norris *(Digital Marketing)*
Judy Brooks *(Vice President, Direct Marketing)*
Nadine Santana *(Strategic Marketing & Media)*
Sam Bloom *(General Manager, Interactive Marketing)*

Accounts:
ACE Cash Express, Inc.
Citrix Systems, Inc.
Mint.com
QuickBooks
TurboTax Consumer

CANNELLA RESPONSE TELEVISION
6222 Wilshire Boulevard
Los Angeles, CA 90048
Tel.: (323) 935-4995
Fax: (323) 935-4999
Web Site: www.drtv.com

Year Founded: 1985

AGENCIES - JULY, 2020 — MEDIA BUYING & PLANNING AGENCIES

Discipline: Media Buying & Planning

Bill Raymond (Executive Vice President & Managing Partner West Coast)
Frank Cannella (Founder & Chairman)
Louis Tasso (Account Director)
Michele Coast (Media Buyer)
Stephanie Ly (Senior Media Planner & Buyer)
Steve Sanchez (Senior Media Buyer)
Helen Hiroshima (Senior Media Buyer)
Bryan Geidt (Senior Media Buyer)

CANVAS WORLDWIDE
12015 Bluff Creek Drive
Playa Vista, CA 90094
Tel.: (424) 303-4300
Web Site: www.canvasww.com

Year Founded: 2015

Discipline: Media Buying & Planning

Greg Johns (Chief Digital Officer)
Kristi Lind (Chief Client Officer & Executive Vice President)
Omara Hernandez (Senior Vice President & Group Director)
Shari Gordon Lynch (Senior Vice President & Client Director)
Caleb Wines (Senior Vice President & Client Director)
Christi Cicerelli (Senior Vice President, Local Investment)
Emery Wescott (Vice President & Group Director, Shopping Strategy - Kia)
Jason Croddy (Vice President & Group Director, Brand Strategy - Hyundai)
Kelly Young (Vice President & Group Director, Performance Strategy)
Leisha Bereson (Vice President & Group Director, Programmatic)
Jeffrey Dixon (Vice President & Group Director, Regional Strategy)
Steve Wolf (Vice President & Director, Video Investment)
Crysta Mackley (Vice President, Group Director)
Eveliza Jimenez (Vice President & Director, Local Investment)
Nancy Adzentoivich (Vice President, Search & Social Media)
Kathy Gimenez (Associate Director)
Diana Accardo (Director, Marketing & Promotions - United Artists Releasing)
Zaven Keusseyan (Associate Director, Regional Strategy)
Aaron Anderson (Head, Business Development)
Curtis Cohun (Associate Media Director)
Michael Chen (Director, Technology & Agency Solutions)
Anne Thomason (Associate Director, Local TV)
Brock Moxon (Associate Director, Brand Strategy)
Nya Shaheed (Strategy Director)
Derek Hand (Associate Director)
Savita Lal (Associate Director, Retail Strategy)
Este Mlynowski (Associate Director)
Parisa Heidari (Associate Director, Paid Search & Social)
Terra Fernandez (Director, Content Partnerships)
John Hubbard (Associate Director, Brand Strategy)
Jennie Chang (Director, Analytics)
Trevor Faber (Associate Media Director, Regional Brand Strategy)
Jackie Lee (Associate Director, Digital Investment)
Adam Felenstein (Director, Digital Investment)
Amy Coulter Overman (Associate Director, Strategy - United Artists Releasing)
Dawn Busa (Associate Director)
Jeffrey Worrall (Associate Media Director)
Lindsey Chen (Supervisor, Social Media Strategy & Community)
Amanda McAneney (Supervisor, Content Partnerships)
Stephanie Liss (Senior Media Buyer)
Kyle Smith (Strategy Supervisor)
Kaileigh Ceurvorst (Supervisor, Shopping & Performance Strategy- Kia)
Sheridan Taylor (Supervisor, Brand Strategy)
Amy DeMallie (Supervisor, Brand Strategy)
Laura Symmes (Project Manager & Supervisor)
Dana Dechene (Regional Strategist- Hyundai)
Vrushali Kumathe (Strategist, Paid Social)
Rukshan Jayasinghe (Associate, Digital Investment- Kia)
Jenna Sahyoun (Specialist, Programmatic)
Candy Rosales (Specialist, Local Investment)
Patrick Stewart (Strategist, Shopping & Performance Strategy - Kia)
James Friedricks (Specialist, Local Investment)
Vivian Nhieu (Digital Strategist)
Rebecca Kline (Strategist, Brand Strategy)
Aiman Ibrahim (Specialist)
Layla Irani (Specialist, Digital & Print Investment)
Michelle Adams (Digital Investment Associate)

Accounts:
Amstel Light
Amstel Wheat
Breville
Chicken of the Sea International
Dos Equis
Dos Equis Amber
Heineken 0.0
Heineken Dark Lager
Heineken Lager
Heineken Light
Heineken USA, Inc.
Hyundai Accent
Hyundai Azera
Hyundai Elantra
Hyundai Elantra GT
Hyundai Equus
Hyundai Genesis
Hyundai Motor America
Hyundai Santa Fe
Hyundai Sonata
Hyundai Tucson
Hyundai Veloster
Kia Cadenza
Kia Forte
Kia K900
Kia Motors America
Kia Niro
Kia Optima
Kia Rio
Kia Sedona
Kia Sorento
Kia Soul
Kia Sportage
Newcastle Brown Ale
Red Stripe
Strongbow Cider
Tecate
Tecate Light

CANVAS WORLDWIDE
75 Varick Street
New York, NY 10013
Tel.: (424) 303-4300
Web Site: www.canvasww.com

Year Founded: 2015

Discipline: Media Buying & Planning

Paul Woolmington (Chief Executive Officer)
Amy Ginsberg (Chief Investment Officer)
Tanya Zvonkin (Senior Vice President, National Video Investment)
Phil Sloan (Senior Vice President, Client Lead)
Madhavi Tadikonda (Senior Vice President, Investment)
Michael Maze (Vice President & Director, Local Investment)
Laurie Crowley (Vice President & Group Director, Video Investment)
Emily Ferencevych (Associate Director, Regional Strategy)
Amanda Leighton (Director, Video Investment)
Antonio Ylanan (Associate Media Director)
Michelle Chong (Associate Media Director)
Stacy Markham (Associate Director)
Sachin Manghnani (Associate Director, Digital Investment)
Jimmy Schaaf (Supervisor)
Devin Garner (Assistant Media Buyer)
Megan Graham (Digital Media Supervisor - Heineken)
Jami Gitles (Media Buyer)
Alexandra Breuer (Supervisor, Brand Strategy)
Bonnie Halpin (Supervisor, Strategy)
Tyler Reichert (Senior Specialist, National Video Investment)
Monica Cogo (Senior Strategist)
Hilary Pacelli (Associate, Digital Investment)
Katrina Rubijevsky (Specialist, Advertising Platforms & Technology)
Ellyn Amper (Senior Buyer, Local TV)

Accounts:
Amstel Light
Amstel Wheat
Dos Equis
Dos Equis Amber
Heineken 0.0
Heineken Dark Lager
Heineken Lager
Heineken Light
Heineken USA, Inc.
Hyundai Accent
Hyundai Azera
Hyundai Dealer Advertising Association
Hyundai Elantra
Hyundai Elantra GT
Hyundai Equus
Hyundai Genesis
Hyundai Hope On Wheels
Hyundai Motor America
Hyundai Santa Fe
Hyundai Sonata
Hyundai Tucson
Hyundai Veloster
Kia Cadenza
Kia Forte
Kia K900
Kia Motors America
Kia Niro
Kia Optima
Kia Rio
Kia Sedona
Kia Sorento
Kia Soul
Kia Sportage
Newcastle Brown Ale
Red Stripe

MEDIA BUYING & PLANNING AGENCIES
AGENCIES - JULY, 2020

Strongbow Cider
Tecate
Tecate Light

CAPITOL MEDIA SOLUTIONS
3340 Peachtree Road Northeast
Atlanta, GA 30326
Tel.: (404) 347-3316
Fax: (404) 347-9771
Toll Free: (877) 239-4080
Web Site: www.capitolmediasolutions.com/

Discipline: Media Buying & Planning

Audrey Eisen *(Media Director)*
Kaitlin Moncus *(Junior Media Planner)*
Thomas Whitson *(Senior Accountant)*
JT Hroncich *(Managing Director)*

CAPSTONE MEDIA
8227 Brecksville Road
Brecksville, OH 44141
Tel.: (440) 717-1100
Web Site: www.capstonemedia.com

Employees: 4
Year Founded: 1989

Discipline: Media Buying & Planning

Tracy Smuts *(President & Owner)*
Karen Dudek *(Media Supervisor)*

CARAT
5800 Bristol Parkway
Culver City, CA 90230
Tel.: (310) 255-1000
Fax: (310) 255-1040
Web Site: www.carat.com

Employees: 150
Year Founded: 1998

Discipline: Media Buying & Planning

Sandy Constan *(Senior Vice President, Global Media Lead, Microsoft)*
Dave Kersey *(Senior Vice President & Group Director, Signature Experiences & Consumer Products - Disney Parks & Resorts)*
Kerry Doyle *(Senior Vice President, Carat Content & Group Content Director)*
Jane Eun *(Vice President & Digital Director)*
Corrina Miller *(Vice President & Traffic Director - Amplifi US)*
Sujon Ray *(Vice President, Digital)*
Julie Ferguson *(Vice President, Global Digital Advertising Operations - Intel)*
Chris Kelly *(Vice President, Planning)*
Amanda Taft *(Director, AOR - Intel)*
Nicole Boreham *(Director, Consumer Insights)*
Steven Choi *(Associate Media Director, Digital & Integrated Strategy - TaylorMade & Adidas)*
Brooke Bowhay *(Associate Director, Digital)*
Julia Barrett *(Digital Media Director, Sephora - dentsuX)*
Asha Cowell *(Associate Director, Strategy)*
Mily Davila *(Associate Director, Talent Acquisition)*
Nicky Yang *(Global Communications Planning Supervisor)*
Whitney Evans *(Media Supervisor - Disney Parks & Resorts)*
Tiffany Hu *(Digital Supervisor)*
Danielle Grills *(Digital Media Planner - Microsoft Xbox)*
Joy Kim *(Communications Planning Supervisor)*
Ryan Dougherty *(Associate Media Planner - E3 2019 & Xbox GamePass)*
Athena Nestoras *(Supervisor - Jack in the Box)*
Emma Hirata *(Supervisor, Integrated Media - Disney Resorts)*
Lauren Berghoff *(Supervisor, Content)*
Garrett Myers *(Assistant Media Planner)*
Madison Herron *(Assistant, Planning)*
Camille Moody *(Senior Associate, Global Planning)*
Kiara Vahdani *(Assistant, Paid Social)*
Ashley Killion *(Assistant Media Planner)*
Chelsea Moody *(Assistant Digital Media Planner)*
Lucas Connelly *(Assistant Media Planner, Xbox)*
Jenifer Castro *(Senior Analyst, Analytics & Insights)*
Zachary Anderson *(Associate Media Planner)*
Anathea Ruys *(Managing Director - West Coast)*

Accounts:
GreatCall, Inc.
Jack in the Box, Inc.
Jitterbug
Microsoft Corporation
Xbox
Xbox LIVE
Xbox One

CARAT
950 East Paces Ferry Road NorthEast
Atlanta, GA 30326
Tel.: (404) 231-1232
Fax: (404) 239-9755
Web Site: www.carat.com

Year Founded: 1998

Discipline: Media Buying & Planning

Andrea Myles *(Vice President & Director, Local Activation)*
Martha Matthews *(Vice President & Group Director, Local Media Activation)*
Eric Bryant *(Vice President & Director, Local Media Activation)*
Blake Ivie *(Director, Planning)*
Jamey Halpin *(Associate Director, Planning)*
Steven Lovstrom *(Director, Planning)*
Katie Calvert *(Supervisor, Local Media Activation)*
Kristen Jordet *(Supervisor, Local Media Activation)*
April McNair *(Associate Media Buyer)*
Jessica Berresse *(Operations Associate)*
Katherine Filiberto *(Planning Supervisor)*
Germaine Lucas *(Senior Media Buyer)*
Langdon Morrison *(Associate, Media Activation & Associate, Digital Specialist)*
Kathryn Doss *(Senior Associate, Planning)*
Andrew Adach *(Associate, Planning)*
Elizabeth Colloredo *(Associate, Local Media Activation)*
Callahan FitzGerald *(Assistant Media Buyer)*
Bradley Barker *(Assistant Media Buyer)*
Carol Childs *(Supervisor, Local Media Activation)*

Accounts:
Club Med North America
LongHorn Steakhouse
NRG Energy, Inc.
The Home Depot, Inc.

CARAT
150 East 42nd Street
New York, NY 10017
Tel.: (212) 591-9100
Fax: (212) 508-4399
Web Site: www.carat.com

Year Founded: 1966

Discipline: Media Buying & Planning

Angela Steele *(Chief Executive Officer - U.S.)*
Michael Epstein *(Chief Executive Officer)*
Ed Gorman *(Client President - US)*
William Swayne *(Global President - Dentsu Aegis)*
Louisa Wong *(Chief Operating Officer)*
Mark Mylan *(Executive Vice President & Managing Director, Client Development - U.S.)*
Robert Hannan *(Executive Vice President & Managing Director, Operations)*
Barbara Zack *(Senior Vice President, Global Analytics)*
Tom Cugini *(Senior Vice President & Group Director)*
Julie Goldstein *(Senior Vice President, Activation)*
Robert Nishiyama *(Senior Vice President & Group Director)*
Annmarie Sasser-Bracone *(Senior Vice President & Group Director, Local Media Activation)*
Emily Zimkind *(Senior Vice President & Group Director)*
Karen Antuzzi *(Senior Vice President & Group Director, Digital Planning & Activation)*
Dena Caravello *(Senior Vice President & Group Director)*
David Sederbaum *(Senior Vice President, Video Activation)*
Rachel Starr *(Senior Vice President & Group Director)*
Sean Williamson *(Senior Vice President & Group Director - Mastercard Account Lead)*
Diana Anderson *(Senior Vice President & Group Director, Network & Digital Audio Activation)*
Sean O'Sullivan *(Senior Vice President & Client Partner)*
Sarah Stringer *(Senior Vice President & Head, Innovation)*
Sofia Waldow *(Senior Vice President & Managing Director)*
Adam Lutz *(Senior Vice President, Group Director)*
Stella Lui *(Senior Vice President, Strategy & Innovations)*
Diane Harrison *(Senior Vice President, Human Resources)*
Haley Paas *(Senior Vice President & Head, Strategy & Insights)*
Billie Gold *(Vice President & Director, Programming Research)*
Shalise Bennett *(Vice President & Director)*
Ryan Persaud *(Vice President & Director, Communications Planning)*
Alyssa Cooper *(Vice President & Director, Communications Planning)*
Johanna Valencia *(Vice President & Director, Planning)*
Meredith Beckerman *(Vice President & Account Director)*
Megan Upah *(Vice President & Global Director, Digital)*
Alana Asch Schalik *(Vice President & Group Director, National Video Activation)*
Thomas Maiorano *(Vice President, National Video Activation)*
Mike Valentin *(Vice President & Director, Digital)*
Wetherly Collins *(Vice President & Director, Planning)*
Erica Safar *(Vice President & Director,*

AGENCIES - JULY, 2020 — MEDIA BUYING & PLANNING AGENCIES

Operations)
Meredith Lasner *(Vice President, Director, Communications Planning)*
Mike Bell *(Vice President, Planning)*
Joe Difoglio *(Vice President & Group Director)*
James Allen *(Vice President, Strategy Director & Head, Product)*
Barbara McNamara *(Vice President & Research Director)*
Sarah McCarthy *(Vice President & Digital Director)*
Gerard DePersio *(Vice President & Director)*
Stephanie Burgess *(Vice President & Director, Communications Planning)*
Siobhan Sloane *(Vice President & Group Director)*
Bryan Ulrich *(Vice President & Director, Digital)*
Mick DiPeri *(Vice President & Director, National Video Activation)*
Christine Cook *(Vice President, US Digital Operations)*
Stephanie Spelbrink *(Director, Digital)*
Brian Sacks *(Director)*
Victoria Gugilev *(Integrated Media Director)*
Leslie Cheung *(Associate Director)*
Alicia Scordo *(Associate Director, Digital)*
Jon Ciancetta *(Director, National Video Activation)*
Julie Kessler *(Senior Vice President & Group Director)*
Michael Liu *(Vice President & Director, Mobile & Innovation & Global Strategy)*
Joanne Leong *(Associate Director)*
Jackie Sandoval *(Associate Director, Communications Planning)*
Jenna Croonquist *(Associate Director, Digital)*
Faye Soon *(Director, Communications Planning & Digital)*
Jayme Cangelosi *(Vice President & Director, National Video Activation)*
Ruth Levenberg *(Director, Planning)*
Daniel Rankel *(Associate Media Director)*
Hannah Jensen *(Associate Media Director)*
Christina Kalinchok *(Associate Media Director)*
Lauren Matranga *(Director)*
William Laird *(Director, Video Activation - Proctor & Gamble)*
Andrew Hall *(Associate Director, Communications Planning)*
Nairi Kasparian *(Associate Director, Communications Planning)*
Ian Hinton *(Associate Director, Planning)*
Kavita Kusumgar *(Head & Director, Learning & Development)*
Eva Chan *(Director, New Business)*
Erika Sekse Lutz *(Digital Director - Pfizer)*
Erica Johnson *(Associate Director, Digital Media Operations - dentsu X)*
Kathryn Jankowski *(Associate Media Director)*
Anna Malek *(Associate Director, Media)*
Gretta Carlson *(Director, Communications Planning)*
Vera Su *(Associate Director, Digital Planning & Activation)*
Prima Formica *(Associate Director, Integrated Publishing - Dentsu X)*
Lauren Ailts *(Associate Director, Planning)*
Anna Maser *(Associate Director, Integrated Planning)*
Lindsay Hurd *(Associate Director, Planning)*
Meaghan Duncan *(Associate Director, Integrated Planning)*
Rachel Weiner *(Associate Media Director)*
Bill Solano *(Associate Director, Planning)*
Cayla Pond *(Associate Director, Planning)*

Kyle Christie *(Associate Director)*
Lauren Parco *(Director)*
Corina Li *(Associate Director, Communications Planning - Dentsu X)*
Jackie Cash *(Associate Director)*
Kacie Flynn *(Associate Director, Digital)*
Sarah Tyree *(Associate Director, Digital)*
Joe Salvati *(Group Director, Digital)*
Nicole Webster *(Associate Director, Digital Planning & Activation)*
Diana Becker *(Associate Director)*
Andrew Malordy *(Associate Director, Digital)*
Maria Gianomenico *(Director, National Video Activation)*
Morgan Kamm *(Associate Director, Media Strategy)*
Kelsey Opperman *(Associate Director)*
Rafaella Kanbar *(Associate Director, Social)*
Kelly LaGreca *(Associate Director, Digital)*
Meredith Monroe *(Associate Director, Communications Planning)*
Rebecca Rosen *(Head, Network Audio Activation Assistance - P&G)*
Nicholas Franceski *(Supervisor, National Video Activation)*
Sara Kamovitch *(Supervisor)*
Taylor Johns *(Supervisor)*
Paige Heller *(Senior Media Buyer)*
Corey Schneid *(Supervisor, National Video Activation)*
Erin Scanlon *(Supervisor - National Video)*
Laura Vidler *(Supervisor, National Video Activation)*
Ryan O'Grady *(Planning Supervisor)*
Eric Layton *(Planning Supervisor)*
Patrick Hazel *(Supervisor, Digital)*
Noriel Mapoy *(Digital Supervisor)*
Myranne Sanchez *(Supervisor, Media Planning)*
Devon Ngai *(Supervisor, Communications Planning - dentsu X)*
Blaire Kelly *(Planning Supervisor)*
James Balardi *(Client Operations Supervisor - Proctor & Gamble)*
Eric Chanin *(Strategy Supervisor)*
Gabriella Fernandez *(Digital Supervisor)*
Adriana Sarro *(Supervisor, Digital Planning & Activation)*
Amy Lynne Vaccaro *(Supervisor, Planning)*
Abigail Gonzalez *(Planning Supervisor)*
Ilana Ratner *(Media Buyer, Network Audio Activation & Specialist, Digital Media - Dentsu Aegis)*
Enzo Ritorto *(Supervisor, Corporate Brands - GM)*
Kevin Potter *(Supervisor, Search Marketing)*
Hailey Wekselblatt *(Associate Buyer)*
Marquise Gallmon *(Media Planner - Procter & Gamble)*
Alexandra Larizadeh *(Communications Planner)*
Serah Shahar *(Supervisor, Global Media Operations)*
Scott Barron *(Supervisor, Digital Planning & Activation)*
Lucy Edmonds *(Supervisor, Planning - Procter & Gamble)*
Catherine Son *(Digital Supervisor)*
Sarah Greenhall *(Digital Media Supervisor)*
Maria Price Hanson *(Digital Media Planner)*
Kristofer Doerfler *(Planning Supervisor)*
Jessica Klotz *(Supervisor, National Video Activation)*
Kabrina Lee *(Supervisor, Strategy & Insights)*
Lauren Femminello *(Associate Director- Dentsu X)*
Samantha Halebian *(Supervisor, National Video Activation)*

Alyssa Windle *(Associate, Integrated Planning & Activation)*
Catrina Clarke *(Content Supervisor)*
Megan Hodge *(Assistant, National Video Activation)*
Emily Hattle *(Associate, Communications Planning)*
Jonathan Rodriguez *(Assistant, Digital Activation)*
Connor Buoye *(Senior Associate Media Planner)*
Amanda Danis *(Senior Associate, Digital Media Operations)*
Christina Swift *(Assistant Media Buyer)*
Cara Zito *(Digital Assistant)*
Michael Ferrucci *(Digital Associate)*
Mackenzie Linehan *(Associate, Communications Planning)*
Michael DeGiorgio *(Associate, Local Digital Activation)*
Kyle McNiff *(Assistant Media Buyer)*
Alexandra Korinis *(Associate Buyer, National Video Activation - Online Video & Video On Demand)*
Tara Farahani *(Media Planner)*
Johanna Bellorin *(Associate, Digital Activation)*
Elena Semenza *(Planning Associate)*
Ashley Hogan *(Associate Media Planner - Pfizer)*
Malcolm Nugent *(Associate Digital Planner)*
Sage Aguilar *(Supervisor, Digital)*
Elaine Jeu *(Associate Planner)*
Kelly Holt *(Assistant Media Planner)*
Brian Gallis *(Assistant Media Planner)*
Caroline Jeudy *(Digital Planner)*
Olivianna Wragg *(Associate, Communications Planning)*
Laura Amato *(Associate, Communications Planning)*
Alex Brezzi *(Associate Director, Strategy)*
Scott Abrams *(Assistant, Digital - Diageo)*
Kara Stanley *(Associate Buyer)*
Laura Sanfilippo *(Assistant, Digital Planning)*
Dylan Romer *(Associate Media Buyer)*
Katherine Worthington *(Associate Media Planner)*
Thomas Villafane *(Assistant Media Planner)*
Robert Garcia *(Associate Director, Digital)*
Audrey O'Donnell *(Associate Communications Planning, P&G)*
Katherine Kenny *(Supervisor, Media Planning)*
Christine Pineiro *(Executive Vice President & Managing Director)*
Stephanie Hill *(Executive Vice President & Managing Director)*

Accounts:
ACDelco
Aer Lingus
ASP.NET
Aussie
Bing
Braun
Buick Certified Services
Cadillac
Cadillac ATS
Cadillac Certified Services
Cadillac CT6
Cadillac CTS
Cadillac CTS-V
Cadillac Escalade
Cadillac Escalade ESV
Cadillac XT5
Cadillac XTS
Disney Cruise Lines, Inc.
Eastman Kodak Company
Fekkai
General Motors Corporation

460

MEDIA BUYING & PLANNING AGENCIES   **AGENCIES - JULY, 2020**

Gillette
Gillette 2 in 1
Gillette Body
Gillette Clear Gel
Gillette Clinical Strength
Gillette Complete Skincare
Gillette CustomPlus
Gillette Daisy
Gillette Deodorant
Gillette Fresh & Clean
Gillette Fusion
Gillette Fusion Hydra Gel
Gillette Good News
Gillette Hydrator Body Wash
Gillette M3 Power
Gillette Mach3
Gillette ProSeries
Gillette Satin Care
Gillette Sensor
Gillette Series
Gillette Shield
Gillette Simply Venus
Gillette Venus
Gillette Venus & Olay
Gillette Venus Bikini
Gillette Venus Breeze
Gillette Venus Embrace
Gillette Venus Sensitive
Global Gillette
Global Gillette
GM Certified Used Vehicles
Head & Shoulders
Herbal Essences
Internet Explorer
Jaguar F-Pace
Jaguar F-TYPE
Jaguar Land Rover North America, LLC
Jaguar USA
Jaguar XE
Jaguar XF
Jaguar XJ
Joy Shave
Kinect
Land Rover Discovery Sport
Land Rover Range Rover
Land Rover Range Rover Evoque
Land Rover USA
Massage Envy
MasterCard Worldwide, Inc.
Microsoft
Microsoft Advertising
Microsoft Azure
Microsoft Certified Partner Solutions
Microsoft Cloud
Microsoft Corporation
Microsoft Dynamics
Microsoft Exchange
Microsoft Office
Microsoft Office 365
Microsoft Stores
Microsoft Surface
Microsoft Visio
Mr. Clean
MSN Latino
MSN.com
Outlook.com
Pantene
Pernod Ricard USA
Pristiq
Robitussin
Subway
Swiffer
The Home Depot, Inc.
The Procter & Gamble Company
The Procter & Gamble Company
United Airlines / United Continental
Windows
Windows 7
Windows 8
Windows Phone
Windows Server
Windows Server Hyper-V
Xbox
Xbox LIVE
Xbox One

CARAT
515 North State Street
Chicago, IL 60654
Tel.: (312) 384-4500
Fax: (312) 384-5100
Web Site: www.carat.com

Year Founded: 1998

Discipline: Media Buying & Planning

Mike Gantz *(Senior Vice President & Group Director, Planning)*
Ryan Schuster *(Vice President, Group Director)*
Sonia Malhotra *(Media Director, Planning)*
Christina Bergman *(Director, Media)*
Stacey Harris *(Associate Director, Traffic)*
Maggie Barbeau *(Media Planner - Local)*
Emily Turner *(Senior Media Buyer)*
Erin Hescott *(Supervisor, Planning)*
Katherine Laugal *(Media Supervisor)*
Maggie Barbeau *(Media Planner, Local)*
Jack Gavin *(Associate, Communications Planning)*
Ben Stone *(Assistant Media Buyer)*
Danielle Curtis *(Associate Media Buyer)*
Matt Kropp *(Managing Director & Executive Vice President, Client Services - iProspect)*

Accounts:
Intel Corporation
Massage Envy

CARAT
One University Avenue
Toronto, ON M5J 2P1
Tel.: (416) 504-3965
Fax: (416) 504-3945
Web Site: www.carat.com

Employees: 20
Year Founded: 1998

Discipline: Media Buying & Planning

Gina Banks *(Senior Vice President & Business Leader)*
Sarah Armstrong *(Senior Vice President & Business Lead)*
Daryl Heroux *(Vice President, Media & General Manager)*
Karen Hrstic *(Vice President & Group Account Director)*
Carieanne Nickerson *(Vice President & Group Account Director)*
Rob Metzger *(Vice President & Group Account Director)*
Michele Savard *(Vice President & General Manager)*
Jeffrey Peltier *(Director, Client Finance)*
Jason Lodder *(Account Director, Communications Planning)*
Eric Kuiper *(Account Director)*
Abby Worthington *(Supervisor, Communications)*
Laura Sinclair *(Supervisor)*
Alana Hamilton *(Supervisor, Communications Planning - Coca Cola)*
Danielle Mesih *(Senior Communications Planner)*
Liadha Madden *(Communications Planner)*
Arthur Wilson *(Media Planner)*
Jordan Hui *(Senior Media Planner)*
Gianluca Venditti *(Senior Media Planner)*

CARAT
3970 Saint Amdroise
Montreal, QC H4C 2C7
Tel.: (514) 284-4446
Fax: (514) 284-6663
Web Site: www.caratcanada.com

Employees: 60
Year Founded: 1979

Discipline: Media Buying & Planning

Louise Gauthier *(Executive Vice President, Global Profitable Management)*
Suzana Levy *(Supervisor, Broadcast)*

Accounts:
Blinds To Go, Inc. (Canada)

CARAT
500 Woodward Avenue
Detroit, MI 48226
Tel.: (734) 736-3800
Web Site: www.carat.com

Year Founded: 1998

Discipline: Media Buying & Planning

Phil Rzepka *(Executive Vice President & Head, Digital - Dentsu Aegis Network)*
Mark Brown *(Executive Vice President & Managing Director - Chevrolet)*
Theresa Thomas *(Senior Vice President & Group Director)*
Heather Gundry *(Senior Vice President & Director, Local Investment - General Motors)*
Laura Kovalcik *(Senior Vice President & Planning Director)*
John Sparrer *(Vice President & Director, Planning)*
Annaliese Peterson *(Vice President & Director - Cadillac)*
Nikki Walker *(Vice President & Director, Planning)*
Nicole Martin *(Vice President & Group Director, Data & Analytics)*
Kevin Brown *(Vice President & Director, Digital Investment - GM)*
Amber Grandinett *(Associate Media Director)*
Holly Champoux *(Director, Digital Advertising Operations)*
Raechel Martin *(Director, Global Communications)*
Kim Heffel *(Director, Consumer Insights & Research)*
Shayla King *(Director, Media)*
Nicole Niffin *(Associate Director)*
Adam Pierce *(Director, Strategy)*
Gina VanderMarliere *(Associate Director, Media)*
Lauren Roeschke *(Associate Director, Media)*
Carolyn Marks *(Associate Director, Digital Investment)*
Christine Merlotti *(Associate Director, Digital Investment)*
Robert Schmidt *(Director, Data & Analytics)*
Elizabeth Campbell *(Director, Media Planning)*
Matt Thibodeau *(Associate Media Director)*
Nicole Warnatsch *(Associate Director, Global Operations - Microsoft)*
Russ Scott *(Associate Director, Digital)*
Amanda Kady *(Associate Director, Media)*
Kaitlin Freer *(Director, Planning)*
Jordan Shaw *(Associate Director, Content)*

Media Buying & Planning Agencies

AGENCIES - JULY, 2020 — MEDIA BUYING & PLANNING AGENCIES

Suzanne Lee *(Associate Director, Digital)*
Jonathon Maas *(Director, Planning)*
A.J. Alles *(Associate Media Director)*
Amy Raubolt *(Associate Director, Digital Media - Chevy in Market)*
Stephanie Schuchard *(Associate Media Director)*
Kimberly Walz *(Media Planner)*
Tawana Bostic *(Supervisor, Budget - U.S.)*
Ebony Clark *(Associate Director, Multicultural)*
Jordan Holmgren *(Supervisor)*
Jessica Weiss *(Media Supervisor)*
Paul Dorset *(Supervisor, Media)*
Chris DeGuilio *(Supervisor, Media)*
Kelsey Meier *(Supervisor, Media - Buick)*
Sheila Jacobi *(Supervisor, Consumer Insights)*
Thomas Edwards *(Senior Supervisor)*
Dave Reed *(Media Planning Supervisor)*
Ally Lake *(Media Supervisor)*
Stephanie Hernandez *(Content Supervisor)*
Ben Reetz *(Associate, Global Operations)*
Danielle Rusas *(Assistant Media Planner)*
Taylor McKenna *(Associate, Digital Investment)*
Caroline Joseph *(Associate Planner, Media)*
Julie Colovos *(Executive Assistant)*
Malauri Rowland *(General Manager, Corporate Brands & Multicultural & Supervisor - Res & Insights)*

Accounts:
ACDelco
Buick
Buick Cascada
Buick Enclave
Buick Encore
Buick Envision
Buick LaCrosse
Buick Regal
Cadillac ATS
Cadillac Certified Services
Cadillac CT6
Cadillac CTS-V
Cadillac Escalade ESV
Cadillac XT5
Cadillac XTS
Chevrolet
Chevrolet Certified Services
Chevy Bolt EV
Chevy Camaro
Chevy Colorado
Chevy Corvette Grand Sport
Chevy Corvette Stingray
Chevy Corvette Z06
Chevy Corvette ZR1
Chevy Cruze
Chevy Equinox
Chevy Express
Chevy Impala
Chevy Malibu
Chevy Silverado
Chevy Sonic
Chevy Spark
Chevy Suburban
Chevy Tahoe
Chevy Traverse
Chevy Trax
Chevy Volt
Fleet & Commercial Operations
General Motors Corporation
GM Certified Used Vehicles
GMC
GMC Acadia
GMC Canyon
GMC Certified Service
GMC Savana
GMC Sierra
GMC Terrain
GMC Yukon
OnStar
OnStar Corporation

CENTRIPLY
630 Third Avenue
New York, NY 10017
Tel.: (212) 983-9320
Web Site: www.centriply.com

Year Founded: 1988

Discipline: Media Buying & Planning

Scott Stansfield *(Co-Founder & President)*
Rich Kaufman *(Vice President, Business Development)*

CONNECT AT PUBLICIS MEDIA
35 West Wacker Drive
Chicago, IL 60601
Tel.: (617) 867-1785
Web Site: www.publicisgroupe.com

Year Founded: 1926

Discipline: Media Buying & Planning

Amy Worcester Lanzi *(Executive Vice President, Commerce & Practice Lead - North America)*
Matthew Mulderink *(Senior Vice President, Research & Development, Data, Technology & Innovation)*
Keith Baumgartner *(Associate Media Director)*
Ray House *(Associate Media Director)*
Lisa Kuenning *(Associate Director, Social & Search)*
Whitney Sewell *(Vice President, Global Business Development)*
Inga Sheehan *(Associate Director, Strategy)*
Lesley White *(Associate Director, Strategy)*
Kathleen Perez *(Director, Supply)*
Ryan Stizmann *(Director, Media)*
Grace Veale *(Supervisor)*

Accounts:
Blue Moon
Cape Line
Coors
Coors Banquet
Coors Light
Extra Gold Lager
Hamm's
Icehouse
Keystone
Keystone Ice
Keystone Light
Killian's Irish Red
Leinenkugel's
Magnum
Miller Genuine Draft
Miller High Life
Miller Lite
Miller64
Molson Coors Brewing Company
Red Dog
Redd's Apple Ale
Sharp's
Sparks
Steel Reserve

CONNECTIVITY STRATEGY
715 North Franklin Street
Tampa, FL 33602
Tel.: (813) 574-7912
Web Site: www.connectivitystrategy.com

Year Founded: 2009

Discipline: Media Buying & Planning

Sean Halter *(Principal & Chief Executive Officer)*
Gina Maker *(Account Director)*
Ari Rothman *(Director, New Business Development)*

Accounts:
Vogue International, LLC

CONVERGEDIRECT
33 East 33rd Street
New York, NY 10016
Tel.: (212) 213-0111
Fax: (212) 213-9570
Web Site: www.convergedirect.com

Year Founded: 2006

Discipline: Media Buying & Planning

Thomas Marianacci *(Founder & President)*
Dov Calderon *(Vice President & Director, Interactive Marketing)*
Kim Matio *(Vice President, Media Operations & Agency Growth)*
Ginette Merenski *(Vice President, Performance Marketing Solutions)*
Kevin Vas *(Director, Advertising Operations)*
Alexandra Grasso *(Manager, Affiliate Channel)*
Steve Jacoby *(Managing Director, Search & Media Strategy)*

Accounts:
Medifast, Inc.

CONVEYOR MEDIA
2420 17th Street
Denver, CO 80204
Tel.: (720) 220-1190
Web Site: www.conveyormedia.com/

Year Founded: 2016

Discipline: Media Buying & Planning

Andee Conner Foutch *(President)*
Katie Gschwend *(Media Director)*

Accounts:
Eddie Bauer, Inc.

COOPER-SMITH ADVERTISING
3500 Granite Circle
Toledo, OH 43617
Tel.: (419) 470-5900
Web Site: www.cooper-smith.com

Year Founded: 1963

Discipline: Media Buying & Planning

James Cooper *(President & Chief Executive Officer)*
Brad Rieger *(Chief Operating Officer)*
Mike Killian *(Chief Financial Officer)*
Mike Jacob *(Vice President, Media Strategy & Client Relations)*
Kim Dowdell *(Vice President, Media Investment)*
Holly Becher *(Senior Brand Strategist)*

Accounts:
Charter Communications, Inc.
Fatz Cafe

COOPER-SMITH ADVERTISING
1055 Summer Street

Brands. Marketers. Agencies. Search Less. Find More.
Try out the online version at www.winmo.com

MEDIA BUYING & PLANNING AGENCIES
AGENCIES - JULY, 2020

Stamford, CT 06905
Toll Free: (800) 215-8812
Web Site: www.cooper-smith.com

Year Founded: 1963

Discipline: Media Buying & Planning

Bruce Fagerstrom *(Chief Strategist & Group Account Director)*
Michele Hall *(Senior Vice President, Business Development & Client Services)*
Tim Williamson *(Vice President, Media Strategy)*
Meredith Vona *(Vice President, Digital Media Strategy)*

Accounts:
Charter Communications, Inc.
Fatz Cafe

CORINTHIAN MEDIA, INC.
500 Eighth Avenue
New York, NY 10018
Tel.: (212) 279-5700
Fax: (212) 239-1882
Web Site: www.mediabuying.com

Year Founded: 1974

Discipline: Media Buying & Planning

Larry Miller *(Owner & President)*
Tina Snitzer *(Executive Vice President, Buying)*
Ellen Carry *(Executive Vice President, Account Services)*
Larry Schneiderman *(Executive Vice President, Direct Response Media)*
Bob Klein *(Executive Vice President, New Business and Trade)*
Mary Cannon *(Senior Vice President, Buying)*
Jessica Penney *(Director, Account Services)*
Adam Wallach *(Account Executive)*

Accounts:
Myrtle Beach Tourism

COX MEDIA
4600 East Washington Street
Phoenix, AZ 85034
Tel.: (602) 379-2400
Web Site: www.coxmedia.com

Year Founded: 1981

Discipline: Media Buying & Planning

James May *(Director, Marketing & Client Solutions)*
Dan Glicksman *(Lead & Demand Generation National)*
John Chapman *(Consultant, Lead & Demand Generation)*
Jessica Edwards *(Digital Marketing Strategist)*
Elizabeth Webster *(Integrated Marketing Consultant)*
Colleen Salk *(Senior Marketing Specialist - Cox Communications)*

CP MEDIA SERVICES, INC.
6479 Reflections Drive
Dublin, OH 43017
Tel.: (614) 717-4910
Fax: (614) 717-4915
Web Site: www.cpmedia.com

Year Founded: 1993

Discipline: Media Buying & Planning

Betty Clark *(Managing Partner)*
Jennifer Duff *(Director, Traditional Advertising)*

CRN INTERNATIONAL, INC.
One Circular Avenue
Hamden, CT 06514-4002
Tel.: (203) 288-2002
Fax: (203) 281-3291
Web Site: www.crnradio.com

Year Founded: 1973

Discipline: Media Buying & Planning

Barry Berman *(President)*
Dick Kalt *(Executive Vice President)*

CROSSMEDIA
275 Seventh Avenue
New York, NY 10001
Tel.: (212) 206-0888
Fax: (212) 206-0938
Web Site: www.xmedia.com

Year Founded: 2000

Discipline: Media Buying & Planning

Kamran Asghar *(Chief Executive Officer & Owner)*
Robert Stank *(Chief Operating Officer)*
Anthony Stancil *(Managing Director, Talent)*
Emily Russel *(Director, Attribution Integration)*
Brittany Witt *(Account Lead & Associate Director)*
Chris Hoopes *(Executive Director, Business Development)*
Tonique Heaven *(Account Director)*
Erin Gambolati *(Account Director)*
Christopher McCann *(Account Director)*
Hayley Fox *(Account Director)*
Lara Duerrschmid *(Director, Analytics Integration)*
Dave Bauer *(Group Director, Programmatic & Ad Tech)*
Frank Henderson *(Group Director)*
Kelley Capasso *(Account Director)*
Prerna Talreja *(Group Director)*
David Haberman *(Associate Director - Redbox Analytics)*
Alex Nathanson *(Supervisor, Media)*
Ray Valcich *(General Manager)*
Toluwalope Okeowo *(Account Supervisor)*
Daniel Gore *(Marketplace Media Supervisor)*
Fatima Gomez *(Manager, Integrated Planning & Buying)*
Roy Yoo *(Marketplace Media Supervisor)*
Elizabeth Bilotta *(Marketplace Media Planner & Buyer)*
Mikey Yoder *(Marketplace Media Planner)*
Chris Mata *(Media Supervisor)*
Rukmani Nayyar *(Media Planner & Buyer - White Castle & Spence Diamonds)*
Joseph Nolan *(Integrated Media Planner)*
Lisa Chi *(Digital Media Planner)*
Anett Farkas *(Analytics Supervisor)*
Christine Swartwout *(Analytics Supervisor)*
Julianna Hennessy *(Programmatic Buyer)*
Jake Prevo *(Media Supervisor)*
Hillary Bleser *(Media Supervisor)*
Justin Bogdanski *(Media Supervisor)*
Kristen Smith *(Media Planner & Buyer - Social)*
Samantha Levine *(Assistant Media Planner & Buyer)*
Andrea Philbin *(Assistant Media Planner & Buyer)*
Tony Sze *(Assistant Media Planner & Buyer)*
Kevin Schoenfeld *(Assistant Media Buyer & Planner - Supercuts & Spence Diamonds)*
Ashley Winkel *(Assistant Media Planner & Buyer)*
Greg Siano *(Managing & Executive Director)*
Jodi Monroe *(Managing Director)*
Lee Beale *(Managing Director, Analytics)*
Stephanie Gay *(Managing Director, Head of Planning)*
Jon Yuson *(Managing Director)*
Julie Kenny *(Managing Director)*
Ali Plonchak *(Managing Director, Digital Strategy & Integration)*

Accounts:
ACANA
Athene USA
Champion Petfoods
Dollar Rent A Car
Dover Motorsports
European Wax Center
Hertz
Hertz Car Sales
HomeAway, Inc.
MSG Networks
NASCAR
ORIJEN
Phoenix Suns
Realtor.com
Supercuts
The American Funds Group
The Capital Group of Companies, Inc.
The Hartford Financial Services Group, Inc.
The Hertz Corporation
Thrifty Car Rental
U.S. Bancorp
U.S. Tennis Association
VRBO
White Castle Restaurant
White Castle Retail

CROSSMEDIA
5870 West Jefferson Boulevard
Los Angeles, CA 90016
Tel.: (310) 954-9009
Fax: (310) 421-1809
Web Site: www.xmedia.com

Year Founded: 2000

Discipline: Media Buying & Planning

David Heimlich *(Executive Director)*
Nicole Gallant *(Media Director, Strategy & Investment)*
Erica Lee *(Group Director)*
Matt Bayer *(Executive Director & Head, Data & Media Sourcing)*
Alice An *(Media Director)*
Marisa Polin *(Group Media Director)*
Kade Killary *(Data Scientist & Engineer)*
Analeigh Mastropiero *(Media Supervisor)*
Katelyn Liu *(Media Planner & Buyer)*
Jaime-Lyn O'Brien *(General Manager, Los Angeles)*

Accounts:
Art Van Furniture, Inc.
New Era Cap Company, Inc.
Nissin Foods Products, Inc.
Solstice Studios
Tillamook County Creamery Association

CROSSMEDIA
Three Rector Street
Philadelphia, PA 19127
Tel.: (267) 401-1660
Web Site: www.xmedia.com/

463

AGENCIES - JULY, 2020 — MEDIA BUYING & PLANNING AGENCIES

Year Founded: 2000

Discipline: Media Buying & Planning

Jennifer Dolan (Account Director)
Gerard McKee (Group Director)
Derek Pehlman (Director, Paid Search)
Brian Hall (Account Director)
Nickki DuBan (Manager, Digital Advertising Operations)
Kanisha Hans (Media Planner & Buyer, Social Media)
Lauren Wallace (Marketplace Media Planner & Buyer, Social Media)
Emily Walsh (Media Planner & Buyer)
Steve Cisowski (Social Media Supervisor)
Anna Eggleston (Programmatic Supervisor)
Ashley Davis (Media Planner & Buyer)
Marc Smith (Programmatic Media Planner)
Chelsea Davis (Media Planner)
Carrie Kirk (Media Planner & Buyer)
Gary Cook (Assistant Programmatic Media Planner & Buyer)
Pat Cunningham (Assistant Media Planner & Buyer)
Nina Kennedy (Assistant Media Planner & Buyer)
Alexander Hunt (Media Planner)
Christopher Ebmeyer (Managing Director, Factory)

Accounts:
Art Van Furniture, Inc.
AZO
BrainStrong
Culturelle
DHEA
Dogfish Head Craft Brewery
Estroven
i-Cool
i-Health, Inc.
Indiana University
Main Line Health
Nando's Grocery
Ovega-3
The Philadelphia Zoo

CTI MEDIA
6100 Lake Forest Drive
Atlanta, GA 30328
Tel.: (404) 843-8717
Fax: (404) 843-6869
Web Site: www.ctimedia.com

Year Founded: 1975

Discipline: Media Buying & Planning

Lori Krinsky (Senior Vice President, Media)
Emily Hagan (Vice President, Client Services)

Accounts:
Hooters

DARK HORSE MEDIA
4441 East Fifth Street
Tucson, AZ 85711
Tel.: (520) 748-1010
Web Site: www.darkhorsemedia.com

Year Founded: 2012

Discipline: Media Buying & Planning

Linda Fahey (Owner & President)
Renee Ulloa (Art Director)
Odette Felix (Media Assistant)
Squirrel Ripley (Production Coordinator)

DICOM, INC.
12412 Powerscourt Drive
Saint Louis, MO 63131
Tel.: (314) 909-0900
Fax: (314) 909-1015
Web Site: www.dicominc.com

Year Founded: 1989

Discipline: Media Buying & Planning

Jim Steward (President)
Katy Sutton (Media Manager)
Kathy Hoffmann (Radio Promotions)

DIGILANT
Two Oliver Street
Boston, MA 02109
Tel.: (844) 344-4526
Web Site: www.digilant.com

Year Founded: 2009

Discipline: Media Buying & Planning

Adam Cahill (Executive Chairman, Digilant US & Chief Executive Officer- Anagram)
Raquel Rosenthal (Chief Executive Officer - Digilant US)
Alan Osetek (Executive Vice Chairman)
Todd Heger (Chief Revenue Officer)
Colin Brown (Chief Operating Officer - Digilant US)
Wesley Farris (Director, Product Strategy)

DOM CAMERA & COMPANY, LLC
52 Vanderbilt Avenue
New York, NY 10017
Tel.: (212) 370-1130
Fax: (212) 370-1201
Web Site: www.domcameracompany.com

Year Founded: 1985

Discipline: Media Buying & Planning

Dominic Camera (Managing Partner)
Chris Camera (Partner)
Jeanine Domich (Partner)
Sue Prial (Senior Media Buyer)

DOVETAIL COMMUNICATIONS, INC.
30 East Beaver Creek Road
Richmond Hill, ON L4B 1J2
Tel.: (905) 886-6640
Fax: (905) 886-6615
Web Site: www.dvtail.com

Employees: 20

Discipline: Media Buying & Planning

Susan Browne (President Owner)
Roberta Dick (Vice President, Production)
Erica Empringham (Director, Finance)

DWA MEDIA
1160 Battery Street West
San Francisco, CA 94111
Tel.: (415) 296-8050
Fax: (415) 296-5170
Web Site: www.dwamedia.com

Year Founded: 1996

Discipline: Media Buying & Planning

Roland Deal (President - Americas)

Bob Ray (Chief Executive Officer)
Krish Sailam (Senior Vice President, Global Programmatic Solutions)
James Miller (Senior Vice President, Business Development)
Amy Spaniardi (Senior Vice President, Media)
Michael Kostainsek (Vice President, Business Development)
Michelle Mukherjee (Senior Media Director)
Erin Kelleher (Associate Media Director)
Livia Chu (Associate Director, Advertising Operations)
Kristina Barriero (Associate Media Director)
Mollie Parker (Director, Analytics & Technology Operations)
Brandon Becker (Programmatic Manager)
Kelli Tran (Media Planner)
Angelica Mejia (Assistant Media Planner)
Malaya Ibabao (Media Planner)
Chris Finnie (Media Planner)

Accounts:
Cisco
Logitech G
TriNet Group, Inc.

DWA MEDIA
85 Devonshire
Boston, MA 02109
Tel.: (617) 536-0222
Web Site: www.dwamedia.com/

Year Founded: 1996

Discipline: Media Buying & Planning

Jennifer Callahan (Vice President, Media & Account Services)
Sarah Wilson (Digital Media Director)
Erin Gaughan (Media Director)
Catherine Reilley (Senior Director)
Jaclyne Doggett (Senior Media Planner)
Joy Ready (Media Supervisor)
Cameron Wemyss (Media Planner)
Genna Cutitta (Programmatic Trader)
Samantha Howaniec (Media Supervisor)
Nicole Schiller (Senior Account Manager)
Alexandra Robyck (Media Planner)
Shelby Smyth (Assistant Media Planner)
Amanda Kavjian (Associate Director, Account & Project Management)
Jacob Beck (Programmatic Media Specialist)
Jeremy Tate (General Manager)

Accounts:
Akamai Technologies

DWA MEDIA
100 Congress Street
Austin, TX 78701
Tel.: (512) 469-3502
Web Site: www.dwamedia.com

Year Founded: 1996

Discipline: Media Buying & Planning

Jenny Gurvich (Media Director)
Matt McDowell (Account Director)
Jorge Amador (Associate Media Director)
Elizabeth Sener (Media Planner)
Layne Wineland (Media Planner)
Annie Murchison (Assistant Media Planner)
Haleigh Glascock (Senior Media Planner)
Hayden Williams (Media Planner)
Kaitlyn Cameron (Media Planner)
Amanda Webb (Senior Media Planner)
Andrew Osegi (Social Media Advertising

464

Strategist)
Michael Dwyer (Assistant Media Planner)
Brighton Moreton (Assistant Media Planner)
Analissa Gutierrez (Analyst, Paid Social)
Chris Leger (Senior Vice President General Manager)

EMICO MEDIA
907 Acoma Street
Denver, CO 80204
Tel.: (303) 515-3000
Fax: (303) 515-3001
Web Site: www.emicomedia.com

Year Founded: 2009

Discipline: Media Buying & Planning

Caroline Watson (Co-Founder & Media Buyer)
Erin Hauser (Co-Founder & Media Buyer)
Kate Hinton (Senior Media Planner & Buyer)
Bradley Terry (Coordinator, Media)

ENCOMPASS MEDIA GROUP
11-11 44th Drive
Long Island City, NY 11101
Tel.: (212) 993-9420
Fax: (212) 779-1551
Web Site: www.emgmediainc.com

Employees: 50
Year Founded: 2002

Discipline: Media Buying & Planning

Adam Pierce (Co-Founder & Co-Chief Executive Officer)
Mark Beran (Chief Marketing Officer)

ENCYCLOMEDIA ATLANTA, INC.
1526 Dekalb Avenue
Atlanta, GA 30307
Tel.: (404) 527-3600
Fax: (404) 584-5171
Web Site: www.encyclomedia.net

Employees: 4
Year Founded: 1994

Discipline: Media Buying & Planning

Lance Holland (Managing Partner)
Burt Holland (Owner & Creative Partner)
Tiffany Farmer (Producer, Media)

ENGINE MEDIA GROUP
229 West 43rd Street
New York, NY 10036
Tel.: (212) 633-4567
Web Site: www.enginemedia.com

Year Founded: 2005

Discipline: Media Buying & Planning

Scott Schiller (Global Chief Commercial Officer)
Jane Salins Lopez (Executive Vice President, Human Resources)
Lizzy Hanna (General Manager, Engine Media)
Alexis Hymen (Associate Media Director)

Accounts:
ITO EN (North America) Inc.
Los Angeles Clippers
Teas' Tea

EXL MEDIA
803 Tahoe Boulevard
Incline Village, NV 89451
Tel.: (775) 832-0202
Fax: (775) 832-0237
Web Site: www.exlmedia.com

Employees: 6
Year Founded: 1994

Discipline: Media Buying & Planning

Wendy Hummer (Chief Executive Officer & Founder)
Lisa Baggio (Broadcast & Print Media Specialist)
Jennifer Martinez (Media Planner & Buyer)
Kathy Stempin (Integrated Print Media Specialist)
Susanna Bunker (Digital Media Specialist)

Accounts:
Sugar Bowl Ski Resort Corporation

EXPLORE COMMUNICATIONS
3213 Zuni Street
Denver, CO 80211
Tel.: (303) 393-0567
Fax: (303) 393-0568
Web Site: www.explorehq.com

Employees: 6
Year Founded: 1996

Discipline: Media Buying & Planning

Brett Grischo (Owner)
Mindy Gantner (President & Media Director)
Becky Swepston (Associate Media Director)
Sarah Chapin (Media Planner & Buyer)
Rachael Pecka (Media Planner & Junior Buyer)

Accounts:
Colorado Ballet

EXVERUS MEDIA INC.
7080 Hollywood Boulevard
Los Angeles, CA 90028
Tel.: (323) 285-0076
Web Site: www.exverus.com

Year Founded: 2011

Discipline: Media Buying & Planning

Bill Durrant (President & Group Media Director)
Talia Arnold (Head, Strategy & Planning)
Jack Win (Head, Advertising Operations)
Denise Renesto (Integrated Media Planner)
Anna Elema (Digital & Integrated Marketing Specialist)

Accounts:
PowerBar
Premier Protein
SmartyPants, Inc.

FREEWHEEL
1407 Broadway
New York, NY 10018
Tel.: (212) 913-9222
Fax: (212) 739-1999
Web Site: www.freewheel.tv

Year Founded: 2000

Discipline: Media Buying & Planning

Jon Whitticom (Chief Product Officer)
Sarah Foss (Senior Vice President, Strategic Initiatives - Freewheel Advertisers)
Geoff Wolinetz (Senior Vice President, Client Relationships & Head, Revenue)
Cameron Miille (Vice President, Client Relationships)
Rick Holtman (Executive Director, Strategic Relationships - Digital)
Peter Raymond (Director, Business Planning & Analysis)
Rachel Saffian Gould (Director, Sales Marketing)

FRONTIER STRATEGIES, INC.
740 Avignon Drive
Ridgeland, MS 39157
Tel.: (601) 856-1544
Fax: (601) 856-1625
Web Site: www.frontier-strategies.com

Year Founded: 1991

Discipline: Media Buying & Planning

Quinton Dickerson (Partner)
Josh Gregory (Co-Owner)
Mary Lee (Creative Director)
Daniel Luter (Graphic Designer & Designer, Web)

Accounts:
Mississippi Development Authority

FULLSIX MEDIA
80 Franklin Street
Brooklyn, NY 11222
Tel.: (347) 770-5767
Web Site: http://havaskx.com/

Year Founded: 1998

Discipline: Media Buying & Planning

Melissa Dimemmo (Chief Executive Officer - U.S)
Damon Crepin-Burr (Global Chief Strategy Officer)

Accounts:
AXA US

FUNDAMENTAL MEDIA
10 Post Office Square
Boston, MA 02109
Tel.: (617) 850-9008
Web Site: www.fundamentalmedia.com

Year Founded: 2003

Discipline: Media Buying & Planning

Andrew Chesney (President - North America)
Kim Anderson (Account Director)
Emily McNulty (Senior Account Executive)
Daniel Peznola (Senior Account Executive)
Hayley Gleason (Account Executive)
Nicole Santospago (Senior Account Manager)
Daniel Kaepplinger (Senior Account Manager)
Christian Booth (Account Manager)

GARAGE TEAM MAZDA
3200 Bristol Street
Costa Mesa, CA 92626
Tel.: (714) 913-9900
Web Site: www.garageteammazda.com

Year Founded: 2010

Discipline: Media Buying & Planning

Steve Chavez (Chief Creative Officer)
Brad Audet (Executive Vice President & General

Brands. Marketers. Agencies. Search Less. Find More.
Try out the online version at www.winmo.com

Manager)
Olga Weinraub *(Vice President & Media Director)*
Dave Brown *(Vice President & Brand Account Director)*
Daniel Galaraga *(Vice President & Integrated Media Director)*
Donellyn Mendoza *(Associate Media Director)*
Mi Mai *(Associate Media Director)*
Alex Dennis *(Associate Media Director)*
Francheska Torrijos *(Digital Media Planner)*
Jenny Talam *(Media Planner)*
Jennifer Reece *(Managing Partner & Director, Connections Strategy & Investment)*

Accounts:
CX-3
CX-5
CX-9
Mazda 3 Hatchback
Mazda North American Operations
Mazda2
Mazda3 4-Door
Mazda6
MX-5 Miata

GENERAL LEARNING COMMUNICATIONS
9855 Woods Drive
Skokie, IL 60077
Tel.: (847) 205-3000
Fax: (847) 564-8197
Toll Free: (800) 641-3912
Web Site: www.glcdelivers.com/

Year Founded: 1990

Discipline: Media Buying & Planning

John Cimba *(President & Chief Executive Officer)*
Ed Conner *(Executive Vice President & Chief Financial Officer)*
Paula Frey *(Senior Vice President, Marketing & Client Services)*

GENERATOR MEDIA + ANALYTICS
353 Lexington Avenue
New York, NY 10016
Tel.: (212) 279-1474
Web Site: www.generatormedia.com

Year Founded: 2002

Discipline: Media Buying & Planning

Greg Messerle *(President & Founding Partner)*
Chris Gilbertie *(Managing Partner)*
Nathan Perez *(Senior Vice President, Communications Strategy)*
Ed Rosenthal *(Vice President, Business Development)*
Erika Cramer *(Vice President, Communications Strategy)*
Ryan Chan *(Director, Communications Strategy)*
Shawnette Adonis *(Associate Communications Director)*
Geoff Exum *(Director, Communications Strategy)*
Jaime Donovan *(Group Director, Analytics)*
Shari Slackman *(Director, Television Strategy & Investment)*
Nicole Cross *(Group Director, Search Engine Marketing)*
Shawn Wu *(Director, Communications Strategy)*
Chris Andrews *(Associate Director, Communications Strategy)*
Steven Shnayder *(Associate Director, Paid Search)*
Ann Hibbert *(Director, Communications Strategy)*
Julie Smith *(Operations & Talent Manager)*
Leigh Jacobs *(Supervisor, Communications Strategy)*
J'nel Billups *(Senior Communications Strategy Planner)*
Evie Murphy *(Communications Strategy Senior Planner)*
Samuel Tetens *(Senior Marketing Data Analyst)*

Accounts:
Brennan Center for Justice at NYU School of Law
Chase Card Services
Chiquita Brands International, Inc.
Delonghi America, Inc.
Edrington
Freshpet
Jenny Craig Weight Loss Centers
Jenny Craig, Inc.
Jenny Direct
Miele, Inc.
Miele, Inc.
New York University
New York University Medical Center
Penn State University
Perdue Farms Incorporated
Stern School of Business
The American Red Cross
TheStreet, Inc.

GIRALDI MEDIA
47 Murray Street
New York, NY 10007
Tel.: (212) 966-1212
Fax: (212) 966-6644
Web Site: www.giraldi.com

Employees: 10
Year Founded: 1997

Discipline: Media Buying & Planning

Tony Izzo *(Chief Financial Officer)*
Bob Giraldi *(Director)*
Patti Greaney *(Executive Producer, Digital Media)*

GLOBAL MECHANIC
1525 West Eighth Avenue
Vancouver, BC V6J 1T5
Tel.: (604) 733-7475
Fax: (604) 733-7491
Web Site: www.globalmechanic.com

Employees: 15
Year Founded: 2000

Discipline: Media Buying & Planning

Bruce Alcock *(Creative Director & Owner)*
Tina Ouellette *(Chief Executive Officer & Executive Producer)*

GMLV
53 Edison Place
Newark, NJ 07102
Tel.: (973) 848-1100
Web Site: www.gmlv.co

Year Founded: 2007

Discipline: Media Buying & Planning

Loretta Volpe *(Co-Founding Partner)*
Ray Levy *(Co-Founding Partner)*
Steven Manise *(Account Manager)*

Accounts:
Jordache Enterprises, Inc.

GOOD APPLE DIGITAL
5-9 Union Square West
New York, NY 10003
Tel.: (646) 374-0156
Web Site: www.goodappledigital.com

Year Founded: 2007

Discipline: Media Buying & Planning

Elise Cangemi *(Chief Happiness Officer)*
Agatha Szerejko *(Associate Media Director)*
Katie Kotsbak *(Media Director)*
Emmy Clarke *(Associate Media Director - Paid Social)*
Hannah Farmer *(Associate Media Director - Programmatic)*
Bri Rasmussen *(Media Supervisor - Programmatic)*

Accounts:
Smile Train

GREGORY WELTEROTH ADVERTISING
356 Laurens Road
Montoursville, PA 17754
Tel.: (570) 433-3366
Fax: (866) 294-5765
Web Site: www.gwa-inc.com

Year Founded: 1990

Discipline: Media Buying & Planning

Aaron Kilcoyne *(Chief of Staff)*
Jeff Morrison *(Vice President, Accounts)*
Matt Hoff *(Vice President, Sales)*
Michele Kautz *(Vice President, Accounts)*
Steve Fagnano *(Director, Media)*
Darlene Lowery *(Head, Division)*
Victoria Houser *(Media Planner)*
Angela Abell *(Negotiator, Media)*
Erica Mazzante *(Account Manager)*
Jaime Smith *(Regional Manager)*
Robyn Fagnano *(Account Manager)*
Terri Harris *(Media Planner & Media Buyer)*
Madeline Swoyer *(Account Executive)*

Accounts:
Stihl, Inc.

GROUPM
Three World Trade Center
New York, NY 10007
Tel.: (212) 297-8181
Fax: (212) 297-8120
Web Site: www.groupm.com

Year Founded: 2003

Discipline: Media Buying & Planning

Joe Barone *(Managing Partner, Brand Safety - Americas)*
Stuart Diamond *(Chief Financial Officer - North America)*
Susan Schiekofer *(Chief Digital Investment Officer)*
Scott Kruse *(Managing Partner & Director, Print)*
Kristin Mooney *(Chief Talent Officer - North America)*
Ellen Drury *(President, Program Exchange)*
Mark Sanders *(Chief Financial Officer - North America)*
Lyle Schwartz *(Chief Integration Officer - U.S.)*

MEDIA BUYING & PLANNING AGENCIES
AGENCIES - JULY, 2020

Kelly Clark *(Global Chief Executive Officer)*
Denise Mosco *(Senior Partner & Associate Director, Print Communications)*
Brian Gleason *(Global Chief Commercial Officer)*
Lisa Kaplan *(Partner & Account Manager, Broadcast)*
Amit Seth *(Global Chief Product & Data Officer)*
Jessica Weiss *(Senior Partner & Associate Director)*
David Grabert *(Head, Global Marketing & Communications)*
Elizabeth McCune *(Global Chief Growth Officer)*
Evan Hanlon *(Chief Strategy Officer - U.S.)*
Jill Kelly *(Chief Marketing Officer - U.S.)*
Bob Hammond *(Chief Technology Officer - mPlatform)*
Kathleen Ehresman *(Senior Partner & Associate Director, Print)*
Lisa Taormina *(Partner & Manager, Global Marketing & Business Development)*
Mebrulin Francisco *(Managing Partner & Senior Director - mPlatform)*
Colin Barlow *(Global Chief Operating Officer)*
Mathew Rappe *(Senior Partner & Group Director, Media)*
Kathy Miller *(Senior Partner & Group Director)*
Evan Schweitzer *(Senior Partner & Director, Client Services)*
Dana Cascella *(Partner & Senior Director, Communications)*
Christopher Georgette *(Senior Partner & Associate Director, National Broadcast - MODI Media)*
Jamie Goldberg *(Senior Partner & Account Manager, Broadcast)*
Gonzalo Del Fa *(President - GroupM Multicultural)*
Laurie Loyola *(Senior Partner & Director, Client Services)*
Alka Shah *(Partner & Programmatic Director)*
Andrew Ruegger *(Managing Partner, Ecommerce)*
Jack Smith *(Global Chief Product Officer, Investment)*
John Montgomery *(Executive Vice President, Brand Safety)*
Nelson Pinero *(Senior Digital Director & Senior Partner - MEC)*
Fion Su *(Director, Search - MediaCom)*
Kevin McCarthy *(Managing Director & Head, Global Audience Intelligence & Insight - EightBar IBM)*
April Song *(Associate Director, Integrated Planning)*
Mike Moore *(Director, Development - Platform Programmatic)*
Audri Nakamura *(Group Director, Social)*
Kalin Kotzev *(Head, Programmatic & Operations)*
Allison Mertzman *(Senior Partner & Director, People Operations & Communications)*
Valerie Comparetto *(Managing Partner & Head, Social - U.S.)*
Courtney Press *(Manager, Print)*
Annmarie Manboadh *(Group Manager, Media)*
Anna Silverman *(Manager, Print)*
Drew Fauser *(Manager, Print)*
Benncia Benjamin *(Manager, Media)*
Glenn Helford *(Account Manager, Broadcast)*
Alyssa Kolakowski *(Manager, Print)*
Mariko Kunitomo *(Lead, Talent Acquisition)*
Aleksandar Siveski *(Manager, Programmatic)*
Rose Albano *(Media Planner - EightBar, TeamIBM Media)*
Joshua Kasper *(Programmatic Associate)*
Kieley Taylor *(Managing Partner & Global Head, Social)*
Alex Block *(Managing Director, Global Platform Management)*

Accounts:
Abuelita
Acqua Panna
Allure Homme
Alpo
Bare Escentuals, Inc.
Bayer Consumer Care Division
Beggin' Strips
Beneful
BlueCross BlueShield of Tennessee
Carlos V
Carnation Breakfast Essentials
Carnation Malted Milk
Cat Chow
Chanel Bleu de Chanel
Chanel Boutique Apparel
Chanel Chance
Chanel Cosmetics
Chanel Jewelry
Chanel No. 5
Chanel Vitalumiere Aqua Foundation
Chanel Watches
Chanel, Inc.
Chunky
Cimzia
Coffee-Mate
Coldwell Banker Real Estate Corporation
Colgate-Palmolive Company
Deer Park
Deli-Cat
Dog Chow
Fancy Feast
Fisher-Price
Friskies
Genworth Financial, Inc.
IBM Corporation
Kit 'N Kaboodle
Kitten Chow
La Lechera
Laugh & Learn
Libby Pumpkin
Maggi
Mighty Dog
Milo
Modulen IBD
Nescafe
Nescafe Dolce Gusto
Nescafe Taster's Choice
Nesquik
Nestea
Nestle Delicias
Nestle Home Delivered Water
Nestle PURE LIFE
Nestle Purina PetCare Company
Nestle Toll House
Nestle USA, Inc.
Nestle Waters North America, Inc.
Nips
Ovaltine
Perrier Sparkling Water
Poland Spring Water
Pro Plan
Puppy Chow
Purina ONE
S.C. Johnson & Son, Inc.
S.C. Johnson & Son, Inc.
San Pellegrino
Sleep Outfitters
Tidy Cats
UCB Pharma, Inc

GRP MEDIA, INC.
401 North Michigan
Chicago, IL 60611
Tel.: (312) 836-0995
Fax: (312) 836-0866
Web Site: www.grpmedia.com

Employees: 15
Year Founded: 1996

Discipline: Media Buying & Planning

Guy Lay *(Chief Executive Officer & President)*
John Reebel *(Executive Vice President & Chief Operating Officer)*
Bob Porcaro *(Executive Vice President & Managing Director)*
Jill Arthur *(Group Media Director)*
Joe Soriano *(Group Media Director)*
Libbi Gordon O'Connor *(Associate Media Director)*
Colleen Maguire *(Associate Media Director)*
Mary Tomase *(Group Media Director)*
Linda Bustos *(Office Manager)*
Chelsea Hupp *(Supervisor, Media)*

Accounts:
Ann & Robert H. Lurie Children's Hospital of Chica
Checkers Drive-In Restaurants
Dawn Food Products, Inc.
Duke's
Northern Trust Corporation
Rally's Hamburger Restaurants

GUMGUM
Five West 19th Street
New York, NY 10011
Tel.: (310) 260-9666
Fax: (917) 575-1828
Toll Free: (844) 522-7270
Web Site: www.gumgum.com

Year Founded: 2007

Discipline: Media Buying & Planning

Ben Plomion *(Chief Marketing Officer)*
Julie Wolf *(Senior Sales Director)*
Winnie Cheung *(Director, Sales - East Coast)*
Monica Stein *(Manager, Account Management)*
Casey Hunt *(Account Executive)*

HAMBRICK & ASSOCIATES
10440 Deer Chase Avenue
Orland Park, IL 60467
Tel.: (708) 403-0603
Web Site: hambrickandassociates.com

Discipline: Media Buying & Planning

Paula Hambrick *(Principal & Owner)*
Sue Theriault *(Senior Media Analyst)*

HARMELIN MEDIA
525 Righters Ferry Road
Bala Cynwyd, PA 19004
Tel.: (610) 668-7900
Fax: (610) 668-9257
Web Site: www.harmelin.com

Year Founded: 1983

Discipline: Media Buying & Planning

Joanne Harmelin *(Founder & Chief Executive Officer)*
Mary Meder *(President)*
Jon Harmelin *(Chief Financial Officer)*
Jared Rudenstein *(Vice President & Chief Information Officer)*

Brands. Marketers. Agencies. Search Less. Find More.
Try out the online version at www.winmo.com

467

AGENCIES - JULY, 2020 — MEDIA BUYING & PLANNING AGENCIES

Lyn Pierce Strickler (Executive Vice President & Managing Director)
Scott Davis (Executive Vice President, Client Relations)
John Camilleri (Senior Vice President, New Business)
Cheryl Klear (Senior Vice President, Broadcast)
Jennifer Harlacher (Executive Vice President, Planning)
Bernie Shimkus (Vice President, Insight)
Joyclyn Faust (Associate Vice President & Broadcast Buyer)
Greg Ebbecke (Vice President, Business Intelligence)
Janine Cross (Vice President, Digital Activation)
Brad Bernard (Vice President, Digital Strategy & Innovation)
Irene Neveil (Vice President, Planning)
Lisa Reynolds (Vice President)
Jamie Grim (Associate Vice President, Planning)
Travis Adams (Vice President)
Conor Elliott (Chief Technology Officer)
Mark Hogan (Vice President)
Tiffany Kerper Dornheim (Media Director)
Jennifer McFarlane (Media Director)
David Moore (Senior Media Director)
Brad Youtz (Media Director)
Michelle Fegarsky (Media Director)
Kathy Coyne (Media Director)
Alison Bolognese (Media Director)
Meghan O'Neil (Media Director)
Wendy Rumer (Senior Broadcast Director)
Monica Crane (Senior Media Director)
Elena Legg (Media Director)
Eve Vitale (Associate Media Director)
Tim O'Malley (Associate Media Director)
Lauren Hanko (Media Director)
Cassie Garrous (Associate Media Director)
Sam DiTomasso (Associate Media Director)
Maggie Fogarty Acropolis (Media Director)
Matt Schaeffer (Media Director)
Sean McCormick (Senior Media Director)
Lucia Norman (Media Director)
Janice Schecter (Media Director)
Jeff Denson (Director, Marketing Analytics)
Justin Timins (Manager, Media)
Katy Reedman (Manager - Solutions Engineer)
Noelle Allen (Media Manager)
Cameron Cusack DeFelice (Media Manager)
Garry Herbert (Associate Media Director)
Corey Buller (Media Manager)
Regina Muldoon (Media Manager)
Liza Walling (Media Manager)
Jamie Webb (Media Manager)
Courtney Shea (Media Manager)
Kerri Kapczynski (Senior Digital Media Strategist)
Daniel Cox (Manager, Digital Media)
Brett Quigley (Media Strategist & Buyer)
Gina Yeakel (Vice President, Planning & Print)
David Farnoush (Campaign Engineer)
Molly Levine (Senior Media Strategist)
Olivia Klein (Senior Media Strategist)
Naomi Kauffman (Senior Media Strategist)
Tim Brodwater (Senior Digital Media Strategist)
Shayna Gannon (Media Analyst, Offline Planning)
Kelli Fox (Digital Media Strategist)
Michele Tarlecki (Media Strategist)
Caro Nelson (Senior Digital Media Strategist)
Ryan Wood (Media Assistant)
Lauren O'Donnell (Media Assistant)
Xiao Wu (Social Media Analyst)
Derek Frisicchio (Social Media Analyst)
Kasey Cooper (Senior Social Media Strategist)
Emily Fava (Media Assistant)

Kayla Assenza (Digital Media Strategist)

Accounts:
Almond Breeze
Aspen Dental Management, Inc.
Blue Diamond Almonds
Blue Diamond Bold Flavors
Blue Diamond Growers
Blue Diamond Oven Roasted Almonds
Boscov's Department Stores
Bryn Mawr Trust
Butter Buds
Connect America Medical Alert Company
Cumberland Packing Corporation
Einstein Healthcare Network
El Pollo Loco
EP Henry Corporation
Fox Chase Cancer Center
Kidney Cars Program
Kidney Walks
Michelin Wiper Blades (licensed)
National Kidney Foundation, Inc.
NKF Golf Classic
Nut Thins
Philadelphia Convention & Visitors Bureau
Philadelphia Media Network, LLC
Scotties
Sheetz, Inc.
Sinclair Broadcast Corporation
Stevia in the Raw
Sugar in the Raw
Sweet 'N Low
The Pep Boys
Turkey Hill Dairy
Universal Health Services, Inc.
Vertex Pharmaceuticals Incorporated
Wawa, Inc.

HARRISON MEDIA
28062 Lansdowne Drive
Harrison Township, MI 48045
Tel.: (586) 465-3855
Web Site: www.harrisonmedia.net

Year Founded: 1998

Discipline: Media Buying & Planning

Patti Harrison (Founder & Chief Executive Officer)
Mark Harrison (Controller)
Katie Cichowski (Associate Media Director & Digital Marketing Manager)
Jeff Radzinski (Digital Media Buyer)

Accounts:
Henry Ford Health System

HAVAS MEDIA GROUP
200 Hudson Street
New York, NY 10007
Tel.: (646) 587-5000
Fax: (646) 587-5005
Web Site: www.havasmedia.com/

Employees: 150
Year Founded: 1978

Discipline: Media Buying & Planning

Shane Ankeney (President - North America)
Jason Kanefsky (Executive Vice President & Chief Investment Officer)
Peter Mears (Chief Executive Officer)
Colin Kinsella (Chief Executive Officer, North America)
Peter Sedlarcik (Chief Data Officer)
Lori Hiltz (Chief Executive Officer - North America)
Greg James (Global Chief Strategy Officer)
Michael Kaushansky (Chief Data Officer)
Andrea Millett (President - New York & Chief Operating Officer - USA)
Carly Wengrover (Chief of Staff)
Greg Walsh (Global Chief Commercial Officer)
Barbara Kittridge (Executive Vice President, Business Development - North America)
Dave Rosenbaum (Executive Vice President & Group Account Director)
Stefani Cohen (Executive Vice President, Connection Planning & Investments)
Meghan Koopman (Executive Vice President & Group Account Director)
Rene Munoz (Executive Vice President & Director)
Jessica Richards (Executive Vice President & Managing Director, Socialyse)
Cynthia Machata (Executive Vice President & Group Account Director)
Sargi Mann (Executive Vice President & Head, Digital Strategy & Investments)
Stacy Misher (Senior Vice President & Group Director)
Adam Cohen (Senior Vice President & Group Account Director)
Robert Pearsall (Senior Vice President & Group Director - Socialyse)
Nicole Torres (Senior Vice President & Director, Local Audio Video Investment)
Faon Mahunik (Senior Vice President & Group Director, Insights)
Cristina Ferruggiari (Senior Vice President & Group Director, Video Investments)
Nancy Beekman (Senior Vice President & Group Director, Marketing Analytics & Data Consulting)
Bob Galietti (Senior Vice President & Group Account Director)
Suzanne Rose (Senior Vice President & Group Account Director)
Kristin Hammill (Vice President & Group Director)
Elaine Levine (Vice President & Group Account Director)
Anne Marie Courtney (Vice President & Director, Integrated Publishing)
Allen Nisanyan (Vice President & Group Account Director)
Renee Kinsch (Vice President & Account Director)
Alana Ringler (Vice President & Director, Connections Planning & Performance Media)
Christopher Merolle (Vice President, Group Director, MarTech & Data Consulting)
Jia Chen (Vice President & Connections Planning Director)
Ian Mullin (Vice President & Director, National Video)
Kim Goldstein (Vice President & Account Director)
Geoffrey Summerville (Vice President & Group Account Director)
Raphaela Logullo (Vice President & Account Director)
Sheryl Carrozza (Vice President & Director, Connections Planning)
Sarah Jane Alliott (Vice President & Account Director, National Audio Broadcast)
Melissa Colon (Senior Vice President & Audio Investments Director)
David Jacobsen (Vice President & Group Client Leader)
Chad Ayotte (Vice President & Director, Video Investments)

MEDIA BUYING & PLANNING AGENCIES
AGENCIES - JULY, 2020

Steve Durisin *(Vice President & Director, Performance Media)*
Carolyne Bourhis *(Vice President & Head, Client)*
Kelly Millett *(Vice President & Director, Insights)*
Craig Kutner *(Vice President & Director, Performance Media)*
Brian Langus *(Connections Planning Director)*
Jessica Galoforo *(Associate Media Director)*
Frank Saraceno *(Director, Connections Planning)*
Ashley Case *(Associate Director, Analytics)*
Jennifer Bjorklund *(Director, Connections Planning)*
Aldo Singer *(Associate Director, Paid Social Media - Socialyse)*
Nick Maris *(Associate Director, Digital Investments)*
Catherine Jeanbart *(Associate Director, Connections Planning)*
Justin Webster *(Director, Connections Planning)*
Kate Marshall *(Associate Director)*
Adam McNulty *(Associate Director)*
Paolina Josephson *(Director, Analytics)*
Nicole McCurnin *(Associate Director)*
Caitlin McGarvey *(Director, Performance Media)*
Caroline O'Hara *(Associate Director)*
Casey Ritts *(Group Account Director)*
Cathy Pitegoff *(Head, Production - New York)*
Nukte Tuncok Fischer *(Group Director, Planning)*
Pablo Hernandez *(Group Account Director)*
Robert Terlizzi *(Associate Creative Director)*
Kelsey Steele *(Strategy Director)*
Lina Josephson *(Associate Director, Marketing Analytics & Data Consulting)*
Ulissa Suarez *(National Broadcast Supervisor)*
Angela Berrio *(Senior Media Planner)*
Jessica Alessandra *(Supervisor, Integrated Publishing Investment)*
Gonzalo Escribano *(Media Supervisor)*
Charlotte Suozzi *(Integrated Media Planner)*
Evan Shlissel *(Supervisor)*
Jianna Ericson *(Media Planner)*
Katherine Killeen *(Supervisor, Analytics)*
Chris Hoopes *(Media Planner, Connections Planning)*
Alexandra Como *(Senior Connections Planner)*
Brendan Denihan *(Supervisor, Video Investments)*
Julie Rosenoff *(Manager, Art Production)*
Michaela DeRosa *(Account Supervisor)*
Stella Continanza *(Account Supervisor)*
Sean Cantwell *(Supervisor, Video Investment)*
Heather Harris *(Digital Investments Buyer)*
Phoebe Steel *(Media Planner)*
Ashley Garnier *(Associate Media Planner)*
Kaitlin Gerringer *(Media Supervisor)*
Tara Smith *(Video Investment Associate)*
Alexa Trechock *(Connections Planning Associate)*
Briana Comerford *(Specialist, Marketing & Communications)*
Brooke Schiff *(Social Media Specialist)*
Julia Tannenbaum *(Specialist, Paid Social)*
Dilara Akay *(Planner, Digital Investments)*
Morgan Murphy *(Senior Analyst)*
Soojin Park *(Visual Designer)*
Jaclyn Brotherson *(Associate Director, Performance Media)*
Bianca Santana *(Connections Planner)*
Courtney Dean *(Specialist, Social Media Marketing)*
Rich Gagnon *(Executive Vice President, Health Media Practice Lead)*
Stefanie Kubanka *(Managing Director, Village Accounts)*
Jamie Seltzer *(Global Managing Director, MarTech & Data Strategy)*

Accounts:
Act
Act Total Care
Allegra
Ascend Collection
Aspercreme
Atlantic City Convention & Visitors Authority
Barnes & Noble, Inc.
Bristol-Myers Squibb Company
Bulgari Corporation of America
Cambria Suites
Choice Hotels International, Inc.
Choice Privileges
Christian Dior Perfumes, Inc.
Clarion Inn
Comfort Inn
Comfort Suites
Conduit Global
Cortizone 10
Cracker Barrel Old Country Store
D.G. Yuengling & Son
Dior Addict
Dolce Vita
Dow Jones & Company, Inc.
Dulcolax
Econo Lodge
EmblemHealth, Inc
Emirates Airlines
Enzo Angiolini Shoes
Fidelity Investments / FMR Corp.
Global Citizen
Gold Bond
Goodyear
Hugo Boss Fashions, Inc.
Hugo Boss Fragrances
Huntington Bancshares, Inc.
Icy Hot
Ion Media Networks
J'adore
Jose Cuervo
Kaopectate
Les Escales De Dior
MainStay Suites
Marc Jacobs International, LLC
MET-Rx
Michelin North America, Inc.
Miss Dior
Nasacort
National Football League, Inc. (NFL)
Nature's Bounty Co.
Net-a-Porter, LLC
NFL Network
Nine West Holdings, Inc.
Papa John's International
Philips Healthcare
Phillips Respironics, Inc.
Poison
Proximo Spirits
Puig USA
Puma
Quality Inn
Robert Half International, Inc.
Rodeway Inn
Rolaids
Sanofi U.S
Selsun Blue
Sleep Inn
Suburban
Swarovski North America, Ltd.
TD Bank
TracFone Wireless, Inc.
Transitions Optical, Inc.
TripAdvisor, LLC
Unisom
Universal Music Group
Xyzal
Zantac

HAVAS MEDIA GROUP
36 East Grand Avenue
Chicago, IL 60614
Tel.: (312) 640-6800
Web Site: chi.havas.com

Employees: 20
Year Founded: 1979

Discipline: Media Buying & Planning

David Handelman *(Executive Vice President & Managing Director)*
Shawn Mulroney *(Senior Vice President & Client Lead)*
Paul Traeger *(Senior Vice President & Director, Strategy)*
Kaitlyn Murphy *(Senior Vice President & Group Account Director)*
Karolyne Sprague *(Senior Vice President & Group Account Director)*
Karen Sandquist *(Vice President & Group Planning Director)*
Lindsey Susick *(Vice President & Client Director)*
Scott Yi *(Vice President, Marketing Analytics & Data Consulting)*
Sarah Koch *(Vice President, Programmatic Strategy)*
Greg Langer *(Associate Director, Programmatic Supply)*
Michelle Keady *(Director, Client Leadership)*
Matthew Stinnett *(Associate Director, Insights)*
Stacey Stricklin *(Vice President & Account Director)*
Kristy Hughes *(Account Director)*
Adrian Fogel *(Group Planning Director)*
Natalie Samson *(Head, Programmatic Strategy)*
Heather Econ *(Associate Director, Client Leadership)*
Shawndia Williams *(Integrated Media Strategy Manager)*
Ashley Rubin *(Local Investment Buyer)*
Jennifer Mevorah *(Senior Media Planner)*
Amanda Vitrano *(Social Media Specialist)*
Denise Alvarez *(Project Manager)*
Cecilia Butler *(Programmatic Trader)*
Jamie Schmiedeskamp *(Supervisor, Connections Planning)*
Alexandra Tountas *(Senior Connections Planner)*
Claudia Ferguson *(Associate Connections Planner)*
Abby Sturgill *(Associate Connections Planning)*
Alexandra Flack *(Senior Programmatic Trader)*
Daniel Villa *(Associate Connections Planner)*

Accounts:
American Medical Association
AutoZone, Inc.
Cracker Barrel Old Country Store
Hallmark Cards, Inc.
Hefty
Hefty Baggies
Kellogg School of Management
Kmart
Orbitz
orbitz.com
Papa John's International
Papa John's International
Reynolds Consumer Products
Reynolds Packaging Group
Reynolds Wrap
Takeda Pharmaceuticals North America, Inc.
The National Association of Realtors
Travelocity.com, Inc.

Media Buying & Planning Agencies

Brands. Marketers. Agencies. Search Less. Find More.
Try out the online version at www.winmo.com

AGENCIES - JULY, 2020 — MEDIA BUYING & PLANNING AGENCIES

HAVAS MEDIA GROUP
Ten Summer Street
Boston, MA 02110
Tel.: (617) 425-4100
Web Site: www.havasmedia.com/

Employees: 150
Year Founded: 1978

Discipline: Media Buying & Planning

Nathan Woodman (Chief Development Officer)
Kristen Abramo (Executive Vice President, Client Partner)
Bob Galietti (Senior Vice President & Group Account Director)
Amy Maguire (Senior Vice President & Group Account Director)
Janna Greenberg (Senior Vice President, Strategy & Innovation)
Cammy Keiler (Senior Vice President & Group Client Lead)
Gabrielle Rossetti (Senior Vice President, Strategy & Innovation)
Jeff Gagne (Senior Vice President, Strategic Investments)
Anya Slavin (Vice President & Account Director)
Jessica Anderson (Vice President & Account Director)
Adam Chartoff (Vice President & Account Director)
Kelsey Chickering (Vice President, Strategy)
Ryan Patti (Vice President & Account Director)
Kelsee Wadas (Vice President & Director, Connections Planning)
Cammy Bjorklund (Vice President & Group Client Lead)
Alex Barry (Vice President & Director, Programmatic Strategy)
Hillary Meahl (Vice President, Marketing & Communications Director, North America)
Leo McNeil (Vice President & Director, Connections Planning)
Caryn Hein (Vice President, Analytics & Data Consulting)
Bill Santare (Vice President & Director, Programmatic Strategy)
Bobby Metcalfe (Vice President & Director)
Karen Graf (Vice President & Director, Investment Operations & Activations)
Maureen Dawson (Vice President & Group Director, Business Insights)
Sarah Janas Doughty (Vice President & Director, Communications Strategy)
Chris Gil (Vice President & Group Director, Digital Investments)
Lauren Schwartz (Director)
Brianna Dukett (Director, Connections Planning)
Brittany Martin (Associate Director, Connections Planning)
Madeleine Drouin (Media Director)
Andrew Suskin (Associate Director, Digital Investments)
Alexa Simons (Associate Director, Communications Strategy)
Emily Hoffend (Associate Director, Connections Planning)
Pallavi Graves (Director, Connections Planning)
Blake Nelson (Social Media Director)
Patrick Moore (Director & Head, Ad Operations - USA)
Margaret Cote (Director, Insights)
Meredith Quirk (Associate Director, Social Media)
Stephanie DiCicco (Associate Media Director)
Olivia Canada (Senior Buyer, Digital Investments)
Brandon Marshall (Integrated Media Supervisor)
Shannon Kidger (Supervisor, Digital Investments)
Kaela Keyes (Senior Buyer, Digital Investments)
Coleen Baker (Media Supervisor)
Caroline McKenna (Video Investment Buyer)
Kristen Verille (Digital Investments Supervisor)
Alex Stoller (Supervisor, Communications Strategy)
Elaine Huang (Programmatic Strategy Manager)
Grace Mullan (Senior Media Planner & Buyer)
Kristen Valente (Media Planner & Media Buyer)
Miosotis Abreu (Supervisor, Digital, Print & Media Controls)
Natalie Metzgar (Senior Planner, Connections Planning)
Rachael Wolfson (Supervisor, Local Investments)
Julia Burns (Senior Media Planner)
Molly Noonan (Senior Media Planner)
Paige Ferrucci (Digital Investments Associate)
Matthew Foley (Analyst)
Arielle Lindblom (Specialist, Advertising Operations)
Andrew Burke (Associate Director, Advertising Operations)
Haley Tines (Senior Programmatic Strategist)
Ashley Wilson (Programmatic Planner)
Nicole Heather (Programmatic Strategist)
Morgan Bronstein (Senior Strategist, Programmatic)

Accounts:
Acushnet Company
Airheads
Avocados From Mexico
Biogen, Inc.
Bob's Discount Furniture, Inc.
Chupa Chups
Dunlop
Duralast
Eastern Bank Corporation
Emirates Airlines
Fidelity Investments / FMR Corp.
Fidelity.com
FootJoy
Goodyear
Goodyear Auto Tires
Huntington Bancshares, Inc.
Just Tires
Just Tires
Mentos
Perfetti Van Melle
Pinnacle
Stop & Shop Supermarket Companies, Inc.
The Goodyear Tire & Rubber Company
The Huntington National Bank
The National Association of Realtors
Titleist
Titleist Pro V1
TracFone Wireless, Inc.
Transitions Optical, Inc.

HAVAS MEDIA GROUP
5201 Blue Lagoon Drive
Miami, FL 33126
Tel.: (305) 377-1907
Fax: (305) 377-1906
Web Site: www.havasmedia.com

Employees: 8
Year Founded: 1978

Discipline: Media Buying & Planning

Andrea Isaac (Chief Product Officer Latin America)
Maria Jose Ezquerra (Chief Operating Officer - Havas Latin America & Havas Media International Americas)
Jorge Percovich (Chief Executive Officer - LATAM Group)
Mauricio Montenegro (Senior Vice President & Head, Commercial Partnerships - Latin America)
Seema Patel (Director, Planning & Strategy)
Anabela Bonuccelli (Managing Director)
Monica Cruz (Head, Creative and Content Solutions)
Juan Martin Federico (Client Service Director)
Humberto Cruz (Head, Digital)
Luisa Foulques (Account Supervisor)
Maria Paula Ruiz (Production Manager - Havas Sports & Entertainment)
Enrique Miranda (Senior Creative Designer)
Valentina Lopez (Account Supervisor)
Anna Yasher (Strategy Specialist)

Accounts:
Emirates Airlines
Michelin North America, Inc.

HAVAS MEDIA GROUP
473 Adelaide Street West
Toronto, ON M5V 1T1
Tel.: (416) 487-1393
Web Site: www.havasmedia.com

Employees: 40
Year Founded: 1978

Discipline: Media Buying & Planning

Josie Bumbaca (Group Media Director)

HAWORTH MARKETING & MEDIA
45 South Seventh Street
Minneapolis, MN 55402
Tel.: (612) 677-8900
Fax: (612) 677-8901
Web Site: www.haworthmedia.com

Employees: 80
Year Founded: 1970

Discipline: Media Buying & Planning

Andrea Luhtanen (President)
Bruce Gasperlin (Chief Financial Officer & Vice President)
Scott Slater (Senior Vice President & Director, Agency Integration)
Chris Dennehy (Senior Vice President, Partnership Development)
Heather Kruse (Senior Vice President & Executive Director, Media)
Catherine Marchio (Senior Vice President & Director, Human Resource & Operations)
Anna Mullins (Vice President & Director, Media)
Lisa Blevins (Vice President & Director, Media)
Shannon Kast (Vice President & Media Director)
Ashley Mirocha (Director, Media Strategy)
Katie Chozen (Director, Media)
Tom Johnson (Director, Media Strategy)
Megan Schuller (Director, Digital Strategy)
Marnie Wirth (Director, Media Insights)
Anne Heinze (Director, Digital Strategy)
James Monderine (Director, Media Strategy)
Jacey Berg (Director, Digital)
Erica Schulte (Associate Director, Media)
Mathew Larson (Director, Digital Strategy)
Jenna Sundeen (Director, Media Strategy)
Brittney Rogowski (Director, Digital Strategy & Social Media - Walmart)

MEDIA BUYING & PLANNING AGENCIES

Kevin Hilpert *(Associate Director, Digital Strategy)*
Chris Pope *(Director, Programmatic Media)*
Colleen Moe *(Director, Media Strategy)*
Jennifer Schmuck *(Associate Director, Digital Media)*
Bridgette Armstrong *(Director, Digital Strategy)*
Danny Charles *(Associate Director, Digital Investment)*
Brad Dick *(Associate Director, Paid Social Investment)*
Kristin Skrove *(Media Director)*
Caitlin Swanson *(Supervisor, Brand & Media Strategy)*
Elly Donovan *(Supervisor, Brand & Media Strategy)*
Amanda Pederson *(Director, Digital Investment)*
Jennifer Leonard *(Director, Multicultural)*
James Liszka *(Account Director)*
Kate Carlson *(Associate Director, Influencer Strategy)*
Megan Miller *(Director, Video Strategy)*
Matthew Schons *(Associate Media Director)*
Joanna Botnen *(Supervisor, Video Strategy)*
Christy Bidwell *(Director, Media Strategy)*
Caitlin Zellmann *(Supervisor, Broadcast)*
Alexandra Essling *(Associate Director, Media)*
Bailey Moomaw *(Supervisor, Media Planning)*
Amie Jaroscak *(Supervisor, Media)*
Dan Michaelson *(Buyer, Broadcast Media)*
Phillip Haggerty *(Supervisor, Digital Advertising Operations)*
Jordan Pieper *(Senior National Broadcast Buyer)*
Amanda White *(Supervisor, Digital Strategy)*
Carly Hanson *(Supervisor, Digital Strategy)*
Jennifer Long *(Supervisor, Broadcast)*
Eva Beckman *(Associate Director, Video Strategy)*
Karilyn Johnson *(Planner, Digital Investment)*
Jessica Assman *(Supervisor, Media Strategy)*
Matthew Connors *(National Broadcast Buyer)*
Burton Cooley *(Supervisor, Local Investment)*
Brittany Rodriguez *(Senior Planner, Digital Programmatic Investment)*
Calvin Krajco *(Supervisor, Digital Media)*
Emily Puetz *(Supervisor, Digital Strategy)*
Kirsten Hibbard *(Supervisor, Media)*
Kaitlin Miesen *(Supervisor, Influencer Strategy)*
Casey Keating *(Assistant, Digital Advertising Operations)*
Anita Ripken *(Associate, Video Investment)*
Katie Trouten *(Associate, Video Investment)*
Autumn Ruddy *(Media Planner)*
Kelly Fix *(Digital Planner)*
Alex Nelson *(Planner, Media Strategy)*
Jessica Boldt *(Digital Strategy Planner)*

Accounts:
Academy of Motion Picture Arts and Sciences
Alaska Air Group, Inc.
Alaska Airlines
Ameristar Casinos, Inc.
BEHR Process Corporation
Dick's Sporting Goods, Inc.
Equate
Jimmy John's
Neighborhood Markets
Parent's Choice
Red Wing
Red Wing Shoes Company, Inc.
Sam's Club
Solid Gold Pet Nutrition
St. Jude Children's Research Hospital
The Alzheimer's Association
Walmart Stores, Inc.
Walmart Supercenters

HAWORTH MARKETING & MEDIA
10940 Wilshire Boulevard
Los Angeles, CA 90024
Tel.: (310) 824-7777
Fax: (310) 824-7778
Web Site: www.haworthmedia.com

Employees: 2
Year Founded: 1970

Discipline: Media Buying & Planning

Gary Tobey *(Chairman & Chief Executive Officer)*
Anne Hallgren *(Director, National Broadcast)*
Claudia Eggan *(Director, Broadcast)*
Michelle Schmidt *(Associate Media Director, Marketing Finance, Media)*
Jillian Lofton *(Associate Director, Media Strategy)*
Jay Little *(Associate Director, Video Strategy)*
Michelle Schultz *(Media Strategy Supervisor)*
Lucy Doss *(Media Supervisor, Media Strategy)*

Accounts:
Beats by Dre
Beats Electronics, LLC

HEALIXGLOBAL
100 West 33rd Street
New York, NY 10001
Tel.: (646) 609-9966
Web Site: www.healixglobal.com/

Year Founded: 2016

Discipline: Media Buying & Planning

Star Kalatzan *(President)*
Matt Thornbrough *(Senior Vice President, Media)*
Michael Baliber *(Senior Vice President, Digital Innovation Director)*
Harold Goetz *(Vice President, Account Director, Media Planning)*
Morayea Pindziak *(Vice President, Marketing & Operations)*
Hemali Lakhani *(Vice President, Strategy, Planning & Innovation)*
Jennifer McCarthy *(Vice President, Senior Director, Media Planning)*
Scott Cofsky *(Vice President, Senior Director, Media Planning)*
Perri Rumstein *(Associate Director, Media)*
Joshua Poolat *(Associate Media Director)*
Jacqueline Fenske *(Associate Media Director)*
Sujoy Roy *(Director, Media Planning)*
Stephanie Milne *(Director, Strategy - AstraZeneca)*
Shelby Green *(Director)*
Elizabeth Mansell *(Associate Director, Media Planning)*
Jessica Moser *(Director)*
Kristen Choi *(Associate Director, Media Planning)*
David Fowler *(Director, Media Planning)*
Candice Piecora *(Group Media Director)*
Kimberly Mead *(Media Planning Supervisor)*
Cassidy Molina *(Supervisor, Media Planning)*
Nicole Rosen *(Manager, Partnerships)*
Tyler Diamond *(Manager, Analytics - Business Intelligence)*
Hannah Davis *(Supervisor, Media Planning - AstraZeneca)*
Jordan Brensilber *(Supervisor, Media Planning)*
Madison Ramsey *(Senior Media Planner)*
Misha Glickman *(Associate, Media Planning)*
Randy Rojas *(Media Planner)*
Natalie Harris *(Associate Media Planner)*
Nicole Simone *(Media Planner - Endo Pharma)*
Rebecca Peretz *(Media Planning Associate)*
Thomas Akers *(Media Planner)*
Natalie Kowalinski *(Associate Media Planner)*
Jessica Foley *(Associate Media Planner)*
Julie Socolow *(Senior Media Planner)*
Alyssa Montagna *(Associate Media Planner)*
Jordan Niedosik *(Media Planner)*
Jason Slominski *(Media Planner)*

Accounts:
AMAG Pharmaceuticals, Inc.
Bravecto
XiaFlex

HEARTS & SCIENCE
200 Varick Street
New York, NY 10014
Tel.: (646) 682-2694
Web Site: www.hearts-science.com

Year Founded: 2016

Discipline: Media Buying & Planning

A.J. Storinge *(Chief Operating Officer)*
Erin Matts *(Chief Executive Officer - US)*
Zachary Treuhaft *(President)*
Tara Levine *(Chief Experience Officer)*
Ralph Pardo *(President - AT&T Account)*
Megan Pagliuca *(Chief Data Officer)*
Allison Preate *(Founder & Associate Director, National Video Investment)*
Jeffrey Wamble *(Chief Financial Officer)*
Gail Stein *(Senior Director, Marketing Science)*
Vincent Sauvagnargues *(Executive Director, Business)*
Jon Kaiser *(Executive Director, Integrated Investment)*
Adam Roberts *(Executive Director)*
Shari Wyler *(Video Investment Group Director)*
Nicole Rodney *(Director)*
Sari Applebaum *(Director)*
Neil Sorrentino *(Director, Digital Strategy & Audience Planning)*
Keith Evans *(Senior Director, Media Strategy & Planning)*
Alyson Civitano *(Director, Video Investment)*
Kevin Boyle *(Senior Director)*
Brad Valeri *(Executive Director, Marketing Science)*
Theresa Fromm *(Senior Director, Digital)*
Amanda Duncan *(Associate Director)*
Evan Kelly *(Brand Director, Strategy)*
Jennifer Granfield *(Senior Category Director - Strategy)*
Marissa Heller *(Associate Director, Video Investment)*
Diane Weeks *(Executive Business Director)*
Meghan Walsh *(Director, Out-of-Home Investment - Warner Media)*
Michael Foley *(Founder & Director, Video Investment - National)*
Carolyn Kim *(Senior Director, Marketing Science)*
Franchesca Silvestre *(Director, Digital Activation)*
Lindsay Wagner *(Brand Director)*
Zach Shaub *(Director, Media)*
Courtney Dalton *(Director, Integrated Media)*
Mike Prinzivalli *(Associate Director, Digital Audience Planning - AT&T Mobility & Entertainment)*

AGENCIES - JULY, 2020 — MEDIA BUYING & PLANNING AGENCIES

Erica Peters (Associate Director, Digital Audience Planning)
Anna Salguero (Director, Integrated Investment Operations)
Marci Arita (Supervisor, Strategy)
Scott Minor (Senior Director, Category - Strategy)
Mallory Goodman (Associate Director)
Denise Marchitto (Senior Director, Digital Media & Brand Strategy)
Kelsey McCoy (Brand Director)
Kathryn Meier (Founder & Director, Content Collective)
Daniel Bueckman (Executive Director, Media Strategy - Intuit)
Mike Ryan (Executive Director, Agency Operations)
Mariana Santos (Brand Director, Strategy - P&G)
Erik Van Os (Director, Digital Activation)
Julie Levin (Senior Director, Print Investment)
Tara Karam (Senior Category Director - Strategy)
Peter Benigno (Senior Director, Digital)
Hilda Wong (Associate Director, Digital Activation)
John Haslbauer (Associate Director)
Samantha Boccolini (Brand Director, Strategy)
Casandra Levy (Associate Media Director)
Christina Ovalles (Associate Director, Operations)
Samara Nelson (Director, Paid Social & Paid Search)
Melissa Gladden (Director, Sports)
Laurel Upton (Director, Search - HBO)
Peter Colapietro (Senior Director, Strategy)
Stephen Tompkins (Executive Director, Media Activation)
Aimee Carricato (Director, Business Development)
Jason Jahn (Senior Director, Agency & Product Marketing)
Samantha Levine Archer (Chief, Staff - North America)
Lauren Baker (Director, Marketing Science)
Dana Veselovsky (Senior Director & Head, Social)
Vanessa Hartley (Group Director - OOH Investment Group)
Kristie Cruz (Supervisor, Marketing Science)
Laurie Shinbaum (Brand Director)
Deborah Green (Associate Director, Audience Planning & Digital Activation)
Laurette Zion (Director, Broadcast Traffic)
Brendan Dimitri (Associate Director)
Kevin An (Associate Director, Digital Activation)
Elisa Fegler (Supervisor, Digital Media)
Daniella Hernandez (Supervisor, Strategy - HBO)
Kevin Moon (Director, Digital Strategy & Audience Planning)
Perry Hamburg (Associate Director, Marketing Science)
Anthony Diaz (Director, Platform Operations)
Brian Wesche (Director, Investment Analytics)
Nadalie Dias (Senior Director, Digital Activation)
Danny Butler (Associate Director, Marketing Science)
James Aquila (Director, Media)
Peter Lebron (Supervisor, National Audio)
Katie Porter (Supervisor)
Bryan Vargas (Supervisor, Digital Investment)
Charles Venhaus (Senior Accountability Manager)
Viktoriya Tverskaya (Strategy Supervisor)
Shirley Leung (Social Media Supervisor)
Jamie Darling (Supervisor, Branded Entertainment - AT&T)
Ariana Michaloutsos (Strategy Supervisor)
Jed Bautista (Creative Asset Manager - HBO)
Julia Whalen (Supervisor, Integrated Video Investment)
Faith Lyde (Branded Content Supervisor, PepsiCo)
Daniel Clark (Supervisor, Digital Audience Planning)
Jane Bader (Digital Strategist)
Simone Nevruzian (Supervisor, Digital Media)
Kerri Leveling (Digital Asset Manager)
Brittany Gould (Supervisor, Digital Activation - Programmatic & Direct)
Kristina Kren (Supervisor, Local Investment)
Caroline Pratt (Strategist, Digital Investment)
Karina Medina (Supervisor, Digital Audience Planning)
Matt Goodmark (Director, Strategy)
Devin Golestani (Supervisor, Corporate Strategy - AT&T Corporate)
Perry Howell (Associate Director, Media - HBO Max Account)
Brianna Mascaro (Strategist, Digital Activation)
Dave Bergmann (Associate Director, Branded Entertainment)
Zack Levine (Strategy Supervisor)
Randolph Doerr (Assistant Strategist, Digital Activation)
Shawn You (Assistant Strategist, Digital Media)
Sean Gavin (Negotiator, Video Investment)
Scott Sutton (Assistant Strategist, HBO)
Samantha Cilibrasi (Digital Strategist)
Veronica Salazar (Strategist, Digital Activation)
Cameron Klaus (Assistant Negotiator, OOH)
Lauren Bohl (Assistant Negotiator, National TV Investment)
Cathryn Callaghan (Strategist, Digital Investment)
Colin Kearney (Assistant Strategist, Private Marketplaces)
Raquel Borges (Assistant Strategist, Digital Activation)
Jillian Theoharides (Assistant Strategist)
John Salamone (Strategist, Digital Activation)
Kirk Dunlap (Assistant Strategist - AT&T)
Lauren Montesarchio (Associate Director, Paid Social)
Enrique Austria (Social Strategist)
Stephanie Ma (Assistant Negotiator, National Radio Investment)
Emily Anderson (Supervisor, Video Investment)
Kristine Munsen (Managing Director, Shopper Marketing & eCommerce)
Mike Venables (Executive Director)
Terry Horton (Managing Director)

Accounts:
26.2 Brew
Adult Swim
Aimovig
Amgen, Inc.
Angry Orchard Hard Cider
AT&T Mobility, LLC
AT&T PREPAID
AT&T Wireless
AT&T, Inc.
Barclays Capital
Boomerang Cartoon Network
Cartoon Network
Cinemax
Clearblue
CNN
Cricket
DIRECTV, Inc.
Enbrel
Febreze Air Effects
Febreze NOTICEables
Hallmark Cards, Inc.
Hallmark Signature
Hallmark.com
Hardcore Cider Company
HBO
HBO GO
HBO Home Video
HBO Latino
HBO Max
HBO Now
HBO PPV
Heritage Collection
Home Box Office (HBO)
Home Box Office, Inc.
Intuit, Inc.
Ivory
Kyprolis
Luvs
Metamucil
Neulasta
Nplate
Olay
Olay Definity
Olay Professional
Olay Regenerist Moisturizer
Olay Total Effects
Pamper's
Pamper's Cruisers
Pamper's Sensitive
Prolia
QuickBooks
Quickbooks.com
Repatha
Robinhood
Samuel Adams American Kriek
Samuel Adams Black Lager
Samuel Adams Blackberry Witbier
Samuel Adams Boston Ale
Samuel Adams Boston Ale
Samuel Adams Boston Beer
Samuel Adams Cherry Wheat
Samuel Adams Chocolate Bock
Samuel Adams Cranberry Lambic
Samuel Adams Cream Stout
Samuel Adams Double Bock
Samuel Adams Dunkelweizen
Samuel Adams Holiday Porter
Samuel Adams Honey Porter
Samuel Adams Imperial Stout
Samuel Adams Imperial White
Samuel Adams Irish Red
Samuel Adams Latitude 48 IPA
Samuel Adams Light
Samuel Adams Millennium
Samuel Adams New World Tripel
Samuel Adams Noble Pils
Samuel Adams Octoberfest
Samuel Adams Old Fezziwig Ale
Samuel Adams Pale Ale
Samuel Adams Scotch Ale
Samuel Adams Stony Brook Red
Samuel Adams Summer Ale
Samuel Adams Triple Bock
Samuel Adams Utopias
Samuel Adams White Ale
Samuel Adams Winter Lager
Sensipar
TBS
TCM
The Boston Beer Company, Inc.
The Procter & Gamble Company
The Procter & Gamble Company

MEDIA BUYING & PLANNING AGENCIES
AGENCIES - JULY, 2020

ThrillerMAX
TNT
Truly Hard Seltzer
Tura Alcoholic Kombucha
Turner Broadcasting System, Inc.
Twisted Tea Brewing Company
Vectibix
Warner Brothers (WB)
WarnerMedia
Wild Leaf Hard Tea
Xgeva

HEARTS & SCIENCE
3500 Lenox Road
Atlanta, GA 30326
Tel.: (646) 682-2694
Web Site: www.hearts-science.com

Year Founded: 2016

Discipline: Media Buying & Planning

Rachel Ooms *(Executive Director)*
Julianna Bowman *(Director, Strategy)*
Karen Hoyt *(Director, Local Broadcast)*
Paulette Chafe *(Executive Director, Marketing Science)*
Linnea Corn *(Director, Strategy)*
Christofer Peterson *(Senior Director, Human Resources & Talent & Engagement)*
Mike Wolfensperger *(Director, Marketing Science & Analytics)*
Erin Hogan *(Supervisor, Marketing Science)*
Rachel Urban *(Media Supervisor)*
Andriena Coleman *(Media Supervisor)*
Suzanne Lai *(Supervisor, Media Strategy)*
Carter Ehlers *(Supervisor, Marketing Science)*
Tamara Elamin *(Associate Director, Strategy)*
Alex McWhorter *(Media Strategist)*
Paige Gibson *(Media Strategist)*
Bailey Magee *(Negotiator)*
Kira DeMund *(Assistant Strategist)*
Aniqua Hendricks *(Assistant Multicultural Media Strategist)*

Accounts:
AT&T Digital Life
AT&T Mobility, LLC
AT&T PREPAID
AT&T U-Verse
AT&T Wireless
AT&T, Inc.
Cricket
Robinhood
The Boston Beer Company, Inc.

HEARTS & SCIENCE
12777 West Jefferson Boulevard
Los Angeles, CA 90066
Web Site: www.hearts-science.com

Year Founded: 2016

Discipline: Media Buying & Planning

Jennifer Rodis *(President)*
Tavo Castro *(Executive Business Director, Strategy)*
Shanae Johnson *(Executive Business Director)*
Andres Torrente *(Director, Media Strategy)*
Adrienne May *(Associate Director, Marketing Science)*
April Coen *(Director, Marketing Science)*
Brook Hauge *(Associate Director, Strategy)*
Jeffrey Fisher *(Associate Director)*
Jocelyn McDowell *(Senior Director, Marketing Science)*
Megan Gance *(Associate Director, Digital)*
Bryan Lee *(Director, Digital)*
Chantal Villian *(Director, Strategy)*
Brendan Tree *(Director, Search & Social)*
Tim Chao *(Media Supervisor)*
Katherine Strashnov *(Supervisor, Digital Activation)*
Joanna Santorum *(Digital Media Supervisor)*
Katie McGregor *(Strategist)*
Andrea Coreas *(Social Media Strategist)*
Zachary Levine *(Strategist, Programmatic)*
Kayla Anfang *(Supervisor, Marketing Science)*
Julius Kim *(Assistant Strategist)*
Jason Sanchez *(Digital Strategist)*
Antonio Cruz *(Assistant Strategist)*
Michelle Rho *(Strategist, Warner Bros. Home Entertainment)*
Anthony Lee *(Digital Strategist)*
Sarah Lockwood *(Digital Asset Coordinator)*

Accounts:
AT&T Mobility, LLC
AT&T PREPAID
AT&T Wireless
AT&T, Inc.
DIRECTV, Inc.
HBO Max
Intuit, Inc.
QuickBooks
Quickbooks.com
Warner Bros. Entertainment, Inc.

HELEN THOMPSON MEDIA
8035 Broadway
San Antonio, TX 78209
Tel.: (210) 822-2158
Fax: (210) 822-9001
Web Site: www.helentmedia.com

Year Founded: 1989

Discipline: Media Buying & Planning

Helen Thompson *(Chairman & Founder)*
Brandon Thompson *(President & Chief Executive Officer)*
Stacey Schneider *(Vice President, Media)*

Accounts:
Valero Energy Corporation

HORIZON MEDIA, INC.
1888 Century Park East
Los Angeles, CA 90067
Tel.: (310) 282-0909
Fax: (310) 229-8104
Toll Free: (800) 633-4201
Web Site: www.horizonmedia.com

Employees: 80
Year Founded: 1989

Discipline: Media Buying & Planning

Wanda Kato *(Executive Vice President & Managing Partner)*
Autumn White *(Executive Vice President, Digital & Managing Partner)*
Jason Lee *(Senior Vice President, Digital & Data Strategy)*
Ricki Goldhamer *(Senior Vice President, Human Resources & Business Partner)*
Sarah Bachman *(Senior Vice President, Digital Experiences)*
Maria Perez *(Vice President & Managing Director)*
Bethany Doherty *(Vice President, Brand Group Director - Disney Channel, Disney XD, Disney Junior, ABC News)*
Jennifer Chan *(Vice President & Director, Digital & Client Partner)*
Noah Eve *(Vice President, Data Solutions & Programmatic Media)*
Alexander Schaerli *(Vice President & Director, Analytics)*
Caitlin Dudley *(Media Director)*
Allan Gines *(Director, Digital Strategy & Activation)*
Julia Nayerman *(Director, Business Development & New Business Strategy)*
Jill Sax *(Brand Group Director)*
Christopher Thornton *(Digital Strategy Director)*
Mariana Warfield *(Director, Digital Strategy)*
Kendra Rousselet *(Director, Digital Strategy)*
Ariel Brito *(Associate Brand Group Director)*
Mark Italia *(Director, Digital Media)*
Natalie Rusinko *(Associate Media Director, Digital)*
Shondra Dodge *(Associate Brand Group Director)*
Courtney Hirose *(Director, SEM)*
Paige Lockhart *(Group Brand Director)*
Erick Manalili *(Associate Media Director - OOH)*
Jesse Fisher *(Director, Digital Strategy)*
Traci Brown *(Account Supervisor)*
April Minsky *(Broadcast Group Manager)*
Veronica Brown-Robinson *(Senior Media Buyer)*
Sabrina Zubieta *(Associate Group Manager, Local Audio & Video)*
Lois Kim *(Digital Media Supervisor)*
Richard Siegel *(Manager, Social Marketplace)*
Will Seitz *(Brand Strategist)*
Lindsay Hain *(Brand Strategist)*
Levi Levato *(Senior Strategist)*
Jeffrey Boyd *(Assistant Brand Strategist)*
Zaynah Himani *(Digital Media Planner, Performance Marketing - WW, Lindt Chocolate, Helzberg Diamonds & The Michael J. Fox Foundation)*
Alicia Jewell *(Senior Investor)*
Caryn Wiley-Rapoport *(Consultant, Consumer Insights & Strategy)*
Joshua Kim *(Digital Media Analyst)*
Olivia Schiavelli *(Brand Strategist)*
Grace Muth *(Brand Strategist)*
Andrea Munoz *(Senior Media Planner, Social)*
James Sanderson *(Assistant Brand Strategist, Constellation Beer)*
Tiffany Kirk *(Senior Vice President & Managing Director - West Coast Media Investments)*
Serena Duff *(Executive Vice President & General Manager - Los Angeles)*
Mina Kamarasheva *(Vice President & Managing Director, Local Audio & TV)*

Accounts:
3 Blind Moose
ABC Network Television
ABC News
ABC, Inc.
Alice White
Anderra
Ballast Point
California State Lottery Commission
Capital One Financial Corporation
Casa Noble Tequila
Cattleman's Cut
Charles Smith Wines
Coastal Vintners
Constellation Brands, Inc.
Corona Extra
Corona Light
Dignity Health
Dish Network
Drylands

Brands. Marketers. Agencies. Search Less. Find More.
Try out the online version at www.winmo.com

AGENCIES - JULY, 2020 — MEDIA BUYING & PLANNING AGENCIES

Freeform
GEICO Corporation
GSN TV
Guitar Center Management
Helzberg Diamonds
IFC Entertainment
Jail Break
LegalZoom.com
Lifetime Entertainment Services
Meiomi
Mendocino Vineyards
Modelo Especial
Modelo Negra
Naked Grape
Nobilo
Oberto Brands
Pacific Gold
Pacifico
Paso Creek
Robert Mondavi Winery
Ruffino
SAVED
Simi
St. Pauli Girl
St. Regis
STX Entertainment
Vex Hard Lemonade
Victoria
Vina Santa Carolina
Woodbridge by Robert Mondavi

HORIZON MEDIA, INC.
75 Varick Street
New York, NY 10013
Tel.: (212) 220-5000
Fax: (212) 916-8685
Toll Free: (800) 633-4201
Web Site: www.horizonmedia.com

Employees: 250
Year Founded: 1989

Discipline: Media Buying & Planning

Bill Koenigsberg *(Founder, President & Chief Executive Officer)*
Stephen Hall *(Chief Marketing Officer)*
Eric Blankfein *(Chief - WHERE)*
Eileen Benwitt *(Chief Talent Officer & Executive Vice President)*
Richard Simms *(Dean, Learning)*
Eva Kantrowitz *(Chief Strategy Officer & Executive Vice President, Brand Development)*
Sarah Baehr *(Co-Chief Investment Officer & Executive Vice President)*
Sheri Roder *(Chief, WHY Group & Co-Founder, LIMITLESS)*
Vinnie O'Toole *(Chief Operating & Financial Officer & Executive Vice President)*
Gene Turner *(Chief & Executive Vice President - Horizon Next)*
Cliff Cree *(Chief Information Officer & Executive Vice President)*
Donald Williams *(Chief Digital Officer & Executive Vice President)*
David Campanelli *(Co-Chief Investment Officer & Executive Vice President)*
Stan Fields *(Chief Client Officer & Executive Vice President)*
Taylor Valentine *(Chief Learning & Invention Officer)*
Cherie Calingasan *(Managing Partner & Executive Vice President - Horizon Next)*
Mia Cosgrove *(Executive Vice President & Managing Director - Horizon Next)*
Katy Ferguson *(Executive Vice President & Managing Partner, Entertainment)*
Kimberly Aiello *(Executive Vice President & Managing Partner, Brand Strategy)*
Michael O'Connor *(Executive Vice President & Managing Director, Video Investment)*
Garth Tiedje *(Executive Vice President Video Investment)*
Adam Schwartz *(Senior Vice President & Director, Sports Media)*
Steven Faske *(Senior Vice President & Managing Director, Business & Legal Affairs)*
Elyse Pollock *(Senior Vice President & Managing Director, Brand Strategy)*
Kirk Olson *(Senior Vice President, Entertainment & Trendsights)*
Jill Nickerson *(Senior Vice President & Director, Out-of-Home Services)*
Megan Riley *(Senior Vice President & Managing Director)*
Katie Comerford *(Senior Vice President, Digital - Horizon Next)*
Deb Goodman *(Senior Vice President & Managing Director)*
Lauren Russo *(Senior Vice President & Managing Director, Audio Investments & Promotions)*
Ken Nippes *(Senior Vice President & Managing Director, Business Solutions)*
Bud Follett *(Senior Vice President & Managing Director)*
Mike Aiello *(Senior Vice President, Managing Director, Shared Services)*
Jess Zeoli *(Senior Vice President & Director, Video Investment)*
Lauren Ekstrand *(Senior Vice President & Managing Director)*
Nancy Starring Blucher *(Senior Vice President & Managing Director, Acquisition & Branding Campaigns)*
Lauren Chaplin *(Senior Vice President & Director, Video Investment)*
Rayna Elliott *(Senior Vice President, Digital Strategy & Innovation)*
Chris Owen *(Senior Vice President, Managing Director)*
Kelly Leach *(Senior Vice President & Managing Director)*
Jeff Francisco *(Senior Vice President & Managing Director - Restaurants Brands International)*
Kate Monaghan *(Senior Vice President & Director, National Television)*
Skylar Kim *(Senior Vice President & Director, Digital Strategy & Innovation)*
Kyung Kim *(Senior Vice President, Digital Activation)*
Krit Pethkongkathon *(Senior Vice President, Analytics)*
Sam Rose *(Senior Vice President, Video Investment & Horizon Advanced)*
Maikel O'Hanlon *(Senior Vice President, Innovation - Blue Dot Labs)*
Cristina Marrus *(Senior Vice President & Managing Director)*
Michael Tripodi *(Senior Vice President, Digital Strategy & Revenue - Evergreen Trading)*
Michele Donati *(Senior Vice President & Managing Director, WHERE)*
Adele Myers *(Senior Vice President & Director, Creativity)*
Lydia Doerflein *(Vice President & Managing Director, Local Radio)*
Elizabeth Albright Rinaldi *(Vice President & Managing Director, National Audio)*
Karina Dobarro *(Vice President & Managing Director, Multicultural & International Brand Strategy)*
Sarah Haddow *(Vice President, Digital Brand Strategy - Capital One)*
Christine Lembo *(Vice President & Managing Director)*
Molly Sugarman *(Vice President & Managing Director - Treehouse)*
Alex Stone *(Vice President, Digital Investment)*
James Tarone *(Vice President, Digital Investment)*
Scott Flynn *(Vice President & Managing Director)*
Morgan Stalder *(Vice President, Digital Media)*
Eric Marino *(Vice President & Managing Director - Horizon Next)*
Michelle Leonardo *(Vice President & Director - WHERE)*
Nikki Neary *(Vice President & Director, Digital Media)*
Kimberly Regenstreich *(Vice President, Digital - UHG Portfolio)*
Heather Giudice *(Vice President & Associate Managing Director)*
Rob Pecci *(Vice President, Digital - Horizon Next)*
Ianne Rassel Cambaliza *(Vice President, Digital Strategy)*
Kerry Kearney *(Vice President & Managing Director, Local Video Investment)*
Tom Closs *(Vice President & Managing Director)*
Natalia Rocha *(Vice President & Brand Strategy Director)*
Jamie Gordon *(Vice President & Group Director, Brand)*
Stacey Schlesinger *(Vice President & Managing Director, Promotions)*
Eric Jacobsen *(Vice President & Managing Director, Brand Strategy)*
Jillian Bird *(Vice President, Direct Marketing Activation)*
Michelle Futerman *(Vice President, Integrated Media Strategy)*
Farrah Starkman *(Vice President & Group Director, Brand)*
Michael Cha *(Vice President, Search Engine Marketing)*
Alexandra Torcasi *(Vice President & Brand Group Director)*
Alex Gargano *(Vice President & Group Director, Brand - Entertainment & Content)*
Robert Gencorelli *(Vice President & Group Director)*
Alison Dusenbery *(Vice President, Digital)*
Moffat Frazier *(Senior Vice President & Managing Director, Consumer Strategy - WHY Group)*
Amanda Kasi *(Vice President & Group Director, Brand)*
Melissa Flynn *(Vice President & Associate Managing Director)*
Jennifer Valentine *(Vice President & Group Director, Strategic Planning - Sprint)*
Britney Greenhouse *(Vice President & Director, Digital Media)*
Michelle Posen *(Vice President & Director - WHERE)*
Pedro Rodriguez *(Vice President, Business Growth, Digital Marketing & Transformation)*
Morgan Bettinger *(Vice President & Group Director, Brand)*
Keith Brewer *(Vice President, Digital Strategy - Horizon Next)*
Allie Magruder *(Vice President & Brand Group Director)*
Michael Dobson *(Vice President, Social Media Strategy & Marketplace)*
Shelly Lazar *(Vice President & Account Director)*

Brands. Marketers. Agencies. Search Less. Find More.
Try out the online version at www.winmo.com

MEDIA BUYING & PLANNING AGENCIES
AGENCIES - JULY, 2020

Arminda Guillama-Rodriguez *(Vice President & Managing Director)*
Matthew Townsend *(Vice President & Group Brand Director)*
Katie Dye *(Associate Director, Audio Investment)*
Angela Rothschild *(Head, Programming - Diversity & Inclusion)*
Paul Schindler *(Group Director, Brand)*
Kaitlyn McInnis *(Vice President & Director - Capital One)*
Eric Lurie *(Vice President & Associate Managing Director - Horizon Next)*
Richard Kelly *(Director, Digital Media)*
Emily Klarfeld *(Group Director, Brand)*
Dave Laub *(Associate Group Director, Brand)*
Lisa Cialfi *(Associate Director, Digital Media)*
Lindsey DeLeo *(Brand Group Director)*
Kayla Schwartz *(Media Director, Digital Strategy)*
Rachel Andreus *(Associate Director, Digital Strategy)*
Sarah Duffy *(Vice President & Director, Video Investment)*
David Glicksman *(Director, Digital - Horizon Next)*
Lisa Pyles *(Director)*
Marvin Figueroa *(Director)*
Nick Bernardo *(Director, Video Investment)*
Theresa Luu *(Associate Media Director, Digital - Horizon Next)*
Aaron Black *(Group Director, Brand)*
Alexander Hall *(Associate Group Director, Brand)*
Justin Jarmus *(Director, Digital)*
Ashley Halvorsen *(Vice President & Group Brand Director)*
Madeline Slinko *(Brand Group Director)*
Alyssa Hook *(Associate Media Director)*
Alicia Pignataro *(Director, Video Investment)*
Amy Videtto *(Associate Director, Social Strategy)*
Lauren Hochhauser *(Associate Director, Video Investment)*
Matthew Buckholz *(Associate Director, Digital)*
Alex Willig *(Director, Performance Media)*
Alexandra Gibbs *(Director, Mobile Strategy)*
Stephanie De Flora *(Group Director, Brand Strategy)*
Samantha DiPrinzio *(Associate Director, Digital)*
Edwina Morales *(Group Media Director, Multicultural Development)*
Glynnis Reilly *(Group Director)*
Tara Broad *(Associate Media Director)*
Erin Driscoll *(Associate Group Director, Brand)*
Renata Coco *(Director, Data Strategy)*
Brianne Sullivan *(Associate Brand Group Director)*
Teresa Hsu *(Group Director)*
Josef Sperzel *(Group Director, SEO)*
Marissa Panfel *(Associate Director, Media)*
Rebecca Winston *(Brand Group Director - Horizon Next)*
Aita Djigo *(Associate Director, Out-of-Home)*
Ashley Grayovski *(Brand Group Director)*
Stephanie Eisenberg *(Director, Video Investment)*
Navneet Singh *(Director, Programmatic Buying - HX)*
Sophia Liu *(Associate Director, Programmatic Planning - HX)*
Emily Van Wormer *(Brand Group Director)*
Jacqueline Conklin *(Group Director, Brand)*
Neethu Ramchandar *(Associate Director, Content Strategy)*

Amelia Lopuch *(Associate Brand Group Director)*
Asena Oksuz *(Associate Director)*
Teddy Montalvo *(Director, Video Investment, Sports Marketing & Media)*
Brian Zai *(Digital Director)*
Amanda Romero *(Director, Digital Operations - Horizon Next)*
Kara Jellinek *(Brand Group Director)*
Jessie Ding *(Associate Brand Group Director)*
Anthony Dario *(Associate Director, Video Investment)*
Dave Forman *(Associate Brand Group Director)*
Peter Edinger *(Director, Digital Media Activation)*
Nicholas Smith *(Associate Director)*
Alex Patterson *(Associate Brand Group Director)*
Meghan Sweeney *(Associate Digital Director)*
Elizabeth Twersky *(Director, Digital Media & Data Solutions)*
Samantha Pearman *(Associate Brand Group Director)*
Angelina Moore *(Associate Media Director)*
Tim Daley *(Associate Director, Performance Marketing)*
Gregory Rozmus *(Director, Social Strategy)*
Julie McCarthy *(Associate Media Director - Horizon Next)*
Dahlia Simons *(Brand Group Director)*
Chris Lorenz *(Associate Director, Digital Strategy & Planning)*
Ben Mathew *(Media Director)*
Mike Malinowski *(Director, Advanced TV)*
Carolyn Breen *(Associate Director)*
Sam Bonnel *(Supervisor, Out of Home)*
Joseph Han *(Associate Director, Analytics)*
Kevin McGehee *(Director, Advanced Analytics)*
Marifel Corpuz *(Director, Advanced Analytics)*
Robert Brennan *(Associate Media Director)*
Annie Fong-Anderson *(Director, Campaign Management & Operations)*
Alexandra Ingenito *(Digital Director)*
Mark Yeager *(Brand Group Director & Supervisor, Brand Strategy)*
Cathy Olajide *(Account Executive)*
Clare Iadanza *(Brand Group Director - Freeform & IFC)*
Allison Gimbel *(Associate Media Director)*
Maria Micchelli Tullin *(Associate Director, Audio Investment)*
Ben Krakow *(Lead Data Scientist)*
Dasha Kotcherga *(Associate Director - Horizon Next)*
Natasa Kuljak *(Associate Director)*
Monica Oliveira *(Digital Media Supervisor)*
Eric Adamus *(Supervisor, Brand Strategy)*
Jonathan Goldman *(Brand Group Director - Horizon Next)*
Matt Simonides *(Associate Director, Performance Marketing)*
Cara Gilbert *(Brand Strategy Supervisor)*
Dwayne Thompson *(Supervisor, Out-of-Home)*
Elise Fisher *(Supervisor, Brand Strategy)*
Shanee Griffith *(Strategy Supervisor - BET Network)*
Gabrielle Weil *(Media Buyer)*
Chris Lyon *(Digital Supervisor)*
Alexandra Rooney *(Supervisor, Digital)*
John Kim *(Associate Brand Group Director)*
Gabrielle DeMasi *(Senior Media Buyer)*
Andrew Collins *(Senior Media Buyer)*
Katie McNamara *(Account Manager, Traffic)*
Radhika Menon *(Supervisor, Digital Media)*
Jessie Pollack *(Supervisor, Brand Strategy)*
Carly Bluth *(Supervisor)*
Brian Cipollina *(Supervisor)*
Alexia Victor *(Supervisor, Brand Strategy)*

Kallan Murray *(Associate Director, Digital Strategy - Horizon Next)*
Stephen Cacace *(Supervisor, Social)*
Courtney Griffin *(Supervisor, Digital Media)*
Lily Donahue *(Senior Media Planner)*
Jillian Schott *(Media Supervisor)*
Gabrielle LaRosa *(Senior Digital Media Planner)*
John Ghublikian *(Brand Strategy Supervisor)*
Margaret DeSalvio *(Senior Planner, Integrated Print)*
Brian Hurley *(Supervisor, Video Investment)*
Taylor McElroy *(Supervisor, Integrated Print)*
Jade Gonzales *(Senior Campaign Manager)*
Julie Linker *(Digital Video Investor)*
Lauren Wurthmann *(Integrated Video Investor)*
Corin Eckel *(Senior Buyer, Local Audio)*
Jessica Pacheco *(Associate Media Buyer)*
Jamie LaBovick *(Media Supervisor)*
Ian Alers *(Supervisor, Business Solutions)*
Jessica Duncan *(Supervisor)*
Jenna Kelly *(Supervisor, Digital Media)*
Kelley Pertuz *(Social Strategy Supervisor - Horizon Next)*
Ricardo Gomez *(Brand Strategy Supervisor)*
Xuewei Zhang *(Manager, Analytics)*
Benita Mueller *(Senior Buyer, Broadcasting)*
Kat Mallen *(Senior Buyer, Broadcasting)*
Haley Ward *(Media Planner, Digital)*
Maria Riegel *(Senior Digital Media Planner)*
Alison Joseph *(Strategist, TrendSights)*
Raymond Lee *(Associate Director, Media Operations)*
Devin Edge *(Strategist, Content)*
Dillon Orr *(Supervisor, Brand Strategy)*
Ariana Garay *(Senior Strategist, Mobile & UNCVR)*
Salonie Rego *(Senior Analyst, Digital Media)*
Hannah Sweeney *(Senior Video Investor)*
Mark Rutter *(Senior Video Investor)*
Anna Wilhelm *(Senior Brand Strategist)*
Sari Barocas *(Supervisor, Video Investment)*
Brooke Lee *(Supervisor, Brand Strategy)*
Danielle Adams *(Senior Strategist - Horizon Next)*
Kirsten Russell *(Brand Strategist)*
Erika Lau *(Senior Buyer, Social Marketplace)*
Lauren Mossberg *(Senior Social Strategist)*
Francesca Paulucci *(Senior Digital Media Planner)*
Sophia Gordon *(Senior Social Strategist)*
Francesca Montanez *(Senior Business Analyst)*
Stephanie Liew *(Analyst, Programmatic Analytics)*
Cashman Aiu *(Digital Media Planner)*
Kolby McConville *(Strategist)*
Peter DeLuca *(Brand Strategist)*
Claudia Schnorbus *(Brand Strategist)*
Christina Ma *(Assistant Digital Planner)*
Mariel Emery *(Media Planner)*
Kate Patterson *(Out-Of-Home Strategist)*
Leah Leonidas *(Digital Media Planner)*
Kristen Raimo *(Senior Programmatic Planner)*
Maura Vananzo *(Senior Media Planner - Horizon Next)*
Randi Genoa *(Brand Strategist)*
Allison Pitts *(Digital Media Planner)*
David Kang *(Strategist - OOH)*
Nicholas Bongiorni *(Assistant Media Planner - Digital)*
Gillian Muller *(Programmatic Planner)*
Kristopher Riddick *(Programmatic Planner)*
Anne Geltzeiler *(Senior Programmatic Planner)*
Chris Hendrix *(Assistant Brand Strategist)*
Conner Elwell *(Brand Strategist)*
Samantha Coburn *(Senior Strategist, Business Solutions)*

Brands. Marketers. Agencies. Search Less. Find More.
Try out the online version at www.winmo.com

AGENCIES - JULY, 2020

MEDIA BUYING & PLANNING AGENCIES

Isabella Popa *(Multicultural Brand Strategist)*
Nicole Gawrych *(Account Coordinator)*
Allison Grabell *(Director, Talent Acquisition)*
Anthony Salerno *(Senior Vice President & Managing Director)*
Voula Kakaletris *(Executive Vice President, Managing Partner)*
Lori Wigler *(Vice President & Managing Director)*
LJ Kobe *(Senior Vice President & Managing Director, Brand Strategy)*
Lindsay Tendler *(Managing Director, Promotions)*
Niki DeCou *(Senior Vice President & Managing Director, Brand Strategy)*
Kevin Howard *(Vice President & Managing Director)*
Jillyn Richardson *(Vice President & Managing Director)*
Andy Ruia *(Managing Director)*
Matthew Taverna *(Associate Managing Director, National Audio)*
Kamakshi Sharma *(Associate Managing Director)*
Dave Besegai *(Senior Vice President & Managing Director - Horizon Next)*

Accounts:
A&E Networks
AETN International
Alarm.com
Alta Dena
AmBiosome
Atlantis Paradise Island
Atripla
Barber's
Bath Fitter
BBC Worldwide Americas, Inc.
Benjamin Moore & Company
Berkeley Farms
Biography.com
Blue Buffalo Co., Ltd.
Boar's Head Provisions Company, Inc.
Boost Mobile
Brown's
Burger King Corporation
Burlington Stores, Inc.
Cable News Network
Cape Cod
Capital One Credit Cards
Capital One Financial Corporation
CapitalOne.com
Captain D's LLC
Carvana
Chobani Greek Yogurt
Chobani, Inc.
Creamland
DairyPure
Dean Foods Company
Diamond Producers Association (DPA)
Dish Network
Dorel Industries, Inc.
Edible Arrangements International, Inc.
Elit by Stolichnaya
Emerald Nuts
Emvitra
Essentia Water LLC
Fanatics, LLC
FYI
Gandy's
GEICO Corporation
GEICO Motorcycle Insurance
GEICO.com
Gilead Sciences, Inc.
GoGo squeeZ
Golden Corral Corporation
GSN TV
Guitar Center Management

Harvoni
Helzberg Diamonds
Hepsera
History2
KEN'S FOODS, INC.
Lance, Inc.
LehighValley
Lifetime Entertainment Services
Lifetime Entertainment Services
Lindt & Sprungli USA, Inc.
Little Caesar Enterprises, Inc.
Little Caesar's Pizza
Mayfield
McArthur
Meadow Gold
Meadowbrook
MGM Grand at Foxwoods
Milk Chugs
Model Dairy
Northwestern Mutual
Peloton Cycle
Petco Animal Supplies, Inc.
Popeyes Louisiana Kitchen
Price's
Publishers Clearing House
Ranexa
Reiter
Safelite Auto Glass Corporation
Sands Casino Resort
Schenkel's All*Star
SeaWorld Parks & Entertainment
Seminole Hard Rock Hotel & Casino
Siemens Corporation
Sleep Number Corporation
Snyder's of Hanover
Snyder's-Lance, Inc.
Sperry Top-Siders
Sprint Corporation
StarKist Co.
Stoli Group USA
Stolichnaya
Sundial Brands LLC
Supercell
Swiss
T.G. Lee
The Disney Channel
The History Channel
The Michael J. Fox Foundation
The Mutual of Omaha Companies
Tim Hortons, Inc.
TriHonda
TruMoo
TruMoo
Truvada
Tuscan Dairy Farms
UnitedHealth Group, Inc.
Viread
Vistide
Vonage Holdings Corporation
Weight Watchers Weight Loss Center
WW
ww.com

ICON INTERNATIONAL, INC.
One East Weaver Street
Greenwich, CT 06831
Tel.: (203) 328-2300
Fax: (203) 328-2333
Web Site: www.icon-intl.com

Discipline: Media Buying & Planning

John Kramer *(Chief Executive Officer)*
Tom Bartholomew *(Executive Vice President & Director, Media & Fulfillment)*
John Matluck *(Executive Vice President & Managing Director, Sales)*
Edward McCarrick *(Executive Vice President, Account Management & Media Partnerships)*
Ed Gentner *(Senior Vice President & Director, National Broadcast)*
Kelly Emmert *(Senior Vice President & Director, Business Development)*
Pamela Tramontano *(Senior Vice President & Account Director)*
Paul Florio *(Vice President, Investment Partnerships)*
Brian Mieth *(Vice President, Business Development)*
Beth Oakes *(Vice President & Account Director)*
Scott Kushner *(Group Account Director)*
Patrick Leather *(Account Director)*
Jose Bello *(Director)*
Matthew Criscitelli *(Group Manager & Supervisor, Integrated Media)*
Amanda Pape *(Group Supervisor, National Broadcast)*
Dave Russo *(Media Buyer)*
Patty Copeland *(Senior Media Buyer)*
Karen Klein Schafran *(Senior Broadcast Negotiator)*
Alex Kotys *(Media Buyer)*
Mary Horton *(Senior Media Buyer)*
Christine Errichiello *(Investment Supervisor)*
Matthew Croutier *(Senior Media Buyer)*
Luis Salazar *(Media Buyer)*

Accounts:
Long John Silver's Restaurants, Inc.

ICON MEDIA DIRECT
5910 Lemona Avenue
Sherman Oaks, CA 91411
Tel.: (818) 995-6400
Fax: (800) 995-6405
Web Site: www.iconmediadirect.com

Year Founded: 2000

Discipline: Media Buying & Planning

Nancy Lazkani *(President & Chief Executive Officer)*
Jeff Bailes *(Executive Vice President, Client Services)*
Minnie Dimesa *(Executive Vice President, Advanced Media & Marketing)*
Stacy Karabuykov *(Vice President, Media Strategy & Planning)*
Jeff Lazkani *(Vice President, Business Development & Strategy)*
Sarah Arnett *(Vice President, Data Products & Business Intelligence)*
Carrie Bernards *(Vice President, Financial)*
Rebecka Rodriguez *(Director, Marketing Operations)*
Claudia Machuca *(Media Director)*
Don Cowser *(Media Director)*
Peter Akizian *(Account Director)*
Jon Fine *(Media Director)*
Pearl Kim *(Media Buyer)*
Rachael Rock *(Senior Media Buyer)*
Daryll Aguinaldo *(Media Buyer)*
Charisse Miller *(Account Manager)*
Raquel Tolmaire *(Account Manager)*
Alie Vahlkamp *(Media Planner)*

Accounts:
Apple Vacations
Chic Shaper
Iron Gym
Ontel Products Corporation
Proactiv Solution

476

MEDIA BUYING & PLANNING AGENCIES

AGENCIES - JULY, 2020

Space Bag
Swivel Sweeper
Turbo Snake
WellCare Health Plans

ID MEDIA
622 Third Avenue
New York, NY 10017
Tel.: (212) 907-7011
Fax: (212) 907-7290
Web Site: www.idmediaww.com

Employees: 130
Year Founded: 2002

Discipline: Media Buying & Planning

Lynn Fantom *(Co-Founder & Chairwoman Emeritus)*
Jessica Birk *(Senior Vice President & Account Director)*
Janet Budinich *(Associate Director, Media Investment)*
Thalia DiMarco *(Director, Media Investment)*
Lesley Limmer *(Director, Media Investment)*
Carly Roduit *(Supervisor, Media Investment)*
Jenna Stanton *(Director, Media Investment)*
Jen Harmon *(Manager, National Media Activation)*
Alexandra Knorr *(Senior Negotiator)*

Accounts:
ExxonMobil Corporation
GeoTrust, Inc.
Merck & Company, Inc.
Nationwide Insurance
Pearson Education
VeriSign, Inc.

ID MEDIA
444 North Michigan Avenue
Chicago, IL 60601
Tel.: (312) 799-4200
Fax: (312) 799-6950
Web Site: www.idmediaww.com

Employees: 30
Year Founded: 2001

Discipline: Media Buying & Planning

Megan Majchrowicz *(Account Director)*

ID MEDIA
5700 Wilshire Boulevard
Los Angeles, CA 90036
Web Site: www.idmediaww.com

Employees: 35

Discipline: Media Buying & Planning

Leila Kwong *(Vice President & Director, Media Account)*
Lisa Martin *(Account Supervisor)*

IGT MEDIA HOLDINGS
8395 Northeast Second Avenue
Miami, FL 33138
Tel.: (305) 573-2800
Fax: (305) 573-1410
Web Site: www.igtmh.com

Discipline: Media Buying & Planning

Ric Roth *(President & Owner)*
Karem Munsey *(Senior Media Planner & Buyer)*

Accounts:
Pollo Tropical, Inc.

IMAGINE IT! MEDIA, INC.
318 North Palm Canyon Drive
Palm Springs, CA 92262
Tel.: (760) 325-6998
Fax: (760) 325-6988
Web Site: www.imagineitmedia.net

Employees: 6
Year Founded: 2002

Discipline: Media Buying & Planning

Jeff Shotwell *(President & Creative Director)*
Scott Jones *(Vice President)*

INCREMENTAL MEDIA
2854 Merrick Road
Bellmore, NY 11710
Tel.: (516) 557-2000
Fax: (516) 557-2001
Toll Free: (516) 557-2000
Web Site: www.incrementalmedia.com

Discipline: Media Buying & Planning

Dave Smith *(Chief Executive Officer)*
Bob Fox *(Senior Vice President, Marketing & Media)*
Darren Fisher *(Vice President, Business Development)*
Jane Lefante *(Vice President, Operations)*
Barry Levitt *(Senior Media Buyer)*
JoAnna DeGennaro *(Senior Media Buyer)*
Nicole Hajko-Macchia *(Senior Media Buyer)*
Stephanie Schulman *(Senior Media Buyer)*
Danielle Donofrio *(Media Buyer)*
Jennifer Grego *(Senior Media Buyer)*

Accounts:
3-Day Blinds, Inc.

INITIATIVE
100 West 33rd Street
New York, NY 10001
Tel.: (212) 605-7000
Fax: (212) 605-7200
Web Site: www.initiativemedia.com

Employees: 300
Year Founded: 1975

Discipline: Media Buying & Planning

Amy Armstrong *(Chief Executive Officer - US)*
David Stopforth *(Chief Communications Design Officer)*
Hallie Johnston *(Chief Client Officer - US)*
Pele Cortizo-Burgess *(Chief Strategy Officer - US)*
Maureen Bosetti *(Chief Investment Officer)*
Mat Baxter *(Global Chief Executive Officer)*
Thor Peterson *(Chief Finance Officer - U.S.)*
Carolyn Dubi *(Senior Vice President & Director, Print)*
Alex Chan *(Senior Vice President & Group Director)*
Shannon Von Hassel *(Senior Vice President & Group Account Director)*
John Mossawir *(Senior Vice President & Managing Director, Analytics)*
Stephanie Jones *(Vice President & Account Director, Digital)*
Lindsay Placona *(Vice President & Digital Director)*
Rachel Schlanger *(Client Director, Investment)*
Beth Hederman *(Group Director, Client Advice & Management)*
Jason Gomez *(Director, Digital Partnerships)*
Deb Nanus *(Client Director, Strategy)*
Lauren Jacobson *(Group Director, Communications Design)*
Meredith Hertz *(Group Director, Partnerships)*
Jason Martinetti *(Director, Communications Design)*
Jenny Luo *(Associate Director, Communications Design)*
Thuy Pham *(Associate Media Director)*
Alison Zarecki *(Director, Communications Design)*
Tatyana Zagalskaya *(Associate Media Director, Digital Partnerships)*
Lindsey Lane *(Director, Communications Design)*
Brad Feather *(Director, Group Strategy)*
Jessica Reilly *(Associate Director, Strategy)*
Mariel Moscatello *(Group Director, Partnerships)*
Matthew Wing *(Director, Communications Design)*
Tamara Rabi *(Director, Client Advice & Management)*
Drew Ammirati *(Group Director, Analytics)*
Chris Howell *(Director, Digital Partnerships)*
Katie Sullivan *(Director, Digital Partnerships)*
Megan Doherty *(Director, Print Partnerships)*
Andre Gooden *(Associate Director)*
Jamie Chasin *(Associate Director, Digital Partnerships)*
Gina Morrone *(Associate Director, Video Partnerships)*
Billie Zito *(Group Director, Communication Design)*
Jennifer Iarossi *(Director)*
Soheb Hasan *(Director, Analytics)*
Chloe Roberts *(Director, Video Partnerships)*
Allison Rapps *(Director, Video Partnerships)*
Sara Cashman *(Director, Video Partnerships)*
Joseph Hamill *(Associate Director, Planning)*
Carrie Lindsay *(Group Director, Media Performance)*
Jeramey Rogers *(Director, Digital Partnerships)*
Patricia Meore *(Associate Director, Communications Design)*
Brendan VanDeventer *(Associate Director, Digital Partnerships)*
Miranda Grawehr *(Associate Director, Digital Partnerships)*
Amber Kozo *(Associate Director, Digital Partnerships)*
Jennifer Metzger *(Associate Director, Digital Partnerships)*
John Kenyon *(Associate Media Director, Digital Partnerships)*
Julie Paradis *(Director, Digital Investment)*
Tim Buckland *(Associate Director, Video Partnerships)*
Ashley Vincent *(Associate Director, Digital Partnerships)*
Andrea Reinhardt *(Associate Director, Communications Design)*
Jack Triolo *(Director, Finance Operations)*
Alex Siddall *(Group Director, Strategy)*
Caitlin Wroblewski *(Marketing Director)*
Matthew Creer *(Global Head, Growth)*
Ashley Baylis *(Associate Director)*
Elie Berkowitz *(Director, Operations)*
Nia Martin *(Associate Director, Client Advice & Management)*
Mark Thomas *(Director, Communications Design)*
Jenny Tucker *(Associate Director, Media Planning)*
Soren Godfrey *(Group Director, Partnerships)*
Dawn Young *(Director, Video Partnerships)*
Cristobal Valencia *(Group Director, Search & Social Partnerships)*
Joshua Mandell *(Associate Director, Media &

AGENCIES - JULY, 2020 — MEDIA BUYING & PLANNING AGENCIES

Communications Design)
Jon Sharpton (Director, Communications Design)
Lorraine Vigilia (Director, Communication Design)
Mary Hanley (Senior Director, Strategy)
Steve Hunsicker (Group Director, Client Advice & Management)
Daniel Vincent (Director, Video Partnerships)
McCall Ward (Associate Media Director)
Allison Brickman (Associate Director, Video Partnerships)
Ashley Bernot (Supervisor, Strategy)
Kelley Soto (Manager, Media Planning & Buying)
Latisha Martinez (Manager, Print Investment)
Christine Chen (Manager, Communication Design)
Alanna Slate (Manager, Communications Design)
Amarilis Lugo (Manager, Communications Design)
Audrey Marquardt (Negotiator, POC & Digital Investment)
Lindsay Gilfeather (Manager, Digital Partnerships)
Ashley Garbaccio (Manager, Digital Partnerships)
Lucy Enright (Manager, Digital Partnerships)
Isaiah Maxwell (Manager, Digital Partnerships)
Peyton Fleming (Senior Negotiator, Video Partnerships)
Sarah Parker (Manager, Digital Partnerships)
Kyle Rosa (Manager, Digital Partnerships)
Daniel DeRiso (Manager, Digital Investment)
Luke Cranor (Senior Negotiator, Digital Partnerships)
Jennifer Lang (Senior Negotiator)
Kendal Lambert (Communications Designer)
Christopher Michael (Negotiator, Local Partnerships)
Margaret Scalzo (Negotiator, Print & Digital Partnerships)
Alexa Greene (Manager, Communications Design)
Maryia Nikitsina (Negotiator, Digital Partnerships)
Patrick Jaramillo (Manager, Media Planning)
Sarah Feliciano (Media Planner)
Sarah Abdelhamid (Manager, Digital Partnerships)
Carly Pane (Negotiator, Digital Partnerships)
Sloane Casey (Negotiator, Digital Partnership)
Kathryn Harrington (Manager, Video Partnerships)
David Henderson (Manager, Analytics)
Emma Raftery (Senior Negotiator)
Caroline Diana (Negotiator, Digital Partnerships)
Alex Hancock (Manager, Communications Design)
Nicole Schwartz (Senior Negotiator)
Lorena Diaz (Manager, Communications Design)
Ryan Cupolo (Manager, Video Partnerships)
Devon Bottin (Negotiator, Digital Partnerships)
Kayla Eda (Negotiator, Video Partnerships)
Lawrence Wong (Senior Communications Designer, Strategy)
Bobbie Thorn (Senior Buyer, Video Partnerships)
Catlin Bowers (Associate Director, Digital Partnerships)
Lauren Perone (Negotiator, Digital Partnerships)
Lauren Kohl (Associate, Video Partnership)
Gina Albano (Associate, Digital Partnerships)
Camblin Leonard (Negotiator)
Gabriella Hagerman (Associate, Communications Design)
Ashley Weinstein (Associate, Media Planning)
Ashley Pickens (Associate, Digital Partnerships)
Alyssa Guida (Senior Negotiator, Video)
Natalie Klingher (Associate, Video

Partnerships)
Sena Baba (Associate, Digital Partnerships)
Saso Pirkovic (Digital Manager)
Ted Ellet (Managing Director, Client Advice & Management)
Pam Wong (Managing Director, Group Business Leader)
Linda Cronin (Executive Vice President & Managing Director)
Jonathan Vu (Global Managing Partner)
Dan Tighe (Executive Vice President & Managing Director)
Natalie Sheppard (Managing Director)
Randy Bixler (Executive Vice President & Managing Director)
Vilma Vale-Brennan (Managing Partner, Client Advice & Management)

Accounts:
7 Up
A&W
Ameriprise Financial Services, Inc.
Belsomra
Blistex
Blistex, Inc.
Canada Dry
Canada Goose, Inc.
Carl's Jr.
Carlsberg Group
Chuck Taylor All Star
CKE Restaurants, Inc.
Clamato
Converse, Inc.
Crush
DCT
Deep Renewal
Diet A&W Root Beer
Diet Dr Pepper
Dr Pepper
Dr Pepper Cherry
Dr Pepper Ten
Drixoral Products
Dulera
Dundee
FIFCO USA
Foille
Fruit Smoothies
Fujitsu General America, Inc.
Fuse
Gardasil
Genesee
Glysomed
Godiva Chocolate
Hardee's
Herbal Answer
IHOP
Ilvarest
Januvia
K-Duo
Kank-A
Keurig
Keurig Dr Pepper Inc.
Keurig Green Mountain Coffee, Inc.
Keurig K-Cafe
Keurig K-Cups
Keurig K-Mini
Keytruda
KPMG, LLP
L Brands
Labatt
Labatt Blue
Labatt Blue Light
LEGO
LEGO DUPLO
Lego Systems, Inc.
Liberty Mutual Automotive Insurance

Liberty Mutual Insurance Companies
Lip Medex
Medicated Lip Balm
Medicated Lip Ointment
Merck & Company, Inc.
MFS Investment Management
Mott's
Mr. & Mrs. T.
Nintendo
Nintendo of America, Inc.
Nintendo Switch
NuvaRing
Odor-Eaters
Raspberry Lemonade Blast
RotaTeq
S.C. Johnson & Son, Inc.
Schweppes
Seagram's Escapes
Silk & Shine
Snapple
Squirt
Straight Up Tea
Stri-dex
Teva Pharmaceuticals USA
The Boeing Company
The UPS Store, Inc.
Trader Joe's Company
UPS
Valvoline
Valvoline Inc.
Victoria's Secret
Whole Foods Market
Wii

INITIATIVE

5700 Wilshire Boulevard
Los Angeles, CA 90036
Tel.: (323) 370-8000
Web Site: www.initiativemedia.com

Employees: 250
Year Founded: 1975

Discipline: Media Buying & Planning

Liz Franks (Global Chief Operating Officer - Rufus/Amazon)
Tom Rothenberg (Global President - Rufus/Amazon)
Rich Kim (Senior Vice President & Group Director, Digital Media)
Leslie Crosby (Vice President & Director, Local Broadcast)
Elvin Kawasaki (Client Director, Digital Investment)
Anne Elkins (Head, Partnerships - Rufus/Amazon)
Katrina Perez (Group Director)
Kimber Muldrow (Associate Media Director)
Carly Haw (Group Director, Communications Design)
Jen-Jen Tsang (Group Director, Partnerships)
Veronica Brothwell (Director, Strategy)
Brad Stoner (Group Director, Communications Design)
Nicole Utterson (Director, Video Partnerships)
Colette Pardini (Associate Director)
Carolyn Dubi (Director, Print Investment)
Terrence Glover (Director, Analytics)
Nancy Ramos (Head of Entertainment - Amazon Prime Video & Original Movies)
Charisma Witt (Associate Director, Global Client Advice & Management)
Davi Kong (Associate Director, Digital Partnerships)
Sarah Robertson (Head, Rufus U.S)
Laura Jensen (Director, Marketing & Digital Partnership)

MEDIA BUYING & PLANNING AGENCIES
AGENCIES - JULY, 2020

Sandra Chae *(Associate Director - Rufus/Amazon)*
Dana Thomas *(Head, Integrated Planning)*
Jason Tennenbaum *(Associate Director, Digital Partnerships)*
Nancy Cauich *(Associate Director, Video Partnerships)*
Cassie May *(Director, Digital Partnerships)*
Brittany Mosley *(Director, Communications Design)*
Kumar Kanagasabapathy *(Head, US Strategy - Rufus/Amazon)*
Abigail Lee *(Director, Communications Design)*
Danielle Lance *(Supervisor, Media & Media Buyer)*
Chloe Shaouli *(Senior Designer, Communications)*
Kelly Wetmore *(Associate Director, Communications Design)*
Anie Antonian *(Associate Director, Digital Partnerships)*
Andrew Montemarano *(Manager, Communications Design)*
Sandy Giang *(Manager, Integrated Communications Design)*
Tania Penuela *(Senior Digital Media Planner)*
Samantha Katz *(Manager, Digital Partnerships)*
Brittany Tolentino *(Senior Negotiator, Video Partnerships)*
Rebecca Patel *(Manager, Promotions)*
Lauren Currie *(Manager, Amazon Digital Partnerships)*
Brian Thorn *(Negotiator, Digital Partnerships)*
Kristine Hofilena *(Manager, Digital Partnerships - Rufus/Amazon)*
Abigail Diaz *(Integrated Communications Designer)*
Ebru Altuner *(Manager, Integrated Planning)*
Kyle Reasor *(Senior Strategist)*
Shawn Bevan *(Associate Director, Communications Design - Media Planning)*
Courtney Cheng *(Specialist, Digital Investment)*
Blake Laufer *(Manager, Digital Partnerships)*
Jane Lu *(Communications Designer)*
Jeremiah Alavi *(Associate Media Director)*
Ashley Huang *(Negotiator, Digital Partnerships)*
Rooju Modi *(Associate, Digital Partnerships)*
Eduardo Villegas *(Associate, Video Partnerships - Rufus/Amazon)*
Natalie Alaverdian *(Communications Designer)*
Chelsea Kelson *(Senior Specialist, Local Investment)*
Robert Holtkamp *(Managing Director, Client Advice & Management)*
Anna Prendergast *(Managing Director - Rufus/Amazon)*
Natalie Holbrook *(Managing Director)*
Nina Dauphinais *(Senior Negotiator, Digital Partnerships - Amazon)*

Accounts:
Air Hogs
Amazon Echo
Amazon Fire
Amazon Prime
Amazon Studios
Amazon Web Services
Amazon.com, Inc.
AmazonWireless
Asics
Best Western Hotels & Resorts
Carl's Jr.
Cedars - Sinai Medical Center
DPReview
Fabric.com
Flutterbye Dolls
Goodreads
Grand Canyon University
Hardee's
Hatchimals
IHOP
Kindle
Korean Air Lines
MGM Grand Las Vegas
Nintendo of America, Inc.
Spin Master, Ltd.
Trader Joe's Company
Zoomer

INITIATIVE
444 North Michigan Avenue
Chicago, IL 60601
Tel.: (312) 799-4200
Fax: (312) 397-7842
Web Site: www.initiativemedia.com

Year Founded: 1975

Discipline: Media Buying & Planning

Tracy Kalfas *(Senior Vice President & Director, Local Broadcast)*
Caitlin Malone *(Vice President & Group Director, Analytics)*
Leah Grzyb *(Associate Director, Media)*
Kathleen Dailey *(Group Director, Client Advice & Management)*
Ann Belusko *(Director - Boeing)*
Ryan Short *(Associate Director, Client Advice & Management)*
Mary Hanley *(Senior Director, Operations)*
Jordan Corvallis *(Associate Director, Media)*
Aryn Terry *(Associate Director, Partnerships)*
Jerry Evers *(Media Director)*
Heather Foy *(Senior Supervisor)*
Maura Scott *(Negotiator, Digital Partnerships)*
Sandy Fox *(Negotiator, Local Partnerships)*
Angie Cook *(Managing Director)*
Susan Viti *(Managing Director & Head, Franchisees)*
Connor McDougal *(Senior Designer, Communications)*

Accounts:
Academy Sports & Outdoors, Ltd.
Beautyrest
Carl's Jr.
Hardee's
Serta Simmons Bedding LLC
The Boeing Company
The Dow Chemical Company

INITIATIVE
2305 Historic Decatur Road
San Diego, CA 92106
Tel.: (858) 677-2700
Fax: (619) 294-9636
Web Site: www.initiativemedia.com

Year Founded: 1975

Discipline: Media Buying & Planning

Randy Bixler *(Managing Director & Executive Vice President)*
Christina Hall *(Vice President & Account Director- Planning)*
Sheridan Brownell *(Assistant Planner, Digital)*
Jasmin De Rond *(Senior Media Strategist)*

Accounts:
Barona Casino
Best Western Hotels & Resorts
Jewel-Osco
Trader Joe's Company

INITIATIVE
10 Bay Street
Toronto, ON M5J 2R8
Tel.: (416) 933-5800
Fax: (416) 933-5864
Web Site: www.initiativemedia.com

Employees: 50
Year Founded: 1975

Discipline: Media Buying & Planning

Shannon Blair Pluem *(Vice President, Client Business & Partner)*
Ryan Van Dongen *(Vice President, Client Advice & Management)*
Megan Lubberts *(Director, Communications Design)*
Christine Knechtel *(Director, Communications Design)*
Uttara Das *(Director, Communication Design)*
Sabrina Sandhu *(Supervisor, Communications Design)*
Dave Kutner *(Supervisor, Communications Design)*
Rose Lee *(Senior Digital Manager)*

Accounts:
Fairmont Hotels & Resorts Inc.

INLINE MEDIA, INC.
1600 Stout Street
Denver, CO 80202
Tel.: (303) 893-4040
Fax: (303) 893-6718
Web Site: www.inlinemedia.com

Employees: 10

Discipline: Media Buying & Planning

Ilene Nathanson *(President)*
Ann Bremer *(Associate Media Director)*
Ashleigh Wiemer *(Associate Media Director)*

INNOCEAN USA
180 Fifth Street
Huntington Beach, CA 92602
Tel.: (714) 861-5200
Fax: (714) 861-5337
Web Site: www.innoceanusa.com

Year Founded: 2008

Discipline: Media Buying & Planning

Tim Murphy *(Chief Operating Officer)*
Steve Jun *(President & Chief Executive Officer)*
Eddie Austin *(Senior Vice President, Kia Media Planning)*
Ben Gogley *(Senior Vice President, Media Planning - Hyundai)*
Lester Perry *(Vice President & Group Account Director)*
Michael Dischinger *(Vice President & Group Brand Director - Wienerschnitzel)*
Barney Goldberg *(Vice President & Executive Creative Director)*
Jeff Bossin *(Vice President & Group Creative Director)*
Bob Rayburn *(Executive Creative Director)*
Sean Gilpin *(Vice President, Media Planning)*
David Wisely *(Vice President, Experiential)*
Michael Everard *(Vice President & Group Creative Director)*
Mike Braue *(Vice President & Group Brand Director)*
Andy Hsu *(Vice President & Group Creative Director, Digital)*
Julie Chattong *(Vice President & Director,

479

AGENCIES - JULY, 2020
MEDIA BUYING & PLANNING AGENCIES

Digital Production)
Nicolette Spencer *(Vice President & Head, Content Production)*
Rich Pass *(Vice President & Group Creative Director)*
Edgar Molina *(Digital Director)*
Kathy Garfield *(Director, Digital & Social Strategy)*
David Mesfin *(Associate Creative Director)*
Monica Pugliano *(Associate Director, Media Planning)*
Lori Martin *(Creative Director)*
Art Cole *(Experiential Design & Creative Director)*
Sabrina Sirhal *(Director, Hyundai Digital Strategy)*
Erica Kim *(Director, Performance Marketing & Brand)*
Chris DeNinno *(Director, Creative)*
Kristi Hornickel *(Director, Experiential)*
Fabian Biedermann *(Director, Digital)*
Brian Bittker *(Director, Product Information & Account Services)*
Brook Boley *(Art Director & Associate Creative Director)*
Chris Lynch *(Art Director, Creative & Associate Creative Director)*
Carrie Talick *(Associate Creative Director & Writer)*
Darin Schnitzer *(Director, Project Management)*
Joe Reynoso *(Associate Creative Director)*
Lisa Nichols *(Associate Director, Business Affairs)*
Scott Muckenthaler *(Creative Director)*
Scott Snyder *(Regional Account Director)*
Theresa Artaserse *(Director, Broadcast Traffic)*
Vanessa Volonte *(Art Director)*
Bryan Di Biagio *(Brand Director)*
Lizzie Salvatierra *(Director, Consolidated Media)*
Annie Liu *(Senior Brand Manager)*
Craig Schultz *(Manager, Digital Marketing - Kia)*
Matthew Hajimomen *(Manager, Product - Hyundai Automotive)*
Alison O'Neill *(Senior Manager, Brand & Supervisor, Account)*
Lori Dorr *(National Manager, Product Specialist Program)*
Lien Nguyen Crettenand *(Manager, Media - Hyundai Lifestyle National)*
Carolina Montenegro *(Senior Brand Manager, Retail)*
Jamie Fink *(Supervisor, Project Management)*
Kira Gilmore Linton *(Senior Producer)*
Lawrence Chow *(Product Manager)*
Laura Stephens *(Executive Producer)*
Suzanne Cheng *(Supervisor, Project Management)*
Shareen Cooper *(Supervisor, Community Management)*
Danny Huh *(Digital Producer)*
Brandon Poole *(Senior Copywriter)*
Mason Yang *(Associate, Brand)*
Mike Rehder *(Supervisor, Account)*

Accounts:
Hankook Tire America Corporation
Hyundai Accent
Hyundai Azera
Hyundai Elantra
Hyundai Elantra GT
Hyundai Equus
Hyundai Genesis
Hyundai Motor America
Hyundai Santa Fe
Hyundai Sonata
Hyundai Tucson
Hyundai Veloster
TaylorMade Golf Company, Inc.
The Finish Line, Inc.
The Habit Burger Grill
University of California Davis Medical Center
Wienerschnitzel

INNOVATIVE TRAVEL MARKETING
199 Baldwin Road
Parsippany, NJ 07054
Tel.: (973) 331-8171
Fax: (973) 331-8170
Web Site: www.innovativetravelmarketing.com

Year Founded: 1992

Discipline: Media Buying & Planning

Jody Merl *(President)*
Debbie Durso *(Vice President, Media Director)*
Michelle Walsh *(Associate Media Director)*

INTERSECT MEDIA SOLUTIONS
1025 Greenwood Boulevard
Lake Mary, FL 32746
Tel.: (321) 283-5255
Toll Free: (866) 404-5913
Web Site: www.intersectmediasolutions.com/

Year Founded: 1957

Discipline: Media Buying & Planning

Dean Ridings *(President & Chief Executive Officer)*
Jessica Pitts *(Vice President, Operations)*

IPG MEDIABRANDS
100 West 33rd Street
New York, NY 10001
Tel.: (646) 376-1850
Web Site: www.ipgmediabrands.com

Year Founded: 2007

Discipline: Media Buying & Planning

Guy Beach *(Global Chief Financial Officer)*
Arun Kumar *(Chief Data & Marketing Technology Officer)*
Denis Chikunov *(Associate Director, Paid Social - Estee Lauder)*

ITM NEWSPAPER MEDIA PLANNING & BUYING
199 Baldwin Road
Parsippany, NJ 07054
Tel.: (973) 331-8171
Fax: (973) 331-8170
Web Site: www.itmmediabuyingservices.com

Year Founded: 1992

Discipline: Media Buying & Planning

Kim Aiello *(Executive Vice President, Operations)*
Lisa Vigliotti *(Media Manager)*

J3
1400 Broadway
New York, NY 10018
Tel.: (917) 265-2700
Web Site: www.universalmccann.com

Discipline: Media Buying & Planning

Lara Miller Chin *(Vice President & Group Partner, Integrated Planning)*
Erin Quintana *(Executive Vice President & Client Managing Partner)*
Rose Carollo *(Partner, Integrated Planning - Beauty)*
Katelyn Tyrrell *(Vice President & Group Partner, Integrated Investment)*
Lauren Katz *(Partner, Integrated Planning)*
Andrea Cancro *(Executive Vice President & Client Managing Partner)*
Christine Potter *(Senior Vice President & Group Partner)*
Alison Herman *(Senior Vice President & Group Partner)*
Matthew Baker *(Senior Vice President & Client Business Partner)*
Danielle Vacatello *(Senior Vice President & Client Business Partner)*
Lisa Beshara *(Senior Vice President & Client Business Partner)*
Matt Smith *(Senior Vice President & Client Business Partner)*
Martin Bryan *(Vice President & Head, Strategy)*
Nora Colonero Wolfe *(Vice President & Group Partner)*
Courtney Vogelzang *(Partner & Vice President, Integrated Planning)*
Sarah Kadish *(Group Partner, Integrated Planning)*
Angel Chen *(Associate Director)*
Zhanna Bennett *(Associate Creative Director)*
Niki Schloss *(Director, Content)*
Bailey Smith *(Manager, Integrated Planning)*
Sona Potosyan *(Manager, Integrated Planning)*
Evan Pring *(Manager, Integrated Planning)*
Francesca Giordano *(Manager, J3 Shopper)*
Stormy Hernandez *(Manager, Broadcast Operations)*
Joan De Jesus *(Manager, Content)*

Accounts:
Acuvue
Aveeno
BABY.com
BabyCenter.com
Band-Aid
Band-Aid Hurt-Free Antiseptic Wash
Benadryl
BenGay
Benylin
Children's Benadryl
Children's Motrin
Children's Sudafed
Children's Tylenol
Children's Zyrtec
Clean & Clear
Concerta
Deep Clean
DESITIN
Imodium
Infant's Mylicon
Infant's Tylenol
Janssen Pharmaceuticals, Inc.
Janssen-Biotech, Inc.
Johnson & Johnson
Johnson & Johnson Family of Companies
Johnson's Baby
Johnson's Bedtime Bath
Johnson's Cotton Swabs
Johnson's Head-to-Toe Baby Wash
Johnson's Shampoo
Johnson's Soothing Vapor Baby Bath
Lactaid
LifeScan, Inc.

MEDIA BUYING & PLANNING AGENCIES

Listerine
Listerine Whitening Rinse
Listerine Zero
Lubriderm
Motrin
Mylanta
Neosporin
Neutrogena Corporation
Neutrogena Healthy Skin
Neutrogena Moisture Wrap
Neutrogena Oil-Free
Nizoral
OGX
OneTouch Ultra
OneTouch Ultra Blue
OneTouch Ultramini
Pepcid AC
Pepcid Complete
Polysporin
REACH
Rembrandt
RoC
Rogaine
Simponi
SkinClearing Moisturizer
Splenda
Sudafed
Tylenol
Visine
Vistakon
Xarelto
Zyrtec

JK DESIGN
465 Amwell Road
Hillsborough, NJ 08844
Tel.: (908) 428-4700
Fax: (908) 428-4701
Web Site: www.jkdesign.com

Year Founded: 1985

Discipline: Media Buying & Planning

Jerry Kaulius *(Owner, President & Creative Director)*
Martha Marchesi *(Chief Executive Officer)*
Mark Medeiros *(Executive Vice President & Creative Director)*
Barbara Kaulius *(Vice President)*
Michael Kalfus *(Vice President, Account Services)*
Joseph Jordan *(Creative Director)*
Christopher Holewski *(Associate Creative Director)*
Christopher Pierson *(Executive Group Creative Director)*
Jim Galligan *(Associate Creative Director)*
Joey Greenstein *(Creative Director)*
Nick Guido *(Associate Creative Director)*

JL MEDIA, INC.
1600 Route 22 East
Union, NJ 07083
Tel.: (908) 302-1285
Fax: (908) 810-4757
Web Site: www.jlmedia.com

Employees: 60
Year Founded: 1981

Discipline: Media Buying & Planning

Approx. Annual Billings: $250.00

Jerry Levy *(Chairman, President & Chief Executive Officer)*
Rich Russo *(Senior Vice President & Director, Account Services)*
Paula Brooks *(Senior Vice President & Director, Media)*
Susan Ringel *(Vice President, Client Services)*
Erin Giordano *(Associate Director, Media)*
Jackie Greenhaus *(Director, Digital Media)*
Chris Jendryka *(Director, Advertising Operations)*
Kristyn Getlik *(Account Services Director)*
Karin Suttmann *(Director, Strategic)*
Rich Reizovic *(Director, Print Media)*
Stacy Katz *(Account Manager)*
Ginamarie Buonomo *(Manager, Promotions)*
Sandra Torres *(Buyer - National DR Media)*
Donna DiStasi *(Account Coordinator)*
Glenn Dennis *(Managing Partner)*

Accounts:
Gordon Brothers Group, LLC
Lugz

JUMP 450 MEDIA
30 Vandam Street
New York, NY 10013
Tel.: (888) 717-2226
Web Site: www.jump450.com

Year Founded: 2016

Discipline: Media Buying & Planning

Mike McHale *(Chief Business Officer)*
Patrick Peters *(Chief Marketing Officer)*
Shaun Sheikh *(Chief Executive Officer)*
Chris Ivey *(President & Co-Founder)*
Andrew Fabbri *(Chief Operating Officer)*
Vin Curto *(Senior Media Manager - Google Team)*
Benjamin Sporn *(Managing Director, Google)*
Sean Thomas *(Managing Director, Growth)*

Accounts:
Monro, Inc.

JUNGLE MEDIA
33 Jefferson Avenue
Toronto, ON M6K 1Y4
Tel.: (416) 934-8408
Web Site: www.junglemedia.ca

Year Founded: 2010

Discipline: Media Buying & Planning

Sheri Metcalfe *(Senior Vice President, Planning & Co-Managing Director)*
Brock Leeson *(Vice President, Digital)*
Stuart Galloway *(Planning Director)*
Janet Xi *(Director, Planning)*
Derek Laurendeau *(Director, Connection Planning)*
Roberto Pardo *(Media Planner)*
Victoria Lapp *(Media Buyer)*

JUST MEDIA, INC.
6001 Shellmound Street
Emeryville, CA 94608
Tel.: (510) 740-2300
Fax: (510) 740-2301
Web Site: www.justmedia.com

Employees: 7
Year Founded: 1996

Discipline: Media Buying & Planning

Dick Reed *(Brand Champion)*
Brandon Friesen *(Chief Executive Officer)*
Joe Parente *(Chief Finance Officer)*
Jay Barden *(Associate Director, Media)*
Alan May *(Director, Media)*
Kristina Reile *(Director, Media Services)*
Carrie Cooney *(Associate Media Director)*
Frauke Cast *(Head, Business Operations)*
Brandon Parry *(Associate Director, Account Management)*
Kevin Flint *(Group Media Director)*
Patrick Fenton *(Media Director)*
Laia Cordova *(Senior Marketing Manager)*
James Abers *(Manager, Insights & Analytics)*
Christopher Becker *(Account Supervisor, Media)*
Dale Viger *(Account Manager, Media)*
Violet Repp *(Account Supervisor, Media)*

Accounts:
Atlas 10K
Citrix Systems, Inc.
Diamond Max
Fireball
Firefox
Fujitsu Computer Products of America, Inc.
Maxtor Corporation
One Touch
Seagate Technology, Inc.
SunPower Corporation
VMWare, Inc.

JUST MEDIA, INC.
1604 Nueces Street
Austin, TX 78701
Tel.: (512) 900-6457
Fax: (512) 900-5996
Web Site: www.justmedia.com

Year Founded: 1996

Discipline: Media Buying & Planning

Leslie Beightler *(Paid Social Media Manager)*
Nick Schenk *(Search Engine Marketing Manager)*
Jorrell Rodriguez *(Media Account Manager)*
Jarad Matula *(Social Media Manager)*
Tyler Tanton *(Search Engine Marketing Specialist)*

KAHN TRAVEL COMMUNICATIONS
77 North Centre Avenue
Rockville Center, NY 11570
Tel.: (516) 594-4100
Fax: (516) 594-4104
Web Site: www.ktcpr.com

Year Founded: 1988

Discipline: Media Buying & Planning

Richard Kahn *(President & Founder)*
Theresa Oakes *(Senior Account Supervisor)*
Josh Kahn *(Senior Account Executive)*

KATZ MEDIA GROUP
3500 Maple Avenue
Dallas, TX 75219
Tel.: (214) 525-2660
Fax: (214) 252-9782
Web Site: www.katzmedia.com

Discipline: Media Buying & Planning

Sheryl Hatsfield *(Vice President, Sales)*
Jessica Nemeth *(Project Manager)*
Clay Frenzel *(Account Executive)*

KATZ MEDIA GROUP, INC.
125 West 55th Street
New York, NY 10019

Brands. Marketers. Agencies. Search Less. Find More.
Try out the online version at www.winmo.com

AGENCIES - JULY, 2020 — MEDIA BUYING & PLANNING AGENCIES

Tel.: (212) 424-6000
Fax: (212) 424-6110
Web Site: www.katzmedia.com

Year Founded: 1888

Discipline: Media Buying & Planning

Mark Gray *(Chief Executive Officer)*
Craig Broitman *(Chief Operating Officer - Katz Television Group)*
Leo MacCourtney *(President, Katz Television Group)*
Joe Brewer *(President, Business Operations & Innovation - Katz Media Group)*
Christine Travaglini *(President, Katz Radio Group)*
Stacey Lynn Schulman *(Chief Marketing Officer)*
Scott Porretti *(Executive Vice President, Digital)*
Rich Raaf *(Senior Vice President)*
Bob Case *(Senior Vice President & Creative Director)*
David Krulewich *(Senior Vice President, Programmatic Sales)*
Shaunagh Guinness *(Senior Vice President, Station Solutions)*
Michael Lawless *(Vice President & Director, Advertising Sales Operations)*
Brock Davison *(Vice President, Sales)*
Jennifer Savage *(Director, Communications & Marketing)*
Nisha Lalchandan *(Human Resources Manager)*
Kimberly Browne *(Business Manager - Katz Radio Group)*

KELLY, SCOTT & MADISON, INC.
303 East Wacker Drive
Chicago, IL 60601-1150
Tel.: (312) 977-0772
Fax: (312) 977-0874
Web Site: www.ksmmedia.com

Employees: 92
Year Founded: 1966

Discipline: Media Buying & Planning

Joni Williams *(President)*
Jonathan Lichter *(Chief Strategy Officer & Partner)*
Sy Chaba *(Chief Investment Officer)*
David Warso *(Executive Vice President, Treasurer & Partner)*
Chad Maxwell *(Executive Vice President, Product & Growth)*
Mel Greve *(Senior Vice President & Broadcast Director)*
Elizabeth Amstutz *(Senior Vice President, Strategic Planning Insights & Operations & Director, Planning)*
Kay Wesolowski *(Senior Vice President, Strategy & Engagement)*
Henry Webster *(Senior Vice President & Director, Analytics & Insights)*
Mike Lewis *(Vice President & Group Media Director)*
Patty Brick *(Vice President & Group Media Director)*
Kieran Dunn *(Vice President, Growth)*
Elizabeth Kalmbach *(Vice President & Group Media Director)*
Ryan Stoer *(Director, Integrated Planning)*
Rachel Jenkins *(Director, Recruiting - Talent Engine)*
Sam Abrams *(Digital Associate Media Director)*

Megan Breidenbach *(Associate Director, Digital)*
Jon Christens *(Director, Communications)*
Erin Peters *(Associate Media Director)*
Caroline Alcock *(Associate Media Director)*
Whitney Teplitzky *(Associate Media Director)*
Tracy Bielenberg *(Director, Talent Acquisition)*
Alisa Li *(Group Broadcast Director)*
Amanda Moloney *(Director, Promotions)*
April Daniele *(Associate Director, Digital)*
Paul Eiselstein *(Associate Director, Integrated Planning)*
Erin Rotroff *(Promotions Supervisor)*
Margie Maricich *(Manager Media Relations & Services)*
Cindy Shekoski *(Broadcast Account Manager)*
MaryAlice Ficke *(Group Planning Supervisor)*
Sami Metovic *(Senior Media Planner)*
Josh Hilgendorf *(Media Supervisor)*
Sue Blumenthal *(Broadcast Supervisor & Senior Broadcast Supervisor)*
Roy Zorola *(Senior Planner)*
Brittnee Yawger *(Planning Supervisor)*
Cheryl Simon *(Senior Broadcast Negotiator)*
Elizabeth Lawal *(Broadcast Negotiator)*
Ashley Hutchings *(Supervisor, Media Platforms)*
Peyton Hofherr *(Media Planner)*
Kerry Howard *(Senior Media Planner)*
Lauren Kurash *(Media Planner & Digital Strategist)*
Clare Goodwin *(Programmatic Specialist)*
Alex Hallerberg *(Specialist, Audio & Video)*
Alexi Ilkka *(Programmatic Associate)*
Ryan Bracken *(Programmatic Associate)*
Molly Egan *(Specialist - Out-of-Home, Print & Digital)*
Renee Visage *(Senior Media Relations & Services Coordinator)*
Mackenzie O'Bannon *(Promotions Coordinator)*

Accounts:
Cayman Islands Department of Tourism
Davenport University
Gildan Activewear, Inc.
NorthShore University HealthSystem
Tanger Factory Outlet Centers, Inc.
The a2 Milk Company
The Libman Company
Tito's Handmade Vodka

KENNEDY COMMUNICATIONS
Nine Odana Court
Madison, WI 53719
Tel.: (608) 288-9000
Fax: (608) 288-9001
Web Site: www.kennedyc.com

Year Founded: 1983

Discipline: Media Buying & Planning

Erin DuCharme *(Director, Account Services)*
Caroline Bohler *(Interactive Coordinator)*

KING FISH MEDIA
900 Cummings Center
Beverly, MA 01915
Tel.: (978) 745-4140
Fax: (978) 745-4725
Web Site: www.kingfishmedia.com

Year Founded: 2001

Discipline: Media Buying & Planning

Cameron Brown *(President & Chief Executive Officer)*
Brittany Kee *(Account Director)*
Dante Lauria *(Senior Account Executive)*

KSM SOUTH
300 West Sixth Street
Austin, TX 78701
Tel.: (512) 579-4660
Web Site: www.ksmsouth.com

Year Founded: 2014

Discipline: Media Buying & Planning

Caleb Pinkerton *(Vice President, Strategy & Solutions)*
Kevin Kelly *(Vice President, Managing Director & Media Director)*
Brooke Bonnem *(Associate Media Director)*
Tara Ford *(Associate Director)*

Accounts:
Chuy's Restaurants
Whataburger, Inc.

LEWIS MEDIA PARTNERS
500 Libbie Avenue
Richmond, VA 23226
Tel.: (804) 741-7115
Fax: (804) 741-7118
Web Site: www.lewismediapartners.com

Discipline: Media Buying & Planning

Aurelia Lewis *(Owner & Chief Executive Officer)*
Beth Saunders *(Vice President & Director, Major Accounts)*
Jackie Niblock *(Director, Digital Marketing)*
Lea DiCredico *(Media Account Lead)*
Lisa Quisenberry *(Senior Channel Specialist, Broadcast)*
Christi Barbour *(Channel Manager - Display)*
Tori Stowers *(Senior Channel Specialist, Display)*
Tricia Watkins *(Senior Channel Manager - Display)*
Elizabeth Cochran *(Digital Performance Specialist)*

Accounts:
Washington Nationals

M&C SAATCHI LA
2034 Broadway
Santa Monica, CA 90404
Tel.: (310) 401-6070
Web Site: www.mcsaatchi.com

Employees: 4
Year Founded: 1995

Discipline: Media Buying & Planning

Kate Bristow *(Partner & Chief Strategy Officer)*
Maria Smith *(Partner & Chief Creative Officer)*
Kristyn Dunlap *(Interim Head, Client Services)*
Stephen Reidmiller *(Associate Creative Director)*
Jeremiah Knight *(Executive Director, Digital)*
Rebecca McGough *(Partner & Managing Director)*

Accounts:
City National Bank
Epson America, Inc.
J. Paul Getty Trust
Pacific Life
ROK Brands
Sacramento Kings
UGG

M/SIX
72 Spring Street

482

MEDIA BUYING & PLANNING AGENCIES
AGENCIES - JULY, 2020

New York, NY 10012
Tel.: (646) 751-4602
Web Site: www.msixagencyna.com

Year Founded: 2008

Discipline: Media Buying & Planning

Alan Trinkle *(President)*
Ray Romero *(Chief Operations & Technology Officer - North America)*
Tara Cioffi *(Managing Partner, Group Planning Director)*
Stephen Shoemaker *(Associate Media Director)*
Rebecca Conrad *(Performance Network Associate Director)*
Joanna Auerbach-Rodriguez *(Media Director)*
Jonathan Molina *(Associate Director, Paid Social)*
Michael Fiola *(Research Director)*
James Chanter *(Senior Partner & Director)*
Justin Ho *(Associate Media Director)*
Tina Qu *(Director, Performance Network)*
Joseph Watson, Jr. *(Programmatic Manager)*
Sarah Rothschild *(Manager, Media)*
Joscelyn Bivins *(Senior Associate, Digital Investment)*
Edgardo Ferrufino *(Google Multicultural Search - GroupM)*
Sanjay Singh *(Senior Planning Associate)*
Steve Morin *(Senior Associate, Digital Investment)*
Keri Drengler *(Managing Director)*

Accounts:
blu eCigs
BNY Melon
Carlsberg
David Yurman, Inc.
EA Games
EA Sports
EA.com
Electronic Arts, Inc.
Hitachi America, Ltd.
John Hancock Financial Services, Inc.
Kronenbourg
Regions Bank
Regions Financial Corporation
Wall Street Journal
Whitney Museum of American Art

M/SIX
99 Spadina Avenue
Toronto, ON M5V 3P8
Tel.: (416) 886-5699
Web Site: www.msixagencyna.com

Discipline: Media Buying & Planning

Elizabeth Lem *(Head, Strategy)*
Anthony Nowak *(Investment Manager)*
Hiran Krishnalingam *(Account Manager)*
Ashika Mahajan *(Analyst, Digital Data)*

Accounts:
Volvo Cars Canada

MACKINNON CALDERWOOD ADVERTISING
1555 Dundas Street, West
Mississauga, ON L5C 1E3
Tel.: (905) 270-0505
Fax: (905) 804-1623
Web Site: www.mackinnoncalderwood.com

Employees: 6
Year Founded: 1994

Discipline: Media Buying & Planning

Steven MacKinnon *(President)*
Sylvia Prentice *(Partner)*

MAGNA GLOBAL
100 West 33rd Street
New York, NY 10001
Tel.: (212) 883-3700
Fax: (917) 542-7022
Web Site: www.magnaglobal.com

Employees: 5
Year Founded: 2001

Discipline: Media Buying & Planning

Brian Hughes *(Executive Vice President, Audience Intelligence & Strategy)*
Vincent Letang *(Executive Vice President, Global Market Intelligence)*
Allison Kallish *(Executive Vice President, Strategic Investment)*
Vincent Paolozzi *(Executive Vice President, Innovation)*
Jenny Lang *(Senior Vice President, Digital Innovation & Strategy)*
Kara Manatt *(Senior Vice President, Intelligence Solutions & Strategy)*
Michelle Aragon *(Senior Vice President, Business Solutions)*
Lauren Bernard *(Vice President, Digital Innovation & Strategy)*
Jean Fitzpatrick *(Vice President, Marketplace Development)*
Victoria Shaul *(Director, Publisher Strategy)*

MAKIARIS MEDIA SERVICES
101 Center Point Drive
Middletown, CT 06457
Tel.: (860) 854-6380
Fax: (860) 632-1294
Web Site: www.makiarismedia.com

Discipline: Media Buying & Planning

Irene Makiaris *(Owner & Chief Executive Officer)*
Donna Staples *(President)*

Accounts:
Connecticut Lottery Corporation
University of Connecticut

MARKETSMITH, INC
Two Wing Drive
Cedar Knolls, NJ 07927
Tel.: (973) 889-0006
Fax: (973) 889-5429
Web Site: www.marketsmithinc.com

Year Founded: 1999

Discipline: Media Buying & Planning

Monica Smith *(Founder & Chief Executive Officer)*
Carina Pologruto *(Chief Innovation Officer)*
Larry Durst *(Senior Vice President & Executive Creative Director)*
Gina Callan *(Senior Vice President & Media Director)*
Michelle Abate *(Vice President, Client Services)*
Kaming Liu *(Senior Art Director & Creative Studio Manager)*
Vince Sia *(Senior Art Director)*
David Le *(Senior Specialist, Media Operations)*
Gina Partite *(Account Supervisor)*
Melissa Holm *(Media Buyer)*
Julia Hecht *(Media Coordinator)*

Accounts:
Fiberon
La Perla
Naturalizer
New Jersey State Lottery Commission
Public Service Enterprise Group, Inc.
The Museum of Modern Art
Widex USA
Windex

MASSMEDIA, INC.
67 Walnut Hill Road
Newton, MA 02459
Tel.: (617) 964-1098
Toll Free: (800) 345-9095
Web Site: www.massmedia.net

Employees: 2
Year Founded: 1991

Discipline: Media Buying & Planning

Charles Shapiro *(President & Chief Executive Officer)*
Debra Shapiro *(Executive Vice President & Creative Director)*

MAYOSEITZ MEDIA
751 Arbor Way
Blue Bell, PA 19422
Tel.: (215) 641-8700
Fax: (215) 641-8712
Web Site: www.mayoseitzmedia.com

Employees: 42
Year Founded: 1997

Discipline: Media Buying & Planning

Mary Tyrrell *(Executive Vice President & Director, Media Strategy)*
Adam Yansick *(Senior Vice President & Director, Media Strategy & Analytics)*
Andrew DelQuadro *(Vice President, Digital Media)*
Jessica Rosenthal *(Vice President & Director, Broadcasting)*
Lisa Stormont *(Supervisor, Media Strategy)*
Caitlin Walsh *(Supervisor, Media Strategy)*
Janelle Brady *(Supervisor, Media Strategy)*
Lauren Angelini *(Senior Strategist, Media)*
Lisa Volpe *(Manager, Human Resource)*
Samantha Hall *(Supervisor)*
Jason Lamoreaux *(Digital Specialist, New Business & Projects)*
Jon Bryant *(Senior Media Strategist)*
Nicholas LaRosa *(Junior Associate, Advertising Operations)*
Meghan Rockafellow *(Senior Media Buyer)*
Craig Doyle *(Associate, Digital Advertising Operations)*
Vasiliki Katsifis *(Media Specialist)*
Kyle Dennis *(Senior Media Strategist)*
Ashley Mauceri *(Senior Media Strategist)*
Nicole Convery *(Media Specialist)*
Ray Mayo *(Co-Founder & Managing Director)*
Jon Seitz *(Co-Founder & Managing Director)*

Accounts:
Museum of the American Revolution
Philadelphia Phillies
Sunoco, Inc.
Trex Company, Inc.
Visit Philadelphia

Brands. Marketers. Agencies. Search Less. Find More.
Try out the online version at www.winmo.com

AGENCIES - JULY, 2020 — MEDIA BUYING & PLANNING AGENCIES

MBUY
120 South Riverside Plaza
Chicago, IL 60606
Tel.: (312) 676-4646
Web Site: www.mbuy.com

Year Founded: 2006

Discipline: Media Buying & Planning

Mike Parent *(Senior Vice President, Media Strategy & Operations)*
Emily Pennington *(Associate Media Director)*
Katie Stadius *(Associate Account Director)*
Andra Bradley *(Group Media Director)*
Oliver Harper *(Media Supervisor)*
Susan Shankman *(Sales Director)*
Kristy King *(Vice President, Client Relations - West Coast)*
Rachel Stone *(Senior Director, Client Partnerships - East)*
Diana Klonaris *(Cross Channel Manager)*
Helen Wagner *(Senior Analyst)*

Accounts:
Los Angeles Tourism & Convention Board
Primrose School Franchising Company
University of Southern California

MCILROY & KING
688 Richmond Street West
Toronto, ON M6J 1C5
Tel.: (416) 516-5969
Fax: (416) 203-6494
Web Site: www.mediajewels.ca

Year Founded: 2001

Discipline: Media Buying & Planning

Julie McIlroy *(Partner)*
Julie King *(Principal)*

Accounts:
Harry Rosen, Inc.

MCMILLAN
541 Sussex Drive
Ottawa, ON K1N 6Z6
Tel.: (613) 789-1234
Fax: (613) 789-2255
Web Site: www.mcmillan.com

Employees: 40
Year Founded: 1996

Discipline: Media Buying & Planning

Gordon McMillan *(Chief Development Officer)*
Rob Hyams *(Chief Creative Officer)*
Theresa Forman *(President)*
Dawn Skye *(Vice President, Operations)*
Jason Redmond *(Digital Operations Manager)*

Accounts:
CommVault Systems, Inc.

MDG ADVERTISING
3500 North West Boca Raton Boulevard
Boca Raton, FL 33431
Tel.: (561) 338-7797
Web Site: www.mdgadvertising.com/

Year Founded: 1999

Discipline: Media Buying & Planning

Michael Del Gigante *(President & Creative Director)*
Joanne Del Gigante *(Vice President & Chief Financial Officer)*
Anthony Del Gigante *(Director)*
Jessica Fear *(Senior Account Director)*
John Olson *(Director, Client Services)*
Phillip Crowe *(Director, Social Media)*
Timothy Alexander *(Director, Digital Operations)*
Eric Norstrom *(Director, Digital Operations)*
Karen Bleier *(Media Director)*
Olsen Almeida *(Senior Art Director)*
Schuyler Meder *(Production Manager)*
Alyx Sachs *(Email Marketing Manager)*

MEDIA ALLEGORY
711 Third Avenue
New York, NY 10017
Tel.: (212) 500-6900
Web Site: www.media-allegory.com/

Year Founded: 2016

Discipline: Media Buying & Planning

James O'Neill *(Vice President, Interactive Media)*

MEDIA ASSEMBLY
711 Third Avenue
New York, NY 10017
Tel.: (212) 500-6900
Fax: (212) 500-6880
Web Site: www.media-assembly.com

Employees: 40
Year Founded: 2002

Discipline: Media Buying & Planning

Steven Farella *(Chairman)*
Catherine Warburton *(Chief Investment Officer)*
Michael Day *(Chief Financial Officer)*
Steven Feuling *(President, West)*
Michael Nicholas *(Chief Digital Officer)*
Lynn Harris *(Senior Vice President, Human Resources)*
Linda Platt *(Senior Vice President & Group Director)*
Colleen Durkin *(Senior Vice President & Group Director, National Video Investment)*
Kevin Tarpey *(Senior Vice President, Integrated Communications Group Director)*
Maryann Thompson *(Vice President & Media Buyer)*
Christine Sheehan *(Vice President & Integrated Communications Group Director)*
Laura Kollappallil *(Vice President & Director, Local Video & Audio Investment)*
Debbie Waxler *(Vice President, Associate Media Director & Broadcast - SPOT)*
Kristen Gedney *(Vice President & Search Director)*
Mallory Rogers *(Vice President & Director, Integrated Communications)*
Semhar Amdemichael *(Vice President, Programmatic)*
Arie Hefter *(Vice President, Brand Strategy & Innovation)*
Andrew Norton *(Vice President & Associate Media Director)*
Michelle McNeill *(Vice President, Social Strategy)*
Pamela Jackson *(Vice President & Account Director)*
Will Flohr *(Director, Integrated Communications)*
Lance Demonteiro *(Associate Director, Digital Strategy & Acquisition)*
Selena Steiner *(Associate Media Director)*
Rich Cacciato *(Associate Media Director)*
Christine Shen *(Associate Director)*
Robert Shimasaki *(Director, Integrated Communications)*
James Rose *(Director, Digital)*
Shir Samari *(Director, Social)*
Simone Totaram *(Director, Digital Strategy)*
Brianna Lynch *(Media Supervisor)*
Payel Banerjee *(Manager, Product & Data Strategy)*
Amy Carpiniello *(Senior Media Buyer)*

Accounts:
Arena Pharmaceuticals, Inc.
BELVIQ (licensed by Arena)
BELVIQ (licensed to Eisai)
Cancer Treatment Centers of America
E*TRADE Bank
Edmunds.com
Food Lion, Inc.
Guggenheim Investments
Janus Henderson
Lincoln Financial Group
Osram Sylvania
Pulte Homes
PulteGroup, Inc.
Sylvania Silverstar Ultra High Headlights
Timberland
Touchstone Energy Cooperative
Truth
UniGroup, Inc.
WordPress

MEDIA ASSEMBLY
1999 Avenue of the Stars
Century City, CA 90067
Tel.: (424) 260-4600
Web Site: www.media-assembly.com

Year Founded: 2014

Discipline: Media Buying & Planning

Michael Bernardoni *(Executive Vice President, Business Intelligence & Strategic Performance)*
Ellen Griffith *(Director, Programmatic)*
Emily Pelta *(Associate Director, Integrated Communications)*
Michael Dolunt *(Integrated Media Supervisor)*
Ana Otero *(Assistant Media Planner)*

Accounts:
Belkin International, Inc.
Dave & Buster's
Dave & Buster's
E*TRADE Bank
Los Angeles Rams
Transamerica Corporation
WeMo

MEDIA BRIDGE ADVERTISING
212 Third Avenue North
Minneapolis, MN 55401
Tel.: (612) 353-6077
Web Site: mediabridgeadvertising.com

Year Founded: 2010

Discipline: Media Buying & Planning

Tracy Call *(Owner)*
Toni Dandrea *(Vice President, Marketing)*
Maria Hileman *(Creative Director)*
Alexander Rollins *(Director, Production)*
Giselle Ugarte *(Director, Marketing)*
Jessica Birkholz *(Director, Media)*
Nate Reinhart *(Marketing Manager)*
Holly Davies *(Manager, Digital Content)*

484

MEDIA BUYING & PLANNING AGENCIES
AGENCIES - JULY, 2020

Jon Vogel *(Graphic Designer)*
Crystal Klein *(Assistant Media Buyer)*
Justin Malecha *(Digital Media Strategist)*

MEDIA BROKERS INTERNATIONAL
555 Northpoint Center East
Alpharetta, GA 30022
Mailing Address:
11175 Cicero Drive
Alpharetta, GA 30022
Tel.: (678) 514-6200
Fax: (678) 514-6299
Web Site: www.media-brokers.com

Employees: 40
Year Founded: 1991

Discipline: Media Buying & Planning

Ben Johnston *(President & Chief Executive Officer)*
Howard Steuer *(Executive Vice President)*
Marina Stacy *(Executive Vice President, Media & Digital Specialist)*
Tracey Stack *(Executive Vice President)*
Katey Byrne *(Executive Vice President & Media Director)*
Tara Oporto *(Executive Vice President & Media Director)*
Joy Cantilo *(Vice President & Director, Media)*
Shane Miller *(Vice President, Media)*
Lisa Busman *(Vice President & Media Director)*
Ted Seckinger *(Vice President, Media)*
Charles Marcus *(Director, Information Technology)*
Shawn Gant *(Director, Marketing)*
Zack Strayer *(Media Director, Newspaper & Direct Mail)*
Dawn Hill *(Director, Media)*
Kristen Orenstein *(Manager, Account)*

Accounts:
Bed Bath & Beyond
Belgard
Blue Rhino Corporation
Bona USA, Inc.
Honda Power Equipment
Old Orchard
Old Orchard Brands, Inc.
Oldcastle Architectural, Inc.
RaceTrac Petroleum, Inc.
TOTO, USA

MEDIA BUYING SERVICES, INC.
4545 East Shea Boulevard
Phoenix, AZ 85028
Tel.: (602) 996-2232
Toll Free: (888) 996-2232
Web Site: www.mediabuyingservices.com

Discipline: Media Buying & Planning

Kathy Munson *(Chief Executive Officer)*
Chuck Munson *(Chief Operating Officer & Chief Financial Officer)*
Laura Gastelum *(Senior Media Planner & Buyer)*
Cheri Moreno *(Senior Media Planner & Buyer)*
Heather Papp *(Senior Media Planner & Buyer)*

Accounts:
Arizona Public Service

MEDIA CONNECT
301 East 57th Street
New York, NY 10022
Tel.: (212) 593-5820
Fax: (212) 715-1664
Web Site: www.media-connect.com/

Year Founded: 1962

Discipline: Media Buying & Planning

Brian Feinblum *(Chief Marketing Officer & Senior Vice President)*
David Hahn *(Senior Partner)*
Kristin Clifford *(Partner, Senior Vice President & Director - MC Satellite TV)*

MEDIA COUNSELORS, LLC
7700 North Kendall Drive
Miami, FL 33156
Tel.: (305) 596-2806
Web Site: www.mediacounselors.com

Year Founded: 1984

Discipline: Media Buying & Planning

Melanie Bradshaw *(Director, Client & Media Services)*
Judy Kaplan *(Director, Media)*
Saskia Palts *(Manager, Client & Media Services)*

MEDIA DESIGN GROUP, LLC
1964 Westwood Boulevard
Los Angeles, CA 90025
Tel.: (310) 584-9720
Fax: (310) 584-9725
Web Site: www.mediadesigngroup.com

Year Founded: 2008

Discipline: Media Buying & Planning

Stacy Durand *(Chief Executive Officer)*
Ben Zimmerman *(President)*
Bernadette Abasta *(Vice President, Client Service)*

Accounts:
Grammarly, Inc
Metlife.com

MEDIA DIMENSIONS LIMITED
366 Adelaide Street East
Toronto, ON M5A 3X9
Tel.: (416) 861-1969
Fax: (416) 861-9981
Web Site: www.mdl.bz

Employees: 10
Year Founded: 1973

Discipline: Media Buying & Planning

Eric Orticello *(President)*
Lance Moreton *(Media Director)*
Bob Oates *(Media Supervisor)*
Avery Benmergui *(Media Planner & Buyer)*
Alexis Kelly *(Office Administrator)*

Accounts:
Petro-Canada

MEDIA EXPERTS
7236 Marconi Street
Montreal, QC H2R 2Z5
Tel.: (514) 844-5050
Fax: (514) 844-1739
Web Site: www.mediaexperts.com

Employees: 43
Year Founded: 1981

Discipline: Media Buying & Planning

Mark Sherman *(Founder & Chief Executive Officer)*
Lisa DiMarco *(Chief Operating Officer)*
Flavia D'Orazio *(Senior Vice President, Customer Services)*
Karel Wegert *(Senior Vice President, Digital Solutions)*
Vasso Fragos *(Vice President, Finance)*
Mary Federici *(Director, Broadcast Solutions)*
Audrey Desautels *(Senior Buyer, Media Systems - Design)*

Accounts:
Addition Elle
La Senza
La Senza Girl
Penningtons
Reitmans (Canada) Limited
RW&Co
Smart Set
Thyme Maternity

MEDIA EXPERTS
200 Wellington Street West
Toronto, ON M5V 3C7
Tel.: (416) 597-0707
Fax: (416) 597-9927
Web Site: www.mediaexperts.com

Employees: 17
Year Founded: 1981

Discipline: Media Buying & Planning

Carol Cummings *(Director, Broadcast Solutions)*
Eleanor Bothwell *(Director, Digital Systems)*
Kareem Boulos *(Managing Director, Customer Service & Media Planning)*
Meghan Kennedy *(Digital Supervisor)*
Charmaine Turner *(Media Supervisor)*
Johari Williams *(Senior Account Planner)*

Accounts:
Best Buy Canada, Ltd.
Intact Financial Corporation
New York Fries
Rethink Breast Cancer
WestJet Airlines, Ltd.

MEDIA MATTERS SF
75 Broadway Street
San Francisco, CA 94111
Tel.: (415) 524-2207
Web Site: www.mediamattersww.com

Year Founded: 2005

Discipline: Media Buying & Planning

Ricky Kovac *(Vice President, Technology & Growth)*
Kim Chrystie *(Senior Director, Strategy)*
Taji Zaminasli *(Managing Partner)*
Josy Amann *(Managing Partner)*

MEDIA PARTNERS WORLDWIDE
133 The Promenade North
Long Beach, CA 90802
Tel.: (562) 439-3900
Fax: (562) 439-3954
Web Site: www.mediapartnersworldwide.co

Year Founded: 1996

Discipline: Media Buying & Planning

Natalie Hale *(Founder & Chief Executive*

485

AGENCIES - JULY, 2020 — MEDIA BUYING & PLANNING AGENCIES

Officer)
Lissie Perkins *(Director, Client Services)*
Mitchell Chedester *(Director, Media)*

MEDIA PARTNERS, INC.
4020 Barrett Drive
Raleigh, NC 27609
Tel.: (919) 781-0433
Fax: (919) 781-0546
Web Site: www.mediapartners-inc.com

Year Founded: 2000

Discipline: Media Buying & Planning

Nancy Bono *(Partner)*
Sal Conino *(Partner)*
Tim McKay *(Director, Client Services)*
Rachel Vincent *(Media Director)*
Betty Zaring *(Director, Account Services)*
Jennifer Rosen *(Senior Media Speciatlist)*
Lori Carter *(Manager, Media Services)*
Michelle Badhorn-Hall *(Sales Manager)*
Chelsey Austin *(Manager, Creative Services)*
Nina Porter *(Business Development)*

MEDIA PLUS, INC.
160 Roy Street
Seattle, WA 98109
Tel.: (206) 282-5677
Fax: (206) 284-4862
Web Site: www.mediaplussea.com

Year Founded: 1983

Discipline: Media Buying & Planning

Mary Ann Grajek *(Managing Partner)*
Lauren Ramaska *(Managing Partner)*
Katrina Stroh *(Associate Director, Media Strategy)*

Accounts:
Ben Bridge Jewelry Store

MEDIA POWER ADVERTISING
18047 West Catawba Avenue
Cornelius, NC 28031
Tel.: (704) 567-1000
Fax: (704) 567-8193
Web Site: www.mediapoweradvertising.com

Discipline: Media Buying & Planning

Barbara Goldstein *(Chief Executive Officer)*
Don Irons Jr. *(Operations Manager)*

MEDIA SOLUTIONS
707 Commons Drive
Sacramento, CA 95825
Tel.: (916) 648-9999
Web Site: www.mediasol.com

Employees: 12
Year Founded: 1991

Discipline: Media Buying & Planning

Cynthia Metler *(Founder, Partner & Vice President)*
Kelly Wheeler *(Media Director)*
Anna Schweissinger *(Senior Account Executive)*

MEDIA STORM
99 Washington Street
Norwalk, CT 06854
Tel.: (203) 852-8001
Fax: (203) 852-0746
Web Site: www.mediastorm.biz

Employees: 3
Year Founded: 2001

Discipline: Media Buying & Planning

Craig Woerz *(Managing Partner)*
John Thomas *(Director, Digital Media)*
Danielle Murphy *(Director, Strategic Planning)*
Jayde Levesque *(Director, Integrated Media)*
Donna Edwards *(Group Manager, Broadcast)*
Giovanna Lorch *(Group Manager, National Broadcast)*
Brionne Ram-Singh *(Director, Digital Investment)*
Bryan White *(Broadcast Group Manager)*
Jamie Melecio *(Managing Director)*
Chad Urice *(Executive Director, Analytics & Activation)*

Accounts:
Big Lots, Inc.
Celebrity Cruises
E. W. Scripps Company
Food Network
Kobrand Corporation
Sundance Channel

MEDIA STORM
160 Varick Street
New York, NY 10013
Tel.: (212) 941-4470
Web Site: www.mediastorm.biz

Year Founded: 2001

Discipline: Media Buying & Planning

Tim Williams *(Co-Founder & Co-Owner)*
Lindsey Corbetta *(Group Director)*
Jill Grant *(Director, Finance & Accounting)*
Suzanne Jacober *(Head, Business Development)*
David Rubinsky *(Associate Media Director)*
Megan Curran *(Group Director, Strategic Planning)*
John Thomas *(Group Director, Media)*
Steven Piluso *(Executive Director & Head, Media & Integration)*
Krista Jansen *(Director, Digital Media)*
Cheryl Stewart *(Senior Strategic Planner)*
Kate Nissen *(Manager, Broadcast Group)*
Marcy Sackett *(Manager, Broadcast Group)*
Katie London *(Senior Broadcast Buyer)*
Julia Horwitz *(Media Planning Supervisor)*
Elaina Milici *(Senior Strategic Planner)*
Alexis Espinell *(Digital Supervisor)*
Panjun Li *(Data Analyst)*
June Liu *(Digital Media Planner)*
Keven Neira *(Senior Programmatic Planner)*
Christina Dorado *(Associate Integrated Media Planner)*
Erin Richards *(Managing Director, Ninety9X)*

Accounts:
Ben Hogan
Celebrity Cruises
Cubavera
Jantzen
Memorial Sloan-Kettering Cancer Center
MLB Network
Mohegan Sun
Original Penguin
Perry Ellis America
Phillips 66 Lubricants
Smoothie King Franchises, Inc.
Sundance Channel

MEDIA STORM
12655 West Jefferson Boulevard
Los Angeles, CA 90066
Tel.: (310) 234-3555
Toll Free: (212) 941-4470
Web Site: www.mediastorm.biz

Year Founded: 2001

Discipline: Media Buying & Planning

Kim Vitale *(Director, Strategic Planning)*
Genevieve Chong *(Media Buyer - National TV & Radio)*
Jill Rosenbaum *(Managing Director - West Coast)*
Lisa Moriwaki *(Managing Director, Digital)*

Accounts:
76 Gasoline

MEDIA TWO INTERACTIVE
112 South Blount Street
Raleigh , NC 27601
Tel.: (919) 553-1246
Toll Free: (877) 553-1246
Web Site: www.mediatwo.net

Year Founded: 1998

Discipline: Media Buying & Planning

Michael Hubbard *(Chief Executive Officer)*
Seth Hargrave *(Vice President, Strategy & Operations)*
Trey Dickert *(Media Director)*
Charlotte Mercer *(Associate Director, Strategy)*
Melissa Ilardi *(Senior Digital Strategist)*

Accounts:
American Institute of CPAs
Frontier Communications
Genworth Financial, Inc.
GLOCK, Inc.
Nebraska Furniture Mart, Inc.
SOG Specialty Knives & Tools, LLC
University of North Carolina at Chapel Hill
VectorVest, Inc.

MEDIA WORKS, LTD.
1425 Clarkview Road
Baltimore, MD 21209
Tel.: (443) 470-4400
Fax: (410) 356-6410
Web Site: www.medialtd.com

Discipline: Media Buying & Planning

Jody Berg *(Founder & Chief Executive Officer)*
Michele Selby *(President)*
Amy Wisner *(Executive Vice President)*
Cheryl Rogers *(Vice President, Digital)*
Jennifer Pupshis *(Account Manager)*
Tami Frey *(Account Supervisor)*
Julie Padden *(Media Planner & Buyer)*

Accounts:
Berkshire Hathaway Automotive
National Aquarium in Baltimore, Inc.

MEDIACOM
12180 Millennium Drive
Playa Vista, CA 90094
Tel.: (310) 309-8210
Web Site: www.mediacomusa.com

Employees: 100
Year Founded: 1995

Discipline: Media Buying & Planning

Brands. Marketers. Agencies. Search Less. Find More.
Try out the online version at www.winmo.com

MEDIA BUYING & PLANNING AGENCIES

Seow Leng Porter *(Managing Partner)*
Daniel Mendez *(Associate Account Director)*
Beverly Rivera *(Account Director)*
Nick Cardoso *(Associate Director, Ad Operations)*
Neal Lucey *(Senior Partner & Group Account Director)*
Jennifer Santos *(Associate Director, Media)*
Michael Yip *(Associate Media Director)*
Emma Rogers *(Associate Media Director)*
Jerry Chiu *(Associate Director, Paid Social - PlayStation)*
Jeffrey Harrison *(Assistant Media Planner)*
Benjamin Suchin *(Senior Search Associate)*
Cameron Nash *(Associate, Paid Social Media)*
Deveny Rohrer *(Media Supervisor)*
Shaan Bhatia *(Ad Operations Associate)*
Mary Hunter *(Senior Associate, Paid Social)*
Malia Hanagami *(Associate Director, Paid Social media - Adidas)*
Brooke Doyle *(Associate Paid Social)*

Accounts:
21st Century Insurance
adidas America, Inc.
Norton 360
Norton AntiVirus
Norton Internet Security
PlayStation
Playstation 4
Playstation Vue
Ring.com
Sargento Foods, Inc.
Sony Computer Entertainment America, Inc.
Uber
Warner Home Video, Inc.

MEDIACOM

Three World Trade Center
New York, NY 10007
Tel.: (212) 912-4200
Fax: (212) 546-2172
Web Site: www.mediacomusa.com

Employees: 400
Year Founded: 1995

Discipline: Media Buying & Planning

Theresa Chang *(Senior Partner & Group Account Director)*
Vanessa Newkirk *(Senior Partner & Group Account Director)*
Kevin Arsham *(Partner & Account Director - B2B Specialist)*
Frank Zoller *(Senior Partner & Group Account Director)*
Lauren Amster *(Managing Partner & Account Director)*
Jamie Umans *(Partner & Integrated Planning Director)*
Lauren Wormser *(Partner & Communications Planning Director)*
Bhavana Smith *(Chief Client Officer)*
Sasha Savic *(Chief Executive Officer - MediaCom USA)*
Marc Wallen *(Managing Partner)*
Rachel Nowick *(Senior Partner & Communications Planning Director)*
Adam Potashnick *(Chief Operating Officer)*
Rachel Lippman *(Partner & Group Digital Media Director)*
Fraser Riddell *(Chief Client Officer)*
Rodolfo Sandoval *(Partner, Digital Media)*
Maggie Hilliard *(Senior Partner & Global Strategy Director)*
Cristina Martinez *(Partner & Multicultural Director)*
Rose Park *(Senior Partner & Global Strategy Director)*
Mark Nester *(Senior Partner & Digital Media Director)*
Andrew Mulhern *(Partner & Planning Director)*
Steve Carbone *(Managing Director & Chief Digital Officer - North America)*
Ashwathy Sreenivasan *(Partner & Group Director, Search & Social)*
Imran Ismail *(Senior Partner & Account Director)*
Peter O'Keefe *(Partner & International Account Director)*
Jason Schneider *(Managing Partner & Head, Client Finance)*
Alison Pohorylo *(Senior Partner & Group Director)*
Fernando Cadena *(Communications Planning Director & Partner)*
Pam Griffin *(Director, Group Account & Senior Partner)*
Jerry Joseph *(Associate Planning Director)*
Alexis Sotsky *(Media Director)*
Jeff Liang *(Head, Digital Product)*
Jocelyn Hazlett *(Senior Partner & Strategy Director)*
Brenna Kolomer *(Senior Partner & Account Director)*
Dan Jablon *(Media Director)*
Robert Swartz *(Director, Strategy & Managing Partner)*
Sophia Reynoso *(Senior Partner & Account Director)*
Adriana Papulino *(Global Account Director & Richemont Client Lead)*
Karianne Compagnone *(Media Director)*
Diana Bartumioli *(Associate Director, Media Investment)*
Meghan Schum *(Associate Director)*
DJ Kim *(Media Director)*
Theresa Amrhein *(Associate Director)*
Jessica Wurm *(Media Director)*
Carly Silverman *(Media Director)*
Tim Stuchbury *(Media Director)*
Matthew Gunther *(Senior Partner & Group Account Director)*
Stephanie Litsas *(Associate Planning Director)*
Brittany Rubinsky *(Associate Director, Digital)*
Johanna Branagan *(Associate Media Director)*
Mariya Webb *(Associate Media Director)*
Sonja Forgo *(Associate Director, Strategy)*
Emerson Sosa *(Communications Planning Director)*
Michael Las *(Associate Director)*
Kasey Carpenter *(Associate Director, Strategy)*
Brianna Rozzi *(Programmatic Lead & Senior Partner)*
Andrew Feola *(Associate Media Director)*
Nicole Francesco *(Director, Integrated Media Planning - Signet)*
Rob Dickens *(Global Strategy Director)*
Erica Palumbo *(Associate Director, Global Strategy)*
Alexa Engert *(Media Director)*
Alma Molato *(Group Digital Director)*
Stuart Augustine *(Associate Strategy Director)*
Andres Carcamo *(Associate Media Director)*
Christian Campos *(Associate Media Director)*
Christopher Loos *(Associate Director, Digital Analytics)*
Drew Kitchen *(Director, Programmatic)*
Renee Menard-Badigian *(Integrated Planning Director)*
Zach Smith *(Partner & Strategy Director)*
Rob Frost *(Partner & Strategy Director)*
Janine Serio *(Director, Integrated Planning)*
Beth Reidy *(Associate Director, Media Investment)*
Nathan Weinberg *(Director, Paid Search)*
Kristen Brito *(Associate Director, SK-II)*
Rachel Deputato *(Associate Media Director, Integrated Planning)*
Mike Lazar *(Associate Director, Shopper Marketing)*
Sean Stapleton *(Associate Media Director)*
LaShena DeCamp *(Senior Partner & Account Lead)*
Wendy France *(Senior Partner & Global Operations Director)*
Nick Cafiero *(International Associate Media Director)*
Brian Gallagher *(Digital Media Director)*
Matthew DeZarlo *(Associate Media Director)*
Tom Howland *(Associate Director, Integrated Media)*
Tess Davies *(Digital Director)*
Bryan Mills *(Associate Media Director)*
Victoria Armitage *(Partner, Digital & Data Strategy Director)*
Kayleigh Dartt *(Associate Media Director)*
Patricia Alon *(Associate Media Director)*
Aurora Avdalli *(Media Operations Director)*
Larisa Kluchman *(Associate Director, Social Insights & Analytics)*
Lina Lam *(Associate Director, Paid Social)*
Vitoria Schilling *(Associate Director, Insights & Analytics)*
Zarinah Scott *(Senior Manager, Paid Search & Social & Associate Director)*
Patrick Fraser *(Media Director)*
Amelia Tran *(Associate Director, Paid Social)*
Selin Cebeci *(Global Digital Media Director)*
Magda Szmilewska *(Associate Director & Partner)*
Liping Chao *(Associate Director, Paid Search)*
Megan Murphy *(Supervisor, Integrated Media)*
Angelina Kim *(Director, Digital & Partner)*
Cindy Ho *(Associate Media Director)*
Davina Faifer *(Associate Media Director)*
Lindsey McGougan *(Associate Media Director)*
Jakob Reich *(Integrated Account Lead)*
Naiym Henderson *(Manager, Ad Operations)*
Jaclyn Kramer *(Manager)*
Gillian Hogg *(Manager, Media Investment)*
Christine Harris *(Manager)*
Rachel Gropper *(Integrated Media Supervisor)*
Brian Sullivan *(Media Buyer)*
Michelle Lemoine *(Project Manager, Global Data Solutions)*
Charlie Bartlett *(Manager, Video Investment)*
Pamela Valenti *(Managing Partner, Director, Media Investment)*
Julia Viti *(Digital Media Manager)*
Dennise Lopez *(Digital Media Supervisor)*
Julianne Francisco *(Media Supervisor)*
Michelle Jagla *(Media Supervisor)*
Laurie Wagner *(Media Supervisor)*
Morgan Collins *(Communications Supervisor)*
Nicholas Omeltchenko *(Manager, Digital Investment)*
Samantha Wong *(Media Supervisor)*
Emily Rizer *(Strategy Manager)*
Arielle Heller *(Senior Partner & North America Lead)*
Jackie D'Aquila *(Senior Manager, Integrated Planning)*
Nicole Carangelo *(Integrated Planning Supervisor)*
Michelle Opdyke *(Manager, Video Investment)*
Brittany Barbanera *(Media Supervisor)*
Megan Bridges *(Media Supervisor)*
Marshall Brockley *(Senior Media Planner)*
Brielle Casar *(Digital Media Supervisor)*
Gordon Chen *(Media Buyer & Negotiator)*

AGENCIES - JULY, 2020
MEDIA BUYING & PLANNING AGENCIES

Alana Dolce *(Integrated Media Supervisor)*
Taylor Gorruso *(Media Planner- Citizens Bank Account)*
Shannon Kortmann *(Media Planner)*
Anna Lam *(Senior Media Planner)*
Christine LaRouere *(Associate Digital Manager)*
Aubrey Minarik *(Senior Digital Media Planner)*
Megan O'Brien *(Integrated Media Supervisor)*
Colleen Gates *(Senior Integrated Media Planner - Hilton Hotels & Resorts)*
Sophia Augugliaro *(Manager, Media Investment)*
Audrey Maxson *(Associate Media Planner, Integrated Planning)*
Anton Polouektov *(Manager, Programmatic)*
Samantha Gillette *(Manager, Digital Analytics & Insights)*
Jorge Roca *(Manager)*
Charles Dowe *(Integrated Media Planner)*
Abraham Insler *(Manager, Programmatic)*
Cooper Zhu *(Manager, Digital Analytics)*
Kaitlin Jefferson *(Media Planner)*
Rosly German *(Ad Operations Analyst)*
Elena Chin Ullmann *(Ad Operations Manager)*
Danny Hsu *(Global Media Supervisor)*
Sidney DeAlmo *(Media Supervisor - Mars Snickers & Ice Cream)*
Karen Mandel *(Senior Media Planner)*
Ashley Occhipinti *(Senior Integrated Media Planner)*
Sydney Straehle *(Negotiator)*
Lily Nguy *(Supervisor)*
Justin Pastuch *(Manager, Media Investment)*
Devin Nugent *(Manager, Integrated Planning)*
Lawrence Montalvo *(Supervisor, Digital Media)*
Jonathan Hight *(Senior Partner & Digital Lead)*
Thomas Snyder *(Negotiator)*
Hasting Butler *(Integrated Media Planner)*
Graham Schiffman *(Senior Paid Social Associate)*
Abigail Sprague *(Associate Media Director)*
Amanda Brandell *(Integrated Media Planner)*
Annette Moreno *(Senior Associate, Digital Investment)*
Holliston Tod *(Media Planner)*
Mariana Vasquez *(Senior Associate, Programmatic)*
Anna Volohov *(Integrated Media Planner - Hilton)*
Gabriella Bates *(Branded Content Associate)*
Kieran Yuen *(Analyst, Global Investment)*
Kyle Fried *(Analyst, Global Investment)*
Aaron Francois *(Integrated Media Planner)*
Melissa Dellacato *(Media Planner)*
Mina Robinson *(Assistant Integrated Media Planner)*
Servane Fournier *(Assistant Media Planner)*
Lily Zhu *(Assistant Media Planner)*
Heather Park *(Media Planner)*
Peter Brooks *(Senior Associate, Digital Investment)*
Karla Manuel *(Associate, Digital Investment)*
Jon Li *(Senior Programmatic Associate)*
Nicolas Guarna *(Associate, Paid Search)*
Jasmine Bailey *(Media Planner)*
John Lyke *(Assistant Media Planner)*
Gabrielle Munoz *(Associate Media Planner)*
Amanda Mure *(Lead, Digital Commerce & Paid Search)*
Chelsea Pincus *(Senior Associate, Digital Strategy & Investment)*
Chris Guan *(Associate Media Planner)*
Chris Kerrin *(Associate Director, Paid Social)*
Stephen Ahn *(Communications Planner)*
Michael Ambrosino *(Assistant Media Planner)*
Ronald Mendez *(Managing Partner & Multicultural Lead)*
Andrea McAteer *(Managing Partner)*
Jeff Semones *(Managing Partner & Head, Social Media)*
Pardis Brenner *(Managing Partner & Group Account Director)*
Jason Lim *(Managing Partner)*
Adnan Brankovic *(Managing Partner, Group Account Director)*
Alan Rush *(Managing Partner & North America Strategy Lead)*
Anna Rosenblatt *(Managing Partner & Strategy Director)*
Andrew Pappalardo *(Managing Partner, National Broadcast Implementation)*
Eleni Bardis *(Managing Partner & Executive Director - Bayer U.S Account Lead)*
Stephanie Starr *(Managing Partner)*
James Reynolds *(Managing Partner & Account Lead)*
Christopher Andrew *(Managing Partner & Group Account Director)*
Rachel Brook *(Managing Partner & Head, Advanced Analytics)*

Accounts:
3 Musketeers
5 Gum
AARP
Actavis
adidas America, Inc.
Advantage
Afrin
Alert Gum
Aleve
Alienware
Alienware Corporation
Alka-Seltzer
Alka-Seltzer Plus
Allianz Life Insurance Company of North America
Ally Bank
Ally Financial, Inc.
Altoids
American Airlines
Amtrak
Baby Alive
Battleship
Bayer Aspirin
Bayer Consumer Care Division
Bayer Corporation
Baytril
Berocca
Bop it!
Bose Corporation
Brand USA
Candy Land
Canon USA, Inc.
Citizens Financial Group, Inc.
Citracal
Citracal Plus
Claritin
Clue
CocoaVia
Combos
Connect 4
Cranium
Creme Savers
Dell EMC
Dell Technologies
dell.com
Direct General Corporation
Doublemint
Dove Chocolate
Duracell, Inc.
Easy-Bake
eBay
Eclipse
Eos
Extra
EY
Flintstones Vitamins
Freedent
FurReal Friends
G. I. Joe
Game of Life
Ghirardelli Chocolate Company
Hasbro, Inc.
Hilton Worldwide
Hotels.com, LP
Hubba Bubba
Indeed
Inspiron
Intense Dark Chocolate
Interscope Records
J. G. Wentworth
Jared the Galleria of Jewelry
Jared.com
Jenga
Jiffy Lube
Juicy Fruit
Jurassic Park
K9 Advantix
Kay Jewelers
KIND Healthy Snacks
KIND LLC
Life-Savers
Lotrimin
LVMH, Inc.
LVMH, Inc.
M&M's
M&M's Mega
Mars Bar
Mars Petcare
Mars Wrigley Confectionery
Mars, Inc.
Marvel Toys (Licensed)
Metlife Securities
Metlife.com
Metropolitan Life Insurance Co.
Midol
Milky Way
Milton Bradley
MiraLAX
Monopoly
Montblanc North America, LLC
Mr. Potato Head
My Little Pony
Nerf
Office Depot, Inc.
One-A-Day 50 Plus Advantage Vitamins
One-A-Day Men's Formula Vitamins
One-A-Day Vitacraves
One-A-Day Vitamins
One-A-Day Women's Menopause
One-A-Day Women's Prenatal
Operation
Orbit
Pennzoil
Pennzoil Platinum Motor Oil
Pennzoil Platinum Motor Oil
Peoples Jewelry
Phillips
Piercing Pagoda
Play-Doh
Playskool
Playskool Heroes
Playskool Sesame Street
PlayStation
Playstation 4
PowerShot
Quaker State
Reebok Classic
Reebok Combat
Reebok Crossfit

MEDIA BUYING & PLANNING AGENCIES
AGENCIES - JULY, 2020

Reebok International Ltd.
Reebok Kids
Reebok Running
Reebok Training
Reebok UFC
Reebok Women
Richemont North America, Inc.
Rubik's Cube
Sargento Foods, Inc.
Scandinavian Airlines System (SAS)
Scrabble
Shell Gas Stations
Shell Lubricants
Shell Oil Company
Shell Oil Mastercard
Shell Rotella
Siemens Corporation
Signet Jewelers Limited
Simon
Skittles
Snickers
Snickers Peanut Butter Squared
Sony Computer Entertainment America, Inc.
Sony Electronics, Inc.
Sorry!
Star Wars Action Figures
Starburst
Strawberry Shortcake
Strayer University
Super Soaker
Tonka
Transformers
Treasure Island
Trivial Pursuit
Trouble
Twister
Twix
Uber
Uniqlo USA
VMWare, Inc.
Vostro
Walgreen Co.
Walgreens.com
Winterfresh
Wrigley's Gum
XPS
Yahtzee
Zale Corporation
Zales
Zegerid OTC

MEDIACOM
999 Boul de Maisonneuve West
Montreal, QC H3A 3L4
Tel.: (514) 282-9320
Fax: (514) 828-9028
Web Site: www.mediacomusa.com

Employees: 30
Year Founded: 1995

Discipline: Media Buying & Planning

Richard Giguère (Vice President, Directeur Commercial & Vice President, Business Director)
Amelie Therrien (Senior Manager, Media Planning - Senior Media Executive)

MEDIACOM
222 Merchandise Mart Plaza
Chicago, IL 60654
Tel.: (312) 698-5400
Fax: (312) 674-6840
Web Site: www.mediacomusa.com

Year Founded: 1995

Discipline: Media Buying & Planning

Kathryn Ford (Director & Senior Partner)
Samantha Tomasek (Director, Media & Partner)
Stephanie Lackey (Associate Media Director)
Lauren Mahomes (Associate Media Director)
Lauren Trach (Partner & Global Digital Director)
Morgan Gozdecki (Media Supervisor)
Rachel Lienemann (Media Planner)
Jordan Miller (Media Planner)
Damon Kaydo (Managing Partner & Executive Director, Client Services)
Amanda Lombardi (Managing Partner & Account Director)

Accounts:
Extra
Iams
Orbit
Pella Corporation
Sheba
Walgreen Co.
Walgreens.com

MEDIACOM
736 Granville Street
Vancouver, BC V6Z 1G3
Tel.: (604) 687-1611
Fax: (604) 687-1441
Web Site: www.mediacomusa.com

Year Founded: 1995

Discipline: Media Buying & Planning

Teresa Guarascio (Senior Vice President & Director, Business)

Accounts:
Flight Centre North America

MEDIACOM CANADA
One Dundas Street West
Toronto, ON M5G 1Z1
Tel.: (416) 342-6500
Fax: (416) 342-6501
Web Site: www.mediacom.com

Year Founded: 1995

Discipline: Media Buying & Planning

Ken Lee (Chief Financial Officer)
Urania Agas (Chief Client Officer)
Jennifer Crosby (Account Director)
Elizabeth Lopez (Investment Manager)
Stephanie Landicho (Account Manager)
Niri Panaram (Investment Manager)
Jaclyn Berzins (Digital Account Director)
John Vaccaro (Account Manager)
Derek Meneses (Digital Account Manager)

Accounts:
Bayer, Inc. (Canada)
CIBC
Starbucks Canada
Volkswagen of Canada

MEDIADEX LLC
5784 Eaglesridge Lane
Cincinnati, OH 45230
Tel.: (513) 624-6700
Fax: (513) 624-6706
Web Site: www.mediadex.net

Year Founded: 1999

Discipline: Media Buying & Planning

Mike Kiley (President, Account Manager & Media Buyer)
Chris Majestic (Media Manager)

MEDIAHUB BOSTON
40 Broad Street
Boston, MA 02109
Tel.: (617) 226-9000
Fax: (617) 226-9100
Web Site: www.mullenlowemediahub.com

Discipline: Media Buying & Planning

John Moore (Global Chief Executive Officer)
Sean Corcoran (President - U.S.)
Drew Watson (Executive Business Lead)
Carrie Drinkwater (Senior Vice President & Executive Director, Investment Activation)
Allison Tierney (Senior Vice President & Group Director, Media)
Laurel Boyd (Senior Vice President & Executive Director, Research & Development Lab)
Emily Brooks (Senior Vice President & Group Account Director)
Yvonne Cain (Vice President & Group Director, Media)
Persephone Kazl (Vice President & Associate Media Director)
Alexandra Gordon (Vice President & Group Director, Media)
Vanessa Higgins (Vice President & Associate Director, Media)
Elizabeth Fermon (Vice President & Associate Director, Communications Planning)
Jennifer Weiss (Vice President & Group Media Director)
Sarah Pelletier (Vice President & Associate Director, Digital Media)
Brendan Marrese (Vice President & Associate Director, Media & Video Investments)
Lauren Yetra (Vice President & Associate Director, Media)
Breana Appolonia (Vice President & Associate Director, Media)
Jaclyn Gaughan (Vice President & Associate Director)
Erin Kelly (Vice President & Associate Media Director)
Erica Patrick (Vice President & Director, Paid Social)
Mike Hill (Vice President, Group Director)
Adam Telian (Vice President & Associate Director, Media)
Sarah Mandino (Vice President & Associate Director, Video Investments)
Lori Cassorla (Vice President & Group Director, Video Investments)
Kelly McGowan (Vice President & Group Director, Media)
Allan Apjohn (Vice President, Group Media)
Nick Vallante (Vice President & Group Director, Media)
Rebecca Averback (Vice President & Group Media Director)
Elizabeth Morse (Vice President & Associate Director, Communications Planning)
Sarah Morgan (Director, Media)
Lauren Paradis (Associate Director, Video Investments)
Jade Watts (Executive Director)
Benjamin Verrill (Associate Director, Social Media)
Dale Lee (Vice President & Associate Director, Digital Media)
Tate Beaudouin (Associate Director, Media)
Chelsey Puglisi (Supervisor, Video Investments)

AGENCIES - JULY, 2020

MEDIA BUYING & PLANNING AGENCIES

Emily Misiewicz *(Supervisor, Video Investments)*
Marissa Borselli *(Supervisor, Media)*
Lauren Cipressi *(Associate Director, Digital Media)*
Jennifer Hyslip *(Associate Media Director)*
Jennifer Celli *(Supervisor, Media)*
Stacy Carpenter *(Director, Social Media Strategy)*
Kyle James *(Supervisor, Media)*
Caleb Hutchings *(Director, Search)*
Laura Williams *(Associate Director, Analytics)*
Olivia Pettenati *(Supervisor, Integrated Media)*
Carlin Reilly *(Director, Search)*
McKensie Schultheis *(Supervisor, Media)*
Jackie Rollins *(Associate Director, Media)*
Phillip Spector *(Supervisor, Media & Video Investments)*
Katie Delaney *(Associate Director Media)*
Jonathan Turner *(Head, US Analytics)*
Carol Cai *(Associate Strategy Director)*
Beverly Kwong *(Media Supervisor)*
Lauren Buscone *(Media Supervisor)*
David Bruce *(Senior Media Planner)*
Sam Stern *(Media Planner)*
Amy Czarnota *(Video Investments Buyer)*
Brianna Traylor *(Media Supervisor)*
Kaitlin Law *(Media Planner)*
Elizabeth Worrilow *(Senior Media Planner)*
Annie Zinkus *(Senior Media Planner)*
Katherine Dobson *(Senior Media Planner)*
Rachel Carey *(Media Planner)*
Wilson Siu *(Senior Analyst, Strategic Analytics)*
Sophia Lipp *(Assistant Media Planner)*
Grace Maggio *(Assistant Media Planner)*
Hannah Rose Gardner *(Paid Social Media Strategist)*
Tracey LeBlanc *(Associate Director, Buying)*

Accounts:
At Home Group Inc.
Avis Budget Group, Inc.
Avis Rent A Car
Bloomin' Brands
Bonefish Grill
Burger King Corporation
Carrabba's Italian Grill
Constant Contact
EY
Fleming's Prime Steakhouse and Wine Bar
L.L. Bean, Inc.
National Geographic Channel
Navy Federal Credit Union
New Balance Athletic Shoe, Inc.
Olympus America, Inc.
Orbitz
Pearson Education
Pinterest
Pluto TV
Public Broadcasting Service
Roy's
Royal Caribbean Cruises, Ltd.
Royal Caribbean International
Sennheiser Electronics Corporation
Sprout Network
Staples, Inc.
The Scotts Miracle-Gro Company
The Scotts Miracle-Gro Company
Twitch
Ulta Beauty
Wyndham Hotels & Resorts, Inc.

MEDIASMITH, INC.
44 Montgomery Street
San Francisco, CA 94014
Tel.: (415) 252-9339
Fax: (415) 252-9854
Web Site: www.mediasmith.com

Employees: 26
Year Founded: 1989

Discipline: Media Buying & Planning

David Smith *(Chairman)*
John Cate *(Chief Executive Officer)*
Greg Pomaro *(Executive Vice President, Media)*
Marcus Pratt *(Vice President, Insights & Technology)*
Cari Morimoto *(Associate Director, Media)*
Adriana Oliveira *(Director, Agency Operations)*
Abraham Alegria *(Group Director, Media)*
William Saw *(Director, Search)*
Kayla Koterbay *(Associate Media Director)*
Susy Siebold *(Media Planner)*
Tracy Orvik *(Manager, Media Systems)*
Amanda Borrelli *(Media Planner)*

Accounts:
BMC Software, Inc.
Evernote Corporation
SalesForce.com, Inc.
Sideline
Stanford Children's Health

MEDIASPACE SOLUTIONS
5600 Rowland Road
Minnetonka, MN 55343
Tel.: (612) 253-2112
Fax: (952) 283-9019
Toll Free: (888) 672-2100
Web Site: www.mediaspacesolutions.com

Year Founded: 1999

Discipline: Media Buying & Planning

Randy Grunow *(Chief Executive Officer)*
Brian St. Cyr *(President & Vice President, Business Development)*
Colin May *(Vice President, Media Development & Operations)*
Rey Ekola *(Manager, Media Development)*

Accounts:
Brookdale Senior Living

MEDIASPOT, INC.
1550 Bayside Drive
Corona Del Mar, CA 92625
Tel.: (949) 721-0500
Fax: (949) 721-0555
Web Site: www.mediaspot.com

Discipline: Media Buying & Planning

Arthur Yelsey *(President)*
Kathy McLaughlin *(Executive Vice President)*
Scott Weller *(Executive Vice President, Business Development)*
Tamiko Fujimoto *(Senior Vice President, Client Services)*
Quinn Truong *(Controller)*
Erin Hopkins *(Director, Local Broadcast & Brand Planning)*
Deborah Hohman *(Account Supervisor & Director, Local Broadcast)*
Jennifer Connell *(Account Supervisor & Director, Out-of-Home)*
Dan Ikegami *(Associate Director, Digital Media)*
Gail Israel *(Supervisor, Account & Director, Local Broadcast)*
Daisy Lok *(Account Supervisor)*
Stacey Shudak *(Associate Director, Digital)*

Accounts:
ABIOMED, Inc.
Del Taco LLC
Pacific Life

MEDIASSOCIATES, INC.
75 Glen Road
Sandy Hook, CT 06482
Tel.: (203) 797-9500
Fax: (203) 797-1400
Toll Free: (800) 522-1660
Web Site: www.mediassociates.com

Employees: 5
Year Founded: 1996

Discipline: Media Buying & Planning

Scott Brunjes *(Founder & Chief Executive Officer)*
Sal Chieffalo *(Chief Financial Officer)*
Ben Kunz *(Executive Vice President, Marketing & Content)*
Andrea Marder *(Executive Vice President, Global Planning & Buying)*
Charlie Menduni *(Vice President, Client Services)*
Erin McCollam *(Director, Accounting)*
Evan Nichols *(Executive Director, Digital Media)*
Justin Anderson *(Director, Client Development)*
David Plain *(Creative Director)*
Jason Bailey *(Associate Media Director)*
Brian Poe *(Digital Strategist)*
Phyllis Rosenstein *(Supervisor, Local Broadcast Buying)*
Mike Reilly *(Broadcast Buyer)*
Drew Kaufmann *(Coordinator, Digital Media)*

Accounts:
ANSYS, Inc.
Atlassian, Inc.
Bellevue University
Bulova Corporation
Caravelle
Gaylord National
Gaylord Opryland
Gaylord Palms
Gaylord Texan
Genesis HealthCare
Mount Sinai Health System
Reeds Jewelers, Inc.
Save the Children Federation
University of Denver
Wittnauer

MEDIAWORX
Four Corporate Drive
Shelton, CT 06484
Tel.: (203) 538-5970
Web Site: meworx.com

Year Founded: 2002

Discipline: Media Buying & Planning

Peter Cusick *(Partner & Managing Director)*
Janine Braider *(Vice President, Client Services)*
Reatha Braxton *(Vice President, Strategy & Planning)*
Scott Pozucek *(Managing Partner, Media Director)*
John Lombard *(Partner, Managing Director)*

Accounts:
Goldenberg's Peanut Chews
Hot Tamales

MEDIA BUYING & PLANNING AGENCIES
AGENCIES - JULY, 2020

Just Born, Inc.
Mike & Ike
Peeps

MENTZER MEDIA SERVICES
210 West Pennsylvania Avenue
Towson, MD 21204
Tel.: (410) 825-7034
Fax: (410) 321-9516
Web Site: www.mentzermedia.com

Discipline: Media Buying & Planning

Bruce Mentzer *(Chief Executive Officer)*
Beth Beall *(Executive Vice President)*

MERLINO MEDIA GROUP
4616 25th Avenue Northeast
Seattle, WA 98105
Tel.: (206) 909-8939
Web Site: merlinomedia.com

Discipline: Media Buying & Planning

Janice Merlino *(Founder & Partner)*
Katie Glaisyer *(Vice President & Media Director)*
Dave Arensberg *(Media Director)*

Accounts:
Sparkling ICE

MILLS JAMES PRODUCTIONS
3545 Fishinger Boulevard
Columbus, OH 43026
Tel.: (614) 777-9933
Fax: (614) 777-9943
Web Site: www.millsjames.com

Employees: 100
Year Founded: 1984

Discipline: Media Buying & Planning

Cameron James *(Chief Executive Officer & Co-Founder)*
Ken Mills *(Chairman)*
Renee Horton *(Associate Producer)*

MILNER BUTCHER MEDIA GROUP
11150 West Olympic Boulevard
Los Angeles, CA 90064
Tel.: (310) 478-0555
Web Site: www.mbmg-media.com

Employees: 13

Discipline: Media Buying & Planning

Andrew Butcher *(Co-Chairman)*
Bruce Milner *(Co-Chairman & Chief Executive Officer)*
Bruce Dennler *(President)*
Pam Bentz *(Partner & Media Director)*
Adrian Nash *(Chief Financial Officer & Chief Operating Officer)*
John Wilson *(Executive Vice President, Business Development)*
Julie Laforga *(Vice President, Brand Driver)*
Marc Maiman *(Vice President & Director, National Ignition)*
Rob Chusid *(Communications Director)*
Lauren Iser *(Director, Local Ignition)*
Lindsay Joseph *(Director, National Buying)*
Annie Semerdjian *(Director, Digital Media)*
Jason Scribner *(Senior Media Buyer)*

Lisa Henderson *(Senior Buyer)*
Marissa Lejbowicz *(Senior Communications Strategist)*

Accounts:
Budget Blinds
California Milk Processors Board
Home Franchise Concepts, Inc.
Honda Aircraft Company, Inc.
HondaJet
Postal Annex+
The General Automobile Insurance Services, Inc.

MINDSHARE
Three World Trade Center
New York, NY 10007
Tel.: (212) 297-7000
Fax: (212) 297-7777
Web Site: www.mindshareworld.com

Employees: 900
Year Founded: 1997

Discipline: Media Buying & Planning

Approx. Annual Billings: $11,300.00

David Lang *(Chief Content Officer & President, MindShare Entertainment)*
Tim Cecere *(Senior Partner & Human Resources Director - North America)*
Joe Scangamor *(Chief Financial Officer)*
Shane McAndrew *(Chief Data Strategy Officer)*
Suzanne Weis *(Integrated Global Media Director, Strategy & Senior Partner)*
Evan Spector *(Senior Partner & Associate Director, Print - Group M)*
Joe Maceda *(Chief Instigation Officer)*
Alex Vinci *(Senior Partner & Director)*
Josh Spiegelman *(Managing Director & Senior Partner)*
Michael Falabella *(Associate Director, National Broadcast & Partner)*
Louis Ambrose *(Partner & Global Director, Digital Media)*
Seth Spielvogel *(Senior Partner & Director)*
Danielle Koffer *(Chief Client Officer)*
Frank Puma *(Managing Director, Digital Investment & Managing Partner)*
Charles Bergmann *(Senior Partner, Managing Director & Investment Lead)*
Andrew Davidson *(Managing Partner & Director)*
Randi Chernick *(Senior Partner & Associate Director, National Broadcast)*
Andrew Grabel *(Partner & Associate Director)*
Emily Highet Morgan *(Partner & Digital Director)*
Tracy McMullen *(Senior Partner & Associate Director, National Broadcast)*
Tamera Mellish *(Senior Partner & Associate Director, National Broadcast)*
Jillian Schroeder *(Managing Partner & Managing Director)*
Ashley Colwell *(Partner & Associate Director, Video Investment)*
Kari Brickowski *(Associate Director & Partner)*
Chris Vaccaro *(Senior Partner & Associate Director, National Broadcast)*
Alexander Colcord *(Partner & Associate Director, Digital Investment)*
James Cooley *(Managing Director & Senior Partner - Mindshare FAST)*
Alexandra Geisler *(Senior Partner & Digital Director, Chanel & Campari)*
Patrick Lylo *(Partner & Associate Director, Content & Innovation Strategy)*
Chris D'Alonzo *(Managing Partner & Group Director, National Broadcast)*
Natashia Kadimik *(Partner & Associate Director)*
Lauren Tuchalski *(Director & Senior Partner)*
Christine Peterson *(Managing Partner & Digital Investement Lead)*
Jennifer McAteer *(Senior Partner & Learning & Development Director)*
Eric Gomels *(Partner & Director, Trading Desk)*
Will Graves *(Cheif Financial Officer - North America)*
Joey-lyn Addesa *(Senior Partner & Managing Director, Strategic Planning)*
Carol Melone *(Senior Project Director, Client Leadership)*
Annie Moore-Serlin *(Executive Director)*
Jeff Malmad *(Executive Director & Head Life-North America)*
Christine Baldessarre *(Associate Director, Planning)*
Jake Chun *(Senior Partner & Director)*
Christine Lamson *(Executive Director)*
Andy Heath *(Head, Communications Planning - US)*
Joe Migliozzi *(Managing Director, Digital & Lead - Shop+)*
Cassandre Lubin *(Senior Partner & Managing Director, Digital Investment)*
Camille Ducos *(Media Director)*
Odalice Brito *(Director, Digital Investment)*
Angela Dahir *(Associate Director)*
Pamela Dulny *(Associate Director)*
Laura Higley *(Associate Director & Partner)*
Christine Mule *(Associate Director)*
Lana Shtrahman *(Associate Director, National Broadcast)*
Ferris Van Raalte *(Associate Director, Media)*
Kaitlyn Rich *(Director, Digital Investment)*
Stephanie Mobley *(Associate Planning Director)*
Stephanie Walker-Kulp *(Director, Digital Investment)*
Karen Bennett *(Executive Director)*
Elliot Alston *(Director, Paid Social)*
Zachary Freeman *(Associate Director, Invention)*
Benjamin Howard *(Associate Director, Paid Search)*
Alanna Battaglia *(Director, Strategic Planning)*
Cynthia Goldman Levin *(Partner & Director, Digital Investment)*
Christina Ottomanelli *(Associate Director)*
Tobias Wolf *(Executive Director, Client Services)*
Jamie Khoo *(Associate Director, Marketing Sciences)*
Jarett Fienman *(Partner & Director)*
Sylvia Knight *(Associate Director)*
Hilary Fried *(Associate Director)*
Devin Keogh *(Director, Strategic Planning)*
Alexandra Spaseff *(Partner & Director, Strategic Planning)*
Kim Cooney *(Senior Partner & Director - AthenaHealth)*
Laura Myers *(Associate Media Director)*
Dustin Niparko *(Associate Director)*
Rachel Lowenstein *(Associate Director, Innovation)*
Alex Oganesyan *(Associate Media Director)*
Ashley Hart *(Senior Partner & Group Director)*
Dana Russo *(Partner & Strategic Planning Director)*
Catherine Oh *(Associate Director, Strategy)*
Cindy Han *(Associate Director)*
Ashley Haltzman *(Associate Director, Digital Investment)*
Sarah Chang *(Associate Director, Planning)*
Dani Cohen *(Director)*
Chantal Villain *(Associate Director, Strategy)*
Katelyn Swanson *(Associate Director, Digital

Brands. Marketers. Agencies. Search Less. Find More.
Try out the online version at www.winmo.com

AGENCIES - JULY, 2020 — MEDIA BUYING & PLANNING AGENCIES

Investment)
Ashley Slattery (Associate Director, Digital Investment)
Samuel Westerkon (Director, Business Intelligence & Analytics)
Tiffany Li (Associate Director)
Mary Kate Healy (Associate Director, Digital Investment - Volvo)
Krishna Patel (Associate Director, Marketing Science)
Jacqueline Connell (Associated Director, Digital)
Erica Spoto (Associate Director)
Alicia Lonnie (Associate Driector, Digital Investment)
Alanna Pithis (Associate Director, Paid Social)
Megan Carter (Associate Director, Business Intelligence - Strategy & Analytics)
Yufan Chen (Director, Marketing Science)
Jeff Christian (Associate Director, Paid Social)
Fabio Giraldo (Director & Partner, Advanced Analytics)
Harris Cullinan (Partner & Director, Marketing Science)
Danielle Angeles (Associate Director, Search)
Brittany Caruso (Director, Paid Social)
Anqi Zhu (Associate Director, Insights)
Sasha Bartnovsky (Director, Trading Desk)
Luis Mendoza (Director, Strategic Planning)
Simona Marmina (Senior Director, Paid Social & Partner)
Phung Nguyen (Associate Director, Global Communications Planning)
Dana Bloom (Director, Strategic Planning & Partner)
Alison Grusso (Associate Director, Strategic Planning)
Daria Zarubina (Associate Director, Strategy & Analytics)
Stephanie Aiuto (Associate Director, Marketing Science)
Lewis Schultz (Associate Director, Strategic Planning)
Fred Parachini (Client Lead)
Nicole Maniaci (Associate Media Director)
Vartika Kapoor (Associate Director, Programmatic)
Caitlyn Fuoco (Associate Director)
Wendy Ayala (Manager, Video Investment)
Felicia Ramirez (Media Manager)
Anthony Schiavone (Manager, National Broadcast)
Samantha McMahon (Manager, National Broadcast)
Elissa Rodriguez (Manager)
Danielle Klemt (Manager, National Broadcast)
Taylor Shill (Manager, Video Investment)
Thomas Simpson (Manager & Analyst, Digital Investment & Manager, Media Operations)
Tanner Leventhal (Manager, National Broadcast)
Colleen Finnigan (Manager, Video Investment - General Mills)
Giuliana Cappiello (Manager, Video Investment)
Kristine Palagonia (Account Manager, Video Investment)
Kevin Camacho (Manager, Digital Investment)
Alexandra Liberti (Negotiator)
Jillian Mezzetta (Manager, Strategic Planning)
Chloe O'Brien (Manager, Planning)
Steven Lynch (Media Buyer)
Melissa Murphy (Manager, Strategic Planning)
Sean McLaughlin (Manager, Search & Social)
Jordyn Simpson (Manager, Digital Investment)
Alasdair Forsyth (Digital Manager, SEO)
Nick Punwani (Manager, Digital Investment)
Brittany Weinstein (Media Buyer)
Aaron Kim (Manager, Digital Investment)

Angela Sarro (Manager, Strategic Planning - Unilever)
Alexandra Vaccaro (Manager)
Emma Gershon (Associate Director, Digital Investment)
Ashley Aberi (Manager, Digital Investment)
Elise Wright (Senior Associate)
Hillary Brown (Manager, Digital Investment)
Ann Marie Skjold (Manager, Paid Social)
Justina Tang (Paid Social Manager)
Ainsley Edstrom (Manager, Digital Investment)
Jhocelyn Figueroa (Manager, Paid Search)
Martha Ashe (Media Manager)
James Lettieri (Manager, Marketing Sciences)
Megan Moskowitz (Negotiator, Video Investment)
Michelle Morgan (Manager, Strategy - Dove)
Riyaad Edoo (Lead, Search & eCommerce - Unilever)
Katherine Long (Manager, Digital Investment)
James Austin (Manager, Strategy)
Andre Laguerta (Programmatic Manager)
Anna Chamberlain (Manager, Corporate Communications)
Minh Nhat Bui (Manager, Advance Analytics & Marketing Sciences)
Darren Sangidorj (Manager, Paid Search)
Justin Kim (Manager, Digital Investment)
Daniel Markowitz (Manager, Content Strategy & Production)
Josh Suos (Manager, Digital Investment)
Christina Chen (Manager, Programmatic)
Jonathan Weng (Manager, Trading Desk (Programmatic))
Sabena Khan (Associate Director, Media)
Kristen Cordola (Negotiator, National Broadcast)
Allison Wolf (Associate Planner)
Patrick Solinski (Specialist, SEM)
Barbie Ramcharan (Administrative Assistant)
Annie Compton (Negotiator)
Tara Fries (Negotiator)
Talia Pantano (Negotiator, Video Investment)
Chris Cacioppo (Senior Assocaite, Strategic Planning)
Madhavi Rampersaud (Manager, Digital Investment)
Ana Thompson (Negotiator)
Daniella Parisi (Negotiator)
Emily Karpowic (Manager, Video Investment)
Melissa Laible (Video Investment Assistant)
Meaghan Skelly (Negotiator)
Alexandra Cannon (Negotiator)
Jennifer Azzolini (Senior Associate)
Lauren Felice (Negotiator)
Ivan Chen (Senior Associate, Marketing Sciences)
Vittoria Pellicano (Digital Investment Associate)
Lauren Poplawski (Associate Media Planner)
Juan Caro (Associate Media Planner)
Chris Carleo (Senior Associate Media Planner)
Courtney Barron (Senior Associate Planner)
Timothy Meador (Senior Associate, Planning)
Ellie Sharpe (Senior Associate Planner)
Madelyn Roman (Assistant Negotiator, Video Investment)
Elizabeth Kaczmarerk (Senior Associate, Digital Investment - Team Unilever Shopper)
Michelle Lazarus (Senior Associate)
Victoria Mechanic (Senior Associate, Strategic Planning)
Natalie Gatbonton (Senior Associate, Global Communications Planning - Unilever)
John Shea (Associate, Planning)
Seamus McGorray (Senior Associate, Direct Digital Investment)

Jack Walla (Negotiator, Video Investment)
Shauna Leys (Senior Associate Buyer - Video Investment)
Mindy Chung (Senior Associate)
Jesse Kattany (Associate, Digital Investment - Team Unilever Shopper)
Josh Warner (Senior Associate, Digital Investment Analyst)
Trang Son (Associate, Digital Investment Analyst)
Dominique Baca (Senior Associate, Video Investment)
Tess Simonson (Associate, Media Planning)
Ryan McMahon (Senior Associate, Digital Investment)
Samantha Farfan (Senior Associate, Integrated Media Planning)
Ed Hughes (Executive Director, Worldwide Client Leader)
Michael Yablonski (Managing Director, Innovation)
Denise Ocasio (Managing Partner & Director, National Broadcast)
Laura Powers (Client Lead & Managing Director)
Janet Levine (Managing Director, Invention)
Jennifer Morgan (Managing Director & Investment Lead, Unilever)
Tanya Bevins (Managing Partner & Managing Director & Operations Lead)
Matthew Denerstein (Managing Director, Investment & Lead, Cross Platform Investment)
Greg Manago (Managing Director, North America Entertainment & Senior Producer - Mindshare Entertainment)
Dominick Pace (Managing Director & Senior Partner, Digital Investment)
Marisa Alfano-Maidman (Managing Director, Client Leadership)
Dan Eckrote (Managing Director & Senior Partner)
Stephanie Parry (Global Managing Director & Senior Partner)
Lindsay Gorin (Managing Director & Senior Partner)
Youngju Wong (Managing Partner & Director, Group Strategy)

Accounts:
Abbott Diabetes Care
Abbott Laboratories
Abbott Nutrition
Allergan, Inc.
Allure Homme
AM/PM Mini Markets
American Family Insurance Company
American Family Insurance Group
American Family Mutual Insurance Company
Athenahealth, Inc.
Axe
Axe Deodorant
Axe Shock Body Wash
Axe Styling Gel
Bandai America, Inc.
bareMinerals
Best Foods
Betty Crocker
BlackRock Solutions
BlackRock, Inc.
BMW 7 Series
Bobble
Boehringer Ingelheim Corp.
Booking.com
Botox
BP America, Inc.
BP Gasoline
BP Lubricants USA, Inc.

MEDIA BUYING & PLANNING AGENCIES
AGENCIES - JULY, 2020

BP Visco
Breyers
Bridgepoint Education
Buffalo Wild Wings, Inc.
Calphalon
Campari America
Candlewood Suites
Caress
Caress Moisturizing Body Wash
Castrol
CDW Corporation
Celgene Corporation
Chanel Bleu de Chanel
Chanel Boutique Apparel
Chanel Chance
Chanel Cosmetics
Chanel Eyewear
Chanel Jewelry
Chanel No. 5
Chanel Vitalumiere Aqua Foundation
Chanel Watches
Chanel, Inc.
Cheerios
Clear Scalp & Hair Therapy
Compass Bank
Cookie Crisp
Cotton, Inc.
Cottonelle
Cottonelle Fresh
Country Crock
Creamsicle
Crock-Pot
Crowne Plaza
CX-3
CX-5
CX-9
DC17
DC23
Degree
Degree Girl
Degree Men
Degree Women
Depend
Domino's
Dove
Dove
Dove Body Wash
Dove Clinical Protection
Dove Damage Therapy
Dove Go Fresh
Dove Men+Care
Dove Ultimate Antiperspirant Deodorant
Dyson
Dyson Air Multiplier
Dyson Airblade
Dyson Ball
EAS
Eastman Kodak Company
Eastman Kodak Company
Eckrich
Ensure
Even Hotels
Facebook
Ferrero Rocher
Fiber One Cereal
Fiber One Cereal
Forevermark US Inc.
Freestyle Glucose Monitor
Fruit By The Foot
Fruit Gushers
Fruit Roll-Ups
Fruttare
Gemstar - TV Guide International, Inc.
General Mills, Inc.
Glucerna
Good Humor

GoodNites
Hellmann's
Holiday Inn Express
Holiday Inn Hotels & Resorts
HomeGoods
HomeSense
Honey Nut Cheerios
Hotel Indigo
Huggies
Huggies Baby Wipes
Huggies Little Movers
Huggies Little Snugglers
I Can't Believe It's Not Butter
IBM Corporation
InterContinental Hotels & Resorts
InterContinental Hotels Group
iShares
Istodax
Jiffy Lube
Juvederm
Kimberly-Clark Corporation
Kinder
Kleenex
Kleenex Hand Towels
Kleenex Wet Wipes
Klondike
Knorr
Kotex
Lawry's
Lever 2000
Lifebank USA
Linzess
Lipton
Lo Loestrin
Love Beauty & Planet
Lucky Charms
Lufthansa North America
Magnum
Marshalls
Mazda 3 Hatchback
Mazda North American Operations
Mazda2
Mazda3 4-Door
Mazda6
Mr. Coffee
Multi Grain Cheerios
MX-5 Miata
Myoplex
Newell Brands, Inc.
Nexxus
Norfolk Southern Corporation
Noxzema
Nutella
Old El Paso
Orkin, Inc.
Oster
Otezla
Pandora Jewelry
Paper Mate
Peacock
Pedialyte
PediaSure
PediaSure Sidekicks
Pennzoil
Pennzoil Platinum Motor Oil
Pennzoil Ten Minute Oil Change
Pillsbury
Poise
Pomalyst
Pond's
Popsicle
Progresso
Promise
Pull-Ups
Q-tips
Quaker State

Reese's Peanut Butter Puffs
Rent-A-Center, Inc.
Restasis
Revlimid
Rice Chex
Rolex Watch USA
Scott Products
Scott Professional Products
Seventh Generation, Inc.
Sharpie
Shell Lubricants
Similac
Simon Property Group, Inc.
Simple
Skyy 90
Spiriva
St. Ives Swiss Formula
Staybridge Suites
Suave
Suave Hair Care Products
Suave Professional Hair Care
Suave Skin Care
Summit Entertainment, LLC
Sunbeam
SunSilk
T.J. Maxx
Talenti
Thalomid
The Museum of Modern Art
Tic Tac
Toaster Strudel
Total
Total Protein
Totino's
TRESemme
Trix
Trix Yogurt
Tudor Watch USA
Tyson Foods, Inc.
U by Kotex
UBRELVY
Unilever Home & Personal Care USA
Unilever Ice Cream
Unilever North America
Vaseline
Vaseline
Vaseline Aloe Fresh
Vaseline Intensive Care
Vidaza
Viva
Volvo C30
Volvo C70
Volvo Cars of North America, LLC
Volvo S40
Volvo S60
Volvo S80
Volvo V50
Volvo XC60
Volvo XC70
Volvo XC90
Wheaties
Yoplait
Yoplait
Yoplait Go-Gurt
Yoplait Light
Yoplait Whips

MINDSHARE
3630 Peachtree Road
Atlanta, GA 30326
Tel.: (404) 704-1800
Fax: (404) 832-3430
Web Site: www.mindshareworld.com

Employees: 50
Year Founded: 1997

Brands. Marketers. Agencies. Search Less. Find More.
Try out the online version at www.winmo.com

AGENCIES - JULY, 2020 — MEDIA BUYING & PLANNING AGENCIES

Discipline: Media Buying & Planning

Matt Chamberlin *(Senior Partner & Managing Director)*
Stacy Armistead *(Partner, Digital Director)*
Lauren Jopling *(Associate Media Director)*
Sharon Choi *(Sponsorship Chair)*
Eric Kirsche *(Senior Associate Media Planner)*
Maggie Siu *(Manager, Digital Investment Group)*
Rebecca Foust *(Senior Associate, Digital Investment)*
Scott Wensman *(Executive Director & Office Lead)*

Accounts:
BlueCross BlueShield of Tennessee
Church's Chicken
FEMA
Jiffy Lube
Orkin, Inc.

MINDSHARE
333 North Green Street
Chicago, IL 60607
Tel.: (312) 242-1100
Fax: (312) 242-1350
Web Site: www.mindshareworld.com

Employees: 120
Year Founded: 1997

Discipline: Media Buying & Planning

Susan Noble *(Managing Director)*
Courtney Isaacs *(Partner & Director, Strategic Planning)*
Dan Richardson *(Senior Partner & Director, Invention Studio)*
Jamie Arvizu *(Director, Media Research & Insights)*
David Adelman *(Chicago Office Head)*
Megan Fougerousse *(Senior Partner & Director)*
Maddison Mutschler *(Associate Media Director)*
Chad Knappenberger *(Director)*
Kari McTaggart *(Director)*
Mariel Cummins *(Partner, Director - Planning)*
Jamie Saylor *(Communications Director - General Mills)*
Emily Heneghan *(Director, Senior Partner)*
Brittany Rollheiser *(Director)*
Megan Bandy *(Director)*
Laura Schlieder *(Partner & Associate Director, Human Resources)*
Lauren Ignoffo *(Partner & Director, Planning)*
Amy Rutledge *(Partner & Media Director)*
Noam Dorros *(Partner & Director, Search & Social)*
Jay Perz *(Associate Director, Paid Search & Social)*
Daanish Chishti *(Senior Partner & Group Director)*
Tara Cunningham *(Associate Director)*
Jillian Leibow *(Associate Director)*
Nicole Schneider *(Associate Director, Digital Investment)*
Valerie Henninger *(Director)*
Kate McDonald *(Director, Programmatic Trading & Biddable Media Lead)*
Emily Skorin *(Programmatic Associate Director)*
Christine Chen *(Associate Director, Programmatic)*
Kim Loconsole *(Associate Director)*
Tim Quirsfeld *(Associate Director, Data Science)*
Brian DeCicco *(Executive Director, Managing Partner - North America FAST Hub Lead)*
Natalie Swender *(Associate Director)*
Marissa Tross *(Director, Trading Desk)*
James Geiger *(Associate Media Director)*
Brittny Schoeneman *(Associate Director, Programmatic Trading Desk)*
Meghan Delaney *(Associate Director)*
Claire Mesrobian *(Associate Director)*
Jenn Haase *(Senior Partner, Director)*
Andrea Strey *(Associate Director, Shopper Retail Media)*
Ian Evans *(Associate Director, Business Intelligence)*
Tyler Strauss *(Associate Director, Digital Investment Group)*
Ryan Agee *(Associate Director, Shopper Marketing)*
Kacy Cavadeas *(Partner & Director)*
Courtney Christ *(Associate Director, Paid Social & Search)*
Elizabeth Crawford *(Manager, Planning & Strategy)*
Nicole Bernard *(Manager)*
Kate Renwick *(Manager, Digital Investment)*
Laura Zalewski *(Manager, Paid Search)*
Elizabeth Cross *(Programmatic Manager)*
Ryan Cook *(Global & US Operations Manager)*
Peter Johnson *(Manager)*
Chelsea Stein *(Manager)*
Catherine Schuster *(Manager, Media)*
Tasha Saieh *(Manager, Media Planning)*
Bobby Laing *(Associate Director, Strategy & Planning)*
Caitlin Ori *(Manager, Digital Investment)*
Matthew Hirsh *(Manager - General Mills)*
Nathan Burstein *(Manager, Digital Investment)*
Lauren Good *(Manager, Strategy & Planning)*
Audrey Cords *(Manager, Search & Social)*
Isa Brindza *(Manager, Media Planning)*
Donatella Pizzulli *(Manager, Strategy & Planning - Abbott Nutrition)*
Andrew Walker *(Programmatic Manager)*
Jared Greene *(Strategic Planning Manager)*
Lauren Starcevich *(Manager)*
Danielle Musachia *(Senior Associate)*
Elana Aavik *(Senior Associate)*
Troy Rau *(Senior Associate, Digital Investment)*
Alyssa Larsen *(Senior Associate, Paid Search & eCommerce)*
Remington Krivelin *(Senior Associate, Paid Social)*
Ellie Stapleton *(Senior Associate, Paid Search)*
Taylor Berg *(Senior Associate, Search Engine Optimization)*
Margaret Zessin *(Senior Associate, Planning & Strategy)*
Andrea Lamb *(Senior Associate, Digital)*
Jason Kowitt *(Senior Associate, Media)*
Daniel Herr *(Associate, Digital Investment)*
Brian Goliszewski *(Senior Associate, Trading Desk)*
Charlotte Pellegrini *(Senior Associate, Media)*
Conor Sullivan *(Senior Associate, Media Strategy)*
Colleen Luczak *(Associate Media Planner)*
Nitika Reddy *(Programmatic Senior Associate)*
Ashley Couch *(Programmatic Associate)*
Amanda Kesten *(Senior Associate, Paid Search)*
Parker Lapins *(Associate, Media Planning)*
Ashley Rayfield *(Senior Associate Planner)*
Shannon Roth *(Managing Director)*
Christine Bajuyo *(Senior Partner & Managing Director)*
Brian Hollock *(Senior Partner & Managing Director)*
Paola Rovelo *(Senior Partner, Managing Director)*
Marissa Rutherford *(Senior Partner & Managing Director)*
Michael Soroosh *(Managing Director, Communications Planning)*
Spencer Koch *(Managing Director & Senior Partner)*
Aleksandra Injac *(Managing Director)*
Diana Gordon *(Senior Partner & Managing Director)*
Jill Langan *(Managing Director, Client Services)*

Accounts:
Abbott Diabetes Care
Abbott Laboratories
Abbott Nutrition
American Family Insurance Company
American Family Insurance Company
Annie's, Inc.
Armour Meats
Axe
Ball Park
Bertolli
Betty Crocker
Bisquick
BP America, Inc.
BP Gasoline
BP Lubricants USA, Inc.
BP Visco
Buffalo Wild Wings, Inc.
Butterball, LLC
Cascadian Farm
Castrol
CDW Corporation
Celgene Corporation
Cheerios
Chex
Chex Snack Mix
Cinnamon Toast Crunch
Cocoa Puffs
Compass Bank
Cookie Crisp
Cottonelle
Cottonelle Fresh
Depend
Dyson
EAS
Eckrich
Ensure
Fiber One Cereal
Fiber One Snack Bars
Food Should Taste Good
Freestyle Glucose Monitor
French Toast Crunch
Frosted Cheerios
Fruit By The Foot
Fruit Roll-Ups
General Mills, Inc.
Glucerna
Gold Medal
Golden Grahams
GoodNites
Grands
Gushers
Hamburger Helper
Healthy Ones
Hillshire Farm
Hillshire Farm's Deli Select
Honey Nut Cheerios
Huggies
Huggies Baby Wipes
Huggies Little Movers
Huggies Little Snugglers
Huggies Little Swimmers
Huggies Special Delivery
Immaculate Baking
Jimmy Dean

MEDIA BUYING & PLANNING AGENCIES
AGENCIES - JULY, 2020

John Morrell & Co.
Kimberly-Clark Corporation
Kix
Kleenex
Kleenex Hand Towels
Kotex
Larabar
Lucky Charms
LunchMakers
Margherita
Mountain High
Muir Glen
Multi Grain Cheerios
Myoplex
Nature Valley
Old El Paso
Pedialyte
PediaSure
PediaSure Sidekicks
Pillsbury
Poise
Progresso
Pull-Ups
Ragu
Ragu Old World Style
Reese's Peanut Butter Puffs
Rent-A-Center, Inc.
Rice Chex
Scott Products
Scott Professional Products
Similac
Small Planet Foods
Smithfield Foods, Inc.
Strawberry Toast Crunch
Suddenly Salad
SunSilk
Toaster Strudel
Total
Totino's
Trix
Tuna Helper
Tyson Any'tizers
Tyson Chicken
Tyson Cornish Game Hens
Tyson Fresh Meats, Inc.
Tyson Grilled & Ready
Tyson Ready for Slow Cooker
U by Kotex
Unilever Home & Personal Care USA
Viva
Wanchai Ferry
Wheat Chex
Wheaties
Yoplait
Yoplait Go-Gurt
Yoplait Greek
Yoplait Greek 100
Yoplait Light
Yoplait Whips

MINDSHARE
601 Brickell Key Drive
Miami, FL 33131
Tel.: (786) 264-7680
Web Site: www.mindshareworld.com

Employees: 3
Year Founded: 1997

Discipline: Media Buying & Planning

Dan Reaume (Chief Development Officer - Mindshare USA)
Paulo Cesar Celis (Chief Investment Officer)
Daniela Sayegh (Media Account Manager)

MINDSHARE
12180 Millennium Drive
Playa Vista, CA 90094
Tel.: (310) 309-8500
Fax: (310) 309-8595
Web Site: www.mindshareworld.com

Employees: 50
Year Founded: 1997

Discipline: Media Buying & Planning

Geraldine Pugongan (Senior Partner & Group Planning Director)
Adam Gerhart (Chief Executive Officer, United States)
Andrea Mull (Associate Director, Team Facebook)
Derek Heathcote (Senior Partner, Director, Media Strategy & Planning - Oculus & Facebook Portal)
Crista Beach (Associate Media Director)
Connor Hynes (Associate Media Director)
Mackenzie Patterson (Associate Director)
Jin Sung (Associate Director, Programmatic)
Jake Hollinger (Associate Director, Global Planning)
Kristin Phillipi (Manager, Strategy)
Seda Uge (National Broadcast Negotiator)
Nigel Sifantus (Paid Search Manager)
Morgan Trezek (Senior Associate, Digital Investment)
Daniele Kohen (West Coast Lead, Managing Partner - Mindshare & Neo)

Accounts:
AM/PM Mini Markets
Bandai America, Inc.
BP America, Inc.
Cabo Wabo Tequila Anejo
Cabo Wabo Tequila Blanco
Cabo Wabo Tequila Reposado
CBS Films
Facebook
Summit Entertainment, LLC
Summit Entertainment, LLC

MINDSHARE
160 Bloor Street East
Toronto, ON M4W 0A2
Tel.: (416) 987-5100
Fax: (416) 987-5245
Web Site: www.mindshareworld.com

Employees: 120
Year Founded: 1997

Discipline: Media Buying & Planning

Lina Alles (Chief Trading Officer)
Sarah Thompson (Chief Strategy Officer)
Devon MacDonald (Chief Executive Officer)
Caroline Breton (Senior Vice President, Media - GTB)
Alana Karelson (Associate Director)
Lorena Chiarotto (Director, Communications Planning)
Alexis Chen (Director, Strategy)
Amy Grove (Director, Planning)
Michael Marcy (Strategy Director)
Andrea Miliauskas (Managing Director)
Lucy Crean (Digital Investment Director)
Effie Kalambalikis (Senior Manager, Planning)
Gina Dynes (Senior Manager, Trading Investments)
Ethan Sager (Senior Manager, Strategy)
Cory MacPhee (Senior Manager)
Paula Carolan Di Salvo (Managing Director, Client Leadership)
Janet Mainprize (Managing Director, Digital Operations & Analytics)

Accounts:
Air Canada
American Express Canada, Inc.
Axe
Ben & Jerry's Homemade, Inc.
Breyers
Degree
High Liner Foods Canada, Inc.
Indigo Books & Music, Inc.
Knorr
Levitra (Canada)
Manulife Financial Corporation
Noxzema
Pond's
Popsicle

MINDSHARE
1800 Northwest Upshur Street
Portland, OR 97209
Tel.: (503) 265-2099
Web Site: www.mindshareworld.com

Year Founded: 1997

Discipline: Media Buying & Planning

Ryan Johnson (Partner & Director, Global Exchange- Nike)
Stacy Staranowicz (Senior Partner & Director, Global Operations)
Liam MacManus (Managing Partner & Office Lead)
Jessica Worthington (Senior Partner & Global Business Director- Instagram & Facebook Blue App)
Laura Merrett (Account Manager & Project Manager)
Michael Fields (Manager, Global Media - Team Nike)

Accounts:
Facebook

MINDSHARE
303 Second Street
San Francisco, CA 94107
Web Site: www.mindshareworld.com

Year Founded: 1997

Discipline: Media Buying & Planning

Kristin Koch (Global Operations Lead - Team Facebook)
Hayley Allam (Global Planning Director & Managing Partner - Team Facebook)
Kenward Ng (Global Business Director, Managing Partner - Team Facebook)

Accounts:
Facebook

MINDSTREAM MEDIA
5889 Oberlin Drive
San Diego, CA 92121
Web Site: www.mindstreammedia.com

Year Founded: 2016

Discipline: Media Buying & Planning

Bailey Bosson (Vice President, Digital Media)
Adrian Huth (Paid Media Director)
Erica Pinto (Director, Busniess Development)
Andy Lau (Paid Media Specialist)
Yasemin Yackey (SEM Specialist)

Brands. Marketers. Agencies. Search Less. Find More.
Try out the online version at www.winmo.com

MEDIA BUYING & PLANNING AGENCIES

MINDSTREAM MEDIA GROUP - DALLAS
1717 Main Street
Dallas, TX 75201
Tel.: (214) 561-5678
Fax: (214) 561-5678
Web Site: mindstreammediagroup.com

Year Founded: 1989

Discipline: Media Buying & Planning

Kim Kohler *(Chief Relationship Officer)*
Bob Nichol *(Chief Executive Officer)*
Eric Schaefer *(President)*
Todd Unruh *(Head, Innovation)*
Melissa Wolf *(Group Director, Buying Operations)*
Ryan Ward *(Group Planning Director)*
Darren Antoniello *(Director, Group Planning)*
Kurt Schweitzer *(Media Director)*
Shelby Clement *(Director, Media Planning)*
Christopher Hunt *(Director, Digital Investment)*
Michelle Hudson *(Group Planning Director)*
Caitlin Morin *(Technical Lead, Analytics)*
Kiley Cowley *(Supervisor, Digital Investment)*
Debbie Bridgewater *(Director, Finance)*
Derek King *(Media Planning Director)*
Kimberly Shafer *(Broadcast Media Buyer)*
Elyse Gibson *(Supervisor, Media Planning)*
Danielle Peters *(Field Marketing Strategist)*
Briana Theiss *(Supervisor, Media Buying)*
Justin Honeycutt *(Paid Social Analyst)*
Misty Castellanos *(Planning Strategist)*
Andrew Lambert *(Planning Strategist)*
Cameron Dwyer *(Manager, Digital Account)*
Brian Pappas *(Manager, Digital Account)*
Elizabeth Pickard *(Manager, Paid Social Account)*
Krystal MacIntyre *(Paid Social Account Manager)*
Kristine Arning *(Programmic Media Specialist)*
Garrett Kosel *(Strategist, Media Planning)*
Elizabeth Flower *(Assistant Media Buyer)*
Elizabeth Olivarez *(Associate Media Planner)*

Accounts:
Crayola Experience
Dave & Buster's
Dillard's, Inc.
Energy Transfer Partners, LP
Gold's Gym International, Inc.
Half Price Books, Inc.
Pollo Tropical, Inc.
Ted's Montana Grill, Inc.
Texas Health Resources
The Parking Spot
W.M. Barr / Klean-Strip
World Vision

MISSISSIPPI PRESS SERVICES
371 Edgewood Terrace
Jackson, MS 39206
Tel.: (601) 981-3060
Fax: (601) 981-3676
Web Site: www.mspress.org

Employees: 12
Year Founded: 1866

Discipline: Media Buying & Planning

Layne Bruce *(Executive Director)*
Sue Hicks *(Manager, Business Development)*
Andrea Ross *(Director, Media)*
Monica Gilmer *(Coordinator, Member Services & Planner - Event)*

MMSI
931 Jefferson Boulevard
Warwick, RI 02886
Tel.: (401) 737-7730
Web Site: www.mmsipi.com

Year Founded: 1985

Discipline: Media Buying & Planning

Tony Ferranti *(President)*
Kaila Vallee *(Senior Vice President)*
Michelle Fallon *(Vice President, Growth & Development)*
Janelle Kreider *(Director, Strategy & Planning)*
Talia Wheeler *(Media Planner)*
Nick Bucci *(Director, Client Services)*
Carey White *(Director, Operations)*
Thomas Wetzel *(Media Director)*
Sarah Brennan *(Client Services Supervisor)*
Allison Weiner *(Media Buyer)*
Mairin Cunnie *(Media Buyer)*
Bonnie Persinger *(Account Manager)*
Sherri Dunwoody *(Account Coordinator)*

Accounts:
Life Alert

MN & COMPANY MEDIA MANAGEMENT
47R High Street North
Andover, MA 01845
Tel.: (617) 426-9211
Fax: (617) 426-7443
Web Site: www.yellinmccarron.com

Year Founded: 1995

Discipline: Media Buying & Planning

Melissa Noyes *(President)*
Patricia McCarron *(Chief Executive Officer)*
Adrienne Palen *(Director, Account Services)*

MONAHAN MEDIA
Post Office Box 1890
Clarkston, MI 48374
Tel.: (248) 895-8430
Fax: (877) 352-5272
Web Site: www.monahanmedia.com

Employees: 5

Discipline: Media Buying & Planning

Linda Monahan *(President & Director, Media)*
Jennifer Barber *(Media Buyer & Planner)*

Accounts:
ABC Warehouse Group

MORGAN + COMPANY
4407 Canal Street
New Orleans, LA 70119
Tel.: (504) 523-7734
Fax: (504) 523-7737
Web Site: www.morganandco.com

Year Founded: 1997

Discipline: Media Buying & Planning

Eric Morgan *(President)*
Brenda Cole *(Chief Financial Officer)*
Renee Cobb-Stuart *(Director, Media Buying)*

Accounts:
Cleco Corporation
Copeland's Cheesecake Bistro
Copeland's of New Orleans
Fair Grounds Race Course & Slots
Let's Be Totally Clear
Louisiana Office of Tourism

MULLENLOWE U.S. NEW YORK
386 Park Avenue South
New York, NY 10016
Tel.: (212) 633-0440
Web Site: www.mullenlowegroup.com

Year Founded: 1981

Discipline: Media Buying & Planning

Alex Leikikh *(Global Chief Executive Officer)*
Kelly Fredrickson *(President - Boston & New York)*
Meghan Riley *(Senior Vice President & Lead, Social Strategy)*
Charles Leone *(Vice President & Account Director)*
Greg Masiakos *(Vice President & Account Director)*
Renato Barbosa *(Director, Account)*
Sarah Cheng *(Senior Account Executive)*
Katie McKenna *(Senior Social Content Designer)*
Rebekah Pagis *(Managing Director)*

Accounts:
Banana Boat
Degree
Degree Men
Degree Women
Diaper Genie
Edge
Edgewell Personal Care
Etrade.com
Hawaiian Tropic
JetBlue
Litter Genie
Mount Gay
O.B.
Personna
Playtex
Playtex Baby
PODS Enterprises, Inc.
Remy Cointreau USA
Schick
Schick Hydro
Schick Intuition
Schick Quattro
Schick Silk Effects
Schick Slim Twin
Schick Xtreme 3
Skintimate
Talbots
TaxAct
Ulta Beauty
Wet Ones

NEO MEDIA WORLD
Three World Trade Center
New York, NY 10007
Tel.: (212) 297-8181
Web Site: www.neomediaworld.com

Year Founded: 2006

Discipline: Media Buying & Planning

Nasreen Madhany *(Global Chief Executive Officer)*
Julia Bayona *(Partner & Associate Director, Learning & Development)*
Michael Bruckstein *(Managing Director & Managing Partner)*
Allegra Kadet *(Chief Operating Officer - New York)*

MEDIA BUYING & PLANNING AGENCIES
AGENCIES - JULY, 2020

Ruby Lau *(Partner & Group Director, Programmatic)*
Jennifer Miller *(Senior Partner & Director, Search)*
Ron Kurian *(Director & Partner)*
Melissa Scott *(Group Planning Director & Partner, Director Ad Verification - Eightbar)*
Catherine Keenan *(Group Planning Director)*
Jenna Hirsch *(Associate Media Director)*
Kealin Civetti *(Associate Media Director - TD Ameritrade)*
Ariel Kreisler *(Associate Director - IBM Performance Marketing)*
Caitlin Rollins *(Director, Media)*
Nicholas Purcaro *(Associate Media Director)*
Brandon Bethea *(Senior Partner & Director, Analytics)*
Romeo Kabir *(Associate Director, Planning)*
Jenny Sun *(Associate Media Director, Programmatic)*
Skye Yang *(Director, Insights & Analytics)*
Alexis Kuennen *(Media Supervisor)*
Peter Flockencier *(Manager, eCommerce & Programmatic)*
Jill Reisinger *(Manager, Programmatic)*
Danielle Cheng *(Digital Supervisor, Investments - Nestle Waters North America & Nespresso)*
Eric Bigley *(Manager, Paid Social)*

Accounts:
Aetna, Inc.
Aetna.com
Career Education Corporation
CDW Corporation
Eastman Kodak Company
Hive Home
IBM Corporation
Medtronic, Inc.
Morton Salt, Inc.
Qualcomm

NEW & IMPROVED MEDIA
222 North Pacific Coast Highway
El Segundo, CA 90245
Tel.: (310) 578-2300
Fax: (310) 578-9548
Web Site: www.newandimprovedmedia.com

Year Founded: 1988

Discipline: Media Buying & Planning

Don Terrell *(President & Agency Lead)*
Tori Davis *(Director, Media & Team Leader)*
Casey Baker *(Supervisor, Media)*

Accounts:
McCormick Distilling

NEW DAY MARKETING
923 Olive Street
Santa Barbara, CA 93101
Tel.: (805) 965-7833
Fax: (805) 965-1284
Web Site: www.newdaymarketing.com

Employees: 18

Discipline: Media Buying & Planning

Rob Hunt *(President)*
Jeff Thompson *(Vice President, Media)*
Lisa Long *(Media Buyer)*

NEWTON MEDIA
824 Greenbriar Parkway
Chesapeake, VA 23320
Tel.: (757) 547-5400
Fax: (757) 547-7383
Web Site: www.newtonmedia.com

Discipline: Media Buying & Planning

Steve Newton *(President & Chief Executive Officer)*
Janet Burke *(Media Director)*
Aimee James *(Media Buyer)*
Aubry Winfrey *(Media Buyer & Account Executive)*

NEXTMEDIA, INC.
3625 North Hall Street
Dallas, TX 75219
Tel.: (214) 520-9700
Fax: (214) 525-4852
Web Site: www.nextm.com

Employees: 6
Year Founded: 1997

Discipline: Media Buying & Planning

Michael Leonard *(Principal & Chief Executive Officer)*
Karon Klein *(President)*
Kala Brock *(Media Supervisor)*

Accounts:
FastSigns
Insperity
Texas A&M University

NORBELLA
46 Plympton Street
Boston, MA 02118
Tel.: (617) 542-1040
Web Site: www.norbella.com

Year Founded: 2009

Discipline: Media Buying & Planning

Seb Maitra *(Chief Operating Officer)*
Stephanie Noris *(Founder & President)*
Kevin Webb *(Chief Financial Officer)*
Greg Angland *(Director, Media & Vice President, Client Engagement)*
Bob Deininger *(Vice President, Digital Analytics)*
Jessica Carmona *(Vice President, Strategy)*
Teresa Conant *(Associate Director, Broadcast)*
Phil Decoteau *(Associate Director, Digital)*
Kelsey McLaughlin *(Associate Planning Director)*
Stacey Washkowitz *(Director, Operations)*
Kyle Wons *(Manager, Digital)*
Meghan Maiorana *(Associate Director)*

Accounts:
Bertucci's Corporation
Bertucci's Restaurant
Cumberland Farms, Inc.

NOVUS MEDIA, INC.
Two Carlson Parkway
Plymouth, MN 55447
Tel.: (612) 758-8600
Fax: (612) 336-8600
Toll Free: (888) 229-4656
Web Site: www.novusmedia.com

Year Founded: 1987

Discipline: Media Buying & Planning

Dave Murphy *(Chief Executive Officer)*
Robert Davis *(Chief Client Officer)*
Margy Campion *(Chief Operating Officer)*
Bridgit Wallace *(Vice President, Media Investment)*
Candi Atteberry *(Vice President, Client Services)*
Sandi Jucha *(Director, Client Services)*
Kristie Gonczy *(Associate Director, Media Investment)*
Ashley Smith *(Associate Director, Media Investment)*
Amanda Geistfeld *(Director, Strategic Pricing)*
Marsha Lawrence *(Director, Media Investment)*
Christy Charbonneau *(Group Account Director)*
Eric Pankratz *(Digital Planning Director)*
Chelsea Hinnenkamp *(Account Executive)*
Ben Schulz *(Media Supervisor)*
Tommasina Caprio *(Senior Media Buyer)*
Wendy Giannattasio *(Media Buyer)*
Brenda Malewitz *(Senior Media Buyer)*
Kendra Ferrier *(Buyer, National Media - Print)*
Mary Krebsbach *(Human Resources Manager)*
Susan Kravitz *(Managing Director)*

Accounts:
Bed Bath & Beyond

NOVUS MEDIA, INC.
333 North Michigan Avenue
Chicago, IL 60601
Toll Free: (888) 229-4656
Web Site: www.novusmedia.com

Year Founded: 1987

Discipline: Media Buying & Planning

Rob Davis *(Chief Client Officer)*
Montrew Newman *(Vice President & Managing Director, Integrated Media)*
Therese Mulvey *(Director, Consumer Insights)*

NOVUS MEDIA, INC.
510 Front Street
Toronto, ON M5V 3H3
Tel.: (612) 758-8600
Web Site: novusmedia.com

Year Founded: 1987

Discipline: Media Buying & Planning

Debbie Drutz *(President)*
Quin Millar *(Managing Director, Growth)*

NSA MEDIA GROUP, INC.
3025 Highland Parkway
Downers Grove, IL 60515-7063
Tel.: (630) 729-7500
Fax: (630) 241-8553
Web Site: www.nsamedia.com

Year Founded: 1991

Discipline: Media Buying & Planning

Steve Mueller *(President & Chief Executive Officer)*
Shannon Wagner *(President, SPM)*
Susan Saarnio *(Vice President & Director, Human Resources)*
Katie Kiss *(Vice President & Director, Account Services)*
Kerry Smith *(Vice President, Account Director)*
Karin Kasper *(Vice President, Media Investments)*
Beth Zeitner *(Vice President, Media Planning & Analysis)*
Cathy Petritz *(Vice President & Account Director)*
Kate Pustay *(Vice President, Account Services)*

Brands. Marketers. Agencies. Search Less. Find More.
Try out the online version at www.winmo.com

AGENCIES - JULY, 2020
MEDIA BUYING & PLANNING AGENCIES

Kyle McFarren *(Director, Advanced Analytics)*
Annie Deschamps *(Account Director)*
Jim Hagan *(Director, Digital Strategy)*
Kim Sylla *(Director, Buying)*
Janie Hartwig-Smith *(Senior Media Buyer)*
Kaitlin Ruchniewicz *(Manager, Digital Strategy)*
Christian Hauptman *(Senior Media Buyer)*
Judi Berman *(Senior Media Buyer)*
Kelsey Zucker *(Senior Account Executive)*

Accounts:
CVS Health

O'BRIEN MARKETING
2901 West Pacific Coast Highway
Newport Beach, CA 92663
Tel.: (949) 258-4326
Fax: (616) 295-0692
Web Site: www.obrienmkt.com

Discipline: Media Buying & Planning

Patrick O'Brien *(Chief Executive Officer)*
Dondi Kingsbury *(Executive Vice President)*
Hannah Robin *(Director, Client Services)*

OCEAN BRIDGE MEDIA GROUP
2032 Armacost Avenue
Los Angeles, CA 90025
Tel.: (310) 392-3200
Fax: (310) 392-3341
Web Site: www.oceanbridgemedia.com

Year Founded: 2003

Discipline: Media Buying & Planning

Ramie Ostrovsky *(Chief Executive Officer)*
Cary Herrman *(President)*
Randi Cooley Wilson *(Account Director)*

OCEAN MEDIA, INC.
17011 Beach Boulevard
Huntington Beach, CA 92647
Tel.: (714) 969-5244
Fax: (714) 969-6589
Web Site: www.oceanmediainc.com

Employees: 32
Year Founded: 1996

Discipline: Media Buying & Planning

Mike Robertson *(Chairman & Chief Executive Officer)*
Ron Luebbert *(Chief Operating Officer)*
Jay Langan *(President)*
Dave Coleman *(Senior Vice President, Strategy & Development)*
Gregg Bender *(Senior Vice President, Client Services)*
Clintton Fleschere *(Senior Vice President, Client Services)*
Annmarie Turpin *(Senior Vice President, Client Analytics)*
Jared Lake *(Vice President, Digital Strategy)*
Stephanie Holman *(Vice President, Financial)*
Aileen Reyes *(Associate Director, Media)*
Alissa Tarby *(Senior Director, Media Strategy - New York)*
Stephanie Stanczak *(Senior Media Director, Pricing & Strategy)*
Shannon Bartholemy *(Director, Digital Strategy)*
Samantha Stecker *(Senior Director, Strategy & Innovation)*
Megan Hymanson *(Associate Director)*
Audrey Ofelia *(Director, Traffic)*

Tiffany Quach *(Director, Account)*
Jason Drews *(Account Director)*
Shani Saitman *(Associate Director, Media)*
Lori Kajiya *(Account Director)*
Kevin Telkamp *(Associate Director, Digital Operations)*
Marcela Wilfong *(Director, Research)*
Owen West *(Director, Digital Media Operations)*
Charis Tharp *(Director, Account)*
Kevin Cozine *(Media Director, New Business)*
Clint Rogers *(Account Director)*
Ryan Blatchley *(Account Director)*
Diana Sosa *(Senior Media Buyer)*
Jackie Ginsbarg *(Media Supervisor, Brand Partnerships)*
April Price *(Senior Media Buyer)*
Teresa Kees *(Senior Media Negotiator)*
Caroline Jan *(Media Negotiator)*
Marifie Natividad *(Senior Analyst, Media)*
Britta Veneziano *(Manager, Business Development)*
Mitchell Gonzales *(Supervisor, Digital Media)*
Alexa Licciardello *(Senior Media Planner)*
Amy Pho *(Supervisor, Digital Media)*
Brittany Cacayuran *(Media Negotiator)*
Freddy Rayos *(Senior Media Buyer - Programmatic)*
Michelle Sullivan *(Senior Media Negotiator)*
Andrea N. Mora *(Media Buyer)*
Georgina Valdez *(Manager, Accounts Payable)*
Jamie Hesketh *(Supervisor - DR Media)*
John Wraase *(Manager, Data)*
Peris Maina *(Media Buyer, Digital & Programmatic)*
Robert Lopez *(Manager, Human Resource)*
Lidia Hernandez *(Media Negotiator)*
Christopher Strickland *(Senior Media Buyer)*
Shane Riegel *(Business Intelligence Analyst)*
Christine Oakley *(Media Supervisor)*
Whitney Bechert *(Senior Executive Assistant to Chief Executive Officer)*
Shaleena Bautista *(Account Executive)*
Alyssa Harman *(Senior Specialist - DR Media)*
Rebecca Baum *(Account Executive)*
Marlee Rutberg *(Coordinator, Account)*
Dakota Ball *(Coordinator, Account)*
Jennifer Gunderson *(Media Negotiator)*

Accounts:
Betterment
Care.com, Inc.
ecoATM Gazelle
LifeLock, Inc.
Overstock.com, Inc.
Priceline.com, Inc.
Rakuten Rewards
Skinit, Inc.
Skinit.com
The Sharper Image
Vroom.com
Weebly, Inc.
Zipcar

OMD
195 Broadway
New York, NY 10007
Tel.: (212) 590-7100
Fax: (646) 278-3000
Web Site: www.omd.com

Year Founded: 1996

Discipline: Media Buying & Planning

John Osborn *(Chief Executive Officer - US)*
Monica Karo *(Chief Client Officer)*
Chris Geraci *(President, National Broadcast)*

Wendy Arnon *(President - Pathway Group)*
Ben Winkler *(Chief Investment Officer & Chief Transformation Officer)*
Kenneth Corriveau *(Chief Information Officer & Senior Vice President)*
Kristen Colonna *(Chief Strategy Officer - North America)*
Mainardo de Nardis *(Executive Vice Chairman - OMG)*
George Manas *(President - U.S. & Chief Media Officer - OMD)*
Scott Downs *(Chief Client Officer, Chief Operating Officer & Managing Director)*
Robert Habeck *(President, Global Account Management)*
Jon Anselmo *(Chief Operating Officer & President)*
Gianluca Baglioni *(Chief Finance Officer - North America)*
Scott Hagedorn *(Chief Executive Officer - North America)*
Sofia Colantropo *(Chief Marketing Officer)*
Timothy Penn *(Supervisor)*
Luis Bravo *(Vice President & Supervisor, National Broadcast Investment)*
Ann Price *(Associate Director, Strategy - Multicutural)*
Janet Barnard *(Group Account Director)*
Brian Sypniewski *(Group Account Director - Pathway Group)*
Rob D'Asaro *(Director, Digital Partnerships & Platforms - OMnet)*
Dario Raciti *(US Director - Zero Code)*
Nicole Collins *(Group Director, National Video Investment - US)*
Joel Redmount *(Executive Director, Client Leadership)*
Scott Schwartz *(Managing Director)*
Suzanne Keiserman *(Director, Group Account)*
Israel Mirsky *(Executive Director)*
Susana Correa *(Director, Group Strategy)*
Erin Gilligan *(Group Director, Strategy)*
Lindsay Belisle *(Director, Learning & Development - Omnicom Media Group)*
Danielle Cohen *(Group Director, Strategy)*
Ricardo Rivera *(Global Digital Group Director)*
Tim Bosch *(Director, Digital Activation - OMD)*
Brooke Lipschitz *(Associate Media Director)*
Alice Kwon *(Group Account Director)*
Jennifer Liddle *(Associate Media Director)*
David Weisfelner *(Group Account Director)*
Michelle Falco *(Associate Media Director, National Video Investment)*
Steve McNaughton *(Associate Director)*
Cristin Kilbride *(Group Account Director)*
Lisa Benigno *(Associate Director)*
Maggie Tibbitts *(Associate Director)*
Trina Banerji *(Lead, Programmatic Marketplace & Enterprise Partnerships - OMD Media Group)*
Ankita Nigam *(Group Director, Strategy)*
Michelle Higgins *(Associate Director, Accountability)*
Donald McLean *(Associate Director, Digital)*
Dana Scafidi *(Group Director, Digital Activation)*
Jade Nelson *(Group Account Director)*
Maris Cohen *(Associate Director, Strategy)*
Kristen Newman *(Director, Performance - Digital Activation)*
Ryan Wojcik *(Senior Director, Digital)*
Ashley Silver *(Director, Digital Activation)*
Joanna Corn *(Director, Media)*
Kimberly Forrester *(Associate Director, Media Strategy & Innovation)*
Dhanya Chandramohan *(Group Director, Digital Investment)*

498

MEDIA BUYING & PLANNING AGENCIES

AGENCIES - JULY, 2020

Shannon Ahearn *(Group Account Director)*
Allison McManus *(Associate Director)*
Robert Campos *(Director, Programmatic Planning & Optimization)*
Katharine Ricci *(Senior Director, East Coast - OMD CREATE)*
Gretchen Smith *(Account Director - OMG)*
Melinda Iasilli *(North American Group Account Director - Hasbro)*
Amy Jost *(Group Strategy Director)*
John Hunt *(Group Director, TV Investment)*
Jessica Vassallo *(Group Director)*
Lark Ferrill *(Group Director, Network TV)*
Melissa Burke *(Group Director)*
Fawn Butler *(Group Director, Operations)*
Emily Tobias *(Director, Digital Media)*
Katelyn Brown *(Group Director)*
Evan Schwartz *(Associate Director, Digital Investment)*
Jenny Hermanson *(Group Account Director)*
Jessica Cha *(Associate Director, Digital Media)*
Matthew Hodges *(Group Director)*
Raymond Huang *(Associate Director, Programmatic)*
Lauren Blando *(Associate Director, Partnerships & Social Strategy - Bacardi Limited Global Communications)*
Geoff Lamm *(Global Account Director)*
Griffin Calkins *(Associate Director, Performance)*
Samantha Buck *(Associate Media Director)*
Danielle Sporkin *(Head, Integrated Planning - U.S.)*
James Doherty *(Associate Media Director)*
Thomas Hawing *(Associate Media Director)*
Tara Amalfitano *(Associate Director, Strategy)*
Christopher Williams *(Global Group Director)*
Sharon Zheng *(Associate Director, Media)*
Nikki Sarraga *(Associate Director, Video Buying)*
Blerta Hidra *(Associate Director)*
Brielle Tumblety *(Group Strategy Director)*
Soumya Sinha *(Associate Director, Marketing Science)*
Andrew Powl *(Group Director, Digital Activation)*
Musa Katuli *(Vice President, Group Director, Marketing Sciences - Apple)*
Alyssa Vona *(Associate Director, Strategy)*
Adam Khalil *(Group Director, Digital Investment)*
Teresa Florin *(Group Director, Local Broadcast Investment)*
Kunal Rege *(Associate Director)*
Stephen Fan *(Senior Director, Marketing Sciences)*
Jeremy Rosenblum *(Director, Marketing Science)*
Dusan Stojicevic *(Associate Director, Planning & Optimization)*
Marissa Micheletti *(Associate Media Director)*
Chandra Shekhar *(Director, Performance Marketing Science)*
Zeenat Duberia *(Director, Marketing)*
Katya Mikulich *(SEO Director)*
Kai Cheung *(Group Director, Marketing Sciences)*
Crystal Yuen *(Associate Director, New Business)*
Alexandra Tate *(Associate Director)*
Aruna Natarajan *(Director, Global Account)*
Robert Inferri *(Group Account Director, Strategy)*
Candace Brogren *(Regional Director - West)*
Lai Yen Wong *(Group Director)*
Morgan Leathers *(Group Director)*
Peter Shim *(Associate Director)*
Sharon Cullen *(Regional Director - East Coast)*
William Majowka *(Group Director)*

Justin Lee *(Supervisor, Integrated Video Investment)*
Blake Hartle *(Associate Director, Digital Investment)*
Arel Greif *(Supervisor, Implementation - Warner Brothers)*
Liz Russo *(Local Broadcast Supervisor)*
Ivy Kolpon *(Integrated Media Planning Supervisor - National Geographic)*
Zola Polynice *(Supervisor, CBS)*
Mackenzie Cohen *(Associate Director, Digital Activation)*
Ryan Pappalardo *(Strategy Supervisor)*
Ryan Gilpatrick *(Supervisor, National Video Investment)*
Harriette Willis *(Supervisor, National Video Investment)*
Francesca Rizzuto *(Supervisor)*
Justin Lucero *(Strategy Supervisor)*
Ermira Pashtriku *(Strategy Supervisor)*
Eileen Pastyrnak *(Supervisor - Eli Lilly)*
Kaila Katzen *(Supervisor)*
Daniel Gallagher *(Supervisor)*
Molly Mann *(Supervisor)*
Taylor Cuomo *(Manager, Digital Investment)*
Sindhuri Bhimavarapu *(Strategy Supervisor)*
Nikki Davis *(Digital Supervisor)*
Caitlin McGrath *(Supervisor, Video Investment - Eli Lilly)*
Sarah Lohrenz *(Media Supervisor)*
Brooke Swift *(Digital Media Supervisor)*
Rachel Abbate *(Strategist)*
Irina Dementyeva *(Manager, Marketing Sciences)*
Dylan Friedenberg *(Supervisor, Media Strategy)*
Ian Killgore *(Supervisor, Digital Activation)*
Kristyn Tremblay *(Strategy Supervisor)*
Theodore St John *(Supervisor, Video Investment)*
Andrew Verdino *(Advertising Supervisor)*
Katie Szajkovics *(Media Strategist)*
Camille Nunziata *(Supervisor)*
Erica Greenberg *(Digital Buyer & Supervisor)*
Austin Kevelson *(Digital Investment Supervisor)*
Tyler Sperling *(Negotiator)*
Zach Garbiso *(Associate Director, Planning)*
Rajan Sehmi *(Associate Director)*
Amie McManus *(Strategist)*
Emily Li *(Senior Associate, National Video Investment)*
Emma Stephens *(Senior Media Strategist)*
Katelyn Van Ort *(Senior Associate, Digital Activation)*
Janek Bielski *(Senior Associate, Digital Activation)*
Daniel D'Auria *(Manager, Media & Negotiator - Bacardi & NFL)*
Brandon Chan *(Analyst, Marketing Sciences)*
Sofia Diaz *(Assistant Strategist)*
Raj Daiya *(Senior Associate, Marketing Science)*
Mark Sperry *(Senior Associate, Digital Activation)*
Sarah Burgess *(Strategist)*
Blanche Huo *(Senior Associate, Marketing Science)*
Aaron Finkelstein *(Associate Director, Digital Media)*
Allyson Lech *(Associate, Integrated Media Planning)*
Katherine Ahumada *(Associate Director, Integrated Media)*
Nicole Berrin *(Assistant Strategist, Media)*
Lisa Longhitano *(Media Coordinator)*
Lindsey Lee *(Supervisor, Bacardi Limited Global Partnerships & Social Strategy)*
Liza Davidian *(Managing Director, Integrated Investment)*
John Davis *(Managing Director, Investment Operations - Omnicom Media Group)*
Mike Arden *(Director, Investment Operations - US)*
Dave Kornett *(Managing Director, Integrated Investment)*
Regina Gitelman *(Managing Director, Integrated Investment)*
Howard Geisler *(Global Managing Director)*
Kyong Coleman *(Managing Director)*
Charlotte Lim *(Managing Director, Digital)*

Accounts:
Accountemps
Activision Blizzard, Inc.
Activision Publishing, Inc.
Adenocard
Adenoscan
AmBisome
Amp Energy
Ancestry.com Inc.
Aquaphor
Astellas Pharma US, Inc.
Aunt Jemima
Bacardi
Bacardi 151
Bacardi 1873 Solera
Bacardi 8
Bacardi Anejo
Bacardi Big Apple
Bacardi Black
Bacardi Daiquiri
Bacardi Flavored Rum
Bacardi Gold
Bacardi Limon Citrus Rum
Bacardi Maestro De Ron
Bacardi Mixers
Bacardi Mojito
Bacardi Oakheart
Bacardi Party Drinks
Bacardi Pina Colada
Bacardi Silver
Bacardi Superior
Bacardi USA, Inc.
Baked!
Barilla America, Inc.
Barilla America, Inc.
Beiersdorf, Inc.
Boehringer Ingelheim Animal Health
Bombay Sapphire
Brisk
Call of Duty
Cap'n Crunch
Cazadores
Cheetos
Cialis
CIGNA Corporation
CIGNA HealthCare
Clorox 2
Clorox Disinfecting Wipes
Cognizant Technology Solutions
Conivaptan
Corzo
Cracker Jack
Cresemba
Cymbalta
Dewar's
Diet Pepsi
Disney/ABC Television Group
Doritos
Effient
Eli Lilly & Company
Emgality
Eucerin
Evista
Experian Simmons
FedEx Corporation

Brands. Marketers. Agencies. Search Less. Find More.
Try out the online version at www.winmo.com

AGENCIES - JULY, 2020 — MEDIA BUYING & PLANNING AGENCIES

FedEx Express
FedEx Office
Fedex.com
Fox Entertainment Group, Inc.
Fresh Step
Frito-Lay, Inc.
Fritos
FRONTLINE
G2
Gatorade G Series
GE Appliances, a Haier Company.
GE Cafe
GE GeoSpring
GE Healthcare
GE Monogram
GE Vscan
General Electric Corporation
Glad
Glad ForceFlex
Grey Goose
Guitar Hero
Havana Club Clear Rum
HEARTGARD
Hidden Valley Ranch
HP TouchPad
HP Veer
HP, Inc.
HP.com
Humalog
Humulin
Infiniti
Infiniti Q60
Infiniti Q70
Infiniti QX50
Infiniti QX60
Infiniti QX70
Infiniti QX80
IZZE Beverage Company
JCPenney Corporation, Inc.
King Vitaman Cereal
Kingsford
Lay's
Lay's Stax
Lexiscan
Life Cereal
Lipton Iced Tea
Martini & Rossi
Martini Vermouth
Martini Wine
Marvel Studios
Mega Millions
Mitsubishi Motors North America, Inc.
Modern Warfare
Monster Worldwide, Inc.
Mountain Dew
Mountain Dew Amp
Myrbetriq
Naked
Naked Juice
National Football League, Inc. (NFL)
New Line Cinema Corporation
Nissan 370Z
Nissan Altima
Nissan Armada
Nissan Frontier
Nissan Juke
Nissan Leaf
Nissan Maxima
Nissan Murano
Nissan North America, Inc.
Nissan Pathfinder
Nissan Rogue
Nissan Sentra
Nissan Titan
Nissan Versa
Nivea

Nivea Body Wash
Nivea Body Wash
Nivea for Men
OPI Products, Inc.
Pasta Roni
Pavilion
Pepsi
Pepsi Max
PepsiCo, Inc.
Pine-Sol
Prograf
Propel
Protopic
Quaker Barley
Quaker Chewy Granola Bars
Quaker Instant Grits
Quaker Instant Oatmeal
Quaker Oatmeal Squares Cereal
Quaker Oats
Quaker Overnight Oats
Quaker Popped
Quaker Puffed
Quaker Real Medleys
Quaker Rice Cakes
Quaker Simply Granola
Quaker Steel Cut Oats
Quisp Cereal
Reserva Limitada
Rice-A-Roni
Robert Half International, Inc.
Rold Gold
Ruffles
Sabra
Sabra Dipping Company, LLC
Seattle's Best (Distribution License)
Sierra Mist
Smartfood Popcorn
Smashbox Cosmetics
Snap, Inc.
Snapchat
SoBe
Sony Music Entertainment
Stacy's Pita Chips
Starbucks (Distribution License)
State Farm Auto Insurance
State Farm Insurance Companies
Stelara
Sun Chips
Taltz
The Clorox Company
Tostitos
Tourism Ireland
Tropicana
Tropicana Pure Premium
Trulicity
U.S. Army
VESIcare (co-marketed by GlaxoSmithKline)
Voya Financial
Walt Disney Pictures
Walt Disney Studio Entertainment
Xtandi

OMD
225 North Michigan Avenue
Chicago, IL 60601
Tel.: (312) 324-7000
Fax: (312) 324-7292
Web Site: www.omd.com

Employees: 260
Year Founded: 1996

Discipline: Media Buying & Planning

Lisa Botta *(Director)*
Zach Graham *(Senior Director, Integrated Media Planning)*
Christa Martay *(Group Director)*
Laura Dillon *(Group Director, Account)*
Eileen Holton *(Executive Director, Integrated Planning)*
Dawn Sumoski *(Associate Media Director)*
Tony Schlax *(Global Account Director - Omnicom Media Group)*
Lauren McCracken *(Executive Director, Client Leadership)*
Lisa Davis *(Group Account Director)*
Pam Monaghan *(Group Director, Local Broadcast)*
Laura Fronapfel *(Group Director)*
Nathan Mosack *(Group Account Director - Digital)*
Elizabeth Bridenstine *(Group Director, Digital Strategy)*
Linas Paulius *(Executive Director, Integrated Media Planning)*
Kerri Stumpo *(Group Director, Integrated Planning)*
Sarah Simpson *(Group Director)*
Grant Dudgeon *(Director, Marketing Science)*
Gabe Heller *(Associate Director)*
Allison Pospesel *(Associate Director)*
Lindsey Nelson *(Group Director, Digital Activation)*
Georgina Thomson *(Director, Digital Activation - Resolution Media)*
Kelly Boyle *(Associate Director)*
Olga Kopczynska *(Associate Director)*
Samantha Lev *(Group Director)*
Gordon Agunobi *(Associate Media Director)*
Jaime Beckett *(Account Director)*
Jackie Molina *(Associate Director)*
Jack McGinn *(Associate Director, Digital)*
Anthony Frabotta *(Executive Director, Digital Activation)*
Alison Pomerance *(Associate Director, Marketing Sciences)*
Mason Pospichel *(Associate Media Director)*
Max Klindt *(Associate Director)*
Faith Anders *(Associate Director, Digital Investment)*
Jennifer Reese *(Associate Director)*
Samantha Bartucci *(Account Director)*
James Ostler *(Associate Director, Programmatic)*
Sara Warning *(Associate Director, Media)*
Ilana Rosin *(Group Director)*
Nick Foley *(Associate Director, Marketing Sciences)*
Irissa Nolan *(Associate Media Director)*
Ken Comperda *(Finance Director - U.S.)*
Ashley Wiener *(Director)*
Edward Schmitt *(Project Manager, Business Intelligence)*
William Romann *(Associate Director)*
Elizabeth Pedersen *(Supervisor, Local Investment)*
Colleen Reardon *(Supervisor, Local Broadcast)*
Lauren Pardun *(Manager, Integrated Media Planning)*
Anna Schmidt *(Manager, Global Partnerships)*
Kristi Sundberg *(Media Supervisor, Strategy)*
Tony Milazzo *(Manager, Integrated Media Planning)*
Dakota Dousias *(Supervisor, Digital Media)*
Katherine Schaffer *(Audience Supervisor, OMD)*
Hannah Landolt *(Digital Supervisor)*
Alex Payne *(Supervisor)*
Jay Duque *(Manager, Project Management, Media & Strategy)*
Shannon Bloemker *(Supervisor, Digital Media)*
Taylor Heck *(Associate Manager, Global)*
Allison Wright *(Media Strategist)*
Jacob Bentley *(Senior Analyst)*
Cory Baldwin *(Analyst, Planning & Optimization)*

Brands. Marketers. Agencies. Search Less. Find More.
Try out the online version at www.winmo.com

MEDIA BUYING & PLANNING AGENCIES

Jack Stegmann *(Assistant Strategist)*
Hanna Braunius *(Associate Manager, Data & Technology Consulting)*
Kevin Douaire *(Strategist)*
Rob Kresnicka *(Senior Analyst, Programmatic)*
Timothy Facius *(Strategist)*
Chris O'Brien *(Managing Director, Performance Marketing)*
Mike Solomon *(Managing Director)*
Danielle Atanda *(Managing Director, Integrated Investment)*
Shaina Boone *(Managing Director, Marketing Sciences)*
Susanna Earnest *(Managing Director)*

Accounts:
Amp Energy
Aunt Jemima
Barilla America, Inc.
BlueCross BlueShield of Tennessee
BMO Financial Group
BMO Harris Bank N.A.
Bosch Power Tools
Cap'n Crunch
Cars.com
Chicago Tribune
Crizal
Diet Pepsi
Emerson Electric Company
Essilor of America, Inc.
Evonik Degussa Corporation
G2
Gatorade
Gatorade G Series
Illinois Department of the Lottery
Illinois Lottery Instant Games
Lipton Iced Tea
Lotto
Lucky Day Lotto
Marie's
McAfee, Inc.
McDonald's
Mega Millions
Near East
Pasta Roni
Pepsi
Pepsi Throwback
PepsiCo, Inc.
Pick3
Pick4
Powerball
Propel
Quaker Chewy Granola Bars
Quaker Instant Grits
Quaker Instant Oatmeal
Quaker Oatmeal Squares Cereal
Quaker Oats
Quaker Rice Cakes
Quaker Steel Cut Oats
Rice-A-Roni
Ronald McDonald House Charities
Sabra
Shirley Ryan AbilityLab
SoBe
Spectrum
State Farm Auto Insurance
State Farm Insurance Companies
State Farm Life Insurance
The Field Museum of National History
Tropicana
Tropicana Pure Premium
U.S. Army
Varilux
Xperio Eye Glass Lenses

OMD ATLANTA
3500 Lenox Road
Atlanta, GA 30326
Tel.: (404) 443-6800
Fax: (404) 841-1882
Web Site: www.omd.com

Employees: 5
Year Founded: 1996

Discipline: Media Buying & Planning

Robin Jones *(Group Director)*
Margaret Noxon *(Senior Media Buyer)*
Leigh Champion *(Supervisor)*
Stephen Washington *(Media Supervisor)*
Julie Whitfield *(Senior Media Buyer)*
Alison Mai *(Associate, Integrated Media Planning)*
Nadia Calles *(Analyst, Planning & Optimization)*
Haemin Lee *(Senior Analyst)*
Henry Ortiz *(Assistant Negotiator)*
Erin Sheets *(Negotiator)*

Accounts:
Georgia Five
Georgia Lottery Cash 3
Georgia Lottery Cash 4
Georgia Lottery Corporation
Georgia Lottery Fantasy 5
Georgia Lottery Instant Games
Georgia Lottery Keno
Georgia Power Company
Mega Millions
Spectrum

OMD CANADA
67 Richmond Street West
Toronto, ON M5H 1Z5
Tel.: (416) 681-5600
Fax: (416) 681-5620
Web Site: www.omd.com

Employees: 150
Year Founded: 1996

Discipline: Media Buying & Planning

Michael Pitre *(Chief Financial Officer)*
Cathy Collier *(Chief Executive Officer)*
Shane Cameron *(Chief Innovation Officer)*
Nancy Surphlis *(Executive Vice President, Omnicom Media Group Investments)*
Jammie Ogle *(Managing Director)*
Michelle Jairam *(Director, Client Communications)*
Allyson Banks *(Associate Director, Strategy)*
Doug Hirst *(Group Director & Broadcast Supervisor)*
Elaine Lindsay *(Group Director, Strategy)*
Trevor Walker *(Director, Trading & Accountability)*
Dwayne Mataseje *(Group Director, Broadcast)*
Mark Hyndman *(Broadcast Supervisor)*
Sally Schmid *(Broadcast Supervisor)*
Anna Dai *(Social Supervisor)*
Kaleigh Koch *(Senior Strategist)*
Christine Wilson *(Managing Director)*
Tom Fotheringham *(General Manager, Programmatic)*

Accounts:
Canadian Blood Services
Infiniti Canada
Nissan Canada
Nova Scotia Tourism
Pier 1 Imports Canada
Rogers Publishing Ltd. & Rogers Wireless Inc.
Subaru of Canada
The Beer Store
Toronto Blue Jays Baseball Club

OMD ENTERTAINMENT
4000 West Alameda Avenue
Burbank, CA 91505
Tel.: (818) 288-9700
Fax: (310) 846-5401
Web Site: www.omd.com

Year Founded: 1996

Discipline: Media Buying & Planning

Susan Taylor *(President, OMG23)*
Clay Eichner *(Executive Vice President, Digital Strategy - OMG23)*
Matthew Lawless *(Senior Vice President, Strategy)*
Jef Eckart *(Vice President)*
Orlin Nikiforov *(Vice President, OOH - OMG23)*
Kris Persson *(Group Director, Media Strategy)*
Jenn Huck *(Director, Audience Development & Planning)*
Michael Karamourtopoulos *(Director)*
Brian Lynch *(Director, Media)*
Adriana Hoang *(Director, Search & Social)*
Briana Peters *(Associate Director, Account)*
Kristin Carlin *(Group Director, OOH - OMG23)*
JonCarlo Topete *(Director)*
Noah Goldsmith *(Director, Account)*
Derek Padilla-Ravega *(Associate Media Director)*
Amy Oberlander *(Assistant Media Planner)*
Jason Bock *(Coordinator, Digital Ad Operations)*

Accounts:
Buena Vista
Disney Direct-to-Consumer & International
Disney Home Entertainment
Disney+
DreamWorks Animation, Inc.
ESPN+
Fox Searchlight Pictures
Lucasfilm, Ltd.
Marvel Entertainment, Inc.
Pixar Animation Studios
Twentieth Century Fox
Twentieth Century Fox Film Corporation
Twentieth Century Fox Home Entertainment
Walt Disney Company
Walt Disney Company
Walt Disney Pictures

OMD SAN FRANCISCO
600 California Street
San Francisco, CA 94108
Tel.: (415) 229-8500
Web Site: www.omd.com

Employees: 5
Year Founded: 1996

Discipline: Media Buying & Planning

Jonathan Nelson *(Chief Executive Officer - Omnicom Digital)*
Jill Steinberg *(Director, Group Account)*
Jamie Zimmerman *(Group Director)*
Carolyn Parodi *(Managing Director)*
Rebecca Ting *(Associate Director, Strategy)*
Winter Shah *(Associate Media Director)*
Leslie Smith *(Supervisor, Media Strategy)*
Nick Delia *(Associate Director, Media)*
Laura McNulty *(Associate Media Director)*
Allie Meberg *(Advertising Supervisor)*
Carolina Aguilar *(Senior Associate, Integrated Media Planning)*
Kelli Campbell *(Associate, Integrated Media*

AGENCIES - JULY, 2020 — MEDIA BUYING & PLANNING AGENCIES

Planning)

Accounts:
Accountemps
Apple App Store
Apple, Inc.
Brita
Brita
Burt's Bees, Inc.
Clorox 2
Clorox Clean Up
Clorox Disinfecting Spray
Clorox Disinfecting Wipes
Clorox Disinfecting Wipes
Clorox Liquid Bleach
Formula 409
Formula 409
Fresh Step
Glad
Glad ForceFlex
Glad Press 'n Seal
GladWare
GreenWorks
Hidden Valley
Hidden Valley Ranch
Hidden Valley Ranch
iPad
iPhone
iPod
iTunes
K.C. Masterpiece
Kingsford
Kingsford
Liquid-Plumr
Pine-Sol
Pine-Sol
Robert Half International, Inc.
Scoop Away
The Clorox Company
The University of Phoenix
The University of Phoenix Online
Tilex
Wells Fargo Community Banking

OMD SEATTLE
710 Second Avenue
Seattle, WA 98104
Tel.: (206) 344-3364
Web Site: www.omd.com

Year Founded: 1996

Discipline: Media Buying & Planning

Tracey Cartwright *(Group Broadcast Director)*
Amy Anderson *(Supervisor, Local Broadcast Investment)*
Tim Harrington *(Supervisor)*

Accounts:
Accountemps
Holland America Line, Inc.
Robert Half International, Inc.

OMD VANCOUVER
777 Hornby Street
Vancouver, BC V6Z 2T3
Tel.: (604) 640-4336
Fax: (604) 640-4277
Web Site: www.omd.com

Discipline: Media Buying & Planning

Erin McWhinnie *(Group Director, Strategy)*
Melissa Cosneau *(Director, Strategy)*

Accounts:

Rocky Mountaineer

OMD WEST
5353 Grosvenor Boulevard
Los Angeles, CA 90066
Tel.: (310) 301-3600
Fax: (646) 278-8748
Web Site: www.omd.com

Year Founded: 1996

Discipline: Media Buying & Planning

Claudia Cahill *(President & Chief Content Officer)*
Chrissie Hanson *(Global Chief Strategy Officer)*
Paul Richardson-Owen *(Global Digital Lead)*
Bert Hamaoui *(Group Director)*
Lauren Turner *(Associate Account Director)*
Melissa Rhude *(Director, Global Account - Apple)*
Carrie Davis *(Global Account Director)*
Dyana Lyons *(Group Director)*
Juliana Bunce *(Associate Director)*
Jamie Costa *(Group Director)*
Kyle Valone *(Senior Director, Integrated Media Planning)*
Laura Mullen *(Group Director Mobile, OMD Create)*
Chris Athens *(Director)*
Kena Flynn *(Associate Director, Digital)*
Owen Jones *(International Media Director)*
Danielle Quiat *(Group Director)*
Ed Kernan *(Group Director, Strategy)*
Jose Gaspar *(Associate Director)*
Samantha Chavez *(Director, Strategy)*
Ryan Teng *(Associate Media Director)*
Zach Walden *(Associate Director, Digital Activation)*
Sharon Enright *(Group Account Director)*
Samuel Jergens *(Associate Director, Media)*
Kelly Potts *(Group Strategy Director)*
Vincent Cevalte *(Digital Activation Director)*
Nadia Wade *(Director, Marketing Sciences)*
Bryan Loesby *(Associate Director, Measurement - Wells Fargo)*
Mallory Sands *(Associate Director, Business & Media Operations)*
Corey Levine *(Director, Strategy)*
Jimmy Tong *(Senior Director, Marketing Sciences)*
Chris Inners *(Senior Director - OMD Create - West)*
Dario Raciti *(Director, Zero Code)*
Sarah Zimostrad *(Associate Director, Integrated Media)*
Igor Tsipis *(Associate Director, Programmatic)*
Meaghan Necklaus *(Supervisor)*
Isabel Banos-Karzian *(Media Supervisor)*
Viviana Rubio *(Senior Media Planner - OOH)*
Julie Silveira *(Senior Media Supervisor, Digital Investment)*
Nadya Aleksic *(Media Supervisor)*
Vincenzo Scocchio *(Senior Media Strategist)*
Cynthia Hang *(Digital Media Supervisor)*
Haley Mandel *(International Digital Account Manager)*
Adrienne Watson *(Senior Client Finance Manager)*
Justin Chun *(Associate Manager, Integrated Media)*
Nicole Hoffman *(Digital Strategist)*
Sean Yang *(Senior Analyst, Marketing Sciences)*
Lindsey Davis *(Senior Strategist)*
Caylie Zweig *(Strategist)*
Jonathan Nieder *(Associate Manager, Digital Activation)*
Samuel Yonack *(Media Analyst, Digital*

Investment - Levi's)
Lisa Kilman *(Associate Manager, Integrated Media Planning)*
Michael Park *(Strategist)*
Albert Samuelian *(Managing Director, OMD West & Strategy)*
Steven Abraham *(Managing Director)*
Rosabel Murai *(Managing Director)*

Accounts:
Activision Blizzard, Inc.
Activision Publishing, Inc.
AirPort Express
AirPort Extreme
Ancestry.com Inc.
Aperture
Apple App Store
Apple Keyboard
Apple Remote Desktop
Apple TV
Apple, Inc.
Call of Duty
Callaway
Callaway Golf Company
Diet Pepsi
DVD Studio Pro
Experian Information Solutions, Inc.
Final Cut
Final Cut Express
Final Cut Server
FreeCreditReport.com
Freecreditscore.com
GarageBand
Guitar Hero
Hawaii Tourism Authority
Henkel Consumer Goods
iChat
iDVD
iMac
iMovie
iPad
iPhone
iPhoto
iPod
iTunes
iTunes Radio
iWeb
iWork
Konami Digital Entertainment, Inc.
Loctite
Logic Express
Logic Studio
Mac Mini
Mac OS X
Mac Pro
MacBook
MacBook Air
MacBook Pro
Magic Mouse
McDonald's
Modern Warfare
Pepsi
Pepsi Max
Pepsi Throwback
Pop TV
Principal Bank
Princor Financial Services
Pro Evolution Soccer
Purex
Qantas Airways, Ltd.
Ronald McDonald House Charities
Safari
Snap, Inc.
Snapchat
The Principal Financial Group, Inc.
The University of Phoenix

MEDIA BUYING & PLANNING AGENCIES
AGENCIES - JULY, 2020

The University of Phoenix Online
Time Capsule
TOMS Shoes
Tony Hawk
Walt Disney Studio Entertainment
Wells Fargo
Wells Fargo & Company
Wells Fargo Advisors
Wells Fargo Business Credit, Inc.
Wells Fargo Community Banking
Wells Fargo Home Mortgage, Inc.
Wells Fargo Wealth, Brokerage, & Retirement
Xsan
Xserve

OMNICOM MEDIA GROUP
5353 Grosvenor Boulevard
Los Angeles, CA 90066
Tel.: (310) 301-3600
Web Site: www.omnicomgroup.com

Discipline: Media Buying & Planning

Nicholas Longo *(Supervisor)*
Ben Hovaness *(Managing Director, Marketplace Intelligence & Innovation)*

Accounts:
Mercedes-Benz B-Class
Mercedes-Benz C-Class
Mercedes-Benz CLA
Mercedes-Benz CLS
Mercedes-Benz Commercial
Mercedes-Benz E-Class
Mercedes-Benz G-Class
Mercedes-Benz GLA
Mercedes-Benz GLC-Class
Mercedes-Benz GLE-Class
Mercedes-Benz S-Class
Mercedes-Benz SL
Mercedes-Benz SLC
Mercedes-Benz Trucks
Mercedes-Benz USA, LLC

ONESTOP MEDIA GROUP
14 Duncan Street
Toronto, ON M5V 1H8
Tel.: (416) 348-7315
Fax: (416) 646-2722
Web Site: www.pattisononestop.com/

Discipline: Media Buying & Planning

Cam Milne *(Vice President & General Manager)*
Ian Gadsby *(Vice President, Digital Technology)*

OPAD MEDIA SOLUTIONS, LLC
275 Madison Avenue
New York, NY 10016
Tel.: (212) 490-1300
Fax: (212) 490-0777
Web Site: www.opadmedia.com

Discipline: Media Buying & Planning

Rich Golden *(President)*
Chelsea Lerch *(Senior Vice President & Director, Account Planning & Investments)*
Marla Arum *(Vice President & Director, Media Buying)*
Christina Riccitelli *(Vice President, Programmatic Media)*
Elizabeth Gore *(Senior Account Director & Strategist, Media)*

Tonya Nelson *(Manager, Financial Services)*

Accounts:
Jacoby & Meyers
New York State Department of Health

OPENMIND
Three World Trade Center
New York, NY 10007
Tel.: (646) 746-6061
Web Site: www.groupm.com

Year Founded: 2013

Discipline: Media Buying & Planning

Jaime Rauch *(Senior Partner & Planning Director)*
Nichole Diorio *(Business Operations Engineer)*
Eric Antaki *(Director, Digital Operations & Performance)*
Freddie Hua *(Supervisor, Digital Analytics)*
Dana Kaufman *(Media Lead, Planning)*
Sarah O'Brien *(Media Planning Supervisor)*
Daniel Smith *(Manager, National Broadcast)*
Alexis Bishop *(Senior Associate Media Strategist)*

Accounts:
Acqua Panna
Alpo
Aquapod
Arrowhead
Beggin' Strips
Beneful
Busy Bone
Cat Chow
Cat Chow
Cetaphil
Deer Park
Deli-Cat
Differin
Dog Chow
Dreyer's
Edy's
Fancy Feast
Fancy Feast
Friskies
Friskies
Gerber 2nd Foods
Gerber Good Start
Gerber Graduates
Hot Pockets
Ice Mountain - MW distribution
Kit 'N Kaboodle
Kitten Chow
Kitten Chow
Mighty Dog
Nescafe
Nestle Infant Nutrition & Gerber Products Company
Nestle PURE LIFE
Nestle Waters North America, Inc.
Ozarka - TX, OK, LA, AR distribution
Perrier Sparkling Water
Poland Spring Water
Pro Plan
Puppy Chow
Purina
Purina Beyond
Purina Beyond
Purina ONE
Purina Treats
Purina Veterinary Diets
Resource Spring Water
San Pellegrino
Second Nature

Skinny Cow
T Bonz
Tidy Cats
Whisker Lickin's
Yesterday's News
Zephyrhills - FL distribution

ORION WORLDWIDE
622 Third Avenue
New York, NY 10017
Tel.: (212) 551-4000
Web Site: www.orionworldwide.com

Year Founded: 1996

Discipline: Media Buying & Planning

Brian McMahon *(Global Chief Executive Officer)*
Laura Ryan *(Global Client Officer)*
Clifton Mok *(Chief Financial Officer - North America)*
Matthew Wigham *(President, US)*
Ashley Hertz *(Vice President, Media Activation)*
Michael Hooper *(Vice President, Media Activation)*

OXFORD ROAD
15303 Ventura Boulevard
Sherman Oaks, CA 91403
Tel.: (323) 212-6002
Web Site: oxfordroad.com

Year Founded: 2013

Discipline: Media Buying & Planning

Daniel Granger *(Founder & Chief Executive Officer)*
Anna Sunshine *(Supervisor, Client Strategy & Podcast Media)*

PAL8 MEDIA, INC.
1187 Coast Village Road
Santa Barbara, CA 93108
Tel.: (805) 966-6363
Fax: (805) 965-6505
Web Site: www.pal8media.com

Discipline: Media Buying & Planning

Jae-Won Byun *(President & Partner)*
Myra Yonemura *(Media Director)*
Karrmen Tshing *(Social Media Director)*
Diana Watts *(Media Supervisor)*
Jennifer Bower *(Media Buyer)*
Joanne Larson *(Media Buyer)*
Gabriela Salazar *(Media Buyer)*
Trang Nguyen *(Media Coordinator)*

Accounts:
Panda Express
Panda Restaurant Group

PATHWAY GROUP LLC
195 Broadway
New York, NY 10007
Tel.: (212) 590-7020
Web Site: www.pathwayomg.com

Year Founded: 2008

Discipline: Media Buying & Planning

Tracey Foley *(Group Director, Strategy - Omnicon Group)*
Sheri Rothblatt *(Managing Director)*

Accounts:

Brands. Marketers. Agencies. Search Less. Find More.
Try out the online version at www.winmo.com

503

AGENCIES - JULY, 2020 — MEDIA BUYING & PLANNING AGENCIES

Sanderson Farms, Inc.

PGR MEDIA
34 Farnsworth Street
Boston, MA 02210
Tel.: (617) 502-8400
Web Site: www.pgrmedia.com

Employees: 20
Year Founded: 1994

Discipline: Media Buying & Planning

Regina Tarquinio *(Executive Vice President & Managing Director)*
McKenzie Larkin *(Vice President & Media Director)*
Shey O'Grady *(Vice President, Digital Strategy & Measurement)*
Emily Greenhalge *(Associate Media Director)*
Alisha Hicks *(Associate Media Director)*
Shoshana Przybylinski *(Associate Director, Media)*
Megan Jordan *(Director, Digital)*
Rachel Santare *(Associate Director, Digital Innocation & Technology)*
Desiree Dileso *(Media Director)*

Accounts:
Horizon BlueCross BlueShield of New Jersey
Kaplan, Inc.
Purdue University Global
United States Beverage, LLC

PGR MEDIA
150 West 28th Sreet
New York, NY 10001
Tel.: (212) 366-6366
Web Site: www.pgrmedia.com

Discipline: Media Buying & Planning

Dennis Santos *(Executive Vice President & Managing Director - NYC)*
Christin DiPisa *(Media Director)*

PHD
600 California Street
San Francisco, CA 94109
Tel.: (415) 356-1300
Web Site: www.phdmedia.com

Year Founded: 1990

Discipline: Media Buying & Planning

Simon Pugh *(President - PHD West)*
Susan Chen *(Group Director, Communications Strategy)*
Mike Salvo *(Global Media Director)*
Karintha Averback *(Group Account Director)*
Kathryn Poh *(Associate Media Director)*
Kurt Garvey *(Associate Media Director)*
Rachel Wankoff *(Associate Media Director)*
Lauren Rahlfs *(Strategy Director)*
Sara Swanson *(Associate Strategy Director)*
Krystina King *(Strategy Director)*
Kyle McCabe *(Media Planning Supervisor)*
Joe Peiser *(Advertising & Media Supervisor)*

Accounts:
Allbirds, Inc
Athleta
HP, Inc.
Rover.com
ServiceNow
Square, Inc.

PHD
12777 West Jefferson Boulevard
Los Angeles, CA 90066
Tel.: (310) 405-8700
Web Site: www.phdmedia.com

Year Founded: 1990

Discipline: Media Buying & Planning

Lori Anne Hacker *(Senior Vice President & Group Director, Local Broadcast Investment)*
Churita Boston *(Vice President & Director, Broadcast Traffic)*
Jill Roffis *(Associate Director, Local Investment)*
Jonathan Fan *(Communications Planning Director)*
James Mason *(Associate Director, Broadcast Traffic)*
Anita Lian *(Associate Director, Broadcast)*
Jennifer Park *(Head, Communication Planning - West)*
Michael Grow *(Supervisor, Local Broadcast Investment)*
Ayesha Doshi *(Supervisor, Integrations)*

Accounts:
Cunard Line
Harrah's Casino & Hotel
Princess Cruises, Inc.
Seabourn Cruises
Volkswagen of America, Inc.

PHD CANADA
96 Spadina Avenue
Toronto, ON M5V 2J6
Tel.: (416) 922-0217
Web Site: http://www.phdmedia.com/toronto/

Year Founded: 1990

Discipline: Media Buying & Planning

Angie Genovese *(Vice President & Director, Client Services)*
Laura Leonard *(Account Director)*
Jarrod Charron *(Account Director)*
Ellen Pereira *(Group Account Director)*
Ellie Longhin *(Account Director)*
Michelle Mitchell *(Group Account Director)*
Stephany Sousa *(Group Account Director)*
Matt Devlin *(Managing Director, Communications Planning)*

Accounts:
Ontario Tourism Marketing Partnership Corporation
Scotiabank
Tilley Endurables, Inc.

PHD CHICAGO
225 North Michigan Avenue
Chicago, IL 60601
Tel.: (312) 881-1100
Web Site: www.phdmedia.com

Employees: 8
Year Founded: 1990

Discipline: Media Buying & Planning

Mary Carpenter *(President - Midwest)*
Mary Krueger *(Group Director)*
Erin Nielsen *(Associate Director)*
Jamie Sheridan *(Client Business Lead)*
Doug Salo *(Group Media Director - Hormel Foods)*
Beth Stebner *(Global Strategic Planning Director)*
Kristin Westendorf *(Group Director)*

Elizabeth Betsanes *(Associate Director)*
Preeti Nadgar *(Head, Comms Planning)*
Gabriela Rodriguez *(Strategy Director)*
Annie Griffin *(Director, Performance Media)*
Will Longhini *(Associate Director, eCommerce)*
Kaitlyn Main *(Associate Director, Marketing Sciences)*
Jennifer Enders *(Strategy Director)*
John Malysiak *(Global Innovation Director)*
Erin Kelley *(Associate Director)*
Charlotte Soudek *(Associate Director)*
Bani Singh *(Supervisor, Strategy)*
Prakarsh Gupta *(Associate Director, Marketing Sciences)*
Kendal Broderick *(Associate Director)*
Collin Cousineau *(Director, Performance Media)*
Tracy Setlak *(Group Director)*
Jamison Jordan *(Supervisor)*
Melody Phua *(Media Supervisor)*
Elizabeth Lewis *(Strategy Supervisor)*
Maggie DeChene *(Strategy Supervisor)*
Rafael Munoz *(Global Operations Supervisor)*
Megan Lawler *(Supervisor)*
Christie Ewing *(Associate Media Director)*
Kate Franzen *(Associate Director)*
Haley Hahn *(Supervisor, Strategy - CPG)*
Mary Chambers *(Media Strategist)*
Caroline Durkin *(Media Strategist)*
Hanna Handler *(Strategy Supervisor)*
Danielle Resnick *(Media Strategist)*
Katalina Valle *(Media Strategist)*

Accounts:
Baker
Bentley Motors, Inc.
Black Label
Boxster
Caldrea
Cayenne
Cayman
Chi-Chi's Salsas
Cure 81
Deep Woods OFF!
Di Lusso Deli
Dinty Moore
Drano
Duck
Electrify America
Erickson Living
Expo
Florida Citrus Growers
Florida Department of Citrus
Florida Grapefruit Juice
Florida Orange Juice
Glade
Glade Aerosols
Glade Candles
Glade Carpet & Room
Glade Fabric & Air
Glade Gel Freshener
Glade Plug-Ins
Glade Sense & Spray
Glade Tough Odor Solutions Collection
Glade Wax Melts
Glidden
Hormel
Hormel Chili
Hormel Compleats
Hormel Foods Corporation
Hormel Natural Choice
Inn on Woodlake
Jennie-O Turkey Store
Johnson Wax
Kallista
Kerrygold
Kohler

MEDIA BUYING & PLANNING AGENCIES
AGENCIES - JULY, 2020

Kohler Company
Macan
McGuire Furniture
Milling Road
Mrs. Meyer's Clean Day
Nature's Source
Off Clip-On Fan
OFF!
OFF! Citronella
Olympic Paints & Stains
Ornua North America Inc
Oust
Panamera
Pledge
Pledge Dust & Allergen Spray
Pledge Lemon Clean
Pledge Multi Surface Spray - Natural
Pledge Squirt & Mop
Porsche 911
Porsche Cars North America, Inc.
PPG Industries, Inc.
Raid
Robern
S.C. Johnson & Son, Inc.
Saran
Scrubbing Bubbles
Scrubbing Bubbles All Purpose Heavy Duty Cleaner w
Scrubbing Bubbles Automatic Shower Cleaner
Scrubbing Bubbles Fresh Brush
Scrubbing Bubbles Vanish
Shout
Shout Free
Shout Wipes
Skippy
SPAM
Sterling
The American Club
Volkswagen of America, Inc.
Whistling Straits
Windex
Ziploc
Ziploc Containers

PHD USA
220 East 42nd Street
New York, NY 10017
Tel.: (212) 894-6600
Fax: (212) 894-4100
Web Site: www.phdmedia.com

Employees: 75
Year Founded: 1990

Discipline: Media Buying & Planning

Harry Keeshan *(President - Video Investment)*
Bill Neblock *(Chief Financial Officer)*
Will Wiseman *(President, Strategy & Planning - PHD Worldwide)*
Nathan Brown *(Chief Executive Officer)*
Robert DiGiovanni *(Chief Operating Officer)*
Annie Griffiths *(Chief Marketing Officer)*
Anthony Koziarski *(Chief Media Officer)*
Monica Wiedemann *(Senior Vice President & Group Account Director)*
Asli Hamamci *(Senior Vice President & Global Account Director)*
Jim Rubino *(Vice President & Group Director- Health Division)*
Rayna Franco *(Supervisor, National Broadcast & Video Investment)*
John Wagner *(Executive Director, Published Media & Digital Director)*
Bob Estrada *(Group Account Director)*
Jeanmarie Peachey *(Group Strategy Director)*
Michael Finegan *(Associate Director, Print Media)*
Christine Whited *(Group Account Director)*
Brian Ericson *(Associate Director, Video Investment)*
Avin Narasimhan *(Head, Communications Planning - US)*
Melissa Getlen *(Director, Integrated Investment)*
Marc Lasky *(Director, Integrated Investment)*
Patricia O'Donnell *(Strategy Director)*
Bettina Young *(Client Business Lead & Group Account Director)*
Doug Schnebel *(Client Business Lead)*
Ryan Smith *(Associate Director, Communications Planning - Volkswagon)*
Dan Malmud *(Digital Director - Holland American Line & Seabourn)*
James Kulp *(Associate Director, National Video Investment)*
Bryan Zampino *(Associate Media Director)*
Crissy Rea-Bain *(Director, Strategy)*
Stephanie Zverin *(Director, Integrated Investment)*
Valdez Steed *(Digital Director)*
Jerel Goddard *(Associate Strategy Director)*
Annelise Donahue *(Director, Business Development)*
Jonathan Kopitko *(Group Director)*
Geetha Gopal *(Group Account Director)*
Christine Noto *(Director, Accountability & Procurement)*
Olivia Farr Douglas *(Global Business Lead - Google)*
Brooke Horowitz *(Group Digital Director)*
Steve DiRado *(Client Business Lead)*
Ji Kim *(Group Account Director)*
Brian Rake *(Director, Integrated Investment)*
Lynne Ashenfelter *(Director, Integrated Investment)*
Emily Malone *(Media Director)*
Allison Babik *(Associate Director)*
Nick Vernola *(Global Director, Media Strategy)*
Amy Turner *(Associate Director)*
Lindsay Murtagh *(Client Business Lead)*
Robin Feldman *(Associate Media Director, National Broadcast Investment)*
Megan Pizzitola *(Director, Strategy)*
Michelle Doria *(Strategy Director)*
Sean Stogner *(Director, Communication Planning)*
Joyce Tse *(Associate Director, Digital Investment)*
Scott Schneider *(Strategy Director)*
Gabriele Keizer *(Associate Director, Strategy)*
Joseph Antonucci *(Associate Director, Strategy)*
Sean Gering *(Associate Strategy Director)*
Tiffany Icaza *(Associate Director, Video Investment)*
Michelle Gilman *(Associate Strategy Director)*
Imran Ahmed *(Associate Director, Marketing Sciences)*
Gianni Sun *(Associate Director, Planning & Optimization)*
Erika White *(Associate Director, Marketing Sciences)*
Catherine Handrich *(Associate Director)*
Adrian Campbell *(Director, Account)*
Julia Porcelli *(Associate Director, Paid Social)*
Katie Hathaway *(Supervisor, Planning & Strategy)*
Sabeena Mannan *(Director, Strategy)*
Ashley Arena *(Director, Digital)*
Toby Adamson *(Director, Strategy)*
Paul Salman *(Director, Integrated Investment)*
Jennie Scheer *(Group Director, Media)*
Bharad Ramesh *(Managing Director, Digital Activation U.S.)*
Shawn Song *(Director, Marketing Science)*
Peter Suh *(Director, Communications Planning)*
Thomas Wright *(Supervisor)*
Sarah Prince *(Associate Director, Video Investment)*
Georgena Pilitsis *(Negotiator, Local Investment)*
Kristin Krukowski *(Senior Manager, Planning & Optimization)*
Cathy Chen *(Published Media Supervisor)*
Emery Downes *(Director, Strategy)*
Amanda Meyer *(Associate Director, Strategy)*
Andrew Hooker *(Supervisor, National Investment)*
Ian Turner *(Associate Director, Communications Planning)*
Amalia Koumourdas *(Supervisor, Video Investment)*
Chaz Wilson *(Strategy Supervisor)*
Matthew Varela *(Supervisor, Digital Investment - Carnival Corporation)*
Elizabeth DePlautt *(Supervisor, Media Strategy)*
Jenn Felter *(Media Supervisor)*
Katie Zeikel *(Supervisor, Paid Social)*
Sydney Stanback *(Supervisor, Communications Planning)*
Shannon Ciricillo *(Senior Budget Project Manager)*
Alexandra Van Horn *(Supervisor, Digital Media)*
Nicole Renuart *(Strategist)*
Kaitlin Kumbalek *(Strategy Supervisor)*
Nichole Verost *(Associate Director, Strategy)*
Brad Weinstein *(Global Operations Strategist - Google)*
Natasha Khajooei-Kermani *(Strategy Supervisor)*
Nick Nevins *(Senior Analyst, Planning & Optimization)*
Adam Proctor *(Senior Programmatic Specialist)*
Jose Estrada *(Senior Analyst, Programmatic)*
Grace Brandus *(Senior Analyst)*
Edward Ladines *(Assistant Strategist)*
Jessica Schwartz *(Analyst, Digital Investment)*
Isabel Tibbetts *(Assistant Strategist)*
Kassandra Valdivia *(Marketing & Business Development Associate)*
Ruby Sultan *(Senior Analyst)*
Zoe Reiter *(Assistant Analyst, Social)*
Ilyana Jurkiewicz *(Senior Analyst, Planning & Optimization)*
Michael Esposito *(Senior Analyst, Planning & Optimization)*
Shereen Abubakr *(Social Media Coordinator)*

Accounts:
Alamo Rent A Car
American Signature Inc
Andaz
Aria
Audi A3
Audi A4
Audi A5
Audi A6
Audi A7
Audi A8
Audi allroad
Audi Financial Services
Audi of America, Inc.
Audi Q3
Audi Q5
Audi Q7
Audi TT
Bellagio
Butterfinger
Camp Hyatt
Camp Hyatt
Carnival Corporation

Brands. Marketers. Agencies. Search Less. Find More.
Try out the online version at www.winmo.com

AGENCIES - JULY, 2020
MEDIA BUYING & PLANNING AGENCIES

Carnival Cruise Lines
Casper Sleep, Inc.
Circus Circus
Cunard Line
Delano Las Vegas
Delta Air Lines, Inc.
Diageo North America
Eastbay
Electrify America
Enbridge, Inc.
Enterprise Holdings
Enterprise Rent-A-Car
Foot Locker, Inc.
Footaction
Footlocker.com
Gap
Google, Inc.
Grand Hyatt
Havaianas US
Holland America Line
Holland America Line, Inc.
HP, Inc.
Hyatt Centric
Hyatt Hotel Corporation
Hyatt House
Hyatt Place
Hyatt Regency
Hyatt Residence Club
Hyatt Zilara
Hyatt Ziva
Jaquet-Droz
Kayak.com
Kids Foot Locker
Lady Foot Locker
LG Electronics U.S.A., Inc.
Longchamp USA
Luxor
MailChimp
MGM Grand
MGM Grand Detroit Casino
MGM Resorts International
Monte Carlo
National Car Rental
New York-New York Hotel & Casino
Noven Pharmaceuticals, Inc.
Old Navy
Omega
Park Hyatt
Porsche Cars North America, Inc.
PPG Industries, Inc.
Princess Cruises, Inc.
SAP America, Inc.
Seabourn Cruises
Singapore Airlines
SIX:02
Swatch
Swatch Watch, USA
The Mirage
The Unbound Collection
Tissot
Value City Furniture
Vdara Hotel & Spa
Volkswagen CC
Volkswagen Eos
Volkswagen Golf
Volkswagen Golf GTI
Volkswagen Golf SportWagon
Volkswagen Jetta
Volkswagen of America, Inc.
Volkswagen Passat
Volkswagen Tiguan
Volkswagen Touareg SUV
Waze
Youtube.com

PIA AGENCY
5930 Priestly Drive
Carlsbad, CA 92008
Tel.: (760) 930-9244
Toll Free: (888) 396-6975
Web Site: www.thepiaagency.com

Year Founded: 1996

Discipline: Media Buying & Planning

Cheryl Pia *(Chief Executive Officer)*
Cliff Pia *(President & Chief Creative Officer)*
David Clark *(Executive Creative Director)*
Gabrielle Motto *(Account Director)*

Accounts:
HP, Inc.

PLATINUM MARKETING GROUP
1205 Pendleton Street
Cincinnati, OH 45202
Tel.: (513) 474-3537
Fax: (513) 474-3596
Web Site: www.thinkpmg.com/

Year Founded: 2002

Discipline: Media Buying & Planning

Kim Wiest *(President & Owner)*
Shelley Barney *(Project Management Director)*
Lorne Lambert *(Media Planner & Buyer)*

POWER MEDIA
380 North Broadway
Jericho, NY 11753
Tel.: (516) 931-1313
Fax: (516) 931-1320
Web Site: www.powermedia.net

Employees: 20
Year Founded: 1975

Discipline: Media Buying & Planning

Brian Feldman *(Partner & Chief Executive Officer)*
Michael Feldman *(President)*

POWERPHYL MEDIA SOLUTIONS
370 Seventh Avenue
New York, NY 10001
Tel.: (516) 652-1637
Web Site: powerphylmediasolutions.com

Employees: 20
Year Founded: 1980

Discipline: Media Buying & Planning

Phyllis Starsia *(Chief Executive Officer & Founder)*
Zach Smith *(Associate Media Director, Digital)*
Cory Gordon *(Associate Media Director)*
Jessica Baroff *(Head, Paid Social)*
Debbie Kenney *(Supervisor, Video Investment)*
Allison McIntyre *(Media Planner)*
Andrew Shapiro *(Social Media Manager)*
Caileen Machard *(Search Manager)*
Miki Session *(Assistant Media Planner)*

Accounts:
Adventures
Champions of Norrath
Daybreak Game Company LLC
Ever Quest
Field Commander
Frantix
Grip Shift
PlanetSide 2
SOE
Sony Digital
Star Wars
Station.com
Untold Legends

PRANA MARKETING & MEDIA RELATIONS
560 Sylvan Avenue
Englewood Cliffs, NJ 07632
Tel.: (201) 503-1333
Fax: (201) 503-0424
Web Site: www.pranamarketing.com

Discipline: Media Buying & Planning

Angela Thomas *(Founder, President & Chief Executive Officer)*
Brent Whiting *(Creative Director)*

PRIME TIME MARKETING
2700 Patriot Boulevard
Glenview, IL 60026
Tel.: (312) 329-9220
Web Site: ptmworks.com

Year Founded: 2007

Discipline: Media Buying & Planning

Jordan Kirshenbaum *(President)*
Kelsey McGowan *(Media Director)*

PRIMEDIA
1775 Bald Hill Road
Warwick, RI 02886
Tel.: (401) 826-3600
Fax: (401) 826-3644
Web Site: www.primediahq.com

Employees: 15
Year Founded: 1990

Discipline: Media Buying & Planning

Jim Cooney *(President, Chief Executive Officer & Creative Director)*
Stephen Romanello *(Vice President, Account Services)*
Rick Boles *(Vice President, Media & Operations)*
Frank Jones *(Director, Creative Services & Events)*

PUBLICIS HEALTH MEDIA
The Wanamaker Building 100 Penn Square East
Philadelphia, PA 19107
Tel.: (215) 399-3000
Web Site: www.publicishealthmedia.com

Discipline: Media Buying & Planning

Jedd Davis *(Chief Product Officer)*
Brian Geist *(Senior Vice President, Media)*
Ray Rosti *(Executive Vice President, Platform Activation & Platform Activation Lead)*
Elyse Rettig *(Senior Vice President, Operations & Operations Lead)*
Kate Edmonds *(Senior Vice President, Media)*
Irene Coyne *(Senior Vice President)*
Sarah Bast *(Group Vice President)*
Allison McManimie *(Vice President, Media)*
Danielle Tate *(Vice President, Media)*
Benjamin Visich *(Group Vice President)*
Tyler Nall *(Vice President, Media)*
Andrew Lazaunikas *(Associate Director, Search Content Strategy)*

Brands. Marketers. Agencies. Search Less. Find More.
Try out the online version at www.winmo.com

MEDIA BUYING & PLANNING AGENCIES

Lauren Stedman *(Director, Media Technology)*
Richard Vega *(Associate Director, Media)*
Nicholas Salvatore *(Supervisor, Programmatic Media)*
Jessica Pavlik *(Media Supervisor)*
Eric Juran *(Paid Search Manager)*
Erica Adams *(Media Planner)*
Kira Young *(Media Supervisor)*
Robyn O'Brien *(Supervisor, Media Technology)*

PUBLICIS MONTREAL
358 Rue Beaubien Quest Bureau 500
Montreal, QC H2V 4S6
Tel.: (514) 285-1414
Fax: (514) 842-5907
Web Site: www.publicis.ca

Year Founded: 1926

Discipline: Media Buying & Planning

Anne-Marie Paradis *(Account Executive & Project Manager)*

Accounts:
Rogers Cable Communications, Inc.
Sanofi-Synthelabo Canada, Inc.

PURE GROWTH
680 Fifth Avenue
New York, NY 10019
Tel.: (212) 400-2200
Web Site: www.puregrowth.com

Year Founded: 2011

Discipline: Media Buying & Planning

Chris Clarke *(Co-Founder & Chief Executive Officer)*
Sabrina Mallick Peterson *(Co-Founder & President - Pure Ventures)*
Andria Castellano *(Executive Producer)*
Monica Daniels *(Associate Digital Producer)*

Accounts:
Jockey International

RED DELUXE
85 Union Avenue
Memphis, TN 38103
Tel.: (901) 522-9242
Fax: (901) 522-9890
Web Site: www.reddeluxe.com

Employees: 12
Year Founded: 2001

Discipline: Media Buying & Planning

Stinson Liles *(Principal)*
Martin Wilford *(Co-Founder & Principal)*
Geri Homes *(Office Manager)*
Reina Christian *(Account Executive)*
Kelly Lackey *(Media Planner)*

Accounts:
Youth Villages

REELTIME MEDIA
19930 68th Avenue Northeast
Kenmore, WA 98028
Web Site: reeltime.com

Discipline: Media Buying & Planning

Barry Henthorn *(Chief Executive & Technology Officer)*
Lucas Kostenko *(Media Specialist)*

Charles Dean *(Media Sales)*

Accounts:
Baristas Coffee Company
Ben & Jerry's Homemade, Inc.
VaporBrands

REFUEL AGENCY
104 West Anapamu Street
Santa Barbara, CA 93101
Tel.: (805) 968-8000
Fax: (805) 968-8003
Web Site: www.refuelagency.com

Employees: 90

Discipline: Media Buying & Planning

Greg Anthony *(Executive Vice President & National Sales Manager)*
Liz Carmo *(Vice President, Military Market)*

REFUEL AGENCY
1350 Broadway
New York, NY 10018
Tel.: (646) 571-2600
Fax: (646) 571-2601
Toll Free: (866) 360-9688
Web Site: www.refuelnow.com/

Year Founded: 2011

Discipline: Media Buying & Planning

Derek White *(President & Chief Executive Officer)*
Chris Cassino *(Chief Operating Officer)*
David Silver *(Chief Revenue Officer, Media & Marketing Revenue)*
Timothy Gerstmyer *(Chief Development Officer & Chief Digital Officer)*
Arthur Calton *(Senior Director, Digital Campaign Development)*
Philip Carroll *(Director, Creative Services)*
Alyssa Meschewski *(Account Management Director)*
Anna Partin *(Senior Account Director)*
Roxanne Moore *(Director, Sales Enablement)*
Justin Horn *(Strategist, Integrated Campaign)*
Taissa Bokalo *(Manager, Quality Assurance)*
Juan Ortiz *(Account Coordinator)*

RESPONSE MEDIA, INC.
3155 Medlock Bridge Road
Norcross, GA 30071
Tel.: (770) 451-5478
Fax: (770) 451-4929
Web Site: www.responsemedia.com

Year Founded: 1979

Discipline: Media Buying & Planning

Betty Abion *(Chief Executive Officer)*
Josh Perlstein *(Chief Executive Officer)*
Michael McMackin *(Vice President, Finance & Human Resources)*
Michelle Rainbow *(Vice President, Media & Campaign Management)*
Vencilla Ejaz *(Senior Account Manager)*

REVOLUTION MEDIA
21051 Warner Center Lane
Woodland Hills, CA 91367
Tel.: (818) 348-1800
Fax: (818) 348-1956
Web Site: www.revolutionmediainc.com

Employees: 5

Year Founded: 2001

Discipline: Media Buying & Planning

Mike Vizvary *(President & Chief Executive Officer)*
Christine Mares *(Senior Vice President, Associate Managing Director)*
Shelly Silveri *(Senior Vice President, Finance & Operations)*
Darrin Sarto *(Vice President, Client Services - Digital)*
Sunny Yun *(Senior Broadcast Director)*

RIGHT PLACE MEDIA
437 Louis Hargett Circle
Lexington, KY 40503
Tel.: (859) 685-3800
Fax: (859) 685-3801
Web Site: www.rightplacemedia.com

Employees: 13

Discipline: Media Buying & Planning

Joel Rapp *(President & Chief Executive Officer)*
Devin Johnson *(Senior Vice President & Media Director)*
Tara Williams *(Account Director & Vice President)*
Joey Banks *(Vice President & Director, Media)*
Amy Lynne Dickinson *(Senior Accountant)*
Bill Rice *(Marketing Director)*
Liz Fenner *(Senior Marketing Manager)*
Jeff Van Deursen *(Senior Media Planner & Buyer)*
Amanda Olmsted *(Senior Account Planner)*
Grant Hoffman *(Media Planner & Buyer)*
Chase Fuller *(Marketing Coordinator)*

RJW MEDIA
12827 Frankstown Road
Pittsburgh, PA 15235
Tel.: (412) 361-6833
Fax: (412) 361-8005
Web Site: www.rjwmedia.com

Employees: 11
Year Founded: 1985

Discipline: Media Buying & Planning

Julie Smith *(Owner & President)*
Amy Gustafson *(Associate Director, Media Services)*
Leigh Ann Derringer *(Director, Communications Planning)*
Jackie Aquilino *(Director, Broadcast Services)*
Anita Miller *(Senior Media Planner & Buyer)*

Accounts:
GetGo
Giant Eagle Express
Giant Eagle, Inc.
Market District

ROTTER CREATIVE GROUP
256 Main Street
Huntington, NY 11743
Tel.: (631) 470-7803
Web Site: www.rottergroup.com

Discipline: Media Buying & Planning

Steve Rotter *(Founder, Chairman & Chief Creative Officer)*
Steven Stetzer *(President & Director, Client Services)*

Brands. Marketers. Agencies. Search Less. Find More.
Try out the online version at www.winmo.com

AGENCIES - JULY, 2020
MEDIA BUYING & PLANNING AGENCIES

SAGE MEDIA PLANNING & PLACEMENT, INC.
1322 G street southeast
Washington, DC 20003
Tel.: (202) 675-6936
Web Site: sagemediaplanning.com

Year Founded: 2017

Discipline: Media Buying & Planning

Janet Katowitz *(President)*
Eileen Proudlock *(Director & Analyst, Political Tracking)*
Casey Bessette *(Senior Media Buyer)*

SCHIEFER CHOPSHOP
17922 Fitch Avenue
Irvine, CA 92614
Tel.: (949) 336-1700
Fax: (949) 335-4601
Web Site: www.wearescs.com

Year Founded: 1985

Discipline: Media Buying & Planning

James Schiefer *(Founder & Chief Executive Officer)*
Elissa Solomon *(Senior Brand Director)*
Aaron Gaspar *(Senior Brand Manager)*

SCHRAMM MARKETING GROUP
160 East 38th Street
New York, NY 10016
Tel.: (212) 983-0219
Fax: (212) 983-0524
Web Site: www.schrammnyc.com

Year Founded: 1993

Discipline: Media Buying & Planning

Joseph Schramm *(Managing Partner)*
Rafael Eli *(Partner)*

SCORCH, LLC
875 Howard Street
San Francisco, CA 94103
Tel.: (415) 541-2934
Fax: (415) 975-0850
Web Site: www.scorch.biz

Discipline: Media Buying & Planning

Jane Groft *(Partner)*
Ellen Kiyomizu *(Partner)*

SERUM AGENCY
1326 Fifth Avenue
Seattle, WA 98101
Tel.: (206) 805-1582
Web Site: http://www.serumagency.com/

Year Founded: 2015

Discipline: Media Buying & Planning

Matthew Knuth *(Director, Business Development)*

SMY MEDIA, INC.
625 North Michigan Avenue
Chicago, IL 60611
Tel.: (312) 621-9600
Fax: (312) 621-0924
Web Site: www.smymedia.com

Discipline: Media Buying & Planning

Gerry Grant *(Owner)*
Karen Sheridan *(President & Director, Media Services)*
Sheila Hollins *(Associate Director, Media)*

SPARK FOUNDRY
375 Hudson Street
New York, NY 10014
Tel.: (212) 468-4000
Fax: (212) 468-4299
Web Site: www.sparkfoundryww.com

Employees: 400
Year Founded: 1959

Discipline: Media Buying & Planning

Erica Rosengart *(President & Global Client Lead - Samsung)*
Sarah Kramer *(Chief Client & Operating Officer)*
Francis Pessagno *(President & Managing Director)*
Melissa Campbell *(Executive Vice President & Client Leader)*
Kevin Cronin *(Executive Vice President & Director)*
Jennifer Karayeanes *(Executive Vice President & Managing Director)*
Lauren Buerger *(Executive Vice President & Group Director, Investment & Content)*
Hayley Diamond *(Executive Vice President, Digital Investment & Partnerships)*
Kimberly Thompson Grillo *(Executive Vice President & Managing Director)*
Lisa Giacosa *(Executive Vice President, Global Managing Director & Head, Data, Technology, Analytics & Insights)*
Mitch Sheiner *(Senior Vice President & Group Client Director)*
Lisa Pece *(Senior Vice President & Director)*
Andrew Blotner *(Senior Vice President & Managing Director)*
Jaclyn Marino *(Senior Vice President & Group Client Director)*
Jennifer Byrnes *(Senior Vice President & Group Client Director - MediaVest)*
Brad Liebow *(Senior Vice President, Group Client Director - Walmart)*
Julie Schiro *(Senior Vice President & Group Client Director)*
Shannon Taylor *(Senior Vice President, Media)*
Antoine Brown *(Senior Vice President & Director)*
Larry Davis-Swing *(Senior Vice President & Global Lead, Analytics & Insights - North America)*
Amy Durbin *(Senior Vice President & Group Client Director)*
Jess Jakubas *(Senior Vice President & Strategy Lead)*
Nikki Pavoggi *(Senior Vice President & Director, Connections)*
Scott Rohrer *(Senior Vice President & Managing Director)*
Ravi Pahilajani *(Senior Vice President & Director, Digital)*
Nicole Mollen *(Senior Vice President, Content)*
Eric Wallach *(Senior Vice President & Content Director)*
Winnie Chin *(Senior Vice President, OOH Practice)*
Andrea Duray *(Vice President & Strategy Director)*
Steven Rodriguez *(Vice President & Planning Director)*
Michael Ogurick *(Vice President & Director, Strategy)*

Jeanette Millan *(Vice President & Activation Director - MV42)*
Pablo Graham *(Vice President & Strategy Director)*
Jema Jang *(Vice President & Director)*
Alaina DiFiore *(Vice President, Strategy Director - Macy's)*
Ryan Kefer *(Vice President & Group Director)*
Kate Richardson *(Vice President, Content)*
Randy Levine *(Vice President & Director, Digital)*
Jeanine Skaats *(Vice President & Integrated Investment Director)*
Jennifer Crabill *(Vice President & Media Director)*
Jeff Weaton *(Vice President, Media Strategy & Activation)*
BJ Hatcher *(Vice President & Strategy Director)*
Mollie Moschberger *(Vice President & Director, Local Activation)*
Jaime Millman *(Vice President & Director, Video Activation - Starcom)*
Kristin Hammer *(Vice President, Global Media Strategy)*
Jessica Roman *(Vice President & Director, Investment - Hispanic)*
John Fraze *(Vice President, Search)*
Katherine Wong *(Vice President, Communications)*
Jill Kerszko *(Vice President, Content)*
Khawar Shakeel *(Vice President, Business Integration & Analytics)*
Peter Gauss *(Vice President, Data Architecture)*
Sarah Teachout *(Vice President, OOH Practice)*
Ryan Snyder *(Vice President, OOH Practice)*
Kristin DePrisco *(Vice President, OOH Practice)*
Julie Fein *(Media Director)*
Jennifer Rodriguez *(Associate Director, Digital)*
Arlene DeSousa *(Associate Director, Client Operations)*
Beth Boudart *(Associate Director, Digital)*
Alexandra Rozzi *(Media Director)*
Kayla Vollmer *(Associate Director - Honda & Macy's)*
Jennifer Rosen *(Vice President & Director - NBA)*
Kayla Englot *(Associate Director, Digital)*
Ebony Jones *(Associate Director, Content)*
Dino Crescini *(Associate Director, Connections)*
Eric Burge *(Associate Director - NBA)*
Meredith Jones *(Associate Director)*
Kate Vivalo *(Director, Operations)*
Jacqueline Bey *(Associate Director)*
Kim Rallo *(Group Director, Local Activation)*
Rebecca Murtha *(Associate Director)*
Hallie Platt *(Associate Director, Content Strategy)*
Tara Dowling *(Associate Director, Connections)*
Patricia Kim *(Digital Director)*
Jeffrey Shelton *(Director, National Video Investment)*
Lauren Aman *(Director, Communication Strategy)*
Ricardo Vosa *(Associate Media Director)*
Maxine Dillon *(Director, Video Activation)*
Claire Madaras *(Associate Media Director)*
Chris Sheridan *(Associate Media Director)*
Mary Tennyson-McGuire *(Director, Strategy & Planning)*
Jennifer Super *(Vice President & Director, Activation)*
Erin Breen *(Vice President, Connections Director)*
Lindsay Brown *(Director)*
Rachel Meyer *(Associate Director)*
Lorraine Lampoutis *(Associate Director, Out-Of-Home Practice - Publicis)*

Brands. Marketers. Agencies. Search Less. Find More.
Try out the online version at www.winmo.com

MEDIA BUYING & PLANNING AGENCIES — AGENCIES - JULY, 2020

Jonathan Yergler *(Associate Director, Data Analytics & Research)*
Ilana Maskin *(Associate Director, Business Affairs & Content Programs)*
Rachel Wilke *(Associate Director, Strategy)*
Lauren Mantione *(Director, Media Strategy & Planning)*
Crista Litovich *(Associate Director, Strategy)*
Rebecca Mansfield *(Associate Director, Programmatic)*
Denise James *(Director, Programmatic)*
Kayla M. Vollmer *(Associate Director)*
Brian You *(Associate Director, Programmatic)*
Maria Dementiev *(Associate Director, Programmatic)*
Nick Amico *(Director, Programmatic)*
Catherine Young *(Associate Director)*
Joyce Huang *(Associate Director, Paid Search)*
Alison Nolen *(Connections Manager - MediaVest)*
George Lin *(Associate Director, Media)*
Megan O'Shea *(Activation Manager - USAA, Honda & Acura)*
Amanda Cirone *(Manager, Video Investment - Mondelez)*
Adam Mandarino *(Programmatic Manager)*
Kate Prentis *(Brand Strategy Supervisor)*
Amanda Kravitz *(Media Supervisor)*
Shanna Feld *(Supervisor, Digital Media - New York Life)*
Corbin Deleon *(Manager, Media Strategy)*
Alyssa Papa *(Associate Director)*
Kelley Peterson *(Manager, Content Solutions)*
Michael Silvestri *(Manager, Connections)*
Matthew Daly *(Manager, Media)*
Natalie Ryu *(Digital Manager)*
Sara Buturla *(Manager, Planning & Strategy -)*
Carly Schreiber *(Digital Manager)*
Diana Reinauer *(Manager, Programmatic)*
Gregory Rabideau *(Manager)*
Justin Mann *(Manager, Video Investment)*
Nicholas Clar *(Manager, Connections)*
Mariel Shreefter *(Manager, Digital Activation - Citi)*
Tina Lin *(Content Manager)*
Diana Lu *(Associate Director, Data & Data Management Platform Client Strategy)*
Victor Thai *(Digital Manager)*
Marc Heller *(Manager, Ad Operations, Technology & Activation Group)*
Ana Bedoya *(Manager, Digital Activation)*
Sara Yoon *(Analytics Manager)*
Samuel Acosta *(Digital Media Manager)*
Sarah Butler *(Supervisor & Manager, Media)*
Lauren Sohnen *(Manager, Paid Social)*
Jan Ahmed *(Strategy Manager)*
Brian Meng *(Manager, Digital)*
Emily Baker *(Strategy Manager)*
Mara Schneider *(Manager, Digital Activation)*
Natalie Zimmerman *(Manager, Strategy & Content)*
Liam Kersting *(Manager, Technology & Activation Group)*
Brian Balkunas *(Senior Associate, Technology & Activation)*
Jimmy Feliz *(Associate Director)*
Christopher Rom *(Senior Associate, Digital)*
Andrea Ravikumar *(Senior Analyst)*
Alex Fischer *(Senior Analyst, Programmatic)*
Kalina Yordanova *(Senior Programmatic Analyst)*
Thomas Infosino *(Associate, Technology & Activation)*
Aviva Berman *(Senior Associate)*
Janie Curtis *(Senior Associate)*
Ryan Walker *(Senior Associate, Broadcast)*
Samantha Harris *(Senior Associate - TAAG & Novo Nordisk)*
Gregory Villafane *(Investment Associate)*

Michael Carafa *(Activation Manager)*
Alyssa Amabile *(Senior Associate, Connections)*
Joe Kratochvil *(Strategy & Planning Senior Associate)*
Bonnie Sullivan *(Strategy Associate)*
Jordannah Schreiber *(Associate, Strategy)*
Alexa Page *(Associate, Strategy & Activation)*
Tia Amabile *(Associate, Video Investment Activation)*
Marissa Baglione *(Senior Content Associate)*
Lorraine Acosta *(Social Analyst)*
Meegan Scally *(Senior Associate, Content)*
Samantha Wargo *(Senior Associate, Planning & Strategy)*
Vidhi Narine *(Associate Director, Digital Activation)*
Abigail Ross *(Strategist, Activation)*
Mohamed Ghareb *(Programmatic Analyst)*
Andrea Abbatiello *(Digital Activation Senior Associate)*
Darienne Arahan *(Senior Associate Buyer, Audio Investments)*
Brittany-Lee Goldstein *(Senior Associate, Local Investment)*
Anabelle Florio *(Senior Associate, Content)*
Sandy Rodriguez *(Senior Analyst)*

Accounts:
Absolut Vodka
AC Hotels
AFLAC, Inc.
Aloft
Alpha-Bits
Antiguo
Arrowroot
Audible, Inc.
Autograph Collection Hotels
Barnum's Animals
belVita
Brown-Forman Corporation
Bubblicious
Campbell Soup Company
Campbell's Healthy Request Soups
Campbell's Homestyle
Campbell's Sauces
Campbell's SpaghettiOs
Campbell's Chunky Soup
Campbell's Condensed Soup
Campbell's Tomato Juices
Canadian Mist
Caramels
Chambord
Chiclets
Chips Ahoy!
Citi
Citi Cards
Citibank
Clorets
Cocoa Pebbles
Collingwood Canadian Whisky
Comcast Corporation
Courtyard by Marriott
Cox Communications Internet Services
Cox Communications, Inc.
David's Bridal, Inc.
Delta Hotels & Resorts
Dentyne
Dentyne Ice
Dentyne Pure
Duracell, Inc.
Early Times
El Jimador
Element Hotels
Fairfield Inn by Marriott
Finlandia Vodka
Finlandia Vodka

Four Points by Sheraton
Fruity Pebbles
Gentleman Jack
Grape Nuts
Great Grains
Green & Black's
Halls
Handi-Snacks
Herradura
Honey Maid
Honey-Comb
Jack Daniel's Sinatra Select
Jack Daniel's Single Barrel Tennessee Whiskey
Jack Daniel's Tennessee Honey
Jack Daniel's Tennessee Rye
Jack Daniel's Tennessee Whiskey
Jameson
Korbel
Lenovo Group Limited
Lorna Doone
Macy's, Inc.
Macys.com
Mallomars
Mariott Suites
Marriott Hotels & Resorts
Marriott International, Inc.
Mattress Firm, Inc
MCM Worldwide
Milka
MilkBite
Mondelez International
Morgan Stanley
Nabisco
Nabisco 100 Calorie
NAPA Auto Parts
Nature's Way Holding Company
NBC Universo
NBCUniversal, Inc.
New Avon LLC
New York Life Insurance Company
Newtons
Nilla
Nutter Butter
NYLife
Old Forester
Oreo
Oreo Cakesters
Pace
Pepe Lopez
Pepperidge Farm
Plum Organics
Post Bran Flakes
Post Consumer Brands
Post Raisin Bran
Post Selects
Post Shredded Wheat
Prego
Protea Hotels
PUR Water
Red Oval Farms
Renaissance Hotels & Resorts
Residence Inn by Marriott
Ritz
Sociables
Social Tea Biscuits
Sonoma-Cutrer Vineyards
Sour Patch Kids
Spring Hills Suites
St. Regis Hotels & Resorts
Stride
Swanson
Swedish Fish
Tang
TD Ameritrade Holding Corporation
Tdameritrade.com
Teddy Grahams

509

AGENCIES - JULY, 2020 — MEDIA BUYING & PLANNING AGENCIES

Telemundo
Telemundo Communications Group, Inc.
Terrys
The Luxury Collection
The Travelers Companies, Inc.
The Wendy's Company
Toblerone
TownePlace
Travelers Auto Insurance
Tribute Portfolio
Trident
Trident Layers
Triscuit
UBS Financial Services, Inc.
United Technologies Corporation
USAA
V8
Vea
W Hotels
Waffle Crisp
Well Yes!
Westin Hotels & Resorts
Wheat Thins
Wheatsworth
Woodford Reserve
Xfinity Home
Xfinity Internet
Xfinity Mobile
Xfinity TV
Xfinity Voice
Yahoo! Inc.
Yahoo! Sports
Zwieback

SPARK FOUNDRY
35 West Wacker Drive
Chicago, IL 60601
Tel.: (312) 970-8400
Fax: (312) 970-8409
Web Site: www.sparkfoundryww.com

Year Founded: 1959

Discipline: Media Buying & Planning

John Muszynski (Chief Investment Officer)
Chris Boothe (Global Brand President & U.S Chief Executive Officer)
Scott Hess (Executive Vice President & Chief Marketing Officer)
Shelby Saville (Chief Investment Officer)
Eric Levin (Executive Vice President & Chief Content Officer)
Marie Myszkowski (Executive Vice President & Managing Director)
Trina Potter (EVP, Managing Director)
Harold Dawson (Executive Vice President & Managing Director)
Brent Lux (Executive Vice President & Managing Director, Business Development)
Joe Kowan (Executive Vice President, Digital Solutions, Precision & Technology)
Michelle Thomas (Senior Vice President & Coach, Leadership Development)
David Calkins (Senior Vice President, Business Development)
Natalie Kritzler (Senior Vice President & Director, Strategy)
Jill Sylvester (Senior Vice President, Integration & Operations)
Amy Engel (Senior Vice President & Director)
Kate Galecki (Senior Vice President, Business Development - Central & West Regions)
Jaclyn Sinclair (Senior Vice President & Director, Media)
Colette Trudeau (Senior Vice President, Performance Media)
Stephen Paez (Senior Vice President & Director, Multicultural)
Laura Kleyweg (Senior Vice President & Media Director)
Sean Ryan (Senior Vice President & Director)
Joseph Rose (Senior Vice President & Director, Analytics)
Jeff Chaban (Senior Vice President & Group Director, Analytics & Insights)
Ansarie Easo (Senior Vice President & Head, Business)
Chinar Desai (Senior Vice President, Strategy & Innovation)
Erica Barrett (Senior Vice President & Group Media Director)
Erin Vogel (Senior Vice President & Head, Content - Central Region)
Kelly Stetler (Senior Vice President, Strategy)
Matthew Nalecz (Senior Vice President, Head, Client & Media Director)
Michelle Mirshak (Senior Vice President, Data Architecture & Governance)
Roslyna Ibrahim (Senior Vice President, Strategy)
Linda Bocage (Vice President & Director)
Blair Andrus (Vice President & Strategy Director)
Rachel Domeyer (Vice President & Director, Media)
Abby DeMong (Vice President & Director, National Video Investment)
Amanda Mollet (Vice President & Director, Media)
Adam Weiler (Vice President & Director, Audience & Measurement Solutions)
Alison Ciccione (Vice President & Director, Media)
Kevin Byrne (Vice President & Director, Analytics & Insights)
Dan Mitz (Vice President & Director)
Sabrina Pierrard (Vice President, Communications Strategy)
Rachel Eckerling (Vice President, Programmatic)
Claude Palacios (Vice President, Performance Media & Media Director)
Kelilyn Nowicki (Vice President & Director, Media)
Pooja Kaw (Vice President & Communications Strategy Director)
Alissa Jalosky (Vice President & Director, Activation)
Janel Malone (Vice President & Director, Planning)
Lauren Handelman (Vice President & Director, Video Investment)
Stephanie Howard (Vice President & Director)
Susan Viti (Vice President & Director, Strategy)
Tracy Decker (Vice President & Director, Connections)
Zachary Noren (Vice President & Director, Digital)
Beth Clough (Director, Strategy)
Steve Carlson (Director, Media)
Josephine Loong (Associate Director, Strategy)
Kimmy Fleishman (Associate Director, Brand Strategy & Content)
Jessica Bartucci-Ware (Director, Strategy)
Amanda Ludwig (Associate Director)
Garrett Kelly (Media Director)
Catie Pechiney (Media Director, Strategy)
Becky Sandholm (Director, Programmatic)
Kristin Johnson (Associate Media Director)
Mike Movido (Associate Director, Programmatic)
Donna Cimino (Vice President & Media Director)
Grace Gaswick (Associate Media Director)
Shannon Lowery (Media Director)
Mariah Asher (Strategy Director)
Laura Krain (Director, Media)
Theresa Arnold (Associate Director, Media)
Stephanie Bowman (Director, Media Strategy)
Tracie Jasper (Associate Media Director)
Andrew McNees (Associate Media Director)
Lauren Juster (Associate Director, Research)
Teri Grimes (Associate Media Director)
Laura Sexauer (Associate Director, Strategy)
Haley Sandroff (Director, Media & Strategy)
Anthony Agbaere (Associate Director, Content)
Allie Smith (Associate Director)
Ashley Kastenholz (Associate Media Director)
Stacy Scheets (Director, Digital Media)
Brian Kim (Associate Director, Strategy)
Amy Korinek (Media Director)
Ashley Geib (Associate Director, Media)
Jamie Rubinstein (Associate Director, Content)
Chelsea Franklin (Associate Director, Digital Activation)
Diana Hoskins (Associate Director)
Kellye Donnelly (Associate Director, Brand Content)
Stephanie Verbeke (Associate Director)
Landon Seely (Associate Director)
Whitney Simpson (Associate Media Director)
Jonathan McDermott (Associate Director, Performics Practices Team)
Kelly Roderick (Associate Director, Media)
Amanda Miller (Director, Content)
Colin Kronforst (Associate Media Director)
Megan Laudenslager (Associate Director)
Matthew Malone (Associate Director, Data Architecture)
Dylan Rossi (Associate Director, Analytics)
Katie Watson (Director, Technology & Activation)
Annie Lopatin (Associate Director, Content)
Erik Lunde (Associate Director)
Carrie Noone (Associate Director)
Ashley Weiner (Director)
Kelly Chiricotti (Associate Director, Media)
Ashley Dobbins (Associate Director, Content)
Bryan Nagy (Director, Precision)
Natalia Zaldivar (Associate Director)
Tara Berger (Director, Strategy)
Melissa Moucka (Associate Media Director)
Jeff Harbert (Associate Media Director)
David Turman (Senior Vice President, Out-of-Home Investment - Publicis Media)
Heather Peters (Associate Director, Media)
Lindsay Benedict (Associate Media Director)
Jordan Kuehn (Associate Director, Strategy)
Christina Phelps (Search & Social Director)
Rory Manson (Associate Media Director)
Julia Class (Associate Director, Content)
Caitlyn Gordon (Associate Director, Analytics & Insights)
Jared Tyler (Associate Director, Analytics & Insights)
Derek Eng (Director, Analytics)
Stephen Becker (Director, Data & Analytics - Comcast)
Allison Zilbershatz (Director, Content)
Andreas Westfield (Director, Digital Strategy & Investment)
Andrew Klein (Director, Content Innovation)
Annette Liput (Associate Media Director)
Danielle Meagher (Associate Media Director)
Denise Bromfield (Associate Media Director - Comcast West Division)
Emma Reincke (Associate Director, Technology, Data & Activation)
Evan Quentzel (Associate Director, Programmatic)

MEDIA BUYING & PLANNING AGENCIES
AGENCIES - JULY, 2020

Garrett Patterson *(Director, Data Architecture)*
Gina Babb *(Media Director)*
Jackie Suhajda *(Associate Media Director)*
Jayce Boy *(Media Director)*
Jeanette Go *(Associate Director, Connections)*
Jessica Venard *(Media Director, Strategy)*
Jill Downing *(Associate Media Director, Business Development)*
Katherine Killebrew *(Director, Programmatic)*
Keiren Baliban *(Associate Director)*
Kristen Nicolai *(Associate Director, Content)*
Laura Seeberg *(Associate Director, Digital)*
Lauren Rodas *(Director, Technology & Activation Group - Across Several Media Teams)*
Lindsey Dulla *(Director)*
Lori Ivey *(Director, Strategy)*
Melinda Toscano *(Head, Strategy & Planning)*
Michelle Miller *(Associate Media Director)*
Randi Leonard *(Associate Director)*
Ryan Gilbert *(Director, Strategy)*
Sharon Nieber *(Associate Media Director - Local Broadcast)*
Stephanie Gibbs *(Associate Director, Digital Media Strategy & Investment)*
Stuart Beurskens *(Director, Performance Media)*
Thomas Kinisky *(Associate Director)*
Tiffany Chen *(Associate Media Director)*
Catherine Gilham *(Media Director, Strategy)*
William Dennis *(Associate Director, eCommerce)*
Joe Buzzelli *(Associate Director, Content)*
Lynn Hansler *(Senior Media Buyer)*
Kate Feeley *(Manager)*
Shaun Redd *(Media Supervisor)*
Kaci Chambers *(Media Supervisor)*
Amanda Klein *(Supervisor, Strategy)*
Carli Bolotin *(Associate Media Director)*
Kristin Dierwa *(Supervisor, Video Investment)*
Brandon McNeely *(Manager Media Strategy - Southwest)*
Agata Sciupider *(Media Supervisor)*
Stephanie Martinez *(Media Supervisor)*
Matt Campbell *(Media Supervisor)*
Frederick Fifield *(Supervisor, Video Investment)*
Bree Nowak *(Media Supervisor)*
Jennie Ellman *(Media Supervisor)*
Gerardo Zavala *(Supervisor, Content - Publicis Media)*
Kelly Ryan *(Associate Director)*
Clorissa Comer *(Associate Director, Branded Content)*
Ted Marzolf *(Supervisor, National Video Investment)*
Kristi Harris *(Supervisor)*
Catalina Roldan *(Supervisor, Media)*
Bernadetta Kopec *(Manager, Finance)*
Brianna Weber *(Media Buyer)*
Jessica Murphy *(Strategy Supervisor)*
Miranda Ciesol *(Media Supervisor)*
Lynn Tatge *(Strategy Manager)*
Samuel Karp *(Supervisor)*
Jack Gilbert *(Media Supervisor)*
Jamie Lauten *(Strategy Supervisor)*
Ellen Marr *(Strategy Supervisor)*
Monica Nicoara *(Manager, Analytics & Insights)*
Samantha Braley *(Media Supervisor)*
Maddi Carr *(Media Supervisor)*
Liz DeRe *(Media Supervisor)*
Katelyn Erickson *(Supervisor, Content)*
Benjamin Krout *(Manager, Search & Social)*
Jamie Bahcall *(Manager)*
Alex Asensio *(Media Supervisor)*
Luke Shadley *(Media Supervisor)*
Michael Rigali *(Investment Supervisor)*
Johanna Hughes *(Manager, Advanced Analytics & Data Architecture)*

June Fu *(Manager, Analytics)*
Scott Lavick *(Manager, Analytics & Insights)*
Aimee Craig *(Manager, Connections)*
Aimee Gregg *(Manager, Data Architecture)*
Alex Zahka *(Supervisor, Media)*
Annabelle Wallace *(Manager, Content)*
Courtney Silverman *(Media Planner & Associate, Connections)*
Cris Stephan *(Manager, Search & Social)*
Daiana Soto *(Manager, Digital Reconciliation)*
DuQuan Moet *(Manager, Digital Advertising Operations)*
Elizabeth Quinn *(Manager, Strategy)*
Emmanuel Orochena *(Manager, Local Activation)*
Gerald Piscopo *(Account Supervisor & Media Buyer)*
Hayley Stewart *(Supervisor, Media)*
Kyle Haas *(Supervisor, Content)*
Lauren Tamm *(Supervisor, Strategy)*
Nicholas Kontos *(Programmatic Manager)*
Paige Gordon *(Supervisor, Content)*
Philip Golas *(Manager - TAAG Advertising Operations)*
Sara Locastro *(Manager)*
Stephanie Lubniewski *(Media Planner)*
Tyler Speed *(Manager, Integrated Media)*
Vladimir Madik *(Manager, Digital Advertising Operations)*
Madison Ingold *(Supervisor, Media Planning)*
Veronica Mosquera *(Associate, Video Investment)*
Melinda Van Dyke *(Supervisor - Content Team, Publishing Specialist)*
Amanda Drucker *(Senior Media Associate)*
Allison Osborne *(Senior Associate, Local Strategy & Activation)*
Hayley Odendahl *(Associate, Operations & Traffic)*
Cat Johnson *(Senior Associate)*
Madeline Flynn *(Associate Media Strategist)*
Eliot Howe *(Associate, Media)*
Allison O'Rourke *(Senior Associate, Media)*
Sarah Becker *(Analyst)*
Andie Hannan *(Strategy Associate)*
Brian Timmreck *(Senior Associate)*
Sydney Jones *(Strategy Associate)*
Mike Dowdle *(Digital Media Associate)*
Alexa Benaharon *(Senior Associate, Digital)*
Anthony Borgia *(Senior Associate, Advertising Operations)*
Bhawna Sardana *(Analyst, Data)*
Chayce Coltharp *(Senior Associate, Digital)*
Christopher Palmquist *(Senior Analyst, Programmatic)*
Danielle Orbin *(Senior Associate, Digital & Advertising Operations)*
David Ferro *(Senior Associate Buyer, Video)*
Doyle Stack *(Senior Associate, Digital Activation - Comcast)*
Hasnain Javaid *(Senior Associate, Digital Reconciliation)*
Jake Petrillo *(Senior Associate, Digital)*
Julian Mardoyan-Smyth *(Senior Analyst, Programmatic)*
Ken Lin *(Senior Associate - TAAG)*
Morgan Schrage *(Senior Analyst, Data Architecture)*
Susan Iacopelli *(Associate, Digital Reconciliation)*
Kathryn Gallagher *(Associate, TV Investment)*
Emma Baer *(Strategy Media Associate)*
Emily Heckelman *(Associate Director, Content)*
Greg Clausen *(Executive Vice President & Managing Director)*

Accounts:
AbbVie, Inc.
Ace Hardware Corporation
Act II
Alexia
America's Best Contacts & Eyeglasses
American Girl
American Girl
AndroGel
Andy Capp's
Angie's BOOMCHICKAPOP
Apples to Apples
Armour Star
Aunt Jemima Frozen Breakfast
Balderdash
Bali
Ban
Banquet
Barbie
BarbieGirls.com
Barely There
Bass Pro Shops, Inc.
Bel Brands USA, Inc.
Bernstein's
Bertolli Frozen
BIGS Sunflower Seeds
Biore
Birds Eye
Birds Eye C&W
Birds Eye Voila
Blake's
Blokus
Blue Bonnet
Blue Nile, Inc.
Boursin
Brooks
Brown-Forman Corporation
Celeste
Champion
Chef Boyardee
Chicago Fire
ComEd
ComfortSoft Waistband
ConAgra Brands, Inc.
Creon
Crunch'n Munch
Curel
Daisy Brand, Inc.
David Sunflower Seeds
Dearfoams
Delta
Delta Faucet Company
Dennison's
Discover Bank
Discover Card
Discover Financial Services, Inc.
Discover it Card
Discover Network
Dole Food Company, Inc.
Dole Packaged Foods, Inc.
Dora the Explorer
Droid
Duke's Meats
Duncan Hines
Duncan Hines Comstock and Wilderness
Earth Balance
Egg Beaters
Erin's
EVOL
Exelon Corporation
Eyeglass World
Fiddle Faddle
Fleischmann's
Frappuccino
Frontera
Gardein
Genuine Parts Company
Genworth Financial, Inc.

Media Buying & Planning Agencies

Brands. Marketers. Agencies. Search Less. Find More.
Try out the online version at www.winmo.com

511

AGENCIES - JULY, 2020 — MEDIA BUYING & PLANNING AGENCIES

Glamorise
Glutino
Gulden's
H&R Block, Inc.
H.K. Anderson
Hanes
Hanes Her Way
Hanesbrand, Inc.
Hawaiian Snacks
Healthy Choice
Hebrew National
Herradura
Hot Wheels
Humira
Hungry-Man
Hunt's
Hunt's Canned Tomatoes
Husman's
International Dairy Queen, Inc.
Jack Daniel's Sinatra Select
Jack Daniel's Single Barrel Tennessee Whiskey
Jack Daniel's Tennessee Fire
Jack Daniel's Tennessee Honey
Jack Daniel's Tennessee Whiskey
Jergens
Jiffy Pop
John Frieda
John Frieda Sheer Blonde
Just My Size
Kaletra
Kangaroo Brands
Kao USA Inc.
Kid Cuisine
La Choy
Lender's
Lexmark International
Libby's Meat
Lilyette
LinkedIn Corporation
Log Cabin
Mad Gab
Magic 8 Ball
Maidenform
Manwich
Marie Callender's
Marie Callender's Pot Pies
Matchbox
Mattel Classic Games
Mattel, Inc.
Max Steel
Meijer, Inc.
Mercury Marine Group
Moto X
Motorola
Motorola Mobility, Inc.
Mrs. Butterworth's
Mrs. Paul's
Mylan Pharmaceuticals
Nalley
NAPA Auto Parts
National Pork Board
Nature's Way Holding Company
Niaspan
Odom's Tennessee Pride
Open Pit
Orville Redenbacher's
Othello
P.F. Chang's Frozen Meals
PAM
Panera Bread Company
Parkay
Pass the Popcorn!
Penrose
Peter Pan
Phase 10
Pictionary

Playtex
Polly Pocket!
Poppycock
Ranch Style
Recreational Equipment, Inc.
Red Lobster
Reddi-Wip
Ro*Tel
Rosarita
Sandwich Bros. of Wisconsin
Scene It?
Seattle's Best Coffee
Servpro Industries, Inc.
Shure Incorporated
Skip-Bo
Slim Jim
Smart Balance
Snack Pack
Snyder of Berlin
Southwest Airlines
Stanley Steemer International, Inc.
Starbucks Corporation
Starz Entertainment Group, LLC
Starz!
Swiss Miss
Synthroid
Taco Bell Corporation
The Golf Channel
The Laughing Cow
Tim's Cascade Snacks
TriCor
Trilipix
Turtle Wax, Inc.
Tyco R/C
Udi's Gluten Free
UNO
Van Camp's
Van De Kamps
Via
View-Master
Visionworks of America, Inc.
Vlasic
Wicked Kitchen
Wish-Bone
Wolf Brand
Woodford Reserve
Xoom

SPARK FOUNDRY
2301 Roscrans Avenue
El Segundo, CA 90245
Tel.: (310) 765-8800
Web Site: www.sparkfoundryww.com

Year Founded: 1959

Discipline: Media Buying & Planning

Kristin Haarlow *(Executive Vice President, National Video Lead - Central & West Region)*
Alexandra Jacob *(Senior Vice President & Media Director)*
Rachel Marsh *(Vice President & Director)*
Giuseppe Copertino *(Director, Media)*
Jorge Paz *(Director, Media Strategy)*
Clare Putrino *(Director, Analytics)*
Joannie Chen *(Manager, Content & Strategy)*
Adam Sostrin *(Associate Media Director, Strategy)*
Lillian Hwang *(Integrated Supervisor, Strategy)*
Jacob Mainzer *(Media Strategy & Content Supervisor)*
Tiffanie Lee *(Supervisor, Integrated Project Management)*
Kelsey Ishigo *(Senior Media Strategy Associate)*
Franchesca Pamoukian *(Media Strategy Senior Associate)*

Hannah Want *(Senior Associate, Strategy)*
Vanessa Chung *(Associate, Strategy)*
Karen Chi *(Senior Associate, Strategy)*
Alexandra Huynh *(Senior Associate, Strategy)*
Annika Hattori *(Strategy Associate)*
Cindy Chang *(Strategy Associate)*

Accounts:
AAA Northern California, Nevada, & Utah
Activision Publishing, Inc.
American Girl
Apples to Apples
Balderdash
Barbie
BarbieGirls.com
Blokus
Bosch
BSH Home Appliances Corporation
Dole Food Company, Inc.
Dole Packaged Foods, Inc.
Dora the Explorer
Gaggenau
Hot Wheels
Mad Gab
Magic 8 Ball
Matchbox
Mattel Classic Games
Mattel, Inc.
Max Steel
NBCUniversal, Inc.
Othello
Pass the Popcorn!
Phase 10
Pictionary
Polly Pocket!
Scene It?
Skip-Bo
Thermador
Tyco R/C
Universal Studios Hollywood
UNO
View-Master

SPARK FOUNDRY
1170 Peachtree Street Northeast
Atlanta, GA 30309
Web Site: www.sparkfoundryww.com

Year Founded: 1959

Discipline: Media Buying & Planning

Marnie Tyler *(Senior Vice President & Group Client Director)*
Rebecca Mann *(Senior Vice President & Group Director, Media)*
Matt Wentlent *(Connections Director)*
Lauren Kime *(Manager, Connections)*
Caroline Fowler *(Connections Manager)*
Karen Cook *(Manager, Local Activation)*
Ashley Svagdis *(Senior Media Strategist)*
Sara Dube *(Senior Associate, Local Activation)*

Accounts:
Comcast.com
NAPA Auto Parts
UBS Financial Services, Inc.

SPARK FOUNDRY
424 Second Avenue West
Seattle, WA 98119
Tel.: (206) 285-2222
Web Site: www.sparkfoundryww.com

Discipline: Media Buying & Planning

Angela Blankenship *(Associate Director,*

MEDIA BUYING & PLANNING AGENCIES

Strategy)
Consuelo Rivas *(Associate Director, Media Strategy)*
Ryan Young *(Vice President, Director)*
Alec D'Antonio *(Associate Director, Media)*
Dave Piggott *(Media Director- Starbucks)*
Terry Teigen *(Brand Media Strategy Supervisor)*
Barb Kielhofer *(Associate Director, Data Architecture)*
Jacqueline Batchelor *(Supervisor, Social - Starbucks)*
Kurtis Harris *(Senior Associate, Custom Content)*
Brittany Edwards *(Supervisor, Strategy)*
Sabrina Bedell *(Analyst, Search & Social)*
Kathryn Dillon *(Executive Vice President - West Region)*

Accounts:
Dole Packaged Foods, Inc.
Doubleshot
Frappuccino
Seattle's Best Coffee
Starbucks Corporation
Teavana
Verismo

SPECIALIZED MEDIA SERVICES
741 Kenilworth Avenue
Charlotte, NC 28204
Mailing Address:
Post Office Box 117
Charlotte, NC 28210
Tel.: (704) 333-3111
Fax: (704) 332-7466
Web Site: www.specializedmedia.net

Year Founded: 1982

Discipline: Media Buying & Planning

Darlene Jones *(President)*
Deborah Lomax *(Media Buyer & Promotions)*

SPURRIER GROUP
101 South 15th Street
Richmond, VA 23219
Tel.: (804) 698-6333
Web Site: www.spurriergroup.com

Employees: 4
Year Founded: 1996

Discipline: Media Buying & Planning

Donna Spurrier *(Chief Executive Officer & Executive Strategist)*
Amy Venhuizen *(Account Director)*
Jennifer Walker *(Planning Director)*
Emily Baldridge *(Financial Director)*
Carol Davis *(Senior Media Manager)*
Pem Carter *(Office Manager)*
Sarah Knapp *(Senior Media Buyer)*
Kristina Williams *(Operations Manager)*

Accounts:
FloodSmart
Illinois Office of Tourism
Metropolitan Life Insurance Co.
University of Richmond
Virginia Museum of Fine Arts

SQAD, INC.
303 South Broadway
Tarrytown, NY 10591
Tel.: (914) 524-7600
Fax: (914) 524-7650
Web Site: www.sqad.com

Discipline: Media Buying & Planning

Neil Klar *(Founder)*
James Kindred *(Chief Technology Officer)*
Tom Adams *(Director, SQAD WebCosts)*
Robin Blum *(Director, Customer Service & Sales)*
Lisa Mazzarisi *(Client Engagement Manager)*

SSCG MEDIA GROUP
220 East 42nd Street
New York, NY 10017
Tel.: (212) 907-4300
Web Site: www.sscgmedia.com

Year Founded: 2008

Discipline: Media Buying & Planning

Debbie Renner *(President)*
Lindsay Schubert *(Vice President & Group Supervisor, Multichannel Media)*
Johanna Jarvis *(Associate Partner, Director - Multichannel Media)*

Accounts:
Epiduo

STARCOM WORLDWIDE
35 West Wacker Drive
Chicago, IL 60601
Tel.: (312) 220-3535
Fax: (312) 220-6530
Web Site: www.starcomww.com

Employees: 450
Year Founded: 1997

Discipline: Media Buying & Planning

Danielle Gonzales *(President, Chief Client Officer)*
John Sheehy *(Global Brand President)*
Patrick O'Connor *(Chief Financial Officer - Starcom)*
Kathy Kline *(Global Chief Strategy Officer)*
Karla Knecht *(President & Chief Client Officer)*
Bohb Blair *(Global Chief Experience Officer)*
Mark Pavia *(Executive Vice President & Digital Managing Director)*
Brenda White *(Executive Vice President & Group Director)*
Kate Sirkin *(Executive Vice President, Global Data Partnerships - Publicis Spine)*
Becky Walden *(Executive Vice President & Global Director, Global Network Clients)*
Nicole Hayes *(Executive Vice President & Director - GroupeConnect)*
Shaun Rudy *(Senior Vice President & Group Director)*
Maureen Glure *(Executive Vice President & Strategy Director)*
Kim Einan *(Executive Vice President & Head, Strategy & Experience Design)*
Amy Adams *(Executive Vice President & Group Director)*
Gumala Steele *(Executive Vice President, Director)*
Adam Rattner *(Executive Vice President, Business Development & Managing Director)*
Doug Rothery *(Executive Vice President & Director, Analytics & Insights)*
Kevin Francart *(Executive Vice President & Group Director, Advanced Analytics & Insights)*
Kelly Kokonas *(Executive Vice President, Data, Technology & Analytics)*
Gina Mazzorana *(Executive Vice President & Account Director, P&G)*
Sam Sussman *(Senior Vice President & Director - Broadcast)*
John Melone *(Senior Vice President, Operations & Advance Analytics & Insights)*
Jackie Kulesza *(Senior Vice President & Group Director)*
Elizabeth Leonard *(Senior Vice President & Director)*
Gina Jacobson *(Senior Vice President & Group Director)*
Erin Houg *(Senior Vice President & Media Investment Director)*
Kerry Ross *(Senior Vice President & Leadership Coach)*
Darcy Bowe *(Senior Vice President & Media Director)*
Terri McKinzie *(Senior Vice President & Media Director)*
Brooke McCaughrin *(Senior Vice President, Strategy & Media Director)*
Pat McCormick *(Senior Vice President, Director - Architecture & Governance)*
Ariti Bhansali *(Senior Vice President & Director)*
Becky Langbein *(Senior Vice President & Digital Director)*
Colleen Meenan *(Senior Vice President & Director)*
Katy Carlin *(Senior Vice President)*
Tracy Chavez *(Senior Vice President)*
Cristina Torres *(Senior Vice President & Media Director)*
Dana Schueller *(Senior Vice President & Director, Content Strategist)*
Kati Sciortino *(Senior Vice President & Strategy Director)*
Dana Bonkowski *(Senior Vice President, Multicultural Lead)*
Dan Bruinsma *(Senior Vice President & Activation Director)*
Rosemary Miller *(Senior Vice President & Operations Director)*
Brooke Gilbertson *(Senior Vice President & Director, Client Operations)*
Katie Koval *(Senior Vice President & Director)*
Timothy Sobieszczyk *(Senior Vice President & Media Director)*
Nancy Griffin *(Senior Vice President & Director)*
Zach Isaacs *(Senior Vice President & Group Director)*
Adrian Giuliano *(Senior Vice President, Global Investment)*
Eddie Parker *(Senior Vice President & Director, Advanced Analytics & Insight)*
Francisco Lippke *(Senior Vice President, Analytics & Business Integration)*
Chris Vance *(Senior Vice President & Director, Brand Integration)*
Kira Clifton *(Senior Vice President & Group Director)*
Meghan O'Keefe *(Senior Vice President & Director)*
Robyn Stellmach *(Senior Vice President)*
Sam Armando *(Senior Vice President & Director, Strategic Intelligence)*
Tabitha Dosch *(Senior Vice President & Director, Communications - U.S.)*
Emma Pop *(Vice President & Director, Analytics)*
Sarah Greenspan *(Vice President & Account Director)*
Sheila Hamilton *(Senior Vice President & Publicis Lead, Kellogg Account)*
Chelsie Koenig *(Vice President & Director)*
Beth Bradley *(Vice President, Context Planning*

AGENCIES - JULY, 2020 — MEDIA BUYING & PLANNING AGENCIES

Director)
Alison Reveille (Vice President, Digital Strategy & Investment)
Lee Dunbar (Vice President & Director)
Elle Cordes Radke (Vice President, Director)
Brad Passo (Vice President & Digital Activation Director)
Leigh Gratz (Vice President & Director)
Craig Wojtak (Vice President & Director)
Colleen Robson (Vice President & Director, Client Services)
Jessica Rafalski (Vice President & Media Director)
Jeff Hughes (Vice President & Media Director)
Jon Jarog (VP, Media Director)
Sarah Marren (Vice President & Director)
Dana Belanger (Vice President, Experience Strategy Director)
Chris Aubin (Vice President & Director, Local Strategy - Center of Excellence)
Aileen Gattuso (Vice President & Media Director)
Lauren Hadley (Vice President, Decision Science)
Jason Shalaveyus (Vice President, Advanced Analytics & Insights)
Cecilia Bizon (Vice President & Media Director - Local)
Megan Boveri (Vice President & Media Director, Strategy & Digital Consultation)
Caroline Ballard (Vice President & Director)
Molly Rea (Vice President, Director - Allstate)
Antonio Casanova (Vice President, Search)
Gerard Martin (Vice President)
Helen McCormack (Vice President & Associate Media Director)
Kate Orloff (Vice President & Director)
Paul Charpentier (Vice President & Director, Data & Analytics)
Raj Karthigeyan (Vice President & Director, Engineering, Advanced Analytics & Insights)
Ashley Krammer (Vice President, Programmatic & Social)
Jonathan Goorvich (Vice President & Creative Director, Content)
Kim Toso (Vice President & Director, Investment)
Matt McCabe (Vice President & Director, Architecture & Governance)
Terry Whitney (Vice President & Director, Media Strategy)
Sonia Morales (Media Director, Multicultural)
Amy Frumkin (Associate Media Director, Strategy)
Jessica Perrin (Director, Marketing & Product Acceleration)
Kathryn Ericksen (Associate Director, Publishing Activation Group)
Jennifer Herl (Digital Media Director)
Bill Stanton (Associate Media Director)
Andrea Pohlman (Director Global Interdependency)
Jill Devaney (Strategy Director)
Iris Chang (Associate Director)
Kelly O'Day Thayer (Associate Media Director - Kellogg's)
Kimberly Sheaffer (Associate Media Director)
Margaret Olbrich (Associate Director)
Kent Weaver (Director)
Melissa Elegant (Associate Media Director)
Emily Jacobson (Director, Media Strategy & Investment)
Kelly Nossem (Associate Media Director)
Kelsey Marino (Director)
Jennafer Ocenas (Associate Director, Technology & Operations Solutions)

Christie McNamara Pizarek (Director)
Laura Shermulis Johnson (Vice President & Director)
Anne Siebert (Associate Media Director)
Maria Bufalino (Director, Social Media)
Meghan Garrity (Media Director)
Jenna Sorin (Associate Director)
Kara Myers (Director)
Heather Lanham (Director, Operations)
Dana Staton (Associate Media Director)
Carolyn Benacci (Director)
Missy Warner (Associate Media Director)
Elizabeth Schuele (Associate Director)
Lindsey Cox (Director)
Jessica Scuglik (Director)
Gwen Daniels (Director, Business Development)
Ellen Mulryan (Director & Solutions Architect)
Paul Cuong Pham (Associate Director)
Michele Park (Associate Director & Media Supervisor)
Melissa Mitchell (Director, Media)
Evan Jackson (Director)
Sara McGee (Associate Director)
Maggie Stewart (Associate Director)
Nicole Travis (Associate Director)
Tom Foreman (Associate Director, Strategic Innovation)
Maggie Zurliene (Associate Director)
Cullen Deady (Director)
Karen Muscolino (Media Director)
Carrie Chase (Associate Media Director)
Erin Kellan (Director)
Samantha Tenicki (Director)
Alexa Rainforth (Associate Media Director)
Sydney Allen (Associate Director)
Dorthea Fenner (Associate Director)
Jordan Levinson (Director, Design Experience)
Kelly Loscher (Director)
Nicole Fosco (Associate Media Director)
Ryan Dietz (Associate Director, Advanced Analytics & Insights)
Julie Malaniuk (Global Data Operations Director)
Lindsay Clarke (Associate Director)
Maureen Krol (Associate Director)
Micah Fortenberry (Associate Director, Operations)
Enrique Olvera (Associate Director, Client Operations)
Dock Voorhies (Associate Director)
Morgan Standley (Associate Director & Media Supervisor)
Russell Humes (Associate Media Director)
Ariel Anderson (Associate Media Director)
Ashley Waller (Associate Media Director)
Kirsten Hair (Associate Director)
Alene Quinn (Associate Media Director)
Casey Sheehan (Associate Director, Social & Programmatic)
Maddie Watkins (Associate Director)
Barbara Zaucha (Director, Advanced Analytics & Insights)
Joslyn Nettey (Associate Director - National Television)
Joyce Zhai (Associate Director)
Liz Mack (Associate Director)
Audra Rosen (Associate Director)
Sam Lauer (Associate Director, Programmatic & Social)
Sara Markey (Associate Director - Video)
Kathryn Mathews (Director, Digital Media)
Carolyn Vanoer (Associate Media Director)
Kristen Sargeon (Media Supervisor & Associate Director)
Liz Reed (Associate Media Director)
Megan Palafox (Associate Director & Media

Supervisor)
Dan Ward (Associate Director)
Jason Gershman (Media Director)
Sarah Wagner (Associate Director)
Catherine Hanu (Associate Media Director)
Eren Ganjuur (Associate Director, Operations)
Elyssa Rossetti (Associate Director)
Lauren Jason (Associate Media Director)
Kelly Oswald (Associate Media Director, Kraft Heinz)
Sarah Sinitean (Associate Media Director)
Mattie Sheldon (Associate Director)
Lauren Palomino (Associate Media Director)
Matt Brandewie (Associate Director)
Sylwia Makarewicz-Liszka (Media Director)
Augusta Eliaser (Associate Media Director)
Mollie Raab (Associate Director)
Doris Scheffler (Associate Director, Operations)
Nicole Pavesic (Associate Director)
Kaysee Kudelka (Associate Director)
Lindsey Nunez (Associate Director)
Melissa Marshall (Associate Director - Lowe's)
Megan McDonagh (Associate Director)
Sharon Aling (Associate Director)
Greg Walker (Associate Director, Search Engine Optimization)
Matthew Cashen (Associate Director)
Meredith McCracken (Associate Media Director)
Alexa Futterweit (Supervisor)
Michael Stagliano (Associate Media Director)
Sarah Dasher (Associate Director)
Kailey Blunt (Associate Director)
Joshua Dolson (Associate Media Director)
Scott Bonner (Associate Director, Media)
Chris Beazley (Associate Director, Advanced Analytics, Insight & Decision Sciences)
Daniel Zinkel (Associate Director, Advertising Technology, Advanced Analytics & Insights)
Anne Gavin (Director, Advanced Analytics & Insights)
David Breh (Director, Analytics)
Willie Jackson (Director, Data & Analytics)
Leslie Anne Engel (Director, Operations, Advanced Analytics & Insights team)
Adrienne Gutierrez Bitter (Director, Strategy & Business Transformation)
Alyssa D'Anna Kelly (Director)
Benjamin Aguirre Jr. (Head, Client Business)
Brittney O'Connor (Associate Director)
Brooke Jacob (Associate Director)
Caleb Erickson (Associate Director)
Christina Fowler (Associate Director, Strategy - Kraft)
Danielle Ortega (Associate Media Director)
Elizabeth Marino (Associate Media Director, Strategic Planning)
Erin R. Minne (Associate Director)
Hayley Sunde (Associate Director, Operations)
Jami Buttron (Associate Media Director)
Jason Atwood (Associate Director)
Jennifer Dixon (Associate Director)
Jennifer Grieger (Business Director)
Joel Yeomans (Director)
Katy Gueyser (Director, Client Operations)
Kristy Farrell Conrad (Director)
Lauren Schrey (Director)
Lucretia Brower (Director, Strategy)
Madeline Condron (Business Director - Europe, Middle East & Africa)
Melissa Sullivan Odenbach (Media Director)
Myrna Villarreal (Associate Media Director, Tapestry)
Nina DiMaggio Coyle (Associate Director - Allstate & Esurance)
Rebecca Carpenter (Media Director)

Brands. Marketers. Agencies. Search Less. Find More.
Try out the online version at www.winmo.com

MEDIA BUYING & PLANNING AGENCIES
AGENCIES - JULY, 2020

Vickie DeSantis *(Director)*
Zantoria Cherry *(Media Director)*
Pete Burton *(Director, Advanced Analytics & Insight)*
Gabrielle Shishkoff *(Associate Director, Decision Sciences)*
Emily Donovan *(Supervisor)*
Carrie Kapraun *(Associate Media Director)*
Tom Pfeil *(Manager, Analytics)*
Brianne Boles-Marshall *(Media Manager)*
Alejandra Gonzalez *(Digital Supervisor)*
Ross Treiber *(Project Manager - Bank of America)*
Cara Menzies *(Media Operations Supervisor)*
Jon Siegan *(Media Supervisor)*
Trystin Scott *(Media Strategy Supervisor)*
Megan Weasel *(Media Supervisor)*
Kyle Karwande *(Media Planning Supervisor)*
Eric Toepper *(Media Supervisor)*
Dorcas Dvorak *(Senior Media Buyer)*
Caroline Ativie *(Media Planner)*
Philip Everse *(Technology Operations Manager)*
Brian Davies *(Global Operations Manager)*
Briggs Haley *(Media Supervisor)*
Danielle Parker *(Media Supervisor)*
Megan Pollard *(Media Supervisor)*
Sarah Hunt *(Supervisor, Media)*
Leah Krantzler *(Manager)*
Cory Seeger *(Media Supervisor)*
Blake Rome *(Operations Manager)*
Fides Araneta *(Supervisor, Shopper, eCommerce, Strategy & Investment - Kellogg)*
Molly Rosenfeld *(Supervisor, Digital Investment)*
Rebecca Covent *(Media Supervisor)*
Alyson Stark *(Strategy Supervisor)*
Katherine Vucelic *(Manager, Digital Media & CRM)*
Kevin McNulty *(Ad Tech Supervisor)*
Andrew Schneider *(Strategy Supervisor)*
Mary Hoven *(Supervisor)*
John Castellanos *(Media Supervisor)*
Anthony Gentile *(Media Supervisor)*
Alison Dec *(Media Supervisor)*
Rachel Saferstein *(Supervisor)*
John Baker *(Business Development Manager)*
Sharon Rochlitz *(Media Liaison)*
Krystal Saulsberry *(Media Supervisor)*
Francesca Fracassa *(Supervisor, Video Investment)*
Amanda Fazio *(Project Manager)*
Lisa Mahon *(Programmatic Supervisor & Social Manager)*
Mylan Kimbrough *(Media Planning Supervisor - Lunchables)*
Michael Goodman *(Search Engine Optimization Manager)*
Katie Coyle *(Media Supervisor)*
John Malandruccolo *(Media Operations Supervisor)*
Julia Lagedrost *(Media Supervisor)*
Kasia Leus *(Supervisor)*
Erin Cleary *(Media Supervisor, Investment)*
Kelly Matyas *(Media Supervisor)*
Raquel Shane *(Ad Tech Supervisor AAI)*
Kristen Sharkey *(Supervisor)*
Alyssa Mallerdino *(Media Supervisor)*
Sheny Salgado *(Investment Media Supervisor)*
Lisa Peltekian *(Analytics Manager)*
Taylor Murray *(Senior Analyst)*
Maggie Fobare *(Supervisor)*
Rachel Berzins *(Media Supervisor)*
Ryan Murach *(Supervisor)*
Timothie Davis *(Manager, Social)*
Matthew Thorndyke *(Media Supervisor)*
Bailey Fowlkes *(Manager, Advanced Analytics & Insights)*
Susan Tsan *(Manager, Decision Sciences, Advanced Analytics & Insights)*
Amanda Freeman *(Media Supervisor, Social)*
Beth Knight Biery *(Senior Media Buyer)*
Brooke Sampson *(Supervisor, Tactical Planning)*
Cary DeMent *(Manager, Media)*
Felicia McDowell *(Supervisor, Digital Reconciliation)*
Genevieve Toussaint *(Supervisor)*
Greg Harrison *(Supervisor)*
Helen Goldstein *(Supervisor, Media)*
Isabel Novoa *(Supervisor)*
Jacqueline Hoover *(Supervisor, Strategy)*
Jane Nichols *(Manager, Integrated Insights)*
John Weill *(Senior Media Buyer)*
Juan Huerta *(Supervisor, Digital Operations)*
Julia Wolloch *(Supervisor, Media & Strategy)*
Lisa Nicole Hernandez *(Supervisor, Media)*
Luz Montero *(Supervisor, Client Operations)*
Marina Ottolino *(Supervisor, Digital Media)*
Mike DeCosmo *(Supervisor, Media)*
Millicent Macon *(Supervisor, Media)*
Morgan Taylor *(Supervisor, Media)*
Nate Bonich *(Supervisor, Data & Performance)*
Nicole Dubina *(Supervisor, Media)*
Savannah Howe *(Supervisor)*
Stephanie Cochin *(Senior Media Buyer)*
Stephanie Gencur *(Supervisor, Digital Media)*
Stephanie Woods *(Supervisor, Media)*
Tara Casey *(Supervisor, Media)*
Trenton Lorenz *(Manager)*
Warren Yancey *(Manager, Governance & Architecture)*
Zach Harmeyer *(Manager)*
Katalina Faraon *(Programmatic & Social Manager)*
Lindsey Doherty *(Social & Programmatic Manager)*
Ava McNicholas *(Manager, Search Marketing)*
Suhyun Kim *(Media Supervisor)*
Brielle Maher *(Supervisor)*
Stephanie Nunez *(Supervisor, Media Planning)*
Caroline Coffin *(Media Supervisor)*
Gina Gaerke Cox *(Supervisor, Media)*
Joshua Villanueva *(Supervisor, Multicultural)*
Sade Dubose *(Strategy Manager)*
Katie Schneider *(Group Administrative Assistant)*
Robert Madera *(Media Specialist - Local Broadcast)*
Dexter Smith *(Media Associate - National Video)*
Alexandria Alvarez *(Senior Multicultural Media Associate)*
Alana Martinez *(Senior Media Associate)*
Alejandra Rosa *(Associate Director)*
Michael Dudzik *(Senior Associate)*
Jacob Johnson *(Media Associate)*
Rudy Rodriguez *(Associate Director)*
Taylor Slattery *(Senior Associate, Media)*
Kelsey Lawniczak *(Associate Director, Digital Media)*
Cody Scuglik *(Programmatic & Social Analyst)*
Jacqueline Salamanca *(Senior Video Investment Associate)*
Maclaine Purdy *(Senior Media Associate)*
Lindsay Simonetta *(Senior Media Associate)*
Mindy Zhang *(Digital Media Liaison)*
Sara Kinkelaar *(Senior Analyst, Programmatic & Social Media)*
Zach Moore *(Associate, Media Strategy & Investment)*
Jenna Lublin *(Associate, Media & Client Operations)*
Brooke Sayre *(Associate, Media)*
Robyn Latchford *(Analyst, Advanced Analytics & Insights)*
Hanya Smerch *(Senior Analyst, Advanced Analytics & Insights)*
Jeanne Chamberlain *(Senior Associate, Advertising Technology, Advanced Analytics & Insights)*
Caroline Cliff *(Associate, Media)*
Eunice Kang *(Associate, Client Operations)*
Hannah Nowicki *(Associate, Media)*
Molly Graham *(Senior Associate, Media)*
Naomi Y. Cao *(Senior Analyst)*
Sabrina Yee *(Senior Analyst, Data)*
Collin Walker *(Senior Analyst, Programmatic)*
Lauren Scott *(Senior Associate)*
Kathleen Cotter *(Analyst)*
Sally Myers *(Senior Media Associate)*
Roserry Shin *(Senior Analyst)*
Michael Wasserott *(Senior Strategy Associate, Kraft Heinz)*
Julia Grimm *(Senior Media Associate - Kraft Heinz Strategy)*
Maura Seleski *(Senior Associate, Media Strategy)*
Danielle Ruhl *(Supervisor, Digital Strategy)*
Jenny Reifenberg *(Senior Traffic Coordinator)*
Charlotte Baykian *(Coordinator, Print)*
Kif Ward *(Executive Vice President & Managing Director)*

Accounts:
100 Anos
2 Gingers
A.1.
Air Optix
Airbnb, Inc.
Airbnb.com
Alcon Laboratories, Inc.
All-Bran
Allstate Automotive Insurance
Allstate Financial
Allstate Homeowner Insurance
Allstate Motorcycle Insurance
Altria Group, Inc.
American Egg Board
Anthem BlueCross BlueShield
Apple Jacks
Arnold's
Austin Crackers
Bagel Bites
Baker's
Bank of America Corporation
Bank of America Investment Services
Basil Hayden's
Beam Suntory, Inc.
Beam's Eight Star
Bear Naked
Best Buy Mobile
Best Buy, Inc.
BestBuy.com
Bimbo
Bimbo Bakeries USA
Blackberry
BlackBerry Corporate
Boca Foods
Booker's
Bourbon deLuxe
Breakstone's
Breakstone's Liveactive
Brownberry
Bull's-Eye BBQ
Canadian Club
Canadian Club
Capri Sun
Carr's
Cheez Whiz
Cheez-It
Chicago Museum of Science & Industry

AGENCIES - JULY, 2020 — MEDIA BUYING & PLANNING AGENCIES

Chick-Fil-A, Inc.
Chips Deluxe
Classico
Claussen
Club Crackers
Cocoa Krispies
Cool Whip
Core Power
Corn Nuts
Corn Pops
Country Time
Courvoisier
Cracker Barrel
Cracklin' Oat Bran
Crayola Color Wonder
Crayola Washable
Crayola, LLC
Crispix
Crunch Nut Golden Honey Nut
Crunchmania
Cruzan Rum
Crystal Light
Dacor Corporation
DeKuyper
DeKuyper Pucker
Deli Fresh
Delimex
Devour
Dickies Work Clothes
Distillers' Masterpiece
E.L. Fudge Sandwich Cookies
Effen
Eggo French Toaster Sticks
Eggo Pancakes
Eggo Waffles
Entenmann's
ESPN, Inc.
Esurance
Fairlife, LLC
Fiber Plus
Fruit Twistables
Fudge Shoppe
Fudge Stripes
Geek Squad
General Electric Corporation
General Foods International
Gevalia Kaffe
Good Seasons
Grandma Sycamore
Grey Poupon
Gripz
Heinz 57
Heinz Chili Sauce
Heinz Cocktail Sauce
Heinz HomeStyle Gravy
Heinz Ketchup
Heinz Premium Horseradish Sauce
Heinz Premium Tartar Sauce
Heinz Salad Cream
Heinz Spicy Brown Mustard
Heinz Sweet Relish
Heinz Worcestershire Sauce
Honey Smacks
Hornitos Tequila
Insignia
International Sleep Products Association
InvisAlign
Jack's
Jackson's
Jacob's Ghost
Jell-O
Jet-Puffed
Jim Beam
Jim Beam Black
Jim Beam Kentucky Fire
Jim Beam Rye

Kamora
Kellogg Company
Kellogg's Corn Flake Crumbs
Kellogg's Corn Flakes
Kellogg's Crunchy Nut Cereal
Kellogg's Froot Loops
Kellogg's Frosted Flakes
Kellogg's Frosted Mini Wheats
Kellogg's Raisin Bran
Kellogg's Raisin Bran Crunch
Kellogg's Special K
Kessler
Knob Creek
Knudsen
Kool-Aid
Kool-Aid Jammers
Kraft Barbeque Sauce
Kraft Caramels
Kraft Deli Deluxe
Kraft Dressings
Kraft Grated Parmesan Cheese
Kraft Green Goddess Dressing
Kraft Heinz Company
Kraft Macaroni & Cheese
Kraft Mayo
Kraft Singles
Kraft String Cheese
Krave
Krispy
Laphroaig
Larios
Leroux
Lowe's Companies, Inc.
Lunchables
Maker's Mark
Marinela
Maxwell House
Merrill Edge
Merrill Lynch
Merrill Lynch & Co., Inc.
Midori
Mio
Mio Energy
Miracle Whip
Morningstar Farms
Mother's Cookies
Mr. Yoshida's Marinade & Sauces
Mrs. Baird's
Mueslix
Murray Sugar Free
Nancy's Specialty Foods
National Basketball Association
Nature's Harvest
Nature's Harvest
Nautica
Novartis Pharmaceuticals Corporation
Nutri-Grain
Old Bourbon Hollow
Old Crow
Old Grand Dad Bourbon
Olive Garden
Ore-Ida
Oroweat Breads
Oscar Mayer
Oscar Mayer Deli Creations
Oscar Mayer Naturals
Oscar Mayer P3
Oven Fry
Philadelphia Cream Cheese
Pinnacle Whipped Vodka
Planters
Planters Dessert Nuts
Planters Nut-rition Mixes
Planters Peanut Butter
Polly-O
Pop-Tarts

Poppers
Pringles
Product 19
Pucker Vodka
Raisin Bran Extra
Ready Crust
Red Stag by Jim Beam
Rice Krispies
Rice Krispies Treats
Rider Jeans
Royal Canin USA, Inc.
Sandies
Sandwich Thins
Sanka
Sara Lee Bread
Sara Lee Snacks
Sauza Tequila
Scooby-Doo Cereal
Shake 'N Bake
Skinnygirl
Smacks
Smart Start
Smorz
Soft Batch
Sourz
Stove Top
Stubhub.com
Sure-Jell
Taco Bell Home Originals
Tailored Brands, Inc.
The Allstate Corporation
The Finish Line, Inc.
The North Face
Thomas
Thomas English Muffins
Tia Rosa
Timberland PRO
Timberland PRO
Toasteds
Town House
Tres Generaciones
U.S. Trust
US Cellular Corporation
Vans, Inc.
Velveeta
Vienna Fingers
Visa Signature Card
Visa, Inc.
VistaPrint
Wheatables
Wingstop Restaurants
Worthington
Wrangler
Wyler's
Yuban
YUP!
Zesta
Zoo

STARCOM WORLDWIDE
5200 Lankershim Boulevard
North Hollywood, CA 91601
Tel.: (818) 753-7200
Fax: (818) 753-7350
Web Site: www.starcomww.com

Year Founded: 1997

Discipline: Media Buying & Planning

Kathy Ring *(Chief Executive Officer - U.S.)*
Darilyn Stratton *(Executive Vice President & Strategy Director)*
Chris Harder *(Executive Vice President)*
Jeffrey Pray *(Senior Vice President & Director, Media)*
Samantha Lim *(Senior Vice President, Digital*

Brands. Marketers. Agencies. Search Less. Find More.
Try out the online version at www.winmo.com

MEDIA BUYING & PLANNING AGENCIES

Investment)
Matthew Jimenez *(Vice President & Global Director)*
Kali Hathaway *(Vice President, Director - Red Bull North America)*
Jennifer Lewis *(Vice President & Media Director)*
Trevis Milton *(Vice President & Media Director)*
Britt Riedler *(Vice President & Director, Media)*
Kirsten Wolf *(Vice President & Media Director)*
Nanah Han *(Director)*
David Roth *(Associate Media Director)*
Stacy Shah *(Integrated Associate Media Director)*
Dixie Ramirez *(Associate Media Director)*
Morgan Quisenberry *(Associate Media Director, Digital)*
Lauren Macht *(Associate Media Director)*
Tasha Day *(Associate Media Director)*
Katie Artemas *(Associate Director)*
DeAnna Davies *(Associate Media Director, Digital)*
Zoe Drozen *(Associate Media Director)*
Yenny Woe *(Associate Digital Media Director)*
Tomas Leyva *(Associate Media Director)*
Allison Goldman *(Associate Media Director)*
Janet Michalowski *(Associate Media Director)*
Kelly Lockett *(Director)*
Lauren Friedman *(Associate Director)*
Shiloh Jin *(Associate Media Director)*
Tina Gumbrecht *(Office Manager)*
Bill Korduplewski *(Media Supervisor)*
Laurie McClure *(Media Planner)*
Kelly Sorensen *(Human Experience Supervisor)*
Alicia Zhou *(Media Supervisor)*
Christina Abdalla *(Senior Media Planner)*
Teresa DeMarco *(Digital Media Supervisor)*
Bobbie Weiland *(Supervisor, Media)*
Brad Chestnut *(Supervisor, Digital Media)*
Kelli Cauller *(Supervisor, Media)*
Michael Holmquist *(Supervisor, Media)*
Taline Sarkisian *(Supervisor, Media)*
Jane Yoon *(Senior Media Associate)*
Aeysha Baig *(Senior Media Associate)*
Koko Walsh *(Senior Associate)*
Katrina Villalobos *(Media Associate)*
Kimberly Bretz *(Senior Associate, Media)*
Stephanie Stopulos *(Executive Vice President & Managing Director)*

Accounts:
Del Monte Foods, Inc.
Lionsgate
Olive Garden
Red Bull North America, Inc.
Stubhub.com

STARCOM WORLDWIDE
150 West Jefferson Avenue
Detroit, MI 48226
Tel.: (313) 237-8200
Fax: (313) 237-8490
Web Site: www.starcomww.com

Year Founded: 1997

Discipline: Media Buying & Planning

Kate Masen *(Senior Vice President, Digital Director)*
Bryan Moler *(Senior Vice President & Brand Director)*
Gabby Jarvis *(Senior Vice President, Brand Experience Director)*
Jill Kregel *(Vice President, Programmatic & Paid Social)*

Kathy Heatley *(Vice President & Director, Local Investment)*
Jennifer Walton *(Vice President, Director)*
Nick Jushkewich *(Vice President & Director, Solutions Architect)*
Holly Fullerton *(Director, Client Operations)*
Nyssa Grumm *(Director, Brand Experiences)*
Theresa Porolniczak *(Associate Media Director)*
Liz Brock *(Director, Social Media)*
Kristina Kurtz *(Director, Operations)*
Josh Rogers *(Director, Programmatic)*
Kim Knott *(Associate Director)*
Kristin Haggerty *(Associate Director, Technology & Activation Group)*
Heather Kortes *(Media Supervisor)*
Kathleen Malo *(Senior Media Buyer)*
Christina Jankauskas *(Senior Media Print & On-line Buyer)*
Theresa Horvath *(Supervisor, Operations)*
Adowa Watson *(Senior Planner, Operations)*
Michael Ashbaugh *(Programmatic Manager)*
Rachel Renjilian *(eCommerce Manager)*
Ben Couture *(Manager, Programmatic)*
Tom Choske *(Manager)*
Katherine Andrusz *(Paid Social Analyst)*
LisaAnn Rocha *(Executive Vice President & Managing Director)*

Accounts:
ESPN, Inc.
FCA US, LLC
Novartis Pharmaceuticals Corporation
Novartis Pharmaceuticals Corporation

STARCOM WORLDWIDE
175 Bloor Street East
Toronto, ON M4W 3R9
Tel.: (416) 928-3636
Fax: (416) 927-3202
Web Site: www.starcomww.com

Employees: 68
Year Founded: 1997

Discipline: Media Buying & Planning

Valerie McMorran *(Senior Vice President & Investment Director)*
Christine Saunders *(Executive Vice President & Managing Director)*
Jeff Thibodeau *(Senior Vice President, Digital & Data)*
Randy Carelli *(Senior Vice President & Group Director, Account & Digital)*
Jennifer Thompson *(Vice President & Group Account Director)*
Steve Cotten *(Vice President & Group Media Director)*
Jordan Lauper *(Group Account Director)*
Bradley Howard *(Director, Search)*
Ashley Snowden Coles *(Account Director)*
Meryl Fernandes *(Manager, Strategy)*
Alicia Mavreas *(Strategy Manager)*
Kaitlyn Bullen *(Supervisor, Strategy)*

Accounts:
Blackberry

STARCOM WORLDWIDE
375 Hudson Street
New York, NY 10014
Tel.: (212) 468-3888
Fax: (718) 340-1628
Web Site: www.starcomww.com

Year Founded: 1997

Discipline: Media Buying & Planning

Matt Rayner *(President - Spark Foundry)*
Ed Tsue *(Chief Strategy Officer - Samsung - One Publicis Team Samsung)*
Lily Chakrabarty *(Executive Vice President)*
Darilyn Stratton *(Executive Vice President & Managing Director)*
Mahesh Krishna *(Senior Vice President, Strategy - Spark Foundry)*
Stephen Blumberg *(Senior Vice President & Group Director)*
Sara Heydt *(Senior Vice President, North America Business Lead)*
Amy Rappo *(Senior Vice President, Global Media Marketplace Lead)*
Christina Boldt *(Senior Vice President, Global Strategy)*
Giulio Del Bufalo *(Senior Vice President, Global Strategy - One Publicis Team Samsung)*
Anthony Cheng *(Senior Vice President & Director, Strategy)*
Katie Koval *(Senior Vice President & Director)*
Kerry O'Sullivan *(Senior Vice President & Director, Media Research)*
Michael Margolies *(Senior Vice President & Media Director)*
Kristina Chau *(Vice President & Director, Client Operations)*
Chip Johnson *(Vice President - Publicis Media Sports)*
Rachel Garfield *(Vice President & Media Director, Digital Investments)*
Brian Holland *(Vice President & Director, Video Investment)*
Anna Kelce *(Vice President & Strategy Director - Zenith)*
Mandy Murawsky *(Vice President, Strategy - Publicis Media)*
Mary-Margaret Mantlo *(Vice President & Director - Zenith)*
Ryan Mayberry *(Vice President, Media Strategy - Starcom Mediavest Group)*
Sara Ford *(Vice President & Media Director)*
Aniko Keresztes *(Vice President, Network Management & Partnerships)*
Etienne DeLisle *(Vice President & Director)*
John Comack *(Vice President, Search & Ecommerce)*
Jaclyn Darvas *(Vice President & Director)*
Julie Joseph D'Alonzo *(Vice President)*
Matthew Jimenez *(Vice President & Director)*
Xica Andrews *(Media Director)*
Alexandra Sebolao *(Associate Director)*
Chloe Tripeau *(Director, Advanced Analytics & Insights)*
Keelan Daly *(Associate Director)*
Melody DeAndrea *(Associate Media Director)*
Kristina Klaffenboeck *(Director, Global Strategy)*
Cheryl Hechanova *(Director, Publishing)*
Natasha Prada *(Media Director)*
Sebastian Pinzon *(Media Director, Publicis Media)*
Tiffany Lettsome *(Associate Director)*
Mathew Sanders *(Associate Director, Precision Media)*
Blake Woo *(Associate Media Director)*
Kevyn Kurata *(Associate Director, Strategy - Samsung)*
Taylor Patam *(Associate Director, Social)*
Vanessa Gomez *(Associate Strategy Director, Samsung)*
Sam Libowsky *(Associate Director, Global Strategy)*
Alene Quinn *(Associate Media Director)*
Amanda Abramson *(Associate Director)*
Andrew Breslow *(Associate Director, Client

Media Buying & Planning Agencies

AGENCIES - JULY, 2020 — MEDIA BUYING & PLANNING AGENCIES

Operations)
Carmen Nunez *(Associate Director, Operations)*
Dixie Ramirez *(Associate Director, Strategy - Henkel Corporate)*
Greg Barbash *(Associate Director, Advertising Technology)*
Jasna Dumicic *(Associate Media Director)*
Lindsay Vacca *(Director, Video Investment)*
Lou Spadaro *(Director, Insights & Strategy)*
Michael DeSanti *(Director, Partnerships & Communication Planning)*
Patrice Levande *(Director, Strategy)*
Richard Oh *(Associate Director, Integrated)*
Ruby Mendoza *(Associate Director, Connections)*
Lauren Stearley *(Associate Director, Programmatic)*
Michael Bowgen *(Associate Director, Programmatic)*
Millicent Macon *(Media Supervisor)*
Matt Kigler *(Supervisor - ESPN)*
Theresa Goehring *(Media Supervisor, Strategy & Investment - Grupo Bimbo)*
Maximiliano Goiz *(Media Manager, Global Strategy)*
Melina Zhou *(Manager, Paid Social)*
Allison Cagan *(Media Supervisor)*
Jasmine Winters *(Manager, Advanced Analytics & Insights)*
Diana Garcia-DeJesus *(Supervisor, Digital Billing)*
Manuela Perez-Muniz *(Supervisor, Digital Reconciliation & Operations)*
Maryann Kuriakose *(Supervisor, Strategic Planning)*
Paola Avila *(Supervisor)*
Stephanie Black *(Programmatic Manager)*
Peter Insdorf *(Digital Supervisor)*
Morgan Juraco *(Supervisor)*
Olivia Berger *(Digital Investment Associate - Samsung)*
Allison Li *(Senior Programmatic Analyst)*
Madison Evans *(Senior Strategy Associate)*
Samantha Mullin *(Media Strategy Associate)*
Chanel Gonsalez *(Media Analyst)*
Brooke Braccia *(Senior Analyst, Advanced Analytics & Insights)*
Anna Gin *(Senior Associate, Media)*
Rachel Fisher *(Senior Associate, Video Investment)*

Accounts:
Crystal Light
Diovan
ESPN, Inc.
Exelon
General Electric Corporation
Novartis Pharmaceuticals Corporation
Novartis Pharmaceuticals Corporation
Reclast
Visa, Inc.
Visa, Inc.

STELLA RISING
1221 Post Road East
Westport, CT 06880
Tel.: (203) 256-0880
Fax: (203) 256-0883
Web Site: www.womensmarketing.com

Year Founded: 1982

Discipline: Media Buying & Planning

Brandon Heagle *(Chief Digital Officer)*
Andrea Van Dam *(Chief Executive Officer)*
Marlea Clark *(Chief Marketing Officer)*
Doug Bivona *(Chief Finance Officer)*

Rich Zeldes *(Executive Vice President & Managing Director, Global Business Development)*
Domenica Kraus *(Senior Vice President, Media)*
Majorie Powers *(Senior Vice President, CPG)*
Rina Yashayeva *(Vice President, Marketplace Strategy)*
Lauren Bernstein *(Director, Client Strategy)*
Amanda Zajac *(Vice President, Beauty)*
Erin Caslowitz *(Associate Director, Analytics)*
Elizabeth Timmis *(Director, Content Marketing)*
Matthew Strietelmeier *(Director, Marketplace Advertising)*

Accounts:
Canyon Ranch, Inc.
Drybar Holdings, LLC
e.p.t.
Imagine Foods
Jane Iredale
Juicy Juice
MaraNatha
Merz Pharmaceuticals
Paige Premium Denim
Physicians Formula
Plackers
Pour Moi
Rudi's Bakery
Rudi's Bakery
Spectrum Essentials
Spectrum Naturals
Spectrum Organic Products, Inc.
Thinx
Vitamin World

STELLAR MARKETING
350 Highway 7
Excelsior, MN 55331
Tel.: (952) 470-4443
Web Site: www.integralprintmedia.com/

Year Founded: 1989

Discipline: Media Buying & Planning

Eric Sims *(Owner)*
Kayla Maranell *(Media Buyer)*
David Sandmann *(Media Manager & Buyer)*

Accounts:
firstSTREET

STRATEGIC MEDIA, INC.
1911 North Fort Meyer
Arlington, VA 22209
Tel.: (202) 337-5700
Fax: (202) 337-8484
Web Site: www.strategicmediaservices.com

Employees: 2
Year Founded: 2000

Discipline: Media Buying & Planning

Dave Neal *(President)*
Diane Bancroft *(Executive Vice President & Media Director)*
Jessica Justus *(Director, Digital Strategy)*
Michael Finegold *(Director, Operations)*
Michelle Irvin *(Media Buyer)*
Ben Rheault *(Media Buyer)*

STRAUSS MEDIA STRATEGIES, INC.
National Press Building
Washington, DC 20045
Tel.: (202) 638-0200
Fax: (202) 638-0400
Web Site: www.straussmedia.com

Employees: 8
Year Founded: 1996

Discipline: Media Buying & Planning

Richard Strauss *(President)*
Zach Seidenberg *(Senior Account Manager)*

Accounts:
National Education Association

SWELLSHARK
55 West 39th Street
New York, NY 10018
Tel.: (212) 993-7227
Web Site: www.swellshark.com

Year Founded: 2010

Discipline: Media Buying & Planning

Mary Perhach *(President)*
Nick Pappas *(Chief Executive Officer)*
John Hlatky *(Director, Group Account)*
David Tucker *(Head, Strategy)*
Daniel Schaeffer *(Director, Digital Media)*
Seth Burstein *(Director, Media)*
Michael Marfisi *(Senior Strategy Supervisor)*
Bethany Alcordo *(Paid Social Manager & Strategist)*
Olivia Barone *(Media Buyer)*
Felicity Touzeau *(Account Lead)*
Jessica Macfaddin *(Group Supervisor, Media Strategy)*

Accounts:
Applegate Farms
Guardian Life Insurance Company of America
Hudson Whiskey
Pete and Gerry's Organics, LLC
Tequila Corralejo
Virgin Atlantic Airways
WellPet

T1 MEDIA, LCC
Eight Viles Street
Weston, MA 02493
Tel.: (781) 647-1454
Toll Free: (888) 481-6334
Web Site: www.t1media.co

Discipline: Media Buying & Planning

Terry McGrath *(President & Founding Partner)*
Diane Pagano *(Managing Partner)*
Harry Porter *(Managing Partner)*

Accounts:
Al Fresco
Kayem Foods, Inc.
Kayem Frankfurters

TARGET MEDIA USA
4750 Lindle Road
Harrisburg, PA 17111
Tel.: (717) 724-8188
Fax: (717) 724-9557
Web Site: www.targetmediausa.com

Year Founded: 2003

Discipline: Media Buying & Planning

John Bowser *(President & Chief Executive Officer)*
Kyle A. Whisler *(Associate Vice President, Media)*
Jordan Bowser *(Manager, Digital Strategy)*

Brands. Marketers. Agencies. Search Less. Find More.
Try out the online version at www.winmo.com

MEDIA BUYING & PLANNING AGENCIES

TCAA
980 Washington Street
Dedham, MA 02026
Tel.: (781) 320-0830
Fax: (781) 320-0829
Web Site: www.tcaausa.com

Discipline: Media Buying & Planning

Tony Ciafardini *(President)*
Dan Connors *(Chief Operating Officer)*
Nina Feldman *(Media Buyer)*

TEAM ARROW PARTNERS - GROUPM
100 South Fifth Street
Minneapolis, MN 10018
Tel.: (212) 297-8181
Web Site: www.groupm.com

Year Founded: 2016

Discipline: Media Buying & Planning

Ashlee Siodlarz *(Associate Director, Operations - Essence)*
Jaclyn Gravzy *(Associate Director - Essence)*

TEAMWORKS MEDIA
One East Wacker Drive
Chicago, IL 60601
Tel.: (312) 829-8326
Fax: (312) 829-0778
Web Site: www.teamworksmedia.com

Year Founded: 2000

Discipline: Media Buying & Planning

Jay Sharman *(Co-Founder & Chief Executive Officer)*
Tom Smithburg *(Co-Founder & Executive Vice President, Business Affairs)*
Jessica Stone *(Producer)*

TEC DIRECT MEDIA, INC.
134 North LaSalle Street
Chicago, IL 60602
Tel.: (312) 551-0832
Web Site: www.tec-direct.com

Year Founded: 2001

Discipline: Media Buying & Planning

Charles Fetterly *(Founder & President)*
Kent Wilson *(Associate Media Director)*

THAYER MEDIA
456 South Broadway
Denver, CO 80209
Tel.: (303) 221-2221
Fax: (303) 221-3559
Web Site: www.thayermedia.com

Year Founded: 1993

Discipline: Media Buying & Planning

Chessie Little *(Media Director)*
Michelle Watson *(Associate Media Director)*

Accounts:
Steamboat Ski & Resort Corporation

THE DAVIS GROUP
3800 North Lamar Boulevard
Austin, TX 78756
Tel.: (512) 851-8500
Fax: (512) 851-8507
Web Site: www.thedavisgrouptx.com

Year Founded: 1978

Discipline: Media Buying & Planning

Monica Davis *(President & Owner)*
Sarah Figueroa *(Group Media Director & Business Development)*

Accounts:
The Blanton Museum of Art

THE MEDIA KITCHEN
160 Varick Street
New York, NY 10013-1220
Tel.: (646) 336-9400
Fax: (646) 336-6627
Web Site: www.mediakitchen.com

Employees: 40
Year Founded: 2001

Discipline: Media Buying & Planning

Barry Lowenthal *(Chief Executive Officer)*
Laura Springer *(Chief Of Staff)*
Caterina Bartoli *(Executive Vice President)*
Brooke Reno *(Group Business Director)*
Courtney Blount *(Group Director)*
Brian Stern *(Group Director)*
Monique Lemus *(Group Director)*
Ashley Sobel *(Group Director)*
Robert Kovalcik *(Associate Director)*
Andrew Sandoval *(Director, Biddable Media)*
Kaitlin Bevans *(Group Director)*
Melanie Nelson *(Associate Director)*
Stephanie Stevens *(Associate Director, Biddable Media)*
Frances Giordano *(Group Director)*
Cory Burdick *(Associate Director)*
Clair Bergam *(Associate Director)*
Samantha Stockman *(Associate Director)*
Steve Wendling *(Media Director)*
Alec Troxell *(Director, Business Development & Marketing)*
Jonathan Albujar *(Supervisor, Digital Investment & Strategy)*
Jacob Band *(Senior Strategist)*
Melissa Molina *(Associate Strategist)*
Randall Burkat *(Strategist)*
Matthew Orenstein *(Senior Strategist, Biddable)*
Michael Tasik *(Strategist)*
Taylor Hutchinson *(Senior Strategist)*
Amy Clark *(Senior Strategist)*
Ludmila Palasin *(Associate Director)*
Kathleen Gormley *(Senior Strategist)*
Michael Kahn *(Associate Strategist)*
Daniel Hsu *(Media Strategist)*
Brandon Clark *(Senior Strategist)*
Xavier Rosario *(Associate Strategist)*

Accounts:
CIT Group, Inc.
Goldman Sachs Group, Inc.
Lane Bryant
Pink
PODS Enterprises, Inc.
The Bank of New York Mellon Corporation
The Vanguard Group, Inc.
Vail Resorts, Inc.
Vespa
Victoria's Secret
Windstream.net

THE TRADE DESK
42 North Chestnut Street
Ventura, CA 93001
Tel.: (805) 585-3434
Web Site: www.thetradedesk.com

Year Founded: 2009

Discipline: Media Buying & Planning

Jeff Green *(Founder & Chief Executive Officer)*
Dave Pickles *(Chief Technology Officer & Founder)*
Paul Ross *(Chief Financial Officer)*
Tahnil Davis *(Senior Vice President, Finance)*
Mike Blacker *(Vice President, Strategic Business Development)*
Alex Schneider *(Vice President, Executive Operations)*
David Danziger *(Vice President, Enterprise Partnerships)*
Jennifer Lee *(Senior Director, Global Event Marketing)*
John Amoroso *(Senior Director, Information Technology)*
Stephen Matte *(Director, Client Services)*
Candace Tomeny *(Senior Director, Client Operations)*
Jane Shie *(Director, Client Operations)*
Sara Adler *(Lead Director, Client Strategy)*
Paige Miller *(Senior Account Manager)*
Kristin deNeeve *(Graphic Designer)*

THE TRADE DESK
227 West Monroe Street
Chicago, IL 60606
Tel.: (312) 635-7600
Web Site: www.thetradedesk.com

Year Founded: 2009

Discipline: Media Buying & Planning

Stacy Bohrer *(Regional Vice President, Business Development)*
Ashley Paskiewicz *(Regional Vice President, Business Development)*
Michael Connors *(Senior Director, Client Services - Central Region)*
Katy Friday *(Senior Director, Business Development)*
Amanda Kos *(Director, Business Development)*
Tiffany White *(Director, Business Development)*
Melyssa Goldberg *(Manager, Global Strategy)*
Michael Garson *(Senior Account Executive)*
Spencer Hayne *(Senior Trading Specialist)*
Rich Kates *(Senior Account Executive)*

THE TRADE DESK
6100 Center Drive
Los Angeles, CA 90045
Tel.: (805) 585-3434
Web Site: www.thetradedesk.com

Year Founded: 2009

Discipline: Media Buying & Planning

Zachary Parker *(Lead Principal Trading Specialist)*
Jason Shue *(Vice President, Global Trading)*
Matt Mendez *(Director, Strategic Accounts)*
Rebekah Brenner *(Director, Event Marketing)*
Walter Lee *(Director, Accounts)*
Austin Gremp *(Lead Director, Client Strategy)*
Kevin Stenhouse *(Account Director)*
Kelly Davies *(Director, Business Development)*
Blake Simon *(Senior Director, Business Development)*

Brands. Marketers. Agencies. Search Less. Find More.
Try out the online version at www.winmo.com

AGENCIES - JULY, 2020

MEDIA BUYING & PLANNING AGENCIES

Nick Benson *(Senior Media Specialist)*
Lorenzo Moreno *(General Manager, Business Development - Southwest Region)*

THE TRADE DESK
Two Park Place
New York, NY 10016
Tel.: (646) 868-6300
Web Site: www.thetradedesk.com

Year Founded: 2009

Discipline: Media Buying & Planning

Jonathan Carson *(Co-Founder & Chairman)*
Sandeep Swadia *(Chief Data & Trust Officer)*
Susan Vobejda *(Chief Marketing Officer)*
Brian Stempeck *(Chief Strategy Officer)*
Jed Dederick *(Senior Vice President, Business Development)*
Tim Sims *(Senior Vice President, Inventory Partnerships)*
James Kiernan *(Vice President, Client Development)*
Ian Colley *(Vice President, Communications)*
Marianne Fowler *(Senior Director, Client Operations)*
Madison Brisseaux *(Senior Director, Client Services)*
Kaitlin Duffy *(Director, Business Development)*
Craig Spirelli *(Director, Business Development)*
Katherine Vesce *(Director, Marketing)*
Baron Harper *(Director, Business Development)*
Christine Gallagher *(Director, Brand Marketing)*
Mason Burnham *(Senior Director, Communications)*
Chi Lo *(Director, Accounts - Australia & New Zealand)*
Deshan Kumar *(Director, Business Development)*
Taylor Ash *(Senior Director, TV Partnerships)*
David Freifeld *(Senior Data Scientist)*
Henry Velasquez *(Account Manager)*
Kelsey Kimball *(Senior Account Executive)*
Andria Peck *(Manager, Product Marketing)*
George Simmons *(Manager, Finance & Strategy)*
Kelsey Platt *(Lead Principal Account Manager)*
Colby Cashen *(Senior Account Manager)*
Anna Wolk *(Senior Technical Account Manager)*
Lindsey McKenna *(Account Manager)*
Shana Hale *(General Manager & Global Creative Director)*

THE TRADE DESK
731 Sansome Street
San Francisco, CA 94111
Tel.: (415) 918-3200
Web Site: www.thetradedesk.com

Year Founded: 2009

Discipline: Media Buying & Planning

Gruia Pitigoi-Aron *(Vice President, Product)*
Jack O'Hurley *(Director, Enterprise Business Development)*
Tiffany Lee *(Senior Director, Inventory Partnerships - APAC)*
Steve Friesen *(Director, Product)*
Tim Markowski *(Lead Director, Trading Strategy)*
Philip de Monet *(Senior Specialist, Media Trading)*
Benjamin Lesser *(Specialist, Trading)*
Ben Mottau *(General Manager, Trading)*

THE TRADE DESK
1048 Pearl Street
Boulder, CO 80302
Tel.: (720) 907-2400

Web Site: www.thetradedesk.com

Year Founded: 2009

Discipline: Media Buying & Planning

Chris Thorne *(Principal Product Manager)*
Ivo Karadjov *(Principal Product Director)*
Kimberly Weinstein *(Lead Principal Account Manager)*
Mike Davis *(Vice President, Innovation)*
Peter Gent *(Data Partnerships Director)*
Dale Sitzmann *(Lead Director, Trading Strategy)*
Danielle Puschak *(Senior Designer, UI & UX)*
Kathrine LeBlanc *(Senior UX & UI Designer)*
Jerry Tang *(Integrations Manager)*

THE WARD GROUP
Eighth Cedar Street
Woburn, MA 01801
Tel.: (781) 938-4000
Web Site: www.wardgroup.com

Employees: 6
Year Founded: 1985

Discipline: Media Buying & Planning

Jim Ward *(President)*
Julie Ried *(Vice President)*
Jerry Grady *(Vice President)*
Lou Nagy *(Vice President)*
Tom Jago *(Managing Director)*

THE WARD GROUP, INC - MEDIA STEWARDS
5750 Genesis Court
Frisco, TX 75034
Tel.: (972) 818-4050
Fax: (972) 818-4151
Toll Free: (800) 807-3077
Web Site: www.mediastewards.com

Employees: 16
Year Founded: 1985

Discipline: Media Buying & Planning

Shirley Ward *(Chief Executive Officer)*
Rob Enright *(President)*
Robin Cox *(Media Buyer)*
Chelsea Enright *(Media Buyer)*

THESEUS COMMUNICATIONS
154 Grand Street
New York, NY 10013
Tel.: (646) 537-1727
Web Site: www.theseuscomms.com

Year Founded: 2013

Discipline: Media Buying & Planning

Charles Pinkerton *(Chief Strategist, Brand & Communication)*
Imir Leveque *(Director, Strategy)*

Accounts:
New York University

TIMBERLAKE MEDIA SERVICES, INC.
1556 Pine lake Drive
Naperville, IL 60564
Tel.: (630) 820-1100
Web Site: www.timberlakemedia.com

Year Founded: 1989

Discipline: Media Buying & Planning

Carol Timberlake *(President & Chief Executive Officer)*
Dale Timberlake *(Chief Operating Officer & Executive Vice President)*
Kelli Bishop *(Vice President & Media Director)*
Diane Silha *(Consumer Media Director)*

Accounts:
University of Chicago Medical Center

TIME & SPACE MEDIA
2570 Argicola Street
Halifax, NS B3K 4C6
Tel.: (902) 429-8463
Fax: (902) 422-1199
Web Site: www.timespacemedia.com

Employees: 10
Year Founded: 1988

Discipline: Media Buying & Planning

Donna Alteen *(President & Chief Executive Officer)*
Stephanie Dunn *(Client Strategy Director)*

TOUCHE!
3575 boulevard Saint-Laurent
Montreal, QC H2X 2T7
Tel.: (514) 286-9000
Fax: (514) 286-9900
Web Site: www.touchephd.com

Employees: 25
Year Founded: 1996

Discipline: Media Buying & Planning

Alain Desormiers *(Chief Executive Officer)*
Karine Courtemanche *(President)*
Isabelle Baillargeon *(Vice President & Group Director)*
Sandra Wells *(Vice President, Broadcast)*
Marilyn Alie *(Account Director, Strategy)*

Accounts:
Loto-Quebec
Tourisme Montreal

TOUCHPOINT INTEGRATED COMMUNICATIONS
16 Thorndal Circle
Darien, CT 06820
Tel.: (203) 665-7700
Web Site: www.tpointmedia.com

Year Founded: 2005

Discipline: Media Buying & Planning

Karen Kluger *(Founder & Chief Executive Officer)*
Maya Simonian *(Executive Vice President & Digital Director)*
Shelley Huttner *(Executive Vice President & Broadcast Director)*
Karyn Schultheiss *(Senior Vice President & Operations Director)*
Wendy Klugherz *(Senior Vice President & Group Director)*
Isabel Delango *(Senior Vice President & Broadcast Director)*
Bill Fortune *(Vice President & Search Director)*
Imran Jaffery *(Vice President, Digital & Insights)*
Danielle Benigni *(Associate Media Director)*
Erica Stadnyk *(Associate Media Director)*

MEDIA BUYING & PLANNING AGENCIES
AGENCIES - JULY, 2020

Alex Stein *(Associate Buying Director)*
Kaitlin McNeil *(Associate Media Director)*
Steve Vichiola *(Traffic Manager)*
Arianna Sepuca *(Media Coordinator)*

Accounts:
ACCO Brands Corporation, Inc.
Bowflex
Hughes Network Systems, Inc.
Mead
Mobia
Nautilus Fitness
Nautilus, Inc.
Schwinn Fitness
The Humane Society of the United States

TRILIA
53 State Street
Boston, MA 02109
Tel.: (617) 366-4000
Web Site: triliamedia.com/

Year Founded: 2015

Discipline: Media Buying & Planning

Mike Proulx *(Chief Innovation Officer)*
Leslie Gilleo *(Senior Vice President & Group Media Director)*
Kimberly Hughes *(Vice President & Associate Media Director)*
Dominick Randazzo *(Associate Media Director)*
Svetlana Filipson *(Associate Director, Analytics)*
Regan Allison *(Media Supervisor)*
Chloe Lu *(Assistant Platform Media Buyer)*
Alyssa Halliday *(Platform Media Manager)*
Amanda Herrera *(Assistant Media Buyer)*
Timothy Unkles *(Media Planner)*
Jasmine Turner *(Platform Media Strategist)*

Accounts:
Capella Education Company
Frontier Communications
Great Wolf Lodges
Great Wolf Resorts, Inc.
Santander
Scooops Kid Spa

TRUE MEDIA
500 Business Loop 70 West
Columbia, MO 65203
Tel.: (573) 443-8783
Fax: (573) 443-8784
Web Site: www.truemediaservices.com

Year Founded: 2005

Discipline: Media Buying & Planning

Jack Miller *(President & Chief Executive Officer - USA & Canada)*
Jim Miles *(Controller - US & Canada)*
Bruce Neve *(President, Operations - Canada)*
Charles Howe *(Vice President, Client Services)*
Caroline Kamler-Andriano *(Vice President, Human Resource)*
Travis Ballenger *(Vice President, Client Development)*
Stephanie Padgett *(Senior Vice President, Client Strategy)*
Allison Freeman *(Director, Project Management & Training Operations)*
Kim Odom *(Associate Media Director)*
Michele Cropp *(Associate Media Director)*
Rhonda Meier *(Associate Director, Media)*
Christy Wright *(Supervisor, Media Buying)*
Erin Edwards *(Supervisor, Search)*

Gary Cianciosi *(Senior Media Buyer)*
Lisa Dell Dudenhoeffer *(Media Buyer)*
Nancy Brock *(Manager, Traffic)*
Nadine Wessling *(Media Buyer)*
Suzanne Bayne *(Senior Account Planner)*
Shelby Muff *(Account Planner)*
Elizabeth Ann Van Kort *(Associate Media Director)*
Rachel Jennings *(Campaign Operations & Traffic Specialist)*

Accounts:
BodyArmor Nutrition, LLC
Pizza Patron, Inc.

TRUE MEDIA
701 North Third Street
Minneapolis, MN 55401
Tel.: (612) 338-8783
Fax: (612) 338-8784
Web Site: www.truemediaservices.com

Year Founded: 2005

Discipline: Media Buying & Planning

Renee Crawford *(Senior Account Planner)*
Joanna Williams *(Digital Media Strategist)*

Accounts:
Explore Minnesota Tourism

TWO NIL
5510 Lincoln Blvd
Los Angeles, CA 90094
Tel.: (310) 439-5507
Web Site: www.twonil.com

Year Founded: 2011

Discipline: Media Buying & Planning

Mark Zamuner *(Chief Executive Officer)*
Chris Nella *(Vice President, Strategy)*
Andre Artacho *(Managing Director)*
Brian Park *(Associate Director, Strategy & Business Development)*
Anthony Usoltseff *(Director, Strategy)*

Accounts:
23andMe, Inc.
Blue Apron
Bombas, LLC
Glassdoor
Groupon
Los Angeles Clippers
Minted, LLC
Nectar Sleep LLC

UBM
325 West First Street
Duluth, MN 55802
Tel.: (218) 740-7200
Fax: (218) 740-7079
Toll Free: (800) 346-0085
Web Site: www.ubm.com

Year Founded: 1987

Discipline: Media Buying & Planning

Melissa Stillwell *(Director, Digital Engagement & Lead Generation)*
Carrie Landman *(Advertising Operations Director)*

UNDERSCORE MARKETING, LLC
90 Broad Street, Second Floor
New York, NY 10004
Tel.: (212) 651-4175
Fax: (917) 591-8557
Web Site: www.underscoremarketing.com

Employees: 4
Year Founded: 2002

Discipline: Media Buying & Planning

Tom Hespos *(Founder & Chief Media Officer)*
Lauren Boyer *(Partner & Chief Executive Officer)*
Chris Tuleya *(Executive Vice President, Media)*
David Ruppel *(Vice President, Insights)*
Susan Brock *(Associate Media Director)*
Christina Sottolano *(Associate Director, Integrated Media)*
Erica Lopez-Dowding *(Account Services Director)*
Michelle Humes *(Associate Director, Media Strategy)*

UNIVERSAL MCCANN
100 West 33rd Street
New York, NY 10001
Tel.: (212) 883-4700
Fax: (646) 865-3481
Web Site: www.umww.com

Year Founded: 1902

Discipline: Media Buying & Planning

Trish Chuipek *(Global Chief Client Officer)*
Jon Stimmel *(Chief Investment Officer)*
Huw Griffiths *(Global Chief Product Officer)*
Deidre Smalls-Landau *(Chief Marketing Officer & Executive Vice President, Global Culture)*
Daryl Lee *(Global Chief Executive Officer)*
Lynn Lewis *(Chief Executive Officer)*
Eileen Kiernan *(Global Chief Executive Officer)*
Joshua Lowcock *(Executive Vice President & Chief Digital & Innovation Officer)*
Melissa Baker *(Vice President & Partner, Integrated Investment)*
Scott Suky *(Executive Vice President & Global Managing Partner)*
Ernest Meadows III *(Partner, Portfolio Management)*
Elena Doerrbecker *(Partner, Portfolio Management)*
Justin Browne *(Partner & Senior Manager, Integrated Investment)*
Tiye McLeod *(Partner, Portfolio Management)*
Dana Modafferi *(Vice President, Integrated Planning Group Partner)*
Shayne Millington *(Executive Vice President & Executive Creative Director)*
Laura Woodson *(Executive Vice President & Client Business Partner)*
Graeme Hutton *(Senior Vice President & Group Partner, Research)*
Eve Leshaw *(Senior Vice President & Managing Director)*
Ian Rohin *(Senior Vice President & Partner, Client Business)*
Diana Steblai *(Senior Vice President & Client Business Partner)*
Michael Knopf *(Senior Vice President & Client Business Partner)*
Chauncey Wesley *(Senior Vice President & Group Partner, Integrated Investment)*
Tim Hill *(Senior Vice President & Group Partner, Integrated Investment)*
Danny Huynh *(Senior Vice President & Client Business Partner)*
Bruce Lee *(Senior Vice President & Client Business Partner)*

Brands. Marketers. Agencies. Search Less. Find More.
Try out the online version at www.winmo.com

AGENCIES - JULY, 2020 — MEDIA BUYING & PLANNING AGENCIES

Peter Lofaro (Senior Vice President & Group Partner, Portfolio Manager - BMW)
Jamie Kozma (Senior Vice President & Group Partner, Client Business)
Josh Bock (Senior Vice President & Global Managing Partner, Decision Sciences)
Rebecca Mills (Senior Vice President, Client Partner)
MaryAnne Geiger (Senior Vice President & Partner, Integrated Investments)
Jose Santos (Senior Vice President & Client Business Partner)
Keri Feeley (Senior Vice President & Group Partner, Integrated Investment)
Alex Ryan (Senior Vice President, Group Partner Strategy)
Moey Santos (Senior Vice President & Client Business Partner)
Marcus Minifee (Senior Vice President & Client Business Partner - Portfolio Management)
Kate Newell (Senior Vice President Group Partner, Strategy)
Neena Koyen (Senior Vice President, Global Corporate Communications)
Tara Connington (Senior Vice President, Analytics)
Corinne Murphy (Senior Vice President & Client Business Partner - J3 Global Media Connections Strategy)
Kallana Warner (Vice President, Group Partner, Integrated Investment)
Aaron Sobol (Vice President & Group Partner, Integrated Investment)
Andrea Jenny (Vice President, Partner, Integrated Investment)
Rebecca House (Vice President & Partner)
Tracy Gutterman (Vice President & Partner, Digital Investment)
Desiree Barreras (Vice President & Group Partner, Portfolio Management)
Viviana Rodriguez (Vice President & Partner, Portfolio Management)
Ivy Cheung (Partner & Vice President, Digital Investment)
Kristina Gavin (Vice President, Group Partner - Portfolio Management)
Sarah Cahill (Vice President, Group Partner, Portfolio Management)
Marissa Yoss (Vice President & Group Partner, Portfolio Management)
Galina Blishteyn (Vice President & Group Partner, Integrated Investment)
Sabrina Malen (Vice President & Group Partner)
Brian Riemer (Vice President, Creative Director)
Josh Mallalieu (Vice President, Strategy)
Rachel McGirr (Vice President & Group Partner, Integrated Investment)
Lisa Valentine (Vice President & Group Partner, Portfolio Management)
Daniel DiGiuseppe (Vice President & Group Partner, Integrated Planning)
Nicole Torres (Vice President & Partner, Integrated Investment)
Robert Jackson (Vice President & Partner, Strategy)
Lauren Murphy (Vice President & Partner, Integrated Investment)
Dave Bogan (Vice President & Group Partner - Decision Sciences)
Allison Goodman (Vice President & Partner, Portfolio Management)
Robert Allaire (Vice President & Partner)
Trevor Bozyk (Vice President & Group Content Director)
Lisa Catucci (Vice President, Group Partner)
Nataly Cavagnaro (Vice President, Group Partner, Portfolio Management)
Sarah Donohue (Vice President & Group Partner, Portfolio Management)
Chrissy Bucu Gittings (Vice President, & Group Partner Portfolio Management)
Denise Centofante (Vice President & Group Partner, Portfolio Management)
Stephanie Insdorf (Vice President & Group Partner, Integrating Planning)
TJ Kelly (Vice President & Group Partner, Strategy)
John Hanley (Vice President & Group Partner, Portfolio Management)
Nicole Keiter (Vice President & Global Digital Lead)
Thomas Novello (Vice President Partner, Integrated Investment)
Vinny Merlino (Senior Vice President & Group Partner, Integrated Investment)
Danica Chong (Vice President, Partner Integrated Investment)
Nora Wolfe (Vice President, Group Partner)
Molly Schultz (Vice President & Partner, Digital Investment & Innovation)
Daniel DeSimone (Vice President & Group Director, Search & Social)
Gabrielle Shirdan (Vice President & Creative Director- McCann New York)
Oliver Marquis (Vice President, Research)
Amie Owen (Vice President & Partner, Shopper Marketing)
Patrick Culley (Vice President & Group Partner, Strategy)
Deniz Akar (Vice President, Group Partner, Business Analytics Engine - Coca Cola Studio)
Michael Chiong (Vice President, Analytics)
Ryan Wilson (Vice President, Marketing)
Adam Steinberg (Vice President & Group Director)
Jessica Wang (Partner, Integrated Investment)
Shivani Kulkarni (Global Partner, Portfolio Management)
Valerie Maleckas (Partner, Portfolio Management)
Alexandra Levey (Partner, Portolio Management)
Yael Pineda (Partner, Portfolio Management)
Randy Oxland (Partner)
Michael Rees (Partner, Portfolio Management)
Marissa Perrone (Partner, Portfolio Management)
Lindsey Lehmann (Director, Activation - J3)
Edward Morrissey (Vice President & Account Director - McCann HumanCare)
Harriott Kelly (Partner, Portfolio Management)
Melissa Scarlino (Manager, Research & Associate Director)
Bianca Passaro (Partner, Integrated Investment)
Rich Lee (Partner, Integrated Investment)
Laura Ernst (Associate Media Director)
Molly Zimmerman (Partner, Integrated Investment)
Kristie Collins (Associate Director, Addressable Content Production)
Samantha Perez (Partner, Portfolio Management)
Sarah Stanley (Partner, Portfolio Management)
Christie Mergenthaler (Partner, Portfolio Management & Associate Media Director)
Chelsea Freitas (Partner, Strategy)
Dmitry Tkach (Partner, Portfolio Management)
Aisha Bickford (Director, Global Operations - Johnson & Johnson & American Express)
Ankur Fitzgibbons (Associate Director)
Cynthia Beckwith (Director, Analytics)
Natasha Gold (Partner, Integrated Investment)
Joe Castillo (Associate Media Director)
Michele Key (Senior Manager, Portfolio Management)
Alysha DeNichilo (Senior Manager, Integrated Investments)
Freddie Dantus (Senior Manager, Integrated Investment)
Lee Anne LaRue (Manager, Integrated Investment)
Joseph Sciamarelli (Senior Manager, Integrated Investment)
Danielle Paccione (Senior Manager, Integrated Investment)
Paul Kelly (Portfolio Manager)
Rebecca Zulch (Senior Manager, Integrated Investment)
Gabrielle Scarpa (Senior Manager)
Carolina Portela (Partner, Integrated Investment)
Douglas Figueroa (Senior Budget Manager)
Jenny Lau (Manager, eCommerce)
Sarah Paulic (Senior Manager, Integrated Investment)
Zachary Frantz (Manager, Integrated Planning)
Hilary Gilmore (Partner, Decision Sciences)
Arielle Garcia (Partner, Business Operations & Compliance)
Darren Lonigro (Partner, Portfolio Management)
Joanna Ross (Manager, Portfolio Management)
Peter McGee (Manager, Integrated Investment)
Alison Kirsche (Manager, Integrated Investment)
Kareem Bishara (Manager, Strategy)
Martina Eisenberg (Senior Manager, Portfolio Management)
Sarah Astrop (Vice President & Global Partner, Media Innovation)
Eric Hoffmann (Manager, Integrated Investment)
Shirin Tuchman (Manager, Integrated Investment)
Luana Grasso (Senior Manager, Planning)
Lori Cilmi (Partner, Integrated Investment)
Ashley Stone (Senior Manager, Integrated Investment)
Marc Shehata (Manager, Integrated Investment)
Katelyn Rodkey (Manager, Integrated Investment)
Claire Moore (Manager, Portfolio Management)
Amanda Louro (Manager)
Brooke Kranz (Manager, Integrated Investment)
Kianna Freitag (Manager, Portfolio Management)
John Winchell (Manager, Portfolio Management)
Joana Amoyaw (Global Media Manager, Portfolio Management)
Brooke Lyon (Senior Manager)
Courtney Aquadro (Manager, Integrated Investment)
Amanda Epstein (Manager, Portfolio Management)
Jennifer Taubes (Manager, Integrated Investment)
Laura Superina (Associate Portfolio Manager, Artist Marketing)
Mikayla Mason (Strategy Manager)
Tina Sohan (Senior Manager, Broadcast Ad Operations)
Nicole Briggs (Manager, Portfolio Management)
Amir Hemmat (Manager, Performance & Precision Marketing)
Katy Tong (Manager, Analytics)
Alyssa Meehan (Manager, Portfolio Management)
Samantha Kafka (Portfolio Manager)
Maxim Kabakov (Strategy Manager)
Lucas Puleo (Manager, Integrated Investment)
Meredith Afflixio (Senior Manager, Paid Search)
Bhumika Gandhi Rajput (Manager, Business Analytics Engine)
Alison Meaney (Manager, Integrated Planning)
Nate Valorz (Manager, Integrated Investment)
Ashley Burns (Senior Associate, Integrated Investment)
Melissa Medina (Senior Associate, Integrated Investment)

Brands. Marketers. Agencies. Search Less. Find More.
Try out the online version at www.winmo.com

MEDIA BUYING & PLANNING AGENCIES
AGENCIES - JULY, 2020

Grieg Swanson *(Manager, Portfolio Management)*
Melina Martino *(Senior Associate, Integrated Planning)*
Caroline Klaudt *(Senior Associate, Integrated Investment)*
Maxwell Rubin *(Senior Associate)*
Geri Levin *(Senior Associate, Integrated Investment - Hulu)*
Vanessa Wong *(Senior Associate, Portfolio Management)*
Thomas Krankowski *(Manager, Portfolio Management)*
Kristina Mazzamuto *(Senior Associate, Portfolio Management)*
Kristina DiIorio *(Senior Associate, Integrated Investment)*
Chris McKeown *(Creative Operations Manager, UM Studios)*
Brad Cutler *(Portfolio Management Senior Associate)*
Scott Hagan *(Senior Associate, Integrated Investment)*
Rachel Roman *(Manager, Portfolio Management)*
Christen Kelly *(Senior Associate, Integrated Investment)*
Allyson Tucker *(Senior Associate, Portfolio Management)*
Katherine Angst *(Senior Associate, Portfolio Managment)*
Brooke Sweeney *(Senior Associate, Integrated Investment)*
Manuel Kim *(Senior Associate, Portfolio Management)*
Guy Greener *(Senior Associate, Integrated Investment)*
Michael Dellentash *(Senior Associate, Portfolio Management)*
Jenna Falk *(Senior Associate, Integrated Investment)*
Sara Dowd *(Senior Associate, Digital Media Planning - Estee Lauder)*
Devin Carroll *(Senior Associate, Integrated Planning)*
Jaimie Lee *(Senior Analyst)*
Cody Palumbo *(Portfolio Management Associate)*
Heather Brown *(Senior Media Planner)*
Anushka Steephen *(Senior Associate, Portfolio Management)*
Ashna Kothari *(Associate, Integrated Investment)*
Paul Heithaus *(Senior Analyst, Decision Sciences)*
Mollie Masucci *(Portfolio Management Associate)*
Kiernan Berglin *(Senior Associate, Portfolio Management)*
Jasmine Roseboro *(Senior Associate, Strategy)*
Mohammed Diallo *(Associate, Programmatic & Integrated Investment)*
Anna Ellis *(Associate, Portfolio Management)*
Kevin McCauley *(Associate, Integrated Investment)*
Desiree Honey *(Senior Associate)*
Kosta Rosvoglou *(Senior Associate, Corporate Communications)*
Paris Frattone *(Associate, Integrated Planning)*
Matt Hinger *(Associate, Portfolio Management)*
Stephanie Wu *(Media Analyst)*
Amina Chatani *(Senior Associate, Portfolio Management)*
Karyne Roy *(Portfolio Management Associate)*
Kavya Dalavayi *(Senior Associate, Strategy)*
Anthony Chin *(Associate, Integrated Investment)*
Anass Dorani *(Associate, Integrated Investment)*
Riley Savage *(Senior Associate, Portfolio Management)*
Chang Kim *(Senior Vice President & Global Managing Partner)*
Mason Franklin *(Executive Vice President & Managing Partner, Strategy)*
Jon Lefferts *(Senior Vice President & Managing Partner)*
Rich Anderson *(Executive Vice President & Managing Director)*
Justin Wroe *(Executive Vice President & Global Managing Partner)*
Stacey Stewart *(Executive Vice President & Managing Director, Integrated Investment)*

Accounts:
5th Avenue
Accenture, Ltd.
ActiveHybrid
Aetna, Inc.
Aetna.com
Almond Joy
American Express Business
American Express Card, Financial & Travel Services
American Express Gold Card
American Express Platinum Card
American Express Serve
American Express Travel Services
AmericanExpress.com
AMEX Everyday Card
Apothic
Aramis
Armor All
Aveda
Barefoot Wine & Bubbly
Beautiful
BMW 2 Series
BMW 3 Series
BMW 4 Series
BMW 5 Series
BMW 6 Series
BMW 7 Series
BMW C Series
BMW F Series
BMW i
BMW K Series
BMW M
BMW Manufacturing
BMW of North America, LLC
BMW R Series
BMW S Series
BMW X
BMW Z4
Bobbi Brown
Breath Savers
Brookside
Bubble Yum
Build-A-Bear Workshop, Inc.
Cadbury Chocolates
Cash4Life
Charles Schwab Corporation
Chegg Inc.
Cherry Coke
Clinique
Coach
Coca-Cola
Coke Zero
CVS Caremark
CVS Health
DAGOBA
Dark Horse Wine
Dasani
Dasani Drops
Deep Clean
Delta SkyMiles Card
Deutsche Bank
Diamond Crystal
Diamond Crystal Salt
Diet Coke
Donna Karan Cosmetics
E. & J. Gallo Winery
Energizer
Estee Lauder Advanced Night Repair
Estee Lauder Companies, Inc.
Exxon Gasoline
ExxonMobil Corporation
Fanta
Ghirardelli Chocolate Company
Gold Peak
H&M Hennes & Mauritz LP
Heath
Hershey's
Hershey's Bliss
Hershey's Cocoa
Hershey's Cookies & Cream
Hershey's Extra Dark
Hershey's Kisses
Hershey's Milk
Hershey's Milk Chocolate Chips
Hershey's Miniatures
Hershey's Nuggets
Hershey's Pot of Gold
Hershey's S'Mores
Hershey's Special Dark
Hershey's Spreads
Hershey's Sugar Free
Hershey's Symphony
Hershey's Syrup
Hershey's with Almonds
Home & Garden Showplace
Hulu
Ice Breakers Duo
Ice Breakers Frost
Ice Breakers Mints
Ice Breakers Sours
Jo Malone
Jolly Rancher
Kit Kat
Krackel
Krave Jerky
La Mer
Lab Series
Lamarca
Lancaster
Lauder for Men
Little, Brown & Company
Little, Brown Books for Young Readers
Lockheed Martin Corporation
Loose Change
Lotto
Lucky 7's
MAC
Mega Millions
Mello Yello
Michael Kors for Estee Lauder
Milk Duds
MINI Cooper
MINI Cooper
Minute Maid
Minute Maid Juice
Minute Maid Premium Fruit Juice
Mounds
Mr. Goodbar
My Coke Rewards
Nationwide Automotive Insurance
Nationwide Homeowners Insurance
Nationwide Insurance
Neutrogena Corporation
Neutrogena Healthy Skin
Neutrogena Moisture Wrap
New Amsterdam Vodka
New York State Lottery
Ninja
Numbers

Brands. Marketers. Agencies. Search Less. Find More.
Try out the online version at www.winmo.com

AGENCIES - JULY, 2020 — MEDIA BUYING & PLANNING AGENCIES

Odwalla
OPEN: The Small Business Network
Origins
PayDay
Pick 10
Pieces
Powerade
Powerade Zero
Powerball
Prestone
Quick Draw
Rayovac
Reese's
Reese's Fast Break
Reese's Nutrageous
Reese's Peanut Butter
Rolo
Scharffen Berger
Schwab Trading Services
Schwab.com
Seagram's Ginger Ale
Shark
SharkNinja
Shinola
Simply Juice
Simply Orange Juice
Skor
Sony Corporation of America
Sony Pictures Entertainment, Inc.
South African Tourism
Spotify USA Inc
Sprite
Stelara
Take Five
Take5
Taylor Rental
The Coca-Cola Company
The Hershey Company
The Minute Maid Company
The PGA of America
TIAA
Tom Ford for Estee Lauder
TriStar Productions
True Value Company
TrueValue
TruServ Corporation
Truvia
Twizzlers Bites
Twizzlers Nibs
Twizzlers Pull 'N' Peel
Twizzlers Twists
United States Postal Service
USA Today
Whatchamacallit
Whoppers
Wild 10s
Win 4
York
Zagnut
Zatarain's, Inc.
Zero
Zurich North America

UNIVERSAL MCCANN
5700 Wilshire Boulevard
Los Angeles, CA 90036
Tel.: (323) 900-7400
Fax: (323) 900-7111
Web Site: www.umww.com

Employees: 60
Year Founded: 1902

Discipline: Media Buying & Planning

Karen Bloore Hunt (President - West Coast)
Chris Wilhelmi (Executive Vice President &
Chief Research & Analytics Officer - US)
Andrea Ebert (Executive Vice President & Global Managing Partner)
Daniel Pierce (Managing Partner & Executive Vice President)
Kacie Sage (Senior Vice President, Group Partner Portfolio Management)
Alissa Broderdorf (Vice President, Portfolio Management)
Melissa Handley (Vice President & Partner, Portfolio Management)
Tom Williams (Vice President & Partner, Portfolio Management)
Nicole Fullenkamp (Vice President, Digital Media)
Oliver Berbecaru (Associate Media Director)
Julie Cho (Associate Media Director)
Juli Suk (Associate Director)
Brittany Hoffman (Partner, Strategy)
Nikole Weber (Associate Media Director)
Ronnie Landez (Associate Director, Portfolio Management)
Giannina Zanardi (Associate Media Director, Digital)
AJ Casella (Associate Media Director)
Sandra Wissa (Associate Director, Digital)
Cameron Schultz (Associate Director, Audience Insights & Analytics)
Tawny Matlaf (Senior Manager, Account Services)
Patrick Jurga (Senior Manager, Portfolio Management)
Juliana Ossa (Manager, Digital Media - Hulu)
Matt Bartel (Manager, Portfolio Management)
Nick Sweeney (Integrated Media Planner)
Jeremy Dunbar (Senior Associate, Content Management - Hulu)
Anna Ma (Senior Associate, Portfolio Management)
Wendy Aldrich (Executive Vice President & Managing Partner)

Accounts:
Hulu
Sony Pictures Entertainment, Inc.
Tourism Australia
TriStar Productions

UNIVERSAL MCCANN
10 Bay Street
Toronto, ON M5J 2R8
Tel.: (647) 260-2100
Web Site: www.umww.com

Year Founded: 1902

Discipline: Media Buying & Planning

Shelley Smit (President - Canada)
Will Mulqueeney (Vice President, Client Business - Johnson & Johnson)
Cristian Tesoro (Director, Connection Planning)
Jane Healy (Director, Strategy)
Graham Walmsley (Manager, Connections Planning)
Andrea Neale (Manager, Connection Planning)
Claire Megahey (Senior Buyer, Investment)
Samantha Mujdrica (Senior Buyer)
Jonathan Ross (Media Manager)
Emily Micks (Analyst, Digital & Social Media)

Accounts:
Johnson & Johnson
McCormick Canada

UNIVERSAL MCCANN DETROIT
205 Hamilton Row
Birmingham, MI 48009
Tel.: (248) 554-4550

Web Site: www.umww.com

Discipline: Media Buying & Planning

Scott Russell (President - Central Region)
Dana Shrader (Partner, Portfolio Management)
Sara Tapazoglou (Partner, Portfolio Management)
Noel Delahaye (Partner, Portfolio Management)
Greg Bloom (Senior Vice President & Partner, Analytics)
Patrick Falconer (Partner, Research)
Charlie van Becelaere (Partner, Research)
Kurt Schneider (Executive Vice President & Managing Partner)
Barbara Rocco (Vice President & Group Partner, Portfolio Management)
Kelly Eldred (Partner, Portfolio Management)
Eric Suppes (Vice President & Partner - Great Lakes Business Center)
Brad Thompson (Senior Vice President & Partner)
Lora Mashione (Group Partner, Integrated Investment & Senior Vice President)
Nancy Snider (Partner, Integrated Investment)
Huascar Peralta (Executive Vice President, Data & Platforms Operations)
Denise Smith (Executive Vice President & Managing Partner - Digital)
Ashley Brunner (Senior Vice President & Client Business Partner)
Nina Lafata (Senior Vice President & Client Business Partner)
Gabrielle Jarvis (Senior Vice President, Client Business Partner)
David Mihalek (Senior Vice President, Digital Strategy & Innovative Solutions)
Rema Waugh (Senior Vice President & Client Business Partner)
Don Miller Jr. (Senior Vice President & Client Business Partner, New Business)
Jessica Ross (Senior Vice President & Client Business Partner - Diversified Accounts)
David Queamante (Senior Vice President & Client Business Partner)
Alan White (Group Partner & Senior Vice President, Research, Analytics & Decision Sciences)
Kirk Smith (Assistant Vice President & Group Business Director - Retail Service)
Julie Marsili (Vice President & Partner, Portfolio Management)
Adria Ross (Vice President & Associate Media Director)
Lisa Ulrich (Vice President & Group Partner, Client Finance)
Lisa Hildebrandt (Vice President & Partner, Client Finance)
Kimberly Almonroeder (Vice President & Group Account Director - McCann Erickson)
Chris McLaughlin (Vice President & Associate Director, Media)
Joe Houghton (Vice President & Partner, Account Services - BC Operations)
Janet Wald (Vice President & Group Associate Media Director)
Alexis Damino (Associate Director, Media)
Andrea Hable (Director, Media Planning - BMO Harris)
Lauren Dolega (Associate Director, Research & Analytics)
Lauren Dezenski (Associate Director, Strategy)
Andrew Copenhaver (Partner, Portfolio Management)
Dave Metcalfe (Director, Advertising Operations - IPG Mediabrands)
Madeline Juneau (Director, Global Reporting & Site Analytics)

524

MEDIA BUYING & PLANNING AGENCIES

AGENCIES - JULY, 2020

Lauren Pogue *(Partner, Integrated Investment - Digital)*
Grace Herbert *(Associate Director, Decision Sciences)*
Cristina Jamo *(Analyst, Client Services)*
Michele Shoan *(Finance Director)*
Kurt Haines *(Senior Manager, Digital Advertising Operations)*
Kevin LaFlamme *(Media Supervisor)*
Leslie Toltzman *(Media Planning Supervisor)*
Alyson Sokoly *(Media Supervisor)*
Courtney Boehm *(Senior Manager, Portfolio Management)*
Sharon Knapp *(Manager, Print Investment)*
Jessica Stanley *(Senior Manager - Quicken Loans)*
Stephanie Watson *(Client Finance Manager - FCA Media & Social Media Accounts)*
Jill Zoltowski *(Media Buyer)*
Kelsey Wulf *(Manager, Portfolio Management)*
Amy Harrison *(Manager, Media Planning)*
Damien Crawford *(Associate Director, Advertising Operations)*
Nathan Lewalski *(Manager, Paid Search - IPG Brands)*
Mike Warwick *(Manager, Search & Social)*
Michael Mooradian *(Manager - Performance Digital)*
Cindy Gemmete *(Manager, Portfolio Management)*
Megan Hebert *(Partner, Portfolio Management)*
Margareta Farca *(Senior Manager, Client Finance)*
Shelby Albers *(Senior Manager, Strategy)*
Angela Lewis *(Manager, Portfolio Management)*
Chelsea Jaros *(Senior Manager, Portfolio Management - Quicken Loans)*
Shawn Mueller *(Manager, SEM - Reprise Digital)*
Emily Bieganski *(Manager, Portfolio Management)*
Kristin Roberts *(Manager, Decision Sciences)*
Vincent Cahalan *(Manager, Analytics)*
Michelle Quinley *(Manager)*
Nancy Barber *(Manager, Integrated Investment)*
Stephanie Rashed *(Manager, Integrated Investment)*
Teresa Voss *(Supervisor, Client Services)*
Lisa Whalen *(Senior Media Planner)*
Adrienne Cameron *(Senior Associate, Portfolio Management)*
Lauren Dorset *(Senior Associate, Portfolio Management)*
Diana Falletich *(Associate, Portfolio Management)*
Hunter Callender *(Associate, Portfolio Management)*
Shealin Saunders *(Senior Associate Portfolio Management)*
Leah Santowski *(Senior Associate, Portfolio Management)*
Colleen Socha *(Senior Associate, Portfolio Management)*
Mariann Bell *(Specialist, Media Traffic)*
Molly Kramer *(Senior Analyst, Performance Digital)*

Accounts:
Aldi Food Stores, Inc.
Ferrari - Maserati North America
Maserati
Michigan Economic Development Corporation
Nationwide Insurance
Quicken Loans, Inc.
Rocket Mortgage
TGI Friday's
Travel Michigan

UNIVERSAL MEDIA, INC.

4999 Louise Drive
Mechanicsburg, PA 17055
Tel.: (717) 795-7990
Fax: (717) 795-7998
Web Site: www.umiusa.com

Employees: 45
Year Founded: 1986

Discipline: Media Buying & Planning

Russ Rhodes *(Senior Vice President, Account Services)*
Kyle Cook *(Director, Digital Media)*
Cristi Casey *(Media Buyer)*

Accounts:
Ahold Delhaize
Giant Food (Giant-Carlisle)
Giant-Landover
Hershey Entertainment & Resorts Company
Hershey Park
Martin's
Ollie's Bargain Outlet
Stop & Shop

USIM

52 Vanderbilt Avenue
New York, NY 10017
Tel.: (212) 986-0711
Toll Free: (866) 969-8746
Web Site: www.theusim.com

Discipline: Media Buying & Planning

Russell Zingale *(President - East Division)*
Kelly Wong *(Senior Vice President & Director, Media)*
Gail Scott *(Senior Vice President & Director, Media - Southeast)*
Donna Damm *(Vice President & Group Strategy Director)*
Sean Eldred *(Director, Client Services)*
Ben Trevizo *(Director, Performance Marketing)*
Kaitlyn Hennigan *(Associate Media Director)*
Pete Zhiss *(Media & Account Supervisor)*
Robert Kligman *(Media Supervisor)*
Ronald Barillas *(Digital Media Supervisor)*
Alanna Gonzalez *(Account Coordinator)*
Karlyn Tupper *(Digital Media Coordinator)*

Accounts:
Aruba Tourism Authority
Buffalo Wild Wings, Inc.
Century 21
Crunch Fitness International, Inc.
Modell's Sporting Goods
O'Charley's, Inc.
Old Mother Hubbard
WellPet

USIM

3415 South Sepulveda Boulevard
Los Angeles, CA 90034
Tel.: (310) 482-6700
Fax: (310) 482-6701
Toll Free: (866) 969-8746
Web Site: www.theusim.com

Year Founded: 2004

Discipline: Media Buying & Planning

Alicia Nelson *(President, Broadcast Media Operations)*
Dennis Holt *(Founder & Chief Executive Officer)*
Eran Goren *(Chief Digital Officer & President, West Division)*
Doug Livingston *(President & Chief Operating Officer)*
Steve Berger *(President - Patriot Media Group)*
Leila Winick *(Executive Vice President & Managing Director, Multicultural)*
Jack Silver *(Executive Vice President, Client Services)*
Dot DiLorenzo *(Executive Vice President, Strategy & Research)*
Liz Kelly *(Executive Vice President, Broadcast Media Director)*
Ryan McArthur *(Executive Vice President)*
Sherry Catchpole *(Executive Vice President, Operations)*
Michelle Larsh *(Senior Vice President, Client Services)*
Melissa Ready *(Senior Vice President, Strategy)*
Matt Colborn *(Vice President, Client Services)*
Melissa Sierra *(Vice President, Client Services)*
Joyce Fairman *(Associate Media Director)*
Jenna Naylon *(Senior Director, Digital Media)*
Sean Eldred *(Director, Client Service)*
Dora Sam *(Media Planner)*
Samantha Martin *(Account Executive & Direct Response Media Analyst)*
Allie Altizer *(Digital Media Buyer)*
Barry Payne *(Supervisor, Media)*
Lew Garcia *(Supervisor, Media)*

Accounts:
Blaze Pizza, LLC
California Earthquake Authority
Check Into Cash
Erbert & Gerbert's Sandwich Shops
Howard's
Idlewild & SoakZone
Modell's Sporting Goods
Palace Entertainment, Inc.

VERITONE ONE

3560 Dunhill Street
San Diego, CA 92121
Tel.: (858) 412-1400
Fax: (858) 412-1408
Toll Free: (888) 507-1737
Web Site: www.veritoneone.com

Year Founded: 1998

Discipline: Media Buying & Planning

Ryan Steelberg *(President)*
Patrick Lennon *(Co-Founder & Chief Business Development Officer)*
Zeus Peleusus *(Co-Founder & Chief Gross Officer)*
Conor Doyle *(Senior Vice President, Strategy & Investment)*
Shannon Quintana *(Director, Strategy)*
Ian Cohen *(Associate Creative Director)*
Jennifer Pollard *(Media Buyer)*
Tucker Peleuses *(Senior Account Strategist)*
Joanna Gorman *(Senior Media Buyer)*
Shelley Kilburn *(Creative Production Manager)*

Accounts:
1-800-Flowers.com, Inc.
DraftKings
Regus Management Group

VIZEUM

1 University Avenues
Toronto, ON M5J 2p1
Tel.: (416) 967-7282
Fax: (416) 967-1395
Web Site: www.vizeum.ca

AGENCIES - JULY, 2020
MEDIA BUYING & PLANNING AGENCIES

Employees: 20
Year Founded: 2003

Discipline: Media Buying & Planning

Lynn Mayer *(Senior Vice President, Group Account Director)*
Tawnya Lindsay *(Manager, Communications Planning)*

VIZEUM
32 Avenue of Americas
New York, NY 10013
Tel.: (212) 784-3800
Fax: (212) 508-4399
Toll Free: (888) 360-9630
Web Site: www.vizeum.com

Year Founded: 2003

Discipline: Media Buying & Planning

Duncan Smith *(President)*
Harlen Smith *(Senior Vice President & Managing Director & Head, Global Accounts)*
Bora Chang *(Associate Director, Communications Planning)*
Lainey Bartos *(Supervisor, Video Activation)*
Olivia Makowsky *(Supervisor - Dentsu Aegis Network)*
Carly Colman *(Senior Associate, Integrated Planning)*
Tim Jonathan *(Associate Director)*
Adams Abreu *(Assistant, Paid Search)*
Alexandra Giglio *(Assistant Media Buyer)*

Accounts:
10 Barrel Brewing
312 Urban Wheat Ale
Anheuser-Busch Companies, Inc.
Anheuser-Busch Companies, Inc.
Bass Pale Ale
Beck's
Bon & Viv
Bourbon County Stout
Bud Ice
Bud Light
Budweiser Select
CarMax, Inc.
Cran-Brrr-Rita
Elysian Brewing
Estrella Jalisco
Goose Island
Green Line Pale Ale
Hoegaarden
Lime-A-Rita
Michelob AmberBock
Michelob Light
Michelob Ultra
Montejo
Natty Daddy
Natural Ice
Natural Ice
Natural Light
O'Doul's
Rock Light
Rolling Rock
Select 55 by Budweiser
Shock Top
Stella Artois
Veza Sur Brewing

VIZEUM CANADA, INC.
1075 West Georgia Street
Vancouver, BC V6E 3C9
Tel.: (604) 646-7282
Fax: (604) 646-7299

Web Site: www.vizeum.ca/

Year Founded: 2003

Discipline: Media Buying & Planning

Jim Gordon *(Senior Vice President & Managing Director)*

VM1 (ZENITH MEDIA + MOXIE)
299 West Houston Street
New York, NY 10014
Tel.: (212) 859-5100
Web Site: zenithusa.com

Discipline: Media Buying & Planning

Shenan Reed *(President & Chief Client Officer)*
Kevin Sauer *(Senior Vice President, Strategy & Activation)*
Autumn Retzke *(Senior Vice President, Strategy - Client Lead)*
Dana Singleton *(Associate Director, Strategy)*
Lauranne Kline *(Associate Media Director, Digital Activation)*
Nicole Martinelli *(Negotiator)*
Anand Pandya *(Executive Vice President & Managing Director)*

Accounts:
FiOS
Go90
Verizon Wireless, Inc.
Visible

VMC MEDIA
370 King Street West
Toronto, ON M5V 1J9
Tel.: (416) 222-4364
Fax: (416) 482-9672
Web Site: www.vmcmedia.com

Employees: 12
Year Founded: 1992

Discipline: Media Buying & Planning

Sarah Howarth *(Account Director)*
Susan Robb *(Senior Activation Supervisor)*
Kelly Dutton *(Managing Director - VMC Media)*

Accounts:
Ontario Power Generation, Inc.
The Globe and Mail Ltd.

VOICE MEDIA GROUP
1201 East Jefferson Street
Phoenix, AZ 85034
Tel.: (602) 238-4800
Toll Free: (888) 278-9866
Web Site: www.voicemediagroup.com

Year Founded: 2012

Discipline: Media Buying & Planning

Gerard Goroski *(Chief Information Officer & Executive Vice President, Digital Operations)*
Joe Larkin *(Senior Vice President, Sales & Operations- VMG Advertising)*
Kurtis Barton *(Vice President, Sales Strategy)*

Accounts:
Creative Loafing

WAVEMAKER
175 Greenwich Street
New York, NY 10007

Tel.: (212) 474-0000
Fax: (212) 474-0001
Web Site: www.wavemakerglobal.com

Employees: 100
Year Founded: 2002

Discipline: Media Buying & Planning

Pedro Laboy *(Chief Precision Marketing Officer)*
Fran Kennish *(Senior Partner & Director, Strategic Planning - MEC)*
Amanda Richman *(U.S Chief Executive Officer)*
Sarah Salvati *(Partner & Senior Director, Digital Strategy)*
Denise Weimann *(Managing Partner & National Broadcast Talent Director)*
Noah Mallin *(Managing Partner & Head, content & Experience - North America)*
Sandra Muoio *(Senior Partner & Communications Strategy Director)*
Megan Warfield *(Partner & Senior Director, Media Planning & Strategy)*
Krystal Zheng *(Partner & Senior Director)*
Neil Sternberg *(Global Chief Financial Officer)*
Sabrina Sass *(Partner & Senior Director)*
Kimberly Frechette *(Partner & Senior Director)*
Laarni Varias *(Senior Partner & Senior Director, Digital Investment)*
Kaylyn Miller *(Senior Partner & Group Director, Search & Social)*
Scott Wells *(Data Sciences Lead)*
Josh Berman *(Senior Partner & Senior Director, Data Sciences)*
Michael Law *(Chief Financial Officer - North America)*
Lynn Sladowski *(Senior Partner & Director, Content & Experience)*
Jason Levin *(Senior Partner & Senior Director, Digital Analytics)*
Archana Deshmukh *(Senior Partner & Group Director)*
Brianna Sesto *(Director, Business Development)*
Nancy Tortorella *(Chief Client Officer - U.S.)*
Rick Acampora *(Chief Operating Officer)*
Karima Zmerli *(Chief Data Sciences Officer)*
Aaron Smith *(Global Chief Client Officer)*
Jim Goodenough *(Vice President, Digital Investment)*
Stacy Higbee *(Senior Partner & Group Planning Director)*
Mariya Taukule *(Digital Investment Director)*
Sean McGarr *(Senior Director, Digital Practice Lead)*
Kathy Richter *(Managing Director, Business Lead)*
Caroline Tran *(Senior Partner, Group Director)*
Tracy Snyder *(Director, Strategy & Communications Planning)*
Amanda Newberg *(Senior Partner & Group Director, Business Management)*
Terence Prudhomme *(Associate Planning Director)*
Jennifer Papayanopoulos *(Senior Director & Partner)*
Michelle Mintz *(Director, Planning)*
Edmund Muller *(Partner & Group Director)*
Jane Barasch *(Senior Partner & Strategic Planning Director)*
Dorian Roth *(Partner & Senior Group Media Director)*
Laurian Rattray *(Senior Partner & Group Director)*
Belinda Moon *(Strategy Lead)*
Brad Backenstose *(Head, Organic Growth & Client Lead)*
Matthew Spitaleri *(Media Director)*
Kate Kohlmann *(Digital Practice Lead, L'Oreal*

Brands. Marketers. Agencies. Search Less. Find More.
Try out the online version at www.winmo.com

526

MEDIA BUYING & PLANNING AGENCIES
AGENCIES - JULY, 2020

USA)
Samantha Effman *(Associate Planning Director)*
Donna Raidt *(Senior Partner, Group Planning Director)*
Dallia Herrtage *(Global Account Director & Managing Partner)*
Barrie Shron *(Partner & Associate Planning Director)*
Michael Tedesco *(Partner & Associate Director)*
Patrick Link *(Director, Communication Planning)*
Jennifer Carroll *(Senior Partner & Client Lead)*
Kate Daly *(Director, People & Culture Business Partner)*
Melissa Graesser *(Director, Planning)*
Matthew Witt *(Director, Digital Investment & Operations)*
Francis Udler *(Digital Investment Director)*
Lindsey Yoselevitz *(Head, Marketing & Corporate Communications - U.S.)*
Chris Fitzgerald *(Associate Director, Video Investment)*
Erica Atkins *(Partner & Senior Director, Data & Activation)*
Michael Eastwood *(Director)*
Keri Fox *(Senior Director)*
Mariah Youngblood *(Associate Director)*
Erin English *(Associate Media Director)*
Victoria Solomon *(Associate Director)*
Simona Milone *(Partner & Senior Director)*
Stephanie Schafer *(Director, Digital Implementation)*
Nadia Harrison *(Partner & Group Planning Director)*
Neky Romero *(Partner & Director, Search Marketing & eRetail)*
Rachel Lederman *(Associate Director)*
Ryan Kelly *(Senior Partner & Programmatic Practice Lead)*
Lauren Bernocchi *(Director, Digital)*
Adam Danko *(Director, Social Media)*
Laura Regen *(Partner & Director, Digital Analytics)*
Karin Prior *(Senior Partner & Group Planning Director)*
Phyllis Toss *(Managing Partner)*
Enza Monastero *(Associate Media Director)*
Nikin Patel *(Senior Director, Planning)*
Jordana Filippi *(Director, Omnimedia Planning)*
Kelly Howard *(Partner & Group Planning Director)*
Caroline Chester *(Director, Hybrid Planning)*
Sabrina Dallas *(Partner & Senior Search Director)*
Steven Lee *(Partner, Digital Investment Director)*
Daniel Orr *(Director, Programmatic)*
Allie Carver *(Associate Planning Director)*
Charlie Wright *(Head, Strategy - Global Growth)*
Kimberly Lum *(Group Director & Partner)*
Jacqueline Lonergan *(Director, Planning)*
Meei Chai *(Associate Director, Strategic Planning)*
Kacie McKee *(Director, Ecommerce)*
Stephen Lieb *(Director, Digital Investment)*
Kathryn Rizzi *(Associate Media Director)*
Adam Puchalsky *(Global Head, Content)*
Benan Tezel *(Associate Director, Analytics & Insight)*
Jessica Hirschberg *(Associate Director, Paid Social)*
Prashant Nayar *(Partner & Director, Analytics & Insight)*
Melissa Frank *(Senior Partner & Group Director, Social & Search)*
Allison Morganteen *(Manager)*
Hector Calix *(National Broadcast Manager)*

Gianina Galatro *(Manager- Content, Experiences, & Partnerships)*
Alyssa Sergi *(Director, Digital Investment)*
Alexa Mulhern *(Supervisor, Digital Investment)*
Christie Pietila *(Manager, Planning)*
Sarah Kaduc *(Manager, Video Investment)*
Camille Lightell *(Director, Integrated Planning)*
Alexis Kaplowitz *(Business Development Manager)*
Alexander Hurst *(Manager, Digital Investment)*
Alana Herman *(Manager, Digital Investment - Loreal Paris)*
Christina Sarver *(Digital Manager)*
Patrick Timlin *(Manager, Digital)*
Elise Sherman *(Associate Director, Media Planning)*
Maria Van Buskirk *(Director, Communications Strategy)*
Caitlyn Carpentier *(Manager, Digital Investment & Strategy)*
Gabriela Hunter *(Manager, Omnimedia Planning)*
Catarina Jales *(Manager, Media Planning)*
Noah Siegel *(Digital Media Supervisor)*
Niamh Broderick *(Omnimedia Planning)*
Lauren Uhlan *(Manager, Digital Investment)*
Anita Gallant *(Budget Manager)*
Ainsley Burton *(Manager, Integrated Planning)*
Molly Reich *(Integrated Planning Manager)*
Christian Harrison *(Manager, Paid Social)*
Nicole Capozzi *(Media Supervisor)*
Kelly Raymond *(Strategic Planning Manager)*
Nicole Friedlan *(Digital Media Planner)*
Monica Ogonowski *(Manager, Strategy)*
Smith Collett *(Manager, Strategic Planning)*
Derek Dewosky *(Business Development Manager)*
Shanell Simmons *(Integrated Planning Manager)*
Vivek Shah *(Manager, Paid Social)*
Jocelyn Zuniga *(SEO Manager)*
Danielle Patalano *(Manager, Planning)*
Fausto Lopez *(Manager, Digital Investment)*
Kyle Boudinot *(Manager, Digital)*
Shuko Kamrowski *(Manager, Communications Planning & Digital Analytics & Paid Search)*
Michaela Imbergamo *(Manager, Digital Investment)*
Sarah Ben-Zvi *(Planning Manager)*
Jay Li *(Manager, Paid Search)*
Christi Samuel *(Senior Associate)*
Rachel Arlin *(Senior Associate, Planner)*
Erica Meyer *(Senior Associate, Digital Investment)*
Connie Wu *(Senior Associate, Planning)*
Derek Lee *(Digital Investment Associate)*
Matthew Luchinsky *(Senior Associate, Digital Investment)*
Zhou Wang *(Media Planning Associate)*
Milosz Kowalewski *(Senior Associate, Paid Search)*
Avery Sampson *(Senior Associate Hybrid Media Planner - L'Oreal Paris)*
Khaile Forbes *(Senior Associate, Planning)*
Jenna Milonovich *(Associate Director, Organic Search)*
Casey Gersh *(Senior Associate - L'Oreal Planning)*
Jackie Garcia *(Planning Associate)*
Tori Porciello *(Planning Associate)*
Brandon Pasquale *(Digital Investment Associate)*
Jeffrey Federmesser *(Associate, Digital Investment)*
Marisa Davis *(Senior Planning Associate)*
Amanda Beggs *(Digital Investment Associate)*
Doug McClelland *(Senior Associate)*
Dylan D'Arpino *(Senior Associate, Digital Investment)*
Amy Yee *(Associate, Planning)*

Sara Gerber *(Digital Investment Associate)*
Nicole Canonico *(Digital Associate)*
Alexander Patronelli *(Associate, Video Investment)*
Evelyn Yeung *(Senior Associate, Digital Investment)*
Gloryanna Diaz *(Senior Associate, Digital Investment)*
Krystle Dindial *(Senior Associate)*
Victoria Gallinaro *(Associate, Digital Investment)*
Amy Alexander *(Associate, Digital Investment)*
Wyatt Hotis *(Programmatic Associate)*
Sarah Simmons *(Senior Associate, Digital Investment)*
Callie Vacchiano *(Senior Associate, Digital Investment)*
Gina Cavalieri *(Team Coordinator)*
Lisa Berger *(Senior Media Strategy Coordinator)*
Jonathan Adams *(Managing Partner & Executive Director)*
Nicole Cavallaro *(Managing Partner & Digital Investment Lead)*
Doug Ng *(Managing Partner & Client Lead)*
Kaya Heitman *(Managing Partner & Head, Marketing & Communications - U.S)*

Accounts:
Abilify
accuflora
Acrobat
Adobe Animate
Adobe Connect
Adobe Creative Cloud
Adobe Document Cloud
Adobe Lightroom
Adobe Marketing Cloud
Adobe Muse
Adobe Spark
Adobe Systems, Inc.
Adobe Type Manager (ATM)
Adobe XD
After Effects
Aim
Air France
Alaway
Altice USA
Amla Legend
Arm & Hammer
Arm & Hammer Deodorants & Antiperspirants
Arm & Hammer Double Duty
Arm & Hammer Laundry Products
Arm & Hammer Pet
Arm & Hammer Spinbrush
Arrid
Arrowhead
Audition
Banana Boat
Batiste
Bausch & Lomb ULTRA
Bausch & Lomb, Inc.
Bausch Health Companies Inc.
British Airways
Cacharel
Cardizem LA
CeraVe
Chevron
Chevron Corporation
Church & Dwight Company, Inc.
Close-Up
CMO.com
Conduent
Content Server
Cortaid
DanActive
DanActive

527

AGENCIES - JULY, 2020 — MEDIA BUYING & PLANNING AGENCIES

Danimals
Danimals
Dannon Activia
Dannon Light & Fit
Dannon Light & Fit
Dannon Oikos (Licensed)
Dannon Oikos (Licensed)
Dannon Yogurt
Danone North America
Danonino
Danonino
Dark & Lovely
DHL Holdings, Inc.
Diaper Genie
Diastat
Diesel Fragrances
DoorDash
Double Extend Mascara
Drakkar Noir
Dreamweaver
Edge
Edgewell Personal Care
Efudex
Eloquii Design Inc.
Elsa Peretti
Emporio Armani Fragrances
Essie
Evian
Feline Pine
First Response
Flash
FontFolio
FrameMaker
Garnier
Garnier Fructis
Garnier Nutrisse
Garnier SkinActive
Giorgio Armani Fragrance
Hannaford Brothers
Harman International Industries, Inc
Harman Kardon
Havoline
Hawaiian Tropic
Horizon Organic
IKEA USA
Ikea.com
Illustrator
InCopy
InDesign
International Delight
Jean Schlumberger
Kaboom
Kerastase Paris
Kiehl's Since 1851, LLC
L'il Critters
L'Oreal
L'Oreal Age Perfect
L'Oreal Colour Riche
L'Oreal Excellence
L'Oreal Feria
L'Oreal High Intensity Pigments
L'Oreal Infallible
L'Oreal Paris Revitalift
L'Oreal Superior Preference Haircolor
L'Oreal True Match
L'Oreal USA, Inc.
L'Oreal USA, Inc.
L'Oreal Visible Lift
L'Oreal Voluminous
La Roche-Posay
Lancome Cosmetics
Lancome Genifique
Lavazza Premium Coffees Corporation
Maybelline Color Sensational
Maybelline Define-A-Lash
Maybelline Dream
Maybelline Eye Studio
Maybelline Face Studio
Maybelline FIT me!
Maybelline Great Lash
Maybelline Instant Age Rewind
Maybelline Lash Stiletto
Maybelline New York
Maybelline Super Stay Better Skin
Maybelline Superstay Foundation
Maybelline Superstay Lipstick
Maybelline Volum Express
Maybelline XXL
Migranal
ModCloth
Nair
Nestle PURE LIFE
Nestle Waters North America, Inc.
Novo Nordisk Pharmaceuticals, Inc.
O.B.
Ocuvite
Orajel
Orange Glo
Otsuka America Pharmaceutical, Inc.
OxiClean
PageMaker
Paloma
Paloma Picasso
Pepsodent
Perrier Sparkling Water
Personna
Photoshop
Playtex
Playtex Baby
Poland Spring Water
Premiere
PureOlogy
Purpose
Redken Hair Care Products
ReNu
RepHresh
Replens
Resource Spring Water
Samsca
Schick
Schick Hydro
Schick Intuition
Schick Quattro
Schick Quattro
Schick Silk Effects
Schick Xtreme 3
Scrub Free
Shockwave
Shower to Shower
Silk Milk
Silk Pure Almond Milk
Simply Saline
Skintimate
So Delicious
Soft-Sheen Carson
SToK Cold Brew
Tasmar
Texaco
Tiffany & Company
Tiffany Beads
Tiffany Signature
TomTom GO
TomTom, Inc.
Toppik
Tresor
Trojan
Trojan Fire & Ice
U.S. Navy
Urban Decay Cosmetics, LLC
Vichy USA
Victoria
VIKTOR&ROLF
vitafusion
Viviscal
Wallaby
Wet Ones
World Wrestling Entertainment, Inc.
Xerox Corporation
Xtra
Yves Saint Laurent
Yves Saint Laurent L'homme
Zelapar
Zovirax

WAVEMAKER
6300 Wilshire Boulevard
Los Angeles, CA 90048
Tel.: (323) 761-1400
Fax: (323) 817-1870
Web Site: www.wavemakerglobal.com

Employees: 35
Year Founded: 2002

Discipline: Media Buying & Planning

Mark Miller *(Managing Partner, Senior Director)*
Janie Kim *(Partner, Senior Director)*
Carley Rosenberg *(Director, Digital Media)*
Matt Steinbach *(Associate Director, Digital)*
Elaine Rumack *(Senior Partner & Senior Director)*
Courtney Kasey *(Associate Media Director)*
Brian Hendricks *(Director, Broadcast Traffic)*
Shamar Johnson *(Director, Integrated Planning)*
Matt Schneider *(Senior Digital Director)*
Sam Bradshaw *(Associate Director)*
Kristin Hunt *(Manager, Digital)*
Jessica Illescas *(Associate Director)*
Kent Hagen *(Manager, Integrated Media)*
Sally Woo *(Manager, Planning)*
Anna Ma *(Manager, International Integrated Planning)*
Marjorie Panknin *(Manager, Paid Social & Search)*
Bridget Vargas *(Senior Media Planner, Digital)*
Candice Borgella *(Manager, Planning)*
Jim Bourke *(Data Sciences Manager)*
Ally Zingarelli *(Manager, Programmatic)*
Lauren Scott *(Strategy & Digital Media Planner)*
Laura Gutierrez *(Senior Media Associate)*
Sara Davis *(Associate Media Planner)*
Tevin Rutledge *(Senior Associate, Paid Search & Social)*
Kirsten Price *(Senior Associate, Programmatic)*
Sharon Pardee *(Managing Partner & Account Director)*

Accounts:
Paramount Network
Paramount Pictures

WAVEMAKER
601 Brickell Key Drive
Miami, FL 33131
Tel.: (786) 264-7600
Fax: (786) 264-7620
Web Site: www.wavemakerglobal.com

Year Founded: 2002

Discipline: Media Buying & Planning

Ximena Varela *(Account Manager)*
Javier Lozada *(Account Executive)*

WAVEMAKER
303 Second Street
San Francisco, CA 94107

MEDIA BUYING & PLANNING AGENCIES

Tel.: (415) 764-1319
Fax: (415) 764-1333
Web Site: www.wavemakerglobal.com

Year Founded: 2002

Discipline: Media Buying & Planning

Alison Finley *(Senior Partner & Senior Director)*
Molly Berger *(Partner, Account Director, Client Lead)*
Sheryl Zhong *(Partner, Account Director)*
Lisa Merola *(Partner & Paid Social Director)*
Priyanka Sud *(Partner, Director, Integrated Planning)*

Accounts:
Chevron
Chevron Corporation
Havoline

WAVEMAKER
160 Bloor Street East
Toronto, ON M4W 3S7
Tel.: (416) 987-9100
Fax: (416) 987-9150
Web Site: www.wavemakerglobal.com

Employees: 85
Year Founded: 1999

Discipline: Media Buying & Planning

Kristie Painting *(Chief Executive Officer)*
Nick Williams *(Chief Financial Officer - Canada)*
Claus Burmeister *(Managing Partner)*
Derek Bhopalsingh *(Vice President, Digital)*
Daniela Marlin *(Director, Digital Accounts)*
Nicole Lambe *(Group Account Director)*
Michael So *(Group Strategy Director)*
Cory Chisholm *(Group Director, Accounts)*
Alexandra Pajic *(Director, Activation & Operations - NEO@Ogilvy)*
Alexandra Wolch *(Director, Strategy)*
Jared Aldridge *(Associate Director)*
Sandra Cardoso *(Director, Group Account - Danone)*
Dave Crammond *(Managing Director, Investment - MediaCom)*
Amanda Follis *(Client Business Manager)*
Ria Roda *(Broadcast Buyer - Maxus)*
Aileen Cruikshank *(Trading Manager)*
Debbie Irwin *(Manager, Broadcast Traffic)*
William Hart *(Strategy Manager)*
Marijana Mitolinski *(Manager, Trading)*
Lyndsey Rebelo *(Associate Director)*
Srdjana Pruginic *(Senior Planner, Media)*
Omar Pozzobon *(Senior Media Planner & Buyer)*
Devon Stephens *(Senior Planner)*
Diana Smit *(Executive Assistant to the President)*
Victor Correia *(Managing Partner, Trading)*

Accounts:
Danone Canada, Inc.
L'Oreal Canada, Inc.
Royal Canadian Mint
Tourism Toronto
Yum! Brands Canada

WAVEMAKER
350 West Mart Center Drive
Chicago, IL 60654
Tel.: (312) 674-6825
Web Site: www.wavemakerglobal.com

Year Founded: 2008

Discipline: Media Buying & Planning

Jenna Weeks *(Associate Director, Media - ACH Foods)*
Sara Bailer *(Partner & Group Planning Director)*
Jessica Eng *(Associate Planning Director)*
Jennifer Sever *(Group Planning Director)*
Ellen Reyes *(Manager, Planning)*
Julia Alexander *(Media Manager, Strategy)*
Pearce Hudson *(Paid Search Specialist)*
Keiara Expose *(Senior Associate, Media Planning)*
Julie Lee *(Managing Director)*

Accounts:
Mike's Hard Lemonade
TCF National Bank

WENSTROM COMMUNICATIONS, INC.
2431 Estancia Boulevard
Clearwater, FL 33761
Tel.: (727) 791-1188
Fax: (727) 791-4976
Web Site: www.wenstrom.net

Employees: 7
Year Founded: 1991

Discipline: Media Buying & Planning

Cherie Wenstrom *(Chief Executive Officer & Founder)*
Steve Wenstrom *(President)*
Lisa Ennis *(Senior Vice President & Media Director)*
Megan DelMonte *(Traffic Manager)*

WILSON MEDIA GROUP
2432 Flagler Avenue
Key West, FL 33040
Tel.: (305) 394-7939
Web Site: www.wilsonmedia.com

Year Founded: 1994

Discipline: Media Buying & Planning

Tom Wilson *(President)*
Lisa Cohen *(Executive Vice President & Director, Planning & Print)*

WINGMAN MEDIA
2625 Townsgate Road
Westlake Village, CA 91361
Tel.: (310) 302-9400
Fax: (310) 823-0562
Web Site: www.wingmanmedia.com

Year Founded: 2003

Discipline: Media Buying & Planning

Steve Dubane *(President)*
Brian Diedrick *(Director, Digital Marketing)*
Robyn Shapiro *(Senior Broadcast Negotiator)*
Scott Berger *(Managing Director)*

Accounts:
SleepBook.com

ZENITH MEDIA
299 West Houston Street
New York, NY 10014
Tel.: (212) 859-5100
Fax: (212) 727-9495
Web Site: www.zenithmedia.com

Employees: 500
Year Founded: 1988

Discipline: Media Buying & Planning

Brent Poer *(President & Chief Marketing Officer)*
Sean Peters *(President - USA)*
Neil Vendetti *(President, Investment)*
Lauren Hanrahan *(Chief Executive Officer)*
Colleen Hotchkiss *(Executive Vice President & Managing Director)*
Stacey Shelly *(Executive Vice President, Global Client Lead)*
Kim Iadevaia *(Executive Vice President, Content)*
Tom Goodwin *(Executive Vice President & Head, Innovation)*
Jane Lacher *(Executive Vice President & Group Director, Strategy)*
Nicholas Hartofilis *(Executive Vice President, National Video Activation)*
Kevin Sauer *(Executive Vice President, Strategy)*
Shelley Gayford *(Executive Vice President & Director, Integrated Planning)*
Gary Feldman *(Senior Vice President, Strategy)*
Katie Klein *(Senior Vice President, National Video Activation)*
Matt Taukus *(Senior Vice President, National Video)*
Laura Hoffman *(Senior Vice President, Strategy)*
Daryl Blanco *(Senior Vice President, Performance Media)*
Brian Tuchalski *(Senior Vice President & Group Director, Sponsorship Strategy)*
Alex Jackson *(Senior Vice President, Business Development)*
Tiffany Shee *(Senior Vice President, Digital & Magazine Activation)*
Brad Williams *(Senior Vice President, Competitive Intelligence)*
Karen Finelli *(Senior Vice President, Digital & Magazine Activation)*
Sheila Wiegand *(Senior Vice President, National Video)*
Rachel Bien *(Senior Vice President, Integrated Strategy & Digital Investment)*
Daniel Rolli *(Senior Vice President, National Video Investment)*
Rachel Mann *(Senior Vice President, Strategy)*
Chris Senio *(Senior Vice President, Digital Investment)*
Sierra Tobias *(Senior Vice President)*
Tugce Caglayan *(Senior Vice President, Strategy)*
Loni Rosenstein *(Senior Vice President, National Video Investment)*
Ryan Van Fleet *(Senior Vice President, Analytics - VM1)*
Alex Royston *(Senior Vice President, Strategy)*
Allison Karn *(Senior Vice President, Digital & Magazine Activation)*
Autumn Retzke *(Senior Vice President, Strategy)*
Erica Sklar *(Senior Vice President, Digital Investment)*
Vanessa Sherman *(Vice President, Strategy)*
Thomas Fone *(Vice President, Digital Investment)*
Millie Zhao *(Vice President, Strategy)*
Philip Chong *(Vice President, Strategy)*
Jillian Ikpe *(Vice President, Strategy)*
Caitlin Collins *(Vice President)*
Amanda Ritondo *(Vice President, Account Management & Operations - Verizon)*
Rose Fung *(Vice President, Integrated Planning)*
Kathleen Rios *(Vice President, Digital*

AGENCIES - JULY, 2020 — MEDIA BUYING & PLANNING AGENCIES

Investment)
Amanda Hellrung *(Vice President, Strategy)*
Jenna Garcia *(Vice President, National Video Activation)*
Lisa Mccusker *(Vice President, Local Investment)*
Scott Walker *(Vice President)*
Aris Spenjian *(Vice President, Analytics)*
David Botkin *(Vice President, Media)*
Annabelle Evans *(Vice President, Digital Activation & Strategy)*
Eric Vadhar *(Vice President, Digital Investment)*
James Pensabene *(Vice President)*
Angela Gadino *(Vice President, National Video)*
Kristen Dolan *(Vice President, Paid Social)*
Amanda Dyke *(Vice President & Director, Partnerships)*
Michael Assenza *(Vice President, Content)*
Elizabeth Mormak *(Vice President, National Video Activation)*
Eric Goldberg *(Vice President, Strategy)*
George Hawxhurst *(Vice President)*
Justin Simon *(Vice President, Strategy & Activation)*
Shannon Urce *(Vice President, National Video Activation)*
Tony Jetwattana *(Vice President, Digital Investment)*
Angelique Hernandez *(Associate Director, Partnerships & Content)*
Tiffany Cheng *(Associate Director)*
Katherine Ramirez *(Associate Director, Video Investment)*
Vanessa Ferranti *(Associate Director, National Video Activation)*
Samantha Appel *(Associate Media Director)*
Elizabeth Miller *(Associate Director, National Video Activation)*
Jackie Carey *(Associate Director, Strategy)*
Amanda Pomerantz *(Associate Director)*
Carly Postal *(Associate Director)*
Amanda McCloskey *(Associate Director, Digital Investment)*
Jana Heath *(Associate Director, Strategy)*
Christian Farrell *(Associate Director, Media)*
Bing Ge *(Director, B2C Analytics)*
Jake Mann *(Director, Business Development)*
Sarah Van Duyne *(Associate Director, Strategy)*
Victor Marrero *(Account Director)*
GianMarco Pugliese *(Associate Director)*
Jarrell Thompson *(Associate Director, Digital - Partnerships & Branded Content - Verizon)*
Kelly Draper *(Associate Director, Data & Platforms Solutions)*
Lauren Duwan *(Associate Media Director, Integrated Planning & Investment)*
Brittany Doyle Barrett *(Director, Content & Partnerships)*
Molly Conway *(Associate Director - GlaxoSmithKline)*
David Menkov *(Associate Director, Commerce)*
Fara Yackow *(Associate Media Director)*
Alicia Kolman *(Director, Data Strategy & Technology)*
Ally King *(Director)*
Alyson Brooks *(Associate Director, Strategy)*
Anthony Palermo *(Associate Media Director, Strategy)*
Dana Singleton *(Associate Director, Strategy)*
Giana Valenza *(Associate Director, National Video Investment)*
Griffin Calkins *(Associate Director)*
Jenny Cifuentes *(Associate Director, Strategy)*
Justine Sweeney *(Associate Director)*
Kaitlyn Saar *(Associate Director)*

Liam O'Neill *(Director, Integrated Strategy & Investment)*
Michele Gitto *(Associate Director, Media & Broadcast - National)*
Robert Yee *(Associate Director, Data Integration & Integrity)*
Sean Mills *(Associate Director, Strategy)*
Skye Sato *(Director, Automation)*
Steven DiLeone *(Associate Director, Digital Investment)*
Zach Norris *(Associate Director)*
Dana Pidliskey *(Supervisor, Consumer Insights)*
Anna Leung *(Supervisor)*
Philip DeHaven *(Strategy Supervisor - RB Health Brands)*
Michelle Tugentman *(Senior Negotiator)*
James Albano *(Supervisor, National Video Investment)*
Aisha Martin *(Senior Planner)*
Allison Ehrhart *(Global Media Strategy Supervisor)*
Morgan Rawlins *(Strategy Supervisor)*
Daniel Forero *(Media Supervisor)*
Moshe Schechter *(Supervisor)*
Antoinette Akong *(Supervisor, Strategy)*
Jonathan Maslow *(Analytics Manager)*
Allison Besse *(Senior Negotiator - Reckitt Benkiser)*
Victoria Martins *(Media Supervisor)*
Tiffany Smith *(Manager, Branded Content)*
Sarah Polich *(Planner, Integrated Strategy & Digital & Magazine Activation)*
Alex McNulty *(Strategy Supervisor)*
Allyson Miller *(Senior Negotiator)*
Brittany Ives *(Media Planner)*
Cassandra Henry *(Planner, Digital & Magazine Activation)*
Chuck Knudsen *(Supervisor, Digital Investment)*
Christopher Pasqual-Kwan *(Supervisor, Digital & Magazine Activation)*
Cora Katz Samuels *(Supervisor, Precision)*
Grant Moffitt *(Planner, Strategy)*
Jack Stanton *(Planner)*
Jessica Wald *(Media Supervisor)*
Kelley Volosin *(Supervisor)*
Kelsy Rice *(Negotiator)*
Leyna Donaldson *(Supervisor)*
Lindsey Fleming *(Media Planner)*
Madeleine Ezell *(Media Planner, Digital - Verizon Hum & Wireless)*
Marisa Cobian *(Planner, Strategy)*
Mohamed Jalloh *(Media Planner, Strategy)*
Peter DeLeon Jr *(Manager, Digital Operations)*
Travis Crooms *(Planner, Digital & Magazine Activation)*
Vanessa Benedicto *(Supervisor)*
Sabrina Saguin *(Senior Planner, Strategy)*
Marilyn Anne Smith *(Media Planner, Integrated Strategy & Digital Investment)*
Ruth Yang *(Supervisor, Search)*
Alyssa Mustafa *(Digital Investment Planner, Kohl's Department Stores)*
Ashley Payne *(Senior Negotiator, Investment)*
Amanda Vargas *(Supervisor)*
Nirav Mehta *(Associate Director, Search Marketing)*
Rachel Koletsky *(Digital Media Planner)*
Claire Rose *(Assistant Planner, Digital & Magazine Activation)*
Kyle Vagra *(Media Planner, Strategy)*
Serena Kong *(Assistant Negotiator, National Video Investment)*

Accounts:
21st Century Insurance
Adidas Fragrance

Air Wick
Air Wick Freshmatic
Airborne
Alain Mikli
Alexander McQueen
American Cancer Society
Amope
April Fields
Apt. 9
Arby's Restaurant Group, Inc.
Armani Exchange Eyewear
Arnette
Balenciaga
Beaute
Bedat & Co.
Bottega Veneta
Boucheron
Brooks Brothers
Bulgari
Burberry Eyewear
Calvin Klein Cosmetics
Cepacol
Chanel
Chase
Chase Card Services
Chase Consumer Financial Services
CK Escape
Clairol
Clearasil
Clearasil Ultra
Coach Eyewear
Coty, Inc.
Coty, Inc.
CoverGirl
CoverGirl Clean
Covergirl Exact Eyelights
CoverGirl Lash Blast
Covergirl Outlast
Covergirl Queen
Crestor
d-Con
Davidoff Cool Water
Delsym
Dettol
Digestive Advantage
Dolce & Gabbana Eyewear
Durex
Easy-Off
Emporio Armani Eyewear
Enfamil
EyeMed
Farmers Insurance Group, Inc.
Finish
Finish Quantum
FiOS
Giorgio Armani Eyewear
Glasses.com
GlaxoSmithKline, Inc.
Gucci America, Inc.
Gucci Apparel & Footwear
Gucci Eyewear
Gucci Fragrance
Gucci Fragrances
Gucci Handbags
Gucci Jewelry
Gucci Luggage
Gucci Watches
Gulf States Toyota, Inc.
Gushers
Harrah's Casino & Hotel
Ilori Optical
JPMorgan Chase & Co.
K-Y
K-Y Intense
Kohl's Corporation
Kohl's Corporation

Brands. Marketers. Agencies. Search Less. Find More.
Try out the online version at www.winmo.com

Lactalis American Group
LensCrafters, Inc.
Lexus
Lexus Dealer Association
Lexus ES
Lexus F
Lexus GS
Lexus GX
Lexus IS
Lexus LC
Lexus LFA
Lexus LS
Lexus LX
Lexus NX
Lexus RC
Lexus RX
Lime-A-Way
Luxottica Group
Lysol
Mardi Gras
MegaRed
Michael Kors Eyewear
Miu Miu Eyewear
Move Free
Mucinex
Mucinex DM
Mucinex Fast-Max
Natural Instincts Hair Color
Nice 'n Easy
Oakley Eyewear
Optical Shop of Aspen
Pearle Vision
Persol
Polo Ralph Lauren Corporation
Polo Ralph Lauren Eyewear
Prada Eyewear
Ralph Lauren Eyewear (licensed)
Ray-Ban
Reckitt Benckiser, Inc.
Resolve
Rhinocort
Rimmel
Saint Laurent
Sally Hansen
Scuderia Ferrari
Sears Optical
Sergio Rossi
Seroquel XR
Sonic Corporation
Stark Biotech Paris
Steroflex
Sunglass Hut
Symbicort
Target Optical
The J.M. Smucker Company
Tiffany & Company Eyewear
Toprol-XL / Seloken
Tory Burch Eyewear
Toyota Motor Sales, U.S.A., Inc.
Toyota RAV4
Valentino Eyewear
Vanish
Vanity Fair
Veet
Verizon Communications, Inc.
Verizon Wireless, Inc.
Versace Eyewear
Vimovo
Vogue (Licensed)
Wella
Woolite

ZENITH MEDIA
3211 Olympic Boulevard
Santa Monica, CA 90404
Tel.: (310) 551-3500

Web Site: www.zenithoptimedia.com

Year Founded: 1988

Discipline: Media Buying & Planning

Anne Marie Yanez *(Senior Vice President, Strategy - Business Leader)*
Dave Bosch *(Senior Vice President, Strategy & Business Performance)*
Alison Friedman *(Senior Vice President, Digital Investment)*
Jenny Burrows *(Vice President, Research)*
Glen Dickson *(Vice President, Strategy)*
Coleman Engellenner *(Vice President, Digital & Magazine Activation)*
Christina Davoud *(Vice President, Integrated Media Strategy)*
Jordan Winkler *(Director, Integrated Strategy & Investment)*
Patricia Kennedy *(Associate Director, Media)*
Ashley Mohr *(Media Supervisor)*
Elizabeth Thrash *(Associate Media Director)*
Jing Yen *(Director, Digital Media)*
Mita Parikh *(Media Director, Digital & Magazine Activation)*
Vicky Choi *(Media Director)*
Andrea Kramer *(Supervisor, Local Activation)*
Joseph DiGiovanni *(Media Planner Supervisor)*
Aaron Chu *(Senior Project Manager)*
Billy Hernandez *(Assistant Media Buyer, Local Broadcast)*
Conner Mackin *(Media Buyer)*
Kathy P. Nguyen *(Supervisor, Digital Investment)*
Michael Lee *(Associate Director, Strategy)*

Accounts:
21st Century Insurance
Epson America, Inc.
Farmers Auto Insurance
Farmers Homeowners Insurance
Farmers Insurance Group, Inc.

ZENITH MEDIA
384 Northyards Boulevard
Atlanta, GA 30313
Tel.: (678) 916-4500
Fax: (404) 601-4505
Web Site: www.zenithmedia.com

Employees: 3
Year Founded: 1988

Discipline: Media Buying & Planning

Stephanie Lui *(Senior Vice President, Strategy)*
Caroline Dodge *(Vice President, Programmatic)*
Victoria Trombley *(Vice President, Strategy)*
Lindsey Phillips *(Vice President, Strategy & Digital Investment)*
Nicole Atabay *(Vice President, Media Strategy)*
Mandy Parker *(Vice President, Strategy)*
Laura Daley *(Vice President, Strategy)*
Sharon Weinstein *(Account Director, Local Investment)*
Chelsea Jackson *(Associate Director, Digital & Print Activation)*
Mackenzie Gibbs *(Associate Director, Digital Investment)*
Brandi Watkins *(Associate Director, Strategy, Digital & Print)*
Rachel Leach *(Associate Director, Digital Investment)*
Ruthie Hinson *(Vice President & Director, Local Investment)*
Nia Skeete *(Negotiator, Local Activation)*
Samantha Williams *(Supervisor & Media Planner, Interactive)*
Liz Bivins *(Negotiator, Digital Investment - Sonic Drive-In)*
Amanda Monich *(Senior Media Buyer)*

Accounts:
American Cancer Society
Angel Soft
Arby's Restaurant Group, Inc.
Brawny
Dixie
Dixie Ultra
Georgia-Pacific Corporation
Mardi Gras
Quilted Northern Bathroom Tissue
Sonic Corporation
Sparkle
Vanity Fair

ZENITH MEDIA
35 West Wacker
Chicago, IL 60601
Tel.: (312) 846-8400
Web Site: www.zenithoptimedia.com

Year Founded: 1988

Discipline: Media Buying & Planning

Matthew Bogusz *(Senior Vice President)*
Buzz Hyler *(Vice President, Strategy)*
David Blake *(Vice President & U.S. Account Director)*
Katerina Burke *(Associate Director)*
Syed Husain *(Associate Director, Analytics Operations)*
Emma Raleigh *(Associate Director)*
Robert Soeder *(Associate Director, Local Activation)*
Kate Judge *(Supervisor, Local Investment)*
Alicia Kolman *(Director)*
Lauren Rabe *(Media Supervisor)*
Eric Knight *(Digital Planner, Strategy)*
Taylor Hampshire *(Senior Planner, Strategy)*
Jennifer Cartwright *(Negotiator, Local Activation)*

Accounts:
Oracle Cloud Services
Oracle Computer Software
Oracle Corporation

ZENITH MEDIA CANADA
3530 St-Laurent Boulevard
Montreal, QC H2X 2V1
Tel.: (514) 316-1366
Fax: (416) 975-8208
Toll Free: (855) 936-4840
Web Site: www.zenithoptimedia.com

Employees: 80
Year Founded: 1988

Discipline: Media Buying & Planning

Kristine Lyrette *(Chief Executive Officer & President)*

Accounts:
Nestle Canada, Inc.
Nintendo of Canada, Ltd.

Brands. Marketers. Agencies. Search Less. Find More.
Try out the online version at www.winmo.com

MOBILE AGENCIES

3CINTERACTIVE
750 Park of Commerce Boulevard
Boca Raton, FL 33487
Tel.: (561) 443-5505
Fax: (561) 526-1023
Toll Free: (866) 443-5505
Web Site: www.3cinteractive.com

Year Founded: 1997

Discipline: Mobile

John Duffy (Founder & Chief Executive Officer)
Mike FitzGibbon (Co-Founder & President)
Mark Smith (Co-Founder & Chief Operating Officer)
Jeremy Martin (Chief Revenue Officer)
Steve Murphy (Chief Information Officer)
Jeff Michaud (Vice President, Sales)

ADPERIO
3900 East Mexico Avenue
Denver, CO 80210
Tel.: (303) 985-2700
Web Site: www.adperio.com

Year Founded: 1994

Discipline: Mobile

Jill Fletcher (President)
Matthew Lord (Chief Strategy Officer)
Audrey Eng (Vice President, Account Management)
David Porteous (Vice President, Sales & Strategic Development)
Heather Stauffer (Vice President, Publisher Distribution)
Becky Morang (Senior Director, Finance)
Jennifer Lewis (Director, Publisher Strategy)
Mia Graham (Manager, Account)
Matt Curtis (Senior Account Executive)

BITE INTERACTIVE
750 North San Vicente Boulevard
Los Angeles, CA 90069
Tel.: (310) 935-1581
Web Site: www.biteinteractive.com

Year Founded: 2008

Discipline: Mobile

Joseph Farrell (Chief Executive Officer)
Brant DeBow (Chief Technology Officer)

CELLTRUST CORPORATION
14822 North 73rd Street
Scottsdale, AZ 85260
Tel.: (480) 515-5200
Fax: (480) 699-9491
Toll Free: (888) 515-5201
Web Site: www.celltrust.com

Year Founded: 2006

Discipline: Mobile

Sean Moshir (Chief Executive Officer & Chairman)
Bob Lettieri (Chief Financial Officer)

CELTRA, INC.
545 Boylston Street
Boston, MA 02116
Toll Free: (866) 623-5872
Web Site: www.celtra.com/

Year Founded: 2006

Discipline: Mobile

Mihael Mikek (Chief Executive Officer & Founder)
Maja Drolec Mikek (Co-Founder & Chief Financial Officer)

CONVERSANT, LLC
6 Concourse Parkway
Atlanta, GA 30328
Toll Free: (877) 361-3316
Web Site: conversantmedia.com

Year Founded: 1998

Discipline: Mobile

David Chastain (National Sales Director - Travel, Hospitality & Tourism)
Kristen Peters (Senior Account Manager)
Kristine Lilly (Client Strategist)

CRISP MEDIA
545 Eighth Avenue
New York, NY 10018
Tel.: (650) 605-4600
Fax: (212) 202-7602
Web Site: www.crispmobile.com

Discipline: Mobile

Jason Young (Chief Marketing & Media Officer - Quotient Technologies)
Jim Selden (Senior Group Director, Corporate Marketing)
Matthew Epstein (Director, Campaign Operations - Quotient Technology)
Steve Sutton (Senior Director, Media Planning - Quotient Technology)

DRAGON ARMY
746 Willoughby Way
Atlanta, GA 30312
Tel.: (404) 890-0279
Web Site: www.dragonarmy.com

Year Founded: 2013

Discipline: Mobile

Jeff Hilimire (Co-Founder & Chief Executive Officer)
Ryan P. Tuttle (Co-Founder & Chief Operating Officer)
Chris Mullins (Vice President, Technology)
Kelsey Calhoun (Senior Project Manager, Operations)
Jennifer Leahy (Managing Director)

Accounts:
American Cancer Society
Mizuno Sports USA, Inc.
The Original Honey Baked Ham Company of Georgia, I

FETCH
660 Market Street
San Francisco, CA 94104
Tel.: (415) 523-0350
Web Site: www.wearefetch.com/

Year Founded: 2009

Discipline: Mobile

Guillaume Lelait (Chief Executive Officer - U.S)
Tim Villanueva (Head, Media Strategy)
Alexandra Ivacheff (Director, Client Development)
Steven Lam (Data & Operations Manager)
Vik Angelo (Account Supervisor, Growth Marketing)

Accounts:
Twitch

FETCH
12655 Jefferson Boulevard
Los Angeles, CA 90066
Tel.: (415) 523-0350
Web Site: www.wearefetch.com/

Year Founded: 2009

Discipline: Mobile

Fiona Ford (Director, Search & Programmatic)
Ana Slavin (Account Director)
Ashleigh Rankin (Head, Media Operations - U.S.)
Victoria Adelhelm (Senior Manager, Account)
Heather Verret (Coordinator, Paid Social)
Gosha Khuchua (Managing Partner & Head, Media)

Accounts:
AEG Live
AEG Worldwide
American Airline Arena
Staples Center

FUNAMBOL
1065 East Hillsdale Boulevard
Foster City, CA 94404
Tel.: (650) 701-1450
Fax: (650) 701-1484
Web Site: www.funambol.com

Year Founded: 2002

Discipline: Mobile

Fabrizio Capobianco (President & Chairman)
Amit Chawla (Chief Executive Officer)
Ata Rasekhi (Vice President, Product Management)

GPSHOPPER
584 Broadway
New York, NY 10012
Tel.: (212) 488-2222
Web Site: www.gpshopper.com

Discipline: Mobile

Alex Muller (Senior Vice President, Entrepreneur in Residence)
Maya Mikhailov (Senior Vice President,

Brands. Marketers. Agencies. Search Less. Find More.
Try out the online version at www.winmo.com

AGENCIES - JULY, 2020 — MOBILE AGENCIES

Marketing)

GROUNDTRUTH.COM
650 California Street
San Francisco, CA 94108
Toll Free: (888) 234-7893
Web Site: www.groundtruth.com

Year Founded: 2009

Discipline: Mobile

Julie Wang *(Vice President & Corporate Controller)*
Katie Zhao *(Director, Corporate Accounting)*

GROUNDTRUTH.COM
One World Trade Center
New York, NY 10007
Tel.: (888) 234-7893
Web Site: www.groundtruth.com

Year Founded: 2009

Discipline: Mobile

Stephen McCarthy *(Chief Financial Officer)*
Sunil Kumar *(Co-Founder & Chief Executive Officer)*
Serge Matta *(President, Global Sales & Marketing)*
Michael Kirkham *(Vice President, Product)*
Dan Silver *(Vice President, Marketing)*
Chris Niemczyk *(Vice President, National Sales, East)*
Elizabeth Rodriguez *(Vice President, Client Services)*
UnSun Lee *(Vice President, Global Creative)*
Andrew Zektzer *(Director of Sales)*
Kathryn Johnson *(Team Lead, Account Management)*
Jeff Porell *(Account Manager)*
Will Barton *(Senior Account Manager)*
Jaclyn Giannone *(Account Manager)*
Sharen Resnikoff *(Account Manager)*

ICONMOBILE
820 Broadway
Santa Monica, CA 90401
Tel.: (310) 393-7600
Fax: (310) 393-7676
Web Site: www.iconmobile.com/

Year Founded: 2003

Discipline: Mobile

Thomas Fellger *(Chief Executive Officer)*

IMPACT MOBILE
Four King Street West
Toronto, ON M5H 1A1
Tel.: (416) 368-8400
Fax: (888) 540-4764
Toll Free: (877) 869-8883
Web Site: www.impactmobile.com

Year Founded: 2002

Discipline: Mobile

John Leon *(Chief Operating Officer)*
Tricia Waters *(Vice President, Sales)*

INTEROP TECHNOLOGIES
13500 Powers Court
Fort Myers, FL 33912
Tel.: (239) 425-3000
Fax: (239) 425-6845
Web Site: www.interoptechnologies.com

Year Founded: 2002

Discipline: Mobile

John Dwyer *(President & Chief Executive Officer)*
Josh Wigginton *(Staff Vice President, Product Management)*

MEDL MOBILE
4 Studebaker
Irvine, CA 92618
Tel.: (714) 617-1991
Web Site: www.medlmobile.com

Year Founded: 2008

Discipline: Mobile

Dave Swartz *(Co-Founder & President)*
Geoff Nori *(Associate Creative Director)*

MINDGRUVE
627 Eighth Avenue
San Diego, CA 92101
Tel.: (619) 757-1325
Web Site: mindgruve.com

Year Founded: 2001

Discipline: Mobile

Chad Robley *(Co-Founder & Chief Executive Officer)*
Clint Walden *(Co-Founder & Executive Creative Director)*
Steven Hellbusch *(Vice President, Media & Analytics)*
Haley Feazell *(Director, Media)*

Accounts:
Martinelli Juices
PCA Skin
Skullcandy, Inc.

MOBEXT
200 Hudson Street
New York, NY 10013
Tel.: (646) 587-5000
Web Site: www.mobext.com

Discipline: Mobile

Lauren McAndrews *(Vice President, Strategic Digital Planning)*
Ware Cady *(associate director)*

MOBIVITY
55 North Arizona Place
Chandler , AZ 85225
Tel.: (877) 282-7660
Fax: (619) 725-0958
Toll Free: (866) 622-4261
Web Site: www.mobivity.com

Year Founded: 2007

Discipline: Mobile

Dennis Becker *(President & Chief Executive Officer)*
Caleb Varoga *(Director, Marketing)*

NINTHDECIMAL
150 Post Street
San Francisco, CA 94108
Tel.: (415) 821-8600
Fax: (415) 956-9526
Web Site: www.ninthdecimal.com

Year Founded: 2003

Discipline: Mobile

David Staas *(President)*
Todd Rose *(Chief Business Development Officer)*
Brian Slitt *(Chief Revenue Officer)*
Mark Dixon *(Chief Product Officer)*
Amy Caplan *(Senior Vice President, Strategic Partnerships)*
John Klein *(Vice President, Performance Advertising & Principal Architect)*

PCH / MEDIA
66 Pearl Street
Portland, ME 04101
Web Site: media.pch.com

Year Founded: 2008

Discipline: Mobile

Steve Bagdasarian *(Assistant Vice President & General Manager, Advertising & Monetization)*
Claire Farley *(Head, Media & Operations)*
Marissa Dunaway *(Associate Director, Media Operations)*
Matt Bruch *(Head, New Market Development)*

PHIZZLE, INC.
58 Second Street
San Francisco , CA 94105
Tel.: (877) 744-9953
Toll Free: (877) 744-9953
Web Site: www.phizzle.com

Year Founded: 2005

Discipline: Mobile

Ben Davis *(Chief Executive Officer)*
Stephen Peary *(Chief Financial Officer)*
Kari Baker *(Vice President, Client Services)*

PUNCHKICK INTERACTIVE
55 East Monroe Street
Chicago, IL 60603
Tel.: (800) 549-4104
Web Site: www.punchkickinteractive.com

Year Founded: 2006

Discipline: Mobile

Ryan Unger *(Chief Technology Officer)*
Zak Dabbas *(Chief Executive Officer)*
Amelia Bernier Baer *(Marketing Strategist)*
James Martin *(Human Resources Coordinator)*

REVOLUTION MESSAGING
1730 Rhode Island Avenue, NW
Washington, DC 20036
Tel.: (202) 299-9393
Web Site: www.revolutionmessaging.com

Year Founded: 2009

Discipline: Mobile

Keegan Goudiss *(Managing Partner)*
David Holtz *(Creative Director)*

RIP ROAD
80 Broad Street
New York, NY 10004
Tel.: (877) 747-7623
Web Site: www.riproad.com

Brands. Marketers. Agencies. Search Less. Find More.
Try out the online version at www.winmo.com

MOBILE AGENCIES

Discipline: Mobile

Eric Leven *(President)*
Aditya Verma *(Chief Operating Officer)*

SITO
100 Town Square
Jersey City, NJ 07310
Tel.: (201) 275-0555
Fax: (760) 438-1171
Web Site: sitomobile.com

Year Founded: 2001

Discipline: Mobile

Avi Jamal *(Senior Director, Media Sales)*
Luis Serra *(Senior Director, Business Development)*

TAPJOY
353 Sacramento Street
San Francisco, CA 94111
Tel.: (415) 766-6900
Fax: (415) 296-9007
Web Site: www.tapjoy.com

Year Founded: 2007

Discipline: Mobile

Jeff Drobick *(President & Chief Executive Officer)*
Sarah Chafer *(Senior Vice President, Global Performance Sales)*
Jamie Williams *(Product Manager)*
Risa Matayoshi *(Senior Strategic Account Manager)*

UBERFLIP
370 Dufferin Street
Toronto, ON M6K 1Z8
Tel.: (416) 900-3830
Fax: (416) 583-5799
Toll Free: (888) 694-2946
Web Site: www.uberflip.com

Year Founded: 2008

Discipline: Mobile

Yoav Schwartz *(Co-Founder & Chief Executive Officer)*
Randy Frisch *(Co-Founder, President & Chief Marketing Officer)*

UPLAND MOBILE MESSAGING
655 Fourth Street
San Francisco, CA 94107
Toll Free: (833) 875-2631
Web Site: www.uplandsoftware.com

Year Founded: 2005

Discipline: Mobile

Elsbeth Cloninger *(Director, Client Development)*
Kurt Sudyka *(Director, Client Solutions)*

VIBES MEDIA
300 West Adams Street
Chicago, IL 60606
Tel.: (312) 753-6330
Fax: (312) 753-6332
Web Site: www.vibes.com

Year Founded: 1998

Discipline: Mobile

Alex Campbell *(Co-Founder & Chief Innovation Officer)*
Jack Philbin *(Co-Founder & Chief Executive Officer)*
Charley Cassell *(Chief Financial Officer)*
Sophie Vu *(Chief Marketing Officer)*
Brian Garofola *(Chief Technology Officer)*
John Glennon *(Senior Vice President, Sales & Business Development)*
Bill Scott *(Senior Vice President, Mobile Engagement Platforms & Strategies)*
Christine Schoeff *(Senior Vice President, Talent & Development)*
Ken Kunz *(Vice President, Product Experience)*
Mara Miller *(Director, Customer Success)*
Brittany Tall Carter *(Senior Director, Customer Success)*

Accounts:
Pittsburgh Penguins Hockey Club

WILLOWTREE, INC.
107 Fifth Street Southeast
Charlottesville, VA 22901
Fax: (866) 530-9107
Toll Free: (888) 329-9875
Web Site: www.willowtreeapps.com

Year Founded: 2007

Discipline: Mobile

Tobias Dengel *(Chief Executive Officer)*
Mike Moore *(Partner, Chief Commercial Officer)*
Charlie Fairchild *(Chief Technology Officer)*
Blake Sirach *(Chief Product Officer)*
Christy Phillips *(Chief Talent Officer)*
Will Mayo *(Vice President, Business Development)*
Jarrod Cady *(Vice President, Business Development)*
Woody Zantzinger *(Vice President, Business Development)*
Ryan Ritter *(Vice President, Strategic Alliances)*
Kendra Schmid *(Vice President, Project Management)*
Patrick Higgins *(Director, Business Development)*

Accounts:
Canadian Broadcasting Corporation
General Electric Corporation
Hilton Worldwide
Wyndham Hotels & Resorts, Inc.

WILLOWTREE, INC.
324 Blackwell Street
Durham, NC 27701
Fax: (866) 530-9107
Toll Free: (888) 329-9875
Web Site: www.willowtreeapps.com

Year Founded: 2007

Discipline: Mobile

Allaire Welk *(Principal Product Researcher)*
Nate Wootten *(Principal Product Strategist)*
Steve Gordon *(Senior Product Designer)*

Accounts:
Canadian Broadcasting Corporation
General Electric Corporation
Hilton Worldwide
Wyndham Hotels & Resorts, Inc.

XEVO
10900 Northeast Eighth Street
Bellevue, WA 98004
Tel.: (425) 460-0860
Fax: (425) 378-8146
Toll Free: (888) 477-9386
Web Site: www.xevo.com

Discipline: Mobile

Brian Woods *(Chief Marketing Officer)*
Mackenzie Maloney *(Vice President, Strategic Accounts)*
Mark Hodson *(Vice President, Strategic Partnerships)*
Frank Jewett *(Vice President, Product Marketing)*
Lien Nguyen *(Director, Strategic Accounts)*
Michael Forbush *(Senior Marketing Director)*
Corinna Wu *(Senior Media Manager)*

ZUMOBI
1525 Fourth Avenue
Seattle, WA 98101
Tel.: (206) 269-1111
Web Site: www.zumobi.com

Year Founded: 2006

Discipline: Mobile

Ken Willner *(Chief Executive Officer)*
Wade Tsai *(Chief Technology Officer)*
Liz Fendell *(Director, Account Management)*

Multicultural Agencies

A PARTNERSHIP
307 Fifth Avenue
New York, NY 10016
Tel: (212) 685-8388
Fax: (212) 685-8188
Website: www.apartnership.com

Year Founded: 1999

Discipline: Multicultural

Jeannie Yuen *(President & Chief Executive Officer)*
Aok Yuen *(Executive Vice President, Chief Creative Officer & Owner)*
Edward Chang *(Vice President & Group Director)*
Steve Lam *(Director, Creative)*
Erwin Falcon *(Manager, Social Media)*

AAAZA
3250 Wilshire Boulevard
Los Angeles, CA 90010
Tel: (213) 380-8333
Fax: (213) 380-5333
Website: www.aaaza.com

Employees: 8
Year Founded: 1993

Discipline: Multicultural

Jay Kim *(President)*
Sharon Hayashi *(Director, Account)*
Courtney Walker *(Director, Strategy)*
Harry Kang *(Supervisor, Media Strategy)*

Accounts:
UnitedHealthcare of California

ACM CONNECT
1307 West Morehead Street
Charlotte, NC 28208
Tel: (704) 697-4400
Fax: (704) 697-4401
Website: www.acmconnect.com

Year Founded: 2004

Discipline: Multicultural

Jaime Cardenas *(Chief Executive Officer & Founder)*
Pacino Mancillas *(Partner & Chief Marketing Officer)*
Vicente Navarro *(Vice President, Business Development)*
Gail Cox *(Vice President, Strategic Planning)*
Manolo Guajardo *(Creative Director)*
Natalia Flores *(Director, Public Relations)*
Steven Marques *(Director, Sports Account Services)*
Natalia Schiappacasse *(Account Executive)*

Accounts:
Bojangles' Restaurants, Inc.

ADMERASIA
159 West 25th Street
New York, NY 10013
Tel: (212) 686-3333
Fax: (212) 686-8998
Website: www.admerasia.com

Employees: 30
Year Founded: 1993

Discipline: Multicultural

Zan Ng *(President & Chief Executive Officer)*
Vivian Lau-Guerriero *(Vice President & Director, Production)*
Doris Huang *(Media Director)*
Tommy Ng *(General Manager)*

ADVANTAGE MARKETING CONSULTING
11908 Kanis Road
Little Rock, AR 72211
Mailing Address:
Post Office Box 26172
Little Rock, AR 72221
Tel: (501) 374-2220
Fax: (501) 374-3643
Website: www.advantageci.com

Year Founded: 1999

Discipline: Multicultural

Michael Steele *(President & Chief Executive Officer)*
E'van Steele *(Vice President, Operations,)*

ALMA
2601 South Bayshore Drive
Coconut Grove, FL 33133
Tel: (305) 662-3175
Fax: (305) 662-3174
Website: www.almaad.com

Employees: 50
Year Founded: 1994

Discipline: Multicultural

Luis Miguel Messianu *(Chairman & Chief Executive Officer)*
Isaac Mizrahi *(Co-President & Chief Operating Officer)*
Alvar Sunol *(Co-President & Chief Creative Officer)*
Angela Battistini *(Senior Vice President, Brand Services)*
Michelle Headley *(Senior Vice President, Operations)*
Jorge Murillo *(Vice President & Executive Creative Director)*
Leo Peet *(Vice President, Finance)*
Angela Rodriguez *(Vice President, Strategic Insights)*
Michael Sotelo *(Vice President, Digital)*
Carola Chaurero *(Director, New Business)*
Jennifer Pollack *(Senior Director, Strategic Insights - McDonald's)*
Monica Marulanda *(Executive Creative Director)*
Madeline Perez Velez *(Group Business Director)*
Karla Kruger *(Senior Group Business Director)*
Mayte De La Maza *(Brand Director)*
Laura Ortiz *(Manager, Broadcast Business)*
Diamora Ripepi *(Accounting Manager)*
Mimi Cossio *(Senior Print Manager & Producer)*
Cristina Lage *(Management Supervisor)*
Maria Hodgson *(Account Supervisor)*
Nicole Marie Nunez *(Senior Brand Manager)*
Marinet Quinones *(Senior Manager, Business Affairs)*
Sabrina Paz Riesgo *(Communications Manager)*
Manuela Graells *(Financial Analyst)*

Accounts:
Clorox Liquid Bleach
Florida Department of Health
Glad
GreenWorks
Hidden Valley Ranch
Juicy Fruit
McDonald's
Memorial Sloan-Kettering Cancer Center
Miller Lite
Pine-Sol
PNC Bank
PNC Financial Services Group, Inc.
PNC.com
Sol
Sprint Corporation
The Clorox Company

ANTONIO & ASSOCIATES ADVERTISING
1235 Coral Way
Miami, FL 33145
Tel: (305) 859-8989
Fax: (305) 859-8919
Website: www.abaadvertising.com

Employees: 10
Year Founded: 1994

Discipline: Multicultural

Tony Baradat *(President)*
Rebecca Cuervo *(Media Buyer)*

Accounts:
Briggs & Stratton Corporation
Caterpillar, Inc.

ARCOS COMMUNICATIONS
18 East 41st Street
New York, NY 10018
Tel: (212) 807-1337
Fax: (212) 807-8857
Website: www.arcos-ny.com

Employees: 7
Year Founded: 1996

Discipline: Multicultural

Roy Cosme *(President)*
Marc Newell *(Executive Vice President, Account Management & Administration)*

ARGUS COMMUNICATIONS
75 Central Street
Boston, MA 02109
Tel: (617) 261-7676
Fax: (617) 423-2181
Website: www.thinkargus.com

Employees: 8
Year Founded: 1992

Discipline: Multicultural

Lucas Guerra *(Founder & Chief Executive*

Officer)
Caitlin Dodge *(Chief Operating Officer)*
Jose Nieto *(Creative Director)*

Authentique Agency
3108 Piedmont Road Northeast
Atlanta, GA 30305
Tel: (404) 487-9587
Website: www.authentiqueagency.com

Year Founded: 2016

Discipline: Multicultural

Eshena Roman *(Chief Strategy Officer)*
Roy Broderick Jr. *(President & Chief Executive Officer)*
Rhonda Tankerson *(Social Media Director)*

Clients:
National Museum of African American Music

Baru Advertising
8695 Washington Boulevard
Culver City, CA 90232
Tel: (310) 842-4813
Website: www.baru-ad.com

Year Founded: 2007

Discipline: Multicultural

Elizabeth Barrutia *(Founder, President & Chief Executive Officer)*
Michael McNellis *(Executive Producer & Chief Operating Officer)*
Jessica Davis Matkovic *(Associate Media Director)*
Jeremy Epstein *(Director, Digital & Partnerships)*

Clients:
Focus Features
Universal Studios Hollywood

Boden Agency
7791 North West 46th Street
Miami, FL 33166
Tel: (305) 639-6770
Website: www.bodenagency.com

Year Founded: 2005

Discipline: Multicultural

Natalie Boden *(Founder & President)*
Lauren Gongora *(Vice President)*
Janet Careaga *(Senior Account Supervisor)*
Melissa Cortez *(Senior Associate, Social Media)*
Michelle Kawas *(Account Executive)*

Brandmovers
590 Means Street
Atlanta, GA 30318
Tel: (678) 718-1850
Fax: (678) 718-1851
Toll-Free: (888) 463-4933
Website: www.brandmovers.com

Employees: 3
Year Founded: 2003

Discipline: Multicultural

Andrew Mitchell *(President & Chief Executive Officer)*
David Harris *(Vice President, Technology)*
Oliver Mitchell *(Director, Digital Account & Sales)*

Brogan & Partners
800 North Woodward Avenue
Birmingham, MI 48009
Tel: (248) 341-8200
Fax: (313) 874-8565
Website: www.brogan.com

Employees: 35
Year Founded: 1984

Discipline: Multicultural

Marcie Brogan *(Board Member)*
Ellyn Davidson *(Chief Executive Officer)*
Vong Lee *(Partner & Associate Creative Director)*
Katie Rehrauer *(Partner & Account Director)*
Becky Robertson *(Partner & Media Director)*
Kim Luebke *(Partner, Account Director & Director, Account Service)*
Lori Bahnmueller *(Partner & Director, Strategy)*
Laurie Hix *(Partner & Creative Director)*
Lauren Zuzelski *(Partner & Account Director)*
Maria Marcotte *(Chief Executive Officer)*
Carly Schiff *(Account Director, Digital)*
Deborah Wood *(Associate Creative Director)*
Emily Wagner *(Account Director)*
Christina Tebbe *(Specialist, Media)*

Clients:
Henry Ford Health System

Casanova McCann
3337 Susan Street
Costa Mesa, CA 92626
Tel: (714) 918-8200
Fax: (714) 918-8295
Website: www.casanova.com

Employees: 70
Year Founded: 1984

Discipline: Multicultural

Ingrid Otero-Smart *(President & Chief Executive Officer)*
Elias Weinstock *(Executive Vice President & Chief Creative Officer)*
Will Pierce *(Senior Vice President, Chief Strategy Officer)*
Karla Acevedo *(Senior Vice President, Account Leadership)*
Norma Fernandez *(Associate Director, Media)*
Roxane Garzon *(Media Director)*
Melanie Cyr *(Group Account Director)*
Flor Castaneda *(Producer, Print & Digital)*
Vanessa Pinzon *(Media Supervisor)*
Sandra Ramos *(Media Supervisor)*
Carolina Collins *(Project Manager)*
Rachel Goldstein *(Media Planner)*
Danielle Kehoe *(Senior New Business Representative)*
Sara Marquez *(Account Supervisor)*

Clients:
Abuelita
AOL
California State Lottery Commission
Chevrolet
Chevy Bolt EV
Chevy Camaro
Chevy Colorado
Chevy Corvette Grand Sport
Chevy Corvette Stingray
Chevy Corvette Z06
Chevy Corvette ZR1
Chevy Cruze
Chevy Equinox
Chevy Express
Chevy Impala
Chevy Malibu
Chevy Silverado
Chevy Sonic
Chevy Spark
Chevy Suburban
Chevy Tahoe
Chevy Traverse
Chevy Trax
Chevy Volt
Coffee-Mate
La Lechera
Maggi
Nescafe
Nescafe Dolce Gusto
Nescafe Taster's Choice
Nesquik
Nestle USA, Inc.
San Francisco Giants
Shoe Carnival, Inc.
Stouffer's

Casanova McCann
622 Third Avenue
New York, NY 10017
Tel: (646) 865-2000
Fax: (646) 865-2193
Website: www.casanova.com

Year Founded: 1984

Discipline: Multicultural

Alejandro Ortiz *(Vice President & Creative Director)*
Carla Noriega *(Group Account Director)*

Clients:
Kozy Shack

Conill Advertising
800 Brickell Avenue
Miami, FL 33131
Tel: (305) 351-2901
Website: www.conill.com

Employees: 30
Year Founded: 1968

Discipline: Multicultural

Chris Traina *(Chief Communications Officer)*
Julia Estacio *(Account Director)*

Clients:
Luvs
Pamper's
Pamper's Cruisers
Pamper's Sensitive
Prilosec OTC
Prudential Financial
Tide Coldwater
Tide Free
Tide Pods
Tide to Go
Tide Ultra
Tide with Febreze

Conill Advertising
2101 Rosecrans Avenue
El Segundo, CA 90245
Tel: (424) 290-4400
Website: www.conill.com

Employees: 6
Year Founded: 1968

Discipline: Multicultural

Carlos Martinez (President)
Brett Dennis (Chief Growth Officer)
Verena Sisa Thompson (Chief Strategy Officer)
Laura Semple (Senior Vice President, Strategy)
Cilmara Santos (Senior Vice President, Client Solutions & Brand Partnerships)
Andy Nelson (Senior Vice President & Director, Social Media)
Sandy Eifert Mayer (Vice President & Director, Digital Services)
Diana Stumvoll (Vice President & Media Director)
Patty Mira (Account Director)
Claudia Yuskoff (Director, Content Experience)
Veronica Cueva (Account Director)
Olivia Zaldivar (Associate Director, Media)
Carlene Rowe (Director, Sports & Entertainment)
Gustavo Sarkis (Executive Creative Director)
Anabel Ordonez (Vice President, Management Director)
Carlos Barciela (Director, Production)
Ryan Gallacher (Associate Director, Branded Content)
Claudio Vera (Creative Director)
Esmeralda Nisperos (Director, Media Insights & Strategy)
Martin Cerri (Group Creative Director)
Mauricio Macias Torres (Associate Creative Director)
Suhey Saldarriaga (Senior Art Director)
Tanya Maldonado Toomey (Account Director, Social Media)
William C. Formeca (Director, Communication Strategies)
Courtney Corbett (Management Supervisor - Toyota Motor Sales)
Melanie Case (Senior Social Content Producer - Bilingual)
Melody Romero-Gastelum (Supervisor, Digital Media)
Bryan Montoya (Social Producer)
Pamela Ibarra (Supervisor, Social Media)
Kate Noble (Account Supervisor, Sports & Entertainment)
Lissete Jimenez (Account Supervisor - Toyota)
Jaime Guevara (Senior Copywriter)
Federico Augusto Pellejero Acosta (Senior Copywriter - Saatchi & Saatchi)
Ruben Sierra (Senior Account Executive)

Clients:
AFLAC, Inc.
Bounce
Coffee-Mate
Crest
Denny's Corporation
Gain
Head & Shoulders
Les Schwab Tire Centers
Olay
Pamper's
T-Mobile USA
Tide
Toyota Camry
Toyota Corolla
Toyota Motor Sales, U.S.A., Inc.
Toyota Motor Sales, U.S.A., Inc.
Toyota Prius
Toyota Tundra
Toyota Yaris

3390 Mary Street
Coconut Grove, FL 33133

Tel: (305) 529-6464
Fax: (305) 529-6465
Website: www.creativeondemand.com

Employees: 13
Year Founded: 1997

Discipline: Multicultural

Priscilla Cortizas (Founding Partner)
Daniel Marrero (Founding Partner, Owner)
Priscilla Marrero (Co-Founder)
Jim Leon (Vice President, Brand Strategy & Integrated Marketing)
Emmie Vazquez (Executive Director)
Eirasmin Lokpez-Cobo (Consumer Insights & Strategic Planning Director)

Clients:
Viagra
Volkswagen of America, Inc.
Volkswagen of America, Inc.

1333 H Street Northwest
Washington, DC 20005
Tel: (202) 899-5544
Website: www.cultureoneworld.net

Year Founded: 2011

Discipline: Multicultural

Lucy Douriet (Media Director - California)
Alexandra Guiterman (Account Director)
Carlos Alcazar (Managing Partner)

Clients:
Amtrak

875 Avenue of the Americas
New York, NY 10001
Tel: (646) 747-8800
Website: www.newamericanagency.com

Employees: 8
Year Founded: 2005

Discipline: Multicultural

Fernando Fernandez (Partner & Chief Client Officer)
Gloria Constanza (Partner & Chief Contact Strategist)
Daisy Exposito-Ulla (Chairman & Chief Executive Officer)
John Ross (Partner & Chief Financial Officer)
Jorge Ulla (Chief Ideation Officer & Partner)
Meghan Stevens (Senior Supervisor, Media plannin)
Louis Maldonado (Partner & Managing Director)

Clients:
Port Authority of New York & New Jersey

604 Avenue H East
Arlington, TX 76011-3100
Tel: (817) 640-6166
Fax: (817) 640-6567
Toll-free: (800) 262-5974
Website: www.decisionanalyst.com

Employees: 175
Year Founded: 1978

Discipline: Multicultural

Jerry Thomas (President & Chief Executive Officer)
Bonnie Janzen (Executive Vice President, Client Services)
Felicia Rogers (Executive Vice President, Client Services)
Elizabeth Horn (Senior Vice President, Advanced Analytics)
Clay Dethloff (Senior Vice President, Insights & Innovation Group)
Cristi Allen (Director, Marketing & Media)

1999 Bryan Street
Dallas, TX 75201
Tel: (214) 259-8000
Fax: (214) 800-3540
Website: www.dieste.com

Employees: 180
Year Founded: 1995

Discipline: Multicultural

Tony Dieste (Chairman)
Stacie Davis (Chief Financial Officer)
Greg Knipp (Chief Executive Officer)
Ciro Sarmiento (Chief Creative Officer)
Ty Naegele (Director, Finance)
Diego Lastra (Associate Media Director)
Janelle Trevino (Senior Account Director)
Daniel Villanueva (Group Account Director)
Olivia Rodriguez (Digital Account Director)
Dario Campos (Associate Creative Director)
Arturo Lee (Senior Director, Art)
Gustavo Zapata (Head, Art)
Jesus Acosta (Art Director)
Anne-Marie Zorad (Print Production Supervisor)
Carlos Wollenstein (Broadcast Producer)
Jorge Esteban (Senior Copy Editor)
Christian Jimenez (Copywriter)
Scott Gassert (General Manager, Media)

Clients:
General Electric Corporation
Goya Basic Rice
Goya Canned Beans
Goya Coconut Water
Goya Dry Beans
Goya Foods, Inc.
Goya Frozen Foods
Goya Malta Beverages
Goya Olive Oil
Goya Refried & Voteados
Goya Rice & Beans
Goya Sauces
Goya Seasonings
Goya Specialty Rice
Goya Spices
Goya Tropical Fruit Drinks
Interstate Battery System of America, Inc.
Morningstar, Inc.
Pizza Hut, Inc.
Southwest Airlines

212 West 35th Street
New York, NY 10001
Tel: (917) 720-5580
Website: gamigroup.com

Year Founded: 2007

Discipline: Multicultural

Cheryl Overton (President)
Teneshia Jackson-Warner (Chief Executive Officer)
Cammilla Campbell (Chief Operations & Financial

Officer)
Michael Warner *(Chief Relationship Officer)*
Olivia Lewis *(Senior Vice President)*
Maria Robles *(Business Development Lead)*

Elevation
100 M Street Southeast
Washington, DC 20003
Phone: (855) 808-1042
Toll-Free: (800) 475-4590
Website: www.elevationweb.org

Employees: 4
Year Founded: 2001

Discipline: Multicultural

Nick Rodes *(President)*
Adrian Thompson *(Chief Software Architect)*
Sam Carluccio *(Art Director)*
Nate Carluccio *(Director, Production Services)*

Elevation US
1027 33rd Street
Washington, DC 20007
Tel: (202) 380-3230
Website: www.elevation-us.com

Year Founded: 2003

Discipline: Multicultural

Jim Learned *(President & Managing Director)*
Pablo Izquierdo *(Co-Founder & Executive Vice President)*
Rodolfo Hernandez *(Director, Creative)*
Guayi Fernandez *(Senior Art Director)*
Jessica Reed *(Director, Media)*
Catherine MacNeal *(Senior Executive Account Manager)*
Jimena Paz *(Senior Account Executive)*

Clients:
Canon USA, Inc.
Centers For Disease Control & Prevention
Comcast Corporation
Deloitte
Telemundo Communications Group, Inc.
U.S. Customs and Border Protection
U.S. Department of Homeland Security

ES Advertising
6222 Wilshire Boulevard
Los Angeles, CA 90048
Tel: (323) 964-9004
Fax: (323) 964-9801
Website: www.esadvertising.net

Employees: 7
Year Founded: 1999

Discipline: Multicultural

Sandra Lee *(President & Chief Executive Officer)*
Marcus Cho *(Vice President & Creative Director)*

Eventus Live
2301 Northwest 87th avenue
Doral, FL 33172
Tel: (305) 668-4343
Website: www.eventuslive.com

Year Founded: 2002

Discipline: Multicultural

Debbie Aguiar *(Executive Vice President & Managing Director)*

Fluent360
438 Houston Street
Nashville, TN 37203
Tel: (615) 255-7800
Website: www.fluent360.com/

Year Founded: 2008

Discipline: Multicultural

Hannah Adams *(Account Supervisor)*
Carlos Alfonso *(Associate Account Executive)*

Clients:
Nissan 370Z
Nissan Altima
Nissan Armada
Nissan Frontier
Nissan Juke
Nissan Leaf
Nissan Maxima
Nissan Murano
Nissan North America, Inc.
Nissan Pathfinder
Nissan Rogue
Nissan Sentra
Nissan Titan
Nissan Versa
U.S. Army

Fluent360
205 N North Michigan Avenue
Chicago, IL 60601
Tel: (877) 219-7699
Website: www.fluent360.com/

Year Founded: 2008

Discipline: Multicultural

Danielle Austen *(Managing Partner & Chief Executive Officer)*
Maria Elena de la Noval *(Vice President, Integrated Production Services)*
Alex Fino *(Vice President, Account Management)*
Hector Arellano *(Associate Creative Director)*
Rohin Guha *(Director, Digital & Social)*
John Alfonzo *(Senior Account Manager)*

Clients:
Denny's Corporation
Infiniti
Infiniti Q60
Infiniti Q70
Infiniti QX50
Infiniti QX60
Infiniti QX70
Infiniti QX80
Nissan 370Z
Nissan Altima
Nissan Armada
Nissan Frontier
Nissan Juke
Nissan Leaf
Nissan Maxima
Nissan Murano
Nissan North America, Inc.
Nissan Pathfinder
Nissan Rogue
Nissan Sentra
Nissan Titan
Nissan Versa

Forrest & Blake Marketing
77 Brant Avenue
Clark, NJ 07066
Tel: (908) 789-6800
Fax: (908) 789-6763
Website: www.forrestandblake.com

Discipline: Multicultural

Ann Shallcross *(President)*
Wayne Freitag *(Chief Creative Director)*
Cheryl Gaffney *(Director, Media & Client Services)*

Fraser Communications
1631 Pontius Avenue
Los Angeles, CA 90025
Tel: (310) 319-3737
Fax: (310) 319-1537
Website: www.frasercommunications.com

Employees: 22
Year Founded: 1998

Discipline: Multicultural

Renee Fraser *(President & Chief Executive Officer)*
Ilene Prince *(Senior Vice President & Director, Account Services)*
Neelam Tolani *(Controller & Director, Finance)*
Lisa Schellenbach *(Director, Integrated Media)*
Mollie Bauer *(Manager, Public Relations & Events)*

Clients:
East West Bank

G&G Advertising
2804 Third Avenue North
Billings, MT 59101
Tel: (406) 294-8113
Website: www.gng.net

Year Founded: 1995

Discipline: Multicultural

Michael Gray *(President & Creative Director)*
Gerald Gray Jr. *(Vice President)*

Gap Communications Group
1667 East 40th Street
Cleveland, OH 44103
Tel: (216) 391-4300
Fax: (216) 391-4224
Website: www.gapcommunications.com

Employees: 15
Year Founded: 1994

Discipline: Multicultural

Alexandria Boone *(President & Chief Executive Officer)*
Bernadette Mayfield *(Senior Project Manager & Executive Assistant)*
Paula Newman *(Manager, Business)*

Geovision
203 Arlington Street
Watertown, MA 02472
Tel: (617) 926-5454
Fax: (617) 926-5411
Website: www.geovisiononline.com

Year Founded: 1989

Discipline: Multicultural

Juan Mandelbaum *(President & Creative Director)*
Michelle Jimenez *(Account Director)*

Clients:
BlueCross BlueShield of Massachusetts
Liberty Mutual Insurance Companies

Gilbreath Communications
15995 North Barkers Landing
Houston, TX 77079
Tel: (281) 649-9595
Fax: (281) 752-6899
Website: www.gilbcomm.com

Employees: 11
Year Founded: 1990

Discipline: Multicultural

Audrey Gilbreath *(President & Chief Executive Officer)*
Wardell Gilbreath *(Chief Financial Officer & Vice President)*
Robyn Wright *(Director, Marketing Communications)*
Kelly Smith *(Creative Director)*
Megan Bryant *(Junior Account Executive)*
Robert Alfaro *(Junior Graphic Designer)*
Wayne Hall *(Senior Copywriter)*
Latoya Thomas *(Account Coordinator)*

Graph the Generation
12521 Venice Boulevard
Los Angeles, CA 90066
Tel: (310) 598-3900
Website: www.gpgenerate.com

Year Founded: 2009

Discipline: Multicultural

Steven Page *(Chief Operating Officer)*
Hay Liong Gan *(Chief Executive Officer & Director, Media)*
Nina Skoryna *(Director, Programmatic)*
Angelica Tacconelli *(Supervisor, Media)*
Marlyn Hwang *(Director, Media & Business Development)*
Jaime Cruz *(Manager, Programmatic Media)*
Joo Won Jang *(Programmatic Planner & Digital Analyst)*
Lizet Gonzales *(Assistant Programmatic Planner)*
Jack Halpert *(Media Planner)*
Anna Lamson *(Associate Director, Media)*

Clients:
City of Hope Cancer Center
Lexus
MGM National Harbor
Shiseido Americas Corporation
Southern California Edison Company

Gray & Associates Inter- national Marketing & Training Consultants Inc.
2677 Tritt Springs Trace, Northeast
Marietta, GA 30062
Tel: (770) 633-4201
Website: www.grayassoc.net

Employees: 9
Year Founded: 2002

Discipline: Multicultural

Tracy Gray *(Principal & President)*
Eileen Gray *(Training Facilitator)*

HMA Associates Inc.
1050 Connecticut Avenue North West
Washington, DC 20036
Tel: (202) 342-0676
Fax: (202) 342-8258
Website: www.hmaassociates.com

Employees: 16

Discipline: Multicultural

Irma Maldonado *(Chief Executive Officer)*
Carlos Velazquez *(President)*

HMC Advertising Inc.
453 D Street
Chula Vista, CA 91910
Tel: (619) 420-4586
Fax: (619) 420-4975
Website: www.hmcadvertising.com

Employees: 10
Year Founded: 1988

Discipline: Multicultural

Lucy Roberts *(Chief Executive Officer)*
Jennifer Garcia-Hinkle *(President)*

Clients:
Disney On Ice
Pueblo Bonito Hotels & Resorts

Hispanic Market Research Inc USA
2555 East Colorado Boulevard
Pasadena, CA 91107
Tel: (626) 486-1400
Fax: (626) 486-1404
Website: www.hmr-research.com

Employees: 3
Year Founded: 1990

Discipline: Multicultural

Amy Siadak *(President & Owner)*
Nicole Sanchez *(Assistant Project Manager)*

InterLex Communications Inc.
4005 Broadway
San Antonio, TX 78209
Tel: (210) 930-3339
Fax: (210) 930-3383
Toll-Free: (866) 430-3339
Website: www.interlexlatino.com

Employees: 16
Year Founded: 1995

Discipline: Multicultural

Rudy Ruiz *(President & Chief Creative Officer)*
Heather Ruiz *(Owner & Creative Director)*
Joseph Garcia *(Chief Operating Officer)*
Rebecca U. Marut *(Account Director)*
Thomas Schlenker *(Director, Medical)*
Mayra Urteaga *(Manager, Accounting)*
Irasema Ortiz *(Account Executive)*

Clients:
Baylor College of Medicine
Texas Department of Transportation
U.S. Department of Homeland Security

Intertrend Communications Inc.
7920 Preston Rd
Plano, TX 75024
Tel: (469) 294-0944
Website: www.intertrend.com

Year Founded: 1991

Discipline: Multicultural

Matthew Choy *(Account Director)*
Jason Xia *(Associate Media Director)*
Ann Nguyen *(Account Supervisor)*
Carlo Antonio *(Media Planner)*
Helen Wang *(Account Executive)*

Clients:
Toyota Motor Sales, U.S.A., Inc.

Intertrend Communications Inc.
228 East Broadway
Long Beach, CA 90802
Tel: (562) 733-1888
Fax: (562) 733-1889
Website: www.intertrend.com

Employees: 43
Year Founded: 1991

Discipline: Multicultural

Julia Huang *(Chief Executive Officer)*
Jon Yokogawa *(Vice President & Managing Director)*
Rita Cheng *(Vice President, Accounts & Production)*
Wade Guang *(Vice President & Managing Director)*
Joyce Lu *(Director, Integrated Production)*
Anna Xie *(Director, Strategic Planning)*
Joe Min *(Group Account Director)*
Joys Wong *(Associate Media Director)*

Clients:
AT&T Mobility, LLC
Sempra Energy
Toyota Camry
Toyota Motor Sales, U.S.A., Inc.

Inventiva
19179 Blanco Road
San Antonio, TX 78258
Tel: (830) 438-4679
Fax: (830) 438-7566
Website: www.inventiva.com

Employees: 28
Year Founded: 1989

Discipline: Multicultural

Lia Gutierrez *(President & Chief Creative Officer)*
Herberto Gutierrez *(Chief Executive Officer & Principal)*

Clients:
American Electric Power Company, Inc.
American Quarter Horse Association

IW Group Inc.
6300 Wilshire Boulevard
Los Angeles, CA 90048
Tel: (213) 262-4090
Website: www.iwgroupinc.com

Employees: 50
Year Founded: 1990

Discipline: Multicultural

Bill Imada *(Chairman & Chief Connectivity Officer)*
Nita Song *(President & Chief Momentum Officer)*

Multicultural Agencies

Wendy Liao *(Group Account Director)*

Clients:
Metropolitan Life Insurance Co.
Walmart Stores, Inc.

IW Group

2120 University Avenue
Berkeley, CA 94704
Tel: (415) 905-0360
Fax: (415) 905-0376
Web: www.iwgroupinc.com

Employees: 5
Year Founded: 1990

Discipline: Multicultural

Flora Zhao *(Group Account Director)*

Ketchum

1285 Avenue of the Americas
New York, NY 10019
Tel: (646) 935-3900
Fax: (646) 935-4499
Web: www.ketchum.com

Employees: 200
Year Founded: 1923

Discipline: Multicultural

Karen Strauss *(Partner & Chief Officer, Strategy & Creativity)*
Barri Rafferty *(Partner & President)*
Rob Flaherty *(Chairman)*
Ray Kotcher *(Non Executive Chairman)*
Tom Barritt *(Partner & Managing Director, Communications Training Network)*
Mike Doyle *(Partner & Regional President - North America Region)*
Esty Pujadas *(Partner & President, Ketchum International)*
John Weckenmann *(Partner & Senior Counselor)*
Ann Wool *(Partner & President - Sports & Entertainment)*
Robert Burnside *(Partner & Chief Learning Officer)*
Kiersten Zweibaum *(Partner, Managing Director, Growth)*
Lori Beecher *(Executive Vice President, Media & Content Strategy)*
Dana Glaser *(Senior Vice President & Director, Global Media Network)*
David Allan *(Senior Vice President, Investor Relations)*
Joe Guarino *(Senior Vice President, NY Food & Wellness)*
Stephanie Buttrill *(Senior Vice President)*
Laura Alito *(Vice President)*
Patrick Wixted *(Vice President & Client Services Director - Ketchum Sports & Entertainment)*
Rainah Chang-Faulk *(Vice President)*
Clare Carluccio *(Vice President)*
Donny Nordlicht *(Vice President - Transportation)*
Alicia Stetzer *(Vice President, Corporate Communications)*
Michael O'Brien *(Partner, Chief Client Officer)*
Josh Sachs *(Creative Director)*
Dorothy Carter *(Manager, CTN Production)*
Jeffrey Moran *(Managing Director - Consumer Packaged Goods)*

Clients:
Baker
California Strawberry Commission
FedEx Office
General Electric Corporation
Guitar Hero
Hyundai Accent
Hyundai Azera
Hyundai Elantra
Hyundai Elantra GT
Hyundai Equus
Hyundai Genesis
Hyundai Motor America
Hyundai Santa Fe
Hyundai Sonata
Hyundai Tucson
Hyundai Veloster
IKEA USA
Kleenex Wet Wipes
Old World Industries, LLC
Outdoorsy, Inc.
Penn State University
Pernod Ricard USA
Target Corporation
The Hertz Corporation
The Wendy's Company
Truth
Zespri International Limited

L3 Advertising

119 Bowery Street
New York, NY 10002
Tel: (212) 966-7050
Fax: (212) 431-1282
Web: www.L3advertising.com

Employees: 20
Year Founded: 1984

Discipline: Multicultural

Joe Lam *(Co-Founder & President)*
Lawrence Lee *(Co-Founder & Chief Creative Officer)*
Ellen Lee *(Vice President, Account Services)*
Raymond Tam *(Art Director)*

Lapiz

35 West Wacker Drive
Chicago, IL 60601
Tel: (312) 220-5959
Web: www.lapizusa.com

Employees: 32
Year Founded: 1999

Discipline: Multicultural

Ana Maria Matta *(Vice President, Strategy Director)*
Luiz Vicente Simoes *(Regional Creative Director)*
Alexis Andreasik *(Director, Account)*
Olivia Ortiz *(Account Executive)*

Clients:
Allstate Automotive Insurance
Allstate Homeowner Insurance
Allstate Motorcycle Insurance
Always
Herbal Essences
Marshalls
Mazola
Prilosec OTC
Tampax
Tampax Pearl
The Allstate Corporation
US Cellular Corporation

1400 Drive
Irving, TX 75038
Tel: (972) 580-0800
Fax: (817) 385-0378
Web: www.legionadvertising.com

Employees: 22
Year Founded: 2000

Discipline: Multicultural

Eric Leon *(Partner & Director, Multicultural Advertising)*
Guille Saucedo *(Creative Director & Art Director)*
Antonio Meraz Arceo *(Account Director)*
Vanessa Park *(Event Manager)*

Clients:
Bimbo Bakeries USA

Lopez Negrete Communications

3336 Richmond Avenue
Houston, TX 77098
Tel: (713) 877-8777
Fax: (713) 877-8796
Web: www.lopeznegrete.com

Employees: 140
Year Founded: 1985

Discipline: Multicultural

Alex Lopez Negrete *(President & Chief Executive Officer)*
Cathy Lopez Negrete *(Executive Vice President & Chief Financial Officer)*
Julio Arrieta *(Managing Director & Chief Marketing Officer)*
Fernando Osuna *(Chief Creative Officer)*
Howard Brown *(Vice President & General Manager)*
Keisha Williford *(Senior Director, Account)*
Gerry Loredo *(Director, Business Analytics)*
Anne Davie *(Executive Group Account Director)*
Kate Owens *(Executive Group Director, Account - Brand Leadership)*
Renzo Bolivar *(Manager, Brand Leadership)*
Patrick Lopez Negrete *(Senior Account Planner)*
Jennifer Lyness *(Senior Account Supervisor)*

Clients:
76 Gasoline
Bank of America Corporation
Carolina Rice
Chrysler
Dodge
FCA US, LLC
Jeep
Knorr
Mahatma
McDonald's
Motiva Enterprises, LLC
Phillips 66 Company
Ram
Riviana Foods, Inc.
Sam's Club
Unilever North America
United Airlines / United Continental
Walmart Stores, Inc.

M8

2200 Biscayne Boulevard
Miami, FL 33137
Tel: (786) 623-5500
Fax: (305) 675-8253
Web: www.m8agency.com

Year Founded: 2001

Discipline: Multicultural

John Santiago *(Chief Executive Officer)*
Sergio Barrientos *(Chief Strategy Officer)*
Joaquin Lira *(Chief Creative Officer)*
Tisha Costales *(Senior Vice President, Client Services)*
Flavia Hakkers *(Vice President, Finance & Operations)*
Daniel Almada *(Vice President, Group Account Director)*
Matt Kunkel *(Media Director)*
Herman Grabosky *(Account Director - Sprint)*
Yamila Gottig *(Senior Media Planner)*
Jessica Rizo *(Media Planner)*

CLIENTS:
Sprint Corporation

MACIAS GROUP
261 Northeast First Street
Miami, FL 33137
Tel: (305) 503-0421
Website: www.maciascreative.com

Year Founded: 2005

Discipline: Multicultural

Marcos Macias *(President & Chief Creative Officer)*
Christian Reslen *(Vice President & Executive Creative Director)*
Doug Kellner *(Director, Strategy & Account Services)*
Ernesto Ruiz *(Manager, Business Development)*
Alex Macias *(Managing Partner & Chief Operations Officer)*

CLIENTS:
Tampico Beverages
University of Miami

MC DONALD MARKETING
2103 Coral Way
Miami, FL 33145
Tel: (305) 854-2002
Website: (305) 476-5010

Employees: 12
Year Founded: 1985

Discipline: Multicultural

Richard Maranon *(Chairman & Chief Executive Officer)*
Legia Maranon *(President)*

MCDONALD MARKETING
3700 Quebec Street
Denver, CO 80207
Tel: (214) 880-1717
Website: www.mcdonaldmarketing.com

Discipline: Multicultural

Kelly McDonald *(President)*
John Barry *(Operations Manager)*

MEDIAMORPHOSIS
35-37 36th Street
Astoria, NY 11106
Tel: (718) 472-3700
Website: (718) 472-3722
Website: www.mediamorphosisinc.com

Year Founded: 2007

Discipline: Multicultural

Adris Chakraborty *(Founder)*
Poulomi Mukherjee *(President)*
Daniel Ocner *(Director, Strategic Marketing & Development)*

MERCURY MAMBO
1107 South Eighth Street
Austin, TX 78704
Tel: (512) 447-5787
Website: www.mercurymambo.com

Employees: 5
Year Founded: 1999

Discipline: Multicultural

Becky Arreaga *(Partner & President)*
Liz Arreaga *(Partner)*

MILAGRO MARKETING
1141 Ringwood Court
San Jose, CA 95131
Tel: (408) 324-0106
Website: (408) 324-1712
Website: www.milagromarketing.com

Year Founded: 2001

Discipline: Multicultural

David Ocampo *(Principal & Creative Director)*
Sergio Estrada *(Art Director)*

MOORE COMMUNICATIONS
421 North Seventh Street
Philadelphia, PA 19123
Tel: (215) 751-0140
Website: (215) 751-0149
Website: m3mpr.com

Employees: 12
Year Founded: 1989

Discipline: Multicultural

Bruce Crawley *(Chief Executive Officer & Principal Owner)*
Renee Sloan *(Senior Art Director & Design Consultant)*

MOTIVATE ROI
2869 Historic Decatur Road
San Diego, CA 92106
Tel: (858) 922-5418
Website: (858) 272-7275
Toll-Free: (866) 664-4432
Website: www.motivateroi.com

Employees: 15
Year Founded: 1977

Discipline: Multicultural

Trevor Hansen *(Chief Executive Officer)*
Marcia Hansen *(Principal & Partner)*
Randy Gudiel *(Media Director)*
Kathy Souza *(Finance Director)*

CLIENTS:
Cooper Tire & Rubber Company
Dole Food Company, Inc.
Wells Fargo
Wells Fargo & Company

MUSE
2001 Wilshire Boulevard
Santa Monica, CA 90403
Tel: (310) 945-4100
Website: (310) 945-4110
Website: www.museusa.com

Employees: 40
Year Founded: 1986

Discipline: Multicultural

Jo Muse *(Chairman & Chief Executive Officer)*
Shelley Yamane *(President & Chief Strategic Officer)*
Melanie Williams *(Vice President, Strategy Director)*
Hurshini Lee *(Account Director)*
Lauren Johnson *(Associate Account Director)*
Diana Cornejo-Jones *(Account Supervisor)*
R. Conrad Cunningham *(Senior Project Manager)*

CLIENTS:
American Honda Motor Co., Inc.
Wells Fargo & Company

OMD LATINO MIAMI
6205 Blue Lagoon Drive
Miami, FL 33126
Tel: (305) 341-2530
Website: www.omd.com

Employees: 12
Year Founded: 1996

Discipline: Multicultural

Julian Porras *(Chief Executive Officer - Latin America & Caribbean)*
Ivan Morales *(Regional Account Director)*
Gladimar Llorens *(Programmatic Director)*
Denisse Salazar Roca *(Associate Director)*
Laura Reyes *(Business Development & Marketing Coordinator)*

CLIENTS:
JCPenney Corporation, Inc.

OPINION ACCESS CORP
1979 Marcus Avenue
Lake Success, NY 11042
Tel: (718) 729-2622
Website: www.opinionaccess.com

Year Founded: 1995

Discipline: Multicultural

Jim Hoffman *(President)*
Joe Rafael *(Chairman)*
Lance Hoffman *(Vice President, Business Development)*
Alma Riviera-Engel *(General Manager - Dominicana)*

ORCI
2800 28th Street
Santa Monica, CA 90405
Tel: (310) 444-7300
Website: (310) 478-3587
Website: www.orci.com

Employees: 30
Year Founded: 1986

Discipline: Multicultural

Hector Orci *(Owner & Chairman)*
Andrew Orci *(Chief Executive Officer & President)*
Marina Filippelli *(Chief Operating Officer &*

Director, Client Services)
Allen Perez (Senior Vice President & Director, Creative & Production)
Juan Jose Quintana (Executive Creative Director & Senior Vice President)
Luiz Salles (Senior Vice President & Head, Strategic Planning)
Javier Güemes (Creative Director)
Paola Cervantes (Account Director)
Alisha Prince (Director, Project Management)
Yendy Rojo (Associate Director, Social Media)
Emily Cristales-Reynoso (Account Executive)
Jacqueline Sosa (Senior Account Executive)
Samantha Villavicencio (Director, Social Media)
Steve Vargas (Senior Executive, Account)
Carlos Corbeira (Manager, Social Community)
Juan De Anda (Manager, Social Media Content)
Katrina Hercules (Manager, Brand Strategy)
Richard Stewart (Manager, Digital Advertising Production)
Nathaly Gamino (Account Supervisor)
Melissa Gonzales (Coordinator, Account)

Clients:
Acura
Acura ILX
Acura MDX
Acura NSX
Acura RDX
Acura RLX
Acura TLX
American Honda Motor Co., Inc.
Big Brothers Big Sisters of America
Dole Food Company, Inc.
Dole Packaged Foods, Inc.
Honda
Honda Accord
Honda Civic
Honda Clarity
Honda CR-V
Honda Fit
Honda HR-V
Honda Odyssey
Honda Pilot
Honda Ridgeline
OneMain Financial
Sutter Home

Paco Collective
2675 West Grand Avenue 1st Floor
Chicago, IL 60612
Tel: (312) 226-7800
Site: www.pacocollective.com

Year Founded: 2006

Discipline: Multicultural

Ozzie Godinez (Chief Executive Officer & Co-Founder)
Pablo Acosta (Chief Creative Officer & Co-Founder)
Veronica Villalon (Executive Vice President & Managing Director)
Katie Eng (Vice President, Strategy & Innovation)
Jonathan Moreno (Account Director)
Andrea Cicola (Senior Manager, Client Partnerships)

Clients:
BlueCross BlueShield Association
Carl Buddig & Company
Chicago Bears Football Club
Chicago White Sox Baseball Team
ComEd
Exelon Corporation

PHI Holdings, LLC

Paragon Marketing Group
89 Northeast 27th Street
Miami, FL 33137
Tel: (305) 856-9800
Fax: (305) 857-0027
Site: www.thinkbsg.com

Employees: 60
Year Founded: 1972

Discipline: Multicultural

Leslie Pantin, Jr. (President, Public Relations)
Christine Bucan (Executive Vice President, Public Relations)
Vicki Penn (Media Director)

Paragon Marketing
145 South Fairfax Avenue
Los Angeles, CA 90036
Tel: (323) 966-4655
Site: www.paragonls.com

Discipline: Multicultural

Hanne Mintz (Chief Executive Officer & Founder)
Marina Mintz (President)

Dxn
67 Peachtree Park Drive Northeast
Atlanta, GA 30309

PM3 Agency
Post Office Box 78422
Atlanta, GA 30357
Tel: (404) 870-0099
Fax: (404) 870-0321
Site: www.pm3.agency

Employees: 7
Year Founded: 2003

Discipline: Multicultural

Eduardo Perez (Partner)
Patricia Ramon (Controller)
Adrian Cano (Creative Director - PM3)
Hernan Feuermann (General Manager & Executive Vice President)

Clients:
Atlanticus
Cox Communications, Inc.
Florida's Natural Growers
Georgia Lottery Corporation
NAPA Auto Parts
Peace Corps (Press Office)

Polvora Advertising
75 Arlington Street
Boston, MA 02116
Tel: (617) 398-0991
Site: www.polvoraadvertising.com

Discipline: Multicultural

Rudy Bozas (Principal & Chief Executive Officer)
Paz Echevarria (Principal & Director, Media)
Cristina Bozas (Principal & Chief Creative Officer)

Clients:
Blue Bunny
Century 21 Real Estate Corporation

Quigley-Simpson
11601 Wilshire Boulevard
Los Angeles, CA 90025
Tel: (310) 996-5800
Fax: (310) 966-5802
Site: www.quigleysimpson.com

Employees: 30
Year Founded: 2002

Discipline: Multicultural

Gerald Bagg (Co-Chair)
Renee Hill-Young (Co-Chair)
Carl Fremont (Chief Executive Officer)
Kathryn Browne (Chief Financial Officer & Chief Operating Officer)
Alissa Stakgold (President, Strategy & Creative Services)
Duryea Ruffins (President, Engagement Planning & Investments)
Renee Hill Young (Co-Chairman)
Natalie Silvagni (Vice President, Digital Media & Innovation)
Abel Santibanez (Associate Director, Integrated Media)
Taryn Nagata (Digital Media Director)
Sariah Dorbin (Executive Creative Director)
Sie Ung (Director, Media)
Christina Schrenk (Group Director, Integrated Media)
Deniz Kahriman (Director, Digital Media)
Nicole Ellingson (Creative Director)

Clients:
ChildFund International
Oral-B
Oral-B Vitality Toothbrush
Pamper's
Pamper's Cruisers
Pamper's Sensitive
Pepto-Bismol
Prilosec OTC
RetailMeNot, Inc.
RetailMeNot.com
Scope
Sutter Health
Swiffer
Tide Coldwater
Tide Free
Tide Pods
Tide to Go
Tide Ultra
Tide with Febreze
Vicks
Vicks Vapo

Rabinovici & Associates
800 Silks Run
Hallandale Beach, FL 33009
Tel: (305) 655-0021
Fax: (305) 655-0811
Site: www.rabinovicionline.com

Employees: 9
Year Founded: 1994

Discipline: Multicultural

Ester Rabinovici (Chief Creative Officer)
Boris Rabinovici (Managing Partner)
Andy Sikorski (Director, Accounts)

Multicultural Agencies

Clients:
Eastman Kodak Company

Republica Havas
2153 Coral Way
Miami, FL 33145
Tel: (305) 442-0977
Fax: (305) 443-1631
Toll-Free: (786) 347-4700
Website: www.republicahavas.com

Year Founded: 2006

Discipline: Multicultural

Jorge Plasencia *(Chairman, Co-Founder & Chief Executive Officer)*
Melissa Bartolini *(Senior Vice President & Chief Strategy Officer)*
Luis Casamayor *(President & Co-Founder)*
Anthony Bianco *(Executive Vice President & General Manager)*
Arlene Armenteros *(Senior Vice President & Head, Client Services)*
Nicholas Kerestegian *(Vice President, Business Strategy & Operations)*
Bianca Ruiz *(Vice President & Group Account Director)*
Natalie Pardo *(Director, Marketing & Business Development)*
Karen Acevedo *(Associate Director, Media)*
Frederico Giraldo *(Creative Director)*
Natalie Baj *(Director, Content & Social Media)*
Ana Echenique *(Director, Communications)*
Gus Fernandez *(Senior Director, Production)*
Christina Krablin *(Director, Talent & Culture)*
Alexis Regalado *(Associate Account Director)*
Christine Jacobus *(Director, Studio)*
Ignacio Martel *(Senior Art Director)*
Stephanie DaCosta *(Media Director)*
Robert Escandon *(Project Production Manager)*
Annie Garcia-Tunon *(Account Manager)*
Natalie Sardinas *(Account Supervisor)*

Clients:
Azamara
Azamara
Martell
National Pork Board
Sedano's Supermarkets, Inc.
Telemundo Communications Group, Inc.

Richards/Lerma
7007 Twin Hills Avenue
Dallas, TX 75231
Tel: (214) 891-4100
Website: www.richardslerma.com/

Year Founded: 2008

Discipline: Multicultural

Aldo Quevedo *(Principal & Creative Director)*
Pete Lerma *(Founder & Principal)*
Kristie Allen *(Group Head, Brand Management)*
Miguel Moreno *(Brand Creative Director)*

Clients:
Avocados From Mexico
The Home Depot, Inc.

SD Media Group
6060 Center Drive
Los Angeles, CA 90045
Tel: (310) 388-8800
Website: www.sdmedia.com

Year Founded: 1969

Discipline: Multicultural

Mark Howorth *(Chief Executive Officer)*
Jeny Nicholson Fowler *(Vice President, Sales & Account Services - Americas)*

Clients:
Apple, Inc.
LEGO
Mattel, Inc.
Microsoft Corporation
Sony Electronics
Unilever North America

Sensis Agency
818 South Broadway
Los Angeles, CA 90014
Tel: (213) 341-0171
Website: www.sensisagency.com

Year Founded: 1998

Discipline: Multicultural

Jose Villa *(Founder & President)*
Jonathan Hastings *(Director, Business Development)*
David Galvan *(Associate Creative Director)*
Javier San Miguel *(Group Creative Director)*
Renzo Garcia *(Content Marketing Manager)*
Daniel Peralta *(Producer, Creative)*
Abdi Zadeh *(Managing Director)*
Karla Fernandez Parker *(Managing Director - Texas)*
Robyn Loube *(Managing Director)*

Clients:
Boston College
Sempra Energy
UCLA Extension
Washington State University
WGBH Educational Foundation

The Axis Agency
1840 Century Park East
Century City, CA 90067
Tel: (310) 854-8200
Toll-Free: (310) 854-8300
Website: www.theaxisagency.com

Employees: 12
Year Founded: 2005

Discipline: Multicultural

Armando Azarloza *(President)*
Carmen Lawrence *(Executive Vice President & General Manager)*
Verochka Ovalle *(Senior Business Development Specialist)*
Jeanean Ayala *(Manager, Media Relations)*

Clients:
Chevrolet
Federal Reserve System
General Motors Corporation
MasterCard Worldwide, Inc.
Transitions Optical, Inc.

The Community
6400 Biscayne Boulevard
Miami Beach, FL 33138
Tel: (305) 865-9600
Fax: (305) 865-9609
Website: www.thecommunityagency.com/en-us/

Employees: 22
Year Founded: 2001

Discipline: Multicultural

Jose Molla *(Co-Founder & Chief Creative Officer)*
Joaquin Molla *(Co-Founder & Chief Creative Officer)*
Luis Montero *(President)*
Shobha Sairam *(Vice President & Chief Strategy Officer)*
Frank Cartagena *(Chief Creative Officer - New York)*
Marci Miller *(Vice President, Client Services)*
Ricardo Vior *(Vice President & Executive Creative Director)*
Ana Bermudez *(Vice President, Managing Director)*
Laurie Malaga *(Vice President & Director, Integrated Production)*
Tracy McDonough *(Vice President & Director, Operations)*
Ludwig Ortiz *(Group Strategy Director)*
Billy Boulia *(Group Connections Director)*
Christopher Neff *(Executive Director, Creative Technology & Innovation)*
Mike Ridley *(Director, Business Development & Marketing)*
Gabriel Gama *(Associate Creative Director)*
Guilherme Grossi *(Associate Creative Director)*
Andrea Giraldo *(Senior Art Director)*
Silvio Caielli *(Associate Creative Director)*
Cora Perez Fernandez *(Associate Creative Director)*
Pablo Rosas *(Director, Brand Strategy)*
Aaron Zimroth *(Associate Creative Director)*
Claudia Preston *(Associate Director, Strategy)*
David Segura *(Art Director)*
Federico Diaz *(Associate Creative Director)*
Gabriela Roger *(Senior Art Director)*
Gabriela Benitez *(Senior Head, Brand)*
Manfred Kruger *(Art Director)*
Rodrigo Gonzalez *(Associate Creative Director)*
Thomas Bolger *(Director, Design)*
Agustina Massa *(Senior Brand Lead)*
Erika Rivera *(Account Supervisor)*
Eric Jimenez *(Account Supervisor)*
Mariana Sokolowski *(Manager, Creative Services)*
Melissa Naranjo *(Brand Supervisor)*
Daphne Papadopulos *(Senior Manager, Business Affairs)*
Julio Rangel *(Producer)*
Lucia Riquelme *(Producer - Super Duper)*
Priscilla Hourihan *(Manager, Business Affairs)*
Danielle Amaral *(Group Executive Producer)*
Amilynn Soto *(Senior Brand Strategist)*
Carrie Monescalchi *(Front End Developer)*
Aldo Gonzalez Figueroa *(Senior Copywriter)*
Jaqueline Aran Quintana *(Account Executive)*
Lyndsey Stormer *(Copywriter)*
Marina Stern *(Senior Copywriter)*
Tikal Musca *(Associate, Brand)*
Benjamin Bittman *(Executive Vice President & Managing Director)*

Clients:
Apple, Inc.
Corona Extra
Cruzan Rum
Ferrero USA
Google, Inc.
Modelo Especial
NBC Universo
Red Bull North America, Inc.
Rolling Stone
Sauza Tequila
Spectrum
The Kroger Company
Verizon Wireless, Inc.

Victoria
Walt Disney World Parks & Resorts

The Launchpad Group, LLC
610 Old York Road
Jenkintown, PA 19046
Tel: (267) 460-1122
Website: www.TheLaunchpadGroup.com

Year Founded: 2005

Discipline: Multicultural

Demetrius Spencer *(Chief Executive Officer & Co-Founder)*
Brooke Grant *(President)*
Nicolas Spencer *(Senior Vice President, Production & Content)*

Clients
Kmart

The San Jose Group
440 North Wabash
Chicago, IL 60601
Tel: (312) 565-7000
Fax: (312) 565-7500
Website: www.thesanjosegroup.com

Year Founded: 1981

Discipline: Multicultural

George San Jose *(President & Chief Creative Officer)*
Adriana Escarcega *(Account Director)*

Clients
Abbott Laboratories
Echo, Inc.
Hy Cite Corporation
Illinois Office of Tourism
US Cellular Corporation

The Wrijen Company
225 Green Street
Fayetteville, NC 28301
Tel: (910) 480-1800
Website: www.wrijencompany.com

Year Founded: 2004

Discipline: Multicultural

TJ Jenkins *(President)*
Kendra Ford *(Vice President & Key Accounts Manager)*
Sylvia Ford *(Administration)*

Clients
Citi Trends

Third Ear
410 Baylor Street
Austin, TX 78703
Tel: (512) 479-6200
Fax: (512) 479-6024
Website: www.wearethirdear.com/

Employees: 65
Year Founded: 1998

Discipline: Multicultural

Manny Flores *(Chief Executive Officer & Managing Partner)*
Alejandro Ruelas *(Chief Marketing Officer & Managing Partner)*
Leo Olper *(Senior Vice President & Managing Director)*

Scott Radigk *(Senior Vice President, Chief Financial Officer)*
Chloe King *(Head, Media Strategy & Investment)*
Shelley Hall *(Director, Business Development)*
Serg Flores *(Executive Creative Director)*
Guigo Sanchez *(Creative Director)*
Shelina Taki *(Director, Strategic Intelligence)*
Andrea De Haro Bohorova *(Associate Director, Strategic Intelligence)*
Amy Prieto *(Senior Media Buyer)*
Lauren Geoffroy *(Senior Media Buyer)*
Adrian Calderon *(Media Startegy Supervisor)*
Rachel Volbert *(Account Executive, Business Development)*
Meredith McBroom *(Senior Account Executive)*

Clients
Austin Convention & Visitors Bureau
Beech-Nut
Bob's Discount Furniture, Inc.
Cocoa Pebbles
Fruity Pebbles
Google, Inc.
Guerrero
Heineken USA, Inc.
Honey Bunches of Oats
Indeed
Lotto Texas
M&M's
Major League Baseball
Mars Wrigley Confectionery
Mars, Inc.
Mega Millions
Mission Foods
Montejo
Pick 3
Powerball
Scratch Offs
Snickers
Target Corporation
Tecate
Texas Daily 4
Texas Lottery Cash 5
Texas Lottery Commission
Texas Two Step
Twix
Unilever North America

US Media Consulting
444 Brickell Avenue
Miami, FL 33131
Tel: (305) 722-5500
Fax: (305) 675-9255
Website: www.usmediaconsulting.com

Year Founded: 2003

Discipline: Multicultural

Fabiano Bernardo *(Director, Sales & Advertising)*
Karina Pezzino *(Digital Account Manager)*

UWG
1 Metro Tech Center North
Brooklyn, NY 11201
Tel: (212) 219-1600
Fax: (212) 219-6395
Website: www.uwg.is

Employees: 125
Year Founded: 1969

Discipline: Multicultural

Monique Nelson *(Chief Executive Officer)*
Nandi Smythe *(Content Marketing Director)*
Sally Kapsalis *(Director, Integrated Production Services)*
Howard Musson *(Manager, Production & Studio)*
Laronn Straker *(Connections Planner)*

Clients
Daily News, LP
The Home Depot, Inc.
U.S. Marine Corps

UWG
550 Town Center Drive
Dearborn, MI 48126
Tel: (313) 615-3800
Fax: (313) 336-9448
Website: www.uwg.is

Employees: 7
Year Founded: 1969

Discipline: Multicultural

Greg Edwards *(Executive Vice President & Chief Operations Officer)*
Cheryl Day *(Vice President, Account Business Operations)*
Nigel James *(Group Account Director - Ford Motor Company)*

Clients
Ford
Ford C-Max
Ford Edge
Ford Escape
Ford Expedition
Ford Explorer
Ford F-150
Ford F-250 Super Duty
Ford F-350 Super Duty
Ford F-450 Super Duty
Ford F-Series
Ford Fiesta
Ford Flex
Ford Focus
Ford Fusion
Ford Motor Company
Ford Mustang
Ford Taurus
Lincoln
Lincoln MKC
Lincoln MKT
Lincoln MKZ
Lincoln Nautilus
Lincoln Navigator

Vanguard Communications
Two Disbrow Court
East Brunswick, NJ 08816
Tel: (732) 246-0340
Fax: (732) 246-0502
Website: www.vanguardcomm.com

Employees: 15
Year Founded: 1995

Discipline: Multicultural

Esther Novak *(President & Chief Executive Officer)*
William Fox *(Managing Partner & Chief Operating Officer)*

Walker Advertising
20101 Hamilton Avenue
Torrance, CA 90502
Fax: (310) 519-4090
Toll-free: (800) 409-0909
Website: www.walkeradvertising.com

Employees: 45
Year Founded: 1984

Discipline: Multicultural

Mary Ann Walker *(Owner & Chief Executive Officer)*
Nereida Casarez *(Vice President, Media)*
Andy Rogers *(Vice President, Sales & Business Development)*
Alfonso Martinez *(Creative Director)*
Connie M. Romo *(Director, Business Operations & Inventory Management)*
Jessica Ann Hernandez *(Senior Media Buyer)*
Pam Gonzales *(Senior Media Buyer)*
Marylou Potter *(Senior Account Executive)*

Walton Isaacson
159 North Sangamon Street
Chicago, IL 60607
Tel: (312) 440-8170
Website: www.waltonisaacson.com

Year Founded: 2005

Discipline: Multicultural

Cory Isaacson *(Founding Partner)*
Garlanda Freeze *(Vice President, Group Account Director)*
Amanda Lewensky *(Director, Account)*
Vejurnae Leal *(Account Supervisor)*
Charline Santos *(Associate Director, Strategic Planning)*

Clients:
Rupari
Spalding
Woodbridge by Robert Mondavi

Walton Isaacson
43 West 24th Street
New York, NY 10010
Tel: (646) 213-7300
Website: www.waltonisaacson.com

Year Founded: 2005

Discipline: Multicultural

Christine Villanueva *(Chief Strategy & Brand Officer)*
Reginald Osborne *(Vice President & Group Account Director)*
Albert Thompson *(Digital Strategist)*
Brielle De Filippis *(Account Executive)*

Walton Isaacson
3630 Eastham Drive
Culver City, CA 90232
Tel: (323) 677-5300
Website: www.waltonisaacson.com

Year Founded: 2005

Discipline: Multicultural

Rochelle Newman-Carrasco *(Chief Hispanic Marketing Strategist)*
Aaron Walton *(Founding Partner)*
Juan Bonilla *(Senior Vice President, Business Development)*
Sophia Taylor *(Senior Vice President, Account Services)*
Alice Rivera *(Vice President, Hispanic Marketing & Account Services)*
Daune Cummings *(Account Director, Celebrity & Influencer Outreach)*
Ayiko Broyard *(Account Director)*

Nicholas Theisen *(Digital Asset Manager)*
Sharia Hamilton *(Supervisor, Integrated Media)*

Clients:
Lexus

Wunderman Thompson
601 Brickell Key Drive
Miami, FL 33131
Tel: (305) 674-3222
Fax: (305) 448-7817
Website: www.wundermanthompson.com

Year Founded: 1996

Discipline: Multicultural

Ignasi Puig *(Founder & Chief Executive Officer)*
Antonio Nunez *(Head, Strategy)*
Tony Veiga *(Executive Creative Director)*
Liz Pelt *(Account Director)*

Clients:
Caress
Sudafed

Zubi Advertising
550 Town Center Drive
Dearborn, MI 48126
Tel: (305) 448-9824
Website: www.zubiad.com

Year Founded: 1976

Discipline: Multicultural

Kelly Dakesian *(Account Supervisor)*
Jason Benedict *(Account Supervisor)*

OUT-OF-HOME ADVERTISING AGENCIES

ABOVE ALL ADVERTISING
6980 Corte Santa Fe
San Diego, CA 92121
Tel.: (858) 678-8909
Fax: (858) 777-3537
Toll Free: (866) 552-2683
Web Site: www.aboveailadvertising.net

Year Founded: 2002

Discipline: Out-of-Home Advertising

Gary Aires *(Chief Executive Officer)*
Darren Aires *(Owner)*

ACCESS SPORTS MEDIA
44 East 30th Street
New York, NY 10016
Tel.: (212) 779-2021
Fax: (212) 779-2612
Web Site: www.accesssportsmedia.com

Discipline: Out-of-Home Advertising

Jerry McGowan *(Executive Vice President, Sales)*
Andrew Auerbach *(President)*

ADAMS OUTDOOR ADVERTISING
2299 Scott Futrell Drive
Charlotte, NC 28208
Tel.: (704) 373-1700
Fax: (704) 373-0838
Web Site: www.adamsoutdoor.com

Discipline: Out-of-Home Advertising

Angela Roberts *(Manager, Sales)*
Ryan Poarch *(Manager, Operations)*
Jason Brannon *(Manager, Sales)*
Traci Maynard *(Regional Account Executive)*
Rahshawn Vontayes *(Coordinator, Materials)*
Jeannine Dodson *(General Manager)*

ADAMS OUTDOOR ADVERTISING
1385 Alice Drive
Florence, SC 29505
Tel.: (843) 662-4514
Fax: (843) 667-4110
Web Site: www.adamsoutdoor.com

Employees: 15

Discipline: Out-of-Home Advertising

Scott McBride *(Manager, Sales)*
Jon Weiss *(General Manager)*
Liz Mitchum *(General Manager)*

ADAMS OUTDOOR ADVERTISING
4845 O'Hear Avenue
North Charleston, SC 29405
Tel.: (803) 207-1770
Fax: (803) 207-1212
Web Site: www.adamsoutdoor.com

Discipline: Out-of-Home Advertising

Mike Bruns *(Sales Manager)*
Lindsay Wine *(Manager, Sales)*
Ben Armitage *(General Manager)*
Jay Conroy *(General Manager, Sales)*

ADAMS OUTDOOR ADVERTISING
102 East Badger Road
Madison, WI 53713
Tel.: (608) 271-7900
Fax: (608) 271-4253
Web Site: www.adamsoutdoor.com

Employees: 19

Discipline: Out-of-Home Advertising

Beth Fischer *(Online Strategist)*
Joe Daguanno *(General Manager)*

ADAMS OUTDOOR ADVERTISING
3801 Capital City Boulevard
Lansing, MI 48906
Tel.: (517) 321-2121
Fax: (517) 321-2122
Web Site: www.adamsoutdoor.com

Employees: 15
Year Founded: 1983

Discipline: Out-of-Home Advertising

Becky Butcher *(Sales Manager)*
Diane Pryor *(General manager)*

ADVISION OUTDOOR
1120 North Anita Avenue
Tucson, AZ 85705
Tel.: (520) 292-6200
Fax: (520) 292-0600
Web Site: www.advisionoutdoor.com

Employees: 15
Year Founded: 1979

Discipline: Out-of-Home Advertising

Kevin McShane *(President)*
Maureen Andrews *(Posting & Listing Manager)*

ALL POINTS MEDIA
10140 Southwest Allen Boulevard
Beaverton, OR 97005
Tel.: (503) 626-0669
Fax: (503) 626-3785
Toll Free: (866) 625-3836
Web Site: www.allpointsco.com

Discipline: Out-of-Home Advertising

Darrell McSmith *(Owner & President)*
Jeff Gillis *(Vice President, Operations)*

ALLOVER MEDIA
16355 36th Avenue, North
Plymouth, MN 55446
Tel.: (763) 762-2000
Fax: (763) 424-1836
Toll Free: (800) 525-8762

Web Site: www.allovermedia.com

Year Founded: 2002

Discipline: Out-of-Home Advertising

Jeff Griffing *(Chief Executive Officer)*
Jake Johnson *(Vice President, Business Development)*
Cody Cagnina *(Vice President, National Accounts)*
Erica Juhl *(Director, Sales Operations)*
John Quaintance *(National Account Manager)*

AR JAMES MEDIA
1000 Woodbridge Center Drive
Woodbridge, NJ 07095
Tel.: (848) 999-2185
Fax: (848) 999-2361
Web Site: www.arjamesmedia.com

Year Founded: 1996

Discipline: Out-of-Home Advertising

Jim DeLucia *(President)*
Ariana DeLucia *(Chief Financial Officer)*
Amanda Siemietkowski *(Operations Manager)*
Jennie Beck *(Sales Manager)*
Leah Pappalardo *(National Sales Executive)*
David Martinez *(Account Coordinator)*

BARNES ADVERTISING CORPORATION
1580 Fairview Road
Zanesville, OH 43701
Mailing Address:
Post Office Box 277
Zanesville, OH 43701
Tel.: (740) 453-6836
Fax: (740) 453-3780
Toll Free: (800) 458-1410
Web Site: www.barnesadvertisingcorp.com

Discipline: Out-of-Home Advertising

MaryJane Shackelford *(President)*
John Barnes *(Vice President)*
Rob Nichols *(Creative Director)*

BARRETT OUTDOOR COMMUNICATIONS
381 Highland Street
West Haven, CT 06516
Tel.: (203) 932-4601
Web Site: www.barrettoc.com

Discipline: Out-of-Home Advertising

John Barrett *(Co-President & Partner)*
Bruce Barrett *(Co-President & Partner)*
John Perry *(Sales Manager)*

BERLIN SIGN COMPANY, INC.
264 Bahama Street
Venice, FL 34285
Tel.: (941) 488-1314
Fax: (941) 485-8328

Brands. Marketers. Agencies. Search Less. Find More.
Try out the online version at www.winmo.com

AGENCIES - JULY, 2020 — OUT-OF-HOME ADVERTISING AGENCIES

Web Site: www.berlinsign.com

Discipline: Out-of-Home Advertising

Catherine Pickett *(Owner)*
Tram Pickett *(President & General Manager)*

BILLUPS WORLDWIDE
340 Oswego Pointe Drive
Lake Oswego, OR 97034
Tel.: (503) 454-0714
Web Site: www.billups.com

Year Founded: 2003

Discipline: Out-of-Home Advertising

David Krupp *(Chief Revenue Officer)*
Jordanna Howard *(Vice President, Business)*
Tony Stoering *(Vice President, Business)*
Kristy Vivian *(Vice President of Business)*
Michael Smith *(Vice President, Product & Engineering)*
Dana Gyllen *(Director, Studio Services)*
Jennifer Lombard *(Account Director)*
Julie Nielsen *(Media Director)*
Cameron Haggerty *(Account Director)*
Amye Cole *(Media Director)*
Stephanie Calderwood *(Director, Buying & Vendor Partnerships)*
Stacy Repin *(Account Supervisor)*
Monica Perez *(Account Supervisor)*
Dace Day *(Senior Planner, Media Strategy)*
Juan Garcia *(Managing Director)*

BILLUPS, INC
3455 Peachtree Road Northeast
Atlanta, GA 30326
Tel.: (404) 505-2845
Web Site: billups.com

Year Founded: 2003

Discipline: Out-of-Home Advertising

Greg Taylor *(Chief Business Officer)*
Jennifer Brown *(Regional Director)*
Lauren Linsey *(Director, Media Strategy)*
Jessie Savini *(Account Supervisor)*

BILLUPS, INC
18 West 18th Street
New York, NY 10011
Tel.: (917) 831-4601
Web Site: billups.com

Year Founded: 2003

Discipline: Out-of-Home Advertising

Jason Kiefer *(Partner & Chief Commercial Officer)*
Tom Flood *(Vice President, Business)*
Tom Pirog *(Regional Director)*
Jennifer Seickel *(Managing Director)*

BILLUPS, INC
6253 Hollywood Blvd
Los Angeles, CA 90028
Tel.: (310) 694-5556
Web Site: billups.com

Year Founded: 2003

Discipline: Out-of-Home Advertising

Rick Robinson *(Managing Partner & Chief Strategy Officer)*
Jeff Jan *(Senior Vice President, Strategy & Business)*
Nicholas Wootten *(Senior Vice President, Marketing & Innovation)*
Nikki Horwitz *(Account Director)*
Denise Mercado *(Regional Director - San Diego)*
Soyoung Kim *(Account Director)*

BRANDED CITIES
130 West 42nd Street
New York, NY 10036
Tel.: (646) 650-2650
Web Site: brandedcities.com/

Year Founded: 2006

Discipline: Out-of-Home Advertising

Denise Levine *(Chief Revenue Officer)*
Ben Martish *(Vice President, Sales)*
Michael Galkin *(Director, Marketing & Research)*
Steven Link *(Director, Business Development)*
Alexandra Rosenmann *(Content Manager)*
Jason Nodelman *(Business Development Executive)*
Schuyler Sauter *(National Account Executive)*
Angelia Golden *(Global Account Coordinator)*
Robert Crawford *(Managing Director)*

BURKHART ADVERTISING
1335 Mishawaka Avenue
South Bend, IN 46615
Tel.: (574) 233-2101
Fax: (574) 236-1953
Toll Free: (800) 777-8122
Web Site: www.burkhartadv.com

Year Founded: 1964

Discipline: Out-of-Home Advertising

Charles Miller *(Chief Executive Officer)*
Chris Pajakowski *(President - Media Division)*

C2C OUTDOOR
32 Avenue of the Americas
New York, NY 10013
Tel.: (917) 677-3032
Web Site: www.c2c-outdoor.com

Year Founded: 2007

Discipline: Out-of-Home Advertising

Kara Sisti *(Account Director)*

CAPTIVATE NETWORK, INC.
1350 Broadway
New York, NY 10022
Tel.: (646) 205-8500
Fax: (646) 536-5171
Toll Free: (888) 383-3737
Web Site: www.captivate.com

Year Founded: 1997

Discipline: Out-of-Home Advertising

Lorenzo Papa *(Executive Vice President, Advertising Sales)*
Maureen Beirne *(Senior Vice President, Real Estate)*
Burke Henderson *(Senior Vice President, Business Development)*
Neil Shapiro *(Senior Vice President, Digital & Programmatic Sales)*
Raquel Hudson *(Director, Marketing Communication)*
Leigh Lowery *(Senior Vice President, Advertising Sales)*
Karley Ackerman *(Account Executive)*

CAPTIVATE NETWORK, INC.
900 Chelmsford Street
Lowell, MA 01851
Tel.: (978) 845-5000
Fax: (978) 392-0312
Toll Free: (888) 383-3737
Web Site: www.captivate.com

Year Founded: 1997

Discipline: Out-of-Home Advertising

Scott Marden *(Chief Marketing Officer)*
Marc Kidd *(Chief Executive Officer)*
Annalisa Donati *(Interim Chief Financial Officer)*
Robin Doyle *(Director, Human Resources)*
Kara Conti *(Manager, Marketing Communications)*

CLEAR CHANNEL OUTDOOR
555 12th Street
Oakland, CA 94607
Tel.: (510) 835-5900
Web Site: www.clearchanneloutdoor.com

Year Founded: 1901

Discipline: Out-of-Home Advertising

Bob Schmitt *(Regional President)*
Bruce Qualls *(Vice President, Real Estate & Public Affairs)*
Ryan Adams *(Vice President, National Client Partnerships)*

Accounts:
Vancouver International Airport Authority

CLEAR CHANNEL OUTDOOR
5333 Old Winter Garden Road
Orlando, FL 32811-1520
Tel.: (407) 298-6410
Fax: (407) 297-8176
Web Site: www.clearchanneloutdoor.com

Year Founded: 1901

Discipline: Out-of-Home Advertising

Craig Swygert *(President & General Manager)*
Bobby Dolan *(Account Executive)*

CLEAR CHANNEL OUTDOOR
99 Park Avenue
New York, NY 10016
Tel.: (212) 812-0000
Web Site: www.clearchanneloutdoor.com

Year Founded: 1901

Discipline: Out-of-Home Advertising

Dan Levi *(Chief Marketing Officer & Executive Vice President)*
Bob McCuin *(President, Sales)*
Scott Wells *(Chief Executive Officer)*
Wade Rifkin *(Senior Vice President, Programmatic)*
Kenetta Bailey *(Senior Vice President, Marketing)*
Matthew Boyington *(Vice President, National Client Partnerships Sales)*
Cathy Muldowney *(Vice President, Programmatic Sales)*
Rainbow Kirby *(Director, Events Marketing & Industry Communications)*
Kate Birrell *(Director, Marketing Solutions)*

CLEAR CHANNEL OUTDOOR

Brands. Marketers. Agencies. Search Less. Find More.
Try out the online version at www.winmo.com

550

OUT-OF-HOME ADVERTISING AGENCIES
AGENCIES - JULY, 2020

3700 East Randol Mill Road
Arlington, TX 76011
Tel.: (817) 640-4550
Fax: (817) 649-0536
Web Site: www.clearchanneloutdoor.com

Year Founded: 1901

Discipline: Out-of-Home Advertising

Jake Smith *(President & General Manager - Dallas & Fort Worth)*
Kelsey Dunlap *(Digital Manager- South Central Region)*

CLEAR CHANNEL OUTDOOR
84 Wilbur Avenue
Kingston, NY 12401
Tel.: (845) 339-2000
Fax: (845) 339-2091
Web Site: www.clearchanneloutdoor.com

Year Founded: 1901

Discipline: Out-of-Home Advertising

Mike Chicca *(Senior Vice President - National Client Partnerships)*
Michael McGraw *(Senior Vice President, Marketing Solutions)*
Andy Stevens *(Senior Vice President, Research & Insights)*
Terry Dysard *(Office Manager)*

CLEAR CHANNEL OUTDOOR
4601 Touchton Road
Jacksonville, FL 32246
Tel.: (904) 997-7727
Fax: (904) 997-7720
Web Site: www.clearchanneloutdoor.com

Year Founded: 1901

Discipline: Out-of-Home Advertising

Michelle Costa *(Regional President - South Region)*
Scott Clark *(Vice President, Sales)*
Brandi Allen *(Director, Creative & Marketing)*
Tina Carter *(Senior Account Executive)*

CLEAR CHANNEL OUTDOOR
19320 Harborgate Way
Torrance, CA 90501
Tel.: (310) 755-7200
Fax: (310) 755-7300
Web Site: www.clearchanneloutdoor.com

Year Founded: 1901

Discipline: Out-of-Home Advertising

Kelley Morita *(Creative Director & Marketing Manager)*
Jace Jessen *(Manager, Import Sales)*

CLEAR CHANNEL OUTDOOR
908 Silvernail Road
Pewaukee, WI 53072
Tel.: (262) 506-9000
Fax: (262) 506-9039
Web Site: www.clearchanneloutdoor.com

Year Founded: 1901

Discipline: Out-of-Home Advertising

Joe Stribl *(Vice President, Sales)*
Marie Librizzi *(Account Executive)*
David Ford *(General Manager)*

CLEAR CHANNEL OUTDOOR
5800 Northwest 77th Court
Miami, FL 33166
Tel.: (305) 592-6250
Fax: (305) 477-0743
Web Site: www.clearchanneloutdoor.com

Year Founded: 1901

Discipline: Out-of-Home Advertising

Jasper Johnson *(President - Branch)*
Peter Milian *(Vice President, Regional Sales)*

CLEAR CHANNEL OUTDOOR
3225 Spring Street Northeast
Minneapolis, MN 55413
Tel.: (612) 605-5100
Fax: (612) 605-5150
Web Site: www.clearchanneloutdoor.com

Year Founded: 1901

Discipline: Out-of-Home Advertising

Roy Schroeder *(Vice President, Sales & Marketing)*
Amy Burckhard *(Senior Account Executive)*
Travis Bonovsky *(Digital Media Coordinator)*

DASH TWO
5555 Inglewood Boulevard
Culver City, CA 90230
Tel.: (310) 439-2356
Web Site: dashtwo.com

Year Founded: 2009

Discipline: Out-of-Home Advertising

Gino Sesto *(Founder)*
Rodolfo Queiroz *(Associate Media Director)*
Kim Pham *(Associate Media Director, Digital)*
Jamie Whitaker *(Digital Strategy Manager)*
Kim Tran *(Digital Strategy Manager)*
Miguel Jimenez *(Digital Strategy Manager)*
Jarrett Colán *(Graphic Designer)*

DASH TWO
2008 21st Avenue South
Nashville, TN 37212
Tel.: (615) 647-7797
Web Site: dashtwo.com

Year Founded: 2009

Discipline: Out-of-Home Advertising

Lisa Claybrook *(Digital Strategy Manager)*
Hayden Warner *(Digital Strategy Manager)*

DDI MEDIA
8315 Drury Industrial Parkway
Saint Louis, MO 63114
Tel.: (314) 423-5040
Web Site: www.ddimedia.net

Year Founded: 1984

Discipline: Out-of-Home Advertising

Vince Miller *(President)*
Tony Mariani *(Vice President, Real Estate & Acquisitions)*

DELTA MEDIA, INC.
11780 Southwest 89th Street
Miami, FL 33186
Tel.: (305) 595-7518

Fax: (305) 279-4769
Web Site: www.deltaoohmedia.com

Year Founded: 1983

Discipline: Out-of-Home Advertising

Hal Brown IV *(Founder & Chief Executive Officer)*
Rudy Ferrer *(Chief Operating Officer)*
Ivette Hernandez *(National Account Manager)*

Accounts:
Corona Extra
Corona Light
Corona Premier
Corona Refresca

DONOVAN/GREEN
49 West 37th Street
New York, NY 10018
Tel.: (212) 924-5332
Fax: (212) 989-3783
Web Site: www.donovanandgreen.com/

Discipline: Out-of-Home Advertising

Michael Donovan *(Founder)*
Nancye Green *(Founding Partner)*

DOUGLAS DISPLAYS
7506 East Independence Boulevard
Charlotte, NC 28227
Tel.: (704) 536-3844
Fax: (704) 536-0265
Web Site: www.douglasdisplays.com

Discipline: Out-of-Home Advertising

Clay Bryant *(Account Executive)*
Cathy Loftus *(General Manager)*

DURDEN OUTDOOR DISPLAYS
5500 US Highway 431 North
Dothan, AL 36303
Tel.: (334) 792-5056
Fax: (334) 678-2252
Web Site: www.durdenoutdoor.com

Year Founded: 1968

Discipline: Out-of-Home Advertising

Earl Durden *(President)*
Bill Durden *(Vice President & Creative Director)*

EMC OUTDOOR
5068 West Chester Pike
Newtown Square, PA 19073
Tel.: (610) 353-9300
Fax: (610) 353-9301
Web Site: www.emcoutdoor.com

Discipline: Out-of-Home Advertising

Betsy McLarney *(Chief Executive Officer)*
Jennifer Horrocks *(President)*
Tom Japhe *(Executive Vice President, OOH Media Strategy & Specialist - Outdoor Advertising Branding)*
Jerry Buckley *(Director, Strategic Partnerships)*
Matthew Noll *(Director, Marketing & Digital Strategies)*

ENTERCOM COMMUNICATIONS

Brands. Marketers. Agencies. Search Less. Find More.
Try out the online version at www.winmo.com

CORP.
401 City Avenue
Bala Cynwyd, PA 19004
Tel.: (610) 660-5610
Fax: (610) 660-5620
Web Site: www.entercom.com

Employees: 2380
Year Founded: 1968

Discipline: Out-of-Home Advertising

David Field *(President & Chief Executive Officer)*
Pat Paxton *(President, Programming)*
Richard Schmaeling *(Chief Financial Officer)*
Weezie Kramer *(Chief Operating Officer)*
Tim Murphy *(Senior Vice President, Business Development)*
Mikael Gundy *(Senior Director, Media Strategy & Planning)*

EPIC OUTDOOR ADVERTISING
720 Saint Anne Street
Rapid City, SD 57701
Tel.: (605) 388-9424
Web Site: www.epicoutdoor.com

Discipline: Out-of-Home Advertising

Brendan Casey *(Owner)*
Cyndi Hamilton *(Manager, Sales)*

EXTREME REACH, INC.
75 Second Avenue
Needham, MA 02484
Tel.: (781) 577-2016
Fax: (972) 581-2001
Toll Free: (800) 324-5672
Web Site: www.extremereach.com

Year Founded: 2008

Discipline: Out-of-Home Advertising

Melinda McLaughlin *(Chief Marketing Officer)*
Dan Brackett *(Chief Technology Officer & Co-Founder)*
Patrick Hanavan *(Chief Client Officer & Co-Founder)*
Jorge Martell *(Chief Financial Officer)*
Jennifer Wambold *(Chief Human Resources Officer)*
Meagen Buckler *(Chief Revenue Officer)*
Fred Cunha *(Vice President, Video & Network Support)*
Mark Annati *(Senior Vice President, Information Technology)*
Mike Soder *(Vice President, Finance, Financial Planning & Analysis)*
Jillian Haskell *(Manager, Marketing)*

EYE MEDIA
48 Wall Street
New York, NY 10005
Tel.: (646) 871-4430
Fax: (646) 871-4429
Web Site: www.eyecorpmedia.com

Discipline: Out-of-Home Advertising

Jeff Gunderman *(President)*

FAIRWAY OUTDOOR ADVERTISING
3420 Jefferson Road
Athens, GA 30607
Tel.: (706) 543-0380
Fax: (706) 354-0991
Web Site: www.fairwayoutdoor.com

Discipline: Out-of-Home Advertising

Scott Greene *(Creative Director)*
Kim Patton *(Account Executive)*

FAIRWAY OUTDOOR ADVERTISING
8320 South Kentucky Route 321
Hagerhill, KY 41222
Tel.: (606) 459-5959
Toll Free: (800) 489-8008
Web Site: www.fairwayoutdoor.com

Discipline: Out-of-Home Advertising

Lonnie Martin *(Manager, Operations)*
Brett James *(Account Executive)*
Melissa Pacovich *(Account Executive)*

FIREFLY
488 Eighth Street
San Francisco, CA 94103
Web Site: www.flreflyon.com

Year Founded: 2017

Discipline: Out-of-Home Advertising

Michael Hudes *(Chief Revenue Officer)*
Kaan Gunay *(Co-Founder & Chief Executive Officer)*
Onur Kardesler *(Co-Founder)*
Anil Suren *(Senior Vice President, Operations)*
David Rogers *(Vice President, Business Operations & Planning)*
Ron Spears *(Vice President, Sales - West)*
Jordan Kirkegaard *(Director, National Sales Strategy & Customer Success)*
Alex Miller *(Sales Development)*
Graham Maybell *(Sales Strategy & Customer Success)*
Josh Mischel *(Senior Account Execuitve)*
Alissa Buckhahn *(Senior Account Executive)*
Colleen Reid *(Senior Account Executive)*

GAS STATION TV
1201 Woodward Avenue
Detroit, MI 48226
Tel.: (248) 581-3000
Fax: (248) 548-5118
Web Site: www.gstv.com

Year Founded: 2006

Discipline: Out-of-Home Advertising

Sean Mccaffrey *(President & Chief Executive Officer)*
Steve Sapp *(Senior Vice President, National Sales)*
Jim Kratz *(Vice President, Client Partnerships)*
Noelle Dong *(Director, Marketing Communications)*

GEORGE LAY SIGNS, INC.
1016 North Waco
Wichita, KS 67203-3999
Mailing Address:
Post Office Box 246
Wichita, KS 67201-0246
Tel.: (316) 262-0433
Fax: (316) 262-3306
Toll Free: (800) 888-0433
Web Site: www.laysigns.com

Discipline: Out-of-Home Advertising

John Lay *(President)*
Mary Wilson *(Sales Representative)*

GRACE OUTDOOR ADVERTISING
1201 Lincoln Street
Columbia, SC 29201
Tel.: (803) 252-7084
Fax: (803) 252-1990
Toll Free: (888) 804-0008
Web Site: www.graceoutdoor.com/

Employees: 10
Year Founded: 2004

Discipline: Out-of-Home Advertising

Diana Stevenson *(Chief Executive Officer)*
Traci Maynard *(Sales Account Executive)*
Dixie Hicks *(Senior Account Executive)*
Liz Stonecypher *(General Manager, Account Executive)*

GRAF MEDIA GROUP
222 Broadway
New York, NY 10038
Tel.: (646) 854-9841
Web Site: grafmediagroup.com

Year Founded: 2013

Discipline: Out-of-Home Advertising

Keith Kane *(Owner & President)*
Lynn Kane *(Vice President, Growth)*
Winnie Johnson *(Director, Operations)*

GRANDESIGN
125 14th Street
San Diego, CA 92101
Tel.: (619) 795-7711
Toll Free: (800) 270-2084
Web Site: www.grandesign.com

Discipline: Out-of-Home Advertising

Aaron Gaeir *(Chief Executive Officer)*
Seth Bardacke *(Executive Producer)*
Tawnie Moore *(Director, Client Management)*
Sean Pedeflous *(Director, Client Services)*
Alexis Ruiz *(Director, Account Services)*
Jessica Kowalski *(Experiential Designer)*

I HEART MEDIA
3714 North Pan Am Expressway
San Antonio, TX 78219
Tel.: (210) 227-3451
Fax: (210) 227-5024
Web Site: www.clearchanneloutdoor.com

Year Founded: 1901

Discipline: Out-of-Home Advertising

Luis Delatorre *(President & General Manager - San Antonio)*
Chris Mackenzie *(Vice President, Digital Advertising Operations)*

INSITE MEDIACOM
1317 Beverly Estate Drive
Los Angeles, CA 90210-2117

OUT-OF-HOME ADVERTISING AGENCIES
AGENCIES - JULY, 2020

Tel.: (310) 860-9800
Web Site: www.insitemediacom.com

Discipline: Out-of-Home Advertising

Randall Smith *(Chief Executive Officer & Managing Director)*

INSITE MEDIACOM
150 Northwest 70th Avenue
Plantation, FL 33317
Tel.: (888) 867-2194
Fax: (954) 581-6925
Web Site: www.insitemediacom.com

Discipline: Out-of-Home Advertising

Glenn Flutie *(President)*

INTERSECTION
Ten Hudson Yards
New York, NY 10001
Tel.: (212) 644-6200
Fax: (212) 644-2010
Web Site: www.intersection.com

Year Founded: 2001

Discipline: Out-of-Home Advertising

Scott E. Goldsmith *(President, Cities & Transit)*
Jamie Lowe *(Chief Sales Officer, Media)*
Craig Abolt *(Chief Financial Officer)*
David Etherington *(Chief Strategy Officer)*
Ari Buchalter *(Chief Executive Officer)*
Dafna Sarnoff *(Chief Marketing Officer)*
Greg Ald *(Vice President & Manager, National Sales)*
Jonathan Fuller *(Vice President & U.S. Head, SMB Sales)*
Peter Baker *(Senior Account Executive)*
Ruth Alyce *(Senior Director, Client Strategy)*
Douglas Bideaux *(Senior Director, Ad Operations)*
Jeff Thaw *(Manager, Sales)*
Eileen Crossin *(National Advertising Sales)*
Justin Litt *(Account Executive)*
Kevin Haskell *(Manager, SMB Sales)*
Tisha Duke *(National Account Executive)*
Robert Levine *(Account Manager - National)*
Peter Menchaca *(Senior Account Executive)*
Nolan Panno *(Senior Associate, Research)*
Bryan Burda *(Account Executive)*
Michael Shearin *(Senior Account Executive)*
Steve Rosenberg *(Senior Account Executive - National)*
Stuart Hamby *(Account Executive)*

JCDECAUX NORTH AMERICA
350 Fifth Avenue
New York, NY 10018
Tel.: (646) 834-1200
Fax: (646) 834-1201
Web Site: www.jcdecauxna.com

Employees: 25
Year Founded: 1964

Discipline: Out-of-Home Advertising

Jean-Luc Decaux *(Co-Chief Executive Officer)*
Renaud Couillens *(Chief Marketing Officer)*
Nicolas Clochard-Bossuet *(Chief Operating Officer)*
Allen Sullivan *(Co-Chief Executive Officer)*
Bernard Parisot *(President & Co, Chief Executive Officer)*
Mark Costa *(Chief Digital Officer)*
Bob Cilia *(Co-Managing Director)*
Faith Garbolino *(Executive Vice President, Sales & Marketing)*
Francois Nion *(Executive Vice President & General Manager - West Region)*
Andrew Korniczky *(Executive Vice President, Client Services - International)*
Jonathan Davis *(Vice President & National Sales Director)*
Guillaume Tarayre *(Vice President, Information Technology)*
Jennifer Tsotas *(Vice President, Regional Sales)*
Thomas Mason *(Vice President, Human Resource)*
Stacey Kodak *(Co-Managing Director)*
Jessica Spinelli *(Sales Director - International)*
Tony Lin *(Digital Media Manger)*
Geoffrey Aultz *(Regional Account Executive - Dallas)*

Accounts:
Dallas / Fort Worth International Airport

KEY-ADS, INC.
50 East Third Street
Dayton, OH 45402
Tel.: (937) 279-0465
Web Site: www.key-ads.com

Discipline: Out-of-Home Advertising

Nicholas Keyes Sr. *(President)*
Nick Keyes Jr. *(Vice President & National Sales Manager)*
Stephen Keyes *(Vice President)*

KEYSTONE OUTDOOR ADVERTISING
Post Office Box 202
Cheltenham, PA 19012
Tel.: (856) 767-5028
Fax: (215) 782-1890
Web Site: www.keystoneoutdoor.com

Year Founded: 1977

Discipline: Out-of-Home Advertising

Dominick Cipollini *(President)*
Joseph Felici *(Vice President)*

KINETIC WORLDWIDE
Three World Trade Center
New York, NY 10007
Tel.: (646) 313-9400
Web Site: www.kineticww.com

Employees: 30
Year Founded: 2005

Discipline: Out-of-Home Advertising

Natasha Kanga *(Associate Director - Shopper2Buyer)*
Nikki Reiner *(Manager, Account Services)*

Accounts:
Unilever North America

KINETIC WORLDWIDE
222 Merchandise Mart Plaza
Chicago, IL 60654
Tel.: (646) 313-9400
Web Site: www.kineticww.com

Year Founded: 2005

Discipline: Out-of-Home Advertising

Alexandria Fatianow *(Director, Account Services)*
Jillian Waldsmith *(Group Director)*
Morgan Coon *(Manager, Account Services)*
Maggie Dames *(Senior Account Executive)*

LAMAR GRAPHICS
1986 Beaumont Drive
Baton Rouge, LA 70806
Tel.: (225) 926-1000
Web Site: www.lamargraphics.com

Discipline: Out-of-Home Advertising

Charlie Peek *(Director, Operations)*
Mark Rankin *(Creative Director - CAP)*

LIGHTBOX OOH VIDEO NETWORK
99 Park Avenue
New York, NY 10016
Tel.: (646) 367-5300
Fax: (646) 367-5306
Web Site: www.lightboxooh.com

Employees: 5
Year Founded: 1998

Discipline: Out-of-Home Advertising

Eric Steinert *(Executive Vice President & Chief Revenue Officer)*
Greg Glenday *(Chief Executive Officer)*
Peter Krieger *(President & Chief Operating Officer)*
Pete Miles *(Senior Vice President, Ad Platform & Operations)*
Ian Mirmelstein *(Senior Vice President, Strategic Sales)*
Heawon Yoo *(Senior Vice President, Marketing)*
Ye-Ling Chen *(Senior Vice President, Finance)*
Subhash Durga *(Senior Vice President, Network Operations)*
Jonny Hamilton *(Senior Vice President, Creative & Content)*

LINK MEDIA OUTDOOR
200 Mansell Court East
Roswell, GA 30076
Tel.: (844) 404-5465
Web Site: www.linkmediaoutdoor.com

Year Founded: 2015

Discipline: Out-of-Home Advertising

James McLaughlin *(President & Chief Executive Officer)*
Maureen Musgrove *(Account Manager)*
Mark Renier *(General Manager)*
Nick Lundrigan *(Account Executive)*
Michelle Barry *(Account Executive)*

MACDONALD MEDIA, LLC
141 West 36th Street
New York, NY 10018
Tel.: (212) 578-8735
Fax: (212) 481-1030
Web Site: www.macdonaldmedia.com

Discipline: Out-of-Home Advertising

Andrea MacDonald *(President & Chief Executive*

Brands. Marketers. Agencies. Search Less. Find More.
Try out the online version at www.winmo.com

AGENCIES - JULY, 2020 — OUT-OF-HOME ADVERTISING AGENCIES

Officer)
Peter MacDonald *(Director, Operations)*
David Koppelman *(Managing Director)*

MATRIX MEDIA SERVICES
463 East Town Street
Columbus, OH 43215
Tel.: (614) 228-2200
Toll Free: (800) 589-6674
Web Site: www.matrixmediaservices.com

Year Founded: 1988

Discipline: Out-of-Home Advertising

Terri Kraft *(Senior Vice President, Media Sales)*
Jeremy Mitchell *(Senior Vice President)*
Jennifer Hoffmannbeck *(Account Supervisor)*
Ashley Griffith-Roach *(Account Supervisor)*
Peggy Rowan *(Sales & Production Manager)*
Emily Beringer *(Account Manager)*
Sydney Bobbs *(Media Buyer)*
Claire Petermann *(Media Buyer)*
Jarrod Watkins *(Media Buyer)*
Ashley Shipley *(Account Executive)*
Charles McCrimmon *(Managing General Partner)*

NEW TRADITION
584 Broadway
New York, NY 10012
Web Site: www.newtraditionmedia.com

Year Founded: 2010

Discipline: Out-of-Home Advertising

Evan Richheimer *(Co-Founder & Chief Executive Officer)*
Alex Brannan *(Director, Marketing)*
Ashley Brennan *(Sales Director)*
Max Goldfeld *(National Account Director)*
Lu Cerda *(Co-Founder & Managing Partner)*
Bret Richheimer *(Managing Partner)*

NEWAD
4200 Saint-Laurent Boulevard
Montreal, QC H2W 2R2
Tel.: (514) 278-3222
Fax: (514) 278-8306
Toll Free: (866) 899-6685
Web Site: www.newad.com

Year Founded: 1995

Discipline: Out-of-Home Advertising

Michael Reha *(President & Chief Executive Officer)*
Jean-Francois Grenache *(Chief Financial Officer)*
Martine Desjardins *(Chief Legal Officer & Executive Vice President, Content)*
Philippe Marchessault *(Executive Vice President, Operations & Innovations)*
Jean-Philippe Leduc *(Executive Vice President, Client Relations & Business Development)*

NORTON OUTDOOR ADVERTISING
5280 Kennedy Avenue
Cincinnati, OH 45213
Tel.: (513) 631-4864
Fax: (513) 631-4676
Web Site: www.norton-outdoor.com

Discipline: Out-of-Home Advertising

Mike Norton *(President)*
Tom Hess *(Vice President, Sales)*
Dan Norton *(Vice President, Operation)*
Steve Knapp *(Vice President, Real Estate)*
Larry Stier *(Regional Sales Manager)*
Stacy Norton Keyes *(National Account Executive)*

OSIK MEDIA
100 East Huntington Drive
Monrovia, CA 91016
Tel.: (626) 796-3070
Fax: (626) 796-3632
Toll Free: (877) 796-5050
Web Site: www.osikmedia.com

Discipline: Out-of-Home Advertising

Nicholas Petralia *(President & Chief Executive Officer)*
Marina Springer *(Marketing & Production Coordinator)*

OUTDOOR MEDIA GROUP
Harborside Plaza Two
Jersey City, NJ 07311
Tel.: (646) 278-4111
Web Site: www.omnicommediagroup.com

Year Founded: 2001

Discipline: Out-of-Home Advertising

Ryan Laul *(President)*
Lisa Hentze *(Director)*
Gary Pedersen *(Group Director)*
Joel Balcita *(Group Director)*
Susan Rezmovic-Cohen *(Group Director)*
Allison Mazo-Colligan *(Account Supervisor)*
Aileen O'Keefe *(Account Supervisor)*
Christina Radigan *(Managing Director, Marketing & Communications)*

Accounts:
Adenocard
Adenoscan
AmBisome
Astellas Pharma US, Inc.
Carnival Cruise Lines
Conivaptan
Cresemba
Lexiscan
Myrbetriq
Prograf
Protopic
VESIcare (co-marketed by GlaxoSmithKline)
Xtandi

OUTDOOR NATION
1807 Taft Highway
Signal Mountain, TN 37377
Tel.: (423) 517-0074
Fax: (423) 517-0075
Web Site: outdoornation.net

Year Founded: 2000

Discipline: Out-of-Home Advertising

Doug Conner *(President)*
Moe Galbraith *(Senior Vice President)*
Lori Casey *(Vice President)*
Lisa Rich *(Art Director)*
Jennifer Hunt *(Regional Territory Manager)*
Ty Conner *(Regional Territory Manager)*
Matt Borders *(Regional Territory Manager)*

OUTFRONT MEDIA
2390 East Camelback Road
Phoenix, AZ 85016
Tel.: (602) 246-9569
Web Site: www.outfrontmedia.com

Year Founded: 2014

Discipline: Out-of-Home Advertising

Dave Wood *(Senior Vice President - Central Region)*
Tom Wisz *(Vice President, General Administration & Human Resources)*

OUTFRONT MEDIA
405 Lexington Avenue
New York, NY 10174
Tel.: (212) 297-6400
Web Site: www.outfrontmedia.com

Year Founded: 2014

Discipline: Out-of-Home Advertising

Jodi Senese *(Chief Marketing Officer & Executive Vice President)*
Lowell Simpson *(Executive Vice President & Chief Information Officer)*
James Price *(Chief Product Officer & Senior Vice President)*
Clive Punter *(Chief Revenue Officer & Executive Vice President)*
Jeremy Male *(Chairman & Chief Executive Officer)*
Phil Stimpson *(Executive Vice President - Eastern Region)*
Liz Caprio *(Senior Vice President, Florida Region)*
Cecilia Lang *(Senior Vice President, Digital Sales)*
Gregory Lundberg *(Senior Vice President, Investor Relations)*
John Feyrer *(Vice President, Strategic Growth Partnerships)*
Carly Zipp Garbis *(Senior Director, Communications, Sponsorships & Events)*
Suzanne Lampert *(Senior Director, Client & Agency Partnerships)*
Kenny Pober *(General Manager - New York Transit Division)*

Accounts:
Gosling's Rum
Greenridge Farm
ViacomCBS Inc.

OUTFRONT MEDIA
1233 West Monroe
Chicago, IL 60607
Tel.: (312) 396-5700
Web Site: www.outfrontmedia.com

Year Founded: 2014

Discipline: Out-of-Home Advertising

Danielle Kenyon *(Director, Sales)*
Michael Wells *(General Manager)*

OUTFRONT MEDIA
1731 Workman Street
Los Angeles, CA 90031
Tel.: (323) 222-7171
Web Site: www.outfrontmedia.com

Year Founded: 2014

Discipline: Out-of-Home Advertising

OUTFRONT MEDIA

OUT-OF-HOME ADVERTISING AGENCIES

Scott Christensen *(Project Manager - LED)*

OUTFRONT MEDIA
815 Highway 169 North
Minneapolis, MN 55441
Tel.: (952) 936-9567
Fax: (952) 936-9605
Toll Free: (800) 926-8834
Web Site: www.outfrontmedia.com

Year Founded: 2014

Discipline: Out-of-Home Advertising

OUTFRONT MEDIA
1100 Abernathy Road Northeast
Atlanta, GA 30328
Tel.: (404) 699-1499
Fax: (404) 696-6558
Web Site: www.outfrontmedia.com

Year Founded: 2014

Discipline: Out-of-Home Advertising

Art Martinez *(Senior Vice President - Southeast Region)*
Lee Bolton *(Sales Director)*
Mike Nelson *(General Manager)*

OUTFRONT MEDIA
6767 North Hanley Road
Saint Louis, MO 63134
Tel.: (314) 524-0800
Fax: (314) 524-5047
Web Site: www.outfrontmedia.com

Year Founded: 2014

Discipline: Out-of-Home Advertising

Alec Russo *(Account Executive)*
Jeff Pierce *(General Manager)*

OUTFRONT MEDIA
2459 Summit Street
Kansas City, MO 64108
Tel.: (816) 421-5720
Fax: (816) 421-7269
Web Site: www.outfrontmedia.com

Year Founded: 2014

Discipline: Out-of-Home Advertising

Howard Fowler *(General Manager)*
Barbara Strickland *(Advertising Sales Account Executive)*

OUTFRONT MEDIA
4667 Somerton Road
Trevose, PA 19053
Tel.: (215) 671-8411
Fax: (215) 671-8438
Web Site: www.outfrontmedia.com

Year Founded: 2014

Discipline: Out-of-Home Advertising

Todd Jones *(Account Executive)*

OUTFRONT MEDIA
185 U.S. Highway 46 West
Fairfield, NJ 07004
Tel.: (973) 575-6900
Fax: (973) 808-8316
Web Site: www.outfrontmedia.com

Year Founded: 2014

Discipline: Out-of-Home Advertising

Jerry Artz *(General Manager, Sales)*
Jon Antal *(General Manager)*

OUTFRONT MEDIA
11233 North Stemmons Freeway
Dallas, TX 75229
Tel.: (972) 243-1100
Fax: (972) 243-3906
Web Site: www.outfrontmedia.com

Year Founded: 2014

Discipline: Out-of-Home Advertising

Tanya Lillie *(Manager, Real Estate)*
Zack Danielson *(General Manager)*

OUTFRONT MEDIA
1600 Studemont Road
Houston, TX 77007
Tel.: (713) 868-2284
Toll Free: (800) 926-8834
Web Site: www.outfrontmedia.com

Year Founded: 2014

Discipline: Out-of-Home Advertising

Jay Sitta *(General Manager)*

OUTFRONT MEDIA
635 West Michigan Street
Orlando, FL 32805
Tel.: (407) 330-3999
Fax: (407) 330-3993
Web Site: www.outfrontmedia.com

Year Founded: 2014

Discipline: Out-of-Home Advertising

Heather Osburn *(Manager, Marketing)*
Louis Giordano *(General Manager - Sales)*

OUTFRONT MEDIA
4647 Leyden Street
Denver, CO 80216
Tel.: (303) 333-5400
Fax: (303) 322-6520
Web Site: www.outfrontmedia.com

Year Founded: 2014

Discipline: Out-of-Home Advertising

Dan Scherer *(Senior Vice President - Mountains Region)*

OUTFRONT MEDIA
2640 Northwest Seventeenth Lane
Pompano Beach, FL 33064
Tel.: (954) 971-2995
Fax: (954) 972-2913
Web Site: www.outfrontmedia.com

Year Founded: 2014

Discipline: Out-of-Home Advertising

Mark Bonanni *(General Sales Director)*

PARK OUTDOOR ADVERTISING
113 Clinton Street
Binghamton, NY 13905
Mailing Address:
Post Office Box 447
Binghamton, NY 13902
Tel.: (607) 722-3451
Web Site: www.parkoutdoor.com

Discipline: Out-of-Home Advertising

Rocky Conte *(Manager, Regional Sales)*
Liz Kaminski *(Graphic Designer)*
Sam Salamida *(General Manager & Vice President)*

PARK OUTDOOR ADVERTISING
2516 Corning Road
Elmira, NY 14903
Tel.: (607) 796-0333
Fax: (607) 796-0233
Web Site: www.parkoutdoor.com

Discipline: Out-of-Home Advertising

Kerry Leipold *(Vice President & General Manager)*
Mike Sigler *(Sales Manager)*

PARK OUTDOOR ADVERTISING
2949 Chenango Road
Utica, NY 13502
Tel.: (315) 724-6138
Fax: (315) 724-1157
Web Site: www.parkoutdoor.com

Discipline: Out-of-Home Advertising

Susan Topa *(Creative Director)*
Jack Maurer *(Sales Manager)*

PATTISON OUTDOOR ADVERTISING
2700 Matheson Boulevard East
Mississagua, ON L4W 4Z9
Tel.: (905) 282-6800
Fax: (905) 465-0633
Toll Free: (800) 363-1675
Web Site: www.pattisonoutdoor.com

Discipline: Out-of-Home Advertising

Randy Otto *(President)*
Barry Wilde *(Chief Financial Officer)*
Kathy Cormier *(Vice President, Client Services)*
Bob Leroux *(Vice President & General Manager - Central Region)*
Dan Borg *(Manager, Sales - Ontario Regional)*
Shayne Hill *(Account Executive - Toronto Retail)*

PATTISON OUTDOOR ADVERTISING
359 Place Royale
Montreal, QC H2Y 2V3
Tel.: (514) 844-4200
Fax: (514) 284-4625
Web Site: www.pattisonoutdoor.com

Discipline: Out-of-Home Advertising

Dominic Loporcaro *(Vice President & General Manager - Eastern Region)*
Gaeton Bibeau *(Director, Operations - Eastern Region)*

PATTISON OUTDOOR ADVERTISING
1011 Ninth Avenue, SE
Calgary, AB T2G 0H7

Brands. Marketers. Agencies. Search Less. Find More.
Try out the online version at www.winmo.com

AGENCIES - JULY, 2020 — OUT-OF-HOME ADVERTISING AGENCIES

Tel.: (403) 770-5700
Fax: (403) 250-8787
Web Site: www.pattisonoutdoor.com

Discipline: Out-of-Home Advertising

Nicoletta McDonald (Vice President, Sales)
Sheryl Wade (Director, Administration - Prairie Region)

PEDICAB OUTDOOR
105 West Newton Street
Boston, MA 02118
Tel.: (617) 266-2003
Web Site: www.pedicaboutdoor.com

Year Founded: 2005

Discipline: Out-of-Home Advertising

Ben Morris (Chief Executive Officer)
Allan Bond (Vice President)
Jedd Davis (Experiential Marketing Director, New Business Development)
Melinda Belli (National Sales Manager - West)

PINNACLE EXHIBITS
7090 Northwest Westmark Drive
Hillsboro, OR 97124
Tel.: (503) 844-4848
Fax: (503) 844-4745
Web Site: www.pinnacle-exhibits.com

Year Founded: 1997

Discipline: Out-of-Home Advertising

Christopher Jensen (Chief Financial Officer)
Brad Hogan (President & Chief Executive Officer)
Geoff Hendricks (Director, New Business Development - Hillsboro & Irvine)

POS OUTDOOR MEDIA
2410 Dove Loop Road
Grapevine, TX 76051
Web Site: www.posoutdoor.com

Year Founded: 2007

Discipline: Out-of-Home Advertising

Philip Yurchuck (Chief Technical Officer)
Raymond Rodriguez (Co-Founder & President)
Thelma Conrado (Co-Founder, Principal & Sales Manager)

POSTERSCOPE U.S.A.
500 Woodward Avenue
Detroit, MI 48226
Tel.: (734) 736-3800
Web Site: www.posterscope.com

Year Founded: 1982

Discipline: Out-of-Home Advertising

Doug Johnston (Associate Director, Planning)
Tracy DeLonge (Supervisor)

Accounts:
General Motors Corporation

POSTERSCOPE U.S.A.
5800 Bristol Parkway
Culver City, CA 90230
Tel.: (917) 621-3257
Fax: (510) 663-5366
Web Site: www.posterscope.com

Employees: 5
Year Founded: 1982

Discipline: Out-of-Home Advertising

Craig Barber (Vice President & Director)
Kristin Sellens (Associate Director)
Melanie Zajac (Associate Director)
Tammy Shih (Associate Media Planner)
Natalie Milian (Assistant Media Planner)
Mary Park (Assistant Media Planner)
Lawson Kelly (Assistant)

POSTERSCOPE U.S.A.
150 East 42nd Street
New York, NY 10017
Tel.: (917) 677-3032
Web Site: www.posterscope.com

Employees: 12
Year Founded: 1982

Discipline: Out-of-Home Advertising

Sandy Lee (Chief Financial Officer)
Christian Vollerslev (President)
Tara Kuminski (Senior Vice President & Head - D1 INK)
Marc Bartholomew (Vice President & Group Director)
Jessica Freely (Vice President & Group Director)
Maisie Wong (Associate Media Director)
Mindy Zonis (Director)
Thomas Carr (Associate Director)
Gianine Hall (Associate Director)
Emily Scopinich (Director, Client Management)
Samantha Bisignano (Associate Director)
Lauren Doyle (Associate Director, Production - D1 INK)
Shari Kram (Associate Director, Data & Insights)
Ashley Metcalfe (Director, Growth)
Mara Carolan (Account Director)
Teresa DeVera (Associate Director)
Faran Efromovich (Associate Director)
Patrick Cirelli (Director, International Delivery - Liveposter)
Leslie Steiger (Creative Director - Liveposter)
Haylee Cotta (Supervisor)
Jacqlyn Roberts (Supervisor)
Russell Pober (Supervisor)
Amy Feng (Associate Media Planner)
Julia Quigley (Associate)
Cristal Hernandez (Project Manager)
Annie Valls (Assistant Media Planner)
Madison Napoli (Assistant Media Planner)
Melissa Ali (Media Planner)
Caroline Sullivan (Assistant, Planning & Investment)
Brian Gentoso (Associate Media Planner)
Emma Winburne (Planning Assistant)
Riley Rhodes (Assistant Media Planner)
Christian Ferro (Associate OOH Planner)
Mark Halpert (Traffic Associate)
Simon Hynkemeier Olesen (Associate)
Talia Garti (Associate)
Martin Porter (Senior Vice President & Managing Director - OOH)

Accounts:
Anheuser-Busch Companies, Inc.
Diageo North America
General Motors Corporation
LVMH, Inc.
Microsoft Corporation
Pfizer
The Procter & Gamble Company

Viagra

PROJECT X
One Whitehall Street
New York, NY 10004
Web Site: www.pjxmedia.com

Year Founded: 2010

Discipline: Out-of-Home Advertising

John Laramie (Founder & Chief Executive Officer)
Josh Warrum (Co-Founder & Chief Operating Officer)
Hallie Friedman (Director, Global Client Development & Strategic Insights)
Amanda Bingham (Director, Strategic Insights & Global Client Development)
Pete Anderson (New Business Director)
Justin Symons (Group Director)
Jacqueline Callaghan (Associate Director)
Kaytee Clements (Director, Operations)
Ruben Flores (Senior Account Manager)
Lacey Howard (Production Manager)
Joseph Fernandez (Production Manager)
Kate Wiens (Account Executive)
Kerry Hightower (Senior Account Executive)

RAPPORT OUTDOOR WORLDWIDE
100 West Thirty Third Street
New York, NY 10001
Tel.: (646) 808-1282
Web Site: www.rapportww.com

Discipline: Out-of-Home Advertising

Mike Cooper (Global President & Chief Executive Officer)
Molly McCarthy (Vice President, Production)
Jackie Elliot (Media Director)
Frank Guerriero (Associate Media Director)
John Coffaro (Operations Manager)
Rose Milgrom (Studio Production Manager)
Ashley Weiss (Project Manager)
Andrew Weinstein (Senior Account Executive)
Nicole Casey (Junior Account Executive)

RAPPORT OUTDOOR WORLDWIDE
444 North Michigan Avenue
Chicago, IL 60611
Tel.: (312) 799-4163
Web Site: www.rapportww.com

Discipline: Out-of-Home Advertising

Bethany Peters (Director, Experience Analytics)
Jeffrey Loach (Associate Director, Analytics Enablement)
Angela Onken (Senior Senior Executive & Marketing Executive)
Chris Foltyn (Account Supervisor)

RAPPORT OUTDOOR WORLDWIDE
205 Hamilton Row
Birmingham, MI 48009
Tel.: (586) 753-8642
Web Site: www.rapportww.com

Discipline: Out-of-Home Advertising

Jill Rothenhauser (Group Director)

Brands. Marketers. Agencies. Search Less. Find More.
Try out the online version at www.winmo.com

556

OUT-OF-HOME ADVERTISING AGENCIES

Megan Kennedy *(Senior Account Executive)*
Morgan Wilson *(Senior Account Executive)*

Accounts:
The Coca-Cola Company

RAPPORT OUTDOOR WORLDWIDE
5700 Wilshire Boulevard
Los Angeles, CA 90036
Tel.: (323) 370-8710
Web Site: www.rapportww.com

Discipline: Out-of-Home Advertising

Laura Brandes *(Associate Media Director)*
Cristina Parker *(Associate Media Director)*
Nicole Enriquez *(Account Executive)*
Alyssa Fedak *(Account Supervisor)*
Alexandra Stark *(Account Executive)*
Annalecia Caires *(Junior Account Executive)*

Accounts:
California Avocado Commission
Netflix
Zillow, Inc.

REAGAN OUTDOOR ADVERTISING
1775 North Warm Springs Road
Salt Lake City, UT 84116
Tel.: (801) 521-1775
Fax: (801) 521-9741
Web Site: www.reaganusa.com

Year Founded: 1965

Discipline: Out-of-Home Advertising

Dewey Reagan *(President & General Manager)*
Landon Farnsworth *(Chief Financial Officer)*
Melanie Uriarte *(Art Director)*
Justin McIlvain *(Manager, Local Sales)*
Guy Larson *(Real Estate Manager)*
Frances Reagan *(Managing Director, Sales)*

REAGAN OUTDOOR ADVERTISING
7301 Burleson Road
Austin, TX 78744
Tel.: (512) 926-7740
Fax: (512) 926-3843
Web Site: www.reaganoutdoor.com

Year Founded: 1965

Discipline: Out-of-Home Advertising

Billy Reagan *(Founder & President)*
Doug Lister *(Director, Real Estate)*
Karen Goumakos *(Manager, Sales)*
Gregg Speichinger *(Manager, Local Sales)*

RENFROE OUTDOOR
4611 Ivey Drive
Macon, GA 31206
Tel.: (478) 745-7111
Fax: (478) 314-0752
Web Site: www.renfroeoutdoor.com

Discipline: Out-of-Home Advertising

Jed Renfroe *(President)*
William Fryar *(Manager, Operations)*

RX EDGE MEDIA NETWORK
111 Water Street
East Dundee, IL 60118
Tel.: (847) 437-5300
Toll Free: (800) 783-7171
Web Site: www.rx-edge.com

Year Founded: 2000

Discipline: Out-of-Home Advertising

Jim O'Dea *(Chairman)*
Kathleen Bonetti *(Executive Vice President, Marketing)*
Mike Byrnes *(Executive Vice President, Sales)*
Julie Hogrefe *(Art Director)*

SAUNDERS OUTDOOR ADVERTISING
1764 West 2900 South
Ogden, UT 84401
Tel.: (801) 621-2350
Fax: (801) 621-0962
Web Site: www.saundersoutdoor.com

Discipline: Out-of-Home Advertising

Gary Saunders *(President & Art Director)*
Ryan Saunders *(Vice President)*
Rob Saunders *(General Sales Manager)*

SCREENVISION
1411 Broadway
New York, NY 10018
Tel.: (212) 497-0400
Fax: (212) 497-0500
Web Site: www.screenvision.com

Employees: 15

Discipline: Out-of-Home Advertising

John McCauley *(Executive Vice President & Chief Marketing Officer)*
John Partilla *(Chief Executive Officer)*
Katy Loria *(Executive Vice President & Chief Revenue Officer)*
Darryl Schaffer *(Executive Vice President, Operations & Exhibitor Relations)*
Christine Martino *(Executive Vice President, National Advertising Sales)*
John Marmo *(Vice President, Digital Training & Compliance)*
Christopher Smith *(Senior Graphic Artist)*
Andrew Garbarino *(Director, Marketing & Corporate Events)*
Craig Callahan *(Digital Asset Manager)*
Katherine Klagholz *(Marketing Coordinator)*

SECURITYPOINT MEDIA
11201 Corporate Circle North
Saint Petersburg, FL 33716
Tel.: (813) 345-4002
Toll Free: (877) 599-1400
Web Site: www.securitypointmedia.com

Discipline: Out-of-Home Advertising

Joseph Ambrefe *(President & Chief Executive Officer)*
Lisa Smithson *(Chief Financial Officer)*
Douglas Linehan *(Vice President, National Sales)*

SHERWOOD OUTDOOR, INC.
745 Fifth Avenue
New York, NY 10151
Tel.: (212) 980-8000
Fax: (212) 980-8109
Web Site: www.sherwoodoutdoor.com

Discipline: Out-of-Home Advertising

Jeffrey Katz *(Chief Executive Officer, Principal & Owner)*
Brian Turner *(President)*
Jared Gramstrup *(Executive Vice President)*

Accounts:
Oberto Brands

SHOW & TELL PRODUCTIONS, INC.
307 Seventh Avenue
New York, NY 10001
Tel.: (212) 489-6100
Fax: (212) 489-6109
Web Site: www.showandtell.com

Discipline: Out-of-Home Advertising

Philip Lenger *(President & Founder)*
Warren Levy *(Executive Vice President, Sales)*

SIGNATURE GRAPHICS
1000 Signature Drive
Porter, IN 46304
Tel.: (219) 926-4994
Fax: (219) 926-7231
Toll Free: (800) 356-3235
Web Site: www.signaturegraph.com

Year Founded: 1986

Discipline: Out-of-Home Advertising

Tim Guse *(Chief Executive Officer)*
Steve Whitaker *(Executive Vice President, Sales)*
Andy Bagley *(Account Representative)*

STEEP CREEK MEDIA
1036 First Street East
Humble, TX 77338
Tel.: (281) 962-4390
Fax: (281) 540-8872
Web Site: www.steepcreekmedia.com

Discipline: Out-of-Home Advertising

Cynthia Calvert *(Owner & Chief Executive Officer)*
Wilson Calvert *(Director, Operations)*
Payton Morris *(Manager, Sales & Marketing)*

STOREBOARD MEDIA LLC
360 Lexington Avenue
New York, NY 10017
Tel.: (212) 682-3300
Fax: (212) 682-4047
Web Site: www.storeboards.net

Discipline: Out-of-Home Advertising

Charlie Williams *(Executive Vice President)*
Melissa Gerard Ross *(Senior Account Director)*
Caroline Kelso *(Director, Operations)*

SWING MEDIA
7421 Beverly Boulevard
Los Angeles, CA 90036
Tel.: (323) 936-3000
Web Site: www.swingmediaoutdoor.com

Brands. Marketers. Agencies. Search Less. Find More.
Try out the online version at www.winmo.com

Discipline: Out-of-Home Advertising

Jason Swing *(Co-Founder & Chief Executive Officer)*
Majd Elias *(President)*
Mekela Swing *(Director, Sales)*
Edda Candelas-Elias *(Director, Social Media)*

TALON OUTDOOR
584 Broadway
New York, NY 10012
Tel.: (646) 387-9590
Web Site: www.talonoutdoor.com

Year Founded: 2007

Discipline: Out-of-Home Advertising

Jim Wilson *(Chief Executive Officer - U.S.)*
Irina Zeltser *(Managing Director)*

THE BUNTIN GROUP
230 Willow Street
Nashville, TN 37210
Tel.: (615) 244-5720
Fax: (615) 256-5539
Web Site: www.buntingroup.com

Employees: 100
Year Founded: 1972

Discipline: Creative/Advertising, Out-of-Home Advertising

Jeffrey Buntin, Jr. *(President & Chief Executive Officer)*
Kathy Canady *(Executive Vice President & Chief Insights Officer)*
Dave Damman *(EVP, Managing Director & Chief Creative Officer)*
Tom Cocke *(Group Partner, Creative & Senior Vice President)*
Erin Halpin *(VP, Chief Community Officer)*
Mark Young *(Executive Vice President & Managing Director, Out of Home Media & GeoTrak HyperLocal Media)*
Brian Harkness *(Executive Vice President, Strategic Initiatives & Director, Operations)*
Ben Thomas *(Executive Vice President, Media & Innovation)*
Jon Carmack *(Executive Vice President, Operations & Technology)*
Ray Reed *(Executive Vice President & Creative Director)*
Geoffrey Lysaught *(EVP, Managing Director/Brand Performance)*
Tom Irvin *(Executive Vice President & Director, Finance Services)*
Tom Gibney *(Senior Vice President & Director, Content Production)*
Liz Diekman *(Senior Vice President & Group Brand Director)*
Alex Plewinski *(Senior Vice President & Group Account Director)*
Danna Grigson *(Vice President, Channel Engagement & Director)*
Jeff Parson *(Vice President & Group Digital Creative Director)*
Bryan Kemp *(Vice President, Channel Engagement Director)*
Erica Huss *(Vice President & Brand Director)*
David Kelleher *(Vice President & Management Supervisor, Out-of-Home Media)*
Erin Coors *(Vice President & Director, Agency Communications & Administration)*
Becky Benson *(Vice President & Brand Director, Regional Marketing)*
Christine Poss *(Vice President, Brand Integration)*
Kevin May *(Vice President, Controller & Director, Billing)*
Katie McAfee *(Associate Director, Field Management)*
Emily Wurz *(Associate Brand Director)*
Jessi Olson *(Brand Director)*
Sarah Fink *(Associate Brand Director)*
Don Bailey *(Senior Art Director)*
Joe Botich *(Director, Channel Engagement)*
Mallory Bradley *(Associate Brand Director)*
Marissa Harkai *(Associate Director, Workflow)*
Katie Hewson *(Brand Manager)*
Suzanne Palmer *(Manager, Channel Engagement)*
Whitney Sutton *(Print Production Manager)*
Elizabeth Sova *(Senior Brand Manager - CITGO & Hoosier Lottery)*
Paige Shafrath *(Producer, Content)*
Zach Frost *(Senior Strategist, Channel)*
Kacey Bundy *(Coordinator, Broadcast & Print Traffic)*
Ashley Jackson *(Channel Activation Specialist)*
Kaitlyn Wallace *(Channel Strategist - CITGO, Hutamaki & Chinet)*
Scott Teisch *(Specialist, Channel Activation)*

Accounts:
Bass Pro Shops, Inc.
Brookdale Senior Living
Cabela's
Chinet
CITGO Citguard Motor Oil
CITGO Lithoplex Greases
CITGO Lubricants
CITGO Pacemaker Gas Engine Oil
CITGO Petroleum Corporation
CITGO Superguard Motor Oils
CITGO Transguard
Clarion Lubricants
Coca-Cola Bottling Company Consolidated
Cracker Barrel Old Country Store
Genesco, Inc.
Hoosier Lottery
Huhtamaki Americas, Inc.
John Deere Licensed Products
Kentucky Lottery Corporation
Logan's Roadhouse, Inc.
Mystik
Outback Steakhouse, Inc.
Perkins Restaurant & Bakery
Servpro Industries, Inc.
Stillhouse Spirits
Tennessee Education Lottery Corporation
Tracker Boats
Trex Company, Inc.
Tropical Smoothie Cafe
TVA
Twitter, Inc.

TRUE IMPACT MEDIA
2028 East Ben White Boulevard
Austin, TX 78741
Toll Free: (800) 878-3156
Web Site: trueimpactmedia.com

Discipline: Out-of-Home Advertising

Michael Marston *(Chief Executive Officer)*
Ryan Bohn *(Senior Vice President, Sales)*
Lisa Hernandez-Bobrow *(Director, Strategic Partnerships)*
Q Beck *(Head, Business Development & Emerging Technology)*
Max Birnbaum *(Senior Account Executive)*

UNIFLEX, INC.
1600 Calebs Path Extension
Happauge, NY 11788
Tel.: (516) 932-2000
Fax: (516) 932-3129
Toll Free: (800) 223-0564
Web Site: uniflexbags.com

Year Founded: 1963

Discipline: Out-of-Home Advertising

Rob Cunningham *(President)*
Michael Burger *(Sales Representative)*

VAN WAGNER COMMUNICATIONS
800 Third Avenue
New York, NY 10022
Tel.: (212) 699-8400
Fax: (212) 986-0927
Web Site: www.vanwagner.com

Discipline: Out-of-Home Advertising

Richard Schaps *(Chief Executive Officer)*
Bob Becker *(Executive Vice President, Van Wagner BSN Productions)*
Michael Palisi *(Executive Vice President)*
Jessica Mudry *(Vice President, Development & Operations)*
Liza Villafane *(Vice President, Human Resources)*
Evan Gitomer *(Vice President, Premium Ticketing)*

VAN WAGNER SPORTS GROUP
800 Third Avenue
New York, NY 10022
Tel.: (212) 699-8600
Web Site: www.dornausa.com

Discipline: Out-of-Home Advertising

William Barbera *(Executive Vice President, Sales)*
Andrew Papaefthemiou *(General Manager, Sponsorships - FIU Athletics)*

VECTOR MEDIA
560 Lexington Avenue
New York, NY 10022
Tel.: (212) 557-9405
Fax: (212) 953-2222
Web Site: www.vectormedia.com

Year Founded: 1998

Discipline: Out-of-Home Advertising

Marc Borzykowski *(Chief Executive Officer)*
Gary Greenstein *(Chief Revenue Officer)*
Chad Silver *(Chief Operating Officer)*
Daniel Dorato-Hankins *(Chief Technology Officer)*
Jim MacCurtain *(Chief Strategy Officer)*
Chris Serino *(Executive Vice President, Sales)*
Justin Steinfelder *(Vice President - Strategic Partnerships)*
Arielle Garti *(Director, Sales Operations)*
Lynn McGinness Bilotto *(Director, Human Resources)*
James Moretti *(Account Manager - National)*
Lisa Staryak *(Manager, Photography - National & Senior Coordinator - Marketing)*
Ron Kroschwitz *(Manager, Market)*
Meaghan Marrese *(Account Executive - National)*

OUT-OF-HOME ADVERTISING AGENCIES

WATCHFIRE SIGNS
1015 Maple Street
Danville, IL 61832
Tel.: (217) 442-0611
Fax: (217) 442-1020
Toll Free: (800) 637-2645
Web Site: www.watchfiresigns.com/

Year Founded: 1932

Discipline: Out-of-Home Advertising

Steve Harriott *(President & Chief Executive Officer)*
Darrin Friskney *(Vice President, Outdoor Advertising Sales & Marketing)*

WIRESPRING
2900 West Cypress Creek Road
Fort Lauderdale, FL 33309
Tel.: (954) 548-3300
Fax: (954) 548-3301
Toll Free: (800) 989-9269
Web Site: www.wirespring.com

Discipline: Out-of-Home Advertising

Bill Gerba *(Chief Executive Officer)*
Jeremy Zaretzky *(President & Co-Founder)*
Michael Smith *(Vice President, Sales & Marketing)*

YESCO OUTDOOR MEDIA
2401 South Foothill Drive
Salt Lake City, UT 84109
Tel.: (801) 464-4600
Fax: (801) 483-0998
Web Site: www.yesco.com

Year Founded: 1920

Discipline: Out-of-Home Advertising

Warren Strong *(Chief Information Officer)*
Michael Young *(President & Chief Executive Officer)*
Joshua Young *(President - YESCO Franchising)*
Tony Hull *(President - YESCO Financial Solutions)*
Paul Young *(Executive Vice President)*
Paul Bradley *(Vice President, Human Resources)*
Annette Gaddis *(Vice President, Marketing)*

YESCO OUTDOOR MEDIA
5119 South Cameron Street
Las Vegas, NV 89118
Tel.: (702) 876-8080
Fax: (702) 944-4500
Web Site: www.yesco.com

Year Founded: 1920

Discipline: Out-of-Home Advertising

Steve Jones *(President- Salt Lake Office)*
Rick Juleen Jr. *(Vice President, Business Development & Special Projects)*
Judd Williams *(Vice President, Service)*
Phil Rosati *(Information Technology Director)*
Francisco Perez *(Outdoor Interactive LCD Sales Operation Support)*

ZOOM MEDIA
345 Seventh Avenue
New York, NY 10001
Tel.: (212) 685-7981
Fax: (212) 634-0041
Web Site: www.zoommedia.com

Employees: 30
Year Founded: 1991

Discipline: Out-of-Home Advertising

Thomas Link *(Senior Executive Vice President, Sales & Marketing)*
Dave Marcou *(Senior Vice President, Business Development)*
Gabe Hudson *(Senior Vice President, Sales)*
Kristen DiMarco Hayden *(Senior National Account Director)*
James Stephens *(National Account Executive)*

Accounts:
24 Hour Fitness Worldwide, Inc.

ZOOM MEDIA
205 West Wacker Drive
Chicago, IL 60606
Tel.: (312) 492-7871
Fax: (312) 492-7874
Web Site: www.zoommedia.com

Year Founded: 1991

Discipline: Out-of-Home Advertising

Anne Fiedel *(Senior Director, Strategy & Marketing)*
Arthur White *(Director, Integrated Experiences)*
Philip Donahue *(National Account Executive)*
Laura Rodriguez *(National Account Executive)*

Brands. Marketers. Agencies. Search Less. Find More.
Try out the online version at www.winmo.com

PRODUCTION AGENCIES

2C MEDIA, INC.
12550 Biscayne Boulevard
Miami, FL 33181
Tel.: (305) 672-8229
Web Site: www.2c.tv

Discipline: Production

Chris Sloan *(Co-President & Executive Creative Director)*
Carla Kaufman-Sloan *(Co-President & Executive Producer)*

ACTIVE INTEREST MEDIA
5720 Flat Iron Parkway
Boulder, CO 80301
Tel.: (303) 253-6301
Fax: (310) 356-4110
Web Site: www.aimmedia.com/

Year Founded: 2003

Discipline: Production

Michael Henry *(Chief Operating Officer & Chief Financial Officer)*
Andrew Clurman *(President & Chief Executive Officer)*
Tom Winsor *(Group President - Equine Network)*
Gary DeSanctis *(Group President - AIM Marine Group)*
Peter Miller *(Group President - Home Group)*
Pete Sheinbaum *(Senior Vice President, Digital Media)*
Sharon Houghton *(Vice President & General Manager)*
Brian Brigman *(Integrated Sales Director - Midwest & East)*
Austin Vosler *(Senior Group Marketing Director)*
Jonathan Dorn *(Founder & Managing Director, NatuRx)*
Andrea Kupfer *(Managing Director - Catapult Creative Labs)*

ALLIED PIXEL
77 West Baltimore Pike
Media, PA 19063
Tel.: (610) 892-7970
Web Site: www.alliedpixel.com

Year Founded: 2008

Discipline: Production

Bill Haley *(President & Founder)*
Pete Bretz *(Director, Technology)*

BISCUIT FILMWORKS
7026 Santa Monica Boulevard
Los Angeles, CA 90038
Tel.: (323) 856-9200
Web Site: www.biscuitfilmworks.com

Discipline: Production

Rachel Glaub *(Head, Production)*
Holly Vega *(Executive Producer)*
Diana Chammas *(Production Manager)*
Anna Leonardi *(Staff Production Coordinator)*
Molly Gilula *(Commercial Production Coordinator)*
Shawn Lacy *(Partner & Managing Director)*

BROLIK PRODUCTIONS
990 Spring Garden Street
Philadelphia, PA 19123
Tel.: (267) 297-8421
Fax: (267) 297-8422
Web Site: www.brolik.com

Year Founded: 2004

Discipline: Production

Jason Brewer *(Chief Executive Officer)*
Matthew Sommer *(Chief Strategy Officer)*
Alex Caldwell *(Creative Director)*
Kierston Anderson *(Strategist, Marketing)*
Jason Monte *(Senior Account Executive)*
Bryce Liggins *(Director, Marketing Strategy)*

BULLITT
447 South Hewitt Street
Los Angeles, CA 90013
Tel.: (424) 433-4000
Web Site: www.bullittbranded.com

Discipline: Production

Todd Makurath *(President & Chief Executive Officer)*
Allison Amon *(Executive Vice President, Sales & Development)*
Luke Ricci *(Executive Producer)*

CDFB
55 Water Street
New York, NY 10041
Tel.: (212) 924-4410
Web Site: sandboxstudio.com

Year Founded: 1992

Discipline: Production

Thomas Strollo *(Global Leader, CreativeDrive - Fashion & Beauty & Co-Founder)*
Davia de Croix *(Executive Creative Director - CDFB)*
Jamie Antonelli *(Post Production Manager - Fashion & Beauty)*

CHARLIEUNIFORMTANGO
1722 Routh Street
Dallas, TX 75201
Tel.: (214) 922-9222
Fax: (214) 922-9227
Web Site: www.charlietango.com

Employees: 25
Year Founded: 1995

Discipline: Production

Lola Lott *(Founder, President & Chief Executive Officer)*
Mary Alice Butler *(Executive Producer)*
Jeff Elmore *(Executive Producer)*

CINECRAFT PRODUCTIONS, INC.
2515 Franklin Boulevard
Cleveland, OH 44113
Tel.: (216) 781-2300
Fax: (216) 781-1067
Web Site: www.cinecraft.com

Year Founded: 1939

Discipline: Production

Neil McCormick *(Chairman)*
Daniel Keckan *(Chief Executive Officer)*
Maria Keckan *(President & Chief Financial Officer)*

CLARY FLEMMING & ASSOCIATES
1356 Bedford Highway
Bedford, NS B4A 1E2
Tel.: (902) 835-9990
Fax: (902) 835-7036
Web Site: www.claryflemming.com

Employees: 6
Year Founded: 1971

Discipline: Production

Clary Flemming *(Owner)*
Darcy MacPhail *(Manager, Digital Services)*

COOLFIRE STUDIOS
1101 Lucas Avenue
Saint Louis, MO 63101
Tel.: (314) 300-6502
Web Site: www.coolfire.com

Discipline: Production

David Johnson *(President & Executive Producer)*
Jeff Keane *(Chief Executive Officer & Executive Producer)*
Jeremy Corray *(Vice President, Digital Entertainment)*
Steve Luebbert *(Vice President, Development)*

Accounts:
Cepia, LLC

CRAFT WW
622 Third Avenue
New York, NY 10017
Tel.: (646) 865-2300
Web Site: www.craftww.com

Year Founded: 1987

Discipline: Production

Ed Powers *(Chief Executive Officer)*
Craig Smith *(Chief Information Officer)*
Shay Fu *(Executive Vice President & Head, Global Operations)*
Lena Eng *(Senior Vice President, Integrated Operations)*

CREATIVE CIVILIZATION - AN AGUILAR / GIRARD AGENCY
1100 Northwest Loop 410
San Antonio, TX 78213

Brands. Marketers. Agencies. Search Less. Find More.
Try out the online version at www.winmo.com

AGENCIES - JULY, 2020 — PRODUCTION AGENCIES

Tel.: (210) 227-1999
Fax: (210) 227-5999
Web Site: www.ccagency.com

Employees: 20
Year Founded: 1999

Discipline: Production

Adolfo Aguilar *(Chairman & Chief Executive Officer)*
Gisela Girard *(President & Chief Strategy Officer)*

Accounts:
Conexion
Kaiser Family Foundation
San Antonio Express
San Antonio Spurs, Ltd.
University Health System

EDIT1
369 Lexington Avenue
New York, NY 10017
Tel.: (212) 682-0900
Fax: (212) 682-8900
Web Site: www.edit1.tv

Year Founded: 2001

Discipline: Production

Michael Zimbard *(Owner, Executive Creative Director & President)*
Michael Donovan *(Executive Producer)*
Dan Fuerst *(Producer)*

EFX MEDIA
2300 South Ninth Street
Arlington, VA 22204
Tel.: (703) 486-2303
Web Site: www.efxmedia.com

Employees: 45
Year Founded: 1983

Discipline: Production

Jim Franco *(Co-Founder & Chief Executive Officer)*
Bruce Dixon *(Chief Technology Officer & Vice President)*
Joe Gross *(Chief Operating Officer & Executive Producer)*
David Kristiansen *(Editor, Avid Media Composer Video & Designer - After Effects)*
Kevin Schmitt *(Art Director & Director, Interactive Services)*
Julianne Otto *(Producer, Video & Interactive)*
Marc Magram *(Senior Editor)*

ELEMENT PRODUCTIONS
316 Stuart Street
Boston, MA 02116
Tel.: (617) 779-8808
Web Site: www.element.cc

Year Founded: 1998

Discipline: Production

Eran Lobel *(Chief Executive Officer & Executive Producer)*
Kristen Kearns *(Chief Operating Officer & Executive Producer)*
Matthew O'Rourke *(Executive Producer)*
Jessica Wade *(Creative Manager)*
Emily Pacillo *(Production Coordinator)*
Julia Keefe *(Account Coordinator)*

GENTLEMAN SCHOLAR
3107 South La Cienega Boulevard
Los Angeles, CA 90016
Tel.: (310) 593-2988
Web Site: www.gentlemanscholar.com

Year Founded: 2010

Discipline: Production

Taylor Shortall *(Social Media Director)*
Chris Finn *(Director & Associate Creative Director)*
Tyler Locke *(Head, Production)*
Michael Tavarez *(Associate Creative Director)*
Macauley Johnson *(Associate Creative Director)*
CJ Sustello *(Social & Marketing Strategist)*
Jacqueline Boubion *(Creative Resources Manager)*
Seth Gantman *(Senior Producer)*
Kevin Jones *(Producer)*
Michael Alverado *(Production Assistant)*
Lian Pourkazemi *(New Business Coordinator)*
Jo Arghiris *(Managing Director)*

GOLDFARB WEBER CREATIVE MEDIA
The Caxton Building, Suite 500
Cleveland, OH 44115
Tel.: (216) 241-7200
Web Site: gwcreative.com

Year Founded: 1972

Discipline: Production

Tony Weber *(Chief Executive Officer)*
Ron Goldfarb *(President)*

HAMMER CREATIVE, INC.
1020 North Cole Avenue
Hollywood, CA 90038
Tel.: (323) 606-4700
Web Site: www.hammercreative.com

Year Founded: 2003

Discipline: Production

Mark Pierce *(Founder & President)*
Scott Hayman *(Chief Operating Officer)*
Brett Hocker *(Creative Director)*

HEY WONDERFUL
634 North La Peer Drive
Los Angeles, CA 90069
Tel.: (310) 360-2215
Web Site: www.heywonderful.com

Year Founded: 2016

Discipline: Production

Michael Di Girolamo *(Founder & Managing Director)*
Sarah McMurray *(Partner & Executive Producer)*
Matthew Holt *(Production Designer)*

KINGSTAR DIRECT, INC.
Three Tank House Lane
Toronto, ON M5A 3C4
Tel.: (416) 869-0631
Fax: (416) 869-0641
Web Site: www.kingstarmedia.com

Year Founded: 2003

Discipline: Production

Ed Crain *(President & Chief Executive Officer)*

Kiran Ghai *(Controller)*

LORD DANGER
1642 North Cahuenga Boulevard
Los Angeles, CA 90028
Tel.: (323) 800-2216
Web Site: www.lorddanger.com

Year Founded: 2011

Discipline: Production

Josh Shadid *(Chief Executive Officer & Executive Producer)*
Lena Kazer *(Director, Business Development)*

LOS FELIZ AIRLINES
1530 Poppy Peak Road
Pasadena, CA 91105
Tel.: (323) 839-4489
Web Site: www.losfelizairlines.com

Year Founded: 2016

Discipline: Production

Bela Temesvary *(Managing Member & Founder)*
Steve Galichinski *(Founder)*
Francine Weiner *(Producer)*

MADISON MEDIA GROUP
20 Waterslide Plaza
New York, NY 10010
Tel.: (646) 248-2121
Web Site: madisonmedia.tv

Year Founded: 2013

Discipline: Production

Afsaneh Berjis *(Founder & Chief Executive Officer)*
Venessa Merrin *(Director, Business Operations & Production)*

MALKA
75 Montgomery Street
Jersey City, NJ 07302
Tel.: (201) 683-3930
Web Site: malkamedia.com

Year Founded: 2013

Discipline: Production

Louis Krubich *(Founder & Chief Executive Officer)*
Jeff Frommer *(Co-Founder & President)*
Thomas McGrath *(Director, Partnerships)*
Mike Mahon *(Creative Director)*
Fred Tessier *(Brand Partnerships Manager)*
Austin Kaplan *(Client Development)*
Wesley Deimling *(Video Editor)*
Melissa Heber *(Producer)*

Accounts:
Fathom Events

MASS APPEAL
428 Broadway
New York, NY 10013
Web Site: massappeal.com

Year Founded: 1996

Discipline: Production

Rob Kenner *(Executive Editor)*
Jon Colclough *(Director, Brand Partnerships & Strategy)*

562

PRODUCTION AGENCIES

Harrison Corwin *(Director, Digital Video & Strategy)*
Brette Graber *(Director, Integrated Programs)*
Daniel Levin *(Director)*
Phoenix Maulella *(Associate Producer)*
Jessica McGuire *(Production Coordinator)*

MJM PRODUCTIONS
440 King Street West
Hamilton, ON L8P 1B7
Tel.: (905) 529-9901
Fax: (905) 529-6322
Web Site: www.mjm-productions.com

Employees: 9
Year Founded: 1982

Discipline: Production

Approx. Annual Billings: $1.00

Mike McCurlie *(President & Creative Director)*
Laurie McCurlie *(Chief Executive Officer)*
Bill Crocker *(Senior Editor)*

MOB SCENE
5750 Wilshire Boulevard
Los Angeles, CA 90036
Tel.: (323) 648-7200
Web Site: www.mobscene.com

Year Founded: 2006

Discipline: Production

Mitchell Rubinstein *(Chief Operating Officer)*
John Zaffarano *(President, Global Creative, Digital & Brand)*
Cary Sachs *(Executive Vice President, Broadcast & Streaming)*
Josh Berger *(Vice President, Creative Content & Executive Producer)*
Brian Chacon *(Vice President, Technology)*
Dannielle Dormer *(Executive Producer & Vice President, Production)*
Nick Wakefield *(Vice President & Creative Director, Broadcast & Streaming)*
Graciela Del Toro *(Vice President, Creative Operations)*
Adam Vadnais *(Vice President, Social & Digital)*
Matt McDonald *(Creative Director)*
Will Ragland *(Creative Director)*
Candy Moo *(Community Manager)*

MOTHERSHIP
12641 Beatrice Street
Los Angeles, CA 90066
Tel.: (310) 664-3929
Fax: (310) 664-3932
Web Site: www.mothership.net

Discipline: Production

Rich Flier *(President, Advertising & Games)*
Miguel Ortega *(Commercial Director)*

O POSITIVE FILMS
48 West 25th Street
New York, NY 10010
Tel.: (212) 557-7000
Web Site: opositivefilms.com

Year Founded: 2007

Discipline: Production

Ralph Laucella *(Co-Founder & Executive Producer)*

Marc Grill *(Partner & Executive Producer)*

PRODUCT CREATION STUDIO
425 West Lake Avenue North
Seattle, WA 98109
Tel.: (206) 297-7200
Fax: (206) 297-7201
Web Site: www.productcreationstudio.com

Year Founded: 1999

Discipline: Production

Cameron Smith *(Founder & Chief Executive Officer)*
Scott Thielman *(Founder & Chief Technology Officer)*
Rich Roberge *(Vice President, Business Development)*
Blake Stancik *(Vice President, Operations)*
Jenn Manus *(Manager, Operations & Human Resources)*
Wendy Discher *(Finance & Accounting Manager)*
Kadee Gray *(Marketing Manager)*

RED THREAD PRODUCTIONS
333 Park Avenue South
New York, NY 01101
Tel.: (212) 367-7100
Fax: (212) 228-6209
Web Site: www.redthreadproductions.com

Discipline: Production

Nadine Licostie *(Principal, Executive Producer & Director)*
Connie Grazia *(Principal, Executive Producer & Director)*
Melissa Doyle *(Creative Director & Writer)*

REDTREE PRODUCTIONS
661 Boylston Street
Boston, MA 02116
Tel.: (617) 859-7322
Fax: (617) 859-7121
Toll Free: (800) 237-6886
Web Site: www.redtreeprod.com

Year Founded: 1992

Discipline: Production

R.J. Casey *(Owner & President)*
Haley McHatton *(Coordinator, Staff)*

Accounts:
Jim Beam

RUNNING SUBWAY
70 West 40th Street
New York, NY 10018
Tel.: (646) 619-8600
Fax: (646) 366-8110
Web Site: www.runningsubway.com

Discipline: Production

James Sanna *(President & Chief Executive officer)*
Joshua Rosenblum *(Executive Vice President & Producer)*

SECRET LOCATION
134 Peter Street
Toronto, ON M5V 2H2
Tel.: (416) 646-2400
Web Site: secretlocation.com

Year Founded: 2008

Discipline: Production

Ryan Andal *(President & Co-Founder)*
John Cumming *(Senior Vice President, Technology)*
Erin Ackerman *(Art Director)*
Noora Abu Eitah *(Executive Producer & Head, Production Services)*
Laurinda Shaver *(Producer - Vusr)*
Josh Maldonado *(Producer)*

Accounts:
Entertainment One

SECRET LOCATION
4641 Leahy Street
Culver City, CA 90232
Tel.: (310) 746-4875
Web Site: www.secretlocation.com

Discipline: Production

Baba Uppal *(Senior Vice President, Strategy & Business Development)*
Michael Masukawa *(Manager, Strategy & Business Development)*

SPRING STUDIOS
6 Saint Johns Lane
New York, NY 10013
Tel.: (212) 257-5600
Web Site: www.springstudios.com

Year Founded: 1997

Discipline: Production

Tom Punch *(Global President & Chief Creative Officer)*
Jessica Melkerson *(Senior Event Producer)*
Alex Carr *(Junior Media & Content Strategist)*
Carly Antle *(Venue Producer)*
Megan Conway *(Associate Creative Director)*
Lindsey Lam *(Marketing & Sales Associate)*
Britt Moore *(Agency Coordinator)*

THE MILL
3233 South La Cienega Boulevard
Los Angeles, CA 90016
Tel.: (310) 566-3111
Fax: (310) 566-3144
Web Site: www.themill.com

Year Founded: 1990

Discipline: Production

Josh Mandel *(President)*
Lisha Tan *(Creative Director)*
Tawfeeq Martin *(Manager, Technical Innovations)*

THE RESERVE LABEL
Post Office Box 361522
Los Angeles, CA 90036
Tel.: (310) 963-5215
Web Site: www.thereservelabel.com

Discipline: Production

Rob Groenwold *(Director)*
Ryan Slavin *(Executive Producer)*
Jay Pollak *(Executive Producer)*
Phil Pinto *(Director)*
Marc Chartrand *(Director)*
Mel Chartrand *(Director)*
Tara Kloner *(Manager, Operations)*

Brands. Marketers. Agencies. Search Less. Find More.
Try out the online version at www.winmo.com

AGENCIES - JULY, 2020 — PRODUCTION AGENCIES

Jeremy Huff *(Editor)*

THE SWEET SHOP
6515 West Sunset Boulevard
Hollywood, CA 90028
Tel.: (424) 258-1000
Web Site: www.thesweetshop.tv

Year Founded: 2001

Discipline: Production

Amanda See *(Global Manager, Marketing & Communications)*
Greg Schultz *(Managing Director & Executive Producer)*

Accounts:
Big O Tires, Inc.

THORNBERG & FORESTER
78 Fifth Avenue
New York, NY 10011
Tel.: (212) 367-0858
Fax: (212) 367-8128
Web Site: www.thornbergandforester.com

Year Founded: 2007

Discipline: Production

Javier Gonzalez *(Head, Production)*
Scott Matz *(Owner & Director)*
Kyle Miller *(Creative Director)*

TOOL OF NORTH AMERICA
2210 Broadway
Santa Monica, CA 90404
Tel.: (310) 453-9244
Fax: (310) 453-4185
Web Site: www.toolofna.com

Employees: 13
Year Founded: 1995

Discipline: Production

Erich Joiner *(Director & Owner)*
Dustin Callif *(President)*
Oliver Fuselier *(Managing Partner)*
Amy Delossa *(Head, Production)*
Maximilian Kislevitz *(Head, Brand)*
Hal Kirkland *(Director, Innovation)*
Sasha Levinson *(Writer & Commercial Director)*
Rudi Schwab *(Director)*
Emilie Baltz *(Innovation Director)*
Helen Grossman *(Head, Communications)*
Nancy Hacohen *(Managing Director)*

TRUE NORTH CUSTOM PUBLISHING, LLC
1301 Riverfront Parkway
Chattanooga, TN 37402
Tel.: (423) 266-3234
Fax: (423) 266-7960
Web Site: www.truenorthcustom.com

Employees: 15
Year Founded: 1998

Discipline: Production

Approx. Annual Billings: $1.00

Eric Silberman *(President)*
Jason Skinner *(Chief Marketing Officer)*
Tyler Hardekopf *(Vice President, Operations)*
Eric Jackson *(Vice President, Creative Services)*

VT PRO DESIGN
3045 Verdugo Road
Los Angeles, CA 90065
Tel.: (323) 522-6284
Web Site: vtprodesign.com

Year Founded: 2008

Discipline: Production

Brad Phillipi *(Chief Operations Officer)*
Hayk Khanjian *(Chief Operating Officer)*
Michael Fullman *(Creative Director & Designer)*
Akiko Yamashita *(Technical Director)*
Jordan Ariel *(Associate Creative Director)*

WINNERCOMM
4500 South 129th East Avenue
Tulsa, OK 74134
Tel.: (918) 496-1900
Web Site: www.winnercomm.com

Year Founded: 1982

Discipline: Production

Jim Wilburn *(Chief Executive Officer)*
Tim Cremin *(President & General Manager)*
Roy Patton *(Vice President, Engineering & Technology)*

Brands. Marketers. Agencies. Search Less. Find More.
Try out the online version at www.winmo.com

PROMOTIONS AGENCIES

A.A. ADVERTISING
383 Souvèrneign Road
London, ON N6M 1A3
Tel.: (604) 273-5335
Web Site: www.aaadvertising.com

Discipline: Promotions

Nadyne Montgomery *(Sales Associate)*
Dave Manson *(Sales Associate)*
Ken Hansen *(Sales Associate)*

ADD IMPACT INC.
120 Jevelan Drive
Woodbridge, ON L4L 8G3
Tel.: (289) 371-1111
Fax: (905) 850-1057
Toll Free: (866) 468-6233
Web Site: www.add-impact.com

Employees: 10
Year Founded: 1988

Discipline: Promotions

Remo Niceforo *(President)*
Nadia Fratto *(Creative Director)*

ALCONE MARKETING GROUP
320 Post Road
Darien, CT 06820
Tel.: (203) 656-3555
Web Site: www.alcone.com

Year Founded: 1976

Discipline: Promotions

Melissa Hickey *(Account Director)*
Cory DeWeese *(Director, Client Engagement)*
Melissa Nelson *(Account Supervisor)*
Lindsay Velez *(Account Supervisor)*

ALCONE MARKETING GROUP
Four Studebaker
Irvine, CA 92618
Tel.: (949) 770-4400
Fax: (949) 770-2957
Web Site: www.alcone.com

Employees: 225
Year Founded: 1976

Discipline: Promotions

Matt Alcone *(Chairman)*
Monica Simoneaux *(Senior Vice President, Account Lead)*
Kevin Kleber *(Vice President & Group Creative Director)*

ALL STAR CARTS & VEHICLES, INC.
1565-B Fifth Industrial Court
Bay Shore, NY 11706
Tel.: (631) 666-5252
Fax: (631) 666-1319
Toll Free: (800) 831-3166
Web Site: www.allstarcarts.com

Employees: 50

Year Founded: 1977

Discipline: Promotions

Robert Smith *(Vice President, Sales)*
Rob Kronrad *(Vice President, Sales)*

ALL STAR INCENTIVE MARKETING
660 Main Street
Fiskdale, MA 01518
Tel.: (508) 347-7672
Fax: (508) 347-5404
Web Site: www.incentiveusa.com

Year Founded: 1967

Discipline: Promotions

Brian Galonek *(President & Chief Executive Officer)*
Ed Galonek, Sr. *(Founder)*
Ann Galonek *(Chief Financial Officer & Treasurer)*
Gary Galonek *(Principal, New Business Development)*
Heidi Chatfield *(Vice President, Marketing & New Business Development)*
Mike Balcom *(Vice President, Corporate Identity Division)*
Jeff Becotte *(Director, Information Technology)*
Ed Galonek, Jr. *(Executive Business Development Manager)*
Debi Choquet *(Manager, Purchasing)*
Geri Labonte *(Manager, Human Resource, Promotional & Incentive Marketing)*

AMERICAN SOLUTIONS
5300 Tadex Parkway
Cleveland, OH 44102
Tel.: (216) 431-1905
Fax: (216) 431-4614
Toll Free: (888) 748-7955
Web Site: www.americanbus.com

Employees: 10
Year Founded: 1981

Discipline: Promotions

John Citraro *(Director, Marketing & Sales)*
Ginny Globokar *(Director, Sales)*
Ross Salupo *(Manager, New Business Development)*
Kelley Eppich *(Senioe Account Executive)*

ANOTHER PLANET ENTERTAINMENT
1815 Fourth Street
Berkeley, CA 94710
Tel.: (510) 548-3010
Web Site: apeconcerts.com

Year Founded: 2003

Discipline: Promotions

Gregg Perloff *(Co-Founder & Chief Executive Officer)*
Sherry Wasserman *(Co-Founder & President)*
Steve Welkom *(Chief Operating Officer)*
Danielle Madeira *(Vice President, Special Events)*
Mary Conde *(Director, Production)*
Veronice Satoor *(Director, Ticketing)*
Bryan Duquette *(Director, Business Development)*

ANSIRA
2050 Main Street
Irvine, CA 92614
Tel.: (949) 260-1287
Fax: (949) 260-1299
Web Site: www.ansira.com/

Employees: 6
Year Founded: 1919

Discipline: Promotions

Andy Arnold *(Chief Client Officer & Executive Vice President)*
Lauraliisa Gudgeon *(Senior Vice President, Business Development)*
Brian Sim *(Vice President, Client Partnership)*
Karlyn Bentley *(Vice President - Client Partnership)*
Sammy Mynes *(Vice President, Trade Promo Management)*
Myra Guillermo *(Account Director)*
Laura Cooling Braasch *(Account Director, Client Partnership)*

APPLE ROCK ADVERTISING & DISPLAY
7602 Business Park Drive
Greensboro, NC 27409
Tel.: (336) 232-4800
Fax: (336) 883-7198
Toll Free: (800) 478-2324
Web Site: www.applerock.com

Year Founded: 1988

Discipline: Promotions

Eric Burg *(President & Chief Executive Officer)*
Diane Rowell *(Vice President, Operations)*

ARMSTRONG PARTNERSHIP LIMITED
23 Prince Andrew Place
Toronto, ON M3C 2H2
Tel.: (416) 444-3050
Fax: (416) 444-2776
Web Site: www.armstrongpartnership.com

Employees: 60

Discipline: Promotions

John Armstrong *(Founder & Chief Executive Officer)*
Mike Armstrong *(President)*
Joel Trojanowski *(Creative Director)*

ARRAY MARKETING GROUP, INC.
45 Progress Avenue
Toronto, ON M1P 2Y6
Tel.: (416) 299-4865
Fax: (416) 292-9759
Toll Free: (800) 295-4120

Brands. Marketers. Agencies. Search Less. Find More.
Try out the online version at www.winmo.com

AGENCIES - JULY, 2020 — PROMOTIONS AGENCIES

Web Site: www.arraymarketing.com
Employees: 450
Discipline: Promotions

Tom Hendren (Executive Chairman)
John Fielding (Founder)

ARROWHEAD PROMOTIONS & FULFILLMENT CO., INC.
1105 Southeast Eighth Street
Grand Rapids, MN 55744-4082
Tel.: (218) 327-1165
Fax: (218) 327-2576
Web Site: www.apfco.com

Employees: 225
Year Founded: 1983

Discipline: Promotions

Katie Prokop Christmas (Chief Executive Officer)
Bud Schneider (President)
Meg Arnold Naugle (Vice President)

ASH-ALLMOND ASSOCIATES
6800 North FM 157
Venus, TX 76084
Mailing Address:
P.O. Box 2291
Mansfield, TX 76063
Tel.: (817) 842-4000
Fax: (214) 941-9777
Toll Free: (800) 611-3001
Web Site: www.ashallmond.com

Discipline: Promotions

Perry Ash (Chief Operations Officer)
Wayne Allmond (Owner & Chief Financial Officer)
Laura Radley (Manager, Customer Service & Sales)
Kyle Thornton (Account Executive)

AXIOM MARKETING, INC.
624 Park Avenue
Libertyville, IL 60048
Tel.: (847) 362-5656
Fax: (847) 362-7788
Toll Free: (800) 362-5667
Web Site: www.aphx.com

Employees: 15
Year Founded: 1992

Discipline: Promotions

Michael Keegan (President & Owner)
Jeff Clausing (Senior Vice President, Strategic Solutions)
Amy Petkus (Director, Finance)

BDS MARKETING, INC.
Ten Holland
Irvine, CA 92618
Tel.: (949) 472-6700
Fax: (949) 597-2220
Web Site: www.bdsmktg.com

Employees: 120
Year Founded: 1984

Discipline: Promotions

Mark Dean (Owner & Chief Executive Officer)
Ken Kress (President)
David Tranberg (Senior Vice President, Client Development)
Melissa Burke (Director, Marketing Services)
Mollie Gray (Director, Solution Development)

BENSUSSEN DEUTSCH & ASSOCIATES
15525 Woodinville-Redmond Road, Northeast
Woodinville, WA 98072
Tel.: (425) 492-6111
Fax: (425) 492-7788
Web Site: www.bdainc.com

Employees: 30
Year Founded: 1984

Discipline: Promotions

Jay Deutsch (Chief Executive Officer & Co-Founder)
Eric Bensussen (President & Co-Founder)
Barry Deutsch (Chief Sales Officer)
Rob Martin (Chief Operating Officer)
Steve Avanessian (Vice President, Client Services)
Helen Rice (Vice President, Human Resources)

BLUE SKY MARKETING GROUP
633 Skokie Boulevard
Northbrook, IL 60062
Tel.: (847) 562-0777
Fax: (847) 562-0111
Toll Free: (866) 562-0777
Web Site: www.buybluesky.com

Year Founded: 1997

Discipline: Promotions

Elliott Zirlin (Co-Owner & Director, Sales)
Todd Zirlin (Co-Owner & President)

BROWN & BIGELOW
3954 Murphy Canyon Road
San Diego, CA 92123
Tel.: (858) 278-9200
Fax: (858) 278-9079
Web Site: www.brownandbigelow.com

Year Founded: 1896

Discipline: Promotions

Susan Arenson (Director, Corporate Accounts)
Kim Bennetts (Office Manager - Western Region)
Jacque Martin (Account Executive)
Janie Feuille (Specialist, Creative Branding)

BROWN & BIGELOW
345 Plato Boulevard East
St. Paul, MN 55107
Tel.: (651) 293-7000
Toll Free: (800) 628-1755
Web Site: www.brownandbigelow.com

Year Founded: 1896

Discipline: Promotions

William Smith (President & Chief Executive Officer)
Daron Johnson (Chief Financial Officer)
Cindy Smith (Executive Vice President)

CIVIC ENTERTAINMENT GROUP
436 Lafayette Street
New York, NY 10003
Tel.: (212) 426-7006
Fax: (212) 426-7002
Web Site: www.civic-us.com

Employees: 22
Year Founded: 1999

Discipline: Promotions

Stuart Ruderfer (Owner)
David Cohn (Co-Chief Executive Officer)
Parke Spencer (President)
Linda Ong (Chief Culture Officer)
Jennifer Boardman (Senior Vice President & Creative Director)
Jason Heim (Senior Vice President)
Tiffany Wagner (Senior Vice President)
Ilan Lev (Vice President, New Business Development & Strategy)
Nina Habib (Vice President, Talent & Human Resource)
Sarah Emery (Vice President)
Elizabeth Cothern (Account Director)
Brandon Piper (Director)
Emily Bonchi (Account Director)
Hayley Strichman (Public Relations Manager)
Patrick Brewer (Account Manager)

Accounts:
Disney/ABC Television Group
Home Box Office, Inc.
The History Channel

CJRW NORTHWEST
4100 Corporate Center Drive
Springdale, AR 72762
Mailing Address:
4100 Corporate Center Drive
Springdale, AR 72762
Tel.: (501) 975-6251
Fax: (479) 442-3092
Toll Free: (800) 599-9803
Web Site: www.cjrw.com

Year Founded: 1961

Discipline: Promotions

Tanya Whitlock (Senior Vice President & Media Director, Consumer)
Maxine Williams (Vice President, Account Services)
Margaret Willis (Media Planner & Media Buyer)
Nicole Boddington (Copywriter)

Accounts:
Mazzio's Corporation

COLANGELO SYNERGY MARKETING, INC.
120 Tokeneke Road
Darien, CT 06820
Tel.: (203) 662-7074
Web Site: www.colangelo-sm.com

Employees: 140
Year Founded: 1993

Discipline: Promotions

Don Growhoski (Owner & Managing Partner)
Dave Fiore (Chief Creative Officer)
Alyson Tardiff (Owner & Managing Director)
Joseph Raimo (Senior Vice President, Client)
Cynthia Finkelman (Senior Vice President)
Susan Cocco (Executive Director, Strategy & Consumer Insights)
Jo-Ann Abbate (Executive Director, Digital)
Bryan Cocco (Interactive Associate Creative Director)

Brands. Marketers. Agencies. Search Less. Find More.
Try out the online version at www.winmo.com

PROMOTIONS AGENCIES

Wendy Barbalinardo *(Senior Art Director)*
Marissa Presbury *(New Business Manager)*
Ward Hunt *(Creative Manager)*
Gerard Vasco *(Account Supervisor)*

Accounts:
Diageo North America
Don Julio
Godiva Chocolate Liqueur
Johnnie Walker
Vireo Health

CREATIVE CHANNEL SERVICES, LLC
6601 Center Drive West
Los Angeles, CA 90045
Tel.: (310) 482-6500
Fax: (310) 665-9901
Web Site: www.creativechannel.com

Year Founded: 1995

Discipline: Promotions

Andy Restivo *(President & Chief Executive Officer)*
George Plumb *(Executive Vice President & Chief Marketing Officer)*
Michael Butler *(Executive Vice President & Chief Financial Officer)*
Hanoz Gandhi *(Chief Analytics Officer, Executive Vice President, Strategy)*

DMI MUSIC & MEDIA SOLUTIONS
65 North Raymond Street
Pasadena, CA 91103
Tel.: (626) 795-0432
Fax: (626) 405-2370
Web Site: www.dmimusic.com

Year Founded: 1997

Discipline: Promotions

Tena Clark *(President & Chief Executive Officer)*
Ken Batchelor *(Executive Vice President, Licensing)*

DON JAGODA ASSOCIATES
100 Marcus Drive
Melville, NY 11747
Tel.: (631) 454-1800
Fax: (631) 454-1834
Web Site: www.dja.com

Employees: 140
Year Founded: 1962

Discipline: Promotions

Don Jagoda *(President)*
Larry Berney *(Chief Operating Officer & Chief Legal Counsel)*
Gwynn Berney *(Chief Executive Officer)*
Andy Gusman *(Chief Financial Officer)*
Bruce Hollander *(Executive Vice President)*
Jacqueline Lamberti *(Senior Vice President, Promotions)*
Heidi Friedman *(Vice President)*

ENTERACTIVE SOLUTIONS GROUP, INC.
1612 West Olive Avenue
Burbank, CA 91506
Tel.: (818) 526-0600
Fax: (818) 526-1440
Toll Free: (888) 295-0226
Web Site: www.enteractivesolutions.com

Year Founded: 1992

Discipline: Promotions

Alan Gerson *(President & Chief Executive Officer)*
Alex Hendrie *(Executive Vice President)*
Jessica Rick *(Director, Promotions)*
Sabra Malkinson *(Manager, Finance & Administration)*
Emilie Davezac *(Senior Manager, Promotions)*
Greg Douglass *(Manager, Promotions)*

EPROMOS PROMOTIONAL PRODUCTS
120 Broadway
New York, NY 10271
Tel.: (212) 286-8008
Fax: (212) 286-8198
Toll Free: (800) 564-6216
Web Site: www.epromosbrandsolutions.com

Year Founded: 1997

Discipline: Promotions

Steve Paradiso *(President)*
Jeff Pinsky *(Executive Vice President)*

HANGAR12
1608 South Ashland Avenue
Chicago, IL 60608
Tel.: (312) 870-9101
Web Site: www.Hangar-12.com

Year Founded: 2012

Discipline: Promotions

Kevin Keating *(President)*
Chris Nelson *(Executive Creative Director & Vice President)*
Erynn Murphy *(Account Supervisor)*

Accounts:
Saputo Cheese USA, Inc.

HELLOWORLD
32 Sixth Avenue
New York, NY 10013
Tel.: (212) 835-2385
Fax: (212) 590-2526
Toll Free: (877) 837-7493
Web Site: www.eprize.net

Employees: 5
Year Founded: 1999

Discipline: Promotions

James Riess *(Senior Vice President & Head, Strategy & Insights)*
Don Fairbanks *(Senior Director, Product Strategy & Team Lead)*

HFS COMMUNICATIONS
9 Stonewall Drive
West Granby, CT 06090
Tel.: (203) 395-8834
Web Site: www.hfscommunications.com

Discipline: Promotions

Emily Snayd *(Partner)*
Els Fonteyne *(Partner)*

Kristin Hathaway *(Associate Partner)*
Eleanor Sachs *(Senior Associate)*
Caitlin Fleckenstein *(Senior Account Executive)*

Accounts:
Boxed Water is Better

HIGH COTTON PROMOTIONS U.S.A, INC.
2461 First Avenue South
Irondale, AL 35210
Tel.: (205) 838-2345
Toll Free: (877) 838-2345
Web Site: www.highcottonusa.com

Discipline: Promotions

Thomas Mcgahey *(Chief Executive Officer)*
Griffin McGahey *(President)*

IC GROUP
383 Dovercourt Drive
Winnipeg, MB R3Y 1G4
Tel.: (204) 487-5000
Fax: (204) 489-7900
Toll Free: (800) 575-5590
Web Site: www.icgroupinc.com

Employees: 7
Year Founded: 1989

Discipline: Promotions

Duncan McCready *(President)*
Kelly Crerar *(Senior Vice President, U.S. Strategy & Sales)*

INCENTIVE SOLUTIONS
2299 Perimeter Park Drive
Atlanta, GA 30341
Tel.: (678) 539-5000
Fax: (800) 213-9075
Toll Free: (800) 844-5000
Web Site: www.loyaltyworks.com

Employees: 70
Year Founded: 1976

Discipline: Promotions

Luke Kreitner *(Vice President, Sales & Account Management)*
Nicole Gunn *(Vice President, Marketing & Communications)*

JACK NADEL, INC.
8701 Bellanca Avenue
Los Angeles, CA 90045
Tel.: (310) 815-2600
Fax: (310) 839-9486
Web Site: www.nadel.com

Employees: 200
Year Founded: 1998

Discipline: Promotions

Craig Nadel *(President)*
Debbie Abergel *(Chief Strategy Officer)*

KAESER & BLAIR
4236 Grissom Drive
Batavia, OH 45103
Tel.: (513) 732-6400
Fax: (513) 732-1753
Toll Free: (800) 642-9790
Web Site: www.kaeser-blair.com

Brands. Marketers. Agencies. Search Less. Find More.
Try out the online version at www.winmo.com

AGENCIES - JULY, 2020 — PROMOTIONS AGENCIES

Year Founded: 1894

Discipline: Promotions

Kurt Kaeser *(Owner, President & Chief Executive Officer)*
Bob Lewellen *(Chief Operating Officer)*
Gregg Emmer *(Chief Marketing Officer)*
Scott Graber *(Chief Financial Officer)*
Mike Furrow *(Manager, Sales - Eastern Division)*
Pete Rygol *(Manager, Sales - Western Division)*
Christy Kaeser *(Managing Director)*

KNOX MARKETING
1730 Acron Peninsula
Akron, OH 44313
Tel.: (330) 929-7700
Fax: (330) 929-2288
Toll Free: (800) 630-9086
Web Site: www.knoxmarketing.com

Employees: 12

Discipline: Promotions

Randy Godding *(President & Chief Executive Officer)*
Cathy Chapman *(Creative Director & Creative Strategist)*
Mark Harhager *(Art Director & Creative Strategist)*
Megan Gottschalk *(Integrated Media Strategist)*

LAUNCHFIRE, INC.
22 Hamilton Avenue North
Ottawa, ON K1Y 1B6
Tel.: (613) 728-5865
Fax: (613) 728-1527
Toll Free: (800) 896-4115
Web Site: www.launchfire.com

Employees: 10
Year Founded: 1999

Discipline: Promotions

Approx. Annual Billings: $1.00

AJ Pratt *(Founder & Program Designer)*
John Findlay *(Founder & Chief Executive Officer)*
Justin McNally *(Lead Graphic Designer)*
Brandon Ferguson *(Client Services)*

LIME MEDIA
4951 Grisham Drive
Rowlett, TX 75088
Tel.: (972) 475-1200
Web Site: www.lime-media.com

Discipline: Promotions

Heath Hill *(President)*
Dusty Nosek *(Vice President, New Business Development)*

MARDEN-KANE, INC.
575 Underhill Boulevard
Syosset, NY 11791
Tel.: (516) 365-3999
Fax: (516) 365-5250
Web Site: www.mardenkane.com

Employees: 30
Year Founded: 1957

Discipline: Promotions

Martin Glovin *(Chief Marketing Officer & Executive Vice President)*
Fae Savignano *(Executive Vice President)*
Jennifer Hibbs *(Vice President & Interactive Account Director)*
Peggy Seeloff *(Vice President)*
Cheryl Thornton *(Account Director)*
Barbara Chien *(Assistant Controller)*

MARKET VISION, INC.
8647 Wurzbach Road
San Antonio, TX 78240
Tel.: (210) 222-1933
Fax: (210) 222-1935
Web Site: mvculture.com

Employees: 23
Year Founded: 1998

Discipline: Promotions

Luis Garcia *(President)*
Bonnie Garcia *(Founder & Chief Executive Officer)*
Lynn Canales *(Controller)*
Alexis Baldwin-Scarcliss *(Director, Business Operations, Program Management)*

Accounts:
Fisher-Price

MARKETING RESOURCES
1144 Lake Street
Oak Park, IL 60301
Tel.: (630) 530-0100
Web Site: marketingresources.com

Year Founded: 1995

Discipline: Promotions

Bridget Calvino *(Senior Vice President, Operations)*
Tim Hobbs *(Vice President, Client Services)*
Adam Davis *(Vice President, Marketing & Client Strategy)*
Matthew Early *(Senior Strategist, Client)*
Melissa Najera *(Account Manager)*
Susan Miller *(Office Manager)*

MARKETINGLAB
701 Washington Avenue North
Minneapolis, MN 55401
Tel.: (612) 329-4800
Web Site: www.marketinglab.com

Employees: 12
Year Founded: 2000

Discipline: Promotions

Rich Butwinick *(President)*
Mark Lenss *(Senior Vice President & Managing Director)*

MBC MARKETING, INC.
5650 Yonge Street
Toronto, ON M2M 4K2
Tel.: (416) 410-1112
Fax: (416) 224-9228
Web Site: www.mbcmarketing.com

Employees: 11
Year Founded: 1980

Discipline: Promotions

Allen Chankowsky *(Founder & Vice President)*
Marvin Chankowsky *(Owner & President)*

MKTG
57 Greens Farm Road
Westport, CT 06880
Tel.: (203) 831-2000
Fax: (203) 831-2300
Web Site: www.mktg.com/

Employees: 100
Year Founded: 1999

Discipline: Promotions

Mike Reisman *(Principal)*
David Grant *(Principal)*
Bob Wilhelmy *(Principal)*
Michelle Berg *(Executive Vice President & Group Director)*
Chris Caldwell *(Senior Vice President)*
Dede Patterson *(Vice President & Group Director)*
Emily Spiegel *(Vice President, Consulting - Charlotte, North Caroline)*
Samantha Bond *(Vice President, Strategic Partnerships & Activation - Entertainment)*
Tom Hendry *(Director, Customer Entertainment Group)*

MOMENTUM WORLDWIDE
1831 Chestnut Street
Saint Louis, MO 63103
Tel.: (314) 646-6200
Fax: (314) 646-6960
Web Site: www.momentumww.com

Employees: 270
Year Founded: 1984

Discipline: Promotions

Mike Sundet *(Senior Vice President, North America Director, Sports & Entertainment)*
Jennifer Olliges *(Senior Vice President & Director, Shopper Marketing)*
Laurie Ahrens *(Creative Director)*
Emily Beckett *(Senior Art Buyer)*

Accounts:
Aurora Health Care

MOOSYLVANIA
7303 Marietta Avenue
Saint Louis, MO 63143
Tel.: (314) 533-5800
Fax: (314) 533-8016
Web Site: www.moosylvania.com

Employees: 55
Year Founded: 2003

Discipline: Promotions

Norty Cohen *(Chief Executive Officer)*
Mary Delano *(Chief Marketing Officer)*
Sharon Ayres *(Vice President, Human Resources)*
Michael Harris *(Vice President & Director, Media & Consumer Insights)*
Whitney Voigt *(Vice President, Account Services)*
Andrew Cohen *(Vice President, Digital & Social Media)*
Zach Dowd *(Senior Account Executive)*

Accounts:
Sapporo USA, Inc.
Schnuck Markets

NCH MARKETING SERVICES
155 Pfingsten Road
Deerfield, IL 60015

Brands. Marketers. Agencies. Search Less. Find More.
Try out the online version at www.winmo.com

PROMOTIONS AGENCIES

AGENCIES - JULY, 2020

Tel.: (847) 317-5500
Fax: (847) 317-0083
Web Site: www.nchmarketing.com

Year Founded: 1957

Discipline: Promotions

Charlie Brown *(Vice President, Marketing)*
Laura Czekala *(Vice President, Product Management)*
Liz Van Laanen *(Director, Account Management)*
Julie Fennell-Smykowski *(Director, Account Management)*
Mike Nichols *(Director, Marketing Operations)*
Andrew Bayan *(Marketing Communications Manager)*

NOBLE MARKETING GROUP
121 South Orange Avenue
North Orlando, FL 32801
Fax: (317) 984-7577
Toll Free: (888) 933-5646
Web Site: www.noblemarketinggroup.com

Discipline: Promotions

Jeff Baker *(Co-Founder & President)*
Hayley Baker *(Co-Founder & Chief Financial Officer)*
Craig Baker *(Executive Vice President)*

PARTNERS FOR INCENTIVES
6545 Carnegie Avenue
Cleveland, OH 44103
Tel.: (216) 881-3000
Fax: (216) 881-7413
Toll Free: (800) 292-7371
Web Site: www.pfi-awards.com

Discipline: Promotions

Mary Anne Comotto *(Owner, President & Chief Financial Officer)*
Joy Smith *(Vice President, Sales & Marketing)*

PEP
201 East Fourth Street
Cincinnati, OH 45202
Tel.: (513) 826-0101
Web Site: www.peppromotions.com

Year Founded: 2004

Discipline: Promotions

Ben Seinen *(Chief Executive Officer)*
Katy Brennan *(Vice President, Client Services)*
Susan Goodyear *(Vice President, Sales & Marketing)*
Adrienne Stewart *(Vice President, Client Operations)*
Taylor Brandts *(Account Executive)*

PROMOTIONAL IMAGES, INC.
144 West Main Street
New Iberia, LA 70563
Tel.: (337) 367-1231
Fax: (337) 367-1230
Web Site: www.promoimage.com

Discipline: Promotions

Ric Patout *(Owner & President)*
Kim Holleman *(Media Director)*

RPMC, INC.
23975 Park Sorrento
Calabasas, CA 91302
Tel.: (818) 222-7762
Fax: (818) 222-0048
Toll Free: (800) 776-7764
Web Site: www.rpmc.com

Employees: 30
Year Founded: 1986

Discipline: Promotions

Stacy Collins *(Executive Advisor)*
Barbara Yamashita *(Senior Director, Accounting & Human Resources - Infrared Experience Marketing)*

RYMAX MARKETING SERVICES
Post Office Box 2024
Pine Brook, NJ 07058
Mailing Address:
19 Chapin Road
Pine Brook, NJ 07058
Tel.: (973) 808-4066
Fax: (973) 808-4513
Toll Free: (800) 379-8073
Web Site: www.rymaxinc.com

Employees: 150
Year Founded: 1995

Discipline: Promotions

Eve Kolakowski *(President)*
Rita Goldburd *(SVice President, Finance)*
Paul Gordon *(Vice President, Sales)*
Dana LaSalvia *(Senior Director, Corporate Compliace & Marketing)*

SCA PROMOTIONS, INC.
3030 LBJ Freeway
Dallas, TX 75234
Tel.: (214) 860-3700
Fax: (214) 860-3740
Web Site: www.scapromotions.com

Year Founded: 1986

Discipline: Promotions

Bob Hamman *(Founder & President)*
Peter Ford *(Vice President, Sales)*
Lisa Lantz *(Director, Business Development)*
Jackie Walker *(Senior Account Manager & Business Development)*
Todd Overton *(Senior Account Executive)*

SCRATCH OFF SYSTEMS
2457 Edison Boulevard
Twinsburg, OH 44087
Tel.: (216) 649-7800
Fax: (216) 749-3333
Toll Free: (800) 284-9974
Web Site: www.scratchoff.com

Employees: 14

Discipline: Promotions

Dan Ogorek *(President & Chief Executive Officer)*
Keith King *(Vice President & Chief Operating Officer)*

SEDONA GOLF & TRAVEL PRODUCTS
1850 West Drake Drive
Tempe, AZ 85283
Toll Free: (800) 687-5736
Web Site: www.sedonagolf.com

Discipline: Promotions

Tom Meissner *(President & Owner)*
Sandy Powell *(Sales Representative)*

SHAMROCK SPORTS & ENTERTAINMENT
215 Commercial Street
Portland, ME 04101
Tel.: (207) 899-0490
Web Site: www.shamrockse.com

Year Founded: 2010

Discipline: Promotions

Brian Corcoran *(Chief Executive Officer & Founder)*
Carl Hansson *(President & Chief Operating Officer)*
Brian Wold *(Vice President, Partnership Development)*

SOURCE4
3473 Brandon Avenue Southwest
Roanoke, VA 24018
Tel.: (540) 989-6848
Fax: (540) 989-3345
Web Site: www.source4.com

Employees: 80
Year Founded: 1980

Discipline: Promotions

Kevin Gannon *(President - Southeast Region)*
Janice Rakes *(Director, Marketing & Creative Services)*

STARLIGHT RUNNER ENTERTAINMENT, INC.
19 West 21st Street
New York, NY 10010
Tel.: (212) 337-0900
Web Site: www.starlightrunner.com

Year Founded: 2000

Discipline: Promotions

Jeff Gomez *(President & Chief Executive Officer)*
Chrysoula Artemis *(Chief Creative Officer)*
Mark Pensavalle *(Executive Vice President, Production & Operations)*

STROTTMAN INTERNATIONAL
36 Executive Park
Irvine, CA 92614
Tel.: (949) 623-7900
Fax: (949) 261-2777
Web Site: www.strottman.com

Year Founded: 1983

Discipline: Promotions

Ken Strottman *(President & Chief Executive Officer)*
Ben Carlson *(Vice President, Human Resource)*

STRUCTURAL GRAPHICS, LLC
38 Plains Road
Essex, CT 06426
Mailing Address:
Post Office Box 666
Essex, CT 06426
Tel.: (860) 767-2661

Brands. Marketers. Agencies. Search Less. Find More.
Try out the online version at www.winmo.com

AGENCIES - JULY, 2020

PROMOTIONS AGENCIES

Fax: (860) 767-2451
Toll Free: (866) 428-8969
Web Site: www.structuralgraphics.com

Employees: 45
Year Founded: 1976

Discipline: Promotions

Ethan Goller *(President)*
Michael Dambra *(Vice President, Creative Services)*
Kevin Gilligan *(Chief Operating Officer)*
Tina Kilby *(Business Development Specialist)*

SUMMIT MARKETING
425 North New Ballas Road
Saint Louis, MO 63141
Tel.: (314) 569-3737
Fax: (314) 569-0037
Web Site: www.summitmarketing.com

Employees: 25
Year Founded: 1996

Discipline: Promotions

Daniel Renz *(Chief Executive Officer)*
Natalie Malphrus *(Contractor)*

THE ACTIVE NETWORK
717 North Harwood Street
Dallas, TX 75201
Tel.: (858) 964-3800
Fax: (858) 551-7619
Toll Free: (888) 543-7223
Web Site: theactivenetwork.com

Year Founded: 1999

Discipline: Promotions

Evan Davies *(President)*
Toby Green *(Vice President, Global Business Development)*

THE INTEGER GROUP - DALLAS
1999 Bryan Street
Dallas, TX 75201
Tel.: (214) 758-6800
Fax: (214) 758-6900
Web Site: www.integer.com

Employees: 60
Year Founded: 1993

Discipline: Promotions

Ellen Cook *(President - Dallas)*
Jan Gittemeier *(Chief Operating Officer)*
John Kiker *(Executive Vice President, Client Leadership & Business Development Director)*
Scott Hauman *(Executive Vice President, Strategy & Innovation)*
Michael Farmer *(Senior Vice President, Operations)*
Tommy Thompson *(Senior Vice President & Director, Business Development)*
Amy Vollet *(Senior Vice President & Executive Director, Media)*
Jamie Foster *(Vice President, Human Resources)*
Melissa Clark *(Vice President, Integrated Media)*
Samer Salfiti *(Vice President, & Group Account Director, FedEx, FedEx Office, DFW Airport)*
Lawrence Godfrey *(Vice President, Group Accounts)*
Dennis Wakabayashi *(Group Director, Digital Marketing & Integration)*
Amanda Parks *(Director, Research)*
Emily Hutchens *(Director, Account)*
Guillermo Saenz *(Account Director - Fedex)*
Kathy Hurley *(Director, Print Production)*
Courtney Jones *(Account Director)*
Michael Sparks *(Art Director)*
Sara Martin *(Media Director)*
Nikki Jones *(Director, Insights & Strategy)*
Jessica Stark *(Associate Media Director)*
Heidi Bailey *(Group Data, Analytics Strategy Director)*
Stephanie Fisher *(Creative Director)*
Nina Bressau *(Director, Retail Strategy)*
Barbara Barry Jones *(Manager, Print Production)*
Lana Saylor *(Director, Process Development & Implementation)*
Tara Thompson *(Account Supervisor)*
Scott Daulton *(Supervisor, Search & Social Media)*
Greg Overhuls *(Senior Copywriter)*
Steven Pence *(Senior Media Planner)*
Rebecca Dukarski *(Senior Account Executive)*
Katie Hannah *(Account Executive)*

Accounts:
AT&T Mobility, LLC
Bimbo Bakeries USA

THE INTEGER GROUP - MIDWEST
600 East Court Avenue
Des Moines, IA 50309
Tel.: (515) 288-7910
Fax: (515) 288-8439
Web Site: www.integer.com

Employees: 125
Year Founded: 1993

Discipline: Promotions

Steve Moran *(Vice President & Group Account Director)*
Kelsey Meyer *(Art Director)*

Accounts:
Dairy Management, Inc.
Johns Manville Corporation
Pennzoil
Quaker State
RUAN Transportation Management Systems, Inc.
Shell Lubricants

THE REGAN GROUP
360 West 132nd Street
Los Angeles, CA 90061
Tel.: (310) 327-7321
Web Site: www.theregangroup.com

Employees: 30
Year Founded: 1993

Discipline: Promotions

Patti Regan *(Founder & Chief Executive Officer)*
Karlina van Adelsberg *(Executive Vice President, Operations)*
David Pelayo *(Vice President, Fulfillment)*
Robert Manke *(Director, Print Production)*
Denise Paulson *(Account Coordinator)*

THE ROSS GROUP
6511 Hayes Drive
Los Angeles, CA 90048
Tel.: (323) 935-7600
Fax: (323) 935-7603
Web Site: www.thereelrossgroup.com

Discipline: Promotions

Mary Hall Ross *(President)*
Andrea Romero *(Vice President)*

TIC TOC
4006 East Side Avenue
Dallas, TX 75206
Tel.: (214) 416-9300
Fax: (214) 259-3050
Web Site: www.tictocusa.com

Year Founded: 1999

Discipline: Promotions

Paul Gittemeier *(Chief Executive Officer)*
Julia Shifflett *(President, Performance Marketing)*
Amy Burrows *(Vice President, Client Services)*
Alex Watson *(Vice President, New Business Development)*
Steven Kearl *(Group Account Director)*
Dan Gittemeier *(Director, Sales)*
Chelsea Bilbia *(Assistant Account Executive)*
Christy Kaliser *(Account Executive)*

TOTAL PROMOTIONS, INC.
1340 Old Skokie Road
Highland Park, IL 60035-3030
Tel.: (847) 831-9500
Fax: (847) 831-2645
Toll Free: (800) 277-6668
Web Site: www.totalpromote.com

Employees: 25
Year Founded: 1976

Discipline: Promotions

Howard Wolf *(President)*

TOUCHSTORM
1460 Broadway
New York, NY 10036
Tel.: (804) 794-6100
Fax: (866) 361-5701
Toll Free: (877) 361-5700
Web Site: www.touchstorm.com

Employees: 65
Year Founded: 2007

Discipline: Promotions

Alison Provost *(Founder & Chief Executive Officer - Touchstorm)*
Gail Covert *(Director, Operations & Human Resources)*
Susan Gaible *(Director, Research)*

Accounts:
Sony Electronics

TPG REWARDS, INC.
29 Broadway
New York, NY 10006
Tel.: (212) 907-7100
Fax: (212) 907-7125
Toll Free: (800) 838-4550
Web Site: www.tpgrewards.com

Discipline: Promotions

John Galinos *(President)*
Ed Hepner *(Senior Vice President & Director, Client Services)*
George Patilis *(Senior Vice President)*

Brands. Marketers. Agencies. Search Less. Find More.
Try out the online version at www.winmo.com

PROMOTIONS AGENCIES

TPN
220 East 42nd Street
New York, NY 10017
Tel.: (212) 599-6691
Fax: (212) 599-6745
Web Site: www.tpnretail.com

Employees: 23
Year Founded: 1984

Discipline: Promotions

Sharon Love *(Chief Executive Officer)*
Tracy Faloon *(Chief Integration Officer)*
Cheryl Policastro *(Vice President, Planning & Perspectives)*

TPN
225 North Michigan Avenue
Chicago, IL 60601
Tel.: (312) 396-0206
Fax: (312) 396-0207
Web Site: www.tpnretail.com

Employees: 35
Year Founded: 1984

Discipline: Promotions

Richard Feitler *(President)*
Joe Scartz *(Chief Digital Commerce Officer)*
Sarah Cunningham *(Chief Growth Officer)*
Ryan Moore *(Vice President & Executive Creative Director)*
Christine Lee *(Vice President, Planning)*
Brynna Ogletree *(Vice President, Executive Creative Director)*
Carolyn Madigan *(Managing Director, Brand Steward)*
Brett Ekblad *(Senior Art Director)*
Kate Weber *(Director, Business Development)*
Andy Perez *(Social & Content Marketing Director)*
Meggie Reifenberg *(Account Executive, Business Development)*
Jon Schultz *(Managing Director)*
Jessica Campobasso *(Senior Account Executive)*
Shirin Lotfi-Shahabadi *(Account Executive)*
Louise Watkins *(Office Manager)*

Accounts:
Appleton Estate Jamaica Rum
Arnold's
Bank of America Corporation
Bank of America Credit
Bank of America Investment Services
Bank of America Marketplace
BankofAmerica.com
Bimbo
Bimbo Bakeries USA
Boboli
Brownberry
Cabo Wabo
Cabo Wabo Tequila Anejo
Cabo Wabo Tequila Blanco
Cabo Wabo Tequila Reposado
Campari
Campari America
Carolans Irish Cream
Cricket
Curad
DanActive
Danimals
Dannon Activia
Dannon Light & Fit
Dannon Oikos (Licensed)
Dannon Yogurt
Dannon Yogurt
Danone North America
Danonino
Entenmann's
Espolon
Evian
Frangelico
Freihofer's
G2
Gatorade
Gatorade G Series
Glen Garioch
Glen Grant
Glenrothes
Grand Marnier
Grandma Sycamore
Hakushu
Heiners
Horizon Organic
Irish Mist
Jean-Marc XO Vodka
Land O'Frost, Inc.
Marinela
Medline Industries, Inc.
Mrs. Baird's
Nature's Harvest
Oroweat Breads
Ouzo 12
Russell's Reserve
Sagatiba
Sandwich Thins
Sara Lee Bread
Sara Lee Snacks
Silk Pure Almond Milk
Skyy 90
SKYY Infusions
Skyy Vodka
So Delicious
SToK Cold Brew
Stroehmann
Thomas
Thomas English Muffins
Tia Rosa
Wallaby
Wild Turkey
Wild Turkey American Honey
Wild Turkey Rare Breed
X-Rated Fusion

TRUE INCENTIVE
2455 East Sunrise Boulevard
Fort Lauderdale, FL 33304
Toll Free: (800) 684-9419
Web Site: www.true-incentive.com/

Discipline: Promotions

Gary Baron *(Co-Founder & Chairman)*
Taylor Billington *(Co-Founder & Chief Executive Officer)*

TYSINGER PROMOTIONS, INC.
3310 Trent Road
New Bern, NC 28562
Mailing Address:
Post Office Box 12588
New Bern, NC 28561
Tel.: (252) 636-0033
Fax: (252) 633-3125
Web Site: tysingerpromotions.com

Year Founded: 2000

Discipline: Promotions

Wendy Stalling *(President)*

Whitney Crosslin *(Executive Vice President)*

UNIFIED RESOURCES, INC.
10665 Richmond Avenue
Houston, TX 77042
Tel.: (713) 960-9108
Fax: (713) 960-0049
Toll Free: (800) 346-9041
Web Site: www.urimarketing.com/

Year Founded: 1979

Discipline: Promotions

Paul Feucht *(President & Co-Owner)*
Terry Richter *(Chief Financial Officer & Co-Owner)*
Rick Rosenhagen *(Account Executive)*

VENTURA ASSOCIATES INTL, LLC
494 Eighth Avenue
New York, NY 10001
Tel.: (212) 302-8277
Fax: (212) 302-2587
Web Site: www.sweepspros.com

Year Founded: 1971

Discipline: Promotions

Nigel Morgan *(Chief Financial Officer)*
Marla Altberg *(President - Non-Profit Engagement Solutions Division)*
Lisa Manhart *(Chief Marketing Officer & Executive Vice President, Sales & Marketing)*
Al Wester *(President)*
Orlando Santiago *(Senior Vice President & Account Director)*
Heather DeCato *(Director, Business Development)*

VESTCOM
2800 Cantrell Road
Little Rock, AR 72202
Tel.: (501) 663-0100
Toll Free: (800) 264-0965
Web Site: www.vestcom.com

Year Founded: 1985

Discipline: Promotions

John Lawlor *(Chairman & Chief Executive Officer)*
Shannon Palmer *(Chief Operating Officer, Chief Financial Officer & Executive Vice President)*
Bob Wallis *(Chief Information Officer)*
Clifton Cook *(Senior Vice President, Innovation & Product Management)*
Jeff Weidauer *(Vice President, Marketing & Strategy)*
Brett Holiman *(Vice President, Sales)*
Kent Weiand *(Vice President, Client Experience)*
Mike Paley *(Senior Vice President & General Manager, Shopper Marketing Solutions)*

VESTCOM
4288 Rider Trail North
Earth City, MO 63045
Tel.: (314) 209-8443
Fax: (314) 209-8470
Web Site: www.vestcom.com

Year Founded: 1985

Discipline: Promotions

Paul Brooking *(Senior Vice President, Information Technology)*

Brands. Marketers. Agencies. Search Less. Find More.
Try out the online version at www.winmo.com

AGENCIES - JULY, 2020 — PROMOTIONS AGENCIES

Debbie Cooper *(Director, Rotary & Merchandising Services)*

WENCEL WORLDWIDE, INC.
2210 Midwest Road
Oak Brook, IL 60523
Tel.: (312) 455-1511
Fax: (312) 255-1611
Web Site: wencelworldwide.com/

Employees: 15
Year Founded: 1988

Discipline: Promotions

MJ Wencel *(President)*
Jason Wencel *(Chief Executive Officer)*

X! PROMOS
23981 Alicia Parkway
Mission Viejo, CA 92691
Tel.: (888) 699-0329
Fax: (949) 753-0050
Toll Free: (888) 699-0329
Web Site: www.xpromos.com

Year Founded: 1989

Discipline: Promotions

Shari Nomady *(Managing Partner)*
Yvette Brown *(Managing Partner)*

PUBLIC RELATIONS AGENCIES

104 WEST PARTNERS
1925 Blake Street
Denver, CO 80202
Tel.: (720) 407-6060
Fax: (720) 407-6061
Web Site: www.104west.com

Year Founded: 2003

Discipline: Public Relations

Alissa Bushnell *(Account Services, PPOM)*
Patrick Ward *(Founder, President & Chief Executive Officer)*
Kelli FLores *(Director)*

10E MEDIA
1930 Village Center Circle
Las Vegas, NV 89134
Tel.: (702) 476-1010
Web Site: www.10emedia.com

Year Founded: 2010

Discipline: Public Relations

Paige Candee *(President)*
Kendall Tenney *(Chief Executive Officer & Founder)*

10FOLD
44 Montgomery Street
San Francisco, CA 94104
Tel.: (415) 800-5361
Web Site: www.10fold.com

Year Founded: 1995

Discipline: Public Relations

Susan Thomas *(Chief Executive Officer)*
Angela Griffo *(Senior Vice President, Client Services)*
Fran Lowe *(Vice President)*
Drew Smith *(Senior Account Manager)*
Tyler Trainer *(Social & Digital Executive)*

10FOLD
600 Congress Avenue
Austin, TX 78701
Tel.: (415) 800-5361
Web Site: www.10fold.com

Year Founded: 1995

Discipline: Public Relations

Caitlin Haskins *(Senior Director)*
Kathleen See *(Account Manager)*
Jordan Tewell *(Lead Media Strategist & Writer)*
Sarah Emerson *(Social Media Marketing Specialist)*

360PRPLUS
200 State Street
Boston, MA 02109
Tel.: (617) 585-5770
Fax: (617) 585-5789
Web Site: www.360pr.com

Year Founded: 2001

Discipline: Public Relations

Laura Tomasetti *(Chief Executive Officer & Founder)*
Victoria Renwick *(Executive Vice President & Partner)*
Stacey Clement *(Senior Vice President, Entertainment & Electronics Practice)*
Mike Rush *(Senior Vice President)*
Caitlin Melnick *(Vice President)*
Jennifer Brennan *(Vice President)*
Carol Garrity *(Vice President, Human Resource & Operations)*
Jill Hawkins *(Vice President & Associate Creative Director)*
Melinda Bonner *(Vice President)*
Morgan Salmon *(Director, Finance)*
Rachel Huff *(Director, Business Development & Marketing)*
Alessandra Forero *(Account Supervisor)*
Carina Troy *(Director, Account)*
Lana Tkachenko *(Director, Social Media)*
Sheila Tayebi Hughes *(Account Director, Consumer Public Relations)*
Sheila Tayebi *(Account Supervisor - Consumer PR)*
Liz Aquilino *(Senior Account Supervisor)*
Karlie Fitzgerald *(Senior Account Executive)*
Kristen Thompson *(Account Supervisor)*
Allison Salzberg *(Senior Account Executive)*

Accounts:
Allstar Products Group
Cosco
Drizly, Inc.
Eddie Bauer (Under License)
High Ridge Brands
Maxi-Cosi
Pete and Gerry's Organics, LLC
Quinny
Rave
Safety 1st
Snuggie
Stride Rite
Virgin Atlantic Airways
VO5
Wizards of the Coast, Inc.
Yasso, Inc.
YoBaby
Zest

360PRPLUS
180 Varick Street
New York, NY 10014
Tel.: (212) 729-5833
Fax: (617) 585-5789
Web Site: www.360pr.plus

Year Founded: 2001

Discipline: Public Relations

Rob Bratskeir *(Executive Vice President)*
Ali Kavulich *(Senior Vice President)*
Erin Kadamus *(Vice President)*
Carina Troy *(Director, Account)*
Liz Aquilino *(Senior Account Supervisor)*
Erin Weinberg *(General Manager)*

Accounts:
Full Circle Brands
Juicy Juice
Soma Water

3POINTS COMMUNICATIONS
29 East Madison Street
Chicago, IL 60602
Tel.: (312) 725-7950
Web Site: www.3PTsComm.com

Year Founded: 2010

Discipline: Public Relations

Sam Svoboda *(Chief Operating Officer & Director, Content)*
Drew Mauck *(Principal)*
Lorna Kiewert *(Account Director)*
Delilah Bennett *(Manager, Account)*
Nicole Hopkins *(Manager, Account)*

Accounts:
Trading Technologies

3RD COAST PR
550 West Washington Boulevard
Chicago, IL 60661
Tel.: (312) 257-3030
Web Site: www.3rdcoastpr.com/

Employees: 16
Year Founded: 2011

Discipline: Public Relations

Rich Timmons *(President & Chief Strategy Officer)*
Rachel Madden Johnson *(Director, Client Services)*
Madeline Zenz *(Senior Manager, Account)*
Jacquelyn Brazzale *(Account Executive)*
Betsi Schumacher *(Managing Director & Executive Vice President)*

Accounts:
Fenn Valley Vineyards
Pettura
Sargento Foods, Inc.
Thermos, LLC
V&V Supremo Foods

42WEST
600 Third Avenue
New York, NY 10016
Tel.: (212) 277-7555
Fax: (212) 277-7550
Web Site: www.42west.net

Year Founded: 2004

Discipline: Public Relations

Susie Arons *(President, Strategic Communications)*
Katie Schroeder *(Executive Vice President)*
Tara Portanova *(Vice President, Entertainment Marketing Division)*
Todd Nickels *(Vice President, Entertainment Marketing)*
Tom Piechura *(Managing Director)*

42WEST

AGENCIES - JULY, 2020

PUBLIC RELATIONS AGENCIES

1840 Century Park East
Los Angeles, CA 90067
Tel.: (310) 477-4442
Fax: (310) 477-8442
Web Site: www.42west.net

Year Founded: 2004

Discipline: Public Relations

Allan Mayer *(Co-Chief Executive Officer)*
Susan Ciccone *(Managing Director)*
Megan Zehmer *(Vice President)*

5W PUBLIC RELATIONS
230 Park Avenue
New York, NY 10169
Tel.: (212) 999-5585
Fax: (212) 944-2896
Web Site: www.5wpr.com

Employees: 35
Year Founded: 2003

Discipline: Public Relations

Ronn Torossian *(Founder, President & Chief Executive Officer)*
Dara Busch *(Executive Vice President, Consumer Practice)*
Matthew Caiola *(Executive Vice President)*
Ilisa Wirgin *(Senior Vice President & Group Director)*
Annette Banca *(Senior Vice President, Health & Wellness)*
Suejin Kim *(Senior Vice President, Consumer Communications - Food, Beverage & Home)*
Nikki Parker *(Senior Vice President, Communications & Marketing Strategy)*
Leslie Bishop *(Senior Vice President, Travel & Lifestyle)*
Nicole Milazzo *(Vice President - Travel & Hospitality & Entertainment)*
Taylor Naples *(Vice President - Beauty Division)*
Marijana Gucunski *(Vice President, Consumer Packaged Goods)*
Austin Rotter *(Vice President, Technology Practice)*
Jason Heller *(Vice President, Technology Marketing)*
Jacolyn Gleason *(Associate Vice President)*
Karen Latella *(Director, Business Development)*

Accounts:
Aerosoles
Airgraft
All-Clad Metalcrafters, Inc.
Ashley Stewart
Bad Boy Worldwide Entertainment Group
Carrington Farms
CheapOair.com
Crepe Erase
Decleor Paris
Diono, LLC
Duane Reade, Inc.
Eone
Fareportal
Hint, Inc.
Isopure
It's a 10 Haircare
Jane Iredale
JetSmarter
Kidpik LLC
L'Oreal Professionnel
LifeStyles
Luckybar
Medifast, Inc.

Paris Baguette
SKYN
Sparkling ICE
Talking Rain
The Topps Company, Inc.
Travelong, Inc.
United States Beverage, LLC
Urgent Response Network

919 MARKETING
102 Avent Ferry Road
Holly Springs, NC 27540
Tel.: (919) 557-7890
Fax: (919) 557-0041
Toll Free: (800) 379-3078
Web Site: www.919marketing.com

Year Founded: 1996

Discipline: Public Relations

David Chapman *(Founder & Chief Executive Officer)*
Sue Yannello *(Executive Vice President & Managing Director, Content)*

Accounts:
Jasmin & Olivz Mediterranean

A. LARRY ROSS COMMUNICATIONS
4300 Marsh Ridge Road
Carrollton, TX 75010
Tel.: (972) 267-1111
Web Site: www.alarryross.com

Year Founded: 1994

Discipline: Public Relations

Larry Ross *(Founder & President)*
Kristin Cole *(Vice President, Account Services)*
Kerri Ridenour *(Vice President, Operations)*
Melany Ethridge *(Senior Account Executive)*
Katie Martin *(Manager, Digital Account)*

ABEL COMMUNICATIONS
3355 Keswick Road
Baltimore, MD 21211
Tel.: (410) 989-8585
Web Site: abelcommunications.com

Year Founded: 2005

Discipline: Public Relations

Greg Abel *(Founder & President)*
Gina Richmond *(Senior Vice President, Public Relations)*
Jessica Fast *(Director, Account)*
Amanda Mantiply *(Manager, Account)*
Martin Thompson *(Account Executive, Creative Services)*
Lorianne Walker *(Senior Account Executive)*
Molly Dressel *(Senior Account Executive)*

ABERNATHY MACGREGOR GROUP
277 Park Avenue
New York, NY 10172
Tel.: (212) 371-5999
Fax: (212) 371-7097
Web Site: www.abmac.com

Employees: 50
Year Founded: 1984

Discipline: Public Relations

James Abernathy *(Executive Chairman)*
James MacGregor *(Vice Chairman)*
Carina Davidson *(President)*
Eric Bonach *(Senior Vice President)*
Blair Hennessy *(Senior Vice President)*
Dan Scorpio *(Senior Vice President)*
Mary Ann Hernandez *(Director, Human Resources)*
Rhonda Barnat *(Managing Director)*
Michael Pascale *(Managing Director)*
Chuck Dohrenwend *(Managing Director & Head, Operations)*
Dana Gorman *(Managing Director)*
Jeremy Jacobs *(Managing Director)*

ABERNATHY MACGREGOR GROUP
707 Wilshire Boulevard
Los Angeles, CA 90017
Tel.: (213) 630-6550
Fax: (213) 489-3443
Web Site: www.abmac.com

Employees: 8
Year Founded: 1984

Discipline: Public Relations

Ian Campbell *(Vice Chairman)*
Nazan Riahei *(Senior Vice President, Strategic Communications)*
James Lucas *(Senior Counselor)*

ACCESS BRAND COMMUNICATIONS
720 California Street
San Francisco, CA 94108
Tel.: (415) 904-7070
Fax: (415) 904-7055
Web Site: accesstheagency.com/

Employees: 48
Year Founded: 1991

Discipline: Public Relations

Matthew Afflixio *(President)*
Lindsay Scalisi *(Senior Vice President)*
Jennifer Garcia *(Senior Vice President)*
Jennifer Fellner *(Senior Vice President)*
Ashley Holzhauer *(Vice President, Accounts)*

Accounts:
Blucora
Chili's Grill & Bar
Cornerstone OnDemand
DocuSign, Inc.
Juniper Networks, Inc.
Toshiba America Information Systems, Inc.
Toshiba Laptops

ACKERMANN PUBLIC RELATIONS
1111 Northshore Drive
Knoxville, TN 37919-4046
Tel.: (865) 584-0550
Fax: (865) 588-3009
Web Site: www.ackermannpr.com

Employees: 16
Year Founded: 1981

Discipline: Public Relations

Cathy Ackermann *(President & Chief Executive Officer)*
Tommy Smith *(Vice President, Marketing Strategy)*
Ryan Willis *(Vice President)*

Brands. Marketers. Agencies. Search Less. Find More.
Try out the online version at www.winmo.com

574

PUBLIC RELATIONS AGENCIES
AGENCIES - JULY, 2020

Accounts:
Invisible Fence

ACTIVA PR
540 Howard Street
San Francisco, CA 94105
Mailing Address:
P.O. Box 1044
Calistoga, CA 94515
Tel.: (415) 776-5350
Fax: (415) 931-5635
Web Site: www.activapr.com

Year Founded: 2001

Discipline: Public Relations

Marina Greenwood *(Founder & Principal)*
Emma Rosen *(Director, Communications)*
Paul Rubin *(Writer & Account Manager)*
Marie-Louise Clark *(Consultant, Public Relations & Communications)*

ACTIVE BLOGS
232 Walnut Street
Fort Collins, CO 80524
Tel.: (970) 223-6565
Fax: (970) 206-0542
Toll Free: (800) 720-5398
Web Site: www.activeblogs.com

Discipline: Public Relations

Marc Dube *(Founder & President)*
Connor Dube *(Director, Sales & Marketing)*

ADAMS UNLIMITED
745 Fifth Avenue
New York, NY 10151
Tel.: (646) 898-2065
Fax: (212) 956-5913
Web Site: www.adams-pr.com

Employees: 6
Year Founded: 1985

Discipline: Public Relations

Candice Kimmel *(President)*
Marie Rosa *(Vice President)*
Cathy Preece *(Vice President & Account Supervisor)*
Stephanie Horbal *(Senior Account Executive)*

ADRIAN & ASSOCIATES
100 Cherokee Road
Pontiac, MI 48341
Tel.: (248) 322-9226
Web Site: www.adrianassoc.com/

Discipline: Public Relations

David Adrian *(President)*

ADVOCACY SOLUTIONS, LLC
Four Richmond Square
Providence, RI 02906
Tel.: (401) 831-3700
Web Site: advocacysolutionsllc.com

Discipline: Public Relations

Francis McMahon *(Owner)*
Sarah Dell *(Director, Public Affairs & Strategic Communications)*
Joan Boulanger *(Manager, Accounting)*

AFFECT
989 Avenue of the Americas
New York, NY 10018
Tel.: (212) 398-9680
Fax: (212) 504-8211
Web Site: www.affect.com

Employees: 8
Year Founded: 2002

Discipline: Public Relations

Sandra Fathi *(President)*
Melissa Baratta *(Senior Vice President, Public Relations & Social Media)*
Brittany Bevacqua *(Senior Vice President)*

AGENCY H5
205 West Wacker Drive
Chicago, IL 60606
Tel.: (312) 374-8534
Web Site: agencyH5.com

Year Founded: 2001

Discipline: Public Relations

Kathleen Sarpy *(Founder & Chief Executive Officer)*
Amie DeLuca *(Senior Strategist & Director, Corporate Strategy & Engagement)*
Vanessa Legutko *(Director, Account)*
Joanna Meagher *(Senior Account Manager)*
Alexa Rosenberg *(Manager, Media Relations)*

AGENDA
400 Gold Avenue, Southwest
Albuquerque, NM 87102
Tel.: (505) 888-5877
Fax: (505) 888-6166
Web Site: www.agenda-global.com/

Employees: 9
Year Founded: 1996

Discipline: Public Relations

Doug Turner *(Partner & Chief Executive Officer)*
Chris Taylor *(Chief Operating Officer)*
Gerges Scott *(Senior Vice President)*
Nick Parker *(Senior Vice President, International Affairs)*
Katie DuBerry *(Creative Director)*

AH&M MARKETING COMMUNICATIONS
152 North Street
Pittsfield, MA 01201
Tel.: (413) 448-2260
Fax: (413) 445-4026
Web Site: www.ahminc.com

Year Founded: 1988

Discipline: Public Relations

Jim Allison *(President & Chief Executive Officer)*
Amy Godfrey *(Managing Director)*

AIRFOIL PUBLIC RELATIONS
336 North Main Street
Royal Oak, MI 48067
Tel.: (248) 304-1400
Fax: (313) 887-7201
Toll Free: (866) 247-3645
Web Site: www.airfoilgroup.com

Employees: 40

Year Founded: 2000

Discipline: Public Relations

Lisa Vallee-Smith *(Chief Executive Officer & President)*
Keith Donovan *(President)*
Sharon Neumann *(Senior Vice President, Finance & Administration)*
Harmony Cook *(Business Development & Marketing Administrator)*

Accounts:
Entertainment Publications, Inc.

AKCG PUBLIC RELATIONS COUNSELORS
121 West High Street
Glassboro, NJ 08028
Tel.: (856) 866-0411
Fax: (856) 988-6564
Web Site: www.akcgfirm.com

Employees: 11
Year Founded: 1982

Discipline: Public Relations

Anne Klein *(Founder & Advisor)*
Dick Scarduzio *(Chief Financial Officer)*
Chris Lukach *(President)*

AKHIA PUBLIC RELATIONS, INC.
85 Executive Parkway
Hudson, OH 44236
Tel.: (330) 463-5650
Fax: (330) 463-5624
Web Site: www.akhia.com

Employees: 14
Year Founded: 1996

Discipline: Public Relations

Janice Gusich *(Founder & Senior Strategist)*
Angela Bachman *(Chief Operations Officer)*
Benjamin Brugler *(President & Chief Executive Officer)*

AKINS PUBLIC STRATEGIES
105 Mitchell Road
Oak Ridge, TN 37830
Tel.: (865) 483-8850
Fax: (865) 483-8851
Web Site: www.akinscrisp.com

Year Founded: 1989

Discipline: Public Relations

Darrell Akins *(Chairman & Chief Executive Officer)*
Jennifer Wiggins *(Vice President - Client Services)*

AKRETE
1880 Oak Avenue
Evanston, IL 60201
Tel.: (847) 892-6082
Fax: (847) 556-0738
Web Site: akrete.com

Year Founded: 2011

Discipline: Public Relations

Margy Sweeney *(Chief Executive Officer & Founder)*

Brands. Marketers. Agencies. Search Less. Find More.
Try out the online version at www.winmo.com

575

Amanda Hargrove *(Director, Account & Consultant)*
Jennifer Harris *(Account Director)*
Nicole Stenclik *(Practice Leader, Commercial Real Estate Finance & Investment)*
Sophie Bartolotta *(Senior Account Executive)*
Lana Demyanyk *(Coordinator, Marketing & Finance)*
Morgan Sweeney *(Coordinator, Business Development & Marketing)*

ALDAY COMMUNICATIONS
144 Southeast Parkway
Franklin, TN 37064
Tel.: (615) 791-1535
Fax: (615) 791-4281
Web Site: www.aldaycommunications.com

Year Founded: 1994

Discipline: Public Relations

Mike Alday *(President & Owner)*
Tammy Boclair *(Vice President)*

Accounts:
The Little Clinic

ALISON BROD PUBLIC RELATIONS
440 Park Avenue South
New York, NY 10016
Tel.: (212) 230-1800
Fax: (212) 230-1161
Web Site: www.alisonbrodpr.com

Employees: 27
Year Founded: 1995

Discipline: Public Relations

Jodi Simms Hassan *(Principal)*
Alison Brod *(Founder & President)*
Aliza Brogner *(Chief Operations Officer)*
Brooke Mogan *(Senior Vice President)*
Rayna Greenberg *(Vice President)*
Caitlin Kelly *(Vice President)*
Nicole Lando *(Vice President - Los Angeles)*
Lauren Bishop *(Vice President)*
Adrianna Lauricella *(Senior Director, Lifestyle)*
Olivia Cody *(Senior Director, Beauty)*
Molly Coon *(Senior Account Executive)*
Dara Schopp *(Account Supervisor)*
Taylor Frazier *(Senior Account Executive)*
Jacqueline Glasner *(Senior Account Executive)*
Margie Terp *(Account Executive)*

Accounts:
BlueMercury
Burger King Corporation
EVINE Live
GoSMILE
Havaianas US
Jessica Simpson Fragrance
Kmart
Kraft Macaroni & Cheese
Peter Thomas Roth
Proactiv Solution
RetailMeNot.com
The Body Shop

ALL POINTS PUBLIC RELATIONS
707 Lake Cook Road
Deerfield, IL 60015
Tel.: (847) 897-7470

Web Site: www.allpointspr.com

Discipline: Public Relations

Jamie Izaks *(President)*
Lauren Izaks *(Chief Operating Officer & Executive Vice President)*
Jessica Tcholakov *(Senior Account Lead)*
Spencer Abbott *(Creative & Digital Account Lead)*
Mackenzie Coopman *(Account Lead)*
Barbara Krygowska *(Creative & Digital Associate)*
Amanda Goecke *(Content Marketing Associate)*
Marin McCall *(Creative & Digital Associate)*

Accounts:
Pancheros Mexican Grill

ALLIANCE GROUP LTD
2201 West Main Street
Richmond, VA 23220
Tel.: (804) 648-6299
Fax: (804) 359-9680
Web Site: www.alliancegroupltd.com

Year Founded: 1999

Discipline: Public Relations

Rob Jones *(Chief Executive Officer)*
Andy Poarch *(Chief Operating Officer)*
Peter DuMont *(Account Executive & Publicist)*
Geoffrey Zindren *(Account Executive)*

Accounts:
Richmond International Raceway

ALLIED INTEGRATED MARKETING
55 Cambridge Parkway
Cambridge, MA 02142
Tel.: (617) 859-4800
Fax: (617) 867-9374
Web Site: www.alliedim.com

Employees: 50
Year Founded: 1965

Discipline: Public Relations

Clint Kendall *(President)*
Adam Cinque *(Chief Financial Officer)*
Jonathan Fador *(Head, Brand Partnerships)*
Lupita Gervais *(Director, Human Resources)*
Lexie Bowman *(Account Coordinator)*

Accounts:
New Line Cinema Corporation
Twentieth Century Fox

ALLIED INTEGRATED MARKETING
6908 Hollywood Boulevard
Hollywood, CA 90028
Tel.: (323) 954-7644
Fax: (323) 954-7647
Web Site: www.alliedim.com

Year Founded: 1986

Discipline: Public Relations

Kymn Goldstein *(Chief Operating Officer)*
Erin Corbett *(Senior Vice President)*
Marcella Cuonzo *(Senior Vice President - Allied Hispanic Publicity & Promotions)*
Annis Kishner *(Vice President, Strategic Planning & Media Relations)*
Larry Eberhard *(Creative Director)*
Billy Zimmer *(Vice President, Marketing)*

Accounts:
Fox Searchlight Pictures
Twentieth Century Fox

ALLISON+PARTNERS
11611 San Vicente Boulevard
Los Angeles, CA 90049
Tel.: (310) 452-7540
Fax: (310) 452-9005
Web Site: www.allisonpr.com

Year Founded: 2001

Discipline: Public Relations

Scott Pansky *(Partner & Co-Founder)*
Emily Wilson-Sawyer *(Executive Vice President & West Coast Consumer Marketing Lead)*

Accounts:
See's Candies, Inc.

ALLISON+PARTNERS
40 Gold Street
San Francisco, CA 94133
Tel.: (415) 217-7500
Fax: (415) 217-7503
Web Site: www.allisonpr.com

Year Founded: 2001

Discipline: Public Relations

Scott Allison *(Owner, Chief Executive Officer & President)*
Karyn Barr *(Managing Director, Strategic Growth & Operations)*
Meghan Curtis *(General Manager, San Francisco)*

Accounts:
See's Candies, Inc.

ALLISON+PARTNERS
710 Second Avenue
Seattle, WA 98104
Tel.: (206) 352-6402
Fax: (206) 284-9409
Web Site: www.allisonpr.com

Employees: 9
Year Founded: 2001

Discipline: Public Relations

Natalie Price *(Senior Vice President)*
Jennifer Graves *(Senior Vice President, Marketing & Business Development)*
Lisa Smith *(Vice President, Operations)*

Accounts:
ADT Security Services, Inc.
Duraflame, Inc.
Kampgrounds of America, Inc.
NextVr Inc.
Qualcomm
Seventh Generation, Inc.

ALLISON+PARTNERS
71 Fifth Avenue
New York, NY 10003
Tel.: (646) 428-0648
Fax: (212) 302-5464
Web Site: www.allisonpr.com

Year Founded: 2001

Discipline: Public Relations

PUBLIC RELATIONS AGENCIES

Jonathan Heit *(President, Americas & Co-Founder)*
Lisa Rosenberg *(Chief Creative Officer & Co-Chair, Consumer Marketing Practice)*
Anne Colaiacovo *(President)*
Andy Hardie-Brown *(Co-Founder & Global Vice Chairman)*
Tom Smith *(President, US Corporate Practice)*
Jeremy Rosenberg *(Managing Director, Digital)*
Tracey Cassidy *(General Manager- New York)*
Alexa Hershy *(Account Director)*
Todd Aydelotte *(Managing Director)*

Accounts:
Core Power
Fairlife, LLC
GoGo squeeZ
Minute Media
Progressive Casualty Insurance Company
YUP!

ALLISON+PARTNERS
7135 East Camelback Road
Scotsdale, AZ 85251
Tel.: (623) 201-5500
Web Site: www.allisonpr.com

Year Founded: 2001

Discipline: Public Relations

Brent Diggins *(Partner & Managing Director, Measurement & Analytics)*
Cathy Planchard *(Senior Partner & President, All Told)*
Todd Sommers *(Senior Vice President, Integrated Marketing)*
Katie Brashear *(Director)*
Josh Reed *(Account Manager)*
Jessica Peraza *(Account Manager)*

Accounts:
Toyota Tacoma

ALLISON+PARTNERS
1708 Peachtree Street
Atlanta, GA 30309
Tel.: (404) 885-9596
Fax: (404) 885-9558
Web Site: www.allisonpr.com

Year Founded: 2001

Discipline: Public Relations

Brian Feldman *(Senior Partner & General Counsel)*
Brent Diggins *(Partner & Managing Director, Measurement & Analytics)*

ALLISON+PARTNERS
252 Southeast Second Avenue
Portland, OR 97214
Tel.: (503) 290-7301
Web Site: www.allisonpr.com

Year Founded: 2001

Discipline: Public Relations

Katy Spaulding *(General Manager - Northwest Region)*
Hannah Rand *(Account Director)*

ALLISON+PARTNERS
1919 McKinne Avenue
Dallas, TX 75201
Tel.: (214) 975-8774
Web Site: www.allisonpr.com

Year Founded: 2001

Discipline: Public Relations

Sarah Ferguson *(Account Director)*
Jackson Harrell *(General Manager - Dallas)*

Accounts:
American Tire Distributors
Schlotzsky's

ALLISON+PARTNERS
444 N Michigan Avenue
Chicago, IL 60611
Tel.: (312) 635-8202
Web Site: www.allisonpr.com

Year Founded: 2001

Discipline: Public Relations

Demar Anderson *(Vice President, Marketing & Business Development)*
Kay Brungs *(Vice President)*
Heather Wedel *(Director, Public Relations)*
Jennifer Barkan *(Account Manager)*
Gerry McMaster *(Account Executive)*
Alexis Holden *(Account Executive)*

Accounts:
Naf Naf Grill
Naf Perks

ALLYN MEDIA
3838 Oak Lawn Avenue
Dallas, TX 75219
Tel.: (214) 871-7723
Fax: (214) 871-7767
Web Site: www.allynmedia.com

Employees: 12
Year Founded: 1983

Discipline: Public Relations

Jennifer Pascal *(Chief Operations Officer & Co - Owner)*
Mari Woodlief *(President & Co-Founder)*
Bill Stipp *(Senior Vice President & Creative Director)*
Erin B. Ragsdale *(Senior Vice President)*
Jessica Moore *(Account Executive)*

AMENDOLA COMMUNICATIONS
9280 East Raintree Drive
Scottsdale, AZ 85260
Tel.: (480) 664-8412
Web Site: www.acmarketingpr.com

Year Founded: 2003

Discipline: Public Relations

Jodi Amendola *(Founder & Chief Executive Officer)*
Ted Amendola *(President)*
Marcia Rhodes *(Managing Director)*
Philip Anast *(Senior Account Director)*
Amy Koehlmoos *(Senior Account Director)*
Brandon Glenn *(Director, Account & Content)*
Joy DiNaro *(Senior Director, Public Relations & Social Media)*
Ken Krause *(Director, Content & Account Management)*
Megan Smith *(Senior Account Director - eMDs)*
Michelle Ronan Noteboom *(Senior Director, Content & Account)*
Matt Schlossberg *(Account Director, Digital & Content)*
Chad Van Alstin *(Manager, Content & Media Relations)*

AMP3 PUBLIC RELATIONS
210 West 29th Street
New York, NY 10001
Tel.: (212) 677-2929
Fax: (646) 827-9594
Web Site: amp3pr.com

Year Founded: 2004

Discipline: Public Relations

Dion Roy *(Co-Founder)*
Ashley Lutzker *(Vice President, Accounts)*
Marissa Birschbach *(Public Relations Consultant)*
Samantha Grant *(Public Relations Coordinator)*

Accounts:
Fossil Group

AMPLIFY RELATIONS
10 State Street
Reno, NV 89501
Tel.: (775) 453-0618
Web Site: www.amplifyrelations.com

Year Founded: 2009

Discipline: Public Relations

Bryan Bedera *(President & Chief Executive Officer)*
Megan Bedera *(Chief Operating Officer)*

ANDROVETT LEGAL MEDIA & MARKETING
4144 North Central Expressway
Dallas, TX 75204
Tel.: (214) 559-4630
Fax: (214) 559-0852
Web Site: www.androvett.com

Employees: 7
Year Founded: 1995

Discipline: Public Relations

Mike Androvett *(President & Chief Executive Officer)*
Pat Rafferty *(Director, Advertising & Marketing)*
Rhonda Reddick *(Media Relations & News Editor)*

ANGLIN PUBLIC RELATIONS
720 Northwest 50th Street
Oklahoma City, OK 73118
Tel.: (405) 840-4222
Fax: (405) 840-4333
Web Site: www.anglinpr.com

Year Founded: 1999

Discipline: Public Relations

Debbie Anglin *(Principal & Chief Executive Officer)*
Lori Johnson *(Senior Account Executive)*

ANN GREEN COMMUNICATIONS INC.
300 D Street
South Charleston, WV 25303
Tel.: (304) 746-7700
Fax: (304) 746-7780

Brands. Marketers. Agencies. Search Less. Find More.
Try out the online version at www.winmo.com

AGENCIES - JULY, 2020 — PUBLIC RELATIONS AGENCIES

Web Site: www.amgreencomm.com

Employees: 15
Year Founded: 1991

Discipline: Public Relations

Ann Green *(President)*
Larry Green *(Vice President)*

ANTENNA GROUP, INC.
One University Plaza
Hackensack, NJ 07601
Tel.: (201) 465-8000
Fax: (908) 781-6422
Web Site: www.antennagroup.com/

Year Founded: 1989

Discipline: Public Relations

Keith Zakheim *(Chief Executive Officer)*
Christa Segalini *(Executive Vice President)*
Kyle Kirkpatrick *(Vice President)*
Daniel Ivers *(Senior Director)*
Shlomo Morgulis *(Account Supervisor)*

APCO WORLDWIDE
1299 Pennsylvania Avenue, Northwest
Washington, DC 20004
Tel.: (202) 778-1000
Fax: (202) 466-6002
Web Site: www.apcoworldwide.com

Employees: 150
Year Founded: 1984

Discipline: Public Relations

Margery Kraus *(Founder & Executive Chairman)*
Evan Kraus *(President & Managing Director, Global Operations)*
Brad Staples *(Chief Executive Officer)*
Donald W. Riegle Jr. *(Chairman, Government Relations)*
Mark Benson *(Chairman, Insight & Counsel - Strategic)*
Philip Fraser *(Chief Information Officer)*
Wayne Pines *(President, Health Care)*
Melissa Musiker *(Vice President, Food & Nutrition Policy)*
Nicholas Ashooh *(Senior Director, Corporate & Executive Communications)*
Maclean Struthers *(Head, Paid Media & Big Data)*
Mara Hedgecoth *(Senior Director, Global Marketing & Communications)*
Bill Pierce *(Senior Director)*
Katie Sprehe *(Senior Director, Reputation Research & Strategy)*
Dale Vieregge *(Senior Director, Digital Strategy)*
Don Bonker *(Executive Director)*
Dan Scandling *(Senior Director, Public Affairs)*
Gadi Dechter *(Head, Public Affairs)*
Tim Roemer *(Senior Director)*
Michael Woods *(Director, Integrated Media)*
Bill Dalbec *(Managing Director - APCO Insight)*

Accounts:
Audi of America, Inc.

APCO WORLDWIDE
360 Park Avenue, South
New York, NY 10010
Tel.: (212) 300-1800
Fax: (212) 300-1819
Web Site: www.apcoworldwide.com

Employees: 13

Year Founded: 1984

Discipline: Public Relations

Edwin Feliciano *(Chief Operating Officer & Director, Finance - North America)*
Jeffrey Zelkowitz *(Executive Vice President & Head, Finance Practice)*
Julie Jack-Preisman *(Senior Vice President)*
Caroline Starke *(Senior Vice President)*
Marc Johnson *(Managing Director - New York)*
Maureen Dempsey *(Vice President, Corporate Communications)*
Tina Kaiser *(Vice President)*
Brian Goldberg *(Vice President)*
Howard Pulchin *(Global Creative Director)*
Liza Olsen *(Senior Director)*
Eliot Hoff *(Head, Global Crisis Practice & Executive Director)*
John Dudzinsky *(Director)*
Stig Albinus *(Senior Director, Health Care Practice)*

Accounts:
IKEA USA

APCO WORLDWIDE
30 South Wacker Drive
Chicago, IL 60606
Tel.: (312) 440-8686
Fax: (312) 440-7373
Web Site: www.apcoworldwide.com

Year Founded: 1984

Discipline: Public Relations

Iris Shaffer *(Senior Vice President & Director)*
Tina-Marie Adams *(Managing Director - Chicago)*

APCO WORLDWIDE
19 West Hargett Street
Raleigh, NC 27601
Tel.: (919) 782-2370
Fax: (919) 573-6170
Web Site: www.apcoworldwide.com

Year Founded: 1984

Discipline: Public Relations

Kelly Wiliamson *(Senior Vice President)*
Courtney Crowder *(Managing Director)*

APEX PUBLIC RELATIONS
365 Bloor Street East
Toronto, ON M4W 3L4
Tel.: (416) 924-4442
Fax: (416) 924-2778
Web Site: www.apexpr.com

Employees: 30
Year Founded: 1998

Discipline: Public Relations

Linda Andross *(President & Managing Partner)*
Ken Evans *(President & Managing Partner)*

Accounts:
Nike Canada, Ltd.

ARGYLE COMMUNICATIONS
175 Bloor Street East
Toronto, ON M4W 3R8
Tel.: (416) 968-7311
Fax: (416) 968-6281
Web Site: www.argylerowland.com

Employees: 12

Year Founded: 1979

Discipline: Public Relations

Daniel Tisch *(President & Chief Executive Officer)*
Allison George *(Senior Vice President)*
Ashley O'Connor *(Director, Digital Communications)*
Kelly Robinson *(Office Manager)*

Accounts:
Jamieson & Co. Ltd.

ARKETI GROUP
2801 Buford Highway Northeast
Atlanta, GA 30329
Tel.: (404) 929-0091
Fax: (404) 321-3397
Web Site: www.arketi.com

Employees: 8
Year Founded: 2003

Discipline: Public Relations

Rory Carlton *(Owner & Creative Director)*
Michael Neumeier *(Owner & Principal)*
Jackie Parker *(Vice President)*
Micky Long *(Vice President)*
Star VanderHaar *(Vice President)*
Traci Scherr *(Senior Content Creator)*
Elizabeth Edel *(Assistant Account Executive)*
Catherine Mootz *(Senior Account Executive)*

Accounts:
Concentrix

ARMADA MEDICAL MARKETING
6385 West 52nd Avenue
Arvada, CO 80002
Tel.: (303) 623-1190
Fax: (303) 623-1191
Web Site: www.armadamedicalmarketing.com

Year Founded: 2003

Discipline: Public Relations

Jim Koehler *(President)*
Allison Phipps *(Director, Art)*
Julz Greason *(Senior Designer)*
Sara Ross *(Director, Social Media)*
Nick Mastin *(Manager, Print Production)*

ARMANASCO PUBLIC RELATIONS & MARKETING
787 Munras Avenue
Monterey, CA 93940-3024
Tel.: (831) 372-2259
Fax: (831) 372-4142
Web Site: www.armanasco.com

Employees: 9
Year Founded: 1985

Discipline: Public Relations

David Armanasco *(President)*
Elizabeth Diaz *(Vice President)*

ARTISANS PUBLIC RELATIONS
2242 Guthrie Circle
Los Angeles, CA 90034
Tel.: (310) 837-6008
Fax: (310) 837-2286
Web Site: www.artisanspr.com

PUBLIC RELATIONS AGENCIES

Discipline: Public Relations

Keith Gayhart *(Executive Creative Director & Partner)*
Linda Rosner *(Managing Director)*

ATRIUM
120 East 23rd Street
New York, NY 10010
Tel.: (646) 893-3072
Web Site: www.atrium-pr.com

Year Founded: 2014

Discipline: Public Relations

Adrienne Scordato *(Founder & Chief Executive Officer)*
Alette Winfield *(Account Supervisor)*
Madison Scheuer *(Account Coordinator)*

Accounts:
Sunsweet Growers

AVANCE COMMUNICATIONS, INC.
535 Griswold Street
Detroit, MI 48226
Tel.: (313) 961-0084
Fax: (313) 961-5040
Web Site: www.avancecommunications.com

Employees: 10
Year Founded: 1996

Discipline: Public Relations

Acquanetta Pierce Glass *(President & Chief Executive Officer)*
Winston Glass Jr. *(Executive Vice President, Business Development)*

AXIA
1301 Riverplace Boulevard
Jacksonville, FL 32207
Tel.: (904) 416-1500
Fax: (904) 425-6253
Toll Free: (888) 773-4768
Web Site: www.axiapr.com

Employees: 3
Year Founded: 2002

Discipline: Public Relations

Jason Mudd *(Founder & Managing Partner)*
Marjorie Comer *(Earned PR Consultant)*

AXICOM
360 Third Street
San Francisco, CA 94107
Tel.: (415) 268-1605
Web Site: www.axicom.com

Year Founded: 1970

Discipline: Public Relations

Christine Natividad *(Vice President, Human Resources)*

Accounts:
Intel Corporation

AXIOM MARKETING COMMUNICATIONS
3800 American Boulevard
Bloomington, MN 55431
Tel.: (952) 224-2939
Fax: (952) 224-2586
Toll Free: (888) 917-3716
Web Site: www.axiomcom.com

Year Founded: 1993

Discipline: Public Relations

Mike Reiber *(Chief Executive Officer)*
Kathleen Hennessey *(Chief Marketing Officer & Partner)*

Accounts:
Exmark
Irritrol
Lawn Genie
Lawn-Boy
Pope
The Toro Company
Toro Leaf Blower
Toro Snow Blower

AZIONE PR
3633 Lenawee Avenue
Los Angeles, CA 90016
Tel.: (323) 462-6600
Fax: (323) 462-6606
Web Site: www.azionepr.com

Year Founded: 2010

Discipline: Public Relations

Michele Thomas *(Co-Founder & President)*
Samara Cooper *(Senior Account Executive)*

Accounts:
Sweet Flower
Volcom, Inc.

B/HI, INC. - LA
11500 West Olympic Boulevard
Los Angeles, CA 90064
Tel.: (310) 473-4147
Fax: (310) 478-4727
Web Site: www.bhimpact.com

Employees: 50
Year Founded: 1986

Discipline: Public Relations

Dean Bender *(President & Founding Partner)*
Shawna Lynch *(Executive Vice President)*
Nicole Yavasile *(Account Director - Entertainment Content & Licensed Products)*
Becky Bourn *(Manager, Operations)*
Nicholas Valente *(Senior Account Supervisor)*

Accounts:
Castlevania
DanceDance Revolution
Image Metrics
Konami Digital Entertainment, Inc.
Metal Gear
Never Dead
Pro Evolution Soccer
Silent Hill
Square Enix USA, Inc.
Yu-Gi-Oh!

BABBIT BODNER
309 East Paces Ferry Road Northeast
Atlanta, GA 30305
Web Site: www.babbitbodner.com

Year Founded: 2015

Discipline: Public Relations

Jennifer Babbit Bodner *(Chief Executive Officer)*
Kristin Wooten *(Senior Vice President, Client Strategy)*
Liz Webber *(Communications Specialist)*
Peri Block *(Communications Coordinator)*

Accounts:
Tailgate Guys

BACKBAY COMMUNICATIONS
20 Park Plaza
Boston, MA 02116
Tel.: (617) 556-9982
Fax: (617) 556-9987
Web Site: www.backbaycommunications.com

Discipline: Public Relations

Bill Haynes *(President & Chief Executive Officer)*
Phil Nunes *(Senior Vice President)*
Jen Dowd *(Chief Operating Officer)*
Ken MacFadyen *(Vice President)*
Paul J. Lim *(Vice President)*
Emily Stoermer *(Account Director)*
Greg Wood *(Creative Director)*

BACKBONE MEDIA
65 North Fourth Street
Carbondale, CO 81623
Tel.: (970) 963-4873
Fax: (303) 265-9854
Toll Free: (866) 963-4873
Web Site: www.backbonemedia.net

Year Founded: 1997

Discipline: Public Relations

Penn Newhard *(Founder & Managing Partner)*
Nate Simmons *(Managing Partner)*
Greg Williams *(Partner & Media Director)*
Ian Anderson *(Partner & Director, Public Relations)*
Alice Hackney *(Controller)*
Melissa Haupt *(Associate Media Director)*
Christine Carter *(Associate Public Relations Director)*
Michael Davies *(Director, Operations)*
John DiCuollo *(Senior Public Relations Account Manager)*
Lindsay Brown *(Senior Media Planner)*
Celine Wright *(Media Planner)*
Tess Winebaum *(Media Strategist)*
Nick Pinto *(Media Planner)*
Joe Risi *(Account Manager, Public Relations)*
Eric Whiting *(Account Manager, Public Relations)*
Lizzie Strazza *(Public Relations & Account Manager)*
Calvin Bond *(Public Relations Account Manager)*
Mackenzie Carroll *(Senior Manager, Account)*
Steven Stoker *(Media Planner)*
Connor Jackson *(Media Planner)*
Victor Major *(Media Coordinator)*
Kate Ackerman *(Media Coordinator)*
Sam Hale *(Media Coordinator)*
Melissa Atwood *(Managing Director - Denver)*

Accounts:
5.11, Inc.
Applegate-Fairbairn
Bank of the West, Inc.
Black Diamond, Inc.
Boulder Boat Works LLC
Brewers Association

Brands. Marketers. Agencies. Search Less. Find More.
Try out the online version at www.winmo.com

AGENCIES - JULY, 2020 — PUBLIC RELATIONS AGENCIES

Cairn
Diamondback Bicycles
Eddie Bauer, Inc.
Fat Tire
Field Trip Jerky
Freeman
Gator
Gatormate
Gerber Legendary Blades Division
GoBreck
Guardian Back Up
L.S.T.
LMF II
Magnum L.S.T.
Mark II
Metolius
Pearl Izumi
PrimaLoft
Prodigy
Profile
River Runner
River Shorty
Rivermate
Sage Manufacturing
Silver Trident
Stockman
Taos Ski Valley, Inc.
Ultralight L.S.T.
Vista Outdoor, Inc.
Wallowa Stag
Yeti Coolers

BALLANTINES PUBLIC RELATIONS
9200 Sunset Boulevard
West Hollywood, CA 90069
Tel.: (310) 454-3080
Web Site: www.ballantinespr.com

Year Founded: 2001

Discipline: Public Relations

Sarah Robarts *(President)*
Virginia Lawrence *(Senior Vice President, Technology)*
Dara Toulch *(Partner)*
Trisha Davis *(Senior Director, Account)*
Kendal Hurley *(Partner)*
Jasmine Prodonovich *(Manager, Accounting)*
Austin Ruth *(Senior Account Executive)*
Tammy Peters *(Specialist, East Cost Media Relations)*
Ashley Fierman *(Senior Account Executive)*
Katie Fraguela *(Account Executive)*

BALTZ & COMPANY
49 West 23rd Street
New York, NY 10010
Tel.: (212) 982-8300
Fax: (212) 982-8302
Web Site: www.baltzco.com

Employees: 12
Year Founded: 1998

Discipline: Public Relations

Phillip Baltz *(President)*
Chloe Mata Crane *(Executive Vice President)*
Amanda Schinder *(Vice President)*
Cristina Krumsick *(Vice President)*
Emmie Beere *(Account Supervisor)*
Madeline Watson *(Senior Account Executive)*

BALZAC COMMUNICATIONS & MARKETING
1200 Jefferson Street
Napa, CA 94559
Tel.: (707) 255-7667
Fax: (707) 255-1119
Web Site: www.balzac.com

Employees: 19
Year Founded: 1991

Discipline: Public Relations

Mike Wangbickler *(President)*
Paul Wagner *(Founder)*
Emma Criswell *(Vice President, Client Relations)*
Adam Sullivan *(Graphic Designer)*

BAM COMMUNICATIONS
702 Ash Street
San Diego, CA 92101
Tel.: (619) 855-7230
Web Site: www.bamcommunications.biz

Year Founded: 2008

Discipline: Public Relations

Beck Bamberger *(Founder & Chief Executive Officer)*
Saramaya Penacho *(Managing Director, Health Tech Practice)*
Brenda Manea *(Senior Account Executive)*
Hannah Briggs *(Account Executive)*
Jill Veglahn *(Manager, Operations & Talent)*
JT Danley *(Manager, Business Development & Partnerships)*
Emily Webb *(Account Director)*
Whitney Wells *(Account Manager)*
Mike Melvin *(Marketing Manager)*
Natalie Schoen *(Account Coordinator)*

BANIK COMMUNICATIONS
18 Sixth Street North
Great Falls, MT 59401
Mailing Address:
Post Office Box 509
Great Falls, MT 59403
Tel.: (406) 454-3422
Fax: (406) 771-1418
Toll Free: (800) 823-3388
Web Site: www.banik.com

Employees: 17

Discipline: Public Relations

Heather Burcham *(Chief Operating Officer & Media Director)*
Ronda Banik *(Senior Vice President)*
Eric Heidle *(Executive Creative Director & Senior Copywriter)*
Randi Szabo *(Director, Public Relations & Market Research)*
Kevin Eveland *(Art Director & Designer)*
Jaylene Swanson *(Project Manager & Junior Account Manager)*
Stefanie Brown *(Account Manager & Manager, Social Media)*

BANNER PUBLIC AFFAIRS
440 First Street Northwest
Washington, DC 20001
Tel.: (202) 452-6865
Web Site: www.bannerpublicaffairs.com

Year Founded: 2012

Discipline: Public Relations

Emily Grannis *(Director)*
Tkeyah Lake *(Director, Digital Media)*
Kyle Bogucki *(Creative Director)*
Talia Cadet *(Senior Account Executive, Social Media & Digital Media)*

Accounts:
Brewers Association

BARETZ + BRUNELLE
100 William Street
New York, NY 10038
Tel.: (646) 512-8948
Web Site: www.baretzbrunelle.com

Year Founded: 2016

Discipline: Public Relations

Amy Hanan *(Chief Digital Officer)*
Jason Milch *(Partner)*
Kenneth Gary *(Partner)*
Kelsey Nason *(Partner)*
Poonam Jain *(Chief Operating Officer)*
Spencer Baretz *(Founding Partner)*
Anthony Tramontana *(Chief Financial Officer)*
Leora Goldfarb *(Senior Associate)*
John Ford *(Managing Director, Editorial Services)*
Nicole Rodgers Houston *(Managing Director)*

BAROKAS PUBLIC RELATIONS
1012 First Avenue
Seattle, WA 98104
Tel.: (206) 264-8220
Fax: (206) 264-8221
Web Site: www.barokas.com

Employees: 12
Year Founded: 1998

Discipline: Public Relations

Howie Barokas *(Founder)*
Karli Barokas *(Chief Executive Officer)*

BARON & CO
401 Harris Avenue
Bellingham, WA 98225
Tel.: (360) 671-8708
Fax: (360) 647-5351
Web Site: www.baron-co.com

Employees: 9
Year Founded: 1982

Discipline: Public Relations

Jason Glover *(Partner & Creative Director)*
Chris Bothel *(Partner & Director, Interactive & Business Development)*

BASCOM COMMUNICATIONS & CONSULTING LLC
217 South Adams Street
Tallahassee, FL 32301
Tel.: (850) 222-2140
Fax: (850) 222-2160
Web Site: www.bascomllc.com

Year Founded: 2009

Discipline: Public Relations

Sarah Bascom *(President)*
Kristen Bridges *(Senior Vice President)*
Lyndsey Brzozowski *(Senior Vice President)*

BASTION ELEVATE

Brands. Marketers. Agencies. Search Less. Find More.
Try out the online version at www.winmo.com

580

PUBLIC RELATIONS AGENCIES
AGENCIES - JULY, 2020

3333 Michaelson Drive
Irvine, CA 92612
Tel.: (949) 502-6200
Web Site: www.bastionelevate.com

Year Founded: 2000

Discipline: Public Relations

Shana Starr *(Chief Executive Officer)*
Jordan Dahlquist *(Director, Social Media Marketing)*
Brenlyn D'Amore *(Public Relations Account Manager)*
Jamie Andersen *(Public Relations Consultant)*

BCF
4500 Main Street
Virginia Beach, VA 23462
Tel.: (757) 497-4811
Fax: (757) 497-3684
Web Site: www.bcfagency.com

Year Founded: 1979

Discipline: Public Relations

Jessica Ireland *(Chief Operational Officer)*
Amanda Carter *(Director, Business Development)*
Chris Cooke *(Manager, Digital Media)*
Eric Hauser *(Manager, Media)*
Kelly Welch *(Junior Manager, Media)*
Emily Baine *(Media Supervisor)*
Nilesh Patel *(Account Supervisor)*
Joslyn Stein *(Account Supervisor)*

BCW AUSTIN
206 East Ninth Street
Austin, TX 78701
Tel.: (512) 472-4122
Fax: (512) 472-5970
Web Site: www.bcw-global.com

Year Founded: 1970

Discipline: Public Relations

Brooke Hovey *(Chief Growth Officer)*
Madison LaRoche *(Vice President)*
Alyssa Forsell *(Account Director)*
Rachel Shin *(Account Supervisor & Digital Strategist)*
Callie Jernigan *(Managing Director & Leader, Entertainment Marketing)*

Accounts:
Dine Brands
Fruit of the Loom
Graco
Rubbermaid
Sonic Corporation

BCW CHICAGO
222 Merchandise Mart Plaza
Chicago, IL 60654-1022
Tel.: (312) 596-3400
Fax: (312) 596-3600
Web Site: www.bcw-global.com

Employees: 100
Year Founded: 1953

Discipline: Public Relations

Torre Gentile *(Senior Vice President & Senior Director - Digital Strategy)*
Matt Kelly *(Vice President & Director - Digital Strategy)*
Maureen Ray *(Account Supervisor)*

Lisa Chapman *(Manager, Digital)*
Toni Lewin *(Senior Associate)*
Kaitlyn Erickson *(Senior Associate, Business Development)*
David Coronna *(Managing Director, Strategic Creative)*
Christopher George *(Managing Director, Marketing Practice Group)*

BCW DALLAS
500 North Akard Street
Dallas, TX 75201
Tel.: (214) 224-8401
Fax: (214) 224-8450
Web Site: www.bcw-global.com

Employees: 20
Year Founded: 1953

Discipline: Public Relations

Leigh Strope *(Executive Vice President & Managing Director, Dallas Market Advisor)*
Robert Martin *(Vice President, Digital Communications, U.S SEO)*
Allison Yeaman *(Manager)*
Teresa Henderson *(Managing Director & Southwest Market Leader)*

BCW LOS ANGELES
6300 Wilshire Boulevard
Los Angeles, CA 90048
Tel.: (323) 602-1100
Fax: (323) 602-1173
Web Site: www.bcw-global.com

Employees: 30
Year Founded: 1970

Discipline: Public Relations

Devin Kingdon *(Vice President, Marketing & Communications)*
Brittany Hershkowitz *(Vice President)*
Mary Anderson *(Senior Account Executive)*
Mischa Dunton *(Managing Director - Western Region)*

Accounts:
Dine Brands
Twentieth Century Fox Home Entertainment

BCW MIAMI
601 Brickell Key Drive
Miami, FL 33131-4330
Tel.: (305) 347-4300
Fax: (305) 347-4301
Web Site: www.bcw-global.com

Employees: 50
Year Founded: 1953

Discipline: Public Relations

Pedro De Cordoba *(Senior Director)*
Lucia Zazueta *(Digital Strategist Manager)*
Jonathan Stern *(Managing Director)*

BCW NEW YORK
200 Fifth Avenue
New York, NY 10010
Tel.: (212) 798-9870
Fax: (212) 798-9597
Toll Free: (212) 601-3000
Web Site: www.bcw-global.com

Employees: 150
Year Founded: 1970

Discipline: Public Relations

Donna Imperato *(Global Chief Executive Officer - Burson Cohn & Wolfe Worldwide)*
Ben Boyd *(Global Chief Strategy & Operations Officer)*
Maury Shapiro *(Deputy Global Chief Financial Officer)*
Stephanie Howley *(Executive Vice President & Managing Director, Human Resources)*
Catherine Sullivan *(Executive Vice President, Global Communications)*
Joe Gavin *(Chief Financial Officer, North America)*
Jillian Janaczek *(Executive Vice President & Managing Director, New York Market Lead)*
Belinda Martin *(Senior Vice President)*
Heidi Donato *(Senior Vice President, Media Relations)*
Neil Barman *(Senior Vice President & Senior Director, Corporate Practice)*
Krystina Fisher *(Vice President)*
Bailey Pescatore *(Vice President)*
Kate Kenny *(Vice President)*
Mandy Davis *(Vice President)*
Brandan Orsatti *(Vice President)*
Rena Daum *(Vice President)*
Colleen Hanrahan *(Account Director)*
Ella Burton *(Growth Driver, Client Center of Excellence)*
Tom Olson *(Senior Director)*
Alyssa Hershfield *(Account Supervisor)*
Lesley Stanley *(Account Director & Media Specialist)*
Paola Reyes *(Account Supervisor)*

Accounts:
Andaz
Ascend Collection
Calphalon
Cambria Suites
Camp Hyatt
Choice Privileges
Clarion Inn
Comfort Inn
Comfort Suites
Crock-Pot
Econo Lodge
Frigidaire
Grand Hyatt
Hyatt Centric
MainStay Suites
Mr. Coffee
Newell Brands, Inc.
Office Depot, Inc.
Oster
Paper Mate
Park Hyatt
Quality Inn
Rodeway Inn
Sharpie
Sleep Inn
Suburban
Sunbeam
The Unbound Collection
Three Olives

BCW PITTSBURGH
Four Gateway Center
Pittsburgh, PA 15222-1220
Tel.: (412) 471-9600
Fax: (412) 394-6610
Web Site: www.bcw-global.com

Employees: 5
Year Founded: 1952

Discipline: Public Relations

Tim Rice *(Managing Director)*
Chelsea Burke *(Account Executive)*
Cassandra Pacifico *(Account Supervisor)*

BCW SAN FRANCISCO
303 Second Street, North Tower
San Francisco, CA 94107
Tel.: (415) 403-8300
Fax: (415) 591-4030
Web Site: www.bcw-global.com

Employees: 50
Year Founded: 1952

Discipline: Public Relations

Whitney MacDonald Gough *(Senior Vice President & Senior Director)*
Susannah Buckley-Green *(Senior Vice President)*
Jenny Ng *(Manager)*
Quentin Nolibois *(Account Director)*

BCW WASHINGTON DC
1801 K Street Northwest
Washington, DC 20005
Tel.: (202) 530-0400
Fax: (202) 530-4500
Web Site: bcw-global.com

Employees: 150
Year Founded: 1953

Discipline: Public Relations

Chris Foster *(President - North America)*
Scott Pastrick *(President & Chief Executive Officer - Prime Policy Group)*
Kevin Bubel *(Managing Director, Executive Vice President)*
Bill McQuillen *(Executive Vice President & Lead, Washington Media)*
James Jackson *(Vice President & Director, Operations)*
Racheal Payton *(Senior Media Relations Supervisor)*
Michael Fleischer *(Executive Vice President & Managing Director - Washington DC)*

BEACH HOUSE PR
3636 Birch Street
Newport Beach, CA 92660
Tel.: (310) 693-2991
Web Site: www.beachhousepr.com

Year Founded: 2005

Discipline: Public Relations

Amy Denoon *(Chief Executive Officer)*
Brittany Hohl *(Vice President, Business Development)*
Brittany Giordano *(Account Director)*

Accounts:
Velour Beauty

BECK ELLMAN HEALD
4275 Executive Square
La Jolla, CA 92037
Tel.: (858) 453-9600
Fax: (858) 453-9079
Web Site: www.beckellmanheald.com

Year Founded: 1986

Discipline: Public Relations

Vince Heald *(Principal & Partner)*
Dennis Ellman *(Founder & Principal)*

BECK MEDIA & MARKETING
1832 Franklin Street
Santa Monica, CA 90404
Tel.: (310) 300-4800
Fax: (310) 300-4801
Web Site: www.beckmedia.com

Year Founded: 1999

Discipline: Public Relations

Todd Beck *(Founder & President)*
Christina Ferraro *(Vice President, Events)*
Tom McAlister *(Managing Director)*

Accounts:
FearNet

BECK MEDIA & MARKETING
675 Ponce de Leon Avenue Northeast
Atlanta, GA 30308
Web Site: beckmedia.com

Year Founded: 1999

Discipline: Public Relations

Brittany Marya *(Public Relations Specialist)*
Stephanie Booker *(Managing Director)*

Accounts:
Pluto TV

BEEHIVE PR
1021 Bandana Boulevard East
Saint Paul, MN 55108
Tel.: (651) 789-2232
Fax: (651) 789-2230
Web Site: www.beehivepr.biz

Discipline: Public Relations

Lisa Hannum *(President & Chief Executive Officer)*
Nicki Gibbs *(Senior Vice President, Strategy)*
Ayme Zemke *(Senior Vice President, Client Services)*
Rebecca Martin *(Vice President, Culture & Talent)*
Abigail Greenheck *(Group Vice President)*
Amy Clark *(Director, Creative Services)*
Brian Israel *(Group Director)*
Marie Renckens *(Account Director)*

BEHAN COMMUNICATIONS, INC.
86 Glen Street
Glens Falls, NY 12801
Tel.: (518) 792-3856
Fax: (518) 745-7365
Web Site: www.behancommunications.com

Employees: 13

Discipline: Public Relations

Mark Behan *(President & Founder)*
John Brodt *(Vice President)*

BEHRMAN COMMUNICATIONS
270 Madison Avenue
New York, NY 10016
Tel.: (212) 986-7000
Fax: (212) 986-7750
Web Site: www.behrmanpr.com

Year Founded: 1985

Discipline: Public Relations

Nancy Behrman *(Chief Executive Officer)*
Heather Braasch Arnold *(Vice President)*
Gianna Cesa *(Vice President)*

Accounts:
Eos Products, LLC
MyChelle Dermaceuticals, LLC
N.V. Perricone LLC

BELLE COMMUNICATION
175 South Third Street
Columbus, OH 43203
Tel.: (614) 304-1463
Web Site: bellecommunication.com

Year Founded: 2013

Discipline: Public Relations

Kate Finley *(Founder & Chief Executive Officer)*
Katie Wilson *(Director, Client Services)*
Heather Allen *(Director, Marketing & Development)*
Mary Stankiewicz *(Senior Account Executive)*

Accounts:
Jeni's Splendid Ice Cream

BELLEVUE COMMUNICATIONS
200 South Broad Street
Philadelphia, PA 19102
Tel.: (215) 735-5960
Web Site: bellevuepr.com

Year Founded: 1995

Discipline: Public Relations

Kevin Feeley *(President)*
Pete Peterson *(Vice President)*
Alex Styer *(Director, Digital Media)*

BELLMONT PARTNERS PUBLIC RELATIONS
3300 Edinborough Way
Minneapolis, MN 55435
Tel.: (612) 255-1111
Web Site: www.bellmontpartners.com

Year Founded: 1996

Discipline: Public Relations

Brian Bellmont *(President)*
Bridget Nelson Monroe *(Vice President)*
Hyedi Nelson *(Director, Account & Health Strategy)*
Megan Anderson *(Director, Account)*
Breanna Welke *(Director, Brand Strategy)*
Jen Bellmont *(Account Supervisor)*
Kalli Plump *(Senior Account Executive)*
Briana Gruenewald *(Senior Account Executive & Graphic Design Lead)*
Johanna Holub *(Senior Account Executive)*
Megan Derkey *(Account Supervisor)*
Shelli Paulson Lissick *(Partner & Account Supervisor)*

BERGDAVIS PUBLIC AFFAIRS
150 Post Street
San Francisco, CA 94108
Tel.: (415) 788-1000
Fax: (415) 788-0123
Web Site: www.bergdavis.com

Brands. Marketers. Agencies. Search Less. Find More.
Try out the online version at www.winmo.com

PUBLIC RELATIONS AGENCIES

Discipline: Public Relations

Jessica Berg *(Co-Owner & Partner)*
Evette Davis *(Co-Owner & Partner)*

BERK COMMUNICATIONS
304 Park Avenue South
New York, NY 10010
Tel.: (212) 889-0440
Fax: (212) 686-3519
Web Site: www.berkcommunications.com

Discipline: Public Relations

Ron Berkowitz *(Founder & Chief Executive Officer)*
Ryan Mucatel *(Chief Operating Officer)*
Melanie Van Dusen *(Vice President, Sports & Entertainment)*
Matt Frappier *(Vice President)*
Matthew Mirandi *(Senior Director)*
Brenda Kielmanowicz *(Senior Director, Travel & Tourism)*
Didier Morais *(Senior Account Director, Lifestyle)*
Shannon Donohue *(Assistant Account Executive)*
Jess Valiente *(Senior Account Executive)*
Claire Kelly *(Account Coordinator, Digital Strategy)*

Accounts:
16 Handles
BodyArmor Nutrition, LLC
Cheesecake Factory, Inc.
F. Korbel & Bros., Inc.
Fanatics, LLC
Hillrock Distillery
Lids
Puma
Puma North America, Inc.
TIDAL

BERLINROSEN
15 Maiden Lane
New York, NY 10038
Tel.: (646) 452-5637
Web Site: www.berlinrosen.com

Year Founded: 2005

Discipline: Public Relations

Josh Cooks *(Executive Vice President, Digital)*
Caitlin Offinger *(Executive Vice President, Growth)*
Yann Hatchuel *(Director, Marketing)*
John O'Malley *(Director, Business Development)*
Madeline Wilson *(Senior Account Executive - Digital Advocacy)*
Matthew Dondiego *(Digital Strategist)*
Tian Weinberg *(Senior Account Executive)*

Accounts:
Singapore Airlines

BERLINROSEN
1620 L Street, Northwest
Washington, DC 20036
Tel.: (202) 560-5990
Web Site: www.berlinrosen.com

Year Founded: 2005

Discipline: Public Relations

Stephanie Mueller *(Executive Vice President & Director, Washington DC office)*
Samantha Lasky *(Senior Vice President, Issue Advocacy)*
Barry Klein *(Senior Vice President, Campaigns & Creative)*
Claire Darby *(Vice President, Digital Advocacy)*
Laura Brandon *(Vice President)*
Allison Bormel *(Vice President)*
Shelby Giles *(Vice President)*
Stephanie Hendrick *(Director, Data Strategy & Targeting)*

BERNS COMMUNICATIONS GROUP
475 Park Avenue South
New York, NY 10016
Tel.: (212) 994-4660
Fax: (212) 994-4688
Web Site: www.bernscommunications.com

Discipline: Public Relations

Stacy Berns *(Owner)*
Michael McMullan *(Managing Director)*

BERRY & COMPANY PUBLIC RELATIONS
345 Seventh Avenue
New York, NY 10001

Discipline: Public Relations

Tim McDonough *(Principal)*
Bill Berry *(Principal)*
Lynn Granito *(Senior Vice President & Manager, Media Services)*
Adam Daley *(Vice President & Manager, Social Media Services)*
Caitlin O'Reilly *(Senior Account Executive)*
Jenna Iacurci *(Account Supervisor)*
Brian Connor *(Account Executive)*
Kaitlin Gallagher *(Senior Account Executive)*
Victoria Sophia *(Account Supervisor)*

BGB NEW YORK
462 Broadway
New York, NY 10013
Tel.: (212) 920-2400
Web Site: www.bgbgroup.com

Year Founded: 2005

Discipline: Public Relations

Gregory Passaretti *(Managing Partner)*
Brendon Phalen *(Managing Partner)*

BGR GROUP
The Homer Building
Washington, DC 20005
Tel.: (202) 333-4936
Fax: (202) 833-9392
Web Site: www.bgrdc.com

Year Founded: 1991

Discipline: Public Relations

Robert Wood *(President & Chief Executive)*
Haley Barbour *(Founder @ Partner)*
Ed Rogers *(Founding Partner)*
Jeffrey Birnbaum *(President)*
Lanny Griffith *(Chairman)*
Todd Eardensohn *(Chief Finance Officer)*
Mark Tavlarides *(Senior Vice President)*
Frank Ahrens *(Vice President, Public Relations)*
Justin Rzepka *(Vice President)*
Daniel Murphy *(Principal & General Counsel)*
Maya Seiden *(Principal)*
Loren Monroe *(Principal, State & Local Practice Head)*

BIANCHI PUBLIC RELATIONS, INC.
888 West Big Beaver Road
Troy, MI 48084
Tel.: (248) 269-1122
Fax: (248) 269-8202
Web Site: www.bianchipr.com

Employees: 9
Year Founded: 1992

Discipline: Public Relations

Jim Bianchi *(President)*
Jessica Killenberg Muzik *(Vice President, Account Services)*
Adriana Van Duyn *(Account Supervisor)*

BIG SKY COMMUNICATIONS
2001 Gateway Place
San Jose, CA 95110
Tel.: (408) 979-9911
Fax: (408) 904-7276
Web Site: www.bigskypr.com

Year Founded: 1994

Discipline: Public Relations

Mary Devincenzi *(Partner)*
Colleen Muller Padros *(Partner & President)*
Eddie Miller *(Executive Vice President)*
Sheri Seybold *(Senior Director, Client Services)*
Lisa Sloane *(Senior Account Manager)*
Preethi Chandrasekhar *(Senior Manager, Account)*
Sandy Campbell *(Senior Copywriter)*
Christina Martuscelli *(Account Coordinator)*

BIG YAM
15750 North Northsight Boulevard
Scottsdale, AZ 85260
Tel.: (480) 998-3154
Fax: (480) 998-7985
Toll Free: (800) 426-3663
Web Site: www.bigyam.com

Employees: 50
Year Founded: 1980

Discipline: Public Relations

Marianne Guenther *(Chief Executive Officer)*
Nicole Cusimano *(Account Director)*
Jenna Berning *(Associate Media Director)*

Accounts:
Zhu Zhu Pets

BISIG IMPACT GROUP
640 South Fourth Street
Louisville, KY 40202
Tel.: (502) 583-0333
Fax: (502) 583-6487
Toll Free: (877) 582-9478
Web Site: www.bisigimpactgroup.com

Year Founded: 2002

Discipline: Public Relations

Aaron Frisbee *(Chief Financial Officer & Senior Producer)*
Larry Bisig *(Chief Executive Officer)*
Janice Kreutzer *(Director, Media Services)*

AGENCIES - JULY, 2020

PUBLIC RELATIONS AGENCIES

Joe Weber *(Senior Art Director)*
Jennifer Washle *(Manager, Promotion)*
Lauren Reisdorf *(Manager, Project & Traffic)*

BIZCOM ASSOCIATES
1400 Preston Road
Plano, TX 75093
Tel.: (214) 458-5751
Web Site: www.bizcompr.com

Employees: 3
Year Founded: 1999

Discipline: Public Relations

Scott White *(Chief Executive Officer & Co-Founder)*
Monica Feid *(President)*
Melissa Eisberg Rubin *(Vice President)*

Accounts:
Dwyer Group, Inc.
Pinot's Palette
Red Mango, Inc.

BJR PUBLIC RELATIONS
11260 Overland Avenue
Culver City, CA 90230
Tel.: (310) 836-4381
Fax: (310) 836-9945
Web Site: www.bjrpr.com

Discipline: Public Relations

Bernard Roswig *(Owner & Partner)*
Chris Northrup *(Owner & Principal)*

BLAINETURNER ADVERTISING
1401 Saratoga Avenue
Morgantown, WV 26505
Tel.: (304) 599-5900
Web Site: www.blaineturner.com

Year Founded: 1986

Discipline: Public Relations

Ginna Royce *(Chief Executive Officer & Director, Creative)*
Delbert Royce *(Vice President & Chief Financial Officer)*
Sarah Rogers *(President)*
Galen Shaffer *(Director, Art & Multimedia Specialist)*
Kelly Lambruno *(Manager, Office)*

BLANC & OTUS
1001 Front Street
San Francisco, CA 94111
Tel.: (415) 856-5100
Fax: (415) 856-5193
Web Site: www.blancandotus.com

Year Founded: 1985

Discipline: Public Relations

Tony Hynes *(Chief Executive Officer)*
Kristin Reeves *(Senior Vice President)*
Barbara Melchin *(Vice President, Human Resources)*

Accounts:
Oracle Corporation
Xactly Corporation

BLASS COMMUNICATIONS
17 Drowne Road
Old Chatham, NY 12136
Tel.: (518) 766-2222
Fax: (518) 766-2445
Web Site: www.blasscommunications.com

Employees: 20
Year Founded: 1969

Discipline: Public Relations

Ken Blass *(President)*
Kathy Weiss *(Executive Vice President)*

BLAST! PR
24 El Paseo
Santa Barbara, CA 93101
Web Site: www.blastpr.com

Discipline: Public Relations

Kathleen Formidoni *(Co-Founder & Principal)*
Bryan Formidoni *(Co-Founder & Principal)*
Don Knox *(Managing Partner)*
Matthew Caldecutt *(Senior Vice President)*
Hollis Guerra *(Account Supervisor)*
Alexis Roberts *(Account Supervisor)*
Caty Posey *(Manager, Events)*
Lorene Bagley-Kane *(Senior Manager, Content)*
Brook Marlowe *(Specialist, Public Relations)*

BLASTMEDIA
11313 USA Parkway
Fishers, IN 46037
Tel.: (317) 806-1900
Web Site: www.blastmedia.com

Year Founded: 2005

Discipline: Public Relations

Lindsey Groepper *(President)*
Mendy Werne *(Chief Executive Officer)*
Kimberly Jefferson *(Vice President)*
Grace Williams *(Account Director)*
Lydia Beechler *(Account Director)*
Meghan Matheny *(Account Director)*
Allyson Johnson *(Account Manager)*
Kelsey Koralewski *(Account Manager)*

BLATTEL COMMUNICATIONS
250 Montgomery Street
San Francisco, CA 94104
Tel.: (415) 397-4811
Fax: (415) 956-5125
Web Site: www.blattel.com

Employees: 10
Year Founded: 1990

Discipline: Public Relations

Ellen Blattel *(Chief Executive Officer)*
Traci Stuart *(President)*
Michael Bond *(Senior Media Director)*
Chuck Brown *(Account Supervisor)*
Joey Telucci *(Senior Account Executive)*

BLAZE
1427 Third Street Promenade
Santa Monica, CA 90401
Tel.: (310) 395-5050
Fax: (310) 450-4345
Web Site: www.blazepr.com

Year Founded: 1990

Discipline: Public Relations

Matt Kovacs *(President)*

Erinn Lynch *(Vice President)*
Lindsey Mee *(Public Relations Director)*

Accounts:
Epson America, Inc.
Robeks Corporation
Sheraton Universal Hotel

BLISS INTEGRATED COMMUNICATIONS
500 Fifth Avenue
New York, NY 10110
Tel.: (212) 840-1661
Fax: (212) 840-1663
Web Site: www.blissintegrated.com/

Employees: 19
Year Founded: 1975

Discipline: Public Relations

Meg Wildrick *(Managing Partner)*
Cortney Stapleton *(Partner)*
Elizabeth Sosnow *(Managing Partner)*
Keri Toomey *(Senior Vice President)*
Alana Gold *(Account Supervisor)*

BLUE HERON COMMUNICATIONS
3260 Marshall Avenue
Norman, OK 732072
Tel.: (405) 364-3433
Web Site: www.blueheroncomm.com

Year Founded: 1987

Discipline: Public Relations

Gary Giudice *(President & Founder)*
Ron Giudice *(Vice President)*

BML PUBLIC RELATIONS
25B Vreeland Road
Florham Park, NJ 07932
Tel.: (973) 337-6395
Web Site: bmlpr.com

Year Founded: 2006

Discipline: Public Relations

Brian Lowe *(President & Chief Executive Officer)*
Tricia Ryan *(Vice President, Business Development)*
John Gramuglia *(Vice President)*
Meredith DeSanti *(Vice President, Creative & Strategy)*
Laura Pietrafesa *(Account Executive)*

Accounts:
Discover Boating

BOARDROOM COMMUNICATIONS
1776 North Pine Island Road
Fort Lauderdale, FL 33322
Tel.: (954) 370-8999
Fax: (954) 370-8892
Web Site: www.boardroompr.com

Employees: 13
Year Founded: 1989

Discipline: Public Relations

Julie Talenfeld *(Founder & President)*
Don Silver *(Chief Operating Officer)*
Todd Templin *(Executive Vice President)*

584

PUBLIC RELATIONS AGENCIES

BOB GOLD & ASSOCIATES
1640 South Pacific Coast Highway
Redondo, CA 90277
Tel.: (310) 784-1040
Web Site: www.bobgoldpr.com

Employees: 1

Discipline: Public Relations

Bob Gold *(President & Principal)*
Andrew Laszacs *(Account Executive)*
Kaitlyn Webb *(Account Coordinator)*

Accounts:
Fathom Events
Zenimal

BOCA COMMUNICATIONS
240 Stockton Street
San Francisco, CA 94108
Web Site: www.bocacommunications.com

Year Founded: 2007

Discipline: Public Relations

Kathleen Shanahan *(Founder)*
Merrill Freund *(Executive Vice President & General Manager)*
Ashley Breinlinger *(Senior Vice President)*
Alissa Vasilevskis *(Vice President & Manager, Account)*
Brigit Valencia *(Vice President, Public Relations)*
Elyce Ventura *(Vice President)*
Sammy Totah *(Vice President)*
Ben Marrone *(Senior Content Strategist)*
Susannah Adler *(Director, Content & Writer)*

BOLT PR
618 West Jones Street
Raleigh, NC 27603
Tel.: (919) 881-7922
Web Site: www.boltpr.com

Year Founded: 2007

Discipline: Public Relations

Caroline Callaway *(President & Founder)*
Jo-Anne Coombes *(Vice President)*

Accounts:
Wearever

BONNIE HENESON COMMUNICATIONS, INC.
9199 Riesterstown Road
Owings Mills, MD 21117-4513
Tel.: (410) 654-0000
Fax: (410) 654-0377
Web Site: www.bonnieheneson.com

Employees: 5
Year Founded: 1990

Discipline: Public Relations

Bonnie Heneson *(Founder)*
Kyri Jacobs *(President & Chief Executive Officer)*
Andrew Aldrich *(Vice President, Public Relations)*
Amanda Garman *(Senior Graphic Designer)*

BORSHOFF
333 North Alabama Street
Indianapolis, IN 46204
Tel.: (317) 631-6400
Fax: (317) 631-6499
Web Site: www.borshoff.biz

Employees: 36
Year Founded: 1984

Discipline: Public Relations

Jennifer Young Dzwonar *(Managing Principal)*
Jennifer Berry *(Owner Principal)*
Karen Alter *(Principal & Owner)*
Katherine Coble *(Principal)*
Adam Hoover *(Vice President)*
Jeff Gasior *(Vice President, Digital)*
Justin Wojtowicz *(Vice President, Account Management)*
Whitney Ertel *(Vice President, Public Relations)*
Steve Beard *(Vice President & Creative Director)*
Adrienne Clodfelter *(Vice President)*
Stacy Sarault *(Vice President)*
Amy Hanna *(Vice President)*
Angela Roberts *(Vice President)*
Meg Marra *(Vice President)*
Ryan Noel *(Creative Director)*
Aaron Scamihorn *(Senior Art Director)*
Micah Sitzman *(Art Director)*
Dominique Gilmour *(Senior Account Director)*
Neal Taflinger *(Creative Director)*
Megan Gross *(Senior Account Manager)*
Leeann Sausser *(Account Manager)*
Megan Fisher *(Account Manager)*
Cristina Melendez *(Account Manager)*
Ali Hernandez *(Account Manager)*

BOSE PUBLIC AFFAIRS GROUP, LLC
111 Monument Circle
Indianapolis, IN 46204
Tel.: (317) 684-5400
Web Site: www.bosepublicaffairs.com

Discipline: Public Relations

Roger Harvey *(Principal & Managing Director, Strategic Communications)*
Andrew Miller *(Managing Principal, Governmental Affairs & Strategic Communications)*
Daniel B. Seitz *(Principal)*
Paul S. Mannweiler *(Principal & Managing Director, Government Relations)*
Trevor Vance *(Principal)*
Victor Smith *(Partner, Business & Governmental Services Group & Principal)*
Brad Queisser *(Senior Vice President)*
Carolyn Elliott *(Senior Vice President)*
Trenton Hahn *(Senior Vice President)*
Emily Wilson *(Vice President, Government Affairs & Strategic Communications)*
Justin Swanson *(Vice President)*
Chris Wilson *(Manager, Public Relations)*
Rachel Wheeler *(Account Executive, Public Relations)*

BPCM
537 West 25th Street
New York, NY 10001
Tel.: (212) 741-0141
Fax: (212) 741-0630
Web Site: www.bpcm.com

Discipline: Public Relations

Vanessa von Bismarck *(Partner & Co-Founder)*
Carrie Phillips *(Partner & Co-Founder)*
Sarah Pallack *(Managing Director)*
Kathryn Amenta *(Account Executive)*

Accounts:
Aldo Group, Inc.
Longchamp USA

BRAITHWAITE COMMUNICATIONS
1500 Walnut Street
Philadelphia, PA 19102
Tel.: (215) 564-3200
Fax: (215) 564-3455
Web Site: www.gobraithwaite.com

Year Founded: 1996

Discipline: Public Relations

Jason Rocker *(Principal)*
Sarah Promisloff-Ross *(Vice President)*
Alex Dalgliesh *(Vice President)*

Accounts:
Zipcar

BRANDMAN AGENCY
261 Fifth Avenue
New York, NY 10016
Tel.: (212) 683-2442
Fax: (212) 683-2022
Web Site: www.brandmanpr.com

Discipline: Public Relations

Melanie Brandman *(Founder & Chief Executive Officer)*
Kristen Vigrass *(President)*
Stephanie Krajewski *(Senior Vice President)*
Daphna Barzilay *(Vice President, Partnerships & Brand Development)*
Lee Edelstein *(Account Director)*

Accounts:
Context Travel

BRANDSTYLE COMMUNICATIONS
450 Park Avenue South
New York, NY 10016
Tel.: (212) 794-0060
Web Site: www.brandstyle.com

Discipline: Public Relations

Zoe Coady *(Founder & Chief Executive Officer)*
Brittany Akens *(Vice President, Client Services)*
Adaline Colton *(Director, Technology)*

BRANDWARE PUBLIC RELATIONS, INC.
3280 Peachtree Road Northeast
Atlanta, GA 30305
Tel.: (770) 649-0880
Web Site: www.brandwarepr.com

Year Founded: 2000

Discipline: Public Relations

Elke Martin *(Co-Founder)*
Lou Laste *(Chief Executive Officer)*
Jennifer Jones-Mitchell *(President, Public Relations)*
Jordan Garofalo *(Account Director)*

Brands. Marketers. Agencies. Search Less. Find More.
Try out the online version at www.winmo.com

AGENCIES - JULY, 2020 — PUBLIC RELATIONS AGENCIES

Accounts:
American Freedom Distillery
Kami Home
Mizuno Sports USA, Inc.
RaceTrac Petroleum, Inc.

BRANIGAN COMMUNICATIONS
312 East Buffalo Street
Milwaukee, WI 53202
Tel.: (414) 459-3940
Fax: (414) 961-1038
Web Site: www.branigan.biz

Year Founded: 2003

Discipline: Public Relations

Tom Branigan (Chief Executive Officer)
Kathleen Dohearty (President)

BRAVE PUBLIC RELATIONS
1718 Peachtree Street
Atlanta, GA 30309
Tel.: (404) 233-3993
Fax: (404) 233-7647
Web Site: www.bravepublicrelations.com

Employees: 7
Year Founded: 1999

Discipline: Public Relations

Kristin Cowart (Chief Executive Officer & Founder)
Jennifer Walker (Managing Director, Vice President)
Becca Meyer (Account Executive)
Jill Frank (Publicist)

Accounts:
Books-A-Million, Inc.

BREAD & BUTTER PUBLIC RELATIONS
2404 Wilshire Boulevard
Los Angeles, CA 90057
Tel.: (213) 739-7985
Web Site: breadandbutterpr.com/

Year Founded: 2007

Discipline: Public Relations

Rachel Ayotte (Co-Founder & President)
Samantha Luthra (Managing Director)

Accounts:
Sparkling ICE

BRENER ZWIKEL & ASSOCIATES
6901 Canby Avenue
Reseda, CA 91335-4327
Tel.: (818) 462-5600
Fax: (818) 344-1714
Web Site: www.bzapr.com

Employees: 18
Year Founded: 1990

Discipline: Public Relations

Steve Brener (Partner & President)
Steve Pratt (Account Director)
Greg Ball (Senior Account Executive)

Accounts:
U.S. Tennis Association

BRESLOW PARTNERS
2042 Rittenhouse Square
Philadelphia, PA 19103
Tel.: (215) 731-2000
Fax: (214) 546-3144
Web Site: www.breslowpartners.com

Employees: 10
Year Founded: 1985

Discipline: Public Relations

Tina Breslow (Culinary Public Relations Aficionado)
Jennifer Breslow Mansfield (Director)

BREW MEDIA RELATIONS
603 Greenwich Street
New York, NY 10014
Tel.: (212) 677-4835
Fax: (212) 677-6490
Web Site: www.brewpr.com

Discipline: Public Relations

Brooke Hammerling (Founder)
Monica Feig (Senior Vice President)

BRIAN COMMUNICATIONS
200 Four Falls Corporate Center
Conshohocken, PA 19428
Tel.: (484) 385-2900
Web Site: www.briancom.com

Discipline: Public Relations

Aimee Tysarczyk (Vice President)
Stephanie Fanelli (Account Supervisor)

Accounts:
Petplan Pet Insurance

BRIGHT MOMENTS PUBLIC RELATIONS
2249 Oretha Castle Haley Boulevard
New Orleans, LA 70113
Tel.: (504) 592-1800
Fax: (504) 592-8150
Web Site: www.brightmomentsnola.com

Year Founded: 1984

Discipline: Public Relations

William Rouselle (President)
Geriease Smith-Hawkins (Vice President, Media & Creative Services)
Ethel Rodgers-Rouselle (Vice President)
Caryn Rodgers (Vice President, Operations & Senior Account Executive)

BRILLIANT PR & MARKETING
6501 East Greenway Parkway
Scottsdale, AZ 85254
Toll Free: (888) 808-4465
Web Site: brilliantprandmarketing.com

Year Founded: 2007

Discipline: Public Relations

Kathleen Tomes (President)
Karen Apablaza (Public Relations & Media Specialist)

Accounts:
Bicycle
Highlights for Children, Inc.
The United States Playing Card Company, Inc.

BRODEUR PARTNERS
535 Boylston Street
Boston, MA 02116
Tel.: (617) 587-2800
Fax: (617) 587-2828
Web Site: www.brodeur.com

Employees: 35
Year Founded: 2011

Discipline: Public Relations

Andy Coville (Chief Executive Officer)
John Brodeur (Chairman & Founder)
Steve Marchant (Partner)
Renzo Bardetti (Chief Financial Officer & Chief Operating Officer)
Mike Brewer (Partner)

Accounts:
American Cancer Society
Corning, Inc.
Orbitz

BRODEUR PARTNERS
One Harbour Place
Portsmouth, NH 03801
Tel.: (603) 436-6690
Fax: (603) 436-8054
Web Site: www.brodeur.com

Employees: 20
Year Founded: 2011

Discipline: Public Relations

Christine LeCompte (Executive Vice President, Client Services)

BRODEUR PARTNERS
300 Park Avenue
New York, NY 10022
Tel.: (646) 746-5600
Fax: (212) 771-3631
Web Site: www.brodeur.com

Employees: 10
Year Founded: 2011

Discipline: Public Relations

Cleve Langton (Chief Partnership Officer)
Molly Holman (Vice President)

Accounts:
Hankook Tire America Corporation

BROWER GROUP
220 Newport Center Drive
Newport Beach, CA 92660
Tel.: (949) 955-7940
Web Site: brower-group.com

Employees: 6
Year Founded: 1994

Discipline: Public Relations

Judy Brower Fancher (Founder & Chief Strategist)
Jenn Quader (President)
Renee Gibson-Milch (Operations Manager)

BROWN FLYNN COMMUNICATIONS LTD.
50 Public Square
Cleveland, OH 44113

PUBLIC RELATIONS AGENCIES

Tel.: (216) 303-6000
Fax: (440) 484-0101
Web Site: www.brownflynn.com

Employees: 9
Year Founded: 1996

Discipline: Public Relations

Margaret Flynn *(Senior Partner & Co-Founder)*
Barbara Brown *(Senior Partner & Co-Founder)*

BROWN LLOYD JAMES
1359 Broadway
New York, NY 10018
Tel.: (212) 486-7070
Fax: (212) 486-7091
Web Site: www.brownlloydjames.com

Employees: 15
Year Founded: 1997

Discipline: Public Relations

Peter Brown *(Chief Executive Officer)*
Mike Holtzman *(Partner)*

BROWN MILLER COMMUNICATIONS, INC.
1114 Jones Street
Martinez, CA 94553-1814
Tel.: (925) 370-9777
Fax: (925) 370-9811
Web Site: www.brownmillerpr.com

Employees: 7
Year Founded: 1987

Discipline: Public Relations

Michael Miller *(President)*
Sharron Faaborg *(Office Manager)*
Jonathan Bash *(Senior Account Executive)*

BRUNSWICK GROUP
245 Park Avenue
New York, NY 10167
Tel.: (212) 333-3810
Fax: (212) 333-3811
Web Site: www.brunswickgroup.com

Year Founded: 1987

Discipline: Public Relations

Ellen Moskowitz *(Partner)*
Darren McDermott *(Partner)*
Jayne Rosefield *(Partner & Head - Chicago)*
Maria Figueroa Kupcu *(Partner)*
Nicole Reboe *(Partner - Recruitment - International)*
Raul Damas *(Partner)*
Shahed Fakhari Larson *(Partner)*
Russell Rubino *(Head, Marketing - Americas)*
Kevin Helliker *(Editor)*

Accounts:
Live Nation Entertainment, Inc.
Mylan, Inc.

BRUSTMAN CARRINO PUBLIC RELATIONS
4500 Biscayne Boulevard
Miami, FL 33137
Tel.: (305) 573-0658
Fax: (305) 573-7077
Web Site: www.brustmancarrinopr.com

Employees: 7

Year Founded: 1985

Discipline: Public Relations

Larry Carrino *(President)*
Karen Barofsky *(Vice President, Accounts)*
Lauren Busch *(Vice President, Operations)*
Liz Hanes *(Office Manager & Human Resource Director)*

BUCHANAN PUBLIC RELATIONS
890 County Line Road
Bryn Mawr, PA 19010
Tel.: (610) 649-9292
Fax: (610) 649-0457
Web Site: www.buchananpr.com

Discipline: Public Relations

Anne Buchanan *(President)*
Nancy Page *(Executive Vice President & Director, Client Services)*

BUFFALO.AGENCY
12700 Sunrise Valley Drive
Reston, VA 20191
Tel.: (703) 761-1444
Web Site: buffalo.agency

Year Founded: 2001

Discipline: Public Relations

Lauren Nodzak *(Senior Vice President & Head, Client Strategy & Service)*
Glenn Gray *(Vice President)*
David Griffith *(Vice President)*
Stephen Reynolds *(Vice President)*
Ryan Parsons *(Senior Associate)*
Rich Katz *(Founder & Principal)*

Accounts:
Boccieri Golf
Chef's Cut Real Jerky
Eyeking LLC
Golf Town Canada, Inc.
United Soccer League
World Golf Foundation, Inc.

BURDETTE I KETCHUM
1023 Kings Avenue
Jacksonville, FL 32207
Tel.: (904) 645-6200
Fax: (904) 645-6080
Web Site: www.burdetteketchum.com

Employees: 10
Year Founded: 1996

Discipline: Public Relations

Karen Burdette *(Founder & Chairman)*
Will Ketchum *(President & Chief Executive Officer)*

BURNESS COMMUNICATIONS
7910 Woodmont Avenue
Bethesda, MD 20814
Tel.: (301) 652-1558
Fax: (301) 654-1589
Web Site: www.burnesscommunications.com

Year Founded: 1986

Discipline: Public Relations

Vanessa Bigelow *(Principal & Director, Human Resources & Community Engagement)*

Andy Burness *(President)*
Ben Milder *(Principal)*
Ellen Wilson *(Principal & Managing Director, Global Health & Science)*

BURNS360
7557 Rambler Road
Dallas, TX 75231
Tel.: (214) 521-8596
Fax: (214) 521-8599
Web Site: www.burns-360.com

Employees: 22
Year Founded: 1989

Discipline: Public Relations

Michael Burns *(President & Chief Executive Officer)*
Jennifer Green *(Executive Vice President and Managing Partner)*
Jeff Green *(Operations Director)*
Raleigh Kung *(Manager, Digital Marketing)*

BUTLER ASSOCIATES PUBLIC RELATIONS
535 Lexington Avenue
New York, NY 10016
Tel.: (212) 685-4600
Fax: (212) 481-2605
Web Site: www.butlerassociates.com

Employees: 5
Year Founded: 1996

Discipline: Public Relations

Thomas Butler *(President)*
Jason Fink *(Vice President)*
Alyssa Cambria *(Account Executive)*
Brian Kirsch *(Account Coordinator)*
Jaylen Pearson *(Account Coordinator)*

BWR PUBLIC RELATIONS
9100 Wilshire Boulevard
Beverly Hills, CA 90212
Tel.: (310) 550-7776
Fax: (310) 550-1701
Web Site: bwr-pr.com/

Employees: 75

Discipline: Public Relations

Eric Green *(Executive Vice President, Corporate Entertainment)*
Paulette Kam *(Managing Director, Corporate Entertainment)*

Accounts:
Netflix

C-COM GROUP, INC.
1790 Coral Way
Miami, FL 33145
Tel.: (305) 447-4015
Fax: (305) 447-4515
Web Site: www.ccomgroupinc.com

Employees: 5
Year Founded: 2001

Discipline: Public Relations

Luis Gonzalez *(President)*
Yania Olabarrieta *(Principal)*
Lina Baena *(Group Vice President, Public Relations)*
Miriam Tomassini Malek *(Vice President, Client*

AGENCIES - JULY, 2020

PUBLIC RELATIONS AGENCIES

Services)
Raul Rovira *(Associate Director, Creative)*
Reuben Pereira *(Senior Project Manager, Producer)*

Accounts:
Aveeno
Florida Power & Light
FPL Group, Inc.
Neutrogena Healthy Skin

C3 COMMUNICATIONS, INC.
3974 Sorrento Valley Boulevard
San Diego, CA 92191
Tel.: (858) 794-6974
Fax: (858) 794-6912
Web Site: www.c3publicrelations.com

Year Founded: 2000

Discipline: Public Relations

Joice Truban Curry *(President & Chief Executive Officer)*
Sean Curry *(Partner & Chief Operations Officer)*

Accounts:
Sammy's Woodfired Pizza

CAIN & CO.
685 Featherstone Road
Rockford, IL 61107
Tel.: (815) 399-2482
Web Site: www.cain-co.com

Year Founded: 1974

Discipline: Public Relations

Amy Anderson *(President & Co-Owner)*
Brian Anderson *(Vice President)*
Dawn Preston *(Art Director)*
Karen Bartch *(Art Director)*
Paul Phillips *(Creative Director)*
Rick Heffner *(Media Director & Senior Account Executive)*

CALHOUN & COMPANY COMMUNICATIONS
3275 Sacramento Street
San Francisco, CA 94115
Tel.: (415) 346-2929
Web Site: www.calhounwine.com

Year Founded: 2003

Discipline: Public Relations

Katie Ballou Calhoun *(Owner & President)*
Kela Driggs *(Account Director)*

Accounts:
Lodi Winegrape Commission

CALYPSO
20 Ladd Street
Portsmouth, NH 03801
Tel.: (603) 431-0816
Fax: (603) 431-4497
Web Site: www.calypso.agency

Employees: 9
Year Founded: 2000

Discipline: Public Relations

Angela Carter *(Chief Operating Officer & Senior Vice President)*
Kevin Stickney *(Founder, Principal & President)*
Houssam Aboukhater *(Managing Partner)*

Caitlin Konchek *(Director, Marketing)*
Marc Checket *(Art Director)*
Kelsey O. Ciardha *(Art Director)*
Carter Foster *(Coordinator, Digital Marketing)*
Tiffany Keenan *(Coordinator, Public Relations)*

Accounts:
The AES Corporation

CALYSTO COMMUNICATIONS INC.
445 East Main Street
Buford, GA 30318
Tel.: (404) 266-2060
Fax: (404) 266-2041
Web Site: www.calysto.com

Employees: 15
Year Founded: 1999

Discipline: Public Relations

Laura Borgstede *(Chief Executive Officer)*
Kristine Bennett *(President - Avante)*

CAMRON
270 Lafayette Street
New York, NY 10012
Tel.: (917) 675-4380
Web Site: www.camronpr.com

Year Founded: 1989

Discipline: Public Relations

Sarah Natkins *(Head, Camron New York)*
Sara Griffin *(Senior Associate Director)*
Irene Kopitov *(Senior Associate Director)*
Timothy Monaghan *(Senior Associate Director)*
Bradley Kal Hagan *(Director, Deputy Head)*

Accounts:
Bernhardt Furniture

CARABINER COMMUNICATIONS INC.
4372 Misty Morning Lane
Lilburn, GA 30047
Tel.: (770) 923-8332
Fax: (888) 686-7688
Web Site: www.carabinercomms.com

Employees: 1
Year Founded: 2005

Discipline: Public Relations

Peter Baron *(Founder & Principal)*
Suzanne Moccia *(Vice President)*
Dana Cogan *(Vice President)*
Leslie Tentler *(Senior Editor & Senior Writer)*

CAREN WEST PR
130 Boulevard Northeast
Atlanta, GA 30312
Tel.: (404) 614-0006
Fax: (404) 522-5155
Web Site: www.carenwestpr.com

Employees: 10
Year Founded: 2005

Discipline: Public Relations

Chad Shearer *(Chief Operating Officer, Creative Director & Owner)*
Caren West *(Founder & President)*

CAREY O'DONNELL PUBLIC RELATIONS GROUP
303 Danyan Boulevard
West Palm Beach, FL 33401
Tel.: (561) 832-3231
Web Site: odonnell.agency

Employees: 6
Year Founded: 1995

Discipline: Public Relations

Carey O'Donnell *(President & Creative Director)*
Irene Carvalho *(Director, Media & Client Services)*
Tony Theissen *(Senior Brand Manager & Strategist, Media)*
Amanda Rier *(Senior Graphic Designer)*

CARLETON PUBLIC RELATIONS INC.
920 Merchants Walk, Southwest
Huntsville, AL 35801
Tel.: (256) 534-1261
Fax: (256) 539-8888
Web Site: www.carletonpr.com

Discipline: Public Relations

Robert Lane *(President & Chief Executive Officer)*
Chris Kidd *(Manager, Client Relations)*

CARMEN GROUP
901 F Street, Northwest
Washington, DC 20004
Tel.: (202) 785-0500
Fax: (202) 478-1734
Web Site: www.carmengroup.com

Year Founded: 1985

Discipline: Public Relations

David Carmen *(President & Chief Executive Officer)*
William Signer *(Executive Managing Director - Tax & Healthcare)*

CARR MARKETING COMMUNICATIONS, INC.
300 International Drive
Buffalo, NY 14221
Tel.: (716) 831-1500
Fax: (716) 831-1400
Web Site: www.carrmarketing.com

Employees: 4
Year Founded: 1994

Discipline: Public Relations

Robert Carr *(President)*
Cheryl Carr *(Chief Operating Officer)*

CARVE COMMUNICATIONS
4616 Arapahoe Trail
Austin, TX 78745
Web Site: carvecommunications.com

Year Founded: 2013

Discipline: Public Relations

Paul Brady *(Founder)*
Brittany Edwards *(Public Relations & Marketing Specialist)*

Accounts:
TheWaveVR

Brands. Marketers. Agencies. Search Less. Find More.
Try out the online version at www.winmo.com

PUBLIC RELATIONS AGENCIES

CARYL COMMUNICATIONS, INC.
40 Eisenhower Drive
Paramus, NJ 07652
Tel.: (201) 796-7788
Fax: (201) 796-8844
Toll Free: (866) 256-5858
Web Site: www.caryl.com

Employees: 10
Year Founded: 1980

Discipline: Public Relations

Caryl Bixon-Gordon *(President)*
Bob Gordon *(Chief Financial & Operating Officer)*
Evelyn Weiss Francisco *(Vice President & Client Services Director)*
Karen Ravensbergen *(Vice President)*
Christine Ziomek *(Special Projects Manager)*
Caryn Starr-Gates *(Account Manager & Writer)*
Sandy Crisafulli *(Account Manager & Writer)*
Mary Dickey *(Writer & Specialist, Media)*

CASEY & SAYRE, INC.
7122 Dume Drive
Malibu, CA 90265
Tel.: (310) 457-9246
Web Site: www.cswpr.com

Employees: 10
Year Founded: 1980

Discipline: Public Relations

Barbara Casey *(Chairman & Chief Executive Officer)*
Elizabeth Valles *(Chief of Staff, Technology & Digital Media Manager)*
Meredith Red *(Vice President & Director, Digital Media)*
Pablo Ortega *(Digital Strategist & Social Media Manager)*

CASHMAN & ASSOCIATES
232 North Second Street
Philadelphia, PA 19106
Tel.: (215) 627-1060
Fax: (215) 627-1059
Web Site: www.cashmanandassociates.com

Discipline: Public Relations

Nicole Cashman *(Founder, President & Chief Executive Officer)*
Michelle Conron *(Senior Director, Integrated Marketing & Operations)*
Allie Seifert *(Director, Public Relations)*
Jill Asher *(Senior Marketing Manager)*
Megan Renner *(Digital Media Coordinator)*
Nora Kenney *(Events Coordinator)*

CASSIDY & ASSOCIATES
733 10th Street Northwest
Washington, DC 20001
Tel.: (202) 347-0773
Web Site: www.cassidy.com

Employees: 15
Year Founded: 1975

Discipline: Public Relations

Barry Rhoads *(Chairman)*
Jordan Bernstein *(Chief Operating Officer)*
Kai Anderson *(Chief Executive Officer)*

CATALYST PUBLIC RELATIONS
304 Park Avenue South
New York, NY 10010
Tel.: (646) 871-2400
Web Site: catalystpublicrelations.com

Year Founded: 2005

Discipline: Public Relations

Rob Bronfeld *(Senior Vice President)*
Emily Heine *(Senior Account Manager)*

Accounts:
YMCA of the USA

CATAPULT PR-IR
6560 Gunpark Drive
Boulder, CO 80301
Tel.: (303) 581-7760
Fax: (303) 581-7762
Toll Free: (866) 700-7760
Web Site: www.catapultpr-ir.com

Employees: 5
Year Founded: 1999

Discipline: Public Relations

Guy Murrel *(Principal & Co-Founder)*
Terri Douglas *(Principal & Co-Founder)*
Jeremy Douglas *(Director, Client Engagement)*

CATHY CALLEGARI PUBLIC RELATIONS, INC.
220 Riverside Boulevard
New York, NY 10069
Tel.: (212) 579-1370
Web Site: www.callprinc.com

Discipline: Public Relations

Cathy Callegari *(Chief Executive Officer)*
Liz Ammirato *(Senior Account Supervisor)*

CERRELL ASSOCIATES, INC.
320 North Larchmont Boulevard
Los Angeles, CA 90004
Tel.: (323) 466-3445
Fax: (323) 466-8653
Web Site: www.cerrell.com

Employees: 30
Year Founded: 1966

Discipline: Public Relations

Hal Dash *(Chairman & Chief Executive Officer)*
Steve Bullock *(Chief Financial Officer)*

CGPR
24 Prospect Street
Marblehead, MA 01945
Tel.: (781) 639-4924
Fax: (781) 639-4238
Web Site: www.cgprpublicrelations.com

Discipline: Public Relations

Chris Goddard *(Owner & President)*
Craig M. Davis *(Chief Operating Officer)*

CHAMPION MANAGEMENT GROUP, LLC
15455 Dallas Parkway
Addison, TX 750002
Tel.: (972) 930-9933
Web Site: championmgt.com/

Year Founded: 2002

Discipline: Public Relations

Ladd Biro *(Founder & Principal)*
Eric Spiritas *(Principal)*
Rusty Ford *(Senior Vice President, Marketing)*
Jami Zimmerman *(Vice President, Media Relations)*
Brooke Sundermier *(Public Relations Director)*
Courtney Mazzella *(Director, Client Services)*
Paul Solomons *(Media Planner & Buyer)*
Kimberly Turman *(Senior Account Executive & Social Media Strategist)*
Carina Wolk *(Account Manager)*
Victoria Davis *(Senior Account Executive)*
Amshi Humphrey *(Manager, Social Media)*
Morgan Hale *(Senior Account Executive)*
Leisha Griffin *(Account Executive)*
Marilyn Perkins *(Account Executive)*
Anna Montie *(Creative Services Specialist)*
Cami Studebaker *(Public Relations Specialist)*

Accounts:
Bad Daddy's Burger Bar
bellagreen
Caulipower
Coolgreens
Corner Bakery Cafe
Dog Haus
Fazoli's Restaurants
Garbanzo Mediterranean Grill, LLC
Nestle Toll House
On The Border Mexican Grill & Cantina
Original ChopShop
Outback Steakhouse, Inc.
Pei Wei Asian Diner
Raising Cane's Restaurants, LLC
RAVE Restaurant Group, Inc.
Taco John's International, Inc.
Tarka Indian Kitchen

CHANDLER CHICCO AGENCY
200 Vesey Street
New York, NY 10281
Tel.: (212) 229-8400
Fax: (212) 229-8496
Web Site: www.ccapr.com

Employees: 110
Year Founded: 1995

Discipline: Public Relations

Amanda Loban *(Vice President, Marketing)*
Marianne Eisenmann *(Head, Research & Analytics - inVentiv Health Public Relations Group)*

CHARLES RYAN ASSOCIATES, INC.
1900-A East Franklin Street
Richmond, VA 23223
Tel.: (804) 643-3820
Fax: (804) 643-8281
Toll Free: (877) 342-0161
Web Site: www.charlesryan.com

Discipline: Public Relations

Caryn Durham *(Chief Executive Officer)*
Matt Fidler *(Chief Creative Officer)*
Amanda Engquist *(Digital Media Analyst)*
Nora Bollinger *(Digital Experience Designer)*
Alex Fisher *(Digital Media Strategist)*
Christine Pomatto *(UI Designer)*

PUBLIC RELATIONS AGENCIES

CHARLES RYAN ASSOCIATES, INC.
601 Morris Street
Charleston, WV 25301
Tel.: (304) 342-0161
Fax: (304) 342-1941
Toll Free: (877) 342-0161
Web Site: www.charlesryan.com

Year Founded: 1977

Discipline: Public Relations

Susan Lavenski *(Chief Executive Officer)*
Rick Mogielski *(Vice President & Executive Producer, CRA Films)*

Accounts:
West Virginia Tourism Board

CHASE COMMUNICATIONS
535 Mission Street
San Francisco, CA 94105
Tel.: (415) 433-0100
Fax: (415) 433-0234
Web Site: www.chasepr.com

Year Founded: 1997

Discipline: Public Relations

Julie Chase *(Corporate Practice Chairperson)*
Kevin Plottner *(Graphic Designer)*

CHEN PR, INC.
71 Summer Street
Boston, MA 02110
Tel.: (781) 466-8282
Fax: (781) 466-8989
Web Site: www.chenpr.com

Employees: 30
Year Founded: 1996

Discipline: Public Relations

Christopher Carleton *(Principal & Founding Partner)*
Barbara Ewen *(Principal)*
Jennifer Torode *(Vice President)*

Accounts:
Peoplefluent
XIO Storage

CHERNOFF NEWMAN
5970 Fairview Road
Charlotte, NC 28210
Tel.: (704) 374-9300
Fax: (704) 374-9330
Toll Free: (866) 526-6382
Web Site: www.chernoffnewman.com

Employees: 12
Year Founded: 1983

Discipline: Public Relations

Sig Huitt *(Senior Counselor)*
Adam Bernstein *(Senior Vice President)*

CHIEF
1800 Massachusetts Avenue Northwest
Washington, DC 20036
Tel.: (301) 657-0800
Fax: (301) 657-9555
Web Site: www.agencychief.com

Year Founded: 1986

Discipline: Public Relations
Scott Johnson *(Principal & Co-Founder)*
Amanda Nguyen *(Principal & Director, Marketing Strategy)*
Emily Kendrick *(Director - Civilian Projects)*
Mary Burke *(Marketing Producer)*

CHILD'S PLAY COMMUNICATIONS
420 Riverside Drive
New York, NY 10025
Tel.: (212) 488-2060
Fax: (212) 488-2059
Web Site: www.childsplaypr.com

Employees: 3

Discipline: Public Relations

Stephanie Azzarone *(Founder & President)*
Selena Rodriguez *(Account Supervisor)*

Accounts:
Monti Kids

CHO / HIGHWATER GROUP
1120 Avenue of the Americas
New York, NY 10036
Tel.: (760) 666-5349
Fax: (212) 338-9899
Web Site: www.highwatergroup.com

Employees: 15
Year Founded: 1999

Discipline: Public Relations

Lance Seymour *(Co-Founder, Co-Chief Executive Officer & Human Resources Manager)*
Dan Harnett *(Co-Founder & Co-Chief Executive Officer)*

CITIZEN RELATIONS
5510 Lincoln Boulevard
Los Angeles, CA 90094
Tel.: (213) 430-0480
Fax: (213) 430-0494
Web Site: www.citizenrelations.com

Employees: 50
Year Founded: 1986

Discipline: Public Relations

Daryl McCullough *(Global Chairman)*
Erin Georgieff *(Executive Vice President & Managing Director)*
Ive Balins *(Vice President)*
Jina Michael-Smith *(Associate Director)*
Jennifer Nguyen *(Manager)*

Accounts:
Duracell, Inc.
Hotwire, Inc.
Old Spice Body Wash
TrueCar, Inc

CITIZEN RELATIONS
600 Lexington Avenue
New York, NY 10022
Tel.: (212) 613-4900
Web Site: www.citizenrelations.com

Year Founded: 1986

Discipline: Public Relations

Emily Johnston *(Senior Vice President, Integrated Marketing Communications)*
Amanda Hinckley *(Vice President)*
Shannon Suggett *(Group Director)*
Molly Crabill *(Client Service Manager)*
Laura Bremer *(Managing Director)*

Accounts:
Cascade
Crest
Dawn
Dreft
Febreze
Huffy Bikes
Ivory
Loblaws
McDonald's
Olay
Old Spice
Oral-B
Super 8
Swiffer

CITIZEN RELATIONS
33 Jefferson Avenue
Toronto, ON M6K 1Y3
Tel.: (416) 922-3050
Fax: (416) 922-7609
Web Site: www.citizenrelations.com

Employees: 400
Year Founded: 1986

Discipline: Public Relations

Nick Crowling *(President - North America)*
Angie Lamanna *(Senior Vice President)*
Heidi Mamer DeVastey *(Vice President, Integrated Communications)*
Sean Citrigno *(Senior Account Director)*
Devon Vipond *(Director, Digital)*
Ciara O'Riordan *(Senior Account Manager)*
Cecilia Kim *(Account Manager)*
Christina Arseneau *(Senior Account Manager)*
Izabela Leszko *(Senior Account Manager)*

CJRW
300 Main Street
Little Rock, AR 72201
Tel.: (501) 975-6251
Fax: (501) 975-4241
Web Site: www.cjrw.com

Employees: 85

Discipline: Public Relations

Darin Gray *(Chairman & Chief Executive Officer)*
Brian Kratkiewicz *(Senior Vice President, Media & Interactive Services)*
Wade McCune *(Creative Director & Senior Vice President)*
Brenda Worm *(Vice President & Director, Operations)*
Shanon Williams *(Vice President & Director, Advertising Account Services)*
Mark Raines *(Senior Vice President & Director, Public Relations)*
Wade Austin *(Director, Development)*
Vita Barre *(Associate Media Director, Consumer)*
Chris Ho *(Director, Digital & Interactive Services)*
Jane Embry Selig *(Media Buyer & Planner)*
Jennifer Morgan *(Senior Account Executive, Parks & Tourism)*

Accounts:
Arkansas Department of Parks & Tourism

CKC AGENCY

PUBLIC RELATIONS AGENCIES
AGENCIES - JULY, 2020

28580 Orchard Lake Road
Farmington Hills, MI 48334
Tel.: (248) 788-1744
Fax: (248) 788-1742
Web Site: www.ckcagency.com

Year Founded: 1982

Discipline: Public Relations

Caroyln Krieger *(Founder)*
Alison Schwartz *(Vice President, Public Relations)*
Pat Baskin *(Managing Director)*

Accounts:
Art Van Furniture, Inc.

CLARK COMMUNICATIONS
24816 Frederick Road
Clarksburg, MD 20871
Tel.: (301) 728-4811
Fax: (301) 987-1669
Web Site: www.clarkcommunicationsonline.com

Discipline: Public Relations

Jackie Clark *(Founder & Chief Executive Officer)*
Fritz Schneider *(Chief Client Officer)*
Leslie Happ *(President, Spot on Communication)*

CLASSIC COMMUNICATIONS
38 Mechanic Street
Foxboro, MA 02035
Tel.: (508) 698-6810
Fax: (508) 698-6811
Web Site: www.classic-communications.com

Employees: 6
Year Founded: 1979

Discipline: Public Relations

Marty Bauman *(Owner & President)*
Megan Rivett *(Director, Operations)*

CLEARPOINT AGENCY
4403 Manchester Avenue
Encinitas, CA 92024
Tel.: (760) 230-2424
Web Site: www.clearpointagency.com

Year Founded: 2002

Discipline: Public Relations

Bonnie Shaw *(President)*
Beth Walsh *(Vice President)*
Lisa Bergum *(Account Coordinator)*

CLS STRATEGIES
1615 L Street North West
Washington, DC 20036
Tel.: (202) 289-5900
Fax: (202) 289-4141
Web Site: www.clsstrategies.com

Employees: 40
Year Founded: 1992

Discipline: Public Relations

Robert Chlopak *(Partner)*
Jennifer Hall *(Managing Director)*

CMM
594 Broadway
New York, NY 10012
Tel.: (212) 979-8884
Web Site: www.cmmpr.com

Year Founded: 1997

Discipline: Public Relations

Stacey Miyamoto *(President)*
Victoria Messner *(Assistant Vice President, Creative Director - Digital)*
Charlie Pino *(Vice President, Digital)*
Corinne Pipitone *(Vice President)*
Heather Fisher *(Senior Account Director - Stila)*
Alexa Rossi *(Account Director)*
Kara Scheideler *(Senior Account Executive)*

Accounts:
Sente
Stila Cosmetics

CN COMMUNICATIONS INTERNATIONAL, INC.
127 Main Street
Chatham, NJ 07928
Tel.: (973) 274-8330
Fax: (973) 643-2118
Web Site: www.cn-com.com

Employees: 8
Year Founded: 1977

Discipline: Public Relations

Anthony Cicatiello *(Chairman)*
Rebecca Lubot *(Director)*

CO-COMMUNICATIONS, INC.
Two Forest Park Drive
Farmington, CT 06032
Tel.: (860) 676-4400
Web Site: www.cocommunications.com

Discipline: Public Relations

Jessica Lyon *(Partner, Executive Vice President & Chief Operations Officer)*
Danielle Cyr *(Vice President, Integrated Marketing)*

COACTION PUBLIC RELATIONS
20 Exchange Place
New York, NY 10005
Tel.: (212) 268-5078
Fax: (212) 268-5357
Web Site: www.coactionpr.com

Employees: 3
Year Founded: 1997

Discipline: Public Relations

Colleen Jezersek *(President & Founder)*
Regina Ragone *(Vice President)*
Adalia Roberts *(Account Executive)*

COBURN COMMUNICATIONS
130 West 42nd Street
New York, NY 10036
Tel.: (212) 730-7277
Fax: (212) 730-4738
Web Site: www.coburnww.com

Year Founded: 1999

Discipline: Public Relations

Shirine Coburn Disanto *(Chief Executive Officer & Founder)*
Daniele Cardelia *(Vice President, Strategic Alliances)*
Meredith Coon *(Vice President)*
Chelsea Giacobbe *(Senior Account Supervisor)*

Accounts:
Britney Spears Fragrances
Clinique Cosmetics
Curious by Britney Spears
Juicy Couture Fragrances
Justin Bieber Fragrances
Nicki Minaj Fragrances
Rosetta Stone
StarKist Co.
Taylor Swift Fragrances

COGNITO
1040 Avenue of the Americas
New York, NY 10018
Tel.: (646) 395-6300
Fax: (646) 395-1876
Web Site: www.cognitomedia.com

Year Founded: 2001

Discipline: Public Relations

Jon Brubaker *(Vice President)*
Jon Schubin *(Vice President)*

COLANGELO & PARTNERS
1010 Avenue of the Americas
New York, NY 10018
Tel.: (646) 624-2885
Web Site: www.colangelopr.com

Year Founded: 2006

Discipline: Public Relations

Gino Colangelo *(President)*
Paul Yanon *(Vice President, Wine)*
Carl Bivona *(Social Media Director)*
Aleksandra Trochimiuk *(Strategy & Creative Director)*
Lisa Vetrone *(Senior Content Manager)*
Maryam Kidwai *(Community Manager)*
Nina Salgo *(Human Resources & Office Administration)*
RaeAnn Serra *(Photographer & Videographer)*
Kenya Thomas *(Influencer Marketing Specialist)*
Kate Huey *(Public Relations Assistant)*
Pia Szabo *(Wine Account Coordinator)*
Cara McGlew *(Social Media Coordinator)*
Lauren Howe *(Content Coordinator)*
Kerry Shanaberger *(Event Coordinator)*

Accounts:
Bella Union Winery
Dolce Wine
En Route Winery
Far Niente Winery
Nickel & Nickel Winery

COLES MARKETING COMMUNICATIONS
3950 Priority Way
Indianapolis, IN 46240
Tel.: (317) 571-0051
Fax: (317) 571-0052
Web Site: www.colesmarketing.com

Employees: 12
Year Founded: 1985

Discipline: Public Relations

Barbara Coles *(President)*

Brands. Marketers. Agencies. Search Less. Find More.
Try out the online version at www.winmo.com

AGENCIES - JULY, 2020
PUBLIC RELATIONS AGENCIES

Tim Coulon (Vice President, Creative)
Tiffany Whisner (Vice President, Public Relations)
Brian Coles (Vice President, Marketing)
Shawn Sorrells (Videographer & Account Manager)

COLTRIN & ASSOCIATES
1212 Avenue of the Americas
New York, NY 10036
Tel.: (212) 221-1616
Fax: (212) 221-7718
Web Site: www.coltrin.com

Employees: 16
Year Founded: 1982

Discipline: Public Relations

Steve Coltrin (Founder, Chairman & Chief Executive Officer)
Jennifer Webb (Senior Vice President, Operations)
Susan Surillo (Vice President, Executive Services & Client Relations)

COMMIX COMMUNICATIONS, INC.
1595 16th Avenue
Richmond Hill, ON L4B 3N9
Tel.: (416) 262-4941
Web Site: www.commix.ca

Employees: 20
Year Founded: 1997

Discipline: Public Relations

Peter Sewell (President)
Howard Kim (Creative Director)

COMMUNICATION SOLUTIONS GROUP
200 Old York Road
Jenkintown, PA 19046
Tel.: (215) 884-6499
Fax: (215) 884-8318
Web Site: www.comsolutions.com

Year Founded: 1991

Discipline: Public Relations

Leza Raffel (Founder & President)
Liz West (Graphic Designer - Freelance)
Cindy Graul (Photographer - Freelance)

COMMUNICATIONS LINKS
8151 East Indian Bend Road
Scottsdale, AZ 85250
Tel.: (480) 348-7540
Fax: (480) 348-7541
Web Site: www.commlinks.com

Discipline: Public Relations

Mike Petty (President)
David Gilbertson (General Manager)

COMMUNICATIONS STRATEGY GROUP
44 Cook Street
Denver, CO 80206
Tel.: (303) 433-7020
Web Site: www.csg-pr.com

Year Founded: 2004

Discipline: Public Relations

Stephen Shapiro (Founder & President)
Shannon Fern (Chief Strategy Officer)
Erik Keith (Chief Innovation Officer)
Peter MacKellar (Vice President)
Molly Koch (Vice President, Operations)

Accounts:
Eating Recovery Center
EducationDynamics

COMMUNIQUE PR
1631 Fifteenth Avenue West
Seattle, WA 98119
Tel.: (206) 282-4923
Fax: (206) 284-2777
Web Site: www.communiquepr.com

Employees: 4
Year Founded: 2004

Discipline: Public Relations

Jennifer Gehrt (Founding Partner)
Colleen Moffitt (Founding Partner)

COMMUNIQUE, INC.
512 East Capital Avenue
Jefferson City, MO 65102
Mailing Address:
Post Office Box 237
Jefferson City, MO 65102-0237
Tel.: (573) 635-3265
Fax: (573) 635-3810
Toll Free: (800) 772-8447
Web Site: qinc.co

Employees: 6
Year Founded: 1979

Discipline: Public Relations

Steve Veile (Chairman & Chief Executive Officer)
Adam Velle (President)

CONCEPTS, INC.
4800 Hampden Lane
Bethesda, MD 20814
Tel.: (240) 482-3709
Fax: (240) 482-3759
Web Site: www.conceptspr.com

Employees: 15
Year Founded: 1996

Discipline: Public Relations

Karen Herson (President)
Katia Albanese (Consultant, Strategic Communications & Program Manager)
Diana Zietzer (Manager, Disability Content & Outreach)
Hope Adler (Management Consultant)

CONFIDANT
68 Third Street
Brooklyn, NY 11231
Tel.: (646) 289-5003
Toll Free: (800) 674-3759
Web Site: www.confidant.co

Year Founded: 2015

Discipline: Public Relations

Garland Harwood (Co-Founder & Public Relations Strategist)
Kaitlin Fund (Public Relations Strategist)
Emily Horneman (Public Relations Strategist)

Accounts:
BirchBox

CONKLING FISKUM & MCCORMICK
1001 Southwest Fifth Avenue
Portland, OR 97204
Tel.: (503) 294-9120
Fax: (503) 294-9152
Web Site: www.cfm-online.com

Employees: 20
Year Founded: 1990

Discipline: Public Relations

Norm Eder (Partner)
Tom Eiland (Partner)
Gary Conkling (Partner)
Cindy Brown (Office Manager)

CONRIC PR & MARKETING
6216 Whiskey Creek Drive
Fort Meyers, FL 33919
Tel.: (239) 690-9840
Web Site: www.conricpr.com

Year Founded: 2007

Discipline: Public Relations

Connie Ramos-Williams (President & Chief Marketing Officer)
Josh Milton (Vice President, Media Relations)
Jaimie Miller (Vice President, Marketing)
April Bordeaux (Creative Director)
Linda Fiore (Director, Advertising)

CONROY / MARTINEZ GROUP
300 Sevilla Avenue
Coral Gables, FL 33134
Tel.: (305) 445-7550
Fax: (305) 445-7551
Web Site: www.conroymartinez.com

Employees: 7
Year Founded: 1990

Discipline: Public Relations

C. L. Conroy (Founder & Chief Executive Officer)
Jorge Martinez (Vice President)

CONSENSUS COMMUNICATIONS
201 South Orange Avenue
Orlando, FL 32801
Tel.: (407) 608-5900
Web Site: www.onmessage.com

Year Founded: 1995

Discipline: Public Relations

Tre Evers (Founding Partner & Political Consultant)
John Sowinski (Founding Partner & Communications Strategist)
Dan Cunningham (Producer, Media)
Christina Morton (Senior Account Executive)

CONSORTIUM MEDIA SERVICES
4572 Telephone Road
Ventura, CA 93003
Tel.: (805) 654-1564
Fax: (805) 654-8796
Web Site: www.consortium-media.com

PUBLIC RELATIONS AGENCIES

AGENCIES - JULY, 2020

Discipline: Public Relations

Denise Bean-White *(President & Chief Executive Officer)*
Jennifer Curtis-Neves *(Senior Vice President & General Manager)*

COOK & SCHMID
740 13th Street
San Diego, CA 92101
Tel.: (619) 814-2370
Web Site: www.cookandschmid.com

Discipline: Public Relations

Jon Schmid *(President & Chief Executive Officer)*
JoAn Tamares *(Senior Graphic Designer)*

COOKERLY PUBLIC RELATIONS INC.
3424 Peachtree Road
Atlanta, GA 30326
Tel.: (404) 816-2037
Fax: (404) 816-3037
Web Site: www.cookerly.com

Employees: 15
Year Founded: 1991

Discipline: Public Relations

Carol Cookerly *(Chief Executive Officer)*
Stephen Brown *(President)*
Jane Stout *(Executive Vice President)*

Accounts:
The Arthritis Foundation

COOKSEY COMMUNICATIONS
5525 North MacArthur Boulevard
Irving, TX 75038
Tel.: (972) 580-0662
Fax: (972) 580-0852
Web Site: www.cookseypr.com

Employees: 7
Year Founded: 1994

Discipline: Public Relations

Gail Cooksey *(Chairman & Owner)*
Jason Meyer *(Partner & Executive Vice President)*
Colby Walton *(President)*
Michelle Frith Hargis *(Vice President)*
Randy E. Pruett *(Vice President)*
Michael Landon *(Creative Director)*
Karen Neal *(Finance & Administration Manager)*
Ashley Sears *(Account Supervisor)*
Allison Chvojan *(Account Executive)*
Jennifer Janicki *(Account Executive)*
Mallory Wendel *(Senior Account Executive)*

Accounts:
Dickey's Barbecue Restaurants, Inc.

COOPER HONG, INC.
2560 Foxfield Road
Saint Charles, IL 60174
Tel.: (630) 377-2555
Fax: (630) 377-2554
Web Site: www.cooperhong.com

Discipline: Public Relations

Jane Cooper *(President)*
Tim Montgomery *(Vice President)*

CORPORATE COMMUNICATIONS
3100 West End Avenue
Nashville, TN 37203
Mailing Address:
Post Office Box 101190
Nashville, TN 37224-1190
Tel.: (615) 254-3376
Fax: (615) 742-1657
Web Site: www.cci-ir.com

Employees: 25

Discipline: Public Relations

Eddie Jones *(Principal & Chief Executive Officer)*
Tim Kovick *(Principal & President, Corporate Design)*
Gil Fuqua, Jr. *(Principal & President)*
Dru Anderson *(Principal & Senior Vice President)*

CORPORATE INK PUBLIC RELATIONS
745 Atlantic Avenue
Boston, MA 02111
Tel.: (617) 969-9192
Fax: (617) 969-1124
Web Site: www.corporateink.com

Employees: 10
Year Founded: 1989

Discipline: Public Relations

Amy Bermar *(President)*
Susan Bassett *(Vice President)*
Abigail E. Holmes *(Account Manager)*
Jill McGrath *(Office Manager)*

COSTA COMMUNICATIONS GROUP
7719 Fox Knoll Place
Winter Park, FL 32792
Tel.: (407) 657-4818
Fax: (407) 679-3252
Web Site: www.costacg.com/

Employees: 15
Year Founded: 1985

Discipline: Public Relations

Linda Costa *(President & Chief Executive Officer)*
Kelly Gaines *(Vice President, Marketing)*
Jennifer Izzo *(Vice President, Public Relations)*

COVET PUBLIC RELATIONS
656 Fifth Avenue
San Diego, CA 92101
Tel.: (619) 795-6030
Web Site: www.covetpr.com

Year Founded: 2014

Discipline: Public Relations

Sara Brooks *(Founder & Chief Executive Officer)*
Jennifer Yu *(President)*
Casey Blatt *(Director, Operations)*
Megan Rupp *(Account Supervisor)*
Gianna Totaro *(Account Supervisor)*
Maddie Erdossy *(Account Executive)*
Tamara Sneider *(Assistant Account Executive)*
Jessica Antoine *(Account Executive)*

Accounts:
Mira
Suja Juice

COWAN & COMPANY COMMUNICATIONS
20 Bay Street
Toronto, ON M5J 2N8
Tel.: (416) 462-8773
Fax: (416) 461-9486
Web Site: www.cowanandcompany.net

Discipline: Public Relations

Cathy Cowan *(Owner)*
Margaret Batuszkin *(Director, Communications)*

Accounts:
Prime Pubs

COYNE PUBLIC RELATIONS
Five Wood Hollow Road
Parsippany, NJ 07054
Tel.: (973) 316-1665
Fax: (973) 316-6568
Web Site: www.coynepr.com

Employees: 65
Year Founded: 1991

Discipline: Public Relations

Tom Coyne *(Chief Executive Officer)*
John Gogarty *(President)*
Lisa Wolleon *(Executive Vice President)*
Jennifer Kamienski *(Executive Vice President)*
Kevin Lamb *(Senior Vice President)*
Brian Murphy *(Senior Vice President)*
Stacy Bataille *(Senior Vice President)*
Amanda Early *(Vice President)*
Jamie Paster *(Assistant Vice President)*
Katie Seifert *(Vice President)*
Geoffrey Phelps *(Vice President)*
Cristin Urban *(Senior Account Supervisor)*
Jackie Peskin *(Assistant Vice President)*
Colleen Imler *(Supervisor, Account)*
Christine Azzolino *(Senior Account Supervisor)*
Brian Farley *(Senior Account Supervisor)*
Stacey Kobezsko *(Senior Account Supervisor)*
Beau Hayhoe *(Senior Account Executive, Social Media)*
Alexa Deo *(Coordinator, Account)*

Accounts:
AccuWeather, Inc.
CASIO
Casio America, Inc.
CeraVe
Eggland's Best, Inc.
Hard Rock Cafe International, Inc.
Johnson School
KEF America
Mary Kay, Inc.
Quest Diagnostics, Inc.
Red Robin
Skinnygirl
Stanley Steemer International, Inc.
The Timberland Company
Walt Disney World

CREATIVE RESPONSE CONCEPTS
2850 Eisenhower Avenue
Alexandria, VA 22314
Tel.: (703) 683-5004
Fax: (703) 683-1703
Web Site: www.crcpublicrelations.com

Brands. Marketers. Agencies. Search Less. Find More.
Try out the online version at www.winmo.com

593

AGENCIES - JULY, 2020 — PUBLIC RELATIONS AGENCIES

Employees: 24
Year Founded: 1989

Discipline: Public Relations

Greg Mueller *(Chief Executive Officer)*
Leif Noren *(Chairman)*
Mike Russell *(Senior Vice President)*
Mike Thompson *(Senior Vice President)*
Adam Bromberg *(Senior Vice President)*
Jay Hopkins *(Senior Account Manager)*

CREATIVE SERVICES
806 Westchester Drive
High Point, NC 27262
Tel.: (336) 883-8800
Fax: (336) 885-1829
Web Site: www.getcreativeservices.com

Year Founded: 1988

Discipline: Public Relations

Deena Qubein-Samuel *(Chief Executive Officer)*
Cristina Buckfelder *(Chief Operating Officer & Senior Account Executive)*
Becky Probert *(Art Director)*
Caren Bills *(Manager, Project Management & Print Production)*

CRESTA CREATIVE
1050 North State Street
Chicago, IL 60610
Tel.: (312) 944-4700
Fax: (312) 944-1582
Web Site: www.crestacreative.com

Employees: 3
Year Founded: 1987

Discipline: Public Relations

Joan Beugen *(Founder & Chief Creative Director)*
Shel Beugen *(Senior Partner)*
Naomi Yamada *(Executive Vice President & Senior Project Manager)*

CROSBY-VOLMER
1909 K Street Northwest
Washington, DC 20006
Tel.: (202) 640-5923
Web Site: www.crosbyvolmer.com

Employees: 17
Year Founded: 1997

Discipline: Public Relations

Andrew Crosby *(Managing Principal)*
Lori Guyton *(Executive Vice President)*
Joe Matulich *(Vice President)*

CROSSROADS
1740 Main Street
Kansas City, MO 64108
Tel.: (816) 679-8502
Web Site: www.crossroads.us

Year Founded: 2012

Discipline: Public Relations

Mike Swenson *(President)*
Lindsay Dewitte *(Senior Vice President & Account Director)*
Jennifer Cawley *(Senior Vice President)*
Anita Strohm *(Account Director)*
Kristin Kovach *(Account Director)*
Robert Marts *(Senior Media Analyst)*

Accounts:
Cargill, Inc.
Quiznos
Sonny's Real Pit Bar-B-Q
Vanity Fair
Vanity Fair

CULTURESPAN MARKETING
5407 North Mesa
El Paso, TX 79912
Tel.: (915) 581-7900
Fax: (915) 581-0087
Web Site: www.lastergroup.com

Employees: 20
Year Founded: 1980

Discipline: Public Relations

Nancy Laster *(President)*
Judy Peinado *(Vice President, Operations)*
Sarah Griffin *(Director, Resourcing)*
Gabriel Quesada *(Director, Video & Motion Graphics Art)*
Gabriel Acuna *(Director, Business Development)*
Isaac Villalpando *(Art Director)*
Juan Carlos Hernandez *(Senior Art Director)*
Chad Beaty *(Manager, Studio & Editor)*
Perla Parra *(Designer, User Experience)*

CURLEY & PYNN PUBLIC RELATIONS MANAGEMENT, INC.
258 Southhall Lane
Maitland, FL 32751
Tel.: (407) 423-8006
Fax: (407) 648-5869
Web Site: www.thestrategicfirm.com

Employees: 12
Year Founded: 1984

Discipline: Public Relations

Roger Pynn *(Senior Council)*
Kacie Escobar *(Vice President)*

Accounts:
First Watch Restaurants, Inc.

CURRENT
875 North Michigan Avenue
Chicago, IL 60611
Tel.: (312) 929-0500
Web Site: talktocurrent.com

Year Founded: 2006

Discipline: Public Relations

Virginia Devlin *(Chief Executive Officer)*
Aaryn Flick *(Executive Vice President, Client Exeprience)*
Jennifer Dingman *(Senior Vice President, Integrated Media)*
Alexis Valenti *(Senior Vice President, Client Experience)*
Jennifer Symmonds *(Vice President, Human Resources)*
Katie Mullen *(Account Director)*
Derek Reinglass *(Director, Sports Marketing)*
Chuck Rachford *(Executive Creative Director)*
Lauren Vahldick *(Senior Associate, Client Experience)*
Amy Colton *(General Manager, North America)*
Kelsey Kean *(Senior Producer)*

Accounts:
Applebee's Services, Inc.
Chuck-E-Cheese
JOANN Stores, Inc.
Megabus USA, LLC
OMNI Hotels
Priority Health
Radio Flyer
Rockin Protein
Shamrock Farms

CURRENT LIFESTYLE MARKETING
909 Third Avenue
New York, NY 10022
Tel.: (212) 445-8000
Web Site: www.talktocurrent.com

Year Founded: 2006

Discipline: Public Relations

Sarah Anderson *(Executive Vice President, Client Experience)*
Shannon McGovern *(Vice President, Client Experience)*
Blair Hunter Grant *(Manager, Client experience)*

Accounts:
Azamara
Michael Angelo's

CURRENT PR
24126 Big Timber Street
Lake Forest, CA 92630
Mailing Address:
Post Office Box 1828
Costa Mesa, CA 92626
Tel.: (714) 287-2015
Fax: (714) 444-9733
Web Site: www.currentpr.com

Employees: 6
Year Founded: 1993

Discipline: Public Relations

Alison Hill *(Partner)*
Jim DeNuccio *(Partner)*
Hannah Purdy *(Senior Publicist)*

D&D PR
1115 Broadway
New York, NY 10010
Tel.: (646) 393-4392
Web Site: www.dndpr.com

Year Founded: 2012

Discipline: Public Relations

Nichole Dibenedetto *(Co-Founder)*
Teresa Delaney *(Co-Founder)*

D'ORAZIO & ASSOCIATES
8484 Wilshire Boulevard
Beverly Hills, CA 90211
Tel.: (310) 860-0041
Fax: (310) 861-9041
Web Site: www.doraziopr.com

Employees: 5

Discipline: Public Relations

Wilma Williams *(Public Relations Director)*
Lindsey Clarke *(Senior Publicist)*

Accounts:
Hearts on Fire Company, LLC

PUBLIC RELATIONS AGENCIES

D. PAGAN COMMUNICATIONS INC.
20 Broadhollow Road
Melville, NY 11747
Tel.: (631) 659-2309
Fax: (631) 659-2310
Web Site: www.dpagan.com

Discipline: Public Relations

Debra Pagan *(Founder & President)*
Nicole Rosen *(Vice President)*

DADDI BRAND COMMUNICATIONS
220 East 23rd Street
New York, NY 10010
Tel.: (646) 370-1341
Fax: (646) 370-5779
Web Site: www.daddibrand.com

Discipline: Public Relations

Bill Daddi *(Owner & President)*
Evelyn Swiderski *(Vice President)*
Alexandra Bacharach *(Account Supervisor)*
Sara Hollabaugh *(Senior Account Executive)*

DALA
4144 North Central Expressway
Dallas, TX 75204
Tel.: (972) 931-7576
Fax: (972) 931-2055
Web Site: www.dalacommunications.com

Employees: 6

Discipline: Public Relations

Cynthia Pharr Lee *(Chairman)*
Leah Ekmark - Williams *(President & Chief Executive Officer)*

DALY GRAY, INC.
620 Herndon Parkway
Herndon, VA 20170
Tel.: (703) 435-6293
Web Site: www.dalygray.com

Discipline: Public Relations

Jerry Daly *(Chairman)*
Chris Daly *(President & Owner)*
Patrick Daly *(Office Manager)*

Accounts:
Davidson Hotel Company
Marshall Hotels & Resorts, Inc.
The Dow Hotel Company

DANCIE PERUGINI WARE PUBLIC RELATIONS
1600 West Loop
South Houston, TX 77027
Tel.: (713) 224-9115
Fax: (713) 224-3248
Web Site: www.dpwpr.com

Employees: 13
Year Founded: 1984

Discipline: Public Relations

Dancie Perugini Ware *(President)*
Marta Fredericks *(Senior Vice President)*
Ashley Pearce *(Senior Vice President)*

Laura Jones *(Vice President)*
Christie Garella *(Account Director)*
Katelyn Roche *(Senior Account Manager)*

Accounts:
Central Market by H-E-B
Landry's Seafood House
Rainforest Cafe

DARBY COMMUNICATIONS
Eight Magnolia Avenue
Asheville, NC 28801
Tel.: (828) 254-0914
Web Site: www.darbycommunications.com/

Year Founded: 2004

Discipline: Public Relations

Coral Darby *(Founder)*
Angela Robinson *(Vice President & Senior Account Executive)*
Cory Van Auken *(Digital Relations Director)*
Suzanne Hermann *(Senior Account Executive)*
Katie Richter *(Account Executive)*
Ashleigh Sherman *(Social Media Specialist)*

Accounts:
Appalachian Gear Company
Diamond Brand Gear
Johnson Outdoors, Inc.
Tarpestry

DAVIES COMMUNICATIONS
808 State Street
Santa Barbara, CA 93101
Tel.: (805) 963-5929
Fax: (805) 962-4550
Web Site: www.daviespublicaffairs.com/

Employees: 27
Year Founded: 1983

Discipline: Public Relations

John Davies *(Chief Executive Officer & Chairman)*
Taylor Canfield *(President)*
Joseph Boisvert *(Executive Vice President)*
David Given *(Director)*

DAVIS & COMPANY
11 Harristown Road
Glen Rock, NJ 07452
Tel.: (201) 445-5100
Fax: (201) 445-5122
Toll Free: (877) 399-5100
Web Site: www.davisandco.com

Employees: 15
Year Founded: 1984

Discipline: Public Relations

Alison Davis *(Founder & Chief Executive Officer)*
David Pitre *(President)*
Alyssa Zeff *(Vice President)*
Casey Gatti *(Technology Director)*
Darlene Hyde *(Senior Project Director)*
Cheryl Ross *(Senior Project Director)*
Patrina Marino *(Creative Director)*
Janice Comes *(Art Director)*

DDC PUBLIC AFFAIRS
805 15th Street NW,
Washington, DC 20005
Tel.: (202) 830-2038

Fax: (703) 684-1097
Toll Free: (877) 332-6556
Web Site: http://www.ddcpublicaffairs.com/

Discipline: Public Relations

William Bertles *(Partner & Senior Vice President)*

DDR PUBLIC RELATIONS
444 Bedford Road
Pleasantville, NY 10570
Tel.: (914) 747-2500
Fax: (914) 241-2911
Web Site: www.ddrpr.com

Year Founded: 1989

Discipline: Public Relations

Dawn Dankner-Rosen *(Principal & President)*
Megan Borho *(Senior Account Executive)*

DE LA GARZA PUBLIC RELATIONS, INC.
5773 Woodway Drive
Houston, TX 77057
Tel.: (713) 622-8818
Fax: (713) 622-4431
Web Site: www.delagarza-pr.com

Employees: 4
Year Founded: 1982

Discipline: Public Relations

Henry de La Garza *(Chairman & Chief Executive Officer)*
Randy de La Garza *(President & Chief Financial Officer)*

DEBERRY GROUP
110 Broadway Street
San Antonio, TX 78205
Tel.: (210) 223-2772
Web Site: www.thedeberrygroup.com

Year Founded: 2012

Discipline: Public Relations

Trish DeBerry *(Chief Executive Officer)*
Anamaria Suescun-Fast *(Chief Operating Officer & Vice President)*
Kristine Smith *(Director, Integrated Marketing)*
Laura Hotten *(Creative & Digital Director)*
Christina Dunk *(Social Media Account Supervisor)*
Lauren Medellin *(Social Media Account Executive)*
Lindsey Campbell *(Public Relations Manager)*
Melissa Rodriguez *(Digital Marketing Specialist)*

Accounts:
Dr Smith's

DECIBEL BLUE
7524 East Angus Drive
Scottsdale, AZ 85251
Tel.: (480) 894-2583
Fax: (602) 621-4011
Web Site: www.decibelblue.com

Discipline: Public Relations

David Eichler *(Co-Founder & Creative Director)*
Andrea Kalmanovitz *(Partner & Director, Public*

Public Relations Agencies

PUBLIC RELATIONS AGENCIES

Relations)
Tyler Rathjen *(Partner)*
Diane Eichler *(Co-Founder & President)*
Brandi Walsh *(Art Director)*
Sarah Tate *(Account Executive)*

Accounts:
WellBiz Brands, Inc.

DECKER ROYAL AGENCY
54 West 40th Street
New York, NY 10018
Tel.: (646) 650-2180
Fax: (646) 650-2190
Web Site: deckerroyal.com

Year Founded: 2014

Discipline: Public Relations

Stacy Royal *(Principal)*
Cathleen Decker *(Partner)*
Devyn Barker *(Vice President)*
Kristin Sluyk *(Senior Account Executive, Integrated Communications)*
Lindsay Stein *(Senior Account Executive - Travel & Hospitality Public Relations)*

Accounts:
Beach Resorts
Sandals Resorts International

DEFAZIO COMMUNICATIONS
12 West Willow Grove Avenue
Philadelphia, PA 19118
Tel.: (484) 534-3306
Web Site: www.defaziocommunications.com

Year Founded: 2008

Discipline: Public Relations

Anthony DeFazio *(President & Chief Executive Officer)*
Caitlyn Koch *(Associate Account Executive)*

Accounts:
Recovery Centers of America

DELTA MEDIA, INC.
350 Sparks Street
Ottawa, ON K1R 7S8
Tel.: (613) 233-9191
Fax: (613) 233-5880
Toll Free: (888) 473-3582
Web Site: www.deltamedia.ca

Employees: 10

Discipline: Public Relations

Timothy Kane *(Chairman)*
Sheena Pennie *(President)*

DENTERLEIN
Three Post Office Square
Boston, MA 02109
Tel.: (617) 482-0042
Fax: (617) 523-9878
Web Site: www.denterlein.com

Employees: 14
Year Founded: 2000

Discipline: Public Relations

Dianna Pisciotta *(President)*
Geri Denterlein *(Founder & Chief Executive Officer)*
Roberta Shaw *(Senior Vice President)*

Jill Reilly *(Vice President)*

DEPTH PUBLIC RELATIONS
798 North Parkwood Road
Decatur, GA 30030
Tel.: (404) 378-0850
Web Site: www.depthpr.com

Discipline: Public Relations

Kerri Milam *(Founder, President & Principal Strategist)*
Lindsey Neal *(Vice President, Client Services)*
Leslie Colley *(Vice President, Client Services)*

DESAUTEL HEGE COMMUNICATIONS
315 West Riverside
Spokane, WA 99201-2401
Tel.: (509) 444-2350
Fax: (509) 444-2354
Web Site: www.desautelhege.com

Employees: 13
Year Founded: 1996

Discipline: Public Relations

Michelle Elizabeth Hege *(President & Chief Executive Officer)*
Andrei Mylroie *(Partner)*
Jessica Wade *(Senior Account Executive)*

DEVELOPMENT COUNSELLORS INTERNATIONAL, LTD.
215 Park Avenue, South
New York, NY 10003
Tel.: (212) 725-0707
Fax: (212) 725-2254
Web Site: www.aboutdci.com

Employees: 32
Year Founded: 1960

Discipline: Public Relations

Andy Levine *(Chairman)*
Julie Curtin *(President, Economic Development)*
Carrie Nepo *(Partner & Chief Financial Officer)*
Karyl Leigh Barnes *(President, Tourism)*
Dariel Curren *(Executive Vice President)*
Susan Brake *(Vice President, Digital Operations & Strategy)*

Accounts:
Barbados Tourism Marketing, Inc.

DEVENEY COMMUNICATIONS
1582 Magazine Street
New Orleans, LA 70130
Tel.: (504) 949-3999
Fax: (504) 949-3974
Web Site: www.deveney.com

Employees: 7
Year Founded: 1996

Discipline: Public Relations

Joe Snowden *(Chief Strategy officer)*
John Deveney *(President & Owner)*
Denise Davila *(Senior Account Executive)*
Tony Norman *(Creative Director)*
Jessica Civello *(Integrated Account Supervisor)*
Carrie DeVries Pavlick *(Public Relations Account Supervisor & Partner)*
Deborah Jackson *(Operations Supervisor)*
Andy Kutcher *(Digital Supervisor)*

Accounts:
New Mexico Department of Tourism

DEVINE + PARTNERS
1700 Market Street
Philadelphia, PA 19103
Tel.: (215) 568-2525
Fax: (215) 568-3909
Web Site: www.devineandpartners.com

Employees: 2
Year Founded: 2003

Discipline: Public Relations

Jay Devine *(Partner & Chief Excutive Officer)*
Christine Reimert *(Senior Vice President)*
Susan Hamilton *(Senior Vice President & Director, Travel & Tourism Division)*
Andy Stettler *(Senior Account Executive)*

Accounts:
Sittercity

DEVRIES GLOBAL
909 Third Avenue
New York, NY 10022
Tel.: (212) 546-8500
Fax: (212) 441-5658
Web Site: www.devries-pr.com

Employees: 90
Year Founded: 1978

Discipline: Public Relations

Torri Leeds *(Executive Vice President)*
Jessica O'Callaghan *(Executive Vice President & Regional Managing Director - North America)*
Judith HoSang *(Senior Vice President)*
Elizabeth Wolfsthal *(Senior Account Supervisor)*
JorDana Trani *(Senior Account Supervisor)*

Accounts:
Aussie
Dutch Boy
Foreo
GlaxoSmithKline, Inc.
Global Protection Corporation
Hotel Indigo
InterContinental Hotels & Resorts
InterContinental Hotels Group
Johnson's Baby
Kimpton Hotels & Restaurants
Krylon
Minwax
NutriSystem, Inc.
Secret
SharkNinja
The Procter & Gamble Company
The Procter & Gamble Company
Thompson's WaterSeal
Tide
Tide Coldwater
Tide Free
Tide Pods
Tide to Go
Tide Ultra
Tide with Febreze
Tupperware Corporation

DEWEY SQUARE GROUP
301 West Pratt Street
Tampa, FL 33606
Tel.: (813) 849-7600
Fax: (813) 849-7601
Web Site: www.deweysquare.com

PUBLIC RELATIONS AGENCIES

Employees: 4
Year Founded: 1993

Discipline: Public Relations

Craig Sutherland *(Principal)*

DEWEY SQUARE GROUP
607 14th Street Northwest
Washington, DC 20005
Tel.: (202) 638-5616
Fax: (202) 628-5612
Web Site: www.deweysquare.com

Employees: 35
Year Founded: 1993

Discipline: Public Relations

Minyon Moore *(Principal)*
John Giesser *(Chief Operating Officer)*
Maria Cardona *(Principal)*
Elinor Gruber *(Director, Human Resources)*
Birhanie Geleto *(Director, Finance)*

DEWEY SQUARE GROUP
100 Cambridge Street
Boston, MA 02114
Tel.: (617) 367-9929
Fax: (617) 742-6880
Web Site: www.deweysquare.com

Year Founded: 1993

Discipline: Public Relations

Tom McShane *(Principal)*
Michael Whouley *(Principal & Co-Founder)*
Parisa Golkar *(Principal & Account Manager)*

DEZENHALL RESOURCES
2121 K Street
Washington, DC 20037
Tel.: (202) 296-0263
Fax: (202) 452-9370
Web Site: www.dezenhall.com

Employees: 25
Year Founded: 1987

Discipline: Public Relations

Eric Dezenhall *(Co-Founder & Chief Executive Officer)*
Steven Schlein *(Chief Operating Officer)*
Maya Shackley *(Chief Financial Officer)*
Jennifer Hirshon *(Senior Director, Digital Strategies)*

DIANE ALLEN & ASSOCIATES
7612 Goodwood Boulevard
Baton Rouge, LA 70806
Mailing Address:
Post Office Box 66337
Baton Rouge, LA 70896
Tel.: (225) 925-9788
Fax: (225) 925-9808
Web Site: www.da-advertising.com

Employees: 7
Year Founded: 1976

Discipline: Public Relations

Al McDuff *(Principal)*
Diane Allen *(President & Business Manager)*
Nancy Steiner *(Vice President, Account Services)*
Donny Charbonnet *(Vice President, Media Services)*
Natalie Thomas *(Media Buyer)*
Brad Richard *(Senior Media Buyer)*
Jennifer Hughes *(Media Buyer)*
Taylor LeBlanc *(Media Buyer)*
Jim Overby *(Broadcast Producer & Copywriter)*

DIFFUSION PR
244 Fifth Avenue
New York, NY 10001
Tel.: (646) 571-0120
Web Site: www.diffusionpr.com

Year Founded: 208

Discipline: Public Relations

Ivan Ristic *(President & Co-Founder)*
Zachary Berman *(Senior Campaign Executive)*
Kate Ryan *(Managing Director)*

Accounts:
Felix Gray
Gate Labs
Room
USA Today

DIGENNARO COMMUNICATIONS
18 West 21st Street
New York, NY 10010
Tel.: (212) 966-9525
Web Site: www.digennaro-usa.com

Year Founded: 2006

Discipline: Public Relations

Maxine Winer *(President & Chief Operating Officer)*
Samantha DiGennaro *(Founder & Chief Executive Officer)*
Michael Burgi *(Senior Vice President)*
Stephanie Agresta *(Senior Vice President, Client Service & Business Development)*
Erin Donahue *(Senior Vice President & Group Director)*
Katie Burger *(Account Director)*
Najet Fazai *(Communications Associate)*

Accounts:
A Place for Mom
Direct Auto & Life Insurance
Sea Island Company

DIRECT IMPACT
1801 K Street Northwest
Washington, DC 20005
Tel.: (202) 530-0400
Web Site: www.directimpact.com

Year Founded: 1988

Discipline: Public Relations

Amy Cloessner *(Senior Vice President)*

DITTOE PUBLIC RELATIONS
5420 North College Avenue
Indianapolis, IN 46220
Tel.: (317) 202-2280
Fax: (317) 202-2290
Web Site: www.dittoepr.com

Discipline: Public Relations

Chris Dittoe *(Co-Founder, Owner & President)*
Liza Dittoe *(Co-Founder & Founding Principal)*
Megan Custodio *(Partner & Vice President)*
Lauren Kinzler Sanders *(Partner & Vice President, Account Services)*
Ashley Eggert *(Account Director)*
Greta Snell *(Director, Accounts)*
Kasie Pieri *(Senior Account Manager)*
Lauryn Gray *(Manager, Client Success)*
Skylar Whitney *(Account Executive)*
Sophie Maccagnone *(Account Executive)*
Vanessa Staublin *(Account Executive)*

DJ CASE & ASSOCIATES
317 East Jefferson Boulevard
Mishawaka, IN 46545
Tel.: (574) 258-0100
Fax: (574) 258-0189
Web Site: www.djcase.com

Employees: 7
Year Founded: 1986

Discipline: Public Relations

Dave Case *(President)*
Phil Seng *(Vice President)*
John Marshall *(Media Arts & Science Director)*

DKC PUBLIC RELATIONS
261 Fifth Avenue
New York, NY 10016
Tel.: (212) 685-4300
Fax: (212) 685-9024
Web Site: www.dkcnews.com

Year Founded: 1991

Discipline: Public Relations

Sean Cassidy *(President)*
Liz Anklow *(Executive Vice President)*
Bruce Bobbins *(Executive Vice President)*
Ed Tagliaferri *(Executive Vice President)*
Juliet Horn *(Executive Vice President & Director, Corporate & Financial Services)*
Rachel Carr *(Executive Vice President)*
Molly Currey *(Executive Vice President)*
Chris Canning *(Executive Vice President)*
Dave Donovan *(Executive Vice President & Director, Sports)*
Michael Paluszek *(Senior Vice President)*
Julie Matic *(Senior Vice President, Digital Strategy)*
Dixie Roberts *(Senior Vice President)*
Javid Louis *(Senior Vice President, Digital Strategy)*
Cristina Calzadilla *(Senior Vice President)*
Jamie Greenhouse *(Senior Vice President)*
Gary Baronofsky *(Vice President, Media)*
Nathan Adams *(Vice President, Digital Marketing & Analytics)*
Kayla Hockman *(Senior Account Executive)*
Maya Bronstein *(Account Supervisor)*
Emily Fleder *(Senior Account Executive)*
Parisse Dawkins *(Junior Digital Strategist)*
Marissa Gabela *(Senior Influencer Strategist)*
Joe DePlasco *(Managing Director)*
Matthew Traub *(Managing Director & Chief, Staff)*
Jeff Klein *(Managing Director)*

Accounts:
Belvedere
Hanky Panky
Hello Bello
Kidbox.com
Nylon Media, Inc.
Visit Florida

DKC PUBLIC RELATIONS

Brands. Marketers. Agencies. Search Less. Find More.
Try out the online version at www.winmo.com

AGENCIES - JULY, 2020 — PUBLIC RELATIONS AGENCIES

700 North San Vicente, G-405
West Hollywood, CA 90069
Tel.: (310) 579-6360
Fax: (310) 280-2014
Web Site: www.dkcnews.com

Year Founded: 1981

Discipline: Public Relations

Taryn Owens *(Executive Vice President)*
Bill Orr *(General Manager)*
Wendy Zaas *(General Manager & Director, Entertainment)*

DNA CREATIVE COMMUNICATIONS
110 Edinburgh Court
Greenville, SC 29607
Tel.: (864) 420-0195
Fax: (864) 235-1304
Web Site: www.dnacc.com

Discipline: Public Relations

Debbie Nelson *(Founder & President)*
Sonya Brown *(Creative Director)*
Janice Baddley *(Senior Account Manager)*

DONLEY COMMUNICATIONS CORPORATION
30 Vesey Street
New York, NY 10007
Tel.: (212) 751-6126
Fax: (212) 935-6715
Web Site: www.donleycomm.com

Employees: 10
Year Founded: 1976

Discipline: Public Relations

Newton Lamson *(President & Chief Executive Officer)*
Anna Ray-Jones *(Vice President)*

DOUGLAS SHAW & ASSOCIATES
1717 Park Street
Naperville, IL 60563
Tel.: (630) 562-1321
Fax: (630) 562-1686
Web Site: www.douglasshaw.com

Year Founded: 1994

Discipline: Public Relations

Doug Shaw *(Chairman & Chief Executive Officer)*
Wiley Stinnett *(Senior Vice President, Strategy & Insights & Executive Creative Director)*

DPR GROUP, INC.
7200 Bank Court
Frederick, MD 21703
Tel.: (240) 686-1000
Web Site: www.dprgroup.com

Year Founded: 1998

Discipline: Public Relations

Dan Demaree *(President & Chief Executive Officer)*
Claire Kelly *(Account Executive)*

Accounts:
MFG.com

DRA STRATEGIC COMMUNICATIONS
717 East Maryland Avenue
Phoenix, AZ 85014
Tel.: (602) 956-8834
Fax: (602) 957-3159
Web Site: www.dracommunications.com

Employees: 10
Year Founded: 1986

Discipline: Public Relations

Denise Resnik *(Founder)*
Michelle McGinty *(President)*
Rachael Curley *(Strategic Communications Manager)*
David Sax *(Senior Strategist)*

DRESNER CORPORATE SERVICES
20 North Clark Street
Chicago, IL 60602
Tel.: (312) 726-3600
Fax: (312) 726-3979
Web Site: www.dresnerco.biz

Discipline: Public Relations

Steven D. Carr *(Managing Director & Executive Vice President)*
David Gutierrez *(Senior Vice President, Public Relations)*
Stephen Mullin *(Director, Marketing & Business Development)*

DRIVEN 360
1230 Rosecrans Avenue
Manhattan Beach, CA 90266
Tel.: (310) 374-6177
Web Site: www.GoDRIVEN360.com

Year Founded: 2004

Discipline: Public Relations

Michael Caudill *(President & Chief Executive Officer)*
Andrew de Lara *(Executive Vice President, Strategic Communications & Brand Marketing)*

Accounts:
Karma Automotive LLC

DRS & ASSOCIATES
NoHo Arts Distric
North Hollywood, CA 91601
Tel.: (818) 981-8210
Web Site: drsandassociates.com

Year Founded: 2000

Discipline: Public Relations

David Schlocker *(President & Chief Executive Officer)*
Mariel Yohe *(Communications Director, West Coast)*
Kimberly Mulder *(Marketing & Public Relations Coordinator)*
Jennifer Terman *(Public Relations & Marketing Coordinator)*

Accounts:
Allegri
KALCO Lighting, Inc.

DUBLIN STRATEGIES GROUP
454 Soledad, Suite 300
San Antonio, TX 78205
Tel.: (210) 387-3113
Fax: (210) 227-6634
Web Site: none (07/06)

Employees: 15
Year Founded: 1982

Discipline: Public Relations

Jim Dublin *(Chairman & Chief Executive Officer)*
Rose Marie Eash *(Senior Account Manager)*

DUBOIS BETOURNE & ASSOCIATES
Post Office Box 350053
Palm Coast, FL 32135
Mailing Address:
138 Palm Coast Parkway
Palm Coast, FL 32137
Tel.: (386) 447-2211
Fax: (386) 447-8456
Web Site: www.duboisbetourne.com

Year Founded: 1990

Discipline: Public Relations

Anne Dubois *(Partner)*
Mark Betourne *(Partner)*

DUKAS LINDEN PUBLIC RELATIONS
100 West 26th Street
New York, NY 10001
Tel.: (212) 704-7385
Web Site: www.dlpr.com

Discipline: Public Relations

Richard Dukas *(Chairman & Chief Executive Officer)*
Gail Katz Dukas *(Chief Operating Officer)*
Seth Linden *(President & Partner)*
Zach Leibowitz *(Executive Vice President)*
Zach Kouwe *(Senior Vice President, Special Situations)*
Sean Dougherty *(Senior Vice President)*
Stephanie Dressler *(Senior Vice President, Public Relations, Wealth & Asset Management)*

DUNN ASSOCIATES
2111 Wilson Boulevard
Arlington, VA 22201
Tel.: (703) 527-6644
Fax: (703) 527-8040
Web Site: www.dunnassoc.com

Discipline: Public Relations

Michael Dunn *(Chairman & Chief Executive Officer)*
Karen Bauer Fabean *(Principal & Chief Operating Officer)*
Amie Adams *(President)*

DUREE & COMPANY
10620 Griffin Road
Fort Lauderdale, FL 33328
Tel.: (954) 723-9350
Fax: (954) 723-9535
Web Site: dureeandcompany.com/

Year Founded: 1999

Discipline: Public Relations

PUBLIC RELATIONS AGENCIES
AGENCIES - JULY, 2020

Duree Ross *(Owner & President)*
Chrissy Cox *(Vice President)*
Samantha Mozdzierz *(Senior Account Executive)*
Caroline Williams *(Account Executive)*
Jennifer Davis *(Copywriter)*

Accounts:
iFly

DUX PUBLIC RELATIONS
Post Office Box 1329
Canton, TX 75103
Tel.: (903) 865-1078
Fax: (972) 644-2122
Web Site: www.duxpr.com

Discipline: Public Relations

Kristine Tanzillo *(Founder & President)*
Kevin Tanzillo *(Vice President)*

DVL SEIGENTHALER
700 12th Avenue South
Nashville, TN 37203
Tel.: (615) 244-1818
Fax: (615) 780-3301
Web Site: www.dvlseigenthaler.com

Employees: 47
Year Founded: 1980

Discipline: Public Relations

Tom Lawrence *(Founding Partner)*
John Van Mol *(Founding Partner & Chairman)*
Ronald Roberts *(Managing Partner)*
Jimmy Chaffin *(Managing Partner, Digital)*
Nelson Eddy *(Managing Partner, Creative)*
Mark Day *(Partner)*
Jonathan Carpenter *(Partner)*
Nicole Cottrill *(Partner)*
Minh Le *(Director, Corporate Campaigns)*
Betty Mason *(Senior Production Manager)*
Karen Orne *(Senior Account Executive)*

Accounts:
Brown-Forman Corporation
Jack Daniel's Tennessee Whiskey
Logan's Roadhouse, Inc.
Methamphetamine Health Education Campaign

EBERLY & COLLARD PUBLIC RELATIONS
1170 Peachtree Street, Northeast
Atlanta, GA 30309
Tel.: (404) 574-2900
Web Site: www.eberlycollardpr.com

Year Founded: 2002

Discipline: Public Relations

Don Eberly *(Co-Owner)*
Jeff Collard *(Co-Owner)*

ECHO MEDIA GROUP
2842 Walnut Avenue
Tustin, CA 92780
Tel.: (714) 573-0899
Fax: (714) 573-0898
Web Site: www.echomediateam.com

Year Founded: 2000

Discipline: Public Relations

Kim Sherman *(President & Chief Executive Officer)*

Sabrina Suarez *(Senior Vice President)*
Vivian Slater *(Vice President)*
Nancy Andrews *(Executive Vice President & Managing Director)*

Accounts:
Villeroy & Boch Bathroom and Wellness
Wahoo's Fish Taco
Zodiac Pool Systems, Inc.

ECHOS BRAND COMMUNICATIONS
680 Mission Street
San Francisco, CA 94105
Tel.: (415) 658-7365
Web Site: echoscomm.com

Year Founded: 2009

Discipline: Public Relations

Robert Reedy *(Chief Executive Officer)*
Justin Loretz *(Partner)*
Derrick Stembridge *(Senior Vice President)*
Matt Bennett *(Vice President)*
Jacob Hauge *(Senior Account Executive)*
Nick Wood *(Account Executive)*
Brian Fornes *(Key Account Manager & Public Relations Specialist)*
Elizabeth Brady *(Senior Account Executive)*
Delaney Lanker-Wood *(Senior Account Executive)*
Billy Sinkford *(Senior Partner)*

Accounts:
Osmo Nutrition LLC

ECKEL & VAUGHAN
706 Hillsborough Street
Raleigh, NC 27603
Tel.: (919) 858-6909
Web Site: www.eandvgroup.com

Year Founded: 2008

Discipline: Public Relations

Harris Vaughan *(Founder & Partner)*
Albert Eckel *(Founder & Partner)*
McGavock Edwards *(Strategic Communications Director)*
Matt Ferraguto *(Partner & Client Services Director)*
Pres Davenport *(Partner & Director, Business Development)*
Anna-Marshall Wilson *(Account Director)*
Greyson Sidebotham *(Senior Account Manager)*
Tori Ludwig *(Senior Account Manager)*
Halley White *(Senior Account Manager)*
Lauren Long *(Senior Account Specialist)*
O'Licia Parker-Smith *(Account Specialist)*
Grace Ricks *(Digital Marketing Specialist)*

Accounts:
Charlottesville Albemarle Convention & Visitors Bu

ED LEWI ASSOCIATES
472 Albany Shaker Road
Albany, NY 12211
Tel.: (518) 383-6183
Fax: (518) 383-6755
Web Site: www.edlewi.com

Year Founded: 1975

Discipline: Public Relations

Mark Bardack *(President)*
Caitlin Cortelyou *(Public Relations Specialist)*

Juliann Goronkin *(Events & Marketing Coordinator)*

EDELMAN
1075 Peachtree Street Northeast
Atlanta, GA 30309
Tel.: (404) 262-3000
Fax: (404) 264-1431
Web Site: www.edelman.com

Employees: 55
Year Founded: 1952

Discipline: Public Relations

Steven Behm *(President - South Region)*
Abby Echenique *(Executive Vice President & Group Head, Digital)*
Amy Salloum *(Group Head, Corporate & Senior Vice President, Communications)*
Mallory Stone *(Senior Vice President)*
Kristina Zelisko *(Vice President, Digital Client Engagement)*
Cynthia Negron *(Vice President)*
Anne Mitchell *(Vice President, Strategic New Business & Development)*
Danielle Johnson *(Director, Paid Media)*
Pete Heid *(Creative Director, Digital)*
Harrison Sheffield *(Media Strategies Supervisor)*

Accounts:
Cracker Barrel Old Country Store
Premiere Global Services, Inc.

EDELMAN
250 Hudson Street
New York, NY 10013
Tel.: (212) 768-0550
Fax: (212) 704-0116
Web Site: www.edelman.com

Employees: 400
Year Founded: 1952

Discipline: Public Relations

Matthew Harrington *(Global President & Chief Operating Officer)*
Jimmie Stone *(Chief Creative Officer, New York & Latin America)*
Russell Dubner *(President & Chief Executive Officer - Edelman U.S)*
Steve Rubel *(Chief Media Ecologist)*
Susan Isenberg *(Global Chair - Health Sector)*
Vic Malanga *(Global Chief Financial Officer & Executive Vice President)*
Lisa Sepulveda *(Chief Client Officer)*
Jennifer Cohan *(Chair, Global Consumer Practice)*
Deidre Campbell *(Chairman - Finance Services Sector)*
Martin O'Reilly *(Chief Information Officer & Chief Technology Officer)*
Richard Edelman *(Chief Executive Officer)*
Trisch Smith *(Chief Diversity Officer & Chief Inclusion Officer)*
Carol O'Hehier *(Executive Vice President, Human Resources)*
Chris Humber *(Executive Vice President, Performance Marketing)*
Courtney Reagan *(Executive Vice President & Director, Operations - NY Brand)*
Jeremy Bernstein *(Executive Vice President & Executive Creative Director)*
Megan Skelly *(Executive Creative Director & Executive Vice President)*
Amanda Manfredo *(Executive Vice President,

Brands. Marketers. Agencies. Search Less. Find More.
Try out the online version at www.winmo.com

599

National Health Media)
Aimee White-Charles *(Executive Vice President & Director, Strategy & Program Development)*
Courtney McCraw Bigelow *(Executive Vice President, Brand)*
Drew Vogelman *(Executive Vice President & Director, Creative Production)*
Kristin Dwyer *(Executive Vice President & Planner)*
Margaret Farley *(Executive Vice President, Crisis & Risk)*
Tyler Gray *(Executive Vice President & Director, Editorial)*
Lawson Waring *(Executive Vice President Global Client Strategy)*
Julia Entwistle *(Senior Vice President, Health)*
Nicole Haber *(Senior Vice President, Digital Corporate & Public Affairs)*
Lauren Cole *(Senior Vice President, Client Services)*
Jocelyn Oliva *(Senior Vice President)*
Anne Erhard *(Senior Vice President, Business & Social Purpose)*
Craig Troskosky *(Senior Vice President)*
Matt Zavala *(Senior Vice President, Head, Creative - Unilever U.S. & Group Creative Director)*
Nancy Jeffrey *(Senior Vice President & Director, Editorial)*
Stefanie Gunning *(Senior Vice President & Group Creative Director)*
Yocasta Shames *(Senior Vice President)*
Adam Bricault *(Vice President)*
Nicholas Sampogna *(Vice President, Brand)*
Halsey Stowe *(Vice President, Strategy Director)*
Valerie Ferreyra-Guertin *(Vice President, Client Services & Account Management)*
Melissa Bond *(Vice President, Brand)*
Brittany Horowitz *(Vice President)*
Trevor Davis *(Vice President, Channel Strategy)*
Sarah Adkins *(Vice President, Operations)*
Joseph Cantu *(Vice President, Digital)*
Alexis Weiss *(Vice President, Public Affairs)*
Charly Rok *(Vice President, Earned Media)*
Jessica Moschella *(Vice President, Media)*
John Battistini *(Vice President & Creative Director)*
John Boles *(Vice President & Strategy Director)*
Lauren Steinhorn *(Vice President)*
Marissa Florindi Solan *(Vice President)*
Theresa LaMontagne *(Executive Vice President & Head, Data & Technology)*
Cara Sanfilippo *(Vice President, Performance Marketing)*
Courtney Barnes *(Director, Business Development - U.S.)*
Schuyler Higgins *(Art Director)*
Mary Griswold-Scott *(General Manager)*
Jennifer Pack *(Senior Account Supervisor)*
Sophia Bernard *(Senior Account Supervisor)*
Liza Padellaro *(Senior Account Supervisor, Digital & Social)*
Sandra Tichy *(Global Operations Manager & Global Media Specialist)*
Maggie Cancelosi *(Senior Account Supervisor)*
Polly Mingledorff *(Senior Marketing Manager)*
Alina Blackford *(Account Supervisor)*
Elba Alvarenga *(Account Supervisor, Digital, Corporate & Public Affairs)*
Melinda Brooks *(Senior Account Supervisor)*
Danielle Stein *(Account Supervisor, Digital Strategy & Insights)*
Dana Paolucci *(Account Supervisor - Beauty)*
Korinne Leonardis *(Account Supervisor)*
Meredith Lowe *(Account Supervisor)*

Scott Goodfriend *(Senior Producer)*
Nicole Stuttman *(Senior Account Executive)*
Mara Hershkowitz *(Senior Account Supervisor)*
Lauren DeSimone *(Vice President)*
Elizabeth Lloyd *(Senior Account Supervisor, Brand Digital)*
Andrew Foote *(Managing Director - Edelman Digital New York)*
Lex Suvanto *(Managing Director, Financial Communications & Capital Markets)*
Todd Ringler *(Managing Director, Media - U.S.)*
Justin Blake *(Global Lead, Executive Positioning & Family Enterprises)*
Bruce Hayes *(Managing Director, Health)*
Chris Manzini *(Managing Director, Corporate & Public Affairs)*
Eric Schoenberg *(Head, New York Operations & Integration & General Manager)*
Laurie Hays *(Managing Director, Special Situations)*
Lisa Kovitz *(Managing Director, Consumer Media)*

Accounts:
Ahold Delhaize
American Heart Association
Arm & Hammer
Arm & Hammer Pet
Barilla America, Inc.
CIGNA Corporation
CIGNA HealthCare
Crestor
CVS Caremark
Danone North America
Dove
Dove Men+Care
Everyday Health, Inc.
First Response
Florida Department of Citrus
GE Healthcare
Getty Images
Hawaiian Tropic
HomeGoods
ITT Industries
Marshalls
Nair
OxiClean
Playtex Simple Gentle Glide
Suave Antiperspirant
Suave Hair Care Products
Suave Men
Suave Personal Care Products
Suave Professional Hair Care
Suave Skin Care
T.J. Maxx
T.J. Maxx
Trojan
Vaseline
Walmart Stores, Inc.

EDELMAN
1875 I Street Northwest
Washington, DC 20006
Tel.: (202) 371-0200
Fax: (202) 371-2858
Web Site: www.edelman.com

Employees: 200
Year Founded: 1968

Discipline: Public Relations

Rob Rehg *(Chairman - U.S.)*
Jere Sullivan *(Vice Chairman, Public Affairs)*
Lisa Ross *(President & Chief Operating Officer)*
Jenn London *(Executive Vice President, Digital & Integrated Marketing)*
Sean Neary *(Executive Vice President, Finance Communication & Capital Markets)*
Katie Carter *(Senior Vice President, Global Human Resources)*
Chris Chopek *(Senior Vice President, Digital Client Strategy)*
Lynnette Williams *(Senior Vice President)*
Cathy Barry-Ipema *(Senior Vice President, Health Practice)*
Dina Cappiello *(Senior Vice President & Director, Editorial)*
Jeremy Gosbee *(Senior Vice President)*
Lauren de Vlaming *(Senior Vice President, Social Strategy)*
Hilary Teeter *(Vice President)*
Chase Noyes *(Vice President)*
Neely Dockins *(Vice President)*
Lindsey Neary *(Vice President, Digital & Corporate Communications)*
Justin Hyde *(Vice President)*
Kevin Zier *(Executive Creative Director)*
Chris Toscano *(Media Supervisor, Health)*
Peter Segall *(Managing Director)*

Accounts:
23andMe, Inc.
Danone North America
Taco Bell Corporation
United States Department of Agriculture

EDELMAN
1845 Woodall Rogers Freeway
Dallas, TX 75201
Tel.: (214) 520-3555
Web Site: www.edelman.com

Discipline: Public Relations

Yannis Kotziagkiaouridis *(Global Chief Data & Analytics Officer)*
Brooke Taylor *(Senior Vice President, Corporate Group Head)*
Randy King *(Senior Vice President, Strategic Planning)*
Tim Gingrich *(Vice President, Planning)*
Omari Miller *(Vice President & Creative Director)*
Kent Sholars *(Vice President, Corporate Communications)*
Cyndi Krisfalusi *(Vice President, Talent Acquisition, US Creative & Content)*
Emily Good *(Account Supervisor)*
Jorge Ortega *(General Manager)*

Accounts:
Advanced Micro Devices, Inc.
KFC
Spence Diamonds

EDELMAN
520 Southwest Yamhill Street
Portland, OR 97204
Tel.: (503) 227-5767
Fax: (503) 227-2414
Web Site: www.edelman.com

Employees: 30
Year Founded: 1952

Discipline: Public Relations

Erik Moser *(Senior Vice President)*
Matt Smedley *(Vice President)*
Callie Bruhn *(Vice President, Brand)*
Kristin Oke *(Vice President, Group Director)*
Clare Kleinedler *(Vice President - Editorial Director, Pacific Northwest)*
Kaylene Selk *(Account Supervisor)*

PUBLIC RELATIONS AGENCIES

Audra Proctor *(Account Supervisor)*
Julia Burns *(Account Executive)*
Sophie Lair *(Account Executive)*

Accounts:
GOLEAN
Kashi Company
Kashi TLC
Mountain Medley

EDELMAN
1601 Fifth Avenue
Seattle, WA 98121
Tel.: (206) 223-1606
Fax: (206) 467-7978
Web Site: www.edelman.com

Employees: 65
Year Founded: 1952

Discipline: Public Relations

Kate Krane *(Executive Vice President, Brand)*
Karl Norsen *(Senior Vice President, Digital)*
Katie Goldberg *(Senior Vice President - West Coast Food & Beverage Lead)*
Ian Jeffries *(Senior Vice President, Travel & Tourism Lead)*
Sydney Steele *(Senior Vice President, Digital)*
Allison Choy *(Senior Vice President, Digital)*
Mike Schaffer *(Senior Vice President)*
Amy Jones *(Vice President, Digital Analytics)*
Lauren Pinney *(Vice President)*
Richard Oliver *(Vice President, Brand Strategy)*
Amanda Mizrahi *(Vice President, Influencer Marketing)*
Ellina Stein *(Senior Producer)*
Matisse Madsen *(Digital Strategy Director)*
Ingrid Mui *(Senior Paid Media Planner)*
Jonathan Cruz *(Senior Account Executive, Starbucks Corporate & Crisis Communications)*
Alexandria Soller *(Assistant Account Executive)*
Erica Cheng *(Senior Digital Analyst)*
Kayla Burkard *(Senior Digital Analyst)*
Courtney L'Ecuyer *(Senior Account Executive)*
Courtney Ramirez *(Senior Account Executive - Xbox Platform)*

Accounts:
California Walnut Board
Starbucks Corporation
Wyoming Travel & Tourism

EDELMAN
5900 Wilshire Boulevard
Los Angeles, CA 90036
Tel.: (323) 857-9100
Fax: (323) 857-9117
Web Site: www.edelman.com

Employees: 65
Year Founded: 1952

Discipline: Public Relations

Jordan Atlas *(Executive Vice President & Executive Creative Director)*
Christie Bishop *(Executive Vice President, Brand)*
Lee Alman *(Executive Vice President & Practice Lead, Reputation)*
Deborah Kazenelson Deane *(Executive Vice President)*
Meagan Timms *(Senior Vice President, Digital)*
Erin Severson *(Senior Vice President)*
Katie Zinn *(Vice President, Integrated Strategy)*
Chris Swanson *(Vice President, Creative Director)*
Michelle Horn *(Vice President)*
Andrew Schwalb *(Vice President, Influencer Relations & Business Affairs)*
Brittney Sochowski Hefner *(Vice President)*
Victoria Gerken *(Vice President)*
Ryan Peal *(Head, HP Product Team & Strategist - Executive Client)*
Jill Miskevics *(Account Supervisor)*
Maggie Nonnenkamp *(Senior Account Supervisor)*
Jennifer D'Angelo *(Senior Copywriter)*
Will Collie *(General Manager, Southern California)*

Accounts:
Advanced Micro Devices, Inc.
Control Room
Norton 360
Norton AntiVirus
Norton Internet Security
Sunkist Growers, Inc.
Symantec Corporation

EDELMAN
525 Market Street
San Francisco, CA 94105
Tel.: (415) 222-9944
Fax: (415) 222-9924
Web Site: www.edelman.com

Employees: 20
Year Founded: 1952

Discipline: Public Relations

Lucy Allen *(US Chairman, Technology Sector)*
Tom Parker *(Chief Creative Officer, U.S. Western Region)*
Amanda Glasgow *(Chairman, Brand Community)*
Kristine Boyden *(President - U.S. Western Reg)*
Amanda Sklad *(Executive Vice President, Strategy)*
Liz Foster *(Executive Vice President)*
Kelly McAlearney Pirie *(Senior Vice President)*
Bret Blount *(Senior Vice President)*
Lisa Villarosa *(Vice President, Digital)*
Jacqueline Fowler *(Vice President)*
Andi Bean *(Account Supervisor)*
Libby Freeman *(Senior Account Executive)*
Danielle Clark *(Managing Director, U.S. Business Development & Marketing)*
Andy McKinney *(Managing Director, Digital)*

Accounts:
Advanced Micro Devices, Inc.
Eargo
Greyhound Bus Lines, Inc.
HP, Inc.

EDELMAN
Yarings Building, 506 Congress Avenue #300
Austin, TX 78701
Tel.: (512) 478-5335
Fax: (214) 520-3458
Web Site: http://www.edelman.com/office/austin/

Discipline: Public Relations

Amber Reaver *(Senior Account Supervisor)*
Reid Schwartz *(Senior Account Supervisor)*

EDELMAN
150 Bloor Street West
Toronto, ON M5S 2X9
Tel.: (416) 979-1120
Fax: (416) 979-0176
Web Site: www.edelman.com

Employees: 43
Year Founded: 1952

Discipline: Public Relations

Andrew Simon *(Chief Creative Officer)*
Lisa Kimmel *(Chairman & Chief Executive Officer - Edelman Canada & Latin America)*
Dave Fleet *(Executive Vice President & National Practice Lead, Digital)*
Alexis Redmond *(Executive Vice President & Lead, National Client Strategy)*
Catherine Yuile *(Executive Vice President, Insights & Analytics)*
Brian Rosevear *(Senior Vice President)*
Melissa Turlej *(Vice President, Digital)*
Shannon Morton *(Senior Account Director, Corporate)*
Sherri-Lyn Brown *(Senior Account Director, Earned & Client Strategy)*
Vanessa Principe *(Senior Account Director)*
Sarah Attia *(Account Director, Client Strategy, Crisis & Risk & Corporate Practice)*
Victoria Neufeld *(Senior Account Manager, Digital & Brand)*
Scott Evans *(General Manager - Toronto)*

Accounts:
FirstService Corporation
Parmalat Canada, Ltd.
Spence Diamonds

EDGE COMMUNICATIONS, INC.
5419 Hollywood Boulevard
Los Angeles, CA 90027
Tel.: (323) 469-3397
Fax: (323) 645-7054
Web Site: www.edgecommunicationsinc.com

Year Founded: 1996

Discipline: Public Relations

Ken Greenberg *(President)*
Sara Flint *(Manager, Accounting & Operations)*

EDLEADER21
177 North Church Avenue
Tucson, AZ 85701
Tel.: (520) 623-2466
Fax: (520) 628-6324
Web Site: www.battelleforkids.org/networks/edleade

Employees: 5

Discipline: Public Relations

Ken Kay *(Chief Executive Officer)*
Valerie Greenhill *(Co-Founder & President)*
Alyson Nielson *(Chief Operating Officer)*

ELLEN COMMUNICATIONS
Post Office Box 71127
Newnan, GA 30271-1127
Tel.: (770) 252-7759
Fax: (770) 252-2934
Web Site: ellencommunications.com

Discipline: Public Relations

Paul Ellen *(President)*
Pam Ellen *(Vice President)*

ENERGI PR
430 Sainte-Helene
Montreal, QC H2Y 2K7
Tel.: (514) 288-8500

AGENCIES - JULY, 2020 — PUBLIC RELATIONS AGENCIES

Fax: (514) 288-5680
Toll Free: (888) 764-6322
Web Site: www.meca.ca

Employees: 9
Year Founded: 1990

Discipline: Public Relations

Carol Levine *(Chief Executive Officer & Co-Founder)*
Esther Buchsbaum *(President & Co-Founder)*

ENGLANDER KNABE & ALLEN
801 South Figueroa Street
Los Angeles, CA 90017
Tel.: (213) 741-1500
Fax: (213) 747-4900
Web Site: www.ekapr.com

Discipline: Public Relations

Harvey Englander *(Co-Founder & Managing Partner)*
Matt Knabe *(Co-Founder & Managing Partner)*
Eric Rose *(Partner)*
Paul Haney *(Joint Venture Partner)*
Marcus Allen *(Partner)*
Adam Englander *(Partner & General Counsel)*

ENVIRONMENTAL TECHNOLOGIES & COMMUNICATIONS, INC.
600 West Loveland Avenue
Loveland, OH 45140
Tel.: (513) 772-7903
Fax: (513) 772-7904
Web Site: www.etc-online.com

Employees: 10
Year Founded: 1994

Discipline: Public Relations

Bethany Dale *(President)*
Linda Palacios *(Senior Communications Specialist)*

EPOCH 5 PUBLIC RELATIONS
755 New York Avenue
Huntington, NY 11743
Tel.: (631) 427-1713
Fax: (631) 427-1740
Web Site: www.epoch5.com

Employees: 15
Year Founded: 1978

Discipline: Public Relations

Katherine Heaviside *(President)*
Andrew Kraus *(Senior Vice President)*
Lloyd Singer *(Senior Vice President)*
Audrey Cohen *(Vice President)*
Kathleen Caputi *(Vice President)*
Peggy Kalia *(Account Manager)*
Jaclyn Savage *(Account Manager)*

EVANS LARSON COMMUNICATIONS
401 North Third Street
Minneapolis, MN 55401
Tel.: (612) 338-6999
Fax: (612) 338-7008
Web Site: www.evanslarson.com

Discipline: Public Relations

Susan Evans *(Founder & Chief Executive Officer)*
Elizabeth Pavlica *(Vice President, Social Media)*

EVERETT CLAY ASSOCIATES, INC.
6161 Blue Lagoon Drive
Miami, FL 33126-2046
Tel.: (305) 261-6222
Fax: (305) 262-9977
Toll Free: (877) 261-6222
Web Site: www.evclay.com

Employees: 10
Year Founded: 1940

Discipline: Public Relations

Melisa Chantres *(President)*
Frances Gong *(Vice President)*

EVINS COMMUNICATIONS, LTD.
830 Third Avenue
New York, NY 10022
Tel.: (212) 688-8200
Fax: (212) 935-6730
Web Site: www.evins.com

Employees: 30

Discipline: Public Relations

Louise Evins *(President & Chief Operating Officer)*
Mathew Evins *(Chairman & Co-Founder)*
Drew Tybus *(Senior Vice President)*
Stephanie Preston *(Senior Director, Travel & Hospitality)*
Pamela Pincow *(Account Supervisor)*

Accounts:
Clear/Cut Phocus
Hotels and Resorts of Halekulani
Luggage Free
Nylon Media, Inc.
Nylon.com
One Warm Coat
Uniworld Boutique River Cruise Collection

EXPONENT PR
400 First Avenue North
Minneapolis, MN 55401
Tel.: (612) 305-6000
Fax: (612) 305-6500
Web Site: www.exponentpr.com

Discipline: Public Relations

Carol Anderson *(Practice Leader, Corporate Communications)*
Keith Negrin *(Practice Leader, Reputation Management)*
Lisa Tomassen *(Practice Leader, Integrated Marketing Communications)*
Tom Lindell *(Managing Director)*

Accounts:
Cub Cadet
Florida's Natural Growers
Recreational Boating & Fishing Foundation
Wells Enterprises, Inc.

FACTORY PR
263 11th Avenue
New York, NY 10001
Tel.: (212) 941-9394

Fax: (212) 941-7058
Web Site: www.factorypr.com

Year Founded: 2001

Discipline: Public Relations

Mark Silver *(Co-Founder & Partner)*
Stacy Roman *(Vice President, Fashion)*
Abigayil Klein *(Partnerships Manager)*

Accounts:
Rebag

FAHLGREN MORTINE PUBLIC RELATIONS
1100 Superior Avenue East
Cleveland, OH 44114
Tel.: (216) 298-4646
Fax: (216) 781-8810
Toll Free: (800) 731-8927
Web Site: www.fahlgrenmortine.com

Year Founded: 1962

Discipline: Public Relations

Mark Grieves *(Senior Vice President & Creative Director)*
Wendy Schweiger *(Vice President)*

FAHLGREN MORTINE PUBLIC RELATIONS
Post Office Box 51621
Myrtle Beach, SC 29579
Tel.: (800) 731-8927
Web Site: www.fahlgrenmortine.com

Year Founded: 1962

Discipline: Public Relations

Kimberly Miles *(Senior Counselor)*

Accounts:
Myrtle Beach Tourism

FAISS FOLEY WARREN
100 North City Parkway
Las Vegas , NV 89106
Tel.: (702) 933-7777
Fax: (702) 933-1261
Web Site: www.ffwpr.com

Employees: 12
Year Founded: 1998

Discipline: Public Relations

Helen Foley *(Principal)*
Linda Faiss *(President)*
Melissa Warren *(Managing Partner)*
Susie Black-Manriquez *(Senior Account Executive, Public Relations)*
McKinzie Cogswell *(Senior Account Executive, Public Relations)*

FAMA PR, INC.
250 Northern Avenue
Boston, MA 02210
Toll Free: (866) 326-2552
Web Site: www.famapr.com

Employees: 20
Year Founded: 2002

Discipline: Public Relations

Matt Flanagan *(Founding Partner)*
Keith Watson *(Founding Partner)*

PUBLIC RELATIONS AGENCIES

Jeff Drew *(Senior Vice President)*
Brian Merrill *(Senior Vice President)*
Ted Weismann *(Senior Vice President)*
Gail Scibelli *(Senior Vice President)*
Jessica MacGregor *(Vice President)*
Whitney Parker *(Vice President)*
Chrissy Azevedo *(Account Manager)*

Accounts:
A123Systems, Inc.

FAST HORSE
240 Ninth Avenue North
Minneapolis, MN 55401
Tel.: (612) 746-4610
Fax: (612) 395-5115
Web Site: www.fasthorseinc.com

Employees: 7
Year Founded: 2001

Discipline: Public Relations

Jorg Pierach *(Founder, President & Creative Director)*
Scott Broberg *(Chief Integration Officer)*
Allison Checco *(Vice President, Accounts)*
Anthony Kirwin *(Vice President, Operations & General Counsel)*

Accounts:
Audi of America, Inc.
Deluxe Corporation
Fiber One Cereal
Marvin Windows & Doors

FEED MEDIA PUBLIC RELATIONS
7807 East 24th Avenue
Denver, CO 80238
Tel.: (303) 388-8460
Web Site: www.feedmedia.com

Year Founded: 2002

Discipline: Public Relations

Stefanie Jones *(Founder & President)*
Derek Jones *(Founder & Chief Operating Officer)*
Claire Mylott *(Vice President)*

Accounts:
Taos Ski Valley, Inc.

FEINSTEIN KEAN HEALTHCARE
245 First Street
Cambridge, MA 02142
Tel.: (617) 577-8110
Fax: (617) 577-8985
Web Site: www.fkhealth.com

Employees: 55
Year Founded: 1987

Discipline: Public Relations

Patrick O'Grady *(Executive Vice President, Creative Services)*
Gregory Kelley *(Senior Vice President)*

FENTON COMMUNICATIONS
1010 Vermont Avenue Northwest
Washington, DC 20005
Tel.: (202) 822-5200
Fax: (202) 822-4767
Web Site: www.fenton.com

Employees: 20
Year Founded: 1982

Discipline: Public Relations

Ira Arlook *(Chief, Advocacy Campaigns)*
James Marcus *(Chief Business Officer)*
Joe Wagner *(Managing Director)*

FENTON COMMUNICATIONS
600 California Street
San Francisco, CA 94108
Tel.: (415) 901-0111
Fax: (415) 901-0110
Web Site: www.fenton.com

Employees: 13
Year Founded: 1982

Discipline: Public Relations

Paul Hernandez *(Chief Strategy Officer)*
Ben Wyskida *(Chief Executive Officer)*

FEREN COMMUNICATIONS
380 Lexington Avenue
New York, NY 10168
Tel.: (212) 983-9898
Fax: (212) 697-1807
Web Site: www.ferencomm.com

Employees: 10
Year Founded: 1995

Discipline: Public Relations

Sheila Feren *(President)*
Kelli Stich-Mills *(Executive Vice President)*

Accounts:
AMC Networks, Inc.

FINANCIAL RELATIONS BOARD
304 Park Avenue South
New York, NY 10010
Tel.: (212) 704-9727
Web Site: www.frbinc.com

Discipline: Public Relations

Joseph Calabrese *(Senior Vice President)*

FINEMAN PR
530 Bush Street
San Francisco, CA 94108
Tel.: (415) 392-1000
Web Site: www.finemanpr.com

Year Founded: 1988

Discipline: Public Relations

Michael Fineman *(Founder & President)*
Lorna Bush *(Senior Vice President)*
Heidi White *(Vice President)*

Accounts:
Foster Farms

FINN PARTNERS
1129 20th Street Northwest
Washington, DC 20036
Tel.: (202) 466-7800
Fax: (202) 887-0905
Web Site: www.finnpartners.com

Year Founded: 2011

Discipline: Public Relations

Margaret Suzor Dunning *(Managing Partner, Higher Education)*
Jessica Berk Ross *(Managing Partner, Public Affairs)*
Neby Ejigu *(Digital Partner)*
Myles Marlow *(Partner & Director, Digital Paid Media)*
Peter Hahn *(Executive Vice President & Creative Director)*
Matt Price *(Vice President, Research)*
Jessica Reape *(Vice President, Public Affairs)*
Christopher Lawrence *(Director, Research)*
Laura Shuey-Kostelac *(Account Supervisor)*
Laura Kovacs *(Account Executive)*
Niyah Brooks *(Assistant Account Executive, Digital)*
Christine Lofgren *(Account Executive)*

FINN PARTNERS
101 Montgomery Street
San Francisco, CA 94104
Tel.: (415) 541-0750
Fax: (415) 541-0720
Web Site: www.finnpartners.com

Employees: 17
Year Founded: 2011

Discipline: Public Relations

Howard Solomon *(Founding Managing Partner)*
Matt Bostrom *(Chief Strategy Officer)*
Veronica De La Cruz *(Account Executive)*
Connor Szymanski *(Senior Account Executive)*
Megan Alletson *(Account Supervisor)*
Rebecca Sitorus *(Account Executive)*
Emmy Villacorte *(Manager, Human Resources & Recruitment)*
Kate Peach *(Manager, Account Services)*
Sandra Regalado *(Assistant Account Executive)*

Accounts:
Sony Electronics
Thoratec Corporation

FINN PARTNERS
301 East 57th Street
New York, NY 10022
Tel.: (212) 715-1600
Web Site: www.finnpartners.com

Year Founded: 2011

Discipline: Public Relations

Philippa Polskin *(President - Polskin Arts & Communication - Finn Partners)*
Peter Finn *(Founding Managing Partner)*
Richard Funess *(Senior Managing Partner)*
Sabrina Horn *(Senior Advisor, Technology Practice)*
Dena Merriam *(Managing Partner)*
Alicia Young *(Managing Partner)*
Gail Moaney *(Founding Managing Partner)*
Sakura Amend *(Partner & Senior Vice President, Public Affairs)*
Renee Martin *(Partner)*
Martin Ettlemeyer *(Chief Financial Officer)*
Nick Guarracino *(Partner & Creative Director)*
Diana Scott *(Partner)*
Aubrey McGovern *(Vice President, Travel & Lifestyle Division)*
Haldun Dinccetin *(Vice President - Travel & Lifestyle Practice - Turkish Airlines)*
Anush Davtian *(Vice President, Digital & Creative)*
Ariane Sloan *(Vice President & Media Relations Specialist)*

AGENCIES - JULY, 2020 — PUBLIC RELATIONS AGENCIES

Dave Lieberson *(Vice President)*
Elle Jones *(Chief People Officer & Global Head, Human Resources)*
Justin Buchbinder *(Director, Social Media)*
David Leo *(Director, Information Technology)*
Jack Haanraadts *(Senior Account Executive)*
Lyndon Taylor *(Managing Associate)*
Adrienne Fontaine *(Publicity Manager)*
Virginia Sheridan *(Managing Partner)*
Kristie Kuhl *(Managing Partner)*

Accounts:
ACANA
Amarin Corporation
Autism Double-Checked
Bluegreen Vacations Corporation
Champion Petfoods
Crystal Cruises
Greater Fort Lauderdale Visitors Bureau
I Love NY
NetScout Systems, Inc.
New Avon LLC
ORIJEN
Ortho-Clinical Diagnostics, Inc.
Turkish Airlines

FINN PARTNERS
625 North Michigan Avenue
Chicago, IL 60611
Tel.: (312) 329-3900
Web Site: www.finnpartners.com

Year Founded: 2011

Discipline: Public Relations

Dan Pooley *(Founding Managing Partner)*
Emily Shirden *(Partner & Senior Vice President)*
Joe Calderone *(Associate Vice President, Digital)*
Kara Cook *(Partner)*
Julie Muldowney *(Account Supervisor)*
Lydia Castillo *(Senior Account Executive)*
Danielle Mardahl *(Senior Account Executive)*

Accounts:
Merrell
School of Rock

FINN PARTNERS
1875 Century Park East
Los Angeles, CA 90067
Tel.: (310) 552-6922
Web Site: www.finnpartners.com

Year Founded: 2011

Discipline: Public Relations

Allison Field *(Associate Vice President)*
Shazeen Shah *(Vice President)*

Accounts:
Peet's Coffee & Tea, Inc.

FINSBURY
3 Columbus Circle
New York, NY 10019
Tel.: (646) 805-2000
Fax: (646) 557-0002
Web Site: www.finsbury.com

Employees: 70
Year Founded: 1986

Discipline: Public Relations

Peter Land *(Partner)*
Mallory Weinberg *(Senior Vice President)*

Graham Buck *(Managing Director)*
Dan Abernethy *(Director, Corporate & Investor Relations)*

FIRMANI & ASSOCIATES, INC.
3601 Fremont Avenue North
Seattle, WA 98103
Tel.: (206) 443-9357
Fax: (206) 443-9365
Web Site: www.firmani.com

Year Founded: 1994

Discipline: Public Relations

Mark Firmani *(President)*
Kristi Herriott *(Partner)*

FISH CONSULTING LLC
117 Northeast Second Street
Fort Lauderdale, FL 33301
Tel.: (954) 893-9150
Web Site: www.fish-consulting.com

Year Founded: 2004

Discipline: Public Relations

Lorne Fisher *(Chief Executive Officer & Managing Partner)*
Claibourne Rogers *(Senior Account Director)*
Caitlin Willard *(Account Manager)*

Accounts:
Baskin-Robbins
Burger21
Captain D's LLC
Fleet Feet
GrillSmith
Stoner's Pizza Joint
The Melting Pot Restaurants, Inc.

FISHMAN PUBLIC RELATIONS INC.
3400 Dundee Road
Northbrook, IL 60062
Tel.: (847) 945-1300
Fax: (847) 945-3755
Web Site: www.fishmanpr.com

Discipline: Public Relations

Brad Fishman *(Chief Executive Officer)*
Sherri Fishman *(President)*
Debra Vilchis *(Chief Operating Officer)*
Sara Faiwell *(Senior Vice President)*
Kelly McNamara *(Vice President)*
Julianne Stevenson *(Vice President)*
Daniel O'Donnell *(Content Marketing Director)*
Brian Campbell Jr. *(Account Executive - Smoothie King)*

Accounts:
BrightStar Healthcare
Cartridge World USA
Coffee & Bagel Brands
Fetch! Pet Care, Inc.
Games2U
Re-Bath, LLC
ShelfGenie
Smoothie King Franchises, Inc.
Steak-Out

FITZGERALD PR INC.
1725 Loblolly Lane
Cumming, GA 30041

Tel.: (770) 887-6060
Toll Free: (844) 633-8241
Web Site: www.fitzgeraldpr.com

Year Founded: 2003

Discipline: Public Relations

Debbie Fitzgerald *(President & Chief Executive Officer)*
Tim Fitzgerald *(Chief Financial Officer & Vice President)*

FLASHPOINT PUBLIC RELATIONS
2475 Third Street
San Francisco, CA 94107
Tel.: (415) 551-9620
Web Site: www.flashpointpr.com

Year Founded: 2005

Discipline: Public Relations

Kristin Greene *(Co-Founder & Principal)*
Christopher Downing *(Principal & Owner)*
Karen Nolan *(Senior Vice President)*
Andrew Violante *(Account Supervisor)*
Liz Sloan *(Senior Marketing Strategist)*

Accounts:
4INFO, Inc.

FLEISHMANHILLARD
2405 Grand Boulevard
Kansas City, MO 64108-2522
Tel.: (816) 474-9407
Fax: (816) 474-7783
Toll Free: (314) 982-1700
Web Site: www.fleishman.com

Employees: 80
Year Founded: 1946

Discipline: Public Relations

Mandy Levings *(Senior Partner & Senior Vice President)*
Steven Walker *(Partner & Senior Vice President)*
John Saunders *(President & Chief Executive Officer)*
Jonella Donius *(Chief Information Officer & Executive Vice President)*
Patti Portnoy *(Senior Vice President & Senior Partner, Finance)*
Harald Simons *(Head, Global Client)*
Kara Hendon *(General Manager - Kansas City Office)*

Accounts:
Bayer Corporation
Crocs
Negro League Baseball Museum

FLEISHMANHILLARD
200 North Broadway
Saint Louis, MO 63102
Tel.: (314) 982-1700
Fax: (314) 231-2313
Web Site: fleishmanhillard.com

Employees: 380
Year Founded: 1946

Discipline: Public Relations

Jack Farmer *(Senior Vice President & Senior Partner)*
Jeff Davis *(Senior Vice President & Senior Partner)*

604

PUBLIC RELATIONS AGENCIES
AGENCIES - JULY, 2020

Donald Etling *(Senior Vice President & Senior Partner)*
Fred Rohlfing *(Executive Vice President, Senior Partner & Chief Financial Officer)*
Lesley Backus *(Senior Vice President, Partner & Director, Planning & Branding Group)*
Cara Elsas *(Senior Vice President & Senior Partner)*
John Saunders *(President & Chief Executive Officer)*
Buck Smith *(Senior Vice President)*
Jim Woodcock *(Senior Vice President & Partner, Sports Business)*
Marty Richter *(Senior Vice President, Media Relations)*
Paul Mottershead *(Senior Vice President)*
Marissa Eifert *(Account Executive)*
Susie Whitaker *(Senior Coordinator)*

Accounts:
American Petroleum Institute
Boy Scouts of America
Cisco
Emerson Electric Company
Royal Canin USA, Inc.
U.S. Army

FLEISHMANHILLARD
500 Capitol Mall
Sacramento, CA 95814
Tel.: (916) 441-7606
Fax: (916) 441-7622
Web Site: www.fleishman.com

Year Founded: 1946

Discipline: Public Relations

Jake Ferguson *(Senior Account Executive)*
Dan Barber *(General Manager - Sacramento)*

FLEISHMANHILLARD
2800 Ponce de Leon Boulevard
Coral Gables, FL 33134
Tel.: (305) 520-2000
Fax: (305) 520-2001
Web Site: www.fleishman.com

Employees: 22
Year Founded: 1946

Discipline: Public Relations

Adriana Infante *(Vice President)*
Jorge Diaz de Villegas *(General Manager)*

FLEISHMANHILLARD
225 North Michigan Avenue
Chicago, IL 60601
Tel.: (312) 729-3700
Fax: (312) 751-8191
Web Site: www.fleishman.com

Employees: 80
Year Founded: 1946

Discipline: Public Relations

Marjorie Benzkofer *(Global Managing Director, Reputation Management Practice)*
Brian Carr *(Vice President, Insights & Analytics)*
Rachel Coleman *(Managing Supervisor)*
Katherine Vejchoda *(Senior Specialist, Global Reputation Management)*

Accounts:
Beech-Nut
Beech-Nut Nutrition Corporation

FLEISHMANHILLARD
1999 Bryan Street
Dallas, TX 75201
Tel.: (214) 665-1300
Fax: (214) 953-3944
Web Site: www.fleishman.com

Employees: 40
Year Founded: 1946

Discipline: Public Relations

Dick Mullinax *(Senior Partner & Executive Vice President, Global Lead Energy)*
Janise Murphy *(Chief Practice Officer & Senior Partner)*
Mike Cearley *(Global Managing Director, Social & Innovation)*
Candace Peterson *(Global Managing Director, Brand Marketing - Senior Vice President & Partner)*
Rob Boles *(Senior Vice President & Partner - Social & Innovation Practice Lead)*
Lauren Walters *(Senior Vice President & General Manager)*
Meredith Adams *(Senior Vice President & Senior Partner & General Manager)*
Lisa Leet *(Senior Vice President, Business Development)*
Rachel Solomon *(Vice President, Social Strategy)*
Greg Brown *(Vice President, Social & Innovation)*

FLEISHMANHILLARD
290 Congress Street
Boston, MA 02210
Tel.: (617) 267-8223
Fax: (617) 267-5905
Web Site: www.fleishman.com

Employees: 20
Year Founded: 1946

Discipline: Public Relations

Seth Bloom *(Senior Vice President & Partner)*
Sarah Francomano *(Senior Vice President & Partner)*
Melissa Zipin *(Senior Vice President & Senior Partner)*
Lauren Price *(Managing Supervisor)*
John Isaf *(General Manager, Senior Partner & Senior Vice President)*

Accounts:
Bose Corporation
Fantastic Sams International
Iron Mountain, Inc.

FLEISHMANHILLARD
720 California Street
San Francisco, CA 94108
Tel.: (415) 318-4000
Fax: (415) 318-4010
Web Site: www.fleishmanhillard.com

Employees: 85
Year Founded: 1946

Discipline: Public Relations

J.J. Carter *(President, North America)*
Caitlin Garlow *(Vice President)*
Tim O'Keeffe *(General Manager & Senior Partner)*

Accounts:
Fitbit
Women's Tennis Association

FLEISHMANHILLARD
220 East 42nd Street
New York, NY 10017
Tel.: (212) 453-2000
Fax: (212) 453-2071
Web Site: www.fleishman.com

Employees: 155
Year Founded: 1946

Discipline: Public Relations

Peter Verrengia *(President & Senior Partner, Communications Consulting Worldwide)*
Della Sweetman *(Chief Business Development Officer)*
Richard Dale *(Senior Vice President, Global Planning Director & Senior Partner)*
Anne de Schweinitz *(Senior Vice President, Senior Partner, & Global Managing Director, Healthcare)*
Paul Dalessio *(Senior Vice President & Partner)*
Sheila Rose *(Senior Vice President & Partner)*
Steven Schwadron *(Senior Vice President)*
Matthew Coghlan *(Senior Vice President, Reputation Management & Senior Partner)*
Rachel Lenore *(Senior Vice President)*
Louise Thach *(Senior Vice President)*
Paul Vosloo *(Senior Vice President & Senior Partner)*
Ryan Brack *(Senior Vice President)*
Brett Cummings *(Senior Vice President)*
Ann Quattrochi *(Vice President & Senior Director, Creative & Business Development Services)*
Gabrielle Califre *(Vice President, Consumer Brand Marketing)*
George Westberg *(Manager)*
Helen Farmakis *(Account Supervisor)*
Alison Keunen *(Managing Supervisor)*
Angela Anastasi *(Assistant Account Executive)*
Ashley Schmitt *(Account Executive, Consumer Marketing)*

Accounts:
Braintree Laboratories, Inc.

FLEISHMANHILLARD
1435 West Morehead Street
Charlotte, NC 28208
Tel.: (704) 421-9600
Fax: (704) 998-5701
Web Site: www.fleishman.com

Employees: 10
Year Founded: 1946

Discipline: Public Relations

Kristen Bilger *(Managing Supervisor)*

FLEISHMANHILLARD
1615 L Street, Northwest
Washington, DC 20036
Tel.: (202) 659-0330
Web Site: www.fleishman.com

Employees: 110
Year Founded: 2005

Discipline: Public Relations

Michael Adolph *(Senior Partner & Creative Director)*
Sonali Jayawardena *(Senior Vice President & Partner, Global Client Leadership)*
Peter Klaus *(Senior Vice President & Partner)*
Stephen Yuter *(Senior Vice President, Public Sector)*

605

Arman Belding *(Vice President, Social Media & Innovation)*
Claire Gilpin *(Managing Supervisor)*

Accounts:
SAP America, Inc.

FLEISHMANHILLARD
4350 Lassiter at North Hill Avenue
Raleigh, NC 27609-5739
Tel.: (919) 457-0744
Fax: (919) 457-0741
Web Site: fleishmanhillard.com

Year Founded: 1946

Discipline: Public Relations

Andrea Marshall Moody *(Senior Vice President & Senior Partner)*
Jayme Owen *(Senior Vice President)*
Meghan Guy *(Vice President)*

FLEISHMANHILLARD
500 Woodward Avenue
Detroit, MI 48226
Tel.: (313) 324-7850
Web Site: www.fleishmanhillard.com

Year Founded: 1946

Discipline: Public Relations

Tom Pyden *(Senior Vice President & Partner)*
Matthew Shinabarger *(Vice President & Marketing Portfolio Lead)*
Rachel Wegienka *(Vice President)*
Donna Fontana *(Senior Vice President, Partner & General Manager)*

Accounts:
General Motors Corporation

FLEISHMANHILLARD HIGHROAD
33 Bloor Street, East
Toronto, ON M4W 3H1
Tel.: (416) 214-0701
Fax: (416) 214-0720
Web Site: www.fleishman.ca

Employees: 80
Year Founded: 1993

Discipline: Public Relations

Katherine Fletcher *(Chief Operating Officer)*
Angela Carmichael *(President)*
Jennifer Atkinson *(Partner & Senior Vice President, Reputation Management)*
Patrick Gladney *(Chief Strategy Officer & Partner)*
Adrienne Connell *(Senior Vice President & Partner)*
Neil Johnson *(Partner & Executive Creative Director)*

FLEISHMANHILLARD HIGHROAD
45 O'Connor Street
Ottawa, ON K1P 1A4
Tel.: (613) 238-2090
Fax: (613) 238-9380
Web Site: www.fleishman.ca

Employees: 30
Year Founded: 1986

Discipline: Public Relations

Steve Coppola *(Senior Vice President, User Experience)*

FLEISHMANHILLARD HIGHROAD
777 Hornby Street
Vancouver, BC V6Z 2T3
Tel.: (604) 688-2505
Fax: (604) 688-2519
Web Site: www.fleishman.ca

Employees: 9
Year Founded: 1986

Discipline: Public Relations

Mark Reder *(Senior Partner, Senior Vice President & General Manager)*

FLEISHMANHILLARD WEST COAST
12777 West Jefferson
Los Angeles, CA 90066
Tel.: (310) 482-4270
Fax: (310) 482-4271
Web Site: www.fleishman.com

Year Founded: 1946

Discipline: Public Relations

Geoff Mordock *(Partner & Senior Vice President)*
Brittany Porrazzo *(Vice President)*

Accounts:
Kubota Tractor Corporation
YWCA of the USA

FLOWERS COMMUNICATIONS GROUP
303 East Wacker Drive
Chicago, IL 60601
Tel.: (312) 228-8800
Fax: (312) 986-1256
Web Site: www.flowerscomm.com

Employees: 25
Year Founded: 1991

Discipline: Public Relations

Michelle Flowers Welch *(Founder & Chief Executive Officer)*
Christina Steed *(Executive Vice President)*

Accounts:
Chicago White Sox Baseball Team
National Museum of African American Music

FOODMINDS, LLC
328 South Jefferson Street
Chicago, IL 60661
Tel.: (312) 258-9500
Fax: (312) 258-9501
Web Site: www.foodminds.com

Year Founded: 2006

Discipline: Public Relations

Laura Cubillos *(Partner & Owner)*
Bree Flammini *(Senior Vice President)*
Michelle Fricke Kijek *(Senior Vice President, Group Lead)*
Grant Prentice *(Director, Strategic Insights)*

Accounts:
American Dairy Products Institute
Produce for Better Health Foundation

FRANCO PUBLIC RELATIONS GROUP
400 Renaissance Center
Detroit, MI 48243
Tel.: (313) 567-2300
Fax: (313) 567-4486
Web Site: www.franco.com

Year Founded: 1964

Discipline: Public Relations

Dan Ponder *(Chief Executive Officer)*
Tina Kozak *(President)*

FREEMAN PUBLIC RELATIONS
16 Furler Street
Totowa, NJ 07512
Tel.: (973) 470-0400
Fax: (973) 470-9036
Web Site: www.freemanpr.com

Employees: 26

Discipline: Public Relations

Bruce Maguire *(Chief Executive Officer)*
Amy Friedland *(Executive Vice President)*
Ellie Bagli *(Senior Vice President)*

FRESH COMMUNICATIONS
246 Main Street
North Reading, MA 01864
Tel.: (617) 299-3366
Web Site: www.freshcommunications.com

Employees: 15
Year Founded: 2016

Discipline: Public Relations

Sheri Kasper *(Co-Founder & Principal)*
Stephanie Ferrari *(Co-Founder & Principal)*
Amy Sullivan *(Chief Marketing Officer)*
Samantha Bartholomew *(Manager, Communications)*

Accounts:
Medterra CBD

FRONTLINE PUBLIC INVOLVEMENT
Post Office Box 1033
Farmington, UT 84025
Tel.: (801) 712-3030
Fax: (801) 336-3263
Web Site: www.frontlinepi.com

Year Founded: 2002

Discipline: Public Relations

David Asay *(President & Chief Executive Officer)*
Martin Asay *(Vice President)*

FTI CONSULTING
88 Pine Street
New York, NY 10005
Tel.: (212) 850-5600
Web Site: www.fticonsulting.com

Employees: 100
Year Founded: 1982

Discipline: Public Relations

Mark McCall *(Global Segment Leader, Strategic Communications)*
Jeffrey Amling *(Chief Marketing Officer & Head, Business Development)*

PUBLIC RELATIONS AGENCIES

Raina Gajjar *(Managing Director & Deputy Head, Financial Services)*
Rachel Rosenblatt *(Managing Director)*
Tom Papas *(Director, Design)*
Katie Mizrachi *(Senior Associate, Business Operations & Marketing - Corporate Finance)*
Brian Maddox *(Senior Managing Director - Media Relations)*
Lou Colasuonno *(Senior Advisor)*
David Roady *(Senior Managing Director)*
Jackson Dunn *(Senior Managing Director)*
Will Steere *(Managing Director, Corporate Communications Practice)*
Allan Kaufman *(Managing Director)*
David Grant *(Senior Managing Director)*
Doug Donsky *(Senior Managing Director, Strategic Communications)*
Effie Veres *(Managing Director, Strategic Communications)*
Gary Keilty *(Managing Director)*
Hansol Kim *(Managing Director)*
John Yozzo *(Managing Director)*
Kevin Condron *(Managing Director)*
Peter DeCaro *(Managing Director)*
Russell Craig *(Managing Director)*
Sudhi Rao *(Senior Managing Director)*
William Berkowitz *(Managing Director)*

Accounts:
Movado Group, Inc.

FULL COURT PRESS COMMUNICATIONS
1624 Franklin Street
Oakland, CA 94612
Tel.: (510) 271-0640
Web Site: fcpcommunications.com

Year Founded: 2001

Discipline: Public Relations

Daniel Cohen *(Owner & Principal)*
Sarah Hersh-Walker *(Chief Operating Officer)*
Audrey Baker *(Coordinator, Communication)*

FURIA RUBEL COMMUNICATIONS, INC.
2 Hidden Lane
Doylestown, PA 18901
Tel.: (215) 340-0480
Fax: 2152153400580
Web Site: www.furiarubelpr.com

Employees: 1
Year Founded: 2002

Discipline: Public Relations

Gina Rubel *(President & Chief Executive Officer)*
Gina Furia Rubel *(President & Chief Executive Officer)*
Sarah Larson *(Executive Vice President, Client & Public Relations)*
Caitlan McCafferty *(Account Director, Public Relations)*
Karen Preston-Loeb *(Project Manager)*
Amy Williams *(Manager, Content Marketing)*
Rose Strong *(Office Manager)*
Heather Truitt *(Senior Graphic Designer)*

FUSION PUBLIC RELATIONS
1177 Sixth Avenue
New York, NY 10036
Tel.: (212) 651-4200
Fax: (212) 840-0505
Web Site: www.fusionpr.com

Employees: 30

Discipline: Public Relations

Jordan Chanofsky *(Owner & Chief Executive Officer)*
Robert Geller *(President)*
Brian Janson *(Account Executive)*

Accounts:
BroadSign International, Inc.

GBSM
555 17th Street
Denver, CO 80202
Tel.: (303) 825-6100
Fax: (303) 825-6109
Web Site: www.gbsm.com

Year Founded: 1986

Discipline: Public Relations

John Baron *(Founder & Chief Executive Officer)*
Steve Coffin *(Managing Principal)*
Miles Graham *(Senior Associate)*

GCI GROUP
160 Bloor Street, East
Toronto, ON M4W 0A2
Tel.: (416) 486-7200
Fax: (416) 486-9783
Web Site: www.gcicanada.com

Employees: 27

Discipline: Public Relations

Joseph Peters *(President)*

Accounts:
Lowe's Canada

GEOFFREY WEILL ASSOCIATES, INC.
29 Broadway
New York, NY 10006
Tel.: (212) 288-1144
Fax: (212) 288-5855
Web Site: www.geoffreyweill.com

Employees: 4
Year Founded: 1995

Discipline: Public Relations

Geoffrey Weill *(President)*
Ann-Rebecca Laschever *(Executive Vice President)*
Mark Liebermann *(Senior Vice President)*
Beth Levin *(Account Director)*

GETO & DE MILLY, INC.
276 Fifth Avenue
New York, NY 10001
Tel.: (212) 686-4551
Fax: (212) 213-6850
Web Site: www.getodemilly.com

Employees: 20
Year Founded: 1980

Discipline: Public Relations

Ethan Geto *(Principal)*
Michele de Milly *(Principal)*
Julie Hendricks-Atkins *(Public Affairs Advisor)*

GHIORSE & SORRENTI, INC.
255 Madison Avenue
Wyzkoff, NJ 07481
Tel.: (201) 307-1970
Fax: (201) 307-5632
Web Site: www.gsifundraising.com

Employees: 25
Year Founded: 1989

Discipline: Public Relations

Peter Ghiorsi *(Chairman & Chief Executive Officer)*
Dan Sorrenti *(President & Chief Operating Officer)*
Glenn Vallach *(Vice President, Communications & Public Relations)*
Cathy Pastene *(Executive Operations Manager)*

GIBBS & SOELL, INC.
125 South Wacker Drive
Chicago, IL 60606
Tel.: (312) 648-6700
Web Site: www.gibbs-soell.com

Employees: 30
Year Founded: 1971

Discipline: Public Relations

Jeff Altheide *(Chief Operating Officer)*
Doug Hampel *(Principal & Managing Director, Client Services)*

GIBBS & SOELL, INC.
60 East 42nd Street
New York, NY 10165
Tel.: (212) 697-2600
Fax: (212) 697-2646
Web Site: www.gscommunications.com

Year Founded: 1971

Discipline: Public Relations

Luke Lambert *(President & Chief Executive Officer)*
Stephen Halsey *(Chief Growth Officer)*
Emily Bunce *(Vice President, Insights)*
Audra Hession *(Principal & Managing Director)*

GINNY RICHARDSON PUBLIC RELATIONS
15 Salt Creek Lane
Hinsdale, IL 60521
Tel.: (630) 789-8555
Fax: (630) 789-9911
Web Site: www.gr-pr.com

Employees: 4
Year Founded: 1979

Discipline: Public Relations

Ginny Richardson *(Founder & President)*
Andy Richardson *(Vice President)*

GITENSTEIN & ASSADI PUBLIC RELATIONS
9188 East San Salvador
Scottsdale, AZ 85258
Tel.: (480) 860-8792
Fax: (480) 451-6275
Toll Free: (800) 922-8792
Web Site: www.assadi.com

Employees: 5
Year Founded: 1992

Brands. Marketers. Agencies. Search Less. Find More.
Try out the online version at www.winmo.com

Discipline: Public Relations

Susan Assadi (Co-Founder, Principal & Chief Media Strategist)
Sami Assadi (Co-Founder, Managing Director & International Media Consultant)

GLA COMMUNICATIONS
343 Millburn Avenue
Millburn, NJ 07041
Tel.: (973) 564-8591
Fax: (973) 564-6287
Web Site: glapr.com

Year Founded: 1986

Discipline: Public Relations

Pam Golden (Founder & President)
Donna Austi (Specialist, Media Relations)

GLOBAL 5
2180 West State Road 434
Longwood, FL 32779
Tel.: (407) 571-6789
Fax: (407) 571-6777
Toll Free: (800) 570-5743
Web Site: www.global-5.com

Discipline: Public Relations

Mary Hamill (President & Chief Executive Officer)
Matt Hamill (Executive Vice President & Chief Operations Officer)
Jenni Luke (Chief Financial Officer)

GLOBAL COMMUNICATION WORKS
5301 Heatherglen Drive
Houston, TX 77096
Tel.: (713) 721-4774
Web Site: www.gcomworks.com

Year Founded: 1994

Discipline: Public Relations

Brad Ginsberg (Partner)
Suzy Ginsberg (Owner)

Accounts:
Black Magic
Gumout
ITW Global
ITW Global
Rain-X
Slick 50

GLOBAL COMMUNICATORS
1875 I Street
Washington, DC 20006
Tel.: (202) 371-9600
Fax: (202) 371-0808
Web Site: www.globalcommunicators.com

Employees: 6
Year Founded: 1997

Discipline: Public Relations

James Harff (Co-Founder, President & Chief Executive Officer)
Philippe Bartholin (Vice President)

GLOBAL FLUENCY
1494 Hamilton Avenue
San Jose, CA 95125

Tel.: (408) 677-5300
Fax: (650) 328-5016
Web Site: www.globalfluency.com

Employees: 275
Year Founded: 2001

Discipline: Public Relations

Dave Murray (Executive Vice President)
Liz Miller (Vice President)

GLOBAL GATEWAY ADVISORS, LLC
81 Prospect Street
Brooklyn, NY 11201
Tel.: (917) 374-4369
Web Site: www.globalgatewayadvisors.com/

Year Founded: 2010

Discipline: Public Relations

Matthew Doering (President & Senior Partner)
Carol Harrison (Senior Partner)
Spencer Dandes (Senior Account Executive)
David Fishman (Managing Director & Partner)
Sara Cott (Associate Director)
Deepali Srivastava (Senior Director, Content Strategy)

GLOBAL RESULTS COMMUNICATIONS
2405 McCabe Way
Irvine, CA 92614
Tel.: (949) 608-0276
Web Site: www.globalresultspr.net

Year Founded: 2005

Discipline: Public Relations

Valerie Christopherson (Founder)
Casey Bush (Vice President)

Accounts:
Wahoo's Fish Taco

GLODOW NEAD COMMUNICATIONS
1700 Montgomery Street
San Francisco, CA 94111
Tel.: (415) 394-6500
Fax: (415) 403-9060
Web Site: www.glodownead.com

Employees: 16

Discipline: Public Relations

Jeffrey Nead (Partner)
John Glodow (Owner)
Morgan Moore (Director)

Accounts:
Noble House Hotels & Resorts, Ltd.

GLOVER PARK GROUP
1025 F Street Northwest
Washington, DC 20004
Tel.: (202) 337-0808
Fax: (202) 337-9137
Web Site: www.gloverparkgroup.com

Employees: 5

Discipline: Public Relations

Michael Feldman (Founding Partner & Managing Director)

Carter Eskew (Founding Partner & Managing Director)
Ryan Eppehimer (Chief Financial Officer)
Lee Jenkins (Senior Vice President & Creative Studio Manager)
Joshua Gross (Senior Vice President, Government Relations & Internal Affairs)
Adam Blickstein (Vice President)
Lisa Miller (Vice President, Strategic Communications)
Daniel Watson (Vice President)
Gina Foote (Vice President, Government Relations Practice)
Rob Seidman (Vice President)
Leilani Alexa (Associate Director, Media Planning & Placement)
Amy Phee (Managing Director & Partner)
Jason Miner (Executive Managing Director)
Jennifer Loven (Managing Director, Strategic Communications)
Grant Leslie (Managing Director)
Joseph Caruso (Managing Director, Strategic Communications)
Katie Greenway (Managing Director)
Aryana Khalid (Managing Director, Health & Wellness)
Andrew King (Managing Director, Government Relations Practice)
Graeme Trayner (Managing Director)
Jenni LeCompte (Managing Director)
Joel Leftwich (Managing Director, Food & Agriculture Practice)
Nedra Pickler (Managing Director)
Paul Poteet (Managing Director, Government Relations Practice)

GLOVER PARK GROUP
114 Fifth Avenue
New York, NY 10011
Tel.: (202) 337-0808
Toll Free: (202) 337-9137
Web Site: www.gloverparkgroup.com

Discipline: Public Relations

Jonathan Kopp (Managing Director & Chief Interactive Strategist)
Sarah Bonn (Creative Producer)
Keeley Franklin (Creative Producer)

GOFF PUBLIC
444 Cedar Street
Saint Paul, MN 55101-1468
Tel.: (651) 292-8062
Fax: (651) 292-8091
Web Site: www.goffpublic.com/

Employees: 15
Year Founded: 1966

Discipline: Public Relations

Chris Georgacas (President & Chief Executive Officer)
Jennifer Hellman (Chief Operating Officer)
Sara Swenson (Account Director)
Pierre Willette (Account Executive)

GOLDMAN & ASSOCIATES
1527 Bordeaux Place
Norfolk, VA 23509
Tel.: (757) 625-2518
Fax: (757) 625-4336
Web Site: www.goldmanandassociates.com

Employees: 15

PUBLIC RELATIONS AGENCIES

Year Founded: 1967

Discipline: Public Relations

Dean Goldman *(President)*
Audrey Knoth *(Executive Vice President)*

GOLIN
600 Battery Street
San Francisco, CA 94111
Web Site: www.golin.com

Employees: 15
Year Founded: 1956

Discipline: Public Relations

Matthew Lackie *(President, Global Technology Practice & Managing Director)*

Accounts:
Kaiser Permanente Northern California Region
Logitech, Inc.
Twitter, Inc.

GOLIN
875 North Michigan Avenue
Chicago, IL 60611
Tel.: (312) 729-4000
Fax: (312) 729-4010
Web Site: www.golin.com

Employees: 120
Year Founded: 1956

Discipline: Public Relations

Ellen Ryan Mardiks *(Vice Chairman & President, Consumer Marketing Practice)*
Fred Cook *(Chairman)*
Gary Rudnick *(Chief Executive Officer)*
Brian Beck *(Chief Financial Officer)*
Ginger Porter *(President, Midwest Region)*
Caroline Dettman *(Chief Creative & Community Officer)*
Brian Snyder *(Executive Vice President & Executive Digital Director)*
Amy Kennedy *(Senior Vice President, Public Relations)*
Meghan Phillips *(Executive Director)*
Natalie Sundquist *(Vice President & Director, Human Resources & U.S. Talent Management)*
Samantha Klein *(Vice President)*
Kristin Kelley *(Vice President & Director)*
Brittany Sullivan *(Vice President & Director, Marketing)*
Meredith Shiner *(Vice President, Media)*
Denise Paleothodoros *(Executive Director, Business Development)*
Sarah Spearing *(Director, Human Resources)*
Jocelyn Jara *(Executive Director, Consumer & Multicultural)*
Jesse Dienstag *(Executive Director & Head, Planning)*
AJ Livsey *(Executive Director, Planning)*
Samantha Carlson *(Digital Director)*
Drake Paul *(Creative Director)*
Josh Rangel *(Executive Director, Digital)*
Lisa Heidkamp *(Director, Insights & Analytics)*
MaryBeth Adduci *(Executive Creative Director)*
Lindsey Hartman *(Executive Director, Media)*
Corey Jones *(Executive Director, Creative)*
Lindsey Hartman *(Executive Director, Media)*
Deborah Wallace *(Director, Corporate Communications)*
Carrie von der Sitt *(Head, US Growth)*
Ryan Richert *(Executive Media Director)*
Mabel Martinez *(Vice President)*

Simon Landon *(Director & Account Supervisor)*
Alexandra Demers *(Director, Media Relations)*
Cory Zielke *(Senior Manager)*
Hannah Gettleman *(Manager, Media Relations)*
Megan Mohoney *(Senior Media Manager & Account Supervisor)*
Angela Chang *(Manager, Digital Analytics)*
Chevonne Nash *(Senior Manager & Account Supervisor)*
Ren Braceros *(Associate, New Business Development)*

Accounts:
Aon Corporation
Barbie
BP America, Inc.
BP Lubricants USA, Inc.
bubly
CLIF Bar
Crayola, LLC
Florida Citrus Growers
Hot Wheels
Hyatt House
Hyatt Place
Hyatt Regency
Hyatt Zilara
Hyatt Ziva
LEGO
Magnum
McDonald's
Mountain Dew
Sargento Foods, Inc.
The Dow Chemical Company
TransUnion, LLC
Verra Mobility
Walmart Stores, Inc.
Walmart Supercenters

GOLIN
1375 Peachtree Street Northeast
Atlanta, GA 30309
Tel.: (470) 419-8634
Web Site: www.golin.com

Employees: 23
Year Founded: 1956

Discipline: Public Relations

Mark Dvorak *(Executive Director)*
Laurel Sprague *(Account Director)*

Accounts:
National Peanut Board

GOLIN
733 Tenth Street Northwest
Washinton, DC 20001
Tel.: (202) 585-2600
Web Site: www.golin.com

Employees: 10
Year Founded: 1956

Discipline: Public Relations

Shannon Varroney *(Vice President & Account Director)*
Katie Castillo *(Executive Director, Media Relations)*

GOLIN
700 South Flower Street
Los Angeles, CA 90017
Tel.: (213) 335-5500
Fax: (213) 335-5550
Web Site: www.golin.com

Employees: 80
Year Founded: 1956

Discipline: Public Relations

Stephen Jones *(Executive Vice President)*
Sarah Ingram *(Executive Director & Senior Vice President, Consumer Marketing)*
Jennifer Baker-Asiddao *(Executive Director)*
Lisa Zlotnick *(Executive Media Director - Nintendo)*
Alison Holt Brummelkamp *(Executive Director, Integrated Media)*
Shannon Nelson *(Director, Human Resources)*
Jena Sussman *(Director)*
Rich George *(Director - Nintendo)*
Laura Finley *(Communications Manager - Toyota Racing)*
Chad Nishimura *(Senior Manager)*
Megan Muetterties *(Manager, Planner)*
Jasper Thomas *(Creative Associate)*
Autumn Skinner *(Associate, Public Relations)*
Deanne Yamamoto *(Managing Director)*

Accounts:
California Avocado Commission
Chloraseptic
Clear Eyes
Compound W
Debrox
DenTek
Dramamine
Farmer John Meats
Goody's Headache Powders
Little Remedies
Luden's Throat Drops
Monistat
Nintendo of America, Inc.
PediaCare
Prestige Brands Holdings, Inc.
Water Pik Technologies, Inc.
Zicam

GOLIN
13455 Noel Road
Dallas, TX 75240
Tel.: (469) 680-2500
Web Site: www.golin.com

Employees: 12
Year Founded: 1956

Discipline: Public Relations

Farrah Cox *(Executive Vice President & Executive Director)*
Danielle Bickelmann *(Director, Consumer Marketing)*
Mariam Shahab *(Director & Vice President, Digital Strategy)*
Alice Fitzgerald *(Executive Director)*
Matt Slagle *(Director, Content)*
Suzie Collins *(Digital Director, Social Strategy & Influencer Marketing)*
Jeff Beringer *(Head, Digital - Global)*
Carissa Dagleish *(Senior Manager)*
Kendall Huber *(Senior Manager, Public Relations)*
Janette Artea *(Manager)*
Erin Duncan *(Digital Manager)*

Accounts:
Massage Envy
PetSmart
Verra Mobility

GOLIN
777 Brickell Avenue

AGENCIES - JULY, 2020

PUBLIC RELATIONS AGENCIES

Miami, FL 33131
Tel.: (786) 574-4200
Web Site: www.golin.com

Employees: 13
Year Founded: 1956

Discipline: Public Relations

Ian Abrams *(Executive Vice President & Executive Director)*
Genevieve Ascencio *(Vice President)*
Bradley Gerber *(Senior Manager)*

Accounts:
Miami Super Bowl Host Committee

GOLIN
909 Third Avenue
New York, NY 10022
Tel.: (212) 373-6000
Fax: (212) 697-3720
Web Site: www.golin.com

Employees: 28
Year Founded: 1956

Discipline: Public Relations

Neera Chaudhary *(President, Global Healthcare)*
Matt Neale *(Chief Executive Officer)*
Jackie Miller *(Vice President & Director, Media)*
Jessica Barsky *(Vice President & Director, Insights)*
Noelle Osiecki *(Executive Director)*
Bridget Klein Curry *(Executive Director, Consumer Practice)*
Patrick Rizzuto *(Senior Public Relations Manager)*
Alexandria Paul *(Senior Manager)*
Dawn Langeland *(Managing Director)*

Accounts:
Mountain Dew
Nutella
Stoli Group USA
Twitter, Inc.
Verra Mobility

GONZALEZ MARKETING
2804 West Northern Lights
Anchorage, AK 99517
Tel.: (907) 562-8640
Fax: (907) 562-8641
Web Site: www.gonzalezmarketing.com

Discipline: Public Relations

Steve Gonzalez *(President)*
Mary Gonzalez *(Chief Financial Officer)*
Jenny Thomasson *(Vice President, Client Services)*
Aaron Wiseman *(Media Production Professional)*

GOODMAN MEDIA INTERNATIONAL, INC.
600 Fifth Avenue
New York, NY 10020
Tel.: (212) 576-2700
Fax: (212) 576-2701
Web Site: www.goodmanmedia.com

Employees: 20
Year Founded: 1996

Discipline: Public Relations

Tom Goodman *(President & Chief Executive Officer)*
Marie Vogliano *(Chief Financial Officer)*
Sabrina Strauss *(Chief Operating Officer)*
John Michael Kennedy *(Senior Counsel)*
Virginia Anagnos *(Executive Vice President)*
Liane Ramirez Swierk *(Executive Vice President)*
Maryellen Mooney *(Vice President, Healthcare)*
Regine Labossiere *(Vice President)*
John Lee *(Executive Director)*
Emma Gillett *(Assistant Account Executive)*

Accounts:
TLC

GORDON C. JAMES PUBLIC RELATIONS
5080 North 40th Street
Phoenix, AZ 85018
Tel.: (602) 274-1988
Fax: (602) 274-2088
Web Site: www.gcjpr.com

Employees: 14
Year Founded: 1990

Discipline: Public Relations

Gordon James *(Owner & President)*
Brian O'Malley *(Director, Events & Senior Account Executive)*
Trisha Anthony *(Account Executive)*

GRAND COMMUNICATIONS, INC.
27 West 24th Street
New York, NY 10010
Tel.: (212) 584-1133
Web Site: www.grandcommunications.com

Discipline: Public Relations

Gabrielle Torello *(Senior Account Executive)*
Jaymie Presberg Ivler *(Account Director)*

GRAVINA SMITH & MATTE, INC.
12474 Brantley Commons Court
Fort Myers, FL 33907
Tel.: (239) 275-5758
Fax: (239) 275-6501
Web Site: www.gsma.pro

Employees: 12
Year Founded: 1983

Discipline: Public Relations

Amy Gravina *(Founder & Partner)*
Tina McCain-Matte *(Partner & President)*
Angela Bell *(Associate Partner)*

GRAYLING
101 Avenue of Americas
New York, NY 10013
Tel.: (646) 284-9400
Fax: (212) 983-1736
Web Site: www.grayling.com

Employees: 80
Year Founded: 1994

Discipline: Public Relations

Jacinta Gauda *(Principal, JacintaGauda & Company, a Grayling Affiliate Company)*
Delphine Millot *(Vice President & Head, International Public Affairs)*
Lucia Domville *(New York Managing Director)*

Accounts:
Unisys Corporation

GRAYLING USA
80 M Street South East
Washington, DC 20003
Tel.: (202) 851-3600
Fax: (202) 484-0109
Web Site: www.grayling.com

Employees: 40

Discipline: Public Relations

Kim Koontz Bayliss *(Managing Principal)*
William Simmons *(Managing Principal)*
Susie Barefoot *(Office Manager)*

GREAT INK COMMUNICATIONS, INC.
171 Madison Avenue
New York, NY 10016
Tel.: (212) 741-2977
Fax: (212) 741-3075
Web Site: www.greatink.com

Year Founded: 1992

Discipline: Public Relations

Roxanne Donovan *(President)*
Jimmy Lappas *(Account Director)*

GREEN OLIVE MEDIA, LLC
165 Ottley Drive Northeast
Atlanta, GA 30324
Tel.: (404) 815-9327
Fax: (404) 815-9328
Web Site: www.greenolivemedia.com

Year Founded: 1998

Discipline: Public Relations

Elizabeth Moore *(Owner & Partner)*
Jeff Moore *(Partner)*
Meggan Talley *(Director, Design & Branding)*

GREENOUGH COMMUNICATIONS
One Brook Street
Watertown, MA 02472
Tel.: (617) 275-6500
Fax: (617) 275-6501
Web Site: www.greenough.biz

Employees: 12
Year Founded: 1999

Discipline: Public Relations

Phil Greenough *(Founder & Chief Executive Officer)*
Scott Bauman *(Executive Vice President)*
Ed Coletti *(Executive Vice President, Operations)*
Rachel Robbins *(Senior Vice President)*
Paul Greenough *(Vice President, Information Technology Operations)*
Christine Williamson *(Vice President)*
Jen Heady *(Vice President)*
Ben Kulis *(Director, Integrated Marketing)*
Ken DiCienzo *(Senior Account Executive)*
Chanel Benoit *(Account Director)*
Maria Kucinski *(Account Supervisor)*
Taanya Malhotra *(Senior Account Executive)*
Margaret Schindel *(Senior Content Strategist)*

Accounts:
GSN Games

PUBLIC RELATIONS AGENCIES

Mercury Computer Systems, Inc.
Red Hat, Inc.

GREENTARGET GLOBAL GROUP LLC
141 West Jackson Boulevard
Chicago, IL 60604
Tel.: (312) 252-4100
Fax: (312) 252-4110
Web Site: greentarget.com

Year Founded: 2004

Discipline: Public Relations

John Corey *(Founding Partner)*
Aaron Schoenherr *(Founding Partner)*

GREGORY FCA COMMUNICATIONS, INC.
27 West Athens Avenue
Ardmore, PA 19003
Tel.: (610) 642-8253
Fax: (610) 649-9029
Toll Free: (800) 499-4734
Web Site: www.gregoryfca.com

Employees: 35
Year Founded: 1990

Discipline: Public Relations

Greg Matusky *(Founder & President)*
Jen Diehl *(Account Supervisor)*

Accounts:
Vantis Life Insurance

GRIFFIN360
19 West 21st Street
New York, NY 10010
Tel.: (212) 481-3456
Web Site: www.griffin360.com

Employees: 10
Year Founded: 1982

Discipline: Public Relations

Bob Griffin *(President)*
Jessica Passananti *(Group Account Director)*

GROUNDFLOOR MEDIA
1923 Market Street
Denver, CO 80202
Tel.: (303) 865-8110
Fax: (303) 253-9763
Web Site: www.groundfloormedia.com

Employees: 10
Year Founded: 2001

Discipline: Public Relations

Ramonna Robinson *(President)*
Laura Love *(Founder & Chief Cultural Officer)*
Amy Claire Wild *(Chief Strategist)*
Brian Dally *(Co-Founder & Chief Executive Officer)*
Jon Woods *(President, Center Table & Vice President)*
Carissa McCabe *(Vice President)*
Gil Rudawsky *(Vice President)*
Jeremy Story *(Vice President)*
Caitlin Jenney *(Senior Director, Communications)*
Amanda Brannum *(Senior Director, Communications)*
Amy Moynihan *(Senior Director, Communications)*
Ben Hock *(Director, Creative Services - Center Table)*
Carolann Samuels *(Senior Director, Communications)*
Elise Bishop *(Director, Communication)*
Emily Port *(Senior Director, Communications)*
Kristina Reilly *(Senior Director, Business Operations)*
Lauren Cook *(Senior Director, Social Media & Digital Strategy)*
Shelbi Warner *(Director, Finance)*
Wendy Artman *(Senior Director, Communications)*
Tricia Bennett *(Senior Manager, Public Relations)*

GUTHRIE / MAYES & ASSOCIATES, INC.
545 South Third Street
Louisville, KY 40202-2676
Tel.: (502) 584-0371
Fax: (502) 584-0207
Web Site: www.guthriemayes.com

Employees: 14
Year Founded: 1977

Discipline: Public Relations

Dan Hartlage *(Principal)*
Andy Eggers *(Principal)*
Clair Nichols *(Principal)*
Ashley Brauer *(Vice President)*
Tiffany Murray *(Account Manager)*

H+A INTERNATIONAL, INC.
1195 Mustang Drive
Santa Ynez, CA 93460
Tel.: (312) 332-4650
Fax: (312) 332-3905
Web Site: www.h-a-intl.com

Employees: 8
Year Founded: 1984

Discipline: Public Relations

Roger Halligan *(Chief Executive Officer)*
Beate Halligan *(President)*
Tim Ward *(Director, Accounts & Social Media)*

HADLER PUBLIC RELATIONS, INC.
535 North Brand Boulevard
Glendale, CA 91203
Tel.: (818) 552-7300
Fax: (818) 545-9116
Web Site: www.hadlerpr.com

Discipline: Public Relations

Phil Hadler *(President)*
Ian Sui *(Product Placement Specialist)*

HALLIBURTON INVESTOR RELATIONS
2140 Lake Park Boulevard
Richardson, TX 75080
Tel.: (972) 458-8000
Fax: (972) 458-8050
Web Site: www.halliburtonir.com

Year Founded: 1990

Discipline: Public Relations

Alan Halliburton *(Chairman)*
Geralyn DeBusk *(President)*

Hala Elsherbini *(Senior Vice President & Chief Operating Officer)*

HAMILTON INK PUBLICITY & MEDIA RELATIONS
637 East Blithedale Avenue
Mill Valley, CA 94941
Tel.: (415) 381-8198
Fax: (415) 381-3319
Web Site: www.hamiltoninkpr.com

Discipline: Public Relations

Stephanie Clarke *(Owner & President)*
Clara Franco *(Principal)*

HANSER & ASSOCIATES
1001 Office Park Road
West Des Moines, IA 50265
Tel.: (515) 224-1086
Fax: (515) 224-0991
Toll Free: (800) 340-6434
Web Site: www.hanser.com

Employees: 10
Year Founded: 1996

Discipline: Public Relations

Ron Hanser *(Chairman & Principal)*
Ryan Hanser *(President & Chief Operating Officer)*
Bonnie Hanser *(Chief Operating Officer & Principal)*

HARBINGER COMMUNICATIONS, INC.
20 Victoria Street
Toronto, ON M5C 2N8
Mailing Address:
Post Office Box 168
Toronto, ON M5V 3C7
Tel.: (416) 960-5100
Fax: (416) 960-5515
Toll Free: (877) 960-5100
Web Site: www.harbingerideas.com

Employees: 20
Year Founded: 1990

Discipline: Public Relations

Marilyn Short *(Founder)*
Jeff Weiss *(President)*
Chris Gould *(Senior Vice President, Program Implementation)*
Deborah Adams *(Senior Vice President & Managing Director)*
Peter Boyce *(Vice President, Strategic Planning)*
Erin Morra *(Vice President, Client Services)*

HARRINGTON COMMUNICATIONS
1415 Inochee Farm
Traverse City, MI 49684
Tel.: (313) 432-0287
Web Site: www.hcommunications.biz

Year Founded: 2004

Discipline: Public Relations

Heather Harrington *(Co-Founder, Principal & Creative Director)*
Jay Harrington *(Co-Founder & President)*
Rachel Domsic *(Account Executive & Copywriter)*

HARRIS DEVILLE & ASSOCIATES
521 Laurel Street
Baton Rouge, LA 70801
Tel.: (225) 344-0381
Fax: (225) 336-0211
Web Site: www.hdaissues.com

Employees: 17
Year Founded: 1983

Discipline: Public Relations

Jim Harris *(President)*
Renny Deville *(Vice President)*

HARRISON & SHRIFTMAN
1285 Avenue of the Americas
New York, NY 10019
Tel.: (917) 351-8600
Fax: (917) 351-8601
Web Site: www.hs-pr.com

Employees: 50
Year Founded: 1995

Discipline: Public Relations

Elizabeth Harrison *(Co-Founder & Chief Executive Officer)*

HAUSER GROUP PUBLIC RELATIONS
13354 Manchester Road
Saint Louis, MO 63131
Tel.: (314) 436-9090
Fax: (314) 436-9212
Web Site: www.hausergrouppr.com

Year Founded: 1995

Discipline: Public Relations

Julie Hauser *(President)*
Kelly Harris *(Senior Account Director)*
Pamela Powell *(Senior Account Manager)*
Abigail Rolland *(Account Executive)*

HAVAS FORMULA
1215 Cushman Avenue
San Diego, CA 92110
Tel.: (619) 234-0345
Fax: (619) 234-0360
Web Site: www.havasformula.com

Employees: 15
Year Founded: 1992

Discipline: Public Relations

Emily Porter *(President - West)*
Alexis McCance *(Chief Financial Officer)*
Ditas Mauricio *(Senior Vice President, Consumer West)*
Tara Reid *(Senior Vice President, Chicago)*
Donovan Roche *(Vice President, Growth)*
Brandy Stone-Butler *(Director, Consumer East)*
Kelly Evans *(Senior Director, Public Relations)*
Shelby Hudak *(Senior Account Executive)*

Accounts:
Baskin-Robbins
Batteries Plus, LLC
Bugaboo USA, Inc.
Cost Plus, Inc.
DTS, Inc.
Dunkin'
FTD, Inc.
FTD.com
Hefty
Jaguar Land Rover North America, LLC
Kiddie Academy International
KLA Tencor Corporation
Lam Research Corporation
McCarthy Building Companies, Inc.
MobiTV, Inc.
mophie, Inc.
Munchkin, Inc.
Nature's Bakery
Neuro Brands LLC
Ormco
Panda Express
Panda Restaurant Group
Phillips Distilling Company
Road Runner Sports, Inc.
Senior Helpers
Shure Incorporated
SmartDrive Systems, Inc.
TD Ameritrade Holding Corporation
Wag Labs Inc.
Zoosk, Inc.
Zoosk.com

HAVAS FORMULA
200 Hudson Street
New York, NY 10013
Tel.: (212) 219-0321
Web Site: www.havasformula.com

Year Founded: 1992

Discipline: Public Relations

Michael Olguin *(President & Chief Executive Officer)*
Jarrod Walpert *(President - East)*

HAVAS FORMULA
810 Parkview Drive North
El Segundo, CA 90245
Tel.: (310) 578-7050
Web Site: www.havasformula.com

Year Founded: 1992

Discipline: Public Relations

Taryn Finley *(Vice President)*
Sonya Modi *(Account Supervisor)*
Britania Weinstein *(Senior Account Executive)*
Aileen Donovan *(Senior Account Executive)*

Accounts:
Lamps Plus Inc.

HAVAS FORMULATIN
200 Hudson Street
New York, NY 10013
Tel.: (212) 219-0321
Fax: (212) 219-8846
Web Site: www.havasformulatin.com

Discipline: Public Relations

Matthew Anderson *(Chief Marketing Officer)*
Maria Amor *(Vice President)*
Arthur Yen *(Vice President, Marketing Analytics & Data Consulting)*
Kristopher Owens *(Director, Analytics)*
Kristin Sakaguchi *(Supervisor, Analytics)*
Arlene Adoremos-Steinwald *(Executive Producer)*

Accounts:
Abuelita
TurboTax Consumer
turbotax.com

HAVAS PR
925 Liberty Avenue
Pittsburgh, PA 15222
Tel.: (412) 456-4300
Fax: (412) 456-4310
Web Site: us.havaspr.com

Employees: 10
Year Founded: 1989

Discipline: Public Relations

Katie McSorley *(President - Mid-Atlantic)*
Brian Ackermann *(Account Executive)*
Michael Battisti *(Account Executive)*
Kariann Mano *(Account Executive)*

HAWKINS INTERNATIONAL PUBLIC RELATIONS
119 West 23rd Street
New York, NY 10011
Tel.: (212) 255-6541
Fax: (212) 255-6716
Web Site: www.hawkpr.com/

Discipline: Public Relations

Jennifer Hawkins *(Founder, President & Chief Executive Officer)*
Christina Gnozzo *(Account Director)*
Andrea Capodilupo *(Corporate Communications Director)*

Accounts:
Seabourn Cruises
Seabourn Cruises

HAYTER COMMUNICATIONS
2929 First Avenue
Seattle, WA 98121
Tel.: (206) 633-7990
Web Site: www.hayterpr.com

Year Founded: 2001

Discipline: Public Relations

Ryan Hayter *(President)*
Tara Yant *(Account Director)*
Matt Glass *(Account Manager)*
Jacqueline Stoesser *(Account Manager)*
Meredith Cook *(Account Coordinator)*
Martin Maisonpierre *(General Manager)*

Accounts:
K2 Sports
OLEO
Raleigh Bicycles
The Benchmade Knife Co., Inc.

HAYWORTH CREATIVE
700 West Granada Boulevard
Ormond Beach, FL 32174
Mailing Address:
Post Office Box 1985
Ormond Beach, FL 32175
Tel.: (386) 677-7000
Fax: (386) 677-7393
Web Site: www.hayworthcreative.com

Employees: 6

Discipline: Public Relations

Kevin Hayworth *(Chief Operating Officer & Chief Executive Officer)*
Kelly Prieto *(Vice President)*

PUBLIC RELATIONS AGENCIES

HCK2 PARTNERS
3875 Ponte Avenue
Addison, TX 75001
Tel.: (972) 716-0500
Fax: (972) 716-0599
Web Site: www.hck2.com

Employees: 20
Year Founded: 1998

Discipline: Public Relations

Heather Capps *(President & Chief Executive Officer)*
Elizabeth Cornelius *(Executive Vice President, Account Services)*

Accounts:
Ambit Energy, LP

HEMSWORTH COMMUNICATIONS
1510 Southeast 17th Street
Fort Lauderdale, FL 33316
Tel.: (954) 716-7614
Fax: (954) 449-6068
Web Site: www.hemsworthcommunications.com

Year Founded: 2014

Discipline: Public Relations

Mike Jacobs *(Chief Operating Officer)*
Samantha Jacobs *(Founder & President)*
Carter Long *(Account Director)*
Kassandra Ricci *(Senior Social Media Manager)*
Kayla Louttit *(Account Supervisor)*
Victoria Stinson *(Account Coordinator)*
Florencia Stigol *(Social Media Coordinator)*

Accounts:
AmaWaterways
Margaritaville

HENRY & GERMANN PUBLIC AFFAIRS, LLC
1669 Edgewood Road
Yardley, PA 19067
Tel.: (215) 493-1426
Web Site: www.hgpa.com

Employees: 6
Year Founded: 1982

Discipline: Public Relations

Kelly Henry *(Partner)*
John McKeegan *(Vice President)*

HERON AGENCY
1528 West Fullerton
Chicago, IL 60614
Tel.: (773) 969-5200
Web Site: www.heronagency.com

Year Founded: 2000

Discipline: Public Relations

Noreen Heron *(President)*
Lianne Hedditch *(Executive Vice President)*
Katherine Bryja *(Senior Publicist)*
Sarah Ficek *(Senior Account Director)*

HILL+KNOWLTON STRATEGIES
466 Lexington Avenue
New York, NY 10017
Tel.: (212) 885-0300
Fax: (212) 885-0570
Web Site: www.hkstrategies.com

Year Founded: 1927

Discipline: Public Relations

Andy Scharf *(Global Chief Financial Officer)*
Jack Martin *(Chairman & Chief Executive Officer)*
AnnaMaria DeSalva *(Global Chairman & Chief Executive Officer)*
Erin Gentry *(President - U.S.)*
Amy Rosenberg *(Executive Vice President, Corporate Practice & U.S. Director, Media Relations)*
Jennifer Mylett *(Senior Vice President)*
Tessa Horehled *(U.S. Director, Content & Publishing Strategy)*
Laura Morgan *(Managing Director, Consumer US Lead)*

Accounts:
All Nippon Airways
Brand USA
Daiichi Sankyo
Embraer
Godiva Chocolate
VeriSign, Inc.

HILL+KNOWLTON STRATEGIES
708 South Main Street
Houston, TX 77002
Tel.: (713) 752-1900
Fax: (713) 752-1930
Web Site: www.hkstrategies.com/index.html

Employees: 20
Year Founded: 1927

Discipline: Public Relations

Bronwyn Wallace *(Senior Vice President)*
Jamie Tinsley *(Vice President, Media Relations)*

HILL+KNOWLTON STRATEGIES
60 Green Street
San Francisco, CA 94111
Tel.: (415) 281-7120
Fax: (415) 281-7121
Web Site: http://www.hkstrategies.com/index.html

Employees: 25

Discipline: Public Relations

Kevin Elliott *(Senior Vice President)*

HILL+KNOWLTON STRATEGIES
607 14th Street, Northwest
Washington, DC 20005
Tel.: (202) 333-7400
Fax: (202) 333-1638
Web Site: www.hkstrategies.com

Year Founded: 1927

Discipline: Public Relations

Paola Gants *(Vice President, Finance)*

Accounts:
U.S. Environmental Protection Agency

HILL+KNOWLTON STRATEGIES
201 East Kennedy Boulevard
Tampa, FL 33602-5117
Tel.: (813) 221-0030
Fax: (813) 229-2926
Web Site: http://www.hkstrategies.com/index.html

Year Founded: 1927

Discipline: Public Relations

Harry Costello *(Chairman - Florida)*

Accounts:
W. S. Badcock Corporation

HILL+KNOWLTON STRATEGIES
500 West Fifth Street
Austin, TX 78702
Tel.: (512) 474-8848
Fax: (512) 474-0120
Web Site: www.hkstrategies.com

Year Founded: 1927

Discipline: Public Relations

Jason Stanford *(Senior Vice President, Global Communications)*
Scott Pollard *(Vice President, Global Business Development & Client Services)*
Melissa Quackenbush *(Director, Global Communications & Culture)*

HILL+KNOWLTON STRATEGIES
6300 Wilshire Boulevard
Los Angeles, CA 90048
Tel.: (310) 633-9400
Web Site: www.hkstrategies.com

Discipline: Public Relations

Alexandra Taylor *(Director & Senior Consumer Media Specialist)*
Larry Krutchik *(Managing Director - Los Angeles & Costa Mesa)*

HILL+KNOWLTON STRATEGIES CANADA
160 Bloor Street East
Toronto, ON M4W 3P7
Tel.: (416) 413-1218
Fax: (416) 413-1550
Web Site: http://www.hkstrategies.ca/

Employees: 75

Discipline: Public Relations

Mary Keating *(Senior Vice President, Technology & Corporate Communications)*

Accounts:
Royal Canadian Mint
WestJet Airlines, Ltd.
Whirlpool Canada

HILL+KNOWLTON STRATEGIES CANADA
885 Dunsmuir Street
Vancouver, BC V6C 1N5
Tel.: (604) 684-6414
Fax: (604) 684-6268
Web Site: www.hkstrategies.com

Employees: 13

Discipline: Public Relations

Joy Jennissen *(Chief Client Officer & General Manager - British Columbia & Saskatchewan)*
Ken Dobell *(Chairman - British Columbia)*
Steve Vander Wal *(Vice President, Public Affairs - British Columbia)*

HILL+KNOWLTON STRATEGIES CANADA

Brands. Marketers. Agencies. Search Less. Find More.
Try out the online version at www.winmo.com

AGENCIES - JULY, 2020 — PUBLIC RELATIONS AGENCIES

50 O'Connor Street
Ottawa, ON K1P 6L2
Tel.: (613) 238-4371
Web Site: www.hkstrategies.ca

Year Founded: 1927

Discipline: Public Relations

Brian Mersereau *(Chairman)*
Sheila Wisniewski *(President & Chief Executive Officer)*
Don Boudria *(Senior Counselor)*

HIMMELRICH INC.
10 East North Avenue
Baltimore, MD 21202
Tel.: (410) 528-5400
Fax: (410) 528-1515
Toll Free: (877) 528-1515
Web Site: www.himmelrich.com

Discipline: Public Relations

Steven Himmelrich *(Founder & President)*
Daniel Wiznitzer *(Account Executive)*
Garrett Berberich *(Account Executive)*

HKA, INC.
150 Yorba Street
Tustin, OA 92780-2925
Tel.: (714) 426-0444
Fax: (714) 426-0226
Web Site: www.hkamarcom.com

Employees: 10
Year Founded: 1984

Discipline: Public Relations

Hilary Kaye *(Founder & Chief Executive Officer)*
Kevin Twer *(President & Partner)*
Andrew King *(Senior Account Manager)*
Sara Johnston *(Account Manager)*

HL GROUP
350 Madison Avenue
New York, NY 10017
Tel.: (212) 529-5533
Web Site: www.hlgrp.com

Year Founded: 2001

Discipline: Public Relations

Steven DeLuca *(President & Chief Marketing Officer)*
Max McCormack *(Vice President)*
Dana Stein *(Senior Director, Consumer Lifestyle - Hospitality & Travel)*
Malinda Torres *(Senior Manager)*

Accounts:
The Outnet

HMA PUBLIC RELATIONS
3610 North 44th Street
Phoenix, AZ 85018-6060
Tel.: (602) 957-8881
Fax: (602) 957-0131
Web Site: www.hmapr.com

Year Founded: 1980

Discipline: Public Relations

Scott Hanson *(President)*
Abbie Fink *(Vice President & General Manager)*
Alison Bailin Batz *(Senior Account Executive)*

HOLMES CREATIVE COMMUNICATIONS
847 Adelaide Street West
Toronto, ON M6J 3X1
Tel.: (416) 408-2800
Fax: (416) 408-2080
Web Site: www.hccink.com

Employees: 15
Year Founded: 1988

Discipline: Public Relations

Katherine Holmes *(President)*
Adrienne Kakoullis *(Vice President)*

HOPE-BECKHAM, INC.
1900 Century Place
Atlanta, GA 30345
Tel.: (404) 636-8200
Fax: (404) 636-0530
Web Site: www.hopebeckham.com

Year Founded: 1994

Discipline: Public Relations

Bob Hope *(President)*
Paul Beckham *(Chairman)*
Ann Nelson *(Vice President, Finance & Administration)*

HOTWIRE PR
222 Kearny Street
San Francisco, CA 94108
Tel.: (415) 840-2790
Fax: (650) 480-4045
Toll Free: (877) 314-0873
Web Site: www.hotwireglobal.com

Employees: 25
Year Founded: 1992

Discipline: Public Relations

Barbara Bates *(Chief Executive Officer)*
Heather Kernahan *(President - North America)*
Erin McCabe *(Senior Vice President, Business Development & Marketing)*

Accounts:
NetApp, Inc.
Seagate Technology, Inc.

HOWARD CONSULTING GROUP
1875 K Street Northwest
Washington, DC 20036
Tel.: (202) 429-4390
Web Site: hcgpublicaffairs.com

Year Founded: 1995

Discipline: Public Relations

Frank Howard *(Chairman)*
Stacey Barrack *(Vice President, Advocacy & Policy)*

HUBBELL GROUP, INC.
859 Willard Street
Quincy, MA 02169
Tel.: (781) 878-8882
Fax: (781) 878-8883
Toll Free: (800) 253-0992
Web Site: www.hubbellgroup.com

Employees: 5
Year Founded: 1995

Discipline: Public Relations

Constance Hubbell *(Founder & President)*
Lisa Stearns *(Executive Vice President)*
Nicholas Parmelee *(Managing Director & Vice President)*

HUNTER PUBLIC RELATIONS
41 Madison Avenue
New York, NY 10010
Tel.: (212) 679-6600
Fax: (212) 679-6607
Web Site: www.hunterpr.com

Employees: 47
Year Founded: 1989

Discipline: Public Relations

Grace Leong *(Chief Executive Officer & Managing Partner)*
Erin Hanson *(Partner)*
Donetta Allen *(Partner)*
Samara Farber Mormar *(Executive Vice President, Business Development)*
Jonathan Lyon *(Partner)*
Marisa Morrison *(Vice President)*
Drew Farrar *(Account Supervisor)*
Morgan Calef *(Vice President)*
Alex Conway *(Managing Director)*
Christopher Swenson *(Assistant Account Executive)*
Vanessa Amigh *(Senior Account Executive)*

Accounts:
Children's Sudafed
Cocoa Pebbles
Cold Stone Creamery, Inc.
Filtrete
Fruity Pebbles
Orajel
Sudafed
Sylvan Learning
Tabasco

HWH PUBLIC RELATIONS
1173A Second Avenue
New York, NY 10065
Tel.: (917) 822-2591
Fax: (212) 593-0065
Web Site: www.hwhpr.com

Employees: 30
Year Founded: 1977

Discipline: Public Relations

Eliot Hess *(Co-Owner & Chief Executive Officer)*
Lois Whitman *(President & Co-Owner)*

HYPE
3383 Robertson Place
Los Angeles, CA 90034
Tel.: (310) 839-9834
Fax: (323) 938-8757
Web Site: www.hypeworld.com

Employees: 5
Year Founded: 1997

Discipline: Public Relations

Jessie Nagel *(Partner)*
Colleen O'Mara *(Partner)*

ICF NEXT
564 West Randolph
Chicago, IL 60661

PUBLIC RELATIONS AGENCIES
AGENCIES - JULY, 2020

Tel.: (312) 577-1750
Web Site: www.icf.com/next

Year Founded: 2004

Discipline: Public Relations

Jeff Olson *(Senior Partner)*
Lauren Long *(Partner)*
Jeremy Mullman *(Partner)*
Josh Lohrius *(Senior Partner)*
Stephanie Shambo *(Director)*
Britta Olson *(Account Director)*
Alanna Glass *(Account Director)*
Samantha DeBoer *(Senior Account Executive)*
Jackie Zuriech *(Account Supervisor)*
Rachel Cooper *(Account Supervisor, Media Relations)*
Meg Spenchian *(Account Executive)*
Tricia Ewald *(Managing Partner)*

Accounts:
Blue Bunny
Cape Line
Coors Light
Days Inn
Driven Brands, Inc.
Hotels.com, LP
Jim Beam
Miller Lite
Molson Coors Brewing Company
O, That's Good
Oscar Mayer
The Field Museum of National History

ICF NEXT
630 Third Avenue
New York, NY 10017
Tel.: (212) 656-9200
Web Site: www.icf.com/next

Year Founded: 2013

Discipline: Public Relations

Alyssa Gold *(Senior Vice President & General Manager)*
Kate Carver *(Account Supervisor)*
Nicolin Collingridge *(Senior Account Executive- ICF Next)*

ICR
685 Third Avenue
New York, NY 10017
Tel.: (646) 277-1200
Web Site: www.icrinc.com

Employees: 50
Year Founded: 1998

Discipline: Public Relations

Thomas Ryan *(Chief Executive Officer)*
Don Duffy *(President)*
Michael Fox *(Chief Client Officer)*
Brad Cohen *(Partner & Senior Managing Director)*
Allison Malkin *(Partner, Retail & Consumer)*
Katie Turner *(Partner)*
Anton Nicholas *(Partner, Retail, Consumer & ECommerce)*
Bo Park *(Partner & Head, Technology Public Relations)*
John Mills *(Partner)*
John Sorensen *(Chief Operating Officer)*
Phil Denning *(Partner)*
Timothy Dolan *(Managing Partner)*
Tim Streeb *(Senior Vice President)*
Cory Ziskind *(Senior Vice President)*
Jeff Sonnek *(Senior Vice President - Healthy Living)*
Seth Grugle *(Senior Vice President)*
Matt Lindberg *(Senior Vice President)*
James Heins *(Senior Vice President & Head, Public Relations & Healthcare)*
Brittany Fraser *(Vice President)*
Julia Young *(Vice President, Retail & Consumer)*
Alexis Blais *(Vice President)*
Fitzhugh Taylor *(Managing Director)*
Jessica Liddell *(Managing Director)*
Madison McGillicuddy *(Senior, Public Relations Associate)*
Joe Teklits *(Managing Partner, Retail & Consumer)*
Alecia Pulman *(Managing Director & Senior Director - Media Relations)*
Thomas Filandro *(Managing Director)*
Brendon Frey *(Managing Director)*
Jean Fontana *(Managing Director, Retail, Apparel & Footwear)*
Raphael Gross *(Managing Director)*
Rodny Nacier *(Managing Director)*
Scott Tangney *(Managing Director - Corporate Communications Group)*
Staci Strauss Mortenson *(Managing Director)*

Accounts:
Boot Barn
Boston Market Corporation
Cedar Realty Trust
Del Frisco's Restaurant Group
Growpacker, Inc
Kenneth Cole Productions, Inc.
Lululemon Corporation
New York & Company
PetIQ
Planet Fitness
Think Finance
ThirdLove
Zumiez, Inc.

IDEA HALL
611 Anton Boulevard
Costa Mesa, CA 92626
Tel.: (714) 436-0855
Fax: (714) 436-0884
Web Site: www.ideahall.com

Discipline: Public Relations

Rebecca Hall *(Founder & Chief Executive Officer)*
Bill Kauker *(Group Creative Director & Chief Creative Strategist)*
Erin Warady *(Vice President & Group Director)*
Dave MacLeod *(Vice President)*
Anita Mellon *(Group Director, Public Relations)*

ILEVEL MEDIA
309 North Water Street
Milwaukee, WI 53202
Tel.: (414) 276-6485
Fax: (414) 276-6485
Web Site: www.ilevel.net

Year Founded: 1989

Discipline: Public Relations

Julie Olson *(Marketing Director)*
Mark Irving *(Creative Director)*

INFLUENCE & CO
2005 West Broadway
Columbia, MO 65203
Tel.: (573) 999-0794
Web Site: www.influenceandco.com

Year Founded: 2011

Discipline: Public Relations

John Hall *(Co-Founder & Advisor)*
Kelsey Raymond *(Co-Founder & President)*
Melanie Janisse *(Senior Director of Media Relations)*
Taylor Oster *(Director, Marketing)*

INK & ROSES
232 Madison Avenue
New York, NY 10016
Tel.: (212) 661-1287
Toll Free: (212) 875-1672
Web Site: inkandroses.com

Year Founded: 2004

Discipline: Public Relations

Ronna Reich *(Chief Executive Officer & Founder)*
Sheara Reich *(Partner)*
Candice Weissman *(Vice President)*

Accounts:
F-Factor
Ricola USA, Inc.

INK LINK MARKETING LLC
7950 Northwest 155th Street
Miami Lakes, FL 33016
Tel.: (305) 631-2283
Fax: (954) 367-6087
Toll Free: (888) 869-7899
Web Site: www.inklinkmarketing.com

Year Founded: 2012

Discipline: Public Relations

Kim Miller *(President & Creative Director)*
Kampi Chaleunsouk *(Senior Vice President, Client Service- West Coast)*
Peyton Sadler *(Director, Client Services)*

Accounts:
Church's Chicken
TGI Friday's
The Krystal Company

INK, INC.
10561 Barkley Place
Overland Park, MO 66212
Tel.: (913) 602-8531
Fax: (816) 753-8188
Toll Free: (866) 753-6888
Web Site: www.inkincpr.com

Year Founded: 1997

Discipline: Public Relations

Richard Grove *(Chief Executive Officer)*
Ryan Gerding *(President & Chief Operating Officer)*
Cindy West *(Vice President & Director, Operations)*

INKHOUSE PUBLIC RELATIONS
260 Charles Street
Waltham, MA 02453
Tel.: (781) 966-4100
Fax: (617) 734-3579
Web Site: inkhouse.com

AGENCIES - JULY, 2020 — PUBLIC RELATIONS AGENCIES

Discipline: Public Relations

Beth Monaghan *(Chief Executive Officer)*
Alison Morra *(Executive Vice President & General Manager - Boston Office)*
Dan O'Mahony *(Executive Vice President & General Manager, San Francisco)*
Nicole Bestard *(Executive Vice President & General Manager, New York)*
Ed Harrison *(Senior Vice President, Enterprise Technology Practice)*
Susan Elsbree *(Senior Vice President)*
Angela Trapasso *(Vice President, Digital Marketing)*
Anne Baker *(Vice President)*
Jill Rosenthal *(Account Director)*
Stephanie Fergione *(Account Director)*
Harrison Calato *(Assistant Account Executive)*

Accounts:
EveryScape, Inc.

INKHOUSE PUBLIC RELATIONS
550 Montgomery Street
San Francisco, CA 94111
Tel.: (781) 966-4100
Web Site: www.inkhouse.com

Year Founded: 2007

Discipline: Public Relations

Darah Patton *(Account Director)*
Rachel Nelson *(Account Manager)*
Caty Dickensheets *(Director of Media Strategy)*
Natalie Colli *(Account Manager)*
Taylor Jones *(Account Executive)*
Saraah Martin *(Account Coordinator)*
Jason Morris *(Executive Vice President & General Manager)*

Accounts:
8x8, Inc.
EyeQue

INSIDE/OUT COMMUNICATIONS
735 Oak Street
Steamboat Springs, CO 80487
Tel.: (970) 846-1684
Web Site: www.insideout-pr.com

Year Founded: 2011

Discipline: Public Relations

Erin Brosterhous *(Owner & Partner)*
Paige Boucher *(Founder, Owner & Partner)*

Accounts:
Peak 2 Pub
Rod & Rifle
Wigwam Mills, Inc.

INSIGHT MARKETING, LLC
1108 Bridge Street
Grafton, WI 53024
Tel.: (262) 618-4427
Fax: (262) 240-9802
Web Site: www.imipr.com

Year Founded: 2004

Discipline: Public Relations

Chuck Schroeder *(Co-Founder & Chief Executive Officer)*
Trish Koehler *(Co-Founder & Chief Financial Officer)*

INTERSTAR MARKETING & PUBLIC RELATIONS
610 Grove Street
Fort Worth, TX 76102-5555
Tel.: (817) 332-6522
Fax: (817) 334-0125
Web Site: www.interstargroup.com

Employees: 10

Discipline: Public Relations

Jane Schlansker *(President & Chief Executive Officer)*
Catherine Whittington *(Senior Account Executive)*

J PUBLIC RELATIONS
2341 Fifth Avenue
San Diego, CA 92101
Tel.: (619) 255-7069
Fax: (619) 255-1364
Web Site: www.jpublicrelations.com

Year Founded: 2004

Discipline: Public Relations

Jamie Lynn Sigler *(Founding Partner)*
Sarah Evans *(Partner)*
Amy Ogden *(Senior Vice President, Brand Development)*
Suzanne Brose *(Senior Vice President)*
Chelsey Kirby *(Senior Account Director)*
Erin Melendez *(Account Director)*
Jillian Thayer *(Account Director)*
Marrissa Mallory *(Account Director)*
Tanya Scalisi *(Account Director)*
Hannah Gardiner *(Senior Account Supervisor)*
Kelly Harrison *(Account Supervisor)*
Lauren Kita *(Senior Account Supervisor)*

J PUBLIC RELATIONS
530 Seventh Avenue
New York, NY 10018
Tel.: (212) 924-3600
Fax: (212) 898-1361
Toll Free: (619) 255-7069
Web Site: www.jpublicrelations.com

Year Founded: 2004

Discipline: Public Relations

Ali Lundberg *(Executive Vice President)*
Lauren Clifford Knudsen *(Senior Vice President, Publicity)*

Accounts:
North Carolina Department of Commerce, Division of

JAFFE PR
1300 Pennsylvania Avenue Northwest
Washington, DC 20004
Fax: (208) 439-6173
Toll Free: (877) 808-9600
Web Site: www.jaffeassociates.com

Discipline: Public Relations

Lisa Altman *(Senior Vice President, Public Relations)*
Alan Singles *(Director, Marketing & Graphic Servies)*

JAM COLLECTIVE
220 Halleck Street
San Francisco, CA 94129
Tel.: (415) 839-7546
Web Site: www.jampr.net

Discipline: Public Relations

Julie Atherton *(Principal)*
Amy May *(Director, Outdoor Public Relations)*
July Zaleski *(Public Relations Specialist)*
Janete Rodas *(Public Relations Associate)*

Accounts:
Osprey Packs
prAna Living
Vasque
Vuarnet Inc.

JARRARD PHILLIPS CATE & HANCOCK
219 Ward Circle
Brentwood, TN 37027
Tel.: (615) 254-0575
Fax: (615) 843-8431
Toll Free: (888) 844-6274
Web Site: www.jarrardinc.com

Employees: 15
Year Founded: 1983

Discipline: Public Relations

David Jarrard *(President & Chief Executive Officer)*
Kevin Phillips *(Founding Partner & Chief Operating Officer)*
Molly Cate *(Founding Partner & Chief Innovation Officer)*
Anne Toomey *(Founding Partner)*

JASCULCA / TERMAN & ASSOCIATES
730 North Franklin Street
Chicago, IL 60654
Tel.: (312) 337-7400
Fax: (312) 337-8189
Web Site: www.jtpr.com

Employees: 46
Year Founded: 1981

Discipline: Public Relations

Richard Jasculca *(Owner & Chairman)*
Jim Terman *(Vice Chairman)*
Mary Kelley Patrick *(Chief Executive Officer)*
Holly Bartecki *(Senior Vice President, Creative Strategic Development)*
Marci May *(Senior Vice President)*
Colleen Mastony *(Vice President, Media Strategies)*
Katelyn Yoshimoto *(Vice President)*
Febie Cabanlit *(Director, Accounting)*
James Chase *(Director, Accounts)*
Jennifer Hutchison *(Account Director)*

JAYMIE SCOTTO & ASSOCIATES
Post Office Box 20
Middlebrook, VA 24459
Fax: (201) 624-7316
Toll Free: (866) 695-3629
Web Site: www.jaymiescotto.com

Year Founded: 2005

PUBLIC RELATIONS AGENCIES
AGENCIES - JULY, 2020

Discipline: Public Relations

Jaymie Scotto Cutaia *(Founder & Chief Executive Officer)*
Lisa Garrison *(Executive Vice President, Finance & Business Operations)*
Vanessa Eixman *(Vice President, Business Development)*
Dean Perrine *(Vice President, Client Strategy & Management)*
Jaclyn Riback Levy *(Vice President, Marketing & Client Strategy)*
Karissa Campbell *(Vice President, Marketing & Account Strategy)*
Terri Goggins *(Director, Events)*
Candace Sipos *(Account Coordinator)*
Katie Estep *(Account Coordinator)*
Sarah Branner *(Account Coordinator)*
Shannon Ashe-Law *(Coordinator, Marketing & Events)*

Accounts:
RCN Corporation
RCN Corporation

JCIR
116 East 16th Street
New York , NY 10003
Tel.: (212) 835-8500
Fax: (212) 835-8525
Web Site: www.jcir.com

Employees: 11
Year Founded: 1994

Discipline: Public Relations

Joseph Jaffoni *(Founder & President)*
Norberto Aja *(Managing Director)*

Accounts:
Vitran Corporation

JEFF DEZEN PUBLIC RELATIONS
13-A East Coffee Street
Greenville, SC 29606
Tel.: (864) 233-3776
Fax: (864) 370-3368
Web Site: www.jdpr.com

Year Founded: 1991

Discipline: Public Relations

Jeff Dezen *(President)*
Jared Kelowitz *(Senior Director, Sports Group)*

Accounts:
Bridgestone Golf
Cobra-Puma Golf
Jobe's Company
Jones Naturals, LLC

JEFFERSON WATERMAN INTERNATIONAL
1401 K Street Northwest
Washington, DC 20005
Tel.: (202) 216-2200
Fax: (202) 216-2999
Web Site: www.jwidc.com

Discipline: Public Relations

Charles Waterman *(OWNER)*
Samuel Wyman *(Vice Chairman & Chief Operating Officer)*
Ken Yates *(Senior Vice President)*

JENERATE PR
161 Wailea Ike Place
Wailea, HI 96753
Tel.: (808) 281-2088
Web Site: www.jeneratepr.com

Year Founded: 2014

Discipline: Public Relations

Jennifer Polito *(Owner)*
David DeShong *(Director, Marketing)*
Leah Ponichtera *(Public Relations Specialist)*
Gina Epifano *(Public Relations Coordinator)*

Accounts:
Koloa Rum Company

JENNIFER BETT COMMUNICATIONS
37 West 20th Street
New York, NY 10011
Tel.: (646) 896-1397
Web Site: http://www.jenniferbett.com/

Year Founded: 2013

Discipline: Public Relations

Jennifer Meyer *(Founder & President)*
Melissa Duren Conner *(Partner & Managing Director)*
Libbey Baumgarten *(Senior Vice President)*
Alana Linsenbigler *(Associate Vice President)*
Ilana Rubin *(Vice President)*
Charlotte Hohorst *(Associate Director)*
Ryan Pachuta *(Associate Manager, Public Relations - Fashion & Lifestyle)*
Nicole Zbikowski *(Public Relations Assistant)*

Accounts:
Stella & Dot

JENNIFER CONNELLY PUBLIC RELATIONS
22 West 21st Street
New York, NY 10010
Tel.: (646) 922-7770
Web Site: www.jcprinc.com

Year Founded: 2003

Discipline: Public Relations

Jennifer Connelly *(Chief Executive Officer)*
Michelle Pittman *(Chief Strategy Officer)*
Ray Hennessey *(President)*
Robert Keane *(Editorial Director)*

Accounts:
Fiduciary Trust Company International

JENNINGS & ASSOCIATES COMMUNICATIONS INC.
2121 Palomar Airport Road
Carlsbad, CA 92011
Tel.: (760) 431-7466
Fax: (760) 431-7460
Web Site: www.jandacommunications.com

Employees: 5

Discipline: Public Relations

P.J. Jennings *(President & Chief Executive Officer)*
Jessica Beattie *(Senior Account Executive)*

JMPR PUBLIC RELATIONS

5850 Canoga Avenue
Woodland Hills, CA 91367
Tel.: (818) 992-4353
Fax: (818) 992-0543
Web Site: jmprpublicrelations.com

Year Founded: 1978

Discipline: Public Relations

Joe Molina *(Founder & President)*
Breanna Buhr *(Senior Vice President)*
Devon Zahm *(Account Coordinator)*

Accounts:
Edelbrock Corporation
Infiniti
Infiniti Q60
Infiniti Q70
Infiniti QX50
Infiniti QX60
Infiniti QX70
Infiniti QX80
Prestone
RelayCars

JOELE FRANK, WILKINSON BRIMMER KATCHER
622 Third Avenue
New York, NY 10017
Tel.: (212) 355-4449
Fax: (212) 355-4554
Web Site: www.joelefrank.com

Employees: 34
Year Founded: 2000

Discipline: Public Relations

Andrew Brimmer *(Vice Chairman)*
Daniel Katcher *(Vice Chairman)*
Michael Freitag *(Partner)*
Matthew Sherman *(Partner & President)*
Steve Frankel *(Partner)*
Eric Brielmann *(Partner)*
Andrew Siegel *(Partner)*
Jonathan Keehner *(Partner)*
Ed Trissel *(Partner)*
James Golden *(Partner)*
Jamie Moser *(Partner)*
Kelly Sullivan *(Partner)*
Larry Klurfeld *(Chief Operating Officer)*
Leigh Parrish *(Partner)*
Meaghan Repko *(Partner)*
Sharon Stern *(Partner)*
Tim Lynch *(Partner)*
Adam Pollack *(Managing Director)*
Julie Oakes *(Managing Director)*
Greg Klassen *(Director)*
Eric Kaplan *(Creative Director)*
Jillian Kary *(Director)*
Joele Frank *(Managing Partner)*
Amy Feng *(Managing Director)*

Accounts:
Boston Scientific Corporation
Modere
World Kitchen, LLC

JONES PUBLIC RELATIONS, INC.
228 Robert South Kerr Street
Oklahoma City, OK 73102
Tel.: (405) 516-9686
Fax: (405) 516-9685
Web Site: jonesprinc.com

Year Founded: 2001

Public Relations Agencies

617

AGENCIES - JULY, 2020 — PUBLIC RELATIONS AGENCIES

Discipline: Public Relations

Brenda Jones-Barwick *(President & Chief Executive Officer)*
Beverly Hedges *(Vice President, Operations)*
Taylor Ketchum *(Vice President & Director, Public Relations & Social Media)*
Suzanne Singleterry *(Vice President)*

Accounts:
First National Bank of Omaha

JONESWORKS
211 East 43rd Street
New York, NY 10017
Tel.: (212) 839-0111
Web Site: jonesworks.com/

Year Founded: 2011

Discipline: Public Relations

Lauren Stiffelman *(Account Supervisor)*
Courtney Engel *(Managing Director, Consumer & Lifestyle)*

Accounts:
Ocean Spray

JPA HEALTH COMMUNICATIONS
1101 Connecticut Avenue Northwest
Washington, DC 20036
Tel.: (202) 591-4000
Fax: (202) 591-4020
Web Site: www.jpa.com

Year Founded: 2007

Discipline: Public Relations

Carrie Jones *(Principal & Managing Director)*
Berna Diehl *(Senior Vice President, Media Relations)*
Ken Deutsch *(Head, Analytics & Research)*

JPR COMMUNICATIONS
20750 Ventura Boulevard
Woodland Hills, CA 91364
Tel.: (818) 884-8282
Fax: (818) 884-8868
Web Site: www.jprcom.com

Year Founded: 1991

Discipline: Public Relations

Judy Smith *(Agency President)*
Mark Smith *(Executive Vice President)*
Dan Miller *(Senior Account Director)*
Matt Walker *(Director, Writing)*
Gary Smith *(Account Manager)*

Accounts:
Caringo, Inc.

JS2 COMMUNICATIONS
303 North Sweetzer Avenue
Los Angeles, CA 90048
Tel.: (323) 866-0880
Fax: (323) 866-0882
Web Site: www.js2pr.com

Discipline: Public Relations

Jeff Smith *(Co-Founder & Chief Executive Officer)*
Jill Sandin *(Co-Founder & President)*

JUMP ASSOCIATES
101 South Ellsworth Avenue
San Mateo, CA 94401
Tel.: (650) 373-7200
Fax: (650) 373-7201
Web Site: www.jumpassociates.com

Year Founded: 1998

Discipline: Public Relations

Dev Patnaik *(Founder, President & Chief Executive Officer)*
Claudia Glasser *(Director, New Business Development)*

JWALCHER COMMUNICATIONS
1940 Market Street
San Diego, CA 92102
Tel.: (619) 295-7140
Fax: (619) 295-7135
Web Site: www.jwalcher.com

Year Founded: 2001

Discipline: Public Relations

Jean Walcher *(President & Owner)*
Laura Walcher *(Principal & Public Relations Counsel)*
Sandy Young *(Vice President)*
Doug Moore *(Creative Director & Designer)*

KAILO COMMUNICATIONS STUDIO, LLC
555 North Carancahua
Corpus Christi, TX 78401
Mailing Address:
Post Office Box 331486
Corpus Christi, TX 78463
Tel.: (361) 884-8890
Fax: (361) 884-8891
Web Site: www.kailocs.com

Year Founded: 2002

Discipline: Public Relations

Doreen Harrell *(President)*
Elizabeth Hazlett *(Administrative Coordinator)*

KANEEN ADVERTISING & PUBLIC RELATIONS, INC.
100 North Stone Avenue
Tucson, AZ 85701
Tel.: (520) 885-9009
Fax: (520) 885-0311
Web Site: www.kaneenpr.com

Year Founded: 1980

Discipline: Public Relations

Richard Kaneen *(Principal & Creative Director)*
Nanette Pageau *(Principal & Owner)*
Debbie Arthur *(Art Director & Graphic Designer)*
Carrie Wilkinson *(Media Director & Public Affairs Coordinator)*

KAPLOW COMMUNICATIONS
19 West 44th Street
New York, NY 10036
Tel.: (212) 221-1713
Fax: (212) 768-1960
Web Site: www.kaplow.com

Year Founded: 1991

Discipline: Public Relations

Liz Kaplow *(President & Chief Executive Officer)*
Evan Jacobs *(Chief Financial Officer)*
Dana Abbot *(Chief of Staff, Marketing Communications)*
Randi Liodice *(President & Chief Strategy Officer)*
Jee Nah Walker *(Senior Vice President, Lifestyle)*
Samara Finn Holland *(Senior Vice President, Influencer Marketing)*
Jee Nah Walker *(Senior Vice President - Lifestyle)*
Jacqueline Karas *(Vice President)*
Danielle Felice *(Vice President)*
Christine Chung *(Public Relations Account Executive)*
Alexis Mortenson *(Account Supervisor)*
Lucy Neer *(Account Supervisor)*
Karen Tzeiler *(Senior Account Supervisor)*
Danielle Imbriano *(Account Supervisor)*

Accounts:
The Vitamin Shoppe
XOXO Licensed Products

KARBO COMMUNICATIONS
601 Fourth Street
San Francisco, CA 94107
Tel.: (415) 255-6510
Web Site: karbocom.com

Year Founded: 2014

Discipline: Public Relations

Julie Karbo *(Founder & Chief Executive Officer)*
Margaret Pereira *(Senior Vice President)*
Pouneh Lechner *(Vice President)*
Sian Blevins *(Director, Account)*
Kimberly Lianthamani *(Director, Account)*
Shannon Magill *(Director, Account)*
Courtney Stack *(Head, Content & Digital Marketing)*
Eric Pestana *(Account Executive)*

Accounts:
Equinix, Inc.
TIBCO Software, Inc.

KARMA AGENCY
230 South Broad Street
Philadelphia, PA 19102
Tel.: (215) 790-7800
Web Site: www.karmaverse.com

Discipline: Public Relations

Caroline Kennedy *(President)*
Kate Allison *(Chief Executive Officer)*
Ford Haegele *(Creative Director)*
Natalie Kay *(Group Account Director)*
Adrienne Kowalski *(Senior Strategist)*
Bruce Boyle *(Executive Strategist, Communication)*
Heather Dougherty *(Managing Director)*

KARWOSKI & COURAGE
150 South Fifth Street
Minneapolis, MN 55402
Tel.: (612) 342-9898
Fax: (612) 342-4340
Web Site: www.creativepr.com

Year Founded: 1992

Discipline: Public Relations

PUBLIC RELATIONS AGENCIES

Glenn Karwoski *(Founder, Managing Director)*
Emily Wozniak *(Vice President & Group Account Director)*

KCSA STRATEGIC COMMUNICATIONS
420 Third Avenue
New York, NY 10018
Tel.: (212) 682-6300
Fax: (212) 697-0910
Web Site: www.kcsa.com

Employees: 55
Year Founded: 1969

Discipline: Public Relations

Todd Fromer *(President & Managing Partner)*
Lewis Goldberg *(Chief Executive Officer)*
Elizabeth Barker *(Vice President, Investor Relations)*
Nick Opich *(Senior Account Executive & Associate Producer - The Green Rush Podcast)*
Anne Donohoe *(Managing Director)*
Danielle DeVoren *(Managing Director)*
Phil Carlson *(Managing Director)*
Jon Goldberg *(Managing Director)*

Accounts:
Acreage Holdings
Edible Garden
Golden Leaf Holdings
IVXX
Medicine Man Technologies
NorCal Cannabis Co.
Terra Tech

KEARNS & WEST, INC
1110 Vermont Avenue, Northwest
Washington, DC 20005
Tel.: (202) 535-7800
Fax: (202) 535-7801
Web Site: www.kearnswest.com

Employees: 24

Discipline: Public Relations

Jason Gershowitz *(Principal)*
Amanda Roberts *(Senior Director)*

KEF MEDIA ASSOCIATES, INC.
1161 Concord Road
Smyrna, GA 30080
Tel.: (404) 605-0009
Fax: (404) 605-0639
Web Site: www.kefmedia.com

Discipline: Public Relations

Yvonne Goforth-Hanak *(Chief Operating Officer)*
Linda Buckley *(Co-President)*
Kevin Foley *(President & Chief Executive Officer)*
Jonathan Duvall *(Associate Vice President, Media Relations)*

KEKST & COMPANY, INC.
437 Madison Avenue
New York, NY 10022
Tel.: (212) 521-4800
Fax: (212) 521-4900
Web Site: www.kekst.com

Employees: 70
Year Founded: 1970

Discipline: Public Relations

James Fingeroth *(Executive Chairman)*
Robert Siegfried *(Vice Chairman & Partner)*
Jeffrey Taufield *(Vice Chairman & Partner)*
Lissa Perlman *(Partner)*
Ruth Pachman *(Partner)*
Wendi Kopsick *(Partner)*
Molly Morse *(Partner)*
Aduke Thelwell *(Partner)*
Kathy Deveny *(Partner)*
Daniel Yunger *(Partner)*
Thomas Davies *(Senior Vice President)*

Accounts:
Pinnacle Foods Corporation

KEL & PARTNERS
21 Dry Dock Avenue
Boston, MA 02110
Tel.: (617) 904-9393
Fax: (617) 737-3577
Web Site: www.kelandpartners.com

Year Founded: 1983

Discipline: Public Relations

Ginny Pitcher *(Partner & President)*
Kel Kelly *(Founder & Chief Executive Officer)*

Accounts:
Skyword, Inc.

KEMPERLESNIK COMMUNICATIONS
10 South Riverside Plaza
Chicago, IL 60606
Tel.: (312) 755-3500
Fax: (312) 755-3597
Web Site: www.kemperlesnik.com

Employees: 8
Year Founded: 1979

Discipline: Public Relations

Megan Godfrey *(Group Account Director, Public Relations)*
Nelson Taylor *(Director, Sports & Events)*
Cameron Marcus *(Sponsorship Services Manager)*
Elizabeth Epstein *(Account Supervisor)*

Accounts:
Healthy Paws Pet Insurance

KETCHUM
225 North Michigan Avenue
Chicago, IL 60601
Tel.: (312) 228-6800
Fax: (312) 228-6868
Web Site: www.ketchum.com

Employees: 70
Year Founded: 1923

Discipline: Public Relations

Peter Fleischer *(Partner)*
Tera Miller *(Partner & Director, Strategic & Creative Planning)*
Linda Eatherton *(Managing Director & Partner, Global Practices Development - Food & Beverage)*
Bill Zucker *(Partner & Managing Director, Food Team - North America)*
Denise Kaufmann *(Partner & Director, Client Development - North America)*
Caroline Friedman *(Vice President)*
Stephanie Tennessen *(Vice President)*
Jeffrey Campbell *(Associate Creative Director)*
Kelsey McGovern *(Account Supervisor)*
Caiti Bieberich *(Managing Account Supervisor)*
Caitlin Gustman *(Senior Strategist, Paid Digital Media)*
Katie Heck *(Managing Account Supervisor)*
Marisa Breese *(Senior Account Executive)*

Accounts:
American Egg Board
Christopher Reeve Paralysis Foundation
Cottonelle
Cottonelle Fresh
Kleenex
Kleenex Hand Towels
Splenda
Target Corporation
US Cellular Corporation
Viva

KETCHUM
1615 L Street Northwest
Washington, DC 20036
Tel.: (202) 835-8800
Fax: (202) 835-8879
Web Site: www.ketchum.com

Employees: 80
Year Founded: 1923

Discipline: Public Relations

Christopher Handler *(Partner & Practice Director, Social Marketing)*
Rachel Winer *(Vice President, Digital Paid Media)*
Laura Benvenuto *(Account Executive)*
Michelle Babin *(Managing Account Supervisor)*

Accounts:
Erickson Living

KETCHUM
12555 West Jefferson Boulevard
Los Angeles, CA 90066
Tel.: (310) 437-2600
Fax: (310) 584-8304
Web Site: www.ketchum.com

Employees: 40
Year Founded: 1923

Discipline: Public Relations

Melissa Kinch *(Partner & Managing Director, Corporate Practices - Ketchum West)*
Kevin Oates *(Partner & Managing Director)*
Angela Fernandez *(Senior Vice President, Strategic & Creative Planning)*
Dimitri Czupylo *(Senior Vice President, Strategic & Creative Planning)*
Emily Waite *(Account Supervisor)*

Accounts:
Canon Medical Systems Corporation
Hyundai Accent
Hyundai Azera
Hyundai Elantra
Hyundai Elantra GT
Hyundai Equus
Hyundai Genesis
Hyundai Motor America
Hyundai Santa Fe
Hyundai Sonata
Hyundai Tucson
Hyundai Veloster
The Clorox Company
Viking River Cruises

AGENCIES - JULY, 2020
PUBLIC RELATIONS AGENCIES

KETCHUM SOUTH
3500 Lenox Road
Atlanta, GA 30326
Tel.: (404) 879-9000
Fax: (404) 879-9001
Web Site: www.ketchum.com

Employees: 70
Year Founded: 1923

Discipline: Public Relations

Hilary Hanson McKean *(Partner & Managing Director, Global Practices)*
Chris Ditner *(Senior Vice President, Marketing)*
Marissa Kandel *(Vice President & Senior Media Specialist)*
Lauren Knox *(Vice President, Public Relations)*
Jenn Bins *(Vice President & Marketplace Leader)*
Kristin Copeland *(Managing Account Supervisor)*
Barbara Bermudez *(Senior Digital Strategist)*

Accounts:
7-Eleven, Inc.
Eastman Kodak Company
Husqvarna Professional Products, Inc.
The Clorox Company

KETCHUM SOUTH
1999 Bryan Street
Dallas, TX 75201
Tel.: (214) 259-3400
Fax: (214) 953-1890
Web Site: www.ketchum.com

Employees: 10
Year Founded: 1923

Discipline: Public Relations

Elizabeth Roberts *(Senior Vice President)*
Lauren Butler *(Senior Vice President, Brand Marketing)*
James Peters *(Partner & Director)*
Alvin Jordan *(Account Supervisor)*

Accounts:
Deloitte
Hilton Garden Inn

KETCHUM WEST
1050 Battery Street
San Francisco, CA 94111
Tel.: (415) 984-6100
Fax: (415) 984-6102
Web Site: www.ketchum.com

Year Founded: 1923

Discipline: Public Relations

Suzanne Maloney *(Partner, Executive Creative Director & San Francisco Market Lead)*
Jim Lin *(Senior Vice President, Digital Strategy, Partner & Creative Director)*
Chip Scarinzi *(Senior Vice President)*
Rayanne Zackery *(Vice President)*
Alyson Barnes *(Vice President)*
Jennifer Reinhard *(Vice President & Senior Media Specialist)*

Accounts:
California Milk Advisory Board
Dreyer's
Edy's
Haagen-Dazs
Kikkoman
Nestle Dreyer's Grand Ice Cream Holdings, Inc.
The Clorox Company

TomTom, Inc.

KGLOBAL
2001 L Street Northwest
Washington, DC 20036
Web Site: kglobal.com

Year Founded: 2010

Discipline: Public Relations

Gene Grabowski *(Partner)*
Jenny Nuber *(Partner)*
Randy DeCleene *(Partner)*
Scott Sobel *(Senior Vice President, Crisis & Litigation Communications)*

Accounts:
American Egg Board

KING & COMPANY
72 Madison Avenue
New York, NY 10016
Tel.: (212) 561-7450
Fax: (212) 561-7461
Web Site: www.kingcompr.com

Employees: 10

Discipline: Public Relations

Judith King *(Founder & Owner)*
Caren Browning *(Executive Vice President & Partner)*
Michael Jonathan Richards *(Chief Operating Officer & Partner)*
Cynthia Inacio *(Vice President, Public Relations & Media Relations)*

Accounts:
Pilot Pen Corporation of America

KIRVIN DOAK COMMUNICATIONS
5230 West Patrick Lane
Las Vegas, NV 89118
Tel.: (702) 737-3100
Fax: (702) 737-1222
Web Site: www.kirvindoak.com

Employees: 30
Year Founded: 1995

Discipline: Public Relations

Dave Kirvin *(Partner)*
Bill Doak *(Partner)*
Dominique Del Sarto *(Controller)*
Terri Maruca *(Senior Vice President, Public Relations)*
Debbi Greer *(Senior Vice President, Marketing)*
Richelle Rice *(Director, Social Media)*
Liz Lundstrum *(Media Director)*
Rachel Henry *(Account Director, Public Relations)*
Tracy Skenandore *(Director, Corporate Communications & Public Affairs)*
Lynn Wetzel *(Account Director, Marketing)*

Accounts:
Vegas.com, LLC
Wolfgang Puck Fine Dining Group

KITCHEN PUBLIC RELATIONS, LLC
Five Penn Plaza
New York, NY 10001
Tel.: (212) 687-8999

Fax: (212) 687-6272
Web Site: www.kitchenpr.com

Employees: 15
Year Founded: 1992

Discipline: Public Relations

David Norman *(Managing Director)*
Anne Steinberg *(Managing Director)*

KITEROCKET
4743 Ballard Avenue Northwest
Seattle, WA 98107
Tel.: (206) 706-0508
Fax: (206) 445-1246
Web Site: www.kiterocket.com

Year Founded: 2017

Discipline: Public Relations

Amanda Foley *(Managing Partner & Chief Customer Officer)*
Rebecca Mosley *(Managing Partner & Chief Marketing Officer)*
Jamie Campbell *(Managing Director, Consumer)*

KONNECT AGENCY
888 South Figuroa Street
Los Angeles, CA 90017
Tel.: (213) 988-8344
Fax: (213) 988-8345
Web Site: www.konnectagency.com

Year Founded: 2009

Discipline: Public Relations

Sabina Gault *(Chief Executive Officer)*
Jana Shaps *(Manager, Digital Strategy)*
Shelby Lopaty Robinson *(Senior Manager)*
Brandy Shuman *(Manager, Strategic)*
Rebecca Campbell *(Public Relations Manager)*
Carmen Hernandez *(Executive Vice President, Digital Strategy & Managing Director)*

Accounts:
Dang Foods
Fresh Healthy Vending
Hungry Howie's Pizza & Subs, Inc.

KOVAK-LIKLY COMMUNICATIONS
23 Hubbard Road
Wilton, CT 06897
Tel.: (203) 762-8833
Fax: (203) 762-9195
Web Site: www.klcpr.com

Employees: 10
Year Founded: 1985

Discipline: Public Relations

Bruce Likly *(Principal)*
Elizabeth Likly *(Principal)*
Daina Basillo *(Vice President, Client Operations)*

KREPS & DEMARIA
220 Alhambra Circle
Miami, FL 33134
Tel.: (305) 663-3543
Fax: (305) 663-9802
Web Site: www.krepspr.com

Employees: 16
Year Founded: 1988

PUBLIC RELATIONS AGENCIES

Discipline: Public Relations

Israel Kreps *(Chief Executive Officer)*
Sissy DeMaria *(Owner & President)*

KWT GLOBAL
160 Varick Street
New York, NY 10013
Tel.: (646) 277-7111
Fax: (646) 658-0880
Web Site: www.kwtglobal.com

Year Founded: 2005

Discipline: Public Relations

Aaron Kwittken *(Global Chairman & Chief Executive Officer)*
Gabrielle Zucker *(President)*
Jay Gallwitz *(Executive Vice President, Finance & Operations)*
Kerry McGee *(Senior Account Director)*
Dara Cothran *(Group Account Director)*
Michele Mendelson *(Account Director)*
Tiffany Trilli *(Account Supervisor)*
Brandon Lewis *(Senior Account Executive)*
Jeff Maldonado *(Managing Director)*

Accounts:
Build.com
Dia Styling Co.
HomeAway, Inc.
IRONMAN
PODS Enterprises, Inc.
Sharp Electronics Corporation
U.S. News & World Report

L.C. WILLIAMS & ASSOCIATES, INC.
150 North Michigan Avenue
Chicago, IL 60601
Tel.: (312) 565-3900
Fax: (312) 565-1770
Toll Free: (800) 837-7123
Web Site: www.lcwa.com

Employees: 28
Year Founded: 1985

Discipline: Public Relations

Kimberly Blazek Dahlborn *(President & Chief Executive Officer)*
Jim Kokoris *(Executive Vice President)*
Allison Kurtz *(Executive Vice President)*

Accounts:
Stepan Company
Trex Company, Inc.

LAFORCE
41 East 11th Street
New York, NY 10003
Tel.: (212) 367-8008
Web Site: www.laforce.nyc

Employees: 60
Year Founded: 2016

Discipline: Public Relations

James LaForce *(Founder & President)*
Olita Mills *(Senior Vice President)*
Elizabeth Blumenthal *(Account Supervisor)*
Alexis Tedesco *(Senior Account Executive)*

Accounts:
Banana Republic
Carl's Jr.

CKE Restaurants, Inc.
Hardee's

LAGES & ASSOCIATES
15635 Alton Parkway
Irvine, CA 92618
Tel.: (949) 453-8080
Fax: (949) 453-8242
Web Site: www.lages.com

Year Founded: 1988

Discipline: Public Relations

Dena Kotowski *(Senior Account Manager)*
Stephanie Olsen *(Account Manager)*
Kerry Fedro *(Vice President & Managing Director)*

LAGRANT COMMUNICATIONS
633 West Fifth Street
Los Angeles, CA 90071
Tel.: (323) 469-8680
Fax: (323) 469-8683
Web Site: www.lagrantcommunications.com

Employees: 15
Year Founded: 1990

Discipline: Public Relations

Kim Hunter *(Chief Executive Officer)*
Paulo Lima *(Chairman & Senior Vice President, Arts & Culture Practice)*
Keisha Brown *(President)*

Accounts:
University of Southern California

LAK PR
1251 Avenue of the Americas
New York, NY 10020
Tel.: (212) 575-4545
Fax: (212) 575-0519
Web Site: www.lakpr.com

Employees: 40
Year Founded: 1993

Discipline: Public Relations

Lisa Linden *(Chief Executive Officer & President)*
Colleen Roche *(Managing Director & Principal)*
Hannah Arnold *(Principal & Senior Executive Vice President)*
Marie Espinel *(Senior Vice President)*

Accounts:
Friendly's Ice Cream Corporation
Hostess
Hostess Brands, LLC
Oneida, Ltd.
Twinkies

LAMBERT EDWARDS & ASSOCIATES INC.
47 Commerce Avenue Southwest
Grand Rapids, MI 49503
Tel.: (616) 233-0500
Fax: (616) 233-0600
Web Site: www.lambert-edwards.com

Year Founded: 1998

Discipline: Public Relations

Jeff Lambert *(President & Chief Executive Officer)*

Don Hunt *(President)*
Matt Jackson *(Partner & Managing Director)*
Joe DiBenedetto *(Managing Director)*

LANDIS COMMUNICATIONS INC.
1388 Sutter Street
San Francisco, CA 94109
Tel.: (415) 561-0888
Web Site: www.landispr.com

Year Founded: 1990

Discipline: Public Relations

David Landis *(President & Chief Executive Officer)*
Sean Dowdall *(General Manager & Chief Marketing Officer)*

LANE PR
905 Southwest 16th Avenue
Portland, OR 97205
Tel.: (503) 221-0480
Fax: (503) 221-9765
Web Site: www.lanepr.com

Employees: 25
Year Founded: 1990

Discipline: Public Relations

Wendy Stevens *(President & Managing Partner)*
Lisa Heathman *(Partner & Managing Director)*
Jill Williams *(Director, Marketing & Business Development)*

Accounts:
Applegate Farms
Dutch Bros Coffee
Travel Oregon

LAUNCHSQUAD
340 Pine Street
San Francisco, CA 94104
Tel.: (415) 625-8555
Fax: (415) 625-8559
Web Site: www.launchsquad.com

Employees: 17
Year Founded: 1999

Discipline: Public Relations

Jason Mandell *(Co-Founder & Principal)*
Brett Weiner *(Partner)*
Jesse Odell *(Partner & Co-Founder)*
Daniel Paul *(Senior Vice President, Finance & Operations - Public Relations)*
Lisa Picasso *(Senior Vice President)*
Rachel Shepheard *(Vice President)*
Kei Hoshino Quigley *(Vice President)*
Molly Galler *(Vice President)*
Brian Omlor *(Creative Director)*
Carolyn Reynolds *(Account Manager)*
Josh Tammaro *(Account Manager)*
Stephanie Fryer *(Manager, Human Resource & Operations)*
Maria Pianelli *(Senior Account Executive)*

Accounts:
wine.com, Inc.

LAUNCHSQUAD
121 East 24th Street
New York, NY 10010
Tel.: (212) 564-3665
Web Site: www.launchsquad.com

Brands. Marketers. Agencies. Search Less. Find More.
Try out the online version at www.winmo.com

Year Founded: 1999

Discipline: Public Relations

Gavin Skillman *(Senior Vice President & Founder - New York Office)*
Mike Schroeder *(Vice President)*
Matt Calderone *(Vice President)*
Kendall Brodie *(Senior Account Executive)*

Accounts:
Boxed

LAURA BURGESS MARKETING
Post Office Box 13978
New Bern, NC 28561
Tel.: (252) 288-5805
Fax: (252) 288-5806
Web Site: www.lauraburgess.com

Year Founded: 2003

Discipline: Public Relations

Laura Burgess *(Owner & Partner)*
Eric Burgess *(Owner & Partner)*
Ashley Gall *(Vice President, Marketing & Events & Chief Financial Officer)*

Accounts:
Identilock
Sentinl Inc.

LAURA DAVIDSON PUBLIC RELATIONS
72 Madison Avenue
New York, NY 10016
Tel.: (212) 696-0660
Fax: (212) 696-9804
Web Site: www.ldpr.com

Year Founded: 1991

Discipline: Public Relations

Laura Davidson *(Founder & President)*
Leslie Cohen *(Executive Vice President & Owner)*
Dana Curatolo *(Vice President)*

Accounts:
Abercrombie & Kent International, Inc.
Atlantis Paradise Island
Briggs & Riley Travelware
Travel Portland

LAWRENCE PR
16555 Boones Ferry Road
Lake Oswego, OR 97035
Tel.: (503) 799-8091
Web Site: www.lawrence-pr.com

Discipline: Public Relations

Angie Galimanis *(Owner & President)*
Katie Schoen *(Vice President)*

Accounts:
Consumer Cellular, Inc.

LDWW GROUP
1444 Oak Lawn
Dallas, TX 75207
Tel.: (214) 303-1342
Web Site: www.ldwwgroup.com

Year Founded: 2012

Discipline: Public Relations

Jeff McKinney *(Digital Art Director)*

Ken Luce *(Managing Partner)*
Annabel Stephan Hardin *(Managing Director, Digital Content)*

Accounts:
GameStop Corporation

LEADING AUTHORITIES, INC.
1725 I Street Northwest
Washington, DC 20006
Tel.: (202) 783-0300
Fax: (202) 783-0301
Toll Free: (800) 773-2537
Web Site: www.leadingauthorities.com

Year Founded: 1990

Discipline: Public Relations

Matthew Jones *(President & Chief Executive Officer)*
Rainey Foster *(Partner & Executive Vice President)*
Kate Burns *(Senior Vice President, Marketing & Chief Experience Officer)*
Tony Berardo *(Senior Vice President)*
Brie Merhar *(Vice President, Digital Marketing)*
Lisa Raines *(Senior Program Consultant)*

LEGEND PR
41 Madison Avenue
New York, NY 10010
Tel.: (212) 679-6844
Web Site: www.legendpr.com

Year Founded: 2012

Discipline: Public Relations

Kelly Jones *(Senior Account Executive)*
Amanda Pisano *(Senior Account Executive)*

Accounts:
Ferrara Candy Company
Trolli

LENTS AND ASSOCIATES LLC
1750 South Brentwood Boulevard
Saint Louis, MO 63144
Tel.: (314) 968-3060
Fax: (314) 968-2353
Web Site: www.lentsandassoc.com

Employees: 6
Year Founded: 1987

Discipline: Public Relations

Peggy Lents *(President)*
Judy Goodman *(Director, Public Relations)*

LENZ, INC.
119 East Court Square
Decatur, GA 30030
Tel.: (404) 373-2021
Web Site: www.lenzmarketing.com

Year Founded: 1992

Discipline: Public Relations

Richard Lenz *(President & Founder)*
John Lenz *(Vice President)*
Mike Killeen *(Vice President, Marketing)*
Ben Barnes *(Creative Director)*
Christine Mahin *(Director, Accounts & Operations)*
Rachel Cushing *(Media Director)*

Meagan Maron *(Account Manager)*
Carey Blankenship *(Digital Content Specialist)*

LEVICK STRATEGIC COMMUNICATIONS
1900 M Street, Northwest
Washington, DC 20036
Tel.: (202) 973-1300
Fax: (202) 973-1301
Web Site: www.levick.com

Employees: 30
Year Founded: 1998

Discipline: Public Relations

Richard Levick *(Chairman & Chief Executive Officer)*
Larry Smith *(Senior Vice President, Consulting & Senior Strategist)*
Steve Kalan *(Senior Vice President, Business Development)*
Dan Rene *(Senior Vice President)*
Ian Lipner *(Senior Vice President)*
Timothy Gay *(Senior Vice President)*

LEXPR
21 Camden Street
Toronto, ON M5V 1V2
Tel.: (416) 542-9140
Fax: (416) 542-9141
Web Site: www.lexpr.com

Year Founded: 1993

Discipline: Public Relations

Laura Cochrane *(President & Chief Creative Officer)*
Sherry Lawlor *(Vice President)*

Accounts:
Lulu.com

LILJA INC.
8953 Aztec Drive
Eden Prairie, MN 55347
Tel.: (952) 893-7140
Fax: (952) 893-7815
Web Site: www.lilja.com

Year Founded: 1988

Discipline: Public Relations

Mary Lilja *(President)*
Linda Tedford *(Vice President)*

LINHART PUBLIC RELATIONS
3858 Walnut Street
Denver, CO 80205
Tel.: (303) 620-9044
Fax: (303) 620-9043
Web Site: www.linhartpr.com

Employees: 12
Year Founded: 2005

Discipline: Public Relations

Paul Raab *(Senior Vice President & Partner)*
Kelly Janhunen *(Vice President & Partner)*
Carri Clemens *(Partner & Chief Financial Officer)*
Kelly Womer *(Partner & Senior Vice President)*
Ashley Campbell *(Account Director)*
Emma Garten *(Account Supervisor)*
Miranda King *(Strategist, Digital Media)*
Tassi Herrick *(Account Supervisor)*

PUBLIC RELATIONS AGENCIES
AGENCIES - JULY, 2020

Emily Rado (Account Executive)
Kelly Brown (Senior Account Executive)
Libby Pinkerton (Account Executive)
Shannon Hughes (Account Executive)

Accounts:
Red Robin
Rocky Mountain Clothing Company

LIPPE TAYLOR
215 Park Avenue South
New York, NY 10003
Tel.: (212) 598-4400
Fax: (212) 598-0620
Web Site: www.lippetaylor.com

Employees: 35
Year Founded: 1989

Discipline: Public Relations

Maureen Lippe (Founder & Chief Executive Officer)
Nick Taylor (Innovation Technology Officer)
Lori Rubinson (Chief Integration Officer)
Tina Cervera (Chief Creative & Digital Officer)
Paul Dyer (President)
Tracy Naden (Chief Engagement Officer)
Marissa McKeon (Executive Vice President, Finance)
Alyssa Ciambriello (Senior Vice President)
Nicholas Pattakos (Senior Vice President, Finance)
Jamie Ress Jacobson (Senior Vice President)
Phoebe Malles Ward (Senior Vice President, Beauty)
Jeremy Simon (Senior Vice President, Influencer Marketing)
Naimul Huq (Senior Vice President & Head, Analytics & Planning)
Kristin Pehush (Vice President, Beauty)
Monique Dinor (Vice President, Media)
Brandon Garrison (Vice President & Associate Creative Director)
Jenna Rotner Drucker (Account Director)
Sara Knee (Director, Strategy & Planning)
Jeanette Meibach (Digital Strategy Director)
Mary Byun (Senior Account Executive)
Alissa Katz (Account Director)
Jennifer Gauthier (Account Director)
Yun Yu (Group Manager)
Chelsea Keyes (Senior Account Executive)
Regina Maziarz (Associate Planner)
Gerald Taylor (General Manager)

Accounts:
Black & Decker
Cetaphil
Differin
Godiva Chocolate
Lenovo Group Limited
Revlon Consumer Products Corporation
Yellow Tail

LIPPERT / HEILSHORN & ASSOCIATES, INC.
800 Third Avenue
New York, NY 10022
Tel.: (212) 838-3777
Fax: (212) 838-4568
Web Site: www.lhai.com

Year Founded: 1984

Discipline: Public Relations

John Heilshorn (Partner)
Keith Lippert (Founding Partner & Chief Executive Officer)
Jody Burfening (Managing Director & Principal, Investor Relations)
Kim Golodetz (Principal & Senior Vice President)
Harriet C. Fried (Senior Vice President)
Carolyn Capaccio (Senior Vice President)

LIPPERT / HEILSHORN & ASSOCIATES, INC.
One Market Street, Spear Tower
San Francisco, CA 94105
Tel.: (415) 433-3777
Fax: (415) 433-5577
Web Site: www.lhai.com

Discipline: Public Relations

Kirsten Chapman (Managing Director & Prinicpal - Investor Relations)
Rebecca Herrick (Senior Vice President & Principal)

LITZKY PUBLIC RELATIONS
320 Sinatra Drive
Hoboken, NJ 07030
Tel.: (201) 222-9118
Fax: (201) 222-9418
Web Site: www.litzkypr.com

Year Founded: 1988

Discipline: Public Relations

Michele Litzky (President & Chief Executive Officer)
Josslynne Welch (President)
Marie Baker (Director, Strategy)
Kaylie Easton (Senior Account Director)
Kelsey Wheeler (Account Supervisor)
Christie Damato (Senior Account Executive)
Tara Wood (Senior Manager, Creative Services)
Maria Sallustio (Account Executive)
Alyssa Hackmann (Senior Account Executive)
Sara McGovern (Account Executive)

Accounts:
Baby Alive
Hasbro, Inc.
Swimways Corporation

LMA
67 Mowat Avenue
Toronto, ON M6K 3E3
Tel.: (416) 440-2500
Fax: (416) 440-2504
Toll Free: (800) 387-1399
Web Site: www.lma.ca

Employees: 12
Year Founded: 1991

Discipline: Public Relations

John Ozikizler (President & Partner)
Jerry Grymek (Vice President, Client Services)

LMGPR
387 South First Street
San Jose, CA 95113
Tel.: (408) 393-5575
Fax: (408) 370-5227
Web Site: www.lmgpr.com

Year Founded: 2002

Discipline: Public Relations

Donna Michaels (Founder & President)
Michael Erwin (Director, Editorial)

LONDON MISHER PUBLIC RELATIONS
37 West 57th Street
New York, NY 10019
Tel.: (212) 759-2800
Web Site: www.londonmisher.com

Employees: 7

Discipline: Public Relations

Shari Misher Stenzler (Co-Founder & President)
Madeline Johnson (Head, Business Development)

LOVELL COMMUNICATIONS, INC.
3212 Westend Avenue
Nashville, TN 37203
Tel.: (615) 297-7766
Fax: (615) 297-7766
Web Site: www.lovell.com

Employees: 9
Year Founded: 1988

Discipline: Public Relations

Paula Lovell (Founder)
Rosemary Plorin (President & Chief Executive Officer)
Rebecca Kirkham (Senior Vice President)
Robin Embry (Vice President)
Dana Coleman (Vice President, Internal, External Communications, Media Relations & Issues Management)
Susanne Powelson (Vice President)
Amanda Maynord (Senior Advisor)
Jessica Hopson (Account Supervisor)
Kristy Lucero (Account Supervisor)
Samantha Prichard (Account Supervisor)
Laura Elkins (Senior Account Executive)

LUCKY BREAK PUBLIC RELATIONS
5812 West Third Street
Los Angeles, CA 90036
Tel.: (323) 602-0091
Web Site: www.luckybreakpr.com

Year Founded: 2010

Discipline: Public Relations

Mike Stommel (Co-Founder, Chief Creative Officer & Principal)
Ashley Mason-Greene (Principal)

Accounts:
Bonchon Korean Fried Chicken
Tabanero Hot Sauce

LUKAS PARTNERS
11915 P Street
Omaha, NE 68137-2228
Tel.: (402) 895-2552
Fax: (402) 891-6789
Web Site: www.lukaspartners.com/

Employees: 10
Year Founded: 1973

Discipline: Public Relations

Joan Lukas (Owner & President)
Tom McLaughlin (Vice President)
Kevin Schuster (Director, Client Accounts)

623

LUMENTUS
99 Madison Avenue
New York, NY 10016
Tel.: (212) 235-0225
Web Site: www.lumentus.com

Year Founded: 2009

Discipline: Public Relations

Laurence Moskowitz *(Co-Founder, Chief Executive Officer & Managing Partner)*
Debbie Sarlo *(Media Director)*
Alexandra Wetmore *(Senior Creative Consultant)*
Philip McMahon *(Senior Account Director)*
Jesse Jacobs *(Director, Creative Strategy)*
Eden Greenfield *(Senior Account Manager - Digital Strategy)*
Robert Beltran *(Managing Partner)*

M BOOTH & ASSOCIATES, INC.
666 Third Avenue
New York, NY 10017
Tel.: (212) 481-7000
Fax: (212) 481-9440
Web Site: www.mbooth.com

Employees: 50
Year Founded: 1984

Discipline: Public Relations

Dale Bornstein *(Chief Executive Officer)*
Margaret Booth *(Chairman)*
Joe Hamrahi *(Chief Financial Officer)*
Adrianna Bevilaqua *(Chief Creative Officer & Managing Director)*
Alfredo Bernal *(Chief Technology Officer)*
Margo Schneider *(Managing Director, Media Relations & Senior Vice President)*
Richard Goldblatt *(Executive Vice President, Consumer Products Group)*
Jennifer Teitler *(Executive Vice President)*
Lauren Swartz *(Executive Vice President, Managing Director,Lifestyle)*
Matt Hantz *(Executive Vice President, Digital)*
Nancy Seliger *(Executive Vice President, Brand Development & Client Experience)*
Michelle Overall *(Senior Vice President, Entertainment Marketing & Partnerships)*
Scott Varland *(Senior Vice President, Marketing Innovation)*
Dana Kopp Hudon *(Senior Vice President)*
Moon Kim *(Senior Vice President, Corporate Practice)*
Jacqueline Warren *(Vice President)*
Brandi Holmes *(Vice President)*
Jamie Evans *(Vice President)*
Amy Shoenthal *(Vice President & Group Manager, Digital)*
Brian Wheeler *(Vice President & Creative Director)*
Frani Chung *(Vice President)*
Matthew Bautista *(Vice President, Media Relations)*
Sally Alfis *(Vice President - Spirits & Wine - Lifestyle)*
Jennifer McTigue *(Director,Digital Strategy)*
Justin McAneny *(Director, Digital Strategy)*
Bonnie Ulman *(Director, M Booth South)*
Rachel Grady *(Account Supervisor)*
Jon Milne *(Account Supervisor)*
Paige Tatulli *(Account Supervisor)*
Sarah Bilbrey *(Senior Account Executive)*
Ashley Aruda *(Senior Account Supervisor)*
Nicole Gresh *(Senior Strategist, Media Relations & AS)*
Lee Gershon *(Account Supervisor)*
Anmol Sekhri *(Senior Digital Strategist)*
Jon Paul Buchmeyer *(Executive Vice President & Managing Director, Brand Marketing)*

Accounts:
American Express Company
Aquaphor
Brooks Running
Burlington Stores, Inc.
Eucerin
Evenflo Company, Inc.
ExerSaucer Products
JCPenney Corporation, Inc.
Kelley Blue Book Company, Inc.
Morton Salt, Inc.
Nivea
Nivea Body Wash
The Patron Spirits Company
Tourism New Zealand
Trek Bicycle Corporation

MACCABEE GROUP PUBLIC RELATIONS
211 North First Street
Minneapolis, MN 55401
Tel.: (612) 337-0087
Fax: (612) 337-0054
Web Site: www.maccabeegroup.com

Employees: 7
Year Founded: 1996

Discipline: Public Relations

Paul Maccabee *(Owner & President)*
Gwen Chynoweth *(Executive Vice President & Chief Talent Officer)*
Deanna Boss *(Research & Analytics Specialist)*

Accounts:
OfficeMax, Inc.
Pilgrim's Pride Poultry

MACMILLAN COMMUNICATIONS
20 West 22nd Street
New York, NY 10010
Tel.: (212) 473-4442
Fax: (212) 473-3383
Web Site: www.macmillancom.com

Discipline: Public Relations

Mike MacMillan *(Founder & Consultant)*
Chris Sullivan *(President)*

MADISON GOVERNMENT AFFAIRS
444 North Capitol Street Northwest
Washington, DC 20001
Tel.: (202) 347-1223
Fax: (202) 347-1225
Web Site: www.madisongov.net

Discipline: Public Relations

Paul Hirsch *(President & Founder)*
Jack Hession *(Senior Vice President)*

MAGRINO PUBLIC RELATIONS
352 Park Avenue South
New York, NY 10010
Tel.: (212) 957-3005
Fax: (212) 957-4071
Web Site: www.magrinopr.com

Employees: 25
Year Founded: 1992

Discipline: Public Relations

Susan Magrino *(Chairman, Chief Executive Officer & Founder)*
Allyn Magrino *(President & Chief Operating Officer)*
Mary Ogushwitz *(Account Director)*
Alexandra Lue *(Senior Account Supervisor)*

Accounts:
Colonial Williamsburg Foundation
Cuisinart
Fontainebleau Resorts, LLC
Martha Stewart

MAISONBRISON
2160 de la Montagne Street
Montreal, QC H3G 2T3
Tel.: (514) 731-0000
Fax: (514) 731-4525
Web Site: www.maisonbrison.com

Year Founded: 1983

Discipline: Public Relations

Rick Leckner *(President)*
Nicole Carnevale *(Senior Project Coordinator)*

Accounts:
Dorel Industries, Inc.

MAKOVSKY & COMPANY, INC.
228 East 45th Street
New York, NY 10017
Tel.: (212) 508-9600
Fax: (212) 751-9710
Web Site: www.makovsky.com

Employees: 34
Year Founded: 1979

Discipline: Public Relations

Ken Makovsky *(Owner & President)*
Michael Kaczmarski *(Chief Financial Officer & Executive Vice President)*
Stacey Wachtfogel *(Executive Vice President & Chief Human Resources Officer)*
Lee Davies *(Senior Vice President & Director, Client Services)*

MANNING SELVAGE & LEE
445 King Street West
Toronto, ON M5V 1K4
Tel.: (416) 967-3702
Fax: (416) 967-6414
Web Site: www.mslpr.com

Discipline: Public Relations

Nadia Beale *(Senior Vice President & Leader, Consumer Practice)*

MAPR
2503 Walnut Street
Boulder, CO 80302
Tel.: (303) 786-7000
Web Site: www.mapr.agency

Year Founded: 1991

Discipline: Public Relations

Doyle Albee *(President)*
Amy Sigrest *(Chief Operating Officer, Digital*

PUBLIC RELATIONS AGENCIES
AGENCIES - JULY, 2020

Marketing)
Bill Rigler *(Vice President)*
Jennifer Stevens *(Director, Creative)*
Melissa Christensen *(Account Executive)*
Brian Frey *(Account Executive)*
Amy Leger *(Account Executive)*
Janelle Collins *(Account Executive)*
Drew Albee *(Account Coordinator, Copy Specialist)*
Bethany Osborn *(Account Coordinator)*
Jenny Nailling *(Coordinator, Account)*

Accounts:
Hydro Innovations
Surna

MARATHON COMMUNICATIONS INC.
5900 Wilshire Boulevard
Los Angeles, CA 90036
Tel.: (323) 655-4660
Fax: (323) 655-6478
Web Site: none (03/08)

Discipline: Public Relations

Richard Lichtenstein *(President)*
Sheila Gonzaga *(Executive Vice President)*
Brian Lewis *(Media Relations Director)*
Joy Delong *(Office Manager)*

MARCH COMMUNICATIONS
226 Causeway Street
Boston, MA 02114
Tel.: (617) 960-9875
Fax: (617) 960-9876
Web Site: www.marchpr.com

Discipline: Public Relations

Cheryl Gale *(Co-Founder & Managing Director)*
Martin Jones *(Co-Founder & Chief Executive Officer)*
Jodi Petrie Fagan *(Executive Vice President)*
Juliana Allen *(Senior Vice President)*
Liz Swenton *(Vice President)*
Kelsey Johnson *(Senior Account Executive)*
Brandon Reid *(Senior Account Executive)*
Janabeth Ward *(Account Executive)*
Daniel Kreytak *(Assistant Account Executive)*
Kalyn Schieffer *(Senior Account Executive)*
Angelica Bishop *(Senior Account Executive)*
Rebecca Ferrick *(Senior Account Executive)*
James Gerber *(Account Director)*
Hanah Johnson *(Account Supervisor)*
Elizabeth Snell *(Content Manager)*
Hailey Melamut *(Account Supervisor)*
Andrew Grzywacz *(Senior Manager, Content)*
Samantha Powers *(Account Supervisor)*
Evan Neville *(Account Coordinator)*
Molly Masi *(Account Coordinator)*

MARINA MAHER COMMUNICATIONS
830 Third Avenue
New York, NY 10022
Tel.: (212) 485-6800
Fax: (212) 355-6318
Web Site: www.mahercomm.com

Employees: 45
Year Founded: 1983

Discipline: Public Relations

Marina Maher *(President & Chief Executive Officer)*
Carolyn Berke *(Chief Operating Officer)*
Joydeep Dey *(Chief Strategy Officer)*
Nancy Lowman LaBadie *(Executive Vice President)*
Ted Sabarese *(Executive Vice President & Executive Creative Director)*
Rema Vasan *(Executive Vice President & Chief Innovation Officer)*
Edwin Endlich *(Senior Vice President & Director, Content Marketing)*
Alexandra Kahrer *(Vice President)*
Ben Soffer *(Vice President, Influencer Marketing & Brand Engagement)*
Masha Snitkovsky *(Associate Director, Digital Influence)*
John Colucci *(Associate Strategist)*

Accounts:
Aussie
Depend
Head & Shoulders
Kotex
Pantene
Poise
U by Kotex

MARINO ORGANIZATION, INC.
747 Third Avenue
New York, NY 10017
Tel.: (212) 889-0808
Fax: (212) 889-2457
Web Site: www.marinopr.com

Employees: 15
Year Founded: 1993

Discipline: Public Relations

Frank Marino *(Chief Executive Officer)*
Lee Silberstein *(Chief Strategy Officer & Managing Director)*
Tom Corsillo *(Senior Vice President, Land Use & Public Policy)*

Accounts:
Knotel

MARKETCOM PR
PO Box 1102
Westin, CT 06883
Tel.: (212) 537-5177
Web Site: www.marketcompr.com

Discipline: Public Relations

Greg Miller *(Founder & President)*
Rosalia Scampoli *(Senior Director, Media)*
Laura Brophy *(Director, Client Services & New Business Development)*
Sue Mattison *(Manager, Client Support)*

MARKETING MATTERS
4000 13th Lane Northeast
Saint Petersburg, FL 33703
Tel.: (954) 925-1511
Fax: (954) 925-1549
Web Site: www.marketingmatters.net

Discipline: Public Relations

Colleen Leith *(President)*
Kyle Glass *(Vice President, Marketing)*

MARKSTEIN
1801 Fifth Avenue North
Birmingham, AL 35203
Tel.: (205) 323-8208
Web Site: www.markstein.co

Year Founded: 2003

Discipline: Public Relations

Keelie Segars *(Chief Executive Officer)*
Eileen Markstein *(Founder)*
Greg Shumann *(Vice President)*
Beth Hamer *(Senior Director, Media Planning & Buying)*
Allison Lavender *(Associate Director)*
Kyle Erickson *(Senior Director)*
Christy Evans *(Senior Director)*
Lyndsey Schaeffer *(Senior Director)*
Lynn Lowe *(Associate Director)*
Chris Hoke *(Executive Creative Director)*
Paul Cartensen *(Design Director)*
Jessica Black *(Director)*
Patrick Daugherty *(Assistant Art Director)*
Emily Littleton *(Assistant Art Director)*
Kelsey Barfell *(Senior Manager, Web Analytics & Development)*
Bailey Fuqua *(Digital Marketing & Advertising Strategist)*
Alan Alexander *(Manager)*
Giselle Casadaban *(Senior Associate, Brand Management)*
Audra Chiles *(Developer)*
Karl Chester *(Senior Graphic Designer)*
Brandon Hooks *(Associate Strategist, Digital Marketing & Advertising)*
Marge Roeling *(Senior Associate)*
Logan Powell *(Senior Associate)*
Matthew Johnson *(Senior Associate)*
Danny Markstein *(Co-Founder & Managing Director)*

Accounts:
Royal Cup, Inc.
Shipt, Inc.

MAROON PR
7142 Columbia Gateway Drive
Columbia, MD 21046
Tel.: (443) 864-4246
Fax: (443) 864-4266
Web Site: maroonpr.com

Discipline: Public Relations

John Maroon *(President & Founder)*
Jen Bloomer *(Vice President, New Media & Creative Services)*
Clara Pino *(Social & Digital Media Director)*
Alex Jackson *(Senior Account Executive)*
Katherine Huston *(Content Development Manager)*
Kayla McMahon *(Account Executive)*
Eve Hemsley Butt *(Senior Account Executive)*
Katy Ford *(Senior Account Executive)*

Accounts:
Revtown, LLC

MARSHALL FENN COMMUNICATIONS
1300 Yonge Street
Toronto, ON M4T 1X3
Tel.: (416) 962-3366
Fax: (416) 962-3375
Web Site: www.marshall-fenn.com

Employees: 25

Discipline: Public Relations

Brands. Marketers. Agencies. Search Less. Find More.
Try out the online version at www.winmo.com

PUBLIC RELATIONS AGENCIES

AGENCIES - JULY, 2020

Jim Kabrajee *(Owner & Chief Executive Officer)*
Paul Chater *(Partner & Owner)*
Oren Switzer-Tal *(Partner & Senior Vice President)*

MARSTON WEBB INTERNATIONAL
270 Madison Avenue
New York, NY 10016
Tel.: (212) 684-6601
Fax: (212) 725-4709
Web Site: www.marstonwebb.com

Year Founded: 1980

Discipline: Public Relations

Victor Webb *(President & Managing Director)*
Hanna Kurasz *(Specialist, International Linguistic)*

MARX BUSCEMI EISBRENNER GROUP
43700 Woodward Avenue
Bloomfield, MI 48302
Tel.: (248) 554-3500
Fax: (248) 641-1445
Web Site: www.eisbrenner.com

Employees: 30

Discipline: Public Relations

Ray Eisbrenner *(Chairman)*
Tom Eisbrenner *(President)*

MARX LAYNE & COMPANY
31420 Northwestern Highway
Farmington Hills, MI 48334
Tel.: (248) 855-6777
Fax: (248) 855-6719
Web Site: www.marxlayne.com

Year Founded: 1987

Discipline: Public Relations

Michael Layne *(President & Partner)*
Mike Szudarek *(Partner)*
Leslie Pardo *(Senior Vice President)*
Alan Upchurch *(Senior Vice President)*
Michael Odom *(Vice President)*
Glenn Oswald *(Vice President)*
Kelly Gwisdala *(Controller)*
Lana Mini *(Account Supervisor)*
David Stoyka *(Account Supervisor)*

MASTRO COMMUNICATIONS, INC.
290 US Route West
Green Brook, NJ 08812
Tel.: (732) 469-5700
Fax: (732) 469-6733
Web Site: www.mastrocomm.com

Employees: 15
Year Founded: 1993

Discipline: Public Relations

Glenn Mastro *(President)*
Jared Minski *(Vice President)*

Accounts:
The PGA of America

MATTER COMMUNICATIONS, INC.
50 Waters Street
Newburyport, MA 01950
Tel.: (978) 499-9250
Fax: (978) 499-9253
Web Site: www.matternow.com

Employees: 17
Year Founded: 2003

Discipline: Public Relations

Patty Barry *(Principal)*
Mandy Mladenoff *(President)*
Tim Hurley *(Executive Vice President)*
Jesse Ciccone *(Vice President & Managing Director)*
Matt Mendolera-Schamann *(Vice President)*
Ryan Lilly *(Vice President, Healthcare Practice)*
Jim Baptiste *(Account Director)*
Vanessa Boynton *(Account Director)*
Diane Carragher *(Account Manager)*
Jessica Wolter *(Account Manager)*

Accounts:
JDA Software Group, Inc.
La Brea Bakery
RoadRunner Recycling

MATTER COMMUNICATIONS, INC.
260 West Exchange Street
Providence, RI 02903
Tel.: (401) 351-9500
Web Site: www.matternow.com

Discipline: Public Relations

Scott Signore *(Principal & Chief Executive Officer)*
Sara Beth Fahey *(Account Manager)*

MAX BORGES AGENCY
80 Southwest Eighth Street
Miami, FL 33130
Tel.: (305) 374-4404
Fax: (305) 402-6373
Web Site: www.maxborgesagency.com/

Year Founded: 2002

Discipline: Public Relations

Max Borges *(President)*
Matt Shumate *(Senior Vice President)*
Brad Hobbs *(Vice President)*
Valerie Fuentes *(Account Director)*
Tiffany DesMarais *(Senior Account Director)*
Jessica Darrican *(Senior Account Director)*
Angela Quach *(Account Director)*

Accounts:
Hisense USA Corporation

MBA PARTNERS
48 West 21st Street
New York, NY 10010
Tel.: (212) 226-1310
Fax: (212) 226-1384
Web Site: mba-partners.com

Discipline: Public Relations

Matthew Snyder *(Co-Founder)*
Bryn Kenny *(Co-Founder)*

Accounts:
Malin+Goetz

MCCUE PUBLIC RELATIONS
1616 West Burbank Boulevard
Burbank, CA 91506
Tel.: (213) 985-1011
Web Site: www.mccuecommunications.com

Year Founded: 2008

Discipline: Public Relations

Michelle McCue *(Founder & President)*
Mike Gorman *(Director, Marketing & Strategy)*
Marcella Thompkins *(Director, Wine Division)*

Accounts:
Wine of the Month Club

MCKEEMAN COMMUNICATIONS
4816 Six Forks Road
Raleigh, NC 27609
Tel.: (800) 806-0977
Fax: (800) 806-0977
Toll Free: (800) 806-0977
Web Site: mckeemancommunications.com

Year Founded: 1995

Discipline: Public Relations

Kim McKeeman *(Chief Executive Officer)*
Caroline Schmid *(Account Director)*
Becky Ogburn *(Program Manager)*
Whitney Williams *(Account Supervisor & Manager, Social Media)*

MCKENZIE WORLDWIDE
4800 Southwest Meadows Road
Lake Oswego, OR 97035
Tel.: (503) 625-3680
Fax: (503) 217-6180
Web Site: www.mckenzieworldwide.com

Year Founded: 2004

Discipline: Public Relations

Megan McKenzie *(President & Chief Executive Officer)*
Brian Edwards *(Vice President)*

MCNALLY TEMPLE & ASSOCIATES, INC.
1817 Capitol Avenue
Sacramento, CA 95811
Tel.: (916) 447-8186
Fax: (916) 447-6326
Web Site: www.mcnallytemple.com

Employees: 14
Year Founded: 1980

Discipline: Public Relations

Ray McNally *(President & Director, Creative)*
Richard Temple *(Executive Vice President)*
Kelli Reid *(Director, Client Services)*
James Capik *(Manager, Production)*

Accounts:
GlaxoSmithKline, Inc.

MCNEELY PIGOTT & FOX PUBLIC RELATIONS
611 Commerce Street
Nashville, TN 37203
Tel.: (615) 259-4000
Fax: (615) 259-4040
Toll Free: (800) 818-6953
Web Site: www.mpf.com

PUBLIC RELATIONS AGENCIES

Employees: 70
Year Founded: 1987

Discipline: Public Relations

David Fox *(Partner)*
Katy Varney *(Partner)*
Keith Miles *(Partner)*
Jennifer Brantley *(Partner)*
Roger Shirley *(Editorial Director)*

Accounts:
Dell Technologies

MCNEIL, GRAY & RICE
One Washington Mall
Boston, MA 02108-2603
Tel.: (617) 367-0100
Fax: (617) 367-0160
Web Site: mcneilgrayandrice.com

Employees: 30
Year Founded: 1989

Discipline: Public Relations

Susan Rice McNeil *(President & Partner)*
Robert McNeil *(Principal)*
Judi Handel *(Vice President, Human Resources)*
Kristin Nugent *(Senior Account Supervisor)*
Madeline Jaquith *(Manager, Account)*
Thomas Keenan *(Manager, Public Relations Account)*
Jessica Sacco *(Manager, Account)*
Paul Jost *(Manager, Strategic Communications)*

MEDIA PROFILE
579 Richmond Street West
Toronto, ON M5V 1Y6
Tel.: (416) 504-8464
Web Site: www.mediaprofile.com

Year Founded: 1985

Discipline: Public Relations

Alison King *(President)*
David Wills *(Senior Vice President)*
John Thibodeau *(Senior Vice President)*

MERCURY PUBLIC AFFAIRS
200 Varick Street
New York, NY 10014
Tel.: (212) 681-1380
Fax: (212) 681-1381
Web Site: www.mercuryllc.com

Year Founded: 1999

Discipline: Public Relations

Mike Mckeon *(Partner)*
Kirill Goncharenko *(President)*
Fernando Ferrer *(Co-Chairman)*
Thomas Doherty *(Partner)*
Kieran Mahoney *(Chief Executive Officer)*

Accounts:
Memorial Sloan-Kettering Cancer Center

MERRITT GROUP PUBLIC RELATIONS
8251 Greensboro Drive
McLean, VA 22102
Tel.: (703) 390-1500
Fax: (703) 860-2080
Web Site: www.merrittgrp.com

Employees: 32

Year Founded: 1997

Discipline: Public Relations

Alisa Valudes *(Senior Partner & Chief Executive Officer)*
Thomas Rice *(Partner & Senior Vice President)*
John Conrad *(Partner & Executive Vice President)*
Jayson Schkloven *(Partner & Senior Vice President)*
Michelle Schafer *(Senior Vice President, Security)*

MESSAGE MAKERS
1217 Turner Street
Lansing, MI 48906
Tel.: (517) 482-3333
Fax: (517) 482-9933
Web Site: www.messagemakers.com

Employees: 10
Year Founded: 1977

Discipline: Public Relations

Terry Terry *(President)*
Tom Lietz *(Chief Creative Officer)*

METEORITE PR
3550 Frontier Avenue
Boulder, CO 80301
Tel.: (307) 690-2984
Web Site: meteoritepr.com

Discipline: Public Relations

Eric Henderson *(Owner & Founder)*
Hunter Marvel *(Vice President, Marketing & Operations)*
Mike Eisenbrown *(Communications Manager)*

Accounts:
Snowsports Industries America
Sweet Protection

MISSION NORTH
1550 Bryan Street
San Francisco, CA 94103
Tel.: (415) 503-1818
Fax: (415) 503-1880
Web Site: www.missionnorth.com

Employees: 12
Year Founded: 2003

Discipline: Public Relations

Bill Bourdon *(Co-Chief Executive Officer)*
Tyler Perry *(Co-Chief Executive Officer)*
Shannon Hutto *(Partner & General Manager, West Coast)*
Michael Andrews *(Chief Financial Officer)*
Elinor Mills *(Senior Vice President, Content & Media Strategy)*
Caleb Bushner *(Vice President, Digital Strategy)*
Grace Emery *(Vice President)*
James Niccolai *(Vice President, Content & Media Strategy)*
Jen Sciarra *(Vice President)*
Sarah Spitz *(Vice President)*
Christopher Heine *(Director, Content & Media Strategy)*
Katie Garagozzo *(Director, Media Strategy)*
Puneet Sandhu *(Account Director)*
Elise Chambers *(Account Manager)*

MISSY FARREN & ASSOCIATES, LTD.
301 East 57th Street
New York, NY 10022
Tel.: (212) 528-1691
Fax: (212) 561-6462
Web Site: www.mfaltd.com

Discipline: Public Relations

Missy Farren *(Founder & President)*
Karen Clough *(Chief Operations Officer)*
Caroline Andrew *(Senior Vice President)*
Samantha Lacher *(Vice President)*

Accounts:
Bluegreen Vacations Corporation
Klarna Inc
Polaris ATVs
Polaris Inc.
Share Our Strength, Inc.No Kid Hungry
Travel Alberta International

MITCHELL
Two North College Avenue
Fayetteville, AR 72701
Mailing Address:
Post Office Box 1975
Fayetteville, AR 72702
Tel.: (479) 443-4673
Fax: (479) 443-0854
Web Site: www.mitchcommgroup.com

Employees: 1
Year Founded: 1995

Discipline: Public Relations

Elise Mitchell *(Founder & Chairwoman)*
Sarah Clark *(Chief Executive Officer)*
John Gilboy *(Chief Development Officer)*
Sadie Schabdach *(Chief Content Officer)*
Susan Saronitman *(Chief Brand Officer, Brand Reputation & Agency Marketing)*
Holly Gilbert *(Chief Brand Officer)*
Kay McDowell *(Vice President, Media)*
Jennifer Haile *(Senior Director)*
Sharon Weber *(Senior Manager, Media Relations)*
John Engleman *(Senior Manager, Media)*
Brittany Bright *(Specialist, Influecer Marketing)*

Accounts:
Designer Brands
J.B. Hunt Transport Services, Inc.
Walmart Stores, Inc.
Walmart Supercenters

ML STRATEGIES, LLC
One Financial Center
Boston, MA 02111
Tel.: (617) 348-4400
Fax: (617) 542-2241
Web Site: www.mlstrategies.com

Employees: 200
Year Founded: 1990

Discipline: Public Relations

Stephen Tocco *(President & Chief Executive Officer)*
Nancy Sterling *(Senior Vice President, Strategic Communications)*

MM2 PUBLIC RELATIONS
1700 Pacific Avenue

Dallas, TX 75201
Tel.: (214) 379-3700
Web Site: www.mm2pr.com

Discipline: Public Relations

Robert Martin *(Principal & Managing Director)*
Larry Meltzer *(Principal & Creative Director)*

MMGY NJF
360 Lexington Avenue
New York, NY 10017
Tel.: (212) 228-1500
Fax: (212) 228-1519
Web Site: www.njfpr.com

Employees: 12
Year Founded: 1987

Discipline: Public Relations

Nancy Friedman *(Global Principal partner)*
Courtney Long *(Vice President)*
Gizem Ozcelik *(Vice President)*
Julie Levine *(Administrator client acct)*

Accounts:
Holland America Line
Holland America Line, Inc.
Texas Tourism
Visit California

MODCRAFT
1200 Pearl Street
Boulder, CO 80302
Tel.: (303) 260-9454
Web Site: www.modcraftstudio.com

Year Founded: 2013

Discipline: Public Relations

Kevin Burnette *(Co-Founder)*
Shanna Burnette *(Co-Founder)*

Accounts:
Nuun & Co.

MOMENTUM MEDIA PR
1245 Pearl Street
Boulder, CO 80302
Tel.: (617) 875-5553
Web Site: www.momentummediapr.com

Year Founded: 2000

Discipline: Public Relations

Alycia Cavadi *(Principal)*
Bethany Mousseau *(Director, Public Relations)*
Alicia Millman *(Account Executive, Public Relations & Social Media)*

Accounts:
Turtle Fur

MONTIETH & COMPANY
Ten Grand Central
New York, NY 10017
Tel.: (646) 864-3080
Web Site: www.montiethco.com

Discipline: Public Relations

Montieth Illingworth *(Founder & President)*
Perry Goldman *(Director)*
Zarna Patel *(Director - Europe, Middle East & Africa)*
Katarina Matic *(Senior Public Relations Associate)*

Accounts:
Better Mortgage Corporation

MONTNER & ASSOCIATES
180 Post Road East
Westport, CT 06880
Tel.: (203) 226-9290
Fax: (203) 226-9725
Web Site: www.montner.com

Discipline: Public Relations

Debra Montner *(Principal)*
Mike Smith *(Partner)*

Accounts:
Gemalto
HID Corporation

MOORE COMMUNICATIONS GROUP
2011 Delta Boulevard
Tallahassee, FL 32303
Tel.: (850) 224-0174
Fax: (850) 224-9286
Web Site: www.moore-pr.com

Employees: 25
Year Founded: 1992

Discipline: Public Relations

Karen Moore *(Founder & Chief Executive Officer)*
Terrie Glover Ard *(President & Chief Operating Officer)*
Richard Moore *(Chief Operating Officer & General Counsel)*
Jordan Jacobs *(Vice President, Account Servicing)*
Nanette Schimpf *(Vice President)*
Ayla Anderson *(Senior Director)*
Courtney Cox *(Associate Director)*
Andrea Blount *(Business Manager)*
Whitney Pickett *(Coordinator, Communication)*
Fernando Senra-James *(Managing Director)*
Jamie Fortune *(Managing Director)*

MOORE INK
4422 48th Avenue South
Seattle, WA 98118
Tel.: (206) 721-9540
Fax: (206) 725-5103
Web Site: www.mooreink.com

Discipline: Public Relations

Teresa Moore *(Owner & Principal)*
Mike Moore *(Business Manager)*
Liz Gillespie *(Senior Writer)*

MORNINGSTAR COMMUNICATIONS
12307 Flint Street
Overland Park, KS 66213
Tel.: (913) 851-8700
Fax: (913) 851-8787
Web Site: www.morningstarcomm.com

Employees: 15

Discipline: Public Relations

Eric Morgenstern *(Founder & Chief Executive Officer)*
Shanny Morgenstern *(Chief Operating Officer)*

Stephanie Lerdall *(Senior Manager, Media Relations)*
Sarah Wirth *(Manager, Media Relations)*

Accounts:
Hallmark Business Connections

MOWER
615 South College Street
Charlotte, NC 28202
Tel.: (704) 375-0123
Fax: (704) 335-5804
Toll Free: (800) 724-0289
Web Site: www.mower.com

Employees: 30
Year Founded: 1967

Discipline: Public Relations

Rick Lyke *(Executive Vice President & Managing Director)*
Matt Ferguson *(Executive Vice President, Managing Director, Brand Development)*
Patrick Short *(Senior Vice President & Creative Director)*
Laurie Donato *(Associate Creative Director)*
Ruben Lopez *(Creative Director)*
Lee Carter *(Account Director)*
Pete Smolowitz *(Director, Public Relations)*
Caitlin Ryan *(Account Supervisor, Public Relations)*

MOWER
30 Pearl Street
Albany, NY 12207
Tel.: (518) 449-3000
Fax: (518) 449-4000
Web Site: www.mower.com

Year Founded: 1968

Discipline: Public Relations

Brad Rye *(Senior Vice President, Managing Director, Public Relations & Public Affairs)*
Brendan Kennedy *(Director, New Media)*

MOXE
1201 South Orlando Avenue
Winter Park, FL 32789
Tel.: (407) 581-4222
Web Site: www.getmoxe.com

Employees: 12
Year Founded: 1985

Discipline: Public Relations

Kim Sachse *(President & Chief Executive Officer)*
Lisa Mazza *(Manager, Digital Marketing)*

MOXIE COMMUNICATIONS GROUP
27 West 24th Street
New York, NY 10010
Web Site: www.moxiecommunicationsgroup.com/

Year Founded: 2011

Discipline: Public Relations

Qendresa Bicaj *(Chief Of Staff)*
Corinna Pieloch *(Partner)*
Taryn Langer *(Founder & President)*
Avery O'Neil *(Account Executive)*
Lindsey Boyle *(Account Director)*
Briana Alford *(Account Executive)*

PUBLIC RELATIONS AGENCIES

Diego Segura (Media Relations Specialist)
Alyssa Handschuh (Account Manager)
Rebecca Lew (Account Manager)
Michal Kaplan-Nadel (Senior Account Executive)
Jake Tredo (Senior Account Executive)
Vanessa Moore (Senior Account Executive)
Lauren Hobson (Senior Account Executive)
Mayu Kataoka (Account Executive)
Brittany Stone (Account Director)
Keith Swiader (Account Manager)
Leslie Gonzales (Account Manager)
Courtney Thomas (Account Manager)
Maria Kennedy (Account Manager)
Abigail Jaffe (Account Manager)
Jenny Chao (Account Manager)
Lena Geiser (Account Coordinator)
Gabriel Plesent (Account Coordinator)
Melanie Galang (Managing Director)
Maggie Squires (Managing Director)
Rebecca Weiser (Managing Director)

Accounts:
Big Cloud
Blueprint Cologne
Bogie's
Dollar Shave Club
Dr. Carver
EBTH, Inc.
Grounds Keeper
Superbal
Wanderer

MOXLEY CARMICHAEL
445 South Gay Street
Knoxville, TN 37902
Tel.: (865) 544-0088
Fax: (865) 544-1865
Web Site: www.moxleycarmichael.com

Employees: 15

Discipline: Public Relations

Cynthia Moxley (Chief Executive Officer)
Alan Carmichael (President & Chief Operating Officer)
Scott Bird (Vice President, Marketing)
Charley Sexton (Creative Director)
Lauren Miller (Director, Client Services)

MPRM PUBLIC RELATIONS
5055 Wilshire Boulevard
Los Angeles, CA 90036
Tel.: (323) 933-3399
Fax: (323) 939-7211
Web Site: www.mprm.com

Employees: 50
Year Founded: 1998

Discipline: Public Relations

Rachel McCallister (Chairwoman)
Mark Pogachefsky (President)
Alex Klenert (Senior Vice President, Film Practice)
Caitlin McGee Swartz (Vice President)
Caitlin McGee (Vice President)
Leif Helland (Vice President)
Natalie Yallouz (Vice President)
Sara Tehrani (Account Supervisor)

Accounts:
Control Room
Fox Reality Channel
National Geographic Partners

MSL DETROIT

3310 West Big Beaver Road
Troy, MI 48084
Tel.: (248) 458-8600
Fax: (734) 214-1551
Web Site: www.mslworldwide.com

Employees: 20
Year Founded: 1994

Discipline: Public Relations

Kelly Kolhagen (Senior Vice President)
Becky Price (Vice President)

MSLGROUP
3211 Olympic Boulevard
Santa Monica, CA 90404
Tel.: (310) 264-6966
Web Site: www.mslgroup.com

Discipline: Public Relations

Vickie Fite (Senior Vice President)
Brenda De Alba (Senior Account Supervisor)

MSLGROUP
1675 Broadway
New York, NY 10019
Tel.: (646) 500-7600
Fax: (212) 468-3838
Web Site: www.mslgroup.com

Employees: 80
Year Founded: 2009

Discipline: Public Relations

Diana Littman (Chief Executive Officer - US)
Alina Diaz (Chief Strategy Officer)
Stephanie Smith (Chief Client Officer, Chief Development Officer & Account Director, Netflix)
Keith Strubhar (Executive Vice President- U.S & D.C Office)
Chris Arco (Senior Vice President & Finance Director)
Kristin Bradfield (Senior Vice President, Global Client Engagement Director)
Katie Stevens (Senior Vice President, P&G Global Operations)
Jolie Egan (Senior Vice President)
Amy Antos Smith (Senior Vice President)
Danielle Dunne (Senior Vice President, Consumer)
Drew Wehrle (Senior Vice President)
Lynsey Elve (Senior Vice President & Director, Communications)
Tony Osborn (Senior Vice President, Employee Practice)
Bria Bryant (Vice President)
Alan Danzis (Vice President, Media Relations)
Nora Carlton (Vice President, Health & Digital)
Natalie Blake (Vice President, Global Communications - P&G Oral Care)
Jennifer Lawson (Vice President)
Wyeth Ruthven (Vice President)
Marc Levy (Executive Creative Director)
Risa Burgess (Head, Boston)
David Biss (Senior Account Supervisor)
Paul Marinello (Corporate Communications Specialist & Project Manager)
Emily Collawn (Account Supervisor)
Rachel Spraker (Senior Account Executive)
Amanda Chin (Senior Account Executive)
Kaitlyn Braun (Senior Account Executive - Bounty, Charmin & Puff's)
Jill Curcio (Assistant Account Executive - Always & Tampax)
Brittany James (Supervisor, Digital Account)
Gina Ribaudo (Senior Account Supervisor, Corporate Affairs)
Hannah Van Malssen (Senior Account Supervisor)
Jolyn Koehl (Senior Account Supervisor)
Madeline Lupori (Account Executive)
Aliza Solc (Senior Account Executive)
Brianna Cameron (Senior Account Executive)
Analeigh Crisanti (Assistant Account Executive - P&G Baby Care)
Kiley Hinkle (Assistant Account Executive)
Nicole Scull (Managing Director, P&G Global)
Brian Burgess (Managing Director, Corporate Practice - U.S.)
Steve Bryant (Managing Director - Seattle & Director, Food & Beverage)

Accounts:
Always
Aricept
Bounty
Cadillac
Cadillac ATS
Cadillac CT6
Cadillac CTS
Cadillac CTS-V
Cadillac Escalade
Cadillac Escalade ESV
Cadillac XT5
Cadillac XTS
Charmin
Clearblue
Eli Lilly & Company
General Motors Corporation
Herbalife International, Inc.
InvisAlign
Luvs
Marshalls
Mayo Clinic
Mr. Clean
Pamper's
Pepto-Bismol
Puffs
Rebif
Sanofi U.S
Swiffer
Tampax
Underwriters Laboratories, Inc.
Vicks
Vicks

MSLGROUP
40 Water Street
Boston, MA 02109
Tel.: (781) 684-0770
Fax: (781) 684-6500
Web Site: www.mslgroup.com

Employees: 170
Year Founded: 1990

Discipline: Public Relations

Jim Weinrebe (Executive Vice President & Healthcare Practice Leader)

Accounts:
Genzyme Corporation
Luminus Devices, Inc.
New England Confectionary Company
Trividia Health
Wright Medical Technology, Inc.

MSLGROUP
35 West Wacker Drive
Chicago, IL 60601

AGENCIES - JULY, 2020 — PUBLIC RELATIONS AGENCIES

Tel.: (312) 220-5996
Web Site: www.mslgroup.com

Year Founded: 2009

Discipline: Public Relations

Amy Cheronis *(Chief Integration Officer)*
Eilleen Ziesemer *(Senior Vice President, Consumer Practice Lead)*
Eileen Earley *(Senior Vice President & Consumer Practice Lead)*
Jamie Dammrich *(Vice President)*
Tiasha Stevenson *(Vice President)*
Grant Keller *(Vice President)*
Nancy Brennan *(Director, Corporate Team)*
Michael Cowen *(Senior Account Supervisor)*
Diana Dixon *(Account Supervisor - KeyBank)*

Accounts:
Delta Faucet Company
KeyBank
Wingstop Restaurants

MSR COMMUNICATIONS
832 Sansome Street
San Francisco, CA 94111
Tel.: (415) 989-9000
Fax: (415) 447-6111
Toll Free: (866) 247-6172
Web Site: www.msrcommunications.com

Employees: 6
Year Founded: 1990

Discipline: Public Relations

Mary Shank Rockman *(Principal & Chief Executive Officer)*
Chris Blake *(Account Director)*

MUELLER COMMUNICATIONS, INC.
1749 North Prospect Avenue
Milwaukee, WI 53202
Tel.: (414) 390-5500
Fax: (414) 390-5515
Web Site: www.muellercommunications.com

Employees: 12

Discipline: Public Relations

Carl Mueller *(Chairman & Chief Executive Officer)*
James Madlom *(Chief Operating Officer)*
Lori Richards *(President & Partner)*
Elizabeth Hummitzsch *(Vice President)*
Amelia Venegas *(Director, Administrative Services)*
Elyise Brigman *(Account Executive)*
Phill Trewyn *(Senior Account Executive)*

MUELRATH PUBLIC AFFAIRS
50 Old Courthouse Square
Santa Rosa, CA 95404
Tel.: (707) 542-4078
Fax: (707) 542-4079
Web Site: www.winningcampaigns.net

Discipline: Public Relations

Rob Muelrath *(Principal & Chief Executive Officer)*
Ryan Rabellino *(Senior Account Manager)*

MULTIPLY
3247 Q Street, Northwest
Washington, DC 20007
Tel.: (202) 298-7600
Fax: (202) 298-9050
Toll Free: (888) 294-5008
Web Site: wearemultip.ly

Employees: 15

Discipline: Public Relations

Dan Baum *(Chief Executive Officer)*
Jessica Phlipot *(President)*

Accounts:
Ace Hardware Corporation
Cruzan Rum
Effen
Knob Creek

MURPHY & COMPANY
15 Valley Drive
Greenwich, CT 06831
Mailing Address:
Post Office Box 4749
Greenwich, CT 06831
Tel.: (203) 869-8200
Fax: (203) 869-6676
Web Site: www.murphyandco.com

Employees: 30
Year Founded: 1993

Discipline: Public Relations

James Murphy *(Chairman & Chief Executive Officer)*
Jason Murphy *(President & Chief Operating Officer)*
Skip Morse *(Senior Vice President)*

Accounts:
Dorel Juvenile Group, Inc.

MURPHY O'BRIEN, INC.
11444 Olympic Boulevard
Los Angeles, CA 90064
Tel.: (310) 453-2539
Fax: (310) 264-0083
Web Site: www.murphyobrien.com

Employees: 30
Year Founded: 1989

Discipline: Public Relations

Allyson Rener *(President)*
Karen Murphy O'Brien *(Chairman & Chief Executive Officer)*
Stacy Lewis *(Executive Vice President)*
Kimi Ozawa *(Senior Vice President)*
Laura Millett *(Senior Vice President)*
Rachel Maher *(Senior Vice President)*
Jennifer Evans Gardner *(Vice President)*
Mary J. Salcido *(Senior Account Director)*
Hannah Judah *(Account Supervisor)*
Bryan Hansen *(Account Supervisor)*
Rachel Farnham *(Account Manager)*
Katie Chalmers *(Senior Account Executive)*
Brett O'Brien *(Managing Director)*
Emily Warner *(Managing Director, Real Estate Collection)*

Accounts:
Auberge Resorts Collection
BJ's Restaurants, Inc.
Las Vegas Sands Corp.
Sizzler
The Palazzo
The Venetian

MWEBB COMMUNICATIONS
3571 Wesley Street
Culver City, CA 90232
Tel.: (424) 603-4340
Web Site: http://mwebbcom.com

Year Founded: 2009

Discipline: Public Relations

Melanie Webber *(President)*
Crystal Hartwell *(Senior Account Director)*
Cassandra Cavanah *(Managing Partner)*

Accounts:
Califia Farms

MWWPR
Sunset Media Center
Los Angeles, CA 90028
Tel.: (213) 486-6560
Fax: (213) 486-6501
Toll Free: (888) 211-6796
Web Site: www.mww.com

Year Founded: 1986

Discipline: Public Relations

Karen Clyne *(Executive Vice President & General Manager - Western Region)*
Mary Jenkins *(Account Coordinator)*

Accounts:
Air New Zealand
Mercury Insurance Group, Inc.
The Loot Company

MWWPR
One Meadowlands Plaza
East Rutherford, NJ 07073-2137
Tel.: (201) 507-9500
Fax: (201) 507-0092
Web Site: www.mww.com

Employees: 85
Year Founded: 1986

Discipline: Public Relations

Michael Kempner *(Founder & Chief Executive Officer)*
Gina Ormand Cherwin *(Chief People Officer & Executive Vice President)*
Bill Murray *(Executive Vice President, Public Affairs)*
Tara Naughton *(Executive Vice President, Consumer Practice Leader)*
Leslie Linton *(Senior Vice President)*
Michelle Gordon *(Senior Vice President, Research & Insights)*
Alanna Dillon Suda *(Vice President)*
Mark Umbach *(Vice President)*
Matthew Kopacz *(Senior Account Director)*
Joanna Nettelfield *(Digital Account Supervisor)*
Alison Nolte *(Account Executive)*
Carolyn Lasky *(Account Supervisor, Digital Strategy)*

Accounts:
Adecco Incorporated
BIC
BIC Consumer Products, Inc.
BIC Soleil
BIC Stationery
International Dairy Queen, Inc.
New Jersey Commerce & Economic Growth Commission
Nikon Corporation

PUBLIC RELATIONS AGENCIES

Oxford Health Plans, Inc.
Trans World Entertainment Corporation
Zumba Fitness, LLC

MWWPR
304 Park Avenue South
New York, NY 10016
Tel.: (212) 704-9727
Fax: (212) 704-0917
Web Site: www.mww.com

Year Founded: 1986

Discipline: Public Relations

Bret Werner *(President)*
Carreen Winters *(Chief Strategy Officer & Chairman, Reputation Management Practice)*
Parker Ray *(Executive Vice President & Chief Strategist, Digital)*
William Starace *(Chief Financial Officer & Executive Vice President)*
Cecilia Coakley *(Executive Vice President & Managing Director, Executive Visibility)*
Dawn Lauer *(Executive Vice President & Managing Director, B2B Communication)*
Carl Sorvino *(Senior Vice President & Executive Creative Director)*
Jackie Glick *(Senior Vice President)*
Lori Robinson *(Senior Vice President)*
Rebekah Burgess-Smith *(Vice President, Paid Media)*
Brian DiFeo *(Senior Director, Influencer Strategy)*
Alisa Finkelstein *(Account Director)*
Jose Aguirre *(Director & Senior Editor)*
Jenna Wollin *(Account Supervisor)*
Claire Pires *(Senior Account Executive)*
Jacqueline Zygadlo *(Senior Account Executive, Corporate Communications & Healthcare)*
Daniel Brett Kennedy *(Senior Producer, Content & Creative)*

Accounts:
American Arbitration Association
Red Lobster
Smithfield Foods, Inc.

MWWPR
1155 Connecticut Avenue, Northwest
Washington, DC 20036
Tel.: (202) 600-4570
Fax: (202) 600-4571
Web Site: www.mww.com

Year Founded: 1986

Discipline: Public Relations

Marilyn Berry Thompson *(Non Executive Chair, Federal Services)*
Richard Tauberman *(Executive Vice President, Corporate Communication)*

Accounts:
PACE
United States Bowling Congress

MWWPR
205 North Michigan Avenue
Chicago, IL 60601
Tel.: (312) 981-8540
Fax: (312) 891-8564
Web Site: www.mww.com

Employees: 25
Year Founded: 1986

Discipline: Public Relations

Susan Goodell *(Vice President)*
John Digles *(General Manager & Executive Vice President)*

Accounts:
Arctic Zero

NADEL PHELAN, INC.
2125 Delaware Avenue
Santa Cruz, CA 95060
Tel.: (831) 439-5570
Fax: (831) 439-5575
Web Site: www.nadelphelan.com

Employees: 23

Discipline: Public Relations

Paula Phelan *(President & Chief Executive Officer)*
Fred Nadel *(Chief Operating Officer & Vice President, Market Research)*
Cara Sloman *(Executive Vice President)*
Shyna Deepak *(Public Relations Account Manager)*

NANCY MARSHALL COMMUNICATIONS
151 Capitol Street
Augusta, ME 04332
Mailing Address:
Post Office Box 317
Augusta, ME 04332
Tel.: (207) 623-4177
Fax: (207) 623-4178
Web Site: www.marshallpr.com

Discipline: Public Relations

Nancy Marshall *(Chief Executive Officer & Founder)*
Charlene Williams *(President)*
Juli B. Settlemire *(Business Manager)*
Whitney Raymond *(Account Supervisor)*
Anna McDermott *(Content Creator)*
Jennifer Boes *(Communications Strategist)*
Greg Glynn *(Account Executive)*
Dianne Chamberlain *(Account Coordinator)*
Liz LeClair *(Graphic Designer & Account Coordinator)*
Megan Crowder *(Account Coordinator & Strategist, Social Media)*

Accounts:
Maine Office of Tourism
Saddleback, Inc.

NARRATIVE
225 Welling Street West
Toronto, ON M5V 3G7
Web Site: narrative.ca

Year Founded: 2007

Discipline: Public Relations

Meredith Klapowich *(Creative Director)*
Sarah Spence *(Managing Director)*

Accounts:
Wynn Nightlife

NATIONAL PUBLIC RELATIONS
1625 Grafton Street
Halifax, NS B3J 0E8
Tel.: (902) 420-1860
Fax: (902) 422-2368
Web Site: www.national.ca

Employees: 16
Year Founded: 1976

Discipline: Public Relations

Janet MacMillan *(Senior Counsel)*
Sarah Young *(Managing Partner)*

NATIONAL PUBLIC RELATIONS
1155 Metcalfe Street
Montreal, QC H3B 0C1
Tel.: (514) 843-7171
Fax: (514) 843-6976
Web Site: www.national.ca

Employees: 80
Year Founded: 1976

Discipline: Public Relations

Mark Boutet *(Vice President, Financial Communications & Investor Relations)*

NATIONAL PUBLIC RELATIONS
320 Front Street West
Toronto, ON M5V 3B6
Tel.: (416) 586-0180
Fax: (416) 586-9916
Web Site: www.national.ca

Employees: 100
Year Founded: 1976

Discipline: Public Relations

Shannon Davidson *(Senior Vice President, Marketing & Practice Lead)*

Accounts:
Black & Decker Canada, Inc.

NATIONAL PUBLIC RELATIONS
800 Sixth Avenue, Southwest
Calgary, AB T2P 3G3
Tel.: (403) 531-0331
Fax: (403) 531-0330
Web Site: www.national.ca

Employees: 30
Year Founded: 1976

Discipline: Public Relations

Beth Diamond *(Managing Partner)*

NATIONAL PUBLIC RELATIONS
81 Metcalfe Street
Ottawa, ON K1P 6K7
Tel.: (613) 233-1699
Fax: (613) 233-2431
Web Site: www.national.ca

Employees: 10
Year Founded: 1976

Discipline: Public Relations

Royal Poulin *(Chief Financial Officer & Executive Vice President)*
Melissa Wood *(Consultant)*
Chrystiane Mallaley *(Acting Managing Partner)*

Brands. Marketers. Agencies. Search Less. Find More.
Try out the online version at www.winmo.com

PUBLIC RELATIONS AGENCIES

NATIONAL PUBLIC RELATIONS
140 Grande Allee East
Quebec City, QC G1R 5M8
Tel.: (418) 648-1233
Fax: (418) 648-0494
Web Site: www.national.ca

Employees: 8
Year Founded: 1976

Discipline: Public Relations

Doris Juergens *(Partner & Vice President, Strategy - National)*
Luc Ouellet *(Associate Director)*
Martin Daraiche *(Managing Partner)*

NAVIGATORS LLC
901 Seventh Street Northwest
Washington, DC 20001
Tel.: (202) 315-5100
Fax: (202) 315-5010
Web Site: www.navigatorsglobal.com

Year Founded: 2001

Discipline: Public Relations

Phil Anderson *(President, Founding Principal & Managing Principal)*
Jim Pitts *(Founding Principal)*
Christopher Cox *(Founding Principal)*
Lori Kuhns *(Senior Vice President)*

NECTAR COMMUNICATIONS
1601 5th Avenue
Seattle, WA 98101
Tel.: (415) 399-0181
Web Site: www.nectarpr.com

Year Founded: 2008

Discipline: Public Relations

Erin Olsson *(Vice President)*
Jeff Black *(Director, Content Strategy)*
Ann Johnson *(Director)*
Jessica Bryant *(Account Director)*

NECTAR COMMUNICATIONS
114 Sansome Street
San Francisco, CA 94104
Tel.: (415) 399-0181
Web Site: www.nectarpr.com

Year Founded: 2008

Discipline: Public Relations

Rachel Petersen *(Co-Founder & Partner)*
Tracy Sjogreen *(Co-Founder & Partner)*
Shannon McLoughlin *(Vice President)*
Brooks Wallace *(Director)*

NEVINS & ASSOCIATES CHARTERED
32 West Road
Towson, MD 21204
Tel.: (410) 568-8800
Fax: (410) 568-8804
Web Site: www.nevinspr.com

Year Founded: 1986

Discipline: Public Relations

David Nevins *(President)*
Kirstie Durr *(Senior Vice President)*

Mitchell Schmale *(Senior Vice President)*
Nick Horan *(Social Media Manager)*

NEWLINK COMMUNICATIONS GROUP
1111 Brickell Avenue
Miami, FL 33131
Tel.: (305) 532-7950
Fax: (305) 532-1845
Web Site: www.newlinkcorp.com

Employees: 20
Year Founded: 1998

Discipline: Public Relations

Sergio Roitberg *(President & Chief Executive Officer - Newlink Corporation Miami)*
Rafael Ramirez *(Chief Creative Officer & Managing Director)*
Maria Pis-Dudot *(Senior Vice President)*
Nerea Alvarez *(Senior Vice President, Organizational Development & Human Resource)*
Teresa Villarreal *(Senior Vice President)*
Sabrina Lacle *(Director, Tourism)*
Maria Abarca *(Analyst, Finance)*
Miguel Lande *(Managing Director - North & CCA Region)*

NEWMAN PR
2140 South Dixie Highway
Coconut Grove, FL 33133
Tel.: (305) 461-3300
Fax: (305) 461-3311
Web Site: www.newmanpr.com

Employees: 10
Year Founded: 1946

Discipline: Public Relations

Andy Newman *(President)*
Buck Banks *(Senior Vice President)*
Julie Ellis *(Vice President)*

NEWS & EXPERTS
3748 Turman Loop
Wesley Chapel, FL 33544
Tel.: (727) 443-7115
Fax: (727) 443-0835
Web Site: newsandexperts.com

Employees: 11

Discipline: Public Relations

Marsha Friedman *(Founder & President)*
Steve Friedman *(Partner)*

NEXT LEVEL SPORTS INC.
27132A Paseo Espada
San Juan Capistrano, CA 92675
Web Site: www.nextlevelsportsinc.com

Year Founded: 2004

Discipline: Public Relations

Tony Gardea *(Owner & Chief Executive Officer)*
Ashley Schiermeyer *(Manager, Accounts & Social Media)*
Vanessa O'Brien *(Account Manager & Public Relations - Monster Energy & Kawasaki)*

NICHOLAS & LENCE COMMUNICATIONS
28 West 44th Street
New York, NY 10036

Tel.: (212) 938-0001
Fax: (212) 938-0837
Web Site: www.nicholaslence.com

Discipline: Public Relations

Cristyne Nicholas *(Chief Executive Officer)*
George Lence *(President)*
Nick Nicholas *(Director, Sports Development)*

NIKE COMMUNICATIONS, INC.
75 Broad Street
New York, NY 10004
Tel.: (212) 529-3400
Fax: (212) 353-0175
Web Site: www.nikecomm.com

Employees: 25

Discipline: Public Relations

Nina Kaminer *(President)*
Abby Vinyard O'Melia *(Executive Vice President & Head, Digital)*
Katie Archambault *(Vice President)*
Callie Shumaker Stanton *(Vice President)*
Amelia Lovaglio *(Assistant Vice President)*
Erin Jaffe *(Assistant Vice President)*
Felicia Lu *(Assistant Vice President)*
Kimberly Hanson *(Assistant Vice President)*
Pieter van Vorstenbosch *(Vice President)*
Ross Matsubara *(Vice President & Director, Style)*
Kendall Trainer *(Account Director)*
Jasmine Arant *(Account Executive)*
Breanna Longo *(Senior Digital Manager - The Digital Lab)*
Julia Lescarbeau *(Account Executive)*
Nermene Fakhr *(Senior Account Executive)*
Paulina Foster *(Senior Account Executive)*
Madeline Reid *(Digital Associate)*
Lauren O'Connor *(Assistant Account Executive)*
Jennifer Mendelsohn *(Senior Account Executive)*
Kristin Archambeau *(Senior Account Executive)*

Accounts:
Exclusive Resorts, LLC
Rosewood Hotels & Resorts, LLC

NO LIMIT AGENCY
One Prudential Plaza
Chicago, IL 60601
Tel.: (312) 526-3996
Web Site: nolimitagency.com

Year Founded: 2008

Discipline: Public Relations

Sharon Powills *(Chief Financial Officer)*
Nick Powills *(Chief Executive Officer)*
Lauren Turner *(Vice President, Client Relations)*
Brian Jaeger *(Vice President, Media Relations)*
Julie Vasic *(Vice President, People & Culture)*
Lauren Moorman *(Vice President, Client Communication, Public Relations & Content Strategy)*
Elliot Grandia *(Account Executive)*
Matthew Puttin *(Senior Account Executive)*
Jason Heilweil *(Media Relations Account Manager & Writer)*
Cassidy McAloon *(Senior Account Manager)*

Accounts:
Mooyah Burgers & Fries
Saladworks

Toppers Pizza

NORTH 6TH AGENCY
50 Greene Street
New York, NY 10013
Tel.: (212) 334-9753
Fax: (212) 334-9760
Web Site: n6a.com

Year Founded: 2010

Discipline: Public Relations

Al DiGuido *(President & Chief Revenue Officer)*
Matt Rizzetta *(Chief Executive Officer)*
Jordan Cohen *(Chief Marketing Officer)*
Nina Velasquez *(Executive Vice President, Talent Development)*
Trisha Laroccia *(Senior Vice President, Client Services)*
Naomi Hart *(Vice President, Digital Marketing)*
Tiffany Owens *(Digital Strategy Director)*
Valerie Leary *(Director, Marketing)*

Accounts:
America's Test Kitchen
Breather
Sweetwater Sound
Win Brands Group

NYHUS COMMUNICATIONS
720 Third Avenue
Seattle, WA 98104
Tel.: (206) 323-3733
Web Site: www.nyhus.com

Year Founded: 1994

Discipline: Public Relations

Roger Nyhus *(President & Chief Executive Officer)*
Mike Gilmore *(Account Supervisor)*
Kenneth Applewhaite *(Account Coordinator)*

Accounts:
Alaska Airlines

O'CONNELL & GOLDBERG
1955 Harrison Street
Hollywood, FL 33020
Tel.: (954) 964-9098
Fax: (954) 964-9099
Web Site: www.oandgpr.com

Employees: 11
Year Founded: 1993

Discipline: Public Relations

Barbara Goldberg *(Chief Executive Officer & Founding Partner)*
Matt Levinson *(Vice President & Managing Director)*

O'NEILL & ASSOCIATES
31 New Chardon Street
Boston, MA 02114
Tel.: (617) 646-1000
Fax: (617) 646-1290
Web Site: www.oneillandassoc.com

Employees: 45
Year Founded: 1991

Discipline: Public Relations

Shelly O'Neill *(Chief Operating Officer)*
Thomas O'Neill *(Chief Executive Officer)*
John Cahill *(Vice Chairman)*

Andrew Paven *(Senior Vice President)*

OFFLEASH
107 South B Street
San Mateo, CA 94401
Tel.: (650) 340-1979
Fax: (650) 340-1849
Web Site: www.offleashpr.com

Employees: 8

Discipline: Public Relations

Joanna Kulesa *(Principal & Chief Executive Officer)*
Robin Bulanti *(President)*
Julie Tangen *(Executive Vice President & General Manager)*
Cathy Wright *(Director)*
Tanaya Lukaszewski *(Vice President)*

OGILVY GOVERNMENT RELATIONS
1111 19th Street, Northwest
Washington, DC 20036
Tel.: (202) 729-4200
Fax: (202) 530-9777
Web Site: www.ogilvygr.com

Discipline: Public Relations

Gordon Taylor *(Principal)*

Accounts:
FloodSmart

OGILVY PUBLIC RELATIONS
1200 17th Street
Denver, CO 80202
Tel.: (888) 310-5327
Fax: (303) 615-5075
Web Site: www.ogilvypr.com

Employees: 20

Discipline: Public Relations

Shannon Gibbs *(Vice President)*
Bryn Lowe *(Marketing Strategist)*
Amy Messenger *(Managing Director - U.S. Technology Practice)*

OGILVY PUBLIC RELATIONS
636 Eleventh Avenue
New York, NY 10036
Tel.: (212) 880-5200
Fax: (212) 697-8250
Web Site: www.ogilvypr.com

Employees: 160
Year Founded: 1980

Discipline: Public Relations

Jennifer Risi *(Global Chief Communications Officer & Managing Director)*
Chris Graves *(Founder & President - Ogilvy Center for Behavioral Science)*
Carol Miller-Repetto *(Chief Operating Officer - Procter & Gamble Business)*
Christine Gennaro Meberg *(Executive Vice President)*
Amber Hahn *(Executive Vice President & Director, Planning)*
Sarah Block *(Senior Vice President)*
David Kang *(Senior Vice President & Director, Digital Strategy)*
Katherine Jaris *(Senior Vice President &*
Director, Media Communications)
Andrea Romero *(Vice President, Corporate Communications)*
Robert Fortunate *(Vice President, Office Services)*
Janet Sousa *(Program Director)*
Alan Lin *(Director, Digital Experience)*
Alex Braxton *(Creative Director)*
Atalie Hafez Bartolomeo *(Account Director)*
Carole Del Mul *(Associate Director, Digital Production & Technology)*
Claribel Cardenas *(Associate Director, Project Management)*
Daniel Lobaton Morey *(Executive Creative Director)*
Frederico Mattoso *(Associate Creative Director)*
Gregg Levy *(Senior Director, Digital Production & Technology)*
Hyomin Kang *(Director, Strategic Planning)*
Jessie Swain *(Associate Media Director)*
Nayantara Mukherji *(Director, Planning)*
Rafael Segri *(Associate Creative Director)*
Robin Oksenhendler *(Director, Business Affairs)*
Sara Murali *(Associate Director, Digital Experience)*
Thanh Ly *(Art Director)*
Tiffany Lynch Kimicata *(Associate Account Director)*
Molly Ling *(Senior Specialist, Information)*
Ajayne Totten *(Strategist, Paid Social)*
Anna Binninger *(Finance Manager)*
Dani Stoller *(Producer)*
David Gerard *(Executive Producer)*
Jed Karnowski *(Manager, Digital)*
Julie Dombreval *(Planner, Strategic)*
Lisa Rimmer *(Senior Manager, Business Affairs)*
Yasmin Seecharan *(Media Planner)*
Blake Morris *(Senior Copywriter)*
Ryan Belisario *(Account Executive)*
Kate Cronin *(Practice Leader, Ogilvy Health & Wellness USA)*
Betsy Stark *(Managing Director, Content & Media Strategy)*
Jennifer Scott *(Managing Director, Research & Intelligence - U.S.)*

Accounts:
Automatic Data Processing, Inc.
Brand USA
DXC Technology
Hive Home
LG Electronics U.S.A., Inc.
Susan G. Komen Breast Cancer Foundation, Inc.
Uniden America Corporation

OGILVY PUBLIC RELATIONS
350 North Orleans Street
Chicago, IL 60654
Tel.: (312) 397-6000
Fax: (312) 397-8841
Web Site: www.ogilvypr.com

Employees: 36
Year Founded: 1980

Discipline: Public Relations

Michele Anderson *(Group Managing Director, Head, Influence & Public Relations Domain)*

Accounts:
CDW Corporation
CTB/McGraw-Hill
McGraw-Hill Education
McGraw-Hill Higher Education
McGraw-Hill Professional
McGraw-Hill School Education Group

Brands. Marketers. Agencies. Search Less. Find More.
Try out the online version at www.winmo.com

AGENCIES - JULY, 2020
PUBLIC RELATIONS AGENCIES

OGILVY PUBLIC RELATIONS
1111 19th Street, Northwest
Washington, DC 20036
Tel.: (202) 729-4000
Web Site: www.ogilvypr.com

Employees: 200
Year Founded: 1980

Discipline: Public Relations

Kathy Baird *(Executive Vice President, Content & Social)*
Racquel Garcia-Pertusa *(Vice President, Social Marketing)*
Carol Colon *(Vice President, Corporate & Public Affairs)*
Valerie Vardaro *(Senior Digital Producer & Account Director)*
Rachel Caggiano *(Group Managing Director)*

Accounts:
Centers For Disease Control & Prevention
CFA Institute
Lance Armstrong Foundation
National Cancer Institute

OGILVY PUBLIC RELATIONS
1001 Front Street
San Francisco, CA 94111
Tel.: (415) 677-2800
Web Site: www.ogilvypr.com

Employees: 20

Discipline: Public Relations

Kate Brooks *(Senior Vice President)*
Dan La Russo *(Group Managing Director)*

Accounts:
Square Enix USA, Inc.

OLIVE CREATIVE STRATEGIES
401 West A Street
San Diego, CA 92101
Tel.: (619) 955-5285
Fax: (619) 923-0102
Web Site: www.olivecreativestrategies.com

Year Founded: 2009

Discipline: Public Relations

Jennifer Von Stauffenberg *(President)*
Jaclyn Walian *(Director, Operations & Public Relations)*

ON IDEAS
401 North Cattlemen Road
Sarasota, FL 34232
Tel.: (941) 365-2710
Web Site: www.c-suitecomms.com

Year Founded: 1987

Discipline: Public Relations

Heather McLain *(Vice President & Director, Public Relations)*
Juliette Reynolds *(Vice President, Digital Strategy)*

Accounts:
The Fresh Market, Inc.

ONE PR STUDIO
366 40th Street
Oakland, CA 94069
Tel.: (510) 893-3271
Fax: (510) 893-2581
Web Site: www.oneprstudio.com

Year Founded: 2006

Discipline: Public Relations

Jeane Wong *(Principal & Co-Founder)*
Kjell Vistad *(Vice President, PR & Business Development)*
Scott Fry *(Director)*

ORANGE ORCHARD
357 Ellis Avenue
Maryville, TN 37804
Tel.: (865) 977-1973
Web Site: www.orangeorchardpr.com

Year Founded: 2018

Discipline: Public Relations

Heather Ripley *(Founder & Chief Executive Officer)*
Amanda Greever *(Media Relations Specialist)*
Kaitlyn Clark *(Public Relations Specialist)*

Accounts:
Born Free USA
MUSE Global
V-Dog

ORSI PUBLIC RELATIONS
1158 Greenacre Avenue
Los Angeles, CA 90046
Tel.: (323) 874-4073
Web Site: www.orsipr.com

Discipline: Public Relations

Janet Orsi *(President)*
Greg Lutchko *(Senior Vice President)*

Accounts:
Tommy Bahama Group

OSK MARKETING & COMMUNICATIONS, INC.
122 East 42nd Street
New York, NY 10168
Tel.: (212) 905-0001
Fax: (212) 905-0006
Web Site: www.osk-ny.com

Year Founded: 2008

Discipline: Public Relations

Andre Poehlker *(Chief Executive Officer)*
Christoph Kolle *(Project & New Business Manager)*
Steve Smith *(Account Manager)*
Marcella Duque *(Project Manager)*

Accounts:
Mercedes -AMG
Mercedes-Benz B-Class
Mercedes-Benz C-Class
Mercedes-Benz CLA
Mercedes-Benz CLS
Mercedes-Benz Commercial
Mercedes-Benz E-Class
Mercedes-Benz G-Class
Mercedes-Benz GLA
Mercedes-Benz GLC-Class
Mercedes-Benz GLE-Class
Mercedes-Benz S-Class
Mercedes-Benz SL
Mercedes-Benz SLC
Mercedes-Benz USA, LLC
smart USA

OTHERWISE, INC.
900 North Western Avenue
Chicago, IL 60622
Tel.: (312) 226-1144
Fax: (312) 226-3836
Web Site: www.otherwiseinc.com

Discipline: Public Relations

Nancy Lerner *(Co-Founder & Chief Strategic Officer)*
David Frej *(Co-Founder & Chief Creative Officer)*

OUTSIDEPR
207 Second Street
Sausalito, CA 94965
Mailing Address:
Post Office Box 29178
San Francisco, CA 94129
Tel.: (415) 887-9325
Fax: (415) 887-9621
Web Site: www.outsidepr.com

Year Founded: 1995

Discipline: Public Relations

Gordon Wright *(Owner & President)*
Jess Smith *(Vice President & Account Director)*
Massimo Alpian *(Director, Public Relations)*
Kelsey McGrew *(Senior Account Executive)*

Accounts:
Beachbody, LLC
Camelbak Products LLC
Hoka One One
Mammut Sports Group, Inc.
Mountain Hardwear
Thousand
Title Nine
West + Wilder

OVERCAT COMMUNICATIONS
84 Avenue Road
Toronto, ON M5R 2H2
Tel.: (416) 966-9970
Web Site: www.overcat.com

Year Founded: 1990

Discipline: Public Relations

Audrey Hyams Romoff *(President & Owner)*
Gillian Dicesare *(Vice President)*
Chelsea Brooks *(Account Director)*
Simona Newton *(Account Director)*
Valarie Ackerman *(Account Director)*
Kathy Swietochowska *(Account Coordinator)*
Taylor Donovan *(Coordinator, Public Relations)*

OWEN MEDIA
1652 20th Avenue
Seattle, WA 98112
Tel.: (650) 272-0265
Fax: (206) 322-3428
Web Site: www.owenmedia.com

Employees: 8
Year Founded: 1997

Discipline: Public Relations

Brands. Marketers. Agencies. Search Less. Find More.
Try out the online version at www.winmo.com

634

PUBLIC RELATIONS AGENCIES
AGENCIES - JULY, 2020

Paul Owen *(Founder & President)*
Sylvia Lang *(Office Manager)*

PAC / WEST COMMUNICATIONS
8600 Southwest Saint Helens Drive
Wilsonville, OR 97070
Tel.: (503) 685-9400
Fax: (503) 685-9405
Web Site: www.pacwestcom.com

Employees: 22

Discipline: Public Relations

Paul Phillips *(President & Owner)*
Chris West *(Senior Vice President, Operations)*
Kelly Bantle *(Vice President)*
Patti Gilbert *(Controller)*
Ryan Tribbett *(Vice President, Government Affairs)*
Angie Smith *(Senior Account Manager)*
Dan Cushing *(Account Manager)*
Brock Hulse *(Assistant Account Manager)*
Kevin Maloney *(Manager, New Media)*
Mary Williams *(Account Manager)*

PADILLA
1101 West River Parkway
Minneapolis, MN 55415-1256
Tel.: (612) 455-1700
Fax: (612) 455-1060
Web Site: padillaco.com

Employees: 85
Year Founded: 1961

Discipline: Public Relations

Lynn Casey *(Chairman)*
Matt Kucharski *(President)*
Tom Jollie *(Senior Vice President)*
Bob McNaney *(Senior Vice President, Crisis & Critical Issues - Media Coaching)*
Tina Charpentier *(Senior Vice President, Environmental Sciences & Agriculture)*
Carrie Young *(Vice President, Corporate Brand Identity, Design, Marketing & Communications)*
Mike Garrison *(Vice President, Insights & Strategy)*
Jennifer Beres *(Vice President, Creative Operations & Production)*
Amy Fisher *(Vice President, Technology Practice)*
Al Galgano *(Vice President, Investor & Corporate Relations)*
Brian Prentice *(Vice President & Creative Director)*
Danielle Engholm *(Vice President & Strategist, Business-To-Business Marketing & Communications)*
David Heinsch *(Vice President, Corporate & Investor Relations Practice)*
Matt Sullivan *(Vice President & Director)*
Tracy Carlson *(Senior Director)*
Chris Liakos *(Associate Creative Director)*
Dani Jurisz *(Director, B2B Marketing & Communication Professional)*
Kimberly Huston *(Director)*
Kris Patrow *(Senior Director, Corporate Communications)*
Leanne Hanson *(Director)*
Julie Behr *(Marketing Manager)*
Chance Prigge *(Senior Writer)*
Leonard Pollard *(Account Supervisor)*
Molly O'Mara *(Senior Account Executive)*
Dana Bossen *(Senior Account Executive, Social Media & Digital Group)*
Kenny Devine *(Account Executive)*
Kyle Kapustka *(Senior Account Executive - Minnesota)*
Megan Skauge Schulz *(Senior Account Executive)*

Accounts:
3M Company
American Dairy Products Institute
Barnes & Noble, Inc.
Be The Match
BlueCross BlueShield of Minnesota
Dole Food Company, Inc.
Kannalife
Mayo Clinic
Produce for Better Health Foundation
The Almond Board of California
University of Alabama at Birmingham
Yanmar

PADILLA
Four World Trade Center
New York, NY 10007
Tel.: (212) 229-0500
Fax: (212) 229-0523
Web Site: www.padillacrt.com

Employees: 19
Year Founded: 1961

Discipline: Public Relations

Heath Rudduck *(Chief Creative Officer & Executive Vice President)*
Jason Stemm *(Vice President)*
Pablo Olay *(Vice President)*
Stacy Moskowitz *(Senior Director)*
Brandon Skop *(Senior Director)*
Joanne Tehrani *(Manager, Nutrition Communications)*

Accounts:
American Dairy Products Institute
Avocados From Mexico
Produce for Better Health Foundation

PADILLA
101 West Commerce Road
Richmond, VA 23224
Tel.: (804) 675-8100
Fax: (804) 675-8183
Web Site: www.padillaco.com

Employees: 37
Year Founded: 1961

Discipline: Public Relations

Brian Ellis *(Executive Vice President & Founder)*
Mike Mulvihill *(Executive Vice President)*
Scott Davila *(Senior Vice President)*
Natalie Smith *(Senior Vice President)*
Julie McCracken *(Senior Director)*
Jeff Wilson *(Vice President, Agency Marketing)*
Rosalie Morton *(Senior Social Media, Digital Director)*
Neil Cox *(Digital Production Director)*
Maliya Rooney *(Manager, Creative Resource & Senior Producer)*
Samantha Cox *(Account Supervisor)*
Lauren Llewellyn *(Account Supervisor)*
Caroline Hutchinson *(Senior Account Executive)*
David Russell *(Senior Developer)*
Jennifer Baybutt *(SEO & SEM Manager)*
Emily Messerly *(Account Supervisor)*
Jennifer Lucado *(Senior Writer)*
Samantha Strader *(Account Supervisor)*
Kathryn Canning *(Account Supervisor)*
Nichole Gill *(Designer)*

Accounts:
Allianz Life Insurance Company of North America
BASF Corporation
Cargill, Inc.
Council of Better Business Bureaus
Greater Houston Convention & Visitor Bureau
Patterson Companies, Inc.
Rockwell Automation, Inc.
TCF Financial Corporation
Virginia Lottery
Virginia Wine Board
Wilsonart

PALE MORNING MEDIA
4403 Main Street
Waitsville, VT 05673
Tel.: (802) 583-6069
Web Site: www.palemorningmedia.com

Discipline: Public Relations

Drew Simmons *(Founder & President)*
Matt Crawford *(Director)*
Amos Horn *(Public Relations Account Coordinator)*

Accounts:
Dogfish Head Craft Brewery
Oboz Footwear

PAN COMMUNICATIONS
255 State Street
Boston, MA 02109
Tel.: (978) 474-1900
Fax: (978) 474-1903
Web Site: www.pancommunications.com

Employees: 56
Year Founded: 1995

Discipline: Public Relations

Philip Nardone *(President)*
Mark Nardone *(Executive Vice President & Principal)*
Gary Torpey *(Chief Finance Officer)*
Elizabeth Famiglietti *(Executive Vice President, Human Resources)*
Darlene Doyle *(Senior Vice President)*
Megan Kessler *(Senior Vice President)*
Dan Martin *(Senior Vice President, Healthcare)*
Gene Carozza *(Senior Vice President)*
Lisa Astor *(Senior Vice President & Managing Director - North America)*
Nikki Festa O'Brien *(Senior Vice President)*
Adam Cormier *(Vice President, Client Relations)*
David Bowker *(Vice President & Head, Security Practice)*
Emily Holt *(Vice President)*
Michele Frost *(Vice President, Integrated Marketing)*
Jenny Radloff *(Director)*
Jennifer Bonney *(Creative Director)*
Michael O'Connell *(Director, Content Creation & Execution)*
Danielle Kirsch *(Account Supervisor)*
Alyssa Tyson *(Senior Marketing Manager)*
Kate Connors *(Senior Account Supervisor)*

Accounts:
GreatCall, Inc.

PAUL WERTH ASSOCIATES, INC.

AGENCIES - JULY, 2020 — PUBLIC RELATIONS AGENCIES

10 North High Street
Columbus, OH 43215
Tel.: (614) 224-8114
Fax: (614) 224-8509
Web Site: www.paulwerth.com

Employees: 20
Year Founded: 1963

Discipline: Public Relations

Sandra Harbrecht *(President & Chief Executive Officer)*
Mac Joseph *(Senior Vice President, Marketing)*
Beth Hillis *(Vice President, Operations)*
Wendy Schwantes *(Account Supervisor)*

PAUL WILMOT COMMUNICATIONS
581 Sixth Avenue
New York, NY 10011
Tel.: (212) 206-7447
Fax: (212) 206-7557
Web Site: www.paulwilmot.com

Employees: 35
Year Founded: 1993

Discipline: Public Relations

Paul Wilmot *(Chairman)*
Ridgely Brode *(Partner)*
Hampton Carney *(Associate Partner)*
Samantha Kain *(Managing Director)*

PERCEPTURE
1250 Route 21
Rashberg, NJ 08876
Toll Free: (800) 707-9190
Web Site: www.percepture.com

Year Founded: 2004

Discipline: Public Relations

Rene Mack *(President)*
Thor Harris *(Chief Executive Officer)*
Kaitie Ries *(Senior Digital Manager)*

Accounts:
Wham-O, Inc.

PERITUS PUBLIC RELATIONS
2829 Second Avenue South
Birmingham, AL 35233
Tel.: (205) 267-6673
Web Site: www.perituspr.com

Discipline: Public Relations

Louise Oliver *(President & Owner)*
Mary Elizabeth Roberson *(Director, Public Affairs)*
Erin Vogt *(Account Supervisor)*
Sally Immel *(Senior Account Leader)*

PERRY COMMUNICATIONS GROUP
980 Ninth Street
Sacramento, CA 95814
Tel.: (916) 658-0144
Fax: (916) 658-0155
Web Site: www.perrycom.com

Employees: 18

Discipline: Public Relations

Kassy Perry *(President & Chief Executive Officer)*
Julia Lewis *(Senior Vice President)*

PETER WEBB PUBLIC RELATIONS, INC.
455 North Sherman Street
Denver, CO 80203
Tel.: (303) 796-8888
Fax: (303) 796-0440
Web Site: www.webbstrategic.com

Year Founded: 1988

Discipline: Public Relations

Pete Webb *(Principal)*
Ginny Williams *(Principal & Vice President, Marketing)*
Andy Cohen *(Senior Account Manager)*

PHASE 3 MARKETING & COMMUNICATIONS
280 Interstate North Circle Southeast
Atlanta, GA 30339
Tel.: (404) 367-9898
Web Site: www.phase3mc.com

Year Founded: 2005

Discipline: Public Relations

Ken Holsclaw *(President)*
Mary Reynolds *(Senior Vice President, Public Relations)*
Sherri Jones *(Senior Vice President, Marketing & Client Services)*
Susan Frost *(Senior Vice President, Marketing & Agency Services)*
Aji Abraham *(Senior Vice President & Controller)*
Jennifer Buchach *(Vice President, National & Strategic Accounts)*
Helen Hart *(Vice President, Sales)*
Karen Foley *(Vice President, Operations)*
Bianca Beran *(Senior Public Relations Manager)*

PHILOSOPHY COMMUNICATION
209 Kalamath Street
Denver, CO 80223
Tel.: (303) 394-2366
Fax: (601) 767-0682
Web Site: www.philosophycommunication.com

Year Founded: 2001

Discipline: Public Relations

Jennifer Lester *(Founder)*
Connie Tran *(Art Director)*
Jordan Alvillar *(Account Manager)*
Tera Keatts *(Innovator)*

Accounts:
Natural Grocers

PIERCE COMMUNICATIONS
915 Broadway
Albany, NY 12207
Tel.: (518) 427-1186
Fax: (877) 430-8972
Web Site: www.albanypr.com

Year Founded: 1990

Discipline: Public Relations

Jonathan Pierce *(Owner & President)*
Jo Ann LeSage Nelson *(Vice President, Client Services)*

PIERPONT COMMUNICATIONS, INC.
1233 West Loop South
Houston, TX 77027
Tel.: (713) 627-2223
Fax: (713) 627-2224
Web Site: www.piercom.com

Employees: 23
Year Founded: 1987

Discipline: Public Relations

Phil Morabito *(Chief Executive Officer)*
Clint Woods *(Chief Operating Officer)*
Brian Banks *(Chief Financial Officer)*
Sally Ramsay *(Senior Vice President)*

PIERSON GRANT PUBLIC RELATIONS
6451 North Federal Highway
Fort Lauderdale, FL 33308
Tel.: (954) 776-1999
Fax: (954) 776-0290
Web Site: www.piersongrant.com

Employees: 15
Year Founded: 1995

Discipline: Public Relations

Maria Pierson *(Chief Executive Officer)*
Jane Grant *(President)*
Diana Hanford *(Vice President)*
Christopher Pierson *(Head, Digital)*
EmmaJean Livingston *(Account Executive)*

Accounts:
Olive Garden

PIKE & COMPANY
132 Hamerton Avenue
San Francisco, CA 94131
Tel.: (415) 585-2100
Fax: (415) 585-1665
Web Site: www.pikeandcompany.com

Employees: 3

Discipline: Public Relations

Gary Pike *(President)*
Eric Podolsky *(Account Executive)*

PILOT PMR
250 The Esplanade
Toronto, ON M5A 1J2
Tel.: (416) 462-0199
Fax: (416) 462-1281
Web Site: www.pilotpmr.com

Employees: 3
Year Founded: 2004

Discipline: Public Relations

David Doze *(Founder & Chief Executive Officer)*
Alex Mangiola *(Vice President)*

PINEROCK
45 West 27th Street
New York, NY 10010
Tel.: (212) 414-8300
Web Site: www.pinerock.com

Discipline: Public Relations

Ed Romanoff *(President & Chief Executive Officer)*

Brands. Marketers. Agencies. Search Less. Find More.
Try out the online version at www.winmo.com

PUBLIC RELATIONS AGENCIES
AGENCIES - JULY, 2020

Deb Talley *(Chief Financial Officer)*
Shelley Tupper *(Executive Vice President)*
Joe Doyon *(Senior Vice President, Sales & Marketing)*
Stephanie Quinn *(Senior Vice President, Client Strategy & Business Development)*
Sally Montgomery *(Vice President, Production)*
Abby Gold *(Vice President & Director, Video Production)*
Rich Warwinsky *(Senior Director, Technical)*
Ed Hennemann *(Executive Producer)*

PKPR
85 Broad Street
New York, NY 10004
Tel.: (212) 627-8098
Fax: (212) 627-8121
Web Site: www.pkpr.com

Employees: 4
Year Founded: 1992

Discipline: Public Relations

Patrick Kowalczyk *(President)*
Jenny Chang *(Account Director)*
Gretchen Griffin *(Writer)*

Accounts:
Sherman's Travel

PLA MEDIA
1303 16th Avenue, South
Nashville, TN 37212
Tel.: (615) 327-0100
Fax: (615) 320-1061
Web Site: www.plamedia.com

Year Founded: 1985

Discipline: Public Relations

Pamela Lewis *(President)*
Mark Logsdon *(Executive Director)*

POLLOCK COMMUNICATIONS, INC.
205 East 42nd Street
New York, NY 10017
Tel.: (212) 941-1414
Fax: (212) 334-2131
Web Site: www.pollock-pr.com

Employees: 12
Year Founded: 1991

Discipline: Public Relations

Louise Pollock *(Chairman & President)*
Alexandra Oppenheimer *(Vice President)*

Accounts:
The a2 Milk Company

PONDELWILKINSON INC
21700 Oxnard Street
Woodland Hills, CA 91367
Tel.: (310) 279-5980
Fax: (310) 279-5988
Web Site: www.pondel.com

Employees: 15
Year Founded: 1981

Discipline: Public Relations

Roger Pondel *(Chief Executive Officer)*
Evan Pondel *(President)*
Judy Sfetcu *(Vice President, Finance, Administration & Investor Relations)*

Accounts:
PacificSource Health Plans

PORTER LEVAY & ROSE
Seven Penn Plaza
New York, NY 10001
Tel.: (212) 564-4700
Fax: (212) 244-3075
Web Site: www.plrinvest.com

Employees: 12
Year Founded: 1972

Discipline: Public Relations

Mike Porter *(President)*
Lucille Belo *(Chief Operating Officer)*

PORTER NOVELLI
195 Broadway
New York, NY 10007
Tel.: (212) 601-8000
Fax: (212) 601-8101
Web Site: www.porternovelli.com

Year Founded: 1972

Discipline: Public Relations

Patrick Resk *(Chief Financial Officer & Senior Partner)*
Paul George *(Executive Vice President, Partner & Global Director, Health & Wellness)*
Kate Cusick *(Chief Marketing Officer)*
David Bentley *(Chief Executive Officer)*
Sean Smith *(Executive Vice President, Global Reputation Management)*
Greg Jawski *(Senior Vice President & Corporate Reputation & Financial Services Lead - North America)*
Kelsey Hammonds *(Senior Vice President)*
Lianne DiUbaldi *(Senior Vice President)*
Martha Ginsberg *(Vice President, Knowledge & Brand Assets Communications & Senior Creative Producer, Business Development)*
Tara LaVoun *(Vice President, Finance)*
Kate Johnston *(Vice President)*
Johnna Graddy *(Senior Administrative Manager)*
Erica Baldwin *(Account Supervisor)*
Suzy An *(Account Manager)*
Caroline Regan *(Account Manager - Essentia Water)*
Ryann McCallen *(Senior Account Executive)*

Accounts:
Arrow Electronics, Inc.
Bel Brands USA, Inc.
British Airways
Centers For Disease Control & Prevention
Dow Plastics
Essentia Water LLC
FICO
GlaxoSmithKline, Inc.
Monster Worldwide, Inc.
Penske Truck Leasing
Pfizer
Sanofi U.S
T-Mobile USA
The Almond Board of California

PORTER NOVELLI
1615 L Street
Washington, DC 20006
Tel.: (206) 727-2880
Fax: (202) 973-1392
Web Site: www.porternovelli.com

Employees: 130
Year Founded: 1972

Discipline: Public Relations

Kendra Kojcsich *(Vice President)*

Accounts:
Center for Nutrition Policy & Promotion

PORTER NOVELLI
3500 Lenox Road, Northeast
Atlanta, GA 30326
Tel.: (404) 995-4500
Fax: (404) 995-4501
Web Site: www.porternovelli.com

Employees: 56
Year Founded: 1997

Discipline: Public Relations

Mark Avera *(Vice President)*
Blair Riley *(Account Manager, Technology)*
Kaylea Bowers *(Manager, Analytics)*
Amanda Rue *(Account Manager)*
Conroy Boxhill *(Managing Director)*

PORTER NOVELLI
290 Congress Street
Boston, MA 02210
Tel.: (617) 897-8200
Fax: (617) 450-4343
Web Site: www.porternovelli.com

Employees: 35
Year Founded: 1991

Discipline: Public Relations

Accounts:
Big Brothers Big Sisters of America

PORTER NOVELLI
710 Second Avenue
Seattle, WA 98104
Tel.: (206) 727-2880
Fax: (206) 727-3439
Web Site: www.pnicg.com

Employees: 40

Discipline: Public Relations

Fred Shank *(Executive Vice President & West Coast Consumer Practice Leader)*
Patricia Trask *(Vice President, Human Resources)*
Anita Lavine *(Vice President, Consumer Public Relations & Communications)*
Erin Osher *(Managing Director)*

PORTER NOVELLI
55 Union Street
San Francisco, CA 94111
Tel.: (415) 975-2200
Fax: (415) 975-2201
Web Site: www.porternovelli.com

Employees: 45

Discipline: Public Relations

Kaye Monty *(Vice President, Human Resources)*

PORTER NOVELLI
5353 Grosvenor Boulevard
Los Angeles, CA 90066
Tel.: (310) 754-4141
Fax: (323) 762-2499

Brands. Marketers. Agencies. Search Less. Find More.
Try out the online version at www.winmo.com

PUBLIC RELATIONS AGENCIES

AGENCIES - JULY, 2020

Web Site: www.porternovelli.com

Employees: 16
Year Founded: 1972

Discipline: Public Relations

Brad MacAfee *(Chief Executive Officer & Senior Partner)*
Linda Martin *(Partner & Managing Director)*

Accounts:
The National Honey Board

PORTER NOVELLI CANADA
Two Bloor Street, West
Toronto, ON M4W 3E2
Tel.: (416) 423-6605
Fax: (416) 423-5154
Web Site: www.porternovelli.com

Employees: 25
Year Founded: 1996

Discipline: Public Relations

Maria Antonopoulos *(Senior Vice President, Consumer & Health)*
Eric Tang *(Senior Vice President, Technology Practice & Deputy Leader)*
Melissa Arnold *(Vice President)*
Ian Hudson *(Manager, Information Technology & Operations)*

PORTER NOVELLI CANADA
1600 Notre Dame West
Montreal, QC H3J 1M1
Tel.: (514) 846-5605
Fax: (514) 527-5510
Web Site: www.porternovelli.com

Employees: 15
Year Founded: 1972

Discipline: Public Relations

Eric Tang *(Executive Vice President & Managing Director)*

POTOMAC COMMUNICATIONS GROUP, INC.
1133 20th Street Northwest
Washington, DC 20036
Tel.: (202) 466-7391
Fax: (202) 429-0365
Web Site: www.pcgpr.com

Employees: 20
Year Founded: 1981

Discipline: Public Relations

Mimi Limbach *(Managing Partner)*
Andrew Hallmark *(Senior Partner)*
Laura Hermann *(Partner)*
Nora Howe *(Partner & Vice President, Operations)*
Katherine Patrick *(Vice President, Creative Strategy)*

POWELL TATE
733 10th Street Northwest
Washington, DC 20001
Tel.: (202) 383-9700
Fax: (202) 383-0079
Web Site: www.powelltate.com

Employees: 100
Year Founded: 1998

Discipline: Public Relations

Sally Squires *(Senior Vice President, Food & Nutrition)*
Lance Morgan *(Chief Communications Strategist)*
Peter Carson *(Managing Director, Public Affairs, North America)*

Accounts:
Chamber of Commerce of the United States of Americ
Papa John's International
Pinnacle Foods Corporation

POWER PR
20521 Earl Street
Torrance, CA 90503
Tel.: (310) 787-1940
Fax: (310) 787-1970
Web Site: www.powerpr.com

Employees: 30
Year Founded: 1991

Discipline: Public Relations

Jeff Elliot *(President)*
Heather Metcalfe *(Partner, Vice President & Chief Financial Officer)*

POWERHOUSE COMMUNICATIONS
950 West 17th Street
Santa Ana, CA 92706
Tel.: (949) 261-2216
Fax: (949) 261-2272
Web Site: www.powerhousecomm.com

Employees: 3
Year Founded: 2016

Discipline: Public Relations

Kristin Daher *(President)*
Chelsea McKinney *(Account Manager)*

Accounts:
Juice It Up! Franchise Coporation
Mountain Mike's Pizza
Pieology Pizzeria
Wienerschnitzel

PR CHICAGO
510 North Prairie Avenue
Mundelein, IL 60060
Tel.: (847) 949-0097
Web Site: www.prchicago.com

Discipline: Public Relations

Toni Antonetti *(President & Owner)*
Marcy Manning *(Public Relations Specialist)*

PR PLUS, INC.
5576 South Balforte Apachee Road
Las Vegas, NV 89148
Tel.: (702) 696-1999
Fax: (702) 696-1996
Web Site: www.prpluslv.com/

Employees: 5
Year Founded: 1991

Discipline: Public Relations

Alissa Kelly *(Owner)*
Michelle Wilmoth *(Account Executive)*

PRCG | HAGGERTY, LLC
45 Broadway
New York, NY 10006
Tel.: (212) 683-8100
Fax: (212) 683-9363
Web Site: www.prcg.com

Employees: 10
Year Founded: 1993

Discipline: Public Relations

James Haggerty *(President & Chief Executive Officer)*
Sara Helmig *(Executive Director)*
Kimberly Valarezo *(Junior Manager)*

Accounts:
Versace USA

PREFERRED PUBLIC RELATIONS & MARKETING
2630 South Jones Boulevard
Las Vegas, NV 89146
Tel.: (702) 254-5704
Fax: (702) 242-1205
Web Site: www.preferredpublicrelations.com

Discipline: Public Relations

Michele Tell *(Founder, Chief Executive Officer & Creative Director)*
James Woodrow *(Founder & Chief Operations Officer)*

PRINCETON PUBLIC AFFAIRS GROUP, INC.
160 West State Street
Trenton, NJ 08608-1102
Tel.: (609) 396-8838
Fax: (609) 989-7491
Web Site: www.ppag.com

Employees: 20
Year Founded: 1987

Discipline: Public Relations

Dale Florio *(Founder & Lobbyist)*
Margaret Payne *(Office Manager)*

PRIORITY PUBLIC RELATIONS
2118 Wilshire Boulevard
Santa Monica, CA 90403
Tel.: (818) 661-6368
Web Site: www.prioritypr.net

Employees: 12
Year Founded: 1990

Discipline: Public Relations

Jeff Pryor *(Founder & Chief Executive Officer)*
Kristien Brada-Thompson *(Vice President & Managing Director - U.S.)*

PROMERSBERGER COMPANY
4838 Rocking Horse Circle
Fargo, ND 58104
Tel.: (701) 492-9194
Fax: (701) 277-4611
Web Site: www.promersberger.com

Employees: 16
Year Founded: 1972

Discipline: Public Relations

Ken Promersberger *(President & Owner)*

Brands. Marketers. Agencies. Search Less. Find More.
Try out the online version at www.winmo.com

PUBLIC RELATIONS AGENCIES

Jan Promersberger *(Vice President & Co-Owner)*
Jon Thorp *(Director, Creative Services & Public Relations)*
Ben Brouillard *(Art Director)*

PROPELLER COMMUNICATIONS
1335 East 11th Street
Tulsa, OK 74119
Mailing Address:
Post Office Box 521030
Tulsa, OK 74152-1030
Tel.: (918) 488-0110
Web Site: www.thinkpropeller.com

Year Founded: 1996

Discipline: Public Relations

Barrett Waller *(Vice President)*
Kristy White *(Account Director)*

PROSEK PARTNERS
105 Madison Avenue
New York, NY 10016
Tel.: (212) 279-3115
Fax: (212) 279-3117
Web Site: www.prosek.com/

Year Founded: 1990

Discipline: Public Relations

Jennifer Prosek *(Founder, Chief Executive Officer & Managing Partner)*
Mark Kollar *(Partner)*
Caroline Gibson *(Partner)*
Andy Merrill *(Partner)*
Karen Niovitch Davis *(Partner)*
Russell Sherman *(Partner)*
Emily Tracy *(Senior Vice President)*
Nadia Damouni *(Senior Vice President)*
Aleka Bhutiani *(Vice President)*
Danielle Elliott Collins *(Associate Vice President)*
Mark J. LaVoie *(Vice President)*
Bernardo Torres *(Director, Strategy & Design)*
Amanda Silverstein *(Manager, Human Resource)*
Matthew Luongo *(Account Supervisor)*
Luke Willoughby *(Specialist, Digital Media)*
Brian Schaffer *(Managing Director)*
Hal Bienstock *(Managing Director)*
Mike Geller *(Managing Director)*
Thomas J. Rozycki Jr *(Managing Director)*

PROSEK PARTNERS
1552 Post Road
Fairfield, CT 06824
Tel.: (203) 254-1300
Fax: (203) 254-1330
Web Site: www.prosek.com

Discipline: Public Relations

Catherine Johnson *(Senior Vice President)*
Vu D. Chung *(Senior Vice President)*
Dave Zamba *(Creative Director)*
Aaron Steinfeld *(Senior Art Director)*

PRX, INC.
991 West Hedding Street
San Jose, CA 95126
Tel.: (408) 287-1700
Fax: (408) 556-1487
Web Site: www.prxdigital.com

Employees: 12
Year Founded: 1975

Discipline: Public Relations

Brenna Bolger *(Founder & Chief Executive Officer)*
Bill Kugler *(Senior Vice President)*
LaNor Maune *(Director, Content Marketing & Senior Account Manager)*

PUBLIC COMMUNICATIONS, INC.
One East Wacker Drive
Chicago, IL 60601
Tel.: (312) 558-1770
Fax: (312) 558-5425
Web Site: www.pcipr.com

Employees: 45
Year Founded: 1963

Discipline: Public Relations

Jill Allread *(Chief Executive Officer & President)*
Sharon Dewar *(Senior Vice President)*
Ruth Mugalian *(Vice President)*
Richard Barry *(Senior Consultant)*

PUBLIC STRATEGIES IMPACT
414 Riverview Plaza
Trenton, NJ 08611
Tel.: (609) 393-7799
Fax: (609) 393-9891
Web Site: NJPSI.com

Year Founded: 1986

Discipline: Public Relations

Joseph DeSanctis *(Partner)*
Tracie DeSarno *(Partner)*
Matthew Halpin *(Partner)*
William Maer *(Senior Partner)*
Edward Mount *(Partner)*
Joseph Simonetta *(Senior Partner)*
Roger Bodman *(Managing Partner)*

PUBLICIS CONSULTANTS | PR
424 Second Avenue West
Seattle, WA 98119
Tel.: (206) 285-2222
Fax: (206) 272-2497
Web Site: www.publicisconsultants-pr.com/

Employees: 37

Discipline: Public Relations

Steve Bryant *(Executive Vice President - USA)*

PUBLICIS HEALTH
One Pennsylvania Plaza
New York, NY 10119
Tel.: (212) 771-5500
Fax: (212) 468-3170
Web Site: www.publicishealth.com

Employees: 3
Year Founded: 2003

Discipline: Public Relations

Nick Colucci *(Chairman)*
Greg Reilly *(Chief Client Officer)*
Alexandra von Plato *(Chief Executive Officer)*
Kipp Jarecke-Cheng *(Chief Communications Officer)*
Marianne Nugent *(Chief Innovation & Operations Officer)*
Lyn Falconio *(Chief Marketing Officer)*
Nathalie Le Bos *(Chief Finance Officer)*
Nikki Muntz *(Executive Vice President, Business Development)*
Catherine Mayone *(Executive Vice President)*
Erin Harvey *(Senior Vice President, Media)*
Dave Nussbaum *(Senior Vice President)*
Eric Celerier *(Senior Vice President & Director, Client Financial)*
Brad Rosenhouse *(Global Vice President, Programmatic)*
Alison McManimie *(Vice President, Media)*
David Fries *(Director, Media)*
Kaitlynn Mannino *(Associate Media Director - Novo Nordisk)*
Arielle Gomez *(Associate Director)*
Stacey L. Richter-Levy *(Director, Learning & Development)*

Accounts:
InvisAlign

PUBLICIS MID AMERICA
168 North Ninth Street
Boise, ID 83702
Tel.: (208) 395-8300
Fax: (208) 395-8333
Web Site: www.publicisboise.com

Employees: 15
Year Founded: 1906

Discipline: Public Relations

Christal Gammill *(Account Director)*
Kurt Olson *(Creative Director)*
Lindsey Ash *(Director, Human Resources & Administrative - Canada)*

Accounts:
J.R. Simplot Company

PUBLICIS TORONTO
111 Queen Street East
Toronto, ON M5C 1S2
Tel.: (416) 925-7733
Fax: (416) 925-7341
Web Site: www.publicis.ca

Employees: 270
Year Founded: 1926

Discipline: Public Relations

Duncan Bruce *(President & Chief Executive Officer)*
Brett McIntosh *(Chief Marketing Officer)*
Tim Kavander *(Executive Vice President & Creative Director)*
Tracey Tobin *(Senior Vice President, Client Lead)*
Jessica Balter *(Vice President, Client Solutions)*
Chris Hunter *(Vice President & Brand Director)*
Alister Adams *(Vice President, Digital)*
Bobby Malhotra *(Vice President & Brand Director)*
Scott Pinkney *(Vice President & Executive Creative Director)*
Sandra Baumander *(Art Director)*
Silvia Parkinson *(Account Director)*
David Jones *(Account Director)*
Charlotte DiLecce *(Account Director)*
Helder DeFreitas *(Creative Director)*
Judy Timms *(Associate Creative Director)*
Lukasz Dolowy *(Group Account Director)*
Raven Daly *(Associate Creative Director)*
Richard Boehnke *(Associate Creative Director)*

Brands. Marketers. Agencies. Search Less. Find More.
Try out the online version at www.winmo.com

AGENCIES - JULY, 2020

PUBLIC RELATIONS AGENCIES

Susan Hung *(Associate Creative Director)*
Liz Barros *(Manager, Human Resource)*

Accounts:
Daily Keno
Groupe SEB Canada
L'Oreal Canada, Inc.
LG Electronics Canada
Lottario
Lotto 6/49
Lotto Max
Nestle Canada, Inc.
Ontario 49
Ontario Lottery & Gaming Corporation
PayDay
Pick-3
Pick-4
Pro-Line
Rogers Cable Communications, Inc.
WestJet Airlines, Ltd.

PUNCH COMMUNICATIONS
179 John Street
Toronto, ON M5T 1X4
Tel.: (416) 360-6522
Fax: (416) 360-8819
Web Site: www.punch.to

Discipline: Public Relations

Stewart MacPhee *(President & Chief Executive Officer)*
Jeff Lake *(Managing Partner & Senior Vice President)*

PUSH DIGITAL
2721 Devine Street
Columbia, SC 29205
Tel.: (803) 250-1120
Web Site: www.pushdigital.com

Year Founded: 2010

Discipline: Public Relations

Wesley Donehue *(Chief Executive Officer)*
Michael Rentiers *(President)*
Matt Nichols *(Partner & Chief Operating Officer)*
Phil Vangelakos *(Senior Vice President)*
Jonathan Williams *(Senior Vice President, Brands & Marketing)*
Nick Murray *(Deputy Director, Business Development)*
Brooke Willaby *(Advertising Director)*

PUTNAM ROBY WILLIAMSON COMMUNICATIONS
One South Pinckney Street
Madison, WI 53703
Tel.: (608) 251-1952
Fax: (608) 251-1896
Web Site: www.prwcomm.com

Discipline: Public Relations

Mark Williamson *(Partner & Chairman)*
Tim Roby *(Owner)*
Paula Gilbeck *(Vice President, Corporate Relations)*

QORVIS COMMUNICATIONS, LLC
1201 Connecticut Avenue Northwest
Washington, DC 20036
Tel.: (202) 496-1000

Fax: (202) 496-1300
Web Site: www.qorvis.com

Employees: 51
Year Founded: 2000

Discipline: Public Relations

Michael Petruzzello *(President)*
Gregory Lagana *(Partner)*
Rich Masters *(Executive Vice President, Public & International Affairs)*
Elissa Dodge *(Executive Vice President)*
Ron Faucheux *(Executive Vice President)*
Chuck Alston *(Senior Vice President & Director, Public Affairs)*
Shereen Soghier *(Senior Vice President)*
Jennifer Baskerville *(Vice President & Managing Director)*
Joe Chapman *(Vice President & Managing Director)*
Kara Hauck *(Vice President, Public Affairs)*
Cassie Elliot *(Vice President & Creative Director, Advertising)*
Colleen Wilber Kincaid *(Vice President, Corporate Communications, Media Relations, Public Affairs, Digital Media & Corp Socia)*
Grace Fenstermaker *(Vice President)*
Marcos Ballestero *(Vice President & Creative Director)*
Julia Kettle Larson *(Director, Human Resources)*
Christian Theuer *(Account Supervisor)*
Jonathan Ewing *(Senior Account Supervisor, Digital)*
Monica Khattar *(Account Supervisor)*
Carly O'Brien *(Senior Account Executive)*
John Ganjei *(Account Executive, Digital)*
Kevin Chaffee *(Senior Account Executive)*
Latoria Jones *(Analyst, Client Finance)*
Shannon Quinn *(Senior Account Executive)*

Accounts:
Aamco Transmissions, Inc.
Virginia Lottery

QUANTUM COMMUNICATIONS
123 State Street
Harrisburg, PA 17101
Tel.: (717) 213-4955
Fax: (717) 213-4957
Web Site: www.quantumcomms.com

Employees: 7
Year Founded: 2000

Discipline: Public Relations

Scott Staruch *(Partner)*
Charlie Gerow *(Chief Executive Officer)*

QUINN & COMPANY
48 West 38th Street
New York, NY 10018
Tel.: (212) 868-1900
Fax: (212) 465-0849
Web Site: www.quinnandco.com

Employees: 20
Year Founded: 1989

Discipline: Public Relations

Florence Quinn *(Founder & President)*
Lara Berdine *(Senior Vice President)*
Ashley Lagzial *(Senior Account Supervisor)*

Accounts:
Hawaiian Airlines

R&J STRATEGIC COMMUNICATIONS
1140 Route 22 East
Bridgewater, NJ 08807
Tel.: (908) 722-5757
Web Site: www.randjpr.com

Employees: 7

Discipline: Public Relations

John Lonsdorf *(Chief Executive Officer)*
Scott Marioni *(President)*
Steve Guberman *(Vice President, Creative & Digital Services)*
Rebecca Smith *(Senior Account Executive)*
Tim Gerdes *(Director, Digital Services)*
Daniel Johnson *(Senior Account Executive)*
Tracey Benjamini *(Account Supervisor)*
Maria Bayas *(Digital Account Strategist)*
Ashlee Weingarten *(Assistant Account Executive)*

Accounts:
Altec Lansing Technologies, Inc.
Polaroid Corporation
Profeta Farms LLC

RACEPOINT GLOBAL
Two Center Plaza
Boston, MA 02108
Tel.: (617) 624-3200
Fax: (781) 890-5822
Web Site: www.racepointglobal.com/

Employees: 30
Year Founded: 2003

Discipline: Public Relations

Larry Weber *(Chief Executive Officer, Chairman & Founder)*
Dan Carter *(Executive Vice President & Managing Director)*
Daniel Carter Jr. *(Executive Vice President & Managing Director - North America)*
Jennifer Signorini *(Senior Vice President)*
Laura Smith *(Senior Vice President, Marketing Account Services)*
Kelly Houston *(Vice President - Talent Management)*

Accounts:
A-LIGN
Columbia Gas of Massachusetts
NormaTec
Panasonic
Panasonic Corporation of America
Tangoe, Inc.
Toughbook
tour24

RACHEL KAY PUBLIC RELATIONS
320 South Cedros
Solana Beach, CA 92075
Tel.: (877) 975-3423
Web Site: www.rkpr.net

Discipline: Public Relations

Rachel Kay *(Founder & President)*
Olivia Printz *(Operations & Accounting Manager)*
Julie Hendricks *(Senior Account Supervisor)*
Megan Busch *(Senior Account Executive)*
Alyssa Hayes *(Senior Account Supervisor)*
Lynsey Winters *(Assistant Account Executive)*
Gabriella Verdugo *(Account Coordinator)*

PUBLIC RELATIONS AGENCIES

Natalie Terashima *(Managing Partner)*

Accounts:
Enjoy Life Foods
Teas' Tea

RAFFETTO HERMAN STRATEGIC COMMUNICATIONS
1111 Third Avenue
Seattle, WA 98101
Tel.: (206) 264-2400
Fax: (206) 264-2480
Web Site: www.rhstrategic.com

Discipline: Public Relations

John Raffetto *(Chief Executive Officer)*
Kara Lundberg *(Account Vice President & Talent Development Lead)*

RAFFETTO HERMAN STRATEGIC COMMUNICATIONS, LLC
1400 Eye Street Northwest
Washington, DC 20005
Tel.: (202) 585-0207
Fax: (202) 393-2509
Web Site: www.rhstrategic.com

Discipline: Public Relations

David Herman *(President)*
Jason Poos *(Vice President, Marketing)*

RAINIER COMMUNICATIONS
287 Turnpike Road
Westborough, MA 01581
Tel.: (508) 475-0025
Fax: (508) 475-0201
Web Site: www.rainierco.com

Employees: 4
Year Founded: 1987

Discipline: Public Relations

Stephen Schuster *(Chief Executive Officer & Founder)*
Debbe Somma *(Director, Operations)*
Alan Ryan *(Account Director)*

RAINS BIRCHARD MARKETING
1001 Southeast Water Avenue
Portland, OR 97214
Tel.: (503) 297-1791
Fax: (503) 297-2282
Web Site: www.rainsbirchardmarketing.com/

Employees: 10
Year Founded: 1987

Discipline: Public Relations

Jon Rains *(Creative Director & Owner)*
Matt Birchard *(General Manager & Owner)*

RASKY BAERLEIN STRATEGIC COMMUNICATIONS, INC.
70 Franklin Street
Boston, MA 02110
Tel.: (617) 443-9933
Fax: (617) 443-9944
Web Site: www.rasky.com

Employees: 30
Year Founded: 1989

Discipline: Public Relations

Larry Rasky *(Chairman & Chief Executive Officer)*
Brian Tomlinson *(Chief Financial Officer & Senior Vice President)*
Jeffrey Terrey *(Partner & Senior Vice President, Government Relations Practice)*
Kristyn Anderson *(Associate Vice President & Chief of Staff)*
Ronald L. Walker II *(Chief Operating Officer)*
Sandra Goldfarb *(Senior Vice President)*
Bethany Bassett *(Senior Vice President)*
George F. Cronin *(Senior Vice President)*
Graham Shalgian *(Senior Vice President)*
Andy Hoglund *(Vice President)*
Dianna Walsh *(Associate Vice President)*
Jessica DiMartino *(Vice President, Marketing)*
Caroline Baker *(Manager, Human Resource)*
Meghan Post *(Senior Account Executive)*
Zach Burrus *(Senior Associate, Marketing)*
Justine Griffin *(Managing Director)*

RB OPPENHEIM ASSOCIATES
2040 Delta Way
Tallahassee, FL 32303
Tel.: (850) 386-9100
Fax: (850) 386-4396
Web Site: www.rboa.com

Employees: 6
Year Founded: 1985

Discipline: Public Relations

Rick Oppenheim *(Chief Executive Officer & Senior Counselor)*
Michael D. Winn *(Chief Digital Officer)*
Jessie Johnson *(Vice President & Account Supervisor)*

RBB COMMUNICATIONS
355 Alhambra Circle
Miami, FL 33134
Tel.: (305) 448-7450
Fax: (305) 448-5027
Web Site: www.rbbcommunications.com

Employees: 25
Year Founded: 1975

Discipline: Public Relations

Christine Barney *(Chief Executive Officer & Managing Partner)*
Lisa Ross *(President & Managing Partner)*
Tina Elmowitz *(Partner & Executive Vice President)*
Sandra Fine Ericson *(Senior Vice President & Director, Results Measurement & Partner)*
Abdul Muhammad II *(Partner & Chief Digital Officer)*
Laura Guitar *(Executive Vice President, Crisis Communications & Issue Management)*
Lauren Bernat *(Vice President, Account Services)*
Maite Velez-Couto *(Senior Vice President & Partner)*
Julie Jimenez-Padron *(Vice President & Senior Account Director)*
Jeanine Karp *(Vice President & Partner)*
Josh Merkin *(Vice President & Partner)*
Rashid Saker *(Director, Operations & Partner)*
Rafael Sangiovanni *(Senior Producer, Digital & Social Media)*
Elizabeth Prats *(Account Manager)*
Nathaniel Derrenbacher *(Account Executive)*
Sidney Sterling *(Assistant Account Executive)*

AGENCIES - JULY, 2020

Ailys Toledo *(Senior Account Executive)*

Accounts:
Brown & Brown Insurance
Disney On Ice
Feld Entertainment, Inc.
Homewood Suites

READE COMMUNICATIONS
Post Office Drawer 15039
Riverside, RI 02915-0039
Mailing Address:
850 Waterman Avenue
East Providence, RI 02914
Tel.: (401) 433-7000
Fax: (401) 433-2649
Web Site: www.reade.com

Employees: 25
Year Founded: 1978

Discipline: Public Relations

Charles Reade *(Owner & Consultant)*
Barbara Soboleski *(Senior Coordinator, Sales)*
Elisabeth Law *(Sales & Marketing Coordinator)*

REBELLIOUS PR
501 Southeast 14th Avenue
Portland, OR 97214
Tel.: (971) 319-0953
Web Site: www.rebelliouspr.com

Year Founded: 2016

Discipline: Public Relations

Evie Smith *(Founder & Chief Executive Officer)*
Tatiana Skomski *(Senior Account Manager)*
Kaulana Dilliner *(Public Relations Account Specialist)*

Accounts:
Liingo Eyewear

RED BANYAN
1701 West Hillsboro Boulevard
Deerfield Beach, FL 33442
Tel.: (954) 379-2115
Web Site: www.redbanyan.com

Year Founded: 2010

Discipline: Public Relations

Evan Nierman *(Founder & Principal)*
Robbin Lubbehusen *(Vice President, Operations)*
Pamela Armstrong *(Director, Accounts)*
Michele Anapol *(Director, Content)*
Vlad Drazdovich *(Senior Account Executive)*
Jodie Singer *(Account Executive - Washington)*
Melissa Ayluardo *(Senior Social Media Manager)*

RED HAVAS
200 Madison Avenue
New York, NY 10016
Tel.: (602) 373-8131
Web Site: redhavas.com

Year Founded: 1989

Discipline: Public Relations

Melanie Klausner *(Senior Vice President, Corporate, Cause & Consumer)*
Natasha Carroll *(Senior Vice President, Global Clients & Business Director)*
Sam McDougall *(Associate Vice President, Social & Operations)*

641

PUBLIC RELATIONS AGENCIES

Kellyn Curtis *(Associate Vice President)*
Marciela Rios *(Account Director)*
Alyssa Carfi *(Account Supervisor)*

Accounts:
Cantor Fitzgerald, LP
Drive Shack
Sears Holding Corporation
True Food Kitchen

RED JAVELIN COMMUNICATIONS, INC.
30 Pelham Island Road
Sudbury, MA 01776
Tel.: (978) 440-8392
Fax: (978) 440-7032
Web Site: www.redjavelin.com

Employees: 8
Year Founded: 2001

Discipline: Public Relations

Lisa Allocca *(Co-Founder & Partner)*
Dana Harris *(Co-Founder & Partner)*

RED SKY PUBLIC RELATIONS
1109 West Main Street
Boise, ID 83702
Tel.: (208) 287-2199
Fax: (208) 287-2198
Web Site: www.redskypr.com

Year Founded: 2008

Discipline: Public Relations

Tracy Bresina *(Chief Operating Officer)*
Jessica Flynn *(Chief Executive Officer)*
Chad Biggs *(Vice President, Corporate Communication & Content)*

RED SQUARE AGENCY
54 Saint Emanuel Street
Mobile, AL 36602
Mailing Address:
Post Office Box 70165
Mobile, AL 36670
Tel.: (251) 476-1283
Fax: (251) 476-1582
Web Site: www.redsquareagency.com

Year Founded: 1977

Discipline: Public Relations

Richard Sullivan, Sr. *(Owner & Chief Executive Officer)*
Elena Freed *(Chief Operating Officer)*
Kate Light *(Senior Account Executive)*

Accounts:
Foxwoods Resort Casino
Hard Rock Rocksino Northfield Park
Hibbett Sports, Inc.
University of Alabama
Wind Creek Casino & Hotel

REDPOINT MARKETING PR, INC.
75 Broad Street
New York, NY 10004
Tel.: (212) 229-0119
Fax: (212) 229-0364
Web Site: www.redpointpr.com

Year Founded: 2002

Discipline: Public Relations

Victoria Feldman de Falco *(Principal & Owner)*
Christina Miranda *(Principal & Cofounder)*
Stephanie Strommer *(Senior Account Executive)*

Accounts:
Loews Corporation
Regent Seven Seas Cruises

REED PUBLIC RELATIONS
1720 West End Avenue
Nashville, TN 37203
Tel.: (615) 645-4320
Web Site: www.reedpublicrelations.com

Year Founded: 2013

Discipline: Public Relations

Katie Adkisson *(Partner)*
Lauren Reed *(Founder & President)*
Jenny Barker *(Vice President, Account Services)*
Rachel Davis *(Supervisor, Account)*
Erin Horne *(Manager, Account)*
Macey Cleary *(Account Coordinator)*
Tayhlor Blackwell *(Coordinator, Account)*
Payton Comerford *(Coordinator, Account)*
Brooke Semke *(Coordinator, Account)*

Accounts:
O'Charley's, Inc.

REGAN COMMUNICATIONS GROUP
106 Union Wharf
Boston, MA 02109
Tel.: (617) 488-2800
Fax: (617) 723-2414
Web Site: www.regancomm.com

Employees: 42
Year Founded: 1984

Discipline: Public Relations

George Regan, Jr. *(Chairman & Co-Founder)*
Julie Kahn *(President)*
Joanna Roffo *(Managing Director)*
Lindsay Rotondi *(Senior Vice President)*
Elizabeth Fragala *(Assistant Vice President)*
Kara Crowley *(Vice President)*
Lauren O'Shea *(Vice President)*
Mary W. Stengel *(Vice President, Brand & Media Strategy)*
Sarah Stewart *(Vice President)*
Jason Allegrezza *(Finance Manager)*
Katelyn O'Sullivan *(Senior Account Executive)*
Megan McKay *(Senior Account Executive)*
Sean Gonsalves *(Senior Account Executive, Crisis Communications, Media Relations, Event Planning & Media Training)*

REGAN COMMUNICATIONS GROUP
127 Dorrance Street
Providence, RI 02903
Tel.: (401) 351-8855
Fax: (401) 751-3305
Web Site: www.regancomm.com

Employees: 5

Discipline: Public Relations

Mariellen Burns *(Chief Strategy Officer)*
Lisa Doucet-Albert *(Senior Vice President & Team Leader)*
Sandrine Sebag *(Senior Vice President)*
Kate Barba Murphy *(Vice President)*

Marci Tyldesley *(Vice President)*

REN BEANIE
9508 Wrangler Drive
Lake Worth, FL 33467
Tel.: (305) 788-6878
Web Site: www.renbeanie.com

Year Founded: 2009

Discipline: Public Relations

Jen Bernstein Derevensky *(Founder & Co-President)*
Anne-Marie Grill *(Co-President)*
Lindsay Edwards *(Public Relations Specialist)*

Accounts:
Basic Fun!

REPUTATION PARTNERS
30 West Monroe
Chicago, IL 60603
Tel.: (312) 222-9887
Fax: (312) 222-9755
Web Site: www.reputationpartners.com

Employees: 5
Year Founded: 2002

Discipline: Public Relations

Nick Kalm *(President & Founder)*
Jane Devron *(Co-Founder & Executive Vice President)*
Megan Hakes *(General Manager & Co-Founder)*
Brendan Griffith *(Senior Vice President)*

RES PUBLICA GROUP
333 North Michigan Avenue
Chicago, IL 60601
Tel.: (312) 755-3535
Fax: (312) 755-1462
Web Site: www.respublicagroup.com

Employees: 25

Discipline: Public Relations

Guy Chipparoni *(President)*
Julia Sznewajs *(Managing Partner)*

RFBINDER PARTNERS, INC.
950 Third Avenue
New York, NY 10022
Tel.: (212) 994-7600
Fax: (212) 994-7597
Web Site: www.rfbinder.com

Employees: 60
Year Founded: 2001

Discipline: Public Relations

Amy Binder *(Chief Executive Officer)*
Atalanta Rafferty *(Chief Performance Officer & Executive Managing Director)*
Jason Buerkle *(Chief Financial Officer)*
David Weinstock *(Chief Creative Officer)*

Accounts:
Skyword, Inc.

RFBINDER PARTNERS, INC.
160 Gould Street
Needham, MA 02494
Tel.: (781) 455-8250
Fax: (781) 455-8233
Web Site: www.rfbinder.com

PUBLIC RELATIONS AGENCIES

Employees: 10
Year Founded: 2001

Discipline: Public Relations

Jill Metzger (Director, Social Impact & Sustainability)
Josh Gitelson (Executive Managing Director)

Accounts:
Dunkin'

RHUDY & COMPANY
1600 Roseneath Road
Richmond, VA 23230
Tel.: (804) 897-0763
Fax: (866) 451-1894
Web Site: www.rhudy.biz

Year Founded: 2003

Discipline: Public Relations

Michele Rhudy (President & Chief Executive Officer)
Jonathan Rhudy (Partner)

RHYTHM COMMUNICATIONS
500 Bishop Street
Atlanta, GA 30318
Tel.: (404) 889-8966
Fax: (404) 870-8889
Web Site: rhythmcommunications.com

Employees: 12
Year Founded: 2003

Discipline: Public Relations

Jennifer Gaddy (Chief Digital Officer)
Caroline Seeman (Account Executive)

RICHMOND PUBLIC RELATIONS
1601 Fifth Avenue
Seattle, WA 98101
Tel.: (206) 682-6979
Fax: (206) 682-7062
Web Site: www.richmondpr.com

Employees: 17
Year Founded: 1992

Discipline: Public Relations

Louis Richmond (Senior Advisor & Chairman)
Lorne Richmond (Chief Executive Officer)
Laura Melincianu (Director, Operations)

RLA COLLECTIVE
141 Tompkins Avenue
Pleasantville, NY 10570
Tel.: (914) 241-0086
Fax: (914) 242-2061
Web Site: www.robinleedyassociates.com

Employees: 10
Year Founded: 1986

Discipline: Public Relations

Ashley Hughes (Marketing Manager)
Robin Russo (Co-Managing Director)
Alyson O'Mahoney (Co-Managing Director)

RLF COMMUNICATIONS
532 South Elm Street
Greensboro, NC 27406
Tel.: (336) 553-1800
Fax: (336) 553-1735
Web Site: www.rlfcommunications.com

Year Founded: 2007

Discipline: Public Relations

Monty Hagler (President & Chief Executive Officer)
Michelle Rash (Vice President, Financial & Professional Services Brands)
Greg Monroy (Creative Director)
David French (Management Supervisor)

RLM PUBLIC RELATIONS
Post Office Box 4208
New York, NY 10163
Mailing Address:
228 East 45 Street
New York, NY 10017
Tel.: (212) 741-5106
Fax: (212) 741-5139
Web Site: www.rlmpr.com

Employees: 15
Year Founded: 1991

Discipline: Public Relations

Richard Laermer (President & Chief Executive Officer)
Steve Bradley (General Manager & Director, Operations)

Accounts:
Effectv

RMD ADVERTISING
6116 Cleveland Avenue
Columbus, OH 43231
Tel.: (614) 794-2008
Fax: (614) 794-0476
Web Site: www.rmdadvertising.com

Employees: 4
Year Founded: 1992

Discipline: Public Relations

Sue Reninger (Managing Partner, Client Brand Strategy)
Donn Ditzhazy (Managing Partner & Executive Creative Director)

ROBERTSON & MARKOWITZ ADVERTISING & PUBLIC RELATIONS, INC.
108 East Montgomery Crossroads
Savannah, GA 31406-4732
Tel.: (912) 921-1040
Fax: (912) 921-0333
Web Site: www.robmark.com

Employees: 11
Year Founded: 1990

Discipline: Public Relations

Ted Robertson (Owner & Secretary)
Lisa Markowitz Kitchens (President)
Diane Butler (Office Manager & Media Buyer)

ROBERTSON SCHWARTZ AGENCY
1250 Sixth Street
Santa Monica, CA 90401
Tel.: (310) 395-6622
Web Site: www.rsaconnects.com

Employees: 5
Year Founded: 1989

Discipline: Public Relations

Rusty Robertson (Partner, Co-Founder)
Sue Schwartz (Partner, Co-Founder)
Angee Jenkins (Executive Vice President, Marketing & Donor Relations)

ROCKET SCIENCE
700 Larkspur Landing Circle
Larkspur, CA 94939
Tel.: (415) 464-8110
Fax: (415) 464-8114
Web Site: www.rocketscience.com

Employees: 7
Year Founded: 1996

Discipline: Public Relations

Mark Addison (President)
Bob Ochsner (Vice President, Public Relations & Brand Engagement)

Accounts:
Dole Fresh Fruit
Dole Fresh Vegetables

ROEDER-JOHNSON CORPORATION
274 Redwood Shores Parkway
Redwood City, CA 94065-1173
Tel.: (650) 395-7078
Fax: (650) 593-5515
Web Site: www.roeder-johnson.com

Discipline: Public Relations

Abigail Johnson (President)
Steve Johnson (Vice President)

ROGERS & COWAN/PMK*BNC
1840 Century Park East
Los Angeles, CA 90067
Tel.: (310) 854-8100
Fax: (310) 854-8106
Web Site: www.rogersandcowan.com

Employees: 50
Year Founded: 1950

Discipline: Public Relations

Bill Rosenthal (Chief Operating & Financial Officer)
Mark Owens (Chief Executive Officer)
Dennis Dembia (Co-President, Entertainment & Business Strategy)
Melissa Schumer (President, Digital Entertainment, Technology & Gaming)
Shirley Hughes (President, Brand Marketing Division)
Alisa Granz (Executive Vice President - Global Consumer Practice)
Steve Doctrow (Executive Vice President, Partnerships)
Jackie Crystal (Vice President)
Susan Yin (Vice President, Digital Entertainment)
Courtney Allen (Vice President, Digital Marketing)
Karen Sundell (Vice President, Entertainment - Music & Sports)
Tara Schroetter (Senior Director, Strategy & Transformation - Greenhouse)
Lexi Klein (Talent Publicist & Account

Brands. Marketers. Agencies. Search Less. Find More.
Try out the online version at www.winmo.com

Executive)
Tarun Dhiman *(Junior Art Director)*
Michael Fullem *(Account Director)*
Amanda Nguyen *(Account Supervisor - Brand Marketing & Communications)*
Alexis McRay *(Marketing Manager)*
Mallory Schluter *(Account Supervisor)*
Roya Eftekari *(Senior Account Executive)*
Haya Kaylani *(Account Executive)*
Diandra Utomo *(Assistant Account Executive)*
Ryan Smith *(Senior Account Executive)*
Jade Shi *(Account Executive)*

Accounts:
Connexity, Inc.
Heineken USA, Inc.
Jockey International
The FRS Company
University Medical Pharmaceuticals

ROGERS & COWAN/PMK*BNC
909 Third Avenue
New York, NY 10022
Tel.: (212) 878-5501
Fax: (212) 445-8290
Web Site: www.rogersandcowan.com

Employees: 20
Year Founded: 1950

Discipline: Public Relations

Fran Curtis *(Vice-Chairman, Entertainment Division)*
Brad Cafarelli *(Vice-Chairman, Entertainment Division)*
Marian Koltai-Levine *(President, Film Content & Marketing)*
John Reilly *(Senior Vice President, Music)*
Danielle Thur *(Vice President, Lifestyle & Entertainment)*
Brian Giglio *(Account Supervisor)*
Jamie Reisman *(Account Supervisor)*
Heather McDevitt *(Senior Account Executive)*
Jessica Harris *(Account Executive)*

RONALD TRAHAN ASSOCIATES, INC.
258 Main Street
Medfield, MA 02052
Tel.: (508) 816-6730
Fax: (508) 359-4095
Web Site: www.ronaldtrahan.com

Employees: 5
Year Founded: 1992

Discipline: Public Relations

Ronald Trahan *(President)*
Debbie Hayes *(Director, Operations & Finance)*

RONI HICKS & ASSOCIATES, INC.
10590 West Ocean Air Drive
San Diego, CA 92130
Tel.: (858) 947-2700
Fax: (858) 947-2701
Web Site: www.ronihicks.com

Discipline: Public Relations

Ellen Wong *(Account Services Director)*
Jo Depiano *(Office Manager)*
Megan Harnal *(Marketing & Social Media Manager)*

ROSECOMM
80 River Street
Hoboken, NJ 07030
Tel.: (201) 656-7178
Fax: (201) 221-8734
Web Site: www.rosecomm.com

Employees: 4
Year Founded: 2003

Discipline: Public Relations

Rosemary Ostmann *(Founder, President & Chief Executive Officer)*
Lisa Trapani *(Senior Vice President)*
Jennifer Leckstrom *(Vice President)*
Kelsey BaRoss *(Account Supervisor)*

ROSICA STRATEGIC PUBLIC RELATIONS
2-14 Fair Lawn Avenue
Fair Lawn, NJ 07410
Tel.: (201) 843-5600
Fax: (201) 843-5680
Web Site: www.rosica.com

Employees: 12
Year Founded: 1980

Discipline: Public Relations

Chris Rosica *(President & Chief Executive Officer)*
Kathy Carliner *(Senior Vice President, Consumer Marketing)*

ROSLAN & CAMPION PUBLIC RELATIONS, LLC
424 West 33rd Street
New York, NY 10001
Tel.: (212) 966-4600
Fax: (212) 966-5763
Web Site: www.drcpublicrelations.com

Employees: 10

Discipline: Public Relations

Eileen Campion *(President & Managing Partner)*
Chris Roslan *(President)*

ROSS-CAMPBELL, INC.
1912 F Street
Sacramento, CA 95811
Tel.: (916) 446-4744
Fax: (916) 446-0386
Toll Free: (800) 466-4744
Web Site: www.ross-campbell.com

Year Founded: 1983

Discipline: Public Relations

Ted Ross *(President)*
Shawn Campbell *(Vice President)*

ROUNTREE GROUP, INC.
12670 Crabapple Road
Milton, GA 30004
Tel.: (770) 645-4545
Fax: (770) 645-0147
Web Site: www.rountreegroup.com

Employees: 11
Year Founded: 1985

Discipline: Public Relations

Don Rountree *(President)*
Lisa Hester *(Senior Account Manager)*

ROX UNITED
300 Pacific Coast Highway
Huntington Beach, CA 92648
Tel.: (714) 794-6570
Web Site: www.roxunited.com

Employees: 9
Year Founded: 1996

Discipline: Public Relations

Roxana Lissa *(President)*
Lisa Ruiz-Rogers *(Managing Director)*

Accounts:
Johnny Rockets Group, Inc.

RPR MARKETING COMMUNICATIONS
1156 Avenue of the America
New York, NY 10022
Tel.: (212) 317-1462
Fax: (212) 317-1776
Web Site: www.rprmc.com

Employees: 9

Discipline: Public Relations

Cora Mae Rood *(President & Chief Executive Officer)*
Kate Hall *(Creative Director)*

RUBENSTEIN ASSOCIATES
825 Eighth Avenue
New York, NY 10019
Tel.: (212) 843-8000
Fax: (212) 843-9200
Web Site: www.rubenstein.com

Employees: 170
Year Founded: 1954

Discipline: Public Relations

Howard Rubenstein *(Chairman)*
Steven Rubenstein *(President & Chief Executive Officer)*
Peter Foley *(Executive Vice President & Director, Business Development)*
Susan Arons *(Managing Director)*
Carolyn Sargent *(Executive Vice President)*
Jennifer Young *(Senior Vice President, Human Resources)*
Charles Zehren *(Executive Vice President, Corporate Communications)*
Mike Stouber *(Associate Vice President)*
Julia Tomkins *(Associate Vice President)*
Hillary Karsten *(Vice President)*
Chrysann Panos *(Senior Account Coordinator)*
Patrick Smith *(Managing Director)*
Suzanne Halpin *(Managing Director)*

Accounts:
Apollo Global Management
BankMobile
Morgan's Hotel Group
NYP Holdings, Inc.
Steward

RUBIN COMMUNICATIONS GROUP
4876 Princess Anne Road
Virginia Beach, VA 23462
Tel.: (757) 456-5212
Fax: (757) 456-5224
Web Site: www.rubincommunications.com

644

PUBLIC RELATIONS AGENCIES
AGENCIES - JULY, 2020

Employees: 10
Year Founded: 1991

Discipline: Public Relations

Joel Rubin (Chief Executive Officer)
Sara Jo Rubin (Chief Operations Officer)
Danny Rubin (Vice President)
Jessica Davenport (Creative Director)

RUDER FINN, INC.
425 East 53rd Street
New York, NY 10022
Tel.: (212) 593-6400
Fax: (212) 715-1668
Web Site: www.ruderfinn.com

Employees: 400
Year Founded: 1948

Discipline: Public Relations

David Finn (Chairman - Ruder Finn Group)
Kathy Bloomgarden (Chief Executive Officer)
Michael Schubert (Chief Innovation Officer)
Rowan Benecke (Chief Growth Officer)
Rachel Spielman (Executive Vice President, Media & Head, Storytelling)
David Brooks (Senior Vice President, Digital & Social Health)
Molly Dobbins (Group Vice President, Technology)
Tejas Totade (Senior Vice President, Head, Emerging Technologies)

Accounts:
Alliance Data Systems Corporation
Novartis Pharmaceuticals Corporation
Sweet 'N Low
Teradata

RUNSWITCH PR
9300 Shelbyville Road
Louisville, KY 40222
Tel.: (502) 365-9917
Web Site: www.runswitchpr.com

Year Founded: 2012

Discipline: Public Relations

Steve Bryant (Partner)
Hayley Pugel (Senior Account Executive)

Accounts:
Long John Silver's Restaurants, Inc.

RUNYON SALTZMAN EINHORN
2020 L Street
Sacramento, CA 95811
Tel.: (916) 446-9900
Fax: (916) 446-3619
Web Site: www.rs-e.com

Employees: 50
Year Founded: 1960

Discipline: Public Relations

Scott Rose (Principal)
Estelle Saltzman (Chair, Board)
Paul McClure (Principal & Director, Advertising)
Chris Holben (President)
Kelly Kent (Media Director)
Cathy Grewing (Office Manager & Senior Executive Assistant)
Stephanie Holzman (Media Planner & Buyer)
Allie Delehant (Senior Account Manager)

RX COMMUNICATIONS GROUP
555 Madison Avenue
New York, NY 10022
Tel.: (917) 322-2568
Web Site: www.rxir.com

Discipline: Public Relations

Melody Carey (Founder & Co-President)
Paula Schwartz (Managing Director)

S&A COMMUNICATIONS
301 Cascade Point Lane
Cary, NC 27513
Tel.: (919) 674-6020
Fax: (919) 481-2658
Web Site: www.sacommunications.com

Employees: 18
Year Founded: 1982

Discipline: Public Relations

Chuck Norman (Owner & Principal)
Amanda Dunlap (Principal)
Michael Colborn (Controller)
Mike Trainor (Vice President, Public Relations)
Deneen Winters Bloom (Client Services Director)
Teresa Kriegsman (Creative Director)
Michael McDaniel (Developer, Web)
Beth Harris (Graphic Designer)
Jennifer Casey (Senior Graphic Designer)
Leah Brown (Account Executive)
Lane Singletary (Graphic Designer)

SACHS MEDIA GROUP
114 South Duval Street
Tallahassee, FL 32301
Tel.: (850) 222-1996
Fax: (850) 222-2882
Web Site: sachsmedia.com

Employees: 18
Year Founded: 1996

Discipline: Public Relations

Ron Sachs (Owner)
Michelle Ubben (President & Partner)
Gay Sachs (Chief Financial Officer)
Drew Piers (Partner & Director, Campaigns)
Lisa Garcia (Partner & Chief Operating Officer)
Marilyn Siets (Deputy Senior Manager, Finance)
Ryan Cohn (Partner)
Vicki Johnson (Senior Vice President)
Herbie Thiele (Vice President & Director, Public Affairs)
Jon Peck (Vice President, Public Relations)
Karen Cyphers (Vice President, Research & Policy)

SAGE
1525 Locust Street
Kansas City, MO 64108
Tel.: (816) 474-3166
Web Site: www.sagebrandkc.com

Discipline: Public Relations

Kelly Schwalbe (Partner)
Leigh Ann Cleaver (Owner)

SAM BROWN INC.
303 West Lancaster Avenue
Wayne, PA 19087
Tel.: (484) 580-6411
Fax: (610) 353-5462

Web Site: www.sambrown.com

Discipline: Public Relations

Laura Liotta (President & Chief Executive Officer)
Amanda Foley (Team Head - Pharmaceutical Brand)
Kristin Paulina (Team Head, Healthcare)

SAN DIEGO PR
406 Ninth Avenue
San Diego, CA 92101
Tel.: (858) 248-2819
Fax: (858) 689-1281
Web Site: www.sandiegopr.pro/

Year Founded: 1995

Discipline: Public Relations

Julia Simms (Founder & President)
Michael Simms (Vice President)

SANDBOX STRATEGIES
1123 Broadway
New York, NY 10010
Tel.: (212) 213-2451
Fax: (212) 213-2462
Web Site: www.sandboxstrat.com

Employees: 2

Discipline: Public Relations

Corey Wade (Founder & Partner)
Rob Fleisher (Founder & Partner)
Shaun Norton (Partner)
John Mak (Operations Manager)

SANDERSON & ASSOCIATES LTD.
400 North Racine Avenue
Chicago, IL 60642
Tel.: (312) 829-4350
Fax: (312) 829-4360
Web Site: www.sandersonpr.com

Employees: 7
Year Founded: 1984

Discipline: Public Relations

Rhonda Sanderson (Founder, Owner & President)
Samantha Amato (Vice President)

Accounts:
Salsarita's Inc.

SANDY HILLMAN COMMUNICATIONS
1122 Kenilworth Drive
Towson, MD 21204
Tel.: (410) 339-5100
Web Site: www.hillmanpr.com

Discipline: Public Relations

Sandy Hillman (President)
Dave Curley (Senior Vice President, Corporate Communications & Reputation)
Liz Feldman (Senior Vice President)
Lauren Walbert (Vice President)

Accounts:
Caesars Entertainment Corporation
Harrah's Las Vegas
World Series of Poker

Brands. Marketers. Agencies. Search Less. Find More.
Try out the online version at www.winmo.com

AGENCIES - JULY, 2020 — PUBLIC RELATIONS AGENCIES

SARD VERBINNEN
630 Third Avenue
New York, NY 10017
Tel.: (212) 687-8080
Fax: (212) 687-8344
Web Site: www.sardverb.com

Employees: 200
Year Founded: 1992

Discipline: Public Relations

George Sard *(Chairman & Chief Executive Officer)*
Paul Verbinnen *(President & Chief Executive Officer)*
David Harris *(Managing Director, Chief Financial Officer)*
Adam Shapiro *(Principal, Digital Strategy)*
Devin Broda *(Vice President)*
Matthew Benson *(Managing Director)*
Anna Cordasco *(Managing Director)*
Stephanie Pillersdorf *(Managing Director)*
Andrew Cole *(Managing Director)*

Accounts:
Vector Group Ltd

SARD VERBINNEN & CO
475 Sansome Street
San Francisco, CA 94111
Tel.: (415) 618-8750
Fax: (415) 568-9580
Web Site: www.sardverb.com

Year Founded: 1992

Discipline: Public Relations

Paul Kranhold *(Co-President)*
John Christiansen *(Managing Director - San Francisco)*
Cassandra Bujarski *(Managing Director - Los Angeles)*
Megan Bouchier *(Managing Director - San Francisco)*

Accounts:
JUUL

SAYLES & WINNIKOFF COMMUNICATIONS
1201 Broadway
New York, NY 10001
Tel.: (212) 725-5200
Web Site: www.sayleswinnikoff.com

Year Founded: 2003

Discipline: Public Relations

Carina Sayles *(Co-Principal)*
Alan Winnikoff *(Co-Principal)*

Accounts:
Sonar Entertainment

SCATENA DANIELS COMMUNICATIONS
2165 San Diego Avenue
San Diego, CA 92110
Tel.: (619) 232-0222
Web Site: www.scatenadaniels.com

Year Founded: 2009

Discipline: Public Relations

Arika Daniels *(Founding Partner)*
Denise Scatena *(Founding Partner)*

Suzy Garcia *(Director, Public Relations)*
Ann Marie Price *(Account Executive)*

SCHNAKE TURNBO FRANK, INC.
20 East Fifth Street
Tulsa, OK 74103
Tel.: (918) 582-9151
Fax: (918) 582-6023
Web Site: www.schnake.com

Employees: 14
Year Founded: 1972

Discipline: Public Relations

Becky Frank *(Managing Partner, Chairman & Chief Executive Officer)*
Steve Turnbo *(Chairman, Emeritus)*
Russ Florence *(Chief Operating Officer, Partner & President)*
David Wagner *(Partner & Chief Financial Officer)*
Erika Huffman *(Vice President)*
Tahira Taqi *(Account Executive)*
Hannah Jackson *(Vice President & Senior Account Executive)*

SCOUTCOMMS
5806 Grove Avenue
Richmond, VA 23226
Tel.: (202) 957-2688
Web Site: www.scoutcommsusa.com

Year Founded: 2010

Discipline: Public Relations

Frederick Wellman *(Chief Executive Officer & Founder)*
Caitlin Manaois *(Account Director)*

Accounts:
GoRuck

SEROKA BRAND DEVELOPMENT
200 South Executive Drive
Brookfield, WI 53005
Tel.: (262) 523-3740
Fax: (262) 523-3760
Toll Free: (866) 379-0400
Web Site: www.seroka.com

Employees: 17
Year Founded: 1988

Discipline: Public Relations

Patrick Seroka *(Chief Executive Officer)*
John Seroka *(Principal, Brand Strategist)*
Scott Seroka *(Principal & Certified Brand Consultant)*
Amy Hansen *(Vice President, Public Relations & Strategic Planning)*
Rachel Sawicki *(Account Supervisor)*

SEYFERTH & ASSOCIATES, INC.
40 Monroe Center, Northwest
Grand Rapids, MI 49503
Tel.: (616) 776-3511
Fax: (616) 776-3502
Toll Free: (800) 435-9539
Web Site: www.seyferthpr.com

Employees: 30
Year Founded: 1984

Discipline: Public Relations

Ginny Seyferth *(President)*
Dan Spaulding *(Principal)*
Eileen McNeil *(Principal & Vice President, Government Affairs)*
Regina Daukss *(Chief Financial Officer)*
Karen Kirchenbauer *(Vice President & Principal)*
Tyler Lecceadone *(Vice President & Principal)*
Michael Zalewski *(Senior Counsel)*
Bill Herbst *(Vice President & Principal)*
Cynthia Domingo *(Account Supervisor)*
Kyle Moroney *(Senior Writer)*
Chris Zoladz *(Account Supervisor)*
Natasha Alvarez *(Account Executive)*

SHADOW PUBLIC RELATIONS
414 West 14th Street
New York, NY 10014
Tel.: (212) 972-0277
Web Site: www.shadowpublicrelations.com

Discipline: Public Relations

Brad Zeifman *(Co-Chief Executive Officer)*
Lisette Sand-Freedman *(Chief Executive Officer)*
Liza Bychkov-Suloti *(Partner)*
Jamie D'Attoma *(Vice President)*
Sara Lieberman *(Associate Vice President)*
Brian Vaughan *(Creative Director)*
Danielle Marmel *(Director, Beauty)*
Gabriela De Leon *(Influence Marketing Manager)*
Victoria Moran *(Account Manager)*

Accounts:
aerie by American Eagle
aerie by American Eagle
American Eagle Outfitters, Inc.
DKNY
Donna Karan International, Inc.
Kim Crawford
ModCloth
Moroccanoil
Ruffino
Scunci
The Honest Company

SHARON MERRILL ASSOCIATES, INC.
77 Franklin Street
Boston, MA 02110
Tel.: (617) 542-5300
Fax: (617) 423-7272
Web Site: www.investorrelations.com

Year Founded: 1985

Discipline: Public Relations

Sharon Merrill *(Chairman Emerita)*
Maureen Wolff-Reid *(Chief Executive Officer)*
David Calusdian *(President)*
Scott Solomon *(Senior Vice President)*

SHEA COMMUNICATIONS
18 East 41st Street
New York, NY 10001
Tel.: (212) 627-5766
Fax: (212) 627-5430
Web Site: www.sheacommunications.com

Employees: 10
Year Founded: 1997

Discipline: Public Relations

George Shea *(Chairman & Chief Executive Officer)*

646

PUBLIC RELATIONS AGENCIES
AGENCIES - JULY, 2020

Richard Shea *(President & Partner)*

SHIFT COMMUNICATIONS LLC
125 Fifth Avenue
New York, NY 10003
Tel.: (646) 756-3700
Fax: (646) 756-3710
Web Site: www.shiftcomm.com

Year Founded: 2003

Discipline: Public Relations

Defausha Hampton *(Account Director)*
Stephanie Chan *(Account Manager)*
Mary McGuire *(Account Manager)*

SHIFT COMMUNICATIONS, LLC
120 Saint James Avenue
Boston, MA 02116
Tel.: (617) 779-1800
Fax: (617) 242-7372
Web Site: www.shiftcomm.com

Employees: 47
Year Founded: 2003

Discipline: Public Relations

Jim Joyal *(Partner)*
Amy Lyons *(Managing Partner)*
Paula Finestone *(Executive Vice President, Operations)*
Amanda Grinavich *(Account Director, Marketing Technolgy)*
Natalie Townsend *(Account Director)*
Megan Gaffney *(Account Director, Consumer)*
Taylor Gallagher *(Senior Account Manager, Consumer Practice)*
Emily Adams *(Senior Account Manager)*
Maria Baez *(Account Manager)*

Accounts:
Foxwoods Resort Casino
Joss & Main
Shimano American Corp.
The Rockport Company
Virgin Mobile USA

SHIFTOLOGY COMMUNICATION
137 East Main Street
Springfield, OH 45502
Tel.: (937) 688-3878
Web Site: www.shift-ology.com

Year Founded: 2008

Discipline: Public Relations

Melanie Wilt *(Founder & Chief Experience Officer)*
Marin Smith *(Creative Director)*
Emily Bennett *(Account Manager & Content Specialist)*
Dan Toland *(Account Manager)*
Brad Collins *(Communication Coordinator)*

SHIRLEY & BANISTER PUBLIC AFFAIRS
122 South Patrick Street
Alexandria, VA 22314
Tel.: (703) 739-5920
Fax: (703) 739-5924
Toll Free: (800) 536-5920
Web Site: www.sbpublicaffairs.com

Employees: 8

Year Founded: 1984
Discipline: Public Relations

Craig Shirley *(Founder, Chairman & Chief Executive Officer)*
Diana Banister *(President)*
Kevin McVicker *(Vice President)*

SHOPPR
215 Park Avenue South
New York, NY 10003
Tel.: (212) 829-1111
Fax: (212) 829-1290
Web Site: www.shop-pr.com

Employees: 10
Year Founded: 1998

Discipline: Public Relations

Stephanie Kennedy *(Senior Vice President)*
Melanie Wiesenfeld *(Vice President)*
Chrissy Baum *(Vice President)*
Vanessa Pesce *(Managing Director)*

Accounts:
Ellen Tracy
John Paul Mitchell Systems
Paul Mitchell

SHORE FIRE MEDIA
32 Court Street
Brooklyn, NY 11201
Tel.: (718) 522-7171
Fax: (718) 522-7242
Web Site: www.shorefire.com

Employees: 16
Year Founded: 1980

Discipline: Public Relations

Marilyn Laverty *(Founder & President)*
Rebecca Shapiro *(Senior Vice President)*

SIMBOL
1741 Teal Drive
Park City, UT 84098
Web Site: www.simbolpr.com/

Year Founded: 2017

Discipline: Public Relations

Nic Sims *(Co-Founder)*
Scott Boubol *(Co-Founder)*

SINGER ASSOCIATES
47 Kearny Street
San Francisco, CA 94108
Tel.: (415) 227-9700
Fax: (415) 348-8478
Web Site: www.singersf.com

Employees: 17
Year Founded: 2000

Discipline: Public Relations

Sam Singer *(President & Chief Executive Officer)*
Adam Alberti *(Managing Partner)*
Sharon Rollins Singer *(Chief Finance Officer)*
Jason Barnett *(Senior Vice President)*
Erin Souza *(Director, Business Operations)*
Mike Aldax *(Senior Account Executive)*

Accounts:
Kelly-Moore Paint Company, Inc.

SITRICK AND COMPANY, INC.
11999 San Vicente Boulevard, Penthouse
Los Angeles, CA 90049
Tel.: (310) 788-2850
Fax: (310) 788-2855
Toll Free: (800) 288-8809
Web Site: www.sitrick.com

Employees: 50
Year Founded: 1989

Discipline: Public Relations

Michael Sitrick *(Founder, Chairman & Chief Executive Officer)*
Anita-Marie Laurie *(Senior Executive)*

Accounts:
RGP, Inc.

SIX DEGREES GROUP
159 Bleecker Street
New York, NY 10013
Web Site: 6degrees.group

Year Founded: 2016

Discipline: Public Relations

Will Davis *(Account Director- 6 Degrees)*
English Berthoumieux *(Account Supervisor- 6 Degrees)*

Accounts:
Gap

SKYELINE STUDIO, LLC
34 Allentown Road
Wolcott, CT 06716
Tel.: (203) 879-2258
Fax: (203) 879-2873
Web Site: www.skyeline.com

Year Founded: 2003

Discipline: Public Relations

Skye MacBroom *(Co-Founder, Publicist & Writer)*
Jim DeMicco *(Owner & Web Designer)*

SLOANE & COMPANY
Seven Times Square Tower
New York, NY 10036
Tel.: (212) 486-9500
Fax: (212) 486-9094
Web Site: www.sloanepr.com

Employees: 25

Discipline: Public Relations

Elliot Sloane *(Founder & Advisor)*
Darren Brandt *(Co-Chief Executive Officer)*
Whit Clay *(Co-Chief Executive Officer)*
Janet Reinhardt *(Senior Vice President)*
Ariel Kouvaras *(Vice President)*
John Hartz *(Managing Director)*
Dan Zacchei *(Managing Director)*
Mike Boccio *(Managing Director)*
Erica Bartsch *(Managing Director)*
Nevin Reilly *(Managing Director)*

Accounts:
Brinks Home Security
Kahala Corporation
Liberty Media Corporation
Panera Bread Company

SMITH & HARROFF

1555 King Street
Alexandria, VA 22314
Tel.: (703) 683-8512
Fax: (703) 683-4622
Web Site: www.smithharroff.com

Employees: 10
Year Founded: 1973

Discipline: Public Relations

Rick Morris *(President & Chief Executive Officer)*
Carina May *(Executive Vice President)*

SMITH & KNIBBS, INC.
1701 West Hillsboro Boulevard
Deerfield Beach, FL 33442
Tel.: (954) 428-4477
Fax: (954) 428-4392
Web Site: www.smith-knibbs.com

Employees: 6
Year Founded: 1979

Discipline: Public Relations

Andrea Knibbs *(President)*
Linda Lewis *(Principal)*

SNACKBOX LLC
510 South Congress Avenue
Austin, TX 78704
Tel.: (512) 643-2291
Web Site: www.snackbox.us

Year Founded: 2006

Discipline: Public Relations

Jenna Oltersdorf *(Principal & Chief Executive Officer)*
Eric Oltersdorf *(Principal & Creative Director)*
Jamie Hooker *(Account Executive)*
Madison Fletcher *(Assistant Account Executive)*
Jeff Salzgeber *(Senior Specialist, Media)*

Accounts:
Mama Fu's Asian House

SNELL MEDICAL COMMUNICATION, INC.
1529 Rue Sherbrooke West
Montreal, QC H3G 1L7
Tel.: (514) 932-9464
Fax: (514) 932-9540
Toll Free: (800) 843-2438
Web Site: www.snellmedical.com

Employees: 25
Year Founded: 1986

Discipline: Public Relations

Peter Snell *(Partner & President)*
Gordan Snell *(Partner)*
Anthony Snell *(Partner)*

SNELL MEDICAL COMMUNICATION, INC.
1230 Avenue of the Americas
New York, NY 10020
Fax: (877) 932-5114
Toll Free: (800) 843-2438
Web Site: www.snellmedical.com

Year Founded: 1986

Discipline: Public Relations

Gordon Snell *(Chief Executive Officer)*
Tanya VanDorn *(Account Executive)*

SODA POP PUBLIC RELATIONS LLC
6525 West Sunset Boulevard
Los Angeles, CA 90028
Tel.: (323) 845-9333
Web Site: www.sodapop-pr.com/

Year Founded: 2011

Discipline: Public Relations

Dyan Dolfi-Offutt *(Owner)*
Kelly Johnston *(Account Director)*

Accounts:
Tillamook County Creamery Association

SOLEBURY TROUT
740 Broadway
New York, NY 10003
Tel.: (646) 378-2900
Fax: (646) 378-2901
Web Site: soleburytrout.com

Employees: 10
Year Founded: 1996

Discipline: Public Relations

Annie Chang *(Vice President, Biotech Investor Relations)*
Geoff Gordon *(Senior Director, Operations)*
Casey Stekloff *(Lead, Marketing & Events)*
Brittany Correia *(Manager, Creative Services)*
Brad Miles *(Managing Director)*
Bob Ai *(Managing Director)*

SOLOMON MCCOWN & CO., INC.
177 Milk Street
Boston, MA 02109
Tel.: (617) 695-9555
Fax: (617) 695-9505
Web Site: www.solomonmccown.com

Employees: 15

Discipline: Public Relations

Helene Solomon *(Chief Executive Officer)*
Ashley McCown *(President)*
Daniel Cence *(Executive Vice President)*
Michelle Mastrobattista *(Senior Vice President, Creative & Client Services)*
T. J. Winick *(Senior Vice President)*

SONSHINE COMMUNICATIONS
152 Northeast 167th Street
Miami, FL 33162
Tel.: (305) 948-8063
Fax: (305) 948-8074
Web Site: sonshine.com

Employees: 22
Year Founded: 1993

Discipline: Public Relations

Bernadette Morris *(President & Chief Executive Officer)*
Colin Morris *(Chief Operating Officer & Vice President)*

Accounts:
Florida Department of Health

SOURCECODE COMMUNICATIONS
41 East 11th Street
New York, NY 10003
Tel.: (212) 905-8991
Web Site: www.sourcecodecommunications.com

Year Founded: 2017

Discipline: Public Relations

Nicole Pfeifer *(Senior Director & Head, Consumer)*
Bruno Solari *(Senior Account Manager)*
Kimberly LeDuc *(Account Executive)*
Cori Cagide *(Senior Account Manager)*
Greg Mondshein *(Managing Partner)*
Becky Honeyman *(Managing Partner)*

Accounts:
Everlast
Kangaroo
Turo

SOUTHARD COMMUNICATIONS
111 John Street
New York, NY 10011
Tel.: (212) 777-2220
Fax: (212) 777-7457
Web Site: www.southardinc.com

Employees: 4
Year Founded: 1994

Discipline: Public Relations

Bill Southard *(Founder, Chief Executive Officer & President)*
Kelley Devincentis *(Senior Vice President)*
Scott Goldberg *(Vice President)*

SPAETH COMMUNICATIONS, INC.
8150 North Central Expressway
Dallas, TX 75206
Tel.: (214) 871-8888
Fax: (214) 871-9015
Web Site: www.spaethcom.com

Employees: 18
Year Founded: 1987

Discipline: Public Relations

Merrie Spaeth *(President)*
Cassie Lawson *(Office Manager)*

SPARKPR
Two Bryant Street
San Francisco, CA 94105
Tel.: (415) 962-8200
Web Site: www.sparkpr.com

Year Founded: 1999

Discipline: Public Relations

Alan Soucy *(Chief Executive Officer & Managing Partner)*
Donna Sokolsky Burke *(Co-Founder & Managing Partner)*
Heather Gore *(Executive Vice President)*
Tim Turpin *(Executive Vice President)*
Cameron McPherson *(Vice President, Financial)*
Jeff Koo *(Vice President)*
Diane Schreiber *(Senior Managing Director)*

SPAWN
510 L Street

PUBLIC RELATIONS AGENCIES

AGENCIES - JULY, 2020

Anchorage, AK 99501
Tel.: (907) 274-9553
Fax: (907) 274-9990
Web Site: www.spawnideas.com

Employees: 24
Year Founded: 1975

Discipline: Public Relations

Karen King *(President & Chief Executive Officer)*
Lisa King *(Executive Vice President & Chief Financial Officer)*
Karen King *(President & Chief Executive Officer)*
Mike Weed *(Vice President & Creative Director)*
Kathy Norford *(Vice President, Media Director)*
Julie Hirt *(Director, Account Management)*
April Cook *(Director, Project Management)*
Charles Leshan *(Director, Production)*
Geneva Turrini *(Account Executive)*
Abbey Brau *(Account Supervisor)*
Alonna Brorson *(Management Supervisor)*
Kaylee Vrem Devine *(Account Supervisor)*
Leslie Stocker *(Supervisor, Media)*

SPEAKERBOX COMMUNICATIONS
8603 Westwood Center Drive
Vienna, VA 22182
Tel.: (703) 287-7800
Fax: (877) 577-1494
Web Site: www.speakerboxpr.com

Employees: 25
Year Founded: 1997

Discipline: Public Relations

Elizabeth Shea *(Executive Vice President, Public Relations)*
Lisa Throckmorton *(Executive Vice President, Public Relations)*
Katie Hanusik *(Executive Vice President, Business Development)*
Pete Larmey *(Vice President, Editorial)*
Jessica Lindberg *(Director)*
Casey Dell'Isola *(Account Supervisor, Public Relations)*

SPECTOR PUBLIC RELATIONS
85 Broad Street
New York, NY 10004
Tel.: (212) 943-5858
Web Site: www.spectorpr.com

Employees: 9
Year Founded: 1991

Discipline: Public Relations

Shelley Spector *(Co-Founder & President)*
Barry Spector *(Co-Founder, Chief Creative Officer)*
Philipp Jago *(Account Director)*

SPECTRUM SCIENCE COMMUNICATIONS
2001 Pennsylvania Avenue North West
Washington, DC 20006
Tel.: (202) 955-6222
Fax: (202) 955-0044
Web Site: www.spectrumscience.com

Employees: 41
Year Founded: 1996

Discipline: Public Relations

Jonathan Wilson *(Chief Executive Officer)*
Michelle Gross *(President)*
Darby Pearson *(Executive Vice President)*
Pamela Lippincott *(Executive Vice President)*
Liz Bryan *(Senior Vice President)*
Megan Lustig *(Senior Vice President)*
Rachel Newman *(Vice President, Media Relations)*

SPELLING COMMUNICATIONS, INC.
3415 South Sepulveda Boulevard
Los Angeles, CA 90034
Tel.: (310) 838-4010
Fax: (310) 477-9530
Web Site: www.spellcom.com

Employees: 7
Year Founded: 1986

Discipline: Public Relations

Dan Spelling *(Founder & Chief Executive Officer)*
Brian McWilliams *(Vice President)*

SPITFIRE STRATEGIES
2300 North Street Northwest
Washington, DC 20037
Tel.: (202) 293-6200
Fax: (202) 293-6201
Web Site: www.spitfirestrategies.com

Employees: 16
Year Founded: 2002

Discipline: Public Relations

Kristen Grimm *(President)*
Midy Aponte *(Senior Vice President)*
Heather Sullivan *(Director, Operations)*

SPM COMMUNICATIONS
2030 Main Street
Dallas, TX 75201
Tel.: (214) 379-7000
Fax: (214) 379-7007
Web Site: www.spmcommunications.com

Year Founded: 1999

Discipline: Public Relations

Suzanne Miller *(Founder & President)*
Kristen Kauffman *(Vice President. Editorial)*
Katie McKenzie *(Assistant Account Executive)*
Brandon Baker *(Social Media & Influencer Supervisor)*

Accounts:
Boulder Organic!
CiCi Enterprises, Inc.
Cici's Pizza
Gold's Gym International, Inc.
Kirkland's, Inc.
Nothing Bundt Cakes
Spence Diamonds

SSA PUBLIC RELATIONS
23901 Calabasas Road
Calabasas, CA 91302
Tel.: (818) 222-4000
Web Site: www.sqtomato.com

Employees: 8
Year Founded: 2007

Discipline: Public Relations

Steve Syatt *(Owner & Chief Executive Officer)*
David Syatt *(Executive Director)*

SSPR
20 North Wacker Drive
Chicago, IL 60606
Toll Free: (800) 287-2279
Web Site: www.sspr.com

Year Founded: 1978

Discipline: Public Relations

Hanni Itah *(Director, Media Relations)*
Amy Dardinger *(Media Relations Manager)*

Accounts:
Lifeway Foods, Inc.
Medsphere Systems Corporation

SSPR
105 East Moreno Avenue
Colorado Springs, CO 80903
Tel.: (719) 634-1180
Web Site: www.sspr.com

Year Founded: 1978

Discipline: Public Relations

Heather Kelly *(Chief Executive Officer)*
Geri Johnson *(Senior Vice President, Innovation)*
Kelley Heider *(Vice President, Innovation & Social Media)*
Shannon Tucker *(Senior Director, Media Relations)*

STANTON & COMPANY
4223 Glencoe Avenue
Marina Del Rey, CA 90292
Tel.: (310) 305-7800
Web Site: www.stanton-company.com

Year Founded: 2007

Discipline: Public Relations

Amy Stanton *(Founder & Chief Executive Officer)*
Denege Prudhomme *(Director, Client Management - Public Relations & Sports Marketing)*
Lauren Nelson *(Senior Account Executive)*
Lindsay Lopez *(Account Supervisor)*

Accounts:
Sambazon, Inc.

STANTON PUBLIC RELATIONS & MARKETING
880 Third Avenue
New York, NY 10022
Tel.: (212) 366-5300
Fax: (212) 780-4003
Web Site: www.stantonprm.com

Employees: 35
Year Founded: 1996

Discipline: Public Relations

Alex Stanton *(Chief Executive Officer)*
Scott Lessne *(Vice President)*
Tom Faust *(Managing Director)*

Accounts:
Call2Recycle
Effectv
Kajeet Inc.

STATESIDE ASSOCIATES

Brands. Marketers. Agencies. Search Less. Find More.
Try out the online version at www.winmo.com

1101 Wilson Boulevard
Arlington, VA 22201
Tel.: (703) 525-7466
Fax: (703) 525-7057
Web Site: www.stateside.com

Employees: 40
Year Founded: 1988

Discipline: Public Relations

Mark Anderson *(Principal & Co-Chief Executive Officer)*
Michael Behm *(Principal & Co-Chief Executive Officer)*
Robert Holden *(Senior Vice President)*

STEINREICH COMMUNICATIONS
One University Plaza
Hackensack, NJ 07601
Tel.: (201) 498-1600
Web Site: www.scompr.com

Employees: 6
Year Founded: 2002

Discipline: Public Relations

Stan Steinreich *(President & Chief Executive Officer)*
Ariella Steinreich *(Senior Vice President)*

STERLING COMMUNICATIONS, INC.
750 University Avenue
Los Gatos, CA 95032
Tel.: (408) 395-5500
Fax: (408) 395-5533
Web Site: www.sterlingpr.com

Employees: 23
Year Founded: 1989

Discipline: Public Relations

Marianne O'Connor *(President & Chief Executive Officer)*
Tiffany Schaar *(Vice President, Operations & Employee Development)*
Kawika Holbrook *(Vice President)*
Mark Bonham *(Vice President)*
Lisa K. Hawes *(Director, Content & Research)*

Accounts:
Genesys

STERN & COMPANY
124 West 79th Street
New York, NY 10024
Tel.: (212) 888-0044
Fax: (212) 758-8994
Web Site: www.sternco.com

Employees: 10
Year Founded: 1993

Discipline: Public Relations

Stephanie Stern *(President & Co-Founder)*
Richard Stern *(Chairman)*

STERN STRATEGY GROUP
186 Wood Avenue South
Iselin, NJ 08830
Tel.: (908) 276-4344
Fax: (908) 276-7007
Web Site: www.sternassociates.com

Employees: 20
Year Founded: 1985

Discipline: Public Relations

Susan Stern *(President)*
Tara Zwicker Baumgarten *(Senior Vice President)*

STONY POINT COMMUNICATIONS, INC.
Post Office Box 640
Haslett, MI 48840
Mailing Address:
1190 Teakwood Circle
Haslett, MI 48840
Tel.: (517) 339-0123
Fax: (517) 347-1728
Toll Free: (800) 672-0123
Web Site: www.stonypoint-pr.com

Employees: 5
Year Founded: 1994

Discipline: Public Relations

Mark Holoweiko *(Partner)*
Anne Harcus *(Co-Founder & President)*
Mary Angst *(Chief Financial Officer)*
Hollie Franchino Rusthoven *(Vice President)*

STRATACOMM, INC.
1200 G Street Northwest
Washington, DC 20005
Tel.: (202) 289-2001
Fax: (202) 289-1327
Web Site: www.stratacomm.net

Employees: 33
Year Founded: 1995

Discipline: Public Relations

Travis Austin *(Senior Partner)*
Bill Buff *(Managing Partner)*
John Fitzpatrick *(Managing Partner)*
Charlotte Seigler *(Senior Vice President, Communications)*
Karyn Le Blanc *(Senior Vice President, Infrastructure)*
Shannon Hartnett *(Partner & Vice President, Administration)*
Jacqueline Wilson *(Vice President)*
Jennifer Heilman *(Vice President)*
Kenneth L. Gayles Jr *(Account Supervisor)*
Marcia Wilson *(Assistant Office Manager)*

STRATACOMM, INC.
3000 Town Center
Southfield, MI 48075
Tel.: (248) 213-7337
Web Site: www.stratacomm.net

Employees: 31

Discipline: Public Relations

Sharon Hegarty *(Senior Vice President, Managing Director & Senior Partner)*
Kristin Tyll *(Senior Vice President & Partner)*
Karah Davenport *(Vice President)*
Steve Diehlman *(Account Director)*

Accounts:
Nissan North America, Inc.

STRATEGIC OBJECTIVES
184 Front Street East
Toronto, ON M5A 4N3
Tel.: (416) 366-7735

Fax: (416) 366-2295
Web Site: www.strategic-objectives.com

Employees: 40
Year Founded: 1983

Discipline: Public Relations

Deborah Weinstein *(President)*
Judy Lewis *(Executive Vice President & Co-Founder)*

Accounts:
Leon's Furniture Ltd.
M&M Food Market

STRATEGIES 360
1505 Westlake Avenue North
Seattle, WA 98109
Tel.: (206) 282-1990
Fax: (206) 282-2704
Web Site: www.strategies360.com

Year Founded: 2004

Discipline: Public Relations

Ron Dotzauer *(Co-Founder & Chief Executive Officer)*
Eric Sorenson *(Co-Founder & Board Co-Director)*
Al Aldrich *(Senior Vice President)*
Paul Berendt *(Senior Vice President)*

STRONGPOINT
4400 East Broadway Boulevard
Tucson, AZ 85716
Tel.: (520) 795-1566
Fax: (520) 795-3685
Web Site: www.strongpointmarketing.com

Year Founded: 2003

Discipline: Public Relations

Mary Rowley *(Founder & Chief Executive Officer)*
Jan Howard *(Partner & Vice President)*

SULLIVAN & LESHANE PUBLIC RELATIONS
287 Capital Avenue
Hartford, CT 06106
Tel.: (860) 560-0000
Fax: (860) 548-9984
Web Site: www.sullivanandleshane.com

Year Founded: 1990

Discipline: Public Relations

Paddi LeShane *(Chief Executive Officer)*
Patrick Sullivan *(Principal)*

SUNSHINE SACHS
136 Madison Avenue
New York, NY 10016
Tel.: (212) 691-2800
Web Site: www.kensunshineconsultants.com

Year Founded: 1992

Discipline: Public Relations

Ken Sunshine *(President)*
Heather Lylis *(Partner)*
Shawn Sachs *(Chief Executive Officer)*
Dani Dalesandro *(Senior Vice President)*
Aine McGivney *(Account Executive, Digital & Social)*
Dana Zinn *(Account Manager, Digital & Social)*
Amy Varghese *(Account Manager)*

PUBLIC RELATIONS AGENCIES

Haukur Hauksson *(Creative Manager)*
Alexandria Hiponia *(Account Manager)*
Brigitte Gilbert *(Account Executive)*
Cory Combs *(Account Executive)*
Abby Reyes *(Public Relations Associate)*
Rachel Rogers *(Public Relations Coordinator)*

Accounts:
Ascent Native Fuel Whey Protein
GoldieBlox, Inc.
Pocket.Watch
Roku, Inc.

SUNSTAR STRATEGIC
300 North Washinton Street
Alexandria, VA 22314
Tel.: (703) 299-8390
Fax: (703) 299-8393
Web Site: www.sunstarstrategic.com/

Employees: 10

Discipline: Public Relations

Kathryn Morrison *(President & Chief Executive Officer)*
Robert Brummond *(Chief Financial Officer & Director, Operations)*
Robert Tebeleff *(Partner & Vice President)*
Melissa Murphy *(Partner & Vice President)*
Sue Bryant *(Partner & Operations Manager)*
Hibre Teklemariam *(Vice President & Partner)*
Marilyn Dale *(Vice President, Creative & Digital)*

SUNWEST COMMUNICATIONS
4851 LBJ Freeway
Dallas, TX 75244
Tel.: (214) 373-1601
Fax: (214) 691-8444
Web Site: www.sunwestpr.com

Employees: 17
Year Founded: 1982

Discipline: Public Relations

Fred Stern *(Senior Advisor)*
Andy Stern *(Founder, Senior Counsel)*
David Stern *(Vice President)*

SUPERJUICE
3060 Peachtree Road Northwest
Atlanta, GA 30305
Tel.: (404) 254-5876
Web Site: superjuiceco.com

Year Founded: 2016

Discipline: Public Relations

David Schwarz *(Senior Vice President, Entertainment)*
Maggie Gallant *(Managing Director)*

Accounts:
DIRECTV, Inc.
Sony Pictures Television

SURFMEDIA COMMUNICATIONS
351 South Hitchcock Way
Santa Barbara, CA 93105
Tel.: (805) 687-3322
Fax: (805) 687-3344
Web Site: www.surfmedia.com

Employees: 6
Year Founded: 1999

Discipline: Public Relations

Juliana Minsky *(Founding Partner)*
Chris Davis *(Partner)*

SUSAN DAVIS INTERNATIONAL
1101 K Street Northwest
Washington, DC 20005
Tel.: (202) 408-0808
Fax: (202) 408-1231
Web Site: www.susandavis.com

Employees: 20
Year Founded: 1976

Discipline: Public Relations

Susan Davis *(Chairman, Chief Executive Officer & Chief Operating Officer)*
Judy Whittlesey *(Executive Vice President)*
Tom Davis *(Vice President)*

SUTHERLANDGOLD COMMUNICATIONS
315 Pacific Avenue
San Francisco, CA 94111
Tel.: (415) 934-9600
Fax: (800) 886-7452
Web Site: www.sutherlandgold.com

Year Founded: 2002

Discipline: Public Relations

Scott Sutherland *(Co-Founder & Partner)*
Lesley Gold *(Co-Founder & Chief Executive Officer)*

SWEENEY PUBLIC RELATIONS
19106 Old Detroit Road
Cleveland, OH 44116
Tel.: (440) 333-0001
Fax: (440) 333-0005
Web Site: www.sweeneypr.com

Employees: 10
Year Founded: 1986

Discipline: Public Relations

James Sweeney *(Chief Executive Officer)*
Kelly Erickson *(Office Manager & Chief Financial Officer)*
Jennifer Manocchio *(President)*
Rebecca Wrenn *(Creative Director)*

SWEENEYVESTY
79 Madison Avenue
New York , NY 10016
Mailing Address:
PO Box 20265
New York, NY 10001
Tel.: (212) 226-5105
Fax: (212) 905-3349
Web Site: www.sweeneyvesty.com

Discipline: Public Relations

Jane Vesty *(President & Chief Executive Officer)*
Brian Sweeney *(Chairman)*

SYNERGY GROUP
29 Ravens Pointe Drive
Saint Louis, MO 63367
Tel.: (314) 961-9772
Fax: (314) 961-9782
Web Site: www.synergy-pr.com

Discipline: Public Relations

Mary Schanuel *(Senior Consultant)*
Rachel Brown *(President)*

SYNTAX COMMUNICATION GROUP
2410 North Ocean Avenue
Farmingville, NY 11738
Tel.: (631) 589-4000
Fax: (631) 589-4082
Web Site: www.syntaxcom.com

Employees: 20
Year Founded: 1998

Discipline: Public Relations

Kathy Beatty *(President)*
Corinne Morton *(Chief Executive Officer)*

TARA, INK.
1666 Kennedy Causway
Miami, FL 33141
Tel.: (305) 864-3434
Fax: (305) 864-3432
Web Site: www.taraink.com

Discipline: Public Relations

Tara Solomon *(Founding Partner & Principal)*
Nick D'Annunzio *(Principal)*

TAYLOR
10150 Mallard Creek Road
Charlotte, NC 28262
Tel.: (704) 548-8556
Fax: (704) 548-0873
Web Site: taylorstrategy.com

Employees: 16
Year Founded: 1984

Discipline: Public Relations

Maeve Hagen *(President - Charlotte)*
Jessie Snider *(Vice President)*
Megan Beatty *(Human Resources Generalist)*

Accounts:
Allstate Automotive Insurance
Allstate Homeowner Insurance
Allstate Motorcycle Insurance
DraftKings
The Allstate Corporation

TAYLOR
640 Fifth Avenue
New York, NY 10019
Tel.: (212) 714-1280
Fax: (212) 695-5685
Web Site: www.taylorstrategy.com

Employees: 85
Year Founded: 1984

Discipline: Public Relations

Mark Beal *(Managing Partner)*
Bryan Harris *(Managing Partner & Chief Operations Officer)*
Tony Signore *(Chief Executive Officer & Managing Partner)*
John Liporace *(Managing Partner)*
Mike Costabile *(Managing Partner)*

PUBLIC RELATIONS AGENCIES

Brianna Kauffman *(Vice President, Digital Strategy)*
Dave Finn *(Account Director - Guinness, IBM, Capital One & DraftKings)*
Alexandra Stathis *(Account Director - Brands)*
Melissa Taylor *(Group Director, Strategy)*
Mike Macias *(Manager, Social Media)*
Sahara Price *(Senior Account Executive)*
Heather McReynolds *(Social Media Correspondant)*

Accounts:
Activision Publishing, Inc.
Capital One Financial Corporation
Comcast Corporation
Comcast.com
George Dickel
Guinness
Panini North America
Phillips-Van Heusen Corporation
Smirnoff
Smirnoff Ice
Tide Coldwater
Tide Free
Tide Pods
Tide to Go
Tide Ultra
Tide with Febreze

TAYLOR & COMPANY
1024 South Robertson Boulevard
Los Angeles, CA 90035
Tel.: (310) 247-1099
Fax: (310) 247-8147
Web Site: www.taylor-pr.com

Discipline: Public Relations

Julie Taylor *(Principal)*
Donna Peters *(Account Executive, Public Relations)*

TAYLOR JOHNSON
6333 West Howard Street
Niles, IL 60714
Tel.: (312) 245-0202
Fax: (312) 245-9205
Web Site: www.taylorjohnson.com

Employees: 15

Discipline: Public Relations

Emily Johnson *(Partner & President)*
Abe Tekippe *(Director, Public Relations)*

TEAK MEDIA COMMUNICATIONS
840 Summer Street
South Boston, MA 02127
Tel.: (617) 269-7171
Fax: (617) 269-7179
Web Site: www.teakmedia.com

Employees: 6
Year Founded: 1997

Discipline: Public Relations

Jackie Herskovitz *(President & Founder)*
Diana McCloy *(Vice President, Public Relations)*
Allison Epstein *(Account Director)*

TEAM EPIPHANY
1235 Broadway
New York, NY 10001
Tel.: (347) 990-1010
Web Site: www.teamepiphany.com

Year Founded: 2004

Discipline: Public Relations

Coltrane Curtis *(Founder, Owner & Managing Partner)*
Valerie Chiam *(General Manager & Chief Operating Officer)*
Lisa Chu *(Managing Partner)*
Jane Kim *(Vice President, Account Management)*
Douglas Brundage *(Vice President, Strategy & Executive Creative Director)*
Susan Morgan *(Vice President, New Business)*
Thembi Wesley *(Vice President, Experiential)*
Jeffrey Weber *(Senior Art Director)*
Lane Borgida *(Account Supervisor)*
Sarah La Rosa *(Account Supervisor)*
Jenna Levinson *(Senior Account Manager)*
Leigh Hillman *(Senior Account Manager)*

Accounts:
Absolut Vodka
Audi of America, Inc.
Kiehl's Since 1851, LLC

TECH IMAGE, LTD.
330 North Wabash Avenue
Chicago, IL 60611
Tel.: (847) 279-0022
Fax: (847) 279-8922
Web Site: www.techimage.com

Employees: 17

Discipline: Public Relations

Michael Monahan *(President)*
Mary Beth Nevulis *(Content Manager)*
Taylor Cygan *(Media Relations Associate)*
Anisha Eckert *(Digital Media Coordinator)*
Katie O'Rourke *(Account Coordinator)*

Accounts:
Bosch Power Tools

TERMAN PUBLIC RELATIONS
40 East 78th Street
New York, NY 10075
Tel.: (212) 257-3046
Fax: (212) 535-9108
Web Site: www.dianetermanpr.com

Discipline: Public Relations

Diane Terman *(Founder, President & Chief Executive Officer)*
Deborah Kerner *(Vice President & Strategic Leader, Beauty Division & Social Media)*
Derek Grover *(Executive Director)*

THE BENDER GROUP
546 Valley Road
Upper Montclair, NJ 07043
Tel.: (973) 744-0707
Web Site: www.thebendergrouppr.com

Employees: 5
Year Founded: 1993

Discipline: Public Relations

Stacey Bender *(President & Creative Director)*
Barry Bender *(Chief Financial Officer)*
Hayden Hammerling *(Senior Manager, Account)*

Accounts:
Veggies Made Great

THE BEYTIN AGENCY
2533 Wilson Boulevard
Arlington, VA 22202
Tel.: (703) 527-6324
Fax: (703) 527-6326
Web Site: www.beytinagency.com

Discipline: Public Relations

Aaron Beytin *(President)*
Jennifer Beytin *(Creative Director)*

THE BLUESHIRT GROUP
100 Montgomery Street
San Francisco, CA 94104
Tel.: (415) 217-7722
Fax: (415) 217-7721
Web Site: www.blueshirtgroup.com

Year Founded: 1999

Discipline: Public Relations

Chris Danne *(Co-Founder & Managing Director)*
Alex Wellins *(Co-Founder & Managing Director)*
Lisa Laukkanen *(Managing Director)*
Maria Riley *(Managing Director)*
Jennifer Jarman *(Managing Director)*
Nicole Borsje *(Managing Director)*
Christine Greany *(Managing Director)*

Accounts:
Pier 1 Imports

THE BUTIN GROUP
1331 Ocean Boulevard
St. Simons Island, GA 31522
Tel.: (912) 638-9892
Fax: (912) 638-9895
Web Site: www.butincom.com

Year Founded: 2005

Discipline: Public Relations

Mary Butin *(President & Chief Executive Officer)*
Kelly Marolt *(Director, Accounts)*
Mary Eva Tredway *(Director, Publicity)*

Accounts:
Rich Products Corporation

THE CASTLE GROUP, INC.
The Castle Group
Boston, MA 02129
Tel.: (617) 337-9500
Fax: (617) 337-9539
Web Site: www.thecastlegrp.com

Employees: 15
Year Founded: 1996

Discipline: Public Relations

Sandy Lish *(Principal & Founder)*
Wendy Spivak *(Principal & Founder)*
Hilary Allard *(Executive Vice President, Public Relations)*
Keri McIntosh *(Senior Vice President)*
Deborah Spencer *(Vice President, Events & Marketing)*
Carole McFall *(Vice President, Public Relations)*
Philip Hauserman *(Vice President)*
Andrea Teixeira *(Director, Business Development & Event Management)*
Danielle Dickinson *(Senior Director, Event)*
Callie Cleary *(Senior Manager, Event)*
Maria Ryan *(Manager, Events & Creative*

PUBLIC RELATIONS AGENCIES
AGENCIES - JULY, 2020

Services)

THE COMMUNICATIONS GROUP, INC.
250 Ferrand Drive
Toronto, ON M3C 3G8
Tel.: (416) 696-9900
Fax: (416) 696-9897
Toll Free: (800) 267-4476
Web Site: www.tcgpr.com

Employees: 5

Discipline: Public Relations

David Eisenstadt *(Founder & Partner)*
Rhoda Eisenstadt *(Partner)*

THE CONSULTANCY PR
6363 Wilshire Boulevard
Los Angeles, CA 90048
Tel.: (310) 740-9242
Web Site: www.theconsultancypr.com

Discipline: Public Relations

Lauren Urband *(Founder & President)*
Etosha Moh *(Senior Vice President)*
Katie Dusenbury *(Social Media Manager)*
Sarah Gaudar *(Account Coordinator - Design & Lifestyle Public Relations)*

Accounts:
Outer

THE CREATIVE ALLIANCE
2770 Araphoe Road
Lafayette, CO 80026
Tel.: (303) 665-8101
Fax: (303) 665-3136
Web Site: www.thecreativealliance.com

Discipline: Public Relations

T. Taylor *(Founder & Creative Director)*
Randy Lynch *(Chief Marketing & Operations Officer)*
Jodee Goodwin *(Vice President, Creative & Digital)*
Jennifer Armstrong *(Production Manager & Graphic Artist)*

THE DOLPHIN GROUP, INC.
11835 West Olympic Boulevard
Los Angeles, CA 90064
Tel.: (310) 446-4800
Fax: (310) 446-1896
Web Site: www.dolphingroup.org

Discipline: Public Relations

Lee Stitzenberger *(Chairman & Chief Executive Officer)*
Kathy Lucker *(Partner)*

THE EHRHARDT GROUP, INC.
365 Canal Street
New Orleans, LA 70130
Tel.: (504) 558-0311
Fax: (504) 558-0344
Web Site: www.theehrhardtgroup.com

Employees: 15
Year Founded: 1996

Discipline: Public Relations

Malcolm Ehrhardt *(Partner)*
Marc Ehrhardt *(Senior Vice President, Partner)*
Terri Argieard *(Vice President, Finance & Administration)*

Accounts:
Louisiana Office of Tourism

THE EQUITY GROUP, INC.
800 Third Avenue
New York, NY 10022
Tel.: (212) 371-8660
Fax: (212) 421-1278
Web Site: www.theequitygroup.com

Employees: 15
Year Founded: 1974

Discipline: Public Relations

Loren Mortman *(President)*
Robert Goldstein *(Founder)*
Lena Cati *(Senior Account Executive & Vice President)*

THE FEAREY GROUP
1809 Seventh Avenue
Seattle, WA 98101
Tel.: (206) 343-1543
Fax: (206) 622-5694
Web Site: www.feareygroup.com

Employees: 11
Year Founded: 1991

Discipline: Public Relations

Aaron Blank *(Chief Executive Officer, President & Partner)*
Christine Nettles *(Administrative Director)*

THE FERRARO GROUP
9205 West Russell Road
Las Vegas, NV 89148
Tel.: (702) 367-7771
Fax: (702) 367-7773
Web Site: www.theferrarogroup.com

Discipline: Public Relations

Gregory Ferraro *(Founder & President)*
Holly Silvestri *(Partner & Co-Owner)*
Barbara Smith Campbell *(Co-Principal)*
Nicole Willis-Grimes *(Director, Public Affairs)*
Jared Austin *(Regional Manager, Social Media)*
Joe Rahmeyer *(Office Manager)*
Krystal Pyatt *(Account Executive, Public Relations & Social Media)*
Lauren Silverstein *(Senior Account Executive)*
Gabriele McGregor *(Coordinator, Public Affairs)*

THE GAB GROUP
95 South Federal Highway
Boca Raton, FL 33432
Tel.: (561) 750-3500
Fax: (561) 892-4649
Web Site: www.thegabgroup.com

Year Founded: 2004

Discipline: Public Relations

Michelle Soudry *(Founder & Director, Public Relations)*
Simon Soudry *(Chief Finance Officer)*
Allyson Berg *(Brand Manager)*

Accounts:
iPic Theaters

THE HATCH AGENCY
25 Kearny Street
San Francisco, CA 94108
Web Site: www.thehatchagency.com

Year Founded: 2012

Discipline: Public Relations

Reema Bahnasy *(Co-Founder)*
Amie Rubenstein *(Vice President)*
Emmalee Kremer *(Account Supervisor)*
Mackenzie Warner *(Account Executive)*
Rachel Sherbow *(Senior Executive, Account)*
Mia Mastroianni *(Assistant Account Executive)*
Jane Sharp *(Supervisor, Account)*

Accounts:
Dropbox, Inc.

THE HAWTHORN GROUP
625 Slaters Lane
Alexandria, VA 22314
Tel.: (703) 299-4499
Fax: (703) 299-4488
Web Site: www.hawthorngroup.com

Employees: 28
Year Founded: 1994

Discipline: Public Relations

James Brandow *(Chief Financial Officer)*
John Ashford *(Chairman & Chief Executive Officer)*
John McGrath *(Vice Chairman)*
Susanne Hammelman *(President & Chief Operating Officer)*

THE HODGES PARTNERSHIP
1805 East Broad Street
Richmond, VA 23223
Tel.: (804) 788-1414
Fax: (804) 788-0085
Web Site: www.hodgespart.com

Year Founded: 2002

Discipline: Public Relations

Jon Newman *(Co-Founder & Partner)*
Josh Dare *(Co-Founder & Partner)*
Sean Ryan *(Vice President, Media Relations)*
Megan Irvin *(Account Manager)*
Paulyn Ocampo *(Account Manager)*
Evans Mandes *(Public Relations Coordinator)*
Kelsey Leavey *(Account Coordinator, Public Relations)*

Accounts:
ChildFund International
Monmouth University
Swedish Match North America Inc.

THE HOFFMAN AGENCY
325 South First Street
San Jose, CA 95113
Tel.: (408) 286-2611
Fax: (408) 286-0133
Web Site: www.hoffman.com

Employees: 42
Year Founded: 1987

Discipline: Public Relations

Lou Hoffman *(Founder & Chief Executive Officer)*
Steve Burkhart *(President - North America)*
Carey Kerns *(Senior Account Manager)*

Brands. Marketers. Agencies. Search Less. Find More.
Try out the online version at www.winmo.com

653

PUBLIC RELATIONS AGENCIES

Accounts:
Bowflex
iPass, Inc.
Nautilus, Inc.
Xilinx, Inc.

THE IDEA GROVE
14800 Quorum Drive
Addison, TX 75209
Tel.: (972) 235-3439
Web Site: www.ideagrove.com

Year Founded: 2005

Discipline: Public Relations

Scott Baradell *(President & Founder)*
Brittany McLaughlin *(Account Director)*

Accounts:
EXL Healthcare
Sabre Holdings

THE LANE COMMUNICATIONS GROUP
Five Columbus Circle
New York, NY 10019
Tel.: (212) 757-6880
Fax: (212) 582-4794
Web Site: www.thelcgroup.com

Year Founded: 1975

Discipline: Public Relations

Allyson Pryor *(Director, Social Media & Influencer Marketing)*
Kelly Gleckler *(Senior Account Supervisor)*
Valerie Velo *(Office Manager)*
Carly Weil *(Senior Account Executive)*
Colleen Krause *(Managing Director)*

Accounts:
GlyDerm

THE LYMAN AGENCY
27 Buhman Court
Napa, CA 94558
Tel.: (707) 927-6535
Web Site: www.lymanagency.com

Year Founded: 2000

Discipline: Public Relations

Carm Lyman *(Owner)*
Chris Lyman *(Owner)*
Tim LeRoy *(Consultant)*
Susie Hayne *(Public Relations Consultant)*

Accounts:
Mavic

THE MARCUS GROUP, INC.
310 Passaic Avenue
Fairfield, NJ 07004
Tel.: (973) 890-9590
Fax: (201) 902-9008
Web Site: www.marcusgroup.com

Employees: 18
Year Founded: 1970

Discipline: Public Relations

Alan Marcus *(President & Chief Executive Officer)*
Denise Gassner Kuhn *(Executive Vice President & Chief Operating Officer)*
Jeannette Tarquino *(Media Buyer & Planner)*

THE MARGULIES COMMUNICATIONS GROUP
6210 Campbell Road
Dallas, TX 75248
Tel.: (214) 368-0909
Fax: (214) 692-5959
Web Site: www.prexperts.net

Employees: 5
Year Founded: 1986

Discipline: Public Relations

David Margulies *(Owner & President)*
Shane Sumrow *(Vice President)*
Jamie Hawkes *(Senior Account Executive)*
Katherine Long *(Senior Account Executive)*
James Roth *(Account Executive)*

THE NARRATIVE GROUP
19 West 21st Street
New York, NY 10010
Tel.: (646) 435-9810
Web Site: www.narrativemediagroup.com

Year Founded: 2009

Discipline: Public Relations

Jackie Lann Brockman *(Principal)*
Kirsten Anderson *(Senior Account Executive)*
Ashley Sanchez *(Senior Account Manager, Marketing)*
Amanda Mondre *(Account Supervisor)*
Paige Muller *(Account Manager)*
Rica Hermosura *(Account Supervisor)*
Cate Hemingway *(Account Supervisor)*
Rachel Wachtel *(Event Production Manager)*

Accounts:
General Motors Corporation
Landry's Restaurants, Inc.
McDonald's
Pernod Ricard USA

THE NARRATIVE GROUP
1640 Wilcox Boulevard
Los Angeles, CA 90028
Tel.: (323) 843-4294
Web Site: www.narrativemediagroup.com

Year Founded: 2009

Discipline: Public Relations

Jody Sowa *(Senior Vice President)*
Gigi Ouf *(Director)*
Crevante Proctor *(Senior Account Executive & Entertainment Media Specialist)*
Katie Tedford *(Manager, Talent & Influencer Marketing)*
John Filizzola *(Account Supervisor)*
Laide Akao *(Account Supervisor)*

THE NARRATIVE GROUP
221 North Green Street
Chicago, IL 60607
Tel.: (773) 332-0277
Web Site: www.narrativemediagroup.com

Year Founded: 2009

Discipline: Public Relations

Libby Scales *(Vice President, Account)*
Jaime Endick *(Senior Manager, Content & Social Strategy)*

THE NEIBART GROUP
20 Jay Street
Brooklyn, NY 11201
Tel.: (718) 875-2300
Fax: (718) 875-6108
Web Site: www.neibartgroup.com

Year Founded: 2002

Discipline: Public Relations

David Neibart *(Principal & Co-Founder)*
Kerstin Osterberg *(Principal & Co-Founder)*
Emma Murphy *(Principal & Co-Founder)*
Morgan Cretella *(Account Supervisor)*

THE NOLAN GROUP
431 12th Street West
Bradenton, FL 34205
Tel.: (941) 744-0660
Fax: (941) 744-0610
Web Site: www.nolangroupinc.com

Discipline: Public Relations

Tom Nolan *(Co-Owner & President)*
Meredith Torkelson *(Co-Owner & Vice President, Production)*

THE OUTCAST AGENCY
100 Montgomery Street
San Francisco, CA 94014
Tel.: (415) 392-8282
Fax: (415) 392-8281
Web Site: www.theoutcastagency.com

Employees: 55
Year Founded: 1997

Discipline: Public Relations

Alexandra Constantinople *(Chief Executive Officer & Partner)*
Elizabeth McNichols *(Chief Operating Officer & Partner)*
Becky Porter *(Partner)*
Darlyn Phillips *(Partner & Chief Financial Officer)*
Devon Corvasce *(Senior Vice President)*
Kerry Walker *(Senior Vice President)*
Melika Mizany *(Vice President)*
Kristin Sauchak *(Vice President)*
Angela D'Arcy *(Vice President)*
Carla M. Nikitaidis *(Vice President)*
David Thum *(Vice President)*
Erica Johnson *(Vice President)*
Sophie Fischman *(Vice President)*
Emmalie Kipp *(Director, Digital Strategy)*
Amity Gay *(Vice President)*
Jane Park *(Director, Corporate & Technology Communication)*
Laura Breen *(Account Director)*
Lindsay Shanahan *(Account Director)*
Marika Apelo *(Account Director)*
Flora Anderson *(Director)*
Ashley Burke *(Account Supervisor & HR Generalist)*
Blake Bestard *(Digital Strategist)*

Accounts:
Facebook
Mint.com
TurboTax Consumer
turbotax.com
Yahoo! Inc.

THE POLLACK PR MARKETING GROUP

PUBLIC RELATIONS AGENCIES
AGENCIES - JULY, 2020

1901 Avenue of the Stars
Los Angeles, CA 90067
Tel.: (310) 556-4443
Fax: (310) 286-2350
Web Site: www.ppmgcorp.com

Employees: 11
Year Founded: 1985

Discipline: Public Relations

Stefan Pollack *(President & Chief Financial Officer)*
Noemi Pollack *(Founder & Chief Executive Officer)*
Will Ostedt *(Senior Vice President)*
Mark Havenner *(Vice President)*
Jackie Liu *(Group Supervisor)*

Accounts:
LegalShield

THE POLLACK PR MARKETING GROUP
37 West 26th Street
New York, NY 10010
Tel.: (212) 601-9341
Fax: (212) 481-0269
Web Site: www.ppmgcorp.com

Discipline: Public Relations

Stephanie Goldman *(Account Supervisor)*
Emily Frumberg *(Account Supervisor)*

Accounts:
LegalShield
SodaStream USA

THE POWELL GROUP
10000 North Central Expressway
Dallas, TX 75231
Tel.: (214) 522-6005
Fax: (214) 522-6091
Web Site: www.powellgroup.net

Employees: 8
Year Founded: 1989

Discipline: Public Relations

Becky Powell-Schwartz *(Founder & Chief Executive Officer)*
Kathleen Stevens *(Financial Manager)*

THE RENDON GROUP, INC.
1875 Connecticut Avenue Northwest
Washington, DC 20009
Tel.: (202) 745-4900
Fax: (202) 745-0215
Web Site: www.therendongroup.com

Employees: 20
Year Founded: 1991

Discipline: Public Relations

John Rendon, Jr. *(President & Chief Executive Officer)*
Maggie Copia *(Associate Director, Administration & Finance)*

THE ROBERT GROUP
3108 Los Feliz Boulevard
Los Angeles, CA 90039
Tel.: (323) 669-9100
Fax: (323) 669-9800
Web Site: www.therobertgroup.com

Employees: 7
Year Founded: 1993

Discipline: Public Relations

Christine Robert *(President & Founder)*
Clarissa Filgioun *(Founder & Managing Director)*

THE ROSE GROUP
1514 17th Street
Santa Monica, CA 90404
Tel.: (310) 418-2188
Web Site: www.therosegrp.com

Employees: 10
Year Founded: 1995

Discipline: Public Relations

Jeff Rose *(Partner)*
Elana Weiss *(Partner)*
Kaley Elliott *(Account Executive)*

Accounts:
Schmidt's Deodorant Company LLC
Sensitive Sticks
Signature Sticks
Tooth + Mouth Paste

THE ROSEN GROUP
135 West 20th Street
New York, NY 10011
Tel.: (212) 255-8455
Fax: (212) 255-8456
Web Site: www.rosengrouppr.com

Discipline: Public Relations

Lori Rosen *(President & Founder)*
Abby Cohen *(Vice President)*
Jacob Streiter *(Account Director)*

Accounts:
The James Beard Foundation

THE RUTH GROUP
757 Third Avenue
New York, NY 10017
Tel.: (646) 536-7000
Fax: (646) 536-7100
Web Site: www.theruthgroup.com

Employees: 21

Discipline: Public Relations

Carol Ruth *(President & Chief Executive Officer)*
Kirsten Thomas *(Senior Vice President)*
Tram Bui *(Senior Vice President, Investor Relations)*
Alexander Lobo *(Assistant Vice President, Investor Relations)*
Chris Nardo *(Vice President)*

THE SELLS AGENCY
401 West Capitol Avenue
Little Rock, AR 72201
Tel.: (501) 666-8926
Fax: (501) 663-0329
Web Site: www.sellsagency.com/

Employees: 16
Year Founded: 1991

Discipline: Public Relations

Mike Sells *(Chief Executive Officer & Owner)*
Ginger Daril *(Senior Public Relations Account Executive)*

THE STANDING PARTNERSHIP
1610 Des Peres Road
Saint Louis, MO 63131
Tel.: (314) 469-3500
Fax: (314) 469-3512
Web Site: www.standingpartnership.com

Employees: 22
Year Founded: 1991

Discipline: Public Relations

Melissa Lackey *(President & Chief Executive Officer)*
Julie Steininger *(Senior Vice President & Partner)*
Linda Locke *(Partner & Senior Vice President)*
Andrea Mollett Shea *(Manager)*
Lindsay Auer *(Manager)*

THE WILBERT GROUP
1718 Peachtree Street
Atlanta, GA 30309
Tel.: (404) 748-1250
Web Site: www.thewilbertgroup.com

Year Founded: 2009

Discipline: Public Relations

Caroline Wilbert *(President)*
Mark Braykovich *(Executive Vice President)*

Accounts:
Aaron's, Inc.

THE WILLIAM MILLS AGENCY
300 West Wieuca Road
Atlanta, GA 30342
Tel.: (678) 781-7200
Fax: (678) 781-7239
Web Site: www.williammills.com

Employees: 32
Year Founded: 1977

Discipline: Public Relations

William Mills, III *(Chief Executive Officer)*
Scott Mills *(Principal President & Owner)*
Eloise Mills *(Chairwoman)*
Kelly Williams *(Executive Vice President)*
Catherine Laws *(Executive Vice President)*
J. Blair Logan *(Executive Vice President)*
Jerry Goldstein *(Senior Vice President, Marketing Services)*
Mary York Cox *(Vice President)*
Chuck Meyers *(Vice President)*
Gregg Bauer *(Executive Creative Director)*
Amber Bush *(Account Representative)*
Haleigh Tomasek *(Account Representative)*
Lauren de Gourville *(Strategist, Marketing)*
Grace Davis *(Associate, Marketing)*

Accounts:
Mortgage Spirit, LLC
Payrailz

THINK PR
10 East 23rd Street
New York, NY 10010
Tel.: (212) 343-3920
Fax: (212) 343-3915
Web Site: www.thinkpublicrelations.com

Discipline: Public Relations

Brands. Marketers. Agencies. Search Less. Find More.
Try out the online version at www.winmo.com

Reshma Patel *(Owner & Founder)*
Elaine Drebot-Hutchins *(President)*

Accounts:
Dansko LLC
Southpole, Inc

THINK TANK COMMUNICATIONS
403 Colonsay Drive
Johns Creek, GA 30097
Tel.: (678) 473-9055
Web Site: www.thinktankcomm.com

Year Founded: 1998

Discipline: Public Relations

Bill Shirk *(President)*
Sue Shirk *(Creative Director)*

THOMAS BOYD COMMUNICATIONS
117 North Church Street
Morristown, NJ 08057
Tel.: (856) 642-6226
Fax: (856) 642-6336
Web Site: www.thomasboyd.com

Employees: 8
Year Founded: 1998

Discipline: Public Relations

Pam Boyd *(President)*
Liz Thomas *(Chief Executive Officer)*

THOMAS COMMUNICATIONS, LLC
24361 El Toro Road
Mission Viejo, CA 92692
Tel.: (949) 455-4600
Fax: (949) 455-4630
Web Site: www.thomascommunicationsgroup.com

Year Founded: 2001

Discipline: Public Relations

Barbara Thomas *(Principal)*
Martin McIntosh *(Vice President)*

THOMPSON & BENDER
1192 Pleasantville Road
Briarcliff Manor, NY 10510
Tel.: (914) 762-1900
Web Site: www.thompson-bender.com

Year Founded: 1986

Discipline: Public Relations

Dean Bender *(Partner & President)*
Elizabeth Bracken-Thompson *(Partner)*
Geoffrey Thompson *(Partner)*
Kerry Tropeano *(Director, Marketing & Communications)*
Amy Lasagna *(Art Director)*
Diana Costello *(Senior Account Executive)*

THREE BOX STRATEGIC COMMUNICATIONS
12222 Merit Drive
Dallas, TX 75251
Tel.: (214) 635-3050
Fax: (214) 635-3030
Toll Free: (866) 398-4516
Web Site: www.threeboxstrategic.com

Year Founded: 2000

Discipline: Public Relations

Blake Lewis *(Principal)*
Amanda Lewis Hill *(Chief Executive Officer & Principal)*
Christi Chesner *(Director, Account Services)*

TOGORUN
1615 L Street
Washington, DC 20036
Tel.: (202) 828-5060
Web Site: togorun.com

Employees: 14

Discipline: Public Relations

Gloria Janata *(President & Senior Partner)*
Lizzy Belz *(Account Supervisor)*

Accounts:
Eli Lilly & Company
GlaxoSmithKline, Inc.

TOWNSEND RAIMUNDO BESLER & USHER
1717 I Street
Sacramento, CA 95811
Tel.: (916) 444-5701
Fax: (916) 444-0382
Web Site: www.trbu.com

Employees: 9
Year Founded: 1982

Discipline: Public Relations

David Townsend *(Founder & President)*
Sharon Usher *(Chief Executive Officer)*

TRANSMEDIA GROUP
240 West Palmetto Park Road
Boca Raton, FL 33432
Tel.: (561) 750-9800
Fax: (561) 750-9890
Web Site: www.transmediagroup.com

Employees: 20
Year Founded: 1981

Discipline: Public Relations

Tom Madden *(Chief Executive Officer & Chairman)*
Adrienne Mazzone *(President)*
Angela Madden *(Vice President & Chief Financial Officer)*

TREFOIL GROUP
735 North Water Street
Milwaukee, WI 53202-4103
Tel.: (414) 272-6898
Fax: (414) 272-6979
Web Site: trefoilgroup.com

Employees: 22

Discipline: Public Relations

Mary Scheibel *(Chief Executive Officer & Founder)*
John Scheibel *(Chief Executive Officer)*

Accounts:
Briggs & Stratton Corporation

TRENT & COMPANY, INC.
594 Broadway
New York, NY 10012

Tel.: (212) 966-0024
Fax: (212) 966-0642
Web Site: www.trentandcompany.com

Employees: 10
Year Founded: 1987

Discipline: Public Relations

Nancy Trent *(President & Founder)*
Pam Wadler *(Director, Client Relations)*

TREVELINO / KELLER COMMUNICATIONS GROUP
981 Joseph E Lowery Boulevard NorthWest
Atlanta, GA 30318
Tel.: (404) 214-0722
Fax: (404) 214-0729
Web Site: www.trevelinokeller.com

Employees: 13
Year Founded: 2003

Discipline: Public Relations

Genna Keller *(Co-Owner & Principal)*
Dean Trevelino *(Co-Owner & Principal)*
Heather Graham Hood *(Executive Vice President)*
Lisa Williams *(Executive Vice President, Finance & Operations)*
Colleen Murphy Jones *(Vice President)*
Rachel Hans *(Account Executive)*

Accounts:
Atlanta Bread Company
Caffeine & Octane
Create Your Cupcake
Nathan's Famous, Inc.

TRIAD COMMUNICATION
Post Office Box 60492
Potomac, MD 20859
Tel.: (202) 332-3800
Fax: (202) 332-1962
Web Site: www.triad-com.com

Employees: 30

Discipline: Public Relations

Steven Ross *(President)*
Phil Lombardo *(Co-Owner & Chief Executive Officer)*

TRILLIUM CORPORATE COMMUNICATIONS, INC.
One Yonge Street
Toronto, ON M5E 1W7
Tel.: (416) 322-3030
Fax: (416) 322-5584
Web Site: www.trilliumpr.com

Employees: 12
Year Founded: 1997

Discipline: Public Relations

Kevin Lennon *(President)*
Sue Lennon *(Vice President)*

TRIPLEPOINT
595 Market Street
San Francisco, CA 94105
Tel.: (415) 955-8500
Fax: (415) 955-8501
Web Site: www.triplepointpr.com

Year Founded: 2002

PUBLIC RELATIONS AGENCIES

Discipline: Public Relations

Richard Kain *(General Manager & Founder)*
Quinn Wageman *(Partner)*
Eddiemae Jukes *(Partner)*
Andrew Karl *(Account Director)*
Gentry Henry *(Account Supervisor)*
Justin Rende *(Senior Account Executive)*

Accounts:
Atari, SA

TROZZOLO COMMUNICATIONS GROUP
811 Wyandotte Street
Kansas City, MO 64105
Tel.: (816) 842-2111
Fax: (816) 842-8288
Toll Free: (800) 243-5201
Web Site: www.trozzolo.com

Employees: 8

Discipline: Public Relations

Pasquale Trozzolo *(Executive Chairman)*
Angelo Trozzolo *(Chief Executive Officer & President)*
Jerry Hobbs *(President)*
Phil Smith *(Owner)*
Julie Robinson *(Senior Vice President & Director, Client Services)*
Corey Shulda *(Senior Creative Artist)*
Brad Hamilton *(Group Creative Director)*
Tina Wheeler *(Operations Manager)*

Accounts:
Kansas City Chiefs Football Club, Inc.
Kansas Speedway

TRUE COMMUNICATIONS
480 Gate 5 Road
Sausalito, CA 94965
Tel.: (415) 302-2923
Web Site: www.truecommunications.com

Year Founded: 2005

Discipline: Public Relations

Mark Riedy *(Founder)*
Peter Nicholson *(Vice President)*
Greg Fisher *(Senior Account Director)*
Andrew Bernstein *(Account Director)*
Elizabeth Pecknold *(Director, Business Development & Marketing)*
Kate Morris *(Account Director)*
Garin Fons *(Account Director)*
Emerald Stocker *(Account Manager)*
Michael Finn *(Account Manager)*

Accounts:
Keen Footwear

TRUEPOINT COMMUNICATIONS
14800 Landmark Boulevard
Dallas, TX 75254
Tel.: (972) 380-9595
Web Site: truepointagency.com

Year Founded: 2006

Discipline: Public Relations

Jessica Nunez *(President)*
Madeline Clark *(Senior Integrated Marketing Coordinator)*

Accounts:
Famous Footwear

Naturalizer

TUCKER / HALL, INC.
1308 East Seventh Avenue
Tampa, FL 33605
Tel.: (813) 228-0652
Fax: (813) 228-9757
Web Site: www.tuckerhall.com

Employees: 16
Year Founded: 1990

Discipline: Public Relations

Jeffrey Tucker *(Founder)*
Thomas Hall *(Chairman)*
Bill Carlson, Jr. *(President)*

TUNHEIM PARTNERS
8009 34th Avenue, South
Bloomington, MN 55425
Tel.: (952) 851-1600
Fax: (952) 851-1610
Web Site: www.tunheim.com

Employees: 30
Year Founded: 1990

Discipline: Public Relations

Kathy Tunheim *(Principal & Chief Executive Officer)*
Lindsay Schroeder Treichel *(Chief Transformation Officer)*
Patrick Milan *(Chief Creative Officer & Executive Vice President)*
Lou Ann Olson *(Media Director & Senior Consultant)*

Accounts:
Sleep Number Corporation

TURNER PUBLIC RELATIONS
1614 15th Street
Denver, CO 80202
Tel.: (303) 333-1402
Fax: (303) 333-4390
Web Site: www.turnerpr.com

Year Founded: 1997

Discipline: Public Relations

Christine Turner *(President)*
Deborah Park *(Vice President, Travel & Tourism)*
Campbell Levy *(Vice President, Media Relations)*
Amber Steffens *(Associate Vice President)*
Caitlin Streams *(Senior Account Supervisor)*
Tyler Wilcox *(Producer, Digital Content & Copywriter)*
Ashley Cox *(Senior Account Executive)*
Jessica Stollberg *(Graphic Designer)*
Stephanie Munarriz *(Senior Account Executive)*
Whitt Kelly *(Senior Account Executive)*
Molly Donnelly *(Senior Account, Supervisor)*

Accounts:
Cutter & Buck, Inc.
Nebraska Tourism Office
South Carolina Division of Tourism

TURNER PUBLIC RELATIONS
250 West 39th Street
New York, NY 10018
Tel.: (212) 889-1700
Fax: (212) 889-1277
Web Site: www.turnerpr.com

Year Founded: 1997

Discipline: Public Relations

Angela Berardino *(Chief Strategy Officer)*
Leslie Rummel *(Senior Vice President)*
Melanie Dennig *(Vice President)*
Kelsey Comstock *(Vice President)*
Adel Grobler *(Vice President, Travel)*
Venessa King *(Vice President, Brand Strategy & Entertainment Marketing)*
Lauren Ryback *(Senior Director)*
Megan Brown *(Senior Director)*
Megan Warner *(Senior Director)*
Andy Wentz *(Senior Digital Strategist)*

Accounts:
Alpha Industries
Bermuda Department of Tourism
Duluth Trading Company

UNICOM ARC
505 South Ewing Avenue
Saint Louis, MO 63103
Tel.: (314) 535-4900
Fax: (314) 535-9013
Web Site: www.unicomarc.com

Employees: 12

Discipline: Public Relations

Edward Finkelstein *(Chief Executive Officer)*
Rodney Wright *(President)*

UPRAISE MARKETING & PUBLIC RELATIONS
111 Maiden Lane
San Francisco, CA 94108
Tel.: (415) 397-7600
Fax: (415) 397-7603
Web Site: www.stearnsjohnson.com

Employees: 7
Year Founded: 2003

Discipline: Public Relations

Tim Johnson *(President & Chief Executive Officer)*
Victoria Guimarin *(Vice President)*

UPROAR
55 West Church Street
Orlando, FL 32801
Tel.: (321) 236-0102
Web Site: www.uproarpr.com

Year Founded: 2011

Discipline: Public Relations

Catriona Harris *(Chief Executive Officer)*
Mike Harris *(President & Chief Operating Officer)*
Tory Patrick *(Vice President)*
Laura Poe *(Director, Health Tech Public Relations & Social Media)*
Emily Kruszewski *(Account Director)*
Colleen Cavanaugh *(Account Director)*
Amber Richards *(Senior Account Executive)*
Daniel Tummeley *(Senior Account Executive - Whill)*
Sara Sublousky *(Account Manager)*
Brittany Johnson *(Senior Account Executive)*

Accounts:
ABC Fine Wine & Spirits
Ruth's Chris Steak House
Special Olympics
WHILL

Brands. Marketers. Agencies. Search Less. Find More.
Try out the online version at www.winmo.com

AGENCIES - JULY, 2020
PUBLIC RELATIONS AGENCIES

VALENCIA, PEREZ, ECHEVESTE
316 West Second Street
Los Angeles, CA 90012
Tel.: (626) 403-3200
Fax: (626) 440-5263
Web Site: www.vpe-pr.com

Employees: 25
Year Founded: 1988

Discipline: Public Relations

Patricia Perez *(President)*
Maricela Cueva *(Vice President)*

VANDYKE-HORN
3011 West Grand Boulevard
Detroit, MI 48202
Tel.: (313) 872-2202
Fax: (313) 872-2232
Web Site: www.bergmuirhead.com

Discipline: Public Relations

Georgella Muirhead *(Co-Owner & President)*
Bob Berg *(Co-Owner & Vice President)*
Peter Van Dyke *(Chief Executive Officer)*

VANGUARD COMMUNICATIONS
2121 K Street Northwest
Washington, DC 20037
Tel.: (202) 331-4323
Fax: (202) 331-9420
Web Site: www.vancomm.com

Employees: 40

Discipline: Public Relations

Maria Rodriguez *(President & Chief Executive Officer)*
Tracy Ferrell *(Chief Administrative Officer)*
Joe Kelly *(Executive Vice President)*
Brenda Foster *(Senior Vice President)*
Crystal Borde *(Vice President, Diversity & Inclusion Practice Lead)*

VARALLO PUBLIC RELATIONS
640 Spence Lane
Nashville, TN 37217
Tel.: (615) 367-5200
Fax: (615) 367-5888
Web Site: www.varallopr.com

Discipline: Public Relations

Deborah Varallo *(Owner & President)*
Jennifer Stephenson *(Director, Strategic Planning)*
Elizabeth Howe *(Account Executive)*

VAULT COMMUNICATIONS, INC.
610 West Germantown Pike
Plymouth Meeting, PA 19462
Tel.: (610) 455-2755
Web Site: www.vaultcommunications.com

Employees: 11
Year Founded: 1989

Discipline: Public Relations

Jessica Phelan *(President)*
Kate Shields *(Chief Executive Officer)*
Lauren Wattie *(Associate Vice President)*

Gina Kent *(Vice President)*
Kaitlin Cavanaugh Moyer *(Vice President)*
Brie Genovese *(Director, Digital Strategy)*
Abby Rizen *(Director, Media Strategy)*
Craig Rogers *(Senior Art Director)*
Sara DeViva *(Director, Creative Strategy)*
Amanda Polyak *(Account Manager)*
Danielle Corrato *(Account Manager)*
Katy Bradley *(Account Manager)*
Kate Wolper *(Assistant Account Executive)*
Allie Artur *(Senior Account Executive)*
Amanda Michelson *(Senior Account Executive)*
Benjamin Guell *(Account Executive)*
Kellsey Turner *(Senior Account Executive)*
Rachel Zatcoff *(Specialist, Media Relations)*
Shannon Rosiak *(Account Executive)*
Rachel Mallow *(Account Coordinator)*

Accounts:
J & J Snack Foods Corp.
Rita's Franchise Company

VERDE BRAND COMMUNICATIONS
1211 Main Street
Durango, CO 81301
Mailing Address:
PO Box 9028
Durango, CO 81302
Tel.: (970) 259-3555
Fax: (970) 259-6999
Web Site: www.verdepr.com

Year Founded: 2001

Discipline: Public Relations

Kristin Carpenter-Ogden *(Founder, Partner & Chief Executive Officer)*
Kristin Carpenter *(Founder & Chief Executive Officer)*
Lauren Haber *(Director)*
Dave Simpson *(Senior Account Executive & Director)*
Lisa Mullen *(Senior Director, Integrated Services)*
W. Jordan Wilsted *(Account Manager)*
Stefanie Walters *(Account Manager)*
Rebecca Katz *(Account Executive)*

Accounts:
Daehlie
Go RVing Coalition
K2 Sports
MSR
Rovr Products
Shar Snacks

VERSION 2 COMMUNICATIONS
500 Harrison Avenue
Boston, MA 02118
Tel.: (617) 426-2222
Fax: (617) 426-1026
Web Site: www.v2comms.com

Year Founded: 2006

Discipline: Public Relations

Maura FitzGerald *(Owner)*
Jean Serra *(Partner)*
Katelyn Holbrook *(Senior Vice President)*

VESTED
22 West 38th Street
New York, NY 10018
Tel.: (917) 765-8720
Web Site: www.fullyvested.com

Year Founded: 2015

Discipline: Public Relations

Ishviene Arora *(Chief Operating Officer)*
Binna Kim *(President & Co-Founder)*
Ali Wells *(Chief Creative Officer)*
Daniel Simon *(Co-Founder & Chief Executive Officer)*
Eric Hazard *(Chief Executive Officer - Vested Ventures)*
Lauren Pozmanter *(Senior Account Manager)*

Accounts:
Investopedia

VISTRA COMMUNICATIONS, LLC
18315 North US Highway 41
Lutz, FL 33549
Tel.: (813) 961-4700
Web Site: consultvistra.com

Employees: 20
Year Founded: 2007

Discipline: Public Relations

Brian Butler *(Chief Executive Officer)*
Jeffrey Darrey *(Executive Vice President)*
Tim Boatright *(Creative Director)*
Jennifer Blagg *(Senior Account Executive)*
Alicia Boyd *(Marketing Communications Manager)*
Julie Capobianco *(Senior Account Executive)*

VOCE COMMUNICATIONS, A PORTER NOVELLI COMPANY
55 Union Street
San Francisco, CA 94111
Tel.: (415) 975-2200
Fax: (408) 738-7841
Web Site: vocecommunications.com

Employees: 33
Year Founded: 1999

Discipline: Public Relations

Richard Cline *(Owner)*

Accounts:
Virtual Instruments
Yahoo! Inc.

VOX GLOBAL
1615 L Street, NW
Washington, DC 20036
Tel.: (202) 955-5326
Web Site: voxglobal.com

Year Founded: 2007

Discipline: Public Relations

Alex Hahn *(Senior Partner, Sustainability)*
Robert Hoopes *(President)*
Lizanne Sadlier *(Partner)*
Beth Parker *(Partner)*
Laura Fisher *(Senior Vice President, Financial Services)*
Corey Ealons *(Partner)*
Sam Fabens *(Senior Vice President)*
Jen Anderson *(Vice President)*
Alexander Mitchell *(Managing Supervisor)*
Justin Rouse *(Managing Supervisor)*
Carey Tarbell *(General Manager)*

VOXUS PR
117 South Eighth Street

658

PUBLIC RELATIONS AGENCIES
AGENCIES - JULY, 2020

Tacoma, WA 98402
Tel.: (253) 853-5151
Fax: (253) 853-5110
Web Site: www.voxuspr.com

Discipline: Public Relations

Paul Forecki *(Managing Partner)*
Justin Hall *(Partner & Co-Founder)*
Lindsay Stril *(Program Director)*

W2O
60 Francisco Street
San Francisco, CA 94133
Tel.: (415) 362-5018
Fax: (415) 362-5019
Web Site: www.w2ogroup.com

Employees: 20
Year Founded: 2001

Discipline: Public Relations

Jim Weiss *(Chairman & Chief Executive Officer - W2O)*
Jennifer Gottlieb *(Chief Operating Officer & President)*
Aaron Strout *(Chief Marketing Officer)*
Angela Pennington Gillespie *(President - WCG)*
Bob Pearson *(Vice Chairman & Chief Innovation Officer)*
Paulo Simas *(Chief Creative Officer)*
Anita Bose *(Head, Client & Business Development)*
Alana Rockland *(Group Director, Earned Media)*
Elyse Margolis *(Head, Practice - Pharma)*
Jennifer Paganelli Schwartz *(Practice Head, Earned & Social Media)*
Meredith Jarblum *(Senior Group Director)*
Jessica Stafford *(Senior Account Manager)*

W2O
199 Water Street
New York, NY 10038
Tel.: (212) 301-7200
Fax: (202) 467-8321
Web Site: www.w2ogroup.com

Discipline: Public Relations

Matthew Kaskavitch *(Associate Director, Social Media - Minneapolis)*
Brian Reid *(Managing Director)*

WAGSTAFF WORLDWIDE
5443 Fountain Avenue
Los Angeles, CA 90029
Tel.: (323) 871-1151
Fax: (323) 871-1171
Web Site: www.wagstaffworldwide.com

Year Founded: 1999

Discipline: Public Relations

Mary Wagstaff *(President)*
Nadia Al-Amir *(Senior Managing Partner)*
Maite Conway *(Partner & Managing Director)*
Gary Knight *(Vice President, Administrative)*
Andrea Jackson *(Managing Director)*
Kelsey Beniasch *(Managing Director)*
Trisha Cole *(Managing Director)*
Vanessa Kanegai *(Managing Director)*

WAGSTAFF WORLDWIDE
130 West 29th Street
New York, NY 10001

Tel.: (212) 227-7575
Fax: (212) 227-9375
Web Site: www.wagstaffworldwide.com

Year Founded: 1999

Discipline: Public Relations

Jessica Rodriguez *(Managing Director & Partner)*
Amanda Hathaway *(Vice President)*
Ashley Miller *(Executive Director)*
Juliana Pesavento *(Executive Director)*
Jessica Levine *(Account Executive)*

WALKER SANDS COMMUNICATIONS
55 West Monroe Street
Chicago, IL 60603
Tel.: (312) 267-0066
Fax: (312) 876-1388
Web Site: www.walkersands.com

Year Founded: 2001

Discipline: Public Relations

Mike Santoro *(President & Principal)*
Ken Gaebler *(Founder & Chief Executive Officer)*
Will Kruisbrink *(Partner & Senior Vice President)*
Annie Gudorf *(Partner & Vice President, Public Relations)*
Erin R. Jordan *(Partner & Vice President)*
John Fairley *(Senior Vice President, Demand Generation)*
Andrew Cross *(Senior Vice President, Public Relations)*
Dave Parro *(Senior Vice President, Client Services & Strategy)*
Tim Morral *(Vice President, Editorial Content)*
Bobby Chilver *(Vice President, Public Relations)*
Matt Brown *(Vice President, Branding & Web Services)*
Brendan Shea *(Vice President, Creative Services)*
Courtney Beasley *(Vice President, Marketing)*
Daniel Laloggia *(Director, Digital Operations)*
Kelsey Gunderson *(Director, Content Strategy)*
Katie Donabedian *(Digital Account Director)*
Rachel Fukaya *(Director, Public Relations)*
Kelsey Krucker *(Senior Project Manager)*
Christopher Shilney *(Paid Digital Marketing Lead)*
Ayman Badwan *(Senior Digital Account Manager)*
Holly Stehlin *(Manager, Human Resource)*
Meg Avril *(Senior Account Manager)*
Zachary Arostegui *(Senior Brand Strategist)*
Nathalie Lagerfeld *(Senior Content Strategist)*
Jennifer Mulligan *(Senior Account Executive)*
Quinn Sharp *(Analyst, Demand Generation)*
Rosie Gillam *(Senior Account Executive)*
Anne Miller *(Social Media Strategist)*

Accounts:
HarperCollins Publishers, Inc.

WALT & COMPANY COMMUNICATIONS
2105 South Bascom
Campbell, CA 95008
Tel.: (408) 369-7200
Fax: (408) 369-7201
Web Site: www.walt.com

Employees: 18
Year Founded: 1991

Discipline: Public Relations

Bob Walt *(President)*
Merritt Woodward *(Partner & Senior Vice President)*
Cyndi Babasa *(Partner & Senior Vice President)*
Carla Mancebo *(Senior Associate)*
Sharon Sumrit *(Associate, Public Relations)*
Jordyn Amazeen *(Associate, Public Relations)*

Accounts:
DreamWave
Epson America, Inc.
Equifi Corporation
Hubitat

WARD CREATIVE COMMUNICATIONS
Post Office Box 239
Bellaire, TX 77402-0239
Mailing Address:
616 West 19th Street
Houston, TX 77008
Tel.: (713) 869-0707
Fax: (713) 869-2947
Web Site: www.wardcc.com

Employees: 7
Year Founded: 1990

Discipline: Public Relations

Deborah Buks *(President & Chief Executive Officer)*
Gwen Hambrick *(Vice President, Administration)*

WARNER COMMUNICATIONS
31 Saint James Avenue
Boston, MA 02116
Tel.: (978) 526-1960
Fax: (978) 526-8206
Web Site: www.warnerpr.com

Employees: 10
Year Founded: 1997

Discipline: Public Relations

Carin Warner *(Founder)*
Erin Vadala *(President)*
Ariane Wolff *(Vice President)*
Sadie Smith *(Senior Specialist, Account)*

Accounts:
Yesway

WARSCHAWSKI PUBLIC RELATIONS
1501 Sulgrave Avenue
Baltimore, MD 21209
Tel.: (410) 367-2700
Fax: (410) 367-2400
Web Site: www.warschawski.com

Employees: 12
Year Founded: 1996

Discipline: Public Relations

David Warschawski *(Founder & Chief Executive Officer)*
Shana Harris *(Chief Operations Officer)*
Sam Ruchlewicz *(Vice President, Digital Strategy & Data Analytics)*
Hanly Heubeck *(Vice President)*
Lauren Scheib *(Creative Director)*
Brandon Chiat *(Senior Associate)*

Accounts:

AGENCIES - JULY, 2020   PUBLIC RELATIONS AGENCIES

MaggieMoo's
Marble Slab
Xcel Brands, Inc

WE COMMUNICATIONS
225 108th Avenue, Northeast
Bellevue, WA 98004
Tel.: (425) 638-7000
Fax: (425) 638-7001
Web Site: www.we-worldwide.com

Employees: 250
Year Founded: 1983

Discipline: Public Relations

Kass Sells *(Global Chief Operating Officer, President, International)*
Melissa Waggener Zorkin *(Founder & Chief Executive Officer)*
Stephanie Marchesi *(President - Health Sector & Eastern Region)*
Dawn Beauparlant *(Chief Client Officer)*
Tiffany Cook *(President)*
Kate Richmond *(Chief Talent Officer)*
Scott Friedman *(Executive Vice President, Technology)*
Brandon Sanford *(Senior Vice President)*
Cameron Bays *(Senior Vice President)*
Matthew Ashworth *(Senior Vice President & General Manager - Seattle)*
Amber Mizell *(Vice President, Digital Consulting)*
Hava M. Jeroslow *(Vice President)*
Darci Brooks *(Manager, IT Support Engineer)*
Sarah Elson *(Account Manager)*

Accounts:
Braava
iRobot Corporation
Microsoft Corporation
Roomba
Volvo Trucks North America, Inc.
Woodford Reserve

WE COMMUNICATIONS
1481 Folsom Street
San Francisco, CA 94103
Fax: (425) 458-0510
Toll Free: (800) 938-8136
Web Site: www.we-worldwide.us

Year Founded: 1983

Discipline: Public Relations

Jason Clarke *(Senior Vice President, Business Development)*
Maile Lyons *(Senior Vice President)*
Kacie Thomas *(Vice President)*
Jordan Byrnes *(Vice President)*
Trevor Jonas *(Vice President, Digital Strategy)*
Holly Lancaster *(Account Director)*
Jessie Wong *(Account Director)*
Devon Hartstein *(Manager, Social & Digital Strategies)*
Carina Torres *(Associate Social Media Specialist)*
Caitlin Valtierra *(Senior Account Executive)*
Steve Kerns *(General Manager)*

Accounts:
F5 Networks, Inc.
Limelight Networks

WE COMMUNICATIONS
106 East Sixth Street
Austin, TX 78701

Tel.: (512) 527-7000
Fax: (512) 527-7001
Toll Free: (800) 938-8136
Web Site: www.we-worldwide.com

Employees: 14
Year Founded: 1983

Discipline: Public Relations

Melissa Zorkin *(Chief Executive Officer & Founder)*
Matt Trocchio *(Senior Vice President & General Manager, Austin)*
Mindy Nelson *(Vice President)*

WEBER SHANDWICK
555 Washington Avenue
Saint Louis, MO 63101
Tel.: (314) 436-6565
Fax: (314) 231-8808
Toll Free: (800) 551-5971
Web Site: www.webershandwick.com

Year Founded: 1998

Discipline: Public Relations

Marc Abel *(Executive Vice President)*
Dave Collett *(Executive Vice President & General Manager)*
Callie Rapp *(Manager, Client Experience)*

Accounts:
New York Life Insurance Company
NYLife

WEBER SHANDWICK
40 Broad Street
Boston, MA 02109
Tel.: (617) 661-7900
Web Site: www.webershandwick.com

Employees: 90
Year Founded: 1998

Discipline: Public Relations

Micho Spring *(Chairman, Global Corporate Practice & President - Weber Shandwick New England)*
Peter Mancusi *(Executive Vice President, Strategic Media & Crisis Communications Specialist)*
Daniel Gaynor *(Senior Vice President, Global Brand Narrative)*
Sam Mazzarelli *(Senior Vice President & Account Director)*
Taylor Ramsey *(Account Director)*
Kate Weissman *(Account Director)*
Lindsay Hawley *(Account Director, Client Experience)*
Griff McNerney *(Senior Manager - Creation)*

Accounts:
General Electric Corporation
L.L. Bean, Inc.
Monster Worldwide, Inc.
QlikTech International

WEBER SHANDWICK
3030 Olive Street
Dallas, TX 75219
Tel.: (469) 917-6200
Fax: (972) 868-7671
Web Site: www.webershandwicksouthwest.com

Employees: 51
Year Founded: 1998

Discipline: Public Relations

Carrie Lauterstein *(Senior Vice President)*
Beth Pedersen *(Creative Director)*
Barbara Horton *(Executive Assistant & Office Manager)*
Maggie Caudle *(Senior Manager)*
Jennifer Cho *(Executive Vice President & General Manager - Southwest)*

Accounts:
Essilor of America, Inc.
RadioShack Corporation

WEBER SHANDWICK
818 Stewart Street
Seattle, WA 98101
Tel.: (206) 576-5500
Web Site: www.webershandwick.com

Employees: 53
Year Founded: 1998

Discipline: Public Relations

Brooke Shepard *(Executive Vice President, Global Insights Community Leader)*
Autumn Lerner *(Senior Vice President, Client Experience, Social Impact & Healthcare)*

Accounts:
Blucora

WEBER SHANDWICK
510 South Marquette Avenue
Minneapolis, MN 55402
Tel.: (952) 832-5000
Fax: (952) 831-8241
Web Site: www.webershandwick.com

Employees: 200
Year Founded: 1998

Discipline: Public Relations

Sara Gavin *(President - North America)*
David Krejci *(Executive Vice President, Digital Crisis & Issues - North America)*
Andy Thieman *(Executive Vice President & Executive Creative Director)*
Gloria Delgadillo *(Senior Vice President, Client Experience)*
Sarah Grotheim *(Vice President)*
Forest Taylor *(Strategy Director)*
Laurel Hood *(Director)*
Cassie Batinich *(Director)*
Lorenz Esguerra *(Executive Vice President & General Manager)*

WEBER SHANDWICK
909 Third Avenue
New York, NY 10022
Tel.: (212) 445-8000
Web Site: www.webershandwick.com

Year Founded: 1998

Discipline: Public Relations

Jill Murphy *(Chief Business Development Officer)*
Gail Heimann *(President)*
Laura Schoen *(Chair, Latin America & President, Global Healthcare Practice)*
Jack Leslie *(Chairman)*
Joy Farber-Kolo *(President - North America)*
Paul Jensen *(President, North America & Chief Innovation Officer - Global Corporate Practice)*
Chris Perry *(Chief Digital Officer)*

PUBLIC RELATIONS AGENCIES

AGENCIES - JULY, 2020

Abby Gold *(Chief Human Resources Officer)*
Frank Okunak *(Chief Operating Officer)*
Jill Tannenbaum *(Chief Communications & Marketing Officer)*
Kelly Sullivan *(Executive Vice President, Strategic Initiatives & Business Development)*
Pete Campisi *(Executive Vice President, Client Experience)*
David Aglar *(Executive Vice President, Platform Strategy & Business Development)*
Andrea Fassacesia *(Executive Vice President, Integrated Media & Lead, Global Health Media)*
Judith Harrison *(Senior Vice President, Staffing, Diversity & Inclusion)*
Nancy Rabstejnek Nichols *(Senior Vice President, External Affairs)*
Michael Presson *(Senior Vice President, Digital Health)*
Jon Cunningham *(Senior Vice President, Planning)*
Anisha Ahluwalia *(Executive Vice President, Client Experience)*
Kenneth Meyer *(Senior Vice President, Media Relations - Healthcare)*
Jenna Glynn *(Vice President)*
Stephanie Blond *(Vice President, Client Experience)*
Nicole Mayo *(Vice President)*
Lara Ziobro *(Vice President, Global Digital & Social Marketing)*
Archana Iyer *(Vice President, Strategy)*
Seagren Doran *(Vice President)*
Stefanie Samarripa *(Vice President, Client Experience)*
Ashley Cordo *(Director)*
Carolyn Stanton *(Account Director)*
Barry Flanik *(Director, Group Creative)*
Melissa Hyer *(Senior Manager)*
Julian Choi *(Manager, Integrated Communications Planning)*
Kate Monohan *(Manager, Integrated Media)*
Allison Ranshous *(Senior Manager, Social Impact)*
Lauren Gould *(Senior Manager)*
Julian Pinilla *(Planner)*
Madeline Howeth *(Junior Associate - Barbie, Hot Wheels, UNO & Hellmann's)*

Accounts:
Abreva
Alli
American Dairy Association
Ancestry.com Inc.
Bahamas Ministry of Tourism
Barbie
BBC World News
Benefiber
Biotene
Breathe Right Nasal Strips
Caress
Degree
Degree Girl
Degree Men
Degree Women
Excedrin
Flonase
Gas-X
Getty Images
GlaxoSmithKline, Inc.
Hanes
Hellmann's
Honeywell International, Inc.
Hot Wheels
IBM Corporation
Michelin North America, Inc.
Motorola Mobility, Inc.

National Mango Board
Nespresso USA, Inc.
Nicoderm CQ
Nicorette Gum
Nicorette Mini Lozenge
Nike, Inc.
Oreo
Pond's
Q-tips
Rituxan
Sensodyne
Siemens Corporation
TIAA
TracFone Wireless, Inc.
Tums
UNO

WEBER SHANDWICK
944 Brady Avenue Northwest
Atlanta, GA 30318
Tel.: (404) 266-7500
Fax: (404) 231-1085
Web Site: www.webershandwick.com

Employees: 10
Year Founded: 1998

Discipline: Public Relations

Carrie Palmer *(Chief Financial Officer - Fitzgerald & Company)*
Amy Mason *(Vice President, Earned Media, Influencer Marketing & Content Creation)*
Rachel Cain *(Account Director)*
John Heid *(Director)*
Christie Doss *(Account Supervisor, Consumer Lifestyle Practice)*
Melissa Golden *(Executive Vice President & General Manager)*

WEBER SHANDWICK
729 East Pratt Street
Baltimore, MD 21202
Tel.: (410) 558-2100
Fax: (410) 558-2188
Web Site: www.webershandwick.com

Employees: 30
Year Founded: 1998

Discipline: Public Relations

Gregory Young *(Global Head, Paid Media & Senior Vice President, Integrated Communications)*
Christopher Durban *(Senior Vice President, Creative & Creative Director)*
Michael Tirone *(Vice President, Client Experience - Digital)*
Chuck Fitzgibbon *(Executive Vice President & General Manager)*

Accounts:
Meritain Health

WEBER SHANDWICK
875 North Michigan Avenue
Chicago, IL 60611
Tel.: (312) 988-2400
Fax: (312) 988-2363
Web Site: www.webershandwick.com

Employees: 50
Year Founded: 1998

Discipline: Public Relations

Cathy Calhoun *(Chief Client Officer)*
Susan Howe *(Chief Collaboration Officer)*
Jerry Gleason *(Executive Vice President, Consumer)*
Molly Roenna *(Executive Vice President, Human Resources)*
Jeff Immel *(Senior Vice President & Creative Director)*
Obele Hinsley *(Executive Vice President, Client Experience Digital & Innovation Lead- Central Region)*
Madeleine Shin *(Vice President, Health Care)*
Matthew Clay *(Vice President, Planning)*
Lindsay Henry *(Vice President)*
Alana Beseau *(Creative Director)*
Nancy Kibort *(Vice President & Director)*
Caroline Lainio *(Vice President, Client Experience)*
Cecilia Wong *(Vice President, Planning)*
Molly McFerran *(Director & Group Manager)*
Lauren Carter *(Director)*
Meaghan Ford *(Account Director)*
Jim Paul *(Managing Director & Executive Creative Director)*
Emma Arnold *(Associate Creative Director)*
Maria Grillo *(Account Director)*
Erin Minoff *(Senior Manager)*
Ellie Reynolds *(Senior Associate)*

Accounts:
All-Bran
American Pecan Council
Apple Jacks
Austin Crackers
Bear Naked
Carr's
Cheez-It
Chips Deluxe
Club Crackers
Cocoa Krispies
CocoaVia
Corn Pops
Cracklin' Oat Bran
Crispix
Crunch Nut Golden Honey Nut
Crunchmania
E.L. Fudge Sandwich Cookies
Eggo French Toaster Sticks
Eggo Waffles
Fiber Plus
Fruit Twistables
Fudge Shoppe
Fudge Stripes
Gripz
Honey Smacks
Jack's
Jackson's
Kellogg Company
Kellogg's Corn Flake Crumbs
Kellogg's Corn Flakes
Kellogg's Crunchy Nut Cereal
Kellogg's Froot Loops
Kellogg's Froot Loops
Kellogg's Frosted Flakes
Kellogg's Frosted Mini Wheats
Kellogg's Raisin Bran
Kellogg's Special K
Krave
Krispy
Milk Life Campaign
Morningstar Farms
Mother's Cookies
Mueslix
Nutri-Grain
Pedigree
Pop-Tarts
Pringles
Product 19

AGENCIES - JULY, 2020　　　　　　　　　　　　　　PUBLIC RELATIONS AGENCIES

Raisin Bran Extra
Ready Crust
Rice Krispies
Rice Krispies Treats
Sandies
Scooby-Doo Cereal
Smacks
Smart Start
Smorz
Snickers
SunSilk
Toasteds
Town House
Vienna Fingers
Wheatables
Worthington
Zesta
Zoo

WEBER SHANDWICK
600 Battery Street
San Francisco, CA 94111
Tel.: (415) 262-5950
Web Site: www.webershandwickcom

Employees: 28
Year Founded: 1998

Discipline: Public Relations

Kristin Marlow *(Executive Vice President & Co-Lead, Integrated Media & Digital Innovation - West)*
Lee Anderson-Brooke *(Executive Vice President & Lead, Technology - West)*
Liz Keller *(Executive Vice President, Planning & Insights)*
Erin Patton *(Senior Vice President, San Francisco Healthcare Practice Lead)*
Aubree Holly *(Vice President)*
David Hirota *(Vice President, Client Experience, Digital)*
Kelsey Shively *(Vice President)*
Michelle Tang *(Senior Art Director)*
Xiwei Huang *(Junior Designer - User Experience)*
Karly Tokioka *(Associate, Media Relations)*

Accounts:
Carbonite, Inc.
Rituxan
Taleo

WEBER SHANDWICK
999 18th Street
Denver, CO 80202
Tel.: (303) 357-2381
Web Site: www.webershandwick.com

Year Founded: 2000

Discipline: Public Relations

Jeremy Story *(Vice President)*
Jessica Boyle *(Vice President)*

Accounts:
Columbia Sportswear Company

WEBER SHANDWICK
360 West Maple Avenue
Birmingham, MI 48009
Tel.: (248) 203-8000
Web Site: www.webershandwick.com

Employees: 5
Year Founded: 1998

Discipline: Public Relations

Stan Stein *(Executive Vice President & Global Account Director)*
Iain Lanivich *(Executive Vice President & Executive Creative Director)*
Mara Mazzoni *(Senior Vice President, Integrated Media Strategy)*
Derek Chappo *(Vice President, Client Experience Digital)*
David Emery *(Account Director, Analytics)*
Erica Tackett *(Manager, Social - Chevy)*
Nikki Mikolon *(Associate, CX Digital - Chevy Social)*

Accounts:
Chevrolet
Chevy Bolt EV
Chevy Camaro
Chevy Colorado
Chevy Corvette Grand Sport
Chevy Corvette Stingray
Chevy Corvette Z06
Chevy Corvette ZR1
Chevy Cruze
Chevy Equinox
Chevy Express
Chevy Impala
Chevy Malibu
Chevy Silverado
Chevy Sonic
Chevy Spark
Chevy Suburban
Chevy Tahoe
Chevy Traverse
Chevy Trax
Chevy Volt
MGM Grand Detroit
Quicken Loans, Inc.

WEBER SHANDWICK
1840 Century Park East
Los Angeles, CA 90067
Tel.: (310) 854-8200
Web Site: www.webershandwick.com

Employees: 25
Year Founded: 1998

Discipline: Public Relations

Jim Wetmore *(Executive Vice President & General Manager, Health Practice - West Region)*
Natalie Hamlin *(Senior Manager, Client Experience)*
Anna Romano *(Senior Manager)*

Accounts:
Genentech, Inc.

WEBER SHANDWICK
351 King Street E
Toronto, ON M5A 1L1
Tel.: (212) 445-8000
Fax: (416) 964-6611
Web Site: www.webershandwick.com

Employees: 25
Year Founded: 1998

Discipline: Public Relations

Greg Power *(President & Chief Executive Officer)*
Cameron Summers *(Senior Vice President & Toronto Office Lead)*
Robyn Adelson *(Executive Vice President, Strategy & Creative)*
Melissa Graham *(Senior Vice President, Consumer)*

Kristen King *(Vice President, Healthcare)*
Michelle Reagan *(Director, Planning)*
Lindsay Trnkus *(Senior Manager)*

WEISSMAN MARKOVITZ COMMUNICATIONS
6767 Forest Lawn Drive
Los Angeles, CA 90068
Tel.: (818) 760-8995
Fax: (818) 937-4331
Web Site: www.publicity4all.com

Year Founded: 1981

Discipline: Public Relations

Rick Markovitz *(President)*
Leonard Morpurgo *(Vice President, Films)*

WELZ & WEISEL COMMUNICATIONS
8200 Greensboro Drive
McLean, VA 22102
Tel.: (703) 218-3555
Fax: (703) 218-5019
Web Site: www.w2comm.com

Year Founded: 2003

Discipline: Public Relations

Evan Weisel *(Co-Founder & Principal)*
Tony Welz *(Co-Founder & Principal)*
Thomas Resau *(Senior Vice President, Cybersecurity & Privacy Practice)*
Dennis McCafferty *(Vice President, Content Creation)*
Joyson Cherian *(Senior Vice President)*
Christy Pittman *(Vice President)*

Accounts:
Satellite Today

WEST COAST ADVISORS
925 L Street
Sacramento, CA 95814
Tel.: (916) 441-4383
Fax: (916) 441-4132
Web Site: www.westcoastadvisors.com

Employees: 7
Year Founded: 1974

Discipline: Public Relations

Michael Boccadoro *(President & Managing Director)*
Brian Rees *(Senior Vice President, Government Relations)*
Laura Kistner *(Client Services Coordinator)*

WIDMEYER COMMUNICATIONS
1129 20th Street North West
Washington, DC 20036
Tel.: (202) 667-0901
Fax: (202) 667-0902
Web Site: www.widmeyer.com

Employees: 54
Year Founded: 1988

Discipline: Public Relations

Barry Reicherter *(Senior Vice President & Partner, Digital Insights)*
Scott Widmeyer *(Founder & Managing Partner)*
Dan Kaufman *(Managing Partner)*

Accounts:

Brands. Marketers. Agencies. Search Less. Find More.
Try out the online version at www.winmo.com

PUBLIC RELATIONS AGENCIES

W. K. Kellogg Foundation

WILKINSON FERRARI & COMPANY
1336 South 1100 East
Salt Lake City, UT 84105
Tel.: (801) 364-0088
Fax: (801) 364-0072
Web Site: www.wfandco.com

Employees: 7
Year Founded: 1993

Discipline: Public Relations

Brian Wilkinson *(Partner & Co-Founder)*
Lindsey Ferrari *(Partner & Co-Founder)*
Cindy Gubler *(Partner)*
Mimi Charles *(Manager, Operations & Public Involvement)*

WINGER MARKETING
180 West Washington
Chicago, IL 60602
Tel.: (312) 494-0422
Fax: (312) 494-0426
Web Site: www.wingermarketing.com

Year Founded: 1984

Discipline: Public Relations

Karolyn Raphael *(President)*
Leslie Randolph *(Vice President)*
Alena Cloud *(Account Director)*
Taylor Clark *(Lead Graphic Designer)*
Tia Hawkins *(Public Relations Account Executive)*
Maeve McNaughton *(Account Executive)*

WIRED PR
221 East Indianola Avenue
Phoenix, AZ 85012
Tel.: (602) 758-0750
Web Site: www.wiredprgroup.com

Year Founded: 2008

Discipline: Public Relations

Beth Cochran *(Founder & Chief Executive Officer)*
Morgan O'Crotty *(Senior Account & Content Manager)*
Sarah Gray *(Senior Account Manager)*
Breanne Krager *(Account Coordinator)*

WISER STRATEGIES
108 Esplanade
Lexington, KY 40507
Tel.: (859) 269-0123
Web Site: www.wiserstrategies.com

Discipline: Public Relations

Nancy Wiser *(President)*
Risa Richardson *(Public Relations Services)*
Ron Gilbert *(Creative Services)*
Trish Noe *(Creative Services)*
Jim Gaddis *(Creative Services)*
Nicholas Brock *(Digital & Creative Media Specialist)*
Zachary DeMoor *(Creative Services Specialist)*
Mackenzie Davis *(Public Relations & Creative Services Coordinator)*

WITHERSPOON MARKETING COMMUNICATIONS
1200 West Freeway
Fort Worth, TX 76106
Tel.: (817) 335-1373
Fax: (817) 332-6044
Web Site: www.witherspoon.com

Employees: 14
Year Founded: 1946

Discipline: Public Relations

Mike Wilie *(President & Chief Executive Officer)*
Kim Wilie *(Vice President)*
Tim Neuman *(Vice President, Account Services)*

WITZ COMMUNICATIONS, INC.
555 Fayetteville Street
Raleigh, NC 27601
Tel.: (919) 554-3532
Web Site: www.witzcommunications.com

Year Founded: 2017

Discipline: Public Relations

Richard Williams *(Co-Founder & Chief Strategy Officer)*
Ashley Schulte *(Account Director)*
Jas McDonald *(Media & Analyst Relations Manager)*
Katie Brown *(Associate Account Executive)*
Millicent Allen *(Account Coordinator)*

WONACOTT COMMUNICATIONS, LLC
4419 Van Nuys Boulevard
Sherman Oaks, CA 91403
Tel.: (310) 477-2871
Web Site: www.wonacottpr.com

Year Founded: 2007

Discipline: Public Relations

Jason Wonacott *(President & Chief Executive Officer)*
Johner Riehl *(Vice President & Creative Director)*
Julie Kim *(Director, Operations)*

WOOD COMMUNICATIONS GROUP
22 North Carroll Street
Madison, WI 53703
Tel.: (608) 259-0757
Fax: (608) 259-0828
Web Site: www.wcgpr.com

Employees: 22
Year Founded: 1985

Discipline: Public Relations

James Wood *(Chairman & Owner)*
Kennan Wood *(President & Account Manager)*
Lynn Wood *(Senior Vice President, Client Operations)*

WORDHAMPTON PUBLIC RELATIONS
512 Three Mile Harbor
East Hampton, NY 11937
Tel.: (631) 329-0050
Fax: (631) 267-1077
Web Site: www.wordhampton.com

Employees: 8
Year Founded: 1992

Discipline: Public Relations

Steve Haweeli *(President)*
Nicole Starr Castillo *(Executive Vice President)*

WORDSWORTH COMMUNICATIONS
538 Reading Road
Cincinnati, OH 45202
Tel.: (513) 271-7222
Fax: (513) 271-7266
Web Site: www.wordsworthweb.com

Discipline: Public Relations

Bridget Castellini *(Partner & Chief Operating Officer)*
Lauren Doyle *(Vice President)*
Andi Ferguson *(Vice President)*

Accounts:
Fifth Third Bank
Protect-A-Bed

WORDWRITE COMMUNICATIONS
611 William Penn Place
Pittsburgh, PA 15219
Tel.: (412) 246-0340
Web Site: www.wordwritepr.com

Year Founded: 2002

Discipline: Public Relations

Paul Furiga *(President)*
Jeremy Church *(Partner, Vice President & Director, Results)*
Brenda Furiga *(Vice President & Chief Financial Officer)*
Keira Koscumb *(Digital & Inbound Marketing Director)*
Erin Hogan *(Account Supervisor)*
Robin Rectenwald *(Public Relations & Marketing Strategist)*
Megha Pai *(Digital & Inbound Marketing Specialist)*

WRAGG & CASAS PUBLIC RELATIONS, INC.
1221 Brickell Avenue
Miami, FL 33131
Tel.: (305) 372-1234
Fax: (305) 372-8565
Web Site: www.wraggcasas.com

Employees: 4
Year Founded: 1991

Discipline: Public Relations

Ray Casas *(President)*
Jeanmarie Ferrara *(Executive Vice President)*

WRIGHT ON COMMUNICATIONS
1200 Prospect Street
La Jolla, CA 92037
Tel.: (858) 886-7900
Web Site: www.wrightoncomm.com

Year Founded: 1998

Discipline: Public Relations

Grant Wright *(Chief Executive Officer &*

Managing Partner)
Julie Wright *(President & Founder)*
Chancelor Shay *(Director, Public Relations & Integrated Communications)*
Sandra Wellhausen *(Communications Strategist)*
Katrina Early *(Media Integration Specialist)*
Shae Geary *(Senior Communications Strategist)*
Chloe Janda *(Communications Coordinator)*

XENOPHON STRATEGIES, INC.
1120 G Street North West
Washington, DC 20005
Tel.: (202) 289-4001
Fax: (202) 777-2030
Web Site: www.xenophonstrategies.com

Employees: 16
Year Founded: 2000

Discipline: Public Relations

David Fuscus *(President)*
Mark Hazlin *(Senior Vice President)*

Accounts:
Centers For Disease Control & Prevention

XHIBITION
26 Broadway
New York, NY 10004
Tel.: (347) 624-8533
Web Site: www.xhibition.com

Year Founded: 2014

Discipline: Public Relations

Nestor Baeza *(Partner & President)*
Charlotte Pokoik *(Senior Account Executive)*
Mara McGowan *(Assistant Account Executive)*

YC MEDIA
231 West 29th Street
New York, NY 10001
Tel.: (212) 609-5009
Web Site: www.ycmedia.com

Year Founded: 2000

Discipline: Public Relations

Kimberly Yorio *(Owner & Principal)*
Aimee Bianca *(Vice President & Chief Media Officer)*

YOUNG COMMUNICATIONS GROUP, INC.
672 South Lafayette Park Place
Los Angeles, CA 90057
Tel.: (213) 263-2290
Toll Free: (877) 924-7701
Web Site: www.youngcomms.com

Employees: 8
Year Founded: 1991

Discipline: Public Relations

Gwendolyn Young *(President & Chief Executive Officer)*
Foster Bertomen *(Creative Director)*

YOUR PEOPLE LLC
25121 Scotia Road
Huntington Woods, MI 48070
Tel.: (248) 376-0206
Web Site: www.yourppl.com

Year Founded: 2007

Discipline: Public Relations

Lynne Golodner *(Chief Creative Officer & Owner)*
Kirstin Karoub *(Vice President, Operations & Marketing Manager)*

ZABRISKIE & ASSOCIATES
1600 South Main Street
Salt Lake City, UT 84115
Tel.: (801) 484-7272
Fax: (801) 484-7294
Web Site: www.zabrisk.com

Employees: 5
Year Founded: 1981

Discipline: Public Relations

Dale Zabriskie *(President)*
Michele Zabriskie *(Vice President)*

ZAPWATER COMMUNICATIONS
118 North Peoria
Chicago, IL 60607
Tel.: (312) 943-0333
Fax: (312) 943-0852
Web Site: www.zapwater.com

Year Founded: 2004

Discipline: Public Relations

David Zapata *(President & Founder)*
Jennifer Lake *(Senior Vice President)*
Erika von Borcke *(Account Director)*

Accounts:
PrivateFly
The Veggie Grill
Yellow Tail

ZAPWATER COMMUNICATIONS
1460 Fourth Street
Santa Monica, CA 90401
Tel.: (310) 396-7851
Web Site: www.zapwater.com

Discipline: Public Relations

Rachel Dubin *(Account Director)*
Kody Kantor *(Account Supervisor)*
Jennifer Barry *(Managing Director)*

Accounts:
The Veggie Grill

ZENO GROUP
140 Broadway
New York, NY 10005
Tel.: (212) 299-8888
Fax: (212) 462-1026
Web Site: www.zenogroup.com

Employees: 25
Year Founded: 1998

Discipline: Public Relations

Barby Siegel *(Chief Executive Officer)*
Kevin Davidson *(Executive Vice President & Head, New York & DC Practice)*
Rochelle Snyder *(Senior Vice President)*
Greg Tedesco *(Senior Vice President, Digital Marketing)*
Jacqueline Battles *(Senior Vice President)*
Katie Rie *(Vice President, Digital Strategy)*
Vincent Bitong *(Vice President, Technology)*
Mary Insinga *(Director, Integrated Digital Marketing)*
Julie Tahan *(Director, Paid Social)*
Mary Ann Schoppman *(Senior Account Supervisor)*
Elana Ferrari *(Senior Account Supervisor)*
Ame Wadler *(Managing Director, Health & Strategic Planning)*
Byron Calamese *(Managing Director - New York & DC)*

Accounts:
Alaway
Aruba Tourism Authority
Bausch & Lomb, Inc.
Biotrue
Hatchimals
Intel Corporation
Ocuvite
Pepperidge Farm Baked Naturals
Pepperidge Farm Chocolate Chunk
Pepperidge Farm Farmhouse Bread
Pepperidge Farm Puff Pastry
Pepperidge Farm Sweet & Simple Cookie Collections
Pepperidge Farm Swirl Bread
Pepperidge Farm Texas Toast
Pepperidge Farm Whole Grain
Pepperidge Farm, Inc.
Rail Europe, Inc.
SalesForce.com, Inc.
Sears Holding Corporation
State Farm Insurance Companies
Zebra Technologies Corporation

ZENO GROUP
130 East Randolph Street
Chicago, IL 60601
Tel.: (312) 396-9700
Fax: (312) 222-1561
Web Site: www.zenogroup.com

Employees: 35
Year Founded: 1998

Discipline: Public Relations

Grant Deady *(Chief Culture Officer & Managing Director)*
Tony Blasco *(Chief Financial Officer)*
Traecy Thiele *(Executive Vice President, Global Marketing & Integration)*
Leilani Sweeney *(Senior Vice President)*
Sarah Rosanova *(Senior Vice President)*
Liz Risoldi *(Senior Vice President, Public Relations)*
Katie Cwayna *(Senior Vice President, Media Strategy)*
Heather Ribeiro *(Vice President)*
Liz Fernandez *(Vice President)*
Vusi Moyo *(Vice President, Healthcare)*
Hannah Pomatto *(Vice President)*
Anya Kotova *(Vice President)*
Mark Shadle *(Managing Director, Corporate Communications)*
Ray Madrigal *(Office Manager)*
Maureen Murray *(Senior Account Supervisor)*
Jane Watts *(Account Supervisor)*
Caitlyn Luchsinger *(Account Supervisor)*
John Arango *(Senior Account Supervisor)*
Alissa Stevens *(Senior Account Executive)*
Allison Kramer *(Senior Account Executive - Digital)*
Nick Eickemeyer *(Senior Account Supervisor)*

Accounts:
Airheads
Arbor Day Foundation

PUBLIC RELATIONS AGENCIES

Baker's Secret
Chicago Cutlery
CORELLE
CorningWare
ecoTOOLS
EKCO
Electrify America
Kenmore
Magnalite
OLFA
Paris Presents, Inc.
Pilot Flying J, Inc.
PYREX
Revere (RevereWare)
Sears Holding Corporation
Serta Simmons Bedding LLC
Snapware
State Farm Insurance Companies
Turtle Wax, Inc.
Visions
World Kitchen, LLC

ZENO GROUP
520 Broadway
Santa Monica, CA 90401
Tel.: (310) 566-2290
Fax: (566) 229-9310
Web Site: www.zenogroup.com/

Employees: 15
Year Founded: 1998

Discipline: Public Relations

Jay Joyer *(Executive Vice President)*
Brian Devenny *(Senior Account Supervisor)*
Shamit Choksey *(Senior Account Supervisor)*
Karla Gonzalez *(Account Supervisor)*

Accounts:
Kia Motors America
Mother Nature Network
Nature's Path

ZENO GROUP
275 Shoreline Drive
Redwood Shores, CA 94065
Tel.: (650) 801-7950
Web Site: www.zenogroup.com

Employees: 20
Year Founded: 1998

Discipline: Public Relations

Monica Walsh *(Executive Vice President)*
Jim Goldman *(Executive Vice President)*
John Moore *(Senior Vice President, Media Strategy)*
Melinda Watts *(Vice President, Account Services)*
Danielle Siemon *(Vice President, Consumer Technology)*
Todd Irwin *(Managing Director)*

ZENO GROUP
26 Wellington Street E
Toronto, ON M5E 1S2
Tel.: (416) 979-0777
Web Site: http://www.zenogroup.com

Year Founded: 1998

Discipline: Public Relations

Lauren Rivietz *(Vice President)*
Elizabeth Krock *(Account Manager)*
Beth Spurrell *(Account Executive)*

Accounts:
Turkey Farmers of Canada

ZENZI
2235 Encinitas Boulevard
Encinitas, CA 92024
Tel.: (760) 635-9320
Fax: (760) 888-0440
Web Site: www.zenzi.com

Year Founded: 2002

Discipline: Public Relations

Sarah Hardwick *(Chief Executive Officer)*
Julie Lyons *(President)*
Graham Hill *(Senior Researcher)*

ZER0 TO 5IVE, LLC
379 West Broadway
New York, NY 10012
Tel.: (917) 748-4006
Web Site: www.0to5.com

Year Founded: 1999

Discipline: Public Relations

Jennifer Moritz *(Managing Principal)*
Lindsay Hull *(Associate Director)*
Pat Reilly *(Senior Strategist)*

ZILKER MEDIA
14735 Fitzhugh Road
Austin, TX 78736
Tel.: (512) 298-4081
Web Site: www.zilkermedia.com

Year Founded: 2017

Discipline: Public Relations

Wesley Fang *(Chief Strategy Officer)*
Rusty Shelton *(Founder & Chairman)*
Patti Conrad *(Chief Financial Officer)*
Paige Velasquez *(Chief Executive Officer)*
Shelby Janner *(Publicity Director)*
Nichole Williamson *(Brand Strategy Director)*
Melanie Cloth *(Creative Lead)*
Sara Pence *(Brand Strategist)*

ZLOKOWER COMPANY
575 Eighth Avenue
New York, NY 10018
Tel.: (212) 863-4120
Fax: (212) 863-4141
Web Site: www.zlokower.com

Year Founded: 1983

Discipline: Public Relations

Harry Zlokower *(President)*
Gail Horowitz *(Senior Vice President)*
Dave Closs *(Vice President)*

ZOZIMUS AGENCY
100 North Washington Street
Boston, MA 02114
Tel.: (617) 259-1605
Fax: (617) 259-1625
Web Site: zozimus.com

Year Founded: 2004

Discipline: Public Relations

Thomas Lee *(Senior Partner & Director, Public Relations)*
Nick Lowe *(Founding Partner)*
AJ Gerritson *(Founding Partner)*
Sean Flanagan *(Executive Vice President, Public Relations)*
Jessica Alario *(Executive Vice President, Public Relations)*
Craig Herrick *(Executive Vice President & Executive Creative Director)*
Michael O'Neill *(Executive Vice President, Business Development & Account Management)*
Matt McGowan *(Creative Director)*
Alison Howard *(Director, Marketing)*
Rachael Lemmler *(Account Executive)*
Kathy Abreu *(Manager, Billing)*
Sarah Conley *(Senior Account Executive, Public Relations)*

Accounts:
Boston Interiors
The Yankee Candle Company, Inc.

Brands. Marketers. Agencies. Search Less. Find More.
Try out the online version at www.winmo.com

Public Relations Agencies

Brands. Marketers. Agencies. Search Less. Find More.
Try out the online version at www.winmo.com

RECRUITMENT AGENCIES

52 LTD
135 Northeast Ninth Avenue
Portland, OR 97232
Tel.: (503) 517-0052
Fax: (503) 517-0053
Web Site: www.52ltd.com

Year Founded: 2005

Discipline: Recruitment

Kate Donnell *(Director, Operations)*
Amanda Bolint *(Senior Manager, Talent)*
Elaine Hsieh *(Manager, Community Engagement)*
John Szafranski *(Senior Manager, Account)*

ANITHING IS POSSIBLE RECRUITING
20 Birch Avenue
Toronto, ON M4V 1C8
Tel.: (416) 546-6986
Web Site: www.anithing.ca

Year Founded: 2006

Discipline: Recruitment

Nicol Kalman *(Founder)*
Kristine Sanderson *(Lead, Global Recruitment & Consultant, Human Resources)*

CLINICAL TRIAL MEDIA
100 Motor Parkway
Hauppauge, NY 11788
Tel.: (516) 470-0720
Web Site: www.clinicaltrialmedia.com/

Year Founded: 1995

Discipline: Recruitment

Cara Brant *(Chief Executive Officer)*
Laura Walsh *(Media Buyer)*
Maria Lapertosa *(Senior Buyer)*

CREATIVE CIRCLE
300 Park Avenue South
New York, NY 10016
Tel.: (212) 777-8001
Fax: (212) 777-8878
Web Site: www.creativecircle.com

Year Founded: 2001

Discipline: Recruitment

Melissa Sanchez *(Senior Vice President, Sales & Marketing)*
Michael Weiss *(Vice President, Creative360)*
Jocelyn Marie Yant *(Senior Recruiter)*

FURMAN FEINER ADVERTISING
560 Sylvan Avenue
Englewood Cliffs, NJ 07632
Tel.: (201) 568-1634
Web Site: www.furmanfeiner.com

Discipline: Recruitment

Vilma Sindoni *(Executive Vice President & Managing Director)*
Maria LoPiccolo *(Senior Vice President & Account Supervisor)*

JWT INSIDE
3630 Peachtree Road, Northeast
Atlanta, GA 30326
Tel.: (404) 365-7300
Web Site: www.jwtinside.com

Employees: 12
Year Founded: 1949

Discipline: Recruitment

Kelly Levine *(Marketing Director)*
Shelby Anderson *(Associate Account Executive)*

JWT INSIDE
466 Lexington Avenue
New York, NY 10017
Tel.: (212) 210-7000
Web Site: www.jwtinside.com

Employees: 16
Year Founded: 1949

Discipline: Recruitment

Casey Aitken *(Creative Director)*

JWT INSIDE
607 14th Street, Northwest
Washington, DC 20005
Tel.: (202) 628-2076
Fax: (202) 223-0743
Web Site: www.jwtinside.com

Employees: 8
Year Founded: 1949

Discipline: Recruitment

Amanda Conlon *(Media Supervisor)*
Olga Haygood *(Managing Director, Client Service Leader)*

JWT INSIDE
221 Yale Avenue
Seattle, WA 98109
Tel.: (206) 516-3045
Fax: (206) 628-9611
Toll Free: (877) 665-8768
Web Site: www.jwtinside.com

Employees: 16
Year Founded: 1949

Discipline: Recruitment

Peter Price *(Director, Planning & Strategy)*

NAS RECRUITMENT COMMUNICATIONS
9700 Rockside Road
Cleveland, OH 44125
Tel.: (216) 478-0300
Fax: (216) 468-8280
Toll Free: (800) 877-7494
Web Site: www.nasrecruitment.com

Year Founded: 1947

Discipline: Recruitment

Phil Ridolfi *(Chief Executive Officer)*
Danielle Hayden *(Chief Financial Officer)*
Charles Kapec *(Creative Director)*
Michael Warner *(Production Supervisor)*
Courtney Compton *(Programmatic Media Strategist)*

NAS RECRUITMENT COMMUNICATIONS
72 Oakbrooke
Troy, IL 62294
Mailing Address:
9700 Rockside Road
Cleveland, OH 44125
Tel.: (216) 503-9140
Toll Free: (866) 627-7327
Web Site: www.nasrecruitment.com

Year Founded: 1947

Discipline: Recruitment

Sean Bain *(Account Director)*

SHAKER RECRUITMENT ADVERTISING & COMMUNICATIONS
1100 Lake Street
Oak Park, IL 60301
Tel.: (708) 383-5320
Fax: (708) 383-7670
Toll Free: (800) 525-5170
Web Site: www.shaker.com

Employees: 200
Year Founded: 1951

Discipline: Recruitment

Joseph Shaker *(President)*
Derek Briggs *(Chief Operating Officer)*
Joe Shaker Jr. *(President)*
Mike Temkin *(Vice President, Strategic Planning & Development)*
Ellen Paige *(Vice President, Client Services)*
Daniel Shaker *(Vice President, Creative)*
Denise Polanski *(Creative Director)*
Tony Lepore *(Director, Brand Strategy)*

SYMPHONY TALENT
114 Sansome Street
San Francisco, CA 94104
Tel.: (415) 968-3444
Fax: (916) 565-8365
Web Site: www.symphonytalent.com

Employees: 6
Year Founded: 2010

Discipline: Recruitment

Roopesh Nair *(President & Chief Executive Officer)*
Lisa Bordinat *(Senior Vice President, Assessment Science)*

THE OLIVER GROUP
13500 Oliver Station Court
Louisville, KY 40245

Brands. Marketers. Agencies. Search Less. Find More.
Try out the online version at www.winmo.com

AGENCIES - JULY, 2020
RECRUITMENT AGENCIES

Tel.: (502) 241-2292
Toll Free: (800) 310-3118
Web Site: olivergroup.com

Year Founded: 1984

Discipline: Recruitment

Tom Cox *(President, Client Development)*
Jennifer Mackin *(Owner & Chief Executive Officer)*
Scott Kiefer *(Principal & Vice President)*

WESTPORT ENTERTAINMENT ASSOCIATES
1120 West State Route 89 A
Sedona, AZ 86336
Tel.: (203) 319-4343
Fax: (203) 319-3005
Web Site: www.westportentertainment.com

Discipline: Recruitment

Bill Stankey *(President)*
Mary Lalli *(Director)*

668

SEARCH CONSULTANT AGENCIES

THE BURNETT COLLECTIVE
19 Stanton Street
New York, NY 10002
Tel.: (917) 536-2344
Web Site: www.burnettcollective.com/

Year Founded: 2015

Discipline: Search Consultant

Cathy Cohan *(Practice Lead)*
Suzanne DeMaso *(Director)*

SEO/SEM AGENCIES

(UN)COMMON LOGIC
5926 Balcones Drive
Austin, TX 78731
Web Site: www.uncommonlogic.com/

Discipline: SEO/SEM

Barbara Cavness *(Chief Executive Officer)*
Dave Preston *(Director, Sales & Marketing)*
Sandy Powers *(Senior Human Resources Manager)*

3Q DIGITAL
155 Bovet Road
San Mateo, CA 94402
Tel.: (650) 539-4124
Web Site: www.3qdigital.com

Year Founded: 2008

Discipline: SEO/SEM

David Rodnitzky *(Chief Executive Officer & Founder)*
Brian Grabowski *(Chief Growth Officer)*
Ellen Corrigan *(Chief Revenue Officer)*
Hillary Read *(Vice President, Marketing)*
Aaron Bart *(Vice President, Creative Services)*
Feliks Malts *(Vice President, Decision Sciences)*
Sophia Fen *(Associate Director, Mobile Strategy)*
Sana Ansari *(General Manager, 3Q Accelerate)*

ACRO MEDIA, INC.
2303 Leckie Road
Kelowna, BC V1X 6Y5
Tel.: (250) 763-8884
Fax: (250) 763-6936
Toll Free: (877) 763-8844
Web Site: www.acromediainc.com

Employees: 23
Year Founded: 1998

Discipline: SEO/SEM

Shae Inglis *(Chief Executive Officer & President)*
Jason Poole *(Creative Director & Owner)*
Stephen Netzlaw *(Chief Operating Officer)*

ACRONYM MEDIA
350 Fifth Avenue
New York, NY 10118
Tel.: (212) 691-7051
Fax: (212) 868-6355
Web Site: www.acronym.com

Year Founded: 1995

Discipline: SEO/SEM

Anton Konikoff *(Founder & Global Chief Executive Officer)*
Mike Grehan *(Chief Marketing Officer & Managing Director)*
Jonathan Cho *(Executive Vice President, Agency Development)*
Winston Burton *(Vice President, SEO)*
Ryan Pitcheralle *(Vice President, Content Strategy)*

Kate McNee *(Paid Social Strategist)*

ACTIVE MEDIA
8150 Leesburg Pike
Vienna, VA 22182
Tel.: (703) 757-9195
Fax: (703) 757-9196
Web Site: www.activemedia.com

Employees: 10
Year Founded: 1996

Discipline: SEO/SEM

Laszlo Horvath *(President & Founder)*
Michael Rockefeller *(Co-Founder & Chairman)*

ADLUCENT
2130 South Congress Avenue
Austin, TX 78704
Tel.: (800) 788-9152
Fax: (800) 788-9152
Web Site: www.adlucent.com

Year Founded: 2001

Discipline: SEO/SEM

Ashwani Dhar *(Chief Executive Officer)*
Jason Roussos *(Senior Vice President, Strategy)*
Alex Harmon *(Senior Director, Partnership)*
Stephanie Groudle *(Associate Account Director)*
Tony Laurel *(Senior Director, Client Services)*
Abby Kaplan *(Head, Creative Strategy)*
Laura Musa *(Director, Strategy)*
Cindy Tan *(Account Manager)*
Olga Rangel *(Senior Account Manager, Social)*
Katherine Gilchrist *(Senior Account Supervisor)*
Kelly Weeks *(Implementation Manager, eCommerce Digital Marketing)*
Michelle Rhodes *(Digital Marketing Account Manager)*
Callie Meredith *(Digital Marketing Specialist, SEM)*
Nathan Wilson *(SEM Specialist)*
Sean Flanagan *(Digital Marketing Coordinator)*

ADPEARANCE
2035 North West Front Avenue
Portland, OR 97209
Tel.: (888) 572-4569
Web Site: adpearance.com

Year Founded: 2009

Discipline: SEO/SEM

Alison Milleman *(Director, Client Success)*
Beau Rosser *(Head, Social & SEO - Enterprise Solutions)*
Amy Trahey *(Director, Account)*
Cody Clifton *(Director, Data Science)*
Chad Barker *(Senior Director, Partnerships)*
Kayla Chapin *(Manager, Marketing Coordinators)*
Maria Alauddin Small *(Manager, Strategic Partnerships)*
Cameron Dieter *(Manager, Application Service)*
Phil Dinovo *(Manager, Enterprise Solutions)*
Megan Walsh *(Manager, Strategic Partner Development)*
Alexandra Cook *(Manager, Program Operations)*

Anthony Bonacci *(Digital Marketing Team Member)*
Jarred Whicker *(Senior Digital Advertising Specialist)*
Damon Melton *(Senior Digital Advertising Specialist)*
Jason Rosen *(Digital Advertising Team Member)*
Brooke Strawn *(Analyst.Operations Manager)*
Caitlin Aronin *(Senior Marketing Specialist)*
Parker Hutchins *(Senior Account Executive)*
Taylor Charles *(Specialist, Training & Development)*
Sophie Hawkins *(Senior Marketing Specialist)*
Jane Keyler *(Marketing Specialist)*
Emily Shankman *(Senior Marketing Specialist)*
Kendall Richarz *(Digital Advertising Strategist)*
Jesse Cetz *(Digital Marketing Coordinator)*

ADVERTISE.COM
15303 Ventura Boulevard
Sherman Oaks, CA 91403
Tel.: (818) 285-6216
Fax: (818) 380-3103
Toll Free: (800) 710-7009
Web Site: www.advertise.com

Year Founded: 2001

Discipline: SEO/SEM

Daniel Yomtobian *(Founder & Chief Executive Officer)*
Irina Butler *(Director, Sales)*
Jacqueline Soucy *(Senior Account Executive)*
Narine Nadjarian *(Senior Account Executive - Agency Services)*

ALL POINTS DIGITAL
23 South Main Street
Norwalk, CT 06854
Tel.: (203) 838-7777
Web Site: www.allpoints.digital

Year Founded: 2014

Discipline: SEO/SEM

Courtney Wienslaw *(Co-Founder & Managing Partner)*
Jason Mazur *(Co-Founder & Digital Marketing Director)*
Jamie Mazur *(Managing Partner)*
Kristen Rakoczy *(Digital Media Director)*
Caitlin Bagley *(Digital Marketing Strategist)*
Joel Whipple *(Senior Marketing Strategist)*
Arthur Wienslaw *(Business Adviser & Strategist)*
Erin Goettelmann *(Social Media Strategist)*
Meg Raino *(Search Engine Optimization Specialist)*
Travis LeSaffre *(Search Engine Optimization Specialist)*

ANVIL MEDIA, INC
310 Northeast Failing Street
Portland, OR 97212
Tel.: (503) 595-6050
Fax: (503) 223-1008
Web Site: www.anvilmediainc.com

Year Founded: 2008

Brands. Marketers. Agencies. Search Less. Find More.
Try out the online version at www.winmo.com

671

AGENCIES - JULY, 2020 — SEO/SEM AGENCIES

Discipline: SEO/SEM

Kent Lewis *(Founder & President)*
Mike Terry *(Vice President)*
Erica Lewis *(Manager, Operations)*
John Ray *(Account Executive)*
Kari Schroeder *(Paid Media Specialist)*
Kevin Ball *(Paid Media Specialist)*

Accounts:
A-dec, Inc.
Enjoy Life Foods
Jani-King International, Inc.
Oregon State University

APOGEE RESULTS
3006 Longhorn Boulevard
Austin, TX 78758
Fax: (512) 381-7001
Toll Free: (844) 438-8376
Web Site: www.apogeeresults.com

Year Founded: 2001

Discipline: SEO/SEM

William Leake *(Chief Executive Officer)*
Connie Smith *(Director, Operations)*
Michelle Stinson-Ross *(Director, Marketing Operations)*
Christopher Glazer *(Director, Client Development)*
Bradley Abanilla *(Specialist, Paid Media)*

ARCALEA LLC
73 West Monroe
Chicago, IL 60603
Tel.: (312) 248-4272
Toll Free: (844) 272-2436
Web Site: arcalea.com

Year Founded: 2015

Discipline: SEO/SEM

Michael Stratta *(Founder & Chief Executive Officer)*
Jake Hoover *(Account Manager)*

Accounts:
ConceiveAbilities
Feeders Supply Company
Harvest HOC

ASCEDIA
161 South First Street
Milwaukee, WI 53204
Tel.: (414) 292-3200
Fax: (414) 292-3301
Web Site: www.ascedia.com

Year Founded: 2000

Discipline: SEO/SEM

Dan Early *(Co-Owner & Chief Executive Officer)*
Mark Roller *(Co-Owner & Creative Lead)*
Rob Browning *(Digital Strategist)*

BLIZZARD INTERNET MARKETING
1001 Grand Avenue
Glenwood Springs, CO 81601
Tel.: (970) 928-7875
Fax: (970) 928-7874
Toll Free: (888) 840-5893
Web Site: www.blizzardinternet.com

Discipline: SEO/SEM

Susan Blizzard *(Chief Executive Officer & Owner)*
Kathy Kappus *(Project Manager, Marketing & Consultant, SEO)*

BRAINSTORM STUDIO
155 Pinelawn Road
Melville, NY 11747
Tel.: (631) 367-1000
Web Site: www.BrainstormStudio.com

Year Founded: 2002

Discipline: SEO/SEM

John McHugh *(President)*
Stu Kamen *(Executive Vice President, Business Development)*
Brainstorm Studio *(Senior Art Director)*

BRAND PROTECT
5090 Explorer Drive
Mississauga, ON L4W 4T9
Tel.: (905) 271-3725
Fax: (905) 278-9447
Toll Free: (866) 721-3725
Web Site: www.brandimensions.com

Discipline: SEO/SEM

Roberto Drassinower *(Chief Executive Officer & President)*
Frankie Wong *(Chief Technology Officer)*

BRUCE CLAY, INC.
2245 First Street
Simi Valley, CA 93065
Tel.: (805) 517-1900
Fax: (805) 517-1919
Toll Free: (866) 517-1900
Web Site: www.bruceclay.com

Year Founded: 1996

Discipline: SEO/SEM

Bruce Clay *(Founder & President)*
Paula Allen *(Manager, Content Marketing & Documentation)*

BUSINESSONLINE
701 B Street
San Diego, CA 92101
Tel.: (619) 699-0767
Fax: (619) 239-2189
Toll Free: (866) 333-1265
Web Site: www.businessol.com

Year Founded: 1997

Discipline: SEO/SEM

Thad Kahlow *(Chief Executive Officer)*
Andrew Porter *(Group Director, Client Services)*
Dave Schafer *(Director, Strategy & Creative)*
Drew Vanhecke *(Senior Art Director)*
Eric Ramos *(Director, Analytics)*
Joel Rayden *(Director, Business Development)*
Jessica Fielder *(Account Executive)*
Lori Davis *(Sales & Operations Coordinator)*

Accounts:
Sybase, Inc.

CERTAINSOURCE
338 Commerce Drive
Fairfield, CT 06825
Tel.: (203) 254-0404
Fax: (203) 254-0411
Toll Free: (888) 655-0464
Web Site: www.certainsource.com

Discipline: SEO/SEM

Neil Rosen *(Chief Executive Officer)*
Isaac Chacon *(Manager, Digital Media Buying & Strategy)*

CLIX MARKETING
PO Box 4186
Louisville, KY 40204
Tel.: (502) 777-7591
Web Site: www.clixmarketing.com

Year Founded: 2004

Discipline: SEO/SEM

Mae Polczynski *(President, Director of Operations)*
Michelle Morgan *(Director, Client Services)*
Joe Martinez *(Director, Client Strategy)*
Andrea Taylor *(Outreach Manager)*
Kristin Palmer *(Campaign Manager, Marketing & Pay-Per-Click)*
Timothy Jensen *(Campaign Manager, Marketing & Pay-Per-Click)*

CLOSED LOOP MARKETING
3741 Douglas Boulevard
Roseville, CA 95661
Tel.: (916) 367-5222
Web Site: www.closedloop.com

Year Founded: 2001

Discipline: SEO/SEM

Lance Loveday *(Chief Executive Officer & Founder)*
John Evans *(Chief Strategy Officer)*
Amanda Evans *(Chief Advertising Officer)*
Sara Will *(Director, Digital Marketing)*
William Cleere *(Digital Marketing Manager)*
Jesse Hoyt *(Digital Advertising Manager)*
Heidi Buhl *(Digital Advertising Manager)*

CONDUCTOR
Two Park Avenue
New York, NY 10016
Tel.: (212) 213-6251
Fax: (212) 213-6275
Web Site: www.conductor.com/

Year Founded: 2008

Discipline: SEO/SEM

Seth Besmertnik *(Co-Founder & Chief Executive Officer)*
Selina Eizik *(Chief Operating Officer)*
Baruch Toledano *(Chief Product Officer)*
Charity Stebbins *(Senior Director, Brand & Communications)*

Accounts:
Barnes & Noble, Inc.
Citibank
ClassPass
SalesForce.com, Inc.

CPC STRATEGY
707 Broadway
San Diego, CA 92101

SEO/SEM AGENCIES

AGENCIES - JULY, 2020

Tel.: (619) 677-2453
Web Site: www.cpcstrategy.com

Year Founded: 2007

Discipline: SEO/SEM

Rick Backus *(Chief Executive Officer & Co-Founder)*
Nii Ahene *(Chief Operating Officer & Co-Founder)*
Tien Nguyen *(Director, Technology & Co-Founder)*
Jeff Coleman *(Vice President, Marketplace Channels)*
David Weichel *(Vice President, Product Development)*
Katen Raj *(Vice President, Sales)*
Brent Villiott *(Manager, Social Marketing)*
Sahar Davachi *(Manager, Retail Search)*

Accounts:
HYLETE

DIDIT.COM
Two Huntington Quadrangle
Melville, NY 11747
Tel.: (516) 255-0500
Toll Free: (800) 932-7761
Web Site: www.didit.com

Year Founded: 1996

Discipline: SEO/SEM

Kevin Lee *(Executive Chairman & Founder)*
David Pasternack *(President)*
Mark Simon *(Executive Vice President, Sales & Marketing)*
Eric Wiggins *(Senior Vice President)*
Jill Ferrone *(Media Director)*

EDUVANTIS LLC
225 W Washington Street
Chicago, IL 60606
Tel.: (312) 332-9100
Web Site: eduvantis.com/

Year Founded: 2010

Discipline: SEO/SEM

Tim Westerbeck *(President)*
David Mulligan *(Chief Executive Officer)*
Rich Funk *(Associate Director, Marketing Services)*

EPIC SEARCH PARTNERS
Two Storer Street
Kennebunk, ME 04043
Tel.: (973) 635-3745
Fax: (973) 635-3748
Web Site: www.epicsearchpartners.com

Year Founded: 2005

Discipline: SEO/SEM

Peter Rouillard *(Managing Director)*
Jennifer Rouillard *(Managing Director)*

FATHOM
8200 Sweet Valley Drive
Valley View, OH 44125
Tel.: (216) 369-2220
Toll Free: (866) 726-5968
Web Site: www.fathomdelivers.com/

Year Founded: 1997

Discipline: SEO/SEM

Steve Kessen *(Chief Executive Officer)*
Stephen Epple *(Executive Vice President, Digital Strategy & Operations)*
Danielle Langenderfer *(Nurture Marketing Strategist)*

FEARLESS MEDIA
10 Times Square
New York, NY 10018
Tel.: (646) 856-6782
Web Site: www.fearlessmedia.com

Year Founded: 2009

Discipline: SEO/SEM

Cara Scharf *(President & Founder)*
Natasha Martindale *(Chief Financial Officer)*
Nickolaus Trevino *(Associate Media Director)*

FEATURE ADVERTISING
1415 Elbridge Payne
Chesterfield, MO 63017
Tel.: (636) 537-3800
Fax: (636) 537-3111
Toll Free: (800) 334-1284
Web Site: www.featuregroupusa.com

Employees: 12
Year Founded: 1976

Discipline: SEO/SEM

Fred Thal *(President)*
Charlotte Thal *(Senior Vice President, Creative Services & Media Buyer)*

G3 GROUP
6531 Corkley Road
Baltimore, MD 21237
Tel.: (410) 789-7007
Fax: (410) 789-7005
Toll Free: (800) 783-1799
Web Site: www.g3group.com

Discipline: SEO/SEM

John Pusey *(Director, Web Development & Hosting)*
Tami Schott *(Graphic Designer & Marketing Director)*

G5 SEARCH MARKETING INC.
550 Northwest Franklin Avenue
Bend, OR 97701
Tel.: (541) 306-3374
Toll Free: (800) 554-1965
Web Site: www.getg5.com

Discipline: SEO/SEM

Dan Hobin *(Co-Founder & Chief Executive Officer)*
David Roussain *(Chief Marketing Officer)*
Patrick Davidson *(Chief Operating Officer)*
Martin Stein *(Chief Analytics Officer)*
Chris Eckert *(Chief Technology Officer)*

GLOBAL STRATEGIES
19785 Village Office Court
Bend, OR 97702
Tel.: (541) 639-3055
Web Site: www.globalstrategies.com

Year Founded: 2004

Discipline: SEO/SEM

Jeremy Sanchez *(Chief Executive Officer)*
Paul Henry *(Senior Vice President, Analytics)*
Eilish Canady *(Senior Vice President, Client Services - Neo@Ogilvy)*
Leslie Edwards *(Vice President, Strategic Services)*
Chris Schweppe *(Vice President, Client Services)*
Brian Langdon *(Director, Client Strategy)*
Brad Wilcox *(Senior Director, Analytics)*
Amy Holbrook *(Senior Director, Strategic Analytics)*
Tiare Helmstead *(Director, Client Services)*
Todd Brock *(Director, Client Services)*
Meg Thompson *(Senior Strategist, Search)*
Andrea Baxter *(Senior Strategist, Search)*
Laura Mitchell *(Search Strategist)*
Angie Hobin *(Senior Analyst)*
Ty Kelly *(Senior Strategist, Search)*
Tom Pritchard *(Analyst, Strategic)*
Mary Wooster *(Director, Strategic Services)*
Luke Menasco *(Senior Strategist, Search)*
Gail Menasco *(Specialist, SEO - Neo@Ogilvy)*
Julie Donnelly *(Strategist, Technical Search)*
Mimi Lopour *(Strategist, Search)*
Luke Hansen *(Analyst, Search)*
Shanti Murphy *(Senior Strategist, SEO)*
Will Swales *(Strategic Analyst)*
Andre Jensen *(Search Strategist)*
Amy Anderson *(Director, Operations)*

IDEALAUNCH
205 Portland Street
Boston, MA 02119
Tel.: (617) 227-8800
Fax: (617) 227-8843
Web Site: www.idealaunch.com

Year Founded: 2000

Discipline: SEO/SEM

Byron White *(Founder & Chief Executive Officer)*
Aaron Robinson *(Chief Technology Officer)*

IGNITIONONE
47 Park Avenue South
New York, NY 10016
Tel.: (888) 744-6483
Toll Free: (888) 744-6483
Web Site: www.ignitionone.com

Year Founded: 2004

Discipline: SEO/SEM

Christopher Hansen *(Chief Product Officer)*
Scott Levine *(Chief Financial Officer)*
Will Margiloff *(Chief Executive Officer)*
Karina Duffy *(Chief People Officer)*
Janet Urciuoli *(Senior Vice President, Finance)*
David Dembowski *(Senio Vice President, Sales & Business Development)*
Ross Lehrman *(Vice President, Media)*
Tim Noone *(Director, Media)*
Frank Goldberg *(Director, Sales)*
Zachary Claisse *(Director, Business Development)*
Jenny Sorkin *(Senior Director, Client Services)*
Noam Rubinstein *(Senior Director, Product Marketing)*

Accounts:
G6 Hospitality
Motel 6
Studio 6

INFUSE CREATIVE

AGENCIES - JULY, 2020 — SEO/SEM AGENCIES

1158 26th Street
Santa Monica, CA 90403
Tel.: (323) 960-7790
Fax: (323) 417-4973
Web Site: www.infusecreative.com

Discipline: SEO/SEM

Gregory Markel *(Founder, Chief Executive Officer & President)*
Serge Stein *(Vice President, Technology & Development)*

IPROSPECT
1021 Foch Street
Fort Worth, TX 76107
Tel.: (817) 625-4157
Fax: (817) 625-4167
Web Site: www.iprospect.com

Employees: 50
Year Founded: 1996

Discipline: SEO/SEM

Misty Locke *(Global Chief Marketing & President- Americas)*
Jeremy Hull *(Vice President, Innovation)*
Andrea Wilson *(Vice President & Strategy Director)*
Jessie Dearien *(Vice President & Director, Group Account)*
Aubrie LaMar *(Vice President, Client Services)*
Danielle Smith *(Senior Vice President & Managing Director- East)*
Amanda Dubois *(Global Marketing Director)*
Kendall Gibbs *(Account Director)*
Stacy Theilken *(Group Account Director)*
Madeleine Davis *(Director, Social Media)*
Liz Vance *(Group Account Director)*
Bryce Parten *(Director, Account)*
Tim Klein *(Lead, Organic Social)*
Melissa Crowley *(Director, Client Development)*
Melissa Watson *(Senior Director, Display)*
Adam Riddell *(Senior Director, Structured Data & Feeds)*
Brittany Serrano *(Director, Paid Search)*
Christina Sobczak *(Director, Display)*
Yasir Haque *(Account Director, Strategic)*
Jessica Pittman *(Manager, Paid Social)*
Sara Alderman *(Manager, Display)*
Kori Kemble *(Manager, Account)*
Caitlin Moncrief *(Manager, Paid Social)*
Sydney Hamilton *(Manager, Paid Search)*
Saira Manohar *(Senior Manager, Global Marketing)*
Brian McDaniel *(Supervisor, Accounts)*
Jordan McManama *(Manager, Search Engine Optimization)*
Marina Maffessanti *(Account Manager - Chevrolet)*
Evelia Chapa *(Senior Associate, Paid Search)*
Ashley Sumner *(Senior Associate, Paid Social)*
Tina Tsang *(Lead, Display)*

Accounts:
Abercrombie & Fitch Company
Doubletree Hotels
Embassy Suites
Hampton Inn & Suites
Hilton Garden Inn
Hilton HHonors
Hilton Worldwide
Home2 Suites
Homewood Suites
Neiman Marcus Group, Inc.
NeimanMarcus.com

Tory Burch, LLC

IPROSPECT
One South Station
Boston, MA 02110
Tel.: (617) 449-4300
Fax: (617) 923-7004
Toll Free: (800) 522-1152
Web Site: www.iprospect.com

Employees: 55
Year Founded: 1996

Discipline: SEO/SEM

Adam Kasper *(Executive Vice President & Managing Director, Media)*
Charlotte Polci *(Vice President, Integrated Solutions)*
Jacquelyn Crifo *(Director, SEO)*
Amie Crawford *(Senior Director, Communications Planning)*
Nick Morrelli *(Director, Analytics)*
Joseph Cajindos *(Head, Paid Social)*
Katie Getz Bifano *(Associate Marketing Director)*
Ryan Hessenthaler *(Senior Director, Paid Search)*
Ethan Simmons *(Lead, SEO)*
Emma Mazukina *(Senior Associate, Display)*

Accounts:
Staples, Inc.
Staples, Inc.

IPROSPECT
85 Second Street
San Francisco, CA 94104
Tel.: (415) 541-2850
Fax: (310) 255-9401
Web Site: www.iprospect.com

Year Founded: 1996

Discipline: SEO/SEM

Sam Huston *(Chief Strategy Officer)*

IPROSPECT
401 West A Street
San Diego, CA 92101
Tel.: (858) 346-4600
Fax: (858) 397-1598
Toll Free: (855) 236-2095
Web Site: www.iprospect.com

Year Founded: 1996

Discipline: SEO/SEM

Michael Gullaksen *(Chief Operating Officer)*
Shayna Laidlaw *(Account Director)*
Tom Lustina *(Senior Director - Search Engine Optimization - Chicago)*
John Leicht *(Senior Vice President & Managing Director, Corporate Development)*

IPROSPECT
150 East 42nd Street
New York, NY 10017
Tel.: (212) 689-6800
Web Site: www.iprospect.com

Year Founded: 1996

Discipline: SEO/SEM

Jeremy Cornfeldt *(Chief Executive Officer)*
Belle Lenz *(Chief Marketing Officer)*

Joel Grossman *(Chief Technology Officer)*
Doug OReilly *(Senior Vice President, Data & Insights)*
Octavio Maron *(Vice President, Executive Creative Director & Head, Creative & Content – US)*
Sean Cashman *(Vice President, Group Account Director)*
Lacey Tompkins *(Associate Director, Display)*
Derek Lippke *(SEM Director)*
Stephanie Ortiz *(Lead, Paid Social)*
Courtney Muellenberg *(Paid Search Lead)*
Juan Podesta *(Senior Director, Paid Search)*
Jason Comack *(Director, Paid Search)*
Ryan Sammartino *(Associate Director, Paid Social)*
Kelly Hogan *(Associate Director, Display)*
Gayle Manzer *(Associate Director, Metrics Strategy)*
Glen Swan *(Associate Director & Architect - Data)*
Kelly Merrick *(Account Director)*
Wah-De Dennis *(Lead, Paid Social)*
Stefanie Bos *(Lead, Paid Social)*
Jayna Nelson *(Lead, Paid Social)*
Ashraf Ali *(Senior Associate, Paid Search)*
Jack Swayne *(Managing Director)*

Accounts:
Captain Morgan
Global Gillette
Smirnoff
Smirnoff Ice
Vonage Holdings Corporation

IPROSPECT
3970 St-Ambroise Street
Montreal, QC H4C 2C7
Tel.: (514) 524-7149
Web Site: www.iprospect.com

Year Founded: 1996

Discipline: SEO/SEM

Ronnie Malewski *(Chief Client Officer)*
Maggie Da Prato *(Director, Human Resources)*
Olivier Chatelain *(Digital Business Strategist)*

IPROSPECT
One University Avenue
Toronto, ON M5J 2P1
Web Site: www.iprospect.com

Year Founded: 1996

Discipline: SEO/SEM

Basil Hatto *(Vice President, Commercial Performance)*
Chris Kreuter *(Client Lead)*
Syed Rahman *(Business Performance Strategy Lead)*

JUMPFLY, INC.
2541 Technology Drive
Elgin, IL 60124
Tel.: (847) 458-7088
Fax: (877) 379-0335
Toll Free: (877) 239-9610
Web Site: www.jumpfly.com

Discipline: SEO/SEM

Brad Garlin *(Founder & Managing Partner)*
Mike Tatge *(Founder, Owner & President)*

674

SEO/SEM AGENCIES

KEYRELEVANCE
1125 Brockdale Park
Lucas, TX 75002
Tel.: (972) 429-1222
Fax: (320) 205-0260
Web Site: www.keyrelevance.com

Year Founded: 2003

Discipline: SEO/SEM

Christine Churchill *(President)*
Jim Gilbert *(Vice President)*

KOMARKETING ASSOCIATES
374 Congress Street
Boston, MA 02210
Tel.: (781) 209-1989
Toll Free: (877) 322-2736
Web Site: www.komarketing.com

Year Founded: 2004

Discipline: SEO/SEM

Derek Edmond *(Managing Director & Partner)*
Joe Vivolo *(Partner, Senior Director, Demand Generation)*
Casie Gillette *(Senior Director, Digital Marketing)*

LEVERAGE MARKETING, LLC
2400 East Cesar Chavez
Austin, TX 78702
Tel.: (512) 265-1766
Web Site: www.theleverageway.com

Year Founded: 2006

Discipline: SEO/SEM

Bob Kehoe *(Chief Executive Officer & Partner)*
Matthew Hooks *(Chief Operations Officer & Partner)*
Daniel Valle *(Senior Vice President, Inbound Marketing)*
Stan Milan *(Director, Business Development)*

LOCALBIZNOW
1030 Doris Road
Auburn Hills, MI 48326
Tel.: (248) 499-5251
Toll Free: (888) 298-8955
Web Site: www.localbiznow.com

Discipline: SEO/SEM

Dan Petersen *(Chief Technology Officer)*
Matt Blackmore *(Vice President, Digital Marketing)*
Mandy Stonerock *(Director, Client Services)*

MAJOR TOM
548 Beatty Street
Vancouver, BC V6B 2L3
Tel.: (604) 642-6765
Fax: (604) 648-8264
Toll Free: (888) 642-6765
Web Site: www.majortom.com

Year Founded: 2000

Discipline: SEO/SEM

John Blown *(Founding Partner)*
Raelene Thomas *(Partner & Vice President, Operations)*
Lyn Bryan *(Chief Executive Officer)*
Miles Sellyn *(President)*

Jieun Segal *(Vice President, Sales & Marketing)*
Tina Strokes *(Group Director, Media)*
Victoria Samways *(Marketing & Brand Coordinator)*

Accounts:
Pirelli Tire North America

MARCEL DIGITAL
445 West Erie
Chicago, IL 60645
Tel.: (312) 255-8044
Fax: (866) 643-7506
Web Site: www.marceldigital.com

Employees: 6
Year Founded: 2003

Discipline: SEO/SEM

Ben Swartz *(Chief Executive Officer)*
Kyle Brigham *(Director, Client Relations & Strategy)*
Patrick Delehanty *(Marketing Manager)*
Daniel Kipp *(Digital Project Manager)*
Michael Krason *(Paid Media Manager)*
Emily Wade *(Digital Project Manager)*
Mercedes Ward *(Digital Project Manager)*
Joe Stoffel *(SEO Manager)*
Catherine Merton *(Account Manager)*
Morgan Oakes *(Paid Media Strategist)*

MARCHEX, INC.
520 Pike Street
Seattle, WA 98101
Tel.: (206) 331-3300
Fax: (206) 331-3695
Web Site: www.marchex.com

Year Founded: 2003

Discipline: SEO/SEM

Matt Muilenburg *(Senior Vice President)*
Trevor Caldwell *(Vice President, Investor Relations & Strategic Initiatives)*
Todd Wilson *(Vice President, Operations)*
Nikki LeDrew *(Account Manager)*
Jana Baker *(Manager, Content Marketing)*

MEGETHOS DIGITAL
8100 E Indian School Road
Scottsdale, AZ 85251
Web Site: www.megethosdigital.com/

Year Founded: 2017

Discipline: SEO/SEM

Keegan Brown *(Chief Executive Officer)*
Andy Oliphant *(Director, Growth)*

MIND ACTIVE
7803 Clayton Road
St. Louis, MS 63117
Tel.: (314) 567-1117
Web Site: mindactive.com

Year Founded: 1998

Discipline: SEO/SEM

Bud Jones *(Vice President, Business Development)*
Jen McCarty *(Senior Project Manager)*

Accounts:
Lindt & Sprungli USA, Inc.

MOREVISIBILITY
975 South Federal Highway
Boca Raton, FL 33432
Tel.: (561) 620-9682
Fax: (561) 620-9684
Toll Free: (800) 787-0497
Web Site: www.morevisibility.com

Year Founded: 1999

Discipline: SEO/SEM

Andrew Wetzler *(President & Founder)*
Dennis Pushkin *(Chief Executive Officer)*
Danielle Leitch *(Chief Operating Officer)*
Khrysti Nazzaro *(Vice President, Brand Strategy)*

NEW BREED MARKETING
20 Winooski Falls Way
Winooski, VT 05404
Tel.: (802) 655-0800
Fax: (802) 655-4631
Web Site: www.newbreedmarketing.com

Year Founded: 2002

Discipline: SEO/SEM

Christopher Mathieu *(Chief Design Officer)*
Patrick Biddiscombe *(Chief Executive Officer)*
Michael Morelli *(Legal Inbound Advisor)*

NINA HALE CONSULTING
100 South Fifth Street
Minneapolis, MN 55402
Tel.: (612) 392-2427
Web Site: www.ninahale.com

Year Founded: 2005

Discipline: SEO/SEM

Donna Robinson *(Chief Executive Officer)*
Nina Hale *(Founder)*
Luke Schlegel *(Executive Vice President, Operations & Analytics)*
Allison McMenimen *(Executive Vice President, Client Services)*
Kathleen Petersen *(Vice President, Integrated Media)*
Heather Murphy *(Vice President, Performance Content & Social Media)*
Caitlin Miller *(Associate Account Director)*
Sarah Sherman *(Account Director)*
Natalie Zamansky *(Account Director)*
Joel Swaney *(Director, SEO)*
Ashley Terpstra *(Media Director)*
Theresa Swiggum *(Associate Media Director)*
Mike Baranowski *(Director, Analytics)*
Shuman Sahu *(Director, Performance Media)*
Christopher Spong *(Senior Manager, Digital Content & Marketing)*
Leah Gross *(Manager, Paid Media- Display & Traditional)*
Annie Herges *(Senior Manager, Paid Media)*
Meredith Leigh Wathne *(Senior Planner, Performance Content & Social)*
Brett Fischer *(Paid Media Planner)*
Lexi Tenenbaum *(Associate Paid Media Planner)*

Accounts:
Deluxe Corporation
Land O'Lakes, Inc.

PARAGON DIGITAL MARKETING
20 Central Square

Keene, NH 03431
Tel.: (603) 399-6400
Fax: (603) 924-8333
Toll Free: (800) 450-2818
Web Site: paragondigital.com

Year Founded: 2012

Discipline: SEO/SEM

Zach Luse *(Founder)*
Michael Briggs *(Digital Marketing Director)*
Leslie Lewis *(Paid Search Manager)*
Hope Benik *(Digital Marketing Specialist)*

PERFORMICS
111 East Wacker Drive
Chicago, IL 60601
Tel.: (312) 739-0222
Fax: (312) 739-0223
Web Site: www.performics.com

Year Founded: 1998

Discipline: SEO/SEM

Scott Shamberg *(President & Chief Executive Officer)*
Andre Marciano *(Chief Operating Officer & Global Client Lead - Lenovo One Media)*
David Gould *(President, Global Brand)*
Joe Reinstein *(Global Growth Officer)*
Amy Krauss *(Chief Operating Officer)*
Kyle Jackson *(Executive Vice President, Performance Media & Content)*
Josh Dwiggins *(Chief Client Officer)*
Jennifer Kaiser *(Senior Vice President, Client Solutions)*
Paul DeJarnatt *(Senior Vice President, Global Performance Media)*
Ryan Sullivan *(Chief Strategy Officer)*
Esteban Ribero *(Senior Vice President & Head, Planning & Insights)*
Dan Parks *(Senior Vice President, Analytics & Technology)*
Karim Shalaby *(Senior Vice President, Analytics & Technology)*
Tessa Binney *(Vice President, Client Solutions)*
Beth Ruwe *(Vice President, Performance Media)*
Robert Ballantyne *(Vice President & Director, Analytics)*
Abby Beyrau *(Group Director, Performance Content)*
Michael Kim *(Director, Marketing Analytics)*
Sara Mirarefi *(Director, Global Business Development)*
Amy Levin *(Director, Analytics & Technology)*
Anni Fan *(Manager, Analytics)*
Tim Dale *(Manager, Analytics)*
Anthony Mianecki *(Manager, Analytics & Technology)*
Brooks Thornton *(Senior Manager, Analytics & Technology)*
Kristen Faust *(Senior Vice President & Managing Director)*

Accounts:
Lenovo Group Limited

PERFORMICS
375 Hudson Street
New York, NY 10014
Tel.: (312) 739-0222
Web Site: www.performics.com

Year Founded: 1998

Discipline: SEO/SEM

Colleen Lawson *(Vice President & Group Account Director)*
Harry Inglis *(Group Media Director)*
Christine Berghorn *(Supervisor & Senior Negotiator)*

Accounts:
Equinox Fitness

PORTENT
920 Fifth Ave
Seattle, WA 98104
Tel.: (206) 575-3740
Fax: (206) 575-3745
Web Site: www.portent.com

Year Founded: 1995

Discipline: SEO/SEM

Ian Lurie *(Founder & Chief Executive Officer)*
Steven Sather *(Director, Business Development & Marketing)*

PRACTICAL ECOMMERCE
125 South Park Street
Traverse City, MI 49684
Tel.: (231) 946-0606
Web Site: www.practicalecommerce.com

Year Founded: 1996

Discipline: SEO/SEM

Kerry Murdock *(Publisher & Editor)*
Todd Jennings *(Director, Advertising)*

REPRISE DIGITAL
100 West 33rd Street
New York, NY 10001
Tel.: (212) 883-4751
Fax: (212) 444-7383
Web Site: www.reprisedigital.com

Employees: 60
Year Founded: 2003

Discipline: SEO/SEM

Dimitri Maex *(Global Chief Executive Officer)*
Tim Ringel *(Global President)*
Jonathan Rigby *(Global Chief Strategy Officer)*
Bruce Kiernan *(Senior Vice President & Head, Accounts & Performance)*
Graham Wilkinson *(Senior Vice President & Global Head, Product)*
Eric Ludwig *(Vice President & Group Director, SEO)*
Kristen Baker *(Vice President, Client Partner)*
Jessica Klein *(Vice President, Client Partner - Team Elevate)*
Dan Toplitt *(Vice President & Group Director, Search Engine Optimization)*
Joel Gomez *(Vice President & Group Director)*
Jessica Hordeman *(Vice President, Paid Social)*
David Afzal *(Vice President, Product)*
Jourdan Davis *(Director, Paid Social)*
Lisa Sannazzaro *(Director, Paid Social)*
Adam Edwards *(Global Head, SEO)*
Susana Verdugo-Del Real *(Associate Director, Social Media)*
Kristen Cleghorn *(Senior Art Director)*
Angela Bettwy *(Director, Digital Investment)*
Courtney Grant *(Account Director)*
Courtney Curtis *(Associate Director - Team Elevate)*
Eugene Cyranski *(Head, Global Communications)*
Jami Katz *(Director, Search Engine Optimization)*
Tony Lee *(Director, Paid Social)*
Kris Wong *(Director, SEO)*
Clayton Schmidt *(Manager, Planning - Team Elevate)*
Laura Bacco *(Manager)*
Sunny Ip *(Manager, Mobile Investment)*
AndiSue Means *(Manager, Digital Media Planning)*
Akeem Thompson *(Senior Paid Social Manager)*
Hiromi Tateishi *(Manager, SEM & Social)*
Charissa Paquet *(Associate Digital Media Planner - Team Elevate)*
Gautham Pulijal *(Manager, Paid Social)*
Denys Shalayev *(Global Manager, Paid Social & Search Enging Marketing)*
Leila Yang *(Manager, Search Engine Optimization)*
Taylor Nisi *(Manager, Paid Social - Estee Lauder Companies)*
Kylie Zonin *(Associate, Integrated Investment & Planner - Team Elevate)*
Renee Marquardt *(General Manager)*
John Woodbury *(Senior Vice President & Managing Director)*

Accounts:
Aramis
Aveda
Beautiful
Bobbi Brown
Clinique
Donna Karan Cosmetics
Estee Lauder Advanced Night Repair
Estee Lauder Companies, Inc.
La Mer
Lab Series
Lauder for Men
MAC
Michael Kors for Estee Lauder
Origins
Pleasures
Prescriptives
Reader's Digest
Sensuous
Tom Ford for Estee Lauder
Tommy Hilfiger Fragrances

RESOLUTION MEDIA
225 North Michigan Avenue
Chicago, IL 60601
Tel.: (312) 980-1600
Fax: (312) 980-1699
Web Site: www.resolutionmedia.com

Year Founded: 2003

Discipline: SEO/SEM

Jeff Campbell *(Co-Founder & Executive Vice President)*
Sakinah Charbeneau *(Associate Director, Marketing)*
Rachel Aguiar *(Director, Marketing)*
Alex Schrieber *(Associate Account Director)*
Maeve McGovern *(Marketing Strategist)*
Samantha Culbertson *(Advertising Supervisor)*

Accounts:
McDonald's
State Farm Insurance Companies

ROSS MEDIA
615 Molly Lane
Woodstock, GA 30189
Tel.: (770) 212-3688
Fax: (678) 990-3888
Web Site: rossmedia.net/

SEO/SEM AGENCIES

AGENCIES - JULY, 2020

Year Founded: 2001

Discipline: SEO/SEM

Bill Locke *(Vice President, Product Development)*
Peter Torres *(Director, Digital Services & Business Development Center)*
Krista Godbee *(Account Manager)*

SCRATCHMM
84 Sherman Street
Cambridge, MA 02140
Tel.: (617) 945-9296
Web Site: www.scratchmm.com

Year Founded: 2009

Discipline: SEO/SEM

Isabelle Kane *(Vice President, Account Services)*
Alyssa Prettyman *(Creative Director & Senior Account Director)*
Victoria Thorpe *(Senior Marketing Associate)*

SCUBE MARKETING, INC.
2150 South Canalport Avenue
Chicago, IL 60608
Tel.: (708) 695-6168
Web Site: www.scubemarketing.com

Year Founded: 2009

Discipline: SEO/SEM

Tom Bukevicius *(Principal)*
Diana Bukevicius *(Managing Partner)*

SEARCH DISCOVERY, INC.
271 17th Street NW
Atlanta, GA 30309
Tel.: (404) 898-0430
Fax: (404) 924-7771
Web Site: www.searchdiscovery.com/

Year Founded: 2004

Discipline: SEO/SEM

Lee Blankenship *(Chief Executive Officer)*
Pat Hofford *(Chief Financial Officer)*
Michael Helbling *(Analytics Practice Lead)*

Accounts:
Ariba, Inc.
SP Richards Company
The Dow Chemical Company
The PGA of America

SEARCH ENGINE OPTIMIZATION, INC.
5841 Edison Place
Carlsbad, CA 92008
Tel.: (760) 929-0039
Fax: (760) 929-8002
Toll Free: (877) 736-0006
Web Site: www.seoinc.com

Discipline: SEO/SEM

Garry Grant *(President & Chief Executive Officer)*
James Baker *(Chief Technology Officer)*

SEER INTERACTIVE
1033 North Second Street
Philadelphia, PA 19123

Tel.: (215) 967-4461
Fax: (215) 873-0744
Web Site: www.seerinteractive.com

Year Founded: 2002

Discipline: SEO/SEM

Wil Reynolds *(Founder & Director, Digital Strategy)*
Crystal O'Neill *(President)*
Adam Melson *(Senior Head, Business Strategy)*
Alisa Scharf *(Associate Director, SEO)*
Ally Malick *(Senior Head, Paid Media)*
Audrey Bloemer *(Senior Head, Paid Media Team)*
Brett Fratzke *(Head, Paid Media Team)*
Christina Avino *(Head, Project Management)*
Francis Shovlin *(Director, PPC)*
Ryan Fontana *(Senior Team Head, Search Engine Optimization)*
Katelyn Sidley *(Technical SEO Manager)*
Amanda McGowan *(Senior Account Manager - Search Engine Optimization & Analytics)*
Gil Hong *(Senior Account Manager, Pay-Per-Click)*
Jordan Frank *(Senior Manager, Search Engine Optimization)*
Kristin Bigness *(Senior Creative Manager)*

SIMPLEVIEW, INC.
8950 North Oracle Road
Tucson, AZ 85704
Tel.: (520) 575-1151
Fax: (520) 575-1171
Web Site: www.simpleviewinc.com

Year Founded: 1991

Discipline: CRM, SEO/SEM

Ryan George *(Co-Founder & Chief Executive Officer)*
Bill Simpson *(Co-Founder & Chief Technology Officer)*
Scott Wood *(Chief Operations Officer)*
Cara Frank *(Vice President, Marketing)*
Greg Evans *(Vice President, Sales & Account Services)*
Kevin Bate *(Senior Director, Business Development)*
Chris George *(Director, Product Education)*
Ben Rosamond *(Product Manager)*

SLN, INC.
400 Massasoit Avenue
Providence, RI 02914
Tel.: (401) 276-0233
Fax: (401) 276-0230
Web Site: www.slnadv.com

Discipline: SEO/SEM

Ed Nowak *(President)*
Dan Sheppard *(Creative Director & Partner)*
Bob Mayoh *(Senior Account Manager)*

SMARTSEARCH MARKETING
4450 Arapahoe Avenue
Boulder, CO 80303
Tel.: (303) 444-3134
Fax: (303) 449-3932
Toll Free: (866) 644-3134
Web Site: www.smartsearchmarketing.com

Discipline: SEO/SEM

Dale Hursh *(Chief Executive Officer)*

Patricia Hursh *(Founder & President)*

SOME CONNECT
845 West Washington Boulevard
Chicago, IL 60607
Tel.: (773) 357-6636
Web Site: www.someconnect.com

Year Founded: 2011

Discipline: SEO/SEM

Madhavi Rao *(Founder)*
Toni Palese *(Director, Digital Services)*
Margaret Enright *(Director, Creative Services)*
Alex Kocoj *(Director, Operations)*
Abigail Ginther *(Director, Client Services)*

Accounts:
Hammacher Schlemmer & Co.
TransUnion, LLC
YUM! Brands, Inc.

TAILWIND
740 South Mill Avenue
Tempe, AZ 85281
Web Site: www.findyourtailwind.com/

Year Founded: 1999

Discipline: SEO/SEM

Ryan Gudmundson *(Director, Search)*
Alex Kulpinski *(Senior Media Analyst)*
Leslie DeMent *(Managing Director)*

TEKNICKS
311 Broadway
Point Pleasant Beach, NJ 08742
Tel.: (732) 714-6678
Web Site: www.teknicks.com

Year Founded: 2004

Discipline: SEO/SEM

Nick Chasinov *(Chief Executive Officer)*
Lauren Totin *(Director, Marketing Operations)*
Laura Halliwell *(Creative Director)*

THE SEARCH AGENCY
801 North Brand Boulevard
Glendale, CA 91203
Tel.: (310) 582-5700
Fax: (310) 479-9171
Toll Free: (888) 257-6736
Web Site: www.thesearchagency.com

Year Founded: 2002

Discipline: SEO/SEM

Peter Harrington *(Chief Financial Officer)*
David Hughes *(Chief Executive Officer)*
David Rahmel *(Executive Vice President, Search Engine Optimization)*
Jessie Mamey *(Senior Vice President, Digital & Paid Media)*
Brett Shearing *(Vice President, Business Development)*
Delia Perez *(Vice President, Marketing Strategy)*
Ami Grant *(Director, Search Marketing)*
Brandon Schakola *(Senior Director, Earned Media)*
Chris Radich *(Director, Paid Media)*
Digant Savalia *(Senior Director, Paid Media)*
David Waterman *(Senior Director, Digital Marketing & Search Engine Optimization)*

677

AGENCIES - JULY, 2020 — SEO/SEM AGENCIES

Strategy)
Stefanie Sizemore (Senior Specialist, Paid Search)

THIRD DOOR MEDIA, INC.
279 Newtown Turnpike
Redding, CT 06896
Tel.: (203) 664-1350
Fax: (203) 702-5389
Web Site: www.thirddoormedia.com

Year Founded: 2006

Discipline: SEO/SEM

Chris Elwell (Partner & Chief Executive Officer)
Ginny Marvin (Editor-in-Chief)
Mary Warley (Sales Director)

THREE DEEP MARKETING
289 Fifth Street East
Saint Paul, MN 55101
Tel.: (651) 789-7701
Web Site: www.threedeepmarketing.com

Year Founded: 2003

Discipline: SEO/SEM

Daniel Derosier (Co-Founder & Vice President, Business Development)
Scott Pearson (Vice President & Project Leader)
Kari Amundson (Consumer Journey Strategist)

TINUITI
142 West 36th Street
New York, NY 10018
Tel.: (646) 350-2789
Web Site: tinuiti.com

Year Founded: 1999

Discipline: SEO/SEM

Ben Kirshner (Chairman, Board)
Craig Atkinson (Chief Client Officer)
Jesse Eisenberg (Chief Growth Officer)
Dalton Dorne (Chief Marketing Officer)
Amar Braithwaite (Senior Vice President & Head, Social Media)
Michael Strachan (Vice President, Business Development)
Jaime Frey (Vice President, Integrated Media Strategy)
Jon Gregoire (Vice President, Growth Marketing)
Lauren Miele (Associate Director, Integrated Media Strategy)
Jennifer Naegeli (Director, Integrated Media Strategy)
Aaron Levy (Director, Paid Search)
Tony Edward (SEO Director)
Kelly York (Director, Paid Search)
Jessica McDaid (Director, Business Development)
Jason Lipton (Director, Business Development)
Joe Douress (Team Head, Search Engine Optimization)
Jon Lister (Head, Account - SEO)
Kara Beaudet (Head, Account & Paid Search)
Martin Lewis (Head, Account & Strategist - SEO)
Ken Seligman (Senior Business Development Director)
Stephanie LeVonne (Senior SEO Account Manager)
Elizabeth Keefer (Paid Social Specialist)
Tiffany Tung (Manager, Search)
Yasmin Interlandi (Communications Manager)
Andrew Klestadt (Senior Specialist, Paid Search)

Denny Lin (Senior Specialist, Paid Search)
Sandra Moy (Senior Marketing Specialist)
Kelsey Miller (Paid Social Strategist)
Charles Wagner (Senior Manager, Paid Search)
Christian Labenberg (Associate Digital Analyst)
Alan Hernandez (Strategist, Paid Search)
Alexandra Kukler (People Operations Analyst)
Alexis Romano (Integrated Media Strategy Coordinator)
Nicholas Greco (Integrated Media Strategy Coordinator)

Accounts:
Hugo Boss Fashions, Inc.
Rite Aid Corporation

TOPDRAW
10210 111th Street
Edmonton, AB T5K 1K9
Tel.: (780) 429-9993
Fax: (780) 426-1199
Toll Free: (888) 428-5545
Web Site: www.topdraw.com

Year Founded: 1993

Discipline: SEO/SEM

Ken Jurina (Chief Executive Officer)
Mike Ausford (Director, Digital Marketing)

TWENTYSIX2 MARKETING
1720 Peachtree Street
Atlanta, GA 30309
Web Site: www.twentysix2.com

Employees: 7
Year Founded: 2001

Discipline: SEO/SEM

John Waddy (Owner & Chief Executive Officer)
Fred Larson (President)

VISITURE
444 King Street
Charleston, SC 29403
Tel.: (843) 225-7000
Web Site: www.visiture.com

Year Founded: 2007

Discipline: SEO/SEM

Brian Cohen (Founder & Chief Executive Officer)
Ronald Dod (Co-Founder & Chief Marketing Officer)
Ryan Jones (Vice President, Client Success)
Seth Newton (Director, Media)
Sarah Wilson (Director, Client Services)
Sarah Carroll (Strategist, SEO Content)
Julia Kernan (Strategist, SEO Content)
Jenny Sutherland (Strategist, SEO Outreach)
Brittany Currie (Marketing Manager)
Jill Fitzhenry (Senior Manager, Pay-Per-Click)
Melissa Miles (Senior Account Manager, Pay-Per-Click)
Stacey Warren (Manager, Search Engine Optimization)
Janelica Jenkins (Coordinator, SEO)
Kris Wetzel (Coordinator, Content)

Accounts:
Haas Outdoors, Inc. / Mossy Oak Outdoor

VIZION INTERACTIVE
400 East Royal Lane
Irving, TX 75039

Toll Free: (888) 484-9466
Web Site: www.vizioninteractive.com

Year Founded: 2005

Discipline: SEO/SEM

Mark Jackson (President & Chief Executive Officer)
Joshua Titsworth (Manager, Search Engine Marketing)

Accounts:
Universal Pictures Home Entertainment

WHEELHOUSE DIGITAL MARKETING GROUP
2356 W. Commodore Way
Seattle, WA 98199
Tel.: (206) 659-4914
Web Site: www.wheelhousedmg.com/

Year Founded: 2010

Discipline: SEO/SEM

Aaron Burnett (Chief Executive Officer)
Scott Merilatt (Director, Digital Marketing)
Scott Strang (Business Development Manager)
Taylor Carmines (Digital Advertising Manager)

WPROMOTE
41 Pinelawn Road
Melville, NY 11747
Tel.: (631) 719-7400
Fax: (631) 719-7401
Web Site: www.wpromote.com

Year Founded: 2001

Discipline: SEO/SEM

Eric Reisch (Senior Vice President, Sales & Customer Success)
Jeffrey Harouche (Vice President, Strategy)
Pamela Nelson (Senior Director, Analytics & Reporting)
Steve Comando (Senior Creative Director)
Anna Arthur (Group Director)
David Rivera (Senior Account Director)
Andrea Snyder (Managing Director)

WPROMOTE
2100 East Grand Avenue
El Segundo, CA 90245
Tel.: (310) 421-4844
Toll Free: (866) 977-6668
Web Site: www.wpromote.com

Year Founded: 2001

Discipline: SEO/SEM

Michael Mothner (Founder & Chief Executive Officer)
Michael Stone (Chief Relationship Officer)
Paul Rappoport (President)
Michael Block (Chief Operating Officer)
Paul Dumais (Chief Technology Officer)
Jamie Farrell (Senior Vice President, Marketing)
Jessica Tauber (Senior Vice President, Client Services)
Marissa Allen (Vice President, Strategy)
Rachel Bucey (Vice President, Earned Media)
Simon Poulton (Vice President, Digital Intelligence)
Tom Hammel (Vice President, Paid Media)
Angelo Lillo (Director, Paid Search Operations)

Brands. Marketers. Agencies. Search Less. Find More.
Try out the online version at www.winmo.com

SEO/SEM AGENCIES

AGENCIES - JULY, 2020

Jonathan Gualotuna *(Programmatic Director)*
Aaron Gomeztrejo *(Director, Programmatic)*
Darren D'Altorio *(Head, Social Media)*
Kimberlee Raymond *(Group Director)*
Anne Brady *(Senior Manager, Marketing)*
Armen Baghdasarian *(General Manager, Content Marketing)*

Accounts:
United Financial Bancorp, Inc.

WPROMOTE
6060 North Central Expressway
Dallas, TX 75206
Tel.: (214) 696-9600
Web Site: www.wpromote.com

Year Founded: 2001

Discipline: SEO/SEM

Alicia Noohi *(Director, Paid Search)*
Lorraine Santiago-Poventud *(Director, Digital Marketing Account Manager)*
Lauren Seifried *(Director, Digital Marketing)*
Erika Pedersen *(Director, Digital Marketing)*
Caitlyn Todd *(Associate Director, Digital Marketing)*
Tucker Smith *(Senior SEO Manager)*
Megan McDonnell *(Account Manager)*
Will Edmonson *(Senior Manager, Digital Marketing & SEO)*
Linda Pedraza *(Senior Digital Marketing Account Manager)*
Arelis Devine *(Senior Digital Marketing Manager)*
Rob Phillips *(Managing Director - Southwest)*

YOURAMIGO
4708 Del Valle Parkway.
Pleasanton, CA 94566
Tel.: (510) 813-1355
Fax: (509) 357-6653
Toll Free: (800) 816-7054
Web Site: www.youramigo.com

Discipline: SEO/SEM

Rahmon Coupe *(Chief Executive Officer)*
Joe Herne *(Executive Vice President - North American Operations)*

YPM
18400 Von Karman Avenue
Irvine, CA 92612
Tel.: (800) 877-8223
Fax: (949) 851-3046
Web Site: www.ypm.com

Year Founded: 1981

Discipline: SEO/SEM

Stephen Lendino *(President)*
Doreen Domask *(Vice President, Digital Services)*
Maryem Langroudi *(Vice President, Human Resources)*
Robert Lendino *(Vice President, Sales & Marketing)*

Accounts:
Rollins, Inc.

SHOPPER AGENCIES

AISLE ROCKET
30 North Lasalle Street
Chicago, IL 60602
Tel.: (872) 666-1188
Web Site: www.aislerocket.com

Year Founded: 2006

Discipline: Shopper

Kashif Zaman *(Chief Marketing Officer & Chief Digital Officer)*
Renee Kae Martin *(Executive Vice President & Director, Creative)*
Matthew Loiacono *(Director, Account)*
Sarah Senour *(Director, Account)*
Meagan Williams *(Manager, Digital Account)*
Ronda Scalise *(General Manager & Senior Vice President)*

ALISON GROUP
2090 Northeast 163rd Street
North Miami Beach, FL 33162
Tel.: (305) 893-6255
Fax: (305) 895-6271
Web Site: www.alisongroup.com

Year Founded: 1959

Discipline: Shopper

Larry Schweiger *(Owner & President)*
Jeff Schweiger *(Owner & Vice President)*
Tony Azar *(Regional Vice President)*
Charles Cerami *(Account Executive)*

B-STREET
40 Holly Street
Toronto, ON M4S 3C3
Tel.: (416) 322-9661
Fax: (416) 322-5881
Web Site: www.b-street.com

Year Founded: 1991

Discipline: Shopper

David Ploughman *(Owner & Chief Executive Officer)*
Craig Bond *(Partner & Chief Creative Officer)*

DIRECTOHISPANIC, LLC
13050 Saticoy Street
North Hollywood, CA 91605
Tel.: (210) 412-0412
Web Site: www.directohispanic.com

Year Founded: 2004

Discipline: Shopper

Nery Vazquez *(Owner & Chief Executive Officer)*
Laura Navarro *(Director, Operations)*
Orlando Martinez *(Creative Director, Content & Video Production)*
Carmen Monroy *(Manager, Field Marketing)*

Accounts:
Guerrero
Juanita's Foods

DMI PARTNERS
One South Broad Street
Philadelphia, PA 19107
Tel.: (215) 279-9800
Toll Free: (800) 947-3148
Web Site: www.dmipartners.com

Year Founded: 2003

Discipline: Shopper

Patrick McKenna *(Chief Executive Officer)*
James Delaney *(Founder)*
Brian McKenna *(Executive Vice President, Education Marketing)*
Beth Harless *(Vice President, Sales & Marketing)*
Kevin Dugan *(Director, Client Services)*

EDGE MARKETING
333 Ludlow Drive
Stamford, CT 06902
Tel.: (203) 847-6400
Web Site: www.welcometoedge.com

Year Founded: 2013

Discipline: Shopper

Liz Fogerty *(Chief Strategy Officer)*
Valerie Bernstein *(Executive Vice President, Business Development)*
Allison Welker *(Executive Vice President, General Manager)*
Holli Horine *(Vice President, Client Services)*
Fran Brinkman *(Vice President, Strategic Planning & Analytics)*
Marcella Oglesby *(Vice President, Group Creative Director)*

Accounts:
Bayer Consumer Care Division
Bertolli
Ferrero USA
Jack Link's Beef Jerky
Mast-Jagermeister
McIlhenny Company
Meredith Corporation
Schreiber Foods, Inc.
Smithfield Foods, Inc.

FORESIGHT ROI
20 North Wacker Drive
Chicago, IL 60606
Tel.: (312) 575-0024
Web Site: www.foresightroi.com

Year Founded: 2009

Discipline: Shopper

Rick Abens *(Chief Executive Officer & Founder)*
Matt Wheeler *(Senior Vice President, Sales & Marketing)*

HARVEY AGENCY
952 Ridgebrooke Road
Sparks, MD 21152
Tel.: (410) 771-5566
Fax: (410) 771-5559
Web Site: www.harveyagency.com

Employees: 26

Year Founded: 1986

Discipline: Shopper

Kathy Harvey *(President & Founder)*
John Makowski *(Senior Vice President, Creative Director)*
Bridget Owens *(Director, Business & Brand Development)*
Lena Rapoport *(Associate Creative Director)*
Alexandra Geisler *(Senior Account Executive)*
Lauren Schweitzer *(Supervisor, Account)*
Lauren Bell *(Manager, Digital Program)*

HMT ASSOCIATES, INC.
335 Treeworth Boulevard
Broadview Heights, OH 44147
Tel.: (216) 369-0109
Web Site: www.hmtassociates.com

Discipline: Shopper

Patti Conti *(President & Chief Executive Officer)*
Rick Einhaus *(Executive Vice President)*
Lisa Norat *(Senior Vice President, Client Engagement)*
Michele Huff *(Vice President, Client Engagement)*
Sharon Brown *(Director, Creative Concept)*
Becky Metz *(Director, Account)*
Amanda Kleppel *(Account Supervisor)*

IN CONNECTED MARKETING
333 Ludlow Drive
Stamford, CT 06902
Tel.: (203) 847-6400
Web Site: www.inconnectedmarketing.com

Year Founded: 2000

Discipline: Shopper

Dino De Leon *(Executive Vice President & Executive Creative Director)*
Holly Quinn *(Executive Vice President, Operations)*
Valerie Bernstein *(Executive Vice President, Business Development)*
Jennifer Houel *(Senior Account Executive, Marketing)*

Accounts:
Abbott Nutrition
Bacardi
Barilla America, Inc.
Blistex, Inc.
Dr Pepper
Edgewell Personal Care
Reckitt Benckiser, Inc.
Sun-Maid Growers of California
The J.M. Smucker Company
Tyson Foods, Inc.
W.J. Deutsch & Sons, Ltd.

MIRUM AGENCY
351 West Hubbard Street
Chicago, IL 60654
Tel.: (312) 527-4846
Web Site: www.mirumagency.com

Brands. Marketers. Agencies. Search Less. Find More.
Try out the online version at www.winmo.com

AGENCIES - JULY, 2020 — SHOPPER AGENCIES

Year Founded: 1991

Discipline: Shopper

Brian Morris *(Chief Creative Officer)*
Joe Lagattuta *(Executive Vice President, Creative - Mirum Shopper)*
Sam Spencer *(Vice President, Marketing Services - Mirum Shopper)*
Valerie Jencks *(Vice President & Head, User Experience - US)*
Andrea McGovern Galo *(Vice President, Strategy & Planning)*
Christine Cotter *(Vice President, Social Media)*
Amy Korin *(Senior Director, Social Media)*
Dave Carlson *(Associate Digital Creative Director)*
Leah Roszkowski *(Associate Creative Director)*
Heather Lazzara *(Director, Business Development)*
Cedar Brown *(Social Strategy)*
Meaghan Kehoe *(Social Media Manager)*
Gabriela Wysocki *(Social Operations Associate Manager)*

MIRUM SHOPPER
3100 South Market Street
Rogers, AR 72758
Tel.: (479) 236-4112
Web Site: www.mirumshopper.com

Year Founded: 1991

Discipline: Shopper

Todd Hudgens *(Group Director, National Brands & Entertainment)*

PROFITERO
100 Summer Street
Boston, MA 02110
Tel.: (844) 342-7464
Web Site: www.profitero.com

Year Founded: 2010

Discipline: Shopper

Matt Tuel *(Chief Financial Officer)*
Keith Anderson *(Senior Vice President, Strategy & Insights)*

PROPAC
6300 Communications Parkway
Plano, TX 75024
Tel.: (972) 733-3199
Web Site: www.propac.agency

Year Founded: 1992

Discipline: Shopper

Charles Daigle *(President)*
Sarah Bliss *(Account Director)*
Micah Alexander *(Senior Art Director)*
Erika Gilbrech *(Associate Creative Director)*
Glenn Geller *(Director, Planning & Insights)*
Kelly Farquhar *(Group Director, Creative)*
Naomi Robison *(Director, Experiential & Corporate Events)*
Dana Szul *(Account Director - Walmart, Inc.)*
Lauren Gibbon *(Account Director)*
Nicole Hodges *(Director, Art)*
Julie Beall *(Director, Creative)*
Bree McCaffrey *(Director, Client Services)*
Colby Graff *(General Manager, Strategy & Digital)*
Jessica Luckett *(Account Management)*
Arthur Kaplan *(General Manager, Client Services)*
Olivia Deter *(Account Executive)*
Hayley Tarazewich *(Senior Account Executive)*
Mary O'Donnell *(Account Executive)*
Kathryn Smith *(Senior Account Executive)*
Amanda Talbot *(Coordinator, Event & Culture Programming)*
Brooke Coleman *(Coordinator, Experiential & Client Development)*
Christine Boissevain *(Communications Coordinator)*

SAATCHI & SAATCHI X
605 Lakeview Drive
Springdale, AR 72764
Tel.: (479) 575-0200
Fax: (479) 725-1136
Web Site: www.saatchix.com

Year Founded: 1997

Discipline: Shopper

Jessica Hendrix *(President & Chief Executive Officer)*
Erin Campbell *(Senior Vice President, Strategy & Digital)*
Nicholas Sammer *(Vice President, Client Partnership & Brand Strategy)*
Lela Davidson *(Vice President, Account Leadership & Client Partnership)*
Mauriahh Esquivel *(Vice President & Group Creative Director)*
Amanda Danish *(Senior Director, Shopper Strategy)*
Brandon Viveiros *(Senior Director, Digital & Media)*
Mauriahh Beezley *(Senior Art Director)*
Scott Strickland *(Senior Art Director)*
Will Trapp *(Director, Marketing Technology & eCommunication)*
Joel Eikenberry *(Production Manager)*
Bryan Alexander *(Producer, Digital & Media)*

Accounts:
Walmart Stores, Inc.

SAATCHI & SAATCHI X
231 West 12th Street
Cincinnati, OH 45202
Tel.: (513) 394-5900
Web Site: www.saatchix.com

Year Founded: 1997

Discipline: Shopper

Mick Suh *(Executive Vice President & Managing Director, Commerce & Business Development)*
Brian Erdman *(Vice President, Client Partnerships & PG One)*
Susan Burke *(Associate Creative Director)*
Sadia Ashraf *(Senior Account Manager, Shopper Marketing - PG One Commerce)*
Caley Bolderson *(Account Manager)*
Kerry Strait *(Manager, Agency Capacity)*
Betsy Braun *(Senior Account Manager)*
Katie Winkler *(Associate Director, Account - PG One Commerce)*
Beth Loudenberg *(Associate Director, Creative - PG One Commerce)*
Zaki Khalid *(Account Executive, PG One)*

Accounts:
Bounce
Downy
Gain
Gillette
Pamper's
The Procter & Gamble Company
Tide

SHOPHER MEDIA
5130 North Federal Highway
Fort Lauderdale, FL 33308
Tel.: (954) 267-0352
Web Site: www.shophermedia.com

Year Founded: 2003

Discipline: Shopper

Brandt Held *(Chief Executive Officer)*
Jeremy Bleech *(Chief Technology Officer)*
Annie Coryat *(Group Director, Digital Strategy)*
John Trainer *(Vice President, Marketing Partnerships)*
Sandy Lay *(Senior Account Executive)*

Accounts:
Quiznos

SHOPTOLOGY
240 North Block Avenue
Fayetteville, AR 72701
Tel.: (469) 287-1200
Web Site: www.goshoptology.com

Year Founded: 2013

Discipline: Shopper

Meredith Garmon *(Group Operations Director)*
Sarah Rieke *(Art Director)*
Lauren Humphries *(Client Operations Manager)*

SHOPTOLOGY
7800 North Dallas Parkway
Plano, TX 75024
Tel.: (469) 287-1200
Web Site: www.goshoptology.com

Year Founded: 2013

Discipline: Shopper

Charlie Anderson *(Chief Executive Officer)*
Julie Quick *(Senior Vice President & Head, Insights & Strategy)*
Ryan Karlstrom *(Vice President, Account Leader)*
David Stutts *(Account Planning Director)*
Stacy Schrack *(Creative Director)*
Joshua Narofsky *(Senior Copywriter)*

Accounts:
Assassin's Creed
Ubisoft Entertainment

THE INTEGER GROUP
7245 West Alaska Drive
Lakewood, CO 80226
Tel.: (303) 393-3000
Fax: (303) 393-3730
Web Site: www.integer.com

Employees: 520
Year Founded: 1993

Discipline: Shopper

Mike Sweeney *(Chief Executive Officer)*
Jeremy Pagden *(Chairman)*
Marc Ducnuigeen *(President & Chief Operating Officer)*
Craig Elston *(Global Chief Strategy Officer)*
Chris Stoeber *(Group Chief Financial Officer & Executive Vice President)*

682

SHOPPER AGENCIES
AGENCIES - JULY, 2020

Tisha Pedrazzini *(President)*
Michele Crowley *(Senior Vice President)*
Armand Parra *(Vice President, Insight & Strategy)*
Bob Strausser *(Vice President, Acccount Service)*
Teresa Lopez *(Senior Vice President)*
Wendy Winter *(Vice President, Account Leadership)*
Brad Green *(Vice President, Operations - Denver)*
David Battrick *(Vice President, Digital)*
Ryan Andrist *(Digital Account Director)*
Fernando Diaz *(Group Director, Media & Connections)*
Stephanie Gilbert *(Group Account Director)*
Michael Pierzchala *(Account Director)*
Stacie Keiter *(Account Director)*
Ariel Knobbe *(Group Account Director)*
Michael Glunk *(Group Director, Insight & Strategy)*
Wayne Stevens *(Account Director)*
Jen Nelson *(Group Account Director)*
Keri Abbott *(Account Director)*
Dustin Bredice *(Creative Director - Red Robin)*
Catherine Burge *(Group Account Director)*
Sara Dwiggins *(Account Director)*
Lindsey Greenblatt *(Group Director, Social & Content)*
Amanda Leavelle *(Director, eCommerce)*
Dillon Snyder *(Director, Creative)*
Nicole Prefer *(Group Director, Insights & Strategy)*
Katie McHattie *(Director, Direct to Consumer)*
Tadar Puakpaibool *(Account Director - Red Robin)*
Susan Parsons *(Director, Social Media & Content)*
Ross Snodgrass *(Group Creative Director - Red Robin)*
Evan McHugh *(Senior Art Director - Red Robin)*
Patrick Gannon *(Social Producer - Red Robin)*
Erica Bletsch *(Director, Integrated Content Production)*
Kathryn Bacon Cvancara *(Account Supervisor)*
Kira Walstrom *(Director, Insight & Strategy)*
Suzanne MacDonald *(Senior Project Manager)*
Noelle Belling *(Supervisor, Project Management)*
Cheyenne Lohman *(Social Media Manager)*
Maren Hamilton *(Senior Manager, Social Media)*
Emma Price *(Senior Brand Strategist)*
Allie Bradshaw *(Agency Operations Manager)*
Jennifer Smith *(Senior Copywriter)*
Kristin Pendleton *(Senior Copywriter)*
Shannon Schorsch *(Media Activation Manager)*
Holly Harper *(Social Media Manager)*
Allison Kohnle *(Account Supervisor - Red Robin)*
Katie Jarrett *(Account Executive - Proctor & Gamble Brands & Red Robin)*
Zach Miller *(Assistant Account Executive - Red Robin)*
Courtney Bentz *(Social Media Manager - Red Robin)*
Brigitte Connell *(Senior Account Planner - Insight & Strategy - Red Robin)*
Jeanette Widen *(Production Supervisor)*
Christopher Lawrence *(Senior Connections Strategist)*
Missy Dondlinger Rezny *(Associate Creative Director)*
Brian Denison *(Senior Copywriter)*

Accounts:
Red Robin

THE MARS AGENCY

25200 Telegraph Road
Southfield, MI 48033
Tel.: (248) 936-2200
Fax: (248) 936-2764
Toll Free: (800) 521-9317
Web Site: www.themarsagency.com

Employees: 300
Year Founded: 1972

Discipline: Shopper

Approx. Annual Billings: $176.00

Jeff Stocker *(Chief Creative Officer)*
Ken Barnett *(Global Chief Executive Officer)*
Rob Rivenburgh *(Chief Executive Officer- North America)*
Jason Hittleman *(Chief, Staff & Senior Vice President, Information Systems)*
Marilyn Barnett *(President)*
Carol Butash *(Senior Vice President, Operations)*
Jennifer Quenville *(Senior Vice President, Media Solutions)*
Theresa Lyons *(Senior Vice President, Strategic Planning)*
Ethan Goodman *(Senior Vice President, Innovation)*
Maribeth Fasseel *(Senior Vice President, Financial)*
Barb Seman *(Vice President, Shopper Marketing - Drug, Dollar & Specialty)*
Jason Jakubiak *(Vice President & Group Creative Director)*
Kim Pawlak *(Vice President & Director, Creative Operations)*
Geralyn George *(Vice President & Account Director)*
Margie Fujarski *(Vice President, Client Services)*
Kristen Sabol *(Vice President, Client Leadership)*
Eric Haddad *(Vice President, Retail Marketing Group & Grocery Retail Environment)*
Lisa Golloher *(Vice President, Strategic Planning)*
Chris Baranowski *(Vice President, Financial)*
Tom Fritz *(Vice President, Client Leadership)*
Barbara Ann Hagen *(Vice President, Samsung Global)*
Barbara Seman *(Vice President, Shopper Marketing, Drug, Dollar & Specialty)*
Amy Cronin *(Director, Performance Targeting & Analytics)*
Julia Miller *(Director, Digital Strategy & Shopper Experience)*
Leah Key *(Director, Omnichannel Media)*
James Scarsella *(Associate Creative Director)*
Cindy Carr *(Director, Shopper Marketing Partnerships)*
Melissa Barton *(Creative Director)*
Rachel Bateast *(Director, Strategic Planning)*
Brandi Bialas *(Director, People & Culture)*
Christina Kane *(Associate Creative Director)*
Monique Prieur *(Creative Director)*
Sherry Galligan *(Senior Manager, Media Activation)*
Lindsay Kozachik *(Senior Manager, Media)*
Jake Berry *(Executive Vice President & General Manager - Business Strategy)*

Accounts:
American Pet Nutrition Inc.
Big Y Foods, Inc.
Campbell's Healthy Request Soups
Felpausch Food Center
GlaxoSmithKline, Inc.
Supreme Source
Swanson
V8
VG Food & Pharmacy

THE MARS AGENCY

2702 SE Otis Corley
Bentonville, AR 72712
Tel.: (479) 273-0999
Web Site: www.themarsagency.com

Year Founded: 1972

Discipline: Shopper

Ellen Stiffler *(Senior Vice President, Client Services)*
Jill Schlegel *(Creative Director)*
Taylor Lewis *(Director, Client Leadership)*

THEORY HOUSE : THE AGENCY BUILT FOR RETAIL

4806 Park Road
Charlotte, NC 28209
Tel.: (704) 665-0714
Web Site: www.theoryhouse.com

Year Founded: 2013

Discipline: Shopper

Jim Cusson *(President)*
Molly Kraus *(Vice President, Account Services)*
Michael Stallsmith *(Senior Account Executive)*
Jared Meisel *(Managing Partner)*

Accounts:
Delta Faucet Company
Peerless Faucet

TPN

1999 Bryan Street
Dallas, TX 75201
Tel.: (214) 692-1522
Fax: (214) 692-8316
Web Site: www.tpnretail.com

Employees: 151
Year Founded: 1984

Discipline: Shopper

Tim Austin *(Chief Creative Officer)*
Bobbi Merkel *(Managing Director & Senior Vice President, Convergence)*
Kristin Strayhan *(Director, Partnership Marketing & Culture)*
Rachel Smith *(Art Director)*
Joseph List *(Social Commerce Media Director)*
Nate Riegler *(Marketing Science Manager)*
Stephanie Meyer *(Marketing & Operations Manager)*
Maggie McConnell *(Senior Account Executive)*
Alison Jensen *(Senior Account Executive)*

Accounts:
Barilla America, Inc.
Bimbo Bakeries USA
Kmart
Safeway, Inc.
Sears Holding Corporation
The Clorox Company
Walmart Stores, Inc.
WestRock

TRACYLOCKE

7850 North Belt Line Road
Irving, TX 75063

Brands. Marketers. Agencies. Search Less. Find More.
Try out the online version at www.winmo.com

AGENCIES - JULY, 2020

SHOPPER AGENCIES

Tel.: (214) 259-3500
Fax: (214) 259-3550
Web Site: www.tracylocke.com

Employees: 75
Year Founded: 1913

Discipline: Shopper

Stewart Campbell *(Chief Financial Officer)*
Hugh Boyle *(Chief Executive Officer)*
Michael Lovegrove *(President & Chief Creative Officer)*
Ivan Mayes *(Senior Vice President & Director, Technology)*
Cindy Bruemmer *(Director, Media Services)*
Jennifer Smith *(Associate Director, Media)*
Tyler Kitchens *(Creative Director)*
Kryslyn Burks *(Group Account Director)*
Adrienne Tucker *(Senior Producer)*
Ashley Williams *(Media Planner)*
Tessa Bennett *(Supervisor, Media)*
David Woodward *(Account Supervisor)*
Lauren Marchant *(Account Supervisor)*
Kelley Kelley *(Supervisor, Media)*
Taydra Jones *(Project Manager)*
Leslie Scott *(Account Manager)*
Caroline Lorio *(Senior Account Executive)*

Accounts:
HP, Inc.
Palm Beach Tan
Visit Dallas
YUM! Brands, Inc.

TRACYLOCKE
131 Danbury Road
Wilton, CT 06897-4411
Tel.: (203) 762-2209
Fax: (203) 762-2229
Web Site: www.tracylocke.com

Employees: 300
Year Founded: 1913

Discipline: Shopper

Mike Lovegrove *(President Chief Creative Officer - East Coast)*
Alex Sato *(Account Director - HP)*
Bridget Lieto *(Group Account Director)*
Carolyn Clark *(Account Director)*
Bill Natlo *(Client Service Director)*
Meg Herlihy *(Group Account Director)*
Laura Bermond *(Account Director)*

Accounts:
Amstel Light
Amstel Wheat
Grand Marnier
Heineken Lager
Heineken Light
Newcastle Brown Ale
Strongbow Cider
Tecate
Tecate Light

WALMART MEDIA GROUP
850 Cherry Avenue
San Bruno, CA 94066
Toll Free: (800) 331-0085
Web Site: www.walmartmedia.com

Year Founded: 2005

Discipline: Shopper

Khoa Nguyen *(Head, Ad Operations)*
David Fenn *(Director, Sponsored Search)*
Drew Cashmore *(Head, Marketing & Go To Market)*
Nimesh Patel *(Ad Operation Lead)*
Austin Leonard *(Director, Key Account Partnerships)*
James Zhang *(Senior Director, Marketing)*
Renee Caceres *(Senior Manager, Media Partnerships - Grocery)*
Tracy Serrahsu *(Senior Manager, Media Partnerships - Key Accounts)*
Nancy Lee *(Custom Ad Solutions Manager)*
Andria Shearer *(Product Marketing Manager - Walmart Performance Ads)*
Laura Lewark *(Manager, Media Partnerships)*
Lindsey Blakely *(Senior Manager, Internal Communications)*
Praise Burnham *(Design & Production Lead)*
Michael Nguyen *(Senior Manager, Media Partnership Operations)*
Nicole Tom *(Media Partnerships Lead - Health, Beauty, Wellness & Personal Care)*
Cristobal Vinals *(Manager, Key Account Partnerships)*
Jenna Wallace *(Manager, Key Account Partnerships)*
Savin Gatchalian *(Manager, Key Account Partnerships)*
John Seratt *(Senior Manager, Industry Lead - Entertainment)*
Stefanie Jay *(Vice President & General Manager)*

Accounts:
Walmart Supercenters

SOCIAL AGENCIES

ATTENTION
160 Varick Street
New York, NY 10013
Tel.: (917) 621-4400
Web Site: www.attentionglobal.com

Year Founded: 2005

Discipline: Social

Asif Khan *(Vice President, Strategy & Analytics)*
Sarah Kauffman *(Vice President, Operations)*
Timothy Gunatilaka *(Vice President & Creative Director)*

BANDOLIER MEDIA
1002 Rio Grande Street
Austin, TX 78751
Tel.: (512) 387-5899
Web Site: www.bandoliermedia.com

Year Founded: 2015

Discipline: Social

George Ellis *(Co-Owner & Creative Director)*
Daniel Stone *(Co-Owner)*
Louis Montemayor *(Co-Owner)*

BAWDEN & LAREAU PUBLIC RELATIONS
5012 State Street
Bettendorf, IA 52722
Tel.: (563) 359-8423
Fax: (563) 324-0842
Web Site: www.bawdenlareaupr.com

Discipline: Social

Mike Bawden *(Partner)*
Liz Lareau *(Partner)*

BDE
665 Broadway
New York, NY 10012
Tel.: (212) 353-1383
Fax: (212) 353-2005
Web Site: www.bdeonline.biz

Discipline: Social

Beth Dickstein *(President & Chief Executive officer)*
Karen Brooking *(Senior Vice President)*

BEYOND MARKETING GROUP
117C-219 Dufferin Street
Toronto, ON M6K1Y9
Web Site: www.beyondmg.com

Year Founded: 2003

Discipline: Social

Anthony Wolch *(Partner & Chief Creative Officer)*
Jon Margolis *(Partner & Chief Operating Officer)*
Matt Costa *(Co-Founder & Chief Executive Officer)*
Leslieanne Uhlig *(Controller)*
Jason Harcharic *(Senior Account Director)*
Alex Knegt *(Director, Media)*
Prudence Law *(Director, Creative)*
Andrew Modena *(Manager, Social Media)*

BIG IMAGINATION GROUP
525 South Hewitt Street
Los Angeles, CA 90013
Tel.: (310) 204-6100
Fax: (310) 204-6120
Web Site: www.bigla.com

Employees: 15
Year Founded: 1987

Discipline: Social

Colette Brooks *(Founder & Chief Imagination Officer)*
Orlando Cabalo *(Chief Financial Officer)*

BIGFISH PR
283 Newbury Street
Boston, MA 02115
Tel.: (617) 713-3800
Web Site: www.beabigfish.com

Year Founded: 1999

Discipline: Social

David Gerzof Richard *(President & Chief Executive Officer)*
Jessica Crispo *(Vice President & Partner)*
Meredith Chiricosta *(Vice President, Accounts & Partner)*

Accounts:
Ring.com

BITNER HENNESSY
3707 Edgewater Drive
Orlando, FL 32804-6801
Tel.: (407) 290-1060
Fax: (407) 290-1052
Web Site: www.bitner.com

Year Founded: 1980

Discipline: Social

Kimbra Hennessy *(Partner & President)*
Nancy Glasgow *(Vice President & Account Supervisor)*

CO-COMMUNICATIONS INC.
Four West Red Oak Lane
White Plains, NY 10604
Tel.: (914) 666-0066
Fax: (914) 666-9503
Web Site: www.cocommunications.com

Discipline: Social

Stacey Cohen *(President & Chief Executive Officer)*
Kelly Lee *(Senior Account Manager)*
Andrew Saginor *(Manager, Creative Services)*

COLLECTIVELY, INC.
158 11th Street
San Francisco, CA 94103
Tel.: (415) 908-1050
Web Site: www.collectivelyinc.com

Year Founded: 2013

Discipline: Social

Ryan Stern *(Founder & Chief Executive Officer)*
Alexa Tonner *(Co-Founder & Executive Vice President)*
Michelle Reed *(Account Director)*

Accounts:
Clinique Cosmetics
Delta Air Lines, Inc.
HP, Inc.
Living Proof
Pernod Ricard USA
PPG Industries, Inc.
Sephora
Smashbox Cosmetics
The Toro Company
Zappos.com, Inc.

CONVENTURES, INC.
88 Black Falcon Avenue
Boston, MA 02210
Tel.: (617) 439-7700
Fax: (617) 439-7701
Web Site: www.conventures.com

Employees: 20
Year Founded: 1977

Discipline: Social

David Choate *(Vice President & Chief Operations Officer)*
Ted Breslin *(Chief Financial Officer & Vice President)*
Dusty Rhodes *(Founder, President & Chief Executive Officer)*
Kathleen Chrisom *(Vice President, Sales & Marketing)*

EPIC SIGNAL
80 Broad Street
New York, NY 10004
Tel.: (212) 226-2772
Web Site: www.epicsignal.com

Year Founded: 2013

Discipline: Social

Brendan Gahan *(Founder)*
Daniel Venegas *(Associate Creative Director - Mekanism)*
Charles Weichselbaum *(Senior Social Media Strategist)*

Accounts:
Papa Murphy's International
Patron
Quilted Northern Bathroom Tissue

FIREBELLY MARKETING
6235 Carrollton Avenue
Indianapolis, IN 46220

Brands. Marketers. Agencies. Search Less. Find More.
Try out the online version at www.winmo.com

AGENCIES - JULY, 2020 — SOCIAL AGENCIES

Tel.: (317) 557-4460
Web Site: www.firebellymarketing.com

Discipline: Social

Duncan Alney *(Chief Executive Officer)*
Chad Richards *(Vice President, Social Media Services)*
Kelly Andres *(Social Media Manager)*
Taylor Carlier *(Social Media & Influencer Marketing Manager)*
Lauren Johnson *(Social Media Manager)*

FRACTL
601 North Congress Avenue
Delray Beach, FL 33445
Tel.: (844) 337-2285
Web Site: https://www.frac.tl/

Year Founded: 2012

Discipline: Social

Kristin Tynski *(Co-Founder & Senior Vice President, Creative)*
Nick Santillo *(President & Chief Executive Officer)*
Dan Tynski *(Senior Vice President - Fractional Labs)*
Brandi Santillo *(Vice President, Production)*
Ryan Sammy *(Creative Director)*
Michael Geneivive *(Supervisor, Creative Strategy)*

HAHN PUBLIC COMMUNICATIONS
4200 Marathon Boulevard
Austin, TX 78756
Tel.: (512) 476-7696
Fax: (512) 476-7722
Web Site: www.hahnpublic.com

Employees: 16
Year Founded: 1974

Discipline: Social

Jeff Hahn *(Principal)*
Russ Rhea *(Vice President, Media Services & Media Trainer)*
Ryan Orendorf *(Vice President, Client Services)*
Steve Lanier *(Controller)*
Sarah Chiu *(Art Director & Project Manager, Creative)*
Amanda Kennedy *(Senior Manager, Client Services)*
Tim Weinheimer *(President & Managing Partner)*

Accounts:
Circuit of The Americas
Whataburger, Inc.

HJMT PUBLIC RELATIONS, INC.
78 East Park Avenue
Long Beach, NY 11561
Tel.: (347) 696-0220
Fax: (516) 997-1740
Web Site: www.hjmt.com

Employees: 8
Year Founded: 1992

Discipline: Social

Hilary Topper *(President & Chief Executive Officer)*
Lisa Gordon *(Executive Vice President, Public Relations)*

HUGHES & STUART
9800 Mount Pyramid Court
Englewood, CO 80112
Tel.: (303) 798-0601
Fax: (303) 798-1315
Web Site: www.hughesstuart.com

Employees: 5
Year Founded: 1981

Discipline: Social

Melanie Goetz *(President, Chief Executive Officer & Owner)*
Elizabeth Gee *(Director, Communications & Production Manager)*

IGNITE SOCIAL MEDIA
15501 Weston Parkway
Cary, NC 27513
Tel.: (919) 653-2345
Web Site: www.ignitesocialmedia.com

Year Founded: 2007

Discipline: Social

Deidre Bounds *(President)*
Jim Tobin *(Chief Executive Officer)*
Marcie Brogan *(Chief Financial Officer)*
Misi McClelland *(Senior Vice President)*
Debbie DeSantis *(Senior Vice President, Finance)*
Lisa Braziel *(Senior Vice President)*
Toiia Duncan *(Media Buyer)*
Meghan Hardy *(Director, Community Management)*
Taryn Szarek *(Account Executive)*
Emily Spurlock *(Manager, Integrated Strategy & Promotions)*
Vanessa Williams *(Senior Manager, Integrated Strategy & Promotions)*

Accounts:
Daisy Brand, Inc.
Gillette
Global Gillette
Kindred Healthcare
Shure Incorporated
Walgreens Boots Alliance, Inc.

INDUSTRIAL STRENGTH MARKETING, INC.
1401 Fifth Avenue North
Nashville, TN 37208
Fax: (615) 599-9648
Toll Free: (866) 529-8908
Web Site: www.marketstrong.net

Year Founded: 2003

Discipline: Social

James Soto *(President, Chief Executive Officer & Chief Marketing Officer)*
Sheri Wofford *(Partner & Controller)*
Brent Lathrop *(Director, Technology)*
Jake Gerli *(Director, Communication)*
Joey Strawn *(Director, Integrated Marketing)*
Cindy Grondines *(Accountant)*

KATZ & ASSOCIATES, INC.
5440 Morehouse Drive
San Diego, CA 92121
Tel.: (858) 452-0031
Fax: (858) 552-8437
Web Site: www.katzandassociates.com

Discipline: Social

Sara Katz *(Founder & Chief Executive Officer)*
Patricia Tennyson *(Executive Vice President & Director, Client Relations)*
Joe Charest *(Vice President)*

KEITH SHERMAN & ASSOCIATES, INC.
234 West 44th Street
New York, NY 10036
Tel.: (212) 764-7900
Fax: (212) 764-0344
Web Site: www.ksa-pr.com

Year Founded: 1989

Discipline: Social

Keith Sherman *(President & Owner)*
Brett Oberman *(Vice President & Senior Publicist)*
Scott Klein *(Vice President & Publicist)*

KELLEN CO.
355 Lexington Avenue
New York, NY 10017
Tel.: (212) 297-2100
Fax: (212) 370-9047
Web Site: www.kellencommunications.com

Employees: 25
Year Founded: 1945

Discipline: Social

Peter Rush *(Chief Executive Officer)*
Holly Koenig *(Vice President)*
Pam Chumley *(Group Vice President)*
Alexandria Ozerkis *(Senior Account Supervisor)*

KEVIN/ROSS PUBLIC RELATIONS
5600 Hidden Glen Court
Westlake Village, CA 91362
Tel.: (818) 597-8453
Fax: (818) 474-8551
Web Site: www.kevinross.net

Discipline: Social

Ross Goldberg *(Owner & President)*
Michelle Hokr *(Vice President)*
Lisa Jurado *(Account Executive)*

KRUPP KOMMUNICATIONS
636 Avenue of the Americas
New York, NY 10011
Tel.: (212) 265-4704
Fax: (212) 265-4708
Web Site: www.kruppkommunications.com

Employees: 5
Year Founded: 1996

Discipline: Social

Heidi Krupp-Lisiten *(Founder, President & Chief Executive Officer)*
Darren Lisiten *(Chief Operating Officer)*
Lindsey Winkler *(Senior Vice President & Managing Director)*
Jennifer Garbowski *(New Business Manager dirwector)*
Amanda Schlussel *(Senior Account Executive)*

Accounts:
Via Spiga

Brands. Marketers. Agencies. Search Less. Find More.
Try out the online version at www.winmo.com

SOCIAL AGENCIES

LITTLE ARROWS
4136 Del Rey Avenue
Marina Del Rey, CA 90292
Tel.: (347) 948-3891
Fax: (310) 946-0380
Web Site: www.littlearrows.com

Year Founded: 2012

Discipline: Social

Marci Ikeler *(Chief Executive Officer)*
Kate Bloom *(Account Director)*
Chelsie Venee *(Operations Manager)*

MASTERMINDS, INC.
6727 Delilah Road
Egg Harbor Township, NJ 08234
Tel.: (609) 484-0009
Fax: (609) 484-1909
Web Site: www.masterminds1.com

Employees: 40
Year Founded: 1985

Discipline: Social

Joe McDonough *(Managing Partner & Chief Creative Officer)*
George Cortesini *(Vice President & Director, Account Management & Managing Partner)*
Ryan Leeds *(Managing Partner)*
Lani Bouchacourt *(Account Director)*

MASTERWORKS
19462 Powder Hill Place, Northeast
Poulsbo, WA 98370-7455
Tel.: (360) 394-4300
Fax: (360) 394-4301
Web Site: www.masterworks.com

Employees: 60
Year Founded: 1989

Discipline: Social

Steve Woodworth *(President)*
Rory Starks *(Executive Vice President, Strategic Engagement)*
Dave Raley *(Executive Vice President, Analytics Innovations & Strategy)*
Bob Ball *(Senior Vice President & Executive Creative Director)*
Renee Kane *(Vice President, Client Strategy)*
Craig Torstenbo *(Creative Director)*
Dan McCurley *(Senior Digital Marketing Strategist)*

MERRILL ANDERSON
1166 Barnum Avenue
Stratford, CT 06614
Tel.: (203) 377-4996
Fax: (203) 378-0122
Web Site: www.merrillanderson.com

Employees: 10

Discipline: Social

Tom Gerrity *(President)*
Jim Gust *(Senior Editor)*

MODIFLY INC.
251 North City Drive
San Marcos, CA 92078
Tel.: (858) 336-6532
Web Site: www.wemodifly.com

Year Founded: 2017

Discipline: Social

Elijah Schneider *(Chief Executive Officer)*
Greg Schneider *(Chief Financial Officer)*
Madison Turmell *(Director, Client Management)*
Brandon Biancalani *(Manager, Paid Advertising)*
Jackson Bullman *(Manager, Paid Partnerships)*

Accounts:
The One Club for Creativity

MOVEMENT STRATEGY
383 Fifth Avenue
New York, NY 10016
Tel.: (646) 350-4971
Web Site: www.movementstrategy.com

Year Founded: 2009

Discipline: Social

Jason Mitchell *(Chief Executive Officer)*
Eric Dieter *(Chief Operating Officer)*
Kate Black *(Vice President, Business Strategy)*
Samantha Reeb-Wilson *(Group Director, Business Strategy)*
Christy Pregont *(Executive Creative Director)*
Juliette Richey *(Head, Production)*
Lisa Norris *(Associate Creative Director)*

Accounts:
Exclusive Resorts, LLC
Klarna Inc
Under Armour
USA Today

O'REILLY PUBLIC RELATIONS
19318 Jesse Lane
Riverside, CA 92508
Tel.: (951) 781-2240
Fax: (951) 781-0845
Web Site: www.oprusa.com

Discipline: Social

Patrick O'Reilly *(President & Chief Executive Officer)*
Michael Fisher *(Director, Media Relations)*

OAKLINS DESILVA+PHILLIPS
475 Park Avenue South
New York, NY 10016
Tel.: (212) 686-9700
Fax: (212) 686-2172
Web Site: www.dp.oaklins.com

Year Founded: 1996

Discipline: Social

Roland DeSilva *(Managing Partner & Chairman)*
Reed Phillips *(Managing Partner & Chief Executive Officer)*
Jeffrey Dearth *(Partner)*
Lillian Liu *(Managing Director)*
Ken Sonenclar *(Managing Director)*

OMOBONO
325 West Huron Street
Chicago, IL 60654
Tel.: (312) 523-2179
Web Site: http://www.omobono.com

Year Founded: 2001

Discipline: Social

Joe Kelly *(Director, Client Partnerships)*

Korbi Forker *(Strategist)*
Sierra Neuwirth *(Senior Designer, Creative)*
Tom Kelly *(Managing Director)*

PEPPERCOMM, INC.
470 Park Avenue South
New York, NY 10016
Tel.: (212) 931-6100
Fax: (212) 931-6159
Web Site: www.peppercomm.com

Employees: 55
Year Founded: 1995

Discipline: Social

Steve Cody *(Co-Founder & Chief Executive Officer)*
Maggie O'Neill *(Managing Director & Partner)*
Matt Purdue *(Senior Vice President, Content Strategy)*
Rob Duda *(Senior Vice President, Automotive & Transportation)*

Accounts:
FreshDirect, LLC
Henkel Corporation
MINI Cooper
Sharp Electronics Corporation
Whirlpool

PIERCE COMMUNICATIONS
700 G Lake Street
Ramsey, NJ 07446
Tel.: (201) 818-3330
Fax: (201) 818-0335
Web Site: www.piercecommunications.com

Employees: 11
Year Founded: 1990

Discipline: Social

Len Addison *(Partner)*
Dave Finn *(Partner)*

RESHIFT MEDIA
49 Spadina Avenue
Toronto, ON M5V 2J1
Tel.: (416) 616-3046
Web Site: www.reshiftmedia.com

Year Founded: 2012

Discipline: Social

Steve Buors *(Co-Founder & Chief Executive Officer)*
Steven Pasternak *(Executive Vice President, Business Affairs)*
Jen McDonnell *(Vice President, Content & Social Media)*
Mahmoud Ghali *(Vice President, Technology)*
Brad Abbott *(Vice President, Search)*
Dalia Morad *(Creative Director)*
Ashley Frejlich *(Manager, Social Media)*
Zaman Ahmad *(Specialist, Digital Media)*
Lilianne Le *(Specialist, Digital Marketing)*
Megan Anderson *(Specialist, Digital Marketing)*
Meaghan Dunn *(Specialist, Digital Reporting & Analytics)*

RIPPLE STREET
50 South Buckhout Street
Irvington, NY 10533
Tel.: (914) 591-4550
Toll Free: (800) 393-1102
Web Site: www.ripplestreet.com

Brands. Marketers. Agencies. Search Less. Find More.
Try out the online version at www.winmo.com

AGENCIES - JULY, 2020 — SOCIAL AGENCIES

Year Founded: 2005

Discipline: Social

Kerry Lyons *(Chief Executive Officer)*
Brian Slattery-Gaston *(Vice President, Consumer Marketing)*
Steve Kerneklian *(Vice President & Director, Creative Services)*

SCOTT PEYRON & ASSOCIATES, INC.
401 West Front Street
Boise, ID 83702
Tel.: (208) 388-3800
Fax: (208) 388-8898
Web Site: www.peyron.com

Employees: 9
Year Founded: 1996

Discipline: Social

Scott Peyron *(Founder & Strategist)*
Bryce Twitchell *(Creative Director)*

SMARTY SOCIAL MEDIA
204 North Broadway
Santa Ana, CA 92701
Toll Free: (877) 762-7899
Web Site: www.smartysm.com

Year Founded: 2007

Discipline: Social

Jami Beaton Eidsvold *(Founder & Chief Strategist)*
Vanessa Shanahan *(Vice President, Analytics & Strategy)*
Stephanie Goddard *(Vice President, Strategy & Business Development)*
Julie Jensen *(Manager, Community)*
Paige Wasilewsk *(Manager, Community)*
Dee Thibodeau *(Manager, Business Operations)*

Accounts:
Solta Medical Inc.

SOCIALCODE
655 15th Street Northwest
Washington, DC 20005
Tel.: (844) 608-4610
Web Site: www.socialcode.com

Year Founded: 2010

Discipline: Social

Laura O'Shaughnessy *(Chief Executive Officer)*
John Alderman *(Chief Operating Officer)*
Dan Federico *(Chief Finance Officer)*
Cary Lawrence *(Senior Vice President & General Manager, Technology Partnerships)*
Ken Barbieri *(Head, Business Development)*
Leslie Vanderbrook *(Associate Director)*
Debbie Wong *(Senior Account Manager)*

SOCIALDEVIANT, LLC
1143 West Rundell Place
Chicago, IL 60607
Tel.: (312) 448-6181
Web Site: socialdeviant.com

Year Founded: 2012

Discipline: Social

Linda Johnson *(President)*
Marc Landsberg *(Founder & Chief Executive Officer)*
Lauren Swago *(Associate Creative Director)*
Lauren Hystead *(Associate Creative Director)*
Lauren Haberman *(Senior Copywriter)*
Darren Coon *(Senior Designer)*
Lisa Szkatulski *(Senior Strategic Planner)*
Graham Spector *(Content Planner)*

Accounts:
Red Wing

SOCIALFLY
231 West 29th Street
New York, NY 10001
Tel.: (917) 300-8298
Web Site: www.socialflyny.com

Year Founded: 2012

Discipline: Social

Stephanie Cartin *(Co-Chief Executive Officer)*
Courtney Spritzer *(Co-Chief Executive Officer)*
Kaitlyn Gallagher *(Associate Director, Business Development)*

Accounts:
Girl Scouts of the USA

SOCIALLYIN
1500 First Avenue North
Birmingham, AL 35203
Tel.: (205) 547-0514
Web Site: www.sociallyin.com

Year Founded: 2011

Discipline: Social

Keith Kakadia *(Chief Executive Officer)*
Kaushal Kakadia *(Partner & Chief Technology Officer)*
Cornelius Washington *(Director, Art)*
Jamison Stone *(Account Manager)*
Aubrey Crawford *(Account Manager)*
Chloe Mahalick *(Account Executive, Influencer Marketing)*
Nisha Kashyap *(Coordinator, Marketing)*
Lizzie Earley *(Senior Account Manager)*

SPARKLOFT MEDIA
601 Southwest Oak Street
Portland, OR 97205
Tel.: (503) 974-6103
Web Site: sparkloftmedia.com

Year Founded: 2006

Discipline: Social

Martin Stoll *(Chief Executive Officer)*
Arianna Howe *(Vice President, Client Services)*
John Gross *(Director, Business Development)*
Lorien Steele *(Creative Director)*
Lauren Ezzell *(Marketing Manager)*
Erika Wuelfrath *(Social Media Strategist)*
Kate Adolphson *(Agency Producer)*
Seth Buchwalter *(Public Relations Manager)*
Haley Kretz *(Marketing & Business Development Coordinator)*

Accounts:
Alaska Airlines
Crystal Cruises
Greater Palm Springs CVB
South African Tourism
Travel Oregon
Visit Santa Barbara

SPRINKLR
29 West 35th Street
New York, NY 10001
Tel.: (917) 933-7800
Web Site: www.sprinklr.com

Year Founded: 2009

Discipline: Social

Grad Conn *(Chief Marketing & Experience Officer)*
Ragy Thomas *(Founder & Chief Executive Officer)*
Murali Swaminathan *(Executive Vice President, Client Success & Engineering)*
Carlos Dominguez *(President)*
Elizabeth Closmore *(Global Head, Product Evangelism & Partnerships)*
Yoli Chisholm *(Vice President, Marketing)*
Alan Li *(Global Director, Marketing Acquisitions)*
Florin Murariu *(Head, US Strategic Advertising Sales)*
Betty Abinader *(Global Director, Customer Experience Marketing)*
David Whitely *(Executive Brand Manager)*
Holly Watson *(Associate Director, Product Marketing)*
Andrew Liu *(Analyst, Strategic Advertising)*
Idan Deutsch *(Associate Director, Product Marketing)*
Chelsea Morris *(Senior Associate, Global Events)*

STRATEGIC COMMUNICATIONS GROUP, INC.
1751 Pinnacle Drive
McLean, VA 22102
Tel.: (703) 289-5139
Fax: (301) 408-4506
Web Site: www.gotostrategic.com

Discipline: Social

Marc Hausman *(President & Chief Executive Officer)*
Shany Seawright *(Senior Vice President)*
Ryan Schradin *(Vice President, Digital & Communications Services)*

THE MCRAE AGENCY
5150 East Orchid Lane
Paradise Valley, AZ 85253
Tel.: (480) 990-0282
Fax: (480) 990-0048
Web Site: www.mcraeagency.com

Employees: 5

Discipline: Social

Beth McRae Dougherty *(Principal)*
Samantha DeRose *(Public Relations Account Manager)*

THE TAG EXPERIENCE
2121 Northwest Second Avenue
Miami, FL 33127
Web Site: www.thetagexperience.com

Discipline: Social

Jennefer Mercado *(Director, Social Media)*
Daniela Aguilera *(Director, Accounts)*
Jenny Valfre *(Social Media Marketing Coordinator)*
Jared Shaprio *(Managing Member)*

SOCIAL AGENCIES

AGENCIES - JULY, 2020

Accounts:
Rokk3r

VAYNERMEDIA
Ten Hudson Yards
New York, NY 10001
Web Site: www.vaynermedia.com

Year Founded: 2009

Discipline: Social

Andrea Sullivan *(Chief Marketing Officer)*
Gary Vaynerchuk *(Chief Executive Officer)*
Rob Lenois *(Chief Creative Officer)*
Alan Harker *(Global Chief Financial Officer)*
Aaron Kovan *(Chief Production Officer)*
Claude Silver *(Chief Human Resources Officer)*
Marcus Krzastek *(Chief of Staff)*
Nick Miaritis *(Executive Vice President)*
John Terrana *(Executive Vice President, Media Solutions)*
Sarah Murphy *(Executive Vice President, Media & Head, Planning)*
Jon Morgenstern *(Senior Vice President & Head, Investment)*
Harriet Flory *(Senior Vice President & Global Head, Communications)*
Joe Quattrone *(Senior Vice President)*
Peter Chun *(Senior Vice President & Global Head, Partnerships & Growth)*
Sean Walsh *(Senior Vice President, Media & Client Development)*
Kevin Broomes *(Vice President, Media)*
Stephanie Halphen *(Vice President, Strategy)*
Kristie Matfus *(Vice President & Group Director)*
Anthony Scarola *(Vice President, Media)*
Ryan Martin *(Vice President & Group Account Director)*
Sara Giles *(Vice President)*
David Cortes *(Vice President, Integrated Strategy)*
Maxine Gurevich *(Vice President, Insights & Strategy)*
David Zhang *(Vice President, Media)*
Aaron Behr *(Vice President, Production & Delivery)*
Georgina Taee *(Vice President, Integrated Strategy)*
Anne Flavin *(Vice President & Group Account Director)*
Andy Cataldo *(Vice President, Analytics)*
Joanna Soricelli *(Vice President & Group Account Director)*
Lindsay Blum *(Vice President - Vayner Talent)*
Lisa Harap *(Vice President & Group Account Director)*
Matthew Guerin *(Vice President, Partnerships)*
Patrick Givens *(Vice President & Head - VaynerSmart)*
Ashley Einhorn *(Director, Paid Media)*
Juliana Herring *(Director, Media Planning)*
Courtney Morin *(Media Director)*
Daniel Veet *(Senior Producer)*
David Scholla *(Director, Paid Media)*
Dana Juliano *(Associate Director, Media Planning)*
Paul Garland *(Associate Director, Planning)*
Angela Johnson *(Director, eCommerce Strategy)*
Eddie Rizzo *(Brand Director, VaynerTalent)*
James Kuczynski *(Senior Creative Director)*
Matthew Connolly *(Director, Paid Media)*
Nathan Schoeffler *(Director, Paid Media)*
Brian Chin *(Creative Director)*
Clare Klemmer *(Director, Media Operations)*
Jonathan Greendyk *(Associate Director, Paid Media)*
Maxwell Kalfus *(Associate Director)*
Clark Rogers *(Head, Design)*
Caryn Savitz *(Associate Media Director, Communications & Planning)*
Beth Cohan *(Account Director)*
Robert Faselt *(Associate Director, Paid Media)*
James Acierno *(Account Director)*
Peter Unger *(Creative Director)*
Louis Polanco *(Director, Media Investment)*
Heather Muse *(Associate Director, Integrated Insights)*
Jason Wei *(Associate Media Director)*
Junior Narvaez *(Senior Art Director)*
Adebayo Adeyemo *(Associate Director)*
Vince Lim *(Creative Director)*
Alex Mulhearn *(Associate Creative Director)*
Casey Burke *(Art Director)*
Christian Powell *(Art Director)*
Linda Hillebrand *(Director, Project Management)*
Neelam Kamara *(Account Director)*
Rebecca Conrad *(Account Director)*
Tim Clarke *(Creative Director)*
Madison Mavis *(Producer)*
Shellie Sampson *(Director, Creative - Video Content & Social)*
Josh Rosenblat *(Senior Lead Copywriter)*
Meredith Feir *(Senior Project Manager)*
Alexander Weber *(Manager, Paid Media)*
Jonas de Affonseca *(Media Manager)*
Reilly Lewis *(Media Planning Manager)*
Corey DeFranco *(Media Manager)*
Stephen Higgins *(Manager, Analytics)*
Sydney Vincent *(Senior Account Executive)*
Elizabeth Kubert *(Senior Project Manager, Integrated Project Management)*
Chloe Heller *(Producer, Integrated)*
Ashley Gerstenblatt *(Media Associate)*
Alex Terrono *(Media Analyst)*
Vera Masterson *(Senior Media Analyst & Media Buyer)*
Annie Berman *(Senior Associate, Insights & Strategy)*
Jessie Lu *(Associate, Insights & Strategy)*
Rachel Bernardo *(Senior Account Executive)*
Bhawan Singh *(Media Buyer)*
Zach Mathson *(Media Analyst)*
Brayan Guanga *(Media Analyst)*
Colin Kreutzberg *(Strategy Associate)*
Terra Arguimbau *(Project Coordinator)*

Accounts:
Armour Foods
Arrowroot
Aunt Jemima
Barnum's Animals
belVita
Birds Eye
Birds Eye Steamfresh
Birds Eye Voila
Bubblicious
Budweiser
C&W
Caramels
Celeste
Chiclets
Chips Ahoy!
Clorets
Dentyne
Dentyne Ice
Dentyne Pure
Devour
Duncan Hines
Green & Black's
Halls
Handi-Snacks
Honey Maid
Hungry-Man
Johnson's Baby
JPMorgan Chase & Co.
Kraft Heinz Company
Lender's
Log Cabin
Lorna Doone
Mallomars
Milka
MilkBite
Mondelez International
Mrs. Butterworth's
Mrs. Paul's
Nabisco
Nabisco 100 Calorie
Newtons
Nilla
Nutter Butter
Open Pit
Oreo
Oreo Cakesters
Pinnacle Foods Corporation
Planters
Red Oval Farms
Ritz
Ruby Tuesday, Inc.
SheaMoisture
Sociables
Social Tea Biscuits
Sonic Corporation
Sour Patch Kids
Stride
Swanson
Swedish Fish
Tang
Teddy Grahams
Terrys
Toblerone
Trident
Trident Layers
Triscuit
Van de Kamp
Vea
Vlasic
Wheat Thins
Wheatsworth
Wish-Bone
Zwieback

VAYNERMEDIA
800 Market Street
Chattanooga, TN 37402
Tel.: (704) 562-3104
Web Site: www.vaynermedia.com

Year Founded: 2009

Discipline: Social

Mickey Cloud *(Senior Vice President & Managing Director)*
Andy Krainak *(Director, Brand)*
John McGill *(Director, Creative)*
Adam Capell *(Senior Copywriter)*

Accounts:
Ole Smoky Moonshine Distillery
Ruby Tuesday, Inc.

VAYNERMEDIA
15000 Ventura Boulevard
Sherman Oaks, CA 91403
Web Site: www.vaynermedia.com

Year Founded: 2009

AGENCIES - JULY, 2020 — SOCIAL AGENCIES

Discipline: Social

JuHee Kim *(Executive Vice President, Media)*
Matt Sitomer *(Vice President & Group Account Director)*
Marisa Staples *(Associate Director)*
Samantha Hicks *(Director, Paid Media)*
Marina Cho *(Associate Director)*
Michael Torre *(Account Supervisor)*

VIDMOB
126 Fifth Avenue
New York, NY 10011
Web Site: www.vidmob.com

Discipline: Social

Stephanie Bohn *(Chief Marketing Officer)*
Alex Collmer *(Co-Founder & Chief Executive Officer)*
Jason Donnell *(Co-Founder & Chief Operating Officer)*
Joline McGoldrick *(Senior Vice President, Data Insights & Research)*
Greg Lieber *(Head, Strategy & Partnerships)*
Stephanie Garofoli *(Director, Partnerships)*
Jerry Bell *(Director, Strategy & Partnerships)*
Katie Fagan *(Manager, Marketing & Communications)*

WE ARE SOCIAL
26 Mercer Street
New York, NY 10013
Tel.: (646) 661-2128
Web Site: www.wearesocial.com

Year Founded: 2008

Discipline: Social

Rebecca Finn *(Senior Analyst)*
Ben Arnold *(Managing Director)*
Benjamin Arnold *(Managing Director)*
Robin Grant *(Managing Director)*

Accounts:
Beats Electronics, LLC
Bulova Corporation
Citizen Watch Company of America, Inc.
National Geographic Channel

WORLDWAYS SOCIAL MARKETING
45 Third Street
Newport, RI 02840
Tel.: (401) 619-4081
Web Site: www.marketingsocialimpact.com

Year Founded: 1997

Discipline: Social

Maureen Cronin *(Co-Founder & Chief Executive Officer)*
Mark Marosits *(Co-Founder & Social Marketing Strategist)*

Brands. Marketers. Agencies. Search Less. Find More.
Try out the online version at www.winmo.com

WOM/GUERRILLA MARKETING AGENCIES

1000HEADS
580 Broadway
New York, NY 10012
Tel.: (212) 941-1000
Web Site: www.1000heads.com

Year Founded: 2000

Discipline: WOM/Guerrilla Marketing

Bradley Walker *(Director, Editorial)*
Deanna Sandmann *(Strategy Director)*
Lindsay McHugh *(Account Director)*
Adam Woodley *(Managing Director)*

Accounts:
GoPro
GoPro, Inc.
Microsoft Lumia
Skype, Inc.
Worthington Industries

A2G
8000 Sunset Boulevard
Los Angeles, CA 90046
Tel.: (310) 432-2650
Fax: (310) 432-2655
Web Site: www.asquaredgroup.com

Year Founded: 2005

Discipline: WOM/Guerrilla Marketing

Amy Cotteleer *(Founder & Chief Creative Officer)*
Danielle Spencer *(Strategist Social Media)*

ALLIED EXPERIENTIAL
233 Broadway
New York, NY 10279
Tel.: (212) 253-8777
Fax: (212) 253-6776
Web Site: www.alliedim.com

Year Founded: 1986

Discipline: WOM/Guerrilla Marketing

Matthew Glass *(Senior Vice President)*
Jennifer Granozio *(Senior Vice President, Experiential)*
Sara Taylor *(Senior Vice President, Field Marketing)*

AWESTRUCK
10000 Washington Boulevard
Culver City, CA 90232
Tel.: (212) 381-9500
Web Site: www.getawestruck.com

Employees: 15
Year Founded: 1999

Discipline: WOM/Guerrilla Marketing

Larry Butler *(Chief Executive Officer & Co-Founder)*
Valerie Sharp *(President)*

BEYOND TRADITIONAL
79 South Horton Street
Seattle, WA 98134
Tel.: (206) 973-3660
Fax: (206) 577-0005
Web Site: www.beyondtraditional.com

Year Founded: 2005

Discipline: WOM/Guerrilla Marketing

Chris Schuler *(President)*
Christian Gerling *(Vice President, Operations)*

BRAINS ON FIRE
1263 Pendleton Street
Greenville, SC 29611
Tel.: (864) 676-9663
Fax: (864) 676-0001
Web Site: www.brainsonfire.com

Year Founded: 1982

Discipline: WOM/Guerrilla Marketing

Greg Cordell *(Partner & Chief Inspiration Officer)*
Robbin Phillips *(Partner, President, Chief Executive Officer & Creative Director)*
Geno Church *(Chief Word, Mouth Inspiration Officer)*
Emily Kosa Townsend *(Chief Operating Officer)*
Jack Welch *(Media Director)*
Maureen Megan *(Manager, Community & Social Media)*
Amy Taylor *(Manager, Social Media & Community Manager)*
Cathy Harrison *(Senior Account Executive)*

Accounts:
Hello Bello

BUZZ MARKETING GROUP
132 Kings Highway East
Haddonfield, NJ 088033
Tel.: (215) 399-5679
Toll Free: (856) 249-3402
Web Site: www.buzzmg.com

Discipline: WOM/Guerrilla Marketing

Tina Wells *(Founder & Chief Executive Officer)*
Marcus Wells *(Senior Vice President, Research & Planning)*

COMBLU
1046 West Kinzie Street
Chicago, IL 60642
Tel.: (312) 649-1687
Fax: (312) 649-1119
Web Site: www.comblu.com

Year Founded: 1974

Discipline: WOM/Guerrilla Marketing

Kathy Baughman *(President)*
Cheryl Treleaven *(Principal & Executive Vice President)*
Jenny Voisard *(Senior Consultant)*

DEPARTMENT ZERO
2023 Washington Street
Kansas City, MO 64108
Tel.: (816) 283-3333
Fax: (866) 209-4698
Web Site: departmentzero.com

Year Founded: 2003

Discipline: WOM/Guerrilla Marketing

Paul Soseman *(Founder & Chief Executive Officer)*
Sara Soseman *(President)*
Matt Jenkins *(Vice President & Managing Director)*

FIZZ
910 Church Street
Decatur, GA 30030
Tel.: (404) 638-1066
Web Site: fizzcorp.com

Discipline: WOM/Guerrilla Marketing

Ted Wright *(Chief Executive Officer)*
Chasidy Atchison *(Vice President)*
Paloma Vargas *(Marketing Manager)*

GIANT STEP
281 North Seventh Street
Brooklyn, NY 11211
Tel.: (212) 219-3567
Fax: (212) 226-3747
Web Site: www.giantstep.net

Year Founded: 1990

Discipline: WOM/Guerrilla Marketing

Maurice Bernstein *(Chief Executive Officer)*
David Fenwick *(Director, Public Relations & Music Marketing)*

GRASSROOTS ADVERTISING, INC.
17R Atlantic Avenue
Toronto, ON M6K 3E7
Tel.: (416) 531-3920
Fax: (416) 533-2878
Web Site: www.grassrootsadvertising.com

Discipline: WOM/Guerrilla Marketing

David Owen *(President)*
Michael Gillissie *(Vice President, Sales & Operations)*

GROW MARKETING
570 Pacific Avenue
San Francisco, CA 94133
Tel.: (415) 440-4769
Fax: (415) 440-4779
Web Site: www.grow-marketing.com

Employees: 9

Discipline: WOM/Guerrilla Marketing

Cassie Hughes *(Co-Founder & Chief Strategy Officer)*
Gabrey Means *(Co-Founder & Creative Director)*
Brie Votto *(Account Supervisor)*
Courtney Kellenberger *(Senior Account Manager)*

Brands. Marketers. Agencies. Search Less. Find More.
Try out the online version at www.winmo.com

AGENCIES - JULY, 2020 — WOM/GUERRILLA MARKETING AGENCIES

Tami Anderson *(Managing Director)*

MATCH ACTION MARKETING GROUP
3020 Carbon Place
Boulder, CO 80301
Tel.: (303) 447-7300
Fax: (303) 447-7399
Web Site: www.matchmg.com

Year Founded: 1995

Discipline: WOM/Guerrilla Marketing

Galen McKamy *(Vice President, Creative & Strategy)*
Brady Clarke *(Director, Development & Account)*
Kim Inman *(Art Director)*
Hannah Meyer *(Vice President, Finance)*
Liesl Holtz *(Account Director- Adidas)*
Katie Baldwin *(Account Supervisor)*

Accounts:
Hasbro, Inc.

MATCHSTICK
219 Dufferin Street
Toronto, ON M6K 3J1
Tel.: (416) 530-8000
Toll Free: (800) 530-8092
Web Site: www.matchstick.ca

Year Founded: 2001

Discipline: WOM/Guerrilla Marketing

Patrick Thoburn *(Co-Founder)*
Matthew Stradiotto *(Co-Founder)*

MICHAEL ALAN GROUP
333 West 52nd Street
New York, NY 10019
Tel.: (212) 563-7656
Fax: (212) 563-7657
Toll Free: (866) 395-7703
Web Site: www.michael-alan.com

Employees: 8

Discipline: WOM/Guerrilla Marketing

Jonathan Margolis *(Founder & Chief Executive Officer)*
Erin Mills *(Chief Operating Officer)*

NEWMARK ADVERTISING
21550 Oxnard Street
Woodland Hills, CA 91367
Tel.: (818) 461-0300
Fax: (818) 728-0470
Web Site: newmarkad.com

Year Founded: 1968

Discipline: WOM/Guerrilla Marketing

Dave Newmark *(Chairman & Co-Founder)*
Patty Newmark *(President & Chief Executive Officer)*
Melissa White *(Account Supervisor)*

NIGHT AGENCY, LLC
381 Broadway
New York, NY 10013
Tel.: (212) 431-1945
Fax: (801) 991-3843
Web Site: www.nightagency.com

Employees: 16

Year Founded: 2003

Discipline: WOM/Guerrilla Marketing

Darren Paul *(Managing Partner, Strategy & Innovation)*
Evan Vogel *(Founder)*

REDPEG MARKETING
727 North Washington Street
Alexandria, VA 22314
Tel.: (703) 519-9000
Fax: (703) 519-9290
Web Site: www.redpeg.com

Employees: 60
Year Founded: 1998

Discipline: WOM/Guerrilla Marketing

Brad Nierenberg *(Chief Executive Officer)*
John Piester *(President)*
Eric Hansen *(Chief Financial & Operating Officer)*
Fredda Hurtwitz *(Chief Strategy & Marketing Officer)*
John Millward *(Chief Innovation Officer)*
Martin Codd *(Vice President, Operations)*
Matt Sincaglia *(Vice President, Strategy & Analytics)*
Harry Poole *(Vice President, Client Services)*
Kristin Kidman *(Vice President, Client Services)*
Margaret Larkin *(Director, Sponsorship)*
Jason Colvin *(Senior Director)*
Billy Freeman *(Director, National Field Marketing)*
Sarah Roach *(Director, Client Services)*
Tim Yowpa *(Senior Director, Client Services)*
Matt Suttmiller *(Director, Client Services)*
Michael McCanna *(Senior Art Director)*
Vincent Minichiello *(Manager, Gaming & Esports)*
Jocabed Housley *(Manager, Marketing)*
Allison Brill *(Senior Account Manager)*
Kathryn Caine *(Account Manager, Client Services)*
Sara Loeb *(Traffic Manager)*
Alexis Buchanan *(Manager, Talent - National)*
Nicole Kaufman *(Event Producer)*
Nicole Arch *(Senior Producer)*
Adam Bluebaugh *(Account Coordinator)*
Nicole Bard *(Account Coordinator)*

SMAK
326 West Cordova Street
Vancouver, BC V6B 1E8
Tel.: (604) 343-1364
Web Site: www.smak.ca

Year Founded: 2003

Discipline: WOM/Guerrilla Marketing

Claire Lamont *(Founder, Owner & Creative Director)*
Nikki Hedstrom *(President & Chief Operating Officer)*

PERSONNEL INDEX

A

Aaby, Barb, Account Manager - M45 Marketing Services; *pg.* 382
Aagaard, Alexandra, Senior Account Executive - J.T. Mega, Inc.; *pg.* 91
Aaker, David, Vice Chairman - Prophet; *pg.* 15
Aal, Scott, Executive Creative Director & Partner - Chemistry Club; *pg.* 50
Aaron, Jennifer, Executive Vice President, Account Services - Carroll White Advertising; *pg.* 340
Aavik, Elana, Senior Associate - Mindshare; *pg.* 494
Abad, Corey, Account Supervisor - Arc Worldwide; *pg.* 327
Abanilla, Bradley, Specialist, Paid Media - Apogee Results; *pg.* 672
Abar , Amanda, Executive Vice President & Managing Director - 360i, LLC; *pg.* 208
Abarca, Maria, Analyst, Finance - Newlink Communications Group; *pg.* 632
Abare, Tim, Partner - Cultivator Advertising & Design; *pg.* 178
Abasta, Bernadette, Vice President, Client Service - Media Design Group, LLC; *pg.* 485
Abate, Elizabeth, Media Director - Marcus Thomas; *pg.* 104
Abate, Matthew, Head, Experience Design - Havas Ekino - Havas Health & You; *pg.* 82
Abate, Michelle, Vice President, Client Services - Marketsmith, Inc; *pg.* 483
Abayasekara, Lindsay, Digital Marketing Strategist - Pavone Marketing Group; *pg.* 396
Abayomi, Ola, Account Director - Droga5; *pg.* 64
Abbate, Christine, President - Novita Communications; *pg.* 392
Abbate, Jason, Director, Interactions - Stein IAS; *pg.* 267
Abbate, Jo-Ann, Executive Director, Digital - Colangelo Synergy Marketing, Inc.; *pg.* 566
Abbate, Johnny, Director, Digital - Jigsaw, LLC; *pg.* 377
Abbate, Karen, Director, Creative - Wunderman Thompson; *pg.* 434
Abbate, Rachel, Strategist - OMD; *pg.* 498
Abbatiello, Andrea, Digital Activation Senior Associate - Spark Foundry; *pg.* 508
Abberton, Patrick, Senior Account Executive - Archetype; *pg.* 33
Abbot, Dana, Chief of Staff, Marketing Communications - Kaplow Communications; *pg.* 618
Abbot, Rodney, Senior Partner, Design - Lippincott; *pg.* 189
Abbott, Brad, Vice President, Search - Reshift Media; *pg.* 687
Abbott, Erin, Account Director - Jack Morton Worldwide; *pg.* 309
Abbott, Jeff, Executive Vice President & Media Director - Chemistry Atlanta; *pg.* 50
Abbott, Jilllian, Senior Project Manager - StrawberryFrog; *pg.* 414
Abbott, Keri, Account Director - The Integer Group; *pg.* 682
Abbott, Richard, Executive Creative Director - Pathfinders Advertising & Marketing Group, Inc.; *pg.* 126
Abbott, Sophia, Head, Project - The VIA Agency; *pg.* 154
Abbott, Spencer, Creative & Digital Account Lead - All Points Public Relations; *pg.* 576
Abbracciamento, Monica, Digital Account Supervisor - Team One; *pg.* 418
Abbrecht, Michael, Partner & New Business Director - 9thWonder Agency; *pg.* 453
Abbruzzese, Adam, Senior Program Manager - AKQA ; *pg.* 212
Abbruzzi, JC, Group Creative Director - 72andSunny; *pg.* 23
Abdalla, Christina, Senior Media Planner - Starcom Worldwide; *pg.* 516
Abdelhamid, Sarah, Manager, Digital Partnerships - Initiative; *pg.* 477
Abdi, Deika, Vice President & Director, Management - FCB Health; *pg.* 72
Abdul Khabir, Safiyyah, Senior Strategist - Media Cause; *pg.* 249
Abdullah, Atiq, IT Operations Director - North America - AKQA ; *pg.* 212
Abehsera, David, President - The Woo Agency; *pg.* 425
Abeja, Humberto, Director, Design - BlackDog Advertising; *pg.* 40
Abel, Courtney, Head, Project Management - BBDO San Francisco; *pg.* 330
Abel, Greg, Founder & Director, Client Services - Tailfin Marketing Communications; *pg.* 18
Abel, Greg, Founder & President - Abel Communications; *pg.* 574
Abel, Jeremy, Client Strategy Partner - rDialogue; *pg.* 291
Abel, Marc, Executive Vice President - Weber Shandwick; *pg.* 660
Abel, Theo, Group Account Director - Goodby, Silverstein & Partners; *pg.* 77
Abela-Froese, Jessica, Account Manager - Bob's Your Uncle; *pg.* 335
Abele, Klay, Designer, Motion - THIS IS RED; *pg.* 271
Abell, Angela, Negotiator, Media - Gregory Welteroth Advertising; *pg.* 466
Abell, Mike, Creative Director - Grey Group; *pg.* 365
Abelson, Dennis, Partner & Chief Creative Officer - Matrix Partners, Ltd.; *pg.* 107
Abendroth, Rosemary, Head, Communications - mcgarrybowen; *pg.* 385
Abens, Rick, Chief Executive Officer & Founder - Foresight ROI; *pg.* 681
Abergel, Debbie, Chief Strategy Officer - Jack Nadel, Inc.; *pg.* 567
Aberi, Ashley, Manager, Digital Investment - Mindshare; *pg.* 491
Abernathy, James, Executive Chairman - Abernatny MacGregor Group; *pg.* 574
Abernethy, Dan, Director, Corporate & Investor Relations - Finsbury; *pg.* 604
Abers, James, Manager, Insights & Analytics - Just Media, Inc.; *pg.* 481
Abiad, Joe, Director, Finance & Operations - Pacific Communications; *pg.* 124
Abig, Diane, Director, Operations - Envano, Inc.; *pg.*
Abinader, Betty, Global Director, Customer Experience Marketing - Sprinklr; *pg.* 688
Abion, Betty, Chief Executive Officer - Response Media, Inc.; *pg.* 507
Ableman, Karen, President - Ronin Advertising Group, LLC; *pg.* 134
Abolt, Craig, Chief Financial Officer - Intersection; *pg.* 553
Aboukhater, Houssam, Managing Partner - Calypso; *pg.* 588
Aboyoun, Stacy, Account Executive, Public Relations - Kinney + Kinsella; *pg.* 11
Abracen, Jeff, Vice President & Creative Director - BAM Strategy; *pg.* 215
Abraham, Aji, Senior Vice President & Controller - Phase 3 Marketing & Communications; *pg.* 636
Abraham, Steven, Managing Director - OMD West; *pg.* 502
Abrahamian, Armen, Vice President, Technology - Hearst Autos; *pg.* 238
Abrahams, Andrew, Director, Interactive Services - Overdrive Interactive; *pg.* 256
Abrahams, Sam, Manager, Digital Advertising - Laundry Service; *pg.* 287
Abrahamson, Tom, Executive Counsel - Lipman Hearne, Inc. ; *pg.* 381
Abram, Dick, Vice President, Corporate Relationships - EventLink International ; *pg.* 305
Abram, Sarah, Account Manager - The MX Group; *pg.* 422
Abram, Teri, President - EventLink International ; *pg.* 305
Abramo, Kristen, Executive Vice President, Client Partner - Havas Media Group; *pg.* 470
Abramovitz, Susan, Partner - Ideopia; *pg.* 88
Abramowitz, Ally, Manager, Client Solutions - Decoded Advertising; *pg.* 60
Abrams, Amanda, Creative Director - Team One; *pg.* 418
Abrams, David, President & Chief Executive Officer - The Collective Brandsactional Marketing, Inc. ; *pg.* 149
Abrams, Elanah, Director, Creative Resources - McKinney; *pg.* 111
Abrams, Ian, Executive Vice President & Executive Director - Golin; *pg.* 609
Abrams, Rachel, Senior Writer & Creative Director - Cossette Media; *pg.* 345
Abrams, Sam, Digital Associate Media Director - Kelly, Scott & Madison, Inc.; *pg.* 482
Abrams, Scott, Assistant, Digital - Diageo - Carat; *pg.* 459
Abramson, Amanda, Associate Director - Starcom Worldwide; *pg.* 517
Abramson, Cyndi, Senior Vice President, Business Development - TMPG Media; *pg.* 299
Abramson, Will, Principal - Yours Truly; *pg.* 300
Abramson Norr, Suzanne, Chief Operating Officer - Avatar Labs; *pg.* 214
Abrantes, Alexandre, Associate Creative Director & Copywriter - Publicis North America; *pg.* 399
Abreu, Adams, Assistant, Paid Search - Vizeum; *pg.* 526
Abreu, Kathy, Manager, Billing - Zozimus Agency; *pg.* 665
Abreu, Miosotis, Supervisor, Digital, Print & Media Controls - Havas Media Group; *pg.* 470
Absalom, Emily, Media Planner - Team One; *pg.* 418
Abt, Ben, Vice President & Director, Group Media - Mediahub Los Angeles; *pg.* 112
Abtahi, Olivia, Director & Writer - Amelie Company; *pg.* 325
Abu Eitah, Noora, Executive Producer & Head, Production Services - Secret Location; *pg.* 563
Abubakr, Shereen, Social Media Coordinator - PHD USA; *pg.* 505
Abuella, Eman, Director, Digital Media - Allscope Media; *pg.* 454
Abusaleh, Abed, Executive Vice President, Long Form - Havas Edge; *pg.* 285
Abuyuan, Maxinne, Creative Director - Mirum Agency; *pg.* 251
Acampora, Andrew, Chief Finance Officer - SS+K; *pg.* 144
Acampora, Rick, Chief Operating Officer - Wavemaker; *pg.* 526
Accardi, Judy, Vice President, Operations - Ogilvy CommonHealth Worldwide; *pg.* 122
Accardo, Diana, Director, Marketing & Promotions - United Artists Releasing -

693

PERSONNEL — AGENCIES

Canvas Worldwide; *pg.* 458
Accatino, Anthony, Vice President, Sales - Insert Media - SMS Marketing Services; *pg.* 292
Accetta, Martin, Client Services - o2kl; *pg.* 121
Ace, Nick, Creative Director - COLLINS:; *pg.* 177
Acerra, Olivia, Supervisor, Group Art - FCB Health; *pg.* 72
Acevedo, Beatriz, Partner - 9thWonder; *pg.* 453
Acevedo, Karen, Associate Director, Media - Republica Havas; *pg.* 545
Acevedo, Karla, Senior Vice President, Account Leadership - Casanova//McCann; *pg.* 538
Acevedo, Luis, Brand Creative Art Director - The Richards Group, Inc.; *pg.* 422
Aceves, Alberto, Group Media Director, Programmatic Strategy - AKQA; *pg.* 211
Acharkan, Daniel, Partner & Director, New Media - Flying Machine; *pg.* 74
Acheson, Joel, Chief Marketing Technology Officer - The Shipyard; *pg.* 270
Acierno, James, Account Director - VaynerMedia; *pg.* 689
Acker, Kate, Senior Digital Account Executive - Think Motive; *pg.* 154
Ackerman, Erin, Art Director - Secret Location; *pg.* 563
Ackerman, Joe, Media Director - Marketing Architects; *pg.* 288
Ackerman, Karley, Account Executive - Captivate Network, Inc.; *pg.* 550
Ackerman, Kate, Media Coordinator - Backbone Media; *pg.* 579
Ackerman, Michael, Senior Vice President & Managing Director - Silverlight Digital; *pg.* 265
Ackerman, Sarah, Senior Content Strategist & Copywriter - Media Cause; *pg.* 249
Ackerman, Valarie, Account Director - Overcat Communications; *pg.* 634
Ackermann, Brian, Account Executive - Havas PR; *pg.* 612
Ackermann, Cathy, President & Chief Executive Officer - Ackermann Public Relations ; *pg.* 574
Acklin, Jenna, Account Director - Geometry; *pg.* 363
Ackmann, Nicole, Executive Creative Director - Thread Connected Content; *pg.* 202
Acosta, Estefania, Digital Project Manager - Ogilvy; *pg.* 393
Acosta, Jesus, Art Director - Dieste; *pg.* 539
Acosta, Jose, Director, Integrated Production - mono; *pg.* 117
Acosta, Katie, Director, Brand Strategy - BBH; *pg.* 37
Acosta, Liz, General Manager - Emery Group Advertising; *pg.* 68
Acosta, Lorraine, Social Analyst - Spark Foundry; *pg.* 508
Acosta, Melissa, Senior Art Director - Point to Point; *pg.* 129
Acosta, Pablo, Chief Creative Officer & Co-Founder - Paco Collective; *pg.* 544
Acosta, Samuel, Digital Media Manager - Spark Foundry; *pg.* 508
Acquantita, Frank, Media Buyer - Avenir Bold; *pg.* 328
Acquaotta, Robert, Senior Vice President, Integrated Media - Active International; *pg.* 439
Acquistapace, Kyle, Executive Director, Idea Communication - Team One; *pg.* 417
Acree, Carla, Director, Media Services - Foundry; *pg.* 75
Actis, Chris, President & Chief Growth Officer - Kruskopf & Company; *pg.* 96
Acuff, Courtney Jane, Vice President, Product Marketing - Ansira; *pg.* 280
Acuff, Erin, Media Director - Insight Creative Group; *pg.* 89
Acuna, Gabriel, Director, Business Development - CultureSpan Marketing; *pg.* 594
Aczon, Ashley, Supervisor, Digital Media - Netflix - Palisades Media Group, Inc.; *pg.* 124
Adach, Andrew, Associate, Planning - Carat; *pg.* 459
Adair, Adrienne, Vice President, Creative - MMI Agency; *pg.* 116
Adair, Erin, Media Buyer - Style Advertising; *pg.* 415
Adair, Ryan, Creative Director - R/GA; *pg.* 260
Adame, James, Global Director, Design - Commonwealth // McCann; *pg.* 52
Adami, Cherie, Human Resources Manager - Media Horizons, Inc.; *pg.* 288
Adamle, Mark, President, Strategic Partnerships - Intersport; *pg.* 308
Adamo, Rose Marie, Managing Partner - DiMassimo Goldstein; *pg.* 351
Adams, Alister, Vice President, Digital - Publicis Toronto; *pg.* 639
Adams, Amie, President - Dunn Associates; *pg.* 598
Adams, Amy, Executive Vice President & Group Director - Starcom Worldwide; *pg.* 513
Adams, Ashleigh, Creative Director - The Marketing Arm; *pg.* 316
Adams, Benjamin, Digital Media Manager - CLM Marketing & Advertising; *pg.* 342
Adams, Bill, Creative Director - Potts Marketing Group ; *pg.* 398
Adams, Brett, Chief Marketing Officer & Partner - Trilix Marketing Group, Inc.; *pg.* 427
Adams, Brooke, Associate Director, Prospecting Strategy - Publicis North America; *pg.* 399
Adams, Chris, Creative Director - Wolfgang; *pg.* 433
Adams, Cliff, Group Planning Director - Team One; *pg.* 418
Adams, Dale, Chairman & Chief Executive Officer - Diversified Agency Services; *pg.* 351
Adams, Danielle, Senior Strategist - Horizon Next - Horizon Media, Inc.; *pg.* 474
Adams, David, Senior Art Director & Senior Designer - Wray Ward; *pg.* 433
Adams, Deborah, Senior Vice President & Managing Director - Harbinger Communications, Inc.; *pg.* 611
Adams, Emily, Senior Account Manager - SHIFT Communications, LLC; *pg.* 647
Adams, Eric, Chief Operating Officer - Filter; *pg.* 234
Adams, Erica, Media Planner - Publicis Health Media; *pg.* 506
Adams, Hannah, Account Supervisor - fluent360; *pg.* 540
Adams, Jay, Director, Design - Fitch; *pg.* 183
Adams, Jeff, Global Senior Asset Manager - Commonwealth // McCann; *pg.* 52
Adams, Jill, Principal & Chief Executive Officer - Adams & Knight Advertising; *pg.* 322
Adams, Joanne, Executive Vice President, Data Solutions - SMS Marketing Services; *pg.* 292
Adams, Jonathan, Managing Partner & Executive Director - Wavemaker; *pg.* 526
Adams, Josh, Senior Director, Multimedia - Dunn&Co; *pg.* 353
Adams, Linda, Owner & Director, New Business - AIM Research; *pg.* 441
Adams, Lisa, Director, Brand Engagement Strategy - Mechanica; *pg.* 13
Adams, Luke, Director, Sales - Amobee, Inc.; *pg.* 213
Adams, Mallory, Account Supervisor - 22squared Inc.; *pg.* 319
Adams, Mason, Vice President, Demand Generation - Springbox; *pg.* 266
Adams, Matt, Senior Designer, Experience - Digitas; *pg.* 227
Adams, Megan, Art Director - Barkley; *pg.* 329
Adams, Megan, Vice President, Communications - Superfly; *pg.* 315
Adams, Melinda, Vice President, Human Resources - Scoppechio; *pg.* 409
Adams, Meredith, Senior Vice President & Senior Partner & General Manager - FleishmanHillard; *pg.* 605
Adams, Meredith, Integrated Communications Planner - The Variable; *pg.* 153
Adams, Michele, Senior Vice President & Creative Director - Evoke Giant; *pg.* 69
Adams, Michelle, Digital Investment Associate - Canvas Worldwide; *pg.* 458
Adams, Mike, Vice President - Red Moon Marketing; *pg.* 404
Adams, Mills, Art Director - Mekanism; *pg.* 112
Adams, Mindy, Vice President & Group Creative Director - 22squared Inc.; *pg.* 319
Adams, Nathan, Vice President, Digital Marketing & Analytics - DKC Public Relations; *pg.* 597
Adams, Patrick, Managing Director - Secret Weapon Marketing; *pg.* 139
Adams, Price, Vice President - Nuffer Smith Tucker, Inc.; *pg.* 392
Adams, Rob, Head, Engineering - Droga5; *pg.* 64
Adams, Ryan, Vice President, National Client Partnerships - Clear Channel Outdoor; *pg.* 550
Adams, Sean, Director, Marketing Intelligence - Big Spaceship; *pg.* 455
Adams, Sean, Vice President, Global Agency Relations - Amobee, Inc.; *pg.* 213
Adams, Tina-Marie, Managing Director - Chicago - APCO Worldwide; *pg.* 578
Adams, Tom, Director, SQAD WebCosts - SQAD, Inc.; *pg.* 513
Adams, Travis, Vice President - Harmelin Media; *pg.* 467
Adams, Trish, President - Opinionated; *pg.* 123
Adams, Virgil, Associate Creative Director - Doner Advertising - Media Assembly; *pg.* 385
Adams, Wayne, President, Chief Executive Officer & Owner - The Adams Group; *pg.* 418
Adamski, Mark, Director, Marketing - eshots, Inc.; *pg.* 305
Adamson, Toby, Director, Strategy - PHD USA; *pg.* 505
Adamson-Jackes, Megan, Senior Copywriter - Berlin Cameron; *pg.* 38
Adamus, Eric, Supervisor, Brand Strategy - Horizon Media, Inc.; *pg.* 474
Adarraga, Valentina, Coordinator, Brand Marketing - Superfly; *pg.* 315
Adderton, Bobbi, Senior Manager, Production - Luquire George Andrews, Inc.; *pg.* 382
Addesa, Joey-lyn, Senior Partner & Managing Director, Strategic Planning - Mindshare; *pg.* 491
Addison, JC, Executive Vice President, Business Development - Mod Op; *pg.* 116
Addison, Len, Partner - Pierce Communications; *pg.* 687
Addison, Mark, President - Rocket Science; *pg.* 643
Adducci, Brian, Founding Partner & Chief Creative Officer - Capsule; *pg.* 176
Adduci, MaryBeth, Executive Creative Director

AGENCIES — PERSONNEL

- Golin; pg. 609
- Adelhelm, Victoria, Senior Manager, Account - Fetch; pg. 533
- Adelizzi-Schmidt, Susan, President - Suasion Communications Group; pg. 415
- Adelman, David, Chicago Office Head - Mindshare; pg. 494
- Adelman, Judy, Media Manager - Lanmark360; pg. 379
- Adelman, Kelly, Senior Vice President & Creative Director - Trailer Park; pg. 299
- Adelman, Ron, Account Director - The George P. Johnson Company; pg. 316
- Adelsberger, Kevin, Owner - Adelsberger Marketing; pg. 322
- Adelsberger, Renae, Content Creator - Adelsberger Marketing; pg. 322
- Adelson, Robyn, Executive Vice President, Strategy & Creative - Weber Shandwick; pg. 662
- Adelson-Yan, Jeff, Co-Founder & President - Levelwing Media, LLC; pg. 245
- Adeyemo, Adebayo, Associate Director - VaynerMedia; pg. 689
- Adiletti, Lauren, Account Executive - Leverage Marketing Group; pg. 99
- Adin, Chiara, Founding Partner & Chief Creative Officer - NA Collective, LLC; pg. 312
- Adkins, Donny, Director, Digital Media & Interactive - Fred Agency; pg. 360
- Adkins, Doug, Chief Creative Officer & Vice President - Hunt Adkins; pg. 372
- Adkins, Fred, President & Chief Creative Officer - Fred Agency; pg. 360
- Adkins, Jeff, President & Chief Executive Officer - Energy BBDO, Inc.; pg. 355
- Adkins, Mark, Creative Director - Echo Delta; pg. 353
- Adkins, Sarah, Vice President, Operations - Edelman; pg. 599
- Adkins, Tim, Manager, Human Resource - Campbell Marketing and Communications; pg. 339
- Adkisson, Katie, Partner - Reed Public Relations; pg. 642
- Adkisson, Nathan, Director, Strategy & Associate Creative Director - Local Projects; pg. 190
- Adler, Hope, Management Consultant - Concepts, Inc.; pg. 592
- Adler, Marc, Chairman & Founder - Macquarium, Inc.; pg. 247
- Adler, Marissa, Director, Business - Velocity OMC; pg. 158
- Adler, Megan, Account Coordinator - Team One; pg. 418
- Adler, Nicholas, Vice President, Business Development - Cashmere Agency; pg. 48
- Adler, Ross, Assistant Digital Media Planner - Cage Point; pg. 457
- Adler, Sara, Lead Director, Client Strategy - The Trade Desk; pg. 519
- Adler, Scott, Vice President, Account Director - Hill Holliday; pg. 85
- Adler, Susannah, Director, Content & Writer - Boca Communications; pg. 585
- Adler Kerekes, Joy, Producer - Mother NY; pg. 118
- Adolfo, Raig, Chief Strategy Officer - 360i, LLC; pg. 320
- Adolph, Michael, Senior Partner & Creative Director - FleishmanHillard; pg. 605
- Adolphson, Kate, Agency Producer - Sparkloft Media; pg. 688
- Adonis, Shawnette, Associate Communications Director - Generator Media + Analytics; pg. 466
- Adoremos-Steinwald, Arlene, Executive Producer - Havas Formulatin; pg. 612

- Adrian, David, President - Adrian & Associates; pg. 575
- Adrian, Nicole, Head, Public Relations - Bader Rutter & Associates, Inc.; pg. 328
- Adriance, Oliver, Senior Copywriter - Saatchi & Saatchi Wellness; pg. 137
- Aduba, Chioma, Executive Account Director - McCann New York; pg. 108
- Adzentoivich, Nancy, Vice President, Search & Social Media - Canvas Worldwide; pg. 458
- Aebersold, Amy, Chief Operating Officer - Mediaura; pg. 250
- Aebersold, Andrew, Founder & Chief Executive Officer - Mediaura; pg. 250
- Aeschbach, Jared, Account Director - GMR Marketing; pg. 306
- Affleck, George, Chief Executive Officer & President - Curve Communications; pg. 347
- Afflixio, Matthew, President - Access Brand Communications; pg. 574
- Afflixio, Meredith, Senior Manager, Paid Search - Universal McCann; pg. 521
- Afifi, Azadeh, Associate Director, Creative - Decca Design; pg. 349
- Afzal, David, Vice President, Product - Reprise Digital; pg. 676
- Agacki, Dawn, Chief Operating Officer & Vice President - Boelter & Lincoln, Inc.; pg. 41
- Agans, Liz, Senior Art Director - Big Spaceship; pg. 455
- Agapov, Masha, Creative Director - Zehner; pg. 277
- Agar, Jason, Vice President, Digital Production - Colour; pg. 343
- Agas, Urania, Chief Client Officer - MediaCom Canada; pg. 489
- Agbaere, Anthony, Associate Director, Content - Spark Foundry; pg. 510
- Agboyani, Nick, Group Account Supervisor - Cambridge BioMarketing; pg. 46
- Agbuya, Gerardo, Senior Art Director - MUH-TAY-ZIK / HOF-FER; pg. 119
- Agee, Ryan, Associate Director, Shopper Marketing - Mindshare; pg. 494
- Agers, Carl, Executive Vice President, Strategy - Hero Digital; pg. 238
- Agganis, Steve, President - Mindstream Interactive; pg. 250
- Aggarwal, Anil, Chief Executive Officer - Milestone Internet Marketing; pg. 250
- Aggarwal, Benu, Founder & President - Milestone Internet Marketing; pg. 250
- Aggas, Molly, Senior Account Manager - The Bradford Group; pg. 148
- Aggazio, Augie, Vice President, Interactive Technology - Pipitone Group; pg. 195
- Aglar, David, Executive Vice President, Platform Strategy & Business Development - Weber Shandwick; pg. 660
- Agliardo, Peter, Executive Vice President & Creative Director - DDB Health; pg. 59
- Agnew, Kelsey, Vice President, Strategy & Operations - Vert Mobile LLC; pg. 274
- Agnew, Michelle, Group Account Director - Saatchi & Saatchi Dallas; pg. 136
- Agosta, Lindsay, Account Manager - Goodby, Silverstein & Partners; pg. 77
- Agostinelli, Dan, Director, Web & Interactive Services - Klunk & Millan Advertising; pg. 95
- Agostini, Olivier, Director, Creative Content - Rosewood Creative; pg. 134
- Agrawal, Shalini, Director, Integrated Media - 360i, LLC; pg. 320
- Agresta, Stephanie, Senior Vice President, Client Service & Business Development - DiGennaro Communications; pg. 597
- Aguayo, Berto, Senior Producer, Creative - Madwell; pg. 13
- Agugliaro, Marisa, Social Media Manager - The Sunflower Group; pg. 317

- Aguiar, Debbie, Executive Vice President & Managing Director - Eventus Marketing; pg. 540
- Aguiar, Rachel, Director, Marketing - Resolution Media; pg. 676
- Aguilan, Luis, Vice President, Finance & Operations - Aeffect, Inc.; pg. 441
- Aguilar, Adolfo, Chairman & Chief Executive Officer - Creative Civilization - An Aguilar / Girard Agency; pg. 561
- Aguilar, Carolina, Senior Associate, Integrated Media Planning - OMD San Francisco; pg. 501
- Aguilar, Hector, Finance Director - Saatchi & Saatchi Los Angeles; pg. 137
- Aguilar, Patricia, Managing Partner - Gameplan Creative, LLC; pg. 8
- Aguilar, Sage, Supervisor, Digital - Carat; pg. 459
- Aguilar, Vanesa, Strategy Supervisor - Blue 449; pg. 455
- Aguilera, Daniela, Director, Accounts - The Tag Experience; pg. 688
- Aguinaldo, Darwin, Broadcast Media Director - Koeppel Direct; pg. 287
- Aguinaldo, Daryll, Media Buyer - Icon Media Direct; pg. 476
- Aguirre, John-Paul, Executive Vice President, Co-Managing Director & Global Managing Partner - Universal McCann; pg. 428
- Aguirre, Jose, Director & Senior Editor - MWWPR; pg. 631
- Aguirre, Mario, Vice President & Director, Media - Digitas; pg. 226
- Aguirre Jr., Benjamin, Head, Client Business - Starcom Worldwide; pg. 513
- Agunobi, Gordon, Associate Media Director - OMD; pg. 500
- Agurto, Monica, Senior Media Buyer - VSBrooks; pg. 429
- Ahearn, Greg, President & Chief Strategy Officer - Davis Elen Advertising; pg. 58
- Ahearn, Robert, Founder, Owner, & Managing Director - JUMBOshrimp Advertising; pg. 93
- Ahearn, Shannon, Group Account Director - OMD; pg. 498
- Ahene, Nii, Chief Operating Officer & Co-Founder - CPC Strategy; pg. 672
- Ahern, Daniel, Senior Copywriter - ROKKAN, LLC; pg. 264
- Ahern, Nora, Managing Director - Noise Digital; pg. 254
- Ahle, Diane, Account Executive & Director, Recruitment Advertising - Linett & Harrison; pg. 100
- Ahluwalia, Anisha, Executive Vice President, Client Experience - Weber Shandwick; pg. 660
- Ahmad, Sabeen, Senior Vice President & Director, Global Strategy - Publicis North America; pg. 399
- Ahmad, Tahir, Senior Vice President & Head of Strategy - Leo Burnett Toronto; pg. 97
- Ahmad, Zaman, Specialist, Digital Media - Reshift Media; pg. 687
- Ahmed, Aleda, Studio Director - Marketing General, Inc.; pg. 288
- Ahmed, Azher, Chief Digital Officer & Executive Vice President - DDB U.S. - DDB Chicago; pg. 59
- Ahmed, Imran, Associate Director, Marketing Sciences - PHD USA; pg. 505
- Ahmed, Jan, Strategy Manager - Spark Foundry; pg. 508
- Ahmed, Luna, President - ILM Services; pg. 241
- Ahn, Rose, Vice President, Investments & Partnerships - Publicis North America; pg. 399
- Ahn, Sophia, Manager, Content & Marketing - Wolff Olins; pg. 21

695

PERSONNEL   AGENCIES

Ahn, Stephen, Communications Planner - MediaCom; *pg.* 487
Ahrens, Frank, Vice President, Public Relations - BGR Group; *pg.* 583
Ahrens, Greg, Vice President & Co, Creative Director - SKAR Advertising; *pg.* 265
Ahrens, Laurie, Creative Director - Momentum Worldwide; *pg.* 568
Ahuja, Parkash, President & Chief Executive Officer - Crescendo; *pg.* 55
Ahuja, Xavier, Managing Director, Business Strategy & Operations - Crescendo; *pg.* 55
Ahumada, Katherine, Associate Director, Integrated Media - OMD; *pg.* 498
Ai, Bob, Managing Director - Solebury Trout; *pg.* 648
Aiello, Kim, Executive Vice President, Operations - ITM Newspaper Media Planning & Buying; *pg.* 480
Aiello, Kimberly, Executive Vice President & Managing Partner, Brand Strategy - Horizon Media, Inc.; *pg.* 474
Aiello, Mike, Senior Vice President, Managing Director, Shared Services - Horizon Media, Inc.; *pg.* 474
Aiello Lippert, Marie, Group Vice President, Operations & Technology Services - CRM - Zeta Interactive; *pg.* 277
Aiken, Chad, Social Media Consultant - JumpCrew; *pg.* 93
Aiken, Jamey, Strategy Director - Sid Lee; *pg.* 140
Ailey, Alice, Vice President, Account Services - The Johnson Group; *pg.* 420
Ailts, Lauren, Associate Director, Planning - Carat; *pg.* 459
Aime, Hannah, Digital Marketing Specialist - Acumium, LLC; *pg.* 210
Aimette, Michael, Executive Creative Director - FCB New York; *pg.* 357
Ainsburg, Carol, Director, Studio Services - Media Logic; *pg.* 288
Ainsworth, Katie, Executive Creative Director - Cossette Media; *pg.* 345
Aires, Darren, Owner - Above All Advertising; *pg.* 549
Aires, Gary, Chief Executive Officer - Above All Advertising; *pg.* 549
Aitken, Brian, Managing Director, & Head, Paid Media & Analytics - JPL; *pg.* 378
Aitken, Casey, Creative Director - JWT INSIDE; *pg.* 667
Aitken, Stuart, Chief Executive Officer - 84.51; *pg.* 441
Aiu, Cashman, Digital Media Planner - Horizon Media, Inc.; *pg.* 474
Aiuto, Stephanie, Associate Director, Marketing Science - Mindshare; *pg.* 491
Aja, Norberto, Managing Director - JCIR; *pg.* 617
Ajlouny, Robert, Associate Director, Media Operations - GTB; *pg.* 367
Akagi, Doug, Principal - Alterpop.com; *pg.* 172
Akao, Laide, Account Supervisor - The Narrative Group; *pg.* 654
Akao, Sayo, Social Media Coordinator - Commit Agency; *pg.* 343
Akar, Deniz, Vice President, Group Partner, Business Analytics Engine - Coca Cola Studio - Universal McCann; *pg.* 521
Akatsu, Osamu, Senior Designer - AKQA; *pg.* 212
Akay, Dilara, Planner, Digital Investments - Havas Media Group; *pg.* 468
Akens, Brittany, Vice President, Client Services - Brandstyle Communications; *pg.* 585
Akerlof, Will, President & Chief Executive Officer - Liquid Advertising, Inc.; *pg.* 100
Akers, Ashlee, Partner & Vice President, Client Services - Verdin; *pg.* 21
Akers, Thomas, Media Planner - HealixGlobal; *pg.* 471
Akhbari, James, Vice President & Digital Media Director - Havas Health & You; *pg.* 82
Akhgar, Mir, Vice President, Client Services - dentsu X; *pg.* 61
Akin, Trevor, Director, Art - ADsmith Communications, Inc.; *pg.* 28
Akine, Sara, Account Executive - Matrix Advertising Associates, Inc.; *pg.* 107
Akins, Darrell, Chairman & Chief Executive Officer - Akins Public Strategies; *pg.* 575
Akizian, Peter, Account Director - Icon Media Direct; *pg.* 476
Akong, Antoinette, Supervisor, Strategy - Zenith Media; *pg.* 529
Akridge, Maria, Vice President, Finance - Mastermind Marketing; *pg.* 248
Aksman, Robert, Co-Founder & Chief Experience Officer - Brightline; *pg.* 219
Akuamoah, Julianna, Senior Vice President, Human Resources - Arnold Worldwide; *pg.* 33
Al-Amir, Nadia, Senior Managing Partner - Wagstaff Worldwide; *pg.* 659
Al-Kadiri, Zu, Executive Producer - North America - The Mill; *pg.* 152
Al-Marhoon, Kathleen, Head, Public Relations - Bailey Lauerman; *pg.* 35
Alam, Sasvi, Account Supervisor - Leo Burnett Worldwide; *pg.* 98
Alamo, Aaron, Director, Creative - Arnold Worldwide; *pg.* 34
Alanis, Rod, Vice President, Strategy - dentsu X; *pg.* 61
Alarcon, Sigvard, Director of Paid Media and Analytics - Praytell; *pg.* 258
Alario, Jessica, Executive Vice President, Public Relations - Zozimus Agency; *pg.* 665
Alatorre, Sean, Creative Director & Partner - Neuron Syndicate; *pg.* 120
Alauddin Small, Maria, Manager, Strategic Partnerships - Adpearance; *pg.* 671
Alaverdian, Natalie, Communications Designer - Initiative; *pg.* 478
Alavi, Jeremiah, Associate Media Director - Initiative; *pg.* 478
Alba, Lori, Vice President, Marketing - BrandMuscle; *pg.* 337
Albaitis, Aris, Technology Lead - DG Communications Group; *pg.* 351
Albalancy, Dana, Manager, Marketing & Business Development - 21 Marketing; *pg.* 301
Albanese, Angie, Supervisor, Accounting - Bandy Carroll Hellige; *pg.* 36
Albanese, Garrett, Vice President, Corporate Marketing - Triad Retail Media; *pg.* 272
Albanese, Katia, Consultant, Strategic Communications & Program Manager - Concepts, Inc.; *pg.* 592
Albanese, Mary, Senior Project Manager - Dell Blue; *pg.* 60
Albanese, Paul, Managing Director, Broadcast Production - David&Goliath; *pg.* 57
Albani, Edoardo, Account Director - Juniper Park\ TBWA; *pg.* 93
Albania, Al, President - Acart Communications, Inc.; *pg.* 322
Albano, Gina, Associate, Digital Partnerships - Initiative; *pg.* 477
Albano, James, Supervisor, National Video Investment - Zenith Media; *pg.* 529
Albano, Rick, Chief Creative Officer - Swift; *pg.* 145
Albano, Rose, Media Planner - EightBar, TeamIBM Media - GroupM; *pg.* 466
Albarran, Letty, Executive Vice President & Executive Creative Director, Copy - Havas Health & You; *pg.* 82
Albee, Doyle, President - MAPR; *pg.* 624

Albee, Drew, Account Coordinator, Copy Specialist - MAPR; *pg.* 624
Alber, Christine, Vice President, Finance - Internet Marketing Ninjas; *pg.* 242
Alber-Glanstaetten, Virginia, Brand Strategy Head - MRY; *pg.* 252
Alber-Glanstaetten, Virginia, Head, Brand Strategy - Moxie; *pg.* 251
Albers, Shelby, Senior Manager, Strategy - Universal McCann Detroit; *pg.* 524
Albert, Jill, President - Direct Results; *pg.* 63
Albert, Joe, Art Director - Wieden + Kennedy; *pg.* 430
Albert, John, Chief Business Development Officer & Senior Account Executive - Herrmann Advertising Design; *pg.* 186
Albert, Josh, Vice President, Business Development - Godfrey; *pg.* 8
Albert, Matt, Art Director - MLT Creative; *pg.* 116
Albert, Peter, Director, Operations - Direct Results; *pg.* 63
Alberti, Adam, Managing Partner - Singer Associates; *pg.* 647
Alberti, Bill, Chief Client Officer - C Space; *pg.* 443
Alberti, Chris, Senior Producer - Derse, Inc.; *pg.* 304
Alberti, Jane Marie, Creative Services Operations Director - Derse, Inc.; *pg.* 304
Alberti, Tracy, Account Manager - SourceLink, LLC; *pg.* 292
Alberts, Brendan, Vice President, Search Media - 360i, LLC; *pg.* 320
Alberts, Brendan, Vice President, Search Lead - 360i, LLC; *pg.* 208
Alberts, Michael, Vice President, Management Supervisor - J.T. Mega, Inc.; *pg.* 91
Alberts, Roxanne, Account Executive- Customer Retention Marketing - Jaguar & Land Rover - Spark44; *pg.* 411
Alberty, Matthew, Vice President, Digital Services - Adcetera; *pg.* 27
Albinus, Stig, Senior Director, Health Care Practice - APCO Worldwide; *pg.* 578
Alblas, Andrew, Art Director - Rethink Communications, Inc.; *pg.* 133
Albrecht, Kevin, Brand Strategist - barrettSF; *pg.* 36
Albright, Betsy, Head, Accounts - Iris; *pg.* 376
Albright Rinaldi, Elizabeth, Vice President & Managing Director, National Audio - Horizon Media, Inc.; *pg.* 474
Albu, Julia, Head, Creative Integration - Droga5; *pg.* 64
Albujar, Jonathan, Supervisor, Digital Investment & Strategy - The Media Kitchen; *pg.* 519
Alcantara, Jennifer, Vice President, Integrated Planning - 360i, LLC; *pg.* 208
Alcarez, Ted, Executive Director, People & Culture - FIG; *pg.* 73
Alcazar, Carlos, Managing Partner - Culture ONE World; *pg.* 539
Alcock, Bruce, Creative Director & Owner - Global Mechanic; *pg.* 466
Alcock, Caroline, Associate Media Director - Kelly, Scott & Madison, Inc.; *pg.* 482
Alcone, Matt, Chairman - Alcone Marketing Group; *pg.* 565
Alcordo, Bethany, Paid Social Manager & Strategist - SwellShark; *pg.* 518
Alcott, Jen, Senior Director, Client Services - Ovative Group; *pg.* 256
Ald, Greg, Vice President & Manager, National Sales - Intersection; *pg.* 553
Aldax, Mike, Senior Account Executive - Singer Associates; *pg.* 647

AGENCIES   PERSONNEL

Alday, Mike, President & Owner - Alday Communications; pg. 576
Alderman, John, Chief Operating Officer - SocialCode; pg. 688
Alderman, Sara, Manager, Display - iProspect; pg. 674
Alderman, Steve, Senior Manager, Public Relations - Godwin Group; pg. 364
Alders, Katherine, Brand Manager - Pereira & O'Dell; pg. 256
Alderson, Molly, Business Development Manager - DNA Seattle; pg. 180
Aldoroty, Haley, Account Manager - MiNY; pg. 115
Aldrich, Al, Senior Vice President - Strategies 360; pg. 650
Aldrich, Andrew, Vice President, Public Relations - Bonnie Heneson Communications, Inc.; pg. 585
Aldrich, Danielle, President, West Coast - Crispin Porter + Bogusky; pg. 346
Aldrich, Doug, Specialist, Digital Marketing - Jagged Peak; pg. 91
Aldrich, Eric, Director, Client Service - J.R. Thompson Company; pg. 91
Aldrich, Wendy, Executive Vice President & Managing Partner - Universal McCann; pg. 524
Aldridge, Gabe, Innovation Group Head & Co-Founder - The SuperGroup; pg. 270
Aldridge, Jared, Associate Director - Wavemaker; pg. 529
Aldridge, Lee, Creative Director - Spark44; pg. 411
Aldridge, Mary Ann, Counsel - Gard Communications; pg. 75
Aldridge, Todd, Senior Vice President & Creative Director - Luquire George Andrews, Inc.; pg. 382
Alegria, Abraham, Group Director, Media - Mediasmith, Inc.; pg. 490
Alejos Oliver, Danielli, Senior Strategic Planner - TracyLocke; pg. 426
Aleksic, Nadya, Media Supervisor - OMD West; pg. 502
Aleman, Allyson, Senior Vice President, Qualitative Research - Insight Strategy Group; pg. 445
Aleman, Ileana, Chief Creative Officer - BKV; pg. 334
Alers, Ian, Supervisor, Business Solutions - Horizon Media, Inc.; pg. 474
Alesi, Norman, Chief Financial Officer & Chief Operating Officer - Lyons Consulting Group; pg. 247
Alessandra, Jessica, Supervisor, Integrated Publishing Investment - Havas Media Group; pg. 468
Alex, Max, Senior Director, Strategic & Creative Development - Magnet Media, Inc.; pg. 247
Alexa, Leilani, Associate Director, Media Planning & Placement - Glover Park Group; pg. 608
Alexander, Alan, Manager - Markstein; pg. 625
Alexander, Amy, Associate, Digital Investment - Wavemaker; pg. 526
Alexander, Andy, Principal, Brand Management - The Richards Group, Inc.; pg. 422
Alexander, Brett, Senior Vice President & Executive Producer - The Martin Agency; pg. 421
Alexander, Bryan, Producer, Digital & Media - Saatchi & Saatchi X; pg. 682
Alexander, Caitlin, Art Director - Wieden + Kennedy; pg. 430
Alexander, Craig, President - Gumas Advertising; pg. 368
Alexander, Crystal, Controller - MVP Collaborative, Inc.; pg. 312
Alexander, Eric, Co-Founder & Chief Strategy Officer - madandwall; pg. 102
Alexander, Isaac, Principal - Eric Rob & Isaac; pg. 68
Alexander, James, Chief Technology Officer - Shift Digital; pg. 265
Alexander, Jody, Vice President, Client Satisfaction - LaneTerralever; pg. 245
Alexander, Joelle, Social Media Specialist - CLM Marketing & Advertising; pg. 342
Alexander, Julia, Media Manager, Strategy - Wavemaker; pg. 529
Alexander, Lisa, President - Alexander Advertising, Inc.; pg. 324
Alexander, Megan, Account Supervisor - Gotham, Inc.; pg. 77
Alexander, Micah, Senior Art Director - Propac; pg. 682
Alexander, Nathan, Associate Media Director, Local Media Services - RPA; pg. 134
Alexander, Rod, Senior Account Manager - Alling Henning & Associates; pg. 30
Alexander, Scott, Senior Account Director- Orange 142 - Orange142; pg. 255
Alexander, Tiffany, Vice President & Account Director - Energy BBDO, Inc.; pg. 355
Alexander, Timothy, Director, Digital Operations - MDG Advertising; pg. 484
Alexander, Toni, President & Creative Director - InterCommunications, Inc.; pg. 375
Alfano, Andrea, Chief Operating Officer - H&L Partners; pg. 80
Alfano, Melissa, Senior Account Executive - Ogilvy Montreal; pg. 394
Alfano, Neal, Creative Director & Account Manager - Miles Media Group, LLP; pg. 387
Alfano-Maidman, Marisa, Managing Director, Client Leadership - Mindshare; pg. 491
Alfaro, Robert, Junior Graphic Designer - Gilbreath Communications, Inc.; pg. 541
Alfieri, Mark, Founder, Chief Executive Officer & Executive Producer - BrandStar; pg. 337
Alfieri, Paul, Chief Marketing Officer - Cadent Network; pg. 280
Alfis, Sally, Vice President - Spirits & Wine - Lifestyle - M Booth & Associates, Inc.; pg. 624
Alfonso, Carlos, Associate Account Executive - fluent360; pg. 540
Alfonzo, John, Senior Account Manager - fluent360; pg. 540
Alford, Briana, Account Executive - Moxie Communications Group; pg. 628
Alfredson, Austin, Senior Media Planner - Allen & Gerritsen; pg. 29
Algaier, Ryan, Group Account Director - GS&F; pg. 367
Algayer, Kurt, Vice President, Operations - Lanmark360; pg. 379
Alger, Jay, Partner & Managing Director - Deepend New York; pg. 224
Alger, Jonathan, Partner - C&G Partners, LLC; pg. 176
Alguero, Andre, Managing Director - Deloitte Digital; pg. 224
Alhart, Jon, Managing Partner, Digital - Dixon Schwabl Advertising; pg. 351
Ali, Ashraf, Senior Associate, Paid Search - iProspect; pg. 674
Ali, Jamal, Associate Director, Account - McDonald's - Burrell Communications Group, Inc.; pg. 45
Ali, Kazim, Strategy Director - Formative; pg. 235
Ali, Melissa, Media Planner - Posterscope U.S.A.; pg. 556
Ali, Nick, Principal - Denmark - The Agency; pg. 61
Ali, Tony, President & Chief Executive Officer - The frank Agency, Inc.; pg. 150
Alice Snowden, Mary, Account Director - Archer Malmo; pg. 32
Alicea, Linda, Director, Client Strategy & Lead Consultant - Varick Media Management; pg. 274
Alickaj, Diana, Director, Strategic Communications - Huge, Inc.; pg. 239
Alie, Marilyn, Account Director, Strategy - Touchel; pg. 520
Alija, Carlos, Group Creative Director - Anomaly; pg. 325
Aling, Sharon, Associate Director - Starcom Worldwide; pg. 513
Alison, Dashiell, Strategy Director - COLLINS:; pg. 177
Alison, Mark, Senior Advisor - Alison South Marketing Group; pg. 324
Alison, Tom, Managing Director - Vincodo LLC; pg. 274
Alito, Laura, Vice President - Ketchum; pg. 542
Alkonis, Jennifer, Associate Media Director - RPA; pg. 135
Allaire, Robert, Vice President & Partner - Universal McCann; pg. 521
Allam, Hayley, Global Planning Director & Managing Partner - Team Facebook - Mindshare; pg. 495
Allamby, Nastassia, Account Director - Sid Lee; pg. 141
Allan, David, Senior Vice President, Investor Relations - Ketchum; pg. 542
Allan, Tina, Managing Director, Data Solutions - BBDO Worldwide; pg. 331
Allard, Hilary, Executive Vice President, Public Relations - The Castle Group, Inc.; pg. 652
Allebach, Jamie, Chief Executive Officer & Chief Creative Officer - Allebach Communications; pg. 29
Allebach, Tammy, Vice President & Director, New Opportunities - Allebach Communications; pg. 29
Alleger, Gregory, Director, Digital Media - Branded Entertainment Network, Inc.; pg. 297
Allegrezza, Jason, Finance Manager - Regan Communications Group; pg. 642
Allegri, Nick, Group Director,Creative - VMLY&R; pg. 274
Allehoff, Susan, Senior Manager, Account & Client Service - Bounteous; pg. 218
Allen, Alexander, Senior Copywriter - David; pg. 57
Allen, Amy, Chief Legal Counsel & Executive Vice President, Human Resources - Barkley; pg. 329
Allen, Andrea, Vice President, Production - Definition 6; pg. 224
Allen, Ben, Managing Director - Hone Agency - DCG ONE; pg. 58
Allen, Bradley, Account Director - Droga5; pg. 64
Allen, Brandi, Director, Creative & Marketing - Clear Channel Outdoor; pg. 551
Allen, Carly, Senior Producer - Observatory Marketing; pg. 122
Allen, Chris, Creative Director - Huge, Inc.; pg. 240
Allen, Courtney, Vice President, Digital Marketing - Rogers & Cowan/PMK*BNC; pg. 643
Allen, Craig, Founder & Chief Creative Officer - Callen; pg. 46
Allen, Cristi, Director, Marketing & Media - Decision Analyst, Inc.; pg. 539
Allen, Dave, Director, Artist Advocacy - North Music - North; pg. 121
Allen, Dave, Brand Management Principal - The Richards Group, Inc.; pg. 422
Allen, Deni, Vice President, Business

697

PERSONNEL — AGENCIES

Development - Manifest; pg. 248
Allen, Diane, President & Business Manager - Diane Allen & Associates; pg. 597
Allen, Donetta, Partner - Hunter Public Relations; pg. 614
Allen, Emlyn, Creative Director - Hudson Rouge; pg. 371
Allen, Hadley, Creative Coordinator - mcgarrybowen; pg. 109
Allen, Heather, Director, Marketing & Development - Belle Communication; pg. 582
Allen, James, Vice President, Strategy Director & Head, Product - Carat; pg. 459
Allen, Jamie, Chief Operating Officer - Texas Creative; pg. 201
Allen, Jeff, President - Hanapin Marketing; pg. 237
Allen, Jocelyn, Co-Founder & Chief Executive Officer - The Allen Lewis Agency, LLC; pg. 148
Allen, Josh, Senior Director, Marketing - Location3 Media; pg. 246
Allen, Josh, Vice President, Media Operations - Callan Advertising Company; pg. 457
Allen, Juliana, Senior Vice President - March Communications; pg. 625
Allen, Justin, Creative Director, Web - Innis Maggiore Group; pg. 375
Allen, Kim, Managing Partner, Communications - Dixon Schwabl Advertising; pg. 351
Allen, Kristie, Group Head, Brand Management - Richards/Lerma; pg. 545
Allen, Kyle, Partner & Global Media Director - 9thWonder Agency; pg. 453
Allen, Lucy, US Chairman, Technology Sector - Edelman; pg. 601
Allen, Marcie, President - MAC Presents; pg. 298
Allen, Marcus, Partner - Englander Knabe & Allen; pg. 602
Allen, Marissa, Vice President, Strategy - Wpromote; pg. 678
Allen, Millicent, Account Coordinator - Witz Communications, Inc.; pg. 663
Allen, Noelle, Media Manager - Harmelin Media; pg. 467
Allen, Paul, Chairman & Founder - Allen & Gerritsen; pg. 29
Allen, Paula, Manager, Content Marketing & Documentation - Bruce Clay, Inc.; pg. 672
Allen, Scott, Creative Director - partners + napier; pg. 125
Allen, Seth, Director, Trade Show - Dunn&Co; pg. 353
Allen, Skeek, Vice President & Creative Director - Ad Partners, Inc.; pg. 26
Allen, Stacia, Client Services Director - GreenRubino; pg. 365
Allen, Sydney, Associate Director - Starcom Worldwide; pg. 513
Allen, Tim, Analyst, SEO & Content Creator - Traffic Digital Agency; pg. 271
Allen, Todd, President & Executive Creative Director - Todd Allen Design; pg. 202
Allen, Vanessa, Group Account Director - Location3 Media; pg. 246
Allen, Vaughn, Group Strategy Director - Barkley Boulder; pg. 36
Allen, Zach, Senior Director, Business Development - Sapper Consulting, LLC; pg. 291
Allende, Davelle, Senior Manager, Digital Media & Manager, Business Development - Oxford Communications; pg. 395
Aller, Matt, Co-Founder, Partner & Creative Director - BrandHive; pg. 336
Alles, A.J., Associate Media Director - Carat; pg. 461
Alles, Lina, Chief Trading Officer - Mindshare; pg. 495
Alles, Ward, President - Core Creative; pg. 344

Alletson, Megan, Account Supervisor - Finn Partners; pg. 603
Allex, Smita, Director, Media - Publicis.Sapient; pg. 259
Alley, Nancy, Executive Vice President & Chief Talent Officer - Deutsch, Inc.; pg. 350
Alley, Olivia, Associate Communications Planner - Duncan Channon; pg. 66
Allick, Katrina, Coordinator, Production - YARD; pg. 435
Allie, Dillon, Vice President, Client Services - HDMZ; pg. 83
Allinson, Rachel, Senior Vice President & Creative Director - Meyocks Group; pg. 387
Alliott, Sarah Jane, Vice President & Account Director, National Audio Broadcast - Havas Media Group; pg. 468
Allison, Ben, Account Director - Team One; pg. 418
Allison, Jerri, Senior Art Director - Hodges Associates; pg. 86
Allison, Jim, President & Chief Executive Officer - AH&M Marketing Communications; pg. 575
Allison, Kate, Chief Executive Officer - Karma Agency; pg. 618
Allison, Lisa, Senior Vice President & Director, Local Broadcast Investments - Blue 449; pg. 456
Allison, Regan, Media Supervisor - Trilia ; pg. 521
Allison, Scott, Owner, Chief Executive Officer & President - Allison+Partners; pg. 576
Allison Lurie, Shaina, Supervisor, Digital Media - Boathouse Group, Inc.; pg. 40
Allman, Oksana, Director, Content Strategy - Gartner, Inc.; pg. 236
Allmond, Wayne, Owner & Chief Financial Officer - Ash-Allmond Associates; pg. 566
Allocca, Lisa, Co-Founder & Partner - Red Javelin Communications, Inc.; pg. 642
Allozi, Hannah, Associate Creative Director - Point to Point; pg. 129
Allport, Christie, Vice President, Global Communications - Huge, Inc.; pg. 239
Allread, Jill, Chief Executive Officer & President - Public Communications, Inc. ; pg. 639
Allred, David, Principal & Managing Director, Operations - Stamp Ideas Group, LLC; pg. 144
Allsman, Erin, Managing Director - Brownstein Group, Inc.; pg. 44
Allspaugh, Hugh, Senior Vice President & Associate Partner, Marketing Strategy & Brand - VSA Partners, Inc. ; pg. 204
Almada, Daniel, Vice President, Group Account Director - M8; pg. 542
Alman, Lee, Executive Vice President & Practice Lead, Reputation - Edelman; pg. 601
Almeida, Adriano, Head, Creative Services & Strategy - Kubik; pg. 309
Almeida, Kevin, Vice President, Marketing - Creative Digital Agency; pg. 222
Almeida, Olsen, Senior Art Director - MDG Advertising; pg. 484
Almirall, Nat, Paid Media Manger - Logical Media Group; pg. 247
Almonroeder, Kimberly, Vice President & Group Account Director - McCann Erickson - Universal McCann Detroit; pg. 524
Alney, Duncan, Chief Executive Officer - Firebelly Marketing; pg. 685
Aloise, Fernando, Director, Strategy - Cossette Media; pg. 345
Aloise, Frank, Co-Founder - The Turn Lab Inc.; pg. 425
Alon, Patricia, Associate Media Director - MediaCom; pg. 487

Alonso, Jorge, Partner & Creative Director - Reality2; pg. 403
Alonzo, Michelle, Principal, Owner & Co-Founder - Kinetic Channel Marketing; pg. 95
Alosco, Annalisa, Associate Director, Media Operations - 360i, LLC; pg. 320
Alozy, Stephane, Vice President & Digital Business Lead - Cossette Media; pg. 345
Alpen, Jeff, Managing Director, Branding & Experience - U.S - Sid Lee; pg. 141
Alper, Dave, Vice President, Analytics - FCB Chicago; pg. 71
Alper, Keith, Chief Executive Officer - Creative Producers Group; pg. 303
Alperin, Brad, Senior Vice President & Integrated Strategy Lead - Dentsu Aegis Network; pg. 61
Alpern, Dee, Chief Operating Officer - Single Source M.A.P., Inc.; pg. 142
Alpern, Rick, Principal & President - Single Source M.A.P., Inc.; pg. 142
Alpert, Daniel, Partner, Client & Vice President - Publicis.Sapient; pg. 259
Alphonso, Kevin, Senior Media Manager, Paid Social - 360i, LLC; pg. 208
Alpian, Massimo, Director, Public Relations - OutsidePR; pg. 634
Alsante, Peter, Creative Director - BBDO Worldwide; pg. 331
Alsobrook, Brian, Senior Strategist - Nebo Agency, LLC; pg. 253
Alsobrooks, Dave, Partner - The Paragraph Project; pg. 152
Alspaugh, Stacey, Designer, Production - TriComB2B; pg. 427
Alstad, Jennifer, Co-Founder & Chief Executive Officer - B-Swing; pg. 215
Alstead, Jennifer, Vice President, Operations - Schermer; pg. 16
Alston, Chuck, Senior Vice President & Director, Public Affairs - Qorvis Communications, LLC; pg. 640
Alston, Elliot, Director, Paid Social - Mindshare; pg. 491
Alt, Patricia, Account Director - HughesLeahyKarlovic; pg. 372
Altamirano, Ellen, Social Media Manager - Zehnder Communications, Inc.; pg. 436
Altberg, Marla, President - Non-Profit Engagement Solutions Division - Ventura Associates Intl, LLC; pg. 571
Alteen, Donna, President & Chief Executive Officer - Time & Space Media; pg. 520
Altenberg, Les, President & Director, Client Services - A.L.T. Legal Professionals Marketing Group ; pg. 321
Altenbern, Chase, Sales Director - Zeta Interactive; pg. 277
Altenbernd, Dan, Chief Operating Officer & Partner - H2M; pg. 81
Alter, Karen, Principal & Owner - Borshoff; pg. 585
Alter, Kylee, Client Strategist - Empower; pg. 354
Altheide, Jeff, Chief Operating Officer - Gibbs & Soell, Inc.; pg. 607
Altieri, Marc, Co-Founder - The Brand AMP; pg. 419
Altis, David, Executive Director, Creative - VMLY&R; pg. 274
Altizer, Allie, Digital Media Buyer - USIM; pg. 525
Altland, Jason, Director, Digital Services - Gavin Advertising; pg.
Altman, Kristin, Director, Research & Brand Strategist - Moses, Inc.; pg. 118
Altman, Linda, Senior Art Director - United Landmark Associates ; pg. 157
Altman, Lisa, Senior Vice President, Public

698

AGENCIES — PERSONNEL

Relations - Jaffe PR; *pg.* 616
Altman, Shane, Creative Group Head & Art Director - The Richards Group, Inc.; *pg.* 422
Altman, Teri, Integrated Executive Producer - DDB New York; *pg.* 59
Altobar, Sheriah, Digital Producer - Isadora Agency; *pg.* 91
Altschul, David, President & Partner - Character LLC; *pg.* 5
Altshuler, Kathryn, Assistant Media Planner, Display & Programmatic - The Tombras Group; *pg.* 424
Altuner, Ebru, Manager, Integrated Planning - Initiative; *pg.* 478
Altvater, Sadie, Content Producer - Epsilon; *pg.* 283
Alvarado, Joshua, Senior Art Director - Petrol; *pg.* 127
Alvarenga, Elba, Account Supervisor, Digital, Corporate & Public Affairs - Edelman; *pg.* 599
Alvarez, Alexandria, Senior Multicultural Media Associate - Starcom Worldwide; *pg.* 513
Alvarez, Alyssa, Account Director - Cavalry; *pg.* 48
Alvarez, Denise, Project Manager - Havas Media Group; *pg.* 469
Alvarez, Frances, Vice President, Brand Management - The Beanstalk Group; *pg.* 19
Alvarez, Gene, Managing Vice President - Gartner, Inc.; *pg.* 236
Alvarez, Natasha, Account Executive - Seyferth & Associates, Inc.; *pg.* 646
Alvarez, Nerea, Senior Vice President, Organizational Development & Human Resource - Newlink Communications Group; *pg.* 632
Alvarez, Sergio, Chief Executive Officer & Founder - Ai Media Group, LLC; *pg.* 211
Alvarez-Recio, Emilio, Vice President, Business Development & Communication - VMLY&R; *pg.* 160
Alvaro, David, Manager, Client Services - Superfly; *pg.* 315
Alvaro, Mariana, Vice President, Digital Product Management - GMR Marketing San Francisco; *pg.* 307
Alverado, Michael, Production Assistant - Gentleman Scholar; *pg.* 562
Alvey, Mala, Principal & Co-Founder - Proxy Sponsorship; *pg.* 314
Alvey, Will, Vice President, National Sales & Industrial Relations - Hargrove Inc.; *pg.* 307
Alvillar, Jordan, Account Manager - Philosophy Communication; *pg.* 636
Aly, Sherif, Media Planner - GroupeConnect - Digitas; *pg.* 227
Alyce, Ruth, Senior Director, Client Strategy - Intersection; *pg.* 553
Amabile, Alyssa, Senior Associate, Connections - Spark Foundry; *pg.* 508
Amabile, Tia, Associate, Video Investment Activation - Spark Foundry; *pg.* 508
Amack, Nate, Co-Founder & Creative Technologist - Blue Bear Creative; *pg.* 40
Amadeo, Jim, Director, Creative - Mechanica; *pg.* 13
Amador, Jorge, Associate Media Director - DWA Media; *pg.* 464
Amador, Victor, Associate Creative Director - VMLY&R; *pg.* 160
Amalfitano, Tara, Associate Director, Strategy - OMD; *pg.* 498
Aman, Lauren, Director, Communication Strategy - Spark Foundry; *pg.* 508
Amann, Josy, Managing Partner - Media Matters SF; *pg.* 485
Amantea, Mario, Partner & Chief Operating Officer - ZGM Collaborative Marketing; *pg.* 437
Amaral, Danielle, Group Executive Producer - the community; *pg.* 545
Amaria, Hooshna, Vice President, Client Services - HDMZ; *pg.* 83
Amaro, David, Vice President, Business Development - International Direct Response, Inc.; *pg.* 286
Amato, Laura, Associate, Communications Planning - Carat; *pg.* 459
Amato, Samantha, Vice President - Sanderson & Associates Ltd.; *pg.* 645
Amato, Steven, President & Chief Content Officer - Contend; *pg.* 52
Amatullah-Wali, Zakiyya, Vice President, Client Services - East - Amobee, Inc.; *pg.* 30
Amaya, Avery, Chief Revenue Officer - WebLinc, LLC; *pg.* 276
Amazeen, Jordyn, Associate, Public Relations - Walt & Company Communications; *pg.* 659
Ambos, Kate, Account Manager - Designsensory; *pg.* 62
Ambrefe, Joseph, President & Chief Executive Officer - SecurityPoint Media; *pg.* 557
Ambrose, Kelsey, Associate Director, Display Activation - Essence; *pg.* 232
Ambrose, Laura, Design Director - Work & Co; *pg.* 276
Ambrose, Leilah, Vice President & Creative Director - Edelman; *pg.* 353
Ambrose, Louis, Partner & Global Director, Digital Media - Mindshare; *pg.* 491
Ambrosino, Michael, Assistant Media Planner - MediaCom; *pg.* 487
Ambrosio, Emily, Supervisor, Account - Walrus; *pg.* 161
Ambruoso, Maria, Director, Marketing - Reed Exhibition Company; *pg.* 314
Amburgey, Larry, Finance Director - Gud Marketing; *pg.* 80
Amchin, Jana, Social Media Manager - Definition 6; *pg.* 224
Amdemichael, Semhar, Vice President, Programmatic - Media Assembly; *pg.* 484
Amdor, Tawnya, Executive Vice President - Listrak; *pg.* 246
Amelchenko, Paul, Group Creative Director - Publicis.Sapient; *pg.* 259
Amend, Myke, Design & Internet Developer - Lohre & Associates, Inc.; *pg.* 381
Amend, Sakura, Partner & Senior Vice President, Public Affairs - Finn Partners; *pg.* 603
Amende, Monte, Creative Director & Principal - TDG Communications; *pg.* 417
Amendola, Jodi, Founder & Chief Executive Officer - Amendola Communications; *pg.* 577
Amendola, Ted, President - Amendola Communications; *pg.* 577
Amenta, Kathryn, Account Executive - BPCM; *pg.* 585
Ames, Allison, President & Chief Executive Officer - The Beanstalk Group; *pg.* 19
Ames, Chris, Strategist, Creative - Emotive Brand; *pg.* 181
Ames, Jon, Strategy Director - The&Partnership; *pg.* 426
Ames, Vanessa, Senior Vice President, Client Services - Harte Hanks, Inc.; *pg.* 284
Amico, Danielle, Senior Interactive Producer - BBDO Worldwide; *pg.* 331
Amico, Nick, Director, Programmatic - Spark Foundry; *pg.* 508
Amidi, Omid, Creative Director - Johannes Leonardo; *pg.* 92
Amigh, Vanessa, Senior Account Executive - Hunter Public Relations; *pg.* 614
Amigo, Jeremy, Senior Publisher Development Manager - Undertone; *pg.* 273
Aminzadeh, Aryan, Creative Director - barrettSF; *pg.* 36
Amir, Ruth, Director, New Business & Chief Marketing Officer - Siltanen & Partners Advertising; *pg.* 410
Amirzadeh, Cheryl, Creative Director - 78Madison; *pg.* 321
Amling, Jeffrey, Chief Marketing Officer & Head, Business Development - FTI Consulting; *pg.* 606
Ammirati, Drew, Group Director, Analytics - Initiative; *pg.* 477
Ammirato, Liz, Senior Account Supervisor - Cathy Callegari Public Relations, Inc.; *pg.* 589
Ammirato, Marina, Partner & Chief Client Officer - Redscout; *pg.* 16
Amodeo, Lou, Vice President, Digital Strategy - Rise Interactive; *pg.* 264
Amon, Allison, Executive Vice President, Sales & Development - Bullitt; *pg.* 561
Amon, Coleson, Designer - Humanaut; *pg.* 87
Amon, Debi, Vice President, Client Services - Ivie & Associates, Inc.; *pg.* 91
Amonette, Jan, Senior Vice President - Caldwell VanRiper; *pg.* 46
Amor, Maria, Vice President - Havas Formulatin; *pg.* 612
Amores, Harry, Associate Vice President, Corporate - 9th Co.; *pg.* 209
Amori, Rachel, Vice President, Account Management - Media Horizons, Inc.; *pg.* 288
Amorose, Elizabeth, Senior Partner - Thinkso Creative LLC; *pg.* 155
Amoroso, John, Senior Director, Information Technology - The Trade Desk; *pg.* 519
Amoroso, Randi, Project Director - Jan Kelley Marketing; *pg.* 10
Amos, Kevin, Vice President - Performance, Marketing & Analytics - Brunner; *pg.* 44
Amoyaw, Joana, Global Media Manager, Portfolio Management - Universal McCann; *pg.* 521
Ampe, Cory, Head, Content & Account Supervisor - Jigsaw, LLC; *pg.* 377
Amper, Ellyn, Senior Buyer, Local TV - Canvas Worldwide; *pg.* 458
Amray, Muhammad, Senior Analyst, Marketing Analytics - Javelin Agency; *pg.* 286
Amrhein, Theresa, Associate Director - MediaCom; *pg.* 487
Amsbry, Mike, Founder & Chief Financial Officer - Flying A ; *pg.* 359
Amsbry, Patrick, President - Flying A ; *pg.* 359
Amschler, Carla, Vice President & Strategic Business Director - Rodgers Townsend, LLC; *pg.* 407
Amstein, Danette, Principal & Owner - Midan Marketing; *pg.* 13
Amster, Lauren, Managing Partner & Account Director - MediaCom; *pg.* 487
Amstutz, Elizabeth, Senior Vice President, Strategic Planning Insights & Operations & Director, Planning - Kelly, Scott & Madison, Inc.; *pg.* 482
Amundson, Dylan, Creation Director - Drake Cooper; *pg.* 64
Amundson, Kari, Consumer Journey Strategist - Three Deep Marketing; *pg.* 678
An, Alice, Media Director - Crossmedia; *pg.* 463
An, Kevin, Associate Director, Digital Activation - Hearts & Science; *pg.* 471
An, Suzy, Account Manager - Porter Novelli; *pg.* 637
Anagnos, Virginia, Executive Vice President - Goodman Media International, Inc.; *pg.* 610
Anapol, Michele, Director, Content - Red Banyan; *pg.* 641
Anast, Philip, Senior Account Director - Amendola Communications; *pg.* 577
Anastasi, Angela, Assistant Account Executive

PERSONNEL   AGENCIES

- FleishmanHillard; *pg.* 605
Anastasiadis, Paul, Senior Vice President - M&C Saatchi Performance; *pg.* 247
Anav, Nava, Associate Creative Director - DM.2; *pg.* 180
Anaya, Jennifer, Vice President, Marketing - North America - Ingram Micro, Inc.; *pg.* 242
Ancevic, Michael, Managing Partner & Chief Creative Officer - The Fantastical; *pg.* 150
Ancillotti, Mike, President - Latorra, Paul & McCann; *pg.* 379
Ancona, Tim, President & Chief Executive Officer - Ticomix; *pg.* 169
Ancy, Lauren, Creative Producer - HYFN; *pg.* 240
Anda, Maeden, Associate Creative Director - precisioneffect; *pg.* 129
Andal, Ryan, President & Co-Founder - Secret Location; *pg.* 563
Andell, Bethany, President - Savage Design Group; *pg.* 198
Anderle, Elke, Senior Vice President & Group Planning Director - Energy BBDO, Inc.; *pg.* 355
Anders, Andrea, Human Resource Director - Tukaiz; *pg.* 427
Anders, David, Executive Vice President, Business Development & Strategic Alliances - Javelin Agency; *pg.* 286
Anders, Faith, Associate Director, Digital Investment - OMD; *pg.* 500
Andersen, Alyssa, Senior Project Manager - SixSpeed; *pg.* 198
Andersen, Christian, Director, Interactive Media - GoConvergence; *pg.* 364
Andersen, Greg, Chief Executive Officer - Bailey Lauerman; *pg.* 35
Andersen, James, Chief Executive Officer - IWCO Direct; *pg.* 286
Andersen, Jamie, Public Relations Consultant - Bastion Elevate; *pg.* 580
Andersen, Kurt, Account Executive - Harris, Baio & McCullough; *pg.* 369
Andersen, Luke, Art Director - Mission Media, LLC; *pg.* 115
Andersen, Mark, Group Creative Director - Colle McVoy; *pg.* 343
Andersen, Will, Account Management - RDW Group ; *pg.* 403
Anderson, Aaron, Head, Business Development - Canvas Worldwide; *pg.* 458
Anderson, Alice, Media Director - Geary Interactive; *pg.* 76
Anderson, Alissa, Group Account Director - Carmichael Lynch; *pg.* 47
Anderson, Amy, Director, Operations - Global Strategies; *pg.* 673
Anderson, Amy, President & Co-Owner - Cain & Co.; *pg.* 588
Anderson, Amy, Supervisor, Local Broadcast Investment - OMD Seattle; *pg.* 502
Anderson, Ariel, Associate Media Director - Starcom Worldwide; *pg.* 513
Anderson, Ayla, Senior Director - Moore Communications Group; *pg.* 628
Anderson, Bill, Senior Project Manager - Brown Parker | DeMarinis Advertising; *pg.* 43
Anderson, Brandon, Graphic Designer - Insight Creative Group; *pg.* 89
Anderson, Brent, Creative Director - MMGY Global; *pg.* 388
Anderson, Brent, Global Chief Creative Officer - TBWA/Media Arts Lab; *pg.* 147
Anderson, Brian, Vice President - Cain & Co.; *pg.* 588
Anderson, Brian, Director, Sales - DCG ONE; *pg.* 58
Anderson, Brock, Group Account Director - Secret Weapon Marketing; *pg.* 139
Anderson, Brook, Executive Account Director - Local Projects; *pg.* 190
Anderson, Carol, Practice Leader, Corporate Communications - Exponent PR; *pg.* 602
Anderson, Cassandra, Creative Director - DDB New York; *pg.* 59
Anderson, Charlie, Chief Executive Officer - Shoptology; *pg.* 682
Anderson, Cheri, Partner & Director, Production & Creative Services - Untitled Worldwide; *pg.* 157
Anderson, Christi, Vice President, Marketing & Communications - Cannella Response Television; *pg.* 281
Anderson, Christian, Traffic Coordinator - Wilson Creative Group, Inc.; *pg.* 162
Anderson, Chuck, Chief Executive Officer - Anderson Marketing Group; *pg.* 31
Anderson, Crystal, Partner & Strategy Director - 3Headed Monster; *pg.* 23
Anderson, David, Lead Digital Designer - Chemistry Atlanta; *pg.* 50
Anderson, David, President & Chief Executive Officer - Off Madison Avenue; *pg.* 392
Anderson, David, Vice Chairman - Chernoff Newman; *pg.* 341
Anderson, Demar , Vice President, Marketing & Business Development - Allison+Partners; *pg.* 577
Anderson, Derek, Group Director, Creative - VMLY&R; *pg.* 274
Anderson, Diana, Senior Vice President & Group Director, Network & Digital Audio Activation - Carat; *pg.* 459
Anderson, Dianne, Vice President, Digital Media - Ovative Group; *pg.* 256
Anderson, Dru, Principal & Senior Vice President - Corporate Communications; *pg.* 593
Anderson, Ellie, Founder & Chief Executive Officer - Griffin Archer; *pg.* 78
Anderson, Emily, Media Supervisor - Carmichael Lynch; *pg.* 47
Anderson, Emily, Supervisor, Video Investment - Hearts & Science; *pg.* 471
Anderson, Ewan, Executive Digital Producer - TBWA \ Chiat \ Day; *pg.* 146
Anderson, Flora, Director - The Outcast Agency; *pg.* 654
Anderson, Francis, Executive Managing Director - Publicis OneTeam - Publicis North America; *pg.* 399
Anderson, George, President, Creative Services - Trailer Park; *pg.* 299
Anderson, Greg, Managing Director - Xaxis; *pg.* 276
Anderson, Hilding, Senior Director, Strategy & Consulting - Publicis.Sapient; *pg.* 259
Anderson, Ian, Partner & Director, Public Relations - Backbone Media; *pg.* 579
Anderson, Jack, Chief Executive Officer & Chairman - Sid Lee; *pg.* 140
Anderson, Jan-Eric, Chief Strategy Officer & Vice President - Callahan Creek ; *pg.* 4
Anderson, Janet, Associate Director, Business Affairs - Team One; *pg.* 417
Anderson, Jeff, Executive Creative Director - Grey Group; *pg.* 365
Anderson, Jeff, Senior Creative Director - Catalyst Marketing Design; *pg.* 340
Anderson, Jen, Vice President - VOX Global ; *pg.* 658
Anderson, Jessica, Vice President & Account Director - Havas Media Group; *pg.* 470
Anderson, Justin, Director, Client Development - Mediassociates, Inc.; *pg.* 490
Anderson, Kai, Chief Executive Officer - Cassidy & Associates; *pg.* 589
Anderson, Kate, Brand Supervisor, Engagement & Influence - Cronin; *pg.* 55
Anderson, Katie, Programmatic Media Planner - The Richards Group, Inc.; *pg.* 422
Anderson, Katie, Group Director, Client Engagement - VMLY&R; *pg.* 275
Anderson, KC, Senior Account Manager - Thesis; *pg.* 270
Anderson, Keith, Executive Creative Director & Head, Art - Ogilvy; *pg.* 393
Anderson, Keith, Senior Vice President, Strategy & Insights - Profitero; *pg.* 682
Anderson, Kelly, Senior Account Planner - Littlefield Brand Development; *pg.* 12
Anderson, Kieran, Senior Account Manager - Think Motive; *pg.* 154
Anderson, Kierston, Strategist, Marketing - Brolik Productions; *pg.* 561
Anderson, Kim, Director, Media Services - Hilton & Myers Advertising; *pg.* 86
Anderson, Kim, Account Director - Fundamental Media; *pg.* 465
Anderson, Kirsten, Senior Account Executive - The Narrative Group; *pg.* 654
Anderson, Kristyn, Associate Vice President & Chief of Staff - Rasky Baerlein Strategic Communications, Inc.; *pg.* 641
Anderson, Lauren, Senior Media Buyer - SKAR Advertising; *pg.* 265
Anderson, Libby, Planning Director - McGarrah Jessee; *pg.* 384
Anderson, Linda, Managing Partner & Owner - The Anderson Group; *pg.* 19
Anderson, Lindsey, Director, Project Management - Pereira & O'Dell; *pg.* 256
Anderson, Maddie, Associate Media Director - The Variable; *pg.* 153
Anderson, Maria, Senior Copywriter - McKee Wallwork & Company; *pg.* 385
Anderson, Mark, Media Director - Latorra, Paul & McCann; *pg.* 379
Anderson, Mark, Principal & Co-Chief Executive Officer - Stateside Associates; *pg.* 649
Anderson, Mark, Executive Creative Director - Dunn&Co; *pg.* 353
Anderson, Mary, Senior Account Executive - BCW Los Angeles; *pg.* 581
Anderson, Matthew, Chief Marketing Officer - Havas Formulatin; *pg.* 612
Anderson, Megan, Specialist, Digital Marketing - Reshift Media; *pg.* 687
Anderson, Megan, Director, Account - Bellmont Partners Public Relations; *pg.* 582
Anderson, Michele, Group Managing Director, Head, Influence & Public Relations Domain - Ogilvy Public Relations; *pg.* 633
Anderson, Mieko, Senior Interactive Designer - J.T. Mega, Inc.; *pg.* 91
Anderson, Mike, Designer - SixSpeed; *pg.* 198
Anderson, Miles, Creative Director - Horich Hector Lebow Advertising; *pg.* 87
Anderson, Perrin, Vice President & Creative Director - RPA; *pg.* 134
Anderson, Pete, Head, Content Production - PB&; *pg.* 126
Anderson, Pete, New Business Director - Project X; *pg.* 556
Anderson, Peter, Creative Director - Sid Lee; *pg.* 140
Anderson, Phil, President, Founding Principal & Managing Principal - Navigators LLC; *pg.* 632
Anderson, Rachel, Director, Art & Design - Adventure Creative; *pg.* 28
Anderson, Rich, Executive Vice President & Managing Director - Universal McCann; *pg.* 521
Anderson, Rick, Vice President & Account Executive - American Target Advertising; *pg.* 279
Anderson, Robb, Service Manager - Exhibit Affects; *pg.* 305
Anderson, Robert, Chief Executive Officer - Prisma; *pg.* 290

AGENCIES — PERSONNEL

Anderson, Ross, Chief Strategy Officer - Doublespace; *pg.* 180
Anderson, Samara, Vice President, Sales & Marketing - redpepper; *pg.* 405
Anderson, Sara, Senior Business Affairs Manager - Edelman; *pg.* 353
Anderson, Sarah, Senior Vice President, Group Account Director - 22squared Inc.; *pg.* 319
Anderson, Sarah, Executive Vice President, Client Experience - Current Lifestyle Marketing; *pg.* 594
Anderson, Scott, Chief Executive Officer - Alliance Sales & Marketing; *pg.* 30
Anderson, Shannon, Executive Vice President, Client Service - WS; *pg.* 164
Anderson, Shelby, Associate Account Executive - JWT INSIDE; *pg.* 667
Anderson, Sheldon, Creative Director - AP Ltd.; *pg.* 173
Anderson, Shelly, Chief Executive Officer - Michaels Wilder, Inc.; *pg.* 250
Anderson, Sonja, Founder & Director - Zonion Creative Group; *pg.* 21
Anderson, Staci, Creative Director & Partner - Swell, LLC; *pg.* 145
Anderson, Stacy, Vice President, Strategic Planning - Empower; *pg.* 354
Anderson, Suellen, Director, Program Management - RAPP Worldwide; *pg.* 291
Anderson, Tachelle, Digital Media Planner - Moxie; *pg.* 251
Anderson, Tami, Managing Director - Grow Marketing; *pg.* 691
Anderson, Tayler, Account Executive - The Martin Agency; *pg.* 421
Anderson, Ted, President - Anderson Advertising; *pg.* 325
Anderson, Tim, Account Manager - Amobee, Inc.; *pg.* 30
Anderson, Todd, Senior Vice President - Apollo Interactive; *pg.* 214
Anderson, Tracy, Vice President, Public Relations & Engagement Marketing - Burrell Communications Group, Inc.; *pg.* 45
Anderson, Tracy, Producer - Truth & Advertising; *pg.* 272
Anderson, Vaitari, Executive Producer - R&R Partners; *pg.* 131
Anderson, Vanessa, Vice President, Agency Operations - Brown Parker | DeMarinis Advertising; *pg.* 43
Anderson, Zachary, Associate Media Planner - Carat; *pg.* 459
Anderson Greene, Emily, Founder & Chief Creative Officer - VIVA Creative; *pg.* 160
Anderson-Brooke, Lee, Executive Vice President & Lead, Technology - West - Weber Shandwick; *pg.* 662
Andra, Kate, Vice President, Strategy - Force Marketing; *pg.* 284
Andrade, Nuno, Vice President, Strategy - Koeppel Direct; *pg.* 287
Andrade, Reymundo, Deputy Executive Creative Director - 72andSunny; *pg.* 23
Andrade, Victor, Design Director - Work & Co; *pg.* 276
Andrae, Garrett, Creative Director & Managing Principal - bld Marketing; *pg.* 334
Andraos, Patricia, Director, Integrated Marketing & Client Strategy - Debut Group; *pg.* 349
Andraos, Melissa, Digital Media Director - RPA; *pg.* 134
Andre, Anthony, Vice President, Client Strategy - Bayard Advertising Agency, Inc.; *pg.* 37
Andre, Emmanuel, Chief Talent Officer - Publicis Groupe - Publicis North America; *pg.* 399
Andreae, Eric, Art Director - Jajo, Inc.; *pg.* 91
Andreani, Daniel, Founder & Creative Lead - DO NOT DISTURB; *pg.* 63
Andreasik, Alexis, Director, Account - Lapiz; *pg.* 542
Andreev, Andrian, Media Planner, Integrated Strategy - Luxe Collective Group; *pg.* 102
Andreozzi, Alaina, Senior Account Director - Circus Maximus; *pg.* 50
Andres, Anthony, Senior Media Account Manager - Gelia Wells & Mohr; *pg.* 362
Andres, Karen, Brand Director - The Many; *pg.* 151
Andres, Kelly, Social Media Manager - Firebelly Marketing; *pg.* 685
Andreus, Rachel, Associate Director, Digital Strategy - Horizon Media, Inc.; *pg.* 474
Andrew, Caroline, Senior Vice President - Missy Farren & Associates, Ltd.; *pg.* 627
Andrew, Charles, Chief Financial Officer - Maddock Douglas; *pg.* 102
Andrew, Christopher, Managing Partner & Group Account Director - MediaCom; *pg.* 487
Andrew, Danielle, Paid Search Coordinator - Tinuiti; *pg.* 271
Andrews, Chris, Associate Director, Communications Strategy - Generator Media + Analytics; *pg.* 466
Andrews, Connie, Creative & Brand Management Coordinator - The Richards Group, Inc.; *pg.* 422
Andrews, Cristin, Controller - The James Agency (TJA); *pg.* 151
Andrews, Doug, Co-Founder & President - LAM Andrews; *pg.* 379
Andrews, Greg, Sales Manager - Listrak; *pg.* 246
Andrews, Jeff, Vice President, Client Services - Boomm Marketing & Communications; *pg.* 218
Andrews, Karen, Partner - Kassing Andrews Advertising ; *pg.* 94
Andrews, Kate, Director, Operations - Palmer Marketing; *pg.* 396
Andrews, Kathy, Director, Operations - Mod Op; *pg.* 388
Andrews, Katie, Brand & Operations Coordinator - Fortnight Collective; *pg.* 7
Andrews, Laurie, Chief Marketing Officer - Cotton & Company; *pg.* 345
Andrews, Maureen, Posting & Listing Manager - AdVision Outdoor; *pg.* 549
Andrews, Michael, Chief Financial Officer - Mission North; *pg.* 627
Andrews, Morgan, Account Manager - IMG LIVE; *pg.* 308
Andrews, Nancy, Executive Vice President & Managing Director - Echo Media Group; *pg.* 599
Andrews, Paul, Vice President, Interactive Services - ZAG Interactive; *pg.* 277
Andrews, Ruben, President & Founder - Graphic Solutions, Ltd.; *pg.* 185
Andrews, Simon, Principal - Graphic Solutions, Ltd.; *pg.* 185
Andrews, Xica, Media Director - Starcom Worldwide; *pg.* 517
Andrews-Rangel, Keisha, Senior Vice President & Executive Director - Sanders\Wingo; *pg.* 138
Andrieu, Kory, Supervisor, Creative - partners + napier; *pg.* 125
Andrist, Ryan, Digital Account Director - The Integer Group; *pg.* 682
Andros, Nadine, Account Director - Wunderman Thompson; *pg.* 434
Andross, Linda, President & Managing Partner - APEX Public Relations; *pg.* 578
Androvett, Mike, President & Chief Executive Officer - Androvett Legal Media & Marketing; *pg.* 577
Andrus, Blair, Vice President & Strategy Director - Spark Foundry; *pg.* 510
Andrus, Nick, Partner & Director, Brand Planning & Research - The Drucker Group; *pg.* 150
Andrushkiw, Christina, Vice President & Head, Operations, Senior Producer - Johnson & Johnson, Wound Care, Roc, Rogaine, J&J Bbay, Kraft - Velocity OMC; *pg.* 158
Andrusko, Emil, Senior Vice President & Managing Director - Benchworks; *pg.* 333
Andrusz, Katherine, Paid Social Analyst - Starcom Worldwide; *pg.* 517
Andry, Anthony, Marketing Executive & Content Creator - ASV Inc.; *pg.* 302
Andry, Katherine, Account Supervisor - Zehnder Communications, Inc.; *pg.* 436
Andry, Shawn, Chief Executive Officer - ASV Inc.; *pg.* 302
Anema, Alexandra, Director, Social Media - Bayard Advertising Agency, Inc.; *pg.* 37
Anfang, Kayla, Supervisor, Marketing Science - Hearts & Science; *pg.* 473
Anfinson, James, Chief Financial Officer & Vice President - ZLR Ignition; *pg.* 437
Ang, Jason, Senior Graphic Designer - Ameba Marketing; *pg.* 325
Angel, Rachael, Media Planner & Buyer - Scoppechio; *pg.* 409
Angel, Steve, Senior Vice President & Director, Strategy - CTP; *pg.* 347
Angel, Steve, Owner, Partner & Director, Animation - Head Gear Animation; *pg.* 186
Angelastro, Philip, Executive Vice President & Chief Financial Officer - Omnicom Group; *pg.* 123
Angeles, Danielle, Associate Director, Search - Mindshare; *pg.* 491
Angelini, Lauren, Senior Strategist, Media - MayoSeitz Media; *pg.* 483
Angell, Betty, Media Director - Burgess Advertising & Associates, Inc.; *pg.* 338
Angell, Julie, Senior Director, Communications - Navigate Marketing; *pg.* 253
Angell, Karen, Account Supervisor - Client Service - Sid Lee; *pg.* 140
Angellotti, Joe, Co-Founder & Managing Partner - Central Station; *pg.* 341
Angelo, David, Founder & Chairman - David&Goliath; *pg.* 57
Angelo, Vik, Account Supervisor, Growth Marketing - Fetch; *pg.* 533
Angelos, Andy, Director, Insights - Manifest; *pg.* 248
Angelovich, Michael, Chief Strategy Officer - Zimmerman Advertising; *pg.* 437
Angert, Shira, Senior Vice President - Benenson Strategy Group; *pg.* 333
Angland, Greg, Director, Media & Vice President, Client Engagement - Norbella; *pg.* 497
Anglin, Debbie, Principal & Chief Executive Officer - Anglin Public Relations; *pg.* 577
Angotti, Karol, Managing Partner - Fasone Partners, Inc.; *pg.* 357
Angowitz, Hope, Associate Vice President, Brand Management - The Beanstalk Group; *pg.* 19
Angst, Katherine, Senior Associate, Portfolio Managment - Universal McCann; *pg.* 521
Angst, Mary, Chief Financial Officer - Stony Point Communications, Inc.; *pg.* 650
Angulo, Alice, Senior Account Executive - GlynnDevins Marketing; *pg.* 364
Anhorn, Jenifer, Executive Vice President & Business Development - Periscope; *pg.* 127
Anhorn, Sara, Executive Vice President, Talent - Critical Mass, Inc.; *pg.* 223
Anjum, Oshin, Senior Media Planner - GTB; *pg.* 80
Ankele, Lynn, Coordinator, Production - The

PERSONNEL — AGENCIES

Pepper Group; *pg.* 202
Ankeney, Shane, President - North America - Havas Media Group; *pg.* 468
Ankeny, Samantha, Senior Vice President, Operations & Account Director - Commonwealth // McCann; *pg.* 52
Anklow, Liz, Executive Vice President - DKC Public Relations; *pg.* 597
Ann Brennan-Montalbano, Mary, Senior Vice President, Data Management & Operations - Specialists Marketing Services, Inc. ; *pg.* 292
Ann Habbe, Cheryl, Partner, Executive Vice President & Director, Interactive - Steel Digital Studios; *pg.* 200
Ann Hagen, Barbara, Vice President, Samsung Global - The Mars Agency; *pg.* 683
Ann Hernandez, Jessica, Senior Media Buyer - Walker Advertising, Inc.; *pg.* 546
Ann Stevens, Natasha, Producer - AdWorkshop & Inphorm; *pg.* 323
Annati, Mark, Senior Vice President, Information Technology - Extreme Reach, Inc.; *pg.* 552
Anne Bishop, Leigh, Project Manager, Digital - BrandExtract, LLC; *pg.* 4
Anne Engel, Leslie, Director, Operations, Advanced Analytics & Insights team - Starcom Worldwide; *pg.* 513
Annunziato, David, Founder, President & Managing Director - DM.2; *pg.* 180
Ansari, Sana, General Manager, 3Q Accelerate - 3Q Digital; *pg.* 671
Ansell, Dan, Strategy Director - AKQA; *pg.* 212
Anselmo, Diane, Associate Director, Services - Hanapin Marketing; *pg.* 237
Anselmo, Jon, Chief Operating Officer & President - OMD; *pg.* 498
Anson, Andy, President - Anson-Stoner, Inc.; *pg.* 31
Anta, Veronica, Senior Engagement Manager - Fluid, Inc.; *pg.* 235
Antaki, Andrew, Director, Communications Planning - 360i, LLC; *pg.* 320
Antaki, Eric, Director, Digital Operations & Performance - OpenMind; *pg.* 503
Antal, Jon, General Manager - Outfront Media; *pg.* 555
Anthony, Christopher, Art Director - RightPoint; *pg.* 263
Anthony, Greg, Executive Vice President & National Sales Manager - Refuel Agency; *pg.* 507
Anthony, Mark, Co-Founder & Co-Chair - Sandbox; *pg.* 409
Anthony, Matt, President & Chief Executive Officer - VMLY&R; *pg.* 160
Anthony, Trisha, Account Executive - Gordon C. James Public Relations; *pg.* 610
Antinora, Michelle, Controller - Blue C Advertising; *pg.* 334
Antista, Tom, President & Creative Director - Antista Fairclough Design; *pg.* 172
Antkowiak, Jeff, Chief Creative Officer - ADG Creative; *pg.* 323
Antle, Carly, Venue Producer - Spring Studios; *pg.* 563
Antoine, Jessica, Account Executive - Covet Public Relations; *pg.* 593
Anton, Georgine, Executive Vice President & General Manager - Accenture Interactive; *pg.* 209
Antonelli, Jamie, Post Production Manager - Fashion & Beauty - CDFB; *pg.* 561
Antonello, John, Managing Director - Travel & Leisure Division - Phoenix Marketing International; *pg.* 448
Antonetti, Toni, President & Owner - PR Chicago; *pg.* 638

Antonian, Anie, Associate Director, Digital Partnerships - Initiative; *pg.* 478
Antoniello, Darren, Director, Group Planning - Mindstream Media Group - Dallas; *pg.* 496
Antonini, Ann, Senior Vice President, Brand Leader - Doner; *pg.* 352
Antonio, Carlo, Media Planner - interTrend Communications; *pg.* 541
Antonopoulos, Maria, Senior Vice President, Consumer & Health - Porter Novelli Canada; *pg.* 638
Antonucci, Joseph, Associate Director, Strategy - PHD USA; *pg.* 505
Antos Smith, Amy, Senior Vice President - MSLGroup; *pg.* 629
Antuzzi, Karen, Senior Vice President & Group Director, Digital Planning & Activation - Carat; *pg.* 459
Anzaldi, Jackie, Creative Director - BBH; *pg.* 37
Anzaldua, Athena, Media Buyer - Briggs & Caldwell; *pg.* 456
Anzenberger, Kathleen, Art Director - Jennings & Company; *pg.* 92
Anzulewicz, Julie, Account Manager - Rauxa; *pg.* 291
Apablaza, Karen, Public Relations & Media Specialist - Brilliant PR & Marketing; *pg.* 586
Apaliski, Jason, Co-Executive Creative Director - Pereira & O'Dell; *pg.* 256
Apatoff, Claire, Account Supervisor - BCV Evolve; *pg.* 216
Apelles, Elizabeth Izard, Chief Executive Officer - Greater Than One; *pg.* 8
Apelo, Marika, Account Director - The Outcast Agency; *pg.* 654
Apitz, Shanna, Creative Director & Innovation - Hunt Adkins; *pg.* 372
Apjohn, Allan, Vice President, Group Media - Mediahub Boston; *pg.* 489
Apley, Mitch, Vice President & Director, Broadcast & Print Production - Abelson-Taylor; *pg.* 25
Aponte, Midy, Senior Vice President - Spitfire Strategies; *pg.* 649
Apostle, Chris, Chief Media Officer - iCrossing; *pg.* 240
Apostolovich, Mike, Art Director - Davis Harrison Dion Advertising; *pg.* 348
Appel, Kevin, Director, Culinary - Sterling-Rice Group; *pg.* 413
Appel, Samantha, Associate Media Director - Zenith Media; *pg.* 529
Appelbaum, Ricky, Director, Business Development - Net Conversion; *pg.* 253
Appelbaum, Wendy, Partner & Director, Financial & Adminstration - Boelter & Lincoln, Inc.; *pg.* 41
Appelmann, Sean, Director, Creative - FabCom; *pg.* 357
Appelwick, Lauren, Associate Director, Content Strategy - Digitas; *pg.* 226
Appenzoller, Erin, Digital Supervisor - Crispin Porter + Bogusky; *pg.* 346
Appiah, Kobby, Director, Creative Technology - Knock, Inc.; *pg.* 95
Appicello-Heyl, Jillian, Account Director - DiD Agency; *pg.* 62
Applebaum, Sari, Director - Hearts & Science; *pg.* 471
Appleby, Jack, Strategy Director - R/GA; *pg.* 261
Appleby, Jennifer, Owner, President & Chief Creative Officer - Wray Ward; *pg.* 433
Applegate, Kallie, Social Specialist - Barkley; *pg.* 329
Applegate, Kyla, Supervisor, Social Media Account - Think Motive; *pg.* 154
Appleget, Scott, Senior Account Manager - J.

W. Morton & Associates ; *pg.* 91
Applen, Elizabeth, Director, Creative Operations - Fallon Worldwide; *pg.* 70
Applequist, Eric, Supervisor, Brand - Barkley; *pg.* 329
Appleton Zubarik, Sarah, Manager, Social & Specialty Media - Image Makers Advertising, Inc.; *pg.* 88
Applewhaite, Kenneth, Account Coordinator - Nyhus Communications; *pg.* 633
Appolonia, Breana, Vice President & Associate Director, Media - Mediahub Boston; *pg.* 489
Apter, Carin, Vice President & Director, Account - Area 23; *pg.* 33
Aquadro, Courtney, Manager, Integrated Investment - Universal McCann; *pg.* 521
Aquadro, Robert, Associate Creative Director - Publicis.Sapient; *pg.* 259
Aquart, Bashan, Executive Creative Director - AKA NYC; *pg.* 324
Aquila, James, Director, Media - Hearts & Science; *pg.* 471
Aquilino, Jackie, Director, Broadcast Services - RJW Media; *pg.* 507
Aquilino, Liz, Senior Account Supervisor - 360PRplus; *pg.* 573
Aquilino, Liz, Senior Account Supervisor - 360PRplus; *pg.* 573
Aquino, Katy, Associate Partner & Director, Creative Operations - MUH-TAY-ZIK / HOF-FER; *pg.* 119
Aquino, Steve, Vice President, Sales & Marketing - GIOVATTO Advertising; *pg.* 363
Aquino, Yolanda, Vice President & Broadcast Buying Director - GSD&M; *pg.* 79
Aragon, Michelle, Senior Vice President, Business Solutions - Magna Global; *pg.* 483
Arahan, Darienne, Senior Associate Buyer, Audio Investments - Spark Foundry; *pg.* 508
Arakelian, Christine, Head, Business Development, - North America - Wolff Olins; *pg.* 21
Araki, Guto, Chief Creative Officer - Big Family Table; *pg.* 39
Aralihalli, Dion, Global Managing Director - ABI, Group Business Head - Anomaly; *pg.* 326
Aran Quintana, Jaqueline, Account Executive - the community; *pg.* 545
Araneta, Fides, Supervisor, Shopper, eCommerce, Strategy & Investment - Kellogg - Starcom Worldwide; *pg.* 513
Arango, John, Senior Account Supervisor - Zeno Group; *pg.* 664
Arant, Jasmine, Account Executive - Nike Communications, Inc.; *pg.* 632
Aratari, Kevin, Head, Business Development - Troika/Mission Group; *pg.* 20
Arbadji, Ken, Vice President, Sales - North American - StayinFront; *pg.* 169
Arbaugh, Erin, Associate Creative Director - Allen & Gerritsen; *pg.* 29
Arbeene, Rebecca, Account Director - Copacino + Fujikado, LLC; *pg.* 344
Arbit, Bruce, Co-Managing Director - A.B. Data, Ltd; *pg.* 279
Arbitman, Ivan, Chief Information Officer - R/GA; *pg.* 260
Arbogast, Molly, President & Chief Executive Officer - POV Sports Marketing; *pg.* 314
Arboleda, Christopher, Account Manager - Archetype; *pg.* 33
Arbuckle, Joseph, Supervisor, Media - 360i, LLC; *pg.* 207
Arcabascio, Nina, Manager - Partner Support & Engagement Manager - SproutLoud Media Networks; *pg.* 17
Arcade, Sam, Executive Creative Director - Burns Group; *pg.* 338
Arcangeli, Eileen, Account Director - Manhattan Marketing Ensemble; *pg.* 382

AGENCIES — PERSONNEL

Arce, Pablo, Senior Director, Project & Program Management - Y Media Labs; *pg.* 205
Arcentales, Anita, Senior Vice President & Multicultural Brand Lead - Blue 449; *pg.* 455
Arch, Nicole, Senior Producer - RedPeg Marketing; *pg.* 692
Archambault, Brian, Executive Vice President - Kansas City Market Lead - Wunderman Health - Kansas City; *pg.* 164
Archambault, Katie, Vice President - Nike Communications, Inc.; *pg.* 632
Archambault, Virginia, Senior Account Executive - Vreeland Marketing; *pg.* 161
Archambeau, Kristin, Senior Account Executive - Nike Communications, Inc.; *pg.* 632
Archer, Allison, Supervisor, Media - Asher Media; *pg.* 455
Archer, Denise, Production Manager - Hailey Sault; *pg.* 81
Archer, Janet, Account Manager - Yeck Brothers Company; *pg.* 294
Archer, Josh, Director, Digital Strategy & Analytics - Wunderman Thompson; *pg.* 434
Archer, Justin, Executive Vice President, Marketing & Innovation - Moxie; *pg.* 251
Archer, Stevie, Executive Creative Director - SS+K; *pg.* 144
Archibald, Jo, Senior Copywriter - MVNP; *pg.* 119
Archibald, Tim, Account Director - MKTG INC; *pg.* 311
Archie, Kevin, Art Director & Graphic Designer - Riggs Partners; *pg.* 407
Arco, Chris, Senior Vice President & Finance Director - MSLGroup; *pg.* 629
Arcos, Donette, Media Director - Peak Biety, Inc.; *pg.* 126
Arden, Mike, Director, Investment Operations - US - OMD; *pg.* 498
Ardia, Lisa, Manager, Web Marketing - Rinck Advertising; *pg.* 407
Ardila, Maria Camila, Assistant Media Planner - H&L Partners; *pg.* 369
Arellano, Hector, Associate Creative Director - fluent360; *pg.* 540
Arellano, Jenny, Manager, Marketing Communications - Articulate Solutions; *pg.* 34
Arena, Ashley, Director, Digital - PHD USA; *pg.* 505
Arena, Gary, Chief Financial Officer - C Space; *pg.* 443
Arena, Gianfranco, Executive Creative Director - BBDO Worldwide; *pg.* 331
Arenas, Lou, Account Director - Beakbane Marketing, Inc.; *pg.* 2
Arends, John, Owner & Chief Engagement Officer - Arends, Inc.; *pg.* 327
Arens O'Halloran, Christine, Manager, Media & Analytics - Cronin; *pg.* 55
Arensberg, Dave, Media Director - Merlino Media Group; *pg.* 491
Arenson, Susan, Director, Corporate Accounts - Brown & Bigelow; *pg.* 566
Arent Schank, Lindsey, Vice President, Media Relations - Archetype; *pg.* 33
Aresu, Nancy, Executive Vice President & General Manager - Cramer-Krasselt; *pg.* 53
Arevalo, Melba, Integrated Producer - FCB Health; *pg.* 72
Areyan, Damian, Vice President & Director, Experiential Marketing & Sponsorships - Team One; *pg.* 417
Arghiris, Jo, Managing Director - Gentleman Scholar; *pg.* 562
Argieard, Terri, Vice President, Finance & Administration - The Ehrhardt Group, Inc.; *pg.* 653
Argiriu, Ines, Vice President, Production - Debut Group; *pg.* 349
Arguello, Derek, Manager, Social Media Marketing - 360i, LLC; *pg.* 208
Arguimbau, Terra, Project Coordinator - VaynerMedia; *pg.* 689
Arias Duval, Mariana, Director, Account - WMX; *pg.* 276
Ariel, Jordan, Associate Creative Director - VT Pro Design; *pg.* 564
Arita, Marci, Supervisor, Strategy - Hearts & Science; *pg.* 471
Ariza, Carlos, Associate Partner & Media Director - Dailey & Associates; *pg.* 56
Arizmendi, Andria, Senior Publicist - KCD, Inc. ; *pg.* 94
Arkatin, Lauren, Account Supervisor - DiD Agency; *pg.* 62
Arkell, Chris, Executive Vice President & Managing Director - Pinnacle Advertising; *pg.* 397
Arkin, Jordan, Senior Analyst, Data & Analysis - Digitas; *pg.* 227
Arlander, Henry, Head, Product & Innovation - Pereira & O'Dell; *pg.* 256
Arlene, Jean, Vice President - A.L.T. Legal Professionals Marketing Group ; *pg.* 321
Arlett, Neil, Managing Director, Business Development - BFG Communications; *pg.* 333
Arlia, Andres, Creative Director - mcgarrybowen; *pg.* 110
Arlin, Rachel, Senior Associate, Planner - Wavemaker; *pg.* 526
Arlook, Ira, Chief, Advocacy Campaigns - Fenton Communications; *pg.* 603
Arm, Jonathan, Chief Investment Officer - National Broadcast & Senior Vice President - Active International; *pg.* 439
Arman, Shane, Senior Director, Agency Relationships & Business Development - Burns Entertainment & Sports Marketing, Inc.; *pg.* 303
Armanasco, David, President - Armanasco Public Relations & Marketing; *pg.* 578
Armando, Sam, Senior Vice President & Director, Strategic Intelligence - Starcom Worldwide; *pg.* 513
Armano, David, Executive Vice President, Global Innovation & Integration - Edelman; *pg.* 353
Armbruster, Steve, Partner & Creative Director - RCG Advertising and Media; *pg.* 403
Armelino, Anne, Vice President & Media Director - Mint Advertising; *pg.* 115
Armenta IV, Arthur, Senior Designer, Interactive - BASIC; *pg.* 215
Armenteros, Arlene, Senior Vice President & Head, Client Services - Republica Havas; *pg.* 545
Armentrout, Tom, Executive Vice President, & Managing Director - Mower; *pg.* 389
Armijo, Lori, Account Executive - Derse, Inc.; *pg.* 304
Armistead, Stacy, Partner, Digital Director - Mindshare; *pg.* 493
Armitage, Ben, General Manager - Adams Outdoor Advertising; *pg.* 549
Armitage, Carol, Art Director - Marbury Creative Group; *pg.* 104
Armitage, Victoria, Partner, Digital & Data Strategy Director - MediaCom; *pg.* 487
Armitstead, Alan, Managing Director - U.S.A Division - IMI International; *pg.* 445
Armour, Justine, Chief Creative Officer - Grey Group; *pg.* 365
Armstrong, Alyssa, Digital Marketing, Project Manager - Nebo Agency, LLC; *pg.* 253
Armstrong, Amy, Chief Executive Officer - US - Initiative; *pg.* 477
Armstrong, Bridgette, Director, Digital Strategy - Haworth Marketing & Media; *pg.* 470
Armstrong, Dwight, Creative Director - Chandelier Creative; *pg.* 49
Armstrong, Gabriel, Executive Vice President - TAG; *pg.* 145
Armstrong, Jeff, Principal - Richards Partnership Marketing - The Richards Group, Inc.; *pg.* 422
Armstrong, Jennifer, Production Manager & Graphic Artist - The Creative Alliance; *pg.* 653
Armstrong, Jessica, Manager, Marketing & Events - Branded Entertainment Network, Inc.; *pg.* 297
Armstrong, John, Founder & Chief Executive Officer - Armstrong Partnership Limited; *pg.* 565
Armstrong, Leigh, Senior Vice President & Global Brand Director, Business Leadership - Leo Burnett Worldwide; *pg.* 98
Armstrong, Mary, Senior Account Supervisor - Red Urban; *pg.* 405
Armstrong, Mike, President - Armstrong Partnership Limited; *pg.* 565
Armstrong, Pamela, Director, Accounts - Red Banyan; *pg.* 641
Armstrong, Rebecca, Principal & Managing Director - North; *pg.* 121
Armstrong, Sarah, Senior Vice President & Business Lead - Carat; *pg.* 461
Armstrong, Sydney, Account Lead - Amobee, Inc.; *pg.* 30
Arnal, Rebecca, Account Manager - Schafer Condon Carter; *pg.* 138
Arnaldo, Monica, Media Planner & Media Buyer - Catalyst Marketing Company; *pg.* 5
Arnason, Alex, Senior Manager, Paid Media - Ovative Group; *pg.* 256
Arnatt, Jacquie, Partner & General Manager - Suburbia Studios; *pg.* 18
Arndt, Julie, Director, Account - 360i, LLC; *pg.* 320
Arnegger, Adam, Chief Media Officer - Merkley + Partners; *pg.* 114
Arnemann, Rick, Owner & Chief Executive Officer - Harmon Group; *pg.* 82
Arner, Angie, Strategy Director - 360i, LLC; *pg.* 320
Arnest Peterson, Erin, Partner & Chief Executive Officer - Gain; *pg.* 284
Arnett, Dana, Vice Chairman & Founding Partner - VSA Partners, Inc. ; *pg.* 204
Arnett, Melanee, Assistant Director, Interactive Media - The Lavidge Company; *pg.* 420
Arnett, Sarah, Vice President, Data Products & Business Intelligence - Icon Media Direct; *pg.* 476
Arney, Lauren, Director, Traffic - PP+K; *pg.* 129
Arnholt, John, Senior Vice President, Finance - Zubi Advertising; *pg.* 165
Arning, Kristine, Programmic Media Specialist - Mindstream Media Group - Dallas; *pg.* 496
Arnise, Kira, Senior Account Manager - Workhorse Marketing; *pg.* 433
Arnold, Alfred, Vice President & Creative Director - Lewis Advertising, Inc.; *pg.* 380
Arnold, Andy, Chief Client Officer & Executive Vice President - Ansira; *pg.* 565
Arnold, Ben, Managing Director - We Are Social; *pg.* 690
Arnold, Benjamin, Managing Director - We Are Social; *pg.* 690
Arnold, Cissy, Senior Vice President & General Manager - 9thWonder; *pg.* 453
Arnold, Dana, Vice President, Public Relations, Social Media & Content - Hiebing; *pg.* 85
Arnold, David, President - The Partnership, Inc.; *pg.* 270
Arnold, Emma, Associate Creative Director - Weber Shandwick; *pg.* 661

PERSONNEL / AGENCIES

Arnold, Frank, President - Ashford Advertising Agency; pg. 328
Arnold, Hannah, Principal & Senior Executive Vice President - LAK PR; pg. 621
Arnold, Joel, Creative Director - Berlin Cameron; pg. 38
Arnold, Jon, Senior Vice President & Executive Creative Director - The Bohan Agency; pg. 418
Arnold, Karmin, Account Supervisor - Planet Propaganda; pg. 195
Arnold, Lisa, Senior Director, Trading Strategy - Amnet; pg. 454
Arnold, Mandy, Chief Executive Officer - Gavin Advertising; pg.
Arnold, Mark, Executive Vice President & Managing Director - FCB Health - NeON; pg. 120
Arnold, Melissa, Vice President - Porter Novelli Canada; pg. 638
Arnold, Morgan, Specialist, Search Engine Marketing - Agency Creative; pg. 29
Arnold, Odette, Senior Copywriter - Morvil Advertising & Design Group; pg. 14
Arnold, Talia, Head, Strategy & Planning - Exverus Media Inc.; pg. 465
Arnold, Theresa, Associate Director, Media - Spark Foundry; pg. 510
Arnold, Zach, Executive Creative Director - Osborn & Barr Communications; pg. 395
Arnold Naugle, Meg, Vice President - Arrowhead Promotions & Fulfillment Co., Inc.; pg. 566
Arnoldi Pedersen, Mikkel, Senior Vice President, Client Engagement - Vertic; pg. 274
Arnon, Wendy, President - Pathway Group - OMD; pg. 498
Arnot, Andrew, Senior Vice President & Group Account Director - Deutsch, Inc.; pg. 349
Arnott, Anna, Digital Engagement Strategist - Caldwell VanRiper; pg. 46
Arntfield, Andrew, President & Strategist - Field Day; pg. 358
Arone, Ashley, Digital Marketing Specialist - JumpCrew; pg. 93
Aronin, Caitlin, Senior Marketing Specialist - Adpearance; pg. 671
Aronov, Sofia, Creative Manager - New York Times - Fake Love; pg. 183
Aronovitch, Steven, Co-Founder, Media - The Turn Lab Inc.; pg. 425
Arons, Susan, Managing Director - Rubenstein Associates; pg. 644
Arons, Susie, President, Strategic Communications - 42West; pg. 573
Aronson, Danit, Chief Partnership Officer - CSM Sport & Entertainment; pg. 347
Aronson, Ian, Business Director - COLLINS;; pg. 177
Aronson, Mark, Head, Strategy - Johannes Leonardo; pg. 92
Aronson, Michael, Associate Creative Director - DentsuBos Inc.; pg. 61
Aronson, Stephen, Managing Partner & Principal - IMC / Irvine Marketing Communications; pg. 89
Arora, Ishviene, Chief Operating Officer - Vested; pg. 658
Arora, Pallavi, Senior Director, Program Management - Hero Digital; pg. 238
Arostegui, Zachary, Senior Brand Strategist - Walker Sands Communications; pg. 659
Arreaga, Becky, Partner & President - Mercury Mambo; pg. 543
Arreaga, Liz, Partner - Mercury Mambo; pg. 543
Arredondo, Erik, Senior Art Director, Interactive - The Atkins Group; pg. 148
Arredondo, Jennifer, Senior Designer - Studio - The VIA Agency; pg. 154
Arriaga, Carolina, Assistant Account Executive - Martin Retail Group; pg. 106
Arrieta, Julio, Managing Director & Chief Marketing Officer - Lopez Negrete Communications, Inc.; pg. 542
Arrighi, Chris, New Business Director - DeVito/Verdi; pg. 62
Arrive, Emilie, Director, Strategy - TBWA \ Chiat \ Day; pg. 146
Arroliga, Alexandra, Supervisor, Client Engagement - VMLY&R; pg. 160
Arroyo Flores, Lilia, Executive Vice President & Head, Planning - Edelman; pg. 353
Arsenault, Cait, Senior Account Executive - Duffy & Shanley, Inc.; pg. 66
Arsene, Codrin, Chief Executive Officer & Founder - Digital Authority Partners; pg. 225
Arseneau, Christina, Senior Account Manager - Citizen Relations; pg. 590
Arseneault, Joceline, Group Vice President, Program Management - Huge, Inc.; pg. 239
Arsham, Kevin, Partner & Account Director - B2B Specialist - MediaCom; pg. 487
Arslanian, Tamar, Account Director - AFG&; pg. 28
Art, Brian, Art Director - Ferguson Advertising, Inc.; pg. 73
Artacho, Andre, Managing Director - TWO NIL; pg. 521
Artaserse, Theresa, Director, Broadcast Traffic - Innocean USA; pg. 479
Artea, Janette, Manager - Golin; pg. 609
Arteaga, Shirley, Senior Marketing Manager - Ingram Micro, Inc.; pg. 242
Artemas, Katie, Associate Director - Starcom Worldwide; pg. 516
Artemis, Chrysoula, Chief Creative Officer - Starlight Runner Entertainment, Inc.; pg. 569
Arthur, Anna, Group Director - Wpromote; pg. 678
Arthur, Charlotte, Vice President, Strategy - Geometry; pg. 363
Arthur, Debbie, Art Director & Graphic Designer - Kaneen Advertising & Public Relations, Inc.; pg. 618
Arthur, Jill, Group Media Director - GRP Media, Inc.; pg. 467
Arthur, Nathin, Creative Director - Youtech; pg. 436
Arthur, Neal, Managing Director - Wieden + Kennedy; pg. 432
Arthur, Penn, Chief Executive Officer - Inhance Digital; pg. 242
Arthur, Tom, Partner & Senior Designer - Compass Design, Inc.; pg. 178
Artime, Henry, Principal - Artime Group; pg. 34
Artis, Sadie, Media Planner - Preston Kelly; pg. 129
Artman, Wendy, Senior Director, Communications - GroundFloor Media; pg. 611
Artur, Allie, Senior Account Executive - Vault Communications, Inc.; pg. 658
Artz, Dustin, Co-Founder & Creative Director - Familiar Creatures; pg. 71
Artz, Jerry, General Manager, Sales - Outfront Media; pg. 555
Aruda, Ashley, Senior Account Supervisor - M Booth & Associates, Inc. ; pg. 624
Arum, Marla, Vice President & Director, Media Buying - OpAD Media Solutions, LLC; pg. 503
Arutcheva, Alla, Senior Copywriter - Team One; pg. 417
Arvanitakis, Greg, Senior Art Director - The MX Group; pg. 422
Arvay, Shelley, President - LMNO; pg. 100
Arvizu, Jamie, Director, Media Research & Insights - Mindshare; pg. 494
Asahl, Amy, Senior Vice President, Trade & Promotional Management - Ansira; pg. 280
Asaro, Daniela, Head, Integrated Production - VIRTUE Worldwide; pg. 159
Asaro, Katja, Chief Executive Officer & Managing Director - Henry V Events; pg. 307
Asaro, Michael, Chief Operating Officer - Wunderman Thompson; pg. 434
Asaro, Pat, Media Director - Sid Paterson Advertising; pg. 141
Asay, David, President & Chief Executive Officer - Frontline Public Involvement; pg. 606
Asay, Martin, Vice President - Frontline Public Involvement; pg. 606
Asbury, William, Account Director - BrightWave Marketing, Inc.; pg. 219
Ascencio, Genevieve, Vice President - Golin; pg. 609
Asch Schalik, Alana, Vice President & Group Director, National Video Activation - Carat; pg. 459
Aschaker, Dana, Account Executive, Client Services - GMR Marketing; pg. 306
Ascher, Alexis, Supervisor, Media - Mediahub Los Angeles; pg. 112
Asel, Daniel, Creative Director - Kidzsmart Concepts; pg. 188
Aseltine, Brie, Producer - Mirum Agency; pg. 251
Asensio, Alex, Media Supervisor - Spark Foundry; pg. 510
Asensio, Danny, Director, Creative Art - The&Partnership; pg. 426
Asghar, Kamran, Chief Executive Officer & Owner - Crossmedia; pg. 463
Ash, Alyssa, Director, Creative Services - AOR, Inc.; pg. 32
Ash, Jessica, Strategy Lead - Co:Collective, LLC; pg. 5
Ash, Lindsey, Director, Human Resources & Administrative - Canada - Publicis Mid America; pg. 639
Ash, Perry, Chief Operations Officer - Ash-Allmond Associates; pg. 566
Ash, Richard, Vice President & National Field Director - Zimmerman Advertising; pg. 437
Ash, Ron, Manager, Project Management - Derse, Inc.; pg. 304
Ash, Susan, President - PartnersCreative; pg. 125
Ash, Taylor, Senior Director, TV Partnerships - The Trade Desk; pg. 520
Ashbaugh, Mark, E Vice President & General Manager - Toronto - Critical Mass, Inc.; pg. 223
Ashbaugh, Michael, Programmatic Manager - Starcom Worldwide; pg. 517
Ashbridge, Matt, Director, Campaigns & Analytics - Union; pg. 273
Ashburn, Carolyn, Director, Design - Turner Duckworth; pg. 203
Ashburn, Jennifer, Sales Account Executive - VDA Productions; pg. 317
Ashcraft, Daniel, President & Chief Design Officer - Ashcraft Design; pg. 173
Ashcraft, Heidi, Owner - Ashcraft Design; pg. 173
Ashe, Martha, Media Manager - Mindshare; pg. 491
Ashe-Law, Shannon, Coordinator, Marketing & Events - Jaymie Scotto & Associates; pg. 616
Ashenfelter, Lynne, Director, Integrated Investment - PHD USA; pg. 505
Asher, Jay, Partner - Brandgenuity, LLC; pg. 4
Asher, Jill, Senior Marketing Manager - Cashman & Associates; pg. 589
Asher, Kalyn, President - Asher Media; pg. 455
Asher, Mariah, Strategy Director - Spark

AGENCIES — PERSONNEL

Foundry; *pg.* 510
Ashford, John, Chairman & Chief Executive Officer - The Hawthorn Group; *pg.* 653
Ashkenazi, Nina, Vice President, Account Management - CSM Sport & Entertainment; *pg.* 347
Ashkin, Cari, Specialist, Communications - A. Bright Idea; *pg.* 25
Ashley Page, Erica, Senior Account Executive - Belmont Icehouse; *pg.* 333
Ashmore, Robin, Chief Marketing Officer & Strategic Planner - Amelie Company; *pg.* 325
Ashnault, Karen, Senior Vice President, Account Management - CSM Sport & Entertainment; *pg.* 347
Ashooh, Nicholas, Senior Director, Corporate & Executive Communications - APCO Worldwide; *pg.* 578
Ashpole, Kathy, Vice President - The Zimmerman Group; *pg.* 426
Ashraf, Sabah, Chief Executive Officer, North America - Superunion; *pg.* 18
Ashraf, Sadia, Senior Account Manager, Shopper Marketing - PG One Commerce - Saatchi & Saatchi X; *pg.* 682
Ashton, Hillary, Senior Brand Supervisor - Pereira & O'Dell; *pg.* 256
Ashton, Kim, Account Director - Ideaology Advertising; *pg.* 88
Ashwell, Justin, Founder & Managing Partner - The Prime Factory; *pg.* 422
Ashworth, Jimmy, Creative Director - Decker; *pg.* 60
Ashworth, Karen, Associate Media Director - Yebo; *pg.* 164
Ashworth, Kathy, Executive Vice President & Senior Planner - Sides & Associates; *pg.* 410
Ashworth, Matthew, Senior Vice President & General Manager - Seattle - WE Communications; *pg.* 660
Ashy, Sara, Chief Operations Officer & Partner - BBR Creative; *pg.* 174
Asiri, Sami, Vice President - Archetype; *pg.* 33
Aske, Brenda, Senior Vice President & Director, Strategy - BioLumina; *pg.* 39
Asker, Paige, Account Manager - Bright Red\TBWA; *pg.* 337
Askins, Sylvie, Principal, Executive Vice President & Chief Strategy Officer - Kelley Habib John Integrated Marketing; *pg.* 11
Askren, Andy, Partner & Executive Creative Director - Grady Britton Advertising; *pg.* 78
Aslam, Asan, Group Creative Director - Grey Group; *pg.* 365
Aslam, Kamran, Senior Vice President & Director, Technology - FCB Health; *pg.* 72
Asman, Sheryl, Senior Account Executive - The Karma Group; *pg.* 420
Asprea, Celia, Vice President, Human Resources - The Beanstalk Group; *pg.* 19
Assad, Joseph, Chief Executive Officer - Kovert Creative; *pg.* 96
Assadi, Sami, Co-Founder, Managing Director & International Media Consultant - Gitenstein & Assadi Public Relations; *pg.* 607
Assadi, Susan, Co-Founder, Principal & Chief Media Strategist - Gitenstein & Assadi Public Relations; *pg.* 607
Assalian, John, Chief Executive Officer - Viewstream; *pg.* 274
Assalley, Andria, Specialist, Performance Media - Havas Worldwide Chicago; *pg.* 82
Asselin, Elizabeth, Business Director - Forsman & Bodenfors; *pg.* 74
Assemat Tessandier, Greg, President - Elephant; *pg.* 181
Assenza, Kayla, Digital Media Strategist - Harmelin Media; *pg.* 467
Assenza, Michael, Vice President, Content - Zenith Media; *pg.* 529
Assenza, Michelle, Account Manager - Foxx Advertising & Design; *pg.* 184
Assie-Kurtz, Tina, Directort, Account Services - LMNO; *pg.* 100
Assing, Rebecca, Manager, Marketing Communications - Kovert Creative; *pg.* 96
Assman, Jessica, Supervisor, Media Strategy - Haworth Marketing & Media; *pg.* 470
Astin, Elizabeth, Team Leader - Dow AgroSciences - Bader Rutter & Associates, Inc. ; *pg.* 328
Astini, Marcella, Account Supervisor - Deloitte Digital; *pg.* 225
Astone, Mark, Chief Executive Officer - Catalyst Marketing Company; *pg.* 5
Astor, Lisa, Senior Vice President & Managing Director - North America - PAN Communications; *pg.* 635
Astrop, Sarah, Vice President & Global Partner, Media Innovation - Universal McCann; *pg.* 521
Asuro, Noreel, Creative Director - The&Partnership; *pg.* 154
Atabay, Nicole, Vice President, Media Strategy - Zenith Media; *pg.* 531
Atanda, Danielle, Managing Director, Integrated Investment - OMD; *pg.* 500
Atchison, Chasidy, Vice President - Fizz; *pg.* 691
Atchison, Shane, Chief Executive Officer - Wunderman Thompson Seattle; *pg.* 435
Athens, Chris, Director - OMD West; *pg.* 502
Atherton, James, Chief Strategy Officer - Red Fuse Communications; *pg.* 404
Atherton, Julie, Principal - JAM Collective; *pg.* 616
Athorn, John, Co-Chairman - Athorn, Clark & Partners; *pg.* 2
Atilano, Bryce, Marketing Consultant - Fannit Internet Marketing Services; *pg.* 357
Ativie, Caroline, Media Planner - Starcom Worldwide; *pg.* 513
Atkin, Lisa, Chief Executive Officer - Baron & Baron, Inc.; *pg.* 36
Atkins, David, Creative Director - The Barber Shop Marketing; *pg.* 148
Atkins, English, Media Director - Aletheia Marketing & Media; *pg.* 454
Atkins, Erica, Partner & Senior Director, Data & Activation - Wavemaker; *pg.* 526
Atkins, Kelsey, Account Manager - Centerline Digital; *pg.* 220
Atkins, Steve, President & Chief Executive Officer - The Atkins Group; *pg.* 148
Atkinson, Cliff, Senior Vice President & Executive Director, Digital Media - RPA; *pg.* 134
Atkinson, Craig, Team Lead, Brand Management - The Richards Group, Inc.; *pg.* 422
Atkinson, Craig, Chief Client Officer - Tinuiti; *pg.* 678
Atkinson, Dale, Senior Art Director - Creative Energy, Inc.; *pg.* 346
Atkinson, Hillary, Account Planner - Littlefield Brand Development; *pg.* 12
Atkinson, Holly, Director, Author Services - ADsmith Communications, Inc.; *pg.* 28
Atkinson, Jennifer, Partner & Senior Vice President, Reputation Management - FleishmanHillard HighRoad; *pg.* 606
Atkinson, Joe, Chief Digital Officer - PwC Digital Services; *pg.* 260
Atkinson, Mark, Owner - Otto Design & Marketing; *pg.* 124
Atkinson, Pam, Executive Vice President & Director, Connection Planning - Crosby Marketing Communications; *pg.* 347
Atkinson, Scott, Interactive Media Manager - TCAA; *pg.* 147
Atlas, Ashton, Client Solutions Director - Beautiful Destinations; *pg.* 38
Atlas, Jordan, Executive Vice President & Executive Creative Director - Edelman; *pg.* 601
Atsalakis, Sara, Senior Vice President, Operations & Data Sciences - Publicis North America; *pg.* 399
Atteberry, Candi, Vice President, Client Services - Novus Media, Inc.; *pg.* 497
Attfield, Mary, Co-Founder - Stephen Thomas; *pg.* 412
Attfield, Paula, President - Stephen Thomas; *pg.* 412
Attia, Sarah, Account Director, Client Strategy, Crisis & Risk & Corporate Practice - Edelman ; *pg.* 601
Attridge, Lisa, Key Account Administrator - Active International; *pg.* 439
Atturio, Joe, Chief Executive Officer - K/P Corporation; *pg.* 286
Attwood, Kemp, Partner & Creative Director - AREA 17; *pg.* 214
Attwood, Neeti, Head, Strategy - EVB; *pg.* 233
Atwater, Brad, Director, Technology - Rhythm; *pg.* 263
Atwood, Jason, Associate Director - Starcom Worldwide; *pg.* 513
Atwood, Jill, Account Director - Fuseideas, LLC; *pg.* 306
Atwood, Melissa, Managing Director - Denver - Backbone Media; *pg.* 579
Au, Michelle, Senior Associate Manager, Local Broadcast - 360i, LLC; *pg.* 320
Au, Vincent, Senior Vice President, Experience Design - ROKKAN, LLC; *pg.* 264
Aubert; David, Chief Executive Officer & Partner - Ogilvy Montreal; *pg.* 394
Aubin, Chris, Vice President & Director, Local Strategy - Center of Excellence - Starcom Worldwide; *pg.* 513
Aubin, Katia, Global Head, Communications - Sid Lee; *pg.* 140
Aubin, Marilou, Creative Director - LG2; *pg.* 380
Aubrey, Luke, Manager, Search & Performance Marketing - Beeby Clark+Meyler; *pg.* 333
Aubrey, Michael, Senior Vice President, Operations & Delivery - Organic, Inc.; *pg.* 256
Auchu, Claude, Vice President, Creative & Desgin - LG2; *pg.* 380
Aud, Adam, Associate Creative Director - Planit; *pg.* 397
Audet, Brad, Executive Vice President & General Manager - Garage Team Mazda; *pg.* 465
Audet, Louise, Chief Accountant - Tam Tam \ TBWA; *pg.* 416
Audley, Gregory, Manager, Programmatic Services - Undertone; *pg.* 273
Auer, Lindsay, Manager - The Standing Partnership; *pg.* 655
Auerbach, Andrew, President - Access Sports Media; *pg.* 549
Auerbach-Rodriguez, Joanna, Media Director - m/SIX; *pg.* 482
Augello, James, Director, Yield Optimization - Taboola; *pg.* 268
Auger, Jari, Chief Financial Officer & Chief Operating Officer - Campbell Ewald; *pg.* 46
Auger, Rob, North American Lead - Media Technology - Digitas; *pg.* 226
Auger-Bellemare, Lisanne, Director, Production - bleublancrouge; *pg.* 40
Augeri, Melissa, Director, Client Services - Mason, Inc. ; *pg.* 383
Augugliaro, Sophia, Manager, Media Investment - MediaCom; *pg.* 487
Augustine, Cynthia, Global Chief Talent Officer - FCB New York; *pg.* 357

PERSONNEL   AGENCIES

Augustine, Dan, Creative Director - Epic Creative; pg. 7
Augustine, Gina, Office Manager & Director, Finance, Human Resources & Administration - Minds On, Inc.; pg. 250
Augustine, Stuart, Associate Strategy Director - MediaCom; pg. 487
Augustine, Tim, Executive Design Director - LAM Design Associates, Inc.; pg. 189
Augustine, Tom, Founder & President - Minds On, Inc.; pg. 250
Augustine-Nelson, Debbie, Founder & Chief Creative Officer - Augustine; pg. 328
Augustinos, Alex, Creative Director - mcgarrybowen; pg. 109
Augusto Pellejero Acosta, Federico, Senior Copywriter - Saatchi & Saatchi - Conill Advertising, Inc.; pg. 538
Augustoni, Linda, Senior Media Coordinator & Direct Mail Manager - KEA Advertising; pg. 94
Augustyniak, Kaitlyn, Business Development Specialist - FARM; pg. 357
Aukstuolis, Algis, Director, Digital Media - The Ohlmann Group; pg. 422
Aultz, Christine, Account Director - Booyah Online Advertising; pg. 218
Aultz, Geoffrey, Regional Account Executive - Dallas - JCDecaux North America; pg. 553
Aumiller, Denis, Managing Partner & Creative Director - Lehigh Mining & Navigation; pg. 97
Auren, Megan, Account Manager - Martin Williams Advertising; pg. 106
Auriol, Stephane, Account Director - MARC USA; pg. 104
Ausford, Mike, Director, Digital Marketing - Topdraw; pg. 678
Aust, Susan, Senior Account Director - Vermilion Design; pg. 204
Austen, Danielle, Managing Partner & Chief Executive Officer - fluent360; pg. 540
Austi, Donna, Specialist, Media Relations - GLA Communications; pg. 608
Austin, Avelyn, Vice President, Business Development & Marketing - RepEquity; pg. 263
Austin, Brian, Director, Creative Strategy - Code and Theory; pg. 221
Austin, Carol, Vice President, Production - Perich Advertising; pg. 126
Austin, Chelsey, Manager, Creative Services - Media Partners, Inc.; pg. 486
Austin, Dale, Associate Creative Director - GSD&M; pg. 79
Austin, Eddie, Senior Vice President, Kia Media Planning - Innocean USA; pg. 479
Austin, Haley, Senior Digital Media Buyer & Planner - GS&F ; pg. 367
Austin, James, Manager, Strategy - Mindshare; pg. 491
Austin, Jared, Regional Manager, Social Media - The Ferraro Group; pg. 653
Austin, Jennifer, Senior Vice President & Media Director - Zimmerman Advertising; pg. 437
Austin, Jennifer, Principal & Executive Vice President - Alden Marketing Communications; pg. 324
Austin, Jill, Principal, Talent Acquisition - Hero Digital; pg. 238
Austin, Kimberly, President & Executive Producer - Fire Starter Studios; pg. 234
Austin, Lauren, Executive Creative Director - MKG; pg. 311
Austin, Manila, Vice President, Research - C Space; pg. 443
Austin, Richard, Executive Creative Director - YARD; pg. 435
Austin, Tim, Chief Creative Officer - TPN; pg. 683
Austin, Todd, President - Advent; pg. 301
Austin, Travis, Senior Partner - Stratacomm, Inc.; pg. 650
Austin, Wade, Director, Development - CJRW; pg. 590
Austria, Enrique, Social Strategist - Hearts & Science; pg. 471
Autry, Stephanie, Director, Business Development - Beson 4 Media Group; pg. 3
Auxier, Beverly, Agency Manager - Nostrum, Inc.; pg. 14
Avallone, Marty, Co-Founder, Partner & Chief Executive Officer - Working Media Group; pg. 433
Avalone, Danielle, Vice President, Account Services - Lanmark360; pg. 379
Avanessian, Steve, Vice President, Client Services - Bensussen Deutsch & Associates; pg. 566
Avantaggio, Chris, Associate Creative Director - The VIA Agency; pg. 154
Avdalli, Aurora, Media Operations Director - MediaCom; pg. 487
Avellaneda, German, Designer, Product - Digital Authority Partners; pg. 225
Avera, Mark, Vice President - Porter Novelli; pg. 637
Averay Cuesta, Julie, Vice President, Representation - Myriad Travel Marketing; pg. 390
Averback, Karintha, Group Account Director - PHD; pg. 504
Averback, Rebecca, Vice President & Group Media Director - Mediahub Boston; pg. 489
Aversano, Lou, Global Chief Client Officer - Ogilvy; pg. 393
Avery, Amy, Chief Intelligence Officer - Droga5; pg. 64
Avery, David, Senior Vice President & Group Director - The Tombras Group; pg. 424
Avery-Grossman, Adina, Partner & Managing Director - Brandgenuity, LLC; pg. 4
Aveyard, Martin, Associate Creative Director & Senior Art Director - Trapeze Communications; pg. 426
Avila, Gabriela, Brand Strategy Director - Droga5; pg. 64
Avila, Paola, Supervisor - Starcom Worldwide; pg. 517
Avila, Rachelle, Associate Communications Strategy Director - Mekanism; pg. 113
Aviles, Liz, Vice President, Market Intelligence - Upshot; pg. 157
Avino, Christina, Head, Project Management - Seer Interactive; pg. 677
Aviram, Nathy, Chief Production Officer - New York - McCann New York; pg. 108
Avitable, Tom, Chief Creative Officer - Sid Paterson Advertising; pg. 141
Avneri, Ronit, Managing Director & Executive Producer - Buero New York; pg. 176
Avram, Maggie, Vice President, Digital Strategy - Laughlin Constable, Inc.; pg. 380
Avramenko, Rae, Senior Graphic Designer - Catalysis; pg. 340
Avrea, Darren, Chairman - AvreaFoster; pg. 35
Avrich, Barry, Partner - BT/A Advertising; pg. 44
Avril, Meg, Senior Account Manager - Walker Sands Communications; pg. 659
Awad, Garett, Vice President & Group Strategy Director - Deutsch, Inc.; pg. 349
Awasano, Jennifer, Senior Vice President & Group Creative Director - Digitas; pg. 228
Axelrod, Caren, Associate Director - PHD - Resolution Media; pg. 263
Axeman, Matthew, Associate Creative Director - Gatesman; pg. 361
Axmacher, Meryl, Senior Client Development Strategist - Spark451, Inc.; pg. 411
Axtell, Karen, Principal & Marketing Strategist - GA Creative; pg. 361

Ayala, Jeanean, Manager, Media Relations - The Axis Agency; pg. 545
Ayala, Lester, Vice President & Director, Integrated Production - Cronin; pg. 55
Ayala, Wendy, Manager, Video Investment - Mindshare; pg. 491
Aybar, Alex, Associate Director, Media Technology - 360i, LLC; pg. 320
Aycock, Rob, Associate General Manager - Wake Forest Sports - Learfield IMG College; pg. 310
Aydelotte, Todd, Managing Director - Allison+Partners; pg. 576
Aydin, Asli, Senior Strategist, Creative - Code and Theory; pg. 221
Aydin, Priscilla, Group Director - Omnicom Media Group - Annalect Group; pg. 213
Ayel, Laure, Global Growth & Marketing Director - Havas New York; pg. 369
Ayer, Vicky, Media Planner & Buyer - Rinck Advertising; pg. 407
Ayers, David, Director, Public Relations - Z Marketing Partners; pg. 436
Ayers, Elizabeth, Senior Account Executive - Dunn&Co; pg. 353
Ayers, Emily, Account Manager - Union; pg. 273
Ayers, Jason, Senior Vice President, Strategy & Insights - Wunderman Thompson Seattle; pg. 435
Ayliffe, Lawrence, President & Chief Creative Officer - LA, Inc.; pg. 11
Ayluardo, Melissa, Senior Social Media Manager - Red Banyan; pg. 641
Ayotte, Chad, Vice President & Director, Video Investments - Havas Media Group; pg. 468
Ayotte, Rachel, Co-Founder & President - Bread & Butter Public Relations; pg. 586
Ayrault, Terry, Chief Creative Officer - J.R. Thompson Company; pg. 91
Ayre, Dominic, Creative Director - Hambly & Woolley, Inc.; pg. 185
Ayres, Carly, Account Supervisor - Zambezi; pg. 165
Ayres, Sharon, Vice President, Human Resources - Moosylvania; pg. 568
Ayres, Steve, Founder & Chief Executive Officer - Rocket55; pg. 264
Ayzenberg, Eric, Chief Executive Officer - Ayzenberg Group, Inc.; pg. 2
Azar, Tony, Regional Vice President - Alison Group; pg. 681
Azarian, Victoria, Chief Creative Officer - U.S - MKTG INC; pg. 311
Azarloza, Armando, President - The Axis Agency; pg. 545
Azevedo, Chrissy, Account Manager - fama PR, Inc.; pg. 602
Azevedo, Karina, Junior Strategic Planner - Big Family Table; pg. 39
Azor, Joyce, Vice President & Director, Traffic Management - FCB New York; pg. 357
Azpeitia, Mia, Vice President, Operations - RAIN; pg. 262
Azuri, Jonathan, Product Manager - Hitwise; pg. 86
Azzarone, Stephanie, Founder & President - Child's Play Communications; pg. 590
Azzolini, Jennifer, Senior Associate - Mindshare; pg. 491
Azzolino, Christine, Senior Account Supervisor - Coyne Public Relations; pg. 593

B

BaRoss, Kelsey, Account Supervisor - RoseComm; pg. 644

AGENCIES / PERSONNEL

Baalson, Julianna, Media Planner - Carmichael Lynch; pg. 47
Baarson, Vince, Design Director - AKOS; pg. 324
Baba, Sena, Associate, Digital Partnerships - Initiative; pg. 477
Baban, Jenny, Vice President, Media - CMI Media, LLC; pg. 342
Babasa, Cyndi, Partner & Senior Vice President - Walt & Company Communications; pg. 659
Babazadeh, Matthew, Vice President & Director, Strategy - DDB Chicago; pg. 59
Babb, Gina, Media Director - Spark Foundry; pg. 510
Babb, Maggie, Executive Director, Operations & Culture - Knight; pg. 95
Babbit Bodner, Jennifer, Chief Executive Officer - Babbit Bodner; pg. 579
Babcock, Dolores, Senior Vice President - PlusMedia, LLC; pg. 290
Babcock, John, Vice President, Influencer Sales - RhythmOne; pg. 263
Babcock, Kristin, Senior Vice President, Search & Paid Social - Cramer-Krasselt ; pg. 53
Baber, Karen, Senior Vice President & Group Project Management Supervisor - The Martin Agency; pg. 421
Babik, Allison, Associate Director - PHD USA; pg. 505
Babik, Drew, Director, Development Operations - Traffic Digital Agency; pg. 271
Babin, Michelle, Managing Account Supervisor - Ketchum; pg. 619
Babineau, Brian, Chief Strategy & Engagement Officer - Allen & Gerritsen; pg. 29
Babjack, Kristen, Vice President, Client Partnership - BrandMuscle; pg. 337
Bablin, Josh, Account Executive - Terri & Sandy; pg. 147
Babooram, Nashira, Director, Media - Spark; pg. 17
Baboulas, Natalie, Associate Media Director - Digitas; pg. 227
Babrikova, Mila, Senior Vice President & Group Account Director - Publicis North America; pg. 399
Babson, Kyle, Social Media Content Strategist - Callahan Creek ; pg. 4
Baburam, Alain, Senior Art Director - Momentum Worldwide; pg. 117
Baca, Dominique, Senior Associate, Video Investment - Mindshare; pg. 491
Baca, Felix, Pay Per Click Marketer - 97th Floor; pg. 209
Bacco, Laura, Manager - Reprise Digital; pg. 676
Baccus, Ashley, Associate Director, Digital Media - RPA; pg. 134
Bach, Eric, Director, Video Creative - A. Bright Idea; pg. 25
Bach, Tim, President - Patterson Bach Communications; pg. 126
Bacharach, Alexandra, Account Supervisor - Daddi Brand Communications; pg. 595
Bacharach, Jason, Account Director - Source Communications; pg. 315
Bacheller, Andrew, Account Director - Leo Burnett Detroit; pg. 97
Bachman, Angela, Chief Operations Officer - Akhia Public Relations, Inc.; pg. 575
Bachman, Sarah, Senior Vice President, Digital Experiences - Horizon Media, Inc.; pg. 473
Bachmann, Mark, Partner & Chief Client Officer - Marcus Thomas; pg. 104
Bachmann, Matt, Director, Brand Startegy - Traina Design; pg. 20
Bachynski, Nathan, Digital Marketing Coordinator - Allebach Communications; pg. 29
Bacino, Brian, Chief Creative Officer - Baker Street Advertising; pg. 329
Backaus, Gary, Chief Creative Strategy Officer - Archer Malmo; pg. 32
Backe, Phil, Partner & Executive Director, Media - Hoffman York; pg. 371
Backenstose, Brad, Head, Organic Growth & Client Lead - Wavemaker; pg. 526
Backer, Dan, Producer - CPC Experiential; pg. 303
Backer, Donna, Account Manager - TWG Communications; pg. 427
Backer, Doug, Owner & Chief Executive Officer - CPC Experiential; pg. 303
Backer, Jackie, Senior Integrated Producer - Red Antler; pg. 16
Backs, Claire, Account Director - Taylor West Advertising, Inc.; pg. 416
Backs-Chin, Andi, Senior Account Executive - Ferguson Advertising, Inc.; pg. 73
Backus, Lesley, Senior Vice President, Partner & Director, Planning & Branding Group - FleishmanHillard; pg. 604
Backus, Rick, Chief Executive Officer & Co-Founder - CPC Strategy; pg. 302
Backus Turner, Roberta, Creative Director - Backus Turner International; pg. 35
Bacon, Dallas, Administration Coordinator, Business Development - SCORR Marketing; pg. 409
Bacon, Thomas, Chief Technology Officer - Workhorse Marketing; pg. 433
Bacon Cvancara, Kathryn, Account Supervisor - The Integer Group; pg. 682
Badamo, Joanna, Senior Strategist, Creative - AgencyEA; pg. 302
Baddley, Janice, Senior Account Manager - DNA Creative Communications; pg. 598
Badenoch, Lachlan, Chief Strategy Officer - Carmichael Lynch; pg. 47
Bader, Jane, Digital Strategist - Hearts & Science; pg. 471
Badger, Madonna, Founder & Chief Creative Officer - Badger & Winters; pg. 174
Badger, McKenzie, Brand Manager - Mekanism; pg. 113
Badhorn-Hall, Michelle, Sales Manager - Media Partners, Inc.; pg. 486
Badowski, Steve, Vice President, Creative - Response Marketing; pg. 133
Badri, Hicham, Creative Director - Gestalt Brand Lab; pg. 76
Badwan, Ayman, Senior Digital Account Manager - Walker Sands Communications; pg. 659
Bae, Arlene, Senior Vice President & Group Management Director - FCB West; pg. 72
Baechler, John, President - Hanna & Associates ; pg. 81
Baehr, Abbie, Senior Vice President & Director, Strategy - North America - Momentum Worldwide; pg. 117
Baehr, Sarah, Co-Chief Investment Officer & Executive Vice President - Horizon Media, Inc.; pg. 474
Baena, Lina, Group Vice President, Public Relations - C-COM Group, Inc.; pg. 587
Baer, Brad, Director, Strategy - Bluecadet Interactive; pg. 218
Baer, Emma, Strategy Media Associate - Spark Foundry; pg. 510
Baer, Ian, Chief Strategy Officer - Rauxa; pg. 291
Baer, Jay, Founder & President - Convince & Convert; pg. 222
Baer, Joy, President & Chief Executive Officer - Strata; pg. 267
Baer, Kimberly, Principal & Owner - Kimberly Baer Design Associates; pg. 189
Baer, Megan, Junior Producer - Secret Weapon Marketing; pg. 139
Baesman, Rod, Chief Executive Officer - Baesman; pg. 167
Baesman, Tyler, Owner & President - Baesman; pg. 167
Baetens, Margo, Senior Account Executive, Publicity & Promotions - Allied Integrated Marketing; pg. 324
Baez, Maria, Account Manager - SHIFT Communications, LLC; pg. 647
Baeza, Nestor, Partner & President - XHIBITION; pg. 664
Bagapor O'Harrow, Tina, Owner & Principal - The Ad Store; pg. 148
Bagby, Michael, Creative Director, Retail Design - DoeAnderson Advertising ; pg. 352
Bagdadi, Karina, Copywriter - Markham & Stein; pg. 105
Bagdasarian, Steve, Assistant Vice President & General Manager, Advertising & Monetization - PCH / Media; pg. 534
Bagg, Gerald, Co-Chair - Quigley-Simpson; pg. 544
Baggett, Jacy, Digital Strategist - Lewis Communications; pg. 100
Baggio, Lisa, Broadcast & Print Media Specialist - EXL Media; pg. 465
Baghdasarian, Armen, General Manager, Content Marketing - Wpromote; pg. 678
Bagley, Andy, Account Representative - Signature Graphics; pg. 557
Bagley, Caitlin, Digital Marketing Strategist - All Points Digital; pg. 671
Bagley, Jason, Executive Director, Creative - Wieden + Kennedy; pg. 430
Bagley-Kane, Lorene, Senior Manager, Content - Blast! PR; pg. 584
Bagli, Ellie, Senior Vice President - Freeman Public Relations; pg. 606
Bagli, Megan, Social Media Manager - Elevation Marketing; pg. 67
Bagliani, Anthony, Creative Director - RDA International ; pg. 403
Baglione, Marissa, Senior Content Associate - Spark Foundry; pg. 508
Baglioni, Gianluca, Chief Finance Officer - North America - OMD; pg. 498
Baglivo, John, Chief Marketing Officer - Prophet; pg. 15
Bagno, Craig, Executive Vice President & Global Strategy Director - McCann New York; pg. 108
Baham, Mark, Senior Art Director - Petrol; pg. 127
Baharvar, Samantha, Vice President & Group Director, Connections Planning - Digitas; pg. 226
Bahcall, Jamie, Manager - Spark Foundry; pg. 510
Bahena, Claudia, Senior Buyer - Cramer-Krasselt; pg. 53
Bahlmann, Ashley, Senior Vice President & Group Media Director - Cramer-Krasselt ; pg. 53
Bahnasy, Reema, Co-Founder - The Hatch Agency; pg. 653
Bahnmueller, Lori, Partner & Director, Strategy - Brogan & Partners ; pg. 538
Bahnmuller, Gabrielle, Director, Human Resources & People Operations - Matte Projects; pg. 107
Bahr, Michael, Director, Marketing & Business Strategy - Phire Group; pg. 397
Baig, Aeysha, Senior Media Associate - Starcom Worldwide; pg. 516
Bailer, Sara, Partner & Group Planning Director - Wavemaker; pg. 529
Bailes, Jeff, Executive Vice President, Client Services - Icon Media Direct; pg. 476
Bailey, Adrian, Executive Creative Director -

PERSONNEL

AGENCIES

ModOp; pg. 251
Bailey, Amanda, Assistant, Media - MGH Advertising ; pg. 387
Bailey, Amy, Group Account Director - Gotham, Inc.; pg. 77
Bailey, Andrew, Associate Creative Director - The Martin Agency; pg. 421
Bailey, Andrew, Chief Executive Officer & Partner - The&Partnership; pg. 426
Bailey, Caitie, Manager, Graphic & Social Media - Red Moon Marketing; pg. 404
Bailey, Caleb, Media Buyer & Digital Strategist - Strategic America; pg. 414
Bailey, Chris, Product Specialist - GSD&M; pg. 79
Bailey, Christopher, President & Chief Executive Officer - Bailey Brand Consulting; pg. 2
Bailey, Cody, Chief Strategy Officer - Belo + Company; pg. 216
Bailey, Don, Senior Art Director - The Buntin Group; pg. 148
Bailey, Heather, Media Planner & Media Buyer - The Communications Group; pg. 149
Bailey, Heidi, Group Data, Analytics Strategy Director - The Integer Group - Dallas; pg. 570
Bailey, Jasmine, Media Planner - MediaCom; pg. 487
Bailey, Jason, Associate Media Director - Mediassociates, Inc.; pg. 490
Bailey, Jennifer, Web Marketing Strategist - Story Collaborative; pg. 414
Bailey, Jim, President & Chief Executive Officer - Red Moon Marketing; pg. 404
Bailey, Jonathan, Founder & Chief Relationships Officer - i.d.e.a.; pg. 9
Bailey, Kenetta, Senior Vice President, Marketing - Clear Channel Outdoor; pg. 550
Bailey, Kris, Vice President & Creative Director - Access; pg. 322
Bailey, Molly, Senior Art Director - TotalCom; pg. 156
Bailey, Rick, Principal & Owner - Richard Harrison Bailey Agency; pg. 291
Bailey, Ryan, Junior Art Director - EP+Co.; pg. 356
Bailey, Ryan, Director, Creative - Banowetz + Company, Inc.; pg. 36
Bailey, Tamara, Owner & Chief Financial Officer - Richard Harrison Bailey Agency; pg. 291
Bailey, Tony, Senior Vice President, Technology - Digitas; pg. 227
Bailey Berman, Anne, Chairman - Chadwick Martin Bailey; pg. 443
Bailin, Dan, Director of Client Strategy - The VIA Agency; pg. 154
Bailin Batz, Alison, Senior Account Executive - HMA Public Relations; pg. 614
Baillargeon, Isabelle, Vice President & Group Director - Touche!; pg. 520
Baillie, Clive, President & Chief Executive Officer - BLT Communications, LLC; pg. 297
Baillie, Marian, Director, Account - 6Degrees; pg. 321
Bailly, Nestor, Director, Strategy - Praytell; pg. 258
Baim, Julian, Chief Research Officer - GfK MRI; pg. 445
Bain, Sean, Account Director - NAS Recruitment Communications; pg. 667
Bainbridge, Dana, Founder & Director, Design - Roundhouse - Portland; pg. 408
Bainbridge, Mike, Executive Vice President & Business Leader - Sterling Brands; pg. 18
Baine, Emily, Media Supervisor - BCF; pg. 581
Bainer, Jordan, Associate Business Director - Mirum Agency; pg. 251
Baio, Chris, Account Executive & Strategist, Media - Whitemyer Advertising, Inc.; pg. 161
Baiocco, Rob, Chief Creative Officer & Co-Founder - BAM Connection; pg. 2
Baird, Kathy, Executive Vice President, Content & Social - Ogilvy Public Relations; pg. 634
Baird, Lisa, Regional Account Director - RPA; pg. 135
Baird, Rob, Founder & Chief Creative Officer - Preacher; pg. 129
Baird, Sam, Portfolio Manager - Universal McCann; pg. 428
Baird, Taylor, Account Executive - BBDO Worldwide; pg. 331
Baird, Todd, Senior Vice President, Strategy & Planning - Kelley Habib John Integrated Marketing; pg. 11
Baird , Ray, Founding Partner - BrandingBusiness; pg. 4
Baizen, Amanda, Vice President, Account Director - EP+Co.; pg. 356
Baj, Natalie, Director, Content & Social Media - Republica Havas; pg. 545
Bajan, Justin, Co-Founder & Creative Director - Familiar Creatures; pg. 71
Bajec, Dennis, Chief Creative Officer - IBM iX; pg. 240
Bajoris, Alex, Director, Development - Workhorse Marketing; pg. 433
Bajuyo, Christine, Senior Partner & Managing Director - Mindshare; pg. 494
Bak, Larry, President & Executive Creative Director - Elevate; pg. 230
Bakarich, Mary, Group Director, Strategy - Johannes Leonardo; pg. 92
Baker, Andrew, Vice President, Creative Technology - Cactus Marketing Communications; pg. 339
Baker, Ann Marie, Vice President - Design 446; pg. 61
Baker, Anne, Vice President - InkHouse Public Relations; pg. 615
Baker, Audrey, Coordinator, Communication - Full Court Press Communications; pg. 607
Baker, Ben, Vice President, Operations & Client Services - Anthologie; pg. 31
Baker, Bill, Director, Digital Strategy & Measurement - Wray Ward; pg. 433
Baker, Bill, Chief Executive Officer - The Lacek Group; pg. 270
Baker, Brandon, Social Media & Influencer Supervisor - SPM Communications; pg. 649
Baker, Brett, Group Creative Director - GSD&M; pg. 79
Baker, Caroline, Manager, Human Resource - Rasky Baerlein Strategic Communications, Inc.; pg. 641
Baker, Casey, Supervisor. Media - New & Improved Media; pg. 497
Baker, Chad, Vice President, Creative - Meyocks Group; pg. 387
Baker, Chris, Chief Strategy Officer - ADK Group; pg. 210
Baker, Coleen, Media Supervisor - Havas Media Group; pg. 470
Baker, Craig, Executive Vice President - Noble Marketing Group; pg. 569
Baker, Dallas, Vice President & Creative Director - H&L Partners; pg. 80
Baker, David, Director & Chief Executive Officer Emeritus - Think Shift, Inc.; pg. 270
Baker, Emily, Strategy Manager - Spark Foundry; pg. 508
Baker, Erica, Account Director - Firehouse, Inc.; pg. 358
Baker, Erica, Management Director - Saatchi & Saatchi Los Angeles; pg. 137
Baker, Gary, Owner, President & Executive Creative Director - Baker Brand Communications; pg. 2
Baker, Hayley, Co-Founder & Chief Financial Officer - Noble Marketing Group; pg. 569
Baker, James, Chief Technology Officer - Search Engine Optimization, Inc.; pg. 677
Baker, Jana, Manager, Content Marketing - Marchex, Inc.; pg. 675
Baker, Jeff, President, Creative Director & Owner - Image 4; pg. 187
Baker, Jeff, Co-Founder & President - Noble Marketing Group; pg. 569
Baker, Jeremy, Account Executive - CK Advertising; pg. 220
Baker, Jessica, Director, Brand - Preacher; pg. 129
Baker, Joann, Director, Broadcast Business Affairs - mcgarrybowen; pg. 110
Baker, John, Brand Planning Director - The Richards Group, Inc.; pg. 422
Baker, John, Business Development Manager - Starcom Worldwide; pg. 513
Baker, Jonathan, Partner - Baker Woodward; pg. 174
Baker, Kagan, Brand Manager - The Richards Group, Inc.; pg. 422
Baker, Kari, Vice President, Client Services - Phizzle, Inc.; pg. 534
Baker, Katelyn, Manager, Action Sports - 160over90; pg. 301
Baker, Kayla, Senior Account Executive - CK Advertising; pg. 220
Baker, Kristen, Vice President, Client Partner - Reprise Digital; pg. 676
Baker, Lance, Chief Financial Officer - Clean; pg. 5
Baker, Lauren, Director, Marketing Science - Hearts & Science; pg. 471
Baker, Laurie, Account Director - OutCold ; pg. 395
Baker, Lee, Partner - Baker Woodward; pg. 174
Baker, Maggie, Account Executive - Flynn Wright, Inc.; pg. 359
Baker, Marie, Director, Strategy - Litzky Public Relations; pg. 623
Baker, Matthew, Senior Vice President & Client Business Partner - J3; pg. 480
Baker, Melissa, Vice President & Partner, Integrated Investment - Universal McCann; pg. 521
Baker, Melissa, Digital Marketing Strategist - Destination Marketing; pg. 349
Baker, Mollie, Senior Art Director - Doug Carpenter & Associates, LLC; pg. 64
Baker, Olivia, Producer - Erich & Kallman; pg. 68
Baker, Peter, Senior Account Executive - Intersection; pg. 553
Baker, Philip, Chief Executive Officer - Staplegun Design, LLC; pg. 412
Baker, Phyllis, Senior Account Executive - Cooney, Watson & Associates; pg. 53
Baker, Rob, Creative Group Head & Writer - The Richards Group, Inc.; pg. 422
Baker, Russell, Chief Executive Officer - Wingard Creative; pg. 162
Baker, Santana, Coordinator, Media Activation - Essence; pg. 233
Baker, Scott, Founder & Chief Creative Officer - BAKER & Associates; pg. 174
Baker, Shannon, Partner & President - Gatesman; pg. 361
Baker, Stacy, Account Supervisor - Aloysius Butler & Clark; pg. 30
Baker, Tonya, Account Executive - Creative Energy, Inc.; pg. 346
Baker Kenny, Shannan, Account Manager - Woodruff; pg. 163
Baker-Asiddao, Jennifer, Executive Director - Golin; pg. 609
Bakewell, Melissa, Senior Media Planner - Carmichael Lynch; pg. 47

708

AGENCIES — PERSONNEL

Bakken, Blake, Associate Creative Director - Siegel & Gale; *pg.* 17
Bakker, Alex, Designer - Rethink Communications, Inc.; *pg.* 133
Bakker, Job, Creative Director - MediaMonks; *pg.* 249
Bakula, Morana, Vice President, Customer Experience - Bond Brand Loyalty; *pg.* 280
Balagna, Kelly, Executive Producer - Commonwealth // McCann; *pg.* 52
Balagno, Kyle, Owner & President - Myron Advertising & Design; *pg.* 119
Balagot, Paul, Chief Experience Officer & Managing Director - precisioneffect; *pg.* 129
Balaguer, Luis, President & Chief Executive Officer - Latin WE; *pg.* 298
Balanov, Danielle, Head, Business Affairs & Assistant Producer - Arnold Worldwide; *pg.* 33
Balardi, James, Client Operations Supervisor- Proctor & Gamble - Carat; *pg.* 459
Balash, Paul, President - Balash Advertising; *pg.* 35
Balcerak, Paul, Senior Social Media & Content Strategist - Copacino + Fujikado, LLC; *pg.* 344
Balch, Kate, Head, Production - Beautiful Destinations; *pg.* 38
Balcita, Joel, Group Director - Outdoor Media Group; *pg.* 554
Balcom, Kathy, Vice President, Sales - Stevenson Advertising ; *pg.* 144
Balcom, Mike, Vice President, Corporate Identity Division - All Star Incentive Marketing; *pg.* 565
Balcom, Stuart, President & Chief Executive Officer - Balcom Agency ; *pg.* 329
Baldanza, Jamie, Associate Creative Director - The Sawtooth Group ; *pg.* 152
Baldauf, Kathy, Associate Media Director, Broadcast - Brunner; *pg.* 44
Baldauf, Mark, Partner & Account Supervisor - Catalyst Advertising; *pg.* 48
Baldessarre, Christine, Associate Director, Planning - Mindshare; *pg.* 491
Baldez, Christie, Vice President, Business Development - The Barber Shop Marketing; *pg.* 148
Baldowski, Roger, Creative Director - FortyFour; *pg.* 235
Baldridge, Emily, Financial Director - Spurrier Group; *pg.* 513
Baldridge, Mark, Senior Account Manager - HughesLeahyKarlovic; *pg.* 372
Baldwin, Camille, Vice President, Brand & Founding Team - Pattern; *pg.* 126
Baldwin, Chamie, Chief Strategy Officer - Burns Group; *pg.* 338
Baldwin, Cory, Analyst, Planning & Optimization - OMD; *pg.* 500
Baldwin, Dennis, Founder & Managing Partner - The Grist; *pg.* 19
Baldwin, Eric, Executive Creative Director - Wieden + Kennedy; *pg.* 430
Baldwin, Erica, Account Supervisor - Porter Novelli; *pg.* 637
Baldwin, Jennifer, Senior Vice President & Director, Strategic Planning - Publicis North America; *pg.* 399
Baldwin, Jim, Creative Group Head & Art Director - The Richards Group, Inc.; *pg.* 422
Baldwin, Justin, Partnerships Manager - 4FRONT; *pg.* 208
Baldwin, Katie, Account Supervisor - Match Action Marketing Group; *pg.* 692
Baldwin, Lindsay, Senior Vice President & Director, Video & Broadcast - 22squared Inc.; *pg.* 319
Baldwin, Lori, Art Director - Infinity Direct; *pg.* 286
Baldwin, Suzanne, Senior Art Buyer - Dell Blue; *pg.* 60
Baldwin, Zach, Director, Creative Services - Action Integrated Marketing; *pg.* 322
Baldwin-Scarcliss, Alexis, Director, Business Operations, Program Management - Market Vision, Inc.; *pg.* 568
Bales, Mike, Creative Group Head & Writer - The Richards Group, Inc.; *pg.* 422
Baliat, Aileen, Senior Integrated Producer - TBWA \ Chiat \ Day; *pg.* 146
Baliban, Keiren, Associate Director - Spark Foundry; *pg.* 510
Baliber, Michael, Senior Vice President, Digital Innovation Director - HealixGlobal; *pg.* 471
Balicki, Chris, Managing Director - Chevrolet, North America - Commonwealth // McCann; *pg.* 52
Balicki, Olivia , Group Account Director - Heat; *pg.* 84
Balins, Ive, Vice President - Citizen Relations; *pg.* 590
Balisciano, Phil, Senior Interactive Producer - Curious Media; *pg.* 56
Balk, Charlie, Senior Account Manager - Likeable Media; *pg.* 246
Balkunas, Brian, Senior Associate, Technology & Activation - Spark Foundry; *pg.* 508
Ball, Ashley, Executive Vice President & Creative Director - Ackerman McQueen, Inc.; *pg.* 26
Ball, Bob, Senior Vice President & Executive Creative Director - Masterworks; *pg.* 687
Ball, Dakota, Coordinator, Account - Ocean Media, Inc.; *pg.* 498
Ball, Gavin, Account Supervisor - Junction59; *pg.* 378
Ball, Greg, Senior Account Executive - Brener Zwikel & Associates; *pg.* 586
Ball, Jennifer, Account Manager - Nimbus; *pg.* 391
Ball, John, Principal & Creative Director - MiresBall; *pg.* 14
Ball, Josh, Vice President & Group Business Director - Dagger; *pg.* 224
Ball, Kelly, Vice President - Pathfinders Advertising & Marketing Group, Inc.; *pg.* 126
Ball, Kevin, Paid Media Specialist - Anvil Media, Inc; *pg.* 671
Ball, Mardi, Manager, Accounting - HMH; *pg.* 86
Ball, Sarah, Manager, Event Services - The George P. Johnson Company; *pg.* 316
Ball, Steve, Owner & Chief Executive Officer - Pathfinders Advertising & Marketing Group, Inc.; *pg.* 126
Ball, Whitney, Vice President & Head, Talent - DDB San Francisco; *pg.* 60
Ballaine, Caroline, Director, Client Services - DNA Seattle; *pg.* 180
Ballantyne, Robert, Vice President & Director, Analytics - Performics; *pg.* 676
Ballard, Allison, Operations Manager - D3 Systems; *pg.* 56
Ballard, Caroline, Vice President & Director - Starcom Worldwide; *pg.* 513
Ballard, Dustin, Creative Group Head & Writer - The Richards Group, Inc.; *pg.* 422
Ballard, Joshua, Media Buyer - Knoodle Shop; *pg.* 95
Ballard, Morgan, Account Executive - Archetype; *pg.* 33
Ballard, Nadia, Product & Partnership Development - Net Conversion; *pg.* 253
Ballenger, Travis, Vice President, Client Development - True Media; *pg.* 521
Ballestero, Marcos, Vice President & Creative Director - Qorvis Communications, LLC; *pg.* 640
Ballesteros, Matt, Chief Executive Officer - Six Foot Studios; *pg.* 265
Ballew, Matt, Associate Creative Director - WongDoody; *pg.* 162
Balliet, Genine, Chief People & Business Solutions Officer - Targetbase Marketing; *pg.* 292
Balliett, Amy, Founder & Chief Executive Officer - Killer Visual Strategies; *pg.* 189
Ballou Calhoun, Katie, Owner & President - Calhoun & Company Communications; *pg.* 588
Balog, Robert, Group Creative Director - Heat; *pg.* 370
Balow, Erin, Senior Manager, Corporate Communications - Fahlgren Mortine Public Relations; *pg.* 70
Balows, Scott, Creative Director - mcgarrybowen; *pg.* 110
Balser, Blake, Brand Manager - The Richards Group, Inc.; *pg.* 422
Baltazar, Mark, Chief Executive Officer & Managing Partner - Broadstreet; *pg.* 43
Balter, Jessica, Vice President, Client Solutions - Publicis Toronto; *pg.* 639
Balter, Rick, Chief Operating Officer - Tinsley Advertising; *pg.* 155
Baltz, Emilie, Innovation Director - Tool of North America; *pg.* 564
Baltz, Phillip, President - Baltz & Company; *pg.* 580
Baluyot, Gerald, Digital Media Planner - Davis Elen Advertising; *pg.* 58
Balzano, Thiago, Associate Creative Director - AKQA ; *pg.* 212
Bamber, Lisa, Executive Vice President & Managing Director - Arnold Worldwide; *pg.* 33
Bamberger, Beck, Founder & Chief Executive Officer - BAM Communications; *pg.* 580
Bamford, Ellie, Head, Media - R/GA; *pg.* 260
Banasik, Kirk, Vice President, Building Products - Pipitone Group; *pg.* 195
Banasik, Nancy, Vice President & Strategic Account Planner - Pipitone Group; *pg.* 195
Banbury, Bella, Founding Partner - Emotive Brand; *pg.* 181
Banbury, Stephen, Strategist, Brand - Emotive Brand; *pg.* 181
Banca, Annette, Senior Vice President, Health & Wellsness - 5W Public Relations; *pg.* 574
Bancroft, Diane, Executive Vice President & Media Director - Strategic Media, Inc.; *pg.* 518
Band, Jacob, Senior Strategist - The Media Kitchen; *pg.* 519
Banda Ludden, Jennifer, Principal & Chief Financial Officer - The 360 Agency; *pg.* 418
Bandujo, Jose, President & Founder - Bandujo Donker & Brothers ; *pg.* 36
Bandy, Bree, Vice President, Brand Management & Operations - Ignited; *pg.* 373
Bandy, Megan, Director - Mindshare; *pg.* 494
Bandy, Susan, Partner - Bandy Carroll Hellige ; *pg.* 36
Banerjee, Mitali, Director, Strategy - Wunderman Health; *pg.* 164
Banerjee, Payel, Manager, Product & Data Strategy - Media Assembly; *pg.* 484
Banerjee, Sid, Vice Chairman, Founder & Chief Strategy Officer - Clarabridge, Inc.; *pg.* 167
Banerji, Trina, Lead, Programmatic Marketplace & Enterprise Partnerships- OMD Media Group - OMD; *pg.* 498
Banghart, Katie, Manager, Business Affairs - Saatchi & Saatchi Los Angeles; *pg.* 137
Banik, Ronda, Senior Vice President - Banik Communications; *pg.* 580
Banis, Jessica, Editor, Video & Associate Producer - Creative Resources Group, Inc.; *pg.* 55
Banisch, Al, Executive Vice President, New Product Strategy - Mattson; *pg.* 447

709

PERSONNEL   AGENCIES

Banister, Diana, President - Shirley & Banister Public Affairs; *pg.* 647
Banker, Brett, Group Business Director - Anomaly; *pg.* 325
Bankert, Kristen, Copywriter - St. John & Partners Advertising & Public Relations; *pg.* 412
Banks, Allyson, Associate Director, Strategy - OMD Canada; *pg.* 501
Banks, Brian, Vice President & Director, Digital Media - Davis Elen Advertising; *pg.* 58
Banks, Brian, Chief Financial Officer - Pierpont Communications, Inc.; *pg.* 636
Banks, Buck, Senior Vice President - Newman PR; *pg.* 632
Banks, Emily, Account Manager - rygr; *pg.* 409
Banks, Gina, Senior Vice President & Business Leader - Carat; *pg.* 461
Banks, Joey, Vice President & Director, Media - Right Place Media; *pg.* 507
Banks, Melissa, Agency Manager - blr further; *pg.* 334
Banks, Patchaya, Creative Director - Media Star Promotions; *pg.* 112
Banks, Rena, Operations, Resources Director - Kastner; *pg.* 94
Bankston, Erik, Head, Integrated Marketing - Cardenas Marketing Network; *pg.* 303
Bannasch, J.J., Senior Vice President, Marketing - Brand Value Accelerator; *pg.* 42
Bannerman, Larry, President - Trigger: Communications & Design; *pg.* 427
Bannon, Bonnie, Account Manager - Zorch; *pg.* 22
Bannon, Kristyn, Group Account Director - Jacobson Rost; *pg.* 376
Bannon, Megan, Vice President & Director, Strategy - Leo Burnett Worldwide; *pg.* 98
Banos-Karzian, Isabel, Media Supervisor - OMD West; *pg.* 502
Banowetz, Leon, President & Executive Creative Director - Banowetz + Company, Inc.; *pg.* 36
Banowetz, Molly, Partner - Banowetz + Company, Inc.; *pg.* 36
Banowsky, Caitlyn, Media Analytics - The Richards Group, Inc.; *pg.* 422
Banquer, Doug, Vice President & Creative Director - Sundberg & Associates ; *pg.* 200
Bansal, Amit, Director, Merkle Analytics - Merkle; *pg.* 114
Banting, Erin, Associate Director - No Fixed Address Inc.; *pg.* 120
Bantle, Kelly, Vice President - Pac / West Communications; *pg.* 635
Banzon, Jose, Executive Vice Presidnet, Client Engagement - WHITE64; *pg.* 430
Bappe, Mark, Director, Creative - CTP; *pg.* 347
Baptiste, Jim, Account Director - Matter Communications, Inc.; *pg.* 626
Baraczek, Susan, Vice President & Director, Client Services - Red Tettemer O'Connell + Partners; *pg.* 404
Baradat, Tony, President - Anthony Baradat & Associates; *pg.* 537
Baradell, Scott, President & Founder - The Idea Grove; *pg.* 654
Baran, Christina, Director, Agency Operations - Fuseideas, LLC; *pg.* 306
Baran, Roger, Creative Director - Goodby, Silverstein & Partners; *pg.* 77
Baranowski, Chris, Vice President, Financial - The Mars Agency; *pg.* 683
Baranowski, Mike, Director, Analytics - Nina Hale Consulting; *pg.* 675
Barany, Melissa, Executive Producer - VMLY&R; *pg.* 275
Barasch, Jane, Senior Partner & Strategic Planning Director - Wavemaker; *pg.* 526
Baratelli, Joe, Executive Vice President & Chief Creative Officer - RPA; *pg.* 134
Baratta, Melissa, Senior Vice President, Public Relations & Social Media - Affect; *pg.* 575
Barba Murphy, Kate, Vice President - Regan Communications Group; *pg.* 642
Barbacovi, Jason, Associate Creative Director - Deloitte Digital; *pg.* 224
Barbalinardo, Wendy, Senior Art Director - Colangelo Synergy Marketing, Inc.; *pg.* 566
Barbanera, Brittany, Media Supervisor - MediaCom; *pg.* 487
Barbara, Bridget, Digital Media Buyer & Planner - Young & Laramore; *pg.* 164
Barbas, Ranielle, Creative Director - Havas Sports & Entertainment; *pg.* 370
Barbash, Greg, Associate Director, Advertising Technology - Starcom Worldwide; *pg.* 517
Barbatelli, Victoria, Senior Director, CommunicationS - Goodby, Silverstein & Partners; *pg.* 77
Barbeau, Maggie, Media Planner - Local - Carat; *pg.* 461
Barbeau, Maggie, Media Planner, Local - Carat; *pg.* 461
Barbee, Brent, President - Conquer Media; *pg.* 52
Barbeln, Alison, Senior Account Manager - Carmichael Lynch; *pg.* 47
Barber, Alexandra, Account Director - Deckers Brands - Jellyfish; *pg.* 243
Barber, Charlotte, Strategist - Zulu Alpha Kilo; *pg.* 165
Barber, Craig, Vice President & Director - Posterscope U.S.A.; *pg.* 556
Barber, Dan, General Manager - Sacramento - FleishmanHillard; *pg.* 605
Barber, Jennifer, Media Buyer & Planner - Monahan Media; *pg.* 496
Barber, Kelly, Senior Search Planner - 26 Dot Two LLC; *pg.* 453
Barber, Nancy, Manager, Integrated Investment - Universal McCann Detroit; *pg.* 524
Barber, Paul, Vice President, Human Resources - Listrak; *pg.* 246
Barber, Peter, Executive Vice President, Business & Account Development - Lipman Hearne, Inc. ; *pg.* 381
Barber, Robert, Senior Associate & Director, Print Design - Russell Design; *pg.* 197
Barber, Susie, Productions Manager - Leading Edge Communications; *pg.* 97
Barbera, William, Executive Vice President, Sales - Van Wagner Sports Group; *pg.* 558
Barbercheck, Dan, President & Executive Creative Director - Red 7 E; *pg.* 132
Barbieri, Ken, Head, Business Development - SocialCode; *pg.* 688
Barbieri, Matt, Director, Information Technology - StayinFront; *pg.* 169
Barbosa, Renato, Director, Account - MullenLowe U.S. New York; *pg.* 496
Barbour, Christi, Channel Manager - Display - Lewis Media Partners; *pg.* 482
Barbour, Haley, Founder @ Partner - BGR Group; *pg.* 583
Barbour, Kristin, Junior Partner & Managing Director - Chicago - Camp + King; *pg.* 46
Barbour, Kristin, Account Director - AgencyEA; *pg.* 302
Barbour, Lyn, Media Planner - Riggs Partners; *pg.* 407
Barbush, J, Vice President & Creative Social Media Director - RPA; *pg.* 134
Barbuto, Angela, Account Director - 6Degrees; *pg.* 321
Barbuto, Gabrielle, Brand Director - Pereira & O'Dell; *pg.* 257
Barcia, Mike, Director, Digital Strategy - Davidson Belluso; *pg.* 179
Barciela, Carlos, Director, Production - Conill Advertising, Inc.; *pg.* 538
Barczyk, Victor, Senior Editor, Video - Forsman & Bodenfors; *pg.* 74
Bard, Nicole, Account Coordinator - RedPeg Marketing; *pg.* 692
Bardack, Mark, President - Ed Lewi Associates; *pg.* 599
Bardacke, Seth, Executive Producer - Grandesign; *pg.* 552
Barden, Adriana, Senior Account Manager - Callan Advertising Company; *pg.* 457
Barden, Jay, Associate Director, Media - Just Media, Inc.; *pg.* 481
Bardetti, Renzo, Chief Financial Officer & Chief Operating Officer - Brodeur Partners; *pg.* 586
Bardis, Eleni, Managing Partner & Executive Director - Bayer U.S Account Lead - MediaCom; *pg.* 487
Bardot, Christophe, Director, Print Design - Tanen Directed Advertising; *pg.* 416
Bardwell, Ed, Founder - Nimble Worldwide; *pg.* 391
Bare, Dale, Chief Executive Officer - Bare International; *pg.* 442
Bare, Michael, President & Owner - Bare International; *pg.* 442
Bare, Wade, Account Executive - Mering; *pg.* 114
Barefoot, Susie, Office Manager - Grayling USA; *pg.* 610
Barefoot-McGinnis, Brittany, Group Creative Director - Publicis Hawkeye; *pg.* 399
Barek, Rachel, Managing Director & General Manager - AKQA ; *pg.* 212
Bareng, Jonathan, Director, Broadcast Traffic - Palisades Media Group, Inc.; *pg.* 124
Baretz, Spencer, Founding Partner - Baretz + Brunelle; *pg.* 580
Barfell, Kelsey, Senior Manager, Web Analytics & Development - Markstein; *pg.* 625
Barg, Jason, Director, Client Insights - BIMM Direct & Digital; *pg.* 280
Barham, Nick, Global Chief Strategy Officer - TBWA \ Chiat \ Day; *pg.* 146
Baric, Ivana, Project Manager - Marketing By Design, Inc.; *pg.* 190
Barich, Kyle, Chief Executive Officer - The CDM Group; *pg.* 149
Baril, Amy, Executive Vice President, Neathawk360 - NDP; *pg.* 390
Barillas, Ronald, Digital Media Supervisor - USIM; *pg.* 525
Barin, Jeff, Owner - LaBelle Barin Advertising; *pg.* 379
Barineau, Ben, Principal & Creative Director - Blue Marble Media; *pg.* 217
Barineau, Cara, Principal & Creative Director - Blue Marble Media; *pg.* 217
Barish Blevins, Dani, Account Director, Integrated - Terri & Sandy; *pg.* 147
Barkan, Jennifer, Account Manager - Allison+Partners; *pg.* 577
Barker, Ami, Executive Vice President - Don Schaaf & Friends, Inc.; *pg.* 180
Barker, Bradley, Assistant Media Buyer - Carat; *pg.* 459
Barker, Catharine, Creative Director - MVP Marketing; *pg.* 390
Barker, Chad, Senior Director, Partnerships - Adpearance; *pg.* 671
Barker, Devyn, Vice President - Decker Royal Agency; *pg.* 596
Barker, Elizabeth, Vice President, Investor Relations - KCSA Strategic Communications; *pg.* 619

AGENCIES | PERSONNEL

Barker, Jenny, Vice President, Account Services - Reed Public Relations; *pg.* 642
Barker, John, Founder & Chief Idea Officer - BARKER; *pg.* 36
Barker, Thomas, Senior Vice President, Integration & Operations & Business Development - Greenhouse Agency; *pg.* 307
Barkett, Matt, Chief Client Officer - Dix & Eaton; *pg.* 351
Barkoff, Evan, Senior Copywriter - Droga5; *pg.* 64
Barkow, Stephanie, Senior Vice President, Insights & Planning - BVK; *pg.* 339
Barlog, Tim, Senior Vice President, Financial - Digitas; *pg.* 227
Barlow, Amelia, Senior Designer - Artefact; *pg.* 173
Barlow, Carrie Ann, Media Director - The NOW Group; *pg.* 422
Barlow, Carrie Ann, President - Barlow Media; *pg.* 455
Barlow, Colin, Global Chief Operating Officer - GroupM; *pg.* 466
Barlow, Kevin, Creative Director - Full Contact Advertising; *pg.* 75
Barlow, Sadie, Director, Integrated Media - Cogniscient Media/MARC USA; *pg.* 51
Barlow, Sean, Chief Creative Officer - Cundari Integrated Advertising; *pg.* 347
Barman, Neil, Senior Vice President & Senior Director, Corporate Practice - BCW New York; *pg.* 581
Barna, Ashley, Vice President, Digital Advertising & Search Engine Optimization - RepEquity; *pg.* 263
Barnard, Amy, Senior Vice President & Group Director, Business Leadership - Momentum Worldwide; *pg.* 117
Barnard, Christian, Chief Operating Officer - T3; *pg.* 268
Barnard, Janet, Group Account Director - OMD; *pg.* 498
Barnard, Rebecca, Partner & Executive Group Director - Ogilvy; *pg.* 393
Barnat, Rhonda, Managing Director - Abernathy MacGregor Group; *pg.* 574
Barner, Kirsten, Marketing Manager - Alliance Sales & Marketing; *pg.* 30
Barnes, Alyson, Vice President - Ketchum West; *pg.* 620
Barnes, Ben, Creative Director - Lenz, Inc.; *pg.* 622
Barnes, Beverly, President & Chief Executive Officer - SGW Integrated Marketing; *pg.* 410
Barnes, Brittany, Brand Manager - The Richards Group, Inc.; *pg.* 422
Barnes, Courtney, Director, Business Development - U.S. - Edelman; *pg.* 599
Barnes, David, Art Director - Jan Kelley Marketing; *pg.* 10
Barnes, Eric, Senior Vice President, Account Service - Brothers & Co.; *pg.* 43
Barnes, Jency, Associate Director, Media Technology - Digitas; *pg.* 227
Barnes, Jessica, Creative Director - Smashing Ideas; *pg.* 266
Barnes, Joey, Managing Director, Client Services - DEG Digital; *pg.* 224
Barnes, John, Vice President - Barnes Advertising Corporation; *pg.* 549
Barnes, Karyl Leigh, President - Tourism - Development Counsellors International, Ltd.; *pg.* 596
Barnes, Linda, Chief Executive Officer - Geonetric; *pg.* 237
Barnett, David, Director, Technology - The Price Group Inc.; *pg.* 152
Barnett, Emma, Art Director - Wieden + Kennedy; *pg.* 430
Barnett, Gabby, Media Buyer - MUDD Advertising; *pg.* 119
Barnett, Jason, Senior Vice President - Singer Associates; *pg.* 647
Barnett, Jonathan, Account Director - Cactus Marketing Communications; *pg.* 339
Barnett, Ken, Global Chief Executive Officer - The Mars Agency; *pg.* 683
Barnett, Kimberly, Vice President, Product Marketing - 360i, LLC; *pg.* 207
Barnett, Kirk, Manager, Commercial Sales - Communicorp, Inc.; *pg.* 52
Barnett, Marilyn, President - The Mars Agency; *pg.* 683
Barnett, Sarah, Director, Client Engagement - Three Five Two, Inc.; *pg.* 271
Barnett, Sharon, Manager, Business - Creative Energy, Inc.; *pg.* 346
Barnett, Stacie, Principal, Public Relations - The Richards Group, Inc.; *pg.* 422
Barney, Brennan, Creative Director - Shift Digital; *pg.* 265
Barney, Christine, Chief Executive Officer & Managing Partner - RBB Communications; *pg.* 641
Barney, Shelley, Project Management Director - Platinum Marketing Group; *pg.* 506
Barnhart, Jeffrey, President & Chief Executive Officer - Creative Marketing Alliance; *pg.* 54
Barnhart, Thomas, Vice President, Business Development - BrightWave Marketing, Inc.; *pg.* 219
Barnhart, Wes, Account Director - Sasquatch; *pg.* 138
Barnhill, Durk, Executive Director, Business Development - Landor; *pg.* 11
Barnum, Kalyn, Group Account Director - Commonwealth // McCann; *pg.* 52
Barnwell, Jay, President - Design and Production Incorporated; *pg.* 179
Barocas, Justin, Founding Partner - Anomaly; *pg.* 325
Barocas, Sari, Supervisor, Video Investment - Horizon Media, Inc.; *pg.* 474
Baroff, Jessica, Head, Paid Social - Powerphyl Media Solutions; *pg.* 506
Barofsky, Karen, Vice President, Accounts - Brustman Carrino Public Relations ; *pg.* 587
Barokas, Howie, Founder - Barokas Public Relations; *pg.* 580
Barokas, Karli, Chief Executive Officer - Barokas Public Relations; *pg.* 580
Baron, Andy, Creative Director - Turner Duckworth; *pg.* 203
Baron, Fabien, President - Baron & Baron, Inc.; *pg.* 36
Baron, Gary, Co-Founder & Chairman - True Incentive; *pg.* 571
Baron, Jodie, Senior Manager, National Promotions - Nissan United - TBWA \ Chiat \ Day; *pg.* 146
Baron, John, Founder & Chief Executive Officer - GBSM; *pg.* 607
Baron, Michael, Executive Creative Director - partners + napier; *pg.* 125
Baron, Peter, Founder & Principal - Carabiner Communications Inc.; *pg.* 588
Baron, Ruth, Senior Vice President - The Point Group; *pg.* 152
Baron, Sam, Director, Integration - Empower; *pg.* 355
Baron, Stefani, Advertising Manager - Laundry Service; *pg.* 287
Baronciani, Larry, Senior Art Director - Austin & Williams Advertising; *pg.* 328
Barone, Jerry, Vice President, Group Creative Director - The Motion Agency; *pg.* 270
Barone, Joe, Managing Partner, Brand Safety - Americas - GroupM; *pg.* 466
Barone, Olivia, Media Buyer - SwellShark; *pg.* 518
Barone-Donahue, Jennifer, Director, Integrated Media - Jay Advertising, Inc.; *pg.* 377
Baronofsky, Gary, Vice President, Media - DKC Public Relations; *pg.* 597
Barootes, Karen, Director, Human Resources & Administration - Grey Canada; *pg.* 365
Barossi, Cecilia, Senior Vice President, Media Relations - Active International; *pg.* 439
Baroutakis, Mary, Partner & Co-Owner - MBC Research; *pg.* 447
Barr, David, Co-Founder & Executive Vice President - Lyons Consulting Group; *pg.* 247
Barr, Devin, Account Director - MBT Marketing; *pg.* 108
Barr, Ian, Vice President & Director, Social Media & Innovation - Camp Jefferson; *pg.* 219
Barr, Jessica, Account Manager - Turner Duckworth; *pg.* 203
Barr, Karyn, Managing Director, Strategic Growth & Operations - Allison+Partners; *pg.* 576
Barr, Rahel, Account Manager - matmon.com; *pg.* 248
Barr, Steve, Chairman - Osborn & Barr Communications; *pg.* 395
Barr, Tom, Partner - Riggs Partners; *pg.* 407
Barrack, Rick, Founding Partner & Chief Creative Officer - CBX; *pg.* 176
Barrack, Stacey, Vice President, Advocacy & Policy - Howard Consulting Group; *pg.* 614
Barragan, Armando, Account Manager - Location3 Media; *pg.* 246
Barrans, Lisa, President - Proof Experiences; *pg.* 314
Barratt, John, President & Chief Executive Officer - Teague; *pg.* 201
Barraza, Walter, Co-Founder & Creative Director - WALO Creative, Inc.; *pg.* 161
Barre, Brittany, Account Supervisor - Wunderman Thompson; *pg.* 434
Barre, Vita, Associate Media Director, Consumer - CJRW; *pg.* 590
Barreira, Teresa, Global Chief Marketing Officer & Senior Vice President - Publicis.Sapient; *pg.* 259
Barrena, Montse, Executive Vice President & Group Account Director - Deutsch, Inc.; *pg.* 350
Barrera, Jackie, Director, Broadcast Media Buying - Asher Media; *pg.* 455
Barreras, Alejandro, Creative Director - Pinta USA, LLC; *pg.* 397
Barreras, Desiree, Vice President & Group Partner, Portfolio Management - Universal McCann; *pg.* 521
Barrett, Bruce, Co-President & Partner - Barrett Outdoor Communications; *pg.* 549
Barrett, Chris, Vice President - Mustang Marketing; *pg.* 390
Barrett, Erica, Senior Vice President & Group Media Director - Spark Foundry; *pg.* 510
Barrett, Gavin, Chief Creative Officer, Owner & Founding Partner - Barrett and Welsh; *pg.* 36
Barrett, Jamie, Founder & Executive Creative Director - barrettSF; *pg.* 36
Barrett, Jim, Digital Project Manager - Envisionit Media, Inc.; *pg.* 231
Barrett, John, Co-President & Partner - Barrett Outdoor Communications; *pg.* 549
Barrett, Julia, Digital Media Director, Sephora - dentsuX - Carat; *pg.* 459
Barrett, Kim, Vice President ,Corporate Development - MKTG INC; *pg.* 311
Barrett, Leslie, Managing Partner - Goodby, Silverstein & Partners; *pg.* 77
Barrett, Leslie, Managing Director - Serino

PERSONNEL — AGENCIES

Coyne, Inc.; *pg.* 299
Barrett, Mike, President - Heat; *pg.* 84
Barrett, Trey, Chief Operating Officer - Inuvo, Inc.; *pg.* 90
Barrett, Tricia, Vice President, Operations - Crowley Webb & Associates; *pg.* 55
Barrette, Stacey, Associate Director, Project Management - Publicis.Sapient; *pg.* 259
Barrie, Bob, Partner & Executive Creative Director - Rise and Shine and Partners; *pg.* 134
Barrie, Neil, Co-Founder & Managing Partner - Twenty-First Century Brand; *pg.* 157
Barrientos, Sergio, Chief Strategy Officer - M8; *pg.* 542
Barriero, Kristina, Associate Media Director - DWA Media; *pg.* 464
Barrineau, David, Director, Creative - AKA NYC; *pg.* 324
Barrington-Light, Iain, Founder & Chief Executive Officer - Ralph; *pg.* 262
Barrios, Nick, Vice President & Creative Director - Digitas; *pg.* 226
Barrios, Raymond, Associate Director, Creative - Dailey & Associates; *pg.* 56
Barritt, Tom, Partner & Managing Director, Communications Training Network - Ketchum; *pg.* 542
Barron, Courtney, Senior Associate Planner - Mindshare; *pg.* 491
Barron, David, Chief Financial & Operating Officer - Manifest; *pg.* 248
Barron, Kate, Manager, Business Leadership - Momentum Worldwide; *pg.* 117
Barron, Meghan, Associate Director - Optimum Sports; *pg.* 394
Barron, Meredith, Principal - Boathouse Group, Inc.; *pg.* 40
Barron, Scott, Supervisor, Digital Planning & Activation - Carat; *pg.* 459
Barron, Walt, Chief Strategy Officer - McKinney; *pg.* 111
Barros, Liz, Manager, Human Resource - Publicis Toronto; *pg.* 639
Barrow, Adrian, Executive Strategy Director - R/GA; *pg.* 261
Barrow, Alecia, Associate Media Director - 22squared Inc.; *pg.* 319
Barrows, Lena, Director, Creative - Wieden + Kennedy; *pg.* 432
Barrutia, Elizabeth, Founder, President & Chief Executive Officer - BARU Advertising; *pg.* 538
Barry, Alex, Vice President & Director, Programmatic Strategy - Havas Media Group; *pg.* 470
Barry, Courtney, Group Director, Production - T3; *pg.* 268
Barry, Ian, Chief Creative Officer - LaneTerralever; *pg.* 245
Barry, Jennifer, Managing Director - Zapwater Communications; *pg.* 664
Barry, John, Operations Manager - McDonald Marketing; *pg.* 543
Barry, Julie, Senior Media Planner - CMI Media, LLC; *pg.* 342
Barry, Michelle, Account Executive - Link Media Outdoor; *pg.* 553
Barry, Patty, Principal - Matter Communications, Inc.; *pg.* 626
Barry, Richard, Senior Consultant - Public Communications, Inc.; *pg.* 639
Barry, Steve, Managing Director - Madwell; *pg.* 103
Barry Jones, Barbara, Manager, Print Production - The Integer Group - Dallas; *pg.* 570
Barry-Ipema, Cathy, Senior Vice President, Health Practice - Edelman; *pg.* 600
Barsanti, Vincenz, Senior Client Success Manager - Kenshoo; *pg.* 244
Barsky, Dani, Associate Director, Media - CMI Media, LLC; *pg.* 342
Barsky, Jessica, Vice President & Director, Insights - Golin; *pg.* 610
Barsotti, Justin, Director, Research & Insights - Catalysis; *pg.* 340
Barsoumian, Leon, Senior Vice President, Strategy & Analysis - Digitas; *pg.* 226
Barsuhn, Rochelle, Chief Financial Officer - Barsuhn Design; *pg.* 174
Barsuhn, Scott, Chief Creative Officer - Barsuhn Design; *pg.* 174
Bart, Aaron, Vice President, Creative Services - 3Q Digital; *pg.* 671
Bartch, Karen, Art Director - Cain & Co.; *pg.* 588
Bartecki, Holly, Senior Vice President, Creative Strategic Development - Jasculca / Terman & Associates ; *pg.* 616
Bartek, Lizzie, Brand Planning Director - Cramer-Krasselt ; *pg.* 53
Bartel, Jeff, Principal & Executive Art Director - Nemo Design; *pg.* 193
Bartel, Jim, Managing Director - Bonfire Labs; *pg.* 175
Bartel, Matt, Manager, Portfolio Management - Universal McCann; *pg.* 524
Barth, Cristin, Director, Content - Allen & Gerritsen; *pg.* 29
Bartholemy, Shannon, Director, Digital Strategy - Ocean Media, Inc.; *pg.* 498
Bartholin, Philippe, Vice President - Global Communicators; *pg.* 608
Bartholomew, Alexandra, Senior Media Planner - Allen & Gerritsen; *pg.* 29
Bartholomew, Betsy, Media Director - Integrity; *pg.* 90
Bartholomew, Betsy, Partner & Account Manager - Launch Advertising; *pg.* 97
Bartholomew, Marc, Vice President & Group Director - Posterscope U.S.A.; *pg.* 556
Bartholomew, Samantha, Manager, Communications - FRESH Communications; *pg.* 606
Bartholomew, Tom, Executive Vice President & Director, Media & Fulfillment - ICON International, Inc.; *pg.* 476
Bartle, Lori, President - Mering; *pg.* 114
Bartlett, Brooke, Vice President, Digital - Think Motive; *pg.* 154
Bartlett, Charlie, Manager, Video Investment - MediaCom; *pg.* 487
Bartlett, Renata, eCommerce Account Coordinator - Acumium, LLC; *pg.* 210
Bartlett, Steven, Co-Chief Executive Officer - Social Chain; *pg.* 143
Bartlett Piland, Martha, President & Chief Executive Officer - MB Piland; *pg.* 107
Bartley, Scott, Partner & Creative Director - Bartley & Dick Advertising; *pg.* 37
Bartman, Heather, Account Supervisor - Fahlgren Mortine Public Relations; *pg.* 70
Bartnovsky, Sasha, Director, Trading Desk - Mindshare; *pg.* 491
Barto, Josh, Associate Creative Director - Publicis Hawkeye; *pg.* 399
Barto, Melissa, Director - Canvas Blue; *pg.* 47
Barto, Pat, Manager, Traffic & Production - Love & Company; *pg.* 101
Bartoe, Desiree, Vice President & Group Account Director - Gatesman; *pg.* 361
Bartoli, Caterina, Executive Vice President - The Media Kitchen; *pg.* 519
Bartoli, Pietro, Vice President & Director, Programmatic - Digitas; *pg.* 227
Bartolini, Melissa, Senior Vice President & Chief Strategy Officer - Republica Havas; *pg.* 545
Bartolini, Robin, Creative Director - Vitro Agency; *pg.* 159
Bartolo, Don, President & Chief Executive Officer - db&m media; *pg.* 349
Bartolomeo, John, Managing Partner - Clark, Martire, Bartolomeo; *pg.* 443
Bartolomeu, Catrinel, Head, Editorial - Duarte; *pg.* 180
Bartolotta, Sophie, Senior Account Executive - Akrete; *pg.* 575
Barton, Donna, Associate Media Director - The Johnson Group; *pg.* 420
Barton, Doug, President & Partner - Trone Brand Energy, Inc.; *pg.* 427
Barton, Hailey, Digital Media Director - Serino Coyne, Inc.; *pg.* 299
Barton, Jake, Principal & Founder - Local Projects; *pg.* 190
Barton, Kathleen, Senior Vice President, Digital Strategy - ISM, Inc.; *pg.* 168
Barton, Kurtis, Vice President, Sales Strategy - Voice Media Group; *pg.* 526
Barton, Melissa, Creative Director - The Mars Agency; *pg.* 683
Barton, Ross, Associate Director, Project Management - Ologie; *pg.* 122
Barton, Will, Senior Account Manager - GroundTruth.com; *pg.* 534
Bartorillo, John, President - Maslow Lumia Bartorillo Advertising; *pg.* 106
Bartos, Lainey, Supervisor, Video Activation - Vizeum; *pg.* 526
Bartoszewicz, Sandra, Chief Financial Officer - E. W. Bullock Associates; *pg.* 66
Bartow, Kate, Supervisor, Experiential & Partnership Marketing - Lexus - Team One; *pg.* 418
Bartsch, Erica, Managing Director - Sloane & Company; *pg.* 647
Bartucci, Samantha, Account Director - OMD; *pg.* 500
Bartucci-Ware, Jessica, Director, Strategy - Spark Foundry; *pg.* 510
Bartuch, Karen, Director, Research & Strategy - Sandstorm Design; *pg.* 264
Bartumioli, Diana, Associate Director, Media Investment - MediaCom; *pg.* 487
Bartyzel, Sean, Executive Vice President, Business Development - Koeppel Direct; *pg.* 287
Bartz, Catherine, Channel Engagement Director - Lewis Communications ; *pg.* 100
Bartz, Victoria, Director, Project Management - SixSpeed; *pg.* 198
Barufkin, Phill, Executive Director & Marketing Strategy Leader - Bader Rutter & Associates, Inc. ; *pg.* 328
Barwa, Josh, Vice President, Sales & Marketing - BFO; *pg.* 217
Barwick, Alex, Group Media Director - Wieden + Kennedy; *pg.* 430
Barwis, Jane, Founder & President - Brand Resources Group; *pg.* 3
Barzilay, Daphna, Vice President, Partnerships & Brand Development - Brandman Agency; *pg.* 585
Barzizza, Tom, President, Archer Malmo Retail - Archer Malmo; *pg.* 32
Bascom, Rachel, Manager, Content & Writer - 97th Floor; *pg.* 209
Bascom, Sarah, President - Bascom Communications & Consulting LLC; *pg.* 580
Baseford, Samantha, Associate Media Director - RPA; *pg.* 134
Basford, Matt, Partner - Beyond; *pg.* 217
Bash, Jonathan, Senior Account Executive - Brown Miller Communications, Inc.; *pg.* 587
Basham, Debbie, Senior Vice President & Director, Audio & Video Investment - Mediahub Winston Salem; *pg.* 386

712

AGENCIES / PERSONNEL

Bashford Jackson, Brandi, Media Director - O'Brien Et Al. Advertising; *pg.* 392

Basil, Justine, Strategist - 72andSunny; *pg.* 24

Basil, Nicholas, Web Developer - Austin & Williams Advertising; *pg.* 328

Basile, Maria, Art Director - CDHM Advertising, Inc.; *pg.* 49

Basile, Meghan, Associate Media Director - Bader Rutter & Associates, Inc. ; *pg.* 328

Basile, Traci, Manager, Studio Operations, Account & Project - EastWest Marketing Group; *pg.* 353

Basile, Victor, Senior Vice President & Director, Print & Art Production - Publicis North America; *pg.* 399

Basillo, Daina, Vice President, Client Operations - Kovak-Likly Communications; *pg.* 620

Baskel, Jennifer, Senior Vice President & Director, Talent & Human Resource - Edelman; *pg.* 353

Basker, Jane, Art Support - Pathfinders Advertising & Marketing Group, Inc.; *pg.* 126

Baskerville, Jennifer, Vice President & Managing Director - Qorvis Communications, LLC; *pg.* 640

Baskerville, Lark, Senior Vice President - RPA; *pg.* 134

Baskin, Laurie, Senior Vice President, Account Leadership - 360i, LLC; *pg.* 207

Baskin, Pat, Managing Director - CKC Agency; *pg.* 590

Baskin, Steve, President & Chief Strategy Officer - Tribe, Inc.; *pg.* 20

Baskind, Tori, Digital Fundraising Strategist - Media Cause; *pg.* 249

Basone, Pam, Partner & Vice President - Integrated Marketing Solutions; *pg.* 89

Bass, Austin, Creative Director - Bass Advertising; *pg.* 37

Bass, Benjamin, Planning Director - BBDO Worldwide; *pg.* 331

Bass, Jason, Managing Director, Client Engagement - VMLY&R; *pg.* 274

Bass, Will, President - Bass Advertising; *pg.* 37

Basse, Mike, Creative Director - Bader Rutter & Associates, Inc. ; *pg.* 328

Bassett, Bethany, Senior Vice President - Rasky Baerlein Strategic Communications, Inc.; *pg.* 641

Bassett, Peter, Managing Director, Technology & Integrated Production - David&Goliath; *pg.* 57

Bassett, Steve, Senior Vice President & Group Creative Director - The Martin Agency; *pg.* 421

Bassett, Susan, Vice President - Corporate Ink Public Relations; *pg.* 593

Bassik, Michael, Chief Executive Officer - MDC Media Partners - MDC Partners, Inc.; *pg.* 385

Bassik, Michael, Chief Executive Officer - Yes and Company; *pg.* 436

Bassine, David, Copywriter - RPA; *pg.* 134

Bassinson, Oscar, Creative Director & Vice President - Intermedia Advertising; *pg.* 375

Bassiri, David, Senior Vice President & Director, Operations - Jack Morton Worldwide; *pg.* 308

Basso, Greg, Managing Partner - Basso Design Group; *pg.* 215

Bassounas, John, Partner & Client Services Director - quench; *pg.* 131

Bast, Andrew, Chief Strategy Officer - Greater Than One; *pg.* 8

Bast, Sarah, Group Vice President - Publicis Health Media; *pg.* 506

Basta, Amy, Director, Media & Analytics - Planit; *pg.* 397

Basten, Zach, Senior Art Director - Arc Worldwide; *pg.* 327

Bastian, Matthew, President & Chief Executive Officer - ICS Corporation; *pg.* 285

Basu, Neha, Senior Manager, Strategy & Operations - Branded Entertainment Network, Inc.; *pg.* 297

Batac, Colleen, Specialist, Media Planner & Paid Social - Universal McCann; *pg.* 428

Bataille, Stacy, Senior Vice President - Coyne Public Relations; *pg.* 593

Batalis, Chris, President - Heptagon, Inc.; *pg.* 84

Batalis, Tim, Vice President - Heptagon, Inc.; *pg.* 84

Batavia, Jay, Vice President, Sponsorship Consulting, Sports & Equipment - Momentum Worldwide; *pg.* 117

Batchelor, Jacqueline, Supervisor, Social - Starbucks - Spark Foundry; *pg.* 512

Batchelor, Ken, Executive Vice President, Licensing - DMI Music & Media Solutions; *pg.* 567

Batchler, Katy, Director, Integration - Empower; *pg.* 354

Bate, Kevin, Senior Director, Business Development - Simpleview, Inc.; *pg.* 168

Bateast, Rachel, Director, Strategic Planning - The Mars Agency; *pg.* 683

Bateman, Margaret, Partner & Senior Strategist - Calder Bateman Communications; *pg.* 339

Bateman, Nicole, Senior Vice President, Marketing Strategies & Executive Director, Planning - The Bohan Agency; *pg.* 418

Bateman, Patti, Director, Design - HMH; *pg.* 86

Batenhorst, Julia, Group Engagement Director - Huge, Inc.; *pg.* 240

Bates, Amanda, Vice President - Curve Communications; *pg.* 347

Bates, Barbara, Chief Executive Officer - Hotwire PR; *pg.* 614

Bates, Bart, Senior Director, Email Programs - BrightWave Marketing, Inc.; *pg.* 219

Bates, Bradley, Creative Director - AFG&; *pg.* 28

Bates, Chuck, Director, Public Relations - dgs Marketing Engineers; *pg.* 351

Bates, Chuck, Co-Founder & Creative Director - Bates Design; *pg.* 174

Bates, Courtney, Digital Media Buyer - Nebo Agency, LLC; *pg.* 253

Bates, Gabriella, Branded Content Associate - MediaCom; *pg.* 487

Bates, Hallie, Associate Media Director - Merkley + Partners; *pg.* 114

Bates, Lindy, Engagement Director - Huge, Inc.; *pg.* 240

Bates, Sarah May, Creative Director - Honda - RPA; *pg.* 134

Bates, Sheri, Principal, Print Communications & Digital - Selbert Perkins Design Collaborative; *pg.* 198

Bates, Stephanie, Director, Client Services - rEvolution; *pg.* 406

Bates, Suzanne, Co-Founder, Art Director & Senior Designer - Bates Design; *pg.* 174

Bath, Gurjit, Director, New Business Development - Active International; *pg.* 439

Bathe, Emily, Senior Media Planner - FRWD; *pg.* 235

Batheja, Ankit, Senior Digital Project Manager - RightPoint; *pg.* 263

Batinich, Cassie, Director - Weber Shandwick; *pg.* 660

Batista, Adhemas, Executive Vice President & Head, Design - Deutsch, Inc.; *pg.* 350

Batista, Jasmine, Senior Art Producer - BBDO Worldwide; *pg.* 331

Batista, Katheryn, Account Executive - Energy BBDO, Inc.; *pg.* 355

Batista, Michael, Creative Director, Motion - MOD Worldwide; *pg.* 192

Batka, Jennifer, Media Planning Director - Essence; *pg.* 232

Batliner, Julie, President & Managing Partner - Carmichael Lynch; *pg.* 47

Batrouney, Geoffrey, Executive Vice President & Chief Operating Officer - Estee Marketing Group; *pg.* 283

Battaglia, Alanna, Director, Strategic Planning - Mindshare; *pg.* 491

Battat, Kathy, Operations & Program Manager - Brand Zoo Inc.; *pg.* 42

Battat, Phil, Principal - Brand Zoo Inc.; *pg.* 42

Batten, Andrew, Senior Director, Marketing Analytics & BI - Red Door Interactive; *pg.* 404

Batterson, Steve, Associate Director, Brand Strategy - Simple Truth; *pg.* 198

Batterton, Sue, Creative Group Head & Writer - The Richards Group, Inc.; *pg.* 422

Batti, Bruce, President & Owner - Jeffrey-Scott Advertising; *pg.* 377

Batti, Wendy, Chief Financial Officer - Jeffrey-Scott Advertising; *pg.* 377

Battista, Mark, Managing Director - GYK Antler & Chief Brand Officer - York Creative Collective - GYK Antler; *pg.* 368

Battisti, Michael, Account Executive - Havas PR; *pg.* 612

Battistini, Angela, Senior Vice President, Brand Services - Alma; *pg.* 537

Battistini, John, Vice President & Creative Director - Edelman; *pg.* 599

Battle, Nikki, Digital Marketing Specialist - Elevation Marketing; *pg.* 67

Battles, Jacqueline, Senior Vice President - Zeno Group; *pg.* 664

Battrick, David, Vice President, Digital - The Integer Group; *pg.* 682

Batuszkin, Margaret, Director, Communications - Cowan & Company Communications; *pg.* 593

Batuyong, Shelly, Senior Design Director - Thinkso Creative LLC; *pg.* 155

Baty, Jack, Owner - Fusionary Media, Inc. ; *pg.* 236

Baudenbacher, Beat, Principal & Chief Creative Officer - loyalkaspar; *pg.* 12

Bauer, Bob, Associate Buying Director - MARC USA; *pg.* 104

Bauer, Carly, Media Director - Dalton Agency; *pg.* 348

Bauer, Dave, Group Director, Programmatic & Ad Tech - Crossmedia; *pg.* 463

Bauer, Gregg, Executive Creative Director - The William Mills Agency; *pg.* 655

Bauer, Jay, Creative Director - Insight Creative, Inc.; *pg.* 89

Bauer, Jonny, Global Chief Strategy Officer - Droga5; *pg.* 64

Bauer, Kimberly, Senior Media Analyst - AKQA; *pg.* 211

Bauer, Lauri, Executive Director, Media - Mediahub Winston Salem; *pg.* 386

Bauer, Liz, Creative Director, Interactive Media - RSD Marketing; *pg.* 197

Bauer, Mary Ann, Partner - Visionmark USA; *pg.* 204

Bauer, Matthew, Co-Founder - Rosewood Creative; *pg.* 134

Bauer, Mollie, Manager, Public Relations & Events - Fraser Communications; *pg.* 540

Bauer, Samuel, Media Planner - Toyota - Burrell Communications Group, Inc. ; *pg.* 45

Bauer Fabean, Karen, Principal & Chief Operating Officer - Dunn Associates; *pg.* 598

PERSONNEL   AGENCIES

Bauer Mas, Lauren, Brand Sponsorship & Social Media Leader - Deloitte Digital; pg. 225

Baugham, Leigha, Director, Social Media Strategy - MRM//McCANN; pg. 289

Baughan, Peter, Vice President, Communications - Foodmix Marketing Communications; pg. 359

Baughman, Kathy, President - ComBlu; pg. 691

Baughman, Terry, Brand Experience Group Head - Latitude; pg. 379

Baum, Chrissy, Vice President - ShopPR; pg. 647

Baum, Dan, Chief Executive Officer - Multiply; pg. 630

Baum, Harris, Manager, Growth & Development - R/GA; pg. 260

Baum, Jeff, Director, Services - Hanapin Marketing; pg. 237

Baum, Jessica, Media Director - Traction Corporation; pg. 271

Baum, Melissa, Supervisor, Integrated Publishing - Dentsu Aegis Publishing - 360i, LLC; pg. 320

Baum, Rebecca, Account Executive - Ocean Media, Inc.; pg. 498

Bauman, Christian, Partner & Chief Creative Officer - Health4Brands Chelsea; pg. 83

Bauman, Marty, Owner & President - Classic Communications; pg. 591

Bauman, Nicholas, Senior Copywriter - Droga5; pg. 64

Bauman, Scott, Executive Vice President - Greenough Communications; pg. 610

Baumander, Sandra, Art Director - Publicis Toronto; pg. 639

Baumann, Cindy, Creator, Opportunities - Amperage; pg. 30

Baumann, Cynthia, Creator, Opportunities - Amperage; pg. 325

Baumann, Michelle, Senior Vice President & Head, Business Analytics - Geometry; pg. 363

Baumel, Britt, Operations Director - Aletheia Marketing & Media; pg. 454

Baumert, Andreas, Group Creative Director - Forsman & Bodenfors; pg. 74

Baumgarten, Eric, Executive Vice President - VMLY&R; pg. 275

Baumgarten, Libbey, Senior Vice President - Jennifer Bett Communications; pg. 617

Baumgartner, Beth, Brand Leader - Doner Media Assembly; pg. 385

Baumgartner, Beth, Head, Brand - Doner; pg. 63

Baumgartner, Keith, Associate Media Director - Connect at Publicis Media; pg. 462

Baures, Chad, Senior Expert, Digital Media - FRWD; pg. 235

Bauserman, Jim, Owner - Foundry; pg. 75

Bausman, Becky, Senior Vice President, Strategy - Duarte; pg. 180

Bautista, Jed, Creative Asset Manager - HBO - Hearts & Science; pg. 471

Bautista, Matthew, Vice President, Media Relations - M Booth & Associates, Inc. ; pg. 624

Bautista, Shaleena, Account Executive - Ocean Media, Inc.; pg. 498

Bauvey, Carine, Partner & Co-Chief Executive Officer - MA3 Agency; pg. 190

Bawab, Farah, Digital Strategist - Magic Logix; pg. 382

Bawab, Hassan, Founder & Chief Executive Officer - Magic Logix; pg. 382

Bawden, Mike, Partner - Bawden & Lareau Public Relations; pg. 685

Baxter, Andrea, Senior Strategist, Search - Global Strategies; pg. 673

Baxter, Ann, Business Development Manager - Yamamoto; pg. 435

Baxter, Barney, Business Director - TBWA \ Chiat \ Day; pg. 416

Baxter, Barney, Group Account Director - ROKKAN, LLC; pg. 264

Baxter, Brooke, President - mna|bax; pg. 192

Baxter, Daniel, Director, Strategy Planning - Sandstrom Partners; pg. 198

Baxter, Diane, Office Manager - Thoma Thoma Creative; pg. 155

Baxter, Mat, Global Chief Executive Officer - Initiative; pg. 477

Baxter, Ryan, Chief Operating Officer - CSM Production; pg. 304

Baxter, Steve, Executive Vice President, Marketing Services - Ovative Group; pg. 256

Bay, Douglas, Director, Client Services - MarketStar Corporation; pg. 383

Bayaca, Chris, Director, Media - Petrol; pg. 127

Bayan, Andrew, Marketing Communications Manager - NCH Marketing Services; pg. 568

Bayas, Maria, Digital Account Strategist - R&J Strategic Communications; pg. 640

Baybutt, Jennifer, SEO & SEM Manager - Padilla; pg. 635

Bayer, Bike, Director, Creative - Air Paris New York; pg. 172

Bayer, Jesse, Senior Vice President & Group Strategy Director - DDB Chicago; pg. 59

Bayer, Kristin, Senior Account Executive - Zizzo Group Advertising & Public Relations; pg. 437

Bayer, Matt, Executive Director & Head, Data & Media Sourcing - Crossmedia; pg. 463

Bayham, Jake, Strategy Director - Butler, Shine, Stern & Partners; pg. 45

Baykian, Charlotte , Coordinator, Print - Starcom Worldwide; pg. 513

Baylis, Ashley, Associate Director - Initiative; pg. 477

Bayliss, Peggie, Assistant Vice President, Contract Services & Support - Ansira; pg. 280

Bayne, Bill, Group Creative Director - GSD&M; pg. 79

Bayne, Suzanne, Senior Account Planner - True Media; pg. 521

Bayne, Tim, Executive Vice President & Executive Creative Director - BBDO Worldwide; pg. 331

Baynham, Maggie, eCommerce Manager - FortyFour; pg. 235

Bayona, Julia, Partner & Associate Director, Learning & Development - Neo Media World; pg. 496

Bays, Cameron, Senior Vice President - WE Communications; pg. 660

Bayson, Jeff, Executive Creative Director - GMR Marketing; pg. 306

Bazadona, Damian, Founder & President - Situation Interactive; pg. 265

Baze, Zachary, Chief, Data Strategy - Epsilon; pg. 283

Bazluke, Paula, Partner, Vice President & Media Director - HMC 2; pg. 371

Bazzinotti, Nicole, Senior Producer, Interactive - Droga5; pg. 64

Bea, Danger, Creative Director - BBH; pg. 37

Bea Damico, Mary, President - Voveo Marketing Group ; pg. 429

Beach, Bob, Vice President, Creative Services - J.T. Mega, Inc.; pg. 91

Beach, Crista, Associate Media Director - Mindshare; pg. 495

Beach, Guy, Global Chief Financial Officer - IPG MediaBrands; pg. 480

Beach, Julie, Communications Specialist - M45 Marketing Services; pg. 382

Beach, Lauren, Executive, Business Development - GYK Antler; pg. 368

Beach, Max, Partner & Chief Operating Officer - Linespace; pg. 189

Beach, Tim, Associate Media Director - Cossette Media; pg. 345

Beach-Catton, Leslie, Senior Account Executive - Derse, Inc.; pg. 304

Beacher, Seth, Supervisor, Media & Communications Planning - dentsu X; pg. 61

Beachy, Laura, Co-Founder, Communications - Beachy Media; pg. 216

Beadling, Jennifer, Account Manager & Account Manager Team Lead - DDM Marketing & Communications; pg. 6

Beakbane, Tom, President - Beakbane Marketing, Inc.; pg. 2

Beal, Jesse, Senior Vice President & General Manager - Progrexion; pg. 449

Beal, Mark, Managing Partner - Taylor ; pg. 651

Beale, Lee, Managing Director, Analytics - Crossmedia; pg. 463

Beale, Nadia, Senior Vice President & Leader, Consumer Practice - Manning Selvage & Lee; pg. 624

Beall, Beth, Executive Vice President - Mentzer Media Services; pg. 491

Beall, Julie, Director, Creative - Propac; pg. 682

Beam, Megan, Vice President, Social, eCommerce, Strategic Partnerships - Adtaxi; pg. 211

Beaman, Larry, Vice President, Influencer Marketing - Edelman; pg. 353

Bean, Aisha, Director, People & Culture - Cashmere Agency; pg. 48

Bean, Andi, Account Supervisor - Edelman; pg. 601

Bean, Doug, Vice Chairman & Chief Brand Officer - Mower; pg. 389

Bean-White, Denise, President & Chief Executive Officer - Consortium Media Services; pg. 592

Beane, Eric, Executive Director, Analytics & Insights - North America - VMLY&R; pg. 274

Bear, Andrew, Director, Growth Solutions - Brand Value Accelerator; pg. 42

Bearce, Ian, Head, Content - U.S. - The Mill; pg. 152

Beard, Bryan, President - The Foundry Agency; pg. 270

Beard, Steve, Vice President & Creative Director - Borshoff; pg. 585

Beardsley, Marni, Chief Production Officer - Swift; pg. 145

Beardsley-Wildeman, Ellen, Senior Media Planner & Buyer - The Karma Group; pg. 420

Beardwood, Julia, Founding Partner - Beardwood & CO; pg. 174

Beasley, Courtney, Vice President, Marketing - Walker Sands Communications; pg. 659

Beasley, Jessica, Account Executive - Dunn&Co; pg. 353

Beason, Lauren, Director, Project Management - blr further; pg. 334

Beaton Eidsvold, Jami, Founder & Chief Strategist - Smarty Social Media; pg. 688

Beattie, Jessica, Senior Account Executive - Jennings & Associates Communications Inc.; pg. 617

Beatty, Chris, Partner & Creative Director - Cultivator Advertising & Design; pg. 178

Beatty, Colleen, Director, Operations - The Hybrid Creative; pg. 151

Beatty, Kathy, President - Syntax Communication Group; pg. 651

Beatty, Ken, Chief Analytics Officer - FCB New York; pg. 357

Beatty, Megan, Human Resources Generalist - Taylor; pg. 651

Beatus, Skylar, Assistant Media Planner - Abelson-Taylor; pg. 25

Beaty, Chad, Manager, Studio & Editor -

714

AGENCIES PERSONNEL

CultureSpan Marketing; *pg.* 594
Beauchamp, Monique, Management Supervisor - GUT Miami; *pg.* 80
Beaudet, Kara, Head, Account & Paid Search - Tinuiti; *pg.* 678
Beaudin, Marilyn, Coordinator - Design Studio - LG2; *pg.* 380
Beaudoin, Buck, Senior Vice President & Creative Director - Mad*Pow; *pg.* 247
Beaudoin, Jim, Group Creative Director - AKQA ; *pg.* 212
Beaudouin, Tate, Associate Director, Media - Mediahub Boston; *pg.* 489
Beaulieu, Dominique, Media Group Director - Tam Tam \ TBWA; *pg.* 416
Beaulieu, Kathryne, Director, Consulting - LG2; *pg.* 380
Beaulieu, Kristy, Strategy Director - Nemo Design; *pg.* 193
Beaumont, Shaun, Vice President, Brand - Manifest; *pg.* 248
Beauparlant, Dawn, Chief Client Officer - WE Communications; *pg.* 660
Beaupre, Greg, Creative Director - Periscope; *pg.* 127
Beaupre, John, Senior Copywriter - RDW Group ; *pg.* 403
Beauseigneur, Miles, Senior Art Director - Havas Worldwide Chicago; *pg.* 82
Beazley, Chris, Associate Director, Advanced Analytics, Insight & Decision Sciences - Starcom Worldwide; *pg.* 513
Beber, Jennifer, President & Chief Executive Officer - Beber Silverstein Group; *pg.* 38
Beberman, Jeff, Group Creative Director - MullenLowe U.S. Los Angeles; *pg.*
Becher, Holly, Senior Brand Strategist - Cooper-Smith Advertising; *pg.* 462
Bechert, Whitney, Senior Executive Assistant to Chief Executive Officer - Ocean Media, Inc.; *pg.* 498
Beck, Andreas, Chief Executive Officer - Beyond Spots & Dots Inc.; *pg.* 333
Beck, Brian, Chief Financial Officer - Golin; *pg.* 609
Beck, Chris, Chief Executive Officer - 26 Dot Two LLC; *pg.* 453
Beck, Jack, Account Supervisor - mono; *pg.* 117
Beck, Jacob, Programmatic Media Specialist - DWA Media; *pg.* 464
Beck, Jason, Associate Digital Analyst - Tinuiti; *pg.* 271
Beck, Jeff, Group Strategy Director, Cultural Marketing - Anomaly; *pg.* 325
Beck, Jennie, Sales Manager - AR James Media; *pg.* 549
Beck, Michael, Senior Account Executive - Advantage International; *pg.* 301
Beck, Q, Head, Business Development & Emerging Technology - True Impact Media; *pg.* 558
Beck, Robb, Senior Analyst, Digital Marketing - HMH; *pg.* 86
Beck, Stephen, Founder & Chief Executive Officer - Engine Digital; *pg.* 231
Beck, Todd, Founder & President - Beck Media & Marketing; *pg.* 582
Beck , Sally, Director, Administration - VSA Partners, Inc. ; *pg.* 204
Beck-Allen, Claudia, Business Development Manager - Harte Hanks, Inc.; *pg.* 284
Becker, Adine, Senior Producer - Leo Burnett Worldwide; *pg.* 98
Becker, Bill, President - Basset & Becker Advertising; *pg.* 37
Becker, Bob, Executive Vice President, Van Wagner BSN Productions - Van Wagner Communications; *pg.* 558
Becker, Brandon, Programmatic Manager - DWA Media; *pg.* 464
Becker, Carrie, Vice President - Edelman; *pg.* 353
Becker, Chris, Account Executive - Hanson Dodge, Inc.; *pg.* 185
Becker, Christoph, Chief Executive & Creative Officer - Gyro NY; *pg.* 369
Becker, Christopher, Account Supervisor, Media - Just Media, Inc.; *pg.* 481
Becker, David, President - Blue Plate Media Services; *pg.* 456
Becker, Dennis, President & Chief Executive Officer - Mobivity; *pg.* 534
Becker, Diana, Associate Director - Carat; *pg.* 459
Becker, Don, Owner, President & New Business Director - DBA Marketing Communications; *pg.* 349
Becker, Erin, Creative Director - Association of National Advertisers; *pg.* 442
Becker, Jessica, Managing Partner - Manifest; *pg.* 248
Becker, Jim, President & Chief Executive Officer - Epic Creative; *pg.* 7
Becker, Michael, Vice President, Delivery Excellence - Rightpoint; *pg.* 263
Becker, Nancy, President - 15 Minutes; *pg.* 301
Becker, Philippe, Chief Creative Officer & Managing Director - Sterling Brands; *pg.* 18
Becker, Robert, President - Becker / Guerry; *pg.* 38
Becker, Roger, Founder & Chairman - Becker Media ; *pg.* 38
Becker, Sarah, Analyst - Spark Foundry; *pg.* 510
Becker, Stephen, Director, Data & Analytics - Comcast - Spark Foundry; *pg.* 510
Becker, Stuart, Director, Business Development - Agency - Blind Ferret; *pg.* 217
Beckerman, Elysha, Associate Director, Content - Giant Spoon, LLC; *pg.* 363
Beckerman, Jeff, Director, Production - Rain; *pg.* 402
Beckerman, Meredith, Vice President & Account Director - Carat; *pg.* 459
Beckerman-Terry, Andie, Senior Vice President, Original Programming Development - Herzog & Company; *pg.* 298
Beckett, Alec, Partner & Creative Director - Nail Communications; *pg.* 14
Beckett, Dan, Head, Art - North America - The&Partnership; *pg.* 426
Beckett, Edward, Founder & Chief Creative Officer - Beckett & Beckett, Inc.; *pg.* 442
Beckett, Emily, Senior Art Buyer - Momentum Worldwide; *pg.* 568
Beckett, Jaime, Account Director - OMD; *pg.* 500
Beckett, Sharon, Managing Partner - Beckett & Beckett, Inc.; *pg.* 442
Beckham, Danielle, Director, Production & Project Management - MBB Agency; *pg.* 107
Beckham, Paul, Chairman - Hope-Beckham, Inc.; *pg.* 614
Beckham, Rusty, President - The Scott & Miller Group; *pg.* 152
Beckley, Ben, President - Cambridge BioMarketing; *pg.* 46
Beckley, Jacob, Senior Vice President, Innovation - Fusion92; *pg.* 235
Beckman, Andrew, Chairman - Location3 Media; *pg.* 246
Beckman, Eva, Associate Director, Video Strategy - Haworth Marketing & Media; *pg.* 470
Beckman, Marc, Chief Executive Officer - DMA United; *pg.* 63
Beckman, Mitch, Senior Analyst, Optimization & Innovation - Kepler Group; *pg.* 244
Beckner, Julie, Specialist, Print - Empower; *pg.* 354
Beckstead, Spencer, Senior Vice President - Saxton Horne; *pg.* 138
Beckum, Meg, Executive Creative Director - Elmwood; *pg.* 181
Beckwith, Cyndie, Managing Director - Accenture Interactive; *pg.* 322
Beckwith, Cynthia, Director, Analytics - Universal McCann; *pg.* 521
Beckwith, Tyler, Designer - Moxie Sozo; *pg.* 192
Becotte, Jeff, Director, Information Technology - All Star Incentive Marketing; *pg.* 565
Beddingfield, Tracy, Account Executive & Manager - Conway Marketing Communications; *pg.* 53
Bedell, Jason, Executive Director, Global Software Architecture & Development - VMLY&R; *pg.* 274
Bedell, Sabrina, Analyst, Search & Social - Spark Foundry; *pg.* 512
Beder, Dan, President - Allen & Gerritsen; *pg.* 29
Bedera, Bryan, President & Chief Executive Officer - Amplify Relations; *pg.* 577
Bedera, Megan, Chief Operating Officer - Amplify Relations; *pg.* 577
Bedford, Liz, Associate Media Director - Crispin Porter + Bogusky; *pg.* 346
Bedford, Samantha, Founder & Chief Executive Officer - Pico Digital Marketing; *pg.* 257
Bedinghaus, Elliott, Vice President, Creative - Spark; *pg.* 17
Bedoya, Ana, Manager, Digital Activation - Spark Foundry; *pg.* 508
Bedussi, Jessica, Associate Director, Social Strategy - MUH-TAY-ZIK / HOF-FER; *pg.* 119
Beebe, Laura, Art Director - BooneOakley; *pg.* 41
Beeby, Thomas, Principal & Chief Creative Officer - Beeby Clark+Meyler; *pg.* 333
Beecher, Diane, Chief Executive Officer & Senior Strategist - The Brand Consultancy; *pg.* 19
Beecher, Lori, Executive Vice President, Media & Content Strategy - Ketchum; *pg.* 542
Beechler, Lydia, Account Director - BLASTmedia; *pg.* 584
Beechy, Mark, Executive Creative Director - 160over90; *pg.* 207
Beedham, Melissa, Director, Client Operations - SIGMA Marketing Insights; *pg.* 450
Beeghly, Barbara, Vice President - FRCH Design Worldwide; *pg.* 184
Beekman, Nancy, Senior Vice President & Group Director, Marketing Analytics & Data Consulting - Havas Media Group; *pg.* 468
Beeler, Chuck, Director, Public Relations & Senior Strategist - Mower; *pg.* 118
Beer, Alex, Chief Client Officer - GMR Marketing; *pg.* 306
Beer Levine, Paula, Managing Director - Walrus; *pg.* 161
Beerden, Alexander, Global Strategy Director - mcgarrybowen; *pg.* 109
Beere, Derek, Director, Client Services - Mason, Inc. ; *pg.* 383
Beere, Emmie, Account Supervisor - Baltz & Company; *pg.* 580
Beere, Shelley, Account Supervisor - Hiebing; *pg.* 85
Beers, Jerry, Managing Director - Central Agency Analytics - Saatchi & Saatchi Los Angeles; *pg.* 137
Beesley, Nancy, President - HCB Health; *pg.* 83
Beezley, Mauriahh, Senior Art Director - Saatchi & Saatchi X; *pg.* 682
Begal, Andy, Vice President - Tongal; *pg.* 20

Begasse, Jr., Ken, Co-Founder & Chief Executive Officer - Concentric Health Experience; pg. 52
Begehr, Judy R., Senior Vice President, Account Planning - Gyro; pg. 368
Begel, Michael, Manager, Client Services - rEvolution; pg. 406
Beggs, Amanda, Digital Investment Associate - Wavemaker; pg. 526
Beggs, Kaitlyn, Senior Project Leader - Blue Chip Marketing & Communications; pg. 334
Begler, Arnie, Principal & Chief Strategy Officer - Pipitone Group; pg. 195
Behan, Mark, President & Founder - Behan Communications, Inc.; pg. 582
Behar, Claire, Executive Vice President & Global Client Leader - Omnicom Health Group - Omnicom Group; pg. 123
Behar, Yves, Founder & Chief Executive Officer - Fuseproject, Inc.; pg. 184
Beharry, Genevieve, Design Director - Grey Canada; pg. 365
Behbehani, Erin, Account Manager - AgencyEA; pg. 302
Behlen, Carla, Brand Media Specialist - The Richards Group, Inc.; pg. 422
Behling, Brian, Senior Producer - Leo Burnett Worldwide; pg. 98
Behm, Doug, Group Creative Director - mcgarrybowen; pg. 110
Behm, Michael, Principal & Co-Chief Executive Officer - Stateside Associates; pg. 649
Behm, Steven, President - South Region - Edelman; pg. 599
Behnen, Paul, Chief Creative Officer - Callahan Creek ; pg. 4
Behr, Aaron, Vice President, Production & Delivery - VaynerMedia; pg. 689
Behr, Julie, Marketing Manager - Padilla; pg. 635
Behrens, Dustin, Chief Financial Officer - Firespring; pg. 234
Behrens, Kathy, Senior Manager, Production - FCB Chicago; pg. 71
Behrman, Ben, Associate Director, Digital - Schafer Condon Carter; pg. 138
Behrman, Nancy, Chief Executive Officer - Behrman Communications; pg. 582
Beier, Joe, Executive Vice President, Shopper & Retail Strategy - GfK; pg. 444
Beightler, Leslie, Paid Social Media Manager - Just Media, Inc.; pg. 481
Beijor, Donna, Accountant - Myron Advertising & Design; pg. 119
Beilke, Dan, Senior Project Manager - Jack Morton Worldwide; pg. 308
Beilman, Adam, Account Director - BBDO Worldwide; pg. 331
Beirne, Maureen, Senior Vice President, Real Estate - Captivate Network, Inc.; pg. 550
Bekerman, Sara, Associate Director, Creative Strategy - Code and Theory; pg. 221
Bekes, Jef, Executive Vice President, Experience Design - Hero Digital; pg. 238
Bekessy, Katrina, Vice President, Technology - R/GA; pg. 261
Bekker, Kevin, Senior Digital Brand Strategist - Zehnder Communications, Inc.; pg. 436
Belanger, Dana, Vice President, Experience Strategy Director - Starcom Worldwide; pg. 513
Belanger, Danae, Associate Creative Director - O'Keefe Reinhard & Paul; pg. 392
Belanger, Mark, Co-Founder & Chief Technology Officer - Fluid, Inc.; pg. 235
Belanger, Martin, Chief Administration Officer - Vision7 International; pg. 429
Belcastro, Sara, Director, Human Resources - Gotham, Inc.; pg. 77

Belcher, Randy, Executive Creative Director - Strategic America; pg. 414
Belden, Lisa, Vice President, Executive Integrated Producer - Hill Holliday; pg. 85
Beldi, Marina, Associate Creative Director - Grey Group; pg. 365
Belding, Arman, Vice President, Social Media & Innovation - FleishmanHillard; pg. 605
Belfast, Ashley, Project Manager - Bensimon Byrne; pg. 38
Belhumeur, Pilar, Executive Creative Director - Greater Than One; pg. 8
Belinson, Rick, President - Forty Two Eighty Nine; pg. 359
Belisario, Ryan, Account Executive - Ogilvy Public Relations; pg. 633
Belisle, Lindsay, Director, Learning & Development- Omnicom Media Group - OMD; pg. 498
Belizario, Vince, Senior Vice President & Group Account Director - Jack Morton Worldwide; pg. 309
Belk, Howard, Co-President & Chief Creative Officer - Siegel & Gale; pg. 17
Bell, Abby, Executive Technology Director - Simantel Group; pg. 142
Bell, Alan, Senior Content Specialist - Bader Rutter & Associates, Inc. ; pg. 328
Bell, Angela, Associate Partner - Gravina Smith & Matte, Inc.; pg. 610
Bell, Barbie, Account Executive - Davis Advertising; pg. 58
Bell, Brandee, General Manager - All Web Promotions; pg. 172
Bell, Britany, Digital Media Planner & Buyer - DDM Marketing & Communications; pg. 6
Bell, Brittany, Program Lead - Deeplocal; pg. 349
Bell, Cynthia, Vice President, Event Operations - Sparks; pg. 315
Bell, Diana, Account Supervisor - RAPP Worldwide; pg. 290
Bell, Emily, Group Media Director - 360i, LLC; pg. 320
Bell, Gene, Executive Vice President - Miller Advertising; pg. 115
Bell, Greg, Vice President, Client Services - Nonbox; pg. 121
Bell, Jana, Director, Agency Marketing - Maris, West & Baker; pg. 383
Bell, Jason, Chief Technology Officer - Abel Solutions, Inc.; pg. 209
Bell, Jennifer, Group Creative Director - Publicis Hawkeye; pg. 399
Bell, Jerry, Director, Strategy & Partnerships - VidMob; pg. 690
Bell, John, President - Matrix Department, Inc.; pg. 190
Bell, Kaye, Administrative Director - Matrix Department, Inc.; pg. 190
Bell, Kevin, Managing Partner - CPC Healthcare Communications; pg. 53
Bell, Lauren, Manager, Digital Program - Harvey Agency; pg. 681
Bell, Lauren, Vice President & Creative Director - Edelman; pg. 353
Bell, Lisa, Founder & Chief Creative Officer - Tivoli Partners; pg. 293
Bell, Logan, Creative Director - Hook; pg. 239
Bell, Madeline, Account Executive - BBDO Worldwide; pg. 331
Bell, Mariann, Specialist, Media Traffic - Universal McCann Detroit; pg. 524
Bell, Michael, Founder, Partner & Strategist, Brand - Modern Brand Company; pg. 116
Bell, Mike, Vice President, Planning - Carat; pg. 459
Bell, Mike, Vice President & Chief Creative Officer - TriComB2B; pg. 427

Bell, Nicky, Senior Vice President & Managing Director - R/GA; pg. 261
Bell, Nina, Associate Director, Experience - Ten35; pg. 147
Bell, Parker, Brand Creative Art Director - The Richards Group, Inc.; pg. 422
Bell, Rachel, Associate Director - Blue 449; pg. 455
Bell, Rebekah, Director, Strategy & Accounts - MMGY Global; pg. 388
Bell, Rebekah, Director, Strategy & Accounts - Myriad Travel Marketing; pg. 390
Bell, Rob, Principal - Eric Rob & Isaac; pg. 68
Bell, Robert, Chief Financial Officer - Maingate, Inc.; pg. 310
Bell, Robert, Chief Operating Officer - Centra360; pg. 49
Bell, Ryan, Senior Vice President & Associate Director, Creative - Patients & Purpose; pg. 126
Bell, Scott, Executive Creative Director - Droga5; pg. 64
Bell, Sean, Group Strategy Director - Content & Innovation - Zulu Alpha Kilo; pg. 165
Bell, Timothy, Manager, Business Affairs - Wieden + Kennedy; pg. 430
Bell, Tony, Senior Vice President & Group Account Director - Geometry; pg. 362
Bell, Zoe, Vice President & Group Creative Director - Digitas; pg. 228
Bell Haberman, Sarah, Co-Owner - Haberman; pg. 369
Belle, Tom, President & Chief Executive Officer - Gage; pg. 361
Bellem, Judy, Principal & Director, Key Accounts - SMM Advertising; pg. 199
Bellemare, Jay, Director, Production & Traffic - Pannos Marketing; pg. 125
Beller, Marti, President - Kobie Marketing; pg. 287
Bellerive, David, Partner & Vice President, Creative, Interactive & Media - Phoenix Group; pg. 128
Belletini, Sergio, Creative Director - FIDGET Branding; pg. 7
Belletsky, Karen, Content Marketing Officer - Adams & Knight Advertising; pg. 322
Bellgardt, Ryan, Production Manager - Boiling Point Media; pg. 439
Belli, Melinda, National Sales Manager - West - Pedicab Outdoor; pg. 556
Belling, Noelle, Supervisor, Project Management - The Integer Group; pg. 682
Bellinger, Keith, Director, Production - Digital & Social Media - Saatchi & Saatchi Los Angeles; pg. 137
Bellinghausen, Jim, Chief Financial Officer - VMLY&R; pg. 274
Bellini, Kelly, Operations & Resource Manager - Yamamoto; pg. 435
Bellini, Jr., Dante, Partner & Executive Vice President, Agency Development - RDW Group ; pg. 403
Bellino, Eric, Digital Project Manager - Merkley + Partners; pg. 114
Bellis, Avery, Account Coordinator - Deutsch, Inc.; pg. 350
Bellis, Elizabeth, Project Manager, Marketing - Fry Communications, Inc; pg. 361
Bellissimo, Mark, Chief Executive Officer - J.R. Thompson Company; pg. 376
Bellmont, Brian, President - Bellmont Partners Public Relations; pg. 582
Bellmont, Jen, Account Supervisor - Bellmont Partners Public Relations; pg. 582
Bello, Jose, Director - ICON International, Inc.; pg. 476
Bello, Kara, Radio Producer - Mekanism; pg. 112

AGENCIES — PERSONNEL

Belloir, Katharine, Account Director - Baldwin&; pg. 35
Bellorin, Johanna, Associate, Digital Activation - Carat; pg. 459
Bellot, Shana, Client Service Director - StrawberryFrog; pg. 414
Belmares, Andria, Brand Manager - Barkley; pg. 329
Belmesk, Rafik, Vice President & Head, Strategy - TAXI; pg. 146
Belmore, Chris, Senior Account Director - StrawberryFrog; pg. 414
Belo, Lucille, Chief Operating Officer - Porter LeVay & Rose; pg. 637
Belser, Burkey, President & Creative Director - Greenfield / Belser Ltd.; pg. 185
Belsky, Bob, President - Alliance Sales & Marketing; pg. 30
Belsky, Jared, Chief Executive Officer - 360i, LLC; pg. 207
Belsky, Jared, Chief Executive Officer - 360i, LLC; pg. 320
Belte, Liz, Art Director - Elevation Marketing; pg. 67
Beltran, Robert, Managing Partner - Lumentus; pg. 624
Belusko, Ann, Director - Boeing - Initiative; pg. 479
Belvin, Wardaleen, Chief Finance Officer - Sherry Matthews Advocacy Marketing; pg. 140
Belyea, Dave, Principal & Creative Director - Jackrabbit Design; pg. 188
Belz, Lizzy, Account Supervisor - TogoRun; pg. 656
Belzer, Kori, Chief Operating Officer - Spar Group, Inc.; pg. 266
Bemet, Parker, Cinemaphotographer - partners + napier; pg. 125
Bemporad, Raphael, Founding Partner & Chief Strategy Officer - BBMG; pg. 2
Ben-Zvi, Sarah, Planning Manager - Wavemaker; pg. 526
Benacci, Carolyn, Director - Starcom Worldwide; pg. 513
Benadi, Lisa, Vice President & Group Director, Video Investments - Mediahub Los Angeles; pg. 112
Benaharon, Alexa, Senior Associate, Digital - Spark Foundry; pg. 510
Benanti, Eric, Principal - TractorBeam; pg. 156
Benanti, Peter, Principal - TractorBeam; pg. 156
Benaron, Reeve, Chief Executive Officer & Co-Founder - AUDIENCEX; pg. 35
Benatovich, Penny, Producer - Viewpoint Creative; pg. 159
Benavente, Jeniffer, Senior Account Manager - Conversant, LLC; pg. 222
Benazet, Katherine, Senior Strategist, Media - Infogroup; pg. 286
Bench, Thad, Chief Executive Officer - Benchworks; pg. 333
Bench, II, Thad, Business Development & Corporate Affairs Manager - Benchworks; pg. 333
Bencivenga, Dominic, Chief Sales Officer - Global Travel - Active International; pg. 439
Bendel, Jake, Group Account Director - Brunner; pg. 44
Bendell, Jamie, Managing Partner, Executive Producer & Chairwoman - Big Block; pg. 217
Bender, Barry, Chief Financial Officer - The Bender Group; pg. 652
Bender, Brenda, Account Director - Hatch Design; pg. 186
Bender, Brett, Executive Vice President & Chief Client Officer - RPA; pg. 134
Bender, Dan, Co-Founder & Partner - Model B; pg. 251

Bender, Dean, President & Founding Partner - B/HI, Inc. - LA; pg. 579
Bender, Dean, Partner & President - Thompson & Bender; pg. 656
Bender, Gregg, Senior Vice President, Client Services - Ocean Media, Inc.; pg. 498
Bender, Scott, Global Head of Publisher Strategy & Business Development - Prohaska Consulting; pg. 130
Bender, Stacey, President & Creative Director - The Bender Group; pg. 652
Bender, Theresa, Specialist, Marketing Communications & Writer - Voveo Marketing Group ; pg. 429
Bendziewicz Tracy, Jill, Founder, Chief Executive Officer & Chief Creative Officer - Creative B'stro; pg. 222
Benecke, Rowan, Chief Growth Officer - Ruder Finn, Inc.; pg. 645
Benedick, Nick, Partner - Black Twig, LLC; pg. 3
Benedick, Nicole, Executive Vice President & Director, Digital Operations - XI - Energy BBDO, Inc.; pg. 355
Benedict, Jason, Account Supervisor - Zubi Advertising; pg. 547
Benedict, Lindsay, Associate Media Director - Spark Foundry; pg. 510
Benedict, Michael, President - Benedict Advertising; pg. 38
Benedicto, Vanessa, Supervisor - Zenith Media; pg. 529
Benenson, Joel, Founding Partner & President & Chief Executive Officer - Benenson Strategy Group; pg. 333
Benevento, Ali, Account Supervisor - Moxie; pg. 251
Benfield, Ron, Owner & Visionary - Acorn Woods Communications; pg. 322
Bengoa, Valerie, Executive Vice President & Finance Director - DDB San Francisco; pg. 60
Benham, James, Chief Executive Officer - JB Knowledge Technologies, Inc.; pg. 243
Beniasch, Kelsey, Managing Director - Wagstaff Worldwide; pg. 659
Benigni, Danielle, Associate Media Director - TouchPoint Integrated Communications; pg. 520
Benigno, Lisa, Associate Director - OMD; pg. 498
Benigno, Peter, Senior Director, Digital - Hearts & Science; pg. 471
Benik, Hope, Digital Marketing Specialist - Paragon Digital Marketing; pg. 675
Benincasa, Joe, Senior Copywriter & Senior Art Director - Romanelli Communications; pg. 134
Benington Hopkins, Mathilde, General Manager, Media Interactive - Merkley + Partners; pg. 114
Benitez, Gabriela, Senior Head, Brand - the community; pg. 545
Benitez, Gabriela, Senior Marketing Analyst - Net Conversion; pg. 253
Benitez, Rebecca, Media Director - VSBrooks; pg. 429
Benjamin, Adrian, Director, Strategic Growth - iX.co; pg. 243
Benjamin, Bennecia, Manager, Media - GroupM; pg. 466
Benjamin, Jeff, Chief Creative Officer - The Tombras Group; pg. 424
Benjamin, Malorie, Vice President & Media Director - Quinlan & Co.; pg. 402
Benjamin, Sheryl, Vice President - Lake Group Media, Inc.; pg. 287
Benjamin Steed, Katie, Senior Art Director - Archer Malmo; pg. 32
Benjamini, Tracey, Account Supervisor - R&J Strategic Communications; pg. 640
Benka, Matt, Chief Growth Officer - Space150; pg. 266

Benmergui, Avery, Media Planner & Buyer - Media Dimensions Limited; pg. 485
Bennett, Angela, Director, Programmatic Strategy - AUDIENCEX; pg. 35
Bennett, Angelica, Account Director - John St.; pg. 93
Bennett, Brad, Owner & Chief Executive Officer - Wildfire; pg. 162
Bennett, Brian, Owner - Stir, LLC; pg. 413
Bennett, Brianna, Senior Media Supervisor - Flynn; pg. 74
Bennett, Brooke, Finance Director - Gain; pg. 284
Bennett, Carolee, Senior Manager, Social Content - Media Logic; pg. 288
Bennett, Chapin, Director, Marketing Programs - Digital Impulse; pg. 225
Bennett, Chris, Chief Executive Officer - 97th Floor; pg. 209
Bennett, Daniel, Worldwide Chief Innovation Officer - Grey Group; pg. 365
Bennett, Delilah, Manager, Account - 3Points Communications; pg. 573
Bennett, Ed, Founder & Executive Design Director - 10 Thousand Design; pg. 171
Bennett, Ellen, Senior Buyer, Direct Response - Active International; pg. 439
Bennett, Emily, Account Manager & Content Specialist - Shiftology Communication; pg. 647
Bennett, George, Head, Experience Strategy - Droga5; pg. 64
Bennett, Karen, Executive Director - Mindshare; pg. 491
Bennett, Kristine, President - Avante - Calysto Communications Inc.; pg. 588
Bennett, Laura, President & Chief Executive Officer - Trekk; pg. 156
Bennett, Linda, Director, Client Solutions - Adrenaline, Inc.; pg. 172
Bennett, Linda, Managing Director - Hill Holliday; pg. 85
Bennett, Lisa, Chief Creative Officer - Laughlin Constable, Inc.; pg. 380
Bennett, Logan, Chief Experience Officer - Secret Fort; pg. 139
Bennett, Lucy, Influencer Manager - BBDO Worldwide; pg. 331
Bennett, Matt, Vice President - Echos Brand Communications; pg. 599
Bennett, Michael, Senior Vice President, Global Marketing & Business Development - Cendyn; pg. 220
Bennett, Mitch, Chief Creative Officer - Luckie & Company; pg. 382
Bennett, Myron, Director, Creative Services - Third Wave Digital ; pg. 270
Bennett, Pam, Senior Media Strategist - Wendt; pg. 430
Bennett, Raven, Associate Director, Influencer Marketing - 22squared Inc.; pg. 319
Bennett, Shalise, Vice President & Director - Carat; pg. 459
Bennett, Stacie, Director, Operations - Moroch Partners; pg. 389
Bennett, Susan, Partner & Executive Creative Director - Simple Truth; pg. 198
Bennett, Tessa, Supervisor, Media - TracyLocke; pg. 683
Bennett, Tim, Vice President, Public Relations - Marcus Thomas; pg. 104
Bennett, Tricia, Senior Manager, Public Relations - GroundFloor Media; pg. 611
Bennett, Zhanna, Associate Creative Director - J3; pg. 480
Bennett , Crystal, Partner & Director, Business Development - Little Big Brands; pg. 12

PERSONNEL — AGENCIES

Bennetts, Kim, Office Manager - Western Region - Brown & Bigelow; *pg.* 566
Benoit, Allison, Account Director - Iris; *pg.* 376
Benoit, Chanel, Account Director - Greenough Communications; *pg.* 610
Benoit, Marie-Elaine, Director, Creative - Sid Lee; *pg.* 140
Bensimon, Jack, President & Founder - Bensimon Byrne; *pg.* 38
Benson, Becky, Vice President & Brand Director, Regional Marketing - The Buntin Group; *pg.* 148
Benson, Gary, Chief Executive Officer - MC2; *pg.* 311
Benson, Genevieve, Director, Business Development - Miles BranDNA; *pg.* 13
Benson, Hillary, Supervisor, Media Buying - Laughlin Constable, Inc.; *pg.* 380
Benson, Jeremy, President - Benson Marketing Group; *pg.* 280
Benson, Joel, Founder & Chief Executive Officer - EventNetUSA; *pg.* 305
Benson, Julia, Senior Account Executive - partners + napier; *pg.* 125
Benson, Karen, Executive Vice President & Director, Media Planning - Deutsch, Inc.; *pg.* 349
Benson, Kerry, Content Analytics Practice Lead - North America - WPP Kantar Media; *pg.* 451
Benson, Laury, Chief Finance Officer - Mandala; *pg.* 103
Benson, LeeAna, Art Director - TBWA \ Chiat \ Day; *pg.* 416
Benson, Mark, Chairman, Insight & Counsel - Strategic - APCO Worldwide; *pg.* 578
Benson, Matthew, Managing Director - Sard Verbinnen; *pg.* 646
Benson, Nick, Senior Media Specialist - The Trade Desk; *pg.* 519
Bensussen, Eric, President & Co-Founder - Bensussen Deutsch & Associates; *pg.* 566
Bentahar, Amine, Chief Operating Officer & Chief Digital Officer - Advantix Digital; *pg.* 211
Bentivegna, Jerry, Senior Art Director - Austin & Williams Advertising; *pg.* 328
Bentley, Ashley, Digital Account Executive - Marcus Thomas; *pg.* 104
Bentley, David, Chief Executive Officer - Porter Novelli; *pg.* 637
Bentley, Jacob, Senior Analyst - OMD; *pg.* 500
Bentley, Jeff, Principal & Creative Director - Blue C Advertising; *pg.* 334
Bentley, Karlyn, Vice President & Client Partnership - Ansira; *pg.* 565
Bentley, Mike, Global Chief Strategy Officer & Co-Managing Director - GTB; *pg.* 367
Bentley, Rachel, Finance Coordinator - Aspect Ratio; *pg.* 35
Bentley, Tim, Senior Director, Creative Services - Fuse, LLC; *pg.* 8
Benton, Joel, Manager, Promotional Products Division - Bayard Advertising Agency, Inc.; *pg.* 37
Benton, Joshua, Partner - andCulture; *pg.* 213
Benton, Kara, Associate Creative Director - AKQA; *pg.* 212
Benton, Lauren, Business Analyst - Force Marketing; *pg.* 284
Benton, Matt, Founder - Trenchless Marketing; *pg.* 427
Benton, Sean, Principal, Vice President & Creative Director - PartnersCreative; *pg.* 125
Bentz, Courtney, Social Media Manager - Red Robin - The Integer Group; *pg.* 682
Bentz, Liz, Associate Director, Media - BVK; *pg.* 339
Bentz, Pam, Partner & Media Director - Milner Butcher Media Group; *pg.* 491

Benvenuto, Laura, Account Executive - Ketchum; *pg.* 619
Benway, Elle, Account Director - GMR Marketing; *pg.* 306
Benwitt, Eileen, Chief Talent Officer & Executive Vice President - Horizon Media, Inc.; *pg.* 474
Benzkofer, Marjorie, Global Managing Director, Reputation Management Practice - FleishmanHillard; *pg.* 605
Beom, Sun, Senior Designer - BASIC; *pg.* 215
Beraglia, Amanda, Account Manager - StrawberryFrog; *pg.* 414
Beran, Bianca, Senior Public Relations Manager - Phase 3 Marketing & Communications; *pg.* 636
Beran, Kegan, Co-Founder & President - FlexPoint Media; *pg.* 74
Beran, Mark, Chief Marketing Officer - Encompass Media Group; *pg.* 465
Berardino, Angela, Chief Strategy Officer - Turner Public Relations; *pg.* 657
Berardo, Tony, Senior Vice President - Leading Authorities, Inc.; *pg.* 622
Berbari, Alejandro, Partner & Executive Creative Director - MARCA Miami; *pg.* 104
Berbecaru, Oliver, Associate Media Director - Universal McCann; *pg.* 524
Berberich, Garrett, Account Executive - Himmelrich Inc.; *pg.* 614
Berchtold, Katherine, Brand Manager - Cricket Wireless - Argonaut, Inc.; *pg.* 33
Berckes, Monica, Senior Account Director - DM.2; *pg.* 180
Berdine, Lara, Senior Vice President - Quinn & Company; *pg.* 640
Beregi, Christine, Account Executive - NFM+Dymun; *pg.* 120
Berendt, Paul, Senior Vice President - Strategies 360; *pg.* 650
Berengut, Izabela, Senior Manager, Digital Assets - Saatchi & Saatchi Los Angeles; *pg.* 137
Berenson, Ryan, Executive Vice President, Finance & Accounting - Wasserman Media Group; *pg.* 317
Berentson, Ben, Managing Director - Code and Theory; *pg.* 221
Beres, Jennifer, Vice President, Creative Operations & Production - Padilla; *pg.* 635
Beresford-Hill, Chris, Chief Creative Officer - TBWA \ Chiat \ Day; *pg.* 416
Bereson, Leisha, Vice President & Group Director, Programmatic - Canvas Worldwide; *pg.* 458
Beretz, Dini, Senior Director, Business Development - Amobee, Inc.; *pg.* 213
Berg, Allyson, Brand Manager - The Gab Group; *pg.* 653
Berg, Bill, Executive Producer - Periscope; *pg.* 127
Berg, Bob, Co-Owner & Vice President - Vandyke-Horn; *pg.* 658
Berg, Brian, Chief Talent Officer - U.S. - Publicis North America; *pg.* 399
Berg, Don, Executive Vice President - MaxMedia Inc.; *pg.* 248
Berg, Jacey, Director, Digital - Haworth Marketing & Media; *pg.* 470
Berg, Jeff, Senior Vice President & Director, Client Services - Abelson-Taylor; *pg.* 25
Berg, Jeff, Creative Director & Partner - Haberman; *pg.* 369
Berg, Jessica, Co-Owner & Partner - BergDavis Public Affairs; *pg.* 582
Berg, Jim, Account Manager - Exclaim!; *pg.* 182
Berg, Jody, Founder & Chief Executive Officer - Media Works, Ltd.; *pg.* 486

Berg, John, Chief Executive Officer - mcgarrybowen; *pg.* 385
Berg, Jonah, Vice President & Director, Growth - Havas Health & You; *pg.* 82
Berg, Jordan, Co-Founder & Chief Creative Officer - Questus; *pg.* 260
Berg, Katelyn, Senior Art Director - mcgarrybowen; *pg.* 110
Berg, Kevin, Chairman & Owner - Legacy Marketing Partners; *pg.* 310
Berg, Michelle, Executive Vice President & Group Director - MKTG; *pg.* 568
Berg, Rachel, Senior Vice President, Strategy Director - Neutrogena, Aveeno, Johnson's Baby, Band-Aid - Velocity OMC; *pg.* 158
Berg, Taylor, Senior Associate, Search Engine Optimization - Mindshare; *pg.* 494
Bergam, Clair, Associate Director - The Media Kitchen; *pg.* 519
Bergan, Gregg, Co-Owner & Chief Creative Officer - Pure Brand Communications; *pg.* 130
Bergau, Jeff, Founder & Managing Partner - Chempetitive Group; *pg.* 341
Bergen, Carolyn, Creative Director & Writer - O'Keefe Reinhard & Paul; *pg.* 392
Bergen, Chris, Executive Vice President & Group Business Lead - Leo Burnett Worldwide; *pg.* 98
Berger, Alexander, Group Director, Technology - The Designory; *pg.* 149
Berger, Allison, Digital Marketing Specialist - Hothouse; *pg.* 371
Berger, Cory, Global Chief Marketing Officer - Grey Group; *pg.* 365
Berger, Elisa, Executive Vice President, Database Marketing & Principal - Cross Country Computer; *pg.* 281
Berger, Emily, Copywriter - Droga5; *pg.* 64
Berger, Jared, Vice President, Client Partnership - Ansira; *pg.* 326
Berger, Johanna, Director, Digital Media Operations - DP+; *pg.* 353
Berger, Jordan, Strategy Director - McCann New York; *pg.* 108
Berger, Josh, Vice President, Creative Content & Executive Producer - Mob Scene; *pg.* 563
Berger, Lisa, Senior Media Strategy Coordinator - Wavemaker; *pg.* 526
Berger, Molly, Partner, Account Director, Client Lead - Wavemaker; *pg.* 528
Berger, Olivia, Digital Investment Associate - Samsung - Starcom Worldwide; *pg.* 517
Berger, Randi, Executive Vice President, Promotions Group - Centra360; *pg.* 49
Berger, Rick, Vice President, Membership Investment & Relations - Interactive Advertising Bureau; *pg.* 90
Berger, Scott, Managing Director - Wingman Media; *pg.* 529
Berger, Steve, President - Patriot Media Group - USIM; *pg.* 525
Berger, Tara, Director, Strategy - Spark Foundry; *pg.* 510
Berger, Thomas, Principal & President & Chief Executive Officer - Cross Country Computer; *pg.* 281
Bergeron, Blake, Creative Director - DCA / DCPR; *pg.* 58
Bergeron, Guillaume, Creative Writer - LG2; *pg.* 380
Bergey, Todd, President - Allebach Communications; *pg.* 29
Bergh, Myles , Vice President, Client Strategy - Michaels Wilder, Inc.; *pg.* 250
Bergh, Peri, Senior Vice President, Client Services - Michaels Wilder, Inc.; *pg.* 250
Bergheger, Doug, Consultant, Production - MRA Advertising/Production Support Services, Inc.; *pg.* 118

AGENCIES — PERSONNEL

Berghoff, Lauren, Supervisor, Content - Carat; pg. 459
Berghorn, Christine, Supervisor & Senior Negotiator - Performics; pg. 676
Berghoudian, Chris, Account Supervisor - Buick & GMC - Martin Retail Group; pg. 106
Bergin, Brandon, Manager, Video Production - Littlefield Brand Development; pg. 12
Bergin, Maggie, Executive Director, Account Leadership - RP3 Agency; pg. 408
Berglin, Kiernan, Senior Associate, Portfolio Management - Universal McCann; pg. 521
Berglund, Fabian, Executive Creative Director - Anomaly; pg. 325
Bergman, Bill, President - The Bergman Group, Inc; pg. 148
Bergman, Christina, Director, Media - Carat; pg. 461
Bergmann, Caitlin, Vice President & Content Director - Digitas; pg. 226
Bergmann, Charles, Senior Partner, Managing Director & Investment Lead - Mindshare; pg. 491
Bergmann, Dave, Associate Director, Branded Entertainment - Hearts & Science; pg. 471
Bergmann, Kristen, Senior Vice President & Director, Digital Planning - GTB; pg. 367
Bergstresser, Jessica, Associate Creative Director - Digitas; pg. 227
Bergum, Lisa, Account Coordinator - Clearpoint Agency; pg. 591
Beringer, Emily, Account Manager - Matrix Media Services; pg. 554
Beringer, Jeff, Head, Digital - Global - Golin; pg. 609
Berjis, Afsaneh, Founder & Chief Executive Officer - Madison Media Group; pg. 562
Berk, Ariel, Account Manager - Goodby, Silverstein & Partners; pg. 77
Berk, Rachel, Content Manager - Blue 449; pg. 455
Berk Ross, Jessica, Managing Partner, Public Affairs - Finn Partners; pg. 603
Berke, Carolyn, Chief Operating Officer - Marina Maher Communications; pg. 625
Berke, JoAnna, Group Account Director - Doremus & Company; pg. 64
Berkel, Paula, Media Director - AMP Agency; pg. 297
Berkenfield, Andy, Chief Executive Officer & Partner - Duncan Channon; pg. 66
Berkheimer, Sarah, Director, Design - Cactus Marketing Communications; pg. 339
Berki-Nnuji, Andrea, Senior Director, Analytics - Crowley Webb & Associates; pg. 55
Berkley, Sarah, Senior Art Director - Havas Worldwide Chicago; pg. 82
Berkowitz, Ari, Strategist, Social - OREO, Ritz Crackers & Sour Patch Kids - 360i, LLC; pg. 320
Berkowitz, Elie, Director, Operations - Initiative; pg. 477
Berkowitz, Ira, Principal & Owner - Monarch Communications, Inc.; pg. 117
Berkowitz, Ron, Founder & Chief Executive Officer - Berk Communications; pg. 583
Berkowitz, William, Managing Director - FTI Consulting; pg. 606
Berleman, Larry, Vice President, Creative Services - Zoom Advertising; pg. 165
Berlin, Caren, Chief Executive Officer - GNF Marketing; pg. 364
Berline, Jim, Chairman - BERLINE; pg. 39
Berliner, Danny, Vice President, Business Development - Diversified Agency Services; pg. 351
Berliner, Marc, Senior Vice President - Cone, Inc.; pg. 6
Berliner, Samantha, Associate Creative Director - Springbox; pg. 266

Berlinguet, Christina, Account Manager, Consumer Products & Professional Services - Marlo Marketing Communications; pg. 383
Berlioz, Camille, Programmatic Media Trader - Bayard Advertising Agency, Inc.; pg. 37
Berman, Alison, Senior Media Strategist - Giant Spoon, LLC; pg. 363
Berman, Annie, Senior Associate, Insights & Strategy - VaynerMedia; pg. 689
Berman, Aviva, Senior Associate - Spark Foundry; pg. 508
Berman, Barry, President - CRN International, Inc.; pg. 463
Berman, Bret, Senior Manager, Integrated Production - Sterling-Rice Group; pg. 413
Berman, Brittany, Senior Strategist - The Many; pg. 151
Berman, Darrell, Senior Director, Health Care Marketing - Advocates for Human Potential; pg. 441
Berman, Elysia, Senior Art Director - Gotham, Inc.; pg. 77
Berman, Geri, Account Director - Rauxa; pg. 291
Berman, Greg, Associate Director, Creative Copy - Big Spaceship; pg. 455
Berman, Jeremy, Supervisor, Integrated Media - 360i, LLC; pg. 320
Berman, John, Executive Creative Director - R/GA; pg. 260
Berman, Josh, Senior Partner & Senior Director, Data Sciences - Wavemaker; pg. 526
Berman, Judi, Senior Media Buyer - NSA Media Group, Inc.; pg. 497
Berman, Scott, President & Co-Founder - HawkPartners, LLC; pg. 445
Berman, Zachary, Senior Campaign Executive - Diffusion PR; pg. 597
Bermar, Amy, President - Corporate Ink Public Relations; pg. 593
Bermond, Laura, Account Director - TracyLocke; pg. 684
Bermudez, Ana, Vice President, Managing Director - the community; pg. 545
Bermudez, Barbara, Senior Digital Strategist - Ketchum South; pg. 620
Bernal, Alfredo, Chief Technology Officer - M Booth & Associates, Inc.; pg. 624
Bernal, Camille, Brand Management - The Richards Group, Inc.; pg. 422
Bernamoff, Rae, Director, Design & Strategy - Sub Rosa; pg. 200
Bernard, Brad, Vice President, Digital Strategy & Innovation - Harmelin Media; pg. 467
Bernard, Casey, Account Director & Head, Account management Culture & Development - Wieden + Kennedy; pg. 432
Bernard, Lauren, Vice President, Digital Innovation & Strategy - Magna Global; pg. 483
Bernard, Nicole, Manager - Mindshare; pg. 494
Bernard, Sophia, Senior Account Supervisor - Edelman; pg. 599
Bernard, Vincent, Art Director - LG2; pg. 380
Bernardino, David, Chief Client Officer & Head, Research & Planning - AMMUNITION; pg. 212
Bernardino, Luca, Senior Designer - Anomaly; pg. 325
Bernardo, Fabiano, Director, Sales & Advertising - US Media Consulting; pg. 546
Bernardo, Nick, Director, Video Investment - Horizon Media, Inc.; pg. 474
Bernardo, Rachel, Senior Account Executive - VaynerMedia; pg. 689
Bernardoni, Michael, Executive Vice President, Business Intelligence & Strategic Performance - Media Assembly; pg. 484
Bernards, Carrie, Vice President, Financial - Icon Media Direct; pg. 476

Bernardy, Natalie, Director, Marketing & Promotions - Zakhill Group; pg. 294
Bernat, Denise, Senior Project Director - Epsilon; pg. 283
Bernat, Lauren, Vice President, Account Services - RBB Communications; pg. 641
Bernath, Mark, Executive Creative Director - Wieden + Kennedy; pg. 432
Bernd, Dylan, Executive Creative Director - RP3 Agency; pg. 408
Berner, Chris, Senior Designer - Funk, Levis & Associates; pg. 184
Bernero, Donna, Executive Account Director - Impact XM; pg. 308
Bernethy, Erin, Media Director - GSD&M; pg. 79
Berney, Gwynn, Chief Executive Officer - Don Jagoda Associates; pg. 567
Berney, Larry, Chief Operating Officer & Chief Legal Counsel - Don Jagoda Associates; pg. 567
Berney, Tim, President & Brand Strategist - VI Marketing & Branding; pg. 428
Berngartt, David, Senior Producer - Fitzco; pg. 73
Bernhard, Benjamin, Associate Director, Digital Strategy - Laughlin Constable, Inc.; pg. 380
Bernhardt, Craig, Creative Director & Principal - Bernhardt Fudyma Design Group; pg. 174
Bernhardt, Kate, Senior Vice President & Account Director - Grey Group; pg. 365
Bernier, Alex, Executive Creative Director - Sid Lee; pg. 140
Bernier, Nathalie, Media Director - Cossette Media; pg. 345
Bernier Baer, Amelia, Marketing Strategist - Punchkick Interactive; pg. 534
Berning, Jenna, Associate Media Director - BIG YAM; pg. 583
Bernius, Jeff, Senior Creative - Turtledove Clemens, Inc.; pg. 427
Bernocchi, Lauren, Director, Digital - Wavemaker; pg. 526
Bernot, Ashley, Supervisor, Strategy - Initiative; pg. 477
Berns, Stacy, Owner - Berns Communications Group; pg. 583
Bernstein, Adam, Senior Vice President - Chernoff Newman; pg. 590
Bernstein, Alex, Vice President & Director, Account - 22squared Inc.; pg. 319
Bernstein, Andrew, Account Director - TRUE Communications; pg. 657
Bernstein, David, Chief Creative Officer - The Gate Worldwide; pg. 419
Bernstein, Harry, Chief Creative Officer - Havas New York; pg. 369
Bernstein, Jeremy, Executive Vice President & Executive Creative Director - Edelman; pg. 599
Bernstein, Jordan, Chief Operating Officer - Cassidy & Associates; pg. 589
Bernstein, Lauren, Director, Client Strategy - Stella Rising; pg. 518
Bernstein, Maurice, Chief Executive Officer - Giant Step; pg. 691
Bernstein, Meredith Levy, Senior Vice President & Director, Business Development - Havas Health & You; pg. 82
Bernstein, Randy, Chief Executive Officer - Premier Partnerships; pg. 314
Bernstein, Ruth, Chief Strategic Officer & Co-Founder - YARD; pg. 435
Bernstein, Steve, President - Bernstein-Rein Advertising, Inc.; pg. 39
Bernstein, Valerie, Executive Vice President, Business Development - IN Connected Marketing; pg. 681

PERSONNEL   AGENCIES

Bernstein, Valerie, Executive Vice President, Business Development - Edge Marketing; pg. 681
Bernstein Derevensky, Jen, Founder & Co-President - Ren Beanie; pg. 642
Bernstein Luetje, Susan, Vice President, Business Development - Bernstein-Rein Advertising, Inc.; pg. 39
Berrached, Wael, Founder & Chief Creative Officer - eView 360 Corporation; pg. 182
Berragan, Cathal, Creative Director - USA - Social Chain; pg. 143
Berresse, Jessica, Operations Associate - Carat; pg. 459
Berrin, Nicole, Assistant Strategist, Media - OMD; pg. 498
Berrio, Angela, Senior Media Planner - Havas Media Group; pg. 468
Berrios, Manny, Chief Technology Officer - Brightline; pg. 219
Berrios, Vanessa, Associate Account Director - Optimum Sports; pg. 394
Berris, Robert, Senior Vice President, Innovation - Three Five Two, Inc.; pg. 271
Berris, Robert, Senior Vice President, Product Design & Innovation - Three Five Two, Inc.; pg. 271
Berry, Adam, Digital Director - Wingard Creative; pg. 162
Berry, Bill, Principal - Berry & Company Public Relations; pg. 583
Berry, Caitlin, Senior Account Executive, Public Relations - Inferno, LLC; pg. 374
Berry, Colin, Manager, Operations - Exponation; pg. 305
Berry, Courtney, Managing Director - Barbarian; pg. 215
Berry, Craig, Creative Director - Esparza Advertising; pg. 68
Berry, Dana, Lead, Public Relations - Stone Ward Advertising; pg. 413
Berry, Holden, Account Coordinator - Location3 Media; pg. 246
Berry, Jake, Executive Vice President & General Manager - Business Strategy - The Mars Agency; pg. 683
Berry, Jennifer, Owner Principal - Borshoff; pg. 585
Berry, Jennifer, Managing Partner & Group Vice President - Publicis.Sapient; pg. 258
Berry, Jon, Manager, Content Development - TriComB2B; pg. 427
Berry, Marie, Chief Strategy Officer & Co-Founder - Chinatown Bureau; pg. 220
Berry, Ralph, Senior Vice President, Public Relations - Sullivan Branding; pg. 415
Berry Thompson, Marilyn, Non Executive Chair, Federal Services - MWWPR; pg. 631
Berryhill, Hilary, Vice President, People & Culture - Brand Value Accelerator; pg. 42
Bershad, Ashleen, Event Manager - Affectiva, Inc.; pg. 441
Berstler, Aaron, Vice President, Account Director - Broadhead; pg. 337
Bert, Rodney, Chief Financial Officer - Listrak; pg. 246
Berta, Kathy, Vice President - R Strategy Group; pg. 16
Berthiaume, Denise, Owner & Chairman - Verso Advertising; pg. 159
Berthier, Nicolas, Director, Creative - FF Creative; pg. 234
Berthin, Rafael, Director, Operations - Deco Productions; pg. 304
Berthoumieux, English, Account Supervisor - 6 Degrees - Six Degrees Group; pg. 647
Berthume, Josh, President - Swash Labs; pg. 145
Berthume, Robby, Co-Founder & Chief Executive Officer - Bull & Beard; pg. 44

Bertiglia, Kelsey, Manager, Programmatic Strategy - AKQA; pg. 211
Bertino, Fred, President & Co-Founder - MMB; pg. 116
Bertles, William, Partner & Senior Vice President - DDC Public Affairs; pg. 595
Bertomen, Foster, Creative Director - Young Communications Group, Inc.; pg. 664
Bertram, Jodi, Account Director - C3; pg. 4
Bertsche, Lindsay, Project Manager - WongDoody; pg. 433
Berwitz, Scott, Senior Vice President & Global Director, Marketing Communications - McCann New York; pg. 108
Berzins, Jaclyn, Digital Account Director - MediaCom Canada; pg. 489
Berzins, Rachel, Media Supervisor - Starcom Worldwide; pg. 513
Berzins, Tija, Supervisor, Media - 360i, LLC; pg. 208
Besch, Marianne, Executive Creative Director - mcgarrybowen; pg. 109
Beseau, Alana, Creative Director - Weber Shandwick; pg. 661
Besegai, Dave, Senior Vice President & Managing Director - Horizon Next - Horizon Media, Inc.; pg. 474
Besford, John, Creative Director - Turner Duckworth; pg. 203
Beshara, Lisa, Senior Vice President & Client Business Partner - J3; pg. 480
Beshear, Matthew, Executive Vice President - Apollo Interactive; pg. 214
Besmer, John, Partner & Chief Marketing Officer - Planet Propaganda; pg. 195
Besmertnik, Seth, Co-Founder & Chief Executive Officer - Conductor; pg. 672
Beson, AJ, President & Chief Executive Officer - Beson 4 Media Group; pg. 3
Bess, Ron, Chief Executive Officer - MERGE; pg. 113
Besse, Allison, Senior Negotiator - Reckitt Benkiser - Zenith Media; pg. 529
Besse, Tristan, Director, Group Brand - Argonaut, Inc.; pg. 33
Bessell, Scott, Creative Director - Sonnhalter; pg. 411
Besser, Charles, Chairman & Chief Executive Officer - Intersport; pg. 308
Bessette, Casey, Senior Media Buyer - Sage Media Planning & Placement, Inc.; pg. 508
Bessler, Larry, Chief Creative Officer - RPM Advertising; pg. 408
Best, Ellen, Managing Partner - Eire Direct Marketing, Inc.; pg. 282
Best, Jessica, Vice President, Data-Driven Marketing - Barkley; pg. 329
Best, Kelli, Director, Field & Fulfillment - Campos Inc; pg. 443
Best, Kris, Chief Financial Officer - BVK; pg. 339
Best, Natalie, Chief Operation Officer - French / West / Vaughan ; pg. 361
Best, Oliver, Account Manager - Inventa; pg. 10
Best, Trevor, Art Director - Vitamin; pg. 21
Best, Wayne, Chief Creative Officer - VMLY&R; pg. 160
Bestard, Blake, Digital Strategist - The Outcast Agency; pg. 654
Bestard, Nicole, Executive Vice President & General Manager, New York - InkHouse Public Relations; pg. 615
Betancur, Melissa, Print Producer & Project Manager - Deutsch, Inc.; pg. 349
Betcher, Katherine, Director, Art & Creative - Hanson Watson Associates; pg. 81
Bethea, Brandon, Senior Partner & Director, Analytics - Neo Media World; pg. 496
Bethel, Brian, Founder - White Pants Agency; pg. 276

Bethge, Megan, Manager, Social Media - Artisans On Fire; pg. 327
Betoff, Andrew, Account Manager - Goodby, Silverstein & Partners; pg. 77
Betourne, Mark, Partner - Dubois Betourne & Associates; pg. 598
Betsanes, Elizabeth, Associate Director - PHD Chicago; pg. 504
Betsold, Amanda, Vice President & Head, Programmatic - iCrossing; pg. 240
Betteridge, Susan, Group Creative Director - mcgarrybowen; pg. 110
Bettinger, Morgan, Vice President & Group Director, Brand - Horizon Media, Inc.; pg. 474
Bettini, Vallerie, Executive Vice President & Director, Marketing - Arnold Worldwide; pg. 33
Bettiol, Valentina, Associate Director, Social Marketing - 360i, LLC; pg. 320
Bettman, Gary, Chief Operating Officer - The Miller Group; pg. 421
Betts, Sarah, Associate Creative Director - Red Antler; pg. 16
Bettwy, Angela, Director, Digital Investment - Reprise Digital; pg. 676
Betz, Keith, Vice President, Client Services - Butler / Till; pg. 457
Beuerman, Greg, Partner & Owner - Beuerman Miller Fitzgerald; pg. 39
Beugelsdijk, Stephanie, Associate Media Director - Asher Media; pg. 455
Beugen, Joan, Founder & Chief Creative Director - Cresta Creative; pg. 594
Beugen, Shel, Senior Partner - Cresta Creative; pg. 594
Beukema, Michael, Creative Director - Squires & Company ; pg. 200
Beurskens, Stuart, Director, Performance Media - Spark Foundry; pg. 510
Beutel, Johnette, Chief Financial Officer & Chief Operating Officer - The McCarthy Companies; pg. 151
Beutel, Kerry, President & Chief Operating Officer - WHITE64; pg. 430
Beutel, Marjorie, Chief Financial Officer - Terri & Sandy; pg. 147
Beutler, Chris, Chief Creative and Strategy Officer - Renegade Communications; pg. 405
Bevacqua, Brittany, Senior Vice President - Affect; pg. 575
Bevacqua, Michael, President & Partner - Arrivals + Departures; pg. 34
Bevan, Shawn, Associate Director, Communications Design - Media Planning - Initiative; pg. 478
Bevans, Kaitlin, Group Director - The Media Kitchen; pg. 519
Beveridge, Nina, President & Creative Director - Beevision & Hive; pg. 174
Beverley, Michael, Group Account Director - R/GA; pg. 260
Beverly, Jeff, Executive Vice President & Global Content Director - Commonwealth // McCann; pg. 52
Bevilacqua, Grace, Manager, Design & Branding - (add)ventures; pg. 207
Bevilacqua, Patrick, Director, US Client Solutions - Activision Blizzard Media; pg. 26
Bevilaqua, Adrianna, Chief Creative Officer & Managing Director - M Booth & Associates, Inc. ; pg. 624
Bevins, Tanya, Managing Partner & Managing Director & Operations Lead - Mindshare; pg. 491
Bevis, Jake, Associate Media Director - DNA Seattle; pg. 180
Bevolo, Chris, Executive Vice President - Revive Health; pg. 133

720

AGENCIES

PERSONNEL

Bexon, Pippa, Director, Client Services - Situation Interactive; pg. 265
Bey, Jacqueline, Associate Director - Spark Foundry; pg. 508
Beyer, Mark, Senior Account Director - Turner Duckworth; pg. 203
Beyer, Sean, Creative Director - Cameron Advertising; pg. 339
Beyhl, Jake, Creative Director - Simantel Group; pg. 142
Beylerian, Maral, Senior Director, Global Client Services - Branded Entertainment Network, Inc.; pg. 297
Beyrau, Abby, Group Director, Performance Content - Performics; pg. 676
Beyt, Jeremy, Co-Founder & Chief Strategy Officer - ThreeSixtyEight; pg. 271
Beytin, Aaron, President - The Beytin Agency; pg. 652
Beytin, Jennifer, Creative Director - The Beytin Agency; pg. 652
Bhalsod, Rajesh, Associate Vice President, Print Production - DentsuBos Inc.; pg. 61
Bhansali, Ariti, Senior Vice President & Director - Starcom Worldwide; pg. 513
Bharadwaj, Shiva, Executive Vice President, Sapient Consulting - Publicis.Sapient; pg. 259
Bhatia, Shaan, Ad Operations Associate - MediaCom; pg. 486
Bhatia, Sohail, Associate Director, Strategy - Butler, Shine, Stern & Partners; pg. 45
Bhatti, Hemash, Manager, Marketing Strategy & Analytics - Publicis.Sapient; pg. 260
Bhimavarapu, Sindhuri, Strategy Supervisor - OMD; pg. 498
Bhopalsingh, Derek, Vice President, Digital - Wavemaker; pg. 529
Bhushan, Prerna, Executive Vice President - DuMont project; pg. 230
Bhutiani, Aleka, Vice President - Prosek Partners; pg. 639
Bi, Yukun, Head, Strategic Planning - Hylink; pg. 240
Biagi, Matthew, Account Director - IPNY; pg. 90
Biagini, Jody, Senior Project Manager, Interactive - Ciceron; pg. 220
Bialas, Brandi, Director, People & Culture - The Mars Agency; pg. 683
Bialaszewski, Keitha, Director, Operations & Client Service - The 360 Agency; pg. 418
Bianca, Aimee, Vice President & Chief Media Officer - YC Media; pg. 664
Biancalani, Brandon, Manager, Paid Advertising - Modifly Inc.; pg. 687
Bianchi, Jim, President - Bianchi Public Relations, Inc.; pg. 583
Bianchi, Richard, Partner & Senior Vice President - RSD Marketing; pg. 197
Bianchini, Nicole, Account Manager - MOD Worldwide; pg. 192
Bianco, Anthony, Executive Vice President & General Manager - Republica Havas; pg. 545
Bianco, Katherine, Account Executive - Proof Advertising; pg. 398
Bibb, Jeff, Managing Partner - BLF Marketing; pg. 334
Bibb, Sharon, Director, Human Resources - BLF Marketing; pg. 334
Bibeau, Gaeton, Director, Operations - Eastern Region - Pattison Outdoor Advertising; pg. 555
Bibeau, Patrick, President - Bob Communications; pg. 41
Biber, Julie, Managing Director, Global Recruitment - Edelman; pg. 353
Bibona, Jeane, Vice President & Group Director, Investments - The Martin Agency; pg. 421

Bicaj, Qendresa, Chief Of Staff - Moxie Communications Group; pg. 628
Bichler, Paul, Executive Creative Director & Woven Executive - Saatchi & Saatchi ; pg. 136
Biciocchi, Jim, Vice President & Group Director, Marketing - GroupeConnect - Digitas; pg. 226
Bickart, Aaron, Executive Vice President, Sales Operations - Team Velocity Marketing; pg. 418
Bickel, Alison, Account Supervisor - RPA; pg. 134
Bickelmann, Danielle, Director, Consumer Marketing - Golin; pg. 609
Bickers, Anna, Media Buyer & Planner - Dalton + Anode; pg. 348
Bickers, Jim, Senior Vice President & Group Director - General Motors - Martin Retail Group; pg. 106
Bickford, Aisha, Director, Global Operations - Johnson & Johnson & American Express - Universal McCann; pg. 521
Bickford, Joselyn, Vice President & Global Account Director - Crispin Porter + Bogusky; pg. 346
Biddiscombe, Patrick, Chief Executive Officer - New Breed Marketing ; pg. 675
Biddlecombe, Rachel, Producer, Interactive - Team One; pg. 417
Bideaux, Douglas, Senior Director, Ad Operations - Intersection; pg. 553
Biden, Seth, Public Relations Specialist - Sasquatch; pg. 138
Bidlack, Christopher, Co-Founder - Bidlack Creative Group; pg. 39
Bidlack, Linda, President - Bidlack Creative Group; pg. 39
Bidwell, Christy, Director, Media Strategy - Haworth Marketing & Media; pg. 470
Biebel, Angela, Vice President & Director, Strategy - Rodgers Townsend, LLC; pg. 407
Bieber, Jeffrey, Director, Strategy - Adhawks Advertising & Public Relations, Inc.; pg. 27
Bieberich, Caiti, Managing Account Supervisor - Ketchum; pg. 619
Biedermann, Fabian, Director, Digital - Innocean USA; pg. 479
Bieganski, Emily, Manager, Portfolio Management - Universal McCann Detroit; pg. 524
Bieke, Mackenzii, Marketing Coordinator - Adtaxi; pg. 211
Biel, Gina, Group Director - Target Activation Group - Bader Rutter & Associates, Inc. ; pg. 328
Bielby, Lesley, Chief Strategy Officer - Hill Holliday; pg. 85
Bielefeldt, Corrisa, Account Supervisor - Shine United; pg. 140
Bielefeldt, Shawn, Co-Founder & Experience Director - Folklore Digital; pg. 235
Bielenberg, Tracy, Director, Talent Acquisition - Kelly, Scott & Madison, Inc.; pg. 482
Bielski, Janek, Senior Associate, Digital Activation - OMD; pg. 498
Bien, Rachel, Senior Vice President, Integrated Strategy & Digital Investment - Zenith Media; pg. 529
Bienenfeld, Joel, Vice President & Director, Broadcast Production - Simons / Michelson / Zieve, Inc.; pg. 142
Bienstock, Hal, Managing Director - Prosek Partners; pg. 639
Bierman, David, Executive Creative Director - Campbell Ewald; pg. 46
Bierman, Robert, Creative Operations Manager - Falk Harrison, Inc.; pg. 183
Bierut, Michael, Partner - Pentagram; pg. 194
Bieschke, Marketa, Vice President, Technology - RPA; pg. 134
Bifulco, Ryan, Founder & Chief Executive Officer - Travel Spike; pg. 272
Bigelow, Vanessa, Principal & Director, Human Resources & Community Engagement - Burness Communications; pg. 587
Biggin, Mark, Senior Vice President, Experiential Group - Centra360; pg. 49
Biggs, Chad, Vice President, Corporate Communication & Content - Red Sky Public Relations; pg. 642
Bigio, Gaston, Co-Founder - David; pg. 57
Bigley, Eric, Manager, Paid Social - Neo Media World; pg. 496
Biglione, Shann, Executive Vice President, Global Strategy - platformGSK - Publicis North America; pg. 399
Bigness, Kristin, Senior Creative Manager - Seer Interactive; pg. 677
Bihl, Martin, Executive Creative Director - LevLane Advertising; pg. 380
Bikowski, David, Director - SYZYGY US; pg. 268
Bila, Courtney, Associate Brand Manager - quench; pg. 131
Bilbia, Chelsea, Assistant Account Executive - Tic Toc; pg. 570
Bilbrey, Sarah, Senior Account Executive - M Booth & Associates, Inc. ; pg. 624
Bildsten, Tim, Associate Creative Director - MullenLowe U.S. Boston; pg. 389
Bilger, Kristen, Managing Supervisor - FleishmanHillard; pg. 605
Bilgin, Selin, Senior Art Director - Beacon Healthcare Communications; pg. 38
Bille, Scott, Director, Interactive - Aloysius Butler & Clark; pg. 30
Billey, Lori, Managing Partner & Chief Executive Officer - RED The Agency Inc.; pg. 405
Billick, Dave, Senior Art Director - Fall Advertising ; pg. 70
Billik, Mark, Founder & Chairman - BeCore; pg. 302
Billinger, James, Platforms Delivery Lead - VMLY&R; pg. 274
Billington, Taylor, Co-Founder & Chief Executive Officer - True Incentive; pg. 571
Billmeyer, Tony, Account Director - Erich & Kallman; pg. 68
Billones, Chanelle, Media Planner - Team One; pg. 418
Bills, Ann, Brand Manager - The Richards Group, Inc.; pg. 422
Bills, Caren, Manager, Project Management & Print Production - Creative Services; pg. 594
Bills, Jennifer, Creative Director - O'Keefe Reinhard & Paul; pg. 392
Bills, Natalie, Senior Account Executive - Publicis Hawkeye; pg. 399
Billups, Alyssa, Senior Manager, Digital & Social Strategy - 160over90; pg. 301
Billups, J'nel, Senior Communications Strategy Planner - Generator Media + Analytics; pg. 466
Billy, Michael, Account Director - Ansira; pg. 280
Bilotta, Elijah, Media Director, Paid Social - 360i, LLC; pg. 320
Bilotta, Elizabeth, Marketplace Media Planner & Buyer - Crossmedia; pg. 463
Bilow, Norm, Co-Founder & Managing Director - The Escape Pod; pg. 150
Bimm, Brian, Chairman & Chief Financial Officer - BIMM Direct & Digital; pg. 280
Bina, Richard, Vice President, Strategic Planning - RPA; pg. 134
Binder, Alex, Associate Media Director, Paid Social - GroupeConnect - Digitas; pg. 226
Binder, Amy, Chief Executive Officer -

PERSONNEL

AGENCIES

RFBinder Partners, Inc.; *pg.* 642
Bindra, Dex, Senior Director, Strategy & Analytics - ZetaXChance - Zeta Interactive; *pg.* 277
Bingemann, Pip, Media Director - Cutwater; *pg.* 56
Bingham, Amanda, Director, Strategic Insights & Global Client Development - Project X; *pg.* 556
Bingham, Carolyn, Chief Operating Officer - JWT Toronto; *pg.* 378
Bingham, Kimberly, Account Director - Saatchi & Saatchi Dallas; *pg.* 136
Bingham, Kyle, Manager of Strategic Communications - Epiq Systems; *pg.* 232
Bingham, Max, Art Director - Anomaly; *pg.* 326
Bingham, Shaun, Senior Designer - Mission Media, LLC; *pg.* 115
Binnette, Mike, Creative Officer - Cannonball Agency; *pg.* 5
Binney, Tessa, Vice President, Client Solutions - Performics; *pg.* 676
Binninger, Anna, Finance Manager - Ogilvy Public Relations; *pg.* 633
Binnington, Cas, Executive Director, Production - John St.; *pg.* 93
Binns, Becky, Media Buyer & Planner & Project Manager - AE - Zizzo Group Advertising & Public Relations; *pg.* 437
Binns, Daniel, Chief Executive officer, New York - Interbrand; *pg.* 187
Bins, Jenn, Vice President & Marketplace Leader - Ketchum South; *pg.* 620
Bintrim, Duncan, Media Specialist - Bayard Advertising Agency, Inc.; *pg.* 37
Biolsi, Rick, Partner & Design Director - Bartley & Dick Advertising; *pg.* 37
Biondi, Carrie, Vice President, Business Development & Client Service - Lawrence & Schiller; *pg.* 97
Biondo, Charles, President & Chief Executive Officer - The Biondo Group; *pg.* 201
Biorcio, Jacopo, Senior Director, Art - Saatchi & Saatchi ; *pg.* 136
Birch, Beau, President, Founder & Partner - Novak-Birch; *pg.* 448
Birch, Jamie, Founder & Chief Executive Officer - JEBCommerce; *pg.* 91
Birchard, Matt, General Manager & Owner - Rains Birchard Marketing; *pg.* 641
Birck, Amanda, Director, National Broadcast - Empower; *pg.* 354
Bird, Andy, Chief Creative Officer - Publicis North America; *pg.* 399
Bird, Danielle, Partner & Group Planning Director - Godfrey Dadich; *pg.* 364
Bird, Jillian, Vice President, Direct Marketing Activation - Horizon Media, Inc.; *pg.* 474
Bird, Jon, Chief Retail & Commerce Officer - VMLY&R; *pg.* 160
Bird, Megan, Project Manager - Swanson Russell; *pg.* 415
Bird, Sarah, Director, Content - Rinck Advertising; *pg.* 407
Bird, Scott, Vice President, Marketing - Moxley Carmichael; *pg.* 629
Birdoff, Matthew, Director, Brand Strategy - SJI Associates; *pg.* 142
Birdsall, Connie, Senior Partner & Global Creative Director - Lippincott; *pg.* 189
Birdsall, Maureen, Owner & Creative Force & Social Strategist - Birdsall Interactive; *pg.* 217
Birdsall, Mike, Chief Executive Officer - Birdsall Interactive; *pg.* 217
Birk, Jessica, Senior Vice President & Account Director - ID Media; *pg.* 477
Birkel, Jennifer, Vice President, Account Director - Momentum Worldwide; *pg.* 117

Birkel, Katie, Director, Strategic Growth - Huge, Inc.; *pg.* 239
Birkenhauer, Elizabeth, Senior Project Coordinator - FRCH Design Worldwide; *pg.* 184
Birkholz, Jessica, Director, Media - Media Bridge Advertising; *pg.* 484
Birks-Hay, Paul, President & Partner - Venables Bell & Partners; *pg.* 158
Birmingham, Hobart, Vice President & Creative Director - RPA; *pg.* 134
Birnbaum, Jeffrey, President - BGR Group; *pg.* 583
Birnbaum, Max, Senior Account Executive - True Impact Media; *pg.* 558
Birnbaum, Norma, Senior Vice President & Director, Strategic Planning - Saatchi & Saatchi Wellness; *pg.* 137
Birney, Conor, Group Director, Design - Madwell; *pg.* 13
Birney, Daniel, Associate Creative Director - Leo Burnett Detroit; *pg.* 97
Birnsteel, John, Chief Operating Officer & Executive Vice President - DoeAnderson Advertising ; *pg.* 352
Biro, Ladd, Founder & Principal - Champion Management Group, LLC; *pg.* 589
Birrell, Kate, Director, Marketing Solutions - Clear Channel Outdoor; *pg.* 550
Birschbach, Marissa, Public Relations Consultant - AMP3 Public Relations; *pg.* 577
Bischoff, Karl, Owner & Chief Operations Officer - Phinney / Bischoff Design House; *pg.* 194
Bischoff, Otto, Senior Vice President, Local Integrated Media Manager - GTB; *pg.* 80
Bisek, Tessa, Senior Account Executive - Hiebing; *pg.* 85
Bishara, Kareem, Manager, Strategy - Universal McCann; *pg.* 521
Bishof, Mark, President & Chief Executive Officer - Clarabridge, Inc.; *pg.* 167
Bishop, Abbey, Account Supervisor - AGENCYSACKS; *pg.* 29
Bishop, Alexis, Senior Associate Media Strategist - OpenMind; *pg.* 503
Bishop, Angelica, Senior Account Executive - March Communications; *pg.* 625
Bishop, Bo, Executive Director, Creative Strategy - Trollback & Company; *pg.* 203
Bishop, Christie, Executive Vice President, Brand - Edelman; *pg.* 601
Bishop, Denise, Media Planner & Buyer - Graham Group; *pg.* 365
Bishop, Elise, Director, Communication - GroundFloor Media; *pg.* 611
Bishop, Erin, Marketing Director & Strategist, Research - Amperage; *pg.* 30
Bishop, Evann, Senior Media Planner & Buyer - Conquer Media; *pg.* 52
Bishop, Greg, Account Supervisor - 360i, LLC; *pg.* 207
Bishop, Jon, Senior Account Manager - JPL; *pg.* 378
Bishop, Joseph, Creative Director - Cannonball Agency; *pg.* 5
Bishop, Kelli, Vice President & Media Director - Timberlake Media Services, Inc.; *pg.* 520
Bishop, Kevin, Chief Technology Officer - Targetbase Marketing; *pg.* 292
Bishop, Kyle, Manger, Digital, Production & Strategy - Boathouse Group, Inc.; *pg.* 40
Bishop, Lauren, Vice President - Alison Brod Public Relations; *pg.* 576
Bishop, Leslie, Senior Vice President, Travel & Lifestyle - 5W Public Relations; *pg.* 574
Bishop, Luke, Vice President, Client Partner - Investis Digital; *pg.* 376
Bishop, Martin, Vice President, Client Services - LiveWorld; *pg.* 246

Bishop, Peter, Partner & Director, Conversion - ZGM Collaborative Marketing; *pg.* 437
Bisig, Larry, Chief Executive Officer - Bisig Impact Group; *pg.* 583
Bisignano, Samantha, Associate Director - Posterscope U.S.A.; *pg.* 556
Biskin, Lisa, Creative Director - Smith Gifford, Inc.; *pg.* 143
Bisono, Keisy, Associate Account Director - Spark44; *pg.* 411
Bisono, Sonia, Traffic Supervisor & Business Affairs Manager - Wieden + Kennedy; *pg.* 432
Bisquera, Erico, Creative Director - Penna Powers Brian Haynes; *pg.* 396
Biss, David, Senior Account Supervisor - MSLGroup; *pg.* 629
Bissell, Janice, Account Manager - Tenet Partners; *pg.* 450
Bisson, Janice, Head, Production - Anomaly; *pg.* 326
Bissonnette, Jenna, Vice President, Account Services - HangarFour Creative; *pg.* 81
Bissuel, Julien, Vice President & Director, Client Services - Forsman & Bodenfors; *pg.* 74
Bistrong, Allison, Creative Director & Global Brand Lead, Marketing - Publicis.Sapient; *pg.* 259
Bithell, Steven, Associate Director, Media Technology - US - Digitas; *pg.* 226
Bitong, Vincent, Vice President, Technology - Zeno Group; *pg.* 664
Bitter, Derek, Creative Lead - Public Works; *pg.* 130
Bittker, Brian, Director, Product Information & Account Services - Innocean USA; *pg.* 479
Bittle, Joanna, Agency Partner, Strategy - CommCreative; *pg.* 343
Bittman, Andy, Founder - Vision Creative Group; *pg.* 204
Bittman, Benjamin, Executive Vice President & Managing Director - the community; *pg.* 545
Bittner, Cindy, Chief Financial Officer - Odney Advertising Agency; *pg.* 392
Bitzer, Matt, Co-Founder & Chief Executive Officer - Blue Magnet Interactive Marketing & Media, LLC; *pg.* 217
Bivens, Meredith, Vice President & Associate Director, National Broadcast - GSD&M; *pg.* 79
Bivins, Joscelyn, Senior Associate, Digital Investment - m/SIX; *pg.* 482
Bivins, Liz, Negotiator, Digital Investment - Sonic Drive-In - Zenith Media; *pg.* 531
Bivona, Carl, Social Media Director - Colangelo & Partners; *pg.* 591
Bivona, Doug, chief finance officer - Stella Rising; *pg.* 518
Bixler, David, Account Supervisor - Next Marketing; *pg.* 312
Bixler, Randy, Executive Vice President & Managing Director - Initiative; *pg.* 477
Bixler, Randy, Managing Director & Executive Vice President - Initiative; *pg.* 479
Bixon-Gordon, Caryl, President - Caryl Communications, Inc.; *pg.* 589
Bizier, Jim, Creative Director - Brand Content; *pg.* 42
Bizon, Cecilia, Vice President & Media Director - Local - Starcom Worldwide; *pg.* 513
Bjelovuk, Anna, Account Executive - Anomaly; *pg.* 325
Bjorgaard, Jessica, Director, Public Relations & Social Media Content - InQuest Marketing; *pg.* 445
Bjorgo, Mark, Management Director - Bader Rutter & Associates, Inc.; *pg.* 328
Bjork, Paul, Creative Director - Swift; *pg.* 145
Bjork, Susan, Manager, Accounting - PRR; *pg.* 399
Bjorklund, Cammy, Vice President & Group

722

AGENCIES PERSONNEL

Client Lead - Havas Media Group; *pg.* 470
Bjorklund, Jennifer, Director, Connections Planning - Havas Media Group; *pg.* 468
Bjorkman, Lincoln, Chief Creative Officer - Rauxa; *pg.* 291
Bjorknas, Peter, Director, Interactive - Pappas MacDonnell, Inc. ; *pg.* 125
Bjorlin, Brent, Business Development Director - Infinity Direct; *pg.* 286
Black, Aaron, Group Director, Brand - Horizon Media, Inc.; *pg.* 474
Black, Abbie, Coordinator, Production Department - We Are BMF; *pg.* 318
Black, Allan, Director, Client Services - Elevator Strategy Advertising & Design, Inc.; *pg.* 181
Black, Courtney, Senior Account Executive - gkv; *pg.* 364
Black, Courtney, Planning Specialist - Conquer Media; *pg.* 52
Black, David, Vice President, Market Research & Consulting - Paskill, Stapleton & Lord; *pg.* 256
Black, Dustin, Group Creative Director - Colle McVoy; *pg.* 343
Black, Erica, Account Supervisor - Pereira & O'Dell; *pg.* 257
Black, Iain, President & Chief Executive Officer - Maximizer Software, Inc.; *pg.* 168
Black, Jeff, Director, Content Strategy - Nectar Communications; *pg.* 632
Black, Jessica, Director - Markstein; *pg.* 625
Black, Kate, Vice President, Business Strategy - Movement Strategy; *pg.* 687
Black, Kerry, Co-Founder - Superfly; *pg.* 315
Black, Maggie, Strategist - MediaCross, Inc.; *pg.* 112
Black, Philip, Senior Vice President, Strategy - Gyro; *pg.* 368
Black, Richard, Chief Growth Officer, North America - Momentum Worldwide; *pg.* 117
Black, Spencer, Director, Creative & Design - Digitas; *pg.* 228
Black, Stephanie, Programmatic Manager - Starcom Worldwide; *pg.* 517
Black, Taylor, Senior Account Manager - Extraordinary Events; *pg.* 305
Black-Manriquez, Susie, Senior Account Executive, Public Relations - Faiss Foley Warren; *pg.* 602
Blackaby Forsterer, Lissa, Director, Business Development - Owen Jones and Partners; *pg.* 124
Blackburn, Budd, Owner & Founder - Team Velocity Marketing; *pg.* 418
Blackburn, Wendy, Executive Vice President, Marketing & Communications - Intouch Solutions, Inc.; *pg.* 242
Blacker, Mike, Vice President, Strategic Business Development - The Trade Desk; *pg.* 519
Blackford, Alina, Account Supervisor - Edelman; *pg.* 599
Blackman Nelson, Jessica, Manager, Project - Alling Henning & Associates; *pg.* 30
Blackmore, Matt, Vice President, Digital Marketing - LocalBizNow; *pg.* 675
Blacksmith, Josh, Senior Vice President & General Manager, CRM - FCB Chicago; *pg.* 71
Blackstone, Tim, Creative Director, Digital - Ethos Marketing & Design; *pg.* 182
Blackwelder, Jim, Chief Technology Officer - ROKKAN, LLC; *pg.* 264
Blackwell, Charles, Creative Director & Chief Technology Officer - Cult Collective, Ltd.; *pg.* 178
Blackwell, Gerry, Controller - The Brick Factory; *pg.* 269
Blackwell, Keith, Chief Operating Officer - Aberdeen Group, Inc.; *pg.* 441

Blackwell, Lisa, Executive Vice President & Chief Experience Officer - Daniel Brian Advertising; *pg.* 348
Blackwell, Rich, Creative Director - Metia; *pg.* 250
Blackwell, Tayhlor, Coordinator, Account - Reed Public Relations; *pg.* 642
Blagg, Jennifer, Senior Account Executive - Vistra Communications, LLC; *pg.* 658
Blaha, Joe, Owner & Partner & Chief Financial Officer - Marcus Thomas; *pg.* 104
Blain, David, President - Saxton Horne; *pg.* 138
Blair, Alexander, Director, New Business & Partnerships - Mabbly; *pg.* 247
Blair, Bohb, Global Chief Experience Officer - Starcom Worldwide; *pg.* 513
Blair, Brian, Owner - Blair, Inc.; *pg.* 334
Blair, Chad, Account Director - TDG Communications; *pg.* 417
Blair, Greg, Art Director & Owner - Blair, Inc.; *pg.* 334
Blair, Kristy, Senior Art Director - Indiana Design Consortium, Inc.; *pg.* 187
Blair, Magnus, Chief Strategy Officer - Joan; *pg.* 92
Blair, Mary, Account Director - Designsensory; *pg.* 62
Blair, Ryan, Chief Operating Officer - Mad Men Marketing; *pg.* 102
Blair Logan, J., Executive Vice President - The William Mills Agency; *pg.* 655
Blair Pluem, Shannon, Vice President, Client Business & Partner - Initiative; *pg.* 479
Blais, Alexis, Vice President - ICR; *pg.* 615
Blais, Arielle, Associate Content Producer - The Martin Agency; *pg.* 421
Blais, Derek, Vice President & Associate Creative Director - BBDO Canada; *pg.* 330
Blais, Xavier, Copywriter - Rethink Communications, Inc.; *pg.* 133
Blake, Anna, Director, Brand Marketing - Superfly; *pg.* 315
Blake, Bruce, President - RH Blake Inc.; *pg.* 133
Blake, Caroline, Partner - Three Five Two, Inc.; *pg.* 271
Blake, Chris, Account Director - MSR Communications; *pg.* 630
Blake, David, Vice President & U.S. Account Director - Zenith Media; *pg.* 531
Blake, Jessie, Account Supervisor - Madwell; *pg.* 13
Blake, Justin, Global Lead, Executive Positioning & Family Enterprises - Edelman; *pg.* 599
Blake, Megan, General Manager - Wondersauce; *pg.* 205
Blake, Natalie, Vice President, Global Communications - P&G Oral Care - MSLGroup; *pg.* 629
Blake, Robin, Art Director - McLellan Marketing Group; *pg.* 111
Blakely, Andrea, Account Manager - Periscope; *pg.* 127
Blakely, Hunter, General Manager - Anchor Worldwide; *pg.* 31
Blakely, Lindsey, Senior Manager, Internal Communications - Walmart Media Group; *pg.* 684
Blakely, Randy, Vice President, Operations - CPC Experiential; *pg.* 303
Blakeman, Kendall, Senior Account Manager - Social Chain; *pg.* 143
Blakemore, Ashley, Director, Sales & Marketing - Mediaura; *pg.* 250
Blakey, Katie, Digital Marketing Ops Manager - WordBank LLC; *pg.* 163
Blanch, Courtney, Manager, Data & Analysis - Digitas; *pg.* 226
Blanch, Lindsay, Senior Vice President &

Head, Decision Science - Hill Holliday; *pg.* 85
Blanche, Julie, Senior Vice President & Group Account Director - Digitas; *pg.* 226
Blanchette, Jill, Supervisor, Business Development - R&R Partners; *pg.* 131
Blanchette, Robin, Co-Founder & Chief Executive Officer - Norton Creative; *pg.* 121
Blanco, Antonio, Owner & Web Application Architect - Blancomedia; *pg.* 217
Blanco, Cristina, Senior Integrated Business Manager - Wunderman Thompson; *pg.* 434
Blanco, Daryl, Senior Vice President, Performance Media - Zenith Media; *pg.* 529
Blanco, Elena, Chief Technical Officer - Blancomedia; *pg.* 217
Blanco, Jennifer, Group Director, Client Services - AKA NYC; *pg.* 324
Bland, Melina, Manager, Connections - VMLY&R; *pg.* 274
Bland, Thy Ta, Senior Business Manager - Doner - Media Assembly; *pg.* 385
Bland, Trent, Director, Creative & Copywriter - Otey White & Associates; *pg.* 123
Blander, Lloyd, Creative Director - Siegel & Gale; *pg.* 17
Blando, Bianca, Senior Social Media Analyst - CMI Media, LLC; *pg.* 342
Blando, Lauren, Associate Director, Partnerships & Social Strategy - Bacardi Limited Global Communications - OMD; *pg.* 498
Blaney, Bill, Creative Director - SMM Advertising; *pg.* 199
Blaney, Dan, Senior Vice President, Group Executive Producer - BBDO Worldwide; *pg.* 331
Blank, Aaron, Chief Executive Officer, President & Partner - The Fearey Group; *pg.* 653
Blank, David, Principal & Managing Partner - Doubleknot Creative; *pg.* 180
Blank, Ryan, Group Creative Director - Ogilvy; *pg.* 393
Blank, Stephanie, Senior Account Executive - Herrmann Advertising Design; *pg.* 186
Blankenship, Adam, Senior Vice President & Group Account Director - RPA; *pg.* 134
Blankenship, Angela, Associate Director, Strategy - Spark Foundry; *pg.* 512
Blankenship, Brian, Interactive Creative Director - Balcom Agency ; *pg.* 329
Blankenship, Carey, Digital Content Specialist - Lenz, Inc.; *pg.* 622
Blankenship, Lee, Chief Executive Officer - Search Discovery, Inc.; *pg.* 677
Blankenship, Mark, Director, Integrated Content - AKA NYC; *pg.* 324
Blankfein, Eric, Chief - WHERE - Horizon Media, Inc.; *pg.* 474
Blas, Fabiola, Paid Media Manager - NMPi; *pg.* 254
Blasco, Tony, Chief Financial Officer - Zeno Group; *pg.* 664
Blascoe, Benjamin, Group Creative Director - Davis Elen Advertising; *pg.* 58
Blaser, Aaron, Content Maker - mono; *pg.* 117
Blasevick, Denise, Co-Founder & Chief Executive Officer - The S3 Agency; *pg.* 424
Blasingame, Josh, Creative Director - MARC USA; *pg.* 104
Blaska, Ben, Vice President & Account Supervisor - Cramer-Krasselt ; *pg.* 53
Blass, Ken, President - Blass Communications; *pg.* 584
Blatchley, Ryan, Account Director - Ocean Media, Inc.; *pg.* 498
Blatt, Casey, Director, Operations - Covet Public Relations; *pg.* 593
Blatt, Jeb, Senior Vice President - Jack Morton Worldwide; *pg.* 309
Blattel, Ellen, Chief Executive Officer -

723

PERSONNEL — AGENCIES

Blattel Communications; *pg.* 584
Blatter, Michael, Founder & Chief Executive Officer - Mirrorball; *pg.* 388
Blattner, Wendy, Principal - Sequel Studio; *pg.* 16
Blatz, Jesse, Creative Director - Team One; *pg.* 417
Blauvelt, Laraine, Founding Partner - Smith Design; *pg.* 199
Blawie, Gavin, Senior Vice President, Strategy & Digital - MKTG INC; *pg.* 311
Blaydon, Christopher, Senior Vice President, Data & Analysis - Digitas; *pg.* 227
Blaylock, Kim, Vice President, Account Services - &Barr; *pg.* 319
Blazek, Danielle, Senior Account Manager - The MX Group; *pg.* 422
Blazek Dahlborn, Kimberly, President & Chief Executive Officer - L.C. Williams & Associates, Inc.; *pg.* 621
Blazer, Matthew, Principal & Chief Creative Officer - BrandPivot; *pg.* 337
Blazzard, Howard, Vice President & Group Director, Technology Strategy - Digitas; *pg.* 226
Bleazey, Jacqueline, Senior Director - Optimum Sports; *pg.* 394
Blecher, Douglas, Vice President - MossWarner; *pg.* 192
Bledsoe, Kristin, Senior Account Manager - The MX Group; *pg.* 422
Bleech, Jeremy, Chief Technology Officer - ShopHer Media; *pg.* 682
Bleedorn, Gina, Chief Experience Officer - Adrenaline, Inc.; *pg.* 172
Bleeker, Andrew, Founder & President - Bully Pulpit Interactive; *pg.* 45
Bleers, Anna, Senior Vice President & Client Service Director - Energy BBDO, Inc.; *pg.* 355
Bleier, Karen, Media Director - MDG Advertising; *pg.* 484
Bleser, Elizabeth, Senior Vice President, Integrated Media - Blue Chip Marketing & Communications; *pg.* 334
Bleser, Hillary, Media Supervisor - Crossmedia; *pg.* 463
Blessington, Tom, Co-President - Wieden + Kennedy; *pg.* 430
Bletsch, Erica, Director, Integrated Content Production - The Integer Group; *pg.* 682
Bleuer, Leah Dorothy, Senior Media Planning & Buyer - Crowley Webb & Associates; *pg.* 55
Blevins, Lisa, Vice President & Director, Media - Haworth Marketing & Media; *pg.* 470
Blevins, Ron, Vice President, Media - Marketing Architects; *pg.* 288
Blevins, Shae, Strategist, Digital - Greteman Group; *pg.* 8
Blevins, Sian, Director, Account - Karbo Communications; *pg.* 618
Blewett, Neil, Creative Director - Anomaly; *pg.* 326
Blick, Hillary, Associate Creative Director - Brightline; *pg.* 219
Blickstein, Adam, Vice President - Glover Park Group; *pg.* 608
Blish, Jeffrey, Executive Planning Director - Los Angeles - Deutsch, Inc.; *pg.* 350
Blishteyn, Galina, Vice President & Group Partner, Integrated Investment - Universal McCann; *pg.* 521
Bliss, Kellie, Chief Client Officer, Executive Vice President & Provider Health & Wellness Practice Lead - MERGE; *pg.* 113
Bliss, Sarah, Account Director - Propac; *pg.* 682
Blitman, Rick, Associate Creative Director - Tinsley Advertising; *pg.* 155
Blitz, Matt, Senior Vice President & Executive Producer - DDB Chicago; *pg.* 59

Blitzer, Ernie, Partner & Creative Director - French / Blitzer / Scott; *pg.* 361
Bliwas, Ron, Chairman - Eicoff; *pg.* 282
Blizzard, Susan, Chief Executive Officer & Owner - Blizzard Internet Marketing; *pg.* 672
Blocher, Carrie, Senior Producer, Content - WongDoody; *pg.* 162
Block, Alex, Managing Director, Global Platform Management - GroupM; *pg.* 466
Block, Danielle, Senior Program Manager - Integrity; *pg.* 90
Block, Michael, Chief Operating Officer - Wpromote; *pg.* 678
Block, Peri, Communications Coordinator - Babbit Bodner; *pg.* 579
Block, Sarah, Executive Vice President & Creative Director - Leo Burnett Worldwide; *pg.* 98
Block, Sarah, Senior Vice President - Ogilvy Public Relations; *pg.* 633
Blockey, Paul, Senior Vice President & Director, Experience, Strategy & Design - RAPP Worldwide; *pg.* 291
Blodger, Mark, Principal - DDM Marketing & Communications; *pg.* 6
Bloemer, Audrey, Senior Head, Paid Media Team - Seer Interactive; *pg.* 677
Bloemker, Shannon, Supervisor, Digital Media - OMD; *pg.* 500
Blom, Mike, Media Director - Compass Communications; *pg.* 52
Blom, Tony, Creative Director - Compass Communications; *pg.* 52
Blomberg, Brad, Account Executive - Media One Advertising; *pg.* 112
Blomberg, Greg, Partner - Media One Advertising; *pg.* 112
Blomker, Theresa, Account Manager - Fusion Marketing; *pg.* 8
Blond, Stephanie, Vice President, Client Experience - Weber Shandwick; *pg.* 660
Blood, Michelle, Senior Media Strategist - Ambassador Advertising; *pg.* 324
Bloodgood, Brian, Creative Art Director - ICF Next; *pg.* 372
Bloom, Beth, Account Director - Kreber; *pg.* 379
Bloom, Carl, President - Carl Bloom Associates; *pg.* 281
Bloom, Carrie, Vice President, Client Services - Carl Bloom Associates; *pg.* 281
Bloom, Dana, Director, Strategic Planning & Partner - Mindshare; *pg.* 491
Bloom, Doug, Partner & Executive Creative Director - One Eleven Interactive, Inc.; *pg.* 255
Bloom, Greg, Senior Vice President & Partner, Analytics - Universal McCann Detroit; *pg.* 524
Bloom, Jack, Senior Vice President, Marketing - Sid Paterson Advertising; *pg.* 141
Bloom, Jenna, Franchise Account Manager - Adhawks Advertising & Public Relations, Inc.; *pg.* 27
Bloom, Kate, Account Director - Little Arrows; *pg.* 687
Bloom, Kathe, President & Chief Executive Officer - Bloom Ads, Inc.; *pg.* 334
Bloom, Richard, Executive Creative Director - Huge, Inc.; *pg.* 240
Bloom, Robert, President - Carl Bloom Associates; *pg.* 281
Bloom, Sam, General Manager, Interactive Marketing - Camelot Strategic Marketing & Media; *pg.* 457
Bloom, Seth, Senior Vice President & Partner - FleishmanHillard; *pg.* 605
Bloomer, Jen, Vice President, New Media & Creative Services - Maroon PR; *pg.* 625
Bloomgarden, Kathy, Chief Executive Officer - Ruder Finn, Inc.; *pg.* 645

Bloomingdale, Rick, President & General Manager - OIA / Marketing; *pg.* 122
Bloomquist, Dana, Senior Account Executive - Cooney, Watson & Associates; *pg.* 53
Bloore Hunt, Karen, President - West Coast - Universal McCann; *pg.* 524
Blotner, Andrew, Senior Vice President & Managing Director - Spark Foundry; *pg.* 508
Blouin, Todd, Senior Vice President - Genesco Sports Enterprises; *pg.* 306
Blount, Andrea, Business Manager - Moore Communications Group; *pg.* 628
Blount, Bret, Senior Vice President - Edelman; *pg.* 601
Blount, Courtney, Group Director - The Media Kitchen; *pg.* 519
Blount, Jimmie, Associate Creative Director - Preacher; *pg.* 129
Blount, Kellyn, Creative Director - Preacher; *pg.* 129
Blown, John, Founding Partner - Major Tom; *pg.* 675
Blue, Jerry, Owner & Director, Account Services - Element 8; *pg.* 67
Bluebaugh, Adam, Account Coordinator - RedPeg Marketing; *pg.* 692
Bluestein, Barry, Managing Partner & Chief Operating Officer - Source Communications; *pg.* 315
Bluey, Ted, Associate Partner & Creative Director - Eleven, Inc.; *pg.* 67
Bluhm, Molly, Director, Business Leadership - Allen & Gerritsen; *pg.* 29
Blum, Bette, Media Director - Hunter Hamersmith; *pg.* 87
Blum, Jackie, Managing Director - Laird + Partners; *pg.* 96
Blum, Lindsay, Vice President - Vayner Talent - VaynerMedia; *pg.* 689
Blum, Robin, Director, Customer Service & Sales - SQAD, Inc.; *pg.* 513
Bluman, Alexander, Group Director, Engagement - Huge, Inc.; *pg.* 239
Blumberg, Jay, Creative Director - SourceLink, LLC; *pg.* 292
Blumberg, Stephen, Senior Vice President & Group Director - Starcom Worldwide; *pg.* 517
Blumenberg, Ronnie, Creative Director - BLT Communications, LLC; *pg.* 297
Blumenkron, Natasha, Senior Manager, Paid Social - Tinuiti; *pg.* 271
Blumenthal, AJ, Senior Brand Strategist - Wieden + Kennedy; *pg.* 430
Blumenthal, Elizabeth, Account Supervisor - LaForce; *pg.* 621
Blumenthal, Sue, Broadcast Supervisor & Senior Broadcast Supervisor - Kelly, Scott & Madison, Inc.; *pg.* 482
Blunt, George, Senior Vice President, Client Management - Active International; *pg.* 439
Blunt, Kailey, Associate Director - Starcom Worldwide; *pg.* 513
Blurton, Paul, Chief Creative Officer - inVNT; *pg.* 90
Bluth, Carly, Supervisor - Horizon Media, Inc.; *pg.* 474
Blystone, Patty, Senior Accountant - Rhea & Kaiser Marketing ; *pg.* 406
Blyukher, Anastasiya, Director, Program Management - Xaxis; *pg.* 276
Boal, Jeff, Chairman - PlowShare Group, Inc.; *pg.* 128
Boardman, Jennifer, Senior Vice President & Creative Director - Civic Entertainment Group; *pg.* 566
Boardman, Katie, Media Supervisor - Chemistry Communications Inc.; *pg.* 50
Boarts, Alan, President & Chief Creative Director - A to Z Communications; *pg.* 24
Boasberg, Jules, Senior Vice President,

724

AGENCIES / PERSONNEL

Client Engagement - Bernstein-Rein Advertising, Inc.; *pg.* 39
Boatright, Tim, Creative Director - Vistra Communications, LLC; *pg.* 658
Boaz, Dinesh, Creative Director & Co-Founder - Direct Agents, Inc.; *pg.* 229
Boaz, Josh, Co-Founder & Managing Director - Direct Agents, Inc.; *pg.* 229
Bobbe, Emily, Media Buyer - Borders Perrin Norrander, Inc.; *pg.* 41
Bobbins, Bruce, Executive Vice President - DKC Public Relations; *pg.* 597
Bobbs, Sydney, Media Buyer - Matrix Media Services; *pg.* 554
Bobenmoyer, Brad, Vice President, Marketing & New Business Inquiries - Young & Laramore; *pg.* 164
Bobick, Jeff, Associate Director, Data & Analysis - Digitas; *pg.* 226
Boblink, David, Chief Financial Officer - Intersport; *pg.* 308
Bobolts, Carol, Founding Principal & Creative Director - Red Herring Design ; *pg.* 197
Bobrow, Liza, Director, Operations - Heat; *pg.* 84
Bobruska, Allison, Integrated Media Supervisor - Merkley + Partners; *pg.* 114
Bocage, Linda, Vice President & Director - Spark Foundry; *pg.* 510
Boccadoro, Michael, President & Managing Director - West Coast Advisors; *pg.* 662
Boccia, Casey, Creative Director - Devaney & Associates; *pg.* 351
Boccio, Mike, Managing Director - Sloane & Company; *pg.* 647
Boccolini, Samantha, Brand Director, Strategy - Hearts & Science; *pg.* 471
Bochenek, Alexei, Creative Director, Game & Designer - Narrative - Psyop; *pg.* 196
Bocian, Neal, President - Neal Advertising; *pg.* 391
Bock, Jason, Coordinator, Digital Ad Operations - OMD Entertainment; *pg.* 501
Bock, Josh, Senior Vice President & Global Managing Partner, Decision Sciences - Universal McCann; *pg.* 521
Bockting, Teri, Partner & Strategic Director - Blind Society; *pg.* 40
Boclair, Tammy, Vice President - Alday Communications; *pg.* 576
Bodak, Will, Head, Retail - Leo Burnett Toronto; *pg.* 97
Bodden, Chris, President & Chief Executive Officer - Bodden Partners; *pg.* 335
Boddington, Nicole, Copywriter - CJRW Northwest; *pg.* 566
Boddy, Mandy, Account Supervisor - Mother NY; *pg.* 118
Boden, Lisa, Senior Media Buyer & Planner - Strategic America; *pg.* 414
Boden, Natalie, Founder & President - BODEN Agency; *pg.* 538
Bodenberger, Michael, Digital Producer - Red Tettemer O'Connell + Partners; *pg.* 404
Bodenburg, Corby, Director, Digital Media - Scales Advertising; *pg.* 138
Bodker, Kimberly, Account Supervisor - Bernstein-Rein Advertising, Inc.; *pg.* 39
Bodkin, Mike, Co-Founder & Chief Operating Officer - Giant Propeller; *pg.* 76
Bodman, Roger, Managing Partner - Public Strategies Impact; *pg.* 639
Bodogh, Beatrice, Vice President & Head, Broadcast Production - BBDO Canada; *pg.* 330
Bodor, Artemis, Account Manager - Cannabrand; *pg.* 47
Bodrie, Jerry, Managing Director - Baldwin&; *pg.* 35
Boedeker Blair, Erin, Account Executive - Asher Agency; *pg.* 327

Boegel, Patrick, Director, Media Integration - Media Logic; *pg.* 288
Boeh, Dean, Manager, Business Development - Learfield Sports; *pg.* 310
Boehm, Claire, Brand Manager - The Richards Group, Inc.; *pg.* 422
Boehm, Courtney, Senior Manager, Portfolio Management - Universal McCann Detroit; *pg.* 524
Boehm, Troy, Digital Marketing Manager - DDM Marketing & Communications; *pg.* 6
Boehman, Jonathan, Senior Digital Strategist & Lead, Innovation Group - Immersion Active, Inc.; *pg.* 241
Boehnke, Richard, Associate Creative Director - Publicis Toronto; *pg.* 639
Boeldt, Sharon, Partner & Director, Earned Media - Hoffman York; *pg.* 371
Boer, Danilo, Executive Creative Director - Art & Design - BBDO Worldwide; *pg.* 331
Boera, Catherine, Senior Vice President & Director, Communications Planning - Active International; *pg.* 439
Boerger, Dan, Managing Director & Partner - Quattro Direct; *pg.* 290
Boes, Jennifer, Communications Strategist - Nancy Marshall Communications ; *pg.* 631
Boes-Decampi, Karen, Senior Project Manager - Advertising Savants; *pg.* 28
Boesche, Brian, Partner & Chief Creative Officer - Swanson Russell Associates; *pg.* 415
Boesen, Maureen, Manager, Marketing - MBB Agency; *pg.* 107
Boettiger, Bryan, Co-Founder & Chief Operating Officer - Parallel Path; *pg.* 256
Bofferding, Sidne, Business Development Manager & Marketing Consultant - Gaslight Creative; *pg.* 361
Bogan, Dave, Vice President & Group Partner - Decision Sciences - Universal McCann; *pg.* 521
Bogan, Rachel, Partner, Product Management - Work & Co; *pg.* 276
Bogan, Susan, Chief Client Officer, Client Relations - GlynnDevins Marketing; *pg.* 364
Bogart, Colleen, Executive Director, Media Services - Flynn; *pg.* 74
Bogdan, Josh, Creative Director & Copywriter - Wieden + Kennedy; *pg.* 430
Bogdanski, Justin, Media Supervisor - Crossmedia; *pg.* 463
Boggeman, Peter, Senior Account Manager - The Brandon Agency; *pg.* 419
Boggis, Tamara, Associate Creative Director - Zimmerman Advertising; *pg.* 437
Bogin, Liora, Associate Media Activation Manager, Paid Social - Essence; *pg.* 232
Bogner, Tom, Vice President & Director, Project Management - Leo Burnett Detroit; *pg.* 97
Bogoch, Jake, Associate Creative Director - The&Partnership; *pg.* 154
Bogucki, Andrew, Senior Partner & Creative Director - Tenet Partners; *pg.* 450
Bogucki, Kyle, Creative Director - Banner Public Affairs; *pg.* 580
Bogucki, Mary, Senior Vice President - Amergent; *pg.* 279
Bogue, Margot, Senior Vice President & Director, Brand Planning - Cramer-Krasselt ; *pg.* 53
Bogus, Samantha, Associate Director, Media - CMI Media, LLC; *pg.* 342
Bogus, Tim, Procurement Manager - Mosaic North America; *pg.* 312
Bogusz, Kevin, Senior Vice President & Client Service Director - Energy BBDO, Inc.; *pg.* 355
Bogusz, Matthew, Senior Vice President - Zenith Media; *pg.* 531
Bohan, David, Chairman - The Bohan Agency; *pg.* 418

Bohenek, Peter, President - Rhythm; *pg.* 263
Bohl, Lauren, Assistant Negotiator, National TV Investment - Hearts & Science; *pg.* 471
Bohlayer, Kim, Executive Producer & Senior Partner - Wunderman Thompson Atlanta; *pg.* 435
Bohler, Caroline, Interactive Coordinator - Kennedy Communications; *pg.* 482
Bohls, Kelly, Partner & Senior Project Manager - Sandstrom Partners; *pg.* 198
Bohlsen, Vicki, Chief Executive Officer & Owner - Bohlsen Group; *pg.* 336
Bohn, Justin, Vice President & Financial Director - Anson-Stoner, Inc.; *pg.* 31
Bohn, Ryan, Senior Vice President, Sales - True Impact Media; *pg.* 558
Bohn, Stephanie, Chief Marketing Officer - VidMob; *pg.* 690
Bohne, Brian, Director, Project Management - RightPoint; *pg.* 263
Bohochik, Emily, Vice President & Group Account Director - Shine United; *pg.* 140
Bohoyo, Carmen, Managing Director, Insights - Western Region - Kantar Media; *pg.* 446
Bohrer, Douglas, Associate Director, Strategy - Think Jam; *pg.* 299
Bohrer, Jason, Associate Media Director - Northern Lights Direct; *pg.* 289
Bohrer, Stacy, Regional Vice President, Business Development - The Trade Desk; *pg.* 519
Bohringer, Olivia, Strategist - Barkley; *pg.* 329
Boice, Brittani, Director, Marketing - Team Velocity Marketing; *pg.* 418
Boice, David, Co-Founder & Chief Executive Officer - Team Velocity Marketing; *pg.* 418
Boilard, Brittany, Associate Director, Platform Media - Hill Holliday; *pg.* 85
Boiler, John, Co-Founder & Chairman - 72andSunny; *pg.* 23
Boissevain, Christine, Communications Coordinator - Propac; *pg.* 682
Boisvert, Anna, Senior Vice President & Group Director, Consumer - Access Brand Communications; *pg.* 1
Boisvert, Joseph, Executive Vice President - Davies Communications; *pg.* 595
Boisvert, Nicolas, Creative Director - LG2; *pg.* 380
Boitel, Darlene, Purchasing Manager - Michael Wolk Design Associates; *pg.* 191
Boiter, Jamey, Principal & Director, Brand Development - BOLT; *pg.* 3
Bojko, Greg, Chief Executive Officer & General Manager - Adstrategies, Inc.; *pg.* 323
Bojorquez, May, Senior Account Manager - Decca Design; *pg.* 349
Bokalo, Taissa, Manager, Quality Assurance - Refuel Agency; *pg.* 507
Bokar, Chuck, Principal - Design Resource Center; *pg.* 179
Bokman, Mike, Creative Director - 180LA; *pg.* 23
Bokshan, Amanda, Marketing Coordinator - bBig Communications; *pg.* 216
Bokum-Fauth, Harper, Director, Brand Strategy - Goodby, Silverstein & Partners; *pg.* 77
Boland, Jack, Chairman - Baker Street Advertising; *pg.* 329
Bolazina, Jenna, Senior Manager, Media - 360i, LLC; *pg.* 208
Bolderson, Caley, Account Manager - Saatchi & Saatchi X; *pg.* 682
Bolding, Rebecca, Account Director - AKQA; *pg.* 212
Boldt, Christina, Senior Vice President, Global Strategy - Starcom Worldwide; *pg.* 517
Boldt, Jessica, Digital Strategy Planner - Haworth Marketing & Media; *pg.* 470
Bole, Katlin, Senior Strategist - VSA

725

PERSONNEL   AGENCIES

Partners, Inc.; *pg.* 204
Bolecek, Patrik, Vice President & Creative Director, Design - Publicis North America; *pg.* 399
Boler, Maggie, Project Manager - Mekanism; *pg.* 113
Boles, John, Vice President & Strategy Director - Edelman; *pg.* 599
Boles, Mike, Creative Director - Spark44; *pg.* 411
Boles, Rick, Vice President, Media & Operations - PriMedia; *pg.* 506
Boles, Rob, Senior Vice President & Partner - Social & Innovation Practice Lead - FleishmanHillard; *pg.* 605
Boles-Marshall, Brianne, Media Manager - Starcom Worldwide; *pg.* 513
Bolesky, Jeremy, Designer - Leopold Ketel & Partners; *pg.* 99
Boley, Brook, Art Director & Associate Creative Director - Innocean USA; *pg.* 479
Bolger, Brenna, Founder & Chief Executive Officer - PRx, Inc.; *pg.* 639
Bolger, Thomas, Director, Design - the community; *pg.* 545
Bolin, Todd, President & Chief Executive Officer - Bolin Marketing; *pg.* 41
Boling, Chris, President - Boling Associates; *pg.* 41
Boling, Jan, Owner - Boling Associates; *pg.* 41
Bolint, Amanda, Senior Manager, Talent - 52 Ltd; *pg.* 667
Bolivar, Renzo, Manager, Brand Leadership - Lopez Negrete Communications, Inc.; *pg.* 542
Bolla, Alessandro, Copywriter - People Ideas & Culture; *pg.* 194
Bollenbach, Chad, Founder & Design Director - Shine United; *pg.* 140
Bolles, Lauren, Vice President, Account Management - ForwardPMX; *pg.* 360
Bolliger, Kathi, Senior Manager, Integrated Business Affairs - Saatchi & Saatchi Los Angeles; *pg.* 137
Bollin, Andrea, Group Director, Client Operations - Grey Midwest; *pg.* 366
Bolling, Jay, Chairman & Owner - PulseCX; *pg.* 290
Bolling, Nia, Account Executive - Publicis North America; *pg.* 399
Bolling, Thomas, Partner & Chief Operating Officer - On Ideas; *pg.* 394
Bolling, Tom, Chief Operating Officer & Partner - On Ideas; *pg.* 394
Bollinger, John, Creative Director - Global Deployment - VMLY&R; *pg.* 160
Bollinger, Karen, Manager, E-mail Marketing & Web Producer - BVK; *pg.* 339
Bollinger, Lianne, Senior Director - Bully Pulpit Interactive; *pg.* 45
Bollinger, Michael, President - Smith Brothers Agency, LP; *pg.* 410
Bollinger, Nora, Digital Experience Designer - Charles Ryan Associates, Inc.; *pg.* 589
Bollman, Jennifer, Vice President & Group Media Director - Crispin Porter + Bogusky; *pg.* 346
Bologna, Anne, Chief Strategy Officer - iCrossing; *pg.* 240
Bolognese, Alison, Media Director - Harmelin Media; *pg.* 467
Bolokowicz, Joe, Senior Producer, Print - Abelson-Taylor; *pg.* 25
Bolotin, Carli, Associate Media Director - Spark Foundry; *pg.* 510
Bolt, Peter, Senior Vice President & Managing Partner - Camp Jefferson; *pg.* 219
Bolton, Lee, Sales Director - Outfront Media; *pg.* 555
Bolz, Renee, Vice President & Director,

Client Services - Holland - Mark; *pg.* 87
Bombard, Christine, Senior Design Strategist - Catalysis; *pg.* 340
Bombard, Daniel, Senior Campaign Manager - FiveFifty; *pg.* 235
Bombeck, Alex, President & Managing Director - Sparks Grove, Inc.; *pg.* 199
Bompastore, Angela, Director, Strategy & Planning - PlusMedia, LLC; *pg.* 290
Bonacci, Anthony, Digital Marketing Team Member - Adpearance; *pg.* 671
Bonaccio, Mary, Director, Client Services - The Verdi Group, Inc.; *pg.* 293
Bonach, Eric, Senior Vice President - Abernathy MacGregor Group; *pg.* 574
Bonadio, Franco, Chief Creative Officer - C Space; *pg.* 443
Bonanni, Mark, General Sales Director - Outfront Media; *pg.* 555
Bonanno, Vincent, Senior Account Executive - Kreber; *pg.* 379
Bonaquist, Robyn, President & Business Director - B2 Advertising; *pg.* 35
Bonchi, Emily, Account Director - Civic Entertainment Group; *pg.* 566
Bond, Allan, Vice President - Pedicab Outdoor; *pg.* 556
Bond, Calvin, Public Relations Account Manager - Backbone Media; *pg.* 579
Bond, Cindy, Co-Founder & Principal - Bond Digital; *pg.* 175
Bond, Craig, Partner & Chief Creative Officer - B-Street; *pg.* 681
Bond, Emily, Account Director - Berlin Cameron; *pg.* 38
Bond, Joe, Co-Founder & Principal - Bond Digital; *pg.* 175
Bond, Kayla, Group Director, Loyalty & CRM - VMLY&R; *pg.* 275
Bond, Margaret, Vice President & Group Creative Director - Luquire George Andrews, Inc.; *pg.* 382
Bond, Melissa, Vice President, Brand - Edelman; *pg.* 599
Bond, Michael, Senior Media Director - Blattel Communications; *pg.* 584
Bond, Samantha, Vice President, Strategic Partnerships & Activation - Entertainment - MKTG INC; *pg.* 311
Bond, Samantha, Vice President, Strategic Partnerships & Activation - Entertainment - MKTG; *pg.* 568
Bond, Simon, Chief Growth Officer & Senior Vice President - Interpublic Group of Companies; *pg.* 90
Bond, Trevor, Director, Strategic Business Analytics - Targetbase Marketing; *pg.* 293
Bond, Yvonne, Chief Network Initiatives & Communications Officer - Havas New York; *pg.* 369
Bondarenko, Anya, Account Supervisor - Merkley + Partners; *pg.* 114
Bonder, Daniel, Executive Creative Director - adam&eve DDB; *pg.* 26
Bonds, Destanee, Account Executive - Anomaly; *pg.* 325
Bonds, Susan, Chief Executive Officer - 42 Entertainment, LLC; *pg.* 297
Bone, Katie, Account Director - Novita Communications; *pg.* 392
Boneno, Jennifer, Vice President, Client Development - Zehnder Communications, Inc.; *pg.* 437
Bonetti, Kathleen, Executive Vice President, Marketing - Rx EDGE Media Network; *pg.* 557
Boney, Stacie, President - Hanson Dodge, Inc.; *pg.* 185
Boney Dole, Rebecca, Vice President, Operations - Centerline Digital; *pg.* 220
Bonfilio, Jennifer, Vice President, People -

Tallwave; *pg.* 268
Bongar, Michael, President - BongarBiz; *pg.* 302
Bongioanni, Lucas, Creative Director - BBH; *pg.* 37
Bongiorni, Nicholas, Assistant Media Planner - Digital - Horizon Media, Inc.; *pg.* 474
Bongiovanni, Brad, President & Chief Creative Officer - Rockit Science Agency; *pg.* 16
Bonham, Mark, Vice President - Sterling Communications, Inc.; *pg.* 650
Bonich, Nate, Supervisor, Data & Performance - Starcom Worldwide; *pg.* 513
Bonifas, Craig, Director & Client Manager - FRCH Design Worldwide; *pg.* 184
Bonilla, Juan, Senior Vice President, Business Development - Walton Isaacson CA; *pg.* 547
Bonilla, Tony, Vice President & Creative Director - MERGE; *pg.* 113
Bonilla-Flores, Carly, Supervisor, Media - H&L Partners; *pg.* 80
Bonillo, Carie, Senior Vice President & Director, Traffic Operation - Deutsch, Inc.; *pg.* 350
Bonito, Nicole, President - Bear In The Hall; *pg.* 2
Bonk, Morgan, Manager, Sports Sponsorship & Hospitality & Activation - Endeavor - Chicago; *pg.* 297
Bonker, Don, Executive Director - APCO Worldwide; *pg.* 578
Bonkowski, Dana, Senior Vice President, Multicultural Lead - Starcom Worldwide; *pg.* 513
Bonn, Frederic, Executive Creative Director - iCrossing; *pg.* 240
Bonn, Sarah, Creative Producer - Glover Park Group; *pg.* 608
Bonnel, Sam, Supervisor, Out of Home - Horizon Media, Inc.; *pg.* 474
Bonnell, Philippe, Director, Creative - Sid Lee; *pg.* 140
Bonnell, Steve, Executive Vice President & Global Account Director - Leo Burnett Worldwide; *pg.* 98
Bonnem, Brooke, Associate Media Director - KSM South; *pg.* 482
Bonner, Brittany, Media Planner - Team One; *pg.* 418
Bonner, David, Chief Creative Officer - On Ideas; *pg.* 394
Bonner, Jimmy, Creative Group Head & Art Director - The Richards Group, Inc.; *pg.* 422
Bonner, Kevin, Art Director - Vermilion Design; *pg.* 204
Bonner, Kristy, Vice President, Digital Services - Foster Marketing Communications; *pg.* 360
Bonner, Melinda, Vice President - 360PRplus; *pg.* 573
Bonner, Rosalie, Account Supervisor - Chase - Droga5; *pg.* 64
Bonner, Scott, Associate Director, Media - Starcom Worldwide; *pg.* 513
Bonner, Valerie, Broadcast Producer - FCB Chicago; *pg.* 71
Bonnet, Katharine, Vice President & Director, Digital - Dunn&Co; *pg.* 353
Bonney, Andrea, Group Managing Director - mcgarrybowen; *pg.* 109
Bonney, Jennifer, Creative Director - PAN Communications; *pg.* 635
Bonnici, Joseph, Executive Creative Director & Partner - Bensimon Byrne; *pg.* 38
Bono, Charles, Digital Marketing Manager - d50 Media; *pg.* 348
Bono, Nancy, Partner - Media Partners, Inc.; *pg.* 486
Bonoff, Donna, Chief Financial Officer - RTi

AGENCIES — PERSONNEL

Research; *pg.* 449
Bonomi, Silmo, Executive Creative Director - VMLY&R; *pg.* 160
Bonomo, Bill, Art Director - o2kl; *pg.* 121
Bonomo, Daniel, Production Coordinator - VIRTUE Worldwide; *pg.* 159
Bonomo, Mary, Founder & Chief Executive Officer - 14th & Boom; *pg.* 207
Bonovsky, Travis, Digital Media Coordinator - Clear Channel Outdoor; *pg.* 551
Bonthuys, Sean, Vice President, Strategy - Elephant; *pg.* 181
Bontke, Jacqui, Senior Art Director - Merkley + Partners; *pg.* 114
Bonuccelli, Anabela, Managing Director - Havas Media Group; *pg.* 470
Bonura, Justin, Partner & Creative Director - Cerberus; *pg.* 341
Book, Barrett, President - Jump Company; *pg.* 378
Book, Gary, Associate Creative Director - Indigo Studios; *pg.* 187
Book, Mark, Head, Content - North America - Digitas; *pg.* 227
Booker, Alex, Executive Creative Director - BBDO Worldwide; *pg.* 331
Booker, Debbie, Supervisor, Media - Watauga Group; *pg.* 21
Booker, Stephanie, Managing Director - Beck Media & Marketing; *pg.* 582
Boon, Davielle, Integrated Producer - MUH-TAY-ZIK / HOF-FER; *pg.* 119
Boone, Alexandria, President & Chief Executive Officer - GAP Communications Group, Inc.; *pg.* 540
Boone, Byron, Managing Partner - HMR Designs; *pg.* 308
Boone, Michael, Principal & Account Director - Launch Agency; *pg.* 97
Boone, Shaina, Managing Director, Marketing Sciences - OMD; *pg.* 500
Boonstra, Kate, Senior Vice President, Digital - Edelman; *pg.* 353
Boor, Julie, Director, Business Development - SpotCo; *pg.* 143
Boos, Ken, Account Executive - Harold Warner Advertising, Inc.; *pg.* 369
Boosalis, Peter, Executive Vice President & Business Development - Periscope; *pg.* 127
Bootes, Becca, Co-Founder - Zamboo; *pg.* 165
Booth, Andrew, Senior Vice President, Media Services - The frank Agency, Inc.; *pg.* 150
Booth, Christian, Account Manager - Fundamental Media; *pg.* 465
Booth, Colin, Vice President & Executive Creative Director - AMP Agency; *pg.* 297
Booth, Margaret, Chairman - M Booth & Associates, Inc. ; *pg.* 624
Booth, Mike, Chief Financial Officer - Maris, West & Baker; *pg.* 383
Booth, Ryan, Creative Director - Zulu Alpha Kilo; *pg.* 165
Booth, Tony, Executive Vice President & Global Creative Services Director - Leo Burnett Detroit; *pg.* 97
Booth Edelman, Jennifer, Strategist, Social Media - Zehnder Communications, Inc.; *pg.* 436
Booth-Clibborn, Justin, Chief Executive Producer - Psyop; *pg.* 196
Boothe, Chris, Global Brand President & U.S Chief Executive Officer - Spark Foundry; *pg.* 510
Bootland, Larry, Director, Operations - Twist - Trampoline; *pg.* 20
Boots, Kyle, Vice President, Social Analytics - VMLY&R; *pg.* 160
Bora, Pranjal, Head, Product Management - Digital Authority Partners; *pg.* 225
Borawski, Erin, Strategist, Brand - Bulldog Drummond; *pg.* 338

Borca, Marian, Vice President, Technology - Cossette Media; *pg.* 345
Borchard, Matthew, Group Director, Media - Noble People; *pg.* 120
Borchert, Chris, Senior Vice President, Digital Client & Market Development - Dynamic Logic; *pg.* 444
Borchert, Gui, Executive Creative Director - 72andSunny; *pg.* 23
Borde, Crystal, Vice President, Diversity & Inclusion Practice Lead - Vanguard Communications; *pg.* 658
Borde, Manuel, Executive Vice President & Executive Creative Director - North America - Geometry; *pg.* 362
Bordeaux, April, Creative Director - Conric PR & Marketing; *pg.* 592
Borders, Matt, Regional Territory Manager - Outdoor Nation; *pg.* 554
Bordignon, Samantha, Associate Creative Director - Digitas; *pg.* 227
Bordinat, Lisa, Senior Vice President, Assessment Science - Symphony Talent; *pg.* 667
Bordson, Nancy, Chief Operating Officer & Vice President - Hodder; *pg.* 86
Boreham, Nicole, Director, Consumer Insights - Carat; *pg.* 459
Borell, Mike, Writer & Producer - 5ive; *pg.* 23
Borg, Dan, Manager, Sales - Ontario Regional - Pattison Outdoor Advertising; *pg.* 555
Borgdorff, Nick, Executive Vice President - Derse, Inc.; *pg.* 304
Borgella, Candice, Manager, Planning - Wavemaker; *pg.* 528
Borgen, Lindsay, Account Manager - Strategis; *pg.* 414
Borges, Bruno, Associate Creative Director - BBDO Worldwide; *pg.* 331
Borges, Christian, Senior Vice President, Marketing - True X Media; *pg.* 317
Borges, Max, President - Max Borges Agency; *pg.* 626
Borges, Raquel, Assistant Strategist, Digital Activation - Hearts & Science; *pg.* 471
Borgese, Danica, Director, Account - Swift; *pg.* 145
Borgia, Anthony, Senior Associate, Advertising Operations - Spark Foundry; *pg.* 510
Borgia, Julianna, Associate Media Planner - Digitas Health LifeBrands; *pg.* 229
Borgia, Liz, Office Manager - Pier 3 Entertainment; *pg.* 298
Borgida, Lane, Account Supervisor - Team Epiphany; *pg.* 652
Borgmeyer, Daniel, Chief Executive Officer - BMG; *pg.* 335
Borgmeyer, Jack, President - BMG; *pg.* 335
Borgstede, Laura, Chief Executive Officer - Calysto Communications Inc.; *pg.* 588
Borho, Megan, Senior Account Executive - DDR Public Relations; *pg.* 595
Boring, David, Owner & Creative Director - Never Boring Design; *pg.* 193
Boring, Dedee, Vice President - SDB Creative Group; *pg.* 139
Boring, Shane, President - SDB Creative Group; *pg.* 139
Borisavljevic, Katie, Vice President & Director, Project Management & Traffic Operations - RPA; *pg.* 134
Borisov, Georgi, Manager, Development - Swarm; *pg.* 268
Borja, Rick, Senior Vice President, Partner, Executive Producer & Head, Logistics - Go West Creative; *pg.* 307
Bork, David, Group Integrated Media Planning Director - Zimmerman Advertising; *pg.* 437
Borkenhagen, Lynn, Media Director - Hiebing;

pg. 85
Borko, Lacy, Account Director - Big Family Table; *pg.* 39
Borkowski, Erin, Vice President & Director, Media - TBC; *pg.* 416
Borkowski, Philip, Project Coordinator - Specialty Retail Architecture Studio - FRCH Design Worldwide; *pg.* 184
Borkowski, Summer, Associate Media Director - 14th & Boom; *pg.* 207
Borland, Candace, President & Managing Partner - Anomaly; *pg.* 326
Borman, Dee Dee, Associate Media Director - Team One; *pg.* 417
Bormel, Allison, Vice President - BerlinRosen; *pg.* 583
Borne, Tom, Chief Executive Officer - Asher Agency; *pg.* 327
Bornhausen, Denise, Manager, Business - MorseKode; *pg.* 14
Bornmann, Dave, Chief Marketing Officer - Naylor Association Solutions; *pg.* 120
Bornstein, Dale, Chief Executive Officer - M Booth & Associates, Inc. ; *pg.* 624
Boron, Kristopher, Senior Vice President, Entertainment & Partnerships - Upshot ; *pg.* 157
Borosky, Michael, Co-Founder & Executive Creative Director - Eleven, Inc.; *pg.* 67
Borozny, Damon, Director, Project Management - Nebo Agency, LLC; *pg.* 253
Borrego, Christina, Director, Public Relations & Multicultural Services - Riester; *pg.* 406
Borrelli, Amanda, Media Planner - Mediasmith, Inc. ; *pg.* 490
Borrelli, Matthew, Director, Design Services - Altitude Marketing; *pg.* 30
Borromeo, Ed, Partner & Chief Operating Officer - Tallwave; *pg.* 268
Borselli, Marissa, Supervisor, Media - Mediahub Boston; *pg.* 489
Borsje, Nicole, Managing Director - The Blueshirt Group; *pg.* 652
Borstad, Whitney, Digital Project Manager - Folklore Digital; *pg.* 235
Borstad Biehl, Abbey, Brand Director - Uncommon; *pg.* 157
Borstein, Josh, Senior Director, Data Science & Analytics - Publicis.Sapient; *pg.* 258
Bort, Dan, Vice President, Brand Strategy - Big Spaceship; *pg.* 455
Bort, Travis, Owner & New Business Director - ABC Creative Group; *pg.* 322
Borton, Kayla, Brand Champion - Brown-Forman - Greenhouse Agency; *pg.* 307
Bortz, Leigh-Ann, Director, Social Media - Empower; *pg.* 354
Borum, Beth, Associate Creative Director - Elevation Marketing; *pg.* 67
Borys, Michael, Vice President, Interaction & Game Design - 42 Entertainment, LLC; *pg.* 297
Borza, Tyler, Account Supervisor - Ogilvy; *pg.* 393
Borzillo, Catie, Senior Digital Strategist - Red Tettemer O'Connell + Partners; *pg.* 404
Borzillo, Gretchen, Vice President, Operations - MediaCross, Inc.; *pg.* 112
Borzykowski, Marc, Chief Executive Officer - Vector Media; *pg.* 558
Bos, Stefanie, Lead, Paid Social - iProspect; *pg.* 674
Bosak, Stafford, Partner, Production - WorkInProgress; *pg.* 163
Bosaka, Natsuko, Creative Director - McCann New York; *pg.* 108
Bosanko, Jessica, Senior Vice President - M+R; *pg.* 12
Bosc, Joyce, President & Chief Executive Officer - Boscobel Marketing Communications;

pg. 336
Bosch, Arnau, Group Creative Director - TBWA/Media Arts Lab; pg. 147
Bosch, Dave, Senior Vice President, Strategy & Business Performance - Zenith Media; pg. 531
Bosch, Tim, Director, Digital Activation - OMD - OMD; pg. 498
Bose, Anita, Head, Client & Business Development - W2O; pg. 659
Bosetti, Maureen, Chief Investment Officer - Initiative; pg. 477
Bosniack, Diana, Creative Director - Madwell; pg. 13
Boss, Deanna, Research & Analytics Specialist - Maccabee Group Public Relations; pg. 624
Bosse, Jordan, Senior Account Manager - Turner Duckworth; pg. 203
Bosse, Lauren, Account Manager - Mighty & True; pg. 250
Bossen, Dana, Senior Account Executive, Social Media & Digital Group - Padilla; pg. 635
Bossert, Thomas, Executive Creative Director, Brand Development & Group Director - R/GA; pg. 260
Bossin, Jeff, Vice President & Group Creative Director - Innocean USA; pg. 479
Bosson, Bailey, Vice President, Digital Media - Mindstream Media; pg. 495
Bossy, Charlie, Associate Key Account Buyer - Active International; pg. 439
Bostic, Tawana, Supervisor, Budget - U.S. - Carat; pg. 461
Bostick, Brittany, Assistant Media Buyer & Planner - The Tombras Group; pg. 424
Boston, Brandon, Associate Design Director - Fitch; pg. 183
Boston, Churita, Vice President & Director, Broadcast Traffic - PHD; pg. 504
Bostrom, Kristine M., Director, Finance Planning & Analysis - Cramer; pg. 6
Bostrom, Matt, Chief Strategy Officer - Finn Partners; pg. 603
Bostwick, Gary, Associate Creative Director, Brand Citizenship - The Variable; pg. 153
Bostwick, Melanie, Senior Designer, Digital - 22squared Inc.; pg. 319
Boswell, Christian, President & Owner - BFW Advertising; pg. 39
Boswell, Lindsey, Account Director - Publicis.Sapient; pg. 260
Boswell, Matt, Executive Creative Director - ChappellRoberts; pg. 341
Boswell, Melissa, Director, Account Strategy - Adept Marketing; pg. 210
Boswell, Patrice, Brand Manager - Venables Bell & Partners; pg. 158
Bosworth, Allen, President - EP+Co.; pg. 356
Bosworth, Gail, Executive Vice President - The Bosworth Group; pg. 148
Bosworth, Kent, President & Chief Executive Officer - The Bosworth Group; pg. 148
Bosworth, Marc, Art Director - Greteman Group; pg. 8
Botello, Martha, Event Coordinator - Cardenas Marketing Network; pg. 303
Boteva, Anna, Account Supervisor - Wieden + Kennedy; pg. 430
Botfeld, Kevin, Executive Creative Director - 22squared Inc.; pg. 319
Bothe, Bo, President & Chief Executive Officer - BrandExtract, LLC; pg. 4
Bothel, Chris, Partner & Director, Interactive & Business Development - Baron & Co; pg. 580
Bothwell, Eleanor, Director, Digital Systems - Media Experts; pg. 485
Botich, Joe, Director, Channel Engagement - The Buntin Group; pg. 148

Botkin, David, Vice President, Media - Zenith Media; pg. 529
Botnen, Joanna, Supervisor, Video Strategy - Haworth Marketing & Media; pg. 470
Bott, Amy, Senior Account Coordinator - AgencyEA; pg. 302
Bott, Patti, Executive Producer - BBDO San Francisco; pg. 330
Botta, Lisa, Director - OMD; pg. 500
Bottelsen, Donald, Director, Advanced Analytics - SourceLink, LLC; pg. 292
Bottenus, Jason, Executive Creative Director - Periscope; pg. 127
Bottin, Devon, Negotiator, Digital Partnerships - Initiative; pg. 477
Bottkol, Matthew, Associate Creative Director & Copywriter - Venables Bell & Partners; pg. 158
Botts, Kenneth, Founding Principal - Visual Marketing Associates; pg. 204
Botwinick, Jeremy, Director, CRM - Kepler Group; pg. 244
Bouaziz, Laurent, Vice President, Strategy - DCX Growth Accelerator; pg. 58
Boubion, Jacqueline, Creative Resources Manager - Gentleman Scholar; pg. 562
Boubol, Scott, Co-Founder - SIMBOL; pg. 647
Bouch, Joe, Owner & Chief Executive Officer - 78Madison; pg. 321
Bouch, Pamela, Chief Operations Officer - 78Madison; pg. 321
Bouchacourt, Lani, Account Director - Masterminds, Inc.; pg. 687
Bouchard-Guglielmo, Ryann, Public Relations Supervisor - Dixon Schwabl Advertising; pg. 351
Boucher, Jason, Vice President, Client Services - ZLR Ignition; pg. 437
Boucher, Kathy, President & Partner - Decker; pg. 60
Boucher, Katie, Content Strategist - Derse, Inc.; pg. 304
Boucher, Paige, Founder, Owner & Partner - Inside/Out Communications; pg. 616
Boucher, Robert, Vice President, Integrated Production - RAPP Worldwide; pg. 291
Bouchie, Andrew, Creative Director - MullenLowe Profero - Mediahub New York; pg. 249
Bouchier, Megan, Managing Director - San Francisco - Sard Verbinnen & Co; pg. 646
Boudart, Beth, Associate Director, Digital - Spark Foundry; pg. 508
Boudinot, Kyle, Manager, Digital - Wavemaker; pg. 526
Boudria, Don, Senior Counselor - Hill+Knowlton Strategies Canada; pg. 613
Bougdanos, Debbie, Executive Vice President & Director, Talent Acquisitions - Leo Burnett Worldwide; pg. 98
Boughton, Oliver, Chief Operating Officer - Iris; pg. 376
Boulanger, Genevieve, Group Account Director - Sid Lee; pg. 140
Boulanger, Joan, Manager, Accounting - Advocacy Solutions, LLC; pg. 575
Boulia, Billy, Group Connections Director - the community; pg. 545
Bouliane, Serge, Co-President & Associate - Tequila Communication & Marketing, Inc.; pg. 418
Boullin, Greg, Head, Digital Product Innovation - Publicis.Sapient; pg. 258
Boulos, Kareem, Managing Director, Customer Service & Media Planning - Media Experts; pg. 485
Boulos, Kristy, Vice President & Account Supervisor - Matrix Partners, Ltd.; pg. 107
Boulrice, Abigail, Project Manager - ZAG Interactive; pg. 277

Boulton, Beth, President - Boulton Creative; pg. 41
Boulton, Lee, Writer - 72andSunny; pg. 24
Boultwood, Lauren, Account Director - Zulu Alpha Kilo; pg. 165
Bouma, Melissa, Executive Vice President, Performance Marketing & Data Intelligence - Manifest; pg. 383
Boumans, Jos, Vice President, Technical Operations & Infrastructure - Salesforce DMP; pg. 409
Bounds, Deidre, President - Ignite Social Media; pg. 686
Bourada, Caitlin, Director, Account Services - John St.; pg. 93
Bourdel, Emeline, Media Planning Supervisor - Noise Digital; pg. 254
Bourdon, Bill, Co-Chief Executive Officer - Mission North; pg. 627
Bourgeois, Bob, Executive Vice President & Chief Client Officer - Mortenson Kim; pg. 118
Bourgeois, Katie, Senior Art Director - Mekanism; pg. 112
Bourgeois, Lauren, Vice President, Operations - BBR Creative; pg. 174
Bourhis, Carolyne, Vice President & Head, Client - Havas Media Group; pg. 468
Bourke, Elizabeth, Group Account Director - R/GA; pg. 260
Bourke, Jim, Data Sciences Manager - Wavemaker; pg. 528
Bourn, Becky, Manager, Operations - B/HI, Inc. - LA; pg. 579
Bourque, Andrew, Manager, Paid Social Campaign - AKQA; pg. 211
Bours, Jeroen, Chief Executive Officer & Founder - Darling Agency; pg. 57
Bousquet, Stephanie, Director, Brand Strategy - Goodby, Silverstein & Partners; pg. 77
Boutet, Mark, Vice President, Financial Communications & Investor Relations - National Public Relations; pg. 631
Boutte, Mark, Director, Digital Strategy & Services - Anderson DDB Health & Lifestyle; pg. 31
Bouvat-Johnson, Jen, Account Director - Epsilon; pg. 283
Bouvia, Branden, Associate Media Director - Wieden + Kennedy; pg. 432
Bouvier, Jassica, Manager, Account & Strategy - Beardwood & CO; pg. 174
Bouvier Jr., Louis M., Chairman - Bouvier Kelly, Inc.; pg. 41
Bova, Roger, Head, Design - Deutsch, Inc.; pg. 349
Bove, Aimee, Director, Media - The Loomis Agency; pg. 151
Boveri, Megan, Vice President & Media Director, Strategy & Digital Consultation - Starcom Worldwide; pg. 513
Boverie, Rob, Director, Customer Planning - Camelot Strategic Marketing & Media; pg. 457
Bow, Cara, Graphic Designer - Willow Marketing; pg. 433
Bowden, Monte, Creative Director - Amperage; pg. 30
Bowdon, Ben, Account Manager & Digital Strategist - Blue Wheel Media; pg. 335
Bowdouris, Scott, Vice President, Client Services - Targetbase Marketing; pg. 292
Bowe, Darcy, Senior Vice President & Media Director - Starcom Worldwide; pg. 513
Bowe, John, Supervisor, Search - Blue 449; pg. 455
Bowe, Tim, Associate Media Director - MODCoGroup; pg. 116
Bowen, Angela, Executive Producer - Nice Shoes; pg. 193
Bowen, Ashley, Global Director, Consumer Marketing - 160over90; pg. 301

AGENCIES — PERSONNEL

Bowen, Cathy, Creative Director, Copy - Smith Brothers Agency, LP; *pg.* 410
Bowen, Gordon, Founder & Global Chairman - mcgarrybowen; *pg.* 109
Bowen, Jesse, Associate Creative Director - Barkley; *pg.* 329
Bowen, Matt, President - North America - Brandigo; *pg.* 336
Bowen, Megan, Group Brand Director - 72andSunny; *pg.* 24
Bowen, Wiley, Director, User Experience - Blue State Digital; *pg.* 335
Bowen Cook, Ashley, Vice President, & Director, Brand - Greteman Group; *pg.* 8
Bower, Jay, President & Chief Executive Officer - Crossbow Group; *pg.* 347
Bower, Jennifer, Media Buyer - Pal8 Media, Inc.; *pg.* 503
Bower, Jessica, Director, Product Marketing - Gartner, Inc.; *pg.* 236
Bowers, Allyson, Senior Copywriter - Design at Work Creative Services; *pg.* 179
Bowers, Bobbi, Senior Vice President & Creative Director - FCB Chicago; *pg.* 71
Bowers, Catlin, Associate Director, Digital Partnerships - Initiative; *pg.* 477
Bowers, Kaylea, Manager, Analytics - Porter Novelli; *pg.* 637
Bowers, Pete, Production Manager - Wallace & Company; *pg.* 161
Bowers, Sammy, Account Executive - Martin Retail Group; *pg.* 106
Bowers, Ted, Executive Vice President - EventWorks; *pg.* 305
Bowers-Odom, Aliciana, Associate Media Director - Resolute Digital, LLC; *pg.* 263
Bowgen, Michael, Associate Director, Programmatic - Starcom Worldwide; *pg.* 517
Bowhay, Brooke, Associate Director, Digital - Carat; *pg.* 459
Bowie, Jenn, Supervisor, Media - Barlow Media; *pg.* 455
Bowker, David, Vice President & Head, Security Practice - PAN Communications; *pg.* 635
Bowler, Matthew, Partner - Mandala; *pg.* 103
Bowles, Ashley, Director, Integrated Media - Planning & Partnership - 360i, LLC; *pg.* 320
Bowles, Jeff, President & Chief Executive Officer - Kenna; *pg.* 244
Bowles, Jeremy, Chief Transformation Officer - Publicis Communications - Publicis North America; *pg.* 399
Bowman, David, President - The Ohlmann Group; *pg.* 422
Bowman, Glenn, Vice President & Creative Director - Paradise; *pg.* 396
Bowman, Julianna, Director, Strategy - Hearts & Science; *pg.* 473
Bowman, Laura, Programmatic Media Manager - PMG; *pg.* 257
Bowman, Lexie, Account Coordinator - Allied Integrated Marketing; *pg.* 576
Bowman, Melissa, Director, Media - Scoppechio; *pg.* 409
Bowman, Michelle, Vice President - OKD Marketing Group; *pg.* 394
Bowman, Scott, Vice President, Operations - Marketing Works; *pg.* 105
Bowman, Stephanie, Director, Media Strategy - Spark Foundry; *pg.* 510
Bowser, John, President & Chief Executive Officer - Target Media USA; *pg.* 518
Bowser, Jordan, Manager, Digital Strategy - Target Media USA; *pg.* 518
Boxberger, Theresa, Director, Social Media Marketing - L7 Creative Communications; *pg.* 245
Boxhill, Conroy, Managing Director - Porter Novelli; *pg.* 637

Boxser, David, Chief Marketing Officer - Chandelier Creative; *pg.* 49
Boy, Jayce, Media Director - Spark Foundry; *pg.* 510
Boyarsky, Anna, Head, Growth - Character; *pg.* 5
Boyce, Peter, Vice President, Strategic Planning - Harbinger Communications, Inc.; *pg.* 611
Boyd, Alicia, Marketing Communications Manager - Vistra Communications, LLC; *pg.* 658
Boyd, Amanda, Senior Media Buyer - Omni Advertising; *pg.* 394
Boyd, Ben, Global Chief Strategy & Operations Officer - BCW New York; *pg.* 581
Boyd, Bianca, Corporate Vice President - Edelman; *pg.* 353
Boyd, Brian, Principal - RBMM; *pg.* 196
Boyd, Brittany, Strategic Marketing Manager - SourceLink, LLC; *pg.* 292
Boyd, Brooke, President - Hype Group LLC; *pg.* 372
Boyd, Bruce, Vice President, Digital Marketing & Business Development - MaxAudience; *pg.* 248
Boyd, Christopher, Director, Creative - DiD Agency; *pg.* 62
Boyd, David, Director, Strategy - CheckMark Communications; *pg.* 49
Boyd, Dylan, Director, New Programs Development - R/GA Ventures - R/GA; *pg.* 261
Boyd, Elaina, Marketing Coordinator - Mitchell Associates, Inc.; *pg.* 191
Boyd, Ian, Director, Content - Butler, Shine, Stern & Partners; *pg.* 45
Boyd, Jarryd, Senior Media Strategist - Praytell; *pg.* 258
Boyd, Jeffrey, Assistant Brand Strategist - Horizon Media, Inc.; *pg.* 473
Boyd, Jen, Account Manager - Acumium, LLC; *pg.* 210
Boyd, Joe, Chief Executive Officer - MCS, Inc.; *pg.* 111
Boyd, Laurel, Senior Vice President & Executive Director, Research & Development Lab - Mediahub Boston; *pg.* 489
Boyd, Pam, President - Thomas Boyd Communications; *pg.* 656
Boyd, Terry, Associate Director, Creative - 88 Brand Partners; *pg.* 171
Boyden, Andrew, Creative Director - Boyden & Youngblutt Advertising; *pg.* 336
Boyden, Kristine, President - U.S. Western Reg - Edelman; *pg.* 601
Boye, Rachel, Senior Account Manager - Amnet; *pg.* 454
Boyer, Lauren, Partner & Chief Executive Officer - Underscore Marketing, LLC; *pg.* 521
Boyer, Rosy, Director, Finance - Borders Perrin Norrander, Inc.; *pg.* 41
Boyer, Shyla, Senior Finance Manager - Results Driven Marketing; *pg.* 291
Boyington, Matthew, Vice President, National Client Partnerships Sales - Clear Channel Outdoor; *pg.* 550
Boykin, Jim, Founder & Chief Executive Officer - Internet Marketing Ninjas; *pg.* 242
Boykin, Lynne, Senior Account Manager - The Brandon Agency; *pg.* 419
Boykiv, Yuriy, President - dentsu X; *pg.* 61
Boyko, Katie, Senior Producer - McCann Health New York; *pg.* 108
Boyle, Anne, Partner & Director, Strategy - RoundPeg; *pg.* 408
Boyle, Bruce, Executive Strategist, Communication - Karma Agency; *pg.* 618
Boyle, Hugh, Chief Executive Officer - TracyLocke; *pg.* 683
Boyle, Jessica, Vice President - Weber Shandwick; *pg.* 662

Boyle, Kelly, Program Manager, Events - GMR Marketing; *pg.* 306
Boyle, Kelly, Associate Director - OMD; *pg.* 500
Boyle, Kevin, Senior Director - Hearts & Science; *pg.* 471
Boyle, Lindsey, Account Director - Moxie Communications Group; *pg.* 628
Boyle, Nancy, Senior Vice President & Director, Production Services - GYK Antler; *pg.* 368
Boynton, Caroline, Assistant Media Planner - GSD&M; *pg.* 79
Boynton, Jane, Creative Director - Landor; *pg.* 11
Boynton, Vanessa, Account Director - Matter Communications, Inc.; *pg.* 626
Bozard, Cecil, Associate Director, Creative - Amelie Company; *pg.* 325
Bozas, Cristina, Principal & Chief Creative Officer - Polvora Advertising; *pg.* 544
Bozas, Rudy, Principal & Chief Executive Officer - Polvora Advertising; *pg.* 544
Bozek, Marie, Production Manager - Marketing Directions, Inc.; *pg.* 105
Bozeman, Cristen, Media Buyer - Stamp Ideas Group, LLC; *pg.* 144
Bozyk, Trevor, Vice President & Group Content Director - Universal McCann; *pg.* 521
Braasch Arnold, Heather, Vice President - Behrman Communications; *pg.* 582
Brabender, John, Chief Creative Officer - BrabenderCox; *pg.* 336
Braccia, Brooke, Senior Analyst, Advanced Analytics & Insights - Starcom Worldwide; *pg.* 517
Braccia, Nick, Creative Director - Campfire; *pg.* 297
Brace, Stephanie, Web Designer - beMarketing Solutions; *pg.* 216
Braceros, Ren, Associate, New Business Development - Golin; *pg.* 609
Brack, Ryan, Senior Vice President - FleishmanHillard; *pg.* 605
Bracken, Laura Jean, President & Chief Operating Officer - Palisades Media Group, Inc.; *pg.* 124
Bracken, Ryan, Programmatic Associate - Kelly, Scott & Madison, Inc.; *pg.* 482
Bracken-Thompson, Elizabeth, Partner - Thompson & Bender; *pg.* 656
Brackett, Dan, Chief Technology Officer & Co-Founder - Extreme Reach, Inc.; *pg.* 552
Brackett, Eric, Executive Producer - Indigo Studios; *pg.* 187
Brackman, Jake, Marketing Manager, Global Sports & Entertainment - Leverage Agency; *pg.* 298
Bracknell, Keith, Director, Technology - Peterson Milla Hooks; *pg.* 127
Brada-Thompson, Kristien, Vice President & Managing Director - U.S. - Priority Public Relations; *pg.* 638
Bradbury, Bo, Senior Vice President & Group Account Director - GSD&M; *pg.* 79
Braddock, Serina, Associate Director - Blue 449; *pg.* 456
Braden, Alyssa, Account Executive, Public Relations - Zehnder Communications, Inc.; *pg.* 436
Braden, Melissa, Executive Vice President, Client & Content Theory - Tandem Theory; *pg.* 269
Bradfield, Kristin, Senior Vice President, Global Client Engagement Director - MSLGroup; *pg.* 629
Bradfield, Margaret, Copywriter - EP+Co.; *pg.* 356
Bradford, Bianca, Senior Vice President & Account Director - Leo Burnett Worldwide;

PERSONNEL AGENCIES

pg. 98
Bradford, Jeff, President & Chief Executive Officer - The Bradford Group; *pg.* 148
Bradicich, Talia, Associate Creative Director - mcgarrybowen; *pg.* 109
Bradley, Andra, Group Media Director - MBuy; *pg.* 484
Bradley, Beth, Vice President, Context Planning Director - Starcom Worldwide; *pg.* 513
Bradley, Danielle, Art Director - One Trick Pony; *pg.* 15
Bradley, Erin, Associate Creative Director - Wunderman Thompson Seattle; *pg.* 435
Bradley, Jon, Senior Interactive Project Manager - RAPP Worldwide; *pg.* 291
Bradley, Justin, Comms & Media Planner - Wieden + Kennedy; *pg.* 430
Bradley, Katy, Account Manager - Vault Communications, Inc.; *pg.* 658
Bradley, Mallory, Associate Brand Director - The Buntin Group; *pg.* 148
Bradley, Mark, President - Bradley and Montgomery; *pg.* 336
Bradley, Megan, Director, Client Services - Force Majure Design Inc.; *pg.* 183
Bradley, Nicole, Designer - Moxie; *pg.* 251
Bradley, Paul, Vice President, Human Resources - YESCO Outdoor Media; *pg.* 559
Bradley, Randy, Vice President & Creative Director - Jordan Advertising; *pg.* 377
Bradley, Steve, General Manager & Director, Operations - RLM Public Relations; *pg.* 643
Bradley, Susie, President & Creative Director - Bradley Brown Design; *pg.* 175
Bradshaw, Allie, Agency Operations Manager - The Integer Group; *pg.* 682
Bradshaw, Art, Principal - Departure; *pg.* 61
Bradshaw, Barb, Chief Executive Officer - Bradshaw Advertising; *pg.* 42
Bradshaw, Melanie, Director, Client & Media Services - Media Counselors, LLC; *pg.* 485
Bradshaw, Rachel, Director, Brand Strategy - Isobar US; *pg.* 242
Bradshaw, Randy, Principal, Digital - Click Here ; *pg.* 221
Bradshaw, Sam, Associate Director - Wavemaker; *pg.* 528
Brady, Alice, Associate Creative Director - Clean; *pg.* 5
Brady, Angie, Senior Account Manager - Sparks; *pg.* 315
Brady, Anne, Senior Manager, Marketing - Wpromote; *pg.* 678
Brady, Cora, Managing Director - Bob's Your Uncle; *pg.* 335
Brady, Donald, Principal - Deloitte Digital; *pg.* 224
Brady, Elizabeth, Senior Account Executive - Echos Brand Communications; *pg.* 599
Brady, Heather, Media Director - Godfrey Dadich; *pg.* 364
Brady, Jana, Account Director - The Ramey Agency; *pg.* 422
Brady, Janelle, Supervisor, Media Strategy - MayoSeitz Media; *pg.* 483
Brady, Katie, Account Executive - MillerCoors - Arc Worldwide; *pg.* 327
Brady, Kevin, President & Chief Executive Officer - Anderson DDB Health & Lifestyle; *pg.* 31
Brady, Kevin, Group Creative Director - Droga5; *pg.* 64
Brady, Paul, Founder - Carve Communications; *pg.* 588
Brady-Joyner, Phillip, Media Director - GSD&M; *pg.* 79
Braem, Lindsey, Vice President, Client Partner - Moxie; *pg.* 251
Bragas, Chris, Chief Financial & Operating Officer - Carpenter Group; *pg.* 48

Braggs, Taja, Media Activation Supervisor - Essence; *pg.* 233
Brahm, Jerry, Operations Manager - Klunk & Millan Advertising; *pg.* 95
Braider, Janine, Vice President, Client Services - Mediaworx; *pg.* 490
Braithwaite, Amar, Senior Vice President & Head, Social Media - Tinuiti; *pg.* 678
Braithwaite, Ashley, Content Creator, Art Department - The Richards Group, Inc.; *pg.* 422
Braithwaite, Joshua, Creative Director - Mother NY; *pg.* 118
Brake, Ernie, Account Director - Target Marketing & Communications, Inc.; *pg.* 146
Brake, Susan, Vice President, Digital Operations & Strategy - Development Counsellors International, Ltd.; *pg.* 596
Brakora, Scott, Account Supervisor - Karsh & Hagan; *pg.* 94
Braley, Samantha, Media Supervisor - Spark Foundry; *pg.* 510
Bramhandkar, Dipti, Executive Director, Planning - North America - Iris; *pg.* 376
Brammer, Tim, Chief Executive Officer - The Foundry Agency; *pg.* 270
Brana, Hernan, Director & Partner - MarketLogic; *pg.* 383
Branagan, Johanna, Associate Media Director - MediaCom; *pg.* 487
Branch, Greg, Strategist, Brand - AMPM, Inc. ; *pg.* 325
Branch, Tiger, Chief Executive Officer - Hallock & Branch; *pg.* 81
Brand, Kortney, Media Planner - FIG; *pg.* 73
Brand, Laura, Connections Director, Development - VMLY&R; *pg.* 274
Brand, Scott, Partner & Client Engagement Director - Cargo LLC; *pg.* 47
Brandao, Jorge, Senior Writer - 72andSunny; *pg.* 24
Brandaw, Hillary, Supervisor, Media - Mediahub Los Angeles; *pg.* 112
Brandell, Amanda, Integrated Media Planner - MediaCom; *pg.* 487
Brandenburg, Kathleen, Founder, Design Strategy - IA Collaborative; *pg.* 186
Brandes, Laura, Associate Media Director - Rapport Outdoor Worldwide; *pg.* 557
Brandes, Paula, Account Director - Sublime Communications; *pg.* 415
Brandewie, Matt, Associate Director - Starcom Worldwide; *pg.* 513
Brandl, Charles, Executive Group Director - Ogilvy; *pg.* 393
Brandman, Melanie, Founder & Chief Executive Officer - Brandman Agency; *pg.* 585
Brandner, Kimberly, Co-Owner & Marketing Director - Brandner Communications, Inc.; *pg.* 42
Brandner, Paul, Co-Owner & Director, Operations - Brandner Communications, Inc.; *pg.* 42
Brandon, Andrea, Vice President, Marketing & Creative Services - Mindstream Media; *pg.* 250
Brandon, Darby, Supervisor, Paid Social - PHD - Resolution Media; *pg.* 263
Brandon, Gary, Vice President & Strategist, Brand - Lewis Communications; *pg.* 100
Brandon, Jordan, Digital Marketer - 97th Floor; *pg.* 209
Brandon, Laura, Vice President - BerlinRosen; *pg.* 583
Brandon, Sarah, Senior Art Director - 3Headed Monster; *pg.* 23
Brandon, Scott, Chief Executive Officer - The Brandon Agency; *pg.* 419
Brandow, James, Chief Financial Officer - The Hawthorn Group; *pg.* 653

Brandow, Stephen, Associate Media Director, Paid Social - Mediahub New York; *pg.* 249
Brandrup, Jay, Principal - Kinetic Communications; *pg.* 244
Brands, Alex, Senior Manager, Brand Marketing - Pattern; *pg.* 126
Brandt, Darren, Co-Chief Executive Officer - Sloane & Company; *pg.* 647
Brandt, Evan, Associate Creative Director - Osborn & Barr Communications; *pg.* 395
Brandt, Jason, Executive Global Digital Director - P&G - Grey Midwest; *pg.* 366
Brandt, Linda, Chief Executive Officer & Creative Director - Brandt Ronat & Company; *pg.* 337
Brandt, Ryan, Minority Owner & Vice President - Brandt Ronat & Company; *pg.* 337
Brandts, Taylor, Account Executive - pep; *pg.* 569
Brandus, Chris, Manager, Account - Organic, Inc.; *pg.* 255
Brandus, Grace, Senior Analyst - PHD USA; *pg.* 505
Branen, Allison, Vice President, Portfolio Consulting Lead - Manifest; *pg.* 248
Braner, Kenneth, Senior Account Executive - Communicorp, Inc.; *pg.* 52
Branham, Hailey, Senior Account Manager - adQuadrant; *pg.* 211
Branigan, Lisa, Executive Vice President & Director, Integrated Media - Zimmerman Advertising; *pg.* 437
Branigan, Sarah, Brand Manager - GoMedia; *pg.* 77
Branigan, Tom, Chief Executive Officer - Branigan Communications; *pg.* 586
Brankovic, Adnan, Managing Partner, Group Account Director - MediaCom; *pg.* 487
Brann, Kitty, Vice President, Operations - Igoe Creative; *pg.* 373
Brannan, Alex, Director, Marketing - New Tradition; *pg.* 554
Brannan, Mallory, Vice President & Director, Marketing - Arnold Worldwide; *pg.* 33
Branner, Sarah, Account Coordinator - Jaymie Scotto & Associates; *pg.* 616
Brannin, Robin, Information Technology Manager - Family Features; *pg.* 297
Brannock, Janelle, Senior Director, Strategy - Commit Agency; *pg.* 343
Brannon, Jason, Manager, Sales - Adams Outdoor Advertising; *pg.* 549
Brannon, Jim, Director, Sales - Raycom Sports; *pg.* 314
Brannum, Amanda, Senior Director, Communications - GroundFloor Media; *pg.* 611
Branson, Troy, Account Director - Say It Loud!; *pg.* 198
Brant, Cara, Chief Executive Officer - Clinical Trial Media; *pg.* 667
Brant Gresser, Allyssa, Executive Vice President, Client Services - KL Communications; *pg.* 446
Brantley, Anna, Chief Revenue Officer - Analytics-IQ, Inc.; *pg.* 279
Brantley, Jennifer, Partner - McNeely Pigott & Fox Public Relations; *pg.* 626
Branton, Joe, Director, Design - Grow Interactive; *pg.* 237
Branvold, Paula, Account Supervisor - WongDoody; *pg.* 162
Brashares, Eliza, Account Manager - Rise Interactive; *pg.* 264
Brashear, Katie, Director - Allison+Partners; *pg.* 577
Brashear, Todd, Vice President, Creative Services - Mod Op; *pg.* 388
Brashears, David, Director, New Business - Creative Energy, Inc.; *pg.* 346
Brasko, Donna, Vice President & Senior

730

AGENCIES   PERSONNEL

Program Director - VMLY&R; *pg.* 160
Brass, Matt, Art Director - The Shelton Group; *pg.* 153
Brasseale, Sam, Director, Interactive - Cayenne Creative; *pg.* 49
Brassine, Bill, Vice President & Media Director - Brandience; *pg.* 42
Brathwaite, Casey, Senior Vice President & Group Director, Strategy - Palisades Media Group, Inc.; *pg.* 124
Brathwaite, Nicola, Senior Account Director - DRM Partners, Inc.; *pg.* 282
Bratskeir, Rob, Executive Vice President - 360PRplus; *pg.* 573
Bratton, Mike, Chief Financial Officer - Brokaw, Inc.; *pg.* 43
Brau, Abbey, Account Supervisor - Spawn; *pg.* 648
Braud, Jeremy, Director, Media & Connections Planning - PETERMAYER; *pg.* 127
Braue, Mike, Vice President & Group Brand Director - Innocean USA; *pg.* 479
Brauer, Amanda, Senior Media Planner - Slingshot, LLC; *pg.* 265
Brauer, Ashley, Vice President - Guthrie / Mayes & Associates, Inc.; *pg.* 611
Brauer, Nick, Senior Programmatic Analyst - Digitas; *pg.* 227
Braun, Anna, Director, Business Development - J.T. Mega, Inc.; *pg.* 91
Braun, Betsy, Senior Account Manager - Saatchi & Saatchi X; *pg.* 682
Braun, Doug, President - Emerge2 Digital; *pg.* 231
Braun, Kaitlyn, Senior Account Executive - Bounty, Charmin & Puff's - MSLGroup; *pg.* 629
Braun, Paul, President - Braun Research, Inc.; *pg.* 442
Braun, Sandra, Director, National Accounts - Nth Degree, Inc.; *pg.* 312
Braun, Scott, Video Editor - MUDD Advertising; *pg.* 119
Brauneis, Eric, Account Supervisor - Schafer Condon Carter; *pg.* 138
Brauneisen, Alicia, Media Director - Cameron Advertising; *pg.* 339
Braunius, Hanna, Associate Manager, Data & Technology Consulting - OMD; *pg.* 500
Braunmiller, Darryl, Senior Vice President & General Manager - Critical Mass, Inc.; *pg.* 223
Braunstein, Alexandra, Senior Strategist - BrightWave Marketing, Inc.; *pg.* 219
Braverman, Paul, Chief Operations Officer - K/P Corporation; *pg.* 286
Bravo, Luis, Vice President & Supervisor, National Broadcast Investment - OMD; *pg.* 498
Bravo-Campbell, Andrea, Director, Creative Operations - Column Five; *pg.* 343
Braxton, Alex, Creative Director - Ogilvy Public Relations; *pg.* 633
Braxton, Reatha, Vice President, Strategy & Planning - Mediaworx; *pg.* 490
Bray, Duane, Global Head, Talent & Partner - IDEO; *pg.* 187
Bray, James, Executive Creative Director - Arnold Worldwide; *pg.* 33
Bray, Kiah, Manager, Accounting - Leopold Ketel & Partners; *pg.* 99
Bray, Lindsey, Content Marketing Specialist - Altitude Marketing; *pg.* 30
Braybrooks, Gigi, Senior Strategist - 72andSunny; *pg.* 23
Brayfield, Lois, Chief Executive Officer - J. Schmid & Associates; *pg.* 286
Braykovich, Mark, Executive Vice President - The Wilbert Group; *pg.* 655
Brazelton, Kyle, Vice President & Director, Finance - Agency 720; *pg.* 323
Brazelton, Ryan, Executive Creative Director

- ChangeUp; *pg.* 5
Braziel, Lisa, Senior Vice President - Ignite Social Media; *pg.* 686
Brazier, Niki, Senior Account Manager - Nail Communications; *pg.* 14
Brazil, Don, Vice President, Client Engagement - Macquarium, Inc.; *pg.* 247
Brazzale, Jacquelyn, Account Executive - 3rd Coast PR; *pg.* 573
Brazzell, Gary, President - Brazzell Marketing; *pg.* 337
Breakey, Julia, Video Editor - Young & Laramore; *pg.* 164
Breaux, Amanda, Integrated Account Director - Saatchi & Saatchi Dallas; *pg.* 136
Breckenridge, Robin, President & Creative Director - Breckenridge Design Group; *pg.* 175
Brecker, Danielle, Vice President & Account Director - Publicis North America; *pg.* 399
Brecount, David, Managing Partner & Client Leader - US Digital Partners; *pg.* 273
Bredice, Dustin, Creative Director - Red Robin - The Integer Group; *pg.* 682
Bredimus, Kate, Associate Creative Director - Elevation Marketing; *pg.* 67
Bredon, Kaylyn, Associate Vice President, Creative - Mindstream Interactive; *pg.* 250
Breeding, Greg, President & Creative Director - Journey Group; *pg.* 377
Breedlove, Amanda, Senior Account Executive - Burrell Communications Group, Inc.; *pg.* 45
Breen, Carolyn, Associate Director - Horizon Media, Inc.; *pg.* 474
Breen, Chris, Partner & Chief Creative Officer - Chemistry Atlanta; *pg.* 50
Breen, David, Founder, Owner & Principle Designer - VDA Productions; *pg.* 317
Breen, Erin, Vice President, Connections Director - Spark Foundry; *pg.* 508
Breen, John, Executive Creative Director, Health Strategy & Analytics - Red Peak Group; *pg.* 132
Breen, Kerry, Director, Content Strategy - Association of National Advertisers; *pg.* 442
Breen, Laura, Account Director - The Outcast Agency; *pg.* 654
Breen, Michael, Director, Digital Strategy - Geometry; *pg.* 362
Breen, Sean, President & Chief Executive Officer - AgencyQ; *pg.* 211
Breese, Marisa, Senior Account Executive - Ketchum; *pg.* 619
Breh, David, Director, Analytics - Starcom Worldwide; *pg.* 513
Brehm, Joe, Executive Vice President, Data Services - KnowledgeBase Marketing, Inc.; *pg.* 446
Breidenbach, Gillian, Vice President, Community & Civic Engagement - Belo + Company; *pg.* 216
Breidenbach, Jeff, Principal & Creative Director - Argus, LLC; *pg.* 173
Breidenbach, Megan, Associate Director, Digital - Kelly, Scott & Madison, Inc.; *pg.* 482
Breier, Ben, Associate Director, Strategy - Campbell Ewald New York; *pg.* 47
Breihan, Annie, Senior Account Executive - Proof Advertising; *pg.* 398
Breikss, Chris, Founding Partner - Major Tom; *pg.* 247
Brein, Jeff, President & Co-Founder - Quinn / Brein Communications; *pg.* 402
Breindel, Howard, Partner - DeSantis Breindel; *pg.* 349
Breindel, Jordan, Associate Creative Director - Barkley; *pg.* 329
Breines, Laura, Managing Director - Big Spaceship; *pg.* 455
Breininger, Brad, Co-Founder & Lead

Strategist - Zync Communications Inc.; *pg.* 22
Breinlinger, Ashley, Senior Vice President - Boca Communications; *pg.* 585
Brekke, Dennis, Creative Director, Interactive - Linnihan Foy Advertising; *pg.* 100
Brekke, Jennifer, Chief Executive Officer & Partner - Scout Marketing; *pg.* 139
Brelsford, Dawn, Vice President & Chief Strategist - Innovairre; *pg.* 89
Bremer, Ann, Associate Media Director - InLine Media, Inc.; *pg.* 479
Bremer, Devon, Media Planner & Buyer - R/GA; *pg.* 260
Bremer, Keith, Chief Financial Officer - DDB Worldwide - DDB New York; *pg.* 59
Bremer, Laura, Managing Director - Citizen Relations; *pg.* 590
Bremer, Marla, Planning Director - Essence; *pg.* 232
Bremner, Scott, Creative Director - Siltanen & Partners Advertising; *pg.* 410
Brenden, Tim, Brand Manager - MUDD Advertising; *pg.* 119
Brener, Steve, Partner & President - Brener Zwikel & Associates; *pg.* 586
Brenlin, Jane, President - J. Brenlin Design, Inc.; *pg.* 188
Brenman, Susan, Account Manager – CGT Marketing, LLC; *pg.* 49
Brennan, Ashley, Sales Director - New Tradition; *pg.* 554
Brennan, Brian, Director, Media Operations - Pinnacle Advertising; *pg.* 397
Brennan, Jason, Co-Founder & Partner - Stream Companies; *pg.* 415
Brennan, Jennifer, Vice President - 360PRplus; *pg.* 573
Brennan, Katy, Vice President, Client Services - pep; *pg.* 569
Brennan, Lauren, Vice President & Account Director - MullenLowe U.S. Boston; *pg.* 389
Brennan, Leslie, Director, Strategy - Anomaly; *pg.* 326
Brennan, Maureen, Senior Vice President, Public Relations - The Motion Agency; *pg.* 270
Brennan, Nancy, Director, Corporate Team - MSLGroup; *pg.* 629
Brennan, Robert, Associate Media Director - Horizon Media, Inc.; *pg.* 474
Brennan, Sarah, Client Services Supervisor - MMSI; *pg.* 496
Brennan, Tim, Account Supervisor - Jennings & Company; *pg.* 92
Brennen, Madeline, Account Director - Campbells, Fairlife Milk - Arc Worldwide; *pg.* 327
Brenner, Arlyn, Executive Vice President - MSW Research; *pg.* 448
Brenner, Lori, Account Executive - Marketry, Inc.; *pg.* 288
Brenner, Pardis, Managing Partner & Group Account Director - MediaCom; *pg.* 487
Brenner, Rebekah, Director, Event Marketing - The Trade Desk; *pg.* 519
Breno, Bob, Creative Director - Andrea Obston Marketing Communications; *pg.* 31
Brensilber, Jordan, Supervisor, Media Planning - HealixGlobal; *pg.* 471
Brent, Greg, Vice President, Technology - RAPP Worldwide; *pg.* 291
Brent, Shannon, Media Associate - Red Fuse Communications; *pg.* 404
Brenton, Julia, Account Director, Growth - North America - BBH; *pg.* 37
Brereton, Kelly, Manager, Client Services - Sagepath, Inc.; *pg.* 409
Brescia, Bonnie, Founding Principal - BBK Worldwide; *pg.* 37
Brescia, Keisha, Chief Operating Officer -

PERSONNEL   AGENCIES

ForwardPMX; pg. 360
Brescia, Sean, Managing Director - Mission Experience & Director, Business Strategy & Development - Mission Media, LLC; pg. 115
Bresina, Tracy, Chief Operating Officer - Red Sky Public Relations; pg. 642
Breslin, Dana, Marketing Manager & Graphic Designer - Art 270, Inc.; pg. 173
Breslin, Ted, Chief Financial Officer & Vice President - Conventures, Inc.; pg. 685
Breslow, Andrew, Associate Director, Client Operations - Starcom Worldwide; pg. 517
Breslow, Tina, Culinary Public Relations Aficionado - Breslow Partners; pg. 586
Breslow Mansfield, Jennifer, Director - Breslow Partners; pg. 586
Bresnahan, Todd, Chief Growth Officer - Davidson Belluso; pg. 179
Bresolin, Joncarl, Group Account Director - Clean Sheet Communications; pg. 342
Bressau, Nina, Director, Retail Strategy - The Integer Group - Dallas; pg. 570
Bressi, Kayla, Senior Manager, Channel - Velocity OMC; pg. 158
Bressler, Dean, Partner & Creative Director - Rocket Lawn Chair; pg. 407
Brestrup, Christen, Art Director - Wieden + Kennedy; pg. 430
Breton, Ana, Vice President, Client Services - Firstborn; pg. 234
Breton, Caroline, Senior Vice President, Media - GTB - Mindshare; pg. 495
Breton, Pete, Partner & Executive Creative Director - Anomaly; pg. 326
Bretschger, Christopher, Vice President, Strategy & Analytics - IMW Agency; pg. 374
Bretschger, Kari, Co-President & Chief Executive Officer - IMW Agency; pg. 374
Bretschger, Peter, Co-President & Chief Marketing Officer - IMW Agency; pg. 374
Brett Kennedy, Daniel, Senior Producer, Content & Creative - MWWPR; pg. 631
Brettholle, Dan, Creative Director - Apple Box Studios; pg. 32
Bretz, Kimberly, Senior Associate, Media - Starcom Worldwide; pg. 516
Bretz, Matt, Executive Creative Director - Ayzenberg Group, Inc.; pg. 2
Bretz, Pete, Director, Technology - Allied Pixel; pg. 561
Breuer, Alexandra, Supervisor, Brand Strategy - Canvas Worldwide; pg. 458
Brew, Alan, Founding Partner - BrandingBusiness; pg. 4
Brewer, Bill, Senior Vice President - ZLR Ignition; pg. 437
Brewer, Doug, Senior Partner & Co-Founder - Insight Product Development; pg. 445
Brewer, Jason, Chief Executive Officer - Brolik Productions; pg. 561
Brewer, Jessica, Brand Director - 72andSunny; pg. 23
Brewer, Joe, President, Business Operations & Innovation - Katz Media Group - Katz Media Group, Inc.; pg. 481
Brewer, Keith, Vice President, Digital Strategy - Horizon Next - Horizon Media, Inc.; pg. 474
Brewer, Kelsey, Senior Account Director - Hirons & Company; pg. 86
Brewer, Mike, Partner - Brodeur Partners; pg. 586
Brewer, Patrick, Account Manager - Civic Entertainment Group; pg. 566
Brewer, Randy, President & Chief Executive Officer - Brewer Direct; pg. 337
Brewer, Rhonda, Director, PFX Operations - SportVision; pg. 266
Brewer, Scott, Senior Vice President & Group Creative Director - GSD&M; pg. 79

Brewin, Bayard, Vice President, Strategic Services - Sage Communications, LLC; pg. 409
Brewster, John, Strategist, Digital - Sherry Matthews Advocacy Marketing; pg. 140
Brewster, Lorie, Chief Financial Officer - Mering; pg. 114
Brewster, Megan, Director, Public Relations - Aqua Marketing & Communications; pg. 326
Brey, Paloma, Community Affairs - Matte Projects; pg. 107
Brezinski, Catherine, Coordinator, Traffic - Rinck Advertising; pg. 407
Brezzi, Alex, Associate Director, Strategy - Carat; pg. 459
Brian, Jen, Vice President, Production - Something Massive; pg. 266
Brian, Mike, Partner - Penna Powers Brian Haynes; pg. 396
Bricault, Adam, Vice President - Edelman; pg. 599
Brice, Hal, Co-Founder & Co-Chief Executive Officer - HEILBrice; pg. 84
Briceno, Samanta, Senior Account Executive - Sid Lee; pg. 140
Brick, Patty, Vice President & Group Media Director - Kelly, Scott & Madison, Inc.; pg. 482
Bricker, Darrell, Global Service Line Leader Public Affairs - Ipsos; pg. 445
Bricker Skelton, Courtney, Account Director, Client Services - Ebiquity; pg. 444
Brickman, Allison, Associate Director, Video Partnerships - Initiative; pg. 477
Brickman, Maria, Account Coordinator - rygr; pg. 409
Brickowski, Kari, Associate Director & Partner - Mindshare; pg. 491
Brida, Jay, Creative Director - Copy - The Designory; pg. 149
Briddock, Rich, Vice President, Paid Media & Analytics - Cardinal Digital Marketing; pg. 220
Bridenstine, Elizabeth, Group Director, Digital Strategy - OMD; pg. 500
Bridger, Lara, Creative Director - GSD&M; pg. 79
Bridgers, Taylor, Account Supervisor - Moxie; pg. 251
Bridges, Holly, Senior Manager, Client Services - SproutLoud Media Networks; pg. 17
Bridges, John, Senior Account Director - Madden Media; pg. 247
Bridges, Kristen, Senior Vice President - Bascom Communications & Consulting LLC; pg. 580
Bridges, Kristi, President & Chief Creative Officer - The Sawtooth Group; pg. 152
Bridges, Meara, Director, Art - Creative Energy, Inc.; pg. 346
Bridges, Megan, Media Supervisor - MediaCom; pg. 487
Bridges, Morgan, Manager, Account - The Marketing Arm; pg. 316
Bridgewater, Debbie, Director, Finance - Mindstream Media Group - Dallas; pg. 496
Bridgland, Christopher, Senior Vice President & Director, Strategy - Leo Burnett Worldwide; pg. 98
Bridle, Christopher, Growth Director, Business Transformation - R/GA; pg. 261
Bridwell, Hampton, Managing Partner & Chief Executive Officer - Tenet Partners; pg. 19
Brief, Andrew, Director, Account Services - DeVito/Verdi; pg. 62
Brielmann, Eric, Partner - Joele Frank, Wilkinson Brimmer Katcher; pg. 617
Brien, Jennifer, Account Director - Rational Interaction; pg. 262
Brien, Kirk, General Manager & Vice President - EEI Global; pg. 304

Brien, Mike, Executive Vice President, Client Service - 6Degrees; pg. 321
Brienza, Paul, Chief Technology Officer - Laughlin Constable, Inc.; pg. 379
Brierley, Hal, Chairman & Founder & Chief Loyalty Architect - Brierley & Partners; pg. 167
Briese, Tracy, Media Director - Linnihan Foy Advertising; pg. 100
Briggs, Brooke, Senior Manager, Traffic - Rhythm; pg. 263
Briggs, Daphne, Vice President - Propaganda Entertainment Marketing; pg. 298
Briggs, Derek, Chief Operating Officer - Shaker Recruitment Advertising & Communications; pg. 667
Briggs, Hannah, Account Executive - BAM Communications; pg. 580
Briggs, Katie, Manager, Public Relations - Crowley Webb & Associates; pg. 55
Briggs, Kellie, President - Briggs & Caldwell; pg. 456
Briggs, Michael, Digital Marketing Director - Paragon Digital Marketing; pg. 675
Briggs, Nicole, Manager, Portfolio Management - Universal McCann; pg. 521
Briggs, Walter, Creative & Brand Strategist- CD&M Communications - CD&M Communications; pg. 49
Brigham, Kyle, Director, Client Relations & Strategy - Marcel Digital; pg. 675
Brigham, Tim, Co-Founder & Chief Revenue Officer - dotCMS; pg. 230
Bright, Brittany, Specialist, Influecer Marketing - Mitchell; pg. 627
Bright, David, Creative Director - Praytell; pg. 258
Bright, Haley, Account Executive - Team One; pg. 417
Bright, Jeanne, Vice President, Global Platform Investment - Essence; pg. 232
Bright, Lisa, Executive Vice President & Executive Director, Creative - FCB Chicago; pg. 71
Brightman, Anita, Founder & Chief Executive Officer - A. Bright Idea; pg. 25
Brightman, Rose, Office Manager - A. Bright Idea; pg. 25
Brightman, T.J., President - A. Bright Idea; pg. 25
Brighton, Lynne, Senior Vice President - Bare International; pg. 442
Brigman, Brian, Integrated Sales Director - Midwest & East - Active Interest Media; pg. 561
Brigman, Elyise, Account Executive - Mueller Communications, Inc.; pg. 630
Brihn, Jesse, Director, Film Production - Droga5; pg. 64
Briley, Doug, President & Chief Executive Officer - Warren Douglas Advertising; pg. 161
Brill, Allison, Senior Account Manager - RedPeg Marketing; pg. 692
Brill, Judy, Senior Manager, Traffic Operations - TBWA \ Chiat \ Day; pg. 146
Brill, Kathryn, Manager, Social Media & Content Marketing - Boomm Marketing & Communications; pg. 218
Brill, Robert, Chief Executive Officer - BrillMedia.co; pg. 43
Brill-Torrez, Kari, Associate Director, Media - Riester; pg. 406
Brillante, Lowell, Editor - Fred Agency; pg. 360
Brillanti, Laura, Account Director - Havas New York; pg. 369
Brillson, Lindsay, Creative Director - Red Antler; pg. 16
Brim, Chloe, Project Manager - Swanson Russell; pg. 415

AGENCIES PERSONNEL

Brimmer, Andrew, Vice Chairman - Joele Frank, Wilkinson Brimmer Katcher; *pg.* 617
Brindza, Isa, Manager, Media Planning - Mindshare; *pg.* 494
Brinegar, Brad, Chairman - McKinney; *pg.* 111
Brini-Lieberman, Jacqueline, Chief Strategy Officer & Managing Director - Story Worldwide; *pg.* 267
Brininstool, Cara, Senior Project Manager - Anomaly; *pg.* 325
Brink, Matthew, Executive Creative Director - BBDO Worldwide; *pg.* 331
Brinker, Lynne, Founder, Owner & Partner - Hot In The Kitchen; *pg.* 9
Brinker, Mike, Global Lead & Partner - Deloitte Digital; *pg.* 224
Brinkley, Adrian, Senior Social Strategist - Wieden + Kennedy; *pg.* 432
Brinkley, Jaylon, Marketing Communications Executive - Frost & Sullivan; *pg.* 444
Brinkley, Shannon, Senior Account Manager - Blue Sky ; *pg.* 40
Brinkman, Fran, Vice President, Strategic Planning & Analytics - Edge Marketing; *pg.* 681
Brinkman, Taylor, Senior Interactive Art Director - Leviathan; *pg.* 189
Brinkworth, Katie, Creative Director - BBDO West; *pg.* 331
Brisbane, Terry, Vice President, Field Services - Alan Newman Research; *pg.* 441
Briscoe, Katie, Executive Vice President, Client & Interactive Services - MMGY Global; *pg.* 388
Brisseaux, Madison, Senior Director, Client Services - The Trade Desk; *pg.* 520
Bristow, Kate, Partner & Chief Strategy Officer - M&C Saatchi LA; *pg.* 482
Brito, Allison, Director, Business Operations - Wondersauce; *pg.* 205
Brito, Ariel, Associate Brand Group Director - Horizon Media, Inc.; *pg.* 473
Brito, Kristen, Associate Director, SK-II - MediaCom; *pg.* 487
Brito, Odalice, Director, Digital Investment - Mindshare; *pg.* 491
Brito, Phillip, Senior Project Manager - Firehouse, Inc.; *pg.* 358
Britt, Alexandra, Senior Strategic Planner - Johnson & Johnson Corporate, Janssen Pharmaceuticals, American Red Cross, Macy's - BBDO Worldwide; *pg.* 331
Brittain, Anna, Manager, Traffic - The Brandon Agency; *pg.* 419
Brittenham, Rachel, Senior Media Buyer - The Loomis Agency; *pg.* 151
Brittingham, Holly, Senior Vice President, Global Talent & Organization Development - FCB New York; *pg.* 357
Britton, Kimberley, Senior Account Director - Alling Henning & Associates; *pg.* 30
Britton, Lance, Director, Innovation - Conversion Interactive Agency; *pg.* 222
Britton, Susan, Owner & Principal Creative Director - Britton Marketing & Design Group; *pg.* 4
Brivic, Allen, President - BrivicMedia, Inc.; *pg.* 456
Brivic, Molly, Executive Vice President - BrivicMedia, Inc.; *pg.* 456
Brizzolara, Regina, Vice President & Executive Producer - EP+Co.; *pg.* 356
Broad, Marc, Vice President, Technology & Digital - Response Marketing; *pg.* 133
Broad, Tara, Associate Media Director - Horizon Media, Inc.; *pg.* 474
Broadfoot, Rob, Partner & Creative Director - MOCK, the agency; *pg.* 192
Broadhead, Dean, Chief Executive Officer - Broadhead; *pg.* 337

Broberg, Scott, Chief Integration Officer - Fast Horse; *pg.* 603
Broccolo, Mary Anne, Design Director - MKG; *pg.* 311
Brock, Bill, Founder - AnalogFolk; *pg.* 439
Brock, Charles, Principal & Creative Director - Faceout Studios; *pg.* 182
Brock, Daniel, Account Director, Public Relations & Social Media - Rawle-Murdy Associates; *pg.* 403
Brock, Julia, Media Planner & Buyer - Haberman; *pg.* 369
Brock, Kala, Media Supervisor - NEXTMedia, Inc.; *pg.* 497
Brock, Liz, Director, Social Media - Starcom Worldwide; *pg.* 517
Brock, Nancy, Manager, Traffic - True Media; *pg.* 521
Brock, Nicholas, Digital & Creative Media Specialist - Wiser Strategies; *pg.* 663
Brock, Sarah, Senior Account Manager - Brown Parker | DeMarinis Advertising; *pg.* 43
Brock, Susan, Associate Media Director - Underscore Marketing, LLC; *pg.* 521
Brock, Todd, Director, Client Services - Global Strategies; *pg.* 673
Brockenbrough, Kevin, Vice President, Planning Director - Toyota - Burrell Communications Group, Inc. ; *pg.* 45
Brocker, Ginny, Associate Director, Public Relations & Social Media - Hiebing; *pg.* 85
Brockhoff, Libby, Partner & Creative Director - Odysseus Arms; *pg.* 122
Brockley, Marshall, Senior Media Planner - MediaCom; *pg.* 487
Brockman, Jackie Lann, Principal - The Narrative Group; *pg.* 654
Brockman, Susanne, Senior Vice President & Media Director - Falls Communications; *pg.* 357
Brockus, Erin, Coordinator, Human Resources - MMGY Global; *pg.* 388
Brod, Alison, Founder & President - Alison Brod Public Relations; *pg.* 576
Broda, Devin, Vice President - Sard Verbinnen; *pg.* 646
Brode, Ridgely, Partner - Paul Wilmot Communications; *pg.* 636
Broderdorf, Alissa, Vice President, Portfolio Management - Universal McCann; *pg.* 524
Broderick, Amanda, Partner & Associate Director, Public Relations, Social Media & Content - Hiebing; *pg.* 85
Broderick, John, President - Broderick Advertising; *pg.* 43
Broderick, Kendal, Associate Director - PHD Chicago; *pg.* 504
Broderick, Niamh, Omnimedia Planning - Wavemaker; *pg.* 526
Broderick, Tracy, President - Karsh & Hagan; *pg.* 94
Broderick Jr., Roy, President & Chief Executive Officer - Authentique Agency; *pg.* 538
Brodeur, John, Chairman & Founder - Brodeur Partners; *pg.* 586
Brodie, Kendall, Senior Account Executive - LaunchSquad; *pg.* 621
Brodie, Paul, Managing Director, Creative - Troika/Mission Group; *pg.* 20
Brodkin, Karen, Executive Vice President, Content Strategy & Partnerships - 160over90; *pg.* 301
Brodrecht, Robert, Digital Operations Lead - Big Communications, Inc.; *pg.* 39
Brodsky, Alyson, Manager, Public Relations - Matrix Partners, Ltd.; *pg.* 107
Brodsky, James, Founder & Chief Executive Officer - Sharp Communications, Inc.; *pg.* 140
Brodt, John, Vice President - Behan Communications, Inc.; *pg.* 582

Brodwater, Tim, Senior Digital Media Strategist - Harmelin Media; *pg.* 467
Brody, Bianca, Production Manager - Nissan Division - Zimmerman Advertising; *pg.* 437
Broehl, Josh, Senior Vice President - Big Red Rooster; *pg.* 3
Brogan, Kathi, Vice President, Media Services - Pinckney Hugo Group; *pg.* 128
Brogan, Marcie, Board Member - Brogan & Partners ; *pg.* 538
Brogan, Marcie, Chief Financial Officer - Ignite Social Media; *pg.* 686
Brogan, Tanya, Account Executive - PlusMedia, LLC; *pg.* 290
Broggi, Ariel, Senior Vice President, Creative Director - Something Massive; *pg.* 266
Brogner, Aliza, Chief Operations Officer - Alison Brod Public Relations; *pg.* 576
Brogren, Candace, Regional Director - West - OMD; *pg.* 498
Brohan, Liz, President & Chief Executive Officer - CBD Marketing; *pg.* 341
Broitman, Craig, Chief Operating Officer - Katz Television Group - Katz Media Group, Inc.; *pg.* 481
Brokaw, Gregg, Managing Partner - Brokaw, Inc.; *pg.* 43
Brokaw, JB, President & Chief Operating Officer - January Digital; *pg.* 243
Brokaw, Les, Vice President & Chief Operating Officer - The Garfield Group; *pg.* 419
Brokaw, Rick, Graphic Designer - Shark Communications; *pg.* 265
Brokaw, Tim, Co-Owner - Brokaw, Inc.; *pg.* 43
Brolly, Phil, Vice President & Account Director - BBDO Worldwide; *pg.* 331
Bromberg, Adam, Senior Vice President - Creative Response Concepts; *pg.* 593
Bromberg, Hilary, Strategic Director & Partner - Egg; *pg.* 7
Bromfield, Denise, Associate Media Director - Comcast West Division - Spark Foundry; *pg.* 510
Bromley, Matt, Partner & Managing Director - Sterling-Rice Group; *pg.* 413
Brond, David, Vice President & Director, Account Services - Aloysius Butler & Clark; *pg.* 30
Bronfeld, Rob, Senior Vice President - Catalyst Public Relations; *pg.* 589
Broniecki, Kathy, Co-Owner & Chief Strategy Officer & Chief Executive Officer - Envoy, Inc.; *pg.* 356
Bronshvag, Rich, Executive Creative Director - Canvas Blue; *pg.* 47
Bronstein, Maya, Account Supervisor - DKC Public Relations; *pg.* 597
Bronstein, Michael, Co-Founder & President - Bronstein & Weaver, Inc.; *pg.* 280
Bronstein, Morgan, Senior Strategist, Programmatic - Havas Media Group; *pg.* 470
Brook, Devin, Managing Partner - Brand New School East; *pg.* 175
Brook, Rachel, Managing Partner & Head, Advanced Analytics - MediaCom; *pg.* 487
Brook, Rick, Senior Vice President, Global Client Operations - WPP Group, Inc.; *pg.* 433
Brook, Todd, Founder & Chief Executive Officer - Envisionit Media, Inc.; *pg.* 231
Brooke, Drew, Vice President, Marketing Services - Vincodo LLC; *pg.* 274
Brooke, Kayla, Manager, Account - Beson 4 Media Group; *pg.* 3
Brooke, Shelagh, Executive Vice President & Chief Strategic Officer - Ogilvy CommonHealth Worldwide; *pg.* 122
Brooker, Neil, Chief Operating Officer - Designworks/USA; *pg.* 179

PERSONNEL

AGENCIES

Brookhouse, Peggy, President & Partner - Luquire George Andrews, Inc.; *pg.* 382
Brooking, Karen, Senior Vice President - BDE; *pg.* 685
Brooking, Paul, Senior Vice President, Information Technology - Vestcom ; *pg.* 571
Brooks, Alicia, Director, OEM Relationships - Force Marketing; *pg.* 284
Brooks, Alyson, Associate Director, Strategy - Zenith Media; *pg.* 529
Brooks, Anthony, Associate Creative Director - Mering; *pg.* 114
Brooks, Brianna, Account Director - H&L Partners; *pg.* 80
Brooks, Chelsea, Account Director - Overcat Communications; *pg.* 634
Brooks, Colette, Founder & Chief Imagination Officer - Big Imagination Group; *pg.* 685
Brooks, Darci, Manager, IT Support Engineer - WE Communications; *pg.* 660
Brooks, David, Senior Vice President, Digital & Social Health - Ruder Finn, Inc.; *pg.* 645
Brooks, Diana, Co-Chief Executive Officer & Chief Strategist - VSBrooks; *pg.* 429
Brooks, Drew, Design Director & Associate Creative Director - Doner; *pg.* 352
Brooks, Emily , Senior Vice President & Group Account Director - Mediahub Boston; *pg.* 489
Brooks, Heather, Vice President & Creative Director - Digitas; *pg.* 227
Brooks, Heidi, Senior Vice President & Director - Digital Marketing Service & Support - Ansira; *pg.* 280
Brooks, Jacob, Senior Media Planner - Team One; *pg.* 417
Brooks, Jennifer, Chief Marketing Officer - Gerson Lehrman Group; *pg.* 168
Brooks, Jessica, Manager, Integrated Production - Digitas; *pg.* 229
Brooks, Judy, Vice President, Direct Marketing - Camelot Strategic Marketing & Media; *pg.* 457
Brooks, Kate, Senior Vice President - Ogilvy Public Relations; *pg.* 634
Brooks, Leslie, Digital Account Manager - Healthcare Success; *pg.* 83
Brooks, Levi, Chief Executive Officer & Co-Founder - Use All Five, Inc.; *pg.* 273
Brooks, Melinda, Senior Account Supervisor - Edelman; *pg.* 599
Brooks, Michael, Account Director - Roundhouse - Portland; *pg.* 408
Brooks, Mitchell, President - Brooks-Rose Marketing Research, Inc.; *pg.* 442
Brooks, Niyah, Assistant Account Executive, Digital - Finn Partners; *pg.* 603
Brooks, Olivia, Senior Account Executive - Swarm; *pg.* 268
Brooks, Paula, Senior Vice President & Director, Media - JL Media, Inc.; *pg.* 481
Brooks, Peter, Senior Associate, Digital Investment - MediaCom; *pg.* 487
Brooks, Sara, Founder & Chief Executive Officer - Covet Public Relations; *pg.* 593
Brooks, Sharon, President, East Coast Office - GlynnDevins; *pg.* 364
Brooks, Stewart, Chief Financial Officer - Definition 6; *pg.* 224
Brooks, Todd, Co-Founder - The Brand AMP; *pg.* 419
Brooks, Tyler, Design Director - Turner Duckworth; *pg.* 203
Brooks, Will, Account Executive - Red Moon Marketing; *pg.* 404
Brooks-George, Kelly, Vice President & Integrated Media Director - BrandStar; *pg.* 337
Broom Harris, Shannon, Creative Director - Big Communications, Inc.; *pg.* 39
Broomes, Kevin, Vice President, Media - VaynerMedia; *pg.* 689
Broomhead, Alexandra, Account Director, BSD Tools - Blue State Digital; *pg.* 335
Brophy, Laura, Director, Client Services & New Business Development - Marketcom PR; *pg.* 625
Brorson, Alonna, Management Supervisor - Spawn; *pg.* 648
Broscious, David, Senior Vice President & Associate Creative Director - gkv; *pg.* 364
Brose, Suzanne, Senior Vice President - J Public Relations; *pg.* 616
Bross, Evan, Senior Art Director - Walrus; *pg.* 161
Bross, Jon, Media Director - Vladimir Jones; *pg.* 429
Brossard, Yvon, Vice President, Creative - Cossette Media; *pg.* 345
Brosterhous, Erin, Owner & Partner - Inside/Out Communications; *pg.* 616
Brot, David, Executive Vice President & Group Account Director - Leo Burnett Worldwide; *pg.* 98
Broten, Chantel, President - Jan Kelley Marketing; *pg.* 10
Brothers, Bob, Executive Creative Director, Art - Bandujo Donker & Brothers ; *pg.* 36
Brothers, Erin, Account Director, Public Relations - Meridian Group; *pg.* 386
Brothers, Jennifer, Partner & Chief Operating Officer - Twenty Four-Seven, Inc.; *pg.* 203
Brothers, Jim, Manager, Studio - Push; *pg.* 401
Brothers, Paul, President & Executive Creative Director - Brothers & Co.; *pg.* 43
Brotherson, Jaclyn, Associate Director, Performance Media - Havas Media Group; *pg.* 468
Brothwell, Veronica, Director, Strategy - Initiative; *pg.* 478
Brotman, Jennifer, Account Director - Saatchi & Saatchi ; *pg.* 136
Broude, Chad, Co-Founder & Chief Creative Officer - Highdive; *pg.* 85
Brough, Kelsie, Human Resources Coordinator - Manifest; *pg.* 248
Broughman, Ashley, Brand Director, Google Nest & Marriott Bonvoy - 72andSunny; *pg.* 23
Broughton, Michael, President & Chief Executive Officer - Blanket Marketing Group; *pg.* 217
Brouillard, Ben, Art Director - Promersberger Company; *pg.* 638
Broviak, Pat, Senior Accounting Specialist - Hirons & Company; *pg.* 86
Brow, Debbie, Office Manager - The Matthews Group, Inc.; *pg.* 151
Browe, Jeff, Managing Director - Wunderman Thompson; *pg.* 435
Brower, Jenny, Chief Operating Officer & Principal - Mindpower, Inc.; *pg.* 115
Brower, Kara, Partner - Solve; *pg.* 17
Brower, Lucretia, Director, Strategy - Starcom Worldwide; *pg.* 513
Brower, Mike, Design Director - Vitro Agency; *pg.* 159
Brower Fancher, Judy, Founder & Chief Strategist - Brower Group; *pg.* 586
Brown, Aaron, Executive Vice President - Fahlgren Mortine Public Relations; *pg.* 70
Brown, Afton, Account Supervisor - Definition 6; *pg.* 224
Brown, Alan, Co-Founder & Chief Executive Officer - DNA Seattle; *pg.* 180
Brown, Alan, President - Active International Holdings - Active International; *pg.* 439
Brown, Amanda, Account Executive - Stephens Direct; *pg.* 292
Brown, Antoine, Senior Vice President & Director - Spark Foundry; *pg.* 508

Brown, Ashley, Media Partnership Strategist - Kroger Media Services; *pg.* 96
Brown, Barbara, Senior Partner & Co-Founder - Brown Flynn Communications Ltd.; *pg.* 586
Brown, Beau, Group Client Director - Red Antler; *pg.* 16
Brown, Becky, Supervisor, Media - 360i, LLC; *pg.* 208
Brown, Ben, Group Strategy Director - Droga5; *pg.* 64
Brown, Bethany, Lead Designer & Project Manager - L.E.T. Group, Inc.; *pg.* 245
Brown, Betsy, Executive Vice President & General Manager - Cramer-Krasselt ; *pg.* 54
Brown, Bob, Chief Operating Officer - Signature Communications; *pg.* 410
Brown, Bonica, Art Director - Ad Cetera, Inc.; *pg.* 26
Brown, Brian, Group Creative Director - Publicis.Sapient; *pg.* 258
Brown, Brian, Partner & Director, Brand Experience - Ingredient; *pg.* 10
Brown, Brian, Manager, eCommerce Operations - Jagged Peak; *pg.* 91
Brown, Bruce, Senior Director, Client Services - PRR; *pg.* 399
Brown, Cameron, President & Chief Executive Officer - King Fish Media; *pg.* 482
Brown, Carmen, Chief Finance Officer - Trigger: Communications & Design; *pg.* 427
Brown, Cedar, Social Strategy - Mirum Agency; *pg.* 681
Brown, Charlie, Vice President, Marketing - NCH Marketing Services; *pg.* 568
Brown, Chris, Art Director - Trekk; *pg.* 156
Brown, Chris, Business Development Manager - Design-Central; *pg.* 179
Brown, Chuck, Account Supervisor - Blattel Communications; *pg.* 584
Brown, Cindy, Office Manager - Conkling Fiskum & McCormick; *pg.* 592
Brown, Colin, Senior Account Executive - MullenLowe U.S. Boston; *pg.* 389
Brown, Colin, Chief Operating Officer - Digilant US - Digilant; *pg.* 464
Brown, Corbin, Vice President & Director, Strategy - Giant Spoon, LLC; *pg.* 363
Brown, Daniel, Senior Vice President & Director, Digital Experience - 22squared Inc.; *pg.* 319
Brown, Daniel, Executive Creative Director - True North Inc.; *pg.* 272
Brown, Daphne, Account Manager - Finished Art, Inc.; *pg.* 183
Brown, Dave, Vice President & Brand Account Director - Garage Team Mazda; *pg.* 465
Brown, David, Executive Creative Director - adam&eve DDB; *pg.* 26
Brown, David, Executive Chairman - Manifest; *pg.* 248
Brown, Devin, Associate Creative Director - R/GA; *pg.* 261
Brown, Doug, President & Founder - Brown Bag Marketing; *pg.* 338
Brown, Elizabeth, Strategy Director - Energy BBDO, Inc.; *pg.* 355
Brown, Emily, Vice President, Strategy Director - McCann New York; *pg.* 108
Brown, Erika, Co-Founder & Partner - Cercone Brown Company; *pg.* 341
Brown, Gary, Chief Financial Officer & Associate Partner - Venables Bell & Partners; *pg.* 158
Brown, George, Vice President, Client Development - AcuPOLL Research; *pg.* 441
Brown, Greg, Vice President, Social & Innovation - FleishmanHillard; *pg.* 605
Brown, Heather, Senior Media Planner - Universal McCann; *pg.* 521
Brown, Hillary, Manager, Digital Investment -

734

AGENCIES — PERSONNEL

Mindshare; *pg.* 491
Brown, Howard, Vice President & General Manager - Lopez Negrete Communications, Inc. ; *pg.* 542
Brown, Jaimi, Partner & Director, Strategy - Hiebing; *pg.* 85
Brown, Jason, Director, Insights - Simantel Group; *pg.* 142
Brown, Jason, Director, Public Relations - The Communications Group; *pg.* 149
Brown, Jason, Chief Executive Officer & Chief Strategy Officer - Brown Parker | DeMarinis Advertising; *pg.* 43
Brown, Jason, Account Supervisor - adHOME creative; *pg.* 27
Brown, Jay, Partner & Creative Team Director - Enlarge Media Group; *pg.* 356
Brown, Jeb, Chairman & Chief Financial Officer - Yes&; *pg.* 436
Brown, Jennifer, Regional Director - Billups, Inc; *pg.* 550
Brown, Jerry, Chief Executive Officer - Madison Avenue Marketing Group; *pg.* 287
Brown, Jessica, Project & Creative Manager - FCB West; *pg.* 72
Brown, Jill, Senior Vice President & Media Director - Asher Agency; *pg.* 327
Brown, Jim, Partner & Chief Executive Officer - MBB Agency; *pg.* 107
Brown, Karen, Account Executive & Media Coordinator - Group Nine; *pg.* 78
Brown, Katelyn, Group Director - OMD; *pg.* 498
Brown, Kathryn, Executive Vice President & Senior Account Director - BBDO Worldwide; *pg.* 331
Brown, Katie, Vice President, Operations - Space150; *pg.* 266
Brown, Katie, Associate Account Executive - Witz Communications, Inc.; *pg.* 663
Brown, Kaylee, Media Planner - DP+; *pg.* 353
Brown, Keegan, Chief Executive Officer - Megethos Digital; *pg.* 675
Brown, Keisha, President - Lagrant Communications; *pg.* 621
Brown, Keith, Strategy Research Analyst - Listrak; *pg.* 246
Brown, Kelly, Senior Account Executive - Linhart Public Relations; *pg.* 622
Brown, Kevin, Creative & Strategy Resource Director - DDB Chicago; *pg.* 59
Brown, Kevin, Creative Director & Writer - Nonbox; *pg.* 121
Brown, Kevin, Vice President & Director, Digital Investment - GM - Carat; *pg.* 461
Brown, Kristen, Project Manager - ZAG Interactive; *pg.* 277
Brown, Kyle, Operations Manager - Wingard Creative; *pg.* 162
Brown, Leah, Account Executive - S&A Communications; *pg.* 645
Brown, Lesley, Senior Vice President & Group Account Director - 22squared Inc.; *pg.* 319
Brown, Leta, Business Manager - PartnersCreative; *pg.* 125
Brown, Linda, Senior Broadcast Media Buyer - HCB Health; *pg.* 83
Brown, Lindsay, Account Director - David&Goliath; *pg.* 57
Brown, Lindsay, Director - Spark Foundry; *pg.* 508
Brown, Lindsay, Senior Media Planner - Backbone Media; *pg.* 579
Brown, Lisa, Global Chief Strategy & Business Development Officer - Active International; *pg.* 439
Brown, Lorne, Founder & Chief Executive Officer - Operative; *pg.* 289
Brown, Mark, Executive Vice President & Managing Director - Chevrolet - Carat; *pg.* 461

Brown, Mark, Partner - adHOME creative; *pg.* 27
Brown, Mary, Associate Director, Media & Digital Strategy - Caldwell VanRiper; *pg.* 46
Brown, Mary Margaret, Senior Media Specialist - Lewis Communications; *pg.* 100
Brown, Matt, Vice President, Branding & Web Services - Walker Sands Communications; *pg.* 659
Brown, Max, Senior Art Director - partners + napier; *pg.* 125
Brown, Megan, Senior Director - Turner Public Relations; *pg.* 657
Brown, Melanee, Business Manager - BrandHive; *pg.* 336
Brown, Michelle, Vice President, Marketing - ZAG Interactive; *pg.* 277
Brown, Mike, Chief Operating Officer - ApotheCom Associates, LLC; *pg.* 32
Brown, Mike, Chief Client Officer - Bounteous; *pg.* 218
Brown, Nadine, Vice President, Product Delivery - Publicis North America; *pg.* 399
Brown, Nathalie, Vice President & Group Creative Director - VMLY&R; *pg.* 160
Brown, Nathan, Chief Executive Officer - PHD USA; *pg.* 505
Brown, Nathan, Director, Business Development - Grow Interactive; *pg.* 237
Brown, Ned, Chief Creative Officer - Bader Rutter & Associates, Inc. ; *pg.* 328
Brown, Nicole, Senior Account Manager - Envisionit Media, Inc.; *pg.* 231
Brown, Parker, Paid Search Specialist - Tinuiti; *pg.* 271
Brown, Paul, Vice President, Strategic Accounts - Duarte; *pg.* 180
Brown, Payton, Account Supervisor - Grey Group; *pg.* 365
Brown, Pete, Managing Director - Zambezi; *pg.* 165
Brown, Peter, Chief Executive Officer - Brown Lloyd James; *pg.* 587
Brown, Peter, General Manager - G7 Entertainment Marketing; *pg.* 306
Brown, Quentin, Senior Art Director - Marlin Network; *pg.* 105
Brown, Rachel, President - Synergy Group; *pg.* 651
Brown, Renee, Account Director - Guru Media Solutions; *pg.* 80
Brown, Rich, Associate Creative Director - Anomaly; *pg.* 326
Brown, Rochelle, Executive Producer - The Mill; *pg.* 152
Brown, Ryan, Vice President, Client Services - 160over90; *pg.* 1
Brown, Sam, Managing Director, North America - Turner Duckworth; *pg.* 203
Brown, Samantha, Manager, Enterprise Campaign - 97th Floor; *pg.* 209
Brown, Scott, Partner & Executive Creative Director - Battery; *pg.* 330
Brown, Sharon, Director, Creative Concept - HMT Associates, Inc.; *pg.* 681
Brown, Shaun, Senior Vice President, Growth & Innovation - Momentum Worldwide; *pg.* 117
Brown, Shelley, Chief Strategy Officer - FCB Toronto; *pg.* 72
Brown, Sherri-Lyn, Senior Account Director, Earned & Client Strategy - Edelman ; *pg.* 601
Brown, Sonya, Creative Director - DNA Creative Communications; *pg.* 598
Brown, Stefanie, Account Manager & Manager, Social Media - Banik Communications; *pg.* 580
Brown, Stephanie, Social Strategist - Ogilvy; *pg.* 393
Brown, Stephen, President - Cookerly Public Relations Inc.; *pg.* 593
Brown, Stephen, President - Fuse Marketing

Group, Inc.; *pg.* 8
Brown, Teddy, Executive Vice President & Executive Creative Director - FCB Global - FCB Chicago; *pg.* 71
Brown, Tim, President & Chief Executive Officer - IDEO ; *pg.* 187
Brown, Traci, Account Supervisor - Horizon Media, Inc.; *pg.* 473
Brown, Travis, Associate Creative Director - Paradowski Creative; *pg.* 125
Brown, Valicia, Director, Content - Publicis North America; *pg.* 399
Brown, Yvette, Managing Partner - X! PROMOS; *pg.* 572
Brown, Zach, Manager, Business Affairs - Crispin Porter + Bogusky; *pg.* 346
Brown IV, Hal, Founder & Chief Executive Officer - Delta Media, Inc.; *pg.* 551
Brown-Robinson, Veronica, Senior Media Buyer - Horizon Media, Inc.; *pg.* 473
Browne, Claire, Vice President & Director, Media Research - RPA; *pg.* 134
Browne, Dan, Product Manager - MultiTrac - SourceLink, LLC; *pg.* 292
Browne, Garrett, Associate Director, Paid Search - Rain; *pg.* 402
Browne, Justin, Partner & Senior Manager, Integrated Investment - Universal McCann; *pg.* 521
Browne, Kathryn, Chief Financial Officer & Chief Operating Officer - Quigley-Simpson; *pg.* 544
Browne, Kimberly, Business Manager - Katz Radio Group - Katz Media Group, Inc.; *pg.* 481
Browne, Susan, President Owner - Dovetail Communications, Inc.; *pg.* 464
Brownell, Andy, Chief Executive Officer - LeadMaster; *pg.* 168
Brownell, Sheridan, Assistant Planner, Digital - Initiative; *pg.* 479
Browning, Bess, Associate Director, Media - Young & Laramore; *pg.* 164
Browning, Brit, Group Planning Director - BBDO Worldwide; *pg.* 331
Browning, Caren, Executive Vice President & Partner - King & Company; *pg.* 620
Browning, Jordan, Management Supervisor - Ogilvy; *pg.* 393
Browning, Meghan, Public Relations Senior Account Coordinator - Bright Red\TBWA; *pg.* 337
Browning, Rob, Digital Strategist - Ascedia; *pg.* 672
Browning, Tom, Senior Vice President & Director, Client Leadership - Two by Four Communications, Ltd.; *pg.* 157
Browning , Casey, Account Supervisor - Hudson Rouge; *pg.* 371
Brownsen, Elizabeth, Executive Director, Operations & Technology - Team One; *pg.* 417
Brownstein, Berny, Chairman & Chief Creative Officer - Brownstein Group, Inc.; *pg.* 44
Broxson, Donnie, Chief Executive Officer - Acento Advertising, Inc.; *pg.* 25
Broyard, Ayiko, Account Director - Walton Isaacson CA; *pg.* 547
Brozack, Bill, Account Director, Public Relations - Periscope; *pg.* 127
Brozena, Stan, Manager, Production - Independent Graphics Inc.; *pg.* 374
Brubaker, Dave, Director, On-Air Creative - SJI Associates; *pg.* 142
Brubaker, John, Vice President & Special Projects Manager - Marketing Directions, Inc.; *pg.* 105
Brubaker, Jon, Vice President - Cognito; *pg.* 591
Brubaker, Matt, Chief Executive Officer & Creative Director - A/V Division - Trailer Park; *pg.* 299

PERSONNEL

AGENCIES

Brubaker, Tod, Vice President & Creative Director - Kelley Habib John Integrated Marketing; pg. 11

Brubeck, Rachel, Vice President & Group Media Director - Cramer-Krasselt; pg. 54

Brucato, Lauren, Project Manager - Organic, Inc.; pg. 256

Bruce, Andrew, Chief Executive Officer - North America - Publicis North America; pg. 399

Bruce, David, Senior Media Planner - Mediahub Boston; pg. 489

Bruce, Duncan, President & Chief Executive Officer - Publicis Toronto; pg. 639

Bruce, Heather, Media Director - Dunn&Co; pg. 353

Bruce, Kyle, Executive Vice President, Operations & Projects - WS; pg. 164

Bruce, Laura, Senior Account Director - Jack Morton Worldwide; pg. 309

Bruce, Layne, Executive Director - Mississippi Press Services; pg. 496

Bruch, Matt, Head, New Market Development - PCH / Media; pg. 534

Bruck, Fred, Partner & Vice President, Accounts - Harquin; pg. 82

Bruck, Sherry, Owner & President - Harquin; pg. 82

Bruckmann, Lauren, Account Supervisor - Authentic; pg. 214

Bruckstein, Michael, Managing Director & Managing Partner - Neo Media World; pg. 496

Bruder, Fiona, Executive Vice President, Client Success - The George P. Johnson Company; pg. 316

Bruder, Marlene, Chief Finance Officer - Lovio-George, Inc.; pg. 101

Bruemmer, Cindy, Director, Media Services - TracyLocke; pg. 683

Brugler, Benjamin, President & Chief Executive Officer - Akhia Public Relations, Inc.; pg. 575

Bruhn, Callie, Vice President, Brand - Edelman; pg. 600

Bruinsma, Dan, Senior Vice President & Activation Director - Starcom Worldwide; pg. 513

Brukx, Bas, Chief Financial Officer - Clarabridge, Inc.; pg. 167

Brule, Eric, Associate Creative Director - The Loomis Agency; pg. 151

Brumfield, Holly, Manager, Production & Media - OIA / Marketing; pg. 122

Brummond, Robert, Chief Financial Officer & Director, Operations - SunStar Strategic; pg. 651

Brun, Kimberly, Vice President & Senior Account Director - DDB Chicago; pg. 59

Brundage, Douglas, Vice President, Strategy & Executive Creative Director - Team Epiphany; pg. 652

Brune, Mike, Executive Vice President & Creative Director - Ogilvy CommonHealth Worldwide; pg. 122

Bruneau, Elizabeth, Senior Art Buyer, Integrated Producer - Anomaly; pg. 325

Brunell, Melody, Director, Influencer Activation - RhythmOne; pg. 263

Bruner, Mike, Corporate Creative Director - Odney Advertising Agency; pg. 392

Brunet-Garcia, Diane, Founder & Chief Operating Officer - Brunet-Garcia Advertising, Inc.; pg. 44

Brunet-Garcia, Jorge, President & Chief Executive Officer - Brunet-Garcia Advertising, Inc.; pg. 44

Brunette, Jean, Vice President & Creative Director - Innovacom Marketing & Communications; pg. 375

Brungs, Kay, Vice President - Allison+Partners; pg. 577

Brunjes, Scott, Founder & Chief Executive Officer - Mediassociates, Inc.; pg. 490

Brunn, Andy, Associate Media Director - Clarity Coverdale Fury; pg. 342

Brunner, Ashley, Senior Vice President & Client Business Partner - Universal McCann Detroit; pg. 524

Brunner, Donny, Associate Creative Director - Crispin Porter + Bogusky; pg. 346

Brunner, Leticia, Director, Media - Reynolds & Associates; pg. 406

Brunner, Michael, Chairman & Chief Executive Officer - Brunner; pg. 44

Brunner, Robert, Founder & Partner - Ammunition, LLC; pg. 172

Brunning, Alyssa, Account Manager, Strategic - Mad Men Marketing; pg. 102

Bruno, Liz, Media Planner - FRWD; pg. 235

Bruno, Nicole, Media Supervisor - 22squared Inc.; pg. 319

Bruno, Steven, Vice President, Creative Services - Trailer Park; pg. 299

Bruns, Jimmy, Senior Vice President, Client Services - GMR Marketing; pg. 307

Bruns, Mike, Sales Manager - Adams Outdoor Advertising; pg. 549

Brunsman, Krissy, Senior Producer - Swift; pg. 145

Brusatori, Paul, Senior Vice President & Group Account Director - Intermark Group, Inc.; pg. 375

Brusco, Dan, Vice President, Information Services - Sandelman & Associates; pg. 449

Brusin, Josh, Vice President & Director, Brand Planning & Strategy - Epsilon; pg. 283

Brusnighan, Lindsey, Group Executive Producer - mcgarrybowen; pg. 110

Brusnighan, Todd, Group Creative Director - mcgarrybowen; pg. 110

Brust, Sean, Associate Creative Director - Ayzenberg Group, Inc.; pg. 2

Bruster, Garrett, Digital & Social Media Strategist - The Richards Group, Inc.; pg. 422

Bruyn, Simon, Creative Director - Mother; pg. 118

Bruzzone, Chelsea, Account Manager - Goodby, Silverstein & Partners; pg. 77

Bryan, Danny, Creative Group Head & Writer - The Richards Group, Inc.; pg. 422

Bryan, Jesse, Founding Partner & Chief Executive Officer - Belief Agency; pg. 38

Bryan, Liz, Senior Vice President - Spectrum Science Communications; pg. 649

Bryan, Lyn, Chief Executive Officer - Major Tom; pg. 675

Bryan, Martin, Vice President & Head, Strategy - J3; pg. 480

Bryan, Meagan, Social Media Manager - Beautiful Destinations; pg. 38

Bryan, Meghan, Senior Manager, Client Development - BrandTrust, Inc.; pg. 4

Bryan, Sean, Co-Chief Creative Officer - McCann New York; pg. 108

Bryan, Stuart, Vice President, Global Communications - Roc Nation; pg. 298

Bryan, Susan, Resource Director - Stamp Ideas Group, LLC; pg. 144

Bryant, Alisha, Senior Account Director - On Board Experiential Marketing; pg. 313

Bryant, Andrew, Associate Vice President, Design Studio - Advent; pg. 301

Bryant, Bria, Vice President - MSLGroup; pg. 629

Bryant, Clay, Account Executive - Douglas Displays; pg. 551

Bryant, Derek, Social Media Director - The Wood Agency; pg. 154

Bryant, Eric, Vice President & Director, Local Media Activation - Carat; pg. 459

Bryant, Erica, Account Manager - Avocet Communications; pg. 328

Bryant, Jessica, Account Director - Nectar Communications; pg. 632

Bryant, Jon, Senior Media Strategist - MayoSeitz Media; pg. 483

Bryant, Laura, Media Director - Mandala; pg. 103

Bryant, Megan, Junior Account Executive - Gilbreath Communications, Inc.; pg. 541

Bryant, Steve, Managing Director - Seattle & Director, Food & Beverage - MSLGroup; pg. 629

Bryant, Steve, Executive Vice President - USA - Publicis Consultants | PR; pg. 639

Bryant, Sue, Partner & Operations Manager - SunStar Strategic; pg. 651

Bryant, Taylor, Chief Marketing Officer - Mythic; pg. 119

Bryant, Mel, Group Creative Director - Writing & Strategy - PriceWeber Marketing Communications, Inc.; pg. 398

Bryant, Steve, Partner - RunSwitch PR; pg. 645

Brydges, Peter, Director, Production Support - Network Design & Communications; pg. 253

Brydon, Brian, Director, Communications Planning - BBDO Worldwide; pg. 331

Bryja, Katherine, Senior Publicist - Heron Agency; pg. 613

Bryk, Peter, Vice President, Operations - Wilen Media Corporation; pg. 432

Brylinsky, Kathryn, Senior Designer - Droga5; pg. 64

Bryman, Jennifer, Co-Founder & President - Heart Creative; pg. 238

Brymer, Chuck, Chairman - DDB Worldwide - DDB New York; pg. 59

Brynestad, Barrett, Associate Creative Director - TDA_Boulder; pg. 147

Bryson, Andrew, Account Supervisor - McCann New York; pg. 108

Bryson, Evan, Creative Strategist - We Are BMF; pg. 318

Brzeski, Jill, President & Chief Executive Officer - Boelter & Lincoln, Inc.; pg. 41

Brzozowski, Lyndsey, Senior Vice President - Bascom Communications & Consulting LLC; pg. 580

Bub, Burgess, Associate Director, Media - Noble People; pg. 120

Bubel, Kevin, Managing Director, Executive Vice President - BCW Washington DC; pg. 582

Bubica, Airaby, Account Supervisor - Publicis.Sapient; pg. 259

Bubula, Mark, Co-Founder & President - Friends & Neighbors; pg. 7

Bucan, Christine, Executive Vice President, Public Relations - Pantin / Beber Silverstein Public Relations; pg. 544

Bucci, Nick, Director, Client Services - MMSI; pg. 496

Bucci, Tony, Chairman & Chief Executive Officer - MARC USA; pg. 104

Bucci Hulings, Cari, President - MARC USA; pg. 104

Buccini, Jennifer, Art Director - ZAG Interactive; pg. 277

Bucey, Rachel, Vice President, Earned Media - Wpromote; pg. 678

Buchach, Jennifer, Vice President, National & Strategic Accounts - Phase 3 Marketing & Communications; pg. 636

Buchalter, Ari, Chief Executive Officer - Intersection; pg. 553

Buchanan, Adam, Managing Director - SpeedMedia Inc.; pg. 266

Buchanan, Alexis, Manager, Talent - National - RedPeg Marketing; pg. 692

Buchanan, Ali, Senior Planner, Connections -

736

AGENCIES   PERSONNEL

The Tombras Group; pg. 424
Buchanan, Anne, President - Buchanan Public Relations; pg. 587
Buchanan, Annie, Chief Financial Officer - Bulldog Drummond; pg. 338
Buchanan, Antonio, Co-Founder & Chief Strategic Officer - antonio & paris; pg. 32
Buchanan, Dave, Account Manager - Capsule; pg. 176
Buchanan, Emily, Executive Vice President & Senior Director, Brand Marketing - Carmichael Lynch; pg. 47
Buchanan, Eric, Art Director - Grapevine Communications; pg. 78
Buchanan, Erin, Associate Director, Creative - Beardwood & CO; pg. 174
Buchanan, Ryan, Founder & Chief Executive Officer - Thesis; pg. 270
Buchbinder, Justin, Director, Social Media - Finn Partners; pg. 603
Buchele, Mark, Director, Media Service - Gragg Advertising; pg. 78
Buchheim, Dennis, Executive Vice President & General Manager - Tech Lab - Interactive Advertising Bureau; pg. 90
Buchmeyer, Jon Paul, Executive Vice President & Managing Director, Brand Marketing - M Booth & Associates, Inc.; pg. 624
Buchner, Mike, Chairman - Fallon Worldwide; pg. 70
Buchner, Rob, Chief Executive Officer - Nomadic Agency; pg. 121
Buchsbaum, Esther, President & Co-Founder - Energi PR; pg. 601
Buchwalter, Seth, Public Relations Manager - Sparkloft Media; pg. 688
Buck, Brian, Interim Chief Executive Officer - Scotwork; pg. 291
Buck, Graham, Managing Director - Finsbury; pg. 604
Buck, Melissa, Account Director - Goodby, Silverstein & Partners; pg. 77
Buck, Peter, Executive Creative Director - Spark44; pg. 411
Buck, Rob, Director, Creative - Sherry Matthews Advocacy Marketing; pg. 140
Buck, Samantha, Associate Media Director - OMD; pg. 498
Buck, Sara, Executive Vice President, Partner Experience - Barkley; pg. 329
Buck, Sebastian, Co-Founder & Strategic Lead - enso; pg. 68
Buck, Travis, Creative Director - Listrak; pg. 246
Buckenmeyer, Miguel, Director, Design - New York City - AREA 17; pg. 214
Buckfelder, Cristina, Chief Operating Officer & Senior Account Executive - Creative Services; pg. 594
Buckhahn, Alissa, Senior Account Executive - Firefly; pg. 552
Buckham Neitzel, Kristi, Manager, Creative - The Distillery Project; pg. 149
Buckholz, Cerra, Group Creative Director - Forsman & Bodenfors; pg. 74
Buckholz, Matthew, Associate Director, Digital - Horizon Media, Inc.; pg. 474
Buckland, Tim, Associate Director, Video Partnerships - Initiative; pg. 477
Buckler, Meagen, Chief Revenue Officer - Extreme Reach, Inc.; pg. 552
Buckley, Austin, Senior Account Manager - Beaconfire RedEngine; pg. 216
Buckley, Bill, Vice President, Brand Integration - Ayzenberg Group, Inc.; pg. 2
Buckley, Brendon, Vice President, Digital Strategy - Genuine Interactive; pg. 237
Buckley, Jerry, Director, Strategic Partnerships - EMC Outdoor; pg. 551
Buckley, Linda, Co-President - KEF Media Associates, Inc.; pg. 619
Buckley, Nadine, Director, Creative Services - McGill Buckley; pg. 110
Buckley, Pat, Partner & Chief Creative Officer - The Johnson Group; pg. 420
Buckley, Thomas, Chief Executive Officer - StayinFront; pg. 169
Buckley-Green, Susannah, Senior Vice President - BCW San Francisco; pg. 582
Buckspan, David, Vice President & Group Director, Accounts - Leo Burnett Toronto; pg. 97
Bucu Gittings, Chrissy, Vice President, & Group Partner Portfolio Management - Universal McCann; pg. 521
Buda, Chris, Executive Producer - Iris Atlanta; pg. 90
Budd, Josh, Chief Creative Officer - No Fixed Address Inc.; pg. 120
Budelmann, Jason, Vice President, Strategy & Analytics - MERGE; pg. 113
Budelmann, Kevin, President - People Design; pg. 194
Buder, Erika, Producer - TBWA \ Chiat \ Day; pg. 146
Budi, Marina, Assistant Media Planner - Geometry; pg. 362
Budin, Jacob, Manager, Development - Kettle; pg. 244
Budinich, Janet, Associate Director, Media Investment - ID Media; pg. 477
Budinsky, Thomas, Senior Creative Director & Account Manager - WRL Advertising; pg. 163
Budler, Koula, Manager, Business Development - Warren Douglas Advertising; pg. 161
Budraitis, Laura, Director, Client Relations - Altitude Marketing; pg. 30
Budro, Corey, Senior Executive Producer - Beauty Affairs - Charlex, Inc.; pg. 220
Buechert, Courtney, Chief Executive Officer & Partner - Eleven, Inc.; pg. 67
Buechler, Chad, Print Production Supervisor - Anderson DDB Health & Lifestyle; pg. 31
Bueckman, Daniel, Executive Director, Media Strategy - Intuit - Hearts & Science; pg. 471
Bueno, Adriana, Assistant Media Planner - Avalanche Media Group; pg. 455
Buergari, Abtin, Co-Founder & Partner - Model B; pg. 251
Buerger, Kevin, Executive Vice President & Global Head - Jellyfish Dynamix - Jellyfish U.S.; pg. 243
Buerger, Lauren, Executive Vice President & Group Director, Investment & Content - Spark Foundry; pg. 508
Buerkle, Jason, Chief Financial Officer - RFBinder Partners; pg. 642
Bufalino, Maria, Director, Social Media - Starcom Worldwide; pg. 513
Buff, Bill, Managing Partner - Stratacomm, Inc.; pg. 650
Buffo, Doug, Senior Vice President & Director, Information Services - Leo Burnett Worldwide; pg. 98
Bugda, Garrett, Director-PwC Advisory - PwC Digital Services; pg. 260
Bugg, Rosalyn, Senior Digital Producer - RPA; pg. 134
Buhl, Heidi, Digital Advertising Manager - Closed Loop Marketing; pg. 672
Buhr, Breanna, Senior Vice President - JMPR Public Relations; pg. 617
Buhrman, Chris, Executive Creative Director - Hanson Dodge, Inc.; pg. 185
Bui, Andrew, Art Director - The Richards Group, Inc.; pg. 422
Bui, Tram, Senior Vice President, Investor Relations - The Ruth Group; pg. 655
Bujarski, Cassandra, Managing Director - Los Angeles - Sard Verbinnen & Co; pg. 646
Bukevicius, Diana, Managing Partner - SCUBE Marketing, Inc.; pg. 677
Bukevicius, Tom, Principal - SCUBE Marketing, Inc.; pg. 677
Bukilica, Jana, Chief Finance Officer - MJR Creative Group; pg. 14
Bukilica, Jason, Account Director - MJR Creative Group; pg. 14
Buklarewicz, David, Executive Vice President & Executive Media Director - Cogniscient Media/MARC USA; pg. 51
Bukovics, Andrew, Senior Manager, Campaign Strategy & Optimization - Amobee, Inc.; pg. 213
Bukovinsky, Shannon, Media Director - R&R Partners; pg. 132
Bukowski, Jessica, Account Director - Signal Theory; pg. 141
Buks, Deborah, President & Chief Executive Officer - Ward Creative Communications; pg. 659
Bukzin, Michael, Senior Account Director - Turner Duckworth; pg. 203
Bulakites, Laine, Account Director - Booyah Online Advertising; pg. 218
Bulanti, Robin, President - OffLeash; pg. 633
Bulchandani, Devika, President - McCann New York; pg. 108
Buley, Leah, Vice President, Experience Research - Publicis.Sapient; pg. 258
Bulgaru, Iolanda, Senior Project Manager - Digital Authority Partners; pg. 225
Buljan, Lisa, Vice President, Client Services - Targetbase Marketing; pg. 292
Bull, Jarrod, Managing Director - YARD; pg. 435
Bull, Linda, Senior Vice President, Human Resources - Jones Huyett Partners; pg. 93
Bulla, Britt, Senior Director, Strategy - Siegel & Gale; pg. 17
Bullard-Britt, Edith, Senior Vice President, Marketing - Yes&; pg. 436
Bullen, Dave, Creative Director - mono; pg. 117
Bullen, Emily, Production Coordinator - Designsensory; pg. 62
Bullen, Kaitlyn, Supervisor, Strategy - Starcom Worldwide; pg. 517
Buller, Corey, Media Manager - Harmelin Media; pg. 467
Buller, Patrick, Associate Creative Director - R&R Partners; pg. 132
Bullman, Jackson, Manager, Paid Partnerships - Modify Inc.; pg. 687
Bullock, Benjamin, Digital Channels Manager - Simple Machines Marketing; pg.
Bullock, Ellis, President - E. W. Bullock Associates; pg. 66
Bullock, Kallie, Communications & Media Supervisor - Wieden + Kennedy; pg. 430
Bullock, Steve, Executive Vice President & Head, Insight & Strategy - Bernstein-Rein Advertising, Inc.; pg. 39
Bullock, Steve, Chief Financial Officer - Cerrell Associates, Inc.; pg. 589
Bulmer, Andrew, President & Managing Director, Canada - Active International; pg. 439
Bulmer, Dominique, Co-Creative Director - bleublancrouge; pg. 40
Bulow, Allison, Associate Creative Director - DDB Chicago; pg. 59
Bulvony, Holly, Senior Vice President, Communications - A to Z Communications; pg. 24
Bumbaca, Josie, Group Media Director - Havas Media Group; pg. 470
Bumgarner, Linda, Executive Director, Creative - VMLY&R; pg. 274
Bumgarner, Richard, Co-Founder & Chief

737

PERSONNEL / AGENCIES

Creative Officer - HERO Marketing; *pg.* 370
Bump, Dale, Executive Creative Director - Hothouse; *pg.* 371
Bunarek, Peter, Managing Director - BBDO ATL; *pg.* 330
Bunce, Emily, Vice President, Insights - Gibbs & Soell, Inc.; *pg.* 607
Bunce, Juliana, Associate Director - OMD West; *pg.* 502
Bunce, Kristina, Director, Relationship & New Business Development - Buyer Advertising, Inc.; *pg.* 338
Bunch, Kyle, Managing Director, Global Sports Venture Studio - R/GA; *pg.* 260
Bundle, Raheim, Director, Digital Strategy - Healthcare Success; *pg.* 83
Bundy, Kacey, Coordinator, Broadcast & Print Traffic - The Buntin Group; *pg.* 148
Bundy, Stacy, Account Executive - O'Brien Et Al. Advertising; *pg.* 392
Bunk, Matt, Executive Vice President & Creative Director - Daniel Brian Advertising; *pg.* 348
Bunker, Susanna, Digital Media Specialist - EXL Media; *pg.* 465
Bunker, Tim, Associate Creative Director - Publicis Hawkeye; *pg.* 399
Bunn, Mary Lou, Executive Director, Growth - TBWA \ Chiat \ Day; *pg.* 146
Bunn, Robert, Specialist - Brazzell Marketing; *pg.* 337
Bunna, Juliann, Print Project Manager - Unilever - InnerWorkings, Inc.; *pg.* 375
Bunnell, Justin, Chief Executive Officer - AdSupply, Inc.; *pg.* 211
Buntemeyer, Krystle, President - SCORR Marketing; *pg.* 409
Buntin, Brent, Director, Strategic Partnerships - Code and Theory; *pg.* 221
Buntin, Jr., Jeffrey, President & Chief Executive Officer - The Buntin Group; *pg.* 148
Buntje, Grant, Chief Customer Officer - Folklore Digital; *pg.* 235
Buonasera, Howard, President - Buonasera Media Services; *pg.* 457
Buonasera, Teri, Owner - Buonasera Media Services; *pg.* 457
Buonomo, Ginamarie, Manager, Promotions - JL Media, Inc.; *pg.* 481
Buors, Steve, Co-Founder & Chief Executive Officer - Reshift Media; *pg.* 687
Buoye, Connor, Senior Associate Media Planner - Carat; *pg.* 459
Bur, Teressa, Director, Analytics - Isobar US; *pg.* 242
Burak, Dan, Managing Director & Partner - Sterling-Rice Group; *pg.* 413
Burba, Scott, Vice President - Abel Solutions, Inc.; *pg.* 209
Burbach, Kevin, Digital Strategist - Preston Kelly; *pg.* 129
Burch, Bob, Art Director - Geary Interactive; *pg.* 76
Burch, Howe, President - TBC; *pg.* 416
Burch, Jane, Vice President, Print Production - Hirons & Company; *pg.* 86
Burch, Jessica, Chief Creative Officer - AMMUNITION; *pg.* 212
Burch, Michael, Communications Strategy Director - Anomaly; *pg.* 325
Burch, Reid, Account Executive - Anomaly; *pg.* 325
Burch, Taylor, Connections Director - DoeAnderson Advertising ; *pg.* 352
Burcham, Heather, Chief Operating Officer & Media Director - Banik Communications; *pg.* 580
Burchell, Patrick, Head, Digital Studio - Chicago - Deloitte Digital; *pg.* 224
Burchinow, Ryan, Associate Director, Social

Media - CMI Media, LLC; *pg.* 342
Burckhard, Amy, Senior Account Executive - Clear Channel Outdoor; *pg.* 551
Burda, Bryan, Account Executive - Intersection; *pg.* 553
Burden, David, Senior Vice President, Strategy - 160over90; *pg.* 1
Burdett, Helen, Media Director - Saatchi & Saatchi Los Angeles; *pg.* 137
Burdette, Karen, Founder & Chairman - Burdette I Ketchum; *pg.* 587
Burdette, Lauren, Manager, Public Relations - Bandy Carroll Hellige ; *pg.* 36
Burdick, Catherine, Associate Media Director - Vladimir Jones; *pg.* 429
Burdick, Cory, Associate Director - The Media Kitchen; *pg.* 519
Burdin, Michelle, Supervisor, Integrated Media - 360i, LLC; *pg.* 320
Burdue, Dawn, Manager, Program - RPA; *pg.* 134
Burelle, Jason, Creative Director - Imre; *pg.* 374
Burfeind, David, Chief Strategy Officer - The VIA Agency; *pg.* 154
Burfening, Jody, Managing Director & Principal, Investor Relations - Lippert / Heilshorn & Associates, Inc.; *pg.* 623
Burford, Doug, President & Creative Director - Burford Company; *pg.* 45
Burford, Nancy, Chief Financial Officer - Burford Company; *pg.* 45
Burg, Eric, President & Chief Executive Officer - Apple Rock Advertising & Display; *pg.* 565
Burge, Catherine, Group Account Director - The Integer Group; *pg.* 682
Burge, Eric, Associate Director - NBA - Spark Foundry; *pg.* 508
Burgel, Fernanda, Creative Director - PETERMAYER; *pg.* 127
Burger, Andy, Vice President, Business Development - Ideoclick; *pg.* 241
Burger, Katie, Account Director - DiGennaro Communications; *pg.* 597
Burger, Lauren, Director, Talent & Influencer Marketing - The Foundry @ Meredith Corp; *pg.* 150
Burger, Michael, Sales Representative - Uniflex, Inc.; *pg.* 558
Burger, Paul, Associate Creative Director - Trilix Marketing Group, Inc.; *pg.* 427
Burgeson, Betsy, Group Director, Partner Consumer Engagement - Carmichael Lynch; *pg.* 47
Burgeson, Jill, Executive Director, Brand Strategy - Zambezi; *pg.* 165
Burgess, Brian, Managing Director, Corporate Practice - U.S. - MSLGroup; *pg.* 629
Burgess, Chris, Group Account Director - Droga5; *pg.* 64
Burgess, Dan, Executive Vice President & Director, Public Relations - DoeAnderson Advertising ; *pg.* 352
Burgess, Eric, Owner & Partner - Laura Burgess Marketing; *pg.* 622
Burgess, Laura, Owner & Partner - Laura Burgess Marketing; *pg.* 622
Burgess, Mark, Executive Vice President & Account Director - Leo Burnett Worldwide; *pg.* 98
Burgess, Matt, Group Creative Director - WongDoody; *pg.* 433
Burgess, Molly, President & General Manager - Red Fusion Media; *pg.* 132
Burgess, Peyton, Senior Account Executive - French / West / Vaughan ; *pg.* 361
Burgess, Risa, Head, Boston - MSLGroup; *pg.* 629
Burgess, Ron, Chief Executive Officer - Red Fusion Media; *pg.* 132

Burgess, Sarah, Strategist - OMD; *pg.* 498
Burgess, Stephanie, Vice President & Director, Communications Planning - Carat; *pg.* 459
Burgess-Smith, Rebekah, Vice President, Paid Media - MWWPR; *pg.* 631
Burgi, Michael, Senior Vice President - DiGennaro Communications; *pg.* 597
Burgner, Roger, Manager, Production - OneWorld Communications; *pg.* 123
Burgy, Beth, President & Partner - Broadhead; *pg.* 337
Buri, Greg, Group Creative Director, Copywriter - David&Goliath; *pg.* 57
Burk, Brian, Senior Account Manager - Madison Avenue Marketing Group; *pg.* 287
Burk, Jake, Associate Creative Director - Nebo Agency, LLC; *pg.* 253
Burka, James, Senior Manager, Business Development - Amobee, Inc.; *pg.* 30
Burkard, Kayla, Senior Digital Analyst - Edelman; *pg.* 601
Burkarth, Matt, Manager, Paid Advertising - Web Talent Marketing; *pg.* 276
Burkat, Randall, Strategist - The Media Kitchen; *pg.* 519
Burke, Alex, Strategy Director - DDB San Francisco; *pg.* 60
Burke, Andrew, Associate Director, Advertising Operations - Havas Media Group; *pg.* 470
Burke, Ashley, Account Supervisor & HR Generalist - The Outcast Agency; *pg.* 654
Burke, Brian, Chief Executive Officer - Smashing Ideas; *pg.* 266
Burke, Casey, Art Director - VaynerMedia; *pg.* 689
Burke, Chelsea, Account Executive - BCW Pittsburgh; *pg.* 581
Burke, Chris, President - BTB Marketing Communications; *pg.* 44
Burke, David, Executive Vice President, Operations & Integration - Moxie; *pg.* 251
Burke, Elizabeth, Associate Planning Director - Essence; *pg.* 232
Burke, Emily, Vice President, Account Service & Strategy - BBR Creative; *pg.* 174
Burke, Eric, Vice President & Director, Creative - 22squared Inc.; *pg.* 319
Burke, Farah, Group Account Director - WongDoody; *pg.* 433
Burke, Jack, Chief Executive Officer - Burke Communications ; *pg.* 176
Burke, Janet, Media Director - Newton Media; *pg.* 497
Burke, Jason, Senior Copywriter - R/GA; *pg.* 260
Burke, Joseph, Director, Production - PlusMedia, LLC; *pg.* 290
Burke, Julia, Senior Project Manager - Performance Research; *pg.* 448
Burke, Julie, Principal & Account Manager - GA Creative; *pg.* 361
Burke, Karen, Vice President & Director, Finance - The Simon Group, Inc.; *pg.* 153
Burke, Karen, Executive Producer, Integrated - 22squared Inc.; *pg.* 319
Burke, Kate, People Operations Manager - MOD Worldwide; *pg.* 192
Burke, Katerina, Associate Director - Zenith Media; *pg.* 531
Burke, Katie, Account Executive - Ambassador Advertising; *pg.* 324
Burke, Kristina, Account Supervisor - GYK Antler; *pg.* 368
Burke, Mary, Marketing Producer - CHIEF; *pg.* 590
Burke, Maureen, Senior Account Director - Nth Degree, Inc.; *pg.* 312
Burke, Meghan, Media Director - Coates Kokes,

738

AGENCIES   PERSONNEL

Inc.; *pg.* 51
Burke, Melissa, Director, Marketing Services - BDS Marketing, Inc.; *pg.* 566
Burke, Melissa, Group Director - OMD; *pg.* 498
Burke, Susan, Associate Creative Director - Saatchi & Saatchi X; *pg.* 682
Burke, Tim, Senior Vice President & Group Creative Director - Eicoff; *pg.* 282
Burke Hlava, Tamara, Director, People Operations - Column Five; *pg.* 343
Burkett, Adam, Creative Director - Doner; *pg.* 63
Burkett, Jake, Managing Director - Column Five; *pg.* 343
Burkhardt, Brent, Public Relations - TBC; *pg.* 416
Burkhart, Erin, Manager, Business Relations - Burkhart Marketing Associates, Inc.; *pg.* 338
Burkhart, Paul, Founder, Chief Executive Officer & Growth Officer - Burkhart Marketing Associates, Inc.; *pg.* 338
Burkhart, Steve, President - North America - The Hoffman Agency; *pg.* 653
Burklin, Eddie, Chief Financial Officer - Red Moon Marketing; *pg.* 404
Burkman, Noel, Vice President, Web & Mobile Development - Rise Interactive; *pg.* 264
Burks, Kryslyn, Group Account Director - TracyLocke; *pg.* 683
Burlingame, Colby, Business Director - Anomaly; *pg.* 325
Burlingame, Jonah, Chief Strategy Officer - Extractable, Inc.; *pg.* 233
Burman-Loffredo, Tony, Brand Director - TBWA \ Chiat \ Day; *pg.* 146
Burmaster, Nikki, Associate Media Director - Karsh & Hagan; *pg.* 94
Burmeister, Claus, Managing Partner - Wavemaker; *pg.* 529
Burmester, Geno, Senior Art Director - 72andSunny; *pg.* 23
Burn, Sam, Principal, Strategy - Cayenne Creative; *pg.* 49
Burnell, Joan, Production & Traffic Manager - Grapevine Communications; *pg.* 78
Burness, Andy, President - Burness Communications; *pg.* 587
Burnett, Aaron, Chief Executive Officer - Wheelhouse Digital Marketing Group; *pg.* 678
Burnett, Steven, Vice President, Interactive Services - MBB Agency; *pg.* 107
Burnett, Traverse, Associate Research Director - Digital Research, Inc; *pg.* 444
Burnette, Kelly, Principal & Co- Founder - Maximum Design & Advertising, Inc; *pg.* 107
Burnette, Kevin, Co-Founder - ModCraft; *pg.* 628
Burnette, Shanna, Co-Founder - ModCraft; *pg.* 628
Burnham, Cameron, Vice President & Account Director - MullenLowe U.S. Boston; *pg.* 389
Burnham, Kristin, Head, Planning - Doug&Partners; *pg.* 353
Burnham, Mason, Senior Director, Communications - The Trade Desk; *pg.* 520
Burnham, Pat, Vice President, Account Service - Marcus Thomas; *pg.* 104
Burnham, Praise, Design & Production Lead - Walmart Media Group; *pg.* 684
Burnham, Robb, Creative Director & Vice President - Kruskopf & Company; *pg.* 96
Burns, Annie, Partner - GMMB; *pg.* 364
Burns, Ashley, Senior Associate, Integrated Investment - Universal McCann; *pg.* 521
Burns, Ben, Digital Director - Blind; *pg.* 175
Burns, Benjamin, Director, Creative Strategy - Q Advertising & Public Relations; *pg.* 131
Burns, Bryan, Account Executive - Grey Group; *pg.* 365
Burns, Chelsea, Director, Growth Marketing - Three Five Two, Inc.; *pg.* 271
Burns, Hilary, Vice President, General Manager - Empower; *pg.* 355
Burns, Jackie, Digital Marketing Strategist - Systems & Marketing Solutions; *pg.* 268
Burns, James, Associate Digital Producer - The Martin Agency; *pg.* 421
Burns, Julia, Account Executive - Edelman; *pg.* 600
Burns, Julia, Senior Media Planner - Havas Media Group; *pg.* 470
Burns, Kate, Senior Vice President, Marketing & Chief Experience Officer - Leading Authorities, Inc.; *pg.* 622
Burns, Kelly, Senior Account Manager - Grady Britton Advertising; *pg.* 78
Burns, Kim, Senior Vice President & Director, Business Affairs - MullenLowe U.S. Boston; *pg.* 389
Burns, Kris, Integrated Marketing Strategy Lead - Ideas that Kick; *pg.* 186
Burns, Linda, Vice President - Annex Experience; *pg.* 31
Burns, Mariellen, Chief Strategy Officer - Regan Communications Group; *pg.* 642
Burns, Michael, President & Chief Executive Officer - Burns360; *pg.* 587
Burns, Michael, Founding Partner - Burns Group; *pg.* 338
Burns, Mike, Senior Vice President & Account Director - Hill Holliday; *pg.* 85
Burns, Mike, President & Chief Executive Officer - Burns Marketing; *pg.* 219
Burns, Rob, Designer - Keenan-Nagle Advertising; *pg.* 94
Burns, Roger, Vice President, Digital Integration - Hooray Agency; *pg.* 239
Burns, Scott, Vice President, Executive Creative Director - The George P. Johnson Company; *pg.* 316
Burns, Shannon, Senior Designer - Duncan Channon; *pg.* 66
Burns, Thomas, Senior Vice President, New Business - The Doneger Group; *pg.* 419
Burns, Walt, Creative Director - Broadhead; *pg.* 337
Burns III, Roy, Creative Director - Lewis Communications; *pg.* 100
Burnside, Robert, Partner & Chief Learning Officer - Ketchum; *pg.* 542
Burr, Derek, Director, Production Operations - New Honor Society; *pg.* 391
Burra, Achyuta, Analyst, Data Science - Publicis.Sapient; *pg.* 258
Burrell, Darcie, Creative Director - Wieden + Kennedy; *pg.* 430
Burrell, Mark, Co-Founder - Tongal; *pg.* 20
Burridge, Pete, Chief Executive Officer - Greenhouse Partners; *pg.* 8
Burris, Jack, President - 54 Brands; *pg.* 321
Burris, Scott, Associate Creative Director - HEILBrice; *pg.* 84
Burroughs, Will, Head, Strategy - Big Family Table; *pg.* 39
Burrow, Amanda, Creative Director - Fred Agency; *pg.* 360
Burrow, Drew, Associate Content Manager - MRM//McCANN; *pg.* 252
Burrows, Amy, Vice President, Client Services - Tic Toc; *pg.* 570
Burrows, Gabrielle, Director, Global Strategy - Commonwealth // McCann; *pg.* 52
Burrows, Jenny, Vice President, Research - Zenith Media; *pg.* 531
Burrus, Zach, Senior Associate, Marketing - Rasky Baerlein Strategic Communications, Inc.; *pg.* 641
Burruss, Jefferson, Vice President & Executive Producer - GSD&M; *pg.* 79
Burstein, Nathan, Manager, Digital Investment - Mindshare; *pg.* 494
Burstein, Seth, Director, Media - SwellShark; *pg.* 518
Burt, Andi, Account Manager - Vizergy; *pg.* 274
Burtis, Lily, Senior Director, Strategic Initiatives - Pattern; *pg.* 126
Burton, Ainsley, Manager, Integrated Planning - Wavemaker; *pg.* 526
Burton, Benji, Partner, Account Services - The Ostler Group; *pg.* 422
Burton, Bill, Chairman & Chief Executive Officer - Mithoff Burton Partners; *pg.* 115
Burton, Bryce, Associate Creative Director - Warren Douglas Advertising; *pg.* 161
Burton, Carol, Office Manager - Kicking Cow Promotions, Inc.; *pg.* 309
Burton, Chana, Owner - Mithoff Burton Partners; *pg.* 115
Burton, Chris, Art Director - Works Design Group; *pg.* 21
Burton, Ella, Growth Driver, Client Center of Excellence - BCW New York; *pg.* 581
Burton, Evan, Copywriter - Camp + King; *pg.* 46
Burton, Jeph, Associate Creative Director - Johannes Leonardo; *pg.* 92
Burton, Kaylah, Senior Social Strategist - 72andSunny; *pg.* 24
Burton, Kim, Executive Vice President - HB&M Sports; *pg.* 307
Burton, Lisa, Senior Vice President - Meeting Expectations; *pg.* 311
Burton, Pete, Director, Advanced Analytics & Insight - Starcom Worldwide; *pg.* 513
Burton, Scott, Chief Technology Officer - HYFN; *pg.* 240
Burton, Stephanie, Director, Healthcare Marketing - Core Creative; *pg.* 344
Burton, Whitney, Account Director - Ogilvy; *pg.* 393
Burton, Winston, Vice President, SEO - Acronym Media; *pg.* 671
Burtoni, Joseph, Associate Director, Social Content & Engagement Strategy - FCA Brands - Publicis.Sapient; *pg.* 260
Burwell, Gerald, Co-Founder, Owner & Publisher - Cornerstone Marketing & Advertising; *pg.* 53
Burwell, Lisa Marie, Co-Owner & President - Cornerstone Marketing & Advertising; *pg.* 53
Burzynski, Maureen, Executive Vice President & Director, Local Media Buying - Deutsch, Inc.; *pg.* 349
Busa, Dawn, Associate Director - Canvas Worldwide; *pg.* 458
Buscemi, John, Principal - TriComB2B; *pg.* 427
Busch, Dara, Executive Vice President, Consumer Practice - 5W Public Relations; *pg.* 574
Busch, Keith, Partner - Hitchcock Fleming & Associates, Inc. ; *pg.* 86
Busch, Lauren, Vice President, Operations - Brustman Carrino Public Relations ; *pg.* 587
Busch, Megan, Senior Account Executive - Rachel Kay Public Relations; *pg.* 640
Busch, Morgan, Paid Social Manager - Deutsch, Inc.; *pg.* 349
Busch, Tracey, Executive Director - Space150; *pg.* 266
Buscone, Lauren, Media Supervisor - Mediahub Boston; *pg.* 489
Bush, Amber, Account Representative - The William Mills Agency; *pg.* 655
Bush, Bobby, Account Supervisor - YARD; *pg.* 435
Bush, Casey, Vice President - Global Results Communications; *pg.* 608
Bush, David, Creative Director - Strand Marketing; *pg.* 144

PERSONNEL   AGENCIES

Bush, Jessica, Media Buyer - Proof Advertising; *pg.* 398
Bush, Jonathan, Manager, Product Information - Carmichael Lynch; *pg.* 47
Bush, Lorna, Senior Vice President - Fineman PR; *pg.* 603
Bush, Mark, President - AMPM, Inc. ; *pg.* 325
Bush, Meghan, Business Development Director - Method, Inc.; *pg.* 191
Bush, Nora , Chief Financial Officer - Specialists Marketing Services, Inc. ; *pg.* 292
Bushee, Richard, President - MSP; *pg.* 289
Bushee, Steven, Principal - True Sense Marketing; *pg.* 293
Busher, Alicia, Senior Account Executive - Epsilon; *pg.* 283
Bushkar, Jesse, Senior Director, Digital & Social - BFG Communications; *pg.* 333
Bushnell, Alissa, Account Services, PPOM - 104 West Partners; *pg.* 573
Bushner, Caleb, Vice President, Digital Strategy - Mission North; *pg.* 627
Busk, Kristin, Director, Social Strategy - The Many; *pg.* 151
Busman, Lisa, Vice President & Media Director - Media Brokers International; *pg.* 485
Buss, Brody, Founder & President - Layer One Media, Inc.; *pg.* 245
Buss, Kristen, Vice President, Strategy & Insights - Mosaic North America; *pg.* 312
Buss, Marisa, Group Business Director - Eleven, Inc.; *pg.* 67
Buss, Michael, Executive Vice President & Group Creative Director - EP+Co.; *pg.* 356
Bussan, Tracy, President - MKG; *pg.* 311
Bussen, Curt, Senior Copywriter - Marlin Network; *pg.* 105
Busteed, Julie, Project Manager - C. Grant & Company; *pg.* 46
Bustios, Andrea, Integrated Media Planner - Zimmerman Advertising; *pg.* 437
Bustos, Linda, Office Manager - GRP Media, Inc.; *pg.* 467
Butash, Carol, Senior Vice President, Operations - The Mars Agency; *pg.* 683
Butcher, Andrew, Co-Chairman - Milner Butcher Media Group; *pg.* 491
Butcher, Becky, Sales Manager - Adams Outdoor Advertising; *pg.* 549
Butcher, Bruce, Vice President, Customer Insights - Camelot Strategic Marketing & Media; *pg.* 457
Butcher, Danielle, Senior Project Manager - Agency 720; *pg.* 323
Butcher, Matt, Director, Brand Planning - The Richards Group, Inc.; *pg.* 422
Butcher, Somers, Chief Executive Officer - Advance Design Interactive; *pg.* 211
Buterbaugh, Trent, Executive Vice President & Client Services Director - Energy BBDO, Inc.; *pg.* 355
Buterin, Mark, Manager, Digital Marketing - Amplified Digital Agency; *pg.* 213
Butin, Mary, President & Chief Executive Officer - The Butin Group; *pg.* 652
Butler, Alice, Senior Vice President - MARC Research; *pg.* 447
Butler, Austin, Integrated Digital Media Director - Zimmerman Advertising; *pg.* 437
Butler, Brian, Chief Executive Officer - Vistra Communications, LLC; *pg.* 658
Butler, Cathy, Chief Executive Officer - Organic, Inc.; *pg.* 256
Butler, Cecilia, Programmatic Trader - Havas Media Group; *pg.* 469
Butler, Danny, Associate Director, Marketing Science - Hearts & Science; *pg.* 471
Butler, Diane, Office Manager & Media Buyer - Robertson & Markowitz Advertising & Public Relations, Inc.; *pg.* 643

Butler, Fawn, Group Director, Operations - OMD; *pg.* 498
Butler, Fritsl, Manager, Account - Humanaut; *pg.* 87
Butler, Gwen, Vice President - Odney Advertising Agency; *pg.* 392
Butler, Hannah, Social Media Coordinator - Single Grain; *pg.* 265
Butler, Hasting, Integrated Media Planner - MediaCom; *pg.* 487
Butler, Irina, Director, Sales - Advertise.com; *pg.* 671
Butler, Jeff, Public Relations Director - Morton, Vardeman & Carlson; *pg.* 389
Butler, John, Co-Chairman - Butler, Shine, Stern & Partners; *pg.* 45
Butler, John, Partner & General Manager - Partners Riley Ltd.; *pg.* 125
Butler, Katherine, Associate Account Director - Red Fuse Communications; *pg.* 404
Butler, Katie, Account Supervisor - 160over90; *pg.* 1
Butler, Larry, Chief Executive Officer & Co-Founder - AWESTRUCK; *pg.* 691
Butler, Lauren, Senior Vice President, Brand Marketing - Ketchum South; *pg.* 620
Butler, Mary Alice, Executive Producer - charlieuniformtango; *pg.* 561
Butler, Michael, Executive Vice President & Chief Financial Officer - Creative Channel Services, LLC; *pg.* 567
Butler, Mike, Senior Vice President & Group Account Director - Archer Malmo; *pg.* 32
Butler, Mike, Art Director - Eleven, Inc.; *pg.* 67
Butler, Paul, Chief Operating Officer - Sparks & Honey; *pg.* 450
Butler, Ricky Ray, Chief Executive Officer - Branded Entertainment Network, Inc.; *pg.* 297
Butler, Samantha, Media Planner & Media Buyer - Stone Ward Advertising; *pg.* 413
Butler, Sarah, Supervisor & Manager, Media - Spark Foundry; *pg.* 508
Butler, Sue, Chairman, Board Director - Butler / Till; *pg.* 457
Butler, Thomas, President - Butler Associates Public Relations; *pg.* 587
Butler, Vince, Public Relations Director - The Johnson Group; *pg.* 420
Butorac, Mark, Creative Director - Doremus & Company; *pg.* 64
Butowsky, Lauren, Account Executive - 3Headed Monster; *pg.* 23
Butt, Richard, Executive Vice President & Executive Creative Director - VMLY&R; *pg.* 160
Butte, Christian, Group Director, Creative - R/GA; *pg.* 260
Butterfield, Candice, Senior Art Director - Total Com; *pg.* 155
Butters, Keith, Global Chief Technology Officer - Forsman & Bodenfors; *pg.* 74
Buttrill, Stephanie, Senior Vice President - Ketchum; *pg.* 542
Buttron, Jami, Associate Media Director - Starcom Worldwide; *pg.* 513
Butts, Amanda, Senior Vice President & Creative Director - Leo Burnett Worldwide; *pg.* 98
Butts, Jonathan, Executive Creative Director - BlackWing Creative; *pg.* 40
Butturini, Ashley, Senior Vice President & Group Account Director - The Tombras Group; *pg.* 424
Buturla, Sara, Manager, Planning & Strategy - Spark Foundry; *pg.* 508
Butwinick, Rich, President - MarketingLab; *pg.* 568
Butz, Terry, President - Terry L. Butz Creative Incorporated; *pg.* 148

Butzen Dougherty, Jennyfer, Account Supervisor & Media Strategist - LKH&S; *pg.* 381
Butzer, Jake, Partner - Rocket55; *pg.* 264
Butzko, John, Director, Communication - Grapevine Communications; *pg.* 78
Buyer, Chuck, Principal & Owner - Buyer Advertising, Inc.; *pg.* 338
Buyer, Marion, Vice President, Creative Services - Buyer Advertising, Inc.; *pg.* 338
Buzby, David, Senior Director, Government Relations - Association of National Advertisers; *pg.* 442
Buzin, Cassidy, Associate Creative Director - Energy BBDO, Inc.; *pg.* 355
Buzynski, Dawn, Executive Director, Public Relations - Strategic America; *pg.* 414
Buzzelli, Joe, Associate Director, Content - Spark Foundry; *pg.* 510
Buzzeo, Christopher, Vice President, Operation - Ability Commerce; *pg.* 209
Buzzeo, Diane, Founder & President - Ability Commerce; *pg.* 209
Buzzeo, Helaina, Executive Producer & Head, Production - Jane Smith Agency; *pg.* 377
Bychkov-Suloti, Liza, Partner - Shadow Public Relations; *pg.* 646
Byer, Brian, Vice President, Content & Commerce Practice Lead - Blue Fountain Media; *pg.* 175
Byerman, Mikalee, Vice President, Strategy - Estipona Group; *pg.* 69
Byers, Brooks, Digital Director - 4FRONT; *pg.* 208
Byers, Erienne, Account Supervisor - Epsilon; *pg.* 283
Byers, Kris, Vice President, Business Operations - Cactus Marketing Communications; *pg.* 339
Byers, Kristina, Vice President, Business Operations - Cactus Marketing Communications; *pg.* 339
Byers, Lauren, Junior Art Director - Dagger; *pg.* 224
Byers, Scott, Managing Partner, Creative - Lehigh Mining & Navigation; *pg.* 97
Byfield, Kathryn, Manager, Production - adHOME creative; *pg.* 27
Bynum, Cary, Owner, President & Chief Executive Officer - blr further; *pg.* 334
Bynum, Quinncy, Art Director - Burrell Communications Group, Inc. ; *pg.* 45
Byors, Ryan, Manager, Corporate Partnerships - Premier Partnerships; *pg.* 314
Byrd, Justin S., President - Team Velocity Marketing; *pg.* 418
Byrd, Nicholas, Chief Finance Officer - Essence; *pg.* 232
Byrd, Richard, Director, Content Strategy - Pennebaker, LMC; *pg.* 194
Byrn, Coleen, Senior Digital Strategist - DoeAnderson Advertising ; *pg.* 352
Byrne, Chris, Director, US Partnerships & Production - MediaMonks; *pg.* 249
Byrne, David, Senior Media Planner - Hiebing; *pg.* 85
Byrne, Jonathan, Creative Director - Heat; *pg.* 84
Byrne, Katey, Executive Vice President & Media Director - Media Brokers International; *pg.* 485
Byrne, Kelly, Social Media Strategist - Critical Mass, Inc.; *pg.* 223
Byrne, Kevin, Vice President & Director, Analytics & Insights - Spark Foundry; *pg.* 510
Byrne, Marlene, Chief Executive Officer - Celtic Marketing, Inc.; *pg.* 341
Byrne, Mike, Founding Partner & Chief Creative Officer - Anomaly; *pg.* 325
Byrne, Natalie, Group Director,

AGENCIES — PERSONNEL

Communications - AKA NYC; *pg.* 324
Byrne, Samara, Senior Producer, Content - Riester; *pg.* 406
Byrne, Sean, Director, Digital Project Management - One Trick Pony; *pg.* 15
Byrne, Trevor, Group Account Director - Red Urban; *pg.* 405
Byrnes, Chris, President - Charlex, Inc.; *pg.* 220
Byrnes, Jennifer, Senior Vice President & Group Client Director - MediaVest - Spark Foundry; *pg.* 508
Byrnes, Jordan, Vice President - WE Communications; *pg.* 660
Byrnes, Marykate, Associate Director Integrated Media - VMLY&R; *pg.* 160
Byrnes, Mike, Executive Vice President, Sales - Rx EDGE Media Network; *pg.* 557
Byroads, Lindsey, Senior Director, Account Services - Digital Marketing - r2integrated; *pg.* 261
Byrom, Roger, Chief Executive Officer & Managing Principal - Addison; *pg.* 171
Byrom-Haley, Ellie, President & Chief Creative Officer - Gecko Group ; *pg.* 184
Byron, Brittni, Traffic Coordinator - EVR Advertising; *pg.* 69
Bystrov, Will, Partner & Senior Creative Director - Mustache; *pg.* 252
Byun, Jae-Won, President & Partner - Pal8 Media, Inc.; *pg.* 503
Byun, Mary, Senior Account Executive - Lippe Taylor; *pg.* 623
Bzowski, Mike, Director, Video & Motion Graphics - Jan Kelley Marketing; *pg.* 10

C

Cabale, Alex, Media Planner - Wieden + Kennedy; *pg.* 430
Caballes, Kevin, Senior Manager, Sales Operations - Activision Blizzard Media; *pg.* 26
Cabalo, Orlando, Chief Financial Officer - Big Imagination Group; *pg.* 685
Caban, Pete, Partner & Head, Strategic Development - Mekanism; *pg.* 113
Cabanban, Brian, Director, Strategic Partnerships - Sparks; *pg.* 315
Cabanlit, Febie, Director, Accounting - Jasculca / Terman & Associates ; *pg.* 616
Cabansag, Vincent, Director, Technology - Clockwork Active Media; *pg.* 221
Cabatu, Claire, Social Media Manager - Paid & Organic - Duncan Channon; *pg.* 66
Cabaysa, Jerico, Managing Director - TBWA \ Chiat \ Day; *pg.* 146
Cabe, Molly, Strategy Head - Heat; *pg.* 84
Cabler, Casey, Internal Projects Manager - Trinity Brand Group; *pg.* 202
Cabonargi, Benjamin, Vice President, Strategic Accounts - TargetSpot, Inc.; *pg.* 269
Cabral, Caitlin, Vice President & Group Account Director - Midnight Oil Creative; *pg.* 250
Cabral, Melissa, Strategy Director - The Many; *pg.* 151
Cabrera, Greg, Executive Creative Director - Yesler; *pg.* 436
Cabrera, Jaime, Senior Vice President & Executive Creative Director - Advantage International; *pg.* 301
Cabrera, Katrina, Senior Vice President, Communications & Culture - 360i, LLC; *pg.* 320
Cacace, Stephen, Supervisor, Social - Horizon Media, Inc.; *pg.* 474
Cacali, Aaron, Group Creative Director - T3;

pg. 268
Cacayuran, Brittany, Media Negotiator - Ocean Media, Inc.; *pg.* 498
Caccavo, Laura, Director, Media Strategy - HYFN; *pg.* 240
Cacciato, Rich, Associate Media Director - Media Assembly; *pg.* 484
Cacciatore, Caelin, Senior Designer - ROKKAN, LLC; *pg.* 264
Cacciola, Tara, Vice President, Creative Services & Director - Kaleidoscope; *pg.* 298
Caceres, Renee, Senior Manager, Media Partnerships - Grocery - Walmart Media Group; *pg.* 684
Cacioppo, Chris, Senior Assocaite, Strategic Planning - Mindshare; *pg.* 491
Cacioppo, Chris, Vice President & Chief Operating Officer - emfluence, LLC; *pg.* 231
Cacioppo, Dave, President & Chief Executive Officer - emfluence, LLC; *pg.* 231
Cacy, Kasha, Global Chief Executive Officer - Engine; *pg.* 231
Cadden, Zam, Creative Director - Where Eagles Dare; *pg.* 161
Cade, Natalia, Associate Creative Director - Decoded Advertising; *pg.* 60
Cadena, Fernando, Communications Planning Director & Partner - MediaCom; *pg.* 487
Cadet, Talia, Senior Account Executive, Social Media & Digital Media - Banner Public Affairs; *pg.* 580
Cadieux, Andre, Director, Finance - Journey Group; *pg.* 377
Cadigan, Maggie, Managing Director - Boston - The Many; *pg.* 151
Cadman, Mark, Executive Vice President & Managing Director - BBDO Worldwide; *pg.* 331
Cadmus, Barbara, Human Resources Manager - CCG Marketing Solutions; *pg.* 341
Cadmus, Stephanie, Account Supervisor - J.T. Mega, Inc.; *pg.* 91
Cady, Angela, Senior Expert, Media - FRWD; *pg.* 235
Cady, Jarrod, Vice President, Business Development - WillowTree, Inc.; *pg.* 535
Cady, Steve, Associate Director, Creative - Draftline; *pg.* 353
Cady, Ware, associate director - Mobext; *pg.* 534
Cafarelli, Brad, Vice-Chairman, Entertainment Division - Rogers & Cowan/PMK*BNC; *pg.* 644
Caffee, Dan, Chief Executive Officer - Neutron Interactive; *pg.* 253
Cafiero, Nick, International Associate Media Director - MediaCom; *pg.* 487
Cagan, Allison, Media Supervisor - Starcom Worldwide; *pg.* 517
Caggiano, Jeanie, Executive Vice President & Executive Creative Director - Leo Burnett Worldwide; *pg.* 98
Caggiano, Rachel, Group Managing Director - Ogilvy Public Relations; *pg.* 634
Cagide, Cori, Senior Account Manager - SourceCode Communications; *pg.* 648
Caglayan, Tugce, Senior Vice President, Strategy - Zenith Media; *pg.* 529
Cagle, Cristen, Manager, Media - 360i, LLC; *pg.* 216
Cagle, Marlo, Account Director - bBig Communications; *pg.* 216
Cagnina, Cody, Vice President, National Accounts - AllOver Media; *pg.* 549
Caguin, Mike, Chief Creative Officer - Colle McVoy; *pg.* 343
Cahalan, Vincent, Manager, Analytics - Universal McCann Detroit; *pg.* 524
Cahalane, Corey, Account Director - Industry; *pg.* 187
Cahalane, Noreen, Group Account Director & Partner - The Merz Group; *pg.* 19

Cahalin, Kevin, Strategist, Creative Content - 88 Brand Partners; *pg.* 171
Cahall, Suzanne, Director, Accounting - Ologie; *pg.* 122
Cahill, Adam, Executive Chairman, Digilant US & Chief Executive Officer- Anagram - Digilant; *pg.* 464
Cahill, Claudia, President & Chief Content Officer - OMD West; *pg.* 502
Cahill, Dan, Senior Vice President, Sales - Webb/Mason; *pg.* 294
Cahill, Jennifer, Vice President & Associate Media Director - Mediahub Los Angeles; *pg.* 112
Cahill, Jesse, Senior Vice President, Product - North America - Essence; *pg.* 232
Cahill, John, Vice Chairman - O'Neill & Associates; *pg.* 633
Cahill, Joseph, Chief Strategy Officer - Straight North, LLC; *pg.* 267
Cahill, Kelly, Account Director, Marketing & Public Relations - MGH Advertising ; *pg.* 387
Cahill, Sara, Senior Vice President & Executive Director, Creative - Known; *pg.* 298
Cahill, Sarah, Vice President, Group Partner, Portfolio Management - Universal McCann; *pg.* 521
Cahn, Kevin, Client Solutions Director - Kepler Group; *pg.* 244
Cai, Carol, Associate Strategy Director - Mediahub Boston; *pg.* 489
Caiarelli, Zilia, Account Supervisor - McCann Canada; *pg.* 447
Caielli, Silvio, Associate Creative Director - the community; *pg.* 545
Cain, Bev, President - Sandelman & Associates; *pg.* 449
Cain, Jennifer, Vice President & Group Director, Media Technology - Digitas; *pg.* 227
Cain, Jenny, Vice President & Group Director, Media Technology - Digitas; *pg.* 227
Cain, Jon, Vice President & Group Creative Director - Luquire George Andrews, Inc.; *pg.* 382
Cain, Kim, Logisitcs Supervisor - Derse, Inc.; *pg.* 304
Cain, Rachel, Public Relations & Social Specialist - Bailey Lauerman; *pg.* 35
Cain, Rachel, Account Director - Weber Shandwick; *pg.* 661
Cain, Rosaria, Chief Executive Office & Media Director - Knoodle Shop; *pg.* 95
Cain, Yvonne, Vice President & Group Director, Media - Mediahub Boston; *pg.* 489
Caine, Kathryn, Account Manager, Client Services - RedPeg Marketing; *pg.* 692
Caiola, Matthew, Executive Vice President - 5W Public Relations; *pg.* 574
Caiozzo, Paul, Founder & Chief Creative Officer - Interesting Development; *pg.* 90
Caires, Annalecia, Junior Account Executive - Rapport Outdoor Worldwide; *pg.* 557
Caizley, Kristina, Creative Director - Big Spaceship; *pg.* 455
Cajindos, Joseph, Head, Paid Social - iProspect; *pg.* 674
Calabrese, Joe, Executive Vice President & Director, Integrated Production - Deutsch, Inc.; *pg.* 349
Calabrese, Joseph, Senior Vice President - Financial Relations Board; *pg.* 603
Calabria, Christopher, Chief Financial Officer, Vice President, & Managing Director - Tukaiz; *pg.* 427
Calabria, Kelly, Executive Vice President & Director, Health Services Sector - Ketchum; *pg.* 378
Calabro, Rob, Group Creative Director - Argonaut, Inc.; *pg.* 33
Calamese, Byron, Managing Director - New York

PERSONNEL — AGENCIES

& DC - Zeno Group; *pg.* 664
Calandra, Peter, Print Producer - North; *pg.* 121
Calato, Harrison, Assistant Account Executive - InkHouse Public Relations; *pg.* 615
Calcagno, Chad, Director, Client Services - Deeplocal; *pg.* 349
Caldecutt, Matthew, Senior Vice President - Blast! PR; *pg.* 584
Calder, Frank, Partner & Senior Strategist - Calder Bateman Communications; *pg.* 339
Calder, Thane, Founder & Chief Executive Officer - CloudRaker; *pg.* 5
Caldera, Doreen, Co-Founder & Creative Partner - Saltworks; *pg.* 197
Caldera, Paul, Co-Founder & Creative Partner - Saltworks; *pg.* 197
Caldera, Paul, Partner - Beacon Media; *pg.* 216
Calderas, Tania, Business Development Manager - NutraClick; *pg.* 255
Calderon, Adrian, Media Startegy Supervisor - THIRD EAR; *pg.* 546
Calderon, Christina, Creative Director - JB Chicago; *pg.* 188
Calderon, Dov, Vice President & Director, Interactive Marketing - ConvergeDirect; *pg.* 462
Calderon, Jamie, Creative Director - Tolleson Design; *pg.* 202
Calderon, Kenia, Broadcast Producer - Siltanen & Partners Advertising; *pg.* 410
Calderon, Molly, Specialist, Digital Search - Empower; *pg.* 354
Calderone, Jeff, Chief Executive Officer - Elevated Third; *pg.* 230
Calderone, Joe , Associate Vice President, Digital - Finn Partners; *pg.* 604
Calderone, Matt, Vice President - LaunchSquad; *pg.* 621
Calderone, Rosemary, Senior Vice President & Account Director - M:United//McCann; *pg.* 102
Calderwood, Stephanie, Director, Buying & Vendor Partnerships - Billups Worldwide; *pg.* 550
Caldwell, Alex, Creative Director - Brolik Productions; *pg.* 561
Caldwell, Ashton, Assistant, Media - Ron Foth Advertising; *pg.* 134
Caldwell, Chris, Senior Vice President - MKTG; *pg.* 568
Caldwell, Chris, Partner & Vice President - Briggs & Caldwell; *pg.* 456
Caldwell, Cindy, Vice President, Operations - Viget Labs; *pg.* 274
Caldwell, David, Executive Vice President & Managing Partner - GTB; *pg.* 80
Caldwell, Emily, Account Manager - 360i, LLC; *pg.* 207
Caldwell, Jeff, Content Marketing Manager - Lessing-Flynn Advertising Co. ; *pg.* 99
Caldwell, Krystal, Operations Manager - fd2s; *pg.* 183
Caldwell, Laura, Senior Manager, Broadcast Business Affairs - Wieden + Kennedy; *pg.* 430
Caldwell, Paul, Partner - CK Advertising; *pg.* 220
Caldwell, Trevor, Vice President, Investor Relations & Strategic Initiatives - Marchex, Inc.; *pg.* 675
Cale, Andy, Creative Director - CMD; *pg.* 51
Calef, Morgan, Vice President - Hunter Public Relations; *pg.* 614
Caleo, Jenny, Director, Platform Supply - RhythmOne; *pg.* 263
Cales, Alfonso, Associate Media Director - Team One; *pg.* 418
Calhoun, Cathy, Chief Client Officer - Weber Shandwick; *pg.* 661
Calhoun, Kelsey, Senior Project Manager, Operations - Dragon Army; *pg.* 533
Calhoun, Lauren, Senior Account Executive - Leo Burnett - Digitas; *pg.* 229
Califre, Gabrielle, Vice President, Consumer Brand Marketing - FleishmanHillard; *pg.* 605
Calingasan, Cherie, Managing Partner & Executive Vice President - Horizon Next - Horizon Media, Inc.; *pg.* 474
Calise, Charlie, Principal & Chief Executive Officer - Imaginuity; *pg.* 373
Calise, Jennifer, Owner & Partner - Fishbat; *pg.* 234
Calix, Hector, National Broadcast Manager - Wavemaker; *pg.* 526
Calkins, David, Senior Vice President, Business Development - Spark Foundry; *pg.* 510
Calkins, Griffin, Associate Director - Zenith Media; *pg.* 529
Calkins, Griffin, Associate Director, Performance - OMD; *pg.* 498
Call, Felicia, President - Neutron Interactive; *pg.* 253
Call, Joe, Director, Creative - Vokal Interactive; *pg.* 275
Call, Tracy, Owner - Media Bridge Advertising; *pg.* 484
Callaghan, Ben, Associate Partner - Fathom; *pg.* 234
Callaghan, Bryan, Director, Production - IMG LIVE; *pg.* 308
Callaghan, Cathryn, Strategist, Digital Investment - Hearts & Science; *pg.* 471
Callaghan, Jacqueline, Associate Director - Project X; *pg.* 556
Callahan, Amanda, Vice President, Account Director - LoSasso Integrated Marketing; *pg.* 381
Callahan, Amy, Co-Founder & Chief Client Officer - Collective Bias, LLC; *pg.* 221
Callahan, Anne, Partner & Principal - kor group; *pg.* 189
Callahan, Candace, Negotiator, National Video & Audio Investment - RPA; *pg.* 134
Callahan, Colleen, Senior Account Executive - Publicis.Sapient; *pg.* 260
Callahan, Craig, Digital Asset Manager - Screenvision; *pg.* 557
Callahan, Deena, Director, Human Resources - MGH Advertising ; *pg.* 387
Callahan, Ed, Creative Strategist & Co-Founder - Planit; *pg.* 397
Callahan, Jennifer, Vice President, Media & Account Services - DWA Media; *pg.* 464
Callahan, Jim, Creative Director - Baker Woodward; *pg.* 174
Callahan, Melanie, Associate Director, Digital Project Management - Carmichael Lynch; *pg.* 47
Callahan, Sean, Vice President, Business Development - Jack Morton Worldwide; *pg.* 309
Callahan, Sharon, Chief Executive Officer - TBWA\WorldHealth; *pg.* 147
Callahan, Tom, Vice President, Creative Strategy - Serino Coyne, Inc.; *pg.* 299
Callahan-Poe, Kelly, President - Williams Whittle; *pg.* 432
Callan, Gina, Senior Vice President & Media Director - Marketsmith, Inc; *pg.* 483
Callan, Sheri, Owner - Callan Advertising Company; *pg.* 457
Calland, Grace, Account Supervisor - Pipitone Group; *pg.* 195
Callard, Tom, Head, Planning - BBH; *pg.* 37
Callaway, Caroline, President & Founder - Bolt PR; *pg.* 585
Calle, Ivan, Executive Creative Director - Zubi Advertising; *pg.* 165
Callegari, Cathy, Chief Executive Officer - Cathy Callegari Public Relations, Inc.; *pg.* 589
Callen, Chris, Supervisor, Project Management - Gatesman; *pg.* 361
Callen, Robert, Producer, Photography - Davis Harrison Dion Advertising; *pg.* 348
Callender, Hunter, Associate, Portfolio Management - Universal McCann Detroit; *pg.* 524
Callender, Jeff, Managing Director - Q LTD; *pg.* 15
Callender, Nicholas, Production Designer - The Marketing Department; *pg.* 420
Calles, Nadia, Analyst, Planning & Optimization— OMD Atlanta; *pg.* 501
Callesen, Debbe, Art Director - Culver Brand Design; *pg.* 178
Callicotte, Michael, Campaign Manager - RAPP Worldwide; *pg.* 291
Callies, Kelley, Vice President & Manager - National Broadcast - GTB; *pg.* 367
Callif, Dustin, President - Tool of North America; *pg.* 564
Callis, Charlyn, Vice President - Callis & Associates; *pg.* 46
Callis, Cliff, President - Callis & Associates; *pg.* 46
Callis, Jim, Treasurer - Callis & Associates; *pg.* 46
Calloway, Juliana, Director, Accounts - Fiftyandfive.com; *pg.* 234
Calnen, Gregory, Senior Account Manager - ZAG Interactive; *pg.* 277
Calogera, Danielle, Group Director, Brand Management & Growth - 360i, LLC; *pg.* 320
Calori, Chris, President & Principal - Calori & Vanden-Eynden, Ltd.; *pg.* 176
Calta, Kathy, President - Barton Cotton; *pg.* 37
Calton, Arthur, Senior Director, Digital Campaign Development - Refuel Agency; *pg.* 507
Calusdian, David, President - Sharon Merrill Associates, Inc. ; *pg.* 646
Calvert, Carol, Co-President - Media Partners; *pg.* 386
Calvert, Courtney, Director, New Business - MullenLowe U.S. Boston; *pg.* 389
Calvert, Cynthia, Owner & Chief Executive Officer - Steep Creek Media; *pg.* 557
Calvert, Katie, Supervisor, Local Media Activation - Carat; *pg.* 459
Calvert, Paige, Director, Public Relations & Corporate Communications - DDB Canada; *pg.* 58
Calvert, Wilson , Director, Operations - Steep Creek Media; *pg.* 557
Calvin, Helen, Chief Revenue Officer - Jellyvision Lab; *pg.* 377
Calvin, Jennifer, Account Director - Metia; *pg.* 250
Calvino, Bridget, Senior Vice President, Operations - Marketing Resources; *pg.* 568
Calvit, Christina, Vice President & Group Creative Director - Cramer-Krasselt ; *pg.* 53
Calzadilla, Cristina, Senior Vice President - DKC Public Relations; *pg.* 597
Calzi, Rick, Senior Art Director - partners + napier; *pg.* 125
Camacho, Kevin, Manager, Digital Investment - Mindshare; *pg.* 491
Camacho, Nicole, Account Executive - Deutsch, Inc.; *pg.* 349
Camarati, Scott, Creative Director - Marketing Directions, Inc.; *pg.* 105
Camargo, Bruna, Senior Manager, Social Content - Publicis.Sapient; *pg.* 259
Camargo, Ed, Managing Director - U.S. - NMPi; *pg.* 254
Camargo, Nicole, Vice President, Account Services - Rauxa; *pg.* 291
Camberos, Francisco, Creative Director, Emerging Media - TVGla; *pg.* 273
Cambria, Alyssa, Account Executive - Butler

AGENCIES   PERSONNEL

Associates Public Relations; *pg.* 587
Cambron, Jeff, Head, Agency Relations - Mustache; *pg.* 252
Cambron, Katie, Senior Research Analyst - Switch; *pg.* 145
Camenzuli, Allison, Creative Director & Partner - Kellett Communications; *pg.* 94
Camera, Chris, Partner - Dom Camera & Company, LLC; *pg.* 464
Camera, Dominic, Managing Partner - Dom Camera & Company, LLC; *pg.* 464
Cameron, Adrienne, Senior Associate, Portfolio Management - Universal McCann Detroit; *pg.* 524
Cameron, Brianna, Senior Account Executive - MSLGroup; *pg.* 629
Cameron, Doug, Chief Strategy & Creative Officer - DCX Growth Accelerator; *pg.* 58
Cameron, Ewen, Founder - Berlin Cameron; *pg.* 38
Cameron, Joe, President, Chief Executive Officer & Chief Financial Officer - Cameron Advertising; *pg.* 339
Cameron, Kaitlyn, Media Planner - DWA Media; *pg.* 464
Cameron, Madison, Brand Strategist - Goodby, Silverstein & Partners; *pg.* 77
Cameron, Melissa, Vice President - Southwest Strategies, LLC; *pg.* 411
Cameron, Mike, Studio Manager & Director, Creative Services - AdCo Advertising Agency; *pg.* 171
Cameron, Shane, Chief Innovation Officer - OMD Canada; *pg.* 501
Cameron, Terri, Manager, Media - Jan Kelley Marketing; *pg.* 10
Cameron, Tim, Co-Founder & Chief Executive Officer - FlexPoint Media; *pg.* 74
Camilleri, John, Senior Vice President, New Business - Harmelin Media; *pg.* 467
Camilleri, Robert, Deputy Officer, Diversity & Inclusion - Publicis North America; *pg.* 399
Camilli, Kendra, Supervisor, Communications Planning - Blue 449; *pg.* 456
Camillo, Jeff, Graphic Designer - Shook Kelley; *pg.* 198
Cammarata, Frank, Vice President, Sales - Media Monitors, LLC; *pg.* 249
Cammareri, Paola, Account Supervisor - FCB West; *pg.* 72
Cammayo, Seiya, Account Managerment - Mother; *pg.* 118
Cammisa, Anna, Manager, Business Insights - CMI Media, LLC; *pg.* 342
Camozzi, DeeDee, Vice President & Director, Project Management - Sanders\Wingo; *pg.* 138
Camozzi, Jake, Executive Creative Director - Vitro Agency; *pg.* 159
Camozzi, Victor, Executive Creative Director - Vitro Agency; *pg.* 159
Camp, Jeanie, Media Director - Miller-Reid; *pg.* 115
Camp, Roger, Founder & Chief Creative Officer - Camp + King; *pg.* 46
Camp, Sarah, Interactive Communications Director & Director, Digital Strategy - Love & Company; *pg.* 101
Camp, Tom, Co-Founder & Creative Director, Copywriting - Pocket Hercules; *pg.* 398
Campagna, Barbara, Senior Supervisor, Graphics - Simons / Michelson / Zieve, Inc.; *pg.* 142
Campagna, Karen, Post Producer - Radar Studios; *pg.* 132
Campana, Samantha, Account Director - Edelman; *pg.* 353
Campana, Steven, Executive Vice President - RTi Research; *pg.* 449
Campanaro, Jennifer, Senior Vice President & General Manager - Heartbeat Ideas; *pg.* 238

Campanelli, David, Co-Chief Investment Officer & Executive Vice President - Horizon Media, Inc.; *pg.* 474
Campau, Lindsay, Director, New Business Development - WongDoody; *pg.* 162
Campbell, Adam, Art Director & Web Designer - Blakeslee; *pg.* 40
Campbell, Adrian, Director, Account - PHD USA; *pg.* 505
Campbell, Alan, Chief Operating Officer & EVP, Operations - MARCA Miami; *pg.* 104
Campbell, Alesia, Head, Division & Account Executive - Yeck Brothers Company; *pg.* 294
Campbell, Alex, Co-Founder & Chief Innovation Officer - Vibes Media; *pg.* 535
Campbell, Alistair, President - The Hybrid Creative; *pg.* 151
Campbell, Ashley, Account Director - Linhart Public Relations; *pg.* 622
Campbell, Cammilla, Chief Operations & Financial Officer - Egami Group; *pg.* 539
Campbell, Christopher, Manager, Data & Analytics - Swarm; *pg.* 268
Campbell, Clara, Senior Account Strategist - Media Cause; *pg.* 249
Campbell, David, President & Chief Operating Officer - Chernoff Newman; *pg.* 341
Campbell, Deidre, Chairman - Finance Services Sector - Edelman; *pg.* 599
Campbell, Doug, Founder & Chief Revenue Officer - BrandStar; *pg.* 337
Campbell, Doug, Director, Digital Services - Colling Media; *pg.* 51
Campbell, Elizabeth, Director, Media Planning - Carat; *pg.* 461
Campbell, Eric, Global President - VMLY&R; *pg.* 160
Campbell, Erin, Senior Vice President, Strategy & Digital - Saatchi & Saatchi X; *pg.* 682
Campbell, Gary, Public Relations Director - Davidson Belluso; *pg.* 179
Campbell, Graeme, Associate Creative Director - DentsuBos Inc.; *pg.* 61
Campbell, Ian, Vice Chairman - Abernathy MacGregor Group; *pg.* 574
Campbell, James, Vice President, Senior Account Director - BBDO San Francisco; *pg.* 330
Campbell, Jamie, Managing Director, Consumer - Kiterocket; *pg.* 620
Campbell, Jason, Creative Director - Wieden + Kennedy; *pg.* 430
Campbell, Jeff, Co-Founder & Executive Vice President - Resolution Media; *pg.* 676
Campbell, Jeffrey, Associate Creative Director - Ketchum; *pg.* 619
Campbell, Jennifer, President - Hot Dish Advertising; *pg.* 87
Campbell, Kailen, Director, Operations - Tallwave; *pg.* 268
Campbell, Karissa, Vice President, Marketing & Account Strategy - Jaymie Scotto & Associates; *pg.* 616
Campbell, Katie, Account Executive - Zehnder Communications, Inc.; *pg.* 436
Campbell, Kelli, Associate, Integrated Media Planning - OMD San Francisco; *pg.* 501
Campbell, Laurie, Copywriter - Nostrum, Inc.; *pg.* 14
Campbell, Lindsey, Public Relations Manager - DeBerry Group; *pg.* 595
Campbell, Marianne, Media Director - McLaughlin & Associates; *pg.* 447
Campbell, Matt, Media Supervisor - Spark Foundry; *pg.* 510
Campbell, Melissa, Executive Vice President & Client Leader - Spark Foundry; *pg.* 508
Campbell, Mike, Vice President, Client Strategy - Anderson Direct & Digital; *pg.* 279

Campbell, Paige, President & Partner - Grady Britton Advertising; *pg.* 78
Campbell, Patrick, Creative Director - Sterling-Rice Group; *pg.* 413
Campbell, Peggy, President - Ambassador Advertising; *pg.* 324
Campbell, Philippa, Group Account Director - Droga5; *pg.* 64
Campbell, Rebecca, Public Relations Manager - Konnect Agency; *pg.* 620
Campbell, Rich, Vice President, Client Services - Sandbox; *pg.* 138
Campbell, Ryan, Director, Account Services - Penn Garritano Direct Response Marketing; *pg.* 290
Campbell, Samantha, Marketing Planner - Kroger Media Services; *pg.* 96
Campbell, Sandy, Senior Copywriter - Big Sky Communications; *pg.* 583
Campbell, Sarah, Account Planning Director - Publicis.Sapient; *pg.* 259
Campbell, Shawn, Vice President - Ross-Campbell, Inc.; *pg.* 644
Campbell, Stewart, Chief Financial Officer - TracyLocke; *pg.* 683
Campbell, Sydney, Assistant Account Manager - Goodby, Silverstein & Partners; *pg.* 77
Campbell, Tanae, Senior Media Planner - Cage Point; *pg.* 457
Campbell, Tanis, Specialist, Internet - Estey-Hoover Advertising & Public Relations; *pg.* 69
Campbell, Tommy, Chief Creative Officer - Brothers & Co.; *pg.* 43
Campbell Jr., Brian, Account Executive - Smoothie King - Fishman Public Relations Inc.; *pg.* 604
Campe, Cathleen, Chief Media Investment & Operations Manager - RPA; *pg.* 134
Campion, Eileen, President & Managing Partner - Roslan & Campion Public Relations, LLC; *pg.* 644
Campion, Kirk, Senior Vice President & Executive New Business Producer - McCann New York; *pg.* 108
Campion, Margy, Chief Operating Officer - Novus Media, Inc.; *pg.* 497
Campione, Bart, President - Third Wave Digital ; *pg.* 270
Campione, Michael, Senior Account Manager, Business Leadership - Momentum Worldwide; *pg.* 117
Campisano, Kathleen, Global Chief Marketing Officer - ChizComm; *pg.* 50
Campisi, Pete, Executive Vice President, Client Experience - Weber Shandwick; *pg.* 660
Campisteguy, Maria Elena, Senior Executive Vice President & Principal - Metropolitan Group; *pg.* 387
Campobasso, Jessica, Senior Account Executive - TPN; *pg.* 571
Campolmi, Lisa, Media & Research Strategist - Verdin; *pg.* 21
Campos, Christian, Associate Media Director - MediaCom; *pg.* 487
Campos, Dario, Associate Creative Director - Dieste; *pg.* 539
Campos, Darlene, Digital Strategy Manager - Formative; *pg.* 235
Campos, Igor, Design Director - The Sheppard Group; *pg.* 424
Campos, Julio, Founding Partner, President & Executive Creative Director - Campos Creative Works; *pg.* 303
Campos, Kailey, Senior Media Planner - Zambezi; *pg.* 165
Campos, Robert, Director, Programmatic Planning & Optimization - OMD; *pg.* 498
Campos, Yvonne, Founder - Campos Inc; *pg.* 443
Camuso, Cheryl, Brand Director - Bailey Brand

PERSONNEL   AGENCIES

Consulting; pg. 2
Canada, Kristina, Vice President, Integrated Marketing - Net Conversion; pg. 253
Canada, Olivia, Senior Buyer, Digital Investments - Havas Media Group; pg. 470
Canada, Vickie, Vice President & Creative Director - SFW Agency; pg. 16
Canadeo, Ernest, Founder & Chief Executive Officer - EGC Media Group, Inc.; pg. 354
Canady, Eilish, Senior Vice President, Client Services - Neo@Ogilvy - Global Strategies; pg. 673
Canady, Kathy, Executive Vice President & Chief Insights Officer - The Buntin Group; pg. 148
Canale, Courtney, Director, Experience - Siegel & Gale; pg. 17
Canales, Lynn, Controller - Market Vision, Inc.; pg. 568
Canarelli, Mike, Co-Founder & Chief Executive Officer - Web Talent Marketing; pg. 276
Canavan, Mark, Executive Vice President & Executive Creative Director - McCann Worldgroup; pg. 109
Cancelmo, Tom, President - Boyd Tamney Cross; pg. 42
Cancelosi, Maggie, Senior Account Supervisor - Edelman; pg. 599
Cancilla, Chris, Chief Creative Officer - Arc Worldwide; pg. 327
Cancio, Meagan, Account Director - Saatchi & Saatchi ; pg. 136
Cancro, Andrea, Executive Vice President & Client Managing Partner - J3; pg. 480
Cancro, Jillian, Account Director - We Are BMF; pg. 318
Candee, Paige, President - 10e Media; pg. 573
Candelario, Carmen, Supervisor, Account - Wunderman Thompson; pg. 434
Candelario, Jennifer, Chief Information Officer - Droga5; pg. 64
Candelario, Yudelka, Account Director - Digitas; pg. 228
Candelas-Elias, Edda, Director, Social Media - Swing Media; pg. 557
Candelieri, Gabriella, Manager, Marketing - Arnold Worldwide; pg. 33
Candia, Matias, Assistant Planning Director - David; pg. 57
Candido, Jeff, Senior Vice President & Group Creative Director - Leo Burnett Worldwide; pg. 98
Candiotti, Fred, Partner & Creative Director - CGT Marketing, LLC; pg. 49
Candlish, Jennifer, Director, Communication - Jan Kelley Marketing; pg. 10
Candullo, Michael, Chief Operating Officer & Founder - Path Interactive, Inc.; pg. 256
Candy, Graham, Vice President & Head, Strategy - DDB Canada; pg. 224
Candy, Simon, Executive Creative Director - Iris Atlanta; pg. 90
Cane-Zaske, Kelly, Co-Founder & Marketing Strategist - Gaslight Creative; pg. 361
Canel, Katie, Director, Performance Media - The Shipyard; pg. 270
Canfield, Taylor, President - Davies Communications; pg. 595
Canfield, Zach, Associate Partner & Director, Talent - Goodby, Silverstein & Partners; pg. 77
Cangelosi, Jayme, Vice President & Director, National Video Activation - Carat; pg. 459
Cangemi, Elise, Chief Happiness Officer - Good Apple Digital; pg. 466
Cangialosi, Pietra, Producer - Redslash - TBWA \ Chiat \ Day; pg. 416
Cann, Jay, Chief Technology Officer - Macquarium, Inc.; pg. 247
Cannell, Hanna, Account Supervisor - Grey Group; pg. 365
Cannella, Frank, Chairman & Founder - Cannella Response Television; pg. 281
Cannella, Frank, Founder & Chairman - Cannella Response Television; pg. 457
Canning, Bailey, Media Associate - Red Fuse Communications; pg. 404
Canning, Chris, Executive Vice President - DKC Public Relations; pg. 597
Canning, Kathryn, Account Supervisor - Padilla; pg. 635
Cannon, Alexandra, Negotiator - Mindshare; pg. 491
Cannon, Austin, Vice President, Interactive Services - Maris, West & Baker; pg. 383
Cannon, Chris, Copywriter - The Richards Group, Inc.; pg. 422
Cannon, Chris, Creative Director - Terri & Sandy; pg. 147
Cannon, Dave, Senior Vice President, Creative Technology & Digital Services - Moveo Integrated Branding; pg. 14
Cannon, James, Vice Chairman & Chief Financial Officer - BBDO Worldwide - BBDO Worldwide; pg. 331
Cannon, Kristie, Creative Director - Dalton Agency; pg. 57
Cannon, Mary, Senior Vice President, Buying - Corinthian Media, Inc.; pg. 463
Cannon, Rachel, Senior Graphic Designer - Works Design Group; pg. 21
Cannon, Rob, Graphic Designer - DHX Advertising; pg. 351
Cano, Adrian, Creative Director - PM3 - PM3; pg. 544
Canonico, Nicole, Digital Associate - Wavemaker; pg. 526
Canright, David, Creative Group Head & Writer - The Richards Group, Inc.; pg. 422
Cantarella, Karl-David, Creative Director - Booz Allen Hamilton; pg. 218
Cantilo, Joy, Vice President & Director, Media - Media Brokers International; pg. 485
Cantor, Lowell, Chief Operating Officer - Blue Chip Marketing & Communications; pg. 334
Cantrell, Christine, Manager, Account - Balcom Agency ; pg. 329
Cantrell, Honey, Vice President, Client Services - Likeable Media; pg. 246
Cantrell, Rachel, Senior Verbal Designer - R/GA; pg. 260
Cantrell, Shirie, Controller & Director, Human Resources - Force Marketing; pg. 284
Cantrell, Steve, Director, Client Services & Media Specialist - Balcom Agency ; pg. 329
Cantu, Joseph, Vice President, Digital - Edelman; pg. 599
Cantu-Fernandez, Cristina, Media Manager - BrivicMedia, Inc.; pg. 456
Cantwell, Sean, Supervisor, Video Investment - Havas Media Group; pg. 468
Cantwell, Teresa, Vice President, Client Strategy - GEN.VIDEO; pg. 236
Canuel, Francois, Vice President & General Manager - Tam Tam \ TBWA; pg. 416
Canulla, Paolo, Director, Research & Vice President, Insights & Strategies - MARC Research; pg. 447
Canyon, Amber, Account Supervisor - Content & Platform - Saatchi & Saatchi Dallas; pg. 136
Cao, Naomi Y., Senior Analyst - Starcom Worldwide; pg. 513
Capaccio, Carolyn, Senior Vice President - Lippert / Heilshorn & Associates, Inc.; pg. 623
Capaldo, Luis, Creative Director - DLC Integrated Marketing ; pg. 63
Capan, Faruk, Founder & Chief Executive Officer - Intouch Solutions, Inc.; pg. 242
Capasso, Kelley, Account Director - Crossmedia; pg. 463
Capaul, John, Director, Special Projects - Fusion92; pg. 235
Capece, Dave, Founding Partner & Chief Executive Officer - Sparxoo Agency; pg. 17
Capell, Adam, Senior Copywriter - VaynerMedia; pg. 689
Capik, James, Manager, Production - McNally Temple & Associates, Inc.; pg. 626
Caplan, Amy, Senior Vice President, Strategic Partnerships - NinthDecimal; pg. 534
Capobianco, Fabrizio, President & Chairman - Funambol; pg. 533
Capobianco, Julie, Senior Account Executive - Vistra Communications, LLC; pg. 658
Capodilupo, Andrea, Corporate Communications Director - Hawkins International Public Relations; pg. 612
Capone, Christine, Director, Marketing & Strategic Partnerships - MKG; pg. 311
Capone, Dominic, Account Executive - GIOVATTO Advertising; pg. 363
Capooth, Lindsey, Account Manager - Signature Marketing Solutions; pg. 141
Caporino, Jarod, Managing Partner - Resolute Digital, LLC; pg. 263
Capozzi, Maruta, Managing Director & Consumer Marketing Specialist - Hill+Knowlton Strategies; pg. 370
Capozzi, Nicole, Media Supervisor - Wavemaker; pg. 526
Cappadocia, Jordan, Account Director - Droga5; pg. 64
Capparella, Lisa, Manager, Accounting - The Brandon Agency; pg. 419
Cappellino, Nicole, Vice President & Group Director, Media Strategy - Blue 449; pg. 456
Cappello, Anne, Manager, Business Operations - Walmart Media Group - Triad Retail Media; pg. 272
Capper, Peter, Managing Partner, Business Development - BVK; pg. 339
Cappiello, Dina, Senior Vice President & Director, Editorial - Edelman; pg. 600
Cappiello, Giuliana, Manager, Video Investment - Mindshare; pg. 491
Capps, Corey, Client Maintenance - Mediaura; pg. 250
Capps, Heather, President & Chief Executive Officer - HCK2 Partners; pg. 613
Capps, MacKenzie, Junior Account Executive - Swarm; pg. 268
Capreol, Gary, Senior Vice President & Director, Media & Analytics - Cronin; pg. 55
Caprio, Jamie, Director, Strategic Planning - The Sawtooth Group ; pg. 152
Caprio, Liz, Senior Vice President, Florida Region - Outfront Media; pg. 554
Caprio, Tommasina, Senior Media Buyer - Novus Media, Inc.; pg. 497
Capuano, Josie, Manager, Business Development - Huge, Inc.; pg. 240
Caputi, Kathleen, Vice President - Epoch 5 Public Relations; pg. 602
Caputo, Anthony, Vice President, Post Production Services - Postworks; pg. 195
Caputo, Gerard, Creative Director - Wieden + Kennedy; pg. 432
Caputo, Nicholas, Vice President & Strategic Communications Director - Blue 449; pg. 455
Caputo, Steve, Executive Creative Director - Cornerstone Agency; pg. 53
Caputo Karp, Janet, Senior Vice President, & Group Strategy Director - MRY; pg. 252
Carabello, Joe, President & Chief Executive Officer - CPR Communications ; pg. 345
Carabello, Laura, Principal & Chief Creative Officer - CPR Communications ; pg. 345
Caracappa, Carol, Vice President, National Television - Media & Buying - Allscope Media;

AGENCIES — PERSONNEL

pg. 454
Carafa, Michael, Activation Manager - Spark Foundry; *pg.* 508
Carafello, Bill, President - Trans World Marketing; *pg.* 202
Caraher, Lee, President + Chief Executive Officer - Double-Forte; *pg.* 230
Carangelo, Nicole, Integrated Planning Supervisor - MediaCom; *pg.* 487
Carango, Rich, President & Creative Director - Schubert Communications. Inc.; *pg.* 139
Caravello, Dena, Senior Vice President & Group Director - Carat; *pg.* 459
Caravello, Paul, Managing Director & Executive Vice President - Wilen Media Corporation; *pg.* 432
Caraway, Laura, Senior Vice President, Operations - CMI; *pg.* 443
Carbajal, Samantha, Graphic Designer - Taylor & Pond Interactive; *pg.* 269
Carbo, Anne, Production Manager - Leo Burnett Worldwide; *pg.* 98
Carbone, Kenneth, Partner, Chief Creative Director & Co-Founder - Carbone Smolan Agency; *pg.* 176
Carbone, Steve, Managing Director & Chief Digital Officer - North America - MediaCom; *pg.* 487
Carbone, Susan, Manager, Business - Abel Solutions, Inc.; *pg.* 209
Carbone Kraut, Karen, Executive Vice President & Head, Communication Planning, Integrated Marketing & Business - Publicis North America; *pg.* 399
Carbonella, Suzanne, Account Supervisor - Cronin; *pg.* 55
Carbonneau, Jeff, Director, Video Production & Lighting Director - Davis Advertising; *pg.* 58
Carbonneau, Stephanie, Executive Director - Generation; *pg.* 362
Carbonneau, Tom, Chief Financial Officer & Executive Vice President - Bolin Marketing; *pg.* 41
Carcamo, Andres, Associate Media Director - MediaCom; *pg.* 487
Carcara, Stephanie, Vice President, Digital Management Supervisor - RPA; *pg.* 134
Card, Montanna, Account Manager, Digital - Think Motive; *pg.* 154
Cardamone, Andrea, Executive Vice President & Managing Director - Palisades Media Group, Inc.; *pg.* 124
Cardelia, Daniele, Vice President, Strategic Alliances - Coburn Communications; *pg.* 591
Carden, Matthew, President & Chief Executive Officer - 1220 Exhibits, Inc.; *pg.* 301
Cardenas, Alexandra, Manager, Branded Entertainment - Cardenas Marketing Network; *pg.* 303
Cardenas, Alexy, Coordinator, Media - Watauga Group; *pg.* 21
Cardenas, Claribel, Associate Director, Project Management - Ogilvy Public Relations; *pg.* 633
Cardenas, Henry, President & Chief Executive Officer - Cardenas Marketing Network; *pg.* 303
Cardenas, Jaime, Chief Executive Officer & Founder - AC&M Group; *pg.* 537
Carder, Howard, Director, Editorial - BrandDefinition; *pg.* 4
Cardetti, Chris, Vice President & Executive Strategy Director - Barkley; *pg.* 329
Cardinal, Michelle, Chief Executive Officer & Co-Founder - Rain; *pg.* 402
Cardona, Karyn, Media Director - CK Advertising; *pg.* 220
Cardona, Maria, Principal - Dewey Square Group; *pg.* 597
Cardoso, Marcelo, Director, Creative - Mod Op; *pg.* 116
Cardoso, Mary Ann, Vice President, Nonprofit Solutions - Infogroup; *pg.* 286
Cardoso, Nick, Associate Director, Ad Operations - MediaCom; *pg.* 486
Cardoso, Sandra, Director, Group Account - Danone - Wavemaker; *pg.* 529
Cardozo, Allan, Director, Interactive & Operations - Pavlov; *pg.* 126
Cardozo, Courtney, Senior Manager, Client Relations - Focus USA; *pg.* 284
Careaga, Janet, Senior Account Supervisor - BODEN Agency; *pg.* 538
Carelli, Randy, Senior Vice President & Group Director, Account & Digital - Starcom Worldwide; *pg.* 517
Carew, Eileen, Founder - Direct Associates ; *pg.* 62
Carey, George, Founder & Chief Executive Officer - The Family Room; *pg.* 450
Carey, Jackie, Associate Director, Strategy - Zenith Media; *pg.* 529
Carey, Jeremy, Managing Director - Optimum Sports; *pg.* 394
Carey, Melody, Founder & Co-President - RX Communications Group; *pg.* 645
Carey, Michael, Executive Vice President & Director, Client Services - Riddle & Bloom; *pg.* 133
Carey, Rachel, Media Planner - Mediahub Boston; *pg.* 489
Carey, Rick, Vice President & Creative Director - Hart; *pg.* 82
Carfagna, Lisa, Vice President, Marketing - Direct Resources Group; *pg.* 281
Carfi, Alyssa, Account Supervisor - Red Havas; *pg.* 641
Cargal, Chuck, Partner & President - Style Advertising; *pg.* 415
Carhart, Ryan, Chief Financial Officer - AUDIENCEX; *pg.* 35
Carheden, Bonnie, Director, Integrated Production - Karsh & Hagan; *pg.* 94
Caridine, Kiara, National SAVI Buyer - Cramer-Krasselt ; *pg.* 53
Carik, Beth, Vice President, Human Resources - Abelson-Taylor; *pg.* 25
Carino, George, Senior Vice President, Sales - Epsilon; *pg.* 282
Carkeet, Bill, Principal & Chief Executive Officer - Oden Marketing & Design; *pg.* 193
Carl, Christian, Chief Creative Officer - 160over90; *pg.* 1
Carlaw, Jon, Director, Strategic Planning - David; *pg.* 57
Carlberg, Chris, Senior Art Director - Carmichael Lynch; *pg.* 47
Carlberg, Chuck, Principal - Richards Carlberg; *pg.* 406
Carlberg, Gayl, Principal - Richards Carlberg; *pg.* 406
Carleo, Chris, Senior Associate Media Planner - Mindshare; *pg.* 491
Carleton, Christopher, Principal & Founding Partner - Chen PR, Inc.; *pg.* 590
Carley, Brian, Chief Creative Officer - ROKKAN, LLC; *pg.* 264
Carli, Steve, President - Red Urban Toronto - Red Urban; *pg.* 405
Carlier, Taylor, Social Media & Influencer Marketing Manager - Firebelly Marketing; *pg.* 685
Carlile, Jennifer, Senior Vice President, Professional Services - Brierley & Partners; *pg.* 167
Carlin, Brent, Director, Digital - Markham & Stein; *pg.* 105
Carlin, Katy, Senior Vice President - Starcom Worldwide; *pg.* 513
Carlin, Kristin, Group Director, OOH - OMG23 - OMD Entertainment; *pg.* 501
Carlin, Scott, Executive Vice President, Global Media & Entertainment - Magid; *pg.* 447
Carline, Jackie, Associate Director, Communications - Commonwealth // McCann; *pg.* 52
Carliner, Kathy, Senior Vice President, Consumer Marketing - Rosica Strategic Public Relations; *pg.* 644
Carlino, Paola, Media Director & Traffic Manager - E&M Media Group; *pg.* 282
Carlioz, Remi, Chief Creative Officer - Beautiful Destinations; *pg.* 38
Carlisi, Cathy, President & Chief Creative Officer - BrightHouse, LLC; *pg.* 43
Carlisle, Allen, Owner & Vice President - Adi Media; *pg.* 171
Carlisle, Janet, Executive Vice President, Client Services - PJA Advertising + Marketing; *pg.* 397
Carlisle, Karin, Director, Account - FCB Chicago; *pg.* 71
Carlo, Mike, Manager, Production Services - MUDD Advertising; *pg.* 119
Carlos Hernandez, Juan, Senior Art Director - CultureSpan Marketing; *pg.* 594
Carlsen, Colleen, Account Supervisor - Social Media - Team One; *pg.* 418
Carlson, Albany, Graphic Designer - Smith Brothers Agency, LP; *pg.* 410
Carlson, Andrew, Chief Experience Officer - Organic, Inc.; *pg.* 256
Carlson, Ben, Vice President,Human Resource - Strottman International; *pg.* 569
Carlson, Bill, Vice President & Group Creative Director - ROKKAN, LLC; *pg.* 264
Carlson, Bonnie, General Manager - AM Strategies; *pg.* 324
Carlson, Dave, Associate Digital Creative Director - Mirum Agency; *pg.* 681
Carlson, Emily, Associate Director, Media - Martin Williams Advertising; *pg.* 106
Carlson, Genna, Vice President & Account Director - Geometry; *pg.* 363
Carlson, Gretta, Director, Communications Planning - Carat; *pg.* 459
Carlson, Jan, Founder & President - Polaris Marketing Research; *pg.* 449
Carlson, Janet, Chief Executive Officer & Creative Director - One Eleven Interactive, Inc.; *pg.* 255
Carlson, Jason, Account Executive - ILM Services; *pg.* 241
Carlson, Kate, Associate Director, Influencer Strategy - Haworth Marketing & Media; *pg.* 470
Carlson, Katherine, Managing Director - Pulsar Advertising; *pg.* 401
Carlson, Kathleen, Executive Director, Media Services - Cuneo Advertising; *pg.* 56
Carlson, Ken, Co-Founder & Creative Director - Big Machine Design; *pg.* 174
Carlson, Laura, Director, Integration - Riester; *pg.* 406
Carlson, Leslie, Principal - Brink Communications; *pg.* 337
Carlson, Madeline, Public Relations Specialist - TimeZoneOne; *pg.* 155
Carlson, Mark, Chief Strategy Officer - Laughlin Constable, Inc.; *pg.* 379
Carlson, Parker, Account Manager - Tribe, Inc.; *pg.* 20
Carlson, Phil, Managing Director - KCSA Strategic Communications; *pg.* 619
Carlson, Ron, Chief Executive Officer - gravity.labs; *pg.* 365
Carlson, Samantha, Digital Director - Golin; *pg.* 609
Carlson, Steve, Director, Media - Spark Foundry; *pg.* 510
Carlson, Tara, Manager, Social Media - Dailey

PERSONNEL   AGENCIES

& Associates; *pg.* 56
Carlson, Tina, Executive Vice President & Creative Director - Morton, Vardeman & Carlson; *pg.* 389
Carlson, Tracy, Senior Director - Padilla; *pg.* 635
Carlson, Valerie, Executive Creative Director - Wunderman Thompson; *pg.* 435
Carlson, Wayne, Vice President, Brand Strategy & Insights - Broadhead; *pg.* 337
Carlson, Jr., Bill, President - Tucker / Hall, Inc.; *pg.* 657
Carlton, Alessia, Assistant Account Executive - We Are Alexander; *pg.* 429
Carlton, Dan, Partner - The Paragraph Project; *pg.* 152
Carlton, Dan, Strategic Planner - Division of Labor; *pg.* 63
Carlton, Hannah, Content Producer - Instrument; *pg.* 242
Carlton, Nora, Vice President, Health & Digital - MSLGroup; *pg.* 629
Carlton, Rory, Owner & Creative Director - Arketi Group; *pg.* 578
Carlton, Scott, Associate Creative Director - Saatchi & Saatchi Wellness; *pg.* 137
Carlucci, Emily, Vice President, Human Recourses - Cone, Inc.; *pg.* 6
Carluccio, Clare, Vice President - Ketchum; *pg.* 542
Carluccio, Nate, Director, Production Services - Elevation Web; *pg.* 540
Carluccio, Sam, Art Director - Elevation Web; *pg.* 540
Carmack, Jon, Executive Vice President, Operations & Technology - The Buntin Group; *pg.* 148
Carmack, Lisa, Director - FRCH Design Worldwide; *pg.* 184
Carman, Cindy, Owner - MQ&C Advertising, Inc.; *pg.* 389
Carmen, David, President & Chief Executive Officer - Carmen Group; *pg.* 588
Carmichael, Alan, President & Chief Operating Officer - Moxley Carmichael; *pg.* 629
Carmichael, Angela, President - FleishmanHillard HighRoad; *pg.* 606
Carmichael, Mackenzie, Brand Manager - The Richards Group, Inc.; *pg.* 422
Carmines, Taylor, Digital Advertising Manager - Wheelhouse Digital Marketing Group; *pg.* 678
Carmo, Liz, Vice President, Military Market - Refuel Agency; *pg.* 507
Carmona, Anthony, Project Manager, Events - Code Four; *pg.* 343
Carmona, Jessica, Vice President, Strategy - Norbella; *pg.* 497
Carnard, Taylor, Associate Strategist - The Martin Agency; *pg.* 421
Carnevale, Nicole, Senior Project Coordinator - MaisonBrison; *pg.* 624
Carney, Greg, Director Communications Planning - quench; *pg.* 131
Carney, Hampton, Associate Partner - Paul Wilmot Communications; *pg.* 636
Carney, Jennifer, Creative Director - Direct Associates ; *pg.* 62
Carney, Mia, Director, Operations - MBT Marketing; *pg.* 108
Carney, MT, Founder & Chief Executive Officer - Untitled Worldwide; *pg.* 157
Carney, Pat, Broadcast Producer - Arnold Worldwide; *pg.* 33
Carney, Traci, Account Director - True Sense Marketing; *pg.* 293
Carney-Jones, Denise, Management Supervisor - Media Logic; *pg.* 288
Carnrick, Jessica, Marketing Communications Specialist - PlusMedia, LLC; *pg.* 290
Carns, David, Operations Director - DCG ONE;

pg. 58
Caro, Juan, Associate Media Planner - Mindshare; *pg.* 491
Carol, Joan, Director, Operations - Newport Beach - Estey-Hoover Advertising & Public Relations; *pg.* 69
Carolan, Mara, Account Director - Posterscope U.S.A.; *pg.* 556
Carolan Di Salvo, Paula, Managing Director, Client Leadership - Mindshare; *pg.* 495
Carollo, Rose, Partner, Integrated Planning - Beauty - J3; *pg.* 480
Caron, Guy, Vice President & Managing Director - Bare International; *pg.* 442
Caron, Neil, Senior Product Manager - Huge, Inc.; *pg.* 240
Carone, Christa, President - CSM Sports & Entertainment; *pg.* 55
Carosella, Joey, Vice President, Operations - Geometry; *pg.* 363
Carozza, Gene, Senior Vice President - PAN Communications; *pg.* 635
Carpenter, Andrew, Director, Strategic Partnerships - ChangeUp; *pg.* 5
Carpenter, Casey, Senior Strategist - Havas Worldwide Chicago; *pg.* 82
Carpenter, Chris, Media Director - 360i, LLC; *pg.* 207
Carpenter, Dana, Director, Marketing Communications - Core Creative; *pg.* 344
Carpenter, David, President - Connection Model LLC; *pg.* 344
Carpenter, Doug, Principal - Doug Carpenter & Associates, LLC; *pg.* 64
Carpenter, Jonathan, Partner - DVL Seigenthaler; *pg.* 599
Carpenter, Kasey, Associate Director, Strategy - MediaCom; *pg.* 487
Carpenter, Kim, Associate Partner & Managing Director - Health & Wellness Division - HCB Health; *pg.* 83
Carpenter, Kristin, Founder & Chief Executive Officer - Verde Brand Communications; *pg.* 658
Carpenter, Lee, Founding Partner & Chief Executive Officer - ChangeUp; *pg.* 5
Carpenter, Mark, Chief Marketing Officer - No Fixed Address Inc.; *pg.* 120
Carpenter, Mary, President - Midwest - PHD Chicago; *pg.* 504
Carpenter, Michael, Co-Founder & Co-Executive Creative Director - Admirable Devil; *pg.* 27
Carpenter, Michele, Marketing Manager - Pico Plus; *pg.* 397
Carpenter, Michelle, Associate Director, Integrated Media - 360i, LLC; *pg.* 320
Carpenter, Phill, Principal & Creative Director - Redonk Marketing; *pg.* 405
Carpenter, Polly, Founder & Chief Executive Officer - Carpenter Group; *pg.* 48
Carpenter, Rebecca, Media Director - Starcom Worldwide; *pg.* 513
Carpenter, Shar, Principal & Managing Partner - Redonk Marketing; *pg.* 405
Carpenter, Stacy, Director, Social Media Strategy - Mediahub Boston; *pg.* 489
Carpenter, Tayler, Advertising Manager - Blue Wheel Media; *pg.* 335
Carpenter-Ogden, Kristin, Founder, Partner & Chief Executive Officer - Verde Brand Communications; *pg.* 658
Carpentier, Caitlyn, Manager, Digital Investment & Strategy - Wavemaker; *pg.* 526
Carpinelli, Al, Account Executive - Logic Solutions, Inc. ; *pg.* 247
Carpiniello, Amy, Senior Media Buyer - Media Assembly; *pg.* 484
Carr, Alex, Junior Media & Content Strategist - Spring Studios; *pg.* 563
Carr, Allie, Copywriter - Erich & Kallman; *pg.* 68

Carr, Amy, Executive Vice President & Human Resources Director - Red Door Interactive; *pg.* 404
Carr, Brian, Vice President, Insights & Analytics - FleishmanHillard; *pg.* 605
Carr, Briana, Marketing Events Coordinator - SourceLink, LLC; *pg.* 292
Carr, Cheryl, Chief Operating Officer - Carr Marketing Communications, Inc.; *pg.* 588
Carr, Cindy, Director, Shopper Marketing Partnerships - The Mars Agency; *pg.* 683
Carr, Jillian, Marketing Manager - LEWIS Global Communications; *pg.* 380
Carr, Katherine, Executive Vice President - Silver Marketing, Inc.; *pg.* 141
Carr, Lucy, Integrated Media Planner - Merkley + Partners; *pg.* 114
Carr, Maddi, Media Supervisor - Spark Foundry; *pg.* 510
Carr, Molly, Account Director - Kuhl Swaine; *pg.* 11
Carr, Nigel, Chief Strategy Officer - The Tombras Group; *pg.* 424
Carr, Rachel, Executive Vice President - DKC Public Relations; *pg.* 597
Carr, Reid, Chief Executive Officer - Red Door Interactive; *pg.* 404
Carr, Robert, President - Carr Marketing Communications, Inc.; *pg.* 588
Carr, Steven D., Managing Director & Executive Vice President - Dresner Corporate Services; *pg.* 598
Carr, Taylor, Account Executive - Momentum Worldwide; *pg.* 117
Carr, Thomas, Associate Director - Posterscope U.S.A.; *pg.* 556
Carr, Trevor, Founder & Chief Executive Officer - Noise Digital; *pg.* 254
Carr-Rodriguez, Judith, President & Founding Partner - FIG; *pg.* 73
Carragher, Diane, Account Manager - Matter Communications, Inc.; *pg.* 626
Carrasco, Daniela, Vice President, Account Lead - FCB Health; *pg.* 72
Carrasco, Jason, Vice President, Digital Media - Gupta Media ; *pg.* 237
Carrel, Becky, Senior Print Producer - GSD&M; *pg.* 79
Carreon, Lionel, Executive Director, Global Creative Recruiting - TBWA \ Chiat \ Day; *pg.* 416
Carrero, Leslie, Client Success Director - Leverage; *pg.* 245
Carricato, Aimee, Director, Business Development - Hearts & Science; *pg.* 471
Carrie, Kendra, Director, Marketing - Blind Ferret; *pg.* 217
Carrigan, Megan, Director, Strategy - Union; *pg.* 273
Carrigan, Pat, Corporate Director, Production Services - R&R Partners; *pg.* 131
Carrillo, Jennifer, Director, Operations - Pereira & O'Dell; *pg.* 256
Carrillo, Warner, Customer Insights & Growth Manager - Accenture Interactive; *pg.* 322
Carrillo-Harry, Joni, Integrated Media Planner & Buyer - Richter7; *pg.* 197
Carrino, Larry, President - Brustman Carrino Public Relations ; *pg.* 587
Carroll, Alicia, Director, Marketing Science - Annalect Group; *pg.* 213
Carroll, Billy, Senior Director, Trading Strategy - Amnet; *pg.* 454
Carroll, Brent, Partner & President - Carroll White Advertising; *pg.* 340
Carroll, Christopher, Chief Accounting Officer & Senior Vice President - Interpublic Group of Companies; *pg.* 90
Carroll, Dave, Partner & Creative Director - RSD Marketing; *pg.* 197

746

AGENCIES — PERSONNEL

Carroll, Delaney, Account & Social Media Coordinator - Wilson Creative Group, Inc.; pg. 162
Carroll, Devin, Senior Associate, Integrated Planning - Universal McCann; pg. 521
Carroll, Eugene, Vice President, Infrastructure & IT Services - IOMEDIA, Inc.; pg. 90
Carroll, Jennifer, Senior Partner & Client Lead - Wavemaker; pg. 526
Carroll, Jessica, Senior Media Buyer & Planner - Crowley Webb & Associates; pg. 55
Carroll, Jon, Creative Director - Insight Marketing Design; pg. 89
Carroll, Julie, Account Director - Lightning Orchard; pg. 11
Carroll, Justin, Chief Creative Officer & Co-Owner - Hamagami/Carroll, Inc.; pg. 185
Carroll, Kristin, Chief Executive Officer - Rescue Social Change Group; pg. 133
Carroll, Lana, Client Services - TriComB2B; pg. 427
Carroll, Mackenzie, Senior Manager, Account - Backbone Media; pg. 579
Carroll, Madeline, Account Coordinator - Fuseideas, LLC; pg. 306
Carroll, Mark, Partner - Bandy Carroll Hellige ; pg. 36
Carroll, Matthew, Art Director, Copywriter, Designer - Wieden + Kennedy; pg. 430
Carroll, Morgan, Executive Vice President, Managing Director & Executive Creative Chair - Chicago & San Francisco - Digitas; pg. 227
Carroll, Natasha, Senior Vice President, Global Clients & Business Director - Red Havas; pg. 641
Carroll, Patrick, Chief Marketing Officer - NutraClick; pg. 255
Carroll, Philip, Director, Creative Services - Refuel Agency; pg. 507
Carroll, Ron, Executive Vice President, Strategy - Pappas MacDonnell, Inc. ; pg. 125
Carroll, Ryan, Account Supervisor - Carroll White Advertising; pg. 340
Carroll, Ryan, Senior Vice President & Group Creative Director - GSD&M; pg. 79
Carroll, Sarah, Strategist, SEO Content - Visiture; pg. 678
Carroll, Shardi, Specialist, Content & Senior Copywriter - Boyden & Youngbluff Advertising; pg. 336
Carroll, Sheila, Senior Account Executive - Media Logic; pg. 288
Carroll, Thomas, Director, Partnerships & Standards - Publicis North America; pg. 399
Carroll, Thomas, Director - Amnet; pg. 454
Carroll, Tom, Chairman & President - TBWA \ Chiat \ Day; pg. 416
Carrow, Matthew, Senior Vice President & Group Director - Digitas; pg. 228
Carrozza, Sheryl, Vice President & Director, Connections Planning - Havas Media Group; pg. 468
Carruthers, Anna, Director, Human Resources - Scales Advertising; pg. 138
Carry, Ellen, Executive Vice President, Account Services - Corinthian Media, Inc.; pg. 463
Carse, Brad, Senior Vice President & Group Account Director - Hudson Rouge; pg. 372
Carson, Anthony, Manager, Brand - Air Paris New York; pg. 172
Carson, Carly, Director, Social - PMG; pg. 257
Carson, Jeremy, Creative Director - Saatchi & Saatchi Los Angeles; pg. 137
Carson, Jonathan, Co-Founder & Chairman - The Trade Desk; pg. 520
Carson, Marcy, Senior Director, Procurement - CSM Sports & Entertainment; pg. 55

Carson, Peter, Managing Director, Public Affairs, North America - Powell Tate; pg. 638
Carsten, Brad, Senior Partner - NoCoast Originals; pg. 312
Carstens, John, Executive Vice President & Executive Creative Director - DDB Chicago; pg. 59
Cartagena, Frank, Chief Creative Officer - New York - the community; pg. 545
Cartensen, Paul, Design Director - Markstein; pg. 625
Carter, Amanda, Director, Business Development - BCF; pg. 581
Carter, Angela, Chief Operating Officer & Senior Vice President - Calypso; pg. 588
Carter, Bill, Partner - Fuse, LLC; pg. 8
Carter, Charlotte, Vice President, Media & Communications Planning - Slingshot, LLC; pg. 265
Carter, Chris, Executive Vice President & Account Director - Deutsch, Inc.; pg. 350
Carter, Christine, Associate Public Relations Director - Backbone Media; pg. 579
Carter, Dan, Executive Vice President & Managing Director - Racepoint Global; pg. 640
Carter, Don, Creative Director - Adams & Knight Advertising; pg. 322
Carter, Dorothy, Manager, CTN Production - Ketchum; pg. 542
Carter, Gail, President & Chief Client Leadership Officer - Schafer Condon Carter; pg. 138
Carter, Gillian, Senior Marketing Manager, Client Development - BrandTrust, Inc.; pg. 4
Carter, J.J., President, North America - FleishmanHillard; pg. 605
Carter, Jay, Executive Vice President & Director, Strategy Services - Abelson-Taylor; pg. 25
Carter, Jed, Partner & Designer - MK12 Studios; pg. 191
Carter, Jennifer, Director, Channel Engagement - Lewis Communications; pg. 100
Carter, Jessica, Account Director - Drake Cooper; pg. 64
Carter, John, Senior Vice President - Archetype; pg. 33
Carter, Katie, Senior Vice President, Global Human Resources - Edelman; pg. 600
Carter, Lauren, Director - Weber Shandwick; pg. 661
Carter, Lee, Account Director - Mower; pg. 628
Carter, Lori, Manager, Media Services - Media Partners, Inc.; pg. 486
Carter, Marilyn, Creative Services Director - Sherry Matthews Advocacy Marketing; pg. 140
Carter, Megan, Associate Director, Business Intelligence - Strategy & Analytics - Mindshare; pg. 491
Carter, Michelle, Brand Supervisor - Cronin; pg. 55
Carter, Mimi, U.S. General Manager & Senior Vice President - Proof Inc.; pg. 449
Carter, Pem, Office Manager - Spurrier Group; pg. 513
Carter, Ryan, Associate Creative Director - DDB Chicago; pg. 59
Carter, Tina, Senior Account Executive - Clear Channel Outdoor; pg. 551
Carter, Will, Designer - O'Keefe Reinhard & Paul; pg. 392
Carter Jr., Daniel, Executive Vice President & Managing Director - North America - Racepoint Global; pg. 640
Cartin, Stephanie, Co-Chief Executive Officer - Socialfly; pg. 688
Cartland, Susan, Senior Producer - DDB Chicago; pg. 59
Cartlidge, Brianne, Senior Account Director -

Mosaic North America; pg. 389
Carton, Sean, Chief Strategy Officer - Idfive; pg. 373
Cartwright, Daniel, Group Media Director - MODCoGroup; pg. 116
Cartwright, Jennifer, Negotiator, Local Activation - Zenith Media; pg. 531
Cartwright, Keith, Executive Creative Director - 72andSunny; pg. 23
Cartwright, Liz, Creative Director - TBWA \ Chiat \ Day; pg. 146
Cartwright, Michael, Vice President & Group Director, Content Solutions - Publicis North America; pg. 399
Cartwright, Tracey, Group Broadcast Director - OMD Seattle; pg. 502
Cartwright, Vanessa, Chief Executive Officer & Managing Partner - Fluid, Inc.; pg. 235
Caruso, Brittany, Director, Paid Social - Mindshare; pg. 491
Caruso, David F., Chief Operating Officer - United Entertainment Group; pg. 299
Caruso, Dom, President & Chief Executive Officer - BBDO Canada; pg. 330
Caruso, Joe, Creative Director - Dorn Marketing; pg. 64
Caruso, John, Director, Business Development - Elisco Advertising; pg. 68
Caruso, John, Partner & Chif Creative Director - MCD Partners; pg. 249
Caruso, Jonathan, Manager, Digital Analytics - Buyer Advertising, Inc.; pg. 338
Caruso, Joseph, Managing Director, Strategic Communications - Glover Park Group; pg. 608
Caruso, Stephanie, Senior Manager, Social Marketing - 360i, LLC; pg. 320
Carvalho, Irene, Director, Media & Client Services - Carey O'Donnell Public Relations Group; pg. 588
Carvalho, Matt, Director, Digital - Character; pg. 5
Carvalho, Mayte, Director, Business Strategy - TBWA \ Chiat \ Day; pg. 146
Carver, Allie, Associate Planning Director - Wavemaker; pg. 526
Carver, Andrea, Account Supervisor - Luckie & Company; pg. 382
Carver, Deonna, Chief Finance Officer - On Ideas; pg. 394
Carver, Joanna, Executive Creative Director - Grey Group; pg. 365
Carver, Kate, Account Supervisor - ICF Next; pg. 615
Carver, Ken, Associate Media Director, National Investments - Campbell Ewald; pg. 46
Carver, Nathan, Chief Technology Officer, Media - Americas - Dentsu Aegis Network; pg. 61
Carver, Tom, Production Manager - WRK Advertising; pg. 163
Casabella, Amanda, Associate Creative Director - Archer Malmo; pg. 32
Casabielle, Krysten, Account Director - Pinta USA, LLC; pg. 397
Casadaban, Giselle, Senior Associate, Brand Management - Markstein; pg. 625
Casagrande, Corinne, Senior Vice President, Strategy & Digital - Broadbeam Media; pg. 456
Casagrande, Samantha, Media Director - Wieden + Kennedy; pg. 432
Casal, Ricardo, Executive Creative Director & Partner - GUT Miami; pg. 80
Casale, Michelle, Senior Brand Manager - 72andSunny; pg. 23
Casale, Tony, Chief Executive Officer - American Opinion Research - Integrated Marketing Services, Inc.; pg. 375
Casamayor, Luis, President & Co-Founder - Republica Havas; pg. 545
Casanova, Antonio, Vice President, Search -

PERSONNEL AGENCIES

Starcom Worldwide; *pg.* 513
Casanova, Casey, Account Director - Borders Perrin Norrander, Inc.; *pg.* 41
Casao, Lucas, Director, Creative - Arnold Worldwide; *pg.* 34
Casar, Brielle, Digital Media Supervisor - MediaCom; *pg.* 487
Casarez, Nereida, Vice President, Media - Walker Advertising, Inc.; *pg.* 546
Casas, Caroline, Associate, User Experience Design - MullenLowe U.S. Boston; *pg.* 389
Casas, Ray, President - Wragg & Casas Public Relations, Inc.; *pg.* 663
Casasco, Gordy, Vice President, SEO & Content - JumpCrew; *pg.* 93
Cascarino, Matthew, Vice President & Executive Creative Director - FARM; *pg.* 357
Cascella, Dana, Partner & Senior Director, Communications - GroupM; *pg.* 466
Case, Ashley, Associate Director, Analytics - Havas Media Group; *pg.* 468
Case, Bob, Chief Creative Officer - The Lavidge Company; *pg.* 420
Case, Bob, Senior Vice President & Creative Director - Katz Media Group, Inc.; *pg.* 481
Case, Courteney, Account Executive - Big Family Table; *pg.* 39
Case, Dave, President - DJ Case & Associates; *pg.* 597
Case, Joseph, Director, Video - Cramer; *pg.* 6
Case, Melanie, Senior Social Content Producer - Bilingual - Conill Advertising, Inc.; *pg.* 538
Casella, AJ, Associate Media Director - Universal McCann; *pg.* 524
Caselnova, Lisa, Head, Talent & Director, Creative Services - DiMassimo Goldstein; *pg.* 351
Caserta, Joseph, President & Chief Creative Officer - DSC Advertising; *pg.* 66
Caserta, Rich, Senior Art Director - DSC Advertising; *pg.* 66
Casey, Amy, Account Manager - The Marketing Arm; *pg.* 316
Casey, Anne, Vice President, Specialty Services - GMR Marketing; *pg.* 306
Casey, Barbara, Chairman & Chief Executive Officer - Casey & Sayre, Inc.; *pg.* 589
Casey, Brendan, President - Upside Collective; *pg.* 428
Casey, Brendan, Owner - Epic Outdoor Advertising; *pg.* 552
Casey, Clare, Vice President & Group Account Director - Publicis North America; *pg.* 399
Casey, Cristi, Media Buyer - Universal Media, Inc.; *pg.* 525
Casey, Deb, Partner & Director, Client Services - Milk; *pg.* 115
Casey, Dilara, Vice President, Brand & Innovation - 30 Lines; *pg.* 207
Casey, Erica, Senior Vice President, Talent - Digitas; *pg.* 226
Casey, Jennifer, Senior Graphic Designer - S&A Communications; *pg.* 645
Casey, Jim, Managing Director - Red Antler; *pg.* 16
Casey, John, Global Head, Public Relations & Media Relations - Publicis.Sapient; *pg.* 258
Casey, Karena, Vice President, Brand Strategy - e10; *pg.* 353
Casey, Lori, Vice President - Outdoor Nation; *pg.* 554
Casey, Lynn, Chairman - Padilla; *pg.* 635
Casey, Michelle, Account Director - mcgarrybowen; *pg.* 110
Casey, Nicole, Junior Account Executive - Rapport Outdoor Worldwide; *pg.* 556
Casey, R.J., Owner & President - RedTree Productions; *pg.* 563
Casey, Sloane, Negotiator, Digital Partnership - Initiative; *pg.* 477
Casey, Steve, Executive Creative Director - Martin Williams Advertising; *pg.* 106
Casey, Susan, Media Director - Devaney & Associates; *pg.* 351
Casey, Tara, Supervisor, Media - Starcom Worldwide; *pg.* 513
Cash, Carrie, Designer - Pennebaker, LMC; *pg.* 194
Cash, Jackie, Associate Director - Carat; *pg.* 459
Cash, Jada, Creative Director - LoSasso Integrated Marketing; *pg.* 381
Cash, Shannon, Account Manager - Bravo - 360i, LLC; *pg.* 320
Cashen, Colby, Senior Account Manager - The Trade Desk; *pg.* 520
Cashen, Dennis, Associate Director, Media Planning - MGH Advertising ; *pg.* 387
Cashen, Matthew, Associate Director - Starcom Worldwide; *pg.* 513
Cashill, Charlotte, Senior Account Director - Publicis.Sapient; *pg.* 259
Cashman, Alyssa, Senior Producer - Droga5; *pg.* 64
Cashman, Nicole, Founder, President & Chief Executive Officer - Cashman & Associates; *pg.* 589
Cashman, Sara, Director, Video Partnerships - Initiative; *pg.* 477
Cashman, Sean, Vice President, Group Account Director - iProspect; *pg.* 674
Cashman, Tony, President & Chief Executive Officer - Cashman & Katz Integrated Communications; *pg.* 340
Cashmore, Drew, Head, Marketing & Go To Market - Walmart Media Group; *pg.* 684
Casi, John, Director, Business Development - PriceWeber Marketing Communications, Inc.; *pg.* 398
Casiano, Ashley, Associate Media Director - RPA; *pg.* 134
Casiean, Jena, Senior Operations Manager - 72andSunny; *pg.* 23
Casillas, Francesca, Art Director - Dailey & Associates; *pg.* 56
Casillas, Robert, Group Creative Director - David&Goliath; *pg.* 57
Caslowitz, Erin, Associate Director, Analytics - Stella Rising; *pg.* 518
Casolaro, Angela, Director, Business Development - iCrossing; *pg.* 240
Cason, Wesley, Associate Director - AKQA; *pg.* 211
Caspari, Matt, Partner, Creative Director & Copywriter - Caspari McCormick; *pg.* 340
Casper, Christian, Digital Director - Kidzsmart Concepts; *pg.* 188
Cass, Steven, Comptroller - Rueckert Advertising; *pg.* 136
Cassatta, Matthew, Director, Creative - DiMassimo Goldstein; *pg.* 351
Cassel, Gina, Senior Vice President, Operations - Reckner; *pg.* 449
Cassell, Charley, Chief Financial Officer - Vibes Media; *pg.* 535
Cassell, Dana, Senior Manager, Strategy - Bigeye Agency; *pg.* 3
Cassels, David, Chairman - CCL Branding; *pg.* 176
Cassens, Meghan, Manager, Account - Tether; *pg.* 201
Casserly, Robert, Partner & Strategic Director - Agency Underground; *pg.* 1
Casserly, Tammy, Director, Connections & Relationships - Primal - Allen & Gerritsen; *pg.* 29
Cassese, Adria, Assistant Media Director - The Variable; *pg.* 153
Cassese, Marco, Partner & Chief Creative Officer - Acento Advertising, Inc.; *pg.* 25
Cassetta, Miro, Strategist, Social Connections - T3; *pg.* 268
Cassiday, Grant, Associate Media Director - Rhea & Kaiser Marketing ; *pg.* 406
Cassidy, Colbie, Media Planner - Mediahub New York; *pg.* 249
Cassidy, JD, President - Saatchi & Saatchi Wellness; *pg.* 137
Cassidy, Joan, Vice President, Marketing & Communications - Lieberman Research Worldwide; *pg.* 446
Cassidy, John, Chief Executive Officer - The Yaffe Group; *pg.* 154
Cassidy, Melanie, Vice President, Account Services - Otey White & Associates; *pg.* 123
Cassidy, Michael, Chief Executive Officer - Brand Value Accelerator; *pg.* 42
Cassidy, Mike, Executive Vice President & Account Group Supervisor - Mason Marketing; *pg.* 106
Cassidy, Sean, President - DKC Public Relations; *pg.* 597
Cassidy, Tracey, General Manager- New York - Allison+Partners; *pg.* 576
Cassino, Chris, Chief Operating Officer - Refuel Agency; *pg.* 507
Casson, Linda, Director, Production Business Affairs - Argonaut, Inc.; *pg.* 33
Cassorla, Lori, Vice President & Group Director, Video Investments - Mediahub Boston; *pg.* 489
Cast, Frauke, Head, Business Operations - Just Media, Inc.; *pg.* 481
Castagna, Serge, Creative Director - Barkley; *pg.* 329
Castaneda, Flor, Producer, Print & Digital - Casanova//McCann; *pg.* 538
Castaneda, John, Art Director & Associate Creative Director - Gyro; *pg.* 368
Castellani, Meredith, Media Supervisor - Noble People; *pg.* 120
Castellano, Andria, Executive Producer - Pure Growth; *pg.* 507
Castellano, Christian, Managing Director, Strategy - Sullivan; *pg.* 18
Castellanos, Emilio, Co-Founder & Chief Executive Officer - Avanti Interactive, LLC; *pg.* 214
Castellanos, John, Media Supervisor - Starcom Worldwide; *pg.* 513
Castellanos, Misty, Planning Strategist - Mindstream Media Group - Dallas; *pg.* 496
Castelli, Auro Trini, Chief Strategy Officer - Elephant; *pg.* 181
Castelli, Ben, Agency Director - Room 214; *pg.* 264
Castelli, Nicholas, Director, Strategy - MVC Agency; *pg.* 14
Castellini, Bridget, Partner & Chief Operating Officer - Wordsworth Communications; *pg.* 663
Castellini, Stacey, Account Manager - Empower; *pg.* 354
Castiglione, Aaron, Creative Director - Anderson Advertising; *pg.* 325
Castillo, Andrea, Assistant Broadcast Production - Zimmerman Advertising; *pg.* 437
Castillo, Andrew, Media Buying Analyst - Hawke Media; *pg.* 370
Castillo, Gabriela, Account Supervisor - Edelman; *pg.* 353
Castillo, Jason, Creative Director - Imagine; *pg.* 241
Castillo, Jessica, Digital Media Buyer & Planner - Love Advertising; *pg.* 101
Castillo, Joe, Associate Media Director - Universal McCann; *pg.* 521
Castillo, Katie, Executive Director, Media Relations - Golin; *pg.* 609

AGENCIES

PERSONNEL

Castillo, Lydia, Senior Account Executive - Finn Partners; *pg.* 604
Castillo, Miranda, Senior Digital Communications Specialist - MRM//McCANN; *pg.* 252
Castillon, John, Director, Creative - Badger & Winters; *pg.* 174
Castle, Amy, Senior Media Buyer - Daniel Brian Advertising; *pg.* 348
Castle, Anna, Account Manager - Rise Interactive; *pg.* 264
Castle, Dana, Principal & Director, Strategy - Function:; *pg.* 184
Castle, Don, Senior Director, Digital Strategy & Partnerships - Infogroup; *pg.* 286
Castle, Jon, President, Nissan United & Global Clients - TBWA \ Chiat \ Day; *pg.* 416
Castleberry, Sue, Senior Business Manager- Doner - Media Assembly; *pg.* 385
Casto, Chuck, Senior Vice President - Creative Partners, LLC; *pg.* 346
Caston, Janice, Vice President, Brand Marketing Operations - Toluna; *pg.* 450
Caston, Melissa, Director, Digital Delivery - Harte Hanks, Inc.; *pg.* 284
Castrillon, Macarena, Manager, Account - dentsu X; *pg.* 61
Castro, Carmen, Vice President - Roslow Research Group; *pg.* 449
Castro, Jemilly, Strategy Director - Energy BBDO, Inc.; *pg.* 355
Castro, Jenifer, Senior Analyst, Analytics & Insights - Carat; *pg.* 459
Castro, Joe, Search Engine Marketing Manager - Elevation Marketing; *pg.* 67
Castro, Josie, Vice President & Director, Channel Planning - McCann New York; *pg.* 108
Castro, Marcelo, President & Chief Executive Officer - MarketLogic; *pg.* 383
Castro, Paul, Account Supervisor - Spark44; *pg.* 411
Castro, Raquel, Brand Manager - Wieden + Kennedy; *pg.* 432
Castro, Sergio, Vice President - North America & Group Director - Digital Studio - Digitas; *pg.* 228
Castro, Steve, Director, Digital Development - EGC Media Group, Inc.; *pg.* 354
Castro, Tavo, Executive Business Director, Strategy - Hearts & Science; *pg.* 473
Caswell, Morgan, Local Marketing Manager - Location3 Media; *pg.* 246
Catalani, Rachel, Vice President, Marketing Strategies - MDC Partners, Inc.; *pg.* 385
Catalano, Andrew, Chief Digital Officer - Austin & Williams Advertising; *pg.* 328
Catalano, Keith, Senior Engineer, Software - Clockwork Active Media; *pg.* 221
Catalano, Michael, Media Director - R&R Partners; *pg.* 131
Catalano, Rob, Principal & Executive Creative Director - B&P Advertising; *pg.* 35
Catalano, Robert, Partner & Executive Creative Director - B&P Advertising; *pg.* 35
Cataldo, Andy, Vice President, Analytics - VaynerMedia; *pg.* 689
Catalina, Michael, Director, Business Development - Conversant, LLC; *pg.* 222
Catalinac, Kate, Creative Director - BBDO San Francisco; *pg.* 330
Catanzaro, Michael, Director, Business Partnerships - Vitro Agency; *pg.* 159
Catanzaro, Victoria, Digital Manager - Blue 449; *pg.* 455
Catapano, Frank, Managing Partner - Reach Agency; *pg.* 196
Catchpole, Sherry, Executive Vice President, Operations - USIM; *pg.* 525
Cate, John, Chief Executive Officer - Mediasmith, Inc. ; *pg.* 490

Cate, Justin, Art Director - The MX Group; *pg.* 422
Cate, Molly, Founding Partner & Chief Innovation Officer - Jarrard Phillips Cate & Hancock; *pg.* 616
Caterisano, Katerina, President & Creative Director - Network Design & Communications; *pg.* 253
Cates, Bob, Co-Founder & Director, Digital Strategy - Ten Peaks Media; *pg.* 269
Cathel, Karen, Senior Vice President & Executive Creative Director - Doner; *pg.* 63
Cathey, Cale, Director, Art - Drake Cooper; *pg.* 64
Cathey, Marva, Vice President & Media Director - Camelot Strategic Marketing & Media; *pg.* 457
Cathmoir, Gord, Director, Print Studio Operations - Leo Burnett Toronto; *pg.* 97
Cati, Lena, Senior Account Executive & Vice President - The Equity Group, Inc.; *pg.* 653
Catletti, Sarah, Account Supervisor - R&R Partners; *pg.* 131
Cato, Jon, Partner & Chief Executive Officer - Object 9; *pg.* 14
Cato, Justin, Principal & Co-Founder - Ripcord Digital, Inc.; *pg.* 264
Catrenich, Kristin, Account Manager - Strategic America; *pg.* 414
Catrone, Richard, Executive Vice President, Global Operations - Engine; *pg.* 444
Catterson-Iaboni, Amy, Director, Media - Chief Media ; *pg.* 281
Catton, Jessica, Senior Art Director - DaynerHall Marketing & Advertising; *pg.* 58
Catucci, Deirdre, Co-Founder & Director - Madison Avenue Social; *pg.* 103
Catucci, Lisa, Vice President, Group Partner - Universal McCann; *pg.* 521
Cau, Jia, Account Executive - BBDO Canada; *pg.* 330
Caudill, Michael , President & Chief Executive Officer - Driven 360; *pg.* 598
Caudle, Maggie, Senior Manager - Weber Shandwick; *pg.* 660
Caufield, Chad, Managing Partner - MMB; *pg.* 116
Caughell, John, Associate, Business Development - IBM iX; *pg.* 240
Caughey, Wells, Director, Technology - Second Story Interactive; *pg.* 265
Cauich, Nancy, Associate Director, Video Partnerships - Initiative; *pg.* 478
Cauller, Kelli, Supervisor, Media - Starcom Worldwide; *pg.* 516
Cauvel, Elizabeth, Director, Creative - MRY; *pg.* 252
Cavadeas, Kacy, Partner & Director - Mindshare; *pg.* 494
Cavadi , Alycia, Principal - Momentum Media PR; *pg.* 628
Cavagnaro, Nataly, Vice President, Group Partner, Portfolio Management - Universal McCann; *pg.* 521
Cavalieri, Gina, Team Coordinator - Wavemaker; *pg.* 526
Cavallaro, Christine, Manager, Marketing - Arnold Worldwide; *pg.* 33
Cavallaro, Mike, Senior Art Director - Munroe Creative Partners; *pg.* 192
Cavallaro, Nicole, Managing Partner & Digital Investment Lead - Wavemaker; *pg.* 526
Cavallaro, Rick, Chief Scientist - SportVision; *pg.* 266
Cavallo, Gena, Manager, Print & Production - Keenan-Nagle Advertising; *pg.* 94
Cavallo, Kristen, Chief Executive Officer - The Martin Agency; *pg.* 421
Cavanagh, Samantha, Coordinator, Public Relations & Communications - Droga5; *pg.* 64

Cavanah, Cassandra, Managing Partner - mWEBB Communications ; *pg.* 630
Cavanaugh, Colleen, Account Director - Uproar; *pg.* 657
Cavanaugh, Jim, Senior Vice President & Managing Director - Jack Morton Worldwide; *pg.* 308
Cavanaugh, Kyle, Associate Creative Director - Publicis West; *pg.* 130
Cavanaugh, Mark, Account Director - SMITH; *pg.* 266
Cavanaugh Moyer, Kaitlin, Vice President - Vault Communications, Inc.; *pg.* 658
Cavarretta, Diane, Manager, Production - Z-Card North America; *pg.* 294
Cavazos, Cheyenne, Account Manager - The Sunflower Group; *pg.* 317
Cavazos, Susie, Vice President, Business Development - Adcetera; *pg.* 27
Cavazzini, Frank, Chief Financial Officer - VMLY&R; *pg.* 160
Cavender, Erin, Coordinator, Media Campaign - Kroger Media Services; *pg.* 96
Cavender, Jim, Art Director - RMR & Associates; *pg.* 407
Caver, Morgan, Account Coordinator - General Motor's Cadillac - Martin Retail Group; *pg.* 106
Caverno, Kate, Account Director - MorseKode; *pg.* 14
Cavey, Raleigh, Specialist, Influencer Marketing - Empower; *pg.* 354
Cavness, Barbara, Chief Executive Officer - (un)Common Logic; *pg.* 671
Cavoli, Eric, Creative Director - Cashman & Katz Integrated Communications; *pg.* 340
Cavolo, Sara, Associate Director, Client Services - Mosaic North America; *pg.* 312
Cawley, Jennifer, Senior Vice President - Crossroads; *pg.* 594
Cawood, Liz, President - Cawood; *pg.* 340
Cawood, Nathan, Operations Director - Cawood; *pg.* 340
Cawood, Steve, Senior Vice President, Digital Partnerships Marketing - Triad Retail Media; *pg.* 272
Caywood, Scott, President - CCL Branding; *pg.* 176
Cazier, Clay, Vice President, Search Strategy - ForwardPMX; *pg.* 360
Cearley, Mike, Global Managing Director, Social & Innovation - FleishmanHillard; *pg.* 605
Cebeci, Selin, Global Digital Media Director - MediaCom; *pg.* 487
Cecchetto, Cheryl, Founder & President - Sequoia Productions; *pg.* 314
Cecchini, Lisa, Vice President, Media & Analytics - Situation Interactive; *pg.* 265
Cecere, Joe, President & Chief Creative Officer - Little & Company ; *pg.* 12
Cecere, Michael, Partner - Foxx Advertising & Design; *pg.* 184
Cecere, Tim, Senior Partner & Human Resources Director - North America - Mindshare; *pg.* 491
Cecil, Natalee, Director, Brand Media & Partnerships - PMG; *pg.* 257
Cedroni, Kelly, Project Director - Basso Design Group; *pg.* 215
Ceglarski, Sarah, Partner, Chief Marketing Officer - Omelet; *pg.* 122
Celebican, Can, Vice President, Global Business Development - Brand Institute, Inc.; *pg.* 3
Celerier, Eric, Senior Vice President & Director, Client Financial - Publicis Health; *pg.* 639
Celis, Natalia, Producer - David&Goliath; *pg.* 57
Celizic, Zachary, Programmatic Manager -

PERSONNEL

Digitas; *pg.* 226
Cella, Chris, Director, Media Production - Dagger; *pg.* 224
Celli, Allison, Associate Director, Creative - Sparks; *pg.* 315
Celli, Jennifer, Supervisor, Media - Mediahub Boston; *pg.* 489
Celusniak, Maria, Manager, Marketing Strategy & Services - Voveo Marketing Group ; *pg.* 429
Cence, Daniel, Executive Vice President - Solomon McCown & Co., Inc.; *pg.* 648
Cendra, Silvina, Head, Strategy & Planning - Gallegos United; *pg.* 75
Cenna, Jeff, Vice President & Creative Director - Energy BBDO, Inc.; *pg.* 355
Center, Katie, Account Coordinator - ABZ Creative Partners; *pg.* 171
Centofante, Denise, Vice President & Group Partner, Portfolio Management - Universal McCann; *pg.* 521
Centofante, Nick, Media Director - VMLY&R; *pg.* 160
Centolella, Richard D., Principal - EDSA ; *pg.* 181
Centra, Melissa, Chief Executive Officer - eView 360 Corporation; *pg.* 182
Centron, Maggie, Accountant - DaynerHall Marketing & Advertising; *pg.* 58
Ceradini, Dave, President & Chief Creative Officer - Ceradini Brand Design; *pg.* 177
Cerami, Charles, Account Executive - Alison Group; *pg.* 681
Cerami, Nick, Founder & President - Cerami Worldwide Communications, Inc.; *pg.* 49
Ceraso, Allison, President & Chief Experience Officer - Havas Health Plus - Havas Health & You; *pg.* 82
Cercone, Len, Co-Founder & Partner - Cercone Brown Company; *pg.* 341
Cerda, Lu, Co-Founder & Managing Partner - New Tradition; *pg.* 554
Ceresoli, Tony, Founder & President - Ad Partners, Inc.; *pg.* 26
Cermak, Dave, Creative Director - Trungale, Egan & Associates; *pg.* 203
Cerone, Justin, Chief Executive Officer & Creative Director - Lincoln Digital Group; *pg.* 246
Cerrato, Janet, Executive Vice President, Media Director - 14th & Boom; *pg.* 207
Cerri, Martin, Group Creative Director - Conill Advertising, Inc.; *pg.* 538
Cerri, Martin, Co-Founder & Chief Creative Strategist - Upstreamers; *pg.* 428
Cerruti, James, Senior Partner, Strategy & Research - Tenet Partners; *pg.* 19
Cerulli, Jennifer, Senior Vice President & Management Supervisor - Ogilvy CommonHealth Worldwide; *pg.* 122
Cerullo, Sam, Group Creative Director - Leo Burnett Toronto; *pg.* 97
Cervantes, Carlos, Associate Media Director - dentsu X; *pg.* 61
Cervantes, Michael, Director, Digital Marketing - Ai Media Group, LLC; *pg.* 211
Cervantes, Paola, Account Director - Orci; *pg.* 543
Cervantes, Patrick H., Junior Vice President, Communications - Petrol; *pg.* 127
Cervera, Tina, Chief Creative & Digital Officer - Lippe Taylor; *pg.* 623
Cervoni, Michael, Digital Director - MRM//McCANN; *pg.* 289
Cesa, Gianna, Vice President - Behrman Communications; *pg.* 582
Cesar Celis, Paulo, Chief Investment Officer - Mindshare; *pg.* 495
Cesarec, Jeremy, Director, Strategy - Planet Propaganda; *pg.* 195
Cesarkas Handelman, Yael, Executive Strategy Director - R/GA; *pg.* 261
Ceska, Patrick, Senior Account Executive & Partner - Morton, Vardeman & Carlson; *pg.* 389
Cestaro, Nicole, Associate Director, Strategy - Team One; *pg.* 417
Cesvet, Bertrand, Chief Executive Officer & Senior Partner - Sid Lee; *pg.* 140
Cetz, Jesse, Digital Marketing Coordinator - Adpearance; *pg.* 671
Ceurvorst, Kaileigh, Supervisor, Shopping & Performance Strategy- Kia - Canvas Worldwide; *pg.* 458
Cevalte, Vincent, Digital Activation Director - OMD West; *pg.* 502
Cha, Jessica, Associate Director, Digital Media - OMD; *pg.* 498
Cha, Michael, Vice President, Search Engine Marketing - Horizon Media, Inc.; *pg.* 474
Chaba, Sy, Chief Investment Officer - Kelly, Scott & Madison, Inc.; *pg.* 482
Chaban, Jeff, Senior Vice President & Group Director, Analytics & Insights - Spark Foundry; *pg.* 510
Chabot, Elizabeth, Brand Planner - VMLY&R; *pg.* 160
Chabot, Jessica, Vice President, Client Services - Millennium Integrated Marketing; *pg.* 387
Chabot, Kelsey, Social Media Manager - MMGY Global; *pg.* 388
Chacko, Caren, Vice President, Brand Management - The Beanstalk Group; *pg.* 19
Chacon, Brian, Vice President, Technology - Mob Scene; *pg.* 563
Chacon, Isaac, Manager, Digital Media Buying & Strategy - CertainSource; *pg.* 672
Chadha, Anika, Digital Manager - Publicis.Sapient; *pg.* 260
Chadwell, Keith, Chief Operations Officer - SourceLink, LLC; *pg.* 292
Chadwick, Katlin, Partner & Director, Client Strategy - South; *pg.*
Chadwick, Michael, President - CCM, Inc.; *pg.* 341
Chadwick, Philip, Director, Creative Services & Information Technology - Sun & Moon Marketing Communications, Inc.; *pg.* 415
Chae, Sandra, Associate Director - Rufus/Amazon - Initiative; *pg.* 478
Chafe, Paulette, Executive Director, Marketing Science - Hearts & Science; *pg.* 473
Chafer, Sarah, Senior Vice President, Global Performance Sales - Tapjoy; *pg.* 535
Chaffee, Kevin, Senior Account Executive - Qorvis Communications, LLC; *pg.* 640
Chaffer, Elliott, Executive Creative Director - Trollback & Company; *pg.* 203
Chaffin, Jimmy, Managing Partner, Digital - DVL Seigenthaler; *pg.* 599
Chaffiotte, Jules, Developer, New Business - FF Creative; *pg.* 234
Chai, Barbara, Global Head, Content Strategy - Publicis.Sapient; *pg.* 258
Chai, Meei, Associate Director, Strategic Planning - Wavemaker; *pg.* 526
Chaiken, Erin, Account Executive - Think Motive; *pg.* 154
Chaisson, Emily, Group Art Supervisor - BioLumina; *pg.* 39
Chaisson, Evan, Vice President & General Manager, Digital Evaluation Division - 3 Birds Marketing; *pg.* 207
Chait, Allison, Manager, Engagement - Huge, Inc.; *pg.* 240
Chakrabarty, Lily, Executive Vice President - Starcom Worldwide; *pg.* 517
Chakraborty, Adris, Founder - MediaMorphosis; *pg.* 543
Chakravorti, Mimi, Executive Director, Strategy - Landor; *pg.* 11

AGENCIES

Chaleunsouk, Kampi, Senior Vice President , Client Service- West Coast - Ink Link Marketing LLC; *pg.* 615
Chalfant Parker, Adrienne, Account Director - Rightpoint; *pg.* 263
Challis, Dean, Head, Communications Strategy - Droga5; *pg.* 64
Chalmers, Katie, Senior Account Executive - Murphy O'Brien, Inc.; *pg.* 630
Chamberlain, Anna, Manager, Corporate Communications - Mindshare; *pg.* 491
Chamberlain, David, Executive Creative Director - North America - Momentum Worldwide; *pg.* 117
Chamberlain, Dianne, Account Coordinator - Nancy Marshall Communications ; *pg.* 631
Chamberlain, Jeanne, Senior Associate, Advertising Technology, Advanced Analytics & Insights - Starcom Worldwide; *pg.* 513
Chamberlin, Andrea, Senior Media Buyer, Market Engagement & Public Relations - Madden Media; *pg.* 247
Chamberlin, Chris, Digital Media Analyst - Team One; *pg.* 418
Chamberlin, Matt, Senior Partner & Managing Director - Mindshare; *pg.* 493
Chamberlin, Michael, Managing Director - Huge, Inc.; *pg.* 240
Chamberlin, Terra, Group Account Director - E29 Marketing; *pg.* 67
Chambers, Chris, Chief Executive Officer - MJM Creative; *pg.* 311
Chambers, Elise, Account Manager - Mission North; *pg.* 627
Chambers, Grant, Founder & Chief Executive Officer - Workhorse Marketing; *pg.* 433
Chambers, Heather, Senior Vice President & Creative Director - Leo Burnett Toronto; *pg.* 97
Chambers, Janet, Director, Account Management - Haberman; *pg.* 369
Chambers, Kaci, Media Supervisor - Spark Foundry; *pg.* 510
Chambers, Mary, Media Strategist - PHD Chicago; *pg.* 504
Chambers, Sherri, Executive Vice President, Brand Stewardship & Growth - 360i, LLC; *pg.* 320
Chambers, Yohannes, Media Supervisor - Digitas; *pg.* 226
Chambliss, Will, Group Creative Director - McKinney; *pg.* 111
Chamlin, Andrew, Chief Marketing Officer - McCann Health New York; *pg.* 108
Chammas, Diana, Production Manager - Biscuit Filmworks; *pg.* 561
Chamorro, Melisa, Associate Creative Director - Droga5; *pg.* 64
Champa, Tracee, Vice President & Account Director - New Honor Society; *pg.* 391
Champagne, Devon, Sales Manager - Black Bear Design Group; *pg.* 175
Champenois, Vincent, Design Director - Zync Communications Inc.; *pg.* 22
Champion, Leigh, Supervisor - OMD Atlanta; *pg.* 501
Champoux, Holly, Director, Digital Advertising Operations - Carat; *pg.* 461
Chan, Adrian, Associate Creative Director - Droga5; *pg.* 64
Chan, Alex, Senior Vice President & Group Director - Initiative; *pg.* 477
Chan, Allison, Media Director - 22squared Inc.; *pg.* 319
Chan, Brandon, Analyst, Marketing Sciences - OMD; *pg.* 498
Chan, Carman, Account Director - Myriad Travel Marketing; *pg.* 390
Chan, Chris, Associate Account Director - Wilen Media Corporation; *pg.* 432

750

AGENCIES — PERSONNEL

Chan, Christopher, Project Coordinator - InnerWorkings, Inc.; *pg.* 375
Chan, Elle, Co-Founder & Executive Producer - Trademark Event Promotions, Inc.; *pg.* 317
Chan, Ernest, Junior Art Director - DiMassimo Goldstein; *pg.* 351
Chan, Eva, Director, New Business - Carat; *pg.* 459
Chan, Jennifer, Vice President & Director, Digital & Client Partner - Horizon Media, Inc.; *pg.* 473
Chan, Joanne, Chief Executive Officer - Turner Duckworth; *pg.* 203
Chan, John, Director, Software Lab - ISM, Inc.; *pg.* 168
Chan, Julie, Manager, Financial - Formative; *pg.* 235
Chan, Kevin, Group Creative Director - Barbarian; *pg.* 215
Chan, Kevin, Senior Director, Esports - United Entertainment Group; *pg.* 299
Chan, Minette, Senior Media Buyer & Planner - Zehnder Communications, Inc. ; *pg.* 437
Chan, Ming, Founder & Chief Executive Officer - The1stMovement, LLC; *pg.* 270
Chan, Ryan, Director, Communications Strategy - Generator Media + Analytics; *pg.* 466
Chan, Stephanie, Account Manager - SHIFT Communications LLC; *pg.* 647
Chance, Erika, Associate Director, Brand Strategy - Signal Theory; *pg.* 141
Chance, Sarah, Senior Account Manager - Nissan North America & Nissan Commercial Vehicles - Critical Mass, Inc.; *pg.* 223
Chandler, Barbara, Group Account Director - Deutsch, Inc.; *pg.* 349
Chandler, Daniel, Executive Creative Director - Sid Lee; *pg.* 141
Chandler, Jessica, Senior Program Manager - Liquid Agency, Inc.; *pg.* 12
Chandler, Seth, Chief Executive Officer - DCA / DCPR; *pg.* 58
Chandramohan, Dhanya, Group Director, Digital Investment - OMD; *pg.* 498
Chandrasekhar, Preethi, Senior Manager, Account - Big Sky Communications; *pg.* 583
Chane Abend, Sarah, Senior Client Partner - rDialogue; *pg.* 291
Chaney, Sarah, Account Coordinator - Woodruff; *pg.* 163
Chang, Angela, Manager, Digital Analytics - Golin; *pg.* 609
Chang, Annie, Vice President, Biotech Investor Relations - Solebury Trout; *pg.* 648
Chang, Bora, Associate Director, Communications Planning - Vizeum; *pg.* 526
Chang, Catrina, Account Director - Matte Projects; *pg.* 107
Chang, Ciera, Public Relations & Content Manager - Taylor & Pond Interactive; *pg.* 269
Chang, Cindy, Strategy Associate - Spark Foundry; *pg.* 512
Chang, Clara, Global Manager, Portfolio Management - Universal McCann; *pg.* 428
Chang, David, Managing Director, Tech Strategy - Fancy Pants; *pg.* 233
Chang, Edward, Vice President & Group Director - A Partnership, Inc.; *pg.* 537
Chang, Howard, Co-Founder - The Turn Lab Inc.; *pg.* 425
Chang, Iris, Associate Director - Starcom Worldwide; *pg.* 513
Chang, Janet, Vice President, Social & Accounts - bpg advertising; *pg.* 42
Chang, Jennie, Director, Analytics - Canvas Worldwide; *pg.* 458
Chang, Jennifer, Strategist, Brand & Integrated - Campbell Ewald New York; *pg.* 47
Chang, Jenny, Account Director - PKPR; *pg.* 637

Chang, JoAnn, Account Executive - Landers & Partners; *pg.* 379
Chang, Karol, Strategy Director - Grey Group; *pg.* 365
Chang, Michael, Executive Director, Project Management - WongDoody; *pg.* 433
Chang, Roger, Senior Brand Strategist - Heat; *pg.* 370
Chang, Sarah, Associate Director, Planning - Mindshare; *pg.* 491
Chang, Sung, Chief Creative Officer & Executive Vice President - MRM//McCANN; *pg.* 289
Chang, Sunny, Account Director - TAXI; *pg.* 146
Chang, Theresa, Senior Partner & Group Account Director - MediaCom; *pg.* 487
Chang-Faulk, Rainah, Vice President - Ketchum; *pg.* 542
Changalidi, Elena, Associate Account Manager - Location3 Media; *pg.* 246
Chanin, Eric, Strategy Supervisor - Carat; *pg.* 459
Chanin, Nancy, Senior Vice President, Sales - DMA United; *pg.* 63
Chankowsky, Allen, Founder & Vice President - MBC Marketing, Inc.; *pg.* 568
Chankowsky, Marvin, Owner & President - MBC Marketing, Inc.; *pg.* 568
Channell, Derek, Managing Director, Client Services - DG Communications Group; *pg.* 351
Channon, Parker, Chief Marketing Officer, Founder & Partner - Duncan Channon; *pg.* 66
Chanofsky, Jordan, Owner & Chief Executive Officer - Fusion Public Relations; *pg.* 607
Chansky, Rachel, Art Director - Bigbuzz Marketing Group; *pg.* 217
Chanter, James, Senior Partner & Director - m/SIX; *pg.* 482
Chantres, Melisa, President - Everett Clay Associates, Inc.; *pg.* 602
Chao, Alex, Senior Graphic Designer - p11Creative, Inc.; *pg.* 194
Chao, Amber, Vice President - Brado; *pg.* 336
Chao, Jenny, Account Manager - Moxie Communications Group; *pg.* 628
Chao, Liping, Associate Director, Paid Search - MediaCom; *pg.* 487
Chao, Tim, Media Supervisor - Hearts & Science; *pg.* 473
Chapa, Evelia, Senior Associate, Paid Search - iProspect; *pg.* 674
Chapin, Harry, Chief Executive Officer - Forge Worldwide; *pg.* 183
Chapin, Kayla, Manager, Marketing Coordinators - Adpearance; *pg.* 671
Chapin, Sarah, Media Planner & Buyer - Explore Communications; *pg.* 465
Chapin, Scott, Senior Vice President, Analytics - Marcus Thomas; *pg.* 104
Chaplick, Marion, Chief Client Officer - Razorfish Health; *pg.* 262
Chaplin, Lauren, Senior Vice President & Director, Video Investment - Horizon Media, Inc.; *pg.* 474
Chapman, Cathy, Creative Director & Creative Strategist - Knox Marketing; *pg.* 568
Chapman, David, Executive Vice President, Global Business Integration - Ogilvy CommonHealth Worldwide; *pg.* 122
Chapman, David, Founder & Chief Executive Officer - 919 Marketing; *pg.* 574
Chapman, Doug, Senior Vice President & Creative Director - Precisioneffect; *pg.* 129
Chapman, Errol, Chief Financial Officer - Enterprise Canada; *pg.* 231
Chapman, Joe, Vice President & Managing Director - Qorvis Communications, LLC; *pg.* 640
Chapman, John, Consultant, Lead & Demand Generation - Cox Media; *pg.* 463
Chapman, Karen, Manager, New Business Development - Davidson Belluso; *pg.* 179
Chapman, Kelly, Group Account Director - partners + napier; *pg.* 125
Chapman, Lisa, Manager, Digital - BCW Chicago; *pg.* 581
Chapman, Lon-Given, Executive Vice President - Chapman Cubine & Hussey; *pg.* 281
Chapman, Marci, Chief Information Officer - Zorch; *pg.* 22
Chapman, Melanie, Senior Media Buyer - Martin Retail Group; *pg.* 106
Chapman, Michael, Chief Growth Officer - The Martin Agency; *pg.* 421
Chapman, Nathan, President, Founder & Owner - Firmidable; *pg.* 73
Chapman, Scott, Executive Director, Finance - partners + napier; *pg.* 125
Chapman, Tracy, Director, Strategic Planning - Terri & Sandy; *pg.* 147
Chapman , Kirsten, Managing Director & Prinicpal - Investor Relations - Lippert / Heilshorn & Associates, Inc.; *pg.* 623
Chappell, Colleen, President & Chief Executive Officer - ChappellRoberts; *pg.* 341
Chappell, Jake, Head, Digital Media - Martin Advertising; *pg.* 106
Chappo, Derek, Vice President, Client Experience Digital - Weber Shandwick; *pg.* 662
Chaput, Rob, Co-Founder & Principal - Lighthouse, Inc.; *pg.* 11
Charak, Colette, Account Executive - FCB Chicago; *pg.* 71
Charania, Alina, Client Strategy Associate - rDialogue; *pg.* 291
Charanza, Jenny, Vice President, Client Strategy & Marketing - Mighty & True; *pg.* 250
Charbeneau, Sakinah, Associate Director, Marketing - Resolution Media; *pg.* 676
Charbonneau, Christy, Group Account Director - Novus Media, Inc.; *pg.* 497
Charbonneau, Paul, President & Chief Executive Officer - HCA Mindbox; *pg.* 83
Charbonnet, Donny, Vice President, Media Services - Diane Allen & Associates; *pg.* 597
Chard, Luke, Senior Art Director - Droga5; *pg.* 64
Charest, Joe, Vice President - Katz & Associates, Inc.; *pg.* 686
Charette, John, Vice President & Creative Director - Banfield Agency; *pg.* 329
Charlebois, Stephanie, Director, Strategy - McKinney; *pg.* 111
Charlemagne, Lavell, Senior Finance Manager - AnalogFolk; *pg.* 439
Charles, Allan, President & Chief Creative Officer - TBC; *pg.* 416
Charles, Danny, Associate Director, Digital Investment - Haworth Marketing & Media; *pg.* 470
Charles, Mimi, Manager, Operations & Public Involvement - Wilkinson Ferrari & Company; *pg.* 663
Charles, Taylor, Specialist, Training & Development - Adpearance; *pg.* 671
Charlet, Lindsey, Chief Executive Officer - Hub Collective, Ltd.; *pg.* 186
Charlton, Craig, Chief Executive Officer - SugarCRM; *pg.* 169
Charlton, Peter, Chief Executive Officer & Chief Creative Officer - Ricochet Partners; *pg.* 406
Charlton-Perrin, Donna, Partner & Group Creative Director - Ogilvy; *pg.* 393
Charney, Amanda, Senior Director, Accounts & Operations - Fixation Marketing; *pg.* 359
Charney, Hannah, Account Executive - Cone, Inc.; *pg.* 6
Charney, Paul, Founder & Chief Executive

751

PERSONNEL — AGENCIES

Officer - Funworks; pg. 75
Charpentier, Paul, Vice President & Director, Data & Analytics - Starcom Worldwide; pg. 513
Charpentier, Tina, Senior Vice President, Environmental Sciences & Agriculture - Padilla; pg. 635
Charriez, Awilda, Chief Financial & Operating Officer - The Gate Worldwide; pg. 419
Charron, Jarrod, Account Director - PHD Canada; pg. 504
Charron, Kristin, Vice President, Marketing - Triton Digital; pg. 272
Chartoff, Adam, Vice President & Account Director - Havas Media Group; pg. 470
Chartrand, Ashley, Lead Strategist - MediaCross, Inc.; pg. 112
Chartrand, Gary, Executive Chairman - Acosta, Inc.; pg. 322
Chartrand, Marc, Director - The Reserve Label; pg. 563
Chartrand, Mel, Director - The Reserve Label; pg. 563
Chase, Carrie, Associate Media Director - Starcom Worldwide; pg. 513
Chase, Crystal, Director, Influencer Marketing - AKA NYC; pg. 324
Chase, James, Director, Accounts - Jasculca / Terman & Associates; pg. 616
Chase, Jeff, Creative Director - Walz Tetrick Advertising; pg. 429
Chase, Julie, Corporate Practice Chairperson - Chase Communications; pg. 590
Chase, Justin, Executive Vice President & Head, Innovation & Media - Intouch Solutions, Inc.; pg. 242
Chase, Meredith, Chief Strategy Officer - Swift; pg. 145
Chase, Michael, Director, Brand Management - Venables Bell & Partners; pg. 158
Chase, Pam, Director, New Business Development - Motiv; pg. 192
Chase, Sara, Account Services Director - Drake Cooper; pg. 64
Chase, Sean, Group Account Supervisor - Digitas Health LifeBrands; pg. 229
Chasin, Jamie, Associate Director, Digital Partnerships - Initiative; pg. 477
Chasinov, Nick, Chief Executive Officer - Teknicks; pg. 677
Chasnow, Adam, Vice President, Co-Head, Creative & Executive Creative Director - Crispin Porter + Bogusky; pg. 346
Chason, Gregory, Media Buyer/Planner Integrated - Bloom Ads, Inc.; pg. 334
Chassaignac, Henry, President & Executive Creative Director - Zehnder Communications, Inc.; pg. 436
Chasse, Alicia, Controller - Idea Engineering, Inc.; pg. 88
Chastain, Ali, Senior Strategist - Anomaly; pg. 325
Chastain, David, National Sales Director - Travel, Hospitality & Tourism - Conversant, LLC; pg. 533
Chastain, Zach, Account Director - Monster XP; pg. 388
Chastang, Shane, Group Account Director - Droga5; pg. 64
Chasteen, Amanda, Senior Experience Planner - Gyro; pg. 368
Chatani, Amina, Senior Associate, Portfolio Management - Universal McCann; pg. 521
Chatelain, Olivier, Digital Business Strategist - iProspect; pg. 674
Chater, Paul, Partner & Owner - Marshall Fenn Communications; pg. 625
Chatfield, Heidi, Vice President, Marketing & New Business Development - All Star Incentive Marketing; pg. 565
Chatman, Lauren, Associate Producer, Content Studio - Butler, Shine, Stern & Partners; pg. 45
Chatoff, Dave, Vice President, Strategy & Insights - Brand Connections, LLC; pg. 336
Chatterjee, Ashmita, Director, Account Management - Rise Interactive; pg. 264
Chatterjee, Soham, Senior Copywriter - Leo Burnett Worldwide; pg. 98
Chattong, Julie, Vice President & Director, Digital Production - Innocean USA; pg. 479
Chau, Kristina, Vice President & Director, Client Operations - Starcom Worldwide; pg. 517
Chaudhary, Neera, President, Global Healthcare - Golin; pg. 610
Chaudhri Lenz, Kiran, Director, Business Operations - GTB; pg. 367
Chaudhry, Mackenzie, Associate Media Director - Zimmerman Advertising; pg. 437
Chaudhuri, Anamitra, Vice President, Merkle Analytics - Insurance & Financial Services Practice - Merkle; pg. 114
Chaurero, Carola, Director, New Business - Alma; pg. 537
Chauvin, Jude, Partner, Chief Financial Officer & Chief Operating Officer - Trumpet Advertising; pg. 157
Chaves, Edson, Principal - Daggerwing Group; pg. 56
Chavey, Sarah, Senior Director, Account Strategy - Praytell; pg. 258
Chavez, Daniela, Art Director - Firstborn; pg. 234
Chavez, David, Chief Executive Officer - INGENUITY; pg. 187
Chavez, Melissa, Associate Design Director - Vault49; pg. 203
Chavez, Samantha, Director, Strategy - OMD West; pg. 502
Chavez, Sarah, President - INGENUITY; pg. 187
Chavez, Steve, Chief Creative Officer - Garage Team Mazda; pg. 465
Chavez, Tom, Chief Executive Officer - Krux - Salesforce DMP; pg. 409
Chavez, Tracy, Senior Vice President - Starcom Worldwide; pg. 513
Chavez, Wayne, Co-Chairman & Founder - IMM; pg. 373
Chavkin, Arielle, Group Associate Media Director - Greater Than One; pg. 8
Chavoen, Laura, Executive Strategy Director - mcgarrybowen; pg. 109
Chawla, Amit, Product Manager, Digital Product Management - Publicis.Sapient; pg. 258
Chawla, Amit, Chief Executive Officer - Funambol; pg. 533
Chawla, Sarika, Senior Editor - MMGY Global; pg. 388
Cheaney, Philip, Director, Design - Mekanism; pg. 113
Checco, Allison, Vice President, Accounts - Fast Horse; pg. 603
Checket, Marc, Art Director - Calypso; pg. 588
Chedester, Mitchell, Director, Media - Media Partners Worldwide; pg. 485
Cheek, Jon, Plant Manager - SourceLink, LLC; pg. 292
Cheek, Zachary, Senior Digital Strategist - The Escape Pod; pg. 150
Cheema, Sean, Director, Operations - Derse, Inc.; pg. 304
Cheesman, Michelle, Senior Account Manager - Sturges & Word; pg. 200
Cheetwood, Derk, Principal - Etch Marketing; pg. 357
Chelvanathan, Anthony, Group Creative Director - Leo Burnett Toronto; pg. 97
Chen, Alexis, Director, Strategy - Mindshare; pg. 495
Chen, Allison, Specialist, Public Relations - Archer Malmo; pg. 32
Chen, Angel, Associate Director - J3; pg. 480
Chen, Anita, Office Manager - A.D.K.; pg. 321
Chen, Brandon, Senior Producer, Film - Droga5; pg. 64
Chen, Bryan, Senior Interactive Designer - Tolleson Design; pg. 202
Chen, Cathy, Published Media Supervisor - PHD USA; pg. 505
Chen, Christina, Manager, Programmatic - Mindshare; pg. 491
Chen, Christine, Manager, Communication Design - Initiative; pg. 477
Chen, Christine, Associate Director, Programmatic - Mindshare; pg. 494
Chen, Diana, Vice President & Account Director - Hill Holliday; pg. 85
Chen, Elaine, Vice President, Marketing Communications - WPP Kantar Media; pg. 163
Chen, Erica, Vice President, Strategy - Essence; pg. 232
Chen, Eryn, Assistant Account Executive - WongDoody; pg. 433
Chen, Frances, Associate Designer - Hambly & Woolley, Inc.; pg. 185
Chen, Gordon, Media Buyer & Negotiator - MediaCom; pg. 487
Chen, Hsiao-Yu, Senior Designer - Aniden Interactive; pg. 213
Chen, Ivan, Senior Associate, Marketing Sciences - Mindshare; pg. 491
Chen, Jennifer, Senior Producer, Broadcasting - Droga5; pg. 64
Chen, Jessica, Senior Account Manager - Likeable Media; pg. 246
Chen, Jia, Vice President & Connections Planning Director - Havas Media Group; pg. 468
Chen, Joannie, Manager, Content & Strategy - Spark Foundry; pg. 512
Chen, Josephine, Associate Creative Director - Wunderman Thompson; pg. 434
Chen, Joshua, Principal, Founder & Creative Director - Chen Design Associates; pg. 177
Chen, Lilian, Director, Strategy - Hamazaki Wong Marketing Group; pg. 81
Chen, Lindsey, Supervisor, Social Media Strategy & Community - Canvas Worldwide; pg. 458
Chen, Michael, Director, Technology & Agency Solutions - Canvas Worldwide; pg. 458
Chen, Muzel, Director, Digital Strategy - Stamats Communications; pg. 412
Chen, Pamela, Director, Business Development & Marketing - AKQA; pg. 211
Chen, Sarah, Data Science Analyst - The Boston Group; pg. 418
Chen, Susan, Group Director, Communications Strategy - PHD; pg. 504
Chen, Ted, Senior Vice President, Operations - SportVision; pg. 266
Chen, Terry, Owner - Fuse Interactive; pg. 235
Chen, Tiffany, Associate Media Director - Spark Foundry; pg. 510
Chen, Yang, Senior Manager, Account & Media Planning - Hylink; pg. 240
Chen, Ye-Ling, Senior Vice President, Finance - Lightbox OOH Video Network; pg. 553
Chen, Yufan, Director, Marketing Science - Mindshare; pg. 491
Chen Smith, Szu Ann, Partner & Account Director - Hello Design; pg. 238
Chenevert, Amber, Strategy Director - VMLY&R; pg. 160
Cheng, Anthony, Senior Vice President & Director, Strategy - Starcom Worldwide; pg. 517

AGENCIES — PERSONNEL

Cheng, Courtney, Specialist, Digital Investment - Initiative; *pg.* 478
Cheng, Danielle, Digital Supervisor, Investments - Nestle Waters North America & Nespresso - Neo Media World; *pg.* 496
Cheng, Erica, Senior Digital Analyst - Edelman; *pg.* 601
Cheng, Rita, Vice President, Accounts & Production - interTrend Communications, Inc.; *pg.* 541
Cheng, Sarah, Senior Account Executive - MullenLowe U.S. New York; *pg.* 496
Cheng, Suzanne, Supervisor, Project Management - Innocean USA; *pg.* 479
Cheng, Sy-Jenq, Executive Creative Director & Head, Art - FCB New York; *pg.* 357
Cheng, Tiffany, Associate Director - Zenith Media; *pg.* 529
Cheng, Tiffany, Strategy Supervisor - Palisades Media Group, Inc.; *pg.* 124
Chengary, Lisa, Senior Director, Engagement Strategy - Abelson-Taylor; *pg.* 25
Chenot, Pat, Senior Vice President, Client Services - DiD Agency; *pg.* 62
Chenoweth, Tommy, Head, People Strategy - January Digital; *pg.* 243
Chepigin, Martine, Founder & Managing Partner - INC Design; *pg.* 187
Cherdrungsi, Sukanya, Senior Art Director - A.D. Lubow; *pg.* 25
Cheri, Jaclyn, Manager, Content Marketing & Partnerships - Blue 449; *pg.* 455
Cherian, Joyson, Senior Vice President - Welz & Weisel Communications; *pg.* 662
Chernick, Randi, Senior Partner & Associate Director, National Broadcast - Mindshare; *pg.* 491
Cheronis, Amy, Managing Director - Leo Burnett Worldwide; *pg.* 98
Cheronis, Amy, Chief Integration Officer - MSLGroup; *pg.* 629
Cherpeski, Pat, Senior Vice President & Chief Financial Officer - InterCommunications, Inc.; *pg.* 375
Cherra, Richard, Vice President, Strategy & New Business - MBB Agency; *pg.* 107
Cherrier, Jim, Director, Human Resources - Purohit Navigation; *pg.* 401
Cherry, Judd, Associate Creative Director & Head, Production - XenoPsi; *pg.* 164
Cherry, Renee, Director, Digital Integration - Empower; *pg.* 354
Cherry, Zantoria, Media Director - Starcom Worldwide; *pg.* 513
Chesebro, Jeff, President - Princeton Partners, Inc.; *pg.* 398
Chesire, Jason, Art Director - GoMedia; *pg.* 77
Chesler, Isadora, Senior Vice President & Director, Video Production - RPA; *pg.* 134
Chesley, Jennifer, Director, Digital Marketing - Digital Operative, Inc.; *pg.* 225
Cheslin Guise, Sue, Executive Vice President & Director, Operations - Doner; *pg.* 63
Chesner, Christi, Director, Account Services - Three Box Strategic Communications; *pg.* 656
Chesney, Andrew, President - North America - Fundamental Media; *pg.* 465
Chester, Asher, Director, Performance Marketing - Agency Within; *pg.* 323
Chester, Caroline, Director, Hybrid Planning - Wavemaker; *pg.* 526
Chester, Karl, Senior Graphic Designer - Markstein; *pg.* 625
Chesterman, Christine, Senior Buyer, Media - Active International; *pg.* 439
Chestnut, Brad, Supervisor, Digital Media - Starcom Worldwide; *pg.* 516
Cheung, Amelia, Design Director - Elmwood; *pg.* 181

Cheung, Ivy, Partner & Vice President, Digital Investment - Universal McCann; *pg.* 521
Cheung, Kai, Group Director, Marketing Sciences - OMD; *pg.* 498
Cheung, Leslie, Associate Director - Carat; *pg.* 459
Cheung, Winnie, Director, Sales - East Coast - GumGum; *pg.* 467
Chevalier, Greg, President - Chevalier Advertising, Inc.; *pg.* 342
Chevallier, Frank, Vice President, Software Products - LiveWorld; *pg.* 246
Chew, Alison, Senior Director, Performance Partnerships - Acceleration Partners; *pg.* 25
Chew, Jon, Creative Director - Praytell; *pg.* 258
Chew, Susan, Creative Director - Nostrum, Inc.; *pg.* 14
Chez, Renee, Senior Vice President & Group Account Director - Cramer-Krasselt ; *pg.* 53
Cheza, Amy, Senior Account Executive - The Sussman Agency; *pg.* 153
Chi, Anna, Senior Graphic Designer - Decca Design; *pg.* 349
Chi, Karen, Senior Associate, Strategy - Spark Foundry; *pg.* 512
Chi, Lisa, Digital Media Planner - Crossmedia; *pg.* 463
Chi, Soojeong, Senior Manager, Business Operations - Pattern; *pg.* 126
Chiam, Valerie, General Manager & Chief Operating Officer - Team Epiphany; *pg.* 652
Chianese, Colleen, Vice President, Corporate Operations - Derse, Inc.; *pg.* 304
Chiang, Barry, Associate Director, Production - 160over90; *pg.* 301
Chiaravalle, Bill, Principal & Creative Director - Brand Zoo Inc.; *pg.* 42
Chiarelli, Rick, Vice President & Growth Lead - GALE; *pg.* 236
Chiarotto, Lorena, Director, Communications Planning - Mindshare; *pg.* 495
Chiat, Brandon, Senior Associate - Warschawski Public Relations; *pg.* 659
Chiavegato, David, Partner, Creative - Grip Limited; *pg.* 78
Chiavone, Laura, Managing Partner, Business Transformation - Sparks & Honey; *pg.* 450
Chicca, Mike, Senior Vice President - National Client Partnerships - Clear Channel Outdoor; *pg.* 551
Chichester, Lavall, Chief Marketing Officer - JumpCrew; *pg.* 93
Chickering, Kelsey, Vice President, Strategy - Havas Media Group; *pg.* 470
Chidester, Becky, Chief Executive Officer - Wunderman World Health - Wunderman Health; *pg.* 164
Chidley, Bill, Partner & Strategy Lead - ChangeUp; *pg.* 5
Chieffalo, Sal, Chief Financial Officer - Mediassociates, Inc.; *pg.* 490
Chien, Barbara, Assistant Controller - Marden-Kane, Inc.; *pg.* 568
Chien, David, Vice President, Product Development - Aniden Interactive; *pg.* 213
Chihil, Faith, Social Media Manager - mcgarrybowen; *pg.* 385
Chikunov, Denis, Associate Director, Paid Social - Estee Lauder - IPG MediaBrands; *pg.* 480
Childers, Justin, Media Director - Hanna & Associates ; *pg.* 81
Childers, Kelly, Vice President & Account Director - Deutsch, Inc.; *pg.* 350
Childress, Stephen, Chief Creative Officer - Scoppechio; *pg.* 409
Childs, Amanda, Coordinator, Event - Sparks; *pg.* 315

Childs, Carol, Supervisor, Local Media Activation - Carat; *pg.* 459
Childs, Claire, Project Manager - Third Wave Digital; *pg.* 270
Chiles, Audra, Developer - Markstein; *pg.* 625
Chiles, Steve, Director, Strategy - DiD Agency; *pg.* 62
Chillinsky, Molly, Associate Creative Director - The Ohlmann Group; *pg.* 422
Chilver, Bobby, Vice President, Public Relations - Walker Sands Communications; *pg.* 659
Chin, Amanda, Senior Account Executive - MSLGroup; *pg.* 629
Chin, Anthony, Associate, Integrated Investment - Universal McCann; *pg.* 521
Chin, Brian, Creative Director - VaynerMedia; *pg.* 689
Chin, Christina, Media Director, Planning - KWG Advertising, Inc.; *pg.* 96
Chin, Winnie, Senior Vice President, OOH Practice - Spark Foundry; *pg.* 508
Chin Ullmann, Elena, Ad Operations Manager - MediaCom; *pg.* 487
Chinetti, Tracie, Managing Director, Media - Fuseideas, LLC; *pg.* 306
Ching, Chris, Partner & Creative Director - Element 8; *pg.* 67
Ching, Jesse, Specialist, Digital & Brand - Blanket Marketing Group; *pg.* 217
Ching, Lisa, Marketing & Media Director - Olomana Loomis ISC; *pg.* 394
Chinn, Scott, Managing Director - Second Child - Droga5; *pg.* 64
Chiocchi, Roger, Vice President, Marketing - Signature Advertising; *pg.* 17
Chiocco, Leslie, Vice President, Human Resources & Retirement Benefits - Omnicom Group; *pg.* 123
Chiodo, Karen, Administrative Assistant - Howard Miller Associates, Inc.; *pg.* 87
Chiong, Alex, Senior Vice President & Group Creative Director - FCBCure; *pg.* 73
Chiong, Michael, Vice President, Analytics - Universal McCann; *pg.* 521
Chiopelas, Kirsten, Group Director, Account Services - Norton Agency; *pg.* 391
Chiorando, Rick, Chief Executive Officer & Principal - Austin & Williams Advertising; *pg.* 328
Chiou, Harmony, Digital Project Manager - Envisionit Media, Inc.; *pg.* 231
Chipparoni, Guy, President - Res Publica Group; *pg.* 642
Chirasello, Ariana, Senior Planner - Blue 449; *pg.* 455
Chiricosta, Meredith, Vice President, Accounts & Partner - BIGfish PR; *pg.* 685
Chiricotti, Kelly, Associate Director, Media - Spark Foundry; *pg.* 510
Chirio, Gino, Executive Vice President, Growth Services - Maddock Douglas; *pg.* 102
Chisam, Ashley, Designer, Web & Graphic Designer - KPS3 Marketing and Communications; *pg.* 378
Chisar, Greg, Senior Vice President & Group Account Director - Havas Worldwide San Francisco; *pg.* 370
Chisenall, Joe, Digital Content Designer - Lewis Communications; *pg.* 100
Chisholm, Cory, Group Director, Accounts - Wavemaker; *pg.* 529
Chisholm, Deanna, Senior Art Director - Lewis Communications ; *pg.* 100
Chisholm, Don, Innovation Director, Co-Founder - Dossier Creative; *pg.* 180
Chisholm, Molly, Senior Strategist, Brand - Arnold Worldwide; *pg.* 33
Chisholm, Yoli, Vice President, Marketing - Sprinklr; *pg.* 688

Chishti, Daanish, Senior Partner & Group Director - Mindshare; pg. 494
Chitwood, Ken, Chief Executive Officer - Sasquatch; pg. 138
Chiu, Jerry, Associate Director, Paid Social - PlayStation - MediaCom; pg. 486
Chiu, Kenneth, Art Director - Toto Group; pg. 156
Chiu, Kevin, Senior Art Director - Healthwise Creative Resource Group; pg. 83
Chiu, Sarah, Art Director & Project Manager, Creative - Hahn Public Communications; pg. 686
Chiusano, Jason, Director, Design & Production - Athorn, Clark & Partners; pg. 2
Chivore, Tarirai, Vice President & Director, Performance - MRM//McCANN; pg. 289
Chizick, Harold, Chief Executive Officer - Beacon Media; pg. 216
Chlebak, Peter, Associate Creative Director - Frank Collective; pg. 75
Chlopak, Robert, Partner - CLS Strategies; pg. 591
Cho, Grace, Senior Art Director - Cossette Media; pg. 345
Cho, Jennifer, Executive Vice President & General Manager - Southwest - Weber Shandwick; pg. 660
Cho, Jonathan, Executive Vice President, Agency Development - Acronym Media; pg. 671
Cho, Julie, Associate Media Director - Universal McCann; pg. 524
Cho, Marcus, Vice President & Creative Director - ES Advertising; pg. 540
Cho, Marina, Associate Director - VaynerMedia; pg. 689
Cho, Nicole, Manager, International - MKTG INC; pg. 311
Cho, Stacey, Digital Media Supervisor - Team One; pg. 417
Cho, Victor, Data Strategy Manager - Essence; pg. 232
Cho, Wonsik, Copywriter - GUT Miami; pg. 80
Choate, Bill, Vice President & Director - Ashford Advertising Agency; pg. 328
Choate, David, Vice President & Chief Operations Officer - Conventures, Inc.; pg. 685
Choate, Deb, Director, Operations - EVR Advertising; pg. 69
Choate, Emily, Senior Paid Media Manager - MBB Agency; pg. 107
Chobanian, Christopher, Vice President, Advanced Analytics - 360i, LLC; pg. 320
Choco, Andrew, Senior Account Executive - Directive Consulting; pg. 63
Chodnicki, Chris, Co-Founder & Senior Vice President, Business Development & Partnerships - r2integrated; pg. 261
Chodosh, Saja, Brand Manager - Emotive Brand; pg. 181
Chodrow, Dan, Executive Vice President & Executive Creative Director - Leo Burnett Worldwide; pg. 98
Choe, Kyong, Chief Financial Officer & Chief Operating Officer - RepEquity; pg. 263
Choi, Bert, Digital Marketing Manager - RPA; pg. 134
Choi, Brent, Chief Executive Officer & Chief Creative Officer - DDB Canada; pg. 224
Choi, Choon, Chief Operating Officer - Hearst Autos; pg. 238
Choi, Christina, Brand Strategy Director - Landor; pg. 11
Choi, Doug, Creative Director - Happy Medium; pg. 238
Choi, Elaine, Marketing Partner - Ready State; pg. 132
Choi, Gloria, Vice President & Director, Strategic Planning - FCB Health; pg. 72

Choi, Henry, Senior Art Director - HS Ad; pg. 87
Choi, Ina, Producer, Media - R/GA; pg. 260
Choi, Jiah, Partner & Chief Executive Officer - Anomaly; pg. 326
Choi, Jocelyn, Account Supervisor - Johannes Leonardo; pg. 92
Choi, Julian, Manager, Integrated Communications Planning - Weber Shandwick; pg. 660
Choi, Jung, Senior Vice President, Creative - MMI Agency; pg. 116
Choi, Kristen, Associate Director, Media Planning - HealixGlobal; pg. 471
Choi, Mary, Coordinator, New Business - North America - Wunderman Thompson; pg. 434
Choi, Matthew, Senior Brand Strategist - Johannes Leonardo; pg. 92
Choi, Michelle, Associate Director, Data Strategy - AnalogFolk; pg. 439
Choi, Sarah, Creative Director - AdAsia; pg. 26
Choi, Sharon, Sponsorship Chair - Mindshare; pg. 493
Choi, Steven, Associate Media Director, Digital & Integrated Strategy - TaylorMade & Adidas - Carat; pg. 459
Choi, Timothy, Media Planner - Digitas; pg. 227
Choi, Vicky, Media Director - Zenith Media; pg. 531
Choiniere, Chris, Creative Director - Hawk; pg. 83
Choksey, Shamit, Senior Account Supervisor - Zeno Group; pg. 665
Chomiak Littleton, Corinne, Senior Account Director, Media Relations - Active International; pg. 439
Chong, Danica, Vice President, Partner Integrated Investment - Universal McCann; pg. 521
Chong, Genevieve, Media Buyer - National TV & Radio - Media Storm; pg. 486
Chong, Harry, Design Director - Force Majure Design Inc.; pg. 183
Chong, Michelle, Connections Strategy Director - Fitzco; pg. 73
Chong, Michelle, Associate Media Director - Canvas Worldwide; pg. 458
Chong, Philip, Vice President, Strategy - Zenith Media; pg. 529
Chong, Ryan, Senior Executive Producer - 72andSunny; pg. 24
Chopek, Chris, Senior Vice President, Digital Client Strategy - Edelman; pg. 600
Chopra, Lalit, Director, Strategic Partnerships - Moveable Ink; pg. 251
Chopra, Rachel, Vice President & Account Supervisor - The CDM Group; pg. 149
Chopra, Shivang, Senior Post Producer - Digitas; pg. 226
Choquet, Debi, Manager, Purchasing - All Star Incentive Marketing; pg. 565
Choremi, Nicholas, Art Director - BBDO Worldwide; pg. 331
Choske, Tom, Manager - Starcom Worldwide; pg. 517
Chou, Carolyn, Vice President, Media - 26 Dot Two LLC; pg. 453
Chou, Jason, Media Technologist - GroupeConnect - Digitas; pg. 226
Chou, Kevin, Manager, Media Technology - Digitas; pg. 227
Choudhury, Raj, President - BrightWave Marketing, Inc.; pg. 219
Choudhury, Wasim, Chief Financial Officer & Partner - MCD Partners; pg. 249
Chouteau, Jordan, Group Creative Director - Forsman & Bodenfors; pg. 74
Chovanec, Tina, President - Image Makers

Advertising, Inc.; pg. 88
Chow, Kai, Director, Creative Services - The Doneger Group; pg. 419
Chow, Lawrence, Product Manager - Innocean USA; pg. 479
Chowdhury, Shamsul, Head, Paid Social - US - Jellyfish U.S.; pg. 243
Chown, Jeff, Chief Executive Officer, Entertainment & Lux - The Marketing Arm; pg. 316
Choy, Allison, Senior Vice President, Digital - Edelman; pg. 601
Choy, Matthew, Account Director - interTrend Communications; pg. 541
Choy, Tina, Editor, Copy - Quality Assurance - Austin & Williams Advertising; pg. 328
Chozen, Katie, Director, Media - Haworth Marketing & Media; pg. 470
Chrisman, Dawn, Financial Coordinator - Bailey Brand Consulting; pg. 2
Chrisom, Kathleen, Vice President, Sales & Marketing - Conventures, Inc.; pg. 685
Chriss, Libby, Designer - initiate-it LLC; pg. 375
Christ, Courtney, Associate Director, Paid Social & Search - Mindshare; pg. 494
Christ, Matthew, Media Director - ChappellRoberts; pg. 341
Christens, Jon, Director, Communications - Kelly, Scott & Madison, Inc.; pg. 482
Christensen, Beckie, Senior Media Broadcast Buyer - Hoffman York; pg. 371
Christensen, Debbie, Creative Director - Broadhead; pg. 337
Christensen, Erin, Group Account Director - McKinney New York; pg. 111
Christensen, Greg, Brand Creative Manager - The Richards Group, Inc.; pg. 422
Christensen, Jeppe, Director, Social Media - mcgarrybowen; pg. 385
Christensen, Karen, Vice President, Global Sales - Hosts New Orleans; pg. 308
Christensen, Lynn, Office Manager, Trade Show Coordinator - Goda Advertising; pg. 364
Christensen, Melissa, Account Executive - MAPR; pg. 624
Christensen, Renee, Client Success Director, Affiliate Marketing - Acceleration Partners; pg. 25
Christensen, Scott, Project Manager - LED - Outfront Media; pg. 554
Christensen, TJ, Executive Vice President, Sales & Marketing - Accesso; pg. 210
Christenson, Danielle, Manager, Digital Marketing - Noble Studios; pg. 254
Christenson, Pat, President - Las Vegas Events; pg. 310
Christian, Bryan, President - Proof Advertising; pg. 398
Christian, Douglas, Group Engagement Director - Huge, Inc.; pg. 239
Christian, James, Executive Creative Director - The George P. Johnson Company; pg. 316
Christian, Jeff, Associate Director, Paid Social - Mindshare; pg. 491
Christian, Melanie, Senior Vice President, Client Services & Strategy - Hanson, Inc.; pg. 237
Christian, Reina, Account Executive - Red Deluxe; pg. 507
Christiano, Tara, Media Buyer & Account Manager - MBT Marketing; pg. 108
Christiansen, John, Managing Director - San Francisco - Sard Verbinnen & Co; pg. 646
Christiansen, Richard, Founder & Creative Director - Chandelier Creative; pg. 49
Christiansen, Ryan, Chief Executive Officer - Ntooitive Digital; pg. 254
Christiansen, Sarah, Vice President, Project Management - Nebo Agency, LLC; pg. 253

AGENCIES — PERSONNEL

Christiansen, Scott, Founder & Chief Executive Officer - Root3 Growth Marketing; *pg.* 408
Christianson, Emilee, Senior Account Manager - Trekk; *pg.* 156
Christianson, Dennis, Chief Executive Officer, Partner & President - Anthology Marketing Group; *pg.* 326
Christie, Gillian, Founder & Chief Executive Officer - Christie & Co.; *pg.* 50
Christie, Kyle, Associate Director - Carat; *pg.* 459
Christman, Carson, Senior Manager, Marketing - Pattern; *pg.* 126
Christman, Jennifer, Vice President, Media & Operations - Ad Results Media; *pg.* 279
Christoffel, Ken, President & Chief Executive Officer - Brown Communications Group, Inc.; *pg.* 338
Christofferson, Bill, Owner & President - Foresight Group; *pg.* 74
Christopher, Sloan, Account Executive - Merkley + Partners; *pg.* 114
Christopherson, Eric, Associate Creative Director - Archer Malmo; *pg.* 32
Christopherson, Valerie, Founder - Global Results Communications; *pg.* 608
Christou, Chris, Principal & Director - Booz Allen Hamilton; *pg.* 218
Christy, Nick, Senior Vice President, Technology - r2integrated; *pg.* 261
Christy Manchester, Eric, Creative Director - Big Family Table; *pg.* 39
Chriswick, David, Head, Strategy - Chicago & West Coast - Digitas; *pg.* 227
Chrystie, Kim, Senior Director, Strategy - Media Matters SF; *pg.* 485
Chu, Aaron, Senior Project Manager - Zenith Media; *pg.* 531
Chu, Christina, Senior Account Executive, Public Relations - HMH; *pg.* 86
Chu, Daniel, Executive Vice President, Creative - Midnight Oil Creative; *pg.* 250
Chu, Grace, Executive Director, Creative - Badger & Winters; *pg.* 174
Chu, Jackson, Director, Design - Artefact; *pg.* 173
Chu, Lisa, Managing Partner - Team Epiphany; *pg.* 652
Chu, Livia, Associate Director, Advertising Operations - DWA Media; *pg.* 464
Chu, Rebecca, Supervisor, Earned Media - Saatchi & Saatchi Los Angeles; *pg.* 137
Chu, Stevie, Account Executive - DDB San Francisco; *pg.* 60
Chu, Tiffany, Social Media Strategist - mcgarrybowen; *pg.* 385
Chuc, Aldo, Social Media Director - Gallegos United; *pg.* 75
Chuipek, Trish, Global Chief Client Officer - Universal McCann; *pg.* 521
Chuku, Yusuf, Chief Strategy Officer - North America - VMLY&R; *pg.* 160
Chumley, Pam, Group Vice President - Kellen Co.; *pg.* 686
Chumley, Todd, Senior Vice President & Executive Creative Director - GTB; *pg.* 367
Chumsky, Sarah, Vice President, Insight - Kids - Insight Strategy Group; *pg.* 445
Chun, Eric, Executive Vice President & Managing Director, Strategic Analytics - FCB Chicago; *pg.* 71
Chun, Jake, Senior Partner & Director - Mindshare; *pg.* 491
Chun, Justin, Associate Manager, Integrated Media - OMD West; *pg.* 502
Chun, Nicole, Senior Manager, Media Technology - 360i, LLC; *pg.* 320
Chun, Peter, Senior Vice President & Global Head, Partnerships & Growth - VaynerMedia; *pg.* 689
Chung, Charles, Vice President & Executive Director, Production & Operations - R/GA; *pg.* 261
Chung, Christine, Public Relations Account Executive - Kaplow Communications; *pg.* 618
Chung, Connie, Account Director - TBC; *pg.* 416
Chung, Dana, Director, Client Services - The Gary Group; *pg.* 150
Chung, Doris, Senior Vice President & Executive Creative Director - Deutsch, Inc.; *pg.* 350
Chung, Frani, Vice President - M Booth & Associates, Inc.; *pg.* 624
Chung, Gary, Digital Marketing Specialist - Rauxa; *pg.* 291
Chung, Jeannie, Director, Creative - Air Paris New York; *pg.* 172
Chung, Mindy, Senior Associate - Mindshare; *pg.* 491
Chung, Robin, Vice President, Client Services - BCV Evolve; *pg.* 216
Chung, Seung, President - Cashmere Agency; *pg.* 48
Chung, Sophia, Creative Director - RWI; *pg.* 197
Chung, Ted, Chairman - Cashmere Agency; *pg.* 48
Chung, Vanessa, Associate, Strategy - Spark Foundry; *pg.* 512
Chung, Vu D., Senior Vice President - Prosek Partners; *pg.* 639
Chung, Yin, Senior Vice President, Group Communications Planning Director - BBDO NY - BBDO Worldwide; *pg.* 331
Chung Loy, Regina, Manager, Global Communications - Gyro NY; *pg.* 369
Chupp, Bryan, Vice President, Digital Strategy - Digitas Health LifeBrands; *pg.* 229
Chupp, Candace, Senior Director, Art - Littlefield Brand Development; *pg.* 12
Chura, Joe, Chief Executive Officer - Launch Digital Marketing; *pg.* 245
Churak, Tom, Creative Director - Hollyrock / Miller; *pg.* 371
Church, Casey, Associate Creative Director - EP+Co.; *pg.* 356
Church, Geno, Chief Word, Mouth Inspiration Officer - Brains On Fire; *pg.* 691
Church, Heather, Senior Art & Content Producer - Arnold Worldwide; *pg.* 34
Church, Jeremy, Partner, Vice President & Director, Results - WordWrite Communications; *pg.* 663
Church, Stanley, Founder & Chief Creative Officer - Wallace Church, Inc.; *pg.* 204
Churchill, Barb, New Business Director - Louis & Partners Design; *pg.* 190
Churchill, Christine, President - KeyRelevance; *pg.* 675
Churchill, Scott, Senior Manager, Project & Resource Coordinator - Wunderman Thompson Seattle; *pg.* 435
Chusid, Rob, Communications Director - Milner Butcher Media Group; *pg.* 491
Chvala, Barb, Executive Assistant - Envoy, Inc.; *pg.* 356
Chvojan, Allison, Account Executive - Cooksey Communications; *pg.* 593
Chylla, Loren, Senior Executive Vice President & Account Director, Media & Acquisition - Adcom Communications, Inc.; *pg.* 210
Chynoweth, Gwen, Executive Vice President & Chief Talent Officer - Maccabee Group Public Relations; *pg.* 624
Ciafardini, Tony, President - TCAA; *pg.* 519
Ciaffone, Danielle, Digital Media Planner - GTB; *pg.* 367
Cialfi, Lisa, Associate Director, Digital Media - Horizon Media, Inc.; *pg.* 474
Ciambriello, Alyssa, Senior Vice President - Lippe Taylor; *pg.* 623
Ciamillo, Jamie, Global Associate Director, Digital - Red Fuse Communications; *pg.* 404
Ciampi, Jim, Manager, Customer Service - Independent Graphics Inc.; *pg.* 374
Ciampi Jr., Lou, Owner & President - Independent Graphics Inc.; *pg.* 374
Ciancetta, Jon, Director, National Video Activation - Carat; *pg.* 459
Cianciosi, Gary, Senior Media Buyer - True Media; *pg.* 521
Ciangi, Angel, Head, Strategy - GMR Marketing San Francisco; *pg.* 307
Ciaramitaro, Ashlee, Program Director - Huge, Inc.; *pg.* 239
Ciardha, Kelsey O., Art Director - Calypso; *pg.* 588
Ciarleglio, Jodi, Supervisor, Integrated Operations - Cronin; *pg.* 55
Cibran, Daniel, Founder & Vice President, Corporate Development - FiveHundred Degrees Studio; *pg.* 74
Cibula, Katie, Vice President, Client Services - HDMZ; *pg.* 83
Cicatiello, Anthony, Chairman - CN Communications International, Inc.; *pg.* 591
Ciccione, Alison, Vice President & Director, Media - Spark Foundry; *pg.* 510
Ciccoccioppo, David, Creative Director - Redroc Austin; *pg.* 132
Ciccone, Debra, Vice President & Digital Manager - GTB; *pg.* 367
Ciccone, Jesse, Vice President & Managing Director - Matter Communications, Inc.; *pg.* 626
Ciccone, Susan, Managing Director - 42West; *pg.* 573
Ciccotelli, Nadia, Lead, Brand Media - PMG; *pg.* 257
Cicerelli, Christi, Senior Vice President, Local Investment - Canvas Worldwide; *pg.* 458
Cicero, Aimee, Manager, Public Relations Events - Urban Hiker - Brownstein Group, Inc.; *pg.* 44
Cicero, Carla, Business Operations Director - Third Wave Digital ; *pg.* 270
Cicero, Eric, Art Director - Juniper Park\TBWA; *pg.* 93
Cich, Heather, Operations Manager - Epic Creative; *pg.* 7
Cichocki, Joanna, Vice President, Global Partnership Strategy & Activation - 160over90; *pg.* 301
Cichoski, Kris, Director, Social Content Publishing - R&R Partners; *pg.* 131
Cichowski, Katie, Associate Media Director & Digital Marketing Manager - Harrison Media; *pg.* 468
Cicola, Andrea, Senior Manager, Client Partnerships - Paco Collective; *pg.* 544
Cid, Julie, Associate Director, Creative - Wunderman Thompson; *pg.* 434
Ciechanowski, Thad, Vice President - Motion Pictures - Apple Box Studios; *pg.* 32
Cieciwa, Dan, Creative Director - Derse, Inc.; *pg.* 304
Cieply, Rick, Account Supervisor - partners + napier; *pg.* 125
Cieslak, Jason, President, Pacific Rim - Siegel & Gale; *pg.* 17
Cieslak, Lisa, Chief Financial Officer & Business Operations Officer - GMR Marketing; *pg.* 306
Ciesol, Miranda, Media Supervisor - Spark Foundry; *pg.* 510
Cifuentes, Jenny, Associate Director, Strategy - Zenith Media; *pg.* 529

755

PERSONNEL   AGENCIES

Cigliano, Sophia, Senior Vice President, Client Services & Account Planning - GYK Antler; *pg.* 368
Ciko, Marissa, Manager, Paid Search - 360i, LLC; *pg.* 208
Cilia, Bob, Co-Managing Director - JCDecaux North America; *pg.* 553
Cilibrasi, Samantha, Digital Strategist - Hearts & Science; *pg.* 471
Cilli, Darryl, Founder & Executive Chairman - 160over90; *pg.* 1
Cilmi, Lori, Partner, Integrated Investment - Universal McCann; *pg.* 521
Cima, Chris, Creative Director - Barkley; *pg.* 329
Cimala, Mackenzie, Director, Art - Epsilon; *pg.* 283
Cimba, John, President & Chief Executive Officer - General Learning Communications; *pg.* 466
Cimeno, Olivia, Media Planner & Specialist, Social Media - GYK Antler; *pg.* 368
Cimfel, T.J., Senior Vice President & Group Creative Director - Razorfish Health; *pg.* 132
Cimicata, Rob, Director, Technology - Mirum Agency; *pg.* 251
Cimino, Donna, Vice President & Media Director - Spark Foundry; *pg.* 510
Cimler, Hayley, Senior Account Manager, Brand Strategy - Fuse, LLC; *pg.* 8
Cimmino, Craig, Executive Creative Director - mcgarrybowen; *pg.* 109
Cimperman, John, Executive Vice President, Brand Experiences - Fuseideas, LLC; *pg.* 306
Cinco, Patrick, Creative Director - Red Door Interactive; *pg.* 404
Cinque, Adam, Chief Financial Officer - Allied Integrated Marketing; *pg.* 576
Cintron, Jimmy, Vice President, Operations - Sky Advertising, Inc.; *pg.* 142
Ciociola, Kerry, Senior Vice President & Creative Director - FCB Chicago; *pg.* 71
Cioffi, Tara, Managing Partner, Group Planning Director - m/SIX; *pg.* 482
Cioppa, Retha, Account Supervisor - GSD&M; *pg.* 79
Cioto, Jennifer, Associate Media Director - Hill Holliday; *pg.* 85
Cipolla, Leslie, Account Executive & Event Speacialist - Aigner/Prensky Marketing Group; *pg.* 324
Cipollina, Brian, Supervisor - Horizon Media, Inc.; *pg.* 474
Cipollini, Dominick, President - Keystone Outdoor Advertising; *pg.* 553
Cipressi, Lauren, Associate Director, Digital Media - Mediahub Boston; *pg.* 489
Cipriati, Valerie, Senior Vice President & Director, Strategic Media - KWG Advertising, Inc.; *pg.* 96
Circe, Brett, Chief Interactive Officer - Starmark International, Inc.; *pg.* 412
Circo, Leo, Vice President & Creative Director - Saatchi & Saatchi Los Angeles; *pg.* 137
Circolo, Bruno, Art Director - DSC Advertising; *pg.* 66
Circosta, Jared, Partner & Technology Lead - Amalgam; *pg.* 324
Cirelli, Patrick, Director, International Delivery - Liveposter - Posterscope U.S.A.; *pg.* 556
Ciresi, Tony, Executive Vice President & Account Director - Geometry; *pg.* 363
Ciricillo, Shannon, Senior Budget Project Manager - PHD USA; *pg.* 505
Ciriello, Maria, Senior Director, Brand Management & Client Services - Cronin; *pg.* 55
Cirilli, Dominick, Executive Vice President & Creative Director - CM&N Advertising; *pg.* 51

Cirillo, Corey, Executive Vice President & Senior Account Director - Macy's, CVSHealth, Yahoo!, AmorePacific - BBDO Worldwide; *pg.* 331
Cirincione, Allison, Core Account Director, Affiliate Marketing - Acceleration Partners; *pg.* 25
Cirone, Amanda, Manager, Video Investment - Mondelez - Spark Foundry; *pg.* 508
Cirrone, Katy, Account Supervisor - Cone, Inc.; *pg.* 6
Cisco, Paul, Business Affairs Manager - BBDO Worldwide; *pg.* 331
Cisero, Claudia, Director, Marketing Communications - Sid Lee; *pg.* 140
Cisowski, Steve, Social Media Supervisor - Crossmedia; *pg.* 463
Ciszek, Corey, Vice President, & Creative Director - Epsilon; *pg.* 283
Citarella, Mickey, Account Director - Sterling-Rice Group; *pg.* 413
Citraro, John, Director, Marketing & Sales - American Solutions; *pg.* 565
Citrigno, Sean, Senior Account Director - Citizen Relations; *pg.* 590
Ciulla, Chris, Account Director & Brand Strategist - Ciulla & Associates; *pg.* 177
Ciulla, Sam, Owner, Chief Executive Officer & Executive Creative Director - Ciulla & Associates; *pg.* 177
Civello, Becki, Vice President, Commercial Operations - iX.co; *pg.* 243
Civello, Jessica, Integrated Account Supervisor - Deveney Communications; *pg.* 596
Civetti, Kealin, Associate Media Director - TD Ameritrade - Neo Media World; *pg.* 496
Civiletti Mittler, Cara, Account Director - partners + napier; *pg.* 125
Civitano, Alyson, Director, Video Investment - Hearts & Science; *pg.* 471
Claflin, Will, Director, Creative Content - CTP; *pg.* 347
Claire, Amanda, Manager, Creative Operations - Wieden + Kennedy; *pg.* 430
Claisse, Zachary, Director, Business Development - IgnitionOne; *pg.* 673
Clamage, Marly, Director, Account - Accenture Interactive; *pg.* 209
Clancy, Brendan, Account Executive - AudienceXpress; *pg.* 455
Clancy, Judy, Client Services Director - Specialists Marketing Services, Inc. ; *pg.* 292
Clancy, Paul, Senior Vice President, Digital Media Strategy - Daniel Brian Advertising; *pg.* 348
Clancy, Robert, Co-Founder & Principal - Spiral Design Studio, LLC; *pg.* 199
Clapp, Jenna, Account Supervisor - AMP Agency; *pg.* 297
Clapp, Polly, Director, Creative Services - Mechanica; *pg.* 13
Claps, Louis, Principal - Exclaim!; *pg.* 182
Clar, Nicholas, Manager, Connections - Spark Foundry; *pg.* 508
Clarey, John, Co-Owner & Design Director - YOLO Solutions; *pg.* 436
Clarity, Elizabeth, Account Supervisor - BBDO San Francisco; *pg.* 330
Clark, Alison, Lead Account Director - Colle McVoy; *pg.* 343
Clark, Allie, Senior Vice President & Director, Client Services - Blue Sky ; *pg.* 40
Clark, Amy, Senior Strategist - The Media Kitchen; *pg.* 519
Clark, Amy, Director, Creative Services - Beehive PR; *pg.* 582
Clark, Andrew, Founder & Chief Strategist - Humanaut; *pg.* 87
Clark, Andrew, Director, Creative - Derse,

Inc.; *pg.* 304
Clark, Ben, Media Director - Envisionit Media, Inc.; *pg.* 231
Clark, Betty, Managing Partner - CP Media Services, Inc.; *pg.* 463
Clark, Brandon, Senior Strategist - The Media Kitchen; *pg.* 519
Clark, Bridget, Senior Director, Account Services - Creative Solutions Group; *pg.* 303
Clark, Carolyn, Account Director - TracyLocke ; *pg.* 684
Clark, Chapin, Executive Vice President - R/GA; *pg.* 260
Clark, Chris, Director, Music - Leo Burnett Worldwide; *pg.* 98
Clark, Christi, Global Account Director - Crispin Porter + Bogusky; *pg.* 346
Clark, Craig, Associate Creative Director - Tolleson Design; *pg.* 202
Clark, Dan, Global Client Partner - Jam3; *pg.* 243
Clark, Daniel, Supervisor, Digital Audience Planning - Hearts & Science; *pg.* 471
Clark, Danielle, Managing Director, U.S. Business Development & Marketing - Edelman; *pg.* 601
Clark, David, Account Director - The Tombras Group; *pg.* 424
Clark, David, Executive Creative Director - PIA Agency; *pg.* 506
Clark, Doug, Creative Director - Fuse, LLC; *pg.* 8
Clark, Ebony, Associate Director, Multicultural - Carat; *pg.* 461
Clark, Gabrielle, Account Manager - Baesman; *pg.* 167
Clark, George, Owner - Athorn, Clark & Partners; *pg.* 2
Clark, Greg, Director, Finance - Anomaly; *pg.* 326
Clark, Gregor, President & Founder - Hiker; *pg.* 239
Clark, Jackie, Founder & Chief Executive Officer - Clark Communications; *pg.* 591
Clark, James, Co-Founder - Room 214; *pg.* 264
Clark, Jennifer, Media Relations Manager - Smith Bucklin Corporation; *pg.* 314
Clark, Jim, Owner, Partner & Creative Director - Blind Society; *pg.* 40
Clark, Jody, Associate, Creative Strategy & Trademark - Lexicon Branding, Inc.; *pg.* 189
Clark, Jon, Chief Technology Officer - ADK Group; *pg.* 210
Clark, Julia, Director, Business Affairs - Anomaly; *pg.* 325
Clark, Kaitlyn, Public Relations Specialist - Orange Orchard; *pg.* 634
Clark, Katie, Senior Director, Growth & Digital Operations, Global Brand - IDEO ; *pg.* 187
Clark, Kelly, Global Chief Executive Officer - GroupM; *pg.* 466
Clark, Lexis, Senior Account Executive - Amobee, Inc.; *pg.* 213
Clark, Madeline, Senior Integrated Marketing Ccordinator - TruePoint Communications; *pg.* 657
Clark, Maria, Producer - Brainstorm Media; *pg.* 175
Clark, Marie-Louise, Consultant, Public Relations & Communications - Activa PR; *pg.* 575
Clark, Marlea, Chief Marketing Officer - Stella Rising; *pg.* 518
Clark, Matt, Vice President & Director, Creative - MullenLowe U.S. Boston; *pg.* 389
Clark, Melanie, Vice President, Marketing & Creative Services - Abstrakt Marketing Group; *pg.* 322
Clark, Melissa, Strategic Planning Director -

756

AGENCIES — PERSONNEL

Martin Williams Advertising; *pg.* 106
Clark, Melissa, Vice President, Integrated Media - The Integer Group - Dallas; *pg.* 570
Clark, Melissa, Assistant Media Director - Hudson Rouge; *pg.* 371
Clark, Michael, Principal - Beeby Clark+Meyler; *pg.* 333
Clark, Nancy, Owner & President - Drive Brand Studio; *pg.* 64
Clark, Nicole, Social Media Specialist - Miller Brooks, Inc. ; *pg.* 191
Clark, Peter, Chief Executive Officer - Clark & Huot; *pg.* 342
Clark, Randy, Sales & Marketing Specialist - Virginia & West Virginia - H&G Marketing; *pg.* 80
Clark, Roberta, Chief Financial Officer & Principal - Esparza Advertising; *pg.* 68
Clark, Ryan, Account Director - BFG Communications; *pg.* 333
Clark, Sara, Senior Art Producer - TBWA/Media Arts Lab; *pg.* 147
Clark, Sarah, Chief Executive Officer - Mitchell; *pg.* 627
Clark, Scott, Vice President - Blair, Inc.; *pg.* 334
Clark, Scott, Vice President, Sales - Clear Channel Outdoor; *pg.* 551
Clark, Steve, General Manager & Owner - G.F. Advertising; *pg.* 75
Clark, Taylor, Lead Graphic Designer - Winger Marketing; *pg.* 663
Clark, Tena, President & Chief Executive Officer - DMI Music & Media Solutions; *pg.* 567
Clark, Teresa, Accounts Payable Manager - EPI - Colorspace; *pg.* 181
Clark, Victoria, Account & Business Development Manager - Sweden Unlimited; *pg.* 268
Clark, William, Founder - The Marketing Arm; *pg.* 316
Clarke, Amy, President - Peggy Lauritsen Design Group; *pg.* 194
Clarke, Brad, President - DCG ONE; *pg.* 58
Clarke, Brady, Director, Development & Account - Match Action Marketing Group; *pg.* 692
Clarke, Catrina, Content Supervisor - Carat; *pg.* 459
Clarke, Chris, Creative Service Director - The McCarthy Companies; *pg.* 151
Clarke, Chris, Co-Founder & Chief Executive Officer - Pure Growth; *pg.* 507
Clarke, Clinton, Creative Director - DeSantis Breindel; *pg.* 349
Clarke, Courtney, Media Planner - Publicis.Sapient; *pg.* 258
Clarke, Darren, Chief Creative Officer - McCann Canada; *pg.* 384
Clarke, David, Executive Creative Director - Huge, Inc.; *pg.* 239
Clarke, David, Chief Experience Officer, Experience Consulting & Digital Consumer Markets Leader, Principal - PwC Digital Services; *pg.* 260
Clarke, Emmy, Associate Media Director - Paid Social - Good Apple Digital; *pg.* 466
Clarke, Ethan, Vice President, Client Services - Ai Media Group, LLC; *pg.* 211
Clarke, Jason, Senior Vice President, Business Development - WE Communications; *pg.* 660
Clarke, Jennifer, Director, Finance - Lieberman Research Worldwide; *pg.* 446
Clarke, Jo, Executive Director, Activation - Landor; *pg.* 11
Clarke, Kim, Chief Financial Officer - Digital Kitchen; *pg.* 225
Clarke, Lindsay, Associate Director - Starcom Worldwide; *pg.* 513
Clarke, Lindsey , Senior Publicist - D'Orazio & Associates; *pg.* 594
Clarke, Patti, Chief Talent Officer - Havas New York; *pg.* 369
Clarke, Peter, Founder & Chief Executive Officer - Product Ventures; *pg.* 196
Clarke, Richard, Co-Founder, Principal & Director, Account Services - Fifteen Degrees; *pg.* 358
Clarke, Samuel, Director, Strategic Brand Development - Petrol; *pg.* 127
Clarke, Stephanie, Owner & President - Hamilton Ink Publicity & Media Relations; *pg.* 611
Clarke, Tim, Creative Director - VaynerMedia; *pg.* 689
Clarke, Travis, Executive Director, Action Sports & Lifestyle - Wasserman Media Group; *pg.* 317
Clarke-Stone, Tricia, Co-Founder & Chief Executive Officer - WP Narrative_; *pg.* 163
Class, Julia, Associate Director, Content - Spark Foundry; *pg.* 510
Claudio, Solange, President & Chief Operating Officer - Moxie; *pg.* 251
Clausen, Christina, Manager, Human Resource - DMW Direct - DMW Worldwide, LLC; *pg.* 282
Clausen, Greg, Executive Vice President & Managing Director - Spark Foundry; *pg.* 510
Clausen, Ian, Vice President, Technology Strategy & Solutions - Rational Interaction; *pg.* 262
Clausing, Jeff, Senior Vice President, Strategic Solutions - Axiom Marketing, Inc.; *pg.* 566
Clawson, Amy, Director, Human Resources & Operations - Butler, Shine, Stern & Partners; *pg.* 45
Clawson, Catherine, Senior Account Executive - Momentum Worldwide; *pg.* 117
Clay, Bruce, Founder & President - Bruce Clay, Inc.; *pg.* 672
Clay, Matthew, Vice President, Planning - Weber Shandwick; *pg.* 661
Clay, Whit, Co-Chief Executive Officer - Sloane & Company; *pg.* 647
Claybrook, Lisa, Digital Strategy Manager - Dash Two; *pg.* 551
Clayman, Ellie, Senior Planner, Digital Media - 22squared Inc.; *pg.* 319
Clayman, Larry, Senior Account Executive - Clayman & Associates; *pg.* 51
Claypole, Timothy, Account Supervisor - Next Marketing; *pg.* 312
Claypool, Michael, Managing Director - TBWA \ Chiat \ Day; *pg.* 146
Claypool, Scott, Art Director - Unanimous; *pg.* 203
Clayton, Andrew, Digital Strategist - Wieden + Kennedy; *pg.* 430
Clayton, Will, Senior Vice President, Digital Product Management - Wiland Direct; *pg.* 294
Claywell, Zach, Digital Marketing Manager - Alliance Sales & Marketing; *pg.* 30
Clazie, Ian, Co-Founder & Chief Creative Officer - Ready State; *pg.* 132
Cleage, Mary Jane, Director, Accounts - Big Communications, Inc.; *pg.* 39
Cleary, Callie, Senior Manager, Event - The Castle Group, Inc.; *pg.* 652
Cleary, Eavan, Design Director - Burns Group; *pg.* 338
Cleary, Erin, Media Supervisor, Investment - Starcom Worldwide; *pg.* 513
Cleary, Macey, Account Coordinator - Reed Public Relations; *pg.* 642
Cleary, Michael, Co-Founder & Chief Executive Officer - HUEMOR; *pg.* 239
Cleary, Neil, Vice President, Strategic Planning - MERGE; *pg.* 113
Cleary, Sharon, Creative Director - Gallegos United; *pg.* 75
Cleaver, Leigh Ann, Owner - SAGE; *pg.* 645
Cleckler, Tracey, President - You Squared Media; *pg.* 436
Cleere, William, Digital Marketing Manager - Closed Loop Marketing; *pg.* 672
Cleghorn, Kristen, Senior Art Director - Reprise Digital; *pg.* 676
Cleland, Anita, Account Manager & Strategist - Spiker Communications; *pg.* 17
Clem, Toni, President & Chief Operating Officer - Scoppechio; *pg.* 409
Clemens, Carri, Partner & Chief Financial Officer - Linhart Public Relations; *pg.* 622
Clemens, Isaac, Group Account Director - Heat; *pg.* 370
Clemens, Jay, President & Owner - Turtledove Clemens, Inc.; *pg.* 427
Clemens, Matthew, Managing Creative Director - Design Resource Center; *pg.* 179
Clemensen, Cyrus, Senior Director & Head, Experience Development - Synechron; *pg.* 268
Clement, Chelsea, Manager, Account - Littlefield Brand Development; *pg.* 12
Clement, Joel, Creative Director - McGarrah Jessee; *pg.* 384
Clement, Shelby, Director, Media Planning - Mindstream Media Group - Dallas; *pg.* 496
Clement, Stacey, Senior Vice President, Entertainment & Electronics Practice - 360PRplus; *pg.* 573
Clemente, Andrea, Senior Producer - Johannes Leonardo; *pg.* 92
Clemente, Matthew, Senior Account Director - Mirum Agency; *pg.* 251
Clementi, Steve, Creative Director & Marketing & Brand Strategist - Jigsaw, LLC; *pg.* 377
Clements, Amanda, Digital Project Manager - Latcha+Associates; *pg.* 168
Clements, Katie, Associate Creative Director - Caldwell VanRiper; *pg.* 46
Clements, Kaytee, Director, Operations - Project X; *pg.* 556
Clements, Stephen, Chief Creative Officer - Y Media Labs; *pg.* 205
Clemmons, Joshua, Account Director - Romanelli Communications; *pg.* 134
Clesse, Laura, Associate Director, Art - Fusion92; *pg.* 235
Cleveland, Beth, Managing Partner - Praytell; *pg.* 258
Cleveland, Daniel, Vice President, Analytics - Marketing Architects; *pg.* 288
Cleveland, Diana, Vice President - yah. - You Are Here; *pg.* 318
Clevenger, Amy, Manager, Integrated Media - Hitchcock Fleming & Associates, Inc. ; *pg.* 86
Clevenger, John, Executive Vice President - Denneen & Company; *pg.* 7
Clevenger, Penny, Executive Vice President & Chief Financial Officer - Jacobs & Clevenger, Inc. ; *pg.* 286
Clevenger, Trae, Executive Vice President & Chief Strategy Officer - Ansira; *pg.* 326
Cleworth, Megan, Director, Digital Strategy - SFW Agency; *pg.* 16
Cliff, Caroline, Associate, Media - Starcom Worldwide; *pg.* 513
Clifford, Ani, Manager, Social Media - 3rd Third Marketing; *pg.* 279
Clifford, Kristin, Partner, Senior Vice President & Director - MC Satellite TV - Media Connect; *pg.* 485
Clifford, Megan, Account Manager - Riddle & Bloom; *pg.* 133
Clifford, Rod, Director, Environmental Graphics - Walsh Branding; *pg.* 204

PERSONNEL   AGENCIES

Clifford Knudsen, Lauren, Senior Vice President, Publicity - J Public Relations; pg. 616
Clifton, Cody, Director, Data Science - Adpearance; pg. 671
Clifton, Joel, Senior Art Director - Lessing-Flynn Advertising Co.; pg. 99
Clifton, Kira, Senior Vice President & Group Director - Starcom Worldwide; pg. 513
Clifton, Robert, Chief Creative Officer - Ten35; pg. 147
Clilche, David, President & Chief Executive Officer - The Marketing Department; pg. 420
Climer, Nicholas, Managing Partner & Executive Creative Director - RAPP Worldwide; pg. 291
Cline, Bryce, Creative Director - Anomaly; pg. 325
Cline, Jennifer, Chief Operating Officer & Consultant - ABC Creative Group; pg. 322
Cline, Jeremy, Senior Analyst, Strategy & Insights - VMLY&R; pg. 274
Cline, Richard, Owner - Voce Communications, a Porter Novelli Company; pg. 658
Cline, Sarah, Vice President, Business Development - The frank Agency, Inc.; pg. 150
Clinite, Jan, Vice President, Strategy - SteadyRain; pg. 267
Clippinger, Josie, Executive Vice President & Chief Financial Officer - DMW Worldwide, LLC; pg. 282
Clochard-Bossuet, Nicolas, Chief Operating Officer - JCDecaux North America; pg. 553
Clodfelter, Adrienne, Vice President - Borshoff; pg. 585
Cloessner, Amy, Senior Vice President - Direct Impact; pg. 597
Cloninger, Elsbeth, Director, Client Development - Upland Mobile Messaging; pg. 535
Close, Steve, Senior Media Buyer & Planner - Dalton Agency; pg. 57
Closmore, Elizabeth, Global Head, Product Evangelism & Partnerships - Sprinklr; pg. 688
Closs, Dave, Vice President - Zlokower Company; pg. 665
Closs, Tom, Vice President & Managing Director - Horizon Media, Inc.; pg. 474
Clot, Kaci, Senior Vice President, Operations - POP, Inc.; pg. 195
Cloth, Melanie, Creative Lead - Zilker Media; pg. 665
Cloud, Alena, Account Director - Winger Marketing; pg. 663
Cloud, Carrie, Account Supervisor - H&L Partners; pg. 369
Cloud, Jerome, Design Principal - Cloud Gehshan Associates; pg. 177
Cloud, Mickey, Senior Vice President & Managing Director - VaynerMedia; pg. 689
Clough, Beth, Director, Strategy - Spark Foundry; pg. 510
Clough, Karen, Chief Operations Officer - Missy Farren & Associates, Ltd.; pg. 627
Clough, Riely, Associate Director, Print & Fabrication Services - Droga5; pg. 64
Clouser, Scott, Account Executive - Mintz & Hoke; pg. 387
Cloutier, Nancy, Executive Vice President, Growth - Adept Marketing; pg. 210
Cluet, Romain, Vice President, Business Development - Derse, Inc.; pg. 304
Clugston, Ross, Executive Creative Director - Superunion; pg. 18
Clune, Kendra, Associate Media Director - Kroger Media Services; pg. 96
Clune, Shannon, Partner - GM PDX - ModOp; pg. 251
Clunie, Lisa, Chief Executive Officer & Co-Founder - Joan; pg. 92

Clurman, Andrew, President & Chief Executive Officer - Active Interest Media; pg. 561
Clyne, Karen, Executive Vice President & General Manager - Western Region - MWWPR; pg. 630
Coad, Richard, Chief Creative Officer - MDB Communications, Inc.; pg. 111
Coady, Zoe, Founder & Chief Executive Officer - Brandstyle Communications; pg. 585
Coakley, Cecilia, Executive Vice President & Managing Director, Executive Visibility - MWWPR; pg. 631
Coamey, Jerry, Senior Vice President & Group Creative Director - Corbett - TBWA\WorldHealth; pg. 147
Coan, Jessie, Vice President, Marketing - Aberdeen Group, Inc.; pg. 441
Coan, Tessa, Marketing Communications Manager - AgencyEA; pg. 302
Coast, Michele, Media Buyer - Cannella Response Television; pg. 457
Coate, Hilary, Head, Integrated Production - Venables Bell & Partners; pg. 158
Coates, Erica, Executive Producer - mOcean; pg. 298
Coates, Jeanie, Founder & Chief Executive Officer - Coates Kokes, Inc.; pg. 51
Coates, Pam, Account Service Manager - Clear River Advertising & Marketing; pg. 177
Coates, Tom, Executive Creative Director - Mekanism; pg. 112
Coats, David, Vice President & Executive Creative Director - Slingshot, LLC; pg. 265
Cobb, Ann, Account Director - Gain; pg. 284
Cobb, Chris, Executive Creative Director - Space150; pg. 266
Cobb, Dan, Chief Executive Officer & Founder - Daniel Brian Advertising; pg. 348
Cobb, Jim, Vice President, Business Development - Brado; pg. 336
Cobb, Juliana, Executive Creative Director - Droga5; pg. 64
Cobb, Kristina, Account Executive, Omnichannel & Programmatic Media - Amobee, Inc.; pg. 213
Cobb, Larry, Director, Search Engine Marketing & Analytics - Shepherd Agency; pg. 410
Cobb, Lucas, Senior Vice President, Data Strategy - MMGY Global; pg. 388
Cobb, Tyla, Account Director - Acceleration Partners; pg. 25
Cobb, Winona, Operations Manager - Hothouse; pg. 371
Cobb-Stuart, Renee, Director, Media Buying - Morgan + Company; pg. 496
Cobbs, Roxanne, Brand Supervisor - Camp + King; pg. 46
Cobian, Marisa, Planner, Strategy - Zenith Media; pg. 529
Coble, Katherine, Principal - Borshoff; pg. 585
Cobourn, Kayla, Director, Client Engagement - VMLY&R; pg. 160
Coburn, David, Senior Vice President, Public Relations - Luquire George Andrews, Inc.; pg. 382
Coburn, Samantha, Senior Strategist, Business Solutions - Horizon Media, Inc.; pg. 474
Coburn Disanto, Shirine, Chief Executive Officer & Founder - Coburn Communications; pg. 591
Cocchiaro, Alec, Executive Vice President & Director, Account Management - FCB New York; pg. 357
Cocco, Bryan, Interactive Associate Creative Director - Colangelo Synergy Marketing, Inc.; pg. 566
Cocco, Susan, Executive Director, Strategy & Consumer Insights - Colangelo Synergy

Marketing, Inc.; pg. 566
Cochin, Stephanie, Senior Media Buyer - Starcom Worldwide; pg. 513
Cochran, Beth, Founder & Chief Executive Officer - Wired PR; pg. 663
Cochran, Bill, Creative Group Head & Writer - The Richards Group, Inc.; pg. 422
Cochran, Curtis, Director, Analytics - Definition 6; pg. 224
Cochran, Douglas, Media Manager - 360i, LLC; pg. 207
Cochran, Elizabeth, Digital Performance Specialist - Lewis Media Partners; pg. 482
Cochran, Jeremy, Chief Client Officer & Chief Executive Officer, Business - Iris; pg. 376
Cochran, Jon, Creative Director - Grey Group; pg. 365
Cochran, Jordan, Managing Director, Client Engagement - VMLY&R; pg. 274
Cochran, Rachel, Co-Founder, Design - Beachy Media; pg. 216
Cochran, Zach, Vice President, Media Director - Door Number 3; pg. 64
Cochran, Zak, Account Director - Brunner; pg. 44
Cochrane, Kate, Associate Creative Director - The Miller Group; pg. 421
Cochrane, Laura, President & Chief Creative Officer - LexPR; pg. 622
Cochrane, Topher, Senior Producer, Film - Droga5; pg. 64
Cocivi, Deanna, Office Administrator - EVO Design, LLC; pg. 182
Cocke, Tom, Group Partner, Creative & Senior Vice President - The Buntin Group; pg. 148
Cocker, Christian, Senior Vice President & Strategic Planning Director - RPA; pg. 134
Cockrel, Warren, Executive Creative Director - Heat; pg. 84
Cockrell, Jeremy, Vice President & Director, Digital Solutions - Rodgers Townsend, LLC; pg. 407
Coco, Renata, Director, Data Strategy - Horizon Media, Inc.; pg. 474
Codalata, Jonny, Group Director, Brand Strategy - CSM Sports & Entertainment; pg. 55
Codd, Martin, Vice President, Operations - RedPeg Marketing; pg. 692
Codega, Daniele, Design Director - Work & Co; pg. 276
Codling, John, Director, Creative - Wunderman Thompson; pg. 434
Cody, Caitlin, Vice President & Group Director, Creative Strategy - Digitas; pg. 227
Cody, Chris, Account Executive - Hatch Advertising; pg. 82
Cody, Danielle, Producer - The Infinite Agency; pg. 151
Cody, Olivia, Senior Director, Beauty - Alison Brod Public Relations; pg. 576
Cody, Patti, Managing Director, Paid Media - CMD; pg. 51
Cody, Steve, Co-Founder & Chief Executive Officer - Peppercomm, Inc.; pg. 687
Coe, Brooke, Senior Account Executive - Boyden & Youngblutt Advertising; pg. 336
Coe, Katie, Account Director - mcgarrybowen; pg. 109
Coe, Kevin, Vice President, Digital Development & Partner - The MX Group; pg. 422
Coe, Scott, Partner - Cultivator Advertising & Design; pg. 178
Coelho da Silveira, Mickael, Senior Creative Developer - B-Reel; pg. 215
Coen, April, Director, Marketing Science - Hearts & Science; pg. 473
Coen, Joel, Chief Digital Officer - Commit Agency; pg. 343
Cofer, Clark, Communications Strategist -

758

AGENCIES — PERSONNEL

Droga5; pg. 64
Coffaro, John, Operations Manager - Rapport Outdoor Worldwide; pg. 556
Coffey, Alan, Chief Executive Officer - Coffey Communications; pg. 281
Coffey, Jane, President - Coffey Communications; pg. 281
Coffey, Jeff, Director, Interactive Strategy - CRC Marketing Solutions; pg. 345
Coffey, Karen, Market Specialist - Camelot Strategic Marketing & Media; pg. 457
Coffey, Katie, Director, Account - Markham & Stein; pg. 105
Coffey, Laura, Office Manager & Director, Human Resources - Venue Marketing Group; pg. 158
Coffey, Megan, Chief Creative Officer - Springbox; pg. 266
Coffey, Nicole, Digital Media Coordinator - Butler / Till; pg. 457
Coffey Clark, Ben, Partner & Head, Business Development - Bully Pulpit Interactive; pg. 45
Coffin, Caroline, Media Supervisor - Starcom Worldwide; pg. 513
Coffin, Greg, Associate Creative Director - Heat; pg. 84
Coffin, Justin, Vice President & Media Director - Ketchum - Ketchum; pg. 378
Coffin, Steve, Managing Principal - GBSM; pg. 607
Coffman, Emily, President - Igoe Creative; pg. 373
Coffy, Frank, Director, Production - Daniels & Roberts, Inc. ; pg. 348
Cofsky, Scott, Vice President, Senior Director, Media Planning - HealixGlobal; pg. 471
Cogan, Dana, Vice President - Carabiner Communications Inc.; pg. 588
Cogdell, Jasmine, Account Supervisor - Wieden + Kennedy; pg. 432
Coggiano, Benjamin, Vice President, Client Services - Cameron Advertising; pg. 339
Coghlan, James, Senior Vice President & Group Director, Strategic Planning - Area 23; pg. 33
Coghlan, Matthew, Senior Vice President, Reputation Management & Senior Partner - FleishmanHillard; pg. 605
Cogliani, Angela, Senior Account Executive - CTP; pg. 347
Cogo, Monica, Senior Strategist - Canvas Worldwide; pg. 458
Cogswell, McKinzie, Senior Account Executive, Public Relations - Faiss Foley Warren; pg. 602
Cogswell Baskin, Elizabeth, Chief Executive Officer & Executive Creative Director - Tribe, Inc.; pg. 20
Cohan, Beth, Account Director - VaynerMedia; pg. 689
Cohan, Cathy, Practice Lead - The Burnett Collective; pg. 669
Cohan, Jennifer, Chair, Global Consumer Practice - Edelman; pg. 599
Cohen, Abby, Vice President - The Rosen Group; pg. 655
Cohen, Abe, Senior Manager, Licensing & Business Development - Earthbound Brands; pg. 7
Cohen, Adam, Senior Vice President & Group Account Director - Havas Media Group; pg. 468
Cohen, Al, Public Relations Director - JCF Marketing; pg. 91
Cohen, Alexandra, Senior Strategist - IHOP & Harley-Davidson - Droga5; pg. 64
Cohen, Alyssa, Media Strategy Supervisor - R&R Partners; pg. 131
Cohen, Andrew, Vice President, Digital &
Social Media - Moosylvania; pg. 568
Cohen, Andy, Senior Account Manager - Peter Webb Public Relations, Inc.; pg. 636
Cohen, Arthur, President & Chief Executive Officer - LaPlaca Cohen Advertising; pg. 379
Cohen, Audrey, Vice President - Epoch 5 Public Relations; pg. 602
Cohen, Brad, Partner & Senior Managing Director - ICR; pg. 615
Cohen, Brian, Chief Executive Officer - MatchMG; pg. 248
Cohen, Brian, Founder & Chief Executive Officer - Visiture; pg. 678
Cohen, Chuck, Vice President, Media Services - Anthology Marketing Group; pg. 326
Cohen, Dan, Senior Vice President & Creative Director - Publicis North America; pg. 399
Cohen, Dani, Director - Mindshare; pg. 491
Cohen, Daniel, Owner & Principal - Full Court Press Communications; pg. 607
Cohen, Daniel, Senior Vice President - Global Media Rights Consulting - Octagon; pg. 313
Cohen, Danielle, Group Director, Strategy - OMD; pg. 498
Cohen, David, Director, Group Account & Sponsorship - Lumency Inc.; pg. 310
Cohen, Doug, President - Stern Advertising, Inc.; pg. 413
Cohen, Ellen, Director, Account Managing - mcgarrybowen; pg. 110
Cohen, Eric, Associate Creative Director - Huge, Inc.; pg. 186
Cohen, Fern, Executive Creative Director & Senior Vice President - VMLY&R; pg. 160
Cohen, Ian, Associate Creative Director - Veritone One; pg. 525
Cohen, Jay, Account Director - MRM//McCANN; pg. 289
Cohen, Jeff, Director, Value Management - Publicis North America; pg. 399
Cohen, Jeff, Co-Founder - Earthbound Brands; pg. 7
Cohen, Jessica, Executive Vice President - Aria Marketing, Inc.; pg. 441
Cohen, Jon, Executive Vice President, Client Services - FVM Strategic Communications; pg. 75
Cohen, Jon, Co-Chief Executive Officer - Cornerstone Agency; pg. 53
Cohen, Jon, Vice President & General Manager - Innovation Protocol; pg. 10
Cohen, Jordan, Chief Marketing Officer - North 6th Agency; pg. 633
Cohen, Ken, Senior Vice President - The Tombras Group; pg. 424
Cohen, Kristin, Head, Business Development - Sparks & Honey; pg. 450
Cohen, Larry, President - Glyphix; pg. 76
Cohen, Leslie, Executive Vice President & Owner - Laura Davidson Public Relations; pg. 622
Cohen, Lindsey, Account Supervisor - Energy BBDO, Inc.; pg. 355
Cohen, Lisa, Executive Vice President & Director, Planning & Print - Wilson Media Group; pg. 529
Cohen, Mackenzie, Associate Director, Digital Activation - OMD; pg. 498
Cohen, Maris, Associate Director, Strategy - OMD; pg. 498
Cohen, Mark, President & Creative Director - Cohen Group; pg. 51
Cohen, Mark, Chief Executive Officer & Founder - Cohen-Friedberg Associates; pg. 343
Cohen, Martha, Executive Director, Client Services & Strategy - Authentic; pg. 214
Cohen, Maurice, Founder & Executive Consultant - JMW Consultants, Inc.; pg. 10
Cohen, Norty, Chief Executive Officer - Moosylvania; pg. 568
Cohen, Ran, Senior Vice President, Product - Undertone; pg. 273
Cohen, Robin, Vice President, Client Strategy - Rain; pg. 402
Cohen, Ron, Director - Out of the Blue Productions; pg. 290
Cohen, Ryan, Client Management - Miller Advertising Agency, Inc.; pg. 115
Cohen, Ryan, Digital Account Executive - Team One; pg. 418
Cohen, Scott, Managing Director & Partner - Quattro Direct; pg. 290
Cohen, Shanee, Executive Vice President, Consumer - imre; pg. 374
Cohen, Stacey, President & Chief Executive Officer - Co-Communications Inc. ; pg. 685
Cohen, Stefani, Executive Vice President, Connection Planning & Investments - Havas Media Group; pg. 468
Cohen, Talia, Media Planner & Buyer - Cashman & Katz Integrated Communications; pg. 340
Cohen, Yale, Executive Vice President, Digital Investment & Standards - PMX - Publicis North America; pg. 399
Cohick, Tim, Sales & Marketing Specialist - New England - H&G Marketing; pg. 80
Cohn, Alex, Partner & Head, Content - Zambezi; pg. 165
Cohn, Daniel, Senior Vice President & Group Strategy Director - McCann New York; pg. 108
Cohn, David, Co-Chief Executive Officer - Civic Entertainment Group; pg. 566
Cohn, Jeff, Chief Executive Officer & President - Cohn Marketing, Inc.; pg. 51
Cohn, Russ, Account Director - Giant Spoon, LLC; pg. 363
Cohn, Ryan, Partner - Sachs Media Group; pg. 645
Cohn, Scott, Senior Vice President, Creative Content - BARKER; pg. 36
Cohun, Curtis, Associate Media Director - Canvas Worldwide; pg. 458
Coker, Emma, Strategist, Digital Media - Firehouse, Inc.; pg. 358
Colacion, Tres, Director, Creative - Grey West; pg. 367
Colaiacovo, Anne, President - Allison+Partners; pg. 576
Colameta, Ray, Vice President & Director, Marketing Operations - Digitas; pg. 227
Colangelo, Gino, President - Colangelo & Partners; pg. 591
Colangelo, Melissa, Director, Publicity & Promotions - Allied Integrated Marketing; pg. 324
Colantropo, Sofia, Chief Marketing Officer - OMD; pg. 498
Colantuono, Kate, Account Manager - Goodby, Silverstein & Partners; pg. 77
Colapietro, Peter, Senior Director, Strategy - Hearts & Science; pg. 471
Colasanti, John, Chief Executive Officer - Solve; pg. 17
Colasuonno, Lou, Senior Advisor - FTI Consulting; pg. 606
Colasurdo, Sal, Manager, Interactive Account & Project - One Trick Pony; pg. 15
Colberg, Andrew, Senior Vice President, Data & Analysis - Digitas; pg. 227
Colborn, Chris, Chief Experience Officer - Lippincott; pg. 189
Colborn, Matt, Vice President, Client Services - USIM; pg. 525
Colborn, Michael, Controller - S&A Communications; pg. 645
Colbourne, Richard, Creative Director - Addison; pg. 171
Colburn, Bill, Vice President, Creative Services - Dixon Schwabl Advertising; pg. 351
Colclough, Jon, Director, Brand Partnerships

PERSONNEL   AGENCIES

& Strategy - Mass Appeal; *pg.* 562
Colcord, Alexander, Partner & Associate Director, Digital Investment - Mindshare; *pg.* 491
Coldagelli, Matt, Senior Vice President - Edelman; *pg.* 353
Coldagelli, Nick, Creative Director - Periscope; *pg.* 127
Cole, Amye, Media Director - Billups Worldwide; *pg.* 550
Cole, Andrew, Managing Director - Sard Verbinnen; *pg.* 646
Cole, Art, Experiential Design & Creative Director - Innocean USA; *pg.* 479
Cole, Bill, Senior Vice President, Analytics - Targetbase Marketing; *pg.* 293
Cole, Brenda, Chief Financial Officer - Morgan + Company; *pg.* 496
Cole, Brittany, Managing Director - Spero Media; *pg.* 411
Cole, Denise, Co-Founder & Head, Art - Juliet; *pg.* 11
Cole, Elyse, Managing Partner - DiD Agency; *pg.* 62
Cole, Eric, Senior Specialist, Media Market - Unwired Local TV Media Buying - Active International; *pg.* 439
Cole, Erin, Senior Media Director - FiveFifty; *pg.* 235
Cole, Garry, Vice President, Client Solutions - SSDM; *pg.* 412
Cole, Glenn, Founder & Co-Chief Creative Officer - 72andSunny; *pg.* 23
Cole, Iris, Manager, Strategist & Project - Girl on the Roof, Inc; *pg.* 364
Cole, Jeff, Vice President & Creative Director - Three Atlanta, LLC; *pg.* 155
Cole, Jennifer, Vice President - Programmatic Ad Sales & Publisher Strategy - Prohaska Consulting; *pg.* 130
Cole, John, Founder & Creative Director - Cole Creative; *pg.* 51
Cole, Joshua, Director, Group Account - 360i, LLC; *pg.* 208
Cole, Keven, Field Service Supervisor & Project Manager - MC2; *pg.* 311
Cole, Kristin, Vice President, Account Services - A. Larry Ross Communications; *pg.* 574
Cole, Lauren, Senior Vice President, Client Services - Edelman; *pg.* 599
Cole, Lindsay, Group Account Director - Droga5; *pg.* 64
Cole, Liz, Vice President & Group Director, Social Strategy - Digitas; *pg.* 227
Cole, Mike, Vice President, Experiential - Think Motive; *pg.* 154
Cole, Nadine, Senior Vice President & General Manager - Cossette Media; *pg.* 345
Cole, Novena, Director, Accounting - Hawthorne Advertising; *pg.* 285
Cole, Olivia, Chief Operating Officer - GoDo Discovery Company; *pg.* 77
Cole, Sharron, Travel Service Coordinator - The Richards Group, Inc.; *pg.* 422
Cole, Trisha, Managing Director - Wagstaff Worldwide; *pg.* 659
Colegrove, Sue, Executive Vice President, Integrated Marketing - Zizzo Group Advertising & Public Relations; *pg.* 437
Coleman, Andriena, Media Supervisor - Hearts & Science; *pg.* 473
Coleman, Angie, Senior Vice President, Account Management - Miller Zell, Inc.; *pg.* 191
Coleman, Brandon, Senior Product Designer - Huge, Inc.; *pg.* 186
Coleman, Brooke, Coordinator, Experiential & Client Development - Propac; *pg.* 682
Coleman, Caroline, Director, Brand Production - Wunderman Thompson; *pg.* 434
Coleman, Christopher, Executive Producer - David&Goliath; *pg.* 57
Coleman, Clay, Creative Director - Slingshot, LLC; *pg.* 265
Coleman, Dana, Vice President, Internal, External Communications, Media Relations & Issues Management - Lovell Communications, Inc.; *pg.* 623
Coleman, Dave, Senior Vice President, Strategy & Development - Ocean Media, Inc.; *pg.* 498
Coleman, Greg, Senior Vice President, Brand Strategy & Activation - POV Sports Marketing; *pg.* 314
Coleman, Heidi, Creative Manager - Peterson Milla Hooks ; *pg.* 127
Coleman, Jayne, Account Manager - Adfire Health; *pg.* 27
Coleman, Jeff, Vice President, Marketplace Channels - CPC Strategy; *pg.* 672
Coleman, John, Chairman - The VIA Agency; *pg.* 154
Coleman, Kristin, Vice President & Account Director - Novita Communications; *pg.* 392
Coleman, Kyong, Managing Director - OMD; *pg.* 498
Coleman, Rachel, Managing Supervisor - FleishmanHillard; *pg.* 605
Coleman, Rebecca, Founder & Managing Partner - Something Massive; *pg.* 266
Coleman, Renata, Regional Account Director- Buick & GMC - Martin Retail Group; *pg.* 106
Coleman, Scott, President - Steele+; *pg.* 412
Colen, Gary, President & Chief Executive Officer - AMP Agency; *pg.* 297
Colenbrander, Elaine, Creative Director - POP, Inc.; *pg.* 195
Coles, Ashley, Strategist, Digital - Jan Kelley Marketing; *pg.* 10
Coles, Barbara, President - Coles Marketing Communications; *pg.* 591
Coles, Brian, Vice President, Marketing - Coles Marketing Communications; *pg.* 591
Coles, Margaret, Associate Partner & Head, Data Analytics & Research - Goodby, Silverstein & Partners; *pg.* 77
Coles, Teresa, Partner & President - Riggs Partners; *pg.* 407
Colet, Ryan, Account Director - The&Partnership; *pg.* 426
Coletti, Ed, Executive Vice President, Operations - Greenough Communications; *pg.* 610
Coletti, Shannon, Group Account Director - Interesting Development; *pg.* 90
Coli, Taylor, Assistant Digital Strategist - Hill Holliday; *pg.* 85
Colisto, Alexandra, Digital Designer - Social Media - HangarFour Creative; *pg.* 81
Collado, Vanessa, Media Activation Manager, Paid Social - Essence; *pg.* 232
Collar, Kelly, Financial Services Specialist - Lewis Communications; *pg.* 100
Collard, Jeff, Co-Owner - Eberly & Collard Public Relations; *pg.* 599
Collawn, Emily, Account Supervisor - MSLGroup; *pg.* 629
Colleluori, Kristin, Vice President, Group Account Director - DiD Agency; *pg.* 62
Coller, Alexis, Digital Account Director - RPA; *pg.* 134
Collett, Dave, Executive Vice President & General Manager - Weber Shandwick; *pg.* 660
Collett, Smith, Manager, Strategic Planning - Wavemaker; *pg.* 526
Colley, Ian, Vice President, Communications - The Trade Desk; *pg.* 520
Colley, Leslie, Vice President, Client Services - Depth Public Relations; *pg.* 596

Colli, Natalie, Account Manager - InkHouse Public Relations; *pg.* 616
Collida, Susan, President & Chief Executive Officer - Nostrum, Inc.; *pg.* 14
Collie, Will, General Manager, Southern California - Edelman; *pg.* 601
Collier, Cathy, Chief Executive Officer - OMD Canada; *pg.* 501
Collier, Lauren, Senior Vice President, Brand & Marketing Strategy - Finch Brands; *pg.* 7
Collin, Scott, Executive Creative Director - Havit; *pg.* 83
Collin, Susan, Senior Vice President - RTi Research; *pg.* 449
Colling, Brian, Owner & Chief Executive Officer - Colling Media; *pg.* 51
Colling, Darryl, Supervisor, Creative - Crowley Webb & Associates; *pg.* 55
Colling, Peter, Chief Operating Officer - Colling Media; *pg.* 51
Collingridge, Nicolin, Senior Account Executive- ICF Next - ICF Next; *pg.* 615
Collings, Shaun, Creative Director - Big Block; *pg.* 217
Collins, Adam, Vice President & Head, Strategy - Cossette Media; *pg.* 345
Collins, Andrew, Senior Media Buyer - Horizon Media, Inc.; *pg.* 474
Collins, Annie, Social Media Strategist - Brandience; *pg.* 42
Collins, Brad, Communication Coordinator - Shiftology Communication; *pg.* 647
Collins, Brett, Vice President & Account Director - Ford Enterprise - GTB; *pg.* 367
Collins, Brian, Founder & Chief Creative Officer - COLLINS:; *pg.* 177
Collins, Caitlin, Vice President - Zenith Media; *pg.* 529
Collins, Carolina, Project Manager - Casanova//McCann; *pg.* 538
Collins, Caroline, Account Director, Social Media - Ayzenberg Group, Inc.; *pg.* 2
Collins, Christa, Digital Media Manager - Berry Network; *pg.* 295
Collins, Dan, Senior Vice President & Chief Strategy Officer - gkv; *pg.* 364
Collins, David, Principal & Creative Director - Grafik Marketing Communications; *pg.* 185
Collins, David, Principal, Web Development - Innis Maggiore Group; *pg.* 375
Collins, Ed , President & Partner - Amusement Park; *pg.* 325
Collins, Erika, Senior Director, New Business & Partner - Carmichael Lynch; *pg.* 47
Collins, James, Associate Creative Director - Digitas; *pg.* 227
Collins, Janelle, Account Executive - MAPR; *pg.* 624
Collins, Jennifer, Project Manager - Peak Creative Media; *pg.* 256
Collins, Karl, Supervisor, Media - Wieden + Kennedy; *pg.* 430
Collins, Katharine, Account Manager - IMG LIVE; *pg.* 308
Collins, Kevin, Executive Vice President & Managing Director - Momentum Worldwide; *pg.* 117
Collins, Kristie, Associate Director, Addressable Content Production - Universal McCann; *pg.* 521
Collins, Kyle, Vice President, Strategy & Editorial - Kreber; *pg.* 379
Collins, Laurel, Director, Digital Media - OH Partners; *pg.* 122
Collins, Maegan, Account Manager - BLF Marketing; *pg.* 334
Collins, Marcus, Chief Consumer Connections Officer - Doner; *pg.* 63
Collins, Marty, Senior Vice President, Corporate Development, Legal & Compliance -

760

AGENCIES PERSONNEL

QuinStreet, Inc.; *pg.* 290
Collins, Michael, Managing Partner - DDB New York; *pg.* 59
Collins, Michael, Director, Paid Media - JPL; *pg.* 378
Collins, Mike, Partner & Senior Vice President, Account Services - SKAR Advertising; *pg.* 265
Collins, Mike, Senior Strategist, Marketing - Ethos Marketing & Design; *pg.* 182
Collins, Morgan, Communications Supervisor - MediaCom; *pg.* 487
Collins, Morgan, Account Supervisor - WorkInProgress; *pg.* 163
Collins, Nicole, Account Supervisor - Saatchi & Saatchi; *pg.* 136
Collins, Nicole, Group Director, National Video Investment - US - OMD; *pg.* 498
Collins, Paul, Chief Experience Officer - Sagepath, Inc.; *pg.* 409
Collins, Rob, Strategy Head - Mediahub New York; *pg.* 249
Collins, Ron, Chief Executive Officer - Nucleus Medical Media; *pg.* 254
Collins, Ryan, Director, Marketing - Universal Wilde; *pg.* 428
Collins, Scott, President - Aria Marketing, Inc.; *pg.* 441
Collins, Sonya, Senior Graphic Designer - Callahan Creek ; *pg.* 4
Collins, Stacy, Executive Advisor - RPMC, Inc.; *pg.* 569
Collins, Sue, Chief Client Officer - Rain; *pg.* 402
Collins, Suzie, Digital Director, Social Strategy & Influencer Marketing - Golin; *pg.* 609
Collins, Tara, Director, Account - Leo Burnett Worldwide; *pg.* 98
Collins, Tim, Production Manager - Infinity Marketing; *pg.* 374
Collins, Wetherly, Vice President & Director, Planning - Carat; *pg.* 459
Collinson, Sarah, Head, Account Management - Joan; *pg.* 92
Collis, Sara, Senior Vice President Insights & Innovation - Wunderman Thompson; *pg.* 434
Collison, Tina, Vice President, Account Services - The Sussman Agency; *pg.* 153
Collmer, Alex, Co-Founder & Chief Executive Officer - VidMob; *pg.* 690
Colloredo, Elizabeth, Associate, Local Media Activation - Carat; *pg.* 459
Collyer, Phil, Senior Vice President & Head, Creative Services - Jack Morton Worldwide; *pg.* 309
Colman, Carly, Senior Associate, Integrated Planning - Vizeum; *pg.* 526
Colombo, Lolly, Vice President, Client Services - Brewer Direct; *pg.* 337
Colon, Andrews, Director, Agency Strategy - Amplified Digital Agency; *pg.* 213
Colon, Carol, Vice President, Corporate & Public Affairs - Ogilvy Public Relations; *pg.* 634
Colon, Clark, Director, Event Marketing - Fuse, LLC; *pg.* 8
Colon, Jasmine, Manager, Broadcasting Traffic - Beacon Media; *pg.* 216
Colon, Melissa, Senior Vice President & Audio Investments Director - Havas Media Group; *pg.* 468
Colonero Wolfe, Nora, Vice President & Group Partner - J3; *pg.* 480
Colonna, Kristen, Chief Strategy Officer - North America - OMD; *pg.* 498
Colotti, Agostino, Chief Financial Officer & Chief Operating Officer - AFG&; *pg.* 28
Colovin, Stewart, Executive Vice President, Creative & Brand Strategy - MMGY Global; *pg.* 388
Colovos, Julie, Executive Assistant - Carat; *pg.* 461
Colsher, Silvia, Creative Director - DDB New York; *pg.* 59
Colson, Grady, Chief Operating Officer & Partner - Madden Media; *pg.* 247
Coltharp, Chayce, Senior Associate, Digital - Spark Foundry; *pg.* 510
Colton, Adaline, Director, Technology - Brandstyle Communications; *pg.* 585
Colton, Amy, General Manager, North America - Current ; *pg.* 594
Colton, Christopher, Creative Director - GSD&M; *pg.* 79
Coltrin, Steve, Founder, Chairman & Chief Executive Officer - Coltrin & Associates; *pg.* 592
Colucci, John, Associate Strategist - Marina Maher Communications; *pg.* 625
Colucci, Nick, Chairman - Publicis Health; *pg.* 639
Colven, Laura, Vice President - Genesco Sports Enterprises; *pg.* 306
Colvill, Claire, Account Manager - 9thWonder Agency; *pg.* 453
Colvin, Alan, Partner & Creative Director - Cue, Inc.; *pg.* 6
Colvin, Jason, Senior Director - RedPeg Marketing; *pg.* 692
Colvin, Liana, Earned Media Manager - MBB Agency; *pg.* 107
Colwell, Ashley, Partner & Associate Director, Video Investment - Mindshare; *pg.* 491
Colán, Jarrett, Graphic Designer - Dash Two; *pg.* 551
Comack, Jason, Director, Paid Search - iProspect; *pg.* 674
Comack, John, Vice President, Search & Ecommerce - Starcom Worldwide; *pg.* 517
Comando, Steve, Senior Creative Director - Wpromote; *pg.* 678
Comber, Tom, Senior Art Director - AOR, Inc.; *pg.* 32
Combs, Amanda, Director, Marketing Strategies - Creating Results; *pg.* 346
Combs, Amanda, Account Supervisor - Swift; *pg.* 145
Combs, Andrew, Associate Director, Paid Search - 26 Dot Two LLC; *pg.* 453
Combs, Barbara, Creative Director & Owner - gravity design, inc.; *pg.* 185
Combs, Cory, Account Executive - Sunshine Sachs; *pg.* 650
Combs, Josh, Executive Creative Director - AKQA; *pg.* 212
Comeaux Mitchell, Cali, Writer, Content - BBR Creative; *pg.* 174
Comella, Kathie, Chief Operating Officer - Trickey Jennus, Inc.; *pg.* 156
Comer, Clorissa, Associate Director, Branded Content - Spark Foundry; *pg.* 510
Comer, Lisa, Director, Marketing Services - The Cirlot Agency, Inc.; *pg.* 149
Comer, Marjorie, Earned PR Consultant - Axia; *pg.* 579
Comer, Zane, Executive Creative Director - Agency Within; *pg.* 323
Comerford, Briana, Specialist, Marketing & Communications - Havas Media Group; *pg.* 468
Comerford, Katie, Senior Vice President, Digital - Horizon Next - Horizon Media, Inc.; *pg.* 474
Comerford, Payton, Coordinator, Account - Reed Public Relations; *pg.* 642
Comes, Janice, Art Director - Davis & Company; *pg.* 595
Comito, John, Chief Financial Officer - Yoh; *pg.* 277
Comito, Liano, Senior Media Manager, Integrated Media - 360i, LLC; *pg.* 320
Command, Lauren, Associate Director - Amnet; *pg.* 454
Commandatore, Dana, Executive Vice President & Executive Director, Creative Operations - Deutsch, Inc.; *pg.* 350
Commesso, Barbara, Owner - In Place Marketing; *pg.* 374
Commesso, Joe, Vice President & Chief Financial Officer - In Place Marketing; *pg.* 374
Como, Alexandra, Senior Connections Planner - Havas Media Group; *pg.* 468
Como, John, Executive Director, Client Services - True North Inc.; *pg.* 272
Como, Kathryn, Vice President, Production Resources - AIM Productions; *pg.* 453
Como, Sarah, Vice President, Agency Communications - GMR Marketing; *pg.* 306
Comotto, Mary Anne, Owner, President & Chief Financial Officer - Partners For Incentives ; *pg.* 569
Compagnone, Craig, Executive Vice President, Business Strategy - MMGY Global; *pg.* 388
Compagnone, Karianne, Media Director - MediaCom; *pg.* 487
Company, Sybil, Vice President & Managing Director - VMLY&R; *pg.* 160
Comparetto, Valerie, Managing Partner & Head, Social - U.S. - GroupM; *pg.* 466
Comperda, Ken, Finance Director - U.S. - OMD; *pg.* 500
Compoc, Marten, Chief Technology Officer - Party Land; *pg.* 125
Compton, Annie, Negotiator - Mindshare; *pg.* 491
Compton, Courtney, Programmatic Media Strategist - NAS Recruitment Communications; *pg.* 667
Compton, Julia, Director, Design - Madwell; *pg.* 13
Compton, Matt, Director, Advocacy & Engagement - Blue State Digital; *pg.* 335
Comstock, Kelsey, Vice President - Turner Public Relations; *pg.* 657
Con, Nathalie, Vice President & Strategy Director - Giant Spoon, LLC; *pg.* 363
Conahan, Megan, Executive Vice President - Direct Agents, Inc.; *pg.* 229
Conant, Teresa, Associate Director, Broadcast - Norbella; *pg.* 497
Concepcion, Gail, Account Executive - MillerCoors - Arc Worldwide; *pg.* 327
Conde, Mary, Director, Production - Another Planet Entertainment; *pg.* 565
Conder, Megan, Social Media Manager - MMGY Global; *pg.* 388
Condict, Megan, Senior Designer - Verdin; *pg.* 21
Condie, Todd, Creative Director - Terri & Sandy; *pg.* 147
Condon, Brian, Executive Vice President, Commercial Development - Alliance for Audited Media; *pg.* 212
Condon, Colleen, Director, Digital Services - Jay Advertising, Inc.; *pg.* 377
Condon, John, Founder & Chief Creative Officer - The Distillery Project; *pg.* 149
Condon, Lisa, Senior Director, Graphic Services - A. Bright Idea; *pg.* 25
Condon, Tim, Executive Chairman & Chief Culture Officer - Schafer Condon Carter; *pg.* 138
Condron, Kevin, Managing Director - FTI Consulting; *pg.* 606
Condron, Madeline, Business Director - Europe, Middle East & Africa - Starcom Worldwide; *pg.* 513
Condron, Philip, Chief Executive Officer -

761

PERSONNEL

AGENCIES

Condron Media; *pg.* 52
Cone, Malia, Account Supervisor - Space150; *pg.* 266
Congdon, Emily, Associate Art Director - Brighton Agency, Inc.; *pg.* 337
Conger, Kelli, Media Director - Flynn Wright, Inc.; *pg.* 359
Conine, Scott, Chief Operating Officer - Rise Interactive; *pg.* 264
Conino, Sal, Partner - Media Partners, Inc.; *pg.* 486
Conklin, Cassie, Manager, Social Media - Young & Laramore; *pg.* 164
Conklin, Jacqueline, Group Director, Brand - Horizon Media, Inc.; *pg.* 474
Conklin Cash, Lindsey, Senior Director & Senior Vice President - BBDO Worldwide; *pg.* 331
Conkling, Gary, Partner - Conkling Fiskum & McCormick; *pg.* 592
Conley, Mary, Associate Director, Client Services - Organic, Inc.; *pg.* 255
Conley, Sarah, Senior Account Executive, Public Relations - Zozimus Agency; *pg.* 665
Conlin, Elizabeth, Senior Vice President & Director, Client Services - Re:group, Inc.; *pg.* 403
Conlin, Kelly, Senior Connections Manager, Media - VMLY&R; *pg.* 160
Conlon, Amanda, Media Supervisor - JWT INSIDE; *pg.* 667
Conlon, Patrick, Creative Director - Grey Group; *pg.* 365
Conlow, Mike, Head, Technology Consulting - Blue State Digital; *pg.* 335
Conn, Grad, Chief Marketing & Experience Officer - Sprinklr; *pg.* 688
Connally, Jenny, Partner - Ad Place; *pg.* 26
Connaughton, Brian, Group Creative Director - EP+Co.; *pg.* 356
Connaughton, Jay, Partner - Innovative Advertising; *pg.* 375
Connaughton, Jennifer, Partner & Chief Financial Officer - Innovative Advertising; *pg.* 375
Connel, Greg, Executive Vice President, Strategic Communications - ProED Communications; *pg.* 129
Connell, Adrienne, Senior Vice President & Partner - FleishmanHillard HighRoad; *pg.* 606
Connell, Brigitte, Senior Account Planner - Insight & Strategy - Red Robin - The Integer Group; *pg.* 682
Connell, Elizabeth, Digital Marketing Account Executive - Barton Cotton; *pg.* 37
Connell, Jacqueline, Associated Director, Digital - Mindshare; *pg.* 491
Connell, James, Group Director, Digital Media & Analytics - Path Interactive, Inc.; *pg.* 256
Connell, Jennifer, Account Supervisor & Director, Out-of-Home - Mediaspot, Inc.; *pg.* 490
Connell, Kiki O., Director, Content - Vreeland Marketing; *pg.* 161
Connelly, Andrew, Senior Vice President, Corporate Development & Strategic Alliances - Aberdeen Group, Inc.; *pg.* 441
Connelly, Emily, Group Brand Director - Google - 72andSunny; *pg.* 23
Connelly, Helene, Account Lead - Silverlight Digital; *pg.* 265
Connelly, Jennifer, Chief Executive Officer - Jennifer Connelly Public Relations; *pg.* 617
Connelly, Kathryn, Manager, SEM - Ovative Group; *pg.* 256
Connelly, Lucas, Assistant Media Planner, Xbox - Carat; *pg.* 459
Connelly, Sean, Senior Director, Sponsorship Strategy - MKTG INC; *pg.* 311
Connelly, Steve, President, Chief Executive Officer & Copywriter - Connelly Partners; *pg.* 344
Connelly, Walt, Global Executive Creative Director - TBWA \ Chiat \ Day; *pg.* 416
Conner, Addie, Partner & Chief Innovation Officer - Decoded Advanced Media - Decoded Advertising; *pg.* 60
Conner, Doug, President - Outdoor Nation; *pg.* 554
Conner, Ed, Executive Vice President & Chief Financial Officer - General Learning Communications; *pg.* 466
Conner, Ty, Regional Territory Manager - Outdoor Nation; *pg.* 554
Conner Foutch, Andee, President - Conveyor Media; *pg.* 462
Connington, Tara, Senior Vice President, Analytics - Universal McCann; *pg.* 521
Connolly, Brian, Director, Client Services - Maier Advertising, Inc.; *pg.* 103
Connolly, Carolyn, Group Creative Director - T3; *pg.* 268
Connolly, Eric, Coordinator, Brand - Mechanica; *pg.* 13
Connolly, John, Principal & Creative Director - Ideas On Purpose; *pg.* 186
Connolly, Katherine, Associate Director, Content & Strategy - The Foundry @ Meredith Corp; *pg.* 150
Connolly, Lauren, Executive Vice President & Executive Creative Director - BBDO Worldwide; *pg.* 331
Connolly, Lori, Vice President, Research & Analytics - One & All; *pg.* 289
Connolly, Mary, Account Director - Deutsch, Inc.; *pg.* 350
Connolly, Matthew, Director, Paid Media - VaynerMedia; *pg.* 689
Connolly, Mike, Vice President - Lake Group Media, Inc.; *pg.* 287
Connolly, Reid, Chief Executive Officer - Evoke Health; *pg.* 69
Connolly, Scott, Senior Vice President, Business Solutions - Cramer; *pg.* 6
Connolly, Shannon, Account Executive - Grey Group; *pg.* 365
Connor, Brian, Account Executive - Berry & Company Public Relations; *pg.* 583
Connor, Kari, Director, Market Strategy - WongDoody; *pg.* 162
Connor, Morgan, Director, Culture & Coaching - Marcus Thomas; *pg.* 104
Connor, Tim, Chief Operations Officer - Shamrock Companies, Inc.; *pg.* 291
Connors, Adele, Principal - AdWorkshop & Inphorm; *pg.* 323
Connors, Anne-Marie, Controller - The Sawtooth Group; *pg.* 152
Connors, Audrey, Senior Manager, Branding & Design - (add)ventures; *pg.* 207
Connors, Cadie, Account Supervisor - Parris Communications, Inc.; *pg.* 125
Connors, Dan, Chief Operating Officer - TCAA; *pg.* 519
Connors, Julie, Chief Risk Officer & Senior Vice President, Audit - Interpublic Group of Companies; *pg.* 90
Connors, Kate, Senior Account Supervisor - PAN Communications; *pg.* 635
Connors, Maggie, Executive Vice President & Head, Business Development - Deutsch, Inc.; *pg.* 349
Connors, Matthew, National Broadcast Buyer - Haworth Marketing & Media; *pg.* 470
Connors, Michael, Senior Director, Client Services - Central Region - The Trade Desk; *pg.* 519
Connors, Tom, Partner - AdWorkshop & Inphorm; *pg.* 323
Connors III, John, Chief Executive Officer & Founder - Boathouse Group, Inc.; *pg.* 40
Conover, Cecelia, Co-Owner - Conover ; *pg.* 178
Conover, Dave, Co-Owner - Conover ; *pg.* 178
Conover, Fred, President - CTP; *pg.* 347
Conrad, Brock, Associate Partner & Executive Creative Director - VSA Partners, Inc. ; *pg.* 204
Conrad, Cory, Senior Writer - 72andSunny; *pg.* 23
Conrad, Craig, President - Doner; *pg.* 63
Conrad, John, Partner & Executive Vice President - Merritt Group Public Relations; *pg.* 627
Conrad, Joseph, Founder & Chief Executive Officer - Cactus Marketing Communications; *pg.* 339
Conrad, Patti, Chief Financial Officer - Zilker Media; *pg.* 665
Conrad, Rebecca, Account Director - VaynerMedia; *pg.* 689
Conrad, Rebecca, Performance Network Associate Director - m/SIX; *pg.* 482
Conrad Cunningham, R., Senior Project Manager - Muse USA; *pg.* 543
Conrado, Thelma, Co-Founder, Principal & Sales Manager - POS Outdoor Media; *pg.* 556
Conran, Chris, Art Director - Stevens Advertising; *pg.* 413
Conreaux, Stephanie, Account Manager - Ansira; *pg.* 326
Conron, Michelle, Senior Director, Integrated Marketing & Operations - Cashman & Associates; *pg.* 589
Conroy, Anna, Group Planning Director - mcgarrybowen; *pg.* 110
Conroy, C. L., Founder & Chief Executive Officer - Conroy / Martinez Group; *pg.* 592
Conroy, Jay, General Manager, Sales - Adams Outdoor Advertising; *pg.* 549
Consaga, Melissa, Head, Media Operations - DAC Group; *pg.* 223
Considine, Sinead, Senior Associate, Paid Media - NMPi; *pg.* 254
Consonni, Kim, Traffic Manager - Cigna - Maier Advertising, Inc.; *pg.* 103
Constable, Dillon, Senior Art Director - partners + napier; *pg.* 125
Constable, Shannon, Senior Broadcast Specialist - Empower; *pg.* 354
Constan, Sandy, Senior Vice President, Global Media Lead, Microsoft - Carat; *pg.* 459
Constantin, Corina, Head, Marketing Intelligence - The&Partnership; *pg.* 426
Constantine, Michelle, Chief Operations Officer - Graham Group; *pg.* 365
Constantinople, Alexandra, Chief Executive Officer & Partner - The Outcast Agency; *pg.* 654
Constanza, Gloria, Partner & Chief Contact Strategist - d. exposito & Partners; *pg.* 539
Constanza , Tiffany, Account Manager - Ad Results Media; *pg.* 279
Consuegra, Vilma, Senior Vice President, Business Development & Corporate Marketing - Acosta, Inc.; *pg.* 322
Conte, Chris, Vice President, Creative Director - Dalton Agency; *pg.* 348
Conte, Rocky, Manager, Regional Sales - Park Outdoor Advertising; *pg.* 555
Conte, Sean, Business Development Manager - The Biondo Group; *pg.* 201
Conti, Joe, Senior Account Manager - Quaker City Mercantile; *pg.* 131
Conti, Kara, Manager, Marketing Communications - Captivate Network, Inc.; *pg.* 550
Conti, Patti, President & Chief Executive Officer - HMT Associates, Inc.; *pg.* 681
Contillo, Ryan, Associate Creative Director -

AGENCIES   PERSONNEL

Crispin Porter + Bogusky; pg. 346
Continanza, Stella, Account Supervisor - Havas Media Group; pg. 468
Contini, Cailean, Account Director - Greater Than One; pg. 8
Contractor, Anchie, Vice President & Group Account Director - Leo Burnett Toronto; pg. 97
Contreras, Rhonda, Brand Management Principal - The Richards Group, Inc.; pg. 422
Contreras, Roberto, Specialist, Information Technology - 3H Communications, Inc.; pg. 321
Contreras, Sam, Senior Art Director - Midnight Oil Creative; pg. 250
Converse, Brad, Copywriter - Proof Advertising; pg. 398
Converse, Tricia, Principal, Marketing & Business Development - Selbert Perkins Design; pg. 198
Convery, Kristin, Media Manager - Paskill, Stapleton & Lord; pg. 256
Convery, Nicole, Media Specialist - MayoSeitz Media; pg. 483
Conway, Alex, Managing Director - Hunter Public Relations; pg. 614
Conway, Casey, Vice President & Planning Director - Energy BBDO, Inc.; pg. 355
Conway, Christine, Director, Client Development - Conversant, LLC; pg. 222
Conway, Jay, Partner & Senior Vice President - RDW Group ; pg. 403
Conway, Leif, Digital Marketing Account Coordinator - 3Q Digital; pg. 208
Conway, Maite, Partner & Managing Director - Wagstaff Worldwide; pg. 659
Conway, Megan, Associate Creative Director - Spring Studios; pg. 563
Conway, Mike, Creative Director - Jump Company; pg. 378
Conway, Molly, Associate Director - GlaxoSmithKline - Zenith Media; pg. 529
Conway, Morrison, Account Supervisor - Sid Lee; pg. 141
Conway, Jr., Bill, Chief Executive Officer & Founder - Conway Marketing Communications; pg. 53
Cook, Alexandra, Manager, Program Operations - Adpearance; pg. 671
Cook, Andrea, President - FCB/SIX; pg. 358
Cook, Angie, Managing Director - Initiative; pg. 479
Cook, April, Director, Project Management - Spawn; pg. 648
Cook, Aylin, Head, Content Marketing - Single Grain; pg. 265
Cook, Ben, Director, Client Finance & Revenue - Eleven, Inc.; pg. 67
Cook, BJ, Co-Founder & Chief Executive Officer - Digital Operative, Inc.; pg. 225
Cook, Casie, Strategy Director - Colle McVoy; pg. 343
Cook, Christine, Vice President, US Digital Operations - Carat; pg. 459
Cook, Clifton, Senior Vice President, Innovation & Product Management - Vestcom ; pg. 571
Cook, Ellen, President - Dallas - The Integer Group - Dallas; pg. 570
Cook, Fred, Chairman - Golin; pg. 609
Cook, Gary, Assistant Programmatic Media Planner & Buyer - Crossmedia; pg. 463
Cook, Harmony, Business Development & Marketing Administrator - Airfoil Public Relations; pg. 575
Cook, Heidi, Director, Operations - Grapevine Communications; pg. 78
Cook, Jon, Global Chief Executive Officer & President - VMLY&R; pg. 274
Cook, Josh, Senior Associate, Integrated Investment & Portfolio Management - Universal McCann; pg. 428
Cook, Justin, President, Internet Marketing - 9th Co.; pg. 209
Cook, Kandi, Analyst, Digital Quality Assurance - Archer Malmo; pg. 32
Cook, Kara, Partner - Finn Partners; pg. 604
Cook, Karen, Manager, Local Activation - Spark Foundry; pg. 512
Cook, Kate, Account Director - DCG ONE; pg. 58
Cook, Kevin, Chief Operating Officer - Chicago - Edelman; pg. 353
Cook, Kristen, Vice President & Group Account Director - Brunner; pg. 44
Cook, Kyle, Director, Digital Media - Universal Media, Inc.; pg. 525
Cook, Lauren, Senior Director, Social Media & Digital Strategy - GroundFloor Media; pg. 611
Cook, Martha, Vice President - The Point Group; pg. 152
Cook, Meredith, Account Coordinator - Hayter Communications; pg. 612
Cook, Natalie, Chief Operating Officer & Vice President, Marketing - Olomana Loomis ISC; pg. 394
Cook, Rex, Owner - Avatar Labs; pg. 214
Cook, Ryan, Global & US Operations Manager - Mindshare; pg. 494
Cook, Spencer, Associate Creative Director & Copywriter - Phenomenon; pg. 439
Cook, Tiffany, President - WE Communications; pg. 660
Cook, Tom, Chief Creative Officer - Bear In The Hall; pg. 2
Cook, Vince, Executive Creative Director - Laughlin Constable, Inc.; pg. 380
Cook, Wendy, Head, Production - Trademark Event Promotions, Inc.; pg. 317
Cooke, Brandon, Global Chief Communications Officer - FCB New York; pg. 357
Cooke, Chelsea, Director, Account - Publicis.Sapient; pg. 260
Cooke, Chris, Manager, Digital Media - BCF; pg. 581
Cooke, Craig, Chief Executive Officer - Rhythm; pg. 263
Cooke, Lynnette, Chief Executive Officer - WPP Kantar Media; pg. 163
Cooke, Mary, Media Planner & Media Buyer - Crowley Webb & Associates; pg. 55
Cookerly, Carol, Chief Executive Officer - Cookerly Public Relations Inc.; pg. 593
Cooks, Josh, Executive Vice President, Digital - BerlinRosen; pg. 583
Cooksey, Gail, Chairman & Owner - Cooksey Communications; pg. 593
Cookson, Scott, Executive Vice President & Executive Creative Director - Ayzenberg Group, Inc.; pg. 2
Coole, Bryan, Management Supervisor - Hudson Rouge; pg. 372
Cooley, Burton, Supervisor, Local Investment - Haworth Marketing & Media; pg. 470
Cooley, Debra, Chief Finance Officer - Power; pg. 398
Cooley, James, Managing Director & Senior Partner - Mindshare FAST - Mindshare; pg. 491
Cooley Wilson, Randi, Account Director - Ocean Bridge Media Group; pg. 498
Cooling Braasch, Laura, Account Director, Client Partnership - Ansira; pg. 565
Coombe, Kim, Vice President & Manager, Production - Periscope; pg. 127
Coombes, Jo-Anne, Vice President - Bolt PR; pg. 585
Coomer, David, Chief Creative Officer - Cornett Integrated Marketing Solutions; pg. 344
Coon, Darren, Senior Designer - Socialdeviant, LLC; pg. 688
Coon, Hannah, Social Media Strategist - The Richards Group, Inc.; pg. 422
Coon, Meredith, Vice President - Coburn Communications; pg. 591
Coon, Molly, Senior Account Executive - Alison Brod Public Relations; pg. 576
Coon, Morgan, Manager, Account Services - Kinetic Worldwide; pg. 553
Cooney, Bill, President & Chief Executive Officer - MedPoint Communications; pg. 288
Cooney, Carrie, Associate Media Director - Just Media, Inc.; pg. 481
Cooney, Jim, President, Chief Executive Officer & Creative Director - PriMedia; pg. 506
Cooney, Kara, Group Media Director - Allscope Media; pg. 454
Cooney, Kim, Senior Partner & Director - AthenaHealth - Mindshare; pg. 491
Cooney, Maggie, Associate Director, Social Strategy - Digitas; pg. 227
Cooney, Tom, Executive Vice President & Chief Technology Officer - MedPoint Communications; pg. 288
Cooper, Alyssa, Vice President & Director, Communications Planning - Carat; pg. 459
Cooper, Ben, Executive Vice President, Marketing & Media - Camelot Strategic Marketing & Media; pg. 457
Cooper, Bradley, Chief Information Security Officer - RTi Research; pg. 449
Cooper, Brian, Director, Production - Havas Worldwide Chicago; pg. 82
Cooper, Chad, Senior Vice President & Director, Operations - Doner; pg. 63
Cooper, Clay, Owner & Director, Client Services - Plan B; pg. 397
Cooper, Courtney, Manager, Creative Operations - Beson 4 Media Group; pg. 3
Cooper, Debbie, Director, Rotary & Merchandising Services - Vestcom ; pg. 571
Cooper, Harvey, Director, Database Architecture - Cross Country Computer; pg. 281
Cooper, James, President & Chief Executive Officer - Cooper-Smith Advertising; pg. 462
Cooper, Jamie, Chief Executive Officer - Drake Cooper; pg. 64
Cooper, Jane, President - Cooper Hong, Inc.; pg. 593
Cooper, Jason, Director, Client Engagement - VMLY&R; pg. 274
Cooper, Jay, Senior Vice President & Group Account Director - Archer Malmo; pg. 32
Cooper, John, Vice President, Creative Services, Newport Beach - Estey-Hoover Advertising & Public Relations; pg. 69
Cooper, Jonathan, Director, Communications - quench; pg. 131
Cooper, Kasey, Senior Social Media Strategist - Harmelin Media; pg. 467
Cooper, Kelly, Account Services Director - Parris Communications, Inc.; pg. 125
Cooper, Kyle, Director, Media - CMI Media, LLC; pg. 342
Cooper, Lisa, Senior Vice President - RTi Research; pg. 449
Cooper, Lonnie, Chairman & Founder - CSE, Inc.; pg. 6
Cooper, Marc, Chief Digital Officer & Vice President - Agency59 Response - Junction59; pg. 378
Cooper, Mark, Director, Global Programs - Czarnowski; pg. 304
Cooper, Meredith, Media Supervisor - McGarrah Jessee; pg. 384
Cooper, Mike, Global President & Chief Executive Officer - Rapport Outdoor Worldwide; pg. 556
Cooper, Nicole, Principal Designer -

PERSONNEL

Artefact; pg. 173
Cooper, Peter, Director, Art - Spark44; pg. 411
Cooper, Rachel, Account Supervisor, Media Relations - ICF Next; pg. 614
Cooper, Ragen, Paid Social Avertising Specialist - Blue Wheel Media; pg. 335
Cooper, Renee, Manager, Social Media - BFG Communications; pg. 333
Cooper, Ross, Managing Director - GNF Marketing; pg. 364
Cooper, Samara, Senior Account Executive - Azione PR; pg. 579
Cooper, Shareen, Supervisor, Community Management - Innocean USA; pg. 479
Cooper, Sheri, Coordinator, Ministry Promotions & Media Strategist - Ambassador Advertising; pg. 324
Cooper, Stephanie, Account Director - BlackWing Creative; pg. 40
Coopman, Mackenzie, Account Lead - All Points Public Relations; pg. 576
Coors, Erin, Vice President & Director, Agency Communications & Administration - The Buntin Group; pg. 148
Cooter, Scott, Creative Director - Allebach Communications; pg. 29
Copacia, Leia, Lead Strategist, CRM & Content - Epsilon; pg. 283
Copacino, Chris, Senior Account Director & New Business Development - Copacino + Fujikado, LLC; pg. 344
Copacino, Jim, Co-Founder & Chief Creative Officer - Copacino + Fujikado, LLC; pg. 344
Copeland, Aaron, Director, Creative Technology - IMM; pg. 373
Copeland, Carrie, Vice President - hi-gloss; pg. 84
Copeland, Grant, President & Chief Creative Officer - Worx Branding & Advertising; pg. 163
Copeland, Kris, Associate Creative Director - Javelin Agency; pg. 286
Copeland, Kristin, Managing Account Supervisor - Ketchum South; pg. 620
Copeland, Patty, Senior Media Buyer - ICON International, Inc.; pg. 476
Copeland, Ron, Vice President, Group Creative Director - Rodgers Townsend, LLC; pg. 407
Copenhaver, Andrew, Partner, Portfolio Management - Universal McCann Detroit; pg. 524
Copertino, Giuseppe, Director, Media - Spark Foundry; pg. 512
Copia, Maggie, Associate Director, Administration & Finance - The Rendon Group, Inc.; pg. 655
Copin, Chuck, General Manager - Ideaology Advertising; pg. 88
Coppa, Michele, Vice President, Human Resources - Health4Brands Chelsea; pg. 83
Coppers, Anthony, Founder & Creative Director - Gradient Experiential LLC; pg. 78
Coppola, Michael, Chief Executive Officer & Founder - Path Interactive, Inc.; pg. 256
Coppola, Steve, Senior Vice President, User Experience - FleishmanHillard HighRoad; pg. 606
Coraggio, Gary, Director, Business Development - Tallwave; pg. 268
Corak, Mike, Vice President & General Manager - DAC Group; pg. 223
Corbacho, Tani, Vice President & Account Director - BBDO Worldwide; pg. 331
Corbeille, Michael, Executive Vice President & Executive Creative Director - Simons / Michelson / Zieve, Inc.; pg. 142
Corbeira, Carlos, Manager, Social Community - Orci; pg. 543
Corbelli, Jacqueline, Co-Founder, Chairman & Chief Executive Officer - Brightline; pg. 219
Corbett, Courtney, Management Supervisor - Toyota Motor Sales - Conill Advertising, Inc.; pg. 538
Corbett, Erin, Senior Vice President - Allied Integrated Marketing; pg. 576
Corbett, Jenny, Associate Director, Project Management - Digitas; pg. 227
Corbett, Julia, Senior Editor - Accenture Interactive - Accenture Interactive; pg. 209
Corbetta, Lindsey, Group Director - Media Storm; pg. 486
Corbin, Josiah, Buyer, Talent & Producer - Event - G7 Entertainment Marketing; pg. 306
Corbitt, Carl, Executive Creative Director - Chemistry Atlanta; pg. 50
Corbo, Joseph, Senior Account Executive - Vanguard Direct; pg. 274
Corbo-Castellanos, Jennifer, Co-Founder & President - Avanti Interactive, LLC; pg. 214
Corchado, Yalexa, Manager, Traffic & Assistant Manager, Production - Carl Bloom Associates; pg. 281
Corcoran, Brian, Chief Executive Officer & Founder - Shamrock Sports & Entertainment; pg. 569
Corcoran, Donna, Senior Art Director - Image Associates Inc.; pg. 241
Corcoran, Michele, Associate Vice President, Resourcing - Precisioneffect; pg. 129
Corcoran, Sean, President - U.S. - Mediahub Boston; pg. 489
Cordasco, Anna, Managing Director - Sard Verbinnen; pg. 646
Cordell, David, Group Director, Creative - Bohlsen Group; pg. 336
Cordell, Greg, Partner & Chief Inspiration Officer - Brains On Fire; pg. 691
Corder, Ernest, President & Chief Creative Officer - Redroc Austin; pg. 132
Corder, Kim, Accounting Director - Redroc Austin; pg. 132
Cordero, Barrett, President - BigSpeak Speakers Bureau; pg. 302
Cordero, Joanna, Associate Media Director - RPA; pg. 134
Cordero, Veronica, Director, Design - BASIC; pg. 215
Cordes, Tina, Director, Strategy - AnalogFolk; pg. 439
Cordes Radke, Elle, Vice President, Director - Starcom Worldwide; pg. 513
Cordingley, Elizabeth, Creative Director - Deutsch, Inc.; pg. 350
Cordo, Ashley, Director - Weber Shandwick; pg. 660
Cordola, Kristen, Negotiator, National Broadcast - Mindshare; pg. 491
Cordova, Ana, Art Director - Fisher; pg. 183
Cordova, Karlo, Director, Media & Communications Planning - Wieden + Kennedy; pg. 432
Cordova, Laia, Senior Marketing Manager - Just Media, Inc.; pg. 481
Cordrey, Mike, Account Supervisor - Aloysius Butler & Clark; pg. 30
Cords, Audrey, Manager, Search & Social - Mindshare; pg. 494
Coreas, Andrea, Social Media Strategist - Hearts & Science; pg. 473
Corey, John, Founding Partner - Greentarget Global Group LLC; pg. 611
Corfield, Kevin, Associate Creative Director - Brunner; pg. 44
Corin Koehl, Anna, Vice President, Public Relations - Beuerman Miller Fitzgerald; pg. 39
Corken, Cammy, Media Supervisor - The Lavidge Company; pg. 420
Corken, Dan, Vice President, Group Executive Producer - Crispin Porter + Bogusky; pg. 346
Corlett, Candace, President - WSL Strategic Retail; pg. 21
Corley, Chris, Executive Director, Creative - VMLY&R; pg. 274
Corley, Holly, Media Supervisor - 360i, LLC; pg. 207
Corley, Michelle, Art Director - Duncan McCall; pg. 353
Corley, Sheila, Director, Media Services & Account Executive - The Lee Group; pg. 420
Cormier, Adam, Vice President, Client Relations - PAN Communications; pg. 635
Cormier, Jason, Co-Founder - Room 214; pg. 264
Cormier, Kathy, Vice President, Client Services - Pattison Outdoor Advertising; pg. 555
Corn, Joanna, Director, Media - OMD; pg. 498
Corn, Lexi, Creative Director - Iris Atlanta; pg. 90
Corn, Linnea, Director, Strategy - Hearts & Science; pg. 473
Corna, Lauren, Account Director - Karsh & Hagan; pg. 94
Cornacchio, Dyan, Manager, Social Media - Sparks; pg. 315
Cornell, Matthew, Paid Search Specialist - R&R Partners; pg. 131
Cornejo, Chris, Marketing Lead - Design Center, Inc. ; pg. 179
Cornejo-Jones, Diana, Account Supervisor - Muse USA; pg. 543
Cornejo-Smith, Yvette, Account Supervisor - Toyota - Burrell Communications Group, Inc. ; pg. 45
Cornelius, Elizabeth, Executive Vice President, Account Services - HCK2 Partners; pg. 613
Cornelius, Jamie, Executive Creative Director - ChangeUp; pg. 5
Cornelius, Vicki, Market Specialist - Camelot Strategic Marketing & Media; pg. 457
Cornell, Michael, Senior Art Director - BBDO San Francisco; pg. 330
Cornett, Chase, Managing Director, Strategy & Insights - VMLY&R; pg. 274
Cornett, Kip, Founder & Chief Executive Officer - Cornett Integrated Marketing Solutions; pg. 344
Cornette, John, Executive Vice President & Executive Creative Director - EP+Co.; pg. 356
Cornette, Kristi, Media Buyer - Adwerks, Inc.; pg. 28
Cornfeldt, Jeremy, Chief Executive Officer - iProspect; pg. 674
Cornford, Allison, Group Account Director - Brighthouse Financial - BBH; pg. 37
Cornielle, Mike, Vice President, Global Platforms Solutions - Aimia; pg. 167
Cornine, Liz, Business Director - Chandelier Creative; pg. 49
Cornish, Elizabeth, Senior Vice President, Platforms - Diversified Agency Services; pg. 351
Corns, David, Senior Vice President & Managing Director - R/GA; pg. 261
Cornwell, Kevin, Director, Design - Bigfish Creative Group; pg. 333
Corona, Lyndsey, North America Chief Growth Officer - McCann New York; pg. 108
Coronges, Nick, Executive Vice President & Chief Technology Officer - R/GA; pg. 260
Coronna, Alissa, Senior Vice President, Strategy & Analytics - Leo Burnett Worldwide; pg. 98
Coronna, David, Managing Director, Strategic Creative - BCW Chicago; pg. 581
Corpuz, Johnny, Director, Communications Strategy - Anomaly; pg. 326

AGENCIES — PERSONNEL

Corpuz, Marifel, Director, Advanced Analytics - Horizon Media, Inc.; pg. 474
Corr, Connor, Strategist, Digital - Wieden + Kennedy; pg. 432
Corr, David, Executive Vice President & Executive Creative Director - Publicis North America; pg. 399
Corr, Joseph, Executive Director, Creative Technology - Crispin Porter + Bogusky; pg. 346
Corradetti, Greg, President - Serino Coyne, Inc.; pg. 299
Corrado, Christopher, Senior Media Supervisor - Connelly Partners; pg. 344
Corrall, Bob, President - The Bytown Group; pg. 201
Corrall, Sonya, Account Director - The Bytown Group; pg. 201
Corrato, Danielle, Account Manager - Vault Communications, Inc.; pg. 658
Corray, Jeremy, Vice President, Digital Entertainment - Coolfire Studios; pg. 561
Correa, Memo, Creative Director - Sanders\Wingo; pg. 138
Correa, Susana, Director, Group Strategy - OMD; pg. 498
Corredor Rocci, Krystle, Digital Media & Content Director - Macy's & Citibank - Publicis North America; pg. 399
Correia, Brittany, Manager, Creative Services - Solebury Trout; pg. 648
Correia, Kelly, Senior Partner - Moroch Partners; pg. 389
Correia, Victor, Managing Partner, Trading - Wavemaker; pg. 529
Correnti, Laura, Partner - Giant Spoon, LLC; pg. 363
Corrigan, Ellen, Chief Revenue Officer - 3Q Digital; pg. 671
Corrigan, Kieran, Senior Vice President & Creative Director - Wunderman Health; pg. 164
Corrigan, Tucker, Associate, Marketing - HallPass Media; pg. 81
Corringham, Josh, Executive Vice President, Business Development - Mad*Pow; pg. 247
Corriveau, Kenneth, Chief Information Officer & Senior Vice President - OMD; pg. 498
Corsaro, Dennis, Content Marketing Manager - Metia; pg. 250
Corsaro, Lily, Associate Project Manager - MRM//McCANN; pg. 289
Corsi, Stephen, Executive Vice President - Method Communications; pg. 386
Corsillo, Tom, Senior Vice President, Land Use & Public Policy - Marino Organization, Inc.; pg. 625
Corson, Sandy, Vice President & Director, Financial & Administrative - Rawle-Murdy Associates; pg. 403
Cortelyou, Caitlin, Public Relations Specialist - Ed Lewi Associates; pg. 599
Cortes, David, Vice President, Integrated Strategy - VaynerMedia; pg. 689
Cortese, Kim, Head, Production - Huge, Inc.; pg. 239
Cortesini, George, Vice President & Director, Account Management & Managing Partner - Masterminds, Inc.; pg. 687
Cortez, Alexis, Senior Manager, Account - Amnet; pg. 454
Cortez, Desiree, Chief Financial Officer - DiMassimo Goldstein; pg. 351
Cortez, Melissa, Senior Associate, Social Media - BODEN Agency; pg. 538
Cortez, Sherril, Manager, Print Production - Page Design Group; pg. 194
Cortina, Alex, Senior Account Manager - Hothouse; pg. 371
Cortinhal, Stephanie, Associate Strategy Director - Big Spaceship; pg. 455

Cortizas, Priscilla, Founding Partner - CreativeOndemand; pg. 539
Cortizo-Burgess, Pele, Chief Strategy Officer - US - Initiative; pg. 477
Cortopassi, Sarah, Digital Strategy Lead - CheckMark Communications; pg. 49
Coruhlu, Ozgur, Director, UI & UX - Yes&; pg. 436
Corvallis, Jordan, Associate Director, Media - Initiative; pg. 479
Corvasce, Devon, Senior Vice President - The Outcast Agency; pg. 654
Corwin, Harrison, Director, Digital Video & Strategy - Mass Appeal; pg. 562
Cory, Vicky, Vice President, Client Services - Intouch Solutions, Inc.; pg. 242
Coryat, Annie, Group Director, Digital Strategy - ShopHer Media; pg. 682
Coryell, Jeffrey, Associate Media Director - RAPP Worldwide; pg. 291
Corzo, Paul, Creative Director - PurpleGroup; pg. 131
Cosentino, Robert, Vice President & Practice Lead, Strategy & Insights - Epsilon; pg. 282
Cosgrove, Daniel, Associate Creative Director - Digitas; pg. 227
Cosgrove, Jerry, President - Cosgrove Associates; pg. 344
Cosgrove, Mia, Executive Vice President & Managing Director - Horizon Next - Horizon Media, Inc.; pg. 474
Cosgrove, Rick, Creative Director - AgencyEA; pg. 302
Cosme, Roy, President - Arcos Communications; pg. 537
Cosmelli, Dario, Account Director - Seiden Group, Inc.; pg. 410
Cosneau, Melissa, Director, Strategy - OMD Vancouver; pg. 502
Cosper, Eric, Group Creative Director - Argonaut, Inc.; pg. 33
Cospito, Anthony, Head of Strategy - Moving Image & Content; pg. 251
Cossette, Philippe, Senior Art Director - Sid Lee; pg. 140
Cossio, Mimi, Senior Print Manager & Producer - Alma; pg. 537
Costa, Fabio, Executive Creative Director - Saatchi & Saatchi Los Angeles; pg. 137
Costa, Jamie, Group Director - OMD West; pg. 502
Costa, Justin, Senior Vice President, Client Partnership - ROKKAN, LLC; pg. 264
Costa, Linda, President & Chief Executive Officer - Costa Communications Group; pg. 593
Costa, Mark, Chief Digital Officer - JCDecaux North America; pg. 553
Costa, Matt, Co-Founder & Chief Executive Officer - Beyond Marketing Group; pg. 685
Costa, Michelle, Regional President - South Region - Clear Channel Outdoor; pg. 551
Costa, Shirley, Senior Business Manager - Leo Burnett Worldwide; pg. 98
Costa, Stephanie, Associate Innovation Consultant - Fahrenheit 212; pg. 182
Costabile, Bob, Chief Creative Officer - Bigbuzz Marketing Group; pg. 217
Costabile, Mike, Managing Partner - Taylor ; pg. 651
Costales, Tisha, Senior Vice President, Client Services - M8; pg. 542
Costantino, Carly, Group Media Director - Publicis.Sapient; pg. 258
Costanza, Bob, Co-Founder & Chief Creative Officer - Scout Marketing; pg. 139
Costanzo, Cassandra, Associate Media Director - MARC USA; pg. 104
Costanzo, Rachel, Associate Media Director - Rain; pg. 402
Costello, Alison, Senior Vice President &
Director, Client Services - Wallwork Curry McKenna; pg. 161
Costello, Dan, Founder & Chief Executive Officer - Acumium, LLC; pg. 210
Costello, Diana, Senior Account Executive - Thompson & Bender; pg. 656
Costello, Erin, Associate Creative Director - RPA; pg. 134
Costello, Harry, Chairman - Florida - Hill+Knowlton Strategies; pg. 613
Costello, Jennifer, Head, Strategy - TBWA \ Chiat \ Day; pg. 146
Costello, Karen, Chief Creative Officer - The Martin Agency; pg. 421
Costello, Lynn, Media Buyer - OH Partners; pg. 122
Costello, Michael, Directory, Copy, Craft & Strategy - Cambridge BioMarketing; pg. 46
Costello, Mike, Creative Director - BBDO West; pg. 331
Costello, Rachel, Senior Vice President, Client Services - Triad Retail Media; pg. 272
Costello, Ryan, Special Project Manager - Blind Ferret; pg. 217
Costello, Sara, Digital Channels Associate - Simple Machines Marketing; pg.
Costner, Curtis, President & Owner - Sands, Costner & Associates; pg. 138
Cotaco, Catherine, Senior Traffic Manager - BBDO San Francisco; pg. 330
Cote, Genevieve, Director, Account - Leo Burnett Toronto; pg. 97
Cote, John, President - The Ballantine Corporation; pg. 293
Cote, Margaret, Director, Insights - Havas Media Group; pg. 470
Cote, Matt, Senior Vice President & Director, Video Innovation - Eicoff; pg. 282
Cote, Matt, Director, Business Development - The Ballantine Corporation; pg. 293
Cote, Ryan, Director, Marketing & Digital - The Ballantine Corporation; pg. 293
Cote, Scott, Director, Account Strategy - The Ballantine Corporation; pg. 293
Cote, Suzanne, Owner - Atelier du Presse-citron; pg. 173
Cote, Tom, Vice President & Group Account Director - Commonwealth // McCann; pg. 52
Cothern, Elizabeth, Account Director - Civic Entertainment Group; pg. 566
Cothran, Dara, Group Account Director - KWT Global; pg. 621
Cotoulas, Chloe, Creative Director - 9thWonder; pg. 453
Cotrupe, Courtney, Chief Executive Officer - partners + napier; pg. 125
Cotruvo, Meagan, Head, Marketing Communication - Mekanism; pg. 112
Cott, Sara, Associate Director - Global Gateway Advisors, LLC; pg. 608
Cotta, Haylee, Supervisor - Posterscope U.S.A.; pg. 556
Cottam, Tommy, Business Development Lead - Planet Propaganda; pg. 195
Cotteleer, Amy, Founder & Chief Creative Officer - A2G; pg. 691
Cotten, Steve, Vice President & Group Media Director - Starcom Worldwide; pg. 517
Cotter, Christine, Vice President, Social Media - Mirum Agency; pg. 681
Cotter, Kathleen, Analyst - Starcom Worldwide; pg. 513
Cotter, Mark, Chief Executive Officer - The Food Group; pg. 419
Cotter, Meagan, Account Executive, Digital - Spark44; pg. 411
Cotton, April, Integrated Strategy Director - Spero Media; pg. 411
Cotton, Carly, Account Executive - Moving Image & Content; pg. 251

PERSONNEL

AGENCIES

Cotton, Stephann, President - Cotton & Company; pg. 345
Cottongim, Laura, Controller - The Loomis Agency; pg. 151
Cottrell, Natasha, Media Assistant - Walz Tetrick Advertising; pg. 429
Cottrell, Noel, Chief Creative Officer - Fitzco; pg. 73
Cottrell, Perry, Senior Vice President, Director,Client Services - Doner; pg. 352
Cottrill, Nicole, Partner - DVL Seigenthaler; pg. 599
Couch, Ashley, Programmatic Associate - Mindshare; pg. 494
Couch, Brian, Senior Vice President, Client Services - SoHo Experiential; pg. 143
Couche, Bec, Senior Copywriter - Spark44; pg. 411
Coudal, Jim, President - Coudal Partners; pg. 53
Coufal, Bruce, Director, Human Resources - Firespring; pg. 358
Coughlin, Clay, Director, Business Development - Esrock Partners; pg. 69
Coughlin, Jason, Vice President, Client Activation - Factory 360; pg. 306
Coughlin, Kathleen, Vice President, Client Services - Collective Bias, LLC; pg. 221
Couillens, Renaud, Chief Marketing Officer - JCDecaux North America; pg. 553
Coulombe, Kassandra, Sales & Project Manager - Boston Interactive; pg. 218
Coulon, Tim, Vice President, Creative - Coles Marketing Communications; pg. 591
Coulson, Mike, Senior Planner, Strategic - Leo Burnett Toronto; pg. 97
Coulston, Andy, Creative Group Head & Art Director - The Richards Group, Inc.; pg. 422
Coulter, Jessica, Creative Director - BBDO Worldwide; pg. 331
Coulter Overman, Amy, Associate Director, Strategy - United Artists Releasing - Canvas Worldwide; pg. 458
Council, Kim, Senior Vice President & Chief Financial Officer - Lewis Advertising, Inc.; pg. 380
Counsell, Judd, Creative Director & Copywriter - BBDO Worldwide; pg. 331
Count, Janell, Director, Sales - Foerstel Design; pg. 183
Coupe, Rahmon, Chief Executive Officer - YourAmigo; pg. 679
Couris, George, President - The Pepper Group; pg. 202
Courtaux, Florencia, Head, Production - Jam3; pg. 243
Courtemanche, Karine, President - Touchel; pg. 520
Courtines, Alyse, Vice President, Client Services - MKTG INC; pg. 312
Courtney, Anne Marie, Vice President & Director, Integrated Publishing - Havas Media Group; pg. 468
Courtney, Cliff, Chief Strategy Officer & Executive Vice President - Zimmerman Advertising; pg. 437
Courtney, Lennon, Creative Group Head & Writer - The Richards Group, Inc.; pg. 422
Courtois, Patricia, Chief Client Officer & Executive Vice President - On Ideas; pg. 394
Coury, Maryanne, Director, Media - The Jones Agency; pg. 420
Cousineau, Collin, Director, Performance Media - PHD Chicago; pg. 504
Cousineau, Lauren, Account Manager - Digitas; pg. 229
Cousineau, Michael, Co-Chief Executive Officer - ForwardPMX; pg. 360
Cousino, Alexandra, Associate Media Director - Smucker Pet Brands - Moxie; pg. 251

Cousins, Hannah, Media Strategist - Red Six Media; pg. 132
Coutinho, Fernanda, Associate Director - The Beanstalk Group; pg. 19
Coutinho, Helene, Director, Media Planning & Buying - Pinta USA, LLC; pg. 397
Coutinho, Joao, Executive Creative Director - North America - VMLY&R; pg. 160
Coutras, Eddie, Principal, President & Owner - Leading Edge Communications; pg. 97
Coutroulis, Niko, Creative Director - Hill Holliday; pg. 85
Couture, Ben, Manager, Programmatic - Starcom Worldwide; pg. 517
Couvillon, Scott, Partner & Brand Strategist - Trumpet Advertising; pg. 157
Covant, Neal, Vice President, Client Services - IMI International; pg. 445
Covault, Jillian, Account Executive - Hudson Rouge; pg. 372
Covelli, Hannah, Senior Manager, Public Relations - Cramer-Krasselt ; pg. 54
Covelli, Scott, Supervisor, Public Relations - Epic Creative; pg. 7
Covent, Rebecca, Media Supervisor - Starcom Worldwide; pg. 513
Covert, Gail, Director, Operations & Human Resources - TouchStorm; pg. 570
Coville, Andy, Chief Executive Officer - Brodeur Partners; pg. 586
Covington, Grady, Senior Account Director - Upshot ; pg. 157
Covington, Torie, Director, Public Relations - i.d.e.a.; pg. 9
Cowan, Cathy, Owner - Cowan & Company Communications; pg. 593
Cowan, Elise, Senior Account Executive - Leo Burnett Worldwide; pg. 98
Cowan, Holly, Group Account Director - WongDoody; pg. 162
Cowan, Sean, Executive Vice President, Creative & Digital Experience - Fahlgren Mortine Public Relations; pg. 70
Cowan, Trish, Senior Copywriter - Simons / Michelson / Zieve, Inc.; pg. 142
Cowart, Casey, Senior Media Strategist - St. John & Partners Advertising & Public Relations; pg. 412
Cowart, Kristin, Chief Executive Officer & Founder - Brave Public Relations; pg. 586
Cowdrey, Marlee, Copywriter - Bailey Lauerman; pg. 35
Cowdy, Travis, Vice President & Executive Creative Director - DentsuBos Inc.; pg. 61
Cowell, Asha, Associate Director, Strategy - Carat; pg. 459
Cowell, Frank, President & Creative Director - Elevator; pg. 67
Cowen, Michael, Senior Account Supervisor - MSLGroup; pg. 629
Cowie, James, Creative Director - Deutsch, Inc.; pg. 349
Cowley, Gail, Owner & Executive Vice President - Cowley Associates; pg. 345
Cowley, Kiley, Supervisor, Digital Investment - Mindstream Media Group - Dallas; pg. 496
Cowley, Paul, Founder, President - Cowley Associates; pg. 345
Cowley, Samantha, Director, Communications Strategy - GSD&M; pg. 79
Cowling, Dan, President & Principal - The Communications Group; pg. 149
Cowser, Don, Media Director - Icon Media Direct; pg. 476
Cox, Alicia, Owner - CoxRasmussen & Company; pg. 345
Cox, Alison, Associate Director, Strategic Planning - Travel Spike; pg. 272
Cox, Ashley, Senior Account Executive - Turner Public Relations; pg. 657

Cox, Carl, Vice President, Client Experience - Madden Media; pg. 247
Cox, Chrissy, Vice President - Duree & Company; pg. 598
Cox, Christopher, Founding Principal - Navigators LLC; pg. 632
Cox, Courtney, Associate Director - Moore Communications Group; pg. 628
Cox, Daniel, Manager, Digital Media - Harmelin Media; pg. 467
Cox, Darren, Creative Director - SpotCo; pg. 143
Cox, Elaine, Executive Creative Director - Heat; pg. 84
Cox, Farrah, Executive Vice President & Executive Director - Golin; pg. 609
Cox, Gail, Vice President, Strategic Planning - AC&M Group; pg. 537
Cox, Greg, Chief Product & Technology Officer - ExpertVoice; pg. 233
Cox, Jeremy, Director, UX - McGarrah Jessee; pg. 384
Cox, Justin, Chief Strategy Officer - Heat; pg. 84
Cox, Kara, Traffic Coordinator - TriComB2B; pg. 427
Cox, Kelsey, Client Services Director - Column Five; pg. 343
Cox, Lindsey, Director - Starcom Worldwide; pg. 513
Cox, Mark, President - Premier Event Services; pg. 314
Cox, Michael, Chief Finance Officer - Fusion Marketing; pg. 8
Cox, Monica, Senior Financial Manager - The Martin Agency; pg. 421
Cox, Neil, Digital Production Director - Padilla; pg. 635
Cox, Robin, Media Buyer - The Ward Group, Inc - Media Stewards; pg. 520
Cox, Sally, Group Managing Director - mcgarrybowen; pg. 110
Cox, Samantha, Account Supervisor - Padilla; pg. 635
Cox, Steve, Creative Director - HMH; pg. 86
Cox, Tanya, Director, Client Services - Function:; pg. 184
Cox, Tom, President, Client Development - The Oliver Group; pg. 667
Cox, Zach, Vice President - Buonasera Media Services; pg. 457
Coxen, Lauren, Account Coordinator - Ferguson Advertising, Inc.; pg. 73
Coyle, Alex, Associate Creative Director - Spark; pg. 17
Coyle, Bob, Managing Director - Lawler Ballard Van Durand; pg. 97
Coyle, Grant, Manager, Technology - Stevens Strategic Communications, Inc.; pg. 413
Coyle, Kara, Creative Director - Mekanism; pg. 113
Coyle, Katie, Media Supervisor - Starcom Worldwide; pg. 513
Coyle, Walter, Chief Executive Officer - Luxe Collective Group; pg. 102
Coyne, Claudette, Associate Media Director - RDW Group ; pg. 403
Coyne, Courtney, Senior Digital Producer - MullenLowe U.S. Boston; pg. 389
Coyne, Irene, Senior Vice President - Publicis Health Media; pg. 506
Coyne, Jack, Chief Executive Officer - Coyne Advertising & Public Relations; pg. 345
Coyne, Kathy, Media Director - Harmelin Media; pg. 467
Coyne, Lauren, Management Supervisor - GTB; pg. 367
Coyne, Leslie, Director, Data Services - Havas Helia; pg. 285
Coyne, Nancy, Chairman & Owner - Serino

AGENCIES — PERSONNEL

Coyne, Inc.; *pg.* 299
Coyne, Tom, Chief Executive Officer - Coyne Public Relations; *pg.* 593
Cozic, Gerri, Vice President - Kallman Worldwide; *pg.* 309
Cozine, Kevin, Media Director, New Business - Ocean Media, Inc.; *pg.* 498
Cozza, Michele, Director, Production - The Food Group; *pg.* 419
Crabill, Jennifer, Vice President & Media Director - Spark Foundry; *pg.* 508
Crabill, Molly, Client Service Manager - Citizen Relations; *pg.* 590
Crable, Jan, Director, Communication Strategy - Big River; *pg.* 3
Crabtree, Lucinda, President - Evergreen & Co.; *pg.* 182
Crabtree, Stephanie, Vice President, Client Services - SMITH; *pg.* 266
Cradic, Carolyn, Associate Director, Business Leadership - Blue Chip Marketing & Communications; *pg.* 334
Craft, Erin, Vice President, Accounts - Centerline Digital; *pg.* 220
Craft, Taylor, Social Manager - Barkley; *pg.* 329
Crafter, Josh, Account Supervisor - MRY; *pg.* 252
Crafton, Laura, Account Manager - Hirons & Company; *pg.* 86
Crafts, Steve, Creative Director & Partner - Place Creative Company; *pg.* 15
Craig, Aimee, Manager, Connections - Spark Foundry; *pg.* 510
Craig, Anne, Director, Data Integrity & Analysis - PlusMedia, LLC; *pg.* 290
Craig, Brett, Chief Creative Officer - Deutsch, Inc.; *pg.* 350
Craig, Brian, Vice President, Account Management - ForwardPMX; *pg.* 360
Craig, Chelsea, Strategist, Digital - Jan Kelley Marketing; *pg.* 10
Craig, Duncan, Partner - Raka Creative; *pg.* 402
Craig, Jim, Creative Director - Doubleknot Creative; *pg.* 180
Craig, Lindsey, Account Executive - Root3 Growth Marketing; *pg.* 408
Craig, Meghann, Senior Director, Marketing - Empower; *pg.* 354
Craig, Paige, Manager, Social Media - Rocket55; *pg.* 264
Craig, Regan, Creative Director & Chief Executive Officer - ABZ Creative Partners; *pg.* 171
Craig, Russell, Managing Director - FTI Consulting; *pg.* 606
Crain, Allison, Senior Account Manager - Upshot ; *pg.* 157
Crain, Ed, President & Chief Executive Officer - Kingstar Direct, Inc.; *pg.* 562
Cramb, Lisa, Senior Account Manager - Montagne Communications; *pg.* 389
Cramer, Adam, Principal, Senior Vice President & Creative Director - Kelley Habib John Integrated Marketing; *pg.* 11
Cramer, Erika, Vice President, Communications Strategy - Generator Media + Analytics; *pg.* 466
Cramer, Estelle, Director, Operations - Branded Entertainment Network, Inc.; *pg.* 297
Cramer, Malia, Brand Manager - Drake Cooper; *pg.* 64
Cramer, Ryan, Chief Executive Officer & Partner & Creative Director - Neuron Syndicate; *pg.* 120
Cramer, Wendy, Senior Vice President - Fahlgren Mortine Public Relations; *pg.* 70
Cramm, Brady, Director, PPC - Directive Consulting; *pg.* 63

Crammond, Dave, Managing Director, Investment - MediaCom - Wavemaker; *pg.* 529
Crampsie, Lauren, President - NY - Ogilvy; *pg.* 393
Cran, James, Chief Executive Officer & Co-Founder - Antibody Healthcare Communications; *pg.* 32
Crandall, Adam, Senior Vice President & Group Strategy Director - DDB Chicago; *pg.* 59
Crane, Andrew, Senior Director, Art - VMLY&R; *pg.* 274
Crane, Cameron, Vice President, Accounts - Cashmere Agency; *pg.* 48
Crane, Camilla, Director, Strategy - Elmwood; *pg.* 181
Crane, David, Vice President & Director, Client Services - PETERMAYER; *pg.* 127
Crane, Jocelyn, Account Supervisor - GMR Marketing; *pg.* 307
Crane, Martina, Office Manager - Haugaard Creative Group; *pg.* 186
Crane, Monica, Senior Media Director - Harmelin Media; *pg.* 467
Crane, Patti, Founder - Crane MetaMarketing; *pg.* 345
Crane, Sean, Chief Creative Officer - Mintz & Hoke; *pg.* 387
Craney, Jake, Engagement Manager - T3; *pg.* 416
Cranfill, David, President & Co-Founder - 360 Group; *pg.* 23
Cranley, Katie, Senior Art Director - Huge, Inc.; *pg.* 239
Cranor, Luke, Senior Negotiator, Digital Partnerships - Initiative; *pg.* 477
Cranswick, Marisa, Senior Manager, Media Planning - Kroger Media Services; *pg.* 96
Crater, Allen, President - Stevens Advertising; *pg.* 413
Craven, Ryan, Associate Director, Media & Communication Strategy - Wieden + Kennedy; *pg.* 430
Crawford, Amie, Senior Director, Communications Planning - iProspect; *pg.* 674
Crawford, Amy, Vice President & Account Director - Rockit Science Agency; *pg.* 16
Crawford, Andrew, Copywriter - Team One; *pg.* 417
Crawford, Aubrey, Account Manager - SociallyIn; *pg.* 688
Crawford, Bruce, Chairman - Omnicom Group - Omnicom Group; *pg.* 123
Crawford, Callie, Director, Social Media - Foundry; *pg.* 75
Crawford, Courtenay, Strategic Media Director - CMI Media, LLC; *pg.* 342
Crawford, Craig, Group Creative Director - Team One; *pg.* 417
Crawford, Damien, Associate Director, Advertising Operations - Universal McCann Detroit; *pg.* 524
Crawford, Dan, Design Lead - Red Antler; *pg.* 16
Crawford, Elizabeth, Manager, Planning & Strategy - Mindshare; *pg.* 494
Crawford, Harmony, Vice President, Operations - The Marketing Practice; *pg.* 169
Crawford, Hillary, Senior Digital Producer - 160over90; *pg.* 1
Crawford, Justin, Senior Vice President & Creative Director - Deutsch, Inc.; *pg.* 350
Crawford, Katharine, Director, Business Development - Scoppechio; *pg.* 409
Crawford, Kelly, Managing Director - NY - Gol Experience Design; *pg.* 307
Crawford, Kevin, President - Williams / Crawford & Associates; *pg.* 162
Crawford, Lauren, Account Manager - Echo Sports Marketing; *pg.* 67
Crawford, Matt , Director - Pale Morning

Media; *pg.* 635
Crawford, Mike, President - Mod Op; *pg.* 388
Crawford, Renee, Senior Account Planner - True Media; *pg.* 521
Crawford, Robert, Managing Director - Branded Cities; *pg.* 550
Crawford, Sam, Account Manager - Crispin Porter + Bogusky; *pg.* 346
Crawford, TJ, Digital Strategy Director - MARC USA; *pg.* 104
Crawford Kerr, Karla, Vice President, Marketing - Hawthorne Advertising; *pg.* 370
Crawley, Bruce, Chief Executive Officer & Principal Owner - Millennium 3 Management; *pg.* 543
Creamer, Matt, Group Creative Director - Forsman & Bodenfors; *pg.* 74
Creamer, Tonya, Senior Director, Talent Acquisition - Empower; *pg.* 354
Crean, Bob, Vice President, Account Services - Manzella Marketing Group; *pg.* 383
Crean, Lucy, Digital Investment Director - Mindshare; *pg.* 495
Creaney, Erin, Head, Digital - North America - Iris; *pg.* 376
Crede, Kaelyn, Campaign Manager - ThriveHive; *pg.* 271
Credeur, Raymond, Creative Director - Graham Group; *pg.* 365
Credle, Susan, Global Chief Creative Officer - FCB New York; *pg.* 357
Cree, Cliff, Chief Information Officer & Executive Vice President - Horizon Media, Inc.; *pg.* 474
Creechan, David, Strategic Partnerships Director, Action Sports - 160over90; *pg.* 301
Creegan, Jennifer, Director, Broadcast - BCM Media; *pg.* 455
Creek, Rob, Executive Creative Director - Envisionit Media, Inc.; *pg.* 231
Creel, Lauren, Specialist, Digital Marketing - Rawle-Murdy Associates; *pg.* 403
Creel, Zooey, Senior Director, Art - Badger & Winters; *pg.* 174
Creer, Georgia, Producer - Matte Projects; *pg.* 107
Creer, Matthew, Global Head, Growth - Initiative; *pg.* 477
Creet, Simon, Chief Creative Officer & Partner - The Hive Strategic Marketing; *pg.* 420
Cregler, Tony, Senior Vice President & Director, Brand Strategy - Leo Burnett Worldwide; *pg.* 98
Crelia, Tyler, Director, Creative & Video Production - Greatest Common Factory; *pg.* 365
Cremin, Tim, President & General Manager - Winnercomm; *pg.* 564
Crepin-Burr, Damon, Global Chief Strategy Officer - FullSIX Media; *pg.* 465
Crerar, Kelly, Senior Vice President, U.S. Strategy & Sales - IC Group; *pg.* 567
Cresap, Heather, Account Manager - Decca Design; *pg.* 349
Crescini, Dino, Associate Director, Connections - Spark Foundry; *pg.* 508
Crespo, Chariot, Vice President, Marketing Partnerships - Centra360; *pg.* 49
Crespo, Claudia, Director, Business Development - CreativeDrive; *pg.* 346
Cresswell, Katie, Vice President & Director, Interactive Operations - MGH Advertising ; *pg.* 387
Cretella, Morgan, Account Supervisor - The Neibart Group; *pg.* 654
Crews, Camila, Senior Director, Public Relations - Cashmere Agency; *pg.* 48
Crews, Chris, Operations Manager - Eventive Marketing; *pg.* 305
Crichton, David, Creative Partner - Grip

PERSONNEL   AGENCIES

Limited; *pg.* 78
Crichton, Jason, Vice President, Interactive - Elevate; *pg.* 230
Crichton, Sharon, Global Head, Production - Jack Morton Worldwide; *pg.* 309
Crick, Ben, Director, Design - COLLINS:; *pg.* 177
Criddle, Leanna, Account Supervisor - Publicis North America; *pg.* 399
Crider, Amy, Associate Account Director - Affiliate Marketing - Acceleration Partners; *pg.* 25
Crider, Hailey, Senior Director, Agency Xperience - Defero; *pg.* 224
Crifo, Jacquelyn, Director, SEO - iProspect; *pg.* 674
Crigger, Matthew, Director, Interactive Media - Phire Group; *pg.* 397
Crimi-Lamanna, Nancy, Chief Creative Officer - FCB Toronto; *pg.* 72
Crimp, Tom, Owner & Creative Director - AUXILIARY; *pg.* 173
Cripe, Jake, Senior Account Executive - Jacobson Rost; *pg.* 376
Crisafulli, Sandy, Account Manager & Writer - Caryl Communications, Inc.; *pg.* 589
Crisan, Jane, President & Chief Operating Officer - Rain; *pg.* 402
Crisanti, Analeigh, Assistant Account Executive - P&G Baby Care - MSLGroup; *pg.* 629
Criscitelli, Matthew, Group Manager & Supervisor, Integrated Media - ICON International, Inc.; *pg.* 476
Criser, Angela, Principal & Chief Innovation Officer - 3fold Communications; *pg.* 23
Crisman, Ryan, Executive Producer - Sockeye Creative; *pg.* 199
Crisp, Jeremy, Managing Partner - Nail Communications; *pg.* 14
Crisp, Mira, Creative Director - MOD Worldwide; *pg.* 192
Crispo, Jessica, Vice President & Partner - BIGfish PR; *pg.* 685
Cristales-Reynoso, Emily, Account Executive - Orci; *pg.* 543
Cristoforis, Emily, Director, Strategy - Vault49; *pg.* 203
Criswell, Bill, President - Inception Marketing; *pg.* 374
Criswell, Emma, Vice President, Client Relations - Balzac Communications & Marketing; *pg.* 580
Critch-Gilfillan, Pauline, Creative Conceptor - Mosaic North America; *pg.* 312
Critser, Mike, Manager, Group Conference - Reed Exhibition Company; *pg.* 314
Crivelli, Annemarie, Head, Digital, Technology & Innovation - Cambridge BioMarketing; *pg.* 46
Crivello-Wagner, Beth, Vice President, Brand Services - Core Creative; *pg.* 344
Croake, Kevin, Senior Web Designer - Jackrabbit Design; *pg.* 188
Croce, AJ, Associate Creative Director - Momentum Worldwide; *pg.* 117
Crociata, Anna, Group Media Director - Hart; *pg.* 82
Crockart, Greg, Business Director - Mirum Agency; *pg.* 251
Crocker, Bill, Senior Editor - MJM Productions; *pg.* 563
Crocker, Curt, Senior Art Director - Signature Marketing Solutions; *pg.* 141
Crockett, Brett, Account Supervisor - Saatchi & Saatchi Dallas; *pg.* 136
Crockett, Chris, Integrated Account Director - Saatchi & Saatchi Los Angeles; *pg.* 137
Crockett, Jeanne, Senior Vice President, Operations - GSD&M; *pg.* 79
Crockett, Stephanie, Senior Vice President &

Managing Director - Mower; *pg.* 118
Crockett, Tiffany, Vice President, Client Service - RepEquity; *pg.* 263
Croda, Devin, Group Director, Design - Droga5; *pg.* 64
Croddy, Jason, Vice President & Group Director, Brand Strategy - Hyundai - Canvas Worldwide; *pg.* 458
Croden, Denise, Senior Director, Event Production - The George P. Johnson Company; *pg.* 316
Croft, Laura, Senior Account Director - Taylor Design; *pg.* 201
Croft, Rob, Partner - Swerve, Inc.; *pg.* 200
Crofton, Liz, Executive Producer & Director, Production & Creative Services - Grip Limited; *pg.* 78
Crofts Evanchan, Jeannie, Director, Account Strategy - Praytell; *pg.* 258
Croke, Al, President & Chief Executive Officer - J.G. Sullivan Interactive, Inc.; *pg.* 243
Croke, Megan, Global Media Associate - Red Fuse Communications; *pg.* 404
Crombie, Chris, Senior Vice President, Business Development & Alliances - RightPoint; *pg.* 263
Cromer, Joe, Director, Portals & Collaboration - DEG Digital; *pg.* 224
Cromer, Kristen, Vice President, Experience Design - Ogilvy; *pg.* 255
Cromer, Mary, Graphic Designer - Riger Marketing Communications; *pg.* 407
Cromer, Scott, Partner - Mutt Industries; *pg.* 119
Cromheecke, Todd, Vice President, Marketing & Client Engagement - Integrated Merchandising Systems; *pg.* 286
Cronan, Nick, Founder & Creative Director - Branch; *pg.* 175
Cronander, Anthony, Account Coordinator - 3Q Digital; *pg.* 208
Crone, Grant, Principal - MMPR Marketing; *pg.* 116
Crone, Michael, Executive Vice President & Director, Client Services - McCann Worldgroup; *pg.* 109
Cronin, Amy, Director, Performance Targeting & Analytics - The Mars Agency; *pg.* 683
Cronin, Chris, Vice President & Group Account Director - H&L Partners; *pg.* 80
Cronin, George F., Senior Vice President - Rasky Baerlein Strategic Communications, Inc.; *pg.* 641
Cronin, Jay, Senior Vice President, Account Services - Hothouse; *pg.* 371
Cronin, Jim, President & Chief Executive Officer - BCA Marketing Communications; *pg.* 332
Cronin, Kate, Practice Leader, Ogilvy Health & Wellness USA - Ogilvy Public Relations; *pg.* 633
Cronin, Kevin, Executive Vice President & Director - Spark Foundry; *pg.* 508
Cronin, Linda, Executive Vice President & Managing Director - Initiative; *pg.* 477
Cronin, Markham, Founding Partner & Chief Creative Officer - Markham & Stein; *pg.* 105
Cronin, Matt, Founding Partner - House of Kaizen; *pg.* 239
Cronin, Maureen, Senior Manager, Digital Sales - 4FRONT; *pg.* 208
Cronin, Maureen, Co-Founder & Chief Executive Officer - Worldways Social Marketing; *pg.* 690
Cronin, Mike, Vice President & Associate Creative Director - Kruskopf & Company; *pg.* 96
Cronin, Nancy, Senior Account Executive - Upside Collective; *pg.* 428
Cronin, Randy, Partner & Director, Strategy &

Research - RED The Agency Inc.; *pg.* 405
Cronin, Tasha, Co-Head, Interactive Production & Integration Lead - Droga5; *pg.* 64
Crooms, Travis, Planner, Digital & Magazine Activation - Zenith Media; *pg.* 529
Croonquist, Jenna, Associate Director, Digital - Carat; *pg.* 459
Cropp, Michele, Associate Media Director - True Media; *pg.* 521
Cropsal, Elise, Creative Director, Design - LG2; *pg.* 380
Crosby, Andrew, Managing Principal - Crosby-Volmer; *pg.* 594
Crosby, Brad, Director, New Business - Littlefield Brand Development; *pg.* 12
Crosby, Dana, Chief Operating Officer & General Counsel - Nimbus; *pg.* 391
Crosby, Gene, Chief Operating Officer - Jackson Spalding Inc.; *pg.* 376
Crosby, Jennifer, Account Director - MediaCom Canada; *pg.* 489
Crosby, JR, Senior Vice President, Product & Strategy - Xaxis; *pg.* 276
Crosby, Leslie, Vice President & Director, Local Broadcast - Initiative; *pg.* 478
Crosby, Ralph, Founder & Chairman - Crosby Marketing Communications; *pg.* 347
Crosby, Raymond, President & Chief Executive Officer - Crosby Marketing Communications; *pg.* 347
Crosier, Christian, National Director, Sales - Digital Mark Group; *pg.* 225
Cross, Allyson, Executive Director, Marketing - GCG Marketing; *pg.* 362
Cross, Andrew, Senior Vice President, Public Relations - Walker Sands Communications; *pg.* 659
Cross, Christy, Senior Vice President, Director Business Development - 22squared Inc.; *pg.* 319
Cross, Elizabeth, Programmatic Manager - Mindshare; *pg.* 494
Cross, Eve, Head, Production - Radar Studios; *pg.* 132
Cross, Janine, Vice President, Digital Activation - Harmelin Media; *pg.* 467
Cross, Jennifer, Vice President & Account Director - Mediahub Winston Salem; *pg.* 386
Cross, JoAnne, President - Resultant Research - Stealing Share; *pg.* 18
Cross, Kelly, Public Relations & Integration Executive - Riester; *pg.* 406
Cross, Lucy, Manager, North America Public Relations & Corporate Communications - VMLY&R; *pg.* 160
Cross, Nicole, Group Director, Search Engine Marketing - Generator Media + Analytics; *pg.* 466
Crossan, Laura Anne, Account Manager & Public Relations Specialist - Design 446; *pg.* 61
Crossin, Eileen, National Advertising Sales - Intersection; *pg.* 553
Crosslin, Whitney, Executive Vice President - Tysinger Promotions, Inc.; *pg.* 571
Crosthwaite, Anne Marie, Head, Editorial - Beautiful Destinations; *pg.* 38
Croteau, Lauren, Associate Creative Director - The VIA Agency; *pg.* 154
Crotteau, Jennifer, Managing Director, Operations - Roundhouse - Portland; *pg.* 408
Crotty, Kate, Director, Production - InVision Communications; *pg.* 308
Crotty, Kyle, Account Director, Business Development - Sparks; *pg.* 315
Crotty, Virginia, Director, Resource Planning - McKinney; *pg.* 111
Crouch, Charleston, Producer, Digital - 22squared Inc.; *pg.* 319
Croutier, Matthew, Senior Media Buyer - ICON

768

AGENCIES PERSONNEL

International, Inc.; *pg.* 476
Crow, Abby, President - Source One Digital; *pg.* 292
Crow, Mark, President - Tenth Crow Creative; *pg.* 201
Crow, Nathan, Senior Vice President & Group Creative Director - RPA; *pg.* 134
Crow, Randy, Chief Executive Officer - Source One Digital; *pg.* 292
Crowder, Clint, Director, Integrated Production - Moroch Partners; *pg.* 389
Crowder, Courtney, Managing Director - APCO Worldwide; *pg.* 578
Crowder, Megan, Account Coordinator & Strategist, Social Media - Nancy Marshall Communications ; *pg.* 631
Crowe, Paul, Chief Executive Officer - Symbility Intersect; *pg.* 268
Crowe, Phillip, Director, Social Media - MDG Advertising; *pg.* 484
Crowell, Alexis, Copywriter - The Richards Group, Inc.; *pg.* 422
Crowell, Geoff, Vice President & Director, Programmatic - Digitas; *pg.* 226
Crowl, Jeff, Chairman & President - Crowl, Montgomery & Clark, Inc.; *pg.* 347
Crowley, Hannah, Supervisor, Media - Crispin Porter + Bogusky; *pg.* 346
Crowley, Jeffery, Senior Vice President, New Business Development - HVS American Hospitality Co.; *pg.* 372
Crowley, Jessica, Associate Media Director - CMI Media, LLC; *pg.* 342
Crowley, Jim, Senior Vice President & Media Director - Crowley Webb & Associates; *pg.* 55
Crowley, Kara, Vice President - Regan Communications Group; *pg.* 642
Crowley, Laurie, Vice President & Group Director, Video Investment - Canvas Worldwide; *pg.* 458
Crowley, Melissa, Director, Client Development - iProspect; *pg.* 674
Crowley, Michele, Senior Vice President - The Integer Group; *pg.* 682
Crowley, Ned, Global Chief Creative Officer - U.S. - mcgarrybowen; *pg.* 110
Crowling, Nick, President - North America - Citizen Relations; *pg.* 590
Croyle, Dave, Producer & Project Manager - THIS IS RED; *pg.* 271
Crozier, Claire, Senior Account Director - Funworks; *pg.* 75
Crozier, Gerry, Media Director - J. Gottheil Marketing Communications, Inc.; *pg.* 376
Cruikshank, Aileen, Trading Manager - Wavemaker; *pg.* 529
Crull, Michele, Vice President & Director, Operations - Rawle-Murdy Associates; *pg.* 403
Crum, Ava, Planner, Digital Media - Essence; *pg.* 233
Crum, Molly, Account Supervisor - Redroc Austin; *pg.* 132
Crumbley, Stacey, President & Chief Client Officer - Targetbase Marketing; *pg.* 292
Crume, Nancy, Principal, Strategic Planning & Insights - Commerce House; *pg.* 52
Crumley, Lisa, Partner, Chief Strategy Officer - Gud Marketing; *pg.* 80
Crump, Amy, Chief Financial Officer - The Vandiver Group, Inc.; *pg.* 425
Crump, Nikki, Vice President, Account Management Director - Burrell Communications Group, Inc. ; *pg.* 45
Crump, Rachael, Account Coordinator - Trampoline; *pg.* 20
Crumpton, Elizabeth, Account Executive - EP+Co.; *pg.* 356
Crumpton, Megan, Director, Sales - Force Marketing; *pg.* 284
Crupnick, Lauren, Marketing Coordinator - iX.co; *pg.* 243
Cruser, Cory, Partner, Experience Innovation - Lippincott; *pg.* 189
Crutchfield, Karen, Supervisor, Accounting - Good Advertising, Inc.; *pg.* 365
Cruthirds, Jason, Creative Director - Dogwood Productions, Inc.; *pg.* 230
Cruver, Cynthia, Partner - 3rd Third Marketing; *pg.* 279
Cruver, Tricia, Chief Financial Officer & Vice President - VantagePoint, Inc.; *pg.* 428
Cruz, Andrea , Account Director - McGarrah Jessee; *pg.* 384
Cruz, Antonio, Assistant Strategist - Hearts & Science; *pg.* 473
Cruz, Humberto, Head, Digital - Havas Media Group; *pg.* 470
Cruz, Jaime, Manager, Programmatic Media - GP Generate, LLC; *pg.* 541
Cruz, Jeff, Executive Vice President & Chief Creative Officer - MRM//McCANN; *pg.* 252
Cruz, Jonathan, Senior Account Executive, Starbucks Corporate & Crisis Communications - Edelman; *pg.* 601
Cruz, Kelly Rose, Account Coordinator - Adrenaline, Inc.; *pg.* 172
Cruz, Kristie, Supervisor, Marketing Science - Hearts & Science; *pg.* 471
Cruz, Lina, Account Director - Grupo Uno International ; *pg.* 79
Cruz, Michelle, Director, Media - PlusMedia, LLC; *pg.* 290
Cruz, Monica, Head, Creative and Content Solutions - Havas Media Group; *pg.* 470
Cruz, Teresa, Senior Account Manager - Workhorse Marketing; *pg.* 433
Cruz-Letelier, Carolina, Associate Partner & Director, Client Services - MUH-TAY-ZIK / HOF-FER; *pg.* 119
Crystal, Jackie, Vice President - Rogers & Cowan/PMK*BNC; *pg.* 643
Crystal, Jim, Founding Partner & Principal - Revelry Agency; *pg.* 406
Cua, Lizbeth, Specialist, Digital Operations - Saatchi & Saatchi Los Angeles; *pg.* 137
Cubillos, Laura, Partner & Owner - FoodMinds, LLC; *pg.* 606
Cubine, Kim, President - Chapman Cubine & Hussey; *pg.* 281
Cubine, Kim, President - Chapman Cubine + Hussey; *pg.* 281
Cubiotti, Terri, Executive Vice President & Client Services Director - Mason Marketing; *pg.* 106
Cuccinello, David, Executive Creative Director - BBDO West; *pg.* 331
Cucuzza, Kathryn, Senior Integrated Media Planner - Mediahub New York; *pg.* 249
Cuddihy, Kelly, Director, Events - 54 Brands; *pg.* 321
Cuddy, Jordan, Partner & Managing Director - Jam3; *pg.* 243
Cuddy, Kristen, Senior Vice President & General Manager, Digital Solutions & Infogroup Media Solutions - Infogroup; *pg.* 286
Cude, Jonathan, Partner & Chief Creative Officer - McKinney; *pg.* 111
Cuellar, Jordan, Graphic Designer - HallPass Media; *pg.* 81
Cuellar, III, Silver, Creative Director - The Tombras Group; *pg.* 153
Cuervo, Rebecca, Media Buyer - Anthony Baradat & Associates; *pg.* 537
Cueto, Adrienne, Account Manager - 20/20 Creative Group; *pg.* 171
Cueva, Maricela, Vice President - Valencia, Perez, Echeveste; *pg.* 658
Cueva, Veronica, Account Director - Conill Advertising, Inc.; *pg.* 538
Cuevas, Beatriz, Senior Analyst, Data Analysis - Digitas; *pg.* 226
Cuevas, Meredith, Senior Vice President & Director, Group Account - Archer Malmo; *pg.* 32
Cugini, Tom, Senior Vice President & Group Director - Carat; *pg.* 459
Cuker, Aaron, Chief Executive & Creative Officer - Cuker Interactive; *pg.* 223
Cukrov, Claudia, Group Strategy Director - SS+K; *pg.* 144
Culberson, Bart, Creative Director - DDB Chicago; *pg.* 59
Culbertson, David, Vice President & Creative Director - Melt, LLC; *pg.* 311
Culbertson, Samantha, Advertising Supervisor - Resolution Media; *pg.* 676
Culhane, Patrick, Director, Business Development & Strategy - Brunner; *pg.* 44
Culic, Dan, Group Account Director - Rethink Communications, Inc.; *pg.* 133
Culjak, Brandon, Digital Media Buyer/Planner - Bloom Ads, Inc.; *pg.* 334
Cullar, Brittni, Senior Account Executive - McDonald's - Burrell Communications Group, Inc. ; *pg.* 45
Cullari, Dominick, Vice President, Audio Production - Jerry DeFalco Advertising; *pg.* 92
Cullather, Scott, Chief Executive Officer - inVNT; *pg.* 90
Cullen, Daria, Media Planner - Ethos Marketing & Design; *pg.* 182
Cullen, Maureen, Director, Partner Operations - Amobee, Inc.; *pg.* 213
Cullen, Sean, Chief Financial Officer - BMG; *pg.* 335
Cullen, Sharon, Regional Director - East Coast - OMD; *pg.* 498
Cullen, Tim, President & Co-Owner - Roundhouse Marketing & Promotions; *pg.* 408
Culley, Patrick, Vice President & Group Partner, Strategy - Universal McCann; *pg.* 521
Cullinan, Harris, Partner & Director, Marketing Science - Mindshare; *pg.* 491
Cullinane, Mark, President - Local Marketing Solutions - Infogroup; *pg.* 286
Culliton, Jeff, Senior Director, Digital Strategy - Adcom Communications, Inc.; *pg.* 210
Cullity, Kerri, Vice President, Business Development & Strategy - Publicis.Sapient; *pg.* 258
Cully, Terry, Managing Director - Ogilvy Health; *pg.* 122
Culp, Emily, Director, Associate Planning - Essence; *pg.* 233
Culpepper, Chip, Partner & Chief Creative Officer - Mangan Holcomb Partners; *pg.* 103
Culpepper, Wendy, Chief Customer Officer - Kobie Marketing; *pg.* 287
Culver, Ian, Director, Client Services - Culver Brand Design; *pg.* 178
Culver, Wells, Owner & President - Culver Brand Design; *pg.* 178
Cumby, Justin, Managing Director - Xaxis; *pg.* 277
Cumella, Roseanne, Senior Vice President, Merchandising - The Doneger Group; *pg.* 419
Cumiskey, Brendan, Vice President, Strategy & Planning - Dalton Agency; *pg.* 348
Cumming, John, Senior Vice President, Technology - Secret Location; *pg.* 563
Cummings, Brett, Senior Vice President - FleishmanHillard; *pg.* 605
Cummings, Bryan, Chief Creative Officer - Garrigan Lyman Group; *pg.* 236
Cummings, Carol, Director, Broadcast Solutions - Media Experts; *pg.* 485
Cummings, Chris, Chief Strategy Officer -

PERSONNEL   AGENCIES

Butler, Shine, Stern & Partners; *pg.* 45
Cummings, Daune, Account Director, Celebrity & Influencer Outreach - Walton Isaacson CA; *pg.* 547
Cummings, Gretchen, Senior Strategist, Media Investment - Butler / Till; *pg.* 457
Cummings, Holly, Account Manager - BLF Marketing; *pg.* 334
Cummings, Karen, Vice President & Brand Leader - Doner ; *pg.* 352
Cummings, Lindsey, Director, Communications Strategy - BBH; *pg.* 37
Cummings, Rachelle, Creative Director - Belief Agency; *pg.* 38
Cummings, Shannon, Account Supervisor - MMGY Global; *pg.* 388
Cummings Luehrs , Shyloe, Senior Vice President - Red Moon Marketing; *pg.* 404
Cummins, Mariel, Partner, Director - Planning - Mindshare; *pg.* 494
Cummins, Sean, Chief Executive Officer - Global - Cummins&Partners; *pg.* 347
Cumpton, David, Managing Director, Strategy & Account Management - Citizen Group; *pg.* 342
Cundari, Aldo, Chairman & Chief Executive Officer - Cundari Integrated Advertising; *pg.* 347
Cunha, Bruno, Vice President, Strategy - 360i, LLC; *pg.* 320
Cunha, Fred, Vice President, Video & Network Support - Extreme Reach, Inc.; *pg.* 552
Cunnell , Matthew, Senior Vice President, Group Account Director - McCann New York; *pg.* 108
Cunnie, Mairin, Media Buyer - MMSI; *pg.* 496
Cunning, Jamie, Senior Vice President, Midwest Sales - GfK MRI; *pg.* 445
Cunningham, Dan, Producer, Media - Consensus Communications; *pg.* 592
Cunningham, Emma, Strategist - Wunderman Thompson; *pg.* 435
Cunningham, Gary, Executive Group Director, Integrated Creative Services - AFG&; *pg.* 28
Cunningham, Geoff, Creative Director - MicroArts Creative Agency; *pg.* 191
Cunningham, Jon, Senior Vice President, Planning - Weber Shandwick; *pg.* 660
Cunningham, Kathy, President & Owner - AM Strategies; *pg.* 324
Cunningham, Kimmy, Brand Director - Wieden + Kennedy; *pg.* 430
Cunningham, Megan, Founder & Chief Executive Officer - Magnet Media, Inc.; *pg.* 247
Cunningham, Megan, Account Supervisor - Gear Communications; *pg.* 76
Cunningham, Mike, Chairman - Beals Cunningham Strategic Services; *pg.* 332
Cunningham, Nick, President - Beals Cunningham Strategic Services; *pg.* 332
Cunningham, Pat, Assistant Media Planner & Buyer - Crossmedia; *pg.* 463
Cunningham, Randall, Account Supervisor - Periscope; *pg.* 127
Cunningham, Rob, President - Uniflex, Inc.; *pg.* 558
Cunningham, Ryan, Director, Creative - AKA NYC; *pg.* 324
Cunningham, Sarah, Chief Growth Officer - TPN; *pg.* 571
Cunningham, Sinead, Senior Media Planner - LaneTerralever; *pg.* 245
Cunningham, Tara, Associate Director - Mindshare; *pg.* 494
Cunningham, Tom, Vice President, Corporate Communications - Interpublic Group of Companies; *pg.* 90
Cunningham, Tom, Senior Vice President & Group Account Director - Creata; *pg.* 346
Cunningham, Wes, Director, Production - Haugaard Creative Group; *pg.* 186

Cunningham , Susan , Coordinator, Sales - Plano Profile; *pg.* 195
Cuomo, Taylor, Manager, Digital Investment - OMD; *pg.* 498
Cuonzo, Marcella, Senior Vice President - Allied Hispanic Publicity & Promotions - Allied Integrated Marketing; *pg.* 576
Cupee, Janice, Manager, Search & Performance Marketing - Beeby Clark+Meyler; *pg.* 333
Cupolo, Ryan, Manager, Video Partnerships - Initiative; *pg.* 477
Curasi, Rachel, Media Director - r2integrated; *pg.* 261
Curatolo, Dana, Vice President - Laura Davidson Public Relations; *pg.* 622
Curcio, Jill, Assistant Account Executive - Always & Tampax - MSLGroup; *pg.* 629
Curielcha, Gabo, Creative Director & Designer - 72andSunny; *pg.* 23
Curless, Jennifer, Manager, Programmatic Media Trading - Digital Addix; *pg.* 225
Curley, Dave, Senior Vice President, Corporate Communications & Reputation - Sandy Hillman Communications; *pg.* 645
Curley, Rachael, Strategic Communications Manager - DRA Strategic Communications; *pg.* 598
Curley-Egan, Jodi, Director, Strategy - Omnicom Group; *pg.* 123
Curp, Brian, Media Director - Broadstreet; *pg.* 43
Curran, Bradley, Business Development Manager - quench; *pg.* 131
Curran, Brian, Vice President & Senior Print Producer - GTB; *pg.* 367
Curran, James, Partner & Co-Founder - Nylon Technology; *pg.* 255
Curran, Jillian, Director, Strategy - Genuine Interactive; *pg.* 237
Curran, Kerry, Managing Partner, Marketing Integration - Catalyst Digital; *pg.* 220
Curran, Megan, Group Director, Strategic Planning - Media Storm; *pg.* 486
Curran, Tiffany, President & Media Director - Primm & Company; *pg.* 129
Curran, Ty, Chairman - Harrison & Star, Inc.; *pg.* 9
Curren, Dariel, Executive Vice President - Development Counsellors International, Ltd.; *pg.* 596
Currey, Molly, Executive Vice President - DKC Public Relations; *pg.* 597
Currey-Ortiz, Caitlin, Director, Client Services - Idfive; *pg.* 373
Currie, Amanda, Senior Vice President - Amobee, Inc.; *pg.* 213
Currie, Brittany, Marketing Manager - Visiture; *pg.* 678
Currie, Jaclyn, Senior Vice President & Executive Account Director - McCann New York; *pg.* 108
Currie, Jill, Media Director - Butler / Till; *pg.* 457
Currie, Lauren, Manager, Amazon Digital Partnerships - Initiative; *pg.* 478
Currier, Meghan, Music Supervisor - Search Party Music; *pg.* 299
Curry, Chris, Creative Director - Ogilvy; *pg.* 393
Curry, Sean, Partner & Chief Operations Officer - C3 Communications, Inc.; *pg.* 588
Curry, Stephen, Executive Creative Director - Lewis Communications; *pg.* 100
Curry, Tiffany, Senior Vice President & Group Account Director - 360i, LLC; *pg.* 208
Curtin, Julie, President, Economic Development - Development Counsellors International, Ltd.; *pg.* 596
Curtis, Carole, Media Account Manager - Strategic America; *pg.* 414

Curtis, Coltrane, Founder, Owner & Managing Partner - Team Epiphany; *pg.* 652
Curtis, Courtney, Associate Director - Team Elevate - Reprise Digital; *pg.* 676
Curtis, Danielle, Associate Media Buyer - Carat; *pg.* 461
Curtis, Fran, Vice-Chairman, Entertainment Division - Rogers & Cowan/PMK*BNC; *pg.* 644
Curtis, Hal, Creative Director - Wieden + Kennedy; *pg.* 430
Curtis, Janie, Senior Associate - Spark Foundry; *pg.* 508
Curtis, Jim, Creative Director - Droga5; *pg.* 64
Curtis, Kellyn, Associate Vice President - Red Havas; *pg.* 641
Curtis, Matt, Senior Account Executive - Adperio; *pg.* 533
Curtis, Meghan, General Manager,San Francisco - Allison+Partners; *pg.* 576
Curtis, Natalie, Vice President - Koroberi New World Marketing; *pg.* 95
Curtis, Scott, Associate Vice President, Technology - Mindstream Interactive; *pg.* 250
Curtis, Stevee, Account Director, Social Media - GS&F ; *pg.* 367
Curtis-Neves, Jennifer, Senior Vice President & General Manager - Consortium Media Services; *pg.* 592
Curto, Vin, Senior Media Manager - Google Team - Jump 450 Media; *pg.* 481
Curtola, Trey, President - H&L Partners; *pg.* 80
Cusack DeFelice, Cameron, Media Manager - Harmelin Media; *pg.* 467
Cusciotta, Thomas, Co-Founder - SixSpeed; *pg.* 198
Cushing, Dan, Account Manager - Pac / West Communications; *pg.* 635
Cushing, Kali, Brand Director - Phenomenon; *pg.* 439
Cushing, Rachel, Media Director - Lenz, Inc.; *pg.* 622
Cusick, Jack, Buyer, Digital Investments - Arena Media; *pg.* 454
Cusick, Kate, Chief Marketing Officer - Porter Novelli; *pg.* 637
Cusick, Mary, Director, Marketing - Critical Mass, Inc.; *pg.* 223
Cusick, Peter, Partner & Managing Director - Mediaworx; *pg.* 490
Cusimano, Nicole, Account Director - BIG YAM; *pg.* 583
Cusson, Jim, President - Theory House : The Agency Built for Retail; *pg.* 683
Custodio, Jesse, Copywriter - mcgarrybowen; *pg.* 109
Custodio, Megan, Partner & Vice President - Dittoe Public Relations; *pg.* 597
Cutitta, Genna, Programmatic Trader - DWA Media; *pg.* 464
Cutler, Bob, Chief Executive Officer - C3; *pg.* 4
Cutler, Brad, Portfolio Management Senior Associate - Universal McCann; *pg.* 521
Cutone, Chris, Director, Human Resources - Deutsch, Inc.; *pg.* 349
Cutrone, Cara, Executive Vice President & Managing Director - LVLY Studios; *pg.* 247
Cutrone, Judi, Senior Copywriter - The VIA Agency; *pg.* 154
Cutshall, Kirsten, Chief Executive Officer - Steel Digital Studios; *pg.* 200
Cuttic, Natalie, Account Director - DiD Agency; *pg.* 62
Cuttler, Jennifer, Vice President, Brokerage - Lake Group Media, Inc.; *pg.* 287
Cutts, Laurie, Head, Partnerships & Media - Acceleration Partners; *pg.* 25
Cwayna, Katie, Senior Vice President, Media

AGENCIES — PERSONNEL

Strategy - Zeno Group; *pg.* 664
Cwiklinski, Ryan, Senior Copywriter - AKQA; *pg.* 211
Cyboski, Dana, Partner & Senior Vice President, Design & Production - Triton Productions; *pg.* 317
Cygan, Sarah, Chief Human Resources Officer - Ologie; *pg.* 122
Cygan, Taylor, Media Relations Associate - Tech Image, Ltd.; *pg.* 652
Cyphers, Cray, Senior Vice President & Account Director - Mower; *pg.* 389
Cyphers, Dave, President - The Cyphers Agency; *pg.* 419
Cyphers, Karen, Vice President, Research & Policy - Sachs Media Group; *pg.* 645
Cyphers, Todd, Vice President, Implementation - Advent; *pg.* 301
Cyphert, Jim, Director, Public Relations - Innis Maggiore Group; *pg.* 375
Cyr, Danielle, Vice President, Integrated Marketing - Co-Communications, Inc. ; *pg.* 591
Cyr, Heather, Account Executive - Rinck Advertising; *pg.* 407
Cyr, Melanie, Group Account Director - Casanova//McCann; *pg.* 538
Cyranski, Eugene, Head, Global Communications - Reprise Digital; *pg.* 676
Cyrol, Tim, Director, Human Resources - The Many; *pg.* 151
Cyrus, Zachary, Vice President & Account Director - Saatchi & Saatchi ; *pg.* 136
Czachowski, Emily, Senior Director, Client Services - Lever Interactive ; *pg.* 245
Czarniecki, Dayna, Digital Asset Manager - Leo Burnett Detroit; *pg.* 97
Czarnomski, Loretta, Account Supervisor - Stern Advertising, Inc.; *pg.* 413
Czarnota, Amy, Video Investments Buyer - Mediahub Boston; *pg.* 489
Czarnowski, Emil, Group Creative Director - We're Magnetic; *pg.* 318
Czekala, Laura, Vice President, Product Management - NCH Marketing Services; *pg.* 568
Czernichowski, Borys, Engineer, Solutions - Evoke Giant; *pg.* 69
Czerwinski, Mike, Vice President, Marketing Analytics - BVK; *pg.* 339
Czerwonka, Eric, Director, Creative & Senior Designer & Animator - Appleton Creative; *pg.* 32
Czupylo, Dimitri, Senior Vice President, Strategic & Creative Planning - Ketchum; *pg.* 619

D

D'Agostino, Chicca, Chief Executive Officer & President - Focus USA; *pg.* 284
D'Agostino, Nicole, Director, Media Management - PlusMedia, LLC; *pg.* 290
D'Alessandro, Nadia, Senior Vice President, Strategic Planning & Client Services - McCann Montreal; *pg.* 108
D'Alessandro, Tiffany, Partner - BrabenderCox; *pg.* 336
D'Aloisio, Lauren, Senior Art Director - T3; *pg.* 268
D'Alonzo, Chris, Managing Partner & Group Director, National Broadcast - Mindshare; *pg.* 491
D'Altorio, Darren, Head, Social Media - Wpromote; *pg.* 678
D'Amato, Jessica, Senior Director, Engagement - Sagepath, Inc.; *pg.* 409
D'Amico, Amaya, Director, Strategic Planning - Saatchi & Saatchi Los Angeles; *pg.* 137
D'Amico, Ron, Vice President & Director, Corporate Communications - Digitas; *pg.* 227
D'Amico, Ronnie, Vice President & Marketing Brand Communications Lead - Hero Digital; *pg.* 238
D'Amico, Steve, Vice President, Business Intelligence - Hawthorne Advertising; *pg.* 370
D'Amore, Brenlyn, Public Relations Account Manager - Bastion Elevate; *pg.* 580
D'Amore, Vanessa, Product Manager, Creative - Conversant, LLC; *pg.* 222
D'Angelo, Erin, Manager, Integrated Business Affairs - Saatchi & Saatchi Los Angeles; *pg.* 137
D'Angelo, Jennifer, Senior Copywriter - Edelman; *pg.* 601
D'Angelo, Lucas, Senior Manager, New Business - 360i, LLC; *pg.* 320
D'Anna, Tori, Manager, Business Development - Neustar, Inc.; *pg.* 289
D'Anna Kelly, Alyssa, Director - Starcom Worldwide; *pg.* 513
D'Annunzio, Tori, Director, Client Service - 160over90; *pg.* 301
D'Antonio, Alec, Associate Director, Media - Spark Foundry; *pg.* 512
D'Antonio, Jackie, Vice President, Strategy - The Stone Agency; *pg.* 20
D'Aquila, Jackie, Senior Manager, Integrated Planning - MediaCom; *pg.* 487
D'Arcy, Angela, Vice President - The Outcast Agency; *pg.* 654
D'Arienzo Toro, Alyssa, Senior Partner & Chief Creative Officer - Connelly Partners; *pg.* 344
D'Arpino, Dylan, Senior Associate, Digital Investment - Wavemaker; *pg.* 526
D'Attoma, Jamie, Vice President - Shadow Public Relations; *pg.* 646
D'Auria, Daniel, Manager, Media & Negotiator - Bacardi & NFL - OMD; *pg.* 498
D'Auria, Matthew, Chief Executive Officer - Healthcare Consultancy Group; *pg.* 83
D'Elia, Bianca, Account Director - Smith Brothers Agency, LP; *pg.* 410
D'Esopo, Michael, Senior Partner & Director, Brand Strategy - Lippincott; *pg.* 189
D'Imperio, Anthony, Digital Marketing Specialist - Listrak; *pg.* 246
D'Orazio, Flavia, Senior Vice President, Customer Services - Media Experts; *pg.* 485
D'Orsaneo, Lisa, Senior Account Executive - Devaney & Associates; *pg.* 351
D'Rozario, Chris, Executive Creative Director - Team One; *pg.* 417
Da Ponte, Mike, President & Chief Executive Officer - BIMM Direct & Digital; *pg.* 280
Da Prato, Maggie, Director, Human Resources - iProspect; *pg.* 674
Da Silva, Anders, Creative Director - Havas Worldwide Chicago; *pg.* 82
Da Silva, Jeffrey, Partner & Executive Creative Director - Sid Lee; *pg.* 141
Da Silva Hastie, Gabriela, Project Manager - Dossier Creative; *pg.* 180
DaCosta, Stephanie, Media Director - Republica Havas; *pg.* 545
DaMommio, Luke, Content Producer & Creator - The Richards Group, Inc.; *pg.* 422
DaSilva, Aaron, Executive Vice President & Executive Creative Director - PJA Advertising + Marketing; *pg.* 397
DaSilva, Allison, Executive Vice President - Cone, Inc.; *pg.* 6
DaSilva, Jennifer, President - Berlin Cameron; *pg.* 38
DaSilva, Wendie, Accounts Director, Advertising - Ebben Group; *pg.* 67
Daab, Justin, President - Magnani Continuum Marketing; *pg.* 103
Daake, Greg, President & Creative Director - Daake Design Center; *pg.* 178
Daake, Lisa, Vice President, Operations - Daake Design Center; *pg.* 178
Dabbas, Zak, Chief Executive Officer - Punchkick Interactive; *pg.* 534
Dabous, Lizzie, Strategy Director - TAXI; *pg.* 146
Dack, Jeff, Chief Executive Officer - Canada - Wunderman Thompson; *pg.* 435
Dacko, Elizabeth, Vice President & Senior Campaign Manager - Cramer-Krasselt ; *pg.* 53
Daddi , Bill, Owner & President - Daddi Brand Communications; *pg.* 595
Daddio, Kelsey, Senior Media Buyer & Planner - MDB Communications, Inc.; *pg.* 111
Dade, Stephanie, Senior Vice President, Global Content & Integration - Branded Entertainment Network, Inc.; *pg.* 297
Dadgar, Olivia, Coordinator, Account - TRAFFIK Advertising; *pg.* 156
Dadlani, Jasmine, Director, Strategy - McKinney New York; *pg.* 111
Dady, Glenn, Principal & Creative Director - The Richards Group, Inc.; *pg.* 422
Daga, Rishi, Chief Executive Officer - EagleView Technologies, Inc.; *pg.* 230
Dagan, Assaf, Co-Founder & Chief Creative Officer - Any_; *pg.* 1
Dagenais, Natasha, Group Account Director - Leo Burnett Toronto; *pg.* 97
Daghir, Josh, Senior Strategist - R/GA; *pg.* 260
Dagleish, Carissa, Senior Manager - Golin; *pg.* 609
Dagner, Laura, Project Manager - Push; *pg.* 401
Daguanno, Joe , General Manager - Adams Outdoor Advertising; *pg.* 549
Dahan, Patrick, Vice President, Sales - Kubik; *pg.* 309
Daher, Kristin, President - Powerhouse Communications; *pg.* 638
Dahir, Angela, Associate Director - Mindshare; *pg.* 491
Dahl, Brian, President & Partner - DKY Integrated Marketing Communications; *pg.* 352
Dahl, Britta, Vice President & Account Managing Director - VMLY&R; *pg.* 160
Dahl, Kody, Director, Design - WHITEBOARD.IS; *pg.* 430
Dahl, Scott, Vice President & Group Creative Director - Periscope; *pg.* 127
Dahl, Tom, President - RSD Marketing; *pg.* 197
Dahlgren, Scott, Media Connections Director - Preston Kelly; *pg.* 129
Dahlman, Ian, Senior Vice President, Digital Performance & AdTech - Gyro; *pg.* 368
Dahlquist, Jordan, Director, Social Media Marketing - Bastion Elevate; *pg.* 580
Dahltorp, Tim, Chief Financial Officer - ClickFox, Inc.; *pg.* 167
Dahman, Leen, Account Supervisor - Markham & Stein; *pg.* 105
Dahmes, Josh, Vice President, Digital Marketing & Operations - Bluespire Inc.; *pg.* 335
Dai, Anna, Social Supervisor - OMD Canada; *pg.* 501
Daigle, Charles, President - Propac; *pg.* 682
Daigle, Jamie, Account Director - Abel Nyc; *pg.* 25
Dailey, Claire, Account Director, Public Relations - Periscope; *pg.* 127
Dailey, Dick, President - Dailey Communications ; *pg.* 57
Dailey, Elissa, Engagement Strategist - RAIN; *pg.* 262
Dailey, Jeff, President & Chief Operating Officer - Dailey Marketing Group; *pg.* 57
Dailey, Kathleen, Group Director, Client

PERSONNEL — AGENCIES

Advice & Management - Initiative; *pg.* 479
Dailey, Leyla, Chief Creative Officer - Cavalry; *pg.* 48
Dailey, Meghan, Associate Media Director - Blue 449; *pg.* 455
Dailey, Tiffany, Senior Digital Project Manager - Springbox; *pg.* 266
Daily, Aly, Account Manager - Workhorse Marketing; *pg.* 433
Daines, Dave, Strategy Director - Opinionated; *pg.* 123
Daino, Sara, Head, Marketing - Heat; *pg.* 370
Daiya, Raj, Senior Associate, Marketing Science - OMD; *pg.* 498
Dakes, Mark, Director, Partnerships - Premier Partnerships; *pg.* 314
Dakesian, Kelly, Account Supervisor - Zubi Advertising; *pg.* 547
Dalati, Jessica, Account Director - Scout Marketing; *pg.* 139
Dalavayi, Kavya, Senior Associate, Strategy - Universal McCann; *pg.* 521
Dalbec, Bill, Managing Director - APCO Insight - APCO Worldwide; *pg.* 578
Dalbey, Kate, Senior Vice President, Client Services - Hero Digital; *pg.* 238
Dale, Alan, President - Expert Marketing; *pg.* 69
Dale, Bethany, President - Environmental Technologies & Communications, Inc.; *pg.* 602
Dale, Emily, Senior Account Executive - Marlin Network; *pg.* 105
Dale, Garrett, Senior Vice President, Chief Partnership Officer - Kepler Group; *pg.* 244
Dale, Marilyn, Vice President, Creative & Digital - SunStar Strategic; *pg.* 651
Dale, Randy, President & Chief Financial Officer - Anderson Direct & Digital; *pg.* 279
Dale, Richard, Senior Vice President, Global Planning Director & Senior Partner - FleishmanHillard; *pg.* 605
Dale, Sally-Ann, Chief Creation Officer - Droga5; *pg.* 64
Dale, Tim, Manager, Analytics - Performics; *pg.* 676
Dalesandro, Dani, Senior Vice President - Sunshine Sachs; *pg.* 650
Dalessio, Paul, Senior Vice President & Partner - FleishmanHillard; *pg.* 605
Daley, Adam, Vice President & Manager, Social Media Services - Berry & Company Public Relations; *pg.* 583
Daley, Joe, Chief Strategy Officer - inVentiv Health Commercial - GSW Worldwide / GSW, fueled by Blue Diesel; *pg.* 80
Daley, Jordan, Senior Analyst, Decision Sciences - Universal McCann; *pg.* 428
Daley, Kyle, Director, Creative Services - Merkley + Partners; *pg.* 114
Daley, Laura, Vice President, Strategy - Zenith Media; *pg.* 531
Daley, Michelle, President - Daley Concepts; *pg.* 348
Daley, Mike, Vice President - Daley Concepts; *pg.* 348
Daley, Tim, Associate Director, Performance Marketing - Horizon Media, Inc.; *pg.* 474
Dalgarno, James, Strategist, Media Partnership - Kroger Media Services; *pg.* 96
Dalgliesh, Alex, Vice President - Braithwaite Communications; *pg.* 585
Daligan, Paul, Global Head, Operations - American Express - mcgarrybowen; *pg.* 109
Dallaire, Ashley, Account Manager - ZAG Interactive; *pg.* 277
Dallas, Sabrina, Partner & Senior Search Director - Wavemaker; *pg.* 526
Dally, Brian, Co-Founder & Chief Executive Officer - GroundFloor Media; *pg.* 611
Dalmau, Marcella, Associate Account Executive

- KGBTexas Communications; *pg.* 95
Dalpiaz, Adrianna, Vice President, Client Services - Anderson Advertising; *pg.* 325
Dalsgaard, Toby, Director, Creative Services - GoConvergence; *pg.* 364
Dalton, Courtney, Director, Integrated Media - Hearts & Science; *pg.* 471
Dalton, Dominique, Account Director - Johannes Leonardo; *pg.* 92
Dalton, Emily, Associate Media Director - Wieden + Kennedy; *pg.* 430
Dalton, Heather, Partner - M5 Marketing Communications; *pg.* 102
Dalton, Jim, President & Chief Executive Officer - Dalton Agency; *pg.* 348
Dalton, Natalie, Vice President, People Development - Empower; *pg.* 354
Dalton, Paul, Chief Media and Growth Officer, International Region - Digitas; *pg.* 226
Dalton, Stephen, Creative Director - WorkInProgress; *pg.* 163
Dalton McGuinness, Jenny, Partner & Director, Project Management - Trumpet Advertising; *pg.* 157
Daly, Chris, President & Owner - Daly Gray, Inc.; *pg.* 595
Daly, Eric, Client Service Lead - Klick Health; *pg.* 244
Daly, Jeremy, Head, Planning - West Region - Mekanism; *pg.* 112
Daly, Jerry, Chairman - Daly Gray, Inc.; *pg.* 595
Daly, Kate, Director, People & Culture Business Partner - Wavemaker; *pg.* 526
Daly, Keelan, Associate Director - Starcom Worldwide; *pg.* 517
Daly, Matt, Vice President, Client Solutions - JPL; *pg.* 378
Daly, Matthew, Manager, Media - Spark Foundry; *pg.* 508
Daly, Patrick, Office Manager - Daly Gray, Inc.; *pg.* 595
Daly, Paula, Global Chief Financial Officer - Anomaly; *pg.* 325
Daly, Raven, Associate Creative Director - Publicis Toronto; *pg.* 639
Daly, Scott, Executive Vice President & Integrated Media Director - 360i, LLC; *pg.* 320
Daly, Sean, Account Supervisor - Zambezi; *pg.* 165
Daly, Tim, Chief Executive Officer - Vincodo LLC; *pg.* 274
Daly, Tom, Senior Partner - W5; *pg.* 451
Daly, Virginia, Vice President, Media Services - Trade X Partners; *pg.* 156
Damas, Raul, Partner - Brunswick Group; *pg.* 587
Damassa, Eric, Chief Marketing Officer - Anomaly; *pg.* 325
Damato, Christie, Senior Account Executive - Litzky Public Relations; *pg.* 623
Dambach, Justin, Manager, Digital Marketing - Vert Mobile LLC; *pg.* 274
Dambra, Michael, Vice President, Creative Services - Structural Graphics, LLC; *pg.* 569
Dambrot, Noreen, Senior Buyer, Media - Active International; *pg.* 439
Dames, Maggie, Senior Account Executive - Kinetic Worldwide; *pg.* 553
Damian, Trapper, Account Director - Burrell Communications Group, Inc.; *pg.* 45
Damiano-DeTraglia, Allison, Vice President, Account Services - Paige Group; *pg.* 396
Damico, Sam, Owner - Voveo Marketing Group; *pg.* 429
Damino, Alexis, Associate Director, Media - Universal McCann Detroit; *pg.* 524
Damiri, John A., Strategist, Media - Group Two Advertising, Inc.; *pg.* 78

Damm, Donna, Vice President & Group Strategy Director - USIM; *pg.* 525
Damman, Dave, EVP, Managing Director & Chief Creative Officer - The Buntin Group; *pg.* 148
Dammann, Lisa, Vice President & Account Planning Director - TREAT AND COMPANY, LLC; *pg.* 202
Dammrich, Jamie, Vice President - MSLGroup; *pg.* 629
Damo, Grace, Director, Media Strategy - Giant Spoon, LLC; *pg.* 363
Damon, Cody, Co-Founder - Media Cause; *pg.* 249
Damond, Rachel, Senior Art Director - 22squared Inc.; *pg.* 319
Damore, Regina, Vice President, Operations - Decca Design; *pg.* 349
Damouni, Nadia, Senior Vice President - Prosek Partners; *pg.* 639
Damouzehtash, Safa, Managing Partner - Nova Advertising; *pg.* 392
Damron-Beene, Angie, Senior Vice President - Mosaic North America; *pg.* 312
Dan, Barry, Group Media Director - Noble People; *pg.* 120
Dan, Shannon, Executive Vice President, Agency Services - Intersport; *pg.* 308
Dan-Bergman, Nick, Director, Marketing - LaneTerralever; *pg.* 245
Dana, Sean, Group Director, Creative - Empower; *pg.* 354
Danaj, Kevin, Chief Executive Officer & President - MVP Collaborative, Inc.; *pg.* 312
Danberg, Amy, Group Account Director - PRR; *pg.* 399
Dandes, Spencer, Senior Account Executive - Global Gateway Advisors, LLC; *pg.* 608
Dandrea, Toni, Vice President, Marketing - Media Bridge Advertising; *pg.* 484
Dane, Jonathan, Founder & Chief Executive Officer - KlientBoost; *pg.* 244
Danenberg, Jill, Senior Vice President, Creative Director & Writer - Publicis Kaplan Thaler - Publicis North America; *pg.* 399
Danesh, Samira, Vice President, Creative Services - Weston | Mason; *pg.* 430
Dang, Emily, Project Specialst - Rain; *pg.* 402
Dang, Stefanie, Chief Production Officer - We're Magnetic; *pg.* 318
Dang, Toan, Associate Creative Director - Agency Creative; *pg.* 29
Danger Bea, Lesley, Creative Director - BBH; *pg.* 37
Danho, Mackenzie, Designer - Jackrabbit Design; *pg.* 188
Daniel, Adam, Supervisor, Post Production & Sound - Mad Genius; *pg.* 13
Daniel, Alexis, Account Manager - BrightWave Marketing, Inc.; *pg.* 219
Daniel, Jeff, Vice President, Media & Analytics - Upshot; *pg.* 157
Daniel Bagdadi, Jack, Creative Director - Markham & Stein; *pg.* 105
Danielak, Meagan, Assistant Account Executive - Team One; *pg.* 417
Daniele, April, Associate Director, Digital - Kelly, Scott & Madison, Inc.; *pg.* 482
Daniele, Ferdinand, Creative Director - McCann New York; *pg.* 108
Daniels, Amanda, Executive Vice President, Client Services & Operations - Havas Sports & Entertainment; *pg.* 370
Daniels, Arika, Founding Partner - Scatena Daniels Communications; *pg.* 646
Daniels, Brynn, Account Manager - DKY Integrated Marketing Communications; *pg.* 352
Daniels, Elizabeth, Account Executive - Rinck Advertising; *pg.* 407
Daniels, Gwen, Director, Business Development

772

AGENCIES — PERSONNEL

- Starcom Worldwide; pg. 513
Daniels, Jeff, Account Supervisor - Callahan Creek ; pg. 4
Daniels, Julie, Group Account Director - Chevrolet, Certified Retail & Retail - Commonwealth // McCann; pg. 52
Daniels, Kelly, Account Director - Wunderman Thompson Seattle; pg. 435
Daniels, Monica, Associate Digital Producer - Pure Growth; pg. 507
Daniels, Morgan, Associate Creative Director - Pulsar Advertising; pg. 401
Daniels, Trina, Account Coordinator - Access; pg. 322
Danielski, Stefan, Creative Director - Seiter & Miller Advertising; pg. 139
Danielson, Zack, General Manager - Outfront Media; pg. 555
Danilova, Aina, Digital Marketing Analyst - Definition 6; pg. 224
Danino, Roberto, Creative Director - BBDO Worldwide; pg. 331
Danis, Amanda, Senior Associate, Digital Media Operations - Carat; pg. 459
Danish, Amanda, Senior Director, Shopper Strategy - Saatchi & Saatchi X; pg. 682
Danish, Scott, Co-Owner & President - BayCreative; pg. 215
Danitz, Shawn, Account Director - Lake Group Media, Inc.; pg. 287
Dankner-Rosen, Dawn, Principal & President - DDR Public Relations; pg. 595
Danko, Adam, Director, Social Media - Wavemaker; pg. 526
Danko, Christina, Director, Sports Marketing & Brand Activation - Roc Nation; pg. 298
Danley, JT, Manager, Business Development & Partnerships - BAM Communications; pg. 580
Dann, Leslie, Associate Partner, Experience Design - C&G Partners, LLC; pg. 176
Danne, Chris, Co-Founder & Managing Director - The Blueshirt Group; pg. 652
Danner, Alison, Client Director - Essence; pg. 232
Danner, Kirt, Senior Vice President & Group Account Director - RPA; pg. 134
Danovitz, Malaika, Senior Vice President & Creative Director - Publicis North America; pg. 399
Dansey, Rachel, Project Manager - DDB Chicago; pg. 59
Dantus, Freddie, Senior Manager, Integrated Investment - Universal McCann; pg. 521
Danylak, Gregory, Supervisor, Creative - Mason Marketing; pg. 106
Danzig, Marie, Global Head, Creative & Delivery - Blue State Digital; pg. 335
Danziger, David, Vice President, Enterprise Partnerships - The Trade Desk; pg. 519
Danziger, Greg, Chief Financial Officer - Unity Marketing, Inc.; pg. 451
Danziger, Pamela, President & Founder - Unity Marketing, Inc.; pg. 451
Danziger Johnson, Molly, Brand Director - HAYMAKER; pg. 83
Danzis, Alan, Vice President, Media Relations - MSLGroup; pg. 629
Dao, Daniel, Executive Vice President, Creative & Connections & Managing Director - Havas Sports & Entertainment; pg. 370
Dao, GiaPhu, Vice President, Data & Analytics - Converge Consulting; pg. 222
Daraiche, Martin, Managing Partner - National Public Relations; pg. 632
Darby, Claire, Vice President, Digital Advocacy - BerlinRosen; pg. 583
Darby, Coral, Founder - Darby Communications; pg. 595
Darbyshire, Tom, Executive Vice President & Executive Creative Director - BBDO Worldwide; pg. 331

Darden, Kelly, Vice President, Automotive Retail - Intermark Group, Inc.; pg. 375
Dardenne, Matt, Co-Owner & Creative Director - Red Six Media; pg. 132
Dardinger, Amy, Media Relations Manager - SSPR; pg. 649
Dare, Josh, Co-Founder & Partner - The Hodges Partnership; pg. 653
Dargad, Ankit, Media Analyst, Business Intelligence - Mekanism; pg. 113
Daril, Ginger, Senior Public Relations Account Executive - The Sells Agency; pg. 655
Dario, Anthony, Associate Director, Video Investment - Horizon Media, Inc.; pg. 474
Dario, Roger, Creative Director - Jam3; pg. 243
Darius, Catherine, Vice President, Strategy - LG2; pg. 380
Dark, Jen, Vice President, Integrated Production - Union Creative; pg. 273
Darke, Jessica, Producer - Arcana Academy; pg. 32
Darley, Brian, Vice President, Digital Production - Ackerman McQueen, Inc.; pg. 26
Darling, Ingrid, Vice President, Account Management - DaynerHall Marketing & Advertising; pg. 58
Darling, Jamie, Supervisor, Branded Entertainment - AT&T - Hearts & Science; pg. 471
Darling, Jesse, Director, Creative - Accenture Interactive; pg. 209
Darling, Jim, Art Director & Associate Creative Director - Team One; pg. 417
Darling, Tom, Managing Partner - DaynerHall Marketing & Advertising; pg. 58
Darling, Zack, Chief Executive Officer - The Hybrid Creative; pg. 151
Darling , Ted, Co-Founder, Chief Financial Officer & Vice President, Account Services - Ethos Marketing & Design; pg. 182
Darnell, Adrienne, Integrated Producer - 360i, LLC; pg. 320
Darner, Richard, Senior Art Director - InterCommunications, Inc. ; pg. 375
Darr, Michelle, President - Landers & Partners; pg. 379
Darretta, Jeannine, Creative Director - Wilson Creative Group, Inc.; pg. 162
Darrey, Jeffrey, Executive Vice President - Vistra Communications, LLC; pg. 658
Darrican, Jessica, Senior Account Director - Max Borges Agency; pg. 626
Darroch, Doug, Founder - Renaissance; pg. 263
Darrohn, Clay, Founder & Chief Executive Officer - Fishbat; pg. 234
Dartt, Kayleigh, Associate Media Director - MediaCom; pg. 487
Darvas, Jaclyn, Vice President & Director - Starcom Worldwide; pg. 517
Darwish, Amy, Senior Director, Media Operations- Omnicom Media Group - Resolution Media; pg. 263
Das, Joydip, Vice President, Product Management - Salesforce DMP; pg. 409
Das, Uttara, Director, Communication Design - Initiative; pg. 479
Dash, Hal, Chairman & Chief Executive Officer - Cerrell Associates, Inc.; pg. 589
Dasher, Sarah, Associate Director - Starcom Worldwide; pg. 513
Dasnanjali, Chalita, Vice President, Media - Ignited; pg. 373
Dass Sanchez, Rhona, Senior Vice President & Director, Strategic Planning & Visual Communications - Palisades Media Group, Inc.; pg. 124
Dattilo, Peter, President - Dakota Group; pg. 348

Daudenarde, Eric, Senior Media Planner - Nice & Company; pg. 391
Daudt, Isabela, Marketing Analytics Manager - Affectiva, Inc.; pg. 441
Daugherty, Patrick, Assistant Art Director - Markstein; pg. 625
Daugherty, Shannon, Associate Creative Director - Schermer; pg. 16
Daugherty, Steve, Vice President, Global Operations - Nth Degree, Inc.; pg. 312
Daugherty, Susan, Business Manager - Kimberly Baer Design Associates; pg. 189
Daughters, Jenny, Art Director - Cleveland Design; pg. 177
Dauksis, Ryan J., Art Director, Copywriter & Editor, Video - Allebach Communications; pg. 29
Daukss, Regina, Chief Financial Officer - Seyferth & Associates, Inc.; pg. 646
Daulton, Scott, Supervisor, Search & Social Media - The Integer Group - Dallas; pg. 570
Daum, Rena, Vice President - BCW New York; pg. 581
Dauphinais, Nina, Senior Negotiator, Digital Partnerships - Amazon - Initiative; pg. 478
Dauska, Andrew, Chief Executive Officer - Rodgers Townsend, LLC; pg. 407
Dausmann, Katie, Office Manager & Controller - Gray Loon Marketing Group; pg. 365
Dautel, Stacy, Account Director - The Weinstein Organization, Inc.; pg. 425
Dautrich, Kate, Art Director - Bernhardt Fudyma Design Group ; pg. 174
Davachi, Sahar, Manager, Retail Search - CPC Strategy; pg. 672
Davenport, Jessica, Creative Director - Rubin Communications Group; pg. 644
Davenport, Karah, Vice President - Stratacomm, Inc.; pg. 650
Davenport, Pres, Partner & Director, Business Development - Eckel & Vaughan; pg. 599
Davenport, Robin, Executive Vice President & Executive Creative Director - Sudler & Hennessey; pg. 145
Davey, Andy, Partner - Selbert Perkins Design; pg. 198
Davey, Christopher, Chief Strategist & Global Head, Partnerships - Publicis.Sapient; pg. 259
Davey, George, Chief Financial Officer - Robertson+Partners; pg. 407
Davey, MaryPat, Group Account Manager & Strategic Marketing Analyst - Spear Marketing Group; pg. 411
Davezac, Emilie, Senior Manager, Promotions - Enteractive Solutions Group, Inc.; pg. 567
Davi, Fran, Human Resources Director - Ogilvy Health; pg. 122
Davia, Richard, Managing Director, Creative & Branding - (add)ventures; pg. 207
David, Haynes, Group Client Director - Red Antler; pg. 16
David, Joleen, President & Public Relations Director - SKAR Advertising; pg. 265
David, Joycelyn, Owner & Chief Executive Officer - AV Communications; pg. 35
David, LouLou, Account Supervisor - Deutsch, Inc.; pg. 349
David Dowdle, John, Senior Art Director - Doug Carpenter & Associates, LLC; pg. 64
Davidian, Liza, Managing Director, Integrated Investment - OMD; pg. 498
Davidman, Robert, Partner - Fearless Agency; pg. 73
Davidson, Andrew, Managing Partner & Director - Mindshare; pg. 491
Davidson, Becky, Account Director - Nelson Schmidt Inc.; pg. 120
Davidson, Bill, Division President - Bayard Advertising Agency, Inc.; pg. 37

PERSONNEL

Davidson, Brian, Senior Vice President, Member Relations - Association of National Advertisers; pg. 442
Davidson, Carina, President - Abernathy MacGregor Group; pg. 574
Davidson, Ellyn, Chief Executive Officer - Brogan & Partners ; pg. 538
Davidson, Howard, Chief Marketing Officer - Shopper Marketing Group - Centra360; pg. 49
Davidson, Ian, Executive Director, Strategy & Insights - VMLY&R; pg. 274
Davidson, James, Partner & Vice President, Community Solutions - 7Summits; pg. 209
Davidson, Jay, Senior Vice President, Account Services - Upshot; pg. 157
Davidson, Jennifer, Senior Graphic Designer & Art Director - Saatchi & Saatchi ; pg. 136
Davidson, Jennifer, Senior Vice President, Business Development - Levelwing Media, LLC; pg. 245
Davidson, Kevin, Executive Vice President & Head, New York & DC Practice - Zeno Group; pg. 664
Davidson, Larry, Director, Technology - TVGla; pg. 273
Davidson, Laura, Founder & President - Laura Davidson Public Relations; pg. 622
Davidson, Lela, Vice President, Account Leadership & Client Partnership - Saatchi & Saatchi X; pg. 682
Davidson, Mackenzie, Social Media Strategist - MMGY Global; pg. 388
Davidson, Margaret, Vice President, Strategic Development - Asher Agency; pg. 327
Davidson, Michela, Chief Executive Officer - Davidson Belluso; pg. 179
Davidson, Mike, Executive Vice President & Head, Integrated Production - Leo Burnett Worldwide; pg. 98
Davidson, Mike, Executive Creative Director - Lyons Consulting Group; pg. 247
Davidson, Patrick, Chief Operating Officer - G5 Search Marketing Inc.; pg. 673
Davidson, Rob, President - Davidson Belluso; pg. 179
Davidson, Shannon, Senior Vice President, Marketing & Practice Lead - National Public Relations; pg. 631
Davie, Anne, Executive Group Account Director - Lopez Negrete Communications, Inc. ; pg. 542
Davie, Will, Group Strategy Director - Droga5; pg. 64
Davies, Bill, Chief Financial Officer & Chief Operating Officer - Jack Morton Worldwide; pg. 309
Davies, Brian, Global Operations Manager - Starcom Worldwide; pg. 513
Davies, Brian, Managing Partner - Moveo Integrated Branding; pg. 14
Davies, Cherie, Senior Vice President & Director, Group Creative - FCB Chicago; pg. 71
Davies, Cindy, Managing Partner - Vreeland Marketing; pg. 161
Davies, DeAnna, Associate Media Director, Digital - Starcom Worldwide; pg. 516
Davies, Evan, President - The Active Network; pg. 570
Davies, Harrison, Executive Vice President, Interactive - Zeta Interactive; pg. 277
Davies, Holly, Manager, Digital Content - Media Bridge Advertising; pg. 484
Davies, John, Chief Executive Officer & Chairman - Davies Communications; pg. 595
Davies, Kelly, Director, Business Development - The Trade Desk; pg. 519
Davies, Lee, Senior Vice President & Director, Client Services - Makovsky & Company, Inc.; pg. 624

Davies, Michael, Director, Operations - Backbone Media; pg. 579
Davies, Nichole, Chief Strategy Officer - Wunderman Health; pg. 164
Davies, Rich, Creative Partner & President - Vreeland Marketing; pg. 161
Davies, Tess, Digital Director - MediaCom; pg. 487
Davies, Thomas, Senior Vice President - Kekst & Company, Inc.; pg. 619
Davila, Denise, Senior Account Executive - Deveney Communications; pg. 596
Davila, Doug, Senior Vice President, Agency Strategy & Development - CBD Marketing; pg. 341
Davila, Mily, Associate Director, Talent Acquisition - Carat; pg. 459
Davila, Scott, Senior Vice President - Padilla; pg. 635
Davis, Adam, Vice President, Marketing & Client Strategy - Marketing Resources; pg. 568
Davis, Alexis, Manager, Social Media - FabCom; pg. 357
Davis, Alison, Founder & Chief Executive Officer - Davis & Company; pg. 595
Davis, Alison, Chief Operating Officer & Managing Director - Hook; pg. 239
Davis, Amber, Creative Director - Envisionit Media, Inc.; pg. 231
Davis, Andrew, Senior Digital Strategist - EP+Co.; pg. 356
Davis, Andy, Owner & President - Davis Advertising; pg. 58
Davis, Angela, Senior Associate, National Media - Callan Advertising Company; pg. 457
Davis, Ashley, Media Planner & Buyer - Crossmedia; pg. 463
Davis, Asmirh, Communications Planning Director - Huge, Inc.; pg. 240
Davis, Becks, Director, Integrated Content - GTB; pg. 367
Davis, Ben, Senior Designer - Mighty 8th Media; pg. 115
Davis, Ben, Chief Executive Officer - Phizzle, Inc.; pg. 534
Davis, Brandon, Senior Copywriter - Inferno, LLC; pg. 374
Davis, Brantley, Executive Vice President - Davis Ad Agency; pg. 58
Davis, Brent, Senior Director, Client Services - Becker Media ; pg. 38
Davis, Brock, Chief Creative Officer - Martin Williams Advertising; pg. 106
Davis, Bryan, Associate Creative Director - Mekanism; pg. 112
Davis, Carol, Senior Media Manager - Spurrier Group; pg. 513
Davis, Carrie, Director, Project Management - Geometry; pg. 362
Davis, Carrie, Global Account Director - OMD West; pg. 502
Davis, Chelsea, Lead Social & Content Strategist - Publicis.Sapient; pg. 260
Davis, Chelsea, Media Planner - Crossmedia; pg. 463
Davis, Cheryl, Executive Vice President & Chief Financial Officer - 22squared Inc.; pg. 319
Davis, Chris, Production Director - MLT Creative; pg. 116
Davis, Chris, Partner - SurfMedia Communications; pg. 651
Davis, Chris, Director, Account Management & Digital Sales - BigWing; pg. 217
Davis, Clint, Manager, Information Technology - Gray Loon Marketing Group; pg. 365
Davis, Craig M., Chief Operating Officer - CGPR; pg. 589
Davis, Cyndi, Executive Vice President &

AGENCIES

Managing Director, Client Engagement - Jack Morton Worldwide; pg. 308
Davis, Cyndi, Managing Director & Executive Vice President - Jack Morton Worldwide; pg. 309
Davis, Cynthia, Chief Client Officer - Merkley + Partners; pg. 114
Davis, Dax, Vice President, Digital Marketing Solutions - Imaginuity Interactive, Inc.; pg. 241
Davis, Dianne, President & Owner - DL Media Inc.; pg. 63
Davis, Ed, Senior Account Director - AKQA ; pg. 212
Davis, Eric, Managing Director, AgriBusiness Group - Meister Interactive; pg. 250
Davis, Evan, President - ADG Creative; pg. 323
Davis, Evette, Co-Owner & Partner - BergDavis Public Affairs; pg. 582
Davis, Fred, President & Chief Executive Officer - PriceWeber Marketing Communications, Inc.; pg. 398
Davis, Grace, Associate, Marketing - The William Mills Agency; pg. 655
Davis, Greg, President, Partner & Creative Director - Annex Graphics & Design; pg. 172
Davis, Griffin, Producer, Creative - Barkley; pg. 329
Davis, Hannah, Supervisor, Media Planning - AstraZeneca - HealixGlobal; pg. 471
Davis, Jacob, Vice President, Search & Performance Strategy - 360i, LLC; pg. 320
Davis, Janetta, Senior Media Manager - Paid Social - 360i, LLC; pg. 207
Davis, Jedd, Chief Product Officer - Publicis Health Media; pg. 506
Davis, Jedd, Experiential Marketing Director, New Business Development - Pedicab Outdoor; pg. 556
Davis, Jeff, Senior Vice President & Senior Partner - FleishmanHillard; pg. 604
Davis, Jeff, Chief Operating Officer - Sandelman & Associates; pg. 449
Davis, Jennifer, Copywriter - Duree & Company; pg. 598
Davis, Jeremy, Strategy Director - TBWA \ Chiat \ Day; pg. 146
Davis, Jerry, President - Davis Ad Agency; pg. 58
Davis, Jillian, Director, Brand Strategy - barrettSF; pg. 36
Davis, Joel, Engagement Director - Huge, Inc.; pg. 240
Davis, Joel, Group Creative Director - Dell Blue; pg. 60
Davis, John, Managing Director, Investment Operations - Omnicom Media Group - OMD; pg. 498
Davis, John, Media Director - Hoffman IMC; pg. 86
Davis, Jonathan, Vice President & National Sales Director - JCDecaux North America; pg. 553
Davis, Jonathan, Analyst, Research - SFW Agency; pg. 16
Davis, Jourdan, Director, Paid Social - Reprise Digital; pg. 676
Davis, Julia, Account Director - Anchor Worldwide; pg. 31
Davis, Julie, Partner & Account Executive - Annex Graphics & Design; pg. 172
Davis, Ken, Executive Vice President, Products & Services - Gartner, Inc.; pg. 236
Davis, Kyle, Copywriter - Callen; pg. 46
Davis, Laura, Co-Owner & President - Rinck Advertising; pg. 407
Davis, Laura, Director, Creative Design - MBT Marketing; pg. 108
Davis, Lindsay , Project Manager - AUXILIARY;

774

AGENCIES / PERSONNEL

pg. 173
Davis, Lindsey, Senior Strategist - OMD West; pg. 502
Davis, Lisa, Group Account Director - OMD; pg. 500
Davis, Lori, President - Martin Williams Advertising; pg. 106
Davis, Lori, Director, Public Relations & Marketing Content - Amperage; pg. 30
Davis, Lori, Sales & Operations Coordinator - BusinessOnLine; pg. 672
Davis, Mackenzie, Public Relations & Creative Services Coordinator - Wiser Strategies; pg. 663
Davis, Madeleine, Director, Social Media - iProspect; pg. 674
Davis, Mandy, Vice President - BCW New York; pg. 581
Davis, Marilyn, Executive Vice President & Managing Partner - Rain; pg. 402
Davis, Marisa, Senior Planning Associate - Wavemaker; pg. 526
Davis, Mark, Chairman & Chief Executive Officer - Davis Elen Advertising; pg. 58
Davis, Matt, Creative Director - Saatchi & Saatchi Dallas; pg. 136
Davis, Megan, Media Services Director - Workhorse Marketing; pg. 433
Davis, Michael, Vice President, Client Success - LeadMD; pg. 380
Davis, Mike, Director, Digital Media - Butler / Till; pg. 457
Davis, Mike, Associate Creative Director - Hudson Rouge; pg. 372
Davis, Mike, Vice President, Innovation - The Trade Desk; pg. 520
Davis, Monica, President & Owner - The Davis Group; pg. 519
Davis, Nathaniel, Associate Creative Director - Davis Harrison Dion Advertising; pg. 348
Davis, Nikki, Digital Supervisor - OMD; pg. 498
Davis, Noah, Executive Creative Director - Door Number 3; pg. 64
Davis, Paul, Executive Creative Director - Ologie; pg. 122
Davis, Phil, Director, Social Marketing - Ciceron; pg. 220
Davis, Philip, Strategist, Social Marketing & Advertising - Ciceron; pg. 220
Davis, Rachel, Supervisor, Account - Reed Public Relations; pg. 642
Davis, Rob, Chief Client Officer - Novus Media, Inc. ; pg. 497
Davis, Robert, Chief Client Officer - Novus Media, Inc.; pg. 497
Davis, Robert, Head, Digital - OgilvyOne Worldwide; pg. 255
Davis, Robert, Executive Vice President & Director, Strategy - PJA Advertising + Marketing; pg. 397
Davis, Ron, Senior Vice President, Technology - Firewood; pg. 283
Davis, Ryan, Art Director - Team One; pg. 417
Davis, Sara, Associate Media Planner - Wavemaker; pg. 528
Davis, Scott, Executive Vice President, Client Relations - Harmelin Media; pg. 467
Davis, Scott, Chief Growth Officer & Senior Partner - Prophet; pg. 15
Davis, Shannon, Senior Vice President & Director, Resource Management & Communications - East - Publicis North America; pg. 399
Davis, Stacie, Chief Financial Officer - Dieste; pg. 539
Davis, Steve, President - Bridgemark; pg. 4
Davis, Steve, Senior Creative Director - The Designory; pg. 149
Davis, Steve, Sales & Marketing Specialist -

New Jersey, Maryland & Delaware - H&G Marketing; pg. 80
Davis, Stewart , Vice President, Production - Axxis; pg. 302
Davis, Susan, Chairman, Chief Executive Officer & Chief Operating Officer - Susan Davis International; pg. 651
Davis, Tahnil, Senior Vice President, Finance - The Trade Desk; pg. 519
Davis, Timothie, Manager, Social - Starcom Worldwide; pg. 513
Davis, Tom, Vice President - Susan Davis International; pg. 651
Davis, Tori, Director, Media & Team Leader - New & Improved Media; pg. 497
Davis, Trevor, Vice President, Channel Strategy - Edelman; pg. 599
Davis, Trisha, Senior Director, Account - Ballantines Public Relations; pg. 580
Davis, Valerie, Senior Vice President, Paid Media - ForwardPMX; pg. 360
Davis, Victoria, Senior Account Executive - Champion Management Group, LLC; pg. 589
Davis, Will, Account Director- 6 Degrees - Six Degrees Group; pg. 647
Davis Matkovic, Jessica, Associate Media Director - BARU Advertising; pg. 538
Davis-Swing, Larry, Senior Vice President & Global Lead, Analytics & Insights - North America - Spark Foundry; pg. 508
Davison, Brock, Vice President, Sales - Katz Media Group, Inc.; pg. 481
Davoine, Victor, General Manager - Mirum Agency; pg. 251
Davoud, Christina, Vice President, Integrated Media Strategy - Zenith Media; pg. 531
Davtian, Anush, Vice President, Digital & Creative - Finn Partners; pg. 603
Davtyan, Edgar, Principal & Chief Finance Officer - Ayzenberg Group, Inc.; pg. 2
Davy, Richard, Creative Director - Huge, Inc.; pg. 186
Daw Clarke, Megann, Vice President - ENC Strategy; pg. 68
Dawes, Glenn, Director, Insights & Intelligence - AdFarm; pg. 279
Dawkins, Parisse, Junior Digital Strategist - DKC Public Relations; pg. 597
Dawkins, Suzanne, Principal & President - Design One, Inc.; pg. 179
Dawly, Elias, Founder - Recalibrate Marketing Communications; pg. 404
Daws, Caroline, Manager, Analytics - Moxie; pg. 251
Dawson, Amy, Executive Vice President - Fahlgren Mortine Public Relations; pg. 70
Dawson, Andrew, Chief Strategy Officer - Barbarian; pg. 215
Dawson, Angela, Global Account Supervisor - Saatchi & Saatchi Wellness; pg. 137
Dawson, Brandi, Senior Account Manager - Access; pg. 322
Dawson, Cameron, Chief Operating Officer - Staplegun Design, LLC; pg. 412
Dawson, Grace, Director, Brand - jones knowles ritchie; pg. 11
Dawson, Harold, Executive Vice President & Managing Director - Spark Foundry; pg. 510
Dawson, Jessica, Vice President, Performance Marketing - Advantix Digital; pg. 211
Dawson, Ken, Director, Brand Management - Mering; pg. 114
Dawson, Lori, Media Director - Burford Company; pg. 45
Dawson, Maureen, Vice President & Group Director, Business Insights - Havas Media Group; pg. 470
Dawson, Rachel, Account Supervisor - DDB Chicago; pg. 59
Day, Andy, President & Chief Executive

Officer - Day Communications Group, Inc.; pg. 349
Day, Cheryl, Vice President, Account Business Operations - UWG; pg. 546
Day, Christina, Production Manager - The NOW Group; pg. 422
Day, Dace, Senior Planner, Media Strategy - Billups Worldwide; pg. 550
Day, Farley, Senior Vice President & Managing Director - The Bohan Agency; pg. 418
Day, Joseph, Associate Director, Social Media & Senior Content Architect - Grey Group; pg. 365
Day, Mark, Partner - DVL Seigenthaler; pg. 599
Day, Michael, Chief Financial Officer - Media Assembly; pg. 484
Day, Scott, Group Media Director - AKQA; pg. 211
Day, Shari, President & Chief Executive Officer - The Bohan Agency; pg. 418
Day, Stacey, Managing Partner & Creative Director - Duncan / Day Advertising; pg. 66
Day, Tasha, Associate Media Director - Starcom Worldwide; pg. 516
Day, Thomas, President & Chief Executive Officer - Barnhardt Day & Hines; pg. 36
Days, Don, Editor, Creative - Viewpoint Creative; pg. 159
Dazevedo, Catherine, Vice President & Director, Media & Content Distribution - The Food Group; pg. 419
De Alba, Brenda, Senior Account Supervisor - MSLGROUP; pg. 629
De Anda, Juan, Manager, Social Media Content - Orci; pg. 543
De Antonio, Christie, Account Director - The Brandon Agency; pg. 419
De Berge, Earl, Research Director - BRC Field & Focus Services; pg. 442
De Berge, Suzanne, Senior Vice President & Chief Financial Officer - BRC Field & Focus Services; pg. 442
De Caire, Courtney, Public Relations Project Manager - Enterprise Canada; pg. 7
De Castro, Denise, Vice President & Director, Client Services - Flightpath; pg. 235
De Cordoba, Pedro, Senior Director - BCW Miami; pg. 581
De Filippis, Brielle, Account Executive - Walton Isaacson; pg. 547
De Flora, Stephanie, Group Director, Brand Strategy - Horizon Media, Inc.; pg. 474
De Franca, Simón, Owner & Production Director - El Autobus; pg. 67
De Frenza, Antonio, Account Manager - The Brand Factory; pg. 19
De Guzman, Brent, Senior Media Buyer & Strategist - adQuadrant; pg. 211
De Haro Bohorova, Andrea, Associate Director, Strategic Intelligence - THIRD EAR; pg. 546
De Herrera, Christopher, Brand & Marketing Design Manager - Tallwave; pg. 268
De Jesus, Joan, Manager, Content - J3; pg. 480
De Jong, Corien, Senior Vice President & Executive Creative Director - IMM; pg. 373
De La Cruz, Veronica, Account Executive - Finn Partners; pg. 603
De La Maza, Mayte, Brand Director - Alma; pg. 537
De La Pena, Margot, Director, Data & Platform Solutions - Blue 449; pg. 456
De Leon, Dianne, Account Manager - RK VENTURE; pg. 197
De Leon, Dino, Executive Vice President & Executive Creative Director - IN Connected Marketing; pg. 681
De Leon, Gabriela, Influence Marketing Manager - Shadow Public Relations; pg. 646

PERSONNEL — AGENCIES

De Leon, Johan, Director, Performance Marketing - BAM Strategy; pg. 215
De Luca, Mark, Strategist - Abel Nyc; pg. 25
De Meo, Rosalba, Art Director - Dentino Marketing; pg. 281
De Nysschen, Tiaan, Brand Supervisor - MINI - Pereira & O'Dell; pg. 257
De Rond, Jasmin, Senior Media Strategist - Initiative; pg. 479
De Rose, Jamie, Director, Client Services - The Collective Brandsactional Marketing, Inc.; pg. 149
De Ryk, William, Account Director - barrettSF; pg. 36
De Turris, Jason, Chief Strategy Officer - Phenomenon; pg. 439
De Veer, Drusilla, Print Production Director - Weston | Mason; pg. 430
De los Rios, Nora, Director, Brand & Media - The Richards Group, Inc.; pg. 422
DeAbreu, Pedro, Manager, Senior Program & Marketing - Gartner, Inc.; pg. 236
DeAlmo, Sidney, Media Supervisor - Mars Snickers & Ice Cream - MediaCom; pg. 487
DeAndrea, Melody, Associate Media Director - Starcom Worldwide; pg. 517
DeAngelis, Mark, Chief Executive Officer & Founder - DeAngelis Advertising; pg. 60
DeAngelo, Matt, Creative Director - Fuse Interactive; pg. 235
DeAngelo, Tyler, Executive Creative Director - StrawberryFrog; pg. 414
DeAvila, Seth, Director, Research & Strategy - Isobar US; pg. 242
DeBaere, Allison, Vice President - Isobar US; pg. 242
DeBarr, Alexander, President & Chief Executive Officer - Naylor Association Solutions; pg. 120
DeBellis, Lenore, Vice President - Lake Group Media, Inc.; pg. 287
DeBerry, Trish, Chief Executive Officer - DeBerry Group; pg. 595
DeBiase, Judy, Vice President & Director, Creative Technology - SMM Advertising; pg. 199
DeBisschop, Reme, Director, Media - North America - Wieden + Kennedy; pg. 430
DeBlasio, Chris, Chief Executive Officer & Executive Producer - Agency 850; pg. 1
DeBlois, Amelie, Associate Director - Giant Spoon, LLC; pg. 363
DeBlois, Roxy, Digital Strategies Manager - Bluespire Marketing; pg. 40
DeBoer, Kathryn, Senior Vice President & Chief Quality Officer - WestGroup Research; pg. 451
DeBoer, Samantha, Senior Account Executive - ICF Next; pg. 614
DeBow, Brant, Chief Technology Officer - BiTE Interactive; pg. 533
DeBusk, Geralyn, President - Halliburton Investor Relations; pg. 611
DeCamp, LaShena, Senior Partner & Account Lead - MediaCom; pg. 487
DeCandia, Gina, Executive Vice President & Public Relations Group Director - Sharp Communications, Inc.; pg. 140
DeCardenas, Kirk, Digital Director - Publicis Hawkeye; pg. 399
DeCaro, Peter, Managing Director - FTI Consulting; pg. 606
DeCata, James, Vice President, Production - Pace Communications; pg. 395
DeCato, Heather, Director, Business Development - Ventura Associates Intl, LLC; pg. 571
DeCelles, Stephanie, Managing Director, Client Engagement - VMLY&R; pg. 274
DeCesare, Melissa, Vice President - Edison Media Research; pg. 444
DeChene, Maggie, Strategy Supervisor - PHD Chicago; pg. 504
DeCherney, Constance, Director, Strategy - TDA_Boulder; pg. 147
DeCheser, David, Vice President & Group Executive Creative Director - R/GA; pg. 260
DeCicco, Brian, Executive Director, Managing Partner - North America FAST Hub Lead - Mindshare; pg. 494
DeCleene, Randy, Partner - kglobal; pg. 620
DeCoite, Ernie, Director, Paid Search - Becker Media ; pg. 38
DeCosmo, Mike, Supervisor, Media - Starcom Worldwide; pg. 513
DeCotiis, Allen, Chairman & Chief Executive Officer - Phoenix Marketing International; pg. 448
DeCou, Niki, Senior Vice President & Managing Director, Brand Strategy - Horizon Media, Inc.; pg. 474
DeCourcy, Colleen, Co-President & Chief Creative Officer - Wieden + Kennedy; pg. 430
DeFazio, Anthony, President & Chief Executive Officer - Defazio Communications; pg. 596
DeFer, Jamie, Vice President & Global Account Director - Energy BBDO, Inc.; pg. 355
DeFerrari, Bill, Vice President, Product Management - Epsilon; pg. 282
DeFilippis, Ross, Vice President, Social Media - Superfly; pg. 315
DeFrain, Matt, Creative Director - Grant Design Collaborative; pg. 185
DeFranco, Corey, Media Manager - VaynerMedia; pg. 689
DeFreeuw, Deb, Owner, President & Certified Strategist - Force 5; pg. 7
DeFreitas, Helder, Creative Director - Publicis Toronto; pg. 639
DeFruscio, Erik, Media Supervisor - Noble People; pg. 120
DeGennaro, JoAnna, Senior Media Buyer - Incremental Media; pg. 477
DeGiorgio, Michael, Associate, Local Digital Activation - Carat; pg. 459
DeGrand Fox, Annye, Senior Event Director - Octagon; pg. 313
DeGroot, Laura, Senior Vice President, Strategy - Soulsight; pg. 199
DeGuilio, Chris, Supervisor, Media - Carat; pg. 461
DeHahn, Mary, Partner, Consulting - Black Twig, LLC; pg. 3
DeHart, David, Director, Ad Operations - Adtaxi; pg. 211
DeHart, Stacey, Chief Operating Officer - Asen Marketing & Advertising, Inc.; pg. 327
DeHaven, Barbara, Director, Business Development - Bloom Ads, Inc.; pg. 334
DeHaven, Michele, Principal & Creative Director - Function:; pg. 184
DeHaven, Philip, Strategy Supervisor - RB Health Brands - Zenith Media; pg. 529
DeJarnatt, Nicole, Senior Manager, Account & Public Relations - rygr; pg. 409
DeJarnatt, Paul, Senior Vice President, Global Performance Media - Performics; pg. 676
DeJesus, Sylvia, Financial Coordinator - Grey Group; pg. 365
DeJonge, Austin, Senior Art Director - DDB New York; pg. 59
DeJulio, James, Co-Founder & President - Tongal; pg. 20
DeKoning, Brian, Partner - Raka Creative; pg. 402
DeLaSalle, Nicky, Director, Business Development - Havas Edge; pg. 285
DeLana, Libby, Co-Founder & Director, Creative - Mechanica; pg. 13
DeLand, Jason, Founding Partner - Anomaly; pg. 325
DeLaune, Renee, Owner & President - DeLaune & Associates; pg. 60
DeLeo, Lindsey, Brand Group Director - Horizon Media, Inc.; pg. 474
DeLeon Jr, Peter, Manager, Digital Operations - Zenith Media; pg. 529
DeLesk, Rachel, Account Supervisor - Team One; pg. 418
DeLisle, Etienne, Vice President & Director - Starcom Worldwide; pg. 517
DeLong, Charles, Creative Director - Zimmerman Advertising; pg. 437
DeLong, Mary, Senior Vice President & Director - Tourism - BVK; pg. 339
DeLonge, Tracy, Supervisor - Posterscope U.S.A.; pg. 556
DeLuca, Amie, Senior Strategist & Director, Corporate Strategy & Engagement - Agency H5; pg. 575
DeLuca, John, Associate Creative Director - Fusion92; pg. 235
DeLuca, Julia, Director, Project Management - PulseCX; pg. 290
DeLuca, Peter, Brand Strategist - Horizon Media, Inc.; pg. 474
DeLuca, Steven, President & Chief Marketing Officer - HL Group; pg. 614
DeLucia, Ariana, Chief Financial Officer - AR James Media; pg. 549
DeLucia, Jim, President - AR James Media; pg. 549
DeLuise, Brooke, Senior Vice President & Director, Account Management - Mangos Inc.; pg. 103
DeMallie, Amy, Supervisor, Brand Strategy - Canvas Worldwide; pg. 458
DeMallie, Kate, Account Director - Deutsch, Inc.; pg. 350
DeMar, David, Senior Search Engine Optimization Strategist - Colling Media; pg. 51
DeMarco, Devrie, Executive Vice President - MediaLink; pg. 386
DeMarco, Kelsey, Director, Operations - Secret Fort; pg. 139
DeMarco, Teresa, Digital Media Supervisor - Starcom Worldwide; pg. 516
DeMarco, Tony, Chief Executive Officer & Creative Director - Signature Communications; pg. 410
DeMaria, Sissy, Owner & President - Kreps & DeMaria; pg. 620
DeMarinis, Vince, Partner & Creative Director - Brown Parker | DeMarinis Advertising; pg. 43
DeMars, Rob, Chief Creative Officer - Marketing Architects; pg. 288
DeMartino, Kim, Client Services Director - Response Marketing; pg. 133
DeMasi, Gabrielle, Senior Media Buyer - Horizon Media, Inc.; pg. 474
DeMaso, Elizabeth, President - Triptent; pg. 156
DeMaso, Suzanne, Director - The Burnett Collective; pg. 669
DeMent, Cary, Manager, Media - Starcom Worldwide; pg. 513
DeMent, Leslie, Managing Director - Tailwind; pg. 677
DeMicco, Jim, Owner & Web Designer - SkyeLine Studio, LLC; pg. 647
DeMiero, W. Joe, President - Publicis Hawkeye; pg. 399
DeMilner, Joe, Director, Technology - MRM//McCANN; pg. 252
DeMinco, Jessica, Account Director - partners + napier; pg. 125
DeMong, Abby, Vice President & Director,

AGENCIES — PERSONNEL

National Video Investment - Spark Foundry; *pg.* 510
DeMoor, Zachary, Creative Services Specialist - Wiser Strategies; *pg.* 663
DeMots, Dave, President & Owner - DHX Advertising; *pg.* 351
DeMund, Kira, Assistant Strategist - Hearts & Science; *pg.* 473
DeMuth, David, Global President & Chief Executive Officer - Doner; *pg.* 63
DeNatale, Charles, Senior Media Buyer - Healthcare Success; *pg.* 83
DeNatale, Stephanie, Senior Producer, Broadcasting - Goodby, Silverstein & Partners; *pg.* 77
DeNichilo, Alysha, Senior Manager, Integrated Investments - Universal McCann; *pg.* 521
DeNinno, Chris, Director, Creative - Innocean USA; *pg.* 479
DeNofrio, Gabrielle, Associate Creative Director - Pavone Marketing Group; *pg.* 396
DeNooyer, Sue, Senior Vice President, Operations - MRM//McCANN; *pg.* 252
DeNuccio, Jim, Partner - Current PR; *pg.* 594
DeNyse, Dolly, Chief Revenue Officer - WPP Kantar Media; *pg.* 451
DeOrio, Tamara, Vice President & Director, Brand Experience Production - Arnold Worldwide; *pg.* 33
DeOrzio, Stacey, Senior Vice President, Client Relations - Hirshorn Zuckerman Design Group; *pg.* 371
DePalma, Brielle, Vice President & Director, Growth - Concentric Health Experience; *pg.* 52
DePalma, Erica, Senior Vice President, Digital Marketing - Media Horizons, Inc.; *pg.* 288
DePanfilis, Maria, Senior Vice President & Director, Performance Analytics - MRM//McCANN; *pg.* 289
DePaola, Nikki, Director, Media - Liquid Advertising, Inc.; *pg.* 100
DePaolo, Ashley, President - CommCreative; *pg.* 343
DePersio, Gerard, Vice President & Director - Carat; *pg.* 459
DePew, Jeff, Media Supervisor - Mering; *pg.* 114
DePinto, Jessica, Manager, Business Development - Lyons Consulting Group; *pg.* 247
DePlasco, Joe, Managing Director - DKC Public Relations; *pg.* 597
DePlautt, Elizabeth, Supervisor, Media Strategy - PHD USA; *pg.* 505
DePrisco, Kristin, Vice President, OOH Practice - Spark Foundry; *pg.* 508
DeRango, Robert, Specialist, Paid Media - Envisionit Media, Inc.; *pg.* 231
DeRe, Liz, Media Supervisor - Spark Foundry; *pg.* 510
DeRiso, Daniel, Manager, Digital Investment - Initiative; *pg.* 477
DeRoller, Julie, Senior Vice President & Group Director - partners + napier; *pg.* 125
DeRosa, Michaela, Account Supervisor - Havas Media Group; *pg.* 468
DeRose, Bryan, Vice President, Business Development - Chief Marketing Officer Council; *pg.* 50
DeRose, Samantha, Public Relations Account Manager - The McRae Agency; *pg.* 688
DeSalva, AnnaMaria, Global Chairman & Chief Executive Officer - Hill+Knowlton Strategies; *pg.* 613
DeSalvio, Margaret, Senior Planner, Integrated Print - Horizon Media, Inc.; *pg.* 474
DeSalvio, Nicole, Vice President, Creative Services - Digitas; *pg.* 229
DeSalvo, Joe, Creative Director - Barkley; *pg.* 329
DeSanctis, Gary, Group President - AIM Marine Group - Active Interest Media; *pg.* 561
DeSanctis, Joseph, Partner - Public Strategies Impact; *pg.* 639
DeSanctis, Michelle, Account Director, Events - Sparks; *pg.* 315
DeSangro, Alyssa, Associate Media Director - The Many; *pg.* 151
DeSanti, Meredith, Vice President, Creative & Strategy - BML Public Relations; *pg.* 584
DeSanti, Michael, Director, Partnerships & Communication Planning - Starcom Worldwide; *pg.* 517
DeSantis, Andy, Creative Director - Montana Steele Advertising; *pg.* 117
DeSantis, Clare, Manager, Project - The VIA Agency; *pg.* 154
DeSantis, Debbie, Senior Vice President, Finance - Ignite Social Media; *pg.* 686
DeSantis, Dru, Owner - DeSantis Breindel; *pg.* 349
DeSantis, Rene, President - Montana Steele Advertising; *pg.* 117
DeSantis, Vickie, Director - Starcom Worldwide; *pg.* 513
DeSarno, Tracie, Partner - Public Strategies Impact; *pg.* 639
DeSena, Bryan, Group Account Director - Saatchi & Saatchi Dallas; *pg.* 136
DeSena, Robert, Senior Partner & Media Director - The&Partnership; *pg.* 426
DeShantz, Emily, Associate Producer - Brunner; *pg.* 44
DeShong, David, Director, Marketing - Jenerate PR; *pg.* 617
DeSilva, Roland, Managing Partner & Chairman - Oaklins DeSilva+Phillips; *pg.* 687
DeSilva, Sue, Executive Vice President & Executive Creative Director - North America - Digitas; *pg.* 226
DeSimone, Daniel, Vice President & Group Director, Search & Social - Universal McCann; *pg.* 521
DeSimone, David, Associate Director, Client Solutions - Varick Media Management; *pg.* 274
DeSimone, Lauren, Vice President - Edelman; *pg.* 599
DeSousa, Arlene, Associate Director, Client Operations - Spark Foundry; *pg.* 508
DeSousa, Rubene, Senior Studio Artist - Juniper Park\ TBWA; *pg.* 93
DeStasio, Joyce, Account Director - One Trick Pony; *pg.* 15
DeStefano, Justin, Vice President & Director, Production - Mad Men Marketing; *pg.* 102
DeSutter, Jennifer, Digital Media Director - Empower; *pg.* 354
DeVaul, Judy, Partner - The Advocate Agency ; *pg.* 148
DeVaul , Frank, Partner, Chief Executive Officer & Owner - The Advocate Agency ; *pg.* 148
DeVault, Taylor, Community Manager - Young & Laramore; *pg.* 164
DeVera, Teresa, Associate Director - Posterscope U.S.A.; *pg.* 556
DeVito, Amanda, Vice President, Engagement - Butler / Till; *pg.* 457
DeVito, Chris, Creative Director & Partner - DeVito Group; *pg.* 62
DeVito, Frank, Partner & President - DeVito Group; *pg.* 62
DeVito, Sal, Chief Creative Officer - DeVito/Verdi; *pg.* 62
DeViva, Sara, Director, Creative Strategy - Vault Communications, Inc.; *pg.* 658
DeVlieger, Jessica, President - Americas - C Space; *pg.* 443
DeVoren, Danielle, Managing Director - KCSA Strategic Communications; *pg.* 619
DeWeese, Cory, Director, Client Engagement - Alcone Marketing Group; *pg.* 565
DeWree, Caroline, Account Executive - Publicis Hawkeye; *pg.* 399
DeWree, Madeline, Associate Creative Director - DDB Chicago; *pg.* 59
DeYoung, Natalie, Director, Communications & Public Relations - Wingard Creative; *pg.* 162
DeZarlo, Matthew, Associate Media Director - MediaCom; *pg.* 487
DeZutter, Laura, Vice President - MCS, Inc.; *pg.* 111
Deady, Cullen, Director - Starcom Worldwide; *pg.* 513
Deady, Grant, Chief Culture Officer & Managing Director - Zeno Group; *pg.* 664
Deak, Tescia, Director, Creative - Grey West; *pg.* 367
Deakers, Elaine, Vice President, Client Services - MKTG INC; *pg.* 311
Deakins, Kathleen, President & Senior Strategist - JayRay ; *pg.* 377
Deal, Roland, President - Americas - DWA Media; *pg.* 464
Dean, Andrew, Strategist - Forsman & Bodenfors; *pg.* 74
Dean, Charles, Media Sales - Reeltime Media; *pg.* 507
Dean, Courtney, Specialist, Social Media Marketing - Havas Media Group; *pg.* 468
Dean, Harold, Creative & Art Director - The AdSmith; *pg.* 201
Dean, Lori, Specialist, Digital Marketing Communications - lodestar marketing group; *pg.* 381
Dean, Mark, Owner & Chief Executive Officer - BDS Marketing, Inc.; *pg.* 566
Dean, Mike, President & Chief Executive Officer - Brand Thirty-Three; *pg.* 3
Dean, Sarah, Creative Designer - Archetype; *pg.* 33
Dean, Tasha, Senior Vice President & Head, Integrated Production - The Martin Agency; *pg.* 421
Deane, Michaela, Marketing Account Manager - Kidzsmart Concepts; *pg.* 188
Deang, Mellisa, Media Strategy Supervisor - R&R Partners; *pg.* 131
Deangelis, Steve, Founder & Chief Marketing Officer - Rebuild; *pg.* 403
Deangelo, James, Owner & Executive Creative Director & Principal - DCF Advertising; *pg.* 58
Deans, Sue, Chief Financial Officer & Director, Administration - Wasserman & Partners Advertising, Inc.; *pg.* 429
Dear, Christina, Associate Creative Director - CTP; *pg.* 347
Deardorff, Jill, President & Chief Creative Officer - Deardorff Associates, Inc.; *pg.* 60
Dearien, Jessie, Vice President & Director, Group Account - iProspect; *pg.* 674
Dearing, Bob, President & Owner - Dearing Group; *pg.* 60
Dearing, Kristen, Senior Vice President, Marketing & Alliances & Chief Sales Officer - Brierley & Partners; *pg.* 167
Dearth, Jeffrey, Partner - Oaklins DeSilva+Phillips; *pg.* 687
Deaver, Deborah, President & Chief Executive Officer - Patients & Purpose; *pg.* 126
Deavers, Brian, Senior Spot Buyer - Cramer-Krasselt ; *pg.* 53
Deavers, Charlotte, Brand Manager - Mekanism; *pg.* 113
Debacker, Kaitlin, Associate Director, Platform Intelligence - Annalect Group; *pg.* 213
Debenham, Eileen, Founder & Creative Director

PERSONNEL / AGENCIES

- GoBig Branding, Inc.; *pg.* 184
Debenham, Gareth, Founder & Creative Director - GoBig Branding, Inc.; *pg.* 184
Debons, Joseph, Executive Chairman - Rational Interaction; *pg.* 262
Dec, Alison, Media Supervisor - Starcom Worldwide; *pg.* 513
Decarie, Nadja, Vice President & Lead, Strategies - Cossette Media; *pg.* 345
Decastro, Justin, Account Executive - Advantage International; *pg.* 301
Decaux, Jean-Luc, Co-Chief Executive Officer - JCDecaux North America; *pg.* 553
Dechene, Dana, Regional Strategist- Hyundai - Canvas Worldwide; *pg.* 458
Dechter, Gadi, Head, Public Affairs - APCO Worldwide; *pg.* 578
Decker, Cathleen, Partner - Decker Royal Agency; *pg.* 596
Decker, Eric, Vice President, Technology - Firstborn; *pg.* 234
Decker, George, Executive Vice President & Group Creative Director - Deutsch, Inc.; *pg.* 349
Decker, Hayley, Senior Brand Strategist - Character; *pg.* 5
Decker, James, Founding Partner - Decker; *pg.* 60
Decker, Jennifer, Director, Client Services - Prisma; *pg.* 290
Decker, Jona, Solutions Delivery Manager - Acumium, LLC; *pg.* 210
Decker, Kaitlyn, Media Planner - Mediahub Los Angeles; *pg.* 112
Decker, Lisa, Account Executive - Stevens Advertising; *pg.* 413
Decker, Lynda, President & Creative Director - Decker Design Inc.; *pg.* 179
Decker, Ryan, Creative Director - Etch Marketing ; *pg.* 357
Decker, Tracy, Vice President & Director, Connections - Spark Foundry; *pg.* 510
Decoteau, Phil, Associate Director, Digital - Norbella; *pg.* 497
Decoursey, Tara, Managing Group Director - AFG&; *pg.* 28
Dederick, Jed, Senior Vice President, Business Development - The Trade Desk; *pg.* 520
Dedering, Brian, Associate Creative Director - Publicis Hawkeye; *pg.* 399
Dedona, Julia, Brand Manager - Audi - Venables Bell & Partners; *pg.* 158
Deedler, Amber, Paid Media Manager - SSDM; *pg.* 412
Deely, John, Executive Vice President & Director, Digital Experience - Patients & Purpose; *pg.* 126
Deepak, Meera, Group Account Director - Tribal Worldwide; *pg.* 272
Deepak, Shyna, Public Relations Account Manager - Nadel Phelan, Inc.; *pg.* 631
Deer, Adam, Creative Director - Publicis West; *pg.* 130
Deer, Joanne, Vice President, Strategic & Creative - The NOW Group; *pg.* 422
Deese, Derrick, Senior Designer - Union; *pg.* 273
Deeter, Drew, President - Deeter Associates; *pg.* 60
Deeter, Linda, Vice President & Creative Director - Deeter Associates; *pg.* 60
Deevy, Samantha, Group Director, Communications Strategy - Droga5; *pg.* 64
Defaut, Rick, Senior Vice President, Integrated Media Services - Stern Advertising, Inc.; *pg.* 413
Defino, Dan, Vice President & Managing Director - Tukaiz; *pg.* 427
Defino Sr., Frank, Founder, Chairman & Managing Director - Tukaiz; *pg.* 427
Defino, Jr., Frank, Vice President & Managing Director - Tukaiz; *pg.* 427
Degens, Susan, Vice President, Media - Hart; *pg.* 82
Degenstein, Paul, Chief Creative Officer & Senior Partner - The NOW Group; *pg.* 422
Degni, Rich, Vice President & Creative Director - Source Communications; *pg.* 315
Deheza, Jessica, Media Buyer - PP+K; *pg.* 129
Dehner, Dan, Chief Interactive Officer - Chemistry Communications Inc.; *pg.* 50
Deichmiller, Michael, Group Account Director - Butler / Till; *pg.* 457
Deickmann, Melissa, Supervisor, National Video Activation - platformGSK - Publicis North America; *pg.* 399
Deimling, Wesley, Video Editor - Malka; *pg.* 562
Deininger, Bob, Vice President, Digital Analytics - Norbella; *pg.* 497
Deis, Tim, Chief Executive Officer & Owner - Thread Connected Content; *pg.* 202
Deitz, Addison, Executive Vice President & Director, Global Operations & Client Support - RAPP Worldwide; *pg.* 291
Dekanchuk, Megan, Media Planning Supervisor - Essence; *pg.* 232
Dekker, Sandri, Digital Development Director - J.T. Mega, Inc.; *pg.* 91
Dekoschak, Sandy, Senior Project Manager - RightPoint; *pg.* 263
Del Bene, Pam, Director, Human Resources - Code and Theory; *pg.* 221
Del Bene, Pamela, Director, Human Resources - Code and Theory; *pg.* 221
Del Bufalo, Giulio, Senior Vice President, Global Strategy - One Publicis Team Samsung - Starcom Worldwide; *pg.* 517
Del Fa, Gonzalo, President - GroupM Multicultural - GroupM; *pg.* 466
Del Gigante, Anthony, Director - MDG Advertising; *pg.* 484
Del Gigante, Joanne, Vice President & Chief Financial Officer - MDG Advertising; *pg.* 484
Del Gigante, Michael, President & Creative Director - MDG Advertising; *pg.* 484
Del Homme, Maria, Vice President & Director, Business Affairs - RPA; *pg.* 134
Del Monte, Anthony, Founder, President & Chief Executive Officer - Squeaky Wheel Media; *pg.* 267
Del Mul, Carole, Associate Director, Digital Production & Technology - Ogilvy Public Relations; *pg.* 633
Del Priore, Mark, Chief Financial Officer - Harte Hanks, Inc.; *pg.* 284
Del Rosario, Byron, Creative Director - Venables Bell & Partners; *pg.* 158
Del Rossi, Jamie, Digital Strategist - iX.co; *pg.* 243
Del Sarto, Dominique, Controller - Kirvin Doak Communications; *pg.* 620
Del Savio, Christy, Director, PMO & Business Process - DAC Group; *pg.* 223
Del Savio, Ray, Executive Creative Director - Droga5; *pg.* 64
Del Toro, Graciela, Vice President, Creative Operations - Mob Scene; *pg.* 563
Del Vecchio, Felicia, Director, Digital Media - DAC Group; *pg.* 223
Del-Cid, Ramiro, Account Director - Wieden + Kennedy; *pg.* 430
DelGandio, Peter, Creative Director - AFG&; *pg.* 28
DelMonte, Megan, Traffic Manager - Wenstrom Communications, Inc.; *pg.* 529
DelQuadro, Andrew, Vice President, Digital Media - MayoSeitz Media; *pg.* 483
DelVecchio, Maria, Creative Director - The Caliber Group; *pg.* 19
Delafosse, Ryan, Vice President, Creative Strategy - Praytell; *pg.* 258
Delagrave, Pierre, President, Media - Cossette Media; *pg.* 345
Delahaye, Noel, Partner, Portfolio Management - Universal McCann Detroit; *pg.* 524
Delamarter, Andrew, Director, Search - Huge, Inc.; *pg.* 239
Delaney, James, Founder - DMi Partners ; *pg.* 681
Delaney, Kathy, Chief Creative Officer - Saatchi & Saatchi Wellness; *pg.* 137
Delaney, Katie, Associate Director Media - Mediahub Boston; *pg.* 489
Delaney, Kelly, Senior Account Executive - The Merz Group; *pg.* 19
Delaney, Lauren, Vice President, Client Services & Influencer Marketing - Superfly; *pg.* 315
Delaney, Maxx, Associate Creative Director - Preacher; *pg.* 129
Delaney, Meghan, Associate Director - Mindshare; *pg.* 494
Delaney, Teresa, Co-Founder - D&D PR; *pg.* 594
Delaney-Ellis, Susan, Manager, Accounting - Romanelli Communications; *pg.* 134
Delanghe Ewing, Alex, Chief Communications Officer - MDC Partners, Inc.; *pg.* 385
Delango, Isabel, Senior Vice President & Broadcast Director - TouchPoint Integrated Communications; *pg.* 520
Delano, Mary, Chief Marketing Officer - Moosylvania; *pg.* 568
Delapoer, Jordan, Director, Brand Strategy - North; *pg.* 121
Delarosa, Monique, Senior Vice President, Client Leadership - Verizon - Moxie; *pg.* 251
Delatorre, Luis, President & General Manager - San Antonio - I Heart Media; *pg.* 552
Delbridge, Andrew, Co-President, Chief Strategy & Engagement Officer - Gallegos United; *pg.* 75
Delbridge, Matt, Associate Creative Director - Gretel; *pg.* 78
Delebois, Pierre, Creative & Strategy Director - Force Majure Design Inc.; *pg.* 183
Delehant, Allie, Senior Account Manager - Runyon Saltzman Einhorn; *pg.* 645
Delehanty, Patrick, Marketing Manager - Marcel Digital; *pg.* 675
Deleon, Corbin, Manager, Media Strategy - Spark Foundry; *pg.* 508
Deleon, Mandy, Senior Account Manager - Freed Advertising; *pg.* 360
Deley, Ashley, Marketing Analyst & Analytics Project Manager - Axis41; *pg.* 215
Delfino, Geno, Chairman & Founder - Delfino Marketing Communications; *pg.* 349
Delfino, Matthew, Vice President, Information Technology - Knock, Inc.; *pg.* 95
Delfino, Paul, President - Delfino Marketing Communications; *pg.* 349
Delfino, Teah, Director, Marketing & Talent Acquisition - Denny Mountain Media; *pg.* 225
Delfino Seneca, Christine, Executive Vice President & General Manager - Delfino Marketing Communications; *pg.* 349
Delgadillo, Gloria, Senior Vice President, Client Experience - Weber Shandwick; *pg.* 660
Delgado, Rene, Associate Creative Director - Leo Burnett Worldwide; *pg.* 98
Delia, Chris, Group Creative Director - Code and Theory; *pg.* 221
Delia, Ed, President - Delia Associates; *pg.* 6
Delia, Lori, Vice President & General Counsel - Delia Associates; *pg.* 6
Delia, Nick, Associate Director, Media - OMD San Francisco; *pg.* 501

AGENCIES — PERSONNEL

Delich, Katie, Media Buyer - The Johnson Group; *pg.* 420
Deliote, Marcus, Director, Information Technology - Crispin Porter + Bogusky; *pg.* 346
Dell, Sarah, Director, Public Affairs & Strategic Communications - Advocacy Solutions, LLC; *pg.* 575
Dell Dudenhoeffer, Lisa, Media Buyer - True Media; *pg.* 521
Dell'Isola, Casey, Account Supervisor, Public Relations - SpeakerBox Communications; *pg.* 649
Della Femina, Jerry, Chairman - Della Femina/Rothschild/Jeary Partners; *pg.* 61
Della Mattia, Michele, Vice President, Operations - The NOW Group; *pg.* 422
Della Mora, Paul, Senior Account Executive - Bond Brand Loyalty; *pg.* 280
Dellabella, Lisa, Senior Director, Client Management - GMR Marketing; *pg.* 306
Dellacato, Melissa, Media Planner - MediaCom; *pg.* 487
DelleCave, Anthony, Managing Director - BAM Connection; *pg.* 2
Dellentash, Michael, Senior Associate, Portfolio Management - Universal McCann; *pg.* 521
Dellinger, Ashleigh, Senior Account Manager - The Zimmerman Agency; *pg.* 426
Delmercado, Tony, Co-Founder & Chief Operating Officer - Hawke Media; *pg.* 370
Delong, Joy, Office Manager - Marathon Communications Inc.; *pg.* 625
Delossa, Amy, Head, Production - Tool of North America; *pg.* 564
Delp, Liz, Creative Director - Anomaly; *pg.* 325
Delph, Danielle, Art Director - Wieden + Kennedy; *pg.* 430
Delphey, Brianna, Senior Copywriter - Planet Propaganda; *pg.* 195
Delshad, Lauren, Vice President, Operations - 160over90; *pg.* 301
Delsol, Bob, Executive Creative Director - ZLR Ignition; *pg.* 437
Delz, Susan, Director, Enterprise Account Development - ion interactive, inc; *pg.* 242
Delzell, Matt, Managing Director - Davie Brown Talent - The Marketing Arm; *pg.* 316
Demakis, Chris, Executive Vice President, Sales - MERGE; *pg.* 113
Demaree, Dan, President & Chief Executive Officer - DPR Group, Inc.; *pg.* 598
Dembert, Sarah, Vice President, Healthcare - Imre; *pg.* 374
Dembia, Dennis, Co-President, Entertainment & Business Strategy - Rogers & Cowan/PMK*BNC; *pg.* 643
Dembkowski, Sarah, Senior Copywriter - David; *pg.* 57
Dembowski, David, Senio Vice President, Sales & Business Development - IgnitionOne; *pg.* 673
Dementiev, Maria, Associate Director, Programmatic - Spark Foundry; *pg.* 508
Dementyeva, Irina, Manager, Marketing Sciences - OMD; *pg.* 498
Demers, Alexandra, Director, Media Relations - Golin; *pg.* 609
Demery, Rhys, Executive Producer - We Are Royale; *pg.* 205
Demetriou, Peter, Partner & Co-Owner - MBC Research; *pg.* 447
Demick, Brian, Project Manager - The VIA Agency; *pg.* 154
Demiris, Pat, Senior Vice President & Director, Operations - Gumas Advertising; *pg.* 368
Demko, Caitlin, Director, Marketing - Adfire Health; *pg.* 27

Demonteiro, Lance, Associate Director, Digital Strategy & Acquisition - Media Assembly; *pg.* 484
Demopoulos, Dino, Chief Strategy Officer - No Fixed Address Inc.; *pg.* 120
Dempsey, Josh, Executive Vice President - Corporate Reports, Inc.; *pg.* 53
Dempsey, Maureen, Vice President, Corporate Communications - APCO Worldwide; *pg.* 578
Dempster, Christian, Event Director - 160over90; *pg.* 301
Dempster, Max, Copywriter - Dunn&Co; *pg.* 353
Demyanyk, Lana, Coordinator, Marketing & Finance - Akrete; *pg.* 575
Denari, Tom, President & Chief Strategy Officer - Young & Laramore; *pg.* 164
Denberg, Josh, Founder & Creative Director - Division of Labor; *pg.* 63
Dence, Drucilla, Manager, Business Development Operations - Onion, Inc.; *pg.* 394
Denci, Patricia, Director - Double-Forte; *pg.* 230
Dencker, Ann, Partner & Director, Insight & Strategic Research - Hiebing; *pg.* 85
Dendy-Smith, Karen, Partner - kor group; *pg.* 189
Deneen, Mike, Partner & Director, Client Services - Ingredient; *pg.* 10
Denekas, Steven, Vice President, Creative - BASIC; *pg.* 215
Denembo, Kiley, Manager, Creative Resource - The Many; *pg.* 151
Denerstein, Matthew, Managing Director, Investment & Lead, Cross Platform Investment - Mindshare; *pg.* 491
Denesuk, Mark, Founder & President - Commerce House; *pg.* 52
Denevan, Stephanie, Vice President, Client Services - AUDIENCEX; *pg.* 35
Denford, Anne, Senior Vice President, Human Resource - Imre; *pg.* 374
Dengel, Suzanne, Senior Social Strategist - Giant Spoon, LLC; *pg.* 363
Dengel, Tobias, Chief Executive Officer - WillowTree, Inc.; *pg.* 535
Dengrove, Jena, Vice President & Creative Director - LiveWorld; *pg.* 246
Denholm, Alex, Director, Business Development & Account director - Hunt Adkins; *pg.* 372
Denihan, Brendan, Supervisor, Video Investments - Havas Media Group; *pg.* 468
Denison, Brian, Senior Copywriter - The Integer Group; *pg.* 682
Denlinger, Kiana, Designer - AKQA; *pg.* 212
Denman, James, Executive Director, Strategy & Digital Innovation - YARD; *pg.* 435
Denman, Nick, Art Director - The Richards Group, Inc.; *pg.* 422
Denne, Lindsey, Senior Director, Client Services - Bolin Marketing; *pg.* 41
Denneen, Mark, President & Chief Executive Officer - Denneen & Company; *pg.* 7
Dennehy, Chris, Senior Vice President, Partnership Development - Haworth Marketing & Media; *pg.* 470
Dennehy, Ericca, Vice President, Account Management - AcuPOLL Research; *pg.* 441
Dennehy, Mike, Executive Vice President, Corporate Technology & Interactive Services - Ackerman McQueen, Inc.; *pg.* 26
Denney, Alex, Senior Account Executive - AFG&; *pg.* 28
Dennig, Melanie, Vice President - Turner Public Relations; *pg.* 657
Denning, Phil, Partner - ICR; *pg.* 615
Dennis, Alex, Associate Media Director - Garage Team Mazda; *pg.* 465
Dennis, Brett, Chief Growth Officer - Conill Advertising, Inc.; *pg.* 538
Dennis, Brian, Chief Operating Officer &

President - Manrique Group; *pg.* 311
Dennis, Glenn, Managing Partner - JL Media, Inc.; *pg.* 481
Dennis, Kyle, Senior Media Strategist - MayoSeitz Media; *pg.* 483
Dennis, Maria, Strategic Relationship Manager - SourceLink, LLC; *pg.* 292
Dennis, Shari, Group Account Director - GS&F ; *pg.* 367
Dennis, Wah-De, Lead, Paid Social - iProspect; *pg.* 674
Dennis, William, Associate Director, eCommerce - Spark Foundry; *pg.* 510
Dennison, Dan, Controller - Linnihan Foy Advertising; *pg.* 100
Dennison-Bunch, Michelle, Art Director - Brand It Advertising; *pg.* 42
Dennler, Bruce, President - Milner Butcher Media Group; *pg.* 491
Denny, Chris, Founder & President - The Engine Is Red; *pg.* 150
Denny, Joni, International Account Executive - ACTON International, Ltd.; *pg.* 279
Denobrega, Damian, Creative Director - DAC Group; *pg.* 224
Denomme, Jaclyn, Junior Copywriter - Hudson Rouge; *pg.* 371
Denomy, Mary Beth, Founder & Chairman - Proof Experiences; *pg.* 314
Denoon, Amy, Chief Executive Officer - Beach House PR; *pg.* 582
Densmore, Eric, Senior Vice President & Account Director - Abelson-Taylor; *pg.* 25
Densmore, Michael, Chief Executive Officer - Forsman & Bodenfors; *pg.* 74
Denson, Jeff, Director, Marketing Analytics - Harmelin Media; *pg.* 467
Denson, Tad, President & New Business Director - Airwind Creative & Founder - Dogwood Productions - Dogwood Productions, Inc.; *pg.* 230
Dent, Amanda, Associate Creative Director & Copywriter - Archer Malmo; *pg.* 32
Denten, Matt, Executive Vice President & Creative Director - Arc Worldwide; *pg.* 327
Denterlein, Geri, Founder & Chief Executive Officer - Denterlein; *pg.* 596
Dentino, Karl, President - Dentino Marketing; *pg.* 281
Denton, Emily, Associate Director, Analytics - Hill Holliday; *pg.* 85
Denton, Nathan, Group Creative Director - Mirum Agency; *pg.* 251
Deo, Alexa, Coordinator, Account - Coyne Public Relations; *pg.* 593
Deoul Perl, Cara, Vice President & Creative Director - The Foundry @ Meredith Corp; *pg.* 150
Depiano, Jo, Office Manager - Roni Hicks & Associates, Inc.; *pg.* 644
Depinet, Jennifer, Senior Media Planner - GSD&M; *pg.* 79
Depp, Rob, Senior Vice President & Principal - FRCH Design Worldwide; *pg.* 184
Deputato, Rachel, Associate Media Director, Integrated Planning - MediaCom; *pg.* 487
Deranieri, Ian, Head, UX & Associate Director - Pennebaker, LMC; *pg.* 194
Derderian, Michelle, Executive Director, Client Engagement - VMLY&R; *pg.* 160
Derderian, Pam, Chief Executive Officer - 15 Minutes; *pg.* 301
Deremer, Gary, Plant Manager - Fry Communications, Inc; *pg.* 361
Derheim, Katie, Senior Producer, Content - Periscope; *pg.* 127
Deringer, Adam, Partner & General Manager - Nucleus Digital - Brownstein Group, Inc.; *pg.* 44
Derkey, Megan, Account Supervisor - Bellmont

779

PERSONNEL — AGENCIES

Partners Public Relations; *pg.* 582
Derksen, Todd, Director, Creative - Wunderman Thompson Seattle; *pg.* 435
Dernik, Jamie, Vice President, Group Account Director - Discovery USA; *pg.* 63
Derosier, Daniel, Co-Founder & Vice President, Business Development - Three Deep Marketing; *pg.* 678
Derreaux, Tom, Senior Vice President, Campaign Management & Media Monitoring - PlowShare Group, Inc.; *pg.* 128
Derrenbacher, Nathaniel, Account Executive - RBB Communications; *pg.* 641
Derrick, Dave, Associate Creative Director & Writer - Leo Burnett Worldwide; *pg.* 98
Derrick, Mike, Executive Vice President & Creative Director - Adcom Communications, Inc.; *pg.* 210
Derrigo, Joel, Account Director - Derse, Inc.; *pg.* 304
Derringer, Leigh Ann, Director, Communications Planning - RJW Media; *pg.* 507
Derrow, Ryan, Super Vice President, Media Innovation - Empower; *pg.* 354
Derthick, Brad, Partner & Director, Research - Sterling-Rice Group; *pg.* 413
Derusha, Jack, Senior Vice President & General Manager - The George P. Johnson Company; *pg.* 316
Dery, Francois, Co-President & Associate - Tequila Communication & Marketing, Inc.; *pg.* 418
Derzypolski, Tom, President - BowStern; *pg.* 336
DesMarais, Tiffany, Senior Account Director - Max Borges Agency; *pg.* 626
Desai, Chinar, Senior Vice President, Strategy & Innovation - Spark Foundry; *pg.* 510
Desai, Neal, Creative Director - Big Family Table; *pg.* 39
Desai, Nikita, Media Planner - Moxie; *pg.* 251
Desai, Sameer, Chief Operating Officer - OneMagnify; *pg.* 394
Desai, Swapna, Senior Vice President & Director, Business Strategy - Martin Williams Advertising; *pg.* 106
Desai, Tejaswita, Manager, Production Business Affairs - Anomaly; *pg.* 326
Desaraju, Subu, Executive Vice President, Performance Marketing - MRM//McCANN; *pg.* 252
Desautels, Audrey, Senior Buyer, Media Systems - Design - Media Experts; *pg.* 485
Deschamps, Annie, Account Director - NSA Media Group, Inc.; *pg.* 497
Deschamps, Dani, Director, Administrative Services - ZiP Communication; *pg.* 21
Deschner, John, Managing Director - CNX; *pg.* 51
Deshmukh, Archana, Senior Partner & Group Director - Wavemaker; *pg.* 526
Desimini, Angelo, Chief Executive Officer - Serino Coyne, Inc.; *pg.* 299
Desimone, Katie, Account Director - Barbarian; *pg.* 215
Desjardins, Josee, Account Director - Mediaplus Advertising; *pg.* 386
Desjardins, Martine, Chief Legal Officer & Executive Vice President, Content - NEWAD; *pg.* 554
Desjardins, Tony, Managing Director, Grey Midwest - Grey Midwest; *pg.* 366
Desmarais, Jason, Account Director - Deloitte Digital; *pg.* 225
Desmet, Brianna, Media Specialist - r2integrated; *pg.* 261
Desmond, Caroline, Director, Media Strategy - North; *pg.* 121
Desmond, John, Vice President & Account Supervisor - TCAA; *pg.* 147

Desmond, Marc, Associate Director, Business Analytics & Insights - Siegel & Gale; *pg.* 17
Desmond, Nancy, Vice President, Account Director - Gigante Vaz Partners; *pg.* 363
Desormiers, Alain, Chief Executive Officer - Touche!; *pg.* 520
Desouza, Peter, Senior Manager, Human Resources - R/GA; *pg.* 260
Desreumaux, Geoff, Partner & Head, Strategy - SuperHeroes New York; *pg.* 145
Desroches, Castro, Art Director - Droga5; *pg.* 64
Dessi, Joseph A., Managing Partner - IPNY; *pg.* 90
Desveaux, Gord, Executive Vice President & Director, Strategy - Anderson DDB Health & Lifestyle; *pg.* 31
Detchev, Colleen, Media Director - Upshot ; *pg.* 157
Deter, Olivia, Account Executive - Propac; *pg.* 682
Determann, Julie, Account Director - The Weinstein Organization, Inc.; *pg.* 425
Deters, Stephanie, Senior Manager, Hospitality & Events - MKTG INC; *pg.* 311
Dethloff, Clay, Senior Vice President, Insights & Innovation Group - Decision Analyst, Inc. ; *pg.* 539
Dettloff, Catherine, Vice President, Media - Marketing Architects; *pg.* 288
Dettman, Caroline, Chief Creative & Community Officer - Golin; *pg.* 609
Dettore, Dave, President, Western Division & Asia - Brand Institute, Inc.; *pg.* 3
Detwiler, Bryan, Client Director - AKQA ; *pg.* 212
Detwiler, Marshall, Account Director - Arcana Academy; *pg.* 32
Deutch, Liz, Managing Director, Client Services - OgilvyOne Worldwide; *pg.* 255
Deutchman, Jeff, Senior Vice President, Acquisition & Production - NeON; *pg.* 120
Deutsch, Adam, Managing Director - Deloitte Digital; *pg.* 225
Deutsch, Barry, Chief Sales Officer - Bensussen Deutsch & Associates; *pg.* 566
Deutsch, Donny, Chairman - Deutsch, Inc.; *pg.* 349
Deutsch, Idan, Associate Director, Product Marketing - Sprinklr; *pg.* 688
Deutsch, Jay, Chief Executive Officer & Co-Founder - Bensussen Deutsch & Associates; *pg.* 566
Deutsch, Ken, Head, Analytics & Research - JPA Health Communications; *pg.* 618
Deutser, Brad, President & Chief Executive Officer - Deutser; *pg.* 443
Devaney, Diane, Principal & President - Devaney & Associates; *pg.* 351
Devaney, Jill, Strategy Director - Starcom Worldwide; *pg.* 513
Deveney, John, President & Owner - Deveney Communications; *pg.* 596
Deveney, Shelly, Group Account Director & Director, Operations - Callahan Creek ; *pg.* 4
Devenny, Brian, Senior Account Supervisor - Zeno Group; *pg.* 665
Deveny, Kathy, Partner - Kekst & Company, Inc.; *pg.* 619
Dever, Victoria, Senior Account Director - Brightline; *pg.* 219
Deville, Renny, Vice President - Harris DeVille & Associates; *pg.* 612
Devincentis, Kelley, Senior Vice President - Southard Communications; *pg.* 648
Devincenzi, Mary, Partner - Big Sky Communications; *pg.* 583
Devine, Arelis, Senior Digital Marketing Manager - Wpromote; *pg.* 679
Devine, David, Chief Executive Officer -

Devine Communications; *pg.* 62
Devine, Jay, Partner & Chief Executive Officer - Devine + Partners; *pg.* 596
Devine, Jessica, Senior Manager, Strategy - Formative; *pg.* 235
Devine, Julia, Media Planner & Media Buyer - Brunner; *pg.* 44
Devine, Kenny, Account Executive - Padilla; *pg.* 635
Devine, Megan, Owner - d.trio Marketing Group; *pg.* 348
Devine, Michael, Account Executive - Wieden + Kennedy; *pg.* 430
Devine, Rich, Head, Digital - Empower; *pg.* 354
Devine, Tim, Vice President, Account Services - Devine Communications; *pg.* 62
Devitt, Cedric, Chief Creative Officer - Big Spaceship; *pg.* 455
Devlin, Carol, Vice President & Marketing Director - DG Studios; *pg.* 179
Devlin, James, Head, Data Strategy - Essence; *pg.* 232
Devlin, Matt, Managing Director, Communications Planning - PHD Canada; *pg.* 504
Devlin, Mike, Executive Vice President & Group Creative Director - FCB Health; *pg.* 72
Devlin, Stewart, Executive Creative Director - Sid Lee; *pg.* 141
Devlin, Virginia, Chief Executive Officer - Current ; *pg.* 594
Devor, Rachel, Strategist, Social Media - Madwell; *pg.* 13
Devries, Diane, Senior Vice President & Media Buying Director - Cossette Media; *pg.* 345
Devron, Jane, Co-Founder & Executive Vice President - Reputation Partners; *pg.* 642
Dewar, Sharon, Senior Vice President - Public Communications, Inc. ; *pg.* 639
Dewitte, Lindsay, Senior Vice President & Account Director - Crossroads; *pg.* 594
Dewosky, Derek, Business Development Manager - Wavemaker; *pg.* 526
Dey, Joydeep, Chief Strategy Officer - Marina Maher Communications; *pg.* 625
Deyo, Charles, Chief Executive Officer & Founder - Cendyn; *pg.* 220
Deyo, Robin, Enterprise Business Officer - Cendyn; *pg.* 220
Deyo Zacharias, Robyn, President & Chief Executive Officer - Yebo; *pg.* 164
Dezen, Jeff, President - Jeff Dezen Public Relations; *pg.* 617
Dezendorf, Erik, Account Director - T3; *pg.* 268
Dezenhall, Eric, Co-Founder & Chief Executive Officer - Dezenhall Resources; *pg.* 597
Dezenski, Lauren, Associate Director, Strategy - Universal McCann Detroit; *pg.* 524
Dezzutti, Nicole, Senior Brand Manager - HAYMAKER; *pg.* 83
Dhar, Ashwani, Chief Executive Officer - Adlucent; *pg.* 671
Dheiman, Vishal, Vice President & Head, Innovation - BBDO Worldwide; *pg.* 331
Dhiman, Tarun, Junior Art Director - Rogers & Cowan/PMK*BNC; *pg.* 643
Dhuey, Samuel, Client Success Manager - Kenshoo; *pg.* 244
Di Biagio, Bryan, Brand Director - Innocean USA; *pg.* 479
Di Carlo, Betsy, President - Ten; *pg.* 269
Di Cerbo, Tom, Managing Partner - Snippies, Inc.; *pg.* 450
Di Girolamo, Michael, Founder & Managing Director - Hey Wonderful; *pg.* 562
Di Giulio, Caroline, Associate Creative Director - The Woo Agency; *pg.* 425
Di Maggio, Dave, President & Chief Executive Officer - Aqua Marketing & Communications;

AGENCIES   PERSONNEL

pg. 326
Di Paola, Matt, Managing Director - Huge, Inc.; *pg.* 240
DiAngelo, Tracy, Vice President, Client Services - Marketing Alternatives, Inc.; *pg.* 383
DiBella, Lisa, Controller - Viewpoint Creative; *pg.* 159
DiBella, RJ, Vice President & Director, Media - Digitas; *pg.* 228
DiBello, Martin, Director, Operations & Analytics - FabCom; *pg.* 357
DiBenedetto, Joe, Managing Director - Lambert Edwards & Associates Inc. ; *pg.* 621
DiCamillo, Dave, Partner, Operations - Code and Theory; *pg.* 221
DiCamillo, Kristen, Executive Producer - Hush Studios, Inc.; *pg.* 186
DiCampli, Paul, Creative Director - OneMagnify; *pg.* 123
DiCaprio, Michael, Director, Communications Planning - Butler / Till; *pg.* 457
DiCicco, Elisabeth, Vice President & Director, Resource Management & Recruiting - Digitas Health LifeBrands; *pg.* 229
DiCicco, Jenna, Senior Brand Strategist - GYK Antler; *pg.* 368
DiCicco, Stephanie, Associate Media Director - Havas Media Group; *pg.* 470
DiCienzo, Ken, Senior Account Executive - Greenough Communications; *pg.* 610
DiCredico, Lea, Media Account Lead - Lewis Media Partners; *pg.* 482
DiCuollo, John, Senior Public Relations Account Manager - Backbone Media; *pg.* 579
DiDonato, Susan, Chief Talent Officer - Ogilvy CommonHealth Worldwide; *pg.* 122
DiFazio, GiGi, Production Manager - Ronin Advertising Group, LLC; *pg.* 134
DiFebo, Val, Chief Executive Officer - Deutsch, Inc.; *pg.* 349
DiFeo, Brian, Senior Director, Influencer Strategy - MWWPR; *pg.* 631
DiFiore, Alaina, Vice President, Strategy Director - Macy's - Spark Foundry; *pg.* 508
DiFrangia, Jim, Account Executive - Stevens Strategic Communications, Inc.; *pg.* 413
DiFurio, Dana, Account Supervisor - Mastermind Marketing; *pg.* 248
DiGennaro, Samantha, Founder & Chief Executive Officer - DiGennaro Communications; *pg.* 597
DiGeorge, Arnie, Executive Creative Director - R&R Partners; *pg.* 131
DiGioia, Frank, Owner, President & Chief Executive Officer - Fort Group, Inc.; *pg.* 359
DiGiovanni, Joseph, Media Planner Supervisor - Zenith Media; *pg.* 531
DiGiovanni, Robert, Chief Operating Officer - PHD USA; *pg.* 505
DiGiuseppe, Daniel, Vice President & Group Partner, Integrated Planning - Universal McCann; *pg.* 521
DiGuido, Al, President & Chief Revenue Officer - North 6th Agency; *pg.* 633
DiIorio, Kristina, Senior Associate, Integrated Investment - Universal McCann; *pg.* 521
DiLecce, Charlotte, Account Director - Publicis Toronto; *pg.* 639
DiLeonardo, Joseph, Chief Executive Officer - DSC Advertising; *pg.* 66
DiLeone, Steven, Associate Director, Digital Investment - Zenith Media; *pg.* 529
DiLorenzo, Dot, Executive Vice President, Strategy & Research - USIM; *pg.* 525
DiLorenzo, Kevin, President & Chief Executive Officer - Rise and Shine and Partners; *pg.* 134
DiLuigi, Mark, Executive Vice President,

Operations - Pinnacle Health Communications, LLC; *pg.* 128
DiMaggio, Vincenzo, Chief Accounting Officer & Senior Vice President - MDC Partners, Inc.; *pg.* 385
DiMaggio Coyle, Nina, Associate Director - Allstate & Esurance - Starcom Worldwide; *pg.* 513
DiMarco, Lisa, Chief Operating Officer - Media Experts; *pg.* 485
DiMarco, Stephen, Chief Digital Officer - WPP Kantar Media; *pg.* 451
DiMarco, Thalia, Director, Media Investment - ID Media; *pg.* 477
DiMarco Hayden, Kristen, Senior National Account Director - Zoom Media; *pg.* 559
DiMartino, Andrew, Vice President & Group Account Director - Saatchi & Saatchi ; *pg.* 136
DiMartino, Cheryl, Executive Vice President & Managing Director - Publicis OneTeam - Publicis North America; *pg.* 399
DiMartino, Jessica, Vice President, Marketing - Rasky Baerlein Strategic Communications, Inc.; *pg.* 641
DiMassimo, Mark, Chief Executive Officer & Chief Strategy Officer - DiMassimo Goldstein; *pg.* 351
DiMatteo, Eric, Executive Producer - TVGla; *pg.* 273
DiMatteo, Frank, Regional Accounts Director - MAN Marketing; *pg.* 103
DiMeglio, Joe, Executive Vice President & Lead, Ford North America Business - BBDO Worldwide; *pg.* 331
DiMilia, Stephanie, Vice President & Global Account Director - Grey Group; *pg.* 365
DiMuro, Joe, Chief Growth Officer - Big Block; *pg.* 217
DiNapoli, Anne, Senior Vice President & Group Media Director - 22squared Inc.; *pg.* 319
DiNaro, Joy, Senior Director, Public Relations & Social Media - Amendola Communications; *pg.* 577
DiNorcia, Cara, General Manager - West Coast - Elephant; *pg.* 181
DiNucci, Darcy, Vice President, User Experience Design - Ammunition, LLC; *pg.* 172
DiPaula, Anthony, Vice President & Creative Director - ROKKAN, LLC; *pg.* 264
DiPeri, Mick, Vice President & Director, National Video Activation - Carat; *pg.* 459
DiPietro, Mark, Vice President & Creative Director - Gatesman; *pg.* 361
DiPietro, Robert, Account Executive - SPD&G; *pg.* 411
DiPisa, Christin, Media Director - PGR Media; *pg.* 504
DiPreta, Amanda, Art Director - Catalyst Marketing Communications; *pg.* 340
DiPrinzio, Samantha, Associate Director, Digital - Horizon Media, Inc.; *pg.* 474
DiRado, Steve, Client Business Lead - PHD USA; *pg.* 505
DiRenzo Graves, Donna, Co-Founder, President & Chief Executive Officer - NCompass International; *pg.* 390
DiRienz, David, Group Creative Director, Copy - mcgarrybowen; *pg.* 109
DiSarno, Marisa, Digital Marketing Coordinator - Digital Authority Partners; *pg.* 225
DiStasi, Donna, Account Coordinator - JL Media, Inc.; *pg.* 481
DiStefano, Vinny, Graphic Designer - Route 1A Advertising; *pg.* 134
DiTomasso, Sam, Associate Media Director - Harmelin Media; *pg.* 467
DiTommaso, Dustin, Senior Vice President, Behavior Change Design - Mad*Pow; *pg.* 247

DiUbaldi, Lianne, Senior Vice President - Porter Novelli; *pg.* 637
Diaddezio, Marco, Copywriter - Walrus; *pg.* 161
Diallo, Mohammed, Associate, Programmatic & Integrated Investment - Universal McCann; *pg.* 521
Diamond, Adrianne, Account Manager - DAC Group; *pg.* 223
Diamond, Beth, Managing Partner - National Public Relations; *pg.* 631
Diamond, Harris, Chairman & Chief Executive Officer - McCann Worldgroup; *pg.* 109
Diamond, Hayley, Executive Vice President, Digital Investment & Partnerships - Spark Foundry; *pg.* 508
Diamond, Howard, Chief Strategy Officer - Rise Interactive; *pg.* 264
Diamond, Justin, Programming Operations Manager - Intersport; *pg.* 308
Diamond, Mallory, Director, Business Development - partners + napier; *pg.* 125
Diamond, Matthew, Executive Vice President - Mosaic North America; *pg.* 312
Diamond, Steve, Chief Creative Officer - Rain; *pg.* 402
Diamond, Stuart, Chief Financial Officer - North America - GroupM; *pg.* 466
Diamond, Tyler, Manager, Analytics - Business Intelligence - HealixGlobal; *pg.* 471
Diana, Caroline, Negotiator, Digital Partnerships - Initiative; *pg.* 477
Diana, Salvatore, Executive Vice President & Director, Creative - FCB Health; *pg.* 72
Diard, Leslie, Media Director - Duncan Channon; *pg.* 66
Dias, Nadalie, Senior Director, Digital Activation - Hearts & Science; *pg.* 471
Diaz, Abe, Vice President & Media Director - RPA; *pg.* 134
Diaz, Abigail, Integrated Communications Designer - Initiative; *pg.* 478
Diaz, Alina, Chief Strategy Officer - MSLGroup; *pg.* 629
Diaz, Anthony, Director, Platform Operations - Hearts & Science; *pg.* 471
Diaz, Cecilia, Director, Strategy - Droga5; *pg.* 64
Diaz, Charlotte, Vice President, Strategy - Critical Mass, Inc.; *pg.* 223
Diaz, Elizabeth, Vice President - Armanasco Public Relations & Marketing; *pg.* 578
Diaz, Emilia, Manager, Talent - mcgarrybowen; *pg.* 109
Diaz, Fabian, Senior Partner, Innovation - Lippincott; *pg.* 189
Diaz, Federico, Associate Creative Director - the community; *pg.* 545
Diaz, Fernando, Group Director, Media & Connections - The Integer Group; *pg.* 682
Diaz, Gloryanna, Senior Associate, Digital Investment - Wavemaker; *pg.* 526
Diaz, Jarod, Senior Media Planner - Baldwin&; *pg.* 35
Diaz, Lorena, Manager, Communications Design - Initiative; *pg.* 477
Diaz, Lynda, Event Services Manager - ASV Inc.; *pg.* 302
Diaz, Randy, Art Director - Wieden + Kennedy; *pg.* 432
Diaz, Ricardo, Partner & Executive Director, Digital - Omelet; *pg.* 122
Diaz, Sofia, Assistant Strategist - OMD; *pg.* 498
Diaz de Leon, Michael, Brand Media & Paid Social Media - The Richards Group, Inc.; *pg.* 422
Diaz de Villegas, Jorge, General Manager - FleishmanHillard; *pg.* 605
Dibenedetto, Nichole, Co-Founder - D&D PR;

781

PERSONNEL   AGENCIES

pg. 594
Dibona, Brendan, Executive Creative Director - AKQA ; pg. 212
Dibos, Ivan, Managing Director - HGLatam - Hispanic Group ; pg. 371
Dicaire, Vanessa, Director, Consulting, Branding & Design - LG2; pg. 380
Dice, Cary, Regional Marketing Manager - Moroch Partners; pg. 389
Dicesare, Gillian, Vice President - Overcat Communications; pg. 634
Dick, Brad, Associate Director, Paid Social Investment - Haworth Marketing & Media; pg. 470
Dick, Ian, Senior Account Manager - IMG LIVE; pg. 308
Dick, Jason, Vice President, Project Management - BBDO Canada; pg. 330
Dick, Roberta, Vice President, Production - Dovetail Communications, Inc.; pg. 464
Dick, Sophie, Strategy Director - AKQA; pg. 212
Dickard, Julie, Senior Client Partner - Publicis.Sapient; pg. 259
Dickens, Rob, Global Strategy Director - MediaCom; pg. 487
Dickensheets, Caty, Director of Media Strategy - InkHouse Public Relations; pg. 616
Dickerson, Quinton, Partner - Frontier Strategies, Inc.; pg. 465
Dickerson Stewart, Ronnie, Senior Vice President, Career Advancement & Inclusion - Digitas; pg. 227
Dickert, Trey, Media Director - Media Two Interactive; pg. 486
Dickey, Alice, Director, Account Management - Amobee, Inc.; pg. 213
Dickey, Mary, Writer & Specialist, Media - Caryl Communications, Inc.; pg. 589
Dickhaus, Duane, Creative Director - Scales Advertising; pg. 138
Dickinson, Amy Lynne, Senior Accountant - Right Place Media; pg. 507
Dickinson, Arlene, Chief Executive Officer - Venture Communications, Ltd.; pg. 158
Dickinson, Danielle, Senior Director, Event - The Castle Group, Inc.; pg. 652
Dickson, Andi, Co-Founder - SixSpeed; pg. 198
Dickson, Brittany, Manager, Media Partnerships - RhythmOne; pg. 263
Dickson, Devon, Senior Strategist - TBWA \ Chiat \ Day; pg. 146
Dickson, Elaine, Associate Social Strategist - Huge, Inc.; pg. 240
Dickson, Glen, Vice President, Strategy - Zenith Media; pg. 531
Dickson, Jennifer, Associate Director, Project Management - VSA Partners, Inc. ; pg. 204
Dickson, Ross, Director, Information Technology - Digital Kitchen; pg. 225
Dickstein, Beth, President & Chief Executive officer - BDE; pg. 685
Dickter, Len, Co-Creative Director & Brand Strategist - Sagon - Phior; pg. 409
Diddell, Ashley, Account Supervisor - Droga5; pg. 64
Didwall, Paul, Account Coordinator, Social Media Marketing - MGH Advertising ; pg. 387
Diebel, Jessa, Digital Strategist - Preston Kelly; pg. 129
Diebel, Scott, Senior Account Manager, Paid Media - BFO; pg. 217
Diebold, Marc, Chairman - dgs Marketing Engineers; pg. 351
Diedrick, Brian, Director, Digital Marketing - Wingman Media; pg. 529
Diegnan, Shama, Director, Account & Digital Service Engagement - Accenture Interactive; pg. 209

Diehl, Amy, Senior Social Media Strategist - Zambezi; pg. 165
Diehl, Berna, Senior Vice President, Media Relations - JPA Health Communications; pg. 618
Diehl, Jen, Account Supervisor - Gregory FCA Communications, Inc.; pg. 611
Diehlman, Steve, Account Director - Stratacomm, Inc.; pg. 650
Diekman, Liz, Senior Vice President & Group Brand Director - The Buntin Group; pg. 148
Diem, Chris, Digital Media Manager - Visibility and Conversions; pg. 159
Dienstag, Jesse, Executive Director & Head, Planning - Golin; pg. 609
Diep, Tina, Executive Producer - Johannes Leonardo; pg. 92
Dierbeck, Bruce, Social Media Director - GMR Marketing; pg. 306
Dierk, Dave, President - Pinnacle Health Communications, LLC; pg. 128
Dierwa, Kristin, Supervisor, Video Investment - Spark Foundry; pg. 510
Dieste, Tony, Chairman - Dieste; pg. 539
Dieter, Cameron, Manager, Application Service - Adpearance; pg. 671
Dieter, Eric, Chief Operating Officer - Movement Strategy; pg. 687
Dietrich, Cobey, Executive Vice President, Verbal & Visual Communications - A. Bright Idea!; pg. 25
Dietrich, Jon, Group Creative Director - Wunderman Thompson Seattle; pg. 435
Dietz, Courtney, Director, Client Services - Merrick Towle Communications; pg. 114
Dietz, John, Global Brand Strategy Director - Red Fuse Communications; pg. 404
Dietz, Kayla, Media Planner - The Richards Group, Inc.; pg. 422
Dietz, Kelley, Account Supervisor - BVK; pg. 339
Dietz, Michelle, Senior Director, Broadcast - Empower; pg. 354
Dietz, Ryan, Associate Director, Advanced Analytics & Insights - Starcom Worldwide; pg. 513
Dietz, Sara, Account Director - StringCan Interactive; pg. 267
Dietzen, Jimmy, Creative Director - Havas Worldwide Chicago; pg. 82
Diffenbach, Julie, Senior Vice President & Director, Media - Digitas; pg. 226
Difoglio, Joe, Vice President & Group Director - Carat; pg. 459
Diggens, Grace, Technical Producer - Fake Love; pg. 183
Diggins, Brent, Partner & Managing Director,Measurement & Analytics - Allison+Partners; pg. 577
Diggins, Brent, Partner & Managing Director, Measurement & Analytics - Allison+Partners; pg. 577
Diggins, Martha, Account Director - 360i, LLC; pg. 208
Digilio, Kate, Associate Creative Director - Swift; pg. 145
Digles, John, General Manager & Executive Vice President - MWWPR; pg. 631
Digman, Rachel, Controller - Smith & Jones; pg. 143
Diiulio, Shane, Creative Director - JUMBOshrimp Advertising; pg. 93
Diles, Elizabeth, Associate Media Director - Kiosk Creative LLC; pg. 378
Dileso, Desiree, Media Director - PGR Media; pg. 504
Dilks, Caitlin, Digital Media Supervisor - Deutsch, Inc.; pg. 349
Dillard, Kitty, Head, Production - Buck; pg. 176

Dillard, Myndi, Vice President, Client Services - J. Schmid & Associates; pg. 286
Dille, Jason, Executive Vice President, Media - Chemistry Communications Inc.; pg. 50
Dille, Melinda, Media Director - Cawood; pg. 340
Dilliner, Kaulana, Public Relations Account Specialist - Rebellious PR; pg. 641
Dillon, Ashley, Marketing Director - SFW Agency; pg. 16
Dillon, Claire, Media Supervisor - Moxie; pg. 251
Dillon, Jenny, Brand Manager - The Richards Group, Inc.; pg. 422
Dillon, John, Controller - Lee Tilford Agency; pg. 97
Dillon, Kathryn, Executive Vice President - West Region - Spark Foundry; pg. 512
Dillon, Laura, Group Director, Account - OMD; pg. 500
Dillon, Maxine, Director, Video Activation - Spark Foundry; pg. 508
Dillon, Michael, Chief Executive Officer & Creative Director - McDill Design; pg. 190
Dillon, Sue, Director, Public Relations - Woodruff; pg. 163
Dillon Suda, Alanna, Vice President - MWWPR; pg. 630
Dillow, Jesse, Director, Creative & Junior Partner - Camp + King; pg. 46
Dillow, Emily, Director, Brand & Junior Partner - Camp + King; pg. 46
Diluciano, Aurelio, Vice President, Strategy & Business Development - Kantar Millward Brown; pg. 446
Dimarino, Danielle, Account Director - Digitas; pg. 226
Dimemmo, Melissa, Chief Executive Officer - U.S - FullSIX Media; pg. 465
Dimen, Rob, Coordinator, Media Account - Publicis.Sapient; pg. 258
Dimes, Corianda, Associate Director, Strategy - TBWA \ Chiat \ Day; pg. 146
Dimesa, Minnie, Executive Vice President, Advanced Media & Marketing - Icon Media Direct; pg. 476
Dimitri, Brendan, Associate Director - Hearts & Science; pg. 471
Dimiziani, Alexandra, Co-Founder & Global Managing Partner - Twenty-First Century Brand; pg. 157
Dimmer, Matt, Director, Creative - mcgarrybowen; pg. 109
Dimond, Sue, Senior Vice President & Chief Financial Officer - Jordan Advertising; pg. 377
Dinccetin, Haldun , Vice President - Travel & Lifestyle Practice - Turkish Airlines - Finn Partners; pg. 603
Dindial, Krystle, Senior Associate - Wavemaker; pg. 526
Dindiyal, Raysha, Communications Strategy Supervisor - Blue 449; pg. 455
Dineen, Kyle, Director, Social Media - Cashmere Agency; pg. 48
Ding, Jessie, Associate Brand Group Director - Horizon Media, Inc.; pg. 474
Ding, Susanna, Account Director - FF Creative; pg. 234
Dingle, Spencer, Associate Creative Director - Cossette Media; pg. 345
Dingman, Jennifer, Senior Vice President, Integrated Media - Current ; pg. 594
Dingman, Mark, Digital Creative Director - Millennium Integrated Marketing; pg. 387
Dinino, Gregg, Director, Public Relations - partners + napier; pg. 125
Dinizo Newman, Kathryn, Associate Director, Programmatic - 360i, LLC; pg. 320
Dinkel, Brandon, Digital Analyst - blr

782

AGENCIES — PERSONNEL

further; *pg.* 334
Dinkel, Joel, Creative Director - Mythic; *pg.* 119
Dino, Carrie, Media Director - Mekanism; *pg.* 113
Dino, Patricia, Management Supervisor - RPA; *pg.* 134
Dino, Jeanette, Senior Research Manager -Travel & Leisure Division - Phoenix Marketing International; *pg.* 448
Dinor, Monique, Vice President, Media - Lippe Taylor; *pg.* 623
Dinovo, Phil, Manager, Enterprise Solutions - Adpearance; *pg.* 671
Dinsdale, Andrew, Managing Director, Digital Strategy - Deloitte Digital; *pg.* 225
Dinsmoor, Miles, Chief Operating Officer - ModOp; *pg.* 251
Dio, Dante, Paid Social Media Manager - Aletheia Marketing & Media; *pg.* 454
Dion, Bob, Partner - Davis Harrison Dion Advertising; *pg.* 348
Dion, Mark, Partner - Revolution Agency; *pg.* 133
Dion, Nicolas, Partner & Creative Director - LG2; *pg.* 380
Dionne, Nick, Vice President - Advance 360; *pg.* 211
Dionne, Robyn, Director, Operations & Human Resources - Ethos Marketing & Design; *pg.* 182
Diorio, Nichole, Business Operations Engineer - OpenMind; *pg.* 503
Dipersio, Carlo, President - Viewpoint Creative; *pg.* 159
Diquez, Andrea, Chief Executive Officer - Saatchi & Saatchi ; *pg.* 136
Dira, Jennifer, Account Supervisor - Lewis Communications ; *pg.* 100
Dircks, Dave, Chief Executive Officer - Dircks Associates; *pg.* 180
Dircks, Rob, President & Creative Director - Dircks Associates; *pg.* 180
Director, Geoffrey, Group Director, Strategy - Manifest; *pg.* 248
Dirks, Taylor, Media Manager - Pacific Communications; *pg.* 124
Dirksen, Lois, President & Brand Strategist - Level; *pg.* 99
Dirstein, Richard, Executive Vice President, Creative & Innovation - Shikatani Lacroix Brandesign, Inc.; *pg.* 198
Disalvo, Nan, Executive Vice President - RS & K; *pg.* 408
Disbennett, Scott, Principal & Creative - Shok Idea Group, Inc; *pg.* 17
Discher, Wendy, Finance & Accounting Manager - Product Creation Studio; *pg.* 563
Dischinger, Michael, Vice President & Group Brand Director - Wienerschnitzel - Innocean USA; *pg.* 479
Disend, Jonah, Founder & Chairman - Redscout; *pg.* 16
Disend, Molly, Manager, Project Management - Digitas; *pg.* 229
Disick, Rick, Chief Financial Officer - Big Spaceship; *pg.* 455
Disilvestro, Lou, Chief Financial Officer & Executive Vice President - Burrell Communications Group, Inc. ; *pg.* 45
Dithmer Rogers, Jill, Principal & Co-Founder - Proxy Sponsorship; *pg.* 314
Ditner, Chris, Senior Vice President, Marketing - Ketchum South; *pg.* 620
Ditson, Melissa, Chief Creative Officer - MRM//McCANN; *pg.* 118
Ditta, Mary, Vice President & Creative Director - OKD Marketing Group; *pg.* 394
Ditter, Jeannie, Senior Account Manager - Decca Design; *pg.* 349
Dittoe, Chris, Co-Founder, Owner & President - Dittoe Public Relations; *pg.* 597
Dittoe, Liza, Co-Founder & Founding Principal - Dittoe Public Relations; *pg.* 597
Dittrich, Katrina, Manager, Client Strategy - Conversant, LLC; *pg.* 222
Ditty, Jennifer, Head, Traditional & Media Buyer - The Summit Group; *pg.* 153
Ditzhazy, Donn, Managing Partner & Executive Creative Director - RMD Advertising ; *pg.* 643
Ditzian, Eric, Chief Strategy Officer, Co-Founder - Anchor Worldwide; *pg.* 31
Diveley, Dan, Vice President, Business Development - Geile/Leon Marketing Communications; *pg.* 362
Dixon, Amanda, Paid Social Media Specialist - The Richards Group, Inc.; *pg.* 422
Dixon, Ana, Chief Financial Officer - Argonaut, Inc.; *pg.* 33
Dixon, Brian, Senior Art Director - Archer Malmo; *pg.* 32
Dixon, Bruce, Chief Technology Officer & Vice President - EFX Media; *pg.* 562
Dixon, Caroline, Account Supervisor - Union; *pg.* 273
Dixon, De'Leon, Performance Analyst - MRM//McCANN; *pg.* 252
Dixon, Diana, Account Supervisor - KeyBank - MSLGroup; *pg.* 629
Dixon, Don, Chief Operating Officer - JacobsEye; *pg.* 243
Dixon, Jeffrey, Vice President & Group Director, Regional Strategy - Canvas Worldwide; *pg.* 458
Dixon, Jennifer, Associate Director - Starcom Worldwide; *pg.* 513
Dixon, Jordan, Managing Partner, Strategic Workflow - Dixon Schwabl Advertising; *pg.* 351
Dixon, Karrelle, Managing Director - Wieden + Kennedy; *pg.* 430
Dixon, Lauren, Chief Executive Officer - Dixon Schwabl Advertising; *pg.* 351
Dixon, Mark, Chief Product Officer - NinthDecimal; *pg.* 534
Dixon, Peter, Senior Partner & Chief Creative Officer - Prophet; *pg.* 15
Dixon, Simon, Chief Executive Officer & Co-Founder - Idea Engineering, Inc.; *pg.* 88
Dixson, Taylor, Owner - Atomicdust; *pg.* 214
Djanikian, Jacqueline, Supervisor, Broadcast Business Affairs - BBDO San Francisco; *pg.* 330
Djigo, Aita, Associate Director, Out-of-Home - Horizon Media, Inc.; *pg.* 474
Djogo, Bo, Executive Producer, Experiential - Droga5; *pg.* 64
Djuanda, Susana, Partner - Media & Account Executive - J. Brenlin Design, Inc. ; *pg.* 188
Djuric, Dejan, Director, Design - Leo Burnett Toronto; *pg.* 97
Dmytriw, Gordon , Chief Strategy Officer - Think Shift, Inc.; *pg.* 270
Do, Amy, Director, Social Media - Barkley; *pg.* 329
Do, Chris, Chief Executive Officer - Blind; *pg.* 175
Do, Peter, Business Development Manager - Healthcare Success; *pg.* 83
Do, Tiffany, Media Manager - VMLY&R; *pg.* 160
Doaga, Raluca, Account Director - Sublime Communications; *pg.* 415
Doak, Bill, Partner - Kirvin Doak Communications; *pg.* 620
Doak, Eva, Account Supervisor - WongDoody; *pg.* 433
Doan, Anna, Executive Client Partner - Vertic; *pg.* 274
Doan, David, Senior Vice President, Partner Solutions - Adrenaline, Inc.; *pg.* 172
Doan, Tino, Director, Commerce Strategy - Zehner; *pg.* 277
Doane, Taylor, Senior Media Planner - 22squared Inc.; *pg.* 319
Dobarro, Karina, Vice President & Managing Director, Multicultural & International Brand Strategy - Horizon Media, Inc.; *pg.* 474
Dobbins, Ashley, Associate Director, Content - Spark Foundry; *pg.* 510
Dobbins, Jillian, Associate Digital Producer - TBWA/Media Arts Lab; *pg.* 147
Dobbins, Molly, Group Vice President, Technology - Ruder Finn, Inc.; *pg.* 645
Dobbs, Hannah, Junior Director, Art - GSD&M; *pg.* 79
Dobbs, Justin, Vice President & Group Creative Director - Archer Malmo; *pg.* 32
Dobbs, Matthew, Creative Director, Human Experience - MOD Worldwide; *pg.* 192
Dobbs, Michael, Senior Vice President, Content Discovery - 360i, LLC; *pg.* 207
Dobell, Ken, Chairman - British Columbia - Hill+Knowlton Strategies Canada; *pg.* 613
Dobell, Michael, Partner - Jam3; *pg.* 243
Dobies, Mike, Partner & Creative Director - DKY Integrated Marketing Communications; *pg.* 352
Doble, Mike, Owner - AppNet; *pg.* 173
Dobratz, Niki, Chief Marketing Officer - Fallon Worldwide; *pg.* 70
Dobrinski, Amy, Media Buying Supervisor - Proof Advertising; *pg.* 398
Dobson, Iain, President - Automotive Events; *pg.* 328
Dobson, Jay, Vice President & Director, Finance - Havas Edge; *pg.* 284
Dobson, John, Director, Brand - Barkley; *pg.* 329
Dobson, Katherine, Senior Media Planner - Mediahub Boston; *pg.* 489
Dobson, Michael, Vice President, Social Media Strategy & Marketplace - Horizon Media, Inc.; *pg.* 474
Dobson-Smith, Dan, Chief Learning & Culture Officer - Essence; *pg.* 232
Dobson-Smith, Daniel, Chief Culture Officer & Chief Learning Officer - Essence; *pg.* 232
Dochtermann, Erik, Founder & Chief Executive Officer - MODCoGroup; *pg.* 116
Dock, Jama, Public Relations Director - Wilson Creative Group, Inc.; *pg.* 162
Dockins, Neely, Vice President - Edelman; *pg.* 600
Doctrow, Steve, Executive Vice President, Partnerships - Rogers & Cowan/PMK*BNC; *pg.* 643
Dod, Ronald, Co-Founder & Chief Marketing Officer - Visiture; *pg.* 678
Dodd, Dustin, Art Director - The Martin Agency; *pg.* 421
Dodds, Anne, Media Brandthropologist - Brandthropology Inc.; *pg.* 4
Dodds, Matthew, Chief Brandthropologist - Brandthropology Inc.; *pg.* 4
Dodge, Alex, Account Director - Network Affiliates, Inc.; *pg.* 391
Dodge, Caitlin, Chief Operating Officer - Argus Communications; *pg.* 537
Dodge, Caroline, Vice President, Programmatic - Zenith Media; *pg.* 531
Dodge, Elissa, Executive Vice President - Qorvis Communications, LLC; *pg.* 640
Dodge, Shondra, Associate Brand Group Director - Horizon Media, Inc.; *pg.* 473
Dodge, Tim, Chief Executive Officer - Hanson Dodge, Inc.; *pg.* 185
Dodson, Jeannine, General Manager - Adams Outdoor Advertising; *pg.* 549
Dodson, Jordan, Senior Copywriter - Droga5; *pg.* 64
Dodson, Mike, Chief Executive Officer - Fishbowl; *pg.* 234

PERSONNEL   AGENCIES

Dodson Jr., Daniel, Chief Executive Officer - Mastermind Marketing; pg. 248
Dody, Evan, Executive Creative Director - Huge, Inc.; pg. 239
Doeden, Brian, Creative Director - The Zimmerman Group; pg. 426
Doejo, Margot, Director, Channel Marketing - MarketLogic; pg. 383
Doerflein, Lydia, Vice President & Managing Director, Local Radio - Horizon Media, Inc.; pg. 474
Doerfler, Kristofer, Planning Supervisor - Carat; pg. 459
Doerig, Andreas, Vice President & Account Director - Saatchi & Saatchi Canada; pg. 136
Doering, Matthew, President & Senior Partner - Global Gateway Advisors, LLC; pg. 608
Doernemann, Daniel, Executive Creative Director - loyalkaspar; pg. 12
Doerr, Randolph, Assistant Strategist, Digital Activation - Hearts & Science; pg. 471
Doerrbecker, Elena, Partner, Portfolio Management - Universal McCann; pg. 521
Doessel, Ben, Senior Copywriter - Leo Burnett Worldwide; pg. 98
Doessel, John, Senior Copywriter - Cramer-Krasselt; pg. 53
Doftert, Jonah, Account Director - Simple Truth; pg. 198
Doggendorf, Ryan, Creative Director - HughesLeahyKarlovic; pg. 372
Doggett, George, President - Doggett Advertising, Inc.; pg. 63
Doggett, Jaclyne, Senior Media Planner - DWA Media; pg. 464
Doggett, Jeff, Vice President & Creative Director - Doggett Advertising, Inc.; pg. 63
Doggett, Liesle, Media Buyer/Planner - Drake Cooper; pg. 64
Dohaney, Kate, Senior Vice President, Strategic & Creative Operations - The&Partnership; pg. 426
Dohearty, Kathleen, President - Branigan Communications; pg. 586
Doherty, Bethany, Vice President, Brand Group Director - Disney Channel, Disney XD, Disney Junior, ABC News - Horizon Media, Inc.; pg. 473
Doherty, James, Associate Media Director - OMD; pg. 498
Doherty, Lindsey, Social & Programmatic Manager - Starcom Worldwide; pg. 513
Doherty, Louise, Senior Vice President & Head, Integrated Production - BBDO San Francisco; pg. 330
Doherty, Megan, Director, Print Partnerships - Initiative; pg. 477
Doherty, Stephanie, Vice President - Cone, Inc.; pg. 6
Doherty, Steven, Chief Operating Officer & Chief Financial Officer - Connelly Partners; pg. 344
Doherty, Thomas, Partner - Mercury Public Affairs; pg. 627
Dohogne, Maeve, Creative Director - HughesLeahyKarlovic; pg. 372
Dohrenwend, Chuck, Managing Director & Head, Operations - Abernathy MacGregor Group; pg. 574
Dohrmann, John, Director, CRM - Team One; pg. 417
Dolak, David, Partner & Chief Creative Officer - Phoenix Creative; pg. 128
Dolan, Amy, Senior Vice President, Human Resource - Eyeview Digital, Inc.; pg. 233
Dolan, Bobby, Account Executive - Clear Channel Outdoor; pg. 550
Dolan, Jennifer, Account Director - Crossmedia; pg. 463

Dolan, Kelly, Associate Director, Corporate Training - Cooper; pg. 222
Dolan, Kristen, Vice President, Paid Social - Zenith Media; pg. 529
Dolan, Michael, Account Director, Innovative Technologies - AMP Agency; pg. 297
Dolan, Patrick, President & Chief Operating Officer - Interactive Advertising Bureau; pg. 90
Dolan, Paul, Chief Executive Officer - Varick Media Management; pg. 274
Dolan, Piper, Co-Head, Strategy - Ogilvy; pg. 393
Dolan, Steve, Creative Director & Writer - Made Movement; pg. 103
Dolan, Timothy, Managing Partner - ICR; pg. 615
Dolar, Charles, Assistant Media Planner - DNA Seattle; pg. 180
Dolbear, Lisa, Director, Account Planner - Insight - Mower; pg. 118
Dolce, Alana, Integrated Media Supervisor - MediaCom; pg. 487
Dolce, Len, Group Chief Financial Officer, Communications & Media - Digitas Health LifeBrands; pg. 229
Dold, Emily, Vice President & Director, Media - Hoffman York; pg. 371
Dold, Laura, Account Supervisor - JNA Advertising; pg. 92
Dolde, Jill, Media Channels Supervisor - The Atkins Group; pg. 148
Dolecki, Deanna, Director - Direct Associates; pg. 62
Dolega, Lauren, Associate Director, Research & Analytics - Universal McCann Detroit; pg. 524
Dolezal, Will, Senior Digital Marketing Strategist - Modern Climate; pg. 388
Dolfi-Offutt, Dyan, Owner - Soda Pop Public Relations LLC; pg. 648
Dolin, Samantha, Chief Creative Officer - North America - Ogilvy CommonHealth Worldwide; pg. 122
Dollins, Camille, Marketing Director - Heart Creative; pg. 238
Dolnick, Beth, Senior Producer - Leo Burnett Worldwide; pg. 98
Dolnick, Lori, Senior Vice President - Frank Advertising; pg. 360
Dolowy, Lukasz, Group Account Director - Publicis Toronto; pg. 639
Dolson, Joshua, Associate Media Director - Starcom Worldwide; pg. 513
Dolt, Vadim, Managing Director & Senior Vice President, Marketing Technology - RightPoint; pg. 263
Dolunt, Michael, Integrated Media Supervisor - Media Assembly; pg. 484
Dolzadelli, Lisa, Director, Customer Service - Lake Group Media, Inc.; pg. 287
Domagala, Dan, Senior Account Executive - DKY Integrated Marketing Communications; pg. 352
Domask, Doreen, Vice President, Digital Services - YPM; pg. 679
Dombek, Karen, Vice President - MCS, Inc.; pg. 111
Dombreval, Julie, Planner, Strategic - Ogilvy Public Relations; pg. 633
Dombrow, Matt, Head of Sales & Business Development - Clixo; pg. 221
Dome, Doug, President - Fusion92; pg. 235
Domenick, Anthony, Communications Supervisor - Dentsu Aegis Network - 360i, LLC; pg. 320
Domercq, Linda, Senior Vice President, Finance & Human Resources - BBDO San Francisco; pg. 330
Domeyer, Rachel, Vice President & Director, Media - Spark Foundry; pg. 510
Domich, Jeanine, Partner - Dom Camera & Company, LLC; pg. 464

Domin, Christopher, Associate Media Director - Digitas; pg. 228
Domine, Bob, President & Chief Executive Officer - Digital Research, Inc; pg. 444
Domingo, Cynthia, Account Supervisor - Seyferth & Associates, Inc.; pg. 646
Domingo, Paul, Art Director - EP+Co.; pg. 356
Dominguez, Carlos, President - Sprinklr; pg. 688
Domsic, Rachel, Account Executive & Copywriter - Harrington Communications; pg. 611
Domville, Lucia, New York Managing Director - Grayling; pg. 610
Don, Beverly, Director, Art Production - Merkley + Partners; pg. 114
Donabedian, Katie, Digital Account Director - Walker Sands Communications; pg. 659
Donaghey, Mike, Executive Creative Director - R/GA; pg. 260
Donaghue, Josh, Associate Vice President, Media - Brown Parker | DeMarinis Advertising; pg. 43
Donahoe, Brian, Account Supervisor - AgencyEA; pg. 302
Donahue, Annelise, Director, Business Development - PHD USA; pg. 505
Donahue, Erin, Senior Vice President & Group Director - DiGennaro Communications; pg. 597
Donahue, Jean, Executive Vice President & Global Account Director - Grey Group; pg. 365
Donahue, Lily, Senior Media Planner - Horizon Media, Inc.; pg. 474
Donahue, Philip, National Account Executive - Zocm Media; pg. 559
Donaldson, Amy, Director, Digital - M3 Agency; pg. 102
Donaldson, Cheryl, Vice President, Client Services - r2integrated; pg. 261
Donaldson, Leyna, Supervisor - Zenith Media; pg. 529
Donaldson, Rick, Chief Executive Officer - M3 Agency; pg. 102
Donaldson, Tayler, Earned Media Coordinator - MBB Agency; pg. 107
Donatelli, Becki, Founder & President - Campaign Solutions; pg. 219
Donatelli, Tom, Vice President, Media Services - Callan Advertising Company; pg. 457
Donati, Annalisa, Interim Chief Financial Officer - Captivate Network, Inc.; pg. 550
Donati, Michele, Senior Vice President & Managing Director, WHERE - Horizon Media, Inc.; pg. 474
Donato, Ali, Senior Strategist - Wunderman Health; pg. 164
Donato, Heidi, Senior Vice President, Media Relations - BCW New York; pg. 581
Donato, Laurie, Associate Creative Director - Mower; pg. 628
Dondero, Rob, Executive Vice President - R&R Partners; pg. 131
Dondiego, Matthew, Digital Strategist - BerlinRosen; pg. 583
Dondlinger Rezny, Missy, Associate Creative Director - The Integer Group; pg. 682
Donegan, Geoff, Creative Director & Partner - Tank Design; pg. 201
Doneger, Abbey, President & Chief Executive Officer - The Doneger Group; pg. 419
Donehue, Wesley, Chief Executive Officer - Push Digital; pg. 640
Dong, Noelle, Director, Marketing Communications - Gas Station TV; pg. 552
Dong, WeiWei, Global Executive Creative Director - Ogilvy; pg. 393
Donius, Jonella, Chief Information Officer & Executive Vice President - FleishmanHillard;

AGENCIES — PERSONNEL

pg. 604
Donley, Jamie, Account Manager - Duft Watterson; pg. 353
Donlon, Laurie, President & Global Brand Director - Gotham, Inc.; pg. 77
Donne, Matthew, Associate Creative Director & Writer - Anomaly; pg. 326
Donnell, Jason, Co-Founder & Chief Operating Officer - VidMob; pg. 690
Donnell, Kate, Director, Operations - 52 Ltd; pg. 667
Donnellon, Ryanne, Vice President & Media Account Director - Digitas; pg. 227
Donnelly, Chris, Senior Vice President & Managing Director, Brand Experiences - Allen & Gerritsen; pg. 29
Donnelly, Danielle, Vice President, Strategy - Moxie; pg. 251
Donnelly, Julie, Strategist, Technical Search - Global Strategies; pg. 673
Donnelly, Kellye, Associate Director, Brand Content - Spark Foundry; pg. 510
Donnelly, Molly, Senior Account, Supervisor - Turner Public Relations; pg. 657
Donnelly, Tripp, Founder & Chief Executive Officer - RepEquity; pg. 263
Donner, James, Vice President, Media Strategy - Decoded Advertising; pg. 60
Donner, Rob, Account Executive - AudienceXpress; pg. 455
Donofrio, Danielle, Media Buyer - Incremental Media; pg. 477
Donohoe, Anne, Managing Director - KCSA Strategic Communications; pg. 619
Donohue, Mark, Account Director - TBWA \ Chiat \ Day; pg. 416
Donohue, Marty, Partner & Creative Director - Full Contact Advertising; pg. 75
Donohue, Pam, Account Manager - SourceLink, LLC; pg. 292
Donohue, Sarah, Senior Vice President & Group Partner, Portfolio Management - Universal McCann; pg. 521
Donohue, Shannon, Assistant Account Executive - Berk Communications; pg. 583
Donohue, Susan, Copywriter - Stude-Becker Advertising; pg. 18
Donovan, Aileen, Senior Account Executive - Havas Formula; pg. 612
Donovan, April, Partner & Creative Director - Blue Collar Interactive; pg. 217
Donovan, Belinda, Director, Public Relations - Ethos Marketing & Design; pg. 182
Donovan, Bill, Chief Executive Officer & President - Donovan Advertising; pg. 352
Donovan, Brian, Senior Vice President & Group Marketing Director - Allen & Gerritsen; pg. 29
Donovan, Carlyn, Media Supervisor - Fallon Worldwide; pg. 70
Donovan, Dave, Executive Vice President & Director, Sports - DKC Public Relations; pg. 597
Donovan, Don, Founder, Chief Executive Officer, Chairman & Owner - Baker Street Advertising; pg. 329
Donovan, Elly, Supervisor, Brand & Media Strategy - Haworth Marketing & Media; pg. 470
Donovan, Emily, Supervisor - Starcom Worldwide; pg. 513
Donovan, Jaime, Group Director, Analytics - Generator Media + Analytics; pg. 466
Donovan, Jason, President - Cardinal Digital Marketing; pg. 220
Donovan, Jeffrey, Analytics Manager - JPL; pg. 378
Donovan, John, President - CMI Media, LLC; pg. 342
Donovan, Keith, President - Airfoil Public Relations; pg. 575

Donovan, Michael, Founder - Donovan/Green; pg. 551
Donovan, Michael, Executive Producer - Edit1; pg. 562
Donovan, Quinn, Client Success Director - BazaarVoice, Inc.; pg. 216
Donovan, Rebecca, Account Director - Nail Communications; pg. 14
Donovan, Robert, Chief Executive Officer & Founder - DOM360; pg. 230
Donovan, Robin, Owner & Managing Principal - Bozell; pg. 42
Donovan, Roxanne, President - Great Ink Communications, Inc.; pg. 610
Donovan, Sara-Beth, Principal, Media - Mintz & Hoke; pg. 387
Donovan, Sean, Brand Management Principal - The Richards Group, Inc.; pg. 422
Donovan, Taylor, Coordinator, Public Relations - Overcat Communications; pg. 634
Dons, Joel, Management Director - Team One; pg. 418
Donsky, Doug, Senior Managing Director, Strategic Communications - FTI Consulting; pg. 606
Donze, Sarah, Director, Brand - Observatory Marketing; pg. 122
Dooley, Brian, Senior Vice President & Director, Integrated Production - Leo Burnett Detroit; pg. 97
Dooley, Courtney, Vice President, Client Services - Bellomy Research; pg. 442
Dooley, Michael, Senior Manager - SPI Group, LLC; pg. 143
Dooley, Thomas, Founder & Executive Creative Director - TDA_Boulder; pg. 147
Doolittle, John, President & Chief Financial Officer - Diversified Agency Services; pg. 351
Doolittle, Karen, Director, Social Media - Davis Elen Advertising; pg. 58
Doolittle, Sean, Coordinator, Media - AKA NYC; pg. 324
Doom, Kyle, Marketing Analyst - Kepler Group; pg. 244
Doomany, Alexandra, Senior Project Manager - Wieden + Kennedy; pg. 432
Dorado, Christina, Associate Integrated Media Planner - Media Storm; pg. 486
Doran, Kara, Manager, Social Strategy - Digitas; pg. 227
Doran, Kim, Chief Executive Officer - Quixote Group; pg. 402
Doran, Megan, Director, Operations - IOMEDIA, Inc.; pg. 90
Doran, Seagren, Vice President - Weber Shandwick; pg. 660
Dorani, Anass, Associate, Integrated Investment - Universal McCann; pg. 521
Dorato-Hankins, Daniel, Chief Technology Officer - Vector Media; pg. 558
Dorbin, Sariah, Executive Creative Director - Quigley-Simpson; pg. 544
Dorcely, Raymond, Account Director - BBDO Worldwide; pg. 331
Dore, Vanessa, Director, Traffic - Markham & Stein; pg. 105
Dorfman, Bob, Executive Vice President & Executive Creative Director - Baker Street Advertising; pg. 329
Dorfman, Susan, President - CMI Media, LLC; pg. 342
Dorgan, Drew, President - Howard Miller Associates, Inc.; pg. 87
Doria, Michelle, Strategy Director - PHD USA; pg. 505
Dorian, Lyndsey, Account Supervisor - barrettSF; pg. 36
Dorin, Jason, Managing Director & Partner - Catch New York; pg. 340

Dorini, Alexa, Senior Account Executive - Blue Chip Marketing & Communications; pg. 334
Doris, John, Head, Integrated Production - TBWA \ Chiat \ Day; pg. 416
Dorko, Melissa, Chief Growth Officer - Wunderman Thompson; pg. 434
Dorman, Rebecca, Associate Director, Paid Social - DuMont project; pg. 230
Dormer, Dannielle, Executive Producer & Vice President, Production - Mob Scene; pg. 563
Dorn, James, President - Dorn Marketing; pg. 64
Dorn, Jonathan, Founder & Managing Director, NatuRx - Active Interest Media; pg. 561
Dorne, Dalton, Chief Marketing Officer - Tinuiti; pg. 678
Doro, Monica, Designer & Digital Media Artist - Anthologie; pg. 31
Dorr, Lori, National Manager, Product Specialist Program - Innocean USA; pg. 479
Dorroh, Meaghan, Media Planner - Avalanche Media Group; pg. 455
Dorros, Noam, Partner & Director, Search & Social - Mindshare; pg. 494
Dorset, Lauren, Senior Associate, Portfolio Management - Universal McCann Detroit; pg. 524
Dorset, Paul, Supervisor, Media - Carat; pg. 461
Dorsey, Shandi, Coordinator, Events & Facilities - Nimbus; pg. 391
Dos Santos, Amber, Social Media Strategist - Visibility and Conversions; pg. 159
Dosch, Tabitha, Senior Vice President & Director, Communications - U.S. - Starcom Worldwide; pg. 513
Doshi, Ayesha, Supervisor, Integrations - PHD; pg. 504
Doshi, Sanjay, Account Director, Program Management - DeSantis Breindel; pg. 349
Doss, Christie, Account Supervisor, Consumer Lifestyle Practice - Weber Shandwick; pg. 661
Doss, Curtis, Creative Director - Big Block; pg. 217
Doss, Kathryn, Senior Associate, Planning - Carat; pg. 459
Doss, Lucy, Media Supervisor, Media Strategy - Haworth Marketing & Media; pg. 471
Dossett, Mike, Vice President & Director, Digital Strategy - RPA; pg. 134
Dotson, Aaron, Principal & Creative Director - Elevation Marketing; pg. 67
Dotterweich, Damian, Communications Manager - 84.51; pg. 441
Dotzauer, Ron, Co-Founder & Chief Executive Officer - Strategies 360; pg. 650
Douaire, Kevin, Strategist - OMD; pg. 500
Doucet, Pam, Vice President & Account Manager - O'Carroll Group; pg. 392
Doucet-Albert, Lisa, Senior Vice President & Team Leader - Regan Communications Group; pg. 642
Doucette, Jonathan, Senior Art Director - McCann New York; pg. 108
Doucette, Jordan, Creative Partner - No Fixed Address Inc.; pg. 120
Doud, Matthew, President & Co-Founder - Planit; pg. 397
Dougherty, Heather, Managing Director - Karma Agency; pg. 618
Dougherty, Owen, Executive Vice President & Chief Communications Officer - Grey Group; pg. 365
Dougherty, Ryan, Associate Media Planner - E3 2019 & Xbox GamePass - Carat; pg. 459
Dougherty, Sean, Senior Vice President - Dukas Linden Public Relations; pg. 598
Dougherty, Sean, Creative Director - Buck; pg. 176
Dougherty, Tom, President & Chief Executive

PERSONNEL   AGENCIES

Officer - Stealing Share; *pg.* 18
Doughty, Julie, Director, Naming & Verbal Identity - Landor; *pg.* 11
Doughty, Scott, Executive Vice President & Creative Director - DJ-LA, LLC; *pg.* 63
Douglas, Brad, Vice President, Client Services - Direct Resources Group; *pg.* 281
Douglas, Caressa, Senior Vice President, Content & Branded Integration - Branded Entertainment Network, Inc.; *pg.* 297
Douglas, Debbie, Supervisor, Broadcast Traffic - The Martin Agency; *pg.* 421
Douglas, Heather, Vice President & Senior Manager, Social Media Marketing - MGH Advertising ; *pg.* 387
Douglas, Jeremy, Director, Client Engagement - Catapult PR-IR; *pg.* 589
Douglas, Margaret, Manager, Diversity Marketing - Distinctive Marketing, Inc.; *pg.* 444
Douglas, Martha, Senior Integrated Producer - Cactus Marketing Communications; *pg.* 339
Douglas, Rob, Executive Vice President, Client Services - dentsu X; *pg.* 61
Douglas, Robby, Data Planning Director - Jellyfish U.S.; *pg.* 243
Douglas, Terri, Principal & Co-Founder - Catapult PR-IR; *pg.* 589
Douglas, Wes, Co-Founding Partner - Maddock Douglas; *pg.* 102
Douglas, Wesley, Co-Founder & Director, Innovation & Creative - Maddock Douglas; *pg.* 102
Douglas, Wilson, Account Supervisor - Mythic; *pg.* 119
Douglass, Craig, Chief Growth Officer - Digitas Health LifeBrands; *pg.* 229
Douglass, Dave, Partner & Executive Creative Director - Anomaly; *pg.* 326
Douglass, Eric, Senior Vice President, Client Success & Account Management - Fishbowl; *pg.* 234
Douglass, Greg, Manager, Promotions - Enteractive Solutions Group, Inc.; *pg.* 567
Douglass, Meg, Group Creative Director - Huge, Inc.; *pg.* 239
Doupe, Tyler, Creative Director, Brand Messaging - Team One; *pg.* 417
Douress, Joe, Team Head, Search Engine Optimization - Tinuiti; *pg.* 678
Douriet, Lucy, Media Director - California - Culture ONE World; *pg.* 539
Dousias, Dakota, Supervisor, Digital Media - OMD; *pg.* 500
Douty, Thomas, Partner - ICF Next; *pg.* 372
Douville, Lynn, President & Chief Operations Officer - The Karma Group; *pg.* 420
Dove, Stevie, Vice President, Social & Content Marketing - Publicis.Sapient; *pg.* 258
Dow, Bill, Senior Vice President & Group Creative Director - Cramer-Krasselt ; *pg.* 53
Dowd, Elvena, Senior Business Manager - Leo Burnett Worldwide; *pg.* 98
Dowd, Jen, Chief Operating Officer - Backbay Communications; *pg.* 579
Dowd, Sara, Senior Associate, Digital Media Planning - Estee Lauder - Universal McCann; *pg.* 521
Dowd, Zach, Senior Account Executive - Moosylvania; *pg.* 568
Dowdall, Sean, General Manager & Chief Marketing Officer - Landis Communications Inc.; *pg.* 621
Dowdell, Kim, Vice President, Media Investment - Cooper-Smith Advertising; *pg.* 462
Dowdle, Mike, Digital Media Associate - Spark Foundry; *pg.* 510
Dowe, Charles, Integrated Media Planner - MediaCom; *pg.* 487

Dowker, Amie, Vice President, Strategy - 360i, LLC; *pg.* 208
Dowling, Mackenzie, Media Coordinator - Cutwater; *pg.* 56
Dowling, Suze, Partner & General Manager - Pattern; *pg.* 126
Dowling, Tara, Associate Director, Connections - Spark Foundry; *pg.* 508
Downes, Emery, Director, Strategy - PHD USA; *pg.* 505
Downey, Jackson, Assistant Account Planner - Elevation Marketing; *pg.* 67
Downey, Justin, President - JDM; *pg.* 243
Downey, Katelyn, Vice President, Client Services - 3fold Communications; *pg.* 23
Downie, Jason, Chief Strategy Officer - Lotame; *pg.* 446
Downing, Aimee, Senior Art Director - A to Z Communications; *pg.* 24
Downing, Christopher, Principal & Owner - Flashpoint Public Relations; *pg.* 604
Downing, David, President, Brand - United Landmark Associates ; *pg.* 157
Downing, Jill, Associate Media Director, Business Development - Spark Foundry; *pg.* 510
Downs, Joshua, Creative Director - Formative; *pg.* 235
Downs, Lucy, Senior Art Director - Big Spaceship; *pg.* 455
Downs, Raejean, Director & Designer, Interior - Hospitality - NELSON - FRCH Design Worldwide; *pg.* 184
Downs, Scott, Chief Client Officer, Chief Operating Officer & Managing Director - OMD; *pg.* 498
Downton, Brook, Executive Producer - MediaMonks; *pg.* 249
Dowswell, Nicole, Vice President, Global Communications - MRM//McCANN; *pg.* 252
Doyle, Bill, Vice President - Performance Research; *pg.* 448
Doyle, Brooke, Associate Paid Social - MediaCom; *pg.* 486
Doyle, Conor, Senior Vice President, Strategy & Investment - Veritone One; *pg.* 525
Doyle, Courtney, Partner & Director, Growth - Connelly Partners; *pg.* 344
Doyle, Craig, Associate, Digital Advertising Operations - MayoSeitz Media; *pg.* 483
Doyle, Darlene, Senior Vice President - PAN Communications; *pg.* 635
Doyle, David, Director, Content Strategy - mcgarrybowen; *pg.* 109
Doyle, Gary, Senior Vice President & Group Creative Director - Cramer-Krasselt ; *pg.* 53
Doyle, Hayley, Senior Project Manager - StoneArch Creative; *pg.* 144
Doyle, Jack, President - Amergent; *pg.* 279
Doyle, John, Executive Director, Brand Experience - Colle McVoy; *pg.* 343
Doyle, John, Executive Director Brand Experience - 10 Thousand Design; *pg.* 171
Doyle, Karlyn, Project Manager - Pop2Life; *pg.* 195
Doyle, Kate, Senior Marketing Consultant - Fishbowl; *pg.* 234
Doyle, Kathleen, Supervisor, Digital Media - Aloysius Butler & Clark; *pg.* 30
Doyle, Kelsey, Senior Account Executive - Johnson & Sekin; *pg.* 10
Doyle, Kerry, Senior Vice President, Carat Content & Group Content Director - Carat; *pg.* 459
Doyle, Kira, Group Director, Production - R/GA; *pg.* 260
Doyle, Lauren, Associate Director, Production - D1 INK - Posterscope U.S.A.; *pg.* 556
Doyle, Lauren, Vice President - Wordsworth Communications; *pg.* 663
Doyle, Mark, Chief Marketing & Brand Officer

- Formative; *pg.* 235
Doyle, Melissa, Creative Director & Writer - Red Thread Productions; *pg.* 563
Doyle, Mike, Partner & Regional President - North America Region - Ketchum; *pg.* 542
Doyle, Rick, Interactive Media Director - Z Marketing Partners; *pg.* 436
Doyle, Robin, Director, Human Resources - Captivate Network, Inc.; *pg.* 550
Doyle, Sean, Principal - FitzMartin; *pg.* 359
Doyle, Sheryl, Senior Vice President, Client Services - d.trio Marketing Group; *pg.* 348
Doyle, Zach, Associate Director, Programmatic Activation - Essence; *pg.* 232
Doyle Barrett, Brittany, Director, Content & Partnerships - Zenith Media; *pg.* 529
Doyne, Eric, Brand & Business Development - Mancuso Media; *pg.* 382
Doyon, Joe, Senior Vice President, Sales & Marketing - PineRock; *pg.* 636
Doze, David, Founder & Chief Executive Officer - Pilot PMR; *pg.* 636
Dozier, Connie, Principal - The Dozier Company ; *pg.* 419
Dozier, David, Principal - The Dozier Company ; *pg.* 419
Drabczyk, Andrea, Senior Producer, Digital - Cohn Marketing, Inc.; *pg.* 51
Drabicky, Nick, Head, Agency Strategy - PMG; *pg.* 257
Drabicky, Vic, Founder & Chief Executive Officer - January Digital; *pg.* 243
Drahos, Heather, Vice President & Group Account Director - Dudnyk Exchange; *pg.* 66
Drake, Cassie, Associate Creative Director - Walsh Branding; *pg.* 204
Drake, Derek, Chief Executive Officer - Drive Shop; *pg.* 304
Drake, John, Chief Strategy Officer - Drake Cooper; *pg.* 64
Drake, Kelley, Director, Marketing - Xaxis; *pg.* 276
Drake, Sheryl, Project Manager & Coordinator, Digital Marketing - Kimbo Design; *pg.* 189
Drake, Tony, Finance Director - Dalton + Anode; *pg.* 348
Drakenberg, Karin, Executive Vice President - StrawberryFrog; *pg.* 414
Draksler Brown, Tracy, Senior Vice President & Group Client Services Director - Sandbox; *pg.* 138
Drakul , Vanya, Partner, Director & Composer - Pirate Toronto; *pg.* 195
Drane, Peg, Graphic & Web Designer - M45 Marketing Services; *pg.* 382
Drankwalter, Mike, Executive Vice President & Director, Commercial Media - GfK MRI; *pg.* 445
Draper, Carrie, Accounts Manager - Youtech; *pg.* 436
Draper, Gaelan, Creative Director & Partner - Quirk Creative; *pg.* 131
Draper, Kelly, Associate Director, Data & Platforms Solutions - Zenith Media; *pg.* 529
Draper, Meryl, Chief Executive Officer - Quirk Creative; *pg.* 131
Drass, Jason, Managing Partner & Co-Founder - Bull & Beard; *pg.* 44
Drassinower, Roberto, Chief Executive Officer & President - Brand Protect; *pg.* 672
Dratch, Brian, Associate Director, Social Media - SpotCo; *pg.* 143
Drazdovich, Vlad, Senior Account Executive - Red Banyan; *pg.* 641
Drebot-Hutchins, Elaine, President - Think PR; *pg.* 655
Drechsler, Victoria, Chief Operating Officer - Brand Connections, LLC; *pg.* 336
Drees, Kristopher, Media Director - Agency 850; *pg.* 1
Dreibelbis, Aileen, Service Design Lead -

AGENCIES / PERSONNEL

Digitas Health LifeBrands; pg. 229
Dreihaup, Alyssa, Media Coordinator - Digital Relativity; pg. 226
Dreistadt, Jason, Chief Operating Officer & Vice President, Creative Services - Infinity Concepts; pg. 285
Dreistadt, Mark, Founder, President & Chief Executive Officer - Infinity Concepts; pg. 285
Dreistadt, Susie, Vice President, Finance & Chief Financial Officer - Infinity Concepts; pg. 285
Drengler, Keri, Managing Director - m/SIX; pg. 482
Dressel, Molly, Senior Account Executive - Abel Communications; pg. 574
Dresser, Jillian, Creative Director - Walrus; pg. 161
Dressler, Rick, Director, Media - Liquid Advertising, Inc.; pg. 100
Dressler, Stephanie, Senior Vice President, Public Relations, Wealth & Asset Management - Dukas Linden Public Relations; pg. 598
Drew, Jeff, Senior Vice President - fama PR, Inc.; pg. 602
Drew, Lara, Associate Director, Business & Legal Affairs - GSD&M; pg. 79
Drewicz, Alyssa, Analyst, Digital - initiate-it LLC; pg. 375
Drews, Jason, Account Director - Ocean Media, Inc.; pg. 498
Drexler, A.J., Chief Executive Officer - Campos Inc; pg. 443
Dreyfuss, Ben, Senior Director, Data Science - 360i, LLC; pg. 320
Driesen, Randy, Account Supervisor - Strategic America; pg. 414
Driessen, Henrique, Chief Executive Officer - Elephant Skin; pg. 181
Driggers, Amanda, Account Director - Firehouse, Inc.; pg. 358
Driggs, Clare, Account Manager - Droga5; pg. 64
Driggs, Kela, Account Director - Calhoun & Company Communications; pg. 588
Driggs, Mark, Executive Vice President, Business Operations - Legacy Marketing Partners; pg. 310
Drimalas, Dora, Principal & Creative Director - Hybrid Design; pg. 87
Dringman, Jessica, Digital Marketing Coordinator - Garrigan Lyman Group; pg. 236
Drinkwater, Carrie, Senior Vice President & Executive Director, Investment Activation - Mediahub Boston; pg. 489
Driscoll, Erin, Associate Group Director, Brand - Horizon Media, Inc.; pg. 474
Driscoll, Julia, Associate Account Executive - Epsilon; pg. 282
Driver, Fred, Founding Partner - d.trio Marketing Group; pg. 348
Drobick, Jeff, President & Chief Executive Officer - Tapjoy; pg. 535
Droga, David, Founder & Creative Chairman - Droga5; pg. 64
Drogin, Louis, Partner - Brandgenuity, LLC; pg. 4
Droke, Katlyn, Senior Digital Strategist - Authentic; pg. 214
Drolec Mikek, Maja, Co-Founder & Chief Financial Officer - Celtra, Inc.; pg. 533
Drolshagen, Cara, Group Strategy Director - FIG; pg. 73
Drottar, Casey, Senior Account Manager - 360i, LLC; pg. 208
Drouillard, Tom, President, Chief Executive Officer & Managing Director - Alliance for Audited Media; pg. 212
Drouin, Liz, Senior Vice President & Director, Management - FCB Chicago; pg. 71

Drouin, Madeleine, Media Director - Havas Media Group; pg. 470
Drozd, Ann Marie, Executive Vice President - Beber Silverstein Group; pg. 38
Drozd, Marketa, Partner & Executive Creative Director - Simple Truth; pg. 198
Drozen, Zoe, Associate Media Director - Starcom Worldwide; pg. 516
Drozynski, Carolyn, Senior Media Buyer - Booyah Online Advertising; pg. 218
Druckenmiller, Eric, Head, Strategy - Chandelier Creative; pg. 49
Drucker, Amanda, Senior Media Associate - Spark Foundry; pg. 510
Drucker, David, Vice President & General Sales Manager - Strata; pg. 267
Drucker, Samantha, Integrated Media Supervisor - 360i, LLC; pg. 320
Drucker, Sandra, Chief Financial Officer - Austin & Williams Advertising; pg. 328
Drucker, Scott, Managing Partner - The Drucker Group; pg. 150
Druding, Josh, Director, Social Strategy - Mekanism; pg. 113
Drukas, Alex, Associate Creative Director - Doner - Media Assembly; pg. 385
Drum, Bess, Publicist - Think Jam; pg. 299
Drumheller, Jason, Associate Creative Director - Hirshorn Zuckerman Design Group; pg. 371
Drummer, Cody, Associate Creative Director & Copywriter - MullenLowe U.S. Boston; pg. 389
Drummond, Anne, Director, Creative Advertising Sales - MLive Media Group; pg. 388
Drummond, Ashley, Account Supervisor - M3 Agency; pg. 102
Drummond, Carmina, Chief Culture Officer - The Martin Agency; pg. 421
Drummond, Glenn, Chief Innovation Officer - Quarry Integrated Communications; pg. 402
Drummond, Kirk, Co-Founder & Chief Executive Officer - Drumroll; pg. 230
Drummy, Bill, Founder & Chairman - Heartbeat Ideas; pg. 238
Drury, Cait, Executive Director, Talent - Team One; pg. 417
Drury, Ellen, President, Program Exchange - GroupM; pg. 466
Drust, Stefan, Chief Executive Officer & Executive Director - Fuse Interactive; pg. 235
Drutman, Makena, Senior Planner - The&Partnership; pg. 426
Drutz, Debbie, President - Novus Media, Inc.; pg. 497
Dryden, Sarah, Group Director, SEO & Digital Content - Path Interactive, Inc.; pg. 256
Du Sault, Luc, Creative Director - LG2; pg. 380
DuBan, Nickki, Manager, Digital Advertising Operations - Crossmedia; pg. 463
DuBerry, Katie, Creative Director - Agenda; pg. 575
DuBose, Megan, Assistant Vice President, Strategy - Ansira; pg. 1
DuCharme, Erin, Director, Account Services - Kennedy Communications; pg. 482
DuCoin, Edward, Chief Executive Officer - Orpical Group; pg. 256
DuJat, Lisa, Executive Vice President & Chief Talent Officer - FCB New York; pg. 357
DuMont, Peter, Account Executive & Publicist - Alliance Group Ltd; pg. 576
Duane, Laura, Vice President & Director, Strategy - Zimmerman Advertising; pg. 437
Duarte, Andrea, Senior Art Director - Red Herring Design; pg. 197
Duarte, Mark, Founder, Principal & Chief Financial Officer - Duarte; pg. 180

Duarte, Nancy, Chief Executive Officer - Duarte; pg. 180
Duax, Randy, Senior Vice President, Talent & Recruiting - MDC Partners, Inc.; pg. 385
Dubane, Steve, President - Wingman Media; pg. 529
Dubcovsky, Laura, Senior Producer - Zulu Alpha Kilo; pg. 165
Dube, Connor, Director, Sales & Marketing - Active Blogs; pg. 575
Dube, Jessica, Senior Media Planner & Buyer - HCB Health; pg. 83
Dube, Marc, Founder & President - Active Blogs; pg. 575
Dube, Sara, Senior Associate, Local Activation - Spark Foundry; pg. 512
Dube, Scott, Partner, Creative - Grip Limited; pg. 78
Dubeauclard, Antoine, President & Director, Business Development - Media Genesis, Inc.; pg. 249
Duberia, Zeenat, Director, Marketing - OMD; pg. 498
Dubey, Dilip, Co-Founder & Chief Executive Officer - Netlink; pg. 253
Dubi, Carolyn, Senior Vice President & Director, Print - Initiative; pg. 477
Dubi, Carolyn, Director, Print Investment - Initiative; pg. 478
Dubin, Chelsea, Director, Client Engagement - VMLY&R; pg. 160
Dubin, Harvey, Vice President - JMW Consultants, Inc.; pg. 10
Dubin, Jayson, Chief Executive Officer - Playwire Media; pg. 257
Dubin, Miriam, Senior Media Planner & Buyer - Oxford Communications; pg. 395
Dubin, Rachel, Account Director - Zapwater Communications; pg. 664
Dubin, Zachary, Supervisor - Publicis North America; pg. 399
Dubina, Nicole, Supervisor, Media - Starcom Worldwide; pg. 513
Dubina, Nicole, Senior Media Planner - Moveo Integrated Branding; pg. 14
Dublin, Jim, Chairman & Chief Executive Officer - Dublin Strategies Group; pg. 598
Dubner, Russell, President & Chief Executive Officer - Edelman U.S - Edelman; pg. 599
Duboe, Jenna, Associate Director, Account Management - Goodby, Silverstein & Partners; pg. 77
Duboff, Robert, Chief Executive Officer & Co-Founder - HawkPartners, LLC; pg. 445
Dubois, Aaron, Partner, Vice President, Digital - 9thWonder; pg. 453
Dubois, Amanda, Global Marketing Director - iProspect; pg. 674
Dubois, Andrew, Senior Engagement Manager - Prophet; pg. 15
Dubois, Anne, Partner - Dubois Betourne & Associates; pg. 598
Dubois, David, Associate Creative Director - Saatchi & Saatchi Los Angeles; pg. 137
Dubois, Delphine, Chief Executive Officer - Health Science Communications - Healthcare Consultancy Group; pg. 83
Dubois, Veronica, Buyer, Social Media - Rinck Advertising; pg. 407
Dubose, Sade, Strategy Manager - Starcom Worldwide; pg. 513
Dubreuil, Marc, Vice President, Business Development - Farm Design Incorporated; pg. 71
Dubrick, Mike, Partner & Creative Director - Rethink Communications, Inc.; pg. 133
Dubrow, Merrill, President & Chief Executive Officer - MARC Research; pg. 447
Dubs, Jake, Creative Director & Writer - Pereira & O'Dell; pg. 257

787

PERSONNEL

AGENCIES

Dubuque, Susan, Principal - NDP; pg. 390
Duchene, Dawn, Senior Account Director - Crossbow Group; pg. 347
Duchon, Lauren, Program Director - Critical Mass, Inc.; pg. 223
Duchon, Scott, Founder, Partner & Chief Creative Officer - 215 McCann; pg. 319
Duckett, Emily, Chief Operations Officer - Hill ; pg. 186
Duckworth, Alexander, President & Partner - Point-One-Percent; pg. 15
Duckworth, Naomi, Director, Creative - Greatest Common Factory; pg. 365
Ducnuigeen, Marc, President & Chief Operating Officer - The Integer Group; pg. 682
Ducoin, Nicole, Art Director - One Trick Pony; pg. 15
Ducos, Camille, Media Director - Mindshare; pg. 491
Ductan, Amos, Group Director, Search - Publicis.Sapient; pg. 258
Duda, Michael, Managing Partner - Bullish Inc; pg. 45
Duda, Rob, Senior Vice President, Automotive & Transportation - Peppercomm, Inc.; pg. 687
Dudek, Karen, Media Supervisor - Capstone Media; pg. 459
Dudelson, Bob, Vice President, Media Sales & Sponsorship - Leverage Agency; pg. 298
Dudgeon, Grant, Director, Marketing Science - OMD; pg. 500
Dudgeon, Tom, Co-owner & President - E3 Marketing; pg. 67
Dudley, Caitlin, Media Director - Horizon Media, Inc.; pg. 473
Dudley, Jessica, Senior Paid Search Analyst - The Tombras Group; pg. 424
Dudley, Rick, Chief Executive Officer - Octagon Worldwide - Octagon; pg. 313
Dudley, Tommy, Copywriter - ROKKAN, LLC; pg. 264
Dudnyk, Edward, Owner & Chief Executive Officer - Dudnyk Exchange; pg. 66
Dudziak, Lauren, Director, Client Services - rEvolution; pg. 406
Dudzik, Michael, Senior Associate - Starcom Worldwide; pg. 513
Dudzinsky, John, Director - APCO Worldwide; pg. 578
Duell, Aimee, Vice President, Entertainment Marketing - 160over90; pg. 301
Duer, Cathy, Account Executive - Hanna & Associates ; pg. 81
Duering, Anja, Executive Creative Director - Chemistry Atlanta; pg. 50
Duerr, David, Chairman & Chief Executive Officer - Straight North, LLC; pg. 267
Duerrschmid, Lara, Director, Analytics Integration - Crossmedia; pg. 463
Duet, Shea, Partner & Manager, Creative Operations & Integration - Zehnder Communications, Inc.; pg. 436
Duff, Jennifer, Director, Traditional Advertising - CP Media Services, Inc.; pg. 463
Duff, Lindsay, Client Service Manager - True Sense Marketing; pg. 293
Duff, Mariah, Associate Producer - CinemaStreet; pg. 50
Duff, Serena, Executive Vice President & General Manager - Los Angeles - Horizon Media, Inc.; pg. 473
Duffy, Anna, Director, Creative Services - IMG LIVE; pg. 308
Duffy, Bryan, President, Live - MKTG INC; pg. 311
Duffy, Caroline, Founding Partner, Senior Counselor & Copywriter - Jackson Spalding Inc.; pg. 376
Duffy, Don, President - ICR; pg. 615

Duffy, Joe, Chief Executive Officer - Truth & Advertising; pg. 272
Duffy, John, Founder & Chief Executive Officer - 3Cinteractive; pg. 533
Duffy, Jon, President - Duffy & Shanley, Inc.; pg. 66
Duffy, Kaitlin, Director, Business Development - The Trade Desk; pg. 520
Duffy, Karina, Chief People Officer - IgnitionOne; pg. 673
Duffy, Kevin, President & Chief Creative Officer - Straight North, LLC; pg. 267
Duffy, Kimberly, Executive Marketing Director & Senior Partner - Ogilvy; pg. 393
Duffy, Nicole, Senior Vice President & Management Director - NeON; pg. 120
Duffy, Paul, Executive Vice President, Client Services & Agency Operations - Next Marketing; pg. 312
Duffy, Ryan, Strategy Lead - Space150; pg. 266
Duffy, Ryan, Senior Vice President, Creative & Strategy - yah. - You Are Here; pg. 318
Duffy, Sarah, Vice President & Director, Video Investment - Horizon Media, Inc.; pg. 474
Duffy, Trish, Manager, User Experience Design - Brunner; pg. 44
Duffy-Lehrman, Sheila, Chief Operating Officer & Senior Creative Director - Tropic Survival; pg. 156
Dufour, Diane, President - Accurate Design & Communication, Inc.; pg. 77
Duft, Ward, Partner, Chief Executive Officer & Creative Director - Duft Watterson; pg. 353
Dugan, Eileen, Senior Art Buyer - Digitas Health LifeBrands; pg. 229
Dugan, Jerry, Senior Partner & Group Creative Director - Ogilvy; pg. 393
Dugan, Kevin, Director, Client Services - DMi Partners; pg. 681
Dugan, Patrick, Creative Director & Chief Copywriter - Adams & Knight Advertising; pg. 322
Dugan, Peter, Chief Operating Officer - IMC / Irvine Marketing Communications; pg. 89
Dugan, Robert M., Principal - EDSA ; pg. 181
Duggan, Bill, Group Executive Vice President - Association of National Advertisers; pg. 442
Duggan, Kevin, Account Supervisor - Cadillac - Martin Retail Group; pg. 106
Duggan, Mary Ellen, Head, Integrated Production - Big Family Table; pg. 39
Duggan, Michael, Manager, Analytics - 160over90; pg. 1
Dugoni, Charlotte, Producer, Broadcasting - barrettSF; pg. 36
Duguay, Anthony, Associate Director, Creative - Anderson DDB Health & Lifestyle; pg. 31
Duignan, Conor, Head, Broadcast Production & Associate Partner - barrettSF; pg. 36
Duimstra, Jeremy, Managing Director & Senior Vice President, Connected Experiences - Valtech; pg. 273
Dukarski, Rebecca, Senior Account Executive - The Integer Group - Dallas; pg. 570
Dukas, Richard, Chairman & Chief Executive Officer - Dukas Linden Public Relations; pg. 598
Duke, Dave, Principal & Partner - Catapult Strategic Design; pg. 176
Duke, Dustin, Senior Partner & Executive Creative Director - Ogilvy; pg. 393
Duke, Mike, Managing Director - Wunderman Thompson; pg. 434
Duke, Tisha, National Account Executive - Intersection; pg. 553
Dukes, Brian, Partner - Client Solutions - Shift Digital; pg. 265

Dukes, Christy, Director, Engagement - Union; pg. 273
Dukes, Shane, Media Activation Manager - Essence; pg. 232
Dukes, Terry, Director, Client Services - Brownstein Group, Inc.; pg. 44
Dukett, Brianna, Director, Connections Planning - Havas Media Group; pg. 470
Dula, Michael, Founding Partner & Chief Creative Officer - BrandingBusiness; pg. 4
Dulac, Marcella, Media Director - Fusion92; pg. 235
Dulla, Lindsey, Director - Spark Foundry; pg. 510
Dulle, Samantha, Account Executive - Fusion Marketing; pg. 8
Dulny, Joseph, Senior Lead Scientist - Quantum, Analytics & Cyber - Booz Allen Hamilton; pg. 218
Dulny, Pamela, Associate Director - Mindshare; pg. 491
Dumais, Jean-Francois, Director, Creative - Sid Lee; pg. 140
Dumais, Paul, Chief Technology Officer - Wpromote; pg. 678
Dumala, Jaime, Vice President, Sales - Triad Retail Media; pg. 272
Duman, Michael, Partner & Co-Creative Director - SKAR Advertising; pg. 265
Dumas, Myles, Director, Design - Nail Communications; pg. 14
Dumayne, Madeline, Account Executive, Digital - LG2; pg. 380
Dumer, Tammy, Director, Finance - Grapevine Communications; pg. 78
Dumicic, Jasna, Associate Media Director - Starcom Worldwide; pg. 517
Dumont, Debbie, Executive Vice President, Client Services - Questus; pg. 260
Dumouchel, Bob, Chief Data Scientist - Systems & Marketing Solutions; pg. 268
Dunaway, Brandon, Senior Programmatic Analyst - Digitas; pg. 227
Dunaway, Brian, Brand Creative Director - Vitro Agency; pg. 159
Dunaway, Craig, Vice President & Director, Client Services - Perich Advertising; pg. 126
Dunaway, Marissa, Associate Director, Media Operations - PCH / Media; pg. 534
Dunay, Brian, Business Services Manager - Meister Interactive; pg. 250
Dunbar, Alissa, Media Supervidor - PETERMAYER; pg. 127
Dunbar, Jeremy, Senior Associate, Content Management - Hulu - Universal McCann; pg. 524
Dunbar, Lee, Vice President & Director - Starcom Worldwide; pg. 513
Duncan, Amanda, Associate Director - Hearts & Science; pg. 471
Duncan, Brooke, Senior Vice President & Group Account Director - The Tombras Group; pg. 424
Duncan, Crystal, Senior Vice President, Influencer Marketing - Edelman; pg. 353
Duncan, Erin, Digital Manager - Golin; pg. 609
Duncan, Jane, Vice President, Management Supervisor - Luquire George Andrews, Inc.; pg. 382
Duncan, Jessica, Supervisor - Horizon Media, Inc.; pg. 474
Duncan, Jim, Executive Vice President, Sales & Marketing - Red Moon Marketing; pg. 404
Duncan, Jodi, President - Flint Communications, Inc.; pg. 359
Duncan, Knox, Chief Strategy Officer - WongDoody; pg. 162
Duncan, Leslie, Managing Partner & Chief Operating Officer - Duncan / Day Advertising; pg. 66
Duncan, Meaghan, Associate Director,

AGENCIES PERSONNEL

Integrated Planning - Carat; *pg.* 459
Duncan, Megan, Senior Visual Brand Strategist - Traina Design; *pg.* 20
Duncan, Mia, Supervisor, Strategy - Palisades Media Group, Inc.; *pg.* 124
Duncan, Michael, President - Duncan McCall; *pg.* 353
Duncan, Michelle, Account Director - Stackpole & Partners; *pg.* 412
Duncan, Paul, National Account Director - Informa Research Services; *pg.* 445
Duncan, Robert, Chairman, Founder & President - Duncan Channon; *pg.* 66
Duncan, Rusty, Partner & Chief Operating Officer - Insight Creative Group; *pg.* 89
Duncan, Shannon, Creative Services Director - 215 McCann; *pg.* 319
Duncan, Toiia, Media Buyer - Ignite Social Media; *pg.* 686
Duncan, Jr., Charles, Vice President, Technology - Elephant; *pg.* 181
Duncker, Rachel, Senior Producer - Arc Worldwide; *pg.* 327
Dundon, Brian, Senior Vice President - MarketVision Research; *pg.* 447
Dunham, Jena, Vice President, Operations & Managing Partner - Black Bear Design Group; *pg.* 175
Dunick, Megan, Senior Planner, Media & Media Supervisor - The Shipyard; *pg.* 270
Dunk, Christina, Social Media Account Supervisor - DeBerry Group; *pg.* 595
Dunkak, Geoff, Vice President, Creative Services - BTB Marketing Communications; *pg.* 44
Dunlap, Amanda, Principal - S&A Communications; *pg.* 645
Dunlap, Connor, Social Strategist - FIG; *pg.* 73
Dunlap, John, Creative Director - Brothers & Co.; *pg.* 43
Dunlap, Kelsey, Digital Manager- South Central Region - Clear Channel Outdoor; *pg.* 550
Dunlap, Kirk, Assistant Strategist - AT&T - Hearts & Science; *pg.* 471
Dunlap, Kristyn, Interim Head, Client Services - M&C Saatchi LA; *pg.* 482
Dunlap, Lillian, Director, Content Marketing - LEWIS Global Communications; *pg.* 380
Dunlap, Lisha, Manager, Content - Insight Creative Group; *pg.* 89
Dunlap, Ryan, Associate Creative Director - redpepper; *pg.* 405
Dunleavy, Annie, Vice President, Content Marketing - Gyro NY; *pg.* 369
Dunleavy, John, Global President, Eightbar - IBM Brand Services - Ogilvy; *pg.* 393
Dunlop, Dan, President & Chief Executive Officer - Jennings & Company; *pg.* 92
Dunlop, Trent, Group Managing Director - mcgarrybowen; *pg.* 109
Dunn, Craig, Senior Vice President, Museum Services - 1220 Exhibits, Inc.; *pg.* 301
Dunn, Eric, Partner & Managing Director - Odysseus Arms; *pg.* 122
Dunn, Ian, Creative Director - The VIA Agency; *pg.* 154
Dunn, Jackson, Senior Managing Director - FTI Consulting; *pg.* 606
Dunn, Jonathan, Account Director - Belief Agency; *pg.* 38
Dunn, Karl, Senior Vice President & Director - CoLab - EP+Co.; *pg.* 356
Dunn, Kathryn, Co-Founder & Director, Marketing - K Dunn & Associates; *pg.* 93
Dunn, Kellyn, Strategy Director - Barkley; *pg.* 329
Dunn, Kevin, Senior Vice President, Strategy & Client Engagement - LevLane Advertising;

pg. 380
Dunn, Kieran, Vice President, Growth - Kelly, Scott & Madison, Inc.; *pg.* 482
Dunn, Laura, Senior Vice President & Director, New Business Development - FCB New York; *pg.* 357
Dunn, Meaghan, Specialist, Digital Reporting & Analytics - Reshift Media; *pg.* 687
Dunn, Melanie, President & Chief Executive Officer - Cossette Media; *pg.* 345
Dunn, Michael, President - Stude-Becker Advertising; *pg.* 18
Dunn, Michael, Chairman & Chief Executive Officer - Prophet; *pg.* 15
Dunn, Michael, Chairman & Chief Executive Officer - Dunn Associates; *pg.* 598
Dunn, Michael, Project Manager - Likeable Media; *pg.* 246
Dunn, Michael, Group Creative Director - BFG Communications; *pg.* 333
Dunn, Michael, Creative Director - Robertson+Partners; *pg.* 407
Dunn, Mitchell, Senior Vice President, Creative Media - Empower; *pg.* 354
Dunn, Shareen, Executive Director, Digital - Power; *pg.* 398
Dunn, Stacey, Director, Brand Strategy - DP+; *pg.* 353
Dunn, Stephanie, Client Strategy Director - Time & Space Media; *pg.* 520
Dunn, Troy, President & Chief Creative Officer - Dunn&Co; *pg.* 353
Dunn, Tyler, Director, Interactive Art - The MX Group; *pg.* 422
Dunne, Danielle, Senior Vice President, Consumer - MSLGroup; *pg.* 629
Dunne, Meggan, Senior Project Manager - Rightpoint; *pg.* 263
Dunne, Molly, Associate Creative Director - Friends & Neighbors; *pg.* 7
Dunning-Peterson, Amanda, Director, Media - RCG Advertising and Media; *pg.* 403
Dunnington, Zoe, Lead Platform Strategist - Heat; *pg.* 84
Dunton, Mischa, Managing Director - Western Region - BCW Los Angeles; *pg.* 581
Dunwoody, Sherri, Account Coordinator - MMSI; *pg.* 496
Duong, Khang, Media Planner - DiMassimo Goldstein; *pg.* 351
Dupart, Ann, Vice President & Associate Communications Director - GTB; *pg.* 367
Dupaul-Vogelsang, Cindy, Media Director - Odney Advertising Agency; *pg.* 392
Dupee, Steve, Chief Operating Officer - BeCore; *pg.* 302
Dupere, Luc, Copywriter - LG2; *pg.* 380
Dupis-Mitchell, Hilary, Vice President, Client Services - Pierce Promotions & Event Management; *pg.* 313
Duplain, Laura, Vice President, Account Management - Rodgers Townsend, LLC; *pg.* 407
Duplantis, Christian, Associate Creative Director - Definition 6; *pg.* 224
Duplechin, John, Interactive Director - Axiom; *pg.* 174
Dupont, Lorraine, Management Supervisor, Account Planning - Cashman & Katz Integrated Communications; *pg.* 340
Dupont, Patrick, Senior Art Director - J.T. Mega, Inc.; *pg.* 91
Dupont, Rebecca, Coordinator, Communications - Valtech; *pg.* 273
Dupre, Lesley, Account Director & Public Relations Specialist - Balcom Agency ; *pg.* 329
Dupuis, Ellie, Vice President, Business Solutions - Creative Producers Group; *pg.* 303
Dupuis, Jon, Global President - mcgarrybowen; *pg.* 109

Dupuis, Jonathan, Global Managing Director - mcgarrybowen; *pg.* 109
Dupuis, Steven, Founder - DuPuis; *pg.* 180
Dupuy, Abby, Operations Manager - Cayenne Creative; *pg.* 49
Duque, Jay, Manager, Project Management, Media & Strategy - OMD; *pg.* 500
Duque, Marcella, Project Manager - OSK Marketing & Communications, Inc.; *pg.* 634
Duquette, Bryan, Director, Business Development - Another Planet Entertainment; *pg.* 565
Duran, Arlene, Senior Account Manager - 360i, LLC; *pg.* 207
Duran, Bianca, Social Media Manager - Mithoff Burton Partners; *pg.* 115
Duran, Dave, Vice President & Group Director, Broadcast Strategy & Operations - KWG Advertising, Inc.; *pg.* 96
Duran, Frank, Principal & Vice President, Account Services - K2MD; *pg.* 93
Duran, Lalo, Co-Founder & Managing Partner - WALO Creative, Inc.; *pg.* 161
Duran, Lei, Vice President, Strategy - Geometry; *pg.* 363
Duran, Robert, Executive Creative Director - Ivie & Associates, Inc.; *pg.* 91
Durand, Jill, Senior Business Affairs Manager - TBWA \ Chiat \ Day; *pg.* 146
Durand, Stacy, Chief Executive Officer - Media Design Group, LLC; *pg.* 485
Durandisse, Rose, Strategist, Paid Search - Major Tom; *pg.* 247
Durant, Tripp, Vice President & Director, Account - Luckie & Company; *pg.* 382
Durante, Frank, Director, Digital Development - Austin & Williams Advertising; *pg.* 328
Durante, Gina, Senior Vice President, People & Talent - CSM Sport & Entertainment; *pg.* 347
Duray, Andrea, Vice President & Strategy Director - Spark Foundry; *pg.* 508
Durazzo, Justin, Co-Director, Interactive Production - Droga5; *pg.* 64
Durban, Christopher, Senior Vice President, Creative & Creative Director - Weber Shandwick; *pg.* 661
Durbin, Amy, Senior Vice President & Group Client Director - Spark Foundry; *pg.* 508
Durborow, Melissa, Director, Marketing - Fry Communications, Inc; *pg.* 361
Durcan, Kelly, Director, Public Relations - DeVito/Verdi; *pg.* 62
Durden, Bill, Vice President & Creative Director - Durden Outdoor Displays; *pg.* 551
Durden, Earl, President - Durden Outdoor Displays; *pg.* 551
Duren Conner, Melissa, Partner & Managing Director - Jennifer Bett Communications; *pg.* 617
Durfee, Alicia, Vice President & Senior Account Director - Jack Morton Worldwide; *pg.* 309
Durfee Davis, Melissa, Media Director - GreenRubino; *pg.* 365
Durga, Subhash, Senior Vice President, Network Operations - Lightbox OOH Video Network; *pg.* 553
Durham, Caryn, Chief Executive Officer - Charles Ryan Associates, Inc.; *pg.* 589
Durham, Tyler, Partner - Prophet; *pg.* 15
Durisin, Steve, Vice President & Director, Performance Media - Havas Media Group; *pg.* 468
Durkalski, Douglas, Vice President, Account Management - Rise Interactive; *pg.* 264
Durket, Tony, Chief Creative Officer - MeadsDurket; *pg.* 112
Durkin, Caroline, Media Strategist - PHD Chicago; *pg.* 504
Durkin, Colleen, Senior Vice President &

789

PERSONNEL / AGENCIES

Group Director, National Video Investment - Media Assembly; *pg.* 484
Durling, Ryan, Director, Advertising - Raka Creative; *pg.* 402
Durller, Dan, Senior Art Director - Duarte; *pg.* 180
Durocher, Kelle, Senior Vice President, Group Account Director - GTB; *pg.* 367
Durr, Kirstie, Senior Vice President - Nevins & Associates Chartered; *pg.* 632
Durr, Ryan, Associate Creative Director - Team One; *pg.* 418
Durrant, Bill, President & Group Media Director - Exverus Media Inc.; *pg.* 465
Durrant, Miranda, Creative Director - Schermer; *pg.* 16
Durrant, Nathan, Senior Designer & Art Director - Elixir Design; *pg.* 181
Durrett, Christian, Associate Creative Director - Mighty Roar; *pg.* 250
Durrett, Jake, Senior Producer, Creative - Gershoni; *pg.* 76
Dursin, Stefanie, Principal - The G&R Cooperative; *pg.* 450
Durso, Debbie, Vice President, Media Director - Innovative Travel Marketing; *pg.* 480
Durst, Larry, Senior Vice President & Executive Creative Director - Marketsmith, Inc; *pg.* 483
Dusablon, Claudine, Associate Director, Talent Management - McKinney; *pg.* 111
Dusenbery, Alison, Vice President, Digital - Horizon Media, Inc.; *pg.* 474
Dusenbury, Katie, Social Media Manager - The Consultancy PR; *pg.* 653
Dutcher, Kay Lynn, Executive Producer - RPA; *pg.* 134
Dutchik, Lauren, Senior Account Executive - Campbell Ewald; *pg.* 46
Dutlinger, Andy, Director, Creative - LRXD; *pg.* 101
Dutra, Lilian, Chief Financial Officer - Sublime Communications; *pg.* 415
Dutra Curtis, Lisa, Vice President, Experience Design - (add)ventures; *pg.* 207
Dutton, David, Account Manager & Senior Copywriter - The Scott & Miller Group; *pg.* 152
Dutton, Gloria, Vice President, Digital Strategy - Location3 Media; *pg.* 246
Dutton, Kelly, Managing Director - VMC Media - VMC Media; *pg.* 526
Dutwin, Wendy, President & Founder - Limelight Media, Inc.; *pg.* 298
Duty, Doug, Director, New Market Development - StudioNorth; *pg.* 18
Duvall, Jonathan, Associate Vice President, Media Relations - KEF Media Associates, Inc.; *pg.* 619
Duvall, Krystina, Assistant Paid Social Specialist - Rain; *pg.* 402
Duwan, Lauren, Associate Media Director, Integrated Planning & Investment - Zenith Media; *pg.* 529
Duxbury, Craig, Global Client Services Director - Stein IAS; *pg.* 267
Duysen, David, Vice President, Business Development - InnerWorkings, Inc.; *pg.* 375
Dveirin, Ben, Associate Creative Director - Riester; *pg.* 406
Dvizac, Rachael, Senior Marketing Manager - Action Integrated Marketing; *pg.* 322
Dvorak, Dorcas, Senior Media Buyer - Starcom Worldwide; *pg.* 513
Dvorak, Mark, Executive Director - Golin; *pg.* 609
Dvorin, Jana, Media Strategist - GoMedia; *pg.* 77
Dwan, Megan, Senior Art Director - Good Advertising, Inc.; *pg.* 365

Dwiggins, Josh, Chief Client Officer - Performics; *pg.* 676
Dwiggins, Sara, Account Director - The Integer Group; *pg.* 682
Dwyer, Amanda, Vice President, Executive Account Producer - EP+Co.; *pg.* 356
Dwyer, Cameron, Manager, Digital Account - Mindstream Media Group - Dallas; *pg.* 496
Dwyer, John, President & Chief Executive Officer - Interop Technologies; *pg.* 534
Dwyer, Kristin, Executive Vice President & Planner - Edelman; *pg.* 599
Dwyer, Leah, Account Director - Brokaw, Inc.; *pg.* 43
Dwyer, Michael, Assistant Media Planner - DWA Media; *pg.* 464
Dyal, Herman, Principal & Creative Director - Dyal and Partners; *pg.* 180
Dydynski, Kathy, Senior Account Manager - Decca Design; *pg.* 349
Dye, Ed, Principal & Chief Creative Officer - UTOKA; *pg.* 203
Dye, Katie, Associate Director, Audio Investment - Horizon Media, Inc.; *pg.* 474
Dyer, Dave, Chief Executive Officer & Managing Partner - Manifesto; *pg.* 104
Dyer, Janie, General Manager - Hancock Advertising Group, Inc.; *pg.* 81
Dyer, Jennifer, Local Media Consultant - Agency 720; *pg.* 323
Dyer, Katie, Digital Strategist - Wieden + Kennedy; *pg.* 430
Dyer, Paul, President - Lippe Taylor; *pg.* 623
Dyer, Tim, Partner & Chief Storyteller - Manifesto; *pg.* 104
Dyke, Amanda, Vice President & Director, Partnerships - Zenith Media; *pg.* 529
Dykema, Misty, Principal - Simantel Group; *pg.* 142
Dykema, Scot, Chief Financial Officer - The Richards Group, Inc.; *pg.* 422
Dykstra, Julie, Brand Director - Barkley; *pg.* 329
Dynes, Gina, Senior Manager, Trading Investments - Mindshare; *pg.* 495
Dysard, Terry, Office Manager - Clear Channel Outdoor; *pg.* 551
Dysart, Joshua, Director, Strategic Communications - Conversant, LLC; *pg.* 222
Dyvig, Maureen, Founding Partner - d.trio Marketing Group; *pg.* 348
Dziczek, Stephanie, Senior Content Producer - Saatchi & Saatchi Los Angeles; *pg.* 137
Dziedzic, Ed, Senior Partner & Managing Director - ICF Next; *pg.* 372
Dziedzic, Sara, Partner & Executive Vice President, Business Development - Rocket55; *pg.* 264
Dzierzanowski, Scott, Associate Creative Director - Mosaic North America; *pg.* 312
D'Acierno, John, Vice President & Group Strategy Director - GSD&M; *pg.* 79
D'Amato, Lyn, Art Director - Rassman Design; *pg.* 196
D'Annunzio, Nick, Principal - Tara, Ink.; *pg.* 651
D'Asaro, Rob, Director, Digital Partnerships & Platforms - OMnet - OMD; *pg.* 498
D'Helf, Patrick, Chief Operating Officer - Azavar Technologies Corporation; *pg.* 215
d'Avignon, Marc, Group Creative Director, Olympics - Saatchi & Saatchi Los Angeles; *pg.* 137
de Affonseca, Jonas, Media Manager - VaynerMedia; *pg.* 689
de Croix, Davia, Executive Creative Director - CDFB - CDFB; *pg.* 561
de Fouchier, Jennifer, Creative Director - Gradient Experiential LLC; *pg.* 78
de Gourville, Lauren, Strategist, Marketing -

The William Mills Agency; *pg.* 655
de La Garza, Henry, Chairman & Chief Executive Officer - de La Garza Public Relations, Inc.; *pg.* 595
de La Garza, Randy, President & Chief Financial Officer - de La Garza Public Relations, Inc.; *pg.* 595
de Lange, Dick, Global Head, Planning - Huge, Inc.; *pg.* 239
de Lara, Andrew, Executive Vice President, Strategic Communications & Brand Marketing - Driven 360; *pg.* 598
de Lara, Gabbie, Director, Engagement - Sub Rosa; *pg.* 200
de Lathouder, Yancy, Vice President, Technology - Trilix Marketing Group, Inc.; *pg.* 427
de Leon, Kellie, Vice President, Marketing & Strategy - The MX Group; *pg.* 422
de Milly, Michele, Principal - Geto & de Milly, Inc.; *pg.* 607
de Monet, Philip, Senior Specialist, Media Trading - The Trade Desk; *pg.* 520
de Nardis, Mainardo, Executive Vice Chairman - OMG - OMD; *pg.* 498
de Picciotto, Phil, Founder & President - Octagon; *pg.* 313
de Schweinitz, Anne, Senior Vice President, Senior Partner, & Global Managing Director, Healthcare - FleishmanHillard; *pg.* 605
de Seve, Alexis, Account Director - FIG; *pg.* 73
de Silva, Kathleen, Senior Account Planner, Executive Leader - Rinck Advertising; *pg.* 407
de Silva, Lathi, Managing Director - Signal Theory; *pg.* 141
de Varennes, Jacques, Partner, Vice President & Creative Director - LG2; *pg.* 380
de Vlaming, Lauren, Senior Vice President, Social Strategy - Edelman; *pg.* 600
de Vries, Michael, Head, Production - Spark44; *pg.* 411
de la Herran, Edu, Group Creative Director - OgilvyOne Worldwide; *pg.* 255
de la Maza, Diego, Executive Vice President & Head, Production - Deutsch, Inc.; *pg.* 350
de la Noval, Maria Elena, Vice President, Integrated Production Services - fluent360; *pg.* 540
deBeer, Cara, Partner & Paid Search Director - Catalyst Digital; *pg.* 220
deLeon, Lisa, Chief Strategy Officer - Proterra Advertising; *pg.* 130
deMenna, Joanne, Senior Vice President & Director, Strategy - Mangos Inc.; *pg.* 103
deNeeve, Kristin, Graphic Designer - The Trade Desk; *pg.* 519
di Piazza, Burke, Copywriter - Doner; *pg.* 63
du Plessis, Isabelle, Global Head, Public Relations - The Mill; *pg.* 152

E

Eades, David, Senior Print Producer - Leo Burnett Toronto; *pg.* 97
Eads, Michael, Principal & Director, Production - Sametz Blackstone Associates; *pg.* 197
Eady, Allie, Manager, Talent & Culture - Humanaut; *pg.* 87
Eagen, Sarah, Senior Associate, Account & Project Management - Digitas; *pg.* 227
Eagleston, Paul, Creative Director - Fuel Marketing; *pg.* 361
Eakin, Jordan, Associate Creative Director - McKinney; *pg.* 111
Eales, Francesca, Director, Creative & Strategy - Amplified Digital Agency; *pg.* 213

AGENCIES | PERSONNEL

Ealons, Corey, Partner - VOX Global ; *pg.* 658
Eames, Bruce, Director, Business & Brand Strategy - Signal Theory; *pg.* 141
Eardensohn, Todd, Chief Finance Officer - BGR Group; *pg.* 583
Earle, Elizabeth, Digital Media Planner & Buyer - Wildfire; *pg.* 162
Earle, Michael, Art Director - GIOVATTO Advertising; *pg.* 363
Earle, Monica, Senior Account Executive - Archetype; *pg.* 33
Earley, Eileen, Senior Vice President & Consumer Practice Lead - MSLGroup; *pg.* 629
Earley, Lizzie, Senior Account Manager - SociallyIn; *pg.* 688
Earls, Chris, Manager, Technology - Stone Ward Advertising; *pg.* 413
Earls, Kristen, Chief Strategy Officer - WiT Media; *pg.* 162
Early, Amanda, Vice President - Coyne Public Relations; *pg.* 593
Early, Dan, Co-Owner & Chief Executive Officer - Ascedia; *pg.* 672
Early, Katrina, Media Integration Specialist - Wright On Communications; *pg.* 663
Early, Kristina, Media Planner & Buyer - Briggs & Caldwell; *pg.* 456
Early, Matthew, Senior Strategist, Client - Marketing Resources; *pg.* 568
Earnest, Bryan, President & Chief Executive Officer - Amperage; *pg.* 30
Earnest, Susanna, Managing Director - OMD; *pg.* 500
Eash, Allison, Media Planner & Buyer - IdeaMill; *pg.* 88
Eash, Rose Marie, Senior Account Manager - Dublin Strategies Group; *pg.* 598
Easo, Ansarie, Senior Vice President & Head, Business - Spark Foundry; *pg.* 510
Eason, Ben, Senior Vice President, Client Development - Conversant, LLC; *pg.* 222
Eastburn, Eileen, Head, Accounts - Chandelier Creative; *pg.* 49
Easter, Brian, Co-Founder - Nebo Agency, LLC; *pg.* 253
Easterling, Kate, Director, Business Development - Essence; *pg.* 232
Easterling, Tyler, President & Chief Operating Officer - The Brandon Agency; *pg.* 419
Eastman, David, Creative Group Head & Writer - The Richards Group, Inc.; *pg.* 422
Easton, Alexa, Associate Strategist - Hill Holliday; *pg.* 85
Easton, Darren, Vice President & Creative Director - The Cyphers Agency; *pg.* 419
Easton, Holli, Managing Director - BFG Communications; *pg.* 333
Easton, Kaylie, Senior Account Director - Litzky Public Relations; *pg.* 623
Eastwood, Matt, Global Chief Creative Officer - McCann Health New York; *pg.* 108
Eastwood, Michael, Director - Wavemaker; *pg.* 526
Eatherton, Linda, Managing Director & Partner, Global Practices Development - Food & Beverage - Ketchum; *pg.* 619
Eaton, Brett, Business Strategy Director - McGarrah Jessee; *pg.* 384
Eaton, Bruce, President & Senior Brand Strategist - e10; *pg.* 353
Eaton, Cheryl, Managing Director & Partner - Guru Media Solutions; *pg.* 80
Ebbecke, Greg, Vice President, Business Intelligence - Harmelin Media; *pg.* 467
Ebben, Bill, Chief Executive Officer - Ebben Group; *pg.* 67
Ebel, Chris, Creative Director - Laughlin Constable, Inc.; *pg.* 380
Ebenhoch, Eric, Vice President & Group Account Director - Cramer-Krasselt ; *pg.* 54
Eber, Mark, Partner & President - Imre; *pg.* 374
Eber, Nick, Vice President, Consumer - Imre; *pg.* 374
Eberhard, Larry, Creative Director - Allied Integrated Marketing; *pg.* 576
Eberhardt, Lauren, Executive Producer - Wunderman Thompson; *pg.* 434
Eberhart, Susan, Executive Vice President & Managing Director, Strategic Communications - Blue 449; *pg.* 456
Eberl, Kimberly, Owner & Chief Executive Officer - The Motion Agency; *pg.* 270
Eberly, Don, Co-Owner - Eberly & Collard Public Relations; *pg.* 599
Eberly, Jon, Executive Vice President - Hero Digital; *pg.* 238
Eberly, Toby, Executive Vice President & General Manager - Hanlon Creative; *pg.* 81
Ebert, Andrea, Executive Vice President & Global Managing Partner - Universal McCann; *pg.* 524
Ebert, Evan, Content & Digital Marketing Strategist - Fannit Internet Marketing Services; *pg.* 357
Ebert, Kate, Vice President Creative Director - McCann New York; *pg.* 108
Ebling, Brian, Vice President, Client Services - Bounteous; *pg.* 218
Ebmeyer, Christopher, Managing Director, Factory - Crossmedia; *pg.* 463
Eboli, Carla, Executive Vice President - Energy BBDO, Inc.; *pg.* 355
Eby, Lavon, Executive Vice President - SKAR Advertising; *pg.* 265
Echavez-Taylor, Alexa, Vice President, Integrated Account & Media Director - Chillingworth / Radding, Inc.; *pg.* 342
Echegaray, Miguel, Managing Director - Stellar Agency; *pg.* 267
Echelmeyer, Suzanne, Vice President - Lucas Market Research; *pg.* 447
Echenique, Abby, Executive Vice President & Group Head, Digital - Edelman; *pg.* 599
Echenique, Aileen, Business Director - GUT Miami; *pg.* 80
Echenique, Ana, Director, Communications - Republica Havas; *pg.* 545
Echenoz, Dave, Production Director - DNA Seattle; *pg.* 180
Echevarria, Herman, Owner - BKV; *pg.* 334
Echevarria, Paz, Principal & Director, Media - Polvora Advertising; *pg.* 544
Eck-Thompson , Sarah, Co-Founder & Chief Operating Officer - All Terrain; *pg.* 302
Eckardt, Bryan, Director, Video Production - Banton Media; *pg.* 329
Eckardt, Lisa, Account Manager - The MX Group; *pg.* 329
Eckart, Jef, Vice President - OMD Entertainment; *pg.* 501
Eckel, Albert, Founder & Partner - Eckel & Vaughan; *pg.* 599
Eckel, Brian, Vice President, Operations - Fishbowl; *pg.* 234
Eckel, Corin, Senior Buyer, Local Audio - Horizon Media, Inc.; *pg.* 474
Eckelmann, Paul A., Head, Project Management - Droga5; *pg.* 64
Eckerling, Rachel, Vice President, Programmatic - Spark Foundry; *pg.* 510
Eckersley, Rica, Creative Director - Union Creative; *pg.* 273
Eckert, Anisha, Digital Media Coordinator - Tech Image, Ltd.; *pg.* 652
Eckert, Carolyn, Vice President & Account Director - Austin & Williams Advertising; *pg.* 328
Eckert, Chris, Chief Technology Officer - G5 Search Marketing Inc.; *pg.* 673
Eckford, Mandy, Managing Director - North America - Fortnight Collective; *pg.* 7
Eckhardt, Toby, President, Chief Executive Officer & Chief Creative Officer - Focused Image; *pg.* 235
Eckhart, Kyle, Senior Vice President, Client Development - Rain; *pg.* 402
Eckrote, Dan, Managing Director & Senior Partner - Mindshare; *pg.* 491
Eckstein, Mike, Group Director, Digital Marketing - DP+; *pg.* 353
Econ, Heather, Associate Director, Client Leadership - Havas Media Group; *pg.* 469
Ecvet, Fahri, Chief Operating Officer - Football - Wasserman Media Group; *pg.* 317
Eda, Kayla, Negotiator, Video Partnerships - Initiative; *pg.* 477
Eddings, Caroline, Account Director - St. John & Partners Advertising & Public Relations; *pg.* 412
Eddy, George, President & Owner - Heinrich Marketing, Inc.; *pg.* 84
Eddy, Nelson, Managing Partner, Creative - DVL Seigenthaler; *pg.* 599
Edel, Elizabeth, Assistant Account Executive - Arketi Group; *pg.* 578
Edelen, Jason, Director, Group Creative Packaging - We Are Alexander; *pg.* 429
Edelman, Ann, Vice President, Public Relations & Media - Zehnder Communications, Inc. ; *pg.* 437
Edelman, Barry, Vice President, Digital Marketing - Gartner, Inc.; *pg.* 236
Edelman, Brian, Partner - RAIN; *pg.* 262
Edelman, John, Managing Director, Global Engagement & Corporate Responsibility - Edelman; *pg.* 353
Edelman, Michelle, Chief Strategy Officer - PETERMAYER; *pg.* 127
Edelman, Richard, Chief Executive Officer - Edelman; *pg.* 599
Edelstein, Lee, Account Director - Brandman Agency; *pg.* 585
Edelstein, Michael, Vice President & Director, Brand Partnerships - The Marketing Store Worldwide; *pg.* 421
Eden, Audrey, Director, Entertainment - Jack Morton Worldwide; *pg.* 309
Eden, Jeff, Chief Revenue Officer - DEG Digital; *pg.* 224
Eden, Whitney, SEO Senior Specialist - Deloitte Digital; *pg.* 225
Eder, Norm, Partner - Conkling Fiskum & McCormick; *pg.* 592
Edery, Darren, Chief Executive Officer - Adastra Corporation; *pg.* 167
Edgar, Brett, Managing Director - BBH; *pg.* 37
Edge, Devin, Strategist, Content - Horizon Media, Inc.; *pg.* 474
Edge, Justin, Global Head & General Manager - Healthcare - GfK; *pg.* 444
Edgerton, David, Associate Creative Director - Jones Advertising; *pg.* 93
Edgerton, DJ, Founder & Chief Executive Officer - Zemoga, Inc.; *pg.* 277
Edgington, John, Senior Strategist, Creative - VIVA Creative; *pg.* 160
Ediger, Becky, Senior Art Director - Willoughby Design Group ; *pg.* 205
Edinger, Peter, Director, Digital Media Activation - Horizon Media, Inc.; *pg.* 474
Edinger, Toni, Account Director - HughesLeahyKarlovic; *pg.* 372
Edison, Barry, Partner & Vice President, Touchpoint Strategy - Hiebing; *pg.* 85
Edlund, Campbell, President & Chief Executive Officer - EMI Strategic Marketing, Inc.; *pg.* 68
Edmond, Derek, Managing Director & Partner -

791

PERSONNEL | AGENCIES

KoMarketing Associates; *pg.* 675
Edmonds, Dan, Senior Vice President, Design Services - Lawrence & Schiller; *pg.* 97
Edmonds, Kate, Senior Vice President, Media - Publicis Health Media; *pg.* 506
Edmonds, Lucy, Supervisor, Planning - Procter & Gamble - Carat; *pg.* 459
Edmondson, Chris, Executive Director - VMLY&R; *pg.* 274
Edmondson, Maggie, Assistant Account Executive - MMGY Global; *pg.* 388
Edmonson, Ben, Senior Art Director - Geile/Leon Marketing Communications; *pg.* 362
Edmonson, Gina, Senior Executive Administrative Assistant & Event Coordinator - Conversion Interactive Agency; *pg.* 222
Edmonson, Will, Senior Manager, Digital Marketing & SEO - Wpromote; *pg.* 679
Edoo, Riyaad, Lead, Search & eCommerce - Unilever - Mindshare; *pg.* 491
Edson, Katie, Director, Customer Success - WordBank LLC; *pg.* 163
Edstrom, Ainsley, Manager, Digital Investment - Mindshare; *pg.* 491
Eduardo, Marcelo, Founding Partner, Technology - Work & Co; *pg.* 276
Edward, Tony, SEO Director - Tinuiti; *pg.* 678
Edwards, Adam, Global Head, SEO - Reprise Digital; *pg.* 676
Edwards, Bobby, Senior Media Strategist - Giant Spoon, LLC; *pg.* 363
Edwards, Brian, Vice President - McKenzie Worldwide; *pg.* 626
Edwards, Brittany, Supervisor, Strategy - Spark Foundry; *pg.* 512
Edwards, Brittany, Public Relations & Marketing Specialist - Carve Communications; *pg.* 588
Edwards, Cheryl, Account Supervisor - 360i, LLC; *pg.* 208
Edwards, Derrick, Account Coordinator - Fixation Marketing; *pg.* 359
Edwards, Donna, Group Manager, Broadcast - Media Storm; *pg.* 486
Edwards, Emily, Project Manager - Crispin Porter + Bogusky; *pg.* 346
Edwards, Erin, Supervisor, Search - True Media; *pg.* 521
Edwards, Greg, Executive Vice President & Chief Operations Officer - UWG; *pg.* 546
Edwards, Jessica, Digital Marketing Strategist - Cox Media; *pg.* 463
Edwards, Kinney, Executive Creative Director - Tribal Worldwide; *pg.* 272
Edwards, Leslie, Vice President, Strategic Services - Global Strategies; *pg.* 673
Edwards, Lindsay, Public Relations Specialist - Ren Beanie; *pg.* 642
Edwards, Marlena, Chief Talent Officer - Huge, Inc.; *pg.* 239
Edwards, Mary, Senior Account Director - Quattro Direct; *pg.* 290
Edwards, Matthew, Creative Director - BMW - Goodby, Silverstein & Partners; *pg.* 77
Edwards, McGavock, Strategic Communications Director - Eckel & Vaughan; *pg.* 599
Edwards, Melanie, Vice President & Media Director - BERLINE; *pg.* 39
Edwards, Rachel, Copywriter - Amelie Company; *pg.* 325
Edwards, Ray, Director, Data Science & Advanced Analytics - BBDO ATL; *pg.* 330
Edwards, Rusty, Art Director - CVA Advertising & Marketing, Inc.; *pg.* 56
Edwards, Ryan, Senior Vice President, Integrated Search - The Tombras Group; *pg.* 424
Edwards, Ryon, Partner & Director, Design - Riggs Partners; *pg.* 407
Edwards, Scott, Executive Creative Director -

Innis Maggiore Group; *pg.* 375
Edwards, Shaine, Copywriter - Wieden + Kennedy; *pg.* 430
Edwards, Thomas, Senior Supervisor - Carat; *pg.* 461
Edwards, Tom, Chief Digital Officer, Agency - Epsilon; *pg.* 283
Ee, Chris, Director, Insights & Analytics - The Marketing Arm; *pg.* 317
Eeles, Dale, Vice President, Event Development - Las Vegas Events; *pg.* 310
Effenson, Elyse, Media Director - Buyer Advertising, Inc.; *pg.* 338
Effman, Samantha, Associate Planning Director - Wavemaker; *pg.* 526
Efromovich, Faran, Associate Director - Posterscope U.S.A.; *pg.* 556
Efta, Jessica, Account Director - Yesler; *pg.* 436
Eftekari, Roya, Senior Account Executive - Rogers & Cowan/PMK*BNC; *pg.* 643
Egan, Andrew, Founder & Executive Creative Director - CoolGraySeven; *pg.* 53
Egan, Bill, President - Trungale, Egan & Associates; *pg.* 203
Egan, Cayla, Art Director - MGH Advertising ; *pg.* 387
Egan, Jolie, Senior Vice President - MSLGroup; *pg.* 629
Egan, Karen, Group Media Director - Rain; *pg.* 402
Egan, Mike, Copywriter - Wieden + Kennedy; *pg.* 430
Egan, Molly, Specialist - Out-of-Home, Print & Digital - Kelly, Scott & Madison, Inc.; *pg.* 482
Egan, Roby, Account Executive - Direct Resources Group; *pg.* 281
Egan, Tracy, Vice President, Account Management - Media Horizons, Inc.; *pg.* 288
Eggan, Claudia, Director, Broadcast - Haworth Marketing & Media; *pg.* 471
Eggers, Andy, Principal - Guthrie / Mayes & Associates, Inc.; *pg.* 611
Eggert, Ashley, Account Director - Dittoe Public Relations; *pg.* 597
Eggleston, Anna, Programmatic Supervisor - Crossmedia; *pg.* 463
Eggleston, Josh, Director, Content Production - McKinney; *pg.* 111
Eghammer, Johan, Creative Director - Forsman & Bodenfors; *pg.* 74
Eghammer, Johan, Co-Head, Creative & Executive Creative Director - Crispin Porter + Bogusky; *pg.* 346
Ehart, Josh, Executive Vice president & Chief Innovation Officer - Energy BBDO, Inc.; *pg.* 355
Ehlen, Andy, Senior Media Planner & Buyer - Grady Britton Advertising; *pg.* 78
Ehler, Dano, Co-Founder & Senior Vice President, Sales - Digital Mark Group; *pg.* 225
Ehlers, Carter, Supervisor, Marketing Science - Hearts & Science; *pg.* 473
Ehlers, David, Chief Executive Officer - Blue 449; *pg.* 455
Ehlke, Lisa, Vice President, Public Relations - Zizzo Group Advertising & Public Relations; *pg.* 437
Ehresman, Kathleen, Senior Partner & Associate Director, Print - GroupM; *pg.* 466
Ehrgott, Mariah, Digital Marketing Manager - EVR Advertising; *pg.* 69
Ehrhardt, Malcolm, Partner - The Ehrhardt Group, Inc.; *pg.* 653
Ehrhardt, Marc, Senior Vice President, Partner - The Ehrhardt Group, Inc.; *pg.* 653
Ehrhart, Allison, Global Media Strategy Supervisor - Zenith Media; *pg.* 529

Ehrlich, Amy, Senior Vice President & Account Director - Source Communications; *pg.* 315
Ehrnstein, Jacob, Account Director - 3Q Digital; *pg.* 208
Ehsan, Ethan, Senior Environments Designer - Derse, Inc.; *pg.* 304
Ehsani, Parmis, Creative Resource Manager - Deutsch, Inc.; *pg.* 350
Ehui, Stephanie, Group Media Director - Wieden + Kennedy; *pg.* 430
Ehven, Gilad, Senior Manager, Development - Fireman Creative; *pg.* 183
Eiben, David, Senior Managing Director - Dell Blue; *pg.* 60
Eich, Tom, Partner & Chief Technology Officer - IDEO; *pg.* 187
Eichele, Heather, Vice President - OH Partners; *pg.* 122
Eichen, Noah, Creative Director - Ayzenberg Group, Inc.; *pg.* 2
Eichinger, Keith, Manager, Direct Marketing - Gelia Wells & Mohr; *pg.* 362
Eichler, David, Co-Founder & Creative Director - Decibel Blue; *pg.* 595
Eichler, Diane, Co-Founder & President - Decibel Blue; *pg.* 595
Eichner, Clay, Executive Vice President, Digital Strategy - OMG23 - OMD Entertainment; *pg.* 501
Eickemeyer, Nick, Senior Account Supervisor - Zeno Group; *pg.* 664
Eickhoff, Brian, President & Chief Creative Officer - Texas Creative; *pg.* 201
Eid, George, Founder, Partner & Creative Director - AREA 17; *pg.* 214
Eid, Luke, Global President, Digital & Innovation - TBWA \ Chiat \ Day; *pg.* 416
Eidson, Sam, Co-Founder & Partner - 90octane; *pg.* 209
Eifert, Chris, Principal - TriComB2B; *pg.* 427
Eifert, Marissa, Account Executive - FleishmanHillard; *pg.* 604
Eifert Mayer, Sandy, Vice President & Director, Digital Services - Conill Advertising, Inc.; *pg.* 538
Eignor, Andrew, Production Supervisor - SourceLink, LLC; *pg.* 292
Eikenberry, Joel, Production Manager - Saatchi & Saatchi X; *pg.* 682
Eiland, Tom, Partner - Conkling Fiskum & McCormick; *pg.* 592
Einan, Kim, Executive Vice President & Head, Strategy & Experience Design - Starcom Worldwide; *pg.* 513
Einhaus, Rick, Executive Vice President - HMT Associates, Inc.; *pg.* 681
Einhauser, Chris, Managing Director - David&Goliath; *pg.* 57
Einhorn, Ashley, Director, Paid Media - VaynerMedia; *pg.* 689
Einhorn, Lee, Partner - Partners in Crime; *pg.* 15
Eisberg Rubin, Melissa, Vice President - Bizcom Associates; *pg.* 584
Eisbrenner, Ray, Chairman - Marx Buscemi Eisbrenner Group; *pg.* 626
Eisbrenner, Tom, President - Marx Buscemi Eisbrenner Group; *pg.* 626
Eiselstein, Paul, Associate Director, Integrated Planning - Kelly, Scott & Madison, Inc.; *pg.* 482
Eiseman, Rob, Vice President, Public Relations - Blue Chip Marketing & Communications; *pg.* 334
Eisen, Audrey, Media Director - Capitol Media Solutions; *pg.* 459
Eisenberg, Arthur, Owner - Eisenberg & Associates; *pg.* 181
Eisenberg, Dan, Senior Vice President, New Business & Marketing - Blue Chip Marketing &

792

AGENCIES — PERSONNEL

Communications; *pg.* 334
Eisenberg, Jeff, President - EVR Advertising; *pg.* 69
Eisenberg, Jesse, Chief Growth Officer - Tinuiti; *pg.* 678
Eisenberg, Martina, Senior Manager, Portfolio Management - Universal McCann; *pg.* 521
Eisenberg, Stephanie, Director, Video Investment - Horizon Media, Inc.; *pg.* 474
Eisenbraun, Paula, Visual & UX Designer - Bluetext; *pg.* 40
Eisenbrown, Mike, Communications Manager - Meteorite PR; *pg.* 627
Eisendrath, Laurie, Chief Finance Officer - Archetype; *pg.* 33
Eisenhard, Megan, Vice President, Campus+ - Learfield IMG College; *pg.* 310
Eisenhut, Linda, Vice President - Jones Huyett Partners; *pg.* 93
Eisenman, David, Co-Founder & Chief Executive Officer - Madwell; *pg.* 13
Eisenmann, Marianne, Head, Research & Analytics - inVentiv Health Public Relations Group - Chandler Chicco Agency; *pg.* 589
Eisenstadt, David, Founder & Partner - The Communications Group, Inc.; *pg.* 653
Eisenstadt, Rhoda, Partner - The Communications Group, Inc.; *pg.* 653
Eisenstein, Brad, Creative Director - Manhattan Marketing Ensemble; *pg.* 382
Eisenstein, Mike, Vice President, Analytics - Blue 449; *pg.* 455
Eiserman, Rick, Chief Executive Officer - Trailer Park; *pg.* 299
Eiserman, Rick, Chief Executive Officer - North America - Engine; *pg.* 231
Eisinger, Kenny, Analytics Lead - Net Conversion; *pg.* 253
Eisinger, Lindsay, Marketing Manger - FingerPaint Marketing; *pg.* 358
Eisner, Todd, Creative Director - barrettSF; *pg.* 36
Eitelbach, Andrew, Senior Director, Marketing & Communications - Association of National Advertisers; *pg.* 442
Eixman, Vanessa, Vice President, Business Development - Jaymie Scotto & Associates; *pg.* 616
Eizik, Selina, Chief Operating Officer - Conductor; *pg.* 672
Ejaz, Vencilla, Senior Account Manager - Response Media, Inc.; *pg.* 507
Ejigu, Neby, Digital Partner - Finn Partners; *pg.* 603
Ekblad, Brett, Senior Art Director - TPN; *pg.* 571
Ekelmann, Stephanie, Director, Operations & New Business - Rebuild; *pg.* 403
Ekisheva, Natalia, Performance Media Director - 22squared Inc.; *pg.* 319
Eklund, Andrew, Founder & Chief Executive Officer - Ciceron; *pg.* 220
Ekmark - Williams, Leah, President & Chief Executive Officer - Dala; *pg.* 595
Ekola, Rey, Manager, Media Development - Mediaspace Solutions; *pg.* 490
Ekonomou, Sia, Senior Account Executive - Red Fuse Communications; *pg.* 404
Ekstrand, Lauren, Senior Vice President & Managing Director - Horizon Media, Inc.; *pg.* 474
Elamin, Tamara, Associate Director, Strategy - Hearts & Science; *pg.* 473
Elberson, Charlie, Vice President, Insights Strategist - Wray Ward; *pg.* 433
Elddine, Dan, Head, Data Strategy - North America - Essence; *pg.* 232
Elder, John, Chief Executive Officer & Co-founder - Heat; *pg.* 84
Eldred, Charles, Creative Director - DMN3; *pg.* 230
Eldred, Kelly, Partner, Portfolio Management - Universal McCann Detroit; *pg.* 524
Eldred, Sean, Director, Client Services - USIM; *pg.* 525
Eldred, Sean, Director, Client Service - USIM; *pg.* 525
Eldridge, Ashley, Community Director - Hudson Rouge; *pg.* 371
Eldridge, Saxon, Chief Operating Officer, Co-Founder - Anchor Worldwide; *pg.* 31
Eldridge, Sebastian, Chief Executive Officer, Co-Founder - Anchor Worldwide; *pg.* 31
Elegant, Melissa, Associate Media Director - Starcom Worldwide; *pg.* 513
Elema, Anna, Digital & Integrated Marketing Specialist - Exverus Media Inc.; *pg.* 465
Elen, Bob, President & Chief Operating Officer - Davis Elen Advertising; *pg.* 58
Elenes, Eneida, Account Director - Chandelier Creative; *pg.* 49
Eley, Alex, Account Director - Butler, Shine, Stern & Partners; *pg.* 45
Eley, Damien, Partner, Executive Creative Director - The Many; *pg.* 151
Elfstrom, Nicole, Account Managing Director - mcgarrybowen; *pg.* 109
Elfstrom, Suzanne, Director, Media & Public Relations - PartnersCreative; *pg.* 125
Elgibali, Jihan, Producer - DO NOT DISTURB; *pg.* 63
Eli, Rafael, Partner - Schramm Marketing Group; *pg.* 508
Elias, Joanne, Associate Vice President, List Brokerage - Lake Group Media, Inc.; *pg.* 287
Elias, Majd, President - Swing Media; *pg.* 557
Elias, Philip, President & Chief Executive Officer - Elias Savion Advertising; *pg.* 68
Eliaser, Augusta, Associate Media Director - Starcom Worldwide; *pg.* 513
Eliason, Mary, Communications Planning Supervisor - Wieden + Kennedy; *pg.* 430
Elijah, Erin, Senior Manager, Interactive Projects - Nebo Agency, LLC; *pg.* 253
Elimeliah, Craig, Executive Director, Client Experience - VMLY&R; *pg.* 160
Elisano, Kristy, Senior Vice President, Marketing & Public Relations - Sparks; *pg.* 315
Elisco, John, President & Creative Director - Elisco Advertising; *pg.* 68
Elisco-Lemme, Anne, Executive Creative Director - Duncan Channon; *pg.* 66
Elissat, Dean, Vice President, Client Engagement - Engine Digital; *pg.* 231
Elkin, Alan, Co-Founder & Chief Executive Officer - Active International; *pg.* 439
Elkin-Frank, Dayna, General Counsel - Active International; *pg.* 439
Elkington, David, Co-Founder & Chief Executive Officer - InsideSales.com; *pg.* 168
Elkins, Anne, Head, Partnerships - Rufus/Amazon - Initiative; *pg.* 478
Elkins, Janet, President - EventWorks; *pg.* 305
Elkins, Laura, Senior Account Executive - Lovell Communications, Inc.; *pg.* 623
Elkins, Lyndsay, Executive Producer - Code and Theory; *pg.* 221
Elkins, Shelley, Global Chief Creative Officer - Jack Morton Worldwide; *pg.* 309
Elkman Gerson, Mollie, Owner & President - Group Two Advertising, Inc.; *pg.* 78
Elkouby, Ari, Executive Creative Director - JWT Toronto; *pg.* 378
Ella Mathis, Jo, Senior Manager, Business Affairs - 22squared Inc.; *pg.* 319
Elle, Jodi, Partner & Chief Marketing Officer - Moses, Inc.; *pg.* 118
Ellefson, Kelsey, Director, Strategy - Kroger - DDB New York; *pg.* 59
Ellen, Elizabeth, Creative Director - Fixation Marketing; *pg.* 359
Ellen, Pam, Vice President - Ellen Communications; *pg.* 601
Ellen, Paul, President - Ellen Communications; *pg.* 601
Ellenbogen, Marcy, Media Buyer - The Gary Group; *pg.* 150
Ellenburg, Roger, Founding Partner - Brand Neue Co; *pg.* 3
Ellermeyer, Jeff, Principal & Managing Director - Buck; *pg.* 176
Ellet, Ted, Managing Director, Client Advice & Management - Initiative; *pg.* 477
Ellett, John, Chief Executive Officer - Springbox; *pg.* 266
Ellingson, Andrew, Account Manager - SixSpeed; *pg.* 198
Ellingson, Nicole, Creative Director - Quigley-Simpson; *pg.* 544
Elliot, Cassie, Vice President & Creative Director, Advertising - Qorvis Communications, LLC; *pg.* 640
Elliot, Charissa, Creative Director - One Trick Pony; *pg.* 15
Elliot, Jackie, Media Director - Rapport Outdoor Worldwide; *pg.* 556
Elliot, Jeff, President - Power PR; *pg.* 638
Elliot, Jeremy, Creative Director - Firstborn; *pg.* 234
Elliott, Aubri, Brand Media Manager - The Richards Group, Inc.; *pg.* 422
Elliott, Carolyn, Senior Vice President - Bose Public Affairs Group, LLC; *pg.* 585
Elliott, Conor, Chief Technology Officer - Harmelin Media; *pg.* 467
Elliott, Daniel, Creative Director - Banton Media; *pg.* 329
Elliott, Fraser, Senior Vice President, Media Director - LaneTerralever; *pg.* 245
Elliott, Jeanette, Executive Vice President & Creative Director - Ackerman McQueen, Inc.; *pg.* 26
Elliott, Jim, Executive Creative Director - Goodby, Silverstein & Partners; *pg.* 77
Elliott, Kaley, Account Executive - The Rose Group; *pg.* 655
Elliott, Kevin, Senior Vice President - Hill+Knowlton Strategies; *pg.* 613
Elliott, Kevin, President & Chief Executive Officer - Code Four; *pg.* 343
Elliott, Lauren, Vice President, Strategy - McCann New York; *pg.* 108
Elliott, Maren, Chief Talent Officer - Swift; *pg.* 145
Elliott, Matthew, Account Services Director - Envisionit Media, Inc.; *pg.* 231
Elliott, Nick, Director, Creative - Havas New York; *pg.* 369
Elliott, Rayna, Senior Vice President, Digital Strategy & Innovation - Horizon Media, Inc.; *pg.* 474
Elliott, William, Creative Director - Goodby, Silverstein & Partners; *pg.* 77
Elliott Collins, Danielle, Associate Vice President - Prosek Partners; *pg.* 639
Ellis, Alexa, Vice President, Marketing - Swarm; *pg.* 268
Ellis, Anna, Associate, Portfolio Management - Universal McCann; *pg.* 521
Ellis, Brian, Executive Vice President & Founder - Padilla; *pg.* 635
Ellis, Chevaun, Media Supervisor - Team One; *pg.* 418
Ellis, Darby, Senior Strategist, Search Engine Optimization - Envisionit Media, Inc.; *pg.* 231
Ellis, Dave, Senior Writer, Content - Centerline Digital; *pg.* 220

PERSONNEL AGENCIES

Ellis, George, Co-Owner & Creative Director - Bandolier Media; pg. 685
Ellis, Jill, Account Director - Archer Malmo; pg. 32
Ellis, John, Digital Strategist - blr further; pg. 334
Ellis, Jon, Senior Vice President & Executive Producer - DDB Chicago; pg. 59
Ellis, Julie, Vice President - Newman PR; pg. 632
Ellis, Kristina, Executive Vice President & Executive Creative Director - Evoke Giant; pg. 69
Ellis, Madelyn, Assistant Account Executive - Martin Retail Group; pg. 106
Ellis, Margaret, Marketing Analytics & Client Solutions Manager - Kepler Group; pg. 244
Ellis, Shannon, Executive Vice President, Business Development - Havas Edge; pg. 285
Ellis, Shaye, Senior Manager, Marketing - Arnold Worldwide; pg. 33
Ellis, Taylor, Senior Human Resources Generalist - Cramer-Krasselt ; pg. 53
Ellis, Tiffany, Vice President, Operations - beMarketing Solutions; pg. 216
Ellis, Tom, Founder & Chief Executive Officer - Swarm; pg. 268
Ellis, Vernon, Creative Director - Grossman Marketing Group; pg. 284
Ellison, John, Executive Producer - Henry V Events; pg. 307
Ellison, Justin, Graphic Designer & Web Designer - Holland Advertising; pg. 87
Ellison, Steve, Vice President, Client Engagement - 3H Communications, Inc.; pg. 321
Ellmaker, Scott, Group Creative Director - Wray Ward; pg. 433
Ellman, Dennis, Founder & Principal - Beck Ellman Heald; pg. 582
Ellman, Jennie, Media Supervisor - Spark Foundry; pg. 510
Ellms, Jon, Vice President & Principal - Access TCA, Inc.; pg. 210
Ellovich, Josh, Senior Vice President - Advantage International; pg. 301
Ellowitch, Dori, Senior Account Director - StrawberryFrog; pg. 414
Ellsberry, Keenan, Vice President & Director, Digital Strategy & Innovation - Hudson Rouge; pg. 372
Elmasry, Heba, Art Director - Pop2Life; pg. 195
Elmasu, Celia, Senior Industrial Designer - Astro Studios; pg. 173
Elmendorf, Lisa, Media Strategist - Empower; pg. 354
Elmer, James, Co-Founder & Chief Technology Officer - Bayard Bradford; pg. 215
Elmer, John, Chief Executive Officer - Bayard Bradford; pg. 215
Elmore, Beth, Director, Production Services - Preston Kelly; pg. 129
Elmore, Jeff, Executive Producer - charlieuniformtango; pg. 561
Elmore, Peter, Senior Vice President & Director, Client Services - Local Lead Generation - The Martin Agency; pg. 421
Elmowitz, Tina, Partner & Executive Vice President - RBB Communications; pg. 641
Elnar, Rachel, Partner & Strategy Director - Ramp Creative; pg. 196
Elsas, Cara, Senior Vice President & Senior Partner - FleishmanHillard; pg. 604
Elsasser, Kamerin, Associate Producer - DDB Chicago; pg. 59
Elsbree, Susan, Senior Vice President - InkHouse Public Relations; pg. 615
Elser, James, Vice President & General Manager - Derse, Inc.; pg. 304
Elsherbini, Hala, Senior Vice President & Chief Operating Officer - Halliburton Investor Relations; pg. 611
Elsom, Cindi, Account Supervisor - HMH; pg. 86
Elson, Sarah, Account Manager - WE Communications; pg. 660
Elston, Craig, Global Chief Strategy Officer - The Integer Group; pg. 682
Elswick, Olivia, Social Media & Content Strategist - Visibility and Conversions; pg. 159
Eltringham, Courtney, Associate Creative Director - Manifest; pg. 248
Elve, Lynsey, Senior Vice President & Director, Communications - MSLGroup; pg. 629
Elverman, Bill, Partner & Vice President, Public Relations - PKA Marketing; pg. 397
Elvira, Daniella, Associate Media Director - Noble People; pg. 120
Elvove, Roy, Executive Vice President & Director, Worldwide Communications - BBDO Worldwide; pg. 331
Elwarner, Brian, Chief Media Officer - GTB; pg. 367
Elwell, Anne, Vice President, Client Solutions - Pace Communications; pg. 395
Elwell, Chris, Partner & Chief Executive Officer - Third Door Media, Inc.; pg. 678
Elwell, Conner, Brand Strategist - Horizon Media, Inc.; pg. 474
Elwell, Dale, Partner, Client Services - Hitchcock Fleming & Associates, Inc. ; pg. 86
Emanuel, Laura, Director, Public Relations - Brownstein Group, Inc.; pg. 44
Emanuel, Shelly, Partner & Executive Vice President - Marbury Creative Group; pg. 104
Embry, Brooke, Events Producer - Duarte; pg. 180
Embry, Robin, Vice President - Lovell Communications, Inc.; pg. 623
Embry Selig, Jane, Media Buyer & Planner - CJRW; pg. 590
Emergui, Chris, President - BAM Strategy; pg. 215
Emerick, Nicole, Vice President & Director, Social Media - FCB Chicago; pg. 71
Emerine, Jeff, Executive Vice President, Operations, Production & Creative - Automotive Events; pg. 328
Emerson, BeLinda, Senior Media Planner & Buyer - Saxton Horne; pg. 138
Emerson, Sarah, Social Media Marketing Specialist - 10fold; pg. 573
Emery, Aaron, Art Director & Designer - Pocket Hercules; pg. 398
Emery, Courtney , Senior Account Executive - Sparks & Honey; pg. 450
Emery, David, Account Director, Analytics - Weber Shandwick; pg. 662
Emery, David, Head, Production & Executive Producer - 180LA; pg. 23
Emery, Grace, Vice President - Mission North; pg. 627
Emery, Mariel, Media Planner - Horizon Media, Inc.; pg. 474
Emery, Sarah, Vice President - Civic Entertainment Group; pg. 566
Emery, Tom, President - Emery Group Advertising; pg. 68
Emigh, Lisa, Senior Director, Contract Management RFP's - BrandMuscle; pg. 337
Emmens, Steve, Managing Director, Integrated Production - Juniper Park\ TBWA; pg. 93
Emmer, Gregg, Chief Marketing Officer - Kaeser & Blair; pg. 567
Emmert, Kelly, Senior Vice President & Director, Business Development - ICON International, Inc.; pg. 476
Emmett, Brad, Chief Creative Officer - Commonwealth // McCann; pg. 52
Emmons, Amity, Associate Director, Marketing Science - Critical Mass, Inc.; pg. 223
Emmons, Carla, Vice President, Technology - Intermarkets, Inc.; pg. 242
Emoff, Katherine, Senior Media Supervisor - MODCoGroup; pg. 116
Emory, Meg, Digital Strategist - Folklore Digital; pg. 235
Emory-Walker, Patricia, Senior Vice President, Group Account Director - Archer Malmo; pg. 32
Empringham, Erica, Director, Finance - Dovetail Communications, Inc.; pg. 464
Emry, Steven, Vice President & Creative Director - FCB Health; pg. 72
Encina, Bryan, Head, Technical - The1stMovement, LLC; pg. 270
Enders, Jennifer, Strategy Director - PHD Chicago; pg. 504
Endick, Jaime, Senior Manager, Content & Social Strategy - The Narrative Group; pg. 654
Endicott, Bill, Principal - Environmental Graphic Design - Mitchell Associates, Inc.; pg. 191
Endlich, Edwin, Senior Vice President & Director, Content Marketing - Marina Maher Communications; pg. 625
Endo, Daisuke, Vice President & Creative Director - Flying Machine; pg. 74
Endres, John, Director, Internet Services - Sumner Group; pg. 415
Endres, Kevin, Executive Vice President & Executive Creative Director - Dalton + Anode; pg. 348
Endres, Michael, Senior Sales Executive, Digital Marketing - Deloitte Digital; pg. 225
Endres, Simon, Co-Founder & Chief Creative Officer - Red Antler; pg. 16
Eneix, Keith, Marketing Strategist - Fannit Internet Marketing Services; pg. 357
Eneix, Neil, Founder - Fannit Internet Marketing Services; pg. 357
Enerson, Marty, Senior Vice President, Operations - Martin Williams Advertising; pg. 106
Eng, Audrey, Vice President, Account Management - Adperio; pg. 533
Eng, Christopher, Associate Creative Director - Knight; pg. 95
Eng, Dennis, Media Supervisor - DiD Agency; pg. 62
Eng, Derek, Director, Analytics - Spark Foundry; pg. 510
Eng, Jessica, Associate Planning Director - Wavemaker; pg. 529
Eng, Katie, Vice President, Strategy & Innovation - Paco Collective; pg. 544
Eng, Lena, Senior Vice President, Integrated Operations - Craft WW; pg. 561
Eng, Patricia, Board Director - MVNP; pg. 119
Eng, Raymond, Director, Client Success - Publicis North America; pg. 399
Engedal, Tony, President - Premier Entertainment Services; pg. 298
Engel, Amy, Senior Vice President & Director - Spark Foundry; pg. 510
Engel, Courtney, Managing Director, Consumer & Lifestyle - JONESWORKS; pg. 618
Engel, Dustin, General Manager, Corporate Development & Investments - PMG; pg. 257
Engel, Gregory, Partner - Engel O'Neill Advertising; pg. 68
Engelbrecht, Leigh, Account Manager - Professional Media Management; pg. 130
Engelhardt, Renee, Director, Analytics - Essence; pg. 232
Engelhart, Adam, Creative Director - Neff Associates, Inc.; pg. 391
Engellenner, Coleman, Vice President, Digital

AGENCIES — PERSONNEL

& Magazine Activation - Zenith Media; *pg.* 531
Engen, Greg, President & Chief Executive Officer - Modern Climate; *pg.* 388
Enger, Mandi, Associate Media Strategy Supervisor - R&R Partners; *pg.* 131
Engerer, Elyse, Account Supervisor - Saatchi & Saatchi Dallas; *pg.* 136
Engert, Alexa, Media Director - MediaCom; *pg.* 487
Engesser, Stewart, Director, Concept Creative & Broadcast - Ethos Marketing & Design; *pg.* 182
Engholm, Danielle, Vice President & Strategist, Business-To-Business Marketing & Communications - Padilla; *pg.* 635
England, Addams, Vice President, Information Technology - Vizergy; *pg.* 274
Englander, Adam, Partner & General Counsel - Englander Knabe & Allen; *pg.* 602
Englander, Harvey, Co-Founder & Managing Partner - Englander Knabe & Allen; *pg.* 602
Engle, Amberlee, Vice President, Client Partnerships - R&R Partners; *pg.* 131
Engle, Joseph, Director, Sales Planning - Conversant, LLC; *pg.* 222
Engle, Rebecca, Senior Vice President, Business Operations - adMarketplace; *pg.* 210
Engle, Samantha, Event Manager - The George P. Johnson Company; *pg.* 316
Engleman, John, Senior Manager, Media - Mitchell; *pg.* 627
Englemann, Eric, Founder & Chairman - Geonetric; *pg.* 237
English, Erin, Associate Media Director - Wavemaker; *pg.* 526
English, Heather, Vice President, Creative Director - Deutsch, Inc.; *pg.* 349
English, Joel, Managing Partner - BVK; *pg.* 339
English, Jonna, Director, Traditional Media Services - Adstrategies, Inc.; *pg.* 323
English, Katherine, Head, Product - KIP - Kepler Group; *pg.* 244
English, Michael, Director, Motion Graphics & Animation - Aloysius Butler & Clark; *pg.* 30
English, Susan, Senior Vice President & Director, Public Relations & Social Media - Gatesman; *pg.* 361
Englot, Kayla, Associate Director, Digital - Spark Foundry; *pg.* 508
Engquist, Amanda, Digital Media Analyst - Charles Ryan Associates, Inc.; *pg.* 589
Engstrom, John, Owner - Database Marketing Group, Inc.; *pg.* 281
Ennen, Willow, Junior Art Director - GUT Miami; *pg.* 80
Ennis, Eric, Director, Out of Home & Transit Media - Ashley Advertising Agency; *pg.* 34
Ennis, Gary, Director, Creative - BAM Connection; *pg.* 2
Ennis, Lisa, Senior Vice President & Media Director - Wenstrom Communications, Inc.; *pg.* 529
Ennis, Rich, Chief Executive Officer - Nth Degree, Inc.; *pg.* 312
Enright, Chelsea, Media Buyer - The Ward Group, Inc - Media Stewards; *pg.* 520
Enright, Lucy, Manager, Digital Partnerships - Initiative; *pg.* 477
Enright, Margaret, Director, Creative Services - SoMe Connect; *pg.* 677
Enright, Rob, President - The Ward Group, Inc - Media Stewards; *pg.* 520
Enright, Sharon, Group Account Director - OMD West; *pg.* 502
Enriquez, Nicole, Account Executive - Rapport Outdoor Worldwide; *pg.* 557
Enriquez, Sandra, Senior Account Manager - On Board Experiential Marketing; *pg.* 313
Enslein, Nicole, Founder & Chief Executive Officer - Sublime Communications; *pg.* 415
Ensley, Mark, Vice President, Automotive - GumGum; *pg.* 80
Enss, Rhiannon, Account Supervisor - Anomaly; *pg.* 326
Entman, Max, Vice President, Account Services - Yes&; *pg.* 436
Entrup, Tom, Chief Financial Officer - Deutsch, Inc.; *pg.* 349
Entwistle, Julia, Senior Vice President, Health - Edelman; *pg.* 599
Ephrem, Jobin, Executive Vice President, Technology & Executive Director - Rightpoint; *pg.* 263
Ephrom, Amanda, Senior Planner, Strategic - Saatchi & Saatchi Los Angeles; *pg.* 137
Epifano, Gina, Public Relations Coordinator - Jenerate PR; *pg.* 617
Epp, Peter, Director, Digital Solutions - Kellett Communications; *pg.* 94
Eppehimer, Ryan, Chief Financial Officer - Glover Park Group; *pg.* 608
Eppich, Kelley, Senior Account Executive - American Solutions; *pg.* 565
Epping, Kristina, Manager, Digital Campaign - Ciceron; *pg.* 220
Epple, Stephen, Executive Vice President, Digital Strategy & Operations - Fathom; *pg.* 673
Epsteen, Jack, Senior Vice President & Director, Production - GSD&M; *pg.* 79
Epstein, Adam, President & Chief Operating Officer - adMarketplace; *pg.* 210
Epstein, Ali, Strategy Associate - Atlantic 57; *pg.* 2
Epstein, Allison, Account Director - Teak Media Communications; *pg.* 652
Epstein, Amanda, Manager, Portfolio Management - Universal McCann; *pg.* 521
Epstein, Diane, Executive Creative Director, Planning - mcgarrybowen; *pg.* 109
Epstein, Elizabeth, Account Supervisor - KemperLesnik Communications; *pg.* 619
Epstein, Jeremy, Director, Digital & Partnerships - BARU Advertising; *pg.* 538
Epstein, Matthew, Director, Campaign Operations - Quotient Technology - Crisp Media; *pg.* 533
Epstein, Michael, Chief Executive Officer - Carat; *pg.* 459
Epton, Terrence J., Executive Vice President, & Global Brand Ambassador - Hosts New Orleans; *pg.* 308
Erb, Kevin, Director, Public Relations & Social Media & Account Manager - Ferguson Advertising, Inc.; *pg.* 73
Erber, Jeremy, Director, Partnership Development - CSM Sports & Entertainment; *pg.* 55
Erdman, Brian, Vice President, Client Partnerships & PG One - Saatchi & Saatchi X; *pg.* 682
Erdman, Joshua, Chief Executive Officer - Systems & Marketing Solutions; *pg.* 268
Erdman, Michael, Senior Vice President & Director, Operations - McCann New York; *pg.* 108
Erdman Albohm, Emily, Brand Supervisor - Cronin; *pg.* 55
Erdogan, Yucel, Co-Chief Creative Officer - AFG&; *pg.* 28
Erdossy, Maddie, Account Executive - Covet Public Relations; *pg.* 593
Eretzian, Karly, Vice President, Creative Services - Rinck Advertising; *pg.* 407
Erhard, Anne, Senior Vice President, Business & Social Purpose - Edelman; *pg.* 599
Erich, Julie, Director, Operations & Business Development - Erich & Kallman; *pg.* 68
Erich, Steven, Co-Founder & Managing Director - Erich & Kallman; *pg.* 68
Ericksen, Kathryn, Associate Director, Publishing Activation Group - Starcom Worldwide; *pg.* 513
Erickson, Anne, Media Accounting Coordinator - Agenti Media Services; *pg.* 453
Erickson, Caleb, Associate Director - Starcom Worldwide; *pg.* 513
Erickson, Eric, Vice President & Senior Director, Delivery & Operations - Publicis.Sapient; *pg.* 259
Erickson, Jeff, Senior Vice President, Digital Integration - The Marketing Arm; *pg.* 316
Erickson, Kae, Co-Founder & Chief Operating Officer - NCompass International; *pg.* 390
Erickson, Kaitlyn, Senior Associate, Business Development - BCW Chicago; *pg.* 581
Erickson, Katelyn, Supervisor, Content - Spark Foundry; *pg.* 510
Erickson, Kelly, Office Manager & Chief Financial Officer - Sweeney Public Relations; *pg.* 651
Erickson, Kyle, Senior Director - Markstein; *pg.* 625
Erickson, Lael, Executive Vice President & Creative Director - Ackerman McQueen, Inc.; *pg.* 26
Erickson, Marsha, Graphic Designer - MorseKode; *pg.* 14
Erickson, Steve, Partner & Chief Creative Officer - Amperage; *pg.* 30
Erickson-Reed, Jenny, Group Media Director, Integrated Media - 360i, LLC; *pg.* 207
Ericson, Brian, Associate Director, Video Investment - PHD USA; *pg.* 505
Ericson, Jianna, Media Planner - Havas Media Group; *pg.* 468
Ericson, Vaughn, Senior Vice President & Director, Media Acquisitions - Bernstein-Rein Advertising, Inc.; *pg.* 39
Eriksine, Erica, Digital Media Manager - partners + napier; *pg.* 125
Erin, Jeff, Creative Director - Kastner; *pg.* 94
Erkur, Erman, Associate Creative Director - Zimmerman Advertising; *pg.* 437
Erlbaum, Daniel, Chief Executive Officer - Finch Brands; *pg.* 7
Erley, Bruce, President & Chief Executive Officer - Creative Strategies Group; *pg.* 304
Erlich, Caley, Senior Vice President - DentsuBos Inc.; *pg.* 61
Erman, Yanina, Director, Corporate Communications - North America - Geometry; *pg.* 362
Ermen, Christine, Lead Account Buyer - Active International; *pg.* 439
Erminio, John, Co-Founder & Chief Operations Officer - Artisans On Fire; *pg.* 327
Ernaut, Pete, Partner & President, Government & Public Affairs - R&R Partners; *pg.* 131
Ernst, Kerry, Chief Financial Officer - Berlin Cameron; *pg.* 38
Ernst, Laura, Associate Media Director - Universal McCann; *pg.* 521
Ernst, Mike, Vice President & Group Media Director - GS&F ; *pg.* 367
Ernst, Tobin, Senior Director, Media Relations - Knoodle Shop; *pg.* 95
Erny, Garrett, Marketing Automation Specialist - Spear Marketing Group; *pg.* 411
Errichiello, Christine, Investment Supervisor - ICON International, Inc.; *pg.* 476
Errigo, Dean, Vice President & Art Director - KEA Advertising; *pg.* 94
Erstad, Hayley, Senior Account Executive - Hot Dish Advertising; *pg.* 87
Ertel, Mike, Executive Vice President, Sales & Marketing - IWCO Direct; *pg.* 286

PERSONNEL   AGENCIES

Ertel, Whitney, Vice President, Public Relations - Borshoff; *pg.* 585
Ervin, Bill, President & Creative Director - EG Integrated; *pg.* 354
Ervin, Cristin, Account Supervisor - MillerCoors - Arc Worldwide; *pg.* 327
Ervin, Mark, President - Big Communications, Inc.; *pg.* 39
Ervin, Mark, Senior Vice President, IMG Clients - 160over90; *pg.* 301
Ervin, Tom, Principal - EG Integrated; *pg.* 354
Ervolina, Elizabeth, Director, Content Marketing - Abbey Mecca & Company; *pg.* 321
Erwin, Michael, Director, Editorial - LMGPR; *pg.* 623
Esangga, Jay, Senior Art Director - Intouch Solutions, Inc.; *pg.* 242
Escalante, Jason, Manager, Event - The George P. Johnson Company; *pg.* 316
Escamilla, Sofia, Vice President, Media - Acento Advertising, Inc.; *pg.* 25
Escandon, Robert, Project Production Manager - Republica Havas; *pg.* 545
Escarcega, Adriana, Account Director - The San Jose Group Ltd.; *pg.* 546
Escarraman, Iris, Director, Client Services - Programmatic - WideOrbit; *pg.* 276
Esch, Taylor, Project Manager - Youtech; *pg.* 436
Eschenbach, Ryan, Director, Post Production - Think Motive; *pg.* 154
Escobar, Bianca, Associate Director, Art Production - Droga5; *pg.* 64
Escobar, Kacie, Vice President - Curley & Pynn Public Relations Management, Inc.; *pg.* 594
Escobar, Melissa, Executive Producer, KOATI - Latin World Entertainment Films - Latin WE; *pg.* 298
Escobar, Natalia, CRM & Email Specialist - Tinuiti; *pg.* 271
Escott, Jaime, Director, Digital Strategy - Boston Interactive; *pg.* 218
Escribano, Gonzalo, Media Supervisor - Havas Media Group; *pg.* 468
Esfeld, Melany, Director, Integrated Production & Vice President - Barkley; *pg.* 329
Esguerra, Alex, Vice President, Group Creative Director - Jack Morton Worldwide; *pg.* 309
Esguerra, Lorenz, Executive Vice President & General Manager - Weber Shandwick; *pg.* 660
Esit, Yasemin, Senior Vice President, Data & Analytics - Digitas Health LifeBrands; *pg.* 229
Eskew, Carter, Founding Partner & Managing Director - Glover Park Group; *pg.* 608
Eskew, Victoria, Conference Planner - Gartner, Inc.; *pg.* 236
Eskilson, Kurt, Senior Vice President & Chief Financial Officer - Jones Huyett Partners; *pg.* 93
Eslinger, Patrick, Marketing Manager - SSDM; *pg.* 412
Esparza, Del, Owner & President - Esparza Advertising; *pg.* 68
Espejel, Fernando, Chief Technology Officer - FCB Chicago; *pg.* 71
Espejel, Grace, Associate Director, Creative & Art - 72andSunny; *pg.* 23
Espinel, Marie, Senior Vice President - LAK PR; *pg.* 621
Espinell, Alexis, Digital Supervisor - Media Storm; *pg.* 486
Espinoza, Anthony, Director, Digital & Business Development - New York Metro & Connecticut - Advance 360; *pg.* 211
Espiritu, Jay, Director, Design - Accenture Interactive; *pg.* 209
Esposito, Barbara, Vice President & Strategist, Communications - Austin & Williams Advertising; *pg.* 328
Esposito, Chris, Chief Financial Officer - Grey Group; *pg.* 365
Esposito, Eric, Founder & Principal Architect, Software - Silver Technologies, Inc.; *pg.* 141
Esposito, Frank, Associate Director, Social Media - XenoPsi; *pg.* 164
Esposito, Gary, Partner & Chief Creative Strategy Officer - Zunda Group; *pg.* 205
Esposito, Jamie, Digital Strategist - GoMedia; *pg.* 77
Esposito, Michael, Senior Analyst, Planning & Optimization - PHD USA; *pg.* 505
Esquerra, Al, Chief Executive Officer - Strata-Media, Inc.; *pg.* 18
Esquibel, Josh, Head, Creative & Partner - The Platform Group; *pg.* 152
Esquivel, Jasmin, Associate Strategy Director - Deutsch, Inc.; *pg.* 350
Esquivel, Mauriahh, Vice President & Group Creative Director - Saatchi & Saatchi X; *pg.* 682
Ess, Xandra, Chief Operating Officer - Made Movement; *pg.* 103
Esser, Pam, Partner, Strategy & Business Development - Esser Design, Inc.; *pg.* 182
Esser, Stephen, Partner, Strategy & Creative Development - Esser Design, Inc.; *pg.* 182
Essery, Mariota, Executive Creative Director - Sid Lee; *pg.* 141
Essling, Alexandra, Associate Director, Media - Haworth Marketing & Media; *pg.* 470
Estacio, Julia, Account Director - Conill Advertising, Inc.; *pg.* 538
Esteb, Madelynn, Creative Coordinator - WongDoody; *pg.* 162
Esteban, Jorge, Senior Copy Editor - Dieste; *pg.* 539
Estenson, Dennis, President & Vice President, Strategy - Rocket Lawn Chair; *pg.* 407
Estep, Katie, Account Coordinator - Jaymie Scotto & Associates; *pg.* 616
Estep, Maureen, Vice President, Client Engagement - Sid Lee; *pg.* 140
Estep, Scott, Executive Vice President & Director, Media - Steele+; *pg.* 412
Esterline, Erika, Integrated Communications Planner - The Variable; *pg.* 153
Esterly, Ali, Creative Director - Argonaut, Inc.; *pg.* 33
Estes, Clarence, Executive Vice President - You Squared Media; *pg.* 436
Estes, Stephani, Senior Vice President & Executive Director, Media Strategy - Cramer-Krasselt ; *pg.* 53
Estill, Martin, Chief Revenue Officer - Bayard Bradford; *pg.* 215
Estipona, Edward, President & Chief Executive Officer - Estipona Group; *pg.* 69
Estrada, Analisa, Art Director - Hint Creative; *pg.* 86
Estrada, Bob, Group Account Director - PHD USA; *pg.* 505
Estrada, Jose, Senior Analyst, Programmatic - PHD USA; *pg.* 505
Estrada, Jose, Art Director - Tailfin Marketing Communications; *pg.* 18
Estrada, Julie, Account Coordinator - Jamison Advertising Group; *pg.* 91
Estrada, Sergio, Art Director - Milagro Marketing; *pg.* 543
Estrella, Gustavo, Director, Creative Services - Davidson Belluso; *pg.* 179
Estrella, Tony, President - Jim Ricca & Associates; *pg.* 92
Eten, Kimberlee, Creative Director - Toth + Co.; *pg.* 202
Etheart, Thibault, Account Supervisor - DentsuBos Inc.; *pg.* 61
Etheredge, Laura, Vice President, Communications - Madwell; *pg.* 13
Etheridge, Carla, Senior Account Executive - Write2Market; *pg.* 276
Etherington, David, Chief Strategy Officer - Intersection; *pg.* 553
Etherington, Trisha, Account Manager - Levy MG; *pg.* 245
Ethier, Shaun, Chief Client Officer - Empower; *pg.* 354
Ethington, Celeste, Account & Media Coordinator - Healthcare Success; *pg.* 83
Ethridge, Melany, Senior Account Executive - A. Larry Ross Communications; *pg.* 574
Etling, Donald, Senior Vice President & Senior Partner - FleishmanHillard; *pg.* 604
Etten, Zach, Senior Marketing Consultant - Investis Digital; *pg.* 376
Ettlemeyer, Martin, Chief Financial Officer - Finn Partners; *pg.* 603
Ettorre, Irma, Director, Administration - Tri-Media Integrated Marketing Technologies; *pg.* 427
Etzel, Sarah, Chief Financial Officer - Callahan Creek ; *pg.* 4
Eul, Nate, Senior Art Director - Martin Williams Advertising; *pg.* 106
Eule, Michelle, Chief Operating Officer, Media & Content - Kantar Media; *pg.* 446
Eumann, Jan, Head of Design - Wolff Olins; *pg.* 21
Eun, Jane, Vice President & Digital Director - Carat; *pg.* 459
Eure, Renea, Account Director - Kiosk Creative LLC; *pg.* 378
Evangelista, Tish, Principal & Creative Director - Character; *pg.* 5
Evano, Lisa, Vice President - Dallas - Counterpart; *pg.* 345
Evans, Aaron, Vice President & Group Account Director - Love Communications; *pg.* 101
Evans, Amanda, Chief Advertising Officer - Closed Loop Marketing; *pg.* 672
Evans, Annabelle, Vice President, Digital Activation & Strategy - Zenith Media; *pg.* 529
Evans, Cailey, Media Services Coordinator - TCA; *pg.* 147
Evans, Chloe, Integrated Marketing Manager - DiMassimo Goldstein; *pg.* 351
Evans, Chris, Vice President, Media - R&R Partners; *pg.* 131
Evans, Christy, Senior Director - Markstein; *pg.* 625
Evans, Clark, Co-Founder & Creative Director - Camp; *pg.* 46
Evans, Craig, Chief Creative Officer - Wunderman Thompson; *pg.* 435
Evans, Dave, Account Supervisor - Marcus Thomas; *pg.* 104
Evans, Elizabeth, Director, Public Relations - Red Chalk Studios; *pg.* 404
Evans, Erick, Account Supervisor - The Ramey Agency; *pg.* 422
Evans, Greg, Vice President, Sales & Account Services - Simpleview, Inc.; *pg.* 168
Evans, Ian, Associate Director, Business Intelligence - Mindshare; *pg.* 494
Evans, Jamie, Vice President - M Booth & Associates, Inc. ; *pg.* 624
Evans, Jasmine, Account Executive - G7 Entertainment Marketing; *pg.* 306
Evans, Jay, Senior Vice President, Shopper & Consumer Engagement - The Marketing Arm; *pg.* 316
Evans, Jennifer, Regional Director, Client Accounting - H&L Partners; *pg.* 369
Evans, John, Chief Strategy Officer - Closed

796

AGENCIES — PERSONNEL

Loop Marketing; *pg.* 672
Evans, Julie, Director, Production - IMC / Irvine Marketing Communications; *pg.* 89
Evans, Julie, Vice President, Media - McCann Canada; *pg.* 384
Evans, Keith, Senior Director, Media Strategy & Planning - Hearts & Science; *pg.* 471
Evans, Kelly, Senior Director, Public Relations - Havas Formula; *pg.* 612
Evans, Ken, President & Managing Partner - APEX Public Relations; *pg.* 578
Evans, Kirk, Vice President & Associate Creative Director - EvansHardy + Young; *pg.* 69
Evans, Kristi, Graphic Designer - Social Link; *pg.* 411
Evans, Laurie, Brand Media Group Head - The Richards Group, Inc.; *pg.* 422
Evans, Lila, Media Buyer - CVA Advertising & Marketing, Inc.; *pg.* 56
Evans, Madison, Senior Strategy Associate - Starcom Worldwide; *pg.* 517
Evans, Mara, Vice President & Creative Director - 22squared Inc.; *pg.* 319
Evans, Michele, Director, Creative - HCB Health; *pg.* 83
Evans, Milan, Chief Financial Officer - Belo + Company; *pg.* 216
Evans, Samantha, Account Director - Archetype; *pg.* 33
Evans, Sarah, Partner - J Public Relations; *pg.* 616
Evans, Scott, General Manager - Toronto - Edelman ; *pg.* 601
Evans, Susan, Founder & Chief Executive Officer - Evans Larson Communications; *pg.* 602
Evans, Tom, Interactive Director - Creative Spot; *pg.* 55
Evans, Whitney, Media Supervisor - Disney Parks & Resorts - Carat; *pg.* 459
Evans Gardner, Jennifer, Vice President - Murphy O'Brien, Inc.; *pg.* 630
Evans-Pfeifer, Kelly, Group Director, Brand Strategy - Goodby, Silverstein & Partners; *pg.* 77
Evanson, Aaron, Executive Creative Director - VMLY&R; *pg.* 160
Eve, Noah, Vice President, Data Solutions & Programmatic Media - Horizon Media, Inc.; *pg.* 473
Eveland, Kevin, Art Director & Designer - Banik Communications; *pg.* 580
Eveleth, Brent, Senior Vice President, Design - Digitas; *pg.* 227
Evelyn, Richard, Group Account Director - Morrison; *pg.* 117
Evenson, Ashley, Director, Emerging Media & Advertising Solutions - Ciceron; *pg.* 220
Everard, Michael, Vice President & Group Creative Director - Innocean USA; *pg.* 479
Everett, Alex, Activation Manager - Barkley Boulder; *pg.* 36
Everett, Kyle, Associate Director, Creative - Roundhouse - Portland; *pg.* 408
Everett, Lisa, Account Director - The MX Group; *pg.* 422
Everett, Scott, Creative Director - PMG; *pg.* 257
Everhart, Jim, Senior Copywriter - Godfrey; *pg.* 8
Everitt, Peter, Art Director - The Richards Group, Inc.; *pg.* 422
Evers, Jerry, Media Director - Initiative; *pg.* 479
Evers, Tre, Founding Partner & Political Consultant - Consensus Communications; *pg.* 592
Everse, Philip, Technology Operations Manager - Starcom Worldwide; *pg.* 513

Eversmann, Ben, Senior Art Director - Manifest; *pg.* 248
Evert, Steve, Vice President, Business Development - Madison Avenue Marketing Group; *pg.* 287
Evia, Lisa, President, Media - Chicago - Havas Worldwide Chicago; *pg.* 82
Evins, Louise, President & Chief Operating Officer - Evins Communications, Ltd.; *pg.* 602
Evins, Mathew, Chairman & Co-Founder - Evins Communications, Ltd.; *pg.* 602
Ewald, Tricia, Managing Partner - ICF Next; *pg.* 614
Ewan, Rebecca, Vice President & Account Director - Leo Burnett Worldwide; *pg.* 98
Ewell, Latasha, Associate Director, Creative - BBDO San Francisco; *pg.* 330
Ewen, Barbara, Principal - Chen PR, Inc.; *pg.* 590
Ewert, Cliff, Director, Production - OutCold ; *pg.* 395
Ewing, Christian, Account Manager - Saatchi & Saatchi ; *pg.* 136
Ewing, Christie, Associate Media Director - PHD Chicago; *pg.* 504
Ewing, Jonathan, Senior Account Supervisor, Digital - Qorvis Communications, LLC; *pg.* 640
Ewings, Kate, Chief Executive Officer & Partner - Pop-Dot; *pg.* 257
Exelby, Lindsay, Account Supervisor - Anomaly; *pg.* 326
Expose, Keiara, Senior Associate, Media Planning - Wavemaker; *pg.* 529
Exposito-Ulla, Daisy, Chairman & Chief Executive Officer - d. exposito & Partners; *pg.* 539
Exum, Geoff, Director, Communications Strategy - Generator Media + Analytics; *pg.* 466
Eyles, Stephen, Graphic Designer - Sage Island; *pg.* 138
Eymundson, Tom, Chief Executive Officer - Pirate Toronto; *pg.* 195
Eyre, Roger, Creative Director - Zulu Alpha Kilo; *pg.* 165
Eyssautier, Alyse, Senior Account Manager - Broadhead; *pg.* 337
Ezell, Madeleine, Media Planner, Digital - Verizon Hum & Wireless - Zenith Media; *pg.* 529
Ezzell, Lauren, Marketing Manager - Sparkloft Media; *pg.* 688
el Kaliouby, Rana, Chief Executive Officer & Co-Founder - Affectiva, Inc.; *pg.* 441

F

Friesen, Brandon, Chief Executive Officer - Just Media, Inc.; *pg.* 481
FIna, Mark, Chief Creative Officer - Air Paris New York; *pg.* 172
FLores, Kelli, Director - 104 West Partners; *pg.* 573
Faaborg, Sharron, Office Manager - Brown Miller Communications, Inc.; *pg.* 587
Fabbri, Andrew, Chief Operating Officer - Jump 450 Media; *pg.* 481
Fabbri, David, Chief Strategy Officer - LoSasso Integrated Marketing; *pg.* 381
Fabbro, Gabriella, Group Account Director - David; *pg.* 57
Fabens, Sam, Senior Vice President - VOX Global ; *pg.* 658
Faber, Trevor, Associate Media Director, Regional Brand Strategy - Canvas Worldwide; *pg.* 458
Fabian, Brian, Founder & President - Boxcar Creative; *pg.* 219

Fabian, Esther, Senior Account Executive - Hart; *pg.* 82
Fabian, Jeffery, Principal & Creative Director - KINETIK Communications Graphics; *pg.* 189
Fabiano, Brian, Chief Executive Officer & Founder - FabCom; *pg.* 357
Fabiano, Lisa, Chief of Staff - Grey Group; *pg.* 365
Fabich, Stef, Vice President & Director, Integrated Production - FCB Toronto; *pg.* 72
Fabila, Shane, Art Director - Gestalt Brand Lab; *pg.* 76
Fabritius, Rich, Managing Director, Client Engagement - VMLY&R; *pg.* 274
Fabrizi, Michele, President & Chief Executive Officer - MARC USA; *pg.* 104
Facas, Eric, Founder & Chief Executive Officer - Media Cause; *pg.* 249
Face, Coreen, Project Manager - Swarm; *pg.* 268
Facius, Timothy, Strategist - OMD; *pg.* 500
Faden, Sean, Vice President & Creative Director - Bailey Lauerman; *pg.* 35
Fader, Samantha, Account Supervisor - New Business - 215 McCann; *pg.* 319
Fadli, Samih, Global Chief Intelligence Officer - Publicis.Sapient; *pg.* 259
Fador, Jonathan, Head, Brand Partnerships - Allied Integrated Marketing; *pg.* 576
Fagan, Jake, Vice President, Digital - Lewis Communications; *pg.* 100
Fagan, John, Vice President, Retail Operations - Brand Connections, LLC; *pg.* 336
Fagan, Katie, Manager, Marketing & Communications - VidMob; *pg.* 690
Fagan, Kirk, Senior Account Executive - ICS Corporation; *pg.* 285
Fagan - Miranda, Audrey, Executive Vice President, Chief Financial Officer & General Manager - Mentus; *pg.* 386
Fagedes, James, Art Director - BrandHive; *pg.* 336
Fagerstrom, Bruce, Chief Strategist & Group Account Director - Cooper-Smith Advertising; *pg.* 462
Fagin, Rachel, Account Director - Goodby, Silverstein & Partners; *pg.* 77
Fagioli, Steve, Associate Account Director - Arena Media; *pg.* 454
Fagnano, Robyn, Account Manager - Gregory Welteroth Advertising; *pg.* 466
Fagnano, Steve, Director, Media - Gregory Welteroth Advertising; *pg.* 466
Fagnant, Erin, Managing Director - Kelliher Samets Volk; *pg.* 94
Fague, Emily, Account Supervisor - Grey Midwest; *pg.* 366
Fahey, Linda, Owner & President - Dark Horse Media; *pg.* 464
Fahey, Sara Beth, Account Manager - Matter Communications, Inc.; *pg.* 626
Fahrenkopf, Erik, Creative Director - Wieden + Kennedy; *pg.* 430
Fahrland, Bridget, Head, Digital Strategy - Astound Commerce; *pg.* 214
Fahrlander, Julie, Project Manager - Idea Bank Marketing ; *pg.* 88
Faifer, Davina, Associate Media Director - MediaCom; *pg.* 487
Faight, Ian, Account Executive - PUSH 7; *pg.* 131
Fain, Debbie, Owner & Vice President - Fain & Tripp; *pg.* 70
Fair, Derek, Copywriter - Madison & Main; *pg.* 382
Fairbanks, Don, Senior Director, Product Strategy & Team Lead - HelloWorld; *pg.* 567
Fairchild, Charlie, Chief Technology Officer - WillowTree, Inc.; *pg.* 535

797

PERSONNEL   AGENCIES

Fairclough, Tom, Co-Owner & Principal - Antista Fairclough Design; pg. 172
Fairfield, Clark, Art Director - Yes&; pg. 436
Fairhead, Rob, Partner & Director, Partner Results - ZGM Collaborative Marketing; pg. 437
Fairley, John, Senior Vice President, Demand Generation - Walker Sands Communications; pg. 659
Fairman, Joyce, Associate Media Director - USIM; pg. 525
Faiss, Linda, President - Faiss Foley Warren; pg. 602
Fait, Nicole, Account Manager - The Brand AMP; pg. 419
Faith, Sarah, Vice President - Cone, Inc.; pg. 6
Faiwell, Sara, Senior Vice President - Fishman Public Relations Inc.; pg. 604
Fajardo, Alvaro, Director, User Experience & Design - AUDIENCEX; pg. 35
Fakhari Larson, Shahed, Partner - Brunswick Group; pg. 587
Fakhr, Nermene, Senior Account Executive - Nike Communications, Inc.; pg. 632
Faktor, Scott, Chief Sales Officer - Yoh; pg. 277
Fala, Steve, Operations, Finance Manager - Goodwin Design Group; pg. 185
Falabella, Michael, Associate Director, National Broadcast & Partner - Mindshare; pg. 491
Falcipieri, Christine, Supervisor, Digital Media - Butler / Till; pg. 457
Falco, Michelle, Associate Media Director, National Video Investment - OMD; pg. 498
Falcon, Adriana, Director, Talent & Operations - BBDO San Francisco; pg. 330
Falcon, Erwin, Manager, Social Media - A Partnership, Inc.; pg. 537
Falconer, David, Production Manager - Calder Bateman Communications; pg. 339
Falconer, Patrick, Partner, Research - Universal McCann Detroit; pg. 524
Falconio, Lyn, Chief Marketing Officer - Publicis Health; pg. 639
Faledam, Celine, Associate Creative Director - The Many; pg. 151
Falen, Steve, Vice President & Creative Director - PartnersCreative; pg. 125
Fales, Steve, President - AdServices, Inc.; pg. 27
Falgoust, Lindsay, Director, Media - SASSO; pg. 138
Falk, Jenna, Senior Associate, Integrated Investment - Universal McCann; pg. 521
Falk, Jon, Director, Sales & Marketing, & Partner - Falk Harrison, Inc.; pg. 183
Falk, Matthew, Executive Vice President - Falk Harrison, Inc.; pg. 183
Falk, Rebecca, Global Account Director - Stein IAS; pg. 267
Fall, Donald, Owner - Fall Advertising; pg. 70
Fallara, Stephanie, Account Executive - Point B Communications; pg. 128
Faller, Lisa, President - FKQ Advertising, Inc.; pg. 359
Faller, Rob, Executive Vice President - FKQ Advertising, Inc.; pg. 359
Falletich, Diana, Associate, Portfolio Management - Universal McCann Detroit; pg. 524
Fallis, Tim, President - Black Rock Marketing Group; pg. 39
Fallon, Doug, Chief Creative Officer - BBDO Worldwide; pg. 331
Fallon, Matt, Account Director - MMB; pg. 116
Fallon, Michelle, Vice President, Growth & Development - MMSI; pg. 496
Fallon, Patrick, Controller - Postworks; pg. 195
Fallon, Tim, President - Fallon Medica; pg. 70
Falls, Jason, Director, Digital & Social Strategy - Cornett Integrated Marketing Solutions; pg. 344
Falls, Robert, Chief Executive Officer - Falls Communications; pg. 357
Faloon, Tracy, Chief Integration Officer - TPN; pg. 571
Falt, Peter, Director, Strategic Partnering - Designworks/USA; pg. 179
Falusi, Corinna, Chief Creative Officer & Partner - Mother NY; pg. 118
Falzarano, Todd, Specialist, Quality Assurance - Mondo Robot; pg. 192
Famiglietti, Elizabeth, Executive Vice President, Human Resources - PAN Communications; pg. 635
Familetti, Robert, Managing Director, New Business & Client Relations - The Marketing Arm; pg. 317
Fan, Anni, Manager, Analytics - Performics; pg. 676
Fan, Jonathan, Communications Planning Director - PHD; pg. 504
Fan, Stephen, Senior Director, Marketing Sciences - OMD; pg. 498
Fanaras, Linda, President & Strategist - Millennium Integrated Marketing; pg. 387
Fancett, Matt, Account Director - Campbell Marketing and Communications; pg. 339
Fancher, Dallas, Senior Consultant - Enlighten; pg. 68
Fanelli, Duke, Executive Vice President & Chief Marketing Officer - Association of National Advertisers; pg. 442
Fanelli, Shannon, Director, Account - FCB Chicago; pg. 71
Fanelli, Stephanie, Account Supervisor - Brian Communications; pg. 586
Fang, Wesley, Chief Strategy Officer - Zilker Media; pg. 665
Fang, Yuyu, Director, Programmatic - Red Fuse Communications; pg. 404
Fanning, Theo, Partner & Executive Creative Director - Traction Corporation; pg. 271
Fannon, Diane, Brand Management Principal - The Richards Group, Inc.; pg. 422
Fantich, Eric, Digital Creative Director - Fantich Media; pg. 71
Fantich, Marc, President - Fantich Media; pg. 71
Fantom, Lynn, Co-Founder & Chairwoman Emeritus - ID Media; pg. 477
Fanucci, Jonathan, Vice President, Performance Media Accounts - 360i, LLC; pg. 208
Fanuele, Michael, President - Media Assembly; pg. 385
Faraci, Jennifer, Executive Vice President, Data & Analysis - Digitas; pg. 227
Farahani, Tara, Media Planner - Carat; pg. 459
Faraon, Katalina, Programmatic & Social Manager - Starcom Worldwide; pg. 513
Faraut, Billy, Executive Creative Director - Wunderman Thompson; pg. 434
Farber, Don, Chief Creative Officer & Chief Digital Officer - TAG Communications, Inc.; pg. 416
Farber, Julia, Account Director - Translation; pg. 299
Farber, Leyah, Director, Brand & Digital Strategies - DeSantis Breindel; pg. 349
Farber Mormar, Samara, Executive Vice President, Business Development - Hunter Public Relations; pg. 614
Farber-Kolo, Joy, President - North America - Weber Shandwick; pg. 660
Farbman, Rob, Senior Vice President - Edison Media Research; pg. 444
Farca, Margareta, Senior Manager, Client Finance - Universal McCann Detroit; pg. 524
Fardi, Robert, Partner, Equity & Executive Vice President - RepEquity; pg. 263
Farella, Steven, Chairman - Media Assembly; pg. 484
Farewell, Robin, Vice President & Director, Media - Mower; pg. 118
Farfan, Samantha, Senior Associate, Integrated Media Planning - Mindshare; pg. 491
Farhang, Mani, Group Vice President, Product Management - Huge, Inc.; pg. 239
Farhang, Michelle, Senior Account Manager - Vault49; pg. 203
Farhang, Omid, Chief Creative Officer - Momentum Worldwide; pg. 117
Faria, Thom, Chief Executive Officer - Cramer; pg. 6
Farias, Gabriela, Senior Vice President & Director, Business Affairs - Deutsch, Inc.; pg. 350
Farinella, Rob, President - Blue Sky; pg. 40
Faris, John, President - Red Door Interactive; pg. 404
Farkas, Anett, Analytics Supervisor - Crossmedia; pg. 463
Farkas, Kevin, President, Sales Operations & Chief Risk Officer - Active International; pg. 439
Farkas, Melody, Manager, Production & Account Executive - John Manlove Advertising; pg. 93
Farleo, Diane, Manager, Sales, Print Buying & Account Services - Don Farleo Ad & Design Co.; pg. 63
Farleo, Don, President & Owner - Don Farleo Ad & Design Co.; pg. 63
Farley, Andrew, Art Director - Essence; pg. 232
Farley, Banks, Senior Digital Strategist - Publicis.Sapient; pg. 258
Farley, Brian, Senior Account Supervisor - Coyne Public Relations; pg. 593
Farley, Claire, Head, Media & Operations - PCH / Media; pg. 534
Farley, David, Account Executive - Cavalry; pg. 48
Farley, Kandace, Associate Media Director - Blue 449; pg. 456
Farley, Margaret, Executive Vice President, Crisis & Risk - Edelman; pg. 599
Farley, Nora, Global Director, Creative Operations - Wunderman Health; pg. 164
Farmakis, Helen, Account Supervisor - FleishmanHillard; pg. 605
Farman, Rick, Co-Founder - Superfly; pg. 315
Farman-Dietz, Marcella, Senior Vice President, Events - MediaLink; pg. 386
Farmas, Stephanie, Brand Strategist - MUH-TAY-ZIK / HOF-FER; pg. 119
Farmer, Brandt, Associate Creative Director - Force Marketing; pg. 284
Farmer, Chad, Partner & Creative Director - Gestalt Brand Lab; pg. 76
Farmer, Dana, Senior Paid Digital Strategist - Rocket55; pg. 264
Farmer, Hannah, Associate Media Director - Programmatic - Good Apple Digital; pg. 466
Farmer, Jack, Senior Vice President & Senior Partner - FleishmanHillard; pg. 604
Farmer, Justin, Vice President, Business Strategy - MMGY Global; pg. 388
Farmer, Kaye, Senior Project Manager - Sid Lee; pg. 140
Farmer, Michael, Senior Vice President, Operations - The Integer Group - Dallas;

AGENCIES — PERSONNEL

pg. 570

Farmer, Sharee, Director, Operations - Insight Creative Group; pg. 89
Farmer, Stephanie, Executive Producer - Revival Film; pg. 197
Farmer, Tiffany, Producer, Media - Encyclomedia Atlanta, Inc.; pg. 465
Farnam, Sarah, Digital Media Supervisor - Blue 449; pg. 456
Farnham, Rachel, Account Manager - Murphy O'Brien, Inc.; pg. 630
Farnoush, David, Campaign Engineer - Harmelin Media; pg. 467
Farnsworth, Landon, Chief Financial Officer - Reagan Outdoor Advertising; pg. 557
Farooq, Muhammad, Senior Engineer, Software - Austin Lawrence Group, Inc.; pg. 328
Farquhar, Kelly, Group Director, Creative - Propac; pg. 682
Farquhar, Megan, Senior Vice President & Creative Director - Leo Burnett Worldwide; pg. 98
Farquhar, Stephen, Group Client Lead - platformGSK - Publicis North America; pg. 399
Farquharson, James, Account Supervisor - Zulu Alpha Kilo; pg. 165
Farr, Annie, Media Buyer - 22squared Inc.; pg. 319
Farr Douglas, Olivia, Global Business Lead - Google - PHD USA; pg. 505
Farrah, Nikki, Senior Manager, Digital Product - Publicis.Sapient; pg. 259
Farrar, Drew, Account Supervisor - Hunter Public Relations; pg. 614
Farrar, Jade, Integrated Media Manager - 360i, LLC; pg. 320
Farrar, James, Director, Client Development - Conversant, LLC; pg. 222
Farrar, Thani, Senior Vice President, Client Services - Burke, Inc.; pg. 442
Farrell, Chris, Vice President, Strategy & Activation - Leverage Agency; pg. 298
Farrell, Christian, Associate Director, Media - Zenith Media; pg. 529
Farrell, Claire, Associate Director, Operations - Digitas; pg. 227
Farrell, Hillary, Vice Chairman - Ackerman McQueen, Inc.; pg. 26
Farrell, Jamie, Senior Vice President, Marketing - Wpromote; pg. 678
Farrell, Jane, Senior Account Executive - Herrmann Advertising Design; pg. 186
Farrell, Jason, Chief Technology Officer & Co-Founder - Use All Five, Inc.; pg. 273
Farrell, Joseph, Chief Executive Officer - BiTE Interactive; pg. 533
Farrell, Makeda, Junior Media Planner & Buyer - &Barr; pg. 319
Farrell, Mary Anne, Manager, Information Services - Association of National Advertisers; pg. 442
Farrell, Megan, Senior Copywriter - Group Two Advertising, Inc.; pg. 78
Farrell, Peter, Executive Vice President & Interactive Creative Director - Ackerman McQueen, Inc.; pg. 26
Farrell, Shannon, Producer - Leo Burnett Toronto; pg. 97
Farrell, Vin, Chief Content Officer - North America - Wunderman Thompson; pg. 434
Farrell Conrad, Kristy, Director - Starcom Worldwide; pg. 513
Farrelly, Donna, Vice President, Office Services & Facilities - McCann Torre Lazur; pg. 109
Farrelly, Shaunagh, Account Supervisor - Zulu Alpha Kilo; pg. 165
Farren, Kristen, Executive Vice President, Integrated Strategy - Luxe Collective Group; pg. 102

Farren, Missy, Founder & President - Missy Farren & Associates, Ltd.; pg. 627
Farren, Susan, Senior Vice President & Director, Client Services - Della Femina/Rothschild/Jeary Partners; pg. 61
Farrer, Tim, Director, Product Design - Brightline; pg. 219
Farrington, Elise, Senior Account Executive - AgencyEA; pg. 302
Farrington, Regina, Executive Vice President, Corporate Market Development - August Jackson; pg. 302
Farris, Ed, President & Chief Financial Officer - Farris Marketing; pg. 357
Farris, George, Chief Executive Officer & Creative Director - Farris Marketing; pg. 357
Farris, John, Vice President & Creative Director - Farris Marketing; pg. 357
Farris, Wesley, Director, Product Strategy - Digilant; pg. 464
Farrugia, Cory, President - Channel Communications; pg. 341
Farthing, Doug, Chief Creative Officer - Insight Creative Group; pg. 89
Farwell, Joanna, Manager, Human Resources - Tallwave; pg. 268
Fasano, Frank, President & General Manager - CM&N Advertising; pg. 51
Fasano, Matt, Vice President & Director, Client Services - Riddle & Bloom; pg. 133
Fasano, Peter, Managing Partner, Digital Transformation - OgilvyOne Worldwide; pg. 255
Faselt, Robert, Associate Director, Paid Media - VaynerMedia; pg. 689
Faske, Cara, Chief Executive Officer - Pace Advertising Agency, Inc.; pg. 124
Faske, Steven, Senior Vice President & Managing Director, Business & Legal Affairs - Horizon Media, Inc.; pg. 474
Fasola, David, Executive Vice President & Head, Product - General Motors - Dentsu Aegis Network; pg. 61
Fassacesia, Andrea, Executive Vice President, Integrated Media & Lead, Global Health Media - Weber Shandwick; pg. 660
Fasseel, Maribeth, Senior Vice President, Financial - The Mars Agency; pg. 683
Fassnacht, Michael, President & Chief Executive Officer - FCB Chicago; pg. 71
Fast, Evan, Specialist, Brand - Jajo, Inc.; pg. 91
Fast, Jessica, Director, Account - Abel Communications; pg. 574
Fathi, Sandra, President - Affect; pg. 575
Fatianow, Alexandria, Director, Account Services - Kinetic Worldwide; pg. 553
Fatima, Laraib, Senior Media Analyst - iCrossing; pg. 241
Fatsi, Tom, Vice President, Operations & Finance - The Karpel Group; pg. 299
Fattore, Phillip, Senior Copywriter & Associate Creative Director - barrettSF; pg. 36
Faucette, Tony, Vice President & Partner - Kemp Advertising + Marketing; pg. 378
Faucheux, Ron, Executive Vice President - Qorvis Communications, LLC; pg. 640
Faugno, Jade, Vice President - Intermarket Communications; pg. 375
Faulk, Matt, Chief Executive Officer - BASIC; pg. 215
Faulkner, Ellen, Senior Vice President & Managing Director - Lewis Communications; pg. 100
Faulkner, Ivette, Senior Vice President, Public Relations - The Zimmerman Agency; pg. 426
Faulkner, Joyce, Director, New Business - Fitzco; pg. 73
Faulkner, Kristi, Co-Founder & President -

Womenkind; pg. 162
Faulkner, Lorita, Senior Media Buyer & Planner - Martin Advertising; pg. 106
Faulkner, Stephen, Associate Director, Data & Analytics - Forsman & Bodenfors; pg. 74
Faure, Sebastien, Chief Executive Officer - bleublancrouge; pg. 40
Faurote, Tim, Art Director - Boyden & Youngbluttt Advertising; pg. 336
Fauser, Drew, Manager, Print - GroupM; pg. 466
Fauss, Dylan, Strategist - BBH; pg. 37
Faust, Bill, Senior Partner & Chief Strategy Officer - Ologie; pg. 122
Faust, Cindy, President & Chief Commercial Officer - Aimia; pg. 167
Faust, Danelle, Managing Director - Accenture Interactive; pg. 209
Faust, Joyclyn, Associate Vice President & Broadcast Buyer - Harmelin Media; pg. 467
Faust, Kristen, Senior Vice President & Managing Director - Performics; pg. 676
Faust, Tom, Managing Director - Stanton Public Relations & Marketing; pg. 649
Fausz, Cory, Manager, Communications - Exponation; pg. 305
Fava, Emily, Media Assistant - Harmelin Media; pg. 467
Favalo, John, Executive Vice President - B2B - Mower; pg. 118
Favat, Pete, Chief Creative Officer - Deutsch, Inc.; pg. 350
Favis, Alexis, Senior Account Director - Madden Media; pg. 247
Fawkes, Piers, Editor in Chief - PSFK; pg. 440
Fawlkes, Amber, Marketing Manager - BrightWave Marketing, Inc.; pg. 219
Fay, Bill, Managing Partner - DiD Agency; pg. 62
Fay, Brad, Senior Consultant - Engagement Labs; pg. 444
Fay-Hurvitz, Jonah, Strategy Director - Red Antler; pg. 16
Fayer, Madison, Senior Account Executive - Harte Hanks, Inc.; pg. 284
Fayngor, Stephanie, Media Planner - Huge, Inc.; pg. 239
Fazai, Najet, Communications Associate - DiGennaro Communications; pg. 597
Fazal, Saleema, Senior Marketing Director - Hero Digital; pg. 238
Fazio, Amanda, Project Manager - Starcom Worldwide; pg. 513
Fazio, Vanessa, Vice President & Senior Manager, Business Affairs - MullenLowe U.S. Boston; pg. 389
Fazzio, James, Founding Partner & President - Boston Research Group; pg. 442
Fea, Alyssa, Brand Manager - Mekanism; pg. 112
Feachen, Brooke, Vice President & Director, Public Relations - Archer Malmo; pg. 214
Fear, Jessica, Senior Account Director - MDG Advertising; pg. 484
Fearing, Cara, Senior Vice President & Group Planning Director - Hill Holliday; pg. 85
Feaser, Amanda , Account Group Supervisor - Pacific Communications; pg. 124
Feather, Brad, Director, Group Strategy - Initiative; pg. 477
Feather, Curt, Paid Social Lead - 818 Agency; pg. 24
Feather, Edward, Director, Account Services - Cramer; pg. 6
Featherstone, Guy, Creative Design Director - Wieden + Kennedy; pg. 430
Feazell, Haley, Director, Media - Mindgruve; pg. 534
Fecher, Jill, Vice President, Client Services

PERSONNEL
AGENCIES

- FARM; pg. 357
Fedak, Alyssa, Account Supervisor - Rapport Outdoor Worldwide; pg. 557
Feder, Laura, Project Manager & Creative Resource Manager - Venables Bell & Partners; pg. 158
Federici, Mary, Director, Broadcast Solutions - Media Experts; pg. 485
Federico, Dan, Chief Finance Officer - SocialCode; pg. 688
Federico, Dave, Chief Creative Officer - No Fixed Address Inc.; pg. 120
Federico, Elizabeth, Account Director - Droga5; pg. 64
Federizo, Erwin, Group Creative Director - 72andSunny; pg. 23
Federman, Mark, Director, Field Marketing - Greenhouse Agency; pg. 307
Federmesser, Jeffrey, Associate, Digital Investment - Wavemaker; pg. 526
Fedick, Deanna, Director, Media - CMI Media, LLC; pg. 342
Fedorov, Dmitry, Motion Designer - Leviathan; pg. 189
Fedran, Jessica, Social Media Coordinator - GMR Marketing; pg. 306
Fedro, Kerry, Vice President & Managing Director - Lages & Associates; pg. 621
Fedyna, Ric, Executive Vice President, Creative - WS; pg. 164
Feeley, Kate, Manager - Spark Foundry; pg. 510
Feeley, Keri, Senior Vice President & Group Partner, Integrated Investment - Universal McCann; pg. 521
Feeley, Kevin, President - Bellevue Communications; pg. 582
Feely, Anna, Vice President, Business Development - SMS Marketing Services; pg. 292
Feely, Teresa, Vice President, Marketing - Magnetic; pg. 447
Feeney, Anne Catherine, Partner, Client Engagement - ICF Next; pg. 372
Feeny, Laureen, Creative Director - Instrument; pg. 242
Feetham, Donna, Principal & Director, Finance - Sametz Blackstone Associates ; pg. 197
Fegarsky, Michelle, Media Director - Harmelin Media; pg. 467
Fegler, Elisa, Supervisor, Digital Media - Hearts & Science; pg. 471
Fegley, Laura, Chief Creative Officer - O'Keefe Reinhard & Paul; pg. 392
Fehn, Peter, Vice President & Director, Data & Analysis - Digitas; pg. 228
Fehr, Ashley, Account Director - Advertising Savants; pg. 28
Fehr, Greg, Vice President, Public Relations - MGM Communications; pg. 387
Fehrenbach, Greg, Partner & Executive Creative Director - Matter Creative Group; pg. 107
Feid, Monica, President - Bizcom Associates; pg. 584
Feig, Monica, Senior Vice President - Brew Media Relations; pg. 586
Feige, Karl, Art Director - Red 7 E; pg. 132
Feigel, Leah, Vice President, Client Results - Amnet; pg. 454
Feigenbaum, Brooke, Senior Account Executive - Leo Burnett Worldwide; pg. 98
Feighan, Sage, Vice President & Director, Client Services - Mint Advertising; pg. 115
Feigin, Annelise, Resource Traffic Manager - InVision Communications; pg. 308
Fein, Julie, Media Director - Spark Foundry; pg. 508
Feinblatt, Jeremie, Director, Business Development - Matte Projects; pg. 107
Feinblum, Brian, Chief Marketing Officer & Senior Vice President - Media Connect; pg. 485
Feinstein, Elaine, Account Director - TBWA/Media Arts Lab; pg. 147
Feir, Meredith, Senior Project Manager - VaynerMedia; pg. 689
Feit, Brian, Owner - We Are BMF; pg. 318
Feitler, Richard, President - TPN; pg. 571
Feitlin, Todd, Creative Director & Copywriter - Mekanism; pg. 113
Feitlinger, Jay, Founder & Chief Executive Officer - StringCan Interactive; pg. 267
Felcher, Gail, Senior Vice President & Director, Marketing - Arnold Worldwide; pg. 33
Feld, AJ, Vice President & Strategy Director - McCann New York; pg. 108
Feld, Peter, Chief Executive Officer - GfK Custom Research, Inc.; pg. 445
Feld, Samantha, Designer - Brink Communications; pg. 337
Feld, Shanna, Supervisor, Digital Media - New York Life - Spark Foundry; pg. 508
Felde, Diana, Senior Event Planner - PSA Creative Communication; pg. 314
Feldman, Adrienne, Account Director - RPA; pg. 134
Feldman, Brian, Partner & Chief Executive Officer - Power Media; pg. 506
Feldman, Brian, Senior Partner & General Counsel - Allison+Partners; pg. 577
Feldman, Gary, Senior Vice President, Strategy - Zenith Media; pg. 529
Feldman, Jacqueline, Account Executive - The Sunflower Group; pg. 317
Feldman, Larry, Chief Finance Officer - Lehigh Mining & Navigation; pg. 97
Feldman, Lisa, Co-President & Creative Director - Aspect Ratio; pg. 35
Feldman, Liz, Senior Vice President - Sandy Hillman Communications; pg. 645
Feldman, Marty, Partner - Feldman, Gralla & Robin Advertising; pg. 358
Feldman, Meredith, Vice President, Consulting - A.B. Data, Ltd; pg. 279
Feldman, Michael, President - Power Media; pg. 506
Feldman, Michael, Founding Partner & Managing Director - Glover Park Group; pg. 608
Feldman, Mike, Group Director - 360i, LLC; pg. 207
Feldman, Nicole, Vice President, Client Services - The George P. Johnson Company; pg. 316
Feldman, Nina, Media Buyer - TCAA; pg. 519
Feldman, Rena, Analyst, Social Content - Publicis.Sapient; pg. 259
Feldman, Robin, Associate Media Director, National Broadcast Investment - PHD USA; pg. 505
Feldman de Falco, Victoria, Principal & Owner - Redpoint Marketing PR, Inc.; pg. 642
Feldmar, Brad, Executive Vice President - Trungale, Egan & Associates; pg. 203
Feldstein, Mark, Partner & President, Studios - Known; pg. 298
Felenstein, Adam, Director, Digital Investment - Canvas Worldwide; pg. 458
Felenstein, Scott, Chief Revenue Officer & Executive Vice President - National CineMedia; pg. 119
Felgenhauer, Amber, Vice President - Social Link; pg. 411
Felice, Danielle, Vice President - Kaplow Communications; pg. 618
Felice, Lauren, Negotiator - Mindshare; pg. 491
Felici, Joseph, Vice President - Keystone Outdoor Advertising; pg. 553
Feliciano, Edwin, Chief Operating Officer & Director, Finance - North America - APCO Worldwide; pg. 578
Feliciano, Sarah, Media Planner - Initiative; pg. 477
Felitto, Magan, Account Executive, Experiential Marketing - Lexus - Team One; pg. 418
Feliu, Amanda, Editorial Director - SPI Group, LLC; pg. 143
Felix, Odette, Media Assistant - Dark Horse Media; pg. 464
Feliz, Jimmy, Associate Director - Spark Foundry; pg. 508
Fell, Josh, Chief Creative Officer & Partner - Anomaly; pg. 326
Fellenz, Katie, Vice President, Marketing - NextLeft; pg. 254
Fellger, Thomas, Chief Executive Officer - Iconmobile; pg. 534
Fellman, Glen, Executive Creative Director - Clean; pg. 5
Fellner, Jennifer, Senior Vice President - Access Brand Communications; pg. 574
Fellows, Alanda, Director, Integrated Production - Burns Group; pg. 338
Fellows, Lindsay, Vice President, Global Account - Geometry; pg. 362
Felsten, Kellie, Director, Cross-Channel - 90octane; pg. 209
Felter, Jenn, Media Supervisor - PHD USA; pg. 505
Femminello, Lauren, Associate Director- Dentsu X - Carat; pg. 459
Fen, Sophia, Associate Director, Mobile Strategy - 3Q Digital; pg. 671
Fendell, Liz, Director, Account Management - Zumobi; pg. 535
Fenderson, Jeremy, Director, Paid Media - adQuadrant; pg. 211
Fendrick, Allie, Social Strategy Director - mono; pg. 117
Feng, Amy, Managing Director - Joele Frank, Wilkinson Brimmer Katcher; pg. 617
Feng, Amy, Associate Media Planner - Posterscope U.S.A.; pg. 556
Feng, Lisa, Associate Director, Programmatic - Digitas; pg. 226
Fenhagen, Jim, Executive Vice President, Design - Jack Morton Worldwide; pg. 308
Fenley, Paul, Director & Partner - K Dunn & Associates; pg. 93
Fenn, David, Vice President - WRL Advertising; pg. 163
Fenn, David, Director, Sponsored Search - Walmart Media Group; pg. 684
Fenncy, Julianna, Account Manager - Periscope; pg. 127
Fennell, Jim, Director, Public Relations & Content Services - EVR Advertising; pg. 69
Fennell-Smykowski, Julie, Director, Account Management - NCH Marketing Services; pg. 568
Fenner, Dorthea, Associate Director - Starcom Worldwide; pg. 513
Fenner, Liz, Senior Marketing Manager - Right Place Media; pg. 507
Fennessy, Jo, Assistant Account Executive - Neutrogena & Johnson's Baby - Velocity OMC; pg. 158
Fenske, Jacqueline, Associate Media Director - HealixGlobal; pg. 471
Fenster, Andy, President & Chairman - Ai Media Group, LLC; pg. 211
Fenstermacher, Kate, Associate Director, Operations - The Variable; pg. 153
Fenstermaker, Grace, Vice President - Qorvis Communications, LLC; pg. 640
Fenton, Amy, Chief Client Officer - North America - Kantar Media; pg. 446
Fenton, Aragorn, Head, Production - Think Motive; pg. 154

800

AGENCIES — PERSONNEL

Fenton, Hallie, Creative Director - Klick Health; pg. 244
Fenton, Patrick, Media Director - Just Media, Inc.; pg. 481
Fenton, Sunny, Director, Partnership Development - Haberman; pg. 369
Fenwick, David, Director, Public Relations & Music Marketing - Giant Step; pg. 691
Feola, Andrew, Associate Media Director - MediaCom; pg. 487
Ferber, Amanda, Executive Vice President & Creative Operations Director - 22squared Inc.; pg. 319
Ferber, Scott, Chief Innovation Officer - Amobee, Inc.; pg. 30
Ferderer, Todd, Senior Vice President, Finance & Administration - Premier Partnerships; pg. 314
Ferdous, Mahmud, Director, Technology - Squeaky Wheel Media; pg. 267
Ferebee, Matt, Partner & Director, Creative Strategy - FerebeeLane; pg. 358
Feren, Sheila, President - Feren Communications; pg. 603
Ferenbach, Elissa, Senior Vice President & Client Services Director - The Food Group; pg. 419
Ferencevych, Emily, Associate Director, Regional Strategy - Canvas Worldwide; pg. 458
Ferencz, Brian, Senior Art Director - J.R. Thompson Company; pg. 91
Fergione, Stephanie, Account Director - InkHouse Public Relations; pg. 615
Ferguson, Adam, Partner & Chief Creative Officer - Soulsight; pg. 199
Ferguson, Alicia, Account Supervisor - Next Marketing; pg. 312
Ferguson, Amanda, Digital Producer - Wier / Stewart; pg. 162
Ferguson, Amy, Executive Creative Director - TBWA \ Chiat \ Day; pg. 416
Ferguson, Andi, Vice President - Wordsworth Communications; pg. 663
Ferguson, Becky, Vice President & Director, Broadcasting & Video Production - Karsh & Hagan; pg. 94
Ferguson, Bill, Founding Partner & Managing Partner - INC Design; pg. 187
Ferguson, Brandon, Client Services - Launchfire, Inc.; pg. 568
Ferguson, Claudia, Associate Connections Planner - Havas Media Group; pg. 469
Ferguson, Colin, Management Supervisor - AFG&; pg. 28
Ferguson, Fay, Co-Chief Executive Officer - Burrell Communications Group, Inc. ; pg. 45
Ferguson, Jake, Senior Account Executive - FleishmanHillard; pg. 605
Ferguson, James, Vice President, Media Platforms & Advertising Operations - Active International; pg. 439
Ferguson, Jeff, Chief Executive Officer & Founder - Fang Digital Marketing; pg. 234
Ferguson, Jenny, Vice President, Operations - SSG / Brandintense; pg. 315
Ferguson, John, President - Ferguson Advertising, Inc.; pg. 73
Ferguson, Julie, Vice President, Global Digital Advertising Operations - Intel - Carat; pg. 459
Ferguson, Katy, Executive Vice President & Managing Partner, Entertainment - Horizon Media, Inc.; pg. 474
Ferguson, Kenny, Vice President, Strategy - IfThen Digital; pg. 241
Ferguson, Matt, Executive Vice President, Managing Director, Brand Development - Mower; pg. 628
Ferguson, Matthew, Vice President, Marketing Strategy - Octagon; pg. 313

Ferguson, Megan, Social Media Supervisor - JNA Advertising; pg. 92
Ferguson, Sarah, Account Director - Allison+Partners; pg. 577
Ferguson, Seth, Senior Vice President, Events & Operations - Next Marketing; pg. 312
Ferguson, Stella, Vice President, Communications - Think Jam; pg. 299
Ferguson, William, Partner & Vice President, Creative - TWG Communications; pg. 427
Fergusson, Andrew, Group Creative Director - Droga5; pg. 64
Feriancek, Mark, Chief Operating Officer - Carmichael Lynch; pg. 47
Ferlita, Kathleen, Director, Digital Media - FKQ Advertising, Inc.; pg. 359
Fermon, Elizabeth, Vice President & Associate Director, Communications Planning - Mediahub Boston; pg. 489
Fern, Sandy, Senior Vice President - RDW Group ; pg. 403
Fern, Shannon, Chief Strategy Officer - Communications Strategy Group; pg. 592
Fernald, Steve, Vice President & Director, Client Services - Jacobson Rost; pg. 376
Fernandes, Meryl, Manager, Strategy - Starcom Worldwide; pg. 517
Fernandes, Priscila, Vice President, Project Management - Grey Midwest; pg. 366
Fernandez, Angela, Senior Vice President, Strategic & Creative Planning - Ketchum; pg. 619
Fernandez, Christian, Executive Vice President - Briechle-Fernandez Marketing Services; pg. 43
Fernandez, Diego, General Manager & Partner - Nobox; pg. 254
Fernandez, Emily, Creative Operations Associate - Second Story Interactive; pg. 265
Fernandez, Fernando, Partner & Chief Client Officer - d. exposito & Partners; pg. 539
Fernandez, Gabriella, Digital Supervisor - Carat; pg. 459
Fernandez, Gonzalo, Media Supervisor - Havas Media Group - Arena Media; pg. 454
Fernandez, Guayi, Senior Art Director - Elevation, Ltd; pg. 540
Fernandez, Gus, Senior Director, Production - Republica Havas; pg. 545
Fernandez, Joseph, Production Manager - Project X; pg. 556
Fernandez, Liz, Vice President - Zeno Group; pg. 664
Fernandez, Manny, Creative Director - R/GA; pg. 261
Fernandez, Michael, Founder, Chief Executive Officer & President - Factory 360; pg. 306
Fernandez, Norma, Associate Director, Media - Casanova//McCann; pg. 538
Fernandez, Renato, Chief Creative Officer - LA - TBWA \ Chiat \ Day; pg. 146
Fernandez, Stefanie, Vice President, Client Services - The S3 Agency; pg. 424
Fernandez, Terra, Vice President, Content Partnerships - Canvas Worldwide; pg. 458
Fernandez, Tristan, Account Director - Markham & Stein; pg. 105
Fernandez Parker, Karla, Managing Director, Texas - Sensis; pg. 139
Fernandez Parker, Karla, Managing Director - Texas - Sensis Agency; pg. 545
Ferngren, Cynthia, Founder & Chief Executive Officer - Hype Creative Partners; pg. 88
Fero, Brittany, Principal - PB&; pg. 126
Fero, Sean, Vice President & Director, Client Services - McCann Canada; pg. 384
Ferragano, Lisa, Associate Media Director - AKQA; pg. 211
Ferraguto, Matt, Partner & Client Services Director - Eckel & Vaughan; pg. 599

Ferrandini, Mark, Vice President & Associate Media Director - Hill Holliday; pg. 85
Ferrante, Lucia, Chief Financial Officer - Arnold Worldwide; pg. 33
Ferranti, Amy, Vice President, Client Services - Huge, Inc.; pg. 186
Ferranti, Mike, Chief Executive Officer - Endai Worldwide; pg. 231
Ferranti, Tony, President - MMSI; pg. 496
Ferranti, Vanessa, Associate Director, National Video Activation - Zenith Media; pg. 529
Ferrao, Roland, Manager, Data & Analytics - MRM//McCANN; pg. 289
Ferrara, Christina, Art Director - Situation Interactive; pg. 265
Ferrara, Jason, Group Creative Director - VMLY&R; pg. 275
Ferrara, Jeanmarie, Executive Vice President - Wragg & Casas Public Relations, Inc.; pg. 663
Ferrara, Tom, Senior Creative Technologist - Colle McVoy; pg. 343
Ferrari, Adam, Senior Vice President & Senior Producer - GMMB; pg. 364
Ferrari, Elana, Senior Account Supervisor - Zeno Group; pg. 664
Ferrari, Evan, Group Director, Strategic Planning - Saatchi & Saatchi Los Angeles; pg. 137
Ferrari, Lindsey, Partner & Co-Founder - Wilkinson Ferrari & Company; pg. 663
Ferrari, Lucy, Account Executive - MAN Marketing; pg. 103
Ferrari, Stephanie, Co-Founder & Principal - FRESH Communications; pg. 606
Ferraro, Amy, Account Supervisor - Blue Chip Marketing & Communications; pg. 334
Ferraro, Christina, Vice President, Events - Beck Media & Marketing; pg. 582
Ferraro, Gregory, Founder & President - The Ferraro Group; pg. 653
Ferraz, Marina, Account Supervisor - DentsuBos Inc.; pg. 61
Ferrebee, Cheryl, Owner - TGG Brand Marketing & Design; pg. 148
Ferreira, Isabela, Senior Vice President & Creative Director - Leo Burnett Worldwide; pg. 98
Ferreira, John, Senior Vice President, Insights & Strategy - Finch Brands; pg. 7
Ferreira, Marnie, Manager, Studio & Graphic Designer - TWG Communications; pg. 427
Ferreira, Michelle, Vice President, Client Strategy & Operations - CKR Interactive, Inc.; pg. 220
Ferrel, Chris, Director, Digital Strategy - The Richards Group, Inc.; pg. 422
Ferrell, Sarah, Account Director - PP+K; pg. 129
Ferrell, Tracy, Chief Administrative Officer - Vanguard Communications; pg. 658
Ferren, Sherri, Senior Vice President & Managing Director - MKTG INC; pg. 312
Ferrer, Eli, Creative Director - GUT Miami; pg. 80
Ferrer, Fernando, Co-Chairman - Mercury Public Affairs; pg. 627
Ferrer, Rudy, Chief Operating Officer - Delta Media, Inc.; pg. 551
Ferreri, Ed, Chief Financial Officer - Advantix Digital; pg. 211
Ferrero, Luis, Associate Creative Director - FiveHundred Degrees Studio; pg. 74
Ferreyra-Guertin, Valerie, Vice President, Client Services & Account Management - Edelman; pg. 599
Ferri, Jessica, Account Supervisor - TBWA \ Chiat \ Day; pg. 146
Ferrick, Rebecca, Senior Account Executive -

801

PERSONNEL | AGENCIES

March Communications; pg. 625
Ferrier, Kendra, Buyer, National Media - Print - Novus Media, Inc.; pg. 497
Ferrigno, Katie, Associate Director, Social Strategy - Velocity OMC; pg. 158
Ferrigno, Peter, Chief Executive Officer - The Solutions Group, Inc.; pg. 153
Ferrill, Lark, Group Director, Network TV - OMD; pg. 498
Ferrini, Tony, Director, Digital - PartnersCreative; pg. 125
Ferris, George, Executive Vice President & Partner - FKQ Advertising, Inc.; pg. 359
Ferris, Kate, Vice President, Business Development - Hill Holliday; pg. 85
Ferris, Lindsay, Senior Vice President & Chief Marketing Strategist - Lindsay, Stone & Briggs; pg. 100
Ferris-Tillman, Julie, Marketing Director - Bader Rutter & Associates, Inc. ; pg. 328
Ferro, Christian, Associate OOH Planner - Posterscope U.S.A.; pg. 556
Ferro, David, Senior Associate Buyer, Video - Spark Foundry; pg. 510
Ferro, Jeff, Vice President & Director, Production - Pereira & O'Dell; pg. 256
Ferrone, Jill, Media Director - Didit.com; pg. 673
Ferrucci, Michael, Digital Associate - Carat; pg. 459
Ferrucci, Paige, Digital Investments Associate - Havas Media Group; pg. 470
Ferrufino, Edgardo, Google Multicultural Search - GroupM - m/SIX; pg. 482
Ferruggiari, Cristina, Senior Vice President & Group Director, Video Investments - Havas Media Group; pg. 468
Ferrugio, Theresa, Media Director - VMLY&R; pg. 160
Ferry, Mike, Executive Vice President, Development & Executive Producer - The Story Lab; pg. 153
Ferry, Nicole, Partner & Executive Director, Strategy - Sullivan; pg. 18
Ferzacca, Michael, Chief Executive Officer - Ignite Media Solutions; pg. 241
Festa O'Brien, Nikki, Senior Vice President - PAN Communications; pg. 635
Festejo, Dana, Senior Designer - Squeaky Wheel Media; pg. 267
Festoso, Christina, Vice President & Account Director - Grey Canada; pg. 365
Fetherstonhaugh, Brian, Executive Partner & Chief Talent Officer & Leader, Global Customer Engagement & Commerce - OgilvyOne Worldwide; pg. 255
Fetkenhour, Lisa, Account Director - partners + napier; pg. 125
Fetrow, Mike, Executive Creative Director - Fame; pg. 70
Fetterly, Charles, Founder & President - TEC Direct Media, Inc.; pg. 519
Feucht, Paul, President & Co-Owner - Unified Resources, Inc.; pg. 571
Feuer, Sharon, Vice President & Integrated Media Buying Director - Zimmerman Advertising; pg. 437
Feuermann, Hernan, General Manager & Executive Vice President - PM3; pg. 544
Feuerstein, Robin, Director - Center for Marketing Intelligence; pg. 443
Feuille, Janie, Specialist, Creative Branding - Brown & Bigelow; pg. 566
Feuling, Steven, President, West - Media Assembly; pg. 484
Few, Delane, Manager, Promotional Products Division - Genesco Sports Enterprises; pg. 306
Feyerer, Julie, Vice President & Creative Director - Fame; pg. 70

Feyrer, John, Vice President, Strategic Growth Partnerships - Outfront Media; pg. 554
Fiala, James, Manager, Creative Services - Product Ventures; pg. 196
Fiala, Kate, Programmatic Manager - Cramer-Krasselt ; pg. 53
Fiala, Sabra, Associate Vice President, Marketing & Communications - Stamats Communications; pg. 412
Ficek, Sarah, Senior Account Director - Heron Agency; pg. 613
Fichandler, Hannah, Senior Art Director - Taylor Design; pg. 201
Fichera, Mark, Chief Executive Officer - On Brand 24; pg. 289
Ficke, MaryAlice, Group Planning Supervisor - Kelly, Scott & Madison, Inc.; pg. 482
Fickert, Kristi, Senior Vice President, Engagement & Growth - 30 Lines; pg. 207
Fidalgo, Jessica, Copywriter - The VIA Agency; pg. 154
Fidellow, Jenna, Senior Vice President, Entertainment Partnerships - Havas Sports & Entertainment; pg. 370
Fidelman, Laura, Senior Account Executive - AvreaFoster; pg. 35
Fidler, Kevin, Partner - NuStream; pg. 254
Fidler, Matt, Chief Creative Officer - Charles Ryan Associates, Inc.; pg. 589
Fidoten, Doug, Executive Vice President & Account Director, Canon - 360i, LLC; pg. 320
Fiedel, Anne, Senior Director, Strategy & Marketing - Zoom Media; pg. 559
Fieger, J. Marie, Chief Executive Officer - Nemer, Fieger & Associates; pg. 391
Field, Allison, Associate Vice President - Finn Partners; pg. 604
Field, David, President & Chief Executive Officer - Entercom Communications Corp.; pg. 551
Field, Debbie, Media Buyer - LifeBrands; pg. 287
Field, Joanna, Account Director - Genuine Interactive; pg. 237
Fielder, Jessica, Account Executive - BusinessOnLine; pg. 672
Fielding, Cheryl, Group President - Havas Health & You; pg. 82
Fielding, John, Founder - Array Marketing Group, Inc.; pg. 565
Fields, Cathy, Account Supervisor - Simple Truth; pg. 198
Fields, Kate, Managing Director - The Platform Group; pg. 152
Fields, McKenzie, Senior Manager, Creative Strategy - Reach Agency; pg. 196
Fields, Michael, Manager, Global Media - Team Nike - Mindshare; pg. 495
Fields, Sara, Director, Special Events & Marketing - Market Connections; pg. 383
Fields, Stan, Chief Client Officer & Executive Vice President - Horizon Media, Inc.; pg. 474
Fieman, Trang, Strategic Planner - Team One; pg. 418
Fieni, Christina, Director, Data Strategy - Droga5; pg. 64
Fienman, Jarett, Partner & Director - Mindshare; pg. 491
Fier, Amanda, Account Supervisor - Hiebing; pg. 85
Fierman, Ashley, Senior Account Executive - Ballantines Public Relations; pg. 580
Fierman, Ron, President - Digital Pulp; pg. 225
Fiester, Janna, Vice President, User Experience & Brand Innovation - Sandstorm Design; pg. 264
Fifield, Frederick, Supervisor, Video Investment - Spark Foundry; pg. 510

Figallo, Luis, Creative Director, Digital - Imaginuity Interactive, Inc.; pg. 241
Figliulo, Mark, Founder & Chief Executive Officer - FIG; pg. 73
Figliuolo, Megan, Senior Director, National Client Insights - Acosta, Inc.; pg. 322
Figueredo, Peter, Founding Partner & Head, Strategy - NYC - House of Kaizen; pg. 239
Figuerca, Douglas, Senior Budget Manager - Universal McCann; pg. 521
Figuerca, Jhocelyn, Manager, Paid Search - Mindshare; pg. 491
Figuerca, Karli, Director, Marketing - Moxie; pg. 251
Figueroa, Marvin, Director - Horizon Media, Inc.; pg. 474
Figueroa, Patrick, Executive Creative Director - Fallon Worldwide; pg. 70
Figueroa, Robert, Senior Vice President, Sales & Partnerships - NOM; pg. 121
Figueroa, Sarah, Group Media Director & Business Development - The Davis Group; pg. 519
Figueroa Kupcu, Maria, Partner - Brunswick Group; pg. 587
Figura, Cathleen, Director, Operations - Jeffrey-Scott Advertising; pg. 377
Fiksdal, John, Partner & President - Media One Advertising; pg. 112
Filandro, Thomas, Managing Director - ICR; pg. 615
Filgate, Jeremy, Senior Vice President & Executive Creative Director - Publicis North America; pg. 399
Filgioun, Clarissa, Founder & Managing Director - The Robert Group; pg. 655
Filhiol, Tierra, Lead Strategist - Creative Juice; pg. 54
Filiberto, Katherine, Planning Supervisor - Carat; pg. 459
Filice, Katherine, Chief Executive Officer & Executive Creative Director - Articulate Solutions; pg. 34
Filip, Andre, Chief Executive Officer - E/LA Advertising; pg. 67
Filipek, Dan, Vice President Client Services - Apple Box Studios; pg. 32
Filipi, Amy, Communication Manager - Archrival, Inc.; pg. 1
Filipowski, Ed, Owner & Co-Chairman - KCD, Inc. ; pg. 94
Filippazzo-Murphy, Alice, Director, Media Research - AIM Productions; pg. 453
Filippelli, Marina, Chief Operating Officer & Director, Client Services - Orci; pg. 543
Filippi, Jordana, Director, Omnimedia Planning - Wavemaker; pg. 526
Filippone, Haley, Public Relations Specialist - Nebo Agency, LLC; pg. 253
Filipson, Svetlana, Associate Director, Analytics - Trilia ; pg. 521
Filizzola, John, Account Supervisor - The Narrative Group; pg. 654
Filley, Madeline, Digital Media Analyst - Saatchi & Saatchi Los Angeles; pg. 137
Fillmon, Rick, Principal & Vice President, Business Operations - Adrenalin, Inc; pg. 1
Fils, Margie, Director, Operations - McLaughlin & Associates; pg. 447
Fimbres, Jon, Managing Principal - SKA Design; pg. 199
Fimiani, John, Partner & Director, Brand & Strategy - Upward Brand Interactions; pg. 158
Finders, Scott, Director, Sponsorship & Experiential Marketing - Saatchi & Saatchi Los Angeles; pg. 137
Findlay, Elizabeth, Vice President, Media & Client Services - AKA NYC; pg. 324
Findlay, John, Founder & Chief Executive Officer - Launchfire, Inc.; pg. 568

AGENCIES

PERSONNEL

Findlay, Michelle, Producer, Art - Publicis North America; *pg.* 399
Findley, Kristen, Vice President, Consumer Insights & Technologies - Ciceron; *pg.* 220
Findling, Laura, Senior Account Supervisor - Rhea & Kaiser Marketing ; *pg.* 406
Findling, Natalie, Management Supervisor - 22squared Inc.; *pg.* 319
Fine, Anna, Director, Design - Droga5; *pg.* 64
Fine, Carolyn, Account Supervisor - MRY; *pg.* 252
Fine, Edward, Chief Creative Officer - Yellow Submarine Marketing Communications; *pg.* 164
Fine, Jennifer, Local Broadcast Buyer - 360i, LLC; *pg.* 207
Fine, Jon, Media Director - Icon Media Direct; *pg.* 476
Fine, Kenn, Founder, Principal & Creative Director - Fine Design Group; *pg.* 183
Fine, Steve, Owner - Fine Design Group; *pg.* 183
Fine, Zack, Marketing Manager - Yellow Submarine Marketing Communications; *pg.* 164
Fine Ericson, Sandra, Senior Vice President & Director, Results Measurement & Partner - RBB Communications; *pg.* 641
Fineberg, Debbie, Vice President, Client Services & Marketing - Ipsos; *pg.* 445
Finegan, Michael, Associate Director, Print Media - PHD USA; *pg.* 505
Finegold, Michael, Director, Operations - Strategic Media, Inc.; *pg.* 518
Finegold, Mindy, Vice President, Client Services - Spar Group, Inc.; *pg.* 266
Finelli, Doug, Executive Director, Creative - Nice & Company; *pg.* 391
Finelli, Karen, Senior Vice President, Digital & Magazine Activation - Zenith Media; *pg.* 529
Fineman, Michael, Founder & President - Fineman PR; *pg.* 603
Finestone, Paula, Executive Vice President, Operations - SHIFT Communications, LLC; *pg.* 647
Fingerman, Andrew, Vice President, Group Strategy Director - MRY; *pg.* 252
Fingeroth, James, Executive Chairman - Kekst & Company, Inc.; *pg.* 619
Fink, Abbie, Vice President & General Manager - HMA Public Relations; *pg.* 614
Fink, Hannah, Associate Social Marketing Manager - 360i, LLC; *pg.* 320
Fink, Hillary, Director, Communications Strategy - Droga5; *pg.* 64
Fink, Jamie, Supervisor, Project Management - Innocean USA; *pg.* 479
Fink, Jason, Vice President - Butler Associates Public Relations; *pg.* 587
Fink, Jennifer, Director, Digital & Social Strategy - GLOW Social & Digital - Glow; *pg.* 237
Fink, Sarah, Associate Brand Director - The Buntin Group; *pg.* 148
Fink, Terry, Chief Executive Officer & Managing Partner - Planet Central; *pg.* 257
Finke, Mike, Vice President & Account Director - Tom, Dick & Harry Creative; *pg.* 426
Finkell, Pia, Senior Vice President & Director, Business Development & Integrated Communications - R\West; *pg.* 136
Finkelman, Cynthia, Senior Vice President - Colangelo Synergy Marketing, Inc.; *pg.* 566
Finkelman, Megan, Vice President & Account Director - MERGE; *pg.* 113
Finkelstein, Aaron, Associate Director, Digital Media - OMD; *pg.* 498
Finkelstein, Alisa, Account Director - MWWPR; *pg.* 631
Finkelstein, Edward, Chief Executive Officer - Unicom ARC; *pg.* 657
Finkelstein, Howard, Creative Director - FIG; *pg.* 73
Finkelstein, Stephanie, Associate Director, Search Engine Optimization - MODCoGroup; *pg.* 116
Finkle, Sheldon, Chief Financial Officer - E&M Media Group; *pg.* 282
Finlan, Karla, Account Director - Little Big Brands; *pg.* 12
Finlayson, Scott, Digital Strategist - Cardinal Digital Marketing; *pg.* 220
Finley, Alison, Senior Partner & Senior Director - Wavemaker; *pg.* 528
Finley, Dev, Partner & Managing Director - Godfrey Dadich; *pg.* 364
Finley, Elyse, Strategy Director - The&Partnership; *pg.* 426
Finley, Kate, Founder & Chief Executive Officer - Belle Communication; *pg.* 582
Finley, Kathleen, Senior Vice President & Director, Print Production - Simons / Michelson / Zieve, Inc.; *pg.* 142
Finley, Laura, Communications Manager - Toyota Racing - Golin; *pg.* 609
Finley, Molly, Group Creative Director - Cramer-Krasselt; *pg.* 53
Finley, Taryn, Vice President - Havas Formula; *pg.* 612
Finley, Terry, Senior Partner & Group Creative Director - Ogilvy; *pg.* 393
Finlinson, Flint, Co-Founder & Agency Director - Propaganda; *pg.* 196
Finn, Beth, Director, New Business & Head, Recruitment - RSW/US; *pg.* 136
Finn, Caitlin, Vice President & Group Strategy Director - Digitas; *pg.* 227
Finn, Chris, Director & Associate Creative Director - Gentleman Scholar; *pg.* 562
Finn, Dave, Account Director - Guinness, IBM, Capital One & DraftKings - Taylor ; *pg.* 651
Finn, Dave, Partner - Pierce Communications; *pg.* 687
Finn, David, Chairman - Ruder Finn Group - Ruder Finn, Inc.; *pg.* 645
Finn, Gary, Executive Creative Director - Hero Digital; *pg.* 238
Finn, Lisa, Vice President & Director, US Agency Sales - IMS Media Solutions; *pg.* 241
Finn, Mark, Vice President & Account Director - Abelson-Taylor; *pg.* 25
Finn, Michael, Account Manager - TRUE Communications; *pg.* 657
Finn, Peter, Founding Managing Partner - Finn Partners; *pg.* 603
Finn, Rebecca, Senior Analyst - We Are Social; *pg.* 690
Finn Holland, Samara, Senior Vice President, Influencer Marketing - Kaplow Communications; *pg.* 618
Finnegan, Chris, Vice President & Account Director - Grey Group; *pg.* 365
Finnegan, Chris, Vice President & Media Director - The Tombras Group; *pg.* 424
Finnegan, Molly, Vice President - Cone, Inc.; *pg.* 6
Finnerty, Amy Jane, Vice President, Corporate Communications - National CineMedia; *pg.* 119
Finnerty, Jeanne, President - Snippies, Inc.; *pg.* 450
Finney, Harrison, Manager, Strategic Relationship - SourceLink, LLC; *pg.* 292
Finney, Katy, Strategy Director, Data & Intelligence - 22squared Inc.; *pg.* 319
Finnie, Chris, Media Planner - DWA Media; *pg.* 464
Finnigan, Colleen, Manager, Video Investment - General Mills - Mindshare; *pg.* 491
Finnigan, Kelly, Brand Leader - Doner; *pg.* 63
Fino, Alex, Vice President, Account Management - fluent360; *pg.* 540
Fiola, Michael, Research Director - m/SIX; *pg.* 482
Fiore, Dave, Chief Creative Officer - Colangelo Synergy Marketing, Inc.; *pg.* 566
Fiore, Linda, Director, Advertising - Conric PR & Marketing; *pg.* 592
Fiore, Mike, Chief Financial Officer - Radical Media; *pg.* 196
Fiore, Robert, Chief Financial & Operating Officer - PlusMedia, LLC; *pg.* 290
Fiorella, Deb, Principal & Strategy Director - Franke and Fiorella; *pg.* 184
Fiorelli, Abbey, Creative Director - Digital Relativity; *pg.* 226
Fiorentini, Brenda, Senior Graphic Designer - Baseline Design, Inc.; *pg.* 174
Fiorino, Carol, Creative Director - Saatchi & Saatchi Wellness; *pg.* 137
Fiorita, Grant, Vice President & Group Media Director - Cramer-Krasselt ; *pg.* 54
Fiorito, Julia, Director, Account - Tether; *pg.* 201
Firalio, Margaret, Senior Vice President & Associate Media Director - Eicoff; *pg.* 282
Fire, Dino, Chief Data Science Officer & President, Market Research & Data Science - Data Decisions Group; *pg.* 443
Fireman, Gaby, Director, Sales - Mintel; *pg.* 447
Fireman, Gail, Director, Finance & Research - Fireman Creative; *pg.* 183
Fireman, Paul, President - Fireman Creative; *pg.* 183
Firestone, Jim, Vice President & Group Strategy Director - GSD&M; *pg.* 79
Firko, Sean, Director, Brand Strategy - Praytell; *pg.* 258
Firmani, Mark, President - Firmani & Associates, Inc.; *pg.* 604
Firth, Noelle, Global Alliance Marketing Lead - Adobe & Facebook - Deloitte Digital; *pg.* 224
Fisch, Jen, Executive Creative Director - BeCore; *pg.* 302
Fisch, Sarah, Graphic Designer - Happy Medium; *pg.* 238
Fischer, Agnes, President - The&Partnership; *pg.* 426
Fischer, Alex, Senior Analyst, Programmatic - Spark Foundry; *pg.* 508
Fischer, Amy, Proofer & Editor - Infinity Direct; *pg.* 286
Fischer, B.J., Vice President, Public Relations - FLS Marketing; *pg.* 359
Fischer, Beth, Online Strategist - Adams Outdoor Advertising; *pg.* 549
Fischer, Brett, Paid Media Planner - Nina Hale Consulting; *pg.* 675
Fischer, Greg, Senior Vice President & Head, Communications & Engagement Strategy - The Martin Agency; *pg.* 421
Fischer, Jane, Director, Media Services - Image Makers Advertising, Inc.; *pg.* 88
Fischer, Jeff, Vice President, Business Affairs - Tempur-Pedic - EP+Co.; *pg.* 356
Fischer, Kathryn, Senior Manager, Business Affairs - Hook; *pg.* 239
Fischer, Katie, Channel & Media Strategy Supervisor - R&R Partners; *pg.* 131
Fischer, Katy, Creative Director - TOKY Branding + Design; *pg.* 202
Fischer, Kelly, Integrated Media Planner - dentsu X; *pg.* 61
Fischer, Kelly, Senior Social Account Mananger - Agency 720; *pg.* 323
Fischer, Lindsay, Creative Director - Periscope; *pg.* 127
Fischer, Marcus, Chief Executive Officer - Carmichael Lynch; *pg.* 47

803

PERSONNEL   AGENCIES

Fischer, Matt, Partner & Chief Creative Officer - Moses, Inc.; pg. 118
Fischer, Matt, Chief Executive Officer & Chief Creative Officer - Curiosity Advertising; pg. 223
Fischer, Ross, Associate Creative Director - Goodby, Silverstein & Partners; pg. 77
Fischer, Steven, Director, Digital Strategy - Bader Rutter & Associates, Inc. ; pg. 328
Fischer, Tammy, Executive Vice President & Co-Managing Director - FCBCure; pg. 73
Fischer, Todd, Senior Vice President, Global Sports & Entertainment Consulting - GMR Marketing Chicago; pg. 307
Fischer, Vera, Founder & Marketing Strategist - 97 Degrees West; pg. 24
Fischer , Angie, President - Cincinnati - Gyro; pg. 368
Fischette, David, President, Chief Executive Officer & Chief Creative Officer - Go West Creative; pg. 307
Fischette, Jennie, President - DDB Health; pg. 59
Fischetti, Samantha, Senior Media Manager - 360i, LLC; pg. 320
Fischman, Sophie, Vice President - The Outcast Agency; pg. 654
Fisette, Justin, Account Manager - Grip Limited; pg. 78
Fish, Jason, Chief Strategist - Pop-Dot; pg. 257
Fish, Kenneth, Director, Digital Creative - PureRED; pg. 130
Fish, Marissa, Account Executive - The Karma Group; pg. 420
Fish, Scott, Copywriter - Opinionated; pg. 123
Fish, Travis, Account Manager - Esrock Partners; pg. 69
Fishback, Andrew, Senior Developer - Swarm; pg. 268
Fishbein, Danny, Senior Partnership, Sales Associate - NMPi; pg. 254
Fishburn, Meghan, Vice President, Strategic Accounts - AgencyQ; pg. 211
Fishburne, Ardis, Creative Director - Burford Company; pg. 45
Fisher, Adam, Senior Editorial Associate - Atlantic 57; pg. 2
Fisher, Alex, Digital Media Strategist - Charles Ryan Associates, Inc.; pg. 589
Fisher, Amy, Vice President, Technology Practice - Padilla; pg. 635
Fisher, Andrew, Coordinator, Digital Marketing - Point to Point; pg. 129
Fisher, Brian, Vice President & Global Media Director - Wonderful Agency; pg. 162
Fisher, Cailin, Account Director - Booyah Online Advertising; pg. 218
Fisher, Caroline, Creative Marketing Director - Deeplocal; pg. 349
Fisher, Claire, Account Supervisor - CMD; pg. 51
Fisher, Clark, Creative Director - Beauty Lab - Badger & Winters; pg. 174
Fisher, Darren, Vice President, Business Development - Incremental Media; pg. 477
Fisher, Elise, Supervisor, Brand Strategy - Horizon Media, Inc.; pg. 474
Fisher, Greg, Principal, Owner & President - Fisher; pg. 183
Fisher, Greg, Senior Account Director - TRUE Communications; pg. 657
Fisher, Hallie, Senior Vice President - Adcom Communications, Inc.; pg. 210
Fisher, Heather, Senior Account Director - Stila - CMM; pg. 591
Fisher, Jeffrey, Associate Director - Hearts & Science; pg. 473
Fisher, Jesse, Director, Digital Strategy - Horizon Media, Inc.; pg. 473
Fisher, Jody, Vice President, Public Relations - Austin & Williams Advertising; pg. 328
Fisher, Jonathan, Chairman - BrandExtract, LLC; pg. 4
Fisher, Kelly, Media Director - 360i, LLC; pg. 320
Fisher, Krystina, Vice President - BCW New York; pg. 581
Fisher, Laura, Senior Vice President, Financial Services - VOX Global ; pg. 658
Fisher, Lawrence, President - Rise Interactive; pg. 264
Fisher, Leasa, Senior Account Supervisor - Mentus; pg. 386
Fisher, Lorne, Chief Executive Officer & Managing Partner - Fish Consulting LLC; pg. 604
Fisher, Matt, President - Nomad Event Services; pg. 312
Fisher, Megan, Account Manager - Borshoff; pg. 585
Fisher, Michael, Director, Media Relations - O'Reilly Public Relations; pg. 687
Fisher, Mike, Vice President, Advanced TV & Audio - Essence; pg. 232
Fisher, Rachel, Senior Associate, Video Investment - Starcom Worldwide; pg. 517
Fisher, Richard, Co-Owner & Agency Director - Trapeze Communications; pg. 426
Fisher, Robert, Senior Vice President & Executive Creative Director - Hero Digital; pg. 238
Fisher, Sarah, Director, Art - Starbucks - Big Spaceship; pg. 455
Fisher, Shillie, Senior Media Planner - Periscope; pg. 127
Fisher, Stephanie, Creative Director - The Integer Group - Dallas; pg. 570
Fisher, Talya, Program Management Lead - Venables Bell & Partners; pg. 158
Fisher, Tina, Executive Vice President & Client Service Director - Saatchi & Saatchi Wellness; pg. 137
Fisher Ruthven, Debra, Associate Director, Communications - GTB; pg. 367
Fishman, Brad, Chief Executive Officer - Fishman Public Relations Inc.; pg. 604
Fishman, David, Managing Director & Partner - Global Gateway Advisors, LLC; pg. 608
Fishman, Glen, Projects Director - Community Marketing, Inc.; pg. 443
Fishman, Hannah, Executive Creative Director - Grey Group; pg. 365
Fishman, Sherri, President - Fishman Public Relations Inc.; pg. 604
Fisk, Sara, Senior Campaign Analyst - Callahan Creek ; pg. 4
Fiske, Barry, Group Vice President & Executive Creative Director - Publicis.Sapient; pg. 259
Fiske, Jennifer, Senior Producer - Wieden + Kennedy; pg. 430
Fister, Pam, Assistant, Media - The Ohlmann Group; pg. 422
Fiszer, Martha, Senior Vice President & Executive Creative Director - Rhea & Kaiser Marketing ; pg. 406
Fitch, Christopher, Director, Interactive Marketing - Force Marketing; pg. 284
Fitch, Luis, Co-Founder, Principal & Creative Director - UNO; pg. 21
Fitch, Stephen, Account Manager - Nail Communications; pg. 14
Fite, Erica, Co-Founder & Creative Director - FANCY LLC; pg. 71
Fite, Vickie, Senior Vice President - MSLGROUP; pg. 629
Fitkin, Christopher, Chief Technology Officer - KlientBoost; pg. 244
Fitkin, Kimberly, Vice President, Client Services - KlientBoost; pg. 244
Fitterer, Alyssa, Management Supervisor - Crispin Porter + Bogusky; pg. 346
Fittipaldi , Jayson, Co-Founder & Chief Innovation Officer - Nobox; pg. 254
Fitz-Henry, Matt, Chief Executive Officer - Genome; pg. 236
FitzGerald, Callahan, Assistant Media Buyer - Carat; pg. 459
FitzGerald, Maura, Owner - Version 2 Communications; pg. 658
FitzGibbon, Mike, Co-Founder & President - 3Cinteractive; pg. 533
FitzRandolph, Steve, Owner - Peak Creative Media; pg. 256
Fitzer, Marta, Art Director - Out There Advertising; pg. 395
Fitzgerald, Alice, Executive Director - Golin; pg. 609
Fitzgerald, Brenna, Senior Vice President, Public Relations - Allen & Gerritsen; pg. 29
Fitzgerald, Chase, Vice President - Archetype; pg. 33
Fitzgerald, Chris, Associate Director, Video Investment - Wavemaker; pg. 526
Fitzgerald, Damian, Co-Founder, Executive Creative Director - Ghostpistols; pg. 76
Fitzgerald, Darren, Vice President & Account Director - Nice & Company; pg. 391
Fitzgerald, Dave, Chairman & Founder - Fitzco; pg. 73
Fitzgerald, David, Group Engagement Director - Huge, Inc.; pg. 186
Fitzgerald, Debbie, President & Chief Executive Officer - Fitzgerald PR Inc.; pg. 604
Fitzgerald, Erik, Senior Account Supervisor - Lockard & Wechsler ; pg. 287
Fitzgerald, Erin, Vice President - Edelman; pg. 353
Fitzgerald, James, Chairman - FRCH Design Worldwide; pg. 184
Fitzgerald, Karlie, Senior Account Executive - 360PRplus; pg. 573
Fitzgerald, Kevin, Director, Client Services - Modern Climate; pg. 388
Fitzgerald, Kim, Vice President, Customer Aquisition - SMS Marketing Services; pg. 292
Fitzgerald, Robert , President & Chief Operations Officer - Empower; pg. 354
Fitzgerald, Robin, Chief Creative Officer - BBDO ATL; pg. 330
Fitzgerald, Ryan, Creative Director - Droga5; pg. 64
Fitzgerald, Tamra, President - Venue Marketing Group; pg. 158
Fitzgerald, Tim, Chief Financial Officer & Vice President - Fitzgerald PR Inc.; pg. 604
Fitzgibbon, Chuck, Executive Vice President & General Manager - Weber Shandwick; pg. 661
Fitzgibbons, Ankur, Associate Director - Universal McCann; pg. 521
Fitzgibbons, Molly, Supervisor, Media - 360i, LLC; pg. 208
Fitzgibbons, Ruth, Principal, Public Affairs & Relations - The Richards Group, Inc.; pg. 422
Fitzgibbons , Mark, President, Corporate & Legal Affairs - American Target Advertising ; pg. 279
Fitzhenry, Bradley, Director, Strategic Brand Planning - MJR Creative Group; pg. 14
Fitzhenry, Jill, Senior Manager, Pay-Per-Click - Visiture; pg. 678
Fitzkee, Eden, Account Manager - Mission Media, LLC; pg. 115
Fitzloff, Mark, Founder & Creative Director - Opinionated; pg. 123

AGENCIES — PERSONNEL

Fitzmaurice, Taylor, Manager, Business Operations - McCann Minneapolis; *pg.* 384
Fitzpatrick, Jean, Vice President, Marketplace Development - Magna Global; *pg.* 483
Fitzpatrick, John, Vice President, Interactive - Precisioneffect; *pg.* 129
Fitzpatrick, John, Managing Partner - Stratacomm, Inc.; *pg.* 650
Fitzpatrick, John, President & Chief Executive Officer - Force Marketing; *pg.* 284
Fitzpatrick, Kristin, Vice President, Client Engagement - Modern Climate; *pg.* 388
Fitzpatrick, Paul, Vice President & Group Account Director - Jack Morton Worldwide; *pg.* 309
Fitzsimmons, Greg, Director, Public Relations - rygr; *pg.* 409
Fitzsimons, Matt, Creative Director - Lyon & Associates Creative Services, Inc.; *pg.* 102
Fix, Kelly, Digital Planner - Haworth Marketing & Media; *pg.* 470
Flaccus, Ben, Vice President, Sales - Eyeview Digital, Inc.; *pg.* 233
Flachsenhaar, Matt, Senior Creative Director - inVNT; *pg.* 90
Flack, Alexandra, Senior Programmatic Trader - Havas Media Group; *pg.* 469
Flagg, Danielle, Executive Creative Director - Arts & Letters; *pg.* 34
Flagg, Justin, Director, Design - Moxie; *pg.* 251
Flaherty, Braeden, Chief Product Officer - Bluetent; *pg.* 218
Flaherty, Brandy, Manager, Human Resources & Talent - WongDoody; *pg.* 162
Flaherty, Brynn, Director, Marketing Services - Bluetent; *pg.* 218
Flaherty, Lisa, Associate Media Director - MARC USA; *pg.* 104
Flaherty, Rob, Chairman - Ketchum; *pg.* 542
Flaherty, Steve, Manager, Communications, Marketing, Insights & Strategy - Intersport; *pg.* 308
Flaker, Matt, Executive Producer - Goodby, Silverstein & Partners; *pg.* 77
Flammini, Bree, Senior Vice President - FoodMinds, LLC; *pg.* 606
Flanagan, Anne Marie, Assistant Vice President, Content Management - Ansira; *pg.* 280
Flanagan, Jennifer, Vice President, Marketing - Adtaxi; *pg.* 211
Flanagan, Karen, Managing Director - Berlin Cameron; *pg.* 38
Flanagan, Matt, Founding Partner - fama PR, Inc.; *pg.* 602
Flanagan, Michael, President & General Manager - ThriveHive; *pg.* 271
Flanagan, Sean, Digital Marketing Coordinator - Adlucent; *pg.* 671
Flanagan, Sean, Executive Vice President, Public Relations - Zozimus Agency; *pg.* 665
Flanagan, Tom, Chief Content & Innovation Officer - Big Block; *pg.* 217
Flanders, Darcy Ann, Founder & Chief Design Officer - Baseline Design, Inc.; *pg.* 174
Flanders, Kathleen, Talent Director - mono; *pg.* 117
Flandorfer, Eric, Production Designer - RBMM; *pg.* 196
Flanigan, Meegan, Vice President, Communications Planning - Blue 449; *pg.* 456
Flanik, Barry, Director, Group Creative - Weber Shandwick; *pg.* 660
Flanik, Kirsten, President & Chief Executive Officer - NY - BBDO Worldwide; *pg.* 331
Flannelly, Jami, Project Director - The Brandon Agency; *pg.* 419
Flannery, Clare, Director, Public Relations & Media Strategy - MDB Communications, Inc.; *pg.* 111
Flannery, Grant, Group Strategy Director - mcgarrybowen; *pg.* 109
Flannery, Jon, Executive Vice President & Executive Creative Director - DDB Chicago; *pg.* 59
Flatt, Laurel, President - Chicago - mcgarrybowen; *pg.* 110
Flatt, Logan, Senior Vice President, Strategy Consulting - Ansira; *pg.* 326
Flavin, Anne, Vice President & Group Account Director - VaynerMedia; *pg.* 689
Flaxman, Paul, Vice President - Boston Research Group; *pg.* 442
Flay, Brian, Senior Writer - Bob's Your Uncle; *pg.* 335
Fleck, Jennifer, Director, Strategy - Mirum Agency; *pg.* 251
Fleckenstein, Caitlin, Senior Account Executive - HFS Communications; *pg.* 567
Fleckenstein, Ross, Executive Vice President, Account Services - Jack Morton Worldwide; *pg.* 309
Fleder, Emily, Senior Account Executive - DKC Public Relations; *pg.* 597
Fleet, Dave, Executive Vice President & National Practice Lead, Digital - Edelman; *pg.* 601
Fleischer, Michael, Executive Vice President & Managing Director - Washington DC - BCW Washington DC; *pg.* 582
Fleischer, Peter, Partner - Ketchum; *pg.* 619
Fleischman, Matthew, President - Data, Technology & Innovation - Publicis North America; *pg.* 399
Fleischman, Michael, Chief Financial Officer - Digital Remedy; *pg.* 226
Fleischmann, Arthur, Chief Executive Officer - John St.; *pg.* 93
Fleischut, Maddyson, Media Director - Publicis Health Media - Digitas Health LifeBrands; *pg.* 229
Fleisher, Natalie, Creative Director - Chief Marketing Officer Council; *pg.* 50
Fleisher, Rob, Founder & Partner - Sandbox Strategies; *pg.* 645
Fleishman, Jana, Executive Vice President, Strategic Marketing, Business Development & Head Communications - Roc Nation; *pg.* 298
Fleishman, Kimmy, Associate Director, Brand Strategy & Content - Spark Foundry; *pg.* 510
Fleming, Alex, Associate Director, Creative - Rethink Communications, Inc.; *pg.* 133
Fleming, Anita, Accountant - The Stone Agency; *pg.* 20
Fleming, Ann, Senior Account Manager - The MX Group; *pg.* 422
Fleming, Bill, Chief Executive Officer & Owner - Hot Pink, Inc.; *pg.* 87
Fleming, Christine, Vice President, Human Resources - Cramer; *pg.* 6
Fleming, Dana, Vice President, Merchandising - Big Red Rooster; *pg.* 3
Fleming, Deanna, Social Media Manager - Fathom; *pg.* 71
Fleming, John, Corporate Vice President, Operations - Focus USA; *pg.* 284
Fleming, Lindsey, Media Planner - Zenith Media; *pg.* 529
Fleming, Paul, Chief Executive Officer - FVM Strategic Communications; *pg.* 75
Fleming, Peyton, Senior Negotiator, Video Partnerships - Initiative; *pg.* 477
Fleming, Ryan, Digital Designer - Roundhouse - Portland; *pg.* 408
Fleming, Shane, Director, Creative - Argonaut, Inc.; *pg.* 33
Flemister, David, Managing Director, Account - VMLY&R; *pg.* 160
Flemma, Jerry, President & Chief Operating Officer - Jacobson Rost; *pg.* 376
Flemming, Clary, Owner - Clary Flemming & Associates; *pg.* 561
Flemming, Scott, Managing Director & Executive Creative Director - Signal Theory; *pg.* 141
Fleschere, Clintton, Senior Vice President, Client Services - Ocean Media, Inc.; *pg.* 498
Flessner, Michelle, Account Director - Proof Advertising; *pg.* 398
Fletcher, Brian, Group Technology Director - Huge, Inc.; *pg.* 240
Fletcher, Jean, Chief Finance Officer - Crowley Webb & Associates; *pg.* 55
Fletcher, Jill, President - Adperio; *pg.* 533
Fletcher, John, Chief Financial Officer - Crowley Webb & Associates; *pg.* 55
Fletcher, Katherine, Chief Operating Officer - FleishmanHillard HighRoad; *pg.* 606
Fletcher, Kristin, Head, Product Marketing - IBM iX; *pg.* 240
Fletcher, Madison, Assistant Account Executive - Snackbox LLC; *pg.* 648
Fletcher, Mish, Managing Director & Global Head, Marketing - Accenture Interactive; *pg.* 209
Fletcher, Ross, Creative Director - FIG; *pg.* 73
Fleury, Debra, Senior Brand Principal, Experience Practice - Altitude; *pg.* 172
Flick, Aaryn, Executive Vice President, Client Experience - Current; *pg.* 594
Flicker, MichaelAaron, Founder & President - XenoPsi; *pg.* 164
Flier, Rich, President, Advertising & Games - Mothership; *pg.* 563
Fliess, Katherine, Director, Account - FCB Chicago; *pg.* 71
Flink, Peter, Senior Vice President, Group Client Lead - Wunderman Health; *pg.* 164
Flinn, Eric, Creative Director - Onion, Inc.; *pg.* 394
Flint, Kevin, Group Media Director - Just Media, Inc.; *pg.* 481
Flint, Sara, Manager, Accounting & Operations - Edge Communications, Inc.; *pg.* 601
Flis, Brian, Creative Director & Designer - Linnihan Foy Advertising; *pg.* 100
Flockencier, Peter, Manager, eCommerce & Programmatic - Neo Media World; *pg.* 496
Flohr, Will, Director, Integrated Communications - Media Assembly; *pg.* 484
Flom, Beth, Senior Partner, Strategy - Tenet Partners; *pg.* 450
Flood, Stephen, President & Chief Executive Officer - Universal Wilde; *pg.* 428
Flood, Tom, Vice President, Business - Billups, Inc; *pg.* 550
Florance, Conor, Account Director - DMA United; *pg.* 63
Florea, Ted, Global Chief Strategy Officer - Forsman & Bodenfors; *pg.* 74
Florek, Craig, Management Supervisor - Leo Burnett - Digitas; *pg.* 229
Florence, Russ, Chief Operating Officer, Partner & President - Schnake Turnbo Frank, Inc.; *pg.* 646
Flores, Gabriella, Operations Manager - The Atkins Group; *pg.* 148
Flores, Manny, Chief Executive Officer & Managing Partner - THIRD EAR; *pg.* 546
Flores, Natalia, Director, Public Relations - AC&M Group; *pg.* 537
Flores, Ruben, Senior Account Manager - Project X; *pg.* 556
Flores, Sean, Creative Director - Cutwater; *pg.* 56
Flores, Serg, Executive Creative Director - THIRD EAR; *pg.* 546

PERSONNEL — AGENCIES

Floridia, Jennifer, Manager, Account - Tanen Directed Advertising; *pg.* 416
Florin, Dave, President & Partner - Hiebing; *pg.* 85
Florin, Teresa, Group Director, Local Broadcast Investment - OMD; *pg.* 498
Florindi Solan, Marissa, Vice President - Edelman; *pg.* 599
Florio, Anabelle, Senior Associate, Content - Spark Foundry; *pg.* 508
Florio, Dale, Founder & Lobbyist - Princeton Public Affairs Group, Inc.; *pg.* 638
Florio, Paul, Vice President, Investment Partnerships - ICON International, Inc.; *pg.* 476
Florkiewicz, Katherine, Vice President & Account Director - Martin Retail Group; *pg.* 106
Flory, Harriet, Senior Vice President & Global Head, Communications - VaynerMedia; *pg.* 689
Flouch, Christian, Global Director, Executive Business - Omnicom Group; *pg.* 123
Flower, Elizabeth, Assistant Media Buyer - Mindstream Media Group - Dallas; *pg.* 496
Flowers, Cynthia, Senior Vice President & Director, Strategic Planning - FCB Health; *pg.* 72
Flowers, Paul, Senior Vice President, Account Services & President - CIRCA 46 - Slingshot, LLC; *pg.* 265
Flowers, Stacey, Vice President - Proof Inc.; *pg.* 449
Flowers Welch, Michelle, Founder & Chief Executive Officer - Flowers Communications Group; *pg.* 606
Floyd, Dustin, Agency Director & Principal - TDG Communications; *pg.* 417
Floyd, Jay, Director, Art & Designer - Nemo Design; *pg.* 193
Floyd, Kyle, Creative Director - Stone Ward Advertising; *pg.* 413
Floyd, Ulfras, Production Manager - North Charles Street Design Organization; *pg.* 193
Fluker, Danielle, Strategic Planner - Blue 449; *pg.* 455
Flutie, Glenn, President - Insite MediaCom; *pg.* 553
Flynn, Adam, Strategist, Social Norms - Duncan Channon; *pg.* 66
Flynn, Brian, Owner & Principal - Hybrid Design; *pg.* 87
Flynn, Caitlin, Director, Media Platforms - Dentsu Aegis Network; *pg.* 61
Flynn, Chris, Partner - Flynn; *pg.* 74
Flynn, Eileen, Director, Field Marketing - Archrival, Inc.; *pg.* 1
Flynn, Jessica, Chief Executive Officer - Red Sky Public Relations; *pg.* 642
Flynn, Jim, Executive Vice President & Chief Brand Strategist- OneFire - OneFire, Inc; *pg.* 394
Flynn, John, Group Vice President, Marketing Offerings Business - Gartner, Inc.; *pg.* 236
Flynn, Josh, Senior Director - Empower; *pg.* 354
Flynn, Kacie, Associate Director, Digital - Carat; *pg.* 459
Flynn, Kathryn, Director, Media - 360i, LLC; *pg.* 208
Flynn, Kelley, Account Executive - Red Moon Marketing; *pg.* 404
Flynn, Kena, Associate Director, Digital - OMD West; *pg.* 502
Flynn, Kevin, Vice President - Kiku Obata & Co.; *pg.* 188
Flynn, Kevin, Partner & Owner - Flynn; *pg.* 74
Flynn, Kevin, Senior Vice President, Strategy & Analytics - Wunderman Thompson; *pg.* 435
Flynn, Kyle, Director, Strategy - VSA Partners, Inc. ; *pg.* 204
Flynn, Madeline, Associate Media Strategist - Spark Foundry; *pg.* 510
Flynn, Margaret, Senior Partner & Co-Founder - Brown Flynn Communications Ltd.; *pg.* 586
Flynn, Mary, Social Media Manager - Lewis Communications ; *pg.* 100
Flynn, Melissa, Vice President & Associate Managing Director - Horizon Media, Inc.; *pg.* 474
Flynn, Scott, Vice President & Managing Director - Horizon Media, Inc.; *pg.* 474
Flynn, Sean, Strategy Director - Big Spaceship; *pg.* 455
Flynn, Will, Founder & Consultant - Franklin Street Marketing & Advertising; *pg.* 360
Flynn Jr., Connor, Chairman - Lessing-Flynn Advertising Co. ; *pg.* 99
Flynn, III, Tom, President & Principal - Lessing-Flynn Advertising Co. ; *pg.* 99
Fobare, Maggie, Supervisor - Starcom Worldwide; *pg.* 513
Fodo, Melissa, Engagement Director - McGarrah Jessee; *pg.* 384
Foelske, Brian, Senior Editor, Video - Amperage; *pg.* 30
Foerstel, Tom, President & Creative Director - Foerstel Design; *pg.* 183
Foerter, Dean, Chief Strategy Officer - JWT Toronto; *pg.* 378
Fogaca, Paulo, Chief Operating Officer & Partner - GUT Miami; *pg.* 80
Fogarty, Bill, Co-Founder & Co-Chairman - 9thWonder Agency; *pg.* 453
Fogarty, Bill, Vice President & Creative Director - Upshot ; *pg.* 157
Fogarty, Heather, Director, Digital Marketing - Media Horizons, Inc.; *pg.* 288
Fogarty, Mary, Digital Services Coordinator - Derse, Inc.; *pg.* 304
Fogarty, Susannah, Group Strategy Director - AKQA ; *pg.* 212
Fogarty Acropolis, Maggie, Media Director - Harmelin Media; *pg.* 467
Fogel, Adrian, Group Planning Director - Havas Media Group; *pg.* 469
Fogel, Steven, Executive Creative Director - BBDO Worldwide; *pg.* 331
Fogelman, Marlo, Owner & Principal - Marlo Marketing Communications; *pg.* 383
Fogerty, Liz, Chief Strategy Officer - Edge Marketing; *pg.* 681
Foley, Amanda, Team Head - Pharmaceutical Brand - Sam Brown Inc.; *pg.* 645
Foley, Amanda, Managing Partner & Chief Customer Officer - Kiterocket; *pg.* 620
Foley, Bergan, Senior Account Manager - Red Tettemer O'Connell + Partners; *pg.* 404
Foley, Bill, Senior Director, Business Solutions - Cramer; *pg.* 6
Foley, Cara, Vice President - Archetype; *pg.* 33
Foley, Cybil, Account Director - Geometry; *pg.* 363
Foley, Helen, Principal - Faiss Foley Warren; *pg.* 602
Foley, Jessica, Associate Media Planner - HealixGlobal; *pg.* 471
Foley, John, Chief Executive Officer & Founder - Level; *pg.* 99
Foley, Karen, Vice President, Operations - Phase 3 Marketing & Communications; *pg.* 636
Foley, Kevin, President & Chief Executive Officer - KEF Media Associates, Inc.; *pg.* 619
Foley, Kristin, Vice President, Account Services - Vincodo LLC; *pg.* 274
Foley, Lauren, Senior Vice President & Account Director - Palisades Media Group, Inc.; *pg.* 124
Foley, Matthew, Analyst - Havas Media Group; *pg.* 470
Foley, Meg, Integrated Business Manager - BBDO ATL; *pg.* 330
Foley, Michael, Founder & Director, Video Investment - National - Hearts & Science; *pg.* 471
Foley, Nick, Associate Director, Marketing Sciences - OMD; *pg.* 500
Foley, Peter, Executive Vice President & Director, Business Development - Rubenstein Associates; *pg.* 644
Foley, Tim, Partner & Creative Director - Full Contact Advertising; *pg.* 75
Foley, Tony J., Account Manager - Bigbuzz Marketing Group; *pg.* 217
Foley, Tracey, Group Director, Strategy - Omnicon Group - Pathway Group LLC; *pg.* 503
Folkens, Dave, Senior Vice President - Risdall Marketing Group; *pg.* 133
Folkmann, Audrey, Search Supervisor - RPA; *pg.* 134
Follett, Bud, Senior Vice President & Managing Director - Horizon Media, Inc.; *pg.* 474
Follett, Christopher, Vice President & Executive Creative Director - California - Publicis.Sapient; *pg.* 259
Follis, Amanda, Client Business Manager - Wavemaker; *pg.* 529
Foltyn, Chris, Account Supervisor - Rapport Outdoor Worldwide; *pg.* 556
Foltz, Laura, Senior Manager, Sponsorship Sales & Strategy - CSM Sports & Entertainment; *pg.* 55
Folz, Jack, Senior Director, Programmatic Media - Bayard Advertising Agency, Inc.; *pg.* 37
Folz-Edwards, Bronson, Senior Designer - Tether; *pg.* 201
Fombrun, Charles, Co-Founder & Chairman Emeritus - Reputation Institute; *pg.* 449
Fonda, Briana, Group Strategy Director - Colle McVoy; *pg.* 343
Fondren, Neal, Senior Vice President, Digital Operations - The Tombras Group; *pg.* 424
Fone, Thomas, Vice President, Digital Investment - Zenith Media; *pg.* 529
Fones, Madeline, Manager, Account - rygr; *pg.* 409
Fonfria, Roberto, Owner & Creative Director - El Autobus; *pg.* 67
Fong, Ann, Media Analyst - Mediahub New York; *pg.* 249
Fong, Erik, Director, Video - Bluetext; *pg.* 40
Fong, Polly, Content Marketing Coordinator - Jack Morton Worldwide; *pg.* 309
Fong-Anderson, Annie, Director, Campaign Management & Operations - Horizon Media, Inc.; *pg.* 474
Fonner, Diana, Director, Agency Operations - Swash Labs; *pg.* 145
Fono, Alissa, Brand Manager - Love Advertising; *pg.* 101
Fons, Garin, Account Director - TRUE Communications; *pg.* 657.
Fonseca, Ana, Supervisor, Data Entry Department - Marcom Group, Inc.; *pg.* 311
Fonseca, Diego, Creative Director - BBH; *pg.* 37
Fonstein, Adriann, Vice President & Group Director, Connections Strategy - Digitas; *pg.* 226
Fonta, Isabelle, Producer - LG2; *pg.* 380
Fontaine, Adrienne, Publicity Manager - Finn Partners; *pg.* 603
Fontaine, Lindsay, Vice President & Media Director - InterMedia Advertising; *pg.* 376
Fontaine, Megan, Associate Director, Client Leadership - Empower; *pg.* 354

AGENCIES   PERSONNEL

Fontana, Christine, President - Banner Direct; pg. 280
Fontana, Donna, Senior Vice President, Partner & General Manager - FleishmanHillard; pg. 606
Fontana, Jean, Managing Director, Retail, Apparel & Footwear - ICR; pg. 615
Fontana, Peter, Executive Director, Insights, Strategy & Planning - Blue State Digital; pg. 335
Fontana, Ryan, Senior Team Head, Search Engine Optimization - Seer Interactive; pg. 677
Fonte, Annette, Senior Vice President, Account - Geometry; pg. 363
Fontenot, Nicole, Chief of Staff - 360i, LLC; pg. 207
Fonteyne, Els, Partner - HFS Communications; pg. 567
Fooks, Tameka, Search Engine Optimization Analytic Director - 360i, LLC; pg. 207
Foord, Bridgette, Media Director - Zion & Zion; pg. 165
Foote, Andrew, Managing Director - Edelman Digital New York - Edelman; pg. 599
Foote, Betsy, Vice President & Media Director - Geometry; pg. 362
Foote, Gina, Vice President, Government Relations Practice - Glover Park Group; pg. 608
Foote, Melissa, Assistant Media Planner - The Boston Group; pg. 418
Forastiero, Paula, Senior Strategist, Digital & Content - Brown Parker | DeMarinis Advertising; pg. 43
Forbes, Anna, Senior Account Executive - The Cyphers Agency; pg. 419
Forbes, Cavol, Project Manager - Flightpath; pg. 235
Forbes, Khaile, Senior Associate, Planning - Wavemaker; pg. 526
Forbes, Lynn, Art Director - M3 Agency; pg. 102
Forbes, Madison, Account Manager - Rise Interactive; pg. 264
Forbush, Michael, Senior Marketing Director - Xevo; pg. 535
Force, Hannah, Manager, Social Media - Marriner Marketing Communications; pg. 105
Forcione, Steve, Chief Executive Officer - Red Fuse Communications; pg. 404
Ford, Andy, Chief Transformation Officer - Brado; pg. 336
Ford, Cameron, Senior Integrated Producer - Anomaly; pg. 326
Ford, David, General Manager - Clear Channel Outdoor; pg. 551
Ford, Fiona, Director, Search & Programmatic - Fetch; pg. 533
Ford, Jessica, Account Supervisor - Austin & Williams Advertising; pg. 328
Ford, Jim, Vice President, Sales - Raycom Sports; pg. 314
Ford, Joanna, Director, Public Relations & Social Media - Aloysius Butler & Clark; pg. 30
Ford, Joe, President & Senior Digital Strategist - Immersion Active, Inc.; pg. 241
Ford, John, Managing Director, Editorial Services - Baretz + Brunelle; pg. 580
Ford, Kathryn, Director & Senior Partner - MediaCom; pg. 489
Ford, Katy, Senior Account Executive - Maroon PR; pg. 625
Ford, Kendra, Vice President & Key Accounts Manager - The Wrijen Company; pg. 546
Ford, Lee, Strategic Planner - Wieden + Kennedy; pg. 432
Ford, Mark, Co- Founder & Director, Design - 3Headed Monster; pg. 23

Ford, Mathew, Director, Strategy - Atmosphere Proximity; pg. 214
Ford, Meaghan, Account Director - Weber Shandwick; pg. 661
Ford, Molly, Senior Digital Designer - Heinrich Marketing, Inc.; pg. 84
Ford, Peter, Vice President, Sales - SCA Promotions, Inc. ; pg. 569
Ford, Rusty, Senior Vice President, Marketing - Champion Management Group, LLC; pg. 589
Ford, Ryan, Executive Vice President & Chief Creative Officer - Cashmere Agency; pg. 48
Ford, Sara, Vice President & Media Director - Starcom Worldwide; pg. 517
Ford, Sylvia, Administration - The Wrijen Company; pg. 546
Ford, Tara, Associate Director - KSM South; pg. 482
Forde, Iman, Director, Project Management - The Many; pg. 151
Forecki, Paul, Managing Partner - Voxus PR; pg. 658
Foreman, Meghan, Manager, Marketing Analytics - Infinity Marketing; pg. 374
Foreman, Scott, Managing Director - Copacino + Fujikado, LLC; pg. 344
Foreman, Terri, Director, Strategy - DiD Agency; pg. 62
Foreman, Tom, Associate Director, Strategic Innovation - Starcom Worldwide; pg. 513
Forero, Alessandra, Account Supervisor - 360PRplus; pg. 573
Forero, Daniel, Media Supervisor - Zenith Media; pg. 529
Forest, Christina, Digital Buyer - Cossette Media; pg. 345
Forest, Christina, Buyer, Digital - Cossette Media; pg. 345
Foresta, Nicol, Manager, Production & Design - Shok Idea Group, Inc; pg. 17
Forester, Michael, Vice President, Information Technology - Trailer Park; pg. 299
Foretich, Paul, Principal - Brickhouse Design; pg. 4
Forget, Jennifer, Vice President, Client Engagement - Austin & Williams Advertising; pg. 328
Forgione, Amanda, Partner & Chief Operating Officer - Morrison; pg. 117
Forgo, Sonja, Associate Director, Strategy - MediaCom; pg. 487
Foristall, Michael, Director, Joint Ventures - Knight; pg. 95
Forker, Korbi, Strategist - Omobono; pg. 687
Forman, Brenda, Vice President & Managing Director - Merlot Marketing; pg. 114
Forman, Dave, Associate Brand Group Director - Horizon Media, Inc.; pg. 474
Forman, Laura, Chief Strategy Officer - David&Goliath; pg. 57
Forman, Rusty, Creative Director, Content - MossWarner; pg. 192
Forman, Theresa, President - McMillan; pg. 484
Formanek, Jen, Senior Account Executive - Hot Dish Advertising; pg. 87
Formeca, William C., Director, Communication Strategies - Conill Advertising, Inc.; pg. 538
Formenti, Christine, Senior Media Buyer, Direct Response - Cramer-Krasselt ; pg. 53
Formica, Lisa, President & Partner - fmi direct, inc.; pg. 284
Formica, Mark, Partner & Customer Success - fmi direct, inc.; pg. 284
Formica, Prima, Associate Director, Integrated Publishing - Dentsu X - Carat; pg. 459
Formidoni, Bryan, Co-Founder & Principal -

Blast! PR; pg. 584
Formidoni, Kathleen, Co-Founder & Principal - Blast! PR; pg. 584
Fornaro, Marissa, Digital Account Manager - NuStream; pg. 254
Fornes, Brian, Key Account Manager & Public Relations Specialist - Echos Brand Communications; pg. 599
Forrest, Kristen, Executive Producer - Taillight TV; pg. 315
Forrest, Tom, President, Executive Producer & Director - Taillight TV; pg. 315
Forrester, Kimberly, Associate Director, Media Strategy & Innovation - OMD; pg. 498
Forrester, Ursula, Account Supervisor - Lewis Advertising, Inc.; pg. 380
Forsell, Alyssa, Account Director - BCW Austin; pg. 581
Forsey, Craig, Creative Director - The Marketing Department; pg. 420
Forsman, Jenny, Designer - BrandTrust, Inc.; pg. 4
Forsman, Zac, Manager, Development - Rocket55; pg. 264
Forst, Jon, Executive Producer & Chief Executive Officer - Trademark Event Promotions, Inc.; pg. 317
Forster, Georgina, Managing Director, San Diego - Mirum Agency; pg. 251
Forstot, Joshua, Director, Innovation & Strategy - Taco Truck Creative; pg. 145
Forstyk, Marisa, Paid Media Analyst - Adept Marketing; pg. 210
Forsyth, Alasdair, Digital Manager, SEO - Mindshare; pg. 491
Forsyth, Eric, Account Lead - Barkley Boulder; pg. 36
Forsythe, Adam, Media Buyer - Scoppechio; pg. 409
Forsythe, Greg, Senior Digital Marketing Strategist - Barkley REI; pg. 215
Fort, Tucker, Partner - Smart Design,. Inc; pg. 199
Forte, Anthony, Vice President, Digital Strategy - Fort Group, Inc.; pg. 359
Fortenberry, Micah, Associate Director, Operations - Starcom Worldwide; pg. 513
Fortenberry, Scott, Account Director - The Designory; pg. 269
Fortier, Nelson, Account Director - Catalysis; pg. 340
Fortier, Nicole, Broadcast Business Director - Zimmerman Advertising; pg. 437
Fortin, Jean-Francois, Vice President & Partner - Sid Lee; pg. 140
Fortin, Laura, Director, Consulting - Bob Communications; pg. 41
Fortin, Marc, Partner, Vice President, & Executive Creative Director - LG2; pg. 380
Fortino, Samantha, Vice President & Director, Production - Jack Morton Worldwide; pg. 308
Fortney, David, Director, Information Technology & Controller - DIO; pg. 62
Fortunate, Robert, Vice President, Office Services - Ogilvy Public Relations; pg. 633
Fortune, Ainslie, Vice President, Client Services - Cactus Marketing Communications; pg. 339
Fortune, Bill , Vice President & Search Director - TouchPoint Integrated Communications; pg. 520
Fortune, Jamie, Managing Director - Moore Communications Group; pg. 628
Fortune, Jeffrey, Senior Planner, Strategic - Burrell Communications Group, Inc. ; pg. 45
Fortune, Jennifer, Media Director - Fifteen ; pg. 358
Fortune, John, Principal & Executive Account Director - DCF Advertising; pg. 58

PERSONNEL — AGENCIES

Forward, Jim, President - Forward Branding; pg. 184
Fosco, Nicole, Associate Media Director - Starcom Worldwide; pg. 513
Foss, Kristen, Senior Planner, Strategic - Team One; pg. 417
Foss, Sarah, Senior Vice President, Strategic Initiatives - Freewheel Advertisers - FreeWheel; pg. 465
Foster, Ashley, Public Relations Lead - Big Communications, Inc.; pg. 39
Foster, Becky, Senior Production Manager - LPI Group; pg. 12
Foster, BJ, Chief Finance Officer - PRR; pg. 399
Foster, Brenda, Senior Vice President - Vanguard Communications; pg. 658
Foster, Brenna, Creative Director - Blue State Digital; pg. 335
Foster, Carter, Coordinator, Digital Marketing - Calypso; pg. 588
Foster, Chad, Chief Creative Officer - Neal Advertising; pg. 391
Foster, Chris, President - North America - BCW Washington DC; pg. 582
Foster, Dave, President & Chief Executive Officer - AvreaFoster; pg. 35
Foster, Dave, Senior Vice President & Head, Account Management - 160over90; pg. 301
Foster, David, Senior Vice President & Head, Account Management - 160over90; pg. 207
Foster, Donna, Art Director & Associate Creative Director - Leo Burnett Worldwide; pg. 98
Foster, Eric, Creative Director - Bedford Advertising, Inc.; pg. 38
Foster, Felicia, Account Director - WMX; pg. 276
Foster, George, Owner & Chief Executive Officer - Foster Marketing Communications; pg. 360
Foster, Hunter, Public Relations & Social Media Specialist - Designsensory; pg. 62
Foster, Jamie, Vice President, Human Resources - The Integer Group - Dallas; pg. 570
Foster, John, Senior Vice President & Group Creative Director - EP+Co.; pg. 356
Foster, Kim, Lead, Paid Media & SEO - Authentic; pg. 214
Foster, Liz, Executive Vice President - Edelman; pg. 601
Foster, Neil, Partner & President & Chief Executive Officer - GCG Marketing; pg. 362
Foster, Paulina, Senior Account Executive - Nike Communications, Inc.; pg. 632
Foster, Rachel, Supervisor, Digital Media - Vert Mobile LLC; pg. 274
Foster, Rainey, Partner & Executive Vice President - Leading Authorities, Inc.; pg. 622
Foster, Rebecca, Group Director, Media Insights - Team One; pg. 417
Foster, Von, Art Director - Adlib, Ltd.; pg. 27
Foster-Storch, Sonja, President - North America - GSW Worldwide; pg. 79
Foth, Mike, Senior Vice President, Client Services - Ron Foth Advertising; pg. 134
Foth Jr., Ron, Senior Vice President & Creative Director - Ron Foth Advertising; pg. 134
Fotheringham, Tom, General Manager, Programmatic - OMD Canada; pg. 501
Fotis, Alexandra, Senior Associate, Data Science & Analytics - Publicis.Sapient; pg. 259
Fotouhi, Farida, President & Chief Executive Officer - Reality2; pg. 403
Fougerousse, Megan, Senior Partner & Director - Mindshare; pg. 494
Foulk, Jeff, Director, Client Services - Matrex Exhibits; pg. 311
Foullon, Arthur, Digital Media Assistant Specialist - Rain; pg. 402
Foulques, Luisa, Account Supervisor - Havas Media Group; pg. 470
Foulsham, Adam, Chief Financial Officer - Wunderman Thompson; pg. 434
Fournier, Alex, Senior Vice President, Product & Technology - Triton Digital; pg. 272
Fournier, Penelope, Partner & General Manager - Montreal - LG2; pg. 380
Fournier, Servane, Assistant Media Planner - MediaCom; pg. 487
Foust, Rebecca, Senior Associate, Digital Investment - Mindshare; pg. 493
Foutz, Kathleen, Managing Director - EVB; pg. 233
Foux, Lisa, Account Supervisor - The Marketing Arm; pg. 316
Fowler, Amanda, Director, Recruitment - The Richards Group, Inc.; pg. 422
Fowler, Brandon, Managing Director - mcgarrybowen; pg. 109
Fowler, Brenda, Director, Print Production - Stone Ward Advertising; pg. 413
Fowler, Caroline, Connections Manager - Spark Foundry; pg. 512
Fowler, Christina, Associate Director, Strategy - Kraft - Starcom Worldwide; pg. 513
Fowler, David, Senior Partner & Executive Creative Director - Worldwide - Ogilvy; pg. 393
Fowler, David, Director, Media Planning - HealixGlobal; pg. 471
Fowler, Gordon, Principal & Co-Founder - 3fold Communications; pg. 23
Fowler, Howard, General Manager - Outfront Media; pg. 555
Fowler, Jacqueline, Vice President - Edelman; pg. 601
Fowler, Marianne, Senior Director, Client Operations - The Trade Desk; pg. 520
Fowler, Russ, Vice President, Marketing Environments - Derse, Inc.; pg. 304
Fowler, Sarah, Director, Content Development - Family Features; pg. 297
Fowler, Tony, Senior Vice President, Program Solutions - GMR Marketing; pg. 306
Fowles, Anna, Executive Vice President, Client Services - Northern Lights Direct; pg. 289
Fowlkes, Bailey, Manager, Advanced Analytics & Insights - Starcom Worldwide; pg. 513
Fox, Barbara, Chief Executive Officer - Enterprise Canada; pg. 231
Fox, Bob, Senior Vice President, Marketing & Media - Incremental Media; pg. 477
Fox, Brian, Creative Director - The Marketing Store Worldwide; pg. 421
Fox, Brian, Principle - Enterprise Canada; pg. 231
Fox, Danielle, Supervisor, Digital Media - Butler / Till; pg. 457
Fox, David, Partner - McNeely Pigott & Fox Public Relations; pg. 626
Fox, Doreen, Senior Partner & Group Creative Director - OgilvyOne Worldwide; pg. 255
Fox, Greg, Creative Director - Ogilvy; pg. 393
Fox, Hayley, Account Director - Crossmedia; pg. 463
Fox, Jackson, Director, User Experience Design - Viget Labs; pg. 274
Fox, James, Managing Partner - New York - Lucky Generals; pg. 101
Fox, Jared, Senior Director, Planning - Essence; pg. 232
Fox, Jennifer, Director, Brand Planning - DDB New York; pg. 59
Fox, Jim, Director, Finance & Administration - Mercer Creative Group; pg. 191
Fox, Jon, President - Flightpath; pg. 235
Fox, Jordan, Head, Laundry Service & Cycle - Laundry Service; pg. 287
Fox, Katie, Vice President, Consumer Media - Velocity OMC; pg. 158
Fox, Kelli, Digital Media Strategist - Harmelin Media; pg. 467
Fox, Ken, Principal & Executive Creative Director - 50,000 Feet, Inc.; pg. 171
Fox, Keri, Senior Director - Wavemaker; pg. 526
Fox, Kyle, Director, Media - SpotCo; pg. 143
Fox, Lyndsey, Vice President, Strategy - Allen & Gerritsen; pg. 30
Fox, Michael, Chief Client Officer - ICR; pg. 615
Fox, Michael, Account Supervisor - FCB Chicago; pg. 71
Fox, Molly, Account Supervisor - Chevrolet - Commonwealth // McCann; pg. 52
Fox, Nelson, Vice President, Development - Rocket55; pg. 264
Fox, Sandra, Director, Client Services - Saatchi & Saatchi Los Angeles; pg. 137
Fox, Sandy, Negotiator, Local Partnerships - Initiative; pg. 479
Fox, Tom, Vice President, Delivery - Manifest; pg. 248
Fox, William, Managing Partner & Chief Operating Officer - VanguardComm; pg. 546
Foxton, Virginia, Senior Director - MKTG INC; pg. 312
Foy, David, President - Agency59 Response - Junction59; pg. 378
Foy, Heather, Senior Supervisor - Initiative; pg. 479
Foy, Sean, Co-Founder & Partner - Linnihan Foy Advertising; pg. 100
Frabotta, Anthony, Executive Director, Digital Activation - OMD; pg. 500
Frabotta, David, Director, Editorial Market Development - Meister Interactive; pg. 250
Fracassa, Francesca, Supervisor, Video Investment - Starcom Worldwide; pg. 513
Fradette, Debbie, Senior Media Planner & Buyer - Ron Foth Advertising; pg. 134
Fraga, Kristen, Meetings & Event Manager - Deco Productions; pg. 304
Fraga, Meighan, Management Supervisor - EP+Co.; pg. 356
Fragala, Elizabeth, Assistant Vice President - Regan Communications Group; pg. 642
Fragel, Margaret, Analyst, Social Content - Jeep - Publicis.Sapient; pg. 260
Fragos, Vasso, Vice President, Finance - Media Experts; pg. 485
Fraguela, Katie, Account Executive - Ballantines Public Relations; pg. 580
Fraire, Peter, President, Chief Operating Officer & Creative Director - Mithoff Burton Partners; pg. 115
Fraker, Lynn, Senior Media Buyer - The Loomis Agency; pg. 151
Frame, Christopher, Vice President & Creative Director - PJA Advertising + Marketing; pg. 397
Francart, Kevin, Executive Vice President & Group Director, Advanced Analytics & Insights - Starcom Worldwide; pg. 513
France, Wendy, Senior Partner & Global Operations Director - MediaCom; pg. 487
Frances Somerall, Mary, Account Supervisor - Cayenne Creative; pg. 49
Francesco, Nicole, Director, Integrated Media Planning - Signet - MediaCom; pg. 487
Franceski, Nicholas, Supervisor, National

AGENCIES — PERSONNEL

Video Activation - Carat; pg. 459
Franchell, Tracy, Art Director & Studio Business Manager - Paige Group; pg. 396
Franchino, Bruno, Associate Creative Director - BBH; pg. 37
Franchino Rusthoven, Hollie, Vice President - Stony Point Communications, Inc.; pg. 650
Francis, Heather, Senior Media Planner - Daniel Brian Advertising; pg. 348
Francis, Jennifer, Account Director - R&R Partners; pg. 131
Francis, Kenny, President - SpeedMedia Inc.; pg. 266
Francis, Kirya, Vice President & Director & Inclusion - GSD&M; pg. 79
Francis, Laurie, Director, Human Resources & Operations - Fuse, LLC; pg. 8
Francis, Mary Kay, Managing Partner - Xperience Communications; pg. 318
Francisco, Catharine, Vice President, Operations - Bulldog Drummond; pg. 338
Francisco, Jeff, Senior Vice President & Managing Director - Restaurants Brands International - Horizon Media, Inc.; pg. 474
Francisco, Julianne, Media Supervisor - MediaCom; pg. 487
Francisco, Mebrulin, Managing Partner & Senior Director - mPlatform - GroupM; pg. 466
Francke, Joel, Associate Creative Director - Droga5; pg. 64
Franco, Clara, Principal - Hamilton Ink Publicity & Media Relations; pg. 611
Franco, David, Founder - Hexnet Digital Marketing; pg. 239
Franco, Gresia, Media Supervisor - RPA; pg. 134
Franco, Jim, Co-Founder & Chief Executive Officer - EFX Media; pg. 562
Franco, Kaytien, Account Executive - Zubi Advertising; pg. 165
Franco, Nuria, Senior Local Market Specialist - GTB; pg. 80
Franco, Rayna, Supervisor, National Broadcast & Video Investment - PHD USA; pg. 505
Francois, Aaron, Integrated Media Planner - MediaCom; pg. 487
Francois, Kimberly, Account Executive - MGH Advertising; pg. 387
Francomano, Sarah, Senior Vice President & Partner - FleishmanHillard; pg. 605
Franconi, Genna, Senior Vice President, Group Account Director - 22squared Inc.; pg. 319
Francque, Cathy, Group Managing Director & Office Head - Ogilvy; pg. 393
Franczak, Dennis, President & Chief Executive Officer - Fuseideas, LLC; pg. 306
Franczyk, Sophie, Manager, Experiences - Superfly; pg. 315
Franek, David, Chief Creative Officer - Channel Communications; pg. 341
Frank, Aaron, Senior Vice President, Marketing, Strategy & Insights - Branded Entertainment Network, Inc.; pg. 297
Frank, Alexandra, Brand Strategy Manager - Any_; pg. 1
Frank, Andrew, Senior Vice President, Sales & Merchandise Sales - Active International; pg. 439
Frank, Becky, Managing Partner, Chairman & Chief Executive Officer - Schnake Turnbo Frank, Inc.; pg. 646
Frank, Belle, Executive Vice President & Chief Strategy Officer, Global Health Practice - VMLY&R; pg. 160
Frank, Cara, Vice President, Marketing - Simpleview, Inc.; pg. 168
Frank, Catherine, Co-Founder, President & Chief Operations Officer - Clean Sheet Communications; pg. 342
Frank, Danielle, Account Manager - Droga5; pg. 64
Frank, Jill, Publicist - Brave Public Relations; pg. 586
Frank, Joele, Managing Partner - Joele Frank, Wilkinson Brimmer Katcher; pg. 617
Frank, Jordan, Senior Manager, Search Engine Optimization - Seer Interactive; pg. 677
Frank, Kevin, Senior Account Executive - The Motion Agency; pg. 270
Frank, Melissa, Senior Partner & Group Director, Social & Search - Wavemaker; pg. 526
Frank, Mike, Senior Vice President & Creative Director - Deutsch, Inc.; pg. 350
Frank, Nathan, Founder & Head, Brand - Interesting Development; pg. 90
Frank, Peter, Media Production Manager - SportVision; pg. 266
Frank, Robert, President - Frank Advertising; pg. 360
Frank, Scott, Associate Media Director - DP+; pg. 353
Frank, Steve, Director, Business Development & Principal - ThoughtForm Design; pg. 202
Frank, Thomas, Managing Partner & Executive Creative Director - FortyFour; pg. 235
Frank, Zoe, Vice President, Account Management - Wunderman Thompson; pg. 435
Franke, Craig, Principal & Creative Director - Franke and Fiorella; pg. 184
Franke, Daniel, Regional Account Director - Team One; pg. 418
Franke, Stephanie, Vice President & Creative Director - Razorfish Health; pg. 262
Frankel, Bruno, Group Director, Strategy - Wieden + Kennedy; pg. 430
Frankel, Ilan, Associate Creative Director - Hill Holliday; pg. 85
Frankel, Linda, Media Director - Source Communications; pg. 315
Frankel, Mark, Executive Creative Director - Landor; pg. 11
Frankel, Steve, Partner - Joele Frank, Wilkinson Brimmer Katcher; pg. 617
Frankenberger, Jean, Founder - The Bantam Group; pg. 450
Frankenfeld, Emily, Senior Project Manager - Zambezi; pg. 165
Frankfurt, Peter, Partner, Creative Director & Owner - Imaginary Forces; pg. 187
Franklin, Afton, Account Director - TAXI; pg. 146
Franklin, Chelsea, Associate Director, Digital Activation - Spark Foundry; pg. 510
Franklin, Donald, Senior Vice President, Marketing - United Entertainment Group; pg. 299
Franklin, Garrett, Managing Director - Atmosphere Proximity; pg. 214
Franklin, Jeff, Account Coordinator - Quantum Communications; pg. 401
Franklin, Jeremy, Director, Strategy & Insights - VMLY&R; pg. 274
Franklin, Keeley, Creative Producer - Glover Park Group; pg. 608
Franklin, Mason, Executive Vice President & Managing Partner, Strategy - Universal McCann; pg. 521
Franklin, Stacy, Senior Account Executive - Access to Media; pg. 453
Franklin, Wayne, Associate Creative Director - blr further; pg. 334
Franks, Brian, Founder & Executive Creative Director - Where Eagles Dare; pg. 161
Franks, Liz, Global Chief Operating Officer - Rufus/Amazon - Initiative; pg. 478
Franks, Sarah, Group Media Director - The Richards Group, Inc.; pg. 422
Frantz, Fred, Executive Vice President - Gragg Advertising; pg. 78
Frantz, John, Vice President, Operations - Annex Experience; pg. 31
Frantz, Peter, President & Marketing Director - JCF Marketing; pg. 91
Frantz, Zachary, Manager, Integrated Planning - Universal McCann; pg. 521
Frantzen, Drew, Director, Web Services - Altitude Marketing; pg. 30
Franz, Solveig, Senior Account Executive - ICF Next; pg. 372
Franzen, Kate, Associate Director - PHD Chicago; pg. 504
Franzen Linnihan, Conor, Strategist, Design - Linnihan Foy Advertising; pg. 100
Frappier, Matt, Vice President - Berk Communications; pg. 583
Fraser, Abby, Director, Client Engagement - VMLY&R; pg. 274
Fraser, Adam, Group Account Director - Track DDB; pg. 293
Fraser, Alex, Senior Strategist - Primacy; pg. 258
Fraser, Andy, Partner & Chief Executive Officer - Sockeye Creative; pg. 199
Fraser, Beau, President & Chief Strategic Officer - The Gate Worldwide; pg. 419
Fraser, Brian, Chief Creative Officer - Spark44; pg. 411
Fraser, Brittany, Vice President - ICR; pg. 615
Fraser, Carla, Principal & Director, Branding & Graphics - Dyal and Partners; pg. 180
Fraser, Heather, President & Chief Executive Officer - The NOW Group; pg. 422
Fraser, James, Head, Strategy - Mother NY; pg. 118
Fraser, Keith, Partner & Creative Director - Maris, West & Baker; pg. 383
Fraser, Lee, Executive Vice President & Chief Medical Officer - Digitas Health LifeBrands; pg. 229
Fraser, Patrick, Media Director - MediaCom; pg. 487
Fraser, Pete, Group Director, Connections - R/GA; pg. 260
Fraser, Philip, Chief Information Officer - APCO Worldwide; pg. 578
Fraser, Renee, President & Chief Executive Officer - Fraser Communications; pg. 540
Frasier, Katie, Director, Integrated Communication Strategy - Archer Malmo; pg. 32
Fratangelo, Gabrielle, Senior Marketing & Communications Manager - Giant Spoon, LLC; pg. 363
Fratesi, Anne-Lauren, Director, Consumer Engagement - The Ramey Agency; pg. 422
Frattarole, Annette, Director, Sales - Listrak; pg. 246
Fratto, Nadia, Creative Director - Add Impact Inc.; pg. 565
Frattone, Paris, Associate, Integrated Planning - Universal McCann; pg. 521
Fratzke, Brett, Head, Paid Media Team - Seer Interactive; pg. 677
Fraze, John, Vice President, Search - Spark Foundry; pg. 508
Frazee, Carrie, Senior Vice President - Digitas; pg. 227
Frazer, Devon, Senior Manager, Media - 360i, LLC; pg. 208
Frazer, Jeanne, President - Vitalink Communications; pg. 159
Frazer, William, Controller, Operations - CK Advertising; pg. 220
Frazier, Alexandra, Senior Copywriter - Mythic; pg. 119
Frazier, Doug, Chief Creative Officer - FrazierHeiby; pg. 75
Frazier, Jeff, Chief Executive Officer & Founder - THREAD; pg. 271

809

PERSONNEL

Frazier, Kate, Managing Director, Client Engagement - VMLY&R; pg. 274
Frazier, Kathleen, Supervisor, Brand, Health & Financial - Barkley; pg. 329
Frazier, Moffat, Senior Vice President & Managing Director, Consumer Strategy - WHY Group - Horizon Media, Inc.; pg. 474
Frazier, Taylor, Senior Account Executive - Alison Brod Public Relations; pg. 576
Fream, Jessie, International Project Manager - Derse, Inc.; pg. 304
Freas, Bridget, Vice President, Finance & Investor Relations - InnerWorkings, Inc.; pg. 375
Frease, Michael, Executive Vice President & Executive Creative Director - Digitas; pg. 227
Frease, Ryan, Creative Director - Motiv; pg. 192
Frech, Susan, Chief Executive Officer - Social Media Link; pg. 266
Frechette, Barry, Director, Creative Services - Connelly Partners; pg. 357
Frechette, Kimberly, Partner & Senior Director - Wavemaker; pg. 526
Freckmann, John, Senior Vice President & Director, Account Management - Cramer-Krasselt ; pg. 54
Freda, Jordan, Co-Founder & Chief Executive Officer - Giant Propeller; pg. 76
Frederick, Ben, Senior Designer, Interaction - Mondo Robot ; pg. 192
Frederick, Bill, Principal & Creative Director - Fanbrandz - Frederick & Froberg Design Offices, Inc. ; pg. 184
Frederick, Brad, Founder & Chief Executive Officer - Media Genesis, Inc.; pg. 249
Frederick, Rachel, Creative Director - Johannes Leonardo; pg. 92
Frederick, Rebecca, President - Ogilvy CommonHealth Worldwide; pg. 122
Frederick, Rebecca, Executive Vice President, Client Finance - CMI Media, LLC; pg. 342
Frederick, Scott, Partner, Creative & Art Director - Frederick Swanston; pg. 360
Fredericks, Marta, Senior Vice President - Dancie Perugini Ware Public Relations; pg. 595
Frederiksen, Tanner, Enterprise Marketer - 97th Floor; pg. 209
Frediani, Michael, Director, Creative Operations - Opinionated; pg. 123
Fredkin, Kim, Senior Vice President, Group Account Director - BBDO San Francisco; pg. 330
Fredman, Erin, Vice President, Brand & Entertainment - Tongal; pg. 20
Fredrickson, Kelly, President - Boston & New York - MullenLowe U.S. New York; pg. 496
Fredrickson, Lee, Managing Partner - Hinge; pg. 370
Fredrickson, Mark, Managing Director, Technology Practice - CTP; pg. 347
Fredrikson, Lisa, President - TREAT AND COMPANY, LLC; pg. 202
Freebairn, John, President & Owner - Freebairn & Company; pg. 360
Freeberg, Eric, Co-Founder & Director, Product Development - B-Swing; pg. 215
Freeberg, Kelly, Account Director - 360i, LLC; pg. 207
Freed, Elena, Chief Operating Officer - Red Square Agency; pg. 642
Freed, Gerald, Chief Executive Officer & Founder - Freed Advertising; pg. 360
Freedman, Brian, Director, Business Strategy - Arnold Worldwide; pg. 33
Freedman, Jeff, Co-Founder & Chief Executive Officer - Small Army; pg. 142
Freedman, Ross, Co-Founder & Co-Chief Executive Officer - Rightpoint; pg. 263
Freel, Laura, Group Director - Havas Sports & Entertainment; pg. 370
Freeland, Joshua, Client Director - Red Antler; pg. 16
Freely, Jessica, Vice President & Group Director - Posterscope U.S.A.; pg. 556
Freeman, Allison, Director, Project Management & Training Operations - True Media; pg. 521
Freeman, Amanda, Media Supervisor, Social - Starcom Worldwide; pg. 513
Freeman, Billy, Director, National Field Marketing - RedPeg Marketing; pg. 692
Freeman, Cristina, Director, Media Operations - PMG; pg. 257
Freeman, Dustin, Executive Producer - AKQA; pg. 212
Freeman, Jean, Principal & Chief Executive Officer - Zambezi; pg. 165
Freeman, Jeremy, Manager, Analysis & Reporting & Senior Media Planner - Falls Communications; pg. 357
Freeman, Joelle, Digital Media Supervisor - Butler / Till; pg. 457
Freeman, Joseph, Vice President - Elevator; pg. 67
Freeman, Julie, Executive Vice President & Managing Director, Public Relations, Social & Experiential Marketing - MMGY Global; pg. 388
Freeman, Lauren, Account Director - Digitas; pg. 228
Freeman, Libby, Senior Account Executive - Edelman; pg. 601
Freeman, Zachary, Associate Director, Invention - Mindshare; pg. 491
Freer, Ashley, Principal, Group Director & Strategist - Balcom Agency ; pg. 329
Freer, Kaitlin, Director, Planning - Carat; pg. 461
Freethy, Ardith, Associate - Communique; pg. 303
Freeze, Garlanda, Vice President, Group Account Director - Walton Isaacson; pg. 547
Freiburger, Kourtney, Account Supervisor - Shine United; pg. 140
Freid, Justin, Executive Vice President, Growth & Innovation - CMI Media, LLC; pg. 342
Freifeld, David, Senior Data Scientist - The Trade Desk; pg. 520
Freilich, Deb, Media Director - Cohen Group; pg. 51
Freimanis, Peteris, Head, Consumer & Shopper Marketing - MatchMG; pg. 384
Freinberg, Lauren, Partner - Black Twig, LLC; pg. 3
Freiser, Heather, Vice President, Content - Likeable Media; pg. 246
Freisner, Randy, Senior Vice President & Director, Media Operations - The Martin Agency; pg. 421
Freisthler, Aimee, Senior Account Executive - Burns Entertainment & Sports Marketing, Inc.; pg. 303
Freitag, Kianna, Manager, Portfolio Management - Universal McCann; pg. 521
Freitag, Michael, Partner - Joele Frank, Wilkinson Brimmer Katcher; pg. 617
Freitag, Wayne, Chief Creative Director - Forrest & Blake, Inc.; pg. 540
Freitas, Chelsea, Partner, Strategy - Universal McCann; pg. 521
Freitas, Nelson, Global Chief Strategy Officer - Omnicom Group; pg. 123
Frej, David, Co-Founder & Chief Creative Officer - Otherwise, Inc.; pg. 634
Frejlich, Ashley, Manager, Social Media - Reshift Media; pg. 687
Fremont, Carl, Chief Executive Officer - Quigley-Simpson; pg. 544

AGENCIES

French, Carrie, Associate Vice President, List Brokerage - Lake Group Media, Inc.; pg. 287
French, David, Management Supervisor - RLF Communications; pg. 643
French, Lauren, Senior Designer - Sockeye Creative; pg. 199
French, Lisa, Director, Brand - Observatory Marketing; pg. 122
French, Mary, Group Account Director - Laundry Service; pg. 287
French, Michael, Vice President, Operations & Finance - Family Features; pg. 297
French, Rick, Chairman & Chief Executive Officer - French / West / Vaughan ; pg. 361
French, Stephen, Vice President, Account Planning - Burrell Communications Group, Inc. ; pg. 45
French, Steve, Managing Partner - NMI; pg. 448
Frend, Patrick, President - Hero Digital; pg. 238
Frenzel, Clay, Account Executive - Katz Media Group; pg. 481
Frericks, Allyson, Ad Operations Manager - Springbox; pg. 266
Fretthold, Jessica, Account Director - Point to Point; pg. 129
Freudigmann, Alexa, Senior Vice President & Partner - Inventa; pg. 10
Freund, Inez, Vice President, Media Services - The Portfolio Marketing Group; pg. 422
Freund, Merrill, Executive Vice President & General Manager - Boca Communications; pg. 585
Freund, Sarah, Senior Programmatic Buyer - BrillMedia.co; pg. 43
Frevert, Lea, Brand Manager - Jajo, Inc.; pg. 91
Frey, Andy, Chief Technology Officer - OneMagnify; pg. 394
Frey, Brendon, Managing Director - ICR; pg. 615
Frey, Brian, Account Executive - MAPR; pg. 624
Frey, Jaime, Vice President, Integrated Media Strategy - Tinuiti; pg. 678
Frey, Lisa, Account Supervisor - Callahan Creek ; pg. 4
Frey, Megan, Account Manager - Derse, Inc.; pg. 304
Frey, Paula, Senior Vice President, Marketing & Client Services - General Learning Communications; pg. 466
Frey, Robyn, President & Creative Director - Bolchalk Frey Marketing; pg. 41
Frey, Sara, Business Development Director - Hook; pg. 239
Frey, Tami, Account Supervisor - Media Works, Ltd.; pg. 486
Freye, Robyn, Senior Vice President, Strategic Growth - MDC Partners, Inc.; pg. 385
Freyre, Charlie, Senior Manager, Client Development - Decoded Advertising; pg. 60
Freytag, Bernie, Creative Director - Romanelli Communications; pg. 134
Friant, Anton, Vice President & Creative Director - Ciceron; pg. 220
Frick Laguarda, Alicia, President - Inside Out Communications; pg. 89
Fricke, John, Director, Business Development - Derse, Inc.; pg. 304
Fricke Kijek, Michelle, Senior Vice President, Group Lead - FoodMinds, LLC; pg. 606
Frickey, Danielle, Account Executive - VSBrooks; pg. 429
Frickey, Debbie, President - Vladimir Jones; pg. 429

810

AGENCIES — PERSONNEL

Frickey, Emily, Director, Digital Operations - Network Affiliates, Inc.; pg. 391
Frickey, Norty, President & Chief Executive Officer - Network Affiliates, Inc.; pg. 391
Friday, Katy, Senior Director, Business Development - The Trade Desk; pg. 519
Friday, Matthew, Director, Business Affairs - Forsman & Bodenfors; pg. 74
Fridman, Derek, Chief Design Officer - Huge, Inc.; pg. 240
Fridman, Gela, Chief Technology Officer - Huge, Inc.; pg. 239
Fried, David, Director, DOOH - Hodder; pg. 86
Fried, Debra, Senior Partner & Group Account Director - OgilvyOne Worldwide; pg. 255
Fried, Harriet C., Senior Vice President - Lippert / Heilshorn & Associates, Inc.; pg. 623
Fried, Hilary, Associate Director - Mindshare; pg. 491
Fried, Ilana, Senior Producer - The Brooklyn Brothers; pg. 148
Fried, Kyle, Analyst, Global Investment - MediaCom; pg. 487
Friedberg, Eric, President - Cohen-Friedberg Associates; pg. 343
Friedenberg, Dylan, Supervisor, Media Strategy - OMD; pg. 498
Friedenwald-Fishman, Eric, Founder & Creative Director - Metropolitan Group; pg. 387
Friederich, Mark, Executive Vice President, Research - Navigate Marketing; pg. 253
Friedgood, Lindsay, Account Supervisor - Gatorade - TBWA \ Chiat \ Day; pg. 146
Friedlan, Nicole, Digital Media Planner - Wavemaker; pg. 526
Friedland, Amy, Executive Vice President - Freeman Public Relations; pg. 606
Friedland, Clifford, Chief Strategy Officer - Onstream Media; pg. 255
Friedland, Peter, Senior Planning Director - Essence; pg. 232
Friedlander, Simon, Creative Director - Pereira & O'Dell; pg. 256
Friedman, Alex, President - Ruckus Marketing; pg. 408
Friedman, Alison, Senior Vice President, Digital Investment - Zenith Media; pg. 531
Friedman, Andrew, Vice President, Client Services - Essence; pg. 232
Friedman, Batya, Brand Director - The Infinite Agency; pg. 151
Friedman, Becky, Senior Vice President & Regional Director, Production - Digitas; pg. 228
Friedman, Caroline, Vice President - Ketchum; pg. 619
Friedman, Dean, Chief Executive Officer & Chairman - Real Integrated; pg. 403
Friedman, Eric, Group Account Director - Sterling-Rice Group; pg. 413
Friedman, Hallie, Director, Global Client Development & Strategic Insights - Project X; pg. 556
Friedman, Heidi, Vice President - Don Jagoda Associates; pg. 567
Friedman, Jacki, Executive Vice President, Partner & Director, Account Services - Furman Roth Advertising; pg. 361
Friedman, Jamie, Account Director - Wunderman Thompson; pg. 435
Friedman, Jay, President - Control v Exposed; pg. 222
Friedman, Jocelyn, Associate Partner & Managing Director - Proof Advertising; pg. 398
Friedman, Kenny, Senior Creative Director - Upshot ; pg. 157
Friedman, Lauren, Associate Director - Starcom Worldwide; pg. 516

Friedman, Mark, Senior Vice President, Global Cloud Customer Success & General Manager - Genesys Telecommunications Laboratories; pg. 168
Friedman, Marsha, Founder & President - News & Experts; pg. 632
Friedman, Mike, Media Director - Giant Spoon, LLC; pg. 363
Friedman, Mitch, Creative Director - The Point Group; pg. 152
Friedman, Nancy, Global Principal partner - MMGY NJF; pg. 628
Friedman, Nicole-Juliet, Integrated Media Planner - FIG; pg. 73
Friedman, Peter, Chairman & Chief Executive Officer - LiveWorld; pg. 246
Friedman, Ryan, Group Media Director, Integrated Media - 360i, LLC; pg. 207
Friedman, Scott, President & Chief Operating Officer - Stiegler, Wells, Brunswick & Roth, Inc.; pg. 413
Friedman, Scott, Executive Vice President, Technology - WE Communications; pg. 660
Friedman, Steve, Partner - News & Experts; pg. 632
Friedman, Steve, President - Creative Producers Group; pg. 303
Friedman, Steve, Managing Director & Executive Vice President - Ethos, Pathos, Logos, LLC; pg. 233
Friedman Lewis, Kayla, Account Director - mcgarrybowen; pg. 109
Friedow, Gwen, Chief Strategy Officer - Schafer Condon Carter; pg. 138
Friedricks, James, Specialist, Local Investment - Canvas Worldwide; pg. 458
Fries, David, Director, Media - Publicis Health; pg. 639
Fries, Fairchild, Director, Design - 72andSunny; pg. 24
Fries, Kurt, Chief Creative Officer - Chicago - mcgarrybowen; pg. 110
Fries, Tara, Negotiator - Mindshare; pg. 491
Friesen, Steve, Director, Product - The Trade Desk; pg. 520
Friez, Tim, Vice President & Director, Information Technology & Cyber Security - Gatesman; pg. 361
Frisbee, Aaron, Chief Financial Officer & Senior Producer - Bisig Impact Group; pg. 583
Frisch, Amy, Director, Client Services - SS+K; pg. 144
Frisch, Meghan, Vice President & Account Group Supervisor - Natrel Communications; pg. 120
Frisch, Randy, Co-Founder, President & Chief Marketing Officer - Uberflip; pg. 535
Frisch, Remy, Account Executive - LEWIS Global Communications; pg. 380
Frisicchio, Derek, Social Media Analyst - Harmelin Media; pg. 467
Friske, Jason, Vice President, Finance - Undertone; pg. 273
Friskney, Darrin, Vice President, Outdoor Advertising Sales & Marketing - Watchfire Signs ; pg. 559
Frisone, Joe, Director, Business Development - 88 Brand Partners; pg. 171
Frith Hargis, Michelle, Vice President - Cooksey Communications; pg. 593
Fritsch, Brandi, Director, Incubation Brands - Team Enterprises; pg. 316
Fritts, Dwight, Executive Vice President, Business Development - Hellman Associates, Inc.; pg. 84
Fritts, Shannon, Senior Director, Event Marketing & Client Services - Raycom Sports; pg. 314
Fritz, Jennifer, Senior Account Manager - Wendt; pg. 430

Fritz, Tom, Vice President, Client Leadership - The Mars Agency; pg. 683
Frivold, Owen, Senior Vice President, Client Services - Hero Digital; pg. 238
Friz, Dave, Director, Multimedia - Taco Truck Creative; pg. 145
Frizzera, John, Senior Marketing Manager - Idfive; pg. 373
Froberg , Tom, Partner & Creative Director - StyleWorks Creative - Frederick & Froberg Design Offices, Inc. ; pg. 184
Froedge, Robert , Creative Director - Lewis Communications; pg. 100
Froese, Bob, Chief Executive Officer - Bob's Your Uncle; pg. 335
Froman, Shad, Video Production Manager - Dixon Schwabl Advertising; pg. 351
Fromer, Todd, President & Managing Partner - KCSA Strategic Communications; pg. 619
Fromm, Bill, Founder - Barkley; pg. 329
Fromm, Dan, President & Chief Operating Officer - Barkley; pg. 329
Fromm, Jeff, President - FutureCast - Barkley; pg. 329
Fromm, Reagan, Art Director - SS+K; pg. 144
Fromm, Theresa, Senior Director, Digital - Hearts & Science; pg. 471
Frommer, Jeff, Co-Founder & President - Malka; pg. 562
Fromwiller, Steve, Vice President & Digital Director - Agency 720; pg. 323
Fronapfel, Laura, Group Director - OMD; pg. 500
Frost, Amiee, Director, Connections Planning & Buying - Kelliher Samets Volk; pg. 94
Frost, Brian, Associate Creative Director - Saatchi & Saatchi Los Angeles; pg. 137
Frost, Karen, Vice President & Creative Director - Gatesman; pg. 361
Frost, Logan, Supervisor, Digital Platforms - Fitzco; pg. 73
Frost, Michele, Vice President, Integrated Marketing - PAN Communications; pg. 635
Frost, Rob, Partner & Strategy Director - MediaCom; pg. 487
Frost, Susan, Senior Vice President, Marketing & Agency Services - Phase 3 Marketing & Communications; pg. 636
Frost, Zach, Senior Strategist, Channel - The Buntin Group; pg. 148
Frost Hamburg, Susan, Senior Vice President & International Human Resources Director - McCann New York; pg. 108
Frost-Houle, Amanda, Account Manager - Rinck Advertising; pg. 407
Frouxides, Vivian, Vice President, CMO Practice & Industry Leadership - Association of National Advertisers; pg. 442
Frucci, Sarah, Designer - Young & Laramore; pg. 164
Fruechte, Christine, Chief Executive Officer & President - Colle McVoy; pg. 343
Frumberg, Emily, Account Supervisor - The Pollack PR Marketing Group; pg. 655
Frumberg, Monique, Senior Vice President, Brand Content & Alliances & Group Director, Social Media - Hudson Rouge; pg. 371
Frumkin, Amy, Associate Media Director, Strategy - Starcom Worldwide; pg. 513
Frutoso, Nicole, Project Management Lead - Cronin; pg. 55
Fry, David, Chief Technology Officer - Fry Communications, Inc; pg. 361
Fry, Dwayne, Chief Strategy Officer - The Republik; pg. 152
Fry, Henry, Chairman - Fry Communications, Inc; pg. 361
Fry, Kari, Development & Public Relations Producer - Hush Studios, Inc.; pg. 186
Fry, Matt, Head, Experiential & Associate

PERSONNEL — AGENCIES

Creative Director - Madwell; pg. 13
Fry, Moya, Strategist, Client - The VIA Agency; pg. 154
Fry, Scott, Senior Vice President & Group Executive Producer - Arc Worldwide; pg. 327
Fry, Scott, Director - One PR Studio; pg. 634
Fry, Sean, Senior Manager, Account & Client Services - AKA NYC; pg. 324
Fryar, William, Manager, Operations - Renfroe Outdoor; pg. 557
Frydenger, Luke, Co-Founder & Partner - Fact & Fiction; pg. 70
Frye, Brandi, Senior Account Manager - Callahan Creek ; pg. 4
Fryer, Jason, Creative Director - Wonderful Agency; pg. 162
Fryer, Stephanie, Manager, Human Resource & Operations - LaunchSquad; pg. 621
Fryla, Corey, Marketing Director - Enlighten; pg. 68
Fu, June, Manager, Analytics - Spark Foundry; pg. 510
Fu, Lily, Art Director - Pereira & O'Dell; pg. 256
Fu, Shay, Executive Vice President & Head, Global Operations - Craft WW; pg. 561
Fuchs, Oliver, Senior Vice President, Operations - Adastra Corporation; pg. 167
Fuchs, Steve, Chief Executive Officer - True North Inc.; pg. 272
Fudyma, Janice, Creative Director, Partner, & Brand Strategist - Bernhardt Fudyma Design Group ; pg. 174
Fuehrer, Dee, Director, Trade Show - SCORR Marketing; pg. 409
Fuentes, Valerie, Account Director - Max Borges Agency; pg. 626
Fuerst, Dan, Producer - Edit1; pg. 562
Fugate, Bob, Associate Creative Director & Copywriter - Zeller Marketing & Design; pg. 205
Fugleberg, Tom, Co-Founder & Co-Creative Lead - Friends & Neighbors; pg. 7
Fuhrman, Nicole, Lead Strategist, Social & Digital - Midnight Oil Creative; pg. 250
Fujarski, Margie, Vice President, Client Services - The Mars Agency; pg. 683
Fujikado, Betti, Co-Founder & Director, Account Management - Copacino + Fujikado, LLC; pg. 344
Fujikawa, Norio, Executive Creative Director - Astro Studios; pg. 173
Fujimoto, Tamiko, Senior Vice President, Client Services - Mediaspot, Inc. ; pg. 490
Fujita, Yoko, Creative Director - Campbell Ewald New York; pg. 47
Fukaya, Rachel, Director, Public Relations - Walker Sands Communications; pg. 659
Fulbrook, John, Group Creative Director, Design - Translation; pg. 299
Fulcher, Larry, Art Director - MBB Agency; pg. 107
Fulcher, Lauren, Senior Account Manager - Genesco Sports Enterprises; pg. 306
Fulcher, Leslie, Group Buying Director - HughesLeahyKarlovic; pg. 372
Fulena, Dana, Vice President, Account Director - Corona Extra - Cramer-Krasselt ; pg. 53
Fulford, Charles, Global Executive Creative Director - Elephant; pg. 181
Fulks, Kate, Managing Director - Havas Helia; pg. 238
Fulks, Rich, Director, Operations - Planit; pg. 397
Fullam, Kate, Senior Manager, Hospitality & Events - MKTG INC; pg. 312
Fullem, Michael, Account Director - Rogers & Cowan/PMK*BNC; pg. 643
Fullenkamp, Nicole, Vice President, Digital Media - Universal McCann; pg. 524
Fuller, Caroline, Vice President & Integrated Account Director - McCann New York; pg. 108
Fuller, Chase, Marketing Coordinator - Right Place Media; pg. 507
Fuller, Cher, Director, Strategy - Nike - Thesis; pg. 270
Fuller, Chris, Chief Strategist & Principal - DM.2; pg. 180
Fuller, Craig, Principal & Creative Director - Greenhaus; pg. 365
Fuller, Donnelle, Director, Production - Fire Starter Studios; pg. 234
Fuller, Dustin, Media Buyer/Planner - Drake Cooper; pg. 64
Fuller, John, Owner & Chief Executive Officer - Kovel Fuller; pg. 96
Fuller, Jonathan, Vice President & U.S. Head, SMB Sales - Intersection; pg. 553
Fuller, Kate, Brand Management, The Home Depot Team Leader - The Richards Group, Inc.; pg. 422
Fuller, Liz, President - Gard Communications; pg. 75
Fuller, Nick, Senior Vice President, Growth - MediaMonks; pg. 249
Fuller, Rachel, Manager, Media - 360i, LLC; pg. 208
Fuller, Sean, Technology Director - Sandstorm Design; pg. 264
Fuller, Steve, President - Kovel Fuller; pg. 96
Fullerton, Arthur, Chief Technology Officer - Rauxa; pg. 291
Fullerton, Holly, Director, Client Operations - Starcom Worldwide; pg. 517
Fullman, Michael, Creative Director & Designer - VT Pro Design; pg. 564
Fulmer, Alexa, Programmatic Manager - Publicis North America; pg. 399
Fulton, Amy, Customer Engagement Manager - IWCO Direct; pg. 286
Fulton, Jesse, Group Director, Technical - AKQA; pg. 212
Fulton, Kerry, Digital Marketing Strategist - Riggs Partners; pg. 407
Fulton, Trent, Vice President, Client Services - The Hive Strategic Marketing; pg. 420
Fund, Kaitlin, Public Relations Strategist - Confidant; pg. 592
Funderburk, Lora, Director, Media Services - Avalanche Media Group; pg. 455
Funess, Richard, Senior Managing Partner - Finn Partners; pg. 603
Fung, Christopher, Director, Motion Design & Creative Director - Local Projects; pg. 190
Fung, Daniel, Manager, Media Technology - Digitas; pg. 226
Fung, Kris, Senior Interaction Designer - Artefact; pg. 173
Fung, Paul, Associate Creative Director - RPA; pg. 134
Fung, Rose, Vice President, Integrated Planning - Zenith Media; pg. 529
Fung, Tianna, Account Manager - Rethink Communications, Inc.; pg. 133
Funk, Rich, Associate Director, Marketing Services - Eduvantis LLC; pg. 673
Funsten, David, Vice President, Financial Services Strategy - SourceLink, LLC; pg. 292
Funti, Stephanie, Human Resources Manager - Zehnder Communications, Inc.; pg. 436
Fuoco, Caitlyn, Associate Director - Mindshare; pg. 491
Fuqua, Bailey, Digital Marketing & Advertising Strategist - Markstein; pg. 625
Fuqua, Jr., Gil, Principal & President - Corporate Communications; pg. 593
Fuquea, Ryan, Vice President, Project Management - Media Cause; pg. 249
Furbee, Linda, Vice President, Account Director - Kiner Communications; pg. 95
Furey, Bryan, Senior Vice President, Spectra Partnerships - Spectra; pg. 315
Furgal, Marty, Graphic Designer - ABC Creative Group; pg. 322
Furgerson, Valerie, Brand Strategist - GSD&M; pg. 79
Furia Rubel, Gina, President & Chief Executive Officer - Furia Rubel Communications, Inc.; pg. 607
Furiga, Brenda, Vice President & Chief Financial Officer - WordWrite Communications; pg. 663
Furiga, Paul, President - WordWrite Communications; pg. 663
Furlong, Breanne, Photographer - Quaker City Mercantile; pg. 131
Furman, Chere, Senior Vice President & Director, Creative Support Services - MullenLowe U.S. Boston; pg. 389
Furney-howe, Sara, Director, Paid Search - Jellyfish; pg. 243
Furnish, Kathy, Media Planner & Buyer - Bandy Carroll Hellige ; pg. 36
Furrow, Mike, Manager, Sales - Eastern Division - Kaeser & Blair; pg. 567
Furse, Chris, Executive Director, Global Business - VMLY&R; pg. 160
Furtner, Fran, President - MRA Advertising/Production Support Services, Inc.; pg. 118
Furutani, Joey, Vice President - Cashmere Agency; pg. 48
Furze, Elizabeth, Managing Partner & Founding Member - AKA NYC; pg. 324
Fus, Mike, Vice President, Operations - Azavar Technologies Corporation; pg. 215
Fuscaldo, Michelle, Management Supervisor - MARC USA; pg. 104
Fusco, Frank, Vice President, Senior Creative Director - Saatchi & Saatchi ; pg. 136
Fusco, Frank, Copywriter - 215 McCann; pg. 319
Fusco, Jeff, Manager, PrePress - Independent Graphics Inc.; pg. 374
Fuscus, David, President - Xenophon Strategies, Inc.; pg. 664
Fuselier, Oliver, Managing Partner - Tool of North America; pg. 564
Fusi, Mary Ann, Senior Director, Business Development & Strategic Partnerships - Affectiva, Inc.; pg. 441
Fuss, Robbie, Associate Media Director - 360i, LLC; pg. 208
Fussell, Jonathan, Senior Vice President & Creative Director - Energy BBDO, Inc.; pg. 355
Futerman, Michelle, Vice President, Integrated Media Strategy - Horizon Media, Inc.; pg. 474
Futterweit, Alexa, Supervisor - Starcom Worldwide; pg. 513
Fyfield, Sophia, Associate Producer - Camp + King; pg. 46

G

Ga, Naoki, Art Director - Wieden + Kennedy; pg. 430
Gabaldon, Manu, Multicultural Strategy Lead - Social & Content - Big Communications, Inc.; pg. 39
Gabaldon, Tiffany, Associate Creative Director - Anderson Marketing Group; pg. 31
Gabel, Jeff, Chief Creative Officer - partners + napier; pg. 125

AGENCIES / PERSONNEL

Gabel, Logan, Associate Creative Director - DentsuBos Inc.; *pg.* 61
Gabela, Marissa, Senior Influencer Strategist - DKC Public Relations; *pg.* 597
Gabelmann, Brad, Senior Account Executive - AudienceXpress; *pg.* 455
Gable, Tom, Vice Chair - Nuffer Smith Tucker, Inc.; *pg.* 392
Gaboriau, Jason, Chief Creative Officer & Executive Vice President - Doner; *pg.* 352
Gabriel, Maureen, Vice President, Media Sales - Cannella Response Television; *pg.* 281
Gabriel, Sharla, Vice President, Creative Operations - Sandbox; *pg.* 138
Gabriel Febles, Juan, Associate Director - Blue 449; *pg.* 456
Gaccetta, Andre, Chief Executive Officer - G7 Entertainment Marketing; *pg.* 306
Gacek, Lisa, Group Account Director - McCann Canada; *pg.* 384
Gacioch, Joe, Media Supervisor - Cramer-Krasselt; *pg.* 54
Gadd, Jonathan, Head, Strategy - MullenLowe U.S. Boston; *pg.* 389
Gaddis, Annette, Vice President, Marketing - YESCO Outdoor Media; *pg.* 559
Gaddis, Ben, President & Chief Executive Officer - T3; *pg.* 268
Gaddis, Jim, Creative Services - Wiser Strategies; *pg.* 663
Gaddis, Lee, Chairman - T3; *pg.* 268
Gaddy, Jennifer, Chief Digital Officer - Rhythm Communications; *pg.* 643
Gaddy, Sarah, Senior Project Manager - AKQA; *pg.* 212
Gadino, Angela, Vice President, National Video - Zenith Media; *pg.* 529
Gadless, Bill, President - eMagine; *pg.* 181
Gadless, Dawn, Vice President, Business Development & Director, Marketing - eMagine; *pg.* 181
Gadsby, Ian, Vice President, Digital Technology - OneStop Media Group; *pg.* 503
Gadsby, Michael, Partner & Chief Experience Officer - O3 World; *pg.* 14
Gaebler, Ken, Founder & Chief Executive Officer - Walker Sands Communications; *pg.* 659
Gaede, Fred, Chief Creative Officer - Boomm Marketing & Communications; *pg.* 218
Gaede, Gretchen, President - A-Train Marketing Communications; *pg.* 321
Gaede, Julia, Account Manager - Solve; *pg.* 17
Gaedtke, Rob, President & Chief Executive Officer - KPS3 Marketing and Communications; *pg.* 378
Gaeir, Aaron, Chief Executive Officer - Grandesign; *pg.* 552
Gaerke Cox, Gina, Supervisor, Media - Starcom Worldwide; *pg.* 513
Gaffaney, Jill, Director, Brand Partnerships - Branded Entertainment Network, Inc.; *pg.* 297
Gaffney, C.J., Director, Strategy & Engagement - partners + napier; *pg.* 125
Gaffney, Cheryl, Director, Media & Client Services - Forrest & Blake, Inc.; *pg.* 540
Gaffney, Garrick, Digital Account Supervisor - Healthcare Success; *pg.* 83
Gaffney, Laura, Vice President, Global Publisher & Business Development - Prohaska Consulting; *pg.* 130
Gaffney, Lori, Chief Executive Officer - Borders Perrin Norrander, Inc.; *pg.* 41
Gaffney, Megan, Account Director, Consumer - SHIFT Communications, LLC; *pg.* 647
Gaffney, Seth, Founder & Chief Strategy Officer - Preacher; *pg.* 129
Gage, Andrew, Executive Producer - Zambezi; *pg.* 165

Gage, Andrew, Media Director - CMI Media, LLC; *pg.* 342
Gage, Devon, Account Supervisor - Rawle-Murdy Associates; *pg.* 403
Gage, Leila, Broadcast Production Head - Goodby, Silverstein & Partners; *pg.* 77
Gage, Rachel, Director, Project Management - Kelliher Samets Volk; *pg.* 94
Gage, Skip, Founder & Owner - Gage; *pg.* 361
Gagliano, Chelsea, Strategist, Creative Social - Ralph; *pg.* 262
Gagliardi, Cassandra, Client Partnerships Manager - Jam3; *pg.* 243
Gagliardi, Melissa, Account Executive - Avenir Bold; *pg.* 328
Gagne, Jeff, Senior Vice President, Strategic Investments - Havas Media Group; *pg.* 470
Gagnon, Lindsey, Vice President & General Manager - PictureU Promotions; *pg.* 313
Gagnon, Pierre, President & Associate - Generation; *pg.* 362
Gagnon, Rich, Executive Vice President, Health Media Practice Lead - Havas Media Group; *pg.* 468
Gagnon, Sandra, Senior Director - AdWorkshop & Inphorm; *pg.* 323
Gahan, Brendan, Founder - Epic Signal; *pg.* 685
Gaible, Susan, Director, Research - TouchStorm; *pg.* 570
Gaikowski, Jason, Global Lead, Business & Consumer Intelligence - VMLY&R; *pg.* 274
Gailewicz, Jamie, Vice President, Client Services - Bailey Brand Consulting; *pg.* 2
Gaines, Kelly, Vice President, Marketing - Costa Communications Group; *pg.* 593
Gainey, Betsey, Senior Vice President, Brand Strategy & Management - Cronin; *pg.* 55
Gainor, Brian, Vice President, Innovation - 4FRONT; *pg.* 208
Gaita, Aaron, Senior Strategist - 72andSunny; *pg.* 24
Gaither, Jim, Principal, Brand Media - Local Broadcast - The Richards Group, Inc.; *pg.* 422
Gaither, Stephen, President - JB Chicago; *pg.* 188
Gajdos, Leah, Group Managing Director - mcgarrybowen; *pg.* 385
Gajjar, Raina, Managing Director & Deputy Head, Financial Services - FTI Consulting; *pg.* 606
Galai, Yaron, Co-Founder & Chief Executive Officer - Outbrain, Inc.; *pg.* 256
Galaktionova, Alina, Senior Graphic Designer - Air Paris New York; *pg.* 172
Galan, Andre, Group Managing Director - mcgarrybowen; *pg.* 109
Galan, Rocio, Social Strategy Director - Social Chain; *pg.* 143
Galanek, Lauren, Director, Creative Operations - Wunderman Thompson; *pg.* 434
Galang, Melanie, Managing Director - Moxie Communications Group; *pg.* 628
Galanis, Elizabeth, Senior Account Executive - Abelson-Taylor; *pg.* 25
Galante, Nicholas, Vice President, Growth - Direct Agents, Inc.; *pg.* 229
Galaraga, Daniel, Vice President & Integrated Media Director - Garage Team Mazda; *pg.* 465
Galardi, Abby, Managing Partner - DiD Agency; *pg.* 62
Galasso, Lauren, Account Supervisor - McCann Health New York; *pg.* 108
Galati, Tom, Associate Partner & Creative Director - Patients & Purpose; *pg.* 126
Galatis, Jon, Senior Vice President, Group Account Director - MARC USA; *pg.* 104
Galatro, Gianina, Manager- Content, Experiences, & Partnerships - Wavemaker; *pg.* 526

Galazka, Melissa, Vice President, Account Service - Paradowski Creative; *pg.* 125
Galbraith, Moe, Senior Vice President - Outdoor Nation; *pg.* 554
Galbreath, Leslie, Chief Executive Officer - dgs Marketing Engineers; *pg.* 351
Gale, Cheryl, Co-Founder & Managing Director - March Communications; *pg.* 625
Gale, Mark, Chief Executive Officer & Partner - Charleston|Orwig, Inc.; *pg.* 341
Galecki, Kate, Senior Vice President, Business Development - Central & West Regions - Spark Foundry; *pg.* 510
Galego, Megan, Director, Social Media Marketing - Digital Mark Group; *pg.* 225
Galeoto, Paige, Vice President, Creative - Estipona Group; *pg.* 69
Galer, Jennifer, Senior Media Buyer - Zimmerman Advertising; *pg.* 437
Galgano, Al, Vice President, Investor & Corporate Relations - Padilla; *pg.* 635
Galgay, PJ, Associate Creative Director & Copywriter - partners + napier; *pg.* 125
Galichinski, Steve, Founder - Los Feliz Airlines; *pg.* 562
Galicia, Julie, Associate Producer, Events - SixSpeed; *pg.* 198
Galietti, Bob, Senior Vice President & Group Account Director - Havas Media Group; *pg.* 468
Galietti, Bob, Senior Vice President & Group Account Director - Havas Media Group; *pg.* 470
Galimanis, Angie, Owner & President - Lawrence PR; *pg.* 622
Galindo, Leticia, Principal & Founder - The 360 Agency; *pg.* 418
Galinos, John, President - TPG Rewards, Inc.; *pg.* 570
Galkin, Michael, Director, Marketing & Research - Branded Cities; *pg.* 550
Gall, Andrew, Group Creative Director - Copacino + Fujikado, LLC; *pg.* 344
Gall, Ashley, Vice President, Marketing & Events & Chief Financial Officer - Laura Burgess Marketing; *pg.* 622
Gall, Melissa, Account Executive - Parris Communications, Inc.; *pg.* 125
Gall, Steve, Executive Vice President, Automotive - Zimmerman Advertising; *pg.* 437
Gallacher, Ryan, Associate Director, Branded Content - Conill Advertising, Inc.; *pg.* 538
Gallagher, Brendan, Executive Vice President, Connected Health Innovations - Digitas Health LifeBrands; *pg.* 229
Gallagher, Brian, Digital Media Director - MediaCom; *pg.* 487
Gallagher, Christine, Director, Brand Marketing - The Trade Desk; *pg.* 520
Gallagher, Dan, Chief Strategy Officer - Booyah Online Advertising; *pg.* 218
Gallagher, Daniel, Supervisor - OMD; *pg.* 498
Gallagher, Daniel, Senior Vice President, Brand Strategy & Research - Rain; *pg.* 402
Gallagher, Ginger, President - Vela; *pg.* 428
Gallagher, Jim, Director, Insert Media Sales - Lake Group Media, Inc.; *pg.* 287
Gallagher, Kaitlin, Senior Account Executive - Berry & Company Public Relations; *pg.* 583
Gallagher, Kaitlyn, Associate Director, Business Development - Socialfly; *pg.* 688
Gallagher, Kathryn, Associate, TV Investment - Spark Foundry; *pg.* 510
Gallagher, Katie, Account Director - FIG; *pg.* 73
Gallagher, Matt, Director, Strategic Accounts - Catalysis; *pg.* 340
Gallagher, Michelle, Vice President & Director, Business Development - Jack Morton Worldwide; *pg.* 309
Gallagher, Mike, Senior Vice President & Creative Director - Hager Sharp, Inc.; *pg.* 81

PERSONNEL   AGENCIES

Gallagher, Ryan, New Business Manager - Wieden + Kennedy; pg. 430
Gallagher, Scott, Director, Public Relations - Gard Communications; pg. 75
Gallagher, Taylor, Senior Account Manager, Consumer Practice - SHIFT Communications, LLC; pg. 647
Gallaiford, Neil, Chief Executive Officer - Stephen Thomas; pg. 412
Gallant, Anita, Budget Manager - Wavemaker; pg. 526
Gallant, Katherine, Vice President, Operations - Vreeland Marketing; pg. 161
Gallant, Maggie, Managing Director - Superjuice; pg. 651
Gallant, Nicole, Media Director, Strategy & Investment - Crossmedia; pg. 463
Gallardo, Anastasia, Manager, Brand - Mechanica; pg. 13
Gallardo, Elsa, Manager, Paid Social - Essence; pg. 233
Galle, Cari, Vice President, Business Development - TMPG Media; pg. 299
Gallegly, Micahel, Associate User Experience Director - Manifest; pg. 248
Gallego, Tom, Founder & Chief Executive Officer - L7 Creative Communications; pg. 245
Gallegos, Gabe, Media Strategist - Sunny505; pg. 415
Gallegos, John, Founder, President & Chief Executive Officer - Gallegos United; pg. 75
Gallegos, John, Chief Executive Officer - UNITED Collective; pg. 428
Gallegos, Joy, Associate Director - AIM Research; pg. 441
Gallegos, Lee, Coordinator, Social Media, Design & Production - RK VENTURE; pg. 197
Galler, Molly, Vice President - LaunchSquad; pg. 621
Gallerini, Roger, Executive Director, QSR Marketing - DP+; pg. 353
Galles, Tim, Chief Idea Officer - Barkley; pg. 329
Galley, Tina, Executive Vice President & Group Account Director - M:United//McCann; pg. 102
Galli, Evelyn, Chief Operating Officer - BCA Marketing Communications; pg. 332
Gallic, Mary, Senior Digital Media Recruiter - O'Hare & Associates; pg. 121
Galligan, Jim, Associate Creative Director - JK Design; pg. 481
Galligan, Sherry, Senior Manager, Media Activation - The Mars Agency; pg. 683
Galliher, Mark, Vice President, Marketing Communications - Association of National Advertisers; pg. 442
Gallinaro, Victoria, Associate, Digital Investment - Wavemaker; pg. 526
Gallino, Mica, Associate Creative Director - Joan; pg. 92
Gallippi, Stacy, Operations Manager - The Collective Brandsactional Marketing, Inc.; pg. 149
Gallis, Brian, Assistant Media Planner - Carat; pg. 459
Gallmon, Marquise, Media Planner - Procter & Gamble - Carat; pg. 459
Gallo, Mark, Creative Director - Traina Design; pg. 20
Gallo, Tony, Partner - HawkPartners, LLC; pg. 445
Gallogly, Payton, Account Supervisor - Fallon Worldwide; pg. 70
Galloway, David, Vice President, Client Services - Galloway Research Service; pg. 444
Galloway, Elisa, Owner & President - Galloway Research Service; pg. 444
Galloway, Stuart, Planning Director - Jungle Media; pg. 481

Gallucci, Michael, Copywriter - Goodby, Silverstein & Partners; pg. 77
Gallup, Gina, Vice President & Chief Operating Officer - The Bradford Group; pg. 148
Gallwitz, Jay, Executive Vice President, Finance & Operations - KWT Global; pg. 621
Galoforo, Jessica, Associate Media Director - Havas Media Group; pg. 468
Galonek, Ann, Chief Financial Officer & Treasurer - All Star Incentive Marketing; pg. 565
Galonek, Brian, President & Chief Executive Officer - All Star Incentive Marketing; pg. 565
Galonek, Gary, Principal, New Business Development - All Star Incentive Marketing; pg. 565
Galonek, Jr., Ed, Executive Business Development Manager - All Star Incentive Marketing; pg. 565
Galonek, Sr., Ed, Founder - All Star Incentive Marketing; pg. 565
Galperin, Eliana, Client Solutions Analyst - Kepler Group; pg. 244
Galster, Cory, Director, Design - Big Spaceship; pg. 455
Galvan, David, Associate Creative Director - Sensis Agency; pg. 545
Galvez, Fernando, Co-Founder, Chief Business Development Officer & Partner - BNMR Creative & Advertising; pg. 335
Galvin, Abigail, Digital Strategist - Sandstorm Design; pg. 264
Galvin, Chris, Account Manager - Quaker City Mercantile; pg. 131
Galvin, Justin, Vice President & Creative Director - Arnold Worldwide; pg. 33
Galvin, Justina, Associate Director, Business Affairs - Digitas; pg. 228
Gama, Gabriel, Associate Creative Director - the community; pg. 545
Gambino, Michael, Co-Founder & Chief Creative Officer - Kangbino; pg. 94
Gamble, Patti, Director, Operations & Human Resources - Elevate; pg. 230
Gamboa, Sonny, Senior Digital Designer - Cronin; pg. 55
Gambolati, Erin, Account Director - Crossmedia; pg. 463
Gamer, Richard, Executive Vice President & Creative Director - Mason, Inc.; pg. 383
Gamino, Nathaly, Account Supervisor - Orci; pg. 543
Gammill, Christal, Account Director - Publicis Mid America; pg. 639
Gammon, Kevin, Partner & Creative Director - Teak; pg. 19
Gan, Hay Liong, Chief Executive Officer & Director, Media - GP Generate, LLC; pg. 541
Gan, Rowena, List Manager - Atlantic List Company; pg. 280
Gance, Megan, Associate Director, Digital - Hearts & Science; pg. 473
Ganci, Kristen, Senior Digital Designer - Cronin; pg. 55
Gandhi, Hanoz, Chief Analytics Officer, Executive Vice President, Strategy - Creative Channel Services, LLC; pg. 567
Gandhi, Rujuta, Senior Strategist - Energy BBDO, Inc.; pg. 355
Gandhi Rajput, Bhumika, Manager, Business Analytics Engine - Universal McCann; pg. 521
Gandia, Nestor, Manager, Business Affairs - Wieden + Kennedy; pg. 430
Gandolf, Stewart, Chief Executive Officer & Creative Director - Healthcare Success; pg. 83
Ganguzza, Patricia, President - AIM Productions; pg. 453

Gangwere, Mike, Associate Creative Director - Jajo, Inc.; pg. 91
Ganim, Cat, Digital Architect & Client Strategy Lead - Agilitee Solutions, Inc.; pg. 172
Ganjei, John, Account Executive, Digital - Qorvis Communications, LLC; pg. 640
Ganjuur, Eren, Associate Director, Operations - Starcom Worldwide; pg. 513
Gannon, Jaclyn, Manager, Campaign - 97th Floor; pg. 209
Gannon, Joseph, Account Manager - Belief Agency; pg. 38
Gannon, Katherine, Brand Strategist - Mekanism; pg. 112
Gannon, Kevin, President - Southeast Region - Source4; pg. 569
Gannon, Patrick, Social Producer - Red Robin - The Integer Group; pg. 682
Gannon, Shayna, Media Analyst, Offline Planning - Harmelin Media; pg. 467
Ganser, Matt, Creative Director - VSA Partners, Inc.; pg. 204
Ganshirt, Jennifer, Director, Strategy & Insight - The Variable; pg. 153
Ganswindt, Rebecca, Director, Business Development - NY - mcgarrybowen; pg. 109
Gant, Brooks, Senior Graphic Designer - Martin Advertising; pg. 106
Gant, Elner, Executive Vice President, Weitzman Advertising - Weitzman Advertising, Inc.; pg. 430
Gant, Shannon, New Business Coordinator - Abelson-Taylor; pg. 25
Gant, Shawn, Director, Marketing - Media Brokers International; pg. 485
Ganther, Brian, Executive Creative Director - BVK; pg. 339
Gantman, Seth, Senior Producer - Gentleman Scholar; pg. 562
Gantner, Mindy, President & Media Director - Explore Communications; pg. 465
Gants, Colleen, Co-President - PRR; pg. 399
Gants, Paola, Vice President, Finance - Hill+Knowlton Strategies; pg. 613
Gantz, Heather, Director, Business Analysis - Bounteous; pg. 218
Gantz, Mike, Senior Vice President & Group Director, Planning - Carat; pg. 461
Ganz, Michelle, Vice President, Accounts - InnerWorkings, Inc.; pg. 375
Ganzer, James, Vice President, Marketing Communications & Director, Media Strategy - Adcom Communications, Inc.; pg. 210
Gaona, Daniel, Supervisor, Media - Vitro Agency; pg. 159
Gapinski, Jeff, Co-Founder & Chief, Memorable Digital Experiences - HUEMOR; pg. 239
Gapinski, Jill, Director, Human Resources & Accounting Manager - Scales Advertising; pg. 138
Garagozzo, Katie, Director, Media Strategy - Mission North; pg. 627
Garamy, Frank, Vice President, Digital Integration - Gyro; pg. 368
Garane, Maryan, Experience Design Strategist - Colle McVoy; pg. 343
Garaventi, Jim, Co-Founder & Creative Director - Mechanica; pg. 13
Garay, Ariana, Senior Strategist, Mobile & UNCVR - Horizon Media, Inc.; pg. 474
Garbaccio, Ashley, Manager, Digital Partnerships - Initiative; pg. 477
Garbade, Steven, Vice President, Information Technology - Manifest; pg. 383
Garbarino, Andrew, Director, Marketing & Corporate Events - Screenvision; pg. 557
Garber, Ari, Vice President & Creative Director - Red Tettemer O'Connell + Partners; pg. 404

AGENCIES — PERSONNEL

Garber, Dafna, Creative Director - TBWA/Media Arts Lab; *pg.* 147
Garber, George, President & Chief Executive Officer - Yellow Submarine Marketing Communications; *pg.* 164
Garber, Israel, Managing Director & Global Executive Creative Director - Havas New York; *pg.* 369
Garber, Joanne, Director, Business Affairs - mcgarrybowen; *pg.* 109
Garbiso, Zach, Associate Director, Planning - OMD; *pg.* 498
Garbolino, Faith, Executive Vice President, Sales & Marketing - JCDecaux North America; *pg.* 553
Garbowski, Jennifer, New Business Manager dirwector - Krupp Kommunications; *pg.* 686
Garbutt, Chris, Global Chief Creative Officer - TBWA \ Chiat \ Day; *pg.* 416
Garces, Felipe, Brand Media Planner - Richards Carlberg; *pg.* 406
Garces Roselli, Sara, Executive Vice President, Operations - Mythic; *pg.* 119
Garcia, Adam, Senior Art Director - OH Partners; *pg.* 122
Garcia, Alex, Global Director, Social - Deloitte Digital; *pg.* 224
Garcia, Allison, Director, Public Relations - Design at Work Creative Services; *pg.* 179
Garcia, Angelica, Vice President & Director, Strategy - Acento Advertising, Inc.; *pg.* 25
Garcia, Arielle, Partner, Business Operations & Compliance - Universal McCann; *pg.* 521
Garcia, Arturo, Account Director - Cornerstone Agency; *pg.* 53
Garcia, Bonnie, Founder & Chief Executive Officer - Market Vision, Inc.; *pg.* 568
Garcia, Bryan, Co-Founder & Chief Business Strategist - Upstreamers; *pg.* 428
Garcia, Caitlin, Vice President, Strategic Partnerships - Pico Digital Marketing; *pg.* 257
Garcia, Candice, Senior Connections Strategist, Social - T3; *pg.* 268
Garcia, Catherine, Account Manager - Latin America & US Hispanic - Taboola; *pg.* 268
Garcia, Crystal, Senior Media Planner & Buyer - Martin Advertising; *pg.* 106
Garcia, Danielle, Chief Financial Officer - Trollback & Company; *pg.* 203
Garcia, David, Partner, Design - Tenet Partners; *pg.* 450
Garcia, Dennis, Associate Creative Director - Ad Partners, Inc.; *pg.* 26
Garcia, Diandra, Account Director - McCann New York; *pg.* 108
Garcia, Federico, Global Executive Creative Director - Huge, Inc.; *pg.* 239
Garcia, Garrett, Vice President, Business Insights - PP+K; *pg.* 129
Garcia, Harry, Executive Director, Design - Big Spaceship; *pg.* 455
Garcia, Jackie, Planning Associate - Wavemaker; *pg.* 526
Garcia, Jenna, Vice President, National Video Activation - Zenith Media; *pg.* 529
Garcia, Jennifer, Senior Vice President - Access Brand Communications; *pg.* 574
Garcia, Jerry, Senior Director, Global Development - Story Worldwide; *pg.* 267
Garcia, Jordan, President - JNA Advertising; *pg.* 92
Garcia, Joseph, Chief Operating Officer - Interlex Communications; *pg.* 541
Garcia, Juan, Managing Director - Billups Worldwide; *pg.* 550
Garcia, Katie, Account Manager - Sturges & Word; *pg.* 200
Garcia, Lew, Supervisor, Media - USIM; *pg.* 525

Garcia, Lisa, Partner & Chief Operating Officer - Sachs Media Group; *pg.* 645
Garcia, Lisa, Manager, Media & Client Services - Centro; *pg.* 220
Garcia, Luis, President - Market Vision, Inc.; *pg.* 568
Garcia, Margarita, President & Chief Operating Officer - Hernandez & Garcia, LLC; *pg.* 84
Garcia, Matthew, Executive Vice President & Chief Client Officer - ROKKAN, LLC; *pg.* 264
Garcia, Nicole, Vice President, Media Director - 22squared Inc.; *pg.* 319
Garcia, Odalis, Account Manager - You Squared Media; *pg.* 436
Garcia, Pablo, Office Manager - RK VENTURE; *pg.* 197
Garcia, Renzo, Content Marketing Manager - Sensis Agency; *pg.* 545
Garcia, Robert, Associate Director, Digital - Carat; *pg.* 459
Garcia, Steven, Director, Cultural Anthropology - Team One; *pg.* 417
Garcia, Suzy, Director, Public Relations - Scatena Daniels Communications; *pg.* 646
Garcia, Tahir, Creative Sales Planner - Conversant, LLC; *pg.* 222
Garcia, Tara, Head, Recruitment & Creative Operations - VIRTUE Worldwide; *pg.* 159
Garcia-DeJesus, Diana, Supervisor, Digital Billing - Starcom Worldwide; *pg.* 517
Garcia-Hinkle, Jennifer, President - HMC Advertising, Inc.; *pg.* 541
Garcia-Pertusa, Racquel, Vice President, Social Marketing - Ogilvy Public Relations; *pg.* 634
Garcia-Scharer, Jessica, Head, Production - Compadre; *pg.* 221
Garcia-Sotak, Julie, Director, Strategy - GMR Marketing Chicago; *pg.* 307
Garcia-Tunon, Annie, Account Manager - Republica Havas; *pg.* 545
Gard, Brian, Founder & Chief Executive Officer - Gard Communications; *pg.* 75
Gard, Dan, Senior Production Designer - Duarte; *pg.* 180
Gard, Danielle, Brand Director - 72andSunny; *pg.* 23
Garde, Timothy, Chief Innovation Leader - Life Sciences - LevLane Advertising; *pg.* 380
Gardea, Tony, Owner & Chief Executive Officer - Next Level Sports Inc.; *pg.* 632
Gardeazabal, Cristina, Associate Creative Director, Content - Mirum Agency; *pg.* 251
Garden, Andy, Public Relations & Marketing Manager - Matte Projects; *pg.* 107
Gardiner, Chris, Associate Creative Director - Sandstrom Partners; *pg.* 198
Gardiner, Hannah, Senior Account Supervisor - J Public Relations; *pg.* 616
Gardiner, Ian, Director, Account - Media Cause; *pg.* 249
Gardiner, Lauren, Producer, Creative - Reach Agency; *pg.* 196
Gardiner, Pete, Senior Creative Director - Red Urban; *pg.* 405
Gardiner, Ryan, Account Director - McKinney New York; *pg.* 111
Gardiner, Sarah, Vice President, Media & Entertainment - Insight Strategy Group; *pg.* 445
Gardiner Bowers, Indra, Founder & Chief Executive Officer - i.d.e.a.; *pg.* 9
Gardini, Joanna, Supervisor, Direct Response - Active International; *pg.* 439
Gardinier, Rick, Chief Digital Officer & Partner - Brunner; *pg.* 44
Gardner, Bo, Vice President, Corporate Marketing - Las Vegas Events; *pg.* 310
Gardner, Claire, Director, Production - MKTG INC; *pg.* 311

Gardner, Dan, Co-Founder, Partner & Executive Director, User Experience - Code and Theory; *pg.* 221
Gardner, Doug, Vice President, Information Technology - Reingold; *pg.* 221
Gardner, Hannah Rose, Paid Social Media Strategist - Mediahub Boston; *pg.* 489
Gardner, Heide, Chief Diversity & Inclusion Officer - Interpublic Group of Companies; *pg.* 90
Gardner, John, President - Luckie & Company; *pg.* 382
Gardner, Kelly, Vice President - A.B. Data, Ltd; *pg.* 279
Gardner, Scott, Chief Executive Officer - Liquid Agency, Inc.; *pg.* 12
Gardner-Smith, Austin, Senior Vice President, Growth - Hill Holliday; *pg.* 85
Garduno, Christena, Chief Operating Officer - Koeppel Direct; *pg.* 287
Garella, Christie, Account Director - Dancie Perugini Ware Public Relations; *pg.* 595
Garfield, Kathy, Director, Digital & Social Strategy - Innocean USA; *pg.* 479
Garfield, Larry, President & Founder - The Garfield Group; *pg.* 419
Garfield, Rachel, Vice President & Media Director, Digital Investments - Starcom Worldwide; *pg.* 517
Garg, Aman, Senior Manager Consumer Insights & Analysis - 360i, LLC; *pg.* 207
Gargan, Julie, Executive Creative Director - TVGla; *pg.* 273
Gargan, Madison, Account Director - Party Land; *pg.* 125
Gargano, Alex, Vice President & Group Director, Brand - Entertainment & Content - Horizon Media, Inc.; *pg.* 474
Gargulak, Hannah, Senior Analyst, Finance - R/GA; *pg.* 261
Garibay, Diandra, Senior Product Manager - Data - BazaarVoice, Inc.; *pg.* 216
Garibay, Stacy, Account Management Supervisor, Sports Marketing & Sponsorships - David&Goliath; *pg.* 57
Garland, Elise, Senior Account Supervisor - Love Advertising; *pg.* 101
Garland, Paul, Associate Director, Planning - VaynerMedia; *pg.* 689
Garland, Ryan, Director, Digital Media Strategy - Mower; *pg.* 118
Garlin, Brad, Founder & Managing Partner - JumpFly, Inc.; *pg.* 674
Garlitz, Michael, Art Director - Catalpha Advertising & Design, Incorporated ; *pg.* 340
Garlow, Caitlin, Vice President - FleishmanHillard; *pg.* 605
Garlow, Rosalie, Director, Creative - We're Magnetic; *pg.* 318
Garman, Adam, Project Manager, Web Development - Hanlon Creative; *pg.* 81
Garman, Amanda, Senior Graphic Designer - Bonnie Heneson Communications, Inc.; *pg.* 585
Garman, Mark, Vice President & Creative Director - Allen & Gerritsen; *pg.* 30
Garman, Sarah, Director, Strategy - Droga5; *pg.* 64
Garmon, Meredith, Group Operations Director - Shoptology; *pg.* 682
Garnand, Stacy, Director, Client Services - Roundhouse - Portland; *pg.* 408
Garneau, Philippe, Co-Founder, President & Executive Creative Director - GWP Brand Engineering; *pg.* 9
Garner, Devin, Assistant Media Buyer - Canvas Worldwide; *pg.* 458
Garner, Harley, Creative Strategist - Digitas; *pg.* 227
Garner, Jack, President - The Ramey Agency;

815

PERSONNEL | AGENCIES

pg. 422
Garner, Jeff, Production Manager - SourceLink, LLC; pg. 292
Garner, Maya, Senior Client Strategist - Recruitics; pg. 404
Garnett, Cat, Senior Strategist - redpepper; pg. 405
Garnier, Ashley, Associate Media Planner - Havas Media Group; pg. 468
Garnier, Laurie, Executive Vice President & Executive Creative Director - Healthcare - Publicis North America; pg. 399
Garofalo, Curtis, Multimedia Specialist - Jackrabbit Design; pg. 188
Garofalo, Elise, Chief Financial Officer - Outbrain, Inc.; pg. 256
Garofalo, Jordan, Account Director - Brandware Public Relations, Inc.; pg. 585
Garofola, Brian, Chief Technology Officer - Vibes Media; pg. 535
Garofoli, Stephanie, Director, Partnerships - VidMob; pg. 690
Garrand, Brenda, Chairman - Garrand Moehlenkamp; pg. 75
Garrant, Jeffrey, Senior Vice President, Media Sports - Publicis North America; pg. 399
Garrean, Mike, Chief Executive Officer - Central Address Systems; pg. 281
Garretson, David, Senior Account Manager - Swanson Russell Associates; pg. 415
Garretson, Sean, Senior Art Director - Dakota Group; pg. 348
Garrett, Jessica, Vice President & Group Media Director - Martin Williams Advertising; pg. 106
Garrett, Justin, Executive, Digital Experience & Brand & Content - Accenture Interactive; pg. 209
Garrett, Katie, Vice President, Client Service - RepEquity; pg. 263
Garrett, Matt, Vice President, Growth & Development - SSG / Brandintense; pg. 315
Garrett, Stu, Creative Director - Doremus & Company; pg. 64
Garrido, Luis, Senior Vice President & Group Media Director - McCann Minneapolis; pg. 384
Garrigan, Audrey, Account Coordinator - The MX Group; pg. 422
Garrigan, Tim, Principal - Garrigan Lyman Group; pg. 236
Garrison, Bill, Owner & Copywriter - Garrison Hughes; pg. 75
Garrison, Brandon, Vice President & Associate Creative Director - Lippe Taylor; pg. 623
Garrison, Jill, Chief Operating Officer - Erich & Kallman; pg. 68
Garrison, Jim, Chief Operating Officer & Vice President - The Ramey Agency; pg. 422
Garrison, Lisa, Executive Vice President, Finance & Business Operations - Jaymie Scotto & Associates; pg. 616
Garrison, Matt, Head Programmer - Upside Collective; pg. 428
Garrison, Mike, Vice President, Insights & Strategy - Padilla; pg. 635
Garrison, Neil, Production Superintendent - SSG / Brandintense; pg. 315
Garrison, Sean, Art Director - Metropolitan Group; pg. 387
Garriss, Shelley, Senior Media Buyer - Shift Now; pg. 140
Garritano, Joe, President - Penn Garritano Direct Response Marketing; pg. 290
Garrity, Carol, Vice President, Human Resource & Operations - 360PRplus; pg. 573
Garrity, Jim, Chief Executive Officer - Chadwick Martin Bailey; pg. 443
Garrity, Meghan, Media Director - Starcom Worldwide; pg. 513

Garrity, Melissa, Art Director - Abbey Mecca & Company; pg. 321
Garro, Luke, Executive Vice President, Content - GYK Antler; pg. 368
Garrous, Cassie, Associate Media Director - Harmelin Media; pg. 467
Garside, Zang, Partner - Raka Creative; pg. 402
Garsin, Mike, Board of Directors Member - Brand Networks, Inc.; pg. 219
Garske, Seth, Vice President, Marketing Science - Wunderman Thompson Seattle; pg. 435
Garson, Michael, Senior Account Executive - The Trade Desk; pg. 519
Garstecki, Lauren, Senior Vice President, Account Services - Laughlin Constable, Inc.; pg. 379
Garten, Emma, Account Supervisor - Linhart Public Relations; pg. 622
Gartenmayer, Kelly, Group Director, Client Engagement - VMLY&R; pg. 274
Garth, Heather, Art Director - Swanson Russell; pg. 415
Garti, Arielle, Director, Sales Operations - Vector Media; pg. 558
Garti, Talia, Associate - Posterscope U.S.A.; pg. 556
Gartland, Brian, Vice President, Rights & Partnerships - United Entertainment Group; pg. 299
Gartrell, Marques, Creative Director - Wieden + Kennedy; pg. 432
Garvey, Alaina, Senior Project Manager - Crowley Webb & Associates; pg. 55
Garvey, Amber, Vice President - Kertis Creative; pg. 95
Garvey, Chris, Creative Director - Turner Duckworth; pg. 203
Garvey, Claire, New Business Coordinator - MARC USA; pg. 104
Garvey, Donna, Director, Account - Vault49; pg. 203
Garvey, James, Senior Designer - User Experience - Droga5; pg. 64
Garvey, Kurt, Associate Media Director - PHD; pg. 504
Garvey, Maria, Media Director - Delfino Marketing Communications; pg. 349
Garvey, Michelle, Marketing Manager - Benchworks; pg. 333
Garvey, Zachary, Assistant Media Planner - Cramer-Krasselt ; pg. 53
Garvey Elias, Emily, Group Strategy Director - Johannes Leonardo; pg. 92
Garvin, Justin, Vice President, Media - Rise Interactive; pg. 264
Gary, Kenneth, Partner - Baretz + Brunelle; pg. 580
Garyet, Haley, Associate Creative Director - WorkInProgress; pg. 163
Garza, Eric, Director, Strategy & Insights - VMLY&R; pg. 275
Garza, Manny, Creative Director - Fantich Media; pg. 71
Garza, Oscar, Executive Vice President, Media Activation - Essence; pg. 232
Garza, Paco, President & Senior Creative Officer - Garza Creative Group; pg. 76
Garza, Raul, Co-Founder & Creative Director - TKO Advertising; pg. 155
Garza, Rose, Marketing Coordinator - You Squared Media; pg. 436
Garza, Susana, Brand Manager - Duarte; pg. 180
Garza, Vicki, Chief Executive Officer - Garza Creative Group; pg. 76
Garzon, Roxane, Media Director - Casanova//McCann; pg. 538
Gasch, Molly, Senior Brand Planner - BBDO San Francisco; pg. 330

Gascoigne, Jim, Managing Director - VMLY&R; pg. 275
Gascoigne, Leslie, President - Trampoline; pg. 20
Gascoigne, Mark, Chief Executive Officer - Trampoline; pg. 20
Gascon, Drew, Associate Media Director - Blue 449; pg. 456
Gasior, Jeff, Vice President, Digital - Borshoff; pg. 585
Gaspar, Aaron, Senior Brand Manager - Schiefer Chopshop; pg. 508
Gaspar, Jose, Associate Director - OMD West; pg. 502
Gasper, Alexandra, Director, New Business Development - Advocates for Human Potential; pg. 441
Gasper, Jim, Partner & Creative Director - Meyers & Partners; pg. 115
Gasperlin, Bruce, Chief Financial Officer & Vice President - Haworth Marketing & Media; pg. 470
Gassel, James, Chief Operating Officer - EVB; pg. 233
Gassert, Scott, General Manager, Media - Dieste; pg. 539
Gassner Kuhn, Denise, Executive Vice President & Chief Operating Officer - The Marcus Group, Inc.; pg. 654
Gast, Bradley, Chief Creative Officer & Principal - Mangos Inc.; pg. 103
Gast, William, Chief Executive Officer & Principal - Mangos Inc.; pg. 103
Gastelum, Laura, Senior Media Planner & Buyer - Media Buying Services, Inc.; pg. 485
Gastgeb, Phyliss, Vice President, Marketing - A to Z Communications; pg. 24
Gaswick, Grace, Associate Media Director - Spark Foundry; pg. 510
Gatbonton, Natalie, Senior Associate, Global Communications Planning - Unilever - Mindshare; pg. 491
Gatchalian, Savin, Manager, Key Account Partnerships - Walmart Media Group; pg. 684
Gatchel, Lee, Digital Creative Director - Crosby Marketing Communications; pg. 347
Gately, Geraldine, Associate Media Director - Munn Rabot; pg. 448
Gaterman, Scott, Senior Vice President, Marketing Account Services - Fusion Marketing; pg. 8
Gates, Cecilia, Founder & Executive Creative Director - GATES; pg. 76
Gates, Colleen, Senior Integrated Media Planner - Hilton Hotels & Resorts - MediaCom; pg. 487
Gates, Desiree, Brand Strategy Supervisor - 9thWonder; pg. 453
Gates, Karen, Manager, Creative Services - The Martin Agency; pg. 421
Gates, Kate, Associate Creative Director - GSD&M; pg. 79
Gatesman, John, Chief Executive Officer - Gatesman; pg. 361
Gatsas, Emily, Senior Project Manager - Arnold Worldwide; pg. 33
Gatti, Casey, Technology Director - Davis & Company; pg. 595
Gatti, Enrico, Group Strategy Director - Barbarian; pg. 215
Gatti, Michael, Executive Creative Director - GYK Antler; pg. 368
Gatti, Tom, Partner & Director, Business Development - Black Twig, LLC; pg. 3
Gattung, Chelsea, Director, Content Strategy - Moxie; pg. 251
Gattuso, Aileen, Vice President & Media Director - Starcom Worldwide; pg. 513
Gauda, Jacinta, Principal, JacintaGauda & Company, a Grayling Affiliate Company -

AGENCIES
PERSONNEL

Grayling; *pg.* 610
Gaudar, Sarah, Account Coordinator - Design & Lifestyle Public Relations - The Consultancy PR; *pg.* 653
Gaudelock, Adam, Lead Designer - AppNet; *pg.* 173
Gaudet, Jeff, Owner & Managing Director - Hawk; *pg.* 83
Gaudino, Lou-Anne, Global Account Director - Anderson DDB Health & Lifestyle; *pg.* 31
Gauger, Alyssa, Senior Director, Creative - Upshot ; *pg.* 157
Gauger, David, President & Creative Director - Gauger + Associates; *pg.* 362
Gaughan, Erin, Media Director - DWA Media; *pg.* 464
Gaughan, Jaclyn, Vice President & Associate Director - Mediahub Boston; *pg.* 489
Gaughran, Phil, Chief Integration Officer - U.S. - mcgarrybowen; *pg.* 109
Gaulke, Ray, Executive Vice President - French / Blitzer / Scott; *pg.* 361
Gault, Christine, Associate Creative Director - Carmichael Lynch; *pg.* 47
Gault, Sabina, Chief Executive Officer - Konnect Agency; *pg.* 620
Gaumont, Damon, Creative Director - Emerge Interactive; *pg.* 231
Gauss, Peter, Vice President, Data Architecture - Spark Foundry; *pg.* 508
Gautam, Kaveri, Senior Strategist - Droga5; *pg.* 64
Gauthier, Jennifer, Account Director - Lippe Taylor; *pg.* 623
Gauthier, Louise, Executive Vice President, Global Profitable Management - Carat; *pg.* 461
Gauthier, Mira, Graphic Designer - LG2; *pg.* 380
Gauthier, Paul, Co-Founder - LG2; *pg.* 380
Gauthier, Veronica, Director, Key Accounts - Acceleration Partners; *pg.* 25
Gauvreau, Nolan, Account Executive - BFG Communications; *pg.* 333
Gavazzoni, Chris, Vice President, Creative Services - Sandbox; *pg.* 138
Gavender, Karen, Owner & Chief Executive Officer - McFadden Gavender Advertising, Inc.; *pg.* 109
Gavin, Anne, Director, Advanced Analytics & Insights - Starcom Worldwide; *pg.* 513
Gavin, Danny, Founder & Chief Strategist - Optidge; *pg.* 255
Gavin, Deborah, Senior Vice President - Turchette Advertising Agency; *pg.* 157
Gavin, Jack, Associate, Communications Planning - Carat; *pg.* 461
Gavin, Joe, Chief Financial Officer, North America - BCW New York; *pg.* 581
Gavin, Kristina, Vice President, Group Partner - Portfolio Management - Universal McCann; *pg.* 521
Gavin, Megan, Marketing Manager - Hanson Dodge, Inc.; *pg.* 185
Gavin, Sara, President - North America - Weber Shandwick; *pg.* 660
Gavin, Sean, Negotiator, Video Investment - Hearts & Science; *pg.* 471
Gavioli, Lisa, Management Supervisor - Ford.com - GTB; *pg.* 367
Gawel, Nyla Beth, Vice President - Booz Allen Hamilton; *pg.* 218
Gawrych, Nicole, Account Coordinator - Horizon Media, Inc.; *pg.* 474
Gay, Amity, Vice President - The Outcast Agency; *pg.* 654
Gay, Richard, Chief Operating Officer - Superfly; *pg.* 315
Gay, Stephanie, Managing Director, Head of Planning - Crossmedia; *pg.* 463
Gay, Timothy, Senior Vice President - Levick

Strategic Communications; *pg.* 622
Gaydosh, Kevin, Director, Public Relations & Strategic Planning - O'Brien Et Al. Advertising; *pg.* 392
Gaydou, Dan, Regional President - Midwest Region - Advance 360; *pg.* 211
Gayer, Kelly, Vice President & Creative Director - Asher Agency; *pg.* 327
Gayford, Shelley, Executive Vice President & Director, Integrated Planning - Zenith Media; *pg.* 529
Gayhart, Keith, Executive Creative Director & Partner - Artisans Public Relations; *pg.* 578
Gayles Jr, Kenneth L., Account Supervisor - Stratacomm, Inc.; *pg.* 650
Gaylord, Andrew, Account Manager, Digital - Bluetent; *pg.* 218
Gaylord, Jessica, Associate Social Media Director - The Tombras Group; *pg.* 424
Gaynor, Daniel, Senior Vice President, Global Brand Narrative - Weber Shandwick; *pg.* 660
Gaynor, Michelle, Vice President, Client Services - Klunk & Millan Advertising; *pg.* 95
Gaytan, Gabby, Client Service Specialist - McKenzie Wagner, Inc.; *pg.* 111
Gaythwaite, Tami, Senior Vice President, Accounting & Chief Operating Officer - Centerline Digital; *pg.* 220
Gbur, Daniel, Vice President, Digital Performance Marketing - Brunner; *pg.* 44
Ge, Bing, Director, B2C Analytics - Zenith Media; *pg.* 529
Geadah, Antoine, Managing Director - Leo Burnett Worldwide; *pg.* 98
Geane, Katryn, Director, Client Services - Situation Interactive; *pg.* 265
Gear, Jennifer, Owner - Gear Communications; *pg.* 76
Geard, Grant, Head, Interaction Design - Think Shift, Inc.; *pg.* 270
Gearhart, Jason, Group Account Director - WongDoody; *pg.* 162
Gearhart, Lisa, Vice President & Director, Customer & Content Strategist - St. John & Partners Advertising & Public Relations; *pg.* 412
Gearing, Daniel, Business Director - BBH; *pg.* 37
Gearino, Laura, Vice President, Broadcast Business Affairs - McKinney; *pg.* 111
Geary, Brandon, Chief Strategy Officer - Wunderman Thompson Seattle; *pg.* 435
Geary, Sara, Media Strategy Supervisor - R&R Partners; *pg.* 131
Geary, Shae, Senior Communications Strategist - Wright On Communications; *pg.* 663
Geddes, Nichole, Creative Director - 215 McCann; *pg.* 319
Geddes, Tamera, Chief Executive Officer & Managing Director - Interesting Development; *pg.* 90
Gedis, Heidi, Director, Marketing & Business Development - Cuneo Advertising; *pg.* 56
Gedney, Kristen, Vice President & Search Director - Media Assembly; *pg.* 484
Gedrich, Noah, Chief Technology Officer - Zehner; *pg.* 277
Gee, Alan, Chairman, Creative - Arrivals + Departures; *pg.* 34
Gee, Elizabeth, Director, Communications & Production Manager - Hughes & Stuart; *pg.* 686
Gee, Justin, Chief Financial Officer - Laird + Partners; *pg.* 96
Geer, Kelly, Associate Planning Director & Integrated Media Supervisor - Essence; *pg.* 232
Geer Petro, Kathleen, Strategist, Digital Media - Zeta Interactive; *pg.* 277
Geering, Nadine, Vice President, Strategic Design - D | Fab Design; *pg.* 178

Geers, Lisa, Vice President, Interactive Media - Whitemyer Advertising, Inc.; *pg.* 161
Geheb, Jeff, Chief Technology Officer - VMLY&R; *pg.* 274
Gehlhausen, Greg, Associate Design Director - Gray Loon Marketing Group; *pg.* 365
Gehrer, Kevin, Business Manager - Jajo, Inc.; *pg.* 91
Gehring, Alicia, Vice President, Media Strategy - WHITE64; *pg.* 430
Gehrke, Sue, Principal & Creative Director - Norton Agency; *pg.* 391
Gehrt, Jennifer, Founding Partner - Communique PR; *pg.* 592
Gehshan, Virginia, Principal - Cloud Gehshan Associates; *pg.* 177
Geib, Ashley, Associate Director, Media - Spark Foundry; *pg.* 510
Geidt, Bryan, Senior Media Buyer - Cannella Response Television; *pg.* 457
Geiger, Emily, Campaign Manager - Constellation Agency; *pg.* 221
Geiger, James, Associate Media Director - Mindshare; *pg.* 494
Geiger, MaryAnne, Senior Vice President & Partner, Integrated Investments - Universal McCann; *pg.* 521
Geiger, Mike, Co-Founder & Chief Executive Officer - Wolfgang; *pg.* 433
Geile, Dave, Managing Partner & Creative Director - Geile/Leon Marketing Communications; *pg.* 362
Geinzer, Paul, Senior Interactive Designer - Bradley Brown Design; *pg.* 175
Geis, Jason, Vice President & Group Creative Director - Blue Chip Marketing & Communications; *pg.* 334
Geise, Katie, Senior Vice President, Account Management - Zorch; *pg.* 22
Geiser, Chris, Chief Technology Officer & General Manager - New York - Garrigan Lyman Group; *pg.* 236
Geiser, Lena, Account Coordinator - Moxie Communications Group; *pg.* 628
Geisler, Alexandra, Senior Account Executive - Harvey Agency; *pg.* 681
Geisler, Alexandra, Senior Partner & Digital Director, Chanel & Campari - Mindshare; *pg.* 491
Geisler, Annie, Assistant Media Planner - Blue 449; *pg.* 456
Geisler, Howard, Global Managing Director - OMD; *pg.* 498
Geisler, Jeff, Chief Growth Officer - Rauxa; *pg.* 291
Geismar, Tom, Partner - Chermayeff & Geismar Studio; *pg.* 177
Geissler, Lisa, Associate Media Director - Mintz & Hoke; *pg.* 387
Geist, Brian, Senior Vice President, Media - Publicis Health Media; *pg.* 506
Geistfeld, Amanda, Director, Strategic Pricing - Novus Media, Inc.; *pg.* 497
Gelade, Jeremy, Senior Vice President & Director, Creative Operations & Project Management - Deutsch, Inc.; *pg.* 349
Gelber, Scott, President & Chief Digital Officer - Merkley + Partners; *pg.* 114
Gelder, Becky, Associate Creative Director - Rauxa; *pg.* 291
Geldert, Natalee, Director, Brand Media & Partnerships - PMG; *pg.* 257
Gelemanovic, Sasha, Art Director - Miller Ad Agency; *pg.* 115
Gelender, Amy, Director, Client Services - Taco Truck Creative; *pg.* 145
Geletka, John, Consultant - Fusion92; *pg.* 235
Geleto, Birhanie, Director, Finance - Dewey Square Group; *pg.* 597
Gelfand, Morgan, Art Director - The VIA

817

PERSONNEL AGENCIES

Agency; pg. 154
Gelfond, Mike, President & Partner - Mastermind Marketing; pg. 248
Gelino, Jaymie, Senior Vice President, Operations - Big Red Rooster; pg. 3
Geller, Glenn, Director, Planning & Insights - Propac; pg. 682
Geller, Max, Video Producer - HangarFour Creative; pg. 81
Geller, Mike, Managing Director - Prosek Partners; pg. 639
Geller, Mitchell, Associate Director, Social Media - VMLY&R; pg. 160
Geller, Robert, President - Fusion Public Relations; pg. 607
Gellert, Alex, Chief Executive Officer - Merkley + Partners; pg. 114
Gelling, Adam, President - Evoke Giant; pg. 69
Gellman, Michael, Chief Executive Officer - SpireMedia, Inc.; pg. 266
Gellman, Rachel, Senior Account Executive - Fixation Marketing; pg. 359
Gellos, John, Partner & Creative Director - The Concept Farm; pg. 269
Gelman, Stacy, Executive Vice President & Director, Operations - The Motion Agency; pg. 270
Geltzeiler, Anne, Senior Programmatic Planner - Horizon Media, Inc.; pg. 474
Gemignani, Bob, Executive Vice President & Chief Human Resources Officer - Harrison & Star, Inc.; pg. 9
Gemmete, Cindy, Manager, Portfolio Management - Universal McCann Detroit; pg. 524
Gen, Samantha, Group Business Director - DDB New York; pg. 59
Gencorelli, Robert, Vice President & Group Director - Horizon Media, Inc.; pg. 474
Gencur, Stephanie, Supervisor, Digital Media - Starcom Worldwide; pg. 513
Gendreau, Denis, Director, Connection Planning & Analytics - Adams & Knight Advertising; pg. 322
Gendron, Jacques, Co-President - Gendron Communications; pg. 362
Gendron, Mary, Senior Vice President & Managing Director - Mower; pg. 389
Geneivive, Michael, Supervisor, Creative Strategy - Fractl; pg. 686
Generali, Philippe, President & Chief Executive Officer - Media Monitors, LLC; pg. 249
Genest, Audrey, Assistant Account Executive - Gear Communications; pg. 76
Genevich, Michael, Publisher - Content Studio - GTB; pg. 367
Gengaro, Kristen, Managing Partner - TBWA\WorldHealth; pg. 147
Genis, Guy, Founder & Chief Executive Officer - EventMakers; pg. 305
Genis, Mark, Owner - EventMakers; pg. 305
Gennaria, Jerry, Senior Brand Strategist - TOKY Branding + Design; pg. 202
Gennaro, Victoria, Vice President, Sales & National Accounts - Wilen Media Corporation; pg. 432
Gennaro Meberg, Christine, Executive Vice President - Ogilvy Public Relations; pg. 633
Genoa, Randi, Brand Strategist - Horizon Media, Inc.; pg. 474
Genovese, Angie, Vice President & Director, Client Services - PHD Canada; pg. 504
Genovese, Brie, Director, Digital Strategy - Vault Communications, Inc.; pg. 658
Genovese, Vince, Executive Director, Integrated Production - Butler, Shine, Stern & Partners; pg. 45
Gent, Peter, Data Partnerships Director - The Trade Desk; pg. 520

Gentile, Anthony, Media Supervisor - Starcom Worldwide; pg. 513
Gentile, Derek, Chairman, President & Chief Executive Officer - EEI Global; pg. 304
Gentile, Katherine, Account Executive - MarketLogic; pg. 383
Gentile, Marci, Senior Account Director - Elmwood; pg. 181
Gentile, Rosie, Senior Vice President, Experience Design - Cossette Media; pg. 345
Gentile, Torre, Senior Vice President & Senior Director - Digital Strategy - BCW Chicago; pg. 581
Gentner, Dennis, Vice President, Operations - Adcom Communications, Inc.; pg. 210
Gentner, Ed, Senior Vice President & Director, National Broadcast - ICON International, Inc.; pg. 476
Gentoso, Brian, Associate Media Planner - Posterscope U.S.A.; pg. 556
Gentry, Caylin, Senior Account Manager - True X Media; pg. 317
Gentry, Erin, President - U.S. - Hill+Knowlton Strategies; pg. 613
Gentry, Jacob, Management Supervisor - RPA; pg. 134
Geoffroy, Lauren, Senior Media Buyer - THIRD EAR; pg. 546
Geoghegan, Alanna, Senior Project Manager - Huge, Inc.; pg. 239
Georg, Alyssa, Creative Director - Droga5; pg. 64
Georgacas, Chris, President & Chief Executive Officer - Goff Public; pg. 608
Georgakis, Dimitra, Assistant Vice President, Client Services & Business Development - DentsuBos Inc.; pg. 61
George, Allison, Senior Vice President - Argyle Communications ; pg. 578
George, Brandon, Associate Creative Director - Digitas; pg. 228
George, Chris, Senior Art Director - Energy BBDO, Inc.; pg. 355
George, Chris, Director, Product Education - Simpleview, Inc.; pg. 168
George, Christopher, Managing Director, Marketing Practice Group - BCW Chicago; pg. 581
George, Colin, Content Strategist - Bailey Brand Consulting; pg. 2
George, Constance, Vice President & Client Lead - Havas Worldwide Chicago; pg. 82
George, Emily, Manager, Account - Think Jam; pg. 299
George, Genevieve, Global Executive Director, Marketing & Growth - R/GA; pg. 260
George, Geralyn, Vice President & Account Director - The Mars Agency; pg. 683
George, Heather, Vice President, Integrated Marketing - Lovio-George, Inc.; pg. 101
George, Jason, Chief Executive Officer - Telescope; pg. 269
George, Jimmy, Senior Strategist - MullenLowe U.S. Boston; pg. 389
George, JoDee, Chief Client Officer - Bader Rutter & Associates, Inc. ; pg. 328
George, John, Vice President & Creative Director - Lovio-George, Inc.; pg. 101
George, Jordana, Senior Public Relations Brand Manager - Mason, Inc. ; pg. 383
George, Maria, Senior Account Executive - MDB Communications, Inc.; pg. 111
George, Matt, Creative Director - TractorBeam; pg. 156
George, Matthew, Executive Vice President & Communications Planning Director - Deutsch, Inc.; pg. 349
George, Melanie, Account Executive - Asher Agency; pg. 327
George, Paul, Executive Vice President,

Partner & Global Director, Health & Wellness - Porter Novelli; pg. 637
George, Rich, Director - Nintendo - Golin; pg. 609
George, Ryan, Co-Founder & Chief Executive Officer - Simpleview, Inc.; pg. 168
George, Sally Jo, Senior Public Relations Manager - DoeAnderson Advertising ; pg. 352
George, Samuel, Account Coordinator - Performance Marketing; pg. 126
George, Tony, Chief Operating Officer - LRXD; pg. 101
George, Tristen, Senior Vice President & Director, Experience Design - Abelson-Taylor; pg. 25
Georgeff, Kim, Vice President, Client Services - Constellation Brands - Legacy Marketing Partners; pg. 310
Georgen, Jason, Senior Producer - DDB Chicago; pg. 59
Georges, Bill, Global Chief Operating Officer - Active International; pg. 439
Georgette, Christopher, Senior Partner & Associate Director, National Broadcast - MODI Media - GroupM; pg. 466
Georgianna, Michael, Account Director - Reckner; pg. 449
Georgieff, Erin, Executive Vice President & Managing Director - Citizen Relations; pg. 590
Georgis, Shelby, Group Creative Director - Havas Worldwide Chicago; pg. 82
Geraci, Chris, President, National Broadcast - OMD; pg. 498
Geraldo, Max, Executive Creative Director - Arnold Worldwide; pg. 33
Gerard, David, Executive Producer - Ogilvy Public Relations; pg. 633
Gerard Ross, Melissa, Senior Account Director - StoreBoard Media LLC; pg. 557
Gerardin, Nicole, Specialist, Marketing - Decca Design; pg. 349
Gerba, Bill, Chief Executive Officer - WireSpring; pg. 559
Gerber, Adam, President, Global Media - Essence; pg. 232
Gerber, Adam, Business Development Manager - Constellation Agency; pg. 221
Gerber, Bradley, Senior Manager - Golin; pg. 609
Gerber, James, Account Director - March Communications; pg. 625
Gerber, Sara, Digital Investment Associate - Wavemaker; pg. 526
Gerchak, Andrew, Senior Vice President & Creative Director - Area 23; pg. 33
Gerdeman, Dennis, Co-Founder - Chute Gerdeman; pg. 177
Gerdes, Dustin, Manager, Analytics & Customer Engagement - Rhea & Kaiser Marketing ; pg. 406
Gerdes, Tim, Director, Digital Services - R&J Strategic Communications; pg. 640
Gerding, Ryan, President & Chief Operating Officer - INK, Inc.; pg. 615
Geren, David, Executive Vice President, & Accounts Director - SFW Agency; pg. 16
Gergis, Christina, Head, People - Tongal; pg. 20
Gerhard, Ellen, Director, Workflow Operations & Account Management - Destination Marketing; pg. 349
Gerhart, Adam, Chief Executive Officer, United States - Mindshare; pg. 495
Gerich, Jennifer, Partner, Marketing & Business Development - Campos Creative Works; pg. 303
Gericke, Michael, Partner - Pentagram; pg. 194
Gering, Sean, Associate Strategy Director -

818

AGENCIES | PERSONNEL

PHD USA; *pg.* 505
Gerken, Victoria, Vice President - Edelman; *pg.* 601
Gerlach, Jon, Senior Designer, User Experience - Crowley Webb & Associates; *pg.* 55
Gerli, Jake, Director, Communication - Industrial Strength Marketing, Inc.; *pg.* 686
Gerlikovski, Paul, Senior Account Executive - The Karma Group; *pg.* 420
Gerling, Christian, Vice President, Operations - Beyond Traditional; *pg.* 691
Germ, Karen, Manager, Public Relations & Communications - Taboola; *pg.* 268
German, Daniel, Director, Digital Services - Banton Media; *pg.* 329
German, Greg, Vice President & Creative Director, Interactive - Focused Image; *pg.* 235
German, Micah, Paid Advertising Specialist - Youtech; *pg.* 436
German, Rosly, Ad Operations Analyst - MediaCom; *pg.* 487
Germano, Julius, Chief Operating Officer & Partner - Anderson Marketing Group; *pg.* 31
Germer, Tim, Senior Search Strategist - AKQA; *pg.* 212
Gernert, Melea, Business Manager - Clark Nikdel Powell; *pg.* 342
Gero, Alex, Executive Vice President, Finance - Brightline; *pg.* 219
Gerome, Frank, Account Executive - Targetbase Marketing; *pg.* 292
Gerow, Charlie, Chief Executive Officer - Quantum Communications; *pg.* 640
Gerringer, Craig, Senior Copywriter - Droga5; *pg.* 64
Gerringer, Kaitlin, Media Supervisor - Havas Media Group; *pg.* 468
Gerritson, AJ, Founding Partner - Zozimus Agency; *pg.* 665
Gerrity, Taylor, Account Supervisor - redpepper; *pg.* 405
Gerrity, Tom, President - Merrill Anderson; *pg.* 687
Gersh, Casey, Senior Associate - L'Oreal Planning - Wavemaker; *pg.* 453
Gershaw, Glenn, President - Success Communications Group; *pg.* 415
Gershman, Jason, Media Director - Starcom Worldwide; *pg.* 513
Gershon, Emma, Associate Director, Digital Investment - Mindshare; *pg.* 491
Gershon, Lee, Account Supervisor - M Booth & Associates, Inc. ; *pg.* 624
Gershoni, Amy, Co-Founder & President - Gershoni; *pg.* 76
Gershoni, Gil, Co-Founder & Creative Director - Gershoni; *pg.* 76
Gershonowicz, Josh, President & Chief Executive Officer - Rebuild; *pg.* 403
Gershowitz, Jason, Principal - Kearns & West, Inc; *pg.* 619
Gershwin, Amy, Senior Producer - Team One; *pg.* 417
Gerson, Alan, President & Chief Executive Officer - Enteractive Solutions Group, Inc.; *pg.* 567
Gerson, Daniel, Chief Operating Officer & Controller - Group Two Advertising, Inc.; *pg.* 78
Gerson, Eli, Partner & Interactive Director - D & I Creative; *pg.* 6
Gerson, Mark, Chairman - Gerson Lehrman Group; *pg.* 168
Gerson, Mitch, Vice President, New Business Development - Bayard Advertising Agency, Inc.; *pg.* 37
Gerstein, Amy, Vice President & Senior Manager, Operations & Events - TBWA\WorldHealth; *pg.* 147
Gersten, Stacey, Vice President, Brand & Agency Partnerships - Burns Entertainment & Sports Marketing, Inc.; *pg.* 303
Gerstenblatt, Ashley, Media Associate - VaynerMedia; *pg.* 689
Gerstin, Michelle, Director, Group Strategy - Havas Worldwide Chicago; *pg.* 82
Gerstmyer, Timothy, Chief Development Officer & Chief Digital Officer - Refuel Agency; *pg.* 507
Gerstner, Greg, Senior Vice President & Senior Creative Director - BBDO Worldwide; *pg.* 331
Gerstner, Tony, Account Director - The Bohan Agency; *pg.* 418
Gertler, Amanda, Analyst, Social Content - Publicis.Sapient; *pg.* 259
Gertz, Mal, Management Supervisor - Johannes Leonardo; *pg.* 92
Gervais, Francis, Director, Art - Sid Lee; *pg.* 140
Gervais, Lupita, Director, Human Resources - Allied Integrated Marketing; *pg.* 576
Gerwen, Jennifer, Senior Vice President & Group Account Director - Cavalry; *pg.* 48
Gerz, Anna, Senior Strategic Planner - Grey Group; *pg.* 365
Gerzof Richard, David, President & Chief Executive Officer - BIGfish PR; *pg.* 685
Gesiorski, Doug, Vice President, Ad Operations - Adtaxi; *pg.* 211
Getlen, Melissa, Director, Integrated Investment - PHD USA; *pg.* 505
Getler, Taylor, Business Development Associate - Works Design Group; *pg.* 21
Getlik, Kristyn, Account Services Director - JL Media, Inc.; *pg.* 481
Getman, Peter, Chief Executive Officer - MicroArts Creative Agency; *pg.* 191
Geto, Ethan, Principal - Geto & de Milly, Inc.; *pg.* 607
Getson, David, Co-Founder & Chief Executive Officer - g-NET Media; *pg.* 236
Gettleman, Hannah, Manager, Media Relations - Golin; *pg.* 609
Getty, Kimberly, President - Los Angeles - Deutsch, Inc.; *pg.* 350
Getz, Jason, Designer, Interactive - Howard Miller Associates, Inc.; *pg.* 87
Getz Bifano, Katie, Associate Marketing Director - iProspect; *pg.* 674
Gewartowski, Katy, Vice President & Account Director - Starmark International, Inc.; *pg.* 412
Gewehr, Chris, Senior Program Manager - Integrity; *pg.* 90
Geyskens, Philippe, Commercial Lead, Brand & Marketing ROI - Kantar TNS; *pg.* 446
Ghai, Kiran, Controller - Kingstar Direct, Inc.; *pg.* 562
Ghaisar, Negeen, Head, Digital Strategy - Bigbuzz Marketing Group; *pg.* 217
Ghali, Mahmoud, Vice President, Technology - Reshift Media; *pg.* 687
Ghareb, Mohamed, Programmatic Analyst - Spark Foundry; *pg.* 508
Gharnit, Sara, Content Strategist - Social Chain; *pg.* 143
Ghee, Michele, Executive Vice President, Business Development - 160over90; *pg.* 301
Gheen, Linda, Director, International Business - Sparks; *pg.* 315
Gherardi, Caroline, Account Executive - PlusMedia, LLC; *pg.* 290
Ghersi, Jessica, Copywriter - Wieden + Kennedy; *pg.* 432
Ghiorsi, Peter, Chairman & Chief Executive Officer - Ghiorse & Sorrenti, Inc.; *pg.* 607
Ghize, Leslie, Executive Vice President - Tobe & Executive Vice President - Doneger - The Doneger Group; *pg.* 419
Ghormley, Brad, Principal & Partner - Catapult Strategic Design; *pg.* 176
Ghosh, Ishan, Partner & Chief Executive Officer - Barrett and Welsh; *pg.* 36
Ghosn, Hannah, Coordinator, Social Media - Trampoline; *pg.* 20
Ghublikian, John, Brand Strategy Supervisor - Horizon Media, Inc.; *pg.* 474
Giacalone, Anne, Principal - MGT Design; *pg.* 191
Giacobbe, Chelsea, Senior Account Supervisor - Coburn Communications; *pg.* 591
Giacobbe, Joseph, General Manager - Palley Advertising & Synergy Networks; *pg.* 396
Giacomino, Tim, Manager, Advertising Operations & Support - Amobee, Inc.; *pg.* 213
Giacosa, Lisa, Executive Vice President, Global Managing Director & Head, Data, Technology, Analytics & Insights - Spark Foundry; *pg.* 508
Giaimo, Olivia, Shopper Media Associate - Red Fuse Communications; *pg.* 404
Giambrone, David, Creative Director - Gams Communications; *pg.* 361
Giambrone, Frank, President - Gams Communications; *pg.* 361
Giambrone, Janine, Account Supervisor - Mentus; *pg.* 386
Giambrone, Voni, Account Executive - Gams Communications; *pg.* 361
Giampietro, Susan, Executive Vice President - Specialists Marketing Services, Inc. ; *pg.* 292
Giampino, Wayne, Director, Programmatic - 360i, LLC; *pg.* 320
Giancini, Erin, Account Manager - Amnet; *pg.* 454
Gianelli, Jake, Chief Operating Officer - Banton Media; *pg.* 329
Giang, Sandy, Manager,Integrated Communications Design - Initiative; *pg.* 478
Gianinno, Susan, Senior Advisor - Publicis North America; *pg.* 399
Gianino, Amie, Senior Vice President, Corporate Strategy - We Are Alexander; *pg.* 429
Giannakopoulos, Pete, President, CPG Americas - Mintel; *pg.* 447
Giannattasio, Wendy, Media Buyer - Novus Media, Inc.; *pg.* 497
Giannetta, Paul, Creative Director - Leo Burnett Toronto; *pg.* 97
Giannetti, Lauren, Executive Vice President, Branded Entertainment & Sponsorship - BrandStar; *pg.* 337
Giannini, Marisa, Director, Paid Search & Paid Social - Laughlin Constable, Inc.; *pg.* 380
Giannone, Dot, Executive Vice President & Director, Account Management - VMLY&R; *pg.* 160
Giannone, Jaclyn, Account Manager - GroundTruth.com; *pg.* 534
Gianomenico, Maria, Director, National Video Activation - Carat; *pg.* 459
Giardina, Quinn, Senior Director, Talent Management - BrightWave Marketing, Inc.; *pg.* 219
Giarraffa, Sarah, Manager, Business Affairs - SS+K; *pg.* 144
Giarraffa, Sarah, Business Affairs Manager - TBWA \ Chiat \ Day; *pg.* 416
Giarratano, Frank, Senior Partner & Chief Marketing Officer - SGW Integrated Marketing; *pg.* 410
Giarusso, Justin, Principal Manager - H&G Marketing; *pg.* 80
Gibb, Peter, Partner - Fearless Agency; *pg.*

PERSONNEL   AGENCIES

73
Gibbin, Chris, Partner - Something Massive; pg. 266
Gibbon, Lauren, Account Director - Propac; pg. 682
Gibbons, Cailin, Vice President & Account Director - BBDO Worldwide; pg. 331
Gibbons, Ed, Partner & Chief Financial Officer - Broadstreet; pg. 43
Gibbons, Grace, Senior Account Manager - Young & Laramore; pg. 164
Gibbons, Roland, Chief Creative Officer & Co-Owner - GS&F ; pg. 367
Gibbs, Alexandra, Director, Mobile Strategy - Horizon Media, Inc.; pg. 474
Gibbs, Chris, President & Chief Operating Officer - Exponation; pg. 305
Gibbs, Danielle, Co-Founder - Exponation; pg. 305
Gibbs, George, Vice President & Director, Regional Advertising - North Central - Agency 720; pg. 323
Gibbs, Jennifer, Vice President, Client Partnerships - Ansira; pg. 280
Gibbs, Kendall, Account Director - iProspect; pg. 674
Gibbs, Mackenzie, Associate Director, Digital Investment - Zenith Media; pg. 531
Gibbs, Nicki, Senior Vice President, Strategy - Beehive PR; pg. 582
Gibbs, Shannon, Vice President - Ogilvy Public Relations; pg. 633
Gibbs, Stephanie, Associate Director, Digital Media Strategy & Investment - Spark Foundry; pg. 510
Gibert, Haley, Account Supervisor - mcgarrybowen; pg. 110
Giberti, Jim, President & Creative Director - The Imagination Company ; pg. 201
Gibney, Tom, Senior Vice President & Director, Content Production - The Buntin Group; pg. 148
Gibson, Alexandria, Media Planner & Buyer - Campbell Ewald New York; pg. 47
Gibson, Amanda, Account Services Director - Pavlov; pg. 126
Gibson, Anne, Senior Brand Planner - Burrell Communications Group, Inc. ; pg. 45
Gibson, Caroline, Partner - Prosek Partners; pg. 639
Gibson, Carolyn, Director, Operations - DAC Group; pg. 224
Gibson, Dan, Creative Director - Archrival, Inc.; pg. 1
Gibson, Dave, Creative Director & Writer - The Martin Agency; pg. 421
Gibson, Dave, President & Chief Executive Officer - bBig Communications; pg. 216
Gibson, David, Principal - Two Twelve; pg. 203
Gibson, Dick, Director, Production - LHWH Advertising & Public Relations; pg. 381
Gibson, Elyse, Supervisor, Media Planning - Mindstream Media Group - Dallas; pg. 496
Gibson, Erin, Media Director - Linnihan Foy Advertising; pg. 100
Gibson, Gard, Executive Director, Global Ford Lead - VMLY&R; pg. 274
Gibson, Gary, Creative Group Head & Art Director - The Richards Group, Inc.; pg. 422
Gibson, Greg, Director, Broadcast Production - The Richards Group, Inc.; pg. 422
Gibson, John, Senior Vice President & Managing Director - The Woo Agency; pg. 425
Gibson, Katie, Brand Director - Preacher; pg. 129
Gibson, Kristin, Principal & Chief Operating Officer - Inergy Group; pg. 187
Gibson, Kurt, Principal & Chief Creative Officer - Inergy Group; pg. 187

Gibson, Mandi, Director, Client Services - Three Atlanta, LLC; pg. 155
Gibson, Melissa, Media Director & Business Manager - Access; pg. 322
Gibson, Nico, Senior Brand Designer - Digital Kitchen; pg. 225
Gibson, Oliver, Global Chief Strategy Officer - Hudson Rouge; pg. 371
Gibson, Paige, Media Strategist - Hearts & Science; pg. 473
Gibson, Rick, Chief Operating Officer - Fuse Interactive; pg. 235
Gibson, Simon, Senior Copywriter - 72andSunny; pg. 23
Gibson, Sophie, Founder & President - VIVO360; pg. 274
Gibson, Tom, Group Director, Strategy - Anomaly; pg. 325
Gibson, Whitney, Head, Social Media & Account Director - TRAFFIKGroup; pg. 426
Gibson, Zach, Brand Manager - Pavone Marketing Group; pg. 396
Gibson-Milch, Renee, Operations Manager - Brower Group; pg. 586
Gibson-Thompson, Egan, Chief Growth Officer - VIVO360; pg. 274
Gibson-Thompson, Nage, Account Director - VIVO360; pg. 274
Giddings, Nate, Account Supervisor - Team One; pg. 418
Gielniak, Joseph, Creative Director - Commonwealth // McCann; pg. 52
Gier, George, Vice President & Executive Creative Director - Aspen Marketing Services; pg. 280
Giera, Shelley, Producer, Content - BBH; pg. 37
Gies, Larry, Executive Vice President & Chief Strategy Officer - Energy BBDO, Inc.; pg. 355
Giese, Paul, Partner & Director, Technology - Traction Corporation; pg. 271
Gieseke, Clark, Account Director - Goodby, Silverstein & Partners; pg. 77
Giesser, John, Chief Operating Officer - Dewey Square Group; pg. 597
Gifford, John, Art Director - Signature Communications; pg. 410
Gifford, Ryan, Senior Art Director - Forsman & Bodenfors; pg. 74
Gigante, Paul, Chief Executive Officer & Chief Creative Officer - Gigante Vaz Partners; pg. 363
Giger, Mike, Senior Vice President & Group Management Director - FCB West; pg. 72
Giglio, Alexandra, Assistant Media Buyer - Vizeum; pg. 526
Giglio, Brian, Account Supervisor - Rogers & Cowan/PMK*BNC; pg. 644
Giglio, Katelyn, Account Supervisor - 22squared Inc.; pg. 319
Giglio, Nicole, Senior Vice President, National Broadcast - Blue 449; pg. 455
Gignac, Christine, Creative Director - Wieden + Kennedy; pg. 432
Giguere, Sandra, Vice President, Legal Services - Vision7 International; pg. 429
Giguère, Richard, Vice President, Directeur Commercial & Vice President, Business Director - MediaCom; pg. 489
Gil, Chris, Vice President & Group Director, Digital Investments - Havas Media Group; pg. 470
Gilad, Anat, Executive Vice President, Retail Merchandising - Active International; pg. 439
Gilbeck, Paula, Vice President, Corporate Relations - Putnam Roby Williamson Communications ; pg. 640
Gilbert, Brigitte, Account Executive - Sunshine Sachs; pg. 650
Gilbert, Cara, Brand Strategy Supervisor -

Horizon Media, Inc.; pg. 474
Gilbert, Colleen, Media Director - Publicis.Sapient; pg. 258
Gilbert, Dixie, Chief Marketing Officer - The Johnson Group; pg. 420
Gilbert, Hayley, Associate Director, Media - Mediahub Los Angeles; pg. 112
Gilbert, Holly, Chief Brand Officer - Mitchell; pg. 627
Gilbert, Jack, Media Supervisor - Spark Foundry; pg. 510
Gilbert, Jim, Vice President - KeyRelevance; pg. 675
Gilbert, John, Chief Digital Officer - LRXD; pg. 101
Gilbert, John, Group Creative Director & Copywriter - quench; pg. 131
Gilbert, Justin, Vice President, Strategy & Insight - R&R Partners; pg. 402
Gilbert, Lacey, Strategy Director - Leo Burnett Worldwide; pg. 98
Gilbert, Matthew, Chief Creative Officer - Bayard Advertising Agency, Inc.; pg. 37
Gilbert, Miles, Senior Art Director - R/GA; pg. 261
Gilbert, Patti, Controller - Pac / West Communications; pg. 635
Gilbert, Pierre, Manager, Sales & Production - Kidzsmart Concepts; pg. 188
Gilbert, Robert, Chief Content Officer, Director - Anchor Worldwide; pg. 31
Gilbert, Ron, Creative Services - Wiser Strategies; pg. 663
Gilbert, Ryan, Director, Strategy - Spark Foundry; pg. 510
Gilbert, Stephanie, Group Account Director - The Integer Group; pg. 682
Gilbert, William, Associate Creative Director - Zehnder Communications, Inc.; pg. 436
Gilbert Rotman, Michele, Executive Vice President & Head, P&G Category - Publicis North America; pg. 399
Gilbertie, Chris, Managing Partner - Generator Media + Analytics; pg. 466
Gilbertsen, Eric, Executive Vice President, Digital Strategy & Client Services - RepEquity; pg. 263
Gilbertson, Brooke, Senior Vice President & Director, Client Operations - Starcom Worldwide; pg. 513
Gilbertson, David, General Manager - Communications Links; pg. 592
Gilbertson, Jim, Chief Financial Officer - Bluespire Inc.; pg. 335
Gilbertson, Jordan, Director, Communications Planning - Butler, Shine, Stern & Partners; pg. 45
Gilboy, John, Chief Development Officer - Mitchell; pg. 627
Gilbreath, Audrey, President & Chief Executive Officer - Gilbreath Communications, Inc.; pg. 541
Gilbreath, Wardell, Chief Financial Officer & Vice President - Gilbreath Communications, Inc.; pg. 541
Gilbrech, Erika, Associate Creative Director - Propac; pg. 682
Gilcher, Kevin, Social Strategy, Community Management - Anchor Worldwide; pg. 31
Gilchrist, Katherine, Senior Account Supervisor - Adlucent; pg. 671
Gildea, Patrick, Chief Financial Officer - GumGum; pg. 80
Gildenberg, Bryan, Chief Knowledge Officer - Retail - WPP Kantar Media; pg. 451
Gilding, Emma, Executive Strategy Director - Wunderman Thompson; pg. 434
Giles, Andy, Director, Client Partnerships - Character; pg. 5
Giles, Bret, Co-Founder - August United;

AGENCIES — PERSONNEL

Giles, Helen, Media Supervisor - Campbell Ewald; *pg.* 46
Giles, Jason, Director, Client Service - Launch Agency; *pg.* 97
Giles, Sara, Vice President - VaynerMedia; *pg.* 689
Giles, Shelby, Vice President - BerlinRosen; *pg.* 583
Gilfeather, Lindsay, Manager, Digital Partnerships - Initiative; *pg.* 477
Gilford, Casey, Strategy Director - Leo Burnett Worldwide; *pg.* 98
Gilham, Catherine, Media Director, Strategy - Spark Foundry; *pg.* 510
Gilham, Cathy, Media Director, Paid Social - Blue 449; *pg.* 456
Gilhuley, Tom, Senior Account Manager, Marketing & Specialist - Digital Media - Merrick Towle Communications; *pg.* 114
Gililland, Ryan, Director, Sales & Marketing - Brewco Marketing; *pg.* 303
Gill, Ashley, Vice President & Account Director - BBDO Worldwide; *pg.* 331
Gill, Jared, Strategist - Cossette Media; *pg.* 345
Gill, Justin, Chief Operating Officer - Thruline Marketing; *pg.* 155
Gill, Laura, Account Manager - Nostrum, Inc.; *pg.* 14
Gill, Nichole, Designer - Padilla; *pg.* 635
Gill, Patrick, Chairman - LRXD; *pg.* 101
Gill, Ryan, President - Cult Collective, Ltd.; *pg.* 178
Gill, Shawn, Creative Director - Truth & Advertising; *pg.* 272
Gill, Stephany, Director, Art - Second Story Interactive; *pg.* 265
Gillam, Rosie, Senior Account Executive - Walker Sands Communications; *pg.* 659
Gillard, Gideon, Senior Art Director - 72andSunny; *pg.* 23
Gillen, Brian, Associate Creative Director - Marcus Thomas; *pg.* 104
Gillen, Kelsey, Senior Strategist - Havas New York; *pg.* 369
Gilleo, Leslie, Senior Vice President & Group Media Director - Trilia ; *pg.* 521
Giller, Madison, Planner - Cavalry; *pg.* 48
Giller, Michael, Vice President & Account Director - Bridgemark; *pg.* 4
Gilles, Molly, Global Account Supervisor - Ogilvy; *pg.* 393
Gillespie, Devin, Art Director - Wieden + Kennedy; *pg.* 430
Gillespie, Liz, Senior Writer - Moore Ink; *pg.* 628
Gillespie, Liz, Senior Vice President & Group Account Director - Hudson Rouge; *pg.* 372
Gillespie, Marty, Chief Financial Officer - Corporate Magic Inc; *pg.* 303
Gillespie, Sean, Vice President, Creative Services - Gillespie Group; *pg.* 76
Gillespie Jr., Michael, Vice President, Client Services - Gillespie Group; *pg.* 76
Gillespie Sr., Michael, President & Chief Executive Officer - Gillespie Group; *pg.* 76
Gillett, Emma, Assistant Account Executive - Goodman Media International, Inc.; *pg.* 610
Gillett, Rachel, Director, Content - Nebo Agency, LLC; *pg.* 253
Gillette, Jeff, Executive Creative Director - Madwell; *pg.* 103
Gillette, Samantha, Manager, Digital Analytics & Insights - MediaCom; *pg.* 487
Gillette , Casie, Senior Director, Digital Marketing - KoMarketing Associates; *pg.* 675
Gilleylen, Sean, Senior Project Manager - Mekanism; *pg.* 113
Gilliam, Frank, Founding Partner & Creative Director - Elevation Marketing; *pg.* 67
Gilligan, Anna, Senior Strategist - T3; *pg.* 268
Gilligan, Erin, Group Director, Strategy - OMD; *pg.* 498
Gilligan, Kevin, Chief Operating Officer - Structural Graphics, LLC; *pg.* 569
Gilliland, Greg, Vice President & Director, Interactive Media - The Cirlot Agency, Inc.; *pg.* 149
Gillins, Todd, Vice President, Research - R&R Partners; *pg.* 131
Gillis, Jeff, Vice President, Operations - All Points Media; *pg.* 549
Gillispie, Justin, Director, Business Development - Mighty 8th Media; *pg.* 115
Gillispie, Zebbie, Vice President, Creative Technology - Scout Marketing; *pg.* 139
Gillissie, Michael, Vice President, Sales & Operations - Grassroots Advertising, Inc. ; *pg.* 691
Gillman, Andrew, Director, Public Relations - Performance Marketing; *pg.* 126
Gillock, Leslie, Vice President & Director, Insights - Wray Ward; *pg.* 433
Gillum, Brad, President, Chief Executive Officer & Chief Cheerleader - Willow Marketing; *pg.* 433
Gilman, Brett, Managing Director, Business Development - Accenture Interactive; *pg.* 209
Gilman, Jessica, Specialist, Public Relations - Vreeland Marketing; *pg.* 161
Gilman, Michelle, Associate Strategy Director - PHD USA; *pg.* 505
Gilmartin, Chris, Founder & President - Lever Interactive ; *pg.* 245
Gilmer, Monica, Coordinator, Member Services & Planner - Event - Mississippi Press Services; *pg.* 496
Gilmore, Alexandra, Senior Strategist, Digital Media - Pinckney Hugo Group; *pg.* 128
Gilmore, Hilary, Partner, Decision Sciences - Universal McCann; *pg.* 521
Gilmore, Mike, Account Supervisor - Nyhus Communications; *pg.* 633
Gilmore, Nicole, Associate Partnership Marketing Manager - Brand Value Accelerator; *pg.* 42
Gilmore, Scott, Senior Vice President & Director, Travel & Recreation Brands - Luquire George Andrews, Inc.; *pg.* 382
Gilmore, Tom, Executive Creative Director - VMLY&R; *pg.* 160
Gilmore Linton, Kira, Senior Producer - Innocean USA; *pg.* 479
Gilmour, Dominique, Senior Account Director - Borshoff; *pg.* 585
Gilmour, Rachel, Group Account Director - Team One; *pg.* 417
Gilpatrick, Brian, Senior Vice President & Managing Director - The Bohan Agency; *pg.* 418
Gilpatrick, Ryan, Supervisor, National Video Investment - OMD; *pg.* 498
Gilpin, Claire, Managing Supervisor - FleishmanHillard; *pg.* 605
Gilpin, Sean, Vice President, Media Planning - Innocean USA; *pg.* 479
Gilreath, Taran, Senior Account Manager - Havas Sports & Entertainment; *pg.* 370
Gilroy, Sean, Production Manager - ShadowMachine; *pg.* 139
Gilula, Molly, Commercial Production Coordinator - Biscuit Filmworks; *pg.* 561
Gimbel, Allison, Associate Media Director - Horizon Media, Inc.; *pg.* 474
Gimenez, Kathy, Associate Director - Canvas Worldwide; *pg.* 458
Gin, Anna, Senior Associate, Media - Starcom Worldwide; *pg.* 517
Gines, Allan, Director, Digital Strategy & Activation - Horizon Media, Inc.; *pg.* 473
Ginestiere, Patricia, General Counsel & Director, Business Development - Leverage Agency; *pg.* 298
Gingold, Jason, Executive Director, Strategy - Sid Lee; *pg.* 140
Gingrich, Tim, Vice President, Planning - Edelman; *pg.* 600
Ginley, Kelly, Vice President & Group Media Director - Cramer-Krasselt ; *pg.* 53
Ginn, Daniel, Director, Technology - Digital Operative, Inc.; *pg.* 225
Ginnantonio, Daryl, Co-Head, Strategy - MiNY; *pg.* 115
Ginos, Becky, Associate Creative Director - Battery; *pg.* 330
Ginsbarg, Jackie, Media Supervisor, Brand Partnerships - Ocean Media, Inc.; *pg.* 498
Ginsberg, Amy, Chief Investment Officer - Canvas Worldwide; *pg.* 458
Ginsberg, Brad, Partner - Global Communication Works; *pg.* 608
Ginsberg, Eric, Client Services Consultant - Superfly; *pg.* 315
Ginsberg, Frank, Chairman & Chief Executive Officer - AFG&; *pg.* 28
Ginsberg, Martha, Vice President, Knowledge & Brand Assets Communications & Senior Creative Producer, Business Development - Porter Novelli; *pg.* 637
Ginsberg, Shane, President - EVB; *pg.* 233
Ginsberg, Suzy, Owner - Global Communication Works; *pg.* 608
Ginsburg, Bob, Chief Financial Officer - Sparks; *pg.* 315
Ginther, Abigail, Director, Client Services - SoMe Connect; *pg.* 677
Ginty, Nicholas, Senior Graphic Designer - Jan Kelley Marketing; *pg.* 10
Ginzburg, Amanda, Head, Marketing - Co:Collective, LLC; *pg.* 5
Gioffre, Jennifer, Executive Vice President & Managing Director - NYC - Geometry; *pg.* 362
Gioglio, Germana, Senior Project Manager - FRCH Design Worldwide; *pg.* 184
Gioglio, Tony, Founding Partner - Anthony Thomas Advertising; *pg.* 32
Gionfriddo, Michael, Product Manager - Mobility AI - Affectiva, Inc.; *pg.* 441
Giordano, Brittany, Account Director - Beach House PR; *pg.* 582
Giordano, Emily, Vice President & Account Director - Grey Group; *pg.* 365
Giordano, Erin, Associate Director, Media - JL Media, Inc.; *pg.* 481
Giordano, Frances, Group Director - The Media Kitchen; *pg.* 519
Giordano, Francesca, Manager, J3 Shopper - J3; *pg.* 480
Giordano, Louis, General Manager - Sales - Outfront Media; *pg.* 555
Giordano, Susan, Owner - Giordano Kearfott Design, Inc.; *pg.* 184
Giorgino, Rafael, Account Director - David; *pg.* 57
Giovatto, Gina, Senior Account Director - GIOVATTO Advertising; *pg.* 363
Giovatto, John, Principal - GIOVATTO Advertising; *pg.* 363
Giovatto, Justin, Account Manager - GIOVATTO Advertising; *pg.* 363
Giovatto, Mario, Principal - GIOVATTO Advertising; *pg.* 363
Giovinelli, Kelsey, Senior Account Executive - GYK Antler; *pg.* 368
Giovino, Sarah, Manager, Engagement - T3; *pg.* 416
Gipper, Samantha, Art Director - Amperage; *pg.* 30
Giraldi, Bob, Director - Giraldi Media; *pg.*

466
Giraldo, Andrea, Senior Art Director - the community; *pg.* 545
Giraldo, Fabio, Director & Partner, Advanced Analytics - Mindshare; *pg.* 491
Giraldo, Frederico, Creative Director - Republica Havas; *pg.* 545
Giraldo, Johana, Associate Director, Digital Media - Campbell Ewald; *pg.* 47
Girand, Mark, Director, Senior Creative - BBDO Worldwide; *pg.* 331
Girandola, David, Recruiter, Creative - 72andSunny; *pg.* 24
Girard, Brock, Creative Director - Williams / Crawford & Associates; *pg.* 162
Girard, Gisela, President & Chief Strategy Officer - Creative Civilization - An Aguilar / Girard Agency; *pg.* 561
Girard, Jesse, Manager, Account - Wunderman Thompson; *pg.* 434
Girard, Laura, Director, Media Services - Anderson Advertising; *pg.* 325
Girone, Jason, Vice President & Group Account Director - Advantage International; *pg.* 301
Girouard, Bill, Senior Vice President & Creative Director - Arnold Worldwide; *pg.* 33
Girouard, Justin, Account Executive - Jekyll and Hyde; *pg.* 92
Giroux, Denis, Senior Vice President & Executive Producer - Leo Burnett Worldwide; *pg.* 98
Gish, Amy, Vice President, Client Services - Huge, Inc.; *pg.* 239
Gislason, Karen, Accountant - Communique; *pg.* 303
Gisler, David, Senior Managing Art Director - Words and Pictures Creative Service, Inc.; *pg.* 276
Gitau, Erin, Account Director - HughesLeahyKarlovic; *pg.* 372
Gitelman, Regina, Managing Director, Integrated Investment - OMD; *pg.* 498
Gitelson, Josh, Executive Managing Director - RFBinder Partners, Inc.; *pg.* 642
Gitles, Jami, Media Buyer - Canvas Worldwide; *pg.* 458
Gitlin, Adam, President - Annalect Group; *pg.* 213
Gitlitz, Dan, Senior Vice President & Group Creative Director - Zimmerman Advertising; *pg.* 437
Gitomer, Evan, Vice President, Premium Ticketing - Van Wagner Communications; *pg.* 558
Gitsis, Alex, Director, Interactive Marketing - Zeta Interactive; *pg.* 277
Gittemeier, Dan, Director, Sales - Tic Toc; *pg.* 570
Gittemeier, Jan, Chief Operating Officer - The Integer Group - Dallas; *pg.* 570
Gittemeier, Paul, Chief Executive Officer - Tic Toc; *pg.* 570
Gittings, Jon, Executive Vice President, Strategy - North America - Essence; *pg.* 232
Gitlin, Grant, Chief Growth Officer - MediaLink; *pg.* 386
Gitto, Michele, Associate Director, Media & Broadcast - National - Zenith Media; *pg.* 529
Giudice, Gary, President & Founder - Blue Heron Communications; *pg.* 584
Giudice, Heather, Vice President & Associate Managing Director - Horizon Media, Inc.; *pg.* 474
Giudice, Ron, Vice President - Blue Heron Communications; *pg.* 584
Giuffre, Jolie, Director, Partnerships & Platforms - Essence; *pg.* 232
Giuggio, Elizabeth, Creative Director - Genuine Interactive; *pg.* 237
Giuggio, Michael, Director, Communications Planning - 360i, LLC; *pg.* 320
Giuliano, Adrian, Senior Vice President, Global Investment - Starcom Worldwide; *pg.* 513
Giunta, Mike, Creative Director & Senior Vice President - Garrison Hughes; *pg.* 75
Given, David, Director - Davies Communications; *pg.* 595
Givens, Patrick, Vice President & Head - VaynerSmart - VaynerMedia; *pg.* 689
Gjeloshaj, Francheska, Strategist, Integrated Brand - Campbell Ewald; *pg.* 46
Gjerstad, Marianne, Group Director, Engagement - Barkley; *pg.* 329
Gladden, Melissa, Director, Sports - Hearts & Science; *pg.* 471
Gladitsch, Melinda, Managing Director Client Services - Publicis Hawkeye; *pg.* 399
Gladney, Patrick, Chief Strategy Officer & Partner - FleishmanHillard HighRoad; *pg.* 606
Gladstone, Ben, Senior Vice President & Group Account Director - DDB Chicago; *pg.* 59
Gladstone, Doug, Chief Executive Officer & Chief Creative Officer - Brand Content; *pg.* 42
Glaeser, Matthew, Vice President, Digital Integration & Data - Palisades Media Group, Inc.; *pg.* 124
Glaisyer, Katie, Vice President & Media Director - Merlino Media Group; *pg.* 491
Glascock, Haleigh, Senior Media Planner - DWA Media; *pg.* 464
Glaser, Dana, Senior Vice President & Director, Global Media Network - Ketchum; *pg.* 542
Glaser, Hillary, Associate Director, Search & Content Strategy - Campbell Ewald; *pg.* 46
Glaser, Lucy, Director, Business Development - Unconquered; *pg.* 203
Glasgow, Amanda, Chairman, Brand Community - Edelman; *pg.* 601
Glasgow, Bobby, Senior Media Analyst - 360i, LLC; *pg.* 208
Glasgow, Nancy, Vice President & Account Supervisor - Bitner Hennessy; *pg.* 685
Glasner, Jacqueline, Senior Account Executive - Alison Brod Public Relations; *pg.* 576
Glasoe, Hunter, Account Executive - H&L Partners; *pg.* 369
Glass, Alanna, Account Director - ICF Next; *pg.* 614
Glass, Amy, President & Chief Executive Officer - GTE, Inc.; *pg.* 368
Glass, Ashley, Associate Creative Director - McCann New York; *pg.* 108
Glass, Becky, President & Chief Executive Officer - GTE, Inc.; *pg.* 368
Glass, Jennifer, Partner - Eventage Event Production; *pg.* 305
Glass, Kyle, Vice President, Marketing - Marketing Matters; *pg.* 625
Glass, Matt, Partner - Altman-Hall Associates; *pg.* 30
Glass, Matt, Account Manager - Hayter Communications; *pg.* 612
Glass, Matt, Partner & Chief Creative Officer - Eventage Event Production; *pg.* 305
Glass, Matthew, Senior Vice President - Allied Experiential; *pg.* 691
Glass, Timothy, President - Altman-Hall Associates; *pg.* 30
Glass Jr., Winston, Executive Vice President, Business Development - Avance Communications, Inc.; *pg.* 579
Glasser, Claudia, Director, New Business Development - Jump Associates; *pg.* 618
Glassman, David, Senior Vice President & Chief Marketing Officer - Onstream Media; *pg.* 255
Glassoff, Sam, Senior Brand Strategist - Heat; *pg.* 84
Glaub, Rachel, Head, Production - Biscuit Filmworks; *pg.* 561
Glauberson, Mark, Executive Vice President, Media - Direct Agents, Inc.; *pg.* 229
Glaum, Colin, Digital Director - AFG&; *pg.* 28
Glaviano, Gregg, Principal & Creative Director - Grafik Marketing Communications; *pg.* 185
Glaze, Griffin, Editor, Motion - Wray Ward; *pg.* 433
Glazer, Christopher, Director, Client Development - Apogee Results; *pg.* 672
Glazer, Robert, Founder & Chief Executive Officer - Acceleration Partners; *pg.* 25
Glazier, Jacob, Content Creator - Fact & Fiction; *pg.* 70
Glazier, Lauren, Account Supervisor - Cramer-Krasselt; *pg.* 53
Glazik, Clay, Senior Art Director - Geometry; *pg.* 363
Gleason, Brian, Global Chief Commercial Officer - GroupM; *pg.* 466
Gleason, Hayley, Account Executive - Fundamental Media; *pg.* 465
Gleason, Jacolyn, Associate Vice President - 5W Public Relations; *pg.* 574
Gleason, Jerry, Executive Vice President, Consumer - Weber Shandwick; *pg.* 661
Gleason, Julianne, Media Supervisor - Eicoff; *pg.* 282
Gleason, Kellie, Senior Corporate Communications Associate - FCB New York; *pg.* 357
Gleason, Larry, President - Distribution - ARENAS; *pg.* 455
Gleason, Leslie, Print Production Coordinator - Design 446; *pg.* 61
Gleckler, Kelly, Senior Account Supervisor - The Lane Communications Group; *pg.* 654
Gleeson, Renny, Managing Director, Samsung - Wieden + Kennedy; *pg.* 430
Glenday, Greg, Chief Executive Officer - Lightbox OOH Video Network; *pg.* 553
Glenn, Brandon, Director, Account & Content - Amendola Communications; *pg.* 577
Glenn, Oliver, Account Supervisor - DDB Chicago; *pg.* 59
Glenn, Thomas, President, Class Action Administrative - A.B. Data, Ltd; *pg.* 279
Glennon, John, Senior Vice President, Sales & Business Development - Vibes Media; *pg.* 535
Gliatta, Dan, Chief Executive Officer & Co-Founder - Cargo LLC; *pg.* 47
Glick, Jackie, Senior Vice President - MWWPR; *pg.* 631
Glick, Joel, Vice President, Partner, & Director, Interactive Services - Buyer Advertising, Inc.; *pg.* 338
Glick, Julia, Vice President & Associate Creative Director - FCB Health; *pg.* 72
Glick, Julie, Vice President, Account Director - MillerCoors, Kraft, Girl Scouts - Arc Worldwide; *pg.* 327
Glickman, Mark, President - PIMS ; *pg.* 128
Glickman, Misha, Associate, Media Planning - HealixGlobal; *pg.* 471
Glicksman, Dan, Lead & Demand Generation National - Cox Media; *pg.* 463
Glicksman, David, Director, Digital - Horizon Next - Horizon Media, Inc.; *pg.* 474
Glissendorf, Mark, Senior Vice President, Operations & Public Relations - Lawrence & Schiller; *pg.* 97
Glitman, Abbi, Coordinator, Paid Search - ForwardPMX; *pg.* 360
Globokar, Ginny, Director, Sales - American Solutions; *pg.* 565
Glodow, John, Owner - Glodow Nead Communications; *pg.* 608

AGENCIES — PERSONNEL

Glomb, Jon, Account Director - The Martin Agency; *pg.* 421
Glomski, Price, Executive Vice President - PMG; *pg.* 257
Gloo, Adam, Group Creative Director - Big Spaceship; *pg.* 455
Glorioso, Tony, Executive Vice President & Executive Creative Director - Critical Mass, Inc.; *pg.* 223
Glose, Sarah, Digital Strategy - FingerPaint Marketing; *pg.* 358
Glover, Carol, Creative Director - Balcom Agency ; *pg.* 329
Glover, Jason, Partner & Creative Director - Baron & Co; *pg.* 580
Glover, Terrence, Director, Analytics - Initiative; *pg.* 478
Glover, Thom, Creative Director - Droga5; *pg.* 64
Glover, Tim, Vice President, Account Services - Empower; *pg.* 354
Glover Ard, Terrie, President & Chief Operating Officer - Moore Communications Group; *pg.* 628
Glovin, Martin, Chief Marketing Officer & Executive Vice President - Marden-Kane, Inc.; *pg.* 568
Gluck, Lauren, Brand Director - Standard Black; *pg.* 144
Glunk, Michael, Group Director, Insight & Strategy - The Integer Group; *pg.* 682
Glure, Maureen, Executive Vice President & Strategy Director - Starcom Worldwide; *pg.* 513
Glushon, Kristin, Executive Vice President, Client Development - Branded Entertainment Network, Inc.; *pg.* 297
Glynn, Amanda, Account Supervisor - Strategic America; *pg.* 414
Glynn, Greg, Account Executive - Nancy Marshall Communications ; *pg.* 631
Glynn, Jenna, Vice President - Weber Shandwick; *pg.* 660
Gnozzo, Christina, Account Director - Hawkins International Public Relations; *pg.* 612
Go, Jeanette, Associate Director, Connections - Spark Foundry; *pg.* 510
Gobel, Jenny, Account Supervisor - David; *pg.* 57
Gobis, John, Associate Vice President - Ilium Associates, Inc.; *pg.* 88
Goble, Mark, Chief Executive Officer - Sandbox; *pg.* 138
Gocaj, Mia, Senior Media Planner - GTB; *pg.* 367
Goch, Angela, Media Supervisor - DiD Agency; *pg.* 62
Gochnauer, Grant, Co-Founder & Chief Technical Officer - Vodori; *pg.* 275
Gochtovtt, Tessa, Senior Media Planner & Buyer - Asher Agency; *pg.* 327
Goczal, Marek, Manager, Development - SourceLink, LLC; *pg.* 292
Goda, Paul, Vice President, Special Projects - Goda Advertising; *pg.* 364
Godard, Joe, Creative Director - Campbell Ewald; *pg.* 46
Godat, Ken, Owner & Creative Director & Principal - Godat Design; *pg.* 185
Godbe, Bryan, President - Godbe Communications; *pg.* 445
Godbe, Leslie, Chief Executive Officer - Godbe Communications; *pg.* 445
Godbee, Krista, Account Manager - Ross Media; *pg.* 676
Godbout, Matt, Senior Vice President, Client Partnerships - CSM Sports & Entertainment; *pg.* 55
Goddard, Chris, Owner & President - CGPR; *pg.* 589

Goddard, Chris, Director, Analytics - Blue State Digital; *pg.* 335
Goddard, Jeffery, Founder & Chief Executive Officer - TVA Media Group; *pg.* 293
Goddard, Jerel, Associate Strategy Director - PHD USA; *pg.* 505
Goddard, Laura, Chief Financial Officer & Executive Producer - TVA Media Group; *pg.* 293
Goddard, Marcia, Executive Vice President & Chief Creative Officer - McCann Torre Lazur; *pg.* 109
Goddard, Stacia, Executive Vice President, Strategic Marketing Services - Epsilon ; *pg.* 283
Goddard, Stephanie, Vice President, Strategy & Business Development - Smarty Social Media; *pg.* 688
Godding, Randy, President & Chief Executive Officer - Knox Marketing; *pg.* 568
Godfray, Kelly, Senior Account Executive - Leo Burnett Worldwide; *pg.* 98
Godfrey, Amy, Managing Director - AH&M Marketing Communications; *pg.* 575
Godfrey, Angela, Director, Account Management - Full Contact Advertising; *pg.* 75
Godfrey, Lawrence, Vice President, Group Accounts - The Integer Group - Dallas; *pg.* 570
Godfrey, Megan, Group Account Director, Public Relations - KemperLesnik Communications ; *pg.* 619
Godfrey, Natalie, Vice President, Strategy - Tribal Worldwide - Vancouver; *pg.* 272
Godfrey, Nick, Chief Operating Officer - RAIN; *pg.* 262
Godfrey, Patrick, Co-Founder & Co-Chief Executive Officer - Godfrey Dadich; *pg.* 364
Godfrey, Soren, Group Director, Partnerships - Initiative; *pg.* 477
Godici, Tom, Executive Vice President & Creative Director - BBDO Worldwide; *pg.* 331
Godinez, Nathan, Brand Manager - The Richards Group, Inc.; *pg.* 422
Godinez, Ozzie, Chief Executive Officer & Co-Founder - Paco Collective; *pg.* 544
Godsell, Britt, Senior Producer - Leo Burnett Worldwide; *pg.* 98
Godsey, John, Chief Executive Officer - NY Office - VMLY&R; *pg.* 160
Godsil, Max, Group Creative Director & Writer - Merkley + Partners; *pg.* 114
Godwin, Austin, Digital Marketing Specialist - Neiger Design, Inc.; *pg.* 193
Godzik, Tony, Creative Director - Phire Group; *pg.* 397
Goebel, Stacy, Social Marketing Director - StudioNorth; *pg.* 18
Goecke, Amanda, Content Marketing Associate - All Points Public Relations; *pg.* 576
Goecke, Samantha, Specialist, Digital Media - Empower; *pg.* 354
Goedeke, Nancy, Manager, Digital Marketing & Customer Experience Support - Harte Hanks, Inc.; *pg.* 284
Goeden, Rebecca, Controller - Media One Advertising; *pg.* 112
Goehring, Theresa, Media Supervisor, Strategy & Investment - Grupo Bimbo - Starcom Worldwide; *pg.* 517
Goepfrich, Joslynn, Account Manager - Haberman; *pg.* 369
Goerz, Michael, Executive Account Director & Executive Vice President - HackerAgency; *pg.* 284
Goethals, Kyle, Supervisor, Brand - Mekanism; *pg.* 113
Goettelmann, Erin, Social Media Strategist - All Points Digital; *pg.* 671
Goetz, David, Media Planner & Buyer - Martin Advertising; *pg.* 106

Goetz, Harold, Vice President, Account Director, Media Planning - HealixGlobal; *pg.* 471
Goetz, Melanie, President, Chief Executive Officer & Owner - Hughes & Stuart; *pg.* 686
Goewey, Heather, Partner, Marketing Communications - Esrock Partners; *pg.* 69
Goff, Ginny, Office Manager - Cuneo Advertising; *pg.* 56
Goff, Jamie, Account Director - LoSasso Integrated Marketing; *pg.* 381
Goff, Kevin, Associate Creative Director & Copywriter - Leo Burnett Worldwide; *pg.* 98
Goff, Ryan, Chief Marketing Officer, Executive Vice President & Director, Social Media Marketing - MGH Advertising ; *pg.* 387
Goforth-Hanak, Yvonne, Chief Operating Officer - KEF Media Associates, Inc.; *pg.* 619
Gogan-Tilstone, Ellie, Senior Vice President & Head, Strategy - MullenLowe U.S. Boston; *pg.* 389
Gogarty, John, President - Coyne Public Relations; *pg.* 593
Goger, Jillian, Creative Director - Mekanism; *pg.* 113
Goger Eun, Jennifer, Senior Client Services Manager - Myriad Travel Marketing; *pg.* 390
Goggin, Hayley, Producer - Wieden + Kennedy; *pg.* 430
Goggin, Pat, Partner & Chief Strategy Officer - Jacobson Rost; *pg.* 376
Goggins, Terri, Director, Events - Jaymie Scotto & Associates; *pg.* 616
Gogley, Ben, Senior Vice President, Media Planning - Hyundai - Innocean USA; *pg.* 479
Gogolin, Brian, Director, Marketing & Business Development - Indigo Studios; *pg.* 187
Goin, Lisa, Managing Group Creative Director - AvreaFoster; *pg.* 35
Goiz, Maximiliano, Media Manager, Global Strategy - Starcom Worldwide; *pg.* 517
Gokiert, Chris, President - Critical Mass, Inc.; *pg.* 223
Golant, Ilana, Managing Director & Chief Operating Officer - Palisades Media Group, Inc.; *pg.* 124
Golas, Philip, Manager - TAAG Advertising Operations - Spark Foundry; *pg.* 510
Gold, Abby, Chief Human Resources Officer - Weber Shandwick; *pg.* 660
Gold, Abby, Vice President & Director, Video Production - PineRock; *pg.* 636
Gold, Alana, Account Supervisor - Bliss Integrated Communications; *pg.* 584
Gold, Alyssa, Senior Vice President & General Manager - ICF Next; *pg.* 615
Gold, Billie, Vice President & Director, Programming Research - Carat; *pg.* 459
Gold, Bob, President & Principal - Bob Gold & Associates; *pg.* 585
Gold, Harry, Chief Executive Officer & Managing Partner - Overdrive Interactive; *pg.* 256
Gold, Lesley, Co-Founder & Chief Executive Officer - SutherlandGold Communications; *pg.* 651
Gold, Natasha, Partner, Integrated Investment - Universal McCann; *pg.* 521
Gold, Steve, Chief Creative Officer - GNF Marketing; *pg.* 364
Gold, Steven, Chief Executive Officer - Evoke Giant; *pg.* 69
Goldberg, Amanda, Senior Manager, Resource - Big Spaceship; *pg.* 455
Goldberg, Barbara, Chief Executive Officer & Founding Partner - O'Connell & Goldberg; *pg.* 633
Goldberg, Barney, Vice President & Executive Creative Director - Innocean USA; *pg.* 479

823

PERSONNEL — AGENCIES

Goldberg, Brian, Vice President - APCO Worldwide; *pg.* 578
Goldberg, Don, Managing Partner & Chief Media Officer - Bluetext; *pg.* 40
Goldberg, Eric, Vice President, Strategy - Zenith Media; *pg.* 529
Goldberg, Frank, Director, Sales - IgnitionOne; *pg.* 673
Goldberg, Jacqueline, Director, Media Planning - Klick Health; *pg.* 244
Goldberg, Jamie, Senior Partner & Account Manager, Broadcast - GroupM; *pg.* 466
Goldberg, Jason, Chief Commerce Strategy Officer - Publicis.Sapient; *pg.* 259
Goldberg, Jason, Owner & Executive Vice President, Sales & Marketing - Envisionit Media, Inc.; *pg.* 231
Goldberg, Jesse, Strategy Director - Tolleson Design; *pg.* 202
Goldberg, Jon, Managing Director - KCSA Strategic Communications; *pg.* 619
Goldberg, Katie, Senior Vice President - West Coast Food & Beverage Lead - Edelman; *pg.* 601
Goldberg, Lewis, Chief Executive Officer - KCSA Strategic Communications; *pg.* 619
Goldberg, Lori, Chief Executive Officer & Founder - Silverlight Digital; *pg.* 265
Goldberg, Melyssa, Manager, Global Strategy - The Trade Desk; *pg.* 519
Goldberg, Michael, Chief Executive Officer - Zimmerman Advertising; *pg.* 437
Goldberg, Nathan, Planning Director - Wieden + Kennedy; *pg.* 430
Goldberg, Nicole, Communications Director - 160over90; *pg.* 301
Goldberg, Ross, Owner & President - Kevin/Ross Public Relations; *pg.* 686
Goldberg, Scott, Vice President - Southard Communications; *pg.* 648
Goldberg, Steve, Vice President & Associate Director, Planning - Active International; *pg.* 439
Goldberg-Dicks, Janie, President - Margie Korshak, Inc,; *pg.* 105
Goldblatt, Richard, Executive Vice President, Consumer Products Group - M Booth & Associates, Inc. ; *pg.* 624
Goldblatt, Stephen, Founder & Creative Director - Partners in Crime; *pg.* 15
Goldblum, Josh, Founder & Chief Executive Officer - Bluecadet Interactive; *pg.* 218
Goldburd, Rita, SVice President, Finance - Rymax Marketing Services; *pg.* 569
Golden, Angelia, Global Account Coordinator - Branded Cities; *pg.* 550
Golden, Ashley, President - PSA Creative Communication; *pg.* 314
Golden, Dan, President & Chief Search Artist - BFO; *pg.* 217
Golden, Ginny, Group Creative Director - AKQA; *pg.* 212
Golden, James, Partner - Joele Frank, Wilkinson Brimmer Katcher; *pg.* 617
Golden, Josh, Vice President & Senior Creative Director - Yes&; *pg.* 436
Golden, Julie, President - Square 2 Marketing, Inc.; *pg.* 143
Golden, Melissa, Executive Vice President & General Manager - Weber Shandwick; *pg.* 661
Golden, Pam, Founder & President - GLA Communications; *pg.* 608
Golden, Paul, Chief Marketing Officer - JacobsEye; *pg.* 243
Golden, Rich, President - OpAD Media Solutions, LLC; *pg.* 503
Golden, Sydney, Account Manager - Droga5; *pg.* 64
Goldenberg, Barton, Found & President - ISM, Inc.; *pg.* 168
Goldenberg, Kelly, Media Director & Vice President - Red Tettemer O'Connell + Partners; *pg.* 404
Goldfarb, Leora, Senior Associate - Baretz + Brunelle; *pg.* 580
Goldfarb, Ron, President - Goldfarb Weber Creative Media; *pg.* 562
Goldfarb, Sandra, Senior Vice President - Rasky Baerlein Strategic Communications, Inc.; *pg.* 641
Goldfeld, Max, National Account Director - New Tradition; *pg.* 554
Goldhamer, Ricki, Senior Vice President, Human Resources & Business Partner - Horizon Media, Inc.; *pg.* 473
Goldman, Allison, Associate Media Director - Starcom Worldwide; *pg.* 516
Goldman, Dean, President - Goldman & Associates; *pg.* 608
Goldman, Derek, Campaign Manager - M+R; *pg.* 12
Goldman, Ellen, Chief Financial & Operating Officer - Worldwide - Sudler & Hennessey; *pg.* 145
Goldman, Jeff, Senior Vice President & Account Director - Bellomy Research; *pg.* 442
Goldman, Jeff, Associate Creative Director - Brown Parker | DeMarinis Advertising; *pg.* 43
Goldman, Jim, Account Group Director - Plan B; *pg.* 397
Goldman, Jim, Executive Vice President - Zeno Group; *pg.* 665
Goldman, Jonathan, Brand Group Director - Horizon Next - Horizon Media, Inc.; *pg.* 474
Goldman, Marlee, Account Executive - 88 Brand Partners; *pg.* 171
Goldman, Perry, Director - Montieth & Company; *pg.* 628
Goldman, Stacy, Principal & Chief Strategist - Cannonball Agency; *pg.* 5
Goldman, Stephanie, Account Supervisor - The Pollack PR Marketing Group; *pg.* 655
Goldman Levin, Cynthia, Partner & Director, Digital Investment - Mindshare; *pg.* 491
Goldrosen, Richard, Director, Creative Services - Publicis Hawkeye; *pg.* 399
Goldsmith, Noah, Director, Account - OMD Entertainment; *pg.* 501
Goldsmith, Scott E., President, Cities & Transit - Intersection; *pg.* 553
Goldstein, Abe, Senior Account Manager - Trilix Marketing Group, Inc.; *pg.* 427
Goldstein, Adam, Account Executive - Hill Holliday; *pg.* 85
Goldstein, Alisha, Founder, Chief Executive Officer & Chief Creative Officer - Jane Smith Agency; *pg.* 377
Goldstein, Antony, Group Creative Director - Wieden + Kennedy; *pg.* 430
Goldstein, Barbara, Chief Executive Officer - Media Power Advertising; *pg.* 486
Goldstein, Brian, Associate Director, Media & Communications Strategy - Wieden + Kennedy; *pg.* 430
Goldstein, Brittany-Lee, Senior Associate, Local Investment - Spark Foundry; *pg.* 508
Goldstein, Elisha, Vice President & Director, Creative Talent - Arnold Worldwide; *pg.* 33
Goldstein, Frann, Vice President & Director, Media Strategy - MRM//McCANN; *pg.* 252
Goldstein, Gregg, Senior Consultant, Marketing - AdServices, Inc.; *pg.* 27
Goldstein, Helen, Supervisor, Media - Starcom Worldwide; *pg.* 513
Goldstein, Jake, Partnerships - Code and Theory; *pg.* 221
Goldstein, Jerry, Senior Vice President, Marketing Services - The William Mills Agency; *pg.* 655
Goldstein, Jessica, Account Director - Optimum Sports; *pg.* 394
Goldstein, Joel, President - Goldstein Group Communications, Inc.; *pg.* 365
Goldstein, Julie, Senior Vice President, Activation - Carat; *pg.* 459
Goldstein, Kim, Vice President & Account Director - Havas Media Group; *pg.* 468
Goldstein, Kymn, Chief Operating Officer - Allied Integrated Marketing; *pg.* 576
Goldstein, Lee, President & Owner - DiMassimo Goldstein; *pg.* 351
Goldstein, Lesley, Group Account Director - 6Degrees; *pg.* 321
Goldstein, Marie, Senior Strategist, Social - 360i, LLC; *pg.* 320
Goldstein, Penny, Vice President, Operations - A. Marcus Group; *pg.* 25
Goldstein, Peter, Business Director - 215 McCann; *pg.* 319
Goldstein, Rachel, Media Planner - Casanova//McCann; *pg.* 538
Goldstein, Ritchie, Senior Vice President, Art & Creative Director - VMLY&R; *pg.* 160
Goldstein, Robert, Founder - The Equity Group, Inc.; *pg.* 653
Goldstein, Sheryl, Senior Vice President, Member Investment & Marketing - Interactive Advertising Bureau; *pg.* 90
Goldstein, Zvika, Vice President, Global Client Success - Kenshoo; *pg.* 244
Goldstine, Ethan, Principal & Producer - kapow, inc.; *pg.* 188
Goldstrom, Jane, President & Chief Operating Officer - MGH Advertising ; *pg.* 387
Golestani, Devin, Supervisor, Corporate Strategy - AT&T Corporate - Hearts & Science; *pg.* 471
Golin, Alison, Associate Director, Project Management - Rise Interactive; *pg.* 264
Golio, Vic, President - Chief Media ; *pg.* 281
Goliszewski, Brian, Senior Associate, Trading Desk - Mindshare; *pg.* 494
Goliszewski, Stefanie, Account Supervisor - Publicis.Sapient; *pg.* 259
Golkar, Parisa, Principal & Account Manager - Dewey Square Group; *pg.* 597
Golkin, Susan, Executive Creative Director - BBDO Worldwide; *pg.* 331
Goller, Ethan, President - Structural Graphics, LLC; *pg.* 569
Gollinger, Stacy, Senior Manager, Integrated Marketing & Partnerships - CSM Sport & Entertainment; *pg.* 347
Golloher, Lisa, Vice President, Strategic Planning - The Mars Agency; *pg.* 683
Golodetz, Kim, Principal & Senior Vice President - Lippert / Heilshorn & Associates, Inc.; *pg.* 623
Golodner, Lynne, Chief Creative Officer & Owner - Your People LLC; *pg.* 664
Goluboff, Denise, Director, Account Services - Boston Interactive; *pg.* 218
Golubovich, Paul, Director, Production - Eleven, Inc.; *pg.* 67
Golus, Christine, Owner & Senior Managing Director - Q LTD; *pg.* 15
Gombos, Pat, Director, Information Technology - Postworks; *pg.* 195
Gomels, Eric, Partner & Director, Trading Desk - Mindshare; *pg.* 491
Gomes, Bob, Board Member - Stantec; *pg.* 200
Gomes, Gabi, Account Director - Zync Communications Inc.; *pg.* 22
Gomes, Hira, Art Director - Edelman; *pg.* 353
Gomez, Arielle, Associate Director - Publicis Health; *pg.* 639
Gomez, Cesar, Manager, Social Media - FCB Chicago; *pg.* 71
Gomez, Fatima, Manager, Integrated Planning & Buying - Crossmedia; *pg.* 463
Gomez, Jason, Director, Digital Partnerships

824

AGENCIES — PERSONNEL

- Initiative; *pg.* 477
Gomez, Jeff, President & Chief Executive Officer - Starlight Runner Entertainment, Inc.; *pg.* 569
Gomez, Joel, Vice President & Group Director - Reprise Digital; *pg.* 676
Gomez, Natalie, Associate Communications Director - David&Goliath; *pg.* 57
Gomez, Nathan, Associate Creative Director - Wunderman Thompson; *pg.* 434
Gomez, Nathan, Director, Social Media - Q Advertising & Public Relations; *pg.* 131
Gomez, Ricardo, Brand Strategy Supervisor - Horizon Media, Inc.; *pg.* 474
Gomez, Vanessa, Associate Strategy Director, Samsung - Starcom Worldwide; *pg.* 517
Gomeztrejo, Aaron, Director, Programmatic - Wpromote; *pg.* 678
Gomoljak Wynia, Stacey, Department Head, Public Relations & Social Media - gkv; *pg.* 364
Goncalves, Catarina, Director, Strategic Planning - Gallegos United; *pg.* 75
Goncalves, Don, Senior Vice President & Account Manager - Tiziani Whitmyre; *pg.* 155
Goncharenko, Kirill, President - Mercury Public Affairs; *pg.* 627
Gonczy, Kristie, Associate Director, Media Investment - Novus Media, Inc.; *pg.* 497
Gonda, Daniel, Managing Director - Droga5; *pg.* 64
Gonerka, Greer, Group Account Director - Cutwater; *pg.* 56
Gong, David, Head, Marketing - PMG; *pg.* 257
Gong, Frances, Vice President - Everett Clay Associates, Inc.; *pg.* 602
Gongora, Lauren, Vice President - BODEN Agency; *pg.* 538
Gonnella, Lindsey, Group Strategy Director - Wunderman Thompson; *pg.* 434
Gonnella, Michelle, Associate Search & Paid Social Director - Cramer-Krasselt ; *pg.* 53
Gonsalez, Chanel, Media Analyst - Starcom Worldwide; *pg.* 517
Gonsalves, Dana, Creative Director - Sequel Studio; *pg.* 16
Gonsalves, Dolores, Principal & Chief Financial Officer - Strategis; *pg.* 414
Gonsalves, Sean, Senior Account Executive, Crisis Communications, Media Relations, Event Planning & Media Training - Regan Communications Group; *pg.* 642
Gonsar, Brian, Senior Vice President & Executive Producer - Hill Holliday; *pg.* 85
Gonsior, Lynn, Partner & Chief Operating Officer - ChangeUp; *pg.* 5
Gonsior, Sarah, Vice President & Group Account Director - Periscope; *pg.* 127
Gonsorcik, Tomas, Chief Strategy Officer - VMLY&R; *pg.* 160
Gonya, Cindy, Senior Account Executive - Pannos Marketing; *pg.* 125
Gonya, Gary, Chief Strategy Officer - LRXD; *pg.* 101
Gonyeau, Thomas, Principal - Mountain View Group; *pg.* 389
Gonzaga, Sheila, Executive Vice President - Marathon Communications Inc. ; *pg.* 625
Gonzales, Cathlyn, Account Executive - RPA; *pg.* 134
Gonzales, Daniel, Global Business Director - We're Magnetic; *pg.* 318
Gonzales, Danielle, President, Chief Client Officer - Starcom Worldwide; *pg.* 513
Gonzales, DeAnna, Vice President, Operations & Financial Director - Fifteen Degrees; *pg.* 358
Gonzales, Dennis, Chief Operating Officer - Red Door Interactive; *pg.* 404
Gonzales, Dieter, Senior Vice President & Chief Financial Officer - Luxe Collective Group; *pg.* 102
Gonzales, Jade, Senior Campaign Manager - Horizon Media, Inc.; *pg.* 474
Gonzales, Leslie, Account Manager - Moxie Communications Group; *pg.* 628
Gonzales, Lindsey, Media Planner & Buyer - Zehnder Communications, Inc.; *pg.* 436
Gonzales, Lizet, Assistant Programmatic Planner - GP Generate, LLC; *pg.* 541
Gonzales, Melissa, Coordinator, Account - Orci; *pg.* 543
Gonzales, Mitchell, Supervisor, Digital Media - Ocean Media, Inc.; *pg.* 498
Gonzales, Pam, Senior Media Buyer - Walker Advertising, Inc.; *pg.* 546
Gonzalez, Abigail, Planning Supervisor - Carat; *pg.* 459
Gonzalez, Alanna, Account Coordinator - USIM; *pg.* 525
Gonzalez, Alberto, Founder - Pulsar Advertising; *pg.* 401
Gonzalez, Alejandra, Digital Supervisor - Starcom Worldwide; *pg.* 513
Gonzalez, Andrew, Junior Art Director - GUT Miami; *pg.* 80
Gonzalez, Bruna, Associate Creative Director - Giant Spoon, LLC; *pg.* 363
Gonzalez, Danny, Executive Creative Director - Goodby, Silverstein & Partners; *pg.* 77
Gonzalez, Danny, Founder & Creative Director - Perception NYC; *pg.* 194
Gonzalez, Dena, Partner & Head, Business Planning & Delivery - Omelet; *pg.* 122
Gonzalez, Desi, Executive Producer, Emerging Technology - The Mill; *pg.* 152
Gonzalez, Diana, Group Brand Director - 72andSunny; *pg.* 24
Gonzalez, Flavia, Senior Art Director - Eleven, Inc.; *pg.* 67
Gonzalez, Gonzalo, Managing Director - BKV; *pg.* 334
Gonzalez, Javier, Head, Production - Thornberg & Forester; *pg.* 564
Gonzalez, Jimmy, Creative Director - Wax Communications; *pg.* 294
Gonzalez, Juan Pedro, Associate Creative Director - R/GA; *pg.* 261
Gonzalez, Karla, Account Supervisor - Zeno Group; *pg.* 665
Gonzalez, Lee, Executive Creative Director - Zimmerman Advertising; *pg.* 437
Gonzalez, Luis, President - C-COM Group, Inc.; *pg.* 587
Gonzalez, Marcie, Associate Creative Director - IMW Agency; *pg.* 374
Gonzalez, Maria, Supervisor, Social Media - AKQA; *pg.* 211
Gonzalez, Mary, Chief Financial Officer - Gonzalez Marketing; *pg.* 610
Gonzalez, Megan, Director, Group Account - LRXD; *pg.* 101
Gonzalez, Melanie, Account Supervisor - Tyson Foods - Ogilvy; *pg.* 393
Gonzalez, Mona, Managing Director - Pereira & O'Dell; *pg.* 257
Gonzalez, Rodrigo, Associate Creative Director - the community; *pg.* 545
Gonzalez, Steve, President - Gonzalez Marketing; *pg.* 610
Gonzalez, Vicky, Senior Vice President, Production, Business Systems Ops - EP+Co.; *pg.* 356
Gonzalez, Yamy, Senior Media Buyer - 22squared Inc.; *pg.* 319
Gonzalez, Yulia, Social Media Account Manager - Cashmere Agency; *pg.* 48
Gonzalez Becu, Katlyn, Digital Media Planner & Buyer - Young & Laramore; *pg.* 164
Gonzalez Figueroa, Aldo, Senior Copywriter - the community; *pg.* 545
Good, Emily, Account Supervisor - Edelman; *pg.* 600
Good, Grant, President - Catalysis; *pg.* 340
Good, Lauren, Manager, Strategy & Planning - Mindshare; *pg.* 494
Good, Lisa , Vice President, Group Account Director - Bensimon Byrne - OneMethod Inc.; *pg.* 123
Goodall, Sonny, Co-Owner - Lighthouse, Inc.; *pg.* 11
Goodby, Jeff, Co-Founder, Co-Chairman & Partner - Goodby, Silverstein & Partners; *pg.* 77
Goode, Corinne, Creative Director - BBDO San Francisco; *pg.* 330
Goode, Reese, Associate Media Director - The Johnson Group; *pg.* 420
Goodell, Jim, Partner & Chief Operating Officer - Astro Studios; *pg.* 173
Goodell, Susan, Vice President - MWWPR; *pg.* 631
Gooden, Andre, Associate Director - Initiative; *pg.* 477
Goodenough, Jim, Vice President, Digital Investment - Wavemaker; *pg.* 526
Goodfriend, Scott, Senior Producer - Edelman; *pg.* 599
Goodfriend, Tracey, Account Director - Advantage International; *pg.* 301
Gooding, Susan, Vice President, Client Services - AgencyEA; *pg.* 302
Goodman, Allison, Vice President & Partner, Portfolio Management - Universal McCann; *pg.* 521
Goodman, Caleb, Managing Partner - Rethink Communications, Inc.; *pg.* 133
Goodman, Carly, Assistant Account Executive - Merkley + Partners; *pg.* 114
Goodman, Chelsea, Group Account Director - Havas Tonic; *pg.* 285
Goodman, Deb, Senior Vice President & Managing Director - Horizon Media, Inc.; *pg.* 474
Goodman, Ethan, Senior Vice President, Innovation - The Mars Agency; *pg.* 683
Goodman, Gary, Chief Creative Officer - Ayzenberg Group, Inc.; *pg.* 2
Goodman, Gillian, Vice President & Creative Director - Hirshorn Zuckerman Design Group; *pg.* 371
Goodman, Glenn, Executive Creative Director - Power; *pg.* 398
Goodman, Jae, Chief Executive Officer - Observatory Marketing; *pg.* 122
Goodman, Jonathan, General Manager - San Francisco - The Starr Conspiracy ; *pg.* 20
Goodman, Josh, Vice President & Account Director - BBDO Worldwide; *pg.* 331
Goodman, Judy, Director, Public Relations - Lents and Associates LLC; *pg.* 622
Goodman, Karen, Vice President & Creative Director - MullenLowe U.S. Boston; *pg.* 389
Goodman, Katy, Supervisor, Media - Slingshot, LLC; *pg.* 265
Goodman, Mallory, Associate Director - Hearts & Science; *pg.* 471
Goodman, Michael, Search Engine Optimization Manager - Starcom Worldwide; *pg.* 513
Goodman, Scott, Senior Vice President - MediaLink; *pg.* 386
Goodman, Steve, General Manager - SPI Group, LLC; *pg.* 143
Goodman, Tom, President & Chief Executive Officer - Goodman Media International, Inc.; *pg.* 610
Goodmark, Matt, Director, Strategy - Hearts & Science; *pg.* 471
Goodness, Patrick, President & Chief Executive Officer - The Goodness Company;

PERSONNEL — AGENCIES

pg. 419
Goodness, Terri, Chief Creative Officer & Principal - The Goodness Company; *pg.* 419
Goodrich, Kara, Senior Creative Director - BBDO Worldwide; *pg.* 331
Goodrich, Lisa, Business Development Strategist - Brunet-Garcia Advertising, Inc.; *pg.* 44
Goodsell, Erin, Executive Producer - Mother; *pg.* 118
Goodson, Scott, Founder, Chairman, & Chief Executive Officer - StrawberryFrog; *pg.* 414
Goodspeed, Bill, Director, Business Development - We Are Alexander; *pg.* 429
Goodspeed, Meredith, Management Director - FCB Global - FCB Chicago; *pg.* 71
Goodspeed, Neil, Senior Partner & Director, Media - Carmichael Lynch; *pg.* 47
Goodstadt, Eric, President - Manifest; *pg.* 248
Goodstone, Rich, Co-Founder - Superfly; *pg.* 315
Goodwin, Amanda, Senior Vice President, Strategy - Ansira; *pg.* 326
Goodwin, Bill, Founder, President & Creative Director - Goodwin Design Group; *pg.* 185
Goodwin, Clare, Programmatic Specialist - Kelly, Scott & Madison, Inc.; *pg.* 482
Goodwin, Diane, Senior Strategist - Brink Communications; *pg.* 337
Goodwin, Jodee, Vice President, Creative & Digital - The Creative Alliance; *pg.* 653
Goodwin, Kali, Brand Manager - Hype Group LLC; *pg.* 372
Goodwin, Kelli, Senior Account Director - Sterling-Rice Group; *pg.* 413
Goodwin, Lynn, Controller - Creative Marketing Resource, Inc.; *pg.* 54
Goodwin, Tom, Executive Vice President & Head, Innovation - Zenith Media; *pg.* 529
Goodyear, Susan, Vice President, Sales & Marketing - pep; *pg.* 569
Googe, Joey, Senior Copywriter - The Richards Group, Inc.; *pg.* 422
Goonan, Christine, Director, Business Development - The Sunflower Group; *pg.* 317
Goorvich, Jonathan, Vice President & Creative Director, Content - Starcom Worldwide; *pg.* 513
Goosmann, Tom, Chief Creative Officer - True North Inc.; *pg.* 272
Gopal, Geetha, Group Account Director - PHD USA; *pg.* 505
Gopalan, Pushpa, Senior Vice President & Director, Strategy - Leo Burnett Worldwide; *pg.* 98
Gorab, Jim, President - Turchette Advertising Agency; *pg.* 157
Goran, Jill, Senior Vice President & Group Creative Director - Brierley & Partners; *pg.* 167
Gorbatkin, Kira, Senior Art Director - Publicis North America; *pg.* 399
Gorder, Jeffrey, Chief Growth Officer - mono; *pg.* 117
Gordian, Graydon, Group Creative Director - FortyFour; *pg.* 235
Gordon, Abbie, Senior Account Manager - Doug Carpenter & Associates, LLC; *pg.* 64
Gordon, Adam, Storyteller in Chief - The OYA Group; *pg.* 152
Gordon, Alexandra, Vice President & Group Director, Media - Mediahub Boston; *pg.* 489
Gordon, Andrea, Senior Vice President, Brand Strategy & Client Services - Remer, Inc.; *pg.* 405
Gordon, Bob, Chief Financial & Operating Officer - Caryl Communications, Inc.; *pg.* 589
Gordon, Brett, Partner & Senior Vice President, Innovation & Strategy - Madden Media; *pg.* 247
Gordon, Brian, Broadcast Buying Supervisor - Intermark Group, Inc.; *pg.* 375
Gordon, Caitlyn, Associate Director, Analytics & Insights - Spark Foundry; *pg.* 510
Gordon, Cory, Associate Media Director - Powerphyl Media Solutions; *pg.* 506
Gordon, Diana, Senior Partner & Managing Director - Mindshare; *pg.* 494
Gordon, Gabe, Co-Founder - Reach Agency; *pg.* 196
Gordon, Geoff, Senior Director, Operations - Solebury Trout; *pg.* 648
Gordon, Jamie, Vice President & Group Director, Brand - Horizon Media, Inc.; *pg.* 474
Gordon, Jennifer, Senior Account Director - Otey White & Associates; *pg.* 123
Gordon, Jim, Senior Vice President & Managing Director - Vizeum Canada, Inc.; *pg.* 526
Gordon, Jonathan, Vice President, Sales - RealtyAds; *pg.* 132
Gordon, Leslie, Account Supervisor - H&L Partners; *pg.* 80
Gordon, Lisa, Executive Vice President, Public Relations - HJMT Public Relations, Inc.; *pg.* 686
Gordon, Marni, Senior Vice President, Committees & Conferences - Association of National Advertisers; *pg.* 442
Gordon, Michelle, Senior Vice President, Research & Insights - MWWPR; *pg.* 630
Gordon, Natanya, Manager, Data Science & Analytics - Publicis.Sapient; *pg.* 258
Gordon, Paige, Supervisor, Content - Spark Foundry; *pg.* 510
Gordon, Paul, Vice President, Sales - Rymax Marketing Services; *pg.* 569
Gordon, Ryan, Head, Media - Walrus; *pg.* 161
Gordon, Sharon, Global Program Director - Omnicom University - Omnicom Group; *pg.* 123
Gordon, Shawn, Vice President & Media Director - Luquire George Andrews, Inc.; *pg.* 382
Gordon, Sophia, Senior Social Strategist - Horizon Media, Inc.; *pg.* 474
Gordon, Steve, Senior Product Designer - WillowTree, Inc.; *pg.* 535
Gordon, Tim, Co-Chief Creative Officer - Droga5; *pg.* 64
Gordon Lynch, Shari, Senior Vice President & Client Director - Canvas Worldwide; *pg.* 458
Gordon Mitchell, Laura, Senior Art Director - Trapeze Communications; *pg.* 426
Gordon O'Connor, Libbi, Associate Media Director - GRP Media, Inc.; *pg.* 467
Gordon-Kaufman, Kelly, Vice President, Account Strategy - Praytell; *pg.* 258
Gordy, Bill, Chief Strategy Officer & Partner - The Solutions Group, Inc.; *pg.* 153
Gore, Daniel, Marketplace Media Supervisor - Crossmedia; *pg.* 463
Gore, Don, Vice President, Creative - Kendal King Group; *pg.* 188
Gore, Elizabeth, Senior Account Director & Strategist, Media - OpAD Media Solutions, LLC; *pg.* 503
Gore, Heather, Executive Vice President - SparkPR; *pg.* 648
Gore, Rick, Creative Director, Experience - Catalysis; *pg.* 340
Gorelik, Samantha, Associate Creative Director & Copywriter - Ogilvy; *pg.* 393
Goren, Eran, Chief Digital Officer & President, West Division - USIM; *pg.* 525
Goren, Mark, President & Chief Executive Officer - Point to Point; *pg.* 129
Goren Slovin, Zach, Senior Copywriter - Solve; *pg.* 17
Gorenflo, Karen, Executive Vice President, Operations - FKQ Advertising, Inc.; *pg.* 359
Gorewitz, Sam, Senior Vice President, Sales - Ignite Media Solutions; *pg.* 241
Gorges, Ned, Vice President, Global Business Strategy - Control v Exposed; *pg.* 222
Gorin, Lindsay, Managing Director & Senior Partner - Mindshare; *pg.* 491
Gorman, Cort, Principal, Brand Media - The Richards Group, Inc.; *pg.* 422
Gorman, Dana, Managing Director - Abernathy MacGregor Group; *pg.* 574
Gorman, Ed, Client President - US - Carat; *pg.* 459
Gorman, Jason, Vice President & Director, Creative - Publicis North America; *pg.* 399
Gorman, Joanna, Senior Media Buyer - Veritone One; *pg.* 525
Gorman, Jon, Creative Director - Buck; *pg.* 176
Gorman, Joseph, Manager, Print Production - MGH Advertising ; *pg.* 387
Gorman, Mike, Director, Marketing & Strategy - McCue Public Relations; *pg.* 626
Gorman, Tara, Creative Director - The Martin Agency; *pg.* 421
Gorman, Thomas, Producer - Vendor Resources - Godfrey; *pg.* 8
Gormann, Alexandra, Associate Director, Content Strategy - Zimmerman Advertising; *pg.* 437
Gormley, Kathleen, Senior Strategist - The Media Kitchen; *pg.* 519
Gormley, Shannon, Project Manager - Merrick Towle Communications; *pg.* 114
Gorodetski, David, Founder, Chief Operating Officer & Executive Creative Director - Sage Communications, LLC; *pg.* 409
Goronkin, Juliann, Events & Marketing Coordinator - Ed Lewi Associates; *pg.* 599
Goroski, Gerard, Chief Information Officer & Executive Vice President, Digital Operations - Voice Media Group; *pg.* 526
Gorrall, Erin, Senior Vice President & Lead, Integrated Planning - MullenLowe U.S. Boston; *pg.* 389
Gorrell, Curtis, Strategic Consultant - Bader Rutter & Associates, Inc. ; *pg.* 328
Gorruso, Taylor, Media Planner- Citizens Bank Account - MediaCom; *pg.* 487
Gorski, Steven, Associate Director, Strategy - Forsman & Bodenfors; *pg.* 74
Gorton, Tom, Creative Director - Jacobson Rost; *pg.* 376
Gortz, Ken, Producer - O'Brien Et Al. Advertising; *pg.* 392
Gosbee, Jeremy, Senior Vice President - Edelman; *pg.* 600
Gosendi, Heather, Social Media Manager - Dalton Agency; *pg.* 348
Goshia, Samantha, Coordinator, Social Media - Avocet Communications; *pg.* 328
Goslin, Jennifer, Account Director - MERGE; *pg.* 113
Goss, Adrienne, Senior Vice President, Digital Strategy - CCP Digital; *pg.* 49
Goss, Amos, Executive Director, Creative - The VIA Agency; *pg.* 154
Goss, Connor, Manager, Media - 360i, LLC; *pg.* 208
Goss, Jim, Senior Search Planner - GTB; *pg.* 367
Gosselin, Martin, Creative Associate - Ogilvy Montreal; *pg.* 394
Gosselin, Pete, Executive Creative Director - Havas New York; *pg.* 369
Gossett, Natalie, Founder, President & Director, Client Services - Hunt Marketing Group; *pg.* 285
Gossett, Russell, Creative Director, Product - Atlantic 57; *pg.* 2

AGENCIES — PERSONNEL

Gossieaux, Kamran, Brand Manager - Smirnoff Global - 72andSunny; *pg.* 24
Gosslin, Linda, Senior Account Executive - Peggy Lauritsen Design Group; *pg.* 194
Gostyla, Margie, Executive Vice President - Reynolds & Associates; *pg.* 406
Goswiller, Christina, Vice President & Director, Social Strategy - Digitas; *pg.* 227
Gotch, Maggie, Senior Account Manager - Pinckney Hugo Group; *pg.* 128
Goth, Shane, Supervisor, Strategic Services - Wasserman & Partners Advertising, Inc.; *pg.* 429
Gothing, Kate, Project Manager - Energy BBDO, Inc.; *pg.* 355
Goto, Kristin, Client Partner - AKQA; *pg.* 211
Gotovich, Sara, Senior Account Director, Events - CSM Sports & Entertainment; *pg.* 55
Gott, Ted, Director, Strategic Insights & Analytics - Leo Burnett Detroit; *pg.* 97
Gottdiener, Charles, President & Chief Executive Officer - Neustar, Inc.; *pg.* 289
Gottheil, Jeffrey, President & Creative Director - J. Gottheil Marketing Communications, Inc.; *pg.* 376
Gottig, Yamila, Senior Media Planner - M8; *pg.* 542
Gottlieb, Harry, Founder - Jellyvision Lab; *pg.* 377
Gottlieb, Jennifer, Chief Operating Officer & President - W2O; *pg.* 659
Gottlieb, Zach, Programmatic Supervisor - 360i, LLC; *pg.* 320
Gottschalk, Megan, Integrated Media Strategist - Knox Marketing; *pg.* 568
Gottshall, Lindsay, Project Manager - M2W RetailDetail; *pg.* 102
Gouch, Kim, Principal & Owner - Ignite Creative Services, LLC ; *pg.* 88
Goudiss, Keegan, Managing Partner - Revolution Messaging; *pg.* 534
Goudy, Scott, President - MedThink Communications; *pg.* 112
Gougat, Ludovic, Managing Director - RAPP Worldwide; *pg.* 291
Gough, Aaron, Associate Creative Director - Method Communications; *pg.* 386
Gough, Patrick, Director, Marketing - Siegel & Gale; *pg.* 17
Gougoux, Elisa, Director, Post Production - Nice Pixels - New York - Publicis North America; *pg.* 399
Goulart, Bob, Partner Creative Director - Isaac Reputation Group; *pg.* 10
Goulart, Joseph, Associate Director - Giant Spoon, LLC; *pg.* 363
Gould, Brittany, Supervisor, Digital Activation - Programmatic & Direct - Hearts & Science; *pg.* 471
Gould, Chris, Senior Vice President, Program Implementation - Harbinger Communications, Inc.; *pg.* 611
Gould, David, President, Global Brand - Performics; *pg.* 676
Gould, Glenn, Co-Owner & Chief Executive Officer - MKJ Marketing; *pg.* 115
Gould, Helena, Account Executive - Deutsch, Inc.; *pg.* 349
Gould, Laura, Business Development Manager - Zehnder Communications, Inc.; *pg.* 436
Gould, Lauren, Senior Manager - Weber Shandwick; *pg.* 660
Gould, Marilyn, Co-Owner & President - MKJ Marketing; *pg.* 115
Gould, Nick, Managing Director - Designit North America - Cooper; *pg.* 222
Goulette, Andrea, Account Supervisor - Commonwealth // McCann; *pg.* 52
Goumakos, Karen, Manager, Sales - Reagan Outdoor Advertising; *pg.* 557

Gousset, Paige, Accountant - Maris, West & Baker; *pg.* 383
Gouvis, Aris, Vice President, Client Services & Production - TCP Integrated Direct, Inc.; *pg.* 293
Gove, Allen, Senior Partner, Strategy - Lippincott; *pg.* 189
Gove, Kevin, Manager, Public Relations - Rinck Advertising; *pg.* 407
Goyal, Bharat, Senior Vice President, Engineering - Zeta Interactive; *pg.* 277
Goynshor, Jon, Vice President & Head, Partnership Marketing- North America - Geometry; *pg.* 363
Gozdecki, Morgan, Media Supervisor - MediaCom; *pg.* 489
Grab, Molly, Specialist, Marketing Communications & Writer - Voveo Marketing Group ; *pg.* 429
Grabek, Liz, Vice President, Strategy - Space150; *pg.* 266
Grabel, Andrew, Partner & Associate Director - Mindshare; *pg.* 491
Grabell, Allison, Director, Talent Acquisition - Horizon Media, Inc.; *pg.* 474
Graber, Brette, Director, Integrated Programs - Mass Appeal; *pg.* 562
Graber, Scott, Chief Financial Officer - Kaeser & Blair; *pg.* 567
Grabert, David, Head, Global Marketing & Communications - GroupM; *pg.* 466
Grabois, Joel, Chief Executive Officer - Blue Onion; *pg.* 218
Grabosky, Herman, Account Director - Sprint - M8; *pg.* 542
Grabow, Jean, Chief Executive Officer - Dailey & Associates; *pg.* 56
Grabowski, Brian, Chief Growth Officer - 3Q Digital; *pg.* 671
Grabowski, Gene, Partner - kglobal; *pg.* 620
Grace, Brittany, Producer - Second Story Interactive; *pg.* 265
Grace, Mary, Sales & Marketing Analyst Manager - bBig Communications; *pg.* 216
Gracia, Rochelle, Account Manager -Coca- Cola, Monster Energy & NOS Energy - LPI Group; *pg.* 12
Gradala, Maggie, Account Supervisor - FCB Chicago; *pg.* 71
Graddy, Joey, Partner & Creative Director - Brand Neue Co; *pg.* 3
Graddy, Johnna, Senior Administrative Manager - Porter Novelli; *pg.* 637
Grady, Elizabeth, Manager, Digital Marketing - Vert Mobile LLC; *pg.* 274
Grady, Jamie, Senior Vice President, Finance & Operations - Grey Midwest; *pg.* 366
Grady, Jerry, Vice President - The Ward Group; *pg.* 520
Grady, Kevin, Executive Vice President & Head, Design - FCB Chicago; *pg.* 71
Grady, Rachel, Account Supervisor - M Booth & Associates, Inc. ; *pg.* 624
Graeff, Jon, Senior Designer - Sid Lee; *pg.* 140
Graells, Manuela, Financial Analyst - Alma; *pg.* 537
Graening , Ron, Senior Artist, Production - Ignited; *pg.* 373
Graesser, Melissa, Director, Planning - Wavemaker; *pg.* 526
Graf, Karen, Vice President & Director, Investment Operations & Activations - Havas Media Group; *pg.* 470
Graff, Andrew, Chief Executive Officer - Allen & Gerritsen; *pg.* 29
Graff, Colby, General Manager, Strategy & Digital - Propac; *pg.* 682
Graff, Matt, Senior Analyst, Insights - Isobar US; *pg.* 242

Graff, Matt, Associate Creative Director - Nemo Design; *pg.* 193
Graff, Robert, Senior Vice President, Brand Partnerships & Media - Wasserman Media Group; *pg.* 317
Graff, Todd, Vice President, Public Relations - CTP; *pg.* 347
Gragg, Gregory, Chief Executive Officer & Chairman - Gragg Advertising; *pg.* 78
Graham, Avery, Account Supervisor - McGarrah Jessee; *pg.* 384
Graham, Ben, President - AdFarm; *pg.* 279
Graham, Candace, Vice President & Director, Marketing - PETERMAYER; *pg.* 127
Graham, Dave, Owner & Chief Executive Officer - Blazer Exhibits & Events; *pg.* 302
Graham, Denise, Vice President - On Ideas; *pg.* 394
Graham, Doug, Co-President & Chief Financial Officer - Bigbuzz Marketing Group; *pg.* 217
Graham, Emily, Associate Director, Media & Communication Strategy - Wieden + Kennedy; *pg.* 430
Graham, George, President - Graham Group; *pg.* 365
Graham, Gina, Senior Digital Producer - The Gate Worldwide; *pg.* 419
Graham, Heather, Senior Media Supervisor & Digital Lead - BT/A Advertising; *pg.* 44
Graham, Jeff, Partner & Managing Director - Barkley Boulder; *pg.* 36
Graham, Jerry, Owner - Graham Oleson; *pg.* 78
Graham, Jodi, Manager, Media - Active International; *pg.* 439
Graham, John, Group Strategy Director - 72andSunny; *pg.* 23
Graham, Kelly, Account Director - Gershoni; *pg.* 76
Graham, Laura, Account Supervisor, Digital - Think Motive; *pg.* 154
Graham, Megan, Digital Media Supervisor - Heineken - Canvas Worldwide; *pg.* 458
Graham, Melissa, Senior Vice President, Consumer - Weber Shandwick; *pg.* 662
Graham, Mia, Manager, Account - Adperio; *pg.* 533
Graham, Miles, Senior Associate - GBSM; *pg.* 607
Graham, Molly, Senior Associate, Media - Starcom Worldwide; *pg.* 513
Graham, Morgan, Partner & Chief Experience Officer - EFM Agency; *pg.* 67
Graham, Natalie, Partner - Branding Plus Marketing Group; *pg.* 456
Graham, Pablo, Vice President & Strategy Director - Spark Foundry; *pg.* 508
Graham, Susan, Partner & Senior Account Executive - Blazer Exhibits & Events; *pg.* 302
Graham, Tom, Vice President & Account Director - Goda Advertising; *pg.* 364
Graham, Travis, Partner & Creative Director - Taco Truck Creative; *pg.* 145
Graham, Tristan, Creative Director - Goodby, Silverstein & Partners; *pg.* 77
Graham, Zach, Senior Director, Integrated Media Planning - OMD; *pg.* 500
Graham Hood, Heather, Executive Vice President - Trevelino / Keller Communications Group; *pg.* 656
Grahovac, Ivana, Senior Strategist - Eleven, Inc.; *pg.* 67
Grais, Ian, Creative Director & Partner - Rethink Communications, Inc.; *pg.* 133
Graj, Raymond, Partner & Chief Operating Officer - Graj + Gustavsen, Inc.; *pg.* 8
Graj, Simon, Partner & Chief Executive Officer - Graj + Gustavsen, Inc.; *pg.* 8
Grajek, Mary Ann, Managing Partner - Media Plus, Inc.; *pg.* 486
Gralla, Judy, Partner - Feldman, Gralla &

827

PERSONNEL — AGENCIES

Robin Advertising; pg. 358
Grammer, Chase, Director, Art - Stein IAS; pg. 267
Grams, Colleen, Account Director - Bader Rutter & Associates, Inc. ; pg. 328
Gramstrup, Jared, Executive Vice President - Sherwood Outdoor, Inc.; pg. 557
Gramuglia, John, Vice President - BML Public Relations; pg. 584
Granados, Ben, Executive Vice President & Chief Strategy Officer - Petrol; pg. 127
Granados, Joe, Junior Vice President & Director, Audio Visual - Petrol; pg. 127
Granberry, Kimberly, Chief Finance Officer - Proof Advertising; pg. 398
Grand, Tim, Vice President, Sales & Account Executive - Stevenson Advertising ; pg. 144
Grandberry, Kristin, Senior Account Executive - Energy BBDO, Inc.; pg. 355
Grandia, Elliot, Account Executive - No Limit Agency; pg. 632
Grandinett, Amber, Associate Media Director - Carat; pg. 461
Grando, Aaron, Director, Technology - Red Tettemer O'Connell + Partners; pg. 404
Grandstrand, Jacqueline, Interactive Project Manager - McCann Minneapolis; pg. 384
Grandy, John, Director, Creative Services - The Boston Group; pg. 418
Graney, Dan, Creative Director - Dovetail; pg. 64
Granfield, Jennifer, Senior Category Director - Strategy - Hearts & Science; pg. 471
Granger, Daniel, Founder & Chief Executive Officer - Oxford Road; pg. 503
Granger, Newman, Senior Brand Planner - Wieden + Kennedy; pg. 432
Granholm, Sheri, Senior Vice President, Consulting & Engagement - Moveo Integrated Branding; pg. 14
Granito, Lynn, Senior Vice President & Manager, Media Services - Berry & Company Public Relations; pg. 583
Grannis, Emily, Director - Banner Public Affairs; pg. 580
Grano, Jackie, Associate Director, Media - Mediahub Winston Salem; pg. 386
Granozio, Jennifer, Senior Vice President, Experiential - Allied Experiential; pg. 691
Grant, Alex, Data Strategist - Grey Group; pg. 365
Grant, Ami, Director, Search Marketing - The Search Agency; pg. 677
Grant, Bill, President & Creative Director - Grant Design Collaborative; pg. 185
Grant, Bob, President & Owner - Grant Marketing; pg. 78
Grant, Brooke, President - The Launchpad Group; pg. 546
Grant, Courtney, Account Director - Reprise Digital; pg. 676
Grant, David, Senior Managing Director - FTI Consulting; pg. 606
Grant, David, Principal - MKTG; pg. 568
Grant, Denny, Executive Vice President & Head, Business Leadership - Leo Burnett Worldwide; pg. 98
Grant, Garry, President & Chief Executive Officer - Search Engine Optimization, Inc.; pg. 677
Grant, Gerry, Owner - SMY Media, Inc.; pg. 508
Grant, Jane, President - Pierson Grant Public Relations; pg. 636
Grant, Jill, Director, Finance & Accounting - Media Storm; pg. 486
Grant, Kyla, Director, Operations - Emotive Brand; pg. 181
Grant, Lindsay, Managing Director - Butler, Shine, Stern & Partners; pg. 45

Grant, Lori, President - Klick Health; pg. 244
Grant, Meghan, Executive Vice President, Strategy - Verizon - Publicis North America; pg. 399
Grant, Rick, Vice President - Channel Communications; pg. 341
Grant, Robin, Managing Director - We Are Social; pg. 690
Grant, Samantha, Public Relations Coordinator - AMP3 Public Relations; pg. 577
Grant, Shane, Vice President, Account Services - Dixon Schwabl Advertising; pg. 351
Grant, Tom, Senior Vice President, Programmatic Platforms & Operations - Havas Worldwide Chicago; pg. 82
Grantham, Greg, Creative Director - yah. - You Are Here; pg. 318
Granz, Alisa, Executive Vice President - Global Consumer Practice - Rogers & Cowan/PMK*BNC; pg. 643
Grap, Stephen, Director, Activation - Essence; pg. 232
Grasse, Steven, Chief Executive Officer - Quaker City Mercantile; pg. 131
Grassi, Leon, Vice President, Sales & Marketing - The S3 Agency; pg. 424
Grasso, Alexandra, Manager, Affiliate Channel - ConvergeDirect; pg. 462
Grasso, Luana, Senior Manager, Planning - Universal McCann; pg. 521
Gratton, Christine, Director, Creative - Big Spaceship; pg. 455
Gratz, Leigh, Vice President & Director - Starcom Worldwide; pg. 513
Grau, Erica, Partner & Chief Operating Officer - Deutsch, Inc.; pg. 349
Graul, Cindy, Photographer - Freelance - Communication Solutions Group; pg. 592
Graul, Katherine, Senior Project Manager - TracyLocke; pg. 426
Graupner, Jamie, Creative Director - Brand Thirty-Three; pg. 3
Graves, Adam, Executive Vice President & Group Account Director - Deutsch, Inc.; pg. 350
Graves, Amber, Group Account Director - Yamamoto; pg. 435
Graves, Chris, Chief Creative Officer - Team One; pg. 417
Graves, Chris, Founder & President - Ogilvy Center for Behavioral Science - Ogilvy Public Relations; pg. 633
Graves, Jennifer, Senior Vice President, Marketing & Business Development - Allison+Partners; pg. 576
Graves, Kelly, Chief Marketing Officer & Executive Vice President - FCB Chicago; pg. 71
Graves, Mackenzie, Graphic Designer - Nova Creative Group, Inc.; pg. 193
Graves, Mike, Production Manager - Axxis; pg. 302
Graves, Pallavi, Director, Connections Planning - Havas Media Group; pg. 470
Graves, Tim, Client Director - Red Antler; pg. 16
Graves, Trevor, President - Nemo Design; pg. 193
Graves, Will, Cheif Financial Officer - North America - Mindshare; pg. 491
Gravina, Amy, Founder & Partner - Gravina Smith & Matte, Inc.; pg. 610
Gravzy, Jaclyn, Associate Director - Essence - Team Arrow Partners - GroupM; pg. 519
Graw, Marie, Account Supervisor - R/GA; pg. 261
Grawehr, Miranda, Associate Director, Digital Partnerships - Initiative; pg. 477
Gray, Amanda, Senior Producer - The VIA

Agency; pg. 154
Gray, Billy, Creative Consultant - 818 Agency; pg. 24
Gray, Bruce, Co-Founder & Co-Executive Creative Director - Admirable Devil; pg. 27
Gray, Casey, Manager, Bourbon Event - Greenhouse Agency; pg. 307
Gray, Chris, Managing Director - Adelphi, Inc. ; pg. 27
Gray, Christy Lynn, Associate Account Manager - Location3 Media; pg. 246
Gray, Darin, Chairman & Chief Executive Officer - CJRW; pg. 590
Gray, Eileen, Training Facilitator - Gray & Associates Diversity Advertising & Public Relations; pg. 541
Gray, Emily, Brand Manager - Drake Cooper; pg. 64
Gray, Genevieve, Brand Director - Mekanism; pg. 113
Gray, Gina, Director, Business Development - Colle McVoy; pg. 343
Gray, Glenn, Vice President - Buffalo.Agency; pg. 587
Gray, Gordon, Group Account Director - Zambezi; pg. 165
Gray, Holly, Account Supervisor - Brothers & Co.; pg. 43
Gray, Julia, Senior Vice President, Digital - Blue 449; pg. 455
Gray, Justin, Chief Executive Officer & Founder - LeadMD; pg. 380
Gray, Kadee, Marketing Manager - Product Creation Studio; pg. 563
Gray, Kate, Chief Marketing Officer - Scoppechio; pg. 409
Gray, Katie, Vice President, Operations - Pennebaker, LMC; pg. 194
Gray, Kristen, Director, Group Account - Optimum Sports; pg. 394
Gray, Lauryn, Manager, Client Success - Dittoe Public Relations; pg. 597
Gray, Mark, Chief Executive Officer - Katz Media Group, Inc.; pg. 481
Gray, Melissa, Vice President, Integrated Media - MGH Advertising ; pg. 387
Gray, Mercedes, Digital Media Supervisor & Operations Specialist - McGarrah Jessee; pg. 384
Gray, Michael, President & Creative Director - G+G Advertising; pg. 540
Gray, Mike, Vice President & Group Account Director - Periscope; pg. 127
Gray, Mollie, Director, Solution Development - BDS Marketing, Inc.; pg. 566
Gray, Paxton, Vice President, Operations - 97th Floor; pg. 209
Gray, Rachel, Associate Engagement Director - Haberman; pg. 369
Gray, Richard, Associate Creative Director - Buck; pg. 176
Gray, Roger, Chairman & Chief Executive Officer - gkv; pg. 364
Gray, Sam, Account Supervisor - Reese's - Anomaly; pg. 325
Gray, Sarah, Senior Account Manager - Wired PR; pg. 663
Gray, Sue, Business Development Director - Publicis.Sapient; pg. 259
Gray, Suzy, Director, Social Media - Internet Marketing Ninjas; pg. 242
Gray, Tamika, Senior Project Manager - Saatchi & Saatchi Wellness; pg. 137
Gray, Tara, Global Communications Director - We Are Alexander; pg. 429
Gray, Tracy, Principal & President - Gray & Associates Diversity Advertising & Public Relations; pg. 541
Gray, Tyler, Executive Vice President & Director, Editorial - Edelman; pg. 599

AGENCIES — PERSONNEL

Gray, Victoria, Director, Strategy Services - Wasserman & Partners Advertising, Inc.; pg. 429

Gray Jr., Gerald, Vice President - G+G Advertising; pg. 540

Gray-Kaliski, Kim, Senior Finance Manager - Razorfish Health; pg. 132

Graybill, Jeff, Managing Partner - KWG Advertising, Inc.; pg. 96

Graydon, Brooke, President - Corporate Reports, Inc.; pg. 53

Grayovski, Ashley, Brand Group Director - Horizon Media, Inc.; pg. 474

Grayson, Andy, Director, Strategy - Arts & Letters; pg. 34

Grayson, Krystal, Associate Media Director - Proof Advertising; pg. 398

Grazia, Connie, Principal, Executive Producer & Director - Red Thread Productions; pg. 563

Greaney, Patti, Executive Producer, Digital Media - Giraldi Media; pg. 466

Greany, Christine, Managing Director - The Blueshirt Group; pg. 652

Greason, Julz, Senior Designer - Armada Medical Marketing; pg. 578

Great, Frances, Managing Director - BBH; pg. 37

Greaves, Gillian, Vice President & Director, Client Services - iCrossing; pg. 240

Grech, Daniel, Creative Director - Johannes Leonardo; pg. 92

Greco, Colby, Account Director - The Grist; pg. 19

Greco, Lauren, Executive Vice President, National Media Investment - Blue 449; pg. 455

Greco, Nicholas, Integrated Media Strategy Coordinator - Tinuiti; pg. 678

Greco, Nicole, Manager, Creative Content - Hype Group LLC; pg. 372

Greco, Rich, Group Director, Design - Droga5; pg. 64

Greear, Randy, Manager, Production - Creative Energy, Inc.; pg. 346

Greeley, Jon, Account Director - MMB; pg. 116

Green, Alyx, Senior Manager, Media & Programmatic - 360i, LLC; pg. 320

Green, Ann, Managing Partner, Creative Development Practice - Kantar Media; pg. 446

Green, Ann, President - Ann Green Communications Inc.; pg. 577

Green, Blythe, Copywriter - FCB Chicago; pg. 71

Green, Bob, President & Creative Director - The Verdi Group, Inc.; pg. 293

Green, Brad, Vice President, Operations - Denver - The Integer Group; pg. 682

Green, Cameron, Partner - GreenRubino; pg. 365

Green, Chris, Planning Director - TBWA \ Chiat \ Day; pg. 416

Green, Cora, Human Resources Coordinator - Hook; pg. 239

Green, Cynthia, Media Buyer & Manager, Analysis - Romph & Pou Agency; pg. 408

Green, Danette, Vice President, Account Management - Turchette Advertising Agency; pg. 157

Green, David, President & Owner - Results Advertising; pg. 405

Green, Dawn, Account Manager - Peter Green Design Studios, Inc.; pg. 194

Green, Deborah, Associate Director, Audience Planning & Digital Activation - Hearts & Science; pg. 471

Green, Desiree, Senior Digital Buying Negotiator - GTB; pg. 367

Green, Dominic, Director, Content & Branding - (add)ventures; pg. 207

Green, EJ, Senior Project Manager & Producer - Elephant; pg. 181

Green, Emily, Executive Producer - YARD; pg. 435

Green, Eric, Executive Vice President & Director, Experience Design - Publicis North America; pg. 399

Green, Eric, Executive Vice President, Corporate Entertainment - BWR Public Relations; pg. 587

Green, Heather, Senior Art Director - Hunt Marketing Group; pg. 285

Green, Jeff, Digital Designer & Strategist - Weitzman Advertising, Inc.; pg. 430

Green, Jeff, Operations Director - Burns360; pg. 587

Green, Jeff, Founder & Chief Executive Officer - The Trade Desk; pg. 519

Green, Jen, Senior Designer - Gray Loon Marketing Group; pg. 365

Green, Jennifer, Executive Vice President and Managing Partner - Burns360; pg. 587

Green, Jim, Creative Director - The Loomis Agency; pg. 151

Green, John, Chief Financial Officer - Carmichael Lynch; pg. 47

Green, Kirsten, Junior Designer - Swarm; pg. 268

Green, Kristy, Business Director - Astro Studios; pg. 173

Green, Larry, Vice President - Ann Green Communications Inc.; pg. 577

Green, Melissa, Integrated Account Supervisor - Saatchi & Saatchi Los Angeles; pg. 137

Green, Meredith, Manager, Research & Analytics - Interactive Advertising Bureau; pg. 90

Green, Nancye, Founding Partner - Donovan/Green; pg. 551

Green, Patrick, Senior Account Executive - Strategic America; pg. 414

Green, Peter, President - Peter Green Design Studios, Inc.; pg. 194

Green, Phyllis, Chairman - Pace; pg. 124

Green, Rich, Chief Product Officer & Chief Technology Officer - SugarCRM; pg. 169

Green, Robert, Principal - Penn, Schoen & Berland Associates, Inc.; pg. 448

Green, Shannon, Associate Director, Paid Media - ForwardPMX - ForwardPMX; pg. 360

Green, Shelby, Director - HealixGlobal; pg. 471

Green, Steve, Managing Director, Technology - MBB Agency; pg. 107

Green, Tim, Senior Art Director - Faceout Studios; pg. 182

Green, Toby, Vice President, Global Business Development - The Active Network; pg. 570

Greenawalt, Heather, Associate Director, Integration - Empower; pg. 354

Greenberg, Benji, Founder & Chief Executive Officer - BCV Evolve; pg. 216

Greenberg, Bobby, Senior Vice President, Strategy & Insights - Kobie Marketing; pg. 287

Greenberg, Colin, Executive Producer - Struck; pg. 144

Greenberg, Dan, Co-President - Norman Hecht Research, Inc.; pg. 448

Greenberg, Erica, Digital Buyer & Supervisor - OMD; pg. 498

Greenberg, Evan, Chief Executive Officer & Owner - Allscope Media; pg. 454

Greenberg, Gary, Executive Creative Director - Brownstein Group, Inc.; pg. 44

Greenberg, Jamie, Associate Creative Director - Tribal Worldwide; pg. 272

Greenberg, Janna, Senior Vice President, Strategy & Innovation - Havas Media Group; pg. 470

Greenberg, Jesse, Chief Strategy Officer - Ackerman McQueen, Inc.; pg. 26

Greenberg, Joel, Director, Finance - The / Marketing / Works; pg. 19

Greenberg, Ken, President - Edge Communications, Inc.; pg. 601

Greenberg, Laura, Co-President & Chief Operating Officer - Norman Hecht Research, Inc.; pg. 448

Greenberg, Lisa, Chief Creative Officer - Leo Burnett Toronto; pg. 97

Greenberg, Matt, Creative Developer - Leviathan; pg. 189

Greenberg, Michelle, Account Executive - Centra360; pg. 49

Greenberg, Paul, Managing Partner - Milton Samuels Advertising & Public Relations; pg. 387

Greenberg, Rayna, Vice President - Alison Brod Public Relations; pg. 576

Greenberg, Rick, Chief Executive Officer - Kepler Group; pg. 244

Greenberg, Sandy, Co-Founder & Chief Executive Officer - Terri & Sandy; pg. 147

Greenberg, Taylor, Account Manager - Brightline; pg. 219

Greenberg Gochman, Roberta, Senior Media Buyer - Becker Media ; pg. 38

Greenblat, David, President - Infinity Direct; pg. 286

Greenblatt, Lindsey, Group Director, Social & Content - The Integer Group; pg. 682

Greenblatt, Melanie, Account Supervisor - Ogilvy; pg. 393

Greendyk, Jonathan, Associate Director, Paid Media - VaynerMedia; pg. 689

Greene, Alexa, Manager, Communications Design - Initiative; pg. 477

Greene, Chris, Executive Vice President & Group Account Director - Hill Holliday; pg. 85

Greene, Debra, Account Director - Matter Creative Group; pg. 107

Greene, Donna, Vice President & Account Director - Storandt Pann Margolis & Partners; pg. 414

Greene, Jared, Strategic Planning Manager - Mindshare; pg. 494

Greene, John, Vice President & Strategy Lead - Translation Enterprises - Translation; pg. 299

Greene, Jonathan, Senior Art Director - blr further; pg. 334

Greene, Joy, President & Co-Founder - Muts & Joy, Inc.; pg. 192

Greene, Kayley, Digital Implementation Specialist - Commit Agency; pg. 343

Greene, Kristin, Co-Founder & Principal - Flashpoint Public Relations; pg. 604

Greene, Linda, Creative Director - Chillingworth / Radding, Inc.; pg. 342

Greene, Lucie, Director, The Innovation Group - Wunderman Thompson; pg. 434

Greene, Scott, Creative Director - Fairway Outdoor Advertising; pg. 552

Greene, Shelby, Vice President & Media Director - The Brandon Agency; pg. 419

Greener, Guy, Senior Associate, Integrated Investment - Universal McCann; pg. 521

Greener, Nick, Group Account Director - Sasquatch; pg. 138

Greenfield, Cassandra, Brand Experience Strategist & Producer - Latitude; pg. 379

Greenfield, Donna, Principal & Owner - Greenfield / Belser Ltd.; pg. 185

Greenfield, Eden, Senior Account Manager - Digital Strategy - Lumentus; pg. 624

Greenglass, Cyndi, Senior Vice President, Strategic Solutions - Diamond Communications Solutions; pg. 281

Greengrass, Marc, Chief Operating Officer & Founder - Flint & Steel; pg. 74

PERSONNEL

AGENCIES

Greenhalge, Emily, Associate Media Director - PGR Media; *pg.* 504
Greenhall, Sarah, Digital Media Supervisor - Carat; *pg.* 459
Greenhaus, Jackie, Director, Digital Media - JL Media, Inc.; *pg.* 481
Greenheck, Abigail, Group Vice President - Beehive PR; *pg.* 582
Greenhill, Valerie, Co-Founder & President - EdLeader21; *pg.* 601
Greenhouse, Britney, Vice President & Director, Digital Media - Horizon Media, Inc.; *pg.* 474
Greenhouse, Jamie, Senior Vice President - DKC Public Relations; *pg.* 597
Greenlaw, Katie, Director, Public Relations - Rinck Advertising; *pg.* 407
Greenlaw, Liam, Creative Director - Wasserman & Partners Advertising, Inc.; *pg.* 429
Greenleaf, Lisa, Group Director, Production - R/GA; *pg.* 260
Greenlee, Rachel, Account Director - BBDO West; *pg.* 331
Greenough, Paul, Vice President, Information Technology Operations - Greenough Communications; *pg.* 610
Greenough, Phil, Founder & Chief Executive Officer - Greenough Communications; *pg.* 610
Greenspan, Sarah, Vice President & Account Director - Starcom Worldwide; *pg.* 513
Greenstein, Alyson, Account Director - Derse, Inc.; *pg.* 304
Greenstein, Gary, Chief Revenue Officer - Vector Media; *pg.* 558
Greenstein, Joey, Creative Director - JK Design; *pg.* 481
Greensweig, Mara, Manager, National Television Buying - Wonderful Agency; *pg.* 162
Greenwald, Adam, Chief,Staff - Dagger; *pg.* 224
Greenwald, Justine, Executive Creative Director - Geometry; *pg.* 363
Greenwald, Mitch, Principal, Accounts - Creative Spot; *pg.* 55
Greenwald, Steven, Media Director - Heinrich Marketing, Inc.; *pg.* 84
Greenwald, Tom, Executive Creative Director - SpotCo; *pg.* 143
Greenway, Katie, Managing Director - Glover Park Group; *pg.* 608
Greenwood, Emily, Senior Account Manager - Elevation Marketing; *pg.* 67
Greenwood, Jess, Global Chief Marketing Officer - R/GA; *pg.* 260
Greenwood, Marina, Founder & Principal - Activa PR; *pg.* 575
Greenwood, Matt, Creative Director - Nice Shoes; *pg.* 193
Greer, Debbi, Senior Vice President, Marketing - Kirvin Doak Communications; *pg.* 620
Greer, Frank, Partner - Political Campaigns - GMMB; *pg.* 364
Greer, John, President & Founding Partner - LJG Partners; *pg.* 189
Greer, Katie, Senior Project Manager - Lipman Hearne, Inc. ; *pg.* 381
Greer, Phil, Senior Vice President, Account Management - Lewis Advertising, Inc.; *pg.* 380
Greer, Ryan, Group Director, Digital Strategy & Media Activation - AKA NYC; *pg.* 324
Greever, Amanda, Media Relations Specialist - Orange Orchard; *pg.* 634
Gregg, Aimee, Manager, Data Architecture - Spark Foundry; *pg.* 510
Greggory, Scott, Chief Creative Officer - Madison Avenue Marketing Group; *pg.* 287
Grego, Jennifer, Senior Media Buyer - Incremental Media; *pg.* 477
Grego, John, Accounting Management Specialist, Strategist - Mascola Group; *pg.* 106
Gregoire, Jon, Vice President, Growth Marketing - Tinuiti; *pg.* 678
Gregoire, Mathieu, Senior Media Planner & Buyer - Proof Advertising; *pg.* 398
Gregoire, Richard, Principal & Manager, Process Engineering - Idea Engineering, Inc.; *pg.* 88
Gregory, Alicia, Vice President, Account Services - Trickey Jennus, Inc.; *pg.* 156
Gregory, Carol, Senior Manager, Operations & Project Management - Elevation Marketing; *pg.* 67
Gregory, Chase, Account Supervisor - Red Moon Marketing; *pg.* 404
Gregory, Christina, Group Director, Communication Strategy - Anomaly; *pg.* 325
Gregory, Daniel, Chief Executive Officer - Team Enterprises; *pg.* 316
Gregory, James, Chairman - Tenet Partners; *pg.* 450
Gregory, Jim, Chairman - Tenet Partners; *pg.* 450
Gregory, Josh, Co-Owner - Frontier Strategies, Inc.; *pg.* 465
Gregory, Laurel, Creative Director - The Hybrid Creative; *pg.* 151
Gregory, Mitch, Associate Creative Director - Vest Advertising; *pg.* 159
Gregory, Patrick, Account Supervisor - Butler, Shine, Stern & Partners; *pg.* 45
Gregory Segovia, Rebecca, Executive Vice President, Marketing & Strategy - The Pursuant Group; *pg.* 422
Gregson, Paul, Creative Director - Johannes Leonardo; *pg.* 92
Grehan, Mike, Chief Marketing Officer & Managing Director - Acronym Media; *pg.* 671
Greif, Arel, Supervisor, Implementation - Warner Brothers - OMD; *pg.* 498
Greis, Katharine, Senior Vice President, Operations, Business Development & Marketing Communications - Publicis North America; *pg.* 399
Greisman, David, Account Director - Grip Limited; *pg.* 78
Grekulak, Jillian, Communications Planner - Butler, Shine, Stern & Partners; *pg.* 45
Gremminger, Julie, Account Director - Moroch Partners; *pg.* 389
Gremp, Austin, Lead Director, Client Strategy - The Trade Desk; *pg.* 519
Grenache, Jean-Francois, Chief Financial Officer - NEWAD; *pg.* 554
Grenier, Chris, Creative Director - Brownstein Group, Inc.; *pg.* 44
Grenning, Janice, Media & Account Executive - WS; *pg.* 164
Gresh, Nicole, Senior Strategist, Media Relations & AS - M Booth & Associates, Inc. ; *pg.* 624
Gresham, Aaron, Executive Creative Director - Big Communications, Inc.; *pg.* 39
Gresham, Kim, President & Partner - Anderson Marketing Group; *pg.* 31
Gretchell, Peter, Executive Vice President, Business Development - Edulence Interactive; *pg.* 230
Greteman, Sonia, President & Creative Director - Greteman Group; *pg.* 8
Greubel, Marcie, Account Supervisor - GCG Marketing; *pg.* 362
Greve, Mel, Senior Vice President & Broadcast Director - Kelly, Scott & Madison, Inc.; *pg.* 482
Greve, Patricia, Editor - Q LTD; *pg.* 15
Grewing, Cathy, Office Manager & Senior Executive Assistant - Runyon Saltzman Einhorn; *pg.* 645

Grey, Julian, Owner, Partner & Director, Animation - Head Gear Animation; *pg.* 186
Grialou, Haley, Account Manager - Goodby, Silverstein & Partners; *pg.* 77
Gribas, Matt, Chief Operating Officer - DP+; *pg.* 353
Gribbon, Brian, Supervisor - Optimum Sports; *pg.* 394
Gribin, Jamie, Senior Vice President & Head - North America Recruiting - Digitas; *pg.* 227
Grice, Alison, Senior Vice President & Director, Media - Absolute Media Inc.; *pg.* 453
Grice, Ashley, Chief Executive Officer - BrightHouse, LLC; *pg.* 43
Grice, Mike, Founder & Chief Creative Officer - Wildfire; *pg.* 162
Grice, Taegan, Group Director, Creative - Deloitte Digital; *pg.* 225
Grider, Gaye, Media Director - Insight Marketing Design; *pg.* 89
Grieco, Alana, Media Planner - Allscope Media; *pg.* 454
Grieco, Mark, Group Account Director - The Tombras Group; *pg.* 424
Grieder, Logan, Project Manager - Bernstein-Rein Advertising, Inc.; *pg.* 39
Grieger, Jennifer, Business Director - Starcom Worldwide; *pg.* 513
Griesch, Alyssa, Creative Director - InnerWorkings, Inc.; *pg.* 375
Grieves, Mark, Senior Vice President & Creative Director - Fahlgren Mortine Public Relations; *pg.* 602
Griffeth, Jessica, Senior Producer - Wieden + Kennedy; *pg.* 432
Griffeth, Marty, Partner & Global Finance Director - KCD, Inc. ; *pg.* 94
Griffin, Allison, Assistant Account Manager - VMLY&R; *pg.* 429
Griffin, Annie, Director, Performance Media - PHD Chicago; *pg.* 504
Griffin, Betsey, Managing Director, Media - The Lavidge Company; *pg.* 420
Griffin, Bob, President - Griffin360; *pg.* 611
Griffin, Courtney, Supervisor, Digital Media - Horizon Media, Inc.; *pg.* 474
Griffin, Debra, Chief Financial Officer - Tierney Communications; *pg.* 426
Griffin, Drew, Director, Digital Solutions - Razorfish Health; *pg.* 262
Griffin, Gretchen, Writer - PKPR; *pg.* 637
Griffin, Jessica, Public Relations - McDonalds - Burrell Communications Group, Inc. ; *pg.* 45
Griffin, Joan, Chief Executive Officer & Owner - Sunny505; *pg.* 415
Griffin, Josie, Controller - Marriner Marketing Communications; *pg.* 105
Griffin, Justine, Managing Director - Rasky Baerlein Strategic Communications, Inc.; *pg.* 641
Griffin, Leisha, Account Executive - Champion Management Group, LLC; *pg.* 589
Griffin, Matt, President, Creative Technology - Vert Mobile LLC; *pg.* 274
Griffin, Megan, Media Director - Love Communications; *pg.* 101
Griffin, Molly, Senior Strategist - Barkley; *pg.* 329
Griffin, Nancy, Senior Vice President & Director - Starcom Worldwide; *pg.* 513
Griffin, NaShonna, Account Director - O'Keefe Reinhard & Paul; *pg.* 392
Griffin, Pam, Director, Group Account & Senior Partner - MediaCom; *pg.* 487
Griffin, Patrick, Director, Production - WongDoody; *pg.* 162
Griffin, Ryan, Web Development, Design Manager & Strategist - Fannit Internet

AGENCIES

Marketing Services; *pg.* 357
Griffin, Sara, Senior Associate Director - Camron ; *pg.* 588
Griffin, Sarah, Director, Resourcing - CultureSpan Marketing; *pg.* 594
Griffin, Sean, Senior Copywriter - LoSasso Integrated Marketing; *pg.* 381
Griffin, Todd, Partner & Director, Accounts & Business Development - Mustache; *pg.* 252
Griffin Curtis, Lauren, Brand Manager - Stone Ward Advertising; *pg.* 413
Griffing, Jeff, Chief Executive Officer - AllOver Media; *pg.* 549
Griffith, Brendan, Senior Vice President - Reputation Partners; *pg.* 642
Griffith, David, Vice President - Buffalo.Agency; *pg.* 587
Griffith, Ellen, Director, Programmatic - Media Assembly; *pg.* 484
Griffith, Heath, Group Media Director - The Richards Group, Inc.; *pg.* 422
Griffith, Lanny, Chairman - BGR Group; *pg.* 583
Griffith, Shanee, Strategy Supervisor - BET Network - Horizon Media, Inc.; *pg.* 474
Griffith, Will, Executive Creative Director - Creative Energy, Inc.; *pg.* 346
Griffith-Roach, Ashley, Account Supervisor - Matrix Media Services; *pg.* 554
Griffiths, Adam, Group Creative Director - 160over90; *pg.* 301
Griffiths, Annie, Chief Marketing Officer - PHD USA; *pg.* 505
Griffiths, Camielle, Vice President, Client Services - ZAG Interactive; *pg.* 277
Griffiths, Chuck, Vice President & Controller - Luquire George Andrews, Inc.; *pg.* 382
Griffiths, Huw, Global Chief Product Officer - Universal McCann; *pg.* 521
Griffiths, Shauna, Senior Vice President, Strategic Marketing & Brand Partnerships - CSM Sport & Entertainment; *pg.* 347
Griffiths, Warren, President, Commercial Investments & Partnerships - Publicis Media - Publicis North America; *pg.* 399
Griffo, Angela, Senior Vice President, Client Services - 10Fold; *pg.* 573
Griffon, Rachel, Manager, Operations - RMR & Associates; *pg.* 407
Grigg, Lynne, President & Chief Creative Officer - The Designory; *pg.* 149
Grigg, Mike, Associate Creative Director - Wunderman Thompson Seattle; *pg.* 435
Griggs, Kristi, Owner & President - Shift Now; *pg.* 140
Griggs, Lara, Chief Operating Officer - New York - VMLY&R; *pg.* 160
Griggs, Parrish, Vice President & Group Account Director - Digitas; *pg.* 228
Grignon, Paul, Creative Director - Mandala; *pg.* 103
Grigson, Danna, Vice President, Channel Engagement & Director - The Buntin Group; *pg.* 148
Grill, Anne-Marie, Co-President - Ren Beanie; *pg.* 642
Grill, Marc, Partner & Executive Producer - O Positive Films; *pg.* 563
Grill-Rachman, Shirley, Chief Operating Officer - Kenshoo; *pg.* 244
Grillo, Lisa, Head, US Operations - mcgarrybowen; *pg.* 109
Grillo, Lucia, Chief Operating Officer - mcgarrybowen; *pg.* 109
Grillo, Maria, Account Director - Weber Shandwick; *pg.* 661
Grills, Danielle, Digital Media Planner - Microsoft Xbox - Carat; *pg.* 459
Grim, Jamie, Associate Vice President, Planning - Harmelin Media; *pg.* 467

Grim, Rusty, Chief Executive Officer & Co-Founding Partner - Owen Jones and Partners; *pg.* 124
Grimes, Betsy, Vice President, Research & Strategy - Insight Strategy Group; *pg.* 445
Grimes, Brett, Partner - Robot House; *pg.* 16
Grimes, Dawn, Senior Production Manager - Banowetz + Company, Inc.; *pg.* 36
Grimes, Emily, Brand Director - Mechanica; *pg.* 13
Grimes, Steve, Chief Digital Officer - AKA NYC; *pg.* 324
Grimes, Teri, Associate Media Director - Spark Foundry; *pg.* 510
Grimes, Tracy, Manager, Accounting - Finch Brands; *pg.* 7
Grimm, Julia, Senior Media Associate - Kraft Heinz Strategy - Starcom Worldwide; *pg.* 513
Grimm, Kristen, President - Spitfire Strategies; *pg.* 649
Grimm, Marni, Vice President, Production - Creative Direct Response, Inc.; *pg.* 281
Grina, Michael, Media Director - Recalibrate Marketing Communications; *pg.* 404
Grinavich, Amanda, Account Director, Marketing Techlogy - SHIFT Communications, LLC; *pg.* 647
Grinch, Andrew, Director, Content - Woodruff; *pg.* 163
Grindberg, Karen, Chief Financial Officer - Flint Communications, Inc.; *pg.* 359
Grindell, Mike, Chief Administrative Officer & Executive Vice President - 22squared Inc.; *pg.* 319
Grindle, William, President - Columbus - Communica, Inc.; *pg.* 344
Griner, Jason, Account Supervisor & Media Buyer - Direct Results; *pg.* 63
Grinnell, Katherine, Media Planner - 26 Dot Two LLC; *pg.* 453
Grinney, Jim, Founder & Partner - 90octane; *pg.* 209
Gripp, Kelley, Director, Strategic Initiatives - AgencyEA; *pg.* 302
Grischo, Brett, Owner - Explore Communications; *pg.* 465
Griscom, Suzanne, Vice President, Digital Strategy - Duffy & Shanley, Inc.; *pg.* 66
Grishaver, Alex, Senior Director, Design - IDEO ; *pg.* 187
Grissinger, Scott, Senior Director, Analytics - Publicis Hawkeye; *pg.* 399
Grissom, Katie, Associate Media Director - Geometry; *pg.* 362
Griswold, Marsha, Director, Client Services - TRIAD/Next Level; *pg.* 156
Griswold-Scott, Mary, General Manager - Edelman; *pg.* 599
Gritter, JoAnne, Operations Director - DDM Marketing & Communications; *pg.* 6
Gritzmacher, Anne, Associate Director, Strategy - Palisades Media Group, Inc.; *pg.* 124
Grivas, Michael, Vice President, Client Services - Impact XM; *pg.* 308
Grizzard, Chip, Chief Executive Officer - One & All; *pg.* 289
Grob, Tim, Controller - Point B Communications; *pg.* 128
Grobler, Adel, Vice President, Travel - Turner Public Relations; *pg.* 657
Grockau, Sandy, Administrative Assistant - GTB; *pg.* 367
Grodek, Tom, Art Director - Sherry Matthews Advocacy Marketing; *pg.* 140
Grody, Ian, Group Creative Director - Giant Spoon, LLC; *pg.* 363
Groeneveld, Susan, Founding Partner - WS; *pg.* 164
Groenwold, Rob, Director - The Reserve Label;

PERSONNEL

pg. 563
Groepper, Lindsey , President - BLASTmedia; *pg.* 584
Groff, Rebecca, Global Director, Public Relations - Wieden + Kennedy; *pg.* 430
Groft, Jane, Partner - Scorch, LLC; *pg.* 508
Grogan, Robert, Account Supervisor - Davis Harrison Dion Advertising; *pg.* 348
Grogan, Ryan, Supervisor - Blue 449; *pg.* 455
Grogan, Stacy, Senior Project Manager - Wieden + Kennedy; *pg.* 430
Groh, Nick, Partner - Linespace; *pg.* 189
Groll, Aviva, Senior Partner & Group Account Director - Ogilvy; *pg.* 394
Groller, Tiffany, Senior Project Director - MMG; *pg.* 116
Grome, David, Account Director - Butler / Till; *pg.* 457
Grondines, Cindy, Accountant - Industrial Strength Marketing, Inc.; *pg.* 686
Gronsky, Lisa, Director, Strategic Development - Active International; *pg.* 439
Groom, Chris, Accounting Manager - The Zimmerman Agency; *pg.* 426
Groome, Courtney, Executive Vice President - Cage Point; *pg.* 457
Groome, Kirby, Coordinator, Marketing & New Business - The Brandon Agency; *pg.* 419
Groome, Shattuck, Founder & Chief Media Officer - Cage Point; *pg.* 457
Groot, Lisa, Vice President, Group Account Director - MatchMG; *pg.* 384
Gropper, Rachel, Integrated Media Supervisor - MediaCom; *pg.* 487
Gros, Kim, Controller - The Ohlmann Group; *pg.* 422
Grosfeld, Erik, Manager, Event Operations - Superfly; *pg.* 315
Grosman, Jesika, Account Manager - GIOVATTO Advertising; *pg.* 363
Gross, Brian, Owner - Nail Communications; *pg.* 14
Gross, Brooke, Senior Account Supervisor - Media Logic; *pg.* 288
Gross, Dan, Principal & Executive Creative Director - DNA Seattle; *pg.* 180
Gross, David, Founding Partner - Anchor Worldwide; *pg.* 31
Gross, Joe, Chief Operating Officer & Executive Producer - EFX Media; *pg.* 562
Gross, John, Director, Business Development - Sparkloft Media; *pg.* 688
Gross, Josh, Co-Chief Creative Officer - Energy BBDO, Inc.; *pg.* 355
Gross, Joshua, Senior Vice President, Government Relations & Internal Affairs - Glover Park Group; *pg.* 608
Gross, Karen, Director, Marketing - Suasion; *pg.* 145
Gross, Kelly, Director, Client Engagement - Brand Content; *pg.* 42
Gross, Kevin, Senior Vice President - Culinary Sales Support, Inc.; *pg.* 347
Gross, Leah, Manager, Paid Media- Display & Traditional - Nina Hale Consulting; *pg.* 675
Gross, Mark, Co-Founder & Creative Director - Highdive; *pg.* 85
Gross, Mary, Senior Copywriter - BooneOakley; *pg.* 41
Gross, Megan, Senior Account Manager - Borshoff; *pg.* 585
Gross, Michael, Chief Financial Officer - Siegel & Gale; *pg.* 17
Gross, Michael, Vice President - Ipsos; *pg.* 445
Gross, Michelle, President - Spectrum Science Communications; *pg.* 649
Gross, Nigel, Associate Creative Director - Publicis North America; *pg.* 399
Gross, Raphael, Managing Director - ICR;

PERSONNEL — AGENCIES

pg. 615
Gross, Ryan, Media Planner - Merkley + Partners; *pg.* 114
Gross, Sig, Director, Creative - DiD Agency; *pg.* 62
Grosse, Ashley, Senior Vice President, Client Services - YouGov; *pg.* 451
Grossi, Guilherme, Associate Creative Director - the community; *pg.* 545
Grossman, Alex, Executive Vice President & Group Planning Director - Merkley + Partners; *pg.* 114
Grossman, Amy, Sales Manager - Grossman Marketing Group; *pg.* 284
Grossman, Ben, Senior Vice President & Strategy Director - Jack Morton Worldwide; *pg.* 308
Grossman, Ben, Co-President - Grossman Marketing Group; *pg.* 284
Grossman, David, Co-President - Grossman Marketing Group; *pg.* 284
Grossman, Gary, Director, Broadcast Production - Merkley + Partners; *pg.* 114
Grossman, Helen, Head, Communications - Tool of North America; *pg.* 564
Grossman, Jed, Executive Creative Director - Arts & Letters; *pg.* 34
Grossman, Joel, Chief Technology Officer - iProspect; *pg.* 674
Grossman, Loren, Global Chief Strategy Officer - Annalect Group; *pg.* 213
Grossman, Mike, Chief Integration Officer - Schafer Condon Carter; *pg.* 138
Grossman, Sefi, Vice President & Technology Director - GTB; *pg.* 367
Grossman, Tony, Senior Producer, Integrated - Leo Burnett Worldwide; *pg.* 98
Grossman, Victoria, Director, Value Management - Publicis North America; *pg.* 399
Grossman, Whitney, Art Director - Digitas; *pg.* 226
Grosso, Holly, Vice President, Finance & Administration - All Terrain; *pg.* 302
Grosso, Nick, Director, Digital Media - Omni Advertising; *pg.* 394
Grosso, Sara, Junior Designer - DiMassimo Goldstein; *pg.* 351
Groszek, Joanna, Chief Financial Officer - John St.; *pg.* 93
Grotenhuis, Eric, Partner - Page Design Group; *pg.* 194
Groth, Alexander, President & Founder - Fusionbox; *pg.* 236
Groth, Kyle, Investor Relations - Mahalo Spirits Group; *pg.* 13
Groth, Stephen, President & Chief Executive Officer - Mahalo Spirits Group; *pg.* 13
Grotheim, Sarah, Vice President - Weber Shandwick; *pg.* 660
Grothey, Jim, Vice President, Account Services - BVK; *pg.* 339
Groudle, Stephanie, Associate Account Director - Adlucent; *pg.* 671
Groux-Hux, Michelle, Associate Media Director - 22squared Inc.; *pg.* 319
Grove, Amy, Associate Creative Director - Bailey Brand Consulting; *pg.* 2
Grove, Amy, Director, Planning - Mindshare; *pg.* 495
Grove, Richard, Chief Executive Officer - INK, Inc.; *pg.* 615
Grove Moller, Kristian, Creative Director - 72andSunny; *pg.* 23
Grover, Bailey, Director, Social - Barkley; *pg.* 329
Grover, Derek, Executive Director - Terman Public Relations; *pg.* 652
Grover, Kevin, Producer - Digitas; *pg.* 228
Groves, Tom, Senior Vice President & Director, Account Planning - Patients &

Purpose; *pg.* 126
Grow, Donna, Brand Production Manager - Greteman Group; *pg.* 8
Grow, Michael, Supervisor, Local Broadcast Investment - PHD; *pg.* 504
Growhoski, Don, Owner & Managing Partner - Colangelo Synergy Marketing, Inc.; *pg.* 566
Grozik, Tamara, Senior Project Manager - Eleven, Inc.; *pg.* 67
Grubbe, Zoe, Manager, Production - DDB Chicago; *pg.* 59
Grubbs, Elmer, Vice President & Associate Creative Director - Mason, Inc. ; *pg.* 383
Grubbs, Kenzie, Account Manager - Droga5; *pg.* 64
Grubbs Neal, Melissa, Manager, Digital Quality Assurance - Amplified Digital Agency; *pg.* 213
Grube, Renee, Associate Director, Print Production - Digitas Health LifeBrands; *pg.* 229
Gruber, Elinor, Director, Human Resources - Dewey Square Group; *pg.* 597
Gruber, Elisa, Chief, Staff - Denny Mountain Media; *pg.* 225
Gruber, Rachel, Senior Strategist - Barbarian; *pg.* 215
Grubert, Danny, Vice President, List Management - Lake Group Media, Inc.; *pg.* 287
Grubow, Hannah, Content Strategist - Pipitone Group; *pg.* 195
Grucci, Vincent, Partner - CGT Marketing, LLC; *pg.* 49
Grucela, Amy, Vice President, Strategy - CommCreative; *pg.* 343
Grudier, Valarie, Director, Finance & Operations - Gard Communications; *pg.* 75
Grueber, Leigh, Sales & Marketing Specialist - Clockwork Active Media; *pg.* 221
Gruen, Meredith, Group Account Director - Team One; *pg.* 417
Gruenewald, Briana, Senior Account Executive & Graphic Design Lead - Bellmont Partners Public Relations; *pg.* 582
Gruer, Hannah, Account Executive - Velocity OMC; *pg.* 158
Grugle, Seth, Senior Vice President - ICR; *pg.* 615
Gruia, Roy, Group Head, Business - Anomaly; *pg.* 326
Grumet, Doug, Senior Vice President, Media - AMP Agency; *pg.* 297
Grumm, Nyssa, Director, Brand Experiences - Starcom Worldwide; *pg.* 517
Grummett, Mark, Chief Financial Officer - Healthwise Creative Resource Group; *pg.* 83
Grunbaum, Sonia, Vice President, Marketing - Zimmerman Advertising; *pg.* 437
Grundy, Mary, Senior Vice President & Group Account Director - Firewood; *pg.* 283
Grundyson, Jodi, Vice President, Strategy - Knock, Inc.; *pg.* 95
Grunewald, Amber, Account Executive - Turnstile, Inc.; *pg.* 427
Grunow, Randy, Chief Executive Officer - Mediaspace Solutions; *pg.* 490
Grunseth, Suzy, Senior Account Executive - Infinity Direct; *pg.* 286
Gruppo, Emily, Account Supervisor - Crispin Porter + Bogusky; *pg.* 346
Grushcow, Steve, Partner & Co-Founder - Nylon Technology; *pg.* 255
Grushin, Mike, Chief Platform Officer - iX.co; *pg.* 243
Grusin, Rob, President - Point B Communications; *pg.* 128
Grusso, Alison, Associate Director, Strategic Planning - Mindshare; *pg.* 491
Gruszkievicz, Liz, Senior Vice President, Client Service Director - Energy BBDO, Inc.;

pg. 355
Grybowski, Jenn, Associate Creative Director - Aloysius Butler & Clark; *pg.* 30
Gryglewska, Anna, Manager, Events - The George P. Johnson Company; *pg.* 316
Grylewicz, Ben, Director, Craft & Film - Wieden + Kennedy; *pg.* 430
Grymek, Jerry, Vice President, Client Services - LMA; *pg.* 623
Grzyb, Leah, Associate Director, Media - Initiative; *pg.* 479
Grzywacz, Andrew, Senior Manager, Content - March Communications; *pg.* 625
Gschwend, Katie, Media Director - Conveyor Media; *pg.* 462
Guadarrama-Baumunk, Sandra, Chief Operations Officer & Vice President, Client Services - Knoodle Shop; *pg.* 95
Guajardo, Manolo, Creative Director - AC&M Group; *pg.* 537
Gualotuna, Jonathan, Programmatic Director - Wpromote; *pg.* 678
Gualtieri, Katelyn, Senior Account Executive - Iris Atlanta; *pg.* 90
Guan, Carmen, Account Manager - Goodby, Silverstein & Partners; *pg.* 77
Guan, Chris, Associate Media Planner - MediaCom; *pg.* 487
Guang, Wade, Vice President & Managing Director - interTrend Communications, Inc.; *pg.* 541
Guanga, Brayan, Media Analyst - VaynerMedia; *pg.* 689
Guarascio, Teresa, Senior Vice President & Director, Business - MediaCom; *pg.* 489
Guardiola, Anthony K., Manager, PrePress Production - SJI Associates; *pg.* 142
Guarino, Janine, Account Strategist - Media Cause; *pg.* 249
Guarino, Joe, Senior Vice President, NY Food & Wellness - Ketchum; *pg.* 542
Guarino, Michael, Chief Commercial Officer - FCB Health; *pg.* 72
Guarna, Nicolas, Associate, Paid Search - MediaCom; *pg.* 487
Guarracino, Nick, Partner & Creative Director - Finn Partners; *pg.* 603
Guberman, Steve, Vice President, Creative & Digital Services - R&J Strategic Communications; *pg.* 640
Gubitosi, Louis, Digital Director - The Foundry @ Meredith Corp; *pg.* 150
Gubler, Cindy, Partner - Wilkinson Ferrari & Company; *pg.* 663
Gucunski, Marijana, Vice President, Consumer Packaged Goods - 5W Public Relations; *pg.* 574
Gudat, Sandra, President & Chief Executive Officer - Customer Communications Group; *pg.* 167
Gudgel, Kristina, Senior Designer & Web Developer - Kiosk Creative LLC; *pg.* 378
Gudgeon, Lauraliisa, Senior Vice President, Business Development - Ansira; *pg.* 565
Gudiatis, Ken, Creative Director - French / Blitzer / Scott; *pg.* 361
Gudiel, Randy, Media Director - Motivate, Inc.; *pg.* 543
Gudinskas, Ron, Senior Vice President, Planning - BVK; *pg.* 339
Gudmundson, Ryan, Director, Search - Tailwind; *pg.* 677
Gudorf, Annie, Partner & Vice President, Public Relations - Walker Sands Communications; *pg.* 659
Gudusky, Kim, Account Supervisor - Otto Design & Marketing; *pg.* 124
Guell, Benjamin, Account Executive - Vault Communications, Inc.; *pg.* 658
Guenther, Marianne, Chief Executive Officer - BIG YAM; *pg.* 583

AGENCIES / PERSONNEL

Guerin, Matthew, Vice President, Partnerships - VaynerMedia; pg. 689
Guernsey Metz, Kristen, Group Account Director - 160over90; pg. 1
Guerra, Bruno, Senior Brand Manager, Social Media - The Many; pg. 151
Guerra, Dana, Vice President, Client Services - Mithoff Burton Partners; pg. 115
Guerra, Fiorita, Director, Human Resources - 4sight, Inc.; pg. 171
Guerra, Frank, Chief Executive Officer & Founder - GDC Marketing & Ideation; pg. 362
Guerra, Hollis, Account Supervisor - Blast! PR; pg. 584
Guerra, Lucas, Founder & Chief Executive Officer - Argus Communications; pg. 537
Guerra, Marissa, Account Director - Droga5; pg. 64
Guerrero, Armando, Vice President, Strategic Partnerships - Ntooitive Digital; pg. 254
Guerrero, Bob, Producer - Wieden + Kennedy; pg. 430
Guerrero, Emily, Director, Account Development - Imagine; pg. 241
Guerrero, Sue, Chief Operating Officer - Stein IAS; pg. 267
Guerrero, Thomas, Creative Director - The Lee Group; pg. 420
Guerrero, Yasmin, Vice President, Client Services - BKV; pg. 334
Guerri, Alex, Partner, Account & Strategy - WorkInProgress; pg. 163
Guerrier, Agathe, Global Co-Chief Strategy Officer - TBWA \ Chiat \ Day; pg. 146
Guerriero, Frank, Associate Media Director - Rapport Outdoor Worldwide; pg. 556
Guerry, Peter, Creative Director - Becker / Guerry; pg. 38
Guertin-Ceric, Claudine, Associate Creative Director - Simple Truth; pg. 198
Guest, Corbett, Chief Strategy & Innovation Officer - Imaginuity Interactive, Inc.; pg. 241
Guest, Mike, President & Owner - Adserts; pg. 27
Guest, Rachel, Associate Creative Director - The Many; pg. 151
Guevara, Jaime, Senior Copywriter - Conill Advertising, Inc.; pg. 538
Guevarra, Robert, Vice President, Operations - HEILBrice; pg. 84
Gueyser, Katy, Director, Client Operations - Starcom Worldwide; pg. 513
Gugilev, Victoria, Integrated Media Director - Carat; pg. 459
Guglielmi, Valerie, Account Manager - Lever Interactive ; pg. 245
Guglielmo, Alex, Account Director - FCB Chicago; pg. 71
Guglielmo, Ken, Vice President, Business Development - Bayard Advertising Agency, Inc.; pg. 37
Guglielmo, Taylor, Executive Vice President, Business Development - Chemistry Atlanta; pg. 50
Guglieri, Claudio, Group Creative Director - Huge, Inc.; pg. 240
Gugliotti, Joe, Managing Partner - Worx Branding & Advertising; pg. 163
Guha, Rohin, Director, Digital & Social - fluent360; pg. 540
Guhanick, Lisa, Vice President, Marketing - Association of National Advertisers; pg. 442
Guiang, Christine, Account Director - AvreaFoster; pg. 35
Guibord, Andre, President & Owner - Innovacom Marketing & Communications; pg. 375
Guibord, Jennifer, Director, Creative Development - Hub Collective, Ltd.; pg. 186
Guida, Alyssa, Senior Negotiator, Video - Initiative; pg. 477
Guida, David, Director of Production Operations - g-NET Media; pg. 236
Guidera, Jon, Creative Director - Webb/Mason; pg. 294
Guidice, Leslie, Chief Executive Officer, Founder & Creative Director - Energy Energy Design; pg. 181
Guidice, Stacy, Senior Designer & Art Director - Energy Energy Design; pg. 181
Guidicessi, Nico, Senior Graphic Designer - Hype Group LLC; pg. 372
Guidinger, Casey, Director, Finance & Operations - Alling Henning & Associates; pg. 30
Guido, Nick, Associate Creative Director - JK Design; pg. 481
Guidotti, Ted, Global Creative Director - TBWA \ Chiat \ Day; pg. 416
Guidry, Joel, Creative Director - Vitro Agency; pg. 159
Guidry, Kayli, Director, Sales - Potenza Inc; pg. 398
Guillama-Rodriguez, Arminda, Vice President & Managing Director - Horizon Media, Inc.; pg. 474
Guillemette, Cynthia, Finance Director - DentsuBos Inc.; pg. 61
Guillemette, Elise, Vice President, Brand Language Services - bleublancrouge; pg. 40
Guillen, Gerardo, Associate Creative Director - Secret Weapon Marketing; pg. 139
Guillermo, Myra, Account Director - Ansira; pg. 565
Guilmette, Allen, Founder & Creative Director - Alden Marketing Communications; pg. 324
Guilmette, Lesley, President & Managing Director - Alden Marketing Communications; pg. 324
Guimaraes, Bianca, Vice President, Creative Director - BBDO Worldwide; pg. 331
Guimarin, Victoria, Vice President - Upraise Marketing & Public Relations; pg. 657
Guimond, Daniel, Director, Digital & Content - Bob Communications; pg. 41
Guimond, Jennifer, Manager, Client Services - Tiziani Whitmyre; pg. 155
Guin, Benoit, Chief Executive Officer & Director, Media - Amelie Company; pg. 325
Guinn, David, Principal & Creative Director - Design One, Inc.; pg. 179
Guinness, Shaunagh, Senior Vice President, Station Solutions - Katz Media Group, Inc.; pg. 481
Guiry, Mike, Executive Vice President, Creative Services - Shepherd Agency; pg. 410
Guisgand, Robert, Executive Creative Director - Commonwealth // McCann; pg. 52
Guitar, Laura, Executive Vice President, Crisis Communications & Issue Management - RBB Communications; pg. 641
Guiterman, Alexandra, Account Director - Culture ONE World; pg. 539
Guitteau, John, Vice President - WRK Advertising; pg. 163
Guldman, Andrew, Vice President, Product Engineering, Research & Development - Astound Commerce; pg. 214
Gulla, Hannah, Senior Brand Strategist - MullenLowe U.S. Los Angeles; pg.
Gullaksen, Michael, Chief Operating Officer - iProspect; pg. 674
Gullan, Bill, President - Finch Brands; pg. 7
Gulledge, Grant, Managing Partner - Acquire; pg. 1
Gullett, Matt, Vice President, Platform Technologies - Bellomy Research; pg. 442
Gullick, Emily, Account Director - Digitas; pg. 226
Gullixson, Jay, Art Buyer & Producer, Broadcast - Hiebing; pg. 85
Gumas, John, Chief Executive Officer - Gumas Advertising; pg. 368
Gumbrecht, Tina, Office Manager - Starcom Worldwide; pg. 516
Gunatilaka, Timothy, Vice President & Creative Director - Attention; pg. 685
Gunay, Kaan, Co-Founder & Chief Executive Officer - Firefly; pg. 552
Gunderman, Jeff, President - EYE Media; pg. 552
Gunderson, Jennifer, Media Negotiator - Ocean Media, Inc.; pg. 498
Gunderson, Kelsey, Director, Content Strategy - Walker Sands Communications; pg. 659
Gunderson, Seth, Vice President & Executive Creative Director - Signal Theory; pg. 141
Gundrum, Connie, Executive Vice President - DOM360; pg. 230
Gundrum, Steve, Chairman & Chief Creative Officer - Mattson; pg. 447
Gundry, Heather, Senior Vice President & Director, Local Investment - General Motors - Carat; pg. 461
Gundy, Mikael, Senior Director, Media Strategy & Planning - Entercom Communications Corp.; pg. 551
Gungormez, Allan, Head, Strategy - hi5.agency; pg. 239
Gunn, Calin, Public Relations Director - Bluetext; pg. 40
Gunn, Greg, Creative Director - Blind; pg. 175
Gunn, Nicole, Vice President, Marketing & Communications - Incentive Solutions; pg. 567
Gunnells, Jon, Director, Paid Social & Search - Media Assembly; pg. 385
Gunnewig, Sebastian, Executive Director Strategy & UX - AKQA; pg. 211
Gunning, Kate, Associate Strategy Director - R/GA; pg. 261
Gunning, Paul, President & Chief Operating Officer - DDB U.S. - DDB Chicago; pg. 59
Gunning, Stefanie, Senior Vice President & Group Creative Director - Edelman; pg. 599
Guns, Arthur, Creative Director - Briechle-Fernandez Marketing Services; pg. 43
Gunter, Bret, Director, Copy - Sagepath, Inc.; pg. 409
Gunter, Cindy, President - The Gunter Agency; pg. 150
Gunter, Michelle, Senior Vice President, Partnerships & Partner Channel Services - MarketStar Corporation; pg. 383
Gunter, Randy , Chief Executive Officer & Partner - The Gunter Agency; pg. 150
Gunther, Matthew, Senior Partner & Group Account Director - MediaCom; pg. 487
Gunther, Susan, Vice President, Client Services & Partner - Marriner Marketing Communications; pg. 105
Guo, Wei, Chief Financial Officer - Benenson Strategy Group; pg. 333
Gupta, Gogi, Chief Executive Officer & Founder - Gupta Media ; pg. 237
Gupta, Manik, Vice President - QuinStreet, Inc.; pg. 290
Gupta, Michiko, Senior Digital Strategist - Lipman Hearne, Inc. ; pg. 381
Gupta, Prakarsh, Associate Director, Marketing Sciences - PHD Chicago; pg. 504
Gurevich, Maxine, Vice President, Insights & Strategy - VaynerMedia; pg. 689
Gurgainus, Katherine, Global Brand & Entertainment Director - Wieden + Kennedy; pg. 430
Gurich, Vicki, Office Manager - McHale & Koepke Communications; pg. 111
Gurisko, Tom, Associate Creative Director - J.R. Thompson Company; pg. 91

833

PERSONNEL   AGENCIES

Gurkin, Amanda, Senior Account Executive - Luquire George Andrews, Inc.; *pg.* 382
Gurrieri, Michael, Vice President & Account Director - Hawthorne Advertising; *pg.* 370
Gurvich, Jenny, Media Director - DWA Media; *pg.* 464
Gurvits, Viola, Associate Director, Client Services - Essence; *pg.* 232
Gusanders, Kristin, Executive Vice President, Client Services - Legacy Marketing Partners; *pg.* 310
Guse, Tim, Chief Executive Officer - Signature Graphics; *pg.* 557
Gusich, Janice, Founder & Senior Strategist - Akhia Public Relations, Inc.; *pg.* 575
Gusman, Andy, Chief Financial Officer - Don Jagoda Associates; *pg.* 567
Guss, Charlene, Vice President, Human Resources - Burrell Communications Group, Inc.; *pg.* 45
Gusso, Lexi, New Business Manager - Carmichael Lynch; *pg.* 47
Gussoni, Frank, President - Ashley Advertising Agency; *pg.* 34
Gust, Ben, Partner & Director, Design - D & I Creative; *pg.* 6
Gust, Jim, Senior Editor - Merrill Anderson; *pg.* 687
Gustafson, Amy, Associate Director, Media Services - RJW Media; *pg.* 507
Gustafson, Callen, Senior Account Manager - Goodby, Silverstein & Partners; *pg.* 77
Gustafson, Jeremy, Senior Vice President & Chief Strategy Officer - Kreber; *pg.* 379
Gustafson, Nick, Account Director - Duncan Channon; *pg.* 66
Gustafsson, Anders, Group Creative Director - Butler, Shine, Stern & Partners; *pg.* 45
Gustavo Soares, Andre, Global Brand Director - Nike - Wieden + Kennedy; *pg.* 430
Gustavsen, Eric, President - Graj + Gustavsen, Inc.; *pg.* 8
Gustin, Kevin, Vice President & Creative Director - Means Advertising; *pg.* 112
Gustman, Caitlin, Senior Strategist, Paid Digital Media - Ketchum; *pg.* 619
Gutholm, Shelli, Global Vice President, Talent Acquisition - Critical Mass, Inc.; *pg.* 223
Guthrie, Emilie, Vice President & Director, Account Management - GS&F; *pg.* 367
Guthrie, Emily, Head, Media- North America - Gyro; *pg.* 368
Guthrie, J M, Chief Revenue Officer & Partner - Authentic; *pg.* 214
Guthrie, Trevor, Co-Founder - Giant Spoon, LLC; *pg.* 363
Gutierrez, Analissa, Analyst, Paid Social - DWA Media; *pg.* 464
Gutierrez, Carlos, Chief Executive Officer - McCann Erickson; *pg.* 108
Gutierrez, David, Senior Vice President, Public Relations - Dresner Corporate Services; *pg.* 598
Gutierrez, Giovanny, Director, Interactive Media - Tinsley Advertising; *pg.* 155
Gutierrez, Herberto, Chief Executive Officer & Principal - Inventiva; *pg.* 541
Gutierrez, Jimmy, Executive Business Affairs Manager - Deutsch, Inc.; *pg.* 350
Gutierrez, Laura, Senior Media Associate - Wavemaker; *pg.* 528
Gutierrez, Lia, President & Chief Creative Officer - Inventiva; *pg.* 541
Gutierrez, Mindy, Manager, Traffic & Media Buying & Planning - Sanders\Wingo; *pg.* 138
Gutierrez, Stephanie, Director, Digital & Social Marketing - Trailer Park; *pg.* 299
Gutierrez Bitter, Adrienne, Director, Strategy & Business Transformation - Starcom Worldwide; *pg.* 513
Gutkowski, Jennifer, Senior Media Planner - Watauga Group; *pg.* 21
Gutman, Alan, Associate Director, Integrated Production - Atmosphere Proximity; *pg.* 214
Gutman, David, Client Services Director - Xperience Communications; *pg.* 318
Gutschow, Uwe, Head, Strategy & Innovation - The Marketing Arm; *pg.* 317
Gutt, Loran, Vice President, Corporate Development - BazaarVoice, Inc.; *pg.* 216
Gutterman, Tracy, Vice President & Partner, Digital Investment - Universal McCann; *pg.* 521
Gutting, David, Senior Vice President, Intelligence - Barkley; *pg.* 329
Guttman, Shaina, Senior Account Executive - Archer Malmo; *pg.* 32
Guy, Carla, Founder & Chief Experience Officer - Dagger; *pg.* 224
Guy, Meghan, Vice President - FleishmanHillard; *pg.* 606
Guy, Tereasa, President - GRA Interactive; *pg.* 237
Guyer, Douglas, Co-Founder & President - International Direct Response, Inc.; *pg.* 286
Guymon, Elizabeth, Vice President, Business Development & Operations - UTOKA; *pg.* 203
Guyton, Amber, Executive Creative Director - SoHo Experiential; *pg.* 143
Guyton, Lori, Executive Vice President - Crosby-Volmer; *pg.* 594
Guzman, Maynor, Director, Programmatic - 360i, LLC; *pg.* 320
Guzman, Octavio, Creative Director - Pace; *pg.* 124
Gwaltney, Brian, Senior Production Artist - precisioneffect; *pg.* 129
Gwaltney, Jill, Founder & Owner - Rauxa; *pg.* 291
Gwisdala, Kelly, Controller - Marx Layne & Company; *pg.* 626
Gwozdz, Fiona, Public Relations Director - Oliver Russell; *pg.* 168
Gwyn, David, President - French / West / Vaughan; *pg.* 361
Gwynn, Anne, Media Buyer - 22squared Inc.; *pg.* 319
Gyles, Stephanie, Digital Strategist - Zulu Alpha Kilo; *pg.* 165
Gyllen, Dana, Director, Studio Services - Billups Worldwide; *pg.* 550
Güemes, Javier, Creative Director - Orci; *pg.* 543

H

Ha, Caleb, Creative Director - AdAsia; *pg.* 26
Haack, Natalie, Account Supervisor - Nuffer Smith Tucker, Inc.; *pg.* 392
Haag, Forrest, Executive Vice President, Digital Marketing - BrandStar; *pg.* 337
Haak, Mark, Partner & Creative Director - Swerve Design Group; *pg.* 416
Haaland, Alyssa, Manager, Production Resource - Wunderman Thompson; *pg.* 434
Haan, Rick, Vice President & Partner - J. Brenlin Design, Inc.; *pg.* 188
Haanraadts, Jack, Senior Account Executive - Finn Partners; *pg.* 603
Haarlow, Kristin, Executive Vice President, National Video Lead - Central & West Region - Spark Foundry; *pg.* 512
Haas, Gary, Creative Director & Associate Partner - Platypus Advertising & Design; *pg.* 397
Haas, Hunter, Group Account Director - AgencyEA; *pg.* 302
Haas, Jessica, Senior Art Director - AGENCYSACKS; *pg.* 29
Haas, Julia, Director, Marketing - Derse, Inc.; *pg.* 304
Haas, Kyle, Supervisor, Content - Spark Foundry; *pg.* 510
Haas, Marie, Senior Executive, Account - BVK; *pg.* 339
Haas, Meaghan, Director, Event Production - Sparks; *pg.* 315
Haas, Rachel, Account Executive - Ogilvy; *pg.* 393
Haase, David, Global Chief Development Officer - Triad Retail Media; *pg.* 272
Haase, Jason, Manager, Financial & Analytics - Apollo Interactive; *pg.* 214
Haase, Jenn, Senior Partner, Director - Mindshare; *pg.* 494
Haase, Nicole, Group Production Director - 72andSunny; *pg.* 23
Haase, Steffanie, Group Director, Creative Services - Siegel & Gale; *pg.* 17
Habeck, Robert, President, Global Account Management - OMD; *pg.* 498
Haber, Gabrielle, Marketing Operations Program Manager - Yesler; *pg.* 436
Haber, Jonathan, Co-Founder - Giant Spoon, LLC; *pg.* 363
Haber, Lauren, Director - Verde Brand Communications; *pg.* 658
Haber, Nicole, Senior Vice President, Digital Corporate & Public Affairs - Edelman; *pg.* 599
Haber, Renee, Executive Vice President, Account Services - Laughlin Constable, Inc.; *pg.* 380
Haberman, Colleen, Director, Special Projects - Orange Label Art & Advertising; *pg.* 395
Haberman, David, Associate Director - Redbox Analytics - Crossmedia; *pg.* 463
Haberman, Fred, Chief Executive Officer & Co-Owner - Haberman; *pg.* 369
Haberman, Lauren, Senior Copywriter - Socialdeviant, LLC; *pg.* 688
Habersang, Steve, Senior Art Director - Taylor Design; *pg.* 201
Haberstock, Kati, Head, Production - Mekanism; *pg.* 113
Habib, Judy, Chief Executive Officer - Kelley Habib John Integrated Marketing; *pg.* 11
Habib, Nina, Vice President, Talent & Human Resource - Civic Entertainment Group; *pg.* 566
Hable, Andrea, Director, Media Planning - BMO Harris - Universal McCann Detroit; *pg.* 524
Habrowski, Chris, Director, Operations - eshots, Inc.; *pg.* 305
Habtu, Siggy, Finance & Operations Director - Ameredia, Inc.; *pg.* 325
Hacias, Greg, President - North America - Netlink; *pg.* 253
Hack, Brian, Digital Marketing Director - Stephan Partners, Inc.; *pg.* 267
Hackenberg, Kate, Director, Account Strategy - Wondersauce; *pg.* 205
Hacker, Jacqueline, Associate Director - Young & Laramore; *pg.* 164
Hacker, Lori Anne, Senior Vice President & Group Director, Local Broadcast Investment - PHD; *pg.* 504
Hacker, Mary, Account Manager - Epic Creative; *pg.* 7
Hackett, Daniel, Senior Communications Strategist - Pereira & O'Dell; *pg.* 256
Hackett, David, Vice President, Creative Director - DiD Agency; *pg.* 62
Hackett, Ian, Director, Business Development - HAPI; *pg.* 81
Hackett, Jason, Owner & Creative Director - HAPI; *pg.* 81
Hackett, Jill, Director, Account - mcgarrybowen; *pg.* 385

AGENCIES   PERSONNEL

Hackler, Marcus, Managing Director - Belief Agency; pg. 38

Hackmann, Alyssa, Senior Account Executive - Litzky Public Relations; pg. 623

Hackney, Alice, Controller - Backbone Media; pg. 579

Hacohen, Nancy, Managing Director - Tool of North America; pg. 564

Haczkiewicz, Anna, Associate Creative Director - MRY; pg. 252

Haddad, Eric, Vice President, Retail Marketing Group & Grocery Retail Environment - The Mars Agency; pg. 683

Haddad, Munir, Co-Founder & Chief Executive Officer - Kiosk Creative LLC; pg. 378

Haddad, Najla, Executive Director, Client Engagement - VMLY&R; pg. 160

Haddad, Youna, Partner & Group Director, Paid Search - Catalyst Digital; pg. 220

Hadden, Gregory, Executive Creative Director - Think Motive; pg. 154

Hadden, Utahna, Vice President & Account Supervisor - AM Strategies; pg. 324

Haddow, Sarah, Vice President, Digital Brand Strategy - Capital One - Horizon Media, Inc.; pg. 474

Hadersbeck, Chad, Director, Business Development - Amelie Company; pg. 325

Hadler, Phil, President - Hadler Public Relations, Inc.; pg. 611

Hadley, Alyx, Brand Management - The Richards Group, Inc.; pg. 422

Hadley, Hannah, Assistant Account Manager - Goodby, Silverstein & Partners; pg. 77

Hadley, Lauren, Vice President, Decision Science - Starcom Worldwide; pg. 513

Hadlock, Bryan, Chief Creative Officer - MARC USA; pg. 104

Hadlock, Carolyn, Principal & Executive Creative Director - Young & Laramore; pg. 164

Haegele, Ford, Creative Director - Karma Agency; pg. 618

Haenel, Brant, Chief Strategy Officer - Modern Climate; pg. 388

Haeseker, Karene, Director, Project Management - Rhythm; pg. 263

Hafez Bartolomeo, Atalie, Account Director - Ogilvy Public Relations; pg. 633

Haffenberg, Liza, Executive Group Director - StrawberryFrog; pg. 414

Haffner, Chris, Supervisor, Production - Fusion Marketing; pg. 8

Haflich, Greg, New Business Director - Callahan Creek ; pg. 4

Haft, Jeremy, Vice President, Sales - Amobee, Inc.; pg. 30

Hagan, Deb, Chief Creative Officer - Yebo; pg. 164

Hagan, Drew, Co-Founder & Chief Culture Officer - InVision Communications; pg. 308

Hagan, Emily, Vice President, Client Services - CTI Media ; pg. 464

Hagan, Jim, Director, Digital Strategy - NSA Media Group, Inc.; pg. 497

Hagan, Mackenzie, Web Designer - Modern Brand Company; pg. 116

Hagan, Scott, Senior Associate, Integrated Investment - Universal McCann; pg. 521

Hagan Brown, Kathy, Co-Chief Executive Officer - Karsh & Hagan; pg. 94

Hagarty, Norm, Chief Executive Officer & Managing Partner - DAC Group; pg. 224

Hage, Justin, Senior Media Planner & Buyer - Ron Foth Advertising; pg. 134

Hagedorn, Gina, Chief Operating Officer - CSM Sport & Entertainment; pg. 347

Hagedorn, Scott, Chief Executive Officer - North America - Omnicom Group; pg. 123

Hagedorn, Scott, Chief Executive Officer - North America - OMD; pg. 498

Hagel, Cindy, Vice President, Client Services & Business Development - Kicking Cow Promotions, Inc.; pg. 309

Hagel, Lexi, Project Manager - Modern Climate; pg. 388

Hagelstein, Bill, President & Chief Executive Officer - RPA; pg. 134

Hagemann, Rob, Account Director - Colle McVoy; pg. 343

Hagen, Glenn, Chief Creative Officer - Smith Design; pg. 199

Hagen, James, President - no|inc; pg. 254

Hagen, Kent, Manager, Integrated Media - Wavemaker; pg. 528

Hagen, Maeve, President - Charlotte - Taylor; pg. 651

Hager, Brittany, Integrated Producer - VMLY&R; pg. 160

Hager, Heather, Associate Digital Media Director - Proof Advertising; pg. 398

Hager, Lorie, Chief Financial Officer - Wendt; pg. 430

Hagerman, Gabriella, Associate, Communications Design - Initiative; pg. 477

Hagerman, Jenn, Senior Account Supervisor - Kiosk Creative LLC; pg. 378

Hagerty, Jessica, President & Operations Director - The Evoke Group; pg. 270

Hagg, Alex, Media Coordinator - The Brandon Agency; pg. 419

Hagg, Kati, Associate Account Director - Manifest; pg. 248

Haggard, Cathy, Broadcast Negotiator - The Richards Group, Inc.; pg. 422

Haggard, Sydney, Digital Developer - Young & Laramore; pg. 164

Haggerty, Cameron, Account Director - Billups Worldwide; pg. 550

Haggerty, Carolyn, Vice President, Business Management - Edulence Interactive; pg. 230

Haggerty, Chris, Group Program Director - VMLY&R; pg. 274

Haggerty, James, President & Chief Executive Officer - PRCG | Haggerty, LLC; pg. 638

Haggerty, Kristin, Associate Director, Technology & Activation Group - Starcom Worldwide; pg. 517

Haggerty, Phillip, Supervisor, Digital Advertising Operations - Haworth Marketing & Media; pg. 470

Haggerty, Sean, Senior Art Director - Sasquatch; pg. 138

Haggloff, Tom, Copywriter - AFG&; pg. 28

Haggman, Emily, President - Haggman; pg. 81

Hagler, Monty, President & Chief Executive Officer - RLF Communications; pg. 643

Haglund, Samantha, Operations Coordinator - Rebel Ventures Inc.; pg. 262

Haglund, Tara, Account Supervisor - Deutsch, Inc.; pg. 350

Hagopian, Monette, Managing Director - Havas Worldwide San Francisco; pg. 370

Hagopian, Sarkis, Vice President, Sales - Webb/Mason; pg. 294

Hagstrom, Sue, Human Resources Director - Colle McVoy; pg. 343

Hague, Megan, Region Director - North America - TracyLocke; pg. 426

Hagy, Jarrett, President & Owner - Lodge Design Co.; pg. 190

Hahn, Alex, Senior Partner, Sustainability - VOX Global ; pg. 658

Hahn, Amber, Executive Vice President & Director, Planning - Ogilvy Public Relations; pg. 633

Hahn, Candice, Senior Vice President & Managing Director - R/GA; pg. 261

Hahn, David, Senior Partner - Media Connect; pg. 485

Hahn, Dennis, Chief Strategy Officer - Liquid Agency, Inc.; pg. 12

Hahn, Greg, Owner - Gretel; pg. 78

Hahn, Haley, Supervisor, Strategy - CPG - PHD Chicago; pg. 504

Hahn, Jeff, Principal - Hahn Public Communications; pg. 686

Hahn, Jim, Production Manager - Jackson Marketing Group; pg. 188

Hahn, Mike, Executive Creative Director - Ogilvy; pg. 393

Hahn, Peter, Executive Vice President & Creative Director - Finn Partners; pg. 603

Hahn, Trenton, Senior Vice President - Bose Public Affairs Group, LLC; pg. 585

Hahnfeldt, Tiffany, Director, Account & Project Management - 5ive; pg. 23

Hahs, Jennifer, Director, Business Planning - Essence; pg. 233

Hahs, Rebecca, Art Director & Senior Designer - RK VENTURE; pg. 197

Haidao, Hani, Senior Paid Social Media Manager - Brand Value Accelerator; pg. 42

Haidinger, Tom, President - Advantage International; pg. 301

Hail, Mike, Chief Executive Officer - Data Decisions Group; pg. 443

Haile, Jennifer, Senior Director - Mitchell; pg. 627

Hain, Debbie, Principal - The Dozier Company ; pg. 419

Hain, Lindsay, Brand Strategist - Horizon Media, Inc.; pg. 473

Hainaut, Laurent, President & Chief Executive Officer - Force Majure Design Inc.; pg. 183

Haines, Eileen, Coordinator, Media - Schubert Communications. Inc.; pg. 139

Haines, Hudson, Creative Director - Centerline Digital; pg. 220

Haines, Kurt, Senior Manager, Digital Advertising Operations - Universal McCann Detroit; pg. 524

Haines, Michael, Senior Art Director - ABC Creative Group; pg. 322

Haines, Nicole, Digital Producer - BASIC; pg. 215

Haines, Zak, Senior Director, Digital Media - Ovative Group; pg. 256

Hainline, Scott, Senior Vice President & Executive Broadcast Producer - Hill Holliday; pg. 85

Hainsworth, Stanley, Chairman & Chief Creative Officer - Tether; pg. 201

Hair, Kirsten, Associate Director - Starcom Worldwide; pg. 513

Hair, Tom, President - Axiom; pg. 174

Haire, David, Senior Designer - Wray Ward; pg. 433

Haithcock, Laura, Content Producer - WongDoody; pg. 162

Hajimomen, Matthew, Manager, Product - Hyundai Automotive - Innocean USA; pg. 479

Hajko-Macchia, Nicole, Senior Media Buyer - Incremental Media; pg. 477

Hakes, Megan, General Manager & Co-Founder - Reputation Partners; pg. 642

Hakim, Aisha, Senior Art Director - Venables Bell & Partners; pg. 158

Hakimi, Maria, Group Director, Digital - OMD - Resolution Media; pg. 263

Hakkers, Flavia, Vice President, Finance & Operations - M8; pg. 542

Halabuk, Patty, Senior Account Manager - Penna Powers Brian Haynes; pg. 396

Halamandaris, Lexi, Senior Paid Search Specialist - Jellyfish; pg. 243

Halamuda, Jenni, Senior Account Supervisor - Miller Ad Agency; pg. 115

Halas, Olivia, Associate Director - Amnet; pg. 454

Halas, Olivia, Senior Account Manager -

835

PERSONNEL   AGENCIES

Cadillac - Amnet; *pg.* 454
Halaska, Howard, Vice President, Client Strategy - Layer One Media, Inc.; *pg.* 245
Halberg, Clarice, Vice President & Management Supervisor - J.T. Mega, Inc.; *pg.* 91
Halberstadt, David, Integrated Production Business Manager - McCann New York; *pg.* 108
Halbur, Annette, Controller & Director, Human Resources - Trilix Marketing Group, Inc.; *pg.* 427
Halcomb, Jeff, Owner & President - Zoom Advertising; *pg.* 165
Halcro, Jeffrey, Creative Director & Vice President - BT/A Advertising; *pg.* 44
Haldeman, Brock, Founder & Executive Creative Director - Pivot Design, Inc.; *pg.* 195
Haldeman, Liz, President & Executive Creative Director - Pivot Design, Inc.; *pg.* 195
Haldiman, Jackie, Vice President, Media - Marlin Network; *pg.* 105
Hale, Dave, Founder & Chief Executive Officer - Soshal; *pg.* 143
Hale, Izaak, Senior Art Director - 78Madison; *pg.* 321
Hale, Morgan, Senior Account Executive - Champion Management Group, LLC; *pg.* 589
Hale, Natalie, Founder & Chief Executive Officer - Media Partners Worldwide; *pg.* 485
Hale, Nina, Founder - Nina Hale Consulting; *pg.* 675
Hale, Sam, Media Coordinator - Backbone Media; *pg.* 579
Hale, Shana, General Manager & Global Creative Director - The Trade Desk; *pg.* 520
Halebian, Samantha, Supervisor, National Video Activation - Carat; *pg.* 459
Haley, Bill, President & Founder - Allied Pixel; *pg.* 561
Haley, Brian, Regional Vice President - Ultimate Parking; *pg.* 294
Haley, Briggs, Media Supervisor - Starcom Worldwide; *pg.* 513
Haley, Hillary, Senior Vice President & Executive Director, Behavioral Science - RPA; *pg.* 134
Haley, Tom, Chief Creative Officer - Jellyvision Lab; *pg.* 377
Haligman, Ronnie, President - Zimmerman Advertising; *pg.* 437
Halivopoulos, Lori, Executive Vice President & Regional Director, Marketing Communications - GfK; *pg.* 444
Hall, Alan, President & Chief Executive Officer - One & All Agency; *pg.* 289
Hall, Alan, Founder & Chairman - MarketStar Corporation; *pg.* 383
Hall, Alana, Executive Producer - Triptent; *pg.* 156
Hall, Albert, President - HallPass Media; *pg.* 81
Hall, Alexander, Associate Group Director, Brand - Horizon Media, Inc.; *pg.* 474
Hall, Alexandra, Co-Founder & Partner - Harley & Co; *pg.* 9
Hall, Amanda, Senior Media Planner - The Ramey Agency; *pg.* 422
Hall, Andrew, Associate Director, Communications Planning - Carat; *pg.* 459
Hall, Beverly, Controller - Thoma Thoma Creative; *pg.* 155
Hall, Brian, Account Director - Crossmedia; *pg.* 463
Hall, Brian, Lead Content Strategist - Leverage; *pg.* 245
Hall, Chris, Co-Chief Executive Officer - North America - Publicis.Sapient; *pg.* 259
Hall, Christina, Vice President & Account Director- Planning - Initiative; *pg.* 479
Hall, Dan, Vice President & Director, Digital Media - LevLane Advertising; *pg.* 380

Hall, Dan, Account Director, Sports & Entertainment Marketing - GMR Marketing San Francisco; *pg.* 307
Hall, David, Brand Management Principal - The Richards Group, Inc.; *pg.* 422
Hall, Derek, Account Director - Skiver Advertising; *pg.* 142
Hall, Elizabeth, Managing Director - Iris Atlanta; *pg.* 90
Hall, Eugene, Chief Executive Officer - Gartner, Inc.; *pg.* 236
Hall, Gaela Renee, Media Director - The Barber Shop Marketing; *pg.* 148
Hall, Gianine, Associate Director - Posterscope U.S.A.; *pg.* 556
Hall, Gloria, Senior Partner & Executive Director, Licensing - Ogilvy; *pg.* 393
Hall, Jane, Vice President, Strategy & Integration - Infinity Marketing; *pg.* 374
Hall, Jason, Head, Creative - Naming - Siegel & Gale; *pg.* 17
Hall, Jaymie, Media Director - 360i, LLC; *pg.* 320
Hall, Jen, Project Manager, Web - Drive Brand Studio; *pg.* 64
Hall, Jennifer, Managing Director - CLS Strategies; *pg.* 591
Hall, Jenny, Senior Vice President, Creative Strategy - Digitas; *pg.* 227
Hall, Jody, Chief Operating Officer - MAC Presents; *pg.* 298
Hall, John, Co-Founder & Advisor - Influence & Co; *pg.* 615
Hall, Johnathan, Chief Financial Officer - Dreamspan; *pg.* 7
Hall, Joy, Project Manager & Manager, Marketing - Morvil Advertising & Design Group; *pg.* 14
Hall, Justin, Partner & Co-Founder - Voxus PR; *pg.* 658
Hall, Kate, Creative Director - RPR Marketing Communications; *pg.* 644
Hall, Katy, Associate Director, Recourse Management - Digitas; *pg.* 227
Hall, Laurie, Vice President - Black Rock Marketing Group; *pg.* 39
Hall, Lena, Social Media Manager - Wingard Creative; *pg.* 162
Hall, Leslie, Co-Founder & President - Iced Media; *pg.* 240
Hall, Lili, President & Chief Executive Officer - Knock, Inc.; *pg.* 95
Hall, Lisa, Account Director - Maxwell & Miller Marketing Communications; *pg.* 384
Hall, Mark, Founder - Firehouse, Inc.; *pg.* 358
Hall, Michele, Senior Vice President, Business Development & Client Services - Cooper-Smith Advertising; *pg.* 462
Hall, Michelle, Integrated Media Buying Supervisor - Broadcast Activations - Zimmerman Advertising; *pg.* 437
Hall, Nechie, Board Member - Vladimir Jones; *pg.* 429
Hall, Pamela, Vice President - Brainstorm Media; *pg.* 175
Hall, Rebecca, Founder & Chief Executive Officer - Idea Hall; *pg.* 615
Hall, Samantha, Supervisor - MayoSeitz Media; *pg.* 483
Hall, Sarah, Executive Vice President & Executive Director - FCB Health; *pg.* 72
Hall, Sarah, Founder & Partner, Creative Strategy - Harley & Co; *pg.* 9
Hall, Shelley, Director, Business Development - THIRD EAR; *pg.* 546
Hall, Simon, Group Brand Director - 72andSunny; *pg.* 23
Hall, Stephen, Chief Marketing Officer - Horizon Media, Inc.; *pg.* 474

Hall, Thomas, Chairman - Tucker / Hall, Inc.; *pg.* 657
Hall, Tosh, Global Executive Creative Director - jones knowles ritchie; *pg.* 11
Hall, Vicki, Accountant - Stone Ward Advertising; *pg.* 413
Hall, Wayne, Senior Copywriter - Gilbreath Communications, Inc.; *pg.* 541
Hall, Will, Chief Creative Officer - RAIN; *pg.* 262
Hallberg, Clarice, Vice President & Management Supervisor - J.T. Mega, Inc.; *pg.* 91
Halle, Sarah, Associate Creative Director, Copy - Vermilion Design; *pg.* 204
Haller, Chris, Executive Vice President & Owner - Obata Design, Inc.; *pg.* 193
Haller, Dan, Vice President, Engagement Strategy - Heartbeat Ideas; *pg.* 238
Halleran, David, Chief Financial Officer & Senior Vice President - Publicis West; *pg.* 130
Hallerberg, Alex, Specialist, Audio & Video - Kelly, Scott & Madison, Inc.; *pg.* 482
Hallert, Chad, Vice President, Performance Marketing - Noble Studios; *pg.* 254
Halley, Lauren, Account Executive - Saeshe Advertising; *pg.* 137
Hallgren, Anne, Director, National Broadcast - Haworth Marketing & Media; *pg.* 471
Halliburton, Alan, Chairman - Halliburton Investor Relations; *pg.* 611
Halliday, Alyssa, Platform Media Manager - Trilia ; *pg.* 521
Halliday, Jenna, Group Director, Production - R/GA; *pg.* 260
Halligan, Beate, President - H+A International, Inc.; *pg.* 611
Halligan, Jim, Director, Paid Operations & Performance - Location3 Media; *pg.* 246
Halligan, Roger, Chief Executive Officer - H+A International, Inc.; *pg.* 611
Halling, Mckenzie, Account Coordinator - Planet Propaganda; *pg.* 195
Halliwell, Laura, Creative Director - Teknicks; *pg.* 677
Halll, Brittany, Art Director - Trampoline; *pg.* 20
Hallman, Gene, President & Chief Executive Officer - Bruno Event Team; *pg.* 303
Hallman, Justin, Digital Implementation Specialist - Commit Agency; *pg.* 343
Hallman, Karis, Vice President & Production Manager - The Adams Group; *pg.* 418
Hallman, Kimberly, Senior Vice President - 160over90; *pg.* 1
Hallmark, Andrew, Senior Partner - Potomac Communications Group, Inc.; *pg.* 638
Hallmark, Jordan, Account Supervisor - Ogilvy; *pg.* 393
Hallock, Jackie, President & Creative Director - Hallock & Branch; *pg.* 81
Halloran, John, Director, Creative Services - Macy + Associates, Inc.; *pg.* 382
Hallums, Amber, Senior Analyst, Digital Marketing - Watauga Group; *pg.* 21
Halper, Ari, Chief Creative Officer - FCB New York; *pg.* 357
Halper, Bryan, Vice President, Finance & Global Investor Strategy - Prohaska Consulting; *pg.* 130
Halperin, Michael, Director, Interactive - Bayard Advertising Agency, Inc.; *pg.* 37
Halpern, Drew, Group Account Director - Terri & Sandy; *pg.* 147
Halpern, Katie, Strategic Planning Director, Vice President - Cavalry; *pg.* 48
Halpert, Jack, Media Planner - GP Generate, LLC; *pg.* 541
Halpert, Mark, Traffic Associate -

836

AGENCIES
PERSONNEL

Posterscope U.S.A.; *pg.* 556
Halphen, Stephanie, Vice President, Strategy - VaynerMedia; *pg.* 689
Halpin, Bonnie, Supervisor, Strategy - Canvas Worldwide; *pg.* 458
Halpin, Denise, Senior Vice President, Client Marketing - Empower; *pg.* 354
Halpin, Erin, VP, Chief Community Officer - The Buntin Group; *pg.* 148
Halpin, Jamey, Associate Director, Planning - Carat; *pg.* 459
Halpin, Lindsey, Account Director - MGH Advertising ; *pg.* 387
Halpin, Matthew, Partner - Public Strategies Impact; *pg.* 639
Halpin, Suzanne, Managing Director - Rubenstein Associates; *pg.* 644
Halprin, Marisa, Senior Media Planner - Mediahub New York; *pg.* 249
Halsall, Chris, President, Growth & Innovation - OgilvyRED - OgilvyOne Worldwide; *pg.* 255
Halsey, Stephen, Chief Growth Officer - Gibbs & Soell, Inc.; *pg.* 607
Halter, Sean, Principal & Chief Executive Officer - Connectivity Strategy; *pg.* 462
Haltzman, Ashley, Associate Director, Digital Investment - Mindshare; *pg.* 491
Halvachs, Ken, Associate Content Director - Digitas; *pg.* 227
Halvorsen, Ashley, Vice President & Group Brand Director - Horizon Media, Inc.; *pg.* 474
Halvorsen, Brooke, Manager, Innovation - 4FRONT; *pg.* 208
Hamada, Leslie, Director, Marketing - Signature Communications; *pg.* 410
Hamagami, John, Managing Director & Partner - Hamagami/Carroll, Inc.; *pg.* 185
Hamamci, Asli, Senior Vice President & Global Account Director - PHD USA; *pg.* 505
Hamann, Rick, Executive Creative Director - Leo Burnett Worldwide; *pg.* 98
Hamaoui, Bert, Group Director - OMD West; *pg.* 502
Hambly, Bob, Partner - Hambly & Woolley, Inc.; *pg.* 185
Hambrick, Gwen, Vice President, Administration - Ward Creative Communications; *pg.* 659
Hambrick, Paula, Principal & Owner - Hambrick & Associates; *pg.* 467
Hamburg, Perry, Associate Director, Marketing Science - Hearts & Science; *pg.* 471
Hamburger, Gregg, Chief Integration Officer - The Marketing Arm; *pg.* 316
Hamby, Greg, Senior Director, Business Development - SourceLink, LLC; *pg.* 292
Hamby, Stuart, Account Executive - Intersection; *pg.* 553
Hamby, Tim, Director, Creative - Beson 4 Media Group; *pg.* 3
Hamel, Caroline, Director, Production Services - redpepper; *pg.* 405
Hamelin, Ben, Director, Web Services - AdWorkshop & Inphorm; *pg.* 323
Hamer, Beth, Senior Director, Media Planning & Buying - Markstein; *pg.* 625
Hamer, Jordan, Associate Creative Director - Cossette Media; *pg.* 345
Hamersmith, Cheryl, President - Hunter Hamersmith; *pg.* 87
Hamidi, Natasha, Vice President, Finance & Human Resources - Marketing Factory, Inc.; *pg.* 383
Hamill, Alexandra, Account Executive - BBDO San Francisco; *pg.* 330
Hamill, Emily, Senior Vice President & Director, Connections Strategy - Gatesman; *pg.* 361
Hamill, Joseph, Associate Director, Planning - Initiative; *pg.* 477
Hamill, Mary, President & Chief Executive Officer - Global 5; *pg.* 608
Hamill, Matt, Executive Vice President & Chief Operations Officer - Global 5; *pg.* 608
Hamilton, Alana, Supervisor, Communications Planning - Coca Cola - Carat; *pg.* 461
Hamilton, Alycia, Vice President & Group Account Director - Digitas; *pg.* 227
Hamilton, Bill, Chief Executive Officer & Creative Director - theAgency; *pg.* 154
Hamilton, Brad, Group Creative Director - Trozzolo Communications Group; *pg.* 657
Hamilton, Cyndi, Manager, Sales - Epic Outdoor Advertising; *pg.* 552
Hamilton, Davina, Account Manager - Digitas; *pg.* 227
Hamilton, Debbie, Director, Media Buying - Texas Creative; *pg.* 201
Hamilton, Diann, Senior Vice President & Executive Director, Planning - Digitas Health LifeBrands; *pg.* 229
Hamilton, Ian, President, Nonbox Sports - Nonbox; *pg.* 121
Hamilton, Jim, Managing Director & Head, U.S. Agency - Jellyfish U.S.; *pg.* 243
Hamilton, Jonny, Senior Vice President, Creative & Content - Lightbox OOH Video Network; *pg.* 553
Hamilton, Joy, Senior Account Executive - Communicorp, Inc.; *pg.* 52
Hamilton, Lisa, Senior Media Buyer - Martin Advertising; *pg.* 106
Hamilton, Maren, Senior Manager, Social Media - The Integer Group; *pg.* 682
Hamilton, Sharia, Supervisor, Integrated Media - Walton Isaacson CA; *pg.* 547
Hamilton, Sheila, Senior Vice President & Publicis Lead, Kellogg Account - Starcom Worldwide; *pg.* 513
Hamilton, Susan, Senior Vice President & Director, Travel & Tourism Division - Devine + Partners; *pg.* 596
Hamilton, Susan, Content Manager - Designsensory; *pg.* 62
Hamilton, Sydney, Manager, Paid Search - iProspect; *pg.* 674
Hamilton, Whitney, Social Media Manager - The Infinite Agency; *pg.* 151
Hamlin, David, Vice President, Strategic Planning - Camelot Strategic Marketing & Media; *pg.* 457
Hamlin, Michael, Director, Art - Grapevine Communications; *pg.* 78
Hamlin, Natalie, Senior Manager, Client Experience - Weber Shandwick; *pg.* 662
Hamlin, Pam, President - York Creative Collective - GYK Antler; *pg.* 368
Hamlin, Tom, Chief Activation Officer - Catalyst, Inc.; *pg.* 48
Hamling, Tom, Senior Vice President & Group Creative Director - GSD&M; *pg.* 79
Hammack, Cole, Associate Strategy Director - R/GA; *pg.* 261
Hamman, Bob, Founder & President - SCA Promotions, Inc. ; *pg.* 569
Hammel, Tom, Vice President, Paid Media - Wpromote; *pg.* 678
Hammelman, Susanne, President & Chief Operating Officer - The Hawthorn Group; *pg.* 653
Hammer, Benedikt, Account Manager, SEO - Location3 Media; *pg.* 246
Hammer, Garth, Vice President, Strategy Director - Publicis North America; *pg.* 399
Hammer, Kristin, Vice President, Global Media Strategy - Spark Foundry; *pg.* 508
Hammer, Markus, Senior Analyst - Huge, Inc.; *pg.* 240
Hammer, Matthew, Marketing Director - LiveWorld; *pg.* 246
Hammerling, Brooke, Founder - Brew Media Relations; *pg.* 586
Hammerling, Haley, Senior Global Public Relations Manager - Gore-Tex - AKQA; *pg.* 211
Hammerling, Hayden, Senior Manager, Account - The Bender Group; *pg.* 652
Hammes, Gwen, Senior Vice President & Director, Group Management - FCB Chicago; *pg.* 71
Hammett, Kris, Owner, Planner, Meetings & Events, & Vice President, Sales - Juice Studios; *pg.* 309
Hammill, Kristin, Vice President & Group Director - Havas Media Group; *pg.* 468
Hammon, Shelly, Executive Vice President - Tierney Communications; *pg.* 426
Hammond, Bob, Chief Technology Officer - mPlatform - GroupM; *pg.* 466
Hammond, David, President - Abel Solutions, Inc.; *pg.* 209
Hammond, Debi, Founder & Chief Executive Officer - Merlot Marketing; *pg.* 114
Hammond, Drew, Associate Creative Director - The Bohan Agency; *pg.* 418
Hammond, Gray, Director, Market Information & Research - J. Gottheil Marketing Communications, Inc.; *pg.* 376
Hammond, Joel, Director, Public Relations & Brand Advocacy - Adcom Communications, Inc.; *pg.* 210
Hammond, Jon, Enterprise Campaign Manager - 97th Floor; *pg.* 209
Hammond, Julia, Managing Director & General Manager - Chicago - Heat; *pg.* 84
Hammond, Katie, Senior Vice President & Account Director, Operations - Leo Burnett Worldwide; *pg.* 98
Hammond, Kevin, Creative Director - 20nine Design Studios; *pg.* 171
Hammond, Lou Rena, Founder & Chairman - Lou Hammond Group; *pg.* 381
Hammond, Marian, Principal - Brink Communications; *pg.* 337
Hammond, Stephen, Chief Executive Officer - Lou Hammond Group; *pg.* 381
Hammonds, Kelsey, Senior Vice President - Porter Novelli; *pg.* 637
Hampel, Doug, Principal & Managing Director, Client Services - Gibbs & Soell, Inc.; *pg.* 607
Hampf, Holger, President - Designworks/USA; *pg.* 179
Hample, Martha, Senior Vice President & Director, Operations - Archer Malmo; *pg.* 32
Hampshire, Amber, Vice President, Account Services - AFA Krause; *pg.* 28
Hampshire, Taylor, Senior Planner, Strategy - Zenith Media; *pg.* 531
Hampton, Brandon, Creative Director - Moxie; *pg.* 251
Hampton, Defausha, Account Director - SHIFT Communications LLC; *pg.* 647
Hampton, Erin, Senior Production Manager - Imre; *pg.* 374
Hampton, Hunter, Creative Director - Johannes Leonardo; *pg.* 92
Hampton, Josh, Associate Creative Director - Quantum Communications ; *pg.* 401
Hampton, Karen, Owner - Schenk Hampton Advertising; *pg.* 138
Hampton, Larry, President & Owner - Schenk Hampton Advertising; *pg.* 138
Hampton, Marcelle , Vice President, Account Management - The George P. Johnson Company; *pg.* 316
Hampton, Sarah, Senior Vice President, Operations - r2integrated; *pg.* 261
Hampton, Tyler, Creative Director - Venables Bell & Partners; *pg.* 158

PERSONNEL — AGENCIES

Hamrahi, Joe, Chief Financial Officer - M Booth & Associates, Inc. ; *pg.* 624
Hamrick, David, Head, Business Development & Senior Account Executive - BooneOakley; *pg.* 41
Hamrick, Kirsten, Production Manager - Asher Agency; *pg.* 327
Hamzeh, Mo, Vice President & Account Director - TBWA\WorldHealth; *pg.* 147
Han, Cindy, Associate Director - Mindshare; *pg.* 491
Han, Ed, Director - CinemaStreet; *pg.* 50
Han, Joseph, Associate Director, Analytics - Horizon Media, Inc.; *pg.* 474
Han, Nanah, Director - Starcom Worldwide; *pg.* 516
Hanagami, Malia, Associate Director, Paid Social media - Adidas - MediaCom; *pg.* 486
Hanan, Amy, Chief Digital Officer - Baretz + Brunelle; *pg.* 580
Hanavan, Patrick, Chief Client Officer & Co-Founder - Extreme Reach, Inc.; *pg.* 552
Hancock, Alana, Director, Account - LRXD; *pg.* 101
Hancock, Alex, Manager, Communications Design - Initiative; *pg.* 477
Hancock, Barrie, Senior Vice President - French / West / Vaughan ; *pg.* 361
Hancock, Chris, President - Hancock Advertising Agency ; *pg.* 81
Hancock, Chuck, Chairman - Hancock Advertising Agency ; *pg.* 81
Hancock, Gigi, Chief Financial Officer & Vice President - DG Studios; *pg.* 179
Hancock, Janet, Media Planner & Buyer - Anderson Marketing Group; *pg.* 31
Hancock, Jessie, Media Planner - Martin Advertising; *pg.* 106
Hancock, Jolene, Owner - Hancock Advertising Group, Inc.; *pg.* 81
Hancock, Kitt, President & Senior Partner - DaynerHall Marketing & Advertising; *pg.* 58
Hancock, Lorill, Project Manager - Hangar 18 Creative Group; *pg.* 185
Hancock, Mark, Director, Business Development - Axxis; *pg.* 302
Hancock, Nicola, Strategist, Media - Trampoline; *pg.* 20
Hand, Derek, Associate Director - Canvas Worldwide; *pg.* 458
Handel, Judi, Vice President, Human Resources - McNeil, Gray & Rice; *pg.* 627
Handelman, Dara, Marketing Lead - US - Playbuzz; *pg.* 128
Handelman, David, Executive Vice President & Managing Director - Havas Media Group; *pg.* 469
Handelman, Lauren, Vice President & Director, Video Investment - Spark Foundry; *pg.* 510
Handerham, Megan, Media Supervisor, Integrated Media Planner - Mediahub Winston Salem; *pg.* 386
Handler, Christopher, Partner & Practice Director, Social Marketing - Ketchum; *pg.* 619
Handler, Hanna, Strategy Supervisor - PHD Chicago; *pg.* 504
Handler, Justin, Account Strategist - O3 World; *pg.* 14
Handley, Melissa, Vice President & Partner, Portfolio Management - Universal McCann; *pg.* 524
Handly, Joe, Senior Strategist, Media - RDW Group ; *pg.* 403
Handrich, Catherine, Associate Director - PHD USA; *pg.* 505
Handschuh, Alyssa, Account Manager - Moxie Communications Group; *pg.* 628
Handy, Peter, Chief Executive Officer & Managing Director - Advantix Digital; *pg.* 211
Hanes, Liz, Office Manager & Human Resource Director - Brustman Carrino Public Relations ; *pg.* 587
Hanes, Samuel, Account Manager - Young & Laramore; *pg.* 164
Hanessian, Lynn, Chief Strategy Officer - Edelman; *pg.* 353
Haney, Bill, Chairman - Derse, Inc.; *pg.* 304
Haney, Brett, Chief Executive Officer - Derse, Inc.; *pg.* 304
Haney, Kaleigh, Account Director - Proof Advertising; *pg.* 398
Haney, Paul, Joint Venture Partner - Englander Knabe & Allen; *pg.* 602
Haney, Scott, President - iDfour; *pg.* 285
Haney-Crowe, Jennifer, Account Director - The MX Group; *pg.* 422
Hanford, Diana, Vice President - Pierson Grant Public Relations; *pg.* 636
Hanford, Raymond, Account Executive - DAC Group; *pg.* 223
Hang, Cynthia, Digital Media Supervisor - OMD West; *pg.* 502
Hang, Sherry, Director, Marketing & Creative Services - Yeck Brothers Company; *pg.* 294
Hanger, Hilary, Broadcast Media Supervisor - Team One; *pg.* 418
Hanig, Amanda, Senior Creative Director - Known; *pg.* 298
Hanke, Curt, Principal, Chief Executive Officer & Chief Strategist - Shine United; *pg.* 140
Hanke, Jenny, Manager, Accountant & Human Resources - LP&G, Inc.; *pg.* 381
Hanke-Hills, Tia, Associate Creative Director - Space150; *pg.* 266
Hanko, Lauren, Media Director - Harmelin Media; *pg.* 467
Hanks, Lorna, Manager, Creative Operations - Hudson Rouge; *pg.* 371
Hanley, Chris, Senior Vice President & Group Account Director - Cramer-Krasselt ; *pg.* 53
Hanley, Jennifer, Partner & Studio Leader - Industry & Columbus - IBM iX; *pg.* 240
Hanley, John, Vice President & Group Partner, Portfolio Management - Universal McCann; *pg.* 521
Hanley, Mary, Senior Director, Strategy - Initiative; *pg.* 477
Hanley, Mary, Senior Director, Operations - Initiative; *pg.* 479
Hanley, Maureen, Project Manager - Ethos Marketing & Design; *pg.* 182
Hanley, Stacia, Group Director, Communications Strategy & Planning - mcgarrybowen; *pg.* 385
Hanlon, Andrew, Co-Founder, Co-Owner & President - Hanlon Creative; *pg.* 81
Hanlon, Brenda, Vice President & Media Director - Horich Hector Lebow Advertising; *pg.* 87
Hanlon, Brittney, Senior Designer, Digital - Gyro NY; *pg.* 369
Hanlon, Christopher, Founder, Co-Owner & Creative Director - Hanlon Creative; *pg.* 81
Hanlon, Evan, Chief Strategy Officer - U.S. - GroupM; *pg.* 466
Hanlon, Janet, Office Manager - Hanlon Creative; *pg.* 81
Hanlon, Steve, Senior Art Director - Team One; *pg.* 417
Hanna, Amy, Vice President - Borshoff; *pg.* 585
Hanna, Bill, Director, Information Technology - Tukaiz; *pg.* 427
Hanna, Brad, Executive Vice President & Group Account Leader - Barkley; *pg.* 329
Hanna, Dayne, Founder - Hanna & Associates ; *pg.* 81
Hanna, Jeff, Chief Executive Officer - Hanna & Associates ; *pg.* 81
Hanna, Jessica, Vice President & Account Director - Arc Worldwide; *pg.* 327
Hanna, Lizzy, General Manager, Engine Media - Engine Media Group; *pg.* 465
Hannah, Katie, Account Executive - The Integer Group - Dallas; *pg.* 570
Hannaka Marques, Kelly, Director, Brand - DiMassimo Goldstein; *pg.* 351
Hannam, Angie, Executive Vice President & Global Chief Talent Officer - R/GA; *pg.* 260
Hannan, Andie, Strategy Associate - Spark Foundry; *pg.* 510
Hannan, Kendall, Producer - Deeplocal; *pg.* 349
Hannan, Robert, Executive Vice President & Managing Director, Operations - Carat; *pg.* 459
Hannaway, Sean, Creative Director - Leo Burnett Worldwide; *pg.* 98
Hannay, Owen, Chairman & Chief Executive Officer - Slingshot, LLC; *pg.* 265
Hannegan, Christy, Director, Operations - Deskey Integrated Branding ; *pg.* 7
Hannen, Janci, Sponsorship Event Manager - Pendleton Whisky - SoHo Experiential; *pg.* 143
Hanners, Tim, Senior Head, Healthcare Marketing - The Johnson Group; *pg.* 420
Hannigan, Jacqui, Executive Director, Media - RP3 Agency; *pg.* 408
Hannon, Kate, Media Buyer & Planner - Big Communications, Inc.; *pg.* 39
Hannum, Lisa, President & Chief Executive Officer - Beehive PR; *pg.* 582
Hanrahan, Colleen, Account Director - BCW New York; *pg.* 581
Hanrahan, Jacqueline, Vice President & Director, Media Technology - Digitas; *pg.* 227
Hanrahan, Lauren, Chief Executive Officer - Zenith Media; *pg.* 529
Hanratty, Darcie, Account Coordinator - Traffic & Print Media Buying - SPD&G; *pg.* 411
Hans, Kanisha, Media Planner & Buyer, Social Media - Crossmedia; *pg.* 463
Hans, Rachel, Account Executive - Trevelino / Keller Communications Group; *pg.* 656
Hansa, John, Executive Creative Director - DDB Chicago; *pg.* 59
Hansen, Alaine, Manager, Social Media - Fuseideas, LLC; *pg.* 306
Hansen, Amy, Senior Vice President & Creative Director - HCB Health; *pg.* 83
Hansen, Amy, Vice President, Public Relations & Strategic Planning - Seroka Brand Development; *pg.* 646
Hansen, Andrew, Director, Media - CMI Media, LLC; *pg.* 342
Hansen, Ann, Media Strategist - DDM Marketing & Communications; *pg.* 6
Hansen, Bryan, Account Supervisor - Murphy O'Brien, Inc.; *pg.* 630
Hansen, Christian, Principal & Creative Director - Hint Creative; *pg.* 86
Hansen, Christopher, Chief Product Officer - IgnitionOne; *pg.* 673
Hansen, Dave, Partner & Chief Executive Officer - Swanson Russell Associates; *pg.* 415
Hansen, Eric, Associate Creative Director - Colle McVoy; *pg.* 343
Hansen, Eric, Chief Financial & Operating Officer - RedPeg Marketing; *pg.* 692
Hansen, Hans, Co-Founder - Solve; *pg.* 17
Hansen, Jonathan, Creative Director - Rodgers Townsend, LLC; *pg.* 407
Hansen, Kathy, Operations Manager- Sharprint - Azavar Technologies Corporation; *pg.* 215
Hansen, Ken, Sales Associate - A.A. Advertising; *pg.* 565
Hansen, Kevin, Vice President, Business Development - Derse, Inc.; *pg.* 304
Hansen, Kimberly, Senior Art Director -

AGENCIES   PERSONNEL

Strata-Media, Inc.; pg. 18
Hansen, Luke, Analyst, Search - Global Strategies; pg. 673
Hansen, Marcia, Principal & Partner - Motivate, Inc.; pg. 543
Hansen, Mark, Chief Client Officer & Managing Director - DDB Chicago; pg. 59
Hansen, Paula, Founder & Chairman - Savage Design Group; pg. 198
Hansen, Ron, Principal & Design Director - Hansen Belyea; pg. 185
Hansen, Summer, Media Assistant - BVK; pg. 339
Hansen, Trevor, Chief Executive Officer - Motivate, Inc.; pg. 543
Hansen, Wendy, Director, Account Planning - Penna Powers Brian Haynes; pg. 396
Hansen, Yardley, Account Supervisor - Droga5; pg. 64
Hanser, Bonnie, Chief Operating Officer & Principal - Hanser & Associates; pg. 611
Hanser, Julie, Director, Talent Development - Proximity Worldwide; pg. 258
Hanser, Ron, Chairman & Principal - Hanser & Associates; pg. 611
Hanser, Ryan, President & Chief Operating Officer - Hanser & Associates; pg. 611
Hansler, Lynn, Senior Media Buyer - Spark Foundry; pg. 510
Hanson, Andi, Media Planner - Valassis; pg. 294
Hanson, Carly, Supervisor, Digital Strategy - Haworth Marketing & Media; pg. 470
Hanson, Chris, Creative Director - Lessing-Flynn Advertising Co.; pg. 99
Hanson, Chrissie, Global Chief Strategy Officer - OMD West; pg. 502
Hanson, Courtney, Media Supervisor - Team One; pg. 418
Hanson, Dave, Partner & President - H2M; pg. 81
Hanson, Erin, Partner - Hunter Public Relations; pg. 614
Hanson, Evan, Art Director - Rocket55; pg. 264
Hanson, Jonathan, Co-Founder & Chief Creative Officer - Unconquered; pg. 203
Hanson, Karissa, Partner & Vice President, Corporate Affairs - Phoenix Group; pg. 128
Hanson, Kimberly, Assistant Vice President - Nike Communications, Inc.; pg. 632
Hanson, Leanne, Director - Padilla; pg. 635
Hanson, Leif, Designer, Motion & Editor - North; pg. 121
Hanson, Sara, Senior Account Director - Moxie Sozo; pg. 192
Hanson, Scott, President - HMA Public Relations; pg. 614
Hanson, Steve, President & Chief Executive Officer - Hanson, Inc.; pg. 237
Hanson, Suzanne, Senior Creative Director - The George P. Johnson Company; pg. 316
Hanson, Travis, Art Director - 3Headed Monster; pg. 23
Hanson McKean, Hilary, Partner & Managing Director, Global Practices - Ketchum South; pg. 620
Hansson, Carl, President & Chief Operating Officer - Shamrock Sports & Entertainment; pg. 569
Hanthorn, Steve, Vice President & Creative Director - Warren Douglas Advertising; pg. 161
Hantz, Matt, Executive Vice President, Digital - M Booth & Associates, Inc.; pg. 624
Hanu, Catherine, Associate Media Director - Starcom Worldwide; pg. 513
Hanusik, Katie, Executive Vice President, Business Development - SpeakerBox

Communications; pg. 649
Hanzi, Robb, Vice President & Head, Growth Strategy - Sparks & Honey; pg. 450
Hapoienu, Spencer, President - Insight Out of Chaos; pg. 286
Happ, Leslie, President, Spot on Communication - Clark Communications; pg. 591
Happe, Debbie, Account Director - Deskey Integrated Branding ; pg. 7
Haque, Mohammad, Vice President & Director, Paid Search - Mediahub New York; pg. 249
Haque, Yasir, Account Director, Strategic - iProspect; pg. 674
Hara, David, Chief Financial Officer - 3H Communications, Inc.; pg. 321
Hara, Miriam, Founding Partner & Chief Creative Officer - 3H Communications, Inc.; pg. 321
Hara, Sal, Vice President, Procurement - 3H Communications, Inc.; pg. 321
Harakal, Kevin, Chief Operations Officer - Numerator; pg. 254
Harakawa, Ann, Principal - Two Twelve; pg. 203
Harap, Lisa, Vice President & Group Account Director - VaynerMedia; pg. 689
Harari, Sandi, Executive Vice President & Creative Director - BARKER; pg. 36
Harasyn, Maggie, Business Affairs Manager - Wieden + Kennedy; pg. 430
Harb, Ameara, Senior Account Executive - Cone, Inc.; pg. 6
Harber, Lauren, Associate Media Director - Vert Mobile LLC; pg. 274
Harbert, Jeff, Associate Media Director - Spark Foundry; pg. 510
Harbert, Mariah, Associate Partner & Director - Location3 Media; pg. 246
Harbin, Sarah, Media Director, Paid Search - GTB; pg. 367
Harbison, Collin, Creative Director - Dearing Group; pg. 60
Harbour, Candice, Producer - Wieden + Kennedy; pg. 430
Harbrecht, Sandra, President & Chief Executive Officer - Paul Werth Associates, Inc.; pg. 635
Harbron, Jamie, Account Supervisor - Energy BBDO, Inc.; pg. 355
Harcharic, Jason, Senior Account Director - Beyond Marketing Group; pg. 685
Harcus, Anne, Co-Founder & President - Stony Point Communications, Inc.; pg. 650
Hardatt, Devina, Management Supervisor - 215 McCann; pg. 319
Hardekopf, Tyler, Vice President, Operations - True North Custom Publishing, LLC; pg. 564
Harden, Dan, Chief Executive Officer, President & Principal Designer - Whipsaw, Inc.; pg. 205
Harden, John, Global Head, Operations - Dentsu Aegis Network; pg. 61
Harder, Chris, Executive Vice President - Starcom Worldwide; pg. 516
Hardesty, Matt, Director, Product Information - Saatchi & Saatchi Los Angeles; pg. 137
Hardie-Brown, Andy, Co-Founder & Global Vice Chairman - Allison+Partners; pg. 576
Hardin, Kim, Client Services Specialist - Burke, Inc.; pg. 442
Hardin, Sue, Vice President, Info Services - Yeck Brothers Company; pg. 294
Harding, Don, Senior Account Executive - Infinity Direct; pg. 286
Harding, Jack, Creative Director - Eleven, Inc.; pg. 67
Harding, Rachel, Copywriter - Juliet; pg. 11
Harding, Scott, Vice President, Integrated Marketing - Learfield IMG College; pg. 310
Harding, Shawn, Executive Vice President -

Infinity Direct; pg. 286
Harding, Steve, President & Chief Executive Officer - ASO Advertising; pg. 328
Harding, Tom, Chief Executive Officer - Infinity Direct; pg. 286
Hardison, Jim, Owner & Creative Director - Character LLC; pg. 5
Hardison, Rob, Senior Art Director - O2 Ideas; pg. 392
Hardwick, Gary, Chairman - Noble People; pg. 120
Hardwick, Samantha, Account Manager - Black Bear Design Group; pg. 175
Hardwick, Sarah, Chief Executive Officer - Zenzi; pg. 665
Hardy, Alison, Vice President, Client Services - Essence; pg. 232
Hardy, Dennis, President & Chief Executive Officer - EvansHardy + Young; pg. 69
Hardy, Garrett, Brand Media Planner - The Richards Group, Inc.; pg. 422
Hardy, Grace, North America Systems Manager - AKQA; pg. 212
Hardy, Josh, Media Supervisor - Noble People; pg. 120
Hardy, Kallie, Account Executive Media Buyer & Public Relations Specialist - Fuel Marketing; pg. 361
Hardy, Meghan, Director, Community Management - Ignite Social Media; pg. 686
Hardy, Patrick, Chief Creative Officer - Tierney Communications; pg. 426
Harff, James, Co-Founder, President & Chief Executive Officer - Global Communicators; pg. 608
Harff, Todd, Co-Founder - Creating Results; pg. 346
Hargett, Linda, Media Planner - Riggs Partners; pg. 407
Hargrave, Seth, Vice President, Strategy & Operations - Media Two Interactive; pg. 486
Hargrave Thomas, Grace, Account Supervisor - Grey Group; pg. 365
Hargreaves, Bradley, Assistant Planner, Digital Media - Essence; pg. 233
Hargrove, Amanda, Director, Account & Consultant - Akrete; pg. 575
Harhager, Mark, Art Director & Creative Strategist - Knox Marketing; pg. 568
Harig, Mary, Project Director - Lucas Market Research; pg. 447
Haritan, Matt, Executive Producer - Smith Brothers Agency, LP; pg. 410
Hariton, Kate, Director, Search & Performance Marketing - Beeby Clark+Meyler; pg. 333
Harkai, Marissa, Associate Director, Workflow - The Buntin Group; pg. 148
Harker, Alan, Global Chief Financial Officer - VaynerMedia; pg. 689
Harker, Katie, Media Planner - Cactus Marketing Communications; pg. 339
Harkey, Scott, Partner - OH Partners; pg. 122
Harkey, Taylor, Executive Creative Director - Adjective & Co.; pg. 27
Harkin, Jim, Principal & Senior Vice President - FRCH Design Worldwide; pg. 184
Harkins, Tim, Creative Director - Hook; pg. 239
Harkman, Chris, Project Manager - Fitch; pg. 183
Harkness, Brian, Executive Vice President, Strategic Initiatives & Director, Operations - The Buntin Group; pg. 148
Harknett, Caryn, Director, Communications - Shamrock Companies, Inc.; pg. 291
Harlacher, Jennifer, Executive Vice President, Planning - Harmelin Media; pg. 467
Harlan, Jennifer, Media Supervisor - OH Partners; pg. 122
Harles, Robert, Managing Director, Global

839

PERSONNEL — AGENCIES

Lead Social Media & Emerging Channels - Accenture Interactive; pg. 209
Harless, Beth, Vice President, Sales & Marketing - DMi Partners ; pg. 681
Harley, David, Associate Creative Director - Burrell Communications Group, Inc. ; pg. 45
Harling, Jonathan, Director, Public Relations - Gray Loon Marketing Group; pg. 365
Harman, Alyssa, Senior Specialist - DR Media - Ocean Media, Inc.; pg. 498
Harman, Christina, Account Executive - Merkley + Partners; pg. 114
Harmelin, Joanne, Founder & Chief Executive Officer - Harmelin Media; pg. 467
Harmelin, Jon, Chief Financial Officer - Harmelin Media; pg. 467
Harmer, Maria, Vice President, Creative Services - True Sense Marketing; pg. 293
Harmeyer, Emily, Art Director - Asher Agency; pg. 327
Harmeyer, Zach, Manager - Starcom Worldwide; pg. 513
Harmon, Alex, Senior Director, Partnership - Adlucent; pg. 671
Harmon, Derrick, Senior Art Director - Burrell Communications Group, Inc. ; pg. 45
Harmon, Hayley, Account Manager - Derse, Inc.; pg. 304
Harmon, Jacqueline, Group Account Director - Callahan Creek ; pg. 4
Harmon, Jen, Manager, National Media Activation - ID Media; pg. 477
Harmon, Jenifer, Vice President & Account Group Director - St. John & Partners Advertising & Public Relations; pg. 412
Harmon, Mikey, Senior Art & Associate Creative Director - McCann New York; pg. 108
Harmon Schmidt, Kelly, Account Director - Colle McVoy; pg. 343
Harms, Deanna, Executive Vice President & Senior Strategist - Greteman Group; pg. 8
Harms, Jane, Vice President, Finance & Human Resources - Paulsen Marketing Communications ; pg. 126
Harms, Rory, Art Director - MBB Agency; pg. 107
Harms, Tamy, President - Detroit - MRM//McCANN; pg. 252
Harnal, Megan, Marketing & Social Media Manager - Roni Hicks & Associates, Inc. ; pg. 644
Harness, Trey, President & Chief Client Officer - Curiosity Advertising; pg. 223
Harnett, Dan, Co-Founder & Co-Chief Executive Officer - CHO / Highwater Group; pg. 590
Harnett, Joanne, Special Projects Manager- LMNO - LMNO ; pg. 100
Harnevo, Oren, Chief Executive Officer & Co-Founder - Eyeview Digital, Inc.; pg. 233
Harney, Alexa, Account Manager - Preston Kelly; pg. 129
Harnisch, Terry, Chief Financial Officer - Filter; pg. 234
Harnish, Mark, Manager, Inside Sales - Listrak; pg. 246
Haro, Kristen, Associate Media Director - Mering; pg. 114
Harouche, Jeffrey, Vice President, Strategy - Wpromote; pg. 678
Haroutunian, Steve, Vice President & Director, Digital Creative Production - MullenLowe U.S. Boston; pg. 389
Harp, Lisa, Owner - Harp Interactive; pg. 238
Harp, Rachael, Creative Director - Sterling-Rice Group; pg. 413
Harper, Baron, Director, Business Development - The Trade Desk; pg. 520
Harper, David, Strategist, Online Media - Brilliant Media Strategies; pg. 43
Harper, Emily, Account Manager - Moxie; pg. 251
Harper, Garry, VP, Associate Creative Director (Copy) - FCB Health; pg. 72
Harper, Holly, Social Media Manager - The Integer Group; pg. 682
Harper, Ilene, Vice President, Strategy - Targetbase Marketing; pg. 293
Harper, Marty, Executive Vice President & Director, Strategic Planning - Leo Burnett Worldwide; pg. 98
Harper, Matt, Managing Director - Henry V Events; pg. 307
Harper, Matt, Executive Vice President & Managing Director - The Marketing Practice; pg. 169
Harper, Michael, Director, Business Development - East Region - WongDoody; pg. 433
Harper, Moira, Senior Media Planner - CMI Media, LLC; pg. 342
Harper, Oliver, Media Supervisor - MBuy; pg. 484
Harper, Susan, Vice President, Print Production - Lewis Advertising, Inc.; pg. 380
Harper, Tammy, Senior Account Manager - The Manahan Group; pg. 19
Harper, Vince, Senior Art Director - Asher Agency; pg. 327
Harper, Whitney, Vice President, Account Management - Upshot ; pg. 157
Harpham, Rachel, Supervisor, Media - Situation Interactive; pg. 265
Harpur, John, Director, Media - Yellow Submarine Marketing Communications; pg. 164
Harrach, Gabor, Chief Content Officer - Beautiful Destinations; pg. 38
Harrell, Adam, Co-Founder - Nebo Agency, LLC; pg. 253
Harrell, Brett, Vice President, Account Management - Harris, Baio & McCullough; pg. 369
Harrell, Doreen, President - Kailo Communications Studio, LLC; pg. 618
Harrell, Jackson, General Manager - Dallas - Allison+Partners; pg. 577
Harrell, Kevin, Creative Director - Push; pg. 401
Harrell, Kim, Senior Vice President, Business Development & Client Strategy - Bayard Advertising Agency, Inc.; pg. 37
Harriman, Patrick-Robert, Business Director - Baron & Baron, Inc.; pg. 36
Harrington, Alan, President & Co-Creative Director - Adfinity Marketing Group; pg. 27
Harrington, Emily, Vice President & Account Director - Leo Burnett - Digitas; pg. 229
Harrington, Heather, Co-Founder, Principal & Creative Director - Harrington Communications; pg. 611
Harrington, Jay, Co-Founder & President - Harrington Communications; pg. 611
Harrington, Kathryn, Manager, Video Partnerships - Initiative; pg. 477
Harrington, Kelly, Group New Business Director - 160over90; pg. 301
Harrington, Matthew, Global President & Chief Operating Officer - Edelman; pg. 599
Harrington, Peter, Chief Financial Officer - The Search Agency; pg. 677
Harrington, Tim, Supervisor - OMD Seattle; pg. 502
Harriott, Steve, President & Chief Executive Officer - Watchfire Signs ; pg. 559
Harris, Ashlee, Senior Account Planner - Cornett Integrated Marketing Solutions; pg. 344
Harris, Beth, Graphic Designer - S&A Communications; pg. 645
Harris, Bethany, Executive Vice President, Agency Alliance Group - Active International; pg. 439
Harris, Bob, Creative Director - HughesLeahyKarlovic; pg. 372
Harris, Brad, Associate Creative Director - Cramer; pg. 6
Harris, Brian, Executive Creative Director - Bradley and Montgomery; pg. 336
Harris, Bryan, Managing Partner & Chief Operations Officer - Taylor; pg. 651
Harris, Candie, Board Member & Partner - Likeable Media; pg. 246
Harris, Catriona, Chief Executive Officer - Uproar; pg. 657
Harris, Chris, Senior Vice President, Creative & Marketing - Brand Action - GoConvergence; pg. 364
Harris, Christine, Manager - MediaCom; pg. 487
Harris, Clarice, Manager, Business - A5; pg. 25
Harris, Dana, Co-Founder & Partner - Red Javelin Communications, Inc.; pg. 642
Harris, David, Managing Director, Chief Financial Officer - Sard Verbinnen; pg. 646
Harris, David, Vice President, Technology - Brandmovers, Inc.; pg. 538
Harris, Elizabeth, Chief Strategy Officer - Arc Worldwide; pg. 327
Harris, Gabriele, Vice President, Business Development - Grapevine Communications; pg. 78
Harris, George, President - HB&M Sports; pg. 307
Harris, Heather, Digital Investments Buyer - Havas Media Group; pg. 468
Harris, Jake, Programmatic Media Manager - 360i, LLC; pg. 320
Harris, Jason, President & Chief Executive Officer - Mekanism; pg. 112
Harris, Jennifer, Account Director - Akrete; pg. 575
Harris, Jessica, Account Executive - Rogers & Cowan/PMK*BNC; pg. 644
Harris, Jim, President - Harris DeVille & Associates; pg. 612
Harris, John, Principal - A5; pg. 25
Harris, Joya, Senior Vice President & Group Account Director, Gen Motors Certified Service - Leo Burnett Detroit; pg. 97
Harris, Justin, Vice President & Creative Director - The Martin Agency; pg. 421
Harris, Kelly, Senior Account Director - Hauser Group Public Relations; pg. 612
Harris, Kennedy, Brand Coordinator - Google, Pluto TV - 72andSunny; pg. 23
Harris, Kristi, Supervisor - Spark Foundry; pg. 510
Harris, Kurtis, Senior Associate, Custom Content - Spark Foundry; pg. 512
Harris, Layne, Senior Vice President, Creative Technology - Big Spaceship; pg. 455
Harris, Lindsey, Vice President, Experience - Valtech; pg. 273
Harris, Liz, Director, Public Relations & New Media - Modern Brand Company; pg. 116
Harris, Lynn, Senior Vice President, Human Resources - Media Assembly; pg. 484
Harris, Mark, Managing Partner - Cold Spark Media; pg. 51
Harris, Mellisa, Account Coordinator - Allebach Communications; pg. 29
Harris, Michael, Vice President & Director, Media & Consumer Insights - Moosylvania; pg. 568
Harris, Mike, President & Chief Operating Officer - Uproar; pg. 657
Harris, Mollie, Co-Founder & Chief Executive Officer - Heart Creative; pg. 238
Harris, Natalie, Associate Media Planner - HealixGlobal; pg. 471

AGENCIES PERSONNEL

Harris, Peter, Associate Creative Director - Scout Marketing; *pg.* 139
Harris, Randi, Executive Vice President - Mustang Marketing; *pg.* 390
Harris, Rebecca, Account Supervisor - Publicis North America; *pg.* 399
Harris, Rebecca, Director, Brand - Reach Agency; *pg.* 196
Harris, Rebecca, Strategy Director - Erich & Kallman; *pg.* 68
Harris, Samantha, Senior Associate - TAAG & Novo Nordisk - Spark Foundry; *pg.* 508
Harris, Sara, Co-President - Quadras Integrated; *pg.* 196
Harris, Scott, Chief Executive Officer - Mustang Marketing; *pg.* 390
Harris, Scott, Partner & Creative Director - The Many; *pg.* 151
Harris, Shana, Chief Operations Officer - Warschawski Public Relations; *pg.* 659
Harris, Stacey, Associate Director, Traffic - Carat; *pg.* 461
Harris, Tammy, Director, Media - NDP; *pg.* 390
Harris, Tara, Associate Head, Business Development - Heat; *pg.* 84
Harris, Tegan, Creative Resource Manager - yah. - You Are Here; *pg.* 318
Harris, Terri, Media Planner & Media Buyer - Gregory Welteroth Advertising; *pg.* 466
Harris, Thor, Chief Executive Officer - Perceptive; *pg.* 636
Harris, Tiffany, President - Foster Marketing Communications ; *pg.* 360
Harris, Tyler, Account Director - Anomaly; *pg.* 325
Harris, Vita, Global Chief Strategy Officer - FCB New York; *pg.* 357
Harris, Wayne, President - 6AM Marketing; *pg.* 1
Harris Millard, Wenda, Vice Chairman - MediaLink; *pg.* 386
Harrison, Amanda, Vice President, Client Operations - Brown Parker | DeMarinis Advertising; *pg.* 43
Harrison, Amy, Manager, Media Planning - Universal McCann Detroit; *pg.* 524
Harrison, Carol, Senior Partner - Global Gateway Advisors, LLC; *pg.* 608
Harrison, Caroline, Manager, Data & Analytics - Digitas Health LifeBrands; *pg.* 229
Harrison, Cathy, Senior Account Executive - Brains On Fire; *pg.* 691
Harrison, Christian, Manager, Paid Social - Wavemaker; *pg.* 526
Harrison, David, Senior Creative Director - Jack Morton Worldwide; *pg.* 309
Harrison, Diane, Senior Vice President, Human Resources - Carat; *pg.* 459
Harrison, Ed, Senior Vice President, Enterprise Technology Practice - InkHouse Public Relations; *pg.* 615
Harrison, Edward, Copywriter - Wieden + Kennedy; *pg.* 430
Harrison, Eliot, President - MCS, Inc.; *pg.* 111
Harrison, Elizabeth, Co-Founder & Chief Executive Officer - Harrison & Shriftman; *pg.* 612
Harrison, Greg, Supervisor - Starcom Worldwide; *pg.* 513
Harrison, James, Associate Creative Director - Johnson & Sekin; *pg.* 10
Harrison, Jason, Chief Executive Officer - Essence; *pg.* 233
Harrison, Jeffrey, Assistant Media Planner - MediaCom; *pg.* 486
Harrison, Jill, Business Manager & Finance Director - North Woods Advertising; *pg.* 121
Harrison, Judith, Senior Vice President, Staffing, Diversity & Inclusion - Weber Shandwick; *pg.* 660
Harrison, Karen, Director, Talent, Account Management & Strategic Planning - Wunderman Thompson; *pg.* 434
Harrison, Kelly, Account Supervisor - J Public Relations; *pg.* 616
Harrison, Lauren, Group Director - The Zimmerman Agency; *pg.* 426
Harrison, Maria, Co-Founder & President - Bullseye Strategy; *pg.* 219
Harrison, Mark, Controller - Harrison Media; *pg.* 468
Harrison, Mike, President - Shift; *pg.* 17
Harrison, Nadia, Partner & Group Planning Director - Wavemaker; *pg.* 526
Harrison, Patti, Founder & Chief Executive Officer - Harrison Media; *pg.* 468
Harrison, Sam, President, Chief Operating Officer & Director, Account Services - Linett & Harrison; *pg.* 100
Harrison, Sarah, Supervisor, Strategy - Blue 449; *pg.* 455
Harrison, Stephen, President & Creative Director - Falk Harrison, Inc.; *pg.* 183
Harrison, Stuart, Planning Associate - London & New York - adam&eve DDB; *pg.* 26
Harrison, Sue, Partner , Media Director - Davis Harrison Dion Advertising; *pg.* 348
Harrison, Todd, Producer, Digital - Rethink Communications, Inc.; *pg.* 133
Harrison, Toni, President, Public Relations - Ten35; *pg.* 147
Harrow, Jeffrey, Chairman - Sparks; *pg.* 315
Harrow, Richard, President & Chief Executive Officer - Creative Marketing Plus; *pg.* 346
Harry, Kirsten, Assistant Media Planner - Merkley + Partners; *pg.* 114
Harry, Tal, President - Richter7; *pg.* 197
Harsany, Mike, Vice President, Operations - H&G Marketing; *pg.* 80
Hart, Ashley, Senior Partner & Group Director - Mindshare; *pg.* 491
Hart, Becci, President, Public Relations - Intermark Group, Inc.; *pg.* 375
Hart, Carol, Chief Financial Officer & Principal - Move Communications; *pg.* 389
Hart, Diane, Manager, Account - Northeastern - Meister Interactive; *pg.* 250
Hart, Don, President - Move Communications; *pg.* 389
Hart, Helen, Vice President, Sales - Phase 3 Marketing & Communications; *pg.* 636
Hart, Jason, Senior Art Director - The Ohlmann Group; *pg.* 422
Hart, Jason, Group Creative Director - Fluid, Inc.; *pg.* 235
Hart, Jen, Associate Creative Director - barrettSF; *pg.* 36
Hart, Karen, Vice President, Creative - Reach Agency; *pg.* 196
Hart, Kelsey, Account Supervisor - Rhea & Kaiser Marketing ; *pg.* 406
Hart, Liz, Group Director, Media Operations - R/GA; *pg.* 260
Hart, Michael, Founder & Chief Creative Officer - mono; *pg.* 117
Hart, Mike, President & Chief Executive Officer - Hart; *pg.* 82
Hart, Naomi, Vice President, Digital Marketing - North 6th Agency; *pg.* 633
Hart, Paul, Director & Editor - Beevision & Hive; *pg.* 174
Hart, Tony, Associate Creative Director - Duft Watterson; *pg.* 353
Hart, Will, Digital Director - Davis Ad Agency; *pg.* 58
Hart, William, Strategy Manager - Wavemaker; *pg.* 529
Hart , Winnie, President - TwinEngine; *pg.* 203
Hart Schmidt, Blaise, Manager, Digital Marketing - Atomicdust; *pg.* 214
Harte, Jimmy, Executive Vice President - Red Moon Marketing; *pg.* 404
Hartford, Shelagh, Senior Strategist - FCB Toronto; *pg.* 72
Hartlage, Dan, Principal - Guthrie / Mayes & Associates, Inc.; *pg.* 611
Hartle, Blake, Associate Director, Digital Investment - OMD; *pg.* 498
Hartley, Elizabeth, Director, Communications Strategy - Droga5; *pg.* 64
Hartley, Emily, Supervisor, Media - EchoPoint Media - Young & Laramore; *pg.* 164
Hartley, Emmy, Chief Growth Officer - Cornett Integrated Marketing Solutions; *pg.* 344
Hartley, Jessica, Vice President, Strategy - Instrument; *pg.* 242
Hartley, Vanessa, Group Director - OOH Investment Group - Hearts & Science; *pg.* 471
Hartley-Sivie, Blythe, Brand Media Group Director - The Richards Group, Inc.; *pg.* 422
Hartlieb, Becca, Account Executive - Havas Worldwide Chicago; *pg.* 82
Hartline, Jana, Group Director, Public Relations & Social Media - Saatchi & Saatchi Dallas; *pg.* 136
Hartman, Bill, Director, Creative - MDB Communications, Inc.; *pg.* 111
Hartman, Chelsea, Content Strategist - Giant Spoon, LLC; *pg.* 363
Hartman, Glenn, Senior Managing Director, Global Digital Marketing - Accenture Interactive; *pg.* 209
Hartman, Katie, Group Account Director - Colle McVoy; *pg.* 343
Hartman, Lindsey, Executive Director, Media - Golin; *pg.* 609
Hartman, Lindsey, Executive Director, Media - Golin; *pg.* 609
Hartman, Megan, Director, Client Services - Callis & Associates; *pg.* 46
Hartman, Tracy, Director, Communications & Thought Leadership - Brandigo; *pg.* 336
Hartmann, Michelle, Vice President & Group Account Director - Jack Morton Worldwide; *pg.* 308
Hartnett, Jacqui, President - Starmark International, Inc.; *pg.* 412
Hartnett, Mike, Digital Media Specialist - Zehnder Communications, Inc.; *pg.* 436
Hartnett, Shannon, Partner & Vice President, Administration - Stratacomm, Inc.; *pg.* 650
Hartofilis, Nicholas, Executive Vice President, National Video Activation - Zenith Media; *pg.* 529
Hartsfield, Brett, Associate Creative Director - R + M; *pg.* 196
Hartsfield, Ollie, Senior Director, Communications Strategy & Editorial - SPI Group, LLC; *pg.* 143
Hartsfield, Ryan, Senior Creative - Wieden + Kennedy; *pg.* 430
Hartsock, Eric, Owner, Managing Partner & Development Director - Exit 10 Advertising; *pg.* 233
Hartstein, Devon, Manager, Social & Digital Strategies - WE Communications; *pg.* 660
Hartung, Stefan, Creative Director - Ideas that Kick; *pg.* 186
Hartwell, Crystal, Senior Account Director - mWEBB Communications ; *pg.* 630
Hartwig-Smith, Janie, Senior Media Buyer - NSA Media Group, Inc.; *pg.* 497
Hartz, John, Managing Director - Sloane & Company; *pg.* 647
Harvey, Aaron, Co-Founder & Executive Creative Director - Ready Set Rocket; *pg.* 262
Harvey, Angela, Head, Planning - TRAFFIKGroup; *pg.* 426

841

PERSONNEL **AGENCIES**

Harvey, Deborah, Chief Finance Officer - Adrenaline, Inc.; *pg.* 172
Harvey, Erin, Senior Vice President, Media - Publicis Health; *pg.* 639
Harvey, Jake, Manager, Digital Asset - Crispin Porter + Bogusky; *pg.* 346
Harvey, Kathy, President & Founder - Harvey Agency; *pg.* 681
Harvey, Katie, President & Chief Executive Officer - KGBTexas Communications; *pg.* 95
Harvey, Lisa, Account Supervisor - Juniper Park\ TBWA; *pg.* 93
Harvey, Morgan, Account Director - Moxie; *pg.* 251
Harvey, Roger, Principal & Managing Director, Strategic Communications - Bose Public Affairs Group, LLC; *pg.* 585
Harvey, Thomas, Account Director - Wieden + Kennedy; *pg.* 430
Harvey, Todd, Founder & Executive Creative Director - Mission Media, LLC; *pg.* 115
Harwood, Garland, Co-Founder & Public Relations Strategist - Confidant; *pg.* 592
Harwood, Sarah, Vice President, Strategy - Quarry Integrated Communications; *pg.* 402
Hasan, Soheb, Director, Analytics - Initiative; *pg.* 477
Haschart, Gary, Director, Production - The Ohlmann Group; *pg.* 422
Hasemeyer, Adam, President - SpireMedia, Inc.; *pg.* 266
Hasen, Jeff, Mobile Strategist - POSSIBLE Mobile - Wunderman Thompson Seattle; *pg.* 435
Hasert, Bud, Associate Creative Director - Proof Advertising; *pg.* 398
Hasholian, Taline, President - ASV Inc.; *pg.* 302
Hasinoff, Mike, Executive Producer, Film - Droga5; *pg.* 64
Haskel, Debora, Vice President, Marketing - IWCO Direct; *pg.* 286
Haskell, Chip, Creative Director - Love Communications; *pg.* 101
Haskell, Jillian, Manager, Marketing - Extreme Reach, Inc.; *pg.* 552
Haskell, Kevin, Manager, SMB Sales - Intersection; *pg.* 553
Haskins, Caitlin, Senior Director - 10fold; *pg.* 573
Haskins, Lauren, Brand Media Planner - The Richards Group, Inc.; *pg.* 422
Haslam, Gil, Executive Creative Director - Sports - Troika/Mission Group; *pg.* 20
Haslam, Rik, Executive Creative Partner - BrandPie; *pg.* 42
Haslbauer, John, Associate Director - Hearts & Science; *pg.* 471
Haslow, Tom, Head, Strategy - Interesting Development; *pg.* 90
Hass, Erik, Area Manager, Marketing Leaders - Gartner, Inc.; *pg.* 236
Hassan, AJ, Vice President, Executive Creative Director - R/GA; *pg.* 261
Hassan, Aryana, Account Supervisor - Leo Burnett Toronto; *pg.* 97
Hassell, Jon, Executive Producer - Imaginary Forces; *pg.* 187
Hassell, Matt, Chief Creative Officer - Forsman & Bodenfors; *pg.* 74
Hassett, Michelle, Production Manager - Deardorff Associates, Inc.; *pg.* 60
Hastings, AmyBeth, Director, Communications - Archer Malmo; *pg.* 32
Hastings, Becky, Account Coordinator & Media Planner - Conway Marketing Communications; *pg.* 53
Hastings, Eric, Executive Vice President, Technology - Lotame; *pg.* 446
Hastings, Gerald, Associate Creative Director - Wondersauce; *pg.* 205

Hastings, Greg, Group Creative Director - Archer Malmo; *pg.* 32
Hastings, Ivy, Vice President, Strategy - Fusionbox; *pg.* 236
Hastings, Jonathan, Director, Business Development - Sensis Agency; *pg.* 545
Hastings, Sally, Senior Art Director - Venables Bell & Partners; *pg.* 158
Hatalski, Kara, Vice President, Engagement Director - NeON; *pg.* 120
Hatch, Alicia, Chief Marketing Officer - Deloitte Digital; *pg.* 224
Hatch, Cary, President & Chief Executive Officer - MDB Communications, Inc.; *pg.* 111
Hatch, Greg, Owner - Hatch Advertising; *pg.* 82
Hatch, Sheila, President & Director, Creative - Decca Design; *pg.* 349
Hatch, Zoe, Associate Media Director - Universal McCann; *pg.* 428
Hatchell, Penny, Co-Owner & President - Envoy, Inc.; *pg.* 356
Hatcher, BJ, Vice President & Strategy Director - Spark Foundry; *pg.* 508
Hatcher, Ron, Chief Media Officer - Darling Agency; *pg.* 57
Hatcher King, Kendra, Group Strategy Lead - Publicis Groupe - Publicis.Sapient; *pg.* 259
Hatchuel, Yann, Director, Marketing - BerlinRosen; *pg.* 583
Hatfield, Izabela, Business Director - Hook; *pg.* 239
Hatfield, Jason, Chief Client Officer - Morrison; *pg.* 117
Hatfield, Suzanne, Chief Executive Officer & Owner - D4 Creative Group; *pg.* 56
Hathaway, Amanda, Vice President - Wagstaff Worldwide; *pg.* 659
Hathaway, Boyd, Head, Franchise Services - Location3 Media; *pg.* 246
Hathaway, Kali, Vice President, Director - Red Bull North America - Starcom Worldwide; *pg.* 516
Hathaway, Katie, Supervisor, Planning & Strategy - PHD USA; *pg.* 505
Hathaway, Kristin, Associate Partner - HFS Communications; *pg.* 567
Hathaway, Lindsay, Senior Editor - Column Five; *pg.* 343
Hathaway, Luke, Director, Partnerships - Amobee, Inc.; *pg.* 213
Hathaway-Perrin, Joseph, Account Supervisor - Publicis North America; *pg.* 399
Hatsfield, Sheryl, Vice President, Sales - Katz Media Group; *pg.* 481
Hattle, Emily, Associate, Communications Planning - Carat; *pg.* 459
Hatto, Basil, Vice President, Commercial Performance - iProspect; *pg.* 674
Hatton, Jacquelyn, Media Buyer, Integrated - Active International; *pg.* 439
Hattori, Annika, Strategy Associate - Spark Foundry; *pg.* 512
Hattrich, Gus, President - Paradowski Creative; *pg.* 125
Hattub, Mike, Chief Operating Officer - Analytics-IQ, Inc.; *pg.* 279
Hauck, Brad, Vice President, Creative Strategy - Paradowski Creative; *pg.* 125
Hauck, Kara, Vice President, Public Affairs - Qorvis Communications, LLC; *pg.* 640
Haufler, Beth, Senior Media Buyer - Stream Companies; *pg.* 415
Haug, Andrew, Executive Creative Director - Sid Lee; *pg.* 141
Haugaard, Phil, Owner & President - Haugaard Creative Group; *pg.* 186
Hauge, Brook, Associate Director, Strategy - Hearts & Science; *pg.* 473
Hauge, Jacob, Senior Account Executive - Echos Brand Communications; *pg.* 599
Haugen, Joshua, Account Supervisor - Drake Cooper; *pg.* 64
Haugen, Sean, Media Operations Specialist - Marketing Architects; *pg.* 288
Haughey, Sean, Engagement Manager - BazaarVoice, Inc.; *pg.* 216
Haughey, Tammy, Vice President - Mering; *pg.* 114
Hauksson, Haukur, Creative Manager - Sunshine Sachs; *pg.* 650
Hauman, Scott, Executive Vice President, Strategy & Innovation - The Integer Group - Dallas; *pg.* 570
Haupt, Melissa, Associate Media Director - Backbone Media; *pg.* 579
Hauptman, Christian, Senior Media Buyer - NSA Media Group, Inc.; *pg.* 497
Haus, Ken, President - Design Center, Inc. ; *pg.* 179
Haus, Laila, Creative Director - Phoenix Group; *pg.* 128
Hauser, Devin, Senior Vice President - The Marketing Store Worldwide; *pg.* 421
Hauser, Eric, Manager, Media - BCF; *pg.* 581
Hauser, Erin, Co-Founder & Media Buyer - Emico Media; *pg.* 465
Hauser, Julie, President - Hauser Group Public Relations; *pg.* 612
Hauser, Neil, Art & Information Technology Director - Cameron Advertising; *pg.* 339
Hauser, Paul, Managing Director, Planning & Research - VMLY&R; *pg.* 274
Hauser Clarkson, Annie, Associate Creative Director - Manifest; *pg.* 248
Hauserman, Philip, Vice President - The Castle Group, Inc.; *pg.* 652
Hausfeld, Jim, Vice President, Creative Director - The Ohlmann Group; *pg.* 422
Hausman, Benson, Senior Vice President, Business Development - Blue 449; *pg.* 455
Hausman, Eric, Senior Vice President & Partner - Carmichael Lynch; *pg.* 47
Hausman, Jenn, Media Director - HMH; *pg.* 86
Hausman, Marc, President & Chief Executive Officer - Strategic Communications Group, Inc.; *pg.* 688
Hausske, Jarett, President - Eleven, Inc.; *pg.* 67
Havard, Chris, Senior Vice President, Advertising - PureRED; *pg.* 130
Havenner, Mark, Vice President - The Pollack PR Marketing Group; *pg.* 654
Haverfield, Teri, Business Manager & Accountant - Remer, Inc.; *pg.* 405
Haveron, Bill, Director, Business Leadership - Blue Chip Marketing & Communications; *pg.* 334
Havers, Carol, Production Manager - Ferguson Advertising, Inc.; *pg.* 73
Havertape, Leanne, Media Buyer & Planner - Hiebing; *pg.* 85
Haviland, Bryan, President & Chief Executive Officer - FrazierHeiby; *pg.* 75
Haviv, Sagi, Partner & Designer - Chermayeff & Geismar Studio; *pg.* 177
Havrilla, Scot, Senior Vice President & Group Management Director - FCB Chicago; *pg.* 71
Haw, Carly, Group Director, Communications Design - Initiative; *pg.* 478
Haweeli, Steve, President - Wordhampton Public Relations; *pg.* 663
Hawes, David, Vice President, Portfolio Lead & Client Engagement - T3; *pg.* 268
Hawes, Lisa K., Director, Content & Research - Sterling Communications, Inc. ; *pg.* 650
Hawes, Stacey, President - Data Practice - Epsilon; *pg.* 283
Hawes, Tyler, Partner & Interactive Director - Mode; *pg.* 251

AGENCIES

PERSONNEL

Hawing, Thomas, Associate Media Director - OMD; *pg.* 498
Hawkes, Jamie, Senior Account Executive - The Margulies Communications Group; *pg.* 654
Hawkes, Joanna, Vice President & Strategy Director - 360i, LLC; *pg.* 320
Hawkey, Tim, Chief Creative Officer - Area 23; *pg.* 33
Hawking, Jeremy, Program Director - Energy BBDO, Inc.; *pg.* 355
Hawkins, Alicia, Art Director - High Tide Creative; *pg.* 85
Hawkins, Brittany, Vice President, Client Services - Amobee, Inc.; *pg.* 213
Hawkins, Gerry, Creative Director - Dakota Group; *pg.* 348
Hawkins, Greg, Creative Director - Havas Worldwide San Francisco; *pg.* 370
Hawkins, Jennifer, Founder, President & Chief Executive Officer - Hawkins International Public Relations; *pg.* 612
Hawkins, Jill, Vice President & Associate Creative Director - 360PRplus; *pg.* 573
Hawkins, Leslie, Senior Paid Social Media Strategist - Mediahub Los Angeles; *pg.* 112
Hawkins, Lisa, Media Assistant - Archer Malmo; *pg.* 32
Hawkins, Sophie, Senior Marketing Specialist - Adpearance; *pg.* 671
Hawkins, Tia, Public Relations Account Executive - Winger Marketing; *pg.* 663
Hawkins, Tim, Senior Art Director - Spark44; *pg.* 411
Hawley, Jane, Senior Vice President, Client Strategy - Sparks; *pg.* 315
Hawley, Lindsay, Account Director, Client Experience - Weber Shandwick; *pg.* 660
Haworth, Deana, Chief Operating Officer - Hirons & Company; *pg.* 86
Hawreluk, Lisa, Director, Digital Business Development - excelerate Digital; *pg.* 233
Hawthorne, Chris, Media Director - Balcom Agency ; *pg.* 329
Hawthorne, Eleanor, Senior Social Strategist - The Tombras Group; *pg.* 424
Hawthorne, Gary, Group Creative Director - Publicis Hawkeye; *pg.* 399
Hawthorne, Kara, Digital Marketing Manager - Shift Digital; *pg.* 265
Hawthorne, Molly, Associate Creative Director - AvreaFoster; *pg.* 35
Hawthorne, Tim, Founder & Strategic Advisor - Hawthorne Advertising; *pg.* 370
Hawthorne-Castro, Jessica, Chief Executive Officer - Hawthorne Advertising; *pg.* 370
Hawxhurst, George, Vice President - Zenith Media; *pg.* 529
Hay, Diana, Global Recruiter - Wieden + Kennedy; *pg.* 430
Hay, Steve, Vice President, Client Services - Smith Brothers Agency, LP; *pg.* 410
Hayashi, Dianne, Group Media Director - AKQA; *pg.* 211
Hayashi, Sharon, Director, Account - Aaaza; *pg.* 537
Hayden, Beth, Account Manager - Swell, LLC; *pg.* 145
Hayden, Danielle, Chief Financial Officer - NAS Recruitment Communications; *pg.* 667
Hayden, Emily, Account Manager - Hirons & Company; *pg.* 86
Hayden, Flossie, Office Manager - Dearing Group; *pg.* 60
Hayden, Jaime, Manager, Public Relations & Content Marketing - Augustine; *pg.* 328
Hayden, Kasey, Director, Strategic Partnerships - Walmart.com - Triad Retail Media; *pg.* 272
Hayden, Patrick, Vice President, Paid Search - Tinuiti; *pg.* 271

Hayden, Steph, Art Director - Carmichael Lynch; *pg.* 47
Haydock, Dana, Head, Content - Wray Ward; *pg.* 433
Hayes, Alyssa, Senior Account Supervisor - Rachel Kay Public Relations; *pg.* 640
Hayes, Andrew, Vice President & Social Media Account Director - Hudson Rouge; *pg.* 371
Hayes, April, Director, Field Sampling - Switch; *pg.* 145
Hayes, Billy, Director, Technology - The Point Group; *pg.* 152
Hayes, Brian, Creative Director - MMB; *pg.* 116
Hayes, Britt, Chief People Officer - North America - DDB New York; *pg.* 59
Hayes, Bruce, Managing Director, Health - Edelman; *pg.* 599
Hayes, Christy, Group Account Director - Midnight Oil Creative; *pg.* 250
Hayes, David, Vice President, Client Growth - The Marketing Practice; *pg.* 169
Hayes, Debbie, Director, Operations & Finance - Ronald Trahan Associates, Inc.; *pg.* 644
Hayes, Gina, Managing Director, Client Programming - Edelman; *pg.* 353
Hayes, Heidi, President & Chief Operating Officer - theAgency; *pg.* 154
Hayes, Jo, Associate Director - R/GA; *pg.* 260
Hayes, Kim, Group Account Director - ProED Communications; *pg.* 129
Hayes, Lauren, Senior Art Director - SRW; *pg.* 143
Hayes, Molly, Senior Integrated Producer - AKQA; *pg.* 211
Hayes, Nicole, Executive Vice President & Director - GroupeConnect - Starcom Worldwide; *pg.* 513
Hayes, Peggy, Manager, Financial Services - Nemer, Fieger & Associates; *pg.* 391
Hayes, Steve, President - Mason, Inc. ; *pg.* 383
Hayes, Tom, President & Founder - Riley Hayes Advertising, Inc.; *pg.* 407
Haygood, Olga, Managing Director, Client Service Leader - JWT INSIDE; *pg.* 667
Hayhoe, Beau, Senior Account Executive, Social Media - Coyne Public Relations; *pg.* 593
Hayman, Andy, Senior Vice President & Head, Content Development & Production - GMR Marketing; *pg.* 306
Hayman, Erica, Vice President & Account Director - Source Communications; *pg.* 315
Hayman, Luke, Partner - Pentagram; *pg.* 194
Hayman, Scott, Chief Operating Officer - Hammer Creative, Inc.; *pg.* 562
Haymes, Sandy, Account Executive - Gatesman; *pg.* 361
Hayne, Spencer, Senior Trading Specialist - The Trade Desk; *pg.* 519
Hayne, Susie, Public Relations Consultant - The Lyman Agency; *pg.* 654
Haynes, Bill, President & Chief Executive Officer - Backbay Communications; *pg.* 579
Haynes, Cindy, Partner & Managing Director - EraserFarm; *pg.* 357
Haynes, Jim, President - BRC Field & Focus Services; *pg.* 442
Haynie, Richard, Associate Creative Director - Commit Agency; *pg.* 343
Hays, Ethan, Senior Vice President & General Manager - Vision7 International; *pg.* 429
Hays, Jaci, Chief Revenue Officer - Rebel Ventures Inc.; *pg.* 262
Hays, Laurie, Managing Director, Special Situations - Edelman; *pg.* 599
Hays, Stephanie, Account Supervisor - Swanson Russell Associates; *pg.* 415
Hayter, Ryan, President - Hayter Communications; *pg.* 612
Hayward, Arthur, Executive Producer - The Brand Factory; *pg.* 19
Hayward, Bill, Director, Communications & Public Relations - Marketing Works; *pg.* 105
Hayward, Guy, Global Chief Executive Officer - Forsman & Bodenfors; *pg.* 74
Hayward, Jen, Chief Executive Officer - Outcrop Group; *pg.* 124
Hayward, Mike, Creative Director - Copacino + Fujikado, LLC; *pg.* 344
Hayworth, Kevin, Chief Operating Officer & Chief Executive Officer - Hayworth Creative; *pg.* 612
Hazard, Eric, Chief Executive Officer - Vested Ventures - Vested; *pg.* 658
Hazel, Patrick, Supervisor, Digital - Carat; *pg.* 459
Hazelett, Jennifer, Director, Account Management - Baldwin&; *pg.* 35
Hazelwood, Roxanne, Manager, Project - Blenderbox; *pg.* 175
Hazlett, Dale, Chief Financial Officer - DEG Digital; *pg.* 224
Hazlett, Elizabeth, Administrative Coordinator - Kailo Communications Studio, LLC; *pg.* 618
Hazlett, Jocelyn, Senior Partner & Strategy Director - MediaCom; *pg.* 487
Hazlett, Kaylan, Director, Analytics - Saxton Horne; *pg.* 138
Hazlin, Mark, Senior Vice President - Xenophon Strategies, Inc.; *pg.* 664
Head, Mike, Partner - Fearless Agency; *pg.* 73
Headlee, Jon, President - Ten Adams Marketing & Advertising; *pg.* 147
Headley, Michelle, Senior Vice President, Operations - Alma; *pg.* 537
Headrick, Jason, Associate Creative Director - Lewis Communications; *pg.* 100
Heady, Jen, Vice President - Greenough Communications; *pg.* 610
Heagle, Brandon, Chief Digital Officer - Stella Rising; *pg.* 518
Heald, Diana, Director, Social Media - Deutsch, Inc.; *pg.* 349
Heald, Richard, Vice President, Director - MERGE; *pg.* 113
Heald, Vince, Principal & Partner - Beck Ellman Heald; *pg.* 582
Heale, Daniel, Executive Vice President & Chief Strategy Officer - Way To Blue; *pg.* 275
Healey, Bobby, Managing Director & Chief Financial Officer - Local Projects; *pg.* 190
Healey, Mark, Senior Vice President, Optimization - Investis Digital; *pg.* 376
Healing, Dave, Group Director, Client Services - BrandTrust, Inc.; *pg.* 4
Healy, Heather, Executive Producer - Marketing Factory, Inc.; *pg.* 383
Healy, Jane, Director, Strategy - Universal McCann; *pg.* 524
Healy, Lisa, Senior Brand Strategist - Daake Design Center; *pg.* 178
Healy, Mary Kate, Associate Director, Digital Investment - Volvo - Mindshare; *pg.* 491
Healy, Melissa, Senior Vice President & Group Creative Director - Leo Burnett Worldwide; *pg.* 98
Healy, Sarah, Strategist, Social Media & Content - Trampoline; *pg.* 20
Hean, Emily, Associate Director, Strategy - Organic, Inc.; *pg.* 255
Heaney, Michael, Senior Vice President, Customer Acquisition - Specialists Marketing Services, Inc. ; *pg.* 292
Heape, Laura, Associate Director, Media - EchoPoint Media - Young & Laramore; *pg.* 164
Heard, Liz, Senior Director, Strategy & Insights - Dagger; *pg.* 224

PERSONNEL   AGENCIES

Hearn, Alana, Partner & Executive Producer - Identity; pg. 88
Hearn, Daniel, Executive Vice President & Chief Operating Officer - Stephan & Brady, Inc.; pg. 412
Hearne, Sanders, Senior Vice President & Group Creative Director - 22squared Inc.; pg. 319
Heath, Andy, Head, Communications Planning - US - Mindshare; pg. 491
Heath, Jana, Associate Director, Strategy - Zenith Media; pg. 529
Heath, Jennifer, Executive Producer, Music Video Sales - Radical Media; pg. 196
Heath, Juli, Broadcast Director - Nemer, Fieger & Associates; pg. 391
Heath, Kelly, Director, Operations - Tank Design; pg. 201
Heath, Matt, Co-Founder & Chief Executive Officer - Party Land; pg. 125
Heath, Paul, Worldwide Executive Director & Chief Growth Officer - Ogilvy; pg. 393
Heathco, Saya, Senior Vice President & Strategy Director - 22squared Inc.; pg. 319
Heathcote, Derek, Senior Partner, Director, Media Strategy & Planning - Oculus & Facebook Portal - Mindshare; pg. 495
Heather, Nicole, Programmatic Strategist - Havas Media Group; pg. 470
Heathman, Lisa, Partner & Managing Director - Lane PR; pg. 621
Heatley, Devin, Associate Creative Director - The Martin Agency; pg. 421
Heatley, Kathy, Vice President & Director, Local Investment - Starcom Worldwide; pg. 517
Heaton, Martin, Group Strategy Director - Phenomenon; pg. 439
Heaven, Tonique, Account Director - Crossmedia; pg. 463
Heavey, John, Senior Media Strategist, Social Media - Hoffman York; pg. 371
Heaviside, Katherine, President - Epoch 5 Public Relations; pg. 602
Heber, Melissa, Producer - Malka; pg. 562
Heberling, Keith, Vice President & Executive Account Director - The Anderson Group; pg. 19
Hebert, Beau, Chief Operating Officer - One & All; pg. 289
Hebert, Cherie, Partner & Chief Executive Officer - BBR Creative; pg. 174
Hebert, Denese, Vice President, Finance & Administration - Kovel Fuller; pg. 96
Hebert, Doug, Principal & Design Director, Vice President - Savage Design Group; pg. 198
Hebert, Jill, Founder & Chief Executive Officer - Matrex Exhibits; pg. 311
Hebert, Joel, Creative Director - Potenza Inc; pg. 398
Hebert, Karen, Executive Creative Director/ Brand Strategist - The OYA Group; pg. 152
Hebert, Lindsay, Public Relations Director - Devaney & Associates; pg. 351
Hebert, Megan, Partner, Portfolio Management - Universal McCann Detroit; pg. 524
Hebert, Monica, Media Director - BBR Creative; pg. 174
Hebert, Pascal, President - CloudRaker; pg. 5
Hebson, Denny, Executive Creative Director - Schafer Condon Carter; pg. 138
Hechanova, Cheryl, Director, Publishing - Starcom Worldwide; pg. 517
Hecht, Jonathan, Supervisor, Music - Droga5; pg. 64
Hecht, Julia, Media Coordinator - Marketsmith, Inc; pg. 483
Hecht, Norman, Chief Executive Officer - Norman Hecht Research, Inc.; pg. 448
Hechtkopf, Bram, Chief Executive Officer - Kobie Marketing; pg. 287
Heck, Katie, Managing Account Supervisor - Ketchum; pg. 619
Heck, Lucas, Director, Creative - Wunderman Thompson Atlanta; pg. 435
Heck, Matt, Executive Creative Director - Ghostpistols; pg. 76
Heck, Taylor, Associate Manager, Global - OMD; pg. 500
Hecke, Abby, Content Strategist - MBB Agency; pg. 107
Heckelman, Emily, Associate Director, Content - Spark Foundry; pg. 510
Heckenberger, Annie, Vice President & Group Director, Brand Communications Strategy - Digitas Health LifeBrands; pg. 229
Heckman, Cathy, Corporate Marketing Director - SourceLink, LLC; pg. 292
Heckman, Jessica, Media Supervisor - AMP Agency; pg. 297
Hector, Chip, Partner & Chief Operating Officer - Horich Hector Lebow Advertising; pg. 87
Hedditch, Lianne, Executive Vice President - Heron Agency; pg. 613
Heddle, Andy, Group Channel Director, eCommerce - VMLY&R; pg. 274
Hedeman, Mark, Senior Art Director - Spiro & Associates; pg. 143
Hederman, Beth, Group Director, Client Advice & Management - Initiative; pg. 477
Hedgecoth, Mara, Senior Director, Global Marketing & Communications - APCO Worldwide; pg. 578
Hedgecoth, Mason, Creative Director - EP+Co.; pg. 356
Hedges, Greg, Vice President, Emerging Experiences - RAIN; pg. 262
Hedges, Beverly, Vice President, Operations - Jones Public Relations, Inc.; pg. 617
Hedlund, Anna, Media Planner - Sterling-Rice Group; pg. 413
Hedrich, Jeff, President & Strategist, Brand - Prodigal Media Company; pg. 15
Hedstrom, Nikki, President & Chief Operating Officer - Smak; pg. 692
Heelan, Jodi, Associate Director, Business Development - The Variable; pg. 153
Heelan, Kayla, Account Communications Manager, Programmatic - ThriveHive; pg. 271
Heffel, Kim, Director, Consumer Insights & Research - Carat; pg. 461
Heffernan, Brian, Leader, Growth Partnerships - IBM iX; pg. 240
Heffinger, Fritz, Chief Executive Officer & Co-Founder - OutCold; pg. 395
Heffinger, Holly, Co-Founder & Chief Marketing Officer - OutCold; pg. 395
Heffner, Rick, President & Creative Director - Fuszion / Collaborative; pg. 184
Heffner, Rick, Media Director & Senior Account Executive - Cain & Co.; pg. 588
Heffron, Brian, Partner & Executive Vice President, Public Relations - CTP; pg. 347
Heflin, Mike, Senior Account Executive - Cannella Response Television; pg. 281
Hefter, Arie, Vice President,Brand Strategy & Innovation - Media Assembly; pg. 484
Hegarty, Sharon, Senior Vice President, Managing Director & Senior Partner - Stratacomm, Inc.; pg. 650
Hegarty, Tammy, Executive Vice President, Product Strategy & Marketing - Syndicated - WPP Kantar Media; pg. 451
Hege, Michelle Elizabeth, President & Chief Executive Officer - Desautel Hege Communications; pg. 596
Hegeman, Sarah, Vice President, Production - AKPD Message and Media; pg. 454
Heger, Todd, Chief Revenue Officer - Digilant; pg. 464
Hegge, Jamie, Director, Client Service - Lawrence & Schiller; pg. 97
Hegmon, Derrick, Chief Operating Officer & Senior Vice President - PMG Retail & Entertainment; pg. 128
Hegstad, Carly, Senior Digital Strategist - Lawrence & Schiller; pg. 97
Hehir, Tom, Senior Vice President & Director, Strategic Planning - FCB Chicago; pg. 71
Heid, John, Director - Weber Shandwick; pg. 661
Heid, Pete, Creative Director, Digital - Edelman; pg. 599
Heidari, Parisa, Associate Director, Paid Search & Social - Canvas Worldwide; pg. 458
Heide, Alexandra, Associate Director, Communications Strategy - Omelet; pg. 122
Heidelberg, Jim, Chief Retail Strategy Officer - Zimmerman Advertising; pg. 437
Heider, Kelley, Vice President, Innovation & Social Media - SSPR; pg. 649
Heidkamp, Lisa, Director, Insights & Analytics - Golin; pg. 609
Heidle, Eric, Executive Creative Director & Senior Copywriter - Banik Communications; pg. 580
Heigl, Matthew, Brand Designer - Red Antler; pg. 16
Heigler, Allison, Creative Director - Basset & Becker Advertising; pg. 37
Heike, Robin, Production Manager - Sonnhalter; pg. 411
Heil, Doris, Director, Human Resources - HEILBrice; pg. 84
Heil, Sharon, Creative Director - Simple Truth; pg. 198
Heilbron, Maura, Head, Culture - Argonaut, Inc.; pg. 33
Heilbronn, Charlotte, Client Lead - Red Antler; pg. 16
Heile, Chris, Chief Strategy Officer - Intrinzic, Inc.; pg. 10
Heilemann, Elaine, Director, Relationship - Small Army; pg. 142
Heilenday, Kristy, Senior Art Director - Berlin Cameron; pg. 38
Heilman, Jennifer, Vice President - Stratacomm, Inc.; pg. 650
Heilpern, Jeremy, President & Chief Executive Officer - AMMUNITION; pg. 212
Heilpern, Kelly, Chief Operating Officer & Head, Strategy - AMMUNITION; pg. 212
Heilshorn, John, Partner - Lippert / Heilshorn & Associates, Inc.; pg. 623
Heilweil, Eldad, Senior Vice President & Group Strategy Director - M:United//McCann; pg. 102
Heilweil, Jason, Media Relations Account Manager & Writer - No Limit Agency; pg. 632
Heim, Jason, Senior Vice President - Civic Entertainment Group; pg. 566
Heiman, Lee, Managing Partner - Track Marketing Group; pg. 156
Heiman, Lisa, Partner - Track Marketing Group; pg. 156
Heimann, Gail, President - Weber Shandwick; pg. 660
Heimlich, David, Executive Director - Crossmedia; pg. 463
Hein, Caryn, Vice President, Analytics & Data Consulting - Havas Media Group; pg. 470
Hein, Kenneth, Chief Communications Officer - Dentsu Aegis Network; pg. 61
Heindel, Meghan, Media Buyer - Ad Results Media; pg. 279
Heindl, Brent, Senior Vice President & Director, Creative - FCB Health; pg. 72
Heine, Christopher, Director, Content & Media Strategy - Mission North; pg. 627
Heine, Emily, Senior Account Manager - Catalyst Public Relations; pg. 589

844

AGENCIES

PERSONNEL

Heinemann, Brandt, Owner & Director, Planning - Chapter & Verse; pg. 341
Heinemann, Peter, Senior Digital Project Manager - Publicis.Sapient; pg. 259
Heiner, Bo, Senior Vice President - Octagon; pg. 313
Heinnen, Kia, Associate Creative Director - Droga5; pg. 64
Heins, James, Senior Vice President & Head, Public Relations & Healthcare - ICR; pg. 615
Heinsch, David, Vice President, Corporate & Investor Relations Practice - Padilla; pg. 635
Heintzelman, Jaime, Director, Production & Operations - Altitude Marketing; pg. 30
Heinz, Lori, Production Manager - Greteman Group; pg. 8
Heinze, Anne, Director, Digital Strategy - Haworth Marketing & Media; pg. 470
Heinze, Derek, Associate Creative Director - R/GA; pg. 261
Heinzen, Eva, Vice President, Creative Director - Manifest; pg. 248
Heinzeroth, Loren, President - Heinzeroth Marketing Group; pg. 84
Heinzeroth, Scott, Account Executive - Heinzeroth Marketing Group; pg. 84
Heise, Cristina, Vice President, Buyer Experience Planning - Gyro; pg. 368
Heisey, Aj, Strategist, Digital Marketing - Clark Nikdel Powell; pg. 342
Heisler, Sean, Senior Design Director - Daake Design Center; pg. 178
Heiss, Blake, Director, Creative Content - MBT Marketing; pg. 108
Heit, Jonathan, President, Americas & Co-Founder - Allison+Partners; pg. 576
Heithaus, Paul, Senior Analyst, Decision Sciences - Universal McCann; pg. 521
Heitman, Kaya, Managing Partner & Head, Marketing & Communications - U.S - Wavemaker; pg. 526
Heitmann, Chris, Chief Innovation Officer - MARC USA; pg. 104
Heitner-Anderson, Sheri, Vice President & Account Director - Anderson Advertising; pg. 325
Heitz, Stephen, Chief Innovation Officer - The Lavidge Company; pg. 420
Heitzinger, Mark, Account Director - Fuse, LLC; pg. 8
Heitzman, Jim, President - Celtic Marketing, Inc.; pg. 341
Heitzman, Tricia, Associate Director, Project Management - Digitas; pg. 226
Helbling, Michael, Analytics Practice Lead - Search Discovery, Inc.; pg. 677
Held, Becky, Business Development Coordinator - Acumium, LLC; pg. 210
Held, Brandt, Chief Executive Officer - ShopHer Media; pg. 682
Held, Jessica, Vice President, Account Services & Principal - Lessing-Flynn Advertising Co. ; pg. 99
Helfman, Jonathan, Managing Partner & Creative Director - Exit 10 Advertising; pg. 233
Helford, Glenn, Account Manager, Broadcast - GroupM; pg. 466
Helgeson, Kacie, Account Director - mono; pg. 117
Helin, Eric, Creative Director - Wieden + Kennedy; pg. 432
Hell, Lori, Director - Mandala; pg. 103
Helland, Leif, Vice President - mPRm Public Relations; pg. 629
Hellbusch, Steven, Vice President, Media & Analytics - Mindgruve; pg. 534
Heller, Arielle, Senior Partner & North America Lead - MediaCom; pg. 487

Heller, Ben, Creative Director - Mekanism; pg. 112
Heller, Chloe, Producer, Integrated - VaynerMedia; pg. 689
Heller, Danielle, Manager, Client Strategy & Paid Social - Accenture Interactive; pg. 209
Heller, Gabe, Associate Director - OMD; pg. 500
Heller, Jason, Vice President, Technology Marketing - 5W Public Relations; pg. 574
Heller, Jef, Manager, Graphics - Matrex Exhibits; pg. 311
Heller, Kimberly, Associate Media Director - Merkley + Partners; pg. 114
Heller, Marc, Manager, Ad Operations, Technology & Activation Group - Spark Foundry; pg. 508
Heller, Marissa, Associate Director, Video Investment - Hearts & Science; pg. 471
Heller, Paige, Senior Media Buyer - Carat; pg. 459
Hellerich, Dan, Technical Lead - Gage; pg. 361
Hellickson, Amy , Vice President, Client Services & Global Managing Director - Laundry Service; pg. 287
Hellige, Tim, Partner - Bandy Carroll Hellige ; pg. 36
Helliker, Kevin, Editor - Brunswick Group; pg. 587
Hellman, Bob, Chairman - Hellman Associates, Inc.; pg. 84
Hellman, Jennifer, Chief Operating Officer - Goff Public; pg. 608
Hellrung, Amanda, Vice President, Strategy - Zenith Media; pg. 529
Helm, Guy, Associate Creative Director - TBWA \ Chiat \ Day; pg. 146
Helmer, Bethany, Chief Financial Officer - WestGroup Research; pg. 451
Helmer, Mariah, Media Coordinator - Global Media Group; pg. 76
Helmetag, Keith, Partner - C&G Partners, LLC; pg. 176
Helmig, Sara, Executive Director - PRCG | Haggerty, LLC; pg. 638
Helminger, Laura, Senir Director, Integrated Communications Strategist - Omnivore; pg. 123
Helminiak, Beth Ann, Manager, Broadcast Business Affairs - Saatchi & Saatchi; pg. 136
Helms, Christian, Founder & Creative Director - Helms Workshop; pg. 9
Helms, Sarah, Account Director - Luquire George Andrews, Inc.; pg. 382
Helms, Tyler, Executive Vice President & Group Account Director - Deutsch, Inc.; pg. 349
Helmstead, Tiare, Director, Client Services - Global Strategies; pg. 673
Helphand, Megan, Account Coordinator - Benson Marketing Group; pg. 280
Helphand, Sam, Director, Creative Services & Production - Ignited; pg. 373
Helscher, Katie, Account Executive, Public Relations & Social Media - Hiebing; pg. 85
Heltne, Ashley, Director, Client Engagement - Y Media Labs; pg. 205
Hember, Jay, Senior Art Director - JayRay ; pg. 377
Hemby, Becca, Senior Manager, Innovation - 4FRONT; pg. 208
Hemeyer, Drew, Art Director - Barkley; pg. 329
Hemingway, Cate, Account Supervisor - The Narrative Group; pg. 654
Hemje, Keenan, Senior Producer, Broadcasting - Duncan Channon; pg. 66
Hemmat, Amir, Manager, Performance & Precision Marketing - Universal McCann; pg. 521

Hemmers, Isobelle, Manager, Business Development - The Bohan Agency; pg. 418
Hemond, Tina, Media Buyer - Access to Media; pg. 453
Hemp, Joe, Director, Creative - Siltanen & Partners Advertising; pg. 410
Hemp, Mike, Owner & Creative Director - Artbox Creative Studios; pg. 173
Hemphill, Amy, Director, Human Resources & Senior Recruiter - Johnson-Rauhoff, Inc.; pg. 93
Hemsley Butt, Eve, Senior Account Executive - Maroon PR; pg. 625
Henderson, Brandon, Creative Director - Wieden + Kennedy; pg. 432
Henderson, Burke, Senior Vice President, Business Development - Captivate Network, Inc.; pg. 550
Henderson, Christian, Account Manager - G7 Entertainment Marketing; pg. 306
Henderson, Christopher, Partner & Creative Lead - Public Works; pg. 130
Henderson, David, Manager, Analytics Initiative; pg. 477
Henderson, David, Associate Creative Director - Geometry; pg. 363
Henderson, Eric, Owner & Founder - Meteorite PR; pg. 627
Henderson, Frank, Group Director - Crossmedia; pg. 463
Henderson, Jason, Chief Creative Officer & Founder - Secret Fort; pg. 139
Henderson, Leslie, Client Strategist - The VIA Agency; pg. 154
Henderson, Lisa, Senior Buyer - Milner Butcher Media Group; pg. 491
Henderson, Marcus, Director, Client Services - West - Epiq Systems; pg. 232
Henderson, Margo, Manager, Event Operations - Superfly; pg. 315
Henderson, Matthew, Vice President & Director, Strategy & Analysis - Digitas; pg. 226
Henderson, Menzie, Account Supervisor - Periscope; pg. 127
Henderson, Naiym, Manager, Ad Operations - MediaCom; pg. 487
Henderson, Peter, President & Creative Director - The Henderson Robb Group; pg. 151
Henderson, Richard, Account Director - David&Goliath; pg. 57
Henderson, Ron, Creative Group Head & Writer - The Richards Group, Inc.; pg. 422
Henderson, Samuel, Account Manager - BBDO Worldwide; pg. 331
Henderson, Teresa, Managing Director & Southwest Market Leader - BCW Dallas; pg. 581
Henderson, Trace, Sales & Management Associate - SMUGGLER; pg. 143
Hendon, Kara, General Manager - Kansas City Office - FleishmanHillard; pg. 604
Hendra, Carla, Chief Executive Officer, Ogilvy Consulting - OgilvyOne Worldwide; pg. 255
Hendren, Tom, Executive Chairman - Array Marketing Group, Inc.; pg. 565
Hendrick, Stephanie, Director, Data Strategy & Targeting - BerlinRosen; pg. 583
Hendricks, Aniqua, Assistant Multicultural Media Strategist - Hearts & Science; pg. 473
Hendricks, Brian, Director, Broadcast Traffic - Wavemaker; pg. 528
Hendricks, Geoff, Director, New Business Development - Hillsboro & Irvine - Pinnacle Exhibits ; pg. 556
Hendricks, Julie, Senior Account Supervisor - Rachel Kay Public Relations; pg. 640
Hendricks, Nathan, Chief Creative Officer - LPK; pg. 12

845

PERSONNEL   AGENCIES

Hendricks-Atkins, Julie, Public Affairs Advisor - Geto & de Milly, Inc.; pg. 607
Hendrickson, Jared, Vice President & General Manager - DAC Group; pg. 223
Hendrickson, Maggie, Senior Manager, Project & Events - Willow Marketing; pg. 433
Hendrickx, Laura, Senior Vice President & Chief, Staff - Arnold Worldwide; pg. 33
Hendrie, Alex, Executive Vice President - Enteractive Solutions Group, Inc.; pg. 567
Hendrix, Chris, Assistant Brand Strategist - Horizon Media, Inc.; pg. 474
Hendrix, Holly, Digital Media Campaign Manager - TravelClick, Inc.; pg. 272
Hendrix, Jessica, President & Chief Executive Officer - Saatchi & Saatchi X; pg. 682
Hendry, Cheril, Chief Executive Officer - Brandtailers; pg. 43
Hendry, James, Group Creative Director - Team One; pg. 417
Hendry, Tom, Director, Customer Entertainment Group - MKTG; pg. 568
Heneghan, Emily, Director, Senior Partner - Mindshare; pg. 494
Heneson, Bonnie, Founder - Bonnie Heneson Communications, Inc.; pg. 585
Heney, Vincent, Partner, Vice President & Senior Creative Director - Canada - Northern Lights Direct; pg. 289
Heng, Angelica, Supervisor, Account - FCB Chicago; pg. 71
Hengel, Chuck, Founder & Chief Executive Officer - Marketing Architects; pg. 288
Hengel, Elena, Brand Manager - Marketing Architects; pg. 288
Hengst, Kyler, Group Director - Advantage International; pg. 301
Henhoeffer, Patty, Managing Partner - DiD Agency; pg. 62
Heniges, Tatiana, Director, Digital - R&R Partners; pg. 131
Henke, Jack, Owner - Henke & Associates, Inc.; pg. 370
Henke, Maddie, Strategist - mono; pg. 117
Henkel, Bill, Manager, Interactive Media - BFW Advertising; pg. 39
Henkin, Elyce, Director, Agency Partnerships - AKA NYC; pg. 324
Henley, Ashley, Manager, Email Marketing - The Brandon Agency; pg. 419
Henley, Tessa, Project Manager - Anson-Stoner, Inc.; pg. 31
Henne, Sidney, Strategy Director - 72andSunny; pg. 24
Hennegan, Emily, Specialist, Graphic Design - A. Bright Idea; pg. 25
Henneghan, Chris, Vice President, Brand Strategy - Schubert Communications. Inc.; pg. 139
Hennelly, Megan, Supervisor, Media - Noble People; pg. 120
Hennemann, Ed, Executive Producer - PineRock; pg. 636
Hennessey, Kathleen, Chief Marketing Officer & Partner - Axiom Marketing Communications; pg. 579
Hennessey, Ray, President - Jennifer Connelly Public Relations; pg. 617
Hennessy, Blair, Senior Vice President - Abernathy MacGregor Group; pg. 574
Hennessy, Heather, Digital Communications Group Director - Fuse, LLC; pg. 8
Hennessy, Jack, Senior Digital Strategy Lead - Wunderman Thompson; pg. 434
Hennessy, Julianna, Programmatic Buyer - Crossmedia; pg. 463
Hennessy, Kalie, Specialist, Digital Media - Empower; pg. 354
Hennessy, Kimbra, Partner & President - Bitner Hennessy; pg. 685

Hennessy, Molly, Brand Director - Fortnight Collective; pg. 7
Hennigan, Kaitlyn, Associate Media Director - USIM; pg. 525
Henning, Amy, Brand Director - Mekanism; pg. 113
Henning, Betsy, Managing Principal & Founder - Alling Henning & Associates; pg. 30
Henning, Jacquie, Account Manager - Suburbia Studios; pg. 18
Henning Reed, Christine, Media Director - 360i, LLC; pg. 207
Henninger, Robert, Director, Information Technology - Merrick Towle Communications; pg. 114
Henninger, Valerie, Director - Mindshare; pg. 494
Henri, Rena, Account Executive - Archetype; pg. 33
Henrichs, Jessica, Managing Director & Head, Client Growth - Colle McVoy; pg. 343
Henricks, Chelsea, Strategist, Social Media - Energy BBDO, Inc.; pg. 355
Henrie, Bob, Partner & Principal - R&R Partners; pg. 132
Henrie, Lindsey, Account Director - TractorBeam; pg. 156
Henriques, Anthony, Executive Vice President & Creative Director - MERGE; pg. 113
Henry, Amy, Senior Designer - Adventure Creative; pg. 28
Henry, Ashli, Associate Media Director - ICF Next; pg. 372
Henry, Cassandra, Planner, Digital & Magazine Activation - Zenith Media; pg. 529
Henry, Erin, Client Services Director - LPI Group; pg. 12
Henry, Gentry, Account Supervisor - TriplePoint ; pg. 656
Henry, Heather, Director, Media Operations - Daniel Brian Advertising; pg. 348
Henry, Kelly, Partner - Henry & Germann Public Affairs, LLC; pg. 613
Henry, Lindsay, Vice President - Weber Shandwick; pg. 661
Henry, Liz, Senior Manager, Business Development - Co:Collective, LLC; pg. 5
Henry, Mark, Owner & Co-Founder - Signature Marketing Solutions; pg. 141
Henry, Megan, Senior Brand Strategist - Rhea & Kaiser Marketing ; pg. 406
Henry, Michael, Chief Operating Officer & Chief Financial Officer - Active Interest Media; pg. 561
Henry, Paul, Senior Vice President, Analytics - Global Strategies; pg. 673
Henry, Rachel, Account Director, Public Relations - Kirvin Doak Communications; pg. 620
Henry, Stephen, Creative Director - Brandner Communications, Inc.; pg. 42
Hensarling, Nina, Communications Strategy Director - Pereira & O'Dell; pg. 257
Hensel, David, Director, Marketing - Filter; pg. 234
Hensel, Wendy, Account Director - Primacy; pg. 258
Henshaw, Bob, Founding Partner - Formation Design Group; pg. 183
Hensley, Allison, Account Director - The Martin Agency; pg. 421
Hensley, Jonathon, Chief Executive Officer & Chief Creative Officer - Emerge Interactive; pg. 231
Hensley, Klaire, Brand Manager - The Richards Group, Inc.; pg. 422
Henson, Chris, Creative Director - Access; pg. 322
Hentemann, Gretchen, Group Account Director - Gyro; pg. 368

Hentges, Doug, Creative Director - Barkley; pg. 329
Henthorn, Barry, Chief Executive & Technology Officer - Reeltime Media; pg. 507
Henthorne, David, Senior Vice President & Creative Director - Ron Foth Advertising; pg. 134
Hentze, Lisa, Director - Outdoor Media Group; pg. 554
Henzie, Maygan, Senior Media Planner - CMI Media, LLC; pg. 342
Hepburn, Elizabeth, Group Account Director - Liquid Agency, Inc.; pg. 12
Hepner, Ed, Senior Vice President & Director, Client Services - TPG Rewards, Inc.; pg. 570
Hepp, Nathan, Interactive Art Director - EMI Strategic Marketing, Inc.; pg. 68
Herbert, Garry, Associate Media Director - Harmelin Media; pg. 467
Herbert, Grace, Associate Director, Decision Sciences - Universal McCann Detroit; pg. 524
Herbruck, David, Principal & President - loyalkaspar; pg. 12
Herbst, Angela, Client Services Director - The Boston Group; pg. 418
Herbst, Bill, Vice President & Principal - Seyferth & Associates, Inc.; pg. 646
Herbst, Peter, Vice President & Executive Creative Director - St. John & Partners Advertising & Public Relations; pg. 412
Herbst, Robert, Research Director - 9thWonder Agency; pg. 453
Hercky, Peter, Owner - Hercky, Pasqua, Herman, Inc.; pg. 84
Hercules, Katrina, Manager, Brand Strategy - Orci; pg. 543
Herda, Courtney, Chief Executive Officer - Smarter Searches; pg. 410
Herder, Brian, Principal & Chief Creative Officer - Russell Herder ; pg. 136
Herder, Caryn, Director, Planning & Strategy - CMD; pg. 51
Herdman, Lisa, Senior Vice President & Director, National TV Buying & Branded Entertainment - RPA; pg. 134
Heres, Matt, Partner - Revelry Agency; pg. 406
Herfel, Julie, Partner & Executive Vice President, Creative Operations - Lindsay, Stone & Briggs; pg. 100
Herford, West, President & Chief Executive Officer - On Ideas; pg. 394
Herges, Annie, Senior Manager, Paid Media - Nina Hale Consulting; pg. 675
Hergott, Chris, Director, Connection Strategy - SixSpeed; pg. 198
Hergott, Sylvie, Senior Graphic Designer - Image Makers Advertising, Inc.; pg. 88
Herinckx, Ed, President & Chief Executive Officer - HMH; pg. 86
Hering, Alex, Media Planner - Wieden + Kennedy; pg. 430
Hering, Deirdre, Copywriter - Publicis North America; pg. 399
Hering, James, Brand Management Principal - The Richards Group, Inc.; pg. 422
Hering, Nicole, Strategy Director - Crispin Porter + Bogusky; pg. 346
Herink, Ashley, Senior Media Planner - Colle McVoy; pg. 343
Herl, Jennifer, Digital Media Director - Starcom Worldwide; pg. 513
Herlihy, Meg, Group Account Director - TracyLocke ; pg. 684
Herman, Adam, Executive Vice President & Chief Integrated Media Officer - Zimmerman Advertising; pg. 437
Herman, Adam, Vice President, Global Business Strategy - Control v Exposed; pg. 222
Herman, Alana, Manager, Digital Investment -

846

AGENCIES — PERSONNEL

Loreal Paris - Wavemaker; *pg.* 526
Herman, Alison, Senior Vice President & Group Partner - J3; *pg.* 480
Herman, Bonnie, Senior Account Manager - SEO & Digital Strategy - Acceleration Partners; *pg.* 25
Herman, David, President - Raffetto Herman Strategic Communications, LLC; *pg.* 641
Herman, Erica, Senior Vice President, Brand Planning - Cramer-Krasselt; *pg.* 53
Herman, Jacob, Producer, Broadcasting & Film - Droga5; *pg.* 64
Herman, Lauren, Senior Vice President & Creative Director - Hill Holliday; *pg.* 85
Herman, Matt, Senior Writer - Wieden + Kennedy; *pg.* 432
Herman, Matthew, Account Executive - Avocet Communications; *pg.* 328
Herman, Mike, Associate Creative Director - The Variable; *pg.* 153
Herman, Nicole, Account Director - ROKKAN, LLC; *pg.* 264
Hermance, Tena, Senior Vice President & Brand Leader - Media Assembly; *pg.* 385
Hermann, Kathy, Vice President, Sales - New Business Development - SMS Marketing Services; *pg.* 292
Hermann, Laura, Partner - Potomac Communications Group, Inc.; *pg.* 638
Hermann, Mike, Senior Copywriter - Route 1A Advertising; *pg.* 134
Hermann, Suzanne, Senior Account Executive - Darby Communications; *pg.* 595
Hermanson, Jenny, Group Account Director - OMD; *pg.* 498
Hermes, Chuck, Chief Experience Officer - Clockwork Active Media; *pg.* 221
Hermosillo, Hilda, Art Director - Havas Sports & Entertainment; *pg.* 370
Hermosura, Rica, Account Supervisor - The Narrative Group; *pg.* 654
Hernandez, Adrian, Integrated Producer - Goodby, Silverstein & Partners; *pg.* 77
Hernandez, Adrianne, Social Media Specialist - Callahan Creek ; *pg.* 4
Hernandez, Alan, Strategist, Paid Search - Tinuiti; *pg.* 678
Hernandez, Ali, Account Manager - Borshoff; *pg.* 585
Hernandez, Andres, Office Administrator - El Autobus; *pg.* 67
Hernandez, Angelique, Associate Director, Partnerships & Content - Zenith Media; *pg.* 529
Hernandez, Armando, Chief Creative Officer & Partner - MARCA Miami; *pg.* 104
Hernandez, Billy, Assistant Media Buyer, Local Broadcast - Zenith Media; *pg.* 531
Hernandez, Bruce, Research Director - BRC Field & Focus Services; *pg.* 442
Hernandez, Carmen, Executive Vice President, Digital Strategy & Managing Director - Konnect Agency; *pg.* 620
Hernandez, Cristal, Project Manager - Posterscope U.S.A.; *pg.* 556
Hernandez, Daniella, Supervisor, Strategy - HBO - Hearts & Science; *pg.* 471
Hernandez, Danny, Director, Communications & Public Relations - Forsman & Bodenfors; *pg.* 74
Hernandez, Fabian, Strategic Campaign Manager - ThriveHive; *pg.* 271
Hernandez, Ivette, National Account Manager - Delta Media, Inc.; *pg.* 551
Hernandez, Jacqueline, Brand Manager - The Richards Group, Inc.; *pg.* 422
Hernandez, Jorge, Vice President, Business Leadership & Agency Integration - Momentum Worldwide; *pg.* 117
Hernandez, Lidia, Media Negotiator - Ocean Media, Inc.; *pg.* 498
Hernandez, Lucyed, Art Director - Leo Burnett Toronto; *pg.* 97
Hernandez, Maria, Associate Creative Director - PIL Creative Group; *pg.* 128
Hernandez, Maritza, Managing Partner & Creative Director - Hernandez & Garcia, LLC; *pg.* 84
Hernandez, Marlon, Vice President & Group Creative Director - RPA; *pg.* 134
Hernandez, Mary Ann, Director, Human Resources - Abernathy MacGregor Group; *pg.* 574
Hernandez, Natasha, Assistant Controller - LaPlaca Cohen Advertising; *pg.* 379
Hernandez, Omara, Senior Vice President & Group Director - Canvas Worldwide; *pg.* 458
Hernandez, Pablo, Group Account Director - Havas Media Group; *pg.* 468
Hernandez, Paul, Chief Strategy Officer - Fenton Communications; *pg.* 603
Hernandez, Pepe, Copywriter - Wieden + Kennedy; *pg.* 432
Hernandez, Rodolfo, Director, Creative - Elevation, Ltd; *pg.* 540
Hernandez, Stephanie, Content Supervisor - Carat; *pg.* 461
Hernandez, Stormy, Manager, Broadcast Operations - J3; *pg.* 480
Hernandez, Yaritza, Senior Art Director - The Sunflower Group; *pg.* 317
Hernandez-Bobrow, Lisa, Director, Strategic Partnerships - True Impact Media; *pg.* 558
Herndon, Amber, Director, Marketing - ADK Group; *pg.* 210
Herndon, Claire, Content Marketing Coordinator - Altitude Marketing; *pg.* 30
Herndon, Heather, Creative Director - Boulton Creative; *pg.* 41
Herne, Joe, Executive Vice President - North American Operations - YourAmigo; *pg.* 679
Heron, Ashley, Chief Digital Officer - HYFN; *pg.* 240
Heron, Noreen, President - Heron Agency; *pg.* 613
Heroux, Daryl, Vice President, Media & General Manager - Carat; *pg.* 461
Herr, Daniel, Associate, Digital Investment - Mindshare; *pg.* 494
Herr, Frank, Owner & Co-Founder - Best Light Communications; *pg.* 216
Herr, John, Co-Founder - Best Light Communications; *pg.* 216
Herr, Nate, Executive Vice President & Managing Partner - Genome; *pg.* 236
Herrera, Amanda, Assistant Media Buyer - Trilia ; *pg.* 521
Herrera, Andrew, Supervisor, Integrated Strategy - Praytell; *pg.* 258
Herrera, Henry, Executive Director, Operations - Original Impressions; *pg.* 289
Herrera, Luz, Media Buyer - Cardenas Marketing Network; *pg.* 303
Herrick, Craig, Executive Vice President & Executive Creative Director - Zozimus Agency; *pg.* 665
Herrick, David, Director, Technical - WongDoody; *pg.* 162
Herrick, Domenica, Associate, Business Insights & Operations - Beautiful Destinations; *pg.* 38
Herrick, Rebecca, Senior Vice President & Principal - Lippert / Heilshorn & Associates, Inc.; *pg.* 623
Herrick, Rick, Co-Founder & Managing Director - SALT Branding; *pg.* 16
Herrick, Shawn, Senior Digital Strategist - Youtech; *pg.* 436
Herrick, Tassi, Account Supervisor - Linhart Public Relations; *pg.* 622
Herring, David, Manager, Experience Lead - Publicis.Sapient; *pg.* 259
Herring, Juliana, Director, Media Planning - VaynerMedia; *pg.* 689
Herring, Stephen, President & Director, New Business Development - Herring Design Studio; *pg.* 186
Herriott, Kristi, Partner - Firmani & Associates, Inc.; *pg.* 604
Herrman, Cary, President - Ocean Bridge Media Group; *pg.* 498
Herrmann, JM, Vice President, Strategy - Giant Spoon, LLC; *pg.* 363
Herrmann, Judi, President & Chief Creative Officer - Herrmann Advertising Design; *pg.* 186
Herrmann, Matt, Creative Director - BVK; *pg.* 339
Herrmann, Melissa, President - SSRS; *pg.* 450
Herrnreiter, Pete, Vice President, Digital Strategy - The Motion Agency; *pg.* 270
Herron, Madison, Assistant, Planning - Carat; *pg.* 459
Herron, Richard, Producer - Aniden Interactive; *pg.* 213
Herrtage, Dallia, Global Account Director & Managing Partner - Wavemaker; *pg.* 526
Herse, Nora, Account Manager - Major Tom; *pg.* 247
Hersey, Joncarl, Senior Manager, Media & Operations - Walrus; *pg.* 161
Hersh-Walker, Sarah, Chief Operating Officer - Full Court Press Communications; *pg.* 607
Hershberger, Diana, Account Manager - 3Headed Monster; *pg.* 23
Hershberger, Michelle, Media Buyer - Bernstein-Rein Advertising, Inc.; *pg.* 39
Hershey, Mitchell, President - Nissan Division - Zimmerman Advertising; *pg.* 437
Hershey, Summer, Account Director - Cactus Marketing Communications; *pg.* 339
Hershfield, Alyssa, Account Supervisor - BCW New York; *pg.* 581
Hershfield, Bobby, Chief Creative Officer - The VIA Agency; *pg.* 154
Hershkowitz, Brittany, Vice President - BCW Los Angeles; *pg.* 581
Hershkowitz, Mara, Senior Account Supervisor - Edelman; *pg.* 599
Hershon, Marc, Senior Manager, Naming & Verbal Identity - Landor; *pg.* 11
Hershy, Alexa, Account Director - Allison+Partners; *pg.* 576
Herskind, Erik, Chief Executive Officer - GoDo Discovery Company; *pg.* 77
Herskovitz, Jackie, President & Founder - Teak Media Communications; *pg.* 652
Herson, Karen, President - Concepts, Inc.; *pg.* 592
Hertenstein, Eric, Management Supervisor - Hill Holliday; *pg.* 85
Hertenstein, Mark, Senior Vice President, Enterprise Sales - Epsilon ; *pg.* 283
Hertz, Ashley, Vice President, Media Activation - Orion Worldwide; *pg.* 503
Hertz, Meredith, Group Director, Partnerships - Initiative; *pg.* 477
Hertzberg, Justin, Assistant Account Executive - AFG&; *pg.* 28
Hertzberg, Kyle, Associate Director, Client Finance - Digitas; *pg.* 226
Hertzfield, Jim, Principal & Chief Strategist - Perficient Digital; *pg.* 257
Hertzog, Chris, Director, Digital Media Services - BrandDefinition; *pg.* 4
Heryer, John, Group Director, Technology - VMLY&R; *pg.* 274
Herzer, Brant, Creative Director - VMLY&R; *pg.* 160
Herzer, Lara, Creative Director -

PERSONNEL — AGENCIES

mcgarrybowen; *pg.* 110
Herzog, Bret, Director, Strategy - Brand Engagement - Periscope; *pg.* 127
Herzog, Mark, Chief Executive Officer - Herzog & Company; *pg.* 298
Herzog, Randy, Vice President, Configuration Services - Wunderman Data Products; *pg.* 451
Hescott, Erin, Supervisor, Planning - Carat; *pg.* 461
Hesketh, Jamie, Supervisor - DR Media - Ocean Media, Inc.; *pg.* 498
Heslop, Dave, President - Marcom Group, Inc.; *pg.* 311
Hespos, Tom, Founder & Chief Media Officer - Underscore Marketing, LLC; *pg.* 521
Hess, Alison, Creative Director - Code and Theory; *pg.* 221
Hess, Brielyn, Vice President, Engagement & Paid Media - Barkley; *pg.* 329
Hess, Casey, Senior Vice President, Strategic Growth - Upshot ; *pg.* 157
Hess, Chris, Owner & Executive Creative Director - Mondo Robot ; *pg.* 192
Hess, Eliot, Co-Owner & Chief Executive Officer - HWH Public Relations; *pg.* 614
Hess, Elizabeth, Vice President & Director, Account - Patients & Purpose; *pg.* 126
Hess, Jennifer, Vice President - Dentsu Aegis Network; *pg.* 61
Hess, Katrina, Executive Creative Director - The Heavyweights; *pg.* 420
Hess, Scott, Executive Vice President & Chief Marketing Officer - Spark Foundry; *pg.* 510
Hess, Tom, Vice President, Sales - Norton Outdoor Advertising; *pg.* 554
Hesse, Kelcey, Director, Creative Services - Design at Work Creative Services; *pg.* 179
Hesse, Sarah, Supervisor, Digital Media Negotiator - GTB; *pg.* 367
Hessel, Adam, Executive Vice President & Executive Creative Director - Harrison & Star, Inc.; *pg.* 9
Hessenthaler, Ryan, Senior Director, Paid Search - iProspect; *pg.* 674
Hesser, Denise, Director, Media - Amperage; *pg.* 30
Hession, Audra, Principal & Managing Director - Gibbs & Soell, Inc.; *pg.* 607
Hession, Jack, Senior Vice President - Madison Government Affairs; *pg.* 624
Hesslein, Jordan, Brand Manager - 72andSunny; *pg.* 24
Hessler, Holly, Group Creative Director - McCann New York; *pg.* 108
Hessler Fusselman, Kristen, Account Director - Zeta Interactive; *pg.* 277
Hessling, Erin, Associate Director, Project Management - Buick, Leo Burnett - Digitas; *pg.* 229
Hester, Amy, Account Executive & Media Director - Burkholder Flint Associates; *pg.* 338
Hester, Charles, Vice President, Business Development - Godbe Communications; *pg.* 445
Hester, Lisa, Senior Account Manager - Rountree Group, Inc.; *pg.* 644
Hester, Wes, Managing Director, Digital - Bandujo Donker & Brothers ; *pg.* 36
Hetland, Tyler, Vice President, Marketing Strategy - Rocket55; *pg.* 264
Hetrick, John, Specialist, Audio & Producer - Brainstorm Media; *pg.* 175
Hettel, Keri, Senior Vice President & Group Director, Analytics - Razorfish Health; *pg.* 262
Hettich, Cuyler, Account Executive - Crowley Webb & Associates; *pg.* 55
Hettich, Jim, Chairman & Chief Executive Officer - Crowley Webb & Associates; *pg.* 55
Hettler, Jennifer, Director, Integrated Media Strategy - St. John & Partners Advertising & Public Relations; *pg.* 412
Heubach, Russell, Creative Director - Pico Plus; *pg.* 397
Heubeck, Hanly, Vice President - Warschawski Public Relations; *pg.* 659
Heuglin, Bill, Associate Creative Director - LKH&S; *pg.* 381
Heun, Diane, Executive Vice President, Business Development - Critical Mass, Inc.; *pg.* 223
Heusuk, Stephanie, Chief Operating Officer - Rhea & Kaiser Marketing ; *pg.* 406
Hewitt, Ashley, Project Manager - Love & Company; *pg.* 101
Hewitt, Hannah, Brand DIrector - Wieden + Kennedy; *pg.* 430
Hewitt, Hayley, Manager, Creative Operations - Rethink Communications, Inc.; *pg.* 133
Hewski, Kim, Vice President, Research & CRM - Serino Coyne, Inc.; *pg.* 299
Hewson, Katie, Brand Manager - The Buntin Group; *pg.* 148
Heyburn, Gage, Account Director - Giant Spoon, LLC; *pg.* 363
Heydt, Sara, Senior Vice President, North America Business Lead - Starcom Worldwide; *pg.* 517
Heymann, Neil, Global Chief Creative Officer - Droga5; *pg.* 64
Heyward, Emily, Co-Founder & Chief Strategist - Red Antler; *pg.* 16
Hiatt, Leslie, Account Executive - Leading Edges Advertising; *pg.* 97
Hiatt, Nora, Art Director - Marlin Network; *pg.* 105
Hiatt, Zack, Senior Analyst, Data & Analytics - Digitas; *pg.* 228
Hiban, Heather, Account Executive - RP3 Agency; *pg.* 408
Hibbard, Kirsten, Supervisor, Media - Haworth Marketing & Media; *pg.* 470
Hibbert, Ann, Director, Communications Strategy - Generator Media + Analytics; *pg.* 466
Hibbs, Jennifer, Vice President & Interactive Account Director - Marden-Kane, Inc.; *pg.* 568
Hibler, Scott, National Account Director - BlueMedia; *pg.* 175
Hickethier, David, Chief Executive Officer & Founder - andCulture; *pg.* 213
Hickey, Christine, Director, People & Culture - CTP; *pg.* 347
Hickey, Corey, Associate Interactive Director - Anson-Stoner, Inc.; *pg.* 31
Hickey, Jim, Vice President, Account Services - Communicators Group; *pg.* 344
Hickey, Joseph, Digital Analyst - BFG Communications; *pg.* 333
Hickey, Melissa, Account Director - Alcone Marketing Group; *pg.* 565
Hickey, Sean, Chief Operating Officer - PWB; *pg.* 131
Hickey, Trevor, Associate Director, Creative - DiMassimo Goldstein; *pg.* 351
Hickman, Crethann, Director, Design - The Point Group; *pg.* 152
Hickman, John, Group Planning Director - TBWA \ Chiat \ Day; *pg.* 146
Hickman, Mike, Associate Creative Director - AKQA; *pg.* 212
Hickman, Piper, Executive Creative Director - 7-Eleven, MINI, Champion & Oreo - 360i, LLC; *pg.* 320
Hicks, Alisha, Associate Media Director - PGR Media; *pg.* 504
Hicks, Brian, Account Coordinator - Compass Communications; *pg.* 52
Hicks, Cindy, Group Managing Director - mcgarrybowen; *pg.* 110
Hicks, Danielle, Account Services Director - Design at Work Creative Services; *pg.* 179
Hicks, Dixie, Senior Account Executive - Grace Outdoor Advertising; *pg.* 552
Hicks, Gretchen, Vice President & Director, Design - Sherry Matthews Advocacy Marketing; *pg.* 140
Hicks, Lori, Associate Strategy Director - WongDoody; *pg.* 162
Hicks, Mike, Executive Vice President - Beson 4 Media Group; *pg.* 3
Hicks, Robyn, Specialist, Graphic Design - A. Bright Idea; *pg.* 25
Hicks, Samantha, Director, Paid Media - VaynerMedia; *pg.* 689
Hicks, Savannah, Senior Art Director - Butler, Shine, Stern & Partners; *pg.* 45
Hicks, Sue, Manager, Business Development - Mississippi Press Services; *pg.* 496
Hicks, Tim, Director, Studio Services - Proof Advertising; *pg.* 398
Hicks, Wayne, Director, Development Consulting - GlynnDevins; *pg.* 364
Hidalgo, Karen, Associate Account Manager - Bigeye Agency; *pg.* 3
Hidalgo, Reggie, Art Director - Art Machine; *pg.* 34
Hiddemen, Pamela, Senior Brand Strategist - Klick Health; *pg.* 244
Hidden, James, Managing Director - Ogilvy; *pg.* 393
Hider, Mark, Executive Vice President - Publicis North America; *pg.* 399
Hides, Greg, Group Director, Delivery Management - Geometry; *pg.* 363
Hidra, Blerta, Associate Director - OMD; *pg.* 498
Hiefield, Martha, Chief Executive Officer - Americas - Wunderman Thompson Seattle; *pg.* 435
Higbee, Sarah, Manager, Digital Strategic Consulting - Epsilon ; *pg.* 283
Higbee, Stacy, Senior Partner & Group Planning Director - Wavemaker; *pg.* 526
Higdon, Brad , Chief Marketing Officer - Zimmerman Advertising; *pg.* 437
Higdon, Mark, Director, Marketing - Maingate, Inc.; *pg.* 310
Higgason, Kristin, Director, Creative Services - mcgarrybowen; *pg.* 110
Higginbotham, Brett, Vice President, Finance - Tallwave; *pg.* 268
Higgins, Chelsea, Account Supervisor - SFW Agency; *pg.* 16
Higgins, Jarrod, Creative Director - Wieden + Kennedy; *pg.* 430
Higgins, Jerry, Creative Director - Core Creative; *pg.* 344
Higgins, Kelly, Director, Strategic Partnerships - Doremus & Company; *pg.* 64
Higgins, Michelle, Associate Director, Accountability - OMD; *pg.* 498
Higgins, Patrick, Director, Business Development - WillowTree, Inc.; *pg.* 535
Higgins, Schuyler, Art Director - Edelman; *pg.* 599
Higgins, Scott, Creative Director - McCann New York; *pg.* 108
Higgins, Stephen, Manager, Analytics - VaynerMedia; *pg.* 689
Higgins, Taylor, Senior Account Executive - ICF Next; *pg.* 372
Higgins, Vanessa, Vice President & Associate Director, Media - Mediahub Boston; *pg.* 489
Higgs, Allie, Chief Operating Officer - Workhorse Marketing; *pg.* 433
High, Liz, Vice President, Customer Experience Insight & Delivery - Metia; *pg.* 250
Highet Morgan, Emily, Partner & Digital

AGENCIES | PERSONNEL

Director - Mindshare; *pg.* 491
Highsmith, Rick, Founder - Clixo; *pg.* 221
Hight, Jonathan, Senior Partner & Digital Lead - MediaCom; *pg.* 487
Hight, Taylor, Senior Vice President, Client Services - Fake Love; *pg.* 183
Hightower, Kerry, Senior Account Executive - Project X; *pg.* 556
Hightower, Stacey, Chief Operating Officer - Group E - Diversified Agency Services; *pg.* 351
Higley, Laura, Associate Director & Partner - Mindshare; *pg.* 491
Higuera, Jose, Senior Strategist - BBDO San Francisco; *pg.* 330
Higuera, Michelle, Planner, Paid Social - Digitas; *pg.* 227
Hikiji, Carolyn, Media Director - Strategic America; *pg.* 414
Hiland, Chris, Executive Vice President, Client Leadership - Periscope; *pg.* 127
Hilburn, Jay, Director, Design - Sid Lee; *pg.* 140
Hildebolt, Bill, Owner, President & Chief Executive Officer - GEN.VIDEO; *pg.* 236
Hildebrandt, Lisa, Vice President & Partner, Client Finance - Universal McCann Detroit; *pg.* 524
Hilden, Nick, Copywriter - Lincoln Digital Group; *pg.* 246
Hildenbrand, Brian, Associate Media Director - R\West; *pg.* 136
Hilder, Zach, Group Creative Director - 72andSunny; *pg.* 23
Hile, Angela, Manager, Marketing - 97 Degrees West; *pg.* 24
Hile, Jon, Senior Account Manager - DCG ONE; *pg.* 58
Hileman, Maria, Creative Director - Media Bridge Advertising; *pg.* 484
Hiler, Alyssa, Manager, People & Studio Operations - Artefact; *pg.* 173
Hiler, Christy, President - Cornett Integrated Marketing Solutions; *pg.* 344
Hilgart, John, Senior Strategist - Inferno, LLC; *pg.* 374
Hilgendorf, Josh, Media Supervisor - Kelly, Scott & Madison, Inc.; *pg.* 482
Hilgers, Frank, Vice President, Technology - Youtech; *pg.* 436
Hilgers, RJ, Chief Executive Officer - POP, Inc.; *pg.* 195
Hilgert, Christine, Senior Vice President - Meeting Expectations; *pg.* 311
Hilimire, Jeff, Co-Founder & Chief Executive Officer - Dragon Army; *pg.* 533
Hilinski, Eileen, Managing Director - The GRI Marketing Group, Inc.; *pg.* 270
Hilkemeier, Kami, Manager, Events - The George P. Johnson Company; *pg.* 316
Hill, Abby, Senior Content Strategist - Moxie; *pg.* 251
Hill, Alec, Senior Account & Project Manager, Technical Client Services - Health Care Marketing - Epsilon ; *pg.* 283
Hill, Alison, Partner - Current PR; *pg.* 594
Hill, Alison, Executive Producer - Wieden + Kennedy; *pg.* 432
Hill, Amy, Market Analyst - Agenti Media Services; *pg.* 453
Hill, Anastasia, Copywriter - DoeAnderson Advertising ; *pg.* 352
Hill, Ben, Strategy Director - Vest Advertising; *pg.* 159
Hill, Brett, Editorial Director - HearstMade - Hearst Magazines Digital Media; *pg.* 238
Hill, Chris, Creative Director - Hill ; *pg.* 186
Hill, Chris, Vice President, Strategic Business Analysis - Targetbase Marketing; *pg.* 293
Hill, Christine, Associate Director, Operations - Cambridge BioMarketing; *pg.* 46
Hill, Christopher, President - Gyro; *pg.* 368
Hill, Clifford, Marketing Support Specialist - The Hybrid Creative; *pg.* 151
Hill, Corey, Media Planner - Schafer Condon Carter; *pg.* 138
Hill, Cynthia, President - Zakhill Group; *pg.* 294
Hill, Dan, Head, Strategy - Wieden + Kennedy; *pg.* 432
Hill, Darren, Co-Founder & Chief Executive Officer - WebLinc, LLC; *pg.* 276
Hill, David, Account Management - Stephens & Associates Advertising; *pg.* 413
Hill, Dawn, Director, Media - Media Brokers International; *pg.* 485
Hill, Gian, Account Supervisor - Periscope; *pg.* 127
Hill, Graham, Senior Researcher - Zenzi; *pg.* 665
Hill, Heath, President - Lime Media; *pg.* 568
Hill, James, Strategic Media Director - Avalanche Media Group; *pg.* 455
Hill, Jamie, Founder & Chief Executive Officer - adMarketplace; *pg.* 210
Hill, Jennifer, Group Media Director - The Richards Group, Inc.; *pg.* 422
Hill, Josean, Media Planner - Cramer-Krasselt ; *pg.* 53
Hill, Kacey M., Account Supervisor, Public Relations - PETERMAYER; *pg.* 127
Hill, Kerry, Executive Vice President & Director, Production - FCB Chicago; *pg.* 71
Hill, King, Senior Vice President & Digital Strategist - Marcus Thomas; *pg.* 104
Hill, Margaret, Specialist, Public Relations - A5; *pg.* 25
Hill, Matthew, Senior Account Manager - Empower; *pg.* 354
Hill, Melissa, Integrated Media Buyer - Moroch Partners; *pg.* 389
Hill, Melissa, Head, Brand Management - East - Mekanism; *pg.* 113
Hill, Michael, Vice President & Analytics Team Leader - WPP Kantar Media; *pg.* 163
Hill, Michelle, Vice President & Group Account Director - The Ramey Agency; *pg.* 422
Hill, Mike, Vice President, Group Director - Mediahub Boston; *pg.* 489
Hill, Nikki, Vice President, Media - Laughlin Constable, Inc.; *pg.* 380
Hill, Olivia, Copywriter - Doner; *pg.* 63
Hill, Rhea, Deputy Chief Operating Officer & Interim Managing Director - 72andSunny; *pg.* 23
Hill, Robert, Vice Chairmain, Board - Acosta, Inc.; *pg.* 322
Hill, Sam, Associate Director, Data Operations - Lotame; *pg.* 447
Hill, Sara, Account Executive - Leo Burnett Worldwide; *pg.* 98
Hill, Sarah, Founder & Partner - Harley & Co; *pg.* 9
Hill, Scott, President - ProCirc Retail Solutions Group - DJG Marketing; *pg.* 352
Hill, Shayne, Account Executive - Toronto Retail - Pattison Outdoor Advertising; *pg.* 555
Hill, Shelby, Head, Production - g-NET Media; *pg.* 236
Hill, Stephanie, Executive Vice President & Managing Director - Carat; *pg.* 459
Hill, Steve, Senior Director, Brand Strategy - r2integrated; *pg.* 261
Hill, Stewart , Vice President, Strategic Planning - Evok Advertising; *pg.* 69
Hill, Stuart, Senior Writer - The Richards Group, Inc.; *pg.* 422
Hill, Tim, Senior Vice President & Group Partner, Integrated Investment - Universal McCann; *pg.* 521
Hill, Zachary, Brand Director - Battery; *pg.* 330
Hill Patterson, Lindsey, Corporate Media Director - R&R Partners; *pg.* 131
Hill Young, Renee, Co-Chairman - Quigley-Simpson; *pg.* 544
Hill-Saadan, Teresa, Supervisor, Media - GSD&M; *pg.* 79
Hill-Young, Renee, Co-Chair - Quigley-Simpson; *pg.* 544
Hillebrand, Linda, Director, Project Management - VaynerMedia; *pg.* 689
Hiller, Sarah, Chief Operating Officer - StringCan Interactive; *pg.* 267
Hilliard, Maggie, Senior Partner & Global Strategy Director - MediaCom; *pg.* 487
Hilliard, Melanie, Senior Marketing Consultant - ClarityQuest; *pg.* 50
Hillier, Ruth, Coordinator, Accounts Payable - Fusion Marketing; *pg.* 8
Hillis, Beth, Vice President, Operations - Paul Werth Associates, Inc.; *pg.* 635
Hillman, Anne, Senior Strategist, Client - CKR Interactive, Inc.; *pg.* 220
Hillman, Leigh, Senior Account Manager - Team Epiphany; *pg.* 652
Hillman, Rhys, Global Strategy Director - TBWA \ Media Arts Lab - TBWA \ Chiat \ Day; *pg.* 146
Hillman, Sandy, President - Sandy Hillman Communications; *pg.* 645
Hills, Justin, Vice President, Client Services - Ayzenberg Group, Inc.; *pg.* 2
Hills, Taylor, Senior Producer - Digitas Health LifeBrands; *pg.* 229
Hillsman, Bill, President & Chief Creative Officer - North Woods Advertising; *pg.* 121
Hilpert, Kevin, Associate Director, Digital Strategy - Haworth Marketing & Media; *pg.* 470
Hilton, Gail, Account Director - Wunderman Thompson; *pg.* 434
Hilton, Jeff, Co-Founder, Partner & Chief Marketing Officer - BrandHive; *pg.* 336
Hilton, Kelly, Senior Director, Marketing, Communications & Employee Engagement - Startek; *pg.* 168
Hilton, Kerry, Chief Executive Officer & Executive Creative Director - HCB Health; *pg.* 83
Hilton, Mike, Vice President & Director, Information Technology - gkv; *pg.* 364
Hilton, Scott, Vice President & Program Director - Adrenaline, Inc.; *pg.* 172
Hilts, Jeff, Chief Creative Officer - FCB Toronto; *pg.* 72
Hiltz, Lori, Chief Executive Officer - North America - Havas Media Group; *pg.* 468
Hilzinger, Glen, Integrated Group Creative Director & Copywriter - Leo Burnett Detroit; *pg.* 97
Himani, Zaynah, Digital Media Planner, Performance Marketing - WW, Lindt Chocolate, Helzberg Diamonds & The Michael J. Fox Foundation - Horizon Media, Inc.; *pg.* 473
Himelfarb, Mark, Chief Finance Officer - Publicis North America; *pg.* 399
Himelfarb, Micole, Senior Strategist, Creative - We Are BMF; *pg.* 318
Himeno, Hajime, Director, Design - Hello Design; *pg.* 238
Himmelrich, Steven, Founder & President - Himmelrich Inc.; *pg.* 614
Hinch, Phil, Executive Digital Producer - Saatchi & Saatchi Los Angeles; *pg.* 137
Hinchcliffe, Christian, Partner & Chief Marketing Officer - The&Partnership; *pg.* 426
Hinckley, Amanda, Vice President - Citizen

PERSONNEL AGENCIES

Relations; *pg.* 590
Hine, Jennifer, Analyst, Media - Burford Company; *pg.* 45
Hiner, John, Vice President, Content - MLive Media Group; *pg.* 388
Hines, Carrie, Senior Vice President & Group Account Director - GSD&M; *pg.* 79
Hines, Clare, Group Strategy Director - Anomaly; *pg.* 325
Hines, Erwin, Creative Director, Innovation - BASIC; *pg.* 215
Hines, Jacqueline, Global Account Supervisor - DDB Chicago; *pg.* 59
Hines, Justin, Director, Website Design & Development - Adept Marketing; *pg.* 210
Hines, Kyle, Director, Digital Platforms - Miller Ad Agency; *pg.* 115
Hines, Lamar, Chief Technology Officer - Barbarian; *pg.* 215
Hines, Robin, Creative Director - Romph & Pou Agency; *pg.* 408
Hines, Steven, Associate Director, Paid Search - The Tombras Group; *pg.* 424
Hines, Virginia, Chief Financial Officer & Chief Operating Officer - Periscope; *pg.* 127
Hines-Bollinger, Alaine, Senior Vice President, Account Services - Barnhardt Day & Hines; *pg.* 36
Hinger, Matt, Associate, Portfolio Management - Universal McCann; *pg.* 521
Hingley, Charlotte, Account Executive - Deutsch, Inc.; *pg.* 350
Hinkaty, Chris, Managing Director - New York - Anomaly; *pg.* 325
Hinkes, Tom, Account Executive - initiate-it LLC; *pg.* 375
Hinkle, Jeff, Senior Art Director - TotalCom; *pg.* 156
Hinkle, Kiley, Assistant Account Executive - MSLGroup; *pg.* 629
Hinkle, Woody, Copywriter, Principal - Nasuti & Hinkle; *pg.* 119
Hinkle-Bachofer, Brenda, Director, Client Services - Walz Tetrick Advertising; *pg.* 429
Hinman, Lisa, President & Chief Financial Officer - Bonfire Labs; *pg.* 175
Hinn, Mike, Chief Executive Officer - Knight; *pg.* 95
Hinnenkamp, Chelsea, Account Executive - Novus Media, Inc.; *pg.* 497
Hinsley, Obele, Executive Vice President, Client Experience Digital & Innovation Lead- Central Region - Weber Shandwick; *pg.* 661
Hinson, Paris, Co-Founder & Chief Creative Officer - antonio & paris; *pg.* 32
Hinson, Ruthie, Vice President & Director, Local Investment - Zenith Media; *pg.* 531
Hint, Heather, Project Manager - mono; *pg.* 117
Hinton, Ian, Associate Director, Planning - Carat; *pg.* 459
Hinton, Kate, Senior Media Planner & Buyer - Emico Media; *pg.* 465
Hinz, Brittney, Manager, Meida Business Operations - GroupeConnect - Digitas; *pg.* 227
Hiponia, Alexandria, Account Manager - Sunshine Sachs; *pg.* 650
Hipp, Jennifer, Specialist, Social & Digital - The Communications Group; *pg.* 149
Hippelheuser, Catherine, Senior Media Planner - PP+K; *pg.* 129
Hirani, Krim, Manager, Media - Swarm; *pg.* 268
Hirata, Emma, Supervisor, Integrated Media - Disney Resorts - Carat; *pg.* 459
Hirata, Kathy, Chief Creative Officer & Vice President - SooHoo Designers; *pg.* 199
Hirby, Ben, Partner & Creative Director, Digital - Planet Propaganda; *pg.* 195
Hirneise, Bart, Executive Creative Director - Agency Creative; *pg.* 29

Hirons, Tom, Chairman - Hirons & Company; *pg.* 86
Hirose, Courtney, Director, SEM - Horizon Media, Inc.; *pg.* 473
Hiroshima, Helen, Senior Media Buyer - Cannella Response Television; *pg.* 457
Hirota, David, Vice President, Client Experience, Digital - Weber Shandwick; *pg.* 662
Hirsch, Andy, Chief Creative Officer & Chairman - Merkley + Partners; *pg.* 114
Hirsch, Barbara, Vice President & Group Strategy Director - MRM//McCANN; *pg.* 118
Hirsch, Chris, Partner, Vice President & Executive Creative Director - LG2; *pg.* 380
Hirsch, Dan, Chief Executive Officer & Founder - On Board Experiential Marketing; *pg.* 313
Hirsch, Jenna, Associate Media Director - Neo Media World; *pg.* 496
Hirsch, Lauren, Account Director - Discovery USA; *pg.* 63
Hirsch, Paul, President & Founder - Madison Government Affairs; *pg.* 624
Hirsch, Shelly, Chief Executive Officer - Beacon Media; *pg.* 216
Hirschberg, Jessica, Associate Director, Paid Social - Wavemaker; *pg.* 526
Hirschl, Rachel, Senior Vice President, Digital Media - Lockard & Wechsler; *pg.* 287
Hirsh, Matthew, Manager - General Mills - Mindshare; *pg.* 494
Hirshon, Jennifer, Senior Director, Digital Strategies - Dezenhall Resources; *pg.* 597
Hirsley, Quentin, Associate Creative Director - mcgarrybowen; *pg.* 110
Hirst, Doug, Group Director & Broadcast Supervisor - OMD Canada; *pg.* 501
Hirst, Kevin, Account Supervisor - Serino Coyne, Inc.; *pg.* 299
Hirt, Julie, Director, Account Management - Spawn; *pg.* 648
Hirt-Marchand, Jennifer, Partner, Research - Marcus Thomas; *pg.* 104
Hisamoto, Matt, Senior Strategist - Wieden + Kennedy; *pg.* 430
Histand, Jeff, Vice President, Reckner Healthcare - Reckner; *pg.* 449
Hitch, Emilie, Vice President, Brand Strategy & Insights & Co-Founder, Rabbit - Broadhead; *pg.* 337
Hitch, Troy, Global Chief Innovation Officer - Proximity Worldwide; *pg.* 258
Hite, Anne Marie, Senior Vice President & Group Creative Director - The Martin Agency; *pg.* 421
Hite, Jeff, Chief Financial Officer - Shepherd Agency; *pg.* 410
Hite, Karen, Senior Vice President & Creative Director - Art - Hill Holliday; *pg.* 85
Hittleman, Jason, Chief, Staff & Senior Vice President, Information Systems - The Mars Agency; *pg.* 683
Hix, Laurie, Partner & Creative Director - Brogan & Partners ; *pg.* 538
Hixon, Steve, Strategy & Business Services Director - Midan Marketing; *pg.* 13
Hjelmstad, Clark, Business Development Director - Marketing Architects; *pg.* 288
Hlatky, John, Director, Group Account - SwellShark; *pg.* 518
Hlavach, Pete, Strategist, Digital - Rhea & Kaiser Marketing ; *pg.* 406
Hlebak, Janel, Senior Account Executive - Falls Communications; *pg.* 357
Hlubb, Chris, Web Developer - Offenberger & White, Inc.; *pg.* 193
Ho, Anna, Associate Director, Strategy - Smashing Ideas; *pg.* 266
Ho, Austin, Art Director - The Many; *pg.* 151

Ho, Bonnie, Media Planner - Time Advertising; *pg.* 155
Ho, Chris, Director, Digital & Interactive Services - CJRW; *pg.* 590
Ho, Cindy, Associate Media Director - MediaCom; *pg.* 487
Ho, Derrick, Creative - Wieden + Kennedy; *pg.* 430
Ho, Humphrey, Managing Partner - Hylink; *pg.* 240
Ho, Justin, Associate Media Director - m/SIX; *pg.* 482
Ho, Michelle, Associate Media Director - True Media; *pg.* 427
Ho, Phong, Partner & Vice President, Technology - Instrument; *pg.* 242
Ho, Terrence, Group Account Director - Koo Creative - Cossette Media; *pg.* 345
Ho, Yalun, Account Manager - Myriad Travel Marketing; *pg.* 390
Ho, Yen, Director, Operations - 72andSunny; *pg.* 23
HoSang, Judith, Senior Vice President - DeVries Global; *pg.* 596
Hoak, Jerry, Executive Creative Director & Managing Partner - The Martin Agency; *pg.* 421
Hoak, Katie, Business Director, Arts & Letters Creative Co. - Arts & Letters; *pg.* 34
Hoang, Adriana, Director, Search & Social - OMD Entertainment; *pg.* 501
Hoar, Brian, Chief Marketing Officer - R&R Partners; *pg.* 402
Hoar, John, Vice President, Creative - Planet Central; *pg.* 257
Hobart, Susan, Media Partner Manager - Flynn Wright, Inc.; *pg.* 359
Hobbins, Teddy, Chief Executive Officer - BoatBurner; *pg.* 40
Hobbs, Brad, Vice President - Max Borges Agency; *pg.* 626
Hobbs, Brandon, Senior Digital Campaign Manager - Fitzco; *pg.* 73
Hobbs, Jerry, President - Trozzolo Communications Group; *pg.* 657
Hobbs, Tim, Vice President, Client Services - Marketing Resources; *pg.* 568
Hobin, Angie, Senior Analyst - Global Strategies; *pg.* 673
Hobin, Dan, Co-Founder & Chief Executive Officer - G5 Search Marketing Inc.; *pg.* 673
Hobley, Tony, Managing Director, North America - Spark44; *pg.* 411
Hobson, Lauren, Senior Account Executive - Moxie Communications Group; *pg.* 628
Hobson, Lori, Senior Vice President & Managing Director - Wonderful Agency; *pg.* 162
Hocevar, Rachel, Vice President, Client Success - BazaarVoice, Inc.; *pg.* 216
Hoch, Melissa, Project Manager, Traffic & Account - Britton Marketing & Design Group; *pg.* 4
Hochhauser, Lauren, Associate Director, Video Investment - Horizon Media, Inc.; *pg.* 474
Hochman, Ambyr, Associate Director, Content Marketing - Hirshorn Zuckerman Design Group; *pg.* 371
Hochman, Melissa, Director, Experience Strategy - Saatchi & Saatchi ; *pg.* 136
Hochstein, Tia, Strategist, Media - HughesLeahyKarlovic; *pg.* 372
Hock, Ben, Director, Creative Services - Center Table - GroundFloor Media; *pg.* 611
Hock, Matthew, Associate Creative Director - Grey Group; *pg.* 365
Hocker, Brett, Creative Director - Hammer Creative, Inc.; *pg.* 562
Hocking, Ben, Director, SEO - BFO; *pg.* 217
Hockman, Eric, Coordinator, Account - rygr; *pg.* 409
Hockman, Kayla, Senior Account Executive -

AGENCIES PERSONNEL

DKC Public Relations; *pg.* 597
Hodder, Kent, Chief Executive Officer & Executive Creative Director - Hodder; *pg.* 86
Hodgdon, Melissa, Senior Vice President & Media Director - Moxie; *pg.* 251
Hodge, Donna, Vice President, Media - Burrell Communications Group, Inc. ; *pg.* 45
Hodge, Lynda, Creative Group Head & Art Director - The Richards Group, Inc.; *pg.* 422
Hodge, Megan, Assistant, National Video Activation - Carat; *pg.* 459
Hodges, Brie, Senior Account Executive - BBR Creative; *pg.* 174
Hodges, Charles, Founder & Executive Creative Director - Arts & Letters; *pg.* 34
Hodges, Charlie, Senior Vice President, Experiential Marketing - We Are Alexander; *pg.* 429
Hodges, Colin, Copywriter - WongDoody; *pg.* 433
Hodges, Greg, Founder, President & Creative Director - Hodges & Associates ; *pg.* 86
Hodges, Jenny, Office Manager - Kuhlmann Leavitt; *pg.* 189
Hodges, Jeremy, Vice President & Executive Creative Director - Jack Morton Worldwide; *pg.* 309
Hodges, Liberty, Marketing Manager - North America - Frost & Sullivan; *pg.* 444
Hodges, Matthew, Group Director - OMD; *pg.* 498
Hodges, Nicole, Director, Art - Propac; *pg.* 682
Hodges, Scott, Creative Director - The AdSmith; *pg.* 201
Hodges, Stephen, Co-Founder - Digital Mark Group; *pg.* 225
Hodges, Tori, Senior Producer - AKQA; *pg.* 212
Hodges Smith, Anna, Owner, President & Account Executive - Hodges Associates; *pg.* 86
Hodgins, Ben, Art Director & Manager, Operations - Insight Marketing Design; *pg.* 89
Hodgkin, Kelsey, Head, Strategy - Los Angeles - Deutsch, Inc.; *pg.* 350
Hodgkinson, Don, Associate Strategist - AKQA; *pg.* 212
Hodgman, Alec, Senior Account Executive - Siltanen & Partners Advertising; *pg.* 410
Hodgson, Jeff, Creative Director - GUT Miami; *pg.* 80
Hodgson, Maria, Account Supervisor - Alma; *pg.* 537
Hodgson, Tim, Principal & Director, Video & Motion Media - BlackWing Creative; *pg.* 40
Hodkins, Emily, Vice President, Marketing & Communications - Elephant; *pg.* 181
Hodson, Challen, Client Director - Red Antler; *pg.* 16
Hodson, Karen, Creative Director - Marcom Group, Inc.; *pg.* 311
Hodson, Mark, Vice President, Strategic Partnerships - Xevo; *pg.* 535
Hodson, Tara, Vice President & Group Director, New Business - Digitas; *pg.* 226
Hoedeman, Dan, Vice President, Engagement - Riley Hayes Advertising, Inc.; *pg.* 407
Hoefer, Karen, Project Manager - Derse, Inc.; *pg.* 304
Hoeft, Laura, Client Services Executive - J.R. Thompson Company; *pg.* 376
Hoeg, Don, Founder - Radar Studios; *pg.* 132
Hoehn, Maija, Senior Vice President, Engagement - Broadhead; *pg.* 337
Hoelscher, Ashley, Senior Media Planner - Mediahub New York; *pg.* 249
Hoelter, Cam, Senior Vice President & Executive Creative Director - McCann New York; *pg.* 108
Hoenderboom, Pol, Vice President & Director, Creative - BBDO Worldwide; *pg.* 331
Hoerner, Sara, Managing Director - Los Angeles - 9thWonder; *pg.* 453
Hoerr, Taylor, Manager, Strategic Analytics - Mediahub Winston Salem; *pg.* 386
Hoerter, Rob, Vice President & Account Director - Archer Malmo; *pg.* 32
Hoexter, Dan, President & Chief Executive Officer - HDMZ; *pg.* 83
Hoey, Rich, Chief Financial Officer - Direct Associates ; *pg.* 62
Hofer, Eva, Senior Art Director - Media One Advertising; *pg.* 112
Hoff, Eliot, Head, Global Crisis Practice & Executive Director - APCO Worldwide; *pg.* 578
Hoff, Holly, Senior Vice President & Strategy Director - Concentric Health Experience; *pg.* 52
Hoff, Matt, Vice President, Sales - Gregory Welteroth Advertising; *pg.* 466
Hoffarber, Jordan, Director, Group Account - Fallon Worldwide; *pg.* 70
Hoffend, Emily, Associate Director, Connections Planning - Havas Media Group; *pg.* 470
Hoffman, Brandon, Director, Digital Marketing - KEA Advertising; *pg.* 94
Hoffman, Brittany, Partner, Strategy - Universal McCann; *pg.* 524
Hoffman, Chad, Social Media Manager - Cage Point; *pg.* 457
Hoffman, Chris, Vice President - The Ballantine Corporation; *pg.* 293
Hoffman, Cindy, Director, Business Affairs - Huge, Inc.; *pg.* 239
Hoffman, Grant, Media Planner & Buyer - Right Place Media; *pg.* 507
Hoffman, Jeff, Chief Growth Officer - EP+Co.; *pg.* 356
Hoffman, Jeff, Partner & Chief Development Officer - Havas Health & You; *pg.* 82
Hoffman, Jeff, President - Hoffman IMC; *pg.* 86
Hoffman, Jim, President - Opinion Access Corporation; *pg.* 543
Hoffman, Lance, Vice President, Business Development - Opinion Access Corporation; *pg.* 543
Hoffman, Laura, Senior Vice President, Strategy - Zenith Media; *pg.* 529
Hoffman, Laura, Brand Director - The Many; *pg.* 151
Hoffman, Lou, Founder & Chief Executive Officer - The Hoffman Agency; *pg.* 653
Hoffman, Myra, President & Owner - HIP Advertising; *pg.* 86
Hoffman, Nicole, Digital Strategist - OMD West; *pg.* 502
Hoffman, Sarah, Director, Media & Social Strategy - T3; *pg.* 268
Hoffman, Susan, Chairwoman - Wieden + Kennedy; *pg.* 430
Hoffmann, Eric, Manager, Integrated Investment - Universal McCann; *pg.* 521
Hoffmann, Kathy, Radio Promotions - Dicom, Inc.; *pg.* 464
Hoffmannbeck, Jennifer, Account Supervisor - Matrix Media Services; *pg.* 554
Hofford, Pat, Chief Financial Officer - Search Discovery, Inc.; *pg.* 677
Hofherr, Matt, Co-Founder & Chief Strategy Officer - MUH-TAY-ZIK / HOF-FER; *pg.* 119
Hofherr, Peyton, Media Planner - Kelly, Scott & Madison, Inc.; *pg.* 482
Hofilena, Kristine, Manager, Digital Partnerships - Rufus/Amazon - Initiative; *pg.* 478
Hofmann, Monica, Chief Financial Officer - FCB Toronto; *pg.* 72
Hogan, Ashley, Associate Media Planner - Pfizer - Carat; *pg.* 459
Hogan, Brad, President & Chief Executive Officer - Pinnacle Exhibits ; *pg.* 556
Hogan, Dan, Senior Vice President & Account Director - GTB; *pg.* 367
Hogan, Erin, Supervisor, Marketing Science - Hearts & Science; *pg.* 473
Hogan, Erin, Account Supervisor - WordWrite Communications; *pg.* 663
Hogan, Kelly, Associate Director, Display - iProspect; *pg.* 674
Hogan, Kelly, Manager, Marketing - BFO; *pg.* 217
Hogan, Linda, Chief Operating Officer - Bader Rutter & Associates, Inc. ; *pg.* 328
Hogan, Mark, Vice President - Harmelin Media; *pg.* 467
Hogan, Mark, Supervisor, Account - We Are Alexander; *pg.* 429
Hogan, Michele, Project Manager - Modern Climate; *pg.* 388
Hogan, Paris, Specialist, Marketing - Sterling-Rice Group; *pg.* 413
Hogan, Sean, Manager, Senior Media - 360i, LLC; *pg.* 208
Hogan, Tim, Vice President, Executive Creative Director - Brandience; *pg.* 42
Hogfeldt, Erik, Chief Creative Officer - Highfield; *pg.* 85
Hogfoss, Katie, Media Buyer - Odney Advertising Agency; *pg.* 392
Hogg, Gillian, Manager, Media Investment - MediaCom; *pg.* 487
Hoggatt, Hannah, Creative Director - OutCold ; *pg.* 395
Hoglund, Andy, Vice President - Rasky Baerlein Strategic Communications, Inc.; *pg.* 641
Hogrefe, Julie, Art Director - Rx EDGE Media Network; *pg.* 557
Hohberger, Amalia, Vice President & Account Director - FCB Health; *pg.* 72
Hohe, Mariann, Vice President, Strategy & Planning - Schermer; *pg.* 16
Hohenstein, Nancy, Manager, Accounting & Payroll - Sterling-Rice Group; *pg.* 413
Hohl, Brittany, Vice President, Business Development - Beach House PR; *pg.* 582
Hohman, Deborah, Account Supervisor & Director, Local Broadcast - Mediaspot, Inc. ; *pg.* 490
Hohman, Jennifer, Global Chief Marketing Officer - FCB New York; *pg.* 357
Hohman, Rick, Chief Operating Officer - Amergent; *pg.* 279
Hoholick, Erica, Chief Client Officer - 22squared Inc.; *pg.* 319
Hohorst, Charlotte, Associate Director - Jennifer Bett Communications; *pg.* 617
Hoin, Jake, Senior Analyst, Optimization & Innovation - Kepler Group; *pg.* 244
Hojem, Kyle, Marketing Coordinator & Assistant to the Chief Executive Officer - Healthcare Success; *pg.* 83
Hokanson, Susan, Media Supervisor - Osborn & Barr Communications; *pg.* 395
Hoke, Chris, Executive Creative Director - Markstein; *pg.* 625
Hokr, Michelle, Vice President - Kevin/Ross Public Relations; *pg.* 686
Hoksch, LeAnn, Director, Digital Project Management - GMR Marketing; *pg.* 306
Holben, Chris, President - Runyon Saltzman Einhorn; *pg.* 645
Holberg, Richard, Vice President, Creative Strategy & Branding - Gavin Advertising; *pg.*
Holbert, Brent, Chief Financial Officer - Fahlgren Mortine Public Relations; *pg.* 70
Holbrook, Amy, Senior Director, Strategic

PERSONNEL — AGENCIES

Analytics - Global Strategies; pg. 673
Holbrook, Hunter, Media Planner - Mekanism; pg. 113
Holbrook, Katelyn, Senior Vice President - Version 2 Communications; pg. 658
Holbrook, Kawika, Vice President - Sterling Communications, Inc.; pg. 650
Holbrook, Natalie, Managing Director - Initiative; pg. 478
Holbrook, Rachel, Head, Content & Production - Twenty-First Century Brand; pg. 157
Holcomb, Patrick, Account Associate - Client Experience - Adept Marketing; pg. 210
Holcombe, Brian, Principal - rygr; pg. 409
Holden, Alexis, Account Executive - Allison+Partners; pg. 577
Holden, Dave, Co-Founder & Chief Creative Officer - Kiosk Creative LLC; pg. 378
Holden, James, Director, Merchandise Sales - Active International; pg. 439
Holden, Jeremy, Co-Chair, Owner - Clean; pg. 5
Holden, Jill, Strategic Planning Director - Gud Marketing; pg. 80
Holden, Robert, Senior Vice President - Stateside Associates; pg. 649
Holderfield, Carol, Senior Art Director - Point B Communications; pg. 128
Holdnick, Jay, Chief Client Officer - Think Shift, Inc.; pg. 270
Holdorf, Mandi, Director, Integrated Production - 215 McCann; pg. 319
Holdsworth, Katie, Vice President - Booyah Online Advertising; pg. 218
Holewski, Christopher, Associate Creative Director - JK Design; pg. 481
Holford, Greg, Creative Director - EventWorks; pg. 305
Holiday, Taylor, Managing Partner - Common Thread Collective; pg. 221
Holiman, Brett, Vice President, Sales - Vestcom ; pg. 571
Holl, Sara, Senior Media Planner - GSD&M; pg. 79
Hollabaugh, Sara, Senior Account Executive - Daddi Brand Communications; pg. 595
Holladay, Jenni, Senior Vice President, Marketing - Method Communications; pg. 386
Holland, Anthony, Chief Operating Officer - Cornerstone Agency; pg. 53
Holland, Brian, Vice President & Director, Video Investment - Starcom Worldwide; pg. 517
Holland, Bryan, Partner & New Business Development- Interactive - Holland Advertising; pg. 87
Holland, Burt, Owner & Creative Partner - Encyclomedia Atlanta, Inc.; pg. 465
Holland, Christy, Partner & Vice President - Union; pg. 273
Holland, Claire, Vice President, Marketing & Communications - AgencyEA; pg. 302
Holland, Emma, Art Director - The Richards Group, Inc.; pg. 422
Holland, Karen, Brand Creative & Art Director - Richards Carlberg; pg. 406
Holland, Lance, Managing Partner - Encyclomedia Atlanta, Inc.; pg. 465
Holland, Louisa, Co-Chief Executive Officer - The Americas - Sudler & Hennessey; pg. 145
Holland, Mark, Partner - Holland Advertising; pg. 87
Holland, Meg, Vice President, Account Director - NeON; pg. 120
Holland, Rachael, Account Executive, Client Service - Amperage; pg. 30
Holland, Sean, Managing Director - Sibling - Madwell; pg. 13
Holland, Vicki, President - Pathfinders Advertising & Marketing Group, Inc.; pg. 126
Hollander, April, Vice President & Media Director - Broadhead; pg. 337
Hollander, Bruce, Executive Vice President - Don Jagoda Associates; pg. 567
Hollander, Elissa, Director - MKTG INC; pg. 311
Hollander, Gail, Head, Account Management & Global Client Lead - Publicis North America; pg. 399
Hollar, Candace, Vice President & Associate Media Director - Mediahub Los Angeles; pg. 112
Holleman, Chris, Executive Interactive Director - R + M; pg. 196
Holleman, Kim, Media Director - Promotional Images, Inc.; pg. 569
Holleman, Shannon, Director, List Services - Huntsinger & Jeffer, Inc.; pg. 285
Hollenbeck, Rob, Brand Creative & Art Director - The Richards Group, Inc.; pg. 422
Holler, Frank, President & Chief Executive Officer - Kidzsmart Concepts; pg. 188
Holler, Troy, Supervisor, Media - 360i, LLC; pg. 208
Holleran, Jimmy, Executive Vice President & Head, Entertainment - Reach Agency; pg. 196
Hollerbach, Tom, Chief Innovation Officer - Merit; pg. 386
Holley, Kelly, Account Director - Fallon Worldwide; pg. 70
Holliday, Emily, Senior Social Media Community Manager - Callahan Creek ; pg. 4
Holliday, Farris, Director, Strategy - The Marketing Practice; pg. 169
Holliday, Nick, Vice President & Field Account Director - 22squared Inc.; pg. 319
Hollinger, Jake, Associate Director, Global Planning - Mindshare; pg. 495
Hollingsworth, Denise, Director, Brand Strategy - HMH; pg. 86
Hollingsworth, Mark, Chief Operating Officer & Principal - LoSasso Integrated Marketing; pg. 381
Hollingsworth, Tom, Chief Executive Officer - Results Driven Marketing; pg. 291
Hollins, Sheila, Associate Director, Media - SMY Media, Inc.; pg. 508
Hollis, Kristin, Production Manager - Horich Hector Lebow Advertising; pg. 87
Hollister, Jeremy, Founder & Director - Plus; pg. 128
Hollmeyer, Jenn, Senior Copywriter - The MX Group; pg. 422
Hollock, Brian, Senior Partner & Managing Director - Mindshare; pg. 494
Hollon, Kalee, Associate Director, Marketing Activation - IBM iX; pg. 240
Holloway, Bonnie, Campaign Manager - Adtaxi; pg. 211
Holloway, Lauren, Account Supervisor - Rawle-Murdy Associates; pg. 403
Holloway, Robert, Vice President, Commercial Innovation & Strategy - Cadient Group; pg. 219
Holly, Aubree, Vice President - Weber Shandwick; pg. 662
Holly, Bruce, Art Director - Means Advertising; pg. 112
Hollywood, Darlene, Principal - Hollywood Agency; pg. 371
Holm, Melissa, Media Buyer - Marketsmith, Inc; pg. 483
Holman, Brien, Executive Creative Director - We Are Royale; pg. 205
Holman, Eric, Creative Director - Marcus Thomas; pg. 104
Holman, Jenny, Vice President, Strategy & Solutions Development - Clockwork Active Media; pg. 221
Holman, Jexy, Creative Director - TBWA \ Chiat \ Day; pg. 416
Holman, Molly, Vice President - Brodeur Partners; pg. 586
Holman, Stephanie, Vice President, Financial - Ocean Media, Inc.; pg. 498
Holman, Val, Vice President & Director, Operations - Lewis Communications; pg. 100
Holmblad, Duane, Manager, Studio - The VIA Agency; pg. 154
Holme, Ed, Principal & Business Development - BOLT; pg. 3
Holmes, Abigail E., Account Manager - Corporate Ink Public Relations; pg. 593
Holmes, Alisa, Director, Client Solutions - Bluetent; pg. 218
Holmes, Brandi, Vice President - M Booth & Associates, Inc. ; pg. 624
Holmes, Brenna, Vice President, Digital Services - Chapman Cubine + Hussey; pg. 281
Holmes, Chris, Associate Technology Director - Jam3; pg. 243
Holmes, Jeff, Chief Executive Officer & Creative Director - 3marketeers Advertising, Inc.; pg. 23
Holmes, Jonathan, Partner - Mighty 8th Media; pg. 115
Holmes, Katherine, President - Holmes Creative Communications; pg. 614
Holmes, Laura, Creative Director - Decoded Advertising; pg. 60
Holmes, Lisa, Chief Executive Officer - Holmes & Company; pg. 87
Holmes, Ryan, Vice President, Community Relations - Parris Communications, Inc.; pg. 125
Holmes, Tim, Creative Director - DDB Chicago; pg. 59
Holmes, Tom, President - HMC 2; pg. 371
Holmgren, Jordan, Supervisor - Carat; pg. 461
Holmgren, Lisa, Senior Media Planner - Marcus Thomas; pg. 104
Holmquist, Erick, Junior Art Director - Fitzco; pg. 73
Holmquist, Michael, Supervisor, Media - Starcom Worldwide; pg. 516
Holmstedt, Kendra, Planner - Media - Hybrid - GTB; pg. 367
Holmstrom, Jillian, Partner & Director, Innovation - Sterling-Rice Group; pg. 413
Holoweiko, Mark, Partner - Stony Point Communications, Inc.; pg. 650
Holpfer, Shawn, Executive Director, Design - Bader Rutter & Associates, Inc. ; pg. 328
Holschuh, Andrea, Director, Public Relations - BVK; pg. 339
Holsclaw, Ken, President - Phase 3 Marketing & Communications; pg. 636
Holstein, Ryan, Manager, Sales Development & Operations - HYFN; pg. 240
Holstein, Valerie, Supervisor, Media - TBC; pg. 474
Holt, Dennis, Founder & Chief Executive Officer - USIM; pg. 525
Holt, Emily, Vice President - PAN Communications; pg. 635
Holt, Kelly, Assistant Media Planner - Carat; pg. 459
Holt, Kristina, Production Artist - Proof Advertising; pg. 398
Holt, Lizzie, Senior Project Manager - Luckie & Company; pg. 382
Holt, Mark, Partner & Director, New Business Development - Evok Advertising; pg. 69
Holt, Matthew, Production Designer - Hey Wonderful; pg. 562
Holt, Ryan, Vice President, Digital Services - Ferguson Advertising, Inc.; pg. 73
Holt, Shandra, Executive Vice President & Creative Director - Manzella Marketing Group; pg. 383
Holt, Shelby, Senior Account Executive -

852

AGENCIES PERSONNEL

Endeavor - Chicago; *pg.* 297
Holt Brummelkamp, Alison, Executive Director, Integrated Media - Golin; *pg.* 609
Holtby, Joel, Partner & Creative Director - Rethink Communications, Inc.; *pg.* 133
Holten, Becky, Executive Director, Account Leadership & Business Development - SixSpeed; *pg.* 198
Holtkamp, Robert, Managing Director, Client Advice & Management - Initiative; *pg.* 478
Holtman, Rick, Executive Director, Strategic Relationships - Digital - FreeWheel; *pg.* 465
Holton, Anthony, Strategist - Wieden + Kennedy; *pg.* 430
Holton, Eileen, Executive Director, Integrated Planning - OMD; *pg.* 500
Holtz, David, Creative Director - Revolution Messaging; *pg.* 534
Holtz, Liesl, Account Director- Adidas - Match Action Marketing Group; *pg.* 692
Holtzman, Mike, Partner - Brown Lloyd James; *pg.* 587
Holub, Johanna, Senior Account Executive - Bellmont Partners Public Relations; *pg.* 582
Holwell, Eric, Senior Vice President, Strategy - Bayard Advertising Agency, Inc.; *pg.* 37
Holwick, Evan, Brand Activation Manager - Barkley; *pg.* 329
Holzbauer, Erin, Partner & Associate Media Director - Hiebing; *pg.* 85
Holzemer, Lisa, Digital Account Director - Carmichael Lynch; *pg.* 47
Holzhauer, Ashley, Vice President, Accounts - Access Brand Communications; *pg.* 574
Holzman, Louis, Manager, Business Development - Altitude Marketing; *pg.* 30
Holzman, Stephanie, Media Planner & Buyer - Runyon Saltzman Einhorn; *pg.* 645
Hom, Stephen, Group Account Director - 360i, LLC; *pg.* 207
Home, Brianna, Principal & Strategic Director - Hansen Belyea; *pg.* 185
Homer, Andrew, Operations Director - Derse, Inc.; *pg.* 304
Homes, Geri, Office Manager - Red Deluxe; *pg.* 507
Homsher, Ashley, Director, Account - PMG; *pg.* 257
Homyack, Ellen, Operations Manager - Benchworks; *pg.* 333
Honegger, Ricardo, Managing Director - David; *pg.* 57
Honey, Desiree, Senior Associate - Universal McCann; *pg.* 521
Honey, Kevin, Group Account Director & Executive Vice President - Saatchi & Saatchi ; *pg.* 136
Honey, Ryan, Principal & Creative Director - Buck; *pg.* 176
Honeycutt, Justin, Paid Social Analyst - Mindstream Media Group - Dallas; *pg.* 496
Honeycutt, Whitney, Senior Media Buyer - Brown Parker | DeMarinis Advertising; *pg.* 43
Honeyman, Becky, Managing Partner - SourceCode Communications; *pg.* 648
Hong, Devon, Group Creative Director - 72andSunny; *pg.* 24
Hong, Gil, Senior Account Manager, Pay-Per-Click - Seer Interactive; *pg.* 677
Hong, Iris, Associate Director, Strategy - Firewood; *pg.* 283
Hong, Jully, Vice President & Group Director, Media Technology - Digitas; *pg.* 228
Hong, Sherry, Director, Human Resources - TVGla; *pg.* 273
Honig, Shana, Account Director - BBH; *pg.* 37
Honores, Pamela, Manager, Paid Social Media - FIG; *pg.* 73
Hoo, Melanie, Vice President, Marketing - CMA Design; *pg.* 177
Hoock, Andrea, Vice President & Account Director - Publicis North America; *pg.* 399
Hood, David, Associate Director, Integrated Client Services - rEvolution; *pg.* 406
Hood, Laurel, Director - Weber Shandwick; *pg.* 660
Hood, Pam, Connections Specialist - Fitzco; *pg.* 73
Hooge, JD, Partner & Chief Creative Officer - Instrument; *pg.* 242
Hook, Alyssa, Associate Media Director - Horizon Media, Inc.; *pg.* 474
Hook, Caroline, Account Director - r2integrated; *pg.* 261
Hook, Nate, Director, Digital Operations - Creative Energy, Inc.; *pg.* 346
Hooker, Andrew, Supervisor, National Investment - PHD USA; *pg.* 505
Hooker, Gary, Chief Marketing Officer & Vice President, Business Development - Imaginuity Interactive, Inc.; *pg.* 241
Hooker, Jamie, Account Executive - Snackbox LLC; *pg.* 648
Hooks, Brandon, Associate Strategist, Digital Marketing & Advertising - Markstein; *pg.* 625
Hooks, Keisha, Associate Director, Insights & Strategy - Publicis North America; *pg.* 399
Hooks, Matthew, Chief Operations Officer & Partner - Leverage Marketing, LLC; *pg.* 675
Hooks, Simon, Chief Executive Officer - CCG Marketing Solutions; *pg.* 341
Hooper, Debbie, Vice President, Finance - ASD / Sky; *pg.* 173
Hooper, Katie, Chief Strategy Officer - Hirshorn Zuckerman Design Group; *pg.* 371
Hooper, Michael, Vice President, Media Activation - Orion Worldwide; *pg.* 503
Hooper, Rhonda, President & Chief Executive Officer - Jordan Advertising; *pg.* 377
Hoopes, Chris, Media Planner, Connections Planning - Havas Media Group; *pg.* 468
Hoopes, Chris, Executive Director, Business Development - Crossmedia; *pg.* 463
Hoopes, Robert, President - VOX Global ; *pg.* 658
Hootman, Tom, Vice President, Revenue - Hanapin Marketing; *pg.* 237
Hooton, Bryce, Associate Creative Director & Copywriter - Joan; *pg.* 92
Hoover, Adam, Vice President - Borshoff; *pg.* 585
Hoover, Dan, Founder, President & Creative Director - Estey-Hoover Advertising & Public Relations; *pg.* 69
Hoover, Eric, Director, Organic Media - iCrossing; *pg.* 240
Hoover, Jacqueline, Supervisor, Strategy - Starcom Worldwide; *pg.* 513
Hoover, Jake , Account Manager - Arcalea LLC; *pg.* 672
Hope, Bob, President - Hope-Beckham, Inc.; *pg.* 614
Hope, John, Production Manager - TDA_Boulder; *pg.* 147
Hope, Michael, Operations Manager - Turner Duckworth; *pg.* 203
Hope, Valerie, Director, Integrated Production & Creative Services - Walrus; *pg.* 161
Hopfer, Jeff, Creative Group Head & Art Director - The Richards Group, Inc.; *pg.* 422
Hopkin, Mark, President - Porcaro Communications; *pg.* 398
Hopkins, Diana, Account Supervisor - Archer Malmo; *pg.* 32
Hopkins, Erin, Director, Local Broadcast & Brand Planning - Mediaspot, Inc. ; *pg.* 490
Hopkins, Jackie, Executive Vice President, Marketing & New Business - Edelman; *pg.* 353
Hopkins, Jay, Senior Account Manager - Creative Response Concepts; *pg.* 593
Hopkins, Kristina, Head, Public Relations - Bader Rutter & Associates, Inc. ; *pg.* 328
Hopkins, Nicole, Manager, Account - 3Points Communications; *pg.* 573
Hopkins, Peyton, Copywriter - Vladimir Jones; *pg.* 429
Hopkins, Scott, Executive Vice President - Anderson Direct & Digital; *pg.* 279
Hopkins, Tim, Group Strategy Director - Zulu Alpha Kilo; *pg.* 165
Hopman, Rob, Senior Vice President - Team Detroit - GTB; *pg.* 367
Hoppe, Dennis, Chief Financial Officer - Omnicom - TBWA\WorldHealth; *pg.* 147
Hoppe, Meg, Vice President, Content & Creative - The Weidert Group; *pg.* 425
Hoppe, Tina, B2B Marketing - Media - Activision Blizzard Media; *pg.* 26
Hopper, Charlie, Principal & Writer - Young & Laramore; *pg.* 164
Hopper, Dawn, Vice President, Client Services - Mosaic North America; *pg.* 312
Hopper, Kristin, Vice President & Associate Media Director - Media Assembly; *pg.* 385
Hoppey, Trish, Partner - The Pivot Group; *pg.* 293
Hopson, Jessica, Account Supervisor - Lovell Communications, Inc.; *pg.* 623
Hopson, Johnice L., Vice President, Accounting - The Communications Group; *pg.* 149
Horak, Debbie, Partner & Chief Growth Officer - Gud Marketing; *pg.* 80
Horak, Markus, Executive Director, Creative & Global Content Innovation & Strategy - Accenture Interactive; *pg.* 209
Horan, Nick, Social Media Manager - Nevins & Associates Chartered; *pg.* 632
Horbal, Stephanie, Senior Account Executive - Adams Unlimited; *pg.* 575
Hordeman, Jessica, Vice President, Paid Social - Reprise Digital; *pg.* 676
Horehled, Tessa, U.S. Director, Content & Publishing Strategy - Hill+Knowlton Strategies; *pg.* 613
Horich, Charlie, Chief Executive Officer & Founder - Horich Hector Lebow Advertising; *pg.* 87
Horine, Holli, Vice President, Client Services - Edge Marketing; *pg.* 681
Horine, Joseph, Director, Strategy - AUDIENCEX; *pg.* 35
Horlick, Dennis, President - DJ-LA, LLC; *pg.* 63
Horlick, Jackie, Chief Executive Officer - DJ-LA, LLC; *pg.* 63
Hormel, Karen, Vice President & Chief Financial Officer - Communicators Group; *pg.* 344
Hormuth, Mikel, Senior Director, Marketing Communications - rEvolution; *pg.* 406
Horn, Amos, Public Relations Account Coordinator - Pale Morning Media; *pg.* 635
Horn, Carlos, General Manager - Yesler; *pg.* 436
Horn, Cathy, Vice President, Human Resources - Aspen Marketing Services; *pg.* 280
Horn, Derek, Designer - Beardwood & CO; *pg.* 174
Horn, Elizabeth, Senior Vice President, Advanced Analytics - Decision Analyst, Inc. ; *pg.* 539
Horn, Glenn, Creative Director - ChappellRoberts; *pg.* 341
Horn, Juliet, Executive Vice President & Director, Corporate & Financial Services - DKC Public Relations; *pg.* 597
Horn, Justin, Strategist, Integrated Campaign

PERSONNEL

AGENCIES

- Refuel Agency; pg. 507
Horn, Kathy, Marketing Consultant - Vitalink Communications; pg. 159
Horn, Michael, Chief Data Officer - Huge, Inc.; pg. 239
Horn, Michelle, Vice President - Edelman; pg. 601
Horn, Pat, Executive Creative Director - Solve; pg. 17
Horn, Sabrina, Senior Advisor, Technology Practice - Finn Partners; pg. 603
Horn, Theresa, Vice President, Sales - Specialists Marketing Services, Inc.; pg. 292
Hornaday, John, Vice President & Director, Account - Barkley; pg. 329
Hornaday, Katy, Executive Vice President & Executive Creative Director - Barkley; pg. 329
Horne, Ed, President - 160over90; pg. 301
Horne, Erin, Manager, Account - Reed Public Relations; pg. 642
Horne, Kate, Director, Client Services - TAXI; pg. 146
Horneman, Emily, Public Relations Strategist - Confidant; pg. 592
Horner, Bryan, Vice President - Edelman; pg. 353
Horner, James, Executive Broadcast Producer & Associate Partner - Goodby, Silverstein & Partners; pg. 77
Horner, Jane, Vice President, Retail Science - DCI-Artform; pg. 349
Horner, Tom, President - Beacon Media; pg. 216
Hornickel, Kristi, Director, Experiential - Innocean USA; pg. 479
Horning, Bryan, Senior Account Manager - The Designory; pg. 269
Horning, Charlie, Vice President, Sales - Gage; pg. 361
Horowitz, Brad, Chief Executive Officer - Elite Marketing Group; pg. 305
Horowitz, Brittany, Vice President - Edelman; pg. 599
Horowitz, Brooke, Group Digital Director - PHD USA; pg. 505
Horowitz, Dave, Director, Production - The Many; pg. 151
Horowitz, David, Creative Director - Mekanism; pg. 113
Horowitz, Gail, Senior Vice President - Zlokower Company; pg. 665
Horowitz, Josh, Co-Founder & Chief Executive Officer - Fake Love; pg. 183
Horowitz, Michelle, President, Berline - BERLINE; pg. 39
Horowitz, Robert, Media Planner - Hunter Hamersmith; pg. 87
Horrocks, Jennifer, President - EMC Outdoor; pg. 551
Horsburgh, Neysa, Managing Director & Executive Producer - Psyop; pg. 196
Horsey, Charlie, Chief Executive Officer - MKTG INC; pg. 311
Horsfall, Cheryl, Executive Creative Director - DDB New York; pg. 59
Horst, Jessica, Account Manager - Saxton Horne; pg. 138
Horst, Natalia, Associate Director, Paid Search - Rise Interactive; pg. 264
Horstman, Bryan, Art Director - Gray Loon Marketing Group; pg. 365
Horstman, Leta, Publisher, Web - Gray Loon Marketing Group; pg. 365
Horton, Barbara, Executive Assistant & Office Manager - Weber Shandwick; pg. 660
Horton, Chantelle, Chief Financial Officer - EEI Global; pg. 304
Horton, Heather, Director Business Operations

- Rain; pg. 402
Horton, Mary, Senior Media Buyer - ICON International, Inc.; pg. 476
Horton, Matt, Vice President, Partnerships - Publicis North America; pg. 399
Horton, Nicole, Director, Creative Services - Periscope; pg. 127
Horton, Patrick M., Art Director - Droga5; pg. 64
Horton, Renee, Associate Producer - Mills James Productions; pg. 491
Horton, Rob, Vice President & Director, Client Engagement - Wray Ward; pg. 433
Horton, Sam, Director, Digital Experience - X Studios; pg. 276
Horton, Sue, Media Coordinator - Altman-Hall Associates; pg. 30
Horton, Terry, Managing Director - Hearts & Science; pg. 471
Horvath, Laszlo, President & Founder - Active Media; pg. 671
Horvath, Theresa, Supervisor, Operations - Starcom Worldwide; pg. 517
Horwat, Kenny, Director, Business Development - Agency 39A; pg. 172
Horwitz, Julia, Media Planning Supervisor - Media Storm; pg. 486
Horwitz, Nikki, Account Director - Billups, Inc; pg. 550
Horwitz, Thomas E., Principal & Senior Vice President - FRCH Design Worldwide; pg. 184
Hosak, Andrew, Owner, Chief Operating Officer & Executive Vice President - Virgen Advertising; pg. 159
Hosea, Paul, Chief Executive Officer - The Designory; pg. 149
Hoshia, Allison, Vice President, Client Services - Lake Group Media, Inc.; pg. 287
Hoshino Quigley, Kei, Vice President - LaunchSquad; pg. 621
Hoskins, Christa, Art Director - Spiro & Associates; pg. 143
Hoskins, Diana, Associate Director - Spark Foundry; pg. 510
Hoskins, Tony, Founding Partner - POP, Inc.; pg. 195
Hosler, Joe, Director, Brand & Creative Services - Zorch; pg. 22
Hosler, Samantha, Account Executive - Amobee, Inc.; pg. 213
Hosmer, Rick, Partner & Chief Marketing Officer - KlundtHosmer Design; pg. 244
Hosseini, Sadaf, Group Account Supervisor - Heartbeat Ideas; pg. 238
Hostenske, Tom, Principal - LCI Communications, Inc.; pg. 97
Hostetler, Erik, Senior Vice President & Executive Creative Director - Moxie; pg. 251
Hotchkiss, Colleen, Executive Vice President & Managing Director - Zenith Media; pg. 529
Hotis, Wyatt, Programmatic Associate - Wavemaker; pg. 526
Hotten, Laura, Creative & Digital Director - DeBerry Group; pg. 595
Hottenroth, Veronica, Director, Product Management - Insights - BazaarVoice, Inc.; pg. 216
Hou, Dan, Digital Product Strategy & Management - Huge, Inc.; pg. 240
Houel, Jennifer, Senior Account Executive, Marketing - IN Connected Marketing; pg. 681
Houg, Erin, Senior Vice President & Media Investment Director - Starcom Worldwide; pg. 513
Hough, Dan, President - Alan Newman Research; pg. 441
Hough, David, Print Project Manager - Grossman Marketing Group; pg. 284
Hough, Hugh, President & Partner - Green Team Advertising; pg. 8

Houghton, Adrienne, Strategy Director - Gyro; pg. 368
Houghton, Chip, Partner & Managing Director - Imaginary Forces; pg. 187
Houghton, Hillary, Associate Director, Social Media, Strategy & Analytics - OH Partners; pg. 122
Houghton, Joe, Vice President & Partner, Account Services - BC Operations - Universal McCann Detroit; pg. 524
Houghton, John, Executive Vice President, Financial Services Practice - RTi Research; pg. 449
Houghton, Kate, Vice President, Global Clients - Omnicom Group; pg. 123
Houghton, Sharon, Vice President & General Manager - Active Interest Media; pg. 561
Houghton, Traci, Director, Finance - Penna Powers Brian Haynes; pg. 396
Hougton, Sarah, Digital Strategist - The Marketing Arm; pg. 316
Houk, Chris, Client Services - TriComB2B; pg. 427
Houk, Holly, Managing Director - MiresBall; pg. 14
Houk, Jackson, Chief Executive Officer - Three Atlanta, LLC; pg. 155
Houle, Christine, President - Gendron Communications; pg. 362
Houlihan, Kevin, President & Chief Creative Officer - MERGE; pg. 113
Hourigan, Kevin, President & Chief Executive Officer - Bayshore Solutions; pg. 216
Hourihan, Priscila, Manager, Business Affairs - the community; pg. 545
House, Allison, Senior Account Director - EventNetUSA; pg. 305
House, Erin, Project Manager - Zehner; pg. 277
House, Kim, Senior Program Manager - Integrity; pg. 90
House, Ray, Associate Media Director - Connect at Publicis Media; pg. 462
House, Rebecca, Vice President & Partner - Universal McCann; pg. 521
Houser, Victoria, Media Planner - Gregory Welteroth Advertising; pg. 466
Housley, Jocabed, Manager, Marketing - RedPeg Marketing; pg. 692
Houston, David, Chief Financial Officer - LiveWorld; pg. 246
Houston, Heather, Vice President, Account Director - Dalton Agency; pg. 348
Houston, Jarrett, Planning Supervisor - Essence; pg. 233
Houston, Jocelyn, Account Supervisor - Bailey Lauerman; pg. 35
Houston, Kelly, Vice President - Talent Management - Racepoint Global; pg. 640
Houston, Michael, Worldwide Chief Executive Officer - Grey Group; pg. 365
Houweling, Brittany, Manager, Client Strategy - Engine Digital; pg. 231
Hovaness, Ben, Managing Director, Marketplace Intelligence & Innovation - Omnicom Media Group; pg. 503
Hovanessian, Dina, Senior Vice President & Group Account Director - McCann New York; pg. 108
Hovekamp, Susan, Director, Human Resources - PriceWeber Marketing Communications, Inc.; pg. 398
Hoven, Mary, Supervisor - Starcom Worldwide; pg. 513
Hovey, Brooke, Chief Growth Officer - BCW Austin; pg. 581
Hovis, Emily, Writer - 72andSunny; pg. 24
Hovsepian, Susan, Associate Director, Project Management - Arnold Worldwide; pg. 33
Howaniec, Samantha, Media Supervisor - DWA

854

AGENCIES — PERSONNEL

Media; *pg.* 464
Howar, Alexandra, Account Director - August Jackson; *pg.* 302
Howard, Alison, Director, Marketing - Zozimus Agency; *pg.* 665
Howard, Amy, Senior Media Strategist - Garrigan Lyman Group; *pg.* 236
Howard, Anna, Manager, Public Relations & Communications - rEvolution; *pg.* 406
Howard, Benjamin, Associate Director, Paid Search - Mindshare; *pg.* 491
Howard, Beth, Vice President - Nimbus; *pg.* 391
Howard, Blake, Co-Founder & Creative Director - Matchstic; *pg.* 13
Howard, Bradley, Director, Search - Starcom Worldwide; *pg.* 517
Howard, Brooke-Lynn, Head, Strategy - Swift; *pg.* 145
Howard, Calep, Chief Information Officer - MMGY Global; *pg.* 388
Howard, Charles, Executive Producer - Inhance Digital; *pg.* 242
Howard, Cristina, Director, Digital Media - &Barr; *pg.* 319
Howard, EJ, Managing Director - Xaxis; *pg.* 276
Howard, Emma, Associate Media Planner - CMI Media, LLC; *pg.* 342
Howard, Erika, Account Director - GNF Marketing; *pg.* 364
Howard, Frank, Chairman - Howard Consulting Group; *pg.* 614
Howard, Hannah, Art Director - Creative Energy, Inc.; *pg.* 346
Howard, Jan, Partner & Vice President - Strongpoint; *pg.* 650
Howard, Jay, Founder & President - CSM Production; *pg.* 304
Howard, Jennifer, Supervisor, Public Relations - Bandy Carroll Hellige ; *pg.* 36
Howard, Jessica, Account Director - Dalton + Anode; *pg.* 348
Howard, John, Executive Vice President & Managing Director - Detroit - Jack Morton Worldwide; *pg.* 309
Howard, Jordanna, Vice President, Business - Billups Worldwide; *pg.* 550
Howard, Kelly, Partner & Group Planning Director - Wavemaker; *pg.* 526
Howard, Kerry, Senior Media Planner - Kelly, Scott & Madison, Inc.; *pg.* 482
Howard, Kevin, Vice President & Managing Director - Horizon Media, Inc.; *pg.* 474
Howard, Kirk, Owner & President - Kinziegreen Marketing Group; *pg.* 95
Howard, Lacey, Production Manager - Project X; *pg.* 556
Howard, Natalie, Associate Manager, Marketing Automation - Yesler; *pg.* 436
Howard, Nick, Senior Strategist - GSD&M; *pg.* 79
Howard, Patti, Account Services Manager - Kinziegreen Marketing Group; *pg.* 95
Howard, Reid, Senior Integrated Producer - BBDO ATL; *pg.* 330
Howard, Rusty, Senior Vice President & Director, Social Media - The Tombras Group; *pg.* 424
Howard, Stephanie, Vice President & Director - Spark Foundry; *pg.* 510
Howard, Tom, Vice President & Group Account Director - Digitas; *pg.* 227
Howard, Tonie, Senior Vice President - Animal Care - One & All; *pg.* 289
Howarth, Sarah, Account Director - VMC Media; *pg.* 526
Howatt, Brian, Partner, Creative Director, & Account Manager - Results Marketing & Advertising; *pg.* 405

Howatt, Heather, Managing Partner, Director, Media & Communications & Account Manager - Results Marketing & Advertising; *pg.* 405
Howd, Madeline, Associate Director, Paid Social Media - Digitas; *pg.* 227
Howden, Carla, Senior Account Manager - WS; *pg.* 164
Howe, Arianna, Vice President, Client Services - Sparkloft Media; *pg.* 688
Howe, Charles, Vice President, Client Services - True Media; *pg.* 521
Howe, Chris, Group Director, Experience Design - VMLY&R; *pg.* 275
Howe, Craig, Co-Founder & Chief Executive Officer - Rebel Ventures Inc.; *pg.* 262
Howe, Eliot, Associate, Media - Spark Foundry; *pg.* 510
Howe, Elizabeth, Account Executive - Varallo Public Relations; *pg.* 658
Howe, Jordan, Partner & Director, Account Services - The Summit Group; *pg.* 153
Howe, Laura, Senior Vice President, Enterprise Accounts - Team Velocity Marketing; *pg.* 418
Howe, Lauren, Content Coordinator - Colangelo & Partners; *pg.* 591
Howe, Megan, Senior Account Manager - Carmichael Lynch; *pg.* 47
Howe, Melanie, Senior Media Buyer - Kiosk Creative LLC; *pg.* 378
Howe, Nora, Partner & Vice President, Operations - Potomac Communications Group, Inc.; *pg.* 638
Howe, Prentice, President & Chief Creative Officer - Door Number 3; *pg.* 64
Howe, Richard, Chairman & Chief Executive Officer - Inuvo, Inc.; *pg.* 90
Howe, Savannah, Supervisor - Starcom Worldwide; *pg.* 513
Howe, Susan, Chief Collaboration Officer - Weber Shandwick; *pg.* 661
Howell, Anne, Director, Global Application Management Services - OneMagnify; *pg.* 394
Howell, Chris, Director, Digital Partnerships - Initiative; *pg.* 477
Howell, Karen, Media Director - Avenir Bold; *pg.* 328
Howell, Kiska, Senior Vice President & Director, Group Account - DDB Chicago; *pg.* 59
Howell, Laurie, Group Creative Director - Droga5; *pg.* 64
Howell, Lloyd, Chief Financial Officer & Treasurer - Booz Allen Hamilton; *pg.* 218
Howell, Perry, Associate Director, Media - HBO Max Account - Hearts & Science; *pg.* 471
Howell, Tim, President - Binary Pulse Technology Marketing; *pg.* 39
Howells, Colin, Manager, Design - Swarm; *pg.* 268
Howells, John, Creative Director - Situation Interactive; *pg.* 265
Howeth, Madeline, Junior Associate - Barbie, Hot Wheels, UNO & Hellmann's - Weber Shandwick; *pg.* 660
Howland, PJ, Manager, Enterprise Campaign - 97th Floor; *pg.* 209
Howland, Tom, Associate Director, Integrated Media - MediaCom; *pg.* 487
Howle, Jeff, Senior Vice President, Special Projects - EP+Co.; *pg.* 356
Howle, Rachel, Manager, Digital Marketing - Optidge; *pg.* 255
Howlett, Brian, Chief Creative Officer - Junction59; *pg.* 378
Howley, Stephanie, Executive Vice President & Managing Director, Human Resources - BCW New York; *pg.* 581
Howorth, Mark, Chief Executive Officer - SDI Media Group; *pg.* 545
Howze, Nikki, Agency Producer - partners +

napier; *pg.* 125
Hoy, Greg, Director, Sales & Marketing - Helms Workshop; *pg.* 9
Hoyer, Monica, Managing Director - Levelwing Media, LLC; *pg.* 245
Hoyland, Jim, Chief Operating Officer & Vice President - Red 7 E; *pg.* 132
Hoyos, Jaquie, Brand Media Director - The Richards Group, Inc.; *pg.* 422
Hoyt, Eric, President & Chief Executive Officer - VMLY&R; *pg.* 160
Hoyt, Jesse, Digital Advertising Manager - Closed Loop Marketing; *pg.* 672
Hoyt, John, Partner - Pyramid Communications; *pg.* 401
Hoyt, Karen, Director, Local Broadcast - Hearts & Science; *pg.* 473
Hoza, Kylie, Director, Program - Bounteous; *pg.* 218
Hradecky, Jim, Principal & Chief Creative Officer - Krause Advertising; *pg.* 379
Hradek, Bryan, Copywriter - mcgarrybowen; *pg.* 110
Hroncich, JT, Managing Director - Capitol Media Solutions; *pg.* 459
Hrstic, Karen, Vice President & Group Account Director - Carat; *pg.* 461
Hrubala, Bernie, Creative Director - Decker; *pg.* 60
Hruby, Dale, Principal - The Richards Group, Inc.; *pg.* 422
Hruska, Jen, Vice President & Co-Head, Strategy - Crispin Porter + Bogusky; *pg.* 346
Hrutkay, Bradley, Vice President & Creative Director - RedShift; *pg.* 133
Hsia, Victoria, Client Growth Manager - NextGuest Digital; *pg.* 253
Hsiao, Jimmy, Owner & Chief Executive Officer - Logic Solutions, Inc. ; *pg.* 247
Hsieh, Elaine, Manager, Community Engagement - 52 Ltd; *pg.* 667
Hsu, Andy, Vice President & Group Creative Director, Digital - Innocean USA; *pg.* 479
Hsu, Courtney, Coordinator, Events Account - Sparks; *pg.* 315
Hsu, Daniel, Media Strategist - The Media Kitchen; *pg.* 519
Hsu, Danny, Global Media Supervisor - MediaCom; *pg.* 487
Hsu, Emma, Director, Digital Art - Air Paris New York; *pg.* 172
Hsu, Teresa, Group Director - Horizon Media, Inc.; *pg.* 474
Hsu, Wendy, Account Director - Petrol; *pg.* 127
Hu, Charles, Chief Technology Officer - ForwardPMX; *pg.* 360
Hu, Ning, Digital Production Designer - AKQA; *pg.* 212
Hu, Sophie, Supervisor - Essence; *pg.* 232
Hu, Tiffany, Digital Supervisor - Carat; *pg.* 459
Hu, Wendy, Account Supervisor - Havas New York; *pg.* 369
Hua, Freddie, Supervisor, Digital Analytics - OpenMind; *pg.* 503
Huang, Alex, Design Director - Y Media Labs; *pg.* 205
Huang, Ashley, Negotiator, Digital Partnerships - Initiative; *pg.* 478
Huang, Catherine, Vice President, Business & Legal Affairs - Giant Spoon, LLC; *pg.* 363
Huang, Doris, Media Director - Admerasia, Inc.; *pg.* 537
Huang, Elaine, Programmatic Strategy Manager - Havas Media Group; *pg.* 470
Huang, Jeffrey, Associate Director, Planning - Essence; *pg.* 233
Huang, Joyce, Associate Director, Paid Search - Spark Foundry; *pg.* 508

PERSONNEL / AGENCIES

Huang, Julia, Chief Executive Officer - interTrend Communications, Inc.; pg. 541
Huang, Raymond, Associate Director, Programmatic - OMD; pg. 498
Huang, Xiwei, Junior Designer - User Experience - Weber Shandwick; pg. 662
Huante, Lance, President & Creative Director - p11Creative, Inc.; pg. 194
Huban, Ryan, Engagement Director - Words and Pictures Creative Service, Inc.; pg. 276
Hubbard, Dave, Account Director - Swift; pg. 145
Hubbard, John, Associate Director, Brand Strategy - Canvas Worldwide; pg. 458
Hubbard, Lisa, Media Director - Cactus Marketing Communications; pg. 339
Hubbard, Michael, Chief Executive Officer - Media Two Interactive; pg. 486
Hubbard, Scott, Retail Account Director - Eastern Region - Venables Bell & Partners; pg. 158
Hubbard, Scott, Retail Account Director - Northern Region - Spark44; pg. 411
Hubbell, Constance, Founder & President - Hubbell Group, Inc.; pg. 614
Hubbert, Lisa, Executive Producer - mcgarrybowen; pg. 385
Huber, Conner, Chief Strategy Officer - New York - mcgarrybowen; pg. 109
Huber, Katherine, Director, Client Services - D/CAL; pg. 56
Huber, Kendall, Senior Manager, Public Relations - Golin; pg. 609
Huber, Matt, Director, Strategic Integration - Periscope; pg. 127
Huber, Matthew, President & Chief Operating Officer - Moxy Ox; pg. 192
Huberman, Erik, Founder & Chief Executive Officer - Hawke Media; pg. 370
Hubert, David, Director, Digital Analytics - Blue Chip Marketing & Communications; pg. 334
Hubert, Jenna, Creative Director - KPS3 Marketing and Communications; pg. 378
Hubich, Mandy, Account Director - The Variable; pg. 153
Hubler, Andrea, Account Executive - The Ohlmann Group; pg. 422
Hucek, Brian, Creative Director - Planet Propaganda; pg. 195
Huck, Jenn, Director, Audience Development & Planning - OMD Entertainment; pg. 501
Huck, Kevin, Executive Vice President, Client Services & Relations - Aspen Marketing Services; pg. 280
Huckabay, Cheryl, Principal, Brand Media - The Richards Group, Inc.; pg. 422
Hudak, Jenny, Head, Recruiting - Anomaly; pg. 325
Hudak, Rob, Director, Interactive Creative - Zehnder Communications, Inc.; pg. 436
Hudak, Shelby, Senior Account Executive - Havas Formula; pg. 612
Hudec, Erin, Supervisor, Account - FCB Chicago; pg. 71
Hudecheck, Julie, Director, Account Services - Out There Advertising; pg. 395
Hudes, Michael, Chief Revenue Officer - Firefly; pg. 552
Hudgens, Todd, Group Director, National Brands & Entertainment - Mirum Shopper; pg. 682
Hudgins, Matt, Senior Communications Strategist - Goodby, Silverstein & Partners; pg. 77
Hudock, Jaclyn, Media Planner - Allscope Media; pg. 454
Hudson, Alex, Manager - Digital Media - Digitas; pg. 227
Hudson, Ashley, Program Manager - The Designory; pg. 269

Hudson, Erica, Supervisor, Client Engagement - VMLY&R; pg. 274
Hudson, Gabe, Senior Vice President, Sales - Zoom Media; pg. 559
Hudson, Ian, Manager, Information Technology & Operations - Porter Novelli Canada; pg. 638
Hudson, Janice, Market Specialist - Camelot Strategic Marketing & Media; pg. 457
Hudson, Ken, Chief Executive Officer - Omni Advertising; pg. 394
Hudson, Michelle, Group Planning Director - Mindstream Media Group - Dallas; pg. 496
Hudson, Paige, Director, Creative - Second Story Interactive; pg. 265
Hudson, Pearce, Paid Search Specialist - Wavemaker; pg. 529
Hudson, Rachel, Senior Vice President, Network Operations, Pricing & Planning - Cadent Network; pg. 280
Hudson, Raquel, Director, Marketing Communication - Captivate Network, Inc.; pg. 550
Hudson, Samantha, Account Coordinator - Bouvier Kelly, Inc. ; pg. 41
Hudson, Tim, Principal & Creative Director - Belmont Icehouse; pg. 333
Huebner, Lisa, Vice President & Media Director - Boelter & Lincoln, Inc.; pg. 41
Huehnergarth, David, Senior Vice President & Director, Strategic Engagement - LevLane Advertising; pg. 380
Huerta, Andrea, Digital Specialist - AdvertiseMint; pg. 211
Huerta, Dave, Partner & Creative Director - Taco Truck Creative; pg. 145
Huerta, Juan, Supervisor, Digital Operations - Starcom Worldwide; pg. 513
Huerta-Margotta, Ed, Director, Talent Acquisition - Carmichael Lynch; pg. 47
Huey, Kate, Public Relations Assistant - Colangelo & Partners; pg. 591
Huff, Jeremy, Editor - The Reserve Label; pg. 563
Huff, MacKenzie, Senior Integrated Producer - Copacino + Fujikado, LLC; pg. 344
Huff, Michele, Vice President, Client Engagement - HMT Associates, Inc.; pg. 681
Huff, Rachel, Director, Business Development & Marketing - 360PRplus; pg. 573
Huffine, Sandra, Director, Talent - The Bohan Agency; pg. 418
Huffman, Ashlee, General Manager - CSM Sports & Entertainment; pg. 55
Huffman, Craig, Director, Experiential Marketing - CSM Sports & Entertainment; pg. 55
Huffman, Erika, Vice President - Schnake Turnbo Frank, Inc.; pg. 646
Huffman, Jaclyn, Supervisor, Digital Media - Negotiation - GTB; pg. 367
Huffman, Rex, Digital Engagement Strategist - Caldwell VanRiper; pg. 46
Huffman, Whitney, Group Account Director - Publicis Hawkeye; pg. 399
Huft, Nathan, Art Director - The Woo Agency; pg. 425
Huggett, Paula, Vice President & Client Services Director - Bokka Group; pg. 218
Huggins, Jeff, Senior Director, Technology Strategy - Intouch Solutions, Inc.; pg. 242
Huggins, Lisa, Chief Marketing Officer & Senior Partner - Mower; pg. 389
Hughes, Alli, Marketing Supervisor - Derse, Inc.; pg. 304
Hughes, Anette, Creative Director - Midnight Oil Creative; pg. 250
Hughes, Angela, Associate Director, Affiliate Training & Quality - Acceleration Partners; pg. 25
Hughes, Ashley, Associate Account Director -

Abelson-Taylor; pg. 25
Hughes, Ashley, Marketing Manager - RLA Collective; pg. 643
Hughes, Barney, Strategic Director & Founder - Hughes Design Group; pg. 186
Hughes, Brett, Director, Analytics - Net Conversion; pg. 253
Hughes, Brian, Executive Vice President, Audience Intelligence & Strategy - Magna Global; pg. 483
Hughes, Cassie, Co-Founder & Chief Strategy Officer - Grow Marketing; pg. 691
Hughes, Christian, President & Principal - Cutwater; pg. 56
Hughes, Darby, Director, Brand Strategy & Trends Expert - quench; pg. 131
Hughes, Dave, Owner & Art Director - Garrison Hughes; pg. 75
Hughes, David, Chief Executive Officer - The Search Agency; pg. 677
Hughes, David, Managing Director - Callen; pg. 46
Hughes, Dion, Founder & Creative Director - Persuasion Arts & Sciences; pg. 15
Hughes, Ed, Executive Director, Worldwide Client Leader - Mindshare; pg. 491
Hughes, Jack, Director, Web Development - TDG Communications; pg. 417
Hughes, Jan, Director, Digital & Brand Strategy - Day Communications Group, Inc.; pg. 349
Hughes, Jeff, Vice President & Media Director - Starcom Worldwide; pg. 513
Hughes, Jennifer, Media Buyer - Diane Allen & Associates; pg. 597
Hughes, Johanna, Manager, Advanced Analytics & Data Architecture - Spark Foundry; pg. 510
Hughes, Karina, Account Coordinator - PlusMedia, LLC; pg. 290
Hughes, Kathy, Creative Services Director - Gecko Group ; pg. 184
Hughes, Kimberly, Vice President & Associate Media Director - Trilia ; pg. 521
Hughes, Kimberly, Vice President & Account Director - FiveHundred Degrees Studio; pg. 74
Hughes, Kristi, Art Director - The Many; pg. 151
Hughes, Kristy, Account Director - Havas Media Group; pg. 469
Hughes, Lindsay, Vice President, Account - Health - Imre; pg. 374
Hughes, Lisa, Executive Vice President & Group Account Director - McKinney; pg. 111
Hughes, Mark, Chief Financial Officer - Breaking Limits Marketing, LLC.; pg. 303
Hughes, Meredith, Search & Social Director - Silverlight Digital; pg. 265
Hughes, Mike, Ford Global Operations Lead - GTB; pg. 367
Hughes, Peter, Senior Writer - 72andSunny; pg. 23
Hughes, Randy, Executive Creative Director & Senior Partner - Carmichael Lynch; pg. 47
Hughes, Shannon, Media Strategist - Lessing-Flynn Advertising Co. ; pg. 99
Hughes, Shannon, Account Executive - Linhart Public Relations; pg. 622
Hughes, Shirley, President, Brand Marketing Division - Rogers & Cowan/PMK*BNC; pg. 643
Hughes, Tonja, Media Director - Vertical Marketing Network; pg. 428
Hughes, Vanessa, Media Planner - Mediahub Los Angeles; pg. 112
Hughlett, Neal, Creative Director - MMB; pg. 116
Hugo, Aaron, Owner & Executive Vice President, Client Services - Pinckney Hugo Group; pg. 128
Huh, Danny, Digital Producer - Innocean USA; pg. 479

AGENCIES — PERSONNEL

Huh, Roomie, Account Supervisor - Mustache; pg. 252
Hui, Jordan, Senior Media Planner - Carat; pg. 461
Hui, Joseph, Vice President, Technology - Maximizer Software, Inc.; pg. 168
Huie, Jackie, Chief Executive Officer & Chairman - Johnson-Rauhoff, Inc.; pg. 93
Huie, Michael, President - Johnson-Rauhoff, Inc.; pg. 93
Huie, Rhonda, Vice President & Creative Director - Re:group, Inc.; pg. 403
Huitsing, Suzanne, Art Director - Calder Bateman Communications; pg. 339
Huitt, Sig, Senior Counselor - Chernoff Newman; pg. 590
Hulbert, Carolyn, Director, Digital Media - Luquire George Andrews, Inc.; pg. 382
Huling, Josh, Associate Director Business Development - Campbell Ewald; pg. 46
Hull, Brian, Creative Director, Digital - Clear; pg. 51
Hull, Gordon, Creative Director - Mother NY; pg. 118
Hull, Jeremy, Vice President, Innovation - iProspect; pg. 674
Hull, Jourdan, Social Art Director - TBWA \ Chiat \ Day; pg. 146
Hull, Katie, Director, Public Relations - Wieden + Kennedy; pg. 430
Hull, Kristopher, Senior Vice President & Head, Brand Guidance Center of Excellence - North America - TNS; pg. 450
Hull, Lindsay, Associate Director - Zer0 to 5ive, LLC; pg. 665
Hull, Mary, Supervisor, Production - Rhea & Kaiser Marketing ; pg. 406
Hull, Molly, Director, Brand Development - Clarity Coverdale Fury; pg. 342
Hull, Tony, President - YESCO Financial Solutions - YESCO Outdoor Media; pg. 559
Hulse, Brock, Assistant Account Manager - Pac / West Communications; pg. 635
Hulseman, Isabel, Social Media Strategist - WordBank LLC; pg. 163
Hulsey, Derek, Designer - Young & Laramore; pg. 164
Hulst, Michelle, Group Vice President, Strategic Partnerships & Marketing- Oracle Data Cloud - Oracle Data Cloud; pg. 448
Hultgren, Matthew, Vice President, Analytics - Marketing Architects; pg. 288
Hultgren, Talley, Executive Vice President & Chief Strategy Officer - Chemistry Atlanta; pg. 50
Hum, William, Senior Campaign Manager - Constellation Agency; pg. 221
Humber, Chris, Executive Vice President, Performance Marketing - Edelman; pg. 599
Humbert, Cindy, Media Director - Ideaology Advertising; pg. 88
Humbert, Melissa, Senior Vice President, Operations & Account Management - Burns Marketing; pg. 219
Hume, Hayden, Account Director - Advantage International; pg. 301
Hume, Jim, Founder & Principal - Phire Group; pg. 397
Hume, John, Senior Art Director - Porcaro Communications; pg. 398
Humes, Michelle, Associate Director, Media Strategy - Underscore Marketing, LLC; pg. 521
Humes, Russell, Associate Media Director - Starcom Worldwide; pg. 513
Humiston, Rachel, Senior Director, Client Services - Brandgenuity, LLC; pg. 4
Hummel, Camila, Associate Producer - Energy BBDO, Inc.; pg. 355
Hummel, Elizabeth, Vice President, Operations - Image 4; pg. 187

Hummer, Wendy, Chief Executive Officer & Founder - EXL Media; pg. 465
Hummitzsch, Elizabeth, Vice President - Mueller Communications, Inc.; pg. 630
Humphrey, Amshi, Manager, Social Media - Champion Management Group, LLC; pg. 589
Humphrey, Kristee, Print & Interactive Production Artist - Proof Advertising; pg. 398
Humphries, Lauren, Client Operations Manager - Shoptology; pg. 682
Hundt, Kelly, Vice President & Account Director - Tom, Dick & Harry Creative; pg. 426
Hung, Susan, Associate Creative Director - Publicis Toronto; pg. 639
Hung, Tracy, Director, Design - Hello Design; pg. 238
Huni, Nathalie, Executive Vice President & Head, Design - North America - Digitas; pg. 226
Hunley, Brittany, Social Media Director, Vice President - EP+Co.; pg. 356
Hunley, Jennifer, Vice President, Planning Director - BBDO Worldwide; pg. 331
Hunn, Brian, Vice President & Group Creative Director - Digitas; pg. 226
Hunnewell, Jeremy, Chief Financial Officer & Business Strategist - Zehnder Communications, Inc.; pg. 436
Hunnicutt, Matt, Director, Production - Wieden + Kennedy; pg. 430
Hunsicker, Steve, Group Director, Client Advice & Management - Initiative; pg. 477
Hunt, Alexa, Account Supervisor - The Garfield Group; pg. 419
Hunt, Alexander, Media Planner - Crossmedia; pg. 463
Hunt, Averie, Supervisor, Social Media Marketing - ChizComm; pg. 50
Hunt, Brian, Founder & Chief Executive Officer - Hunt Marketing Group; pg. 285
Hunt, Caroline, Assistant Account Executive - FCB West; pg. 72
Hunt, Casey, Account Executive - GumGum; pg. 467
Hunt, Christopher, Director, Digital Investment - Mindstream Media Group - Dallas; pg. 496
Hunt, Darren, Vice President & Account Director - Bernstein-Rein Advertising, Inc.; pg. 39
Hunt, Doug, Chief Executive Officer & Founder - Catalysis; pg. 340
Hunt, Jennifer, Regional Territory Manager - Outdoor Nation; pg. 554
Hunt, John, Creative Chairman - TBWA \ Chiat \ Day; pg. 416
Hunt, John, Group Director, TV Investment - OMD; pg. 498
Hunt, John, Producer - Bonfire Labs; pg. 175
Hunt, Kristin, Manager, Digital - Wavemaker; pg. 528
Hunt, Laura, Account Executive - Jones & Thomas, Inc. ; pg. 377
Hunt, Lauren , Brand Intelligence Director - EP+Co.; pg. 356
Hunt, Lisa, Director, Integrated Sales - My Food and Family by KraftHeinz - Accenture Interactive; pg. 209
Hunt, Matt, Founder & Director, Creative Services - Hunt Marketing Group; pg. 285
Hunt, Patrick, President & Chief Executive Officer - Hunt Adkins; pg. 372
Hunt, Rob, President - New Day Marketing; pg. 497
Hunt, Sarah, Supervisor, Media - Starcom Worldwide; pg. 513
Hunt, Steve, Chief Creative Officer - Cannonball Agency; pg. 5

Hunt, Ward, Creative Manager - Colangelo Synergy Marketing, Inc.; pg. 566
Hunt , Don, President - Lambert Edwards & Associates Inc. ; pg. 621
Hunter, Alan, Chief Creative Officer & President - Petrol; pg. 127
Hunter, Andrew, Creative Director - 360i, LLC; pg. 320
Hunter, Ann-Marie, Senior Planner, Digital - Blue 449; pg. 456
Hunter, Anne, Executive Vice President, Strategy & Growth - Kantar Media; pg. 446
Hunter, Chris, Vice President & Brand Director - Publicis Toronto; pg. 639
Hunter, Gabriela, Manager, Omnimedia Planning - Wavemaker; pg. 526
Hunter, Greg, Creative Director - Preacher; pg. 129
Hunter, Haley, Manager, Social Media - Hershey's Canada - Anomaly; pg. 326
Hunter, Kathleen, Executive Vice President - Association of National Advertisers; pg. 442
Hunter, Kim, Chief Executive Officer - Lagrant Communications; pg. 621
Hunter, Lynnette, Senior Vice President & Director, Account - Abelson-Taylor; pg. 25
Hunter, Mary, Senior Associate, Paid Social - MediaCom; pg. 486
Hunter Grant, Blair, Manager, Client experience - Current Lifestyle Marketing; pg. 594
Hunter-Heath, Haley, Co-Founder, General Manager & Recruiter - Party Land; pg. 125
Huntington, Jorah, Account Executive - Archetype; pg. 33
Huntley , Michael, Executive Integrated Producer - Cutwater; pg. 56
Hunziker, Cori, Head, People & Culture - Mabbly; pg. 247
Huo, Blanche, Senior Associate, Marketing Science - OMD; pg. 498
Hupp, Chelsea, Supervisor, Media - GRP Media, Inc.; pg. 467
Huppe, Marie-Christine, Director, Consulting - LG2; pg. 380
Huppenthal, Jim, Senior Vice President, Creative Services - Brierley & Partners; pg. 167
Huq, Naimul, Senior Vice President & Head, Analytics & Planning - Lippe Taylor; pg. 623
Hurd, Courtney, Senior Project Manager - The Martin Agency; pg. 421
Hurd, Joe, Chief Executive Officer - SixSpeed; pg. 198
Hurd, Lindsay, Associate Director, Planning - Carat; pg. 459
Hurdiss, Chris, Account Director - 9thWonder; pg. 453
Huria, Sheena, Associate Director, Communications Planning - Dentsu Aegis Network - 360i, LLC; pg. 320
Hurl, Stephanie, Account Manager - Rethink Communications, Inc.; pg. 133
Hurlbert, Grant, Creative Director - Rockit Science Agency; pg. 16
Hurley, Brian, Supervisor, Video Investment - Horizon Media, Inc.; pg. 474
Hurley, Brian, Creative Lead - Public Works; pg. 130
Hurley, Josh, Creative Director - Deutsch, Inc.; pg. 350
Hurley, Kathy, Director, Print Production - The Integer Group - Dallas; pg. 570
Hurley, Kendal, Partner - Ballantines Public Relations; pg. 580
Hurley, Kevin, Associate Media Director - AMP Agency; pg. 297
Hurley, Patrick, Strategist, Paid Media - Modern Climate; pg. 388
Hurley, Tim, Executive Vice President -

PERSONNEL — AGENCIES

Matter Communications, Inc.; pg. 626
Hurley Dunn, Caitlin, Associate Director, Social Strategy - Digitas; pg. 227
Hurni, Roger, Managing Partner & Chief Creative Officer - Off Madison Avenue; pg. 392
Hurr, Lindsey, Vice President & Certified Brand Strategist - Fort Worth Advertising Agency & Brand - Immotion Studios; pg. 89
Hurry, Susan, Executive Vice President & Manager - West & Central Division - MARC Research; pg. 447
Hursh, Dale, Chief Executive Officer - SmartSearch Marketing; pg. 677
Hursh, Patricia, Founder & President - SmartSearch Marketing; pg. 677
Hurst, Alexander, Manager, Digital Investment - Wavemaker; pg. 526
Hurst, Guido, Director, Creative & Art - Beacon Healthcare Communications; pg. 38
Hurst, Lisa, Senior Vice President, Account Management - Upshot ; pg. 157
Hurst, Sandy, Senior Director & Account Executive - Acxiom Corporation; pg. 279
Hurt, Karen, Director, Account - Bohlsen Group; pg. 336
Hurt, Mike, Director, Media Activation - Rhea & Kaiser Marketing ; pg. 406
Hurtado, Brenda, President & Chief Operating Officer - The Point Group; pg. 152
Hurtwitz, Fredda, Chief Strategy & Marketing Officer - RedPeg Marketing; pg. 692
Hurwitz, Thomas, Associate Director, National Video - Palisades Media Group, Inc.; pg. 124
Husain, Cassi, Group Director, Research & Analytics Strategy - Goodby, Silverstein & Partners; pg. 77
Husain, Syed, Associate Director, Analytics Operations - Zenith Media; pg. 531
Husk, Stephanie, President - Deep Blue Insight; pg. 443
Huskins, Sarah, Manager, Account - Bigeye Agency; pg. 3
Husnik, Whitney, Senior Producer - BBDO San Francisco; pg. 330
Huss, Erica, Vice President & Brand Director - The Buntin Group; pg. 148
Hussey, Jim, Chairman & Founder - Chapman Cubine & Hussey; pg. 281
Hussey, Joanna, Vice President, Digital Strategy - Edelman; pg. 353
Hussey, Lance, Principal & Creative Director - RKS Design; pg. 197
Hussey, Matthew, Vice President & Group Account Director - Questus; pg. 260
Huston, Debi, Office Manager - MeringCarson - Mering; pg. 114
Huston, Dennis, Vice President & Art Director - Creative Resources Group, Inc.; pg. 55
Huston, Jim, Chief Revenue Officer - Aspen Marketing Services; pg. 280
Huston, Katherine, Content Development Manager - Maroon PR; pg. 625
Huston, Kimberly, Director - Padilla; pg. 635
Huston, Megan, Global Manager, Business Development - Duarte; pg. 180
Huston, Sam, Chief Strategy Officer - iProspect; pg. 674
Huston, Theresa, Chief Operating Officer - Telescope; pg. 269
Huston-Lyons, Aleigh, Senior Strategist - Momentum Worldwide; pg. 117
Hustvedt, Marc, Partner - Reach Agency; pg. 196
Hutchens, Emily, Director, Account - The Integer Group - Dallas; pg. 570
Hutchens, Matt, Producer, Video - Bigeye Agency; pg. 3
Hutches, Bill, Founder & Principal - Works Design Group; pg. 21

Hutchin, Brian, Senior Account Manager - Network Affiliates, Inc.; pg. 391
Hutchings, Ashley, Supervisor, Media Platforms - Kelly, Scott & Madison, Inc.; pg. 482
Hutchings, Caleb, Director, Search - Mediahub Boston; pg. 489
Hutchings, Colleen, Vice President & Senior Account Executive - Chapman Cubine + Hussey; pg. 281
Hutchins, Brittni, Director, Business Development - 72andSunny; pg. 24
Hutchins, Parker, Senior Account Executive - Adpearance; pg. 671
Hutchins, Tim, Managing Director - We're Magnetic; pg. 318
Hutchinson, Caroline, Senior Account Executive - Padilla; pg. 635
Hutchinson, Elliot, Public Relations Manager - Zehnder Communications, Inc.; pg. 436
Hutchinson, Justin, Partnership Coordinator - ThreeSixtyEight; pg. 271
Hutchinson, Patrick, Account Supervisor - Publicis West; pg. 130
Hutchinson, Sarah, Vice President, Creative Services & Partner - Neimand Collaborative; pg. 391
Hutchinson, Taylor, Senior Strategist - The Media Kitchen; pg. 519
Hutchinson, Whitney, Group Vice President & Head, Data & Analytics - North America - Publicis.Sapient; pg. 259
Hutchison, Ian, Director,Client Operations - Pavone Marketing Group; pg. 396
Hutchison, Jason, Partner, Vice President & Management Supervisor, Website & Application Development - Marcus Thomas; pg. 104
Hutchison, Jennifer, Account Director - Jasculca / Terman & Associates ; pg. 616
Hutchison, Scott, Creative Director - Publicis Hawkeye; pg. 399
Huth, Adrian, Paid Media Director - Mindstream Media; pg. 495
Hutson, Ally, Vice President & Media Director - CCMedia; pg. 49
Hutson, Chad, President & Chief Executive Officer - Leviathan; pg. 189
Hutson, Gregg, Senior Copywriter - Merrick Towle Communications; pg. 114
Hutson, Lauren, Group Creative Director - Targetbase Marketing; pg. 292
Huttner, Shelley, Executive Vice President & Broadcast Director - TouchPoint Integrated Communications; pg. 520
Hutto, Shannon, Partner & General Manager, West Coast - Mission North; pg. 627
Hutton, Graeme, Senior Vice President & Group Partner, Research - Universal McCann; pg. 521
Hutton, Lauren, Vice President, Technology - AUDIENCEX; pg. 35
Hutton, Shane, Managing Partner - Arcana Academy; pg. 32
Huyett, Jake, Executive Vice President, Marketing & Account Services - Jones Huyett Partners; pg. 93
Huynh, Alexandra, Senior Associate, Strategy - Spark Foundry; pg. 512
Huynh, Andrew, Manager, Central Agency Analytics - Saatchi & Saatchi Los Angeles; pg. 137
Huynh, Danny, Senior Vice President & Client Business Partner - Universal McCann; pg. 521
Huynh, Kenny, Social Media Specialist - Fuel Marketing; pg. 361
Huynh, Kevin, Senior Manager, Client Services - MKTG INC; pg. 311
Huynh, Nancy, Senior Marketing Analyst - Digital Authority Partners; pg. 225
Huynh, Phillip, Paid Social Strategy Lead, Group Media Director - 360i, LLC; pg. 320

Huzinec, Colette, Chief People Officer & Senior Vice President - Smith Bucklin Corporation; pg. 314
Hwang, Da-In, Associate Brand Manager - Engage Media Group; pg. 231
Hwang, Earl, Director, Global Client Strategy - PMG; pg. 257
Hwang, Grace, Art Director - Mekanism; pg. 112
Hwang, Kendra, Associate Director, Media - Campbell Ewald; pg. 47
Hwang, Lillian, Integrated Supervisor, Strategy - Spark Foundry; pg. 512
Hwang, Marlyn, Director, Media & Business Development - GP Generate, LLC; pg. 541
Hyams, Rob, Chief Creative Officer - McMillan; pg. 484
Hyams Romoff, Audrey, President & Owner - Overcat Communications; pg. 634
Hyatt, Olivia, Manager, Client Services - Buonasera Media Services; pg. 457
Hyde, Bill, Chief Growth Officer - DP+; pg. 353
Hyde, Cassandra, Production Coordinator - Jam3; pg. 243
Hyde, Darlene, Senior Project Director - Davis & Company; pg. 595
Hyde, Justin, Vice President - Edelman; pg. 600
Hyde, Tom, Executive Director, Digital Strategy - TBWA \ Chiat \ Day; pg. 416
Hyden, Deb, Media Director - Creative Communications Consultants, Inc.; pg. 346
Hyde–Nordloh, Becky, Chief Financial Officer - Deskey Integrated Branding ; pg. 7
Hydon, Derek, President - MaCher; pg. 102
Hyer, Melissa, Senior Manager - Weber Shandwick; pg. 660
Hyett, Chad, Executive Vice President - MCS, Inc.; pg. 111
Hyland, Douglas, Creative Director - Vitro Agency; pg. 159
Hyland, Macy, Specialist, Digital Marketing - Fireman Creative; pg. 183
Hyland, Nicole, General Manager - Natrel Communications; pg. 120
Hyler, Buzz, Vice President, Strategy - Zenith Media; pg. 531
Hyman, Joseph, Founder & Chief Executive Officer - Vizergy; pg. 274
Hyman, Kristine, Associate Director, Client Services - Hanapin Marketing; pg. 237
Hyman, Sara, Chief Executive Officer - North America - jones knowles ritchie; pg. 11
Hymanson, Megan, Associate Director - Ocean Media, Inc.; pg. 498
Hymen, Alexis, Associate Media Director - Engine Media Group; pg. 465
Hyndman, Mark, Broadcast Supervisor - OMD Canada; pg. 501
Hynes, Bryan, Creative Director - Austin & Williams Advertising; pg. 328
Hynes, Connor, Associate Media Director - Mindshare; pg. 495
Hynes, John, Partner & Creative Director - Korn Hynes Advertising; pg. 95
Hynes, Tony, Chief Executive Officer - Blanc & Otus ; pg. 584
Hynkemeier Olesen, Simon, Associate - Posterscope U.S.A.; pg. 556
Hyon, Marie, Partner & Creative Director - Psyop; pg. 196
Hyslip, Jennifer, Associate Media Director - Mediahub Boston; pg. 489
Hystead, Lauren, Associate Creative Director - Socialdeviant, LLC; pg. 688
Hystead, Marsha, Chief Creative Officer & Partner - Hailey Sault; pg. 81
Hyte, Bryson, Partner & Chief Technology Officer - Reality Interactive, LLC; pg. 262

AGENCIES

PERSONNEL

Hyun, Jennifer, Account Executive - RPA; *pg.* 134
haJiani, Gabe, Head, Creation & Content - DNA Seattle; *pg.* 180

I

Iaccarino, Michael, Chairman, President & Chief Executive Officer - Infogroup; *pg.* 286
Iacobucci, Marcia, Senior Vice President & Director, Group Creative - DDB Chicago; *pg.* 59
Iacono, Toni, Associate Human Resources Director - Wunderman Health; *pg.* 164
Iacopelli, Susan, Associate, Digital Reconciliation - Spark Foundry; *pg.* 510
Iacurci, Jenna, Account Supervisor - Berry & Company Public Relations; *pg.* 583
Iadanza, Clare, Brand Group Director - Freeform & IFC - Horizon Media, Inc.; *pg.* 474
Iadevaia, Kim, Executive Vice President, Content - Zenith Media; *pg.* 529
Ian, Matt, Chief Creative Officer - mcgarrybowen; *pg.* 109
Ianelli, Jonathan, Managing Director, Client Services - MERGE; *pg.* 113
Iannantuono, Albert, Chief Executive Officer - Tri-Media Integrated Marketing Technologies; *pg.* 427
Iannotti, Dustin, Co-Founder - Artisans On Fire; *pg.* 327
Iannuzzi, Guy, Chief Executive Officer & President - Mentus; *pg.* 386
Iarossi, Jennifer, Director - Initiative; *pg.* 477
Iasilli, Melinda, North American Group Account Director - Hasbro - OMD; *pg.* 498
Ibabao, Malaya, Media Planner - DWA Media; *pg.* 464
Ibarra, Ana, Director, Operations - Deco Productions; *pg.* 304
Ibarra, Rodney, Associate Art Director - One Trick Pony; *pg.* 15
Ibe, River, Account Manager - Anchor Worldwide; *pg.* 31
Ibrahim, Aiman, Specialist - Canvas Worldwide; *pg.* 458
Ibrahim, Roslyna, Senior Vice President, Strategy - Spark Foundry; *pg.* 510
Icaza, Tiffany, Associate Director, Video Investment - PHD USA; *pg.* 505
Idoni, Trisha, Art Director - E. W. Bullock Associates; *pg.* 66
Igarashi, Jeanette, Media Director - Always On Communications ; *pg.* 454
Igielko-Herrlich, Ruben, Founder & Chief Executive Officer - Propaganda Entertainment Marketing; *pg.* 298
Ignacio-Mesa, Jessica, Senior Project Manager - Saatchi & Saatchi Los Angeles; *pg.* 137
Ignoffo, Lauren, Partner & Director, Planning - Mindshare; *pg.* 494
Igo, Mark, Chief Operating Officer - bBig Communications; *pg.* 216
Igoe, Dan, Co-Owner & Brand Director - Pure Brand Communications; *pg.* 130
Ikeda, Mindi, Vice President, Media Planning - Essence; *pg.* 232
Ikegami, Dan, Associate Director, Digital Media - Mediaspot, Inc. ; *pg.* 490
Ikeler, Marci, Chief Executive Officer - Little Arrows; *pg.* 687
Ikpe, Jillian, Vice President, Strategy - Zenith Media; *pg.* 529
Ilacqua, Jackie, Global Head, Syndicated Services & President, Global Oncology - Ipsos Healthcare; *pg.* 446
Ilan-Weber, Danielle, Vice President, Media Operations - adQuadrant; *pg.* 211
Ilardi, Melissa, Senior Digital Strategist - Media Two Interactive; *pg.* 746
Iler-Smith, Diane, Senior Vice President & Executive Creative Director - BioLumina; *pg.* 39
Iliffe, Matthew, Managing Partner - North America & General Manager - Beyond Austin - Beyond; *pg.* 216
Ilkka, Alexi, Programmatic Associate - Kelly, Scott & Madison, Inc.; *pg.* 482
Illescas, Jessica, Associate Director - Wavemaker; *pg.* 528
Illingworth , Montieth, Founder & President - Montieth & Company; *pg.* 628
Ilog, Erickson, Chief Financial Officer & Chief Operating Officer - Zambezi; *pg.* 165
Imada, Bill, Chairman & Chief Connectivity Officer - IW Group, Inc.; *pg.* 541
Imber, Gregory, President - Hyphen Digital - Healthcare Consultancy Group; *pg.* 83
Imbergamo, Michaela, Manager, Digital Investment - Wavemaker; *pg.* 526
Imbert, Camille, Creative Director - Kettle; *pg.* 244
Imbriano, Danielle, Account Supervisor - Kaplow Communications; *pg.* 618
Imgrund, Anthony, Project Manager - FCB New York; *pg.* 357
Imler, Colleen, Supervisor, Account - Coyne Public Relations; *pg.* 593
Immel, Jeff, Senior Vice President & Creative Director - Weber Shandwick; *pg.* 661
Immel, Sally, Senior Account Leader - Peritus Public Relations; *pg.* 636
Imperato, Donna, Global Chief Executive Officer - Burson Cohn & Wolfe Worldwide - BCW New York; *pg.* 581
Imperiale, Michael, Retail Account Manager - Jaguar Land Rover - Spark44; *pg.* 411
Imre, David, Chief Executive Officer - Imre; *pg.* 374
Imre Perkowski, Allison, President - Grapevine Communications; *pg.* 78
Imwalle, Peter, Executive Vice President & Chief Operating Officer - RPA; *pg.* 134
Inacio, Cynthia, Vice President, Public Relations & Media Relations - King & Company; *pg.* 620
Inamoto, Rei, Co-Founder - IxCo; *pg.* 243
Ince, Stuart, Partner & Director, Client Services - i2i Advertising & Marketing; *pg.* 88
Inda, Brandon, Creative Director - Staplegun Design, LLC; *pg.* 412
Infante, Adriana, Vice President - FleishmanHillard; *pg.* 605
Infante, Gabrielle, Media Planner - CMI Media, LLC; *pg.* 342
Infante, Peter, Chief Strategy Officer - Butler / Till; *pg.* 457
Infanzon, Christopher, Media Activation Supervisor - Essence; *pg.* 232
Infelt, James, Partner & Chief Digital Officer - Amperage; *pg.* 30
Infelt, Jim, Partner & Chief Digital Officer - Amperage; *pg.* 30
Inferri, Robert, Group Account Director, Strategy - OMD; *pg.* 498
Infosino, Thomas, Associate, Technology & Activation - Spark Foundry; *pg.* 508
Ing, Bill, Lead Print Producer - Saatchi & Saatchi Canada; *pg.* 136
Inge, Crystal, Client Services Director - GreenRubino; *pg.* 365
Ingenito, Alexandra, Digital Director - Horizon Media, Inc.; *pg.* 474
Inglis, Harry, Group Media Director - Performics; *pg.* 676
Inglis, Shae, Chief Executive Officer & President - Acro Media, Inc.; *pg.* 671
Ingold, Madison, Supervisor, Media Planning - Spark Foundry; *pg.* 510
Ingram, Bradley, Public Relations Associate - RP3 Agency; *pg.* 408
Ingram, Bryan, Vice President, Digital Services - Ansira; *pg.* 326
Ingram, Chad, Senior Vice President & Group Creative Director - Geometry; *pg.* 363
Ingram, Grey, Director, Creative - FCB Chicago; *pg.* 71
Ingram, Sarah, Executive Director & Senior Vice President, Consumer Marketing - Golin; *pg.* 609
Ingram, Tamara, Global Chairman - Wunderman Thompson; *pg.* 434
Ingrassia, Cari, Art Director - Cawood; *pg.* 340
Ingrody, Lauren, Analyst, Marketing - Traffic Digital Agency; *pg.* 271
Ingwalson, Matt, Vice President, Creative Strategy - Heinrich Marketing, Inc.; *pg.* 84
Iniguez, Javier, Chief Executive Officer - EFM Agency; *pg.* 67
Injac, Aleksandra, Managing Director - Mindshare; *pg.* 494
Inman, Abby, Account Supervisor - Ogilvy; *pg.* 393
Inman, Kim, Art Director - Match Action Marketing Group; *pg.* 692
Inners, Chris, Senior Director - OMD Create - West - OMD West; *pg.* 502
Innes, Camilla, Director, Insights & Strategy - OH Partners; *pg.* 122
Inouye, Kerrie, Coordinator, Production - Decca Design; *pg.* 349
Insdorf, Peter, Digital Supervisor - Starcom Worldwide; *pg.* 517
Insdorf, Stephanie, Vice President & Group Partner, Integrating Planning - Universal McCann; *pg.* 521
Insinga, Mary, Director, Integrated Digital Marketing - Zeno Group; *pg.* 664
Insler, Abraham, Manager, Programmatic - MediaCom; *pg.* 487
Interlandi, Yasmin, Communications Manager - Tinuiti; *pg.* 678
Intoppa, Leslie, Director, Human Resources - MMB; *pg.* 116
Ioffe, Dimitry, Chief Executive Officer & Founder - TVGla; *pg.* 273
Iorio, Todd, Head, Production & Partner - The Platform Group; *pg.* 152
Iovine, Jeremy, Associate Director, Business Development - Rosewood Creative; *pg.* 134
Iovino, Brian, Vice President, Product - Listrak; *pg.* 246
Ip, Sunny, Manager, Mobile Investment - Reprise Digital; *pg.* 676
Ipcar, Matt, Executive Creative Director - Blue State Digital; *pg.* 335
Ippolito, Danielle, Senior Account Executive - Imre; *pg.* 374
Ippolito, Marc, President & General Counsel - Burns Entertainment & Sports Marketing, Inc.; *pg.* 303
Ippolito, Mari, Senior Vice President & Managing Director - Cerami Worldwide Communications, Inc.; *pg.* 49
Ipsen, Rita, Account Director - Gumas Advertising; *pg.* 368
Iqbal, Rehan, Executive Media Director - True North Inc.; *pg.* 272
Iraheta, Claudia, Brand Media Planner - The Richards Group, Inc.; *pg.* 422
Irani, Layla, Specialist, Digital & Print Investment - Canvas Worldwide; *pg.* 458
Iranikhah, Sina, Senior Strategist - AnalogFolk; *pg.* 439
Irby, Chelsie, Retoucher & Pre-Media

859

PERSONNEL

Specialist - McKinney; *pg.* 111
Ireland, Jack, Senior Insights Manager - SYZYGY US; *pg.* 268
Ireland, Jessica, Chief Operational Officer - BCF; *pg.* 581
Ireland, Robert, Partner & Creative Director - Sharp Communications, Inc.; *pg.* 140
Ireton, Sean, Director, Engagement & Reach - Mortenson Klm; *pg.* 118
Irfan, Shaharyar, Business Director - AV Communications; *pg.* 35
Irish, George, Principal & Chief Executive Officer - Strategis; *pg.* 414
Irizarry, Jonathan, Senior Social Strategist - Wieden + Kennedy; *pg.* 432
Irizarry, Margarita, Partner - Nobox; *pg.* 254
Irizarry, Thomas, Technical Ad Operations Manager - Triad Retail Media; *pg.* 272
Irland, Nicole, Senior Art Director - BVK; *pg.* 339
Irmen, Jackie, Vice President & Group Account Director - Laird + Partners; *pg.* 96
Irmen, Krysta, Senior Account Executive - Hanson, Inc.; *pg.* 237
Irons Jr., Don, Operations Manager - Media Power Advertising; *pg.* 486
Irvin, Beth, Director, Client Services - SuperHeroes New York; *pg.* 145
Irvin, Megan, Account Manager - The Hodges Partnership; *pg.* 653
Irvin, Michelle, Media Buyer - Strategic Media, Inc.; *pg.* 518
Irvin, Tom, Executive Vice President & Director, Finance Services - The Buntin Group; *pg.* 148
Irving, Jay, Human Resources Director - Gelia Wells & Mohr; *pg.* 362
Irving, Mark, Creative Director - iLeveL Media; *pg.* 615
Irwin, Debbie, Manager, Broadcast Traffic - Wavemaker; *pg.* 529
Irwin, Todd, Managing Director - Zeno Group; *pg.* 665
Isaac, Andrea, Chief Product Officer Latin America - Havas Media Group; *pg.* 470
Isaac, Percy, Assistant Director, Human Services - Media Star Promotions; *pg.* 112
Isaac, Spencer, Senior Planner, Strategic - Saatchi & Saatchi Los Angeles; *pg.* 137
Isaacman, Ellen, President - Good Advertising, Inc.; *pg.* 365
Isaacs, Courtney, Partner & Director, Strategic Planning - Mindshare; *pg.* 494
Isaacs, Zach, Senior Vice President & Group Director - Starcom Worldwide; *pg.* 513
Isaacson, Cory, Founding Partner - Walton Isaacson; *pg.* 547
Isaf, John, General Manager, Senior Partner & Senior Vice President - FleishmanHillard; *pg.* 605
Isca, Frank, Inbound Strategist - The Weidert Group; *pg.* 425
Isenberg, Bob, Vice President, Creative Services - WRL Advertising; *pg.* 163
Isenberg, Dana, Producer - Viewpoint Creative; *pg.* 159
Isenberg, Ryan, Senior Anaylst, Programmatic - Digitas; *pg.* 226
Isenberg, Susan, Global Chair - Health Sector - Edelman; *pg.* 599
Iser, Lauren, Director, Local Ignition - Milner Butcher Media Group; *pg.* 491
Iseral, April, Brand Media Negotiator - The Richards Group, Inc.; *pg.* 303
Isgrigg, Terri, Coordinator, New Business - Bandy Carroll Hellige ; *pg.* 36
Ishida, Allison, Account Supervisor - Traction Creative Communications; *pg.* 202
Ishigo, Kelsey, Senior Media Strategy Associate - Spark Foundry; *pg.* 512

Ishihara, Andrew, Marketing Analytics Manager - BVK; *pg.* 339
Isidore, Adam, Director, Integrated Production - FCB New York; *pg.* 357
Ising, Nick, President - Current360; *pg.* 56
Isler, Diane, Vice President, Customer Success - Numerator; *pg.* 254
Isler, Jarard, Art Director & Graphic Designer - Hill Holliday; *pg.* 85
Ismail, Imran, Senior Partner & Account Director - MediaCom; *pg.* 487
Isner, Alice, Business Affairs Manager - The Martin Agency; *pg.* 421
Israel, Beryl, Vice President, Account Services - 3marketeers Advertising, Inc.; *pg.* 23
Israel, Brian, Group Director - Beehive PR; *pg.* 582
Israel, Gail, Supervisor, Account & Director, Local Broadcast - Mediaspot, Inc. ; *pg.* 490
Israel, Sarah, Media Planner - Booyah Online Advertising; *pg.* 218
Isroff, Michelle, Vice President, Design - Big Red Rooster; *pg.* 3
Issaq, Chad, Executive Vice President, Business Development & Partnerships - Superfly; *pg.* 315
Itah, Hanni, Director, Media Relations - SSPR; *pg.* 649
Italia, Mark, Director, Digital Media - Horizon Media, Inc.; *pg.* 473
Ivacheff, Alexandra, Director, Client Development - Fetch; *pg.* 533
Ivanenko, Anton, Supervisor, Business Intelligence & Data Scientist - Blue 449; *pg.* 456
Ivers, Daniel, Senior Director - Antenna Group, Inc.; *pg.* 578
Iverson, Cameron, Partner & Marketing Director - i2i Advertising & Marketing; *pg.* 88
Iverson, Teaghan, Buyer, Media - Barlow Media; *pg.* 455
Ives, Brittany, Media Planner - Zenith Media; *pg.* 529
Ives, Michael, Senior Vice President & Corporate Director, Photography - Ackerman McQueen, Inc.; *pg.* 26
Ivey, Chris, President & Co-Founder - Jump 450 Media; *pg.* 481
Ivey, Gwen, Group Account Director - Bailey Lauerman; *pg.* 2
Ivey, Jamey, Senior Account Manager - St. John & Partners Advertising & Public Relations; *pg.* 412
Ivey, Lori, Director, Strategy - Spark Foundry; *pg.* 510
Ivey, Mary, Account Coordinator - Happy Medium; *pg.* 238
Ivie, Blake, Director, Planning - Carat; *pg.* 459
Ivie, Brandon, President - Ivie & Associates, Inc.; *pg.* 91
Ivie, Kay, Executive Vice President - Ivie & Associates, Inc.; *pg.* 91
Ivie, Warren, Founder & Chief Executive Officer - Ivie & Associates, Inc.; *pg.* 91
Ivory, Brian, Account Supervisor - 360i, LLC; *pg.* 320
Ivory, Paris, Associate Account Director, Public Relations - Burrell Communications Group, Inc. ; *pg.* 45
Ivy, Carol, Chief Financial Officer - CMS, Inc.; *pg.* 303
Ivy, Lisa, Vice President & Global Strategy Director - Leo Burnett Worldwide; *pg.* 98
Iwata, Erin, Director, Digital Strategy - Heinrich Marketing, Inc.; *pg.* 84
Iwata, Glenn, Chief Executive Officer & Chief Research Officer - WestGroup Research; *pg.*

AGENCIES

451
Iyer, Archana, Vice President, Strategy - Weber Shandwick; *pg.* 660
Iyer, Vandana, Manager, New Business - Digitas; *pg.* 228
Izaks, Jamie, President - All Points Public Relations; *pg.* 576
Izaks, Lauren, Chief Operating Officer & Executive Vice President - All Points Public Relations; *pg.* 576
Izarraras, Danny, Creative Producer - World Wide Mind; *pg.* 163
Izhar-Prato, Yoav, Founder & Chief Executive Officer - Kenshoo; *pg.* 244
Izique, Pedro, Head, Art - Wieden + Kennedy; *pg.* 430
Izquierdo, Pablo, Co-Founder & Executive Vice President - Elevation, Ltd; *pg.* 540
Izzo, Jennifer, Vice President, Public Relations - Costa Communications Group; *pg.* 593
Izzo, Pete, Partner - Grove Marketing, Inc.; *pg.* 237
Izzo, Tony, Chief Financial Officer - Giraldi Media; *pg.* 466

J

Jushkewich, Nick, Vice President & Director, Solutions Architect - Starcom Worldwide; *pg.* 517
Jabaley Murry, Allison, Account Director, Retail - Spark44; *pg.* 411
Jabbar, Jess, Group Director, Production - R/GA; *pg.* 261
Jabbour, Anthony, Director, Partnerships - Agency Within; *pg.* 323
Jablon, Dan, Media Director - MediaCom; *pg.* 487
Jablonski, Marc, Manager, Business Insights - AKA NYC; *pg.* 324
Jacek, Nicole, Co-Head, Design - Wieden + Kennedy; *pg.* 430
Jachles, Melanie, Senior Vice President, Digital - Edelman; *pg.* 353
Jack-Preisman, Julie, Senior Vice President - APCO Worldwide; *pg.* 578
Jacks, David, Account Supervisor - Publicis North America; *pg.* 399
Jackson, Alene, Creative Director - Clear; *pg.* 51
Jackson, Alex, Senior Vice President, Business Development - Zenith Media; *pg.* 529
Jackson, Alex, Senior Account Executive - Maroon PR; *pg.* 625
Jackson, Amy, Director, Sales - 97th Floor; *pg.* 209
Jackson, Andrea, Managing Director - Wagstaff Worldwide; *pg.* 659
Jackson, Angela, Senior Strategist - A.B. Data, Ltd; *pg.* 279
Jackson, Ashley, Channel Activation Specialist - The Buntin Group; *pg.* 148
Jackson, Cassie, Brand Director - Mekanism; *pg.* 113
Jackson, Chelsea, Associate Director, Digital & Print Activation - Zenith Media; *pg.* 531
Jackson, Connor, Media Planner - Backbone Media; *pg.* 579
Jackson, Danny, Art Producer - TBWA \ Chiat \ Day; *pg.* 416
Jackson, Dave, Account Supervisor, Engagement Marketing - Burrell Communications Group, Inc. ; *pg.* 45
Jackson, Deborah, Operations Supervisor - Deveney Communications; *pg.* 596
Jackson, Diane, Chief Production Officer - DDB Chicago; *pg.* 59

860

AGENCIES

PERSONNEL

Jackson, Doug, Creative Director & Senior Communications Strategist - Accurate Design & Communication, Inc.; *pg.* 171
Jackson, Emma, Manager, Studio - Little Big Brands; *pg.* 12
Jackson, Eric, Vice President, Creative Services - True North Custom Publishing, LLC; *pg.* 564
Jackson, Evan, Director - Starcom Worldwide; *pg.* 513
Jackson, Garrett, Strategy & Growth - Epsilon; *pg.* 283
Jackson, Gaye, Senior Partner & Associate Media Director - Essence; *pg.* 232
Jackson, Glen, Co-Founder & Principal - Jackson Spalding Inc.; *pg.* 376
Jackson, Hannah, Vice President & Senior Account Executive - Schnake Turnbo Frank, Inc.; *pg.* 646
Jackson, James, Vice President & Director, Operations - BCW Washington DC; *pg.* 582
Jackson, Janna, Senior Account Executive - Banowetz + Company, Inc.; *pg.* 36
Jackson, Jennifer, Group Director, Public Relations - The Zimmerman Agency; *pg.* 426
Jackson, Jeremy, Vice President - Action Integrated Marketing; *pg.* 322
Jackson, Jeremy, Director, Strategy - 360i, LLC; *pg.* 208
Jackson, Jon, Partner, Design - Work & Co; *pg.* 276
Jackson, Kelly, Finance Manager - Franklin Street Marketing & Advertising; *pg.* 360
Jackson, Kerry, Partner & Executive Vice President - Sanders\Wingo; *pg.* 138
Jackson, Kristy, Account Director - Digitas; *pg.* 228
Jackson, Kyle, Executive Vice President, Performance Media & Content - Performics; *pg.* 676
Jackson, Larry, Chairman - Jackson Marketing Group; *pg.* 188
Jackson, Lee Ann, Manager, Social Media & Senior Media Strategist - Ambassador Advertising; *pg.* 324
Jackson, Leigh, Director, Public Relations - Jackson Spalding Inc.; *pg.* 376
Jackson, Madison, Associate Creative Director - O'Keefe Reinhard & Paul; *pg.* 392
Jackson, Mark, President & Chief Executive Officer - Vizion Interactive; *pg.* 678
Jackson, Matt, Partner & Managing Director - Lambert Edwards & Associates Inc. ; *pg.* 621
Jackson, Misty, Manager, Accounting & Administration - Next Marketing; *pg.* 312
Jackson, Pamela, Vice President & Account Director - Media Assembly; *pg.* 484
Jackson, Passion, Account Director - Ogilvy; *pg.* 393
Jackson, Paul, Chief Media Officer - Marketing Architects; *pg.* 288
Jackson, Paula, Media Director - Ivie & Associates, Inc.; *pg.* 91
Jackson, Pryce, Director, Talent & Growth - Morrison; *pg.* 117
Jackson, Randy, Senior Art Director - May Advertising & Design, Inc.; *pg.* 107
Jackson, Robert, Vice President & Partner, Strategy - Universal McCann; *pg.* 521
Jackson, Scott, Director, Finance - Clockwork Active Media; *pg.* 221
Jackson, Steve, Chief Operating Officer - Sullivan Group; *pg.* 315
Jackson, Steven, Senior Communications Planner - Duncan Channon; *pg.* 66
Jackson, Willie, Director, Data & Analytics - Starcom Worldwide; *pg.* 513
Jackson-Richter, Katie, Vice President & Chief Operating Officer - Cuneo Advertising; *pg.* 56

Jackson-Warner, Teneshia, Chief Executive Officer - Egami Group; *pg.* 539
Jackus, George, Senior Vice President & Creative Director - Baldwin & Obenauf, Inc.; *pg.* 329
Jacob, Alexandra, Senior Vice President & Media Director - Spark Foundry; *pg.* 512
Jacob, Brooke, Associate Director - Starcom Worldwide; *pg.* 513
Jacob, Jenny, Chief Operating Officer - Hanson, Inc.; *pg.* 237
Jacob, Jinnyn, Innovation Strategist - Booz Allen Hamilton; *pg.* 218
Jacob, Mike, Vice President, Media Strategy & Client Relations - Cooper-Smith Advertising; *pg.* 462
Jacober, Suzanne, Head, Business Development - Media Storm; *pg.* 486
Jacobi, Sheila, Supervisor, Consumer Insights - Carat; *pg.* 461
Jacobs, Chris, Associate Creative Director - The VIA Agency; *pg.* 154
Jacobs, Christina, SEM Strategist - AKQA; *pg.* 211
Jacobs, Courtney, Senior Media Buyer - Mediahub Winston Salem; *pg.* 386
Jacobs, Dan, Director, Content - Humanaut; *pg.* 87
Jacobs, David, Senior Vice President & Lead Digital Strategist - The Tombras Group; *pg.* 424
Jacobs, Elizabeth, Account Manager - BBDO Worldwide; *pg.* 331
Jacobs, Erik, Director, Creative Studio - Periscope; *pg.* 127
Jacobs, Evan, Chief Financial Officer - Kaplow Communications; *pg.* 618
Jacobs, Gunnar, Executive Director - Monigle Associates, Inc.; *pg.* 14
Jacobs, Hank, Senior Vice President & Associate Creative Director - Bodden Partners; *pg.* 335
Jacobs, Jamie, Partner - Riger Marketing Communications; *pg.* 407
Jacobs, Jan, Co-Founder & Chief Creative Officer - Johannes Leonardo; *pg.* 92
Jacobs, Jeremy, Managing Director - Abernathy MacGregor Group; *pg.* 574
Jacobs, Jeremy, Media Buyer - Asher Agency; *pg.* 327
Jacobs, Jesse, Director, Creative Strategy - Lumentus; *pg.* 624
Jacobs, Jordan, Vice President, Account Servicing - Moore Communications Group; *pg.* 628
Jacobs, Kyri, President & Chief Executive Officer - Bonnie Heneson Communications, Inc.; *pg.* 585
Jacobs, Leigh, Supervisor, Communications Strategy - Generator Media + Analytics; *pg.* 466
Jacobs, Letitia, Head, Integrated Production - Arts & Letters; *pg.* 34
Jacobs, Martin, Vice President, Technology - Publicis.Sapient; *pg.* 259
Jacobs, Mike, Chief Operating Officer - Hemsworth Communications; *pg.* 613
Jacobs, Peter, President & Creative Director - Shark Communications; *pg.* 265
Jacobs, Peter, Business Director - FF Creative; *pg.* 234
Jacobs, Randy, President - TAG Communications, Inc.; *pg.* 416
Jacobs, Rick, Principal & Chief Strategy Officer - Monigle Associates, Inc.; *pg.* 14
Jacobs, Ricky, Vice President & Management Director - FCB Toronto; *pg.* 72
Jacobs, Ron, Chief Executive Officer - Jacobs & Clevenger, Inc. ; *pg.* 286
Jacobs, Samantha, Founder & President - Hemsworth Communications; *pg.* 613

Jacobs, Seth, Group Creative Director - Anomaly; *pg.* 325
Jacobs, Shannon, Account Director - Brado; *pg.* 336
Jacobs, Tom, President - Jacobs Agency, Inc.; *pg.* 10
Jacobsen, Christian, Strategy Partner, Executive Creative Director - The Many; *pg.* 151
Jacobsen, David, Vice President & Group Client Leader - Havas Media Group; *pg.* 468
Jacobsen, Eric, Vice President & Managing Director, Brand Strategy - Horizon Media, Inc.; *pg.* 474
Jacobsen, Marie, Senior Vice President, Data & Technology - Broadhead; *pg.* 337
Jacobson, Emily, Director, Media Strategy & Investment - Starcom Worldwide; *pg.* 513
Jacobson, Eric, Corporate Communications - Smith Bucklin Corporation; *pg.* 314
Jacobson, Gina, Senior Vice President & Group Director - Starcom Worldwide; *pg.* 513
Jacobson, Jake, Vice President, Growth & Partnerships - Native Digital, LLC; *pg.* 253
Jacobson, Lauren, Group Director, Communications Design - Initiative; *pg.* 477
Jacobson, Matthew, Executive Vice President & Global Executive Design Director - Digitas; *pg.* 227
Jacobson, Per, Founding Partner & Creative Director - The Distillery Project; *pg.* 149
Jacobson, Sonoko, Senior Vice President & Account Planner - The CDM Group; *pg.* 149
Jacobus, Christine, Director, Studio - Republica Havas; *pg.* 545
Jacobus, Leslie, Chief Operating Officer - Allscope Media; *pg.* 454
Jacoby, Erika, Graphic Designer - BlackDog Advertising; *pg.* 40
Jacoby, Steve, Managing Director, Search & Media Strategy - ConvergeDirect; *pg.* 462
Jacover, Hana, Group Account Director - Spear Marketing Group; *pg.* 411
Jacques, Bobby, Executive Producer - VMLY&R; *pg.* 160
Jacxsens, Kelly, Vice President & Group Account Director - BrightWave Marketing, Inc.; *pg.* 219
Jaczko, Taryn, Account Executive - Taco Truck Creative; *pg.* 145
Jaeckel, Marissa, Director, Client Engagement - VMLY&R; *pg.* 160
Jaeger, Brian, Vice President, Media Relations - No Limit Agency; *pg.* 632
Jaeger, Jonathan, Senior Director, Interactive - Zeta Interactive; *pg.* 277
Jaffe, Abigail, Account Manager - Moxie Communications Group; *pg.* 628
Jaffe, Dan, Group Executive Vice President, Government Relations - Association of National Advertisers; *pg.* 442
Jaffe, Eric, Associate Program Director - Critical Mass, Inc.; *pg.* 223
Jaffe, Erin, Assistant Vice President - Nike Communications, Inc.; *pg.* 632
Jaffe, Ira, Vice President, Account Services - EventNetUSA; *pg.* 305
Jaffe, Steven, President & Partner - Jaffe & Partners; *pg.* 377
Jaffee, Nate, Head, Strategy - Praytell; *pg.* 258
Jaffery, Imran, Vice President, Digital & Insights - TouchPoint Integrated Communications; *pg.* 520
Jaffoni, Joseph, Founder & President - JCIR; *pg.* 617
Jager, Julie, Vice President & Director - Buick - Martin Retail Group; *pg.* 106
Jagerson, Elisa, Chief Executive Officer

PERSONNEL | AGENCIES

Emeritus - FutureBrand Speck; pg. 184
Jagielski, Sara, Director, Integrated Business Affairs - FIG; pg. 73
Jagla, Michelle, Media Supervisor - MediaCom; pg. 487
Jago, Philipp, Account Director - Spector Public Relations; pg. 649
Jago, Tom, Managing Director - The Ward Group; pg. 520
Jagoda, Don, President - Don Jagoda Associates; pg. 567
Jahn, Dan, Senior Vice President, Brand Promotions & Digital Solutions - CSM Sport & Entertainment; pg. 347
Jahn, Jason, Senior Director, Agency & Product Marketing - Hearts & Science; pg. 471
Jahng, Justin, Account Supervisor, Strategy - Praytell; pg. 258
Jahnke, Mollie, Senior Email Marketing Strategist - Nebo Agency, LLC; pg. 253
Jahnke, Thomas, Owner & President - Advertising Art Studios, Inc.; pg. 172
Jaime, Bia, Media Planner - Publicis.Sapient; pg. 258
Jain, Anjali, Executive Vice President & Director, Global Account - Grey Group; pg. 365
Jain, Poonam, Chief Operating Officer - Baretz + Brunelle; pg. 73
Jain, Shrivika, Account Director - Big Spaceship; pg. 455
Jairam, Michelle, Director, Client Communications - OMD Canada; pg. 501
Jairath, Akash, Chief Data Officer, Media - Dentsu Aegis Network; pg. 61
Jaitla, Alice, Director, Business Development - Nebo Agency, LLC; pg. 253
Jaklovsky, Jolana, Owner & Chief Financial Officer - Polar Design; pg. 257
Jaklovsky, Jozef, Managing Partner - Polar Design; pg. 257
Jaklovsky, Mark, Managing Director & Founder - Polar Design; pg. 257
Jakovich, Amanda, Senior Account Director - Agency 720; pg. 323
Jakubas, Jess, Senior Vice President & Strategy Lead - Spark Foundry; pg. 508
Jakubiak, Jason, Vice President & Group Creative Director - The Mars Agency; pg. 683
Jakubowski, Natasha, Chief Innovation Officer & Managing Partner - Anomaly; pg. 325
Jakubowski, Ryan, Vice President, Interactive Services - Adams & Knight Advertising; pg. 322
Jales, Catarina, Manager, Media Planning - Wavemaker; pg. 526
Jalloh, Mohamed, Media Planner, Strategy - Zenith Media; pg. 529
Jalosky, Alissa, Vice President & Director, Activation - Spark Foundry; pg. 510
Jamal, Avi, Senior Director, Media Sales - SITO; pg. 535
James, Aimee, Media Buyer - Newton Media; pg. 497
James, Bailey, Senior Account Director - Turner Duckworth; pg. 203
James, Beth, Account Executive - Wier / Stewart; pg. 162
James, Brett, Account Executive - Fairway Outdoor Advertising; pg. 552
James, Brittany, Supervisor, Digital Account - MSLGroup; pg. 629
James, Cameron, Chief Executive Officer & Co-Founder - Mills James Productions; pg. 491
James, Caroline, Strategist, Creative - Digitas; pg. 227
James, Casey, Head, Creative Operations - jones knowles ritchie; pg. 11
James, Christen, Senior Art Producer - mcgarrybowen; pg. 110

James, Courtney, Senior Manager, Finance - Sparks Grove, Inc.; pg. 199
James, Denise, Director, Programmatic - Spark Foundry; pg. 508
James, Dominique, Account Director - Bayard Bradford; pg. 215
James, Gordon, Owner & President - Gordon C. James Public Relations; pg. 610
James, Greg, Global Chief Strategy Officer - Havas Media Group; pg. 468
James, Kirk, Chairman - Cinco Design; pg. 177
James, Kyle, Supervisor, Media - Mediahub Boston; pg. 489
James, Lee, President & Chief Creative Officer - Mythic; pg. 119
James, Marsha, Associate Media Director, National Video & Audio Investment Supervisor - RPA; pg. 134
James, Nathan, Designer - Preacher; pg. 129
James, Neil, Associate Director, Connection Strategy - Solve; pg. 17
James, Nigel, Group Account Director - Ford Motor Company - UWG; pg. 546
James, Roland, Associate Design Director - AnalogFolk; pg. 439
James, Susan, Chief Finance Officer - Godwin Group; pg. 364
James, Veronique, Chief Executive Officer - The James Agency (TJA); pg. 151
Jameson, Sydney, Account Manager - Young & Laramore; pg. 164
Jamieson, Martha, Senior Vice President, Strategic Services - DDB Canada; pg. 59
Jamison, Derek, Associate Director, Real Estate & Building Operations - Droga5; pg. 64
Jamison, Erica, Senior Project Manager - BrightWave Marketing, Inc.; pg. 219
Jamison, Jerry, Owner & Principal - Jamison Advertising Group; pg. 91
Jamison, Joanna, Group Account Director - Sid Lee; pg. 141
Jamison, Molly, Director, Creative - FIG; pg. 73
Jamison, Randy, President & Creative Director - Curious Media; pg. 56
Jamo, Cristina, Analyst, Client Services - Universal McCann Detroit; pg. 524
Jamot, Elisabeth, Group Strategy Director - Sid Lee; pg. 140
Jan, Caroline, Media Negotiator - Ocean Media, Inc.; pg. 498
Jan, Jeff, Senior Vice President, Strategy & Business - Billups, Inc; pg. 550
Janaczek, Jillian, Executive Vice President & Managing Director, New York Market Lead - BCW New York; pg. 581
Janairo, Elizabeth, Lead, Data Analyst - Bounteous; pg. 218
Janas Doughty, Sarah, Vice President & Director, Communications Strategy - Havas Media Group; pg. 470
Janata, Gloria, President & Senior Partner - TogoRun; pg. 656
Janda, Chloe, Communications Coordinator - Wright On Communications; pg. 663
Jane Kolassa, Mary, Account Director, Public Relations - Paradise; pg. 396
Janes, Dan, Chief Executive Officer - Madden Media; pg. 247
Janese, Chris, President - Gail & Rice; pg. 306
Jang, Jema, Vice President & Director - Spark Foundry; pg. 508
Jang, Joo Won, Programmatic Planner & Digital Analyst - GP Generate, LLC; pg. 541
Janhunen, Kelly, Vice President & Partner - Linhart Public Relations; pg. 622
Janicki, Jennifer, Account Executive - Cooksey Communications; pg. 593
Janicki, Stacy, Director, Account Management

& Senior Partner - Carmichael Lynch; pg. 47
Janiczek, Jan, Manager, Brand & Events - BlueMedia; pg. 175
Janisse, Melanie, Senior Director of Media Relations - Influence & Co; pg. 615
Janiszewski, Ryan, Manager, Technology - Ologie; pg. 122
Jankauskas, Christina, Senior Media Print & On-line Buyer - Starcom Worldwide; pg. 517
Janke, Kimberly, Senior Vice President, Client Services - Flint Communications, Inc.; pg. 359
Jankowski, Kathryn, Associate Media Director - Carat; pg. 459
Janner, Shelby, Publicity Director - Zilker Media; pg. 665
Janness, Laura, Chief Strategy Officer - Lightning Orchard; pg. 11
Jannotti, Carlo, Vice President - Forward Branding; pg. 184
Janosz, Kevin, Chief Operating Officer - Ritta & Associates; pg. 407
Janovetz, Jeff, Project Manager, Digital - Archer Malmo; pg. 32
Jansen, Brad, Managing Director & Executive Vice President, Strategy & Partnerships - Havas Sports & Entertainment; pg. 370
Jansen, Katie, Creative Director - Point-One-Percent; pg. 15
Jansen, Krista, Director, Digital Media - Media Storm; pg. 486
Jansma, Chris, Vice President & Creative Director - Digitas; pg. 227
Janson, Brian, Account Executive - Fusion Public Relations; pg. 607
Janssen, Peter, Vice President - Results Driven Marketing; pg. 291
Janssen-Egan, Amanda, Junior Partner & Media Director - Jigsaw, LLC; pg. 377
Jansson, Suzanne, Chief Executive Officer & Senior Account Director - Black & White Design; pg. 175
January, John, Co-Chief Executive Officer - Signal Theory; pg. 141
Janusz, Rick, Creative Director - Conversant, LLC; pg. 222
Janz, Jacqueline, Director, Communication - Mortensen Kim; pg. 118
Janzen, Bonnie, Executive Vice President, Client Services - Decision Analyst, Inc. ; pg. 539
Jao, Grace, Production Manager - Seiter & Miller Advertising; pg. 139
Japhe, Tom, Executive Vice President, OOH Media Strategy & Specialist - Outdoor Advertising Branding - EMC Outdoor; pg. 551
Jaquins, Tiffany, Communications Strategist - Noble People; pg. 120
Jaquith, Madeline, Manager, Account - McNeil, Gray & Rice; pg. 627
Jara, Jocelyn, Executive Director, Consumer & Multicultural - Golin; pg. 609
Jarab, Debbie, Senior Specialist, Paid Media - Adcom Communications, Inc.; pg. 210
Jaramillo, Daniel, Senior Art Director - Leo Burnett Worldwide; pg. 98
Jaramillo, Patrick, Manager, Media Planning - Initiative; pg. 477
Jaramillo, Sasha, Senior Account Manager - You Squared Media; pg. 436
Jarblum, Meredith, Senior Group Director - W2O; pg. 659
Jardeleza, Joanna, Vice President, Marketing Operations - RateSpecial Interactive LLC; pg. 262
Jardim, Ronaldo, Chief Creative Officer - Pavone Marketing Group; pg. 396
Jardine, John, Managing Supervisor - Wieden + Kennedy; pg. 432
Jarecke, Mark, Managing Director, New York -

AGENCIES PERSONNEL

AREA 17; pg. 214
Jarecke-Cheng, Kipp, Chief Communications Officer - Publicis Health; pg. 639
Jaris, Katherine, Senior Vice President & Director, Media Communications - Ogilvy Public Relations; pg. 633
Jarman, Jennifer, Managing Director - The Blueshirt Group; pg. 652
Jarmus, Justin, Director, Digital - Horizon Media, Inc.; pg. 474
Jarnagin, Mary, Business Manager, Broadcast Production - Cannonball Agency; pg. 5
Jarog, Jon, VP, Media Director - Starcom Worldwide; pg. 513
Jaros, Chelsea, Senior Manager, Portfolio Management - Quicken Loans - Universal McCann Detroit; pg. 524
Jaroscak, Amie, Supervisor, Media - Haworth Marketing & Media; pg. 470
Jarosh, Aaron, Associate Creative Director - Bailey Lauerman; pg. 35
Jarosh, Jessica, Group Account Director - Bailey Lauerman; pg. 35
Jarosik, MB, Partner - kor group; pg. 189
Jarrard, David, President & Chief Executive Officer - Jarrard Phillips Cate & Hancock; pg. 616
Jarrell, Ryan, Director, Digital Solutions - The Kerry Group; pg. 316
Jarrett, Annalee, Manager, Marketing & Communications - 97th Floor; pg. 209
Jarrett, Dan, President - Consumer Logic; pg. 443
Jarrett, Katie, Account Executive - Proctor & Gamble Brands & Red Robin - The Integer Group; pg. 682
Jarvis, Alexandra, Associate Media Planner - CMI Media, LLC; pg. 342
Jarvis, Gabby, Senior Vice President, Brand Experience Director - Starcom Worldwide; pg. 517
Jarvis, Gabrielle, Senior Vice President, Client Business Partner - Universal McCann Detroit; pg. 524
Jarvis, Johanna, Associate Partner, Director - Multichannel Media - SSCG Media Group; pg. 513
Jarvis, John, Chief Creative Officer & Managing Partner - The Lacek Group; pg. 270
Jarvis, Matt, Partner & Co-Chairman - 72andSunny; pg. 23
Jarvis, Paul, Co-Founder & Executive Creative Director - Propaganda; pg. 196
Jarvis, Rikki, Senior Manager, Digital Project - Scoppechio; pg. 409
Jarzab, Barbara, Senior Vice President, Mobile Research - comScore; pg. 443
Jasculca, Richard, Owner & Chairman - Jasculca / Terman & Associates ; pg. 616
Jashinski, June, Vice President & Account Director - RPA; pg. 134
Jasinowski, Jeff, Creative Director - Stir, LLC; pg. 413
Jasinski, Zak, Director, Market Development - Hanson, Inc.; pg. 237
Jason, Amanda, Vice President, Brand - Reach Agency; pg. 196
Jason, Lauren, Associate Media Director - Starcom Worldwide; pg. 513
Jason, Tory, Art Director - Hill Holliday; pg. 85
Jasper, Tracie, Associate Media Director - Spark Foundry; pg. 510
Jaspersohn, Kari, Marketing Director - R&R Partners; pg. 402
Jatene, Rodrigo, Chief Creative Officer - Grey West; pg. 367
Jatlow, Julie, Vice President, Strategic Planning - Fuse, LLC; pg. 8
Javaid, Hasnain, Senior Associate, Digital Reconciliation - Spark Foundry; pg. 510
Javed, Salman, Director, Operations - XenoPsi; pg. 164
Javier, Margaret, Senior UX Designer - Publicis North America; pg. 399
Jaworski, Brian, Account Executive - Route 1A Advertising; pg. 134
Jawski, Greg, Senior Vice President & Corporate Reputation & Financial Services Lead - North America - Porter Novelli; pg. 637
Jay, Brook, Co-Founder & Chief Marketing Officer - All Terrain; pg. 302
Jay, Stefanie, Vice President & General Manager - Walmart Media Group; pg. 684
Jay, Stephen, Senior Vice President & Managing Director - Big Red Rooster; pg. 3
Jayanath, Ravi, Senior Strategist - Big Family Table; pg. 39
Jayasinghe, Rukshan, Associate, Digital Investment- Kia - Canvas Worldwide; pg. 458
Jayawardena, Sonali, Senior Vice President & Partner, Global Client Leadership - FleishmanHillard; pg. 605
Jean, Karen, Executive Producer - David&Goliath; pg. 57
Jeanbart, Catherine, Associate Director, Connections Planning - Havas Media Group; pg. 468
Jeanty, Jonathan, Marketing Strategist - Nimbus; pg. 391
Jebens, Harley, Director, User Experience Strategy - 22squared Inc.; pg. 319
Jech, Derek, Vice President & Group Director, Business Development - Digitas; pg. 226
Jeckell, Deyna, Supervisor, Media - Noble People; pg. 120
Jedras, Emmy, Managing Director, Strategy - DeSantis Breindel; pg. 349
Jeffas, Tracey, Senior Account Supervisor - The S3 Agency; pg. 424
Jefferis, Josh, Group Business Director - Anomaly; pg. 326
Jeffers, Emily, Account Director - Digitas; pg. 227
Jeffers, Kate, Partner, Managing Director - Venables Bell & Partners; pg. 158
Jeffers, Scott, Senior Manager, Integrated Strategy - Luxe Collective Group; pg. 102
Jefferson, Devlin, Senior Vice President, Product Management - Operative; pg. 289
Jefferson, Kaitlin, Media Planner - MediaCom; pg. 487
Jefferson, Kimberly, Vice President - BLASTmedia; pg. 584
Jefferson, Linda, Senior Vice President, Group Media Services - Burrell Communications Group, Inc. ; pg. 45
Jefferson, Simon, Managing Director - West Coast - AKQA; pg. 211
Jefferson, Victoria, Client Partner - AKQA; pg. 211
Jefferson West, Jihan, Associate Account Director - Burrell Communications Group, Inc. ; pg. 45
Jeffrey, Colin, Co-Founder & Chief Creative Officer - Wolfgang; pg. 433
Jeffrey, Nancy, Senior Vice President & Director, Editorial - Edelman; pg. 599
Jeffries, Ian, Senior Vice President, Travel & Tourism Lead - Edelman; pg. 601
Jeffries, Jason, Chief Executive Officer & Founder - Blenderbox; pg. 175
Jeffries, Mindy, President & Chief Executive Officer - Stealth Creative; pg. 144
Jeffries, Sarah, President & Founder - Blenderbox; pg. 175
Jeffries, Scott, Director, Media & Data Services - Stephen Thomas; pg. 412
Jeffries, Shannon, Account Supervisor - Walz Tetrick Advertising; pg. 429
Jelalian, Matthew, Manager, Enterprise Content Marketing - 97th Floor; pg. 209
Jelinek, Paul, Senior Vice President, Corporate Development - Taboola; pg. 268
Jellinek, Kara, Brand Group Director - Horizon Media, Inc.; pg. 474
Jelsomeno, Emily, Vice President & Director, Strategic Planning - FCB Chicago; pg. 71
Jencks, Robert, Associate Creative Director - Grey Group; pg. 365
Jencks, Valerie, Vice President & Head, User Experience - US - Mirum Agency; pg. 681
Jenders, Dennis, Vice President, Digital & Social - GMR Marketing; pg. 306
Jendryka, Chris, Director, Advertising Operations - JL Media, Inc.; pg. 481
Jendrysik, Ted, Creative Director - Mechanica; pg. 13
Jenevein, Jane, Digital Campaign Manager - Belo + Company; pg. 216
Jenkins, Abby, Account Manager - Subaru - Carmichael Lynch; pg. 47
Jenkins, Angee, Executive Vice President, Marketing & Donor Relations - Robertson Schwartz Agency; pg. 643
Jenkins, David, President - TAXI; pg. 146
Jenkins, Dean, Director, Creative - The Mixx; pg. 20
Jenkins, Elizabeth, Associate Account Director - Forge Worldwide; pg. 183
Jenkins, Gregory, Co-Founder & Partner - Bravo Productions; pg. 302
Jenkins, Janelica, Coordinator, SEO - Visiture; pg. 678
Jenkins, Jazz, Associate Manager, Operations - Manifest; pg. 248
Jenkins, Jill, Business Manager & Senior Account Executive - Prodigal Media Company; pg. 15
Jenkins, Lee, Senior Vice President & Creative Studio Manager - Glover Park Group; pg. 608
Jenkins, Mary, Account Coordinator - MWWPR; pg. 630
Jenkins, Matt, Vice President & Managing Director - Department Zero; pg. 691
Jenkins, Rachel, Director, Recruiting - Talent Engine - Kelly, Scott & Madison, Inc.; pg. 482
Jenkins, Simms, Founder & Chief Executive Officer - BrightWave Marketing, Inc.; pg. 219
Jenkins, TJ, President - The Wrijen Company; pg. 546
Jenkins, Wendy, Creative Director - Upward Brand Interactions; pg. 158
Jenkins, Whitney, Creative Director - AKQA; pg. 212
Jenkinson, Brian, Chief Financial Officer - TMPG Media; pg. 299
Jenkinson, John, Vice President & Director, Marketing & Communications - North America - Momentum Worldwide; pg. 117
Jennemann, Mark, President - Bullseye Database Marketing; pg. 280
Jenney, Caitlin, Senior Director, Communications - GroundFloor Media; pg. 611
Jennings, Brianna, Vice President, Client Services - FabCom; pg. 357
Jennings, Casey, Head of Account Management Culture and Development - Wieden + Kennedy; pg. 432
Jennings, Jeanne, Vice President & Director, Media - McCann Health New York; pg. 108
Jennings, Kate, Public Media Strategist - Vest Advertising; pg. 159
Jennings, Katy, Director, Business Strategy - Walz Tetrick Advertising; pg. 429
Jennings, Lee, Art Director - Wieden + Kennedy; pg. 430

PERSONNEL — AGENCIES

Jennings, Maggie, Global Director, New Business - Wieden + Kennedy; *pg.* 430
Jennings, Nicole, Senior Vice President, Media Solutions - ForwardPMX; *pg.* 360
Jennings, Nicolina, Group Director, Account - R/GA; *pg.* 260
Jennings, P.J., President & Chief Executive Officer - Jennings & Associates Communications Inc.; *pg.* 617
Jennings, Paul, Group Director, Media Strategy - Campbell Ewald; *pg.* 47
Jennings, Rachel, Campaign Operations & Traffic Specialist - True Media; *pg.* 521
Jennings, Renee, Chief Financial Officer - Joan; *pg.* 92
Jennings, Stuart, Creative Director - Wieden + Kennedy; *pg.* 432
Jennings, Todd, Director, Advertising - Practical Ecommerce; *pg.* 676
Jennissen, Joy, Chief Client Officer & General Manager - British Columbia & Saskatchewan - Hill+Knowlton Strategies Canada; *pg.* 613
Jennus, Tom, Principal & Creative Director - Trickey Jennus, Inc.; *pg.* 156
Jenny, Andrea, Vice President, Partner, Integrated Investment - Universal McCann; *pg.* 521
Jensen, Alison, Senior Account Executive - TPN; *pg.* 683
Jensen, Andre, Search Strategist - Global Strategies; *pg.* 673
Jensen, Caleb, Creative Director - Wieden + Kennedy; *pg.* 432
Jensen, Christopher, Chief Financial Officer - Pinnacle Exhibits ; *pg.* 556
Jensen, David, Art Director - WRL Advertising; *pg.* 163
Jensen, David, President & Creative Director - Jensen Design Associates; *pg.* 188
Jensen, Erick, Group Media Director - Colle McVoy; *pg.* 343
Jensen, Hannah, Associate Media Director - Carat; *pg.* 459
Jensen, Jennifer, Manager, Marketing Science - mcgarrybowen; *pg.* 109
Jensen, Joel, Co-Founder & Creative Director - Denizen Group; *pg.* 225
Jensen, Julie, Manager, Community - Smarty Social Media; *pg.* 688
Jensen, Kari, Director, Central Agency Analytics - Saatchi & Saatchi Los Angeles; *pg.* 137
Jensen, Katie, Director, Group Creative - DDB New York; *pg.* 59
Jensen, Kimberley, Marketing Associate - Maddock Douglas; *pg.* 102
Jensen, Lance, Chief Creative Officer & Executive Vice President - Hill Holliday; *pg.* 85
Jensen, Laura, Director, Marketing & Digital Partnership - Initiative; *pg.* 478
Jensen, Marc, Managing Partner & Chief Innovation Officer - Space150; *pg.* 266
Jensen, Patty, Vice President, Client Services - Jensen Design Associates; *pg.* 188
Jensen, Paul, President, North America & Chief Innovation Officer - Global Corporate Practice - Weber Shandwick; *pg.* 660
Jensen, Roderick, Associate Creative Director - EP+Co.; *pg.* 356
Jensen, Shannon, Director, Digital Media & Advertising Technology - GSD&M; *pg.* 79
Jensen, Stephen, Co-Founder & President - Direct Resources Group; *pg.* 281
Jensen, Timothy, Campaign Manager, Marketing & Pay-Per-Click - Clix Marketing; *pg.* 672
Jenson, Hillary, Account Supervisor - Sherry Matthews Advocacy Marketing; *pg.* 140
Jerath, Shreya, Associate Planner, Paid Social Media - Digitas; *pg.* 227
Jerde, Jennifer, Founder & Creative Director - Elixir Design; *pg.* 181
Jergens, Samuel, Associate Director, Media - OMD West; *pg.* 502
Jermier, Wendy, Director, Human Resources - MUDD Advertising; *pg.* 119
Jernigan, Ashley, Senior Account Manager - Lighthouse, Inc.; *pg.* 11
Jernigan, Callie, Managing Director & Leader, Entertainment Marketing - BCW Austin; *pg.* 581
Jernigan, Carey, Vice President & Director, Business Development - Re:group, Inc.; *pg.* 403
Jerome, Zack, Group Strategy Director - Wieden + Kennedy; *pg.* 430
Jeroslow, Hava M., Vice President - WE Communications; *pg.* 660
Jeske, Andrew, Creative Director - BBDO Worldwide; *pg.* 331
Jeske, Doug, President & Chief Operating Officer - Meyocks Group; *pg.* 387
Jesse, Greg, Graphic Designer - Sukle Advertising & Design; *pg.* 145
Jessee, Bryan, Partner - McGarrah Jessee; *pg.* 384
Jessee, Todd, Creative Director - Brandience; *pg.* 42
Jessen, Jace, Manager, Import Sales - Clear Channel Outdoor; *pg.* 551
Jessup, Priscilla, Founder, President & Chief Executive Officer - Denmark - The Agency; *pg.* 61
Jester, Daniel, Partner, Media Buying & Planning - GMMB; *pg.* 364
Jetwattana, Tony, Vice President, Digital Investment - Zenith Media; *pg.* 529
Jeu, Elaine, Associate Planner - Carat; *pg.* 459
Jeudy, Caroline, Digital Planner - Carat; *pg.* 459
Jeudy, Ralph, Senior Director, Digital Project Management - CSM Sport & Entertainment; *pg.* 347
Jewell, Alicia, Senior Investor - Horizon Media, Inc.; *pg.* 473
Jewell, Bridget, Creative Director - Periscope; *pg.* 127
Jewell, Jordin, Associate Strategic Director - Simple Machines Marketing; *pg.*
Jewell, Susanne, Vice President, Operations & Human Resources - DIO; *pg.* 62
Jewett, Frank, Vice President, Product Marketing - Xevo; *pg.* 535
Jezersek, Colleen, President & Founder - Coaction Public Relations; *pg.* 591
Jiang, Evelyn, Manager, Account - Mother; *pg.* 118
Jilek, Lauren, Brand Coordinator - The Loomis Agency; *pg.* 151
Jillian West, Rachel, Global Head, Creative & Strategic Operations - Grey Group; *pg.* 365
Jim-George, Charlie, Senior Creative Strategist - hi5.agency; *pg.* 239
Jimenez, Brian, Production Artist - Brogan Tennyson Group, Inc.; *pg.* 43
Jimenez, Christian, Copywriter - Dieste; *pg.* 539
Jimenez, Ed, Creative Director - BrandTrust, Inc.; *pg.* 4
Jimenez, Eric, Account Supervisor - the community; *pg.* 545
Jimenez, Eveliza, Vice President & Director, Local Investment - Canvas Worldwide; *pg.* 458
Jimenez, Lissete, Account Supervisor - Toyota - Conill Advertising, Inc.; *pg.* 538
Jimenez, Matthew, Vice President & Global Director - Starcom Worldwide; *pg.* 516
Jimenez, Matthew, Vice President & Director - Starcom Worldwide; *pg.* 517
Jimenez, Michelle, Account Director - Geovision; *pg.* 540
Jimenez, Miguel, Digital Strategy Manager - Dash Two; *pg.* 551
Jimenez-Padron, Julie, Vice President & Senior Account Director - RBB Communications; *pg.* 641
Jin, Alan, Manager, Data Analytics - Publicis.Sapient; *pg.* 258
Jin, Shiloh, Associate Media Director - Starcom Worldwide; *pg.* 516
Jin Nishino, Chiaki, Senior Partner - Prophet; *pg.* 15
Jingo, Bill, Production Manager - Brainstorm Media; *pg.* 175
Jinkiri, Maigari, Chief Revenue Officer - North America - Ebiquity; *pg.* 444
Jo Folkers-Whitesell, Kelli, Media Buyer - Amperage; *pg.* 30
Joakim, Chris, Executive Creative Director - R/GA; *pg.* 260
Joannides, John, Group Business Director - Anomaly; *pg.* 326
Jobs, Marvin, Senior Vice President, Digital - 9th Co.; *pg.* 209
Jobson, Nikki, Associate Creative Director - TAXI; *pg.* 146
Jobst, Christopher, Vice President, Corporate Business Development - Switch; *pg.* 145
Jodice, David, Founder & Chief Executive Officer - D3 Systems; *pg.* 56
Joel, Holly, Director, Operations - Reach Agency; *pg.* 196
Joester, Debra, President & Chief Executive Officer - The Joester Loria Group ; *pg.* 450
Johanna Brown, Mary, Owner & President - Brown & Company Graphic Design; *pg.* 176
Johannemann, Ben, Group Strategy Director - mcgarrybowen; *pg.* 109
Johannsen, Lara, Creative Manager - WongDoody; *pg.* 162
Johanson, Brianne, Vice President, Consumer, Lifestyle Public Relations & Marketing - Marlo Marketing Communications; *pg.* 383
John, Benjamin, Developer, Interactive - Thunder Tech; *pg.* 426
John, Judy, Chief Creative Officer - Edelman; *pg.* 353
John, Kevin, Brand Director - Pereira & O'Dell; *pg.* 256
John, Thomas, Senior Director & Commerce Practice Lead - Rightpoint; *pg.* 263
John-Stillwell, Jessica, Senior Vice President & Executive Director, Media - Larry John Wright, Inc.; *pg.* 379
Johns, Greg, Chief Digital Officer - Canvas Worldwide; *pg.* 458
Johns, Jennifer, Vice President, Client Services - Mammoth Advertising; *pg.* 248
Johns, Josh, Executive Vice President, Strategy - August Jackson; *pg.* 302
Johns, Ken, Senior Vice President, Client Experience - Brunner; *pg.* 44
Johns, Taylor, Supervisor - Carat; *pg.* 459
Johnsen, Ben, Vice President, Strategy & Planning - Kiosk Creative LLC; *pg.* 378
Johnson, Abigail, President - Roeder-Johnson Corporation ; *pg.* 643
Johnson, Allen, Technician Director, Video Department - Nomad Event Services; *pg.* 312
Johnson, Allie, Content Producer - VIVA Creative; *pg.* 160
Johnson, Allison, President & Founder - JMG, Inc.; *pg.* 377
Johnson, Allyson, Account Manager - BLASTmedia; *pg.* 584
Johnson, Andrew, Programmatic Display Specialist - BigWing; *pg.* 217
Johnson, Angela, Client Development Officer - Dentsu Aegis Network; *pg.* 61

AGENCIES — PERSONNEL

Johnson, Angela, Group Account Director - BBDO Minneapolis; *pg.* 330
Johnson, Angela, Director, eCommerce Strategy - VaynerMedia; *pg.* 689
Johnson, Ann, Director - Nectar Communications; *pg.* 632
Johnson, Anne, Senior Associate - Blue 449; *pg.* 455
Johnson, Ashley, Manager, Public Affairs - Southwest Strategies, LLC; *pg.* 411
Johnson, Ben, Designer & Strategist, Brand - Eric Rob & Isaac; *pg.* 68
Johnson, Beth, Founder & Chief Executive Officer - RP3 Agency; *pg.* 408
Johnson, Brian, Chief Operating Officer - Ntooitive Digital; *pg.* 254
Johnson, Brittany, Senior Account Executive - Uproar; *pg.* 657
Johnson, Byron, Director, Media Outreach - Williams Whittle; *pg.* 432
Johnson, Camille, Junior Manager, Communications - Burrell Communications Group, Inc. ; *pg.* 45
Johnson, Candy, Director, Operations - LJG Partners; *pg.* 189
Johnson, Carl, Founding Partner & Executive Chairman - Anomaly; *pg.* 325
Johnson, Carl, Founding Partner & Executive Chairman - Anomaly; *pg.* 326
Johnson, Carla, Senior Art Director - Code and Theory; *pg.* 221
Johnson, Caroline, Copywriter - Mekanism; *pg.* 112
Johnson, Carolyn, Senior Vice President & Head, Integrated Production - M:United//McCann; *pg.* 102
Johnson, Carter, Account Management Supervisor - Fitzco; *pg.* 73
Johnson, Cat, Senior Associate - Spark Foundry; *pg.* 510
Johnson, Catherine, Senior Vice President - Prosek Partners; *pg.* 639
Johnson, Chip, Vice President - Publicis Media Sports - Starcom Worldwide; *pg.* 517
Johnson, Chris, Founder, Chief Executive Officer & President - LaneTerralever; *pg.* 245
Johnson, Clare, Group Account Director - Targetbase Marketing; *pg.* 293
Johnson, Corey, President - Solve; *pg.* 17
Johnson, Craig, Co-Founder & President - Matchstic; *pg.* 13
Johnson, Craig, Senior Account Director - CheckMark Communications; *pg.* 49
Johnson, Dallas, President & Interactive Director - Bokka Group; *pg.* 218
Johnson, Daniel, Senior Account Executive - R&J Strategic Communications; *pg.* 640
Johnson, Danielle, Director, Paid Media - Edelman; *pg.* 599
Johnson, Daron, Chief Financial Officer - Brown & Bigelow; *pg.* 566
Johnson, David, Partner & Creative Director - Swerve Design Group; *pg.* 416
Johnson, David, President & Executive Producer - Coolfire Studios; *pg.* 561
Johnson, David, Vice President, Paid Media - Constellation Agency; *pg.* 221
Johnson, Debbie, Owner & President - Adi Media; *pg.* 171
Johnson, Devin, Senior Vice President & Media Director - Right Place Media; *pg.* 507
Johnson, Donald, Chairman - Johnson-Rauhoff, Inc.; *pg.* 93
Johnson, Donnell, Group Creative Director - Anomaly; *pg.* 325
Johnson, Emily, Partner & President - Taylor Johnson; *pg.* 652
Johnson, Eric, President & Chief Executive Officer - Ignited; *pg.* 373
Johnson, Erica, Associate Director, Digital Media Operations - dentsu X - Carat; *pg.* 459
Johnson, Erica, Vice President - The Outcast Agency; *pg.* 654
Johnson, Farrah, Account Manager - EP+Co.; *pg.* 356
Johnson, George, Senior Vice President, Programming & Distribution - Raycom Sports; *pg.* 314
Johnson, Geri, Senior Vice President, Innovation - SSPR; *pg.* 649
Johnson, Grace, Director, Digital Services - Hanley Wood Marketing; *pg.* 9
Johnson, Graham, Executive Vice President & Chief Product Officer - FCB Health; *pg.* 72
Johnson, Grant, Chief Creative Officer & Co-Founder - SixSpeed; *pg.* 198
Johnson, Greg, Senior Art Director & Director, Design - Media Logic; *pg.* 288
Johnson, Greg, Chief Innovation Officer - mcgarrybowen; *pg.* 385
Johnson, Greg, President & Chief Operating Officer - Havas Edge; *pg.* 284
Johnson, Greg, President & Chief Operating Officer - Havas Edge; *pg.* 285
Johnson, Hanah, Account Supervisor - March Communications; *pg.* 625
Johnson, Hannah, Media Planner - Martin Williams Advertising; *pg.* 106
Johnson, Heather, Director, Business Development - Marketing Architects; *pg.* 288
Johnson, Heather, Vice President, Marketing - Alternatives Design; *pg.* 172
Johnson, Hope, Senior Account Executive - Howell Liberatore & Wickham, Inc.; *pg.* 371
Johnson, Hunter, Senior Vice President, Business Development - Johnson Gray Advertising; *pg.* 377
Johnson, Ian, Associate Creative Director - R\West; *pg.* 136
Johnson, Isaac, Manager, Ad Operations - GTB; *pg.* 367
Johnson, Jacob, Media Associate - Starcom Worldwide; *pg.* 513
Johnson, Jacquie, Vice President, Business Development - Taylor & Pond Interactive; *pg.* 269
Johnson, Jake, Vice President, Business Development - AllOver Media; *pg.* 549
Johnson, Jan, President & Chief Executive Officer - Avenir Bold; *pg.* 328
Johnson, Jasper, President - Branch - Clear Channel Outdoor; *pg.* 551
Johnson, Jeremy, Senior Vice President, Sales - Specialists Marketing Services, Inc. ; *pg.* 292
Johnson, Jesse, Group Brand Director - Wieden + Kennedy; *pg.* 430
Johnson, Jessica, Director, Media - Designsensory; *pg.* 62
Johnson, Jessica, Marketing Strategist - Gaslight Creative; *pg.* 361
Johnson, Jessie, Vice President & Account Supervisor - RB Oppenheim Associates; *pg.* 641
Johnson, Joe, Executive Vice President & Creative Director - Publicis North America; *pg.* 399
Johnson, Joe, President & Chief Executive Officer - The Johnson Group; *pg.* 420
Johnson, Joel, Co-Founder & Chief Strategist - Admirable Devil; *pg.* 27
Johnson, Josh, Director, Production - Hunt Adkins; *pg.* 372
Johnson, Karen, Account Director - Cohn Marketing, Inc.; *pg.* 51
Johnson, Karilyn, Planner, Digital Investment - Haworth Marketing & Media; *pg.* 470
Johnson, Katarina, Senior Director, Qualitative Research & Consulting - Escalent; *pg.* 444
Johnson, Kathryn, Team Lead, Account Management - GroundTruth.com; *pg.* 534
Johnson, Katie, Vice President - French / West / Vaughan ; *pg.* 361
Johnson, Katie, Director, Production Business Affairs - O'Keefe Reinhard & Paul; *pg.* 392
Johnson, Kelly, President - San Francisco - 215 McCann; *pg.* 319
Johnson, Kelsey, Account Supervisor - Buffalo Wild Wings - The Martin Agency; *pg.* 421
Johnson, Kelsey, Senior Account Executive - March Communications; *pg.* 625
Johnson, Kent, Co-Owner & Creative Director - Johnson & Sekin; *pg.* 10
Johnson, Kevin, Chief Operating Officer & Executive Vice President - Jackson Marketing Group; *pg.* 188
Johnson, Kim, Digital Strategist - Amperage; *pg.* 30
Johnson, Kim, Executive Vice President & Managing Director - HERO Marketing; *pg.* 370
Johnson, Kristen, Executive Assistant, Content Production - Wieden + Kennedy; *pg.* 432
Johnson, Kristin, Associate Media Director - Spark Foundry; *pg.* 510
Johnson, Lauren, Associate Account Director - Muse USA; *pg.* 543
Johnson, Lauren, Account Manager - Periscope; *pg.* 127
Johnson, Lauren, Vice President, Integrated Media - 360i, LLC; *pg.* 207
Johnson, Lauren, Social Media Manager - Firebelly Marketing; *pg.* 685
Johnson, Linda, President - Socialdeviant, LLC; *pg.* 688
Johnson, Linds, Associate Media Director - Heinrich Marketing, Inc.; *pg.* 84
Johnson, Lindsay, Chief Executive Officer - WordBank LLC; *pg.* 163
Johnson, Lindsey, Group Account Director - The Variable; *pg.* 153
Johnson, Lisa, Associate Media Director - Wieden + Kennedy; *pg.* 430
Johnson, Lisa, Director, Production - Solve; *pg.* 17
Johnson, Lisa, Account Director - Small Army; *pg.* 142
Johnson, Lori, Director, Service Delivery - Simantel Group; *pg.* 142
Johnson, Lori, Senior Account Executive - Anglin Public Relations; *pg.* 577
Johnson, Macauley, Associate Creative Director - Gentleman Scholar; *pg.* 562
Johnson, Madeline, Head, Business Development - London Misher Public Relations; *pg.* 623
Johnson, Marc, Managing Director - New York - APCO Worldwide; *pg.* 578
Johnson, Margaret, Chief Creative Officer & Partner - Goodby, Silverstein & Partners; *pg.* 77
Johnson, Margo, Creative Director - EVR Advertising; *pg.* 69
Johnson, Mark, Vice President - Goldstein Group Communications, Inc.; *pg.* 365
Johnson, Mark, Founder & Creative Innovation Officer - Persuasion Arts & Sciences; *pg.* 15
Johnson, Mason, Chief Operating Officer - Johnson-Rauhoff, Inc.; *pg.* 93
Johnson, Matt, Co-Founder & Chief Strategy Officer - HAYMAKER; *pg.* 83
Johnson, Matthew, Senior Associate - Markstein; *pg.* 625
Johnson, Matthew, Content Creator - McKinney; *pg.* 111
Johnson, Melanie, Media Strategist - TCA; *pg.* 147
Johnson, Mia, Senior Account Supervisor - Relish Marketing; *pg.* 405
Johnson, Michael, Vice President & Account Director - The Tombras Group; *pg.* 424

PERSONNEL   AGENCIES

Johnson, Mike, Account Director - Zulu Alpha Kilo; pg. 165
Johnson, Nathan, Vice President, Marketing Services - Strategic America; pg. 414
Johnson, Neil, Creative Director, Digital - Mason, Inc.; pg. 383
Johnson, Neil, Partner & Executive Creative Director - FleishmanHillard HighRoad; pg. 606
Johnson, Nick, Executive Vice President, Performance Marketing - Scoppechio; pg. 409
Johnson, Nick, Senior Media Planner - Hoffman York; pg. 371
Johnson, Nicole, Management Supervisor - Media Logic; pg. 288
Johnson, Noel, Director, Marketing & Client Engagement - Duncan Channon; pg. 66
Johnson, Patrick, Vice President, Creative - Digitas Health LifeBrands; pg. 229
Johnson, Paul, Chief Executive Officer - JMG, Inc.; pg. 377
Johnson, Paul, Senior Vice President, Data & Technology - Ansira; pg. 326
Johnson, Pete, Executive Creative Director - Deutsch, Inc.; pg. 349
Johnson, Peter, Senior Account Executive - Communicators Group; pg. 344
Johnson, Peter, Manager - Mindshare; pg. 494
Johnson, Petra, Supervisor, Integrated Media - Dailey & Associates; pg. 56
Johnson, Phil, Chief Operating Officer - Colle McVoy; pg. 343
Johnson, Phil, Chief Executive Officer - PJA Advertising + Marketing; pg. 397
Johnson, Richard, Vice President & Chief Creative Officer - PriceWeber Marketing Communications, Inc.; pg. 398
Johnson, Richard, Creative Director - VWA; pg. 429
Johnson, Rosanne, Executive Director - VMLY&R; pg. 160
Johnson, Ryan, Senior Vice President & Group Director - Branded Content - RPA; pg. 134
Johnson, Ryan, Partner & Director, Global Exchange- Nike - Mindshare; pg. 495
Johnson, Sam, Media Director - LRXD; pg. 101
Johnson, Sara, Senior Media Planner & Buyer - PETERMAYER; pg. 127
Johnson, Scott, Principal & Co-Founder - CHIEF; pg. 590
Johnson, Shamar, Director, Integrated Planning - Wavemaker; pg. 528
Johnson, Shanae, Executive Business Director - Hearts & Science; pg. 473
Johnson, Stefanie, Manager, Broadcast Traffic - Velocity OMC; pg. 158
Johnson, Steve, Managing Partner - Riger Marketing Communications; pg. 407
Johnson, Steve, Vice President - Roeder-Johnson Corporation ; pg. 643
Johnson, Steve, Vice President & Account Supervisor - Swanson Russell; pg. 415
Johnson, Steve, Managing Partner & Vice President, Strategy & Insight - Chempetitive Group; pg. 341
Johnson, Steven, Manager, Marketing Analytics - BVK; pg. 339
Johnson, Steven, Senior Vice President, Creative Services - Cramer; pg. 6
Johnson, Taylor, Senior Account Executive - MBT Marketing; pg. 108
Johnson, Tim, President & Chief Executive Officer - Upraise Marketing & Public Relations; pg. 657
Johnson, Tina, Creative Group Head & Writer - The Richards Group, Inc.; pg. 422
Johnson, Tom, Director, Media Strategy - Haworth Marketing & Media; pg. 470
Johnson, Un, Accounting Director - Marketing General, Inc.; pg. 288
Johnson, Vernon, Business Development Manager - 3Q Digital; pg. 208
Johnson, Vicki, Senior Vice President - Sachs Media Group; pg. 645
Johnson, Wendy, Executive Vice President, Account Management & Chief Operating Officer - Chute Gerdeman; pg. 177
Johnson, Weston, Associate Media Director - Publicis.Sapient; pg. 258
Johnson, Will, President & Executive Creative Director - Johnson Gray Advertising; pg. 377
Johnson, William, Principal - Pressley Johnson Design; pg. 195
Johnson, WIlliam, President, United States Eastern & Canada - Brand Institute, Inc.; pg. 3
Johnson, Winnie, Director, Operations - Graf Media Group; pg. 552
Johnson Days, Sarah, Chief Client Officer - Acceleration Partners; pg. 25
Johnston, AJ, Project Manager - Cold Spark Media; pg. 51
Johnston, Barbara, Senior Vice President & Management Supervisor - Ackerman McQueen, Inc.; pg. 26
Johnston, Ben, President & Chief Executive Officer - Media Brokers International; pg. 485
Johnston, Chuck, President & Principal - B&P Advertising; pg. 35
Johnston, Donna, President & Owner - Finished Art, Inc.; pg. 183
Johnston, Doug, Associate Director, Planning - Posterscope U.S.A.; pg. 556
Johnston, Emily, Senior Vice President, Integrated Marketing Communications - Citizen Relations; pg. 590
Johnston, Geoff, Account Director - MJR Creative Group; pg. 14
Johnston, Gord, President & Chief Executive Officer - Stantec; pg. 200
Johnston, Gus, Creative Director - Venables Bell & Partners; pg. 158
Johnston, Hallie, Chief Client Officer - US - Initiative; pg. 477
Johnston, Julie, Vice President, People - Go West Creative; pg. 307
Johnston, Kate, Vice President - Porter Novelli; pg. 637
Johnston, Katie, Copywriter - Wieden + Kennedy; pg. 432
Johnston, Kelly, Account Director - Soda Pop Public Relations LLC; pg. 648
Johnston, Kyle, President - GigaSavvy; pg. 237
Johnston, Laura, Executive Creative Director - Geometry; pg. 363
Johnston, Lorri, Senior Art Director - BHW1 Advertising; pg. 3
Johnston, Marc, Chief Financial Officer - DirectAvenue, Inc.; pg. 282
Johnston, Martine, Senior Account Executive - Cramer-Krasselt ; pg. 53
Johnston, Melissa, President - Benchworks; pg. 333
Johnston, Sara, Account Manager - HKA, Inc.; pg. 614
Johnston, Steve, Chief Operating Officer - FlexPoint Media; pg. 74
Johnston, Sven, Founding Partner - GigaSavvy; pg. 237
Johnstone, Liam, Art Director - LG2; pg. 380
Johnstone, Mary, Associate Partner & Head, Talent - Venables Bell & Partners; pg. 158
Johnstone, Scott, Toy Design Director - EVO Design, LLC; pg. 182
Joiner, Eric, Chief Executive Officer & Co-Founder - Insight Creative Group; pg. 89
Joiner, Erich, Director & Owner - Tool of North America; pg. 564
Jolicoeur, Pete, Senior Project Manager - Falls Communications; pg. 357
Jolley, Kate, Brand Marketing Manager - Brunet-Garcia Advertising, Inc.; pg. 44
Jollie, Tom, Senior Vice President - Padilla; pg. 635
Jolly, Arjun, Co-Founder & Chief Operating Officer - adQuadrant; pg. 211
Jolly, Warren, President & Chief Executive Officer - adQuadrant; pg. 211
Jonas, Nicole, Vice President - Insight Out of Chaos; pg. 286
Jonas, Trevor, Vice President, Digital Strategy - WE Communications; pg. 660
Jonathan, Tim, Associate Director - Vizeum; pg. 526
Jones, Alyssa, Vice President, Production & Operations - BeCore; pg. 302
Jones, Amanda, Brand Manager - Drake Cooper; pg. 64
Jones, Amy, Vice President, Digital Analytics - Edelman; pg. 601
Jones, Amy M., Senior Account Executive - Imre; pg. 374
Jones, Andrew, Business Director - Wunderman Thompson; pg. 434
Jones, Andy, Director, Worldwide Planning & Senior Partner - Ogilvy; pg. 393
Jones, Angela, Group Strategy Director - Wieden + Kennedy; pg. 430
Jones, Angelica, Account Executive - Burrell Communications Group, Inc. ; pg. 45
Jones, Ashley, Manager, Public Relations Content - Brunner; pg. 44
Jones, Ashley, Account Supervisor - Arc Worldwide; pg. 327
Jones, Ashlie, Partner - Eternal Works; pg. 357
Jones, Barry, Vice President, Creative Services - Harmon Group; pg. 82
Jones, Billy, Vice President, Account - Energy BBDO, Inc.; pg. 355
Jones, Brad, Creative Director - Laundry Service; pg. 287
Jones, Breanna, Brand Executive - Wieden + Kennedy; pg. 430
Jones, Bree, Manager, Public Relations - Cashmere Agency; pg. 48
Jones, Brett, Director, Client Services - Madras Global; pg. 103
Jones, Brian, Associate Creative Director - Saatchi & Saatchi Los Angeles; pg. 137
Jones, Brooke, Production Director - Turtledove Clemens, Inc.; pg. 427
Jones, Bud, Vice President, Business Development - Mind Active; pg. 675
Jones, Carrie, Principal & Managing Director - JPA Health Communications; pg. 618
Jones, Carrie, Chief Public Relations & Social Media Officer - Raindrop Agency Inc; pg. 196
Jones, Cassie, Accounts Payable Manager - HealthSTAR Communications; pg. 83
Jones, Celia, Chief Executive Officer - The Escape Pod; pg. 150
Jones, Christian, Head, Marketing - Hawthorne Advertising; pg. 370
Jones, Christopher, Co-Founder & Chief Marketing Officer - Blue Magnet Interactive Marketing & Media, LLC; pg. 217
Jones, Clift, President & Chief Executive Officer - Captains of Industry, Inc.; pg. 340
Jones, Corey, Executive Director, Creative - Golin; pg. 609
Jones, Courtney, Manager, Business Development - 22squared Inc.; pg. 319
Jones, Courtney, Account Director - The Integer Group - Dallas; pg. 570
Jones, Cyndal, Specialist, Integration - Empower; pg. 354
Jones, Dan, Senior Vice President, Global

AGENCIES — PERSONNEL

Partnerships - Endeavor - Chicago; *pg.* 297
Jones, Daniel, Media Supervisor - Deutsch, Inc.; *pg.* 349
Jones, Daniel, Copywriter - The King Agency; *pg.* 151
Jones, Daniel, Senior Account Director - AKQA; *pg.* 212
Jones, Danielle, Project Manager - LRXD; *pg.* 101
Jones, Darlene, President - Specialized Media Services; *pg.* 513
Jones, Darren, Creative Director - Elevation Marketing; *pg.* 354
Jones, David, Chief Marketing Officer & Executive Vice President - Jackson Marketing Group; *pg.* 188
Jones, David, Account Director - Publicis Toronto; *pg.* 639
Jones, David, Vice President & Creative Director - The Variable; *pg.* 153
Jones, David, President - Yesler; *pg.* 436
Jones, Davis, Managing Director, Media Services - The Many; *pg.* 151
Jones, Deborah, Vice President - Strategies ; *pg.* 414
Jones, Dee Dee, Director, Operations - Essence; *pg.* 232
Jones, Derek, Founder & Chief Operating Officer - Feed Media Public Relations; *pg.* 603
Jones, Ebony, Associate Director, Content - Spark Foundry; *pg.* 508
Jones, Eddie, Principal & Chief Executive Officer - Corporate Communications; *pg.* 593
Jones, Elijah, Video Production Coordinator - RPA; *pg.* 134
Jones, Elle, Chief People Officer & Global Head, Human Resources - Finn Partners; *pg.* 603
Jones, Emily, Digital Media Planner & Buyer - Zehnder Communications, Inc.; *pg.* 436
Jones, Evan, Creative Director - BVK; *pg.* 339
Jones, Evan, Executive Creative Director - Critical Mass, Inc.; *pg.* 223
Jones, Felicia, Director, Public Relations - One Eleven Interactive, Inc.; *pg.* 255
Jones, Frank, Director, Creative Services & Events - PriMedia; *pg.* 506
Jones, Gareth, Managing Director - Seattle - Wunderman Thompson Seattle; *pg.* 435
Jones, Gary, President & Chief Creative Officer - Jones Huyett Partners; *pg.* 93
Jones, Gavin, Director, Campaign Architecture - Venables Bell & Partners; *pg.* 158
Jones, Graham, Senior Strategist - Droga5; *pg.* 64
Jones, Hannah, Creative Operations Manager - Callen; *pg.* 46
Jones, Harold, Partner, Technology - WorkInProgress; *pg.* 163
Jones, Heather, Manager, Digital Media - Ad Partners, Inc.; *pg.* 26
Jones, Janine, Chief Financial Officer & Vice President, Finance - Sky Advertising, Inc.; *pg.* 142
Jones, Jennie, Senior Strategist, Media Investment - Butler / Till; *pg.* 457
Jones, Jennifer, Investments Supervisor - Fitzco; *pg.* 73
Jones, Jennifer, Vice President, Group Director, Creative & Copywriter - Luquire George Andrews, Inc.; *pg.* 382
Jones, Jennifer, Partner & Director, Design Strategy - Sterling-Rice Group; *pg.* 413
Jones, Jennifer, Public Relations Manager - H&L Partners; *pg.* 369
Jones, Jenny, Account Supervisor - NextGuest Digital; *pg.* 253
Jones, Jessica, Senior Designer - Roundhouse - Portland; *pg.* 408

Jones, John, Managing Partner - Xperience Communications; *pg.* 318
Jones, Julia, Director, SEO & Digital Media - KPS3 Marketing and Communications; *pg.* 378
Jones, Katelyn, Senior Analyst, Optimization & Innovation - Kepler Group; *pg.* 244
Jones, Kelly, Senior Account Executive - Legend PR; *pg.* 622
Jones, Kevin, Partner & Director, Creative & Technical - KPS3 Marketing and Communications; *pg.* 378
Jones, Kevin, Vice President, Client Services - Huge, Inc.; *pg.* 239
Jones, Kevin, Producer - Gentleman Scholar; *pg.* 562
Jones, Kim, Vice President - Willow Marketing; *pg.* 433
Jones, Kimberly, President & Chief Executive Officer - Butler / Till; *pg.* 457
Jones, Kirstin, Director, Media Strategy - LaneTerralever; *pg.* 245
Jones, Kristi, Director, Account Services - Traina Design; *pg.* 20
Jones, Lanier, President & Chief Executive Officer - ADCO; *pg.* 27
Jones, Latoria, Analyst, Client Finance - Qorvis Communications, LLC; *pg.* 640
Jones, Laura, Vice President - Dancie Perugini Ware Public Relations; *pg.* 595
Jones, Laura, Director, Marketing Services - Myriad Travel Marketing; *pg.* 390
Jones, Lauren, Media Planner - r2integrated; *pg.* 261
Jones, Leah, Associate Creative Director & Art Director - Archer Malmo; *pg.* 32
Jones, Lee, President - DG Studios; *pg.* 179
Jones, MacKenzie, Manager, Account Services - FingerPaint Marketing; *pg.* 358
Jones, Mark, Owner, President & Creative Director - Jones Advertising; *pg.* 93
Jones, Martin, Co-Founder & Chief Executive Officer - March Communications; *pg.* 625
Jones, Mary, Senior Account Manager - Creative Communications Consultants, Inc.; *pg.* 346
Jones, Matt, Account Director - The Marketing Practice; *pg.* 169
Jones, Matthew, President & Chief Executive Officer - Leading Authorities, Inc.; *pg.* 622
Jones, Megan, Senior Vice President & Group Director, Media - US - Digitas; *pg.* 226
Jones, Meredith, Associate Director - Spark Foundry; *pg.* 508
Jones, Miller, Creative Director - Barkley Boulder; *pg.* 36
Jones, Nat, Vice President & Creative Director - FCB Chicago; *pg.* 71
Jones, Nick, Chief Growth Officer - Geometry; *pg.* 363
Jones, Nikki, Director, Insights & Strategy - The Integer Group - Dallas; *pg.* 570
Jones, Noble, Partner & Senior Vice President, Strategic Planning - ST&P Communications, Inc.; *pg.* 412
Jones, Owen, International Media Director - OMD West; *pg.* 502
Jones, Patty, President - Tribal Worldwide - Vancouver; *pg.* 272
Jones, Rachel, Account Director - Archetype; *pg.* 33
Jones, Rick, President - FishBait Marketing; *pg.* 306
Jones, Rob, Chief Executive Officer - Alliance Group Ltd; *pg.* 576
Jones, Robin, Group Director - OMD Atlanta; *pg.* 501
Jones, Ross, Senior Vice President, Sales Engineering - BrainSell Technologies, LLC; *pg.* 167
Jones, Ryan, Vice President, Client Success - Visiture; *pg.* 678

Jones, Samantha, Digital Media Planner - Team One; *pg.* 417
Jones, Sara, Executive Vice President & Chief Financial Officer - BBDO ATL; *pg.* 330
Jones, Scott, Vice President - Imagine It! Media, Inc.; *pg.* 477
Jones, Sherma, Presdient - Idea Bank Marketing ; *pg.* 88
Jones, Sherri, Senior Vice President, Marketing & Client Services - Phase 3 Marketing & Communications; *pg.* 636
Jones, Stefanie, Founder & President - Feed Media Public Relations; *pg.* 603
Jones, Stephanie, Vice President & Account Director, Digital - Initiative; *pg.* 477
Jones, Stephen, Executive Vice President - Golin; *pg.* 609
Jones, Steve, President- Salt Lake Office - YESCO Outdoor Media; *pg.* 559
Jones, Susan, Vice President Strategy - Hawk; *pg.* 83
Jones, Sydney, Strategy Associate - Spark Foundry; *pg.* 510
Jones, Taydra, Project Manager - TracyLocke; *pg.* 683
Jones, Taylor, Account Executive - InkHouse Public Relations; *pg.* 616
Jones, Taylor, Founder & Chief Executive Officer - WHITEBOARD.IS; *pg.* 430
Jones, Teri, Operations Manager - The Richards Group, Inc.; *pg.* 422
Jones, Terri, Manager, Exhibit & Sponsorship Sales - Conference Incorporated; *pg.* 303
Jones, Tim, Creative Director - Cornett Integrated Marketing Solutions; *pg.* 344
Jones, Tim, Chief Executive Officer, Publicis Media - Americas - Publicis North America; *pg.* 399
Jones, Tim, Partner & Chief Financial Officer - McKinney; *pg.* 111
Jones, Tim, Executive Vice President & Executive Creative Director - McCann Health New York; *pg.* 108
Jones, Tim, Executive Director, Strategy - NY - 72andSunny; *pg.* 24
Jones, Tim, Founder - Eternal Works; *pg.* 357
Jones, Tim, Creative Director - Morvil Advertising & Design Group; *pg.* 14
Jones, Timothy, President & Creative Director - Banfield Agency; *pg.* 329
Jones, Todd, Account Executive - Outfront Media; *pg.* 555
Jones, Tony, Senior Vice President & Group Creative Director - MRM//McCANN; *pg.* 289
Jones, Travis, Account Manager - Bailey Brand Consulting; *pg.* 2
Jones, Troy, Manager, Technical - Third Wave Digital ; *pg.* 270
Jones, Victoria, Senior Producer - Bluecadet Interactive; *pg.* 218
Jones, Wes, Senior Director, Art - Burrell Communications Group, Inc. ; *pg.* 45
Jones, William, Account Supervisor - BBDO San Francisco; *pg.* 330
Jones-Barwick, Brenda, President & Chief Executive Officer - Jones Public Relations, Inc. ; *pg.* 617
Jones-Gillihan, Sarah, Vice President - Benson Marketing Group; *pg.* 280
Jones-Lopez, Kiki, Production & Traffic Manager - Esparza Advertising; *pg.* 68
Jones-Mitchell, Jennifer, President, Public Relations - Brandware Public Relations, Inc.; *pg.* 585
Jones-Parks, Cynthia, President & Chief Executive Officer - Jones Worley Design, Inc.; *pg.* 188
Jopling, Lauren, Associate Media Director - Mindshare; *pg.* 493

PERSONNEL — AGENCIES

Jordahl, Bryan, Art Director - Falls Agency; pg. 70
Jordan, Alvin, Account Supervisor - Ketchum South; pg. 620
Jordan, Erin R., Partner & Vice President - Walker Sands Communications; pg. 659
Jordan, Jamison, Supervisor - PHD Chicago; pg. 504
Jordan, Jason, Associate Creative Director - Littlefield Brand Development; pg. 12
Jordan, Jeff, Co-Founder & Chief Creative Officer - Chameleon Design Group; pg. 177
Jordan, Jeff, Founder, President & Executive Creative Director - Rescue Social Change Group; pg. 133
Jordan, Joseph, Creative Director - JK Design; pg. 481
Jordan, Katie, Manager, National Broadcast Investment - Cramer-Krasselt; pg. 53
Jordan, Lane, Digital Creative Director - Proof Advertising; pg. 398
Jordan, Laura, Regional Account Director - Mediahub Los Angeles; pg. 112
Jordan, Lisa, President & Managing Partner & Principal - Mindpower, Inc.; pg. 115
Jordan, Megan, Director, Digital - PGR Media; pg. 504
Jordan, Michael, Founder & Chief Executive Officer - 31 Lengths; pg. 23
Jordan, Mitchell, Associate Creative Director - Franklin Street Marketing & Advertising; pg. 360
Jordan, Nathan, Creative Director - Market Connections; pg. 383
Jordan, Nick, Senior Analyst - Universal McCann; pg. 428
Jordan, Nicole, Senior Designer - Turner Duckworth; pg. 203
Jordan, Ryan, Senior Vice President & Creative Director - Imre; pg. 374
Jordan, Tarley, Director, Marketing & Communications - ESI Design, Inc.; pg. 182
Jordan, Todd, Vice President, Account Management - Bellomy Research; pg. 442
Jordan Wilsted, W., Account Manager - Verde Brand Communications; pg. 658
Jordao, Gustavo, Digital Project Manager - Ogilvy; pg. 393
Jordet, Kristen, Supervisor, Local Media Activation - Carat; pg. 459
Jordhamo, Ava, President, Operations - Americas - Publicis North America; pg. 399
Jordt, Andi, Senior Designer - 5ive; pg. 23
Jorel, Jacqueline, Assistant Account Executive - Saatchi & Saatchi Dallas; pg. 136
Jorge, Vicente, Associate Creative Director - Grey Group; pg. 365
Jorgensen, Dana, Senior Project Manager - Antics Digital Marketing; pg. 214
Jorgensen, Eric, Copywriter, Creative - Team One; pg. 417
Jorgensen, Karen, President & Chief Creative Officer - Kaleidoscope; pg. 298
Jorishie, Andy, Manging Director - Bright Red\TBWA; pg. 337
Jose, Keith, Senior Vice President & Director, New Business - GSD&M; pg. 79
Jose Arias, Maria, Art Director - Juliet; pg. 11
Jose Ezquerra, Maria, Chief Operating Officer - Havas Latin America & Havas Media International Americas - Havas Media Group; pg. 470
Joseph, Alison, Strategist, TrendSights - Horizon Media, Inc.; pg. 474
Joseph, Alison, Art Director - Wieden + Kennedy; pg. 432
Joseph, Audra, Senior Digital Analyst - Moxie; pg. 251
Joseph, Caroline, Associate Planner, Media - Carat; pg. 461
Joseph, Divya, Senior Producer - Troika/Mission Group; pg. 20
Joseph, Jerry, Associate Planning Director - MediaCom; pg. 487
Joseph, Lindsay, Director, National Buying - Milner Butcher Media Group; pg. 491
Joseph, Mac, Senior Vice President, Marketing - Paul Werth Associates, Inc.; pg. 635
Joseph, Sarah, Partner & Director, Business Operations - FRWD; pg. 235
Joseph D'Alonzo, Julie, Vice President - Starcom Worldwide; pg. 517
Josephs, Michael, Product Manager - Huge, Inc.; pg. 239
Josephson, Alan, Art Director - Westmoreland Flint; pg. 161
Josephson, Lina, Associate Director, Marketing Analytics & Data Consulting - Havas Media Group; pg. 468
Josephson, Paolina, Director, Analytics - Havas Media Group; pg. 468
Joshi, Ankit, Manager, Digital Marketing - TRAFFIK Advertising; pg. 156
Joshpe, Rachel, Digital Media Coordinator - Butler / Till; pg. 457
Jost, Amy, Group Strategy Director - OMD; pg. 498
Jost, Aric, Creative Director - Cannonball Agency; pg. 5
Jost, Paul, Manager, Strategic Communications - McNeil, Gray & Rice; pg. 627
Joubran, David, Co-Founder, President & Chief Executive Officer - Acumen Solutions; pg. 167
Jourdain, Alexandre, Head, Digital & Creative Director - LG2; pg. 380
Jovanovic, Jane, Executive Vice President & Global Strategy Director - Saatchi & Saatchi; pg. 136
Jovic, Mark, Associate Creative Director - Fusion92; pg. 235
Joyal, Jean-Francois, Vice President, General Manager & Partner - Bob Communications; pg. 41
Joyal, Jim, Partner - SHIFT Communications, LLC; pg. 647
Joyce, Amanda, Manager, Media & Content - Connection Model LLC; pg. 344
Joyce, Danielle, Director, Broadcast Operations - Cadent Network; pg. 280
Joyce, Dustin, Creative Director - Periscope; pg. 127
Joyce, Erin, Senior Vice President & Director, Human Resources - Deutsch, Inc.; pg. 350
Joyce, Jen, Senior Social Content Strategist - WongDoody; pg. 162
Joyce, Kevin, Executive Vice President, Global Media - Liquid Advertising, Inc.; pg. 100
Joyer, Jay, Executive Vice President - Zeno Group; pg. 665
Joyner, Phillip, Media Director - GSD&M; pg. 79
Jozefczak, Meggan, Senior Director, Account - Epsilon; pg. 283
Juarez, Nicandro, President - Juarez and Associates, Inc.; pg. 446
Juarez, Vincent, Chief Media Officer - Ayzenberg Group, Inc.; pg. 2
Jucha, Sandi, Director, Client Services - Novus Media, Inc.; pg. 497
Judah, Hannah, Account Supervisor - Murphy O'Brien, Inc.; pg. 630
Judd, Kristen, Co-Founder & Chief Executive Officer - 3 Birds Marketing; pg. 207
Judd, Layton, Co-Founder & President - 3 Birds Marketing; pg. 207
Judd, Natalie, Account Supervisor - 10 Thousand Design; pg. 171
Judge, Cindy, President & Chief Executive Officer - Sterling-Rice Group; pg. 413
Judge, Jerry, Chief Executive Officer & Partner - Fearless Agency; pg. 73
Judge, Kate, Supervisor, Local Investment - Zenith Media; pg. 531
Judkins, Bryan, Principal & Group Creative Director - Young & Laramore; pg. 164
Judson, Cindi, Partner - Judson Design Associates; pg. 188
Judson, Mark, Principal - Judson Design Associates; pg. 188
Judt, Craig, Vice President, Technology & Production - Naylor Association Solutions; pg. 120
Judy, Jamie, Director, Program Management - Merit; pg. 386
Juergens, Doris, Partner & Vice President, Strategy - National - National Public Relations; pg. 632
Juhas, Chris, Creative Director - TBWA \ Chiat \ Day; pg. 146
Juhl, Christian, Global Chief Executive Officer - Essence; pg. 232
Juhl, Erica, Director, Sales Operations - AllOver Media; pg. 549
Jukes, Eddiemae, Partner - TriplePoint; pg. 656
Juleen Jr., Rick, Vice President, Business Development & Special Projects - YESCO Outdoor Media; pg. 559
Julewitz, Scott, Vice President, Digital - Havas Edge; pg. 284
Juli, Alejandro, Vice President & Creative Director - DDB Chicago; pg. 59
Juliano, Anthony, Vice President & General Manager - Asher Agency; pg. 327
Juliano, Briana, Manager, Communications - One Eleven Interactive, Inc.; pg. 255
Juliano, Dana, Associate Director, Media Planning - VaynerMedia; pg. 689
Julien, Jim, Director, Art - Creative Energy, Inc.; pg. 346
Julin, Derek, Associate Creative Director - Brunner; pg. 44
Julson, Lynette, Media Planner & Buyer - Odney Advertising Agency; pg. 392
Jun, Steve, President & Chief Executive Officer - Innocean USA; pg. 479
Juncal, Danielle, Junior Producer - Instrument; pg. 242
Juncker, Jill, Account Director - Imaginuity; pg. 373
June, Annie, Senior Vice President & Managing Director - Rauxa; pg. 291
Juneau, Angelle, Creative Director - 31 Lengths; pg. 23
Juneau, Madeline, Director, Global Reporting & Site Analytics - Universal McCann Detroit; pg. 524
Juneau, Todd, Founder & President - Digital Addix; pg. 225
Juneja, Paras, Creative Technologist - Elephant; pg. 181
Jung, Hye, Assistant Brand Manager - DiMassimo Goldstein; pg. 351
Jung, Raina, Senior Designer - Swift; pg. 145
Jungblut, Joan, Corporate Media Director - R&R Partners; pg. 131
Junger, Amy, Senior Director - Publicis.Sapient; pg. 258
Jungmeyer, Blake, Senior Program Director - Czarnowski; pg. 304
Jungwirth, Mark, Chief Financial & Technology Officer - FCB Chicago; pg. 71
Juraco, Morgan, Supervisor - Starcom Worldwide; pg. 517
Jurado, Erin, Account Supervisor - MBB Agency; pg. 107
Jurado, Lisa, Account Executive - Kevin/Ross

AGENCIES · PERSONNEL

Public Relations; *pg.* 686
Juran, Eric, Paid Search Manager - Publicis Health Media; *pg.* 506
Jurasic, Patrick, Vice President & Director, Communications Planning - dentsu X; *pg.* 61
Jurcic, Vida, Partner & Co-Creative Director - Hangar 18 Creative Group; *pg.* 185
Jurczynski, Carlie, Associate Director, Client Solutions - Kepler Group; *pg.* 244
Jurden, Frank, Executive Director, Global Advisory - VMLY&R; *pg.* 274
Jurewicz, Billy, Chief Executive Officer & Chief Creative Officer - Space150; *pg.* 266
Jurga, Patrick, Senior Manager, Portfolio Management - Universal McCann; *pg.* 524
Jurgens, Barbara, Director, Client Services - 88 Brand Partners; *pg.* 171
Jurgensen, Brad, Vice President, Media & Strategic Planning - Perich Advertising; *pg.* 126
Jurina, Ken, Chief Executive Officer - Topdraw; *pg.* 678
Jurist, Suzy, President - SJI Associates; *pg.* 142
Jurisz, Dani, Director, B2B Marketing & Communication Professional - Padilla; *pg.* 635
Jurkiewicz, Ilyana, Senior Analyst, Planning & Optimization - PHD USA; *pg.* 505
Jurkovic, Joseph, Director, Media - MODCoGroup; *pg.* 116
Jusko, Liz, Vice President, Sales & Marketing - Access to Media; *pg.* 453
Jusko, Madison, Director, Social Media & Content - Ten Peaks Media; *pg.* 269
Jussaume, Allan Paul, Social Media Specialist - d50 Media; *pg.* 348
Juster, Lauren, Associate Director, Research - Spark Foundry; *pg.* 510
Justice, Jennica, Cross Channel Director - 90octane; *pg.* 209
Justice, Jim, Account Manager & Interactive Strategist - One Trick Pony; *pg.* 15
Justice, Keefe, Associate Director, Creative - Publicis.Sapient; *pg.* 259
Justice, Renae, Business Manager - The Advocate Agency ; *pg.* 148
Justus, Emily, Vice President & Account Director - The Tombras Group; *pg.* 424
Justus, Jessica, Director, Digital Strategy - Strategic Media, Inc.; *pg.* 518
Juszkiewicz, Kristi, Office & Media Manager - Banton Media; *pg.* 329
Jutte, Jeff, President & Partner - Bedford Advertising, Inc.; *pg.* 38
Jutton, Kristin, Vice President, Marketing - Phoenix Marketing International; *pg.* 449
Jwaskiewicz, Adam, Director, Interactive Services - Pinckney Hugo Group; *pg.* 128

K

Kabakov, Maxim, Strategy Manager - Universal McCann; *pg.* 521
Kabakow, Jim, Chief Executive Officer - Media Horizons, Inc.; *pg.* 288
Kabbani, Nada, Head, CRM Strategy & Analytics - Team One; *pg.* 417
Kabir, Romeo, Associate Director, Planning - Neo Media World; *pg.* 496
Kable, Enslow, Managing Director - Accenture Interactive; *pg.* 209
Kabrajee, Jim, Owner & Chief Executive Officer - Marshall Fenn Communications; *pg.* 625
Kabule, Wandie, Executive Producer - Imaginary Forces; *pg.* 187
Kacandes, Ted, President - Glow; *pg.* 237
Kachelhofer, Bradford, Principal & Director, Creative Content - Modern Brand Company; *pg.* 116
Kachner, Kristina, Supervisor, Local Media Buying - Campbell Ewald; *pg.* 46
Kacmarcik, Kara, Account Manager, Strategic - Bluetent; *pg.* 218
Kacvinsky , Megan , Partner, Client Delivery - Point to Point; *pg.* 129
Kaczmarerk, Elizabeth, Senior Associate, Digital Investment - Team Unilever Shopper - Mindshare; *pg.* 491
Kaczmarski, Michael, Chief Financial Officer & Executive Vice President - Makovsky & Company, Inc.; *pg.* 624
Kadamus, Erin, Vice President - 360PRplus; *pg.* 573
Kadet, Allegra, Chief Operating Officer - New York - Neo Media World; *pg.* 496
Kadimik, Natashia, Partner & Associate Director - Mindshare; *pg.* 491
Kadish, Ronald, Senior Executive Advisor - Booz Allen Hamilton; *pg.* 218
Kadish, Sarah, Group Partner, Integrated Planning - J3; *pg.* 480
Kadiu, Ardis, Chief Creative Technologist - Spark451, Inc.; *pg.* 411
Kadow, Mitja, Client Account Director - Zonion Creative Group; *pg.* 21
Kaduc, Sarah, Manager, Video Investment - Wavemaker; *pg.* 526
Kady, Amanda, Associate Director, Media - Carat; *pg.* 461
Kaehler, Tiffany, Senior Media Planner - CMI Media, LLC; *pg.* 342
Kaemmer, Allison, Partner & Group Media Director - Universal McCann; *pg.* 428
Kaepplinger, Daniel, Senior Account Manager - Fundamental Media; *pg.* 465
Kaeser, Christy, Managing Director - Kaeser & Blair; *pg.* 567
Kaeser, Kurt, Owner, President & Chief Executive Officer - Kaeser & Blair; *pg.* 567
Kafie, Aldo, Vice President - Octagon; *pg.* 313
Kafka, Jasmine, Manager, Marketing Communications & Account Services - Kidzsmart Concepts; *pg.* 188
Kafka, Samantha, Portfolio Manager - Universal McCann; *pg.* 521
Kaftan, Nick, Vice President, Integrated Barter Services - Trade X Partners; *pg.* 156
Kagan, Charlotte, Media Supervisor - Universal McCann; *pg.* 428
Kagan, Jon, Vice President, Search - Cogniscient Media/MARC USA; *pg.* 51
Kagan, Maya, Associate Creative Director - BARKER; *pg.* 36
Kager, Karen, Manager, Production & Traffic - BHW Advertising; *pg.* 3
Kagiwada, Paul, Creative Director - Trinity Brand Group; *pg.* 202
Kahl, Graham, Executive Vice President, Performance - WS; *pg.* 164
Kahle, Julie, Director, Media & Strategy - Freebairn & Company; *pg.* 360
Kahle, Lauren, Account Supervisor - Cramer-Krasselt ; *pg.* 54
Kahlon, Helen, Director, Production - Stephen Thomas; *pg.* 412
Kahlow, Thad, Chief Executive Officer - BusinessOnLine; *pg.* 672
Kahn, Adam, Chief Creative Officer - Grey Midwest; *pg.* 366
Kahn, Emily, Business Affairs Manager - Wieden + Kennedy; *pg.* 430
Kahn, Josh , Senior Account Executive - Kahn Travel Communications; *pg.* 481
Kahn, Julie, President - Regan Communications Group; *pg.* 642
Kahn, Linda, Chief Executive Officer & Director, New Media - The Ohlmann Group; *pg.* 422
Kahn, Michael, Associate Strategist - The Media Kitchen; *pg.* 519
Kahn, Michael, Global Brand President - Digitas; *pg.* 227
Kahn, Richard, President & Founder - Kahn Travel Communications; *pg.* 481
Kahner, Jason, President, Global Health & Wellness Practice - Grey Group; *pg.* 365
Kahrer, Alexandra, Vice President - Marina Maher Communications; *pg.* 625
Kahriman, Deniz, Director, Digital Media - Quigley-Simpson; *pg.* 544
Kahrimanian, Camille, Account Director - H&L Partners; *pg.* 80
Kaimal, Tara, Group Media Director - Wieden + Kennedy; *pg.* 432
Kaiman, Natalie, Account Supervisor - 6Degrees; *pg.* 321
Kain, Peter, Creative Director & Copywriter - BBDO Worldwide; *pg.* 331
Kain, Richard, General Manager & Founder - TriplePoint ; *pg.* 656
Kain, Samantha, Managing Director - Paul Wilmot Communications; *pg.* 636
Kain-Cacossa, Marnie, Partner - Grey Group; *pg.* 365
Kainec, Sean, Vice President, Strategic Growth & Marketing - Quattro Direct; *pg.* 290
Kaiser, Boyd, Vice President, New Business & Group Director - Martin Advertising; *pg.* 106
Kaiser, Brian, Partner & Chief Financial Officer - Wall to Wall Studios; *pg.* 204
Kaiser, Brian, Senior Vice President, Strategy - Klick Health; *pg.* 244
Kaiser, Carrie, Art Director - Merkley + Partners; *pg.* 114
Kaiser, Charles, General Manager - Edelman; *pg.* 353
Kaiser, Jennifer, Senior Vice President, Client Solutions - Performics; *pg.* 676
Kaiser, Jon, Executive Director, Integrated Investment - Hearts & Science; *pg.* 471
Kaiser, Tim, Senior Vice President, Operations - Martin Advertising; *pg.* 106
Kaiser , Tina, Vice President - APCO Worldwide; *pg.* 578
Kajiya, Lori, Account Director - Ocean Media, Inc.; *pg.* 498
Kakadia, Kaushal, Partner & Chief Technology Officer - SociallyIn; *pg.* 688
Kakadia, Keith, Chief Executive Officer - SociallyIn; *pg.* 688
Kakaletris, Voula, Executive Vice President, Managing Partner - Horizon Media, Inc.; *pg.* 474
Kakarala, Raghu, Managing Partner - FortyFour; *pg.* 235
Kakomanolis, Elias, Head, Creative Operations - Forsman & Bodenfors; *pg.* 74
Kakoullis, Adrienne, Vice President - Holmes Creative Communications; *pg.* 614
Kal Hagan, Bradley, Director, Deputy Head - Camron ; *pg.* 588
Kalabat, Olivia, Senior Account Executive - Allied Integrated Marketing; *pg.* 324
Kalahar, Pat, Director, Digital Media - Camelot Strategic Marketing & Media; *pg.* 457
Kalahar, Stephanie, Local Media Manager - RPA; *pg.* 135
Kalahar, Tom, Chief Executive Officer - Camelot Strategic Marketing & Media; *pg.* 457
Kalambalikis, Effie, Senior Manager, Planning - Mindshare; *pg.* 495
Kalan, Steve, Senior Vice President, Business Development - Levick Strategic Communications; *pg.* 622
Kalathara, Antony, Group Creative Director - 72andSunny; *pg.* 24

PERSONNEL — AGENCIES

Kalatzan, Star, President - HealixGlobal; pg. 471
Kalb, Steve, Senior Vice President & Director, Video Investments - Mediahub New York; pg. 249
Kalcher, Gernot, Senior Director, Product & Development - Formative; pg. 235
Kalczynski, Stefan, Director, Client Strategy - Hawke Media; pg. 370
Kalfas, Tracy, Senior Vice President & Director, Local Broadcast - Initiative; pg. 479
Kalfus, Maxwell, Associate Director - VaynerMedia; pg. 689
Kalfus, Michael, Vice President, Account Services - JK Design; pg. 481
Kalia, Peggy, Account Manager - Epoch 5 Public Relations; pg. 602
Kalina, Ron, Associate Creative Director - Harris, Baio & McCullough; pg. 369
Kalina, Ron, Associate Creative Director - HB&M Sports; pg. 307
Kalinchok, Christina, Associate Media Director - Carat; pg. 459
Kaliser, Christy, Account Executive - Tic Toc; pg. 570
Kalish, Matt, Creative Director - Anomaly; pg. 326
Kalisher, Hardy, Executive Vice President - Parallel Path; pg. 256
Kalkbrenner, Vern, Director, Digital Sales - MUDD Advertising; pg. 119
Kallen, Alexa, Advertising Operations Manager - Team One; pg. 418
Kallet, Sally, Senior Strategist - Camp + King; pg. 46
Kalliecharan, Nadira, Vice President, Program Management - Digital Solutions & Digital Transformation Consulting - Publicis.Sapient; pg. 259
Kallin, Craig, Senior Vice President, Strategic Solutions - Primacy; pg. 258
Kallish, Allison, Executive Vice President, Strategic Investment - Magna Global; pg. 483
Kallman, Ann, Director, Creative Services - Kallman Worldwide ; pg. 309
Kallman, Eric, Co-Founder & Creative Director - Erich & Kallman; pg. 68
Kallman, Rebecca, Group Account Director - Argonaut, Inc.; pg. 33
Kallman, Tom, President & Chief Executive Officer - Kallman Worldwide ; pg. 309
Kalm, Nick, President & Founder - Reputation Partners; pg. 642
Kalman, Nicol, Founder - Anithing Is Possible Recruiting; pg. 667
Kalmanovitz, Andrea, Partner & Director, Public Relations - Decibel Blue; pg. 595
Kalmbach, Elizabeth, Vice President & Group Media Director - Kelly, Scott & Madison, Inc.; pg. 482
Kalt, Dick, Executive Vice President - CRN International, Inc.; pg. 463
Kalub, Sean, Vice President, Client Services - Short Form Media - Havas Edge; pg. 285
Kalvelage, Elaine, Senior Art Director - Energy BBDO, Inc.; pg. 355
Kalvin, Judy, Director, Public Relations - 4sight, Inc.; pg. 171
Kam, Nathan, Partner & President, Public Relations - Anthology Marketing Group; pg. 326
Kam, Paulette, Managing Director, Corporate Entertainment - BWR Public Relations; pg. 587
Kamara, Neelam, Account Director - VaynerMedia; pg. 689
Kamara, Salina, Associate, Digital Platforms - Fitzco; pg. 73
Kamarasheva, Mina, Vice President & Managing Director, Local Audio & TV - Horizon Media, Inc.; pg. 473
Kamath, Jay, Co-Founder & Chief Creative Officer - HAYMAKER; pg. 83
Kamen, Jon, Chairman & Chief Executive Officer - Radical Media; pg. 196
Kamen, Stu, Executive Vice President, Business Development - Brainstorm Studio; pg. 672
Kamer, Matt, Partner & Director, Public Relations - Bandy Carroll Hellige ; pg. 36
Kamer, Richard, Vice President, Operations - BRC Field & Focus Services; pg. 442
Kamienski, Jennifer, Executive Vice President - Coyne Public Relations; pg. 593
Kaminer, Nina, President - Nike Communications, Inc.; pg. 632
Kaminkow, Beth Ann, Global Chief Executive Officer - Geometry; pg. 362
Kaminski, Andrew, Associate Account Director - Signal Theory; pg. 141
Kaminski, Liz, Graphic Designer - Park Outdoor Advertising; pg. 555
Kaminsky, Mark, Co-Founder & Partner - SS+K; pg. 144
Kaminsky, Sarah, Account Director - Leo Burnett Worldwide; pg. 98
Kamler-Andriano, Caroline, Vice President, Human Resource - True Media; pg. 521
Kamm, Morgan, Associate Director, Media Strategy - Carat; pg. 459
Kammien, Craig, Senior Creative Director - Switch; pg. 145
Kamovitch, Sara, Supervisor - Carat; pg. 459
Kamp, Kaitlin, Manager, Account - 360i, LLC; pg. 208
Kampmier, Colin, President - ColinKurtis Advertising & Design; pg. 177
Kamptner, Randy, Principal - Exclaim!; pg. 182
Kamrowski, Shuko, Manager, Communications Planning & Digital Analytics & Paid Search - Wavemaker; pg. 526
Kanagasabapathy, Kumar, Head, US Strategy - Rufus/Amazon - Initiative; pg. 478
Kanarowski, David, Senior Vice President, Business Development - Communica, Inc.; pg. 344
Kanbar, Rafaella, Associate Director, Social - Carat; pg. 459
Kancharla, Vijay, Chief Innovation Officer & Co-Founder - Brightcom; pg. 219
Kandel, Eliana, Supervisor, Sponsorships - Publicis North America; pg. 399
Kandel, Marissa, Vice President & Senior Media Specialist - Ketchum South; pg. 620
Kane, Amanda, Chief Operating Officer - Bandujo Donker & Brothers ; pg. 36
Kane, Christina, Associate Creative Director - The Mars Agency; pg. 683
Kane, Corina, Associate Project Manager - The Designory; pg. 269
Kane, Dan, Senior Designer - 160over90; pg. 301
Kane, Dawn, Chief Executive Officer & Co-Founder - Hot Dish Advertising; pg. 87
Kane, Isabelle, Vice President, Account Services - ScratchMM; pg. 677
Kane, John, Managing Director - MedThink Communications; pg. 112
Kane, Jonathan, Senior Vice President, Digital Strategy - Love Advertising; pg. 101
Kane, Keith, Owner & President - Graf Media Group; pg. 552
Kane, Kiersten, Creative Account Manager - Marlo Marketing Communications; pg. 383
Kane, Liz, New Business Coordinator - Colle McVoy; pg. 343
Kane, Lynn, Vice President, Growth - Graf Media Group; pg. 552
Kane, Marni, Director, Strategy - Red Antler; pg. 16
Kane, Renee, Vice President, Client Strategy - Masterworks; pg. 687
Kane, Rob, Vice President, Client Development - Sparxoo Agency; pg. 17
Kane, Sue, Controller - Starmark International, Inc.; pg. 412
Kane, Timothy, Chairman - Delta Media, Inc.; pg. 596
Kaneen, Richard, Principal & Creative Director - Kaneen Advertising & Public Relations, Inc.; pg. 618
Kanefsky, Jason, Executive Vice President & Chief Investment Officer - Havas Media Group; pg. 468
Kanefsky, Jeremy, Account Director - Energy BBDO, Inc.; pg. 355
Kanegai, Vanessa, Managing Director - Wagstaff Worldwide; pg. 659
Kang, David, Strategist - OOH - Horizon Media, Inc.; pg. 474
Kang, David, Senior Vice President & Director, Digital Strategy - Ogilvy Public Relations; pg. 633
Kang, Elizabeth, President - Goda Advertising; pg. 364
Kang, Eunice, Associate, Client Operations - Starcom Worldwide; pg. 513
Kang, Grace, Associate Creative Director - Praytell; pg. 258
Kang, Harry, Supervisor, Media Strategy - Aaaza; pg. 537
Kang, Hyomin, Director, Strategic Planning - Ogilvy Public Relations; pg. 633
Kang, Jenny, Senior Art Director - Anomaly; pg. 326
Kang, Peter, Managing Director & Brand Creative Lead - Accenture Interactive; pg. 322
Kang, Soa, Chief Executive Officer - adCREASIANs; pg. 27
Kang Gambino, Lisa, Co-Founder & Chief Executive Officer - Kangbino; pg. 94
Kang-Fuentecilla, Sook, Group Account Director - Manhattan Marketing Ensemble; pg. 382
Kanga, Natasha, Associate Director - Shopper2Buyer - Kinetic Worldwide; pg. 553
Kangpan, Nathaniel, Chief Information Officer - Kepler Group; pg. 244
Kaniper, Lynn, Owner & President - Dana Communications; pg. 57
Kansteiner, Natalie, Director, Client Strategy & Solutions - Oracle Data Cloud; pg. 448
Kantak, Kirsten, President & Chief Executive Officer - BioLumina; pg. 39
Kantner, Kellie, Senior Vice President, & Head, Operations - Empower; pg. 354
Kantor, Isabel, Senior Vice President, Technology - Organic, Inc.; pg. 256
Kantor, Joe, Senior Vice President & Director, Data Strategy & Analytics - Doner; pg. 63
Kantor, Kody, Account Supervisor - Zapwater Communications; pg. 664
Kantor, Rebecca, Integrated Media Manager - 360i, LLC; pg. 207
Kantrowitz, Eva, Chief Strategy Officer & Executive Vice President, Brand Development - Horizon Media, Inc.; pg. 474
Kao, Elaine, Associate Media Director - CMI Media, LLC; pg. 342
Kao, Nini, Senior Designer - Discover, Continental Tires & General Tires - MCD Partners; pg. 249
Kapadia, Harsh, Executive Creative Director - VMLY&R; pg. 160
Kapczynski, Kerri, Senior Digital Media Strategist - Harmelin Media; pg. 467

AGENCIES — PERSONNEL

Kapec, Charles, Creative Director - NAS Recruitment Communications; pg. 667
Kaplan, Abby, Head, Creative Strategy - Adlucent; pg. 671
Kaplan, Adam, Senior Vice President, Information Systems & Learning - Blue Chip Marketing & Communications; pg. 334
Kaplan, Alyssa, Social Brand Manager - Mekanism; pg. 113
Kaplan, Amanda, Digital Activation Manager - Essence; pg. 232
Kaplan, Arthur, General Manager, Client Services - Propac; pg. 682
Kaplan, Austin, Client Development - Malka; pg. 562
Kaplan, Dan, Senior Vice President & Executive Integrated Producer - Deutsch, Inc.; pg. 350
Kaplan, Debbie, Senior Vice President & Managing Director, Research Services - DJG Marketing; pg. 352
Kaplan, Eliza, Director, Strategy - 360i, LLC; pg. 208
Kaplan, Eric, Creative Director - Joele Frank, Wilkinson Brimmer Katcher; pg. 617
Kaplan, Eric, Account Supervisor - Formative; pg. 235
Kaplan, Erin, Vice President, Brand & Innovation Strategy - Bulldog Drummond; pg. 338
Kaplan, James, Vice President & Account Director - Cramer-Krasselt ; pg. 53
Kaplan, Jeremy, Senior Vice President, Sales - GumGum; pg. 80
Kaplan, Jeremy, President & Creative Director - Art Machine; pg. 34
Kaplan, Joel, Executive Creative Director - MUH-TAY-ZIK / HOF-FER; pg. 119
Kaplan, John R., Group Creative Director - Centerline Digital; pg. 220
Kaplan, Judy, Director, Media - Media Counselors, LLC; pg. 485
Kaplan, Karen, Chairman & Chief Executive Officer - Hill Holliday; pg. 85
Kaplan, Leslie, Managing Director & Owner - The Boston Group; pg. 418
Kaplan, Lisa, Partner & Account Manager, Broadcast - GroupM; pg. 466
Kaplan, Michael, Senior Paid Social Specialist - Cramer-Krasselt ; pg. 53
Kaplan, Michael, Senior Vice President & Group Account Director - Geometry; pg. 362
Kaplan, Nick, Group Creative Director - 72andSunny; pg. 24
Kaplan, Nicole, Senior Vice President & Global Group Director & B2B Discipline Lead - Momentum Worldwide; pg. 117
Kaplan, Samantha, Account Executive - Ogilvy; pg. 393
Kaplan, Stephanie, Vice President & Group Director, Account - Digitas; pg. 227
Kaplan, Wendy, Senior Manager, Traffic - Droga5; pg. 64
Kaplan-Nadel, Michal, Senior Account Executive - Moxie Communications Group; pg. 628
Kapler, Jason, Vice President, Marketing - LiveWorld; pg. 246
Kapler, Mitchell, Account Director - Giant Spoon, LLC; pg. 363
Kaplow, Liz, President & Chief Executive Officer - Kaplow Communications; pg. 618
Kaplowitz, Alexis, Business Development Manager - Wavemaker; pg. 526
Kapnick, Julie, Vice President, Operations - Re:group, Inc.; pg. 403
Kapoor, Vartika, Associate Director, Programmatic - Mindshare; pg. 491
Kapp, Carrie, Director, Client Services - Commit Agency; pg. 343
Kapp, Denny, Plant Manager - Fry Communications, Inc; pg. 361
Kappes, Kadre, Manager, Account - 360i, LLC; pg. 208
Kappus, Kathy, Project Manager, Marketing & Consultant, SEO - Blizzard Internet Marketing; pg. 672
Kapraun, Carrie, Associate Media Director - Starcom Worldwide; pg. 513
Kapsales, Amanda, Associate Media Director - Publicis Health Media - Digitas Health LifeBrands; pg. 229
Kapsalis, Christopher, President & Head, Strategy - Legacy Marketing Partners; pg. 310
Kapsalis, Sally, Director, Integrated Production Services - UWG; pg. 546
Kaptur, Nicole, Producer - Wieden + Kennedy; pg. 430
Kapur, Rajeev, President & Chief Executive Officer - 1105 Media; pg. 453
Kapusta, Ted, Creative Director - Phenomenon; pg. 439
Kapustka, Kyle, Senior Account Executive - Minnesota - Padilla; pg. 635
Kaput, Joseph, Senior Digital Producer - Upshot ; pg. 157
Karabuykov, Stacy, Vice President, Media Strategy & Planning - Icon Media Direct; pg. 476
Karadjov, Ivo, Principal Product Director - The Trade Desk; pg. 520
Karagueuzian, Saro, Management Supervisor - Secret Weapon Marketing; pg. 139
Karalekas, Michelle, Senior Director, Client Services - Kelley Habib John Integrated Marketing; pg. 11
Karam, Mike, Chief Strategy Officer - Laird + Partners; pg. 96
Karam, Tara, Senior Category Director - Strategy - Hearts & Science; pg. 471
Karambis, Scott, Senior Vice President, Brand Strategy - Arnold Worldwide; pg. 33
Karamourtopoulos, Michael, Director - OMD Entertainment; pg. 501
Karandikar, Ashwini, Global President - Amnet; pg. 454
Karas, Jacquelina, Vice President - Kaplow Communications; pg. 618
Karasek, Tony, Co-Owner & Executive Vice President - Paradise; pg. 396
Karasseferian, Marie, Account Director - BAM Strategy; pg. 215
Karasyk, Erik, Partner - Hush Studios, Inc.; pg. 186
Karayeanes, Jennifer, Executive Vice President & Managing Director - Spark Foundry; pg. 508
Karbo, Julie, Founder & Chief Executive Officer - Karbo Communications; pg. 618
Karchon, Nicolas, Account Director, Mopar - Publicis.Sapient; pg. 260
Kardesler, Onur, Co-Founder - Firefly; pg. 552
Karel, Joyce, President - U.S. East - MRM//McCANN; pg. 289
Karelson, Alana, Associate Director - Mindshare; pg. 495
Karfakis, Amanda, Chief Executive Officer - Vitamin; pg. 21
Karfakis, Mike, Chief Operating Officer - Vitamin; pg. 21
Kargl, Mark, Creative Director - Real Art Design Group; pg. 197
Karim, Carrie, Account Director - Rethink Communications, Inc.; pg. 133
Karim-Kincey, Ashley, Director, Account Strategy & Planning - Conquer Media; pg. 52
Karl, Andrew, Account Director - TriplePoint ; pg. 656
Karlberg , Tyler, Manager, Digital Media Content - Griffin Archer; pg. 78
Karlen, Kacy, Creative Director - Captains of Industry, Inc.; pg. 340
Karlenzig, Kurt, Senior Vice President, Global Digital Strategy - The Marketing Store Worldwide; pg. 421
Karlovic, Eric, Partner - HughesLeahyKarlovic; pg. 372
Karlsson, Felix, Copywriter - Droga5; pg. 64
Karlsson, Nik, Group Account Director - R/GA; pg. 261
Karlstrom, Ryan, Vice President, Account Leader - Shoptology; pg. 682
Karlyn, Wendy, Senior Vice President & Managing Director - RightPoint; pg. 263
Karmann, Lauren, Brand Manager - The Richards Group, Inc.; pg. 422
Karn, Allison, Senior Vice President, Digital & Magazine Activation - Zenith Media; pg. 529
Karner, Nick, Account Coordinator - Wildfire; pg. 162
Karner-Johnson, Christine, Media Director - FKQ Advertising, Inc.; pg. 359
Karney, Allison, Executive Producer - 160over90; pg. 301
Karnitz, Rhonda, Office Manager, Accounting & Media Buying - SPD&G; pg. 411
Karnowski, Jed, Manager, Digital - Ogilvy Public Relations; pg. 633
Karnowsky, Debbie, Executive Creative Director - Maricich Healthcare Communications; pg. 105
Karo, Monica, Chief Client Officer - OMD; pg. 498
Karode, Gouri, Senior Manager, Analytics & Search Engine Marketing - Lodging Interactive; pg. 246
Karon, Nicole, Vice President, Client Services - Avatar Labs; pg. 214
Karoub, Kirstin, Vice President, Operations & Marketing Manager - Your People LLC; pg. 664
Karp, Jeanine, Vice President & Partner - RBB Communications; pg. 641
Karp, Samuel, Supervisor - Spark Foundry; pg. 510
Karpati, Kat, Director, Client Services - Hatch Design; pg. 186
Karpel, Craig, President - The Karpel Group; pg. 299
Karpel, Lenny, Group Brand Strategy Director - Pereira & O'Dell; pg. 256
Karpinskaia, Jane, Director, Global Business Development - FCB New York; pg. 357
Karpowic, Emily, Manager, Video Investment - Mindshare; pg. 491
Karr, Allison, Group Planning Director, Freelance - Neo - OgilvyOne Worldwide; pg. 255
Karr, Meredith, Associate Creative Director - barrettSF; pg. 36
Karsenti, Melvin, Director, Account - Media Cause; pg. 249
Karson, Kelsey, Group Strategy Director - Deutsch, Inc.; pg. 350
Karsono, Bodi, Digital Strategist - TBWA \ Chiat \ Day; pg. 416
Karsten, Hillary, Vice President - Rubenstein Associates; pg. 644
Karter, Calli, Account Executive - Mortensen Kim; pg. 118
Karthigeyan, Raj, Vice President & Director, Engineering, Advanced Analytics & Insights - Starcom Worldwide; pg. 513
Kartley, Andrea, Senior Project Manager - Abelson-Taylor; pg. 25
Karwande, Kyle, Media Planning Supervisor - Starcom Worldwide; pg. 513
Karwoski, Glenn, Founder, Managing Director - Karwoski & Courage ; pg. 618
Karwoski, Sarah, Senior Creative - Where

Eagles Dare; pg. 161
Karwowski, Kamila, Director, Communication - Jan Kelley Marketing; pg. 10
Kary, Jillian, Director - Joele Frank, Wilkinson Brimmer Katcher; pg. 617
Kasakitis, Jeff, Senior Director, Strategy - ADG Creative; pg. 323
Kasdon, Carter, Associate Creative Director - CommCreative; pg. 343
Kasel, Erica, Chief Marketing Officer - Jane Smith Agency; pg. 377
Kaser, Mary, Manager, Human Resource - Intrinzic, Inc.; pg. 10
Kasey, Courtney, Associate Media Director - Wavemaker; pg. 528
Kashima, Tricia, Media Director - Riester; pg. 406
Kashyap, Nisha, Coordinator, Marketing - SociallyIn; pg. 688
Kasi, Amanda, Vice President & Group Director, Brand - Horizon Media, Inc.; pg. 474
Kaskavitch, Matthew, Associate Director, Social Media - Minneapolis - W2O; pg. 659
Kaskel, Richard, Founder, Managing Partner - Katon Direct & Adfire Health - Adfire Health; pg. 27
Kasparian, Nairi, Associate Director, Communications Planning - Carat; pg. 459
Kasper, Adam, Executive Vice President & Managing Director, Media - iProspect; pg. 674
Kasper, Chris, Account Supervisor - Arnold Worldwide; pg. 34
Kasper, Joshua, Programmatic Associate - GroupM; pg. 466
Kasper, Karin, Vice President, Media Investments - NSA Media Group, Inc.; pg. 497
Kasper, Sheri, Co-Founder & Principal - FRESH Communications; pg. 606
Kassing, Jason, Partner - Kassing Andrews Advertising; pg. 94
Kast, Shannon, Vice President & Media Director - Haworth Marketing & Media; pg. 470
Kastan, Jenna, Director, Media Strategy - Method Communications; pg. 386
Kastenholz, Ashley, Associate Media Director - Spark Foundry; pg. 510
Kastranec, Kyle, Executive Creative Director - Ologie; pg. 122
Katalinic, Tony, Creative Director - DDB Chicago; pg. 59
Kataoka, Marisa, Client Solutions Manager - Kepler Group; pg. 244
Kataoka, Mayu, Account Executive - Moxie Communications Group; pg. 628
Katcher, Daniel, Vice Chairman - Joele Frank, Wilkinson Brimmer Katcher; pg. 617
Katcher, Sarah, Media Supervisor - Cramer-Krasselt; pg. 53
Katelman, Steve, Executive Vice President, Global Digital Partnerships - Annalect Group; pg. 213
Kates, Rich, Senior Account Executive - The Trade Desk; pg. 519
Katherine Rordam, Mary, Vice President & Director, Influencer Marketing - 22squared Inc.; pg. 319
Katherman, Quinn, Creative Director - Crispin Porter + Bogusky; pg. 346
Kathman, Jerry, Chairman, Board - LPK; pg. 12
Katinsky, Jon, President & Chief Executive Officer - Hothouse; pg. 371
Katinsky, Mike, Director, Operations & Technology - Hothouse; pg. 371
Kato, Meagan, Strategic Planning Director - mono; pg. 117
Kato, Wanda, Executive Vice President & Managing Partner - Horizon Media, Inc.; pg. 473
Katona, Diti, Chief Creative Officer - Concrete Design Communications, Inc.; pg. 178
Katowitz, Janet, President - Sage Media Planning & Placement, Inc.; pg. 508
Kats, Mark, Group Account Director - Manifest; pg. 248
Katsachnias, Constantin, Senior Account Manager - Air Paris New York; pg. 172
Katsachnias, Dimitri, Chief Executive Officer - Air Paris New York; pg. 172
Katsifis, Vasiliki, Media Specialist - MayoSeitz Media; pg. 483
Kattany, Jesse, Associate, Digital Investment - Team Unilever Shopper - Mindshare; pg. 491
Kattreh, Allison, Account Planner & Digital Strategist - Pop-Dot; pg. 257
Katula, Sue, Marketing Director - StoneArch Creative; pg. 144
Katuli, Musa, Vice President, Group Director, Marketing Sciences - Apple - OMD; pg. 498
Katz, Alissa, Account Director - Lippe Taylor; pg. 623
Katz, Dan, Vice President, Strategy & Analytics - RepEquity; pg. 263
Katz, Helen, Senior Vice President, Data & Partnerships - Publicis North America; pg. 399
Katz, Jami, Director, Search Engine Optimization - Reprise Digital; pg. 676
Katz, Jamie, Director, Account Management - Duncan Channon; pg. 66
Katz, Jeff, Chief Executive Officer - Definition 6; pg. 224
Katz, Jeffrey, Chief Executive Officer, Principal & Owner - Sherwood Outdoor, Inc.; pg. 557
Katz, Jonathan, Partner - ACOM Healthcare; pg. 26
Katz, Lauren, Partner, Integrated Planning - J3; pg. 480
Katz, Matt, Senior Vice President, Business Development - PicturePlane; pg. 194
Katz, Minda, Chief Financial Officer - Omni Advertising; pg. 394
Katz, Philip, Group Head, Media & Engagement - Doremus & Company; pg. 64
Katz, Rebecca, Account Executive - Verde Brand Communications; pg. 658
Katz, Rich, Founder & Principal - Buffalo.Agency; pg. 587
Katz, Samantha, Manager, Digital Partnerships - Initiative; pg. 478
Katz, Sara, Founder & Chief Executive Officer - Katz & Associates, Inc.; pg. 686
Katz, Stacy, Account Manager - JL Media, Inc.; pg. 481
Katz Dukas, Gail, Chief Operating Officer - Dukas Linden Public Relations; pg. 598
Katz Samuels, Cora, Supervisor, Precision - Zenith Media; pg. 529
Katz- Smolenske, Lily, Senior Vice President & Media Director - EvansHardy + Young; pg. 69
Katzen, Kaila, Supervisor - OMD; pg. 498
Katzen, Ronald, Accountant - Horich Hector Lebow Advertising; pg. 87
Katzman, Alicia, Senior Account Director - Alling Henning & Associates; pg. 30
Kauffman, Ali, Account Team Lead - Meyocks Group; pg. 387
Kauffman, Brianna, Vice President, Digital Strategy - Taylor; pg. 651
Kauffman, Caity, Senior Director, Digital, Social & Influencer Marketing - 160over90; pg. 301
Kauffman, Jeff, Group Media Director - Emerging Media - The Richards Group, Inc.; pg. 422
Kauffman, Kristen, Vice President, Editorial - SPM Communications; pg. 649
Kauffman, Mackenzie, Account Director - Carmichael Lynch; pg. 47
Kauffman, Naomi, Senior Media Strategist - Harmelin Media; pg. 467
Kauffman, Sarah, Vice President, Operations - Attention; pg. 685
Kauffman, Stephen, Vice President, Account Director - DoeAnderson Advertising; pg. 352
Kaufman, Allan, Managing Director - FTI Consulting; pg. 606
Kaufman, Claire, Field Marketing Supervisor - Signal Theory; pg. 141
Kaufman, Dan, Managing Partner - Widmeyer Communications; pg. 662
Kaufman, Dana, Media Lead, Planning - OpenMind; pg. 503
Kaufman, Greg, Vice President, Analytics Enablement - RAPP Worldwide; pg. 291
Kaufman, Jake, Director, Content Strategy - Adept Marketing; pg. 210
Kaufman, Johan, Brand Strategist - Duncan Channon; pg. 66
Kaufman, Kayla, Associate - C Space; pg. 443
Kaufman, Kelsie, Art Director - 360i, LLC; pg. 320
Kaufman, Lauren, Senior Vice President - NJF - MMGY Global; pg. 388
Kaufman, Lois, President - Integrated Marketing Services, Inc.; pg. 375
Kaufman, Marci, Group Director, Client Services & Account Management - Serino Coyne, Inc.; pg. 299
Kaufman, Nicole, Event Producer - RedPeg Marketing; pg. 692
Kaufman, Rich, Vice President, Business Development - Centriply; pg. 462
Kaufman, Robert, Director, Asset Management & Procurement - Omnicom Group; pg. 123
Kaufman, Samantha, Media Director - Merkley + Partners; pg. 114
Kaufman, Stacey, Senior Vice President & Director, Infomercial Division - Lockard & Wechsler; pg. 287
Kaufman, Sue, Office Manager - Leverage Marketing Group; pg. 99
Kaufman-Lewis, Shari, Senior Account Director - Lloyd&Co; pg. 190
Kaufman-Sloan, Carla, Co-President & Executive Producer - 2C Media, Inc.; pg. 561
Kaufmann, Ben, Chief Financial Officer - MarketStar Corporation; pg. 383
Kaufmann, Denise, Partner & Director, Client Development - North America - Ketchum; pg. 619
Kaufmann, Drew, Coordinator, Digital Media - Mediassociates, Inc.; pg. 490
Kauker, Bill, Group Creative Director & Chief Creative Strategist - Idea Hall; pg. 615
Kaulback, Victoria, Executive Vice President, Strategy - BBDO Worldwide; pg. 331
Kaulius, Jerry, Owner, President & Creative Director - JK Design; pg. 481
Kaulius, Barbara, Vice President - JK Design; pg. 481
Kaull, Kim, Senior Manager, Marketing - Atlantic 57; pg. 2
Kauppila, Joanna, Senior Manager, Digital Media - Ovative Group; pg. 256
Kaur, Dharnesh, Director, Research & Consumer Insights - Argonaut, Inc.; pg. 33
Kaushal, Arti, Director, Creative Strategy - Debut Group; pg. 349
Kaushansky, Michael, Chief Data Officer - Havas Media Group; pg. 468
Kautz, John, Vice President & Director, Brand Management & Relationship - Rawle-Murdy Associates; pg. 403
Kautz, Michele, Vice President, Accounts - Gregory Welteroth Advertising; pg. 466
Kavalle, Jared, Manager, Account - TRAFFIK Advertising; pg. 156

AGENCIES — PERSONNEL

Kavanagh, Kathleen, Associate Connections Director, Optimization Lead - Kelliher Samets Volk; *pg.* 94
Kavanagh, Laura, Executive Director - Mediahub New York; *pg.* 249
Kavanagh, Tracey, Principal, Strategy & Accounts - Digital Lion Marketing; *pg.* 225
Kavanaugh, Leslie, Senior Media Planner & Buyer - EchoPoint Media - Young & Laramore; *pg.* 164
Kavanaugh, Sherri, Senior Vice President, Client Strategy - Berry Network; *pg.* 295
Kavander, Tim, Executive Vice President & Creative Director - Publicis Toronto; *pg.* 639
Kavelaars-DiPenta, Tanya, Account Director - Trampoline; *pg.* 20
Kavich, Sarah, Senior Vice President, Client Leadership - Kantar TNS; *pg.* 446
Kavicky, Tammy, Vice President, Strategy - Big Red Rooster; *pg.* 3
Kavjian, Amanda, Associate Director, Account & Project Management - DWA Media; *pg.* 464
Kavulich, Ali, Senior Vice President - 360PRplus; *pg.* 573
Kaw, Pooja, Vice President & Communications Strategy Director - Spark Foundry; *pg.* 510
Kawas, Michelle, Account Executive - BODEN Agency; *pg.* 538
Kawasaki, Elvin, Client Director, Digital Investment - Initiative; *pg.* 478
Kawasaki, Keith, Vice President, Client Services - iostudio; *pg.* 242
Kawass, Laina, Creative Director, Marketing - Original Impressions; *pg.* 289
Kawer, Stanton, President & Chief Executive Officer - Blue Chip Marketing & Communications; *pg.* 334
Kay, Chris, Partner & Chief Executive Officer - Asia Pacific - 72andSunny; *pg.* 23
Kay, Gail, Executive Vice President & Managing Director - Akron - Geometry; *pg.* 362
Kay, Ken, Chief Executive Officer - EdLeader21; *pg.* 601
Kay, Lewis, Co Chief Executive Officer - Kovert Creative; *pg.* 96
Kay, Natalie, Group Account Director - Karma Agency; *pg.* 618
Kay, Rachel, Founder & President - Rachel Kay Public Relations; *pg.* 640
Kayal, Brad, Associate Creative Director - barrettSF; *pg.* 36
Kaydo, Damon, Managing Partner & Executive Director, Client Services - MediaCom; *pg.* 489
Kaye, Andrea, Vice President Art Production Manager & Integrated Producer - McCann New York; *pg.* 108
Kaye, Hilary, Founder & Chief Executive Officer - HKA, Inc.; *pg.* 614
Kaye, Laura, Vice President, Brand Partner - Organic, Inc.; *pg.* 255
Kaye, Lora, Senior Vice President & Head, Analytics - iCrossing; *pg.* 240
Kaye, Lori, Principal - Evergreen & Co.; *pg.* 182
Kaye, Matthew, Planning Supervisor- Nissan Division - Zimmerman Advertising; *pg.* 437
Kaylani, Haya, Account Executive - Rogers & Cowan/PMK*BNC; *pg.* 643
Kaylor, Brooke, Head, Integrated Production - BBH; *pg.* 37
Kayser, Ivan, Partner & Chief Executive Officer - Redscout; *pg.* 16
Kazan, Michael, Executive Vice President & Managing Director - Verso Advertising; *pg.* 159
Kazarinoff, Elyse, Creative Director, Verbal Branding - Landor; *pg.* 11
Kazenelson Deane, Deborah, Executive Vice President - Edelman; *pg.* 601
Kazer, Lena, Director, Business Development - Lord Danger; *pg.* 562
Kazim, Sherine, Experience Design Lead - Faire, LLC; *pg.* 357
Kazl, Persephone, Vice President & Associate Media Director - Mediahub New York; *pg.* 249
Kazl, Persephone, Vice President & Associate Media Director - Mediahub Boston; *pg.* 489
Kazlauskas, Chris, Director, Media Placement - Mansi Media; *pg.* 104
Keady, Michelle, Director, Client Leadership - Havas Media Group; *pg.* 469
Kealey, CJ, Vice President, Human Resource - MARC USA; *pg.* 104
Kean, Jeff, Senior Vice President & Technology Director - Cramer-Krasselt; *pg.* 53
Kean, Kelsey, Senior Producer - Current; *pg.* 594
Keane, Abbey, Director, Client Success - JumpCrew; *pg.* 93
Keane, Anne, Director - Isobar US; *pg.* 242
Keane, Jeff, Chief Executive Officer & Executive Producer - Coolfire Studios; *pg.* 561
Keane, Julia, Digital Producer - MullenLowe U.S. Los Angeles; *pg.*
Keane, Katie, Senior Media Planner - r2integrated; *pg.* 261
Keane, Robert, Editorial Director - Jennifer Connelly Public Relations; *pg.* 617
Kear, Sara, Executive Vice President, Digital Strategy - Adept Marketing; *pg.* 210
Kearfott, Lance, Partner - Giordano Kearfott Design, Inc.; *pg.* 184
Kearin, Brendan, Account Director - Hanley Wood Marketing; *pg.* 9
Kearl, Steven, Group Account Director - Tic Toc; *pg.* 570
Kearney, Colin, Assistant Strategist, Private Marketplaces - Hearts & Science; *pg.* 471
Kearney, James, Partner - Eire Direct Marketing, Inc.; *pg.* 282
Kearney, Kerry, Vice President & Managing Director, Local Video Investment - Horizon Media, Inc.; *pg.* 474
Kearney, Sarah, Supervisor, Account - Velocity OMC; *pg.* 158
Kearns, Jack, President - Kearns Marketing Group, Inc.; *pg.* 94
Kearns, Kristen, Chief Operating Officer & Executive Producer - Element Productions; *pg.* 562
Kearns, Michelle, Marketing Manager & Owner - Kearns Social Media Marketing - Kearns Marketing Group, Inc.; *pg.* 94
Kearns, Patrick, Associate Creative Director - We Are Alexander; *pg.* 429
Kearse, John, Senior Vice President & Group Creative Director - MullenLowe U.S. Boston; *pg.* 389
Keasey, Lauren, Vice President & Group Art Supervisor - The CDM Group; *pg.* 149
Keasler, Kent, President - Miller-Reid; *pg.* 115
Keathley, Sean, President - Adrenaline, Inc.; *pg.* 172
Keathley, Thomas, Senior Vice President, Creative & Account Director - Adcom Communications, Inc.; *pg.* 210
Keating, Casey, Assistant, Digital Advertising Operations - Haworth Marketing & Media; *pg.* 470
Keating, Katie, Co-Founder & Creative Director - FANCY LLC; *pg.* 71
Keating, Kevin, President - Hangar12; *pg.* 567
Keating, Mary, Senior Vice President, Technology & Corporate Communications - Hill+Knowlton Strategies Canada; *pg.* 613
Keats, Matt, Creative Director - Venables Bell & Partners; *pg.* 158
Keatts, Tera, Innovator - Philosophy Communication; *pg.* 636
Keck, Matt, Associate Director, Conversation Design - VMLY&R; *pg.* 274
Keckan, Daniel, Chief Executive Officer - Cinecraft Productions, Inc.; *pg.* 561
Keckan, Maria, President & Chief Financial Officer - Cinecraft Productions, Inc.; *pg.* 561
Kedinger, Daniel, Director, Digital Marketing - BBR Creative; *pg.* 174
Kee, Brittany, Account Director - King Fish Media; *pg.* 482
Kee, Rob, Partner - Enlarge Media Group; *pg.* 356
Keefe, Julia, Account Coordinator - Element Productions; *pg.* 562
Keefer, Elizabeth, Paid Social Specialist - Tinuiti; *pg.* 678
Keefer, Ryan, Group Interactive Director - Centerline Digital; *pg.* 220
Keefer, Torin, Digital Marketing Specialist - JPL; *pg.* 378
Keefover, Ruth, Consumer Public Relations Lead - gravity.labs; *pg.* 365
Keegan, Andrew, Group Director, Technology - Team One; *pg.* 417
Keegan, Gregory, Digital Media Coordinator - Pannos Marketing; *pg.* 125
Keegan, Michael, President & Owner - Axiom Marketing, Inc.; *pg.* 566
Keehn, Jason, Chief Growth Officer - YARD; *pg.* 435
Keehn, Kevin, Vice President & Creative Director - ROKKAN, LLC; *pg.* 264
Keehner, Jonathan, Partner - Joele Frank, Wilkinson Brimmer Katcher; *pg.* 617
Keeler, Ashley, Supervisor, Integrated Media Strategist - Wieden + Kennedy; *pg.* 432
Keeling, Scott, Vice President, Planning & Digital Transformation - BIMM Direct & Digital; *pg.* 280
Keelty, Mary Beth, Chief Marketing Officer - ForwardPMX; *pg.* 360
Keen, Molly, Account Supervisor - Secret Weapon Marketing; *pg.* 139
Keenan, Bill, Creative Director, Advertising - Groundzero; *pg.* 78
Keenan, Catherine, Group Planning Director - Neo Media World; *pg.* 496
Keenan, Danielle, Senior Producer - Energy BBDO, Inc.; *pg.* 355
Keenan, Holly, President - Phinney / Bischoff Design House; *pg.* 194
Keenan, Joe, Executive Director, LGBTQ & Entertainment - imre; *pg.* 374
Keenan, John, Executive Vice President, Marketing Analytics - Periscope; *pg.* 127
Keenan, Lori, Accounting - Ethos Marketing & Design; *pg.* 182
Keenan, Michael, Owner & President - Keenan-Nagle Advertising; *pg.* 94
Keenan, Thomas, Manager, Public Relations Account - McNeil, Gray & Rice; *pg.* 627
Keenan, Tiffany, Coordinator, Public Relations - Calypso; *pg.* 588
Keener, Tim, Vice President, Event Ticketing & Operations - Las Vegas Events; *pg.* 310
Keeney, Matthew, President - AOR, Inc.; *pg.* 32
Kees, Teresa, Senior Media Negotiator - Ocean Media, Inc.; *pg.* 498
Keesey, Colleen, Senior Director, Art - DDB Chicago; *pg.* 59
Keeshan, Harry, President - Video Investment - PHD USA; *pg.* 505
Keetle, Ashley, Group Account Director - 360i, LLC; *pg.* 207
Keevill, Chris, Chief Executive Officer - Colour; *pg.* 343

PERSONNEL   AGENCIES

Keezer, Nate, Specialist, Multimedia - A. Bright Idea; *pg*. 25
Kefer, Ryan, Vice President & Group Director - Spark Foundry; *pg*. 508
Keff Beasley, Tyler, Director & Editor - Fancy Rhino; *pg*. 233
Kehe, Tammy, Vice President, Legal Marketing - Network Affiliates, Inc.; *pg*. 391
Kehler, Jennifer, Director, Media - quench; *pg*. 131
Kehler, Katie, Project Manager - Zehnder Communications, Inc.; *pg*. 436
Kehm, Karen, Senior Director, Marketing - Branded Entertainment Network, Inc.; *pg*. 297
Kehn, Daniel, Senior Vice President, Strategy - Creative Communication Associates; *pg*. 54
Kehoe, Bob, Chief Executive Officer & Partner - Leverage Marketing, LLC; *pg*. 675
Kehoe, Cecile, Chief Operating Officer - Dreamspan; *pg*. 7
Kehoe, Danielle, Senior New Business Representative - Casanova//McCann; *pg*. 538
Kehoe, Gary, Chief Executive Officer - Dreamspan; *pg*. 7
Kehoe, Meaghan, Social Media Manager - Mirum Agency; *pg*. 681
Kehoe, Peter, Senior Developer - Harp Interactive; *pg*. 238
Keidan, Nikki, Vice President & Director, Recruitment Operations - Digitas; *pg*. 227
Keiffer, Ryan, Chief Executive Officer - A-Train Marketing Communications; *pg*. 321
Keigwin, Adam, Managing Director - Mercury Public Affairs; *pg*. 386
Keil, Rob, Senior Art Director - Gauger + Associates; *pg*. 362
Keil, Stephanie, Digital Engagement Strategist - Martin Williams Advertising; *pg*. 106
Keiler, Cammy, Senior Vice President & Group Client Lead - Havas Media Group; *pg*. 470
Keiles, Eric, Partner & Chief Marketing Officer - Square 2 Marketing, Inc.; *pg*. 143
Keilty, Gary, Managing Director - FTI Consulting; *pg*. 606
Keim, Emily, Project Manager - iCrossing; *pg*. 241
Keiserman, Suzanne, Director, Group Account - OMD; *pg*. 498
Keiter, Nancy, Art Director - o2kl; *pg*. 121
Keiter, Nicole, Vice President & Global Digital Lead - Universal McCann; *pg*. 521
Keiter, Stacie, Account Director - The Integer Group; *pg*. 682
Keith, Amy, Coordinator, Operations & Training - Media Logic; *pg*. 288
Keith, Erik, Chief Innovation Officer - Communications Strategy Group; *pg*. 592
Keith, Jason, Vice President & Group Director, Strategy & Analysis - Digitas; *pg*. 227
Keith, Melissa, Media Planner & Buyer - Abbey Mecca & Company; *pg*. 321
Keizer, Gabriele, Associate Director, Strategy - PHD USA; *pg*. 505
Kelberg, Elizabeth, Vice President & Account Director - BBDO Worldwide; *pg*. 331
Kelce, Anna, Vice President & Strategy Director - Zenith - Starcom Worldwide; *pg*. 517
Kelchner, Tara, Vice President & Media Director - 22squared Inc.; *pg*. 319
Kelder Plascencia, Christine, Associate Finance Director - Camp + King; *pg*. 46
Kellan, Erin, Director - Starcom Worldwide; *pg*. 513
Kelleher, Dan, Chief Creative Officer - Deutsch, Inc.; *pg*. 349
Kelleher, David, Vice President & Management Supervisor, Out-of-Home Media - The Buntin Group; *pg*. 148
Kelleher, Erin, Associate Media Director - DWA Media; *pg*. 464
Kelleher, Haleigh, Account Executive - Hill Holliday; *pg*. 85
Kellenberger, Courtney, Senior Account Manager - Grow Marketing; *pg*. 691
Keller, Aaron, Managing Principal & Founding Partner - Capsule; *pg*. 176
Keller, Don, Co-Owner - Catalpha Advertising & Design, Incorporated ; *pg*. 340
Keller, Ed, Chief Executive Officer & Director - Engagement Labs; *pg*. 444
Keller, Elisabeth, Senior Vice President, Client Services - Brierley & Partners; *pg*. 167
Keller, Genna, Co-Owner & Principal - Trevelino / Keller Communications Group; *pg*. 656
Keller, Grant, Vice President - MSLGroup; *pg*. 629
Keller, Kim, Senior Art Director - Decker; *pg*. 60
Keller, Kristina, Director, Digital Experience & Account - Accenture Interactive; *pg*. 209
Keller, Kurt, Creative Director - Phire Group; *pg*. 397
Keller, Liz, Executive Vice President, Planning & Insights - Weber Shandwick; *pg*. 662
Keller, Mara, Social Strategist - Fallon Worldwide; *pg*. 70
Keller, Melissa, Managing Director - Broadbeam Media; *pg*. 456
Keller, Michael, Vice President, Analytics - Giant Spoon, LLC; *pg*. 363
Keller, Shannan, Business Development Manager - 30 Lines; *pg*. 207
Keller, Shaunna, Director, Strategy & Innovation & Digital Lead - Brand Content; *pg*. 42
Keller, Susannah, Executive Vice President & Global Account Director - BBDO Worldwide; *pg*. 331
Keller, Wade, Director, Creative - Quaker City Mercantile; *pg*. 131
Keller McCoy, Michaela, Vice President, Client Services - NCompass International; *pg*. 390
Kellett, Bill, President - Kellett Communications; *pg*. 94
Kelley, Austin, Art Director - BVK; *pg*. 339
Kelley, Bert, Partner & Executive Producer - Davis Elen Advertising; *pg*. 58
Kelley, Brian, Senior Copywriter - MGH Advertising ; *pg*. 387
Kelley, Brian, Vice President, Public Relations & Employee Engagement - Sage Communications, LLC; *pg*. 409
Kelley, Erin, Associate Director - PHD Chicago; *pg*. 504
Kelley, Gregory, Senior Vice President - Feinstein Kean Healthcare; *pg*. 603
Kelley, Jacki, Chief Executive Officer - Americas - Dentsu Aegis Network; *pg*. 61
Kelley, Jay, Director, Performance Marketing - BrandMuscle; *pg*. 337
Kelley, Kara, President - Asher Agency; *pg*. 327
Kelley, Kelley, Supervisor, Media - TracyLocke; *pg*. 683
Kelley, Kristin, Vice President & Director - Golin; *pg*. 609
Kelley, Kyle, Art Director - The Richards Group, Inc.; *pg*. 422
Kelley, Mike, Vice President & Planning Director - The Martin Agency; *pg*. 421
Kelley, Page, Account Director - Mighty Roar; *pg*. 250
Kelley, Paul, Vice President & Creative Director - Global Team Blue - GTB; *pg*. 367
Kelley, Shawn, Executive Creative Director - HMH; *pg*. 86
Kelley, Stephen, Principal Scientist - Hawthorne Advertising; *pg*. 285
Kelley, Tom, Partner - IDEO ; *pg*. 187
Kelley, Troy, Executive Vice President & Group Account Director - Deutsch, Inc.; *pg*. 350
Kelliher, Linda, Chief Creative Director & Founder - Kelliher Samets Volk; *pg*. 94
Kellner, Ashlyn, Senior Designer - ABZ Creative Partners; *pg*. 171
Kellner, Doug, Director, Strategy & Account Services - Macias Creative; *pg*. 543
Kellner, Scott, Vice President, Marketing - The George P. Johnson Company; *pg*. 316
Kellogg, Jackie, Executive Strategy Director - Simantel Group; *pg*. 142
Kellogg, Jake, Vice President & Creative Director - Point to Point; *pg*. 129
Kellogg, Katie, Senior Campaign Manager & Media Outreach - PlowShare Group, Inc.; *pg*. 128
Kellogg, Leigh, Vice President & Director, Analytics - 22squared Inc.; *pg*. 319
Kellogg, Rebecca, Account Executive - Texas Creative; *pg*. 201
Kellum, Court, Manager, Digital Marketing - AdvertiseMint ; *pg*. 211
Kellum, Sean, Vice President, Business Development - AccuData America; *pg*. 279
Kelly, Alexis, Office Administrator - Media Dimensions Limited; *pg*. 485
Kelly, Ali, Associate Director, Marketing - Empower; *pg*. 354
Kelly, Alissa, Owner - PR Plus, Inc.; *pg*. 638
Kelly, Amanda, Vice President & Group Director, Project Management - Digitas; *pg*. 226
Kelly, Blaire, Planning Supervisor - Carat; *pg*. 459
Kelly, Caitlin, Vice President - Alison Brod Public Relations; *pg*. 576
Kelly, Chip, Associate Creative Director & Copywriter - Leo Burnett Worldwide; *pg*. 98
Kelly, Chris, Vice President, Planning - Carat; *pg*. 459
Kelly, Christen, Senior Associate, Integrated Investment - Universal McCann; *pg*. 521
Kelly, Christy, Vice President & Group Account Director - Gatesman; *pg*. 76
Kelly, Claire, Account Coordinator, Digital Strategy - Berk Communications; *pg*. 583
Kelly, Claire, Account Executive - DPR Group, Inc.; *pg*. 598
Kelly, Daniel, Creative Director - Droga5; *pg*. 64
Kelly, David, Vice President & Media Director - BVK; *pg*. 339
Kelly, Denny, President - Bouvier Kelly, Inc. ; *pg*. 41
Kelly, Doug, Executive Vice President & Design Director - Imagination Publishing, LLC; *pg*. 187
Kelly, Elona, Director, Strategic Sources - DCG ONE; *pg*. 58
Kelly, Emily, Account Executive - Shine United; *pg*. 140
Kelly, Erin, Group Director, Client Development & Marketing - BrandTrust, Inc.; *pg*. 4
Kelly, Erin, Vice President & Associate Media Director - Mediahub Boston; *pg*. 489
Kelly, Evan, Brand Director, Strategy - Hearts & Science; *pg*. 471
Kelly, Garrett, Media Director - Spark Foundry; *pg*. 510
Kelly, Gavin, Chief Executive Officer -

874

AGENCIES — PERSONNEL

Kelly, Harriott, Partner, Portfolio Management - Universal McCann; pg. 521

Kelly, Heather, Chief Executive Officer - SSPR; pg. 649

Kelly, Jay, President & Co-Founder - Converge Consulting; pg. 222

Kelly, Jenna, Supervisor, Digital Media - Horizon Media, Inc.; pg. 474

Kelly, Jill, Chief Marketing Officer - U.S. - GroupM; pg. 466

Kelly, Joe, Global Chief Talent Officer - McCann New York; pg. 108

Kelly, Joe, Executive Vice President - Vanguard Communications; pg. 658

Kelly, Joe, Director, Client Partnerships - Omobono; pg. 687

Kelly, Jon, Chief Operating Officer - Agency 850; pg. 1

Kelly, Kaitlin, Account Director - Havas Sports & Entertainment; pg. 307

Kelly, Kayla, Marketing Manager - Database Marketing Group, Inc.; pg. 281

Kelly, Kel, Founder & Chief Executive Officer - Kel & Partners; pg. 619

Kelly, Kevin, President & Chief Growth Officer - Bigbuzz Marketing Group; pg. 217

Kelly, Kevin, Vice President, Managing Director & Media Director - KSM South; pg. 482

Kelly, Krista, Group Account Director - Carmichael Lynch; pg. 47

Kelly, Kristen, Senior Media Planner - MODCoGroup; pg. 116

Kelly, Laura, Vice President, Media Director - Mediahub Los Angeles; pg. 112

Kelly, Lawson, Assistant - Posterscope U.S.A.; pg. 556

Kelly, Leah, Senior Account Manager - AMP Agency; pg. 297

Kelly, Liz, Executive Vice President, Broadcast Media Director - USIM; pg. 525

Kelly, Marie, Senior Vice President, Experiential - Grey Group; pg. 365

Kelly, Matt, Vice President & Director - Digital Strategy - BCW Chicago; pg. 581

Kelly, Michelle, Vice President - The Zimmerman Agency; pg. 426

Kelly, Morgan, Group Brand Director, Lifestyle & Startup Brands - DiMassimo Goldstein; pg. 351

Kelly, Natalie, Project Manager - Miles Media Group, LLP; pg. 387

Kelly, Patrick, Managing Partner & Founder - barrettSF; pg. 36

Kelly, Paul, Portfolio Manager - Universal McCann; pg. 521

Kelly, Peter, Associate Activation Director - Essence; pg. 232

Kelly, Rachael, Art Director - BBDO San Francisco; pg. 330

Kelly, Renee, Director, Media Outreach - Williams Whittle; pg. 432

Kelly, Richard, Director, Digital Media - Horizon Media, Inc.; pg. 474

Kelly, Ryan, Senior Partner & Programmatic Practice Lead - Wavemaker; pg. 526

Kelly, Shawn, Executive Creative Director, Copywriting - Bandujo Donker & Brothers; pg. 36

Kelly, Stephanie, Vice President & Group Director, Creative Strategy - Digitas; pg. 227

Kelly, TJ, Vice President & Group Partner, Strategy - Universal McCann; pg. 521

Kelly, Tom, Managing Director - Omobono; pg. 687

Kelly, Ty, Senior Strategist, Search - Global Strategies; pg. 673

Kelly, Whitt, Senior Account Executive - Turner Public Relations; pg. 657

Kelly-Landberg, Katie, Vice President & Supervisor, Management - Periscope; pg. 127

Kelowitz, Jared, Senior Director, Sports Group - Jeff Dezen Public Relations; pg. 617

Kelsch, Chris, Manager, Studio - Wieden + Kennedy; pg. 432

Kelsch King, Rose, Senior Account Manager - Brink Communications; pg. 337

Kelsen, Jennifer, Digital Campaign Manager - The Ohlmann Group; pg. 422

Kelsen, Matt, Director, Creative - Argonaut, Inc.; pg. 33

Kelso, Caroline, Director, Operations - StoreBoard Media LLC; pg. 557

Kelson, Chelsea, Senior Specialist, Local Investment - Initiative; pg. 478

Kember, Henry, Associate Creative Director - Droga5; pg. 64

Kemble, John, Executive Vice President & Creative Producer - Dudnyk Exchange; pg. 66

Kemble, Kori, Manager, Account - iProspect; pg. 674

Kemler McDonald, Marissa, Director, Strategic Planning - Fuse, LLC; pg. 8

Kemmer, Dawn, Account Supervisor - OH Partners; pg. 122

Kemmer, Kim, Director, Customer Insight - Flint Communications, Inc.; pg. 359

Kemmit, Laurie, Vice President, Partnerships - Spectra; pg. 315

Kemp, Alex, Digital Strategist - Cardinal Digital Marketing; pg. 220

Kemp, AnnMarie, Vice President, Engagement & Influence - Cronin; pg. 55

Kemp, Bryan, Vice President, Channel Engagement Director - The Buntin Group; pg. 148

Kemp, Carl, Indirect Sourcing Manager - Kroger Media Services; pg. 96

Kemp, Denna, Media Director - Kemp Advertising + Marketing; pg. 378

Kemp, Jon, President - Kemp Advertising + Marketing; pg. 378

Kemp, Mary, Co-Founder & President - Ideas that Kick; pg. 186

Kemper, Jill, President - McKenzie Wagner, Inc.; pg. 111

Kemper, Scott, Senior Vice President & Executive Producer - Leo Burnett Worldwide; pg. 98

Kempf, Pat, Vice Chairman - Moroch Partners; pg. 389

Kempner, Michael, Founder & Chief Executive Officer - MWWPR; pg. 630

Kempske, Kevin, President & Chief Operation Officer - gkv; pg. 364

Kempski, Luke, President - JPL - Paskill, Stapleton & Lord; pg. 256

Kendall, Chris, Chief Technology Officer, Information Technology Director & Senior Developer - Entermedia; pg. 231

Kendall, Clint, President - Allied Integrated Marketing; pg. 576

Kendall, Kylie, Account Supervisor - Mediahub Los Angeles; pg. 112

Kendall, Lynn, Manager, Production - Young & Laramore; pg. 164

Kendig, Chuck, Chief Executive Officer - Omnicom Group; pg. 123

Kendrick, Emily, Director - Civilian Projects - CHIEF; pg. 590

Kendrick, Kyle, Senior Designer - Twenty Four-Seven, Inc.; pg. 203

Kendrick, Meredith, Management Supervisor - The Woo Agency; pg. 425

Kenealy, Katy, Vice President - Method Communications; pg. 386

Kenealy, Ryan, Associate Creative Director - Envisionit Media, Inc.; pg. 231

Kenefick, Jim, Creative Director - Devine Communications; pg. 62

Kenger, Dan, Vice President, Creative - Pattern; pg. 126

Kennedy, Aaron, President & Chief Executive Officer - Flynn Wright, Inc.; pg. 359

Kennedy, Amanda, Senior Manager, Client Services - Hahn Public Communications; pg. 686

Kennedy, Amy, Senior Vice President, Public Relations - Golin; pg. 609

Kennedy, Ann, General Manager, Global Data - BazaarVoice, Inc.; pg. 216

Kennedy, Brendan, Director, New Media - Mower; pg. 628

Kennedy, Bryan, Chief Executive Officer - Epsilon; pg. 282

Kennedy, Caitlin, Director, Business Leadership & Digital Strategy - Blue Chip Marketing & Communications; pg. 334

Kennedy, Caroline, President - Karma Agency; pg. 618

Kennedy, Casey, Associate Art Director - Inferno, LLC; pg. 374

Kennedy, Coni, Partner & Vice President, Creative - LA, Inc.; pg. 11

Kennedy, Emily, Vice President, Trading Strategy - Amnet; pg. 454

Kennedy, Erika, Account Supervisor - Davis Harrison Dion Advertising; pg. 348

Kennedy, Erin, Executive Strategy Director - Simantel Group; pg. 142

Kennedy, Heath, Vice President, Digital Strategy - Brothers & Co.; pg. 43

Kennedy, Janel, Vice President, Account Services - HEILBrice; pg. 84

Kennedy, Jess, Senior Digital Media Strategist - ZLR Ignition; pg. 437

Kennedy, John, Manager, Business Development - BlackWing Creative; pg. 40

Kennedy, Kevin, Managing Partner & Executive Vice President - Campbell Marketing and Communications; pg. 339

Kennedy, Kristie, Media Buyer - Lewis Advertising, Inc.; pg. 380

Kennedy, Laura, Executive Vice President, Finance - Maier Advertising, Inc.; pg. 103

Kennedy, Leah, Project Management Lead - Beauty Team - McCann New York; pg. 108

Kennedy, Maria, Account Manager - Moxie Communications Group; pg. 628

Kennedy, Mark, Marketing Manager - Advance Design Interactive; pg. 211

Kennedy, Maury, General Manager, Social Media - SFW Agency; pg. 16

Kennedy, Megan, Senior Account Executive - Rapport Outdoor Worldwide; pg. 556

Kennedy, Meghan, Digital Supervisor - Media Experts; pg. 485

Kennedy, Nina, Assistant Media Planner & Buyer - Crossmedia; pg. 463

Kennedy, Patricia, Associate Director, Media - Zenith Media; pg. 531

Kennedy, Scott, Creative Director - Infinity Direct; pg. 286

Kennedy, Shane, President & General Manager - Brewco Marketing; pg. 303

Kennedy, Stephanie, Senior Vice President - ShopPR; pg. 647

Kennedy, Timothy, Vice President, Advertising Sales - Enlighten; pg. 68

Kennedy, Hugh, Executive Vice President, Planning & Partner - PJA Advertising + Marketing; pg. 397

Kennedy Hunter, Colleen, Supervisor, Media - Amelie Company; pg. 325

Kenner, Rob, Executive Editor - Mass Appeal; pg. 562

Kenney, Debbie, Supervisor, Video Investment - Powerphyl Media Solutions; pg. 506

PERSONNEL   AGENCIES

Kenney, Nora, Events Coordinator - Cashman & Associates; pg. 589
Kenney, Rick, Chief Operating Officer - ST&P Communications, Inc.; pg. 412
Kenney, Tom, Principal Owner - PP+K; pg. 129
Kennish, Fran, Senior Partner & Director, Strategic Planning - MEC - Wavemaker; pg. 526
Kennon, Josh, Marketing & Development Manager - Visibility and Conversions; pg. 159
Kenny, Bryan, Senior Account Executive - Derse, Inc.; pg. 304
Kenny, Bryn, Co-Founder - MBA Partners; pg. 626
Kenny, Case, Senior Director, Sales - Amobee, Inc.; pg. 213
Kenny, Julie, Managing Director - Crossmedia; pg. 463
Kenny, Kate, Vice President - BCW New York; pg. 581
Kenny, Katherine, Supervisor, Media Planning - Carat; pg. 459
Kenny, Lori, Media Director - The Sussman Agency; pg. 153
Kenny, Melissa, Account Manager - Derse, Inc.; pg. 304
Kenny, Tom, Vice President, Strategy - BBDO Canada; pg. 330
Kenny, Victoria, Analyst - Campbell Ewald; pg. 46
Kent, Bob, President & Sales Director - Timmons & Company ; pg. 426
Kent, Gina, Vice President - Vault Communications, Inc.; pg. 658
Kent, Harvey, Vice President - Strata; pg. 267
Kent, Katie, Head, Project Management - CKR Interactive, Inc.; pg. 220
Kent, Kelly, Media Director - Runyon Saltzman Einhorn; pg. 645
Kent, Kevin, President & Creative Director - Metropolis Advertising, Inc.; pg. 386
Kent, Matthew, Associate Director, Account Management - Rise Interactive; pg. 264
Kenworthy, Howard, Senior Vice President - Brogan Tennyson Group, Inc.; pg. 43
Kenyon, Danielle, Director, Sales - Outfront Media; pg. 554
Kenyon, John, Associate Media Director, Digital Partnerships - Initiative; pg. 477
Keogh, Devin, Director, Strategic Planning - Mindshare; pg. 491
Keogh, Tom, Managing Director, Brands & Environments - Bruce Mau Design; pg. 176
Keohane, Chris, Integrated Project Manager - Fuseideas, LLC; pg. 306
Keohane, Kerry, Manager, Special Projects - Gear Communications; pg. 76
Keough Raj, Jennifer, Director, Content & Research - Morrison; pg. 117
Keown, Jimmy, Vice President & Director, Growth Strategy - Barkley; pg. 329
Kerans, Kate, Global Account Director - DDB Chicago; pg. 59
Kerasek, Barbara, Co-Owner & Chief Executive Officer - Paradise; pg. 396
Kerch, Jessica, Manager, Data & Analysis - Digitas; pg. 226
Keresteci, Garo, Founding Partner - Fuse Marketing Group, Inc.; pg. 8
Kerestegian, Nicholas, Vice President, Business Strategy & Operations - Republica Havas; pg. 545
Keresztes, Aniko, Vice President, Network Management & Partnerships - Starcom Worldwide; pg. 517
Kerge, Steve, Principal, Business Development - Spark451, Inc.; pg. 411
Kerho, Steve, Executive Vice President & Chief Strategy Officer - Accenture Interactive; pg. 209

Kerlick, Alexander, Strategy Director - Rodgers Townsend, LLC; pg. 407
Kermode, Samantha, Senior Marketing Consultant - Investis Digital; pg. 376
Kern, Heinz, Vice President - Tamar Productions; pg. 316
Kern, Jennifer, Group Media Director - Carmichael Lynch; pg. 47
Kern, Russell, President - KERN; pg. 287
Kern, Russell, Creative Director - ST&P Communications, Inc.; pg. 412
Kern, Shane, Chief Financial Officer - 3Q Digital; pg. 208
Kernahan, Heather, President - North America - Hotwire PR; pg. 614
Kernan, Colleen, Director, Public Relations - Pinckney Hugo Group; pg. 128
Kernan, Ed, Group Director, Strategy - OMD West; pg. 502
Kernan, Julia, Strategist, SEO Content - Visiture; pg. 678
Kerneklian, Steve, Vice President & Director, Creative Services - Ripple Street; pg. 687
Kerner, Deborah, Vice President & Strategic Leader, Beauty Division & Social Media - Terman Public Relations; pg. 652
Kerner, Kevin, Chief Executive Officer & Founder - Mighty & True; pg. 250
Kerns, Carey, Senior Account Manager - The Hoffman Agency; pg. 653
Kerns, Rob, Digital Analyst - Wilson Creative Group, Inc.; pg. 162
Kerns, Steve, General Manager - WE Communications; pg. 660
Kerns Lowry, Corinne, Senior Partner & Managing Director - Joint Head, Client Services - Ogilvy; pg. 393
Kerpen, Carrie, Co-Founder & Chief Executive Officer - Likeable Media; pg. 246
Kerpen, Dave, Co-Founder & Chairman - Likeable Media; pg. 246
Kerper Dornheim, Tiffany, Media Director - Harmelin Media; pg. 467
Kerr, Carolyn, Director, Account Management - The Shipyard; pg. 270
Kerr, Jason, Associate Creative Director - Anomaly; pg. 326
Kerr, Jim, Senior Vice President & Director, Client Services - Triton Digital; pg. 272
Kerr, Tom, Co-Owner - CK Advertising; pg. 220
Kerr Redniss, Andrea, Executive Vice President - MediaLink; pg. 386
Kerrigan, Deirdre, Vice President & Executive Account Director - Integrated Merchandising Systems; pg. 286
Kerrin, Chris, Associate Director, Paid Social - MediaCom; pg. 487
Kersey, Dave, Senior Vice President & Group Director, Signature Experiences & Consumer Products - Disney Parks & Resorts - Carat; pg. 459
Kershaw, Noah, Senior Product Manager, Technology & Data Services - Kepler Group; pg. 244
Kerski, Karen, Owner - Catalpha Advertising & Design, Incorporated ; pg. 340
Kersting, Liam, Manager, Technology & Activation Group - Spark Foundry; pg. 508
Kerszko, Jill, Vice President, Content - Spark Foundry; pg. 508
Kertis, Stephen, President & Founder - Kertis Creative; pg. 95
Kerttu, Kurt, Senior Vice President, Operations - J.R. Thompson Company; pg. 91
Kerwin, Jessica, Vice President, Product - Publicis North America; pg. 399
Kerwin, Melissa, Director, Paid Social Media - 360i, LLC; pg. 207
Kesaji, Natasha, Director, Account Services - O'Keefe Reinhard & Paul; pg. 392

Kesler, Margo, Founder - MMPR Marketing; pg. 116
Kesling, Khris, Creative Director - Pavlov; pg. 126
Kessel, Judy, Founder & Chairperson - StoneArch Creative; pg. 144
Kesselhaut, Leighsa, Senior Executive Vice President - PIMS ; pg. 128
Kesselman, Angela, Associate Director - C Space; pg. 443
Kessen, Erin, Designer, NELSON - FRCH Design Worldwide; pg. 184
Kessen, Steve, Chief Executive Officer - Fathom; pg. 673
Kesser, Mary Rose, Media Supervisor - Mediahub New York; pg. 249
Kessler, Ben, Chief Financial Officer - 7Summits; pg. 209
Kessler, Julie, Senior Vice President & Group Director - Carat; pg. 459
Kessler, Lorraine, Principal, Strategy & Business Development - Innis Maggiore Group; pg. 375
Kessler, Megan, Senior Vice President - PAN Communications; pg. 635
Kessler, Monica, Managing Partner - Ove Design & Communications Limited; pg. 193
Kessler, Patti, Media Director - RS & K; pg. 408
Kessous, David, Vice President & Creative Director, Design - LG2; pg. 380
Kesten, Amanda, Senior Associate, Paid Search - Mindshare; pg. 494
Kester, Katie, Supervisor, Media Services - rEvolution; pg. 406
Keszei, Matthew, Supervisor, Strategy & Media - The Motion Agency; pg. 270
Ketchell, Kim, Executive Vice President, Account Planning & Integration - Saatchi & Saatchi Wellness; pg. 137
Ketchiff, Nancy, Partner - Charles Beardsley Advertising; pg. 49
Ketchiff, Price, Director, Business Development - Charles Beardsley Advertising; pg. 49
Ketchum, Greg, Executive Vice President & Executive Creative Director - BBDO Worldwide; pg. 331
Ketchum, Taylor, Vice President & Director, Public Relations & Social Media - Jones Public Relations, Inc. ; pg. 617
Ketchum, Will, President & Chief Executive Officer - Burdette l Ketchum; pg. 587
Ketel, Jerry, Creative Director - Leopold Ketel & Partners; pg. 99
Ketter, Rich, Vice President, Global Server Infrastructure - Corporate MIS - Edelman; pg. 353
Ketterer, Stephen, Senior Art Director - Manzella Marketing Group; pg. 383
Kettering, Paola, Media Buyer - DirectAvenue, Inc.; pg. 282
Kettle Larson, Julia, Director, Human Resources - Qorvis Communications, LLC; pg. 640
Kettler, Moritz, Director, Creative Strategy - Code and Theory; pg. 221
Keunen, Alison, Managing Supervisor - FleishmanHillard; pg. 605
Keuning, John, Creative Director & Owner - Out There Advertising; pg. 395
Keuning, Kim, President & Owner - Out There Advertising; pg. 395
Keusseyan, Zaven, Associate Director, Regional Strategy - Canvas Worldwide; pg. 458
Kevelson, Austin, Digital Investment Supervisor - OMD; pg. 498
Kevill, Adriana, Senior Vice President, Marketing - Recruitics; pg. 404
Key, Leah, Director, Omnichannel Media - The

AGENCIES

PERSONNEL

Mars Agency; *pg.* 683
Key, Michele, Senior Manager, Portfolio Management - Universal McCann; *pg.* 521
Keyes, Chelsea, Senior Account Executive - Lippe Taylor; *pg.* 623
Keyes, Chris, Account Supervisor, Client Services - IMG LIVE; *pg.* 308
Keyes, Kaela, Senior Buyer, Digital Investments - Havas Media Group; *pg.* 470
Keyes, Stephen, Vice President - Key-Ads, Inc.; *pg.* 553
Keyes Jr., Nick, Vice President & National Sales Manager - Key-Ads, Inc.; *pg.* 553
Keyes Sr., Nicholas, President - Key-Ads, Inc.; *pg.* 553
Keyler, Jane, Marketing Specialist - Adpearance; *pg.* 671
Khajenouri, Ally, Account Supervisor - FCB Chicago; *pg.* 71
Khajooei-Kermani, Natasha, Strategy Supervisor - PHD USA; *pg.* 505
Khalid, Aryana, Managing Director, Health & Wellness - Glover Park Group; *pg.* 608
Khalid, Zaki, Account Executive, PG One - Saatchi & Saatchi X; *pg.* 682
Khalil, Adam, Group Director, Digital Investment - OMD; *pg.* 498
Khalil, Emily, Vice President, Production - Firstborn; *pg.* 234
Khalil, Kellee, Partner - Engage Media Group; *pg.* 231
Khan, Asif, Vice President, Strategy & Analytics - Attention; *pg.* 685
Khan, Ela, Senior Analyst, Data Science - Publicis.Sapient; *pg.* 259
Khan, Farris, Group Director, Strategy & Insights - VMLY&R; *pg.* 274
Khan, Irfan, Creative Director - Zulu Alpha Kilo; *pg.* 165
Khan, Mahmood, Senior Vice President, Digital Media & Analytics - Risdall Marketing Group; *pg.* 133
Khan, Sabena, Associate Director, Media - Mindshare; *pg.* 491
Khan, Shazzia, Global Chief of Staff & Chief Talent Officer - Havas Health & You; *pg.* 82
Khan-Irani, Sherene, Media Director - Starmark International, Inc.; *pg.* 412
Khanjian, Hayk, Chief Operating Officer - VT Pro Design; *pg.* 564
Khanna, Rick, Associate Creative Director - BrightWave Marketing, Inc.; *pg.* 219
Khara, Monish, Graphic Designer - Cummins&Partners; *pg.* 347
Khattar, Monica, Account Supervisor - Qorvis Communications, LLC; *pg.* 640
Khaykin, Anthony, Group Data Strategy Director - Droga5; *pg.* 64
Khemani, Karina, Senior Media Manager, Paid Social - 360i, LLC; *pg.* 320
Khemlani, Dhiren, Executive Director, Business Leadership - Forsman & Bodenfors; *pg.* 74
Khersonsky, Kristina, Account Executive, Experiential - Lexus - Team One; *pg.* 417
Khill, Milly, Account Supervisor - Leo Burnett Toronto; *pg.* 97
Khoo, Jamie, Associate Director, Marketing Sciences - Mindshare; *pg.* 491
Khorana, Vikas, Chief Technology Officer & Chief Strategy Officer - Ntooitive Digital; *pg.* 254
Khoshnoud, Babak, Co-Founder & Creative Director - Yours Truly; *pg.* 300
Khosid, Phillip, Co-Founder & Chief Creative Officer - Battery; *pg.* 330
Khosrorad, Atash, Director, Account - Track DDB; *pg.* 293
Khuchua, Gosha, Managing Partner & Head, Media - Fetch; *pg.* 533

Khurana, Arjun, Associate Director, Media & Structured Data - 360i, LLC; *pg.* 208
Khurana, Nancy, Vice President & Director, Strategic Planning - FCB Chicago; *pg.* 71
Khuri, Anwar, Executive Producer - The Escape Pod; *pg.* 150
Kibort, Nancy, Vice President & Director - Weber Shandwick; *pg.* 661
Kichline, Mike, Chief Executive Officer - Yesler; *pg.* 436
Kidd, Carter, Chief Operating Officer & Senior Vice President - Campaign Solutions; *pg.* 219
Kidd, Chris, Manager, Client Relations - Carleton Public Relations Inc.; *pg.* 588
Kidd, David, Vice President, Digital Marketing - SteadyRain; *pg.* 267
Kidd, Marc, Chief Executive Officer - Captivate Network, Inc.; *pg.* 550
Kidd, Roshel, Account Director - Leo Burnett Toronto; *pg.* 97
Kiddy, Janet, Associate Media Director - Blue 449; *pg.* 455
Kides, Judy, Senior Finance Director & Vice President, Operations - BioLumina; *pg.* 39
Kidger, Shannon, Supervisor, Digital Investments - Havas Media Group; *pg.* 470
Kidman, Kristin, Vice President, Client Services - RedPeg Marketing; *pg.* 692
Kidwai, Maryam, Community Manager - Colangelo & Partners; *pg.* 591
Kidwell, Chris, Founder & Managing Partner, Head of Client Services - Clixo; *pg.* 221
Kief, Christopher, Head, Technology - 360i, LLC; *pg.* 320
Kiefer, Jason, Partner & Chief Commercial Officer - Billups, Inc; *pg.* 550
Kiefer, Scott, Principal & Vice President - The Oliver Group; *pg.* 667
Kieffer, Jamie, Managing Director, Client Strategy - Edelman Chicago - Edelman; *pg.* 353
Kiehn, Shannon, Director, Operations - Appency; *pg.* 32
Kiel, Bob, Vice President, Creative Director - Ferguson Advertising, Inc.; *pg.* 73
Kieler, Tiffini, Creative Director - Amperage; *pg.* 30
Kielhofer, Barb, Associate Director, Data Architecture - Spark Foundry; *pg.* 512
Kielmanowicz, Brenda, Senior Director, Travel & Tourism - Berk Communications; *pg.* 583
Kielty, Brian, Chief Financial & Operating Officers - Healthcare Consultancy Group; *pg.* 83
Kieltyka, Zachary, Vice President & Management Director - FCB Chicago; *pg.* 71
Kiely, Michelle, Execuitve Vice President & Global Strategy Director - M:United//McCann; *pg.* 102
Kiely, Stephen, President & Chief Executive Officer - DentsuBos Inc.; *pg.* 61
Kiernan, Brendan, Global Managing Director - Helo; *pg.* 307
Kiernan, Bruce, Senior Vice President & Head, Accounts & Performance - Reprise Digital; *pg.* 676
Kiernan, Eileen, Global Chief Executive Officer - Universal McCann; *pg.* 521
Kiernan, James, Vice President, Client Development - The Trade Desk; *pg.* 520
Kiernan II, Steve, Chief Executive Officer - Algonquin Studios; *pg.* 212
Kiesel, Ed, Creative Director - CK Advertising; *pg.* 220
Kieser, Brian, Associate Media Director - Periscope; *pg.* 127
Kiewert, Lorna, Account Director - 3Points Communications; *pg.* 573
Kifle, Lieham, Account Coordinator, Portables - Sparks; *pg.* 315

Kigler, Matt, Supervisor - ESPN - Starcom Worldwide; *pg.* 517
Kihlstrom, Greg, Chief Technology Officer - Yes&; *pg.* 436
Kiker, Eric, Partner & Chief Strategy Officer - LRXD; *pg.* 101
Kiker, John, Executive Vice President, Client Leadership & Business Development Director - The Integer Group - Dallas; *pg.* 570
Kilbride, Cristin, Group Account Director - OMD; *pg.* 498
Kilburn, Shelley, Creative Production Manager - Veritone One; *pg.* 525
Kilby, Tina, Business Development Specialist - Structural Graphics, LLC; *pg.* 569
Kilcoyne, Aaron, Chief of Staff - Gregory Welteroth Advertising; *pg.* 466
Kilday, Kristi, Chief Executive Officer - KO Creative; *pg.* 298
Kilduff, Kolleen, Senior Art Director - Devaney & Associates; *pg.* 351
Kile, Lisa, Head, Delivery - Healthcare Vertical - Publicis.Sapient; *pg.* 259
Kiley, Mike, President, Account Manager & Media Buyer - MediaDex LLC; *pg.* 489
Kilimnik, David, Chief Executive Officer - Hero Digital; *pg.* 238
Kilkes, Chris, Client Solutions Director - Kepler Group; *pg.* 244
Killary, Kade, Data Scientist & Engineer - Crossmedia; *pg.* 463
Killebrew, Katherine, Director, Programmatic - Spark Foundry; *pg.* 510
Killeen, Gerry, Executive Vice President & Managing Director, Creative Services - Publicis North America; *pg.* 399
Killeen, Heidi, Senior Manager, Business Affairs - Goodby, Silverstein & Partners; *pg.* 77
Killeen, Katherine, Supervisor, Analytics - Havas Media Group; *pg.* 468
Killeen, Mike, Vice President, Marketing - Lenz, Inc.; *pg.* 622
Killelea, Kelly, Group Director, Digital Strategy & Operations - KWG Advertising, Inc.; *pg.* 96
Killenberg Muzik, Jessica, Vice President, Account Services - Bianchi Public Relations, Inc.; *pg.* 583
Killgore, Ian, Supervisor, Digital Activation - OMD; *pg.* 498
Killgour, Simona, Chief Operating Officer - WiT Media; *pg.* 162
Killian, Annalie, Director, Human Networks - Sparks & Honey; *pg.* 450
Killian, Mike, Chief Financial Officer - Cooper-Smith Advertising; *pg.* 462
Killion, Ashley, Assistant Media Planner - Carat; *pg.* 459
Killion, Stephen, Associate Creative Director - Leviathan; *pg.* 189
Killoren, Emily, Senior Vice President - Edelman; *pg.* 353
Kilman, Lisa, Associate Manager, Integrated Media Planning - OMD West; *pg.* 502
Kilmer, Brenda, Principal & President - K2MD; *pg.* 93
Kilmer, Richard, Principal, Vice President, & Creative Director - K2MD; *pg.* 93
Kilpatrick, Brian, Vice President, Digital Marketing - 14th & Boom; *pg.* 207
Kim, Aaron, Manager, Digital Investment - Mindshare; *pg.* 491
Kim, Angelina, Director, Digital & Partner - MediaCom; *pg.* 487
Kim, Anna, Senior Manager - HS Ad; *pg.* 87
Kim, Artur, Director, Front-End Development - Nebo Agency, LLC; *pg.* 253
Kim, Binna, President & Co-Founder - Vested; *pg.* 658

877

Kim, Brian, Associate Director, Strategy - Spark Foundry; *pg.* 510
Kim, Carolyn, Senior Director, Marketing Science - Hearts & Science; *pg.* 471
Kim, Cecilia, Account Manager - Citizen Relations; *pg.* 590
Kim, Chang, Senior Vice President & Global Managing Partner - Universal McCann; *pg.* 521
Kim, Chris, Managing Director - Radical Media; *pg.* 196
Kim, Christine, Vice President, Marketing Services - RateSpecial Interactive LLC; *pg.* 262
Kim, Clara, Vice President & Director, Project Management - Deutsch, Inc.; *pg.* 349
Kim, Debbie, Program Management - DeSantis Breindel; *pg.* 349
Kim, Delilah, Senior Art Director - 160over90; *pg.* 301
Kim, DJ, Media Director - MediaCom; *pg.* 487
Kim, Dong, Group Communication Strategy Director - Goodby, Silverstein & Partners; *pg.* 77
Kim, Emily, Senior Insights & Data Strategist - Pereira & O'Dell; *pg.* 256
Kim, Erica, Director, Performance Marketing & Brand - Innocean USA; *pg.* 479
Kim, Hannah, Operations Manager - Single Grain; *pg.* 265
Kim, Hansol, Managing Director - FTI Consulting; *pg.* 606
Kim, Hansoul, Account Director, Digital & Social - Saatchi & Saatchi Los Angeles; *pg.* 137
Kim, Heeseung, Senior Manager, Content & Strategy - The Foundry @ Meredith Corp; *pg.* 150
Kim, Heesun, Managing Director, Creative & Vice President - FRCH Design Worldwide; *pg.* 184
Kim, Howard, Creative Director - Commix Communications, Inc.; *pg.* 592
Kim, James, Vice President, Client Services - Ayzenberg Group, Inc.; *pg.* 2
Kim, Jane, Vice President, Account Management - Team Epiphany; *pg.* 652
Kim, Janie, Partner, Senior Director - Wavemaker; *pg.* 528
Kim, Jay, President - Aaaza; *pg.* 537
Kim, Jessica, Director, Internal Operations - iX.co; *pg.* 243
Kim, Ji, Group Account Director - PHD USA; *pg.* 505
Kim, Jin, Chief Executive Officer - Creative Digital Agency; *pg.* 222
Kim, Joanne, Partner & Chief Diversity Officer - Marcus Thomas; *pg.* 104
Kim, John, Associate Brand Group Director - Horizon Media, Inc.; *pg.* 474
Kim, Joshua, Digital Media Analyst - Horizon Media, Inc.; *pg.* 473
Kim, Joy, Communications Planning Supervisor - Carat; *pg.* 459
Kim, JuHee, Executive Vice President, Media - VaynerMedia; *pg.* 689
Kim, Julie, Director, Operations - Wonacott Communications, LLC; *pg.* 663
Kim, Julius, Assistant Strategist - Hearts & Science; *pg.* 473
Kim, Justin, Manager, Digital Investment - Mindshare; *pg.* 491
Kim, Kelly, Supervisor, Ad Operations - 360i, LLC; *pg.* 208
Kim, Kenny, Group Creative Director - Aloysius Butler & Clark; *pg.* 30
Kim, Kun Yang, Senior Vice President & Director, Client Services - Pacific Communications; *pg.* 124
Kim, Kyung, Senior Vice President, Digital Activation - Horizon Media, Inc.; *pg.* 474

Kim, Linda, Vice President & Director, Digital Production - RPA; *pg.* 134
Kim, Lois, Digital Media Supervisor - Horizon Media, Inc.; *pg.* 473
Kim, Manuel, Senior Associate, Portfolio Management - Universal McCann; *pg.* 521
Kim, Mary, Associate Director, Media - Asher Media; *pg.* 455
Kim, Matthew, Director, Ad Operations - NOM; *pg.* 121
Kim, Michael, Director, Marketing Analytics - Performics; *pg.* 676
Kim, Moon, Senior Vice President, Corporate Practice - M Booth & Associates, Inc.; *pg.* 624
Kim, Nellie, Partner, Vice President & Executive Creative Director - LG2; *pg.* 380
Kim, Patricia, Digital Director - Spark Foundry; *pg.* 508
Kim, Pearl, Media Buyer - Icon Media Direct; *pg.* 476
Kim, Peter, President & Chief Creative Officer - Mortenson Kim; *pg.* 118
Kim, Peter, President & Chief Creative Officer - Mortenson Kim; *pg.* 118
Kim, Philip, Managing Director & Director, Customer Experience Design - Verizon - Moment; *pg.* 192
Kim, Rich, Senior Vice President & Group Director, Digital Media - Initiative; *pg.* 478
Kim, Saeyoung, Senior Business Affairs Manager - Deutsch, Inc.; *pg.* 350
Kim, Sam, Vice President, Interactive Technologies - Artime Group; *pg.* 34
Kim, Skylar, Senior Vice President & Director, Digital Strategy & Innovation - Horizon Media, Inc.; *pg.* 474
Kim, Soyoung, Account Director - Billups, Inc; *pg.* 550
Kim, Steven, Vice President, Global Human Resources - Lotame; *pg.* 446
Kim, Suejin, Senior Vice President, Consumer Communications - Food, Beverage & Home - 5W Public Relations; *pg.* 574
Kim, Suhyun, Media Supervisor - Starcom Worldwide; *pg.* 513
Kim, Terry, Media Supervisor - Mediahub Los Angeles; *pg.* 112
Kim, Tiffany, Director, People Operations - AUDIENCEX; *pg.* 35
Kim, W. Rose, Media Manager, Media Technology - 360i, LLC; *pg.* 320
Kim, Yang, Executive Creative Director - People Design; *pg.* 194
Kim-Kirkland, Susan, President & Chief Executive Officer - JWT Toronto; *pg.* 378
Kimball, Chaney, Senior Digital Art Director - Greteman Group; *pg.* 8
Kimball, Kelsey, Senior Account Executive - The Trade Desk; *pg.* 520
Kimball, Lauren, Vice President & Director, Account Management - CTP; *pg.* 347
Kimbell, Wayne, Partner - Idea Engineering, Inc.; *pg.* 88
Kimberlin, Lauren, Digital Project Manager & Digital Specialist - Balcom Agency; *pg.* 329
Kimble, Jeff, Partner & Chief Executive Officer - Communica, Inc.; *pg.* 344
Kimble, Victor, Executive Vice President & Director, Strategy - Periscope; *pg.* 127
Kimbowa Ladyman, Erin, Account Coordinator - Hirons & Company; *pg.* 86
Kimbrell, Chris, Vice President, Account Management - Rise Interactive; *pg.* 264
Kimbrough, Mylan, Media Planning Supervisor - Lunchables - Starcom Worldwide; *pg.* 513
Kime, Lauren, Manager, Connections - Spark Foundry; *pg.* 512
Kimmel, Candice, President - Adams Unlimited; *pg.* 575

Kimmel, Lisa, Chairman & Chief Executive Officer - Edelman Canada & Latin America - Edelman; *pg.* 601
Kimsey, Shane, Director, Account & Strategy - TRAFFIK Advertising; *pg.* 156
Kimura, Lori, Media Director - MVNP; *pg.* 119
Kincaid, Brett, Founding Partner - Matte Projects; *pg.* 107
Kincaid, Christine, Chief Operating Officer & Vice President - Mediaplus Advertising; *pg.* 386
Kincaid, Tristan, Executive Creative Director - Grey Group; *pg.* 365
Kinch, Melissa, Partner & Managing Director, Corporate Practices - Ketchum West - Ketchum; *pg.* 619
Kinder, Jeremy, Executive Creative Director - Wunderman Thompson; *pg.* 434
Kinder, Kevin, Senior Social Media Manager - Laundry Service; *pg.* 287
Kinder, Krista, Chief, Accounts & Creative Strategy - Hub Collective, Ltd.; *pg.* 186
Kindle, Kathleen, Group Director, Connections & Insight Strategy - Saatchi & Saatchi Los Angeles; *pg.* 137
Kindred, James, Chief Technology Officer - SQAD, Inc.; *pg.* 513
Kiner, Scott, Chief Executive Officer - Kiner Communications; *pg.* 95
Kiner, Sheila, Chief Executive Officer - Kiner Communications; *pg.* 95
King, Adrienne, Media Director - Warren Douglas Advertising; *pg.* 161
King, Alison, President - Media Profile; *pg.* 627
King, Ally, Director - Zenith Media; *pg.* 529
King, Amy, Vice President, Media Sales - GfK MRI; *pg.* 445
King, Andrew, Senior Account Manager - HKA, Inc.; *pg.* 614
King, Andrew, Managing Director, Government Relations Practice - Glover Park Group; *pg.* 608
King, Ashlee, Local Operations Manager - The Martin Agency; *pg.* 421
King, Becky, Executive Vice President & Creative Director - Ackerman McQueen, Inc.; *pg.* 26
King, Cassidy, Senior Media Buyer - Martin Advertising; *pg.* 106
King, Chloe, Head, Media Strategy & Investment - THIRD EAR; *pg.* 546
King, Chloe, Project Manager - Swanson Russell; *pg.* 415
King, Clay, Manager, Facilities - 22squared Inc.; *pg.* 319
King, Creighton, Vice President, Creative Execution - Knock, Inc.; *pg.* 95
King, Dan, President & Partner - ZGM Collaborative Marketing; *pg.* 437
King, David, President & Creative Director - The King Agency; *pg.* 151
King, David, Chief Financial Officer - Anchor Media Services, LLC; *pg.* 454
King, Derek, Media Planning Director - Mindstream Media Group - Dallas; *pg.* 496
King, Elaine, Coordinator, Media Partnership - Kroger Media Services; *pg.* 96
King, Eric, Creative Director - R/GA; *pg.* 261
King, Forrest, Founding Partner & Chief Innovation Officer - Juice Pharma Worldwide; *pg.* 93
King, Ged, Chief Executive Officer - SFW Agency; *pg.* 16
King, Jacqueline, Manager, Publisher Development - Amobee, Inc.; *pg.* 213
King, Jake, Director, Art - DoeAnderson Advertising; *pg.* 352
King, Jamie, Partner & Chief Executive Officer - Camp + King; *pg.* 46

AGENCIES — PERSONNEL

King, Jeff, Chief Executive Officer - Barkley; *pg.* 329
King, Jeremiah, Account Executive, Field Marketing - The Tombras Group; *pg.* 153
King, Joe, Group Account Director - mono; *pg.* 117
King, Jon, Associate Creative Director - Team One; *pg.* 417
King, Jonathan, Account Supervisor - DDB Chicago; *pg.* 59
King, Judith, Founder & Owner - King & Company; *pg.* 620
King, Julie, Principal - McIlroy & King; *pg.* 484
King, Karen, Vice President - Minkus & Associates ; *pg.* 191
King, Karen, President & Chief Executive Officer - Spawn; *pg.* 648
King, Karen, President & Chief Executive Officer - Spawn; *pg.* 648
King, Kathleen, Senior Vice President, Enterprise Solutions - Yoh; *pg.* 277
King, Keith, Vice President & Chief Operating Officer - Scratch Off Systems; *pg.* 569
King, Kendal, Founder - Kendal King Group; *pg.* 188
King, Kristen, Vice President, Healthcare - Weber Shandwick; *pg.* 662
King, Kristen, Executive Creative Director, Client Services - FIG; *pg.* 73
King, Kristina, Senior Manager, Public Relations - Huge, Inc.; *pg.* 239
King, Kristy, Vice President, Client Relations - West Coast - MBuy; *pg.* 484
King, Krystina, Strategy Director - PHD; *pg.* 504
King, Lindsey, Creative Director - The Martin Agency; *pg.* 421
King, Lisa, Executive Vice President & Chief Financial Officer - Spawn; *pg.* 648
King, Marianne, Vice President & Associate Director, Alternative Media - Mediahub Winston Salem; *pg.* 386
King, Marlyn, Creative Director - Mullin / Ashley Associates, Inc.; *pg.* 448
King, Matt, Chief Marketing Officer - SFW Agency; *pg.* 16
King, Miranda, Strategist, Digital Media - Linhart Public Relations; *pg.* 622
King, Patrick, Founder & Chief Executive Officer - Imagine; *pg.* 241
King, Phil, Owner - OKD Marketing Group; *pg.* 394
King, Randy, Senior Vice President, Strategic Planning - Edelman; *pg.* 600
King, Russell, Managing Partner & Co-Founder - LeadMaster; *pg.* 168
King, Scott, Creative Director - Young & Laramore; *pg.* 164
King, Scott, Chief Executive Officer & Chief Financial Officer - Kendal King Group; *pg.* 188
King, Shayla, Director, Media - Carat; *pg.* 461
King, Tom, President & Chief Executive Officer - 23k Studios; *pg.* 23
King, Venessa, Vice President, Brand Strategy & Entertainment Marketing - Turner Public Relations; *pg.* 657
King Edwards, Laura, Head, Content - Wray Ward; *pg.* 433
Kingdon, Devin, Vice President, Marketing & Communications - BCW Los Angeles; *pg.* 581
Kingery, Jacqueline, Vice President & Business Lead - Empower; *pg.* 354
Kingkade, Elina, Account Director, Digital Intelligence - Brado; *pg.* 336
Kingman, Jessica, Director, Digital Strategy - The Richards Group, Inc.; *pg.* 422
Kingsbery, Jessica, Group Account Director - Droga5; *pg.* 64
Kingsbury, Dondi, Executive Vice President - O'Brien Marketing; *pg.* 498
Kingsland, Billy, Group Director, Brand Communication - Siegel & Gale; *pg.* 17
Kingsley, Holly, Chief Operating Officer - Pace Advertising Agency, Inc.; *pg.* 124
Kingston, Brian, Chief Finance Officer - ModOp; *pg.* 251
Kingston, Nicole, Director, Digital Media - KWG Advertising, Inc.; *pg.* 96
Kington, Scott, Executive Vice President, Strategic Planning & Brand Development - Woodruff; *pg.* 163
Kinisky, Thomas, Associate Director - Spark Foundry; *pg.* 510
Kinkade, Brian, Vice President & Account Director - Dalton Agency; *pg.* 348
Kinkeade, Amanda, Director, Commerce - Zehner; *pg.* 277
Kinkelaar, Sara, Senior Analyst, Programmatic & Social Media - Starcom Worldwide; *pg.* 513
Kinkopf, Jeffrey, Group Media Director - SEM - The Richards Group, Inc.; *pg.* 422
Kinney, Caitlin, Account Supervisor - Pereira & O'Dell; *pg.* 256
Kinney, Charissa, Partnerships & Legal Director - Business Affairs - Tinder, Pinterest, Truth & Pluto TV - 72andSunny; *pg.* 23
Kinney, Kristin, Associate Media Director - Sterling-Rice Group; *pg.* 413
Kinross, Kevin, Director, Integrated Services - Kreber; *pg.* 379
Kinsch, Renee, Vice President & Account Director - Havas Media Group; *pg.* 468
Kinsella, Colin, Chief Executive Officer, North America - Havas Media Group; *pg.* 468
Kinsella, Katie, Founder - Kinney + Kinsella; *pg.* 11
Kinsella, Patrick, Vice President, Creative Services - Laird + Partners; *pg.* 96
Kinsella, Rachel, Coordinator - The Richards Group, Inc.; *pg.* 422
Kinzler Sanders, Lauren, Partner & Vice President, Account Services - Dittoe Public Relations; *pg.* 597
Kipnis, Erica, Account Supervisor - TracyLocke; *pg.* 426
Kipp, Daniel, Digital Project Manager - Marcel Digital; *pg.* 675
Kipp, Emmalie, Director, Digital Strategy - The Outcast Agency; *pg.* 654
Kipreos, Erika, Chief Culture & Experience Officer - New York & Global - Droga5; *pg.* 64
Kirby, Aileen, Director, Integrated Strategy - Luxe Collective Group; *pg.* 102
Kirby, Ben, Vice President, Integrated Marketing - MaxAudience; *pg.* 248
Kirby, Chelsey, Senior Account Director - J Public Relations; *pg.* 616
Kirby, Joe, Senior Director, Business Development - DCG ONE; *pg.* 58
Kirby, Justin, Account Director - Ayzenberg Group, Inc.; *pg.* 2
Kirby, Matthew, Account Supervisor - Firehouse, Inc.; *pg.* 358
Kirby, Rainbow, Director, Events Marketing & Industry Communications - Clear Channel Outdoor; *pg.* 550
Kirch, Madelyne, President & New Business Director - Sun & Moon Marketing Communications, Inc.; *pg.* 415
Kirchenbauer, Karen, Vice President & Principal - Seyferth & Associates, Inc.; *pg.* 646
Kirchner, Aaron, Executive Creative Director - We Are BMF; *pg.* 318
Kirk, Barbara, Media Director - E3 Marketing; *pg.* 67
Kirk, Carrie, Media Planner & Buyer - Crossmedia; *pg.* 463
Kirk, Jeff, Vice President & Group Director - MVP Collaborative, Inc.; *pg.* 312
Kirk, Jeffrey, Chief Operating Officer - Corporate Magic Inc; *pg.* 303
Kirk, Jim, President & Chief Creative Officer - Corporate Magic Inc; *pg.* 303
Kirk, John, Senior Programmatic Buyer - 22squared Inc.; *pg.* 319
Kirk, Scott, Director, Brand Strategy - Pavlov; *pg.* 126
Kirk, Tiffany, Senior Vice President & Managing Director - West Coast Media Investments - Horizon Media, Inc.; *pg.* 473
Kirk, Tom, Executive Vice President & Chief Client Officer - RPA; *pg.* 134
Kirk Robinson, Tara, Brand Creative Manager & Writer - The Richards Group, Inc.; *pg.* 422
Kirkegaard, Jordan, Director, National Sales Strategy & Customer Success - Firefly; *pg.* 552
Kirkeide Boutiette, Kristi, Vice President & Account Director - Crispin Porter + Bogusky; *pg.* 346
Kirkham, Michael, Vice President, Product - GroundTruth.com; *pg.* 534
Kirkham, Rebecca, Senior Vice President - Lovell Communications, Inc.; *pg.* 623
Kirkland, Guy, Group Creative Director - Planet Propaganda; *pg.* 195
Kirkland, Hal, Director, Innovation - Tool of North America; *pg.* 564
Kirkland, Linda, Creative Director - Single Source M.A.P., Inc.; *pg.* 142
Kirkman, Ron, Vice President & Manager, Broadcast Business - GTB; *pg.* 367
Kirkpatrick, Alex, Supervisor, Integrated Media - 360i, LLC; *pg.* 207
Kirkpatrick, Kathy, Marketing Assistant - Trekk; *pg.* 156
Kirkpatrick, Kyle, Vice President - Antenna Group, Inc.; *pg.* 578
Kirkpatrick, Pamela, Brand Media Strategist - The Richards Group, Inc.; *pg.* 422
Kirkwood, Jen, Program Director - AREA 17; *pg.* 214
Kirkwood, Kevin, Art Director - Marcom Group, Inc.; *pg.* 311
Kirov, Lily, Director, Data & Insights - Advance 360; *pg.* 211
Kirsch, Brian, Account Coordinator - Butler Associates Public Relations; *pg.* 587
Kirsch, Danielle, Account Supervisor - PAN Communications; *pg.* 635
Kirsch, Greg, Senior Vice President, Creative & Development Services - Intouch Solutions, Inc.; *pg.* 242
Kirsch, James, Chief Executive Officer - Abigail Kirsch; *pg.* 301
Kirsch, Karl, Vice President - Meeting Expectations; *pg.* 311
Kirsch, Nichole, Group Media Director - Team One; *pg.* 418
Kirsche, Alison, Manager, Integrated Investment - Universal McCann; *pg.* 521
Kirsche, Eric, Senior Associate Media Planner - Mindshare; *pg.* 493
Kirshenbaum, Jordan, President - Prime Time Marketing; *pg.* 506
Kirshenbaum, Sam, Principal & Executive Creative Director - LKH&S; *pg.* 381
Kirshner, Ben, Chairman, Board - Tinuiti; *pg.* 678
Kirtley, Todd, Chief Information Officer & Partner - VMLY&R; *pg.* 274
Kirvin, Dave, Partner - Kirvin Doak Communications; *pg.* 620
Kirwan, Dave, Chief Executive Officer - Tandem Theory; *pg.* 269

879

PERSONNEL   **AGENCIES**

Kirwin, Anthony, Vice President, Operations & General Counsel - Fast Horse; *pg.* 603
Kirwin, Bobby, Senior Digital Media Buyer & Planner - Serino Coyne, Inc.; *pg.* 299
Kishner, Annis, Vice President, Strategic Planning & Media Relations - Allied Integrated Marketing; *pg.* 576
Kiskadden, Greg, Executive Vice President, Account Services - WhiteSpace Creative; *pg.* 162
Kislan, Andrea, Senior Vice President, Finance & Administration - Association of National Advertisers; *pg.* 442
Kislevitz, Maximilian, Head, Brand - Tool of North America; *pg.* 564
Kiss, Katie, Vice President & Director, Account Services - NSA Media Group, Inc.; *pg.* 497
Kiss, Patrick, Partner & President - Butler, Shine, Stern & Partners; *pg.* 45
Kissam, Rita, Business Manager - Howard Miller Associates, Inc.; *pg.* 87
Kissane, John, Director, Creative - Jacobs & Clevenger, Inc. ; *pg.* 286
Kissinger, Paul, Principal - EDSA ; *pg.* 181
Kissock, Christopher, Consultant - Code and Theory; *pg.* 221
Kist, Rebecca, Group Account Manager, Trade Promotions - IMC / Irvine Marketing Communications; *pg.* 89
Kistler, Nick, Associate General Manager - Learfield IMG College; *pg.* 310
Kistner, John, Vice President & Creative Director - Leo Burnett Worldwide; *pg.* 98
Kistner, Laura, Client Services Coordinator - West Coast Advisors; *pg.* 662
Kita, Lauren, Senior Account Supervisor - J Public Relations; *pg.* 616
Kitagawa, Ryan, Director, Production - PMO Platform - Saatchi & Saatchi Los Angeles; *pg.* 137
Kitazawa, Marissa, Senior Producer & Content Creator - Dailey & Associates; *pg.* 56
Kitces, Lizzy, Associate Creative Director - DCF Advertising; *pg.* 58
Kitchen, Anita, Associate Creative Director - Jan Kelley Marketing; *pg.* 10
Kitchen, Drew, Director, Programmatic - MediaCom; *pg.* 487
Kitchen, Jamie, Director, Operations - Derse, Inc.; *pg.* 304
Kitchens, Lance, Art Director - Hancock Advertising Agency ; *pg.* 81
Kitchens, Ryan, Manager, Brand - Helms Workshop; *pg.* 9
Kitchens, Tyler, Creative Director - TracyLocke; *pg.* 683
Kite, Betsy, Account Supervisor - HMH; *pg.* 86
Kite, Zachary, Digital Project Manager - Javelin Agency; *pg.* 286
Kitlan, Becky, Vice President & Creative Director - Rauxa; *pg.* 291
Kitson, Michael, Chief Production Officer - inVNT; *pg.* 90
Kittel, Lucie, Account Director - Lightning Orchard; *pg.* 11
Kittles, Andy, Graphic Designer - The Ohlmann Group; *pg.* 422
Kittoe, Tobin, Brand Manager - Wieden + Kennedy; *pg.* 430
Kittredge, Sean, Manager, Account - Wunderman Thompson; *pg.* 434
Kittridge, Barbara, Executive Vice President, Business Development - North America - Havas Media Group; *pg.* 468
Kitts, Holly, Social Media Marketing Specialist - Blue Wheel Media; *pg.* 335
Kitzmann, Adam, Vice President & Creative Director - Edelman; *pg.* 353
Kivijarv, Leo, Executive Vice President &

Director, Research - PQ Media, LLC; *pg.* 449
Kiyomizu, Ellen, Partner - Scorch, LLC; *pg.* 508
Kjartansson, Stefan, Executive Creative Director - IfThen Digital; *pg.* 241
Kjeldsen, Kirsten, Senior Graphic Designer - Citizen Group; *pg.* 342
Kjelland, Stacy, Partner, Client Success & Growth - ICF Next; *pg.* 372
Klaassen, Abbey, President - New York - 360i, LLC; *pg.* 320
Klaassen, Ben, Account Supervisor - Colle McVoy; *pg.* 343
Klado, Rebecca, Supervisor, Account - Saatchi & Saatchi ; *pg.* 136
Klaffenboeck, Kristina, Director, Global Strategy - Starcom Worldwide; *pg.* 517
Klagholz, Katherine, Marketing Coordinator - Screenvision; *pg.* 557
Klapowich, Meredith, Creative Director - Narrative; *pg.* 631
Klapp, Denise, Senior Manager, Business Affairs - Forsman & Bodenfors; *pg.* 74
Klar, Neil, Founder - SQAD, Inc.; *pg.* 513
Klarfeld, Emily, Group Director, Brand - Horizon Media, Inc.; *pg.* 474
Klassen, Greg, Director - Joele Frank, Wilkinson Brimmer Katcher; *pg.* 617
Klassen, Seth, Co-founder & Executive Creative Director - Wondersauce; *pg.* 205
Klatman, Christine, Supervisor, Accounting - Sterling-Rice Group; *pg.* 413
Klatt, Elisa, Senior Account Executive - Lake Group Media, Inc.; *pg.* 287
Klau, Ben, Chief Operating Officer - Mortar Advertising; *pg.* 117
Klau, Elena, Chief Strategy & Analytic Officer - North America - Momentum Worldwide; *pg.* 117
Klaudt, Caroline, Senior Associate, Integrated Investment - Universal McCann; *pg.* 521
Klaus, Cameron, Assistant Negotiator, OOH - Hearts & Science; *pg.* 471
Klaus, Peter, Senior Vice President & Partner - FleishmanHillard; *pg.* 605
Klausmeier, Travis, Associate Creative Director - Leo Burnett Worldwide; *pg.* 98
Klausner, Melanie, Senior Vice President, Corporate, Cause & Consumer - Red Havas; *pg.* 641
Klawier, Whitney, Digital Media Supervisor - Rain; *pg.* 402
Klawitter, Christian, Managing Partner - Bright Design; *pg.* 176
Klayman, Neil, Associate Creative Director - Hawthorne Advertising; *pg.* 370
Klear, Cheryl, Senior Vice President, Broadcast - Harmelin Media; *pg.* 467
Klebacha, Mike, Senior Digital Account Director - Fahlgren Mortine Public Relations; *pg.* 70
Kleber, Kevin, Vice President & Group Creative Director - Alcone Marketing Group; *pg.* 565
Kleckner, Rob, Creative Director - Publicis West; *pg.* 130
Klee, Leigh Ann, Chief Financial Officer & Chief Operations Officer - Pace Communications; *pg.* 395
Kleeman, Douglas, Senior Strategist - Preacher; *pg.* 129
Kleidon, Dennis, Chief Executive Officer - Kleidon and Associates; *pg.* 95
Kleidon, Kurt, President - Kleidon and Associates; *pg.* 95
Kleidon, Rose, Owner & Executive Vice President - Kleidon and Associates; *pg.* 95
Klein, Abigayil, Partnerships Manager - Factory PR; *pg.* 602

Klein, Alma, Vice President, Creative Director - MillerCoors - Arc Worldwide; *pg.* 327
Klein, Amanda, Supervisor, Strategy - Spark Foundry; *pg.* 510
Klein, Amy, Vice Presdient & Director, Media Integration - Simons / Michelson / Zieve, Inc.; *pg.* 142
Klein, Andrew, Director, Content Innovation - Spark Foundry; *pg.* 510
Klein, Anne, Founder & Advisor - AKCG Public Relations Counselors; *pg.* 575
Klein, Art, Managing Partner & President - MSW Research; *pg.* 448
Klein, Barry, Senior Vice President, Campaigns & Creative - BerlinRosen; *pg.* 583
Klein, Bob, Executive Vice President, New Business and Trade - Corinthian Media, Inc.; *pg.* 463
Klein, Bob, Chief Strategy Officer - Blue Chip Marketing & Communications; *pg.* 334
Klein, Cheryl, President - Walt Klein Advertising; *pg.* 161
Klein, Crystal, Assistant Media Buyer - Media Bridge Advertising; *pg.* 484
Klein, Daryl, Associate Creative Director - Bob's Your Uncle; *pg.* 335
Klein, Edina, Director, Social Media Strategy - Agency 720; *pg.* 323
Klein, Hanna, Associate Creative Director - Organic, Inc.; *pg.* 255
Klein, Heather, Vice President, Digital - 4FRONT; *pg.* 208
Klein, Howard, President - Lanmark360; *pg.* 379
Klein, Howard, Senior Vice President & Consumer Marketing Director - FCB Chicago; *pg.* 71
Klein, James, Senior Vice President, Live Production - The George P. Johnson Company; *pg.* 316
Klein, Jeff, Associate Media Director - MODCoGroup; *pg.* 116
Klein, Jeff, Managing Director - DKC Public Relations; *pg.* 597
Klein, Jeremy, President, Zeta Actions - Zeta Interactive; *pg.* 277
Klein, Jessica, Vice President, Client Partner - Team Elevate - Reprise Digital; *pg.* 676
Klein, John, Vice President, Performance Advertising & Principal Architect - NinthDecimal; *pg.* 534
Klein, Karon, President - NEXTMedia, Inc.; *pg.* 497
Klein, Katie, Senior Vice President, National Video Activation - Zenith Media; *pg.* 529
Klein, Keith, Chief Creative Officer - Milton Samuels Advertising & Public Relations; *pg.* 387
Klein, Lauren, Account Supervisor - Ogilvy; *pg.* 393
Klein, Lexi, Talent Publicist & Account Executive - Rogers & Cowan/PMK*BNC; *pg.* 643
Klein, Lonnie, Vice President, People & Talent Acquisition - adMarketplace; *pg.* 210
Klein, Matthew, Vice President, EXP - Elite Marketing Group; *pg.* 305
Klein, Meredith, Director, Public Relations - Brunner; *pg.* 44
Klein, Olivia, Senior Media Strategist - Harmelin Media; *pg.* 467
Klein, Pam, President - Phoenix Group; *pg.* 128
Klein, Paul, Managing Partner - Havas Tonic; *pg.* 285
Klein, Peter, Executive Chairman - MSW Research; *pg.* 448
Klein, Rachel, Chief Executive Officer - Fire Starter Studios; *pg.* 234

AGENCIES — PERSONNEL

Klein, Randy, Vice President, Licensing - 160over90; *pg.* 301
Klein, Samantha, Vice President - Golin; *pg.* 609
Klein, Scott, Vice President & Publicist - Keith Sherman & Associates, Inc.; *pg.* 686
Klein, Steven, Manager, Information Technology - Simons / Michelson / Zieve, Inc.; *pg.* 142
Klein, Tim, Lead, Organic Social - iProspect; *pg.* 674
Klein, Walt, Chief Executive Officer - Walt Klein Advertising; *pg.* 161
Klein Curry, Bridget, Executive Director, Consumer Practice - Golin; *pg.* 610
Klein Schafran, Karen, Senior Broadcast Negotiator - ICON International, Inc.; *pg.* 476
Kleinberg, Adam, Co-Founder & Chief Executive Officer & Partner - Traction Corporation; *pg.* 271
Kleinberg, Howie, Chief Operating Officer & President, Interactive - Glow; *pg.* 237
Kleine, Jay, Account Director - Sanders\Wingo; *pg.* 138
Kleinedler, Clare, Vice President - Editorial, Director, Pacific Northwest - Edelman; *pg.* 600
Kleinheksel, Katie, Management Supervisor - The Designory; *pg.* 269
Kleinman, Andrea, Senior Account Manager - Empower; *pg.* 355
Kleinman, Lisa, Vice President & Broadcast Media Director - Hill Holliday; *pg.* 85
Kleinman, Michael, Associate Creative Director - Droga5; *pg.* 64
Kleiter, Chris, Strategy Director - LMNO; *pg.* 100
Klemmer, Clare, Director, Media Operations - VaynerMedia; *pg.* 689
Klemsz, Justin, Strategist, Digital - Swanson Russell Associates; *pg.* 415
Klemt, Danielle, Manager, National Broadcast - Mindshare; *pg.* 491
Klenert, Alex, Senior Vice President, Film Practice - mPRm Public Relations; *pg.* 629
Kleppel, Amanda, Account Supervisor - HMT Associates, Inc.; *pg.* 681
Kleps, Damon, Art Director - Route 1A Advertising; *pg.* 134
Klestadt, Andrew, Senior Specialist, Paid Search - Tinuiti; *pg.* 678
Klett, Ashley , Supervisor, Communications Planning - Dentsu Aegis Network - 360i, LLC; *pg.* 320
Kleveno, Kolin, Senior Vice President & Head of Programmatic - 360i, LLC; *pg.* 320
Kleyweg, Laura, Senior Vice President & Media Director - Spark Foundry; *pg.* 510
Kligman, Robert, Media Supervisor - USIM; *pg.* 525
Klimkoski, Tracy, Senior Director, Media & Analytics - Cronin; *pg.* 55
Klimovitz, Mikaela, Associate Manager, Public Relations & Social Media - Earthbound Brands; *pg.* 7
Klinar, Gustavo, Creative Director - WMX; *pg.* 276
Klindt, Max, Associate Director - OMD; *pg.* 500
Kline, Andrew, Client Services Director & Vice President, Marketing - Auto Division - Cameron Advertising; *pg.* 339
Kline, Ben, Founding Partner & Chief Strategy Officer - The Distillery Project; *pg.* 149
Kline, Braden, Supervisor, Account - 50,000 Feet, Inc.; *pg.* 171
Kline, Gina, Group Media Director - FKQ Advertising, Inc.; *pg.* 359
Kline, Kathy, Global Chief Strategy Officer - Starcom Worldwide; *pg.* 513
Kline, Lauranne, Associate Media Director, Digital Activation - VM1 (Zenith Media + Moxie); *pg.* 526
Kline, Liz, Principal - Eisenberg & Associates; *pg.* 181
Kline, Rebecca, Strategist, Brand Strategy - Canvas Worldwide; *pg.* 458
Klineberg, David, President & Partner - Response Marketing; *pg.* 133
Kling, Jeff, Chief Creative Officer - Lightning Orchard; *pg.* 11
Klinger, Tim, Creative Director - Kleidon and Associates; *pg.* 95
Klingher, Natalie, Associate, Video Partnerships - Initiative; *pg.* 477
Klingler, Malika, Principal, Director - Human Resources - PRR; *pg.* 399
Kloack, Andrew, Director, Production - NCompass International; *pg.* 390
Klochkova, Diana, Co-Founder & Chief Operating Officer - Rebel Ventures Inc.; *pg.* 262
Kloehn, Tim, Partner & Creative Editor - Utopic; *pg.* 428
Kloet, Chris, Creative Director - mcgarrybowen; *pg.* 110
Kloman, Melissa, Director, Planning - Huge, Inc.; *pg.* 239
Klonaris, Diana, Cross Channel Manager - MBuy; *pg.* 484
Kloner, Tara, Manager, Operations - The Reserve Label; *pg.* 563
Klopfenstein, Carol, Director, Production - The Zimmerman Agency; *pg.* 426
Klos, Kay, Senior Vice President, Local & Channel - Ansira; *pg.* 280
Klotz, Jessica, Supervisor, National Video Activation - Carat; *pg.* 459
Kluchman, Larisa, Associate Director, Social Insights & Analytics - MediaCom; *pg.* 487
Kluge, Allison, Social Media Strategist - Brandience; *pg.* 42
Kluger, Karen, Founder & Chief Executive Officer - TouchPoint Integrated Communications; *pg.* 520
Klugherz, Wendy, Senior Vice President & Group Director - TouchPoint Integrated Communications; *pg.* 520
Klugsberg, David, President & Chief Operating Officer - LA, Inc.; *pg.* 11
Kluin, Menno, Chief Creative Officer - 360i, LLC; *pg.* 320
Klumas, Jennifer, Senior Producer, Broadcasting - The VIA Agency; *pg.* 154
Klundt, Darin, President & Chief Creative Officer - KlundtHosmer Design; *pg.* 244
Klundt, Jean, Partner & Chief Executive Officer - KlundtHosmer Design; *pg.* 244
Klunk, Jim, President - Klunk & Millan Advertising; *pg.* 95
Klupe, Christina, Assistant Vice President - Ansira; *pg.* 280
Klurfeld, Larry, Chief Operating Officer - Joele Frank, Wilkinson Brimmer Katcher; *pg.* 617
Kmet-Hunt, Sarah, Executive Creative Director - Bader Rutter & Associates, Inc. ; *pg.* 328
Kmiec, Scott, Associate Director, Creative - DiD Agency; *pg.* 62
Knabe, Matt, Co-Founder & Managing Partner - Englander Knabe & Allen; *pg.* 602
Knape, Kristen, Director, Group Strategy & Head, Philanthropy - David&Goliath; *pg.* 57
Knapp, Bella, Account Manager - Pinckney Hugo Group; *pg.* 128
Knapp, Daniel, Co-Founder & Chief Executive Officer - Leap; *pg.* 245
Knapp, Paul, Chief Executive Officer - Young & Laramore; *pg.* 164
Knapp, Robert, Vice President & Director, Search Marketing - Digitas; *pg.* 226
Knapp, Sarah, Senior Media Buyer - Spurrier Group; *pg.* 513
Knapp, Sharon, Manager, Print Investment - Universal McCann Detroit; *pg.* 524
Knapp, Steve, Executive Director, Media - Colle McVoy; *pg.* 343
Knapp, Steve, Vice President, Real Estate - Norton Outdoor Advertising; *pg.* 554
Knappenberger, Chad, Director - Mindshare; *pg.* 494
Knappenberger, Erik, Vice President, Operations - Axxis; *pg.* 302
Knecht, Karla, President & Chief Client Officer - Starcom Worldwide; *pg.* 513
Knechtel, Christine, Director, Communications Design - Initiative; *pg.* 479
Knee, Sara, Director, Strategy & Planning - Lippe Taylor; *pg.* 623
Kneeland, Chris, Co-Founder & Chief Executive Officer - Cult Collective, Ltd.; *pg.* 178
Knegt, Alex, Director, Media - Beyond Marketing Group; *pg.* 685
Knepfer, Tamra, Senior Vice President - Greenlight - Branded Entertainment Network, Inc.; *pg.* 297
Knepler, Ben, Director, Brand Strategy - Bailey Brand Consulting; *pg.* 2
Knese, Suzan, Chief Operating Officer - Osborn & Barr Communications; *pg.* 395
Knibbs, Andrea, President - Smith & Knibbs, Inc.; *pg.* 648
Knickmeier, Danette, Account Director - d.trio Marketing Group; *pg.* 348
Kniffen, David, Chief Executive Officer - The Point Group; *pg.* 152
Knight, Bill, Principal & Chief Marketing Officer - Adams & Knight Advertising; *pg.* 322
Knight, Eric, Digital Planner, Strategy - Zenith Media; *pg.* 531
Knight, Gary, Vice President, Administrative - Wagstaff Worldwide; *pg.* 659
Knight, Jeremiah, Executive Director, Digital - M&C Saatchi LA; *pg.* 482
Knight, Kristin, Director, Culture - Proof Advertising; *pg.* 398
Knight, Kristin, Founder & Executive Chair - Filter; *pg.* 234
Knight, Kristopher, Chief Finance Officer - Booyah Online Advertising; *pg.* 218
Knight, Linda, Chief Creative Officer - Observatory Marketing; *pg.* 122
Knight, Lisa, Vice President, Advertising - Mansi Media; *pg.* 104
Knight, Maggie, Managing Director & Senior Vice President, Account Management - Capgemini; *pg.* 219
Knight, Mary, Executive Creative Director, Partner - Hydrogen; *pg.* 87
Knight, Max, Vice President, Analytics Services - Amobee, Inc.; *pg.* 30
Knight, Robin, Senior Vice President, Brand Planning - EP+Co.; *pg.* 356
Knight, Sylvia, Associate Director - Mindshare; *pg.* 491
Knight Biery, Beth, Senior Media Buyer - Starcom Worldwide; *pg.* 513
Knights, Jason, Director, Client Services - M5; *pg.* 102
Knill, Allie, Account Supervisor - BBDO West; *pg.* 331
Knipe, Paul, Account Director - Vermilion Design; *pg.* 204
Knipp, Greg, Chief Executive Officer - Dieste; *pg.* 539
Knipp, Lucas, Senior Art Director - The Marketing Arm; *pg.* 316
Kniznik, Harry, Vice President & Creative Director - Leo Burnett Detroit; *pg.* 97

PERSONNEL — AGENCIES

Knobbe, Ariel, Group Account Director - The Integer Group; *pg.* 682
Knoblauch, Andrew, Director, Content Marketing & Social Media - Dixon Schwabl Advertising; *pg.* 351
Knobloch, Brett, Owner & President, Content-on-Demand - J.G. Sullivan Interactive, Inc. ; *pg.* 243
Knoff, Greg, Vice President, Group Director - Genuine Interactive; *pg.* 237
Knoles, Claire, Co-Founder & Chief Operating Officer - Kiosk Creative LLC; *pg.* 378
Knoll, Ryan, Account Manager - Inferno, LLC; *pg.* 374
Knopf, Michael, Senior Vice President & Client Business Partner - Universal McCann; *pg.* 521
Knopp, Doug, Chief Designer & Creative Director - Visual Marketing Associates; *pg.* 204
Knorr, Alexandra, Senior Negotiator - ID Media; *pg.* 477
Knoth, Audrey, Executive Vice President - Goldman & Associates; *pg.* 608
Knott, Erin, Digital Designer - Energy BBDO, Inc.; *pg.* 355
Knott, Kim, Associate Director - Starcom Worldwide; *pg.* 517
Knott, Martin, Division President - MC2; *pg.* 311
Knouse, Agatha, Director, Integrated Production - Serino Coyne, Inc.; *pg.* 299
Knowles, Andrea, Senior Art Director - O'Keefe Reinhard & Paul; *pg.* 392
Knox, Brian, Executive Vice President, Public Relations - Laughlin Constable, Inc.; *pg.* 379
Knox, Bruce, Senior Account Manager - Brainstorm Media; *pg.* 175
Knox, Don, Managing Partner - Blast! PR; *pg.* 584
Knox, Elena, Creative Director - Droga5; *pg.* 64
Knox, Katie, Account Supervisor - Walz Tetrick Advertising; *pg.* 429
Knox, Lauren, Vice President, Public Relations - Ketchum South; *pg.* 620
Knox, Thompson, Chief Strategy Officer & Partner - SteadyRain; *pg.* 267
Knudsen, Chuck, Supervisor, Digital Investment - Zenith Media; *pg.* 529
Knudson, Kathy, Office Manager - The Lavidge Company; *pg.* 420
Knuth, Matthew, Director, Business Development - Serum Agency; *pg.* 508
Knuti, Matthew, Vice President, Engagement - Fuzz Productions; *pg.* 236
Knutson, Daniel, Strategist, Social Media - Barkley; *pg.* 329
Knutson, Garth, Group Account Director - Publicis West; *pg.* 130
Knutson, Nicole, Senior Project Manager - Periscope; *pg.* 127
Knutt, Jim, Chief Executive Officer & Senior Creative Director - Tropic Survival; *pg.* 156
Knytych, Alissa, Senior Media Buyer - Pinnacle Advertising; *pg.* 397
Ko, Brian, Chief Commercial Officer - AUDIENCEX; *pg.* 35
Ko, Hong, Design Director - International - IxCo; *pg.* 243
Ko, Jenny, Creative Director - Buck; *pg.* 176
Ko, Jilly, Creative Copywriter - TBWA \ Chiat \ Day; *pg.* 416
Kobakof, Harold, Chief Executive Officer & President - Agency 720; *pg.* 323
Kobe, Kristine, Group Account Director - Heat; *pg.* 84
Kobe, LJ, Senior Vice President & Managing Director, Brand Strategy - Horizon Media, Inc.; *pg.* 474

Kobe Norris, Deborah, Principal & Chief Executive Officer - Bullseye Database Marketing; *pg.* 280
Kobeszko, Stacey, Senior Account Supervisor - Coyne Public Relations; *pg.* 593
Kobylarski, Dana, Account Manager - AUDIENCEX; *pg.* 35
Kobzev, Anaka, Global Head, Communications - TBWA \ Chiat \ Day; *pg.* 416
Koch, AJ, Digital Project Manager - Folklore Digital; *pg.* 235
Koch, Bri, Designer - Swanson Russell; *pg.* 415
Koch, Caitlyn, Associate Account Executive - Defazio Communications; *pg.* 596
Koch, Cassie, Director, Retail & Mixed - Use - FRCH Design Worldwide; *pg.* 184
Koch, Kaleigh, Senior Strategist - OMD Canada; *pg.* 501
Koch, Kristin, Global Operations Lead - Team Facebook - Mindshare; *pg.* 495
Koch, Mark, Partner & President - Alternatives Design; *pg.* 172
Koch, Molly, Vice President, Operations - Communications Strategy Group; *pg.* 592
Koch, Paul, Director, Data & Analytics - Viget Labs; *pg.* 274
Koch, Paul, Strategist, Brand & Writer - Q LTD; *pg.* 15
Koch, Sarah, Vice President, Programmatic Strategy - Havas Media Group; *pg.* 469
Koch, Spencer, Managing Director & Senior Partner - Mindshare; *pg.* 494
Koch-Beinke , Julie, Partner - Alternatives Design; *pg.* 172
Kochan, Tracy, Director, Broadcast Media - Boathouse Group, Inc.; *pg.* 40
Kochanasz, Amanda, Account Director - Rauxa; *pg.* 291
Kocheilas, Antonis, Executive Partner & Global Brand Strategy Lead - Ogilvy; *pg.* 393
Kochen, Jonas, Partner & Chief Creative Officer - Vertic; *pg.* 274
Kocher, Dale, Supervisor, Digital & Broadcast Media - Martin Williams Advertising; *pg.* 106
Kochis, Matthew, Senior Account Supervisor - Edelman; *pg.* 353
Kochmanski, Doug, Art Director - IdeaMill; *pg.* 88
Kocian, Kathy, Associate Director & Program Manager - Hill Holliday; *pg.* 85
Kocoj, Alex, Director, Operations - SoMe Connect; *pg.* 677
Kocoloski, Emily, Social Media & Community Manager - FortyFour; *pg.* 235
Kodak, Stacey, Co-Managing Director - JCDecaux North America; *pg.* 553
Kodish, Bryan, Associate Director, Planning - Essence; *pg.* 233
Kodner, Emily, Senior Director, Client Delivery - Sandstorm Design; *pg.* 264
Koe, Mike, Associate Creative Director - Grip Limited; *pg.* 78
Koehl, Jolyn, Senior Account Supervisor - MSLGroup; *pg.* 629
Koehler, Adam, Creative Director - McCann New York; *pg.* 108
Koehler, Jim, President - Armada Medical Marketing; *pg.* 578
Koehler, Lindsay, Account Director - WongDoody; *pg.* 162
Koehler, Melissa, Marketing Director - Forge Worldwide; *pg.* 183
Koehler, Trish, Co-Founder & Chief Financial Officer - Insight Marketing, LLC; *pg.* 616
Koehlmoos, Amy, Senior Account Director - Amendola Communications; *pg.* 577
Koehnen, Chad, Group Strategy Director - Fallon Worldwide; *pg.* 70
Koelemij, Olivier, Managing Director -

MediaMonks; *pg.* 249
Koelfgen, Mark, Executive Creative Director & Copywriter - David&Goliath; *pg.* 57
Koelle, Paul, Director, Sales Development & Operations - C Space; *pg.* 443
Koeneke, Tracy, Media Director - Bozell; *pg.* 42
Koeneman, Claire, Partner - Bully Pulpit Interactive; *pg.* 45
Koenig, Aja, Senior Manager, Brand Partnerships - Playbuzz; *pg.* 128
Koenig, Chelsie, Vice President & Director - Starcom Worldwide; *pg.* 513
Koenig, Holly, Vice President - Kellen Co.; *pg.* 686
Koenig, Ian, Senior Vice President, Business Development - US - Investis Digital; *pg.* 376
Koenig, Karen, Business Manager - Hiebing; *pg.* 85
Koenig, Lance, Senior Vice President & Global Strategy Director - The Martin Agency; *pg.* 421
Koenig, Toni, Vice President, Strategic Initiatives & Client Development - CCG Marketing Solutions; *pg.* 341
Koenigs, Joel, Chief Technology Officer - Risdall Marketing Group; *pg.* 133
Koenigsberg, Bill, Founder, President & Chief Executive Officer - Horizon Media, Inc.; *pg.* 474
Koepke, Carol, Executive Vice President & Group Account Director - Zimmerman Advertising; *pg.* 437
Koepke, Lori, Media Director - Firespring; *pg.* 358
Koepke, Mariel, Associate Media Director - Upshot ; *pg.* 157
Koepke, Sally, Principal & Partner - McHale & Koepke Communications; *pg.* 111
Koepp, Stephen, Senior Account Manager - 360i, LLC; *pg.* 207
Koeppel, Peter, President - Koeppel Direct; *pg.* 287
Koerner, Kat, Junior Paid Media Buyer - PP+K; *pg.* 129
Koestner, Carl, Associate Director, Creative - Burrell Communications Group, Inc. ; *pg.* 45
Koffer, Danielle, Chief Client Officer - Mindshare; *pg.* 491
Kofman, Inna, Senior Art Director - Droga5; *pg.* 64
Kogelnik, Elise, Media Manager - Point to Point; *pg.* 129
Kogler, Angela, Vice President, Scientific Strategy - McCann Health New York; *pg.* 108
Kogler, Jamie, Account Supervisor - Cramer-Krasselt ; *pg.* 53
Kogos, Scott, Director, Operations - Wunderman Thompson; *pg.* 434
Kogut, Jason, VP, Head of Integrated Planning US - Empower; *pg.* 355
Kogut, Mariana, Specialist, Media Market - Active International; *pg.* 439
Koh, Daniel, Partner & Creative Director - Agenda NYC; *pg.* 29
Koh, Dwayne, Executive Creative Director - Digitas; *pg.* 226
Koh, Michael, Manager, Social Media - Playbuzz; *pg.* 128
Kohen, Daniele, West Coast Lead, Managing Partner - Mindshare & Neo - Mindshare; *pg.* 495
Kohl, Jim, Vice President, Marketing - Fathom; *pg.* 71
Kohl, Lauren, Associate, Video Partnership - Initiative; *pg.* 477
Kohl, Sharon, Associate Media Director - Wonderful Agency; *pg.* 162
Kohler, Daniella, Director, Account Services - Hughes Design Group; *pg.* 186

AGENCIES — PERSONNEL

Kohler, Jennifer, Senior Vice President, Diversified Accounts - MRM//McCANN; pg. 252
Kohler, Kim, Chief Relationship Officer - Mindstream Media Group - Dallas; pg. 496
Kohler, Kristen, Vice President, Media - CMI Media, LLC; pg. 342
Kohlhepp, Courtney, Manager, Qualitative Operations - TNS; pg. 450
Kohlhoff, Angela, Associate Media Director - FIG; pg. 73
Kohlmann, Annett, Director, Marketing - Phinney / Bischoff Design House; pg. 194
Kohlmann, Kate, Digital Practice Lead, L'Oreal USA - Wavemaker; pg. 526
Kohm, Sue, Creative Director - R/GA; pg. 261
Kohn, Elliot, Principal & Chief Operating Officer - Kubik; pg. 309
Kohn, Sam, President - Kubik; pg. 309
Kohn, Zach, Account Supervisor - McKinney New York; pg. 111
Kohnen, Stephanie, Creative Director - David&Goliath; pg. 57
Kohnle, Allison, Account Supervisor - Red Robin - The Integer Group; pg. 682
Kohnstamm, Josh, Executive Vice President - Broadhead; pg. 337
Kojcsich, Kendra, Vice President - Porter Novelli; pg. 637
Kokes, Steve, President & Strategic Director - Coates Kokes, Inc.; pg. 51
Kokinos, Christopher, Partner & Chief Creative Officer - Clear; pg. 51
Kokomoor, Lynnette, Chief Financial Officer & Director, Human Resources - Bandy Carroll Hellige ; pg. 36
Kokonas, Kelly, Executive Vice President, Data, Technology & Analytics - Starcom Worldwide; pg. 513
Kokoris, Jim, Executive Vice President - L.C. Williams & Associates, Inc.; pg. 621
Kokorsky, Lynn, Art Director & Creative Director - AGENCYSACKS; pg. 29
Kokot, Rhonda, Managing Partner - Simple Truth; pg. 198
Kolada, Paul, Principal - Priority Designs, Inc.; pg. 195
Kolakowski, Alyssa, Manager, Print - GroupM; pg. 466
Kolakowski, Eve, President - Rymax Marketing Services; pg. 569
Kolandra, Udayan, Senior Vice President & Planning Director - Upshot ; pg. 157
Kolano, Bill, President - Kolano Design, Inc. ; pg. 189
Kolb, Austin, Co-Founder & Video Director - The Evoke Group; pg. 270
Kolb, Bill, President, Diversifies Agencies - MRM//McCANN; pg. 289
Kolber, Allison, Vice President & Group Media Director - 360i, LLC; pg. 207
Kolberg, Lynda, Senior Account Manager - Decca Design; pg. 349
Kolbert, Karli, Manager, New Business & Account Manager - Fallon Worldwide; pg. 70
Kolenz, Michelle, Senior Account Manager - Intrinzic, Inc.; pg. 10
Koler, Sarah, Account Supervisor - Planet Propaganda; pg. 195
Koletsky, Rachel, Digital Media Planner - Zenith Media; pg. 529
Koleva, Vlada, Account Manager, Inside - KEA Advertising; pg. 94
Kolhagen, Kelly, Senior Vice President - MSL Detroit; pg. 629
Kolidas, Andrew, Co-Founder & Chief Executive Officer - Digital Impulse; pg. 225
Kolinsky, Jason, Senior Vice President & Group Account Director - M:United//McCANN; pg. 102
Kolkey, Sandor, Chief Client Officer & Senior Vice President - Epsilon; pg. 283
Kollappallil, Laura, Vice President & Director, Local Video & Audio Investment - Media Assembly; pg. 484
Kollar, Mark, Partner - Prosek Partners; pg. 639
Kollas, Spencer, Vice President, Strategy & Analytics - BrightWave Marketing, Inc.; pg. 219
Kolle, Christoph, Project & New Business Manager - OSK Marketing & Communications, Inc.; pg. 634
Koller, Kevin, Creative Director - R/GA; pg. 261
Koller, Sarvary, Account Coordinator - rygr; pg. 409
Kollin, Jimmy, Chief Creative Officer - DP+; pg. 353
Kolman, Alicia, Director, Data Strategy & Technology - Zenith Media; pg. 529
Kolman, Alicia, Director - Zenith Media; pg. 531
Kolman, Hilary, Vice President & Group Director - Digitas; pg. 226
Kolmer, Floyd, President - Ad Mark Services; pg. 441
Kolodij, Cat, Chief Integration Officer - Falls Communications; pg. 357
Kolodny, Noah, Group Director, Research - Octagon; pg. 313
Kolomer, Brenna, Senior Partner & Account Director - MediaCom; pg. 487
Kolopeaua, Rich, Senior Vice President & Group Creative Director - Deutsch, Inc.; pg. 349
Kolpon, Ivy, Integrated Media Planning Supervisor - National Geographic - OMD; pg. 498
Koltai-Levine, Marian, President, Film Content & Marketing - Rogers & Cowan/PMK*BNC; pg. 644
Kolthoff, Lori, Vice President, Resource Design - FRCH Design Worldwide; pg. 184
Kolton, Julie, Manager, Business Affairs- North America - VMLY&R; pg. 274
Komack, Jordyn, Manager, Account - Amobee, Inc.; pg. 213
Koman, Liz, Chief Marketing Officer - Manifest; pg. 248
Komejan, Kendra, Account Supervisor - Carmichael Lynch; pg. 47
Komitor, Jaime, Vice President, Client Services - Swift; pg. 145
Komulainen, Jason, Senior Vice President & Group Creative Director - The Martin Agency; pg. 421
Konchek, Caitlin, Director, Marketing - Calypso; pg. 588
Kondo, Sharon, Group Director, Strategic Analytics - Team One; pg. 417
Konesni, Deanna, Account Executive - PUSH 7; pg. 131
Konetes, George, Director, Digital Media - Infinity Concepts; pg. 285
Kong, Davi, Associate Director, Digital Partnerships - Initiative; pg. 478
Kong, Serena, Assistant Negotiator, National Video Investment - Zenith Media; pg. 529
Kong, Sophie, Account Director - ASV Inc.; pg. 302
Konikoff, Anton, Founder & Global Chief Executive Officer - Acronym Media; pg. 671
Konis, Kelly, Director, Media & Partnerships - Citizen Group; pg. 342
Konko, Dayna, Senior Project Manager - Gyro NY; pg. 369
Konold, Bob, Senior Vice President & Creative Director - Storandt Pann Margolis & Partners; pg. 414
Konopasek, Scott, Media Director - Noble People; pg. 120
Konrad, Lyndsey, Director, Human Resources & Talent Acquisition - Havas Worldwide San Francisco; pg. 370
Konsbruck, Lynn, Senior Account Executive - Maximum Marketing Services; pg. 107
Konstantinovsky, Dan, Head, Business Development - RH Blake Inc.; pg. 133
Kontiainen, Tuire, Managing Partner - Bright Design; pg. 176
Kontizas, Demetrios, Vice President, Technology - Mirum Agency; pg. 251
Kontney, Karrina, Event Planner & Producer Developer - Derse, Inc.; pg. 304
Kontos, Anastasia, Chief Executive Officer - Longwater Advertising; pg. 101
Kontos, Nicholas, Programmatic Manager - Spark Foundry; pg. 510
Koo, Jeff, Vice President - SparkPR; pg. 648
Koontz, Barbara, Executive Vice President, Sales & Customer Experience - Curran & Connors, Inc.; pg. 178
Koontz Bayliss, Kim, Managing Principal - Grayling USA; pg. 610
Koop, Kristen, Director, Creative - Publicis North America; pg. 399
Koopman, Ken, Owner - Koopman Ostbo Inc.; pg. 378
Koopman, Meghan, Executive Vice President & Group Account Director - Havas Media Group; pg. 468
Kopacz, Matthew, Senior Account Director - MWWPR; pg. 630
Kopay, Jeff, Creative Director - Deutsch, Inc.; pg. 349
Kopco, Tracy, Director, Media & Analytics - 160over90; pg. 1
Kopczynska, Olga, Associate Director - OMD; pg. 500
Kopec, Bernadetta, Manager, Finance - Spark Foundry; pg. 510
Kopec, Vanessa, Account Director - Publicis North America; pg. 399
Kopelowicz, Maru, Executive Vice President & Executive Creative Director - McCann New York; pg. 108
Kopervas, Gary, Senior Vice President, Brand Strategy & Innovation - 20nine Design Studios; pg. 171
Kopes, Donna, Manager, Office Services - Stiegler, Wells, Brunswick & Roth, Inc.; pg. 413
Kopidlansky, Denise, Media Buyer & Planner - The Karma Group; pg. 420
Kopilak, John, Owner & Creative Director - o2kl; pg. 121
Kopischkie, Pat, Vice President & Director, Social Media - Hoffman York; pg. 371
Kopitko, Jonathan, Group Director - PHD USA; pg. 505
Kopitov, Irene, Senior Associate Director - Camron ; pg. 588
Kopp, Emily, Group Media Director - Moroch Partners; pg. 389
Kopp, Jonathan, Managing Director & Chief Interactive Strategist - Glover Park Group; pg. 608
Kopp Hudon, Dana, Senior Vice President - M Booth & Associates, Inc. ; pg. 624
Kopp Johnson, Lisa, Vice President, Midwest & West Coast Sales - Amobee, Inc.; pg. 213
Koppaka, Sia, Digital Media Supervisor - Butler / Till; pg. 457
Koppel, Victor, Vice President, Client Partnerships - CSM Sport & Entertainment; pg. 347
Koppelman, David, Managing Director - MacDonald Media, LLC; pg. 553
Koppenal, James, Senior Managing Director, Digital Communications - SPI Group, LLC;

pg. 143
Kopsick, Wendi, Partner - Kekst & Company, Inc.; *pg.* 619
Kopytman, Maya, Partner - C&G Partners, LLC; *pg.* 176
Koralewski, Kelsey, Account Manager - BLASTmedia; *pg.* 584
Kordonowy, Thom, Copywriter - Periscope; *pg.* 127
Korduplewski, Bill, Media Supervisor - Starcom Worldwide; *pg.* 516
Korecki, Christine, Director, Account Management - Davidson Belluso; *pg.* 179
Koren, Kent, Creative Director - Arnold Worldwide; *pg.* 34
Korenfeld, Oleg, President - Troika/Mission Group; *pg.* 20
Korian, Peter, President - IOMEDIA, Inc.; *pg.* 90
Korian, Steve, Executive Vice President - IOMEDIA, Inc.; *pg.* 90
Korian, Steven, Executive Vice President - IOMEDIA, Inc.; *pg.* 90
Korin, Amy, Senior Director, Social Media - Mirum Agency; *pg.* 681
Korinek, Amy, Media Director - Spark Foundry; *pg.* 510
Korinis, Alexandra, Associate Buyer, National Video Activation - Online Video & Video On Demand - Carat; *pg.* 459
Korkowski, Annie, Associate Creative Director - August Jackson; *pg.* 302
Korman, Ben, Content Specialist - Pipitone Group; *pg.* 195
Korman, Paul, Media Planner & Buyer - Miller Brooks, Inc.; *pg.* 191
Kormushoff, Mike, Partner, Senior Vice President & Account Supervisor - ST&P Communications, Inc.; *pg.* 412
Korn, Danielle, Executive Vice President - McCann New York; *pg.* 108
Korn, James, Art Director - Todd Allen Design; *pg.* 202
Korn-Hauschild, Andy, Partner & President - Korn Hynes Advertising; *pg.* 95
Kornblum, Lisa, Director, Operations - Quixote Group; *pg.* 402
Kornegay, Katherine, Digital Director & Account Director - Johnson & Sekin; *pg.* 10
Korner, Karen, Chief Executive Officer - DAS Group; *pg.* 348
Kornet, Nathan, Digital Account Manager - ChizComm; *pg.* 50
Kornett, Dave, Managing Director, Integrated Investment - OMD; *pg.* 498
Korngut, Jennifer, Vice President & Account Supervisor - Havas Health Plus - Havas Health & You; *pg.* 82
Korniczky, Andrew, Executive Vice President, Client Services - International - JCDecaux North America; *pg.* 553
Kornyk, Colleen, Chief Financial Officer - KCSI - CRM Unleashed; *pg.* 167
Kornyk, Sheldon, Chief Executive Officer - CRM Unleashed; *pg.* 167
Korono, Deborah, Group Vice President, Client Services - Huge, Inc.; *pg.* 239
Korpela, Kathy, Partner & Director, Program Development - Main Event Marketing; *pg.* 310
Korsgard, Karen, Director, Client Services- OneFire - OneFire, Inc; *pg.* 394
Korshak, Margie, Chairman - Margie Korshak, Inc.; *pg.* 105
Kortes, Heather, Media Supervisor - Starcom Worldwide; *pg.* 517
Kortmann, Shannon, Media Planner - MediaCom; *pg.* 487
Kortvelesy, Kaitlynn, Associate Director, Media Investment - National - Blue 449; *pg.* 455

Kortz, Henry, Senior Accountant - Location3 Media; *pg.* 246
Kos, Amanda, Director, Business Development - The Trade Desk; *pg.* 519
Kosa Townsend, Emily, Chief Operating Officer - Brains On Fire; *pg.* 691
Kosakowski, Megan, Vice President & Director, Marketing - Arnold Worldwide; *pg.* 33
Kosanovich, Marija, Senior Vice President, Media & Communications - A.D.K.; *pg.* 321
Koscumb, Keira, Digital & Inbound Marketing Director - WordWrite Communications; *pg.* 663
Kosel, Garrett, Strategist, Media Planning - Mindstream Media Group - Dallas; *pg.* 496
Kosirog-Jones, Nicholas, Creative Brand Manager - Mabbly; *pg.* 247
Koslelnik, Jayme, Account Supervisor - Brokaw, Inc.; *pg.* 43
Kosnik, Timothy, Engagement Director - FCB Chicago; *pg.* 71
Kosstrin, Jane, Founder & Chief Creative Officer - Doublespace; *pg.* 180
Kostainsek, Michael, Vice President, Business Development - DWA Media; *pg.* 464
Kostecka, Andy, Vice President, Client Services - Davis Ad Agency; *pg.* 58
Kostelnik, Calla, Marketing Assistant - Klunk & Millan Advertising; *pg.* 95
Kostenko, Lucas, Media Specialist - Reeltime Media; *pg.* 507
Kosydar, John, President - East Bank Communications; *pg.* 353
Kotarak, Katie, Public Relations - The Brand AMP; *pg.* 419
Kotarski, Tami, Producer, Relationship Marketing - Team One; *pg.* 417
Kotcher, Ray, Non Executive Chairman - Ketchum; *pg.* 542
Kotcherga, Dasha, Associate Director - Horizon Next - Horizon Media, Inc.; *pg.* 474
Koteras, Danny, Creative Director - Stone Ward Advertising; *pg.* 413
Koterbay, Kayla, Associate Media Director - Mediasmith, Inc.; *pg.* 490
Kothari, Ashna, Associate, Integrated Investment - Universal McCann; *pg.* 521
Kotick, Michael, Vice President, Communications Planning Director - 360i, LLC; *pg.* 320
Kotin, Meryl, Chief Financial Officer - Vertical Marketing Network; *pg.* 428
Kotlhar, Marcos, Executive Creative Director - BBDO Worldwide; *pg.* 331
Kotova, Anya, Vice President - Zeno Group; *pg.* 664
Kotowski, Dena, Senior Account Manager - Lages & Associates; *pg.* 621
Kotsbak, Katie, Media Director - Good Apple Digital; *pg.* 466
Kottkamp, Rob, Chief Creative Officer - partners + napier; *pg.* 125
Kotys, Alex, Media Buyer - ICON International, Inc.; *pg.* 476
Kotz, Alex, Account Manager - Brunner; *pg.* 44
Kotzev, Kalin, Head, Programmatic & Operations - GroupM; *pg.* 466
Kotziagkiaouridis, Yannis, Global Chief Data & Analytics Officer - Edelman; *pg.* 600
Kough, Dan, President, Event Marketing - Paradigm Shift Worldwide, Inc.; *pg.* 313
Koukkos, George, Creative Director - CommCreative; *pg.* 343
Koukodimos, Tom, Executive Creative Director - Sid Lee; *pg.* 141
Kouloheras, Kristen, Account Supervisor - Hill Holliday; *pg.* 85
Koumourdas, Amalia, Supervisor, Video Investment - PHD USA; *pg.* 505
Kourtis, Spyro, Chief Executive Officer - HackerAgency; *pg.* 284

Koury, Ernest, Partner & President - Taco Truck Creative; *pg.* 145
Koutoulakis, Dan, Vice President & Director, Strategy - Leo Burnett Toronto; *pg.* 97
Koutris Neamonitis, Victoria, Associate Director, Sports Strategy - Optimum Sports; *pg.* 394
Koutsis, Phil, Executive Creative Director - We're Magnetic; *pg.* 318
Kouvaras, Ariel, Vice President - Sloane & Company; *pg.* 647
Kouwe, Zach, Senior Vice President, Special Situations - Dukas Linden Public Relations; *pg.* 598
Kovac, Ricky, Vice President, Technology & Growth - Media Matters SF; *pg.* 485
Kovacevich, John, Executive Creative Director - Duncan Channon; *pg.* 66
Kovach, Kristin, Account Director - Crossroads; *pg.* 594
Kovacs, David J., Associate Director, Content Strategy - Riester; *pg.* 406
Kovacs, Laura, Account Executive - Finn Partners; *pg.* 603
Kovacs, Laura, Account Director - Zeta Interactive; *pg.* 277
Kovacs, Matt, President - BLAZE; *pg.* 584
Koval, Howard, Executive Vice President, Business Development - Travel Spike; *pg.* 272
Koval, Katie, Senior Vice President & Director - Starcom Worldwide; *pg.* 513
Koval, Katie, Senior Vice President & Director - Starcom Worldwide; *pg.* 517
Kovalcik, Laura, Senior Vice President & Planning Director - Carat; *pg.* 461
Kovalcik, Robert, Associate Director - The Media Kitchen; *pg.* 519
Kovalik, Ian, Partner & Creative Director - Mekanism; *pg.* 112
Kovan, Aaron, Chief Production Officer - VaynerMedia; *pg.* 689
Kovan, Andy, Executive Vice President & Director, Account Planning & Development - The Brandon Agency; *pg.* 419
Kovanich, Kevin, Director, Strategy - mcgarrybowen; *pg.* 110
Kovant, Arie, Co-Founder & Managing Partner - Catch New York; *pg.* 340
Kovarik, Heather, Executive Creative Director - Moncur Associates; *pg.* 251
Kovatch, Morgan, Assistant Media Planner - Rain; *pg.* 402
Kovey, Frederick, Creative Director - BBDO Worldwide; *pg.* 331
Kovick, Tim, Principal & President, Corporate Design - Corporate Communications; *pg.* 593
Kovitz, Lisa, Managing Director, Consumer Media - Edelman; *pg.* 599
Kovler, Eden, Media Planner - Universal McCann; *pg.* 428
Kovnot, Lana, Senior Strategist - Bluecadet Interactive; *pg.* 218
Kowalchek, Scott, President & Chief Executive Officer - DirectAvenue, Inc.; *pg.* 282
Kowalczyk, Jake, Marketing Manager & Account Executive - MCS Advertising; *pg.* 111
Kowalczyk, Kadie, Manager, Sales Operations - The MX Group; *pg.* 422
Kowalczyk, Patrick, President - PKPR; *pg.* 637
Kowalewski, Cathy, Chief Financial Officer & Vice President - gkv; *pg.* 364
Kowalewski, Milosz, Senior Associate, Paid Search - Wavemaker; *pg.* 526
Kowalinski, Natalie, Associate Media Planner - HealixGlobal; *pg.* 471
Kowalski, Adrienne, Senior Strategist - Karma Agency; *pg.* 618
Kowalski, Bradley, Account Director - Havas Worldwide Toronto; *pg.* 83
Kowalski, Jessica, Experiential Designer -

AGENCIES
PERSONNEL

Grandesign; pg. 552
Kowalski, Laura, Director, Creative Strategy - Soulsight; pg. 199
Kowan, Joe, Executive Vice President, Digital Solutions, Precision & Technology - Spark Foundry; pg. 510
Kowan, Joseph, Senior Search Strategist - MEC - GroupM Next; pg. 439
Kowitt, Jason, Senior Associate, Media - Mindshare; pg. 494
Koyen, Neena, Senior Vice President, Global Corporate Communications - Universal McCann; pg. 521
Kozachik, Lindsay, Senior Manager, Media - The Mars Agency; pg. 683
Kozak, Eric, Senior Producer, Digital - Duncan Channon; pg. 66
Kozak, Tina, President - Franco Public Relations Group; pg. 606
Kozar, Lauren, Social Strategist - The Richards Group, Inc.; pg. 422
Kozarovich, Steve, Account Director - PriceWeber Marketing Communications, Inc.; pg. 398
Kozel, Jared, Executive Vice President & Executive Creative Director - Moxie; pg. 251
Kozel, Steve, Group Director, Strategy & Insights - Osborn & Barr Communications; pg. 395
Koziara, Emma, Marketing Coordinator - Compadre; pg. 221
Koziarski, Anthony, Chief Media Officer - PHD USA; pg. 505
Koziel, Laura, Associate Media Director - Schafer Condon Carter; pg. 138
Koziol, Richard, Creative Director - Turchette Advertising Agency; pg. 157
Kozlowska, Kasia, Supervisor, Media - Blue 449; pg. 455
Kozma, Jamie, Senior Vice President & Group Partner, Client Business - Universal McCann; pg. 521
Kozniuk, Emily, Account Director - TAXI; pg. 146
Kozo, Amber, Associate Director, Digital Partnerships - Initiative; pg. 477
Kozo, Karyn, Vice President & Director, Client Services - Re:group, Inc.; pg. 403
Kraaijvanger, Arnaud, Senior Vice President, Marketing Insights & Operations - Genesys Telecommunications Laboratories; pg. 168
Krablin, Christina, Director, Talent & Culture - Republica Havas; pg. 545
Kracoe, Roland, Principal - Kracoe Szykula & Townsend Inc. ; pg. 96
Kraemer, Dan, Founder & Chief Design Officer - IA Collaborative; pg. 186
Kraeuter, Chris, Senior Vice President - Archetype; pg. 33
Kraft, Adam, Public Relations Specialist & Account Executive - Linnihan Foy Advertising; pg. 100
Kraft, Alan, Chief Revenue Officer - Media Horizons, Inc.; pg. 288
Kraft, Andrea, Vice President, Marketing - BrandStar; pg. 337
Kraft, Denise, Director, Media & Marketing Communications - ST&P Communications, Inc.; pg. 412
Kraft, JJ, Senior Art Director - Preacher; pg. 129
Kraft, Kathy, Production Business Affairs Manager - Abelson-Taylor; pg. 25
Kraft, Marissa, Senior Vice President & Director, Creative - FCB Health; pg. 72
Kraft, Terri, Senior Vice President, Media Sales - Matrix Media Services; pg. 554
Krager, Breanne, Account Coordinator - Wired PR; pg. 663
Krain, Laura, Director, Media - Spark Foundry; pg. 510
Krainak, Andy, Director, Brand - VaynerMedia; pg. 689
Krajan, Mark, Group Creative Director - DDB San Francisco; pg. 60
Krajco, Calvin, Supervisor, Digital Media - Haworth Marketing & Media; pg. 470
Krajewski, Stephanie, Senior Vice President - Brandman Agency; pg. 585
Krajewski, Ted, Production Manager - Communications DG4, Inc.; pg. 6
Krajsa, Natalie, Associate Media Director - ForwardPMX; pg. 360
Krakow, Ben, Lead Data Scientist - Horizon Media, Inc.; pg. 474
Krakower, Gary, Vice President, Worldwide Licensing - 160over90; pg. 301
Krakowsky, Philippe, Chief Operating Officer - Interpublic Group of Companies; pg. 90
Kram, Eda, Media & Communications, - Lubicom Marketing Consulting; pg. 381
Kram, Shari, Associate Director, Data & Insights - Posterscope U.S.A.; pg. 556
Kramer, Allison, Senior Account Executive - Digital - Zeno Group; pg. 664
Kramer, Andrea, Supervisor, Local Activation - Zenith Media; pg. 531
Kramer, Brad, Senior Vice President & Executive Director, Information Technology - Cramer-Krasselt ; pg. 53
Kramer, Chris, Founding Partner - House of Kaizen; pg. 239
Kramer, Danielle, Director, Media - CMI Media, LLC; pg. 342
Kramer, Howard, Co Founder & Chief Operating Officer - Listrak; pg. 246
Kramer, Jaclyn, Manager - MediaCom; pg. 487
Kramer, Jade, Director, Analytics & Data Science - Wunderman Thompson; pg. 434
Kramer, Jason, Senior Media Planner, Coordinator, Advertising Operations & Analyst - Questus; pg. 260
Kramer, John, Chief Executive Officer - ICON International, Inc.; pg. 476
Kramer, Mary, Vice President, Operations - Modern Climate; pg. 388
Kramer, Molly, Senior Analyst, Performance Digital - Universal McCann Detroit; pg. 524
Kramer, Mya, Founder - The M-Line; pg. 201
Kramer, Ross, Co-Founder & Chief Executive Officer - Listrak; pg. 246
Kramer, Sarah, Chief Client & Operating Officer - Spark Foundry; pg. 508
Kramer, Shepard, Senior Vice President, CMO Practice - Association of National Advertisers; pg. 442
Kramer, Spence, Chief Executive Officer - Wunderman Thompson Atlanta; pg. 435
Kramer, Weezie, Chief Operating Officer - Entercom Communications Corp.; pg. 551
Krammer, Ashley, Vice President, Programmatic & Social - Starcom Worldwide; pg. 513
Kramskaya, Natasha, Associate Creative Director - Decca Design; pg. 349
Krane, Kate, Executive Vice President, Brand - Edelman; pg. 601
Kranhold, Paul, Co-President - Sard Verbinnen & Co; pg. 646
Kranich, Robin, Executive Vice President, Human Resources - Gartner, Inc.; pg. 236
Kranjec, Bradley, Senior Art Director - Red Antler; pg. 16
Krankowski, Thomas, Manager, Portfolio Management - Universal McCann; pg. 521
Krantzler, Leah, Manager - Starcom Worldwide; pg. 513
Kranz, Brooke, Manager, Integrated Investment - Universal McCann; pg. 521
Krapf, Kelsey, Digital Marketing Manager - Reputation Institute; pg. 449
Krapff, Max, Account Manager - rygr; pg. 409
Krason, Michael, Paid Media Manager - Marcel Digital; pg. 675
Krasts, Kerry, Creative Director - Mering; pg. 114
Krasusky, Joni, Director, Research - Cashman & Katz Integrated Communications; pg. 340
Kratkiewicz, Brian, Senior Vice President, Media & Interactive Services - CJRW; pg. 590
Krato, Elizabeth, Executive Vice President & Director, Operations - Jack Morton Worldwide; pg. 309
Kratochvil, Joe, Strategy & Planning Senior Associate - Spark Foundry; pg. 508
Kratz, Jim, Vice President, Client Partnerships - Gas Station TV; pg. 552
Kraupa, Stefanie, Director, Media Services - Elevator Strategy Advertising & Design, Inc.; pg. 181
Kraus, Andrew, Senior Vice President - Epoch 5 Public Relations; pg. 602
Kraus, Domenica, Senior Vice President, Media - Stella Rising; pg. 518
Kraus, Evan, President & Managing Director, Global Operations - APCO Worldwide; pg. 578
Kraus, Jeremy, Vice President, Client Services - Situation Interactive; pg. 265
Kraus, Kaitlyn, Marketing Specialist - TriComB2B; pg. 427
Kraus, Kyle, Executive Vice President - The Food Group; pg. 419
Kraus, Margery, Founder & Executive Chairman - APCO Worldwide; pg. 578
Kraus, Molly, Vice President, Account Services - Theory House : The Agency Built for Retail; pg. 683
Kraus, Monte, Executive Vice President, Production & Senior Producer - Mad Genius; pg. 13
Kraus, Stephen, Deputy Chief Creative Officer - BAM Connection; pg. 2
Krause, Brian, Lead Analyst - Moxie; pg. 251
Krause, Candace, Vice President & Principal - Krause Advertising; pg. 379
Krause, Colleen, Managing Director - The Lane Communications Group; pg. 654
Krause, Elaine, Chief Creative - GYK Antler; pg. 368
Krause, Frederick, President - AFA Krause; pg. 28
Krause, Ken, Director, Content & Account Management - Amendola Communications; pg. 577
Krauss, Amy, Chief Operating Officer - Performics; pg. 676
Krauss, Ken, Partner & Creative Director - CD&M Communications; pg. 49
Kravetz, Julie, Executive Vice President & Group Planning Director - Deutsch, Inc.; pg. 349
Kravetzker, Stefanie, Account Manager - Latcha+Associates; pg. 168
Kravitz, Aaron, Marketing Specialist - ROKKAN, LLC; pg. 264
Kravitz, Amanda, Media Supervisor - Spark Foundry; pg. 508
Kravitz, Susan, Managing Director - Novus Media, Inc.; pg. 497
Krawitz, Alex, President - Firstborn; pg. 234
Kreber, Jack, President - Kreber; pg. 379
Kreber, Jim, Chief Executive Officer - Kreber; pg. 379
Krebs, Dylan, Paid Social Coordinator - Tinuiti; pg. 271
Krebsbach, Kay, President & Principal - RS & K; pg. 408
Krebsbach, Mary, Human Resources Manager - Novus Media, Inc.; pg. 497
Krediet, Caroline, Partner, Strategy - FIG; pg. 73
Kreft, Denis, President - Imaginasium; pg. 89
Kregel, Jill, Vice President, Programmatic &

885

Paid Social - Starcom Worldwide; pg. 517
Kreher, Jason, Creative Director-Entertainment & Editorial - Wieden + Kennedy; pg. 430
Kreho, Kelly, Director, Social Media & Content - BCM Media; pg. 455
Kreichman, Harris, Managing Partner & Executive Vice President, New Business Development - eTargetMedia; pg. 283
Kreicker, Clay, President - TSA Communications; pg. 157
Kreider, Janelle, Director, Strategy & Planning - MMSI; pg. 496
Kreider, Katie, Senior Account Director - Blue State Digital; pg. 335
Kreidle, Connor, Associate Account Manager - Think Motive; pg. 154
Kreienberg, Lisa, Creative Director - Jay Advertising, Inc.; pg. 377
Kreikemeier, Tracy, Chief Marketing Officer - Thruline Marketing; pg. 155
Kreindler, Lizzy, Manager, Account & Specialist, Content - A5; pg. 25
Kreis, George, Senior Vice President, Entertainment & Financial Services - Active International; pg. 439
Kreisberg, Laurie, Director, Strategy & Client Services - Trinity Brand Group; pg. 202
Kreisler, Ariel, Associate Director - IBM Performance Marketing - Neo Media World; pg. 496
Kreitner, Luke, Vice President, Sales & Account Management - Incentive Solutions; pg. 567
Krejci, David, Executive Vice President, Digital Crisis & Issues - North America - Weber Shandwick; pg. 660
Kremer, Danny, Associate Director, Analytics - Periscope; pg. 127
Kremer, Emmalee, Account Supervisor - The Hatch Agency; pg. 653
Kren, Kristina, Supervisor, Local Investment - Hearts & Science; pg. 471
Krening, Krysten, Assistant, Photo Studio - Roundhouse - Portland; pg. 408
Krensky, Andrew, Managing Director - Omelet; pg. 122
Kreowski, August, Creative Director - Y Media Labs; pg. 205
Kreps, Israel, Chief Executive Officer - Kreps & DeMaria; pg. 620
Kresnicka, Rob, Senior Analyst, Programmatic - OMD; pg. 500
Kress, Ken, President - BDS Marketing, Inc.; pg. 566
Kress, Kimberly, Senior Vice President, Talent Partnerships - McCann New York; pg. 108
Kress, Leja, Founding Partner & Chief Executive Officer - Sweden Unlimited; pg. 268
Kress, Robyn, Executive Vice President, Campaign Rediness - August Jackson; pg. 302
Kretz, Haley, Marketing & Business Development Coordinator - Sparkloft Media; pg. 688
Kreuch, Steven, Senior Interactive Producer - TBWA \ Chiat \ Day; pg. 416
Kreul, Caroline, Senior Account Executive - Planet Propaganda; pg. 195
Kreuter, Chris, Client Lead - iProspect; pg. 674
Kreutzberg, Colin, Strategy Associate - VaynerMedia; pg. 689
Kreutzer, Janice, Director, Media Services - Bisig Impact Group; pg. 583
Kreutzer, Joel, Head, Design & Senior Designer - Archrival, Inc.; pg. 1
Krewson, Brett, Director, Finance - Hanson, Inc.; pg. 237

Kreytak, Daniel, Assistant Account Executive - March Communications; pg. 625
Kribs-LaPierre, Beth, Vice President, Product, Sales & Marketing - Adventive, Inc.; pg. 211
Krick, Brian, Executive Vice President, Global Media Planning - Essence; pg. 232
Kriefski, Mike, Principal, President & Executive Creative Director - Shine United; pg. 140
Krieg, Amy, Account Director - TBWA \ Chiat \ Day; pg. 146
Krieger, Caroyln, Founder - CKC Agency; pg. 590
Krieger, Joel, Chief Creative Officer - Second Story Interactive; pg. 265
Krieger, Katie, Director, Accounts - Catalysis; pg. 340
Krieger, Peter, President & Chief Operating Officer - Lightbox OOH Video Network; pg. 553
Krieger, Scott, Senior Development Strategist - People Design; pg. 194
Kriegsman, Teresa, Creative Director - S&A Communications; pg. 645
Kriehn, Kevin, Executive Creative Director - BVK; pg. 339
Kriese, Tamara, Director, Mobile & Digital Solutions - GMR Marketing; pg. 306
Kriisa, Kristen, Director, Creative - Big Spaceship; pg. 455
Krimm, Melissa, Director, Group Business - Wunderman Thompson; pg. 434
Krinsky, Lori, Senior Vice President, Media - CTI Media ; pg. 464
Krinsky, Nicki, Director, Project Management & PMO - Saatchi & Saatchi Los Angeles; pg. 137
Kripas, Eric, Associate Director, Creative - O'Keefe Reinhard & Paul; pg. 392
Krischik, Danielle, Chief Communications Officer - Knight; pg. 95
Krischke, Deanna, Vice President, Business Development - Steel Digital Studios; pg. 200
Krise, Todd, Integrated Communications Director - The Vimarc Group Inc.; pg. 425
Krisfalusi, Cyndi, Vice President, Talent Acquisition, US Creative & Content - Edelman; pg. 600
Krishna, Mahesh, Senior Vice President, Strategy - Spark Foundry - Starcom Worldwide; pg. 517
Krishnalingam, Hiran, Account Manager - m/SIX; pg. 483
Krisik, Daniel, Vice President, Analytics Consulting - Publicis North America; pg. 399
Kristiansen, David, Editor, Avid Media Composer Video & Designer - After Effects - EFX Media; pg. 562
Kristmanson, Danielle, Principle & Creative Director - Origin Design + Communications; pg. 123
Kristofek, Brian, President & Chief Executive Officer - Upshot ; pg. 157
Kritch, John, Global Creative Director - Saatchi & Saatchi Los Angeles; pg. 137
Kritzler, Natalie, Senior Vice President & Director, Strategy - Spark Foundry; pg. 510
Krivelin, Remington, Senior Associate, Paid Social - Mindshare; pg. 494
Krochak, Daylyn, Product Development Manager - Hawthorne Advertising; pg. 285
Krochka, Rick, President - TRIAD/Next Level; pg. 156
Krock, Elizabeth, Account Manager - Zeno Group; pg. 665
Kroeker, Holli, Manager, Public Relations & Media - SCORR Marketing; pg. 409
Kroencke, Dave, Brand Management Principal - The Richards Group, Inc.; pg. 422
Krogstad, Laura, Media Director - Stephan & Brady, Inc.; pg. 412

Krogue, Ken, Co-Founder & President - InsideSales.com; pg. 168
Krol, Maureen, Associate Director - Starcom Worldwide; pg. 513
Krol, Stephanie, Director, Public Relations - Matrix Partners, Ltd.; pg. 107
Kroll, Brendan, Director, Analytics - Moxie; pg. 251
Kroll, Mary , Production Manager - Crowley Webb & Associates; pg. 55
Kroll, Russell, Founding Partner - Formation Design Group; pg. 183
Kron, Stephen, Chief Financial Officer - Kreber; pg. 379
Krone, Jim, Partner, Co-Founder & Creative Director - Chameleon Design Group; pg. 177
Kronforst, Colin, Associate Media Director - Spark Foundry; pg. 510
Krongold, Jaclyn, Vice President, Account Director & Global Lead - Deutsch, Inc.; pg. 349
Kronheimer, George, Vice President, Media Sales - GfK MRI; pg. 445
Kronrad, Rob, Vice President, Sales - All Star Carts & Vehicles, Inc.; pg. 565
Kroog, Ryan, Associate Director, Creative - Draftline; pg. 353
Kroon, Marcus, Senior Vice President & Group Media Director - Deutsch, Inc.; pg. 350
Krop, Lillie, Supervisor, Paid Social - Essence; pg. 232
Kropp, Jeane, Partner & Director, Brand Strategy - Hiebing; pg. 85
Kropp, Matt, Managing Director & Executive Vice President, Client Services - iProspect - Carat; pg. 461
Kroschwitz, Ron, Manager, Market - Vector Media; pg. 558
Kross Lee, Meg, Vice President, Client Services - Chapman Cubine + Hussey; pg. 281
Krotzer, Jeff, Associate Creative Director - Rauxa; pg. 291
Krouse, Rachel, Vice President & Group Account Director - VMLY&R; pg. 160
Krout, Benjamin, Manager, Search & Social - Spark Foundry; pg. 510
Krsanac, Jan, Director, Marketing - SMM Advertising; pg. 199
Krstic, Goran, Senior Art Director - Zambezi; pg. 165
Krubich, Louis, Founder & Chief Executive Officer - Malka; pg. 562
Krucker, Kelsey, Senior Project Manager - Walker Sands Communications; pg. 659
Krueger, Angi, Vice President, Marketing & Business Development - Core Creative; pg. 344
Krueger, Brian, Senior Manager - Content Studio - BVK; pg. 339
Krueger, Julie, Client Planning & Service Director - Gud Marketing; pg. 80
Krueger, Mary, Group Director - PHD Chicago; pg. 504
Krueger, Victoria, Head, Production Operations - Nissan United - TBWA \ Chiat \ Day; pg. 416
Krug, Ashley, eCommerce Manager - FortyFour; pg. 235
Krug, Cassidy, Senior Strategist - Redscout; pg. 16
Krug, Kelly, Senior Content Creator - Cronin; pg. 55
Kruger, Carol, Senior Vice President, Public Relations & Media Services - Wendt; pg. 430
Kruger, Karla, Senior Group Business Director - Alma; pg. 537
Kruger, Kim, Partner & Media Director - High Tide Creative; pg. 85
Kruger, Manfred, Art Director - the community; pg. 545

AGENCIES — PERSONNEL

Kruger, Paul, Creative Director - Della Femina/Rothschild/Jeary Partners; *pg.* 61
Kruisbrink, Will, Partner & Senior Vice President - Walker Sands Communications; *pg.* 659
Kruk, David, Digital Marketing Account Manager - 30 Lines; *pg.* 207
Krukowski, Kristin, Senior Manager, Planning & Optimization - PHD USA; *pg.* 505
Krulewich, David, Senior Vice President, Programmatic Sales - Katz Media Group, Inc.; *pg.* 481
Krulich, Tracy, Group Media Director - Carmichael Lynch; *pg.* 47
Krulik, Patrick, Creative Director - KINGSPOKE; *pg.* 11
Krull, John, Principal, Vice President, Creative Director - Shine United; *pg.* 140
Krull, Meredith, Vice President & Group Strategy Director - BBDO San Francisco; *pg.* 330
Krull, Sophie, Coordinator, Media - Amnet; *pg.* 454
Krull, Steve, Chief Executive Officer - BFO; *pg.* 217
Krull, Stewart, Executive Vice President & Executive Creative Director - Atmosphere Proximity; *pg.* 214
Krumsick, Cristina, Vice President - Baltz & Company; *pg.* 580
Krumwiede, Ryan, Vice President & Group Account Director - Broadhead; *pg.* 337
Krupp, David, Chief Revenue Officer - Billups Worldwide; *pg.* 550
Krupp-Lisiten, Heidi, Founder, President & Chief Executive Officer - Krupp Kommunications; *pg.* 686
Krupski, Andy, Chairman - The Hive Strategic Marketing; *pg.* 420
Kruse, Heather, Senior Vice President & Executive Director, Media - Haworth Marketing & Media; *pg.* 470
Kruse, Joe, Vice President, Client Services - Deskey Integrated Branding ; *pg.* 7
Kruse, Kelly, Account Director - Upshot ; *pg.* 157
Kruse, Nicole, Account Director - Archetype; *pg.* 33
Kruse, Scott, Managing Partner & Director, Print - GroupM; *pg.* 466
Kruse, Stephanie, President & Chief Strategist - KPS3 Marketing and Communications; *pg.* 378
Kruskopf, Sue, Chief Executive Officer - Kruskopf & Company; *pg.* 96
Kruszewski, Emily, Account Director - Uproar; *pg.* 657
Krutchik, Larry, Managing Director - Los Angeles & Costa Mesa - Hill+Knowlton Strategies; *pg.* 613
Kryeski, Kim, Marketing & Project Manager - Condron Media; *pg.* 52
Krygowska, Barbara, Creative & Digital Associate - All Points Public Relations; *pg.* 576
Kryszczun, Keith, Senior Vice President, Global Sales - Cadent Technology; *pg.* 219
Krzastek, Marcus, Chief of Staff - VaynerMedia; *pg.* 689
Krzysko, Tony, Principal - Exclaim!; *pg.* 182
Ku, Rita, Chief Intelligence Officer - Rauxa; *pg.* 291
Ku, Ryan, Head, Strategy & Brand Innovation - Eleven, Inc.; *pg.* 67
Ku, Vivien, Associate Media Director - AKQA; *pg.* 211
Kubancik, Sally, Account Strategy Supervisor - WorkInProgress; *pg.* 163
Kubanka, Stefanie, Managing Director, Village Accounts - Havas Media Group; *pg.* 468

Kubert, Elizabeth, Senior Project Manager, Integrated Project Management - VaynerMedia; *pg.* 689
Kubic, Joe, Co-Owner & Chief Executive Officer - Adcom Communications, Inc.; *pg.* 210
Kubicki, Ania, Partner & Vice President, Public Relations - Knoodle Shop; *pg.* 95
Kubis, Jen, Brand Director - Fortnight Collective; *pg.* 7
Kucera, Michael, Chief Operating Officer - Zehner; *pg.* 277
Kucharski, Matt, President - Padilla; *pg.* 635
Kuchta, Joe, President - Sandbox; *pg.* 138
Kucia, Diane, Account Supervisor - Buick - Martin Retail Group; *pg.* 106
Kucinski, Maria, Account Supervisor - Greenough Communications; *pg.* 610
Kucinsky, Ted, Founding Principal, President & Chief Creative Officer - Catalyst Marketing Design; *pg.* 340
Kuczynski, James, Senior Creative Director - VaynerMedia; *pg.* 689
Kudelka, Kaysee, Associate Director - Starcom Worldwide; *pg.* 513
Kudla, Jonathan, Vice President & Group Account Director - Moxie; *pg.* 251
Kuefler, John, Executive Vice President, Chief Digital Officer - Callahan Creek ; *pg.* 4
Kuegler, Steve, Senior Vice President, Client Engagement & Analytics - Bernstein-Rein Advertising, Inc.; *pg.* 39
Kuehl, Kelli, Broadcast Producer - Bradley and Montgomery; *pg.* 336
Kuehn, Jordan, Associate Director, Strategy - Spark Foundry; *pg.* 510
Kuehn, Rob, Regional Director - Martin Retail Group; *pg.* 106
Kuehnle, Greg, President & Chief Executive Officer - WRK Advertising; *pg.* 163
Kuehnle, Holger, Senior Director, Design - Artefact; *pg.* 173
Kuennen, Alexis, Media Supervisor - Neo Media World; *pg.* 496
Kuenning, Lisa, Associate Director, Social & Search - Connect at Publicis Media; *pg.* 462
Kuenzer, Jim, Director, Creative Strategy - Boxcar Creative; *pg.* 219
Kuga, Marianne, Marketing Manager - BigSpeak Speakers Bureau; *pg.* 302
Kugler, Bill, Senior Vice President - PRx, Inc.; *pg.* 639
Kugler, Gerald, Creative Director - Zulu Alpha Kilo; *pg.* 165
Kugler, Rafi, Director, Recruiting - barrettSF; *pg.* 36
Kuhar, Jeremy, Vice President, Creative Director - Digitas Health LifeBrands; *pg.* 229
Kuhl, Dave, Director, Account Services & Co-Owner - Kuhl Swaine; *pg.* 11
Kuhl, Kristie, Managing Partner - Finn Partners; *pg.* 603
Kuhlman, Nina, Senior Manager, Marketing Communications - The MX Group; *pg.* 422
Kuhn, Buddy, President - Results Driven Marketing; *pg.* 291
Kuhn, Jeremy, Managing Director, International Markets - Ogilvy; *pg.* 393
Kuhn, Kamden, Vice President & Director, Strategy - Dunn&Co; *pg.* 353
Kuhn, Keegan, Co-Founder - RealtyAds; *pg.* 132
Kuhn, Lindsey, Account Supervisor - GSD&M; *pg.* 79
Kuhn, Michelle, Chief Executive Officer - Aeffect, Inc.; *pg.* 441
Kuhn, Richard, Owner & Executive Creative Director - RK VENTURE; *pg.* 197
Kuhns, Lori, Senior Vice President - Navigators LLC; *pg.* 632
Kuiper, Eric, Account Director - Carat; *pg.* 461

Kujawa, Stephen, Senior Digital Marketing Strategist - Youtech; *pg.* 436
Kujawski, Renee, Director, Research & Team Operations - Prohaska Consulting; *pg.* 130
Kujovich, Kurt, Interim Chief Executive Officer - SET Creative; *pg.* 139
Kukler, Alexandra, People Operations Analyst - Tinuiti; *pg.* 678
Kuksis, Alia, Account Director - BIMM Direct & Digital; *pg.* 280
Kula, Ken, Chief Financial Officer & Partner - Eleven, Inc.; *pg.* 67
Kula, Zach, Planning Director - BBDO Worldwide; *pg.* 331
Kulaitis, Alexia, Director, Digital Product Group - CheckMark Communications; *pg.* 49
Kulesa, Joanna, Principal & Chief Executive Officer - OffLeash; *pg.* 633
Kulesza, Jackie, Senior Vice President & Group Director - Starcom Worldwide; *pg.* 513
Kulhmann-Leavitt , Deanna, President & Design Director - Kuhlmann Leavitt; *pg.* 189
Kulidzhanova, Yeva, Vice President, Analytics - Allen & Gerritsen; *pg.* 29
Kulis, Ben, Director, Integrated Marketing - Greenough Communications; *pg.* 610
Kulisheck, Michael, Vice President, Research & Methodology - Benenson Strategy Group; *pg.* 333
Kuljak, Natasa, Associate Director - Horizon Media, Inc.; *pg.* 474
Kulkarni, Shivani, Global Partner, Portfolio Management - Universal McCann; *pg.* 521
Kull, Paula, Account Supervisor - Ritta & Associates; *pg.* 407
Kullack, Kylie, Head, Client Partnership - Struck; *pg.* 144
Kulp, James, Associate Director, National Video Investment - PHD USA; *pg.* 505
Kulpinski, Alex, Senior Media Analyst - Tailwind; *pg.* 677
Kumar, Arun, Chief Data & Marketing Technology Officer - IPG MediaBrands; *pg.* 480
Kumar, Arun, Senior Vice President, Data & Insights - Hero Digital; *pg.* 238
Kumar, Bharat, Creative Director - Johannes Leonardo; *pg.* 92
Kumar, Deshan, Director, Business Development - The Trade Desk; *pg.* 520
Kumar, Sunil, Co-Founder & Chief Executive Officer - GroundTruth.com; *pg.* 534
Kumathe, Vrushali, Strategist, Paid Social - Canvas Worldwide; *pg.* 458
Kumbalek, Kaitlin, Strategy Supervisor - PHD USA; *pg.* 505
Kuminski, Tara, Senior Vice President & Head - D1 INK - Posterscope U.S.A.; *pg.* 556
Kunakhovich, Max, Director, Experience Design - VMLY&R; *pg.* 274
Kundu, Liz, Senior Media Buyer & Planner - BrabenderCox; *pg.* 336
Kung, Jennifer, Director, Strategy - Big Spaceship; *pg.* 455
Kung, Raleigh, Manager, Digital Marketing - Burns360; *pg.* 587
Kunhardt, Tim, President - Z-Card North America; *pg.* 294
Kunitomo, Mariko, Lead, Talent Acquisition - GroupM; *pg.* 466
Kunkel, Matt, Media Director - M8; *pg.* 542
Kunkel, Meghan, Digital Media Manager - Envoy, Inc.; *pg.* 356
Kunselman, Corinne, Media Director - Garrison Hughes; *pg.* 75
Kunz, Ben, Executive Vice President, Marketing & Content - Mediassociates, Inc.; *pg.* 490
Kunz, Ken, Vice President, Product Experience - Vibes Media; *pg.* 535

Kunzman, Allison, Executive Producer - SMUGGLER; pg. 143
Kuperman, Craig, Co-Founder - OGK Creative; pg. 14
Kuperschmid, Bruce, President - Broadcast Time, Inc. ; pg. 457
Kuperschmid, Peter, Executive Vice President - Broadcast Time, Inc. ; pg. 457
Kupfer, Andrea, Managing Director - Catapult Creative Labs - Active Interest Media; pg. 561
Kuptz, Ainsley, Director, Brand Strategy - Anchor Worldwide; pg. 31
Kurash, Lauren, Media Planner & Digital Strategist - Kelly, Scott & Madison, Inc.; pg. 482
Kurasz, Hanna, Specialist, International Linguistic - Marston Webb International ; pg. 626
Kurasz, Margie, Vice President & Director, Digital Services - BioLumina; pg. 39
Kurata, Kevyn, Associate Director, Strategy - Samsung - Starcom Worldwide; pg. 517
Kurbjeweit, Ginny, Senior Strategist - Accenture Interactive; pg. 322
Kurchak, Morgan, Group Head, Creative - Leo Burnett Toronto; pg. 97
Kurek, Ken, Partner - Quint Events; pg. 314
Kuresman, Marshall, Lead Producer, Draftline - Draftline; pg. 353
Kurfirst, Lauren, Manager, Project Management - Digitas; pg. 228
Kuriakose, Maryann, Supervisor, Strategic Planning - Starcom Worldwide; pg. 517
Kurian, Ron, Director & Partner - Neo Media World; pg. 496
Kurien, Philip, Managing Director - The Family Room; pg. 450
Kurilla, Tony, Manager, Digital - Model B; pg. 251
Kurland, Evan, Senior Account Manager - 3Q Digital; pg. 208
Kurtyka, Lori, Copywriter & Content Developer - Fixation Marketing; pg. 359
Kurtz, Allison, Executive Vice President - L.C. Williams & Associates, Inc.; pg. 621
Kurtz, Kristina, Director, Operations - Starcom Worldwide; pg. 517
Kurtz, Robert, Group Media Director - SEM - The Richards Group, Inc.; pg. 422
Kurz, Don, Executive Chairman - Omelet; pg. 122
Kurzak, Manja, Creative Director, Experience Design & Digital Product Innovation - Publicis.Sapient; pg. 258
Kushak, Sanya, Designer, Web - HIP Advertising; pg. 86
Kushan, Andria, Creative Group Head & Writer - The Richards Group, Inc.; pg. 422
Kushari, Shreya, Executive Vice President, Media - Digitas; pg. 226
Kushner, Jill, Vice President & Director, Strategy - Buyer Advertising, Inc.; pg. 338
Kushner, Lauren, Partner & Managing Director - Kettle; pg. 244
Kushner, Scott, Group Account Director - ICON International, Inc.; pg. 476
Kuslansky, Eli, Founding Partner & Chief Strategist - Unified Field; pg. 273
Kusmartsev, Eugene, Associate Director, Media Activation - Essence; pg. 232
Kusumgar, Kavita, Head & Director, Learning & Development - Carat; pg. 459
Kutcher, Andy, Digital Supervisor - Deveney Communications; pg. 596
Kutler, Julie, Group Creative Director - UTOKA; pg. 203
Kutner, Craig, Vice President & Director, Performance Media - Havas Media Group; pg. 468

Kutner, Dave, Supervisor, Communications Design - Initiative; pg. 479
Kutner, Justin, Associate Director, Marketing & Public Relations - Amelie Company; pg. 325
Kutnick, Dale, Senior Vice President, Executive Programs - Gartner, Inc.; pg. 236
Kutsch, Steven, Graphic Designer - Strategy Labs ; pg. 267
Kutscher, Ryan, Co-Founder & Chief Creative Officer - Circus Maximus; pg. 50
Kuykendall, Alan, Vice President & Group Account Director - MMGY Global; pg. 388
Kuykendall, Beth, Chief Strategy Officer - Targetbase Marketing; pg. 292
Kuznetsova, Tanya, Director, Art - Stein IAS; pg. 267
Kuznicki, Amy, Vice President - Product Management - Publicis North America; pg. 399
Kuzov, Candice, Senior Interactive Developer - Aars & Wells, Inc.; pg. 321
Kvasnicka, Aubrey, Strategist, Media - Linnihan Foy Advertising; pg. 100
Kwak, Christine, Account Supervisor - GSD&M; pg. 79
Kwak, Jinie, Global Director, Communications - VMLY&R; pg. 160
Kwan, Megan, Associate Creative Director - Publicis Hawkeye; pg. 399
Kwartler, Henry, President & Chief Executive Officer - KEA Advertising; pg. 94
Kwittken, Aaron, Global Chairman & Chief Executive Officer - KWT Global; pg. 621
Kwok, Jennifer, Associate Account Director - Essence; pg. 232
Kwon, Alice, Group Account Director - OMD; pg. 498
Kwon, Lawrence, President - Saeshe Advertising; pg. 137
Kwong, Beverly, Media Supervisor - Mediahub Boston; pg. 489
Kwong, Leila, Vice President & Director, Media Account - ID Media; pg. 477
Kyba, Suzanne, Director, Marketing - 97 Degrees West; pg. 24

L

LaPointe, Michelle, Associate Media Director - Mintz & Hoke; pg. 387
L'Archeveque, Benoit, Co-Founder - Generation; pg. 362
L'Ecuyer, Courtney, Senior Account Executive - Edelman; pg. 601
L'Erario, Suzanne, Director, Production - AgencyEA; pg. 302
La Cruz, Camilo, Chief Strategy Officer - Sparks & Honey; pg. 450
La Cute, Dan, Account Supervisor - BBDO Canada; pg. 330
La Fleur, Ashley, Account Director - Root3 Growth Marketing; pg. 408
La Fond, Andy, Executive Director, Media - R/GA; pg. 261
La Nier, Kennedy, Media Planner - Wieden + Kennedy; pg. 430
La Rosa, Sarah, Account Supervisor - Team Epiphany; pg. 652
La Russo, Dan, Group Managing Director - Ogilvy Public Relations; pg. 634
LaBarba, Bonner, Brand Planner - The Richards Group, Inc.; pg. 422
LaBelle, William, Partner - LaBelle Barin Advertising; pg. 379
LaBov, Barry, Principal & President - LABOV Marketing & Training; pg. 379
LaBovick, Jamie, Media Supervisor - Horizon Media, Inc.; pg. 474
LaCroix, Gary, Associate Creative Director -

Bailey Brand Consulting; pg. 2
LaCroix, Katie, Innovation Coordinator - 4FRONT; pg. 208
LaFlamme, Kevin, Media Supervisor - Universal McCann Detroit; pg. 524
LaFleche, Natalie, Senior Media Planner & Buyer - Acart Communications, Inc.; pg. 322
LaFleur, Paul, Studio Head & Design Director - 160over90; pg. 301
LaForce, James, Founder & President - LaForce; pg. 621
LaGreca, Kelly, Associate Director, Digital - Carat; pg. 459
LaManna, Nicholas, Planning Lead - The VIA Agency; pg. 154
LaManna, Rachel, Account Director - Fuseideas, LLC; pg. 306
LaMar, Aubrie, Vice President, Client Services - iProspect; pg. 674
LaMar, Jacquelyn, Vice President, Brand Development - VI Marketing & Branding; pg. 428
LaMarco, Rachel, Digital Project Strategist - RedShift; pg. 133
LaMascus, Joel, Art Director - Turnstile, Inc.; pg. 427
LaMendola, Bradley, Vice President & Director, Paid Social- GroupeConnect - Digitas; pg. 226
LaMere, Eva, President - Austin & Williams Advertising; pg. 328
LaMonica, Karen, Director, Public Relations - 78Madison; pg. 321
LaMontagne, Theresa, Executive Vice President & Head, Data & Technology - Edelman; pg. 599
LaMontagne MacGillivray, Lisa, Managing Director - Marlo Marketing Communications; pg. 383
LaNasa, Maggie, Vice President, Strategy - Folklore Digital; pg. 235
LaPalomento, Sarah, Senior Account Manager - The MX Group; pg. 422
LaPeare, Dawn, Senior Account Manager - LPI Group; pg. 12
LaPlante, Thomas, Senior Director, Technical Operations - AUDIENCEX; pg. 35
LaPlume, Chandra, Partner & Executive Producer - Taillight TV; pg. 315
LaRoche, Madison, Vice President - BCW Austin; pg. 581
LaRoche, Nadine, Director, Integration & Account Director - Trampoline; pg. 20
LaRochelle, Lisa, Principal & Senior Art Director - Emerson, Wajdowicz Studios, Inc.; pg. 181
LaRock, Marta, Global Chief Strategy Officer - Red Fuse Communications; pg. 404
LaRoe, Bill, Chief Operating Officer - M:United//McCann; pg. 102
LaRosa, Gabrielle, Senior Digital Media Planner - Horizon Media, Inc.; pg. 474
LaRosa, Nicholas, Junior Associate, Advertising Operations - MayoSeitz Media; pg. 483
LaRouere, Christine, Associate Digital Manager - MediaCom; pg. 487
LaRue, Dale, Director, Client Strategy - RAIN; pg. 262
LaRue, Diana, Chief Executive Officer - Appleton Creative; pg. 32
LaRue, Lee Anne, Manager, Integrated Investment - Universal McCann; pg. 521
LaSala, Hannah, Client Strategist - The VIA Agency; pg. 154
LaSalvia, Dana, Senior Director, Corporate Compliace & Marketing - Rymax Marketing Services; pg. 569
LaTour, Mike, Brand Creative Art Director - The Richards Group, Inc.; pg. 422
LaValle, Lauren, Executive Group Account

AGENCIES | PERSONNEL

Director - Droga5; *pg.* 64
LaVardera, Claire, Director, Social Media - TBC; *pg.* 416
LaVecchia, Vince, Founding Partner & Chief Operating Officer - Instrument; *pg.* 242
LaVoie, Mark J., Vice President - Prosek Partners; *pg.* 639
LaVoun, Tara, Vice President, Finance - Porter Novelli; *pg.* 637
Laban, Katharine, Manager, Talent & Engagement - Cronin; *pg.* 55
Labb, Amy, Vice President & Account Director - Arena Media; *pg.* 454
Labbe, Marcel, Vice President, Human Resource - Canada - DAC Group; *pg.* 223
Labbett, Alex, Vice President, Sales - AdSupply, Inc.; *pg.* 211
Labenberg, Christian, Associate Digital Analyst - Tinuiti; *pg.* 678
Labonte, Bobby, President & Chief Executive Officer - Breaking Limits Marketing, LLC.; *pg.* 303
Labonte, Geri, Manager, Human Resource, Promotional & Incentive Marketing - All Star Incentive Marketing; *pg.* 565
Labossiere, Regine, Vice President - Goodman Media International, Inc.; *pg.* 610
Labot, Rich, Global Director, Network Operations - Geometry; *pg.* 362
Labovich, Gary, Executive Vice President - Systems Delivery Group & Next Generation Modernization Lead - Booz Allen Hamilton; *pg.* 218
Laboy, Pedro, Chief Precision Marketing Officer - Wavemaker; *pg.* 526
Lac, Anne, Creative Director - BBDO Worldwide; *pg.* 331
Lacallade, Dawn, Chief Strategist - LiveWorld; *pg.* 246
Lacey, John, Director, Public Relations - Mower; *pg.* 118
Lachance, Troy, Principal & Executive Creative Director - Bluecadet Interactive; *pg.* 218
Lacharite, Arlene, Managing Director, Automotive & Data Delivery - Epsilon; *pg.* 283
Lacher, Jane, Executive Vice President & Group Director, Strategy - Zenith Media; *pg.* 529
Lacher, Samantha, Vice President - Missy Farren & Associates, Ltd.; *pg.* 627
Laciak, Emily, Supervisor, Audience Planning - iCrossing; *pg.* 241
Lack, Austin, Coordinator, Public Relations & Writer - Artime Group; *pg.* 34
Lackey, Kelly, Media Planner - Red Deluxe; *pg.* 507
Lackey, Melissa, President & Chief Executive Officer - The Standing Partnership; *pg.* 655
Lackey, Sean, Chief Marketing Officer - Droga5; *pg.* 64
Lackey, Stephanie, Associate Media Director - MediaCom; *pg.* 489
Lackie, Bridget, Director, Media - 360i, LLC; *pg.* 208
Lackie, Matthew, President, Global Technology Practice & Managing Director - Golin; *pg.* 609
Lackore, Sarah, Account Supervisor - Fusion92; *pg.* 235
Lacle, Sabrina, Director, Tourism - Newlink Communications Group; *pg.* 632
Lacour, John, Chief Operating Officer - DMN3; *pg.* 230
Lacroix, Jean-Pierre, Owner & President - Shikatani Lacroix Brandesign, Inc.; *pg.* 198
Lacy, Shawn, Partner & Managing Director - Biscuit Filmworks; *pg.* 561
Ladd, Bob, Senior Vice President, Accounts & Planning - Thomas J. Paul, Inc. ; *pg.* 20
Ladd, Brent, Senior Vice President & Group Creative Director - GSD&M; *pg.* 79
Ladd, Carolyn, Vice President, Account Planning & Digital Strategy - Gyro; *pg.* 368
Ladd, Joe, Managing Director - MRY; *pg.* 252
Ladd, Joshua, Senior Account Manager, Business Development - ZLR Ignition; *pg.* 437
Ladd, Shelby, Managing Director - SpotCo; *pg.* 143
Ladden, Andrew, Chief Creative Officer - Madras Global; *pg.* 103
Ladera, Lea, Creative Director - DDB New York; *pg.* 59
Ladig, Emily, Associate Strategist - Barkley; *pg.* 329
Ladines, Edward, Assistant Strategist - PHD USA; *pg.* 505
Ladis, Erica, Associate Media Director - Chief Media ; *pg.* 281
Ladman, Mike, Supervisor, Music - Droga5; *pg.* 64
Lael, Tony, Partner - Fannit Internet Marketing Services; *pg.* 357
Laemers, Tina, Associate Media Director - ForwardPMX; *pg.* 360
Laermer, Richard, President & Chief Executive Officer - RLM Public Relations; *pg.* 643
Lafata, Nina, Senior Vice President & Client Business Partner - Universal McCann Detroit; *pg.* 524
Laferla, Lea, Vice President, Marketing Services & Business Development - SCORR Marketing; *pg.* 409
Lafferty, Tyler, Principal - Seven2 Interactive; *pg.* 265
Laffey, June, Chief Creative Officer - McCann Health New York; *pg.* 108
Lafond, Dave, Founder, President - No Fixed Address Inc.; *pg.* 120
Lafontaine, Sandra, Production Coordinator & Director, Client Services - Innovacom Marketing & Communications; *pg.* 375
Laforga, Julie, Vice President, Brand Driver - Milner Butcher Media Group; *pg.* 491
Lafortezza, Jr., Michael, President & Managing Partner - LAM Design Associates, Inc.; *pg.* 189
Lafranz, Lauren, Managing Director, Global Creative Operations - VMLY&R; *pg.* 160
Lafreniere, Jean, Director, Art & Copywriter - LG2; *pg.* 380
Lagace, Renee, Managing Director & President - Healthwise Creative Resource Group; *pg.* 83
Lagana, Gregory, Partner - Qorvis Communications, LLC; *pg.* 640
Lagattuta, Joe, Executive Vice President, Creative - Mirum Shopper - Mirum Agency; *pg.* 681
Lage, Cristina, Management Supervisor - Alma; *pg.* 537
Lagedrost, Julia, Media Supervisor - Starcom Worldwide; *pg.* 513
Lager, James, Associate Media Director - Colle McVoy; *pg.* 343
Lagerfeld, Nathalie, Senior Content Strategist - Walker Sands Communications; *pg.* 659
Lageson, Ernie, Executive Creative Director & Managing Director - Havas Worldwide San Francisco; *pg.* 370
Lago, Nereyda, Media Director - BKV; *pg.* 334
Lagomarsino, Jack, Creative Director - 72andSunny; *pg.* 23
Lagrange, Cory, Strategist, Digital Marketing - BBR Creative; *pg.* 174
Lagrange, Kinley, Account Director - WongDoody; *pg.* 433
Lagrotte, Arnaud, Chief Creative Officer & Vice President - EquancyNo11, Inc.; *pg.* 182
Laguerta, Andre, Programmatic Manager - Mindshare; *pg.* 491
Laguna, Gabriela, Director, Account - R/GA; *pg.* 260
Lagzial, Ashley, Senior Account Supervisor - Quinn & Company; *pg.* 640
Laham, Lindsley, Account Director - McKinney; *pg.* 111
Lahens, Rajiv, Creative Director - 160over90; *pg.* 301
Lahucik, Cary, Vice President, Operations - Point B Communications; *pg.* 128
Lahue, Justin, Copywriter - partners + napier; *pg.* 125
Lai, David, Chief Executive Officer & Creative Director - Hello Design; *pg.* 238
Lai, Suzanne, Supervisor, Media Strategy - Hearts & Science; *pg.* 473
Laible, Melissa, Video Investment Assistant - Mindshare; *pg.* 491
Laiche, Heather, Senior Art Director - Archer Malmo; *pg.* 32
Laidlaw, Shayna, Account Director - iProspect; *pg.* 674
Laing, Bobby, Associate Director, Strategy & Planning - Mindshare; *pg.* 494
Lainio, Caroline, Vice President, Client Experience - Weber Shandwick; *pg.* 661
Lair, Sophie, Account Executive - Edelman; *pg.* 600
Laird, Beth, Media Buyer - Porcaro Communications; *pg.* 398
Laird, Rachel, New Business Manager - Ashley Advertising Agency; *pg.* 34
Laird, Randall, Senior Vice President, Asset Acquisition - Anchor Media Services, LLC; *pg.* 454
Laird, Tatyana, Senior Media Planner - Blue 449; *pg.* 456
Laird, Trey, Chairman & Chief Creative Officer - Laird + Partners; *pg.* 96
Laird, William, Director, Video Activation - Proctor & Gamble - Carat; *pg.* 459
Lake, Ally, Media Supervisor - Carat; *pg.* 461
Lake, Anne, Account Director, Co-Founder & Brand Strategist - Blue Bear Creative; *pg.* 40
Lake, Annie, Strategist, Brand - Blue Bear Creative; *pg.* 40
Lake, Dan, Vice President & Head, New Business - C Space; *pg.* 443
Lake, Jared, Vice President, Digital Strategy - Ocean Media, Inc.; *pg.* 498
Lake, Jeff, Managing Partner & Senior Vice President - Punch Communications; *pg.* 640
Lake, Jennifer, Senior Vice President - Zapwater Communications; *pg.* 664
Lake, Karen, Owner & Chief Operating Officer - Lake Group Media, Inc.; *pg.* 287
Lake, Lauren, Social Media Manager - Blue Bear Creative; *pg.* 40
Lake, Ryan , Owner & Chief Executive Officer - Lake Group Media, Inc.; *pg.* 287
Lake, Tkeyah, Director, Digital Media - Banner Public Affairs; *pg.* 580
Lakhani, Hemali, Vice President, Strategy, Planning & Innovation - HealixGlobal; *pg.* 471
Lakich, Jessica, Senior Media Buyer - Tower Media Advertising, Inc.; *pg.* 293
Lakkur, Vinu, Head, Analytics & Associate Media Director - Wieden + Kennedy; *pg.* 430
Lako, Christine, Director, Marketing - Active International; *pg.* 439
Lal, Rikesh, Creative Director & Junior Partner - Camp + King; *pg.* 46
Lal, Savita, Associate Director, Retail Strategy - Canvas Worldwide; *pg.* 458
Lalchandan, Nisha, Human Resources Manager - Katz Media Group, Inc.; *pg.* 481
Lalica, Mildred, Senior Graphic Designer - A.D. Lubow; *pg.* 25
Lalich, Glen, Vice President, Research & Analysis - ForwardPMX; *pg.* 360

PERSONNEL — AGENCIES

Lalli, Mary, Director - Westport Entertainment Associates; *pg.* 668
Lally, Jen, Associate Director, Design - Droga5; *pg.* 64
Lally, Megan, Managing Partner, Business Leadership, Operations & Strategy - Highdive; *pg.* 85
Laloggia, Daniel, Director, Digital Operations - Walker Sands Communications; *pg.* 659
Lalonde, Lindsay, Director, People - John St.; *pg.* 93
Lam, Amanda, Senior Account Manager - Duarte; *pg.* 180
Lam, Anna, Senior Media Planner - MediaCom; *pg.* 487
Lam, Brian, Group Director, Programmatic - Operam LLC; *pg.* 255
Lam, Charles, Director, Production - Mammoth Advertising; *pg.* 248
Lam, Deney, Vice President, Marketing Intelligence - Wunderman Thompson Health - Wunderman Thompson; *pg.* 434
Lam, Henry, Manager, Client Analytics - Eyeview Digital, Inc.; *pg.* 233
Lam, Jed, Vice President - Edelman; *pg.* 353
Lam, Joe, Co-Founder & President - L3 Advertising Inc.; *pg.* 542
Lam, John, Partner & Creative Director - LAM Andrews; *pg.* 379
Lam, Lina, Associate Director, Paid Social - MediaCom; *pg.* 487
Lam, Lindsay, Director, Insights & Innovation - Wunderman Thompson; *pg.* 434
Lam, Lindsey, Marketing & Sales Associate - Spring Studios; *pg.* 563
Lam, Peter, Creative Director - Prime Advertising; *pg.* 398
Lam, Stephanie, Senior Media Planner - Blue 449; *pg.* 455
Lam, Steve, Director, Creative - A Partnership, Inc.; *pg.* 537
Lam, Steven, Data & Operations Manager - Fetch; *pg.* 533
Lam, Tiffany, Senior Art Director - Omelet; *pg.* 122
Lam, Ting, Manager, Resource - Publicis North America; *pg.* 399
Lam, Willy, Director, Application Development - 3marketeers Advertising, Inc.; *pg.* 23
Lamanna, Angie, Senior Vice President - Citizen Relations; *pg.* 590
Lamanna, Damien, Senior Vice President & Digital Media Director - Aletheia Marketing & Media; *pg.* 454
Lamar, Andrew, Senior Multicultural Strategist - Doner; *pg.* 63
Lamb, Andrea, Senior Associate, Digital - Mindshare; *pg.* 494
Lamb, Kevin, Senior Vice President - Coyne Public Relations; *pg.* 593
Lamb, Tom, Managing Director - Capgemini Invent - Capgemini; *pg.* 219
Lambe, Nicole, Group Account Director - Wavemaker; *pg.* 529
Lambert, Andrew, Planning Strategist - Mindstream Media Group - Dallas; *pg.* 496
Lambert, Ashleigh, Director, Marketing Operations - Beaconfire RedEngine; *pg.* 216
Lambert, Brian, Creative Director - Carmichael Lynch; *pg.* 47
Lambert, Frank, Managing Partner - ACTON International, Ltd.; *pg.* 279
Lambert, Henry, Brand Strategy Director - Wieden + Kennedy; *pg.* 430
Lambert, Jeff, President & Chief Executive Officer - Lambert Edwards & Associates Inc.; *pg.* 621
Lambert, Jeff, President & Chief Executive Officer - Adventive, Inc.; *pg.* 211

Lambert, Jenna, Account Supervisor - Otto Design & Marketing; *pg.* 124
Lambert, Jessica, Account Executive - Creative Energy, Inc.; *pg.* 346
Lambert, Joanne, Senior Designer - Acceleration Partners; *pg.* 25
Lambert, Kendal, Communications Designer - Initiative; *pg.* 477
Lambert, Lorne, Media Planner & Buyer - Platinum Marketing Group; *pg.* 506
Lambert, Luke, President & Chief Executive Officer - Gibbs & Soell, Inc.; *pg.* 607
Lambert, Monte, Vice President, Solutions - Achieve; *pg.* 210
Lambert, Paul, Senior Art Director - Vitro Agency; *pg.* 159
Lamberti, Jacqueline, Senior Vice President, Promotions - Don Jagoda Associates; *pg.* 567
Lambeth, Kelly, Manager, Client Leadership - yah. - You Are Here; *pg.* 318
Lambie, Madeline, Senior Copywriter - Duncan Channon; *pg.* 66
Lambrechts, Robert, Chief Creative Officer - Pereira & O'Dell; *pg.* 256
Lambruno, Kelly, Manager, Office - BlaineTurner Advertising; *pg.* 584
Lamm, Dawn, Chief Financial Officer - Space150; *pg.* 266
Lamm, Geoff, Global Account Director - OMD; *pg.* 498
Lammela, Ryan, Associate Media Director - Butler / Till; *pg.* 457
Lammer, Ellie, General Manager - Sub Rosa; *pg.* 200
Lammert, Paul, Director, Technology - Colle McVoy; *pg.* 343
Lamond, Nikki, Principal & Director, Operations - Mission Media, LLC; *pg.* 115
Lamond, Patrick, Associate Creative Director - Mission Media, LLC; *pg.* 115
Lamont, Claire, Founder, Owner & Creative Director - Smak; *pg.* 692
Lamont, Michelle, Copywriter - Wieden + Kennedy; *pg.* 432
Lamoreaux, Jason, Digital Specialist, New Business & Projects - MayoSeitz Media; *pg.* 483
Lampert, Ned, Executive Creative Director - Space150; *pg.* 266
Lampert, Steve, Vice President & Group Strategy Director - Leo Burnett Detroit; *pg.* 97
Lampert, Suzanne, Senior Director, Client & Agency Partnerships - Outfront Media; *pg.* 554
Lampertz, Clarissa, Vice President, Account Director - BBDO Worldwide; *pg.* 331
Lamping, Sarah, Senior Producer - Mod Op; *pg.* 116
Lampman, Robb, Supervisor, Media - Proof Advertising; *pg.* 398
Lampoutis, Lorraine, Associate Director, Out-Of-Home Practice - Publicis - Spark Foundry; *pg.* 508
Lamrock, Mike, Senior Analyst, Data & Analysis - Leo Burnett Detroit; *pg.* 97
Lamson, Anna, Associate Director, Media - GP Generate, LLC; *pg.* 541
Lamson, Christine, Executive Director - Mindshare; *pg.* 491
Lamson, Newton, President & Chief Executive Officer - Donley Communications Corporation; *pg.* 598
Lancaster, Eric, Owner - Eric Rob & Isaac; *pg.* 68
Lancaster, Holly, Account Director - WE Communications; *pg.* 660
Lancaster, Katie, Account & Operations Director - Goodby, Silverstein & Partners; *pg.* 77
Lancaster, Todd, Chief Creative Officer &

Partner - GoDo Discovery Company; *pg.* 77
Lancaster, Trinity, Account Executive - Creative Energy, Inc.; *pg.* 346
Lance, Danielle, Supervisor, Media & Media Buyer - Initiative; *pg.* 478
Land, Peter, Partner - Finsbury; *pg.* 604
Landa, Barbara, Production Supervisor - InterCommunications, Inc.; *pg.* 375
Landahl, Jenna, Process Manager - Butler / Till; *pg.* 457
Landaker, Paul, Account Director - Magneto Brand Advertising; *pg.* 13
Landau, Phillip, Owner - MarketPlace; *pg.* 105
Landau, Susan, Account Supervisor - Impressions; *pg.* 89
Landau, Tracy, President & Chief Marketing Officer - MarketPlace; *pg.* 105
Lande, Miguel, Managing Director - North & CCA Region - Newlink Communications Group; *pg.* 632
Lander, Michael, Director, Technical - Elevated Third; *pg.* 230
Landers, Ashley, Vice President, Client Services - Texas Creative; *pg.* 201
Landers, Jamie, Media Director - Action Integrated Marketing; *pg.* 322
Landerud, Marki, Vice President, Account & Business Development - Stephan & Brady, Inc.; *pg.* 412
Landes, Derk, Group Director, Analytics - Annalect Group; *pg.* 213
Landes-Burris, Stephanie, Co-Executive Creative Director - Marcus Thomas; *pg.* 104
Landesman, Nicole, Head, Business Development - BBDO Worldwide; *pg.* 331
Landez, Ronnie, Associate Director, Portfolio Management - Universal McCann; *pg.* 524
Landgraf, Kirk, Vice President, Partner & Group Director, Media - Universal McCann; *pg.* 428
Landi, Chris, Group Creative Director - Merkley + Partners; *pg.* 114
Landicho, Stephanie, Account Manager - MediaCom Canada; *pg.* 489
Landis, David, President & Chief Executive Officer - Landis Communications Inc.; *pg.* 621
Landman, Carrie, Advertising Operations Director - UBM; *pg.* 521
Lando, Nicole, Vice President - Los Angeles - Alison Brod Public Relations; *pg.* 576
Landolt, Hannah, Digital Supervisor - OMD; *pg.* 500
Landolt, Mark, President - The Marketing Store Worldwide; *pg.* 421
Landon, Michael, Creative Director - Cooksey Communications; *pg.* 593
Landon, Simon, Director & Account Supervisor - Golin; *pg.* 609
Landphere, Ken, Director, Coaches, Team Sports - Octagon; *pg.* 313
Landreth, Ron, Creative Director - KGBTexas Communications; *pg.* 95
Landriel, Pablo, Director, Creative - JB Knowledge Technologies, Inc.; *pg.* 243
Landrum, Don, Chief Executive Officer - SourceLink, LLC; *pg.* 292
Landrum, Stephanie, Senior Vice President, Client Services - Amnet; *pg.* 454
Landry, Jim, Executive Creative Director - Clarity Coverdale Fury; *pg.* 342
Landry, Marc, Partner & New Business Director - Accurate Design & Communication, Inc.; *pg.* 171
Landry, Meredith, Account Manager - Red Six Media; *pg.* 132
Landry, Richard, Creative Director - PETERMAYER; *pg.* 127
Landry, Rod, Chief Financial Officer - Go! Experience Design; *pg.* 307
Landsberg, Marc, Founder & Chief Executive

AGENCIES — PERSONNEL

Officer - Socialdeviant, LLC; pg. 688
Lane, Beau, Partner & Executive Chairman - LaneTerralever; pg. 245
Lane, Corey, Senior Account Manager - Elevation Marketing; pg. 67
Lane, David Alan, President & Chief Executive Officer - LevLane Advertising; pg. 380
Lane, Jordan, Program Director - Bensimon Byrne; pg. 38
Lane, Josh, Partner & Director, Account Strategy - FerebeeLane; pg. 358
Lane, Kevin, Associate Creative Director & Writer - GSD&M; pg. 79
Lane, Lindsey, Director, Communications Design - Initiative; pg. 477
Lane, Lucas, Account Director - McGarrah Jessee; pg. 384
Lane, Matthew, Business Development Manager - Straight North, LLC; pg. 267
Lane, Michael, Managing Director, Digital - The Designory; pg. 269
Lane, Robert, President & Chief Executive Officer - Carleton Public Relations Inc.; pg. 588
Lane, Sarah, Account Executive - Imre; pg. 374
Lane, Shauna, Manager, Creative - No Fixed Address Inc.; pg. 120
Lane, TJ, Senior Account Supervisor - Write2Market; pg. 276
Lane Mertz, Shelby, Account Executive - Woodruff; pg. 163
Lanes, Ken, Vice President & Regional Director - Chevrolet West Region - Agency 720; pg. 323
Laney, Lachelle, Senior Account Executive - Campbell Marketing and Communications; pg. 339
Lang, Aaron, Managing Director - San Francisco - Heat; pg. 84
Lang, Alex, Senior Art Director - GSD&M; pg. 79
Lang, Ben, Creative Director, Digital - Spyglass Creative; pg. 200
Lang, Cecilia, Senior Vice President, Digital Sales - Outfront Media; pg. 554
Lang, David, Chief Content Officer & President, MindShare Entertainment - Mindshare; pg. 491
Lang, Elizabeth, Associate Director, SEO - Rise Interactive; pg. 264
Lang, Graham, Chief Creative Officer - Juniper Park\ TBWA; pg. 93
Lang, Heather, Senior Vice President & Director, Media Analytics - Eicoff; pg. 282
Lang, Jamie, Senior Project Manager - KL Communications; pg. 446
Lang, Jennifer, Senior Negotiator - Initiative; pg. 477
Lang, Jenny, Senior Vice President, Digital Innovation & Strategy - Magna Global; pg. 483
Lang, Jenny, Managing Director - Real World, Inc.; pg. 403
Lang, Krista, Senior Vice President & Executive Media Director - Media & Analytics - 22squared Inc.; pg. 319
Lang, Matt, Director, Strategy - RAIN; pg. 262
Lang, Monica, Coordinator, Client Services - MKTG INC; pg. 311
Lang, Rick, Vice President, Communications & Technology - ApotheCom Associates, LLC; pg. 32
Lang, Silvy, Associate Media Director - Media Logic; pg. 288
Lang, Stuart, Senior Media Manager - Miller Ad Agency; pg. 115
Lang, Sylvia, Office Manager - Owen Media; pg. 634
Lang, William, Creative Director - CGT Marketing, LLC; pg. 49
Langan, Jay, President - Ocean Media, Inc.; pg. 498
Langan, Jill, Managing Director, Client Services - Mindshare; pg. 494
Langathianos, Chris, Global Vice President, Brand Strategy - Brandigo; pg. 336
Langbein, Becky, Senior Vice President & Digital Director - Starcom Worldwide; pg. 513
Langbein, John, Partner - Quint Events; pg. 314
Langdell, Suzy, Account Director - Fallon Worldwide; pg. 70
Langdon, Brian, Director, Client Strategy - Global Strategies; pg. 673
Langdon, Jason, Creative Director - Empower; pg. 354
Langdon, Kevin, Partner, Strategy - Universal McCann; pg. 428
Lange, Brittany, Strategic Account Supervisor - Direct Agents, Inc.; pg. 229
Lange, Chris, Founder & Chief Creative Officer - mono; pg. 117
Lange, Colin, Executive Director, Culture & Engagement - Landor Americas - Landor; pg. 11
Lange, Jess, Vice President, Client Services - Publitek North America; pg. 401
Lange, Jonathan, Executive Vice President & Director, Account Service - Campbell Ewald New York; pg. 47
Lange, Kelly, Media Manager - 360i, LLC; pg. 207
Lange, Suzanne, Vice President, Group Account Director - Rodgers Townsend, LLC; pg. 407
Langeland, Dawn, Managing Director - Golin; pg. 610
Langenderfer, Danielle, Nurture Marketing Strategist - Fathom; pg. 673
Langer, Greg, Associate Director, Programmatic Supply - Havas Media Group; pg. 469
Langer, Jason, Vice President & Executive Creative Director - Riley Hayes Advertising, Inc.; pg. 407
Langer, Taryn, Founder & President - Moxie Communications Group; pg. 628
Langford, Tim, Executive Creative Director - Imaginuity Interactive, Inc.; pg. 241
Langley, Blythe, Designer, Brand - MicroArts Creative Agency; pg. 191
Langley, Tom, Senior Art Director - Turkel; pg. 157
Langlitz, Daniel, Group Account Director - StrawberryFrog; pg. 414
Langlois, Hilary, Strategist - Netflix - Palisades Media Group, Inc.; pg. 124
Langrock, Carl, Director, Strategic Services & Analytics - Allscope Media; pg. 454
Langroudi, Maryem, Vice President, Human Resources - YPM; pg. 679
Langs, Andy, Senior Vice President & Chief Technology Officer - McCann Canada; pg. 384
Langsfeld, Benjamin, Creative Director - Buck; pg. 176
Langsford, Ryan, Director, Digital Investments - Cossette Media; pg. 345
Langton, Cleve, Chief Partnership Officer - Brodeur Partners; pg. 586
Langton-Yanowitz, Reed, Partner & Vice President, Paid Digital - Rocket55; pg. 264
Langus, Brian, Connections Planning Director - Havas Media Group; pg. 468
Langway, Doug, Chief Executive Officer & Founder - SHARPLEFT, Inc.; pg. 299
Langwell, Jason, Executive Director, Rocket Mortgage Classic - Intersport; pg. 308
Langworth, Nicholas, Group Director - Big Spaceship; pg. 455
Langworthy, Kim, General Manager - Trinity Brand Group; pg. 202
Lanham, Heather, Director, Operations - Starcom Worldwide; pg. 513
Lanier, Isadora, Vice President - Metrics Marketing; pg. 114
Lanier, Steve, Controller - Hahn Public Communications; pg. 686
Lanivich, Iain, Executive Vice President & Executive Creative Director - Weber Shandwick; pg. 662
Lanker-Wood, Delaney, Senior Account Executive - Echos Brand Communications; pg. 599
Lanne, Emil, Executive Creative Director - Huge, Inc.; pg. 239
Lannert, Amanda, Chief Executive Officer - Jellyvision Lab; pg. 377
Lannert, Jason, Co-Chief Executive Officer & Chief Strategy & Brand Officer - MA3 Agency; pg. 190
Lannino, Larry, General Manager - Beacon Healthcare Communications; pg. 38
Lannon, Maggie, Associate Account Director - 360i, LLC; pg. 208
Lannou, Kim, Production Manager - Sage Island; pg. 138
Lansang, Clarence, Head, Illustration & Creative Director - Ayzenberg Group, Inc.; pg. 2
Lansbury, Jim, Founder & Chief Creative Officer - RP3 Agency; pg. 408
Lansford, Wendell, Co-Founder - Wyng; pg. 276
Lantz, Lisa, Director, Business Development - SCA Promotions, Inc.; pg. 569
Lantz, Rose, Chief Financial Officer & Director, Human Resources - White Good & Company, Inc.; pg. 430
Lanuto, Frank, Executive Vice President & Chief Financial Offer - MDC Partners, Inc.; pg. 385
Lanyon, James, Vice President, Strategy & Innovation - T3; pg. 268
Lanz, Joshua, Group Director, Account - R/GA; pg. 260
Lanzetta, Nika, Media Planner - CMI Media, LLC; pg. 342
Lanzi, Amy, Executive Vice President, Commerce & Practice Lead - Publicis North America; pg. 399
Lapertosa, Maria, Senior Buyer - Clinical Trial Media; pg. 667
Lapham, Andrew, Senior Engagement Strategist - Carmichael Lynch; pg. 47
Lapins, Parker, Associate , Media Planning - Mindshare; pg. 494
Lapinski, Danielle, Manager, Digital Marketing - GIOVATTO Advertising; pg. 363
Lapitan, Glenda, Finance Director - LPI Group; pg. 12
Laplante, Jocelyn, Partner & Art Director - Atelier du Presse-citron; pg. 173
Lapointe, Catherine, Group Account Director - TAXI; pg. 146
Lapointe, Eric, Marketing Communications Advisor - Accurate Design & Communication, Inc.; pg. 171
Lapp, Victoria, Media Buyer - Jungle Media; pg. 481
Lappas, Jimmy, Account Director - Great Ink Communications, Inc.; pg. 610
Lappin, Reid, Chief Executive Officer & Founder - Vokal Interactive; pg. 275
Laprea, Daniel, Manager, Engagement - Amobee, Inc.; pg. 213
Laque-Almond, Lena, Art Director - 72andSunny; pg. 24
Lara, Anastasia, Creative Planner - David; pg. 57
Lara, Antonio, Chief Marketing Officer & Strategist - Lara Media Services, LLC; pg. 379

PERSONNEL   AGENCIES

Lara, Johnny, Senior SEM Strategist - AKQA; pg. 212
Lara, Victoria, Chief Executive Officer - Lara Media Services, LLC; pg. 379
Laracy, Jessica, Art Director - Ethos Marketing & Design; pg. 182
Laracy, Susannah, Chief Strategy Officer - Dailey & Associates; pg. 56
Laraia, Vincent, President & Chief Executive Officer - Trade X Partners; pg. 156
Laramie, Clayton, Partner - Clixo; pg. 221
Laramie, John, Founder & Chief Executive Officer - Project X; pg. 556
Laramy, Kim, Account Executive & Strategist, Healthcare - Ethos Marketing & Design; pg. 182
Larberg, Chris, Senior Art Director - Barkley; pg. 329
Larberg, Dillon, Social Media Manager - PMG; pg. 257
Lardner, Timothy, Partner, Client Strategy - PMG; pg. 257
Lareau, Liz, Partner - Bawden & Lareau Public Relations; pg. 685
Laredo, Leslie, President - The Laredo Group, Inc.; pg. 270
Laredo, Ryanne, Senior Vice President, Client Services - Amobee, Inc.; pg. 213
Largo, Alejandro, Associate Creative Director, Brand Strategy & Identity - Huge, Inc.; pg. 239
Larizadeh, Alexandra, Communications Planner - Carat; pg. 459
Lark, Corey, Agency Communications Supervisor - The Marketing Arm; pg. 316
Larkin, Joe, Senior Vice President, Sales & Operations- VMG Advertising - Voice Media Group; pg. 526
Larkin, Margaret, Director, Sponsorship - RedPeg Marketing; pg. 692
Larkin, McKenzie, Vice President & Media Director - PGR Media; pg. 504
Larkin, Stephen, Executive Director, Growth - R/GA; pg. 261
Larkins, Jamil, Social Producer - Ralph; pg. 262
Larkins, Leslie, Media Planner & Buyer - Asher Agency; pg. 327
Larmey, Pete, Vice President, Editorial - SpeakerBox Communications; pg. 649
Laroccia, Trisha, Senior Vice President, Client Services - North 6th Agency; pg. 633
Laroche, Shelly, Brand Manager- Keurig & Dr. Pepper - The Richards Group, Inc.; pg. 422
Larouche, Christine, Strategist - LG2; pg. 380
Larrauri, Nicole, President - EGC Media Group, Inc.; pg. 354
Larriviere, Antony, Account Director - BAM Strategy; pg. 215
Larsen, Alyssa, Senior Associate, Paid Search & eCommerce - Mindshare; pg. 494
Larsen, Ayla, Senior Copywriter - Vladimir Jones; pg. 429
Larsen, Debbie, Vice President, Sales - Lake Group Media, Inc.; pg. 287
Larsen, Glenn, Creative Director & Art Director - Geary Interactive; pg. 76
Larsen, Jennifer, Account Director & Associate Creative Director - Korn Hynes Advertising; pg. 95
Larsen, Madeline, Executive Director - VMLY&R; pg. 275
Larsen, Sarah, Managing Director, Global Strategy - Creata; pg. 346
Larsen, Stacie, Art Director - Erich & Kallman; pg. 68
Larsen, Tia, Senior Account Director - Omni Advertising; pg. 394
Larsen, Walt, President - Scales Advertising; pg. 138
Larsh, Michelle, Senior Vice President, Client Services - USIM; pg. 525
Larson, Amy, Media Director - Colle McVoy; pg. 343
Larson, Aubrey, Account Supervisor - TBWA \ Chiat \ Day; pg. 146
Larson, Bri, Manager, Interactive Services - Strategic America; pg. 414
Larson, Dain, Creative Director - MorseKode; pg. 14
Larson, Drew, Associate Creative Director - Simple Truth; pg. 198
Larson, Fred, President - TwentySix2 Marketing; pg. 678
Larson, Guy, Real Estate Manager - Reagan Outdoor Advertising; pg. 557
Larson, Joanne, Media Buyer - Pal8 Media, Inc.; pg. 503
Larson, Kathryn, Account Manager - 9thWonder Agency; pg. 453
Larson, Kelly, Account Director - DDB San Francisco; pg. 60
Larson, Kraig, Founding Partner & Chief Creative Officer - Ciceron; pg. 220
Larson, Lindsay, Program Manager - DAC Group; pg. 223
Larson, Mathew, Director, Digital Strategy - Haworth Marketing & Media; pg. 470
Larson, Preston, Group Director, Digital & Performance Media - Team One; pg. 417
Larson, Sarah, Executive Vice President, Client & Public Relations - Furia Rubel Communications, Inc.; pg. 607
Larter, Brian, Co-Founder & Brand Mechanic - The Marketing Garage; pg. 420
Laryea, Chris, Studio Designer - Creative - The VIA Agency; pg. 154
Las, Michael, Associate Director - MediaCom; pg. 487
Lasagna, Amy, Art Director - Thompson & Bender; pg. 656
Lasch, Steve, Senior Copywriter - BooneOakley; pg. 41
Laschever, Ann-Rebecca, Executive Vice President - Geoffrey Weill Associates, Inc.; pg. 607
Lash, Jaime, Head, Account Management - XenoPsi; pg. 164
Lashner, Molly, Supervisor, Media - Mediahub New York; pg. 249
Laskin, Lilian, Vice President, Operations & Human Resources - dentsu X; pg. 61
Lasky, Carolyn, Account Supervisor, Digital Strategy - MWWPR; pg. 630
Lasky, Emily, Account Director - Jellyfish U.S.; pg. 243
Lasky, Jeremy, Principal & Founder - Perception NYC; pg. 194
Lasky, Marc, Director, Integrated Investment - PHD USA; pg. 505
Lasky, Samantha, Senior Vice President, Issue Advocacy - BerlinRosen; pg. 583
Laslo, Mark, Manager, Videography & Technology - (add)ventures; pg. 207
Lasner, Meredith, Vice President, Director, Communications Planning - Carat; pg. 459
Lassen, Donna, Chief Financial Officer - The Point Group; pg. 152
Lasser, Anamika, Senior Vice President, Design & Strategy - Rightpoint; pg. 263
Lasser, Jimm, Executive Creative Director - Wieden + Kennedy; pg. 432
Lasser, Micci, Supervisor, Broadcast Negotiations - DP+; pg. 353
Lassoff, Hilary, Sales Director - NOM; pg. 121
Laste, Lou, Chief Executive Officer - Brandware Public Relations, Inc.; pg. 585
Laster, Nancy, President - CultureSpan Marketing; pg. 594
Lastra, Diego, Associate Media Director - Dieste; pg. 539
Laszacs, Andrew, Account Executive - Bob Gold & Associates; pg. 585
Latcha, David, Owner & Founder - Latcha+Associates; pg. 168
Latchford, Robyn, Analyst, Advanced Analytics & Insights - Starcom Worldwide; pg. 513
Latella, Karen, Director, Business Development - 5W Public Relations; pg. 574
Latham, Shana, Vice President, Analytics - Polaris Marketing Research; pg. 449
Lathem, Rebecca, Associate Account Director - Morrison; pg. 117
Lathrop, Brent, Director, Technology - Industrial Strength Marketing, Inc.; pg. 686
Latimer, Claire, Manager, Analytics - Universal McCann; pg. 428
Latina, Christina, Director, Visual Experience Design & Associate Creative Director - Local Projects; pg. 190
Latobesi, Joe, Managing Partner - Montana Steele Advertising; pg. 117
Latshaw, Mike, Associate Creative Director - mcgarrybowen; pg. 109
Latta, Bethany, Account Director - Archetype; pg. 33
Lattanzi, Nathan, Senior Strategist, Data - Swift; pg. 145
Lattimer, Sarah, President & Chief Executive Officer - Metrics Marketing; pg. 114
Lau, Albert, Director, Media Analytics - Annalect Group; pg. 213
Lau, Andy, Paid Media Specialist - Mindstream Media; pg. 495
Lau, Erika, Senior Buyer, Social Marketplace - Horizon Media, Inc.; pg. 474
Lau, Jamie, Program Manager - Team One; pg. 417
Lau, Jenny, Manager, eCommerce - Universal McCann; pg. 521
Lau, Raymond, Associate Director - TAAG Digitas; pg. 228
Lau, Ruby, Partner & Group Director, Programmatic - Neo Media World; pg. 496
Lau, Steve, Associate Creative Director, Production - RAPP Worldwide; pg. 291
Lau, Teresa, Associate Media Director - AKQA; pg. 211
Lau-Guerriero, Vivian, Vice President & Director, Production - Admerasia, Inc.; pg. 537
Laub, Dave, Associate Group Director, Brand - Horizon Media, Inc.; pg. 474
Laub, Robert, Chief Financial Officer - Blue State Digital; pg. 335
Laubscher, Howard, Vice President, Strategy Director - Barkley; pg. 329
Laucella, Ralph, Co-Founder & Executive Producer - O Positive Films; pg. 563
Laudenslager, Megan, Associate Director - Spark Foundry; pg. 510
Lauen, Helen, Vice President & Group Director, Creative Strategy - Digitas; pg. 227
Lauer, Allison, Recruitment Director - Bader Rutter & Associates, Inc. ; pg. 328
Lauer, Camille, Vice President , Strategic Planning - Intouch Solutions, Inc.; pg. 242
Lauer, Dawn, Executive Vice President & Managing Director, B2B Communication - MWWPR; pg. 631
Lauer, Sam, Associate Director, Programmatic & Social - Starcom Worldwide; pg. 513
Laufenberg, Brent, Chief Technology Officer - Rise Interactive; pg. 264
Laufer, Blake, Manager, Digital Partnerships - Initiative; pg. 478
Laufer, Kris, Vice President, Creative

892

AGENCIES — PERSONNEL

Services - Ten Adams Marketing & Advertising; pg. 147
Lauffer, Christian, Director, Client Services - Insights - BrandTrust, Inc.; pg. 4
Laugal, Katherine, Media Supervisor - Carat; pg. 461
Laugenour, Andy, Copywriter - Wieden + Kennedy; pg. 430
Laughlin, Amy, Management Supervisor - David&Goliath; pg. 57
Laughlin, Chris, Vice President & Controller, Finance - Bailey Lauerman; pg. 35
Laughlin, Chris, President & Chief Executive Officer - LMO Advertising; pg. 100
Laughlin, Nicole, President & Chief Client Officer - Chicago - Havas Worldwide Chicago; pg. 82
Laughlin, Scott, Co-Owner & Director, Strategic Planning - LMO Advertising; pg. 100
Laughlin, Steve, Founder & Executive Chairman - Laughlin Constable, Inc.; pg. 380
Laukkanen, Lisa, Managing Director - The Blueshirt Group; pg. 652
Laul, Ryan, President - Outdoor Media Group; pg. 554
Laun, Amy, Senior Designer & Developer - Kiosk Creative LLC; pg. 378
Laungaue, Aisea, Partner, Chief Strategy Officer - Anomaly; pg. 326
Lauper, Jordan, Group Account Director - Starcom Worldwide; pg. 517
Laurel, Tony, Senior Director, Client Services - Aducent; pg. 671
Laurello, Jess, Social Media Specialist - Geometry; pg. 362
Laurence, Tori, Partner - BT/A Advertising; pg. 44
Laurendeau, Derek, Director, Connection Planning - Jungle Media; pg. 481
Laurens, Rob, Senior Strategic Consultant - BBK Worldwide; pg. 37
Laurens, Robin, Director, Creative - Energy BBDO, Inc.; pg. 355
Laurent, Louis, Chairman - ZLR Ignition; pg. 437
Laurenzo, David, President - David James Group; pg. 348
Lauria, Dante, Senior Account Executive - King Fish Media; pg. 482
Lauricella, Adrianna, Senior Director, Lifestyle - Alison Brod Public Relations; pg. 576
Laurie, Anita-Marie, Senior Executive - Sitrick and Company, Inc.; pg. 647
Lauritsen, Peggy, Owner & Chief Executive Artist - Peggy Lauritsen Design Group; pg. 194
Lauro, Stephanie, Senior Buyer, Integrated Media - Active International; pg. 439
Laursen, Kristin, Senior Media Buyer - Nemer, Fieger & Associates; pg. 391
Lausen, Marcia, Principal - Studio/Lab; pg. 200
Lauten, Jamie, Strategy Supervisor - Spark Foundry; pg. 510
Lauterstein, Carrie, Senior Vice President - Weber Shandwick; pg. 660
Lauture, Kamisha, Coordinator, Creative Social - Ralph; pg. 262
Laux, Kelly, Managing Partner - Hot Operator; pg. 9
Laux, Mark, Managing Partner - Hot Operator; pg. 9
Laux, Steven, Executive Vice President & Chief Creative Officer - Fort Group, Inc.; pg. 359
Lavecchia, Renee, Executive Director, Client Engagement - VMLY&R; pg. 160
Lavelle, Desmond, Vice President & Executive Creative Director - PETERMAYER; pg. 127

Lavender, Allison, Associate Director - Markstein; pg. 625
Lavender, Amber, Director, Business Affairs - Wieden + Kennedy; pg. 430
Lavenhar, Paul, Principal - PL Communications; pg. 128
Lavenski, Susan, Chief Executive Officer - Charles Ryan Associates, Inc.; pg. 590
Laverman, Mark, Executive Director, Branding & Advertising - Six Degrees, LLC; pg. 17
Laverty, Jennifer, Associate Media Director - Envisionit Media, Inc.; pg. 231
Laverty, Jennifer, Senior Media Planner, Digital & Buyer - Envisionit Media, Inc.; pg. 231
Laverty, Marilyn, Founder & President - Shore Fire Media; pg. 647
Lavi, Daniella, Media Supervisor, National Video - Palisades Media Group, Inc.; pg. 124
Lavick, Scott, Manager, Analytics & Insights - Spark Foundry; pg. 510
Lavidge, Bill, Chief Executive Officer - The Lavidge Company; pg. 642
Lavidor, Evan, Executive Vice President, Technology - MERGE; pg. 113
Lavielle, Thayer, Executive Vice President, Talent Marketing & Operations - The Collective - Wasserman Media Group; pg. 317
Lavine, Anita, Vice President, Consumer Public Relations & Communications - Porter Novelli; pg. 637
Lavoie, Renee, CRM Project Manager - Cendyn; pg. 220
Lavrenz, Grete, Executive Vice President & Food & Nutrition Chair - Carmichael Lynch; pg. 47
Law, Darrell, Chief Growth Officer - Infinity Concepts; pg. 285
Law, Elisabeth, Sales & Marketing Coordinator - Reade Communications; pg. 641
Law, Garrett, Chief Strategy Officer - Attention Span Media, LLC; pg. 214
Law, Kaitlin, Media Planner - Mediahub Boston; pg. 489
Law, Lauren, Director, Business Development - The Loomis Agency; pg. 151
Law, Michael, Chief Financial Officer - North America - Wavemaker; pg. 526
Law, Prudence, Director, Creative - Beyond Marketing Group; pg. 685
Law, Tyson, Chief, Design - Attention Span Media, LLC; pg. 214
Law-Gisiko, Peter, Chief Financial Officer - VMLY&R; pg. 160
Law-Myles, Jennifer, Director, Content Studio - BVK; pg. 339
Lawal, Elizabeth, Broadcast Negotiator - Kelly, Scott & Madison, Inc.; pg. 482
Lawall, Tara, Group Creative Director - Droga5; pg. 64
Lawdahl, Chelsea, Media Buyer - Infinity Marketing; pg. 374
Lawery, Lori, Vice President, Director, Production & Executive Producer - 22squared Inc.; pg. 319
Lawler, Dan, Senior Vice President & Group Account Director - Quattro Direct; pg. 290
Lawler, Megan, Supervisor - PHD Chicago; pg. 504
Lawless, Lisa, Senior Program Manager, Experiential Marketing - Fusion Marketing; pg. 8
Lawless, Matthew, Senior Vice President, Strategy - OMD Entertainment; pg. 501
Lawless, Michael, Vice President & Director, Advertising Sales Operations - Katz Media Group, Inc.; pg. 481
Lawless, Sharon, Director, Print Production - Smith & Jones; pg. 143
Lawless, Sharon, Vice President, Client Relations - Burst Marketing; pg. 338
Lawless, Taylor, Director, Brand Strategy - Grapevine Communications; pg. 78
Lawley, Brad, Creative Director - Firefly Creative Services; pg. 73
Lawlor, John, Chairman & Chief Executive Officer - Vestcom; pg. 571
Lawlor, Sherry, Vice President - LexPR; pg. 622
Lawniczak, Kelsey, Associate Director, Digital Media - Starcom Worldwide; pg. 513
Lawniczak, Nicole, Account Supervisor - Crowley Webb & Associates; pg. 55
Lawrence, Brandi, Senior Media Manager - COX Automotive - 360i, LLC; pg. 208
Lawrence, Brendan, Director, Integrated Business Affairs - Fallon Worldwide; pg. 70
Lawrence, Carmen, Executive Vice President & General Manager - The Axis Agency; pg. 545
Lawrence, Cary, Senior Vice President & General Manager, Technology Partnerships - SocialCode; pg. 688
Lawrence, Christopher, Senior Connections Strategist - The Integer Group; pg. 682
Lawrence, Christopher, Director, Research - Finn Partners; pg. 603
Lawrence, Christopher, Partnerships Manager - Social Chain; pg. 143
Lawrence, Cristina, Group Vice President, Social & Content Marketing - Publicis.Sapient; pg. 259
Lawrence, Garrett, President & General Manager - Doremus San Francisco - Doremus & Company; pg. 64
Lawrence, Heather, Head, Marketing - Fishbowl; pg. 234
Lawrence, Jeff, Chief Financial Officer - blr further; pg. 334
Lawrence, Jerry, Vice President, Social Media & Content Marketing - Publicis.Sapient; pg. 259
Lawrence, Marsha, Director, Media Investment - Novus Media, Inc.; pg. 497
Lawrence, Mike, Executive Vice President & Chief Reputation Officer - Cone, Inc.; pg. 6
Lawrence, Rachel, Director, Media - r2integrated; pg. 261
Lawrence, Sara, Account Supervisor - Belmont Icehouse; pg. 333
Lawrence, Scott, President - Lawrence & Schiller; pg. 97
Lawrence, Tamera, Director, Integrated Communications Strategy - Archer Malmo; pg. 32
Lawrence, Tom, Founding Partner - DVL Seigenthaler; pg. 599
Lawrence, Virginia, Senior Vice President, Technology - Ballantines Public Relations; pg. 580
Lawry, Gray, Vice President, Strategy & Insights - Miles Media Group, LLP; pg. 387
Laws, Catherine, Executive Vice President - The William Mills Agency; pg. 655
Lawshe, Jeff, Senior Vice President & General Manager, Operations - CCG Marketing Solutions; pg. 341
Lawson, Ami, Group Brand Manager - quench; pg. 131
Lawson, Cassie, Office Manager - Spaeth Communications, Inc.; pg. 648
Lawson, Colleen, Vice President & Group Account Director - Performics; pg. 676
Lawson, James, Vice President - Brothers & Co.; pg. 43
Lawson, Jennifer, Vice President - MSLGroup; pg. 629
Lawson, Jordon, Copywriter & Associate Creative Director - Rethink Communications, Inc.; pg. 133
Lawson, Natalia, Senior Account Manager - The

PERSONNEL   AGENCIES

Price Group Inc.; *pg.* 152
Lawson, Paige, Media Supervisor - Slingshot, LLC; *pg.* 265
Lawton, Kim, Senior Vice President, Client Services - Inspira Marketing Group; *pg.* 308
Lawton, Pete, Creative Director - Nebo Agency, LLC; *pg.* 253
Lawwill, Bradley, President - Pierce Promotions & Event Management; *pg.* 313
Lawyer, Greg, Director & Producer - Brainstorm Media; *pg.* 175
Lax, Kory, Managing Creative Director & Creative Director - Imaginasium; *pg.* 89
Lay, Ashley, Account Manager - The MX Group; *pg.* 422
Lay, Elizabeth, Art Director - 180LA; *pg.* 23
Lay, Guy, Chief Executive Officer & President - GRP Media, Inc.; *pg.* 467
Lay, John, President - George Lay Signs, Inc.; *pg.* 552
Lay, Sandy, Senior Account Executive - ShopHer Media; *pg.* 682
Laychock, Jason, Creative Director - GIOVATTO Advertising; *pg.* 363
Layne, Michael, President & Partner - Marx Layne & Company; *pg.* 626
Layton, Eric, Planning Supervisor - Carat; *pg.* 459
Lazar, Anna, Manager, Data Science & Analytics - Publicis.Sapient; *pg.* 258
Lazar, Anna, Manager, Data Science & Analytics - Publicis.Sapient; *pg.* 260
Lazar, Antonia, Associate Business Director - COLLINS:; *pg.* 177
Lazar, Mike, Associate Director, Shopper Marketing - MediaCom; *pg.* 487
Lazar, Shelly, Vice President & Account Director - Horizon Media, Inc.; *pg.* 474
Lazarenko, David, Partner & Chief Growth Officer - Think Shift, Inc.; *pg.* 270
Lazaro, JoRoan, Vice President, Product - Elephant; *pg.* 181
Lazarte, Jose, Art Director - Momentum Worldwide; *pg.* 117
Lazarus, Becky, Account Director, East Coast Accounts - Taboola; *pg.* 268
Lazarus, Brian, Chief Information Officer & Vice President - Media Star Promotions; *pg.* 112
Lazarus, Lauren, Executive Producer - Cadillac House - Jack Morton Worldwide; *pg.* 308
Lazarus, Michelle, Senior Associate - Mindshare; *pg.* 491
Lazarus, Shelly, Chairman Emeritus - Ogilvy; *pg.* 393
Lazaunikas, Andrew, Associate Director, Search Content Strategy - Publicis Health Media; *pg.* 506
Lazenby, Johnny, Vice President - Southeast - Mahalo Spirits Group; *pg.* 13
Lazkani, Jeff, Vice President, Business Development & Strategy - Icon Media Direct; *pg.* 476
Lazkani, Nancy, President & Chief Executive Officer - Icon Media Direct; *pg.* 476
Lazo, Adrian, Executive Vice President, Marketing - Clearlink; *pg.* 221
Lazor, Molly, Account Executive - San Francisco - Kiosk Creative LLC; *pg.* 378
Lazorik, Kevin, Senior Vice President, Client Services - Hero Digital; *pg.* 238
Lazzara, Heather, Director, Business Development - Mirum Agency; *pg.* 681
Lazzaro, Zachary, Account Coordinator - POV Sports Marketing; *pg.* 314
Le, David, Senior Specialist, Media Operations - Marketsmith, Inc; *pg.* 483
Le, Lilianne, Specialist, Digital Marketing - Reshift Media; *pg.* 687

Le, Minh, Chief Digital Officer - Dailey & Associates; *pg.* 56
Le, Minh, Director, Corporate Campaigns - DVL Seigenthaler; *pg.* 599
Le, Mya, Media Supervisor - RPA; *pg.* 134
Le Blanc, Karyn, Senior Vice President, Infrastructure - Stratacomm, Inc.; *pg.* 650
Le Bos, Nathalie, Chief Finance Officer - Publicis Health; *pg.* 639
LeBeau, Jeff, President - WRL Advertising; *pg.* 163
LeBeau, Michael, Founder & Managing Partner - Scrum50; *pg.* 409
LeBelle, Shawn, Head, Digital Media - Junction59; *pg.* 378
LeBlanc, Brittany, Manager, Account - A-Train Marketing Communications; *pg.* 321
LeBlanc, Christopher, Vice President & Executive Creative Director - Evok Advertising; *pg.* 69
LeBlanc, Kathrine, Senior UX & UI Designer - The Trade Desk; *pg.* 520
LeBlanc, Taylor, Media Buyer - Diane Allen & Associates; *pg.* 597
LeBlanc, Tracey, Associate Director, Buying - Mediahub Boston; *pg.* 489
LeBoeuf, Matt, Vice President, Consumer Brands - Known; *pg.* 298
LeBrun, Jennifer, Accounting Supervisor - Kiosk Creative LLC; *pg.* 378
LeClair, Kathy, Ad Ops Manager - Kanton Direct & Adfire Health - Adfire Health; *pg.* 27
LeClair, Liz, Graphic Designer & Account Coordinator - Nancy Marshall Communications ; *pg.* 631
LeCompte, Christine, Executive Vice President, Client Services - Brodeur Partners; *pg.* 586
LeCompte, Jenni, Managing Director - Glover Park Group; *pg.* 608
LeDoux, B. C., Chief Creative Officer & Managing Director - Noble Studios; *pg.* 254
LeDrew, Nikki, Account Manager - Marchex, Inc.; *pg.* 675
LeDuc, Kimberly, Account Executive - SourceCode Communications; *pg.* 648
LeFauve, Bryan, Chief Operating Officer - FARM; *pg.* 357
LeFevre, Heather, Associate Director, Strategy - RPA; *pg.* 134
LeGros, Jayme, Account Supervisor - The Atkins Group; *pg.* 148
LeMesurier, Eryn, Director, Strategic Planning - FCB Toronto; *pg.* 72
LeNaire, Adam, Partner & Creative - Robot House; *pg.* 16
LePage, Vonda, Executive Vice President & Director, Corporate Communications - Deutsch, Inc.; *pg.* 349
LePoidevin, Dean, Owner, President & Strategic Director - LePoidevin Marketing; *pg.* 380
LeRoy, Tim, Consultant - The Lyman Agency; *pg.* 654
LeSaffre, Travis, Search Engine Optimization Specialist - All Points Digital; *pg.* 671
LeSage Nelson, Jo Ann , Vice President, Client Services - Pierce Communications; *pg.* 636
LeShane, Paddi, Chief Executive Officer - Sullivan & Leshane Public Relations; *pg.* 650
LeSieur, Tanya, Head, Production & Associate Partner - MUH-TAY-ZIK / HOF-FER; *pg.* 119
LeTendre, Beth, Chief Executive Officer - Catalyst Digital; *pg.* 220
LeTourneau, Linda, Vice President & Account Director - Haugaard Creative Group; *pg.* 186
LeVatte, Megan, Account Manager - Trampoline; *pg.* 20

LeVine, Duane, President & Chief Operating Officer - Blakeslee; *pg.* 40
LeVonne, Stephanie, Senior SEO Account Manager - Tinuiti; *pg.* 678
Lea, Janet, Senior Vice President - Sherry Matthews Advocacy Marketing; *pg.* 140
Leach, Kelly, Senior Vice President & Managing Director - Horizon Media, Inc.; *pg.* 474
Leach, Rachel, Associate Director, Digital Investment - Zenith Media; *pg.* 531
Leach, Stephanie, Vice President & Chief Technology Officer, Technology Services - Tallwave; *pg.* 268
Leachman, Jon, Creative Director - Energy BBDO, Inc.; *pg.* 355
Leadbeater, Kate, Digital Director - DDB Canada; *pg.* 59
Leahy, Colleen, Senior Vice President, Connections Strategy Capability Lead - US - Digitas; *pg.* 226
Leahy, Edward, Director, Data Solutions - Lotame; *pg.* 447
Leahy, Jennifer, Managing Director - Dragon Army; *pg.* 533
Leahy, Joe, Partner & Chief Creative Officer - HughesLeahyKarlovic; *pg.* 372
Leahy, Leeann, President & Chief Executive Officer - The VIA Agency; *pg.* 154
Leahy, Tracy, Director, Account Management - Special Events - Hargrove Inc.; *pg.* 307
Leake, Tim, Senior Vice President & Chief Marketing & Innovation Officer - RPA; *pg.* 134
Leake, William, Chief Executive Officer - Apogee Results; *pg.* 672
Leal, Rene, Branded Entertainment - Cardenas Marketing Network; *pg.* 303
Leal, Rolando, Account Supervisor - Ogilvy; *pg.* 393
Leal, Vejurnae, Account Supervisor - Walton Isaacson; *pg.* 547
Leaman, Vanessa, Associate Director - CMI Media, LLC; *pg.* 342
Leandersson, Johan, Creative Director - Interesting Development; *pg.* 90
Leapaldt, Stephanie, Vice President, Client Services - Marketing Architects; *pg.* 288
Lear, Eric, Partner & Chief Operating Officer - Mahalo Spirits Group; *pg.* 13
Lear, Matt, Senior Vice President & Creative Director - Healthcare Consultancy Group; *pg.* 83
Learned, Jim, President & Managing Director - Elevation, Ltd; *pg.* 540
Leary, Brett, Senior Vice President & Lead, Commerce & Innovation - Digitas; *pg.* 226
Leary, Drea, Media Director & Account Management - Fuel Marketing; *pg.* 361
Leary, Meg, Account Supervisor - EGC Media Group, Inc.; *pg.* 354
Leary, Valerie, Director, Marketing - North 6th Agency; *pg.* 633
Leathart, Tim, Account Supervisor - Droga5; *pg.* 64
Leather, Patrick, Account Director - ICON International, Inc.; *pg.* 476
Leathers, Morgan, Group Director - OMD; *pg.* 498
Leathersich, Maggie, Programmatic Media Supervisor - Butler / Till; *pg.* 457
Leaumont, Tim, Executive Vice President, Finance & Business Operations - Next Marketing; *pg.* 312
Leavelle, Amanda, Director, eCommerce - The Integer Group; *pg.* 682
Leaventon, Adam, Vice President, Strategy - Red Tettemer O'Connell + Partners; *pg.* 404
Leaver, Jennifer, Account Director - Workhorse Marketing; *pg.* 433
Leavey, Kelsey, Account Coordinator, Public

AGENCIES — PERSONNEL

Relations - The Hodges Partnership; *pg.* 653
Leavitt, Hannah, Client Services Manager - Ntooitive Digital; *pg.* 254
Lebamoff, Chloe, Senior Copywriter - FCB Chicago; *pg.* 71
Leblanc, Conner, Director, Digital Marketing - Action Integrated Marketing; *pg.* 322
Leblanc, Remi, Project Manager - BBR Creative; *pg.* 174
Lebo, Erin, Strategist, Creative - Howard Miller Associates, Inc.; *pg.* 87
Leboeuf, Beau, Account Executive - Sherry Matthews Advocacy Marketing; *pg.* 140
Leboeuf, Marie-Michelle, Senior Account Executive - LG2; *pg.* 380
Lebovitz, Isabella, Producer, Film - Droga5; *pg.* 64
Lebow, Brad, President - Horich Hector Lebow Advertising; *pg.* 87
Lebowitz, Michael, Chief Executive Officer - Big Spaceship; *pg.* 455
Lebron, Lillian, Executive Vice President, Account Services - Beacon Media; *pg.* 216
Lebron, Peter, Supervisor, National Audio - Hearts & Science; *pg.* 471
Lecceadone, Tyler, Vice President & Principal - Seyferth & Associates, Inc.; *pg.* 646
Leccia, Laurent, Creative Director - FF Creative; *pg.* 234
Lech, Allyson, Associate, Integrated Media Planning - OMD; *pg.* 498
Lechleiter, Paul, Chief Creative Officer & Partner - FRCH Design Worldwide; *pg.* 184
Lechner, Pouneh, Vice President - Karbo Communications; *pg.* 618
Lechner-Becker, Andrea, Chief Marketing Officer - LeadMD; *pg.* 380
Lechter Botero, Alida, Owner, Vice President, Research & Director, Operations - New World Global Research; *pg.* 448
Lechter Rey, Adrian, President - New World Global Research; *pg.* 448
Lecker, Tamara, Senior Producer - McCann New York; *pg.* 108
Leckner, Rick, President - MaisonBrison; *pg.* 624
Leckstrom, Jennifer, Vice President - RoseComm; *pg.* 644
Ledbetter, Newell, President - Newell Ledbetter Advertising; *pg.* 120
Ledbetter, Zach, Account Executive - Newell Ledbetter Advertising; *pg.* 120
Ledbury, Adam, Associate Creative Director - MUH-TAY-ZIK / HOF-FER; *pg.* 119
Leddy, Colleen, Chief Media Officer - Droga5; *pg.* 64
Leddy, Pete, Partner & President - Otto Design & Marketing; *pg.* 124
Leder, Eric, Technical Manager - Fusion92; *pg.* 235
Lederman, Rachel, Associate Director - Wavemaker; *pg.* 526
Ledermann, Lora, Owner & Creative Director - Scream Agency, LLC; *pg.* 139
Ledesma, Marybeth, Associate Creative Director - Droga5; *pg.* 64
Ledford, Alex, Copywriter - Wieden + Kennedy; *pg.* 432
Ledford, Chris, Senior Vice President, Integrated Client Offering - Oxford Communications; *pg.* 395
Ledoux, Brian, Senior Vice President, Revenue Operations - Hearst Autos; *pg.* 238
Leduc, Jean-Philippe, Executive Vice President, Client Relations & Business Development - NEWAD; *pg.* 554
Leduc, Michele, President & Chief Creative Officer - ZiP Communication; *pg.* 21
Lee, Abigail, Director, Communications Design - Initiative; *pg.* 478

Lee, Adrienne T., Chief Strategic Officer - Beacon Healthcare Communications; *pg.* 38
Lee, Allison, Account Director - Pappas Group; *pg.* 396
Lee, Amy, Managing Director - New York - Wolff Olins; *pg.* 21
Lee, Ann, Principal & Founder - The Lee Group; *pg.* 420
Lee, Anthony, Digital Strategist - Hearts & Science; *pg.* 473
Lee, Arturo, Senior Director, Art - Dieste; *pg.* 539
Lee, Ben, Principal - Schifino Lee Advertising; *pg.* 139
Lee, Brooke, Supervisor, Brand Strategy - Horizon Media, Inc.; *pg.* 474
Lee, Bruce, Senior Vice President & Client Business Partner - Universal McCann; *pg.* 521
Lee, Bruce, Chief Creative Partner - IPNY; *pg.* 90
Lee, Bryan, Group Planning Director, Marketing Strategy - Huge, Inc.; *pg.* 239
Lee, Bryan, Director, Digital - Hearts & Science; *pg.* 473
Lee, Carol, Senior Director, Local Business Development - Location3 Media; *pg.* 246
Lee, Catherine, Executive Producer - MediaMonks; *pg.* 249
Lee, Cherish, Communications Strategist - Droga5; *pg.* 64
Lee, Choong, Senior Art Director - The Loomis Agency; *pg.* 151
Lee, Chris, Senior Product Owner - Dalton + Anode; *pg.* 348
Lee, Chris, Creative Director - The Boston Group; *pg.* 418
Lee, Christina, Director, Paid Social - Essence; *pg.* 232
Lee, Christine, Vice President, Planning - TPN; *pg.* 571
Lee, Crystal, Senior Account Executive - Gotham, Inc.; *pg.* 77
Lee, Cyndi, Senior Vice President, Media Management - Specialists Marketing Services, Inc.; *pg.* 292
Lee, Dale, Vice President & Associate Director, Digital Media - Mediahub Boston; *pg.* 489
Lee, Daryl, Global Chief Executive Officer - Universal McCann; *pg.* 521
Lee, David, Brand Media & Programmatic Group Lead - The Richards Group, Inc.; *pg.* 422
Lee, Dean, Executive Creative Director - Tribal Worldwide - Vancouver; *pg.* 272
Lee, Derek, Digital Investment Associate - Wavemaker; *pg.* 526
Lee, Dexter, Design & Implementation Director - Trinity Brand Group; *pg.* 202
Lee, Diana, Chief Executive Officer - Constellation Agency; *pg.* 221
Lee, Dylan, Senior Copywriter - Wieden + Kennedy; *pg.* 430
Lee, Earl, Senior Copywriter - Mekanism; *pg.* 112
Lee, Ellen, Vice President, Account Services - L3 Advertising Inc.; *pg.* 542
Lee, Ellen, Media Director - Petrol; *pg.* 127
Lee, Erica, Group Director - Crossmedia; *pg.* 463
Lee, Eugene, Executive Vice President & Managing Director - CMI Media, LLC; *pg.* 342
Lee, George, Partner & Director, Production - Hello Design; *pg.* 238
Lee, Ginny, Account Supervisor - Forsman & Bodenfors; *pg.* 74
Lee, Haemin, Senior Analyst - OMD Atlanta; *pg.* 501
Lee, Hannah, Management Supervisor & Senior Producer - Ogilvy; *pg.* 393
Lee, Harold, Technical Account Manager -

Publicis.Sapient; *pg.* 258
Lee, Hayden, Coordinator, Brand Activation - Roc Nation; *pg.* 298
Lee, Heather, Media Supervisor - TDA_Boulder; *pg.* 147
Lee, Henry, Senior Vice President & Director, Client Services - Pacific Communications; *pg.* 124
Lee, Hope, Managing Supervisor - The Woo Agency; *pg.* 425
Lee, Hurshini, Account Director - Muse USA; *pg.* 543
Lee, Hwa Shih, Senior Vice President, Digital Marketing - Palisades Media Group, Inc.; *pg.* 124
Lee, Jackie, Associate Director, Digital Investment - Canvas Worldwide; *pg.* 458
Lee, Jaimie, Senior Analyst - Universal McCann; *pg.* 521
Lee, James, Vice President & Creative Director - Miller Ad Agency; *pg.* 115
Lee, Jason, Senior Art Director - Archer Malmo; *pg.* 32
Lee, Jason, Senior Vice President, Digital & Data Strategy - Horizon Media, Inc.; *pg.* 473
Lee, Jason, Vice President, & Executive Creative Director - The Vimarc Group Inc.; *pg.* 425
Lee, Jason, Associate Planning Director - Programmatic - Essence; *pg.* 232
Lee, Jeein, Art Director - Terri & Sandy; *pg.* 147
Lee, Jeff, Vice President, Digital Marketing - Martin & Company Advertising; *pg.* 106
Lee, Jennifer, Senior Director, Global Event Marketing - The Trade Desk; *pg.* 519
Lee, Jessica, Senior Media Buyer - 22squared Inc.; *pg.* 319
Lee, Jessica, Creative Director - Code and Theory; *pg.* 221
Lee, Jocelyn, Head, AI Advertising Practice - Heat - Deloitte Digital; *pg.* 225
Lee, John, Executive Director - Goodman Media International, Inc.; *pg.* 610
Lee, John, Vice President, Digital Marketing - Flightpath; *pg.* 235
Lee, Jonathan, Chief Strategy Officer - New York - Grey Group; *pg.* 365
Lee, Julie, Managing Director - Wavemaker; *pg.* 529
Lee, Justin, Director, Social Media & Content Strategy - Commit Agency; *pg.* 343
Lee, Justin, Supervisor, Integrated Video Investment - OMD; *pg.* 498
Lee, Kabrina, Supervisor, Strategy & Insights - Carat; *pg.* 459
Lee, Katie, Senior Designer - Sid Lee; *pg.* 140
Lee, Kelly, Senior Account Manager - Co-Communications Inc.; *pg.* 685
Lee, Ken, Chief Financial Officer - MediaCom Canada; *pg.* 489
Lee, Kendell, Media Supervisor - Hoffman York; *pg.* 371
Lee, Kevin, Founder, President & Chief Executive Officer - AdAsia; *pg.* 26
Lee, Kevin, Account Manager - Mailchimp & Chase - Droga5; *pg.* 64
Lee, Kevin, Executive Chairman & Founder - Didit.com; *pg.* 673
Lee, Kristie, Senior Communications Planner - BBDO San Francisco; *pg.* 330
Lee, Laura, Director, Media - Jackson Spalding Inc.; *pg.* 376
Lee, Lawrence, Co-Founder & Chief Creative Officer - L3 Advertising Inc.; *pg.* 542
Lee, Lindsey, Supervisor, Bacardi Limited Global Partnerships & Social Strategy - OMD; *pg.* 498
Lee, Lorrie, Vice President & Director,

PERSONNEL AGENCIES

Client Relations & New Business Development - TwinEngine; pg. 203
Lee, Maggie, Producer, Creative & Video - Praytell; pg. 258
Lee, Mandy, Media Director - Firmidable; pg. 73
Lee, Mary, Creative Director - Frontier Strategies, Inc.; pg. 465
Lee, Matt, Chief Marketing Officer - Bayard Bradford; pg. 215
Lee, Michael, Associate Director, Strategy - Zenith Media; pg. 531
Lee, Mike, Vice President, Strategy - Cactus Marketing Communications; pg. 339
Lee, Nancy, Custom Ad Solutions Manager - Walmart Media Group; pg. 684
Lee, Nelson, Media Supervisor - Traction Creative Communications; pg. 202
Lee, Nicole, Associate Director, Media Operations - Publicis North America; pg. 399
Lee, Nicole, Media Supervisor - Recalibrate Marketing Communications; pg. 404
Lee, Phil, President - J.T. Mega, Inc.; pg. 91
Lee, Phillip, Strategy Director - The Richards Group, Inc.; pg. 422
Lee, Priscilla, Senior Manager, Business Operations & Strategy - Rebel Ventures Inc.; pg. 262
Lee, Raymond, Associate Director, Media Operations - Horizon Media, Inc.; pg. 474
Lee, Rich, Partner, Integrated Investment - Universal McCann; pg. 521
Lee, Rose, Senior Digital Manager - Initiative; pg. 479
Lee, Ryan, Brand Strategy Specialist - Designsensory; pg. 62
Lee, Sandra, President & Chief Executive Officer - ES Advertising; pg. 540
Lee, Sandy, Chief Financial Officer - Posterscope U.S.A.; pg. 556
Lee, Sang, Vice President, IT - Washington, D.C. - M+R; pg. 12
Lee, Spike, Founder & Chief Executive Officer - Spike DDB; pg. 143
Lee, Steve, Associate Media Director, Traditional & Digital Media - Universal McCann; pg. 428
Lee, Steven, Partner, Digital Investment Director - Wavemaker; pg. 526
Lee, Suzanne, Associate Director, Digital - Carat; pg. 461
Lee, Thomas, Senior Partner & Director, Public Relations - Zozimus Agency; pg. 665
Lee, Tiffanie, Supervisor, Integrated Project Management - Spark Foundry; pg. 512
Lee, Tiffany, Senior Director, Inventory Partnerships - APAC - The Trade Desk; pg. 520
Lee, Tony, Director, Paid Social - Reprise Digital; pg. 676
Lee, UnSun, Vice President, Global Creative - GroundTruth.com; pg. 534
Lee, Vong, Partner & Associate Creative Director - Brogan & Partners ; pg. 538
Lee, Walter, Director, Accounts - The Trade Desk; pg. 519
Lee, Yuri, Senior Vice President & Group Account Director - Publicis North America; pg. 399
Lee De Freitas, Gina, President - IMM; pg. 373
Lee Sherrill, Christina, Director, Project Management - Siltanen & Partners Advertising; pg. 410
Leeds, Ryan, Managing Partner - Masterminds, Inc.; pg. 687
Leeds, Torri, Executive Vice President - DeVries Global; pg. 596
Leeloy, Wayne, Executive Director, Strategy - G7 Entertainment Marketing; pg. 306

Leen, Michael, Business Partnerships Lead - MediaMonks; pg. 249
Leer, Kim, Graphic Designer, Motion - MUDD Advertising; pg. 119
Leese, Paul, Director, Marketing & Media Services - Keenan-Nagle Advertising; pg. 94
Leesman, Tim, Principal - Simantel Group; pg. 142
Leeson, Brock, Vice President, Digital - Jungle Media; pg. 481
Leet, Lisa, Senior Vice President, Business Development - FleishmanHillard; pg. 605
Lefante, Jane, Vice President, Operations - Incremental Media; pg. 477
Lefebure, Jake, Co-Founder & Chief Executive Officer - Design Army LLC; pg. 179
Lefebure, Pum, Co-Founder & Creative Director - Design Army LLC; pg. 179
Lefebvre, Alex, Account Director - Rethink Communications, Inc.; pg. 133
Lefebvre, Julianne, Sales Manager - Taylor Box Company; pg. 201
Lefeld, Alex, Specialist, Digital Media - Empower; pg. 354
Lefferts, Jon, Senior Vice President & Managing Partner - Universal McCann; pg. 521
Leffler, Marc, Creative Director & Partner - Maris, West & Baker; pg. 383
Lefkovits, Jeffrey, Brand Manager - The Richards Group, Inc.; pg. 422
Lefkowitz, Brian, Chief Creative Officer - Digitas Health LifeBrands; pg. 229
Lefkowitz, Mark, Executive Vice President & Media Director - Furman Roth Advertising; pg. 361
Leftwich, Joel, Managing Director, Food & Agriculture Practice - Glover Park Group; pg. 608
Legallo, Tim, Vice President & Associate Director, Integrated Production - Publicis North America; pg. 399
Legato, Tony, Art Director - Buck; pg. 176
Legault, MJ, Principal & Strategy Director - Origin Design + Communications; pg. 123
Legein, Teresa, Account Executive - The Boston Group; pg. 418
Leger, Amy, Account Executive - MAPR; pg. 624
Leger, Chris, Senior Vice President General Manager - DWA Media; pg. 464
Legere, Olivia, Managing Director - jones knowles ritchie; pg. 11
Legg, Charlie, Media Director - 22squared Inc.; pg. 319
Legg, Elena, Media Director - Harmelin Media; pg. 467
Leggatt, Helene, President - DDB Canada; pg. 59
Legree, Kylie, Strategist, Digital - Swanson Russell Associates; pg. 415
Legutko, Vanessa, Director, Account - Agency H5; pg. 575
Lehman, Bill, President - Jones & Thomas, Inc. ; pg. 377
Lehman, Kacie, Senior Vice President, Partnerships - MAC Presents; pg. 298
Lehmann, Chris, Managing Director - Landor; pg. 11
Lehmann, Katherine, Senior Account Director - Moxie; pg. 251
Lehmann, Lindsey, Director, Activation - J3 - Universal McCann; pg. 521
Lehmann, Robert, Founder & Creative Director - Crow Creative; pg. 55
Lehmann, Tom, Partner & Creative Director - Blue Collar Interactive; pg. 217
Lehor, Brandon, Senior Art & Concept Director - DHX Advertising; pg. 351
Lehr, Ryan, Executive Vice President & Executive Creative Director - Deutsch, Inc.; pg. 350

Lehrer, Nancy, Senior Vice President & Account Director - Hill Holliday; pg. 85
Lehrman, Ross, Vice President, Media - IgnitionOne; pg. 673
Leibler, Shane, Director, Content Development - ABC Creative Group; pg. 322
Leibow, Jillian, Associate Director - Mindshare; pg. 494
Leibowitz, Jeff, Chief Executive Officer - The Laredo Group, Inc.; pg. 270
Leibowitz, Zach, Executive Vice President - Dukas Linden Public Relations; pg. 598
Leicht, John, Senior Vice President & Managing Director, Corporate Development - iProspect; pg. 674
Leigh, Justin, Co-Founder & Chief Executive Officer - Ideoclick; pg. 241
Leigh Wathne, Meredith, Senior Planner, Performance Content & Social - Nina Hale Consulting; pg. 675
Leighton, Amanda, Director, Video Investment - Canvas Worldwide; pg. 458
Leighton, Scott, Account Director - Kettle; pg. 244
Leighton, Susanna, Director, Creative Services - Team One; pg. 417
Leikikh, Alex, Global Chief Executive Officer - MullenLowe U.S. New York; pg. 496
Lein, Adam, New Media & Design Manager - Roher / Sprague Partners; pg. 408
Leinwetter, Melanie, Senior Brand Manager - Signal Theory; pg. 141
Leipold, Kerry, Vice President & General Manager - Park Outdoor Advertising; pg. 555
Leis, Michael, Senior Vice President, Social Strategy - Digitas Health LifeBrands; pg. 229
Leiser, Mike, Senior Partner & Chief Strategy Officer - Prophet; pg. 15
Leisler, Scott, Partner, President & Chief Creative Officer - Dovetail; pg. 64
Leitch, Danielle, Chief Operating Officer - MoreVisibility; pg. 675
Leitch, Lauren, Media Specialist - Mascola Group; pg. 106
Leith, Colleen, President - Marketing Matters; pg. 625
Leitman, Bob, Regional Vice President, Healthcare - Toluna; pg. 450
Leitz, Chad, Associate Partner & Creative Director - Eleven, Inc.; pg. 67
Leivenberg, Will, Director, Marketing - Y Media Labs; pg. 205
Lejbowicz, Marissa, Senior Communications Strategist - Milner Butcher Media Group; pg. 491
Lekaviciute, Danguole, Creative Director - Heart Creative; pg. 238
Lelait, Guillaume, Chief Executive Officer - U.S - Fetch; pg. 533
Lem, Elizabeth, Head, Strategy - m/SIX; pg. 483
Lemaire, Cyril, Founder & Managing Partner - Traktek Partners; pg. 271
Lemasters, Kylie, Management Supervisor - David&Goliath; pg. 57
Lembo, Christine, Vice President & Managing Director - Horizon Media, Inc.; pg. 474
Lemhag, Tor, Vice President & Director, Creative - FCB Chicago; pg. 71
Lemiere, Clement, Chief Executive Officer - Team 201; pg. 269
Lemieux, Mario, President - Canada - DAC Group; pg. 224
Lemire, Claudia, Producer - LG2; pg. 380
Lemire, Sarah, Designer - Sid Lee; pg. 140
Lemke, David, Executive Creative Director - GMR Marketing San Francisco; pg. 307
Lemme, Austin, Chief Creative Officer - Investis Digital; pg. 376
Lemme, Michael, Chief Creative Officer &

AGENCIES PERSONNEL

Partner - Duncan Channon; *pg.* 66
Lemmermen, Kristine, Account Supervisor - Definition 6; *pg.* 224
Lemmler, Rachael, Account Executive - Zozimus Agency; *pg.* 665
Lemoine, Michelle, Project Manager, Global Data Solutions - MediaCom; *pg.* 487
Lemoine, Samantha, Director, Content - GUT Miami; *pg.* 80
Lemon, Sheila, Founder & Chief Executive Officer - Citrus Advertising; *pg.* 50
Lempert, Pete, Principal, Brand Management - The Richards Group, Inc.; *pg.* 422
Lempit, Ken, President - Austin Lawrence Group, Inc.; *pg.* 328
Lemus, Monique, Group Director - The Media Kitchen; *pg.* 519
Lenart, Lauren, Associate Creative Director - FCB Chicago; *pg.* 71
Lence, George, President - Nicholas & Lence Communications; *pg.* 632
Lendino, Robert, Vice President, Sales & Marketing - YPM; *pg.* 679
Lendino, Stephen, President - YPM; *pg.* 679
Lendt, Steve, Director, Analytics & Media - motum b2b; *pg.* 14
Lenger, Philip, President & Founder - Show & Tell Productions, Inc.; *pg.* 557
Lenhart, Alicia, Director, Media Strategy - Adcom Communications, Inc.; *pg.* 210
Lenig, Andrea, Vice President & Media Director - CTP; *pg.* 347
Lenius, Kathy, Senior Media Buyer - MUDD Advertising; *pg.* 119
Lennartz, Greg, Senior Analyst - Huge, Inc.; *pg.* 240
Lenniger, Shea, Social Media Coordinator - Sid Lee; *pg.* 141
Lennon, Kevin, President - Trillium Corporate Communications, Inc.; *pg.* 656
Lennon, Patrick, Co-Founder & Chief Business Development Officer - Veritone One; *pg.* 525
Lennon, Sara, Associate Media Director - Vladimir Jones; *pg.* 429
Lennon, Sue, Vice President - Trillium Corporate Communications, Inc.; *pg.* 656
Lennox, Elaine, Partner, Business Development - Archer Communications, Inc.; *pg.* 327
Lennox, Jeff, Chief Executive Officer - Archer Communications, Inc.; *pg.* 327
Lenois, Rob, Chief Creative Officer - VaynerMedia; *pg.* 689
Lenore, Rachel, Senior Vice President - FleishmanHillard; *pg.* 605
Lenski, Joseph, Executive Vice President & Co-Founder - Edison Media Research; *pg.* 444
Lenss, Mark, Senior Vice President & Managing Director - MarketingLab; *pg.* 568
Lent, Sarah, Senior Vice President, Business Development - Essence; *pg.* 232
Lents, Peggy, President - Lents and Associates LLC; *pg.* 622
Lentz, Brittany, Account Manager - Swanson Russell Associates; *pg.* 415
Lentz, Kevin, Owner - Performance Marketing; *pg.* 126
Lentz, Michael, Co-Founder & Principal, Emerging Media - Vert Mobile LLC; *pg.* 274
Lentz, Whitney, Associate Media Director - Moxie; *pg.* 251
Lenz, Belle, Chief Marketing Officer - iProspect; *pg.* 674
Lenz, John, Vice President - Lenz, Inc.; *pg.* 622
Lenz, Richard, President & Founder - Lenz, Inc.; *pg.* 622
Lenz Vessel, Julie, Chief Talent Officer - mono; *pg.* 117
Lenze, Josh, Global Brand Lead - Mars - DDB Chicago; *pg.* 59

Lenzen, Stephen, Senior Vice President, Quantitative Research - Insight Strategy Group; *pg.* 445
Leo, David, Director, Information Technology - Finn Partners; *pg.* 603
Leo, Ernest, Strategist & Business Development Manager - Hub Strategy & Communication; *pg.* 9
Leoercher, Deborah, President & Lead Strategist - Anoroc Agency, Inc.; *pg.* 326
Leon, Alejandra, Digital Media Buyer - Brown Parker | DeMarinis Advertising; *pg.* 43
Leon, Diego, Digital Marketing Manager - Systems & Marketing Solutions; *pg.* 268
Leon, Eric, Partner & Director, Multicultural Advertising - Legion Advertising; *pg.* 542
Leon, George, Chief Strategy Officer - Hawthorne Advertising; *pg.* 370
Leon, Jim, Vice President, Brand Strategy & Integrated Marketing - CreativeOndemand; *pg.* 539
Leon, John, Chief Operating Officer - Impact Mobile; *pg.* 534
Leon, Jon, Senior Art Director - Hirshorn Zuckerman Design Group; *pg.* 371
Leon, Joseph, President, Media - Vision7 International; *pg.* 429
Leon, Tim, President & Brand Strategist - Geile/Leon Marketing Communications; *pg.* 362
Leonard, Austin, Director, Key Account Partnerships - Walmart Media Group; *pg.* 684
Leonard, Camblin, Negotiator - Initiative; *pg.* 477
Leonard, Camille, Creative Director - Stamp Ideas Group, LLC; *pg.* 144
Leonard, Elizabeth, Senior Vice President & Director - Starcom Worldwide; *pg.* 513
Leonard, Jennifer, Director, Multicultural - Haworth Marketing & Media; *pg.* 470
Leonard, Jim, Senior Producer - Barkley; *pg.* 329
Leonard, Jim, Principal & Executive Creative Director - Stamp Ideas Group, LLC; *pg.* 144
Leonard, Julia, Vice President & Senior Copywriter - Haggman; *pg.* 81
Leonard, Katherine, Senior Brand & Content Strategist - TOKY Branding + Design; *pg.* 202
Leonard, Laura, Account Director - PHD Canada; *pg.* 504
Leonard, Lindsay, Specialist, Client Service - J.R. Thompson Company; *pg.* 91
Leonard, Michael, Principal & Chief Executive Officer - NEXTMedia, Inc.; *pg.* 497
Leonard, Nadine, Managing Director & Executive Director, Planning - Heartbeat Ideas; *pg.* 238
Leonard, Randi, Associate Director - Spark Foundry; *pg.* 510
Leonard, Russ, President - NL Partners; *pg.* 391
Leonard, Will, Manager, Data Strategy - Grey Group; *pg.* 365
Leonardi, Anna, Staff Production Coordinator - Biscuit Filmworks; *pg.* 561
Leonardis, Korinne, Account Supervisor - Edelman; *pg.* 599
Leonardo, Matt, Partner - Revolution Agency; *pg.* 133
Leonardo, Michelle, Vice President & Director - WHERE - Horizon Media, Inc.; *pg.* 474
Leonas, Melissa, Director, Display - Booyah Online Advertising; *pg.* 218
Leone, Charles, Vice President & Account Director - MullenLowe U.S. New York; *pg.* 496
Leone, Dario, Media Supervisor - MERGE; *pg.* 113
Leone, Gina, Senior Vice President & Group Account Director - Publicis North America; *pg.* 399
Leone, Leo, Executive Creative Director - Essie - Barbarian; *pg.* 215
Leone, Tony, Director, Production & Traffic - DSC Advertising; *pg.* 66
Leong, Grace, Chief Executive Officer & Managing Partner - Hunter Public Relations; *pg.* 614
Leong, Joanne, Associate Director - Carat; *pg.* 459
Leonhard, Bridget, Vice President, Operations - Kinziegreen Marketing Group; *pg.* 95
Leonidas, Leah, Digital Media Planner - Horizon Media, Inc.; *pg.* 474
Leos, Nanci, Chief Client Officer - Rauxa; *pg.* 291
Lepage, Lise, Vice President, Finance & Administration - bleublancrouge; *pg.* 40
Lepore, Helen, Executive Assistant - Gotham, Inc.; *pg.* 77
Lepore, Tony, Director, Brand Strategy - Shaker Recruitment Advertising & Communications; *pg.* 667
Lequerica, Paul, Operations Manager - Wilen Media Corporation; *pg.* 432
Lerch, Chelsea, Senior Vice President & Director, Account Planning & Investments - OpAD Media Solutions, LLC; *pg.* 503
Lerch, David, Creative Director & Vice President - Axiom; *pg.* 174
Lerdall, Stephanie, Senior Manager, Media Relations - Morningstar Communications; *pg.* 628
Lerma, Pete, Founder & Principal - Richards/Lerma; *pg.* 545
Lerman, Joshua, Co-President - Kepler Group; *pg.* 244
Lerman, Justin, Senior Copywriter - Modern Climate; *pg.* 388
Lerner, Autumn, Senior Vice President, Client Experience, Social Impact & Healthcare - Weber Shandwick; *pg.* 660
Lerner, Nancy, Co-Founder & Chief Strategic Officer - Otherwise, Inc.; *pg.* 634
Lerner, Ross, Owner & President - Lerner Advertising; *pg.* 99
Lerner, Sarah, Director, Media Planning - Asher Media; *pg.* 455
Lerner, Troy, Chief Executive Officer - Booyah Online Advertising; *pg.* 218
Lero, Virginia, Graphic Designer - Object 9; *pg.* 14
Leroux, Bob, Vice President & General Manager - Central Region - Pattison Outdoor Advertising; *pg.* 555
Leroy, Jocelyn, Copywriter, Interactive - LG2; *pg.* 380
Lersch, Dale, Executive Vice President, Global Key Accounts - MetrixLab; *pg.* 447
Lescarbeau, Dan, Director, Business Development - mcgarrybowen; *pg.* 110
Lescarbeau, Julia, Account Executive - Nike Communications, Inc.; *pg.* 632
Leshan, Charles, Director, Production - Spawn; *pg.* 648
Leshaw, Eve, Senior Vice President & Managing Director - Universal McCann; *pg.* 521
Leshne, Jerry, Senior Vice President, Investor Relations - Interpublic Group of Companies; *pg.* 90
Lesjak, Gary, Chief Financial Officer - Shamrock Companies, Inc.; *pg.* 291
Leslie, Grant, Managing Director - Glover Park Group; *pg.* 608
Leslie, Jack, Chairman - Weber Shandwick; *pg.* 660
Leslie, Kati, Public Relations Specialist - Dearing Group; *pg.* 60
Leslie, Lynda, Vice President & Creative Director - The Cirlot Agency, Inc.; *pg.* 149
Leslie, Stuart, President - 4sight, Inc.; *pg.* 171

PERSONNEL — AGENCIES

Lesniewski, Newbear, Associate Director, Creative - Grey Midwest; pg. 366
Lesnik, Andy, President - LHWH Advertising & Public Relations; pg. 381
Lessard, Claude, Chairman, President & Chief Executive Officer - Cossette Media; pg. 345
Lessard, Michel-Alexandre, Vice President, Strategy - Cossette Media; pg. 345
Lessens, Eric, Account Supervisor - FCB Chicago; pg. 71
Lesser, Benjamin, Specialist, Trading - The Trade Desk; pg. 520
Lesser, Dave, President - The Simon Group, Inc.; pg. 153
Lesser, Dave, Senior Creative Director - D4 Creative Group; pg. 56
Lesser, Jim, President & Chief Executive Officer - BBDO San Francisco; pg. 330
Lessne, Scott, Vice President - Stanton Public Relations & Marketing; pg. 649
Lestan, Jake, Vice President, Account Management - DDB Chicago; pg. 59
Lester, Gavin, Partner & Chief Creative Officer - Zambezi; pg. 165
Lester, Jennifer, Founder - Philosophy Communication; pg. 636
Lester, Vicki, Strategy & Planning Executive - Huntsinger & Jeffer, Inc.; pg. 285
Leszko, Izabela, Senior Account Manager - Citizen Relations; pg. 590
Letang, Vincent, Executive Vice President, Global Market Intelligence - Magna Global; pg. 483
Letherby, Mackenzie, Associate Environments Designer - Derse, Inc.; pg. 304
Leto, Dominic, Manager, Programmatic Media - 360i, LLC; pg. 208
Leto, Jen, Media Account Manager - Strategic America; pg. 414
Lett, Kacie, Senior Vice President, Strategy - Three Five Two, Inc.; pg. 271
Lettieri, Bob, Chief Financial Officer - CellTrust Corporation; pg. 533
Lettieri, James, Manager, Marketing Sciences - Mindshare; pg. 491
Lettsome, Tiffany, Associate Director - Starcom Worldwide; pg. 517
Lettunich, Mimi, President & Executive Creative Director - Twenty Four-Seven, Inc.; pg. 203
Letwin, Jim, Executive Chairman - Jan Kelley Marketing; pg. 10
Leung, Anna, Supervisor - Zenith Media; pg. 529
Leung, John, Chief Executive Officer - Prime Advertising; pg. 398
Leung, Judy, Visual Designer - Bonfire Labs; pg. 175
Leung, Juliana, President - Prime Advertising; pg. 398
Leung, Kevin, Art Director - Goodby, Silverstein & Partners; pg. 77
Leung, Philip, Director, UX Design - Altitude; pg. 172
Leung, Shirley, Social Media Supervisor - Hearts & Science; pg. 471
Leupold, Jim, Vice President - Harris, Baio & McCullough; pg. 369
Leus, Kasia, Supervisor - Starcom Worldwide; pg. 513
Leutz, Josh, Executive Creative Director - Carmichael Lynch; pg. 47
Leutze, Jaclyn, Director, Account Management - Mason, Inc. ; pg. 383
Lev, Bruce, Partner & Chief Creative Officer - LevLane Advertising; pg. 380
Lev, Ilan, Vice President, New Business Development & Strategy - Civic Entertainment Group; pg. 566
Lev, Josh, Vice President & Account Supervisor - LevLane Advertising; pg. 380
Lev, Samantha, Group Director - OMD; pg. 500
Lev, Zach, Partner & Director - Bullish Inc; pg. 45
Leva, Chrissy, Senior Digital Analyst - Mediahub New York; pg. 249
Levande, Patrice, Director, Strategy - Starcom Worldwide; pg. 517
Levant, Christina, Media Supervisor - Kiosk Creative LLC; pg. 378
Levasseur, Philip, Senior Art Director - The MX Group; pg. 422
Levato, Levi, Senior Strategist - Horizon Media, Inc.; pg. 473
Levchin, Max, Chief Executive Officer - Affirm Agency; pg. 323
Leveling, Kerri, Digital Asset Manager - Hearts & Science; pg. 471
Leven, Eric, President - Rip Road; pg. 534
Levenberg, Ruth, Director, Planning - Carat; pg. 459
Levenson, Adam, Co-Founder & Chief Technology Officer - Digital Operative, Inc.; pg. 225
Leventhal, Cassie, Client Services Director - SoHo Experiential; pg. 143
Leventhal, Marcia, Senior Vice President, Sales - Sky Advertising, Inc.; pg. 142
Leventhal, Tanner, Manager, National Broadcast - Mindshare; pg. 491
Leveque, Imir, Director, Strategy - Theseus Communications; pg. 520
Levesque, Jayde, Director, Integrated Media - Media Storm; pg. 486
Levesque, Sabrina, Art Director - Sid Lee; pg. 140
Levey, Alexandra, Partner, Portolio Management - Universal McCann; pg. 521
Levi, Dan, Chief Marketing Officer & Executive Vice President - Clear Channel Outdoor; pg. 550
Levi, Darlene, Executive Vice President & Managing Director - Ad Partners, Inc.; pg. 26
Levi, Dave, President - Words at Work; pg. 163
Levick, Richard, Chairman & Chief Executive Officer - Levick Strategic Communications; pg. 622
Levin, Amy, Director, Analytics & Technology - Performics; pg. 676
Levin, Amy, Principal - Benenson Strategy Group; pg. 333
Levin, Beth, Account Director - Geoffrey Weill Associates, Inc.; pg. 607
Levin, Cam, Chief Creative Officer - USA - Sid Lee; pg. 141
Levin, Daniel, Director - Mass Appeal; pg. 562
Levin, Eric, Executive Vice President & Chief Content Officer - Spark Foundry; pg. 510
Levin, Geri, Senior Associate, Integrated Investment - Hulu - Universal McCann; pg. 521
Levin, Jason, Senior Partner & Senior Director, Digital Analytics - Wavemaker; pg. 526
Levin, Jerry, Chief Financial Officer - Glow; pg. 237
Levin, Julie, Senior Director, Print Investment - Hearts & Science; pg. 471
Levin, Kevin, Media Supervisor - Brighthouse Financial - MODCoGroup; pg. 116
Levin, Peter, Chief Executive Officer - Glow; pg. 237
Levin, Quinn, Account Supervisor - Havas New York; pg. 369
Levine, Amy Jo, Partner & Designer - Visual Asylum; pg. 204
Levine, Andy, Chairman - Development Counsellors International, Ltd.; pg. 596
Levine, Barbara, Founder & Consultant - Levine & Associates, Inc.; pg. 11
Levine, Ben, Executive Partner & Head, Global Partnerships - Ogilvy; pg. 393
Levine, Carol, Chief Executive Officer & Co-Founder - Energi PR; pg. 601
Levine, Cindy, Director, Quality - Prophet; pg. 15
Levine, Corey, Director, Strategy - OMD West; pg. 502
Levine, Denise, Chief Revenue Officer - Branded Cities; pg. 550
Levine, Elaine, Vice President & Group Account Director - Havas Media Group; pg. 468
Levine, Janet, Managing Director, Invention - Mindshare; pg. 491
Levine, Jeff, President & Creative Director - Jeffrey Alec Communications; pg. 377
Levine, Jessica, Account Executive - Wagstaff Worldwide; pg. 659
Levine, Julie, Senior Vice President, Digital & Connected Experience - Barkley; pg. 329
Levine, Julie, Administrator client acct - MMGY NJF; pg. 628
Levine, Kelly, Marketing Director - JWT INSIDE; pg. 667
Levine, MaeLin, Partner & Creative Director - Visual Asylum; pg. 204
Levine, Michael, Director, Growth Marketing - Barkley; pg. 329
Levine, Molly, Senior Media Strategist - Harmelin Media; pg. 467
Levine, Rachel, Director, Creative Services - Lloyd&Co; pg. 190
Levine, Randy, Vice President & Director, Digital - Spark Foundry; pg. 508
Levine, Rob, Vice President, Account Strategy & Partner - Marriner Marketing Communications; pg. 105
Levine, Robert, Account Manager - National - Intersection; pg. 553
Levine, Samantha, Assistant Media Planner & Buyer - Crossmedia; pg. 463
Levine, Scott, Senior Vice President, Strategy - KERN; pg. 287
Levine, Scott, Chief Financial Officer - IgnitionOne; pg. 673
Levine, Tara, Chief Experience Officer - Hearts & Science; pg. 471
Levine, Zachary, Strategist, Programmatic - Hearts & Science; pg. 473
Levine, Zack, Strategy Supervisor - Hearts & Science; pg. 471
Levine Archer, Samantha, Chief, Staff - North America - Hearts & Science; pg. 471
Levine Sauerhoff, Tesse, Senior Director, Account & Strategy - Artefact; pg. 173
Levings, Mandy, Senior Partner & Senior Vice President - FleishmanHillard; pg. 604
Levins, Michelle, Director, Media Strategy - The McCarthy Companies; pg. 151
Levinson, Jenna, Senior Account Manager - Team Epiphany; pg. 652
Levinson, Joel, Partner - The Levinson Tractenberg Group; pg. 151
Levinson, Jordan, Director, Design Experience - Starcom Worldwide; pg. 513
Levinson, Lindsie, Brand Manager - Venables Bell & Partners; pg. 158
Levinson, Matt, Vice President & Managing Director - O'Connell & Goldberg; pg. 633
Levinson, Sasha, Writer & Commercial Director - Tool of North America; pg. 564
Levinthal, Julie, Senior Vice President - Jack Morton Worldwide; pg. 308
Levis, Aymee, Office Manager - Creative Resources Group, Inc.; pg. 55
Levis , Anne Marie, President & Creative Director - Funk, Levis & Associates; pg. 184
Levitan, Dean, Partner - The Pivot Group; pg. 293
Levite, Adam, Head, Video & Motion & Creative

AGENCIES — PERSONNEL

Director - Madwell; pg. 13
Levitt, Barry, Senior Media Buyer - Incremental Media; pg. 477
Levitt, Gary, Executive Vice President & Executive Producer - Sequoia Productions; pg. 314
Levitt, Joshua, Vice President & Director, Media Relations - Canvas Blue; pg. 47
Levitt, Steven, President - Marketing Evaluations, Inc.; pg. 447
Levitz, Kevin, Manager, Sales - Z-Card North America; pg. 294
Levy, Aaron, Director, Paid Search - Tinuiti; pg. 678
Levy, Amanda, Global Chief Client Officer - Critical Mass, Inc.; pg. 223
Levy, Arte, Senior Account Supervisor - Media Logic; pg. 288
Levy, Ben, Creative Director - MOD Worldwide; pg. 192
Levy, Campbell, Vice President, Media Relations - Turner Public Relations; pg. 657
Levy, Casandra, Associate Media Director - Hearts & Science; pg. 471
Levy, Chris, Account Supervisor - 215 McCann; pg. 319
Levy, Conor, Senior Analyst - Kepler Group; pg. 244
Levy, Evan, Chief Operating Officer - Fitzco; pg. 73
Levy, Gregg, Senior Director, Digital Production & Technology - Ogilvy Public Relations; pg. 633
Levy, Jerry, Chairman, President & Chief Executive Officer - JL Media, Inc.; pg. 481
Levy, Jessie, Integrated Account Director - Energy BBDO, Inc.; pg. 355
Levy, Marc, Executive Creative Director - MSLGroup; pg. 629
Levy, Marissa, Account Director - Wunderman Health; pg. 164
Levy, Martine, Managing Director - Track DDB; pg. 293
Levy, Meredith, Senior Vice President & Director, Business Development - Havas Health & You; pg. 82
Levy, Ray, Co-Founding Partner - GMLV; pg. 466
Levy, Stan, Founder, President & Chief Executive Officer - SASSO; pg. 138
Levy, Suzana, Supervisor, Broadcast - Carat; pg. 461
Levy, Warren, Executive Vice President, Sales - Show & Tell Productions, Inc.; pg. 557
Lew, Jolene, Director, Creative Operations - mono; pg. 117
Lew, Rebecca, Account Manager - Moxie Communications Group; pg. 628
Lewalski, Nathan, Manager, Paid Search - IPG Brands - Universal McCann Detroit; pg. 524
Lewandowski, Craig, Partner & Creative Editor - Utopic; pg. 428
Lewark, Laura, Manager, Media Partnerships - Walmart Media Group; pg. 684
Lewellen, Ali, Senior Account Executive - MillerCoors - Arc Worldwide; pg. 327
Lewellen, Bob, Chief Operating Officer - Kaeser & Blair; pg. 567
Lewensky, Amanda, Director, Account - Walton Isaacson; pg. 547
Lewin, Stan, Principal & Managing Director - LKH&S; pg. 381
Lewin, Toni, Senior Associate - BCW Chicago; pg. 581
Lewis, Aaron, Media Director - CAM Media, Inc.; pg. 457
Lewis, Angel, Senior Director, Public Relations & Marketing - Bruno Event Team; pg. 303
Lewis, Angela, Manager, Portfolio Management - Universal McCann Detroit; pg. 524

Lewis, Ashley, Vice President, Strategic Partnerships - FARM; pg. 357
Lewis, Aurelia, Owner & Chief Executive Officer - Lewis Media Partners; pg. 482
Lewis, Ben, General Manager - MC2; pg. 311
Lewis, Blake, Principal - Three Box Strategic Communications; pg. 656
Lewis, Bob, Executive Vice President - Campbell Marketing and Communications; pg. 339
Lewis, Brad, Creative Group Head & Co-Founder - The SuperGroup; pg. 270
Lewis, Brandon, Senior Account Executive - KWT Global; pg. 621
Lewis, Brandy, Assistant Media Buyer - Palisades Media Group, Inc.; pg. 124
Lewis, Brian, Media Relations Director - Marathon Communications Inc.; pg. 625
Lewis, Bryan, Owner & Vice President - Fusionary Media, Inc. ; pg. 236
Lewis, Cara, Executive Vice President, Video Investment - Dentsu Aegis Network; pg. 61
Lewis, Caroline, Strategist - Grey Group; pg. 365
Lewis, Chandra, Co-Founder & Chief Operating Officer - The Allen Lewis Agency, LLC; pg. 148
Lewis, Cliff, Director, Art Production & Executive Producer - Droga5; pg. 64
Lewis, Courtney, Account Director - The Variable; pg. 153
Lewis, Courtney, Vice President, Direct Marketing - Chapman Cubine + Hussey; pg. 281
Lewis, Daniel, Marketing Science Director - Critical Mass, Inc.; pg. 223
Lewis, Don, Chief Financial Officer - SourceLink, LLC; pg. 292
Lewis, Elizabeth, Strategy Supervisor - PHD Chicago; pg. 504
Lewis, Eric, Vice President & General Manager - Derse, Inc.; pg. 304
Lewis, Erica, Manager, Operations - Anvil Media, Inc; pg. 671
Lewis, Frank, Executive Producer - Mekanism; pg. 112
Lewis, Gene, Partner & Chief Creative Officer - Digital Pulp; pg. 225
Lewis, Gene, Chairman & Chief Executive Officer - Lewis Advertising, Inc.; pg. 380
Lewis, Genny, Human Resource Manager - Elias Savion Advertising; pg. 68
Lewis, Gigi, Global Brand Director - Gatorade - TBWA \ Chiat \ Day; pg. 146
Lewis, Greg, Executive Vice President, Customer Engagement- Publicis - Digitas Health LifeBrands; pg. 229
Lewis, Heather, Director, Strategy - 72andSunny; pg. 23
Lewis, Jamie, Managing Director, Digital - Campbell Ewald; pg. 47
Lewis, Jamie, Managing Director - Digital - Campbell Ewald; pg. 47
Lewis, Jennifer, Vice President & Media Director - Starcom Worldwide; pg. 516
Lewis, Jennifer, Director, Publisher Strategy - Adperio; pg. 533
Lewis, Jerry, Vice President, Creative Director - Brown Bag Marketing; pg. 338
Lewis, Jill, Management Supervisor - Marcus Thomas; pg. 104
Lewis, John, Vice President, Business Solutions - Zeta Interactive; pg. 277
Lewis, Jonathan, Partner, Vice President & Director, Strategy - McKee Wallwork & Company; pg. 385
Lewis, Joshua, Director, Business Development - Blue State Digital; pg. 335
Lewis, Judy, Executive Vice President & Co-Founder - Strategic Objectives; pg. 650

Lewis, Julia, Senior Vice President - Perry Communications Group; pg. 636
Lewis, Justin, Co-Founder & Chief Executive Officer - Instrument; pg. 242
Lewis, Kelli, Senior Account Executive - Deep Blue Insight; pg. 443
Lewis, Kellie, Senior Associate, Media Relations & Social Media - Carson Stoga Communications Inc.; pg. 340
Lewis, Kent, Founder & President - Anvil Media, Inc; pg. 671
Lewis, Kyle, Chief Creative Officer - Morrison; pg. 117
Lewis, Lee, Senior Vice President, Out-of-Home Media - Lewis Advertising, Inc.; pg. 380
Lewis, Leslie, Paid Search Manager - Paragon Digital Marketing; pg. 675
Lewis, Linda, Principal - Smith & Knibbs, Inc.; pg. 648
Lewis, Lynn, Chief Executive Officer - Universal McCann; pg. 521
Lewis, Martin, Head, Account & Strategist - SEO - Tinuiti; pg. 678
Lewis, Mary, Director, Business Development - Brand Institute, Inc.; pg. 3
Lewis, Michelle, Vice President & Local Media Director - RPA; pg. 134
Lewis, Mike, Vice President & Group Media Director - Kelly, Scott & Madison, Inc.; pg. 482
Lewis, Monisha, Vice President & Director, Communications - BBDO San Francisco; pg. 330
Lewis, Olivia, Senior Vice President - Egami Group; pg. 539
Lewis, Pamela, President - PLA Media; pg. 637
Lewis, Patrick, Media Director - Mower; pg. 389
Lewis, Paul, Chief Marketing Officer - Valtech; pg. 273
Lewis, Reilly, Media Planning Manager - VaynerMedia; pg. 689
Lewis, Sara, Director, Buying - Conquer Media; pg. 52
Lewis, Shannon, Director, Client Solutions - Kreber; pg. 379
Lewis, Stacy, Executive Vice President - Murphy O'Brien, Inc.; pg. 630
Lewis, Steve, Owner & President - Fusionary Media, Inc. ; pg. 236
Lewis, Sue, Partner & Director, Media - 3; pg. 23
Lewis, Taylor, Director, Client Leadership - The Mars Agency; pg. 683
Lewis, Tom, Chief Operating Officer - Gray Loon Marketing Group; pg. 365
Lewis, Tom, Principal & Creative Director - High Tide Creative; pg. 85
Lewis, Tripp, Director, New Business Development - Lewis Communications ; pg. 100
Lewis Hill, Amanda, Chief Executive Officer & Principal - Three Box Strategic Communications; pg. 656
Lewis Turbyfill, Brita, Partner & Director, Outdoor Marketing - Gray Loon Marketing Group; pg. 365
Lewis-Koltoniak, Debi, Partner - Creative Oxygen LLC; pg. 178
Lewman, Hannah, Strategist - Joan; pg. 92
Lewman, Mark, Principal & Creative Director - Nemo Design; pg. 193
Ley, Cameron, Creative Director - GALE; pg. 236
Leykind, Olga, Associate Media Director - Carmichael Lynch; pg. 47
Leyne, Sheila, Executive Vice President, Managing Partner & Director, Public Relations - MullenLowe U.S. Boston; pg. 389
Leys, Shauna, Senior Associate Buyer - Video Investment - Mindshare; pg. 491

899

PERSONNEL   AGENCIES

Leyva, Tomas, Associate Media Director - Starcom Worldwide; pg. 516
Li, Alan, Global Director, Marketing Acquisitions - Sprinklr; pg. 688
Li, Alisa, Group Broadcast Director - Kelly, Scott & Madison, Inc.; pg. 482
Li, Allison, Senior Programmatic Analyst - Starcom Worldwide; pg. 517
Li, Corina, Associate Director, Communications Planning - Dentsu X - Carat; pg. 459
Li, Drea, Controller - Decca Design; pg. 349
Li, Emily, Senior Associate, National Video Investment - OMD; pg. 498
Li, Jay, Manager, Paid Search - Wavemaker; pg. 526
Li, Jiaqi, Vice President & Director, Data Strategy - Deutsch, Inc.; pg. 349
Li, Jon, Senior Programmatic Associate - MediaCom; pg. 487
Li, Ken, Director, Public Relations - Chempetitive Group; pg. 341
Li, Melanie, Programmatic Media Executive - Jellyfish; pg. 243
Li, Panjun, Data Analyst - Media Storm; pg. 486
Li, Serena, Account Supervisor - Essence; pg. 232
Li, Tiffany, Associate Director - Mindshare; pg. 491
Liakos, Chris, Associate Creative Director - Padilla; pg. 635
Lian, Anita, Associate Director, Broadcast - PHD; pg. 504
Liang, Chen, Art Director - Wieden + Kennedy; pg. 430
Liang, Jeff, Head, Digital Product - MediaCom; pg. 487
Liang, Lisa, Director, Business Development - Elephant; pg. 181
Lianopoulos, Evan, Media Analyst - Wieden + Kennedy; pg. 430
Lianthamani, Kimberly, Director, Account - Karbo Communications; pg. 618
Liao, Andrea, Associate Media Director - RPA; pg. 134
Liao, Chris, Director, Strategy - MKTG INC; pg. 312
Liao, Mark, Chief Financial Officer - Amobee, Inc.; pg. 213
Liao, Wendy, Group Account Director - IW Group, Inc.; pg. 541
Libbey, Matthew, Vice President & Account Director - Grey Group; pg. 365
Liberti, Alexandra, Negotiator - Mindshare; pg. 491
Libitsky, Carrie, Senior Vice President, Business Operations - AMP Agency; pg. 213
Libles, Janie, Chief Talent Officer - Wunderman Thompson; pg. 434
Liboro, Mikaela, Vice President, Director of Communications - Deutsch, Inc.; pg. 350
Libowsky, Sam, Associate Director, Global Strategy - Starcom Worldwide; pg. 517
Librizzi, Marie, Account Executive - Clear Channel Outdoor; pg. 551
Licata, Michael, Partner & Chief Creative Officer - Munroe Creative Partners; pg. 192
Licciardello, Alexa, Senior Media Planner - Ocean Media, Inc.; pg. 498
Licciardi, Carly, Social Media Marketing Specialist - Lodging Interactive; pg. 246
Lich, Sarah, Group Account Director - Location3 Media; pg. 246
Lichtblau, Henry, Senior Director, Business Development - Riddle & Bloom; pg. 133
Lichtenstein, Richard, President - Marathon Communications Inc.; pg. 625
Lichter, Jonathan, Chief Strategy Officer & Partner - Kelly, Scott & Madison, Inc.; pg. 482

Licostie, Nadine, Principal, Executive Producer & Director - Red Thread Productions; pg. 563
Liddell, Jessica, Managing Director - ICR; pg. 615
Liddle, Jennifer, Associate Media Director - OMD; pg. 498
Liddle, Sarah, Vice President, New York Agency Sales - GfK MRI; pg. 445
Lide, Mary Anne, Brand Creative Coordinator & Project Manager - The Richards Group, Inc.; pg. 422
Lidstone, Briana, Client Engagement Supervisor - Modern Climate; pg. 388
Lieb, Stephen, Director, Digital Investment - Wavemaker; pg. 526
Liebel, Gene, Founding Partner, Product Management - Work & Co; pg. 276
Liebenthal, John, Creative Director - CLM Marketing & Advertising; pg. 342
Lieber, Greg, Head, Strategy & Partnerships - VidMob; pg. 690
Lieberman, Karl, Executive Creative Director - Wieden + Kennedy; pg. 432
Lieberman, Megan, Senior Producer - Column Five; pg. 343
Lieberman, Mike, President, Co-Founder, Chief Executive Officer & Chief Revenue Scientist - Square 2 Marketing, Inc.; pg. 143
Lieberman, Samantha, Account Supervisor - mcgarrybowen; pg. 109
Lieberman, Sara, Associate Vice President - Shadow Public Relations; pg. 646
Liebermann, Mark, Senior Vice President - Geoffrey Weill Associates, Inc.; pg. 607
Lieberson, Dave, Vice President - Finn Partners; pg. 603
Liebert, Donna, Director, Systems & Controller - Kelliher Samets Volk; pg. 94
Liebling, Kerry, Senior Manager, Account - 360i, LLC; pg. 207
Liebman, Lisa, Vice President & Managing Director - Austin & Williams Advertising; pg. 328
Liebmann, Wendy, Chief Executive Officer & Chief Shopper - WSL Strategic Retail; pg. 21
Liebnitz, Jolee, Vice President, Operations - JNA Advertising; pg. 92
Liebow, Brad, Senior Vice President, Group Client Director - Walmart - Spark Foundry; pg. 508
Liebowitz, Jason, Vice President, New Business Development - LiveWorld; pg. 246
Lied, David, Vice President & Account Director - Brunner; pg. 44
Lied, Rose, Senior Vice President & Group Account Strategy Director - Brunner; pg. 44
Liedtke, Chris, Director, Operations - Amperage; pg. 325
Lienenman, Rachel, Media Planner - MediaCom; pg. 489
Lierman, Chris, Vice President, Strategy - GMR Marketing; pg. 306
Liesenfelt, Marissa, Director, Operations - Envisionit Media, Inc.; pg. 231
Lieto, Bridget, Group Account Director - TracyLocke; pg. 684
Lietz, Tom, Chief Creative Officer - Message Makers; pg. 627
Lieu, Alex, Chief Creative Officer - 42 Entertainment, LLC; pg. 297
Liew, Stephanie, Analyst, Programmatic Analytics - Horizon Media, Inc.; pg. 474
Lifhits, Greg, Director, Digital Media & Analytics - Cronin; pg. 55
Liggett, Kristen, Group Account Director - AgencyEA; pg. 302
Liggins, Bryce, Director, Marketing Strategy - Brolik Productions; pg. 561

Light, Jillian, Director, Human Resources - Simantel Group; pg. 142
Light, Kate, Senior Account Executive - Red Square Agency; pg. 642
Light-McNeely, Dina, Senior Vice President, Strategy - Blue 449; pg. 456
Light-Wills, Caleb, Senior Vice President, Creative - Tongal; pg. 20
Lightell, Camille, Director, Integrated Planning - Wavemaker; pg. 526
Lignel, Mat, Chief Executive Officer - Laughlin Constable, Inc.; pg. 380
Ligotti, Jim, Partner & Chief Operating Officer - Reality Interactive, LLC; pg. 262
Likens, Valerie, Executive Vice President, Fulfillment - Madison Avenue Marketing Group; pg. 287
Likes, Andrew, Senior Vice President - The Vandiver Group, Inc.; pg. 425
Likhite, Craig, Vice President & Creative Manager - Cramer-Krasselt; pg. 53
Likly, Bruce, Principal - Kovak-Likly Communications; pg. 620
Likly, Elizabeth, Principal - Kovak-Likly Communications; pg. 620
Likos, Laura, Director, Brand Management - 72andSunny; pg. 23
Liles, Stinson, Principal - Red Deluxe; pg. 507
Lilies, Carli, Account Manager - Optidge; pg. 255
Lilikas, Epatia, Associate, Content & Strategy - The Foundry @ Meredith Corp; pg. 150
Lilja, Mary, President - Lilja Inc.; pg. 622
Lilja, Niklas, Member, Board - enso; pg. 68
Liljegren, David, President & Chief Operating Officer - A.D.K.; pg. 321
Lillard, Belinda, Channel Supervisor - Media - VMLY&R; pg. 274
Lillard, Patrick, Creative Director - Workhorse Marketing; pg. 433
Lillejord, Erik, Account Executive - Linnihan Foy Advertising; pg. 100
Liller, Lena, Chief Operating Officer & Director, Account Leadership - Innovative Advertising; pg. 375
Lillie, Tanya, Manager, Real Estate - Outfront Media; pg. 555
Lillig, Tom, Director, Brand Management - Stone Ward Advertising; pg. 414
Lillo, Angelo, Director, Paid Search Operations - Wpromote; pg. 678
Lilly, Kevin, Executive Vice President & Director, Strategy - Leo Burnett Worldwide; pg. 98
Lilly, Kristine, Client Strategist - Conversant, LLC; pg. 533
Lilly, Ryan, Vice President, Healthcare Practice - Matter Communications, Inc.; pg. 626
Lilly, William, Account Director - Fishbowl; pg. 234
Lilton, Amari, Senior Copywriter - Greater Than One; pg. 8
Lim, Charlotte, Managing Director, Digital - OMD; pg. 498
Lim, J.J., Associate Creative Director - Copy - Laundry Service; pg. 287
Lim, Jason, Managing Partner - MediaCom; pg. 487
Lim, Niki, Director, Business Development - Big Communications, Inc.; pg. 39
Lim, Paul J., Vice President - Backbay Communications; pg. 579
Lim, Rich, Director, Business Development - Agenda NYC; pg. 29
Lim, Samantha, Senior Vice President, Digital Investment - Starcom Worldwide; pg. 516
Lim, Susie, Senior Vice President & Creative

AGENCIES — PERSONNEL

Director - Wunderman Thompson; *pg.* 435
Lim, Vince, Creative Director - VaynerMedia; *pg.* 689
Lima, Felipe, Creative Director - Goodby, Silverstein & Partners; *pg.* 77
Lima, Julio, Chief Executive Officer & Creative Director - Say It Loud!; *pg.* 198
Lima, Paulo, Chairman & Senior Vice President, Arts & Culture Practice - Lagrant Communications; *pg.* 621
Limb, Baptiste, Senior Vice President & Creative Director - Edelman; *pg.* 353
Limb, Linda, Owner - Limb Design; *pg.* 100
Limbach, Mimi, Managing Partner - Potomac Communications Group, Inc.; *pg.* 638
Limmer, Lesley, Director, Media Investment - ID Media; *pg.* 477
Limongelli, Kevin, Senior Creative Director - ForwardPMX; *pg.* 360
Limotte, John, Chief Executive Officer & Executive Producer - Mustache; *pg.* 252
Lin, Alan, Director, Digital Experience - Ogilvy Public Relations; *pg.* 633
Lin, Cynthia, Program Director - MediaMonks; *pg.* 249
Lin, Denny, Senior Specialist, Paid Search - Tinuiti; *pg.* 678
Lin, George, Associate Director, Media - Spark Foundry; *pg.* 508
Lin, Helen, Chief Digital Officer - Publicis North America; *pg.* 399
Lin, Helen, Group Media Director - AKQA; *pg.* 211
Lin, Jeff, Senior UX Designer - Huemen Design; *pg.*
Lin, Jim, Senior Vice President, Digital Strategy, Partner & Creative Director - Ketchum West; *pg.* 620
Lin, Ken, Senior Associate - TAAG - Spark Foundry; *pg.* 510
Lin, Maureen, Lead Designer - Unified Field; *pg.* 273
Lin, Tina, Content Manager - Spark Foundry; *pg.* 508
Lin, Tony, Digital Media Manger - JCDecaux North America; *pg.* 553
Linares, Angela, Strategic Analyst - Hanson, Inc.; *pg.* 237
Linares, Oscar, Broadcasting Consultant - PIL Creative Group; *pg.* 128
Linares, Patsy, Principal & Creative Director - PIL Creative Group; *pg.* 128
Lincoln, Kimm, President - Nebo Agency, LLC; *pg.* 253
Lind, Amy, Senior Art Director - Inferno, LLC; *pg.* 374
Lind, Kristi, Chief Client Officer & Executive Vice President - Canvas Worldwide; *pg.* 458
Lindau, Felicia, Vice President, Strategic Services - Adams & Knight Advertising; *pg.* 322
Lindberg, Greg, Chief Financial Officer & Co-Founder - Hot Dish Advertising; *pg.* 87
Lindberg, Isaac, Vice President & Director, Data & Analysis - Digitas; *pg.* 228
Lindberg, Jessica, Director - SpeakerBox Communications; *pg.* 649
Lindberg, Liz, Account Supervisor - Wieden + Kennedy; *pg.* 432
Lindberg, Matt, Senior Vice President - ICR; *pg.* 615
Lindblade, Andy, Global Group Strategy Director - Wieden + Kennedy; *pg.* 430
Lindblom, Arielle, Specialist, Advertising Operations - Havas Media Group; *pg.* 470
Lindborg, Tobias, Art Director - Droga5; *pg.* 64
Lindecke, Steve, Managing Partner - Elevation; *pg.* 305

Lindell, Anna, Senior Designer - Madwell; *pg.* 13
Lindell, Tom, Managing Director - Exponent PR; *pg.* 602
Linden, Chris, Associate Creative Director - Huge, Inc.; *pg.* 240
Linden, Lisa, Chief Executive Officer & President - LAK PR; *pg.* 621
Linden, Seth, President & Partner - Dukas Linden Public Relations; *pg.* 598
Lindenbergs, Janis, Senior Vice President & Director, Client Service - Cossette Media; *pg.* 345
Linder, Brian, Creative Director - The Richards Group, Inc.; *pg.* 422
Linder, Jonathan, Senior Vice President & Creative Director - Energy BBDO, Inc.; *pg.* 355
Linder, Ryan, Global Chief Marketing Officer & Executive Vice President - MDC Partners, Inc.; *pg.* 385
Lindgren, Erik, Chief Technology Officer - 1105 Media; *pg.* 453
Lindgren, Jens, Head, 3D - Buck; *pg.* 176
Lindgren, Mitch, Creative Director & Partner - Compass Design, Inc.; *pg.* 178
Lindholm, Erik, Chief Financial Officer - Targetbase Marketing; *pg.* 292
Lindley, Russell, President & Partner - Ad Results Media; *pg.* 279
Lindman, Martha, Partner & Art Director - RDW Group ; *pg.* 403
Lindner, Alissa, Account Supervisor - Austin & Williams Advertising; *pg.* 328
Lindner, Luca, President - McCann Worldgroup - McCann New York; *pg.* 108
Lindner Jr., John, Owner & Creative Director - 93 Octane; *pg.* 279
Lindquist, Christine, Senior Vice President & General Manager, Healthcare Practice - FCB Chicago; *pg.* 71
Lindquist, Michael, Social Director - Barkley; *pg.* 329
Lindsay, Carrie, Group Director, Media Performance - Initiative; *pg.* 477
Lindsay, Craig, President & Managing Partner - Calgary Office - LPI Group; *pg.* 12
Lindsay, Elaine, Group Director, Strategy - OMD Canada; *pg.* 501
Lindsay, Marsha, Chair & Chief Strategist - Client Growth, Branding & Innovation - Lindsay, Stone & Briggs; *pg.* 100
Lindsay, Tawnya, Manager, Communications Planning - Vizeum; *pg.* 525
Lindsay-Jones, Jahna, Executive Vice President & Head, Client Relationship - Edelman; *pg.* 353
Lindsey, Elizabeth, President, Brands & Properties - Wasserman Media Group; *pg.* 317
Lindsey, Libby, Director, Client Solutions - Decoded Advertising; *pg.* 60
Lindskog, Katharine, Creative Coordinator - The Foundry @ Meredith Corp; *pg.* 150
Lindstrom, Victoria, President - Suasion; *pg.* 145
Lineberry, Katie, Director, Business Development - Brado; *pg.* 336
Lineberry, Ryan, Director, Project Management - Wray Ward; *pg.* 433
Linehan, Douglas, Vice President, National Sales - SecurityPoint Media; *pg.* 557
Linehan, Mackenzie, Associate, Communications Planning - Carat; *pg.* 459
Linero, Benjamin, Managing Partner & Creative Director - BNMR Creative & Advertising; *pg.* 335
Linert, Amy, Director, Engagement & Performance Marketing - Manifest; *pg.* 383
Ling, Marguerite, Account Executive - Moroch Partners; *pg.* 389

Ling, Molly, Senior Specialist, Information - Ogilvy Public Relations; *pg.* 633
Ling, Nicholas, Chief Executive Officer & Co-Founder - Pattern; *pg.* 126
Lingard, Meghan, Specialist, Digital Media - No Fixed Address Inc.; *pg.* 120
Lingel, Kurt, Executive Vice President & Partner - Celtic Advertising; *pg.* 341
Lingenfelter, Alicia, Vice President & Associate Director, Media - Doner Advertising - Media Assembly; *pg.* 385
Linger, Alexa, Chief Revenue Officer - Navigate Marketing; *pg.* 253
Linginfelter, Anne, Senior Art Director - Jigsaw, LLC; *pg.* 377
Lingle, Shawn, Vice President, Marketing - Jones Worley Design, Inc.; *pg.* 188
Lingoni, Diane, Production Manager - Otto Design & Marketing; *pg.* 124
Lingren, Aaron, Account & Design Manager - Wells Fargo Bank - Bluespace Creative; *pg.* 3
Link, Brian, Creative Associate - inVNT; *pg.* 90
Link, Jessi, Senior Search Strategist - Gyro; *pg.* 368
Link, Lisa, Media Manager - Daake Design Center; *pg.* 178
Link, Megan, Executive Director, Public Relations & Influence - Ogilvy; *pg.* 393
Link, Patrick, Director, Communication Planning - Wavemaker; *pg.* 526
Link, Steven, Director, Business Development - Branded Cities; *pg.* 550
Link, Thomas, Senior Executive Vice President, Sales & Marketing - Zoom Media; *pg.* 559
Linker, Julie, Digital Video Investor - Horizon Media, Inc.; *pg.* 474
Linker, Katrina, Senior Manager, Operations - Manifest; *pg.* 248
Linkins, Aric, Senior Manager, Customer Success - Outbrain, Inc.; *pg.* 256
Linnemanstons, Greg, President & Principal - The Weidert Group; *pg.* 425
Linnihan, Neal, President - Linnihan Foy Advertising; *pg.* 100
Linsanta, Ellen, General Manager - RMI Marketing & Advertising; *pg.* 407
Linsenbigler, Alana, Associate Vice President - Jennifer Bett Communications; *pg.* 617
Linsey, Christian, Director, Design - Cooper; *pg.* 222
Linsey, Lauren, Director, Media Strategy - Billups, Inc; *pg.* 550
Linsley, Pam, Creative Director - Hirons & Company; *pg.* 86
Linsmeier, Kristen, Account Executive - Method Communications; *pg.* 386
Lintner, Paula, Vice President & Experience Planning Director - Bernstein-Rein Advertising, Inc.; *pg.* 39
Linton, Jon, Group Account Director - Havas Worldwide Chicago; *pg.* 82
Linton, Leslie, Senior Vice President - MWWPR; *pg.* 630
Lintz, Brielle, Strategist, Social Media - Brown Parker | DeMarinis Advertising; *pg.* 43
Liodice, Bob, President & Chief Executive Officer - Association of National Advertisers; *pg.* 442
Liodice, Randi, President & Chief Strategy Officer - Kaplow Communications; *pg.* 618
Lioi, Olivia, Vice President & Director, Research, Analytics & Insights - RPA; *pg.* 134
Lione, Tess, Media Supervisor - Noble People; *pg.* 120
Liotta, Laura, President & Chief Executive Officer - Sam Brown Inc.; *pg.* 645
Lipchak, Sandra, Accountant - Sherry Matthews Advocacy Marketing; *pg.* 140

PERSONNEL   AGENCIES

Lipe, Rodney, President & Director, Client Services - Ackerman McQueen, Inc.; *pg.* 26
Lipke, Helen, Recruitment Advertising Manager - Esrock Partners; *pg.* 69
Lipkin, Holly, Product Manager - RPA; *pg.* 134
Lipman, Gregg, Managing Partner - CBX; *pg.* 176
Lipner, Ian, Senior Vice President - Levick Strategic Communications; *pg.* 622
Liporace, John, Managing Partner - Taylor ; *pg.* 651
Lipp, Sophia, Assistant Media Planner - Mediahub Boston; *pg.* 489
Lippa, Tim, Senior Vice President, Strategy - ForwardPMX; *pg.* 360
Lippe, Maureen, Founder & Chief Executive Officer - Lippe Taylor; *pg.* 623
Lipper, Carrie, Group Group Account Director - TBWA \ Chiat \ Day; *pg.* 416
Lippert, Keith, Founding Partner & Chief Executive Officer - Lippert / Heilshorn & Associates, Inc.; *pg.* 623
Lippincott, Kathy, Senior Content Producer - Saatchi & Saatchi Los Angeles; *pg.* 137
Lippincott, Pamela, Executive Vice President - Spectrum Science Communications; *pg.* 649
Lippke, Derek, SEM Director - iProspect; *pg.* 674
Lippke, Francisco, Senior Vice President, Analytics & Business Integration - Starcom Worldwide; *pg.* 513
Lippman, Jordan, Digital Media Supervisor - Freed Advertising; *pg.* 360
Lippman, Rachel, Partner & Group Digital Media Director - MediaCom; *pg.* 487
Lipschitz, Brooke, Associate Media Director - OMD; *pg.* 498
Lipscomb, Jeff, Chief Executive Officer & Co-Owner - GS&F ; *pg.* 367
Lipscomb, Lori, Vice President, Financial - HCB Health; *pg.* 83
Lipsic, Dana, Senior Vice President, Media Operations - Publicis North America; *pg.* 399
Lipsky, Mark, Chief Executive Officer - The Radio Agency; *pg.* 293
Lipson, Paul, Group Strategy Director - Anomaly; *pg.* 326
Lipton, Adam, Creative Director - WongDoody; *pg.* 433
Lipton, Jason, Director, Business Development - Tinuiti; *pg.* 678
Lipton, Nick, Group Creative Director - Havas Worldwide Chicago; *pg.* 82
Lipton, Pierre, Global Executive Creative Director - McCann New York; *pg.* 108
Liput, Annette, Associate Media Director - Spark Foundry; *pg.* 510
Lipworth, Laurence, Executive Vice President, Client Engagement - Vertic; *pg.* 274
Lira, Joaquin, Chief Creative Officer - M8; *pg.* 542
Lira, Kristi, Senior Copywriter - Zambezi; *pg.* 165
Lirtsman, Alex, Co-Founder & Chief Strategist - Ready Set Rocket; *pg.* 262
Liscinsky, Debra, Senior Vice President - RTi Research; *pg.* 449
Lish, Sandy, Principal & Founder - The Castle Group, Inc.; *pg.* 652
Lishnevsky, Michael, Senior Director, Strategic Consulting, Audience Growth & Monetization - iX.co; *pg.* 243
Lisi, Branden, Partner & President - Object 9; *pg.* 14
Lisiten, Darren, Chief Operating Officer - Krupp Kommunications; *pg.* 686
Lisk, Jaime, Account Director - Boathouse Group, Inc.; *pg.* 40
Lisk, Scott, Senior Media Buyer, Digital - Active International; *pg.* 439

Lisko, John, Executive Director, Communications - Saatchi & Saatchi Los Angeles; *pg.* 137
Liss, Harrison, Director, Business Development - Elevated Third; *pg.* 230
Liss, Stephanie, Senior Media Buyer - Canvas Worldwide; *pg.* 458
Lissa, Roxana, President - ROX United; *pg.* 644
List, Andrea, Senior Manager, Insights - Cone, Inc.; *pg.* 6
List, Joseph, Social Commerce Media Director - TPN; *pg.* 683
Lister, Chip, Managing Director - Radius Global Market Research; *pg.* 449
Lister, Doug, Director, Real Estate - Reagan Outdoor Advertising; *pg.* 557
Lister, Jon, Head, Account - SEO - Tinuiti; *pg.* 678
Liston, Tia, Creative Director - Advertising Savants; *pg.* 28
Liszka, James, Account Director - Haworth Marketing & Media; *pg.* 470
Litman, Daniel, Partner & Associate Creative Director - Out There Advertising; *pg.* 395
Litos, Michelle, Creative Director - O'Keefe Reinhard & Paul; *pg.* 392
Litovich, Crista, Associate Director, Strategy - Spark Foundry; *pg.* 508
Litsas, Stephanie, Associate Planning Director - MediaCom; *pg.* 487
Litt, Justin, Account Executive - Intersection; *pg.* 553
Litt, Rachel, Account Supervisor - Accenture Interactive; *pg.* 209
Little, Alex, Creative Director - McCann New York; *pg.* 108
Little, Chessie, Media Director - Thayer Media; *pg.* 519
Little, Emily, Senior Project Manager - MullenLowe U.S. Los Angeles; *pg.*
Little, Jay, Associate Director, Video Strategy - Haworth Marketing & Media; *pg.* 471
Little, Sara, Vice President & Digital Management Supervisor - RPA; *pg.* 134
Little, Tracy, Vice President & Managing Director - FCB Toronto; *pg.* 72
Little , Monica, Founder & Chair - Little & Company ; *pg.* 12
Littlefield, David, President & Chief Executive Officer - Littlefield Brand Development; *pg.* 12
Littlejohn, David, Founder & Chief Creative Officer - Humanaut; *pg.* 87
Littlejohn, James, Associate Creative Director - 160over90; *pg.* 207
Littlejohns, Keith, Senior Strategist - Addison; *pg.* 171
Littleton, Emily, Assistant Art Director - Markstein; *pg.* 625
Littman, Diana, Chief Executive Officer - US - MSLGroup; *pg.* 629
Littman, Michael, Executive Vice President & Chief Marketing Officer - DoeAnderson Advertising ; *pg.* 352
Litvinov, Boris, Senior Vice President, Digital Media - dentsu X; *pg.* 61
Litwak, Danny, Director, Strategy - Saatchi & Saatchi Dallas; *pg.* 136
Litzky, Michele, President & Chief Executive Officer - Litzky Public Relations; *pg.* 623
Litzow, Daniel, Senior Copywriter - Droga5; *pg.* 64
Liu, Andrew, Analyst, Strategic Advertising - Sprinklr; *pg.* 688
Liu, Annie, Senior Brand Manager - Innocean USA; *pg.* 479
Liu, Christian, Creative Director - mcgarrybowen; *pg.* 110
Liu, Jackie, Group Supervisor - The Pollack

PR Marketing Group; *pg.* 654
Liu, Jefferson, Group Creative Director - AKQA ; *pg.* 212
Liu, Jenny, Associate Media Director - Madwell; *pg.* 13
Liu, June, Digital Media Planner - Media Storm; *pg.* 486
Liu, Kaming, Senior Art Director & Creative Studio Manager - Marketsmith, Inc; *pg.* 483
Liu, Katelyn, Media Planner & Buyer - Crossmedia; *pg.* 463
Liu, Lillian, Managing Director - Oaklins DeSilva+Phillips; *pg.* 687
Liu, Lindsay, Group Director, Marketing - Work & Co; *pg.* 276
Liu, Michael, Vice President & Director, Mobile & Innovation & Global Strategy - Carat; *pg.* 459
Liu, Qing, Senior Connections Manager, Advertising Operations - VMLY&R; *pg.* 160
Liu, Sophia, Associate Director, Programmatic Planning - HX - Horizon Media, Inc.; *pg.* 474
Livesey, Adam, Executive Creative Director & Art Director - BBDO Worldwide; *pg.* 331
Livesey, Adam, Executive Creative Director & Art Director - BBDO Worldwide; *pg.* 331
Livingston, Andrew, Creative Director - Mother; *pg.* 118
Livingston, Ashley, Vice President, Digital Marketing - Oden Marketing & Design; *pg.* 193
Livingston, Brittany, Account Supervisor - Vladimir Jones; *pg.* 429
Livingston, Doug, President & Chief Operating Officer - USIM; *pg.* 525
Livingston, EmmaJean, Account Executive - Pierson Grant Public Relations; *pg.* 636
Livingston, Greg, Chief Development Officer & Partner - Curiosity Advertising; *pg.* 223
Livingston, Jorie, Management Director - FCB Chicago; *pg.* 71
Livingston, Lauren, Senior Vice President & Management Director - Area 23; *pg.* 33
Livingston, Michelle, Strategist, Media - The Caliber Group; *pg.* 19
Livsey, AJ, Executive Director, Planning - Golin; *pg.* 609
Liwag, Marcus, Associate Creative Director - Iris; *pg.* 376
Lizik, Jeff, President & Chief Executive Officer - RedShift; *pg.* 133
Llana, Dan, Vice President, Business & Media Strategy - The McCarthy Companies; *pg.* 151
Llenado, Armando, Executive Creative Director - TVGla; *pg.* 273
Llewellyn, Lauren , Account Supervisor - Padilla; *pg.* 635
Llorens, Gladimar, Programmatic Director - OMD Latin America; *pg.* 543
Lloyd, Andrea, Senior Key Account Buyer - Active International; *pg.* 439
Lloyd, Doug, Founder & Creative Director - Lloyd&Co; *pg.* 190
Lloyd, Elizabeth, Senior Account Supervisor, Brand Digital - Edelman; *pg.* 599
Lloyd, Karen, Associate Account Director - Gigante Vaz Partners; *pg.* 363
Lloyd, Pamela, Brand Director - TBWA \ Chiat \ Day; *pg.* 146
Lloyd, Tracy, Founding Partner - Emotive Brand; *pg.* 181
Lloyd Smith, David, President & Managing Partner - Penna Powers Brian Haynes; *pg.* 396
Lo, Chi, Director, Accounts - Australia & New Zealand - The Trade Desk; *pg.* 520
Lo, Tiffany, Associate Media Director - The&Partnership; *pg.* 426
LoBue, Melanie, Senior Director, Global Marketing - Reputation Institute; *pg.* 449
LoConte, Mary Kate, Group Account Director & Partner - The Merz Group; *pg.* 19

AGENCIES — PERSONNEL

LoManto Aurichio, Lisa, President, Public Relations & Marketing - BSY Associates; *pg.* 4
LoParco, Melissa, President - Catalyst Marketing Communications; *pg.* 340
LoPiano, Mike, Principal & Chief Operating Officer - Norton Agency; *pg.* 391
LoPiccolo, Brian, Vice President & Associate Director, Consumer & Business Insights - McKinney; *pg.* 111
LoPiccolo, Maria, Senior Vice President & Account Supervisor - Furman Feiner Advertising; *pg.* 667
LoPresti, Alexa, Art Director - AFG&; *pg.* 28
LoProsti, Vincent, Creative Director & Principal - Commerce House; *pg.* 52
LoSasso, Jane, Account Director & Vice President - RPA; *pg.* 134
LoSasso, Scott, President - LoSasso Integrated Marketing; *pg.* 381
Loach, Jeffrey, Associate Director, Analytics Enablement - Rapport Outdoor Worldwide; *pg.* 556
Loban, Amanda, Vice President, Marketing - Chandler Chicco Agency; *pg.* 589
Lobaton Morey, Daniel, Executive Creative Director - Ogilvy Public Relations; *pg.* 633
Lobb, Georgia, Director, Corporate Communication - Americas - Publicis North America; *pg.* 399
Lobel, Eran, Chief Executive Officer & Executive Producer - Element Productions; *pg.* 562
Lobo, Alexander, Assistant Vice President, Investor Relations - The Ruth Group; *pg.* 655
Lobosco, Stevie, Associate Director, Media & Innovation - Riester; *pg.* 406
Lobring, Dan, Vice President, Marketing Communications - rEvolution; *pg.* 406
Lobsinger, Brian, Senior Director, Brand & Web Development - A. Bright Idea; *pg.* 25
Locascio, Brian, Vice President & Creative Director - The Tombras Group; *pg.* 424
Locascio, David, Vice President & Creative Director - The Tombras Group; *pg.* 424
Locastro, Sara, Manager - Spark Foundry; *pg.* 510
Lochridge, Diana, Senior Vice President & Creative Director - Definition 6; *pg.* 224
Lock, Carrie, Account Lead & Production Manager - ABZ Creative Partners; *pg.* 171
Lock, David, Vice President, Government, Experiential & Business Development - Ignited; *pg.* 373
Lockard, Michael, Vice President, Operations - Design and Production Incorporated; *pg.* 179
Lockard, Michael, Senior Production Manager - The Brick Factory; *pg.* 269
Lockard, Pam, Founder & Chief Executive Officer - DMN3; *pg.* 230
Locke, Bill, Vice President, Product Development - Ross Media; *pg.* 676
Locke, Gordon, Chief Marketing Officer & Executive Vice President - Pace Communications; *pg.* 395
Locke, Katie, Business Development Manager - Marketing By Design, Inc.; *pg.* 190
Locke, Linda, Partner & Senior Vice President - The Standing Partnership; *pg.* 655
Locke, Misty, Global Chief Marketing & President- Americas - iProspect; *pg.* 674
Locke, Tyler, Head, Production - Gentleman Scholar; *pg.* 562
Lockett, Kelly, Director - Starcom Worldwide; *pg.* 516
Lockhart, Paige, Group Brand Director - Horizon Media, Inc.; *pg.* 473
Lockwood, David, Consulting Director - Mintel; *pg.* 447
Lockwood, Gary, Director, Information Technology - St. John & Partners Advertising & Public Relations; *pg.* 412
Lockwood, Paige, Vice President & Director, Client Services - Cosgrove Associates; *pg.* 344
Lockwood, Sarah, Associate Creative Director - AKQA; *pg.* 212
Lockwood, Sarah, Digital Asset Coordinator - Hearts & Science; *pg.* 473
Loconsole, Kim, Associate Director - Mindshare; *pg.* 494
Lodder, Jason, Account Director, Communications Planning - Carat; *pg.* 461
Lodge, Jack, Digital Account Manager - AKQA; *pg.* 212
Loeb, Harlan, Chairman, Practice, Crisis & Reputation Risk Advisory Services - Edelman; *pg.* 353
Loeb, Sara, Traffic Manager - RedPeg Marketing; *pg.* 692
Loebner, Sarah, Art Director - Designsensory; *pg.* 62
Loeffler, Chris, Executive Vice President & Global Client Lead - Digitas; *pg.* 227
Loeffler, Kylie, Producer - Leo Burnett Worldwide; *pg.* 98
Loehr, Michelle, Media Director - H&L Partners; *pg.* 80
Loenber, Josh, Director, Strategy - Designsensory; *pg.* 62
Loesby, Bryan, Associate Director, Measurement - Wells Fargo - OMD West; *pg.* 502
Loevenguth, Andrew, Head, Production - Anomaly; *pg.* 325
Loew, Dave, Executive Creative Director - Ogilvy; *pg.* 393
Lofaro, Peter, Senior Vice President & Group Partner, Portfolio Manager - BMW - Universal McCann; *pg.* 521
Loffredo, Doug, Senior Designer - ROKKAN, LLC; *pg.* 264
Loffredo, Stephanie, Associate Director, Social Marketing - Huge, Inc.; *pg.* 239
Lofgreen, Art, Owner & Creative Director - Catapult Strategic Design; *pg.* 176
Lofgren, Blake, Account Supervisor - Caldwell VanRiper; *pg.* 46
Lofgren, Brooke, Coordinator, Media - Performance Marketing; *pg.* 126
Lofgren, Christine, Account Executive - Finn Partners; *pg.* 603
Lofgren, Hannah, Director, Production - Belief Agency; *pg.* 38
Loft, Kelly, Associate Media Director - Vitro Agency; *pg.* 159
Loftis, Steve, Strategist, Brand - Insight Creative Group; *pg.* 89
Lofton, Jillian, Associate Director, Media Strategy - Haworth Marketing & Media; *pg.* 471
Loftus, Cathy, General Manager - Douglas Displays; *pg.* 551
Loftus, Peter, Director, Business Development - Barbarian; *pg.* 215
Logan, Anjie, Account Manager, Customer Service - Lake Group Media, Inc.; *pg.* 287
Logan, John, President - Knight; *pg.* 95
Logan, Madeline, Integrated Account Executive - RPA; *pg.* 134
Logan, Margaux, Vice President & Head, Online Marketplaces Commerce - Americas - Publicis North America; *pg.* 399
Logan, Sam, Strategist, Digital - Bouvier Kelly, Inc. ; *pg.* 41
Logan, Sean, Senior Community Manager - Leo Burnett Worldwide; *pg.* 98
Logan-Gabel, Donna, Chief Operating Officer & Vice President, Production - Adams & Knight Advertising; *pg.* 322
Loganathan, Kamalesh, Senior Director, Client Services - Publicis.Sapient; *pg.* 259
Logsdon, Mark, Executive Director - PLA Media; *pg.* 637
Logue, Mac, Creative Director - FitzMartin; *pg.* 359
Logue, Nancy, Vice President, Human Resources - CMI Media, LLC; *pg.* 342
Logullo, Raphaela, Vice President & Account Director - Havas Media Group; *pg.* 468
Loh, Benjamin, Art Director - Publicis.Sapient; *pg.* 258
Loh, Kendra, Account Manager - Davis Harrison Dion Advertising; *pg.* 348
Lohan, Brad, Specialist, Search Engine Marketing - Dailey & Associates; *pg.* 56
Lohman, Cara, Strategic Planner - Team One; *pg.* 418
Lohman, Cheyenne, Social Media Manager - The Integer Group; *pg.* 682
Lohman, Eric, Creative Director - Grow Interactive; *pg.* 237
Lohre, Chuck, Owner & President - Lohre & Associates, Inc.; *pg.* 381
Lohrenz, Sarah, Media Supervisor - OMD; *pg.* 498
Lohrius, Josh, Senior Partner - ICF Next; *pg.* 614
Loiacono, Matthew, Director, Account - Aisle Rocket; *pg.* 681
Loiacono, Ryan, Vice President, Client Services - Trailer Park; *pg.* 299
Loiacono, Ryan, Digital Marketing - CCP Digital; *pg.* 49
Lok, Daisy, Account Supervisor - Mediaspot, Inc. ; *pg.* 490
Lok, Jacqy, Social Media Designer - SMUGGLER; *pg.* 143
Loken, Molly, Account Director - mono; *pg.* 117
Lokey, Anne, Group Account Director - 360i, LLC; *pg.* 207
Lokpez-Cobo, Eirasmin, Consumer Insights & Strategic Planning Director - CreativeOndemand; *pg.* 539
Lomas, Bryon, Vice President & Creative Director - The Garfield Group; *pg.* 419
Lomax, Danisha, Vice President & Director, Paid Social - Digitas; *pg.* 227
Lomax, Deborah, Media Buyer & Promotions - Specialized Media Services; *pg.* 513
Lomax, Delphyne, Owner - V&L Research & Consulting, Inc.; *pg.* 451
Lombard, Jennifer, Account Director - Billups Worldwide; *pg.* 550
Lombard, John, Partner, Managing Director - Mediaworx; *pg.* 490
Lombardi, Amanda, Managing Partner & Account Director - MediaCom; *pg.* 489
Lombardi, Eric, Associate Partner & Director, Client Health - Eleven, Inc.; *pg.* 67
Lombardi, Michael, Vice President, Publisher Sales - Taboola; *pg.* 268
Lombardo, Chester, Senior Art Director - Forsman & Bodenfors; *pg.* 74
Lombardo, Jessica, Account Director - The Concept Farm; *pg.* 269
Lombardo, Nicole, Account Director - VMLY&R; *pg.* 160
Lombardo, Phil, Co-Owner & Chief Executive Officer - Triad Communication; *pg.* 656
Lombardo, Rachel, Senior Account Manager - GumGum; *pg.* 80
Lombardo, Rosa, Director, Human Resources - Sudler & Hennessey; *pg.* 145
Lombardo, Todd, Managing Director, Brand & Social - The Many; *pg.* 151
Lombardo, Vince, Vice President, Interactive Services - Davis Harrison Dion Advertising; *pg.* 348
Lombardo-Negron, Gina, Vice President & Media Director - Hawthorne Advertising; *pg.* 285
Londa, Brittany, Senior Account Executive -

PERSONNEL — AGENCIES

Brightline; pg. 219
Londen, Ron, Chief Creative Strategist - Journey Group; pg. 377
London, Jenn, Executive Vice President, Digital & Integrated Marketing - Edelman; pg. 600
London, Katie, Senior Broadcast Buyer - Media Storm; pg. 486
London, Lindsay, Media Director - Slingshot, LLC; pg. 265
London, Matt, Operations Director - Donovan Advertising; pg. 352
Lonergan, Brianna, Director, Relationship - Small Army; pg. 142
Lonergan, Jacqueline, Director, Planning - Wavemaker; pg. 526
Long, Abby, Content Editor - PMG; pg. 257
Long, Brittnee, Senior Manager, External Communications - PwC; pg. 260
Long, Brooke, Assistant Account Manager - Strategic America; pg. 414
Long, Carter, Account Director - Hemsworth Communications; pg. 613
Long, Charles, Founder & Chief Executive Officer - Centerline Digital; pg. 220
Long, Courtney, Vice President - MMGY NJF; pg. 628
Long, Gary, Executive Vice President - Ivie & Associates, Inc.; pg. 91
Long, Hollie, Senior Media Planner & Buyer - Miller Brooks, Inc. ; pg. 191
Long, Jennifer, Supervisor, Broadcast - Haworth Marketing & Media; pg. 470
Long, John, Executive Creative Director - Ogilvy; pg. 393
Long, Katherine, Manager, Digital Investment - Mindshare; pg. 491
Long, Katherine, Senior Account Executive - The Margulies Communications Group; pg. 654
Long, Lauren, Partner - ICF Next; pg. 614
Long, Lauren, Senior Account Specialist - Eckel & Vaughan; pg. 599
Long, Lisa, Media Buyer - New Day Marketing; pg. 497
Long, Michael, Executive Creative Director - FCB West; pg. 72
Long, Micky, Vice President - Arketi Group; pg. 578
Long, Pamela, Partner & Director, Client Services - Little Big Brands; pg. 12
Long, Rick, Account Executive - Gelia Wells & Mohr; pg. 362
Longhin, Ellie, Account Director - PHD Canada; pg. 504
Longhini, Will, Associate Director, eCommerce - PHD Chicago; pg. 504
Longhitano, Lisa, Media Coordinator - OMD; pg. 498
Longley, Ryan, Senior Manager, Social Media - Giant Spoon, LLC; pg. 363
Longman, Hannah, Vice President - Access Brand Communications; pg. 1
Longmire, Ahlilah, Director, Experiential - Canopy Brand Group; pg. 340
Longo, Breanna, Senior Digital Manager - The Digital Lab - Nike Communications, Inc.; pg. 632
Longo, Debbie, Vice President, Client Services - Ability Commerce; pg. 209
Longo, Nicholas, Supervisor - Omnicom Media Group; pg. 503
Longo, Thomas, Executive Producer - Firstborn; pg. 234
Longtin, Mandi, Senior Integrated Project Manager - Carmichael Lynch; pg. 47
Longval, Brent, Chief Financial Officer - Marketing Architects; pg. 288
Longwater, Elaine, President - Longwater Advertising; pg. 101
Lonigro, Darren, Partner, Portfolio Management - Universal McCann; pg. 521
Lonnie, Alicia, Associate Director, Digital Investment - Mindshare; pg. 491
Lonnie, Kevin P., Founder & President - KL Communications; pg. 446
Lonsdorf, John, Chief Executive Officer - R&J Strategic Communications; pg. 640
Loo, Cheryl, Group Business Director - Anomaly; pg. 325
Loomis, Evelyn, Head, Old Spice Brand & Senior Producer - Wieden + Kennedy; pg. 430
Loomis, Joshua, Senior Paid Search Strategist - The Tombras Group; pg. 424
Loomis, Paul, Chief Executive Officer - The Loomis Agency; pg. 151
Loonam, John, Managing Director - Frank Collective; pg. 75
Looney, Debbie, Creative Director & Production & Operations Manager - Looney Advertising; pg. 101
Looney, Sean, President & Creative & Strategic Lead - Looney Advertising; pg. 101
Looney, Tama, Senior Vice President, Research & Analytics - Fishbowl; pg. 234
Loong, Josephine, Associate Director, Strategy - Spark Foundry; pg. 510
Looper, Michael, Senior Copywriter - The Tombras Group; pg. 424
Loos, Christopher, Associate Director, Digital Analytics - MediaCom; pg. 487
Looser, Liza C., Chief Executive Officer - The Cirlot Agency, Inc.; pg. 149
Looser, Rick, Chief Operating Officer - The Cirlot Agency, Inc.; pg. 149
Looze, Cathy, Media Director - Affirm Agency; pg. 323
Lopatin, Annie, Associate Director, Content - Spark Foundry; pg. 510
Lopaty Robinson, Shelby, Senior Manager - Konnect Agency; pg. 620
Loper, Jennifer, President - C3; pg. 4
Lopes, Ana, Account Director - The Foundry @ Meredith Corp; pg. 150
Lopez, Alec, Producer - Markham & Stein; pg. 105
Lopez, Aly, Associate Creative Director - Markham & Stein; pg. 105
Lopez, Andrea, Digital Director - 4FRONT; pg. 208
Lopez, Anthony, Media Solutions Specialist - Single Grain; pg. 265
Lopez, Armando, President & Principal - NM+U Marketing Communications, Inc.; pg. 120
Lopez, Daniela, Account Executive - KGBTexas Communications; pg. 95
Lopez, Demica, Account Services Director - Taylor West Advertising, Inc.; pg. 416
Lopez, Dennise, Digital Media Supervisor - MediaCom; pg. 487
Lopez, Elizabeth, Investment Manager - MediaCom Canada; pg. 489
Lopez, Fausto, Manager, Digital Investment - Wavemaker; pg. 526
Lopez, Francisco, Senior Account Supervisor - Epsilon; pg. 282
Lopez, Laritza, Principal & President - PurpleGroup; pg. 131
Lopez, Lindsay, Account Supervisor - Stanton & Company; pg. 649
Lopez, Mailet, Partner & Director, Client Services - Squeaky Wheel Media; pg. 267
Lopez, Maricruz, Vice President - NM+U Marketing Communications, Inc.; pg. 120
Lopez, Matthew, Director, Human Resources - Sanders\Wingo; pg. 138
Lopez, Melissa, President, Marketing Services - Brand Value Accelerator; pg. 42
Lopez, Meylin, Supervisor, Account - FCB Health; pg. 72
Lopez, Natasha, Media Manager - 360i, LLC; pg. 320
Lopez, Nicholas, Campaign Manager - Constellation Agency; pg. 221
Lopez, Patrick, Senior Principal, Analytics - Interbrand ; pg. 187
Lopez, Raphael, Senior Director, Data & Insights - Hero Digital; pg. 238
Lopez, Robert, Manager, Human Resource - Ocean Media, Inc.; pg. 498
Lopez, Ruben, Creative Director - Mower; pg. 628
Lopez, Samantha, Senior Director, Strategic Marketing & Planing - Undertone; pg. 273
Lopez, Teresa, Senior Vice President - The Integer Group; pg. 682
Lopez, Tom, Senior Digital Art Director - Sanders\Wingo; pg. 138
Lopez, Valentina, Account Supervisor - Havas Media Group; pg. 470
Lopez Negrete, Alex, President & Chief Executive Officer - Lopez Negrete Communications, Inc. ; pg. 542
Lopez Negrete, Cathy, Executive Vice President & Chief Financial Officer - Lopez Negrete Communications, Inc.; pg. 542
Lopez Negrete, Patrick, Senior Account Planner - Lopez Negrete Communications, Inc. ; pg. 542
Lopez-Baranello, Mitsy, Group Vice President, Strategy - Huge, Inc.; pg. 239
Lopez-Dowding, Erica, Account Services Director - Underscore Marketing, LLC; pg. 521
Lopiccolo, Jarrod, Chief Executive Officer - Noble Studios; pg. 254
Lopiccolo, Season, Chief Operating Officer - Noble Studios; pg. 254
Loporcaro, Dominic, Vice President & General Manager - Eastern Region - Pattison Outdoor Advertising; pg. 555
Lopour, Mimi, Strategist, Search - Global Strategies; pg. 673
Lopuch, Amelia, Associate Brand Group Director - Horizon Media, Inc.; pg. 474
Lora, Carina, Digital Producer, Senior Web Project Manager - Isadora Agency; pg. 91
Lorber, Abby, Account Supervisor - Energy BBDO, Inc.; pg. 355
Lorch, Giovanna, Group Manager, National Broadcast - Media Storm; pg. 486
Lord, Heather, Associate Brand Director - Camp + King; pg. 46
Lord, Maddison, Senior Digital Strategist - Wunderman Health; pg. 164
Lord, Matthew, Chief Strategy Officer - Adperio; pg. 533
Lord, Tom, Creative Director - ICF Next; pg. 372
Lorden, Jim, Group Director, Media Strategy - Campbell Ewald; pg. 47
Loredo, Gerry, Director, Business Analytics - Lopez Negrete Communications, Inc. ; pg. 542
Lorensen, Amy, Planner, Strategic - Empower; pg. 354
Lorenz, Chris, Associate Director, Digital Strategy & Planning - Horizon Media, Inc.; pg. 474
Lorenz, Emily, Head, Content - Deloitte Digital; pg. 224
Lorenz, Trenton, Manager - Starcom Worldwide; pg. 513
Lorenzet, Don, Senior Vice President & Group Account Director - MullenLowe U.S. Boston; pg. 389
Lorenzo, Annelise, Management Supervisor - David&Goliath; pg. 57
Lorenzo, Lixaida, Group Creative Director - David&Goliath; pg. 57
Lorenzo, Tom, Vice President, Creative Services - Situation Interactive; pg. 265
Loretto, Kira, Brand Strategy Director -

904

AGENCIES
PERSONNEL

Pereira & O'Dell; *pg.* 257
Loretz, Justin, Partner - Echos Brand Communications; *pg.* 599
Lorfink, Robert, Global Chief Financial Officer - Diversified Agency Services; *pg.* 351
Loria, Joanne, Executive Vice President & Chief Operating Officer - The Joester Loria Group ; *pg.* 450
Loria, Katy, Executive Vice President & Chief Revenue Officer - Screenvision; *pg.* 557
Lorio, Caroline, Senior Account Executive - TracyLocke; *pg.* 683
Lorusso, Monica, Executive Vice President, Strategy - Allen & Gerritsen; *pg.* 30
Lory, Irene, Vice President, Finance & Human Resources - Cross Country Computer; *pg.* 281
Losada, Jill, Director, Project Management & Planning - Brownstein Group, Inc.; *pg.* 44
Losada, Olga, Producer - Jack Morton Worldwide; *pg.* 308
Loscher, Kelly, Director - Starcom Worldwide; *pg.* 513
Loscoe, Phil, Partner & Senior Vice President - RDW Group ; *pg.* 403
Lose, Alex, Director, Content & Production - Triptent; *pg.* 156
Losek, David, Chief Finance Officer - Campbell Marketing and Communications; *pg.* 339
Loson, Jackie, Assistant Account Executive - Toth + Co.; *pg.* 202
Lostaglio, John, Senior Strategist, Paid Media - Mirum Agency; *pg.* 251
Lotan, Roy, Co-founder & Chief Design Officer - Any_; *pg.* 1
Lotfi-Shahabadi, Shirin, Account Executive - TPN; *pg.* 571
Lott, Frank, Owner & Partner - BLF Marketing; *pg.* 334
Lott, Lola, Founder, President & Chief Executive Officer - charlieuniformtango; *pg.* 561
Lotter, Bibi, Vice President & Creative Director - Publicis North America; *pg.* 399
Lotterman, Deborah, Chief Creative Officer - Precisioneffect; *pg.* 129
Lou, Sara, Business Development Manager - Norton Creative; *pg.* 121
Loube, Brian, Partner & Managing Director - Digital Pulp; *pg.* 225
Loube, Robyn, Managing Director - Sensis Agency; *pg.* 545
Louden, Dave, Co-Founder & Partner - Fathom; *pg.* 234
Loudenberg, Beth, Associate Director, Creative - PG One Commerce - Saatchi & Saatchi X; *pg.* 682
Louderback, Jake, Creative Director - Hero Digital; *pg.* 238
Loudy, Liz, Associate Director, Creative & Copywriter - BBH; *pg.* 37
Louey, Robert, President & Creative Director - Louey / Rubino Design Group ; *pg.* 190
Lougheed, Dave, Vice President, Experience Design - Klick Health; *pg.* 244
Loughery, Kevin, Public Relations Supervisor - rEvolution; *pg.* 406
Loughran, Amanda, Head, Studio - Sid Lee; *pg.* 141
Loughran, Thomas, Account Coordinator - Wilson Creative Group, Inc.; *pg.* 162
Louie, Steven, Creative Director - Flightpath; *pg.* 235
Louis, Claudeland, Associate Creative Director - AnalogFolk; *pg.* 439
Louis, Javid, Senior Vice President, Digital Strategy - DKC Public Relations; *pg.* 597
Louis, Jordan, Paid Search Specialist - Tinuiti; *pg.* 271

Louis-Johnson, Kevi, Creative Director - Sid Lee; *pg.* 140
Loukota, Ingrid, President & Chief Executive Officer - Atlantic List Company; *pg.* 280
Lounsberry, Valarie, Senior Analyst, Analytics - Net Conversion; *pg.* 253
Louria, Lynn, Broadcast Producer - The Richards Group, Inc.; *pg.* 422
Louro, Amanda, Manager - Universal McCann; *pg.* 521
Louttit, Kayla, Account Supervisor - Hemsworth Communications; *pg.* 613
Loux, Carly, Senior Account Executive - 22squared Inc.; *pg.* 319
Lovaas, Taylor, Coordinator, Social Media - Periscope; *pg.* 127
Lovaglio, Amelia, Assistant Vice President - Nike Communications, Inc.; *pg.* 632
Lovatt, Tracy, Chief Executive Officer - Batten & Co. - BBDO Worldwide; *pg.* 331
Love, Ann, Founder - Love & Company; *pg.* 101
Love, Brenda, President & Founder - Love Advertising; *pg.* 101
Love, Carmen, Creative Director - Deutsch, Inc.; *pg.* 350
Love, Craig, Creative Director - Mother NY; *pg.* 118
Love, David, Executive Vice President & Chief Security Officer - Cross Country Computer; *pg.* 281
Love, John, Senior Media Strategist - Idfive; *pg.* 373
Love, Kathy, Executive Producer, Integrated - McCann Health New York; *pg.* 108
Love, Laura, Founder & Chief Cultural Officer - GroundFloor Media; *pg.* 611
Love, Mark, Director, Video - Ologie; *pg.* 122
Love, Monica, Account Manager - 3Q Digital; *pg.* 208
Love, Richard B., Partner & Director, Creative - Love Communications; *pg.* 101
Love, Rob, Chief Executive Officer & President - Love & Company; *pg.* 101
Love, Sandra, Senior Art Director - ASO Advertising; *pg.* 328
Love, Sharon, Chief Executive Officer - TPN; *pg.* 571
Love, Tim, Creative Director - CCL Branding; *pg.* 176
Love, Tom, President - Love Communications; *pg.* 101
Loveday, Lance, Chief Executive Officer & Founder - Closed Loop Marketing; *pg.* 672
Lovegrove, Michael, President & Chief Creative Officer - TracyLocke; *pg.* 683
Lovegrove, Mike, President Chief Creative Officer - East Coast - TracyLocke ; *pg.* 684
Lovelace, Diana, Managing Consultant, Event Design & Production - Deutser; *pg.* 443
Lovelace, McKenzie, Founder & Chief Executive Officer - FSC Interactive; *pg.* 235
Lovelace, Racheal, Media Buyer & Creative Services Coordinator - MP Media & Promotions; *pg.* 252
Lovelace, Stefen, Account Director - Sports - Imre; *pg.* 374
Lovelady, Brett, Founder & Chief Executive Officer - Astro Studios; *pg.* 173
Lovell, Larry, Vice President & Director, Public Relations - PETERMAYER; *pg.* 127
Lovell, Paula, Founder - Lovell Communications, Inc.; *pg.* 623
Lovely, Mark, Associate Creative Director - McCann Canada; *pg.* 384
Loveman, Courtney, Vice President & Co-Head, Strategy - Crispin Porter + Bogusky; *pg.* 346
Loven, Jennifer, Managing Director, Strategic Communications - Glover Park Group; *pg.* 608
Lovera, Alaina, Group Managing Director - mcgarrybowen; *pg.* 110

Loverde, Joe, Owner - Mission Media, LLC; *pg.* 115
Lovery, Aubrey, Director, Experiential Practice - Lumency Inc.; *pg.* 310
Lovett, Johnnie, Director, Strategy & Integration - Ten35; *pg.* 147
Lovgren, Linda, President & Chief Executive Officer - Emspace + Lovgren; *pg.* 355
Lovio-George, Christina, President & Chief Executive Officer - Lovio-George, Inc.; *pg.* 101
Lovitz, Alan, Vice President & Account Director - Buyer Advertising, Inc.; *pg.* 338
Lovoy, Ellen, Account Manager - Goodby, Silverstein & Partners; *pg.* 77
Lovstrom, Steven, Director, Planning - Carat; *pg.* 459
Low, Brannon, Senior Manager, Client Operations - PMG; *pg.* 257
Low, Julie, Supervisor, Broadcasting Media - Ron Foth Advertising; *pg.* 134
Low, Matt, Vice President & Creative Director - Crowley Webb & Associates; *pg.* 55
Lowcock, Joshua, Executive Vice President & Chief Digital & Innovation Officer - Universal McCann; *pg.* 521
Lowden, Sarah, Senior Media Planner - Bensimon Byrne; *pg.* 38
Lowe, Alyssa, Account Director - Moroch Partners; *pg.* 389
Lowe, Brian, President & Chief Executive Officer - BML Public Relations; *pg.* 584
Lowe, Bryn, Marketing Strategist - Ogilvy Public Relations; *pg.* 633
Lowe, David, Digital Strategist & Analyst - PriceWeber Marketing Communications, Inc.; *pg.* 398
Lowe, Doug, Senior Vice President & General Manager, Production Services - Cossette Media; *pg.* 345
Lowe, Fran, Vice President - 10Fold; *pg.* 573
Lowe, Jamie, Chief Sales Officer, Media - Intersection; *pg.* 553
Lowe, Justine, Senior Manager, Business Affairs - Wieden + Kennedy; *pg.* 432
Lowe, Lynn, Associate Director - Markstein; *pg.* 625
Lowe, Meredith, Account Supervisor - Edelman; *pg.* 599
Lowe, Nicholas J., President - Marketing Directions, Inc.; *pg.* 105
Lowe, Nick, Founding Partner - Zozimus Agency; *pg.* 665
Lowe, Pam, Account Supervisor - Fahlgren Mortine Public Relations; *pg.* 70
Lowe, Robert, President - Events - Nth Degree, Inc.; *pg.* 312
Lowe-Rogstad, David, Chief Financial Officer & Managing Director - Owen Jones and Partners; *pg.* 124
Lowell, Bonnie, Business Manager, Human Resources - Palley Advertising & Synergy Networks; *pg.* 396
Lowell, John, Executive Vice President & Chief Intelligence Officer - Arc Worldwide; *pg.* 327
Lowenbraun, Matt, Senior Vice President, Business Operations - Kepler Group; *pg.* 244
Lowensen, Chuck, Art Director - Creative Direct Response, Inc.; *pg.* 281
Lowenstein, Rachel, Associate Director, Innovation - Mindshare; *pg.* 491
Lowenthal, Barry, Chief Executive Officer - The Media Kitchen; *pg.* 519
Lowenthal, Noah, Senior Vice President & Group Creative Director - Abelson-Taylor; *pg.* 25
Lower, Amy, Project Manager - Essence; *pg.* 232
Lower, Matt, Managing Director - Sub Rosa;

905

PERSONNEL   AGENCIES

pg. 200
Lowery, Chris, President & Chief Strategist - Chase Design Group; *pg.* 177
Lowery, Darlene, Head, Division - Gregory Welteroth Advertising; *pg.* 466
Lowery, John, Founder & Chief Executive Officer - Design at Work Creative Services; *pg.* 179
Lowery, Leigh, Senior Vice President, Advertising Sales - Captivate Network, Inc.; *pg.* 550
Lowery, Shannon, Media Director - Spark Foundry; *pg.* 510
Lowery Long, Emily, Account Director - Palm Beach Tan - Archer Malmo; *pg.* 32
Lowman, Katie, Vice President & Strategic Planning Director - FCB Chicago; *pg.* 71
Lowman LaBadie, Nancy, Executive Vice President - Marina Maher Communications; *pg.* 625
Lowrey, Adam, Senior Vice President & Group Creative Director - RPA; *pg.* 134
Lowry, Gray, Vice President, Strategy & Insights - Miles Partnership; *pg.* 250
Lowry, Joe, Chief Financial Officer - Empower; *pg.* 354
Lowry, Joseph, Chief Finance Officer - Empower; *pg.* 354
Lowry, Monica, Director - FRCH Design Worldwide; *pg.* 184
Lowry, Stacie, Vice President, Client Services & Digital Operations - Tivoli Partners; *pg.* 293
Loy, Ken, Creative Director - E-B Display Co., Inc.; *pg.* 180
Loyland, Krystle, Founder & Chief Executive Officer - Preacher; *pg.* 129
Loyola, Jef, Creative Director & President - The M-Line; *pg.* 201
Loyola, Laurie, Senior Partner & Director, Client Services - GroupM; *pg.* 466
Lozada, Alicia, Senior Account Director - MC2; *pg.* 311
Lozada, Giselle, Associate Media Director - BKV; *pg.* 334
Lozada, Javier, Account Executive - Wavemaker; *pg.* 528
Lozano, Christian, Vice President & Group Account Director - Moxie; *pg.* 251
Lozano, Jose, Chief Executive Officer & Partner - 9thWonder Agency; *pg.* 453
Lozano, RJ, Programmatic Media Manager - Jellyfish; *pg.* 243
Lozen, Michel, Office Concierge - McGarrah Jessee; *pg.* 384
Lozito, Joe, Managing Director & Senior Digital Delivery Lead - Accenture Interactive; *pg.* 209
Lu, Brian, Media Account Manager - Publicis.Sapient; *pg.* 258
Lu, Chloe, Assistant Platform Media Buyer - Trilia ; *pg.* 521
Lu, Diana, Associate Director, Data & Data Management Platform Client Strategy - Spark Foundry; *pg.* 508
Lu, Ellen, Associate Director, Digital Marketing Strategy - Wonderful Agency; *pg.* 162
Lu, Felicia, Assistant Vice President - Nike Communications, Inc.; *pg.* 632
Lu, Jane, Communications Designer - Initiative; *pg.* 478
Lu, Jessie, Associate, Insights & Strategy - VaynerMedia; *pg.* 689
Lu, Joyce, Director, Integrated Production - interTrend Communications, Inc.; *pg.* 541
LuSane, Jordan, Senior Account Manager - Burrell Communications Group, Inc. ; *pg.* 45
Luba, Matt, Executive Vice President, Digital Media & Analytics - Bayard Advertising

Agency, Inc.; *pg.* 37
Lubar, Alex, President - Asia Pacific - McCann New York; *pg.* 108
Lubar, Ken, Chief Technology Officer & Vice President - EMI Strategic Marketing, Inc.; *pg.* 68
Lubars, David, Chariman & Chief Creative Officer - BBDO Worldwide; *pg.* 331
Lubbehusen, Robbin, Vice President, Operations - Red Banyan; *pg.* 641
Lubberts, Megan, Director, Communications Design - Initiative; *pg.* 479
Lubenow, Lindsey, Media Director - Commit Agency; *pg.* 343
Lubin, Cassandre, Senior Partner & Managing Director, Digital Investment - Mindshare; *pg.* 491
Lubin, Steve, Vice President, Corporate Development - Marketing Architects; *pg.* 288
Lubinsky, Menachem, President & Chief Executive Officer - Lubicom Marketing Consulting; *pg.* 381
Lublin, Jenna, Associate, Media & Client Operations - Starcom Worldwide; *pg.* 513
Lubman, Craig, Vice President, Account Strategy & Development - Magnet Media, Inc.; *pg.* 247
Lubniewski, Stephanie, Media Planner - Spark Foundry; *pg.* 510
Lubomirsky, Sasha, Creative Director, Product Design & Development - Ueno; *pg.* 273
Lubot, Rebecca, Director - CN Communications International, Inc.; *pg.* 591
Lubow, Arthur, President & Creative Director - A.D. Lubow; *pg.* 25
Luc, Andy, Assistant, Search Marketing - lodestar marketing group; *pg.* 381
Luca, Razvan, Director, Media - Trampoline; *pg.* 20
Lucaccioni, Lauren, Media Planner - Cramer-Krasselt ; *pg.* 53
Lucado, Jennifer, Senior Writer - Padilla; *pg.* 635
Lucarelli, Francesco, Executive Vice President & Managing Director, BioPharma - HCB Health; *pg.* 83
Lucas, Caitlyn, Senior Account Strategy Manager - Soulsight; *pg.* 199
Lucas, Dana, Senior Account Manager - Brunner; *pg.* 44
Lucas, Germaine, Senior Media Buyer - Carat; *pg.* 459
Lucas, James, Senior Counselor - Abernathy MacGregor Group; *pg.* 574
Lucas, Jamie, Account Director - Squires & Company ; *pg.* 200
Lucas, Jeff, General Manager & Partner - Traction Creative Communications; *pg.* 202
Lucas, Jenn, Director,Finance & Administration - Bailey Brand Consulting; *pg.* 2
Lucas, Joy, Account Executive - Cossette Media; *pg.* 345
Lucas, Maggie, Vice President, Account Management - Tandem Theory; *pg.* 269
Lucas, Mary, Owner & President - Lucas Market Research; *pg.* 447
Lucas, Mike, Director, Production & Executive Producer - Xperience Communications; *pg.* 318
Lucas, Sue, Media Director - Engel O'Neill Advertising; *pg.* 68
Lucas, Tim, President - Power; *pg.* 398
Lucci, Nick, Senior Manager, Client Services - AudienceXpress; *pg.* 455
Lucci, Ralph, Senior Vice President, Experience Design - Behavior, LLC; *pg.* 216
Luce, Ken, Managing Partner - LDWW Group; *pg.* 622
Luce, Tina, President & Account Director - FCEdge, Inc.; *pg.* 7

Lucero, Justin, Strategy Supervisor - OMD; *pg.* 498
Lucero, Kristy, Account Supervisor - Lovell Communications, Inc.; *pg.* 623
Lucey, Amanda, Owner & Chief Executive Officer - The Partnership, Inc.; *pg.* 270
Lucey, Caitlin, Senior Director, Influencer Marketing - RhythmOne; *pg.* 263
Lucey, Dan, Executive Creative Director - Joan; *pg.* 92
Lucey, Neal, Senior Partner & Group Account Director - MediaCom; *pg.* 486
Lucey, Nicole, Executive Creative Director - Burns Group; *pg.* 338
Luchini, Angelica, New Business Strategist - Pluto TV - 72andSunny; *pg.* 23
Luchini, Samuel, Senior Vice President & Executive Creative Director - FCB Chicago; *pg.* 71
Luchini, Tiago, Partner, Technology - Work & Co; *pg.* 276
Luchinsky, Matthew, Senior Associate, Digital Investment - Wavemaker; *pg.* 526
Luchsinger, Caitlyn, Account Supervisor - Zeno Group; *pg.* 664
Luciani, Chris, Account Executive - Team One; *pg.* 418
Luciano, John, Co-Founder & Partner - Lume Creative; *pg.* 101
Lucius, Randi, Paid Search Manager - CommCreative; *pg.* 343
Lucker, Kathy, Partner - The Dolphin Group, Inc.; *pg.* 653
Luckett, Emily, Vice President, Account Services - On Board Experiential Marketing; *pg.* 313
Luckett, Jessica, Account Management - Propac; *pg.* 682
Luckey, Flo, Senior Art Director - Oberlander Group; *pg.* 193
Luckey, Marquan, Manager, Digital Content - Burrell Communications Group, Inc. ; *pg.* 45
Luckie, Tom, Chairman & Chief Executive Officer - Luckie & Company; *pg.* 382
Luckman, Britani, Media Director - 360i, LLC; *pg.* 320
Luckow, Emily, Senior Account Executive & Manager, Account - Momentum Worldwide; *pg.* 117
Lucks, Ned, Partner & Chief Technology Officer - Bluetent; *pg.* 218
Lucky, Kristena, Executive Vice President, Brand Practice - Edelman; *pg.* 353
Lucoff, Jordan, Vice President, Growth & Strategy - Kantar Brandstage - Added Value; *pg.* 441
Luczak, Colleen, Associate Media Planner - Mindshare; *pg.* 494
Luczynski, Sofia, Studio Manager - Turner Duckworth; *pg.* 203
Ludcke, Isabel, Business Development Manager - Colle McVoy; *pg.* 343
Ludlow, Jeffrey, Chief Creative Officer - Bruce Mau Design; *pg.* 176
Ludolph, Gloria, Project Manager - Davidson Belluso; *pg.* 179
Ludowissi, Lizabeth, Vice President, Production - A.B. Data, Ltd; *pg.* 279
Ludowyke, Simon, Executive Vice President, Business Development - Grey Group; *pg.* 365
Ludwick, Bryan, Senior Media Director - Hunter Hamersmith; *pg.* 87
Ludwig, Aaron, Senior Interactive Designer - p11Creative, Inc.; *pg.* 194
Ludwig, Amanda, Associate Director - Spark Foundry; *pg.* 510
Ludwig, Eric, Vice President & Group Director, SEO - Reprise Digital; *pg.* 676
Ludwig, Jason, Director, Web Development - Gray Loon Marketing Group; *pg.* 365

906

AGENCIES — PERSONNEL

Ludwig, John, Founding Partner & Chief Executive Officer - Push; *pg.* 401
Ludwig, Melissa, Associate Director, Creative - FCB Health; *pg.* 72
Ludwig, Scott, Art Director - Group 22, Inc.; *pg.* 185
Ludwig, Stephen, President & Creative Director - Group 22, Inc.; *pg.* 185
Ludwig, Tori, Senior Account Manager - Eckel & Vaughan; *pg.* 599
Lue, Alexandra, Senior Account Supervisor - Magrino Public Relations; *pg.* 624
Luebbert, Ron, Chief Operating Officer - Ocean Media, Inc.; *pg.* 498
Luebbert, Steve, Vice President, Development - Coolfire Studios; *pg.* 561
Luebke, Kim, Partner, Account Director & Director, Account Service - Brogan & Partners; *pg.* 538
Luedke, Mike, Director, Strategy - Jigsaw, LLC; *pg.* 377
Lueptow, Diana, Director, Strategic Communications - Kleidon and Associates; *pg.* 95
Luer, Courtney, Coordinator, Creative Social - Ralph; *pg.* 262
Luetke, Mark, President - FLS Marketing; *pg.* 359
Luetkehans, Tony, Co-President & Creative Director - Hellman Associates, Inc.; *pg.* 84
Luft, Jordy, Director, Media - PETERMAYER; *pg.* 127
Luginbill, John, Founder & Chief Executive Officer - The Heavyweights; *pg.* 420
Luginbill, Kim, Chief Financial Officer - The Heavyweights; *pg.* 420
Lugo, Amarilis, Manager, Communications Design - Initiative; *pg.* 477
Lugo, Rob, Director, Print Services - Droga5; *pg.* 64
Lugo, Shannon, Vice President & Account Director - GSD&M; *pg.* 79
Luhmann, Henry, Director, Production Services - Austin & Williams Advertising; *pg.* 328
Luhr, Dave, Chairman - Wieden + Kennedy; *pg.* 430
Luhr, Vanessa, Senior Producer - Energy BBDO, Inc.; *pg.* 355
Luhtanen, Andrea, President - Haworth Marketing & Media; *pg.* 470
Lui, Stella, Senior Vice President, Strategy & Innovations - Carat; *pg.* 459
Lui, Stephanie, Senior Vice President, Strategy - Zenith Media; *pg.* 531
Luis, Shalimar, Creative Director - Kettle; *pg.* 244
Luisi, Diane, Senior Media Buyer, Direct Response TV - Active International; *pg.* 439
Luisi, Gerrard, President - TaCito Direct Marketing; *pg.* 292
Luistro, Nicole, Senior Manager, Community - Spark; *pg.* 17
Luk, Justin, Strategy Director - McCann New York; *pg.* 108
Lukach, Chris, President - AKCG Public Relations Counselors; *pg.* 575
Lukacs, Alex, Vice President & Associate Creative Director - 22squared Inc.; *pg.* 319
Lukacsko, Lauren, Integrated Production Manager - Connelly Partners; *pg.* 344
Lukas, Jennifer, Partner & Vice President, Experiential - The Hive Strategic Marketing; *pg.* 420
Lukas, Joan, Owner & President - Lukas Partners; *pg.* 623
Lukas, Megan, Graphic Designer - Curran & Connors, Inc.; *pg.* 178
Lukaszewski, Tanaya, Vice President - OffLeash; *pg.* 633
Luke, Jenni, Chief Financial Officer - Global 5; *pg.* 608
Lukens, Bob, Owner & Creative Partner - Logica Design; *pg.* 190
Lukens, Kevin, Assistant Creative Art Director - Mering; *pg.* 114
Lukens, Kimberly, Account Supervisor - Jones Advertising; *pg.* 93
Lukens, Matt, Director, Digital - BCM Media; *pg.* 455
Luker, Steve, Partner & Creative Director - Mutt Industries; *pg.* 119
Lukoff Sobel, Jennifer, Vice President & Director, Talent Acquisition - Publicis North America; *pg.* 399
Lukowiak, Robert, Digital Marketing Manager - Fang Digital Marketing; *pg.* 234
Luks, Samantha, Managing Director, Scientific Research - YouGov; *pg.* 451
Lull, Clifford, President & Creative Director - North Charles Street Design Organization; *pg.* 193
Lum, Kimberly, Group Director & Partner - Wavemaker; *pg.* 526
Lum, Monica, International Account Supervisor - Gotham, Inc.; *pg.* 77
Lumerman, Jon, Senior Vice President - Digital - Active International; *pg.* 439
Lumish, Perri, Supervisor - Blue 449; *pg.* 455
Lumley, Katie, Digital Media Buyer - Anson-Stoner, Inc.; *pg.* 31
Lun, Andy, President, Chief Executive Officer - Toto Group; *pg.* 156
Lund, Claire, Marketing Manager - The Marketing Practice; *pg.* 169
Lund, Hilary, Group Strategy Director - Colle McVoy; *pg.* 343
Lund, Sharon, President - Falls Agency; *pg.* 70
Lundberg, Ali, Executive Vice President - J Public Relations; *pg.* 616
Lundberg, Gregory, Senior Vice President, Investor Relations - Outfront Media; *pg.* 554
Lundberg, Kara, Account Vice President & Talent Development Lead - Raffetto Herman Strategic Communications; *pg.* 641
Lundblade, Amanda, Senior Account Supervisor - The Atkins Group; *pg.* 148
Lunde, Erik, Associate Director - Spark Foundry; *pg.* 510
Lundeberg, Karl, Art Director - The Summit Group; *pg.* 153
Lundeby, Michael, Owner - CRC Marketing Solutions; *pg.* 345
Lundeen, Jon, Executive Vice President - Beals Cunningham Strategic Services; *pg.* 332
Lundgren, Mike, Managing Director, Innovation & Strategy - VMLY&R; *pg.* 274
Lundin, Kate, Media Director - Zehnder Communications, Inc.; *pg.* 436
Lundrigan, Nick, Account Executive - Link Media Outdoor; *pg.* 553
Lundstrom, Matt, Vice President & Creative Director, Digital - Palisades Media Group, Inc.; *pg.* 124
Lundstrum, Liz, Media Director - Kirvin Doak Communications; *pg.* 620
Lundy, Allysun, Vice President, Account - Geometry; *pg.* 362
Lundy, Gwenn, Art Director - Klunk & Millan Advertising; *pg.* 95
Lundy, Jim, Senior Manager, Production & Operations - Brunner; *pg.* 44
Lunna, Rebecca, Vice President - Carmichael Lynch; *pg.* 47
Lunny, Marie, Director, Client Services - Rethink Communications, Inc.; *pg.* 133
Lunseth, Rich, Creative Director - Z Marketing Partners; *pg.* 436
Lunsford, Casey, Chief Financial Officer - Tinsley Advertising; *pg.* 155
Lunsford, Larry, Chief Financial Officer & Senior Vice President - Bernstein-Rein Advertising, Inc.; *pg.* 39
Lunt, Jack, Project Manager - Periscope; *pg.* 127
Luo, Jenny, Associate Director, Communications Design - Initiative; *pg.* 477
Luong, Tiffany, Supervisor, Digital Media - Fallon Worldwide; *pg.* 70
Luongo, Matthew, Account Supervisor - Prosek Partners; *pg.* 639
Lupke, Nicole, Senior Vice President & Managing Director - Grey Canada; *pg.* 365
Lupori, Madeline, Account Executive - MSLGroup; *pg.* 629
Lupton, Kathryn, Account Director - Ad Results Media; *pg.* 279
Luquire, Brooks, Senior Vice President & Co-Director, Client Service - Luquire George Andrews, Inc.; *pg.* 382
Luquire, Steve, Founder & Chief Executive Officer - Luquire George Andrews, Inc.; *pg.* 382
Lurie, Eric, Vice President & Associate Managing Director - Horizon Next - Horizon Media, Inc.; *pg.* 474
Lurie, Ian, Founder & Chief Executive Officer - Portent; *pg.* 676
Lurie, Jim, Partner - o2kl; *pg.* 121
Lurie, Jonathan, Vice President, New Client Development - Smith Bucklin Corporation; *pg.* 314
Luse, Zach, Founder - Paragon Digital Marketing; *pg.* 675
Lush, Nick, Senior Account Manager - Envisionit Media, Inc.; *pg.* 231
Lusignan, Chuck, Vice President & Creative Director - Communication Arts Group, Inc.; *pg.* 178
Lusignan, Fred, Owner & President - Communication Arts Group, Inc.; *pg.* 178
Luskin, Christi, Vice President & Account Director - The Bantam Group; *pg.* 450
Lusky, Brad, Executive Vice President - Wasserman Media Group; *pg.* 317
Lussenhop, Beth, Account Manager - Wieden + Kennedy; *pg.* 430
Lustberg, Lindsay, Partner & Chief Operating Officer - Noble People; *pg.* 120
Luster, Kourtney, Senior Manager, Talent & Business Affairs - Mekanism; *pg.* 112
Lustig, Abbey, Sales Director - Midwest - Curran & Connors, Inc.; *pg.* 178
Lustig, Brian, Managing Partner & Chief Public Relations Officer - Bluetext; *pg.* 40
Lustig, Debra, Director, Production - BBDO Minneapolis; *pg.* 330
Lustig, Jacob, Vice President, Platforms & Media Innovations - Klick Health; *pg.* 244
Lustig, Megan, Senior Vice President - Spectrum Science Communications; *pg.* 649
Lustina, Tom, Senior Director - Search Engine Optimization - Chicago - iProspect; *pg.* 674
Lutchko, Greg, Senior Vice President - Orsi Public Relations; *pg.* 634
Luter, Daniel, Graphic Designer & Designer, Web - Frontier Strategies, Inc.; *pg.* 465
Luther, Aimee, Managing Director - Europe - Fortnight Collective; *pg.* 7
Luther, Scott, Director, Digital Strategy - The Richards Group, Inc.; *pg.* 422
Luthra, Samantha, Managing Director - Bread & Butter Public Relations; *pg.* 586
Luton, Samantha, Account Director - Publicis North America; *pg.* 399
Luts, Katrina, Senior Account Executive, Publicity & Promotions - Allied Integrated Marketing; *pg.* 324
Luttenberger, David, Director, Global Packaging - Mintel; *pg.* 447

PERSONNEL — AGENCIES

Lutz, Adam, Senior Vice President, Group Director - Carat; pg. 459
Lutz, Hannah, Assistant Media Planner - Essence; pg. 233
Lutz, John, Partner - Selbert Perkins Design; pg. 198
Lutz, Teresa, Senior Manager Affairs Manager - Wieden + Kennedy; pg. 430
Lutzker, Ashley, Vice President, Accounts - AMP3 Public Relations; pg. 577
Lutzow, Scott, Managing Director - Accenture Interactive; pg. 209
Luu, Theresa, Associate Media Director, Digital - Horizon Next - Horizon Media, Inc.; pg. 474
Luvisi, Sarah, Director, Account - Accenture Interactive; pg. 209
Lux, Brent, Executive Vice President & Managing Director, Business Development - Spark Foundry; pg. 510
Ly, Ling, Head, Post Production - Zambezi; pg. 165
Ly, Lisa, Manager, Marketing - Hitwise; pg. 86
Ly, Stephanie, Senior Media Planner & Buyer - Cannella Response Television; pg. 457
Ly, Thanh, Art Director - Ogilvy Public Relations; pg. 633
Ly-Quan, Annie, Director, Business Development - Red Peak Group; pg. 132
Lybarger, Josh, Vice President & Account Director - Deutsch, Inc.; pg. 350
Lybrand, Steve, Senior Vice President, Planning - Camelot Strategic Marketing & Media; pg. 457
Lyde, Faith, Branded Content Supervisor, PepsiCo - Hearts & Science; pg. 471
Lydon, Madelyn, Manager, Content Strategy - OH Partners; pg. 122
Lyerly, Elaine, President & Chief Executive Officer - Lyerly Agency; pg. 382
Lyerly, Melia, Executive Vice President & Chief Operations Officer - Lyerly Agency; pg. 382
Lyke, John, Assistant Media Planner - MediaCom; pg. 487
Lyke, Rick, Executive Vice President & Managing Director - Mower; pg. 628
Lyle, Charley, Director, Data Processing - Gain; pg. 284
Lylis, Heather, Partner - Sunshine Sachs; pg. 650
Lylo, Patrick, Partner & Associate Director, Content & Innovation Strategy - Mindshare; pg. 491
Lyman, Carm, Owner - The Lyman Agency; pg. 654
Lyman, Chris, Owner - The Lyman Agency; pg. 654
Lyman, Rebecca, Principal - Garrigan Lyman Group; pg. 236
Lynam, Sean, Director, Marketing - Glow; pg. 237
Lynam, Susi, Vice President, Human Resources & Operations - Kiosk Creative LLC; pg. 378
Lynch, Bob, Digital Communications Lead - GTB; pg. 367
Lynch, Brian, Director, Media - OMD Entertainment; pg. 501
Lynch, Brianna, Media Supervisor - Media Assembly; pg. 484
Lynch, Bruce, Chief Merchandise Officer - Maingate, Inc.; pg. 310
Lynch, Chris, Art Director, Creative & Associate Creative Director - Innocean USA; pg. 479
Lynch, Chris, Chief Financial Officer - Sprinklr; pg. 267
Lynch, Erin, Group Executive Creative Director - R/GA; pg. 260

Lynch, Erin, Producer, Associate Editor, Video - DiD Agency; pg. 62
Lynch, Erinn, Vice President - BLAZE; pg. 584
Lynch, Glenda, Media Planner Buyer - Strategic America; pg. 414
Lynch, Jack, Chief Intelligence Officer - T3; pg. 268
Lynch, Jasmine, Manager, Brand - Brown-Forman's Premium Whiskey - Greenhouse Agency; pg. 307
Lynch, JoAnne, Director, Business Operations - GMR Marketing; pg. 306
Lynch, Katie, Senior Manager, Proposal - Cramer; pg. 6
Lynch, Kyle, Account Supervisor - DAC Group; pg. 223
Lynch, Laila, Management Supervisor - AKQA; pg. 212
Lynch, Nicolette, Senior Director, Search Media Operations - iCrossing; pg. 241
Lynch, Randy, Chief Marketing & Operations Officer - The Creative Alliance; pg. 653
Lynch, Rebecca, Vice President & Director, Communications - EP+Co.; pg. 356
Lynch, Ryan, Managing Partner - Beardwood & CO; pg. 174
Lynch, Sarah, Brand Manager - Wieden + Kennedy; pg. 432
Lynch, Shawna, Executive Vice President - B/HI, Inc. - LA; pg. 579
Lynch, Steve, Director, Strategy - mono; pg. 117
Lynch, Steven, Media Buyer - Mindshare; pg. 491
Lynch, Tim, Partner - Joele Frank, Wilkinson Brimmer Katcher; pg. 617
Lynch, Tom, Vice President, Growth & Development - Location3 Media; pg. 246
Lynch Kimicata, Tiffany, Associate Account Director - Ogilvy Public Relations; pg. 633
Lyness, Jennifer, Senior Account Supervisor - Lopez Negrete Communications, Inc.; pg. 542
Lynett Howes, Luke, Associate Buyer, Key Account - Active International; pg. 439
Lynn, Bridget, Senior Vice President & Strategic Lead - Media Assembly; pg. 385
Lynn, Chrissy, Associate Director, Performance Marketing Operations - Brunner; pg. 44
Lynn, Denny, Divisional Operations Director - Derse, Inc.; pg. 304
Lynn, Randy, Partner & Creative Director, Digital - Maris, West & Baker; pg. 383
Lynn Gratzer, Mary, Senior Vice President & Director, Client Services - Archer Malmo; pg. 32
Lynn Silva, Tricia, Account Executive, Public Affairs - KGBTexas Communications; pg. 95
Lyon, Amy, Vice President & Account Director - GSD&M; pg. 79
Lyon, Blake, Chief Business Officer - Red Antler; pg. 16
Lyon, Brooke, Senior Manager - Universal McCann; pg. 521
Lyon, Chris, Digital Supervisor - Horizon Media, Inc.; pg. 474
Lyon, Garrett, Senior Strategist - GS&F; pg. 367
Lyon, Jessica, Partner, Executive Vice President & Chief Operations Officer - Co-Communications, Inc.; pg. 591
Lyon, Jonathan, Partner - Hunter Public Relations; pg. 614
Lyon, Mark, Principal - Lyon & Associates Creative Services, Inc.; pg. 102
Lyon, Susan, Managing Director - Lyon & Associates Creative Services, Inc.; pg. 102
Lyon Eisen, Melanie, Account Director, Brand Sponsorships - Publicis North America; pg. 399

Lyons, Amy, Managing Partner - SHIFT Communications, LLC; pg. 647
Lyons, Christie, Project Supervisor - GSD&M; pg. 79
Lyons, Dyana, Group Director - OMD West; pg. 502
Lyons, Eileen, Senior Vice President & Group Account Director - Hudson Rouge; pg. 371
Lyons, Jennifer, Partner & Vice President, Portfolio Management - Universal McCann; pg. 428
Lyons, Julie, President - Zenzi; pg. 665
Lyons, Katie, Associate Director, Marketing - Cuker Interactive; pg. 223
Lyons, Kerry, Chief Executive Officer - Ripple Street; pg. 687
Lyons, Maile, Senior Vice President - WE Communications; pg. 660
Lyons, Monica, Media Director - Brandtailers; pg. 43
Lyons, Nancy, Chief Executive Officer - Clockwork Active Media; pg. 221
Lyons, Rich, President & Chief Executive Officer - Lyons Consulting Group; pg. 247
Lyons, Scott, Account Director - Rethink Communications, Inc.; pg. 133
Lyons, Sean, Global Chief Executive Officer - R/GA; pg. 260
Lyons, Susie, Head, Strategy - US - VIRTUE Worldwide; pg. 159
Lyons, Theresa, Senior Vice President, Strategic Planning - The Mars Agency; pg. 683
Lyons, Tom, Executive Vice President & Director, Creative - Mekanism; pg. 112
Lyons Price, Sarah, Account Executive - Ethos Marketing & Design; pg. 182
Lyrette, Kristine, Chief Executive Officer & President - Zenith Media Canada; pg. 531
Lysak, Hannah, Media Supervisor - The Boston Group; pg. 418
Lysaught, Geoffrey, EVP, Managing Director/Brand Performance - The Buntin Group; pg. 148
Lytle, Alexandra, Account Director - Advantage International; pg. 301
Lytle, Dana, Partner & Chief Executive Officer - Planet Propaganda; pg. 195
Lytle, Hillary, Senior Business Growth Leader - Blue Chip Marketing & Communications; pg. 334
Lyttle, Allison, Field Marketing Manager - Infogroup; pg. 286
Lyttle, David, Managing Partner & Chief Financial Officer - Dixon Schwabl Advertising; pg. 351
Lyvers, Jared, Director, Interactive Services - blr further; pg. 334
Ibarra, Pamela, Supervisor, Social Media - Conill Advertising, Inc.; pg. 538

M

Meyer, Cassie, Assistant Media Planner - FRWD; pg. 235
Ma, Andrew, Seniot Vice President, Client Services & Member of the Board - Burke, Inc.; pg. 442
Ma, Anna, Manager, International Integrated Planning - Wavemaker; pg. 528
Ma, Anna, Senior Associate, Portfolio Management - Universal McCann; pg. 524
Ma, Annie, Senior Director, Project Management - Publicis.Sapient; pg. 258
Ma, Christina, Assistant Digital Planner - Horizon Media, Inc.; pg. 474
Ma, Danielle, Director, Accounts - Fly Communications, Inc.; pg. 74
Ma, Michael, Senior Vice President &

AGENCIES — PERSONNEL

Executive Creative Director - ROKKAN, LLC; *pg.* 264

Ma, Stephanie, Assistant Negotiator, National Radio Investment - Hearts & Science; *pg.* 471

MaGuire, Jaimie, Creative Director, Digital - Clear; *pg.* 51

Maahs, Ron, Partner & Chief Executive Officer - Trilix Group - Trilix Marketing Group, Inc.; *pg.* 427

Maarec, Lindsay, Director, Business Development - Hirshorn Zuckerman Design Group; *pg.* 371

Maas, Brittany, Operations Efficiency & Compliance Manager - SourceLink, LLC; *pg.* 292

Maas, Jonathon, Director, Planning - Carat; *pg.* 461

Maben, Michelle, Art Director - Red Tettemer O'Connell + Partners; *pg.* 404

Mabin, Alexander, Executive Vice President & Business Development Manager - Agency MABU; *pg.* 29

Mabin, Mike, Owner & President - Agency MABU; *pg.* 29

Mabin, Nancy, Vice President - Agency MABU; *pg.* 29

Mabry, David, Account Manager - DAC Group; *pg.* 223

Mabuni, Lauren, Planner, Strategic - Team One; *pg.* 417

Mac, Mary, Business Manager - Vermilion Design; *pg.* 204

MacAfee, Brad, Chief Executive Officer & Senior Partner - Porter Novelli; *pg.* 637

MacArthur, Amber, President - Konnekt Digital Engagement; *pg.* 245

MacArthur, Jeff, Chief Executive Officer - Konnekt Digital Engagement; *pg.* 245

MacArthur, Johanna, Head, Production - Brand New School East; *pg.* 175

MacBroom, Skye, Co-Founder, Publicist & Writer - SkyeLine Studio, LLC; *pg.* 647

MacCourtney, Leo, President, Katz Television Group - Katz Media Group, Inc.; *pg.* 481

MacCurtain, Jim, Chief Strategy Officer - Vector Media; *pg.* 558

MacDonald, Andrea, President & Chief Executive Officer - MacDonald Media, LLC; *pg.* 553

MacDonald, Bob, President & Chief Executive Officer - Bond Brand Loyalty; *pg.* 280

MacDonald, Bonnie, Senior Event Marketing Manager - Acceleration Partners; *pg.* 25

MacDonald, Christine, Media Buyer - Cashman & Katz Integrated Communications; *pg.* 340

MacDonald, Devon, Chief Executive Officer - Mindshare; *pg.* 495

MacDonald, Donna, Senior Vice President, Brand Management - Dovetail; *pg.* 64

MacDonald, Kayla, Account Supervisor - Zulu Alpha Kilo; *pg.* 165

MacDonald, Kelli, Managing Director - Co:Collective, LLC; *pg.* 5

MacDonald, Lorri, Managing Director - Forsman & Bodenfors; *pg.* 74

MacDonald, Matt, Executive Vice President & Creative Director - BBDO Worldwide; *pg.* 331

MacDonald, Peter, Director, Operations - MacDonald Media, LLC; *pg.* 553

MacDonald, Suzanne, Senior Project Manager - The Integer Group; *pg.* 682

MacDonald Gough, Whitney, Senior Vice President & Senior Director - BCW San Francisco; *pg.* 582

MacDonnell, Kyle, Principal - Pappas MacDonnell, Inc.; *pg.* 125

MacFadyen, Ken, Vice President - Backbay Communications; *pg.* 579

MacGregor, James, Vice Chairman - Abernathy MacGregor Group; *pg.* 574

MacGregor, Jessica, Vice President - fama PR, Inc.; *pg.* 602

MacInnes, Chris, Partner - M5 Marketing Communications; *pg.* 102

MacInnes, Scott, Senior Consultant, Mobility Experience - Teague; *pg.* 201

MacIntyre, Krystal, Paid Social Account Manager - Mindstream Media Group - Dallas; *pg.* 496

MacKellar, Peter, Vice President - Communications Strategy Group; *pg.* 592

MacKenzie, Ian, Chief Creative Officer - FCB/SIX; *pg.* 358

MacKenzie, Kim, Senior Account Executive - Hollywood Agency; *pg.* 371

MacKinnon, Steven, President - Mackinnon Calderwood Advertising; *pg.* 483

MacLaren, Laurie, Chief Financial & Operations Officer - Ansira; *pg.* 326

MacLean, Monica, Account Coordinator - Calder Bateman Communications; *pg.* 339

MacLellan, Bruce, Chief Executive Officer - Proof Inc.; *pg.* 449

MacLeod, Charles, Founder, President & Chief Executive Officer - SMM Advertising; *pg.* 199

MacLeod, Dave, Vice President - Idea Hall; *pg.* 615

MacManus, Liam, Managing Partner & Office Lead - Mindshare; *pg.* 495

MacMaster, Scott, Executive Planning Director - TBWA \ Chiat \ Day; *pg.* 146

MacMillan, Doug, President & Owner - The Letter M Marketing; *pg.* 420

MacMillan, Janet, Senior Counsel - National Public Relations; *pg.* 631

MacMillan, Mike, Founder & Consultant - MacMillan Communications; *pg.* 624

MacNally, Will, Partner - Grove Marketing, Inc.; *pg.* 237

MacNeal, Catherine, Senior Executive Account Manager - Elevation, Ltd; *pg.* 540

MacNeil, Donna, President - ChizComm; *pg.* 50

MacNevin, Kate, Global Chief Executive Officer - MRM//McCANN; *pg.* 289

MacPhail, Carlyle, Communications Professional - Jackson Spalding Inc.; *pg.* 376

MacPhail, Darcy, Manager, Digital Services - Clary Flemming & Associates; *pg.* 561

MacPhee, Cory, Senior Manager - Mindshare; *pg.* 495

MacPhee, Stewart, President & Chief Executive Officer - Punch Communications; *pg.* 640

MacPherson, Chris, Strategic Account Executive - Sprinklr; *pg.* 267

Macaluso, Tom, Senior Vice President & Creative Director - Anson-Stoner, Inc.; *pg.* 31

Macarian, Melissa, Senior Art Director - Camp + King; *pg.* 46

Maccabee, Paul, Owner & President - Maccabee Group Public Relations; *pg.* 624

Maccagnone, Sophie, Account Executive - Dittoe Public Relations; *pg.* 597

Macdonald, Alistair, Chief Executive Officer - Syneos Health Communications; *pg.* 169

Macdonald, Chris, Global President, Advertising & Allied Agencies - McCann New York; *pg.* 108

Macdonald, Christine, Director, Account - John St.; *pg.* 93

Mace, Stephanie, Executive Vice President & General Manager - West Region - MRM//McCANN; *pg.* 289

Maceda, Joe, Chief Instigation Officer - Mindshare; *pg.* 491

Macey, Karin, Project Manager - Pennebaker, LMC; *pg.* 194

Macfaddin, Jessica, Group Supervisor, Media Strategy - SwellShark; *pg.* 518

Macfarland, Deaglan, Senior Director, Strategy - StrawberryFrog; *pg.* 414

Machak, Joel, Executive Creative Director - Crosby Marketing Communications; *pg.* 347

Machard, Caileen, Search Manager - Powerphyl Media Solutions; *pg.* 506

Machata, Cynthia, Executive Vice President & Group Account Director - Havas Media Group; *pg.* 468

Machemehl, Al, Chief Operating Officer & Principal - Metropolitan Group; *pg.* 387

Machen, Lauren, Account Director, Public Relations & Digital Communications - Fuse, LLC; *pg.* 8

Macht, Lauren, Associate Media Director - Starcom Worldwide; *pg.* 516

Machtiger, Susan, President, Brand & Marketing Strategy - OgilvyRED - OgilvyOne Worldwide; *pg.* 255

Machuca, Claudia, Media Director - Icon Media Direct; *pg.* 476

Macias, Alex, Managing Partner & Chief Operations Officer - Macias Creative; *pg.* 543

Macias, Diandra, Creative Director, Design - Duarte; *pg.* 180

Macias, Evie, Account Director - Markham & Stein; *pg.* 105

Macias, Marcos, President & Chief Creative Officer - Macias Creative; *pg.* 543

Macias, Mike, Manager, Social Media - Taylor; *pg.* 651

Macias Torres, Mauricio, Associate Creative Director - Conill Advertising, Inc.; *pg.* 538

Mack, Liz, Associate Director - Starcom Worldwide; *pg.* 513

Mack, Maria, Digital Project Manager - RedShift; *pg.* 133

Mack, Michael, Vice President, Marketing & Communications - Las Vegas Events; *pg.* 310

Mack, Rene, President - Perceptyx; *pg.* 636

Mack, Stephanie, Senior Media Buyer - Eicoff; *pg.* 282

Mack Tomaro, Ashley, Account Manager - Adcom Communications, Inc.; *pg.* 210

Mackay, Dave, Director, Engagement Planning - OgilvyOne Worldwide; *pg.* 255

Mackay, Michael, Creative Director - BrandPie; *pg.* 42

Macke, Patrick, Vice President & Group Creative Director, Interactive - Pacific Communications; *pg.* 124

Mackenzie, Chris, Vice President, Digital Advertising Operations - I Heart Media; *pg.* 552

Mackenzie, Rebecca, Director, Product Management - C Space; *pg.* 443

Mackenzie, Romaine, Senior Vice President & Group Management Director - FCB Chicago; *pg.* 71

Mackey, Christopher, Senior Principal - Identity Data Management Platform - Neustar, Inc.; *pg.* 289

Mackey, Cindy, Marketing & Public Relations Director - Otto Design & Marketing; *pg.* 124

Mackey, Riley, Media Supervisor - Team One; *pg.* 417

Mackey, Taylor, Account Coordinator - 88 Brand Partners; *pg.* 171

Mackie, Todd, Chief Creative Officer - BBDO Canada; *pg.* 330

Mackin, Conner, Media Buyer - Zenith Media; *pg.* 531

Mackin, Jennifer, Owner & Chief Executive Officer - The Oliver Group; *pg.* 667

Macklam, Paul, Director, Account & Sponsorship - Lumency Inc.; *pg.* 310

Mackler, Jonathan, Executive Creative Director & Head, Creative - BBH; *pg.* 37

Mackley, Crysta, Vice President, Group Director - Canvas Worldwide; *pg.* 458

Macklin, Stephen, Director, Creative Services - The Concept Studio; *pg.* 269

PERSONNEL　　　　　　　　　　　　　　　　　　　　　　　　　　　　　　　　　　　　　　AGENCIES

Mackoff, Shawn, Vice President & Group Account Director - GSD&M; *pg.* 79
Maclachlan, David, Senior Vice President, Business Development - Maddock Douglas; *pg.* 102
Maclay, Sam, Partner & Creative Director - 3; *pg.* 23
Maclean, Chris, Creative Director - Wolff Olins; *pg.* 21
Macleod, Evan, Associate Creative Director - WS; *pg.* 164
Macleod, Sam, Supervisor, Integrated Account - No Fixed Address Inc.; *pg.* 120
Macleod, Scott, Group Planning Director - The VIA Agency; *pg.* 154
Macmillan, Stuart, Creative Director - LG2; *pg.* 380
Macmillan-Butler, Alexa, Senior Media Buyer & Planner - Balcom Agency ; *pg.* 329
Macomber, Patrick, Group Creative Director - 160over90; *pg.* 1
Macon, Millicent, Supervisor, Media - Starcom Worldwide; *pg.* 513
Macon, Millicent, Media Supervisor - Starcom Worldwide; *pg.* 517
Maconochie, Ryan, Co-Founder & Executive Creative Director - D/CAL; *pg.* 56
Macpherson, Lachlan, Brand Manager - Decoded Advertising; *pg.* 60
Macrae, Joanne, Writer - MVP Marketing; *pg.* 390
Macrone, Lynn, Owner, Partner & Chief Creative Officer - Juice Pharma Worldwide; *pg.* 93
Macy, Kimberly, President & Creative Director - Macy + Associates, Inc.; *pg.* 382
Madalone, Chrissy, Account Director - KWG Advertising, Inc.; *pg.* 96
Madanick, Karen, Vice President & Media Director - Anson-Stoner, Inc.; *pg.* 31
Madaras, Claire, Associate Media Director - Spark Foundry; *pg.* 508
Madaris, Michele, Group Account Director - Boathouse Group, Inc.; *pg.* 40
Madden, Angela, Vice President & Chief Financial Officer - TransMedia Group; *pg.* 656
Madden, Brian, Senior Vice President, Development - Hearst Magazines Digital Media; *pg.* 238
Madden, Kevin, Chairman & Owner - Madden Media; *pg.* 247
Madden, Lacy, Account Planner - Cornett Integrated Marketing Solutions; *pg.* 344
Madden, Leo, Creative Director - Brighton Agency, Inc.; *pg.* 337
Madden, Liadha, Communications Planner - Carat; *pg.* 461
Madden, Melissa, Ad Operations Manager - NOM; *pg.* 121
Madden, Molly, Supervisor, Business Development - DDB Chicago; *pg.* 59
Madden, Tom, Chief Executive Officer & Chairman - TransMedia Group; *pg.* 656
Madden, Tricia, Executive Administrator - GMR Marketing; *pg.* 306
Madden Johnson, Rachel, Director, Client Services - 3rd Coast PR; *pg.* 573
Maddock, Christopher, General Manager - AKQA; *pg.* 212
Maddock, Mike, Chief Executive Officer & Founding Partner - Maddock Douglas; *pg.* 102
Maddox, Brian, Senior Managing Director - Media Relations - FTI Consulting; *pg.* 606
Maddox, Dave, Vice President & Senior Analyst - WestGroup Research; *pg.* 451
Maddox, McNeal, Director, Brand Development - Innovation Protocol; *pg.* 10
Maddrey, Erika, Vice President & Account Director - Publicis North America; *pg.* 399
Madeira, Danielle, Vice President, Special Events - Another Planet Entertainment; *pg.* 565
Madeley, Chelsea, Coordinator, Sales - Inside Sales - Exponation; *pg.* 305
Madell, Allison, Executive Vice President, Public Relations & Social Media - Bader Rutter & Associates, Inc. ; *pg.* 328
Mader, John, Vice President & Director, Connections - Wray Ward; *pg.* 433
Mader, Michelle, Senior Vice President, Operations - R&R Partners; *pg.* 131
Madera, Maria, Director, Sales - A. Marcus Group; *pg.* 25
Madera, Robert, Media Specialist - Local Broadcast - Starcom Worldwide; *pg.* 513
Madhany, Nasreen, Global Chief Executive Officer - Neo Media World; *pg.* 496
Madigan, Carolyn, Managing Director, Brand Steward - TPN; *pg.* 571
Madigan, Laurie, Senior Media Planner - Martin Advertising; *pg.* 106
Madik, Vladimir, Manager, Digital Advertising Operations - Spark Foundry; *pg.* 510
Madison, Erika , Head, Production - Anomaly; *pg.* 325
Madison, Jacob, Senior Account Manager - Empower; *pg.* 355
Madison, Katie, Director, Account Management - Scoppechio; *pg.* 409
Madison, Vann, Director, Strategy - Red Tettemer O'Connell + Partners; *pg.* 404
Madjidi, Navid, Strategy Lead, Creative Marketing Services - Accenture Interactive; *pg.* 322
Madlom, James, Chief Operating Officer - Mueller Communications, Inc.; *pg.* 630
Madore, Suzanne K., Strategist, Content Marketing - Ethos Marketing & Design; *pg.* 182
Madrigal, Ray, Office Manager - Zeno Group; *pg.* 664
Madsen, Christine, President & Founder - Mad 4 Marketing; *pg.* 102
Madsen, Haley, Senior Producer - We Are BMF; *pg.* 318
Madsen, Mariah, Director, Media - Flint Communications, Inc.; *pg.* 359
Madsen, Matisse, Digital Strategy Director - Edelman; *pg.* 601
Madson, Dan, Chief Creative Officer - The Grist; *pg.* 19
Madson, David, Chief Financial Officer & Executive Vice President - Jackson Marketing Group; *pg.* 188
Madyda, Stan, Senior Vice President - Estee Marketing Group; *pg.* 283
Maeda, John, Chief Experience Officer - Publicis.Sapient; *pg.* 259
Maenner, Emily, Senior Analyst, Research - Publicis North America; *pg.* 399
Maer, William, Senior Partner - Public Strategies Impact; *pg.* 639
Maertens, Kiersten, Director, Account Services - Flynn Wright, Inc.; *pg.* 359
Maestas, A.J., Founder & Chief Executive Officer - Navigate Marketing; *pg.* 253
Maex, Dimitri, Global Chief Executive Officer - Reprise Digital; *pg.* 676
Maffei, Tony, Manager, Media - Source Communications; *pg.* 315
Maffessanti, Marina, Account Manager - Chevrolet - iProspect; *pg.* 674
Mafnas, Donovan, Associate Creative Director - Huge, Inc.; *pg.* 239
Magana, Danielle, Project Manager - Zeller Marketing & Design; *pg.* 205
Maganja, Laura, Media Supervisor - DentsuBos Inc.; *pg.* 61
Magarity, Makenna, Brand Manager - 72andSunny; *pg.* 23
Magary, Jim, Strategist, Media - Holland - Mark; *pg.* 87
Magee, Bailey, Negotiator - Hearts & Science; *pg.* 473
Magee, Robbie, Executive Director - Flynn; *pg.* 74
Magee, Sean, Founder & Chief Executive Officer - Anchor Media Services, LLC; *pg.* 454
Mager, Danny, Principal & Marketing Director - Affirm Agency; *pg.* 323
Mager, Scott, Principal - Deloitte Consulting - Deloitte Digital; *pg.* 225
Magesis, Derek, Vice President & Account Director - Deutsch, Inc.; *pg.* 349
Maggiacomo, Annette, Vice President, Partner & Public Relations - Duffy & Shanley, Inc.; *pg.* 66
Maggio, Carol, Director, Strategy - E29 Marketing; *pg.* 67
Maggio, Grace, Assistant Media Planner - Mediahub Boston; *pg.* 489
Maggio, Kelsey, Copywriter - Woodruff; *pg.* 163
Maggiore, Dick, President & Chief Executive Officer - Innis Maggiore Group; *pg.* 375
Maggiore, Kathi, Principal, Administration - Innis Maggiore Group; *pg.* 375
Maggs, Jeffrey, Managing Director - Atlanta Office - Brunner; *pg.* 44
Magid, Brent, President & Chief Executive Officer - Magid; *pg.* 447
Magid, Brent, President & Chief Executive Officer - Magid; *pg.* 103
Magiera, Maribeth, Broadcast Promotion Manager & Buyer - Mintz & Hoke; *pg.* 387
Magila, Marlene, Associate Creative Director - Pacific Communications; *pg.* 124
Magill, Dayle, Head, Client Operations - PMG; *pg.* 257
Magill, Shannon, Director, Account - Karbo Communications; *pg.* 618
Maginnis, Mike, Senior Vice President - Valtech; *pg.* 273
Magley, Jennifer, Senior Manager, Brand Partnerships - CSM Sports & Entertainment; *pg.* 55
Maglio, Joe, Chief Executive Officer - McKinney New York; *pg.* 111
Magliocca, Evan, Director, Marketing - Baesman; *pg.* 167
Magnani, Ian, Partner & Chief Relationship Officer - MCD Partners; *pg.* 249
Magnotto, Erica, Search Engine Marketing Manager - r2integrated; *pg.* 261
Magnuson, Erik, Associate Planning Director - VMLY&R; *pg.* 275
Magnuson, Jeff, Vice President, Client Services - GMR Marketing; *pg.* 306
Magnuson, Julie, Vice President, Operations - The Mullikin Agency; *pg.* 152
Magnusson, Michael, President & Chief Executive Officer - Pinnacle Advertising; *pg.* 397
Magoc, Kate, Senior Writer - Wolff Olins; *pg.* 21
Magpantay, Vonn, Art Director - Duarte; *pg.* 180
Magram, Marc, Senior Editor - EFX Media; *pg.* 562
Magrino, Allyn, President & Chief Operating Officer - Magrino Public Relations; *pg.* 624
Magrino, Susan, Chairman, Chief Executive Officer & Founder - Magrino Public Relations; *pg.* 624
Magruder, Allie, Vice President & Brand Group Director - Horizon Media, Inc.; *pg.* 474
Maguire, Amy, Senior Vice President & Group Account Director - Havas Media Group; *pg.* 470
Maguire, Bruce, Chief Executive Officer - Freeman Public Relations; *pg.* 606
Maguire, Colleen, Associate Media Director -

910

AGENCIES PERSONNEL

GRP Media, Inc.; *pg.* 467
Maguire, Karen, President & Chief Executive Officer - Satuit Technologies, Inc.; *pg.* 168
Maguire, Phyllis, Media Manager - CAM Media, Inc.; *pg.* 457
Maguy, Chuck, Chief Executive Officer - Saatchi & Saatchi Los Angeles; *pg.* 137
Mahadevan, Milen, Chief Operating Officer - 84.51; *pg.* 441
Mahaffey, Melanie, Director, Public Relations - R/GA; *pg.* 261
Mahaffy, Ali, Co-Chief Executive Officer - Signal Theory; *pg.* 141
Mahajan, Ashika, Analyst, Digital Data - m/SIX; *pg.* 483
Mahalick, Chloe, Account Executive, Influencer Marketing - SociallyIn; *pg.* 688
Mahaney, Bevan, Director, Creative - Grey West; *pg.* 367
Mahar, Jeff, Senior Vice President & Digital Marketing Director - Cannonball Agency; *pg.* 5
Maher, Brielle, Supervisor - Starcom Worldwide; *pg.* 513
Maher, Cheryl, President & Chief Strategy Officer - Scout Marketing; *pg.* 139
Maher, Dan, Vice President, Agent Client Services - Aspen Marketing Services; *pg.* 280
Maher, Dave, Chief Digital Officer - Zehnder Communications, Inc.; *pg.* 436
Maher, David, Chief Financial Officer - Rain; *pg.* 402
Maher, Marina, President & Chief Executive Officer - Marina Maher Communications; *pg.* 625
Maher, Rachel, Senior Vice President - Murphy O'Brien, Inc.; *pg.* 630
Maher, Regis, President & Chief Operating Officer - DIO; *pg.* 62
Maher, Tim, Director, Brand Strategy - Fuse, LLC; *pg.* 8
Mahfood, Rene, Vice President - Backus Turner International; *pg.* 35
Mahin, Christine, Director, Accounts & Operations - Lenz, Inc.; *pg.* 622
Mahler, Andrew, Chief Executive Officer & Co-Founder - The MX Group; *pg.* 422
Mahler, John, Partner & Director, Strategy - Greater Than One; *pg.* 8
Mahn, Steve, Design Director - Instrument; *pg.* 242
Mahnke, Mike, Co-Owner & Senior Vice President - Roundhouse Marketing & Promotions; *pg.* 408
Mahomes, Lauren, Associate Media Director - MediaCom; *pg.* 489
Mahon, Denis, Account Supervisor - McCann New York; *pg.* 108
Mahon, Erika, Media Director - 360i, LLC; *pg.* 208
Mahon, Kendra, Senior Marketing Communications Manager - PP+K; *pg.* 129
Mahon, Lisa, Programmatic Supervisor & Social Manager - Starcom Worldwide; *pg.* 513
Mahon, Mike, Creative Director - Malka; *pg.* 562
Mahoney, Corey, Account Manager - Playbuzz; *pg.* 128
Mahoney, Kieran, Chief Executive Officer - Mercury Public Affairs; *pg.* 627
Mahoney, Regan, Account Manager - Splash; *pg.* 200
Mahoney, Sean, Vice President & Group Director, Content - Digitas; *pg.* 228
Mahony, Diane, Managing Director - Bruce Mau Design; *pg.* 176
Mahunik, Faon, Senior Vice President & Group Director, Insights - Havas Media Group; *pg.* 468
Mai, Alison, Associate, Integrated Media Planning - OMD Atlanta; *pg.* 501

Mai, Cindy, Director, Corporate Communication - AMP Agency; *pg.* 213
Mai, Mi, Associate Media Director - Garage Team Mazda; *pg.* 465
Mai, Quynh, Founder & Chief Executive Officer - Moving Image & Content; *pg.* 251
Maicon, Lee, Chief Strategy Officer - North America - McCann New York; *pg.* 108
Maidens, Robert, Creative Director - Michael Patrick Partners ; *pg.* 191
Maier, Andy, Partner - Belief Agency; *pg.* 38
Mailhiot, Renee, Senior Media Supervisor - Edelman; *pg.* 353
Mailloux, Carolyn, Media Supervisor - Watauga Group; *pg.* 21
Mailman, Alex, Senior Vice President & Group Account Director - Publicis North America; *pg.* 399
Maiman, Dana, President & Chief Executive Officer - FCB Health; *pg.* 72
Maiman, Marc, Vice President & Director, National Ignition - Milner Butcher Media Group; *pg.* 491
Main, Andy, U.S. Lead & Head, Deloitte Digital - Deloitte Digital; *pg.* 224
Main, Ewan, Chief Executive Officer & Co-Founder - Daggerwing Group; *pg.* 56
Main, Kaitlyn, Associate Director, Marketing Sciences - PHD Chicago; *pg.* 504
Maina, Peris, Media Buyer, Digital & Programmatic - Ocean Media, Inc.; *pg.* 498
Maines, Holli, Director, Client Services - Hunt Adkins; *pg.* 372
Mainprize, Janet, Managing Director, Digital Operations & Analytics - Mindshare; *pg.* 495
Mains, Joseph, Creative Director - R/GA; *pg.* 261
Mainzer, Jacob, Media Strategy & Content Supervisor - Spark Foundry; *pg.* 512
Maiolo, Dominick, Executive Creative Director - Leo Burnett Worldwide; *pg.* 98
Maiorana, Meghan, Associate Director - Norbella; *pg.* 497
Maiorano, Thomas, Vice President, National Video Activation - Carat; *pg.* 459
Maise, Kelly, Senior Account Manager - Publicis.Sapient; *pg.* 260
Maiser, Natalie, Senior Director, Account - Periscope; *pg.* 127
Maisonpierre, Martin, General Manager - Hayter Communications; *pg.* 612
Maitland, Jan, Founder & Film Editor - Utopic; *pg.* 428
Maitra, Seb, Chief Operating Officer - Norbella; *pg.* 497
Majak, Simon, Senior Manager, Sales Operations - Neustar, Inc.; *pg.* 289
Majchrowicz, Megan, Account Director - ID Media; *pg.* 477
Majestic, Chris, Media Manager - MediaDex LLC; *pg.* 489
Major, Bill, Chief Operating Officer - Greater Than One; *pg.* 8
Major, Victor, Media Coordinator - Backbone Media; *pg.* 579
Majowski, William, Group Director - OMD; *pg.* 498
Majuqwana, Nomzamo, Director, Strategy - Wolff Olins; *pg.* 21
Mak, John, Operations Manager - Sandbox Strategies; *pg.* 645
Mak, Michelle, Creative Director - Force Majure Design Inc.; *pg.* 183
Makarewicz-Liszka, Sylwia, Media Director - Starcom Worldwide; *pg.* 513
Makely, Gordon, Associate Director, Technology - Manifest; *pg.* 248
Maker, Gina, Account Director - Connectivity Strategy; *pg.* 462
Maki, Jeff, Group Creative Director & Writer

- GSD&M; *pg.* 79
Maki, Paula, Creative Director - 72andSunny; *pg.* 23
Maki, Sarah, Project Management & Operations Lead - Public Works; *pg.* 130
Makiaris, Irene, Owner & Chief Executive Officer - Makiaris Media Services; *pg.* 483
Makovsky, Ken, Owner & President - Makovsky & Company, Inc.; *pg.* 624
Makow, Jordan, Group Director, Production & Content - Big Spaceship; *pg.* 455
Makowski, John, Senior Vice President,Creative Director - Harvey Agency; *pg.* 681
Makowsky, Olivia, Supervisor - Dentsu Aegis Network - Vizeum; *pg.* 526
Makurath, Todd, President & Chief Executive Officer - Bullitt; *pg.* 561
Malabonga, Stephanie, Associate Media Director - 9thWonder Agency; *pg.* 453
Malachowski, Jim, Chairman, Managing Partner - RDW Group ; *pg.* 403
Malaga, Laurie, Vice President & Director, Integrated Production - the community; *pg.* 545
Malaguti, Lauren, Director, Sales - Triad Retail Media; *pg.* 272
Malandruccolo, John, Media Operations Supervisor - Starcom Worldwide; *pg.* 513
Malanga, Vic, Global Chief Financial Officer & Executive Vice President - Edelman; *pg.* 599
Malaniuk, Julie, Global Data Operations Director - Starcom Worldwide; *pg.* 513
Malcolm, Doug, Vice President & Group Director, Creative Strategy - Digitas; *pg.* 227
Malcolm, Ian, President & Chief Executive Officer - Lumency Inc.; *pg.* 310
Maldari, Maureen, Chief Executive Officer - BAM Connection; *pg.* 2
Maldini, Maria, Director, Creative Operations - Gallegos United; *pg.* 75
Maldonado, Angel, Partner & Chief Operations Officer - The Concept Farm; *pg.* 269
Maldonado, Irma, Chief Executive Officer - HMA Associates, Inc.; *pg.* 541
Maldonado, Jeff, Managing Director - KWT Global; *pg.* 621
Maldonado, Josh, Producer - Secret Location; *pg.* 563
Maldonado, Louis, Partner & Managing Director - d. exposito & Partners; *pg.* 539
Maldonado Toomey, Tanya, Account Director, Social Media - Conill Advertising, Inc.; *pg.* 538
Male, Jeremy, Chairman & Chief Executive Officer - Outfront Media; *pg.* 554
Male, Olivia, Account Coordinator - MBB Agency; *pg.* 107
Malech, Jennifer, Junior Copywriter - Saatchi & Saatchi Los Angeles; *pg.* 137
Malecha, Justin, Digital Media Strategist - Media Bridge Advertising; *pg.* 484
Maleckas, Valerie, Partner, Portfolio Management - Universal McCann; *pg.* 521
Malecot, Ron, Director, Sales Operations - Active International; *pg.* 439
Maleeny, Tim, Chief Strategy Officer & President - Havas New York; *pg.* 369
Malek, Anna, Associate Director, Media - Carat; *pg.* 459
Malek, Brynn, Associate Creative Director - Doner; *pg.* 352
Malek, Maggie, Chief Executive Officer - MMI Agency; *pg.* 116
Malekian, Geoffrey, Associate Director, Strategic Analytics - Mediahub New York; *pg.* 249
Malen, Sabrina, Vice President & Group Partner - Universal McCann; *pg.* 521

PERSONNEL — AGENCIES

Malen, Susan, Account Manager - AgencyEA; pg. 302
Malena, Kelvin, Director, Strategy - Liquid Advertising, Inc.; pg. 100
Maletsky, Jason, Digital Marketing Director - Dailey Marketing Group; pg. 57
Malewitz, Brenda, Senior Media Buyer - Novus Media, Inc.; pg. 497
Malewski, Ronnie, Chief Client Officer - iProspect; pg. 674
Maley, Kim, Senior Copywriter - Goda Advertising; pg. 364
Malfi, Renee, Account Director - Tenet Partners; pg. 450
Malfitano, Devon, Associate Account Manager - IMG LIVE; pg. 308
Malhan, Madhu, Senior Vice President & Director, Global Creative Services - FCB New York; pg. 357
Malhotra, Bobby, Vice President & Brand Director - Publicis Toronto; pg. 639
Malhotra, Sonia, Media Director, Planning - Carat; pg. 461
Malhotra, Taanya, Senior Account Executive - Greenough Communications; pg. 610
Malick, Ally, Senior Head, Paid Media - Seer Interactive; pg. 677
Malik, Osama, Principal, Digital Strategy Management - Booz Allen Hamilton; pg. 218
Malin, Jeff, Social Content Analyst - Publicis.Sapient; pg. 260
Malin, Mark, President - RPM Advertising; pg. 408
Malina, Marianne, President - GSD&M; pg. 79
Malinowski, Mike, Director, Advanced TV - Horizon Media, Inc.; pg. 474
Malinowski, Nicole, Chief Financial Officer - BeCore; pg. 302
Malinowski, Roger, Vice President, Business Development - BeCore; pg. 302
Malins, James, Senior Vice President, Programmatic - Amobee, Inc.; pg. 213
Malis, Andy, Owner & Chief Executive Officer - MGH Advertising ; pg. 387
Malka, Doron, President - Ameba Marketing; pg. 325
Malkin, Allison, Partner, Retail & Consumer - ICR; pg. 615
Malkin, Arthur, Founding Partner - M+R; pg. 12
Malkinson, Sabra, Manager, Finance & Administration - Enteractive Solutions Group, Inc.; pg. 567
Mallach, Jeff, Vice President - A.B. Data, Ltd; pg. 279
Mallaley, Chrystiane, Acting Managing Partner - National Public Relations; pg. 631
Mallalieu, Josh, Vice President, Strategy - Universal McCann; pg. 521
Mallen, Amanda, Account Manager - Moxie; pg. 251
Mallen, Kat, Senior Buyer, Broadcasting - Horizon Media, Inc.; pg. 474
Mallerdino, Alyssa, Media Supervisor - Starcom Worldwide; pg. 513
Malles Ward, Phoebe, Senior Vice President, Beauty - Lippe Taylor; pg. 623
Malley, Rebecca, Account Supervisor, Digital - Publicis North America; pg. 399
Malli, Megan, Vice President, Client Services - Huge, Inc.; pg. 240
Mallick Peterson, Sabrina, Co-Founder & President - Pure Ventures - Pure Growth; pg. 507
Mallin, Noah, Managing Partner & Head, content & Expierence - North America - Wavemaker; pg. 526
Malliris, Nick, Co-President - Media Partners; pg. 386
Mallof, Edward, President - MAN Marketing; pg. 103
Mallon, Michael, Senior Art Director - DMA United; pg. 63
Mallone, Scott, Chief Strategy Officer - HYFN; pg. 240
Mallory, Christene, Senior Digital Media Manager - Supply Media; pg. 145
Mallory, Marrissa, Account Director - J Public Relations; pg. 616
Mallow, Rachel, Account Coordinator - Vault Communications, Inc.; pg. 658
Malloy, Andrew, Vice President & Director, Strategy - Leo Burnett Worldwide; pg. 98
Malloy, Brea, Associate Director, Brand Strategy - Simple Truth; pg. 198
Malloy, Marc, Media Planner & Buyer - R&R Partners; pg. 131
Malloy, Mark, Executive Creative Director - EMI Strategic Marketing, Inc.; pg. 68
Malloy, Mark, Associate Director, Media & Communications Planning - Wieden + Kennedy; pg. 432
Malloy, Patti, Manager, Sales Administration - Active International; pg. 439
Malm-Hallqvist, Lotta, Managing Director & Chief Marketing Officer - Europe - MDC Partners, Inc.; pg. 385
Malmad, Jeff, Executive Director & Head Life- North America - Mindshare; pg. 491
Malmsten , Stefan, Director, Production - Column Five; pg. 343
Malmstrom, Paul, Creative Chairman & Founder - Mother NY; pg. 118
Malmud, Dan, Digital Director - Holland American Line & Seabourn - PHD USA; pg. 505
Malo, Kathleen, Senior Media Buyer - Starcom Worldwide; pg. 517
Malone, Caitlin, Vice President & Group Director, Analytics - Initiative; pg. 479
Malone, Cindy, Vice President, Innovation - Maddock Douglas; pg. 102
Malone, Emily, Media Director - PHD USA; pg. 505
Malone, Janel, Vice President & Director, Planning - Spark Foundry; pg. 510
Malone, Kyle, Media Planner - 160over90; pg. 1
Malone, Matthew, Associate Director, Data Architecture - Spark Foundry; pg. 510
Malone, Mike, Principal & Creative Group Head - The Richards Group, Inc.; pg. 422
Malone, Ryan, Account Lead - Dell Blue; pg. 60
Maloney, Bob, Chief Financial Officer & Executive Vice President - Deutsch, Inc.; pg. 350
Maloney, Caitlin, Creative Director - Superfly; pg. 315
Maloney, Hilary, Brand Strategist - Argonaut, Inc.; pg. 33
Maloney, John, Vice President & Director, Technology & Development - MERGE; pg. 113
Maloney, John, President - Maloney Strategic Communications ; pg. 103
Maloney, Katie, Earned Media Coordinator - MBB Agency; pg. 107
Maloney, Kevin, Manager, New Media - Pac / West Communications; pg. 635
Maloney, Mackenzie, Vice President, Strategic Accounts - Xevo; pg. 535
Maloney, Michael, Account Supervisor - RightPoint; pg. 263
Maloney, Suzanne, Partner, Executive Creative Director & San Francisco Market Lead - Ketchum West; pg. 620
Malordy, Andrew, Associate Director, Digital - Carat; pg. 459
Malott, Link, Director, Operations - The Marketing Department; pg. 420
Maloy, Kurt, Creative Director - Celtic Marketing, Inc.; pg. 341
Maloy, Taryn, Junior Strategist - Giant Spoon, LLC; pg. 363
Malphrus, Natalie, Contractor - Summit Marketing ; pg. 570
Maltby, Jen, Chief Strategy Officer - Full Contact Advertising; pg. 75
Malter Nathan, Annie, Vice President, Brand Marketing & Communications - Kovert Creative; pg. 96
Maltese, Christina, Senior Account Executive - Zehnder Communications, Inc.; pg. 436
Malts, Feliks, Vice President, Decision Sciences - 3Q Digital; pg. 671
Malysiak, John, Global Innovation Director - PHD Chicago; pg. 504
Mambro, Jamie, Creative Director & Co-Founder - MMB; pg. 116
Mamer DeVastey, Heidi, Vice President, Integrated Communications - Citizen Relations; pg. 590
Mamey, Jessie, Senior Vice President, Digital & Paid Media - The Search Agency; pg. 677
Mammon, Diane, Vice President, Marketing - Yoh; pg. 277
Mammone, Natalie, Creative Director - Huge, Inc.; pg. 239
Mamnani, Manish, President & Chief Executive Officer - Gate 6; pg. 236
Mamnoon, Kabeer, Co-Founder & Chief Executive Officer - Ready State; pg. 132
Mamorsky, Alexandra, Associate Director, Experience Strategy & Design - Code and Theory; pg. 221
Manago, Greg, Managing Director, North America Entertainment & Senior Producer - Mindshare Entertainment - Mindshare; pg. 491
Manahan, George, Chief Executive Officer & Founder - The Manahan Group; pg. 19
Manak, Kapil, Vice President, Engineering - iX.co; pg. 243
Manalac, Wendy, Account Manager - The Summit Group; pg. 153
Manalili, Erick, Associate Media Director - OOH - Horizon Media, Inc.; pg. 473
Manaois, Caitlin, Account Director - ScoutComms; pg. 646
Manas, George, President - U.S. & Chief Media Officer- OMD - OMD; pg. 498
Manatt, Kara, Senior Vice President, Intelligence Solutions & Strategy - Magna Global; pg. 483
Manaysay, Allan, Vice President, Creative Director & Writer - Publicis Hawkeye; pg. 399
Manber, Susan, Chief Planning Officer - North America - Digitas Health LifeBrands; pg. 229
Manboadh, Annmarie, Group Manager, Media - GroupM; pg. 466
Mance, Amina, Supervisor, Media - Burrell Communications Group, Inc. ; pg. 45
Mancebo, Carla, Senior Associate - Walt & Company Communications; pg. 659
Manchester, Jane, Senior Art Director - Curiosity Advertising; pg. 223
Mancillas, Pacino, Partner & Chief Marketing Officer - AC&M Group; pg. 537
Mancini, Angela, Senior Director, Photography & Video - DiD Agency; pg. 62
Mancino, Jeff, Chief Financial Officer - Healthcare Success; pg. 83
Mancusi, Peter, Executive Vice President, Strategic Media & Crisis Communications Specialist - Weber Shandwick; pg. 660
Mancuso, Gina, President & Chief Executive Officer - Mancuso Media; pg. 382
Mancuso, Kelly, Senior Director, Paid Media - Nebo Agency, LLC; pg. 253
Mandarino, Adam, Programmatic Manager - Spark Foundry; pg. 508
Mandato, Michael, Vice President & Global

AGENCIES — PERSONNEL

Account Manager - Media Sector - GfK; *pg.* 444
Mandel, Anabella, Vice President & Head, Business - Cossette Media; *pg.* 345
Mandel, Haley, International Digital Account Manager - OMD West; *pg.* 502
Mandel, Josh, President - The Mill; *pg.* 563
Mandel, Karen, Senior Media Planner - MediaCom; *pg.* 487
Mandel, Lon, Chairman - SMS Marketing Services; *pg.* 292
Mandel, Lonnie, Chairman - Specialists Marketing Services, Inc. ; *pg.* 292
Mandelbaum, Juan, President & Creative Director - Geovision; *pg.* 540
Mandell, Jason, Co-Founder & Principal - LaunchSquad; *pg.* 621
Mandell, Joshua, Associate Director, Media & Communications Design - Initiative; *pg.* 477
Mandes, Evans, Public Relations Coordinator - The Hodges Partnership; *pg.* 653
Mandia, Mark, President & Chief Executive Officer - DMW Worldwide, LLC; *pg.* 282
Mandino, Sarah, Vice President & Associate Director, Video Investments - Mediahub Boston; *pg.* 489
Mandragouras, Julie, Associate Media Director - Marc USA - Cogniscient Media/MARC USA; *pg.* 51
Mandrell, Staci, Senior Vice President & Managing Director - Big Red Rooster; *pg.* 3
Manea, Brenda, Senior Account Executive - BAM Communications; *pg.* 580
Manes, Joe, Partner & Senior Vice President - A.B. Data, Ltd; *pg.* 279
Maness, Amanda, Account Director - Red Moon Marketing; *pg.* 404
Maness, Chris, Associate Creative Director - Harte Hanks, Inc.; *pg.* 284
Maness, Laura, Chief Executive Officer - Havas New York; *pg.* 369
Manetta, Louie, Chief Operating Officer - TCAA; *pg.* 147
Manfe, Louise, Vice President, Digital Media & Marketing - Expert Marketing; *pg.* 69
Manford, Price, Account Director - Wieden + Kennedy; *pg.* 432
Manfredo, Amanda, Executive Vice President, National Health Media - Edelman; *pg.* 599
Manfredo, Nicholas, Account Manager, Digital - DAC Group; *pg.* 223
Mangan, Colleen, Senior Account Executive - Grey Group; *pg.* 365
Mangan, Craig, Chief Creative Officer & Co-Founder - Funworks; *pg.* 75
Mangano, Frank, Chief Financial & Operating Officer - Havas New York; *pg.* 369
Mangelson, Cory, Account Executive & Sales Manager - NSON; *pg.* 448
Manghnani, Sachin, Associate Director, Digital Investment - Canvas Worldwide; *pg.* 458
Mangiarulo, Maria, Media Coordinator - Global Media Group; *pg.* 76
Mangiola, Alex, Vice President - Pilot PMR; *pg.* 636
Mangold, Corey, Co-Founder & Principal - GigaSavvy; *pg.* 237
Mangone, Marc, Senior Director, Marketing - Gartner, Inc.; *pg.* 236
Manhart, Lisa, Chief Marketing Officer & Executive Vice President, Sales & Marketing - Ventura Associates Intl, LLC; *pg.* 571
Maniaci, Nicole, Associate Media Director - Mindshare; *pg.* 491
Manian, Meagan, Digital Marketing Coordinator - Global Media Group; *pg.* 76
Manias, Kristen, Associate Creative Director - DDB Chicago; *pg.* 59
Maniff, Maury, Senior Partner - Manhattan Marketing Ensemble; *pg.* 382

Manikas, Tina, President, FCB/RED - FCB Chicago; *pg.* 71
Manion, Catherine, Manager, Public & Media Relations - Paige Group; *pg.* 396
Maniscalco, Pete, Director, Publicity & Promotions - Allied Global Marketing - Allied Integrated Marketing; *pg.* 324
Manise, Steven, Account Manager - GMLV; *pg.* 466
Manitone, Gary, Senior Digital Media Strategist - Butler / Till; *pg.* 457
Maniv, Elad, President & Chief Operating Officer - Taboola; *pg.* 268
Manke, Darrin, General Manager - Farm Design Incorporated; *pg.* 71
Manke, Robert, Director, Print Production - The Regan Group; *pg.* 570
Mankey, Austin, Associate Creative Director - Crispin Porter + Bogusky; *pg.* 346
Manley, Gavin, Managing Director - CoolGraySeven; *pg.* 53
Manley, John, Executive Vice President & Head, Strategy - Geometry; *pg.* 363
Manlove, Gina, Vice President - John Manlove Advertising; *pg.* 93
Manlove Howard, Leah, Chief Strategy Officer - John Manlove Advertising; *pg.* 93
Mann, Casey, Senior Producer - Second Story Interactive; *pg.* 265
Mann, Grayson, Digital Account Coordinator - Team One; *pg.* 418
Mann, Jake, Director, Business Development - Zenith Media; *pg.* 529
Mann, Justin, Manager, Video Investment - Spark Foundry; *pg.* 508
Mann, Karon, Vice President, Finance & Administration - Mangan Holcomb Partners; *pg.* 103
Mann, Larry, Executive Vice President, Business Development - rEvolution; *pg.* 406
Mann, Michelle, Marketing Manager - Fantich Media; *pg.* 71
Mann, Molly, Supervisor - OMD; *pg.* 498
Mann, Natalie, Media Planner & Buyer - Asher Agency; *pg.* 327
Mann, Neal, Global Head, Transformation - Anomaly; *pg.* 325
Mann, Rachel, Senior Vice President, Strategy - Zenith Media; *pg.* 529
Mann, Rebecca, Senior Vice President & Group Director, Media - Spark Foundry; *pg.* 512
Mann, Sargi, Executive Vice President & Head, Digital Strategy & Investments - Havas Media Group; *pg.* 468
Mann-Jensen, Judy, Vice President, Media - Nonbox; *pg.* 121
Manna, Christine, President & Chief Operating Officer - Association of National Advertisers; *pg.* 442
Manna, Cory, Account Director - Sparks & Honey; *pg.* 450
Mannan, Sabeena, Director, Strategy - PHD USA; *pg.* 505
Mannarelli Puleo, Lisa, Executive Vice President & Group Account Director - Merkley + Partners; *pg.* 114
Manning, Amy, Operations Manager - DAC Group; *pg.* 223
Manning, Cindy, Director, Client Finance - The Bohan Agency; *pg.* 418
Manning, Doug, President - yah. - You Are Here; *pg.* 318
Manning, Jackson, Account Director - Evoke Health; *pg.* 69
Manning, Keith, Vice President & Group Creative Director - Jack Morton Worldwide; *pg.* 309
Manning, Kimberly, Chief Executive Officer - Cronin; *pg.* 55
Manning, Marcy, Public Relations Specialist -

PR Chicago; *pg.* 638
Manning, Matt, Executive Vice President, Marketing & Development - MKTG INC; *pg.* 311
Manning, Michael, Director, Production - Trumpet Advertising; *pg.* 157
Mannino, Kaitlynn, Associate Media Director - Novo Nordisk - Publicis Health; *pg.* 639
Mannion, John, Executive Vice President & Director, Client Relations & Brand Strategy - Doremus & Company; *pg.* 64
Mannion, Julie, Co- Chariman - KCD, Inc. ; *pg.* 94
Mannion, Lynn, Senior Media Buyer - Aletheia Marketing & Media; *pg.* 454
Mannion, Martin, Senior Vice President & Director, Professional Strategy - Deutsch, Inc.; *pg.* 349
Mannion, Ryan, Executive Vice President, Brand Strategy & Growth - Symmetri Marketing Group, LLC; *pg.* 416
Mannix, Dan, President & Chief Executive Officer - CSM Sport & Entertainment; *pg.* 347
Mannix, Olivia, Co-Founder & Chief Executive Officer - Cannabrand; *pg.* 47
Mannone, Sarah, Executive Vice President - Trekk; *pg.* 156
Mannschreck, Mark, Editor & Senior Director - TVA Media Group; *pg.* 293
Mannweiler, Paul S., Principal & Managing Director, Government Relations - Bose Public Affairs Group, LLC; *pg.* 585
Mano, Kariann, Account Executive - Havas PR; *pg.* 612
Manocchio, Jennifer, President - Sweeney Public Relations; *pg.* 651
Manohar, Saira, Senior Manager, Global Marketing - iProspect; *pg.* 674
Manos, Diana, Manager, Research Operations - FFR Healthcare; *pg.* 444
Manrique, Carolina, Director, Marketing - WMX; *pg.* 276
Manrique, Denny, Founder - Manrique Group; *pg.* 311
Mans, Hannah, Director, Marketing - Directive Consulting; *pg.* 63
Mansell, Elizabeth, Associate Director, Media Planning - HealixGlobal; *pg.* 471
Mansfield, Dana, Executive Vice President & Chief Talent Officer - North America - McCann New York; *pg.* 108
Mansfield, Garrett, Account Executive - The Variable; *pg.* 153
Mansfield, Rebecca, Associate Director, Programmatic - Spark Foundry; *pg.* 508
Manson, Dave, Sales Associate - A.A. Advertising; *pg.* 565
Manson, Rory, Associate Media Director - Spark Foundry; *pg.* 510
Mansour, Linda, Senior Account Manager - BrillMedia.co; *pg.* 43
Mansour, Siobhann, Partner & Director, Media & Digital Marketing - Uncommon; *pg.* 157
Mansouri, Nancy, Chief Financial Officer - H2M; *pg.* 81
Mantica, Valeria, Account Director - Anomaly; *pg.* 325
Mantione, Lauren, Director, Media Strategy & Planning - Spark Foundry; *pg.* 508
Mantiply, Amanda, Manager, Account - Abel Communications; *pg.* 574
Mantlo, Mary-Margaret, Vice President & Director - Zenith - Starcom Worldwide; *pg.* 517
Mantooth, Jane, Senior Vice President & Controller - Luckie & Company; *pg.* 382
Mantor, Tammy, Associate Media Director - Williams Randall; *pg.* 432
Manuel, Karla, Associate, Digital Investment - MediaCom; *pg.* 487
Manus, Jenn, Manager, Operations & Human

913

PERSONNEL — AGENCIES

Resources - Product Creation Studio; *pg.* 563
Manuszak, Mark, Director, Creative - Willow Marketing; *pg.* 433
Manzella, Jim, President & Chief Executive Officer - Manzella Marketing Group; *pg.* 383
Manzella, Keith, Vice President & Group Creative Director - EastWest Marketing Group; *pg.* 353
Manzella, Mary, Director, Purchasing - The George P. Johnson Company; *pg.* 316
Manzer, Gayle, Associate Director, Metrics Strategy - iProspect; *pg.* 674
Manzini, Chris, Managing Director, Corporate & Public Affairs - Edelman; *pg.* 599
Mapes, Kelly, Accounting Manager - Risdall Marketing Group; *pg.* 133
Mapoy, Noriel, Digital Supervisor - Carat; *pg.* 459
Maquieira, George, Director, Marketing & Communications - SPI Marketing; *pg.* 411
Maramonte Dillow, Cristina, Vice President & Account Director - Active International; *pg.* 439
Maranell, Kayla, Media Buyer - Stellar Marketing; *pg.* 518
Marangos, Alkis, Chief Marketing Officer - dgs Marketing Engineers; *pg.* 351
Marano, Melissa, Director, Experience Strategy - RAPP Worldwide; *pg.* 290
Maranon, Legia, President - Maranon & Associates; *pg.* 543
Maranon, Richard, Chairman & Chief Executive Officer - Maranon & Associates; *pg.* 543
Maraoui, Blake, Account Manager - BBDO Worldwide; *pg.* 331
Marbley, Sanaz, Group Director, Account - imre; *pg.* 374
Marbury, Rob, Founder & Chief Creative Officer - Marbury Creative Group; *pg.* 104
Marc, Daniel, Senior Digital Media Planner & Buyer - Allscope Media; *pg.* 454
Marcallini, Joe, Chief Technology Officer & Partner - SteadyRain; *pg.* 267
Marcantonio, Joel, Media Buyer - LifeBrands; *pg.* 287
Marceau, Bill, Group Creative Director - GSD&M; *pg.* 79
Marcella, Kyle, Creative Director - Motiv; *pg.* 192
Marcellino, Nico, Director, Multimedia & Web Design - A.D. Lubow; *pg.* 25
Marcello, Ashley, Media Supervisor - CMI Media, LLC; *pg.* 342
March, Greg, Chief Executive Officer - Noble People; *pg.* 120
March, Jaclyn, Senior Account Manager - KPS3 Marketing and Communications; *pg.* 378
Marchand, Brett, President & Chief Executive Officer - Vision7 International; *pg.* 429
Marchand, Jessaca, Director, Operations - Archrival, Inc.; *pg.* 1
Marchand, Nicole, Digital Strategist - Red Six Media; *pg.* 132
Marchant, Lauren, Account Supervisor - TracyLocke; *pg.* 683
Marchant, Steve, Partner - Brodeur Partners; *pg.* 586
Marchegiani, Chris, Director, Strategic Planning - Campbell Ewald; *pg.* 46
Marchena, Barbara, Manager, Administrative Services - VSBrooks; *pg.* 429
Marchese, Chad, Creative Director - FRCH Design Worldwide; *pg.* 184
Marchesi, Martha, Chief Executive Officer - JK Design; *pg.* 481
Marchesi, Stephanie, President - Health Sector & Eastern Region - WE Communications; *pg.* 660
Marchessault, Philippe, Executive Vice President, Operations & Innovations - NEWAD; *pg.* 554
Marchetti, Cesar, Creative Director - R/GA; *pg.* 260
Marchetti, Mike, Executive Vice President, Consumer Brands - BrandMuscle; *pg.* 337
Marchio, Catherine, Senior Vice President & Director, Human Resource & Operations - Haworth Marketing & Media; *pg.* 470
Marchione, Richard, Internet Project Manager - Creative Marketing Plus; *pg.* 346
Marchitto, Denise, Senior Director, Digital Media & Brand Strategy - Hearts & Science; *pg.* 471
Marciani, Justin, Head, Operations - BBH; *pg.* 37
Marciano, Andre, Chief Operating Officer & Global Client Lead - Lenovo One Media - Performics; *pg.* 676
Marcino, Adrienne, Director, Business Development - Terri & Sandy; *pg.* 147
Marcinuk, John, Group Director, Integrated Marketing - Blue Fountain Media; *pg.* 175
Marck, Glenn, Creative Partner - We're Magnetic; *pg.* 318
Marco, Harvey, Co-President & Chief Creative Officer - Gallegos United; *pg.* 75
Marcotte, Emma, Digital Marketing Manager - Traktek Partners; *pg.* 271
Marcotte, Maria, Chief Executive Officer - Brogan & Partners ; *pg.* 538
Marcou, Dave, Senior Vice President, Business Development - Zoom Media; *pg.* 559
Marcum, Andrew, Senior Insights & Analytics Manager - Prophet; *pg.* 15
Marcus, Alan, President & Chief Executive Officer - The Marcus Group, Inc.; *pg.* 654
Marcus, Cameron, Sponsorship Services Manager - KemperLesnik Communications ; *pg.* 619
Marcus, Charles, Director, Information Technology - Media Brokers International; *pg.* 485
Marcus, James, Chief Business Officer - Fenton Communications; *pg.* 603
Marcus, Ken, Senior Copywriter - The Martin Agency; *pg.* 421
Marcus, Matt, Chief Experience Officer - Leo Burnett Worldwide; *pg.* 98
Marcus, Tobin, Senior Vice President - Benenson Strategy Group; *pg.* 333
Marcy, Michael, Strategy Director - Mindshare; *pg.* 495
Mard, Jeff, Vice President, Innovation & Business Development - Cronin; *pg.* 55
Mardahl, Danielle, Senior Account Executive - Finn Partners; *pg.* 604
Marden, Scott, Chief Marketing Officer - Captivate Network, Inc.; *pg.* 550
Marder, Akiva, Content Manager - Forsman & Bodenfors; *pg.* 74
Marder, Andrea, Executive Vice President, Global Planning & Buying - Mediassociates, Inc.; *pg.* 490
Marder, Jeff, Senior Vice President, Strategic Partners - Active International; *pg.* 439
Mardesich, Brenda, Senior Director, Account Operations - The George P. Johnson Company; *pg.* 316
Mardoyan-Smyth, Julian, Senior Analyst, Programmatic - Spark Foundry; *pg.* 510
Marek, Carolyn, Media Director & Account Manager - InterCommunications, Inc. ; *pg.* 375
Mares, Christine, Senior Vice President, Associate Managing Director - Revolution Media; *pg.* 507
Marett Leoni, Lindsay, Account Director - Edelman; *pg.* 353
Marfey, Lynn, Vice President, Creative Services - Alternatives Design; *pg.* 172
Marfisi, Michael, Senior Strategy Supervisor - SwellShark; *pg.* 518
Margaret Connell, Mary, Vice President, Development - Big Red Rooster; *pg.* 3
Margiloff, Will, Chief Executive Officer - IgnitionOne; *pg.* 673
Margolies, Michael, Senior Vice President & Media Director - Starcom Worldwide; *pg.* 517
Margolin, Mike, Senior Vice President & Chief Digital Officer - RPA; *pg.* 134
Margolis, Elyse, Head, Practice - Pharma - W2O; *pg.* 659
Margolis, Jim, Senior Partner - GMMB; *pg.* 364
Margolis, Jon, Partner & Chief Operating Officer - Beyond Marketing Group; *pg.* 685
Margolis, Jonathan, Founder & Chief Executive Officer - Michael Alan Group; *pg.* 692
Margolis, Judy, Media Director - Ad Place; *pg.* 26
Margolis, Lawrence, Partner, Executive Vice President & Director, Client Services - Storandt Pann Margolis & Partners; *pg.* 414
Margolis, Liz, Executive Vice President, Corporate Operations & Planning - Active International; *pg.* 439
Margonza, Noel, Art Director - O'Keefe Reinhard & Paul; *pg.* 392
Margrave, Stacie, Vice President, Account Services - Results Driven Marketing; *pg.* 291
Marguccio, Tom, Vice President & Creative Director - Success Communications Group; *pg.* 415
Margulies, David, Owner & President - The Margulies Communications Group; *pg.* 654
Maria, Oscar, Director, Digital Media - DirectAvenue, Inc.; *pg.* 282
Marianacci, Thomas, Founder & President - ConvergeDirect; *pg.* 462
Mariani, Tony, Vice President, Real Estate & Acquisitions - DDI Media; *pg.* 551
Maricich, David, President - Maricich Healthcare Communications; *pg.* 105
Maricich, Margie, Manager Media Relations & Services - Kelly, Scott & Madison, Inc.; *pg.* 482
Maricich, Mark, Chief Executive Officer - Maricich Healthcare Communications; *pg.* 105
Marie Aviles, Stephanie, Account Director - Quaker City Mercantile; *pg.* 131
Marie Price, Ann, Account Executive - Scatena Daniels Communications; *pg.* 646
Marie Turbitt, Ann, Senior Manager, Business Affairs - Droga5; *pg.* 64
Marie Zollo, Anne, Manager, Strategy & Marketing - (add)ventures; *pg.* 207
Marieb, Carolyn, Senior Content Strategist & Copywriter - Spear Marketing Group; *pg.* 411
Mariella, Adriana, Account Supervisor - Johannes Leonardo; *pg.* 92
Mariello, Anthony, Group Strategy Director - The&Partnership; *pg.* 426
Marin, Ian, Managing Partner & Director, Design Services - Array Creative; *pg.* 173
Marin, Janna, Associate Content Producer - Ross, DD's Discounts, Popeyes, Pizza Hut, Jack Links, Southwest Airlines, Food Lion - GSD&M; *pg.* 79
Marin, Leslee, Vice President, Financial - Wilen Media Corporation; *pg.* 432
Marin, Tony, Director, Creative - VMLY&R; *pg.* 274
Marina, Michael, Vice President, Digital - Ayzenberg Group, Inc.; *pg.* 2
Marinacci, Dawn, Executive Marketing Director - Ologie; *pg.* 122
Marinaccio, David, Chief Creative Officer - LMO Advertising; *pg.* 100
Marinelli, Vince, Vice President, Business Development - Fusion92; *pg.* 235
Marinello, Paul, Corporate Communications Specialist & Project Manager - MSLGroup;

AGENCIES — PERSONNEL

pg. 629
Marinescu, Alexandru, Controller - Decoded Advertising; *pg.* 60
Marino, AJ, Account Supervisor - Butler, Shine, Stern & Partners; *pg.* 45
Marino, Daniel, Partner - Raka Creative; *pg.* 402
Marino, Elizabeth, Associate Media Director, Strategic Planning - Starcom Worldwide; *pg.* 513
Marino, Eric, Vice President & Managing Director - Horizon Next - Horizon Media, Inc.; *pg.* 474
Marino, Frank, Chief Executive Officer - Marino Organization, Inc.; *pg.* 625
Marino, Jaclyn, Senior Vice President & Group Client Director - Spark Foundry; *pg.* 508
Marino, Kelsey, Director - Starcom Worldwide; *pg.* 513
Marino, Michael C., Chief Executive Officer - Falls Communications; *pg.* 357
Marino, Nevin, Partner & Director, Production - GearShift Advertising; *pg.* 76
Marino, Patrina, Creative Director - Davis & Company; *pg.* 595
Marion, Cindy, President & Founder - MMI Agency; *pg.* 116
Marion, Michael, Senior Director, Account - Endeavor - Chicago; *pg.* 297
Marion, Neil, Executive Creative Director - Pace Communications; *pg.* 395
Marion, Samantha, Associate Media Director - Union Creative; *pg.* 273
Marioni, Scott, President - R&J Strategic Communications; *pg.* 640
Maris, Nick, Associate Director, Digital Investments - Havas Media Group; *pg.* 468
Mariscal, Debby, Account Director - Sagon - Phior; *pg.* 409
Mariscal, Emma, Business Development Manager - TBWA \ Chiat \ Day; *pg.* 146
Mariscal, Oscar, Manager, Digital Paid Media - CLM Marketing & Advertising; *pg.* 342
Mariscal, Seth, Media Director - Godfrey; *pg.* 8
Mark, Claudia, Director, Creative - DiMassimo Goldstein; *pg.* 351
Mark Adkins, Ashley, Creative Director - Clark Nikdel Powell; *pg.* 342
Markaverich, Lauren, Media Director - McGarrah Jessee; *pg.* 384
Markel, Gregory, Founder, Chief Executive Officer & President - Infuse Creative; *pg.* 673
Markel, Mitch, Principal - Benenson Strategy Group; *pg.* 333
Markewicz, Bruce, Managing Director, Interactive - Beacon Healthcare Communications; *pg.* 38
Markey, Sara, Associate Director - Video - Starcom Worldwide; *pg.* 513
Markfield, Barbara, Vice President, Membership - Association of National Advertisers; *pg.* 442
Markham, Chris, Director, Digital Development - Mason Marketing; *pg.* 106
Markham, Stacy, Associate Director - Canvas Worldwide; *pg.* 458
Markham, Tom, Executive Vice President & Executive Creative Director - BBDO Worldwide; *pg.* 331
Markiewicz, Dana, Account Director - McCann New York; *pg.* 108
Markman, Marilyn, Strategy Lead - Co:Collective, LLC; *pg.* 5
Marko, David, Managing Director, On-Demand Analytics & Information Management - Acumen Solutions; *pg.* 167
Markoski, Cynthia, Finance Director - 9thWonder Agency; *pg.* 453

Markovich, Gina, Production Director - BlackWing Creative; *pg.* 40
Markovitz, Rick, President - Weissman Markovitz Communications; *pg.* 662
Markovsky, David, Vice President & Creative Services Director - Brown & Company Graphic Design; *pg.* 176
Markowitz, Daniel, Manager, Content Strategy & Production - Mindshare; *pg.* 491
Markowitz, Josh, Senior Director & Global Head, Experience Strategy & Research & Digital Practice Lead - Synechron; *pg.* 268
Markowitz Kitchens, Lisa, President - Robertson & Markowitz Advertising & Public Relations, Inc.; *pg.* 643
Markowski, Tim, Lead Director, Trading Strategy - The Trade Desk; *pg.* 520
Marks, Carolyn, Associate Director, Digital Investment - Carat; *pg.* 461
Marks, Cindy, Senior Producer - HMH; *pg.* 86
Marks, Cliff, President & Interim Chief Executive Officer - National CineMedia; *pg.* 119
Marks, Jeff, Chief Executive Officer - IPG360; *pg.* 90
Marks, Kathy, Interactive Coordinator - Graham Group; *pg.* 365
Marks, Kathy, Managing Partner - TMA+Peritus; *pg.* 202
Marks, Michelle, Principal, Strategic & Creative Development - Ideas On Purpose; *pg.* 186
Marks, Peter, Chief Executive Officer - Maris, West & Baker; *pg.* 383
Marks, Shanon, President - Agency 39A; *pg.* 172
Marks, Takezo, Analyst, Digital Marketing Analytics - Rain; *pg.* 402
Marks, Tom, Chief Executive Officer & General Manager - Leverage Marketing Group; *pg.* 99
Marks, Tom, President & Managing Partner - TMA+Peritus; *pg.* 202
Markstein, Danny, Co-Founder & Managing Director - Markstein; *pg.* 625
Markstein, Eileen, Founder - Markstein; *pg.* 625
Markus, Craig, Senior Vice President & Executive Creative Director - Cramer-Krasselt; *pg.* 53
Marler, Allen, Social Community Manager - Cornett Integrated Marketing Solutions; *pg.* 344
Marlin, Blair, Vice President, Action Sports & Olympics - Wasserman Media Group; *pg.* 317
Marlin, Daniela, Director, Digital Accounts - Wavemaker; *pg.* 529
Marlin, James, Vice President, Agency Services - Pacific Communications; *pg.* 124
Marlin, Robby, Director, Media & Accounts - LaPlaca Cohen Advertising; *pg.* 379
Marlo, Michele, Executive Creative Director - AM Strategies; *pg.* 324
Marlow, Jordan, Associate Director, Performance Marketing - Manifest; *pg.* 383
Marlow, Kristin, Executive Vice President & Co-Lead, Integrated Media & Digital Innovation - West - Weber Shandwick; *pg.* 662
Marlow, Myles, Partner & Director, Digital Paid Media - Finn Partners; *pg.* 603
Marlow, Simon, Chief Financial Officer & Chief Operating Officer - Prophet; *pg.* 15
Marlow-Morgan, Isadora, Founder, President - Isadora Agency; *pg.* 91
Marlowe, Brook, Specialist, Public Relations - Blast! PR; *pg.* 584
Marlowe, Laura, Vice President, Print Production - Manifest; *pg.* 383
Marmel, Danielle, Director, Beauty - Shadow Public Relations; *pg.* 646
Marmina, Simona, Senior Director, Paid Social

& Partner - Mindshare; *pg.* 491
Marmo; Brent, Co-Founder - Agency Squid; *pg.* 441
Marmo, John, Vice President, Digital Training & Compliance - Screenvision; *pg.* 557
Marmo, Miles, Co-Founder, Partner & Director, Integrated Marketing - Agency Squid; *pg.* 441
Marobella, Paul, Chairman & Chief Executive Office - North America - Havas Worldwide Chicago; *pg.* 82
Maroda, Stephen, Senior Strategist - Preacher; *pg.* 129
Marold, Robert, Senior Director, Member Relations - Association of National Advertisers; *pg.* 442
Marolt, Kelly, Director, Accounts - The Butin Group; *pg.* 652
Maron, Meagan, Account Manager - Lenz, Inc.; *pg.* 622
Maron, Octavio, Vice President, Executive Creative Director & Head, Creative & Content – US - iProspect; *pg.* 674
Maroney, Jennifer, Senior Vice President, Customer Experience & Engagement - FCB Health; *pg.* 72
Maroon, John, President & Founder - Maroon PR; *pg.* 625
Marosits, Mark, Co-Founder & Social Marketing Strategist - Worldways Social Marketing; *pg.* 690
Marpe, Tory, Senior Vice President, Analytics - Ansira; *pg.* 326
Marquardt, Audrey, Negotiator, POC & Digital Investment - Initiative; *pg.* 477
Marquardt, Florian, Associate Creative Director - Goodby, Silverstein & Partners; *pg.* 77
Marquardt, Gib, Co-Chief Creative Officer - AFG&; *pg.* 28
Marquardt, Renee, General Manager - Reprise Digital; *pg.* 676
Marques, Michael, Senior Art Director - DiD Agency; *pg.* 62
Marques, Steven, Director, Sports Account Services - AC&M Group; *pg.* 537
Marquess, Claire, Brand Director - Fortnight Collective; *pg.* 7
Marquez, Antonio, Senior Media Buyer - Barkley; *pg.* 329
Marquez, Belen, Art Director - Droga5; *pg.* 64
Marquez, Dennis, Account Supervisor - Atmosphere Proximity; *pg.* 214
Marquez, Larissa, General Manager - Gretel; *pg.* 78
Marquez, Michelle, Senior Account Manager - Ipsos Healthcare; *pg.* 446
Marquez, Sara, Account Supervisor - Casanova//McCann; *pg.* 538
Marquis, Aerin, Senior Analyst, Optimization & Innovation - Kepler Group; *pg.* 244
Marquis, Blake, Partner, Design & Digital - The Many; *pg.* 151
Marquis, Oliver, Vice President, Research - Universal McCann; *pg.* 521
Marr, Brian, Chief Strategy Officer - Smashing Ideas; *pg.* 266
Marr, Ellen, Strategy Supervisor - Spark Foundry; *pg.* 510
Marr, Lauren, Senior Manager, Account - PMG; *pg.* 257
Marr, Quincy, Vice President, Account Leadership - Eventive Marketing; *pg.* 305
Marr, Tony, Senior Account Manager - Prodigal Media Company; *pg.* 15
Marra, Meg, Vice President - Borshoff; *pg.* 585
Marranzino, Pocky, Co-Chief Executive Officer - Karsh & Hagan; *pg.* 94
Marren, Sarah, Vice President & Director - Starcom Worldwide; *pg.* 513

915

PERSONNEL — AGENCIES

Marrero, Daniel, Founding Partner, Owner - CreativeOndemand; *pg.* 539
Marrero, Priscilla, Co-Founder - CreativeOndemand; *pg.* 539
Marrero, Victor, Account Director - Zenith Media; *pg.* 529
Marrese, Brendan, Vice President & Associate Director, Media & Video Investments - Mediahub Boston; *pg.* 489
Marrese, Meaghan, Account Executive - National - Vector Media; *pg.* 558
Marrone, Ben, Senior Content Strategist - Boca Communications; *pg.* 585
Marroquin, Jacquie, Project Manager, Digital - Saatchi & Saatchi Los Angeles; *pg.* 137
Marroquin, Marisol, Account Executive - MarketLogic; *pg.* 383
Marrus, Cristina, Senior Vice President & Managing Director - Horizon Media, Inc.; *pg.* 474
Mars, Dunia, Media Director - French / Blitzer / Scott; *pg.* 361
Mars, Sallie, Senior Vice President & Global Creative Talent Director - McCann New York; *pg.* 108
Marsalisi, Suzanne, Inbound Marketing & Client Services Director - Austin Lawrence Group, Inc.; *pg.* 328
Marsden, Bryan, Online Marketing Specialist - Trekk; *pg.* 156
Marsden, Matt, Vice President, Business Development - Focused Image; *pg.* 235
Marsey, Dave, President & Global Client Director - Google - Essence; *pg.* 232
Marsh, Hailey, Director, Brand Strategy - Saatchi & Saatchi Los Angeles; *pg.* 137
Marsh, Pamela, Managing Director, Primary Research & Insights - Omnicom Media Group - Annalect Group; *pg.* 213
Marsh, Rachel, Vice President & Director - Spark Foundry; *pg.* 512
Marsh, Taylor, Creative Director - BBDO Worldwide; *pg.* 331
Marsh, Traci, Manager, Sales Operations - Staywell; *pg.* 292
Marshall, Alanna, Associate Creative Director - Ten35; *pg.* 147
Marshall, Andrea, Campaign Manager - Digital Mark Group; *pg.* 225
Marshall, Ashley, Creative Director - Wieden + Kennedy; *pg.* 430
Marshall, Brandon, Integrated Media Supervisor - Havas Media Group; *pg.* 470
Marshall, Brett, Director, Creative - Kertis Creative; *pg.* 95
Marshall, Brian, Vice President - Global - MKTG INC; *pg.* 312
Marshall, Charles, Owner & Co-Founder - Signature Marketing Solutions; *pg.* 141
Marshall, Chris, President & Chief Executive Officer - Callahan Creek; *pg.* 4
Marshall, Darren, Chief, Staff - rEvolution; *pg.* 406
Marshall, Ilana, Director, Art - Barkley; *pg.* 329
Marshall, John, Consultant - Lippincott; *pg.* 189
Marshall, John, Media Arts & Science Director - DJ Case & Associates; *pg.* 597
Marshall, John, Vice President & Creative Director - Agency 720; *pg.* 323
Marshall, Justin, President - Seattle - Wunderman Thompson Seattle; *pg.* 435
Marshall, Justin, Associate Marketing Director - FortyFour; *pg.* 235
Marshall, Kate, Associate Director - Havas Media Group; *pg.* 468
Marshall, Kate, Vice President, Client Service & General Manager - Day Communications Group, Inc.; *pg.* 349

Marshall, Lisa, Global Creative Director - MKTG INC; *pg.* 312
Marshall, Matt, Vice President, Media Planning - Essence; *pg.* 232
Marshall, Melissa, Associate Director - Lowe's - Starcom Worldwide; *pg.* 513
Marshall, Nancy , Chief Executive Officer & Founder - Nancy Marshall Communications ; *pg.* 631
Marshall, Sandra, Vice President, Client Services - Bigeye Agency; *pg.* 3
Marshall Godlewski, Leslie, Earned Media Director - MBB Agency; *pg.* 107
Marshall Moody, Andrea, Senior Vice President & Senior Partner - FleishmanHillard; *pg.* 606
Marshman, Steve, Executive Vice President, Canada - Wasserman Media Group; *pg.* 317
Marsho, Steven, Partner & President - Jigsaw, LLC; *pg.* 377
Marsico, Sandy, Chief Executive Officer & Founder - Sandstorm Design; *pg.* 264
Marsili, Julie, Vice President & Partner, Portfolio Management - Universal McCann Detroit; *pg.* 524
Marsolek, Megan, Broadcast Traffic Manager - Fallon Worldwide; *pg.* 70
Marston, Chris, Manager, Business Development - Vision Creative Group; *pg.* 204
Marston, Michael, Chief Executive Officer - True Impact Media; *pg.* 558
Martay, Christa, Group Director - OMD; *pg.* 500
Martel, Ignacio, Senior Art Director - Republica Havas; *pg.* 545
Martell, Dorn, Chief Creative Officer & Executive Vice President - Tinsley Advertising; *pg.* 155
Martell, Jorge, Chief Financial Officer - Extreme Reach, Inc.; *pg.* 552
Martell, Miranda, Director, Client Partnerships - Fake Love; *pg.* 183
Martell, Molly, Strategy Lead - Red Antler; *pg.* 16
Martelli, Ally, Group Project Manager - 160over90; *pg.* 1
Martello, Brittany, Digital Account Manager - SPI Group, LLC; *pg.* 143
Martensen, Buddy, Executive Vice President & Chief Marketing Officer - Ivie & Associates, Inc.; *pg.* 91
Martenson, Chance, Creative Director - Toolhouse, Inc.; *pg.* 155
Marthaler, Joe, Senior Account Manager - SixSpeed; *pg.* 198
Marticke, Trevor, Co-Founder - RealtyAds; *pg.* 132
Marticorena, Angela, Brand Media Planner - The Richards Group, Inc.; *pg.* 422
Martin, Adeline, Media Director - Gyro NY; *pg.* 369
Martin, Aisha, Senior Planner - Zenith Media; *pg.* 529
Martin, Allison, Director, Strategy - XenoPsi; *pg.* 164
Martin, Andrew, Production Artist - Zulu Alpha Kilo; *pg.* 165
Martin, Andrew, Chief Executive Officer - Metia; *pg.* 250
Martin, Anthony, Director, Media Technology & Strategy - Publicis North America; *pg.* 399
Martin, Austin, Associate Social Manager - Barkley; *pg.* 329
Martin, Belinda, Senior Vice President - BCW New York; *pg.* 581
Martin, Brittany, Associate Director, Connections Planning - Havas Media Group; *pg.* 470
Martin, Carol, Director, Business Development - Derse, Inc.; *pg.* 304
Martin, Chad, Director, Social & Emerging Media - North America - VMLY&R; *pg.* 274

Martin, Chelsea, Brand Strategist - 215 McCann; *pg.* 319
Martin, Cheryl, Chief Executive Officer & Chairman - Huntsinger & Jeffer, Inc.; *pg.* 285
Martin, Chris, Director, Creative - DiMassimo Goldstein; *pg.* 351
Martin, Chris, Manager, Interactive Services - Kinziegreen Marketing Group; *pg.* 95
Martin, Christopher, Group Art Supervisor - Discovery USA; *pg.* 63
Martin, Claudette, Associate Creative Director - Forsman & Bodenfors; *pg.* 74
Martin, Craig, Senior Executive Vice President - Adcom Communications, Inc.; *pg.* 210
Martin, Craig, Principal & President - Reality Interactive, LLC; *pg.* 262
Martin, Crystal, Art Director - Spear Marketing Group; *pg.* 411
Martin, Dan, Director, Strategy - Hiebing; *pg.* 85
Martin, Dan, Senior Vice President, Healthcare - PAN Communications; *pg.* 635
Martin, Dan, Senior Director, Creative Services - Lighthouse, Inc.; *pg.* 11
Martin, David, Chief Executive Officer - Martin Advertising; *pg.* 106
Martin, Dena, Associate Media Director - Publicis.Sapient; *pg.* 259
Martin, Diane, President & Chief Executive Officer - Rhea & Kaiser Marketing ; *pg.* 406
Martin, Doug, Vice President, Global Business Strategy - Control v Exposed; *pg.* 222
Martin, Edmund, Chairman - Ackerman McQueen, Inc.; *pg.* 26
Martin, Elke, Co-Founder - Brandware Public Relations, Inc.; *pg.* 585
Martin, Erin, Account Executive - Zehnder Communications, Inc.; *pg.* 436
Martin, Erin, Senior Strategist, Innovation - Three Five Two, Inc.; *pg.* 271
Martin, Fabrice, Chief Product Officer - Clarabridge, Inc.; *pg.* 167
Martin, Fletcher, Partner & Creative Director - A5; *pg.* 25
Martin, Fuzz, Chief Strategy Officer - Epic Creative; *pg.* 7
Martin, Gerard, Vice President - Starcom Worldwide; *pg.* 513
Martin, Grace, Art Director - Wieden + Kennedy; *pg.* 432
Martin, Greg, Senior Creative Director - Hughes Design Group; *pg.* 186
Martin, Greg, Senior Vice President, Finance - Cramer; *pg.* 6
Martin, Heather, Chief Marketing Officer - Deeplocal; *pg.* 349
Martin, Henry, Chief Creative Officer - Ackerman McQueen, Inc.; *pg.* 26
Martin, Holly, Project Manager - Ethos Marketing & Design; *pg.* 182
Martin, Hugh, Chief Financial Officer - Alan Newman Research; *pg.* 441
Martin, Jack, Chairman & Chief Executive Officer - Hill+Knowlton Strategies; *pg.* 613
Martin, Jacque, Account Executive - Brown & Bigelow; *pg.* 566
Martin, James, Human Resources Coordinator - Punchkick Interactive; *pg.* 534
Martin, Jason, Associate Creative Director - Luckie & Company; *pg.* 382
Martin, Jeffery, Chief Creative Officer & Vice President - Karsh & Hagan; *pg.* 94
Martin, Jenny, Group Media Director - Cossette Media; *pg.* 345
Martin, Jeremy, Chief Revenue Officer - 3Cinteractive; *pg.* 533
Martin, Joe, Co-Owner & Creative Director - Red Six Media; *pg.* 132

916

AGENCIES

PERSONNEL

Martin, Julianne, Strategic Relationship Manager - SourceLink, LLC; *pg.* 292
Martin, Justin, Director, Technical - Hush Studios, Inc.; *pg.* 186
Martin, Katelynn, Media Planning Supervisor - Moroch Partners; *pg.* 389
Martin, Katey, Senior Vice President & Program Director - Xi - Energy BBDO, Inc.; *pg.* 355
Martin, Katie, Brand Director - NFL - 72andSunny; *pg.* 23
Martin, Katie, Manager, Digital Account - A. Larry Ross Communications; *pg.* 574
Martin, Kerrie, Senior Engagement Manager - Dorn Marketing; *pg.* 64
Martin, Kyle, Vice President, Account Services - Ferguson Advertising, Inc., *pg.* 73
Martin, Lance, Partner & Executive Director, Creative - Union Creative; *pg.* 273
Martin, Linda, Partner & Managing Director - Porter Novelli; *pg.* 637
Martin, Lindsay, Account Supervisor - MBB Agency; *pg.* 107
Martin, Lisa, Account Supervisor - ID Media; *pg.* 477
Martin, Lonnie, Manager, Operations - Fairway Outdoor Advertising; *pg.* 552
Martin, Lori, Creative Director - St. Gregory Group Marketing; *pg.* 144
Martin, Lori, Creative Director - Innocean USA; *pg.* 479
Martin, Maite, Senior Local Media Negotiator - RPA; *pg.* 134
Martin, Malissa, Director, Digital Account - Publicis.Sapient; *pg.* 260
Martin, Marnie, Senior Manager, Operations & Project Management - Elevation Marketing; *pg.* 67
Martin, Merritt, Associate Director, Creative - 9thWonder; *pg.* 321
Martin, Michael, Managing Director - Code and Theory; *pg.* 221
Martin, Mike, Chief Creative Officer - Jackson Spalding Inc.; *pg.* 376
Martin, Nathan, Founder & Chief Executive Officer - Deeplocal; *pg.* 349
Martin, Nia, Associate Director, Client Advice & Management - Initiative; *pg.* 477
Martin, Nicole, Vice President & Group Director, Data & Analytics - Carat; *pg.* 461
Martin, Nicole, Vice President, Strategy, Media & Analytics - Pace Communications; *pg.* 395
Martin, Olivia, Social Media Manager - Rebuild; *pg.* 403
Martin, Pat, Chief Executive Officer - St. Gregory Group Marketing; *pg.* 144
Martin, Patrick, Partner, Client Services - Cramer; *pg.* 6
Martin, Raechel, Director, Global Communications - Carat; *pg.* 461
Martin, Raelyn, Account Executive - Joan; *pg.* 92
Martin, Randy, Chief Financial Officer & Creative Director - Martin & Company Advertising; *pg.* 106
Martin, Rebecca, Vice President, Culture & Talent - Beehive PR; *pg.* 582
Martin, Renee, Partner - Finn Partners; *pg.* 603
Martin, Renee Kae, Executive Vice President & Director, Creative - Aisle Rocket; *pg.* 681
Martin, Rob, Chief Operating Officer - Bensussen Deutsch & Associates; *pg.* 566
Martin, Robert, Vice President, Digital Communications, U.S SEO - BCW Dallas; *pg.* 581
Martin, Robert, Principal & Managing Director - MM2 Public Relations; *pg.* 627
Martin, Rod, General Manager - McGarrah Jessee; *pg.* 384

Martin, Roy, Chief Technology Officer - ModOp; *pg.* 251
Martin, Ryan, Director, Sponsorship Strategies & Activations - MKTG INC; *pg.* 312
Martin, Ryan, Vice President & Group Account Director - VaynerMedia; *pg.* 689
Martin, Samantha, Account Executive & Direct Response Media Analyst - USIM; *pg.* 525
Martin, Sara, Media Director - The Integer Group - Dallas; *pg.* 570
Martin, Saraah, Account Coordinator - InkHouse Public Relations; *pg.* 616
Martin, Selva, Senior Graphic Designer - Lyons & Sucher Advertising; *pg.* 382
Martin, Shaun, Executive Director - Unboundary; *pg.* 203
Martin, Stephen, Group Director, Creative - VMLY&R; *pg.* 274
Martin, T. J., Executive Vice President & Group Director - Cramer; *pg.* 6
Martin, Tawfeeq, Manager, Technical Innovations - The Mill; *pg.* 563
Martin, Taylor, Supervisor, Digital - Essence; *pg.* 233
Martin, Tim, Executive Vice President, Operations - Cramer; *pg.* 6
Martin, Tod, President & Chief Executive Officer - Unboundary; *pg.* 203
Martin, Tonya, Senior Project Manager - Baldwin&; *pg.* 35
Martin, Tyler, Senior Vice President & Managing Director - H&L Partners; *pg.* 80
Martin, Zachary, Associate Media Director - Essence; *pg.* 233
Martin, Zan, President & Owner - Martin & Company Advertising; *pg.* 106
Martin Federico, Juan, Client Service Director - Havas Media Group; *pg.* 470
Martin Filsoof, Ali, Director, Design - Phenomenon; *pg.* 439
Martindale, Natasha, Chief Financial Officer - Fearless Media; *pg.* 673
Martineau, Scott, Co-Founder & Chief Customer Officer - Keap; *pg.* 168
Martineau, Suzanne, Chief Human Insights Officer - Schafer Condon Carter; *pg.* 138
Martinelli, Nicole, Negotiator - VM1 (Zenith Media + Moxie); *pg.* 526
Martinetti, Jason, Director, Communications Design - Initiative; *pg.* 477
Martinez, Alana, Senior Media Associate - Starcom Worldwide; *pg.* 513
Martinez, Alfonso, Creative Director - Walker Advertising, Inc.; *pg.* 546
Martinez, Art, Senior Vice President - Southeast Region - Outfront Media; *pg.* 555
Martinez, Brenda, Strategy Director - Arc Worldwide; *pg.* 327
Martinez, Carlos, President - Conill Advertising, Inc.; *pg.* 538
Martinez, Christian, Account Executive - BBDO Worldwide; *pg.* 331
Martinez, Cristina, Partner & Multicultural Director - MediaCom; *pg.* 487
Martinez, Cristina, Vice President & General Manager - DLC Integrated Marketing ; *pg.* 63
Martinez, David, Account Coordinator - AR James Media; *pg.* 549
Martinez, Erica, Public Relations & Marketing Professional - Jackson Spalding Inc.; *pg.* 376
Martinez, Gabriela, Senior Director, Art - FCB Health; *pg.* 72
Martinez, Gabrielle, Managing Partner - AgencyEA; *pg.* 302
Martinez, Jennifer, Media Planner & Buyer - EXL Media; *pg.* 465
Martinez, Jill, Marketing Director - EDSA ; *pg.* 181
Martinez, Joe, Director, Client Strategy - Clix Marketing; *pg.* 672

Martinez, Jorge, Vice President - Conroy / Martinez Group; *pg.* 592
Martinez, Katy, Director, Creative Services - Grey Midwest; *pg.* 366
Martinez, Latisha, Manager, Print Investment - Initiative; *pg.* 477
Martinez, Mabel, Vice President - Golin; *pg.* 609
Martinez, Megan, Media Buyer - Ivie & Associates, Inc.; *pg.* 91
Martinez, Orlando, Creative Director, Content & Video Production - DirecToHispanic, LLC; *pg.* 681
Martinez, Rey, Creative Director - Atmosphere Proximity; *pg.* 214
Martinez, Stephanie, Media Supervisor - Spark Foundry; *pg.* 510
Martinez, Tim, Chief Strategy Advisor - Direct Results; *pg.* 63
Martinez, Tish, Executive Assistant - Ogilvy; *pg.* 393
Martinez, Wendy, Senior Account Executive - Turnstile, Inc.; *pg.* 427
Martinez-Noriega, Sarah, Senior Manager, Human Resources - Direct Agents, Inc.; *pg.* 229
Martino, Barbara, Chief Revenue Officer - U.S. Core Business - Active International; *pg.* 439
Martino, Christine, Executive Vice President, National Advertising Sales - Screenvision; *pg.* 557
Martino, Lindsay, Strategic Paid Search Campaign Manager - Adtaxi; *pg.* 211
Martino, Melina, Senior Associate, Integrated Planning - Universal McCann; *pg.* 521
Martino, William, Managing Director - Wunderman Health - Wunderman Health; *pg.* 164
Martins, Fred, Vice President & Creative Director - Tiziani Whitmyre; *pg.* 155
Martins, Victoria, Media Supervisor - Zenith Media; *pg.* 529
Martinson, Jonah, Senior Manager & Strategist, Content - Digitas Health LifeBrands; *pg.* 229
Martinson, Julie, Chief Creative Officer - Colour; *pg.* 343
Martire, Greg, Managing Partner - Clark, Martire, Bartolomeo; *pg.* 443
Martish, Ben, Vice President, Sales - Branded Cities; *pg.* 550
Marto, Michael, President & Chief Executive Officer - Executive Visions; *pg.* 305
Marto, Robert, Principal & Executive Vice President - Executive Visions; *pg.* 305
Martorana, Guita, General Manager - Oxford Communications; *pg.* 395
Martorana, John, President - Oxford Communications; *pg.* 395
Martori, Brian, Senior Digital Project Manager - The Tombras Group; *pg.* 424
Marts, Robert, Senior Media Analyst - Crossroads; *pg.* 594
Martuscelli, Christina, Account Coordinator - Big Sky Communications; *pg.* 583
Maruca, John, President & Chief Executive Officer - Image Associates Inc.; *pg.* 241
Maruca, Terri, Senior Vice President, Public Relations - Kirvin Doak Communications; *pg.* 620
Marulanda, Monica, Executive Creative Director - Alma; *pg.* 537
Maruscak, Ethan, Junior Analyst - ForwardPMX; *pg.* 360
Marut, Rebecca U., Account Director - Interlex Communications; *pg.* 541
Marvel, Brett, Vice President, Media - CMI Media, LLC; *pg.* 342
Marvel, Hunter, Vice President, Marketing & Operations - Meteorite PR; *pg.* 627

917

PERSONNEL   AGENCIES

Marvin, Erin, Content Strategist - Miles Media Group, LLP; pg. 387
Marvin, Ginny, Editor-in-Chief - Third Door Media, Inc.; pg. 678
Marvin, Lucas, Account Coordinator - The MX Group; pg. 422
Marvin, Zenaida, Managing Director - Campbell Ewald; pg. 47
Marx, Laura, Owner & Client Liason - Propeller - Propeller; pg. 130
Marx, Tom, Chairman & Chief Strategy Officer - The Marx Group; pg. 421
Marya, Brittany, Public Relations Specialist - Beck Media & Marketing; pg. 582
Maryott, Kirstie, Director, Planning - Wieden + Kennedy; pg. 432
Marzolf, Ted, Supervisor, National Video Investment - Spark Foundry; pg. 510
Marzonie, Kyle, Director, Business Development - Red Antler; pg. 16
Mas, Santiago, Chief Brand & Growth Officer - Nobox; pg. 254
Masatani, Paul, Art Director - Davis Elen Advertising; pg. 58
Mascarenhas, Darryl, Executive Creative Director - LVLY Studios; pg. 247
Mascaro, Brianna, Strategist, Digital Activation - Hearts & Science; pg. 471
Mascatello, John, Executive Vice President & Managing Executive, Golf - Wasserman Media Group; pg. 317
Maschmeyer, Nick, Director, Brand Strategy - Droga5; pg. 64
Masci, Natasha, Marketing & Communications Associate - ChizComm; pg. 50
Mascino, Francesca, Account Coordinator - Sparks; pg. 315
Mascola, Chuck, President & Business Growth Strategist - Mascola Group; pg. 106
Masden, James, Chief Creative Officer - quench; pg. 131
Masel, Sarah, Group Director, Strategy & Analytics - Big Spaceship; pg. 455
Masem, Pete, Creative Director - In Place Marketing; pg. 374
Masen, Kate, Senior Vice President, Digital Director - Starcom Worldwide; pg. 517
Maser, Anna, Associate Director, Integrated Planning - Carat; pg. 459
Mashione, Lora, Group Partner, Integrated Investment & Senior Vice President - Universal McCann Detroit; pg. 524
Masi, Eric, Co-Founder & President - Torque; pg. 20
Masi, Jennifer, Principal & Director, Creative Services - Torque; pg. 20
Masi, Joe, Chief Executive Officer - Triptent; pg. 156
Masi, Kevin, Co-Founder & Chief Marketing Officer - Torque; pg. 20
Masi, Lindsay, Coordinator, Public Relations - Bouvier Kelly, Inc. ; pg. 41
Masi, Molly, Account Coordinator - March Communications; pg. 625
Masi, Rob, Vice President, Technology - Wilen Media Corporation; pg. 432
Masiakos, Greg, Vice President & Account Director - MullenLowe U.S. New York; pg. 496
Masilun, Kelli, Vice President, Strategy - Concentric Marketing; pg. 52
Mask, Clate, Chief Executive Officer - Keap; pg. 168
Mask, Tim, President - Maris, West & Baker; pg. 383
Maskin, Ilana, Associate Director, Business Affairs & Content Programs - Spark Foundry; pg. 508
Maslic, Ermin, Account Supervisor - Saatchi & Saatchi Dallas; pg. 136
Maslow, Jonathan, Analytics Manager - Zenith Media; pg. 529
Maslow Lumia, Melanie, Partner - Maslow Lumia Bartorillo Advertising; pg. 106
Mason, Amy, Vice President, Earned Media, Influencer Marketing & Content Creation - Weber Shandwick; pg. 661
Mason, Ben, Associate Creative Director - Epic Creative; pg. 7
Mason, Betty, Senior Production Manager - DVL Seigenthaler; pg. 599
Mason, Beverly, President - Weston | Mason; pg. 430
Mason, Charlie, Chief Executive Officer - Mason, Inc. ; pg. 383
Mason, Grant, Art Director - Wieden + Kennedy; pg. 432
Mason, Halle, Media Planner - Carmichael Lynch; pg. 47
Mason, James, Associate Director, Broadcast Traffic - PHD; pg. 504
Mason, Marc, Group Account Director - Fallon Worldwide; pg. 70
Mason, Matt, Senior Vice President, Global Group Director - Saatchi & Saatchi ; pg. 136
Mason, Mikayla, Strategy Manager - Universal McCann; pg. 521
Mason, Steve, Senior Vice President, Client Services - Fuseideas, LLC; pg. 306
Mason, Thomas, Vice President, Human Resource - JCDecaux North America; pg. 553
Mason, Tim, Chief Executive Officer - Mason Marketing; pg. 106
Mason, Timothy, President & Chief Executive Officer - Mason Marketing; pg. 106
Mason, Warner, President & Chairman - Webb/Mason; pg. 294
Mason-Greene, Ashley, Principal - Lucky Break Public Relations; pg. 623
Massa, Agustina, Senior Brand Lead - the community; pg. 545
Massa, Ann, Senior Account Director - LAM Design Associates, Inc.; pg. 189
Massa, Mallory, Copywriter - 3Headed Monster; pg. 23
Massa-Sena, Monet, Manager, Social Media & Copywriter - Knight; pg. 95
Massaia, Louis, Executive Vice President & Chief Creative Officer - Havas Health & You; pg. 82
Massat, Marie, Senior Vice President, Account Director - Grey Group; pg. 365
Masse, Emilie, Director, Consulting - LG2; pg. 380
Masselle, Cris, Director, Strategic Client Marketing - BTB Marketing Communications; pg. 44
Massenzio, Frank, Director, Operations & Client Services - o2kl; pg. 121
Masser, Julie, Vice President & Director, Integrated Publishing - 360i, LLC; pg. 320
Masseur, Mark, Principal & Executive Creative Director - Symmetri Marketing Group, LLC; pg. 416
Massey, Delano, Principal & Chief Executive Officer - JacobsEye; pg. 243
Massey Cullers, Tess, Account Supervisor - McGarrah Jessee; pg. 384
Massie, Laura, Director, Brand & Innovation Strategy - Anomaly; pg. 325
Massih, Daniel, Creative Director - Grey Group; pg. 365
Massler, Stephanie, Executive Vice President & Chief Innovation Officer - DoeAnderson Advertising ; pg. 352
Masson, Sophie, Co-Founder & Chief Executive Officer - DO NOT DISTURB; pg. 63
Mast, Andrew, Specialist, Creative Search - BFO; pg. 217
Mast, Kelsey, Project Manager, Digital - AOR, Inc.; pg. 32
Mastenbrook, Blaine, Account Supervisor - Cavalry; pg. 48
Masters, Colleen, Group Creative Director - Aloysius Butler & Clark; pg. 30
Masters, Don, President & Creative Director - Mediaplus Advertising; pg. 386
Masters, Laura, Director, Client Engagement - Sid Lee; pg. 140
Masters, Rich, Executive Vice President, Public & International Affairs - Qorvis Communications, LLC; pg. 640
Masterson, Vera, Senior Media Analyst & Media Buyer - VaynerMedia; pg. 689
Mastin, Nick, Manager, Print Production - Armada Medical Marketing; pg. 578
Mastony, Colleen, Vice President, Media Strategies - Jasculca / Terman & Associates ; pg. 616
Mastrandrea, Lenny, Head, Colorist & Department - Nice Shoes; pg. 193
Mastro, Glenn, President - Mastro Communications, Inc.; pg. 626
Mastrobattista, Michelle, Senior Vice President, Creative & Client Services - Solomon McCown & Co., Inc.; pg. 648
Mastroberti, Lea, Vice President, Group Account Director - Publicis North America; pg. 399
Mastroianni, Mia, Assistant Account Executive - The Hatch Agency; pg. 653
Mastropiero, Analeigh, Media Supervisor - Crossmedia; pg. 463
Masucci, Mollie, Portfolio Management Associate - Universal McCann; pg. 521
Masuda, Rai, Director, Integrated Marketing - Achieve; pg. 210
Masukawa, Michael, Manager, Strategy & Business Development - Secret Location; pg. 563
Mata, Chris, Media Supervisor - Crossmedia; pg. 463
Mata, Desiree, Account Supervisor - Campbell Ewald New York; pg. 47
Mata Crane, Chloe, Executive Vice President - Baltz & Company; pg. 580
Matalon, Vivian, Vice President & Group Account Director - Klick Health; pg. 244
Mataraza, John, Vice President & Group Director - Digitas; pg. 226
Matarazzo, Nick, Chief Executive Officer - Hearst Autos; pg. 238
Mataseje, Dwayne, Group Director, Broadcast - OMD Canada; pg. 501
Matathia, David, Chief Strategy & Marketing Officer - Fitzco; pg. 73
Matayoshi, Risa, Senior Strategic Account Manager - Tapjoy; pg. 535
Matejcyzk, John, Co-Founder & Chief Creative Officer - MUH-TAY-ZIK / HOF-FER; pg. 119
Mateo, Miguel, Associate Account Director - Essence; pg. 232
Matero, Max, Manager, eCommerce Solutions Support - Fluid, Inc.; pg. 235
Materowski, Jim, Senior Vice President, Accounts & Operations - Magnet Media, Inc.; pg. 247
Mates, Rachael, Senior Project Manager - Sid Lee; pg. 140
Matfus, Kristie, Vice President & Group Director - VaynerMedia; pg. 689
Mathaisell, Mary, Executive Producer & Partner - Bonfire Labs; pg. 175
Mathei, Melissa, Group Account Director - mono; pg. 117
Matheny, Julie, Associate Creative Director - Droga5; pg. 64
Matheny, Meghan, Account Director - BLASTmedia; pg. 584
Matheny, Michael, Chief Executive & Creative Officer - Folklore Digital; pg. 235

AGENCIES — PERSONNEL

Matheny, Sarah, Marketing Director - Teague; pg. 201
Mather, Linda, Marketing Director - Rueckert Advertising; pg. 136
Mather, Wheaten, Director, Strategy & Insights - Strategic America; pg. 414
Mathes, Estee, Associate Creative Director - Ogilvy; pg. 393
Matheu, Amy, Senior Art Director - WongDoody; pg. 433
Mathew, Ben, Media Director - Horizon Media, Inc.; pg. 474
Mathews, Alice, Senior Vice President & Management Supervisor - The Tombras Group; pg. 424
Mathews, Dan, Principal - Brand It Advertising; pg. 42
Mathews, Daniela, Account Executive - BFG Communications; pg. 333
Mathews, Heather, Supervisor, Client Services - RAPP Worldwide; pg. 291
Mathews, Kathryn, Director, Digital Media - Starcom Worldwide; pg. 513
Mathews, Shelby, Creative Director - Native Digital, LLC; pg. 253
Mathewson, Eric, Founder & Chief Executive Officer - WideOrbit; pg. 276
Mathewson, JJ, Director, New Accounts - Ruckus Marketing; pg. 408
Mathias, Alex, Vice President - Isadora Agency; pg. 91
Mathias, Bryce, Senior Creative - Grey Group; pg. 365
Mathias, Lucy, Senior Account Executive - Novita Communications; pg. 392
Mathie, Ed, Partner & Managing Director - Cue, Inc.; pg. 6
Mathieu, Christopher, Chief Design Officer - New Breed Marketing ; pg. 675
Mathieu, Sheri, Visual Talent - Tall Timbers Marketing; pg. 292
Mathis, Glenn, Vice President, Client Services & Engineering - All Covered; pg. 212
Mathis, Jennifer, Senior Vice President & Media Director - Cramer-Krasselt ; pg. 53
Mathis, Jim, President & Co-Owner - Adwerks, Inc.; pg. 28
Mathis, Mark, Partner, Chief Strategy Officer - Amperage; pg. 30
Mathson, Zach, Media Analyst - VaynerMedia; pg. 689
Mathur, Anant, Executive Vice President & Head, Analytics - Essence; pg. 232
Mathur, Pooja, Manager, Analytics - Merkle; pg. 114
Mathura, Cayal, Senior Vice President, Growth - MediaMonks; pg. 249
Matias, Ald, Advertising Operations Manager - H&L Partners; pg. 80
Matic, Julie, Senior Vice President, Digital Strategy - DKC Public Relations; pg. 597
Matic, Katarina, Senior Public Relations Associate - Montieth & Company; pg. 628
Matio, Kim, Vice President, Media Operations & Agency Growth - ConvergeDirect; pg. 462
Matjanec, Alex, Partner & Chief Executive Officer - AD:60; pg. 210
Matlaf, Tawny, Senior Manager, Account Services - Universal McCann; pg. 524
Matlock, Kent, Chairman & Chief Executive Officer - Matlock Advertising & Public Relations; pg. 107
Matluck, John, Executive Vice President & Managing Director, Sales - ICON International, Inc.; pg. 476
Matnick, Nancy, Chief Financial & Operations Officer - Endai Worldwide; pg. 231
Matos, Kyle, Experienced Account Director - PP+K; pg. 129
Matranga, Lauren, Director - Carat; pg. 459

Matson, Laura Beth, Director, Outdoor Recreation Media - Brothers & Co.; pg. 43
Matson, Maggie, Social Media Community Manager - The Tombras Group; pg. 424
Matsubara, Ken, Creative Director - The VIA Agency; pg. 154
Matsubara, Ross, Vice President & Director, Style - Nike Communications, Inc.; pg. 632
Matsui, Fabio, Director, Creative Technology - Accenture Interactive; pg. 322
Matsumiya, Jacob, Account Director & Account Supervisor - AKA NYC; pg. 324
Matsumoto, Ryosuke, Art Director - Bandujo Donker & Brothers ; pg. 36
Matsunami, Lee, Managing Director, Digital - Kovel Fuller; pg. 96
Matsunobu, Mutsumi, Manager, Coordination & Writer - Media Etc.; pg. 112
Matsuoka, Bryan, Executive Partner - Publicis.Sapient; pg. 258
Matsushima, Amy, Co-Founder - Denizen Group; pg. 225
Matsushima, Joe, Co-Founder & Creative Director - Denizen Group; pg. 225
Matt, Nicole, Manager, Business Development & Marketing Services - Prisma; pg. 290
Matta, Ana Maria, Vice President, Strategy Director - Lapiz; pg. 542
Matta, Serge, President, Global Sales & Marketing - GroundTruth.com; pg. 534
Matte, Stephen, Director, Client Services - The Trade Desk; pg. 519
Mattei, Rich, Manager, Customer Satisfaction - Independent Graphics Inc.; pg. 374
Mattei, Robison, Senior Creative Art Director - 180LA; pg. 23
Matteoni, Michael, Chief Operating Officer - StudioNorth; pg. 18
Mattes, Gary, Chief Executive Officer - Boomm Marketing & Communications; pg. 218
Matthew, Molly, Senior Producer - MKTG INC; pg. 312
Matthews, Drew, President & Creative Director - The Matthews Group, Inc.; pg. 151
Matthews, Erin, Media Supervisor - Zehnder Communications, Inc.; pg. 436
Matthews, Jennifer, President & Chief Executive Officer - TheBloc; pg. 154
Matthews, Jennifer, Design Director - Baldwin&; pg. 35
Matthews, Martha, Vice President & Group Director, Local Media Activation - Carat; pg. 459
Matthews, Sherry, Owner & Chief Executive Officer - Sherry Matthews Advocacy Marketing; pg. 140
Matthews, Susan, Creative Director - Evergreen & Co.; pg. 182
Matthews, Tori, Senior Brand Manager - 72andSunny; pg. 24
Mattiace, William, Director, Integrated Marketing Communications & Creative Strategy - Gail & Rice; pg. 306
Mattimore, Timothy, Executive Creative Director - BBDO Minneapolis; pg. 330
Mattina, Chuck, President, Chief Operating Officer & Chief Financial Officer - Quixote Group; pg. 402
Mattingly, Beverly, Senior Vice President & Group Account Director - Archer Malmo; pg. 32
Mattingly, Liz, Supervisor, Creative - Crowley Webb & Associates; pg. 55
Mattis, Bill, Executive Director, Business Development - McKinney; pg. 111
Mattison, Sue, Manager, Client Support - Marketcom PR; pg. 625
Mattoso, Frederico, Associate Creative Director - Ogilvy Public Relations; pg. 633
Mattox, Darryl, President & Chief Operating Officer - Gragg Advertising; pg. 78

Mattox, Matt, Senior Vice President & Group Account Director - The Martin Agency; pg. 421
Matts, Erin, Chief Executive Officer - US - Hearts & Science; pg. 471
Mattson, Emily, Associate Activation Manager, Paid Social - Essence; pg. 232
Mattson, Skyler, Managing Director - WongDoody; pg. 433
Mattucci, Lindsey, Associate Creative Director - HDMZ; pg. 83
Matula, Jarad, Social Media Manager - Just Media, Inc.; pg. 481
Matulich, Joe, Vice President - Crosby-Volmer; pg. 594
Matulick, Kylie, Partner & Creative Director - Psyop; pg. 196
Matusak, Amanda, Vice President, Brand Strategy - Deskey Integrated Branding ; pg. 7
Matusky, Greg, Founder & President - Gregory FCA Communications, Inc.; pg. 611
Matyas, Kelly, Media Supervisor - Starcom Worldwide; pg. 513
Matyas, Mark, Creative Director - The Simon Group, Inc.; pg. 153
Matz, Scott, Owner & Director - Thornberg & Forester; pg. 564
Matzen, Matthew, Executive Vice President & Group Account Director - Deutsch, Inc.; pg. 350
Matzner, Jason, Creative Director - Voveo Marketing Group ; pg. 429
Matznick, William, Senior Vice President & Group Creative Director - Cavalry; pg. 48
Mauceri, Ashley, Senior Media Strategist - MayoSeitz Media; pg. 483
Mauck, Drew, Principal - 3Points Communications; pg. 573
Mauge, Lydia, Executive Data Manager - E&M Media Group; pg. 282
Mauldin, Melissa, Vice President, Verbal Communications - A. Bright Idea; pg. 25
Maule, James, Account Director - Simple Truth; pg. 198
Maulella, Phoenix, Associate Producer - Mass Appeal; pg. 562
Maulhardt, Lisa, Executive Vice President - SYPartners; pg. 18
Maulik, Pete, Managing Partner - Fahrenheit 212; pg. 182
Maultasch, Jayme, Executive Vice President, Group Account Director - Deutsch, Inc.; pg. 349
Maune, LaNor, Director, Content Marketing & Senior Account Manager - PRx, Inc.; pg. 639
Maurer, Jack, Sales Manager - Park Outdoor Advertising; pg. 555
Maurer, Morgan, Marketing Manager - Ogilvy; pg. 393
Maurer, Paul, Graphic Designer - Abbey Mecca & Company; pg. 321
Maurer, Tony, Digital Director - Bader Rutter & Associates, Inc. ; pg. 328
Mauricio, Ditas, Senior Vice President, Consumer West - Havas Formula; pg. 612
Maurin, Rebekah, Director, Content Marketing - Design at Work Creative Services; pg. 179
Mauro, Charles, Founder & President - MauroNewMedia; pg. 190
Mauro, Patrick, Director, Broadcast Buying & Media Investment - Wieden + Kennedy; pg. 432
Maus, Helena, Chief Executive Officer - Archetype; pg. 33
Maus, Trudy, Executive Director, Creative & Production Services - Banner Direct; pg. 280
Maute, Todd, Partner - CBX; pg. 176
Mavaega, Marissa, Manager - Canvas Blue; pg. 47
Mavis, Madison, Producer - VaynerMedia; pg. 689
Mavreas, Alicia, Strategy Manager - Starcom

Worldwide; pg. 517
Mawhee, Lindsey, Account Director - BBDO Worldwide; pg. 331
Mawhinney, Karen, Managing Director - EP+Co.; pg. 356
Maxfeldt, Ashley, Account Director - Team One; pg. 417
Maxham, John, Chief Creative Officer - Laughlin Constable, Inc.; pg. 380
Maxon, Brad, General Manager - Martin Retail Group; pg. 106
Maxson, Audrey, Associate Media Planner, Integrated Planning - MediaCom; pg. 487
Maxwell, Chad, Executive Vice President, Product & Growth - Kelly, Scott & Madison, Inc.; pg. 482
Maxwell, Dessiah, Director, Traffic Operations - TBWA \ Chiat \ Day; pg. 146
Maxwell, Isaiah, Manager, Digital Partnerships - Initiative; pg. 477
Maxwell, Richard, Director, Transit Accounts - Pavlov; pg. 126
Maxwell, Stephanie, Associate Director, Media - Performance Marketing; pg. 126
May, Adrienne, Associate Director, Marketing Science - Hearts & Science; pg. 473
May, Alan, Director, Media - Just Media, Inc.; pg. 481
May, Amy, Director, Outdoor Public Relations - JAM Collective; pg. 616
May, Brad, Director, Brand - Reach Agency; pg. 196
May, Carina, Executive Vice President - Smith & Harroff; pg. 647
May, Cassie, Director, Digital Partnerships - Initiative; pg. 478
May, Chris, Executive Creative Director - Elephant; pg. 181
May, Colin, Vice President, Media Development & Operations - Mediaspace Solutions; pg. 490
May, Erica, Associate Media Director - 22squared Inc.; pg. 319
May, Gavin, Head, Strategy - jones knowles ritchie; pg. 11
May, James, Director, Marketing & Client Solutions - Cox Media; pg. 463
May, Jared, Specialist, Motion Graphics - The Price Group Inc.; pg. 152
May, Jerry, Executive Vice President & Director, Account Service - blr further; pg. 334
May, Kate, Chief Financial Officer & Senior Vice President, Finance & Administration - Upshot; pg. 157
May, Kevin, Vice President, Controller & Director, Billing - The Buntin Group; pg. 148
May, Larry, Senior Vice President, Strategic Development - Infogroup Media Solutions; pg. 286
May, Lauren, Senior Integrated Producer - Deutsch, Inc.; pg. 350
May, Marci, Senior Vice President - Jasculca / Terman & Associates ; pg. 616
May, Mike, Vice President, Strategy - Huge, Inc.; pg. 240
May, Robert, Senior Media Analyst - 360i, LLC; pg. 208
May, Jr., Rich, Owner & President - May Advertising & Design, Inc.; pg. 107
Maybell, Graham, Sales Strategy & Customer Success - Firefly; pg. 552
Mayberry, Paula, Director, Accounting, Human Resources & Operations - Sherry Matthews Advocacy Marketing; pg. 140
Mayberry, Ryan, Vice President, Media Strategy - Starcom Mediavest Group - Starcom Worldwide; pg. 517
Mayde, Jason, Global Technology Director - Archetype; pg. 33
Mayer, Allan, Co-Chief Executive Officer - 42West; pg. 573
Mayer, Carole, Senior Copywriter & Designer - SJI Associates; pg. 142
Mayer, Josh, Chief Creative Officer - PETERMAYER; pg. 127
Mayer, Kevin, Chief Executive Officer - bld Marketing; pg. 334
Mayer, Lauren, Account Director, Delta Air Lines - AKQA; pg. 212
Mayer, Lynn, Senior Vice President, Group Account Director - Vizeum; pg. 525
Mayer, Mark, President & Chief Executive Officer - PETERMAYER; pg. 127
Mayer, Matt, Senior Vice President, Strategic Marketing - NCompass International; pg. 390
Mayer, Trish, Director, Interactive Marketing - 3rd Third Marketing; pg. 279
Mayerle, Erika, Vice President & Account Director - Preston Kelly; pg. 129
Mayers, Gwen, Creative Director - Balash Advertising; pg. 35
Mayes, Ivan, Senior Vice President & Director, Technology - TracyLocke; pg. 683
Mayes, Wendy, Senior Copywriter - The Richards Group, Inc.; pg. 422
Mayeux, Laurie, Digital Media Planner - Innovative Advertising; pg. 375
Mayfield, Bernadette, Senior Project Manager & Executive Assistant - GAP Communications Group, Inc.; pg. 540
Mayfield, Jim, Senior Vice President - Brighton Agency, Inc.; pg. 337
Mayhew, Kaleen, Senior Art Director - Organic, Inc.; pg. 255
Mayhew, Karen, Executive Vice President, Consumer Management - Infogroup Media Solutions; pg. 286
Mayhew, Mike, Senior Vice President, B2B Media Management - Infogroup Media Solutions; pg. 286
Maylander, Heather, Managing Director - Lake Group Media, Inc.; pg. 287
Maynard, Traci, Sales Account Executive - Grace Outdoor Advertising; pg. 552
Maynard, Traci, Regional Account Executive - Adams Outdoor Advertising; pg. 549
Maynord, Amanda, Senior Advisor - Lovell Communications, Inc.; pg. 623
Mayo, Nicole, Vice President - Weber Shandwick; pg. 660
Mayo, Parker, Assistant Media Planner - Team One; pg. 418
Mayo, Ray, Co-Founder & Managing Director - MayoSeitz Media; pg. 483
Mayo, Will, Vice President, Business Development - WillowTree, Inc.; pg. 535
Mayoh, Bob, Senior Account Manager - SLN, Inc.; pg. 677
Mayone, Catherine, Executive Vice President - Publicis Health; pg. 639
Mays, Emily, Art Director - Innis Maggiore Group; pg. 375
Mays, Kathy, Vice President, Client Services - Infinity Direct; pg. 286
Maysonet, Antonette, Office Manager - Blue 449; pg. 455
Mayville, Eric, Co-Founder - Wondersauce; pg. 205
Maze, Michael, Vice President & Director, Local Investment - Canvas Worldwide; pg. 458
Mazenett, Melissa, Vice President & Director, Brand Strategy - Saatchi & Saatchi ; pg. 136
Mazey, Kendra, Executive Managing Partner - Media Assembly; pg. 385
Maziarz, Regina, Associate Planner - Lippe Taylor; pg. 623
Mazo-Colligan, Allison, Account Supervisor - Outdoor Media Group; pg. 554
Mazukina, Emma, Senior Associate, Display - iProspect; pg. 674
Mazur, Jamie, Managing Partner - All Points Digital; pg. 671
Mazur, Jason, Co-Founder & Digital Marketing Director - All Points Digital; pg. 671
Mazur, Kellie, Senior Copywriter - Gelia Wells & Mohr; pg. 362
Mazurek, Cathy, Executive Vice President, Finance - Tierney Communications; pg. 426
Mazurek, Denise, Production Supervisor - Rhea & Kaiser Marketing ; pg. 406
Mazza, Haley, Group Brand Director - Johannes Leonardo; pg. 92
Mazza, Lisa, Manager, Digital Marketing - Moxe; pg. 628
Mazza, Mary, Executive Vice President & Brand Strategist - Havas Health & You; pg. 82
Mazzamuto, Kristina, Senior Associate, Portfolio Management - Universal McCann; pg. 521
Mazzante, Erica, Account Manager - Gregory Welteroth Advertising; pg. 466
Mazzarelli, Sam, Senior Vice President & Account Director - Weber Shandwick; pg. 660
Mazzariol, Mauricio, Associate Creative Director - The Martin Agency; pg. 421
Mazzariol, Tatiana, Senior Project Manager - The Martin Agency; pg. 421
Mazzarisi, Lisa, Client Engagement Manager - SQAD, Inc.; pg. 513
Mazzella, Courtney, Director, Client Services - Champion Management Group, LLC; pg. 589
Mazzella, Marissa, Account Coordinator, Social Media - MGH Advertising ; pg. 387
Mazzetti, Oliva, Post Production Coordinator - Beautiful Destinations; pg. 38
Mazzola, Jaimie, Management Supervisor - GTB; pg. 367
Mazzone, Adrienne, President - TransMedia Group; pg. 656
Mazzoni, Mara, Senior Vice President, Integrated Media Strategy - Weber Shandwick; pg. 662
Mazzorana, Gina, Executive Vice President & Account Director, P&G - Starcom Worldwide; pg. 513
Mazzotti, Bruno, Vice President & Director, Creative - FCB Chicago; pg. 71
McAbee, Alan, Vice President, Strategic Accounts - Prisma; pg. 290
McAdam, Rich, President - MC2; pg. 311
McAdoo, Chris, Creative Director & Account Manager - Designsensory; pg. 62
McAfee, Katie, Associate Director, Field Management - The Buntin Group; pg. 148
McAlary, Mickey, Communications Strategist - Noble People; pg. 120
McAlearney Pirie, Kelly, Senior Vice President - Edelman; pg. 601
McAleer, Owen, Senior Account Manager - jones knowles ritchie; pg. 11
McAleese, Teresa, Senior Media Supervisor - Aloysius Butler & Clark; pg. 30
McAlister, Tom, Managing Director - Beck Media & Marketing; pg. 582
McAloon, Cassidy, Senior Account Manager - No Limit Agency; pg. 632
McAndrew, Shane, Chief Data Strategy Officer - Mindshare; pg. 491
McAndrews, Lauren, Vice President, Strategic Digital Planning - Mobext; pg. 534
McAneney, Amanda, Supervisor, Content Partnerships - Canvas Worldwide; pg. 458
McAneny, Justin, Director, Digital Strategy - M Booth & Associates, Inc. ; pg. 624
McArthur, Andrea, Director, Digital Services - Destination Marketing; pg. 349
McArthur, Cynthia, Vice President, Strategic Accounts - Sparks; pg. 315
McArthur, Hamish, Head, Design - VMLY&R; pg. 160

AGENCIES — PERSONNEL

McArthur, Maddie, Digital Media Supervisor - AKQA; *pg.* 211
McArthur, Ryan, Executive Vice President - USIM; *pg.* 525
McArtor, Todd, Creative Group Head & Art Director - The Richards Group, Inc.; *pg.* 422
McAtee, Brett, Media Buyer - MMGY Global; *pg.* 388
McAteer, Andrea, Managing Partner - MediaCom; *pg.* 487
McAteer, Jennifer, Senior Partner & Learning & Development Director - Mindshare; *pg.* 491
McAuliffe, Catrina, Senior Vice President, Brand Strategy - Marketing Architects; *pg.* 288
McAuliffe, Tim, Vice President, Digital Integration - Oxford Communications; *pg.* 395
McAvoy, Maria, Brand Management Supervisor - GTB; *pg.* 367
McAvoy, Mike, Chief Executive Officer - Onion, Inc.; *pg.* 394
McBee, Steve, Partner - Moxy Ox; *pg.* 192
McBride, Chuck, Founder & Chief Creative Officer - Cutwater; *pg.* 56
McBride, Elizabeth, Account Executive & Content Writer - Sherry Matthews Advocacy Marketing; *pg.* 140
McBride, Ellen, Director, Marketing Communications - Red Chalk Studios; *pg.* 404
McBride, John, Senior Partner & Director, Strategy - Translation; *pg.* 299
McBride, Julie, Director, Talent & Communications - Fallon Worldwide; *pg.* 70
McBride, Mary, Vice President & Director, Engagement - MRM//McCANN; *pg.* 118
McBride, Scott, Manager, Sales - Adams Outdoor Advertising; *pg.* 549
McBride, Sean, Chief Creative Officer - Arnold Worldwide; *pg.* 33
McBride, Tess, Group Account Director - Laundry Service; *pg.* 287
McBrien, Harry, Public Relations Director - Maier Advertising, Inc.; *pg.* 103
McBroom, Meredith, Senior Account Executive - THIRD EAR; *pg.* 546
McCabe, Bill, President & Chief Executive Officer - Eicoff; *pg.* 282
McCabe, Carissa, Vice President - GroundFloor Media; *pg.* 611
McCabe, Christopher, Vice President - Reed Exhibition Company; *pg.* 314
McCabe, Erin, Senior Vice President, Business Development & Marketing - Hotwire PR; *pg.* 614
McCabe, George, Director, Public Relations - B&P Advertising; *pg.* 35
McCabe, Kyle, Media Planning Supervisor - PHD; *pg.* 504
McCabe, Matt, Vice President & Director, Architecture & Governance - Starcom Worldwide; *pg.* 513
McCabe, Mick, Chief Strategy Officer - Publicis North America; *pg.* 399
McCafferty, Caitlan, Account Director, Public Relations - Furia Rubel Communications, Inc.; *pg.* 607
McCafferty, Dennis, Vice President, Content Creation - Welz & Weisel Communications; *pg.* 662
McCaffery, Paisley, Director, Content - Emerging Platforms - mcgarrybowen; *pg.* 109
McCaffrey, Bree, Director, Client Services - Propac; *pg.* 682
McCaffrey, Fern, Senior Vice President & Group Account Director - Honda Regional Marketing - RPA; *pg.* 134
McCain, Michelle, Brand Management - The Richards Group, Inc.; *pg.* 422
McCain-Matte, Tina, Partner & President - Gravina Smith & Matte, Inc.; *pg.* 610
McCaleb, Anna, Designer - Preacher; *pg.* 129

McCall, Bryan, Partner - Duncan McCall; *pg.* 353
McCall, Cory, Co-Chief Creative Officer & Principal - 160over90; *pg.* 1
McCall, Josh, Chairman & Chief Executive Officer - Jack Morton Worldwide; *pg.* 309
McCall, Marin, Creative & Digital Associate - All Points Public Relations; *pg.* 576
McCall, Mark, Global Segment Leader, Strategic Communications - FTI Consulting; *pg.* 606
McCall, Shellie, Office Manager - Duncan McCall; *pg.* 353
McCall, Steve, Director, Global Business Leadership & Chief Executive Officer - Canada - Forsman & Bodenfors; *pg.* 74
McCallen, Ryann, Senior Account Executive - Porter Novelli; *pg.* 637
McCallister, Rachel, Chairwoman - mPRm Public Relations; *pg.* 629
McCallum, Brian, Senior Vice President & Group Management Supervisor - Digitas; *pg.* 229
McCallum, Matt, Partner, Operations - Hitchcock Fleming & Associates, Inc. ; *pg.* 86
McCallum, Sam, Group Account Director - Alexander Wang & Adidas - Johannes Leonardo; *pg.* 92
McCallum, Scott, Chief Executive Officer - North America - Geometry; *pg.* 363
McCambridge, Christine, Executive Director, Grey Commerce - Grey Midwest; *pg.* 366
McCammon, Joy, Executive Director, Talent Management - Rain; *pg.* 402
McCance, Alexis, Chief Financial Officer - Havas Formula; *pg.* 612
McCanless Dettmer, Samantha, President - Steel Digital Studios; *pg.* 200
McCann, Christopher, Account Director - Crossmedia; *pg.* 463
McCann, Jim, Founder & Chief Executive Officer - PME Enterprises LLC; *pg.* 313
McCann, Kelly, Manager, Broadcast Business - DDB Worldwide - DDB New York; *pg.* 59
McCann, Nan, Founder & President - PME Enterprises LLC; *pg.* 313
McCann, Peter, Vice President, Director & Executive Producer - Digitas; *pg.* 228
McCann, Robert, President & Chief Executive Officer - The Kerry Group; *pg.* 316
McCann, Stacy, Senior Director, Integrated Production - WongDoody; *pg.* 162
McCann, Tara, Manager, National Video Investment - Wieden + Kennedy; *pg.* 432
McCanna, Kelly, Supervisor, Paid Search - Tier II - GTB; *pg.* 367
McCanna, Michael, Senior Art Director - RedPeg Marketing; *pg.* 692
McCaren, Pat, Creative Director - Swift; *pg.* 145
McCarley, Erica, Senior Project Manager - Dell Blue; *pg.* 60
McCarrick, Edward, Executive Vice President, Account Management & Media Partnerships - ICON International, Inc.; *pg.* 476
McCarron, Patricia, Chief Executive Officer - MN & Company Media Management; *pg.* 496
McCarten, Amy, Managing Director, Account Operations - Myriad Marketing, Inc.; *pg.* 168
McCarten, Kelly, Senior Vice President - Mosaic North America; *pg.* 312
McCarter, Christina, Account Supervisor - LKH&S; *pg.* 381
McCarter, John, Executive Vice President & Managing Director - Saatchi & Saatchi Canada; *pg.* 136
McCarter Nagle, Gwen, Insights Director & Associate Partner - The Paragraph Project; *pg.* 152
McCarthy, Alisa, Senior Brand Manager - The Infinite Agency; *pg.* 151

McCarthy, Alison, Group Account Director - The Boston Group; *pg.* 418
McCarthy, Amanda, Account Director - AKQA; *pg.* 212
McCarthy, Blake, Assistant Media Planner - TDA_Boulder; *pg.* 147
McCarthy, Erin, Account Director - Staywell; *pg.* 292
McCarthy, Jamie, Chief Creative Officer, Innovation - J.R. Thompson Company; *pg.* 91
McCarthy, Jane, Director, Strategy - Dailey & Associates; *pg.* 56
McCarthy, Jared, Vice President, Media Planning - Essence; *pg.* 232
McCarthy, Jennifer, Vice President, Senior Director, Media Planning - HealixGlobal; *pg.* 471
McCarthy, John, President - DDB San Francisco; *pg.* 60
McCarthy, Julie, Associate Media Director - Horizon Next - Horizon Media, Inc.; *pg.* 474
McCarthy, Katerina, Senior Vice President & Managing Director - Organic, Inc.; *pg.* 256
McCarthy, Kevin, Executive Vice President, Executive Creative Director - mcgarrybowen; *pg.* 385
McCarthy, Kevin, Managing Director & Head, Global Audience Intelligence & Insight - EightBar IBM - GroupM; *pg.* 466
McCarthy, Leigh, Senior Vice President & Account Director - Deutsch, Inc.; *pg.* 350
McCarthy, Lynette, Vice President & Director, Broadcast Buying - Mintz & Hoke; *pg.* 387
McCarthy, Mike, Partner, Principal & President - DDM Marketing & Communications; *pg.* 6
McCarthy, Molly, Vice President, Production - Rapport Outdoor Worldwide; *pg.* 556
McCarthy, Pamela, Senior Vice President & Director, People & Talent - Palisades Media Group, Inc.; *pg.* 124
McCarthy, Rick, Director, Insights & Analytics - SFW Agency; *pg.* 16
McCarthy, Robert, Senior SEO & Associate Analytics Manager - Connelly Partners; *pg.* 344
McCarthy, Sarah, Vice President & Digital Director - Carat; *pg.* 459
McCarthy, Stacy, Senior Account Manager - The Letter M Marketing; *pg.* 420
McCarthy, Stephen, Chief Financial Officer - GroundTruth.com; *pg.* 534
McCarthy, Tayler, Associate Creative Director - The Loomis Agency; *pg.* 151
McCarthy, Taylor, Creative Director - Cossette Media; *pg.* 345
McCarthy, Tim, Chief Executive Officer - The McCarthy Companies; *pg.* 151
McCarthy, Tina, Vice President, Client Services - Huge, Inc.; *pg.* 239
McCartin, Mike, Chief Operating Officer - Tandem Theory; *pg.* 269
McCartney, Bob, Creative Director - RPM Advertising; *pg.* 408
McCarty, David, Partner & Creative Director - Panzano & Partners; *pg.* 194
McCarty, Jen, Senior Project Manager - Mind Active; *pg.* 675
McCarty, Katie, Account Director - Digitas; *pg.* 229
McCary, Matt, Supervisor, Communications Planning - Blue 449; *pg.* 456
McCaskill, Claire, Account Supervisor - Targetbase Marketing; *pg.* 293
McCaskill, Laura, Senior Art Director - Publicis Hawkeye; *pg.* 399
McCathie, Jamie, Creative Director - Turner Duckworth; *pg.* 203
McCaughrin, Brooke, Senior Vice President,

921

PERSONNEL — AGENCIES

Strategy & Media Director - Starcom Worldwide; *pg.* 513

McCauley, John, Executive Vice President & Chief Marketing Officer - Screenvision; *pg.* 557

McCauley, Kevin, Associate, Integrated Investment - Universal McCann; *pg.* 521

McCauley, Kristina, Brand Director - Mekanism; *pg.* 113

McCauley, Marty, Director, Design - FRCH Design Worldwide; *pg.* 184

McCauley-Ellis, Deborah, Senior Manager, Business Affairs - Leo Burnett Detroit; *pg.* 97

McCausland, Marcy, Chief Account Officer & Controller - J.R. Thompson Company; *pg.* 91

McClabb, Jill, Co-Founder & Creative Director - IPNY; *pg.* 90

McClain, Amy, Group Director, Performance Media - Beeby Clark+Meyler; *pg.* 333

McClain, Dan, Director, Delivery - Bounteous; *pg.* 218

McClain, Stacy, Director, Content Production - Camp + King; *pg.* 46

McClain, Stephanie, Senior Project Manager - Huge, Inc.; *pg.* 239

McClanahan, Paul, Owner & Partner - Boston Research Group; *pg.* 442

McClear, Brian, Senior Vice President, Marketing Technology - Adams & Knight Advertising; *pg.* 322

McClear, Courtney, Account Executive, Business Development - Doner; *pg.* 63

McClellan, Chris, Account Coordinator - Yeck Brothers Company; *pg.* 294

McClellan, Jeff, President - Anthologie; *pg.* 31

McClellan, Susan, Director, Broadcast - Empower; *pg.* 354

McClelland, Doug, Senior Associate - Wavemaker; *pg.* 526

McClelland, Misi, Senior Vice President - Ignite Social Media; *pg.* 686

McClenahan, Kerry, President & Chief Executive Officer - Publitek North America; *pg.* 401

McClendon, Sara, Senior Account Manager, Public Relations - Rhea & Kaiser Marketing; *pg.* 406

McCleskey, Erin, Public Relations Account Supervisor - R&R Partners; *pg.* 131

McClorey, Martin, Director, Group Account - Grip Limited; *pg.* 78

McCloskey, Amanda, Associate Director, Digital Investment - Zenith Media; *pg.* 529

McCloud, Mike, President & Chief Executive Officer - MMA Creative; *pg.* 116

McCloud, Randall, Vice President & Creative Producer - MMA Creative; *pg.* 116

McCloy, Diana, Vice President, Public Relations - Teak Media Communications; *pg.* 652

McClure, Anna, Director, Creative - DiD Agency; *pg.* 62

McClure, Chad, Associate Creative Director - MBB Agency; *pg.* 107

McClure, Laurie, Media Planner - Starcom Worldwide; *pg.* 516

McClure, Marcy, Director, Business Operations - Snavely & Associates; *pg.* 199

McClure, Megan, Senior Account Manager - LRXD; *pg.* 101

McClure, Mike, Executive Creative Director & Senior Vice President, Digital Communications - The Yaffe Group; *pg.* 154

McClure, Paul, Principal & Director, Advertising - Runyon Saltzman Einhorn; *pg.* 645

McClure, Scott, Senior Vice President, Influencer Engagement - Brighton Agency, Inc.; *pg.* 337

McClure, Shanley, Account Director - Goodby, Silverstein & Partners; *pg.* 77

McClure, Sue, President & Chief Executive Officer - GlynnDevins Marketing; *pg.* 364

McClure, Tim, Co-Founder - GSD&M; *pg.* 79

McClure, Travis, Account Director - Zimmerman Advertising; *pg.* 437

McCluskey, Sam, Senior Art Director - Droga5; *pg.* 64

McColl, Britt, Vice President & Public Relations Director - RPA; *pg.* 134

McCollam, Erin, Director, Accounting - Mediassociates, Inc.; *pg.* 490

McCollum, Riviera, Supervisor, Social Media - Havas Worldwide Chicago; *pg.* 82

McColough, Josh, Director, Corporate Communications - Blue Chip Marketing & Communications; *pg.* 334

McComas, Sydney, Account Supervisor - Duncan Channon; *pg.* 66

McConaghy, Mark, Senior Vice President, Strategy - Klick Health; *pg.* 244

McConaughey, Chris, Account Director - Havas Edge; *pg.* 284

McConnell, Greg, Senior Vice President, Global Business Director - Wunderman Thompson; *pg.* 434

McConnell, Hugh, Chief Financial Officer & Executive Vice President, Operations - MMGY Global; *pg.* 388

McConnell, Lisa, Creative Director - Burrell Communications Group, Inc.; *pg.* 45

McConnell, Maggie, Senior Account Executive - TPN; *pg.* 683

McConville, Kolby, Strategist - Horizon Media, Inc.; *pg.* 474

McCoobery, Kristina, Chief Operating Officer - inVNT; *pg.* 90

McCool, Ashley, Senior Content Manager, Public Relations & Social Media - Hitchcock Fleming & Associates, Inc.; *pg.* 86

McCord, Brian, Senior Vice President & Executive Director Media Strategy - RPA; *pg.* 134

McCord, Kat, Owner & Creative Director - Thackway Mccord; *pg.* 201

McCord, Lester, Vice President & Group Director - Rain; *pg.* 402

McCormack, Dan, Creative Director & Copywriter - Energy BBDO, Inc.; *pg.* 355

McCormack, Helen, Vice President & Associate Media Director - Starcom Worldwide; *pg.* 513

McCormack, Joe, Chief Creative Officer - Doremus & Company; *pg.* 64

McCormack, Kevin, Press Officer - WPP Group, Inc.; *pg.* 433

McCormack, Max, Vice President - HL Group; *pg.* 614

McCormack, Timothy, Vice President, Media & Analytics - Bigeye Agency; *pg.* 3

McCormick, Amanda, Marketing & Social Media Coordinator - Reputation Institute; *pg.* 449

McCormick, Brent, Senior Graphic Designer - Randall Branding Agency; *pg.* 16

McCormick, Elaine, Group Director, Creative - Grey Group; *pg.* 365

McCormick, Emily, Account Supervisor - Havas New York; *pg.* 369

McCormick, Emily, Associate Director, Communications Planning - Duncan Channon; *pg.* 66

McCormick, Jody, Media Director & Account Executive - Kinziegreen Marketing Group; *pg.* 95

McCormick, Katie, Strategist - SS+K; *pg.* 144

McCormick, Kelly, Creative Director - Crispin Porter + Bogusky; *pg.* 346

McCormick, Lance, Chief Creative Officer & Vice President - JNA Advertising; *pg.* 92

McCormick, Meghan, Director, Social Media - Madwell; *pg.* 13

McCormick, Melissa, Managing Director - 360i, LLC; *pg.* 208

McCormick, Michael, Chief Creative Officer - Rodgers Townsend, LLC; *pg.* 407

McCormick, Mimi, Integrated Producer - Crispin Porter + Bogusky; *pg.* 346

McCormick, Neil, Chairman - Cinecraft Productions, Inc.; *pg.* 561

McCormick, Pat, Senior Vice President, Director - Architecture & Governance - Starcom Worldwide; *pg.* 513

McCormick, Sean, Senior Media Director - Harmelin Media; *pg.* 467

McCormick, Sean, Partner & Creative Director - Caspari McCormick; *pg.* 340

McCormick, Tom, Chief Creative Officer - The Brick Factory; *pg.* 269

McCown, Ashley, President - Solomon McCown & Co., Inc.; *pg.* 648

McCoy, Betty Pat, Senior Vice President & Managing Director, Media Investment - GSD&M; *pg.* 79

McCoy, Erin, Director, Content Marketing & Public Relations - Killer Visual Strategies; *pg.* 189

McCoy, Kara, Account Director - Proof Advertising; *pg.* 398

McCoy, Kelsey, Brand Director - Hearts & Science; *pg.* 471

McCoy Kelly, Buffy, President - Tattoo Projects, LLC; *pg.* 146

McCracken, Julie, Senior Director - Padilla; *pg.* 635

McCracken, Lauren, Executive Director, Client Leadership - OMD; *pg.* 500

McCracken, Meredith, Associate Media Director - Starcom Worldwide; *pg.* 513

McCracken, Sean, Project Manager - Boxcar Creative; *pg.* 219

McCracken, Tim, Creative Director - Barkley; *pg.* 329

McCradden, David, Creative Director - mcgarrybowen; *pg.* 110

McCrary, Joshua, Associate Creative Director - TBWA \ Chiat \ Day; *pg.* 146

McCraw Bigelow, Courtney, Executive Vice President, Brand - Edelman; *pg.* 599

McCray, Julia, Senior Media Strategist - Curiosity Advertising; *pg.* 223

McCray, Stacey, Vice President, Public Relations - Luquire George Andrews, Inc.; *pg.* 382

McCready, Duncan, President - IC Group; *pg.* 567

McCready, Rob, Managing Director & Partner - Blue Collar Interactive; *pg.* 217

McCrimmon, Charles, Managing General Partner - Matrix Media Services; *pg.* 554

McCrimmon, Krista, Creative Director - Johnson & Sekin; *pg.* 10

McCrindle, Lauren, Senior Vice President Group Creative Director - McCann New York; *pg.* 108

McCrodden, Allen, Creative Group Supervisor - ProED Communications; *pg.* 129

McCrory, Paisley, Art Director - McCann Canada; *pg.* 384

McCue, Michelle, Founder & President - McCue Public Relations; *pg.* 626

McCue, Tony, Associate Creative Director - Cannonball Agency; *pg.* 5

McCuin, Bob, President, Sales - Clear Channel Outdoor; *pg.* 550

McCullars, Brittany, Associate Director, Digital - AgencyEA; *pg.* 302

McCulley, Bridget, Group Director, Media Planning - The Bohan Agency; *pg.* 418

McCulley, Samantha, Brand Manager - The

AGENCIES — PERSONNEL

Richards Group, Inc.; *pg.* 422
McCulloch, Michael, Paid Media Manager - MBB Agency; *pg.* 107
McCullough, Angelene, Digital Marketing Strategist - Cotton & Company; *pg.* 345
McCullough, Chelsie, Connections Supervisor, Social Media - VMLY&R; *pg.* 274
McCullough, Dana, Vice President & Account Director - McCann New York; *pg.* 108
McCullough, Daryl, Global Chairman - Citizen Relations; *pg.* 590
McCullough, Kelly, Creative Director - Eleven, Inc.; *pg.* 67
McCullough, Kemit, Director, Project Management - Wonderful Agency; *pg.* 162
McCullough, Laura, Senior Partner & Executive Group Director - Ogilvy; *pg.* 393
McCullough, Lynn, Director, Events & Planning - Creative Marketing Alliance; *pg.* 54
McCullough, Matt, Principal & Co-Founder - Ripcord Digital, Inc.; *pg.* 264
McCullough, Ryan, Account Manager, SEM - BFO; *pg.* 217
McCullough, Sean, Vice President, Account Services - Action Integrated Marketing; *pg.* 322
McCullough, Stephanie, Associate Director, Learning & Development - Publicis North America; *pg.* 399
McCune, Amber, Director, Online Marketing - Empower; *pg.* 354
McCune, Amber, Director, Online Marketing - Empower; *pg.* 354
McCune, Elizabeth, Global Chief Growth Officer - GroupM; *pg.* 466
McCune, Tripp, Executive Vice President & Chief Information Officer - Deutsch, Inc.; *pg.* 349
McCune, Wade, Creative Director & Senior Vice President - CJRW; *pg.* 590
McCurdy, Drue, Senior Designer - VSA Partners, Inc.; *pg.* 204
McCurley, Dan, Senior Digital Marketing Strategist - Masterworks; *pg.* 687
McCurlie, Laurie, Chief Executive Officer - MJM Productions; *pg.* 563
McCurlie, Mike, President & Creative Director - MJM Productions; *pg.* 563
McCurnin, Nicole, Associate Director - Havas Media Group; *pg.* 468
McCurry, Jeff, Chief Operating Officer & President - St. John & Partners Advertising & Public Relations; *pg.* 412
McCurry, Megan, Executive Vice President & Group Media Director - Digitas; *pg.* 227
McCuskey, Kathy, Chief Executive Officer - Yamamoto; *pg.* 435
McCutchen, Brent, President - Staplegun Design, LLC; *pg.* 412
McCutcheon, Brian, Senior Consultant - Outcrop Group; *pg.* 124
McCutcheon, Tim, Creative Director - Upside Collective; *pg.* 428
McDaid, Jessica, Director, Business Development - Tinuiti; *pg.* 678
McDaid, Ryan, Director, Strategy - Droga5; *pg.* 64
McDaniel, Brian, Supervisor, Accounts - iProspect; *pg.* 674
McDaniel, Caitlin, Director, Social Media - T3; *pg.* 268
McDaniel, Curtis, Director, Corporate Operations - Derse, Inc.; *pg.* 304
McDaniel, Frank, Art Director - Harold Warner Advertising, Inc.; *pg.* 369
McDaniel, Mary, Media Planner - Ciceron; *pg.* 220
McDaniel, Michael, Developer, Web - S&A Communications; *pg.* 645
McDaniel, Molly, Account Director - Mad Men

Marketing; *pg.* 102
McDaniel, Patrick, Co-President - Kepler Group; *pg.* 244
McDaniel, Rex, Principal & Executive Vice President, Operations - Premier Event Services; *pg.* 314
McDaniel, Shannon, Senior Vice President - Brand Resources Group; *pg.* 3
McDaniels, Randall, President - McDaniels Marketing & Communications; *pg.* 109
McDermott, Amy, Media Director - 360i, LLC; *pg.* 207
McDermott, Anna, Content Creator - Nancy Marshall Communications; *pg.* 631
McDermott, Darren, Partner - Brunswick Group; *pg.* 587
McDermott, Guy, Founder & Chief Executive Officer - Marketing Alternatives, Inc.; *pg.* 105
McDermott, Jonathan, Associate Director, Performics Practices Team - Spark Foundry; *pg.* 510
McDermott, Maddie, Account Supervisor - DDB New York; *pg.* 59
McDermott, Matt, Creative Director - Idfive; *pg.* 373
McDermott, Rose, Assistant Managing Producer - DiD Agency; *pg.* 62
McDermott, Ted, President - Marketing Alternatives, Inc.; *pg.* 105
McDevitt, Heather, Senior Account Executive - Rogers & Cowan/PMK*BNC; *pg.* 644
McDevitt, Nicole, Director, Specialty Architecture - FRCH Design Worldwide; *pg.* 184
McDonagh, Megan, Associate Director - Starcom Worldwide; *pg.* 513
McDonagh, Sarah, Supervisor, Media - 360i, LLC; *pg.* 207
McDonald, Amy, Senior Account Director - Quattro Direct; *pg.* 290
McDonald, Bruce, Vice President & Executive Producer - Grey Group; *pg.* 365
McDonald, Bryden, Head, Account Management - Anomaly; *pg.* 326
McDonald, Chip, Associate Creative Director & Copywriter - Saatchi & Saatchi Los Angeles; *pg.* 137
McDonald, Dan, Creative Director - Patterson Bach Communications; *pg.* 126
McDonald, Hamish, Vice President, Client Services - Point B Communications; *pg.* 128
McDonald, Iain, Director, Production - Deeplocal; *pg.* 349
McDonald, Jas, Media & Analyst Relations Manager - Witz Communications, Inc.; *pg.* 663
McDonald, Jen, Chief Client Officer - North America - VMLY&R; *pg.* 274
McDonald, Jim, Director, Business Development - Media Logic; *pg.* 288
McDonald, Jim, Chief Implementation Officer - inVNT; *pg.* 90
McDonald, Justin, Digital Strategist - Questus; *pg.* 260
McDonald, Kate, Director, Programmatic Trading & Biddable Media Lead - Mindshare; *pg.* 494
McDonald, Kathleen, President - Contrast Creative; *pg.* 222
McDonald, Kelly, President - McDonald Marketing; *pg.* 543
McDonald, Leslie, Vice President, Media & Operations - Wheeler Advertising, Inc.; *pg.* 430
McDonald, Marty, Executive Vice President - Fahlgren Mortine Public Relations; *pg.* 70
McDonald, Marty, Creative Director & Founding Partner - Egg; *pg.* 7
McDonald, Matt, Creative Director - Mob Scene; *pg.* 563
McDonald, Nicoletta, Vice President, Sales -

Pattison Outdoor Advertising; *pg.* 555
McDonald, Paul, Media Director - Infinity Concepts; *pg.* 285
McDonald, Richard, President, Agency Practice - Epsilon; *pg.* 283
McDonald, Sean, Managing Partner & Head, Strategy - Rethink Communications, Inc.; *pg.* 133
McDonnell, Austin, Senior Brand Manager - Mekanism; *pg.* 113
McDonnell, Jen, Vice President, Content & Social Media - Reshift Media; *pg.* 687
McDonnell, Kelly, Media Planner - Essence; *pg.* 232
McDonnell, Kevin, Associate Director - 360i, LLC; *pg.* 320
McDonnell, Megan, Account Manager - Wpromote; *pg.* 679
McDonnell, Roberta, Production Director - Siddall; *pg.* 141
McDonough, Jenni, Vice President, Human Resources - 22squared Inc.; *pg.* 319
McDonough, Joe, Managing Partner & Chief Creative Officer - Masterminds, Inc.; *pg.* 687
McDonough, Kristen, Senior Vice President, Conferences - Association of National Advertisers; *pg.* 442
McDonough, Tim, Principal - Berry & Company Public Relations; *pg.* 583
McDonough, Tracy, Vice President & Director, Operations - the community; *pg.* 545
McDougal, Connor, Senior Designer, Communications - Initiative; *pg.* 479
McDougall, Fiona, Director, Creative Services & Producer - OneWorld Communications; *pg.* 123
McDougall, Sam, Associate Vice President, Social & Operations - Red Havas; *pg.* 641
McDowell, Craig, Associate Media Director - Crispin Porter + Bogusky; *pg.* 346
McDowell, Felicia, Supervisor, Digital Reconciliation - Starcom Worldwide; *pg.* 513
McDowell, Jenny, Founding Partner & Business Lead - Public Works; *pg.* 130
McDowell, Jocelyn, Senior Director, Marketing Science - Hearts & Science; *pg.* 473
McDowell, Kay, Vice President, Media - Mitchell; *pg.* 627
McDowell, Matt, Account Director - DWA Media; *pg.* 464
McDowell, Robert, Associate Creative Director - Leo Burnett Worldwide; *pg.* 98
McDuff, Al, Principal - Diane Allen & Associates; *pg.* 597
McEachron, Alexandra, Manager of Digital Marketing - The Digital Hyve; *pg.* 269
McEldowney, Angie, Senior Account Manager - VantagePoint, Inc.; *pg.* 428
McElmeel, Chris, Associate Creative Director - Media Assembly; *pg.* 385
McElrath, Megan, Global Planning Director - Essence; *pg.* 232
McElree, Garnet, Executive Creative Director - LMNO; *pg.* 100
McElroy, Kevin, Vice President & Group Creative Director - Publicis.Sapient; *pg.* 259
McElroy, Laurey, Vice President, Account Services - Barnhardt Day & Hines; *pg.* 36
McElroy, Taylor, Supervisor, Integrated Print - Horizon Media, Inc.; *pg.* 474
McElroy, Thomas, Chief Finance Officer - Optimedia - Blue 449; *pg.* 456
McElveen-Hunter, Bonnie, Owner - Pace Communications; *pg.* 395
McElveney, Bill, President & Chief Executive Officer - McElveney & Palozzi; *pg.* 190
McEnaney, Jack, Chief Financial Officer - Camelot Strategic Marketing & Media; *pg.* 457
McEnnes, Marc, Creative Director - Gendron Communications; *pg.* 362
McEntee, Brigid, Director, Production -

923

PERSONNEL   AGENCIES

Madwell; *pg.* 13
McEntire, Cindy, Chief Human Resources Officer - Ansira; *pg.* 326
McErlane, Thomas, President & Co-Founder - RateSpecial Interactive LLC; *pg.* 262
McEvady, Andrea, Manager, New Business Development - Access to Media; *pg.* 453
McEvenue, Chris, Vice President & Principal - CPC Healthcare Communications; *pg.* 53
McEvoy, Amy, Senior Account Supervisor, Public Relations - Rhea & Kaiser Marketing ; *pg.* 406
McEvoy-Halston, Shannon, Vice President, Strategy - Critical Mass, Inc.; *pg.* 223
McEwan, Amy, Senior Strategist - Google - 72andSunny; *pg.* 23
McFadden, Amari, Associate Social Marketing Manager - 360i, LLC; *pg.* 320
McFadden, Barbara, Co-Founder & President - McFadden Gavender Advertising, Inc.; *pg.* 109
McFadden, Brady, Vice President, Client Services - FARM; *pg.* 357
McFadden, Eden, Executive Assistant & Operations - Imaginary Forces; *pg.* 187
McFadden, Jessica, Programmatic Media Activation Manager - Essence; *pg.* 232
McFadden, Kelly, Media Director - CMI Media, LLC; *pg.* 342
McFadden, Mike, Executive Vice President, Digital Transformation - Ogilvy; *pg.* 255
McFall, Carole, Vice President, Public Relations - The Castle Group, Inc.; *pg.* 652
McFarland, Bob, Vice President, Sales - Reed Exhibition Company; *pg.* 314
McFarland, Jason, Senior Art Director - Ferguson Advertising, Inc.; *pg.* 73
McFarland, Marc, Vice President, Financial Services - Marketing - Adams & Knight Advertising; *pg.* 322
McFarland-Johnson, Jeannie, Vice President, Communications - Creative Strategies Group; *pg.* 304
McFarlane, Jennifer, Media Director - Harmelin Media; *pg.* 467
McFarlane, Mietta, Senior Copywriter - Droga5; *pg.* 64
McFarren, Kyle, Director, Advanced Analytics - NSA Media Group, Inc.; *pg.* 497
McFerran, Molly, Director & Group Manager - Weber Shandwick; *pg.* 661
McGahey, Griffin, President - High Cotton Promotions U.S.A, Inc.; *pg.* 567
McGannon, Dagmar, Media Director - Marcus Thomas; *pg.* 104
McGarr, Sean, Senior Director, Digital Practice Lead - Wavemaker; *pg.* 526
McGarrah, Mark, Partner - McGarrah Jessee; *pg.* 384
McGarry, Jamie, Executive Vice President & Director, Business Development - DDB U.S. - DDB Chicago; *pg.* 59
McGarry, Lisa, Creative Director, Art - Clear; *pg.* 51
McGarvey, Caitlin, Director, Performance Media - Havas Media Group; *pg.* 468
McGaughan, Molly, Director, Growth - Beyond; *pg.* 217
McGaughey, Karen, Vice President, Client Services & Principal - Strum; *pg.* 18
McGean, Haley, Associate Director - ChizComm; *pg.* 50
McGee, Aizya, Junior Media Planner & Buyer - Proof Advertising; *pg.* 398
McGee, Caitlin, Vice President - mPRm Public Relations; *pg.* 629
McGee, Donna, Director, Production - Merrick Towle Communications; *pg.* 114
McGee, Heather, Executive Director, Creative & Production Services - Direct Marketing - Banner Direct; *pg.* 280

McGee, Kerry, Senior Account Director - KWT Global; *pg.* 621
McGee, Leah, Vice President & Director, Strategic Planning - FCB Chicago; *pg.* 71
McGee, Peter, Manager, Integrated Investment - Universal McCann; *pg.* 521
McGee, Ryan, Global Account Supervisor - McCann New York; *pg.* 108
McGee, Sara, Associate Director - Starcom Worldwide; *pg.* 513
McGee, Shannon, Director, Account - FCB Health; *pg.* 72
McGee, Trish, Vice President, Public Relations - The Bohan Agency; *pg.* 418
McGee Swartz, Caitlin, Vice President - mPRm Public Relations; *pg.* 629
McGehee, Kevin, Director, Advanced Analytics - Horizon Media, Inc.; *pg.* 474
McGehee, Lauren, Senior Strategist - Traction Corporation; *pg.* 271
McGetrick, Michael, Principal, Creative & Interactive Services - Spark451, Inc.; *pg.* 411
McGhee, Tahira, Group Director, Media Management - R/GA; *pg.* 260
McGhee, Veronica, Supervisor, Search - Cramer-Krasselt ; *pg.* 53
McGill, Carla, Owner & President - Hargrove Inc.; *pg.* 307
McGill, John, Director, Creative - VaynerMedia; *pg.* 689
McGill, Stephen, President & Creative Director - McGill Buckley; *pg.* 110
McGill, Timothy, President & Chief Executive Officer - Hargrove Inc.; *pg.* 307
McGillick, Daniel, Senior Vice President, Media - Mercury Media; *pg.* 288
McGillicuddy, Madison, Senior, Public Relations Associate - ICR; *pg.* 615
McGilloway Campbell, Ashley, Brand Manager - Mechanica; *pg.* 13
McGing, Breda, Senior Recruiter, Creative - Digitas; *pg.* 227
McGinley, Meg, Group Director, Production - Wunderman Thompson; *pg.* 434
McGinn, Jack, Associate Director, Digital - OMD; *pg.* 500
McGinness, Will, Executive Creative Director & Partner - Venables Bell & Partners; *pg.* 158
McGinness Bilotto, Lynn, Director, Human Resources - Vector Media; *pg.* 558
McGinnis, Kendra, Media Associate - Marketing Architects; *pg.* 288
McGinnis, Seth, Photographer - Laundry Service; *pg.* 287
McGinty, Michelle, President - DRA Strategic Communications; *pg.* 598
McGirk, Kristen, Senior Vice President & Account Director - Abelson-Taylor; *pg.* 25
McGirr, Rachel, Vice President & Group Partner, Integrated Investment - Universal McCann; *pg.* 521
McGivney, Aine, Account Executive, Digital & Social - Sunshine Sachs; *pg.* 650
McGivney, Kate, Account Manager - AgencyEA; *pg.* 302
McGivney, Tom, Chief Executive Officer - Aloysius Butler & Clark; *pg.* 30
McGlasson, Travis, Director, Marketing Technology - Simantel Group; *pg.* 142
McGlew, Cara, Social Media Coordinator - Colangelo & Partners; *pg.* 591
McGloin, Patrick, President - MERGE; *pg.* 113
McGlynn, Joe, Chief Growth Officer - Wunderman Health; *pg.* 164
McGlynn, Kevin, Director, Accounts & Producer - Lerner Advertising; *pg.* 99
McGoldrick, David, Partner & Executive Producer - 1919; *pg.* 207
McGoldrick, Joline, Senior Vice President,

Data Insights & Research - VidMob; *pg.* 690
McGoldrick, Megan, Vice President, Data Science - Publicis Spine - Digitas; *pg.* 226
McGonnigal, Ian, Senior Vice President, Strategic Accounts - Cramer; *pg.* 6
McGorray, Seamus, Senior Associate, Direct Digital Investment - Mindshare; *pg.* 491
McGorty, Anita, Executive Vice President, Corporate Communication - Publicis North America; *pg.* 399
McGougan, Lindsey, Associate Media Director - MediaCom; *pg.* 487
McGough, Clare, Senior Social Manager - BBDO Worldwide; *pg.* 331
McGough, Rebecca, Partner & Managing Director - M&C Saatchi LA; *pg.* 482
McGovern, Aubrey, Vice President, Travel & Lifestyle Division - Finn Partners; *pg.* 603
McGovern, Kelsey, Account Supervisor - Ketchum; *pg.* 619
McGovern, Maeve, Marketing Strategist - Resolution Media; *pg.* 676
McGovern, Sara, Account Executive - Litzky Public Relations; *pg.* 623
McGovern, Sean, General Manager - McFadden Gavender Advertising, Inc.; *pg.* 109
McGovern, Shannon, Vice President, Client Experience - Current Lifestyle Marketing; *pg.* 594
McGovern, Tom, President - Optimum Sports; *pg.* 394
McGovern, Valentine, Chief Financial Officer - Sullivan; *pg.* 18
McGovern Galo, Andrea, Vice President, Strategy & Planning - Mirum Agency; *pg.* 681
McGowan, Amanda, Senior Account Manager - Search Engine Optimization & Analytics - Seer Interactive; *pg.* 677
McGowan, Briana, Account Manager, Digital Marketing - Fishbowl; *pg.* 234
McGowan, Jason, Director, Engineering - Brightline; *pg.* 219
McGowan, Jerry, Executive Vice President, Sales - Access Sports Media; *pg.* 549
McGowan, Kelly, Vice President & Group Director, Media - Mediahub Boston; *pg.* 489
McGowan, Kelsey, Media Director - Prime Time Marketing; *pg.* 506
McGowan, Mara, Assistant Account Executive - XHIBITION; *pg.* 664
McGowan, Matt, Creative Director - Zozimus Agency; *pg.* 665
McGrath, Caitlin, Supervisor, Video Investment - Eli Lilly - OMD; *pg.* 498
McGrath, Emmett, President - Yoh; *pg.* 277
McGrath, Jill, Office Manager - Corporate Ink Public Relations; *pg.* 593
McGrath, John, Vice Chairman - The Hawthorn Group; *pg.* 653
McGrath, Kathy, Senior Vice President & Director, Digital Trade - Active International; *pg.* 439
McGrath, Matthew, Account Executive - Zulu Alpha Kilo; *pg.* 165
McGrath, Megan, Associate Media Director - Carmichael Lynch; *pg.* 47
McGrath, Michael, Principal, Art Director & Creative Director - Hydrogen; *pg.* 87
McGrath, Terry, President & Founding Partner - T1 Media, LCC; *pg.* 518
McGrath, Thomas, Director, Partnerships - Malka; *pg.* 562
McGrath, Tim, Partner & Director, Design - 3; *pg.* 23
McGraw, Barbara, Founder & Chief Marketing Officer - Infinitee Communications, Inc.; *pg.* 374
McGraw, Erin, Group Manager - The Motion Agency; *pg.* 270
McGraw, Jonathan, Director, Strategy &

AGENCIES PERSONNEL

Planning, Owned & Operated - Blue Wheel Media; *pg.* 335
McGraw, Kevin, Associate Creative Director - rEvolution; *pg.* 406
McGraw, Michael, Senior Vice President, Marketing Solutions - Clear Channel Outdoor; *pg.* 551
McGraw, Morgan, Senior Regional Director, Sales - West - Amobee, Inc.; *pg.* 213
McGregor, Gabriele, Coordinator, Public Affairs - The Ferraro Group; *pg.* 653
McGregor, Katie, Strategist - Hearts & Science; *pg.* 473
McGregor, Rod, President - Crowl, Montgomery & Clark, Inc.; *pg.* 347
McGrew, Kelsey, Senior Account Executive - OutsidePR; *pg.* 634
McGriff, Patrick, President - DCI-Artform; *pg.* 349
McGrogan, Sandi, Designer - Sasquatch; *pg.* 138
McGuffin, Justin, Creative Director - Aars & Wells, Inc.; *pg.* 321
McGuinness, Pat, Co-Founder & Director, Content Development - Trumpet Advertising; *pg.* 157
McGuire, Allison, Senior Digital Project Manager - Hero Digital; *pg.* 238
McGuire, Dan, Account Director - Tailfin Marketing Communications; *pg.* 18
McGuire, Jessica, Production Coordinator - Mass Appeal; *pg.* 562
McGuire, Kathy, Senior Vice President & Managing Director - McDonald's - Cossette Media; *pg.* 345
McGuire, Laureen, Vice President, Sales Services - Love & Company; *pg.* 101
McGuire, Mary, Account Manager - SHIFT Communications LLC; *pg.* 647
McGuire, Michael, President & Chief Executive Officer - 88 Brand Partners; *pg.* 171
McGuire, Rich, Vice President - Magid; *pg.* 103
McGuire Silvent, Jennifer, Senior Vice President - MCS, Inc.; *pg.* 111
McGurk, Stacey, Senior Client Services Director - Converge Consulting; *pg.* 222
McGurn, Jessica, Senior Director, Brand Strategy - Adrenalin, Inc.; *pg.* 1
McHale, Brian, Chief Executive Officer & Owner - Brandience; *pg.* 42
McHale, Frank, Chief Operations Officer - Madison Avenue Social; *pg.* 103
McHale, Jerome, Principal & President - McHale & Koepke Communications; *pg.* 111
McHale, Kevin, Executive Vice President & Managing Director, Creative - NeON; *pg.* 120
McHale, Mike, Chief Business Officer - Jump 450 Media; *pg.* 481
McHale, Tim, Chief Media Officer - Madison Avenue Social; *pg.* 103
McHattie, Katie, Director, Direct to Consumer - The Integer Group; *pg.* 682
McHatton, Haley, Coordinator, Staff - RedTree Productions; *pg.* 563
McHie, Jessica, Director, Business Development & Marketing - Tenet Partners; *pg.* 19
McHorse, Stacy, Principal, Owner & Co-Founder - Kinetic Channel Marketing; *pg.* 95
McHugh, Alex, Account Supervisor - DNA Seattle; *pg.* 180
McHugh, Brian, Senior Vice President & Chief Financial Officer - Martin Williams Advertising; *pg.* 106
McHugh, Evan, Senior Art Director - Red Robin - The Integer Group; *pg.* 682
McHugh, John, President - Brainstorm Studio; *pg.* 672
McHugh, Josh, Chief Executive Officer - Attention Span Media, LLC; *pg.* 214
McHugh, Lindsay, Account Director - 1000heads; *pg.* 691
McHugh, Mike, Chief Executive Officer - Thruline Marketing; *pg.* 155
McHugh, Rick, Senior Vice President & Creative Director - Hill Holliday; *pg.* 85
McHugh, James, President, Media Services - Gigante Vaz Partners; *pg.* 363
McIlroy, Julie, Partner - McIlroy & King; *pg.* 484
McIlvain, Justin, Manager, Local Sales - Reagan Outdoor Advertising; *pg.* 557
McIlwain, Katherine, Associate Director, Strategy - VSA Partners, Inc.; *pg.* 204
McIlwain, Ross, Supervisor, Client Services - Infinity Marketing; *pg.* 374
McIndoe, Adam, Director, Business Development - Netwave Interactive Marketing, Inc.; *pg.* 120
McIndoe, Dave, President - Netwave Interactive Marketing, Inc.; *pg.* 120
McInerney, Brendan, Senior Paid Media Specialist - Tallwave; *pg.* 268
McInerny, Meghan, Chief Operating Officer - Clockwork Active Media; *pg.* 221
McInnis, Alexandra, Associate Digital Producer - Hill Holliday; *pg.* 85
McInnis, Kaitlyn, Vice President & Director - Capital One - Horizon Media, Inc.; *pg.* 474
McInnis, Mark, Senior Director, Account Services & Creative Development - NoCoast Originals; *pg.* 312
McIntire, Alex, Manager, Market Development & Specialist, Content - VantagePoint, Inc.; *pg.* 428
McIntosh, Amber, Director, Creative Resources - Butler, Shine, Stern & Partners; *pg.* 45
McIntosh, Brett, Chief Marketing Officer - Publicis Toronto; *pg.* 639
McIntosh, Craig, Executive Creative Director - Cossette Media; *pg.* 345
McIntosh, J. P., Senior Producer, Integrated - Barkley; *pg.* 329
McIntosh, Kelley, Principal - Zakhill Group; *pg.* 294
McIntosh, Keri, Senior Vice President - The Castle Group, Inc.; *pg.* 652
McIntosh, Martin, Vice President - Thomas Communications, LLC; *pg.* 656
McIntosh, Michelle, Senior Account Executive - Mering; *pg.* 114
McIntosh, Patti, Director, Administration & Finance - Pinckney Hugo Group; *pg.* 128
McIntyre, Allison, Media Planner - Powerphyl Media Solutions; *pg.* 506
McIntyre, Brian, Chief Operating Officer - Publicis Hawkeye; *pg.* 399
McIntyre, Mark, Chief Executive Officer - MaxAudience; *pg.* 248
McIntyre, Michael, Founder - mOcean; *pg.* 298
McIver, Jesse, Art Director - Shok Idea Group, Inc; *pg.* 17
McKamey, Mitch, Group Account Director - Rethink Communications, Inc.; *pg.* 133
McKamie, Josh, Senior Producer - Boiling Point Media; *pg.* 439
McKamy, Galen, Vice President, Creative & Strategy - Match Action Marketing Group; *pg.* 692
McKasty, Michaelangelo, Program Director - Elephant; *pg.* 181
McKay, Dianne, President - Mustang Marketing; *pg.* 390
McKay, Jeffrey, Principal & Creative Director - Pennebaker, LMC; *pg.* 194
McKay, Matt, Executive Vice President & Executive Creative Director - Publicis North America; *pg.* 399
McKay, Megan, Senior Account Executive - Regan Communications Group; *pg.* 642
McKay, Mike, Chief Creative Officer & Partner - Eleven, Inc.; *pg.* 67
McKay, Tim, Director, Client Services - Media Partners, Inc.; *pg.* 486
McKee, Chris, Chief Executive Officer & Founder - Flint & Steel; *pg.* 74
McKee, Christine, Account Manager - SourceLink, LLC; *pg.* 292
McKee, Gerard, Group Director - Crossmedia; *pg.* 463
McKee, Jordan, Research Director - 451 Research; *pg.* 441
McKee, Kacie, Director, Ecommerce - Wavemaker; *pg.* 526
McKee, Steve, President & Partner - McKee Wallwork & Company; *pg.* 385
McKeegan, John, Vice President - Henry & Germann Public Affairs, LLC; *pg.* 613
McKeeman, Kim, Chief Executive Officer - McKeeman Communications; *pg.* 626
McKenna, Austin, Group Account Director - McGarrah Jessee; *pg.* 384
McKenna, Brenda, Founder & Managing Director - BCM Media; *pg.* 455
McKenna, Brian, Executive Vice President, Education Marketing - DMi Partners; *pg.* 681
McKenna, Caroline, Video Investment Buyer - Havas Media Group; *pg.* 470
McKenna, Chris, Director, Advanced Analytics - 360i, LLC; *pg.* 320
McKenna, Colleen, Production Manager - RH Blake Inc.; *pg.* 133
McKenna, Fiona, Vice President, Client Services - J.R. Thompson Company; *pg.* 91
McKenna, Katie, Senior Social Content Designer - MullenLowe U.S. New York; *pg.* 496
McKenna, Lindsey, Account Manager - The Trade Desk; *pg.* 520
McKenna, Megan, Vice President, Marketing - Lotame; *pg.* 447
McKenna, Patrick, Chief Executive Officer - DMi Partners; *pg.* 681
McKenna, Ryan, Senior Account Executive - Hollywood Agency; *pg.* 371
McKenna, Shaun, Senior Vice President, New Business Development - BCM Media; *pg.* 455
McKenna, Susan, Vice President, Creative Services & Brand Development - Earthbound Brands; *pg.* 7
McKenna, Taylor, Associate, Digital Investment - Carat; *pg.* 461
McKenzie, Chad, Executive Vice President & Creative Director - McKenzie Wagner, Inc.; *pg.* 111
McKenzie, Colin, Account Director - Madwell; *pg.* 13
McKenzie, Colin, Partner & Head, Account Services - Gradient Experiential LLC; *pg.* 78
McKenzie, David, Senior Vice President & Senior Director - BBDO West; *pg.* 331
McKenzie, Don, President & Chief Growth Officer - Innovairre; *pg.* 89
McKenzie, Jake, Chief Executive Officer - Intermark Group, Inc.; *pg.* 375
McKenzie, Joy, Senior Data Strategist - Droga5; *pg.* 64
McKenzie, Katie, Assistant Account Executive - SPM Communications; *pg.* 649
McKenzie, Lianna, Creative Director - Deskey Integrated Branding; *pg.* 7
McKenzie, Megan, President & Chief Executive Officer - McKenzie Worldwide; *pg.* 626
McKeon, Jayson, Associate Media Director - Saatchi & Saatchi Los Angeles; *pg.* 137
McKeon, John, Senior Designer - Poretta & Orr, Inc.; *pg.* 314
McKeon, Justin, Director, Project Management - Wray Ward; *pg.* 433
McKeon, Marissa, Executive Vice President,

PERSONNEL / AGENCIES

Finance - Lippe Taylor; *pg.* 623
McKeown, Chris, Creative Operations Manager, UM Studios - Universal McCann; *pg.* 521
McKeown, Nicole, Director, Strategy - HPE & Micron - Publicis West; *pg.* 130
McKeown, Steve, Associate Creative Director - Brokaw, Inc.; *pg.* 43
McKernan, Bob, President - Blue Advertising; *pg.* 40
McKie, John, Managing Partner - Godwin Group; *pg.* 364
McKinlay, Brandy, Director, Production Services - Concrete Design Communications, Inc. ; *pg.* 178
McKinley, Delphine, Group Communications Strategy Director - Droga5; *pg.* 64
McKinley, Donna B., Executive Vice President & Director, Production - Steele+; *pg.* 412
McKinley, Heidi, President, Public Relations - The Point Group; *pg.* 152
McKinley, Jared, Director, Biddable Media - The Shipyard; *pg.* 270
McKinney, Andy, Managing Director, Digital - Edelman; *pg.* 601
McKinney, Chelsea, Account Manager - Powerhouse Communications; *pg.* 638
McKinney, Christina, Account Director - The Loomis Agency; *pg.* 151
McKinney, Jeff, Digital Art Director - LDWW Group; *pg.* 622
McKinney, Joanne, Chief Executive Officer - Burns Group; *pg.* 338
McKinney, Pat, Executive Vice President & Chief Creative Officer - Dalton Agency; *pg.* 348
McKinnon, Ryan, Account Director - Cummins&Partners; *pg.* 347
McKinnon, Suzette, Partner & Creative Director - Launch Advertising; *pg.* 97
McKinzie, Terri, Senior Vice President & Media Director - Starcom Worldwide; *pg.* 513
McKirahan, Kathryn, Account Supervisor - GSD&M; *pg.* 79
McKirchy-Spencer, Jeanne, Chief Strategy Officer & President - Ricochet Partners; *pg.* 406
McKittrick, Charlie, Chief Strategy Officer & Partner - Mother NY; *pg.* 118
McKnight, Chelsey, Senior Vice President & Account Supervisor - Ackerman McQueen, Inc.; *pg.* 26
McKnight, Ellen, Media Planning Director - Seiter & Miller Advertising; *pg.* 139
McKnight, Lee, Vice President, Sales - RSW/US; *pg.* 136
McKusick, James, Partner - Geary Interactive; *pg.* 76
McKusick, John, Chief Executive Officer & Founder - NextLeft; *pg.* 254
McLagan, Marnie, Account Director - MRY; *pg.* 252
McLain, Heather, Vice President & Director, Public Relations - On Ideas; *pg.* 634
McLain, Mark, Vice President, Business Development - Derse, Inc.; *pg.* 304
McLane, Madalyn, Account Director - Deutsch, Inc.; *pg.* 349
McLaren, Jean, Chief Marketing Officer - MARC USA; *pg.* 104
McLaren, Matt, Senior Strategist - Chemistry Atlanta; *pg.* 50
McLarney, Betsy, Chief Executive Officer - EMC Outdoor; *pg.* 551
McLarty, Jim, Creative Director - Periscope; *pg.* 127
McLaughlin, Brittany, Account Director - The Idea Grove; *pg.* 654
McLaughlin, Chris, Vice President & Associate Director, Media - Universal McCann Detroit; *pg.* 524

McLaughlin, Clayton, Senior Vice President & Head, Media Investment - iCrossing; *pg.* 241
McLaughlin, Craig, Chief Executive Officer - Extractable, Inc.; *pg.* 233
McLaughlin, James, President & Chief Executive Officer - Link Media Outdoor; *pg.* 553
McLaughlin, Jim, President & Partner - McLaughlin & Associates; *pg.* 447
McLaughlin, John, Chief Operating Officer - Critical Mass, Inc.; *pg.* 223
McLaughlin, John, Partner & Chief Executive Officer - McLaughlin & Associates; *pg.* 447
McLaughlin, Joseph, Director, Analytics & Optimization - Beaconfire RedEngine; *pg.* 216
McLaughlin, Kathy, Executive Vice President - Mediaspot, Inc. ; *pg.* 490
McLaughlin, Kelsey, Associate Planning Director - Norbella; *pg.* 497
McLaughlin, Laura, Director, Business Services - Baldwin & Obenauf, Inc.; *pg.* 329
McLaughlin, Melinda, Chief Marketing Officer - Extreme Reach, Inc.; *pg.* 552
McLaughlin, Sean, Manager, Search & Social - Mindshare; *pg.* 491
McLaughlin, Sean, Creative Director - Wieden + Kennedy; *pg.* 432
McLaughlin, Tom, Vice President - Lukas Partners; *pg.* 623
McLaughlin, Trish, Senior Writer - Inferno, LLC; *pg.* 374
McLaurin, Michael, Co-Founder & Director, Strategy & Creative - Fifteen Degrees; *pg.* 358
McLean, Donald, Associate Director, Digital - OMD; *pg.* 498
McLean, Ken, Vice President, Finance - Fiserv Output Solutions - Fiserv, Inc.; *pg.* 283
McLean, Malcolm, President, Chief Strategy Officer - Cundari Integrated Advertising; *pg.* 347
McLean, Stacey, Senior Account Director - AKQA; *pg.* 212
McLees, Morgan, Vice President, Social Media Creative Director - The Tombras Group; *pg.* 424
McLeish, Merle, Media Buyer - Wendt; *pg.* 430
McLellan, Drew, President & Owner - McLellan Marketing Group; *pg.* 111
McLeod, Megan, Account Executive - WS; *pg.* 164
McLeod, Ross, Account Director - Anomaly; *pg.* 325
McLeod, Tiye, Partner, Portfolio Management - Universal McCann; *pg.* 521
McLoughlin, Shannon, Vice President - Nectar Communications; *pg.* 632
McLucas, Kateri, Producer - Goodby, Silverstein & Partners; *pg.* 77
McMackin, Michael, Vice President, Finance & Human Resources - Response Media, Inc.; *pg.* 507
McMahon, Brian, Global Chief Executive Officer - Orion Worldwide; *pg.* 503
McMahon, Christopher, Director, Strategy - NOM; *pg.* 121
McMahon, Francis, Owner - Advocacy Solutions, LLC; *pg.* 575
McMahon, John, President & Creative Director- Trailer Park - Art Machine; *pg.* 34
McMahon, Kayla, Account Executive - Maroon PR; *pg.* 625
McMahon, Patrick, Supervisor, Media - 360i, LLC; *pg.* 208
McMahon, Philip, Senior Account Director - Lumentus; *pg.* 624
McMahon, Robert, Media & Account Manager - Fearless Agency; *pg.* 73
McMahon, Ryan, Senior Associate, Digital Investment - Mindshare; *pg.* 491

McMahon, Samantha, Manager, National Broadcast - Mindshare; *pg.* 491
McManama, Jordan, Manager, Search Engine Optimization - iProspect; *pg.* 674
McManemy, Janice, Senior Account Director - Turner Duckworth; *pg.* 203
McManigal, Meghan, Account Manager - Zorch; *pg.* 22
McManimie, Alison, Vice President, Media - Publicis Health; *pg.* 639
McManimie, Allison, Vice President, Media - Publicis Health Media; *pg.* 506
McMann, Kathy, Vice President & Director, Art Production - Arnold Worldwide; *pg.* 33
McManus, Allison, Associate Director - OMD; *pg.* 498
McManus, Amie, Strategist - OMD; *pg.* 498
McManus, Ashley, Director, Global Marketing - Affectiva, Inc.; *pg.* 441
McManus, Carley, Senior Social Campaign Strategist - ThriveHive; *pg.* 271
McManus, Peter, Supervisor, Digital Media Planning - Essence; *pg.* 232
McMaster, Gerry, Account Executive - Allison+Partners; *pg.* 577
McMaster, Karine, Vice President & Director, Advanced Local Media - Dentsu Aegis Network; *pg.* 61
McMeekin, Bruce, Founder & Chief Executive Officer - BKM Marketing Associates; *pg.* 334
McMenimen, Allison, Executive Vice President, Client Services - Nina Hale Consulting; *pg.* 675
McMichael, III, Travis, Senior Director, Creative Strategy - Observatory Marketing; *pg.* 122
McMillan, Charles, Principal - McMillan Group; *pg.* 191
McMillan, Dorothy, Chief Creative Officer - Bob's Your Uncle; *pg.* 335
McMillan, Gordon, Chief Development Officer - McMillan; *pg.* 484
McMillan, Nancy, Principal - McMillan Group; *pg.* 191
McMillan, Sara, President & Chief Strategy Officer - Munroe Creative Partners; *pg.* 192
McMillen, Dan, Director, Media - NL Partners; *pg.* 391
McMillen, Jim, Vice President & Account Director - Arends, Inc.; *pg.* 327
McMillen, Lynne, Associate Director, Media - PETERMAYER; *pg.* 127
McMillin, Christy, Head, Speaking Engagements - CI&T; *pg.* 5
McMillian, Thelton, Chief Growth Officer - CI&T; *pg.* 5
McMillin, Dave, Owner - MGT Design; *pg.* 191
McMinn, Victoria, Key Account Administrator, Canadian Media - Active International; *pg.* 439
McMorran, Ginger, Digital Media Planner - RPA; *pg.* 134
McMorran, Valerie, Senior Vice President & Investment Director - Starcom Worldwide; *pg.* 517
McMullan, Michael, Managing Director - Berns Communications Group; *pg.* 583
McMullen, Donald, Chairman - MarketVision Research; *pg.* 447
McMullen, Patrick, Director, Marketing Technology - TriComB2B; *pg.* 427
McMullen, Susan, Production Manager - Chevalier Advertising, Inc.; *pg.* 342
McMullen, Tim, Founder & Chief Executive Officer - redpepper; *pg.* 405
McMullen, Tracy, Senior Partner & Associate Director, National Broadcast - Mindshare; *pg.* 491
McMullen, Tyler, President - MarketVision Research; *pg.* 447

926

AGENCIES   PERSONNEL

McMurray, Carrie, Vice President & Account Planner - Paige Group; *pg.* 396
McMurray, Deirdre, Executive Print Producer - Forsman & Bodenfors; *pg.* 74
McMurray, Kaleigh, Associate Media Director - AKQA; *pg.* 211
McMurray, Sarah, Partner & Executive Producer - Hey Wonderful; *pg.* 562
McMurray, Scott, National Account Manager - Meister Interactive; *pg.* 250
McMurry, Chris, Senior Vice President & Director, Public Relations & Damage Prevention Accounts - MGH Advertising ; *pg.* 387
McMurtrey, Chris, Vice President Creative Director & Copywriter - McCann New York; *pg.* 108
McNab, Christine, President - Rain 43; *pg.* 262
McNab, Todd, Vice President & General Manager, Client Services - Aspen Marketing Services; *pg.* 280
McNabb, Deina, Business Manager - 3Headed Monster; *pg.* 23
McNair, April, Associate Media Buyer - Carat; *pg.* 459
McNalley, Devin, Associate Director, Ad Quality - Amnet; *pg.* 454
McNally, Christopher, Managing Director, Digital Transformation - Accenture Interactive; *pg.* 209
McNally, Justin, Lead Graphic Designer - Launchfire, Inc.; *pg.* 568
McNally, Kerry, Media Planner - The Martin Agency; *pg.* 421
McNally, Ray, President & Director, Creative - McNally Temple & Associates, Inc.; *pg.* 626
McNamara, Alix, Senior Manager, Operations - Manifest; *pg.* 248
McNamara, Barbara, Vice President & Research Director - Carat; *pg.* 459
McNamara, Bill, Vice Chairman - Derse, Inc.; *pg.* 304
McNamara, Bridget, Paid Media Supervisor - 26 Dot Two LLC; *pg.* 453
McNamara, Katie, Account Manager, Traffic - Horizon Media, Inc.; *pg.* 474
McNamara, Kelly, Vice President - Fishman Public Relations Inc.; *pg.* 604
McNamara, Lily, Global Account Director - Energy BBDO, Inc.; *pg.* 355
McNamara, Sean, Chief Marketing Officer - Party Land; *pg.* 125
McNamara, Thomas, Managing Director & Partner - Quattro Direct; *pg.* 290
McNamara Pizarek, Christie, Director - Starcom Worldwide; *pg.* 513
McNamee, Blaise, Associate Media Director - XenoPsi; *pg.* 164
McNamee, Brian, Managing Partner - Resolute Digital, LLC; *pg.* 263
McNamee, Lynn, Business Manager - Cleveland Design; *pg.* 177
McNaney, Bob, Senior Vice President, Crisis & Critical Issues - Media Coaching - Padilla; *pg.* 635
McNany, Scott, Creative Director - Pinckney Hugo Group; *pg.* 128
McNary, Matt, Senior Director, Art - VMLY&R; *pg.* 274
McNatt, Ashley, Vice President, Strategic Planning - DoeAnderson Advertising ; *pg.* 352
McNaughton, Cameron, Managing Director - MullenLowe U.S. Los Angeles; *pg.*
McNaughton, Maeve, Account Executive - Winger Marketing; *pg.* 663
McNaughton, Steve, Associate Director - OMD; *pg.* 498
McNee, Kate, Paid Social Strategist - Acronym Media; *pg.* 671

McNeeley, Sean, Group Account Director - Wunderman Thompson Atlanta; *pg.* 435
McNeely, Brandon, Manager Media Strategy - Southwest - Spark Foundry; *pg.* 510
McNees, Andrew, Associate Media Director - Spark Foundry; *pg.* 510
McNeil, Eileen, Principal & Vice President, Government Affairs - Seyferth & Associates, Inc.; *pg.* 646
McNeil, Fraser, Vice President, Brand Entertainment - The Story Lab; *pg.* 153
McNeil, Kaitlin, Associate Media Director - TouchPoint Integrated Communications; *pg.* 520
McNeil, Kim, Chief Financial Officer - Lighthouse, Inc.; *pg.* 11
McNeil, Leo, Vice President & Director, Connections Planning - Havas Media Group; *pg.* 470
McNeil, Robert, Principal - McNeil, Gray & Rice; *pg.* 627
McNeilage, Ned, Chief Creative Officer - BBH; *pg.* 37
McNeill, Michelle, Vice President, Social Strategy - Media Assembly; *pg.* 484
McNeill, Nick, Director, Interactive Analytics - The Brandon Agency; *pg.* 419
McNeill, Tal, Executive Creative Director - Godwin Group; *pg.* 364
McNelis, Lindsay, Account Supervisor - Fallon Worldwide; *pg.* 70
McNellis, Michael, Executive Producer & Chief Operating Officer - BARU Advertising; *pg.* 538
McNelly, Xan, President & Chief Executive Officer - ZLR Ignition; *pg.* 437
McNerney, Griff, Senior Manager - Creation - Weber Shandwick; *pg.* 660
McNicholas, Adam, Associate Planning Director - Essence; *pg.* 232
McNicholas, Ava, Manager, Search Marketing - Starcom Worldwide; *pg.* 513
McNichols, Elizabeth, Chief Operating Officer & Partner - The Outcast Agency; *pg.* 654
McNider, Mary Tyler, Media Director - Hudson Rouge; *pg.* 371
McNiff, Kyle, Assistant Media Buyer - Carat; *pg.* 459
McNulty, Adam, Associate Director - Havas Media Group; *pg.* 468
McNulty, Alex, Strategy Supervisor - Zenith Media; *pg.* 529
McNulty, Devin, Creative Strategist - Funworks; *pg.* 75
McNulty, Emily, Senior Account Executive - Fundamental Media; *pg.* 465
McNulty, Kevin, President & Chief Marketing Officer - Momentum Worldwide; *pg.* 117
McNulty, Kevin, Ad Tech Supervisor - Starcom Worldwide; *pg.* 513
McNulty, Laura, Associate Media Director - OMD San Francisco; *pg.* 501
McNutt, Lauren, Director, Word of Mouth Marketing - Empower; *pg.* 354
McOstrich, Neil, Co-Founder & Chief Creative Officer - Clean Sheet Communications; *pg.* 342
McParland, Leigh, Account Executive - John St.; *pg.* 93
McPherson, Brian, Managing Partner - Goodby, Silverstein & Partners; *pg.* 77
McPherson, Cameron, Vice President, Financial - SparkPR; *pg.* 648
McPherson, Diane, Vice President - Pierce-Cote Advertising; *pg.* 397
McPherson, Jeff, Chief Digital Officer - Silver Technologies, Inc.; *pg.* 141
McPherson, Mary, Associate Director, Social Content & Engagement Strategy - Publicis.Sapient; *pg.* 259
McPherson, Susan, Owner & President - Creative Communications Consultants, Inc.; *pg.* 346

McQuaid, Dave, Vice President & Creative Director - VantagePoint, Inc.; *pg.* 428
McQuaide, Deidre, Managing Partner, West Coast - The Shipyard; *pg.* 153
McQueary, Marina, Senior Media Planner & Buyer - Asher Agency; *pg.* 327
McQueen, Angus, Chief Executive Officer - Ackerman McQueen, Inc.; *pg.* 26
McQueen, George, Associate Creative Director - Droga5; *pg.* 64
McQueen, Revan, Chief Executive Officer - Ackerman McQueen, Inc.; *pg.* 26
McQueen, Rob, Senior Art Director - Droga5; *pg.* 64
McQueen, Tom, Associate Creative Director - Droga5; *pg.* 64
McQuibban, Alanna, Vice President, Management Director - Atlantica Content Studios; *pg.* 35
McQuillan, Denise, Co-Owner, Creative Director & Strategist - YOLO Solutions; *pg.* 436
McQuillan, Mark, President & Founder - Jam3; *pg.* 243
McQuillen, Bill, Executive Vice President & Lead, Washington Media - BCW Washington DC; *pg.* 582
McRae Dougherty, Beth, Principal - The McRae Agency; *pg.* 688
McRay, Alexis, Marketing Manager - Rogers & Cowan/PMK*BNC; *pg.* 643
McReynolds, Heather, Social Media Correspondant - Taylor ; *pg.* 651
McRoberts, Walt, Vice President & Director, Media Services - Richter7; *pg.* 197
McShane, Kevin, President - AdVision Outdoor; *pg.* 549
McShane, Nicholas, Associate Director - Greenhouse Agency; *pg.* 307
McShane, Tom, Principal - Dewey Square Group; *pg.* 597
McShea, Alexis, Manager, Marketing - We Are BMF; *pg.* 318
McSmith, Darrell, Owner & President - All Points Media; *pg.* 549
McSorley, Katie, President - Mid-Atlantic - Havas PR; *pg.* 612
McSweegan, Matthew, Senior Director, Global Sales - Frost & Sullivan; *pg.* 444
McTaggart, Kari, Director - Mindshare; *pg.* 494
McTavish, Heather, Associate Creative Director - VIRTUE Worldwide; *pg.* 159
McTiernan, Casey, Digital Producer - MullenLowe U.S. Boston; *pg.* 389
McTighe, Tug, Executive Creative Director - DEG Digital; *pg.* 224
McTigue, Jennifer, Director,Digital Strategy - M Booth & Associates, Inc. ; *pg.* 624
McTigue, John, Chief Financial & Operating Officer - Chief Media ; *pg.* 281
McVeigh, Michael, Vice President, Performance Management - ForwardPMX; *pg.* 360
McVeigh, Tasha, Chief Culture Officer - mcgarrybowen; *pg.* 385
McVey, Alicia, Co-Founder & Chief Creative Officer - Swift; *pg.* 145
McVey, Lewis, Director, Group Creative - Havas Worldwide Chicago; *pg.* 82
McVicker, Kevin, Vice President - Shirley & Banister Public Affairs; *pg.* 647
McWhinnie, Erin, Group Director, Strategy - OMD Vancouver; *pg.* 502
McWhirter, Iain, Client Director - MKTG INC; *pg.* 311
McWhorter, Alex, Media Strategist - Hearts & Science; *pg.* 473
McWhorter, Joel, President - McComm Group; *pg.* 109
McWhorter , Laura, Chief Financial Officer - McComm Group; *pg.* 109

PERSONNEL — AGENCIES

Personnel Index

McWilliams, Brian, Vice President - Spelling Communications, Inc.; *pg.* 649
McWilliams, Danielle, Senior Vice President - Novita Communications; *pg.* 392
McWilliams, Joe, Associate Director, Data Science & Analytics - Publicis.Sapient; *pg.* 259
Mccaffrey, Sean, President & Chief Executive Officer - Gas Station TV; *pg.* 552
Mccall, Mike, Director, Production - The Concept Farm; *pg.* 269
Mccarthy, Matt, Production Manager - Crowley Webb & Associates; *pg.* 55
Mccree, Justice, Media Planner - The Many; *pg.* 151
Mccreesh, Jeff, Chief Finance Officer - mcgarrybowen; *pg.* 110
Mccullough, Jacqueline, Production Designer - Digitas Health LifeBrands; *pg.* 229
Mccusker, Lisa, Vice President, Local Investment - Zenith Media; *pg.* 529
Mcgahey, Thomas, Chief Executive Officer - High Cotton Promotions U.S.A, Inc.; *pg.* 567
Mcginn, John, Managing Director - South; *pg.*
Mcilwee, Andi, Associate, Media Strategy - Performance Marketing; *pg.* 126
Mckenzie, Matt, President - Alloy - Intermark Group, Inc.; *pg.* 375
Mckeon, Mike, Partner - Mercury Public Affairs; *pg.* 627
Mckusick, Teri, Comptroller - Geary Interactive; *pg.* 76
Meacham, Kim, Senior Vice President & Account Director - BARKER; *pg.* 36
Mead, Andrea, Vice President, Production - Engine Digital; *pg.* 231
Mead, Joy, Executive Vice President, Business Leadership - Blue Chip Marketing & Communications; *pg.* 334
Mead, Kimberly, Media Planning Supervisor - HealixGlobal; *pg.* 471
Mead, Monte, Principal & Creative Director - Cultivator Advertising & Design; *pg.* 178
Mead, Sonya, Director, Digital Experience & Design - Essential; *pg.* 182
Meade, Kristen, Senior Brand Manager - Preacher; *pg.* 129
Meador, Larry, Chief Executive Officer - Evok Advertising; *pg.* 69
Meador, Timothy, Senior Associate, Planning - Mindshare; *pg.* 491
Meadors, Noah, Senior Art Director - Secret Weapon Marketing; *pg.* 139
Meadows, Jennifer, Creative Director - Landers & Partners; *pg.* 379
Meadows III, Ernest, Partner, Portfolio Management - Universal McCann; *pg.* 521
Meads, Gary, Chief Executive Officer - MeadsDurket; *pg.* 112
Meager, John, Director, Group Account & Business Director - Mother; *pg.* 118
Meagher, Danielle, Associate Media Director - Spark Foundry; *pg.* 510
Meagher, Joanna, Senior Account Manager - Agency H5; *pg.* 575
Meagher, Maureen, Account Director - MiNY; *pg.* 115
Meahl, Hillary, Vice President, Marketing & Communications Director, North America - Havas Media Group; *pg.* 470
Mealy, Phil, Vice President, Marketing - Terry L. Butz Creative Incorporated; *pg.* 148
Meaney, Alison, Manager, Integrated Planning - Universal McCann; *pg.* 521
Means, AndiSue, Manager, Digital Media Planning - Reprise Digital; *pg.* 676
Means, Gabrey, Co-Founder & Creative Director - Grow Marketing; *pg.* 691
Means, Roger, President - Means Advertising; *pg.* 112

Means, Tommy, Partner & Executive Creative Director - Mekanism; *pg.* 112
Meany, Kevin, President & Chief Executive Officer - BFG Communications; *pg.* 333
Mears, Eben, Partner & Creative Director - Psyop; *pg.* 196
Mears, Jen, Manager, Proposal & Account Supervisor - iostudio; *pg.* 242
Mears, Peter, Chief Executive Officer - Havas Media Group; *pg.* 468
Measer, David, Senior Vice President & Group Strategic Planning Director - RPA; *pg.* 134
Meates, Paul, Creative Director - Droga5; *pg.* 64
Meberg, Allie, Advertising Supervisor - OMD San Francisco; *pg.* 501
Mecca, Arriel, Account Director - DiD Agency; *pg.* 62
Mecca, Daniel, President - Abbey Mecca & Company; *pg.* 321
Mecchi-Knoll, Barbara, President - Resource Advantage Group, Inc.; *pg.* 405
Mechanic, Victoria, Senior Associate, Strategic Planning - Mindshare; *pg.* 491
Meckes, Corey, Co-Owner & Graphic Designer - id Graphics; *pg.* 186
Meckes, Monica, Co-Owner - id Graphics; *pg.* 186
Meckler, Paige, Coordinator, Public Relations - Crowley Webb & Associates; *pg.* 55
Medeiros, Mark, Executive Vice President & Creative Director - JK Design; *pg.* 481
Medeiros, Megan, Director, Acquisition - Adept Marketing; *pg.* 210
Medeiros, Rafael, Director, Senior Art - Ralph; *pg.* 262
Medellin, Amy, Account Director - Ogilvy; *pg.* 393
Medellin, Lauren, Social Media Account Executive - DeBerry Group; *pg.* 595
Meder, Mary, President - Harmelin Media; *pg.* 467
Meder, Schuyler, Production Manager - MDG Advertising; *pg.* 484
Medico, Lenny, Senior Vice President, List Management - Lake Group Media, Inc.; *pg.* 287
Medina, Brittany, Programmatic Campaign Manager - Adtaxi; *pg.* 211
Medina, Christina, Vice President, Creative Services - The Wood Agency; *pg.* 154
Medina, Gloria, Project & Marketing Manager - The Marx Group; *pg.* 421
Medina, Karina, Supervisor, Digital Audience Planning - Hearts & Science; *pg.* 471
Medina, Lissett, Senior Art Director - DG Communications Group; *pg.* 351
Medina, Melissa, Senior Associate, Integrated Investment - Universal McCann; *pg.* 521
Medina, Rafael, Associate Creative Director - Siegel & Gale; *pg.* 17
Medinger, Dan, President, Chief Executive Officer & Owner - Advertising Media Plus, Inc.; *pg.* 28
Medinger, Patti, Vice President & Co-Owner - Advertising Media Plus, Inc.; *pg.* 28
Mednis, Erik, Executive Creative Director - Arnold Worldwide; *pg.* 34
Medved, Robert, Chief Executive Officer - Cannella Response Television; *pg.* 281
Mee, Lindsey, Public Relations Director - BLAZE; *pg.* 584
Meeder, Bill, Partner - Turnstile, Inc.;
Meehan, Alyssa, Manager, Portfolio Management - Universal McCann; *pg.* 521
Meehan, Brian, President & Owner - Celtic Advertising; *pg.* 341
Meehan, Brian, Manager, Client Engagement - Deloitte Digital; *pg.* 224

Meehan, Jack, Director, Social Media - The Motion Agency; *pg.* 270
Meehan, Lauren, Specialist, Media - Red Tettemer O'Connell + Partners; *pg.* 404
Meehan, Stephanie, Senior Media Buyer - Pinnacle Advertising; *pg.* 397
Meek, Emily, Assistant Media Buyer - Martin Advertising; *pg.* 106
Meeker, Dave, Chief Innovation Officer - Isobar US; *pg.* 242
Meeks, Natalie, Associate Creative Director - 22squared Inc.; *pg.* 319
Meenan, Colleen, Senior Vice President & Director - Starcom Worldwide; *pg.* 513
Meermans, Wes, Executive Studio Director - Mindstream Interactive; *pg.* 250
Meers, Sam, Executive Vice President - Barkley; *pg.* 329
Meert, Brian, Chief Executive Officer - AdvertiseMint ; *pg.* 211
Meese, Dolly, Executive Vice President & Chief Strategy Officer - BrightHouse, LLC; *pg.* 43
Meeson, Jeff, Vice President, Insights & Strategy - Octagon; *pg.* 313
Mefferd, Charley, Vice President, Sales & Marketing - AMB-OS - Ambassador Advertising; *pg.* 324
Meffert, Amanda, Director, Project Management - Blenderbox; *pg.* 175
Megahey, Claire, Senior Buyer, Investment - Universal McCann; *pg.* 524
Megan, Maureen, Manager, Community & Social Media - Brains On Fire; *pg.* 691
Meger, Cheryl, Strategist - Calder Bateman Communications; *pg.* 339
Megginson, Tom, Creative Director - Acart Communications, Inc.; *pg.* 322
Mehaffey, Erin, Manager, Retouching, DAM & Stock Licensing - EP+Co.; *pg.* 356
Mehl, Drew, Principal & Creative Director - Binary Pulse Technology Marketing; *pg.* 39
Mehl, Marty, Chairman - Drive Shop; *pg.* 304
Mehling, Dan, Vice President, Creative Services - Whitemyer Advertising, Inc.; *pg.* 161
Mehner, Shannon, Vice President & Strategy Director - Energy BBDO, Inc.; *pg.* 355
Mehra, Pawan, Principal - Ameredia, Inc.; *pg.* 325
Mehra, Shabnum, Senior Vice President & Managing Partner, Digital Strategy - AKQA; *pg.* 211
Mehra, Sumit, Founder, President & Chief Technology Officer - Y Media Labs; *pg.* 205
Mehrguth, Garrett, Chief Executive Officer & Co-Founder - Directive Consulting; *pg.* 63
Mehta, Emmanuelle, Account Director - ICF Next; *pg.* 372
Mehta, Nirav, Associate Director, Search Marketing - Zenith Media; *pg.* 529
Mei, Felicia, Associate Director, Digital - Blue 449; *pg.* 456
Meibach, Jeanette, Digital Strategy Director - Lippe Taylor; *pg.* 623
Meiboom, Chantelle, Associate Vice President, Internet Marketing - 9th Co.; *pg.* 209
Meier, Denny, Chief Financial Officer & Partner - MBB Agency; *pg.* 107
Meier, Donna, Senior Partner - No Coast Originals - NoCoast Originals; *pg.* 312
Meier, Emily, Manager, Marketing & Public Relations Account - MGH Advertising ; *pg.* 387
Meier, Kaley, Lead Account Director - Highdive; *pg.* 85
Meier, Kathryn, Founder & Director, Content Collective - Hearts & Science; *pg.* 471
Meier, Kelsey, Supervisor, Media - Buick - Carat; *pg.* 461
Meier, Melinda, Chief Executive Officer &

AGENCIES — PERSONNEL

Vice President, Public Relations - Fuel Marketing; *pg.* 361
Meier, Melissa, Associate Media Director - Wieden + Kennedy; *pg.* 430
Meier, Rhonda, Associate Director, Media - True Media; *pg.* 521
Meikle, Bruce, Associate Creative Director - Suburbia Studios; *pg.* 18
Meile, Kristin, Director, Accounts - Works Design Group; *pg.* 21
Meisel, Jared, Managing Partner - Theory House : The Agency Built for Retail; *pg.* 683
Meiselas, Jordan, Account Supervisor - Translation; *pg.* 299
Meisenheimer, Craig, Supervisor, Media - Eicoff; *pg.* 282
Meiser, Drew, Senior Art Director - FCB West; *pg.* 72
Meisinger, Krista, Chief Financial Officer - Anderson Partners ; *pg.* 31
Meismer, Erin, Director, Customer Advocacy - Yesler; *pg.* 436
Meisner, Edward, Strategic Account Director - Neustar, Inc.; *pg.* 289
Meisner, Kerry, Associate Director, Social - HYFN; *pg.* 240
Meisner, Thomas, Chief Finance Officer - 360i, LLC; *pg.* 320
Meisnitzer, Kristen, Account Executive - J.R. Thompson Company; *pg.* 91
Meissner, Tom, President & Owner - Sedona Golf & Travel Products; *pg.* 569
Meister, Debbie, Senior Vice President & Strategic Leader - Media Assembly; *pg.* 385
Meister, Mike, President, Chief Executive Officer & Creative Director - The Price Group Inc.; *pg.* 152
Meister, Steve, Partner & Director, Research - Big Bang, Inc.; *pg.* 174
Mejia, Angelica, Assistant Media Planner - DWA Media; *pg.* 464
Mejia, Eneida, Account Supervisor - Deutsch, Inc.; *pg.* 350
Mejia, Molly, Management Supervisor - RPA; *pg.* 134
Mejia, Jr., Margarito, Art Director - Zehner; *pg.* 277
Mekhjian, Salpi, Project Manager - Madras Global; *pg.* 103
Melamed, Emma, Junior Account Director - Turner Duckworth; *pg.* 203
Melamed, Ryan, Vice President, Strategy & Growth - Digital Operative, Inc.; *pg.* 225
Melamut, Hailey, Account Supervisor - March Communications; *pg.* 625
Melanco, Serena, Vice President - Sales - Hosts New Orleans; *pg.* 308
Melanson, Joe, Chief Executive Officer - Filter; *pg.* 234
Melcher, Kurt, Executive Director, Esports - Intersport; *pg.* 308
Melchiano, Craig, Creative Director - EP+Co.; *pg.* 356
Melchin, Barbara, Vice President, Human Resources - Blanc & Otus ; *pg.* 584
Melchionda, Jill, Managing Director - April Six; *pg.* 280
Melecio, Jamie, Managing Director - Media Storm; *pg.* 486
Melendez, Armando, Account Executive - Deutsch, Inc.; *pg.* 349
Melendez, Cristina, Account Manager - Borshoff; *pg.* 585
Melendez, Cristobal, Group Account Director - Laird + Partners; *pg.* 96
Melendez, Erin, Account Director - J Public Relations; *pg.* 616
Melichar, Leah, Account Manager - Epic Creative; *pg.* 7
Melilli, Lawrence, Creative Director - Wieden + Kennedy; *pg.* 430
Melincianu, Laura, Director, Operations - Richmond Public Relations; *pg.* 643
Melincoff, Lesley, Executive Director, Program Management - Ogilvy; *pg.* 393
Melkerson, Jessica, Senior Event Producer - Spring Studios; *pg.* 563
Melkonian, Alec, Senior Vice President, Client Engagement - North America - Klick Health; *pg.* 244
Melle, Julia, Creative Group Head & Writer - The Richards Group, Inc.; *pg.* 422
Mellier Reagan, Monica, Group Media Director - Team One; *pg.* 417
Mellish, Tamera, Senior Partner & Associate Director, National Broadcast - Mindshare; *pg.* 491
Mello, Jennifer, Senior Project Manager - Performance Research; *pg.* 448
Mello, Lydia, Media Director - Tiziani Whitmyre; *pg.* 155
Mellon, Anita, Group Director, Public Relations - Idea Hall; *pg.* 615
Mellon, Rick, Vice President, Creative - Maier Advertising, Inc.; *pg.* 103
Melnick, Caitlin, Vice President - 360PRplus; *pg.* 573
Melnick, Ethan, Manager, Advertising Operations - Universal McCann; *pg.* 428
Melofchik, Audrey, President - DDB New York; *pg.* 59
Melomo, Peter, Executive Vice President, Application Development Services - Yoh; *pg.* 277
Melone, Carol, Senior Project Director, Client Leadership - Mindshare; *pg.* 491
Melone, John, Senior Vice President, Operations & Advance Analytics & Insights - Starcom Worldwide; *pg.* 513
Meloy, Holly, Executive Vice President & Managing Director - Geometry; *pg.* 362
Melson, Adam, Senior Head, Business Strategy - Seer Interactive; *pg.* 677
Melton, Damon, Senior Digital Advertising Specialist - Adpearance; *pg.* 671
Melton, Wesley, Project Manager, Digital - Archer Malmo; *pg.* 32
Meltzer, Larry, Principal & Creative Director - MM2 Public Relations; *pg.* 627
Meltzer, Samantha, Manager, Data & Analysis - Digitas; *pg.* 227
Melville, Doug, Chief Diversity Officer - TBWA \ Chiat \ Day; *pg.* 416
Melvin, Dayna, Finance Director - McKee Wallwork & Company; *pg.* 385
Melvin, Mike, Marketing Manager - BAM Communications; *pg.* 580
Melvin, Tinley, Design & Innovation Strategist - Deloitte Digital; *pg.* 225
Membrillo, Alex, Chief Executive Officer - Cardinal Digital Marketing; *pg.* 220
Memoria, Felipe, Founding Partner, Design - Work & Co; *pg.* 276
Menard-Badigian, Renee, Integrated Planning Director - MediaCom; *pg.* 487
Menasco, Gail, Specialist, SEO - Neo@Ogilvy - Global Strategies; *pg.* 673
Menasco, Luke, Senior Strategist, Search - Global Strategies; *pg.* 673
Menashe, Jay, Business Development Director - Jack Morton Worldwide; *pg.* 309
Mencel, Rebecca, Director, Digital Media - The Sawtooth Group ; *pg.* 152
Menchaca, Peter, Senior Account Executive - Intersection; *pg.* 553
Mencke, Matthias, Creative Director - Siegel & Gale; *pg.* 17
Mende, Barbara, Director, Client Engagement - VMLY&R; *pg.* 274
Mendelsohn, Arielle, Director, Creative Operations - Decoded Advertising; *pg.* 60
Mendelsohn, Jennifer, Senior Account Executive - Nike Communications, Inc.; *pg.* 632
Mendelson, Michele, Account Director - KWT Global; *pg.* 621
Mendelson, Pat, Senior Vice President & Executive Creative Director - RPA; *pg.* 134
Mendelson, Rebecca, Vice President & Account Director - RPA; *pg.* 134
Mendez, Daniel, Associate Account Director - MediaCom; *pg.* 486
Mendez, Matt, Director, Strategic Accounts - The Trade Desk; *pg.* 519
Mendez, Peter, Managing Director & Director, Experience - Crafted; *pg.* 178
Mendez, Ronald, Managing Partner & Multicultural Lead - MediaCom; *pg.* 487
Mendolera-Schamann, Matt, Vice President - Matter Communications, Inc.; *pg.* 626
Mendonca, Nikki, Global President, Accenture Interactive Operations - Accenture Interactive; *pg.* 209
Mendonca, Stephen, Associate Creative Director - Anomaly; *pg.* 325
Mendosa, Rebecca, Account Supervisor - Publicis Hawkeye; *pg.* 399
Mendoza, Bo, Manager, Event Staffing - The George P. Johnson Company; *pg.* 316
Mendoza, Donellyn, Associate Media Director - Garage Team Mazda; *pg.* 465
Mendoza, Hannah, Director, Client Services - Strategy Labs ; *pg.* 267
Mendoza, Jenny, Director, Digital Strategy - Mancuso Media; *pg.* 382
Mendoza, Luis, Director, Strategic Planning - Mindshare; *pg.* 491
Mendoza, Rolando, Database Administrator - Association of National Advertisers; *pg.* 442
Mendoza, Ruby, Associate Director, Connections - Starcom Worldwide; *pg.* 517
Menduni, Charlie, Vice President, Client Services - Mediassociates, Inc.; *pg.* 490
Menendez, Kristina, Digital Marketing Account Manager - Zeta Interactive; *pg.* 277
Menerey, Jody, Director, Client Partnerships - Innovation Protocol; *pg.* 10
Meneses, Derek, Digital Account Manager - MediaCom Canada; *pg.* 489
Meneses Rojas, Alfred, Supervisor, Performance Marketing - Butler, Shine, Stern & Partners; *pg.* 45
Menezes, Cloves, Associate Creative Director - Heat; *pg.* 370
Menezes, Doug, Creative Director - TBWA \ Chiat \ Day; *pg.* 146
Meng, Brian, Manager, Digital - Spark Foundry; *pg.* 508
Menges, Christine, Vice President, Project Management - Penna Powers Brian Haynes; *pg.* 396
Menjivar, Donny, Senior Account Executive - Honda - RPA; *pg.* 134
Menkena, Jimmy, Associate Creative Director - Catalysis; *pg.* 340
Menkov, David, Associate Director, Commerce - Zenith Media; *pg.* 529
Mennen-Bobula, Caitlin, Chief Operating Officer - Local Projects; *pg.* 190
Mennone, Michael, Design Director - EVO Design, LLC; *pg.* 182
Menon, Krishnan, Chairman & Chief Executive Officer - Phenomenon; *pg.* 439
Menon, Radhika, Supervisor, Digital Media - Horizon Media, Inc.; *pg.* 474
Menon, Satya, Executive Vice President, Analytic Practice - Kantar - Kantar Millward Brown; *pg.* 446
Menousek, Jon, Director, Strategic Media - Saxton Horne; *pg.* 138

PERSONNEL　　　　　　　　　　　　　　　　　　　　　　　　　　　　　　　　　　　　　AGENCIES

Mensies, Robert, Director, Client Strategy - 6P Marketing; *pg.* 1
Mentler, Holly, President - Mentler & Company; *pg.* 113
Mentler, Michael, Vice President - Mentler & Company; *pg.* 113
Mentzer, Bruce, Chief Executive Officer - Mentzer Media Services; *pg.* 491
Meny, Elizabeth, Senior Vice President & Direct, Global Account - Grey Group; *pg.* 365
Menzie, April, Creative Director & Interactive Manager - TSA Communications; *pg.* 157
Menzies, Cara, Media Operations Supervisor - Starcom Worldwide; *pg.* 513
Meore, Patricia, Associate Director, Communications Design - Initiative; *pg.* 477
Merali, Michael, Specialist, Business Development - Publicis North America; *pg.* 399
Meranus, Leah, Executive Vice President & Managing Director, Integrated Media - 360i, LLC; *pg.* 320
Merath, Timmothy, Chief Operating Officer - Epic Creative; *pg.* 7
Meraz Arceo, Antonio, Account Director - Legion Advertising; *pg.* 542
Mercadal, Ruben, Associate Director, Film Production - New York - Droga5; *pg.* 64
Mercado, Denise, Regional Director - San Diego - Billups, Inc; *pg.* 550
Mercado, Eric, Vice President, Sales - Force Marketing; *pg.* 284
Mercado, Jennefer, Director, Social Media - The Tag Experience; *pg.* 688
Mercado, Lynn, Executive Vice President & Creative Group Head - Velocity OMC; *pg.* 158
Mercado, Rona, Vice President, Marketing - Cashmere Agency; *pg.* 48
Mercalde, Aish, Vice President & Scientific Strategist - McCann Health New York; *pg.* 108
Mercaldo, Josh, Senior Account Manager - CLM Marketing & Advertising; *pg.* 342
Mercer, Brad, Vice President & Director, Account - PriceWeber Marketing Communications, Inc.; *pg.* 398
Mercer, Charlotte, Associate Director, Strategy - Media Two Interactive; *pg.* 486
Mercer, Judd, Creative Director - Elevated Third; *pg.* 230
Mercer, Rachel, Vice President & Head, Strategy - R/GA; *pg.* 260
Mercer, Terry, President & Creative Director - Mercer Creative Group; *pg.* 191
Merchant, Amy, Managing Director - Havas Worldwide Chicago; *pg.* 82
Mercier, Dave, Senior Art Director - Smith & Jones; *pg.* 143
Mercier, Greg, Senior Graphic Designer - Results Marketing & Advertising; *pg.* 405
Mercier, Patrick, Senior Interactive Account Manager - Tolleson Design; *pg.* 202
Mercurio, John, Chief Financial Officer & Chief Operating Officer - AGENCYSACKS; *pg.* 29
Meredith, Callie, Digital Marketing Specialist, SEM - Adlucent; *pg.* 671
Meredith, Marissa, Media Director - PlusMedia, LLC; *pg.* 290
Merenski, Ginette, Vice President, Performance Marketing Solutions - ConvergeDirect; *pg.* 462
Mergen, John, Executive Media Director - Mering; *pg.* 114
Mergenthaler, Christie, Partner, Portfolio Management & Associate Media Director - Universal McCann; *pg.* 521
Merhar, Brie, Vice President, Digital Marketing - Leading Authorities, Inc.; *pg.* 622
Mericka, Lindsey, Media Planner - Booyah Online Advertising; *pg.* 218

Merikallio, Bill, Art Director - Scott Design Inc; *pg.* 198
Merilatt, Scott, Director, Digital Marketing - Wheelhouse Digital Marketing Group; *pg.* 678
Mering, Dave, Founder & Chief Executive Officer - Mering; *pg.* 114
Meringolo, John, Global Chief Financial Officer - Xaxis; *pg.* 276
Merino, Steve, Chief Creative Officer - Aloysius Butler & Clark; *pg.* 30
Merk, Kimberly, Social Media Community Manager - Swanson Russell Associates; *pg.* 415
Merk, Michael, Chief Communications Officer - Designvox; *pg.* 179
Merkel, Bobbi, Managing Director & Senior Vice President, Convergence - TPN; *pg.* 683
Merkel, Kelly, Vice President, Publisher Development - CJ Affiliate - Conversant, LLC; *pg.* 222
Merkert, Tighe, President - Marriner Marketing Communications; *pg.* 105
Merkin, Josh, Vice President & Partner - RBB Communications; *pg.* 641
Merkin, Julie, Account Supervisor - Schafer Condon Carter; *pg.* 138
Merkle, Teresa, President, Finance & Operations - Paradigm Shift Worldwide, Inc.; *pg.* 313
Merl, Chris, Senior Vice President, Operations - AgencyQ; *pg.* 211
Merl, Jody, President - Innovative Travel Marketing; *pg.* 480
Merlino, Janice, Founder & Partner - Merlino Media Group; *pg.* 491
Merlino, Vinny, Senior Vice President & Group Partner, Integrated Investment - Universal McCann; *pg.* 521
Merlotti, Christine, Associate Director, Digital Investment - Carat; *pg.* 461
Merola, Lisa, Partner & Paid Social Director - Wavemaker; *pg.* 528
Merola, Nadia, Associate Creative Director - Critical Mass, Inc.; *pg.* 223
Merolle, Christopher, Vice President, Group Director, MarTech & Data Consulting - Havas Media Group; *pg.* 468
Merrell, Jared, Managing Director - Optimum Sports; *pg.* 394
Merrett, Laura, Account Manager & Project Manager - Mindshare; *pg.* 495
Merriam, Dena, Managing Partner - Finn Partners; *pg.* 603
Merrick, Harry, Chief Executive Officer - Merrick Towle Communications; *pg.* 114
Merrick, Kelly, Account Director - iProspect; *pg.* 674
Merrick, Tom, Chief Creative Officer - Paradise; *pg.* 396
Merrifield, Christine, Managing Director, Media - North America - Ebiquity; *pg.* 444
Merrihue, Gabriela, Senior Producer - FF Creative; *pg.* 234
Merrill, Andy, Partner - Prosek Partners; *pg.* 639
Merrill, Brian, Senior Vice President - fama PR, Inc.; *pg.* 602
Merrill, Sharon, Chairman Emerita - Sharon Merrill Associates, Inc. ; *pg.* 646
Merrill, Tracy, Vice President, Promotional Partnerships - Zakhill Group; *pg.* 294
Merriman, Jenny, Associate Media Supervisor - MARC USA; *pg.* 104
Merrin, Venessa, Director, Business Operations & Production - Madison Media Group; *pg.* 562
Merritt, Audrey, Partner - WHM Creative; *pg.* 162
Merritt, Ed, Senior Vice President, Client Services - Engine; *pg.* 444
Merritt, Patrick, Associate Creative Director

- Publicis North America; *pg.* 399
Merritt, Scott, Vice President, Media Relations - Dalton Agency; *pg.* 57
Merritt, Tallie, President - FSC Interactive; *pg.* 235
Merry, Carol, Senior Art Director - Forty Two Eighty Nine; *pg.* 359
Merschen, Al, Managing Partner - Myriad Travel Marketing; *pg.* 390
Mersereau, Brian, Chairman - Hill+Knowlton Strategies Canada; *pg.* 613
Mertens, Terry, Group Creative Director - Plan B; *pg.* 397
Merton, Catherine, Account Manager - Marcel Digital; *pg.* 675
Mertz, Angela, Vice President, Integrated Media - EGC Media Group, Inc.; *pg.* 354
Mertzlufft, Bob, President & Owner - HMR Designs; *pg.* 308
Mertzman, Allison, Senior Partner & Director, People Operations & Communications - GroupM; *pg.* 466
Mescall, John, Global Executive Creative Director - McCann New York; *pg.* 108
Meschewski, Alyssa, Account Management Director - Refuel Agency; *pg.* 507
Meschi, Rich, Vice President - Wilen Media Corporation; *pg.* 432
Mesfin, David, Associate Creative Director - Innocean USA; *pg.* 479
Meshes, Nicholas, Director, Analytics & Technology - Sandstorm Design; *pg.* 264
Mesih, Danielle, Senior Communications Planner - Carat; *pg.* 461
Meskauskas, James, Executive Vice President & General Manager, Strategy & Planning - Active International; *pg.* 439
Mesrobian, Claire, Associate Director - Mindshare; *pg.* 494
Mesrobian, Melanie, Management Supervisor - DDB New York; *pg.* 59
Messano, Michael, Vice President, Creative & Operations - GIOVATTO Advertising; *pg.* 363
Messenger, Amy, Managing Director - U.S. Technology Practice - Ogilvy Public Relations; *pg.* 633
Messenger Heilbronner, Jennifer, Executive Vice President - Metropolitan Group; *pg.* 387
Messerle, Greg, President & Founding Partner - Generator Media + Analytics; *pg.* 466
Messerli, Alexandra, Head, Accounts - Rocket55; *pg.* 264
Messerly, Emily, Account Supervisor - Padilla; *pg.* 635
Messerly, Jake, Founder & Chief Executive Officer - Intertwine Interactive; *pg.* 242
Messianu, Luis Miguel, Chairman & Chief Executive Officer - Alma; *pg.* 537
Messier, Nicole, Lead Creative Technologist - Hush Studios, Inc.; *pg.* 186
Messier, Traci, Partner - Jackson Spalding Inc.; *pg.* 376
Messina, Alison, Senior Strategist - FCB New York; *pg.* 357
Messina, Lauren, Management Supervisor - Saatchi & Saatchi Los Angeles; *pg.* 137
Messing, Neil, Associate Director - Optimum Sports; *pg.* 394
Messner, Kristina, Senior Vice President, Public Relations - Focused Image; *pg.* 235
Messner, Victoria, Assistant Vice President, Creative Director - Digital - CMM; *pg.* 591
Metante, Larry, Senior Media Platform Manager - Daniel Brian Advertising; *pg.* 348
Metaxatos, Paul, Principal - Motiv; *pg.* 192
Metcalf, Ashley, Account Supervisor - Tempur Sealy - EP+Co.; *pg.* 356
Metcalf, Dustin, Supervisor, Media - Active International; *pg.* 439
Metcalf, Erin, Senior Account Director -

AGENCIES PERSONNEL

Essie, Kiehl's & Garnier - Barbarian; *pg.* 215
Metcalf, Jill, Senior Vice President, Global Client Solutions - Essence; *pg.* 232
Metcalf, Mychael, Creative Director - GTB; *pg.* 367
Metcalfe, Ashley, Director, Growth - Posterscope U.S.A.; *pg.* 556
Metcalfe, Bobby, Vice President & Director - Havas Media Group; *pg.* 470
Metcalfe, Dave, Director, Advertising Operations - IPG Mediabrands - Universal McCann Detroit; *pg.* 524
Metcalfe, Heather, Partner, Vice President & Chief Financial Officer - Power PR; *pg.* 638
Metcalfe, Sheri, Senior Vice President, Planning & Co-Managing Director - Jungle Media; *pg.* 481
Metler, Cynthia, Founder, Partner & Vice President - Media Solutions; *pg.* 486
Metovic, Sami, Senior Media Planner - Kelly, Scott & Madison, Inc.; *pg.* 482
Metrick, Ellie, Marketing & Communication Manager - The Metrick System; *pg.* 152
Metrick, Laurence, President & Creative Director - The Metrick System; *pg.* 152
Mettraux, Andrea, Account Supervisor - Zimmerman Advertising; *pg.* 437
Metz, Becky, Director, Account - HMT Associates, Inc.; *pg.* 681
Metz, Peter, Co-Founder & Chief Creative Officer - Sockeye Creative; *pg.* 199
Metz, Steve, Production Manager - E-B Display Co., Inc.; *pg.* 180
Metzgar, Natalie, Senior Planner, Connections Planning - Havas Media Group; *pg.* 470
Metzger, Allison, Manager, Digital Media Services - Merkle; *pg.* 114
Metzger, Jennifer, Associate Director, Digital Partnerships - Initiative; *pg.* 477
Metzger, Jill, Creative Director - Gecko Group ; *pg.* 184
Metzger, Jill, Director, Social Impact & Sustainability - RFBinder Partners, Inc.; *pg.* 642
Metzger, Lisa, Manager, Media Relations - Avocet Communications; *pg.* 328
Metzger, Paris, Senior Strategist - Badger & Winters; *pg.* 174
Metzger, Rob, Vice President & Group Account Director - Carat; *pg.* 461
Metzger, Scott, Vice President & General Manager - Martin Advertising; *pg.* 106
Meunier, Philippe, Chief Creative Officer & Partner - Sid Lee; *pg.* 140
Meuser, Denise, Production Services - AIM Productions; *pg.* 453
Mevorah, Jennifer, Senior Media Planner - Havas Media Group; *pg.* 469
Meyer, Allyson, Group Experience Director - Huge, Inc.; *pg.* 186
Meyer, Amanda, Associate Director, Strategy - PHD USA; *pg.* 505
Meyer, Andrew, Senior Vice President & Executive Creative Director - Cramer-Krasselt ; *pg.* 53
Meyer, Becca, Account Executive - Brave Public Relations; *pg.* 586
Meyer, Brad, Director, Business Development - Derse, Inc.; *pg.* 304
Meyer, Brian, Managing Partner - Meeting Expectations; *pg.* 311
Meyer, Charles, Director, Business Development - Ivie & Associates, Inc.; *pg.* 91
Meyer, Cheryl, Vice President & Creative Director - TREAT AND COMPANY, LLC; *pg.* 202
Meyer, Chris, Chief Executive Officer - The George P. Johnson Company; *pg.* 316
Meyer, Dan, Co- Founder & Partner - Lume Creative; *pg.* 101
Meyer, David, Production Supervisor - Service - Derse, Inc.; *pg.* 304
Meyer, Emily, Account Supervisor - GMMB; *pg.* 364
Meyer, Erica, Senior Associate, Digital Investment - Wavemaker; *pg.* 526
Meyer, Greg, Vice President, Client Partnerships & Influencer Marketing - HYFN; *pg.* 240
Meyer, Hannah, Vice President, Finance - Match Action Marketing Group; *pg.* 692
Meyer, Hannes, Chief Creative Officer - Rhythm; *pg.* 263
Meyer, Jason, Partner & Executive Vice President - Cooksey Communications; *pg.* 593
Meyer, Jennifer, Founder & President - Jennifer Bett Communications; *pg.* 617
Meyer, John, Director, Business Development - Osborn & Barr Communications; *pg.* 395
Meyer, Katie, Account Director - Digitas; *pg.* 227
Meyer, Kelsey, Art Director - The Integer Group - Midwest; *pg.* 570
Meyer, Ken, Engineer, Digital Audio - OgilvyOne Worldwide; *pg.* 255
Meyer, Kenneth, Senior Vice President, Media Relations - Healthcare - Weber Shandwick; *pg.* 660
Meyer, Kirsten, Senior Vice President & Executive Account Director - McCann New York; *pg.* 108
Meyer, Luke, Director, Digital - Young & Laramore; *pg.* 164
Meyer, Meredith, Group Account Director - 360i, LLC; *pg.* 208
Meyer, Nicole, Associate Creative Director - Periscope; *pg.* 127
Meyer, Rachel, Associate Director - Spark Foundry; *pg.* 508
Meyer, Samantha, Supervisor, Media - 360i, LLC; *pg.* 320
Meyer, Shelly, Manager, Brand Experience - AKA NYC; *pg.* 324
Meyer, Staci, Creative Director - Signal Theory; *pg.* 141
Meyer, Stephanie, Marketing & Operations Manager - TPN; *pg.* 683
Meyer, Steve, Principal - The Karma Group; *pg.* 420
Meyer, Ted, Senior Copywriter - Droga5; *pg.* 64
Meyer, Teresa, Media Director & Account Planner - Quisenberry; *pg.* 131
Meyer, Terri, Co-Founder & Chief Executive Officer - Terri & Sandy; *pg.* 147
Meyer, Tina, Graphic Artist - Direct Impact, Inc.; *pg.* 62
Meyers, Amy, Media Director - Apple Box Studios; *pg.* 32
Meyers, Brad, Creative Director - 215 McCann; *pg.* 319
Meyers, Chuck, Vice President - The William Mills Agency; *pg.* 655
Meyers, Gary, President & Creative Director - BlackWing Creative; *pg.* 40
Meyers, James, Founder, Chief Executive Officer & President - Imagination Publishing, LLC; *pg.* 187
Meyers, Kevin, Creative Services - TriComB2B; *pg.* 427
Meyers, Michael, Founder & Chief Executive Officer - Meyers & Partners; *pg.* 115
Meyers, Mitch, Director, Internet Marketing - BlackDog Advertising; *pg.* 40
Meyers, Tara, Executive Director, Experiential Content - SixSpeed; *pg.* 198
Meyerson, Allan, President - We Are Alexander; *pg.* 429
Meyerson, Samantha, Associate Manager, Client Solutions - Decoded Advertising; *pg.* 60
Meyler, Stuart, Principal - Beeby Clark+Meyler; *pg.* 333
Meza, Ana, Senior Designer - Madwell; *pg.* 13
Meza, Susana, Senior Product Implementation Manager - Astound Commerce; *pg.* 214
Mezoff, Lisa, Creative Director - Pappas MacDonnell, Inc. ; *pg.* 125
Mezrow, Julie, Vice President, Media Operations - CMI Media, LLC; *pg.* 342
Mezzanotte, Kate, Director, Programmatic Media - Jellyfish; *pg.* 243
Mezzanotte, Renee, Executive Vice President, Client Services - DMW Worldwide, LLC; *pg.* 282
Mezzatesta, Gary, President & Chief Executive Officer - UPP Entertainment Marketing; *pg.* 300
Mezzetta, Jillian, Manager, Strategic Planning - Mindshare; *pg.* 491
Mianecki, Anthony, Manager, Analytics & Technology - Performics; *pg.* 676
Mianti, Michael, Manager, Media Activation - Essence; *pg.* 232
Miaritis, Nick, Executive Vice President - VaynerMedia; *pg.* 689
Micarelli, Angel, Senior Vice President, Strategy & Content - Cramer; *pg.* 6
Micchelli Tullin, Maria, Associate Director, Audio Investment - Horizon Media, Inc.; *pg.* 474
Micco, Tamra, Executive Director, Client Services - Natrel Communications; *pg.* 120
Miceli, Lauren, Senior Account Manager - Habsro Starbucks - Big Spaceship; *pg.* 455
Micetich, Michael, Associate Creative Director - Chemistry Atlanta; *pg.* 50
Michael, Christopher, Negotiator, Local Partnerships - Initiative; *pg.* 477
Michael, Dennis, Production Manager - InQuest Marketing; *pg.* 445
Michael, Julie, Chief Executive Officer - Team One; *pg.* 417
Michael, Tom, Managing Director - Jack Morton Worldwide; *pg.* 309
Michael Kennedy, John, Senior Counsel - Goodman Media International, Inc.; *pg.* 610
Michael Kerr, Scott, Managing Director, Strategic Accounts - inVNT; *pg.* 90
Michael-Smith, Jina, Associate Director - Citizen Relations; *pg.* 590
Michaels, Andrea, President - Extraordinary Events; *pg.* 305
Michaels, Benjamin, Senior Strategist - FCB New York; *pg.* 357
Michaels, Donna, Founder & President - LMGPR; *pg.* 623
Michaelson, Dan, Buyer, Broadcast Media - Haworth Marketing & Media; *pg.* 470
Michaelson, Ginny, Media Director - Real World, Inc.; *pg.* 403
Michaelson, Joe , Group Creative Director - VMLY&R; *pg.* 275
Michalak, Erin, Senior Vice President & Director, Account Service - Godfrey; *pg.* 8
Michalek, Don, Vice President & General Manager - Transportation Business Unit - DCI-Artform; *pg.* 349
Michaloutsos, Ariana, Strategy Supervisor - Hearts & Science; *pg.* 471
Michalowski, Janet, Associate Media Director - Starcom Worldwide; *pg.* 516
Michalski, Fran, Manager, Administrative - Edelman; *pg.* 353
Micham, Kate, Associate Director, Account Leadership - Mode; *pg.* 251
Michaud, Jeff, Vice President, Sales - 3Cinteractive; *pg.* 533
Micheels, Lia, Associate Director - Digitas; *pg.* 227
Michel, Corey, Account Director & President - LMNO; *pg.* 100
Micheletti, Marissa, Associate Media Director

PERSONNEL

- OMD; pg. 498
Micheletti, Randy, Vice President & Director, Account Services - Geile/Leon Marketing Communications; pg. 362
Michelich, Brynn, Chief Operating Officer - Jellyvision Lab; pg. 377
Michell Alarcon, Natalia, Account Manager - GIOVATTO Advertising; pg. 363
Michels McDonagh, Nicole, Group Creative Director - Wunderman Thompson Seattle; pg. 435
Michelson, Amanda, Senior Account Executive - Vault Communications, Inc.; pg. 658
Michelson, Barbara, Head, Broadcast Production - DeVito/Verdi; pg. 62
Michelson, Debbie, Executive Vice President & Group Account Director - Simons / Michelson / Zieve, Inc.; pg. 142
Michelson, Jamie, President & Chief Executive Officer - Simons / Michelson / Zieve, Inc.; pg. 142
Michie, Kat, Associate Creative Director - Duncan Channon; pg. 66
Mickels, Rod, Co-Founder & Chief Executive Officer - InVision Communications; pg. 308
Mickelsen, Kim, Owner & Managing Principal - Bozell; pg. 42
Mickler, Kelley, Director, Client Solutions - Pace Communications; pg. 395
Micklo, Kevin, Media Director - Pinnacle Advertising; pg. 397
Micks, Emily, Analyst, Digital & Social Media - Universal McCann; pg. 524
Mickschl, Doug, Partner, Creative Director - BoatBurner; pg. 40
Miclette, Larry, Founder, President & Chief Executive Officer - ZAG Interactive; pg. 277
Middeleer, Mike, Executive Creative Director - Viewpoint Creative; pg. 159
Middleton, Angela, Senior Art Director - A. Marcus Group; pg. 25
Middleton, Bryan, Director, Audio & Video Production - Media One Advertising; pg. 112
Middleton, Camille, Account Director - Wingard Creative; pg. 162
Middleton, Collin, Digital Director - The Moran Group; pg. 152
Middleton, Glen, Executive Director, Architecture - ChangeUp; pg. 5
Middleton, Janis, Vice President & Account Director - 22squared Inc.; pg. 319
Middleton, Laura, Vice President, Operations & Delivery - BrightWave Marketing, Inc.; pg. 219
Middleton, Meral, Founding Partner & Managing Director - Industry; pg. 187
Middleton, Tom, Chief Information Officer - K/P Corporation; pg. 286
Middo, Erinn, Media Planner - Deutsch, Inc.; pg. 350
Mideaker, Melissa, Senior Vice President & Global Commercial Business Director - Publicis North America; pg. 399
Midgett, Alex, Managing Partner & Lead Creative Director - Anoroc Agency, Inc.; pg. 326
Miech, Joseph, Chief Operating Officer - (add)ventures; pg. 207
Miele, Lauren, Associate Director, Integrated Media Strategy - Tinuiti; pg. 678
Mielke, Carrie, Vice President & Account Director - Knock, Inc.; pg. 95
Miers, Dan, Chief Strategy Officer - Storandt Pann Margolis & Partners; pg. 414
Mierzwinski, Danuta, Media Buyer - Ogilvy Montreal; pg. 394
Miesen, Kaitlin, Supervisor, Influencer Strategy - Haworth Marketing & Media; pg. 470
Miesfeld Smith, Nicole, Brand Director - Venables Bell & Partners; pg. 158

Mietelski, Steve, Managing Partner & Chief Creative Officer - The Fantastical; pg. 150
Mieth, Brian, Vice President, Business Development - ICON International, Inc.; pg. 476
Migala, Dan, Co-Founder & Chief Innovation Officer - 4FRONT; pg. 208
Migliacci, Hector, Client Services - TV & Digital Production - AFG&; pg. 28
Migliaccio, John, Executive Creative Director - Pierce-Cote Advertising; pg. 397
Miglin, Dave, Vice President, Interactive Services - Strategic America; pg. 414
Migliore, Rachel, Creative Group Head & Art Director - The Richards Group, Inc.; pg. 422
Migliozzi, Joe, Managing Director, Digital & Lead - Shop+ - Mindshare; pg. 491
Mignott, Noel, President - The Portfolio Marketing Group; pg. 422
Miguel, Evan, Copywriter - Fitzco; pg. 73
Mihalek, David, Senior Vice President, Digital Strategy & Innovative Solutions - Universal McCann Detroit; pg. 524
Mihalko, Anna, Finance Director & Shareholder - ThoughtForm Design; pg. 202
Mihanovic, Erin, Media Planner - McGarrah Jessee; pg. 384
Mihelic, Jessica, Associate Account Director - GTB; pg. 367
Mihill, Kristy, Senior Media Planner & Media Buyer - AdWorkshop & Inphorm; pg. 323
Miille, Cameron, Vice President, Client Relationships - FreeWheel; pg. 465
Mika, Eric, Creative Director & Director, Creative Technology - Local Projects; pg. 190
Mikek, Mihael, Chief Executive Officer & Founder - Celtra, Inc.; pg. 533
Mikes, Craig, Co-owner & Executive Creative Director - Proof Advertising; pg. 398
Mikesell, Ryan, President & Chief Creative Officer - ASO Advertising; pg. 328
Mikhailov, Maya, Senior Vice President, Marketing - GPShopper; pg. 533
Mikho, Mike, Chief Marketing Officer - Laundry Service; pg. 287
Mikitson, Joie, Executive Producer - Havas Worldwide Chicago; pg. 82
Mikkola, Amy, Account Executive - Scream Agency, LLC; pg. 139
Mikolajczyk, Scott, Chief Executive Officer - Havit; pg. 83
Mikolajewski, Marge, Vice President & Account Director - Grey Midwest; pg. 366
Mikoli, Scott, Director, Media Development - Conversant, LLC; pg. 222
Mikolon, Nikki, Associate, CX Digital - Chevy Social - Weber Shandwick; pg. 662
Mikulich, Katya, SEO Director - OMD; pg. 498
Mikulis, Justine, Account Director & Partner - Tank Design; pg. 201
Mikus, James, Executive Creative Director - McGarrah Jessee; pg. 384
Milam, Kerri, Founder, President & Principal Strategist - Depth Public Relations; pg. 596
Milan, Patrick, Chief Creative Officer & Executive Vice President - Tunheim Partners; pg. 657
Milan, Stan, Director, Business Development - Leverage Marketing, LLC; pg. 675
Milano, Isabella, Business Development Advisor - BigSpeak Speakers Bureau; pg. 302
Milanowski, Jim, Vice President - Czarnowski; pg. 304
Milavsky, Barry, President & Creative Director - Calexis Advertising & Marketing Counsel; pg. 339
Milazzo, Nicole, Vice President - Travel & Hospitality & Entertainment - 5W Public Relations; pg. 574
Milazzo, Tony, Manager, Integrated Media

AGENCIES

Planning - OMD; pg. 500
Milazzo, Tonya, Account Manager & Media Buyer - Tucci Creative; pg. 157
Milbert, Maya, Director, Media - KWG Advertising, Inc.; pg. 96
Milch, Jason, Partner - Baretz + Brunelle; pg. 580
Mildenhall, Jonathan, Co-Founder & Chief Executive Officer - Twenty-First Century Brand; pg. 157
Milder, Ben, Principal - Burness Communications; pg. 587
Mildren, Weston, Senior Account Executive - The Tombras Group; pg. 424
Milenthal, Rick, Chairman & Chief Executive Officer - The Shipyard; pg. 270
Miles, Brad, Managing Director - Solebury Trout; pg. 648
Miles, Clyde, Executive Vice President, Marketing Strategy & Brand Planning - Adcom Communications, Inc.; pg. 210
Miles, Danielle, Creative Director - IMC / Irvine Marketing Communications; pg. 89
Miles, David, President & Brand Strategist - Miles BranDNA; pg. 13
Miles, Jim, Controller - US & Canada - True Media; pg. 521
Miles, Josh, President & Chief Creative Officer - Killer Visual Strategies; pg. 189
Miles, Keith, Partner - McNeely Pigott & Fox Public Relations; pg. 626
Miles, Kimberly, Senior Counselor - Fahlgren Mortine Public Relations; pg. 602
Miles, Melissa, Senior Account Manager, Pay-Per-Click - Visiture; pg. 678
Miles, Michelle, Strategist, Marketing & Automation - Ciceron; pg. 220
Miles, Mickey, Owner & President - Cappelli Miles; pg. 47
Miles, Mike, Assistant Account Executive - BBDO Worldwide; pg. 331
Miles, Pete, Senior Vice President, Ad Platform & Operations - Lightbox OOH Video Network; pg. 553
Miles, Scott, Senior Director, Client Solutions - Active International; pg. 439
Miles, Troy, Vice President, Media - CMI Media, LLC; pg. 342
Miley, Derek, Supervisor, Digital Media - Essence; pg. 233
Miley, Laura, Account Director - Erich & Kallman; pg. 68
Miley, Tim, Creative Director - Noble Studios; pg. 254
Miley-Bailey, Mozell, Senior Communications Strategist - Clear; pg. 51
Milgrom, Rose, Studio Production Manager - Rapport Outdoor Worldwide; pg. 556
Milian, Francisco, Associate Director, Multicultural Media - GTB; pg. 367
Milian, Natalie, Assistant Media Planner - Posterscope U.S.A.; pg. 556
Milian, Peter, Vice President, Regional Sales - Clear Channel Outdoor; pg. 551
Miliauskas, Andrea, Managing Director - Mindshare; pg. 495
Milici, Elaina, Senior Strategic Planner - Media Storm; pg. 486
Milisic, Marisa, Senior Copywriter - Giant Spoon, LLC; pg. 363
Milito, Nicoletta, Senior Media Planner - Critical Mass, Inc.; pg. 223
Miljan, Elizabeth, Digital Media Strategist - Mancuso Media; pg. 382
Milk, Andrew, Senior Director, Product Marketing - Taboola; pg. 268
Milk, Chris, Director - Radical Media; pg. 196
Milkereit, Bill, Creative Group Head & Writer - The Richards Group, Inc.; pg. 422

AGENCIES PERSONNEL

Milkovich, Kaitlin, Supervisor, Management - Epsilon; *pg.* 283
Mill, Carl, President & Creative Director - Art 270, Inc.; *pg.* 173
Millan, Jeanette, Vice President & Activation Director - MV42 - Spark Foundry; *pg.* 508
Millan, Jenna, Global Senior Manager - Universal McCann; *pg.* 428
Millar, Alden, Supervisor, Account - 360i, LLC; *pg.* 320
Millar, Duncan, Vice President, Business Development & Marketing - Design and Production Incorporated; *pg.* 179
Millar, Jeff, Creative Director - Central Station; *pg.* 341
Millar, Quin, Managing Director, Growth - Novus Media, Inc. ; *pg.* 497
Millar, Tim, Executive Vice President & Head, Strategy - BBDO San Francisco; *pg.* 330
Millard, Megan, Vice President, Business Strategy - Wunderman Thompson; *pg.* 434
Millas, Sergio, Vice President, Digital Media - HallPass Media; *pg.* 81
Millas, Tim, Managing Partner & Chief Creative Officer - Beacon Healthcare Communications; *pg.* 38
Millea, John, President - PUSH 7; *pg.* 131
Milleman, Alison, Director, Client Success - Adpearance; *pg.* 671
Millen, Matt, Chief Growth Officer - Sapper Consulting, LLC; *pg.* 291
Miller, Abbott, Partner - Pentagram; *pg.* 194
Miller, Alex, Sales Development - Firefly; *pg.* 552
Miller, Allison, Media Buying Supervisor - Barkley; *pg.* 329
Miller, Allison, Creative Director - mcgarrybowen; *pg.* 110
Miller, Allyson, Senior Negotiator - Zenith Media; *pg.* 529
Miller, Amanda, Director, Content - Spark Foundry; *pg.* 510
Miller, Amanda, Executive Producer - Psyop; *pg.* 196
Miller, Amanda, Associate Director, Strategy - Palisades Media Group, Inc.; *pg.* 124
Miller, Amie, Chief Talent Officer - TBWA \ Chiat \ Day; *pg.* 416
Miller, Amy, Production Manager - Lewis Advertising, Inc.; *pg.* 380
Miller, Andrea, Vice President, Operations - MLive Media Group; *pg.* 388
Miller, Andrew, Associate Creative Director - Ogilvy; *pg.* 393
Miller, Andrew, Managing Principal, Governmental Affairs & Strategic Communications - Bose Public Affairs Group, LLC; *pg.* 585
Miller, Andrew, Senior Vice President, Search Engine Marketing - CMI Media, LLC; *pg.* 342
Miller, Angie, Senior Vice President, Client Partnerships - MedThink Communications; *pg.* 112
Miller, Anita, Senior Media Planner & Buyer - RJW Media; *pg.* 507
Miller, Anne, Social Media Strategist - Walker Sands Communications; *pg.* 659
Miller, April, Media Supervisor - Tierney Communications; *pg.* 426
Miller, Ashley, Account Manager - Brunner; *pg.* 44
Miller, Ashley, Executive Director - Wagstaff Worldwide; *pg.* 659
Miller, Beth, Chief Marketing & Strategy Officer - Magid; *pg.* 447
Miller, Bobby, Associate Media Director - FIG; *pg.* 73
Miller, Brent, Associate Creative Director - The Communications Group; *pg.* 149
Miller, Brook, Chief Technology Officer - LRWMotiveQuest; *pg.* 447
Miller, Brooke, Vice President, Global Development - FCB New York; *pg.* 357
Miller, Caitlin, Associate Account Director - Nina Hale Consulting; *pg.* 675
Miller, Cal, Vice President, Business Development & Client Services - Blue Marble Media; *pg.* 217
Miller, Carla, Design Director - Carbone Smolan Agency; *pg.* 176
Miller, Caroline, Senior Account Executive - RP3 Agency; *pg.* 408
Miller, Catie, Executive Director, Strategy - Sub Rosa; *pg.* 200
Miller, Charisse, Account Manager - Icon Media Direct; *pg.* 476
Miller, Charles, Chief Executive Officer - Burkhart Advertising; *pg.* 550
Miller, Chris, Creative Director - Maddock Douglas; *pg.* 102
Miller, Christina, Director, Social Media Strategy - VMLY&R; *pg.* 160
Miller, Chuck, Vice President - Boston Research Group; *pg.* 442
Miller, Cindy, Director, Business Development - SourceLink, LLC; *pg.* 292
Miller, Corrina, Vice President & Traffic Director - Amplifi US - Carat; *pg.* 459
Miller, Craig, Account Executive - GMR Marketing; *pg.* 306
Miller, Crawford, Digital Director - Martin Advertising; *pg.* 106
Miller, Dan, Senior Account Director - JPR Communications; *pg.* 618
Miller, Daniel, Senior Vice President & Director, Content Production - EP+Co.; *pg.* 356
Miller, Danny, Director, Content Production - EP+Co.; *pg.* 356
Miller, Dave, Director, Community & Talent - Artefact; *pg.* 173
Miller, Dean, Vice President - KEA Advertising; *pg.* 94
Miller, Dennis, Owner - Artmil Graphic Design; *pg.* 173
Miller, Doug, Partner & Chief Financial Officer - Firehouse, Inc.; *pg.* 358
Miller, Eddie, Executive Vice President - Big Sky Communications; *pg.* 583
Miller, Elizabeth, Associate Director, National Video Activation - Zenith Media; *pg.* 529
Miller, Emily, Senior Copywriter - BBDO ATL; *pg.* 330
Miller, Eva, Vice President, Human Resources - The George P. Johnson Company; *pg.* 316
Miller, Evan, Enterprise Digital Marketer - 97th Floor; *pg.* 209
Miller, Gabriel, President - Americas - Landor; *pg.* 11
Miller, Gary, President - Quinlan & Co.; *pg.* 402
Miller, Gina, Vice President, Client Services - Spear Marketing Group; *pg.* 411
Miller, Greg, President - Maxwell & Miller Marketing Communications; *pg.* 384
Miller, Greg, Principal, Public Relations - The Richards Group, Inc.; *pg.* 422
Miller, Greg, Founder & President - Marketcom PR; *pg.* 625
Miller, Griffin, Account Director - Anomaly; *pg.* 325
Miller, Hannah, Manager, Account - Momentum Worldwide; *pg.* 117
Miller, Herman, President & Chief Executive Officer - Miller Zell, Inc.; *pg.* 191
Miller, Hillary, Vice President & Group Account Director - Think Motive; *pg.* 154
Miller, Hillary, Vice President, Account Strategy - Hydrogen; *pg.* 87
Miller, Hugh, Chief Executive Officer - Hollyrock / Miller ; *pg.* 371
Miller, Jack, President & Chief Executive Officer - USA & Canada - True Media; *pg.* 521
Miller, Jackie, Chief Marketing Officer & Owner - Bozell; *pg.* 42
Miller, Jackie, Vice President & Director, Media - Golin; *pg.* 610
Miller, Jacqueline, General Manager - CK Advertising; *pg.* 220
Miller, Jaimie, Vice President, Marketing - Conric PR & Marketing; *pg.* 592
Miller, James, Senior Vice President, Business Development - DWA Media; *pg.* 464
Miller, Janet, Account Director - Digitas; *pg.* 227
Miller, Jason, Associate Creative Director & Writer - David&Goliath; *pg.* 57
Miller, Jason, Senior Web Developer - matmon.com; *pg.* 248
Miller, Jason, Senior Vice President - The Pivot Group; *pg.* 293
Miller, Jeff, Director, Programming - Unified Field; *pg.* 273
Miller, Jen, Associate Creative Director - Mekanism; *pg.* 112
Miller, Jennifer, Design Director - Blur Studio; *pg.* 175
Miller, Jennifer, Senior Partner & Director, Search - Neo Media World; *pg.* 496
Miller, Jennifer, Executive Creative Director & Partner - Scrum50; *pg.* 409
Miller, Jeremy, Executive Vice President & Chief Communications Officer - McCann Worldgroup; *pg.* 109
Miller, Jim, Owner & Creative Director - Quantum Communications ; *pg.* 401
Miller, Jodi, Producer - Geometry; *pg.* 363
Miller, Joe, Account Supervisor - TAXI; *pg.* 146
Miller, Joe, Executive Director, Global Operations - TracyLocke; *pg.* 426
Miller, Joni, Director, Operations - G7 Entertainment Marketing; *pg.* 306
Miller, Jordan, Media Planner - MediaCom; *pg.* 489
Miller, Josh, Group Media Director - 360i, LLC; *pg.* 207
Miller, Joy, Director, Studio Production - Martin Williams Advertising; *pg.* 106
Miller, Julia, Director, Digital Strategy & Shopper Experience - The Mars Agency; *pg.* 683
Miller, Justin, Writer - Onion, Inc.; *pg.* 394
Miller, Kari, Media & Account Supervisor - Bloom Ads, Inc.; *pg.* 334
Miller, Kate, Account Manager - Archetype; *pg.* 33
Miller, Kathy, Senior Partner & Group Director - GroupM; *pg.* 466
Miller, Katie, Chief Marketing Officer - Argonaut, Inc.; *pg.* 33
Miller, Kaylyn, Senior Partner & Group Director, Search & Social - Wavemaker; *pg.* 526
Miller, Kelsey, Account Manager - The MX Group; *pg.* 422
Miller, Kelsey, Paid Social Strategist - Tinuiti; *pg.* 678
Miller, Kevin, Partner & Chief Operating Officer - Reingold; *pg.* 405
Miller, Kim, President & Creative Director - Ink Link Marketing LLC; *pg.* 615
Miller, Kristen, Senior Vice President, Creative & Client Lead - Chicago & San Francisco - Digitas; *pg.* 227
Miller, Kyle, Creative Director - Thornberg & Forester; *pg.* 564
Miller, LaDonna, Brand Media Strategist - The Richards Group, Inc.; *pg.* 422
Miller, Larry, Owner & President - Corinthian

PERSONNEL — AGENCIES

Media, Inc.; *pg.* 463
Miller, Lauren, Director, Client Services - Moxley Carmichael; *pg.* 629
Miller, Leonard, Chairman Emeritus - Miller Advertising Agency, Inc.; *pg.* 115
Miller, Lindsay, Creative Director - Designsensory; *pg.* 62
Miller, Lisa, Chief Financial Officer - Colle McVoy; *pg.* 343
Miller, Lisa, Vice President, Strategic Communications - Glover Park Group; *pg.* 608
Miller, Liz, Vice President - Global Fluency; *pg.* 608
Miller, Liza, Senior Broadcast Producer - The Martin Agency; *pg.* 421
Miller, Lori, Senior Vice President, Creative Strategist - LevLane Advertising; *pg.* 380
Miller, Lorraine, Account Director - Burrell Communications Group, Inc. ; *pg.* 45
Miller, Mara, Director, Customer Success - Vibes Media; *pg.* 535
Miller, Marci, Vice President, Client Services - the community; *pg.* 545
Miller, Marcia, President & Chief Executive Officer - StoneArch Creative; *pg.* 144
Miller, Marcy, Media Supervisor - Rhea & Kaiser Marketing ; *pg.* 406
Miller, Mardene, Executive Vice President & Managing Director - NeON; *pg.* 120
Miller, Mareka, Advertising Operations Senior Manager - Empower; *pg.* 354
Miller, Mark, Chief Strategy Officer - Team One; *pg.* 417
Miller, Mark, Vice President & Account Services, Strategy & Planning - Norton Agency; *pg.* 391
Miller, Mark, Vice President, Media Strategy - Ansira; *pg.* 1
Miller, Mark, Managing Partner & Client Leader - US Digital Partners; *pg.* 273
Miller, Mark, Managing Partner, Senior Director - Wavemaker; *pg.* 528
Miller, Matt, Chief Creative Officer - BBDO San Francisco; *pg.* 330
Miller, Matt, Vice President & Group Creative Director - Periscope; *pg.* 127
Miller, Matt, Art Director - Venables Bell & Partners; *pg.* 158
Miller, Matthew, Senior Designer - Sage Island; *pg.* 138
Miller, Max, Manager, Producer & Digital Media - HallPass Media; *pg.* 81
Miller, Megan, Vice President & Client Services Director - HMH; *pg.* 86
Miller, Megan, Director, Video Strategy - Haworth Marketing & Media; *pg.* 470
Miller, Melissa, Senior Vice President & Planning Director - BBDO San Francisco; *pg.* 330
Miller, Michael, President - Brown Miller Communications, Inc.; *pg.* 587
Miller, Michelle, Associate Media Director - Spark Foundry; *pg.* 510
Miller, Nancy, Chief Financial Officer - Storandt Pann Margolis & Partners; *pg.* 414
Miller, Neil, Global Chief Operating Officer & Global Chief Financial Officer - FCB New York; *pg.* 357
Miller, Nicole, President - Miller Advertising Agency, Inc.; *pg.* 115
Miller, Omari, Vice President & Creative Director - Edelman; *pg.* 600
Miller, Paige, Senior Account Manager - The Trade Desk; *pg.* 519
Miller, Paul, Chief Executive Officer - Questex; *pg.* 449
Miller, Peter, Group President - Home Group - Active Interest Media; *pg.* 561
Miller, Peter, Chief Finance Officer - Digitas; *pg.* 228

Miller, Renee, President & Creative Director - The Miller Group; *pg.* 421
Miller, Richard, Vice President, Innovation - Yesler; *pg.* 436
Miller, Rick, President & Creative Director - Northlight Advertising, Inc.; *pg.* 121
Miller, Robert, Art Director - Cohen Group; *pg.* 51
Miller, Robin, Client Services - TriComB2B; *pg.* 427
Miller, Rod, Creative Director - Holmes & Company; *pg.* 87
Miller, Rosemary, Senior Vice President & Operations Director - Starcom Worldwide; *pg.* 513
Miller, Ryan, Senior Vice President & Director, Strategic Planning - Grey West; *pg.* 367
Miller, Scott, Chief Executive Officer - Core Strategy Group; *pg.* 6
Miller, Seema, Co-Founder, President & Chief Strategy Officer - Wolfgang; *pg.* 433
Miller, Shane, Vice President, Media - Media Brokers International; *pg.* 485
Miller, Shannon, Digital Strategist & UX Designer Director - We Are Alexander; *pg.* 429
Miller, Stephanie, Vice President, Account Planning & Management - Penna Powers Brian Haynes; *pg.* 396
Miller, Steve, President - Miller Designworks; *pg.* 191
Miller, Steve, Chief Creative Officer & Senior Vice President - Wunderman Thompson; *pg.* 434
Miller, Susan, Office Manager - Marketing Resources; *pg.* 568
Miller, Suzanne, Senior Vice President, Client Relationships - AvreaFoster; *pg.* 35
Miller, Suzanne, Founder & President - SPM Communications; *pg.* 649
Miller, Tera, Partner & Director, Strategic & Creative Planning - Ketchum; *pg.* 619
Miller, Teri, President - 72andSunny; *pg.* 23
Miller, Teri, Managing Director - MUH-TAY-ZIK / HOF-FER; *pg.* 119
Miller, Terry, Programmer & Senior Supervisor, CATI Lab - Quantum Market Research, Inc.; *pg.* 449
Miller, Tim, President & Creative Director - Blur Studio; *pg.* 175
Miller, Todd, Director, Public Relations & Content Manager - Levy MG; *pg.* 245
Miller, Tony, Vice President & Executive Creative Director - Anderson DDB Health & Lifestyle; *pg.* 31
Miller, Tracie, Vice President, Development - Tigris Sponsorship & Marketing; *pg.* 317
Miller, Vince, President - DDI Media; *pg.* 551
Miller, Virginia, Partner & Owner - Beuerman Miller Fitzgerald; *pg.* 39
Miller, Zach, Assistant Account Executive - Red Robin - The Integer Group; *pg.* 682
Miller Chin, Lara, Vice President & Group Partner, Integrated Planning - J3; *pg.* 480
Miller Gershfeld, Liz, Vice President & Senior Art Producer - Energy BBDO, Inc.; *pg.* 355
Miller Jr., Don, Senior Vice President & Client Business Partner, New Business - Universal McCann Detroit; *pg.* 524
Miller-Repetto, Carol, Chief Operating Officer - Procter & Gamble Business - Ogilvy Public Relations; *pg.* 633
Millerd, Rylee, Business Affairs Manager - Wieden + Kennedy; *pg.* 432
Millett, Andrea, President - New York & Chief Operating Officer - USA - Havas Media Group; *pg.* 468
Millett, Kelly, Vice President & Director, Insights - Havas Media Group; *pg.* 468

Millett, Laura, Senior Vice President - Murphy O'Brien, Inc.; *pg.* 630
Millett, Trevor, Associate Creative Director - Trampoline; *pg.* 20
Millette, Erica, Senior Director, Strategy & Insights - (add)ventures; *pg.* 207
Milligan, Michael, Creative Director - Berlin Cameron; *pg.* 38
Milligan, Mollie, Owner - Boxcar Creative; *pg.* 219
Milligan Kline, Kelley, Chief Financial Officer - D3 Systems; *pg.* 56
Milliman, Heather, Vice President, Culture & Experience Training - Adrenaline, Inc.; *pg.* 172
Milling-Smith, Patrick, Co-Founder & President - SMUGGLER; *pg.* 143
Millington, Shayne, Executive Vice President & Executive Creative Director - Universal McCann; *pg.* 521
Millman, Alicia, Account Executive, Public Relations & Social Media - Momentum Media PR; *pg.* 628
Millman, Jaime, Vice President & Director, Video Activation - Starcom - Spark Foundry; *pg.* 508
Millman, Jeff, Vice Chairman & Chief Creative Officer - gkv; *pg.* 364
Millman, Jeffrey I., Chief Creative Officer - gkv; *pg.* 364
Millon, Craig, Chief Client Officer - Jack Morton Worldwide; *pg.* 309
Millot, Delphine, Vice President & Head, International Public Affairs - Grayling; *pg.* 610
Mills, Aaron, Director, Digital Operations - Ntooitive Digital; *pg.* 254
Mills, Alexandra, Marketing & Communications Specialist - Smith Bucklin Corporation; *pg.* 315
Mills, Amanda, Senior Account Executive - Benchworks; *pg.* 333
Mills, Bryan, Associate Media Director - MediaCom; *pg.* 487
Mills, David, Founder - Story Collaborative; *pg.* 414
Mills, Dawn, Project Manager - Story Collaborative; *pg.* 414
Mills, Elinor, Senior Vice President, Content & Media Strategy - Mission North; *pg.* 627
Mills, Eloise, Chairwoman - The William Mills Agency; *pg.* 655
Mills, Erin, Chief Operating Officer - Michael Alan Group; *pg.* 692
Mills, Jamarr, Senior Planning Director - Essence; *pg.* 232
Mills, John, Partner - ICR; *pg.* 615
Mills, Ken, Chairman - Mills James Productions; *pg.* 491
Mills, Kurt, Associate Creative Director - Goodby, Silverstein & Partners; *pg.* 77
Mills, Lana, Group Account Director - DiD Agency; *pg.* 62
Mills, Lindsey, Senior Art Director - Karsh & Hagan; *pg.* 94
Mills, Megan, Group Account Director - R/GA; *pg.* 261
Mills, Michael, Associate - Mass Communications; *pg.* 190
Mills, Olita, Senior Vice President - LaForce; *pg.* 621
Mills, Rebecca, Senior Vice President, Client Partner - Universal McCann; *pg.* 521
Mills, Robert, Vice President, Performance Marketing - PureRED; *pg.* 130
Mills, Scott, Principal President & Owner - The William Mills Agency; *pg.* 655
Mills, Sean, Associate Director, Strategy - Zenith Media; *pg.* 529
Mills, Sean, Partner - Archetype; *pg.* 33

AGENCIES / PERSONNEL

Mills, Wendy, Director, Administration - Riley Hayes Advertising, Inc.; *pg.* 407
Mills, III, William, Chief Executive Officer - The William Mills Agency; *pg.* 655
Millstein, Ben, Communications & Marketing Manager - Local Projects; *pg.* 190
Millstein, Jacqueline, Chief Creative Officer - Ritta & Associates; *pg.* 407
Millward, Curtis, Vice President & Director, Product - MullenLowe U.S. Los Angeles; *pg.* 379
Millward, John, Chief Innovation Officer - RedPeg Marketing; *pg.* 692
Milne, Cam, Vice President & General Manager - OneStop Media Group; *pg.* 503
Milne, Jon, Account Supervisor - M Booth & Associates, Inc. ; *pg.* 624
Milne, Stephanie, Director, Strategy - AstraZeneca - HealixGlobal; *pg.* 471
Milner, Bruce, Co-Chairman & Chief Executive Officer - Milner Butcher Media Group; *pg.* 491
Milner, Laura, Specialist, Operations - Amobee, Inc.; *pg.* 213
Milner, Mariel, Senior Strategist, Communications - Droga5; *pg.* 64
Milnikel, Haylee, Associate Director, Programmatic Strategy & Analysis - Digitas; *pg.* 227
Milnor, Doug, Principal, Digital Marketing Strategist - Connection Model LLC; *pg.* 344
Milone, Simona, Partner & Senior Director - Wavemaker; *pg.* 526
Milonovich, Jenna, Associate Director, Organic Search - Wavemaker; *pg.* 526
Miloradovic, Meghan, Vice President & Group Account Director - Munn Rabot; *pg.* 448
Miltenberg, Alex, Associate Director, Media Investment - National - Blue 449; *pg.* 455
Miltiadou, Stefanie, Account Manager - Vault49; *pg.* 203
Milton, Josh, Vice President, Media Relations - Conric PR & Marketing; *pg.* 592
Milton, Trevis, Vice President & Media Director - Starcom Worldwide; *pg.* 516
Milz, Bob, Creative Director - CMA Design; *pg.* 177
Mimm, Angela, Manager, Content - DiD Agency; *pg.* 62
Mims, Joy, Senior Account Manager - Lewis Communications; *pg.* 100
Mimum, Cara, Designer - Lincoln Digital Group; *pg.* 246
Min, Joe, Group Account Director - interTrend Communications, Inc.; *pg.* 541
Minarik, Aubrey, Senior Digital Media Planner - MediaCom; *pg.* 487
Minassian, Mihran, Director, Finance & Operations - The Boston Group; *pg.* 418
Minchenko, Zina, Account Executive - Elevator Strategy Advertising & Design, Inc.; *pg.* 181
Minchew, Julie, Director, Planning - Huge, Inc.; *pg.* 240
Mindel, Seth, Head, Project Management - gravity.labs; *pg.* 365
Mine, Blake, Account Executive - Splash; *pg.* 200
Minella, Felipe, Design Director - Sid Lee; *pg.* 140
Minella, Lauren, Senior Social Media Strategist - The Bohan Agency; *pg.* 418
Miner, Jason, Executive Managing Director - Glover Park Group; *pg.* 608
Minerley, Glenn, Senior Vice President & Head, Music, entertainment & Esports - Momentum Worldwide; *pg.* 117
Minervino, Becky, Chief Strategy Officer - MERGE; *pg.* 113
Minesinger, Chris, Senior Copywriter - Hirshorn Zuckerman Design Group; *pg.* 371
Mingasson, Matthieu, Group Director & Head, Product - Code and Theory; *pg.* 221

Mingledorff, Polly, Senior Marketing Manager - Edelman; *pg.* 599
Mini, Lana, Account Supervisor - Marx Layne & Company; *pg.* 626
Minichiello, Vincent, Manager, Gaming & Esports - RedPeg Marketing; *pg.* 692
Minicucci, Mark, Partner & Creative Technologist - Model B; *pg.* 251
Minifee, Marcus, Senior Vice President & Client Business Partner - Portfolio Management - Universal McCann; *pg.* 521
Minihan, Bob, Chief Creative Officer & Executive Vice President - MERGE; *pg.* 113
Mininger, John, Senior Producer & Video Editor - Jackson Marketing Group; *pg.* 188
Miniscloux, Flo, Director, Production Services - Extraordinary Events; *pg.* 305
Minkkinen, Anna, Creative Director - loyalkaspar; *pg.* 12
Minkus, Robert, President - Minkus & Associates ; *pg.* 191
Minne, Erin R., Associate Director - Starcom Worldwide; *pg.* 513
Minnella, Joe, Senior Vice President & Group Media Director - GTB; *pg.* 367
Minnich, Amanda, Group Planning Director - 9thWonder Agency; *pg.* 453
Minnis, Grant, Creative Director - Argonaut, Inc.; *pg.* 33
Minnotti, Megan, Account Manager - Hitchcock Fleming & Associates, Inc. ; *pg.* 86
Minoff, Erin, Senior Manager - Weber Shandwick; *pg.* 661
Minor, Jim, Owner - Minor O'Harra Advertising; *pg.* 387
Minor, Maureen, Director, Connections - GTB; *pg.* 367
Minor, Scott, Senior Director, Category - Strategy - Hearts & Science; *pg.* 471
Minski, Jared, Vice President - Mastro Communications, Inc.; *pg.* 626
Minsky, April, Broadcast Group Manager - Horizon Media, Inc.; *pg.* 473
Minsky, Juliana, Founding Partner - SurfMedia Communications; *pg.* 651
Minson, Jeff, Financial Analyst - Ackerman McQueen, Inc.; *pg.* 26
Minson, Jon, Executive Vice President & Creative Director - Ackerman McQueen, Inc.; *pg.* 26
Minton, Amber, Media Director - Beals Cunningham Strategic Services; *pg.* 332
Mintz, Hanne, Chief Executive Officer & Founder - Paragon Language Services; *pg.* 544
Mintz, Marina, President - Paragon Language Services; *pg.* 544
Mintz, Michelle, Director, Planning - Wavemaker; *pg.* 526
Mintz, Rich, Executive Vice President - Blue State Digital; *pg.* 335
Mintz, Samantha, Writer - 72andSunny; *pg.* 23
Minyo, Marie, Executive Director, Client Services - Landor; *pg.* 11
Miotto, Mark, Head, Account - AUXILIARY; *pg.* 173
Mir, Faiza, Head, Conversion Practice - 360i, LLC; *pg.* 207
Mira, Patty, Account Director - Conill Advertising, Inc.; *pg.* 538
Miraglia, Scott, President - Elevation Marketing; *pg.* 354
Miranda, Annet, Manager, Client Relations - PurpleGroup; *pg.* 131
Miranda, Annette, Assistant Controller - The Food Group; *pg.* 419
Miranda, Christina, Principal & Cofounder - Redpoint Marketing PR, Inc.; *pg.* 642
Miranda, Enrique, Senior Creative Designer - Havas Media Group; *pg.* 470
Miranda, Mallory, Senior Brand Manager - R&R Partners; *pg.* 132
Miranda, Maria, Director, Media - Spanish TV & Radio - E&M Media Group; *pg.* 282
Miranda, Marvin, Group Strategy Director - Droga5; *pg.* 64
Miranda O'Donnell, Stephanie, Business Director - Anomaly; *pg.* 325
Mirandi, Matthew, Senior Director - Berk Communications; *pg.* 583
Mirarefi, Sara, Director, Global Business Development - Performics; *pg.* 676
Mireau, Jess, Vice President, Strategy - Madwell; *pg.* 13
Mires, Bridget, Vice President, Media - Sides & Associates; *pg.* 410
Mirmelstein, Ian, Senior Vice President, Strategic Sales - Lightbox OOH Video Network; *pg.* 553
Miro, Pablo, Vice President, Growth Marketing - Zubi Advertising; *pg.* 165
Mirocha, Ashley, Director, Media Strategy - Haworth Marketing & Media; *pg.* 470
Mirshak, Michelle, Senior Vice President, Data Architecture & Governance - Spark Foundry; *pg.* 510
Mirsky, Israel, Executive Director - OMD; *pg.* 498
Mirsky, Jon, General Counsel & Corporate Secretary - MDC Partners, Inc.; *pg.* 385
Mirto, Bryon, Associate Director, Performance Marketing - Digitas; *pg.* 226
Misail, Vaughn, Executive Creative Director - The Boston Group; *pg.* 418
Misbrener, Thom, Founding Partner - Anthony Thomas Advertising; *pg.* 32
Mischel, Josh, Senior Account Execuitve - Firefly; *pg.* 552
Misener, Jim, President & Managing Director - 50,000 Feet, Inc.; *pg.* 171
Misenheimer, Jeromie, Head, Creative Services & Executive Creative Director - Digitas Health LifeBrands; *pg.* 229
Miser, Paul, Chief Executive Officer & Co-Founder - Chinatown Bureau; *pg.* 220
Mish, Michael, Managing Director - Boston - AMP Agency; *pg.* 297
Misher, Stacy, Senior Vice President & Group Director - Havas Media Group; *pg.* 468
Misher Stenzler, Shari, Co-Founder & President - London Misher Public Relations; *pg.* 623
Mishkin, Gregory, Vice President, Research & Consulting - Escalent; *pg.* 444
Mishkofski, Joe, Manager, Studio - Otto Design & Marketing; *pg.* 124
Mishra, Prakash, Chief Technology Officer & Co-Founder - Wyng; *pg.* 276
Misiewicz, Emily, Supervisor, Video Investments - Mediahub Boston; *pg.* 489
Miskevics, Jill, Account Supervisor - Edelman; *pg.* 601
Miskie, Scott, Executive Vice President & Managing Director - Wunderman Thompson; *pg.* 435
Mislow, Brad, Vice President & Director, Creative - Saatchi & Saatchi ; *pg.* 136
Misner, David, Integrated Media Supervisor - RPA; *pg.* 134
Misra, Celia, Account Director - The Grist; *pg.* 19
Misselhorn, Maggie, Principal - Simantel Group; *pg.* 142
Missier, Stephane, Group Strategy Director - Wieden + Kennedy; *pg.* 432
Missirian, Sela, Vice President, Business Development - Brown Bag Marketing; *pg.* 338
Mistry, Sapna, Paid Social Media Planner - RPA; *pg.* 134
Mistry, Sharda, Senior Operations Manager, Print & Digital - Saatchi & Saatchi Los

935

PERSONNEL   AGENCIES

Angeles; *pg.* 137
Mitchell, Alexander, Managing Supervisor - VOX Global ; *pg.* 658
Mitchell, Andrea, Media Director - Borders Perrin Norrander, Inc.; *pg.* 41
Mitchell, Andrew, President & Chief Executive Officer - Brandmovers, Inc.; *pg.* 538
Mitchell, Anne, Vice President, Strategic New Business & Development - Edelman; *pg.* 599
Mitchell, Ben, Director, Communications - Dagger; *pg.* 224
Mitchell, Billy, Managing Partner & Senior Creative Director - MLT Creative; *pg.* 116
Mitchell, Brandy, Supervisor, New Business Development - MARC USA; *pg.* 104
Mitchell, Caitlin, Social Media Strategist - The Richards Group, Inc.; *pg.* 422
Mitchell, Chad, Chief Finance Officer - A. Bright Idea; *pg.* 25
Mitchell, Craig, Sales & Marketing Specialist - New York & Northwest Pennsylvania - H&G Marketing; *pg.* 80
Mitchell, Darren, Vice President, Strategic Development - Phoenix Group; *pg.* 128
Mitchell, David, Chief Technology Officer - VMLY&R; *pg.* 274
Mitchell, Deb, Account Manager - Meyocks Group; *pg.* 387
Mitchell, Dirk, Partner, Director Creative Services - The Atkins Group; *pg.* 148
Mitchell, Elise, Founder & Chairwoman - Mitchell; *pg.* 627
Mitchell, James, Director, Media Planning - Essence; *pg.* 232
Mitchell, Jason, Chief Executive Officer - Movement Strategy; *pg.* 687
Mitchell, Jeanne, Account Manager - EGC Media Group, Inc.; *pg.* 354
Mitchell, Jeremy, Senior Vice President - Matrix Media Services; *pg.* 554
Mitchell, John , President - CAM Media, Inc.; *pg.* 457
Mitchell, John, Executive Vice President, Client Leadership - yah. - You Are Here; *pg.* 318
Mitchell, Laura, Vice President, Digital - Lawrence & Schiller; *pg.* 97
Mitchell, Laura, Search Strategist - Global Strategies; *pg.* 673
Mitchell, Martin, Partner & Chief Marketing Officer - Bodden Partners; *pg.* 335
Mitchell, Mary, Vice President - Campbell Marketing and Communications; *pg.* 339
Mitchell, Melissa, Director, Media - Starcom Worldwide; *pg.* 513
Mitchell, Michelle, Group Account Director - PHD Canada; *pg.* 504
Mitchell, Monica, Head, Production - ShadowMachine; *pg.* 139
Mitchell, Oliver, Director, Digital Account & Sales - Brandmovers, Inc.; *pg.* 538
Mitchell, Peter, President - SFW Agency; *pg.* 16
Mitchell, Randy, Creative Director - Boomm Marketing & Communications; *pg.* 218
Mitchell, Scott, Chief Financial Officer - Co:Collective, LLC; *pg.* 5
Mitchell, Scott, Executive Producer - O'Keefe Reinhard & Paul; *pg.* 392
Mitchell, Scott, Founder & Chief Executive Officer - Adventure Creative; *pg.* 28
Mitchell, Seth, Head, Strategy & Managing Director - 9thWonder; *pg.* 321
Mitchell, Steve, Creative Director - Hunt Adkins; *pg.* 372
Mitchell, Steve, Chairman - Mitchell Research; *pg.* 448
Mitchell, Suzie, President & Chief Financial Officer - Mitchell Research; *pg.* 448
Mitchell, Tana, Director, Human Resources &

Business Manager - Apple Box Studios; *pg.* 32
Mitchell, Trevor, Manager, Client Success - BrightWave Marketing, Inc.; *pg.* 219
Mitchell McCullough, Bridget, Business Manager - Turnstile, Inc.; *pg.* 427
Mitchell Price, Kelley, Vice President, Experience & Design - T3; *pg.* 416
Mitchem, Melianie, Senior Vice President & Director, Global Communications & Public Relations - FCB New York; *pg.* 357
Mitchum, Liz, General Manager - Adams Outdoor Advertising; *pg.* 549
Mith, Nish, Group Chief Executive Officer - Ogilvy; *pg.* 393
Mitolinski, Marijana, Manager, Trading - Wavemaker; *pg.* 529
Mitra, Sohini, Director, Account Management, Western Region - Sparks; *pg.* 315
Mitsunaga, Tracy, Senior Vice President & Creative Director - Mentus; *pg.* 386
Mitsuzuka, Hiko, Director, Creative Services - Known; *pg.* 298
Mitton, Chris, Executive Creative Director - McCann New York; *pg.* 108
Mitton, Jason, Vice President, Digital Production - Marcus Thomas; *pg.* 104
Mitton-Rivas, Kersten, Chief Executive Officer - Doner CX; *pg.* 352
Mitz, Dan, Vice President & Director - Spark Foundry; *pg.* 510
Mitzen, Ed, Owner - FingerPaint Marketing; *pg.* 358
Miura, Mari, Director, Interior Design - FRCH Design Worldwide; *pg.* 184
Miville, Isabelle, Director, Consulting - LG2; *pg.* 380
Mixon, Kirsten, Specialist, Social Media - SASSO; *pg.* 138
Miyamoto, Mako, Creative Director - Roundhouse - Portland; *pg.* 408
Miyamoto, Stacey, President - CMM; *pg.* 591
Mizany, Melika, Vice President - The Outcast Agency; *pg.* 654
Mize, Vivian, Vice President & Creative Director - Wray Ward; *pg.* 433
Mizell, Amber, Vice President, Digital Consulting - WE Communications; *pg.* 660
Mizelle, Nevin, Art Director - Jack Morton Worldwide; *pg.* 309
Mizera, Nick, Digital Analytics Manager - Wunderman Thompson; *pg.* 434
Mizner, Dylan, Producer - Publicis North America; *pg.* 399
Mizrachi, Josh, Creative Director - Havas Worldwide Chicago; *pg.* 82
Mizrachi, Katie, Senior Associate, Business Operations & Marketing - Corporate Finance - FTI Consulting; *pg.* 606
Mizrahi, Amanda, Vice President, Influencer Marketing - Edelman; *pg.* 601
Mizrahi, Halle, Account Supervisor - Terri & Sandy; *pg.* 147
Mizrahi, Isaac, Co-President & Chief Operating Officer - Alma; *pg.* 537
Mizrahi, Jessie, Senior Producer - Ueno; *pg.* 273
Mizzell, Ed, Managing Director - Luckie & Company; *pg.* 382
Mlachak, Nick, Director, Media Services - Meister Interactive; *pg.* 250
Mladenoff, Mandy, President - Matter Communications, Inc.; *pg.* 626
Mladjen, Kiri, Senior Account Manager - LevLane Advertising; *pg.* 380
Mlicki, Jason, Principal - Rattleback, Inc.; *pg.* 262
Mlotkowski, Elena, Account Executive - AOR, Inc.; *pg.* 32
Mlynowski, Este, Associate Director - Canvas Worldwide; *pg.* 458

Mnich, Mark, Director, Business Development - Priority Designs, Inc.; *pg.* 195
Mo, Vicky, Art Director - Opinionated; *pg.* 123
Moaney, Gail, Founding Managing Partner - Finn Partners; *pg.* 603
Moats, Sherry, Media Manager - The Brandon Agency; *pg.* 419
Mobley, Amanda, Associate Director, Creative Strategy - Digitas; *pg.* 227
Mobley, Stephanie, Associate Planning Director - Mindshare; *pg.* 491
Moccia, Suzanne, Vice President - Carabiner Communications Inc.; *pg.* 588
Mock, Don, Managing Partner & Creative Director, Advertising & Design - MOCK, the agency; *pg.* 192
Mock, Donald J., Managing Partner & Creative Director - MOCK, the agency; *pg.* 192
Mock, Kendell, Associate Manager, Production - 160over90; *pg.* 301
Mockus, Kate, Human Resources Manager - The VIA Agency; *pg.* 154
Moczydlowsky, Denise, Group Account Director - CRM & FMCC - GTB; *pg.* 367
Modafferi, Dana , Vice President, Integrated Planning Group Partner - Universal McCann; *pg.* 521
Modarelli-Frank, Heidi, Partner & Senior Vice President, Social Strategy & Public Relations - Marcus Thomas; *pg.* 104
Modena, Andrew, Manager, Social Media - Beyond Marketing Group; *pg.* 685
Modersohn, Melissa, Group Media Director - The Richards Group, Inc.; *pg.* 422
Modesto Rayson, Luke, Senior Art Director - The Republik; *pg.* 152
Modi, Rooju, Associate, Digital Partnerships - Initiative; *pg.* 478
Modi, Sheetal, Senior Account Executive - PureRED; *pg.* 130
Modi, Sonya, Account Supervisor - Havas Formula; *pg.* 612
Modini, Amy, Vice President & Practice Leader - Chadwick Martin Bailey; *pg.* 443
Modrow, Nadia, Head, Software QA - Sagepath, Inc.; *pg.* 409
Moe, Colleen, Director, Media Strategy - Haworth Marketing & Media; *pg.* 470
Moe, Eric, Chief Technology Officer - WideOrbit; *pg.* 276
Moe, J., Art Director - Duncan Channon; *pg.* 66
Moe, Kayla, Brand Coordinator & Manager - 72andSunny; *pg.* 23
Moehlenkamp, Kevin, Chief Executive Officer & Chief Commercial Officer - Garrand Moehlenkamp; *pg.* 75
Moehn, Chris, Executive Creative Director - Simantel Group; *pg.* 142
Moehnke, Tracy, Senior Account Executive - Nuffer Smith Tucker, Inc.; *pg.* 392
Moeller, Alina, Senior Integrated Producer - Crispin Porter + Bogusky; *pg.* 346
Moeller, Rebecca, Vice President, Public Relations - Huge, Inc.; *pg.* 239
Moen, Casey, Senior Account Manager & Co-Owner - Roundhouse Marketing & Promotions; *pg.* 408
Moen, John, Vice President & Associate Creative Director - TBWA\WorldHealth; *pg.* 147
Moet, DuQuan, Manager, Digital Advertising Operations - Spark Foundry; *pg.* 510
Moffat, Juliet, Senior Vice President, Account Services & Business Development - VMLY&R; *pg.* 160
Moffat, Ryan, Vice President, Sales - Adtaxi; *pg.* 211
Moffat, Sarah, Creative Director - Turner Duckworth; *pg.* 203

AGENCIES / PERSONNEL

Moffatt, Keith, Controller - Branded Entertainment Network, Inc.; *pg.* 297
Moffett, Judi, Office Manager - Ethos Marketing & Design; *pg.* 182
Moffitt, Colleen, Founding Partner - Communique PR; *pg.* 592
Moffitt, Grant, Planner, Strategy - Zenith Media; *pg.* 529
Mogan, Brooke, Senior Vice President - Alison Brod Public Relations; *pg.* 576
Moggs, Howard, Senior Vice President, Development - Engine - Trailer Park; *pg.* 299
Mogharabi, Shon, Director, Strategy - Translation; *pg.* 299
Mogielski, Rick, Vice President & Executive Producer, CRA Films - Charles Ryan Associates, Inc. ; *pg.* 590
Moglia, Ryan, Vice President, Strategy - Rauxa; *pg.* 291
Mogren, Simon, Executive Creative Director - North America - VIRTUE Worldwide; *pg.* 159
Moh, Etosha, Senior Vice President - The Consultancy PR; *pg.* 653
Mohabeer, Sacha, Associate Director, Social Media - Stella Rising; *pg.* 267
Mohamadzadeh, Amir, Co-Founder - Rosewood Creative; *pg.* 134
Mohan, Adam, Assistant Planner, Search - Blue 449; *pg.* 455
Mohan, Rekha, Senior Social Content Manager - hi5.agency; *pg.* 239
Mohan, Sunil, Director, Business - AKQA; *pg.* 212
Mohino, Clara, Strategy Director - AFG&; *pg.* 28
Mohoney, Megan, Senior Media Manager & Account Supervisor - Golin; *pg.* 609
Mohr, Ashley, Media Supervisor - Zenith Media; *pg.* 531
Mohr, Mark, Chief Executive Officer - StudioNorth; *pg.* 18
Mohr, Molly, Senior Brand Manager - 72andSunny; *pg.* 23
Mohr, Timothy, Senior Creative Director - The George P. Johnson Company; *pg.* 316
Moisio, Colleen, Account Director - McCann New York; *pg.* 108
Moizel, Valerie, Partner & Executive Creative Director - The Woo Agency; *pg.* 425
Mojahed, Michael, Senior Specialist, Digital Media - AMP Agency; *pg.* 297
Mok, Clifton, Chief Financial Officer - North America - Orion Worldwide; *pg.* 503
Mol, Bart, Vice President & Director, Creative - BBDO Worldwide; *pg.* 331
Molato, Alma, Group Digital Director - MediaCom; *pg.* 487
Molberg, Jamey, Lead, Agency Operations - GoDo Discovery Company; *pg.* 77
Moldenhauer, Mae, Director, Finance - Pyramid Communications; *pg.* 401
Molen, Miranda, Client Partner - AKQA; *pg.* 211
Molenda, Kasia, Strategy Director - 72andSunny; *pg.* 23
Moler, Bryan, Senior Vice President & Brand Director - Starcom Worldwide; *pg.* 517
Molina, Cassidy, Supervisor, Media Planning - HealixGlobal; *pg.* 471
Molina, Edgar, Digital Director - Innocean USA; *pg.* 479
Molina, Jackie, Associate Director - OMD; *pg.* 500
Molina, Joe, Founder & President - JMPR Public Relations; *pg.* 617
Molina, Jonathan, Associate Director, Paid Social - m/SIX; *pg.* 482
Molina, Marioly, Co-Founder & Art Director - MVC Agency; *pg.* 14
Molina, Melissa, Associate Strategist - The Media Kitchen; *pg.* 519

Molina Crawford, Molly, Vice President & Group Creative Director - Digitas; *pg.* 228
Molinaro, Suzanne, Executive Vice President & Director, Production - FCB Health; *pg.* 72
Moll, Justin, Creative Director - Mangos Inc.; *pg.* 103
Molla, Joaquin, Co-Founder & Chief Creative Officer - the community; *pg.* 545
Molla, Jose, Co-Founder & Chief Creative Officer - the community; *pg.* 545
Mollen, Nicole, Senior Vice President, Content - Spark Foundry; *pg.* 508
Moller, Vivian, Chief Financial Officer & Partner - Hoffman York; *pg.* 371
Mollet, Amanda, Vice President & Director, Media - Spark Foundry; *pg.* 510
Mollett Shea, Andrea, Manager - The Standing Partnership; *pg.* 655
Mollo, Chris, Co-Founder & Chief Operating Officer - Drumroll; *pg.* 230
Molloy, Doug, Executive Vice President, US Business Lead - Hudson Rouge; *pg.* 372
Molloy, Emily, Senior Customer Success Manager - AUDIENCEX; *pg.* 35
Molloy, Margaret, Global Chief Marketing Officer & Head, Business Development - Siegel & Gale; *pg.* 17
Molloy, Martin, Partner - W5; *pg.* 451
Molnar, Jeremy, Vice President, Analytics - Aimia; *pg.* 167
Molnar, Mike, Managing Partner - Glow; *pg.* 237
Molnar, Peter, Art Director - Grey Group; *pg.* 365
Molnick, Sara, Digital Account Manager - Path Interactive, Inc.; *pg.* 256
Moloney, Amanda, Director, Promotions - Kelly, Scott & Madison, Inc.; *pg.* 482
Moloney, Carmen, Senior Account Manager, Affiliate Marketing - Acceleration Partners; *pg.* 25
Molsen, Lindsay, Senior Vice President, Production & Operations - Big Spaceship; *pg.* 455
Molyneaux, Maryellen, President & Managing Partner - NMI; *pg.* 448
Molyneaux, Miles, Chief Financial Officer - Robots & Pencils; *pg.* 264
Mon, Priscilla, Account Executive - Saatchi & Saatchi Dallas; *pg.* 136
Monaco, Alex, Director, Integrated Media - 360i, LLC; *pg.* 320
Monaco, Mark, Manager, Digital Marketing Content - On Board Experiential Marketing; *pg.* 313
Monaco, Mike, Vice President, Client Solutions - Kepler Group; *pg.* 244
Monagan, Debra, Partner & President - Communica, Inc.; *pg.* 344
Monaghan, Beth, Chief Executive Officer - InkHouse Public Relations; *pg.* 615
Monaghan, Julie, Office Manager - Engel O'Neill Advertising; *pg.* 68
Monaghan, Kate, Senior Vice President & Director, National Television - Horizon Media, Inc.; *pg.* 474
Monaghan, Pam, Group Director, Local Broadcast - OMD; *pg.* 500
Monaghan, Timothy, Senior Associate Director - Camron ; *pg.* 588
Monagle, Laura, Vice President, Public Relations & Client Services - Affirm Agency; *pg.* 323
Monahan, Bret, Manager, Financial Planning & Analysis - Fusion Marketing; *pg.* 8
Monahan, Christine, Senior Art Director - Digitas; *pg.* 227
Monahan, Kate, Associate Account Director - Turner Duckworth; *pg.* 203

Monahan, Linda, President & Director, Media - Monahan Media; *pg.* 496
Monahan, Michael, President - Tech Image, Ltd.; *pg.* 652
Monarko, Dan, Head, Channel Strategy & Analytics - Smith Brothers Agency, LP; *pg.* 410
Monastero, Enza, Associate Media Director - Wavemaker; *pg.* 526
Monastersky, Jill, Supervisor, Account & Media - Bloom Ads, Inc.; *pg.* 334
Moncrief, Caitlin, Manager, Paid Social - iProspect; *pg.* 674
Moncrief, Katherine, Executive Vice President & Director, Creative Talent - Deutsch, Inc.; *pg.* 349
Moncur, David, Principal - Moncur Associates; *pg.* 251
Moncus, Kaitlin, Junior Media Planner - Capitol Media Solutions; *pg.* 459
Monderine, James, Director, Media Strategy - Haworth Marketing & Media; *pg.* 470
Mondi, Luigi, Account Manager - Beeby Clark+Meyler; *pg.* 333
Mondre, Amanda, Account Supervisor - The Narrative Group; *pg.* 654
Mondshein, Greg, Managing Partner - SourceCode Communications; *pg.* 648
Mondshein, Kristen, Account Manager - FIG; *pg.* 73
Monello, Mike, Chief Creative Officer & Vice President - Campfire; *pg.* 297
Monescalchi, Carrie, Front End Developer - the community; *pg.* 545
Monetti, Catherine, Partner & Founder - Riggs Partners; *pg.* 407
Monforton, Dana, Digital Account Executive - Hudson Rouge; *pg.* 372
Monfried, Andy, Founder & Chief Executive Officer - Lotame; *pg.* 446
Monge, Todd, Design Director - Franke and Fiorella; *pg.* 184
Monger, Alex, Head, Account Management - BBH; *pg.* 37
Mongognia, Joe, Executive Creative Director - Woven - Grey Group; *pg.* 365
Monian, Eric, Senior Director, Product Manager - Amobee, Inc.; *pg.* 213
Monica, Sam, Creative Director - BMG; *pg.* 335
Monich, Amanda, Senior Media Buyer - Zenith Media; *pg.* 531
Monick, Gina, Director, Marketing & Media - Abigail Kirsch; *pg.* 301
Monigle, Glenn, President & Principal - Monigle Associates, Inc.; *pg.* 14
Monigle, Kurt, Principal - Monigle Associates, Inc.; *pg.* 14
Moniz, Paula, Director, Strategy Customer Experience Global Practice Lead - Pappas Group; *pg.* 396
Monn, Chuck, Executive Creative Director - TBWA \ Chiat \ Day; *pg.* 146
Monnett, Jessica, Supervisor, Media Planning - Barkley; *pg.* 329
Monohan, Kate, Manager, Integrated Media - Weber Shandwick; *pg.* 660
Monroe, Brian, Regional Account Executive - Amperage; *pg.* 30
Monroe, Dan, Owner & Creative Director - Cayenne Creative; *pg.* 49
Monroe, Gina, Vice President, Human Resource - Fusion Marketing; *pg.* 8
Monroe, Jeffrey, President - MOB Media, Inc.; *pg.* 116
Monroe, Jodi, Managing Director - Crossmedia; *pg.* 463
Monroe, Kipp, Executive Content Director - WHITE64; *pg.* 430
Monroe, Loren, Principal, State & Local Practice Head - BGR Group; *pg.* 583

PERSONNEL — AGENCIES

Monroe, Meredith, Associate Director, Communications Planning - Carat; pg. 459
Monroy, Carmen, Manager, Field Marketing - DirecToHispanic, LLC; pg. 681
Monroy, Greg, Creative Director - RLF Communications; pg. 643
Monsalve, Catalina, Art Director - Mother NY; pg. 118
Montag, Jill, Vice President & Director, Investments - McCann Minneapolis; pg. 384
Montagna, Alyssa, Associate Media Planner - HealixGlobal; pg. 471
Montague, Don, Chairman - MMGY Global; pg. 388
Montague, Eric, Founder & President - Sleek Machine; pg. 142
Montague, Ty, Co-Founder & Co-Chief Executive Officer - Co:Collective, LLC; pg. 5
Montali, Larry, Co-Founder & Creative Director - New River Communications, Inc.; pg. 120
Montalvo, Lawrence, Supervisor, Digital Media - MediaCom; pg. 487
Montalvo, Teddy, Director, Video Investment, Sports Marketing & Media - Horizon Media, Inc.; pg. 474
Montanez, Francesca, Senior Business Analyst - Horizon Media, Inc.; pg. 474
Montanez, Ryane, Director, Marketing - Earthbound Brands; pg. 7
Monte, Jason, Senior Account Executive - Brolik Productions; pg. 561
Monte, Jeanette, Account Supervisor - Wilen Media Corporation; pg. 432
Monte, Michelle, Vice President & Account Group Supervisor - The CDM Group; pg. 149
Monteiro, Mark, Co-Pilot - David&Goliath; pg. 57
Monteiro, Trevor, Group Media Director - The Richards Group, Inc.; pg. 422
Monteith, Maggie, Managing Partner, Creative - The Watsons; pg. 154
Monteith, Nathan, Director, Group Creative - DDB Chicago; pg. 59
Monteleone, Joel, Brand Manager - Venables Bell & Partners; pg. 158
Montemarano, Andrew, Manager, Communications Design - Initiative; pg. 478
Montemarano, Tania, Account Director - BBDO Canada; pg. 330
Montemayor, Louis, Co-Owner - Bandolier Media; pg. 685
Montenegro, Carolina, Senior Brand Manager, Retail - Innocean USA; pg. 479
Montenegro, Mauricio, Senior Vice President & Head, Commercial Partnerships - Latin America - Havas Media Group; pg. 470
Monter, Jeff, Vice President, Creative Services - Innis Maggiore Group; pg. 375
Montero, Luis, President - the community; pg. 545
Montero, Luz, Supervisor, Client Operations - Starcom Worldwide; pg. 513
Montes, Ashley, Engagement Director - Huge, Inc.; pg. 239
Montes, Kristina, Senior Account Manager - 3marketeers Advertising, Inc.; pg. 23
Montes, Raul, Creative Director - Omelet; pg. 122
Montesarchio, Lauren, Associate Director, Paid Social - Hearts & Science; pg. 471
Montesi, Kevyn, Brand Manager - The Richards Group, Inc.; pg. 422
Montgomery, Cindy, Chief Executive Officer & Chief Strategist - Ampersand Agency; pg. 31
Montgomery, Gabrielle, Director, Account - 360i, LLC; pg. 208
Montgomery, Jeff, President & Head, Media - Ampersand Agency; pg. 31
Montgomery, John, Founder, Chief Executive Officer & Chairman - Big Communications, Inc.; pg. 39
Montgomery, John, Executive Vice President, Brand Safety - GroupM; pg. 466
Montgomery, Melanie, Executive Vice President & Management Supervisor - Ackerman McQueen, Inc.; pg. 26
Montgomery, Nadyne, Sales Associate - A.A. Advertising; pg. 565
Montgomery, Ryan, Associate Creative Director - MullenLowe U.S. Boston; pg. 389
Montgomery, Sally, Vice President, Production - PineRock; pg. 636
Montgomery, Scott, Principal - Bradley and Montgomery; pg. 336
Montgomery, Suzanne, Brand Director - B-Reel; pg. 215
Montgomery, Tim, Vice President - Cooper Hong, Inc.; pg. 593
Montgomery, Will, Associate Creative Director - McCann New York; pg. 108
Montgomery White, Katherine, Group Account Director - Wildfire; pg. 162
Montie, Anna, Creative Services Specialist - Champion Management Group, LLC; pg. 589
Montimore, Terrance, Director, Creative Services - Goodwin Design Group; pg. 185
Montner, Debra, Principal - Montner & Associates; pg. 628
Montoto, Carol, Vice President & Creative Director - Mighty Roar; pg. 250
Montoya, Bryan, Social Producer - Conill Advertising, Inc.; pg. 538
Monty, Kaye, Vice President, Human Resources - Porter Novelli; pg. 637
Monzey, Pamela, Account Director, Client Services - Zeta Interactive; pg. 277
Moo, Candy, Community Manager - Mob Scene; pg. 563
Moodie, David, Partner & Creative Director - g-NET Media; pg. 236
Moodie, Wendy, President, Production & Technical Operations - Paradigm Shift Worldwide, Inc.; pg. 313
Moody, Camille, Senior Associate, Global Planning - Carat; pg. 459
Moody, Chelsea, Assistant Digital Media Planner - Carat; pg. 459
Moody, Joshua, Director, Research & Development - 97th Floor; pg. 209
Moody, Mike, Chief Operating Officer & Vice President, Operations - On Brand 24; pg. 289
Moomaw, Bailey, Supervisor, Media Planning - Haworth Marketing & Media; pg. 470
Moon, Belinda, Strategy Lead - Wavemaker; pg. 526
Moon, Jacob, Partner & Executive Vice President - Method Communications; pg. 386
Moon, Kelly, Vice President, Strategy - Blue 449; pg. 456
Moon, Kevin, Director, Digital Strategy & Audience Planning - Hearts & Science; pg. 471
Mooney, Gannon, Creative Director & Vice President - Essence; pg. 232
Mooney, John, Director, Digital Media - Signature Marketing Solutions; pg. 141
Mooney, Josh, Executive Director, Business Development - WongDoody; pg. 433
Mooney, Kristin, Chief Talent Officer - North America - GroupM; pg. 466
Mooney, Maryellen, Vice President, Healthcare - Goodman Media International, Inc.; pg. 610
Mooney, Robert, Director, Enterprise Strategy - Publicis North America; pg. 399
Mooney, Steve, Managing Director - Jack Morton Worldwide; pg. 309
Mooney, Terry, Partner & New Business Officer - Evok Advertising; pg. 69
Mooradian, Carol, Vice President & Director, Design - Perich Advertising; pg. 126
Mooradian, Michael, Manager - Performance Digital - Universal McCann Detroit; pg. 524
Moore, Amy, Manager, Strategic Relationship - SourceLink, LLC; pg. 292
Moore, Angelina, Associate Media Director - Horizon Media, Inc.; pg. 474
Moore, Ashley, Senior Account Manager, Jim Beam - DoeAnderson Advertising; pg. 352
Moore, Ashtan, Co-Founder & Partner - Model B; pg. 251
Moore, Brad, Senior Vice President, Creative Services - GoConvergence; pg. 364
Moore, Brian, Senior Copywriter - Godfrey; pg. 8
Moore, Brian, Creative Director - MJR Creative Group; pg. 14
Moore, Brian, Creative Director - Anomaly; pg. 326
Moore, Britt, Agency Coordinator - Spring Studios; pg. 563
Moore, Chris, Partner & Director, Strategy - 3; pg. 23
Moore, Claire, Manager, Portfolio Management - Universal McCann; pg. 521
Moore, Courtney, Associate Principal - EDSA; pg. 181
Moore, Crystal, Senior Media Buyer - Wieden + Kennedy; pg. 432
Moore, David, Senior Media Director - Harmelin Media; pg. 467
Moore, Dena, Executive Print Producer - TBWA \ Chiat \ Day; pg. 146
Moore, Denis, Chief Finance Officer - Butler, Shine, Stern & Partners; pg. 45
Moore, Dennis, Chief Executive Officer - Numerator; pg. 254
Moore, Devin, Partner & Creative Director - Big Bang, Inc.; pg. 174
Moore, Doug, Creative Director & Designer - JWalcher Communications; pg. 618
Moore, Elise, Associate Creative Director - Paradowski Creative; pg. 125
Moore, Elizabeth, Owner & Partner - Green Olive Media, LLC; pg. 610
Moore, Eric, Chief Executive Officer - Elephant; pg. 181
Moore, Fred, President & Chief Executive Officer - Big River; pg. 3
Moore, Hannah, Senior Brand Manager - Omelet; pg. 122
Moore, Heather, Art Director - 3H Communications, Inc.; pg. 321
Moore, James, President - EPI - Colorspace; pg. 181
Moore, Jeff, Senior Creative Director - Rhodes Stafford Wines, Creative; pg. 406
Moore, Jeff, Partner - Green Olive Media, LLC; pg. 610
Moore, Jeffery, Senior Account Executive - Chevrolet - Commonwealth // McCann; pg. 52
Moore, Jennie, Creative Director - WongDoody; pg. 162
Moore, Jessica, Account Executive - Allyn Media; pg. 577
Moore, Jill, Account Manager - CLM Marketing & Advertising; pg. 342
Moore, John, Creative Director - French / West / Vaughan; pg. 361
Moore, John, Senior Vice President, Media Strategy - Zeno Group; pg. 665
Moore, John, Global Chief Executive Officer - Mediahub Boston; pg. 489
Moore, Justin, Executive Creative Director - FCB West; pg. 72
Moore, Karelia Jo, Associate Experience Director - Huge, Inc.; pg. 240
Moore, Karen, Founder & Chief Executive Officer - Moore Communications Group; pg. 628
Moore, Kate, Associate Creative Director - 160over90; pg. 207

AGENCIES | PERSONNEL

Moore, Katie, Vice President & Director, Creative & Production - Eire Direct Marketing, Inc.; *pg.* 282
Moore, Kelli, Administrative Coordinator - The Richards Group, Inc.; *pg.* 422
Moore, Kendra, Supervisor, Communications Planning - Blue 449; *pg.* 456
Moore, Kerry, Media Director - Colle McVoy; *pg.* 343
Moore, Kim, Senior Vice President, Client Services - Ron Foth Advertising; *pg.* 134
Moore, Kim, Senior Account Manager - Elevation Marketing; *pg.* 67
Moore, Lori, Senior Account Manager - Total Com; *pg.* 155
Moore, Luke, Executive Vice President & General Manager, Operations & Media - Cundari Integrated Advertising; *pg.* 347
Moore, Marlene, Vice President, Public Relations - Smith Miller Moore; *pg.* 411
Moore, Matt, Partner & Chief Creative Officer - OH Partners; *pg.* 122
Moore, Matt, Partner & Chief Creative Officer - OH Partners; *pg.* 122
Moore, Meegan, Manager, Brand - Preacher; *pg.* 129
Moore, Mike, Director, Development - Platform Programmatic - GroupM; *pg.* 466
Moore, Mike, Business Manager - Moore Ink; *pg.* 628
Moore, Mike, Partner, Chief Commercial Officer - WillowTree, Inc.; *pg.* 535
Moore, Minyon, Principal - Dewey Square Group; *pg.* 597
Moore, Morgan, Director - Glodow Nead Communications; *pg.* 608
Moore, Nate, Design Director - Bullish Inc; *pg.* 45
Moore, Patrick, Senior Art Director - WongDoody; *pg.* 162
Moore, Patrick, Director & Head, Ad Operations - USA - Havas Media Group; *pg.* 470
Moore, Perry, Senior Vice President, Execution & Delivery - One & All; *pg.* 289
Moore, Richard, Chief Operating Officer & General Counsel - Moore Communications Group; *pg.* 628
Moore, Rob, Senior Consultant & Chief Executive Officer - Emeritus - Lipman Hearne, Inc. ; *pg.* 381
Moore, Roxanne, Director, Sales Enablement - Refuel Agency; *pg.* 507
Moore, Ryan, Vice President & Executive Creative Director - TPN; *pg.* 571
Moore, Ryan, Executive Creative Director - Gretel; *pg.* 78
Moore, Samuel, Senior Copywriter - 72andSunny; *pg.* 23
Moore, Scott, Managing Partner, Marketing & Advertising - AKA NYC; *pg.* 324
Moore, Sophia, Art Director - VIRTUE Worldwide; *pg.* 159
Moore, Steve , Account Executive - Cultivator Advertising & Design; *pg.* 178
Moore, Tavia, Social Project Manager - Hudson Rouge; *pg.* 371
Moore, Tawnie, Director, Client Management - Grandesign; *pg.* 552
Moore, Teresa, Owner & Principal - Moore Ink; *pg.* 628
Moore, Tyler, Director, Integrated Strategy - The Escape Pod; *pg.* 150
Moore, Valerie, Account Manager - PlusMedia, LLC; *pg.* 290
Moore, Vanessa, Senior Account Executive - Moxie Communications Group; *pg.* 628
Moore, William, Associate Media Director - Burrell Communications Group, Inc. ; *pg.* 45
Moore, Zach, Associate, Media Strategy & Investment - Starcom Worldwide; *pg.* 513

Moore Nobis, Susan, Vice President, Interactive & Digital - Camelot Strategic Marketing & Media; *pg.* 457
Moore-Lewy, Justin, Partner & Executive Producer - Helo; *pg.* 307
Moore-Serlin, Annie, Executive Director - Mindshare; *pg.* 491
Moorehead, Lauren, Media Planner & Buyer - Conquer Media; *pg.* 52
Moorhead, Gene, President - Davenport Moorhead & Redspark, Inc.; *pg.* 57
Mooring, Bryson, Account Supervisor - EP+Co.; *pg.* 356
Mooring, Dewey, Vice President - Jennings & Company; *pg.* 92
Moorman, Lauren, Vice President, Client Communication, Public Relations & Content Strategy - No Limit Agency; *pg.* 632
Moorsom, Ben, President & Chief Creative Officer - Debut Group; *pg.* 349
Moote, Mandey, Managing Director, Client Results - Quarry Integrated Communications; *pg.* 402
Mootz, Angela, Director, Sponsorships & Partner Programs - Association of National Advertisers; *pg.* 442
Mootz, Catherine, Senior Account Executive - Arketi Group; *pg.* 578
Moquin, Linda, Sales Support Manager - Splash; *pg.* 200
Mora, Andrea N., Media Buyer - Ocean Media, Inc.; *pg.* 498
Morabito, Phil, Chief Executive Officer - Pierpont Communications, Inc.; *pg.* 636
Morad, Dalia, Creative Director - Reshift Media; *pg.* 687
Morahan, Melissa, Director, Talent - 72andSunny; *pg.* 24
Morais, Didier, Senior Account Director, Lifestyle - Berk Communications; *pg.* 583
Morais, Robert, Principal - Weinman Schnee Morais, Inc.; *pg.* 451
Morales, David, Co-Founder - X Studios; *pg.* 276
Morales, Diana, Designer - Cleveland Design; *pg.* 177
Morales, Edwina, Group Media Director, Multicultural Development - Horizon Media, Inc.; *pg.* 474
Morales, Ivan, Regional Account Director - OMD Latin America; *pg.* 543
Morales, Roger, Chief Financial Officer - Merkley + Partners; *pg.* 114
Morales, Roger, Director, Operations - G.A Wright Sales, Inc.; *pg.* 284
Morales, Sonia, Media Director, Multicultural - Starcom Worldwide; *pg.* 513
Moran, Amanda, Senior Media Buyer - Stream Companies; *pg.* 415
Moran, Brendan, Creative Director- Jaguar & Land Rover - Spark44; *pg.* 411
Moran, Caroline, Brand Supervisor - Audi - Venables Bell & Partners; *pg.* 158
Moran, Chuck, Vice President, Revenue Operations - RhythmOne; *pg.* 263
Moran, Corey, Founder & Director, Agency Services - Hunt Marketing Group; *pg.* 285
Moran, Jamie, Global Account Director - Colle McVoy; *pg.* 343
Moran, Jeffrey, Managing Director - Consumer Packaged Goods - Ketchum; *pg.* 542
Moran, Jeremy, Director, Analytic Solutions - Quadratic - The Richards Group, Inc.; *pg.* 422
Moran, Joe, Vice President & Account Director - Fort Group, Inc.; *pg.* 359
Moran, Liam, Vice President & Associate Planning Director - Active International; *pg.* 439
Moran, Lois, Founding Partner - Juice Pharma Worldwide; *pg.* 93

Moran, Michael, Director, Client Service - Bounteous; *pg.* 218
Moran, Steve, Vice President & Group Account Director - The Integer Group - Midwest; *pg.* 570
Moran, Victoria, Account Manager - Shadow Public Relations; *pg.* 646
Moran, Jr., Jim, President & Owner - The Moran Group; *pg.* 152
Moran, Sr., Jim, Vice President - The Moran Group; *pg.* 152
Morand, Robert, Executive Vice President & General Manager - GWP Brand Engineering; *pg.* 9
Morandi, Carina, Director, Strategy - Iced Media; *pg.* 240
Morang, Becky, Senior Director, Finance - Adperio; *pg.* 533
Morano, Matt, Managing Director - Yamamoto; *pg.* 435
Moranville, David, Partner & Chief Creative Officer - Davis Elen Advertising; *pg.* 58
Morato, Vanessa, Head, UI & Engr - UX - Gershoni; *pg.* 76
Moravec, Nicky, Vice President & Human Resources Manager - Cramer-Krasselt ; *pg.* 54
Morazzani, Lizette, Creative Director - R/GA; *pg.* 261
Morba, Heather, Brand Manager - Wieden + Kennedy; *pg.* 430
Mordarski, Matt, Senior Digital Media Specialist - Perich Advertising; *pg.* 126
Mordock, Geoff, Partner & Senior Vice President - FleishmanHillard West Coast; *pg.* 606
Morea, Joe, Vice President & Director, Group Account - Patients & Purpose; *pg.* 126
Moreau, Kimanh, Senior Digital Producer - GreenRubino; *pg.* 365
Morehouse, Becky, Vice President, Client Services - Stamats Communications; *pg.* 412
Morehouse, Bob, Chief Executive Officer - Vermilion Design; *pg.* 204
Moreira, George, Senior Manager, Marketing Strategy & Creative - Accenture Interactive; *pg.* 209
Morel, Renelly, Social Activation Director - Essence; *pg.* 232
Morel Coudurier, Ines, Senior Art Director - Door Number 3; *pg.* 64
Morella-Olson, Melinda, Director, Strategic Engagement - Imaginasium; *pg.* 89
Morelli, Michael, Legal Inbound Advisor - New Breed Marketing ; *pg.* 675
Morelli , Joseph , Senior Manager, Digital Project - Cronin; *pg.* 55
Morello, Susanne, Senior Vice President, Media - Active International; *pg.* 439
Moreno, Annette, Senior Associate, Digital Investment - MediaCom; *pg.* 487
Moreno, Audelino, Senior Art Director - Shine United; *pg.* 140
Moreno, Carlos, Global Chief Creative Officer - Cossette Media; *pg.* 345
Moreno, Cheri, Senior Media Planner & Buyer - Media Buying Services, Inc.; *pg.* 485
Moreno, Chris, Vice President, Paid Media - Investis Digital; *pg.* 376
Moreno, David, Managing Director, Strategy and Insights - VMLY&R; *pg.* 274
Moreno, Jonathan, Account Director - Paco Collective; *pg.* 544
Moreno, Lorenzo, General Manager, Business Development - Southwest Region - The Trade Desk; *pg.* 519
Moreno, Luis, Owner & Editor - Jump; *pg.* 188
Moreno, Luisa, Associate Director, Digital Marketing & Strategy - Roc Nation; *pg.* 298
Moreno, Mario, Specialist, Production & Design - RK VENTURE; *pg.* 197

939

PERSONNEL — AGENCIES

Moreno, Miguel, Brand Creative Director - Richards/Lerma; *pg.* 545
Morenstein, Josh, Co-Founder - Branch; *pg.* 175
Mores, Matthew, Senior Manager, Social Media - Superfly; *pg.* 315
Moreton, Brighton, Assistant Media Planner - DWA Media; *pg.* 464
Moreton, Lance, Media Director - Media Dimensions Limited; *pg.* 485
Moretti, James, Account Manager - National - Vector Media; *pg.* 558
Morgado, Thadeu, Partner, Design - Work & Co; *pg.* 276
Morgan, Adam, Account Manager - Verdin; *pg.* 21
Morgan, Anna, Associate Director, Content - Nebo Agency, LLC; *pg.* 253
Morgan, Beth, Chief Financial Officer - Clarity Coverdale Fury; *pg.* 342
Morgan, Carolyn, President - Precisioneffect; *pg.* 129
Morgan, Catherine, Media - Moxie; *pg.* 251
Morgan, Cynthia, Co-President - Quadras Integrated; *pg.* 196
Morgan, David, Brand Strategist, Vice President & Partner - Force 5; *pg.* 7
Morgan, Eric, President - Morgan + Company; *pg.* 496
Morgan, Janelle, Business Manager, Advertising & Public Relations - Amelie Company; *pg.* 325
Morgan, Jeff, Vice President & Executive Producer - Deutsch, Inc.; *pg.* 349
Morgan, Jennifer, Senior Account Executive, Parks & Tourism - CJRW; *pg.* 590
Morgan, Jennifer, Managing Director & Investment Lead, Unilever - Mindshare; *pg.* 491
Morgan, Jennifer, Account Executive - Parker & Partners Marketing Resources, LLC; *pg.* 125
Morgan, Lance, Chief Communications Strategist - Powell Tate; *pg.* 638
Morgan, Laura, Managing Director, Consumer US Lead - Hill+Knowlton Strategies; *pg.* 613
Morgan, Lianne, Managing Director - Accenture Interactive; *pg.* 322
Morgan, Matt, Associate Director, Creative - Manifest; *pg.* 248
Morgan, Michelle, Manager, Strategy - Dove - Mindshare; *pg.* 491
Morgan, Michelle, Director, Client Services - Clix Marketing; *pg.* 672
Morgan, Miranda, Senior Copywriter - Yebo; *pg.* 164
Morgan, Nigel, Chief Financial Officer - Ventura Associates Intl, LLC; *pg.* 571
Morgan, Phil, Chief Financial Officer - Stage2 Marketing ; *pg.* 18
Morgan, Rick, Partner & Chief Financial Officer - Trone Brand Energy, Inc.; *pg.* 427
Morgan, Rob, Senior Vice President, Global Customer Data Analytics - The Marketing Store Worldwide; *pg.* 421
Morgan, Ron, Chairman & Chief Executive Officer - RMI Marketing & Advertising; *pg.* 407
Morgan, Sarah, Director, Media - Mediahub Boston; *pg.* 489
Morgan, Scott, President & Partner - Brunner; *pg.* 44
Morgan, Sean, Digital & Social Media Specialist - Out There Advertising; *pg.* 395
Morgan, Susan, Vice President, New Business - Team Epiphany; *pg.* 652
Morgan, Taylor, Project Manager, Global Data Solutions - MediaCom; *pg.* 249
Morgan , Jonathan, Vice President, Marketing - RMI Marketing & Advertising; *pg.* 407
Morganteen, Allison, Manager - Wavemaker; *pg.* 526
Morgenstern, Eric, Founder & Chief Executive Officer - Morningstar Communications; *pg.* 628
Morgenstern, Jon, Senior Vice President & Head, Investment - VaynerMedia; *pg.* 689
Morgenstern, Shanny, Chief Operating Officer - Morningstar Communications; *pg.* 628
Morgulis, Shlomo, Account Supervisor - Antenna Group, Inc.; *pg.* 578
Mori, Katie, Vice President & Director, Finance - 22squared Inc.; *pg.* 319
Mori, Lorene, Executive Vice President, Operations - Jeffrey Alec Communications; *pg.* 377
Moriarty, Charlotte, Associate Strategist - Sparks; *pg.* 315
Moriarty, Jim, Director, Brand Citizenship - 72andSunny; *pg.* 24
Moribe, May, Junior Data Strategist - Grey Group; *pg.* 365
Morimoto, Cari, Associate Director, Media - Mediasmith, Inc. ; *pg.* 490
Morin, Caitlin, Technical Lead, Analytics - Mindstream Media Group - Dallas; *pg.* 496
Morin, Courtney, Media Director - VaynerMedia; *pg.* 689
Morin, Doug, Manager, Digital - Rinck Advertising; *pg.* 407
Morin, Laura, Group Account Director - Sterling-Rice Group; *pg.* 413
Morin, Meredith, Creative Director - Black & White Design; *pg.* 175
Morin, Michael, President - The Yaffe Group; *pg.* 154
Morin, Steve, Senior Associate, Digital Investment - m/SIX; *pg.* 482
Morioka, Noreen, Head, Design - Wieden + Kennedy; *pg.* 430
Morita, Kelley, Creative Director & Marketing Manager - Clear Channel Outdoor; *pg.* 551
Moritz, Jennifer, Managing Principal - Zer0 to 5ive, LLC; *pg.* 665
Moriwaki, Lisa, Managing Director, Digital - Media Storm; *pg.* 486
Morley, Eric, Principal - Blue C Advertising; *pg.* 334
Mormak, Elizabeth, Vice President, National Video Activation - Zenith Media; *pg.* 529
Mormile, Christine, Associate Director, Media - CMI Media, LLC; *pg.* 342
Moroch, Tom, Owner - Moroch Partners; *pg.* 389
Moroknek, Dave, President & Chief Executive Officer - Maingate, Inc.; *pg.* 310
Moron, Erica, Group Account Director - Allscope Media; *pg.* 454
Moroney, Kyle, Senior Writer - Seyferth & Associates, Inc.; *pg.* 646
Moroney, Melissa, Event Producer, B2B - Mosaic North America; *pg.* 312
Moroney, Michael, Partner, Technology Practice Lead - VSA Partners, Inc. ; *pg.* 204
Morpurgo, Leonard, Vice President, Films - Weissman Markovitz Communications; *pg.* 662
Morra, Alison, Executive Vice President & General Manager - Boston Office - InkHouse Public Relations; *pg.* 615
Morra, Erin, Vice President, Client Services - Harbinger Communications, Inc.; *pg.* 611
Morra, Timothy, Executive Creative Director - Jadi Communications, Inc.; *pg.* 91
Morral, Tim, Vice President, Editorial Content - Walker Sands Communications; *pg.* 659
Morrell, Brookney, Creative Director & Account Manager - Asen Marketing & Advertising, Inc.; *pg.* 327
Morrelli, Nick, Director, Analytics - iProspect; *pg.* 674
Morresi, Max, Designer & Web Developer - Northlight Advertising, Inc.; *pg.* 121
Morrice, Rob, Chief Executive Officer - Stein IAS; *pg.* 267
Morring, David, Writer & Creative Director - The Richards Group, Inc.; *pg.* 422
Morris, Aubrey, Senior Account Director - Hot In The Kitchen; *pg.* 9
Morris, Becca, Account Director - Goodby, Silverstein & Partners; *pg.* 77
Morris, Ben, Founder & Chief Marketing Strategist - MQ&C Advertising, Inc.; *pg.* 389
Morris, Ben, Chief Executive Officer - Pedicab Outdoor; *pg.* 556
Morris, Bernadette, President & Chief Executive Officer - Sonshine Communications; *pg.* 648
Morris, Blake, Senior Copywriter - Ogilvy Public Relations; *pg.* 633
Morris, Brent, Chief Executive Officer - NDP; *pg.* 390
Morris, Brian, Chief Creative Officer - Mirum Agency; *pg.* 681
Morris, Carrie, Vice President & Creative Director - Fahlgren Mortine Public Relations; *pg.* 70
Morris, Chelsea, Senior Associate, Global Events - Sprinklr; *pg.* 688
Morris, Colin, Chief Operating Officer & Vice President - Sonshine Communications; *pg.* 648
Morris, Douglas, Principal & Design Director - Poulin + Morris Design Consultants; *pg.* 195
Morris, Erin, Vice President, Client Operations - Curiosity Advertising; *pg.* 223
Morris, Haydn, Global Executive Creative Director - mcgarrybowen; *pg.* 109
Morris, Isaac, Chief Product Officer - Thesis; *pg.* 270
Morris, Jason, Executive Vice President & General Manager - InkHouse Public Relations; *pg.* 616
Morris, Jeremy, Vice President, Marketing Technology - Swarm; *pg.* 268
Morris, Jessica, Manager, Brand Strategy - ExpertVoice; *pg.* 233
Morris, John Michael, Senior Media Manager - Lewis Communications ; *pg.* 100
Morris, Jon, Founder & Chief Executive Officer - Rise Interactive; *pg.* 264
Morris, Kate, Account Director - TRUE Communications; *pg.* 657
Morris, Keith, Vice President, Technology - Huge, Inc.; *pg.* 240
Morris, Lauren, Account Director - Organic, Inc.; *pg.* 255
Morris, Major, Senior Vice President, Sales & Operations - Clearlink; *pg.* 221
Morris, Mark, Founder & Senior Strategist - The Brand Consultancy; *pg.* 19
Morris, Mary, Account Manager - 3Q Digital; *pg.* 208
Morris, Matthew, Senior Interactive Art Director - Proof Advertising; *pg.* 398
Morris, Melba, Senior Media Buyer - Walz Tetrick Advertising; *pg.* 429
Morris, Mona, Senior Business Affairs Manager - Fallon Worldwide; *pg.* 70
Morris, Nicole, Director, Operations - Recruitics; *pg.* 404
Morris, Payton, Manager, Sales & Marketing - Steep Creek Media; *pg.* 557
Morris, Randi, Executive Vice President, Interactive Division - SMS Marketing Services; *pg.* 292
Morris, Rick, President & Chief Executive Officer - Smith & Harroff; *pg.* 647
Morris, Samantha, Digital Media Specialist - Empower; *pg.* 354
Morris, Sarah, Manager, Digital Media - PP+K; *pg.* 129
Morris, Suzanne, Managing Partner & Head, Creative - Sagefrog Marketing Group; *pg.* 138

AGENCIES / PERSONNEL

Morris, Robyn, Senior Brand Director - Gatorade - TBWA \ Chiat \ Day; *pg.* 146
Morrisette, David, Director, Client Services - Yamamoto; *pg.* 435
Morrison, Alex, President - Grey West; *pg.* 367
Morrison, Betsy, Creative Director - Scout Marketing; *pg.* 139
Morrison, Bob, Chairman & Chief Executive Officer - Morrison; *pg.* 117
Morrison, Derek, Vice President, Public Relations & Communications - Davis Elen Advertising; *pg.* 58
Morrison, Emily, Director, Account - GMR Marketing; *pg.* 306
Morrison, Greg, Vice President & Account Director, Business Development - Energy BBDO, Inc.; *pg.* 355
Morrison, Jason, Head, Business Development - Duarte; *pg.* 180
Morrison, Jay, Senior Art Director - Fallon Worldwide; *pg.* 70
Morrison, Jeff, Vice President, Accounts - Gregory Welteroth Advertising; *pg.* 466
Morrison, Joseph, President - IWCO Direct; *pg.* 286
Morrison, Kate, Director, Production - 72andSunny; *pg.* 23
Morrison, Kathryn, President & Chief Executive Officer - SunStar Strategic; *pg.* 651
Morrison, Katie, Account Manager - Cone, Inc.; *pg.* 6
Morrison, Kelly, Senior Vice President, Media - CMI Media, LLC; *pg.* 342
Morrison, Kris, Account Director - Team One; *pg.* 418
Morrison, Langdon, Associate, Media Activation & Associate, Digital Specialist - Carat; *pg.* 459
Morrison, Madeline, Senior Account Manager - Zeta Interactive; *pg.* 277
Morrison, Marisa, Vice President - Hunter Public Relations; *pg.* 614
Morrison, Michael, Media Activation Manager, Paid Social - Essence; *pg.* 232
Morrison, Molly, Editor & Copywriter, Creative - Mangan Holcomb Partners; *pg.* 103
Morrison, Reina, Manager, Digital Marketing - Avocet Communications; *pg.* 328
Morrison, Rick, Associate Creative Director - Camp + King; *pg.* 46
Morrison, Shannon, Operations & Talent Manager - Moroch Partners; *pg.* 389
Morrison, Shelley, Vice President, Account Strategy - Yesler; *pg.* 436
Morrison, Steve, Vice President & General Manager - Asher Agency; *pg.* 327
Morrison, Tim, Executive Vice President, Operations - Infinity Marketing; *pg.* 374
Morrison, Zach, Chief Executive Officer - Tinuiti; *pg.* 271
Morrisroe, Pam, Executive Vice President, Account - Geometry; *pg.* 362
Morrissey, Brendan, Co-Founder & Chief Executive Officer - Netsertive; *pg.* 253
Morrissey, David, Director, Strategy & Junior Partner - Camp + King; *pg.* 46
Morrissey, Edward, Vice President & Account Director - McCann HumanCare - Universal McCann; *pg.* 521
Morrissey, Nick, Creative Director & Senior Copywriter - Wieden + Kennedy; *pg.* 430
Morrissy, Tom, Chief Growth Officer - Noble People; *pg.* 120
Morrone, Gina, Associate Director, Video Partnerships - Initiative; *pg.* 477
Morrow, Cody, Director, Programmatic Trading - Zimmerman Advertising; *pg.* 437
Morrow, Molly, Associate Director, Account - 360i, LLC; *pg.* 208
Morrow, Stephanie, Senior Account Executive - Myriad Travel Marketing; *pg.* 390
Morse, Chris, Vice President, Growth Americas - M&C Saatchi Performance; *pg.* 247
Morse, Elizabeth, Vice President & Associate Director, Communications Planning - Mediahub Boston; *pg.* 489
Morse, Heather, Group Project Manager - Periscope; *pg.* 127
Morse, Mark, Chief Executive Officer & Chief Creative Officer - MorseKode; *pg.* 14
Morse, Molly, Partner - Kekst & Company, Inc.; *pg.* 619
Morse, Skip, Senior Vice President - Murphy & Company; *pg.* 630
Morse, Ted, Director, Client Services - Fortnight Collective; *pg.* 7
Mortelliti, Dominique, Senior Events Account Coordinator - Sparks; *pg.* 315
Mortensen, Laura, President - Sharp Communications, Inc.; *pg.* 140
Mortenson, Alexis, Account Supervisor - Kaplow Communications; *pg.* 618
Mortenson, Chris, Chief Executive Officer - Mortenson Kim; *pg.* 118
Mortenson, Chris, Chief Executive Officer & Owner - Mortenson Kim; *pg.* 118
Mortimer, Whitney, Partner & Chief Marketing Officer - IDEO; *pg.* 187
Mortimore, Krystle, Executive Producer & Brand Lead, Nike Global & North America - Wieden + Kennedy; *pg.* 430
Mortine, Neil, President & Chief Executive Officer - Fahlgren Mortine Public Relations; *pg.* 70
Mortman, Loren, President - The Equity Group, Inc.; *pg.* 653
Morton, Ann, Chief Operating Officer - Burns Group; *pg.* 338
Morton, Christina, Senior Account Executive - Consensus Communications; *pg.* 592
Morton, Corinne, Chief Executive Officer - Syntax Communication Group; *pg.* 651
Morton, Dave, President, Marketing Services - J. W. Morton & Associates ; *pg.* 91
Morton, Jade, Senior Account Executive - Sports Partnerships - 160over90; *pg.* 301
Morton, Perry, Senior Art Director - Pereira & O'Dell; *pg.* 257
Morton, Rod, Director, Digital Marketing - Sparks; *pg.* 315
Morton, Rosalie, Senior Social Media, Digital Director - Padilla; *pg.* 635
Morton, Shannon, Senior Account Director, Corporate - Edelman ; *pg.* 601
Morton, Wes, Marketing Manager - Branded Entertainment Network, Inc.; *pg.* 297
Morvan, Shevaun, Senior Associate Negotiator - Blue 449; *pg.* 455
Morvil, Jeff, President & Director, Creative - Morvil Advertising & Design Group; *pg.* 14
Morville, Peter, Vice President, User Experience - Q LTD; *pg.* 15
Mosack, Nathan, Group Account Director - Digital - OMD; *pg.* 500
Mosbacher, Martin, Managing Partner & Chief Executive Officer - Intermarket Communications; *pg.* 375
Mosca, Joe, Executive Producer - Red Tettemer O'Connell + Partners; *pg.* 404
Moscatelli, Stacy, Executive Vice President, Brand Marketing & Creative - Superfly; *pg.* 315
Moscatello, Mariel, Group Director, Partnerships - Initiative; *pg.* 477
Moschberger, Mollie, Vice President & Director, Local Activation - Spark Foundry; *pg.* 508
Moschella, Jessica, Vice President, Media - Edelman; *pg.* 599
Moschetta, Vinny, Vice President, Marketing - The Karpel Group; *pg.* 299
Mosco, Denise, Senior Partner & Associate Director, Print Communications - GroupM; *pg.* 466
Moseley, Al, Global President & Chief Creative Officer - 180LA; *pg.* 23
Moser, Alison, Head, Business Development - Forsman & Bodenfors; *pg.* 74
Moser, Dale, Creative Director - Beakbane Marketing, Inc.; *pg.* 2
Moser, Erik, Senior Vice President - Edelman; *pg.* 600
Moser, Jamie, Partner - Joele Frank, Wilkinson Brimmer Katcher; *pg.* 617
Moser, Jessica, Director - HealixGlobal; *pg.* 471
Moser, Melanie, Relationship Director - Small Army; *pg.* 142
Moses, Dan, Digital Marketing Director - Zonion Creative Group; *pg.* 21
Moses, Jarrod, Founder, Chief Executive Officer & President - United Entertainment Group; *pg.* 299
Moses, Louie, President & Chief Creative Officer - Moses, Inc.; *pg.* 118
Moshay, John, Partner - Something Massive; *pg.* 266
Mosher, Carl, President - Radix Communication; *pg.* 132
Mosher, Ian, Creative Director - Boyden & Youngbluttt Advertising; *pg.* 336
Mosher, Jennifer, Senior Account Executive - Swarm; *pg.* 268
Moshir, Sean, Chief Executive Officer & Chairman - CellTrust Corporation; *pg.* 533
Mosk, Andrea, Senior Account Executive - Grey Group; *pg.* 365
Moskowitz, Ed, Executive Vice President & E-Solutions Architect - Multimedia Solutions, Inc.; *pg.* 252
Moskowitz, Ellen, Partner - Brunswick Group; *pg.* 587
Moskowitz, Laurence, Co-Founder, Chief Executive Officer & Managing Partner - Lumentus; *pg.* 624
Moskowitz, Megan, Negotiator, Video Investment - Mindshare; *pg.* 491
Moskowitz, Sophie, Senior Marketing Manager - Arnold Worldwide; *pg.* 34
Moskowitz, Stacy, Senior Director - Padilla; *pg.* 635
Moskus, Joe, Senior Publicist - Allied Global Marketing - Allied Integrated Marketing; *pg.* 324
Moslander, James, Senior Art Director - Wieden + Kennedy; *pg.* 430
Mosley, Brittany, Director, Communications Design - Initiative; *pg.* 478
Mosley, Rebecca, Managing Partner & Chief Marketing Officer - Kiterocket; *pg.* 620
Mosman, Miki, Creative Content Producer - 5ive; *pg.* 23
Mosquera, Veronica, Associate, Video Investment - Spark Foundry; *pg.* 510
Moss, David, Senior Vice President & Director, Operations & Group Account Director - Leo Burnett Toronto; *pg.* 97
Moss, Doug, Founding Partner & Executive Creative Director - Insight Marketing Design; *pg.* 89
Moss, Jeff, Director, Business Development - Laughing Dragon Studios - Blind Ferret; *pg.* 217
Moss, Kristi, Media Group Director - Paulsen Marketing Communications ; *pg.* 126
Moss, Shannon, Senior Vice President, Strategic Development - Love Advertising; *pg.* 101

PERSONNEL — AGENCIES

Moss, Stacy, Account & Strategy Director - WorkInProgress; pg. 163
Moss, Tara, Managing Director - Portland - R/GA; pg. 261
Mossawir, John, Senior Vice President & Managing Director, Analytics - Initiative; pg. 477
Mossberg, Lauren, Senior Social Strategist - Horizon Media, Inc.; pg. 474
Mosterts, Matteo, Executive Producer - WongDoody; pg. 433
Mota, Dulce, Assistant Account Coordinator - You Squared Media; pg. 436
Motala, Jasmine, Strategic Planner - DentsuBos Inc.; pg. 61
Motch, Mike, Associate Creative Director - Crispin Porter + Bogusky; pg. 346
Mote, Carla, Managing Partner, Account Management & Operations - Red Tettemer O'Connell + Partners; pg. 404
Moten, Tiffany, Account Executive - Momentum Worldwide; pg. 117
Mothner, Michael, Founder & Chief Executive Officer - Wpromote; pg. 678
Motl, Lauren, Designer, User Experience - Elevated Third; pg. 230
Mott, Miranda, Account Manager - SourceLink, LLC; pg. 292
Mottau, Ben, General Manager, Trading - The Trade Desk; pg. 520
Mottershead, Paul, Senior Vice President - FleishmanHillard; pg. 604
Motto, Gabrielle, Account Director - PIA Agency; pg. 506
Moua, Mao, Associate Director, Creative Resource - Leo Burnett Worldwide; pg. 98
Moucka, Melissa, Associate Media Director - Spark Foundry; pg. 510
Mouleart, Nicco, Vice President & Group Account Director - Vertical Marketing Network; pg. 428
Moulton, Alex, Chief Creative Officer - Trollback & Company; pg. 203
Mount, Edward, Partner - Public Strategies Impact; pg. 639
Mount, Lisa, Vice President, Media Division - LifeBrands; pg. 287
Mountain, Leah, Vice President - MBB Agency; pg. 107
Mountjoy, Jim, Director - EYE Lab - BooneOakley; pg. 41
Mountz, Alyssa, Technical Marketing Manager - Blue Wheel Media; pg. 335
Moushi, Tanya, Chief Empathy Officer - AKOS; pg. 324
Moussalli, Jason, Creative Director - BBDO San Francisco; pg. 330
Moussaoui, Leila, Art Director - TBD; pg. 146
Mousseau, Bethany, Director, Public Relations - Momentum Media PR; pg. 628
Movido, Mike, Associate Director, Programmatic - Spark Foundry; pg. 510
Mower, Eric, Chairman & Chief Executive Officer - Mower; pg. 118
Mowery, William, Specialist, Digital Support - Bayard Advertising Agency, Inc.; pg. 37
Mowitt, Rosalind, Senior Strategist - McCann New York; pg. 108
Mowry, Wesleigh, Senior Graphic Designer - FrazierHeiby; pg. 75
Moxley, Cynthia, Chief Executive Officer - Moxley Carmichael; pg. 629
Moxon, Brock, Associate Director, Brand Strategy - Canvas Worldwide; pg. 458
Moy, Joanna, Vice President & Strategic Planning Director - Leo Burnett Worldwide; pg. 98
Moy, Sandra, Senior Marketing Specialist - Tinuiti; pg. 678
Moy, Steven, Chief Executive Officer - Barbarian; pg. 215

Moya, Maribel, Senior Project Manager - Campbell Ewald New York; pg. 47
Moyer, Amanda, Senior Account Director - Razorfish Health; pg. 262
Moyer, Danielle, Marketing Associate - NMPi; pg. 254
Moyer, Devon, Art Director - Finch Brands; pg. 7
Moyer, Kevin, Business Affairs Manager - Wieden + Kennedy; pg. 430
Moyer, Tom, Creative Director - Mason Digital - Mason Marketing; pg. 106
Moylan, Danielle, Director, Insights & Planning - 360i, LLC; pg. 320
Moynihan, Amy, Senior Director, Communications - GroundFloor Media; pg. 611
Moynihan, Madison, Social Media Assistant - Cornett Integrated Marketing Solutions; pg. 344
Moyo, Vusi, Vice President, Healthcare - Zeno Group; pg. 664
Mozdzierz, Samantha, Senior Account Executive - Duree & Company; pg. 598
Mozer, Kate, Senior Digital Media Planner, Content Hub - GTB; pg. 367
Mozolewski, Chris, Chief Financial Officer - Decoded Advertising; pg. 60
Mrakitsch, Cheryl, Vice President, Finance - Re:group, Inc.; pg. 403
Mroueh, Zak, Chief Creative Officer & Founder - Zulu Alpha Kilo; pg. 165
Muaturana, Sally, Vice President, Events - Sparks; pg. 315
Mucatel, Ryan, Chief Operating Officer - Berk Communications; pg. 583
Muchura, Tessa, Senior Project Manager - Droga5; pg. 64
Muckenthaler, Scott, Creative Director - Innocean USA; pg. 479
Mudd, Chris, President - MUDD Advertising; pg. 119
Mudd, Garrett, Executive Vice President, Integrated Client Services - rEvolution; pg. 406
Mudd, Jason, Founder & Managing Partner - Axia; pg. 579
Mudd, Jr., Jim, President & Chief Executive Officer - MUDD Advertising; pg. 119
Mudra, Matt, Director, Digital Strategy - Schermer; pg. 16
Mudry, Jessica, Vice President, Development & Operations - Van Wagner Communications; pg. 558
Muehl, Alex, Vice President, Implementation - Jellyvision Lab; pg. 377
Muellenbach, Chris, Head, Product Management - Artificial Intelligence Advertising - Deloitte Digital; pg. 225
Muellenberg, Courtney, Paid Search Lead - iProspect; pg. 674
Mueller, Amanda, Senior Vice President, Client Services & Partner - Cashman & Katz Integrated Communications; pg. 340
Mueller, Benita, Senior Buyer, Broadcasting - Horizon Media, Inc.; pg. 474
Mueller, Carl, Chairman & Chief Executive Officer - Mueller Communications, Inc.; pg. 630
Mueller, Charlie, Director, Creative - A-Train Marketing Communications; pg. 321
Mueller, Erin, Director, Marketing & Media - Force Marketing; pg. 284
Mueller, Gary, Managing Partner & Executive Creative Director - BVK; pg. 339
Mueller, Greg, Chief Executive Officer - Creative Response Concepts; pg. 593
Mueller, Johnny, Account Supervisor - Havas Worldwide San Francisco; pg. 370
Mueller, Joseph, Creative Director - Wunderman Thompson; pg. 434

Mueller, Kristin, Senior Media Planner - Hiebing; pg. 85
Mueller, Kurt, Chief Operating Officer - Onion, Inc.; pg. 394
Mueller, Shawn, Manager, SEM - Reprise Digital - Universal McCann Detroit; pg. 524
Mueller, Stephanie, Executive Vice President & Director, Washington DC office - BerlinRosen; pg. 583
Mueller, Steve, President & Chief Executive Officer - NSA Media Group, Inc.; pg. 497
Mueller, Todd, Partner & Creative Director - Psyop; pg. 196
Muelrath, Rob, Principal & Chief Executive Officer - Muelrath Public Affairs; pg. 630
Muench, Susan, Media Buyer - Pinckney Hugo Group; pg. 128
Muetterties, Megan, Manager, Planner - Golin; pg. 609
Muff, Shelby, Account Planner - True Media; pg. 521
Mufson, Pam, Director, Creative - mcgarrybowen; pg. 109
Mugalian, Ruth, Vice President - Public Communications, Inc.; pg. 639
Mugg, Kylie, Account Supervisor - MullenLowe U.S. Los Angeles; pg. 377
Muggeo, Dan, Founder & Chief Executive Officer - Daniels & Roberts, Inc.; pg. 348
Mugnaini, Jen, Vice President, Account Management - StoneArch Creative; pg. 144
Muhammad II, Abdul, Partner & Chief Digital Officer - RBB Communications; pg. 641
Muhlbradt, Dwight, Director, Partnerships - IMM; pg. 373
Muhleman, Janet, President - Re:group, Inc.; pg. 403
Muhlrad, Yael, Director, Digital Media - dentsu X; pg. 61
Mui, Ingrid, Senior Paid Media Planner - Edelman; pg. 601
Muilenburg, Matt, Senior Vice President - Marchex, Inc.; pg. 675
Muir, Jeff, Vice President, Advanced TV Ad Sales - AudienceXpress; pg. 455
Muir, John, Production Director - Pierce Promotions & Event Management; pg. 313
Muir, Laurel, Partner & Managing Director, Account Services - Sterling-Rice Group; pg. 413
Muir, Petra, Finance Director - Grey Canada; pg. 365
Muirhead, Georgella, Co-Owner & President - Vandyke-Horn; pg. 658
Mujdrica, Samantha, Senior Buyer - Universal McCann; pg. 524
Mukherjee, Michelle, Senior Media Director - DWA Media; pg. 464
Mukherjee, Poulomi, President - MediaMorphosis; pg. 543
Mukherjee, Shouvick, Chief Technology Officer - Amobee, Inc.; pg. 213
Mukherjee, Shreya, Senior Vice President & Group Planning Director - Deutsch, Inc.; pg. 349
Mukherji, Nayantara, Director, Planning - Ogilvy Public Relations; pg. 633
Mulcahey, Laura, Director, Program Management - DeSantis Breindel; pg. 349
Muldaur, Skyler, Junior Strategist - Twenty-First Century Brand; pg. 157
Mulder, Kimberly, Marketing & Public Relations Coordinator - DRS & Associates; pg. 598
Mulder, Richard, Founding Partner - Anomaly; pg. 325
Mulderink, Matthew, Senior Vice President, Research & Development, Data, Technology & Innovation - Connect at Publicis Media; pg.

942

AGENCIES — PERSONNEL

462
Muldoon, David, Executive Creative Director - XenoPsi; *pg.* 164
Muldoon, Molly, Director, Public Relations - Siegel & Gale; *pg.* 17
Muldoon, Regina, Media Manager - Harmelin Media; *pg.* 467
Muldowney, Cathy, Vice President, Programmatic Sales - Clear Channel Outdoor; *pg.* 550
Muldowney, Julie, Account Supervisor - Finn Partners; *pg.* 604
Muldrew, Ben, Business Integration Lead - Johannes Leonardo; *pg.* 92
Muldrow, Kimber, Associate Media Director - Initiative; *pg.* 478
Mule, Christine, Associate Director - Mindshare; *pg.* 491
Mules, Rich, Vice President & Account Director - Cramer-Krasselt ; *pg.* 53
Mulhearn, Alex, Associate Creative Director - VaynerMedia; *pg.* 689
Mulhern, Alexa, Supervisor, Digital Investment - Wavemaker; *pg.* 526
Mulhern, Andrew, Partner & Planning Director - MediaCom; *pg.* 487
Mulhern, Mark, Global Business Director - Unilever - DDB Chicago; *pg.* 59
Mulholland, Ashleigh, Account Executive - Leo Burnett Toronto; *pg.* 97
Mulholland, Ashley, Supervisor, Client Engagement - VMLY&R; *pg.* 275
Mulinix, Rick, Chief Marketing Strategist - iDfour; *pg.* 285
Mull, Aerien, Associate Creative Director - Brunet-Garcia Advertising, Inc.; *pg.* 44
Mull, Andrea, Associate Director, Team Facebook - Mindshare; *pg.* 495
Mull, Jennifer, Chief Marketing Officer - UNITED Collective; *pg.* 428
Mullaly, Jeffery, Chief Financial Officer - Cronin; *pg.* 55
Mullan, Grace, Senior Media Planner & Buyer - Havas Media Group; *pg.* 470
Mullane, Diane, Vice President, Client Services & New Business - Shikatani Lacroix Brandesign, Inc.; *pg.* 198
Mullany, James, Group Director, Agency Media - Beeby Clark+Meyler; *pg.* 333
Mullarney, Ian, Director, Web Development & Digital - 6AM Marketing; *pg.* 1
Mullen, David, Partner & President - The Variable; *pg.* 153
Mullen, Don, Vice President & Media Director - J.T. Mega, Inc.; *pg.* 91
Mullen, Joe, Creative Director - Buck; *pg.* 176
Mullen, Katie, Account Director - Current ; *pg.* 594
Mullen, Laura, Group Director Mobile, OMD Create - OMD West; *pg.* 502
Mullen, Lisa, Senior Director, Integrated Services - Verde Brand Communications; *pg.* 658
Mullen, Mark, Vice President, Strategy - The George P. Johnson Company; *pg.* 316
Mullen, Matt, Vice President & Director, Strategy - MullenLowe U.S. Boston; *pg.* 389
Mullen, Matt, Creative Partner & Founder - Ethos Creative; *pg.* 69
Mullen, Meghan, Management Supervisor - Wieden + Kennedy; *pg.* 432
Mullen, Olivia, Account Manager - Goodby, Silverstein & Partners; *pg.* 77
Mullen, Sean, Partner, Vice President & Creative Director - Hiebing; *pg.* 85
Mullens, Stephen, Founder & Partner - Evoke Giant; *pg.* 69
Muller, Alex, Senior Vice President, Entrepreneur in Residence - GPShopper; *pg.* 533

Muller, Edmund, Partner & Group Director - Wavemaker; *pg.* 526
Muller, Eric , President - Digitas Health LifeBrands; *pg.* 229
Muller, Gabriel, Senior Creative Producer, Editorial - Atlantic 57; *pg.* 2
Muller, Gillian, Programmatic Planner - Horizon Media, Inc.; *pg.* 474
Muller, Kelly, Group Media Director - Wieden + Kennedy; *pg.* 430
Muller, Matthew, Creative Director - Innovation Protocol; *pg.* 10
Muller, Mike, Executive Vice President - Stevens Advertising; *pg.* 413
Muller, Paige, Account Manager - The Narrative Group; *pg.* 654
Muller, Stephen, Managing Director - New York - Blue State Digital; *pg.* 335
Muller Padros, Colleen, Partner & President - Big Sky Communications; *pg.* 583
Mullig, Monty, President, Digital - IfThen - CSE, Inc.; *pg.* 6
Mulligan, David, Chief Executive Officer - Eduvantis LLC; *pg.* 673
Mulligan, Jennifer, Senior Account Executive - Walker Sands Communications; *pg.* 659
Mulligan, Kelly, Supervisor, Media - Digitas; *pg.* 227
Mulligan, Ken, President, US Consumer Brands - Team J&J - The Neighborhood - WPP Group, Inc.; *pg.* 433
Mulligan, Sheila, General Manager, Corporate Affairs & Advisory Services - Edelman; *pg.* 353
Mullikin, Randy, Owner & President - The Mullikin Agency; *pg.* 152
Mullin, Brian, Founding Partner & Creative Director - Manifold; *pg.* 104
Mullin, Ian, Vice President & Director, National Video - Havas Media Group; *pg.* 468
Mullin, John, Senior Vice President, Strategy & Planning - Javelin Agency; *pg.* 286
Mullin, Krystle, Creative Director - RPA; *pg.* 134
Mullin, Samantha, Media Strategy Associate - Starcom Worldwide; *pg.* 517
Mullin, Stephen, Director, Marketing & Business Development - Dresner Corporate Services; *pg.* 598
Mullinax, Dick, Senior Partner & Executive Vice President, Global Lead Energy - FleishmanHillard; *pg.* 605
Mullinix, Connie, Senior Vice President, Finance & Administration - Intouch Solutions, Inc.; *pg.* 242
Mullins, Anna, Vice President & Director, Media - Haworth Marketing & Media; *pg.* 470
Mullins, Chris, Vice President, Technology - Dragon Army; *pg.* 533
Mullins, Perdy, Director, Project Management - The VIA Agency; *pg.* 154
Mullins, Sam, Vice President & Creative Director - Arnold Worldwide; *pg.* 33
Mullis, Melinda, Principal & Chief Executive Officer - OrangeRoc; *pg.* 395
Mullman, Jeremy, Partner - ICF Next; *pg.* 614
Mulnix, JoAnn, Senior Vice President, Sales & Marketing - HVS American Hospitality Co.; *pg.* 372
Mulqueen, Colin, Senior Art Director - The Brandon Agency; *pg.* 419
Mulqueeney, Will, Vice President, Client Business - Johnson & Johnson - Universal McCann; *pg.* 524
Mulroney, Shawn, Senior Vice President & Client Lead - Havas Media Group; *pg.* 469
Mulroy, Kevin, Creative Director & Writer - BBDO Worldwide; *pg.* 331
Mulryan, Ellen, Director & Solutions Architect - Starcom Worldwide; *pg.* 513

Mulvany, Ann, Vice President, Marketing & Operations - FrazierHeiby; *pg.* 75
Mulvey, Emily, Strategy Director - Droga5; *pg.* 64
Mulvey, Matt, Creative Director - Wieden + Kennedy; *pg.* 430
Mulvey, Therese, Director, Consumer Insights - Novus Media, Inc. ; *pg.* 497
Mulvihill, John, Executive Director, Marketing Services - VMLY&R; *pg.* 274
Mulvihill, Megan, Senior Director, Account - We Are Alexander; *pg.* 429
Mulvihill, Mike, Executive Vice President - Padilla; *pg.* 635
Mumaw, Helen, Media Buyer - The Ohlmann Group; *pg.* 422
Mumford, Chris, President - The Martin Agency; *pg.* 421
Munarriz, Stephanie, Senior Account Executive - Turner Public Relations; *pg.* 657
Munce, Brian, Co-Founder & Managing Director - Gestalt Brand Lab; *pg.* 76
Munchmeyer, Andrea, Creative Director - TGG Brand Marketing & Design; *pg.* 148
Muncie, David, Director, Programmatic Media - 9thWonder; *pg.* 453
Muncy, Julie, Vice President, Human Resources - Caldwell VanRiper; *pg.* 46
Mundorf, Todd, Chief Operating Officer - Escalent; *pg.* 444
Mundy, Peter, Chief Financial Officer - Sterling Brands; *pg.* 18
Munera, Michelle, Director, Paid Social - Deutsch, Inc.; *pg.* 349
Munford, Lina, Interactive Marketing Designer - 3rd Third Marketing; *pg.* 279
Mungan, Matt, Director, Interactive Services - DSC Advertising; *pg.* 66
Munger, Summer, Director, Affiliate Marketing - 22squared Inc.; *pg.* 319
Munilla, Amanda, Managing Director - San Francisco - Wolff Olins; *pg.* 21
Munjal, Divya, Manager, Brand Strategy & Analytics - VMLY&R; *pg.* 160
Munjal, Sonali, Managing Director - SPI Group, LLC; *pg.* 143
Munk, Curtis, Chief Strategy Officer - North America - Geometry; *pg.* 363
Munn, Orson, Owner & - Munn Rabot; *pg.* 448
Munnelly, Donna, Manager, Production & Media - CGT Marketing, LLC; *pg.* 49
Munnik, Chris, Creative Director - Leo Burnett Toronto; *pg.* 97
Munoz, Andrea, Senior Media Planner, Social - Horizon Media, Inc.; *pg.* 473
Munoz, Ani, Group Creative Director - DDB New York; *pg.* 59
Munoz, Ashley, Account Supervisor - Siltanen & Partners Advertising; *pg.* 410
Munoz, Ellie, Media Planner - Location3 Media; *pg.* 246
Munoz, Gabrielle, Associate Media Planner - MediaCom; *pg.* 487
Munoz, Gus, General Manager - Deco Productions; *pg.* 304
Munoz, Rafael, Global Operations Supervisor - PHD Chicago; *pg.* 504
Munoz, Rene, Executive Vice President & Director - Havas Media Group; *pg.* 468
Munoz, Ricardo, Strategy & Innovation Director - 160over90; *pg.* 301
Munro, Andrew, Vice President, Sales - TaCito Direct Marketing; *pg.* 292
Munro, Lindsey, Associate Product Director - Wondersauce; *pg.* 205
Munsch, Joshua, Product Designer - Ueno; *pg.* 273
Munsch, Paul, Director, Digital Data Partnerships - Epsilon ; *pg.* 283

Munsen, Kristine, Managing Director, Shopper Marketing & eCommerce - Hearts & Science; pg. 471
Munsey, Karem, Senior Media Planner & Buyer - IGT Media Holdings; pg. 477
Munson, Chuck, Chief Operating Officer & Chief Financial Officer - Media Buying Services, Inc.; pg. 485
Munson, Kathy, Chief Executive Officer - Media Buying Services, Inc.; pg. 485
Muntz, Nikki, Executive Vice President, Business Development - Publicis Health; pg. 639
Muoio, Sandra, Senior Partner & Communications Strategy Director - Wavemaker; pg. 526
Murach, Ryan, Supervisor - Starcom Worldwide; pg. 513
Murad-Patel, Libby, Vice President, Strategic Insights & Analytics - Hearst Autos; pg. 238
Murai, Rosabel, Managing Director - OMD West; pg. 502
Murakami, Kats, President & Chief Executive Officer - Brierley & Partners; pg. 167
Murali, Sara, Associate Director, Digital Experience - Ogilvy Public Relations; pg. 633
Murane, Peter, Chief Innovation & Chief Executive Officer, Brand VO2 - BrandJuice; pg. 336
Murariu, Florin, Head, US Strategic Advertising Sales - Sprinklr; pg. 688
Murata, Darren, Experience Strategist - CI&T; pg. 5
Murawsky, Mandy, Vice President, Strategy - Publicis Media - Starcom Worldwide; pg. 517
Murch, Dan, Owner - Cayenne Creative; pg. 49
Murch, Elissa, Associate Director, Strategic Planner - RPA; pg. 134
Murchison, Annie, Assistant Media Planner - DWA Media; pg. 464
Murdoch, Douglas, Vice President, Advertising - Cannonball Agency; pg. 5
Murdoch, Stephen, Vice President, Public Relations - Enterprise Canada; pg. 7
Murdock, Kerry, Publisher & Editor - Practical Ecommerce; pg. 676
Murdock, Pam, Account Director - Jan Kelley Marketing; pg. 10
Murdy, Bruce, President - Rawle-Murdy Associates; pg. 403
Mure, Amanda, Lead, Digital Commerce & Paid Search - MediaCom; pg. 487
Muredda, Mario, Chief Executive Officer - Harrison & Star, Inc.; pg. 9
Murff, Sharon, Director, Creative Resources & Services - Giant Spoon, LLC; pg. 363
Murillo, Gus, Chief Operating Officer - ThreeSixtyEight; pg. 271
Murillo, Jorge, Vice President & Executive Creative Director - Alma; pg. 537
Murosky, Nick, Director, Content Marketing - bld Marketing; pg. 334
Murph, Glynn, Marketing Director - Roc Nation; pg. 298
Murphree, Jay, President & Chief Executive Officer - Action Integrated Marketing; pg. 322
Murphy, Aaron, Vice President & Creative Director - Hager Sharp, Inc.; pg. 81
Murphy, Amanda, Media Strategy Supervisor - R&R Partners; pg. 131
Murphy, Amy, Multimedia Director - Dogwood Productions, Inc.; pg. 230
Murphy, Barb, Senior Vice President, Operations - Leo Burnett Worldwide; pg. 98
Murphy, Bob, Managing Partner - Moveo Integrated Branding; pg. 14
Murphy, Brandon, President - 22squared Inc.; pg. 319
Murphy, Brendan, Media Buyer - DirectAvenue, Inc.; pg. 282
Murphy, Brian, Creative Director - East Bank Communications; pg. 353
Murphy, Brian, Senior Vice President - Coyne Public Relations; pg. 593
Murphy, Callie, Senior Account Executive, Earned Media - BVK; pg. 339
Murphy, Caroline, Strategy & New Business Coordinator - Branded Entertainment Network, Inc.; pg. 297
Murphy, Cary, Regional President & Group Creative Director - The Brandon Agency; pg. 419
Murphy, Chuck, Founder & Chief Executive Officer - Boston Interactive; pg. 218
Murphy, Colin, Media Planner - Carmichael Lynch; pg. 47
Murphy, Colm, Chief Strategy Officer - The&Partnership; pg. 426
Murphy, Corinne, Senior Vice President & Client Business Partner - J3 Global Media Connections Strategy - Universal McCann; pg. 521
Murphy, Daniel, Principal & General Counsel - BGR Group; pg. 583
Murphy, Danielle, Director, Strategic Planning - Media Storm; pg. 486
Murphy, Dave, Chief Executive Officer - Novus Media, Inc.; pg. 497
Murphy, David, President - US - GTB; pg. 367
Murphy, Donna, Global Chief Executive Officer & Partner - Havas Health & You; pg. 82
Murphy, Emma, Principal & Co-Founder - The Neibart Group; pg. 654
Murphy, Erynn, Account Supervisor - Hangar12; pg. 567
Murphy, Evie, Communications Strategy Senior Planner - Generator Media + Analytics; pg. 466
Murphy, Heather, Vice President, Performance Content & Social Media - Nina Hale Consulting; pg. 675
Murphy, Jack, Executive Vice President, Client Services - Mosaic North America; pg. 312
Murphy, James, Chairman & Chief Executive Officer - Murphy & Company; pg. 630
Murphy, Janise, Chief Practice Officer & Senior Partner - FleishmanHillard; pg. 605
Murphy, Jason, President & Chief Operating Officer - Murphy & Company; pg. 630
Murphy, Jenna, Marketing Analytics Analyst - Kepler Group; pg. 244
Murphy, Jennifer, Account Director, Chrysler & Fiat - Publicis.Sapient; pg. 260
Murphy, Jessica, Strategy Supervisor - Spark Foundry; pg. 510
Murphy, Jill, Chief Business Development Officer - Weber Shandwick; pg. 660
Murphy, Jordan, Vice President, Group Media Director - partners + napier; pg. 125
Murphy, Julie, Partner & Senior Vice President, Public Relations - Sage Communications, LLC; pg. 409
Murphy, Kacey, Chief Operating Officer & Owner - Cargo LLC; pg. 47
Murphy, Kaitlyn, Senior Vice President & Group Account Director - Havas Media Group; pg. 469
Murphy, Karen, Director, Media & Campaigns - FVM Strategic Communications; pg. 75
Murphy, Kevin, Director, Digital Strategy & Analytics - CMD; pg. 51
Murphy, Kristen, Vice President, Business Development - Paradise; pg. 396
Murphy, Lauren, Vice President & Partner, Integrated Investment - Universal McCann; pg. 521
Murphy, Lisa, Group Account Planning Director - Havas Tonic; pg. 285
Murphy, Liz, Executive Vice President & Partner - Beaconfire RedEngine; pg. 216
Murphy, Lori Adams, Senior Vice President, User Experience - CSE, Inc.; pg. 6
Murphy, Lyndsey, Senior Account Manager - Sparks; pg. 315
Murphy, Mary, Marketing Director - PL Communications; pg. 128
Murphy, Matt, Founder & Chief Executive Officer - Fusion92; pg. 235
Murphy, Matt, Partner & Executive Creative Director - 72andSunny; pg. 23
Murphy, Matthew, Senior Manager, Advertising Operations - Amobee, Inc.; pg. 30
Murphy, Megan, Supervisor, Integrated Media - MediaCom; pg. 487
Murphy, Melissa, Manager, Strategic Planning - Mindshare; pg. 491
Murphy, Melissa, Partner & Vice President - SunStar Strategic; pg. 651
Murphy, Mike, Senior Vice President - Hirons & Company; pg. 86
Murphy, Mike, Vice President & General Manager - MTI; pg. 118
Murphy, Mike, Senior Partner - Revolution Agency; pg. 133
Murphy, Morgan, Senior Analyst - Havas Media Group; pg. 468
Murphy, Patrick, Media Director - Off Madison Avenue; pg. 392
Murphy, Paul, Community Manager - Sid Lee; pg. 140
Murphy, Rich, President & Owner - Obata Design, Inc.; pg. 193
Murphy, Sarah, Executive Vice President, Media & Head, Planning - VaynerMedia; pg. 689
Murphy, Sean, Vice President, Client Solutions & Managing Director & Partner - Pace Communications; pg. 395
Murphy, Shannon, Creative Director - Vertical Marketing Network; pg. 428
Murphy, Shannon , Principal - Chapman Cubine + Hussey; pg. 281
Murphy, Shanti, Senior Strategist, SEO - Global Strategies; pg. 673
Murphy, Steve, Chief Information Officer - 3Cinteractive; pg. 533
Murphy, Sue, Creative Director - Gretel; pg. 78
Murphy, Tim, Senior Vice President, Business Development - Entercom Communications Corp.; pg. 551
Murphy, Tim, Chief Operating Officer - Innocean USA; pg. 479
Murphy, Tom, Co-Chief Creative Officer - McCann New York; pg. 108
Murphy, Tom, Head, Account Management - BBH; pg. 37
Murphy, Tonya, Media Director - Copacino + Fujikado, LLC; pg. 344
Murphy , Ryan, Senior Graphic Designer & Photographer - Hodges & Associates ; pg. 86
Murphy Coragan, Linda, Director, Operations - Selbert Perkins Design Collaborative; pg. 198
Murphy Jones, Colleen, Vice President - Trevelino / Keller Communications Group; pg. 656
Murphy O'Brien, Karen, Chairman & Chief Executive Officer - Murphy O'Brien, Inc.; pg. 630
Murray, Alexandra, Supervisor, Programmatic - 360i, LLC; pg. 208
Murray, Amy, Partner & Chief Operating Officer - quench; pg. 131
Murray, Beverly, Founder & Chief Executive Officer - R + M; pg. 196
Murray, Bill, Executive Vice President, Public Affairs - MWWPR; pg. 630
Murray, Brian, Recruiter - Likeable Media; pg. 246

AGENCIES — PERSONNEL

Murray, Carter, Global Chief Executive Officer - FCB New York; pg. 357
Murray, Chris, Executive Vice President & Partner - Boyd Tamney Cross; pg. 42
Murray, Dave, Executive Vice President - Global Fluency; pg. 608
Murray, Deb, President - Anderson Partners ; pg. 31
Murray, Deborah, President - Anderson Partners ; pg. 31
Murray, Denise, Key Media Buyer - Active International; pg. 439
Murray, Doug, Creative Director - 360i, LLC; pg. 320
Murray, Jackie, Vice President & Creative Director - Brunner; pg. 44
Murray, Jessica, Account Director - AgencyEA; pg. 302
Murray, Kallan, Associate Director, Digital Strategy - Horizon Next - Horizon Media, Inc.; pg. 474
Murray, Kevin, Director, Strategy - McKinney; pg. 111
Murray, Lauren, Account Supervisor - Earned Media - BVK; pg. 339
Murray, Lisa, Chief Marketing Officer & Executive Vice President - Octagon; pg. 313
Murray, Lisa, Executive Vice President, Chief Marketing Officer - Octagon; pg. 313
Murray, Matt, Senior Art Director - Thomas J. Paul, Inc. ; pg. 20
Murray, Maureen, Senior Account Supervisor - Zeno Group; pg. 664
Murray, Mike, Vice President - Abel Solutions, Inc.; pg. 209
Murray, Morgan, Business Director - Anomaly; pg. 325
Murray, Nellie, Associate Media Director - Carmichael Lynch; pg. 47
Murray, Nick, Deputy Director, Business Development - Push Digital; pg. 640
Murray, Nikki, Senior Art Director - Ron Foth Advertising; pg. 134
Murray, Patrick, Creative Group Head & Art Director - The Richards Group, Inc.; pg. 422
Murray, Patrick, Account Manager - Listrak; pg. 246
Murray, Paul, Director, Media - DP+; pg. 353
Murray, Rob, President - 3Q Digital; pg. 208
Murray, Ryan, Director, Account Management - Solve; pg. 17
Murray, Scott, Chief Operating Officer & Executive Vice President - Stantec; pg. 200
Murray, Scott, Group Creative Director - R&R Partners; pg. 402
Murray, Shawn, Director, Information Technology - The Brandon Agency; pg. 419
Murray, Taylor, Senior Analyst - Starcom Worldwide; pg. 513
Murray, Tiffany, Account Manager - Guthrie / Mayes & Associates, Inc.; pg. 611
Murray, Tom, Senior Vice President, Strategic Initiatives - Wiland Direct; pg. 294
Murray, Tyler, President - North America - Geometry; pg. 363
Murray Eliasek, Jessica, Executive Producer - Mekanism; pg. 113
Murrel, Guy, Principal & Co-Founder - Catapult PR-IR; pg. 589
Murrell, Brian, Partner & Creative Director - ADCO; pg. 27
Murrin, Amy, Vice President & Brand Leader - Doner; pg. 63
Murtagh, Lindsay, Client Business Lead - PHD USA; pg. 505
Murtha, Rebecca, Associate Director - Spark Foundry; pg. 508
Murto, Nick, Principal - Seven2 Interactive; pg. 265
Murtos, Annette, Media Director - Henke & Associates, Inc.; pg. 370
Musa, Laura, Director, Strategy - Adlucent; pg. 671
Musachia, Danielle, Senior Associate - Mindshare; pg. 494
Musallam, Michelle, Associate Creative Director - Media Assembly; pg. 385
Musante, Jason, Chief Creative Officer - Huge, Inc.; pg. 239
Musar, Megan, Media Director - The Richards Group, Inc.; pg. 422
Musca, Tikal, Associate, Brand - the community; pg. 545
Muscarella, Scott, President & Chief Executive Officer - Agency 51 Advertising; pg. 29
Muscat, McKenzie, Vice President, Creative Operations - 160over90; pg. 301
Muscat, Mike, Senior Vice President & Strategy Director - GTB; pg. 367
Muscolino, Karen, Media Director - Starcom Worldwide; pg. 513
Muse, Amanda, Creative Lead - Adtaxi; pg. 211
Muse, Heather, Associate Director, Integrated Insights - VaynerMedia; pg. 689
Muse, Jo, Chairman & Chief Executive Officer - Muse USA; pg. 543
Muse, Jordan, Senior Vice President & Group Account Director - The Martin Agency; pg. 421
Muse, Wynn, Vice President, Digital Solutions - Moxie; pg. 251
Musen, Ed, Partner - Musen Steinbach Weiss; pg. 119
Musgrove, Maureen, Account Manager - Link Media Outdoor; pg. 553
Musi, George, Senior Vice President & Head, Analytics & Insight - Blue 449; pg. 455
Musick, Matt, Senior Strategist, Creative - Archer Malmo; pg. 32
Musikar, Matt, Senior Marketing Manager - Infogroup Media Solutions; pg. 286
Musiker, Melissa, Vice President, Food & Nutrition Policy - APCO Worldwide; pg. 578
Musmanno, Anthony, Chief Creative Officer - IdeaMill; pg. 88
Musquez, Carlos, Executive Creative Director - E/LA Advertising; pg. 67
Musser, Emmie, Media Director - Gud Marketing; pg. 80
Mussey, Hannah, Project Manager - Departure; pg. 61
Musson , Howard, Manager, Production & Studio - UWG; pg. 546
Mustafa, Alyssa, Digital Investment Planner, Kohl's Department Stores - Zenith Media; pg. 529
Mustakas, Katrina, Associate Creative Director - Mekanism; pg. 113
Muszynski, John, Chief Investment Officer - Spark Foundry; pg. 510
Mutchnick, Kiersten, Head, People - Hook; pg. 239
Muth, Grace, Brand Strategist - Horizon Media, Inc.; pg. 473
Muthya, Sukumar, Senior Vice President, Marketing Technology - Ansira; pg. 326
Mutschler, Maddison, Associate Media Director - Mindshare; pg. 494
Muyskens, Sarah, Account Supervisor - Sherry Matthews Advocacy Marketing; pg. 140
Muzumdar, Kunal, Partner & Managing Director - AnalogFolk; pg. 439
Mycka, Yuliya, Senior Vice President & Digital Director - Preston Kelly; pg. 129
Mye, Geoffrey, Senior Creative Director - The George P. Johnson Company; pg. 316
Myers, Adele, Senior Vice President & Director, Creativity - Horizon Media, Inc.; pg. 474
Myers, Angela, Senior Director, CPG Retail Client Partnerships & Strategy - Oracle Data Cloud; pg. 448
Myers, Ben, Head, Business Development - Johannes Leonardo; pg. 92
Myers, Benjamin, Associate Creative Director - Imre; pg. 374
Myers, Bill, Director, Business Development & Writer - Artime Group; pg. 34
Myers, Dan, Media Director - 360 Group; pg. 23
Myers, Darrel, Creative Director - Barnhardt Day & Hines; pg. 36
Myers, Darren, Production Manager - gkv; pg. 364
Myers, Dee, Director, Human Resources - Callahan Creek ; pg. 4
Myers, Diane, Account Director - McKinney; pg. 111
Myers, Doug, President & Co-Creative Director - Hilton & Myers Advertising; pg. 86
Myers, Dustin, Chief Executive Officer - Longitude; pg. 12
Myers, Eric, President - Belo + Company; pg. 216
Myers, Garrett, Assistant Media Planner - Carat; pg. 459
Myers, Jamie, Director,Client Services, Marketing & Sales - Radius Global Market Research; pg. 449
Myers, Joe, Executive Account Director - InQuest Marketing; pg. 445
Myers, Kara, Director - Starcom Worldwide; pg. 513
Myers, Kate, Director, Brand - Rosewood Creative; pg. 134
Myers, Laura, Associate Media Director - Mindshare; pg. 491
Myers, Laura, Director, Marketing & Client Services - Imaginasium; pg. 89
Myers, Melanie, Global Talent Director - Wieden + Kennedy; pg. 430
Myers, Morgan, Senior Account Executive - Mythic; pg. 119
Myers, Rick, Director, Marketing - Advent; pg. 301
Myers, River, Director, Production - Matte Projects; pg. 107
Myers, Sally, Senior Media Associate - Starcom Worldwide; pg. 513
Myers, Trent, Event Producer - We're Magnetic; pg. 318
Mygind, Beth, Account Director, Group Head - Vitro Agency; pg. 159
Mylan, Mark, Executive Vice President & Managing Director, Client Development - U.S. - Carat; pg. 459
Myles, Andrea, Vice President & Director, Local Activation - Carat; pg. 459
Myles, Holly, Director, Account - Authentic; pg. 214
Myles, Rebecca, Creative Director - Pyxl; pg. 131
Mylett, Jennifer, Senior Vice President - Hill+Knowlton Strategies; pg. 613
Myllyrinne, Juuso, Global Head, Performance Marketing - TBWA \ Chiat \ Day; pg. 146
Mylott, Claire, Vice President - Feed Media Public Relations; pg. 603
Mylroie, Andrei, Partner - Desautel Hege Communications; pg. 596
Mynes, Sammy, Vice President, Trade Promo Management - Ansira; pg. 565
Myrick, Mark, Partner & Director, Design - Digital Surgeons, LLC; pg. 226
Myrold, Brent, Chief Executive Officer - Metropolis Advertising, Inc.; pg. 386
Myrow, Zach, Creative Director - Anomaly; pg. 326
Mysel, Sue, Senior Brand Activation Director - Centra360; pg. 49

Myszkowski, Marie, Executive Vice President & Managing Director - Spark Foundry; *pg.* 510
Myszokowski, Meghan, Vice President, Social Activation - North America - Essence; *pg.* 233

N

Nabel, Jesse, Director, Advertising Operations - Xaxis; *pg.* 276
Nabifar, Ahou, Controller & Chief Financial Officer - Weston | Mason; *pg.* 430
Nabke, Manisha, Associate Director, Engagement Strategy - Bader Rutter & Associates, Inc. ; *pg.* 328
Nabors, Nancy, Manager, Business - BHW1 Advertising; *pg.* 3
Naccarato, Rachela, Director, Sales & Marketing - Tumbleweed Press; *pg.* 293
Nacey, Gina, President & Executive Creative Director - Adventure Creative; *pg.* 28
Nacier, Rodny, Managing Director - ICR; *pg.* 615
Nackers, Trevor, Account Director - GMR Marketing; *pg.* 306
Nadeau, Donna, Director, Broadcast Traffic & Talent - Cossette Media; *pg.* 345
Nadeau, Lesley, Account Supervisor - Campbell Marketing and Communications; *pg.* 339
Nadeau, Liane, Head, Programmatic - North America - Digitas; *pg.* 226
Nadel, Craig, President - Jack Nadel, Inc.; *pg.* 567
Nadel, Ethan, Account Supervisor - Merkley + Partners; *pg.* 114
Nadel, Fred, Chief Operating Officer & Vice President, Market Research - Nadel Phelan, Inc.; *pg.* 631
Nadel, Matt, Media Buyer - DirectAvenue, Inc.; *pg.* 282
Naden, Tracy, Chief Engagement Officer - Lippe Taylor; *pg.* 623
Nader, William, Brand Director - 72andSunny; *pg.* 23
Nadgar, Preeti, Head, Comms Planning - PHD Chicago; *pg.* 504
Nadjarian, Narine, Senior Account Executive - Agency Services - Advertise.com; *pg.* 671
Nadler, Charles, Strategic Director - Simple Machines Marketing; *pg.*
Nadurak, Brian, Senior Creative & Art Director - Click Here ; *pg.* 221
Naegele, Ty, Director, Finance - Dieste; *pg.* 539
Naegelen, Romain, Managing Director - Mother; *pg.* 118
Naegeli, Jennifer, Director, Integrated Media Strategy - Tinuiti; *pg.* 678
Naff, Traci, Creative Director - Wildfire; *pg.* 162
Naficy, Darius, Vice President, Creative Services - CSM Sport & Entertainment; *pg.* 347
Naftali, Andres, President - Leverage Latino - Leverage Agency; *pg.* 298
Nagan, Lyz, Director, Communications - Clockwork Active Media; *pg.* 221
Nagaoka, Tomio, President - Matrix Advertising Associates, Inc.; *pg.* 107
Nagapa-Chetty, Yovadee, Director, Marketing - Valtech; *pg.* 273
Nagar, Meet, Senior Account Manager - BrandHive; *pg.* 336
Nagata, Taryn, Digital Media Director - Quigley-Simpson; *pg.* 544
Nagel, Anna Beth, Senior Manager, Business Affairs - Wieden + Kennedy; *pg.* 432
Nagel, Becky, Vice President, Digital Strategy - 1105 Media; *pg.* 453
Nagel, Bill, Co-Founder & Chief Marketing Strategist - Netsertive; *pg.* 253
Nagel, Debbie, Agency Partner - Orange Label Art & Advertising; *pg.* 395
Nagel, Diana, Director, Strategy - Klick Health; *pg.* 244
Nagel, Jenny, Chief of Staff - WHM Creative; *pg.* 162
Nagel, Jessie, Partner - Hype; *pg.* 614
Naghashian, Venous, Business Development Associate - Huge, Inc.; *pg.* 240
Nagle, Kip, Owner, Shareholder & Director, Board - Czarnowski; *pg.* 304
Nagle, Nick, Director, Operations - Design 446; *pg.* 61
Naglie, Jodi, Account Manager - Funworks; *pg.* 75
Naguib, Diana, Senior Vice President - MediaLink; *pg.* 386
Nagy, Bryan, Director, Precision - Spark Foundry; *pg.* 510
Nagy, Colin, Head, Strategy - FF Creative; *pg.* 234
Nagy, Lou, Vice President - The Ward Group; *pg.* 520
Naidu, Julie, Communications Planner - BBDO Worldwide; *pg.* 331
Naifeh, Gary, Principal & Owner - BrandSavvy, Inc.; *pg.* 4
Naik, Ankur, Account Team Lead - BBMG; *pg.* 2
Nailling, Jenny, Coordinator, Account - MAPR; *pg.* 624
Nair, Roopesh , President & Chief Executive Officer - Symphony Talent; *pg.* 667
Nairn, Rachel, Managing Director - BBDO West; *pg.* 331
Najarian, Ara, Senior Vice President & Head, Media Business Operations - North America - Digitas; *pg.* 227
Najdovski, Lindsey, Senior Digital Producer - Deutsch, Inc.; *pg.* 350
Najera, Jazmin, Media Buyer - McKee Wallwork & Company; *pg.* 385
Najera, Melissa, Account Manager - Marketing Resources; *pg.* 568
Nakagawa, Dana, Supervisor, Art - Evoke Giant; *pg.* 69
Nakamura, Audri, Group Director, Social - GroupM; *pg.* 466
Nakamura, David, Founder - Natrel Communications; *pg.* 120
Nakamura, Kele, Founder & Chief Technology Officer - Engine Digital; *pg.* 231
Nakamura, Lynn, Art Director - Butler, Shine, Stern & Partners; *pg.* 45
Nakar, Ori, Managing Director,EMEA - Telescope; *pg.* 269
Nakata, Robert, Owner - 72andSunny; *pg.* 23
Nakazato, Marilyn, Director, Design - The Woo Agency; *pg.* 425
Nakouzi, Chantal, Chief Executive Officer - KINGSPOKE; *pg.* 11
Nalecz, Matthew, Senior Vice President, Head, Client & Media Director - Spark Foundry; *pg.* 510
Nall, Matt, Creative Director - Callen; *pg.* 46
Nall, Tyler, Vice President, Media - Publicis Health Media; *pg.* 506
Nallen, Daniel, Supervisor, Connections - VMLY&R; *pg.* 160
Nalty, Jillian, Director, Business Development - 180LA; *pg.* 23
Nalty, Kevin, Vice President, Strategy - Klick Health; *pg.* 244
Nam, Annie, Associate Director, Strategy - Giant Spoon, LLC; *pg.* 363
Nam, Elliot, Associate Director, Data & Analysis - Digitas; *pg.* 227
Nam, Susie, Chief Operating Officer - Droga5; *pg.* 64
Naman, Stephanie, Vice President & Creative Director - Luckie & Company; *pg.* 382
Namatevs, Alex, Account Director - Booyah Online Advertising; *pg.* 218
Namaye, Darren, Principal & Creative Director - Ideas On Purpose; *pg.* 186
Namey, Matthew, Social Media Strategist - On Ideas; *pg.* 394
Namsinh, Steve, Art Director - BLT Communications, LLC; *pg.* 297
Nance, Carter, Executive Vice President & Worldwide Business Director - BBDO San Francisco; *pg.* 330
Nance, Claire, Head, Marketing Communications - Activision Blizzard Media; *pg.* 26
Nance, Ginger, Account Director - Hothouse; *pg.* 371
Nance, Santia, Media Planning Supervisor - The Martin Agency; *pg.* 421
Nanda, Kathleen, Executive Vice President & Executive Creative Director - FCB Health; *pg.* 72
Nanus, Deb, Client Director, Strategy - Initiative; *pg.* 477
Napier, Ali, Account Director - mcgarrybowen; *pg.* 109
Napier, Sharon, Founder & Chairman - partners + napier; *pg.* 125
Naples, Taylor, Vice President - Beauty Division - 5W Public Relations; *pg.* 574
Napoli, Madison, Assistant Media Planner - Posterscope U.S.A.; *pg.* 556
Napolitano, Jim, Senior Vice President & Managing Director - Organic, Inc.; *pg.* 256
Napolitano, Russ, Partner - Tenet Partners; *pg.* 450
Napp, Thaddeus, Director, Strategy - Vermilion Design; *pg.* 204
Naranjo, Melissa, Brand Supervisor - the community; *pg.* 545
Narasimhan, Avin, Head, Communications Planning - US - PHD USA; *pg.* 505
Narcisse-Williams, Ayanna, Broadcast Traffic Manager - BBDO ATL; *pg.* 330
Nardello, Erica, Director, Content Strategy - Digitas Health LifeBrands; *pg.* 229
Nardo, Chris, Vice President - The Ruth Group; *pg.* 655
Nardone, Esther, Client Services Director - Grafik Marketing Communications; *pg.* 185
Nardone, Giuseppe, Director, Digital Strategy & Analytics - LoSasso Integrated Marketing; *pg.* 381
Nardone, Mark, Executive Vice President & Principal - PAN Communications; *pg.* 635
Nardone, Philip, President - PAN Communications; *pg.* 635
Nardone, Stephen, Account Manager - Aars & Wells, Inc.; *pg.* 321
Narine, Vidhi, Associate Director, Digital Activation - Spark Foundry; *pg.* 508
Narofsky, Joshua, Senior Copywriter - Shoptology; *pg.* 682
Nartey-Koram, Docia, Associate Director, Talent Acquisition - AKQA; *pg.* 212
Narvaez, Junior, Senior Art Director - VaynerMedia; *pg.* 689
Naseemuddeen, Thas, Chief Executive Officer - Omelet; *pg.* 122
Nash, Adrian, Chief Financial Officer & Chief Operating Officer - Milner Butcher Media Group; *pg.* 491
Nash, Cameron, Associate, Paid Social Media - MediaCom; *pg.* 486
Nash, Chevonne, Senior Manager & Account Supervisor - Golin; *pg.* 609
Nash, Christopher, Associate Creative Director - Camp + King; *pg.* 46
Nash, Jim, Chief Executive Officer & Managing Partner - Marcus Thomas; *pg.* 104

AGENCIES / PERSONNEL

Nash, Lenny, Chief Executive Officer - ClickFox, Inc.; *pg.* 167
Nash, Liz, Senior Director, Strategic Research Solutions - Omnicom Group; *pg.* 123
Nash, Spencer, Specialist, Digital Media - DAC Group; *pg.* 223
Nason, Kelsey, Partner - Baretz + Brunelle; *pg.* 580
Nasuti, Karen, President, Partner & Brand Strategist - Nasuti & Hinkle; *pg.* 119
Natale, Nick, Sales Director - Hawke Media; *pg.* 370
Natarajan, Aruna, Director, Global Account - OMD; *pg.* 498
Natelson, Jenny, Manager, Integrated Project - Grey Group; *pg.* 365
Nathan, Andy, Founder & Chief Executive Officer - Fortnight Collective; *pg.* 7
Nathan, Valerie, Co-Owner & Creative Director - Trapeze Communications; *pg.* 426
Nathans, Sally, Executive Vice President & Senior Account Director - BBDO Worldwide; *pg.* 331
Nathanson, Alex, Supervisor, Media - Crossmedia; *pg.* 463
Nathanson, David, Chief Creative Officer - Zimmerman Advertising; *pg.* 437
Nathanson, Ilene, President - InLine Media, Inc. ; *pg.* 479
Nation, Ted, President - Yield-Integrated Communications & Advertising; *pg.* 164
Natividad, Christine, Vice President, Human Resources - Axicom; *pg.* 579
Natividad, Marifie, Senior Analyst, Media - Ocean Media, Inc.; *pg.* 498
Natkins, Sarah, Head, Camron New York - Camron ; *pg.* 588
Natlo, Bill, Client Service Director - TracyLocke ; *pg.* 684
Natoli, Mike, Director, Media & Account Management - PlusMedia, LLC; *pg.* 290
Naughten, Bernadette, Senior Vice President, Director, Business Affairs - BBDO Worldwide; *pg.* 331
Naughton, Tara, Executive Vice President, Consumer Practice Leader - MWWPR; *pg.* 630
Naughton, Tom, Director, Strategy - Pereira & O'Dell; *pg.* 257
Naum, Elaine, Senior Vice President, Head, Operations & Group Account Director - partners + napier; *pg.* 125
Navalinski, Molly, Account Manager - Goodby, Silverstein & Partners; *pg.* 77
Navarra, Trevor, Senior Art Director, Photography & Video - DiD Agency; *pg.* 62
Navarro, Al, Chief Creative Officer - Mint Advertising; *pg.* 115
Navarro, Carlos, Director, Performance Media - Campbell Ewald; *pg.* 47
Navarro, David, Executive Director, Creative - Ueno; *pg.* 273
Navarro, Laura, Director, Operations - DirecToHispanic, LLC; *pg.* 681
Navarro, Vicente , Vice President, Business Development - AC&M Group; *pg.* 537
Naviasky, Louis, Chief Executive Officer - Bayard Advertising Agency, Inc.; *pg.* 37
Nawfel, Rob, President - Prisma; *pg.* 290
Nawrocki, Nick, Art Director - Stevens Advertising; *pg.* 413
Nayar, Prashant, Partner & Director, Analytics & Insight - Wavemaker; *pg.* 526
Nayerman, Julia, Director, Business Development & New Business Strategy - Horizon Media, Inc.; *pg.* 473
Naylon, Jenna, Senior Director, Digital Media - USIM; *pg.* 525
Naylor, Blair, Group Account Director - TAXI; *pg.* 146
Nayyar, Rukmani, Media Planner & Buyer - White Castle & Spence Diamonds - Crossmedia; *pg.* 463
Nazarenus, Nicole, Senior Vice President & Account Director - Grey Group; *pg.* 365
Nazzaro, Khrysti, Vice President, Brand Strategy - MoreVisibility; *pg.* 675
NeSmith, David, Director, Public Relations & SEO Content Strategy - The Richards Group, Inc.; *pg.* 422
Neace, Amanda, Brand Public Relations Coordinator - The Richards Group, Inc.; *pg.* 422
Nead, Jeffrey, Partner - Glodow Nead Communications; *pg.* 608
Neagle, Danielle, Manager, Strategy & Marketing - The Foundry @ Meredith Corp; *pg.* 150
Neal, Anne Marie, Global Chief Marketing Officer - RAPP Worldwide; *pg.* 291
Neal, Blair, Director, Technology - Fake Love; *pg.* 183
Neal, Dakota, Out of Home Coordinator - Young & Laramore; *pg.* 164
Neal, Dave, President - Strategic Media, Inc.; *pg.* 518
Neal, Erin, Media Director - Gyro; *pg.* 368
Neal, Greg, Senior Vice President, TMA Content Studios - The Marketing Arm; *pg.* 316
Neal, Karen, Finance & Administration Manager - Cooksey Communications; *pg.* 593
Neal, Lindsey, Vice President, Client Services - Depth Public Relations; *pg.* 596
Neal, Rich, Account Manager - MSP; *pg.* 289
Neal, Suzanne, Executive Vice President - Bouvier Kelly, Inc. ; *pg.* 41
Neale, Andrea, Manager, Connection Planning - Universal McCann; *pg.* 524
Neale, Kristen, Senior Director, Marketing Insights - Triad Retail Media; *pg.* 272
Neale, Matt, Chief Executive Officer - Golin; *pg.* 610
Neale, Stephen, Executive Vice President & Chief Creative Officer - Abelson-Taylor; *pg.* 25
Neale-May, Donovan, Founder & Executive Director - Chief Marketing Officer Council; *pg.* 50
Nealon, Joan, Partner - O'Hare & Associates; *pg.* 121
Nealon, Keith, Chief Executive Officer - BazaarVoice, Inc.; *pg.* 216
Neary, Lindsey, Vice President, Digital & Corporate Communications - Edelman; *pg.* 600
Neary, Nikki, Vice President & Director, Digital Media - Horizon Media, Inc.; *pg.* 474
Neary, Sean, Executive Vice President, Finance Communication & Capital Markets - Edelman; *pg.* 600
Nease, Chuck, Vice President, Operations - Fuseideas, LLC; *pg.* 306
Neathawk, Roger, Chairman - NDP; *pg.* 390
Nebel, Rose, Digital Media Specialist - Empower; *pg.* 355
Neblock, Bill, Chief Financial Officer - PHD USA; *pg.* 505
Necci, Daniel, President - McDill Design; *pg.* 190
Necklaus, Meaghan, Supervisor - OMD West; *pg.* 502
Ned, Jim, Media Consultant - Hexnet Digital Marketing; *pg.* 239
Nedvidek, Maria, Account Supervisor - Bright Red\TBWA; *pg.* 337
Needham, David, Executive Vice President, Client Services - Ivie & Associates, Inc.; *pg.* 91
Needham, Sammi, Vice President & Executive Creative Director - R/GA; *pg.* 261
Neel, Ashley, Director, Digital Integration - Empower; *pg.* 354
Neelon, Caitlin, Director, Communication Strategy - Goodby, Silverstein & Partners; *pg.* 77
Neely, Megan, Account Executive - Caldwell VanRiper; *pg.* 46
Neely, Shan, Executive Creative Director & Partner - MBB Agency; *pg.* 107
Neer, Lucy, Account Supervisor - Kaplow Communications; *pg.* 618
Neerland, John, Group Creative Director - Colle McVoy; *pg.* 343
Neff, Christopher, Executive Director, Creative Technology & Innovation - the community; *pg.* 545
Neff, David, President - Neff Associates, Inc.; *pg.* 391
Neff, David, Partner - ICS Corporation; *pg.* 285
Nefs Leistikow, Laura, Associate Project Management Director - Haberman; *pg.* 369
Negrete, Rudy, Director, Multicultural - Observatory Marketing; *pg.* 122
Negri Marx, Karen, Chief Financial Officer - The Marx Group; *pg.* 421
Negrin, Bruce, Senior Director, Sales - Z-Card North America; *pg.* 294
Negrin, Keith, Practice Leader, Reputation Management - Exponent PR; *pg.* 602
Negrini, Patrick, Associate Director, Digital Marketing - CommCreative; *pg.* 343
Negron, Cynthia, Vice President - Edelman; *pg.* 599
Nehila, Megan, Senior Account Executive - Patients & Purpose; *pg.* 126
Neibart, David, Principal & Co-Founder - The Neibart Group; *pg.* 654
Neifield, Robin, Group Brand Manager - Pavone Marketing Group; *pg.* 396
Neiger, Carol, Owner & President - Neiger Design, Inc.; *pg.* 193
Neighbors, Thom, Co-Founder & Partner - Bravo Productions; *pg.* 302
Neikirk, Susie, Group Media Director - 360i, LLC; *pg.* 320
Neill, Brent, Co-Founder & Chief Operating Officer - NOM; *pg.* 121
Neilson, David, Associate Media Director - Proof Advertising; *pg.* 398
Neimand, Rich, President & Owner - Neimand Collaborative; *pg.* 391
Neira, Keven, Senior Programmatic Planner - Media Storm; *pg.* 486
Neis, Jen, Associate Creative Director - Periscope; *pg.* 127
Nelems, Jim, Chief Executive Officer - The Marketing Workshop, Inc.; *pg.* 450
Nelipa, Nadia, Director, Marketing Analytics - Harte Hanks, Inc.; *pg.* 284
Nella, Chris, Vice President, Strategy - TWO NIL; *pg.* 521
Nelsen, Brent, Managing Partner, Senior Vice President & Director, Strategic Planning - Canada - Leo Burnett Toronto; *pg.* 97
Nelson, Alex, Planner, Media Strategy - Haworth Marketing & Media; *pg.* 470
Nelson, Alicia, President, Broadcast Media Operations - USIM; *pg.* 525
Nelson, Andy, Senior Vice President & Director, Social Media - Conill Advertising, Inc.; *pg.* 538
Nelson, Angie, Producer - Sherry Matthews Advocacy Marketing; *pg.* 140
Nelson, Ann, Vice President, Finance & Administration - Hope-Beckham, Inc.; *pg.* 614
Nelson, Blake, Social Media Director - Havas Media Group; *pg.* 470
Nelson, Brandt, Senior Art Director - CMD; *pg.* 51
Nelson, Brent, Executive Vice President & Chief Strategy Officer - Leo Burnett Toronto;

947

PERSONNEL — AGENCIES

pg. 97
Nelson, Caro, Senior Digital Media Strategist - Harmelin Media; *pg.* 467
Nelson, Chris, Executive Creative Director & Vice President - Hangar12; *pg.* 567
Nelson, Christopher, Senior Art Director - mcgarrybowen; *pg.* 109
Nelson, Courtney, Group Director,Brand - Wieden + Kennedy; *pg.* 430
Nelson, Craig, Senior Director, Art - BBDO San Francisco; *pg.* 330
Nelson, David, Director, Communications - iDfour; *pg.* 285
Nelson, Debbie, Founder & President - DNA Creative Communications; *pg.* 598
Nelson, Don, Vice President & Creative Director - Tom, Dick & Harry Creative; *pg.* 426
Nelson, Doug, Principal & Partner - Echo Sports Marketing; *pg.* 67
Nelson, Ellen, Coordinator, Production - Preacher; *pg.* 129
Nelson, Emily, Paid Social Strategist - Moroch Partners; *pg.* 389
Nelson, Evan, Senior Account Executive - Arc Worldwide; *pg.* 327
Nelson, Frances, Media Director - Davenport Moorhead & Redspark, Inc.; *pg.* 57
Nelson, Gregg, Senior Vice President & Group Creative Director - Arnold Worldwide; *pg.* 33
Nelson, Hyedi, Director, Account & Health Strategy - Bellmont Partners Public Relations; *pg.* 582
Nelson, Jack, Associate Director, Production - Publicis.Sapient; *pg.* 260
Nelson, Jade, Group Account Director - OMD; *pg.* 498
Nelson, Jayna, Lead, Paid Social - iProspect; *pg.* 674
Nelson, Jeff, President - Navigate Marketing; *pg.* 253
Nelson, Jen, Group Account Director - The Integer Group; *pg.* 682
Nelson, John, Account Supervisor - Grey Group; *pg.* 365
Nelson, Jonathan, Chief Executive Officer - Omnicom Digital - OMD San Francisco; *pg.* 501
Nelson, Katie, Chief Operating Officer - Fancy Rhino; *pg.* 233
Nelson, Kevin, Managing Director - M:United//McCann; *pg.* 102
Nelson, Kim, Founder & Creative Director - Red Chalk Studios; *pg.* 404
Nelson, Lauren, Senior Account Executive - Stanton & Company; *pg.* 649
Nelson, Lindsey, Group Director, Digital Activation - OMD; *pg.* 500
Nelson, Lori, Executive Vice President, Entertainment & Music - Burns Entertainment & Sports Marketing, Inc.; *pg.* 303
Nelson, Mark, Chief Digital Officer - Kiosk Creative LLC; *pg.* 378
Nelson, Matt, Copywriter - Jajo, Inc.; *pg.* 91
Nelson, Melanie, Associate Director - The Media Kitchen; *pg.* 519
Nelson, Melissa, Account Supervisor - Alcone Marketing Group; *pg.* 565
Nelson, Michael, Interactive Media Director & Graphic Designer - Gaslight Creative; *pg.* 361
Nelson, Mickey, Strategy Director - Space150; *pg.* 266
Nelson, Mike, General Manager - Outfront Media; *pg.* 555
Nelson, Mindy, Vice President - WE Communications; *pg.* 660
Nelson, Monique, Chief Executive Officer - UWG; *pg.* 546
Nelson, Nikita, Account Supervisor - John St.; *pg.* 93
Nelson, Paige, President - Nelson & Gilmore;

pg. 391
Nelson, Pamela, Senior Director, Analytics & Reporting - Wpromote; *pg.* 678
Nelson, Paul, Managing Director - Arnold Worldwide; *pg.* 33
Nelson, Rachel, Account Manager - InkHouse Public Relations; *pg.* 616
Nelson, Robert, Owner - Augustine; *pg.* 328
Nelson, Samara, Director, Paid Social & Paid Search - Hearts & Science; *pg.* 471
Nelson, Sandi, Director, Purchasing & Legal Compliance - Hitchcock Fleming & Associates, Inc.; *pg.* 86
Nelson, Shannon, Director, Human Resources - Golin; *pg.* 609
Nelson, Ted, Co-Founder & Chief Executive Officer - Mechanica; *pg.* 13
Nelson, Tonya, Manager, Financial Services - OpAD Media Solutions, LLC; *pg.* 503
Nelson, Wayne, Chief Executive Officer - Nelson & Gilmore; *pg.* 391
Nelson Monroe, Bridget, Vice President - Bellmont Partners Public Relations; *pg.* 582
Nelson, Jr., Dan, President & Chief Executive Offier - Nelson Schmidt Inc.; *pg.* 120
Nemec, Joseph, Art Director - Argonaut, Inc.; *pg.* 33
Nemeth, Jessica, Project Manager - Katz Media Group; *pg.* 481
Nemeth, Stephen, Vice President & Director, Creative Strategy - Digitas; *pg.* 228
Nemetsky, Elyssa, Account Director - McCann New York; *pg.* 108
Nemitz, Tom, Creative Director - Emspace + Lovgren; *pg.* 355
Nemrava, Maureen, Director, Operations - Kidzsmart Concepts; *pg.* 188
Nemy, Jeffrey, Chief Finance Officer - Evoke Giant; *pg.* 69
Nennig, Karen, Traffic Manager - BVK; *pg.* 339
Neopolitan, Nicole, Vice President & Group Account Director - MullenLowe U.S. Los Angeles; *pg.*
Nepali, Sonya, Paid Media Specialist - Single Grain; *pg.* 265
Nepo, Carrie, Partner & Chief Financial Officer - Development Counsellors International, Ltd.; *pg.* 596
Nepomuceno, James, Art Director - Duarte; *pg.* 180
Neppl, Natalie, Media Supervisor - JNA Advertising; *pg.* 92
Neren, Matt, Partner & Account Services Director - Cultivator Advertising & Design; *pg.* 178
Nerio, Valerie, Account Supervisor - Duncan Channon; *pg.* 66
Nerlich, Stephanie, Global Chief Client Officer - Havas New York; *pg.* 369
Nero, John, Vice President, Public Relations - Tiziani Whitmyre; *pg.* 155
Nesbit, Bob, President - SourceLink Ohio - SourceLink, LLC; *pg.* 292
Nespoli, Matthew, Director, Media - partners + napier; *pg.* 125
Nester, Mark, Senior Partner & Digital Media Director - MediaCom; *pg.* 487
Nesterenko, Igor, Planner, Media - DentsuBos Inc.; *pg.* 61
Nestle, Sean, Senior Vice President, Strategic Operations & Product Development - Gyro; *pg.* 368
Nestola, Frank, Senior Vice President, Client Growth - Klick Health; *pg.* 244
Nestoras, Athena, Supervisor - Jack in the Box - Carat; *pg.* 459
Netherton, Larry, Production Manager - Moxy Ox; *pg.* 192
Netland, Emma, Senior Product Designer - Beyond; *pg.* 216

Nettelfield, Joanna, Digital Account Supervisor - MWWPR; *pg.* 630
Nettey, Joslyn, Associate Director - National Television - Starcom Worldwide; *pg.* 513
Nettles, Christine, Administrative Director - The Fearey Group; *pg.* 653
Nettles, Jeremy, Vice President, Social Media - Dalton Agency; *pg.* 348
Nettles, Susan, Vice President, Brand Culture - R + M; *pg.* 196
Nettleton, Ian, Social Media Art Director - The Tombras Group; *pg.* 424
Netzlaw, Stephen, Chief Operating Officer - Acro Media, Inc.; *pg.* 671
Netzley, Heidi, Director, Business Development - We Are Royale; *pg.* 205
Netzley, Steve, Chief Executive Officer - Havas Edge; *pg.* 285
Neubauer, Alicia, Manager, Social Media Content & Community - J.T. Mega, Inc.; *pg.* 91
Neubeck, Nicolas, Creative Director - HearstMade - Hearst Magazines Digital Media; *pg.* 238
Neufeld, Victoria, Senior Account Manager, Digital & Brand - Edelman ; *pg.* 601
Neugebauer, David, Co-Founder & Director, Strategy - SALT Branding; *pg.* 16
Neugebauer, Jonathan, Senior Media Planner - Vladimir Jones; *pg.* 429
Neuhaus, Tashia, Integrated Producer - Argonaut, Inc.; *pg.* 33
Neuhof, Felicia, Senior Art Director - We're Magnetic; *pg.* 318
Neujahr, Dana, Executive Vice President & Head, Accounts & Media - Something Massive; *pg.* 266
Neulieb, Zac, Associate Creative Director - Young & Laramore; *pg.* 164
Neuman, David, Director, Social Media & Sales Strategy - RhythmOne; *pg.* 263
Neuman, Lauren, Group Business Director - DDB New York; *pg.* 59
Neuman, Tim, Vice President, Account Services - Witherspoon Marketing Communications; *pg.* 663
Neumann, Eva, President & Chief Executive Officer - ENC Strategy; *pg.* 68
Neumann, Jennifer, Senior Vice President & Group Management Director - FCB Chicago; *pg.* 71
Neumann, Julia, Executive Creative Director - TBWA \ Chiat \ Day; *pg.* 416
Neumann, Renata, Senior Producer - GUT Miami; *pg.* 80
Neumann, Sharon, Senior Vice President, Finance & Administration - Airfoil Public Relations; *pg.* 575
Neumeier, Marty, Director, CEO Branding - Liquid Agency, Inc.; *pg.* 12
Neumeier, Michael, Owner & Principal - Arketi Group; *pg.* 578
Neuwirth, Sierra, Senior Designer, Creative - Omobono; *pg.* 687
Neve, Bruce, President, Operations - Canada - True Media; *pg.* 521
Neveau, Eva, Executive Director, Creative - Accenture Interactive; *pg.* 322
Neveil, Irene, Vice President, Planning - Harmelin Media; *pg.* 467
Neves, Gabriela, Partner - Factory 360; *pg.* 306
Neville, Christine, Account Director - Mering; *pg.* 114
Neville, Evan, Account Coordinator - March Communications; *pg.* 625
Nevins, Abigail, Senior Analyst, Marketing Analytics - Kepler Group; *pg.* 244
Nevins, David, President - Nevins & Associates Chartered; *pg.* 632
Nevins, Nick, Senior Analyst, Planning &

AGENCIES

Optimization - PHD USA; pg. 505
Nevins, Paula, Senior Account Executive - Decker; pg. 60
Nevolo, Mike, Executive Vice President, Corporate Sales & Marketing - Diamond Communications Solutions; pg. 281
Nevruzian, Simone, Supervisor, Digital Media - Hearts & Science; pg. 471
Nevulis, Mary Beth, Content Manager - Tech Image, Ltd.; pg. 652
New, Jessica, Junior Copywriter - 360i, LLC; pg. 320
Newall, John, President - Noble People; pg. 120
Newberg, Amanda, Senior Partner & Group Director, Business Management - Wavemaker; pg. 526
Newbold, Alan, Senior Vice President, Advocacy - Broadhead; pg. 337
Newbold, Dave, Partner, President & Executive Creative Director - Richter7; pg. 197
Newcom, Derek, Chief Executive Officer - AOR, Inc.; pg. 32
Newell, Aaron, Art Director, Interactive - InQuest Marketing; pg. 445
Newell, Allison, Associate Director, Project Management - Abelson-Taylor; pg. 25
Newell, Ashton, Lead Digital PR Strategist - Directive Consulting; pg. 63
Newell, Kate, Senior Vice President Group Partner, Strategy - Universal McCann; pg. 521
Newell, Marc, Executive Vice President, Account Management & Administration - Arcos Communications; pg. 537
Newell, Ryan, Specialist, Media - Brainstorm Media; pg. 175
Newey, Samuel, Vice President, Business Development - MarketStar Corporation; pg. 383
Newhard, Penn, Founder & Managing Partner - Backbone Media; pg. 579
Newkirk, Drake, Senior Vice President & Creative Director, Digital - LevLane Advertising; pg. 380
Newkirk, Vanessa, Senior Partner & Group Account Director - MediaCom; pg. 487
Newland, Robert, Managing Partner - Edward Newland Associates, Inc.; pg. 67
Newland, Samantha, Social Media Manager - Digital Mark Group; pg. 225
Newland, Ted, Owner, Senior Managing Partner - Edward Newland Associates, Inc.; pg. 67
Newlin, Nick, Vice President & Group Account Director - Shine United; pg. 140
Newman, Alan, Chairman & Chief Executive Officer - Alan Newman Research; pg. 441
Newman, Andy, President - Newman PR; pg. 632
Newman, Anne, Executive Vice President - Latin America - WPP Group, Inc.; pg. 433
Newman, Barbie, Specialist, Digital Marketing - Digital Operative, Inc.; pg. 225
Newman, Bruce, Vice President, Client Services - E&M Media Group; pg. 282
Newman, Jennifer, Senior Account Manager, Client Results - Amnet; pg. 454
Newman, Jon, Co-Founder & Partner - The Hodges Partnership; pg. 653
Newman, Jordan, Strategist, Brand - Lewis Communications ; pg. 100
Newman, Kate, Associate Director, Social Strategy - Digitas; pg. 227
Newman, Katie, Chief Marketing Officer - Leo Burnett Worldwide; pg. 98
Newman, Kristen, Director, Performance - Digital Activation - OMD; pg. 498
Newman, Lee, Chief Executive Officer - U.S. - MullenLowe U.S. Boston; pg. 389
Newman, Michael, Vice President, Strategic Business Analysis - Doner CX; pg. 282
Newman, Montrew, Vice President & Managing Director, Integrated Media - Novus Media,

Inc. ; pg. 497
Newman, Nicole, Manager, Client Services - J.R. Thompson Company; pg. 91
Newman, Patrick, Copywriter - Erich & Kallman; pg. 68
Newman, Paula, Manager, Business - GAP Communications Group, Inc.; pg. 540
Newman, Rachel, Vice President, Media Relations - Spectrum Science Communications; pg. 649
Newman-Carrasco, Rochelle, Chief Hispanic Marketing Strategist - Walton Isaacson CA; pg. 547
Newmark, Dave, Chairman & Co-Founder - Newmark Advertising; pg. 692
Newmark, Patty, President & Chief Executive Officer - Newmark Advertising; pg. 692
Newport, Katie, Head, Creative & Delivery - DC - Blue State Digital; pg. 335
Newsome, David, Group Account Director - Wieden + Kennedy; pg. 430
Newson, Melanie, Senior Art Director - Ten; pg. 269
Newton, Cassidy, Vice President, Data Sciences - Warren Douglas Advertising; pg. 161
Newton, David, Senior Vice President & Director, Creative - NeON; pg. 120
Newton, David, Art Director - GumGum; pg. 80
Newton, Georgia, Group Account Director - R/GA; pg. 260
Newton, Jaime, Head, Central & Mid-West Accounts - Tongal; pg. 20
Newton, Jamie, Senior Demand Generation Manager - Hanapin Marketing; pg. 237
Newton, Josh, Associate Director, Design - Grow Interactive; pg. 237
Newton, Seth, Director, Media - Visiture; pg. 678
Newton, Simona, Account Director - Overcat Communications; pg. 634
Newton, Steve, President & Chief Executive Officer - Newton Media; pg. 497
Newton, Tom, Vice President, Business Development - Knock, Inc.; pg. 95
Ney, Joseph, Partner & Creative Director - Reingold; pg. 405
Neyer, Caitlin, Director, Strategic Partnerships - ChangeUp; pg. 5
Nezirevic, Admira, Managing Director, Client Service - Ove Design & Communications Limited; pg. 193
Ng, Alison, Group Director, Production - Big Spaceship; pg. 455
Ng, Ben, Art Director & Designer - 72andSunny; pg. 23
Ng, Chung, Chief Experience Officer - ROKKAN, LLC; pg. 264
Ng, Dan, Group Strategy Director - Sprint, Chase & MailChimp - Droga5; pg. 64
Ng, Doug, Managing Partner & Client Lead - Wavemaker; pg. 526
Ng, Elaine, Senior Broadcast Negotiator - Dailey & Associates; pg. 56
Ng, Eric, Director, Digital Services - ParkerWhite; pg. 194
Ng, Eric, Associate Media Planner - Digitas; pg. 226
Ng, Jenny, Manager - BCW San Francisco; pg. 582
Ng, Jimmy, Creative Director - Manhattan Marketing Ensemble; pg. 382
Ng, Kenward, Global Business Director, Managing Partner - Team Facebook - Mindshare; pg. 495
Ng, Lily, Group Data Strategy Director - Droga5; pg. 64
Ng, Melissa, Product Management Lead - Elephant; pg. 181
Ng, Michael, Associate Creative Director -

PERSONNEL

Camp + King; pg. 46
Ng, Ronald, Global Chief Creative Officer - Isobar US; pg. 242
Ng, Sarah, Senior Project Manager - BBDO Canada; pg. 330
Ng, Tommy, General Manager - Admerasia, Inc.; pg. 537
Ng, Zan, President & Chief Executive Officer - Admerasia, Inc.; pg. 537
Ng Pack, Nick, Chairman Emeritus - MVNP; pg. 119
Ng Quarles, Stephanie, Production Manager, Creative Services - The Rhoads Group; pg. 152
Ngai, Devon, Supervisor, Communications Planning - dentsu X - Carat; pg. 459
Ngo, Linh, Content Design & Implementation - Accenture Interactive; pg. 209
Ngo, Minh-Vy, Business Communications & Design Associate - Allscope Media; pg. 454
Ngo, Peri, Advertising Operations Supervisor - Essence; pg. 232
Ngun, Rachel, Senior Art Director - Johannes Leonardo; pg. 92
Nguy, Lily, Supervisor - MediaCom; pg. 487
Nguyen, Amanda, Account Supervisor - Brand Marketing & Communications - Rogers & Cowan/PMK*BNC; pg. 643
Nguyen, Amanda, Principal & Director,Marketing Strategy - CHIEF; pg. 590
Nguyen, Ann, Assistant Media Planner - Rain; pg. 402
Nguyen, Ann, Account Supervisor - interTrend Communications; pg. 541
Nguyen, Catherine, Social Activation Manager - Essence; pg. 232
Nguyen, Christine, Senior Media Planner - Huge, Inc.; pg. 239
Nguyen, Dac, Interactive Designer - Ueno; pg. 273
Nguyen, Dan, President & Owner - Stoner Bunting Advertising; pg. 414
Nguyen, Hillary, Supervisor, Media - Active International; pg. 439
Nguyen, Jennifer , Manager - Citizen Relations; pg. 590
Nguyen, Kathy P., Supervisor, Digital Investment - Zenith Media; pg. 531
Nguyen, Kenny, Co-Founder & Chief Executive Officer - ThreeSixtyEight; pg. 271
Nguyen, Kevin, Senior Strategist - mcgarrybowen; pg. 109
Nguyen, Khoa, Head, Ad Operations - Walmart Media Group; pg. 684
Nguyen, Kim, Lead Analyst - Dagger; pg. 224
Nguyen, Lan, Chief Financial Officer - Rauxa; pg. 291
Nguyen, Lien, Director, Strategic Accounts - Xevo; pg. 535
Nguyen, Lisa, Senior Designer, Production - Adcetera; pg. 27
Nguyen, Mai, Managing Director, Growth - Work & Co; pg. 276
Nguyen, Michael, Senior Manager, Media Partnership Operations - Walmart Media Group; pg. 684
Nguyen, Mike, Manager, Information Technology - ACTON International, Ltd.; pg. 279
Nguyen, Myco, Senior Brand Manager - Mekanism; pg. 113
Nguyen, Phung, Associate Director, Global Communications Planning - Mindshare; pg. 491
Nguyen, Thanh, Lead Web Developer - Kimbo Design; pg. 189
Nguyen, Tien, Senior Manager, SEM & Advertising Operations - GSD&M; pg. 79
Nguyen, Tien, Director, Technology & Co-Founder - CPC Strategy; pg. 672
Nguyen, Trac, Vice President & Director, Integrated Production - Publicis North America; pg. 399

PERSONNEL   AGENCIES

Nguyen, Trang, Media Coordinator - Pal8 Media, Inc.; pg. 503
Nguyen, Van, Vice President - Artime Group; pg. 34
Nguyen, Vi, Account Supervisor - McCann Health New York; pg. 108
Nguyen Cohen, Lauren, Director, Talent & Employer Brand - Publicis.Sapient; pg. 259
Nguyen Crettenand, Lien, Manager, Media - Hyundai Lifestyle National - Innocean USA; pg. 479
Nhat Bui, Minh, Manager, Advance Analytics & Marketing Sciences - Mindshare; pg. 491
Nhieu, Vivian, Digital Strategist - Canvas Worldwide; pg. 458
Niang, Yana, Coordinator, Account - Dailey & Associates; pg. 56
Niblick, David, Senior Producer - Wieden + Kennedy; pg. 432
Niblock, Jackie, Director, Digital Marketing - Lewis Media Partners; pg. 482
Nicanorova, Anna, Vice President, Engineering - Annalect Group; pg. 213
Nicastro, Jeanne, Global Executive Director, Talent Transformation - R/GA; pg. 261
Niccolai, James, Vice President, Content & Media Strategy - Mission North; pg. 627
Nice, Kelly, Co-Founder & Partner - Nice & Company; pg. 391
Nice, Tim, Co-Founder & Partner - Nice & Company; pg. 391
Niceforo, Remo, President - Add Impact Inc.; pg. 565
Nicely, Jesse, Director, Creative Strategy - Cashmere Agency; pg. 48
Nichol, Bob, Chief Executive Officer - Mindstream Media Group - Dallas; pg. 496
Nichol, Josh, Chief Executive Officer - H&L Partners; pg. 80
Nicholas, Anton, Partner, Retail, Consumer & ECommerce - ICR; pg. 615
Nicholas, Carli, Account Director - VIRTUE Worldwide; pg. 159
Nicholas, Cristyne, Chief Executive Officer - Nicholas & Lence Communications; pg. 632
Nicholas, Dante, Social Media & Marketing Strategist - Zehnder Communications, Inc.; pg. 436
Nicholas, George, Creative Director - Grafik Marketing Communications; pg. 185
Nicholas, John, Vice President, Media Activation - The Zimmerman Agency; pg. 426
Nicholas, Malaika, Social Marketing Strategist - 360i, LLC; pg. 320
Nicholas, Michael, Chief Digital Officer - Media Assembly; pg. 484
Nicholas, Nick, Director, Sports Development - Nicholas & Lence Communications; pg. 632
Nicholls, Sallianne, Director, Creative Resource - Austin & Williams Advertising; pg. 328
Nichols, Aaron, Vice President, Local Sales & Strategy - Hearst Autos; pg. 238
Nichols, Alix, Senior Interactive Studio Artist - Colle McVoy; pg. 343
Nichols, Ashton, Senior Project Manager - Wray Ward; pg. 433
Nichols, Brent, Executive Vice President & Co-Founder - Inventa; pg. 10
Nichols, Clair, Principal - Guthrie / Mayes & Associates, Inc.; pg. 611
Nichols, David, President & Co-Founder - Inventa; pg. 10
Nichols, Evan, Executive Director, Digital Media - Mediassociates, Inc.; pg. 490
Nichols, Fred, Vice President & Account Director - Archer Malmo; pg. 32
Nichols, Jane, Manager, Integrated Insights - Starcom Worldwide; pg. 513
Nichols, Jeff, Creative Director - HMH; pg. 86

Nichols, Katie S., Senior Art Director - Drake Cooper; pg. 64
Nichols, Kelly, Associate Creative Director - Hill Holliday; pg. 85
Nichols, Lee, President & Chief Executive Officer - MossWarner; pg. 192
Nichols, Lisa, Associate Director, Business Affairs - Innocean USA; pg. 479
Nichols, Liz, Director, Project Management - VSA Partners, Inc. ; pg. 204
Nichols, Matt, Partner & Chief Operating Officer - Push Digital; pg. 640
Nichols, Mike, Director, Marketing Operations - NCH Marketing Services; pg. 568
Nichols, Nancy Rabstejnek, Senior Vice President, External Affairs - Weber Shandwick; pg. 660
Nichols, Regan, Senior Vice President, Account Management - Scoppechio; pg. 409
Nichols, Rob, Creative Director - Barnes Advertising Corporation; pg. 549
Nichols, Scott, Vice President & Account Director - Broadhead; pg. 337
Nichols, Taylor, Account Director - 14th & Boom; pg. 207
Nichols Calabro, Lisa, Partner, Vice President & Chief Strategy Officer - Bloom Ads, Inc.; pg. 334
Nicholson, Jenny, Group Creative Director & Copywriter - McKinney; pg. 111
Nicholson, Jimmy, Senior Account Manager - MKTG INC; pg. 311
Nicholson, Ken, Chief Financial Officer & Vice President - Jan Kelley Marketing; pg. 10
Nicholson, Krista, President - Think Motive; pg. 154
Nicholson, Peter, Chief Creative Officer - Periscope; pg. 127
Nicholson, Peter, Vice President - TRUE Communications; pg. 657
Nicholson Fowler, Jeny, Vice President, Sales & Account Services - Americas - SDI Media Group; pg. 545
Nickel, Jeff, Senior Vice President, National Accounts - True Sense Marketing; pg. 293
Nickel, John, Co-President - Switch; pg. 145
Nickell, Hunter, Chief Executive Officer - Raycom Sports; pg. 314
Nickels, Todd, Vice President, Entertainment Marketing - 42West; pg. 573
Nickerson, Amy, Senior Art Director - Insight Creative Group; pg. 89
Nickerson, Carieanne, Vice President & Group Account Director - Carat; pg. 461
Nickerson, Greg, Chairman - Bader Rutter & Associates, Inc. ; pg. 328
Nickerson, Jill, Senior Vice President & Director, Out-of-Home Services - Horizon Media, Inc.; pg. 74
Nickerson, Mike, Chief Marketing Officer - PriceWeber Marketing Communications, Inc.; pg. 398
Nickol, Noel, Creative Director - DNA Seattle; pg. 180
Nickrent, Michelle, Account Manager, Planning & Integration - Rhea & Kaiser Marketing ; pg. 406
Nickson, Simon, Group Head, Creative - Merkley + Partners; pg. 114
Niclosi, Tina, Principal & Executive Vice President - Oden Marketing & Design; pg. 193
Nicnick, James, Director, Web Development - Keenan-Nagle Advertising; pg. 94
Nicoara, Monica, Manager, Analytics & Insights - Spark Foundry; pg. 510
Nicolai, Kristen, Associate Director, Content - Spark Foundry; pg. 510
Nicolas, Bessie, Client Management - Miller Advertising; pg. 115

Nicolau, Mariana, Business Development Manager - Anomaly; pg. 325
Nicole Hernandez, Lisa, Supervisor, Media - Starcom Worldwide; pg. 513
Nicoll, Bryan, Director, Digital Technologies - Morton, Vardeman & Carlson; pg. 389
Nicolli, Kellyn, Director, Account Service - ABC Creative Group; pg. 322
Nicolls, Charles, Paid Search Supervisor - Rain; pg. 402
Nicols, Christina, Senior Vice President & Director, Strategic Planning & Research - Hager Sharp, Inc.; pg. 81
Nicosia, Sarah, Vice President & General Manager - Davis Ad Agency; pg. 58
Nicot, Orlando, Executive Assistant - Chief Executive Officer & Chief Operating Officer - Deutsch, Inc.; pg. 349
Nieber, Sharon, Associate Media Director - Local Broadcast - Spark Foundry; pg. 510
Niedens, Chrissie, Controller - Simantel Group; pg. 142
Nieder, Jonathan, Associate Manager, Digital Activation - OMD West; pg. 502
Niederpruem, Donald, President - United Landmark Associates; pg. 157
Niederriter, Janice, Director, Finance & Administration - Simple Truth; pg. 198
Niedosik, Jordan, Media Planner - HealixGlobal; pg. 471
Niedzwiecki, Stephen, Chief Creative Officer - YARD; pg. 435
Nieli, Alissa, Art Director - Keenan-Nagle Advertising; pg. 94
Nielsen, Emily, Senior Account Manager - PlusMedia, LLC; pg. 290
Nielsen, Erin, Associate Director - PHD Chicago; pg. 504
Nielsen, Heidi, Principal & Design Director - Brink Communications; pg. 337
Nielsen, Julie, Media Director - Billups Worldwide; pg. 550
Nielsen, Kara, Senior Integrated Studio Artist & Designer - Colle McVoy; pg. 343
Nielsen, Lisa, Account Executive, Public Relations & Media Buy - Heinzeroth Marketing Group; pg. 84
Nielsen, Paul, Director, Production - Faceout Studios; pg. 182
Nielson, Alyson, Chief Operating Officer - EdLeader21; pg. 601
Nielson, Blake, Campaign Manager - 97th Floor; pg. 209
Nielson, Julie, Associate Director, Media - Swanson Russell Associates; pg. 415
Nielson, Kate, Vice President - Gear Communications; pg. 76
Nielson, Ronald , President & Chief Executive Officer - NSON; pg. 448
Niemczyk, Chris, Vice President, National Sales, East - GroundTruth.com; pg. 534
Niemeyer, Lizz, Brand Strategy - Twenty-First Century Brand; pg. 157
Niemiec, Gina, Senior Digital Media Billing Specialist - Hill Holliday; pg. 85
Niemuth, Brent, President & Chief Creative Officer - J. Schmid & Associates; pg. 286
Nienow, Michael, Creative Director - HDMZ; pg. 83
Nierenberg, Brad, Chief Executive Officer - RedPeg Marketing; pg. 692
Nierman, Evan, Founder & Principal - Red Banyan; pg. 641
Nieser, Carla, Director, Marketing Strategy & Services - Voveo Marketing Group ; pg. 429
Nieto, Jose, Creative Director - Argus Communications; pg. 537
Nieto, Pamela, Account Supervisor - Hager Sharp, Inc.; pg. 81
Nieves, Charles, General Manager - University

950

AGENCIES | PERSONNEL

of Miami Athletics - Learfield IMG College; pg. 310
Nieves, Tony, President - MARCA Miami; pg. 104
Niffin, Nicole, Associate Director - Carat; pg. 461
Niford, Jeff, Manager, Information Technology - Aspect Ratio; pg. 35
Nigam, Ankita, Group Director, Strategy - OMD; pg. 498
Nigro, Beth, Executive Vice President & Managing Director - Moxie; pg. 251
Nijjar, Nirmal, Vice President & Head, Search Activation - North America - Essence; pg. 232
Nijst, Bonnie, President & Chief Executive Officer - FIDGET Branding; pg. 7
Nikdel, Alex, President & Partner - Echo Delta; pg. 353
Nikdel, Chris, Partner & Art Director - Clark Nikdel Powell; pg. 342
Nikiforov, Orlin, Vice President, OOH - OMG23 - OMD Entertainment; pg. 501
Nikitaidis, Carla M., Vice President - The Outcast Agency; pg. 654
Nikitsina, Maryia, Negotiator, Digital Partnerships - Initiative; pg. 477
Nikles, Dennis, Vice President, Media & Analytics - &Barr; pg. 319
Nikolewski, Mark, Director, Digital Design - Boathouse Group, Inc.; pg. 40
Nikulin, Tadas, Managing Partner - AD:60; pg. 210
Niland, Ryan, Copywriter - Wieden + Kennedy; pg. 430
Nilsen, Ben, Group Director, Communications Strategy - Droga5; pg. 64
Nilsen, Chris, Account Director - Goodby, Silverstein & Partners; pg. 77
Nilsson, Bruce, Chief Creative & Strategy Officer - Davidson Belluso; pg. 179
Nimmo, Ali, Assistant Account Manager - barrettSF; pg. 36
Nimock, David, Vice President, Account Services - Stealth Creative; pg. 144
Nion, Francois, Executive Vice President & General Manager - West Region - JCDecaux North America; pg. 553
Niovitch Davis, Karen, Partner - Prosek Partners; pg. 639
Niparko, Dustin, Associate Director - Mindshare; pg. 491
Nippert, Zach, President & General Manager - LRWMotiveQuest; pg. 447
Nippes, Ken, Senior Vice President & Managing Director, Business Solutions - Horizon Media, Inc.; pg. 474
Nirsimloo, Andrea, Executive Vice President & Partner - M&C Saatchi Performance; pg. 247
Nisanyan, Allen, Vice President & Group Account Director - Havas Media Group; pg. 468
Nishihara, Yukako, Strategist - The Brick Factory; pg. 269
Nishimoto, John, Principal & Creative Director, Brand Development - Sequel Studio; pg. 16
Nishimura, Chad, Senior Manager - Golin; pg. 609
Nishiyama, Robert, Senior Vice President & Group Director - Carat; pg. 459
Nisi, Taylor, Manager, Paid Social - Estee Lauder Companies - Reprise Digital; pg. 676
Nisperos, Esmeralda, Director, Media Insights & Strategy - Conill Advertising, Inc.; pg. 538
Nissen, Kate, Manager, Broadcast Group - Media Storm; pg. 486
Nisson, Bob, Chief Creative Officer - Jay Advertising, Inc.; pg. 377
Nist, Matt, Account Executive - WRL Advertising; pg. 163

Nistler, Patrick, Director, Art & Design & Senior Designer - Wieden + Kennedy; pg. 430
Niswender, AnnMarie, Controller - MicroArts Creative Agency; pg. 191
Niswonger, Amy, Creative Director - Nova Creative Group, Inc.; pg. 193
Nitsch, Casie, Head, Experiential - Sid Lee; pg. 141
Nitschke, Dale, Founder & Chief Executive Officer - Ovative Group; pg. 256
Nitzberg, Perri, Account Executive - Chemistry Communications Inc.; pg. 50
Niv, Gil, Vice President, Business Development & Client Management - Ipsos; pg. 445
Nix, Laura, Vice President, Client Leadership - Empower; pg. 354
Nix, Laura, Account Director - Hothouse; pg. 371
Nix Earnhardt, Katie, Account Executive - Red Moon Marketing; pg. 404
Nixon, Amy, Senior Vice President, Group Account & Strategy Director - MARC USA; pg. 104
Nixon, Don, Principal, Accounts - Creative Spot; pg. 55
Nixon, Jeff, Co-Founder & Creative Director - Camp; pg. 46
Nixon, Trina, Senior Art Director - SPD&G; pg. 411
Nizzere, Amanda, Director, Marketing - Prophet; pg. 15
Njos, Jon, Senior Manager, Media - GreenRubino; pg. 365
Nnadi, Michael, Director, Interactive Production - Team One; pg. 417
Noake, Daniel , Executive Producer - Hargrove Inc.; pg. 307
Noaman, Abu, President & Chief Executive Officer - Elliance; pg. 231
Nobili, Simone, Creative Director - Kastner; pg. 94
Noble, Illya, Art Director - StrategicAmpersand; pg. 414
Noble, Kate, Account Supervisor, Sports & Entertainment - Conill Advertising, Inc.; pg. 538
Noble, Katrina, Senior Director, Media & Marketing Strategy - Bolchalk Frey Marketing; pg. 41
Noble, Richard, Production Artist - LMNO; pg. 100
Noble, Steve, Chief Strategy Officer - Grey Midwest; pg. 366
Noble, Susan, Managing Director - Mindshare; pg. 494
Nobles, Greg, Creative Director - Creative Energy, Inc.; pg. 346
Noce Kanarek, Monica, Chief Creative Officer - Purohit Navigation; pg. 401
Nocerino, Teresa, Account Executive - EquancyNo11, Inc.; pg. 182
Nocket, Dan, Senior Web Developer - Bailey Brand Consulting; pg. 2
Nodelman, Jason, Business Development Executive - Branded Cities; pg. 550
Nodzak, Lauren, Senior Vice President & Head, Client Strategy & Service - Buffalo.Agency; pg. 587
Noe, John, Chief Executive Officer - ROKKAN, LLC; pg. 264
Noe, Trish, Creative Services - Wiser Strategies; pg. 663
Noel, Andrew, Managing Director - GALE; pg. 236
Noel, Ryan, Creative Director - Borshoff; pg. 585
Noffsinger, Aaron, Executive Vice President & Creative Director - Edelman; pg. 353
Noguera, Carolina, General Manager - Archetype; pg. 33
Nohe, John, Chief Executive Officer - JNA Advertising; pg. 92
Nolan, Amanda, Project Manager, Client Relations - Boom Creative; pg. 41
Nolan, Britt, Chief Creative Officer - North America - DDB Chicago; pg. 59
Nolan, Brittany, Marketing Strategist - The Designory; pg. 269
Nolan, Irissa, Associate Media Director - OMD; pg. 500
Nolan, Jen, Senior Account Manager - Quaker City Mercantile; pg. 131
Nolan, Joseph, Integrated Media Planner - Crossmedia; pg. 463
Nolan, Karen, Senior Vice President - Flashpoint Public Relations; pg. 604
Nolan, Mary, Media Director - Duncan McCall; pg. 353
Nolan, Roger, Vice President, Account Services - Insight Marketing Design; pg. 89
Nolan, Tara, Director, Business Development - Merkley + Partners; pg. 114
Nolan, Tom, Co-Owner & President - The Nolan Group ; pg. 654
Nolan, Tom, Director, Product - iX.co; pg. 243
Noland, Tim, Creative Director - Callis & Associates; pg. 46
Nolden, Jennifer, Vice President & Group Director, Business - DDB Chicago; pg. 59
Nolen, Alison, Connections Manager - MediaVest - Spark Foundry; pg. 508
Nolibois, Quentin, Account Director - BCW San Francisco; pg. 582
Noll, Matthew, Director, Marketing & Digital Strategies - EMC Outdoor; pg. 551
Nolte, Alison, Account Executive - MWWPR; pg. 630
Nomady, Shari, Managing Partner - X! PROMOS; pg. 572
Nonas, Barbara, Vice President & Director, Corporate Communications - Digitas; pg. 226
Nones, Phil, President & Director, Client Services - Mullin / Ashley Associates, Inc.; pg. 448
Nonnenkamp, Maggie, Senior Account Supervisor - Edelman; pg. 601
Nonno, Chris, Owner & Managing Partner - Louis & Partners Design; pg. 190
Nonno, Louis, Owner & Managing Partner - Louis & Partners Design; pg. 190
Noohi, Alicia, Director, Paid Search - Wpromote; pg. 679
Noonan, Bruce, President, Travel Group - Beber Silverstein Group; pg. 38
Noonan, Molly, Senior Media Planner - Havas Media Group; pg. 470
Noonan, Rachel, Producer - Crispin Porter + Bogusky; pg. 346
Noonan, Tommy, Executive Creative Director - DCX Growth Accelerator; pg. 58
Noone, Carrie, Associate Director - Spark Foundry; pg. 510
Noone, Tim, Director, Media - IgnitionOne; pg. 673
Noone, Tom, Co-Owner & Vice President - Associated Design Service ; pg. 173
Noone , Meg, Co-Owner & President - Associated Design Service ; pg. 173
Nooney, Timothy, Coordinator, Account & Public Relations - rygr; pg. 409
Norambuena, Paola, Chief Communications Officer- Australia - Interbrand ; pg. 187
Norat, Lisa, Senior Vice President, Client Engagement - HMT Associates, Inc.; pg. 681
Norberg, Elli, Associate Director, Strategy - Blue 449; pg. 456
Norby, Mark, Director, Operations - Live Marketing; pg. 310

PERSONNEL — AGENCIES

Norcini, Laura, Integrated Account Director - Gotham, Inc.; *pg.* 77
Norcross, Briony, Brand Analyst - DoeAnderson Advertising ; *pg.* 352
Norcross, Jason, Partner & Executive Creative Director - 72andSunny; *pg.* 23
Nordeen, Peggy, Chief Executive Officer - Starmark International, Inc.; *pg.* 412
Nordin, Melissa, Senior Vice President & Media Director - Blue Sky ; *pg.* 40
Nordlicht, Donny, Vice President - Transportation - Ketchum; *pg.* 542
Nordstrom, Clare, Senior Account Executive - Access Brand Communications; *pg.* 1
Norell, Steve, Creative Director - Drake Cooper; *pg.* 64
Noren, Leif, Chairman - Creative Response Concepts; *pg.* 593
Noren, Zachary, Vice President & Director, Digital - Spark Foundry; *pg.* 510
Norford, Kathy, Vice President, Media Director - Spawn; *pg.* 648
Norgard, Mike, Director, Social & Digital - DDB Chicago; *pg.* 59
Nori, Geoff, Associate Creative Director - MEDL Mobile; *pg.* 534
Norian, Heather, Director, Human Resources & Finance - SPI Group, LLC; *pg.* 143
Noriega, Carla, Group Account Director - Casanova//McCann; *pg.* 538
Norin, Erik, Creative Director - Mother NY; *pg.* 118
Norin, Mollie, Account Manager - Goodby, Silverstein & Partners; *pg.* 77
Noris, Stephanie, Founder & President - Norbella; *pg.* 497
Norkin, Michael, Executive Vice President & Group Creative Director - Harrison & Star, Inc.; *pg.* 9
Norling, Alexander, Associate Creative Director - Highfield; *pg.* 85
Norman, Brett, Vice President & Director, Partnerships - GTB; *pg.* 367
Norman, Camille, Media Director - Eric Rob & Isaac; *pg.* 68
Norman, Chuck, Owner & Principal - S&A Communications; *pg.* 645
Norman, David, Managing Director - Kitchen Public Relations, LLC; *pg.* 620
Norman, John, Chief Creative Officer - Chicago - Havas Worldwide Chicago; *pg.* 82
Norman, John, Principal - Design Resource Center; *pg.* 179
Norman, Josh, Executive Vice President & Creative Director - Texas Creative; *pg.* 201
Norman, Lisa, Executive Producer & Manager - Pocket Hercules; *pg.* 398
Norman, Lucia, Media Director - Harmelin Media; *pg.* 467
Norman, Mike, Senior Vice President, Technology - Genuine Interactive; *pg.* 237
Norman, Rick, Director, Data Services - SourceLink, LLC; *pg.* 292
Norman, Tony, Creative Director - Deveney Communications; *pg.* 596
Norris, Annemarie, Executive Vice President & Group Director, Behavioral Planning - BBDO Worldwide; *pg.* 331
Norris, Brittany, Director, Digital - Adjective & Co.; *pg.* 27
Norris, Debbie, Media Director - Hirshorn Zuckerman Design Group; *pg.* 371
Norris, Jim, President - Norris & Company; *pg.* 391
Norris, John, Vice President - Norris & Company; *pg.* 391
Norris, Kelly, Senior Vice President & Account Director - Gillette & Always - Grey Group; *pg.* 365
Norris, Larry, President & CEO & Owner -

Lewis Communications; *pg.* 100
Norris, Lee, Director, Brand Planning - Adcom Communications, Inc.; *pg.* 210
Norris, Lisa, Associate Creative Director - Movement Strategy; *pg.* 687
Norris, Matthew, Digital Marketing - Camelot Strategic Marketing & Media; *pg.* 457
Norris, Michael, Chief Marketing Officer - Youtech; *pg.* 436
Norris, Sabrina, Account Supervisor - The Lavidge Company; *pg.* 420
Norris, Zach, Associate Director - Zenith Media; *pg.* 529
Norsen, Karl, Senior Vice President, Digital - Edelman; *pg.* 601
Norstrom, Eric, Director, Digital Operations - MDG Advertising; *pg.* 484
North, Rich, Associate Creative Director - Venables Bell & Partners; *pg.* 158
Northen, Janet, Partner, Executive Vice President & Director, Agency Communications - McKinney; *pg.* 111
Northern, Steve, Chief Financial Officer - Satuit Technologies, Inc.; *pg.* 168
Northrop, Chris, Owner & Principal - BJR Public Relations; *pg.* 584
Northrup, Marie, Planner, Digital Media - Booyah Online Advertising; *pg.* 218
Northrup, Rebecca, Director, Public Relations - AdWorkshop & Inphorm; *pg.* 323
Northway, Kevin, Senior Art Director - J. W. Morton & Associates ; *pg.* 91
Nortman, Michael, Brand Management - The Richards Group, Inc.; *pg.* 422
Norton, Andrew, Vice President & Associate Media Director - Media Assembly; *pg.* 484
Norton, Chris, Senior Account Executive - Belo + Company; *pg.* 216
Norton, Dan, Vice President, Operation - Norton Outdoor Advertising; *pg.* 554
Norton, Eric, Director, Operations - Works Design Group; *pg.* 21
Norton, Greg, President - R + M; *pg.* 196
Norton, Mike, President - Norton Outdoor Advertising; *pg.* 554
Norton, Shaun, Partner - Sandbox Strategies; *pg.* 645
Norton, Sydney, Senior Vice President & Group Account Director - The Martin Agency; *pg.* 421
Norton Keyes, Stacy, National Account Executive - Norton Outdoor Advertising; *pg.* 554
Nosek, Dusty, Vice President, New Business Development - Lime Media; *pg.* 568
Nosevich, Alex, Agency Partner, Brand Strategist - CommCreative; *pg.* 343
Nosheen, Hifza, Senior Director, Brand Partnerships - MOD Worldwide; *pg.* 192
Nosonowitz, Daniel, Senior Art Director - Code and Theory; *pg.* 221
Nossan, Kurt, Executive Creative Director - Havas Tonic; *pg.* 285
Nossem, Kelly, Associate Media Director - Starcom Worldwide; *pg.* 513
Notari, Teddy, Brand Manager - TBWA \ Chiat \ Day; *pg.* 146
Notaro, Jonathan, Executive Creative Director - Brand New School East; *pg.* 175
Nother, Joseph, Founder, Vice President & Executive Creative Director - Designsensory; *pg.* 62
Notik, Shloimy, Associate Creative Director - Swift; *pg.* 145
Noto, Christine, Director, Accountability & Procurement - PHD USA; *pg.* 505
Nott, Ben, Founder & Chief Creative Officer - World Wide Mind; *pg.* 163
Nottingham, John, Co-President - Nottingham-Spirk Design, Inc.; *pg.* 193
Nottingham, Troy, Founder & President - The

Bantam Group; *pg.* 450
Nottoli, Jennifer, Managing Director - TBWA \ Chiat \ Day; *pg.* 146
Nouguier, Beth, Executive Vice President, Accounts - Wunderman Thompson Seattle; *pg.* 435
Nouh, Reem, Senior Vice President, Healthcare Marketing - Adams & Knight Advertising; *pg.* 322
Novak, Brianne, Content & Social Media Administrator - DDM Marketing & Communications; *pg.* 6
Novak, Casey, Vice President, Client Services - NextLeft; *pg.* 254
Novak, Cecilia, Media Manager - The Atkins Group; *pg.* 148
Novak, Esther, President & Chief Executive Officer - VanguardComm; *pg.* 546
Novak, Jeff, Chief Financial Officer - Broadhead; *pg.* 337
Novak, Jen, Senior Partner - NoCoast Originals; *pg.* 312
Novak, John, Manager, Media - Point B Communications; *pg.* 128
Novak, Rocky, Chief Executive Officer - Fallon Worldwide; *pg.* 70
Novak, Shannon, Director, Group Talent - Havas New York; *pg.* 369
Novak, Steve, Vice President & Partner - Novak-Birch; *pg.* 448
Novak, Valerie, Vice President, New Business Development & Government Contracting - Novak-Birch; *pg.* 448
Novell, Kaitlin, Senior Director, Account Strategy - Praytell; *pg.* 258
Novello, Thomas, Vice President Partner, Integrated Investment - Universal McCann; *pg.* 521
Novick, Sophie, Social Content Strategist - Wieden + Kennedy; *pg.* 432
Novikov, Alexey, Producer - Wieden + Kennedy; *pg.* 432
Novoa, Adriana, Media Supervisor - Cossette Media; *pg.* 345
Novoa, Isabel, Supervisor - Starcom Worldwide; *pg.* 513
Novotny, Cassidy, Account Coordinator - Benchworks; *pg.* 333
Nowak, Abigail, Account Manager, Social Media Marketing - MGH Advertising ; *pg.* 387
Nowak, Adam, Creative Director - WongDoody; *pg.* 162
Nowak, Alexander, Global Head, Art - Droga5; *pg.* 64
Nowak, Anthony, Investment Manager - m/SIX; *pg.* 483
Nowak, Bree, Media Supervisor - Spark Foundry; *pg.* 510
Nowak, Ed, President - SLN, Inc.; *pg.* 677
Nowak, Erik, Senior Graphic Designer - Wallace & Company; *pg.* 161
Nowak, Joe, Vice President, Innovation - Kantar Media; *pg.* 446
Nowak, Lisa, Marketing Manager - Youtech; *pg.* 436
Nowak, Martin, Vice President, Production - Ron Foth Advertising; *pg.* 134
Nowak, Robyn, Account Supervisor - Hoffman York; *pg.* 371
Nowak, Stephanie, Digital Analyst - Blue Chip Marketing & Communications; *pg.* 334
Nowels, Eric, Interactive Director - Moxie Sozo; *pg.* 192
Nowels, Vogue, Creative Director - The Scott & Miller Group; *pg.* 152
Nowick, Rachel, Senior Partner & Communications Planning Director - MediaCom; *pg.* 487
Nowicki, Hannah, Associate, Media - Starcom Worldwide; *pg.* 513

952

AGENCIES

PERSONNEL

Nowicki, Kelilyn, Vice President & Director, Media - Spark Foundry; *pg.* 510
Nowinowski, Nathan, Art Director - Wieden + Kennedy; *pg.* 430
Noxon, Margaret, Senior Media Buyer - OMD Atlanta; *pg.* 501
Noyes, Chase, Vice President - Edelman; *pg.* 600
Noyes, Melissa, President - MN & Company Media Management; *pg.* 496
Nozile, Yasmine, Vice President, Finance - Huge, Inc.; *pg.* 240
Nuara, Julia, Senior Account Executive - Response Marketing; *pg.* 133
Nuber, Jenny, Partner - kglobal; *pg.* 620
Nuccio, Dawn, Director, SEO & Content - DuMont project; *pg.* 230
Nuckols, Kristin, Executive Media Director - Imaginuity; *pg.* 373
Nugent, Aaron, Vice President - Nomad Event Services; *pg.* 312
Nugent, Alyssa, Senior Account Manager - Riddle & Bloom; *pg.* 133
Nugent, David, Chief Commercial Officer - iX.co; *pg.* 243
Nugent, Devin, Manager, Integrated Planning - MediaCom; *pg.* 487
Nugent, Jessica, Senior Vice President, Production Services - BBDO Worldwide; *pg.* 331
Nugent, Kristin, Senior Account Supervisor - McNeil, Gray & Rice; *pg.* 627
Nugent, Malcolm, Associate Digital Planner - Carat; *pg.* 459
Nugent, Marianne, Chief Innovation & Operations Officer - Publicis Health; *pg.* 639
Nulty, Katie, Client Director - Red Antler; *pg.* 16
Nunes, Chris, Chief Executive Officer - Cornerstone Strategic Branding, Inc.; *pg.* 178
Nunes, Phil, Senior Vice President - Backbay Communications; *pg.* 579
Nunes, Virginia, Finance Manager - Metia; *pg.* 250
Nunez, Antonio, Head, Strategy - Wunderman Thompson; *pg.* 547
Nunez, Carmen, Associate Director, Operations - Starcom Worldwide; *pg.* 517
Nunez, Ceindy, Designer - Red Chalk Studios; *pg.* 404
Nunez, Christina, Director, Human Resources - dotCMS; *pg.* 230
Nunez, Danny, Executive Creative Director - Laundry Service; *pg.* 287
Nunez, Jessica, President - TruePoint Communications; *pg.* 657
Nunez, Lindsey, Associate Director - Starcom Worldwide; *pg.* 513
Nunez, Nicole Marie, Senior Brand Manager - Alma; *pg.* 537
Nunez, Stephanie, Supervisor, Media Planning - Starcom Worldwide; *pg.* 513
Nungaray, Rey, Executive Creative Director - Critical Mass, Inc.; *pg.* 223
Nunn, Bob, Co-Founder, President & Chief Brand Officer - The Marketing Garage; *pg.* 420
Nunziata, Camille, Supervisor - OMD; *pg.* 498
Nunziato, John, Founder & Creative Director - Little Big Brands; *pg.* 12
Nurnberger, Timothy, Chief Technology Officer & Vice President - Campaign Solutions; *pg.* 219
Nurrie, Ruth, Media Director - Maxwell & Miller Marketing Communications; *pg.* 384
Nusinow, Michael, Vice President, Production - Premier Entertainment Services; *pg.* 298
Nuss, Mark, Chief Creative Officer - Adcom Communications, Inc.; *pg.* 210
Nussbaum, Anna, Senior Manager, Strategy - Atlantic 57; *pg.* 2
Nussbaum, Dave, Senior Vice President - Publicis Health; *pg.* 639
Nussbaum, Jenna, Creative Director - VMLY&R; *pg.* 275
Nussbaum, Myra, Senior Vice President & Group Creative Director - DDB Chicago; *pg.* 59
Nutt, Michael, Co-Founder & Chief Technology Officer - Moveable Ink; *pg.* 251
Nutt, Pippa, Chief Digital Officer - Northern Lights Direct; *pg.* 289
Nutt Bello, Lauren, Partner & Vice President, Client Services - Ready Set Rocket; *pg.* 262
Nuzum, Krista, Account Director - Red Moon Marketing; *pg.* 404
Nuzzo, Michael, Senior Vice President & Executive Creative Director - United Entertainment Group; *pg.* 299
Nycinski, Ron, Vice President, Event Strategy & Development - Hargrove Inc.; *pg.* 307
Nycz, Brittany, Coordinator, New Business - Brunner; *pg.* 44
Nycz, Patrick, President & Chief Executive Officer - Indiana Design Consortium, Inc.; *pg.* 187
Nye, Nicole, Senior Vice President, Client Services & Strategy - Bluespire Inc.; *pg.* 335
Nyen, Amanda, Media Director - Forty Two Eighty Nine; *pg.* 359
Nyffenegger, Marcel, Senior Director, Project Management - VDA Productions; *pg.* 317
Nygren, Anthony, Executive Vice President, Investments Practice - EMI Strategic Marketing, Inc.; *pg.* 68
Nyhan, Samantha, President - West - MRM//McCANN; *pg.* 118
Nyholt, Nicole, Art Director - Juliet; *pg.* 11
Nyhus, Roger, President & Chief Executive Officer - Nyhus Communications; *pg.* 633
Nykoliation, Jill, Chief Executive Officer - Juniper Park\ TBWA; *pg.* 93
Nylander, Kelly, Social & Video Manager - EVR Advertising; *pg.* 69
Nyre, Gayle, Senior Vice President, New Business - Hill Holliday; *pg.* 85

O

O'Bannon, Mackenzie, Programmatic Trader - Havas Worldwide Chicago; *pg.* 82
O'Bannon, Mackenzie, Promotions Coordinator - Kelly, Scott & Madison, Inc.; *pg.* 482
O'Bert, Valerie, Creative Lead - We're Magnetic; *pg.* 318
O'Brian, Meghan, Account Director - DDB New York; *pg.* 59
O'Brien, Ashleigh, Lead Studio Artist - Zulu Alpha Kilo; *pg.* 165
O'Brien, Bina, Executive Vice President, Operations - Fallon Medica; *pg.* 70
O'Brien, Brett, Managing Director - Murphy O'Brien, Inc.; *pg.* 630
O'Brien, Carly, Senior Account Executive - Qorvis Communications, LLC; *pg.* 640
O'Brien, Chloe, Manager, Planning - Mindshare; *pg.* 491
O'Brien, Cullen, Senior Vice President, Operations & Delivery Management - 7Summits; *pg.* 209
O'Brien, Curt, Executive Producer - David&Goliath; *pg.* 57
O'Brien, Dan, Partner - Inferno, LLC; *pg.* 374
O'Brien, Gainer, Creative Director - Darby O'Brien Advertising, Inc.; *pg.* 57
O'Brien, Jaime-Lyn, General Manager, Los Angeles - Crossmedia; *pg.* 463
O'Brien, Jennifer, Interactive Art Director - The MX Group; *pg.* 422
O'Brien, Judy, Account Manager - North Charles Street Design Organization; *pg.* 193
O'Brien, Kassandra, Vice President - ChizComm; *pg.* 50
O'Brien, Kathleen, Creative Director - Grey Beauty Group; *pg.* 9
O'Brien, Kevin, Head of Client Services - Kastner; *pg.* 94
O'Brien, Kevin, President - O'Brien Et Al. Advertising; *pg.* 392
O'Brien, Larry, Senior Director, Management & Strategist, Public Relations - Bader Rutter & Associates, Inc. ; *pg.* 328
O'Brien, Liz, Account Director - Ogilvy; *pg.* 393
O'Brien, Lynn, Art Director - Pierce-Cote Advertising; *pg.* 397
O'Brien, Mark, Global Chief Financial & Operations Officer - Interbrand ; *pg.* 187
O'Brien, Megan, Integrated Media Supervisor - MediaCom; *pg.* 487
O'Brien, Michael, Partner, Chief Client Officer - Ketchum; *pg.* 542
O'Brien, Mike, Vice President, Strategic Solutions - Fiserv, Inc.; *pg.* 283
O'Brien, Nina, Associate Director, Media - Bader Rutter & Associates, Inc. ; *pg.* 328
O'Brien, Patrick, Chief Executive Officer - O'Brien Marketing; *pg.* 498
O'Brien, Robyn, Supervisor, Media Technology - Publicis Health Media; *pg.* 506
O'Brien, Sarah, Media Planning Supervisor - OpenMind; *pg.* 503
O'Brien, Sean, Head, Design - MullenLowe U.S. Boston; *pg.* 389
O'Brien, Tom, Head, New Business Development - FVM Strategic Communications; *pg.* 75
O'Brien, Vanessa, Account Manager & Public Relations - Monster Energy & Kawasaki - Next Level Sports Inc.; *pg.* 632
O'Bryant, Andrea, Project Manager - Fuseideas, LLC; *pg.* 306
O'Byrne, Paul, Chief Executive Officer & Partner - MGM Communications; *pg.* 387
O'Callaghan, Jessica, Executive Vice President & Regional Managing Director - North America - DeVries Global; *pg.* 596
O'Callaghan, Julie, Office Manager - Beuerman Miller Fitzgerald; *pg.* 39
O'Carroll, Peter, President - O'Carroll Group; *pg.* 392
O'Connell, Bob, President & Chief Executive Officer - Vanguard Direct; *pg.* 274
O'Connell, Cai, Programmatic Manager - Blue Chip Marketing & Communications; *pg.* 334
O'Connell, Chad, Associate Creative Director - Swift; *pg.* 145
O'Connell, Daniel, Managing Director - BrandDefinition; *pg.* 4
O'Connell, Karli, Senior Account Executive - Dunn&Co; *pg.* 353
O'Connell, Kerry, Account Executive - Wieden + Kennedy; *pg.* 432
O'Connell, Larry, President & Founder - LFO'Connell; *pg.* 380
O'Connell, Michael, Director, Content Creation & Execution - PAN Communications; *pg.* 635
O'Connell, Susan, Director, Human Resources - SIGMA Marketing Insights; *pg.* 450
O'Connor, Ashley, Director, Digital Communications - Argyle Communications ; *pg.* 578
O'Connor, Brittney, Associate Director - Starcom Worldwide; *pg.* 513
O'Connor, Candice, Senior Broadcast Negotiator - 9thWonder Agency; *pg.* 453
O'Connor, Colleen, Account Supervisor - The Marketing Arm; *pg.* 316
O'Connor, Danny, Associate Creative Director - David&Goliath; *pg.* 57
O'Connor, Erin, Vice President & Group

PERSONNEL — AGENCIES

Account Director - Bensimon Byrne; pg. 38
O'Connor, Evan, Digital Account Supervisor - Carmichael Lynch; pg. 47
O'Connor, Jennifer, Director, Agency Operations - Boathouse Group, Inc.; pg. 40
O'Connor, Joyce, Vice President, Client Services - Health Science Communications - Healthcare Consultancy Group; pg. 83
O'Connor, Kerry, Senior Strategist - McKinney; pg. 111
O'Connor, Lauren, Assistant Account Executive - Nike Communications, Inc.; pg. 632
O'Connor, Lisa, President- Publicom - Edge Publicom; pg. 354
O'Connor, Mallory, Practice Lead, Culture & Transformation - Habanero; pg. 237
O'Connor, Marianne, President & Chief Executive Officer - Sterling Communications, Inc. ; pg. 650
O'Connor, Megan, Associate Director, Customer Experience Strategy - MRM//McCANN; pg. 252
O'Connor, Michael, Executive Vice President & Managing Director, Video Investment - Horizon Media, Inc.; pg. 474
O'Connor, Patrick, Chief Financial Officer - Starcom - Starcom Worldwide; pg. 513
O'Connor, Rita, Coordinator, Media & Traffic - Austin & Williams Advertising; pg. 328
O'Connor, Sean, Copywriter - Rethink Communications, Inc.; pg. 133
O'Connor, Shana, Director, Sales & Marketing - StringCan Interactive; pg. 267
O'Connor, Timothy, Managing Director - Deloitte Digital; pg. 225
O'Conor, Jessica, Vice President & Group Account Director - Red Tettemer O'Connell + Partners; pg. 404
O'Crotty, Morgan, Senior Account & Content Manager - Wired PR; pg. 663
O'Daniel, Kyle, President - St. Gregory Group Marketing; pg. 144
O'Day, Anne, Vice President, Client Services & Managing Director - David James Group; pg. 348
O'Day Thayer, Kelly, Associate Media Director - Kellogg's - Starcom Worldwide; pg. 513
O'Dea, Noel, President & Director, Strategic & Creative Planning - Target Marketing & Communications, Inc.; pg. 146
O'Dell, Andrew, Co-Founder & Chief Executive Officer - Pereira & O'Dell; pg. 256
O'Donnell, Audrey, Associate Communications Planning, P&G - Carat; pg. 459
O'Donnell, Brian, Associate Director, Business Intelligence - Palisades Media Group, Inc.; pg. 124
O'Donnell, Carey, President & Creative Director - Carey O'Donnell Public Relations Group; pg. 588
O'Donnell, Dan, Group Director, Creative - partners + napier; pg. 125
O'Donnell, Daniel, Content Marketing Director - Fishman Public Relations Inc.; pg. 604
O'Donnell, Jennifer, Media Planner - Klunk & Millan Advertising; pg. 95
O'Donnell, Katie, Senior Strategist - Palisades Media Group, Inc.; pg. 124
O'Donnell, Kevin, Senior Partner & Chief Talent Officer - Prophet; pg. 15
O'Donnell, Lauren, Media Assistant - Harmelin Media; pg. 467
O'Donnell, Lawrence, Group Director, Data Science - 360i, LLC; pg. 207
O'Donnell, Mary, Account Executive - Propac; pg. 682
O'Donnell, Patricia, Strategy Director - PHD USA; pg. 505
O'Donoghue, Patrick, Director, Business Affairs - Wieden + Kennedy; pg. 432
O'Driscoll, Sarah, Associate Vice President - Fahlgren Mortine Public Relations; pg. 70
O'Flaherty, Rory, Head, Media - Mekanism; pg. 113
O'Flynn, Rory, Vice President, Analytics - Huge, Inc.; pg. 239
O'Gorman, Matt, Vice President - Unanimous; pg. 203
O'Grady, Ryan, Planning Supervisor - Carat; pg. 459
O'Grady, Sarah, Manager, Local Media Services - RPA; pg. 135
O'Grady, Shey, Vice President, Digital Strategy & Measurement - PGR Media; pg. 504
O'Grady, Tom, Founder, President & Chief Creative Officer - Gameplan Creative, LLC; pg. 8
O'Hanlon, David, Senior Art Director - SJI Associates; pg. 142
O'Hanlon, Maikel, Senior Vice President, Innovation - Blue Dot Labs - Horizon Media, Inc.; pg. 474
O'Hara, Caroline, Associate Director - Havas Media Group; pg. 468
O'Hara, Rosie, Managing Director - Miller Brooks, Inc. ; pg. 191
O'Hare, Kurt, President - O'Hare & Associates; pg. 121
O'Hare, Meghan, Senior Designer - Modern Climate; pg. 388
O'Hare, Tracy, Senior Media Strategist - Idfive; pg. 373
O'Harra, Jennifer, Vice President & Partner - Minor O'Harra Advertising; pg. 387
O'Harran, Brody, Executive Vice President & Global Business Strategy - Control v Exposed; pg. 222
O'Hea, John, Creative Director - David&Goliath; pg. 57
O'Hehier, Carol, Executive Vice President, Human Resources - Edelman; pg. 599
O'Hurley, Jack, Director, Enterprise Business Development - The Trade Desk; pg. 520
O'Keefe, Aaron, Account Director - mono; pg. 117
O'Keefe, Aileen, Account Supervisor - Outdoor Media Group; pg. 554
O'Keefe, Kelly, Director, Art - FCB Chicago; pg. 71
O'Keefe, Maria, U.S. Chief Talent Officer - Edelman; pg. 353
O'Keefe, Mary, Creative Director - BBDO ATL; pg. 330
O'Keefe, Matt, Account Executive - Carmichael Lynch; pg. 47
O'Keefe, Meghan, Senior Vice President & Director - Starcom Worldwide; pg. 513
O'Keefe, Peter, Partner & International Account Director - MediaCom; pg. 487
O'Keeffe, Tim, General Manager & Senior Partner - FleishmanHillard; pg. 605
O'Kelly, Emily, Event Coordinator - BigSpeak Speakers Bureau; pg. 302
O'Leary, Kerry, Project Manager - Modern Climate; pg. 388
O'Leary, Mike, President - Kicking Cow Promotions, Inc.; pg. 309
O'Leary, Tim, Co-Founder & Chairman - Rain; pg. 402
O'Loughlin, Devin, Vice President, Global Communications - RAPP Worldwide; pg. 290
O'Loughlin, Greg, Founder & Partner - Swell, LLC; pg. 145
O'Mahoney, Alyson, Co-Managing Director - RLA Collective; pg. 643
O'Mahony, Dan, Executive Vice President & General Manager, San Francisco - InkHouse Public Relations; pg. 615
O'Malley, Brian, Director, Events & Senior Account Executive - Gordon C. James Public Relations; pg. 610
O'Malley, John, Director, Business Development - BerlinRosen; pg. 583
O'Malley, Lauren, Digital Production Coordinator - Swanson Russell Associates; pg. 415
O'Malley, Tim, Associate Media Director - Harmelin Media; pg. 467
O'Mara, Colleen, Partner - Hype; pg. 614
O'Mara, Michael, Senior Vice President, Operations - Imre; pg. 374
O'Mara, Molly, Senior Account Executive - Padilla; pg. 635
O'Mara, Tim, Director, Engagement Strategy - Copacino + Fujikado, LLC; pg. 344
O'Meara, Carrie, Director, Marketing - Media Star Promotions; pg. 112
O'Meara, Kat, Junior Producer - Mekanism; pg. 112
O'Meara, Sean, Group Account Director - Vitro Agency; pg. 159
O'Mery, Laura, Senior Vice President, Financial & Operations - Ron Foth Advertising; pg. 134
O'Neil, Avery, Account Executive - Moxie Communications Group; pg. 628
O'Neil, D.J., Chief Executive Officer & Creative Director - Hub Strategy & Communication; pg. 9
O'Neil, Meghan, Media Director - Harmelin Media; pg. 467
O'Neil, Michael, Vice President, Programmatic Partnerships - Triton Digital; pg. 272
O'Neil, Stuart, Executive Creative Director - GTB; pg. 367
O'Neil Raposo, Eilly, Associate Director, Media - E! - Essence; pg. 233
O'Neill, Alison, Senior Manager, Brand & Supervisor, Account - Innocean USA; pg. 479
O'Neill, Bob, Executive Vice President & Media Director - Active International; pg. 439
O'Neill, Carolyn, Chief Creative Officer - Centron; pg. 49
O'Neill, Chris, Chief Executive Officer - Logical Media Group; pg. 247
O'Neill, Daniel, Vice President, Client Strategy - Bayard Advertising Agency, Inc.; pg. 37
O'Neill, Denise, Co-Founder, Vice President & Director, Finance - The Pepper Group; pg. 202
O'Neill, Finnian, Executive Director, Client Services - FIG; pg. 73
O'Neill, Gordon, President & Chief Executive Officer - O'Neill Communications; pg. 255
O'Neill, James, Vice President, Interactive Media - Media Allegory; pg. 484
O'Neill, Liam, Director, Integrated Strategy & Investment - Zenith Media; pg. 529
O'Neill, Maggie, Managing Director & Partner - Peppercomm, Inc.; pg. 687
O'Neill, Matt, Senior Partner - Phoenix Creative ; pg. 128
O'Neill, Michael, Executive Vice President, Business Development & Account Management - Zozimus Agency; pg. 665
O'Neill, Paul, Vice President, Strategy - Elephant; pg. 181
O'Neill, Sean, Executive Vice President & Director, Business Strategy & Analytics - Arnold Worldwide; pg. 33
O'Neill, Shelly, Chief Operating Officer - O'Neill & Associates; pg. 633
O'Neill, Thomas, Chief Executive Officer - O'Neill & Associates; pg. 633
O'Quinn, Maggie, New Business Development Manager - Midan Marketing; pg. 13
O'Reilly, Caitlin, Senior Account Executive - Berry & Company Public Relations; pg. 583
O'Reilly, Martin, Chief Information Officer & Chief Technology Officer - Edelman; pg. 599

AGENCIES / PERSONNEL

O'Reilly, Nancy, Senior Vice President, Insert Media - Infogroup Media Solutions; *pg.* 286

O'Riordan, Ciara, Senior Account Manager - Citizen Relations; *pg.* 590

O'Rourke, Allison, Senior Associate, Media - Spark Foundry; *pg.* 510

O'Rourke, Brady, Chief Executive Officer - Social Link; *pg.* 411

O'Rourke, Brian, Executive Director, Production - TBWA \ Chiat \ Day; *pg.* 146

O'Rourke, Christina, Senior Vice President & Head, Creative Production - Edelman; *pg.* 353

O'Rourke, Dennis, Managing Partner & Chief Financial Officer - Godfrey Dadich; *pg.* 364

O'Rourke, Helen, Strategist, Social Media - Austin & Williams Advertising; *pg.* 328

O'Rourke, Katie, Account Coordinator - Tech Image, Ltd.; *pg.* 652

O'Rourke, Matthew, Executive Producer - Element Productions; *pg.* 562

O'Rourke, Patrick, Copywriter - Team One; *pg.* 417

O'Rourke, Ryan, Creative Director - Wieden + Kennedy; *pg.* 430

O'Shaughnessy, Karen, Vice President & Director, Media - Sage Communications, LLC; *pg.* 409

O'Shaughnessy, Laura, Chief Executive Officer - SocialCode; *pg.* 688

O'Shea, Allie, Strategy Director - Publicis North America; *pg.* 399

O'Shea, Lauren, Vice President - Regan Communications Group; *pg.* 642

O'Shea, Megan, Activation Manager - USAA, Honda & Acura - Spark Foundry; *pg.* 508

O'Shea, Melissa, Vice President, Communications & Culture - New York - Publicis North America; *pg.* 399

O'Shea, Stephen, President & Founder - The Concept Studio; *pg.* 269

O'Sullivan, Katelyn, Senior Account Executive - Regan Communications Group; *pg.* 642

O'Sullivan, Kerry, Senior Vice President & Director, Media Research - Starcom Worldwide; *pg.* 517

O'Sullivan, Sean, Senior Vice President & Client Partner - Carat; *pg.* 459

O'Toole, Lawrence, Creative Director - Full Contact Advertising; *pg.* 75

OConnor, Alexis, Associate Creative Director - GTB; *pg.* 367

OConnor, Kelly, Operations Manager & Senior Media Buyer - Boiling Point Media; *pg.* 439

ONeil, Travis, Senior Vice President, Operations - GumGum; *pg.* 80

OReilly, Doug, Senior Vice President, Data & Insights - iProspect; *pg.* 674

Oade, Anthony, Creative Director - GIOVATTO Advertising; *pg.* 363

Oak, Janet, Senior Vice President, Media & Entertainment - Ipsos; *pg.* 445

Oak, Kayla, Account Executive - DDB New York; *pg.* 59

Oakes, Beth, Vice President & Account Director - ICON International, Inc.; *pg.* 476

Oakes, Julie, Managing Director - Joele Frank, Wilkinson Brimmer Katcher; *pg.* 617

Oakes, Morgan, Paid Media Strategist - Marcel Digital; *pg.* 675

Oakes, Theresa, Senior Account Supervisor - Kahn Travel Communications; *pg.* 481

Oakley, Christine, Media Supervisor - Ocean Media, Inc.; *pg.* 498

Oakley, Claire, Director, Account Services - BooneOakley; *pg.* 41

Oakley, David, Owner, President & Creative Director - BooneOakley; *pg.* 41

Oakley, Husani, Executive Vice President & Director, Technology & Innovation - Deutsch, Inc.; *pg.* 349

Oars, Amy, Account Director - Team One; *pg.* 417

Oates, Bob, Media Supervisor - Media Dimensions Limited; *pg.* 485

Oates, Kevin, Partner & Managing Director - Ketchum; *pg.* 619

Oatman, Emily, Strategist, Digital - Swanson Russell; *pg.* 415

Oaxaca, Kristen, Senior Graphic Designer - Bolchalk Frey Marketing; *pg.* 41

Obarowski, Constance, Vice President & Senior Account Director - The Biondo Group; *pg.* 201

Obata, Kiku, President - Kiku Obata & Co.; *pg.* 188

Obenauf, Joanne, Chief Executive Officer - Baldwin & Obenauf, Inc.; *pg.* 329

Ober, Michelle, Business Development Coordinator - Critical Mass, Inc.; *pg.* 223

Oberg, Kristin, Associate Director, Project Management - FCB Chicago; *pg.* 71

Oberg, Taylor, Media Buyer - Ad Results Media; *pg.* 279

Oberg, Whitney, Art Director - SRW; *pg.* 143

Oberlander, Amy, Assistant Media Planner - OMD Entertainment; *pg.* 501

Oberlander, John, Creative Director - Oberlander Group; *pg.* 193

Oberlander, Lauren, Assistant Media Planner - Noble People; *pg.* 120

Oberman, Brett, Vice President & Senior Publicist - Keith Sherman & Associates, Inc.; *pg.* 686

Oberman, Ellen, Group Managing Director - mcgarrybowen; *pg.* 110

Obermeyer, Michael, Senior Brand Strategist - TBWA \ Chiat \ Day; *pg.* 416

Oberzan, Kaylee, Media Buyer - MMGY Global; *pg.* 388

Obletz, Ellen, Brand Supervisor - Camp + King; *pg.* 46

Obra Le, Connie, Associate Director, Integrated Media - XenoPsi; *pg.* 164

Obradovich, Piper, Senior Vice President, Digital Marketing - DMA United; *pg.* 63

Obrist, Jessica, Senior Supervising Producer - WongDoody; *pg.* 162

Obston, Andrea, President - Andrea Obston Marketing Communications; *pg.* 31

Ocampo, David, Principal & Creative Director - Milagro Marketing; *pg.* 543

Ocampo, Paulyn, Account Manager - The Hodges Partnership; *pg.* 653

Ocasio, Denise, Managing Partner & Director, National Broadcast - Mindshare; *pg.* 491

Ocasio, Diana, Associate Creative Director - VSBrooks; *pg.* 429

Occhino, Barbara, President & Creative Director - Vertex Marketing Communication; *pg.* 159

Occhino, Ronald, Owner & Chief Executive Officer - Vertex Marketing Communication; *pg.* 159

Occhipinti, Ashley, Senior Integrated Media Planner - MediaCom; *pg.* 487

Occhipinti, Christopher, Co-Founder - OGK Creative; *pg.* 14

Ocenas, Jennafer, Associate Director, Technology & Operations Solutions - Starcom Worldwide; *pg.* 513

Ochnio, Benjamin J., Executive Vice President, Digital - Blue 449; *pg.* 455

Ochs, Steve, Principal - Hero Entertainment Marketing; *pg.* 298

Ochs, Steve, Senior Vice President, Marketing & Creative - National CineMedia; *pg.* 119

Ochsner, Bob, Vice President, Public Relations & Brand Engagement - Rocket Science; *pg.* 643

Oclatis, Jeremy, Associate Account Director - Fuse, LLC; *pg.* 8

Ocner, Daniel, Director, Strategic Marketing & Development - MediaMorphosis; *pg.* 543

Oddo, Brian, Senior Manager, Account - NextLeft; *pg.* 254

Oddo, Leslie, Senior Program Manager - Publicis North America; *pg.* 399

Oddone, Helen, Brand Supervisor - Camp + King; *pg.* 46

Odell, Alex, Senior Interactive Designer - Decker Design Inc.; *pg.* 179

Odell, Brian, President & Chief Executive Officer - Catalyst, Inc.; *pg.* 48

Odell, Jesse, Partner & Co-Founder - LaunchSquad; *pg.* 621

Oden, Jeanne, Senior Vice President & Digital Knowledge Manager - Ackerman McQueen, Inc.; *pg.* 26

Odenbach, Kristen, Senior Account Manager - Ipsos ASI; *pg.* 446

Odendahl, Hayley, Associate, Operations & Traffic - Spark Foundry; *pg.* 510

Odom, Kim, Associate Media Director - True Media; *pg.* 521

Odom, Michael, Vice President - Marx Layne & Company; *pg.* 626

Odum, Andy, Creative Director - Cayenne Creative; *pg.* 49

Oei, Jonathan, Digital Marketing Manager - Firewood; *pg.* 283

Oelke, Erik, Associate Creative Director - SixSpeed; *pg.* 198

Oemke, Kate, Media Buyer & Print Coordinator - Echo Media Solutions; *pg.* 282

Oertel, Samantha, Designer, Web - BlackDog Advertising; *pg.* 40

Oesterle, Alex, Chief Executive Officer - Blue Bear Creative; *pg.* 40

Oestreich, Kelli, Senior Art Director - Walz Tetrick Advertising; *pg.* 429

Oettel, Jessica, Director, Finance - MAC Presents; *pg.* 298

Ofelia, Audrey, Director, Traffic - Ocean Media, Inc.; *pg.* 498

Offenbach, Dana, Owner & Producer - CinemaStreet; *pg.* 50

Offermann, Paul, President - Harold Warner Advertising, Inc.; *pg.* 369

Office, Peter, Chief Operating Officer - MKTG INC; *pg.* 311

Offinger, Caitlin, Executive Vice President, Growth - BerlinRosen; *pg.* 583

Ofiara, Josephina, Account Supervisor - Archer Malmo; *pg.* 32

Ofsevit, Jordan, Account Executive - Translation; *pg.* 299

Ogando, Micky, Chief Creative Officer & Principal - Bakery; *pg.* 215

Oganesyan, Alex, Associate Media Director - Mindshare; *pg.* 491

Ogburn, Becky, Program Manager - McKeeman Communications; *pg.* 626

Ogburn, Katherine, Director, Strategy - Ready State; *pg.* 132

Ogden, Amy, Senior Vice President, Brand Development - J Public Relations; *pg.* 616

Ogden, Charlie, Co-Founder & Chief Executive Officer - Antics Digital Marketing; *pg.* 214

Ogilvie, Derrick, Vice President & Creative Director - BBDO ATL; *pg.* 330

Ogilvie, Meaghan, Interactive Account Supervisor - GS&F ; *pg.* 367

Ogle, Alex, Media Planner - Paradowski Creative; *pg.* 125

Ogle, Jammie, Managing Director - OMD Canada; *pg.* 501

Ogle, Jonathan, Co-Founder & Managing Principal - The Infinite Agency; *pg.* 151

Ogles, Julie, Senior Vice President, Operations - Cramer; *pg.* 6

PERSONNEL — AGENCIES

Oglesby, Marcella, Vice President, Group Creative Director - Edge Marketing; pg. 681
Ogletree, Brynna, Vice President, Executive Creative Director - TPN; pg. 571
Ogonowski, Monica, Manager, Strategy - Wavemaker; pg. 526
Ogorek, Dan, President & Chief Executive Officer - Scratch Off Systems; pg. 569
Ogurick, Michael, Vice President & Director, Strategy - Spark Foundry; pg. 508
Ogushwitz, Mary, Account Director - Magrino Public Relations; pg. 624
Oh, Catherine, Associate Director, Strategy - Mindshare; pg. 491
Oh, Hoon, Vice President & Creative Director - Allen & Gerritsen; pg. 30
Oh, Joe, Chief Executive Officer - FCB West; pg. 72
Oh, Richard, Associate Director, Integrated - Starcom Worldwide; pg. 517
Ohlmann, Lori, Senior Vice President, Account Services - The Ohlmann Group; pg. 422
Ohlmann, Walter, President & Chief Executive Officer - The Ohlmann Group; pg. 422
Ohna, Kym, Director, Creative - Periscope; pg. 127
Ohringer, Marc, Senior Vice President, Global Account Services - Xaxis; pg. 276
Ojeda, Melissa, Human Resources Manager - Davis Elen Advertising; pg. 58
Okai, Kellie, Art Director - Traction Corporation; pg. 271
Okal, John, Partner & Co-Owner - Epstein Design Partners, Inc.; pg. 182
Okal, Tom, Copywriter - Falls Communications; pg. 357
Okamoto, Cameron, Director, Design - LJG Partners; pg. 189
Oke, Kristin, Vice President, Group Director - Edelman; pg. 600
Okeowo, Toluwalope, Account Supervisor - Crossmedia; pg. 463
Oki, Geoff, Creative Director - Way To Blue; pg. 275
Oksenhendler, Robin, Director, Business Affairs - Ogilvy Public Relations; pg. 633
Oksuz, Asena, Associate Director - Horizon Media, Inc.; pg. 474
Okubo, Nako, Associate Creative Director - mcgarrybowen; pg. 110
Okumura, James, Partner & Executive Producer - Helo; pg. 307
Okun, Josh, Managing Partner - Global B2B - 9thWonder Agency; pg. 453
Okunak, Frank, Chief Operating Officer - Weber Shandwick; pg. 660
Olabarrieta, Yania, Principal - C-COM Group, Inc.; pg. 587
Olajide, Cathy, Account Executive - Horizon Media, Inc.; pg. 474
Olamai, Farnosh, Art Director - Creative Partners, LLC; pg. 346
Olander, Madlene, Vice President, Project Management Operations - RightPoint; pg. 263
Olanow, Anna M., Account Director - Barbarian; pg. 215
Olay, Pablo, Vice President - Padilla; pg. 635
Olbrich, Courtney, Associate Media Director - The Brandon Agency; pg. 419
Olbrich, Margaret, Associate Director - Starcom Worldwide; pg. 513
Olbur, Rachel, Media Strategist - R&R Partners; pg. 131
Olczak, Kasia, Senior Integrated Producer - Heat; pg. 370
Oldaker, Kathy, Senior Vice President & Media Director - Gatesman; pg. 361
Oldfield, Avery, Associate Creative Director - Venables Bell & Partners; pg. 158

Oldfield-Mills, Alex, Account Supervisor - mcgarrybowen; pg. 109
Oldham, Lindsey, Senior Integrated Digital Strategist - Hawthorne Advertising; pg. 285
Olen, Sadie, Senior Account Lead - Amobee, Inc.; pg. 213
Olenski, Greg, Senior Managing Partner & Owner - Group G Marketing Partners; pg. 284
Olesinski, Thomas, Chief Executive Officer - Havas Worldwide Toronto; pg. 83
Oleson, Ann, Chief Executive Officer - Converge Consulting; pg. 222
Oleson, Kirk, Chief Executive Officer - Graham Oleson; pg. 78
Olguin, Michael, President & Chief Executive Officer - Havas Formula; pg. 612
Olguner, Arikan, President - Insight Strategy Group; pg. 445
Oliphant, Andy, Director, Growth - Megethos Digital; pg. 675
Oliphant, Thom, Vice President, Development & Executive Producer - Taillight TV; pg. 315
Oliva, Jocelyn, Senior Vice President - Edelman; pg. 599
Oliva, Tami, Senior Vice President & Group Account Director - BBDO ATL; pg. 330
Olivarez, Elizabeth, Associate Media Planner - Mindstream Media Group - Dallas; pg. 496
Olivas, Eddie, Senior Web Developer - Healthcare Success; pg. 83
Olive, Bruce, Chief Executive Officer - Koroberi New World Marketing; pg. 95
Olive, Kathryn, President - Koroberi New World Marketing; pg. 95
Oliveira, Adriana, Director, Agency Operations - Mediasmith, Inc.; pg. 490
Oliveira, Mariana, Associate Creative Director - BBDO Worldwide; pg. 331
Oliveira, Monica, Digital Media Supervisor - Horizon Media, Inc.; pg. 474
Oliver, Amanda, Director, Social Media Marketing - Nebo Agency, LLC; pg. 253
Oliver, Jenna, Brand Manager - The Loomis Agency; pg. 151
Oliver, Kelsey, Account Executive - Swarm; pg. 268
Oliver, Louise, President & Owner - Peritus Public Relations; pg. 636
Oliver, Marcus, Partner - Fahrenheit 212; pg. 182
Oliver, Nathan, Head, Business Development - Publicis.Sapient; pg. 259
Oliver, Nathan, Head, Business Development - Retail - Transportation, Mobility, CPG & Western - North America - Publicis.Sapient; pg. 259
Oliver, Richard, Vice President, Brand Strategy - Edelman; pg. 601
Oliver, Stephen, Director, Finance - Isaac Reputation Group; pg. 10
Oliver, Tim, Principal & President - Morgan & Myers; pg. 389
Olivera, Yuvitza, Vice President & Executive Director, Business Development - MARCA Miami; pg. 104
Olivero, Johan, Creative Director - Forsman & Bodenfors; pg. 74
Oliveto, Laura, Vice President, Marketing & Public Relations - SSDM; pg. 412
Olivier, Chris, Chief Executive Officer & President - Spar Group, Inc.; pg. 266
Olivier, Ludovic, Chief Information Security Officer & Director, Information Security - Vision7 International; pg. 429
Olivieri, Kevin, Chief Technology Officer - Allen & Gerritsen; pg. 29
Olivieri, Mary, Executive Creative Director & Executive Vice President - CBD Marketing; pg. 341
Olivieri, Nicole, Consultant, Client Services

- Crow Creative; pg. 55
Oliviéri, Tom, Vice President, Creative - Tinuiti; pg. 271
Olivo, Alexandra, Producer - Johannes Leonardo; pg. 92
Olivo, Frankmy, Senior Art Director - BBDO San Francisco; pg. 330
Olivo, Jeff, Vice President & Account Director - Digitas Health LifeBrands; pg. 229
Olliges, Jennifer, Senior Vice President & Director, Shopper Marketing - Momentum Worldwide; pg. 568
Ollis, Alyssa, Creative Director - mcgarrybowen; pg. 110
Olmstead, Melissa, Senior Media Manager - 360i, LLC; pg. 207
Olmsted, Amanda, Senior Account Planner - Right Place Media; pg. 507
Olmsted, Karl, President & Creative Director - Olmsted Associates ; pg. 193
Olper, Leo, Senior Vice President & Managing Director - THIRD EAR; pg. 546
Olsen, Brian, Head, Strategy - Argonaut, Inc.; pg. 33
Olsen, Cael, Director, User Experience - Nebo Agency, LLC; pg. 253
Olsen, Katie, Sales & Marketing Executive - Wilen Media Corporation; pg. 432
Olsen, Katie, Head, Integrated Production - Chandelier Creative; pg. 49
Olsen, Liza, Senior Director - APCO Worldwide; pg. 578
Olsen, Stephanie, Account Manager - Lages & Associates; pg. 621
Olson, Brian, Owner - InQuest Marketing; pg. 445
Olson, Britta, Account Director - ICF Next; pg. 614
Olson, Cara, Senior Director, Partnerships - DEG Digital; pg. 224
Olson, Chad, Senior Vice President, Marketing - Nemer, Fieger & Associates; pg. 391
Olson, Derek, Senior Artist - TDG Communications; pg. 417
Olson, Don, Director, Managed Team Services - Filter; pg. 234
Olson, Emily, Digital Media Specialist - Centro; pg. 220
Olson, Jamie, Senior Vice President, Business Integration - Blue Chip Marketing & Communications; pg. 334
Olson, Jeff, Senior Partner - ICF Next; pg. 614
Olson, Jessi, Brand Director - The Buntin Group; pg. 148
Olson, John, Director, Client Services - MDG Advertising; pg. 484
Olson, Jordan, Director, Client Development - Conversant, LLC; pg. 222
Olson, Julie, Marketing Director - iLeveL Media; pg. 615
Olson, Kelly, Vice President, Client Services - The MX Group; pg. 422
Olson, Kirk, Senior Vice President, Entertainment & Trendsights - Horizon Media, Inc.; pg. 474
Olson, Kurt, Creative Director - Publicis Mid America; pg. 639
Olson, Larisa, Manager, Display Advertising - ThriveHive; pg. 271
Olson, Lou Ann, Media Director & Senior Consultant - Tunheim Partners; pg. 657
Olson, Matt, President, Chief Executive Officer & Founder - matmon.com; pg. 248
Olson, Raelynn, Managing Partner - GMMB; pg. 364
Olson, Ryan, Group Account Director - Colle McVoy; pg. 343
Olson, Susan, Account Manager - Acumium, LLC; pg. 210

956

AGENCIES

PERSONNEL

Olson, Tara, Account Manager - Flint Communications, Inc.; pg. 359
Olson, Tom, Senior Director - BCW New York; pg. 581
Olson, Victoria, Manager, Marketing Communications - Havas Sports & Entertainment; pg. 370
Olsson, Erin, Vice President - Nectar Communications; pg. 632
Olszewski, Brett, Chief Sales Officer & Chief Marketing Officer - K/P Corporation; pg. 286
Olszewski, Caroline, Senior Account Executive - Red Fuse Communications, Inc.; pg. 404
Olszewski, Olivia, Art Director & Senior Designer - Squeaky Wheel Media; pg. 267
Oltersdorf, Eric, Principal & Creative Director - Snackbox LLC; pg. 648
Oltersdorf, Jenna, Principal & Chief Executive Officer - Snackbox LLC; pg. 648
Oltmanns, Alexander, Content Specialist - Pipitone Group; pg. 195
Olvera, Enrique, Associate Director, Client Operations - Starcom Worldwide; pg. 513
Olyaie, Donesh, Group Strategy Director - David&Goliath; pg. 57
Omeltchenko, Nicholas, Manager, Digital Investment - MediaCom; pg. 487
Omlor, Brian, Creative Director - LaunchSquad; pg. 621
Onar, Sedef, Partner & Chief Talent Officer - 72andSunny; pg. 23
Onda, Shige, Research Director - NSON; pg. 448
Onder, Sedef, Managing Partner & Strategist - Clear; pg. 51
Ondrusek, Julie, Chief Operations Officer - The Loomis Agency; pg. 151
Onebane, Traci, Director, Business Development - Potenza Inc; pg. 398
Oneyear, Eliane, Production Manager - Davis Harrison Dion Advertising; pg. 348
Ong, Linda, Chief Culture Officer - Civic Entertainment Group; pg. 566
Onken, Angela, Senior Senior Executive & Marketing Executive - Rapport Outdoor Worldwide; pg. 556
Ono, Naoto, Creative Director - RDA Integrated - RDA International ; pg. 403
Onofrey, Meaghan, Managing Partner - TBWA\WorldHealth; pg. 147
Onofrio, Fran, President - Mason, Inc. ; pg. 383
Onorato, Karen, Vice President, Creative Services - DiD Agency; pg. 62
Onsager-Birch, Karin, Chief Creative Officer - FCB West; pg. 72
Ooms, Rachel, Executive Director - Hearts & Science; pg. 473
Opacic, Boris, Art Director - Wieden + Kennedy; pg. 432
Opad, Amy, Senior Account Executive - Affirm Agency; pg. 323
Opalacz, Aniella, Associate Business Director - Heat; pg. 370
Opara, Eddie, Partner - Pentagram; pg. 194
Opatz, Maria, Account Supervisor - ICF Next; pg. 372
Opdyke, Michelle, Manager, Video Investment - MediaCom; pg. 487
Openysheva, Alice, Office Manager - Hot Tomali Communications, Inc.; pg. 371
Opet, John, Senior Graphic Designer - Art 270, Inc.; pg. 173
Opfer, Craig, Owner & Creative Director - Magneto Brand Advertising; pg. 13
Opich, Nick, Senior Account Executive & Associate Producer - The Green Rush Podcast - KCSA Strategic Communications; pg. 619
Opie, Robin, Group Vice President, Data Science - Oracle Data Cloud; pg. 448

Oporta, Katherine, Manager, Media Account - Publicis.Sapient; pg. 259
Oporto, Tara, Executive Vice President & Media Director - Media Brokers International; pg. 485
Oppenheim, Ellen, Vice President, Global Industry & Marketing Strategy - Prohaska Consulting; pg. 130
Oppenheim, Rick, Chief Executive Officer & Senior Counselor - RB Oppenheim Associates; pg. 641
Oppenheimer, Adam, Associate Director, Media Technology - 360i, LLC; pg. 207
Oppenheimer, Alexandra, Vice President - Pollock Communications, Inc.; pg. 637
Oppenheimer, Jason, Copywriter - LRXD; pg. 101
Opperman, Kelsey, Associate Director - Carat; pg. 459
Orabona, Jerry, Senior Vice President, Technology - Hero Digital; pg. 238
Oram, Clint, Co-Founder & Chief Strategy Officer - SugarCRM; pg. 169
Oram, Marshall, Interactive Director - Miller Designworks; pg. 191
Orange, Brian, Partner & Chief Operating Officer - Mirrorball; pg. 388
Orapello, Drew, Associate Director, Data & Analytics - Forsman & Bodenfors; pg. 74
Orbin, Danielle, Senior Associate, Digital & Advertising Operations - Spark Foundry; pg. 510
Orci, Andrew, Chief Executive Officer & President - Orci; pg. 543
Orci, Hector, Owner & Chairman - Orci; pg. 543
Orcutt, Ryan, Associate Creative Director - Duarte; pg. 180
Ordahl, Thomas, Chief Strategy Officer - Landor; pg. 11
Ordonez, Anabel, Vice President, Management Director - Conill Advertising, Inc.; pg. 538
Ordonez, Andres, Chief Creative Officer - FCB Chicago; pg. 71
Orefice, Paul, Managing Partner, Creative - The Watsons; pg. 154
Orendorf, Ryan, Vice President, Client Services - Hahn Public Communications; pg. 686
Orenstein, Kristen, Manager, Account - Media Brokers International; pg. 485
Orenstein, Matthew, Senior Strategist, Biddable - The Media Kitchen; pg. 519
Orenstein, Steven, Chief Finance Officer - WongDoody; pg. 433
Orezzoli, Nina, Group Creative Director - ICF Next; pg. 372
Orfanello, Frank, Chief Finance Officer - MMB; pg. 116
Orgel, Amy, Senior Project Manager - 72andSunny; pg. 24
Ori, Caitlin, Manager, Digital Investment - Mindshare; pg. 494
Oriani, Phil, Partner - Client Services - Shift Digital; pg. 265
Orkin, Jessica, Principal & Consulting Lead - SYPartners; pg. 18
Orkin, Justin, Vice President, Global Business Strategy - Control v Exposed; pg. 222
Orlando, Fabio, Chief Executive & Creative Officer - TAG; pg. 145
Orlando, Gabrielle, Manager, Programmatic - 360i, LLC; pg. 207
Orlando, Joshua, Senior Project Manager - ZAG Interactive; pg. 277
Orlando, Michelle, Vice President & Head, Production - Canada - Saatchi & Saatchi Canada; pg. 136
Orlando, Patty, Creative Director - Wieden + Kennedy; pg. 430
Orleman, James, Vice President, Information Technology - Specialists Marketing Services, Inc. ; pg. 292
Orloff, Jennifer, Office Manager - Edison Media Research; pg. 444
Orloff, Kate, Vice President & Director - Starcom Worldwide; pg. 513
Orlowski, Cara, Director, Business Affairs - MUH-TAY-ZIK / HOF-FER; pg. 119
Orlowsky, Keith, Senior Vice President & Head, Content - Boston, Detroit & New York Regions - Digitas; pg. 226
Ormand Cherwin, Gina, Chief People Officer & Executive Vice President - MWWPR; pg. 630
Ormasen, Dag, Director, Nordic Buying - Norway - Publicis North America; pg. 399
Ormerod, Andrew, Senior Interactive Designer - Elliance; pg. 231
Orne, Karen, Senior Account Executive - DVL Seigenthaler; pg. 599
Ornelas, Carolina, Co-Founder & Managing Partner - UNO; pg. 21
Ornelas, Robert, Senior Account Manager, Client Services - Google Carrier Team - Mosaic North America; pg. 312
Ornell, Jim, Senior Vice President, Service Delivery - Bluespire Inc.; pg. 335
Ornowski, Mark, Chief Financial Officer - True Sense Marketing; pg. 293
Ornstein, Max, Senior Account Executive - Ayzenberg Group, Inc.; pg. 2
Orochena, Emmanuel, Manager, Local Activation - Spark Foundry; pg. 510
Orona, Julie, Art Director & Vice President - Never Boring Design; pg. 193
Oropallo, Lisa, Vice President & Art Director, Production - Digitas; pg. 226
Orozco, Maribel, Vice President & Director, Multicultural Marketing - H&L Partners; pg. 80
Orozco, Zulema, Design Director - mcgarrybowen; pg. 110
Orr, Alex, Manager, Media Platform - Kroger Media Services; pg. 96
Orr, Barbara, Co-Owner, Executive Vice President & Partner - Poretta & Orr, Inc.; pg. 314
Orr, Bill, General Manager - DKC Public Relations; pg. 597
Orr, Cinda, Chief Executive Officer - SCORR Marketing; pg. 409
Orr, Daniel, Director, Programmatic - Wavemaker; pg. 526
Orr, Dillon, Supervisor, Brand Strategy - Horizon Media, Inc.; pg. 474
Orr, John, Director, Public Relations - Aloysius Butler & Clark; pg. 30
Orr, RJ, Partner & Executive Vice President, Sales - BlueMedia; pg. 175
Orren, Shachar, Chief Storyteller - Playbuzz; pg. 128
Orsatti, Brandan, Vice President - BCW New York; pg. 581
Orsi, Janet, President - Orsi Public Relations; pg. 634
Orsini, Bill, Senior Art Director - Sundin Associates; pg. 415
Orsini, Maria, Executive Vice President, Administration & Finance - Cundari Integrated Advertising; pg. 347
Orsini, Ryan, Senior Vice President & Director, Client Services - Pacific Communications; pg. 124
Ortega, Carlos, Senior Designer - McKinney; pg. 111
Ortega, Danielle, Associate Media Director - Starcom Worldwide; pg. 513
Ortega, Dave, Creative Director & Partner - McKee Wallwork & Company; pg. 385

PERSONNEL   AGENCIES

Ortega, Jonathan, Paid Social Specialist - Acento Advertising, Inc.; *pg.* 25
Ortega, Jorge, General Manager - Edelman; *pg.* 600
Ortega, Miguel, Commercial Director - Mothership; *pg.* 563
Ortega, Pablo, Digital Strategist & Social Media Manager - Casey & Sayre, Inc.; *pg.* 589
Ortega, Tom, Principal & Chief Creative Officer - Riester; *pg.* 406
Ortega-Endahl, Hans, Specialist, Paid Media - Emergent Digital ; *pg.* 231
Orth, Bridey, Creative Director - Godfrey; *pg.* 8
Orticello, Eric, President - Media Dimensions Limited; *pg.* 485
Ortinez-Hansen, Julia, Account Supervisor - barrettSF; *pg.* 36
Ortiz, Adrian, Supervisor, Integrated Planning - 360i, LLC; *pg.* 208
Ortiz, Alejandro, Vice President & Creative Director - Casanova//McCann; *pg.* 538
Ortiz, Alexis, Account Director - DMA United; *pg.* 63
Ortiz, Henry, Assistant Negotiator - OMD Atlanta; *pg.* 501
Ortiz, Irasema, Account Executive - Interlex Communications; *pg.* 541
Ortiz, Juan, Account Coordinator - Refuel Agency; *pg.* 507
Ortiz, Laura, Manager, Broadcast Business - Alma; *pg.* 537
Ortiz, Laura, Vice President & Group Account Supervisor - Patients & Purpose; *pg.* 126
Ortiz, Lorenz, Senior Designer - Goodby, Silverstein & Partners; *pg.* 77
Ortiz, Ludwig, Group Strategy Director - the community; *pg.* 545
Ortiz, Maria, Media Buying Supervisor - Zimmerman Advertising; *pg.* 437
Ortiz, Olivia, Account Executive - Lapiz; *pg.* 542
Ortiz, Stephanie, Lead, Paid Social - iProspect; *pg.* 674
Ortman, Kyle, Manager, Brand - DiMassimo Goldstein; *pg.* 351
Ortmeyer, Joe, Executive Creative Director - Hot In The Kitchen; *pg.* 9
Orvik, Tracy, Manager, Media Systems - Mediasmith, Inc. ; *pg.* 490
Orwig, Lyle, Chairman & Founding Partner - Charleston|Orwig, Inc.; *pg.* 341
Osborn, Bethany, Account Coordinator - MAPR; *pg.* 624
Osborn, Cayla, Senior Account Manager - Oxford Communications; *pg.* 395
Osborn, Elizabeth, Vice President - Hager Sharp, Inc.; *pg.* 81
Osborn, John, Chief Executive Officer - US - OMD; *pg.* 498
Osborn, Tony, Senior Vice President, Employee Practice - MSLGroup; *pg.* 629
Osborne, Allison, Senior Associate, Local Strategy & Activation - Spark Foundry; *pg.* 510
Osborne, Charles, Managing Partner & Chief Vision Officer - Watauga Group; *pg.* 21
Osborne, Deborah, Human Resources Director - Campbell Ewald; *pg.* 46
Osborne, JB, Co-Founder & Chief Executive Officer - Red Antler; *pg.* 16
Osborne, Julie, Vice President - Stevens Strategic Communications, Inc.; *pg.* 413
Osborne, Kenny, Creative Director - AvreaFoster; *pg.* 35
Osborne, Leslie, Chief Executive Officer - Watauga Group; *pg.* 21
Osborne, Lynda, Creative Services Manager - Decker; *pg.* 60
Osborne, Paige, Video Activation Specialist - Noble People; *pg.* 120
Osborne, Reginald, Vice President & Group Account Director - Walton Isaacson; *pg.* 547
Osborne, Tom, Vice President, Design - Viget Labs; *pg.* 274
Osbourn, Michael, Group Strategy Director - 72andSunny; *pg.* 23
Osburn, Heather, Manager, Marketing - Outfront Media; *pg.* 555
Oscher, Addie, Strategic Planner - Dell Blue; *pg.* 60
Osegi, Andrew, Social Media Advertising Strategist - DWA Media; *pg.* 464
Osenga, Greg, Managing Director - Publicis Hawkeye; *pg.* 399
Osetek, Alan, Executive Vice Chairman - Digilant; *pg.* 464
Osgood, Eric, Director, Media - HackerAgency; *pg.* 284
Oshanani, Sophia, Graphic Designer - Harman Audio Brands - Huemen Design; *pg.*
Osher, Erin, Managing Director - Porter Novelli; *pg.* 637
Oshiro, Byron, Co-Director WK12 - Wieden + Kennedy; *pg.* 430
Oshman, David, Senior Vice President, Client Relations - Braun Research, Inc.; *pg.* 442
Osiecki, Noelle, Executive Director - Golin; *pg.* 610
Osio, Katrina, Executive Vice President, Media & Marketing Strategy - DuMont project; *pg.* 230
Osipenko, Michael, Senior Director, New Business Partnerships - Direct Associates ; *pg.* 62
Oskan, Arthur, Art Director - Field Day; *pg.* 358
Oslin, Cory, Supervisor, Integrated Media - Re:group, Inc.; *pg.* 403
Osmolinski, Laura, Brand Manager - quench; *pg.* 131
Osmond, Bob, Senior Vice President & General Manager - New York & Director, Client Services - Access Brand Communications; *pg.* 1
Osol, Krista, Account Director - Traction Corporation; *pg.* 271
Osorio, Felicia, Project Manager - Resource Advantage Group, Inc.; *pg.* 405
Osorio, Susan, Account Director - Zubi Advertising; *pg.* 165
Osowski, Dario, Publisher Solutions Manager - TargetSpot, Inc.; *pg.* 269
Ospina, Taylor, Account Director - iCrossing; *pg.* 240
Ossa, Juliana, Manager, Digital Media - Hulu - Universal McCann; *pg.* 524
Ostarello, Alicia, Associate Media Director - Universal McCann; *pg.* 428
Ostbo, Craig, Managing Partner - Koopman Ostbo Inc.; *pg.* 378
Ostedt, Will, Senior Vice President - The Pollack PR Marketing Group; *pg.* 654
Oster, Bev, President & Creative Director - Oster & Associates, Inc.; *pg.* 123
Oster, Taylor, Director, Marketing - Influence & Co; *pg.* 615
Osterberg, Kerstin, Principal & Co-Founder - The Neibart Group; *pg.* 654
Osterhaus, Tony, Chief Delivery Officer - Imaginuity Interactive, Inc.; *pg.* 241
Osterhoff, Meredith, Group Brand Director - Venables Bell & Partners; *pg.* 158
Osterlund-Martin, Dawn, Manager, Traffic - High Tide Creative; *pg.* 85
Ostermann, Stephanie, Director, Content - WS; *pg.* 164
Ostholthoff, Hank, Chief Executive Officer - Mabbly; *pg.* 247
Ostler, James, Associate Director, Programmatic - OMD; *pg.* 500
Ostmann, Rosemary, Founder, President & Chief Executive Officer - RoseComm; *pg.* 644
Ostovar, Fred, Director, Marketing - Nova Advertising; *pg.* 392
Ostrovskaya, Victoria, Senior Project Manager - Wunderman Thompson Seattle; *pg.* 435
Ostrovsky, Ramie, Chief Executive Officer - Ocean Bridge Media Group; *pg.* 498
Ostrow, Dylan, Associate Director, Creative - Anomaly; *pg.* 325
Osuna, Fernando, Chief Creative Officer - Lopez Negrete Communications, Inc. ; *pg.* 542
Oswald, Glenn, Vice President - Marx Layne & Company; *pg.* 626
Oswald, Kelly, Associate Media Director, Kraft Heinz - Starcom Worldwide; *pg.* 513
Oswieler, Marilyn, Senior Vice President, Client Services - Stamats Communications; *pg.* 412
Otchy, Jonah, Associate Director, Creative - TriComB2B; *pg.* 427
Otero, Ana, Assistant Media Planner - Media Assembly; *pg.* 484
Otero-Smart, Ingrid, President & Chief Executive Officer - Casanova//McCann; *pg.* 538
Otey, James, Senior Researcher & Digital Architect - Agilitee Solutions, Inc.; *pg.* 172
Otis, Dan, Designer, Visual - BASIC; *pg.* 215
Otis, Jason, Creative Director - PETERMAYER; *pg.* 127
Otis, Martha, President - Verso Advertising; *pg.* 159
Otis, Paul, Chief Executive Officer - MOB Media, Inc.; *pg.* 116
Otranto, AJ, Paid Search Planner - Blue 449; *pg.* 455
Ots, Kieran, Executive Vice President & Executive Creative Director - Leo Burnett Worldwide; *pg.* 98
Ott, Adam, Senior Manager, Engagement - Deloitte Digital; *pg.* 224
Ott, Chris, Owner, Principal & Chief Strategy Officer - Ott Communications, Inc. ; *pg.* 395
Ott, Jon, Regional Vice President, Sales - Krux - Salesforce DMP; *pg.* 409
Ott, Kenneth, Founder - Metacake LLC; *pg.* 386
Ott, Michael, Associate Vice President, Golf & Special Projects - Intersport; *pg.* 308
Ott, Whitney, Co-Owner & Partner - Jackson Spalding Inc.; *pg.* 376
Ottaviano, Jessica, Supervisor, Digital Media - GYK Antler; *pg.* 368
Ottaviano, Taylor, Art Director - Cummins&Partners; *pg.* 347
Ottaway, John, Senior Vice President & Director, Operations - FCSD - GTB; *pg.* 367
Otte, Greg, Vice President, Client Services - Benedict Advertising; *pg.* 38
Ottelin, Courtney, Senior Digital Project Manager - Luquire George Andrews, Inc.; *pg.* 382
Otter, Keith, Chief Creative Officer - Intermark Group, Inc.; *pg.* 375
Otter, Sheila, Account Director - Purdie Rogers, Inc.; *pg.* 130
Otto, Alexander, Art Director - MediaMonks; *pg.* 249
Otto, Craig, Director, Brand Development - Elliance; *pg.* 231
Otto, Julianne, Producer, Video & Interactive - EFX Media; *pg.* 562
Otto, Randy, President - Pattison Outdoor Advertising; *pg.* 555
Otto, Tristan, Associate Media Planner & Buyer - Chemistry Atlanta; *pg.* 50
Ottolino, Marina, Supervisor, Digital Media - Starcom Worldwide; *pg.* 513
Ottomanelli, Christina, Associate Director - Mindshare; *pg.* 491
Otzenberger, Brett, Chief Technology Officer

AGENCIES — PERSONNEL

- North America - Mirum Agency; *pg.* 251
Ou, Tina, Manager, Account - Tether; *pg.* 201
Oudin, Pauline, Partner & Managing Director - Gradient Experiential LLC; *pg.* 78
Ouellet, Luc, Associate Director - National Public Relations; *pg.* 632
Ouellet, Megan, Director, Marketing - Customer Acquisitions - Listrak; *pg.* 246
Ouellette, Phil, President & Chief Operating Officer - Lindsay, Stone & Briggs; *pg.* 100
Ouellette, Tina, Chief Executive Officer & Executive Producer - Global Mechanic; *pg.* 466
Ouf, Gigi, Director - The Narrative Group; *pg.* 654
Oumedian, Cassie, Associate Director Services, Growth - Paid Social, PPC & Programmatic - Hanapin Marketing; *pg.* 237
Ousset, John, President & Principal - Ousset Agency; *pg.* 395
Ousset, Margaret A., Vice President & Marketing Director - Ousset Agency; *pg.* 395
Ovalle, Verochka, Senior Business Development Specialist - The Axis Agency; *pg.* 545
Ovalles, Christina, Associate Director, Operations - Hearts & Science; *pg.* 471
Overall, Michelle, Senior Vice President, Entertainment Marketing & Partnerships - M Booth & Associates, Inc. ; *pg.* 624
Overbay , Amy, Manager, Client Services - Miles Partnership; *pg.* 250
Overby, Jim, Broadcast Producer & Copywriter - Diane Allen & Associates; *pg.* 597
Overby, Theresa, Director, Social Media Strategy - Miles Media Group, LLP; *pg.* 387
Overesch, Blair, Media Director - Walz Tetrick Advertising; *pg.* 429
Overhuls, Greg, Senior Copywriter - The Integer Group - Dallas; *pg.* 570
Overley, Jerod, Group Director, Data Technology - VMLY&R; *pg.* 274
Overlie, Barbara, Chief Financial Officer - 180LA; *pg.* 23
Overton, Cheryl, President - Egami Group; *pg.* 539
Overton, Heath, Account Supervisor - Dalton + Anode; *pg.* 348
Overton, Michael, Partner & Creative Director - Inferno, LLC; *pg.* 374
Overton, Todd, Senior Account Executive - SCA Promotions, Inc.; *pg.* 569
Owen, Amie, Vice President & Partner, Shopper Marketing - Universal McCann; *pg.* 521
Owen, Ashley, Senior Account Executive - Aria Marketing, Inc.; *pg.* 441
Owen, Brewer, Account Associate - French / West / Vaughan ; *pg.* 361
Owen, Carly, Director, Agency Brand & Content - North America - Iris; *pg.* 376
Owen, Chris, Senior Vice President, Managing Director - Horizon Media, Inc.; *pg.* 474
Owen, Daniel, Executive Vice President - Direct Agents, Inc.; *pg.* 229
Owen, David, President - Grassroots Advertising, Inc. ; *pg.* 691
Owen, Dean, President - MGM Communications; *pg.* 387
Owen, Hayley, Vice President & Associate Director - Media & Ad Technology - Deutsch, Inc.; *pg.* 350
Owen, Jayme, Senior Vice President - FleishmanHillard; *pg.* 606
Owen, Madeline, Coordinator, Agency Marketing - PMG; *pg.* 257
Owen, Molly, Manager,Account - Cone, Inc.; *pg.* 6
Owen, Paul, Founder & President - Owen Media; *pg.* 634
Owen, Scott, Event Operations Manager - Event Strategies, Inc.; *pg.* 305
Owen, Sean, Chief Executive Officer - wedu;

pg. 430
Owens, Bridget, Director, Business & Brand Development - Harvey Agency; *pg.* 681
Owens, Christopher, Brand Planning Director - The Richards Group, Inc.; *pg.* 422
Owens, Geoff, Creative Director - Belmont Icehouse; *pg.* 333
Owens, Grant, Chief Strategy Officer - Critical Mass, Inc.; *pg.* 223
Owens, Kate, Executive Group Director, Account - Brand Leadership - Lopez Negrete Communications, Inc. ; *pg.* 542
Owens, Kerry, Vice President, Public Relations & Account Director - MGH Advertising ; *pg.* 387
Owens, Kevin, Managing Director, Creative Services - Ebben Group; *pg.* 67
Owens, Kristopher, Director, Analytics - Havas Formulatin; *pg.* 612
Owens, Lori, Interactive Producer - Steel Digital Studios; *pg.* 200
Owens, Mark, Chief Executive Officer - Rogers & Cowan/PMK*BNC; *pg.* 643
Owens, Matthew, Chief Executive Officer - OH Partners; *pg.* 122
Owens, Renee, Associate Creative Director - SFW Agency; *pg.* 16
Owens, Ryan, Director, Digital Media - TractorBeam; *pg.* 156
Owens, Taryn, Executive Vice President - DKC Public Relations; *pg.* 597
Owens, Tiffany, Digital Strategy Director - North 6th Agency; *pg.* 633
Owens, Timothy, Creative Director - Cramer; *pg.* 6
Owens, Tracey, President & Owner - o2kl; *pg.* 121
Owens Stuart, Kristn, Account Director - The Marketing Arm; *pg.* 316
Owings, Matthew, Manager, Agency Marketing & New Business - MGH Advertising ; *pg.* 387
Owolo, Sean, Executive Producer - Roger Big Machine Design; *pg.* 174
Oxland, Randy, Partner - Universal McCann; *pg.* 521
Oxler, Jilian, Global Account Director - Ogilvy; *pg.* 393
Oxley, Jenee, Senior Creative Director - JDM; *pg.* 243
Oxley, Sheri, Production Manager - Clayman & Associates; *pg.* 51
Oxman, Robert, Vice President & Director, Creative Services - Paskill, Stapleton & Lord; *pg.* 256
Oyedele, Adeola, Associate Director, Client Results - Amnet; *pg.* 454
Oz, Chelsea, Senior Art Director - Omelet; *pg.* 122
Ozawa, Kimi, Senior Vice President - Murphy O'Brien, Inc.; *pg.* 630
Ozcelik, Gizem, Vice President - MMGY NJF; *pg.* 628
Ozdemir, Victoria, Finance Director - Fahrenheit 212; *pg.* 182
Ozdych, John, Chief Operating Officer & Executive Creative Director - Real Integrated; *pg.* 403
Ozerities, Henry, Senior Vice President & Director, Strategic Planning - Agency 720; *pg.* 323
Ozerkis, Alexandria, Senior Account Supervisor - Kellen Co.; *pg.* 686
Oziemski, Katie, Senior Program Manager - Perficient Digital; *pg.* 257
Ozikizler, John, President & Partner - LMA; *pg.* 623
Ozimek, Jamie, Supervisor, Media - AKQA; *pg.* 211
Ozkan, Mary, Director, Media Services - Absolute Media Inc.; *pg.* 453

Ozkardesler, Ugur, Director, Digital - Yes&; *pg.* 436
Oztra, MacKenzie, Account Executive - Performance Marketing; *pg.* 126
O'Brien, Becky, Vice President & Creative Director - Customer Communications Group; *pg.* 167
O'Brien, Chelsea, Creative Director - Omelet; *pg.* 122
O'Brien, Chris, Managing Director, Performance Marketing - OMD; *pg.* 500
O'Brien, Dan, Co-Founder & President - Michael Patrick Partners ; *pg.* 191
O'Brien, Darby, President - Darby O'Brien Advertising, Inc.; *pg.* 57
O'Connell, Dan, Founder & Chief Executive Officer - Foodmix Marketing Communications; *pg.* 359
O'Connell, Steve, Partner & Executive Creative Director - Red Tettemer O'Connell + Partners; *pg.* 404
O'Dea, Jim, Chairman - Rx EDGE Media Network; *pg.* 557
O'Donnell, Ed, Executive Vice President - Sundin Associates; *pg.* 415
O'Grady, Patrick, Executive Vice President, Creative Services - Feinstein Kean Healthcare; *pg.* 603
O'Hara, Marissa, Media Director - Signature Communications; *pg.* 410
O'Harrow, Kevin, Chief Operating Officer - The Ad Store; *pg.* 148
O'Keefe, Tom, Founder & Chief Executive Officer - O'Keefe Reinhard & Paul; *pg.* 392
O'Leary, Steve, Vice Chairman - The Shipyard; *pg.* 153
O'Malley, Shannon, Senior Vice President & Managing Director - Ogilvy CommonHealth Worldwide; *pg.* 122
O'Neill, Crystal, President - Seer Interactive; *pg.* 677
O'Neill, Laurie, Vice President, Account Services - Hailey Sault; *pg.* 81
O'Neill, Matt, Owner & Principal - Phoenix Creative ; *pg.* 128
O'Neill, Nancy, Partner - Engel O'Neill Advertising; *pg.* 68
O'Neill, Tim, Chief Executive Officer & Owner - Image Masters; *pg.* 89
O'Reilly, Patrick, President & Chief Executive Officer - O'Reilly Public Relations; *pg.* 687
O'Shea, Dan, Partner & Vice President, Sales & Marketing - SJI Associates; *pg.* 142
O'Toole, Sean, President - Team Enterprises; *pg.* 316
O'Toole, Vinnie, Chief Operating & Financial Officer & Executive Vice President - Horizon Media, Inc.; *pg.* 474
O'Toole , Mike, President & Partner - PJA Advertising + Marketing; *pg.* 397

P

Paas, Haley, Senior Vice President & Head, Strategy & Insights - Carat; *pg.* 459
Paauwe, Melissa, Manager, Business Development - FRCH Design Worldwide; *pg.* 184
Paccione, Danielle, Senior Manager, Integrated Investment - Universal McCann; *pg.* 521
Pace, Audra, Director, Creative - Mod Op; *pg.* 116
Pace, Dominick, Managing Director & Senior Partner, Digital Investment - Mindshare; *pg.* 491
Pace, Elle, Associate Strategy Director - McGarrah Jessee; *pg.* 384

959

PERSONNEL

AGENCIES

Pace, Ellen, Global Client Leader - Red Fuse Communications; pg. 404
Pace, Grant, Owner & Executive Creative Director - CTP; pg. 347
Pace, Kimberly, Supervisor, Public Relations - 9thWonder Agency; pg. 453
Pace, Richard, Vice President, Director - Thomas J. Paul, Inc. ; pg. 20
Pace Donovan, Elizabeth, Marketing Director - Ueno; pg. 273
Pacelli, Hilary, Associate, Digital Investment - Canvas Worldwide; pg. 458
Pacetta, Chris, Group Creative Director - mcgarrybowen; pg. 109
Pacheco, Jessica, Associate Media Buyer - Horizon Media, Inc.; pg. 474
Pacheco, Juan, Director, Analytics - Mekanism; pg. 113
Pachman, Ruth, Partner - Kekst & Company, Inc.; pg. 619
Pachner, Carin, Chief Executive Officer - Contrast & Co; pg. 6
Pachner, Dharma, Founder & Creative Director - Contrast & Co; pg. 6
Pachuta, Ryan, Associate Manager, Public Relations - Fashion & Lifestyle - Jennifer Bett Communications; pg. 617
Pacifico, Cassandra, Account Supervisor - BCW Pittsburgh; pg. 581
Pacillo, Emily, Production Coordinator - Element Productions; pg. 562
Pacitti, Nikki, Media Buyer - Wray Ward; pg. 433
Paciulli, Alaina, Director, Integrated Media - DCX Growth Accelerator; pg. 58
Pack, Jennifer, Senior Account Supervisor - Edelman; pg. 599
Pacovich, Melissa, Account Executive - Fairway Outdoor Advertising; pg. 552
Padden, Julie, Media Planner & Buyer - Media Works, Ltd.; pg. 486
Paddock, Craig, Director, Search Engine Marketing - MMGY Global; pg. 388
Paddock, Laura, Vice President, Messaging & Strategy - Axiom; pg. 174
Padellaro, Liza, Senior Account Supervisor, Digital & Social - Edelman; pg. 599
Padgen, Jocie, Vice President, Account Director - MARC USA; pg. 104
Padgett, Stephanie, Senior Vice President, Client Strategy - True Media; pg. 521
Padgett, Tim, Founder & Chief Executive Officer - The Pepper Group; pg. 202
Padilla, Elisa, Senior Vice President, Creative Strategy & Partnership Marketing - Roc Nation; pg. 298
Padilla, Gabriela, Senior Account Executive, Performance Marketing - Edelman; pg. 353
Padilla, Lauren, Senior Account Director - Blue C Advertising; pg. 334
Padilla, Martine, Director, Production - Sandbox; pg. 138
Padilla-Ravega, Derek, Associate Media Director - OMD Entertainment; pg. 501
Padin, Aaron, Head, Art & Design - Wunderman Thompson; pg. 434
Padovano, Angie, Account Supervisor - RAPP Worldwide; pg. 291
Paeschke, Leigh, Chief Operating Officer - HealthSTAR Communications - SCS Healthcare Marketing, Inc. ; pg. 139
Paez, Stephen, Senior Vice President & Director, Multicultural - Spark Foundry; pg. 510
Pagan, Debra, Founder & President - D. Pagan Communications Inc.; pg. 595
Paganelli Schwartz, Jennifer, Practice Head, Earned & Social Media - W2O; pg. 659
Pagani, Chris, Principal & Creative Director - Charlie Company Corp.; pg. 177

Pagano, Chris, Research Specialist - Mering; pg. 114
Pagano, Diane, Managing Partner - T1 Media, LCC; pg. 518
Pagano, Joe, President & Creative Director - Pagano Media; pg. 256
Pagano, Kathleen, Chief Executive Officer & Strategic Director - Pagano Media; pg. 256
Paganucci, Monica, Founder - Play Work Group; pg. 195
Pagden, Jeremy, Chairman - The Integer Group; pg. 682
Page, Alexa, Associate, Strategy & Activation - Spark Foundry; pg. 508
Page, David , Account Executive - CD&M Communications; pg. 49
Page, Ellen, Creative Director - EP+Co.; pg. 356
Page, Matthew, Creative Director - BBDO Worldwide; pg. 331
Page, Matthew, Executive Creative Director - North America - Spark44; pg. 411
Page, Nancy, Executive Vice President & Director, Client Services - Buchanan Public Relations; pg. 587
Page, Scott, Executive Vice President & General Manager - GSW Worldwide / GSW, fueled by Blue Diesel; pg. 80
Page, Stephanie, Vice President & Group Account Director - BBDO Canada; pg. 330
Page, Steven, Chief Operating Officer - GP Generate, LLC; pg. 541
Page, Ted, Owner, Principal & Creative Director - Captains of Industry, Inc.; pg. 340
Pageau, Nanette, Principal & Owner - Kaneen Advertising & Public Relations, Inc.; pg. 618
Pagis, Rebekah, Managing Director - MullenLowe U.S. New York; pg. 496
Pagliara, Meagan, Planning Director - Subaru - Carmichael Lynch; pg. 47
Pagliuca, Megan, Chief Data Officer - Hearts & Science; pg. 471
Pagni, Tara, Vice President, Client Solutions - Kepler Group; pg. 244
Pahilajani, Ravi, Senior Vice President & Director, Digital - Spark Foundry; pg. 508
Pai, Ambika, Chief Strategy Officer - Mekanism; pg. 113
Pai, Megha, Digital & Inbound Marketing Specialist - WordWrite Communications; pg. 663
Paialii, Josh, Creative Director - The Many; pg. 151
Paige, Ellen, Vice President, Client Services - Shaker Recruitment Advertising & Communications; pg. 667
Paige, Gretchen, Chief Revenue Officer - eshots, Inc.; pg. 305
Paik, Kathy, Senior Art Director - Arc Worldwide; pg. 327
Paille, Lisa, Manager, Culture & Operations - 6P Marketing; pg. 1
Paine, Sydney, Account Executive - mcgarrybowen; pg. 385
Painting, Kristie, Chief Executive Officer - Wavemaker; pg. 529
Paisley, Allyson, Creative Director - DNA Seattle; pg. 180
Paisley, David, Senior Research Director - Community Marketing, Inc.; pg. 443
Pajakowski , Chris, President - Media Division - Burkhart Advertising; pg. 550
Pajic, Alexandra, Director, Activation & Operations - NEO@Ogilvy - Wavemaker; pg. 529
Pak, Daniel, Supervisor, Search Engine Optimization - 360i, LLC; pg. 207
Pak, Peter, Director, Art - Sid Lee; pg. 140
Pal, Felicity, Supervisor, Copy - Evoke Giant; pg. 69

Palacios, Brandon, Manager, Sales - AdvertiseMint ; pg. 211
Palacios, Claude, Vice President, Performance Media & Media Director - Spark Foundry; pg. 510
Palacios, Linda, Senior Communications Specialist - Environmental Technologies & Communications, Inc.; pg. 602
Palacios, Marcos, Associate Media Planner - Wieden + Kennedy; pg. 430
Palafox, Megan, Associate Director & Media Supervisor - Starcom Worldwide; pg. 513
Palagonia, Kristine, Account Manager, Video Investment - Mindshare; pg. 491
Palan, Dan, Director, Marketing - Annalect Group; pg. 213
Palasek, Jessie, Director, Operational Analytics - MullenLowe U.S. Boston; pg. 389
Palasin, Ludmila, Associate Director - The Media Kitchen; pg. 519
Palatini, Richard, Director, Creative & Brand Strategy - Delia Associates; pg. 6
Palau, Daniel, Copywriter - Laundry Service; pg. 287
Palazzo-Hart, Melissa, Chief Operating Officer & Managing Director - USA - Sid Lee; pg. 141
Palen, Adrienne, Director, Account Services - MN & Company Media Management; pg. 496
Palencia, Michael, Media Director - TBWA\WorldHealth; pg. 147
Paleothodoros, Denise, Executive Director, Business Development - Golin; pg. 609
Palepu, Anuradha, Web Developer - MRM//McCANN; pg. 252
Palermo, Anthony, Associate Media Director, Strategy - Zenith Media; pg. 529
Palermo, Michael, Creative Director - Relish Marketing; pg. 405
Palese, Toni, Director, Digital Services - SoMe Connect; pg. 677
Paley, Jon, Chief Executive Officer, Chief Creative Officer & Managing Partner - The Vault; pg. 154
Paley, Mike, Senior Vice President & General Manager, Shopper Marketing Solutions - Vestcom ; pg. 571
Palisi, Michael, Executive Vice President - Van Wagner Communications; pg. 558
Pallack, Sarah, Managing Director - BPCM; pg. 585
Palladino, Danielle, Brand Director - Bailey Brand Consulting; pg. 2
Palleria, Thomas, Vice President, Business Development & Sales - Epsilon; pg. 282
Palley, Warren, President - Palley Advertising & Synergy Networks; pg. 396
Pally, Jenny, Designer, Product - Atlantic 57; pg. 2
Palm, Dave, Senior Vice President, Operations - 84.51; pg. 441
Palm, Vickie, Senior Director, Production & Manager, Creative - WongDoody; pg. 433
Palma, Gabriela, General Manager - MarketLogic; pg. 383
Palmacci, Siena, Digital Producer - TBWA \ Chiat \ Day; pg. 146
Palmer, Amy, Principal, Managing Partner - Digital Lion Marketing; pg. 225
Palmer, Carrie, Chief Financial Officer - Fitzgerald & Company - Weber Shandwick; pg. 661
Palmer, Cheryl, Account Coordinator - Marcom Group, Inc.; pg. 311
Palmer, Christine, Account Coordinator - Brokerage Media - PlusMedia, LLC; pg. 290
Palmer, Drew, Agency Principal & Owner - Palmer Advertising; pg. 124
Palmer, Jeanette, Managing Director - Nail Communications; pg. 14

AGENCIES — PERSONNEL

Palmer, Jonathan, Manager, New Business - Dailey & Associates; pg. 56
Palmer, Jordan, Partner & Vice President Business Development - Common Thread Collective; pg. 221
Palmer, Keri, Chief Financial Officer - Fitzco; pg. 73
Palmer, Kristin, Campaign Manager, Marketing & Pay-Per-Click - Clix Marketing; pg. 672
Palmer, Lauren, Project Manager - Consumer Logic; pg. 443
Palmer, Melanie, Manager, Broadcasting & Exec Producer - Leo Burnett Toronto; pg. 97
Palmer, Melissa, Chief Financial & Operating Officer - Butler / Till; pg. 457
Palmer, Michelle, President, Sports & Experiential - The Marketing Arm; pg. 316
Palmer, Rebecca, Director, Operations, Business Development & Finance - Inside Out Communications; pg. 89
Palmer, Richard, Creative Director - Little Big Brands; pg. 12
Palmer, Rob, Creative Director - Opinionated; pg. 123
Palmer, Scott, Managing Director - Cramer Motion Studios - Cramer; pg. 6
Palmer, Shannon, Chief Operating Officer, Chief Financial Officer & Executive Vice President - Vestcom ; pg. 571
Palmer, Suzanne, Manager, Channel Engagement - The Buntin Group; pg. 148
Palmer, Tom, General Manager - Palmer Marketing; pg. 396
Palmer, Tyler, Senior Account Manager - Palmer Advertising; pg. 124
Palmeri, Chris, Senior Strategist, Media Investment - Butler / Till; pg. 457
Palmquist, Christopher, Senior Analyst, Programmatic - Spark Foundry; pg. 510
Palomba, Sarah, Senior Client Director - Product Ventures; pg. 196
Palomino, Lauren, Associate Media Director - Starcom Worldwide; pg. 513
Palomo, Jasmin, Media Buyer & Planner - Sanders\Wingo; pg. 138
Palos, Ben, Senior Account Executive - Benson Marketing Group; pg. 280
Palozzi, Stephen, Owner & Creative Director - McElveney & Palozzi; pg. 190
Pals, Shawn, Group Creative Director - Yamamoto; pg. 435
Palts, Saskia, Manager, Client & Media Services - Media Counselors, LLC; pg. 485
Palumbo, Cody, Portfolio Management Associate - Universal McCann; pg. 521
Palumbo, Erica, Associate Director, Global Strategy - MediaCom; pg. 487
Palumbo, Jim, Director, Business Development - Kuhl Swaine; pg. 11
Paluszek, Michael, Senior Vice President - DKC Public Relations; pg. 597
Paluta, Roman, Partner & Director, Business Development - Solve; pg. 17
Palutis, Kari, Vice President & Engagement Planner - Sandbox; pg. 409
Pamelia, Nicole, Account Director - Space150; pg. 266
Pamoukian, Franchesca, Media Strategy Senior Associate - Spark Foundry; pg. 512
Pampuch, Stephanie, Print Buyer - A.B. Data, Ltd; pg. 279
Panacchia, Donna, Manager, Print - AgencyEA; pg. 302
Panaggio, Mike, Chief Executive Officer - DME Marketing; pg. 282
Panaram, Niri, Investment Manager - MediaCom Canada; pg. 489
Panawek, Steve, Vice President, Planning Director - BBDO Worldwide; pg. 331
Pancheri, Kay, Senior Vice President & Group Account Director - MullenLowe U.S. Boston; pg. 389
Panciera, Natalie, Media Supervisor - Intermark Group, Inc.; pg. 375
Pancotto, Daniel, Head, Business Development - Tattoo Projects, LLC; pg. 146
Pandit, Shardool, Vice President, User Experience & Design - Magnani Continuum Marketing; pg. 103
Pandit, Shwetha, Senior Digital Marketing Manager - Google Domain - Firewood; pg. 283
Pandolfino, Dominic, Owner - Nice Shoes; pg. 193
Pandolfino, Justin, Managing Director - Nice Shoes; pg. 193
Pandya, Anand, Executive Vice President & Managing Director - VM1 (Zenith Media + Moxie); pg. 526
Pandya, Hital, Creative Director - Ogilvy; pg. 393
Pandza, Marko, Associate Creative Director - Anomaly; pg. 326
Pane, Carly, Negotiator, Digital Partnerships - Initiative; pg. 477
Panepinto, Jackie, Vice President & Senior Manager, Traffic - Publicis North America; pg. 399
Panfel, Marissa, Associate Director, Media - Horizon Media, Inc.; pg. 474
Pang, Michael, Vice President, Business Development - Elephant Skin; pg. 181
Pangborn, Mitch, Art Director - Commonwealth // McCann; pg. 52
Panico, Alyce, President & Executive Vice President, Director of Media Services - Luxe Collective Group; pg. 102
Panjwani, Sachin, Vice President & Head, Strategy - Organic, Inc.; pg. 255
Panknin, Marjorie, Manager, Paid Social & Search - Wavemaker; pg. 528
Pankratz, Eric, Digital Planning Director - Novus Media, Inc.; pg. 497
Pankratz, Kristen, Brand Media Planner - The Richards Group, Inc.; pg. 422
Pankuck, Bob, Executive Vice President, Client Management - Active International; pg. 439
Pannebaker, Courtney, Corporate Marketing Content Coordinator - SourceLink, LLC; pg. 292
Pannier, Beth, Coordinator, Media - Ron Foth Advertising; pg. 134
Panno, Nolan, Senior Associate, Research - Intersection; pg. 553
Pannos, James, President - Pannos Marketing; pg. 125
Pannu, Sabina, Paid Media Manager - Single Grain; pg. 265
Pannuzzo, Ron, President - Dreamspan; pg. 7
Panos, Chrysann, Senior Account Coordinator - Rubenstein Associates; pg. 644
Panozzo, Karen, Associate Media Director - Razorfish Health; pg. 132
Pansky, Scott, Partner & Co-Founder - Allison+Partners; pg. 576
Pantano, Talia, Negotiator, Video Investment - Mindshare; pg. 491
Pantano Campbell, Jennifer, Associate Director, Creative & Art - Cambridge BioMarketing; pg. 46
Pantelias, Christina, Executive Director, Strategic Planning - RP3 Agency; pg. 408
Pantelias, Christina, Executive Director, Strategic Planning - RP3 Agency; pg. 408
Panther, Kent, Vice President & Director, Business Development - Wray Ward; pg. 433
Pantin, Jr., Leslie, President, Public Relations - Pantin / Beber Silverstein Public Relations; pg. 544
Pantlind, John, Media Director - HDMZ; pg. 83
Panucci, Rodrigo, Associate Creative Director - Publicis North America; pg. 399
Panunzio, Kimberly, Director, Creative Content - Herzog & Company; pg. 298
Paola, Jenny, Senior Marketing Manager - Motiv; pg. 192
Paolini, John, Partner & Executive Creative Director - Sullivan; pg. 18
Paolozzi, Vincent, Executive Vice President, Innovation - Magna Global; pg. 483
Paolucci, Dana, Account Supervisor - Beauty - Edelman; pg. 599
Papa, Alyssa, Associate Director - Spark Foundry; pg. 508
Papa, Lorenzo, Executive Vice President, Advertising Sales - Captivate Network, Inc.; pg. 550
Papadopulos, Daphne, Senior Manager, Business Affairs - the community; pg. 545
Papaefthemiou, Andrew, General Manager, Sponsorships - FIU Athletics - Van Wagner Sports Group; pg. 558
Papagiannis, Nicholas, Vice President & Director, Search - Cramer-Krasselt ; pg. 53
Papas, Tom, Director, Design - FTI Consulting; pg. 606
Papayanopoulos, Jennifer, Senior Director & Partner - Wavemaker; pg. 526
Papazian, Alexis, Account Director - Red Tettemer O'Connell + Partners; pg. 404
Pape, Amanda, Group Supervisor, National Broadcast - ICON International, Inc.; pg. 476
Papini, Amanda, Director, Human Resources - 360i, LLC; pg. 207
Papola, Nicole, Senior Director, East Coast Sales - Magnetic; pg. 447
Papp, Heather, Senior Media Planner & Buyer - Media Buying Services, Inc.; pg. 485
Papp, Mary, Vice President & Account Director - Hawthorne Advertising; pg. 285
Papp, Terri, Vice President & Director, Integrated Media Buying - Zimmerman Advertising; pg. 437
Pappalardo, Andrew, Managing Partner, National Broadcast Implementation - MediaCom; pg. 487
Pappalardo, Dan, Founder, President & Executive Creative Director - Troika/Mission Group; pg. 20
Pappalardo, Jeff, Partner & Creative Director - Crowley Webb & Associates; pg. 55
Pappalardo, Leah, National Sales Executive - AR James Media; pg. 549
Pappalardo, Ryan, Strategy Supervisor - OMD; pg. 498
Pappanduros, Ken, Vice President & Creative Director - RPA; pg. 134
Pappas, Brian, Manager, Digital Account - Mindstream Media Group - Dallas; pg. 496
Pappas, Lauren, Associate Media Director - LMO Advertising; pg. 100
Pappas, Nick, Chief Executive Officer - SwellShark; pg. 518
Pappen, Sarah, Manager, Marketing - Accenture Interactive; pg. 209
Papulino , Adriana, Global Account Director & Richemont Client Lead - MediaCom; pg. 487
Paquet, Charissa, Associate Digital Media Planner - Team Elevate - Reprise Digital; pg. 676
Paquet, John, Executive Producer & Creative Director - Intersport; pg. 308
Paquette, Joseph, Senior Digital Art Director - Fluid, Inc.; pg. 235
Paquette, Phil, Director, Strategic Planning - FCB Chicago; pg. 71
Parachini, Fred, Client Lead - Mindshare; pg. 491
Paradis, Anne-Marie, Account Executive & Project Manager - Publicis Montreal; pg. 507

PERSONNEL   AGENCIES

Paradis, Julie, Director, Digital Investment - Initiative; *pg.* 477
Paradis, Lauren, Associate Director, Video Investments - Mediahub Boston; *pg.* 489
Paradis, Zachary Jean, Group Vice President, Experience Strategy Lead & Customer Experience Practice Lead - Publicis.Sapient; *pg.* 260
Paradise, Charlene, Managing Director, Payments Practice - EMI Strategic Marketing, Inc.; *pg.* 68
Paradise, Kimberly, Vice President, Marketing & Professional Services - Ability Commerce; *pg.* 209
Paradise, Liz, Chief Creative Officer - Bright Red\TBWA; *pg.* 337
Paradiso, Steve, President - ePromos Promotional Products; *pg.* 567
Parado III, Jose, Vice President & Creative Director - Haugaard Creative Group; *pg.* 186
Paragamian, David, Managing Director - Razorfish Health; *pg.* 262
Parashar, Monika, Director, Strategic Accounts - Metia; *pg.* 250
Parchman, Alan, Account Director - Balcom Agency ; *pg.* 329
Parchment, Jenn, Client Services Director - SoHo Experiential; *pg.* 143
Parco, Lauren, Director - Carat; *pg.* 459
Pardalis, Jimmy, Senior Project Manager - Cramer-Krasselt; *pg.* 53
Pardee, Sharon, Managing Partner & Account Director - Wavemaker; *pg.* 528
Pardini, Colette, Associate Director - Initiative; *pg.* 478
Pardo, Leslie, Senior Vice President - Marx Layne & Company; *pg.* 626
Pardo, Natalie, Director, Marketing & Business Development - Republica Havas; *pg.* 545
Pardo, Ralph, President - AT&T Account - Hearts & Science; *pg.* 471
Pardo, Roberto, Media Planner - Jungle Media; *pg.* 481
Pardun, Lauren, Manager, Integrated Media Planning - OMD; *pg.* 500
Pardy, Marc, Strategy Director - 72andSunny; *pg.* 23
Paredes, Dennis, Director, Performance - WMX; *pg.* 276
Parekh, Rupal, Director, Brand - Work & Co; *pg.* 276
Parel, Andrea, Media Solutions Manager - Valassis; *pg.* 294
Parent, Jeannie, Chief Revenue Officer - MLive Media Group; *pg.* 388
Parent, Michael, Director, Pricing & Planning - AudienceXpress; *pg.* 455
Parent, Mike, Senior Vice President, Media Strategy & Operations - MBuy; *pg.* 484
Parente, Angela, Project Manager - SPI Group, LLC; *pg.* 143
Parente, Joe, Chief Finance Officer - Just Media, Inc.; *pg.* 481
Parenti, Emily, Director, Marketing - The Futures Company; *pg.* 450
Parham, Andy, Chief Executive Officer - Brado; *pg.* 336
Parham, Edward, Vice President, Public Relations & Senior Copywriter - Rueckert Advertising; *pg.* 136
Parham, Jamaal, Director, Content - AKA NYC; *pg.* 324
Parham, Jim, Chief Executive Officer - Hirons & Company; *pg.* 86
Parham, John, President & Director, Branding - Parham Santana, Inc.; *pg.* 194
Parham Loyd, Margaret, Vice President & Digital Account Director - Definition 6; *pg.* 224

Paries, Kameron, Associate Creative Director - 22squared Inc.; *pg.* 319
Parikh, Minesh, Chief Executive Officer - Lipman Hearne, Inc. ; *pg.* 381
Parikh, Mita, Media Director, Digital & Magazine Activation - Zenith Media; *pg.* 531
Parikh, Vrajesh, Account Manager - The MX Group; *pg.* 422
Paris, Brittany, Account Director - Moxie; *pg.* 251
Paris, Todd, Managing Director - Deloitte Digital; *pg.* 224
Parise, Cristin, Director, Account - FCB Health; *pg.* 72
Parise, David, Vice President & Creative Director - Hill Holliday; *pg.* 85
Parish, Geoff, Director, Interactive Technology - Mythic; *pg.* 119
Parish, Laurie, Senior Manager, Public Relations & Communications - Droga5; *pg.* 64
Parisi, Daniella, Negotiator - Mindshare; *pg.* 491
Parisi, Molly, Director, Engagement - Isobar US; *pg.* 242
Parisi, Samantha, Digital Marketing Director - GIOVATTO Advertising; *pg.* 363
Parisot, Bernard, President & Co, Chief Executive Officer - JCDecaux North America; *pg.* 553
Parisot, Julia , Vice President, Business Development - LoSasso Integrated Marketing; *pg.* 381
Parisot, Pierre, Managing Director & Head, Content - Giant Spoon, LLC; *pg.* 363
Park, Bo, Partner & Head, Technology Public Relations - ICR; *pg.* 615
Park, Brian, Associate Director, Strategy & Business Development - TWO NIL; *pg.* 521
Park, Charlotte, Account Supervisor - Lou Hammond Group; *pg.* 381
Park, Chayoung, Director, Digital Production - AFG&; *pg.* 28
Park, Deborah, Vice President, Travel & Tourism - Turner Public Relations; *pg.* 657
Park, Grace, Director, Art - Artisans On Fire; *pg.* 327
Park, Heather, Media Planner - MediaCom; *pg.* 487
Park, Hyun, Senior Vice President, Business Development - Fancy Pants; *pg.* 233
Park, Jane, Director, Corporate & Technology Communication - The Outcast Agency; *pg.* 654
Park, Jei, Senior Designer - The Brick Factory; *pg.* 269
Park, Jennifer, Head, Communication Planning - West - PHD; *pg.* 504
Park, Karen, Account Supervisor - AdAsia; *pg.* 26
Park, Mary, Assistant Media Planner - Posterscope U.S.A.; *pg.* 487
Park, Melanie, Senior Media Planner & Buyer - Adcom Communications, Inc.; *pg.* 210
Park, Michael, Strategist - OMD West; *pg.* 502
Park, Michele, Associate Director & Media Supervisor - Starcom Worldwide; *pg.* 513
Park, Mike, Principal - Brand P - Planet Propaganda; *pg.* 195
Park, Minyoung, Manager of Broadcast Production and Business Affairs - AFG&; *pg.* 28
Park, Rose, Senior Partner & Global Strategy Director - MediaCom; *pg.* 487
Park, Sonny, President - Sonneman Design Group, Inc.; *pg.* 199
Park, Soojin, Visual Designer - Havas Media Group; *pg.* 468
Park, Ted, Creative Director - adCREASIANs; *pg.* 27
Park, Tricia, President - Design at Work Creative Services; *pg.* 179

Park, Vanessa, Event Manager - Legion Advertising; *pg.* 542
Park, Will, Executive Director, Brand Integration - Branded Entertainment Network, Inc.; *pg.* 297
Park, Yuna, Director, Engagement - Forsman & Bodenfors; *pg.* 74
Parke, Mariana, Group Brand Director - Havas Worldwide Chicago; *pg.* 82
Parker, Amanda, Account Supervisor - PMG; *pg.* 257
Parker, Anna, Chief Strategy Officer - Havas Worldwide Chicago; *pg.* 82
Parker, Ashley, Head, Client Services - 3Headed Monster; *pg.* 23
Parker, Beth, Partner - VOX Global ; *pg.* 658
Parker, Bill, Chief Creative Officer & Owner - Parker & Partners Marketing Resources, LLC; *pg.* 125
Parker, Brett, Media Director - Stone Ward Advertising; *pg.* 413
Parker, Cheryl, Client Services Director - Evok Advertising; *pg.* 69
Parker, Chris, Partner, Creative - IPNY; *pg.* 90
Parker, Chris, Founder & Managing Partner - Scrum50; *pg.* 409
Parker, Christine, President - Parker & Partners Marketing Resources, LLC; *pg.* 125
Parker, Danielle, Media Supervisor - Starcom Worldwide; *pg.* 513
Parker, Eddie, Senior Vice President & Director, Advanced Analytics & Insight - Starcom Worldwide; *pg.* 513
Parker, Forrest, Chief Technology Officer & Vice President Systems & Technology - AdSupply, Inc.; *pg.* 211
Parker, Gabrielle, Associate Media Director - Huge, Inc.; *pg.* 239
Parker, Guy, Chief Strategy Officer - Workhorse Marketing; *pg.* 433
Parker, Heather, Media Director - Moxie; *pg.* 251
Parker, Jackie, Vice President - Arketi Group; *pg.* 578
Parker, Jennifer, Director, Culinary - Melt, LLC; *pg.* 311
Parker, Joe, Partner & General Manager & Client Relations Director - Koopman Ostbo Inc.; *pg.* 378
Parker, John, Creative Director - Wieden + Kennedy; *pg.* 432
Parker, Jon, Associate Design Director - Clean; *pg.* 5
Parker, Katey, Vice President, Marketing Services - Media Cause; *pg.* 249
Parker, Kevin, Digital Marketing Account Manager - 3Q Digital; *pg.* 208
Parker, Lauren, Executive Vice President - FrazierHeiby; *pg.* 75
Parker, Lisa, Managing Director - 9thWonder Agency; *pg.* 453
Parker, Lora, Vice President, Media Services - PMG; *pg.* 257
Parker, Lynn, Principal Strategist - GreenRubino; *pg.* 365
Parker, Madeline, Brand Manager - Wieden + Kennedy; *pg.* 430
Parker, Mandy, Vice President, Strategy - Zenith Media; *pg.* 531
Parker, Mollie, Director, Analytics & Technology Operations - DWA Media; *pg.* 464
Parker, Neil, Chief Strategy Officer & Co-Founder - Co:Collective, LLC; *pg.* 5
Parker, Nick, Senior Vice President, International Affairs - Agenda; *pg.* 575
Parker, Nikki, Senior Vice President, Communications & Marketing Strategy - 5W Public Relations; *pg.* 574
Parker, Payne, Brand Planner - The Richards

AGENCIES

Group, Inc.; *pg.* 422
Parker, Ryan, Designer, Digital - ParkerWhite; *pg.* 194
Parker, Sarah, Manager, Digital Partnerships - Initiative; *pg.* 477
Parker, Shyrlyn, Manager, Accounts Payable, Human Resource Administrative & Highway Logos - Lewis Advertising, Inc.; *pg.* 380
Parker, Sonya, Project Manager & Interactive Producer - Grow Interactive; *pg.* 237
Parker, Stephanie, Executive Vice President, Client Experience - Barkley; *pg.* 329
Parker, Steve, Co-Founder & Chief Executive Officer - Levelwing Media, LLC; *pg.* 245
Parker, Tom, Chief Creative Officer, U.S. Western Region - Edelman; *pg.* 601
Parker, Ward, Partner & Chief Creative Officer - Brown Parker | DeMarinis Advertising; *pg.* 43
Parker, Wendy, Senior Vice President & Group Account Director - Mythic; *pg.* 119
Parker, Whitney, Vice President - fama PR, Inc.; *pg.* 602
Parker, Zachary, Lead Principal Trading Specialist - The Trade Desk; *pg.* 519
Parker, Cristina, Associate Media Director - Rapport Outdoor Worldwide; *pg.* 557
Parker-Smith, O'Licia, Account Specialist - Eckel & Vaughan; *pg.* 599
Parkes, Danielle, Head, Business Development - Heat; *pg.* 370
Parkes, Perry, President - Ubiquitous Media / Gloss Media; *pg.* 294
Parkin, Paul, Co-Founder & Creative Director - SALT Branding; *pg.* 16
Parkinson, Courtney, Senior Project Manager - Mad*Pow; *pg.* 247
Parkinson, Jon, Senior Vice President & Director, Integrated Production - GSW Worldwide; *pg.* 79
Parkinson, Ron, Chief Operating Officer - Agency 720; *pg.* 323
Parkinson, Silvia, Account Director - Publicis Toronto; *pg.* 639
Parks, Allison, Senior Art Director, Interactive - MGH Advertising ; *pg.* 387
Parks, Amanda, Director, Research - The Integer Group - Dallas; *pg.* 570
Parks, Bruce, Executive Vice President & Creative Director - Ackerman McQueen, Inc.; *pg.* 26
Parks, Carrie, Partner & Managing Director - MMB; *pg.* 116
Parks, Casey, Senior Manager, Communications - United Entertainment Group; *pg.* 299
Parks, Colleen, Designer - Zamboo; *pg.* 165
Parks, Dan, Senior Vice President, Analytics & Technology - Performics; *pg.* 676
Parks, Jason, Chief Growth Officer - Barkley; *pg.* 329
Parks, Jeffrey, Manager, Insights & Analytics - Tinuiti; *pg.* 271
Parks, Karen, Senior Creative Account Supervisor - Signature Marketing Solutions; *pg.* 141
Parks, Kenneth, Chief Marketing Officer - Hero Digital; *pg.* 238
Parks, Lesley, Digital Strategy Director - TBWA \ Chiat \ Day; *pg.* 416
Parmann, Andy, Account Executive, Social Media - Epic Creative; *pg.* 7
Parmekar, Lars, Account Director - Aimia; *pg.* 167
Parmelee, Nicholas, Managing Director & Vice President - Hubbell Group, Inc.; *pg.* 614
Parnell, Andy, Chief Client Officer - LaneTerralever; *pg.* 245
Parnell, Jordan, Marketing Manager - Hothouse; *pg.* 371
Parnell, Shaun, Vice President, Technology

Integration & Analytics - Ansira; *pg.* 1
Parodi, Carolyn, Managing Director - OMD San Francisco; *pg.* 501
Parr, Charlie, Creative Director, Partner & Chief Operating Officer - Raoust + Partners; *pg.* 403
Parr, Deanna, Co-Founder & Chief Creative Officer - Norton Creative; *pg.* 121
Parr, Shawn, Chief Executive Officer - Bulldog Drummond; *pg.* 338
Parr, Travis, Senior Vice President & Group Creative Director - DDB Chicago; *pg.* 59
Parra, Armand, Vice President, Insight & Strategy - The Integer Group; *pg.* 682
Parra, Perla, Designer, User Experience - CultureSpan Marketing; *pg.* 594
Parrinello, Vince, Chief Executive Officer - River North Group - Legacy Marketing Partners; *pg.* 310
Parris, Roshann, President & Chief Executive Officer - Parris Communications, Inc.; *pg.* 125
Parrish, Joe, Partner - The Variable; *pg.* 153
Parrish, Kati, Vice President, Client Services - Current360; *pg.* 56
Parrish, Leigh, Partner - Joele Frank, Wilkinson Brimmer Katcher; *pg.* 617
Parro, Dave, Senior Vice President, Client Services & Strategy - Walker Sands Communications; *pg.* 659
Parrott, Michael, Group Creative Director - mcgarrybowen; *pg.* 109
Parry, Brandon, Associate Director, Account Management - Just Media, Inc.; *pg.* 481
Parry, Stephanie, Global Managing Director & Senior Partner - Mindshare; *pg.* 491
Parseghian, Mike, Head, Brand & Partner - Battery; *pg.* 330
Parseghian, Stacia, Senior Vice President & Senior Director - BBDO West; *pg.* 331
Parsells, Pete, President & Chief Executive Officer - Bouvier Kelly, Inc. ; *pg.* 41
Parsia, Hedyeh, Partner & Events Director - PSFK; *pg.* 440
Parsley, Shannon, Account Manager - Union; *pg.* 273
Parson, Jeff, Vice President & Group Digital Creative Director - The Buntin Group; *pg.* 148
Parson, Tony, Marketing & Research Manager - Eternal Works; *pg.* 357
Parsons, Alexa, Senior Analyst, Analytics - Net Conversion; *pg.* 253
Parsons, Andrea, Vice President, Client & Consultative Services - Tallwave; *pg.* 268
Parsons, Angeline, Writer - Quarry Integrated Communications; *pg.* 402
Parsons, Cameron, Chief Executive Officer - GMR Marketing; *pg.* 306
Parsons, Pamela, Executive Producer - Saatchi & Saatchi Los Angeles; *pg.* 137
Parsons, Ryan, Senior Associate - Buffalo.Agency; *pg.* 587
Parsons, Susan, Director, Social Media & Content - The Integer Group; *pg.* 682
Parten, Bryce, Director, Account - iProspect; *pg.* 674
Partilla, John, Chief Executive Officer - Screenvision; *pg.* 557
Partin, Anna, Senior Account Director - Refuel Agency; *pg.* 507
Partite, Gina, Account Supervisor - Marketsmith, Inc; *pg.* 483
Partovi, Roya, Chief Creative Officer - Sandbox; *pg.* 138
Partridge, Cameron, Head, Digital Partnerships - Branded Entertainment Network, Inc.; *pg.* 297
Partridge, Jordan, Manager, Print & Insert Advertising - ForwardPMX; *pg.* 360
Partridge, Laura, President - CCMedia; *pg.* 49

PERSONNEL

Partridge, Maura, Senior Account Coordinator - Point to Point; *pg.* 129
Paryzer, Andrew, Managing Director, Business Development - Blue State Digital; *pg.* 335
Pasanen, Jennifer, Vice President & Group Director - Verso Advertising; *pg.* 159
Pascal, Jennifer, Chief Operations Officer & Co - Owner - Allyn Media; *pg.* 577
Pascale, Michael, Managing Director - Abernathy MacGregor Group; *pg.* 574
Pascali, Nicholas, Manager, Accounts & Business Development - GIOVATTO Advertising; *pg.* 363
Pasch, Sara, Managing Director - Bluecadet Interactive; *pg.* 218
Pascoe, Gary, Chief Creative Officer - North America - Commonwealth // McCann; *pg.* 52
Pasemko, Ernie, Partner - Calder Bateman Communications; *pg.* 339
Pashtriku, Ermira, Strategy Supervisor - OMD; *pg.* 498
Pasinelli, Ricki, Senior Director, Client Engagement - Sid Lee; *pg.* 140
Paskalev, Krasen, Senior Vice President, Delivery & Practice Management - Adastra Corporation; *pg.* 167
Paskiewicz, Ashley, Regional Vice President, Business Development - The Trade Desk; *pg.* 519
Paskill, Jim, President - Paskill, Stapleton & Lord; *pg.* 256
Pasqua, Michael, Partner - Hercky, Pasqua, Herman, Inc.; *pg.* 84
Pasqual-Kwan, Christopher, Supervisor, Digital & Magazine Activation - Zenith Media; *pg.* 529
Pasquale, Anna, Account Supervisor - CMD; *pg.* 51
Pasquale, Brandon, Digital Investment Associate - Wavemaker; *pg.* 526
Pasquale, Deb, Senior Vice President & Client Partner - Critical Mass, Inc.; *pg.* 223
Pasqualucci, Angela, Executive Vice President Brand Agency Leader & Worldwide Account Director - Publicis North America; *pg.* 399
Pasquariello, Tony, Account Supervisor - EGC Media Group, Inc.; *pg.* 354
Pasque, Nicole, Program Manager - McCann Worldgroup; *pg.* 109
Pasquinelli, Olivia, Account Director, Digital Commerce Team - Geometry; *pg.* 362
Pasquinucci, Rob, Senior Strategist, Public Relations & Content - Intrinzic, Inc.; *pg.* 10
Pass, Rich, Vice President & Group Creative Director - Innocean USA; *pg.* 479
Pass, Vikki, Media Director - Catalyst Marketing Company; *pg.* 5
Passananti, Jessica, Group Account Director - Griffin360; *pg.* 611
Passarelli, Gianna, Associate Media Director, Innovation - Blue 449; *pg.* 456
Passarelli, Marc, Chief Executive Officer & President - DJG Marketing; *pg.* 352
Passaretti, Gregory, Managing Partner - BGB New York; *pg.* 583
Passaro, Bianca, Partner, Integrated Investment - Universal McCann; *pg.* 521
Passavant, Suzanne, Vice President, CRM Solutions - ForwardPMX; *pg.* 360
Passell, Grant, Assistant Account Executive - Falls Communications; *pg.* 357
Passen, Andra, Associate Media Director - Team One; *pg.* 418
Passey, Julie, National Account Manager - Taylor Box Company; *pg.* 201
Passey, Naveen, Chief Financial & Operating Officer - Doner; *pg.* 63
Passick, Terri, Senior Vice President, Talent Acquisition - Havas Health & You; *pg.* 82
Passman, Rachel, Account Manager - BBDO

PERSONNEL

AGENCIES

Worldwide; *pg.* 331
Passmore, Akilah, Designer - Big Family Table; *pg.* 39
Passmore, Jeff, Editor, Digital Media - Third Wave Digital ; *pg.* 270
Passo, Brad, Vice President & Digital Activation Director - Starcom Worldwide; *pg.* 513
Past, Toby, Group Creative Director - Publicis.Sapient; *pg.* 259
Pastene, Cathy, Executive Operations Manager - Ghiorse & Sorrenti, Inc.; *pg.* 607
Paster, Jamie, Assistant Vice President - Coyne Public Relations; *pg.* 593
Pasternack, David, President - Didit.com; *pg.* 673
Pasternak, Melissa, Account Manager - Droga5; *pg.* 64
Pasternak, Nicole, Office Manager, Operations - GNF Marketing; *pg.* 364
Pasternak, Steven, Executive Vice President, Business Affairs - Reshift Media; *pg.* 687
Pastir, Chris, Art Director - Wilson Creative Group, Inc.; *pg.* 162
Pastor, Monica, Associate Director - Dentsu Aegis Network; *pg.* 61
Pastrick, Scott, President & Chief Executive Officer - Prime Policy Group - BCW Washington DC; *pg.* 582
Pastrovich, Jacob, Director, Marketing - Moment; *pg.* 192
Pastuch, Justin, Manager, Media Investment - MediaCom; *pg.* 487
Pastyrnak, Eileen, Supervisor - Eli Lilly - OMD; *pg.* 498
Patalano, Danielle, Manager, Planning - Wavemaker; *pg.* 526
Patam, Taylor, Associate Director, Social - Starcom Worldwide; *pg.* 517
Patankar, Teja, Lead, Marketing - North America - Accenture Interactive; *pg.* 209
Patch, Jeff, Partner & Executive Creative Director - RDW Group ; *pg.* 403
Pate, Brea, Account Project Manager - Designsensory; *pg.* 62
Pate, Josh, Senior Vice President, Production - IMG LIVE; *pg.* 308
Patel, Anjali, Associate Media Director - Wieden + Kennedy; *pg.* 430
Patel, Anjali, Communications Planning Supervisor & Associate Media Director - Wieden + Kennedy; *pg.* 432
Patel, Bella, Executive Vice President, Human Resources - FCB Chicago; *pg.* 71
Patel, Bhavesh, Director, Information Technology - The Weinstein Organization, Inc.; *pg.* 425
Patel, Hetal, Partner, Client - Publicis.Sapient; *pg.* 258
Patel, Krishna, Associate Director, Marketing Science - Mindshare; *pg.* 491
Patel, Nikin, Senior Director, Planning - Wavemaker; *pg.* 526
Patel, Nilesh, Account Supervisor - BCF; *pg.* 581
Patel, Nimesh, Ad Operation Lead - Walmart Media Group; *pg.* 684
Patel, Rebecca, Manager, Promotions - Initiative; *pg.* 478
Patel, Reshma, Owner & Founder - Think PR; *pg.* 655
Patel, Rishi, Chief Executive Officer - HMR Designs; *pg.* 308
Patel, Saagar, Senior Marketing & Operations Specialist - Chief Marketing Officer Council; *pg.* 50
Patel, Seema, Director, Planning & Strategy - Havas Media Group; *pg.* 470
Patel, Shreena, Account Supervisor - Badger & Winters; *pg.* 174

Patel, Whitney, Group Creative Director - IMG LIVE; *pg.* 308
Patel, Zarna, Director - Europe, Middle East & Africa - Montieth & Company; *pg.* 628
Paternoster, Scott, Chief Executive Officer & Founder - Chief Media ; *pg.* 281
Paterson, Charles, Account Supervisor - Saatchi & Saatchi Dallas; *pg.* 136
Paterson, Elizabeth, Group Account Director - 88 Brand Partners; *pg.* 171
Paterson, Sid, President - Sid Paterson Advertising; *pg.* 141
Pathiyil, Amy, Director, DNA Analytics - Doremus & Company; *pg.* 64
Pathmann, Lucie, Director, Brand Management & Communications - Stone Ward Advertising; *pg.* 413
Paticoff, Gary, Executuve Vice President & Chief Production Officer - RPA; *pg.* 134
Patil, Vijay, Associate Creative Director - Deutsch, Inc.; *pg.* 349
Patilis, George, Senior Vice President - TPG Rewards, Inc.; *pg.* 570
Patillo, Sara, Owner, Principal & Senior Designer - GA Creative; *pg.* 361
Patishnock, Darlene, Vice President & Senior Program Director - VMLY&R; *pg.* 160
Patnaik, Dev, Founder, President & Chief Executive Officer - Jump Associates; *pg.* 618
Patno, Steve, Manager, Production & Graphics - Imprenta Communications Group; *pg.* 89
Paton, Karen, Media Director - Dana Communications; *pg.* 57
Patota, Danielle, Associate Director, Social - Essence; *pg.* 232
Patoureaux, Audrey, Global PeopleSoft Functional Analyst - RAPP Worldwide; *pg.* 290
Patout, Ric, Owner & President - Promotional Images, Inc.; *pg.* 569
Patrick, Becca, Director, Creative Services - Joan; *pg.* 92
Patrick, Bill, Executive Vice President, Administration & Finance - Latorra, Paul & McCann; *pg.* 379
Patrick, Briana, Brand Strategist - Goodby, Silverstein & Partners; *pg.* 77
Patrick, Erica, Vice President & Director, Paid Social - Mediahub Boston; *pg.* 489
Patrick, Katherine, Vice President, Creative Strategy - Potomac Communications Group, Inc.; *pg.* 638
Patrick, Mary Kelley, Chief Executive Officer - Jasculca / Terman & Associates ; *pg.* 616
Patrick, Tory, Vice President - Uproar; *pg.* 657
Patronelli, Alexander, Associate, Video Investment - Wavemaker; *pg.* 526
Patroulis, John, Worldwide Chief Creative Officer - Grey Group; *pg.* 365
Patrow, Kris, Senior Director, Corporate Communications - Padilla; *pg.* 635
Pattakos, Nicholas, Senior Vice President, Finance - Lippe Taylor; *pg.* 623
Pattani, Tracey, Senior Vice President & Head, Account Management - San Francisco Region - Digitas; *pg.* 227
Pattarini, Nancy, Chief Executive Officer & President - Paige Group; *pg.* 396
Patten, Kathleen, President & Chief Executive Officer - American Target Advertising ; *pg.* 279
Patten, Madison, Associate Writer & Producer - Swanson Russell Associates; *pg.* 415
Patten, Scott, Vice President, Strategic Planning - LaneTerralever; *pg.* 245
Patterson, Alex, Associate Brand Group Director - Horizon Media, Inc.; *pg.* 474
Patterson, Amanda, Vice President & Controller - The Price Group Inc.; *pg.* 152
Patterson, Bob, Founder & President - MKTX; *pg.* 116
Patterson, Dede, Vice President & Group Director - MKTG; *pg.* 568
Patterson, Diana, Integration Director - Empower; *pg.* 355
Patterson, Ed, Creative Director - Butler, Shine, Stern & Partners; *pg.* 45
Patterson, Ed, Vice President, Information Technology - Fahlgren Mortine Public Relations; *pg.* 70
Patterson, Garrett, Director, Data Architecture - Spark Foundry; *pg.* 510
Patterson, James, Senior Vice President & Group Account Director - Burrell Communications Group, Inc. ; *pg.* 45
Patterson, Joanna, Vice President, Shopper & Retail Strategy & Client Account Director - GfK; *pg.* 444
Patterson, John, Executive Vice President & Executive Creative Director - MGH Advertising ; *pg.* 387
Patterson, Kate, Out-Of-Home Strategist - Horizon Media, Inc.; *pg.* 474
Patterson, Katie, Founder & Chief Executive Officer - Happy Medium; *pg.* 238
Patterson, Mackenzie, Associate Director - Mindshare; *pg.* 495
Patterson, Natasha, Operations Manager - The Letter M Marketing; *pg.* 420
Patterson, Trent, Senior Vice President, Creative Director & Writer - The Martin Agency; *pg.* 421
Patterson Reed, Carrie, Group Director, Research - VMLY&R; *pg.* 274
Patti, Biagio, Vice President & Associate Director. Media - Crowley Webb & Associates; *pg.* 55
Patti, Ryan, Vice President & Account Director - Havas Media Group; *pg.* 470
Pattinson, Steven, President - WPP Kantar Media; *pg.* 451
Patton, Al, Chief Creative Officer - Dagger; *pg.* 224
Patton, Alana, Vice President, Media - MMGY Global; *pg.* 388
Patton, Bill, Executive Creative Director - 6AM Marketing; *pg.* 1
Patton, Bubba, Partner - Eastport Holdings; *pg.* 353
Patton, Darah, Account Director - InkHouse Public Relations; *pg.* 616
Patton, Don, Senior Art Director - Freebairn & Company; *pg.* 360
Patton, Erin, Senior Vice President, San Francisco Healthcare Practice Lead - Weber Shandwick; *pg.* 662
Patton, Kim, Account Executive - Fairway Outdoor Advertising; *pg.* 552
Patton, Rob, Senior Director, Digital Strategy & Partnerships - Infogroup; *pg.* 286
Patton, Roy, Vice President, Engineering & Technology - Winnercomm; *pg.* 564
Pattugalan, Krissan, Senior Designer - VIRTUE Worldwide; *pg.* 159
Patu, Daniel, Creative Director - Think Motive; *pg.* 154
Paul, Alexandria, Senior Manager - Golin; *pg.* 610
Paul, Daniel, Senior Vice President, Finance & Operations - Public Relations - LaunchSquad; *pg.* 621
Paul, Darren, Managing Partner, Strategy & Innovation - Night Agency, LLC; *pg.* 692
Paul, Drake, Creative Director - Golin; *pg.* 609
Paul, Elizabeth, Chief Strategy Officer - The Martin Agency; *pg.* 421
Paul, Erin, Director, Design Strategy - Trinity Brand Group; *pg.* 202
Paul, Jim, Managing Director & Executive

AGENCIES — PERSONNEL

Creative Director - Weber Shandwick; *pg.* 661
Paul, John, President - Thomas J. Paul, Inc. ; *pg.* 20
Paul, Karen, Senior Graphic Designer - Oberlander Group; *pg.* 193
Paul, Lorna, Head, Production - The Woo Agency; *pg.* 425
Paul, Natalie, Director, Social Strategy & Content - Laird + Partners; *pg.* 96
Paul, Nick, Founder & President - O'Keefe Reinhard & Paul; *pg.* 392
Paul, Rebecca, Senior Strategist- Astound Commerce - Fluid, Inc.; *pg.* 235
Paul, Tonise, Chairwoman - Energy BBDO, Inc.; *pg.* 355
Pauletic, Josh, Account Director - FiveFifty; *pg.* 235
Pauletto, Emily, Client Account Executive - Epsilon; *pg.* 283
Paulic, Sarah, Senior Manager, Integrated Investment - Universal McCann; *pg.* 521
Paulina, Kristin, Team Head, Healthcare - Sam Brown Inc.; *pg.* 645
Paulino, Beth, Senior Vice President & Director, Communications & Public Relations - Ogilvy CommonHealth Worldwide; *pg.* 122
Paulius, Linas, Executive Director, Integrated Media Planning - OMD; *pg.* 500
Paullin, James, Vice President, Communications & Sales - Selling Solutions, Inc.; *pg.* 265
Paullin, Will, President, Chief Executive Officer & Founder - Selling Solutions, Inc.; *pg.* 265
Paulos, Bill, Chief Executive Officer & Partner - The Summit Group; *pg.* 153
Paulsen, Katie, Vice President, Influencer Marketing - RhythmOne; *pg.* 263
Paulsen, Thane, Chief Executive Officer - Paulsen Marketing Communications ; *pg.* 126
Paulson, Bridgette, Senior Media Buyer - Foundry; *pg.* 75
Paulson, Denise, Account Coordinator - The Regan Group; *pg.* 570
Paulson, Stephanie, Executive Creative Director - Stephenz Group; *pg.* 413
Paulson, Todd, Partner & Chief Creative Officer - Knock, Inc.; *pg.* 95
Paulson Lissick, Shelli, Partner & Account Supervisor - Bellmont Partners Public Relations; *pg.* 582
Paultre, Gary, Associate Creative Director - Bradley and Montgomery; *pg.* 336
Paulucci, Francesca, Senior Digital Media Planner - Horizon Media, Inc.; *pg.* 474
Pauss, Kristi, Senior Media Planner & Buyer - Meyocks Group; *pg.* 387
Pautz, Andrew, Account Director - Solve; *pg.* 17
Paven, Andrew, Senior Vice President - O'Neill & Associates; *pg.* 633
Pavesic, Nicole, Associate Director - Starcom Worldwide; *pg.* 513
Pavia, Mark, Executive Vice President & Digital Managing Director - Starcom Worldwide; *pg.* 513
Pavlas, Laura, Account Coordinator - Miller Ad Agency; *pg.* 115
Pavlica, Elizabeth, Vice President, Social Media - Evans Larson Communications; *pg.* 602
Pavlick, Carrie DeVries, Public Relations Account Supervisor & Partner - Deveney Communications; *pg.* 596
Pavlik, Jessica, Media Supervisor - Publicis Health Media; *pg.* 506
Pavlik, Keith, President & Co-Founder - Nucleus Medical Media; *pg.* 254
Pavlika, Holly, Senior Vice President, Marketing & Content - Collective Bias, LLC; *pg.* 221

Pavoggi, Nikki, Senior Vice President & Director, Connections - Spark Foundry; *pg.* 508
Pavone, Michael, President & Chief Executive Officer - quench; *pg.* 131
Pavone, Mike, President & Chief Executive Officer - Pavone Marketing Group; *pg.* 396
Pawlak, Kim, Vice President & Director, Creative Operations - The Mars Agency; *pg.* 683
Pawlak, Nicole, Director, Account Leadership - CSM Sports & Entertainment; *pg.* 55
Pawlik, Christopher, Creative Director - Anderson Marketing Group; *pg.* 31
Pawlowski, Adam, Associate Creative Director - GS&F ; *pg.* 367
Pawlowski, Inbal, Vice President, Account Planning & Strategy - Abelson-Taylor; *pg.* 25
Paxton, Alexandra, Account Executive - Spear Marketing Group; *pg.* 411
Paxton, Pat, President, Programming - Entercom Communications Corp.; *pg.* 551
Payden, Jeff, Senior Art Director - Hart; *pg.* 82
Payette, Karine, Director, Consulting - LG2; *pg.* 380
Payne, Alex, Social Media Director - Blue Sky ; *pg.* 40
Payne, Alex, Supervisor - OMD; *pg.* 500
Payne, Andrea, Vice President, User Sourced Content Strategy - Gartner, Inc.; *pg.* 236
Payne, Ashley, Senior Negotiator, Investment - Zenith Media; *pg.* 529
Payne, Barry, Supervisor, Media - USIM; *pg.* 525
Payne, Brantley, Partner & Creative Director - Uncommon; *pg.* 157
Payne, David, President - Splash; *pg.* 200
Payne, John, Chief Executive Officer & Founder - Monster XP; *pg.* 388
Payne, Kirby, President - HVS American Hospitality Co.; *pg.* 372
Payne, Lauren, Co-Founder & Principal - Spiral Design Studio, LLC; *pg.* 199
Payne, Linda, Chief Financial Officer & Partner - O2 Ideas; *pg.* 392
Payne, Margaret, Office Manager - Princeton Public Affairs Group, Inc.; *pg.* 638
Payne, Mark, President & Head, Innovation - Fahrenheit 212; *pg.* 182
Payne, Michael, Executive Vice President - Smith Bucklin Corporation; *pg.* 315
Payne, Nick, Supervisor, Project Management - Zehnder Communications, Inc.; *pg.* 436
Payne, Oliver, Creative Director - Burgess Advertising & Associates, Inc.; *pg.* 338
Payne, Pam, Vice President, Integrated Media & Measurement - Robertson+Partners; *pg.* 407
Payne, Regine, Specialist, eCommerce - Under the Canopy - Earthbound Brands; *pg.* 7
Payne, Stuart, President & Chief Executive Officer - Saatchi & Saatchi Canada; *pg.* 136
Paynter, Jodi, Head, Account Management Operations - Bader Rutter & Associates, Inc. ; *pg.* 328
Payton, Racheal, Senior Media Relations Supervisor - BCW Washington DC; *pg.* 582
Payton, Terinda, Media Director, Broadcast Fire - Hatch Advertising; *pg.* 82
Paz, Ana, Senior Account Director - Bandujo Donker & Brothers ; *pg.* 36
Paz, Cecilia, Account Executive - International - MarketLogic; *pg.* 383
Paz, Jimena, Senior Account Executive - Elevation, Ltd; *pg.* 540
Paz, Jorge, Director, Media Strategy - Spark Foundry; *pg.* 512
Paz Riesgo, Sabrina, Communications Manager - Alma; *pg.* 537
Pazolt, Leigh, Art Director - Raka Creative; *pg.* 402

Pazos, Ximena, Vice President & Media Director - Hispanic Group ; *pg.* 371
Peabody, Jennifer, Executive Vice President, Client Services - Short Form Media - Havas Edge; *pg.* 285
Peace, Pilar, Head, Art - Mother; *pg.* 118
Peach, Don, President, Operations & Director, New Business - Quiet Light Communications; *pg.* 196
Peach, Kate, Manager, Account Services - Finn Partners; *pg.* 603
Peach, Katherine, Account Manager - rygr; *pg.* 409
Peachey, Jeanmarie, Group Strategy Director - PHD USA; *pg.* 505
Peacock, Myles, Chief Executive Officer - CreativeDrive; *pg.* 346
Peak, Glen, President - Peak Biety, Inc.; *pg.* 126
Peal, Ryan, Head, HP Product Team & Strategist - Executive Client - Edelman; *pg.* 601
Pear, Bonni, Executive Vice President & Director, Entertainment & Lifestyle Brands - The Motion Agency; *pg.* 270
Pearce, Ashley, Senior Vice President - Dancie Perugini Ware Public Relations; *pg.* 595
Pearce, Cody, Chief Operating Officer - Nelson Schmidt Inc.; *pg.* 120
Pearce, Elizabeth, Program Director - Havas Worldwide Chicago; *pg.* 82
Pearce, Greer, Vice President, Strategy - AMP Agency; *pg.* 297
Pearce, Jon, Chief Creative Officer - Hudson Rouge; *pg.* 371
Pearce, Karen, President - McCann West - McCann Canada; *pg.* 384
Pearl, Melanie, Director, Account - Union; *pg.* 273
Pearlman, Andrew, Senior Manager, Digital Trade - Active International; *pg.* 439
Pearlman, Jared, Senior Vice President, Branded Content - United Entertainment Group; *pg.* 299
Pearlstein, Sarah, Search Engine Optimization Specialist - Youtech; *pg.* 436
Pearman, Samantha, Associate Brand Group Director - Horizon Media, Inc.; *pg.* 474
Pearman, Tony, Chief Creative Officer, Chief Executive Officer - Access; *pg.* 322
Pearre, Lisa, Principal & Chief Client Services Officer - Love & Company; *pg.* 101
Pearsall, Jed, President - Performance Research; *pg.* 448
Pearsall, Robert, Senior Vice President & Group Director - Socialyse - Havas Media Group; *pg.* 468
Pearson, Abbey, Account Supervisor - Cadillac - Martin Retail Group; *pg.* 106
Pearson, Bob, Vice Chairman & Chief Innovation Officer - W2O; *pg.* 659
Pearson, C.B., Senior Vice President - M+R; *pg.* 12
Pearson, Claire, Senior Associate, Account & Project Management - Digitas; *pg.* 226
Pearson, Darby, Executive Vice President - Spectrum Science Communications; *pg.* 649
Pearson, Drew, Account Director - Logical Media Group; *pg.* 247
Pearson, James, Senior Vice President, Group Creative Director - Geometry; *pg.* 363
Pearson, Jaylen, Account Coordinator - Butler Associates Public Relations; *pg.* 587
Pearson, Jeff, Chief Client Officer - Zimmerman Advertising; *pg.* 437
Pearson, Jesse, Creative Director - GMR Marketing; *pg.* 307
Pearson, Maisha, Vice President - Burrell Communications Group, Inc. ; *pg.* 45

PERSONNEL   AGENCIES

Pearson, Maura, Account Executive - Gyro; *pg.* 368

Pearson, Scott, Vice President & Project Leader - Three Deep Marketing; *pg.* 678

Pearson-Mckenzie, Karen, Co-Founder & Creative Director - Rhyme & Reason Design ; *pg.* 263

Peart, Chelsea, Account Manager, New Business - Duncan Channon; *pg.* 66

Peary, Stephen, Chief Financial Officer - Phizzle, Inc.; *pg.* 534

Peat, Brandon, Senior Director, Digital Art - Asher Agency; *pg.* 327

Pecci, Michael, Group Account Director - Resolution Media; *pg.* 263

Pecci, Rob, Vice President, Digital - Horizon Next - Horizon Media, Inc.; *pg.* 474

Pece, Lisa, Senior Vice President & Director - Spark Foundry; *pg.* 508

Pechiney, Catie, Media Director, Strategy - Spark Foundry; *pg.* 510

Peck, Andria, Manager, Product Marketing - The Trade Desk; *pg.* 520

Peck, Dina, Managing Partner & Executive Creative Director - Patients & Purpose; *pg.* 126

Peck, Ethan, Public Relations Account Manager - rygr; *pg.* 409

Peck, Jon, Vice President, Public Relations - Sachs Media Group; *pg.* 645

Peck, Martha, Owner, Partner & Creative Director - Launch Advertising; *pg.* 97

Peck, Maureen, Account Supervisor - McCann Worldgroup; *pg.* 109

Peck, Sam, Principal & Partner - Echo Sports Marketing; *pg.* 67

Peck, Sarah, Client Strategist - The VIA Agency; *pg.* 154

Peck, Susan, Partner & Group Director, Media - Sterling-Rice Group; *pg.* 413

Pecka, Rachael, Media Planner & Junior Buyer - Explore Communications; *pg.* 465

Peckham, Kelleen, Director, Brand Strategy - Duncan Channon; *pg.* 66

Peckham, Kevin, Senior Partner & Chief Strategist, Brand - Lightning Jar; *pg.* 246

Peckham, Steve, Partner & Lead, Sports & Entertainment - ICF Next; *pg.* 372

Pecknold, Elizabeth, Director, Business Development & Marketing - TRUE Communications; *pg.* 657

Pecorino, Katharine, Account Manager - Quaker City Mercantile; *pg.* 131

Peczynski, Kristen, Senior Account Manager - Amnet; *pg.* 454

Pedalino, Anthony, Vice President, Media - Giant Spoon, LLC; *pg.* 363

Peddie, Colleen, Chief Financial Officer & Partner - Bensimon Byrne; *pg.* 38

Pedeflous, Sean, Director, Client Services - Grandesign; *pg.* 552

Pedego, Kimberly, Vice President, Client Services - Noble Studios; *pg.* 254

Peden, Glen, Vice President & Group Creative Director - Momentum Worldwide; *pg.* 117

Pedersen, Beth, Creative Director - Weber Shandwick; *pg.* 660

Pedersen, Elizabeth, Supervisor, Local Investment - OMD; *pg.* 500

Pedersen, Erika, Director, Digital Marketing - Wpromote; *pg.* 679

Pedersen, Gary, Group Director - Outdoor Media Group; *pg.* 554

Pedersen, Kody, Manager, Content & Marketing - Location3 Media; *pg.* 246

Pedersen, Martin, Chief Executive Officer - Stellar Agency; *pg.* 267

Pederson, Amanda, Director, Digital Investment - Haworth Marketing & Media; *pg.* 470

Pedicone, Kristina, Director, Design & Lead, Design Team - Blenderbox; *pg.* 175

Pedraza, Linda, Senior Digital Marketing Account Manager - Wpromote; *pg.* 679

Pedrazzini, Tisha, President - The Integer Group; *pg.* 682

Pedro, Donna, Senior Partner, Chief Diversity Officer - Ogilvy; *pg.* 393

Pedroza, Cristina, Head, Business Intelligence & Content Insights - Contend; *pg.* 52

Peebles, Brad, Executive Vice President & Group Director, Management - Area 23; *pg.* 33

Peebles Rimkus, Ann, Vice President, Media Strategy & Consumer Insights - The Point Group; *pg.* 152

Peek, Charlie, Director, Operations - Lamar Graphics; *pg.* 553

Peel, Amy, Producer - Saatchi & Saatchi Los Angeles; *pg.* 137

Peel, Walter, Chief Financial Officer - The Stone Agency; *pg.* 20

Peery, Spencer, Chief Financial Officer & Head, Finance - Bailey Lauerman; *pg.* 35

Peet, Leo, Vice President, Finance - Alma; *pg.* 537

Peet, Ryan, Creative Director - The George P. Johnson Company; *pg.* 316

Peet, Steve, Strategy Director - 54 Brands; *pg.* 321

Peguero, Laura, Content Producer - Forsman & Bodenfors; *pg.* 74

Pehl-Matthews, Emily, Associate Media Director - Eicoff; *pg.* 282

Pehlman, Derek, Director, Paid Search - Crossmedia; *pg.* 463

Pehush, Kristin, Vice President, Beauty - Lippe Taylor; *pg.* 623

Peigh, Terry, Managing Director & Senior Vice President - Interpublic Group of Companies; *pg.* 90

Peinado, Judy, Vice President, Operations - CultureSpan Marketing; *pg.* 594

Peirce, Terri, Director, Media Buying - Simons / Michelson / Zieve, Inc.; *pg.* 142

Peiser, Joe, Advertising & Media Supervisor - PHD; *pg.* 504

Pekar, Carol, Partner & Creative Director - Poutray & Pekar Associates; *pg.* 398

Pelay, Carlos, Senior Digital Research & Marketing Analyst - excelerate Digital; *pg.* 233

Pelayo, David, Vice President, Fulfillment - The Regan Group; *pg.* 570

Peleuses, Tucker, Senior Account Strategist - Veritone One; *pg.* 525

Peleusus, Zeus, Co-Founder & Chief Gross Officer - Veritone One; *pg.* 525

Pelham, Hailey, Brand Management Team Leader - The Richards Group, Inc.; *pg.* 422

Pelissier, Warren, Partner - ACOM Healthcare; *pg.* 26

Pelkey, Kristal, Account Manager - Cannabrand; *pg.* 47

Pellegrini, Charlotte, Senior Associate, Media - Mindshare; *pg.* 494

Pellegrini, Daniel, Content Creative Director - Tank Design; *pg.* 201

Pellegrino, Claudio, Senior Graphic Designer - The Brand Factory; *pg.* 19

Pellerin, Henry, President & Chief Executive Officer - VantagePoint, Inc.; *pg.* 428

Pellerin, Paul, Chief Executive Officer - WMX; *pg.* 276

Pelletier, Erica, Account Supervisor - 88 Brand Partners; *pg.* 171

Pelletier, Sarah, Vice President & Associate Director, Digital Media - Mediahub Boston; *pg.* 489

Pelley, Stephanie, Supervisor, Digital Media - Trampoline; *pg.* 20

Pellicano, Vittoria, Digital Investment Associate - Mindshare; *pg.* 491

Pellizzaro, Fernando, Group Creative Director - David; *pg.* 57

Peloquin, Kaye, Chief Operating Officer - Web Talent Marketing; *pg.* 276

Peloquin, Victoria, Account Manager - SourceLink, LLC; *pg.* 292

Pelosi, Andrew, President - MERGE; *pg.* 113

Pelt, Liz, Account Director - Wunderman Thompson; *pg.* 547

Pelta, Emily, Associate Director, Integrated Communications - Media Assembly; *pg.* 484

Peltekian, Lisa, Analytics Manager - Starcom Worldwide; *pg.* 513

Peltier, Jeffrey, Director, Client Finance - Carat; *pg.* 461

Peluso, Cheryl, Senior Vice President & Account Services Director - MGH Advertising ; *pg.* 387

Pembaur, Katie, Director, Strategy - Grey Midwest; *pg.* 366

Pember, Miles, Vice President, Human Resources - Ratio Interactive; *pg.* 262

Pemberton, William, Vice President, Client & Strategy - Bluespire Marketing; *pg.* 40

Pembleton, Gloria, Media Director - Gelia Wells & Mohr; *pg.* 362

Pena, Juan Javier, Executive Creative Director & Partner - GUT Miami; *pg.* 80

Pena, Luis, Director & Photographer - Revival Film - Revival Film; *pg.* 197

Pena, Margarita, Senior Account Executive - David; *pg.* 57

Penacho, Saramaya, Managing Director, Health Tech Practice - BAM Communications; *pg.* 580

Penado, Nickay, Supervisor, Global Marketing - Leo Burnett Worldwide; *pg.* 98

Pence, Heather, Senior Account Executive - The Yaffe Group; *pg.* 154

Pence, Sara, Brand Strategist - Zilker Media; *pg.* 665

Pence, Steven, Senior Media Planner - The Integer Group - Dallas; *pg.* 570

Pender, Dave, Manager, Technology - Pavone Marketing Group; *pg.* 396

Pendleton, Aaron, Vice President & Creative Director, Allstate - Leo Burnett Worldwide; *pg.* 98

Pendleton, Kristin, Senior Copywriter - The Integer Group; *pg.* 682

Pendleton, Rand, Senior Scientist & Advisor - SportVision; *pg.* 266

Pendrill, Matt, Account Executive - DentsuBos Inc.; *pg.* 61

Penelton, Lisa, Executive Vice President, Strategy - Critical Mass, Inc.; *pg.* 223

Peninger, Katie, Account Director - Lewis Communications; *pg.* 100

Peniston, Tammy, Chief Commercial Officer - DCG ONE; *pg.* 58

Penland, Courtney, Digital Manager - 4FRONT; *pg.* 208

Penman, Brad, Chief Operating Officer - The Marketing Arm; *pg.* 316

Penn, Mark, Chairman & Chief Executive Officer - MDC Partners, Inc.; *pg.* 385

Penn, Timothy, Supervisor - OMD; *pg.* 498

Penn, Vicki, Media Director - Pantin / Beber Silverstein Public Relations; *pg.* 544

Penn, Victoria, Media Director - Beber Silverstein Group; *pg.* 38

Pennebaker, Susan, Principal - Pennebaker, LMC; *pg.* 194

Pennebaker, Ward, Chief Executive Officer - Pennebaker, LMC; *pg.* 194

Pennell, Lisa, Vice President, Digital Strategy - MGH Advertising ; *pg.* 387

Penney, Jessica, Director, Account Services -

AGENCIES / PERSONNEL

Corinthian Media, Inc.; pg. 463
Penney, John W., Chief Executive Officer & Creative Director, Online & Offline Advertising - BlackDog Advertising; pg. 40
Penney, Kathy, Chief Operating Officer - BlackDog Advertising; pg. 40
Pennie, Sheena, President - Delta Media, Inc.; pg. 596
Pennington, Emily, Associate Media Director - MBuy; pg. 484
Pennington Gillespie, Angela, President - WCG - W2O; pg. 659
Penny, Emilie, Supervisor, Marketing & Media - CMI Media, LLC; pg. 342
Penny, Grant, Art Director - Grant Marketing; pg. 78
Penny, John, Vice President & General Manager - Louisville Sports Properties - Learfield Sports; pg. 310
Pennypacker, Jason, Account Supervisor - Push; pg. 401
Pensabene, James, Vice President - Zenith Media; pg. 529
Pensabene, Susan, President - DRM Partners, Inc.; pg. 282
Pensavalle, Mark, Executive Vice President, Production & Operations - Starlight Runner Entertainment, Inc.; pg. 569
Pensinger, Matt, Senior Vice President & Managing Director - Jack Morton Worldwide; pg. 309
Penski, David, Chief Executive Officer - U.S. - Publicis North America; pg. 399
Pent, Claire, Account Supervisor - mcgarrybowen; pg. 110
Pentecost, Swayze, Manager, Marketing Solutions - The Ramey Agency; pg. 422
Penteluke, Kathy, Office Manager - LMNO; pg. 100
Penuela, Tania, Senior Digital Media Planner - Initiative; pg. 478
Peper Hays, Heide, Executive Vice President, Business Intelligence - Deutsch, Inc.; pg. 350
Pepito, Tammy, Senior Director, Social & Content Marketing - Publicis.Sapient; pg. 259
Peplov, Artem, Director, Analytics & Advertising Operations - Doremus & Company; pg. 64
Pera, Monty, Creative Director - BBDO Worldwide; pg. 331
Peraino, Damien, Executive Producer - mcgarrybowen; pg. 110
Peralta, Daniel, Producer, Creative - Sensis Agency; pg. 545
Peralta, Huascar, Executive Vice President, Data & Platforms Operations - Universal McCann Detroit; pg. 524
Peralta, John, Coordinator, New Business - Chandelier Creative; pg. 49
Peralta, Sandra, Senior Vice President, Talent - Allen & Gerritsen; pg. 29
Peraza, Jessica, Account Manager - Allison+Partners; pg. 577
Percovich, Jorge, Chief Executive Officer - LATAM Group - Havas Media Group; pg. 470
Percy-Dove, Anna, Executive Vice President, Strategy - FCB/SIX; pg. 358
Perdew, Dawn, Founder & President - DuMont project; pg. 230
Perdue, Andy, Designer, Web - emfluence, LLC; pg. 231
Perduk Rambo, Diane, Executive Vice President & Creative Director - Big Red Rooster; pg. 3
Pereira, Ellen, Group Account Director - PHD Canada; pg. 504
Pereira, Margaret, Senior Vice President - Karbo Communications; pg. 618
Pereira, Nelson, Managing Partner - Publicis.Sapient; pg. 260

Pereira, P.J., Co-Founder & Creative Chairman - Pereira & O'Dell; pg. 256
Pereira, Reuben, Senior Project Manager, Producer - C-COM Group, Inc.; pg. 587
Pereira, Santiago, Account Executive, Interactive Marketing - MarketLogic; pg. 383
Pereira, Tiago, Creative Director - enso; pg. 68
Perell, Kim, Chief Executive Officer - Amobee, Inc.; pg. 213
Perelson, Gene, Group Creative Director - R/GA; pg. 260
Perenic, Molly, Supervisor, Human Resources - MARC USA; pg. 104
Perera, Dimitri, Marketing Sciences Manager - Copacino + Fujikado, LLC; pg. 344
Peretz, Rebecca, Media Planning Associate - HealixGlobal; pg. 471
Perez, Aaron, Director Digital Strategist - Glow; pg. 237
Perez, Allen, Senior Vice President & Director, Creative & Production - Orci; pg. 543
Perez, Andy, Social & Content Marketing Director - TPN; pg. 571
Perez, Bridget, Account Director & Strategist - Phinney / Bischoff Design House; pg. 194
Perez, Danielle, Media Director - R\West; pg. 136
Perez, Delia, Vice President, Marketing Strategy - The Search Agency; pg. 677
Perez, Diana, Copywriter - Droga5; pg. 64
Perez, Eduardo, Partner - PM3; pg. 544
Perez, Francisco, Outdoor Interactive LCD Sales Operation Support - YESCO Outdoor Media; pg. 559
Perez, Janell, Chief Financial Officer - Big Block; pg. 217
Perez, Jennifer, Media Strategist - Ambassador Advertising; pg. 324
Perez, Jose, Senior Vice President & Executive Creative Director - Energy BBDO, Inc.; pg. 355
Perez, Katherine, Account Director - Zimmerman Advertising; pg. 437
Perez, Kathleen, Director, Supply - Connect at Publicis Media; pg. 462
Perez, Katrina, Group Director - Initiative; pg. 478
Perez, Maria, Vice President & Managing Director - Horizon Media, Inc.; pg. 473
Perez, Maria, Head, Production & Operations - Johannes Leonardo; pg. 92
Perez, Michael, Senior Media Supervisor - Markham & Stein; pg. 105
Perez, Monica, Account Supervisor - Billups Worldwide; pg. 550
Perez, Nathan, Senior Vice President, Communications Strategy - Generator Media + Analytics; pg. 466
Perez, Noe, Creative Director, Digital - TKO Advertising; pg. 155
Perez, Patricia, President - Valencia, Perez, Echeveste; pg. 658
Perez, Pedro, Co-Chief Creative Officer - Energy BBDO, Inc.; pg. 355
Perez, Pedro, Senior Vice President, Strategy & Analysis - Digitas; pg. 226
Perez, Samantha, Partner, Portfolio Management - Universal McCann; pg. 521
Perez Fernandez, Cora, Associate Creative Director - the community; pg. 545
Perez Velez, Madeline, Group Business Director - Alma; pg. 537
Perez-Andersen, Carolyn, Chief Executive Officer & President - Ilium Associates, Inc.; pg. 88
Perez-Muniz, Manuela, Supervisor, Digital Reconciliation & Operations - Starcom Worldwide; pg. 517

Perhach, Mary, President - SwellShark; pg. 518
Perham, Abby, Junior Account Executive - Novita Communications; pg. 392
Peric, Dejana, Account Manager - Fitzco; pg. 73
Perich, Ernie, President & Creative Director - Perich Advertising; pg. 126
Perich, Shirley, Vice President - Perich Advertising; pg. 126
Perillo, Robert, Executive Creative Director - Klunk & Millan Advertising; pg. 95
Perine, Ron, Chief Operating Officer & President - Mintz & Hoke; pg. 387
Perino, Leslie, Chief Operating Officer - E. W. Bullock Associates; pg. 66
Perisho, Seth, Group Creative Director - Dell Blue; pg. 60
Perk, Leslie, Media Director - Critical Mass, Inc.; pg. 223
Perkal, Mitch, Vice President, Digital Strategy - Rise Interactive; pg. 264
Perkel, Alan, Partner & Chief Digital Officer - Riester; pg. 406
Perkel, Rebecca, Account Manager, Strategy & Service - January Digital; pg. 243
Perkins, Bethany, Vice President, Marketing - 7Summits; pg. 209
Perkins, Chris, Managing Director - Bernstein-Rein Advertising, Inc.; pg. 39
Perkins, Lissie, Director, Client Services - Media Partners Worldwide; pg. 485
Perkins, Marilyn, Account Executive - Champion Management Group, LLC; pg. 589
Perkins, Natalie, Chief Executive Officer - Clean; pg. 5
Perkins, Paul, Co-Founder & Partner - Central Station; pg. 341
Perkins, Robin, Chief Executive Officer & Creative Director - Selbert Perkins Design; pg. 198
Perkins, Sheldon, Senior Account Executive - Vreeland Marketing; pg. 161
Perl, Stacey, Director, Media Buying - Blue Chip Marketing & Communications; pg. 334
Perlman, Lissa, Partner - Kekst & Company, Inc.; pg. 619
Perlman, Steve, Director, Brand Partnerships - The Marketing Store Worldwide; pg. 421
Perlmutter, Jaclyn, President - Cardinal Communications USA; pg. 47
Perloff, Gregg, Co-Founder & Chief Executive Officer - Another Planet Entertainment; pg. 565
Perlow, Lauren, Creative Director - WorkInProgress; pg. 163
Perls, Leslie, Owner & Creative Director - LP&G, Inc.; pg. 381
Perlstein, Josh, Chief Executive Officer - Response Media, Inc.; pg. 507
Permuy, Gillian, Vice President, Management Supervisor - 22squared Inc.; pg. 319
Pernikar, Carol, Chief Strategy Officer - TracyLocke; pg. 74
Perone, Lauren, Negotiator, Digital Partnerships - Initiative; pg. 477
Perpall, Beth, Office Manager - Wages Design, Inc.; pg. 204
Perreault, Art, Operations Manager - Trapeze Communications; pg. 426
Perreira, Ben, Executive Strategy Director - CNX; pg. 51
Perrelli, Justin, Account Manager - BBDO Worldwide; pg. 331
Perrey, Penny, Vice President & Director, Conferences & Training - IEG, LLC.; pg. 308
Perrigo, Nichola, Vice President & Director, Digital Marketing - RPA; pg. 134
Perriguey, Mark, Senior Art & Information Technology Director - Asen Marketing &

Personnel Index

967

PERSONNEL   AGENCIES

Advertising, Inc.; *pg.* 327
Perrin, Ashley, Account Manager - Manifest; *pg.* 248
Perrin, Jessica, Director, Marketing & Product Acceleration - Starcom Worldwide; *pg.* 513
Perrine, Ann, Partner & Vice President, Media Channels - The Atkins Group; *pg.* 148
Perrine, Dean, Vice President, Client Strategy & Management - Jaymie Scotto & Associates; *pg.* 616
Perrizo, Laura, Vice President & Account Director - BBDO ATL; *pg.* 330
Perrone, Marissa, Partner, Portfolio Management - Universal McCann; *pg.* 521
Perrone, Samantha, Coordinator, New Business - Active International; *pg.* 439
Perry, Ariel, UX & Digital Projects Lead - CTP; *pg.* 347
Perry, Brooks, Associate Media Director, Programmatic - RPA; *pg.* 134
Perry, Chris, Chief Digital Officer - Weber Shandwick; *pg.* 660
Perry, Collin, Senior Director, Client Strategy & Service - January Digital; *pg.* 243
Perry, Jason, Founder, President & Chief Executive Officer - Azavar Technologies Corporation; *pg.* 215
Perry, Jen, Director, Analytics & Strategy - Wunderman Thompson; *pg.* 434
Perry, John, Sales Manager - Barrett Outdoor Communications; *pg.* 549
Perry, Josh, Officer, Client & Strategic Development & Senior Vice President - J.R. Thompson Company; *pg.* 91
Perry, Kassy, President & Chief Executive Officer - Perry Communications Group; *pg.* 636
Perry, Keller, Public Relations Account Manager - The James Agency (TJA); *pg.* 151
Perry, Lester, Vice President & Group Account Director - Innocean USA; *pg.* 479
Perry, Nate, Creative Director - Bluespace Creative; *pg.* 3
Perry, Quentin, Business Affairs Specialists - 72andSunny; *pg.* 24
Perry, Steve, Creative Director - Bailey Brand Consulting; *pg.* 2
Perry, Tyler, Co-Chief Executive Officer - Mission North; *pg.* 627
Persaud, Ryan, Vice President & Director, Communications Planning - Carat; *pg.* 459
Perseke, Brad, Partner & Media Director - GMMB; *pg.* 364
Persichilli, Katie, Account Director - Joan; *pg.* 92
Persicio, Steve, Senior Vice President & Creative Director - Leo Burnett Toronto; *pg.* 97
Persinger, Bonnie, Account Manager - MMSI; *pg.* 496
Person, Jordan, Executive Director, Business Development & Communications - Situation Interactive; *pg.* 265
Persson, Henrik, Digital Strategist - Young & Laramore; *pg.* 164
Persson, Ida, Associate Director, Creative - Media Cause; *pg.* 249
Persson, Kris, Group Director, Media Strategy - OMD Entertainment; *pg.* 501
Pertuz, Kelley, Social Strategy Supervisor - Horizon Next - Horizon Media, Inc.; *pg.* 474
Perugini Ware, Dancie, President - Dancie Perugini Ware Public Relations; *pg.* 595
Perushek, Ethan, Associate Strategist - mono; *pg.* 117
Perz, Jay, Associate Director, Paid Search & Social - Mindshare; *pg.* 494
Perz, Joe, Creative Director - Beber Silverstein Group; *pg.* 38
Perzek, Rachel, Account Supervisor - Leo Burnett Worldwide; *pg.* 98
Perzel, Evan, Senior Manager, Production - IMG LIVE; *pg.* 308
Pesavento, Juliana, Executive Director - Wagstaff Worldwide; *pg.* 659
Pescatore, Bailey, Vice President - BCW New York; *pg.* 581
Pescatore-Tierney, Kara, Vice President & Account Director - MERGE; *pg.* 113
Pesce, Vanessa, Managing Director - ShopPR; *pg.* 647
Peschel, Dan, Group Account Director - Space150; *pg.* 266
Peskin, Jackie, Assistant Vice President - Coyne Public Relations; *pg.* 593
Peskind, Brittany, Account Producer - Energy BBDO, Inc.; *pg.* 355
Pessagno, Francis, President & Managing Director - Spark Foundry; *pg.* 508
Pessaro, Phillip, Vice President & Manager, Production - MRY; *pg.* 252
Pestana, Eric, Account Executive - Karbo Communications; *pg.* 618
Pestun, Natalie, Media Communications Strategist - Cage Point; *pg.* 457
Peteet, Rex, Executive Vice President & Creative Director, Design - Sherry Matthews Advocacy Marketing; *pg.* 140
Peterkin, Ashley, Senior Project Manager - Superfly; *pg.* 315
Peterman, Daryn, Account Supervisor - McDill Design; *pg.* 190
Peterman, Elizabeth, Group Director, Performance Media - 360i, LLC; *pg.* 320
Peterman, Elizabeth, Group Director, Performance Media - 360i, LLC; *pg.* 208
Peterman, Jeff, Media Director - Jekyll and Hyde; *pg.* 92
Petermann, Claire, Media Buyer - Matrix Media Services; *pg.* 554
Peters, Amy, Vice President, Account Director - Digitas Health LifeBrands; *pg.* 229
Peters, Bethany, Director, Experience Analytics - Rapport Outdoor Worldwide; *pg.* 556
Peters, Brett, Vice President, Marketing Director - GTB; *pg.* 80
Peters, Briana, Associate Director, Account - OMD Entertainment; *pg.* 501
Peters, Bunny , Director, Human Resources - AFG&; *pg.* 28
Peters, Danielle, Field Marketing Strategist - Mindstream Media Group - Dallas; *pg.* 496
Peters, Donna, Account Executive, Public Relations - Taylor & Company; *pg.* 652
Peters, Erica, Associate Director, Digital Audience Planning - Hearts & Science; *pg.* 471
Peters, Erin, Associate Media Director - Kelly, Scott & Madison, Inc.; *pg.* 482
Peters, Heather, Associate Director, Media - Spark Foundry; *pg.* 510
Peters, James, Partner & Director - Ketchum South; *pg.* 620
Peters, Joseph, President - GCI Group; *pg.* 607
Peters, Karen, Finance Manager & Principal - Communications DG4, Inc.; *pg.* 6
Peters, Karl, Creative Director - BrandSavvy, Inc.; *pg.* 4
Peters, Katie, Account Director - Intrinzic, Inc.; *pg.* 10
Peters, Ken, Executive Vice President - Archetype; *pg.* 33
Peters, Kristen, Senior Account Manager - Conversant, LLC; *pg.* 533
Peters, Marya, Vice President - Touring Division - Allied Touring; *pg.* 324
Peters, Matthew, Associate Director, Design - DiMassimo Goldstein; *pg.* 351
Peters, Michael, Founder & Chief Creative Officer - Spark; *pg.* 17
Peters, Patrick, Chief Marketing Officer - Jump 450 Media; *pg.* 481
Peters, Sean, President - USA - Zenith Media; *pg.* 529
Peters, Shelly, Principal - Crane MetaMarketing; *pg.* 345
Peters, Tammy, Specialist, East Cost Media Relations - Ballantines Public Relations; *pg.* 580
Petersen, Allan, Chief Financial Officer & Chief Operating Officer - Local - Vertic; *pg.* 274
Petersen, Amy, Group Media Director - Toyota Global - Saatchi & Saatchi Los Angeles; *pg.* 137
Petersen, Brian, Senior Director, Marketing Science - Annalect Group; *pg.* 213
Petersen, Britta, Director, Strategic Communications - Epsilon; *pg.* 283
Petersen, Chloe, Brand Manager - The Richards Group, Inc.; *pg.* 422
Petersen, Dan, Chief Technology Officer - LocalBizNow; *pg.* 675
Petersen, Jeffrey, Director, Sales - The Starr Conspiracy ; *pg.* 20
Petersen, Jessica, Account Manager - Amperage; *pg.* 30
Petersen, Jill, Senior Vice President & Director, Investments - McCann New York; *pg.* 108
Petersen, Kathleen, Vice President, Integrated Media - Nina Hale Consulting; *pg.* 675
Petersen, Lauren, Project Coordinator, New Business - HackerAgency; *pg.* 284
Petersen, Mads, Founder & Head - Europe, Middle East, Africa & Asia Pacific - Vertic; *pg.* 274
Petersen, Michael, Principal & Executive Creative Director - 50,000 Feet, Inc.; *pg.* 171
Petersen, Rachel, Co-Founder & Partner - Nectar Communications; *pg.* 632
Petersen, Shaun, Account Supervisor - New River Communications, Inc.; *pg.* 120
Petersen, Toby, Creative Director - Cutwater; *pg.* 56
Petersen, William, Senior Vice President, Social Media - Cashmere Agency; *pg.* 48
Peterson, Aaron, Senior Director, Marketing & Insights - Kantar Media; *pg.* 446
Peterson, Ann, Executive Vice President, Consumer Products, B2B & Professional Services - Marlo Marketing Communications; *pg.* 383
Peterson, Anna, Insight Strategist - Colle McVoy; *pg.* 343
Peterson, Annaliese, Vice President & Director - Cadillac - Carat; *pg.* 461
Peterson, Brenda, President & Chief Executive Officer - Wendt; *pg.* 430
Peterson, Bryan, Chairman - Peterson Ray & Company ; *pg.* 127
Peterson, Candace, Global Managing Director, Brand Marketing - Senior Vice President & Partner - FleishmanHillard; *pg.* 605
Peterson, Carl, New Media Designer - Peterson Ray & Company ; *pg.* 127
Peterson, Christine, Managing Partner & Digital Investement Lead - Mindshare; *pg.* 491
Peterson, Christofer, Senior Director, Human Resources & Talent & Engagement - Hearts & Science; *pg.* 473
Peterson, David, Founder & Executive Creative Director - Peterson Milla Hooks ; *pg.* 127
Peterson, Eric, Account Executive, Sponsorship - Reed Exhibition Company; *pg.* 314
Peterson, Henry, Associate Creative Director

AGENCIES — PERSONNEL

- mcgarrybowen; pg. 385
Peterson, Jack, Partner & President - Sandstrom Partners; pg. 198
Peterson, Jaye, Vice President, Strategy - Adventure Creative; pg. 28
Peterson, Jen, Senior Vice President & Executive Strategy Director - McCann New York; pg. 108
Peterson, Jessica, Exeuctive Director, Events - EventMakers; pg. 305
Peterson, Kelley, Manager, Content Solutions - Spark Foundry; pg. 508
Peterson, Laddie, Creative Director - Wieden + Kennedy; pg. 432
Peterson, Lauren, Senior Account Executive - AMP Agency; pg. 297
Peterson, Matt, Creative Director, Brand & Advertising - Catalysis; pg. 340
Peterson, Melissa, Account Director - OgilvyOne - Ogilvy; pg. 393
Peterson, Nicole, Brand Coordinator - Decoded Advertising; pg. 60
Peterson, Pete, Vice President - Bellevue Communications; pg. 582
Peterson, Roger, Senior Account Manager - Heinzeroth Marketing Group; pg. 84
Peterson, Steve, Chairman - PWB; pg. 131
Peterson, Tami, Director, Client Services - Amnet; pg. 454
Peterson, Thor, Chief Finance Officer - U.S. - Initiative; pg. 477
Peterson, Troy, Chief Executive Officer & Managing Partner - Hoffman York; pg. 371
Peterson, Tyler, Co-Founder & Technical Director - Kettle; pg. 244
Peterson Garnitz, Signe, Chief People Officer & Executive Vice President - 22squared Inc.; pg. 319
Peterson Mauro, Andrea, Owner & Senior Vice President, Interactive Brand Development - MauroNewMedia; pg. 190
Petersson, Erika, Vice President, Production - Cole Creative; pg. 51
Pethkongkathon, Krit, Senior Vice President, Analytics - Horizon Media, Inc.; pg. 474
Petit, Niki, New Business Director - Insight Creative, Inc.; pg. 89
Petkus, Amy, Director, Finance - Axiom Marketing, Inc.; pg. 566
Peto, Michael, President & Chief, Village Operations - Health4Brands Chelsea; pg. 83
Petralia, Nicholas, President & Chief Executive Officer - OSIK Media; pg. 554
Petralia, Richard, Managing Director - East Bank Communications; pg. 353
Petralli, Elaine, Director, Talent - Proof Advertising; pg. 398
Petrangelo, Elizabeth, Owner - CRC Marketing Solutions; pg. 345
Petreikis, Rosemary, Senior Vice President & General Manager - Bayard Advertising Agency, Inc.; pg. 37
Petridis, Derek, Chief Financial Officer - Shikatani Lacroix Brandesign, Inc.; pg. 198
Petrie Fagan, Jodi, Executive Vice President - March Communications; pg. 625
Petrillo, Jake, Senior Associate, Digital - Spark Foundry; pg. 510
Petrillo, Nicholas, Account Executive - SS+K; pg. 144
Petritz, Cathy, Vice President & Account Director - NSA Media Group, Inc.; pg. 497
Petro, Carol, Chief Financial Officer & Senior Vice President - Brownstein Group, Inc.; pg. 44
Petrocco, Melissa, Associate Director, Field Marketing - The Tombras Group; pg. 153
Petrocelli, Brian, Vice President, Global Partnerships & Promotions - Creata; pg. 346
Petroff, Mark, President & Chief Executive Officer - OneMagnify; pg. 394
Petroni, Kathryn, Integrated Project Manager - Grey Group; pg. 365
Petroski, Julie, Vice President & Group Creative Director - Targetbase Marketing; pg. 292
Petrosky, Mark, Founder & Chief Executive Officer - DP+; pg. 353
Petrous, Aaron, Performance Director - Thesis; pg. 270
Petrovsky, Fred, Chief Marketing Officer - Colling Media; pg. 51
Petruzzello, Michael, President - Qorvis Communications, LLC; pg. 640
Petry, Sharon, President - Vision Creative Group; pg. 204
Petschel, Pat, Senior Vice President & Client Service Director - Wunderman Thompson; pg. 434
Pettenati, Olivia, Supervisor, Integrated Media - Mediahub Boston; pg. 489
Pettey, Danny, Director, Public Relations - Sasquatch; pg. 138
Pettigrew, Brian, President - TVGla; pg. 273
Pettigrew, Lizzy, Creative Director - Nobox; pg. 254
Pettine, Dan, Manager, Public Relations - Allen & Gerritsen; pg. 30
Pettinelli, Christian, Associate Media Planner - CMI Media, LLC; pg. 342
Pettis, Rob, Executive Creative Director - Skiver Advertising; pg. 142
Pettit, Brian, Executive Creative Director - GMR Marketing; pg. 306
Pettit, Bryan, Vice President & Account Executive - Digital Signage - Adrenaline, Inc.; pg. 172
Pettit, Mark, Chief Marketing Officer - Imagine Exhibitions, Inc.; pg. 373
Petty, Erinmarie, Coordinator, Client Accounting - Rhea & Kaiser Marketing; pg. 406
Petty, John, Head, Social Strategy - Wieden + Kennedy; pg. 432
Petty, Mike, President - Communications Links; pg. 592
Petzold, Cailine, Senior Account Director - DiD Agency; pg. 62
Peugh, Jordon, Executive Vice President, Health Policy & Public Opinion Research - SSRS; pg. 450
Peyre, Olivier, Co-Founder & Executive Creative Director - Kettle; pg. 244
Peyron, Scott, Founder & Strategist - Scott Peyron & Associates, Inc.; pg. 688
Peznola, Daniel, Senior Account Executive - Fundamental Media; pg. 465
Pezone, Kimberly, Account Director - GroupeConnect - Digitas; pg. 226
Pezzino, Karina, Digital Account Manager - US Media Consulting; pg. 546
Pfau, Heidi, Account Executive - DKY Integrated Marketing Communications; pg. 352
Pfeifer, Erich, Creative Director - Venables Bell & Partners; pg. 158
Pfeifer, Nicole, Senior Director & Head, Consumer - SourceCode Communications; pg. 648
Pfeifer, Rob, Chief Risk Officer - Affirm Agency; pg. 323
Pfeiffer, Don, Account Supervisor - Grey Group; pg. 365
Pfeiffer, Margaret, Media Buyer - 22squared Inc.; pg. 319
Pfeil, Tom, Manager, Analytics - Starcom Worldwide; pg. 513
Pflederer, Erika, Senior Vice President & Managing Director - Lord + Thomas - FCB Chicago; pg. 71
Pfleger, Julie, Account Director - Erich & Kallman; pg. 68
Pfleiderer, Paul, Chief Strategy Officer - TBWA\WorldHealth; pg. 147
Pflucker, Kurt, Vice President - Hispanic Group ; pg. 371
Pfluger, Matt, Vice President, Digital Strategy - The Garfield Group; pg. 419
Pfost, Walker, Junior Copywriter - RPA; pg. 134
Pfund, Stephanie, Project Manager, Development - We Are Alexander; pg. 429
Phalen, Brendon, Managing Partner - BGB New York; pg. 583
Phalod, Priyanka, Audience Planning, Senior Analyst - iCrossing; pg. 240
Pham, Annie, Account Director - Studio Number One, Inc.; pg. 144
Pham, Benjamin, Co-Founder & Creative Director - Character; pg. 5
Pham, Kim, Associate Media Director, Digital - Dash Two; pg. 551
Pham, Paul Cuong, Associate Director - Starcom Worldwide; pg. 513
Pham, Thuy, Associate Media Director - Initiative; pg. 477
Pham, Thuy, Art Director & Graphic Designer - The Atkins Group; pg. 148
Pham, Young, Chief Strategy Officer - CI&T; pg. 5
Phan, Ivy, Art Director - GSD&M; pg. 79
Phaneuf, Mackenzie, Account Executive - Merkley + Partners; pg. 114
Pharr, Brittny, Account Director - Burrell Communications Group, Inc.; pg. 45
Pharr, Matthew, Managing Director- Accenture Interactive - Accenture Interactive; pg. 209
Pharr Lee, Cynthia, Chairman - Dala; pg. 595
Phee, Amy, Managing Director & Partner - Glover Park Group; pg. 608
Phelan, Jessica, President - Vault Communications, Inc.; pg. 658
Phelan, Michael, Director, Strategy - DMA United; pg. 63
Phelan, Paula, President & Chief Executive Officer - Nadel Phelan, Inc.; pg. 631
Phelan, Wes, Art Director & Senior Designer - Banowetz + Company, Inc.; pg. 36
Phelan, Wesley, Creative Director - BMW - Goodby, Silverstein & Partners; pg. 77
Phelps, Callie, Associate Director, Content & Communications - IMM; pg. 373
Phelps, Christina, Search & Social Director - Spark Foundry; pg. 510
Phelps, Elizabeth, Managing Director, Integrated Media - PP+K; pg. 129
Phelps, Geoffrey, Vice President - Coyne Public Relations; pg. 593
Phelps, Shane, Senior Vice President, Operations - WMX; pg. 276
Phernetton, Ross, Executive Creative Director - Proximity Worldwide; pg. 258
Phifer, Brad, Copywriter - Wieden + Kennedy; pg. 432
Philbin, Andrea, Assistant Media Planner & Buyer - Crossmedia; pg. 463
Philbin, Jack, Co-Founder & Chief Executive Officer - Vibes Media; pg. 535
Philip, Mark, Vice President & Group Creative Director - Digitas; pg. 227
Philips, Allison, Art Director - Igoe Creative; pg. 373
Philips, Carolyn, Senior Vice President, Group Account Director - EP+Co.; pg. 356
Philips, Joshua, Senior Vice President, Technology Strategy - Maddock Douglas; pg. 102
Phillipi, Brad, Chief Operations Officer - VT Pro Design; pg. 564
Phillipi, Kristin, Manager, Strategy - Mindshare; pg. 495
Phillippe, Susan, Director, Reckner

PERSONNEL · AGENCIES

Healthcare - Reckner; pg. 449
Phillips, Amy, Creative Director - Peak Biety, Inc.; pg. 126
Phillips, Ben, Group Strategy Director - Mekanism; pg. 113
Phillips, Benjamin, Account Executive - Havas New York; pg. 369
Phillips, Bethany, Manager, Digital Services - Denny Mountain Media; pg. 225
Phillips, Cam, Senior Program, Manager - Fusion Marketing; pg. 8
Phillips, Carrie, Partner & Co-Founder - BPCM; pg. 585
Phillips, Christine, Senior Director, Client Services - Mosaic North America; pg. 312
Phillips, Christy, Chief Talent Officer - WillowTree, Inc.; pg. 535
Phillips, Darlyn, Partner & Chief Financial Officer - The Outcast Agency; pg. 654
Phillips, Dylan, Senior Strategist - Venables Bell & Partners; pg. 158
Phillips, Elyssa, Chief of Staff - FCB New York; pg. 357
Phillips, Garrett, Senior Account Executive - B2 Advertising; pg. 35
Phillips, Ian, Account Director - Team One; pg. 417
Phillips, Jeanne, Director, Sales - Exponation; pg. 305
Phillips, Jeff, Creative Director - The Anderson Group; pg. 19
Phillips, Jennifer, Vice President, Marketing & Client Services - Traktek Partners; pg. 271
Phillips, Jodi, Vice President, Intelligence - Moxie; pg. 251
Phillips, Joshua, Senior Designer - Shamlian Advertising; pg. 140
Phillips, Kevin, Founding Partner & Chief Operating Officer - Jarrard Phillips Cate & Hancock; pg. 616
Phillips, Lindsey, Vice President, Strategy & Digital Investment - Zenith Media; pg. 531
Phillips, Meghan, Executive Director - Golin; pg. 609
Phillips, Mike, President - MVP Marketing; pg. 390
Phillips, Nick, Media Director - Moxie; pg. 251
Phillips, Nicole, Marketing Director - Knoodle Shop; pg. 95
Phillips, Paul, President & Owner - Pac / West Communications; pg. 635
Phillips, Paul, Creative Director - Cain & Co.; pg. 588
Phillips, Randy, Account Director - Quattro Direct; pg. 290
Phillips, Reed, Managing Partner & Chief Executive Officer - Oaklins DeSilva+Phillips; pg. 687
Phillips, Rob, Managing Director - Southwest - Wpromote; pg. 679
Phillips, Robbin, Partner, President, Chief Executive Officer & Creative Director - Brains On Fire; pg. 691
Phillips, Robert, Account Manager & Creative Director - SPD&G; pg. 411
Phillips, Sara, Senior Art Director - Wieden + Kennedy; pg. 430
Phillips, Wes, Agency Partner - Orange Label Art & Advertising; pg. 395
Phillis, Paula, Vice President & Director, Production - HMH; pg. 86
Philpott, Carrie, President - Wunderman Thompson Atlanta; pg. 435
Philyaw, Rick, Vice President, National Accounts - E-B Display Co., Inc.; pg. 180
Phinney, Kristy, Digital Project Manager - Rinck Advertising; pg. 407
Phinney, Leslie, Chief Executive Officer & Creative Director - Phinney / Bischoff Design

House; pg. 194
Phior, Rio, Co-Founder & Executive Creative Director - Sagon - Phior; pg. 409
Phippard, Gary, President & Chief Executive Officer - ASH Technology Marketing; pg. 34
Phipps, Allison, Director, Art - Armada Medical Marketing; pg. 578
Phipps, Daniel, Vice President, Sales & Marketing - Gelia Wells & Mohr; pg. 362
Phipps, James, President & Chief Executive Officer - Gelia Wells & Mohr; pg. 362
Phipps, Josh, Group Media Director - The Richards Group, Inc.; pg. 422
Phipps, Randy, Executive Creative Director - Hart; pg. 82
Phipps, Renee, Chief Financial Officer - Duncan Channon; pg. 66
Phipps, Simon, Chief Operating Officer - Twenty-First Century Brand; pg. 157
Phipps, Will, Senior Vice President, Media - Allen & Gerritsen; pg. 29
Phlipot, Jessica, President - Multiply; pg. 630
Pho, Amy, Supervisor, Digital Media - Ocean Media, Inc.; pg. 498
Phothirath, Peter, Campaign Support Analyst - Targetbase Marketing; pg. 292
Phour, Teng, Style Director - YARD; pg. 435
Phua, Melody, Media Supervisor - PHD Chicago; pg. 504
Phyfer, Amy, President - The Barber Shop Marketing; pg. 148
Pia, Cheryl, Chief Executive Officer - PIA Agency; pg. 506
Pia, Cliff, President & Chief Creative Officer - PIA Agency; pg. 506
Piacente, Franca, Senior Vice President & Head, Broadcast Production Services - Leo Burnett Toronto; pg. 97
Piacente, Michael, Director, Performance Marketing - MERGE; pg. 113
Piacenza, Dante, Managing Director, Content Production - mcgarrybowen; pg. 109
Piaggio, Valeria, Senior Vice President, Head of Identity & Inclusion Insights - The Futures Company; pg. 450
Pianelli, Maria, Senior Account Executive - LaunchSquad; pg. 621
Piatek, Keri, Partner & Design Director - Place Creative Company; pg. 15
Piatt, Jeff, Principal & Chief Creative Officer - Pipitone Group; pg. 195
Piazza, Jeff, Senior Vice President, Experience Design - Behavior, LLC; pg. 216
Piazza, Kyle, Account Supervisor - DDB Chicago; pg. 59
Piazza, Monica, Media Supervisor - 22squared Inc.; pg. 319
Piazza, Vito, Group President - Sid Lee; pg. 141
PicKell, Courtney, Strategist, Social Media - 3Headed Monster; pg. 23
Picard, Soche, Chief Executive Officer - North America - Arc Worldwide; pg. 327
Picardi, Jessica, Social Media Director - Davis Ad Agency; pg. 58
Picaro, Tara, Digital Marketing Manager - JumpCrew; pg. 93
Picasso, Lisa, Senior Vice President - LaunchSquad; pg. 621
Piccirillo, Bart, Senior Account Manager - Infogroup; pg. 286
Piccolo, Thomas, Associate, Brand Marketing & Public Relations - Kovert Creative; pg. 96
Pichler, Michael, Account Supervisor - Targetbase Marketing; pg. 292
Picicci, Laura, Supervisor, Operations - VMLY&R; pg. 274
Pickard, Elizabeth, Manager, Paid Social Account - Mindstream Media Group - Dallas;

pg. 496
Pickens, Ashley, Associate, Digital Partnerships - Initiative; pg. 477
Pickens, Judy, Media Planner - Swanson Russell; pg. 415
Pickens, Kyle, Chief Operating Officer & Partner - 97 Degrees West; pg. 24
Pickett, Catherine, Owner - Berlin Sign Company, Inc.; pg. 549
Pickett, Darian, Chief Executive Officer - Acosta, Inc.; pg. 322
Pickett, Jeff, Executive Vice President, Finance & Operations - DuPuis; pg. 180
Pickett, Kim, Principal & Creative Director - Kimbo Design; pg. 189
Pickett, Steve, Senior Manager, Business Development - IBM iX; pg. 240
Pickett, Tram, President & General Manager - Berlin Sign Company, Inc.; pg. 549
Pickett, Whitney, Coordinator, Communication - Moore Communications Group; pg. 628
Pickler, Nedra, Managing Director - Glover Park Group; pg. 608
Pickles, Dave, Chief Technology Officer & Founder - The Trade Desk; pg. 519
Pickles, Michael R., Chief Legal Officer & General Counsel - Wasserman Media Group; pg. 317
Pico, Josh, Vice President, Media - DirectAvenue, Inc.; pg. 282
Picquerey, Xavier, Vice President, Client Services - BAM Strategy; pg. 215
Pidliskey, Dana, Supervisor, Consumer Insights - Zenith Media; pg. 529
Piechura, Tom, Managing Director - 42West; pg. 573
Piecora, Candice, Group Media Director - HealixGlobal; pg. 471
Piedra, Sandy, Media Director - Kiner Communications; pg. 95
Piefer, Michele, Graphic Designer - Heinzeroth Marketing Group; pg. 84
Pieloch, Corinna, Partner - Moxie Communications Group; pg. 628
Pieper, Jordan, Senior National Broadcast Buyer - Haworth Marketing & Media; pg. 470
Pieper, Kyle, Media Supervisor - GSD&M; pg. 79
Pieper, Rob, Senior Vice President, Planning & Strategy - The Marketing Store Worldwide; pg. 421
Piepgras, Sara, Brand Engagement Director - The Thorburn Group; pg. 20
Pieprz, Dennis, Principal - Sasaki Associates; pg. 198
Pierach, Jorg, Founder, President & Creative Director - Fast Horse; pg. 603
Pierantozzi, Chris, Executive Creative Director - Saatchi & Saatchi Los Angeles; pg. 137
Pierce, Adam, Co-Founder & Co-Chief Executive Officer - Encompass Media Group; pg. 465
Pierce, Adam, Director, Strategy - Carat; pg. 461
Pierce, Alex, Associate Creative Director, Interactive - Publicis Hawkeye; pg. 399
Pierce, Allison, Executive Director, Creative - VMLY&R; pg. 274
Pierce, Bill, Senior Director - APCO Worldwide; pg. 578
Pierce, Brook, Senior Director, Creative Services & Internal Marketing - SCORR Marketing; pg. 409
Pierce, Cary, Executive Vice President & Group Management Director - FCB Chicago; pg. 71
Pierce, Daniel, Managing Partner & Executive Vice President - Universal McCann; pg. 524
Pierce, Jeff, General Manager - Outfront Media; pg. 555

AGENCIES — PERSONNEL

Pierce, Jonathan, Owner & President - Pierce Communications; pg. 636
Pierce, JT, Managing Director - Argonaut, Inc.; pg. 33
Pierce, Mark, Founder & President - Hammer Creative, Inc.; pg. 562
Pierce, Michael, Chief Digital Officer - Odney Advertising Agency; pg. 392
Pierce, Patrick, Public Relations Manager - Oster & Associates, Inc.; pg. 123
Pierce, Trisha, President - Smith Gifford, Inc.; pg. 143
Pierce, Will, Senior Vice President, Chief Strategy Officer - Casanova//McCann; pg. 538
Pierce Glass, Acquanetta, President & Chief Executive Officer - Avance Communications, Inc.; pg. 579
Pierce Strickler, Lyn, Executive Vice President & Managing Director - Harmelin Media; pg. 467
Pieri, Kasie, Senior Account Manager - Dittoe Public Relations; pg. 597
Piering, Nicole, Digital Marketing Director - Spark451, Inc.; pg. 411
Pierpoint, Christine, Senior Vice President, Financial Services - Imre; pg. 374
Pierpont, David, Senior Vice President, Performance Media - Ansira; pg. 1
Pierrard, Sabrina, Vice President, Communications Strategy - Spark Foundry; pg. 510
Pierre, Laurent, Chief Technology Officer - Code and Theory; pg. 221
Pierre, Michael, Head, Digital - Beacon Media; pg. 216
Piers, Drew, Partner & Director, Campaigns - Sachs Media Group; pg. 645
Pierscieniewski, Alexis, Digital Media Buyer & Planner - Geometry; pg. 362
Pierson, Christopher, Head, Digital - Pierson Grant Public Relations; pg. 636
Pierson, Christopher, Executive Group Creative Director - JK Design; pg. 481
Pierson, Lucas, Account Supervisor - Wunderman Health; pg. 164
Pierson, Maria, Chief Executive Officer - Pierson Grant Public Relations; pg. 636
Pierzchala, Michael, Account Director - The Integer Group; pg. 682
Piester, John, President - RedPeg Marketing; pg. 692
Pietila, Christie, Manager, Planning - Wavemaker; pg. 526
Pietrafesa, Laura, Account Executive - BML Public Relations; pg. 584
Pietraszek, Laura, Executive Vice President - US Benefits - Edelman; pg. 353
Pietruszynski, James, Partner & Chief Strategy Officer - Soulsight; pg. 199
Piggot, Linda, Chief Growth Officer - Digitas; pg. 226
Piggott, Dave, Media Director- Starbucks - Spark Foundry; pg. 512
Piggush, Nate, Strategy & Data Analyst - Bradley and Montgomery; pg. 336
Pigliavento, Allie, Senior Account Manager - beMarketing Solutions; pg. 216
Pignataro, Alicia, Director, Video Investment - Horizon Media, Inc.; pg. 474
Pignato, Philip, Junior Graphic Designer - Bear In The Hall; pg. 2
Pignone, Mike, Director, Communications Strategy - Droga5; pg. 64
Pigrom, Selena, Associate Media Director - TBC; pg. 416
Pike, Gary, President - Pike & Company; pg. 636
Pike, Josh, Senior Vice President, Digital - AMP Agency; pg. 297
Pike, Michelle, Director, Accounts - Jekyll and Hyde; pg. 92
Pike, Zack, Vice President, Strategy & Marketing Analytics - Callahan Creek ; pg. 4
Piken, Lucas, Director - Publicis North America; pg. 399
Piland, Kelly Ann, Brand Planning Director - The Richards Group, Inc.; pg. 422
Pilaprat, Nicolas, Senior Integrated Planner - Grey Group; pg. 365
Pile, Kelly, Executive Vice President & Director, Operations - Avenue 25 Advertising & Design; pg. 35
Pile, Rusty, President & Director, Marketing - Avenue 25 Advertising & Design; pg. 35
Pileggi, Frank, Chief Operating Officer & Partner - Munroe Creative Partners; pg. 192
Pilewski, Jenny, Senior Vice President - French / West / Vaughan ; pg. 361
Pilhofer, Eric, Vice President, Creative Solutions - Marketing Architects; pg. 288
Piliguian, Lisa, Executive Vice President & Senior Account Director - BBDO Worldwide; pg. 331
Pilitsis, Georgena, Negotiator, Local Investment - PHD USA; pg. 505
Pilkin, Caitlin, Senior Campaign Manager, Interactive - Zeta Interactive; pg. 277
Pilla, Megan, Chief Content Officer - Bulldog Drummond; pg. 338
Pillersdorf, Stephanie, Managing Director - Sard Verbinnen; pg. 646
Pilling, Michelle, Director, Production Services - Bensimon Byrne; pg. 38
Pillsbury, Samantha, Director, Growth - MediaLink; pg. 386
Pilnick, Shayna, Vice President, Client Services & Operations - Laundry Service; pg. 287
Pilon, Julie, Counsel, Communication & Vice President - LG2; pg. 380
Pilon, Julie, Executive Vice President & Executive Director, Strategic Planning - Area 23; pg. 33
Piluso, Steven, Executive Director & Head, Media & Integration - Media Storm; pg. 486
Pimenta, Carlos, Executive Account Officer - Macquarium, Inc.; pg. 247
Pimentel, Andy, Executive Strategy Director - Wunderman Health; pg. 164
Pinchevsky, Avital, Senior Vice President & Executive Director, Creative - FCB Chicago; pg. 71
Pinchevsky, Polina, Partner & Creative Director - RoundPeg; pg. 408
Pinckney, Christopher, Executive Creative Director - Pinckney Hugo Group; pg. 128
Pinckney, Douglas, President - Pinckney Hugo Group; pg. 128
Pinckney, Lesley, Senior Vice President, Digital Strategy - GMR Marketing Chicago; pg. 307
Pincow, Pamela, Account Supervisor - Evins Communications, Ltd.; pg. 602
Pincus, Chelsea, Senior Associate, Digital Strategy & Investment - MediaCom; pg. 487
Pindziak, Morayea, Vice President, Marketing & Operations - HealixGlobal; pg. 471
Pine, Asieya, President - Lockard & Wechsler ; pg. 287
Pine, Sarah, Associate Director, Social & Digital Strategy - Glow; pg. 237
Pineda, Jessica, Senior Account Executive - Edelman; pg. 353
Pineda, Veronica, Account Director - Anderson DDB Health & Lifestyle; pg. 31
Pineda, Yael, Partner, Portfolio Management - Universal McCann; pg. 521
Pineiro, Carmen, Account Executive - Archetype; pg. 33
Pineiro, Christine, Executive Vice President & Managing Director - Carat; pg. 459
Pinero, Nelson, Senior Digital Director & Senior Partner - MEC - GroupM; pg. 466
Pines, Tsilli, Vice President, Creative - Instrument; pg. 242
Pines, Wayne, President, Health Care - APCO Worldwide; pg. 578
Pinho, Alessandra, Vice President & Director, Strategy - Publicis North America; pg. 399
Pinilla, Julian, Planner - Weber Shandwick; pg. 660
Pinkas, Lissa, Director, New Business - Mekanism; pg. 112
Pinkelman, Jenni, Project Manager - Blue Bear Creative; pg. 40
Pinkerton, Caleb, Vice President, Strategy & Solutions - KSM South; pg. 482
Pinkerton, Charles, Chief Strategist, Brand & Communication - Theseus Communications; pg. 520
Pinkerton, Libby, Account Executive - Linhart Public Relations; pg. 622
Pinkham, Jeremy, Chief Technology Officer - Lotame; pg. 446
Pinkin, Jeff, Executive Vice President, Business Development - CCG Marketing Solutions; pg. 341
Pinkin, Steven, Chief Financial Officer - CCG Marketing Solutions; pg. 341
Pinkley, Brian, Senior Art Director - Energy BBDO, Inc.; pg. 355
Pinkley, Carrie, Director, Social Media - Moroch Partners; pg. 389
Pinkney, Scott, Vice President & Executive Creative Director - Publicis Toronto; pg. 639
Pinkston, Roberta, Media Purchasing Director - Stamp Ideas Group, LLC; pg. 144
Pinkus, Gregory, Associate Director - Publicis North America; pg. 399
Pinney, Lauren, Vice President - Edelman; pg. 601
Pino, Charlie, Vice President, Digital - CMM; pg. 591
Pino, Clara, Social & Digital Media Director - Maroon PR; pg. 625
Pino, Jennifer, Marketing Director - Rise Interactive; pg. 264
Pins, Brianne, Vice President, Public Relations & Influencer Marketing - Cashmere Agency; pg. 48
Pinsky, Jeff, Executive Vice President - ePromos Promotional Products; pg. 567
Pinta, Pamela, Partner - Greater Than One; pg. 8
Pinto, Erica, Director, Busniess Development - Mindstream Media; pg. 495
Pinto, Marla, Media Director & Partner - RDW Group ; pg. 403
Pinto, Nick, Media Planner - Backbone Media; pg. 579
Pinto, Phil, Director - The Reserve Label; pg. 563
Pinto, Reema, Managing Director - Method, Inc.; pg. 191
Pintor, Mariano, Account Supervisor - McCann New York; pg. 108
Pinzon, Sebastian, Media Director, Publicis Media - Starcom Worldwide; pg. 517
Pinzon, Vanessa, Media Supervisor - Casanova//McCann; pg. 538
Piper, Ashlee, Senior Digital Producer - Intersect Digital LLC; pg. 242
Piper, Brandon, Director - Civic Entertainment Group; pg. 566
Piper, Grant, Associate Creative Director - Venables Bell & Partners; pg. 158
Piper, Pat, Group Creative Director - VMLY&R; pg. 274
Pipitone, Corinne, Vice President - CMM; pg. 591

PERSONNEL   AGENCIES

Pipitone, Nick, Creative Director - BVK; pg. 339
Pipitone, Scott, President & Chief Executive Officer - Pipitone Group; pg. 195
Pipkin, Kia, Lead, Brand Media - PMG; pg. 257
Pipkin, Patricia, President & Media Director - DCA / DCPR; pg. 58
Pipkins, Connor, Senior Strategist, Digital - Lewis Communications ; pg. 100
Pirani, Nargis, Vice President & Strategic Planning Director - RPA; pg. 134
Pirello, Cari, President - The Marketing Workshop, Inc.; pg. 450
Pires, Claire, Senior Account Executive - MWWPR; pg. 631
Pires, Jason, Co-Founder, Chief Executive Officer & Creative Director - MVC Agency; pg. 14
Pirkola, Kristin, Supervisor, Broadcast Buying - PP+K; pg. 129
Pirkovic, Saso, Digital Manager - Initiative; pg. 477
Pirog, Tom, Regional Director - Billups, Inc; pg. 550
Pis-Dudot, Maria, Senior Vice President - Newlink Communications Group; pg. 632
Pisani, Kurt, Vice President, Client Services - Lockard & Wechsler ; pg. 287
Pisano, Amanda, Senior Account Executive - Legend PR; pg. 622
Pisaris, John B., General Counsel - Inuvo, Inc.; pg. 90
Pisarra, Shelley, Executive Vice President, Global Insights - Wasserman Media Group; pg. 317
Piscatelli, Katherine, Group Account Director - VMLY&R; pg. 160
Pisciotta, Dianna, President - Denterlein; pg. 596
Piscopo, Gerald, Account Supervisor & Media Buyer - Spark Foundry; pg. 510
Piskopanis, Frank, Manager, Information Technology - Doremus & Company; pg. 64
Pisula, Mike, Managing Partner, Technology & Partnerships - Xaxis; pg. 276
Pita, Damjan, Senior Vice President & Digital Senior Creative Director - BBDO Worldwide; pg. 331
Pita, Paul, Chief Branding Officer - Rebel Interactive; pg. 403
Pitcher, Ginny, Partner & President - Kel & Partners; pg. 619
Pitcher, Justin, Group Brand Director - Venables Bell & Partners; pg. 158
Pitcheralle, Ryan, Vice President, Content Strategy - Acronym Media; pg. 671
Pitegoff, Cathy, Head, Production - New York - Havas Media Group; pg. 468
Pitera, Anna, Group Director - Serino Coyne, Inc.; pg. 299
Pithis, Alanna, Associate Director, Paid Social - Mindshare; pg. 491
Pitigoi-Aron, Gruia, Vice President, Product - The Trade Desk; pg. 520
Pitino, Sam, Vice President & Executive Creative Director - Small Army; pg. 142
Pitre, David, President - Davis & Company; pg. 595
Pitre, Michael, Chief Financial Officer - OMD Canada; pg. 501
Pitrolo, Enza, Associate Creative Director - Anderson DDB Health & Lifestyle; pg. 31
Pitt, Andeen, Partner & Vice President, Media & Business Development - Wasserman & Partners Advertising, Inc.; pg. 429
Pittman, Christy, Vice President - Welz & Weisel Communications; pg. 662
Pittman, Diane, Principal Consultant, Creative - Deutser; pg. 443
Pittman, Jessica, Manager, Paid Social - iProspect; pg. 674
Pittman, Michelle, Chief Strategy Officer - Jennifer Connelly Public Relations; pg. 617
Pittman, Mikal, Vice President & Creative Director - Leo Burnett Worldwide; pg. 98
Pittman, Sis, Vice President, Creative Director, Print - Focused Image; pg. 235
Pittman, Tim, Client Success Director - BazaarVoice, Inc.; pg. 216
Pittner, Sarah, Vice President, Account Management & Planning - Mortenson Kim; pg. 118
Pitts, Allison, Digital Media Planner - Horizon Media, Inc.; pg. 474
Pitts, Andy, Senior Vice President, Client Experience & Brand Leadership - Barkley; pg. 329
Pitts, Jessica, Vice President, Operations - Intersect Media Solutions; pg. 480
Pitts, Jim, Founding Principal - Navigators LLC; pg. 632
Pitts, John, President & Owner - Brickworks Communications, Inc.; pg. 337
Pitzer, Chris, Senior Art Director - Huntsinger & Jeffer, Inc.; pg. 285
Pizarro, Pam, Art Director - SPI Group, LLC; pg. 143
Pizarro, Selena, Senior Vice President & Director, Video Production - RPA; pg. 134
Pizer, Keith, Partner, Co-Founder, & Chief Business - One Trick Pony; pg. 15
Pizzi, Marianne, Head, Client Services - VIRTUE Worldwide; pg. 159
Pizzimenti, Joe, Principal - Bigfish Creative Group; pg. 333
Pizzimenti, Katie, Supervisor - Media Assembly; pg. 385
Pizzitola, Megan, Director, Strategy - PHD USA; pg. 505
Pizzulli, Donatella, Manager, Strategy & Planning - Abbott Nutrition - Mindshare; pg. 494
Plac, Alyssa, Creative Resource Manager - Ogilvy; pg. 393
Placek, David, President - Lexicon Branding, Inc.; pg. 189
Placona, Lindsay, Vice President & Digital Director - Initiative; pg. 477
Placzek, Dick, Senior Vice President & Group Account Director - Swanson Russell Associates; pg. 415
Plahn, Jack, Producer - SixSpeed; pg. 198
Plain, David, Creative Director - Mediassociates, Inc.; pg. 490
Plain, Renee, Owner & Chief Executive Officer - In Plain Sight Marketing LLC; pg. 89
Plaisance, Anna, Manager, Social Media - PETERMAYER; pg. 127
Plaizier, Thomas, Enterprise Marketer - Digital Marketing - 97th Floor; pg. 209
Plamann, Dave, Vice President, Finance & Operations - Riley Hayes Advertising, Inc.; pg. 407
Plamieniak, Mary, Chief Operating Officer - Crossbow Group; pg. 347
Planas, Gabriel, Manager, Information Technology - SourceLink, LLC; pg. 292
Planchard, Cathy, Senior Partner & President, All Told - Allison+Partners; pg. 577
Plancich, Madison, Senior Social Media Manager - Yesler; pg. 436
Plank, Irv, Production Specialist - ASV Inc.; pg. 302
Plank, Jeff, Director, Business Development - Chen Design Associates; pg. 177
Planovsky, Kevin, Co-Founder & Principal, Account Strategy - Vert Mobile LLC; pg. 274
Plansky, David, Account Director - Wallace Church, Inc.; pg. 204
Plasencia, Jorge, Chairman, Co-Founder & Chief Executive Officer - Republica Havas; pg. 545
Platcow, Steve, Chief Executive Officer - RPM Advertising; pg. 408
Plating, Chris, Director, Planning - EP+Co.; pg. 356
Platoni, Tom, Vice President & Creative Director - Allied Integrated Marketing; pg. 324
Platt, Brian, Group Creative Director - mono; pg. 117
Platt, Coley, Vice President & Account Director - GSD&M; pg. 79
Platt, Hallie, Associate Director, Content Strategy - Spark Foundry; pg. 508
Platt, Kelsey, Lead Principal Account Manager - The Trade Desk; pg. 520
Platt, Larry, Executive Vice President & Executive Creative Director - McCann New York; pg. 108
Platt, Linda, Senior Vice President & Group Director - Media Assembly; pg. 484
Platt, Nick, Founder & Chief Executive Officer - LO:LA; pg. 101
Plaut, Daniel, Vice President, National Media Investment - Blue 449; pg. 455
Playford, Rich, Art Director & Associate Creative Director - Archer Malmo; pg. 32
Pleasant, Paitra, Social Media Planner - Burrell Communications Group, Inc. ; pg. 45
Pleckaitis, Kristy, Director, Strategy - No Fixed Address Inc.; pg. 120
Plehal, Chris, Group Creative Director - Red Tettemer O'Connell + Partners; pg. 404
Plesent, Gabriel, Account Coordinator - Moxie Communications Group; pg. 628
Plewinski, Alex, Senior Vice President & Group Account Director - The Buntin Group; pg. 148
Pliego, Jacqueline, Assistant Media Planner - La Z Boy - RPA; pg. 134
Pliskin, Denise, Senior Director, Product Development Strategy - FutureBrand Speck; pg. 184
Plomion, Ben, Chief Growth Officer - GumGum; pg. 80
Plomion, Ben, Chief Marketing Officer - GumGum; pg. 467
Plonchak, Ali, Managing Director, Digital Strategy & Integration - Crossmedia; pg. 463
Plonka, Whitney, Brand Manager - The Richards Group, Inc.; pg. 422
Ploquin, Pauline, President - Struck; pg. 144
Plorin, Rosemary, President & Chief Executive Officer - Lovell Communications, Inc.; pg. 623
Plottner, Kevin, Graphic Designer - Chase Communications; pg. 590
Ploughman, David, Owner & Chief Executive Officer - B-Street; pg. 681
Pluchino, David, Vice President - Travel & Leisure Division - Phoenix Marketing International; pg. 448
Plum, Arabella, Principal & Chief Operating Officer - Mechanica; pg. 13
Plumb, George, Executive Vice President & Chief Marketing Officer - Creative Channel Services, LLC; pg. 567
Plumb, Laura, Digital Strategist - Lessing-Flynn Advertising Co. ; pg. 99
Plumlee, Stephen, Vice Chairman - R/GA; pg. 260
Plumley, Ashley, Director, Creative Services - GoConvergence; pg. 364
Plump, Kalli, Senior Account Executive - Bellmont Partners Public Relations; pg. 582
Plunkett, Nicole, Senior Digital Media Planner & Buyer - Love Advertising; pg. 101
Plunkett, Oliver, Vice President & Media Director - Deutsch, Inc.; pg. 349

AGENCIES — PERSONNEL

Plunkett, Scott, Associate Partner, Operations - C&G Partners, LLC; pg. 176
Pluth, Kate, Director, Content Strategy - Metia; pg. 250
Plymale, John, Vice President & Creative Director - Gard Communications; pg. 75
Poad, Rachel, Vice President & Director, Regional Account - Saatchi & Saatchi ; pg. 136
Poarch, Andy, Chief Operating Officer - Alliance Group Ltd; pg. 576
Poarch, Ryan, Manager, Operations - Adams Outdoor Advertising; pg. 549
Pober, Kenny, General Manager - New York Transit Division - Outfront Media; pg. 554
Pober, Russell, Supervisor - Posterscope U.S.A.; pg. 556
Pocci, Mike, Director, Connections Planning - Hitchcock Fleming & Associates, Inc. ; pg. 86
Poccia, Angela, Manager, Creative - Fashion & Beauty - The Foundry @ Meredith Corp; pg. 150
Pochucha, Heath, Executive Creative Director - Periscope; pg. 127
Pocius, Sara, Senior Art Director - Critical Mass, Inc.; pg. 223
Pocock, Amari, Senior Vice President & Head, Media Planning - Essence; pg. 232
Podesta, Juan, Senior Director, Paid Search - iProspect; pg. 674
Podhaizer, Jamie, Director, Strategy - Fahrenheit 212; pg. 182
Podolsky, Eric, Account Executive - Pike & Company; pg. 636
Podsiadlik, Brooke, Account Supervisor - RPM Advertising; pg. 408
Poe, Adam, Group Account Director, Nike & Jordan Brand - Owen Jones and Partners; pg. 124
Poe, Brian, Digital Strategist - Mediassociates, Inc.; pg. 490
Poe, Jesse, Director, Creative Strategy - Code and Theory; pg. 221
Poe, Laura, Director, Health Tech Public Relations & Social Media - Uproar; pg. 657
Poehlker, Andre, Chief Executive Officer - OSK Marketing & Communications, Inc.; pg. 634
Poer, Brent, President & Chief Marketing Officer - Zenith Media; pg. 529
Poerio, Michael, Director, Integrated Media - North America - Red Fuse Communications; pg. 404
Poessiger, Steffen, Vice President & Senior Director, Client Services - Mithoff Burton Partners; pg. 115
Poet, Michele, Art Director - Devaney & Associates; pg. 351
Pofahl, Amy, Account Director - AGENCYSACKS; pg. 29
Poff, Kyle, Vice President & Director, Design - Leo Burnett Worldwide; pg. 98
Poff, Ron, Advising Partner - The Prime Factory; pg. 422
Pogachefsky, Mark, President - mPRm Public Relations; pg. 629
Pogrensky, Eugene, Director, Web Development - AdServices, Inc.; pg. 27
Pogue, Lauren, Partner, Integrated Investment - Digital - Universal McCann Detroit; pg. 524
Poh, Jim, Senior Vice President, Communications & Media Director - Intermark Group, Inc.; pg. 375
Poh, Kathryn, Associate Media Director - PHD; pg. 504
Pohlman, Andrea, Director Global Interdependency - Starcom Worldwide; pg. 513
Pohlman, Bill, Owner - AP Ltd.; pg. 173
Pohlman, John, Executive Vice President, Creative Services - Lawrence & Schiller; pg. 97
Pohorylo, Alison, Senior Partner & Group Director - MediaCom; pg. 487

Poindexter, Stewart, Copywriter - Mother; pg. 118
Poirier, Jennifer, Senior Vice President & Managing Director - Genuine Interactive; pg. 237
Poirier, Jordan, Creative Director - Concrete Design Communications, Inc. ; pg. 178
Poisall, Rachel, Senior Account Executive - Imre health - Imre; pg. 374
Poitras, Matty, Vice President & Creative Director - Copy - Hill Holliday; pg. 85
Pokoik, Charlotte, Senior Account Executive - XHIBITION; pg. 664
Pokraka, Erika, Director, Resource Management - Havas Worldwide Chicago; pg. 82
Polachi, Steve, Partner - CCM, Inc.; pg. 341
Polanco, Alex, Digital Design Director - Sequel Studio; pg. 16
Polanco, Louis, Director, Media Investment - VaynerMedia; pg. 689
Polanski, Denise, Creative Director - Shaker Recruitment Advertising & Communications; pg. 667
Polatin, Mitch, Executive Vice President & Group Strategy Director - Deutsch, Inc.; pg. 350
Polay, Kevin, Director, Content - Flint & Steel; pg. 74
Polcari, Mike, Partner & Creative Director - The Johnson Group; pg. 420
Polci, Charlotte, Vice President, Integrated Solutions - iProspect; pg. 674
Polczynski, Mae, President, Director of Operations - Clix Marketing; pg. 672
Polenta, Maria, Business Development Manager - customedialabs; pg. 223
Poliak, Tuesday, Chief Creative Officer & Executive Vice President - Wunderman Thompson Health - Wunderman Thompson; pg. 434
Policastro, Cheryl, Vice President, Planning & Perspectives - TPN; pg. 571
Polich, Sarah, Planner, Integrated Strategy & Digital & Magazine Activation - Zenith Media; pg. 529
Polin, Marisa, Group Media Director - Crossmedia; pg. 463
Polini, Carina, Supervisor, Management - Wieden + Kennedy; pg. 432
Polis, Eva, Creative Director - DDB Canada; pg. 59
Polito, Jennifer, Owner - Jenerate PR; pg. 617
Polizzi, Christina, Senior Manager, Insights & Analytics - Acceleration Partners; pg. 25
Polk, Sharon, Senior Vice President, Account Services - Sandbox; pg. 409
Polkes, Debra, Chief Creative Officer - The CDM Group; pg. 149
Pollacco, Jared, President - Impact XM; pg. 308
Pollack, Adam, Managing Director - Joele Frank, Wilkinson Brimmer Katcher; pg. 617
Pollack, Jennifer, Senior Director, Strategic Insights - McDonald's - Alma; pg. 537
Pollack, Jessie, Supervisor, Brand Strategy - Horizon Media, Inc.; pg. 474
Pollack, Max, Co-Founder & Principal - Matte Projects; pg. 107
Pollack, Noemi, Founder & Chief Executive Officer - The Pollack PR Marketing Group; pg. 654
Pollack, Stefan, President & Chief Financial Officer - The Pollack PR Marketing Group; pg. 654
Pollak, Jay, Executive Producer - The Reserve Label; pg. 563
Pollak, Max, Senior Art Director - Big Family Table; pg. 39
Pollard, Jennifer, Media Buyer - Veritone One; pg. 525

Pollard, Leonard, Account Supervisor - Padilla; pg. 635
Pollard, Megan, Media Supervisor - Starcom Worldwide; pg. 513
Pollard, Scott, Vice President, Global Business Development & Client Services - Hill+Knowlton Strategies; pg. 613
Pollina, Debbie, Manager, Accounting - Crowley Webb & Associates; pg. 55
Pollio, Emily, Social Media Specialist - Design 446; pg. 61
Pollitt, Stephanie, Director, Business Development - Havas New York; pg. 369
Pollock, Elyse, Senior Vice President & Managing Director, Brand Strategy - Horizon Media, Inc.; pg. 474
Pollock, Kevin, Media Buyer - Ashley Advertising Agency; pg. 34
Pollock, Louise, Chairman & President - Pollock Communications, Inc.; pg. 637
Pollock, Miles, Partner - StrategicAmpersand; pg. 414
Pologruto, Carina, Chief Innovation Officer - Marketsmith, Inc; pg. 483
Polomsky, Elizabeth, Project Manager - Point to Point; pg. 129
Polouektov, Anton, Manager, Programmatic - MediaCom; pg. 487
Polskin, Philippa, President - Polskin Arts & Communication - Finn Partners - Finn Partners; pg. 603
Polson, Christine, Director, Client Experience - Happy Medium; pg. 238
Polson, John, Senior Copywriter - The Scott & Miller Group; pg. 152
Poluch, Julia, Media Coordinator - Rain; pg. 402
Poluha, Sarah, Senior Brand Strategist - Carmichael Lynch; pg. 47
Poluikis, Mary, Group Supervisor, Management - Cambridge BioMarketing; pg. 46
Poluski, Chris, President - Monster XP; pg. 388
Polyak, Amanda, Account Manager - Vault Communications, Inc.; pg. 658
Polynice, Zola, Supervisor, CBS - OMD; pg. 498
Pomaro, Greg, Executive Vice President, Media - Mediasmith, Inc. ; pg. 490
Pomatto, Christine, UI Designer - Charles Ryan Associates, Inc.; pg. 589
Pomatto, Hannah, Vice President - Zeno Group; pg. 664
Pomerance, Alison, Associate Director, Marketing Sciences - OMD; pg. 500
Pomerantz, Amanda, Associate Director - Zenith Media; pg. 529
Pomeroy, Chris, Director, Global Strategies & Client Services - Spain - MMGY Global; pg. 388
Pomeroy, Miles, Director, Information Technology - PRR; pg. 399
Pomeroy, Paul, President - Aloysius Butler & Clark; pg. 30
Pommerehn, Gillian, Vice President, Public Relations & Reputation Management - Crosby Marketing Communications; pg. 347
Pompelia, Tony, President - Leading Edges Advertising; pg. 97
Ponce, Ana, Executive Digital Producer - RPA; pg. 134
Ponce, Ranulfo, Senior Designer - fd2s; pg. 183
Ponce De Leon, Alondra, Enterprise Digital Marketer - 97th Floor; pg. 209
Pond, Cayla, Associate Director, Planning - Carat; pg. 459
Pond, Cindy, Partner - Taylor & Pond Interactive; pg. 269

PERSONNEL AGENCIES

Pondel, Evan, President - PondelWilkinson Inc; pg. 637
Pondel, Roger, Chief Executive Officer - PondelWilkinson Inc; pg. 637
Ponder, Dan, Chief Executive Officer - Franco Public Relations Group; pg. 606
Ponichtera, Leah, Public Relations Specialist - Jenerate PR; pg. 617
Pons, Gianpaulo, Junior Media Strategist - Giant Spoon, LLC; pg. 363
Ponstine, Jack, President & Chief Executive Officer - Professional Media Management; pg. 130
Pontarelli, Anna, Manager, Account - 360i, LLC; pg. 208
Pontarelli, Jim, President - RDW Group ; pg. 403
Ponte, Alberto, Global Creative Director- Nike - Wieden + Kennedy; pg. 430
Pontes, Al, Senior Digital Marketing Manager, Team Lead - Firewood; pg. 283
Pontillo, Maria, Director, Program - Accenture Interactive; pg. 209
Pony, Milt, Associate Creative Director - Horsing Around - One Trick Pony; pg. 15
Ponzan, Rachael, Vice President, Client Management & Operations - Cendyn; pg. 220
Poolat, Joshua, Associate Media Director - HealixGlobal; pg. 471
Poole, Brandon, Senior Copywriter - Innocean USA; pg. 479
Poole, Chris, Art Director - Agency 51 Advertising; pg. 29
Poole, Harry, Vice President, Client Services - RedPeg Marketing; pg. 692
Poole, Jason, Creative Director & Owner - Acro Media, Inc.; pg. 671
Poole, Megan, Account Director - BBH; pg. 37
Poole, Shayne, Senior Vice President - Braun Research, Inc.; pg. 442
Poole, Tiffany, Strategy, Content Development,Copywriter - Ackerman McQueen, Inc.; pg. 26
Pooley, Dan, Founding Managing Partner - Finn Partners; pg. 604
Pooley, Richard, Graphic Designer - Agency 51 Advertising; pg. 29
Poon, Ashley, Media Planner - Essence; pg. 232
Poon, Howard, Design Director - DDB Canada; pg. 59
Poor, Kevin, Managing Director & Creative Director - Dix & Eaton; pg. 351
Poos, Jason, Vice President, Marketing - Raffetto Herman Strategic Communications, LLC; pg. 641
Pop, Emma, Vice President & Director, Analytics - Starcom Worldwide; pg. 513
Popa, Isabella, Multicultural Brand Strategist - Horizon Media, Inc.; pg. 474
Popa, Joseph, Executive Director, Creative - 88 Brand Partners; pg. 171
Pope, Chris, Director, Programmatic Media - Haworth Marketing & Media; pg. 470
Pope, Haleigh, Account Executive - Otey White & Associates; pg. 123
Pope, Jessica, Account Manager - 30 Lines; pg. 207
Pope, Kaki, Account Supervisor - Johannes Leonardo; pg. 92
Pope, Shelby, Digital Producer - The Martin Agency; pg. 421
Pope, Stuart, Chief Communications Officer - Ayzenberg Group, Inc.; pg. 2
Popelka, Dave, Executive Vice President & Director, Strategy & Business Development - Garrison Hughes; pg. 75
Poper, Grayden, Director, Creative - Ueno; pg. 273
Popivchak, Pete, Partner & Vice President, Sales & Marketing - Wall to Wall Studios; pg. 204

Popkin, Bryan, Supervisor, Strategy - iCrossing; pg. 240
Poplawski, Lauren, Associate Media Planner - Mindshare; pg. 491
Popovici, Ioana, Human Resources Consultant - AKOS; pg. 324
Popowski, Mike, Chief Executive Officer - Dagger; pg. 224
Popper, Kirstin, Senior Vice Presidet & General Manager - Matlock Advertising & Public Relations; pg. 107
Popstefanov, George, Founder & Chief Executive Officer - PMG; pg. 257
Porada, Leslie, Account Supervisor - Martin Retail Group; pg. 106
Porath, Matt, Account Planner - Brand Content & Alliances - GTB; pg. 367
Porcaro, Bob, Executive Vice President & Managing Director - GRP Media, Inc.; pg. 467
Porcaro, Mike, Chairman & Chief Executive Officer - Porcaro Communications; pg. 398
Porcelli, Julia, Associate Director, Paid Social - PHD USA; pg. 505
Porciello, Tori, Planning Associate - Wavemaker; pg. 526
Porell, Jeff, Account Manager - GroundTruth.com; pg. 534
Poretta, Joe, Co-Owner, President & Partner - Poretta & Orr, Inc.; pg. 314
Porolniczak, Theresa, Associate Media Director - Starcom Worldwide; pg. 517
Porras, Julian, Chief Executive Officer - Latin America & Caribbean - OMD Latin America; pg. 543
Porrazzo, Brittany, Vice President - FleishmanHillard West Coast; pg. 606
Porrello, Brianna, Assistant Media Planner - Team One; pg. 418
Porretta, Angelo, Vice President, Production - Mason, Inc. ; pg. 383
Porretti, Scott, Executive Vice President, Digital - Katz Media Group, Inc.; pg. 481
Port, Emily, Senior Director, Communications - GroundFloor Media; pg. 611
Portanova, Tara, Vice President, Entertainment Marketing Division - 42West; pg. 573
Portee, Shirley, Executive Producer - Burrell Communications Group, Inc. ; pg. 45
Portela, Carolina, Partner, Integrated Investment - Universal McCann; pg. 521
Portela, Jenna, Director, Group Account - jones knowles ritchie; pg. 11
Portella, Chris, Executive Vice President, Managing Director & Client Business Partner - Universal McCann; pg. 428
Porteous, David, Vice President, Sales & Strategic Development - Adperio; pg. 533
Porter, Aidan, Senior Account Executive - Campbell Ewald New York; pg. 47
Porter, Alex, Chief Executive Officer - Location3 Media; pg. 246
Porter, Andrew, Group Director, Client Services - BusinessOnLine; pg. 672
Porter, Bea, Manager, Social Media - Optidge; pg. 255
Porter, Becky, Partner - The Outcast Agency; pg. 654
Porter, Dulani, Executive Vice President - Spark; pg. 17
Porter, Duncan, Vice President & Executive Creative Director - Rain 43; pg. 262
Porter, Emily, President - West - Havas Formula; pg. 612
Porter, Ginger, President, Midwest Region - Golin; pg. 609
Porter, Harry, Managing Partner - T1 Media, LCC; pg. 518

Porter, Katie, Supervisor - Hearts & Science; pg. 471
Porter, Kaycee, Creative Director - rDialogue; pg. 291
Porter, Kyle, Vice President, Client Services & Sales - Traffic Digital Agency; pg. 271
Porter, Marc, Manager, Observational Research - Performance Research; pg. 448
Porter, Marjorie, Executive Vice President & Brand Agency Leader - Publicis North America; pg. 399
Porter, Martin, Senior Vice President & Managing Director - OOH - Posterscope U.S.A.; pg. 556
Porter, Megan, Director, Digital Marketing - Envisionit Media, Inc.; pg. 231
Porter, Mike, President - Porter LeVay & Rose; pg. 637
Porter, Nina, Business Development - Media Partners, Inc.; pg. 486
Porter, Seow Leng, Managing Partner - MediaCom; pg. 486
Porter, Yuko, Production Manager - Media Etc.; pg. 112
Portnoy, Emily, Executive Vice President & Head, Brand Strategy - McCann New York; pg. 108
Portnoy, Patti, Senior Vice President & Senior Partner, Finance - FleishmanHillard; pg. 604
Portugal, Jeff, Vice President, Global Partnerships - Endeavor - Chicago; pg. 297
Porwoll, Sarah, Account Director - AFG&; pg. 28
Posch, Andrew, Copywriter - Signal Theory; pg. 141
Posdal, Chris, Creative Director - Arc Worldwide; pg. 327
Posen, Michelle, Vice President & Director - WHERE - Horizon Media, Inc.; pg. 474
Posey, Caty, Manager, Events - Blast! PR; pg. 584
Posey, Kathy, Senior Media Buyer, Broadcasting - Falls Communications; pg. 357
Posey, Sheri, Marketing Manager - MC2; pg. 311
Posey, Tina, chief Executive Office & President, Client Services - Javelin Agency; pg. 286
Posner, Bruce, Chief Finance Officer - Isobar US; pg. 242
Posner, Lori J., President & Founder - Yes Design Group; pg. 21
Pospesel, Allison, Associate Director - OMD; pg. 500
Pospichel, Mason, Associate Media Director - OMD; pg. 500
Pospisil, Mike, Manager, Media, Billing & Finance - Allscope Media; pg. 454
Poss, Christine, Vice President, Brand Integration - The Buntin Group; pg. 148
Possemato, Cara, Senior Director, Art - Air Paris New York; pg. 172
Post, Hannah, Associate Director, Brand Communication - Siegel & Gale; pg. 17
Post, Jessica, Executive Vice President & Managing Director, Global Technology Practice - VMLY&R; pg. 160
Post, John, Event Manager - Octagon; pg. 313
Post, Joseph, Vice President, Media - CMI Media, LLC; pg. 342
Post, Kyler, Online Advertising Sales Executive - Exponation; pg. 305
Post, Meghan, Senior Account Executive - Rasky Baerlein Strategic Communications, Inc.; pg. 641
Posta, John, Executive Creative Director, Corporate Strategy - Midnight Oil Creative; pg. 250
Posta, Tom, Chief Operating Officer - Bader Rutter & Associates, Inc. ; pg. 328

AGENCIES — PERSONNEL

Postaer, Larry, Co-Chairman - RPA; *pg.* 134
Postal, Carly, Associate Director - Zenith Media; *pg.* 529
Postelwait, Jason, Senior Copywriter - OH Partners; *pg.* 122
Poster, Randall, Chief Creative Officer - Search Party Music; *pg.* 299
Potaniec, Debbie, Director, Project Management - Imaginuity Interactive, Inc.; *pg.* 241
Potash, Casey, Director, Marketing - Barclay's & PUR - Arnold Worldwide; *pg.* 33
Potash, Robin, Managing Director - Berlin Cameron; *pg.* 38
Potashnick, Adam, Chief Operating Officer - MediaCom; *pg.* 487
Poteet, Paul, Managing Director, Government Relations Practice - Glover Park Group; *pg.* 608
Potesky, Bob, Partner & Executive Creative Director - The Ramey Agency; *pg.* 422
Pothier, Jim, Partner & Vice President, Sales - Hero Digital; *pg.* 238
Potosnak, Jamie, Owner, President & Creative Director - Route 1A Advertising; *pg.* 134
Potosyan, Sona, Manager, Integrated Planning - J3; *pg.* 480
Potter, Christine, Senior Vice President & Group Partner - J3; *pg.* 480
Potter, Donnie, Vice President, Digital - DKY Integrated Marketing Communications; *pg.* 352
Potter, Doug, Account Representative - Advertising Art Studios, Inc.; *pg.* 172
Potter, Kevin, Supervisor, Search Marketing - Carat; *pg.* 459
Potter, Marylou, Senior Account Executive - Walker Advertising, Inc.; *pg.* 546
Potter, Stephen, Senior Vice President, Creative Director - Genuine Interactive; *pg.* 237
Potter, Trina, EVP, Managing Director - Spark Foundry; *pg.* 510
Potthast, Emily, Web & Interactive Director - Jim Ricca & Associates; *pg.* 92
Potthast, Mick, Account Supervisor - Deutsch, Inc.; *pg.* 349
Pottinger, Rebecca, Senior Copywriter - Droga5; *pg.* 64
Pottoff, Lydia, Co-Owner & Art Director - Epicenter Creative; *pg.* 68
Potts, John, Media Planner - The Richards Group, Inc.; *pg.* 422
Potts, Kelly, Group Strategy Director - OMD West; *pg.* 502
Potts, Ngaio, Group Account Director - Leo Burnett Toronto; *pg.* 97
Potts, Tom, President - Potts Marketing Group; *pg.* 398
Potts, Candice, Office Manager - Potts Marketing Group; *pg.* 398
Potts-Semel, Bernadette, Senior Account Director - Quaker City Mercantile; *pg.* 131
Potu, Prav, Editor - Camp + King; *pg.* 46
Pou, Robert, President - Romph & Pou Agency; *pg.* 408
Pouget-Prieto, Sofia, Senior Client Solutions Manager - Decoded Advertising; *pg.* 60
Poulin, Bob, President & Chief Revenue Officer - AgencyQ; *pg.* 211
Poulin, Richard, Principal & Design Director - Poulin + Morris Design Consultants; *pg.* 195
Poulin, Royal, Chief Financial Officer & Executive Vice President - National Public Relations; *pg.* 631
Poulsen, Paige, Account Supervisor - R/GA; *pg.* 261
Poulton, Simon, Vice President, Digital Intelligence - Wpromote; *pg.* 678
Pounders, Jayme, Associate Media Director - Noble People; *pg.* 120

Pourkazemi, Lian, New Business Coordinator - Gentleman Scholar; *pg.* 562
Poutray, Bill, Owner - Poutray & Pekar Associates; *pg.* 398
Poveromo, Matt, Account Manager - Abel Nyc; *pg.* 25
Povilaitis, Carly, Vice President, Professional Services - Listrak; *pg.* 246
Povill, David, Executive Vice President & Executive Creative Director - BBDO West; *pg.* 331
Powell, Anne, Partner & Art Director - Clark Nikdel Powell; *pg.* 342
Powell, Brandon, Director, Digital Marketing - Hanson Dodge, Inc.; *pg.* 185
Powell, Brelin, Account Supervisor - Martin Retail Group; *pg.* 106
Powell, Christi, Creative Director - gravity.labs; *pg.* 365
Powell, Christian, Art Director - VaynerMedia; *pg.* 689
Powell, Dave, Digital Marketing Manager - Belief Agency; *pg.* 38
Powell, Freddie, Creative Director - Wieden + Kennedy; *pg.* 430
Powell, Jazz, Account Manager - Bullish Inc; *pg.* 45
Powell, Kiki, Senior Manager, Business Affairs - Droga5; *pg.* 64
Powell, Logan, Senior Associate - Markstein; *pg.* 625
Powell, Matt, Chief Executive Officer - Moroch Partners; *pg.* 389
Powell, Mike, Senior Vice President & Executive Creative Director - Eicoff; *pg.* 282
Powell, Nicholas, Strategist - Customer Experience - Digital Operative, Inc.; *pg.* 225
Powell, Pamela, Senior Account Manager - Hauser Group Public Relations; *pg.* 612
Powell, Sandy, Sales Representative - Sedona Golf & Travel Products; *pg.* 569
Powell, Suzanne, Senior Media Buyer - DirectAvenue, Inc.; *pg.* 282
Powell, Tamalyn, Senior Vice President & Group Account Director - BVK; *pg.* 339
Powell, Wayne, President & Senior Creative Director - Powell Creative; *pg.* 258
Powell, Zeilend, Manager, Engagement - Deloitte Digital; *pg.* 225
Powell-Henning, Sarah, Chief Operating Officer - Digital Relativity; *pg.* 226
Powell-Schwartz, Becky, Founder & Chief Executive Officer - The Powell Group; *pg.* 655
Powelson, Michael, Creative Director - Riggs Partners; *pg.* 407
Powelson, Susanne, Vice President - Lovell Communications, Inc.; *pg.* 623
Power, Colin, Search Specialist - M5 Marketing Communications; *pg.* 102
Power, David, Chief Executive Officer - Power; *pg.* 398
Power, Davin, President - gravity.labs; *pg.* 365
Power, Greg, President & Chief Executive Officer - Weber Shandwick; *pg.* 662
Powers, Alexandra, Media Planner - Digitas; *pg.* 227
Powers, Amanda, Partner - Greater Than One; *pg.* 8
Powers, Carolyn, Assistant Media Buyer - Rain; *pg.* 402
Powers, Charles, Chairman - Powers Agency, Inc.; *pg.* 398
Powers, Chris, Executive Creative Director, Arts & Culture - Situation Interactive; *pg.* 265
Powers, Corey, Director, Creative Services - Avocet Communications; *pg.* 328
Powers, Daniel, Designer, Web - EVR Advertising; *pg.* 69

Powers, E.J., Executive Vice President & Partner - Montagne Communications; *pg.* 389
Powers, Ed, Chief Executive Officer - Craft WW; *pg.* 561
Powers, Kristen, Vice President, Client Services - Centerline Digital; *pg.* 220
Powers, Laura, Client Lead & Managing Director - Mindshare; *pg.* 491
Powers, Lisi, Senior Strategist, Search & Social - Walrus; *pg.* 161
Powers, Lori, President & Chief Executive Officer - Powers Agency, Inc.; *pg.* 398
Powers, Majorie, Senior Vice President, CPG - Stella Rising; *pg.* 518
Powers, Michael, Director, Animation - Cramer; *pg.* 6
Powers, Mitch, Chief Executive Officer - iostudio; *pg.* 242
Powers, Robert, Senior Vice President, Financial Services - Epsilon; *pg.* 282
Powers, Samantha, Account Supervisor - March Communications; *pg.* 625
Powers, Sandy, Senior Human Resources Manager - (un)Common Logic; *pg.* 671
Powers, Suzanne, Global Chief Strategy Officer - McCann Worldgroup; *pg.* 109
Powers, Tori, Director, Operations - Woodruff; *pg.* 163
Powills, Nick, Chief Executive Officer - No Limit Agency; *pg.* 632
Powills, Sharon, Chief Financial Officer - No Limit Agency; *pg.* 632
Powl, Andrew, Group Director, Digital Activation - OMD; *pg.* 498
Powley, Will, Founder & Chief Creative Officer - Mad*Pow; *pg.* 247
Powlison, Jennifer, Multi-Channel Content Strategy Manager, Advertising Director & Agency Of Record Lead - The Foundry @ Meredith Corp; *pg.* 150
Poyer, James, Senior Digital Analyst - Team Velocity Marketing; *pg.* 418
Poyraz, Mina, Account Strategist - Media Cause; *pg.* 249
Pozmanter, Lauren, Senior Account Manager - Vested; *pg.* 658
Pozo, Santiago, Chief Executive Officer - ARENAS; *pg.* 455
Pozucek, Scott, Managing Partner, Media Director - Mediaworx; *pg.* 490
Pozzobon, Omar, Senior Media Planner & Buyer - Wavemaker; *pg.* 529
Prach, Francesca, Account Executive - Royal Caribbean - MullenLowe U.S. Boston; *pg.* 389
Pracht, Brandon, Group Account Director - Wieden + Kennedy; *pg.* 432
Prada, Natasha, Media Director - Starcom Worldwide; *pg.* 517
Prado, Eric, Head, Client Service - gravity.labs; *pg.* 365
Prah, Amanda, Brand Activation Manager - Roc Nation; *pg.* 298
Praino, Dave, Co-Founder - P.S. Media; *pg.* 395
Prakken, Andy, Chief Integration Officer, Business Intelligence & Executive Vice President - DP+; *pg.* 353
Prange, Kraig, Managing Partner - ACTON International, Ltd.; *pg.* 279
Prann, Lucie, Broadcast Negotiating Supervisor - The Richards Group, Inc.; *pg.* 422
Praschak, Kurt, Vice President, Public Relations - Success Communications Group; *pg.* 415
Prashad, Bhavin, Manager, Digital Media - DAC Group; *pg.* 224
Prashad, Kiran, Vice President, Operations & Product Development & President - NY - DAC Group; *pg.* 224

PERSONNEL   AGENCIES

Prater, Kyla, Senior Account Manager - Miller Zell, Inc.; *pg.* 191
Prato, Paul, Group Creative Director - PP+K; *pg.* 129
Prats, Elizabeth, Account Manager - RBB Communications; *pg.* 641
Pratt, AJ, Founder & Program Designer - Launchfire, Inc.; *pg.* 568
Pratt, Austin, Associate Media Director, Media Buying - Barkley; *pg.* 329
Pratt, Caroline, Strategist, Digital Investment - Hearts & Science; *pg.* 471
Pratt, Holly, Senior Media Buyer & Planner - Strategic America; *pg.* 414
Pratt, John, Executive Vice President, Production - Energy BBDO, Inc.; *pg.* 355
Pratt, Marcus, Vice President, Insights & Technology - Mediasmith, Inc. ; *pg.* 490
Pratt, Steve, Account Director - Brener Zwikel & Associates; *pg.* 586
Pratt, Tim, Interactive Designer - Three Five Two, Inc.; *pg.* 271
Praught, Bryce, Art Director & Designer - Elevation Marketing; *pg.* 67
Pray, Andy, Founder - Praytell; *pg.* 258
Pray, Jeffrey, Senior Vice President & Director, Media - Starcom Worldwide; *pg.* 516
Prazmark, Rob, Founder & President - 21 Marketing; *pg.* 301
Preate, Allison, Founder & Associate Director, National Video Investment - Hearts & Science; *pg.* 471
Predmore, Amy, Co-Founder & Digital Consultant - designTHISI; *pg.* 179
Predmore, Bill, Founder & Chairman - POP, Inc.; *pg.* 195
Preece, Bonnie, Senior Vice President & Account Director - West Coast - Momentum Worldwide; *pg.* 117
Preece, Cathy, Vice President & Account Supervisor - Adams Unlimited; *pg.* 575
Prefer, Nicole, Group Director, Insights & Strategy - The Integer Group; *pg.* 682
Pregont, Christy, Executive Creative Director - Movement Strategy; *pg.* 687
Preiser, Mark, Partner & Executive Vice President - Cameron Advertising; *pg.* 339
Preisler, Amy Jo, Account Director - Carmichael Lynch; *pg.* 47
Preiss, David, Co-Founder & Partner - Launch Interactive, LLC; *pg.* 245
Prejza, Paul, Executive Vice President & Co-Owner - Sussman / Prejza & Co., Inc.; *pg.* 200
Premutico, Leo, Co-Founder & Co-Chief Creative Officer - Johannes Leonardo; *pg.* 92
Prendergast, Anna, Managing Director - Rufus/Amazon - Initiative; *pg.* 478
Prensky, Janet, Partner - Aigner/Prensky Marketing Group; *pg.* 324
Prentice, Blake, Strategic Partnerships - Agency Within; *pg.* 323
Prentice, Brian, Vice President & Creative Director - Padilla; *pg.* 635
Prentice, Grant, Director, Strategic Insights - FoodMinds, LLC; *pg.* 606
Prentice, Sylvia, Partner - Mackinnon Calderwood Advertising; *pg.* 483
Prentis, Kate, Brand Strategy Supervisor - Spark Foundry; *pg.* 508
Prentiss, Lauren, Strategy Director - Captains of Industry, Inc.; *pg.* 340
Presberg Ivler, Jaymie, Account Director - Grand Communications, Inc.; *pg.* 610
Presbury, Marissa, New Business Manager - Colangelo Synergy Marketing, Inc.; *pg.* 566
Prescher, Christopher, Principal & Chief Strategy Officer - 50,000 Feet, Inc.; *pg.* 171
Prescott, Drew, Digital Media Manager - Cutwater; *pg.* 56

Presnail, Kimberly, Vice President, Marketing & Culture - Active International; *pg.* 439
Presotto, Sara, Director, Finance & Operations - Bob's Your Uncle; *pg.* 335
Press, Abigail, Senior Business Affairs Manager - Preacher; *pg.* 129
Press, Courtney, Manager, Print - GroupM; *pg.* 466
Presseau, Erin, Strategic Interactive Manager - Silver Technologies, Inc.; *pg.* 141
Presser, Bret, Senior Vice President - Bruno & Ridgway Research Associates; *pg.* 442
Pressley-Jacobs , Wendy, Principal - Pressley Johnson Design; *pg.* 195
Presson, Michael, Senior Vice President, Digital Health - Weber Shandwick; *pg.* 660
Prestel, Aly, Office Manager - Garrigan Lyman Group; *pg.* 236
Presto, Christine, Producer, Digital - Iris; *pg.* 376
Preston, Chris, Partner & Chief Creative Officer - Preston Kelly; *pg.* 129
Preston, Claudia, Associate Director, Strategy - the community; *pg.* 545
Preston, Dave, Director, Sales & Marketing - (un)Common Logic; *pg.* 671
Preston, Dawn, Art Director - Cain & Co.; *pg.* 588
Preston, Eric, President - Derse, Inc.; *pg.* 304
Preston, Julie, Executive Vice President & Director, Client Services - Concentric Health Experience; *pg.* 52
Preston, Lilly, Managing Director & Executive Producer - Bluecadet Interactive; *pg.* 218
Preston, Mike, Chairman - Fuse Marketing Group, Inc.; *pg.* 8
Preston, Rick, Chief Executive Officer - Preston Productions, Inc.; *pg.* 314
Preston, Stephanie, Senior Director, Travel & Hospitality - Evins Communications, Ltd.; *pg.* 602
Preston, Susan, Chief Financial Officer - Preston Productions, Inc.; *pg.* 314
Preston-Loeb, Karen, Project Manager - Furia Rubel Communications, Inc.; *pg.* 607
Presutti, Dominic, Account Supervisor - DiD Agency; *pg.* 62
Pretto, Alexandra, Paid Media Campaign Manager - Yesler; *pg.* 436
Prettyman, Alyssa, Creative Director & Senior Account Director - ScratchMM; *pg.* 677
Preuss, Christopher, Executive Vice President - WPP - GTB; *pg.* 367
Preuss, Trish, Graphic Designer - Agency Within; *pg.* 323
Prevatt Woll, Pam, Specialist, Promotional Products - Whitney Advertising & Design; *pg.* 430
Prevete, Danielle, Director, Strategy & Employee Engagement - Landor; *pg.* 11
Prevo, Jake, Media Supervisor - Crossmedia; *pg.* 463
Prevost, Emily, Associate Account Director - XenoPsi; *pg.* 164
Prewett , Janice, Brand Media Negotiator - The Richards Group, Inc.; *pg.* 422
Prewitt, Ashley, Vice President, Account Services - Intermark Group, Inc.; *pg.* 375
Preyss, Jerry, Chief Executive Officer - Scoppechio; *pg.* 409
Preziosa, Gina, Media Director - The Boston Group; *pg.* 418
Prezioso, Lauren, Project Manager - Elevation Marketing; *pg.* 67
Prial, Sue, Senior Media Buyer - Dom Camera & Company, LLC; *pg.* 464
Price, Ann, Associate Director, Strategy - Multicutural - OMD; *pg.* 498
Price, April, Senior Media Buyer - Ocean Media, Inc.; *pg.* 498

Price, Becky, Vice President - MSL Detroit; *pg.* 629
Price, Daniel, Principal & President - Adrenalin, Inc.; *pg.* 1
Price, Darcey, Media Director - Cappelli Miles; *pg.* 47
Price, Dawn, Manager, Financial Analysis & Contract Administration - Campbell Ewald; *pg.* 46
Price, Emily, Director, Business Development - Deeplocal; *pg.* 349
Price, Emma, Senior Brand Strategist - The Integer Group; *pg.* 682
Price, George, Vice President, Business Development - DMW Worldwide, LLC; *pg.* 282
Price, Heather, Senior Vice President & Creative Director - Chernoff Newman; *pg.* 341
Price, Jackie, Business Manager - Jim Ricca & Associates; *pg.* 92
Price, James, Chief Product Officer & Senior Vice President - Outfront Media; *pg.* 554
Price, Jason, Executive Vice President, Business Development - NextGuest Digital; *pg.* 253
Price, Jim, Chief Executive Officer - Empower; *pg.* 354
Price, Kirsten, Senior Associate, Programmatic - Wavemaker; *pg.* 528
Price, Lauren, Managing Supervisor - FleishmanHillard; *pg.* 605
Price, Mary, Principal, Brand Media - The Richards Group, Inc.; *pg.* 422
Price, Matt, Vice President, Research - Finn Partners; *pg.* 603
Price, Michael, Executive Vice President - Myriad Travel Marketing; *pg.* 390
Price, Michael Ann, Coordinator, Media Operations - Moxie; *pg.* 251
Price, Natalie, Senior Vice President - Allison+Partners; *pg.* 576
Price, Olivia, Senior Account Executive - Johnson & Sekin; *pg.* 10
Price, Peter, Director, Planning & Strategy - JWT INSIDE; *pg.* 667
Price, Rob, Co-Founder & Executive Creative Director - Eleven, Inc.; *pg.* 67
Price, Sahara, Senior Account Executive - Taylor ; *pg.* 651
Price, Tony, Chief Operating Officer - BrillMedia.co; *pg.* 43
Price , Pam, Accounting Supervisor - The Martin Agency; *pg.* 421
Price Hanson, Maria, Digital Media Planner - Carat; *pg.* 459
Prichard, Samantha, Account Supervisor - Lovell Communications, Inc.; *pg.* 623
Priddy, Charles, Senior Account Executive & Director, Design & Art - Harmon Group; *pg.* 82
Pridgen, II, David, President & Chief Executive Officer - DIO; *pg.* 62
Priest, Amanda, Director, Media Services - Alexander Advertising, Inc.; *pg.* 324
Priest, Brian, Senior Vice President, Group Creative Director - Upshot ; *pg.* 157
Priester, Sherri, Media Director - Otto Design & Marketing; *pg.* 124
Prieto, Amy, Senior Media Buyer - THIRD EAR; *pg.* 546
Prieto, Jaime, President, Global Brand Management - Ogilvy; *pg.* 393
Prieto, Kelly, Vice President - Hayworth Creative; *pg.* 612
Prieur, Monique, Creative Director - The Mars Agency; *pg.* 683
Prigge, Chance, Senior Writer - Padilla; *pg.* 635
Prill, Lora, Vice President, Marketing & Partner - ADCO; *pg.* 27
Primack, Laura, Vice President, Culture &

AGENCIES — PERSONNEL

Creative Services - Avatar Labs; *pg.* 214
Primm, Emily, Vice President & Treasurer - Primm & Company; *pg.* 129
Primm, Heather, Director, Operations - Data Decisions Group; *pg.* 443
Primola, Nick, Executive Vice President, Head, CMO Practice & Industry Leadership - Association of National Advertisers; *pg.* 442
Prince, Alisha, Director, Project Management - Orci; *pg.* 543
Prince, Ilene, Senior Vice President & Director, Account Services - Fraser Communications; *pg.* 540
Prince, Sarah, Media Director - Grady Britton Advertising; *pg.* 78
Prince, Sarah, Associate Director, Video Investment - PHD USA; *pg.* 505
Prince, Ted, Senior Vice President, Analytic Solutions - Neustar, Inc.; *pg.* 289
Principato, Jessica, Senior Project Manager - Blenderbox; *pg.* 175
Principe, Vanessa, Senior Account Director - Edelman ; *pg.* 601
Pring, Evan, Manager, Integrated Planning - J3; *pg.* 480
Pringle, Isiah, Account Manager, Nike & Jordan Brand - Owen Jones and Partners; *pg.* 124
Pringle, Nicholas, Group Executive Director, Creative - R/GA; *pg.* 260
Prins, Christine, Chief Marketing Officer - Saatchi & Saatchi ; *pg.* 136
Prinsen, Kendall, Senior Account Manager - Hirons & Company; *pg.* 86
Printz, Olivia, Operations & Accounting Manager - Rachel Kay Public Relations; *pg.* 640
Prinzivalli, Mike, Associate Director, Digital Audience Planning - AT&T Mobility & Entertainment - Hearts & Science; *pg.* 471
Prior, Audrey, Associate Media Director - The Food Group; *pg.* 419
Prior, Karin, Senior Partner & Group Planning Director - Wavemaker; *pg.* 526
Prior, Pat, Account Director - Havas Sports & Entertainment; *pg.* 370
Prior, Paul, Chief Operating Officer - Undertone; *pg.* 273
Prisby, Shelby, Manager, Account - Amnet; *pg.* 454
Pritchard, Morgan, Creative Music Director - KO Creative; *pg.* 298
Pritchard, Shari, Production Manager & Senior Graphic Designer - Prodigal Media Company; *pg.* 15
Pritchard, Tom, Analyst, Strategic - Global Strategies; *pg.* 673
Pritchett, Zac, Brand Management Principal - The Richards Group, Inc.; *pg.* 422
Probert, Becky, Art Director - Creative Services; *pg.* 594
Prochnow, Alexis, Partner & Vice President - Bedford Advertising, Inc.; *pg.* 38
Proctor, Adam, Senior Programmatic Specialist - PHD USA; *pg.* 505
Proctor, Audra, Account Supervisor - Edelman; *pg.* 600
Proctor, Crevante, Senior Account Executive & Entertainment Media Specialist - The Narrative Group; *pg.* 654
Proctor, Matthew, Experiential Creative Director - Think Motive; *pg.* 154
Proctor, Mike, Group Director - LPK; *pg.* 12
Prodoehl, Jason, Regional Office Manager - Archetype; *pg.* 33
Prodonovich, Jasmine, Manager, Accounting - Ballantines Public Relations; *pg.* 580
Proffitt, Sarasota, Design Strategist - Industry; *pg.* 187
Prohaska, Jason, Managing Director - MediaMonks; *pg.* 249
Prohaska, Matt, Chief Executive Officer & Principal - Prohaska Consulting; *pg.* 130
Prokop Christmas, Katie, Chief Executive Officer - Arrowhead Promotions & Fulfillment Co., Inc.; *pg.* 566
Prom, Bruce, President & Partner, New Business - PKA Marketing; *pg.* 397
Prom, Oscar, Senior Software Engineer Lead - Deeplocal; *pg.* 349
Promersberger, Jan, Vice President & Co-Owner - Promersberger Company; *pg.* 638
Promersberger, Ken, President & Owner - Promersberger Company; *pg.* 638
Promisloff-Ross, Sarah, Vice President - Braithwaite Communications; *pg.* 585
Pron, Regina, Senior Media Buyer, Broadcasting - Cactus Marketing Communications; *pg.* 339
Propes, Eric, Associate Principal - EDSA ; *pg.* 181
Propst, Patricia, Vice President & Director, Financial & Operations - Wray Ward; *pg.* 433
Prosek, Jennifer, Founder, Chief Executive Officer & Managing Partner - Prosek Partners; *pg.* 639
Prosenko, David, Senior Vice President, Operations - Art Machine; *pg.* 34
Prosser, Luke, Director, Interactive Creative - Modern Climate; *pg.* 388
Prostova, Elena, Vice President, New Business Development & Creative Director - Miles Media Group, LLP; *pg.* 387
Proud, Melody, Creative Founder - MP Media & Promotions; *pg.* 252
Proudlock, Eileen, Director & Analyst, Political Tracking - Sage Media Planning & Placement, Inc.; *pg.* 508
Proulx, Art, Partner & Creative Director - PicturePlane; *pg.* 194
Proulx, Gloria, Manager, Culture & Operations - GYK Antler; *pg.* 368
Proulx, Mike, Chief Innovation Officer - Hill Holliday; *pg.* 85
Proulx, Mike, Chief Innovation Officer - Trilia ; *pg.* 521
Prouty, Courtney, Strategist, Media - M3 Agency; *pg.* 102
Prouty, Howard, President & Partner - Main Event Marketing; *pg.* 310
Provisor, Jason, Vice President, Strategic Accounts - Tongal; *pg.* 20
Provo, Kyle, Copywriter - Anomaly; *pg.* 326
Provost, Alison, Founder & Chief Executive Officer - Touchstorm - TouchStorm; *pg.* 570
Provost, Paul, President & Founder - 6P Marketing; *pg.* 1
Prow, Bob, Vice President - Obata Design, Inc.; *pg.* 193
Prowda, Bob, Executive Vice President - Ilium Associates, Inc.; *pg.* 88
Pruchnic, Ramsey, President - Strategy Labs ; *pg.* 267
Pruden, Ricci, Vice President & Account Director - Davis Elen Advertising; *pg.* 58
Prudhomme, Denege, Director, Client Management - Public Relations & Sports Marketing - Stanton & Company; *pg.* 649
Prudhomme, Terence, Associate Planning Director - Wavemaker; *pg.* 526
Pruett, Randy E., Vice President - Cooksey Communications; *pg.* 593
Pruginic, Srdjana, Senior Planner, Media - Wavemaker; *pg.* 529
Pruitt, Charles, Co-Managing Director - A.B. Data, Ltd; *pg.* 279
Pruitt, Jeffrey, Chairman & Chief Executive Officer - Tallwave; *pg.* 268
Pruitt, Stephen, Principal & Owner - Mountain View Group; *pg.* 389
Prunty, Brad, Executive Vice President - Russo Partners, LLC; *pg.* 136
Prus, Beth, Senior Vice President & Director, Account Services - Mythic; *pg.* 119
Pruss, Sue, Art Director - WRK Advertising; *pg.* 163
Pryal, Shane, Vice President & Marketing Manager - Barkley REI; *pg.* 215
Pryce-Jones, Rich, Partner - Grip Limited; *pg.* 78
Pryhuber, Jeff, Chief Technology Officer - InXpo; *pg.* 308
Pryor, Allyson, Director, Social Media & Influencer Marketing - The Lane Communications Group; *pg.* 654
Pryor, Diane, General manager - Adams Outdoor Advertising; *pg.* 549
Pryor, Jeff, Founder & Chief Executive Officer - Priority Public Relations; *pg.* 638
Prysock, Maria, Vice President & Director, Public Relations - Cramer-Krasselt ; *pg.* 53
Prystajko, Jeff, Senior UI Designer - Accesso; *pg.* 210
Przybylinski, Shoshana, Associate Director, Media - PGR Media; *pg.* 504
Psaroudis, Yiannis, Associate Director, Project Management - Publicis.Sapient; *pg.* 258
Psaty, Kyle, Vice President, Marketing - Brand Networks, Inc.; *pg.* 219
Pscheid, Julian, Chief Operating & Technical Officer - Emerge Interactive; *pg.* 231
Ptasienski, Melissa, Managing Director, Digital Marketing - Accenture Interactive; *pg.* 209
Puakpaibool, Tadar, Account Director - Red Robin - The Integer Group; *pg.* 682
Puc, Veronica, Senior Vice President & Director, Production - Leo Burnett Worldwide; *pg.* 98
Puccetti, Perry, Chief, Staff - VMLY&R; *pg.* 274
Pucci, Felicia, Account Executive - Lake Group Media, Inc.; *pg.* 287
Puccio, Katie, Social Growth Manager - Barbarian; *pg.* 215
Puccio, Nicholas, Vice President & Director, Media Business Operations - Digitas; *pg.* 227
Puchalsky, Adam, Global Head, Content - Wavemaker; *pg.* 526
Puckett, Tod, Executive Broadcast Producer - Goodby, Silverstein & Partners; *pg.* 77
Puckey, Brad, Partner, CoreBrand Analytics - Tenet Partners; *pg.* 450
Puente, Sebastian, Chief Executive Officer & Partner - Cultural Strategies, Inc.; *pg.* 347
Puetz, Emily, Supervisor, Digital Strategy - Haworth Marketing & Media; *pg.* 470
Puffer, Mike, President - Echo Media Solutions; *pg.* 282
Pugel, Hayley, Senior Account Executive - RunSwitch PR; *pg.* 645
Pugh, Bruce, Print Production Manager - DoeAnderson Advertising ; *pg.* 352
Pugh, Jason, Senior Communications Planner - Blue 449; *pg.* 456
Pugh, Meredith, Chief Growth & Strategy Officer - Centron; *pg.* 49
Pugh, Natalie, Client Success Director - Acceleration Partners; *pg.* 25
Pugh, Simon, President - PHD West - PHD; *pg.* 504
Pugliano, Monica, Associate Director, Media Planning - Innocean USA; *pg.* 479
Pugliese, GianMarco, Associate Director - Zenith Media; *pg.* 529
Pugliese, LouAnn, Account Supervisor - Impressions; *pg.* 89
Puglisi, Chelsey, Supervisor, Video Investments - Mediahub Boston; *pg.* 489

PERSONNEL / AGENCIES

Puglisi, Joe, Head, Creative Strategy - Rebel Ventures Inc.; *pg.* 262
Puglisi, John, President & Chief Executive Officer - Beacon Healthcare Communications; *pg.* 38
Pugongan, Geraldine, Senior Partner & Group Planning Director - Mindshare; *pg.* 495
Puhala, Damian, Social Media Manager - Social Link; *pg.* 411
Puig, Ignasi, Founder & Chief Executive Officer - Wunderman Thompson; *pg.* 547
Pujadas, Esty, Partner & President, Ketchum International - Ketchum; *pg.* 542
Pujji, Jesse, Chief Executive Officer & Co-Founder - Ampush; *pg.* 213
Pulaski, Chris, Group Account Director - DAC Group; *pg.* 223
Pulchin, Howard, Global Creative Director - APCO Worldwide; *pg.* 578
Puleo, Lucas, Manager, Integrated Investment - Universal McCann; *pg.* 521
Pulijal, Gautham, Manager, Paid Social - Reprise Digital; *pg.* 676
Pulis, Dana, Principal - Kinetic Marketing Group; *pg.* 95
Pulito, Dan, Associate Design Director - Droga5; *pg.* 64
Pullaro, Jenna, Director, Media Services - Landers & Partners; *pg.* 379
Pulley, Chris, Chief Executive Officer - CCP Digital; *pg.* 49
Pulman, Alecia, Managing Director & Senior Director - Media Relations - ICR; *pg.* 615
Pulman, Celeste, Account & Strategy Operations Lead - Droga5; *pg.* 64
Puls, Mary, Executive Vice President & Managing Director - Creative B'stro; *pg.* 222
Pultorak, Christopher, Executive Vice President & Director, Team DDB - U.S. Army - DDB Chicago; *pg.* 59
Pults, Lindsey, Vice President, Client Service - Targetbase Marketing; *pg.* 292
Pulver, Courtney, Creative Director & Copywriter - David&Goliath; *pg.* 57
Pulver, Trevor, Group Media Director - The Richards Group, Inc.; *pg.* 422
Pulwer, Lauren, Vice President & Account Director - Publicis North America; *pg.* 399
Puma, Frank, Managing Director, Digital Investment & Managing Partner - Mindshare; *pg.* 491
Pumfery, Aaron, Chief Creative Officer - Edge Publicom; *pg.* 354
Punch, Tom, Global President & Chief Creative Officer - Spring Studios; *pg.* 563
Pundsack, Jodie, Co-Founder & Creative Strategist - Gaslight Creative; *pg.* 361
Punter, Clive, Chief Revenue Officer & Executive Vice President - Outfront Media; *pg.* 554
Punwani, Nick, Manager, Digital Investment - Mindshare; *pg.* 491
Puopolo, Kristin, Senior Project Manager - The Many; *pg.* 151
Pupo, Marco, Vice President, Advertising - Elephant; *pg.* 181
Puppio, Francisco, Creative Director & Writer - 72andSunny; *pg.* 23
Pupshis, Jennifer, Account Manager - Media Works, Ltd.; *pg.* 486
Purcaro, Nicholas, Associate Media Director - Neo Media World; *pg.* 496
Purcell, Ben, Executive Creative Director & Copywriter - David&Goliath; *pg.* 57
Purcell, Elaine, Co-Head, Strategy - Havas New York; *pg.* 369
Purcell, Karen, Executive Vice President, Media & Operations - Sherry Matthews Advocacy Marketing; *pg.* 140
Purdie, Geo, Principal - Purdie Rogers, Inc.; *pg.* 130
Purdiman, Bria, Senior Account Executive, Public Relations - Burrell Communications Group, Inc. ; *pg.* 45
Purdue, Matt, Senior Vice President, Content Strategy - Peppercomm, Inc.; *pg.* 687
Purdy, Adam, Senior Director, Creative Strategy - 160over90; *pg.* 301
Purdy, Hannah, Senior Publicist - Current PR; *pg.* 594
Purdy, Maclaine, Senior Media Associate - Starcom Worldwide; *pg.* 513
Purohit, Ahnal, President & Chief Executive Officer - Purohit Navigation; *pg.* 401
Purohit, Ahnal, President & Chief Executive Officer - FFR Healthcare; *pg.* 444
Purtell, Gerry, Vice President, Communications Planning - Trade X Partners; *pg.* 156
Purviance, George, Owner & Creative Director - Purviance & Company ; *pg.* 196
Purviance, Terri, Chief Operating Officer - Purviance & Company ; *pg.* 196
Purvis, Scott, President - The G&R Cooperative; *pg.* 450
Pusateri, Chris, President - 4 Next Interactive; *pg.* 208
Pusateri, Melanie, Vice President & Creative Director - 4 Next Interactive; *pg.* 208
Puschak, Danielle, Senior Designer, UI & UX - The Trade Desk; *pg.* 520
Pusey, John, Director, Web Development & Hosting - G3 Group; *pg.* 673
Pushkin, Dennis, Chief Executive Officer - MoreVisibility; *pg.* 675
Pustay, Kate, Vice President, Account Services - NSA Media Group, Inc.; *pg.* 497
Putman-Harper, Lialah, Senior Art Director - Archer Malmo; *pg.* 32
Putnam, Crystal, Vice President, Business Development - Collective Bias, LLC; *pg.* 221
Putnam, Jen, Chief Creative Officer - Allen & Gerritsen; *pg.* 29
Putrino, Clare, Director, Analytics - Spark Foundry; *pg.* 512
Puttin, Matthew, Senior Account Executive - No Limit Agency; *pg.* 632
Puzak, Candice, Group Media Director - Brunner; *pg.* 44
Puzo, Jacqueline, Senior Partner & Director, Media - The&Partnership; *pg.* 426
Pyatt, Krystal, Account Executive, Public Relations & Social Media - The Ferraro Group; *pg.* 653
Pyden, Tom, Senior Vice President & Partner - FleishmanHillard; *pg.* 606
Pyle, Billy Joe, Creative Director - Mint Advertising; *pg.* 115
Pyle, Kip, Director, Integrated Production - FKQ Advertising, Inc.; *pg.* 359
Pyles, Lisa, Director - Horizon Media, Inc.; *pg.* 474
Pylpczak, John, President - Concrete Design Communications, Inc.; *pg.* 178
Pynes, Ron, Partner, Strategic Services - Axis41; *pg.* 215
Pynn, Roger, Senior Council - Curley & Pynn Public Relations Management, Inc.; *pg.* 594
Pyron, Jennifer, Senior Director, Performance & Digital - Mighty & True; *pg.* 250
Pytko, Steve, Senior Vice President & Director, Broadcast Production - Saatchi & Saatchi Wellness; *pg.* 137

Q

Qian, Qian, Executive Creative Director - Grey Group; *pg.* 365
Qu, Tina, Director, Performance Network - m/SIX; *pg.* 482
Quach, Angela, Account Director - Max Borges Agency; *pg.* 626
Quach, Tiffany, Director, Account - Ocean Media, Inc.; *pg.* 498
Quackenbush, Melissa, Director, Global Communications & Culture - Hill+Knowlton Strategies; *pg.* 613
Quackenbush, Sarah, Business Development Director - Havas Helia; *pg.* 285
Quader, Jenn, President - Brower Group; *pg.* 586
Quaglieri, Barbara, Digital Marketing Specialist - Altitude Marketing; *pg.* 30
Quaid, Harry, Director - RealtyAds; *pg.* 132
Quaintance, John, National Account Manager - AllOver Media; *pg.* 549
Qualls, Bruce, Vice President, Real Estate & Public Affairs - Clear Channel Outdoor; *pg.* 550
Qualls, Lee Ann, Media Director - Aloysius Butler & Clark; *pg.* 30
Qualls, Sherry, Owner, President & Chief Executive Officer - White Good & Company, Inc.; *pg.* 430
Quan, Jami, Executive Assistant - 72andSunny; *pg.* 23
Quan, Randy, Associate Creative Director - Saatchi & Saatchi Los Angeles; *pg.* 137
Quan-Knowles, Renee, Group Strategy Director - The&Partnership; *pg.* 426
Quarles, Brian, Chief Creative Officer - rEvolution; *pg.* 406
Quarry, Alan, Chairman - Quarry Integrated Communications; *pg.* 402
Quast, Tiffany, Vice President, Direct Mail - ForwardPMX; *pg.* 360
Quattrin, Victor, Associate Creative Director - Chevrolet - Commonwealth // McCann; *pg.* 52
Quattrochi, Ann, Vice President & Senior Director, Creative & Business Development Services - FleishmanHillard; *pg.* 605
Quattrone, Joe, Senior Vice President - VaynerMedia; *pg.* 689
Quay, Andrew, Vice President & Planning Director - Deutsch, Inc.; *pg.* 349
Qubein-Samuel, Deena, Chief Executive Officer - Creative Services; *pg.* 594
Queamante, David, Senior Vice President & Client Business Partner - Universal McCann Detroit; *pg.* 524
Queenan, Ryan, Marketing Manager - Mad*Pow; *pg.* 247
Queiroz, Rodolfo, Associate Media Director - Dash Two; *pg.* 551
Queisser, Brad, Senior Vice President - Bose Public Affairs Group, LLC; *pg.* 585
Quennoy, Eric, Executive Creative Director - Wieden + Kennedy; *pg.* 432
Quenomoen, Diana, Associate Director, Design - 10 Thousand Design; *pg.* 171
Quentzel, Evan, Associate Director, Programmatic - Spark Foundry; *pg.* 510
Quenville, Jennifer, Senior Vice President, Media Solutions - The Mars Agency; *pg.* 683
Quenzel, Erik, Director, Engineering - Viewpoint Creative; *pg.* 159
Querceto, Jill, Vice President, Creative Strategy & Innovation - Innovairre; *pg.* 89
Querry, David, President & Managing Director - Navicor Group - GSW Worldwide / GSW, fueled by Blue Diesel; *pg.* 80
Querry, Melanie, Owner & President - Beyond Spots & Dots Inc.; *pg.* 333
Quesada, Chris, Senior Account Executive - Quirk Creative; *pg.* 131
Quesada, Gabriel, Director, Video & Motion Graphics Art - CultureSpan Marketing; *pg.* 594
Quevedo, Aldo, Principal & Creative Director

AGENCIES PERSONNEL

- Richards/Lerma; pg. 545
Quiambao, Ellaine C., Coordinator, Media & Production - The NOW Group; pg. 422
Quiat, Danielle, Group Director - OMD West; pg. 502
Quick, Julie, Senior Vice President & Head, Insights & Strategy - Shoptology; pg. 682
Quigley, Brett, Media Strategist & Buyer - Harmelin Media; pg. 467
Quigley, Julia, Associate - Posterscope U.S.A.; pg. 556
Quigley, Kate, Associate Director, Project Management Digital Operations - RightPoint; pg. 263
Quigley, Kevin, Co-President - Switch; pg. 145
Quigley, Ryan, Associate Creative Director - Ogilvy; pg. 393
Quillin, Sharry, Partner & Chief Financial Officer - Q Advertising & Public Relations; pg. 131
Quillin, Tim, President & Chief Executive Officer - Q Advertising & Public Relations; pg. 131
Quilter, Matthew, Chief Financial Officer - EagleView Technologies, Inc.; pg. 230
Quinlan, Jennifer, Chief Executive Officer - r2integrated; pg. 261
Quinlan, Mel, Owner - Oberlander Group; pg. 193
Quinlan, Peggy, Senior Vice President & General Manager - MedPoint Communications; pg. 288
Quinlan, Rachel, Group Media Director - Fallon Worldwide; pg. 70
Quinley, Michelle, Manager - Universal McCann Detroit; pg. 524
Quinn, Alene, Associate Media Director - Starcom Worldwide; pg. 513
Quinn, Alene, Associate Media Director - Starcom Worldwide; pg. 517
Quinn, Ann, Strategist, Digital - Publicis North America; pg. 399
Quinn, Bill, President - Brogan Tennyson Group, Inc.; pg. 43
Quinn, Brianna, Public Relations Supervisor - Allen & Gerritsen; pg. 29
Quinn, Carol, Account Director - Karsh & Hagan; pg. 94
Quinn, Chava, Interactive Producer - BBDO San Francisco; pg. 330
Quinn, Colin, Vice President & Creative Director - MERGE; pg. 113
Quinn, Dennis, Chief Revenue Officer - Active International; pg. 439
Quinn, Elizabeth, Manager, Strategy - Spark Foundry; pg. 510
Quinn, Emily, Manager, Agency Communications - MMB; pg. 116
Quinn, Florence, Founder & President - Quinn & Company; pg. 640
Quinn, Haley, Associate Media Planner - CMI Media, LLC; pg. 342
Quinn, Holly, Executive Vice President, Operations - IN Connected Marketing; pg. 681
Quinn, Jen, Senior Art Director - Red Herring Design ; pg. 197
Quinn, Jessica, Associate Account Director & Partner - Haberman; pg. 369
Quinn, Kelly, Account Director - Sid Lee; pg. 141
Quinn, Maura, Senior Strategist - Ogilvy; pg. 393
Quinn, Michele, Associate Media Director - The Tombras Group; pg. 424
Quinn, Patrick, President & Chief Executive Officer - PQ Media, LLC; pg. 449
Quinn, Ross, Executive Vice President & Director, Customer Solutions - FCB Chicago; pg. 71

Quinn, Sean, Associate Media Director - AMP Agency; pg. 297
Quinn, Sean, Director, Strategy - AKQA; pg. 211
Quinn, Shannon, Director, Media - EchoPoint Media - Young & Laramore; pg. 164
Quinn, Shannon, Senior Account Executive - Qorvis Communications, LLC; pg. 640
Quinn, Stephanie, Senior Vice President, Client Strategy & Business Development - PineRock; pg. 636
Quinn Shaw, Maria, Co-Founder & Partner - Mammoth Advertising; pg. 248
Quinones, Marinet, Senior Manager, Business Affairs - Alma; pg. 537
Quinones, Ruben, Vice President, Client Strategy - Path Interactive, Inc.; pg. 256
Quint, Michael, Managing Partner & Chief Strategy Officer - Bluetext; pg. 40
Quintal, Nicolas, Creative Director - Rethink Communications, Inc.; pg. 133
Quintana, Erin, Executive Vice President & Client Managing Partner - J3; pg. 480
Quintana, Juan Jose, Executive Creative Director & Senior Vice President - Orci; pg. 543
Quintana, Marlaina, Senior Vice President, Public Relations & Group Account Director - Cramer-Krasselt ; pg. 54
Quintana, Shannon, Director, Strategy - Veritone One; pg. 525
Quintanilla, Carlos, Account Executive - RPA; pg. 135
Quintiliani, David, Group Creative Director - VMLY&R; pg. 160
Quiqney, Patrick, Vice President, Strategy - Tigris Sponsorship & Marketing; pg. 317
Quirk, Mary Ellen, Associate Vice President - Lake Group Media, Inc.; pg. 287
Quirk, Meredith, Associate Director, Social Media - Havas Media Group; pg. 470
Quiroz, George, Management Supervisor, Account Services - David; pg. 57
Quirsfeld, Tim, Associate Director, Data Science - Mindshare; pg. 494
Quisenberry, Coleen, Owner, President & Chief Executive Officer - Quisenberry; pg. 131
Quisenberry, Jordan, Production & Operations Manager - Quisenberry; pg. 131
Quisenberry, Lisa, Senior Channel Specialist, Broadcast - Lewis Media Partners; pg. 482
Quisenberry, Morgan, Associate Media Director, Digital - Starcom Worldwide; pg. 516
Quish, Tom, Vice President & Head, Design - Rightpoint; pg. 263
Quitevis, Shere'e, Account Supervisor - Anthology Marketing Group; pg. 326
Quong, Ed, Creative Director - LPI Group; pg. 12
Qureshi, Samina, Director, Media - Short Form - E&M Media Group; pg. 282

R

Raab, Mollie, Associate Director - Starcom Worldwide; pg. 513
Raab, Paul, Senior Vice President & Partner - Linhart Public Relations; pg. 622
Raab, Ryan, Creative Director - Droga5; pg. 64
Raaf, Rich, Senior Vice President - Katz Media Group, Inc.; pg. 481
Rabasca, Erin, Executive Director, Content Studio Operations - R/GA; pg. 260
Rabbitt, Dakota, Senior Account Executive - Genuine Interactive; pg. 237
Rabdau, James, Partner & Creative Director -

The Summit Group; pg. 153
Rabe, Jeremy, Chief Executive Officer - Aimia; pg. 167
Rabe, Lauren, Media Supervisor - Zenith Media; pg. 531
Rabellino, Ryan, Senior Account Manager - Muelrath Public Affairs; pg. 630
Rabelo, Leo, Digital Creative Director - Traina Design; pg. 20
Rabi, Tamara, Director, Client Advice & Management - Initiative; pg. 477
Rabia, Sarah, Global Director, Cultural Strategy - TBWA \ Chiat \ Day; pg. 146
Rabideau, Gregory, Manager - Spark Foundry; pg. 508
Rabiee, Shaydah, Senior Media Planner & Buyer - Big Communications, Inc.; pg. 39
Rabinovici, Boris, Managing Partner - Rabinovici & Associates, Inc.; pg. 544
Rabinovici, Ester, Chief Creative Officer - Rabinovici & Associates, Inc.; pg. 544
Rabinowitz, Kelly, Vice President & Group Account Director - Scout Marketing; pg. 139
Rabjohns, David, Founder - LRWMotiveQuest; pg. 447
Rabot, Peter, Executive Creative Director & Partner - Munn Rabot; pg. 448
Raboy, Doug, Chief Idea Architect - People Ideas & Culture; pg. 194
Raby, Jason, Director, Communications - Articulate Solutions; pg. 34
Rachels, Amy, Group Director, Operations - Manifest; pg. 248
Rachford, Chuck, Executive Creative Director - Current ; pg. 594
Racioppo, Toni, Media Director - XenoPsi; pg. 164
Raciti, Dario, US Director - Zero Code - OMD; pg. 498
Raciti, Dario, Director, Zero Code - OMD West; pg. 502
Rackley, Danielle, Production Manager - TBWA \ Chiat \ Day; pg. 416
Rad, Julian, Vice President,Senior Creative Director - Jack Morton Worldwide; pg. 309
Rad, Teresa, Director, Art Production - TBWA \ Chiat \ Day; pg. 416
Radatz, Ben, Designer, Partner & Co-Founder - MK12 Studios; pg. 191
Radcliff, Paige, Account Executive - Epsilon; pg. 283
Radcliffe, Chris, Digital Workplace Advisor - Habanero; pg. 237
Radcliffe, Marah, Account Supervisor - MGH Advertising ; pg. 387
Raddish, Colleen, Partner - Inferno, LLC; pg. 374
Raddock, Stephanie, Senior Strategist, Social Media - T3; pg. 268
Rader, Kai, Creative Director - Mondo Robot ; pg. 192
Radford, Heather, Executive Vice President - Mosaic North America; pg. 312
Radia, Saneel, Global Chief Innovation Officer - R/GA; pg. 260
Radich, Chris, Director, Paid Media - The Search Agency; pg. 677
Radico, Justin, Associate Director, Media Investment - National - Blue 449; pg. 455
Radigan, Christina, Managing Director, Marketing & Communications - Outdoor Media Group; pg. 554
Radigk, Scott, Senior Vice President, Chief Financial Officer - THIRD EAR; pg. 546
Radke, Kyle, Chief Executive Officer - The Jones Agency; pg. 420
Radle, Amanda, President & Chief Financial Officer - Miller Ad Agency; pg. 115
Radle, Erik, Chief Executive Officer - Miller Ad Agency; pg. 115

979

PERSONNEL   AGENCIES

Radley, Laura, Manager, Customer Service & Sales - Ash-Allmond Associates; pg. 566
Radloff, Jenny, Director - PAN Communications; pg. 635
Rado, Emily, Account Executive - Linhart Public Relations; pg. 622
Radomsky, Janice, Group Strategy Director - Barbarian; pg. 215
Radonic, Ed, Partner & Managing Director - RadonicRodgers Communications, Inc.; pg. 402
Radosavlyev, Rhonda, Media Manager - Simantel Group; pg. 142
Radtke, Charlie, Owner, Vice President, & Creative Director - Phoenix Marketing Group, Inc.; pg. 128
Radtke, Jean, President & Chief Executive Officer - Phoenix Marketing Group, Inc.; pg. 128
Radzinski, Jeff, Digital Media Buyer - Harrison Media; pg. 468
Radziunas, Victoria, Planning Director - Wunderman Thompson; pg. 434
Raetsch, Mike, Managing Director - Allen & Gerritsen; pg. 30
Rafael, Joe, Chairman - Opinion Access Corporation; pg. 543
Rafalski, Jessica, Vice President & Media Director - Starcom Worldwide; pg. 513
Raff, Jaclyn, Account Supervisor - WongDoody; pg. 433
Raffaele, Paul, Design Director - VIRTUE Worldwide; pg. 159
Raffanello, Michele, Senior Media Planner & Buyer - Catalyst Marketing Company; pg. 5
Raffel, Leza, Founder & President - Communication Solutions Group; pg. 592
Raffel, Stuart, Senior Broadcast Producer - Arnold Worldwide; pg. 34
Rafferty, Atalanta, Chief Performance Officer & Executive Managing Director - RFBinder Partners, Inc.; pg. 642
Rafferty, Barri, Partner & President - Ketchum; pg. 542
Rafferty, Brian, Global Director, Business Analytics & Insights - Siegel & Gale; pg. 17
Rafferty, Kaitlyn, Senior Media Planner - CMI Media, LLC; pg. 342
Rafferty, Pat, Director, Advertising & Marketing - Androvett Legal Media & Marketing; pg. 577
Raffetto, John, Chief Executive Officer - Raffetto Herman Strategic Communications; pg. 641
Raffloer, Melody, Creative Director - Tandem Theory; pg. 269
Raftery, Emma, Senior Negotiator - Initiative; pg. 477
Raftery, Rodney, Creative Director, Social - Digitas; pg. 227
Ragan, Kelly, Senior Account Manager - Design 446; pg. 61
Raginia, Carolyn, Production Manager - Leo Burnett Worldwide; pg. 98
Ragland, Chelsea, Specialist, Social Media - Orange Label Art & Advertising; pg. 395
Ragland, Kevin, Vice President & Associate Creative Director - The Martin Agency; pg. 421
Ragland, Lee, Vice President & Director, Public Relations - Godwin Group; pg. 364
Ragland, Will, Creative Director - Mob Scene; pg. 563
Ragnetti, Sandy, Senior Account Manager - Grady Britton Advertising; pg. 78
Ragone, Regina, Vice President - Coaction Public Relations; pg. 591
Ragsdale, Erin B., Senior Vice President - Allyn Media; pg. 577
Ragsdale, Will, Partner & Client Services Director - Mitre Agency; pg. 191

Ragusa, Chris, President & Chief Executive Officer - Estee Marketing Group; pg. 283
Ragusa, Jessica, Director, Media & Strategy - WiT Media; pg. 162
Ragusa, Maria, Associate Manager, Account - Goodby, Silverstein & Partners; pg. 77
Ragusa, Salvatore, Media Market Specialist - Active International; pg. 439
Rahamim, Norah, Managing Director, APAC Region - GALE; pg. 236
Rahe, Penny, Vice President & Director, Video & Photo Production - The Bohan Agency; pg. 418
Rahill, Chris, Executive Director, Insights & Innovation - Yamamoto; pg. 435
Rahlfs, Lauren, Strategy Director - PHD; pg. 504
Rahman, Jim, President & Owner - SRC Advertising; pg. 200
Rahman, Syed, Business Performance Strategy Lead - iProspect; pg. 674
Rahmel, David, Executive Vice President, Search Engine Optimization - The Search Agency; pg. 677
Rahmeyer, Joe, Office Manager - The Ferraro Group; pg. 653
Raicik, Wayne, Senior Vice President & Creative Director - Cronin; pg. 55
Raidt, Bob, Managing Director - Arc Worldwide; pg. 327
Raidt, Donna, Senior Partner, Group Planning Director - Wavemaker; pg. 526
Raidt, Robert, Managing Director & Senior Digital Transformation Executive - Accenture Interactive; pg. 209
Raih, Chris, Founder & President - Zambezi; pg. 165
Railing, Courtney, Digital Project Manager - CommCreative; pg. 343
Raillard, Fred, Co-Founder & Chief Executive Officer - FF Creative; pg. 234
Raimo, Joseph, Senior Vice President, Client - Colangelo Synergy Marketing, Inc.; pg. 566
Raimo, Kristen, Senior Programmatic Planner - Horizon Media, Inc.; pg. 474
Rainbow, Michelle, Vice President, Media & Campaign Management - Response Media, Inc.; pg. 507
Raine, Andrew, Senior Strategist - Johannes Leonardo; pg. 92
Raines, Lisa, Senior Program Consultant - Leading Authorities, Inc.; pg. 622
Raines, Mark, Senior Vice President & Director, Public Relations - CJRW; pg. 590
Raines, Steven, Chief Product Officer & Co-Founder - Algonquin Studios; pg. 212
Raines, Terence, Senior Art Director - IMG LIVE; pg. 308
Rainey, Kelly, Director, Account - Accenture Interactive; pg. 209
Rainforth, Alexa, Associate Media Director - Starcom Worldwide; pg. 513
Rainney, Dave, Vice President, Technology - J.R. Thompson Company; pg. 91
Raino, Meg, Search Engine Optimization Specialist - All Points Digital; pg. 671
Rains, Jon, Creative Director & Owner - Rains Birchard Marketing; pg. 641
Rainville, Sonia, Creative Director - Lotame; pg. 447
Rainwater, Anna, Senior Brand Strategist - Mekanism; pg. 113
Rainwater, David, Chief Executive Officer & Partner - Mangan Holcomb Partners; pg. 103
Raiola, Alyssa, Senior Strategist - Space150; pg. 266
Raiten, Justin, Group Media Director - MRM//McCANN; pg. 252
Raith, Dorian, Vice President & Media Director - RPA; pg. 134

Raiz, Gregory, Chief Innovation Officer - RightPoint; pg. 263
Raj, Katen, Vice President, Sales - CPC Strategy; pg. 672
Raj, Robin, Founder & Executive Creative Director - Citizen Group; pg. 342
Raj, Suresh, Chief Business Development Officer - Vision7 International; pg. 429
Rajecki, David, Account Executive - The Tombras Group; pg. 153
Rajewski, Amy, Director - Clear River Advertising & Marketing; pg. 177
Rake, Brian, Director, Integrated Investment - PHD USA; pg. 505
Rakes, Janice, Director, Marketing & Creative Services - Source4; pg. 569
Rakoczy, Kristen, Digital Media Director - All Points Digital; pg. 671
Rakoczy, Ted, Chief Operating Officer - The Hive Strategic Marketing; pg. 420
Raleigh, Colleen, Global Account Director & Vice President - Leo Burnett Worldwide; pg. 98
Raleigh, David, Account Executive - AudienceXpress; pg. 455
Raleigh, Emma, Associate Director - Zenith Media; pg. 531
Raleigh, Jennifer, Creative Director - Tenth Crow Creative; pg. 201
Raley, Benjamin, SEO Specialist - GS&F ; pg. 367
Raley, Dave, Executive Vice President, Analytics Innovations & Strategy - Masterworks; pg. 687
Rallabhandi, Anirudh, Account Coordinator - Next Marketing; pg. 312
Rallo, Kim, Group Director, Local Activation - Spark Foundry; pg. 508
Ralls, David, President - Commit Agency; pg. 343
Ralls, Elaine, Co-Founder & Chief Executive Officer - Commit Agency; pg. 343
Ralph, Brandon, Co-Founder - Code and Theory; pg. 221
Ralston, Chris, Senior Art Director - Callahan Creek; pg. 4
Ralston, Luke, Editor, Video & Specialist - Video Production - Tucci Creative; pg. 157
Ram, Mary, Partner - DRM Partners, Inc.; pg. 282
Ram-Singh, Brionne, Director, Digital Investment - Media Storm; pg. 486
Ramachandran, Krishnan, Chief Financial Officer - iX.co; pg. 243
Ramachandran, Ram, Chief Technology Officer & Senior Vice President, Engineering & Global Services - Clarabridge, Inc.; pg. 167
Ramaili, Mosito, Account Supervisor - Droga5; pg. 64
Ramaska, Lauren, Managing Partner - Media Plus, Inc.; pg. 486
Ramaswamy, Mohan, Founding Partner, Strategy - Work & Co; pg. 276
Ramb, Justin, President - Bigeye Agency; pg. 3
Ramchandar, Neethu, Associate Director, Content Strategy - Horizon Media, Inc.; pg. 474
Ramcharan, Barbie, Administrative Assistant - Mindshare; pg. 491
Rameriz, Gabriel, Supervisor, Digital Media - The Gary Group; pg. 150
Ramesh, Bharad, Managing Director, Digital Activation U.S. - PHD USA; pg. 505
Ramia, Stacey, Manager, Media Planning - Publicis.Sapient; pg. 259
Ramirez, Brenda, Director, Client Services - Mosaic North America; pg. 312
Ramirez, Carlos, Director, Media - Raindrop Agency Inc; pg. 196

980

AGENCIES PERSONNEL

Ramirez, Cindy, Manager, Print Production & Studio - Maricich Healthcare Communications; *pg.* 105
Ramirez, Courtney, Senior Account Executive - Xbox Platform - Edelman; *pg.* 601
Ramirez, Dixie, Associate Media Director - Starcom Worldwide; *pg.* 516
Ramirez, Dixie, Associate Director, Strategy - Henkel Corporate - Starcom Worldwide; *pg.* 517
Ramirez, Edith, Vice President, Financial - KGBTexas Communications; *pg.* 95
Ramirez, Felicia, Media Manager - Mindshare; *pg.* 491
Ramirez, Katherine, Associate Director, Video Investment - Zenith Media; *pg.* 529
Ramirez, Marcelo, Creative Director - Johannes Leonardo; *pg.* 92
Ramirez, Michael, Senior Vice President & Media Director - H&L Partners; *pg.* 80
Ramirez, Nic, Director, Creative Operations - Cinco Design; *pg.* 177
Ramirez, Rafael, Chief Creative Officer & Managing Director - Newlink Communications Group; *pg.* 632
Ramirez, Roger, Head, Account Management - Mustache; *pg.* 252
Ramirez, Tiffany, Senior Project Manager - Publicis.Sapient; *pg.* 259
Ramirez Swierk, Liane, Executive Vice President - Goodman Media International, Inc.; *pg.* 610
Ramon, Patricia, Controller - PM3; *pg.* 544
Ramos, Anselmo, Co-Founder & Chief Creative Officer - GUT Miami; *pg.* 80
Ramos, Eric, Director, Analytics - BusinessOnLine; *pg.* 672
Ramos, Martin, Global Planning Director - TBWA \ Chiat \ Day; *pg.* 146
Ramos, Monique, Senior Manager, Brand - Preacher; *pg.* 129
Ramos, Nancy, Head of Entertainment - Amazon Prime Video & Original Movies - Initiative; *pg.* 478
Ramos, Roberto, Senior Vice President, Global Strategy & Communications - The Doneger Group; *pg.* 419
Ramos, Rosanne, Partner & Head, Client Relations - LO:LA; *pg.* 101
Ramos, Sandra, Media Supervisor - Casanova//McCann; *pg.* 538
Ramos, Simona, Associate Creative Director - Healthcare Success; *pg.* 83
Ramos, Stephanie, Director, Creative Services - Zambezi; *pg.* 165
Ramos-Wearden, Adriana, Creative Director - FPO Marketing; *pg.* 360
Ramos-Williams, Connie, President & Chief Marketing Officer - Conric PR & Marketing; *pg.* 592
Ramp, Katie, Director, Talent - MUH-TAY-ZIK / HOF-FER; *pg.* 119
Rampersaud, Madhavi, Manager, Digital Investment - Mindshare; *pg.* 491
Ramsay, Len, Account Director - MVP Marketing; *pg.* 390
Ramsay, Sally, Senior Vice President - Pierpont Communications, Inc.; *pg.* 636
Ramsbottom, Hunt, Chief Executive Officer - Psyop; *pg.* 196
Ramsey, Alec, President & Creative Director - 20/20 Creative Group; *pg.* 171
Ramsey, Alyssa, Brand Director - Wieden + Kennedy; *pg.* 430
Ramsey, Brad, Vice President & Creative Director - Three Atlanta, LLC; *pg.* 155
Ramsey, Madison, Senior Media Planner - HealixGlobal; *pg.* 471
Ramsey, Taylor, Account Director - Weber Shandwick; *pg.* 660

Rana, Arooj, Account Manager - August Jackson; *pg.* 302
Rancourt, Serge, Founder - No Fixed Address Inc.; *pg.* 120
Rand, Hannah, Account Director - Allison+Partners; *pg.* 577
Rand, Matt, Executive Creative Director - Archer Malmo; *pg.* 32
Randa, Steve, Managing Partner - Jajo, Inc.; *pg.* 91
Randall, Chris, Vice President & Account Director - The Tombras Group; *pg.* 424
Randall, Doug, Creative Director, Corporate Events - Cramer; *pg.* 6
Randall, Gerry, Chief Executive Officer & Owner - WilliamsRandall Marketing Communications; *pg.* 433
Randall, Jesse, President & Chief Creative Officer - Randall Branding Agency; *pg.* 16
Randant, Elaine, Director, Social Media - Sagepath, Inc.; *pg.* 409
Randazzo, Cindy, Vice President & Chief Strategy Officer - SourceLink, LLC; *pg.* 292
Randazzo, Dominick, Associate Media Director - Trilia ; *pg.* 521
Randle, John, Creative Director - Rattleback, Inc.; *pg.* 262
Randolph, Jennifer, Vice President, Marketing & Communications - Bodden Partners; *pg.* 335
Randolph, Leslie, Vice President - Winger Marketing; *pg.* 663
Randolph, Mackenzie, Connections Strategy Associate - Fitzco; *pg.* 73
Randolph, Matt, Chief Executive Officer - Spear Marketing Group; *pg.* 411
Rane, Robbie, Art Director - Wieden + Kennedy; *pg.* 430
Ranelycke Berlin, Carissa, Head, Integrated Production - 360i, LLC; *pg.* 320
Ranew, Bob, Co-Creative Director - Clean; *pg.* 5
Ranganathan, Vidya, Senior Strategic Planner - FCB Chicago; *pg.* 71
Rangel, Carlos, Associate Creative Director - Goodby, Silverstein & Partners; *pg.* 77
Rangel, Carlos, Vice President, Business Operations - Nobox; *pg.* 254
Rangel, Jennifer, Account Supervisor - GUT Miami; *pg.* 80
Rangel, Josh, Executive Director, Digital - Golin; *pg.* 609
Rangel, Julio, Producer - the community; *pg.* 545
Rangel, Karen, Manager, Social Media - Leo Burnett Worldwide; *pg.* 98
Rangel, Olga, Senior Account Manager, Social - Adlucent; *pg.* 671
Ranieri, Linda, Director, Media - Team One; *pg.* 418
Ranjo, Erin, Account Supervisor - Oxford Communications; *pg.* 395
Rankel, Daniel, Associate Media Director - Carat; *pg.* 459
Rankin, Andy, Co-Founder & President - Viget Labs; *pg.* 274
Rankin, Ashleigh, Head, Media Operations - U.S. - Fetch; *pg.* 533
Rankin, Darren, President - CMD; *pg.* 51
Rankin, Mark, Creative Director - CAP - Lamar Graphics; *pg.* 553
Rankin, Rob, President & Chief Executive Officer - Clarity Coverdale Fury; *pg.* 342
Rankin, Sarah, Senior Vice President & Digital Group Media Director - Deutsch, Inc.; *pg.* 349
Rano, Brianna, Global Digital Asset Librarian - McCann New York; *pg.* 108
Ranshaw, Michael, Vice President & Group Account Director - Apollo Interactive; *pg.* 214

Ranshous, Allison, Senior Manager, Social Impact - Weber Shandwick; *pg.* 660
Ransome, Rick, Associate Director, Learning - Publicis North America; *pg.* 399
Rant, Ava, Associate Producer - Wieden + Kennedy; *pg.* 432
Rao, Chandani, Vice President & Account Group Supervisor - Ogilvy CommonHealth Worldwide; *pg.* 122
Rao, Devika, President, Account Services - O'Neill Communications; *pg.* 255
Rao, Madhavi, Founder - SoMe Connect; *pg.* 677
Rao, Malavika, Director, Brand Strategy - Publicis.Sapient; *pg.* 258
Rao, Sudhi, Senior Managing Director - FTI Consulting; *pg.* 606
Rao, Sunil, Vice President, Analytics - Merkle; *pg.* 114
Raoust, Olivier, President & Chief Brand Strategist - Raoust + Partners; *pg.* 403
Raper, Vicki, Assistant Vice President, Media Services - Lewis Advertising, Inc.; *pg.* 380
Raphael, Karolyn, President - Winger Marketing; *pg.* 663
Raphael, Remy, Associate Account Director - 360i, LLC; *pg.* 320
Rapoport, Julia, Account Executive - Targetbase Marketing; *pg.* 293
Rapoport, Lena, Associate Creative Director - Harvey Agency; *pg.* 681
Rapoza, Jim, Director, Research - Aberdeen Group, Inc.; *pg.* 441
Rapoza, Marc David, Associate Designer Director - The Boston Group; *pg.* 418
Rapp, Callie, Manager, Client Experience - Weber Shandwick; *pg.* 660
Rapp, Geff, Senior Managing Partner - Group G Marketing Partners; *pg.* 284
Rapp, Joel, President & Chief Executive Officer - Right Place Media; *pg.* 507
Rappaport, Jason, Group Creative Director - 180LA; *pg.* 23
Rappaport, Scott, Account Director - Taboola; *pg.* 268
Rappe, Mathew , Senior Partner & Group Director, Media - GroupM; *pg.* 466
Rappo, Amy, Senior Vice President, Global Media Marketplace Lead - Starcom Worldwide; *pg.* 517
Rappoport, Paul, President - Wpromote; *pg.* 678
Rapport, Kelley, Senior Analyst, Programmatic - Digitas; *pg.* 226
Rapps, Allison, Director, Video Partnerships - Initiative; *pg.* 477
Raptis, Costa, Director, Client Partnerships - Moxie Sozo; *pg.* 192
Rasak, Caleb, Production Manager & Director of Photography - Creative Resources Group, Inc.; *pg.* 55
Rasak, Charlie, President & Creative Director - Creative Resources Group, Inc.; *pg.* 55
Rasak, Dawn, Chief Executive Officer & Media Buyer - Creative Resources Group, Inc.; *pg.* 55
Rasch, Bryan, Chief Innovation Officer - GMR Marketing; *pg.* 306
Rasche, Holden, Associate Creative Director - TBWA \ Chiat \ Day; *pg.* 416
Rasche, Kraig, Owner & Chief Executive Officer - Intersect Digital LLC; *pg.* 242
Rasekhi, Ata, Vice President, Product Management - Funambol; *pg.* 533
Raser, Liza, Senior Account Executive - Energy BBDO, Inc.; *pg.* 355
Rasgorshek, Alison, Director, Media - RCG Advertising and Media; *pg.* 403
Rasgorshek, Kristine, Media Strategy Director - R&R Partners; *pg.* 131
Rash, Michelle, Vice President, Financial &

PERSONNEL

AGENCIES

Professional Services Brands - RLF Communications; pg. 643
Rashed, Stephanie, Manager, Integrated Investment - Universal McCann Detroit; pg. 524
Rask, Eleanor, Art Director - Goodby, Silverstein & Partners; pg. 77
Raskin, Don, Senior Partner - Manhattan Marketing Ensemble; pg. 382
Raskin, Jillian, Manager, Brand Integration - Branded Entertainment Network, Inc.; pg. 297
Raskin, Joshua, Account Executive - Cadent Network; pg. 280
Rasky, Larry, Chairman & Chief Executive Officer - Rasky Baerlein Strategic Communications, Inc.; pg. 641
Rasmussen, Adam, Supervisor, Media Planning - RPM Advertising; pg. 408
Rasmussen, Bri, Media Supervisor - Programmatic - Good Apple Digital; pg. 466
Rasmussen, Chris, Senior Project Manager - Colle McVoy; pg. 343
Rasmussen, Dan, Vice President & Partner - Linnihan Foy Advertising; pg. 100
Rasmussen, Faye, Account Supervisor - Upshot ; pg. 157
Rasmussen, John, Vice President, Finance - Progrexion; pg. 449
Rasnick, Steve, Senior Vice President - UPP Entertainment Marketing; pg. 300
Raso, Michael, Global Executive Creative Director - mcgarrybowen; pg. 109
Raso, Mike, Executive Vice President - Don Schaaf & Friends, Inc.; pg. 180
Rassel Cambaliza, Ianne, Vice President, Digital Strategy - Horizon Media, Inc.; pg. 474
Rassman, John, Owner - Rassman Design; pg. 196
Rast, Anne, Senior Art Director - AdWorkshop & Inphorm; pg. 323
Raszka, Brian, Senior Art Director - Estipona Group; pg. 69
Ratchye Foster, Ellen, Senior Vice President & Head, Data Design & Analytics - Epsilon; pg. 283
Rath, Debbie, Director, Member Relations - Association of National Advertisers; pg. 442
Rathbone, Shon, Founder, Creative Chairman - 3Headed Monster; pg. 23
Rathbone, Tod, Managing Director, Digital Transformation - WongDoody; pg. 433
Rathbone, Vanessa, Senior Account Manager & Strategist, Brand - Vermilion Design; pg. 204
Rathbun, Kristen, Vice President, Communications - SpotCo; pg. 143
Rathjen, Tyler, Partner - Decibel Blue; pg. 595
Rathke, Kelli, Senior Vice President & Media Director - Cramer-Krasselt; pg. 54
Ratliff, Chelsea, Brand Director - The Loomis Agency; pg. 151
Ratliff, Joshua, Senior Account Director - Publicis.Sapient; pg. 260
Ratner, Brian, Digital Art Director - MMB; pg. 116
Ratner, Ilana, Media Buyer, Network Audio Activation & Specialist, Digital Media - Dentsu Aegis - Carat; pg. 459
Rattner, Adam, Executive Vice President, Business Development & Managing Director - Starcom Worldwide; pg. 513
Rattray, Laurian, Senior Partner & Group Director - Wavemaker; pg. 526
Rau, Lisa, Co-Founder & Chief Growth Officer - Fionta; pg. 183
Rau, Troy, Senior Associate, Digital Investment - Mindshare; pg. 494
Rauber, Kate, Senior Producer - McKinney; pg. 111

Raubolt, Amy, Associate Director, Digital Media - Chevy in Market - Carat; pg. 461
Rauch, Jaime, Senior Partner & Planning Director - OpenMind; pg. 503
Rauch, Jennifer, Vice President & Director, Management - FCB Health; pg. 72
Rauen, Shelby, Senior Vice President & Strategic Planner - Doner ; pg. 352
Rausch, Jeff, Partner & Board Member - Meeting Expectations; pg. 311
Rauss, Josie, Senior Manager, Strategic Growth - Huge, Inc.; pg. 240
Ravailhe, Peter, Partner & Chief Executive Officer - Mother NY; pg. 118
Raval, Shashank, Director, Creative & Experience Design - R/GA; pg. 260
Ravensbergen, Karen, Vice President - Caryl Communications, Inc.; pg. 589
Ravikumar, Andrea, Senior Analyst - Spark Foundry; pg. 508
Ravindra, Madhu, Senior Account Director - BIMM Direct & Digital; pg. 280
Rawat, Pankaj, Group Director, Strategy - mcgarrybowen; pg. 109
Rawlings, Andrea, Information Technology & Creative Director - Pier 3 Entertainment; pg. 298
Rawlings, Andy, Chief Revenue Officer & Executive Vice President - Learfield IMG College; pg. 310
Rawlings, Renee, President, Emerging markets - Ivie & Associates, Inc.; pg. 91
Rawlins, Morgan, Strategy Supervisor - Zenith Media; pg. 529
Rawlinson, Rachel, Producer, Broadcasting - Hill Holliday; pg. 85
Rawls, Tim, Executive Creative Director, Digital - O'Keefe Reinhard & Paul; pg. 392
Rawson, Jamie, Media Buyer - BVK; pg. 339
Ray, Bob, Chief Executive Officer - DWA Media; pg. 464
Ray, Bradley, Graphic Designer - Martino-White; pg. 106
Ray, Carroll, Principal & Creative Strategist - TR Design, Inc.; pg. 202
Ray, Chris, Chief Executive Officer - The Ramey Agency; pg. 422
Ray, Doug, Chief Executive Officer, Media Americas - Dentsu Aegis Network; pg. 61
Ray, Erin, Account Services Manager - Mindstream Media; pg. 250
Ray, John, Account Executive - Anvil Media, Inc; pg. 671
Ray, Lily, Director, SEO - Path Interactive, Inc.; pg. 256
Ray, Mark, Principal & Chief Creative Officer - North; pg. 121
Ray, Maureen, Account Supervisor - BCW Chicago; pg. 581
Ray, Parker, Executive Vice President & Chief Strategist, Digital - MWWPR; pg. 631
Ray, Sarah, Media Supervisor - Cramer-Krasselt; pg. 53
Ray, Sayan, Executive Vice President & Group Creative Director - Concentric Health Experience; pg. 52
Ray, Scott, Principal & Senior Creative - Peterson Ray & Company ; pg. 127
Ray, Sujon, Vice President, Digital - Carat; pg. 459
Ray-Jones, Anna, Vice President - Donley Communications Corporation; pg. 598
Rayborn, Rosie, Controller - Toolhouse, Inc.; pg. 155
Rayburn, Bob, Executive Creative Director - Innocean USA; pg. 479
Rayburn, Jimmy, Chief Operating Officer - Raycom Sports; pg. 314
Raychev, Dimo, Web Director - LoSasso Integrated Marketing; pg. 381

Rayden, Joel, Director, Business Development - BusinessOnLine; pg. 672
Rayes, Karim, Chief Product Officer - RhythmOne; pg. 263
Rayfield, Ashley, Senior Associate Planner - Mindshare; pg. 494
Rayfield, Dan, Creative Director - Paradowski Creative; pg. 125
Raymer, Lori, Senior Vice President, Creative Services - Ceradini Brand Design; pg. 177
Raymond, Anne, Senior Planner, Digital Media - FRWD; pg. 235
Raymond, Bill, Executive Vice President & Managing Partner West Coast - Cannella Response Television; pg. 457
Raymond, Christopher, Vice President, Interactive Services - Schubert Communications, Inc.; pg. 139
Raymond, Kelly, Strategic Planning Manager - Wavemaker; pg. 526
Raymond, Kelsey, Co-Founder & President - Influence & Co; pg. 615
Raymond, Kimberlee, Group Director - Wpromote; pg. 678
Raymond, Peter, Director, Business Planning & Analysis - FreeWheel; pg. 465
Raymond, Shelley, Director, Talent & Culture - Anomaly; pg. 326
Raymond, Tesa, Account Director - Friends & Neighbors; pg. 7
Raymond, Whitney, Account Supervisor - Nancy Marshall Communications ; pg. 631
Raymonda, Veronica, Founder & President - Quantum Market Research, Inc.; pg. 449
Raymundo, Laurie, Marketing Director - Ivie & Associates, Inc.; pg. 91
Raynak, Alison, Media Supervisor - Borders Perrin Norrander, Inc.; pg. 41
Rayner, Marcelle, Director, Finance - TwinEngine; pg. 203
Rayner, Matt, President - Spark Foundry - Starcom Worldwide; pg. 517
Raynor, Anna, Account Supervisor - barrettSF; pg. 36
Rayos, Freddy, Senior Media Buyer - Programmatic - Ocean Media, Inc.; pg. 498
Razim, Mike, Director, Strategy - Leo Burnett Worldwide; pg. 98
RePass, Andrea, Director, Account Planning - The Designory; pg. 149
Rea, Alycia, Vice President, Public Relations - The Zimmerman Agency; pg. 426
Rea, Beth, Senior Vice President, Social Content & Engagement Strategy - FCA - Publicis.Sapient; pg. 260
Rea, Dave, Director, Partnerships & Performance - Fox Broadcasting - 360i, LLC; pg. 208
Rea, Martha, President & Chief Research Officer - Phoenix Marketing International; pg. 448
Rea, Molly, Vice President, Director - Allstate - Starcom Worldwide; pg. 513
Rea-Bain, Crissy, Director, Strategy - PHD USA; pg. 505
Read, Hillary, Vice President, Marketing - 3Q Digital; pg. 671
Read, Jenny, Executive Vice President & Director, Integrated Production - Saatchi & Saatchi ; pg. 136
Read, Mark, Chief Executive Officer - WPP Group, Inc.; pg. 433
Reade, Charles, Owner & Consultant - Reade Communications; pg. 641
Ready, Joy, Media Supervisor - DWA Media; pg. 464
Ready, Melissa, Senior Vice President, Strategy - USIM; pg. 525
Reagan, Billy, Founder & President - Reagan Outdoor Advertising; pg. 557

982

AGENCIES
PERSONNEL

Reagan, Courtney, Executive Vice President & Director, Operations - NY Brand - Edelman; pg. 599
Reagan, Dewey, President & General Manager - Reagan Outdoor Advertising; pg. 557
Reagan, Frances, Managing Director, Sales - Reagan Outdoor Advertising; pg. 557
Reagan, Michelle, Director, Planning - Weber Shandwick; pg. 662
Reagan Reichmann, Cavan, Senior Partner & Managing Director, Social Engagement - Carmichael Lynch; pg. 47
Real, Chelsea, Associate Director, Social Strategy - Digitas; pg. 227
Reale, Mark, Director, Interface Development - Symbility Intersect; pg. 268
Reape, Jessica, Vice President, Public Affairs - Finn Partners; pg. 603
Reardon, Colleen, Supervisor, Local Broadcast - OMD; pg. 500
Reardon, Kevin, Founder & Principal - Advertising Savants; pg. 28
Reardon, Shani, President - Modus Direct; pg. 289
Reardon, Tim, Senior Vice President & Group Account Director - Digitas; pg. 227
Reaser, Shelly, Manager, Talent Acquisition - Ansira; pg. 326
Reasor, Kyle, Senior Strategist - Initiative; pg. 478
Reaume, Dan, Chief Development Officer - Mindshare USA - Mindshare; pg. 495
Reaver, Amber, Senior Account Supervisor - Edelman; pg. 601
Reaves, Lauren, Senior Account Executive - Archer Malmo; pg. 32
Rebeiro, Steve, Social Media Community & Content Manager - XenoPsi; pg. 164
Rebel, Jean, Vice President, Business Development - Modus Direct; pg. 289
Rebelo, Lyndsey, Associate Director - Wavemaker; pg. 529
Rebilas, Brenda, Vice President & Creative Director - Ogilvy CommonHealth Worldwide; pg. 122
Rebman, Neale, Director, Events - Creative Producers Group; pg. 303
Reboe, Nicole, Partner - Recruitment - International - Brunswick Group; pg. 587
Recalde, Andres, Senior Manager, Business Affairs - RPA; pg. 134
Rechtsteiner, Kate, Director, Client Leadership - Empower; pg. 354
Reckman, Christie, Vice President, Client Services - Burke, Inc.; pg. 442
Recknagel, Kirsten, General Manager - LRWMotiveQuest; pg. 447
Reckner, Peter, Senior Vice President, Reckner Healthcare - Reckner; pg. 449
Records, Julie, Manager, Media & Account Services - Fasone Partners, Inc.; pg. 357
Rectenwald, Robin, Public Relations & Marketing Strategist - WordWrite Communications; pg. 663
Red, Meredith, Vice President & Director, Digital Media - Casey & Sayre, Inc.; pg. 589
Red, Steve, President & Chief Creative Officer - Red Tettemer O'Connell + Partners; pg. 404
Redd, Shaun, Media Supervisor - Spark Foundry; pg. 510
Redden, Brittany, Senior Account Executive - Bailey Lauerman; pg. 35
Redden, Jessica, Director, Event Publicity & Promotions - Bohlsen Group; pg. 336
Reddick, Rhonda, Media Relations & News Editor - Androvett Legal Media & Marketing; pg. 577
Reddington, Alicia, Supervisor, Integrated Media - 360i, LLC; pg. 320

Reddy, Aditi, Brand Director - Venables Bell & Partners; pg. 158
Reddy, Lauren, Director, Strategy & Account Management - BARKER; pg. 36
Reddy, Michael, Group Director - Code and Theory; pg. 221
Reddy, Michael, President - Digital Authority Partners; pg. 225
Reddy, Nitika, Programmatic Senior Associate - Mindshare; pg. 494
Reddy, Swaroop, Group Vice President, Strategy & Consulting - Publicis.Sapient; pg. 258
Reder, Mark, Senior Partner, Senior Vice President & General Manager - FleishmanHillard HighRoad; pg. 606
Redfield, Deborah, Supervisor, Media - The Tombras Group; pg. 424
Redington, Andy, Account Director - Location3 Media; pg. 246
Redington, Sue, Senior Vice President & Group Management Director - FCB West; pg. 72
Redmon, Todd, Partner - Prophet; pg. 15
Redmond, Alexis, Executive Vice President & Lead, National Client Strategy - Edelman ; pg. 601
Redmond, Chrissy, Vice President - Cone, Inc.; pg. 6
Redmond, Jason, Digital Operations Manager - McMillan; pg. 484
Redmond, John, Director, Brand Strategy - Pereira & O'Dell; pg. 257
Redmond, Kevin, Senior Vice President, Strategy - Genuine Interactive; pg. 237
Redmount, Joel, Executive Director, Client Leadership - OMD; pg. 498
Rednor, Jordan, Executive Director - Decoded Advertising; pg. 60
Rednor, Matthew, Founder & Chief Executive Officer - Decoded Advertising; pg. 60
Redwood, Geoff, Creative Director - Jan Kelley Marketing; pg. 10
Redwood, Joan, Executive Vice President, Client Services - Cross Country Computer; pg. 281
Reeb, Sacha, Chief Creative Officer - Manifest; pg. 248
Reeb-Wilson, Samantha, Group Director, Business Strategy - Movement Strategy; pg. 687
Reebel, John, Executive Vice President & Chief Operating Officer - GRP Media, Inc.; pg. 467
Reebie, Chris, Senior Director, Search - Empower; pg. 355
Reece, Jennifer, Managing Partner & Director, Connections Strategy & Investment - Garage Team Mazda; pg. 465
Reed, Aaron, Senior Art Director - GoConvergence; pg. 364
Reed, Andrea, Vice President, Marketing & Branding - (add)ventures; pg. 207
Reed, Bennie, Director, Digital Strategy - The Richards Group, Inc.; pg. 422
Reed, Bianca, Senior Director, Client Development - Rain; pg. 402
Reed, Dan, Senior Director, Digital Fundraising - Media Cause; pg. 249
Reed, Dave, Media Planning Supervisor - Carat; pg. 461
Reed, Dick, Brand Champion - Just Media, Inc.; pg. 481
Reed, James, Associate Creative Director - Decca Design; pg. 349
Reed, Jelanii, Vice President, Client Leadership - CSE, Inc.; pg. 6
Reed, Jenn, Account Executive - Garrison Hughes; pg. 75
Reed, Jessica, Director, Media - Elevation, Ltd; pg. 540
Reed, Jonathan, Associate Creative Director - Wildfire; pg. 162
Reed, Josh, Account Manager - Allison+Partners; pg. 577
Reed, Kevin, Senior Account Executive - RR Donnelley; pg. 197
Reed, Lance, Partner & Creative Director - Sterling-Rice Group; pg. 413
Reed, Lauren, Founder & President - Reed Public Relations; pg. 642
Reed, Lindsay, Senior Producer - Wieden + Kennedy; pg. 430
Reed, Lindsay, Account Manager - MGH Advertising; pg. 387
Reed, Liz, Associate Media Director - Starcom Worldwide; pg. 513
Reed, Mary Kate, Media Director - PriceWeber Marketing Communications, Inc.; pg. 398
Reed, Michelle, Account Director - Collectively, Inc.; pg. 685
Reed, Ray, Executive Vice President & Creative Director - The Buntin Group; pg. 148
Reed, Rob, Owner & Creative Director - One Trick Pony; pg. 15
Reed, Shannon , Business Development Director - 72andSunny; pg. 23
Reed, Shawn, Senior Vice President - True Sense Marketing; pg. 293
Reed, Shenan, President & Chief Client Officer - VM1 (Zenith Media + Moxie); pg. 526
Reed, Taylor, Junior Graphic Designer - Creative Juice; pg. 54
Reed Slavich, Tambry, Senior Manager, Public Relations - Zehnder Communications, Inc.; pg. 436
Reeder, Kate, Associate Strategy Director - VIRTUE Worldwide; pg. 159
Reedman, Katy, Manager - Solutions Engineer - Harmelin Media; pg. 467
Reedy, Jamie, Creative Director - LRXD; pg. 101
Reedy, Kelly, Partner - LRXD; pg. 101
Reedy, Robert, Chief Executive Officer - Echos Brand Communications; pg. 599
Reedy, Scott, Associate Creative Director - 72andSunny; pg. 23
Reefe, Lisa, Senior Manager, Marketing & Strategy - (add)ventures; pg. 207
Rees, Brian, Senior Vice President, Government Relations - West Coast Advisors; pg. 662
Rees, Michael, Partner, Portfolio Management - Universal McCann; pg. 521
Reese, Amanda, Senior Manager, Paid Media - NMPi; pg. 254
Reese, Jeff, Senior Vice President & Group Account Director - Firewood; pg. 283
Reese, Jennifer, Associate Director - OMD; pg. 500
Reese, Matt, Director, Sales - West Coast - Curran & Connors, Inc.; pg. 178
Reeser, Courtney, Principal - Brand Zoo Inc.; pg. 42
Reetz, Ben, Associate, Global Operations - Carat; pg. 461
Reeve, Carol, Chief Marketing Officer - Girl on the Roof, Inc; pg. 364
Reeves, Adam, Executive Creative Director - 215 McCann; pg. 319
Reeves, Kristin, Senior Vice President - Blanc & Otus ; pg. 584
Reeves, Lauren, Vice President & Group Partner, Activation - Universal McCann; pg. 428
Reeves, Madeleine, Brand Planner - BBDO Worldwide; pg. 331
Reeves, Rebecca, Senior Account Executive - Hanna & Associates ; pg. 81
Reeves, Tim, Principal - Allen & Gerritsen; pg. 30

983

PERSONNEL   AGENCIES

Reff, Amy, Associate Creative Director - Britton Marketing & Design Group; *pg.* 4
Refinski, David, Account Services Director - Jigsaw, LLC; *pg.* 377
Reformado, Jill, Vice President & Director, Recruiting - Leo Burnett Worldwide; *pg.* 98
Regalado, Alexis, Associate Account Director - Republica Havas; *pg.* 545
Regalado, Sandra, Assistant Account Executive - Finn Partners; *pg.* 603
Regan, Alyce, Account Director - Digitas; *pg.* 228
Regan, Caroline, Account Supervisor - Cone, Inc.; *pg.* 6
Regan, Caroline, Account Manager - Essentia Water - Porter Novelli; *pg.* 637
Regan, Erin, New Business Consultant - Full Contact Advertising; *pg.* 75
Regan, Kristin, Vice President & Group Account Director - Zimmerman Advertising; *pg.* 437
Regan, Lauren, Marketing Manager - Olomana Loomis ISC; *pg.* 394
Regan, Molly, Creative Partner & Designer - Logica Design; *pg.* 190
Regan, Nicole, Senior Director, Art - Campbell Ewald New York; *pg.* 47
Regan, Patti, Founder & Chief Executive Officer - The Regan Group; *pg.* 570
Regan, Steven, Associate Media Supervisor - 22squared Inc.; *pg.* 319
Regan, Jr., George, Chairman & Co-Founder - Regan Communications Group; *pg.* 642
Rege, Kunal, Associate Director - OMD; *pg.* 498
Regen, Laura, Partner & Director, Digital Analytics - Wavemaker; *pg.* 526
Regenold, Ryan, Brand Manager - National - MUDD Advertising; *pg.* 119
Regenstreich, Kimberly, Vice President, Digital - UHG Portfolio - Horizon Media, Inc.; *pg.* 474
Reger, Dave, Executive Creative Director - mcgarrybowen; *pg.* 110
Reggars, Nick, Group Content Strategy Director - Goodby, Silverstein & Partners; *pg.* 77
Reggimenti, Mark, Chief Analytic Officer - Annalect Group; *pg.* 213
Register, David, Executive Creative Director - MMB; *pg.* 116
Regn, David, Co-Founder & Partner - Stream Companies; *pg.* 415
Rego, Salonie, Senior Analyst, Digital Media - Horizon Media, Inc.; *pg.* 474
Regoso, Lesley, Associate Account Director - Operam LLC; *pg.* 255
Regovich, Rob, Manager, Studio - Johnson-Rauhoff, Inc.; *pg.* 93
Regrut, Michelle, Strategist, Account - Orange Label Art & Advertising; *pg.* 395
Reha, Michael, President & Chief Executive Officer - NEWAD; *pg.* 554
Rehage, Annie, Senior Copywriter - Vladimir Jones; *pg.* 429
Rehder, Mike, Supervisor, Account - Innocean USA; *pg.* 479
Rehg, Rob, Chairman - U.S. - Edelman; *pg.* 600
Rehm, John, Senior Vice President, Global Marketing Services - Auto Shows, Branded Entertainment & Diversity - Jack Morton Worldwide; *pg.* 309
Rehrauer, Katie, Partner & Account Director - Brogan & Partners ; *pg.* 538
Reiber, Mike, Chief Executive Officer - Axiom Marketing Communications; *pg.* 579
Reich, Jakob, Integrated Account Lead - MediaCom; *pg.* 487
Reich, Molly, Integrated Planning Manager - Wavemaker; *pg.* 526

Reich, Ronna, Chief Executive Officer & Founder - Ink & Roses; *pg.* 615
Reich, Sheara, Partner - Ink & Roses; *pg.* 615
Reichel, Ashley, Vice President, Operations - BASIC; *pg.* 215
Reichenberg, Shari, Managing Director - RAPP Worldwide; *pg.* 290
Reichert, James, Account Director - Likeable Media; *pg.* 246
Reichert, Tyler, Senior Specialist, National Video Investment - Canvas Worldwide; *pg.* 458
Reicherter, Barry, Senior Vice President & Partner, Digital Insights - Widmeyer Communications; *pg.* 662
Reichley, Rob, Senior Vice President & Executive Producer - Raycom Sports; *pg.* 314
Reid, Al, Managing Director - Saatchi & Saatchi Dallas; *pg.* 136
Reid, Amelia, Paid Media Strategy Lead - Enterprise - Logical Media Group; *pg.* 247
Reid, Brandon, Senior Account Executive - March Communications; *pg.* 625
Reid, Brian, Managing Director - W2O; *pg.* 659
Reid, Bruce, Principal & Director, Business Development - Stamp Ideas Group, LLC; *pg.* 144
Reid, Catherine, Chief Financial Officer - Serino Coyne, Inc.; *pg.* 299
Reid, Clayton, President & Chief Executive Officer - MMGY Global; *pg.* 388
Reid, Colleen, Senior Account Executive - Firefly; *pg.* 552
Reid, Damien, Director, Business - Anomaly; *pg.* 325
Reid, Daniel, Chief Executive Officer, Strategic Planning - Emerge2 Digital; *pg.* 231
Reid, Driscoll, Executive Creative Director - Sid Lee; *pg.* 141
Reid, John, Chief Creative Officer - EVB; *pg.* 233
Reid, John, Executive Vice President & Chief Creative Officer - McCann Health New York; *pg.* 108
Reid, Kelli, Director, Client Services - McNally Temple & Associates, Inc.; *pg.* 626
Reid, Kevin, Art Director - The Richards Group, Inc.; *pg.* 422
Reid, Madeline, Digital Associate - Nike Communications, Inc.; *pg.* 632
Reid, Mark, Director, Production Operations - Deco Productions; *pg.* 304
Reid, Monica, Vice President, Business Development - Emerge2 Digital; *pg.* 231
Reid, Niana, General Manager - Spar Group, Inc.; *pg.* 266
Reid, Nik, Associate Director, Creative - adHOME creative; *pg.* 27
Reid, Rebecca, Account Director - Division of Labor; *pg.* 63
Reid, Sharon, Media Director - Flying A ; *pg.* 359
Reid, Tara, Senior Vice President, Chicago - Havas Formula; *pg.* 612
Reid, Taylor, Vice President & Account Director - Deutsch, Inc.; *pg.* 350
Reid, Tennille, Creative Director - Adstrategies, Inc.; *pg.* 323
Reid, Tommy, Executive Producer - Tongal; *pg.* 20
Reidmiller, Stephen, Associate Creative Director - M&C Saatchi LA; *pg.* 482
Reidy, Beth, Associate Director, Media Investment - MediaCom; *pg.* 487
Reierson, Roger, Chief Executive Officer - Flint Communications, Inc.; *pg.* 359
Reifel, Emma, Consultant, Digital Media - Lyons Consulting Group; *pg.* 247
Reifel, Greg, Co-Managing Partner - Tom, Dick & Harry Creative; *pg.* 426
Reifenberg, Jenny, Senior Traffic Coordinator - Starcom Worldwide; *pg.* 513

Reifenberg, Meggie, Account Executive, Business Development - TPN; *pg.* 571
Reifert, Kent, Senior Manager, Operations - Kobie Marketing; *pg.* 287
Reigart, Richardson, Senior Vice President, Strategy - Blue 449; *pg.* 456
Reighard, Alan, Partner, Brand Planning - Love Communications; *pg.* 101
Reighart, Allison, Account Director - DiD Agency; *pg.* 62
Reiland, Brett, Art Director - Love Advertising; *pg.* 101
Reile, Kristina, Director, Media Services - Just Media, Inc.; *pg.* 481
Reiley, Liz, Enterprise Sales Development Representative - Listrak; *pg.* 246
Reilley, Catherine, Senior Director - DWA Media; *pg.* 464
Reilly, Alex, Vice President & Principal - MB Piland; *pg.* 107
Reilly, Allison, Senior Partner & Executive Vice President, Relationships & Strategy - Small Army; *pg.* 142
Reilly, Bill, Chief Operating Officer - Team Velocity Marketing; *pg.* 418
Reilly, Brent, Head, Analytics - Digital Authority Partners; *pg.* 225
Reilly, Bryan, Chief Finance Officer - North America & Executive Vice President - Digitas; *pg.* 227
Reilly, Carilin, Director, Search - Mediahub Boston; *pg.* 489
Reilly, Courtney, Partner & Account Director - Upshift Creative Group; *pg.* 21
Reilly, Glynnis, Group Director - Horizon Media, Inc.; *pg.* 474
Reilly, Greg, Chief Client Officer - Publicis Health; *pg.* 639
Reilly, Hope, Senior Manager, Public Affairs & Chief Social Media Specialist - Southwest Strategies, LLC; *pg.* 411
Reilly, Jessica, Associate Director, Strategy - Initiative; *pg.* 477
Reilly, Jill, Vice President - Denterlein; *pg.* 596
Reilly, Jim, Senior Vice President & Account Director - Kovel Fuller; *pg.* 96
Reilly, John, Senior Vice President, Music - Rogers & Cowan/PMK*BNC; *pg.* 644
Reilly, Kristina, Senior Director, Business Operations - GroundFloor Media; *pg.* 611
Reilly, Meghan, Vice President & Director, Account - FCB Health; *pg.* 72
Reilly, Michael, Senior Vice President & Group Account Director - Publicis North America; *pg.* 399
Reilly, Mike, Broadcast Buyer - Mediassociates, Inc.; *pg.* 490
Reilly, Nevin, Managing Director - Sloane & Company; *pg.* 647
Reilly, Pat, Senior Strategist - Zer0 to 5ive, LLC; *pg.* 665
Reilly, Paul, Chief Operating Officer - BBDO Canada; *pg.* 330
Reilly, Rob, Global Creative Chairman - McCann New York; *pg.* 108
Reily, Jon, Vice President & Head, Commerce Strategy - Publicis.Sapient; *pg.* 259
Reimert, Christine, Senior Vice President - Devine + Partners; *pg.* 596
Reimherr, Andrew, Account Executive - Visionworks Agency Representative - Moroch Partners; *pg.* 389
Reinard, Nicole, Art Director - Crowley Webb & Associates; *pg.* 55
Reinauer, Diana, Manager, Programmatic - Spark Foundry; *pg.* 508
Reincke, Emma, Associate Director, Technology, Data & Activation - Spark Foundry; *pg.* 510

AGENCIES — PERSONNEL

Reincke, Nicole, Account Director - Publicis.Sapient; *pg.* 260
Reindl, Michelle, Vice President, Administration - The Weidert Group; *pg.* 425
Reinecke, Tom, Media Director - True North Inc.; *pg.* 272
Reinecke, Wallace, Vice President - Idea Engineering, Inc.; *pg.* 88
Reineke, Patrick, Director, Technology - Ability Commerce; *pg.* 209
Reiner, Debby, President, Global Clients & Global Client Leader, P&G & WPP - Grey Group; *pg.* 365
Reiner, Karen, Vice President & Director, Account Services - Door Number 3; *pg.* 64
Reiner, Nikki, Manager, Account Services - Kinetic Worldwide; *pg.* 553
Reinglass, Derek, Director, Sports Marketing - Current ; *pg.* 594
Reinhard, Chris, Creative Director - Think Motive; *pg.* 154
Reinhard, Jennifer, Vice President & Senior Media Specialist - Ketchum West; *pg.* 620
Reinhard, Keith, Chairman Emeritus - DDB Worldwide - DDB New York; *pg.* 59
Reinhard, Matt, Founder & Chief Creative Officer - O'Keefe Reinhard & Paul; *pg.* 392
Reinhardt, Andrea, Associate Director, Communications Design - Initiative; *pg.* 477
Reinhardt, Janet, Senior Vice President - Sloane & Company; *pg.* 647
Reinhart, Nate, Marketing Manager - Media Bridge Advertising; *pg.* 484
Reinheimer-Mercer, Helen, Vice President & Media Director - Jordan Advertising; *pg.* 377
Reini, Leah, Vice President, Client Services - Essence; *pg.* 233
Reininga, Pete, Senior Vice President, Marketing - The Sunflower Group; *pg.* 317
Reino, Michelle, Partner Program Manager - Luquire George Andrews, Inc.; *pg.* 382
Reinstein, Joe, Global Growth Officer - Performics; *pg.* 676
Reintz, Christopher, Executive Vice President, Client Services - Grey Midwest; *pg.* 366
Reinwand, Debbie, President & Chief Executive Officer - Brilliant Media Strategies; *pg.* 43
Reir, Scott, Senior Designer - KINETIK Communications Graphics; *pg.* 189
Reisch, Eric, Senior Vice President, Sales & Customer Success - Wpromote; *pg.* 678
Reisdorf, Lauren, Manager, Project & Traffic - Bisig Impact Group; *pg.* 583
Reiser, Mike, Vice President - ACD - Razorfish Health; *pg.* 262
Reiser, Tino, President - Grupo Uno International ; *pg.* 79
Reishus, Judy, Chief Operating Officer - BAKER & Associates; *pg.* 174
Reisinger, Jill, Manager, Programmatic - Neo Media World; *pg.* 496
Reisinger, Phil, Associate Creative Director - Planit; *pg.* 397
Reisman, Jamie, Account Supervisor - Rogers & Cowan/PMK*BNC; *pg.* 644
Reisman, Mike, Principal - MKTG; *pg.* 568
Reiss, Rachel, Account Director - dentsu X; *pg.* 61
Reissfelder, Andrea, Human Resources & Accounting - Boathouse Group, Inc.; *pg.* 40
Reissfelder, Hayley, Digital & Content Account Executive - Cercone Brown Company; *pg.* 341
Reist, Jocelyn, Communications Planner - Wieden + Kennedy; *pg.* 430
Reiter, Michele, Senior Vice President & Director, Accounts & Business Development - Weitzman Advertising, Inc.; *pg.* 430
Reiter, Rochelle, Agency Partner - Orange Label Art & Advertising; *pg.* 395
Reiter, Susan, Chief Operations Officer - The frank Agency, Inc.; *pg.* 150
Reiter, Zoe, Assistant Analyst, Social - PHD USA; *pg.* 505
Reites, John, Chief Product Officer & Partner - THREAD; *pg.* 271
Reitkopf, Aaron, Global Chairman- MullenLowe Profero - Mediahub New York; *pg.* 249
Reitz, Tyler, Senior Project Manager - Blue Collar Interactive; *pg.* 217
Reitzes, Robyn, Senior Director, Integrated Partnerships - Superfly; *pg.* 315
Reizovic, Rich, Director, Print Media - JL Media, Inc.; *pg.* 481
Rektorik, Rebecca, Senior Director, Client Results - Amnet; *pg.* 454
Rekus, Allison, Vice President, Client Experience - Wilen Media Corporation; *pg.* 432
Rello, Jessica, Senior Copywriter - BBDO Worldwide; *pg.* 331
Rembish, Terrie, Media Director - NFM+Dymun; *pg.* 120
Remeikis, Carol, Project Manager - North Charles Street Design Organization; *pg.* 193
Remer, Dave, Chief Executive Officer & Creative Director - Remer, Inc.; *pg.* 405
Remeto, Mandy, Associate Media Director - MARC USA; *pg.* 104
Remias, Lee, Group Creative Director - mcgarrybowen; *pg.* 110
Remillard, Ashlyn, Vice President, Social Strategy - Moxie; *pg.* 251
Remington, Dorothy, Principal & Partner - Alterpop.com; *pg.* 172
Remley, Stephanie, Media Strategist - Solve; *pg.* 17
Remling, Jennifer, Global Chief Talent Officer - Essence; *pg.* 232
Remmele, Erica, Head, Studio - Any_; *pg.* 1
Remmers, Marisa, Director, Strategy & Insights - Nebo Agency, LLC; *pg.* 253
Remmy, Evan, Specialist, Data Management - Empower; *pg.* 354
Remy, Chris, Manager, Brand - Argonaut, Inc.; *pg.* 33
Renaud, Chris, Senior Account Manager - HCA Mindbox; *pg.* 83
Renbarger, Sam, Group Strategy Director - DDB San Francisco; *pg.* 60
Renckens, Marie, Account Director - Beehive PR; *pg.* 582
Renda, Daniel, Brand Director - Red Antler; *pg.* 16
Rende, Justin, Senior Account Executive - TriplePoint ; *pg.* 656
Rendon, Jr., John, President & Chief Executive Officer - The Rendon Group, Inc.; *pg.* 655
Rene, Dan, Senior Vice President - Levick Strategic Communications; *pg.* 622
Renegar, Rob, Associate Director, Insights - Sterling-Rice Group; *pg.* 413
Rener, Allyson, President - Murphy O'Brien, Inc.; *pg.* 630
Rener, Zach, Creative Director - Greatest Common Factory; *pg.* 365
Renesto, Denise, Integrated Media Planner - Exverus Media Inc.; *pg.* 465
Renfeld, Derek, Director, Research & Digital Strategy - AKPD Message and Media; *pg.* 454
Renfrew, Danielle, Activation Manager - Bacardi - Team Enterprises; *pg.* 316
Renfroe, Jed, President - Renfroe Outdoor; *pg.* 557
Renfroe, Katheryn, Associate Director, Creative - DiMassimo Goldstein; *pg.* 351
Renier, Mark, General Manager - Link Media Outdoor; *pg.* 553
Renier, Steve, Senior Vice President, Talent - Broadhead; *pg.* 337
Reninger, Sue, Managing Partner, Client Brand Strategy - RMD Advertising ; *pg.* 643
Renjilian, Rachel, eCommerce Manager - Starcom Worldwide; *pg.* 517
Renne, Matthew, Global Strategy Supervisor - TBWA \ Chiat \ Day; *pg.* 416
Renner, Brad, Group Director, Media & Structured Data - 360i, LLC; *pg.* 207
Renner, Debbie, President - SSCG Media Group; *pg.* 513
Renner, Megan, Digital Media Coordinator - Cashman & Associates; *pg.* 589
Renner, Paul, Executive Vice President & Global Creative Director - Publicis North America; *pg.* 399
Reno, Brooke, Group Business Director - The Media Kitchen; *pg.* 519
Reno, Jason, Vice President & Account Director - Cramer-Krasselt ; *pg.* 53
Renshaw, Amelea, Senior Strategist - Anomaly; *pg.* 325
Renshaw, Shawn, Media Supervisor - Zimmerman Advertising; *pg.* 437
Renstrom, Christian, Vice President, Business Development - Mason, Inc. ; *pg.* 383
Renteria, Katherine, Director, Project Management - Zemoga, Inc.; *pg.* 277
Rentiers, Michael, President - Push Digital; *pg.* 640
Rentschler, Peter, President - Asia Pacific - GTB; *pg.* 367
Rentzel, Jenny, Senior Marketing Manager - MKTG INC; *pg.* 311
Rentzel, Justin, Senior Art Director - Red Tettemer O'Connell + Partners; *pg.* 404
Renuart, Nicole, Strategist - PHD USA; *pg.* 505
Renusch, Pam, Executive Vice President & Group Account Director - Simons / Michelson / Zieve, Inc.; *pg.* 142
Renwick, Frank, Group Account Director - Chase, Kraft Heinz, Evian, Mattress Firm, Rivian, United Rentals - Droga5; *pg.* 64
Renwick, Kate, Manager, Digital Investment - Mindshare; *pg.* 494
Renwick, Kevin, Media Supervisor - MODCoGroup; *pg.* 116
Renwick, Victoria, Executive Vice President & Partner - 360PRplus; *pg.* 573
Renyi, Tim, Vice President, Client Development - TideSmart Global; *pg.* 317
Renz, Daniel, Chief Executive Officer - Summit Marketing ; *pg.* 570
Renzelmann, Brooke, Director, Paid Media - Location3 Media; *pg.* 246
Repasky, Edward, Senior Vice President & Account Director - MGH Advertising ; *pg.* 387
Repasky, Ellen, Vice President, Account Director - Dalton Agency; *pg.* 57
Repasky, Ellen, Office Manager - The Bantam Group; *pg.* 450
Repicci, Greg, Account Executive - AudienceXpress; *pg.* 455
Repin, Stacy, Account Supervisor - Billups Worldwide; *pg.* 550
Repka-Geller, Victoria, Chief Marketing Officer - Digital Pulp; *pg.* 225
Repko, Meaghan, Partner - Joele Frank, Wilkinson Brimmer Katcher; *pg.* 617
Reponen, Erik, Executive Group Creative Director - The George P. Johnson Company; *pg.* 316
Reposa, Jason, Managing Partner - AD:60; *pg.* 210
Repp, Adam, Senior Copywriter - FCB Chicago; *pg.* 71
Repp, Violet, Account Supervisor, Media - Just Media, Inc.; *pg.* 481
Requidan, Erik, Vice President, Sales &

PERSONNEL — AGENCIES

Programmatic Strategy - Intermarkets, Inc.; pg. 242
Resau, Thomas, Senior Vice President, Cybersecurity & Privacy Practice - Welz & Weisel Communications; pg. 662
Resch, Katie, Account Director - Havas New York; pg. 369
Resella, Robin, Creative Director - Big Block; pg. 217
Resende, Nathalia, Creative Director - BBDO Minneapolis; pg. 330
Resk, Patrick, Chief Financial Officer & Senior Partner - Porter Novelli; pg. 637
Reslen, Christian, Vice President & Executive Creative Director - Macias Creative; pg. 543
Resnick, Brittany, Media Supervisor - 160over90; pg. 1
Resnick, Danielle, Media Strategist - PHD Chicago; pg. 504
Resnik, Denise, Founder - DRA Strategic Communications; pg. 598
Resnikoff, Sharen, Account Manager - GroundTruth; pg. 534
Ress Jacobson, Jamie, Senior Vice President - Lippe Taylor; pg. 623
Reste, Silvan, Director, Art - Sid Lee; pg. 140
Restivo, Andy, President & Chief Executive Officer - Creative Channel Services, LLC; pg. 567
Restler, Debra, Senior Vice President, Business Development & Marketing - The Beanstalk Group; pg. 19
Restovic, Daphne, Chief Financial Officer - Sanders\Wingo; pg. 138
Rettew, Robin, Managing Director - Targetbase Marketing; pg. 293
Rettig, Craig, Partner - Perceptiv; pg. 396
Rettig, Elyse, Senior Vice President, Operations & Operations Lead - Publicis Health Media; pg. 506
Retzer, Rebecca, Creative Director - DBA Marketing Communications; pg. 349
Retzke, Autumn, Senior Vice President, Strategy - Zenith Media; pg. 529
Retzke, Autumn, Senior Vice President, Strategy - Client Lead - VM1 (Zenith Media + Moxie); pg. 526
Reugebrink, Bryan, Account Director - MullenLowe U.S. Los Angeles; pg.
Reus, Sharon, Vice President, Production Operations & Client Services - Creative Producers Group; pg. 303
Reusch, Madeline, Senior Art Director - Leo Burnett Worldwide; pg. 98
Reuschle, Carole, Vice President & Director, Media - MDB Communications, Inc.; pg. 111
Reuter, Mike, Director, Business - Anomaly; pg. 325
Reveille, Alison, Vice President, Digital Strategy & Investment - Starcom Worldwide; pg. 513
Revell, Nancy, Associate Director, Media - Watauga Group; pg. 21
Revere, Amanda, Executive Producer - TBWA \ Chiat \ Day; pg. 416
Rex, Emily, Co-Founder & Chief Executive Officer - Departure; pg. 61
Rexroth, Trish, Executive Creative Director - On Board Experiential Marketing; pg. 313
Rey, Nuria, Senior Account Manager - Factory 360; pg. 306
Reydel, Kimberly, Account Director - KWG Advertising, Inc.; pg. 96
Reyes, Abby, Public Relations Associate - Sunshine Sachs; pg. 650
Reyes, Aileen, Associate Director, Media - Ocean Media, Inc.; pg. 498
Reyes, Annabelle, Account Services Director - PIL Creative Group; pg. 128

Reyes, Chassey, Strategy Director - Laundry Service; pg. 287
Reyes, Ellen, Manager, Planning - Wavemaker; pg. 529
Reyes, Jose, Principal, Chief Creative Officer - PwC Digital Services; pg. 260
Reyes, Laura, Business Development & Marketing Coordinator - OMD Latin America; pg. 543
Reyes, Nancy, President - TBWA \ Chiat \ Day; pg. 416
Reyes, Paola, Account Supervisor - BCW New York; pg. 581
Reyes-Cuni, Belkys, Vice President, Data Management - Lake Group Media, Inc.; pg. 287
Reyes-Rice, Wanda, Public Relations Director - Sensis; pg. 139
Reyna, Dayna, Senior Account Executive - Digitas; pg. 227
Reyna-Neel, Cristina, Associate Creative Director - Dell Blue; pg. 60
Reynolds, Adam, Producer, Supervising - Something Massive; pg. 266
Reynolds, Bee, Creative Director - EP+Co.; pg. 356
Reynolds, Brendan, Chief Executive Officer & Head, Consumer Experience Design - Verizon - Moment; pg. 192
Reynolds, Caitlin, Vice President & Senior Account Director - Saatchi & Saatchi ; pg. 136
Reynolds, Carolyn, Account Manager - LaunchSquad; pg. 621
Reynolds, Chuck, President & Chief Executive Officer - Reynolds & Associates; pg. 406
Reynolds, Chuck, Chairman - Omnivore; pg. 123
Reynolds, Ellie, Senior Associate - Weber Shandwick; pg. 661
Reynolds, James, Managing Partner & Account Lead - MediaCom; pg. 487
Reynolds, Jason, Account Director - ICG - Insight Creative Group; pg. 89
Reynolds, Joe, Founder & Chief Executive Officer - Red Frog Events, LLC; pg. 314
Reynolds, Juliette, Vice President, Digital Strategy - On Ideas; pg. 634
Reynolds, Lauren, Account Director - Arc Worldwide; pg. 327
Reynolds, Lisa, Vice President - Harmelin Media; pg. 467
Reynolds, Lucia, Account Manager - Chandelier Creative; pg. 49
Reynolds, Mary, Senior Vice President, Public Relations - Phase 3 Marketing & Communications; pg. 636
Reynolds, Michael, Director, Advertising Intelligence - Ebiquity; pg. 444
Reynolds, Monique, Associate Account Director - Mosaic North America; pg. 389
Reynolds, Nikki, Strategist, Media - Drake Cooper; pg. 64
Reynolds, Rem, Co-Founder - IxCo; pg. 243
Reynolds, Sidney, President & Chief Executive Officer - Signature Agency; pg. 141
Reynolds, Stephen, Vice President - Buffalo.Agency; pg. 587
Reynolds, Taylor, Senior Media Planner - AKQA; pg. 211
Reynolds, Terence, Group Creative Head & Art Director - The Richards Group, Inc.; pg. 422
Reynolds, Tom, Partner & Executive Vice President, Marketing - Media Horizons, Inc.; pg. 288
Reynolds, Wil, Founder & Director, Digital Strategy - Seer Interactive; pg. 677
Reynolds Broughton, Sherri, Vice President & Senior Art Director - MGH Advertising ; pg. 387
Reynoso, Joe, Associate Creative Director - Innocean USA; pg. 479

Reynoso, Lauren, Senior Account Manager - Vermilion Design; pg. 204
Reynoso, Sophia, Senior Partner & Account Director - MediaCom; pg. 487
Rezabek, Nicholas, Creative Director - Publicis North America; pg. 399
Rezai, Bitta, Associate Director, Analytics - Universal McCann; pg. 428
Rezmovic-Cohen, Susan, Group Director - Outdoor Media Group; pg. 554
Reznick, Jessica, President - We're Magnetic; pg. 318
Rezvani, Ida, President - mcgarrybowen; pg. 109
Rezza, Vito, Interim Chief Financial Officer - Jam3; pg. 243
Rhea, Russ, Vice President, Media Services & Media Trainer - Hahn Public Communications; pg. 686
Rhea, Stephen L., Founder & Chairman - Rhea & Kaiser Marketing ; pg. 406
Rheault, Ben, Media Buyer - Strategic Media, Inc.; pg. 518
Rhee, Elton, Associate Creative Director - Elephant; pg. 181
Rheinfeldt, Kenney, Production Supervisor - Derse, Inc.; pg. 304
Rhine, TJ, Chief Creative Officer & Partner - Greenhouse Partners; pg. 8
Rho, Michelle, Strategist, Warner Bros. Home Entertainment - Hearts & Science; pg. 473
Rhoads, Barry, Chairman - Cassidy & Associates; pg. 589
Rhoads, Loren, Founder & Creative Director - The Rhoads Group; pg. 152
Rhoads, Melanie, Group Director, Strategic Accounts - HYFN; pg. 240
Rhode, Andy, Media Director - Fallon Worldwide; pg. 70
Rhodes, Alex, Art Director - Duft Watterson; pg. 353
Rhodes, Alexandra, Chief Client Experience Officer - Merit; pg. 386
Rhodes, Dusty, Founder, President & Chief Executive Officer - Conventures, Inc.; pg. 685
Rhodes, Frannie, Executive Director, Creative Services - TBWA \ Chiat \ Day; pg. 416
Rhodes, Jimmy, Managing Director - Targetbase Marketing; pg. 293
Rhodes, Marcia, Managing Director - Amendola Communications; pg. 577
Rhodes, Michelle, Digital Marketing Account Manager - Adlucent; pg. 671
Rhodes, Riley, Assistant Media Planner - Posterscope U.S.A.; pg. 556
Rhodes, Russ, Senior Vice President, Account Services - Universal Media, Inc.; pg. 525
Rhodes, Taylor, Account Director - Merkley + Partners; pg. 114
Rhodes, Tina, Vice President, Account Services - Artisan Creative; pg. 173
Rhone, Deondrae, Project Manager, Digital Creative Operations - Nike - Thesis; pg. 270
Rhude, Melissa, Director, Global Account - Apple - OMD West; pg. 502
Rhudy, Jonathan, Partner - Rhudy & Company; pg. 643
Rhudy, Michele, President & Chief Executive Officer - Rhudy & Company; pg. 643
Rhule, Nathan, Supervisor, Connections Planning - The Tombras Group; pg. 424
Riahei, Nazan, Senior Vice President, Strategic Communications - Abernathy MacGregor Group; pg. 574
Riazi, Behzad, President - Nova Advertising; pg. 392
Riback Levy, Jaclyn, Vice President, Marketing & Client Strategy - Jaymie Scotto & Associates; pg. 616

AGENCIES — PERSONNEL

Ribaudo, Gina, Senior Account Supervisor, Corporate Affairs - MSLGroup; *pg.* 629
Ribaudo, Ron, Creative Director - Monarch Communications, Inc.; *pg.* 117
Ribeiro, Heather, Vice President - Zeno Group; *pg.* 664
Ribeiro, Marcos, Vice President & Global Executive Creative Director - The George P. Johnson Company; *pg.* 316
Ribero, Esteban, Senior Vice President & Head, Planning & Insights - Performics; *pg.* 676
Ribotsky, Chloe, Account Coordinator - Healthcare Success; *pg.* 83
Ribotsky, Ken, Owner & Chief Executive Officer - Brandkarma, LLC; *pg.* 42
Riccaldo, Casey, Senior Vice President, Digital Client Strategy - Active International; *pg.* 439
Ricci, Alissa, Media Supervisor - Jackson Marketing Group; *pg.* 188
Ricci, Kassandra, Senior Social Media Manager - Hemsworth Communications; *pg.* 613
Ricci, Katharine, Senior Director, East Coast - OMD CREATE - OMD; *pg.* 498
Ricci, Luke, Executive Producer - Bullitt; *pg.* 561
Ricci, Pete, Vice President, Creative & Digital Services - EVR Advertising; *pg.* 69
Ricciardi, Donna, Vice President & Account Director - Mower; *pg.* 118
Ricciardi, Greg, Founder, President & Chief Executive Officer - 20nine Design Studios; *pg.* 171
Ricciardi, Jim, Vice President & Group Creative Director - Digitas; *pg.* 227
Ricciardi, Nicole, Creative Director - Lume Creative; *pg.* 101
Riccio, Janet, Executive Vice President & Dean, Omnicom University - Omnicom Group; *pg.* 123
Riccio, Ryan, Principal & Creative Director - Charlie Company Corp.; *pg.* 177
Riccitelli, Christina, Vice President, Programmatic Media - OpAD Media Solutions, LLC; *pg.* 503
Ricco, Sam, Managing Director, Program Implementation - BKM Marketing Associates; *pg.* 334
Riccomini, Bob, Chief Technology Officer & Principal Engineer - Whipsaw, Inc.; *pg.* 205
Rice, Alex, Creative Director - TDA_Boulder; *pg.* 147
Rice, Andrew, Senior Account Executive - Arc Worldwide; *pg.* 327
Rice, Bill, Marketing Director - Right Place Media; *pg.* 507
Rice, Bob, Writer & Executive Director - Agency Underground; *pg.* 1
Rice, Bryan, Vice President & Director, Project Management - PETERMAYER; *pg.* 127
Rice, D.J., Senior Brand Manager - Duarte; *pg.* 180
Rice, Helen, Vice President, Human Resources - Bensussen Deutsch & Associates; *pg.* 566
Rice, Jeri, Accountant - Proof Advertising; *pg.* 398
Rice, Kelsy, Negotiator - Zenith Media; *pg.* 529
Rice, Leslie, Vice President, Special Events & Entertainment - Gail & Rice; *pg.* 306
Rice, Matt, Vice President, Creative Operations - Ayzenberg Group, Inc.; *pg.* 2
Rice, Michelle, Account Executive - Cronin; *pg.* 55
Rice, Molly, Founder Partner & Director, Client Services - Spyglass Creative; *pg.* 200
Rice, Nathan, Partner & Partnership Development Director - Haberman; *pg.* 369
Rice, Rachel, Project Manager - Zonion Creative Group; *pg.* 21
Rice, Richelle, Director, Social Media - Kirvin Doak Communications; *pg.* 620
Rice, Sean, Chief Executive Officer & Chairman - Hudson River Group; *pg.* 239
Rice, Thomas, Partner & Senior Vice President - Merritt Group Public Relations; *pg.* 627
Rice, Tim, Managing Director - BCW Pittsburgh; *pg.* 581
Rice, Tim, Owner - Gail & Rice; *pg.* 306
Rice, Travis, Vice President, Account Services - Melt, LLC; *pg.* 311
Rice McNeil, Susan, President & Partner - McNeil, Gray & Rice; *pg.* 627
Rich, Brodie, Senior Vice President & Creative Director, Experience Design - MERGE; *pg.* 113
Rich, Chip, Executive Creative Director - Campbell Ewald New York; *pg.* 47
Rich, Eric, Principal - Array Creative; *pg.* 173
Rich, John, Vice President, Future Experiences - Moxie; *pg.* 251
Rich, Jordan, Art Director - The Many; *pg.* 151
Rich, Kaitlyn, Director, Digital Investment - Mindshare; *pg.* 491
Rich, Kim, Chief Financial Officer - BrightHouse, LLC; *pg.* 43
Rich, Lisa, Art Director - Outdoor Nation; *pg.* 554
Rich, Madeline, Senior Vice President, Professional Services - Lotame; *pg.* 447
Rich, Madison, Assistant Account Executive - Team One; *pg.* 418
Rich, Matthew, Managing Director - Digital Impulse; *pg.* 225
Rich, Terrie, Global Senior Vice President, Finance & Operations - Digitas; *pg.* 226
Richard, Aimee, Account Director - Kenna; *pg.* 244
Richard, Brad, Senior Media Buyer - Diane Allen & Associates; *pg.* 597
Richard, Chris, Production Manager - Hiebing; *pg.* 85
Richard, Jonathan, Art Director - Trampoline; *pg.* 20
Richard, Matt, Senior Creative Technologist - Second Story Interactive; *pg.* 265
Richard, Melanie, Media Planner - EVR Advertising; *pg.* 69
Richards, Adam, Senior Analyst, Research - Prodigal Media Company; *pg.* 15
Richards, Amber, Senior Account Executive - Uproar; *pg.* 657
Richards, Annie, Account Director - DNA Seattle; *pg.* 180
Richards, Ben, Worldwide Chief Strategy Officer - Ogilvy; *pg.* 393
Richards, Brian, Head, Sales, Retail & Consumer Banking - Americas - Informa Research Services; *pg.* 445
Richards, Chad, Vice President, Social Media Services - Firebelly Marketing; *pg.* 685
Richards, Erin, Managing Director, Ninety9X - Media Storm; *pg.* 486
Richards, Erin, Managing Director - Ninety9x; *pg.* 254
Richards, Freddie, Senior Vice President & Head, Integrated Production - Martin Williams Advertising; *pg.* 106
Richards, Grant, Partner & Executive Creative Director - Chemistry Club; *pg.* 50
Richards, Hannah, Strategist, Content Marketing - Ethos Marketing & Design; *pg.* 182
Richards, Jessica, Executive Vice President & Managing Director, Socialyse - Havas Media Group; *pg.* 468
Richards, Julie, Art Producer - The Richards Group, Inc.; *pg.* 422
Richards, Lori, Global Connections Manager - Mering; *pg.* 114
Richards, Lori, President & Partner - Mueller Communications, Inc.; *pg.* 630
Richards, Michael Jonathan, Chief Operating Officer & Partner - King & Company; *pg.* 620
Richards, Nicole, Communication Strategy Director - Goodby, Silverstein & Partners; *pg.* 77
Richards, Stu, Director, Xaxis West - Xaxis; *pg.* 276
Richards, Tian, Integrated Media Planner - Merkley + Partners; *pg.* 114
Richards, Tracy, Director, Creative Operations - Colle McVoy; *pg.* 343
Richards, Wes, Associate Creative Director - Deardorff Associates, Inc.; *pg.* 60
Richardson, Aaron, Art Director - Bluecadet Interactive; *pg.* 218
Richardson, Alec, Vice President, Business Development - AgencyEA; *pg.* 302
Richardson, Andy, Vice President - Ginny Richardson Public Relations; *pg.* 607
Richardson, Annie, Director, Client Services - rEvolution; *pg.* 406
Richardson, Brad, Vice President & Group Account Director - McCann Canada; *pg.* 384
Richardson, Dan, Senior Partner & Director, Invention Studio - Mindshare; *pg.* 494
Richardson, Ginny, Founder & President - Ginny Richardson Public Relations; *pg.* 607
Richardson, James, Vice President, Operations - Canada - Engine Digital; *pg.* 231
Richardson, Jillyn, Vice President & Managing Director - Horizon Media, Inc.; *pg.* 474
Richardson, John, Director, Technology - Squires & Company ; *pg.* 200
Richardson, John-James, Director, Communication Strategy - Mekanism; *pg.* 113
Richardson, Jordan, Associate Media Planner - Digitas; *pg.* 227
Richardson, Kate, Vice President, Content - Spark Foundry; *pg.* 508
Richardson, Kristen, Group Account Director & Vice President - 360i, LLC; *pg.* 207
Richardson, Lily, Chief Executive Officer - PSA Creative Communication; *pg.* 314
Richardson, Paul, Group Financial Director - WPP Group, Inc.; *pg.* 433
Richardson, Risa, Public Relations Services - Wiser Strategies; *pg.* 663
Richardson, Satina, Senior Account Executive - Big Communications, Inc.; *pg.* 39
Richardson, Sue, Vice President, Client Success - Willow Marketing; *pg.* 433
Richardson-George, Ashley, Director, Content Strategy - Circus Maximus; *pg.* 50
Richardson-Owen, Paul, Global Digital Lead - OMD West; *pg.* 502
Richarz, Kendall, Digital Advertising Strategist - Adpearance; *pg.* 671
Richer, Stacey, Vice President & Director, Project Management - Digitas; *pg.* 227
Richert, Ryan, Executive Media Director - Golin; *pg.* 609
Riches, Brianne, Vice President, Social & Digital - VMLY&R; *pg.* 160
Richey, Juliette, Head, Production - Movement Strategy; *pg.* 687
Richey, Kevin, Executive Vice President & Strategic Lead - U.S. Army - DDB Chicago; *pg.* 59
Richheimer, Bret, Managing Partner - New Tradition; *pg.* 554
Richheimer, Evan, Co-Founder & Chief Executive Officer - New Tradition; *pg.* 554
Richichi Costello, Christina, VP, Account Director - FCB Health; *pg.* 72
Richie, Thomas, Vice President & Creative Director - Tom, Dick & Harry Creative; *pg.*

PERSONNEL

AGENCIES

426
Richling, Kate, Vice President, Marketing - MediaMonks; pg. 249
Richman, Amanda, U.S Chief Executive Officer - Wavemaker; pg. 526
Richman, Caroline, Media Supervisor - Digitas; pg. 226
Richman, Jonathan, Creative Director - The Martin Agency; pg. 421
Richman, Vicki, Chief Financial & Operations Officer - HVS American Hospitality Co.; pg. 372
Richmond, Gina, Senior Vice President, Public Relations - Abel Communications; pg. 574
Richmond, Kate, Chief Talent Officer - WE Communications; pg. 660
Richmond, Kiara, Marketing Coordinator - Idfive; pg. 373
Richmond, Lorne, Chief Executive Officer - Richmond Public Relations; pg. 643
Richmond, Louis, Senior Advisor & Chairman - Richmond Public Relations; pg. 643
Richmond-Basedow, Sarah, Senior Media Strategist - Core Creative; pg. 344
Richter, Alex, Executive Vice President, Interactive Marketing - Camelot Strategic Marketing & Media; pg. 457
Richter, Carly, Account Director - Leo Burnett Worldwide; pg. 98
Richter, Connor, Media Planner, Digital Paid & Social - RPA; pg. 134
Richter, Erika, Associate Director Project Management - McCann New York; pg. 108
Richter, Felix, Co-Chief Creative Officer - Droga5; pg. 64
Richter, Kathy, Managing Director, Business Lead - Wavemaker; pg. 526
Richter, Katie, Account Executive - Darby Communications; pg. 595
Richter, Larry, Senior Media Planner & Buyer, Digital - The Zimmerman Agency; pg. 426
Richter, Laurie, Coordinator, Administrative - Mint Advertising; pg. 115
Richter, Marty, Senior Vice President, Media Relations - FleishmanHillard; pg. 604
Richter, Terry, Chief Financial Officer & Co-Owner - Unified Resources, Inc.; pg. 571
Richter-Levy, Stacey L., Director, Learning & Development - Publicis Health; pg. 639
Rick, Jessica, Director, Promotions - Enteractive Solutions Group, Inc.; pg. 567
Rick, Trey, Business Affairs Director - Ackerman McQueen, Inc.; pg. 26
Ricker, Trent, Chief Executive Officer - The Pursuant Group; pg. 422
Rickert, Stephanie, Director, Account Service - Quantum Communications; pg. 401
Rickett, Dave, Senior Vice President, Digital Design & UX Design - IfThen Digital; pg. 241
Ricks, Grace, Digital Marketing Specialist - Eckel & Vaughan; pg. 599
Ricque, Carlos, Senior Vice President, Creative - Digitas; pg. 227
Rida, Hayet, Senior Brand Strategist, Shopper & Influencer - FCB Chicago; pg. 71
Riddell, Adam, Senior Director, Structured Data & Feeds - iProspect; pg. 674
Riddell, Fraser, Chief Client Officer - MediaCom; pg. 487
Riddell, Libby, 3D Designer - Fitch; pg. 183
Riddick, Kristopher, Programmatic Planner - Horizon Media, Inc.; pg. 474
Riddle, Dustin, Senior Director, Digital Strategy - One & All; pg. 289
Riddle, Joye, Vice President & Associate Media Director - The Tombras Group; pg. 424
Riddle, Robin, Vice President, Content Strategy & Account Management - The Foundry @ Meredith Corp; pg. 150
Riddle, Todd, Chief Creative Officer - Global

Markets - Commonwealth // McCann; pg. 52
Ridenour, Kerri, Vice President, Operations - A. Larry Ross Communications; pg. 574
Rideout, Dustin, Chief Strategy Officer - Juniper Park\ TBWA; pg. 93
Rider, Ginny, Brand Strategist - Goodby, Silverstein & Partners; pg. 77
Ridge, Dawn, Senior Vice President & Group Account Director - Bernstein-Rein Advertising, Inc.; pg. 39
Ridge, Steve, Chief Operating Officer - Magid; pg. 447
Ridgeway, Adam, Copywriter & Associate Creative Director - mono; pg. 117
Ridgway, Jr., Joseph, President - Bruno & Ridgway Research Associates; pg. 442
Ridgway, Sr., Joe, Chairman - Bruno & Ridgway Research Associates; pg. 442
Ridgway-Cross, Diane, Senior Vice President, Business Strategy & Development - McCann Canada; pg. 447
Ridings, Dean, President & Chief Executive Officer - Intersect Media Solutions; pg. 480
Ridley, Lynn, Vice President, Creative - Jan Kelley Marketing; pg. 10
Ridley, Mike, Director, Business Development & Marketing - the community; pg. 545
Ridolfi, Phil, Chief Executive Officer - NAS Recruitment Communications; pg. 667
Ridzon, Jon, Account Director - MullenLowe U.S. Boston; pg. 389
Rie, Katie, Vice President, Digital Strategy - Zeno Group; pg. 664
Rieches, Ryan, Founding Partner, Strategy - BrandingBusiness; pg. 4
Ried, Julie, Vice President - The Ward Group; pg. 520
Riede, Heather, Purchasing Supervisor - Derse, Inc.; pg. 304
Riediger, Stefanie, Senior Strategic Planner - Marcus Thomas; pg. 104
Riedler, Britt, Vice President & Director, Media - Starcom Worldwide; pg. 516
Riedy, Mark, Founder - TRUE Communications; pg. 657
Riegel, Cecilia, Media Director - Callahan Creek ; pg. 4
Riegel, Maria, Senior Digital Media Planner - Horizon Media, Inc.; pg. 474
Riegel, Shane, Business Intelligence Analyst - Ocean Media, Inc.; pg. 498
Rieger, Brad, Chief Operating Officer - Cooper-Smith Advertising; pg. 462
Riegle, Zach, Director, Business Development - Blue Wheel Media; pg. 335
Riegle Jr., Donald W., Chairman, Government Relations - APCO Worldwide; pg. 578
Riegler, Nate, Marketing Science Manager - TPN; pg. 683
Riehl, Johner, Vice President & Creative Director - Wonacott Communications, LLC; pg. 663
Riehl, Megan, Account Services Supervisor - Wieden + Kennedy; pg. 430
Rieke, Sarah, Art Director - Shoptology; pg. 682
Riemer, Brian, Vice President, Creative Director - Universal McCann; pg. 521
Rier, Amanda, Senior Graphic Designer - Carey O'Donnell Public Relations Group; pg. 588
Ries, Kaitie, Senior Digital Manager - Percepture; pg. 636
Ries, Laura, Media Director - FIG; pg. 73
Ries, Rhonda, President & Chief Financial Officer - Osborn & Barr Communications; pg. 395
Riese, Susan, Senior Marketing Specialist - Derse, Inc.; pg. 304
Riess, James, Senior Vice President & Head, Strategy & Insights - HelloWorld; pg. 567

Riester, Tim, Principal & Chief Executive Officer - Riester; pg. 406
Riester, Tim, Principal & Chief Executive Officer - Riester; pg. 407
Riezebeek, Alex, Associate Creative Director - Mekanism; pg. 113
Rifkin, Jeff, Group Creative Director - We Are Alexander; pg. 429
Rifkin, Wade, Senior Vice President, Programmatic - Clear Channel Outdoor; pg. 550
Rigali, Michael, Investment Supervisor - Spark Foundry; pg. 510
Rigano, Robby, Chief Operating Officer - Fancy Pants; pg. 233
Rigby, Fiona, Media Director - Mercer Creative Group; pg. 191
Rigby, Jonathan, Global Chief Strategy Officer - Reprise Digital; pg. 676
Rigby, Mike, Vice President & Executive Creative Director - Business Transformation. - R/GA; pg. 260
Rigg, Myles, Senior Copywriter - Made Movement; pg. 103
Riggall, Kitsie, Vice President & Creative Director - Corporate Reports, Inc.; pg. 53
Riggi, Megan, Senior Account Director - GMR Marketing; pg. 306
Riggins, Brooks, Senior Copywriter - Saatchi & Saatchi ; pg. 136
Rigler, Bill, Vice President - MAPR; pg. 624
Rigo, William, Director, Corporate Marketing & Creative Services - Meister Interactive; pg. 250
Riippi, Joseph, Executive Vice President & Group Creative Director - FCB Health; pg. 72
Riley, Anthony, Senior Vice President - The MX Group; pg. 422
Riley, Blair, Account Manager, Technology - Porter Novelli; pg. 637
Riley, Brittany, Creative Director - Chemistry Atlanta; pg. 50
Riley, Claire, Senior Account Manager - Amobee, Inc.; pg. 213
Riley, Darren, Senior Vice President - Active International; pg. 439
Riley, Erin, President - TBWA \ Chiat \ Day; pg. 146
Riley, Erinn, Graphic Designer - Romanelli Communications; pg. 134
Riley, Harriet, Digital Content Strategist - Nemo Design; pg. 193
Riley, Kayla, Account Executive - Team One; pg. 418
Riley, Laura, Executive Vice President, Sales - bBig Communications; pg. 216
Riley, Maria, Managing Director - The Blueshirt Group; pg. 652
Riley, Megan, Senior Vice President & Managing Director - Horizon Media, Inc.; pg. 474
Riley, Meghan, Senior Vice President & Lead, Social Strategy - MullenLowe U.S. New York; pg. 496
Riley, Mike, Strategy Director - Venables Bell & Partners; pg. 158
Riley, Rick, Partner & Creative Director - Partners Riley Ltd.; pg. 125
Riley, Ryan, Director, Account Planning - FCB West; pg. 72
Riley, Samantha, Manager, Analytics - MRM//McCANN; pg. 289
Riley, Sean, Creative Director - The Martin Agency; pg. 421
Riley Roper, Marissa, Specialist, Digital Marketing - FabCom; pg. 357
Rimmer, Lisa, Senior Manager, Business Affairs - Ogilvy Public Relations; pg. 633
Rimsky, Margaret, Senior Partner, Worldwide Group Planning Director - Ogilvy; pg. 393
Rinaldi, Frank, Vice President & Executive

988

AGENCIES
PERSONNEL

Brand Director - Cronin; *pg.* 55
Rinas, Laura, Senior Strategist, Brand - Leo Burnett Worldwide; *pg.* 98
Rincavage, Kristen, Senior Vice President & Account Director - Deutsch, Inc.; *pg.* 349
Rinck, Mariah, Media Planner - Rinck Advertising; *pg.* 407
Rinck, Peter, Chief Executive Officer - Rinck Advertising; *pg.* 407
Rineman, Patrick, Account Director - Red Moon Marketing; *pg.* 404
Ring, Andrea, Chief Strategy Officer - Big Spaceship; *pg.* 455
Ring, Kathy, Chief Executive Officer - U.S. - Starcom Worldwide; *pg.* 516
Ring, Stephanie, Senior Digital Project Manager - Envisionit Media, Inc.; *pg.* 231
Ringel, Susan, Vice President, Client Services - JL Media, Inc.; *pg.* 481
Ringel, Tim, Global President - Reprise Digital; *pg.* 676
Ringelstetter, Lisa, Vice President, Client Services - BFG Communications; *pg.* 333
Ringen, Kim, Office Manager - Lawrence & Schiller; *pg.* 97
Ringgold, Blair, Media Planner - Wieden + Kennedy; *pg.* 430
Ringhausen, Christen, Senior Project Manager - Atomicdust; *pg.* 214
Ringler, Alana, Vice President & Director, Connections Planning & Performance Media - Havas Media Group; *pg.* 468
Ringler, Ralph, Partner - Visionmark USA; *pg.* 204
Ringler, Todd, Managing Director, Media - U.S. - Edelman; *pg.* 599
Ringstaff, Beverly, Director, Creative Services - Conversion Interactive Agency; *pg.* 222
Rink, Amy, Vice President - FRCH Design Worldwide; *pg.* 184
Rink, Jodie, Associate Media Manager, Integrated Media - 360i, LLC; *pg.* 208
Rink, Rob, Vice President & Architect, Project - FRCH Design Worldwide; *pg.* 184
Rink, Scott, Vice President - FRCH Design Worldwide; *pg.* 184
Rink Crowley, Jaclyn, Creative Director - Wieden + Kennedy; *pg.* 432
Rinsma, Rich, Principal & Designer - EyeThink; *pg.* 182
Riordan, Kimberly, Project Manager - Decker Design Inc.; *pg.* 179
Rios, Albert, Associate Media Director - Mercury Insurance - Palisades Media Group, Inc.; *pg.* 124
Rios, Kathleen, Vice President, Digital Investment - Zenith Media; *pg.* 529
Rios, Marciela, Account Director - Red Havas; *pg.* 641
Rioux, Laura, Partner & Head, Broadcasting Production - Rethink Communications, Inc.; *pg.* 133
Rioux, Michel, Vice President, Finance - Triomphe Marketing & Communication; *pg.* 156
Ripepi, Diamora, Accounting Manager - Alma; *pg.* 537
Ripes, Daniel, Vice President, Global Partnerships & Account Management - Rise Interactive; *pg.* 264
Ripka, Nicole, Post Production Manager - Matte Projects; *pg.* 107
Ripken, Anita, Associate, Video Investment - Haworth Marketing & Media; *pg.* 470
Ripley, Gabe, Director, Creative Services - JEBCommerce; *pg.* 91
Ripley, Heather, Founder & Chief Executive Officer - Orange Orchard; *pg.* 634
Ripley, Jem, President - East Region - Publicis.Sapient; *pg.* 258

Ripley, Squirrel, Production Coordinator - Dark Horse Media; *pg.* 464
Rippentrop, Michelle, Digital Account Coordinator - The Evoke Group; *pg.* 270
Ripple, Kevin, Partner & Creative Director, Design - Jump Company; *pg.* 378
Riquelme, Lucia, Producer - Super Duper - the community; *pg.* 545
Risatti, Heather, Associate Director, Public Relations - Gyro; *pg.* 368
Rischitelli, Henry, Owner, President & Chief Executive Officer - Next Marketing; *pg.* 312
Risdall, Jennifer, Chief Operating Officer - Risdall Marketing Group; *pg.* 133
Risdall, Ted, Chariman & President - Risdall Marketing Group; *pg.* 133
Rishar, Lorri, Chief Executive Officer- Edge Partnerships - Edge Publicom; *pg.* 354
Risher, Corrie, Director, Operations - GMR Marketing; *pg.* 306
Risher, Emily, Supervisor, Account - Swift; *pg.* 145
Risi, Jennifer, Global Chief Communications Officer & Managing Director - Ogilvy Public Relations; *pg.* 633
Risi, Joe, Account Manager, Public Relations - Backbone Media; *pg.* 579
Risoldi, Liz, Senior Vice President, Public Relations - Zeno Group; *pg.* 664
Rispoli, Joe, Account Director, Mercedes-Benz - Merkley + Partners; *pg.* 114
Riss, Micha, President, Managing Partner & Creative Director - Flying Machine; *pg.* 74
Risser, John, Assistant Creative Director - Mering; *pg.* 114
Ristic, Ivan, President & Co-Founder - Diffusion PR; *pg.* 597
Ritchey, Donna, Partner & Executive Vice President - GodwinGroup - Godwin Group; *pg.* 364
Ritchie, Brian, Executive Creative Director - Space150; *pg.* 266
Ritchie, Kimberly, Manager, Social Media Marketing - MGH Advertising ; *pg.* 387
Ritchie, Mark, Director, Media - BT/A Advertising; *pg.* 44
Ritchie, Shaun, Co-Founder - Neutron Interactive; *pg.* 253
Ritkes, Gary, Managing Partner & President - SproutLoud Media Networks; *pg.* 17
Ritondo, Amanda, Vice President, Account Management & Operations - Verizon - Zenith Media; *pg.* 529
Ritorto, Enzo, Supervisor, Corporate Brands - GM - Carat; *pg.* 459
Ritter, Brian, Senior Strategist - Wieden + Kennedy; *pg.* 432
Ritter, Ryan, Vice President, Strategic Alliances - WillowTree, Inc.; *pg.* 535
Ritts, Casey, Group Account Director - Havas Media Group; *pg.* 468
Ritzer, Erika, Principal, Small Firms - Greenfield / Belser Ltd.; *pg.* 185
Ritzi, Bobby, Supervisor, Media Connections - Fahlgren Mortine Public Relations; *pg.* 70
Ritzi, Evelyn, Specialist, Communications - The Ohlmann Group; *pg.* 422
Rival, Christine, Director, Operations - EVR Advertising; *pg.* 69
Rivard, Diane, Media Director - Stevens Advertising; *pg.* 413
Rivard, Katie, Associate Creative Director - Publicis.Sapient; *pg.* 259
Rivas, Consuelo, Associate Director, Media Strategy - Spark Foundry; *pg.* 512
Rivas, Joe, Chief Executive Officer - Doremus & Company; *pg.* 64
Rivenburgh, Rob, Chief Executive Officer- North America - The Mars Agency; *pg.* 683
Rivera, Alice, Vice President, Hispanic Marketing & Account Services - Walton Isaacson CA; *pg.* 547
Rivera, Angelica, Associate Media Director, Programmatic - Mediahub Los Angeles; *pg.* 112
Rivera, Beverly, Account Director - MediaCom; *pg.* 486
Rivera, Brittany, Associate Creative Director - Argonaut, Inc.; *pg.* 33
Rivera, David, Senior Account Director - Wpromote; *pg.* 678
Rivera, Erika, Account Supervisor - the community; *pg.* 545
Rivera, Frances, Senior Director, Engagement- Astound Commerce - Fluid, Inc.; *pg.* 235
Rivera, Horacio, Account Supervisor - Ogilvy; *pg.* 393
Rivera, Luis, Digital Content Creator - Agency 850; *pg.* 1
Rivera, Matt, Vice President, Marketing & Communications - Yoh; *pg.* 277
Rivera, Michael, Director, Content & Strategy - The Foundry @ Meredith Corp; *pg.* 150
Rivera, Pamela, Account Director - mcgarrybowen; *pg.* 385
Rivera, Ricardo, Global Digital Group Director - OMD; *pg.* 498
Rivera, Tony, Team Project Manager - Solve; *pg.* 17
Rivera, Victor, Chief Executive Officer & Partner - Agenda NYC; *pg.* 29
Rivers, Douglas, Chief Scientist & Director - YouGov; *pg.* 451
Rivers, Elizabeth, Supervisor, Accounts - Leo Burnett Toronto; *pg.* 97
Rivers, Jasmin, Media Planner - McDonald's - Burrell Communications Group, Inc. ; *pg.* 45
Rivers, Robert, Creative Director, Hype Digital Marketing - Hype Creative Partners; *pg.* 88
Rivers, Scott, Production Director - Fuse, LLC; *pg.* 8
Rives, Chip, Chief Executive Officer - Riddle & Bloom; *pg.* 133
Rivett, Megan, Director, Operations - Classic Communications; *pg.* 591
Riviera-Engel , Alma, General Manager - Dominicana - Opinion Access Corporation; *pg.* 543
Rivietz, Lauren, Vice President - Zeno Group; *pg.* 665
Rivoli, Shirley, Owner & President - Group Nine; *pg.* 78
Rix, Crystal, Global Chief Marketing Officer - BBDO Worldwide; *pg.* 331
Rizen, Abby, Director, Media Strategy - Vault Communications, Inc.; *pg.* 658
Rizer, Emily, Strategy Manager - MediaCom; *pg.* 487
Rizo, Jessica, Media Planner - M8; *pg.* 542
Rizuto, Rafael, Chief Creative Officer - TBD; *pg.* 146
Rizza, Mary, Media Director - Calexis Advertising & Marketing Counsel; *pg.* 339
Rizzetta, Matt, Chief Executive Officer - North 6th Agency; *pg.* 633
Rizzi, Debra, Partner & President - Rizco Design; *pg.* 197
Rizzi, Kathryn, Associate Media Director - Wavemaker; *pg.* 526
Rizzi, Keith, Partner & Creative Director - Rizco Design; *pg.* 197
Rizzo, Annie, Director, Design Activation - LPK; *pg.* 12
Rizzo, Eddie, Brand Director, VaynerTalent - VaynerMedia; *pg.* 689
Rizzo, Mia, Manager, Accounting - MMB; *pg.* 116
Rizzuto, Francesca, Supervisor - OMD; *pg.* 498
Rizzuto, Patrick, Senior Public Relations Manager - Golin; *pg.* 610

PERSONNEL

AGENCIES

Roa, Victor, Art Director - Venables Bell & Partners; *pg.* 158
Roach, Christina, Vice President, Entertainment Marketing - Limelight Media, Inc.; *pg.* 298
Roach, Cynthia, Vice President, & Group Account Director - FCB Toronto; *pg.* 72
Roach, J.R, Senior Copywriter - Hill Holliday; *pg.* 85
Roach, Jessica, Brand Supervisor - Venables Bell & Partners; *pg.* 158
Roach, Sarah, Director, Client Services - RedPeg Marketing; *pg.* 692
Roady, David, Senior Managing Director - FTI Consulting; *pg.* 606
Robarts, Sarah, President - Ballantines Public Relations; *pg.* 580
Robb, Bill, Partner, Vice President & Managing Director - The Henderson Robb Group; *pg.* 151
Robb, Caitlin, Senior Brand Manager - Barkley; *pg.* 329
Robb, Chris, Partner & Chief Brand Officer - Push; *pg.* 401
Robb, Larry, Owner & Chief Executive Officer - FARM; *pg.* 357
Robb, Susan, Senior Activation Supervisor - VMC Media; *pg.* 526
Robbie, Hawa, Director, Global Program Management - Dentsu Aegis Network; *pg.* 61
Robbins, Alex, Producer - Fake Love; *pg.* 183
Robbins, Andy, Partner & Chief Operations Officer - bpg advertising; *pg.* 42
Robbins, Julie, Director, Client Services - Mangan Holcomb Partners; *pg.* 103
Robbins, Kendra, Account Supervisor - Intouch Solutions, Inc.; *pg.* 242
Robbins, Rachel, Senior Vice President - Greenough Communications; *pg.* 610
Robbins, Richard, Senior Interactive Producer - Boulder - Barkley; *pg.* 329
Robbins, Robert, Manager, Print Production - Publicis North America; *pg.* 399
Robbins Edwards, Stephanie Anne, Managing Partner - Mullin / Ashley Associates, Inc.; *pg.* 448
Roberge, Daniel, Vice President, Information Technology - Valtech; *pg.* 273
Roberge, Rich, Vice President, Business Development - Product Creation Studio; *pg.* 563
Robers, Bradley, Paid Search Supervisor - Upshot; *pg.* 157
Roberson, Denise, President & Chief Executive Officer - Jadi Communications, Inc.; *pg.* 91
Roberson, Jennifer, Office Manager - Momentum Worldwide; *pg.* 117
Roberson, John, Chief Executive Officer & Owner - Advent; *pg.* 301
Roberson, Mary Elizabeth, Director, Public Affairs - Peritus Public Relations; *pg.* 636
Roberson, Rebekah, Brand Manager - R\West; *pg.* 136
Roberson-Beery, Lisa, Development Director - Jadi Communications, Inc.; *pg.* 91
Roberston, Melanie, Media Specialist - Daniel Brian Advertising; *pg.* 348
Robert, Christine, President & Founder - The Robert Group; *pg.* 655
Robert, Maggie, Account Executive, Public Relations - PETERMAYER; *pg.* 127
Roberts, Adalia, Account Executive - Coaction Public Relations; *pg.* 591
Roberts, Adam, Executive Director - Hearts & Science; *pg.* 471
Roberts, Aimee, Associate Media Director - R&R Partners; *pg.* 131
Roberts, Alexis, Account Supervisor - Blast! PR; *pg.* 584
Roberts, Amanda, Senior Director - Kearns & West, Inc; *pg.* 619
Roberts, Angela, Vice President - Borshoff; *pg.* 585
Roberts, Angela, Manager, Sales - Adams Outdoor Advertising; *pg.* 549
Roberts, Bill, Managing Partner - Groundzero; *pg.* 78
Roberts, Brennen, Managing Director - Iris; *pg.* 376
Roberts, Brian, Manager, Digital Marketing - MediaCross, Inc.; *pg.* 112
Roberts, Brittany, Digital Account Supervisor - Team One; *pg.* 418
Roberts, Bruce, President - WideOrbit; *pg.* 276
Roberts, Cara, Account Director - Droga5; *pg.* 64
Roberts, Chloe, Director, Video Partnerships - Initiative; *pg.* 477
Roberts, Courtney, Director, Art - Littlefield Brand Development; *pg.* 12
Roberts, Curtis, Creative Principal - fd2s; *pg.* 183
Roberts, Dave, Art Director - Greenhaus; *pg.* 365
Roberts, Dixie, Senior Vice President - DKC Public Relations; *pg.* 597
Roberts, Elizabeth, Managing Director & Vice President, Global Operations - C Space; *pg.* 443
Roberts, Elizabeth, Senior Vice President - Ketchum South; *pg.* 620
Roberts, Erica, Executive Creative Director - Publicis North America; *pg.* 399
Roberts, Fran, Creative Director - Trollback & Company; *pg.* 203
Roberts, Gina, Brand Creative Writer - The Richards Group, Inc.; *pg.* 422
Roberts, Hilary, Group Account Director - Zulu Alpha Kilo; *pg.* 165
Roberts, Jacqlyn, Supervisor - Posterscope U.S.A.; *pg.* 556
Roberts, Jason, Creative Director - 22squared Inc.; *pg.* 319
Roberts, Jeff, Senior Vice President - Augustine; *pg.* 328
Roberts, Jennifer, Associate Media Director - Mediahub Winston Salem; *pg.* 386
Roberts, Jessica, Senior Vice President - Anson-Stoner, Inc.; *pg.* 31
Roberts, Jessica, Chief Operating Officer - D | Fab Design; *pg.* 178
Roberts, John, Vice President & Executive Creative Director - Wray Ward; *pg.* 433
Roberts, Katie, Vice President & Director, Media - DigitasLBi - Digitas; *pg.* 226
Roberts, Krista, Art Director - Quinlan & Co.; *pg.* 402
Roberts, Kristen, Executive Vice President & Director, Account Services - Brandtailers; *pg.* 43
Roberts, Kristin, Manager, Decision Sciences - Universal McCann Detroit; *pg.* 524
Roberts, Laurie, Chief Operating Officer - Parris Communications, Inc.; *pg.* 125
Roberts, Lucy, Chief Executive Officer - HMC Advertising, Inc.; *pg.* 541
Roberts, Meg, Vice President, Communications Planning Director - 22squared Inc.; *pg.* 319
Roberts, Melissa, Account Manager - True Sense Marketing; *pg.* 293
Roberts, Michelle, Senior Design Researcher - IA Collaborative; *pg.* 186
Roberts, Mike, Vice President, Marketing - Ticomix; *pg.* 169
Roberts, Paula, Chief Executive Officer, Halo - Groundzero; *pg.* 78
Roberts, Philip, Executive Producer & Director - ThreeSixtyEight; *pg.* 271
Roberts, Ronald, Managing Partner - DVL Seigenthaler; *pg.* 599
Roberts, Sarah, Art Director & Graphic Designer - Ironclad Marketing; *pg.* 90
Roberts, Stephanie, Vice President, Client Services - CCP Digital; *pg.* 49
Roberts, Tim, President & Chief Executive Officer - Franklin Street Marketing & Advertising; *pg.* 360
Robertson, Andrew, President & Chief Executive Officer - BBDO Worldwide; *pg.* 331
Robertson, Anne, Managing Director, Public Relations - The Lavidge Company; *pg.* 420
Robertson, Anwar, Associate Director, Digital Media - rEvolution; *pg.* 406
Robertson, Becky, Partner & Media Director - Brogan & Partners ; *pg.* 538
Robertson, Brendan, Chief Strategy Officer - San Francisco - MUH-TAY-ZIK / HOF-FER; *pg.* 119
Robertson, Brent, Partner - Fathom; *pg.* 234
Robertson, Charlotte, Account Director - R/GA; *pg.* 261
Robertson, Chris, Group Director, Planning & Strategy - mcgarrybowen; *pg.* 110
Robertson, Erin, Strategist, Client - Beaconfire RedEngine; *pg.* 216
Robertson, Kelly, Chief Executive Officer - BowStern; *pg.* 336
Robertson, Lynne, President, Chief Executive Officer & Owner - Fame; *pg.* 70
Robertson, Megan, Content Creator - Dagger; *pg.* 224
Robertson, Mike, Chairman & Chief Executive Officer - Ocean Media, Inc.; *pg.* 498
Robertson, Paige, Senior Strategist - Camp + King; *pg.* 46
Robertson, Pax, Founding Partner - Mercer Creative Group; *pg.* 191
Robertson, Rusty, Partner, Co-Founder - Robertson Schwartz Agency; *pg.* 643
Robertson, Sara, Global Vice President, Distruption - Xaxis; *pg.* 276
Robertson, Sarah, Head, Rufus U.S - Initiative; *pg.* 478
Robertson, Scott, President, Chief Executive Officer & Creative Director - Robertson+Partners; *pg.* 407
Robertson, Ted, Owner & Secretary - Robertson & Markowitz Advertising & Public Relations, Inc.; *pg.* 643
Robichaud, Marc, President - Triomphe Marketing & Communication; *pg.* 156
Robichaux, Laura, Director, Account - Hothouse; *pg.* 371
Robillard, Bailey, Manager, Digital Account - The Marketing Arm; *pg.* 316
Robillard, Nichole, Group Account Lead - Team Enterprises; *pg.* 316
Robin, Alexis, Partner & Vice President, Digital Experience - LG2; *pg.* 380
Robin, Gavin, President & Chief Executive Officer - DG Communications Group; *pg.* 351
Robin, Gayle, Partner - StrategicAmpersand; *pg.* 414
Robin, Hannah, Director, Client Services - O'Brien Marketing; *pg.* 498
Robin, Mandy, Manager, Operations - DG Communications Group; *pg.* 351
Robinette, Mara, Coordinator, Digital Marketing - Smarter Searches; *pg.* 410
Robins, Ilana, Associate Director, Business Development - Digitas; *pg.* 226
Robinson, Aaron, Chief Technology Officer - ideaLaunch; *pg.* 673
Robinson, Amy, Ad Operations Manager - PMG; *pg.* 257
Robinson, Andrew, Senior Vice President & Account Supervisor - gkv; *pg.* 364
Robinson, Angela, Vice President & Senior Account Executive - Darby Communications;

AGENCIES — PERSONNEL

pg. 595
Robinson, Angus, Assistant Vice President, Data & Analytics - DentsuBos Inc.; pg. 61
Robinson, Barney, Chief Executive Officer - Lightning Orchard; pg. 11
Robinson, Brittany, Account Supervisor - Wunderman Thompson Atlanta; pg. 435
Robinson, Brooks, Customer Success Associate & Account Manager - Fishbowl; pg. 234
Robinson, Dan, Senior Vice President & Director, Media Services - gkv; pg. 364
Robinson, Danny, Chief Client Officer - The Martin Agency; pg. 421
Robinson, Donna, Chief Executive Officer - Nina Hale Consulting; pg. 675
Robinson, Doug, Partner - Doug&Partners; pg. 353
Robinson, Elizabeth, Executive Vice President, Learning & Development - Healthcare Consultancy Group; pg. 83
Robinson, Emily, Director, Business - Grip Limited; pg. 78
Robinson, Henry, Manager, Media Performance - IMM; pg. 373
Robinson, Jacob, Vice President & Account Supervisor - MERGE; pg. 113
Robinson, Jaime, Chief Creative Officer & Co-Founder - Joan; pg. 92
Robinson, James, Executive Creative Director - Momentum Worldwide; pg. 117
Robinson, Jamie, Account Supervisor - Wieden + Kennedy; pg. 432
Robinson, Jean, Consultant - Kantar Media; pg. 446
Robinson, Jodi, President, North America - Digitas; pg. 226
Robinson, Joe, Senior Vice President - Lake Group Media, Inc.; pg. 287
Robinson, Josh, Executive Creative Director, Principal - My Friend's Nephew; pg. 119
Robinson, Julie, Senior Vice President & Director, Client Services - Trozzolo Communications Group; pg. 657
Robinson, Kaila, Strategist - PB&; pg. 126
Robinson, Kelly, Office Manager - Argyle Communications ; pg. 578
Robinson, Kimberly, Account Group Supervisor - Evoke Giant; pg. 69
Robinson, Laura, Executive Creative Director - Power; pg. 398
Robinson, Lillian, Specialist, Marketing - Sterling-Rice Group; pg. 413
Robinson, Lori, Media Manager - Young Company; pg. 165
Robinson, Lori, Senior Vice President - MWWPR; pg. 631
Robinson, Madelaine, Associate Director, Communications Planning - Duncan Channon; pg. 66
Robinson, Meghan, Director, Digital Services - Cuneo Advertising; pg. 56
Robinson, Mina, Assistant Integrated Media Planner - MediaCom; pg. 487
Robinson, Paige, Account Director, Public Relations & Influence Strategy - Schafer Condon Carter; pg. 138
Robinson, Ramonna, President - GroundFloor Media; pg. 611
Robinson, Rick, Managing Partner & Chief Strategy Officer - Billups, Inc; pg. 550
Robinson, Scott, Vice President, Client Services - Mint Advertising; pg. 115
Robinson, Sheena, Media Planning Supervisor - Cadillac - Martin Retail Group; pg. 106
Robinson, Siobhan, Associate Media Planner - Digitas; pg. 227
Robinson, Tim, Senior Vice President - Velocity OMC; pg. 158
Robinson, Tony, Chief Financial Officer - Signal Theory; pg. 141

Robinson , Kelley, Media Director - BrivicMedia, Inc.; pg. 456
Robison, Naomi, Director, Experiential & Corporate Events - Propac; pg. 682
Robison, Rachel, Senior Associate, Marketing - Lippincott; pg. 189
Robitaille, Mike, President - Isaac Reputation Group; pg. 10
Robledo, Joe, Head, Organic Marketing Department - 97th Floor; pg. 209
Robles, Maria, Business Development Lead - Egami Group; pg. 539
Robles, Rosheila, Director, Project Management - Duncan Channon; pg. 66
Robley, Chad, Co-Founder & Chief Executive Officer - Mindgruve; pg. 534
Robson, Colleen, Vice President & Director, Client Services - Starcom Worldwide; pg. 513
Robson, Derek, President & Managing Partner - Goodby, Silverstein & Partners; pg. 77
Robson, Doug, Account Director - Bridgemark; pg. 4
Robson, Kate, Account Manager, Strategy - Bluetent; pg. 218
Robson, Seth, Director, IT - Mod Op; pg. 116
Roby, Grant, Senior Media Planner - Ron Foth Advertising; pg. 134
Roby, Tim, Owner - Putnam Roby Williamson Communications ; pg. 640
Robyck, Alexandra, Media Planner - DWA Media; pg. 464
Roca, Jorge, Manager - MediaCom; pg. 487
Rocchio, Allie, Senior Manager, Operations - Manifest; pg. 248
Rocco, Barbara, Vice President & Group Partner, Portfolio Management - Universal McCann Detroit; pg. 524
Rocco, Mike, Vice President & Creative Director - Littlefield Brand Development; pg. 12
Roch von Rochsburg, Eric, Design Director - BooneOakley; pg. 41
Rocha, Geovani, Senior Manager, Publicity - Think Jam; pg. 299
Rocha, Ivan, Creative Director, Digital - Moxie Sozo; pg. 192
Rocha, LisaAnn, Executive Vice President & Managing Director - Starcom Worldwide; pg. 517
Rocha, Natalia, Vice President & Brand Strategy Director - Horizon Media, Inc.; pg. 474
Roche, Colleen, Managing Director & Principal - LAK PR; pg. 621
Roche, Donovan, Vice President, Growth - Havas Formula; pg. 612
Roche, Kaitlyn, Director, Brand Strategy - Giant Spoon, LLC; pg. 363
Roche, Katelyn, Senior Account Manager - Dancie Perugini Ware Public Relations; pg. 595
Roche, Richard, Executive Vice President & Strategist, Client - Edelman; pg. 353
Rocheleau, Holly, Client Services Director - Xperience Communications; pg. 318
Rochelle, Brandon, President & Executive Technical Director - Designsensory; pg. 62
Rochelle, Loren, Co-Founder & Chief Executive Officer - NOM; pg. 121
Rochlitz, Sharon, Media Liaison - Starcom Worldwide; pg. 513
Rochon, Brandon, Chief Creative Officer - North America - Kastner; pg. 94
Rochon, Marc, Founder & Advisor - Indigo Studios; pg. 187
Rochon, Patrick, Art Director - LG2; pg. 380
Rochon, Renee, Management Supervisor - Connelly Partners; pg. 344
Rock, Michael, Founding Partner & Creative Director - 2x4, Inc.; pg. 171

Rock, Rachael, Senior Media Buyer - Icon Media Direct; pg. 476
Rockafellow, Meghan, Senior Media Buyer - MayoSeitz Media; pg. 483
Rockefeller, Mary, Group Account Director - Butler / Till; pg. 457
Rockefeller, Michael, Co-Founder & Chairman - Active Media; pg. 671
Rocker, Jason, Principal - Braithwaite Communications; pg. 585
Rockers, Seth, Chief Financial Officer - Yamamoto; pg. 435
Rockett, Marie, Vice President & Group Creative Director - Allen & Gerritsen; pg. 29
Rockey, Kelsey, Account Supervisor - Parris Communications, Inc.; pg. 125
Rockland, Alana, Group Director, Earned Media - W2O; pg. 659
Rocklin, Nathalie, Media Buyer - Campbell Ewald; pg. 47
Rockman, Jason, President - Definition 6; pg. 224
Rockvoan, Jennifer, Director, Digital Production & Marketing Systems - PETERMAYER; pg. 127
Rockwell, Lauren, Associate Director, Search Engine Optimization - Cogniscient Media/MARC USA; pg. 51
Rockwell, Sarah, Associate Creative Director - CheckMark Communications; pg. 49
Rockwell, Scott, Interactive Media Director - Purdie Rogers, Inc.; pg. 130
Roda, Ria, Broadcast Buyer - Maxus - Wavemaker; pg. 529
Rodak, Mallorie, Brand Planning Director - The Richards Group, Inc.; pg. 422
Rodarmel, Joshua, Operating Partner - Common Thread Collective; pg. 221
Rodas, Janete, Public Relations Associate - JAM Collective; pg. 616
Rodas, Lauren, Director, Technology & Activation Group - Across Several Media Teams - Spark Foundry; pg. 510
Rodas, Michael, Associate Media Director - Heartbeat Ideas; pg. 238
Rodden, Morgan, Controller - Wray Ward; pg. 433
Rode, Charles, Senior Director, Research & Insights - Genesco Sports Enterprises; pg. 306
Rode, Gillian, Executive Producer - Ueno; pg. 273
Roder, Cortney, Account Director - Blue 449; pg. 455
Roder, Sheri, Chief, WHY Group & Co-Founder, LIMITLESS - Horizon Media, Inc.; pg. 474
Roderick, Kelly, Associate Director, Media - Spark Foundry; pg. 510
Rodes, Nick, President - Elevation Web; pg. 540
Rodgers, Caryn, Vice President, Operations & Senior Account Executive - Bright Moments Public Relations; pg. 586
Rodgers, Heidi, Senior Account Executive - Media Logic; pg. 288
Rodgers, Mandy, Senior Account Director - Think Jam; pg. 299
Rodgers, Renee, Account Supervisor - Rattleback, Inc.; pg. 262
Rodgers, Ross, Partner & Managing Innovator - RadonicRodgers Communications, Inc.; pg. 402
Rodgers Houston, Nicole, Managing Director - Baretz + Brunelle; pg. 580
Rodgers-Rouselle, Ethel, Vice President - Bright Moments Public Relations; pg. 586
Rodi, Bill, Vice President, U.S Shopper Marketing - Mosaic North America; pg. 312
Rodibaugh, Christy, Media Buying Supervisor - MARC USA; pg. 104
Rodis, Jennifer, President - Hearts &

Science; *pg.* 473
Rodkey, Katelyn, Manager, Integrated Investment - Universal McCann; *pg.* 521
Rodman, Sean, Creative Director & Chief Writer - Hart; *pg.* 82
Rodney, Nicole, Director - Hearts & Science; *pg.* 471
Rodnitzky, David, Chief Executive Officer & Founder - 3Q Digital; *pg.* 671
Rodocker, Andrew, Creative Director - Bradley and Montgomery; *pg.* 336
Rodrigo, Vicki, Account Director - Conversant, LLC; *pg.* 222
Rodrigues, Isabella, Business Development Director - Critical Mass, Inc.; *pg.* 223
Rodriguez, Adrian, Art Director - Image Masters; *pg.* 89
Rodriguez, Ali, Marketing Manager - Jam3; *pg.* 243
Rodriguez, Amy, Director, Group Account - T3; *pg.* 416
Rodriguez, Anais, Account Management Director - VSBrooks; *pg.* 429
Rodriguez, Angela, Vice President, Strategic Insights - Alma; *pg.* 537
Rodriguez, Arielle, Senior Production Graphic Designer - Laird + Partners; *pg.* 96
Rodriguez, Brittany, Senior Planner, Digital Programmatic Investment - Haworth Marketing & Media; *pg.* 470
Rodriguez, Carmen, Chief Client Officer & Partner - GUT Miami; *pg.* 80
Rodriguez, Daniel, Group Creative Director & Senior Vice President - McCann New York; *pg.* 108
Rodriguez, Diossley, SEM Manager - Tinuiti; *pg.* 271
Rodriguez, Elissa, Manager - Mindshare; *pg.* 491
Rodriguez, Elizabeth, Vice President, Client Services - GroundTruth.com; *pg.* 534
Rodriguez, Franke, Partner & Chief Executive Officer - Toronto & New York - Anomaly; *pg.* 325
Rodriguez, Gabriela, Strategy Director - PHD Chicago; *pg.* 504
Rodriguez, Gil, Senior Vice President, Business Solutions - LaneTerralever; *pg.* 245
Rodriguez, Hector, President - Active Freight & Logistics - Active International; *pg.* 439
Rodriguez, Jennifer, Associate Director, Digital - Spark Foundry; *pg.* 508
Rodriguez, Jessica, Managing Director & Partner - Wagstaff Worldwide; *pg.* 659
Rodriguez, Jesus, Creative Director - Grupo Uno International ; *pg.* 79
Rodriguez, Johnny, Vice President, Visual Design - 42 Entertainment, LLC; *pg.* 297
Rodriguez, Jonathan, Assistant, Digital Activation - Carat; *pg.* 459
Rodriguez, Jorrell, Media Account Manager - Just Media, Inc.; *pg.* 481
Rodriguez, Jose, Content Strategist - Leverage; *pg.* 245
Rodriguez, Jose Oscar, Director, Creative - BrandStar; *pg.* 337
Rodriguez, Juan, Account Executive - Javelin Agency; *pg.* 286
Rodriguez, Kyle, Supervisor, Management - BBDO San Francisco; *pg.* 330
Rodriguez, Laura, National Account Executive - Zoom Media; *pg.* 559
Rodriguez, Lisette, Media Coordinator - Workhorse Marketing; *pg.* 433
Rodriguez, Maria, President & Chief Executive Officer - Vanguard Communications; *pg.* 658
Rodriguez, Melissa, Digital Marketing Specialist - DeBerry Group; *pg.* 595
Rodriguez, Meredith, Manager, Client Services - Stevens Strategic Communications, Inc.;

pg. 413
Rodriguez, Misa, Product Disigner - Method, Inc.; *pg.* 191
Rodriguez, Olivia, Digital Account Director - Dieste; *pg.* 539
Rodriguez, Pedro, Vice President, Business Growth, Digital Marketing & Transformation - Horizon Media, Inc.; *pg.* 474
Rodriguez, Pete, Vice President, Production - Team Enterprises; *pg.* 316
Rodriguez, Raymond, Co-Founder & President - POS Outdoor Media; *pg.* 556
Rodriguez, Rebecka, Director, Marketing Operations - Icon Media Direct; *pg.* 476
Rodriguez, Rita, Executive Vice President - Omnicom Group; *pg.* 123
Rodriguez, Robert, Chief Executive Officer - NatCom Marketing Communications; *pg.* 390
Rodriguez, Roberto, Senior Media Planner & Buyer - Proof Advertising; *pg.* 398
Rodriguez, Rudy, Associate Director - Starcom Worldwide; *pg.* 513
Rodriguez, Sandy, Senior Analyst - Spark Foundry; *pg.* 508
Rodriguez, Selena, Account Supervisor - Child's Play Communications; *pg.* 590
Rodriguez, Steve, Senior Vice President & Creative Services Director - EP+Co.; *pg.* 356
Rodriguez, Steven, Vice President & Planning Director - Spark Foundry; *pg.* 508
Rodriguez, Viviana, Vice President & Partner, Portfolio Management - Universal McCann; *pg.* 521
Rodriguez, Edwin, Manager, Performance Media - Giant Spoon, LLC; *pg.* 363
Rodstein, Caitlin, Associate Partner - Anchor Worldwide; *pg.* 31
Roduit, Carly, Supervisor, Media Investment - ID Media; *pg.* 477
Roe, Adam, Managing Partner, Technology & Operations - FortyFour; *pg.* 235
Roe, David, Chief Executive Officer - Authentic; *pg.* 214
Roe, Jennifer, Senior Coordinator, Production - Jack Morton Worldwide; *pg.* 309
Roe, Kerri, Account Director - McCann Canada; *pg.* 384
Roe, Michelle, Senior Strategist, Media Investment - Butler / Till; *pg.* 457
Roe, Mike, Executive Creative Director, Central Reg - Publicis.Sapient; *pg.* 258
Roe, Shauna, Copywriter - Leo Burnett Toronto; *pg.* 97
Roebuck, Paul, Executive Vice President & Global Business Lead - Ford - BBDO Worldwide; *pg.* 331
Roebuck, Peter, Co-Founder & Owner - All Web Promotions; *pg.* 172
Roeder, Doug, Senior Vice President, New Business Development - Active International; *pg.* 439
Roederer, Chris, Director, Production - Renegade Communications; *pg.* 405
Roehlke, Emma, Senior Brand Manager - Connelly Partners; *pg.* 344
Roeling, Marge, Senior Associate - Markstein; *pg.* 625
Roelofs, Johnny, Associate Strategy Director - Johannes Leonardo; *pg.* 92
Roemer, Jason, Principal & Owner - Lodge Design Co.; *pg.* 190
Roemer, Tim, Senior Director - APCO Worldwide; *pg.* 578
Roenna, Molly, Executive Vice President, Human Resources - Weber Shandwick; *pg.* 661
Roepke, Maria, Project Manager - GSD&M; *pg.* 79
Roer, Lynn, Senior Partner & Director, Event Management & Experiential Design - Ogilvy; *pg.* 393

Roeraade, Paul, Co-Founder & Chief Creative Officer - Cloudberry Creative, Inc.; *pg.* 221
Roeschke, Lauren, Associate Director, Media - Carat; *pg.* 461
Rofael, Mary, President - ProED Communications; *pg.* 129
Roffers, Vincent, Executive Strategy Director - Superunion; *pg.* 18
Roffino, Trina, Chief Client Officer & President, Consumer Engagement - The Marketing Arm; *pg.* 316
Roffis, Jill, Associate Director, Local Investment - PHD; *pg.* 504
Roffo, Joanna, Managing Director - Regan Communications Group; *pg.* 642
Rogala, James, Group Creative Director - StrawberryFrog; *pg.* 414
Rogel, Brian, Director, Business Development - Beaconfire RedEngine; *pg.* 216
Roger, Allison, Director, Creative - Sid Lee; *pg.* 140
Roger, Gabriela, Senior Art Director - the community; *pg.* 545
Rogers, Andy, President - Purdie Rogers, Inc.; *pg.* 130
Rogers, Andy, Vice President, Sales & Business Development - Walker Advertising, Inc.; *pg.* 546
Rogers, Anna, Vice President, Experiential - 160over90; *pg.* 301
Rogers, Bradley, Global Chief Operating Officer - MRM//McCANN; *pg.* 289
Rogers, Cheryl, Vice President, Digital - Media Works, Ltd.; *pg.* 486
Rogers, Claibourne, Senior Account Director - Fish Consulting LLC; *pg.* 604
Rogers, Clark, Head, Design - VaynerMedia; *pg.* 689
Rogers, Clint, Account Director - Ocean Media, Inc.; *pg.* 498
Rogers, Craig, Senior Art Director - Vault Communications, Inc.; *pg.* 658
Rogers, Curtis, President & Chief Executive Officer - CKR Interactive, Inc.; *pg.* 220
Rogers, Dana, Vice President & Senior Art Director - The Communications Group; *pg.* 149
Rogers, David, Vice President, Business Operations & Planning - Firefly; *pg.* 552
Rogers, Ed, Founding Partner - BGR Group; *pg.* 583
Rogers, Emma, Associate Media Director - MediaCom; *pg.* 486
Rogers, Felicia, Executive Vice President, Client Services - Decision Analyst, Inc. ; *pg.* 539
Rogers, Jackie, Strategist - Essence; *pg.* 232
Rogers, Jenna, Media Buyer - Current360; *pg.* 56
Rogers, Jeramey, Director, Digital Partnerships - Initiative; *pg.* 477
Rogers, Jessica, Chief Growth Officer - Turner Duckworth; *pg.* 203
Rogers, John, Chief Financial Officer & Treasurer - Stone Ward Advertising; *pg.* 413
Rogers, Josh, Director, Programmatic - Starcom Worldwide; *pg.* 517
Rogers, Katie, Marketing & Sales Specialist - JumpCrew; *pg.* 93
Rogers, Kim, Coordinator, Media & Account Manager - Hellman Associates, Inc.; *pg.* 84
Rogers, Laura, Executive Creative Director - Campbell Ewald; *pg.* 46
Rogers, Leia, Managing Partner & Director, Creative - Rethink Communications, Inc.; *pg.* 133
Rogers, Mallory, Vice President & Director, Integrated Communications - Media Assembly; *pg.* 484
Rogers, Mandy, Media Supervisor - Bader Rutter & Associates, Inc. ; *pg.* 328

AGENCIES — PERSONNEL

Rogers, Mike, Co-Founder & Creative Director - madandwall; *pg.* 102
Rogers, Rachel, Public Relations Coordinator - Sunshine Sachs; *pg.* 650
Rogers, Rick, President - The Gary Group; *pg.* 150
Rogers, Sarah, President - BlaineTurner Advertising; *pg.* 584
Rogers, Scott, Director, Strategic Accounts - TriComB2B; *pg.* 427
Rogers, Stephanie, Executive Vice President, Contact Planning - MERGE; *pg.* 113
Rogers, Susan, Media Buying Supervisor - Archer Malmo; *pg.* 32
Rogers-Goode, Tanner, Group Creative Director - VMLY&R; *pg.* 275
Rogowski, Brittney, Director, Digital Strategy & Social Media - Walmart - Haworth Marketing & Media; *pg.* 470
Rogstad, Erik, Managing Director - AKQA ; *pg.* 212
Roher, Melanie, Partner - Roher / Sprague Partners; *pg.* 408
Rohin, Ian, Senior Vice President & Partner, Client Business - Universal McCann; *pg.* 521
Rohlfing, Fred, Executive Vice President, Senior Partner & Chief Financial Officer - FleishmanHillard; *pg.* 604
Rohlman, Michelle, Senior Account Manager - Schawk, Inc.; *pg.* 16
Rohman, Ken, Principal & Chief Digital Officer - Archer Malmo; *pg.* 32
Rohn, Amy, Senior Vice President & Director, Public Relations - Lindsay, Stone & Briggs; *pg.* 100
Rohn, Donn, Management Director, Strategy - Team One; *pg.* 417
Rohne, Alexandra, Account Executive - Think Shift, Inc.; *pg.* 270
Rohner, Trent, Group Creative Director - VICE - VIRTUE Worldwide; *pg.* 159
Rohrback, Eric, Associate Director, Operations - RedShift; *pg.* 133
Rohrer, Deveny, Media Supervisor - MediaCom; *pg.* 486
Rohrer, Jason, Senior Copywriter & Manager, Creative - 3; *pg.* 23
Rohrer, Scott, Senior Vice President & Managing Director - Spark Foundry; *pg.* 508
Rohrlich, Joe, Chief Revenue Officer - BazaarVoice, Inc.; *pg.* 216
Rohwer, Kelsey, Communications Director - Red Antler; *pg.* 16
Roissing, Jenn, Senior Account Manager - Access to Media; *pg.* 453
Roitberg, Sergio, President & Chief Executive Officer - Newlink Corporation Miami - Newlink Communications Group; *pg.* 632
Rojas, Gretel, Associate Creative Director - PIL Creative Group; *pg.* 128
Rojas, Lucas, Associate Director, Strategy - Big Spaceship; *pg.* 455
Rojas, Patti, Account Manager - MBB Agency; *pg.* 107
Rojas, Randy, Media Planner - HealixGlobal; *pg.* 471
Rojo, Yendy, Associate Director, Social Media - Orci; *pg.* 543
Rok, Charly, Vice President, Earned Media - Edelman; *pg.* 599
Rokas, Allie, Media Planner - Moroch Partners; *pg.* 389
Rokosh, Megan, Global Chief Marketing Officer - Havas Health & You; *pg.* 82
Rokus, Monica, Art Director - Breckenridge Design Group; *pg.* 175
Rola, Alexa, Director, Media - Publicis Health Media - Digitas Health LifeBrands; *pg.* 229
Rolandson, Matt, Partner - Ammunition, LLC; *pg.* 172
Roldan, Catalina, Supervisor, Media - Spark Foundry; *pg.* 510
Roldan, Christel, Vice President, Brand Management - Ignited; *pg.* 373
Roldan, Deb, Director, Operations - DiMassimo Goldstein; *pg.* 351
Rolf, Lisa, Director, Project Management - AKQA; *pg.* 212
Rolf, Ryan, Vice President, Data Solutions - Lotame; *pg.* 447
Rolfe, Tiffany, Executive Vice President & Chief Creative Officer - US - R/GA; *pg.* 260
Rolfs, Beth, Executive Strategy Director, Data - Grey Group; *pg.* 365
Rolfsen, Madeline, Account Executive - Wingard Creative; *pg.* 162
Rolke, Jonathan, Director & Architect - FRCH Design Worldwide; *pg.* 184
Rolland, Abigail, Account Executive - Hauser Group Public Relations; *pg.* 612
Rolle, Andre, Director, Art & Designer - MDB Communications, Inc.; *pg.* 111
Roller, Mark, Co-Owner & Creative Lead - Ascedia; *pg.* 672
Rollet Moore, Virginia, Vice President, Events - Interactive Advertising Bureau; *pg.* 90
Rollheiser, Brittany, Director - Mindshare; *pg.* 494
Rolli, Daniel, Senior Vice President, National Video Investment - Zenith Media; *pg.* 529
Rolling, Brian, Co-Founder & Chief Creative Officer - SRW; *pg.* 143
Rollins, Alexander, Director, Production - Media Bridge Advertising; *pg.* 484
Rollins, Caitlin, Director, Media - Neo Media World; *pg.* 496
Rollins, Jackie, Associate Director, Media - Mediahub Boston; *pg.* 489
Rollins, Matt, Executive Creative Director - Adrenaline, Inc.; *pg.* 172
Rollins Singer, Sharon, Chief Finance Officer - Singer Associates; *pg.* 647
Rolph, Mike, President & Chief Executive Officer - MJR Creative Group; *pg.* 14
Rom, Christopher, Senior Associate, Digital - Spark Foundry; *pg.* 508
Romaine, Neil, Partner & Director, Strategic Marketing - Watauga Group; *pg.* 21
Roman, Benton, Group Executive Producer - Johannes Leonardo; *pg.* 92
Roman, Dannia, Team Lead, Campaign Management - ThriveHive; *pg.* 271
Roman, Eshena, Chief Strategy Officer - Authentique Agency; *pg.* 538
Roman, Jerry, President - Rome & Company; *pg.* 134
Roman, Jessica, Vice President & Director, Investment - Hispanic - Spark Foundry; *pg.* 508
Roman, Kristen, Account Executive - MiNY; *pg.* 115
Roman, Madelyn, Assistant Negotiator, Video Investment - Mindshare; *pg.* 491
Roman, Megan, Senior Strategist, Commerce Media - Arc Worldwide; *pg.* 327
Roman, Rachel, Manager, Portfolio Management - Universal McCann; *pg.* 521
Roman, Stacy, Vice President, Fashion - Factory PR; *pg.* 602
Roman, Tabatha, Vice President & Director, Account - Publicis North America; *pg.* 399
Roman-Torres, Harry, Head, Strategy - Droga5; *pg.* 64
Romanelli, Joe, President - Romanelli Communications; *pg.* 134
Romanelli-Hapanowicz, Beth, Vice President - Romanelli Communications; *pg.* 134
Romanello, Stephen, Vice President, Account Services - PriMedia; *pg.* 506
Romanenghi, Stephen, Executive Vice President & Executive Creative Director - Stern Advertising, Inc.; *pg.* 413
Romann, William, Associate Director - OMD; *pg.* 500
Romano, Adam, Creative Director - Jam3; *pg.* 243
Romano, Alexis, Integrated Media Strategy Coordinator - Tinuiti; *pg.* 678
Romano, Anna, Senior Manager - Weber Shandwick; *pg.* 662
Romano, Kate, Marketing Director - Cramer; *pg.* 6
Romano, Shannon, Director, National Field - Bacardi USA - Team Enterprises; *pg.* 316
Romanoff, Ed, President & Chief Executive Officer - PineRock; *pg.* 636
Romanoski, Lori, Vice President, Client Relationships - Brown Communications Group, Inc.; *pg.* 338
Romans, Alex, Creative Director - Wieden + Kennedy; *pg.* 430
Romariz Maasri, Natasha, Creative Director - The&Partnership; *pg.* 426
Rombro, Robin, Associate Media Director - gkv; *pg.* 364
Rome, Blake, Operations Manager - Starcom Worldwide; *pg.* 513
Rome, Toni, Creative Director - GRA Interactive; *pg.* 237
Romeniuk, Kyle, Principal - Clark & Huot; *pg.* 342
Romer, Dylan, Associate Media Buyer - Carat; *pg.* 459
Romero, Adan, Senior Vice President & Executive Creative Director - Rauxa; *pg.* 291
Romero, Amanda, Director, Digital Operations - Horizon Next - Horizon Media, Inc.; *pg.* 474
Romero, Amy, Chief Marketing Officer - CreativeDrive; *pg.* 346
Romero, Andrea, Vice President, Corporate Communications - Ogilvy Public Relations; *pg.* 633
Romero, Andrea, Vice President - The Ross Group; *pg.* 570
Romero, Jackie, Account Services Director - Native Digital, LLC; *pg.* 253
Romero, John, Vice President & Account Director - The George P. Johnson Company; *pg.* 316
Romero, Neky, Partner & Director, Search Marketing & eRetail - Wavemaker; *pg.* 526
Romero, Ray, Chief Operations & Technology Officer - North America - m/SIX; *pg.* 482
Romero, Sarah, Director, Growth & Development - G7 Entertainment Marketing; *pg.* 306
Romero, Stephanie, Junior Art Director - Dell Blue; *pg.* 60
Romero-Gastelum, Melody, Supervisor, Digital Media - Conill Advertising, Inc.; *pg.* 538
Romine, Sarah, Director, Culture Engagement - Bounteous; *pg.* 218
Romo, Connie M., Director, Business Operations & Inventory Management - Walker Advertising, Inc.; *pg.* 546
Romph, Jeffrey, Managing Partner - Romph & Pou Agency; *pg.* 408
Romsaas, Kiki, Director, Production & Project Management - StoneArch Creative; *pg.* 144
Ronan, Mark, Managing Marketing, Marketing - EMI Strategic Marketing, Inc.; *pg.* 68
Ronan Noteboom, Michelle, Senior Director, Content & Account - Amendola Communications; *pg.* 577
Ronat, Bill, Chief Financial Officer & Owner - Brandt Ronat & Company; *pg.* 337
Roncal, Alex, Officer Manager - MaCher; *pg.* 102

PERSONNEL — AGENCIES

Ronda, Marieli, Account Supervisor - Leo Burnett Worldwide; pg. 98
Roney, Katie, Vice President, Client Services - Amobee, Inc.; pg. 213
Roney, Patrick, Senior Vice President - Kantar TNS; pg. 446
Rongey, Ken, Executive Business Affairs Manager - Deutsch, Inc.; pg. 350
Rongo, Robert, Co-Founder & Chief Financial Officer - Media Direct, Inc.; pg. 112
Ronis, Jared, Media Supervisor - Paid Search - 360i, LLC; pg. 207
Ronk, Dirk, Copywriter - Anderson Marketing Group; pg. 31
Ronkoski, Bill, Vice President - Gerson Lehrman Group; pg. 168
Ronquillo, Mark, Executive Vice President & Executive Creative Director - Publicis North America; pg. 399
Ronshaugen, Eric, Director, Concept - Think Motive; pg. 154
Rood, Cora Mae, President & Chief Executive Officer - RPR Marketing Communications; pg. 644
Rookaird, Taylor, Project Manager - Lessing-Flynn Advertising Co. ; pg. 99
Rooke, Bruce, Head, Ideation & Innovation - FingerPaint Marketing; pg. 358
Rooke, Joanne, Manager, Content - Targetbase Marketing; pg. 292
Rooks, Morgan, Senior Digital Strategy Manager - Adcom Communications, Inc.; pg. 210
Rooney, Alexandra, Supervisor, Digital - Horizon Media, Inc.; pg. 474
Rooney, Colleen, Associate Media Director - 360i, LLC; pg. 320
Rooney, Fergus, Chief Executive Officer - AgencyEA; pg. 302
Rooney, Maliya, Manager, Creative Resource & Senior Producer - Padilla; pg. 635
Rooney, Robin, Account Director - BBDO Minneapolis; pg. 330
Rooney Haupt, Courtney, Operations Manager - Lewis Communications ; pg. 100
Roop, Steve, Director, Interactive - Littlefield Brand Development; pg. 12
Root, Celeste, Associate Director, Media & Neathawk360 Planner - NDP; pg. 390
Root, Nathaniel, Vice President & Client Partner, Digital Product, Media & Strategy - Essence; pg. 232
Roper, Noah, Group Account Director - 160over90; pg. 207
Ropke, Christine, Account Director - Access Brand Communications; pg. 1
Rorke, Jen, Account Director - Friends & Neighbors; pg. 7
Rosa, Adam, Analyst, Marketing - Digital Authority Partners; pg. 225
Rosa, Alejandra, Associate Director - Starcom Worldwide; pg. 513
Rosa, Kyle, Manager, Digital Partnerships - Initiative; pg. 477
Rosa, Linda, Senior Production Manager - SFW Agency; pg. 16
Rosa, Marie, Vice President - Adams Unlimited; pg. 575
Rosa, Stefane, Group Account Director - David; pg. 57
Rosa, Stephen, President & Chief Executive Officer - (add)ventures; pg. 207
Rosa Borges, Leonardo, Associate Creative Director - Saatchi & Saatchi Los Angeles; pg. 137
Rosales, Candy, Specialist, Local Investment - Canvas Worldwide; pg. 458
Rosamond, Ben, Product Manager - Simpleview, Inc.; pg. 168
Rosanova, Sarah, Senior Vice President - Zeno Group; pg. 664

Rosario, Claudia, Associate Producer - Grow Interactive; pg. 237
Rosario, Milette, Vice President, Client Services - Nobox; pg. 254
Rosario, Xavier, Associate Strategist - The Media Kitchen; pg. 519
Rosario-Stanley, Serena, Vice President & Director, Integrated Production - NeON; pg. 120
Rosas, Lisa, Media Strategist & Senior Account Manager - Network Affiliates, Inc.; pg. 391
Rosas, Pablo, Director, Brand Strategy - the community; pg. 545
Rosati, Phil, Information Technology Director - YESCO Outdoor Media; pg. 559
Rosato, Eric, Head, Business Strategy & Operations - Atlantic 57; pg. 2
Rosato, Tony, Director, Eastern Operations - CKR Interactive, Inc.; pg. 220
Roscoe, Sandra, Executive Vice President, Strategy & Development - PlusMedia, LLC; pg. 290
Roscoe, Steve, Chief Financial Officer - Sasaki Associates; pg. 198
Rose, Adam, Studio Manager - mna|bax; pg. 192
Rose, Andy, Group Creative Director, Digital - partners + napier; pg. 125
Rose, Bob, President - Seiter & Miller Advertising; pg. 139
Rose, Bridget, Director, Production Consulting - Leo Burnett Worldwide; pg. 98
Rose, Claire, Assistant Planner, Digital & Magazine Activation - Zenith Media; pg. 529
Rose, Curtis, Chief Operating Officer - EP+Co.; pg. 356
Rose, Eric, Partner - Englander Knabe & Allen; pg. 602
Rose, James, Director, Digital - Media Assembly; pg. 484
Rose, Jeff, Partner - The Rose Group; pg. 655
Rose, Joseph, Senior Vice President & Director, Analytics - Spark Foundry; pg. 510
Rose, Kailee, Graphic Designer - Zeller Marketing & Design; pg. 205
Rose, Keith, Director, Integrated Production - The Variable; pg. 153
Rose, Lauren, Media Director - Hydrogen; pg. 87
Rose, Leah, Account Manager - Field Day; pg. 358
Rose, Leigh Anne, Group Creative Director - Archer Malmo; pg. 32
Rose, Lisa, President - Dix & Eaton; pg. 351
Rose, Mary Ann, President & Chief Executive Officer - Tamar Productions; pg. 316
Rose, Matt, Creative Director - Marlin Network; pg. 105
Rose, Michael, Chief of Staff - Mother NY; pg. 118
Rose, Mike, Director, Consumer Connections & Integrated Media - The Woo Agency; pg. 425
Rose, Nicole, Client Services Manager - Estipona Group; pg. 69
Rose, Sam, Senior Vice President, Video Investment & Horizon Advanced - Horizon Media, Inc.; pg. 474
Rose, Scott, Principal - Runyon Saltzman Einhorn; pg. 645
Rose, Sheila, Senior Vice President & Partner - FleishmanHillard; pg. 605
Rose, Suzanne, Senior Vice President & Group Account Director - Havas Media Group; pg. 468
Rose, Todd, Chief Business Development Officer - NinthDecimal; pg. 534
Rose, Valerie, Group Strategy Director - Intouch Solutions, Inc.; pg. 242
Rose Knox, Stacey, Account Director - Pure Brand Communications; pg. 130
Roseblade, Char, Senior Vice President,

Account Management - Space150; pg. 266
Roseboro, Jasmine, Senior Associate, Strategy - Universal McCann; pg. 521
Rosefield, Jayne, Partner & Head - Chicago - Brunswick Group; pg. 587
Rosell, Sofia, Senior Art Director - GUT Miami; pg. 80
Rosen, Audra, Associate Director - Starcom Worldwide; pg. 513
Rosen, Bill, Chief Executive Officer - VSA Partners, Inc. ; pg. 204
Rosen, Deb, Director, Art Production - Wieden + Kennedy; pg. 432
Rosen, Emily, Associate Director, Creative - BBH; pg. 37
Rosen, Emma, Director, Communications - Activa PR; pg. 575
Rosen, Eric, Vice President, Monetization - Enlighten; pg. 68
Rosen, Ilana, Account Supervisor - Discovery USA; pg. 63
Rosen, Jamie, President - Dept W - Publicis North America; pg. 399
Rosen, Jason, Digital Advertising Team Member - Adpearance; pg. 671
Rosen, Jennifer, Vice President & Director - NBA - Spark Foundry; pg. 508
Rosen, Jennifer, Senior Media Speciatlist - Media Partners, Inc.; pg. 486
Rosen, Jimmy, Senior Designer - WorkInProgress; pg. 163
Rosen, Kelly, Director, New Business Development - TBWA \ Chiat \ Day; pg. 146
Rosen, Lori, President & Founder - The Rosen Group; pg. 655
Rosen, Melanie, Vice President & General Manager - Brooks-Rose Marketing Research, Inc.; pg. 442
Rosen, Mike, Managing Principal - PRR; pg. 399
Rosen, Nate, Account Executive - Saatchi & Saatchi Los Angeles; pg. 137
Rosen, Neil, Chief Executive Officer - CertainSource; pg. 672
Rosen, Nicole, Vice President - D. Pagan Communications Inc.; pg. 595
Rosen, Nicole, Manager, Partnerships - HealixGlobal; pg. 471
Rosen, Rebecca, Head, Network Audio Activation Assistance - P&G - Carat; pg. 459
Rosen, William, Chief Executive Officer - VSA Partners, Inc. ; pg. 204
Rosenbaum, Britt, Art Director & Studio Manager - Carl Bloom Associates; pg. 281
Rosenbaum, Dave, Executive Vice President & Group Account Director - Havas Media Group; pg. 468
Rosenbaum, Jill, Managing Director - West Coast - Media Storm; pg. 486
Rosenbaum, Mark, Chief Financial Officer & Executive Vice President - Triton Digital; pg. 272
Rosenbaum, Ray, Senior Vice President, MarTch Operations - Ansira; pg. 326
Rosenberg, Adam, Co-Founder & Director, New Business - Kvell; pg. 96
Rosenberg, Alexa, Manager, Media Relations - Agency H5; pg. 575
Rosenberg, Amy, Executive Vice President, Corporate Practice & U.S. Director, Media Relations - Hill+Knowlton Strategies; pg. 613
Rosenberg, Carley, Director, Digital Media - Wavemaker; pg. 528
Rosenberg, Dave, Chief Brand Officer - GMR Marketing San Francisco; pg. 307
Rosenberg, David, Owner & Chief Executive Officer - Rosenberg Advertising; pg. 134
Rosenberg, David, Chief Creative Officer & Partner - Bensimon Byrne; pg. 38
Rosenberg, Elizabeth, Global Head,

994

AGENCIES — PERSONNEL

Communications - 72andSunny; *pg.* 23
Rosenberg, Heidi, Senior Counsel, Public Relations - BrandHive; *pg.* 336
Rosenberg, Jeremy, Managing Director, Digital - Allison+Partners; *pg.* 576
Rosenberg, Jim, Managing Director, Client Strategy - Ebben Group; *pg.* 67
Rosenberg, Joe, Vice Chairman - Lessing-Flynn Advertising Co.; *pg.* 99
Rosenberg, John, President - g-NET Media; *pg.* 236
Rosenberg, Lisa, Chief Creative Officer & Co-Chair, Consumer Marketing Practice - Allison+Partners; *pg.* 576
Rosenberg, Louis, President & Interior Designer - Mitchell Associates, Inc.; *pg.* 191
Rosenberg, Robin, Director, Creative Operations - Wieden + Kennedy; *pg.* 430
Rosenberg, Sherri, Vice President & Media Director - Blue Chip Marketing & Communications; *pg.* 334
Rosenberg, Steve, Senior Account Executive - National - Intersection; *pg.* 553
Rosenberry, Devon, Account Supervisor - PMG; *pg.* 257
Rosenblat, Josh, Senior Lead Copywriter - VaynerMedia; *pg.* 689
Rosenblatt, Anna, Managing Partner & Strategy Director - MediaCom; *pg.* 487
Rosenblatt, Corie, Content Producer - BBDO Worldwide; *pg.* 331
Rosenblatt, Rachel, Managing Director - FTI Consulting; *pg.* 606
Rosenbloom, Betsy, Senior Media & Content Creative - Mediahub Los Angeles; *pg.* 112
Rosenblum, Jeremy, Director, Marketing Science - OMD; *pg.* 498
Rosenblum, Joshua, Executive Vice President & Producer - Running Subway; *pg.* 563
Rosenbluth, Ashley, Senior Client Director - Landor; *pg.* 11
Rosenbusch, Otto, Senior Vice President, Operations - The George P. Johnson Company; *pg.* 316
Rosene, James, Partner & Creative Director - EraserFarm; *pg.* 357
Rosenfeld, David, Co-Founder & Managing Partner - Leverage Agency & Primo Entertainment - Leverage Agency; *pg.* 298
Rosenfeld, Larry, Co-Founder & Chief Executive Officer - Sage Communications, LLC; *pg.* 409
Rosenfeld, Molly, Supervisor, Digital Investment - Starcom Worldwide; *pg.* 513
Rosengart, Erica, President & Global Client Lead - Samsung - Spark Foundry; *pg.* 508
Rosengren, Brent, Chief Client Officer - BrightWave Marketing, Inc.; *pg.* 219
Rosenhagen, Rick, Account Executive - Unified Resources, Inc.; *pg.* 571
Rosenhouse, Brad, Global Vice President, Programmatic - Publicis Health; *pg.* 639
Rosenkoetter, Adam, Partner & Technology Director - Sol Design Company; *pg.* 199
Rosenkrans, Brian, Art Director - The Watsons; *pg.* 154
Rosenmann, Alexandra, Content Manager - Branded Cities; *pg.* 550
Rosenoff, Julie, Manager, Art Production - Havas Media Group; *pg.* 468
Rosenquist, Grant, Senior Vice President, Media Insight & Planning - InterMedia Advertising; *pg.* 376
Rosenstein, Loni, Senior Vice President, National Video Investment - Zenith Media; *pg.* 529
Rosenstein, Phyllis, Supervisor, Local Broadcast Buying - Mediassociates, Inc.; *pg.* 490
Rosenthal, Alex, Manager, Account Services - Xaxis; *pg.* 276
Rosenthal, Bill, Chief Operating & Financial Officer - Rogers & Cowan/PMK*BNC; *pg.* 643
Rosenthal, Bill, Chief Executive Officer - Visibility and Conversions; *pg.* 159
Rosenthal, Christian, Digital Manager - Zync Communications Inc.; *pg.* 22
Rosenthal, Ed, Vice President, Business Development - Generator Media + Analytics; *pg.* 466
Rosenthal, Jessica, Vice President & Director, Broadcasting - MayoSeitz Media; *pg.* 483
Rosenthal, Jill, Account Director - InkHouse Public Relations; *pg.* 615
Rosenthal, Lindsey, Digital Lead, Business Supervisor - Neutrogena - Velocity OMC; *pg.* 158
Rosenthal, Raquel, Chief Executive Officer - Digilant US - Digilant; *pg.* 464
Rosenthal, Shannon, Vice President, Operations - Neimand Collaborative; *pg.* 391
Rosenwinkel, Erika, Account Director & Mission Lead - U.S. Army - DDB Chicago; *pg.* 59
Rosenzweig, Kate, Digital Producer - Wondersauce; *pg.* 205
Rosevear, Brian, Senior Vice President - Edelman ; *pg.* 601
Rosholt, Katie, Senior Vice President, Business Development - United Entertainment Group; *pg.* 299
Rosiak, Shannon, Account Executive - Vault Communications, Inc.; *pg.* 658
Rosica, Chris, President & Chief Executive Officer - Rosica Strategic Public Relations; *pg.* 644
Rosica, Mark, Partner & Creative Director - gkv; *pg.* 364
Rosiek, Robert, Executive Vice President & Group Global Client Finance Director - GTB; *pg.* 367
Rosier, Scarlett, Co-Founder & Director, Operations - Rhyme & Reason Design ; *pg.* 263
Rosin, Ilana, Group Director - OMD; *pg.* 500
Rosin, Larry, President & Co-Founder - Edison Media Research; *pg.* 444
Rosin, Ryan, Media Operations Director - Marketing Architects; *pg.* 288
Rosko, Laurie, Vice President, Account Director - Cramer-Krasselt ; *pg.* 53
Roslan, Chris, President - Roslan & Campion Public Relations, LLC; *pg.* 644
Roslow, Peter, President - Roslow Research Group; *pg.* 449
Rosner, Linda, Managing Director - Artisans Public Relations; *pg.* 578
Rosner, Pat, Director, Insights & Planning - Paradowski Creative; *pg.* 125
Rosner, Steve, Partner - 16W Marketing; *pg.* 301
Rosoff, Jonathan, Founder & Chief Executive Officer - Formative; *pg.* 235
Rosowski, Anthony, Vice President - Signature Communications; *pg.* 410
Rosowski, Gary, Vice President & Account Director - Hudson Rouge; *pg.* 372
Rospars, Joe, Founder & Chief Executive Officer - Blue State Digital; *pg.* 335
Rospotynski, Kim, Senior Graphic Designer - Array Creative; *pg.* 173
Ross, Abigail, Strategist, Activation - Spark Foundry; *pg.* 508
Ross, Adria, Vice President & Associate Media Director - Universal McCann Detroit; *pg.* 524
Ross, Alexandra, Vice President & Supervisor, Group Account - Harrison & Star, Inc.; *pg.* 9
Ross, Andrea, Director, Media - Mississippi Press Services; *pg.* 496
Ross, Andy, Group Account Director - Yamamoto; *pg.* 435
Ross, Anna, Managing Director, Strategy - VMLY&R; *pg.* 160
Ross, Betsy, Client Management Director - O'Keefe Reinhard & Paul; *pg.* 392
Ross, Candace, Senior Media Negotiator - Callan Advertising Company; *pg.* 457
Ross, Casey, Director, Social Media Strategy - FCB Health; *pg.* 72
Ross, Cheryl, Senior Project Director - Davis & Company; *pg.* 595
Ross, Darrell, Partner, Digital Transformation - Prophet; *pg.* 15
Ross, Darren, President - Riddle & Bloom; *pg.* 133
Ross, David, Executive Producer - Ogilvy; *pg.* 393
Ross, David, Executive Vice President, Strategy & Corporate Development - MDC Partners, Inc.; *pg.* 385
Ross, Donald, Founding Partner, Principal & Chief Executive Officer - M+R; *pg.* 12
Ross, Duree, Owner & President - Duree & Company; *pg.* 598
Ross, Gene, Design Lead - Ueno; *pg.* 273
Ross, Ian, Vice President, Sales - Travel Spike; *pg.* 272
Ross, Jesse, Director, Creative & Technology - Haberman; *pg.* 369
Ross, Jessica, Senior Vice President & Client Business Partner - Diversified Accounts - Universal McCann Detroit; *pg.* 524
Ross, Joanna, Manager, Portfolio Management - Universal McCann; *pg.* 521
Ross, John, Partner & Chief Financial Officer - d. exposito & Partners; *pg.* 539
Ross, Jonathan, Media Manager - Universal McCann; *pg.* 524
Ross, Kelly, Supervisor, Integrated Media - Mediahub Los Angeles; *pg.* 112
Ross, Kerry, Senior Vice President & Leadership Coach - Starcom Worldwide; *pg.* 513
Ross, Larry, Founder & President - A. Larry Ross Communications; *pg.* 574
Ross, Lisa, President & Managing Partner - RBB Communications; *pg.* 641
Ross, Lisa, President & Chief Operating Officer - Edelman; *pg.* 600
Ross, Liz, President & Chief Executive Officer - Periscope; *pg.* 127
Ross, Liz, Head, Production - Mering; *pg.* 114
Ross, Marshall, Vice Chairman & Chief Creative Officer - Cramer-Krasselt ; *pg.* 53
Ross, Mary Hall, President - The Ross Group; *pg.* 570
Ross, Mike, Creative Director - Riester; *pg.* 406
Ross, Natalie, Group Account Director - Madwell; *pg.* 103
Ross, Paul, Chief Financial Officer - The Trade Desk; *pg.* 519
Ross, Pete, Associate Creative Director - Grey Canada; *pg.* 365
Ross, Sam, Media Planner - Booyah Online Advertising; *pg.* 218
Ross, Sara, Director, Social Media - Armada Medical Marketing; *pg.* 578
Ross, Sean, Vice President, Music & Programming - Edison Media Research; *pg.* 444
Ross, Shawna, Chief Strategy Officer - Chicago Office - mcgarrybowen; *pg.* 110
Ross, Stephen, Vice President, Creative - Access TCA, Inc.; *pg.* 210
Ross, Steven, President - Triad Communication; *pg.* 656
Ross, Ted, President - Ross-Campbell, Inc.; *pg.* 644
Ross, Tony, Director, Creative Services - Aloysius Butler & Clark; *pg.* 30
Rossano, Jason, Account Director - LevLane

Advertising; *pg.* 380
Rossell, Tony, Senior Vice President - Marketing General, Inc.; *pg.* 288
Rosser, Anne-Marie, Partner & Head, Client Engagement Practice - VSA Partners, Inc.; *pg.* 204
Rosser, Beau, Head, Social & SEO - Enterprise Solutions - Adpearance; *pg.* 671
Rossetti, Elyssa, Associate Director - Starcom Worldwide; *pg.* 513
Rossetti, Gabrielle, Senior Vice President, Strategy & Innovation - Havas Media Group; *pg.* 470
Rossetto, Denise, Chief Creative Officer - BBDO Canada; *pg.* 330
Rossi, Alexa, Account Director - CMM; *pg.* 591
Rossi, Dylan, Associate Director, Analytics - Spark Foundry; *pg.* 510
Rossi, Jillian, Vice President, Account Director - FCB New York; *pg.* 357
Rossi, Laurel, Chief Partnerships Officer - Organic, Inc.; *pg.* 256
Rossi, Lisa, Senior Vice President & Group Account Director - Zimmerman Advertising; *pg.* 437
Rossi, Lou, Chief Commercial Officer - Publicis Media - Publicis North America; *pg.* 399
Rossi, Mike, Executive Vice President, Operations & General Manager - The George P. Johnson Company; *pg.* 316
Rossi, Paul, Chief Executive Officer - Carbone Smolan Agency; *pg.* 176
Rossi, Robin, Director, Business Affairs - TBWA \ Chiat \ Day; *pg.* 146
Rossiter, Laura, Freelance Graphic Designer - Upward Brand Interactions; *pg.* 158
Rossler, Jordan, Marketing Analyst - Marketing Architects; *pg.* 288
Rosso, John, President, Market Development - Triton Digital - Triton Digital; *pg.* 272
Rosso, Rene, Director, Production Services - Tolleson Design; *pg.* 202
Rossol, Erinn, Marketing Coordinator - Trekk; *pg.* 156
Rossow, Carl, Founder & Chief Operating Officer - Benenson Strategy Group; *pg.* 333
Rost, Brandon, President - beMarketing Solutions; *pg.* 216
Rostam-Abadi, Jeeyan, Executive Vice President, Marketing - Hawke Media; *pg.* 370
Rosti, Ray, Executive Vice President, Platform Activation & Platform Activation Lead - Publicis Health Media; *pg.* 506
Rosvoglou, Kosta, Senior Associate, Corporate Communications - Universal McCann; *pg.* 521
Roswig, Bernard, Owner & Partner - BJR Public Relations; *pg.* 584
Roszkowski, Leah, Associate Creative Director - Mirum Agency; *pg.* 681
Rotchford, Bob, Account Executive - Grossman Marketing Group; *pg.* 284
Roteman, Dan, Director, Finance & Operations - Munroe Creative Partners; *pg.* 192
Rotering, Henry, Digital Project Manager - Zehnder Communications, Inc.; *pg.* 436
Roth, Brad, Partner & President, Studios - Known; *pg.* 298
Roth, Dave, Vice President & Director, Content - Digitas; *pg.* 228
Roth, David, Associate Media Director - Starcom Worldwide; *pg.* 516
Roth, David, Chief Executive Officer - Emergent Digital; *pg.* 231
Roth, Dorian, Partner & Senior Group Media Director - Wavemaker; *pg.* 526
Roth, Ernie, Chief Executive Officer & President - Furman Roth Advertising; *pg.* 361
Roth, James, Account Executive - The Margulies Communications Group; *pg.* 654

Roth, Justin, Creative Director - Grey Group; *pg.* 365
Roth, Lee, General Manager - Pico Plus; *pg.* 397
Roth, Michael, Chairman & Chief Executive Officer - Interpublic Group of Companies; *pg.* 90
Roth, Olivia, Supervisor, Integrated Strategy - Campbell Ewald; *pg.* 46
Roth, Ric, President & Owner - IGT Media Holdings; *pg.* 477
Roth, Shannon, Managing Director - Mindshare; *pg.* 494
Roth, Snake, Director, Integrated Production - MARC USA; *pg.* 104
Roth, Tom, Executive Vice President, General Manager - Community Marketing, Inc.; *pg.* 443
Roth, Will, Brand Director, Creative - Vitro Agency; *pg.* 159
Rothbard, Cynthia, Senior Vice President & Group Director, Creative - FCB Health; *pg.* 72
Rothberg, Molly, supervisor, Digital Investment & Activation - Blue 449; *pg.* 455
Rothberg, Seth, Lead Interactive Developer - Havas Health & You; *pg.* 82
Rothblatt, Sheri, Managing Director - Pathway Group LLC; *pg.* 503
Rothe, Robert, Group Executive Vice President & Chief Information Officer - Association of National Advertisers; *pg.* 442
Rothen, Kate, Partner & Chief Operating Officer - SS+K; *pg.* 144
Rothenberg, Madeline, Media Director - Digitas; *pg.* 227
Rothenberg, Randy, President & Chief Executive Officer - Interactive Advertising Bureau; *pg.* 90
Rothenberg, Richard, Chief Financial Officer - Brand Thirty-Three; *pg.* 3
Rothenberg, Tom, Global President - Rufus/Amazon - Initiative; *pg.* 478
Rothenhauser, Jill, Group Director - Rapport Outdoor Worldwide; *pg.* 556
Rothery, Doug, Executive Vice President & Director, Analytics & Insights - Starcom Worldwide; *pg.* 513
Rothlein, Jeff, Vice President, Sponsorship Practice - Lumency Inc.; *pg.* 310
Rothman, Ari, Director, New Business Development - Connectivity Strategy; *pg.* 462
Rothman, Jason, Creative Director - Hub Strategy & Communication; *pg.* 9
Rothman, Jill, Head, Production - VIRTUE Worldwide; *pg.* 159
Rothrock, Suzanne, Principal & Director, Accounts & Strategy - Mission Media, LLC; *pg.* 115
Rothschild, Angela, Head, Programming - Diversity & Inclusion - Horizon Media, Inc.; *pg.* 474
Rothschild, Lisa, Supervisor, Account - Falls Agency; *pg.* 70
Rothschild, Sarah, Manager, Media - m/SIX; *pg.* 482
Rothstein, David, Chief Executive Officer - RTi Research; *pg.* 449
Rothstein, Larry, President - Source Communications; *pg.* 315
Rothweiler, Julie, Executive Vice President & Account Director - Arc Worldwide; *pg.* 327
Rotner Drucker, Jenna, Account Director - Lippe Taylor; *pg.* 623
Rotolo, Mike, Owner, President & Chief Executive Officer - E-B Display Co., Inc.; *pg.* 180
Rotondi, Lindsay, Senior Vice President - Regan Communications Group; *pg.* 642
Rotroff, Erin, Promotions Supervisor - Kelly, Scott & Madison, Inc.; *pg.* 482
Rotter, Austin, Vice President, Technology

Practice - 5W Public Relations; *pg.* 574
Rotter, Steve, Founder, Chairman & Chief Creative Officer - Rotter Creative Group; *pg.* 507
Rotti, Leah, Supervisor - Saatchi & Saatchi Los Angeles; *pg.* 137
Rottinghaus, Chuck, Principal - Words at Work; *pg.* 163
Roubadeaux, Jess, Strategy Partner - Lucky Generals; *pg.* 101
Rouech, Mike, Vice President, Brand Strategy & Account Director - Phire Group; *pg.* 397
Roufa, Michelle, Executive Creative Director - mcgarrybowen; *pg.* 109
Rough, Kay, Head, Post Production - Big Block; *pg.* 217
Rougvie, Maria, Vice President & Manager, Business Affairs - MullenLowe U.S. Boston; *pg.* 389
Rouillard, Jennifer, Managing Director - Epic Search Partners; *pg.* 673
Rouillard, Peter, Managing Director - Epic Search Partners; *pg.* 673
Rouleau, Rene, Vice President & Creative Director - BIMM Direct & Digital; *pg.* 280
Rounds, Jenna, Director, Strategic Planning - VMLY&R; *pg.* 160
Rountree, Don, President - Rountree Group, Inc.; *pg.* 644
Rouse, Deb, Vice President, Data Services & Technology - A.B. Data, Ltd; *pg.* 279
Rouse, Justin, Managing Supervisor - VOX Global; *pg.* 658
Rouse, Terrence, Senior Vice President & Director, Strategic Planning - FCB Health; *pg.* 72
Rouselle, William, President - Bright Moments Public Relations; *pg.* 586
Roussain, David, Chief Marketing Officer - G5 Search Marketing Inc.; *pg.* 673
Rousseau, Nicole, Director, Group Account - 360i, LLC; *pg.* 320
Roussel, Ingrid, Head, Design - LG2; *pg.* 380
Roussel, Reed, Director, Digital Technology - mcgarrybowen; *pg.* 110
Rousselet, Kendra, Director, Digital Strategy - Horizon Media, Inc.; *pg.* 473
Roussos, Jason, Senior Vice President, Strategy - Adlucent; *pg.* 671
Routdhome, Imanol, Associate Strategist, Cultural Strategy & Planning - 160over90; *pg.* 301
Routh, Liza, Account Supervisor - Inferno, LLC; *pg.* 374
Routhier, Mel, Senior Vice President & Executive Creative Director - DDB Chicago; *pg.* 59
Routson, Tyler, Director, Operations - Trailer Park; *pg.* 299
Roux, Sharon, Chief Operating Officer & Partner - The Summit Group; *pg.* 153
Roux, Yves, Vice President & Creative Director - Fame; *pg.* 70
Rovai, Mark, Vice President, Brand Planning & Strategy - Epsilon; *pg.* 283
Rovegno, Scott, President & Co-Founder - Vodori; *pg.* 275
Rovelo, Paola, Senior Partner, Managing Director - Mindshare; *pg.* 494
Rovira, Raul, Associate Director, Creative - C-COM Group, Inc.; *pg.* 587
Rovito, Dana, Senior Account Supervisor, Brand Marketing & Public Relations - Turchette Advertising Agency; *pg.* 157
Row, Larry, Senior Vice President & Media Director - Ron Foth Advertising; *pg.* 134
Rowady, John, President & Founder - rEvolution; *pg.* 406
Rowan, Greg, Partner & Creative Director - Teak; *pg.* 19

AGENCIES — PERSONNEL

Rowan, Peggy, Sales & Production Manager - Matrix Media Services; pg. 554
Rowan, Tara, Senior Project Manager - Elevation Marketing; pg. 67
Rowe, Ben, Senior Vice President & Chief Creative Officer - SCORR Marketing; pg. 409
Rowe, Bryan, Senior Media Buyer & Planner - Cornett Integrated Marketing Solutions; pg. 344
Rowe, Carlene, Director, Sports & Entertainment - Conill Advertising, Inc.; pg. 538
Rowe, Dave, Assistant Project Manager - MullenLowe U.S. Los Angeles; pg.
Rowe, David, Vice President & Director, Media & Strategic Partnerships - Doremus & Company; pg. 64
Rowe, James, Business Director - adam&eve DDB; pg. 26
Rowe, Melissa, Event Specialist - Pivot Marketing; pg. 15
Rowe, Trudy, Chief Financial Officer & Vice President - Vladimir Jones; pg. 429
Rowe, Wayne, Sales Manager - Character LLC; pg. 5
Rowean, Matthew, Partner & Creative Director - Matte Projects; pg. 107
Rowell, Diane, Vice President, Operations - Apple Rock Advertising & Display; pg. 565
Rowen, Larry, Co-Founder & Co-Owner - Fly Communications, Inc.; pg. 74
Rowland, Anna, Senior Brand Strategist - Heat; pg. 84
Rowland, Malauri, General Manager, Corporate Brands & Multicultural & Supervisor - Res & Insights - Carat; pg. 461
Rowland, Mark, Director, Client Engagement - VSA Partners, Inc.; pg. 204
Rowland, Teri, Vice President, Account Services - Johnson Gray Advertising; pg. 377
Rowles, Bryan, Partner & Executive Creative Director - 72andSunny; pg. 23
Rowley, Bruce, Principal - Rowley Snyder Ablah; pg. 134
Rowley, Mary, Founder & Chief Executive Officer - Strongpoint; pg. 650
Rowley, Michelle, Senior Vice President & Group Planning Director - Deutsch, Inc.; pg. 349
Rowley, Patrick, Group Managing Director - mcgarrybowen; pg. 109
Rowlison, Christopher, President - Liquid Agency, Inc.; pg. 12
Rowson, Chris, Head, Design & Group Creative Director - TBWA \ Chiat \ Day; pg. 416
Roy, Claudia, Global Head, Production, Vice President & Partner - Sid Lee; pg. 140
Roy, Dion, Co-Founder - AMP3 Public Relations; pg. 577
Roy, Gene, Senior Art Director, Broadcasting - Ron Foth Advertising; pg. 134
Roy, Karyne, Portfolio Management Associate - Universal McCann; pg. 521
Roy, Nicole, Client Management Director - O'Keefe Reinhard & Paul; pg. 392
Roy, Rahul, Head, Client Business - O'Keefe Reinhard & Paul; pg. 392
Roy, Sujoy, Director, Media Planning - HealixGlobal; pg. 471
Roy, Tristan, Global Chair, Digital - Edelman; pg. 353
Roy, Valerie, Project Manager - The Brandon Agency; pg. 419
Roy Gaughran, Kathy, Senior Strategist, Marketing - Healthcare Success; pg. 83
Royal, Renee, Executive Producer - Huge, Inc.; pg. 240
Royal, Stacy, Principal - Decker Royal Agency; pg. 596
Royce, Delbert, Vice President & Chief Financial Officer - BlaineTurner Advertising; pg. 584
Royce, Ginna, Chief Executive Officer & Director, Creative - BlaineTurner Advertising; pg. 584
Royce, Kirtie, Art Director - Infinity Direct; pg. 286
Royer, Aaron, Director, Content Production & Operations - WP Narrative_; pg. 163
Royle, Maryellen, Partner, Public Relations & Influence - Evoke Health; pg. 69
Royster, Cheree, Art Director - Sands, Costner & Associates; pg. 138
Royston, Alex, Senior Vice President, Strategy - Zenith Media; pg. 529
Royston, J. P., President - Jerry DeFalco Advertising; pg. 92
Roytman, Lisa, Account Director - Mother NY; pg. 118
Rozanski, Horacio, President & Chief Executive Officer - Booz Allen Hamilton; pg. 218
Rozansky, Phil, President - Tower Media Advertising, Inc.; pg. 293
Rozek, Michael, Director - Eventage Event Production; pg. 305
Rozelle, Brandon, Vice President, Solution Strategy - Rightpoint; pg. 263
Rozen, Douglas, Chief Media Officer - 360i, LLC; pg. 320
Rozender, Nancy, President - Martel Et Compagnie Publicite; pg. 288
Rozier, Dan, Creative Director - Laundry Service; pg. 287
Rozis, Alex, Vice President, Global Communications - Octagon; pg. 313
Rozkowski, Carl, Digital Media Analyst - Jekyll and Hyde; pg. 92
Rozmus, Gregory, Director, Social Strategy - Horizon Media, Inc.; pg. 474
Rozycki Jr, Thomas J., Managing Director - Prosek Partners; pg. 639
Rozzi, Alexandra, Media Director - Spark Foundry; pg. 508
Rozzi, Brianna, Programmatic Lead & Senior Partner - MediaCom; pg. 487
Ruane, Lorna, Associate Director, Marketing Intelligence - Big Spaceship; pg. 455
Ruark, Ryan, Associate Creative Director - Arc Worldwide; pg. 327
Rubbelke, Kelsey, Associate Design Director - On Board Experiential Marketing; pg. 313
Rubel, Gina, President & Chief Executive Officer - Furia Rubel Communications, Inc.; pg. 607
Rubel, Steve, Chief Media Ecologist - Edelman; pg. 599
Ruben, Justin, Executive Creative Director - The&Partnership; pg. 426
Rubenstein, Amie, Vice President - The Hatch Agency; pg. 653
Rubenstein, Howard, Chairman - Rubenstein Associates; pg. 644
Rubenstein, Lauren, Group Account Director - Terri & Sandy; pg. 147
Rubenstein, Steven, President & Chief Executive Officer - Rubenstein Associates; pg. 644
Ruberg, Sean, Director, Brand Strategy - Merrick Towle Communications; pg. 114
Rubiera, Karina, Art Director - Lincoln Digital Group; pg. 246
Rubijevsky, Katrina, Specialist, Advertising Platforms & Technology - Canvas Worldwide; pg. 458
Rubin, Adam, Associate Partner - Fahrenheit 212; pg. 182
Rubin, Adam, Brand Director - 72andSunny; pg. 24
Rubin, Allie, Group Account Director - Zimmerman Advertising; pg. 437
Rubin, Ashley, Local Investment Buyer - Havas Media Group; pg. 469
Rubin, Dan, Vice President, Strategy & Marketing - The Foundry @ Meredith Corp; pg. 150
Rubin, Danny, Vice President - Rubin Communications Group; pg. 644
Rubin, Gerry, Co-Founder & Chairman - RPA; pg. 134
Rubin, Ilana, Vice President - Jennifer Bett Communications; pg. 617
Rubin, Jamie, Senior Vice President & Managing Director, Media - Campbell Ewald New York; pg. 47
Rubin, Jeff, Executive Vice President & Creative Director - Results Advertising; pg. 405
Rubin, Joel, Chief Executive Officer - Rubin Communications Group; pg. 644
Rubin, Judd, Vice President, Revenue Development - Strata; pg. 267
Rubin, Leigh, Client Solutions Manager - Kepler Group; pg. 244
Rubin, Maxwell, Senior Associate - Universal McCann; pg. 521
Rubin, Paul, Writer & Account Manager - Activa PR; pg. 575
Rubin, Phil, Founder & Chief Executive Officer - rDialogue; pg. 291
Rubin, Rachel, Media Account Lead - Callahan Creek ; pg. 4
Rubin, Rebecca, Senior Brand Strategist - DNA Seattle; pg. 180
Rubin, Sara Jo, Chief Operations Officer - Rubin Communications Group; pg. 644
Rubin, Zach, Head, Business Development - Bonfire Labs; pg. 175
Rubino, Bill, President & Partner - Panzano & Partners; pg. 194
Rubino, Jim, Vice President & Group Director- Health Division - PHD USA; pg. 505
Rubino, John, Partner - GreenRubino; pg. 365
Rubino, Kalynn, Associate Director, Production - Madwell; pg. 13
Rubino, Paul, Associate Creative Director - Geometry; pg. 362
Rubino, Regina, Managing Director & Owner - Louey / Rubino Design Group ; pg. 190
Rubino, Russell, Head, Marketing - Americas - Brunswick Group; pg. 587
Rubinsky, Brittany, Associate Director, Digital - MediaCom; pg. 487
Rubinsky, David, Associate Media Director - Media Storm; pg. 486
Rubinson, Lori, Chief Integration Officer - Lippe Taylor; pg. 623
Rubinstein, Dean, Global Group Director, Brand - TBWA/Media Arts Lab; pg. 147
Rubinstein, Ethel, President & Chief Executive Officer - Lively Group - LVLY Studios; pg. 247
Rubinstein, Jamie, Associate Director, Content - Spark Foundry; pg. 510
Rubinstein, Joel, Creative Director - Dentino Marketing; pg. 281
Rubinstein, Mitchell, Chief Operating Officer - Mob Scene; pg. 563
Rubinstein, Noam, Senior Director, Product Marketing - IgnitionOne; pg. 673
Rubio, Alejandra, Director, Strategic Planning - mcgarrybowen; pg. 110
Rubio, Laoise, Account Director - Schafer Condon Carter; pg. 138
Rubio, Viviana, Senior Media Planner - OOH - OMD West; pg. 502
Ruby, Jonathan, Senior Vice President & Creative Director - MullenLowe U.S. Boston; pg. 389
Ruchlewicz, Sam, Vice President, Digital

PERSONNEL

AGENCIES

Strategy & Data Analytics - Warschawski Public Relations; *pg.* 659
Ruchniewicz, Kaitlin, Manager, Digital Strategy - NSA Media Group, Inc.; *pg.* 497
Ruckemann, Sonia, Group Account Director - BBDO Canada; *pg.* 330
Rucker, Chad, Creative Director - Jackson Marketing Group; *pg.* 188
Rudawsky, Gil, Vice President - GroundFloor Media; *pg.* 611
Rudberg, Glenn, Co-Founder & Chief Marketing Officer - Ethos Marketing & Design; *pg.* 182
Rudd, Michael, Senior Public Relations Strategist - Boscobel Marketing Communications; *pg.* 336
Rudduck, Heath, Chief Creative Officer & Executive Vice President - Padilla; *pg.* 635
Ruddy, Autumn, Media Planner - Haworth Marketing & Media; *pg.* 470
Ruddy, Kathy, Vice President & Account Executive - Exsel Advertising; *pg.* 70
Rudell, Lynlea, Account Supervisor - Otto Design & Marketing; *pg.* 124
Rudenstein, Jared, Vice President & Chief Information Officer - Harmelin Media; *pg.* 467
Ruderfer, Stuart, Owner - Civic Entertainment Group; *pg.* 566
Rudie, Nick, Associate Creative Director - SixSpeed; *pg.* 198
Rudisill, Tina, President - Marketing Works; *pg.* 105
Rudman, Jillian, Account Director - TBWA \ Chiat \ Day; *pg.* 146
Rudman, Michael, Production Manager - Sid Paterson Advertising; *pg.* 141
Rudnick, Chris, Senior Vice President & Group Creative Director - TBWA\WorldHealth; *pg.* 147
Rudnick, Gary, Chief Executive Officer - Golin; *pg.* 609
Rudoff, Sophie, Junior Project Manager - WongDoody; *pg.* 433
Rudolf, Jordyn, Strategist, Social Media - MRM//McCANN; *pg.* 289
Rudolph, Lynda, Brand Strategist - Aloysius Butler & Clark; *pg.* 30
Rudson, Becky, Account Manager - Rethink Communications, Inc.; *pg.* 133
Rudy, Shaun, Senior Vice President & Group Director - Starcom Worldwide; *pg.* 513
Rudyk, Norah, Vice President, Account Director - GSD&M; *pg.* 79
Rudzinski, Caroline, Project Manager - Carmichael Lynch; *pg.* 47
Rudzinski, Rick, Senior Creative Director - Cameron Advertising; *pg.* 339
Rue, Amanda, Account Manager - Porter Novelli; *pg.* 637
Ruecke-Caudell, Jennifer, Client Services Director - OneMagnify; *pg.* 394
Rueckert, Chris, Account Executive - Rueckert Advertising; *pg.* 136
Rueckert, Dean, President, Public Relations - Rueckert Advertising; *pg.* 136
Rueckert, Jason, Art Director - Rueckert Advertising; *pg.* 136
Ruegger, Andrew, Managing Partner, Ecommerce - GroupM; *pg.* 466
Ruehlman, Mike, Director, Design - FRCH Design Worldwide; *pg.* 184
Ruelas, Alejandro, Chief Marketing Officer & Managing Partner - THIRD EAR; *pg.* 546
Ruemelin, Alicia, Brand Director, Marketing - Simantel Group; *pg.* 142
Ruesga, Javier, Paid Search Strategist - 9thWonder Agency; *pg.* 453
Ruesink, Betsey, Account Director - Preston Kelly; *pg.* 129
Ruest, Pete, Senior Vice President & Global Group Account Director - Energy BBDO, Inc.; *pg.* 355

Ruffins, Duryea, President, Engagement Planning & Investments - Quigley-Simpson; *pg.* 544
Rufino, Kenny, Senior Vice President & Creative Director - RepEquity; *pg.* 263
Rugaber, Leslie, Chief Executive Officer - Worktank; *pg.* 21
Ruggery, Alaina, Specialist, Social Media - French / West / Vaughan ; *pg.* 361
Ruhanen, Troy, President & Global Chief Executive Officer - TBWA \ Chiat \ Day; *pg.* 416
Ruhl, Danielle, Supervisor, Digital Strategy - Starcom Worldwide; *pg.* 513
Ruia, Andy, Managing Director - Horizon Media, Inc.; *pg.* 474
Ruiz, Alexis, Director, Account Services - Grandesign; *pg.* 552
Ruiz, Bianca, Vice President & Group Account Director - Republica Havas; *pg.* 545
Ruiz, Diana, Manager, Entertainment & Social - Sid Lee; *pg.* 141
Ruiz, Ernesto, Manager, Business Development - Macias Creative; *pg.* 543
Ruiz, Frank, Art Director - MJR Creative Group; *pg.* 14
Ruiz, Heather, Owner & Creative Director - Interlex Communications; *pg.* 541
Ruiz, Joanna, Executive Vice President - BBDO Worldwide; *pg.* 331
Ruiz, Lucero, Director, Production - CK Advertising; *pg.* 220
Ruiz, Maria Paula, Production Manager - Havas Sports & Entertainment - Havas Media Group; *pg.* 470
Ruiz, Rudy, President & Chief Creative Officer - Interlex Communications; *pg.* 541
Ruiz-Rogers, Lisa, Managing Director - ROX United; *pg.* 644
Rulapaugh, Karen, Corporate Media Director - R&R Partners; *pg.* 132
Rumack, Asher, Director, Strategy - Column Five; *pg.* 343
Rumack, Elaine, Senior Partner & Senior Director - Wavemaker; *pg.* 528
Rumeld, Jeremy, Head, Operations - Gradient Experiential LLC; *pg.* 78
Rumer, Wendy, Senior Broadcast Director - Harmelin Media; *pg.* 467
Rumfeldt, Julie, Supervisor, Communications - GTB; *pg.* 367
Rummel, Leslie, Senior Vice President - Turner Public Relations; *pg.* 657
Rumpf, Stefanie, Director, Communications - Oxford Communications; *pg.* 395
Rumstein, Perri, Associate Director, Media - HealixGlobal; *pg.* 471
Runco, Patrick, Vice President & Executive Creative Director - Liquid Advertising, Inc.; *pg.* 100
Rundell, Lyn, Co-Founder & Chief Executive Officer - HERO Marketing; *pg.* 370
Rundgren, Derek, Creative Director - Publicis Hawkeye; *pg.* 399
Runge, Clint, Managing Director - Archrival, Inc.; *pg.* 1
Runk, Beth, Director, Media & Account Management - PlusMedia, LLC; *pg.* 290
Runyon, Jill, Vice President, Client Engagement - T3; *pg.* 268
Ruocco, Kathryn, Communications Strategy Director - Droga5; *pg.* 64
Rupert, Emily, Account Director - Re:group, Inc.; *pg.* 403
Rupert, Kristin, Strategy Director - Soulsight; *pg.* 199
Rupert, Susan, Vice President & Media Director - Rain; *pg.* 402
Rupp, Megan, Account Supervisor - Covet Public Relations; *pg.* 593

Ruppel, David, Vice President, Insights - Underscore Marketing, LLC; *pg.* 521
Ruppel, Kurt, Marketing Services Manager - IWCO Direct; *pg.* 286
Rusas, Danielle, Assistant Media Planner - Carat; *pg.* 461
Rusch, Corbin, Senior Brand Strategist - Stealing Share; *pg.* 18
Ruschman, Kelly, Senior Vice President, Industry Engagement - Omnivore; *pg.* 123
Ruscin, John, Executive Vice President, Strategic Development - Active International; *pg.* 439
Rush, Alan, Managing Partner & North America Strategy Lead - MediaCom; *pg.* 487
Rush, Mike, Senior Vice President - 360PRplus; *pg.* 573
Rush, Peter, Chief Executive Officer - Kellen Co.; *pg.* 686
Rushing, Kristen, Co-Owner & Account Manager - Red Six Media; *pg.* 132
Rushton, Danial, Vice President, Solutions Consulting - Publicis North America; *pg.* 399
Rusin-Mull, Jennifer, Chief Marketing Officer - Gallegos United; *pg.* 75
Rusinko, Natalie, Associate Media Director, Digital - Horizon Media, Inc.; *pg.* 473
Rusnak, Jeff, President & Chief Executive Officer - R Strategy Group; *pg.* 16
Russ, Kyle, Vice President, Strategic Planning - Blue 449; *pg.* 456
Russack, Evan, Partner, Account Strategy - WorkInProgress; *pg.* 163
Russel, Emily, Director, Attribution Integration - Crossmedia; *pg.* 463
Russell, Amy, Controller - Envisionit Media, Inc.; *pg.* 231
Russell, Anthony, President, Owner & Creative Director - Russell Design; *pg.* 197
Russell, Brian, Senior Strategist, Marketing - Three Five Two, Inc.; *pg.* 271
Russell, Carol, Chief Executive Officer - Russell Herder; *pg.* 136
Russell, Claire, Vice President, Digital Platforms & Connections Specialist - Fitzco; *pg.* 73
Russell, Dave, Vice President, Media Strategy - HCB Health; *pg.* 83
Russell, David, Senior Developer - Padilla; *pg.* 635
Russell, Jay, Chief Creative Officer & Executive Vice President - GSD&M; *pg.* 79
Russell, Joe, Account Executive - Crowley Webb & Associates; *pg.* 55
Russell, Julie, President & Owner - AdCo Advertising Agency; *pg.* 171
Russell, Kirsten, Brand Strategist - Horizon Media, Inc.; *pg.* 474
Russell, Liz, Vice President, Operations & Finance - Media Horizons, Inc.; *pg.* 288
Russell, Mac, Vice President & Communications Planning Director - BBDO West; *pg.* 331
Russell, Matt, Director, Connection Planning - Hunt Adkins; *pg.* 372
Russell, Maureen, Director, CRM - Havas Tonic; *pg.* 285
Russell, Megan, Senior Brand Director, Truth Initiative - 72andSunny; *pg.* 23
Russell, Mike, President & Chief Executive Officer - Shepherd Agency; *pg.* 410
Russell, Mike, Senior Vice President - Creative Response Concepts; *pg.* 593
Russell, Sarah, Senior Vice President & Account Director - RPM Advertising; *pg.* 408
Russell, Scott, President - Central Region - Universal McCann Detroit; *pg.* 524
Russell, Todd, President - Maier Advertising, Inc.; *pg.* 103
Russell Clem, Mandie, Media Director - Nice & Company; *pg.* 391

AGENCIES — PERSONNEL

Russell-Curry, Keddy, Specialist, Paid Media - Digital Operative, Inc.; pg. 225
Russie, Rick, Web Technology Lead - e10; pg. 353
Russo, Alec, Account Executive - Outfront Media; pg. 555
Russo, Dana, Partner & Strategic Planning Director - Mindshare; pg. 491
Russo, Dave, Media Buyer - ICON International, Inc.; pg. 476
Russo, Frankie, Founder & Chief Executive Officer - Potenza Inc; pg. 398
Russo, Giancarlo, Director, Creative Services - Pinta USA, LLC; pg. 397
Russo, Giorgio, Chief Creative Officer - Potenza Inc; pg. 398
Russo, Lauren, Senior Vice President & Managing Director, Audio Investments & Promotions - Horizon Media, Inc.; pg. 474
Russo, Liz, Local Broadcast Supervisor - OMD; pg. 498
Russo, Margaret, Group Creative Director - Grey Midwest; pg. 366
Russo, Rich, Managing Director & Chief Creative Officer - Arnold Worldwide; pg. 33
Russo, Rich, Senior Vice President & Director, Account Services - JL Media, Inc.; pg. 481
Russo, Rich, Industry Vice President - Reed Exhibition Company; pg. 314
Russo, Robert, Creative Director - VDA Productions; pg. 317
Russo, Robin, Co-Managing Director - RLA Collective; pg. 643
Russo, Rocky, Partner & Creative Director - Cerberus; pg. 341
Russo, Tony, Chairman & Chief Executive Officer - Russo Partners, LLC; pg. 136
Russo, Tricia, Chief Strategy Officer & Executive Vice President - DDB Chicago; pg. 59
Rust, Marc, Senior Director, Creative - Boston Interactive; pg. 218
Rutan, Samantha, Director, Brand & Creative - Maingate, Inc.; pg. 310
Rutberg, Marlee, Coordinator, Account - Ocean Media, Inc.; pg. 498
Rutchik, Benjamin, Associate Director, Sports Investment - Optimum Sports; pg. 394
Ruth, Adam, Associate Creative Director - Oxford Communications; pg. 395
Ruth, Austin, Senior Account Executive - Ballantines Public Relations; pg. 580
Ruth, Carol, President & Chief Executive Officer - The Ruth Group; pg. 655
Ruth, Dean, Vice President, Operations - Franklin Street Marketing & Advertising; pg. 360
Ruthazer, Alan, Chief Creative Officer - Lightning Jar; pg. 246
Ruthenburg, Jon, Chief Executive Officer - Gray Loon Marketing Group; pg. 365
Rutherford, Jamie, Strategy Director - BBDO Worldwide; pg. 331
Rutherford, Kirsten, Executive Creative Director - Team One; pg. 417
Rutherford, Mandy, Associate Account Director - 10 Thousand Design; pg. 171
Rutherford, Marissa, Senior Partner & Managing Director - Mindshare; pg. 494
Rutherfurd, Ed, Vice President, Digital Marketing Strategy - MaxAudience; pg. 248
Ruthven, Wyeth, Vice President - MSLGroup; pg. 629
Rutkowski, Kate, Brand Director- NIke Global - Wieden + Kennedy; pg. 430
Rutledge, Amy, Partner & Media Director - Mindshare; pg. 494
Rutledge, Tevin, Senior Associate, Paid Search & Social - Wavemaker; pg. 528

Rutledge, Zak, Senior Art Director - 3; pg. 23
Rutstein, Ashley, Associate Director, Creative - LRXD; pg. 101
Rutter, Jayne, Senior Account Manager - Benchworks; pg. 333
Rutter, Mark, Senior Video Investor - Horizon Media, Inc.; pg. 474
Rutter, Savannah, Account Manager - Strategy Labs; pg. 267
Rutter, Steve, Executive Creative Director - BBDO San Francisco; pg. 330
Rutter, Tim, Chief Executive Officer - We Are Alexander; pg. 429
Rutter, Whitney, Director, Business Strategy - Local Projects; pg. 190
Ruttonsha, Zarine, Senior Director, Business Development - Mosaic North America; pg. 312
Ruud, Amy, Executive Producer, Digital - TVGla; pg. 273
Ruvo, Caroline, Senior Account Manager - Benchworks; pg. 333
Ruwe, Beth, Vice President, Performance Media - Performics; pg. 676
Ruxer, Julia, Senior Account Executive - Fixation Marketing; pg. 359
Ruys, Anathea, Managing Director - West Coast - Carat; pg. 459
Ruzibiza, Yves, Head, Technology - MullenLowe Profero - Mediahub New York; pg. 249
Ruzin, Amanda, Senior Vice President, Experience Design - Bounteous; pg. 218
Ryan, Alan, Account Director - Rainier Communications; pg. 641
Ryan, Alex, Senior Vice President, Group Partner Strategy - Universal McCann; pg. 521
Ryan, Andrew, Vice President, Creative Director & Writer - HCA Mindbox; pg. 83
Ryan, Annie, Account Director - MKTG INC; pg. 312
Ryan, Ben, Creative Director - Miller Ad Agency; pg. 115
Ryan, Beverly, Founder & Senior Partner - Ologie; pg. 122
Ryan, Caitlin, Account Supervisor, Public Relations - Mower; pg. 628
Ryan, Chris, Sales Director - Influencer Marketing - RhythmOne; pg. 263
Ryan, Christie, Account Director - Siegel & Gale; pg. 17
Ryan, Colleen, Associate Media Investments Director - Colle McVoy; pg. 343
Ryan, Dan, Vice President & Account Director - Preston Kelly; pg. 129
Ryan, Dan, Multimedia Advertising Director - Advance 360; pg. 211
Ryan, David, Executive Vice President & Head, Practice & Corporate - National - Edelman; pg. 353
Ryan, Emily, Senior Director, Account Services - Brand Connections, LLC; pg. 336
Ryan, Gigi, Global Key Accounts - MetrixLab; pg. 447
Ryan, Jennifer, Director, Marketing- Astound Commerce - Fluid, Inc.; pg. 235
Ryan, Justin, Account Supervisor - Arrivals + Departures; pg. 34
Ryan, Kate, Managing Director - Diffusion PR; pg. 597
Ryan, Kelly, Associate Director - Spark Foundry; pg. 510
Ryan, Ken, Senior Account Executive - Bader Rutter & Associates, Inc. ; pg. 328
Ryan, Laura, Global Client Officer - Orion Worldwide; pg. 503
Ryan, Lisa, Partner - Boomm Marketing & Communications; pg. 218
Ryan, Lizzy, Media Director - Cutwater; pg. 56
Ryan, Maria, Manager, Events & Creative Services - The Castle Group, Inc.; pg. 652

Ryan, Mark, Chief Analytics Officer - Extractable, Inc.; pg. 233
Ryan, Mary, Senior Designer - Jackrabbit Design; pg. 188
Ryan, Megan, Account Manager - The MX Group; pg. 422
Ryan, Mike, Executive Director, Agency Operations - Hearts & Science; pg. 471
Ryan, Nancy, Vice President & Director, Business Development - GSD&M; pg. 79
Ryan, Peter, Director, Operations - PSA Creative Communication; pg. 314
Ryan, Rebecca, Associate Vice President, Talent - Kepler Group; pg. 244
Ryan, Rosemarie, Co-Founder & Co-Chief Executive Officer - Co:Collective, LLC; pg. 5
Ryan, Sean, Senior Vice President & Director - Spark Foundry; pg. 510
Ryan, Sean, Vice President, Media Relations - The Hodges Partnership; pg. 653
Ryan, Sean, Associate Director, Measurement & Analytics - Resource/Ammirati; pg. 263
Ryan, Shannon, Executive Vice President - North America - Valtech; pg. 273
Ryan, Spencer, Creative Services Director - Vault49; pg. 203
Ryan, Thomas, Chief Executive Officer - ICR; pg. 615
Ryan, Tricia, Vice President, Business Development - BML Public Relations; pg. 584
Ryan Baker, Christopher, Art Director - Cayenne Creative; pg. 49
Ryan Bower, Marshall, Director, Design - Chandelier Creative; pg. 49
Ryan Mardiks, Ellen, Vice Chairman & President, Consumer Marketing Practice - Golin; pg. 609
Ryba, Sue, Manager, Billing - Oxford Communications; pg. 395
Ryback, Brian, Manager, Digital Solutions - Envisionit Media, Inc.; pg. 231
Ryback, Lauren, Senior Director - Turner Public Relations; pg. 657
Rybski, Katey, Vice President, Client Leadership - Blue Chip Marketing & Communications; pg. 334
Ryder, Heather, Creative Director - Wieden + Kennedy; pg. 430
Ryder, Paul, Director,New Business Development - pushtwentytwo; pg. 401
Rye, Brad, Senior Vice President, Managing Director, Public Relations & Public Affairs - Mower; pg. 628
Ryerson, Molly, Associate Director, Project Management - Digitas; pg. 227
Rygol, Pete, Manager, Sales - Western Division - Kaeser & Blair; pg. 567
Rymer, Brooke, Senior Account Executive - J.T. Mega, Inc.; pg. 91
Rypkema, Jared, Senior Copywriter - On Ideas; pg. 394
Ryther, Andrew, Associate, Interactive - Hambly & Woolley, Inc.; pg. 185
Ryu, Natalie, Digital Manager - Spark Foundry; pg. 508
Rzasa, Ed, Chief Client Service Officer - Sterling-Rice Group; pg. 413
Rzepka, Justin, Vice President - BGR Group; pg. 583
Rzepka, Phil, Executive Vice President & Head, Digita l- Dentsu Aegis Network - Carat; pg. 461
Rzeznik, Aleks, Account Director - David&Goliath; pg. 57
Rzutkiewicz, Jason, Senior Vice President, Client Services - Y Media Labs; pg. 205

S

PERSONNEL   AGENCIES

Saad, Amy, Senior Account Manager - Marketing By Design, Inc.; *pg.* 190
Saad, Dalit, Co-Founder - Kvell; *pg.* 96
Saake, Rick, Senior Manager, Digital Marketing - Noble Studios; *pg.* 254
Saalfrank, David, Managing Director - Eventive Marketing; *pg.* 305
Saar, Kaitlyn, Associate Director - Zenith Media; *pg.* 529
Saari, Steve, Creative Director - Lawler Ballard Van Durand; *pg.* 97
Saarnio, Susan, Vice President & Director, Human Resources - NSA Media Group, Inc.; *pg.* 497
Saathoff, Tracy, Vice President, Insights & Strategy & Media - Lawrence & Schiller; *pg.* 97
Sabala, Aubrey, Senior Vice President & Lead, Search Media Practice - 360i, LLC; *pg.* 207
Sabalvaro, Danielle, Senior Brand Manager - Mekanism; *pg.* 113
Sabarese, Ted, Executive Vice President & Executive Creative Director - Marina Maher Communications; *pg.* 625
Sabarots, Ana, Brand Manager - Mekanism; *pg.* 113
Sabatino, Don, Senior Vice President, Business Development - Bayard Advertising Agency, Inc.; *pg.* 37
Sabean, Sandy, Co-Founder, Partner & Chief Creative Officer - Womenkind; *pg.* 162
Sabedra, Lauren, Group Brand Director - Decoded Advertising; *pg.* 60
Sabic, Adnan, Chief Creative Officer - Osborn & Barr Communications; *pg.* 395
Sabin, Kristen, Chief Operating Officer - Happy Medium; *pg.* 238
Sabioni, Riccardo, Creative Director - Zimmerman Advertising; *pg.* 437
Sabo, Adrienne, Creative Director - Prodigal Media Company; *pg.* 15
Sabo, Lisa, Vice President & Creative Director - Simons / Michelson / Zieve, Inc.; *pg.* 142
Sabol, Allison, Global Talent Director - Anomaly; *pg.* 325
Sabol, Christine, Vice President - Legacy Marketing Partners; *pg.* 310
Sabol, Kristen, Vice President, Client Leadership - The Mars Agency; *pg.* 683
Saboorian, Shelly, Account Director - 22squared Inc.; *pg.* 319
Saboorian, Shelly, Account Director - 22squared Inc.; *pg.* 319
Sabran, Barbara, President & Creative Director - Lodico & Company; *pg.* 381
Sabran, Ira, Executive Vice President, Public Relations - Lodico & Company; *pg.* 381
Sabzali, Murad, Founder & Managing Partner - Chempetitive Group; *pg.* 341
Sacco, Jessica, Manager, Account - McNeil, Gray & Rice; *pg.* 627
Sacherman, Luke, Copywriter - Wieden + Kennedy; *pg.* 432
Sachs, Alyx, Email Marketing Manager - MDG Advertising; *pg.* 484
Sachs, Cary, Executive Vice President, Broadcast & Streaming - Mob Scene; *pg.* 563
Sachs, Eleanor, Senior Associate - HFS Communications; *pg.* 567
Sachs, Gay, Chief Financial Officer - Sachs Media Group; *pg.* 645
Sachs, Josh, Creative Director - Ketchum; *pg.* 542
Sachs, MaryLee, Co-Founder & Chief Executive Officer - U.S. - BrandPie; *pg.* 42
Sachs, Robyn, President & Chief Executive Officer - RMR & Associates; *pg.* 407
Sachs, Ron, Owner - Sachs Media Group; *pg.* 645

Sachs, Shawn, Chief Executive Officer - Sunshine Sachs; *pg.* 650
Sachse, Kim, President & Chief Executive Officer - Moxe; *pg.* 628
Sackett, Eric, Manager, Studio - Havit; *pg.* 83
Sackett, Jonathan, President & Chief Content Officer - Allscope Media; *pg.* 454
Sackett, Marcy, Manager, Broadcast Group - Media Storm; *pg.* 486
Sackin, Samantha, Managing Director - Canvas Blue; *pg.* 47
Sackman, David, Chairman & Chief Executive Officer - Lieberman Research Worldwide; *pg.* 446
Sacks, Andrew, Owner & President - AGENCYSACKS; *pg.* 29
Sacks, Brian, Director - Carat; *pg.* 459
Sacks, Cary, President - Ideaology Advertising; *pg.* 88
Sacks, Rebecca, Assistant Media Planner - Dalton Agency; *pg.* 348
Sacktor, Rose, Art Director - Wieden + Kennedy; *pg.* 432
Sacrez, Soizic, Senior Director, Marketing - Interactive Advertising Bureau; *pg.* 90
Sadcopen, Alpha, Graphic Designer - Team 201; *pg.* 269
Saddler, Jared, Associate Manager, Media - 360i, LLC; *pg.* 207
Sadeque, Nasima, Chief Finance Officer - HackerAgency; *pg.* 284
Sadler, Jody, Vice President & Group Media Planning Director - Zimmerman Advertising; *pg.* 437
Sadler, Peyton, Director, Client Services - Ink Link Marketing LLC; *pg.* 615
Sadler, Sydney, Account Supervisor - Madwell; *pg.* 13
Sadlier, Lizanne, Partner - VOX Global; *pg.* 658
Sadlier, Mary, Executive Vice President & Chief Strategy Officer - (add)ventures; *pg.* 207
Sadowski, Scott, Associate, Public Relations - TriComB2B; *pg.* 427
Saegebrecht, Allison, Executive Media Director & Head, Media Services - Rhea & Kaiser Marketing ; *pg.* 406
Saenz, Guillermo, Account Director - Fedex - The Integer Group - Dallas; *pg.* 570
Saez, Kelvin, Director, Strategy & Planning - PlusMedia, LLC; *pg.* 290
Safar, Erica, Vice President & Director, Operations - Carat; *pg.* 459
Safechuck, James, Director, Innovation - Avatar Labs; *pg.* 214
Safer, Mariana, Senior Vice President, Key Accounts - NextGuest Digital; *pg.* 253
Saferstein, Rachel, Supervisor - Starcom Worldwide; *pg.* 513
Saffian Gould, Rachel, Director, Sales Marketing - FreeWheel; *pg.* 465
Saffos, Giovanna, Copywriter - Droga5; *pg.* 64
Saffren, Deanne, Director, Experiential Marketing - NCompass International; *pg.* 390
Saffrey, Kelly, Group Account Director - Siltanen & Partners Advertising; *pg.* 410
Safran, Joshua, Account Director - 360i, LLC; *pg.* 320
Sagar, Marcus, Senior Copywriter & Group Creative Head - Leo Burnett Toronto; *pg.* 97
Sagcan, Faruk, Creative Director - Division of Labor; *pg.* 63
Sage, Jesse, Managing Director, New York & Senior Vice President, Delivery - Fluid, Inc.; *pg.* 235
Sage, Kacie, Senior Vice President, Group Partner Portfolio Management - Universal McCann; *pg.* 524

Sage, Steve, Vice President & Creative Director - The Martin Agency; *pg.* 421
Sage, Suzanne, Director, Client Services - Thoma Thoma Creative; *pg.* 155
Sager, Chelsea, Account Supervisor - Anchor Worldwide; *pg.* 31
Sager, Ethan, Senior Manager, Strategy - Mindshare; *pg.* 495
Sager, Lauren, Account Manager - Amobee, Inc.; *pg.* 213
Saggese, Laura, Senior Vice President, Client Services - Creative Partners, LLC; *pg.* 346
Saggiomo, Annette, Senior Strategist, Brand - Finch Brands; *pg.* 7
Saginor, Andrew, Manager, Creative Services - Co-Communications Inc. ; *pg.* 685
Sagon, Glenn, Co-Founder & Chief Executive Officer - Sagon - Phior; *pg.* 409
Sagraves, Will, SEO Specialist - BigWing; *pg.* 217
Sagucio, Eric, Project Manager - Perceptiv; *pg.* 396
Saguil, Sophie, Account Manager - Matte Projects; *pg.* 107
Saguin, Sabrina, Senior Planner, Strategy - Zenith Media; *pg.* 529
Sahlool, Nasser, Vice President, Client Strategy - DAC Group; *pg.* 224
Sahu, Shuman, Director, Performance Media - Nina Hale Consulting; *pg.* 675
Sahyoun, Jenna, Specialist, Programmatic - Canvas Worldwide; *pg.* 458
Saia, Michael, Editor & Owner & President - Jump; *pg.* 188
Saidnawey, JP, Senior Associate, Data Analytics - Publicis.Sapient; *pg.* 259
Saieh, Tasha, Manager, Media Planning - Mindshare; *pg.* 494
Saifer, Philip, President - Vertical Marketing Network; *pg.* 428
Sailam, Krish, Senior Vice President, Global Programmatic Solutions - DWA Media; *pg.* 464
Sain, Jennifer, Strategic Intelligence Analyst - Center for Marketing Intelligence; *pg.* 443
Saini, Mary, Director, Brand Promotions - CSM Sport & Entertainment; *pg.* 347
Saini, Sahil, Founder - AKOS; *pg.* 324
Saint Denis, Travis, Senior Account Planner - BBDO Canada; *pg.* 330
Saint-Amand, Clauderic, Associate Vice President - Bob Communications; *pg.* 41
Sairam, Shobha, Vice President & Chief Strategy Officer - the community; *pg.* 545
Saitman, Shani, Associate Director, Media - Ocean Media, Inc.; *pg.* 498
Saito, Brittany, Director, Account - FCB Chicago; *pg.* 71
Saiyanthan, Abi, Account Executive, New Business & Content Strategist - Anderson DDB Health & Lifestyle; *pg.* 31
Saiz, Sara, Managing Director - Turkel; *pg.* 157
Sakaguchi, Kristin, Supervisor, Analytics - Havas Formulatin; *pg.* 612
Sakas, Megan, Director, Paid & SEO Integration - Pico Digital Marketing; *pg.* 257
Saker, Rashid, Director, Operations & Partner - RBB Communications; *pg.* 641
Sakharet, Iti, Partner & Creative Director - Deepend New York; *pg.* 224
Sakla, Elisabeth, Director, Client & Media Services - Centro; *pg.* 220
Saklas, Andrew, Creative Director - Lanmark360; *pg.* 379
Saks, Katelyn, Strategist - 360i, LLC; *pg.* 208
Salafia, Margaret, Owner - Advertising Management Services, Inc.; *pg.* 28
Salafia, Paul, President - Advertising

1000

AGENCIES — PERSONNEL

Management Services, Inc.; pg. 28
Salaman, Ben, Strategist - PB&; pg. 126
Salamanca, Jacqueline, Senior Video Investment Associate - Starcom Worldwide; pg. 513
Salameh, Diana, Director, Marketing & Communications - Serino Coyne, Inc.; pg. 299
Salamida, Sam, General Manager & Vice President - Park Outdoor Advertising; pg. 555
Salamone, Amy, Executive Business Lead - We're Magnetic; pg. 318
Salamone, John, Strategist, Digital Activation - Hearts & Science; pg. 471
Salayon, Daina, Supervisor, Media - GTB; pg. 367
Salazar, Dahlia, Principal, Vice President & Creative Director - Savage Design Group; pg. 198
Salazar, Gabriela, Media Buyer - Pal8 Media, Inc.; pg. 503
Salazar, Ivan, Chief Financial Officer - The VIA Agency; pg. 154
Salazar, Justin, Paid Search Strategist - Location3 Media; pg. 246
Salazar, Luis, Media Buyer - ICON International, Inc.; pg. 476
Salazar, Michelle, General Manager - Suasion Communications Group; pg. 415
Salazar, Veronica, Strategist, Digital Activation - Hearts & Science; pg. 471
Salazar Roca, Denisse, Associate Director - OMD Latin America; pg. 543
Salcedo, Arianna, Director, Account & Client Services - Madras Global; pg. 103
Salcido, Mary J., Senior Account Director - Murphy O'Brien, Inc.; pg. 630
Saldanha, Fred, Executive Creative Director - Arnold Worldwide; pg. 33
Saldanha, Mallory, Digital Media Supervisor, Paid Search - Rain; pg. 402
Saldarriaga, Suhey, Senior Art Director - Conill Advertising, Inc.; pg. 538
Salditch, Zoe, Senior Producer - Hush Studios, Inc.; pg. 186
Saldo, McKensie, Manager, New Business - Arnold Worldwide; pg. 33
Saleh, Janet, Accountant - Brickworks Communications, Inc.; pg. 337
Salem, Ed, Executive Vice President & Creative Director - Swanson Russell; pg. 415
Salem, Jeff, Senior Public Relations Counsel - Swanson Russell Associates; pg. 415
Salem, Yasmeen, Client Relationship Partner - GMR Marketing; pg. 306
Salema, Ricardo, Chief Creative Officer - U.S. - Isobar US; pg. 242
Salembier, Abagael, Account Supervisor - MRY; pg. 252
Saler, Jesse, Art Director - CTP; pg. 347
Saler, Matt, Vice President, Sports Marketing - Imre; pg. 374
Salerno, Anthony, Senior Vice President & Managing Director - Horizon Media, Inc.; pg. 474
Salerno, Nancy, Director, Content Services - Heartbeat Ideas; pg. 238
Sales, Sean, Senior Associate Producer - Jack Morton Worldwide; pg. 309
Salfiti, Samer, Vice President, & Group Account Director, FedEx, FedEx Office, DFW Airport - The Integer Group - Dallas; pg. 570
Salgado, Anthony, Vice President - Norton Agency; pg. 391
Salgado, Katreena, Senior Vice President - Imprenta Communications Group; pg. 89
Salgado, Sheny, Investment Media Supervisor - Starcom Worldwide; pg. 513
Salgo, Nina, Human Resources & Office Administration - Colangelo & Partners; pg. 591

Salguero, Anna, Director, Integrated Investment Operations - Hearts & Science; pg. 471
Saliba, Kristina, Senior Copywriter - MullenLowe U.S. Boston; pg. 389
Salim, Joaquin, Associate Creative Director - BBDO Worldwide; pg. 331
Salinas, David, Co-Founder - Digital Surgeons, LLC; pg. 226
Salinas, George, Vice President, Creative Services - Adcetera; pg. 27
Salins Lopez, Jane, Executive Vice President, Human Resources - Engine Media Group; pg. 465
Salk, Colleen, Senior Marketing Specialist - Cox Communications - Cox Media; pg. 463
Salkin, Heather, Senior Vice President & Executive Producer - RAPP Worldwide; pg. 290
Sall, Adama, Head, Planning - Eastern Region - Mekanism; pg. 113
Salle, Michelle, Chief People Officer - Dentsu Aegis Network; pg. 61
Salles, Luiz, Senior Vice President & Head, Strategic Planning - Orci; pg. 543
Salliotte, Jacqueline, Account Director - GSD&M; pg. 79
Salloum, Amy, Group Head, Corporate & Senior Vice President, Communications - Edelman; pg. 599
Sallustio, Maria, Account Executive - Litzky Public Relations; pg. 623
Salman, Paul, Director, Integrated Investment - PHD USA; pg. 505
Salmon, Douglas, Vice President & Director, Media - Digitas; pg. 226
Salmon, Mike, Senior Vice President, Games - Magid; pg. 103
Salmon, Morgan, Director, Finance - 360PRplus; pg. 573
Salmon, Sharon, Director, Strategic Account Planning - Digitas Health LifeBrands; pg. 229
Salmonsen, Christian, Art Director - Media Logic; pg. 288
Salo, Doug, Group Media Director - Hormel Foods - PHD Chicago; pg. 504
Salome, Meghan, Senior Manager, Government Relations - Association of National Advertisers; pg. 442
Salomon, Dee, Senior Vice President & Curator-in-Residence - MediaLink; pg. 386
Saltsman, Sheila, Director, Production & Traffic - Scoppechio; pg. 409
Saltwell, Susan, Vice President, Strategy & Client Services - Jacobs Agency, Inc.; pg. 10
Saltzman, Ashley, Senior Account Executive - Flynn; pg. 74
Saltzman, Eliott, Chief Client Services & Development Officer - Addison; pg. 171
Saltzman, Estelle, Chair, Board - Runyon Saltzman Einhorn; pg. 645
Salupo, Ross, Manager, New Business Development - American Solutions; pg. 565
Salus, Barry, Media Supervisor - 22squared Inc.; pg. 319
Salvador, Fernando, Associate Creative Director - Goodby, Silverstein & Partners; pg. 77
Salvati, Joe, Group Director, Digital - Carat; pg. 459
Salvati, Sarah, Partner & Senior Director, Digital Strategy - Wavemaker; pg. 526
Salvatierra, Lizzie, Director, Consolidated Media - Innocean USA; pg. 479
Salvatore, Nicholas, Supervisor, Programmatic Media - Publicis Health Media; pg. 506
Salvatore, Rob, Chief Executive Officer - Tongal; pg. 20
Salvatore, Shawn, Vice President - Harris, Baio & McCullough; pg. 369
Salviato, Mimi, Vice President, Media - Active International; pg. 439

Salvo, Mike, Global Media Director - PHD; pg. 504
Salvo, Tradd, Data Strategy Director - Droga5; pg. 64
Salzano, Samantha, Associate Creative Director - Digitas; pg. 228
Salzberg, Allison, Senior Account Executive - 360PRplus; pg. 573
Salzgeber, Jeff, Senior Specialist, Media - Snackbox LLC; pg. 648
Salzman, Michael, Director, Sales - adMarketplace; pg. 210
Sam, Dora, Media Planner - USIM; pg. 525
Samanka, Kelley, Associate Creative Director - Campbell Ewald New York; pg. 47
Samara, Lisa, President & Chief Operating Officer & Owner - Domus Advertising; pg. 352
Samardzija, Slavi, Global Chief Executive Officer - Annalect Group; pg. 213
Samari, Shir, Director, Social - Media Assembly; pg. 484
Samarripa, Stefanie, Vice President, Client Experience - Weber Shandwick; pg. 660
Samartan, Phil, Senior Art Director - Saatchi & Saatchi Los Angeles; pg. 137
Sambado, AJ, Operations Assistant - HallPass Media; pg. 81
Samet, Marcy, Global Chief Marketing Officer - MRM//McCANN; pg. 252
Samets, Yoram, Chairman & Owner - Kelliher Samets Volk; pg. 94
Sametz, Roger, Principal, President & Chief Executive Officer - Sametz Blackstone Associates; pg. 197
Sammarco, Damion, Executive Creative Director - TAXI; pg. 146
Sammartino, Ryan, Associate Director, Paid Social - iProspect; pg. 674
Sammer, Nicholas, Vice President, Client Partnership & Brand Strategy - Saatchi & Saatchi X; pg. 682
Sammons, Jill, Assistant Vice President, Brand & Integrated Marketing - Goodby, Silverstein & Partners; pg. 77
Sammons, John, Media Supervisor - Aloysius Butler & Clark; pg. 30
Sammons, Michael, Associate Director, Media Integration - Empower; pg. 354
Samms, Renee, Vice President, Digital 360 - Known; pg. 298
Sammy, Ryan, Creative Director - Fractl; pg. 686
Samocha, Lori, Associate Director, Creative - Springbox; pg. 266
Sampathu, Darshan, Senior Vice President, Analytics - Allen & Gerritsen; pg. 29
Sampedro, Laura, Group Creative Director - Anomaly; pg. 325
Samper, Julian, Art Director - Tinsley Advertising; pg. 155
Sample, Matt, President & Chief Creative Officer - hi5.agency; pg. 239
Sampogna, Anthony, Design Director - Wondersauce; pg. 205
Sampogna, John, Co-Founder & Chief Executive Officer - Wondersauce; pg. 205
Sampogna, Marc, Founder & Managing Director - Canopy Brand Group; pg. 340
Sampogna, Nicholas, Vice President, Brand - Edelman; pg. 599
Sampson, Avery, Senior Associate Hybrid Media Planner - L'Oreal Paris - Wavemaker; pg. 526
Sampson, Brooke, Supervisor, Tactical Planning - Starcom Worldwide; pg. 513
Sampson, Chris, Executive Vice President, Programming - Superfly; pg. 315
Sampson, Kaitlin, Assistant, Accounting - MMB; pg. 116
Sampson, Shellie, Director, Creative - Video Content & Social - VaynerMedia; pg. 689

1001

PERSONNEL — AGENCIES

Samson, Jeff, Vice President & Creative Director - ROKKAN, LLC; pg. 264
Samson, Jim, Head, Visual Creative & Creative Director - The Drucker Group; pg. 150
Samson, Natalie, Head, Programmatic Strategy - Havas Media Group; pg. 469
Samuel, Christi, Senior Associate - Wavemaker; pg. 526
Samuel, Pamela, Director, Human Resources - SourceLink, LLC; pg. 292
Samuelian, Albert, Managing Director, OMD West & Strategy - OMD West; pg. 502
Samuels, Carolann, Senior Director, Communications - GroundFloor Media; pg. 611
Samuels, Justin, Associate Director, Brand Marketing - Undertone; pg. 273
Samuels, Yann, Director, Project Management - Wieden + Kennedy; pg. 432
Samuelson, Stuart, Vice President - Turtledove Clemens, Inc.; pg. 427
Samways, Victoria, Marketing & Brand Coordinator - Major Tom; pg. 675
San Jose, Gabriel, Senior Art Director - McCann New York; pg. 108
San Jose, George, President & Chief Creative Officer - The San Jose Group Ltd.; pg. 546
San Martin, Scott, Graphic Designer & Production Manager - Reingold; pg. 405
San Miguel, Javier, Group Creative Director - Sensis Agency; pg. 545
Sanborn, Dolly, Senior Art Director - Appleton Creative; pg. 32
Sanborn, Jeff, Founder & Executive Creative Director - Chapter & Verse; pg. 341
Sanborn, Jenn, Director, Marketing, Planning & Project Management - OneMagnify; pg. 394
Sanchez, Ashley, Senior Account Manager, Marketing - The Narrative Group; pg. 654
Sanchez, Danny, Chief Executive Officer & Owner - Proterra Advertising; pg. 130
Sanchez, Guigo, Creative Director - THIRD EAR; pg. 546
Sanchez, Isabella, Vice President, Media Integration - Zubi Advertising; pg. 165
Sanchez, Jason, Digital Strategist - Hearts & Science; pg. 473
Sanchez, Jeremy, Chief Executive Officer - Global Strategies; pg. 673
Sanchez, Larry, Director, Small Business Marketing - Proterra Advertising; pg. 130
Sanchez, Librado, Director, Business Affairs - BBH; pg. 37
Sanchez, Matt, Art Director - Digital Relativity; pg. 226
Sanchez, Mayi, Copywriter - Metrics Marketing; pg. 114
Sanchez, Melissa, Senior Vice President, Sales & Marketing - Creative Circle; pg. 667
Sanchez, Michelle, Associate Director - ForwardPMX; pg. 360
Sanchez, Myranne, Supervisor, Media Planning - Carat; pg. 459
Sanchez, Nemesio, Accounting Manager - DeLaune & Associates; pg. 60
Sanchez, Nicole, Assistant Project Manager - House of Marketing Research; pg. 541
Sanchez, Patti, Chief Strategy Officer - Duarte; pg. 180
Sanchez, Roehl, Executive Vice President & Chief Creative Officer - BIMM Direct & Digital; pg. 280
Sanchez, Steve, Senior Media Buyer - Cannella Response Television; pg. 457
Sanchez, Uriel, Creative Director - Ogilvy; pg. 393
Sanchez, Victor, Director, Strategy & Analysis - Zeta Interactive; pg. 277
Sand, Jessica, Creative Director - Sun & Moon Marketing Communications, Inc.; pg. 415
Sand, Michele, Office Manager - Kolano Design, Inc. ; pg. 189
Sand-Freedman, Lisette, Chief Executive Officer - Shadow Public Relations; pg. 646
Sandberg, David, Group Chief Financial Officer - Kantar Millward Brown; pg. 446
Sandberg, Greg, Director, Management - Team One; pg. 417
Sandberg, Kalli, Account Manager - The Engine Is Red; pg. 150
Sande, Sandra, Founding Partner & Chief Financial Officer - Campos Creative Works; pg. 303
Sander, Leigh, Creative Director & Principal - Commerce House; pg. 52
Sanders, Barry, Director, New Business Development - The Brandon Agency; pg. 419
Sanders, Beth, Senior Vice President - Supply Media; pg. 145
Sanders, Caterina, Senior Consultant, Workplace Experiences - Habanero; pg. 237
Sanders, Cindy, Media Buyer - Rhea & Kaiser Marketing ; pg. 406
Sanders, Daniel, Creative Director - 22squared Inc.; pg. 319
Sanders, Drew, Digital Project Manager - GMR Marketing; pg. 306
Sanders, John, Chief Operations Officer - One Eleven Interactive, Inc.; pg. 255
Sanders, Kate, Chief Operating Officer - Alison South Marketing Group; pg. 324
Sanders, Lauren, Media Buyer - Moroch Partners; pg. 389
Sanders, Leah, Group Account Director - Mythic; pg. 119
Sanders, Lisa, Account Supervisor - Cramer-Krasselt ; pg. 53
Sanders, Madison, Account Supervisor - Laird + Partners; pg. 96
Sanders, Mark, Chief Financial Officer - North America - GroupM; pg. 466
Sanders, Mathew, Associate Director, Precision Media - Starcom Worldwide; pg. 517
Sanders, Melanie, Community Manager, Social Media - Team One; pg. 418
Sanders, Nichelle, Senior Vice President & Group Account Director - FCB New York; pg. 357
Sanderson, Brian, Vice President & Co-Creative Director - Olmsted Associates ; pg. 193
Sanderson, James, Assistant Brand Strategist, Constellation Beer - Horizon Media, Inc.; pg. 473
Sanderson, Kristine, Lead, Global Recruitment & Consultant, Human Resources - Anithing Is Possible Recruiting; pg. 667
Sanderson, Rhonda, Founder, Owner & President - Sanderson & Associates Ltd.; pg. 645
Sandford, Billy, Chief Financial Officer - Intermark Group, Inc.; pg. 375
Sandholm, Becky, Director, Programmatic - Spark Foundry; pg. 510
Sandhu, Puneet, Account Director - Mission North; pg. 627
Sandhu, Sabrina, Supervisor, Communications Design - Initiative; pg. 479
Sandin, Jill, Co-Founder & President - JS2 Communications; pg. 618
Sandison, Joe, Account Director - Fishbowl; pg. 234
Sandler, Alexis, Supervisor - Publicis North America; pg. 399
Sandler, Emily, Marketing Operations Manager - 451 Research; pg. 441
Sandmann, David, Media Manager & Buyer - Stellar Marketing; pg. 518
Sandmann, Deanna, Strategy Director - 1000heads; pg. 691
Sandoval, Andrew, Director, Biddable Media - The Media Kitchen; pg. 519
Sandoval, Elizabeth, Account Director - mcgarrybowen; pg. 110
Sandoval, Elizabeth, Senior Communications Strategist - Anomaly; pg. 326
Sandoval, Jackie, Associate Director, Communications Planning - Carat; pg. 459
Sandoval, Jorge, Senior Project Manager, Integrated - H&L Partners; pg. 80
Sandoval, Rodolfo, Partner, Digital Media - MediaCom; pg. 487
Sandoz, Natalie, Director, Marketing & Business Development - Potenza Inc; pg. 398
Sandquist, Clint, Account Coordinator - Duft Watterson; pg. 353
Sandquist, Karen, Vice President & Group Planning Director - Havas Media Group; pg. 469
Sandroff, Haley, Director, Media & Strategy - Spark Foundry; pg. 510
Sands, Jennifer, Controller - SourceLink, LLC; pg. 292
Sands, Kelly Jo, Chief CRM & MarTech Officer - Ansira; pg. 326
Sands, Mallory, Associate Director, Business & Media Operations - OMD West; pg. 502
Sands, Will, Senior Copywriter - 180LA; pg. 23
Sandstrom, Jim, President, Risdall Sandstrom Media Works Division - Risdall Marketing Group; pg. 133
Sandstrom, Steve, Executive Creative Director - Sandstrom Partners; pg. 198
Sandy, Mark, Associate Creative Director - Leo Burnett Worldwide; pg. 98
Saneshige, Norio, Director, Creative & Account Executive - WRL Advertising; pg. 163
Sanfilippo, Cara, Vice President, Performance Marketing - Edelman; pg. 599
Sanfilippo, Jessica, Senior Vice President, Group Media Director - 360i, LLC; pg. 320
Sanfilippo, Laura, Assistant, Digital Planning - Carat; pg. 459
Sanfillippo, Aaron, Associate Creative Director - Two by Four Communications, Ltd.; pg. 157
Sanford, Brandon, Senior Vice President - WE Communications; pg. 660
Sanford, Marc, Senior Vice President, Strategy & Analytics - Wunderman Thompson Seattle; pg. 435
Sang, Gordy, Senior Vice President & Creative Director - Leo Burnett Worldwide; pg. 98
Sangdee, Nok, Director, Creative - FCB Chicago; pg. 71
Sanger, Brandy, Director, Strategy - Grey Midwest; pg. 366
Sanghera, Paramjeet, Chief Technology Officer - Jellyfish U.S.; pg. 243
Sangidorj, Darren, Manager, Paid Search - Mindshare; pg. 491
Sangiovanni, Gisele, Principle & Creative Director - Muts & Joy, Inc.; pg. 192
Sangiovanni, Rafael, Senior Producer, Digital & Social Media - RBB Communications; pg. 641
Sanicola, Fred, Executive Creative Director - Spark44; pg. 411
Sankey, Gary, Art Director - EyeThink; pg. 182
Sann, Tom, Executive Producer - Wonderful Agency; pg. 162
Sanna, James, President & Chief Executive officer - Running Subway; pg. 563
Sannazzaro, Lisa, Director, Paid Social - Reprise Digital; pg. 676
Sano, Joe, Chief Operating Officer - Mindstream Interactive; pg. 250
Sanseri, Frank, Director, Information Technology - SIGMA Marketing Insights; pg. 450
Sansregret, Martin, President & Product

AGENCIES — PERSONNEL

Manager - Tam Tam \ TBWA; *pg.* 416
Santa Cruz, Vanessa, Director, SEO - WMX; *pg.* 276
SantaLucia, Laurie, Account Director, Client Services - Anderson Advertising; *pg.* 325
Santalucia, Amanda, Integrated Producer - SuperHeroes New York; *pg.* 145
Santamaria, Alejandra, Global Account Director - McCann New York; *pg.* 108
Santana, Bianca, Connections Planner - Havas Media Group; *pg.* 468
Santana, Facundo, Head, Design - Digital Authority Partners; *pg.* 225
Santana, Javier, Co-Founder, Partner & Creative Director - Launch Interactive, LLC; *pg.* 245
Santana, Maruchi, Chief Client Officer - Parham Santana, Inc.; *pg.* 194
Santana, Nadine, Strategic Marketing & Media - Camelot Strategic Marketing & Media; *pg.* 457
Santana, Joe, Creative Director - MKTX; *pg.* 116
Santaniello, Dave, Senior Vice President & Music Practice Lead - United Entertainment Group; *pg.* 299
Santare, Bill, Vice President & Director, Programmatic Strategy - Havas Media Group; *pg.* 470
Santare, Rachel, Associate Director, Digital Innocation & Technology - PGR Media; *pg.* 504
Santarelli, Jen, Digital Developer & Campaign Specialist - Bounteous; *pg.* 218
Santarsiero, Drew, Executive Producer - SMUGGLER; *pg.* 143
Sante, Erica, Director, Marketing Automation - r2integrated; *pg.* 261
Santiago, Jennifer, Vice President, Content Producer - Geometry; *pg.* 362
Santiago, John, Chief Executive Officer - M8; *pg.* 542
Santiago, Juan, Vice President & Executive Creative Director - Ten35; *pg.* 147
Santiago, Karen, Senior Content Producer - Addison; *pg.* 171
Santiago, Karin, Vice President & Planning Director - BBDO Worldwide; *pg.* 331
Santiago, Melanie, Senior Vice President, Media - 360i, LLC; *pg.* 207
Santiago, Orlando, Senior Vice President & Account Director - Ventura Associates Intl, LLC; *pg.* 571
Santiago, Santi, Vice President - Ansira; *pg.* 280
Santiago-Poventud, Lorraine, Director, Digital Marketing Account Manager - Wpromote; *pg.* 679
Santibanez, Abel, Associate Director, Integrated Media - Quigley-Simpson; *pg.* 544
Santilli, Dino, Creative Director - Ideaology Advertising; *pg.* 88
Santilli, Olivia, Vice President, Strategy & Media - Cummins&Partners; *pg.* 347
Santilli, Tracey, Chief Growth Officer - Tierney Communications; *pg.* 426
Santillo, Brandi, Vice President, Production - Fractl; *pg.* 686
Santillo, Nick, President & Chief Executive Officer - Fractl; *pg.* 686
Santmyer, Alli, Account Manager - Benchworks; *pg.* 333
Santo, Helder, Chief Client Officer - Wunderman Health; *pg.* 164
Santonastaso, Tony, Vice President, Operations - Universal Wilde; *pg.* 428
Santone, Marcello, Senior Designer, Piping - Idea Engineering, Inc.; *pg.* 88
Santonocito, Dan, Managing Partner - Basso Design Group; *pg.* 215
Santor, Tim, Co-Founder - X Studios; *pg.* 276

Santora, Jim, Executive Vice President & Senior Account Director - BBDO Worldwide; *pg.* 331
Santore, Stephen, Managing Director - SpotCo; *pg.* 143
Santoro, Jonathan, Executive Creative Director - PLAY & AUX Magazine - VIRTUE Worldwide; *pg.* 159
Santoro, Mike, President & Principal - Walker Sands Communications; *pg.* 659
Santorum, Joanna, Digital Media Supervisor - Hearts & Science; *pg.* 473
Santos, Charline, Associate Director, Strategic Planning - Walton Isaacson; *pg.* 547
Santos, Cilmara, Senior Vice President, Client Solutions & Brand Partnerships - Conill Advertising, Inc.; *pg.* 538
Santos, Danny, Director, Creative Services - Stein IAS; *pg.* 267
Santos, David, Vice President, Human Capital Management - Hearst - iCrossing; *pg.* 240
Santos, Dennis, Executive Vice President & Managing Director - NYC - PGR Media; *pg.* 504
Santos, Dina, Specialist - Havas - Arena Media; *pg.* 454
Santos, Jennifer, Associate Director, Media - MediaCom; *pg.* 486
Santos, Jose, Senior Vice President & Client Business Partner - Universal McCann; *pg.* 521
Santos, Manny, Creative Director - DeVito/Verdi; *pg.* 62
Santos, Mariana, Brand Director, Strategy - P&G - Hearts & Science; *pg.* 471
Santos, Moey, Senior Vice President & Client Business Partner - Universal McCann; *pg.* 521
Santos, Ricky, Graphic Designer - Adelsberger Marketing; *pg.* 322
Santos, Vivian, Co-Founder, Managing Partner & Executive Director - VSBrooks; *pg.* 429
Santospago, Nicole, Senior Account Manager - Fundamental Media; *pg.* 465
Santowski, Leah, Senior Associate, Portfolio Management - Universal McCann Detroit; *pg.* 524
Sanzen, Michael, Co-Founder & Chief Creative Officer - Concentric Health Experience; *pg.* 52
Sanzotti, Bryan, Co-Founder & President - Integrated Marketing Solutions; *pg.* 89
Saoyen, Kat, Creative Director - 160over90; *pg.* 1
Saperstein, Alan, Executive Vice President, Chief Operating Officer & Treasurer - Onstream Media; *pg.* 255
Sapienza, Alaina, Senior Copywriter, Social Media - Brunner; *pg.* 44
Sapinski, David, Account Director - Silverlight Digital; *pg.* 265
Sapiro, Aaron, Account Director - Sports Troika/Mission Group; *pg.* 20
Saporito, Robert, Chief Financial Officer & Executive Vice President - Ogilvy CommonHealth Worldwide; *pg.* 122
Sapoznikov, Alex, Senior Vice President, Analytics & Data Strategy - Broadbeam Media; *pg.* 456
Sapp, Dalton, Senior Project Manager - Black Bear Design Group; *pg.* 175
Sapp, Michael, Chief Financial Officer - Bayshore Solutions; *pg.* 216
Sapp, Steve, Senior Vice President, National Sales - Gas Station TV; *pg.* 552
Sapp, Susie, Business Development Manager - Switch; *pg.* 145
Sappington, Doug, Founding Partner - Brand Neue Co; *pg.* 3
Saraceno, Frank, Director, Connections Planning - Havas Media Group; *pg.* 468
Sarasola, Eddie, Co-Founder & President, International Markets - NatCom Marketing

Communications; *pg.* 390
Sarault, Stacy, Vice President - Borshoff; *pg.* 585
Sard, George, Chairman & Chief Executive Officer - Sard Verbinnen; *pg.* 646
Sardana, Bhawna, Analyst, Data - Spark Foundry; *pg.* 510
Sardesai, Amol, Associate Creative Director - Pennebaker, LMC; *pg.* 194
Sardinas, Natalie, Account Supervisor - Republica Havas; *pg.* 545
Saremi, Atash Tara, Associate Director, Sponsorship & Experiential Marketing - Saatchi & Saatchi Los Angeles; *pg.* 137
Sargent, Carolyn, Executive Vice President - Rubenstein Associates; *pg.* 644
Sargent, George, Chief Executive Officer - Arnold Worldwide; *pg.* 33
Sargent, Todd, Project Manager - VDA Productions; *pg.* 317
Sargeon, Kristen, Media Supervisor & Associate Director - Starcom Worldwide; *pg.* 513
Sarkis, Gustavo, Executive Creative Director - Conill Advertising, Inc.; *pg.* 538
Sarkisian, Taline, Supervisor, Media - Starcom Worldwide; *pg.* 516
Sarlin, Asher, Creative Director - Doublespace; *pg.* 180
Sarlo, Debbie, Media Director - Lumentus; *pg.* 624
Sarmast, Joellen, Director, Brand Strategy - Burns Marketing; *pg.* 219
Sarmiento, Andrew, Integrated Communications Planner - Media Assembly; *pg.* 385
Sarmiento, Ciro, Chief Creative Officer - Dieste; *pg.* 539
Sarmiento, Diego, Senior Copywriter - Zambezi; *pg.* 165
Sarmiento, Eduardo, Executive Vice President, Creative - Brunet-Garcia Advertising, Inc.; *pg.* 44
Sarna, Allison, Event Producer - The George P. Johnson Company; *pg.* 316
Sarnelli, Cristina, Senior Account Manager - The MX Group; *pg.* 422
Sarni, Mark, Chief Financial Officer - ZAG Interactive; *pg.* 277
Sarnicola, Laura, Director, Client Strategy - rDialogue; *pg.* 291
Sarnoff, Dafna, Chief Marketing Officer - Intersection; *pg.* 553
Saronitman, Susan, Chief Brand Officer, Brand Reputation & Agency Marketing - Mitchell; *pg.* 627
Sarosi, Mark, Art & Design Director - Anomaly; *pg.* 325
Sarpy, Kathleen, Founder & Chief Executive Officer - Agency H5; *pg.* 575
Sarraga, Nikki, Associate Director, Video Buying - OMD; *pg.* 498
Sarris, Dave, Partner - pushtwentytwo; *pg.* 401
Sarris, James, Vice President, Client Services - Ai Media Group, LLC; *pg.* 211
Sarro, Adriana, Supervisor, Digital Planning & Activation - Carat; *pg.* 459
Sarro, Angela, Manager, Strategic Planning - Unilever - Mindshare; *pg.* 491
Sartain, Magali, Senior Vice President & Managing Partner - Wunderman Health - Kansas City; *pg.* 164
Sartin, Hannah, Account Executive - Callis & Associates; *pg.* 46
Sarto, Darrin, Vice President, Client Services - Digital - Revolution Media; *pg.* 507
Sartorius, Jim, Chief Information Officer - MUDD Advertising; *pg.* 119
Sarubin, Carol, Chief Finance Officer -

1003

PERSONNEL — AGENCIES

Keenan-Nagle Advertising; *pg.* 94
Sarver, Christina, Digital Manager - Wavemaker; *pg.* 526
Sasada, Megumi, Client Budget Manager, Finance - McCann New York; *pg.* 108
Sass, David, President - Apel, Inc.; *pg.* 302
Sass, Leah, Senior Manager, Accounts & Business Development - Apel, Inc.; *pg.* 302
Sass, Sabrina, Partner & Senior Director - Wavemaker; *pg.* 526
Sasser, David, President - MidLantic Marketing Solutions; *pg.* 288
Sasser, Doug, Vice President & Director, Operations - MidLantic Marketing Solutions; *pg.* 288
Sasser-Bracone, Annmarie, Senior Vice President & Group Director, Local Media Activation - Carat; *pg.* 459
Sasso Gardner, Ariel, Vice President-Restaurants, Travel Hospitality - Marlo Marketing Communications; *pg.* 383
Sater, Barbara, Vice President, Strategic Services - Stephenz Group; *pg.* 413
Sather, Steven, Director, Business Development & Marketing - Portent; *pg.* 676
Satley, Derek, Business Development Director - Brand Value Accelerator; *pg.* 42
Sato, Alex, Account Director - HP - TracyLocke ; *pg.* 684
Sato, Hana, Junior Art Director, Social - Hudson Rouge; *pg.* 371
Sato, Skye, Director, Automation - Zenith Media; *pg.* 529
Satoor, Veronice, Director, Ticketing - Another Planet Entertainment; *pg.* 565
Satterfield, Lindsay, Vice President, Brand Strategy - Klick Health; *pg.* 244
Satterfield, Pam, Vice President & Media Director - Martin Advertising; *pg.* 106
Satterwhite, Nicole, Principal - Willoughby Design Group ; *pg.* 205
Saucedo, Guille, Creative Director & Art Director - Legion Advertising; *pg.* 542
Saucedo, Sergio, Analytical Strategist - MUH-TAY-ZIK / HOF-FER; *pg.* 119
Sauchak, Kristin, Vice President - The Outcast Agency; *pg.* 654
Saucier, Stephanie, Director, Marketing Services - Bounteous; *pg.* 218
Sauder, Andy, Senior Graphic Designer & Web Designer - Zeller Marketing & Design; *pg.* 205
Sauer, Drake, Art Director - SCORR Marketing; *pg.* 409
Sauer, Kevin, Executive Vice President, Strategy - Zenith Media; *pg.* 529
Sauer, Kevin, Senior Vice President, Strategy & Activation - VM1 (Zenith Media + Moxie); *pg.* 526
Saul, Chad, Executive Director, Business Development - RP3 Agency; *pg.* 408
Saul, Courtney, Group Director, Account - Chemistry Atlanta; *pg.* 50
Saulnier, Anne, Director, Talent & Operations - Camp + King; *pg.* 46
Saulsberry, Krystal, Media Supervisor - Starcom Worldwide; *pg.* 513
Saunders, Beth, Vice President & Director, Major Accounts - Lewis Media Partners; *pg.* 482
Saunders, Christine, Executive Vice President & Managing Director - Starcom Worldwide; *pg.* 517
Saunders, David, Chief Idea Officer - Madison & Main; *pg.* 382
Saunders, Gary, President & Art Director - Saunders Outdoor Advertising; *pg.* 557
Saunders, Gwen, Senior Designer - Digital & Multimedia - ABZ Creative Partners; *pg.* 171
Saunders, John, President & Chief Executive Officer - FleishmanHillard; *pg.* 604

Saunders, John, President & Chief Executive Officer - FleishmanHillard; *pg.* 604
Saunders, Kendall, Assistant Account Manager - Sterling-Rice Group; *pg.* 413
Saunders, Michael, Vice President, Marketing & Account Services - Rauxa; *pg.* 291
Saunders, Rachel, Global Director, Consumer Reach & Insights - We're Magnetic; *pg.* 318
Saunders, Rob, General Sales Manager - Saunders Outdoor Advertising; *pg.* 557
Saunders, Rosswell, Creative Director - DDB New York; *pg.* 59
Saunders, Ryan, Vice President - Saunders Outdoor Advertising; *pg.* 557
Saunders, Shealin, Senior Associate Portfolio Management - Universal McCann Detroit; *pg.* 524
Sauro, Joseph, Senior Strategist - Analytics Team Lead - Direct Agents, Inc.; *pg.* 229
Sausen, Andrea, Senior Administrative Assistant, Media - Cramer-Krasselt ; *pg.* 53
Sausser, Leeann, Account Manager - Borshoff; *pg.* 585
Sausville, Teresa, Executive Creative Director - CheckMark Communications; *pg.* 49
Saute, Maxime, Creative Director - Rethink Communications, Inc.; *pg.* 133
Sauter, David, President & Chief Executive Officer - Envano, Inc.; *pg.*
Sauter, Melissa, Chief Executive Officer - Escalent; *pg.* 444
Sauter, Robert, Director & Head, Account Strategy - Rise Interactive; *pg.* 264
Sauter, Schuyler, National Account Executive - Branded Cities; *pg.* 550
Sautter, Jeff, Chief Operating & Chief People Officer - BBDO Worldwide; *pg.* 331
Sauvagnargues, Vincent, Executive Director, Business - Hearts & Science; *pg.* 471
Sauve, Francois, Vice President, Creative - LG2; *pg.* 380
Sauzameda, Jessica, Marketing Coordinator - The MX Group; *pg.* 422
Savacool, Wes, Manager, Production - RMI Marketing & Advertising; *pg.* 407
Savage, Ann, President & Media Buyer - Pathos; *pg.* 396
Savage, Jaclyn, Account Manager - Epoch 5 Public Relations; *pg.* 602
Savage, Jennifer, Director, Communications & Marketing - Katz Media Group, Inc.; *pg.* 481
Savage, Lauren, Production Manager - Jack Morton Worldwide; *pg.* 309
Savage, Matt, Associate Creative Director - The Boston Group; *pg.* 418
Savage, Michael, Copywriter - Frank Collective; *pg.* 75
Savage, Riley, Senior Associate, Portfolio Management - Universal McCann; *pg.* 521
Savaiano, Paul, Head, Strategy - Walrus; *pg.* 161
Savalia, Digant, Senior Director, Paid Media - The Search Agency; *pg.* 677
Savard, Michele, Vice President & General Manager - Carat; *pg.* 461
Savela, Kelly, Strategist, Social Media - Campbell Ewald; *pg.* 46
Savic, Sasha, Chief Executive Officer - MediaCom USA - MediaCom; *pg.* 487
Savidge, Alexandra, Head, Marketing - Digital Authority Partners; *pg.* 225
Savignano, Fae, Executive Vice President - Marden-Kane, Inc.; *pg.* 568
Savik, Britta, Account Director - Goodby, Silverstein & Partners; *pg.* 77
Saville, Shelby, Chief Investment Officer - Spark Foundry; *pg.* 510
Savin, Danielle, Senior Director, Digital Strategy - Lyons Consulting Group; *pg.* 247
Savine, Steffanie, Vice President, Sales & Accounts - The Marx Group; *pg.* 421

Savini, Jessie, Account Supervisor - Billups, Inc; *pg.* 550
Savino, Jennifer, Co-Owner & Vice President - Knupp & Watson & Wallman; *pg.* 378
Savio, Christa, Specialist, Multimedia - Dunn&Co; *pg.* 353
Savion, Ronnie, Executive Vice President & Chief Creative Officer - Elias Savion Advertising; *pg.* 68
Savitt, Scott, Senior Partner & Director, Digital - Connelly Partners; *pg.* 344
Savitz, Caryn, Associate Media Director, Communications & Planning - VaynerMedia; *pg.* 689
Savoia, Patrick, Director, Global Media - Blue State Digital; *pg.* 335
Savoie, Mylene, President - Montreal - McCann Canada; *pg.* 447
Saw, Diane, Account Director - Moving Image & Content; *pg.* 251
Saw, William, Director, Search - Mediasmith, Inc. ; *pg.* 490
Sawabini, Issa, Partner - Fuse, LLC; *pg.* 8
Sawai, Kyle, Principal, Brand Management - The Richards Group, Inc.; *pg.* 422
Sawhney, Neil, Associate Director, Communication & Media Planning - Wieden + Kennedy; *pg.* 432
Sawhney, Ravi, President & Chief Executive Officer - RKS Design; *pg.* 197
Sawicki, Rachel, Account Supervisor - Seroka Brand Development; *pg.* 646
Sawitoski, Eric, Executive Vice President, Creative & Digital - Legacy Marketing Partners; *pg.* 310
Sawrie, Ryan, Director, Social Media & Content - CSM Sports & Entertainment; *pg.* 55
Sawyer, Bryan, President - CMA Design; *pg.* 177
Sawyer, Crystal, Senior Vice President & Managing Director - H&L Partners; *pg.* 80
Sawyer, Louis, Chief Strategy Officer & Senior Vice President - Brunner; *pg.* 44
Sawyer, Mary, Vice President, Public Relations - Geile/Leon Marketing Communications; *pg.* 362
Sawyer, Meieli, Director, Communication - The Weinbach Group, Inc.; *pg.* 425
Sax, David, Senior Strategist - DRA Strategic Communications; *pg.* 598
Sax, Jill, Brand Group Director - Horizon Media, Inc.; *pg.* 473
Sax, Sara, Director, Business Affairs - The Richards Group, Inc.; *pg.* 422
Saxby, Art, Chief Executive Officer, Founder & Principal - Chief Outsiders; *pg.* 443
Saxer, Christy, Media Buyer - Briggs & Caldwell; *pg.* 456
Saxon, Emily, Account Associate - 3Q Digital; *pg.* 208
Saxon, Kiki, Director, Group Account - Vault49; *pg.* 203
Saxon, Robert, Executive Producer - Wieden + Kennedy; *pg.* 430
Sayde, Al, Senior Vice President, Business Development - Trans World Marketing; *pg.* 202
Sayegh, Daniela, Media Account Manager - Mindshare; *pg.* 495
Sayles, Carina, Co-Principal - Sayles & Winnikoff Communications; *pg.* 646
Sayliss, Adrian, Global Chief Finance Officer - Publicis North America; *pg.* 399
Saylor, Jamie, Communications Director - General Mills - Mindshare; *pg.* 494
Saylor, Lana, Director, Process Development & Implementation - The Integer Group - Dallas; *pg.* 570
Sayn-Wittgenstein, Peter, Executive Creative Director - Mirum Agency; *pg.* 251

AGENCIES — PERSONNEL

Sayre, Brooke, Associate, Media - Starcom Worldwide; *pg.* 513
Saywa, Alvin, Vice President, Group Creative Director - Jack Morton Worldwide; *pg.* 309
Saywitz, Robert, Director, Design - Emotive Brand; *pg.* 181
Sbarra, Sandy, Senior Vice President - Scotwork; *pg.* 291
Sbrega, Molly, Account Director - On Board Experiential Marketing; *pg.* 313
Scafidi, Dana, Group Director, Digital Activation - OMD; *pg.* 498
Scagnelli, Kara, Vice President & Group Director, Media - Digitas; *pg.* 228
Scala, Irene, Creative Director - Spark451, Inc.; *pg.* 411
Scales, Libby, Vice President, Account - The Narrative Group; *pg.* 654
Scalise, Ronda, General Manager & Senior Vice President - Aisle Rocket; *pg.* 681
Scalisi, Lindsay, Senior Vice President - Access Brand Communications; *pg.* 574
Scalisi, Tanya, Account Director - J Public Relations; *pg.* 616
Scallate-Hartley, Michelle, Vice President & Account Director - Leo Burnett Worldwide; *pg.* 98
Scally, Meegan, Senior Associate, Content - Spark Foundry; *pg.* 508
Scalzo, Margaret, Negotiator, Print & Digital Partnerships - Initiative; *pg.* 477
Scamihorn, Aaron, Senior Art Director - Borshoff; *pg.* 585
Scampoli, Rosalia, Senior Director, Media - Marketcom PR; *pg.* 625
Scandling, Dan, Senior Director, Public Affairs - APCO Worldwide; *pg.* 578
Scandone, Keith, Partner & Chief Executive Officer - O3 World; *pg.* 14
Scangamor, Joe, Chief Financial Officer - Mindshare; *pg.* 491
Scanlon, Dave, Executive Vice President, Strategic Services - Focused Image; *pg.* 235
Scanlon, Erin, Supervisor - National Video - Carat; *pg.* 459
Scanlon, Michael, Head, Creative - Chandelier Creative; *pg.* 49
Scanlon, Tara, Director, Integrated Media - 360i, LLC; *pg.* 320
Scannell, Kevin, Media Director at Acart Communications - Acart Communications, Inc.; *pg.* 322
Scannell, Mike, President & Chief Digital Officer - Agency Creative; *pg.* 29
Scannello, Joanne, Executive Vice President & Group Creative Director - Deutsch, Inc.; *pg.* 349
Scapes, John, Senior Director, Art - 6AM Marketing; *pg.* 1
Scapperotti, Sherry, President & Founder - PlusMedia, LLC; *pg.* 290
Scarborough, Keith, Senior Vice President, Government Relations - Association of National Advertisers; *pg.* 442
Scardino, Cris, Account Director - Droga5; *pg.* 64
Scardino, Mike, Chief Creative Officer - Barnhardt Day & Hines; *pg.* 36
Scarduzio, Dick, Chief Financial Officer - AKCG Public Relations Counselors; *pg.* 575
Scarinzi, Chip, Senior Vice President - Ketchum West; *pg.* 620
Scarlino, Melissa, Manager, Research & Associate Director - Universal McCann; *pg.* 521
Scarola, Anthony, Vice President, Media - VaynerMedia; *pg.* 689
Scaros, Alex, Management Supervisor - Wieden + Kennedy; *pg.* 432
Scarpa, Gabrielle, Senior Manager - Universal McCann; *pg.* 521
Scarpatti, Rebecca, Director, Production - Dalton + Anode; *pg.* 348
Scarpelli, Tiffany, Senior Account Executive - Martin Retail Group; *pg.* 106
Scarsella, James, Associate Creative Director - The Mars Agency; *pg.* 683
Scartz, Joe, Chief Digital Commerce Officer - TPN; *pg.* 571
Scatena, Denise, Founding Partner - Scatena Daniels Communications; *pg.* 646
Scazafave, Mark, Senior Vice President - US Tandem Oncology Monitor - Ipsos Healthcare; *pg.* 446
Scelba, Dave, Chairman & Co-Founder - SGW Integrated Marketing; *pg.* 410
Scelsi, Mia, Senior Director, Operations - Insight Strategy Group; *pg.* 445
Scelzo, Julie, Global Executive Creative Director - mcgarrybowen; *pg.* 109
Scerba, Lindsey, Associate Account Director, Affiliate Marketing - Acceleration Partners; *pg.* 25
Schaaf, Don, President - Don Schaaf & Friends, Inc.; *pg.* 180
Schaaf, Jimmy, Supervisor - Canvas Worldwide; *pg.* 458
Schaaf, Matt, Executive Vice President - Don Schaaf & Friends, Inc.; *pg.* 180
Schaaf, Molly, Executive Producer - WorkInProgress; *pg.* 163
Schaal, Lindsay, Director, Account Management - Conversant, LLC; *pg.* 222
Schaar, Tiffany, Vice President, Operations & Employee Development - Sterling Communications, Inc.; *pg.* 650
Schab, Frank, Chief Operating Officer - Six Degrees, LLC; *pg.* 17
Schabdach, Sadie, Chief Content Officer - Mitchell; *pg.* 627
Schacherer, Mike, Vice President & Creative Director - Little & Company; *pg.* 12
Schachman, Karyn, Senior Media Buyer - Source Communications; *pg.* 315
Schade, Emily, Account Supervisor - Anomaly; *pg.* 325
Schade, Kate, Group Account Director - The Sawtooth Group; *pg.* 152
Schadt, Brian, Brand Management Principal - The Richards Group, Inc.; *pg.* 422
Schaefer, Eric, President - Mindstream Media Group - Dallas; *pg.* 496
Schaefer, Jeff, Vice President, Integrated Marketing - FARM; *pg.* 357
Schaefer, Kristi, Director, Client Services - PUSH 7; *pg.* 131
Schaefer, Nancy, Managing Partner - Ingram Consumer Dynamics; *pg.* 10
Schaeffer, Daniel, Director, Digital Media - SwellShark; *pg.* 518
Schaeffer, Lyndsey, Senior Director - Markstein; *pg.* 625
Schaeffer, Mark, Executive Vie President, Business Development - H&L Partners; *pg.* 80
Schaeffer, Matt, Media Director - Harmelin Media; *pg.* 467
Schaerli, Alexander, Vice President & Director, Analytics - Horizon Media, Inc.; *pg.* 473
Schaevitz Deacon, Jessica, Vice President & Global Account Director - McCann New York; *pg.* 108
Schafer, Charlie, Vice President & Group Account Director - Stern Advertising, Inc.; *pg.* 413
Schafer, Dave, Associate Director, Digital Production - Abelson-Taylor; *pg.* 25
Schafer, Dave, Director, Strategy & Creative - BusinessOnLine; *pg.* 672
Schafer, Eric, Group Account Director - Mirum Agency; *pg.* 251
Schafer, Henry, Executive Vice President - Marketing Evaluations, Inc.; *pg.* 447
Schafer, Michelle, Senior Vice President, Security - Merritt Group Public Relations; *pg.* 627
Schafer, Stephanie, Group Account Director - mono; *pg.* 117
Schafer, Stephanie, Director, Digital Implementation - Wavemaker; *pg.* 526
Schaffer, Brian, Managing Director - Prosek Partners; *pg.* 639
Schaffer, Darryl, Executive Vice President, Operations & Exhibitor Relations - Screenvision; *pg.* 557
Schaffer, Elizabeth, Supervisor, Programmatic Advertising - 360i, LLC; *pg.* 207
Schaffer, Katherine, Audience Supervisor, OMD - OMD; *pg.* 500
Schaffer, Lisa, Director, Business Development & Client Services - Creative B'stro; *pg.* 222
Schaffer, Mike, Senior Vice President - Edelman; *pg.* 601
Schaffer, Philip, Business Director - Anomaly; *pg.* 326
Schaffner, Roger, Owner & Chief Executive Officer - Palisades Media Group, Inc.; *pg.* 124
Schakola, Brandon, Senior Director, Earned Media - The Search Agency; *pg.* 677
Schalle, Bonnie, Owner & President - E&M Media Group; *pg.* 282
Schaller, Katie, Associate Producer - Wieden + Kennedy; *pg.* 430
Schallert, Heather, Senior Director, SEO - Pico Digital Marketing; *pg.* 257
Schannen, Cathy, Vice President & Account Director - LABOV Marketing & Training; *pg.* 379
Schanuel, Mary, Senior Consultant - Synergy Group; *pg.* 651
Schapiro, Rob, Chief Creative Officer - Brunner; *pg.* 44
Schappler, Joseph, President, Founder & Owner - Helix Design, Inc.; *pg.* 186
Schaps, Richard, Chief Executive Officer - Van Wagner Communications; *pg.* 558
Schaps, Roberto, President & Chief Executive Officer - Turkel; *pg.* 157
Schardein, Lisa, Vice President, Operation - Current360; *pg.* 56
Schardein, Rick, Chief Executive Officer - Current360; *pg.* 56
Scharf, Alisa, Associate Director, SEO - Seer Interactive; *pg.* 677
Scharf, Amy, Vice President, Client Services - Daniels & Roberts, Inc.; *pg.* 348
Scharf, Andy, Global Chief Financial Officer - Hill+Knowlton Strategies; *pg.* 613
Scharf, Cara, President & Founder - Fearless Media; *pg.* 673
Scharf, Kathi, Director, Property Development Solutions - Immersion Active, Inc.; *pg.* 241
Scharf, Mitch, Executive Vice President & Managing Director - Moxie; *pg.* 251
Schatz, Jamie, Associate Creative Director - Midan Marketing; *pg.* 13
Schatz, Mike, Creative Director & Senior Vice President - Blue Sky; *pg.* 40
Schatz, Shauna, Vice President, Strategic Media - Intermarkets, Inc.; *pg.* 242
Schauer, Jenny, Vice President & Director, Media - Digitas; *pg.* 227
Schaus, Chris, Associate Group Media Director - Eicoff; *pg.* 282
Schear, Erik, Vice President, Sales, Auto, Travel & New Markets - Eyeview Digital, Inc.; *pg.* 233
Schearer, Cory, Creative Design Director -

PERSONNEL — AGENCIES

EP+Co.; pg. 356
Schechter, Moshe, Supervisor - Zenith Media; pg. 529
Schecter, Janice, Media Director - Harmelin Media; pg. 467
Scheel, Jennifer, Senior Vice President, Digital Activation - Amnet; pg. 454
Scheer, Jennie, Group Director, Media - PHD USA; pg. 505
Scheer, Judy, Creative Strategy & Partner - Yes Design Group; pg. 21
Sheets, Stacy, Director, Digital Media - Spark Foundry; pg. 510
Scheetz, Katie, Executive Vice President, Business Development - Marketing Architects; pg. 288
Scheffler, Doris, Associate Director, Operations - Starcom Worldwide; pg. 513
Scheib, Lauren, Creative Director - Warschawski Public Relations; pg. 659
Scheibel, John, Chief Executive Officer - Trefoil Group; pg. 656
Scheibel, Mary, Chief Executive Officer & Founder - Trefoil Group; pg. 656
Scheid, Cynthia, Director, Creative Operations - Stein IAS; pg. 267
Scheideler, Kara, Senior Account Executive - CMM; pg. 591
Scheideler, Pam, Partner, Chief Digital Officer - Deutsch, Inc.; pg. 350
Scheidler, Samantha, Senior Vic President & Group Account Director - Wunderman Thompson; pg. 434
Schein, Emily, Account Supervisor - Grey Group; pg. 365
Scheinberg, David, Managing Partner - Campbell Marketing and Communications; pg. 339
Scheiner, Steven, Manager, Print Production - Ritta & Associates; pg. 407
Scheinok, Tamir, Chief Operating Officer - Fluid, Inc.; pg. 235
Schelfhaudt, Peter, Chairman & Chief Executive Officer - Creative Partners, LLC; pg. 346
Schellenbach, Lisa, Director, Integrated Media - Fraser Communications; pg. 540
Schelling, Bill, Production Manager - DoeAnderson Advertising ; pg. 352
Schembri, Chris, Founder & Chief Executive Officer - Aletheia Marketing & Media; pg. 454
Schenk, Nick, Search Engine Marketing Manager - Just Media, Inc.; pg. 481
Schenkel, Adam, Senior Vice President, Global Commercial Development - GumGum; pg. 80
Schenkel, Penny, Client Experience Manager - Burke, Inc.; pg. 442
Schenning, Sue, Art Director - Rinck Advertising; pg. 407
Schepisi, Alissa, Senior Vice President, Employee Experience - Edelman; pg. 353
Schepleng, Dan, President & Creative Director - Kapowza; pg. 94
Scher, Julie, Associate Media Director, Broadcast - Team One; pg. 417
Scher, Kevin, Executive Vice President & Group Managing Director - McCann New York; pg. 108
Scher, Paula, Partner - Pentagram; pg. 194
Scherbring, A. J., Vice President & Director, Digital Creative - Periscope; pg. 127
Scherbring, Sarah, Group Account Director - Schwan's Consumer Brands - Carmichael Lynch; pg. 47
Scherer, Craig, Senior Partner & Co-Founder - Insight Product Development; pg. 445
Scherer, Dan, Senior Vice President - Mountains Region - Outfront Media; pg. 555
Scherer, Natalie, Vice President, Marketing - Rise Interactive; pg. 264

Scherer, Tom, Co-Founder & President - Hydrogen; pg. 87
Scherk, Dan, Partner & Creative Director - Traction Creative Communications; pg. 202
Scherma, Frank, President - Radical Media; pg. 196
Schermer, Chris, President & Owner - Schermer; pg. 16
Schermer, Koryn, President & Chief Executive Officer - Ritta & Associates; pg. 407
Schermoly, Rachel, Account Manager - The Sunflower Group; pg. 317
Scherr, Traci, Senior Content Creator - Arketi Group; pg. 578
Scherrer, Jack, Account Manager, SEM & Strategic - Bluetent; pg. 218
Scherrer, Jay, Partner & Chief Operating Officer - Bluetent; pg. 218
Scherzer, Robert, Senior Data Strategist - DNA Seattle; pg. 180
Schettino, Anthony, President & Founder - Impressions; pg. 89
Schettino, Frank, Senior Vice President - Publicis.Sapient; pg. 259
Schetzsle, Katie, Account Executive - Meyocks Group; pg. 387
Scheuer, Madison, Account Coordinator - Atrium; pg. 579
Scheuman, Ron, Senior Vice President, Operations - Rightpoint; pg. 263
Scheumann, Matthew, Art Director - The VIA Agency; pg. 154
Scheve, Kristin, Senior Vice President, Media Director - Digitas; pg. 227
Scheyer, Brian, Executive Creative Director & Partner - Mortar Advertising; pg. 117
Schiano, Michelle, Vice President, Strategic Marketing - Publicis North America; pg. 399
Schiappacasse, Mario, Head, Display & RTB - Jellyfish U.S.; pg. 243
Schiappacasse, Natalia, Account Executive - AC&M Group; pg. 537
Schiavelli, Olivia, Brand Strategist - Horizon Media, Inc.; pg. 473
Schiavone, Anthony, Manager, National Broadcast - Mindshare; pg. 491
Schiazza, Brian, Manager, Digital Experience - Spark44; pg. 411
Schieber, Beth, Senior Vice President & Group Account Director - GSW Worldwide / GSW, fueled by Blue Diesel; pg. 80
Schiefer, James, Founder & Chief Executive Officer - Schiefer Chopshop; pg. 508
Schieffer, Kalyn, Senior Account Executive - March Communications; pg. 625
Schiekofer, Susan, Chief Digital Investment Officer - GroupM; pg. 466
Schields, Kristin, Account Director - Planit; pg. 397
Schiermeyer, Ashley, Manager, Accounts & Social Media - Next Level Sports Inc.; pg. 632
Schifanella, Tom, Executive Vice President, Creative Services - Shepherd Agency; pg. 410
Schiff, Anna, Art Director - Innovative Advertising; pg. 375
Schiff, Brad, President - Pierce-Cote Advertising; pg. 397
Schiff, Bradford, President - Pierce-Cote Advertising; pg. 397
Schiff, Brooke, Social Media Specialist - Havas Media Group; pg. 468
Schiff, Carly, Account Director, Digital - Brogan & Partners ; pg. 538
Schiff, Dave, Founder, Partner & Chief Creative Officer - Made Movement; pg. 103
Schiffman, Graham, Senior Paid Social Associate - MediaCom; pg. 487
Schifino, Paola, Principal - Schifino Lee Advertising; pg. 139

Schiller, Anne Marie, Global Chief, Client Operations - RAPP Worldwide; pg. 291
Schiller, Brittany, Vice President - FishBait Marketing; pg. 306
Schiller, Chuck, Group Creative Director, Writer & Principal - The Richards Group, Inc.; pg. 422
Schiller, Nicole, Senior Account Manager - DWA Media; pg. 464
Schiller, Scott, Global Chief Commercial Officer - Engine Media Group; pg. 465
Schilling, Vitoria, Associate Director, Insights & Analytics - MediaCom; pg. 487
Schillinger, Alex, Director, Media - Phire Group; pg. 397
Schilperoort, Reid, Brand Strategy Director - Wieden + Kennedy; pg. 430
Schimmelpfennig, Jenn, Owner & President - Pivot Marketing; pg. 15
Schimpf, Nanette, Vice President - Moore Communications Group; pg. 628
Schindel, Margaret, Senior Content Strategist - Greenough Communications; pg. 610
Schindele, Scott, Account Director - Agency Creative; pg. 29
Schinder, Amanda, Vice President - Baltz & Company; pg. 580
Schindler, Paul, Group Director, Brand - Horizon Media, Inc.; pg. 474
Schinman, Ryan, Founder & Chief Executive Officer - Platinum Rye; pg. 298
Schirer, Dustin, Director, Creative Production - Barkley; pg. 329
Schirmer, Andrew, Chief Executive Officer - Ogilvy CommonHealth Worldwide; pg. 122
Schiro, Julie, Senior Vice President & Group Client Director - Spark Foundry; pg. 508
Schirripa, Lauren, Director, Strategy & Planning - Edelman; pg. 353
Schittone, Nick, Executive Vice President, Business Development - Hothouse; pg. 371
Schkloven, Jayson, Partner & Senior Vice President - Merritt Group Public Relations; pg. 627
Schlager, Brian, Vice President & Director, Data & Analysis - Digitas; pg. 228
Schlager, Madison, Manager, Brand - Barkley; pg. 329
Schlanger, Rachel, Client Director, Investment - Initiative; pg. 477
Schlansker, Jane, President & Chief Executive Officer - InterStar Marketing & Public Relations; pg. 616
Schlatter, Haley, Account Manager - WongDoody; pg. 162
Schlax, Tony, Global Account Director - Omnicom Media Group - OMD; pg. 500
Schlegel, Jill, Creative Director - The Mars Agency; pg. 683
Schlegel, Luke, Executive Vice President, Operations & Analytics - Nina Hale Consulting; pg. 675
Schlegel, Sue, Vice President, Agency Operations - Group G Marketing Partners; pg. 284
Schlehuber, Marcia, Director, Brand Management - Infinitee Communications, Inc.; pg. 374
Schleicher, Kylie, Managing Director, Technology - VMLY&R; pg. 274
Schlein, Steven, Chief Operating Officer - Dezenhall Resources; pg. 597
Schlendorf, Thea, Account Supervisor - Benson Marketing Group; pg. 280
Schlenker, Thomas, Director, Medical - Interlex Communications; pg. 541
Schlesinger, Craig, Associate Creative Director - Anomaly; pg. 325
Schlesinger, Stacey, Vice President & Managing Director, Promotions - Horizon

AGENCIES — PERSONNEL

Media, Inc.; pg. 474
Schleyer, Jonathan, Global Planning Director - AFG&; pg. 28
Schlib, Renee, Senior Research Analyst - Energy BBDO, Inc.; pg. 355
Schlieder, Laura, Partner & Associate Director, Human Resources - Mindshare; pg. 494
Schlissel, Erin, Senior Brand Strategist - Observatory Marketing; pg. 122
Schlocker, David, President & Chief Executive Officer - DRS & Associates; pg. 598
Schloss, Niki, Director, Content - J3; pg. 480
Schlossberg, Edwin, President & Principal Designer - ESI Design, Inc. ; pg. 182
Schlossberg, Jason, Managing Director, Strategic Communications - Huge, Inc.; pg. 239
Schlossberg, Matt, Account Director, Digital & Content - Amendola Communications; pg. 577
Schlotfeldt, David, Technology Director & Co-Founder - Plaudit Design ; pg. 257
Schlotfeldt, Michael, Creative Director & Co-Founder - Plaudit Design ; pg. 257
Schluckebier, Laura, Senior Project Manager - Team One; pg. 417
Schluender, Christian, Vice President, General Manager, Global Design - Huemen Design; pg.
Schluep, Brian, Senior Media Buyer & Planner - Young & Laramore; pg. 164
Schlueter, Brennen, Associate Director, Strategy - Laundry Service; pg. 287
Schlueter, Paul, Executive Vice President - Flynn Wright, Inc.; pg. 359
Schlueter, Ted, Chief Executive Officer - The Grist; pg. 19
Schlussel, Amanda, Senior Account Executive - Krupp Kommunications; pg. 686
Schluter, Mallory, Account Supervisor - Rogers & Cowan/PMK*BNC; pg. 643
Schmaeling, Richard, Chief Financial Officer - Entercom Communications Corp.; pg. 551
Schmale, Anglea, Digital Media Planner - Flynn; pg. 74
Schmale, Mitchell, Senior Vice President - Nevins & Associates Chartered; pg. 632
Schmid, Caroline, Account Director - McKeeman Communications; pg. 626
Schmid, Gina, Senior Brand Production Manager - bBig Communications; pg. 216
Schmid, Jon, President & Chief Executive Officer - Cook & Schmid; pg. 593
Schmid, Kendra, Vice President, Project Management - WillowTree, Inc.; pg. 535
Schmid, Sally, Broadcast Supervisor - OMD Canada; pg. 501
Schmidt, Andrew, Account Manager - Czarnowski; pg. 304
Schmidt, Angela, Senior Vice President, Creative Services - Moveo Integrated Branding; pg. 14
Schmidt, Anna, Manager, Global Partnerships - OMD; pg. 500
Schmidt, Bill, Partner - Hot In The Kitchen; pg. 9
Schmidt, Bob, Chairman - Ubiquitous Media / Gloss Media; pg. 294
Schmidt, Brianna, Project Manager - Munroe Creative Partners; pg. 192
Schmidt, Carly, Senior Digital Campaign Manager - Noise Digital; pg. 254
Schmidt, Clayton, Manager, Planning - Team Elevate - Reprise Digital; pg. 676
Schmidt, Eddie, Associate Director, Paid Social - Essence; pg. 232
Schmidt, Emily, Account Supervisor - FCB Chicago; pg. 71
Schmidt, Erin, Executive Vice President,

Global Client Services - Branded Entertainment Network, Inc.; pg. 297
Schmidt, Jessica, President - Brown Parker | DeMarinis Advertising; pg. 43
Schmidt, Joe, Account Supervisor - Martin Advertising; pg. 106
Schmidt, Kellie, Supervisor, Project Management - Hanley Wood Marketing; pg. 9
Schmidt, Laurabeth, Purchasing Manager - PriceWeber Marketing Communications, Inc.; pg. 398
Schmidt, Linda, Senior Vice President - Kantar; pg. 446
Schmidt, Lindsey, Global Managing Director - mcgarrybowen; pg. 109
Schmidt, Michelle, Associate Media Director, Marketing Finance, Media - Haworth Marketing & Media; pg. 471
Schmidt, Michon, Manager & Producer, Broadcasting - Sukle Advertising & Design; pg. 145
Schmidt, Mike, President & Chief Executive Officer - MCS Advertising; pg. 111
Schmidt, Paul, Vice President, Client Growth - Marketing Architects; pg. 288
Schmidt, Rebecca, Senior Account Executive - Nuffer Smith Tucker, Inc.; pg. 392
Schmidt, Robert, Director, Data & Analytics - Carat; pg. 461
Schmidt, Samantha, Account Supervisor - Digitas; pg. 226
Schmidt, Sarah, Director, Earned Media - BVK; pg. 339
Schmidt, Sarah, Specialist, Content Development - Aars & Wells, Inc.; pg. 321
Schmiedeskamp, Jamie, Supervisor, Connections Planning - Havas Media Group; pg. 469
Schmiedeskamp, Micah, Art Director - Cultivator Advertising & Design; pg. 178
Schmitt, Ashley, Account Executive, Consumer Marketing - FleishmanHillard; pg. 605
Schmitt, Bob, Regional President - Clear Channel Outdoor; pg. 550
Schmitt, Edward, Project Manager, Business Intelligence - OMD; pg. 500
Schmitt, Erik, Creative Director - Ayzenberg Group, Inc.; pg. 2
Schmitt, Gabriel, Chief Creative Officer - FCB New York; pg. 357
Schmitt, Garrick, Executive Vice President & Director, Experience Design - Essence; pg. 232
Schmitt, Jen, Media Director & Account Executive - SMM Advertising; pg. 199
Schmitt, Kevin, Art Director & Director, Interactive Services - EFX Media; pg. 562
Schmitz, Katie, Vice President, Integrated Sales - Infinity Direct; pg. 286
Schmitz, Peter, Senior Art Director - Signature Communications; pg. 410
Schmon, Lori, Senior Producer - 160over90; pg. 301
Schmotzer, Kristin, Senior Account Supervisor - Edelman; pg. 353
Schmuck, Jennifer, Associate Director, Digital Media - Haworth Marketing & Media; pg. 470
Schmuckler, JJ, Global Chief Growth Officer - VMLY&R; pg. 160
Schmukler, Mark, Co-Founder & Chief Executive Officer - Sagefrog Marketing Group; pg. 138
Schmutz, Corinne, Senior Project Manager - Planet Propaganda; pg. 195
Schnackenberg, Ron, Vice President, Sales - QuinStreet, Inc.; pg. 290
Schnaufer, Ian, Media & Analytics Manager - Cronin; pg. 55
Schnebel, Doug, Client Business Lead - PHD USA; pg. 505
Schneberger, Jennifer, Media Supervisor -

Watauga Group; pg. 21
Schneck, Kylie, Programmatic Display Executive - Jellyfish; pg. 243
Schneck, Pamela, Supervisor, Integrated Media Buying - Austin & Williams Advertising; pg. 328
Schneid, Corey, Supervisor, National Video Activation - Carat; pg. 459
Schneider, Alex, Vice President, Executive Operations - The Trade Desk; pg. 519
Schneider, Andrew, Strategy Supervisor - Starcom Worldwide; pg. 513
Schneider, Andy, Senior Graphic Designer & Developer - Rassman Design; pg. 196
Schneider, Brad, Co-Founder & Co-Chief Executive Officer - Rightpoint; pg. 263
Schneider, Brian, Co-Founder & Chief Executive Officer - Unconquered; pg. 203
Schneider, Bud, President - Arrowhead Promotions & Fulfillment Co., Inc.; pg. 566
Schneider, Chuka, Group Account Director - Cashmere Agency; pg. 48
Schneider, Cory, Account Supervisor - Young & Laramore; pg. 164
Schneider, David, Executive Vice President, Business Development - Data Decisions Group; pg. 443
Schneider, Elijah, Chief Executive Officer - Modifly Inc.; pg. 687
Schneider, Eric, Senior Manager, New Business - Fusion Marketing; pg. 8
Schneider, Fritz, Chief Client Officer - Clark Communications; pg. 591
Schneider, Galen, Affiliate Marketing Manager - Acceleration Partners; pg. 25
Schneider, Greg, Chief Financial Officer - Modifly Inc.; pg. 687
Schneider, Jamie, Associate Director, Sponsorship & Experiential - Saatchi & Saatchi Dallas; pg. 136
Schneider, Jason, Managing Partner & Head, Client Finance - MediaCom; pg. 487
Schneider, Katie, Group Administrative Assistant - Starcom Worldwide; pg. 513
Schneider, Kristi, Senior Account Director - Publicis.Sapient; pg. 259
Schneider, Kurt, Executive Vice President & Managing Partner - Universal McCann Detroit; pg. 524
Schneider, Laurie, Executive Vice President & Chief Operating Officer - Bradley and Montgomery; pg. 336
Schneider, Mara, Manager, Digital Activation - Spark Foundry; pg. 508
Schneider, Margo, Managing Director, Media Relations & Senior Vice President - M Booth & Associates, Inc. ; pg. 624
Schneider, Mark, Senior Creative Director - StudioNorth; pg. 18
Schneider, Martin, Creative Director - Seiter & Miller Advertising; pg. 139
Schneider, Mary, Manager, Business Development - M45 Marketing Services; pg. 382
Schneider, Matt, Senior Digital Director - Wavemaker; pg. 528
Schneider, Nicole, Associate Director, Digital Investment - Mindshare; pg. 494
Schneider, Rachel, Account Account Director - Colle McVoy; pg. 343
Schneider, Sara, Associate Media Director - GTB; pg. 367
Schneider, Scott, Strategy Director - PHD USA; pg. 505
Schneider, Scott, Creative Director - Cossette Media; pg. 345
Schneider, Scott, Chief Creative Officer - Praytell; pg. 258
Schneider, Stacey, Vice President, Media - Helen Thompson Media; pg. 473
Schneider, Zack, Partner - Fifteen ; pg. 358

1007

Schneider-Sutcliffe, Jill, Senior Vice President & Group Operations Director - Zimmerman Advertising; pg. 437
Schneiderman, Larry, Executive Vice President, Direct Response Media - Corinthian Media, Inc.; pg. 463
Schneidman, Michael, Vice President - Strategic Consulting - Epsilon; pg. 282
Schneidmuller, Lauren, Executive Producer & Vice President - Publicis North America; pg. 399
Schnell, Cindy, Senior Client Strategist - Upward Brand Interactions; pg. 158
Schnelle, Keiko, Senior Creative Strategist - Cashmere Agency; pg. 48
Schneller, Jennifer, Senior Program Manager - Empower; pg. 354
Schnellmann, Joe, Senior Art Director - Creative Energy, Inc.; pg. 346
Schnitzer, Darin, Director, Project Management - Innocean USA; pg. 479
Schnitzlein, Brooke, Senior Manager, Media - 360i, LLC; pg. 208
Schnitzler, Adam, Co-Founder & Chief Creative Officer - The S3 Agency; pg. 424
Schnorbus, Claudia, Brand Strategist - Horizon Media, Inc.; pg. 474
Schober, Gregory, Manager, Military Programs - Refuel Agency; pg. 405
Schobert, Peggy, Director, Operations & Media Relations - Kleidon and Associates; pg. 95
Schock, Erich, Vice President & Senior Director, Connections - GTB; pg. 367
Schock, Rylie, Senior Account Executive - Inception Marketing; pg. 374
Schoeff, Christine, Senior Vice President, Talent & Development - Vibes Media; pg. 535
Schoeffel, Kelly, Co-Head, Strategy & Executive Strategy Director - 72andSunny; pg. 23
Schoeffler, Nathan, Director, Paid Media - VaynerMedia; pg. 689
Schoen, Katie, Vice President - Lawrence PR; pg. 622
Schoen, Laura, Chair, Latin America & President, Global Healthcare Practice - Weber Shandwick; pg. 660
Schoen, Lisa, Director, Art & Marketing - Lake Group Media, Inc.; pg. 287
Schoen, Megan, Account Executive - Arc Worldwide; pg. 327
Schoen, Natalie, Account Coordinator - BAM Communications; pg. 580
Schoenberg, Eric, Head, New York Operations & Integration & General Manager - Edelman; pg. 599
Schoenberg, Jonathan, Executive Creative Director & Partner - TDA_Boulder; pg. 147
Schoeneman, Brittny, Associate Director, Programmatic Trading Desk - Mindshare; pg. 494
Schoenfeld, Eric, Chief Executive Officer - Mint Advertising; pg. 115
Schoenfeld, Kevin, Assistant Media Buyer & Planner - Supercuts & Spence Diamonds - Crossmedia; pg. 463
Schoenherr, Aaron, Founding Partner - Greentarget Global Group LLC; pg. 611
Schoennagel, Ralph, President - Leotta Designers, Inc.; pg. 189
Schoerning, Katie, Senior Director, Marketing - WPP Kantar Media; pg. 451
Schofield, Chip, Editor - Red Tettemer O'Connell + Partners; pg. 404
Scholla, David, Director, Paid Media - VaynerMedia; pg. 689
Scholler, Stephen, Associate Creative Director - Zizzo Group Advertising & Public Relations; pg. 437
Scholler, Susan, Group Director, Media - iCrossing; pg. 241
Scholnick, Harvey, Owner, Partner & Chairman Emeritus - Marcus Thomas; pg. 104
Scholz, Ronny, Interactive Art Director - Archer Malmo; pg. 32
Schombs, Wayne, Executive Creative Director - Wilen Media Corporation; pg. 432
Schommer-Klein, Debra, Vice President, Media Planning - AKPD Message and Media; pg. 454
Schomske, Tamara, Vice President, Dealer Development - DeAngelis Advertising; pg. 60
Schons, Matthew, Associate Media Director - Haworth Marketing & Media; pg. 470
Schook, Sheila, Senior Experience Designer - mcgarrybowen; pg. 110
Schooler, Josh, Creative Director - The Ramey Agency; pg. 422
Schoolfield, Susan, Director, Account - Balcom Agency ; pg. 329
Schoonover, Randall, Principal & Executive Creative Director - The Great Society; pg. 150
Schopp, Dara, Account Supervisor - Alison Brod Public Relations; pg. 576
Schoppman, Mary Ann, Senior Account Supervisor - Zeno Group; pg. 664
Schore, Neal, President & Chief Executive Officer - Triton Digital; pg. 272
Schorr, Susan, Media Buyer & Negotiator - Adstrategies, Inc.; pg. 323
Schorsch, Shannon, Media Activation Manager - The Integer Group; pg. 682
Schott, Brent, President - Swanson Russell Associates; pg. 415
Schott, Jillian, Media Supervisor - Horizon Media, Inc.; pg. 474
Schott, Tami, Graphic Designer & Marketing Director - G3 Group; pg. 673
Schotter, Sara, Project Manager - Gray Loon Marketing Group; pg. 365
Schrack, Stacy, Creative Director - Shoptology; pg. 682
Schrader, Brad, Chief Financial Officer - Young & Laramore; pg. 164
Schrader, Mike, Vice President & Creative Director - TCAA; pg. 147
Schradin, Ryan, Vice President, Digital & Communications Services - Strategic Communications Group, Inc.; pg. 688
Schraeder, Phil, Chief Executive Officer - GumGum; pg. 80
Schrage, Morgan, Senior Analyst, Data Architecture - Spark Foundry; pg. 510
Schrager, Erica, Executive Producer - Trollback & Company; pg. 203
Schragger, Jason, Chief Creative Officer - Saatchi & Saatchi Los Angeles; pg. 137
Schram, Jamie, Senior Project Manager - Huge, Inc.; pg. 239
Schramm, Joseph, Managing Partner - Schramm Marketing Group; pg. 508
Schrauth, Elisia, Project Manager - Drake Cooper; pg. 64
Schreckenbach, Megan, Vice President, Account Services - Foster Marketing Communications ; pg. 360
Schreffler, Stephen, Director, Operations - Spear Marketing Group; pg. 411
Schreiber, Carly, Digital Manager - Spark Foundry; pg. 508
Schreiber, Curtis, President & Chief Design Officer - VSA Partners, Inc. ; pg. 204
Schreiber, Diane, Senior Managing Director - SparkPR; pg. 648
Schreiber, Jordannah, Associate, Strategy - Spark Foundry; pg. 508
Schreiber, Michael, Managing Partner & Executive Creative Director - DDB Health; pg. 59
Schreiner, Kathy, Director, Finance & Operations - Amperage; pg. 30
Schreiner, Kelsea, Strategic Director - Kinetic Marketing Group; pg. 95
Schreiner, Roberta, Senior Vice President, Sales - Sky Advertising, Inc.; pg. 142
Schremser, Gina, Group Account Director - Buick GMC - Jack Morton Worldwide; pg. 309
Schrenk, Christina, Group Director, Integrated Media - Quigley-Simpson; pg. 544
Schreurs, John, President & Chief Executive Officer - Strategic America; pg. 414
Schreurs, Mike, Chairman - Strategic America; pg. 414
Schreurs, Rob, Account Manager - Strategic America; pg. 414
Schrey, Lauren, Director - Starcom Worldwide; pg. 513
Schreyer, Lorraine, Senior Content Producer, Broadcast & Digital - RPA; pg. 134
Schrieber, Alex, Associate Account Director - Resolution Media; pg. 676
Schriver, Philip, Associate Creative Director - ZLR Ignition; pg. 437
Schroder, Abby, Director, Client Services - TDA_Boulder; pg. 147
Schroeder, Chuck, Co-Founder & Chief Executive Officer - Insight Marketing, LLC; pg. 616
Schroeder, Dave, Vice President, Technology & Delivery - Ansira; pg. 1
Schroeder, Jillian, Managing Partner & Managing Director - Mindshare; pg. 491
Schroeder, Jordan, Manager, Creative Resource - Wieden + Kennedy; pg. 430
Schroeder, Kari, Paid Media Specialist - Anvil Media, Inc; pg. 671
Schroeder, Kate, Account Manager - Axxis; pg. 302
Schroeder, Katie, Executive Vice President - 42West; pg. 573
Schroeder, Kevin, Specialist, Paid Media - Nebo Agency, LLC; pg. 253
Schroeder, Michael, Vice President - LaunchSquad; pg. 621
Schroeder, Roy, Vice President, Sales & Marketing - Clear Channel Outdoor; pg. 551
Schroeder, Scott, Vice President & Manager, National Broadcast - GTB; pg. 367
Schroeder, Sloan, Vice President & Director, Content Production - Crispin Porter + Bogusky; pg. 346
Schroeder Treichel, Lindsay, Chief Transformation Officer - Tunheim Partners; pg. 657
Schroepfer, Michael, Associate Producer - TBWA \ Chiat \ Day; pg. 146
Schroeter, Dan, Vice President & Creative Director - Asher Agency; pg. 327
Schroetter, Tara, Senior Director, Strategy & Transformation - Greenhouse - Rogers & Cowan/PMK*BNC; pg. 643
Schroff, Terry, Chief Executive Officer - Quiet Light Communications; pg. 196
Schroffner, Mark, Director, Business Development - ForwardPMX; pg. 360
Schruefer, Cheryl, Event Producer - BongarBiz; pg. 302
Schubeck, Lauren, Associate Director - Amnet; pg. 454
Schubert, Joe, Founder & Chief Executive Officer - Schubert Communications. Inc.; pg. 139
Schubert, Kristen, Account Director - Grey Group; pg. 365
Schubert, Lindsay, Vice President & Group Supervisor, Multichannel Media - SSCG Media Group; pg. 513
Schubert, Michael, Chief Innovation Officer - Ruder Finn, Inc.; pg. 645
Schubin, Jon, Vice President - Cognito; pg.

AGENCIES — PERSONNEL

591
Schuch, Zack, Chief Executive Officer & National Director, Operations - Acquire; pg. 1
Schuchard, Stephanie, Associate Media Director - Carat; pg. 461
Schuck, Alison, Account Supervisor - ACOM Healthcare; pg. 26
Schuele, Elizabeth, Associate Director - Starcom Worldwide; pg. 513
Schueller, Dana, Senior Vice President & Director, Content Strategist - Starcom Worldwide; pg. 513
Schueneman, Meredith, Vice President, Solutions & Learning Development - InXpo; pg. 308
Schuetz, Wendy, Executive Vice President - Brogan Tennyson Group, Inc.; pg. 43
Schug, Stephanie, Senior Account Strategist - Media Cause; pg. 249
Schuldt, Christine, Director, Strategic Accounts - Location3 Media; pg. 246
Schuler, Chris, President - Beyond Traditional; pg. 691
Schull, David, President - Russo Partners, LLC; pg. 136
Schuller, Megan, Director, Digital Strategy - Haworth Marketing & Media; pg. 470
Schuller, Tom, Creative Director - Immotion Studios; pg. 89
Schulman, Alan, Chief Creative Officer - Deloitte Digital; pg. 224
Schulman, Nancy, Partner & Executive Director, Strategy - Sullivan; pg. 18
Schulman, Stacey Lynn, Chief Marketing Officer - Katz Media Group, Inc.; pg. 481
Schulman, Stephanie, Senior Media Buyer - Incremental Media; pg. 477
Schulson, Lora, Director, Production - 72andSunny; pg. 24
Schulte, Alison, Senior Vice President & Group Account Director - Cramer-Krasselt ; pg. 53
Schulte, Allison, Senior Vice President, Product - Amnet; pg. 454
Schulte, Allyson, Account Manager - FiveFifty; pg. 235
Schulte, Ann, Media Supervisor, Programmatic - Mediahub Los Angeles; pg. 112
Schulte, Ashley, Account Director - Witz Communications, Inc.; pg. 663
Schulte, Chris, Assistant Account Manager - J. W. Morton & Associates ; pg. 91
Schulte, Erica, Associate Director, Media - Haworth Marketing & Media; pg. 470
Schulte, Natalie, Assistant Account Executive - Wingard Creative; pg. 162
Schulte, Nick, Supervisor, Management - Crispin Porter + Bogusky; pg. 346
Schulte, Phil, Account Manager - RedShift; pg. 133
Schulte, Sean, Vice President, Client Leadership - yah. - You Are Here; pg. 318
Schultheis, McKensie, Supervisor, Media - Mediahub Boston; pg. 489
Schultheiss, Karyn, Senior Vice President & Operations Director - TouchPoint Integrated Communications; pg. 520
Schulties, Jennifer, Senior Vice President, Integrated Media - ForwardPMX; pg. 360
Schultz, Alan, Chairman - Valassis; pg. 294
Schultz, Brad, Chief Creative Officer - Mason Marketing; pg. 106
Schultz, Cameron, Associate Director, Audience Insights & Analytics - Universal McCann; pg. 524
Schultz, Craig, Manager, Digital Marketing - Kia - Innocean USA; pg. 479
Schultz, Dan, Account Planner - Sukle Advertising & Design; pg. 145

Schultz, David, President - Media Logic; pg. 288
Schultz, Greg, Managing Director & Executive Producer - The Sweet Shop; pg. 564
Schultz, Jessica, Vice President, Planning & Strategy - MMGY Global; pg. 388
Schultz, Jon, Managing Director - TPN; pg. 571
Schultz, Josh, Media Planner - Noble People; pg. 120
Schultz, Katie, Designer - Bulldog Drummond; pg. 338
Schultz, Lewis, Associate Director, Strategic Planning - Mindshare; pg. 491
Schultz, Michelle, Media Strategy Supervisor - Haworth Marketing & Media; pg. 471
Schultz, Molly, Vice President & Partner, Digital Investment & Innovation - Universal McCann; pg. 521
Schultz, Natalia, Chief Talent Officer - Americas - Saatchi & Saatchi ; pg. 136
Schultz, Randy, Vice President, Marketing - Strum; pg. 18
Schulz, Ben, Media Supervisor - Novus Media, Inc.; pg. 497
Schulz, Jessica, Director Client Services - Amnet; pg. 454
Schulz, Kenneth, President, Harmon Catalog - Harmon Group; pg. 82
Schulz, Larry, Co-Founder & Chief Executive Officer - Media Direct, Inc.; pg. 112
Schulz, Stefan, Director - Orpical Group; pg. 256
Schulzinger, Martha, Senior Project Manager - iCrossing; pg. 241
Schum, Meghan, Associate Director - MediaCom; pg. 487
Schumacher, Betsi, Managing Director & Executive Vice President - 3rd Coast PR; pg. 573
Schumacher, Dug, Director, Creative Service - The Sunflower Group; pg. 317
Schumacher, Erika, Group Director, Production - mono; pg. 117
Schumacher, Susan, Media Director - Real Integrated; pg. 403
Schuman, Matt, Controller - Utopic; pg. 428
Schuman, Susan, Chief Executive Officer - SYPartners; pg. 18
Schumer, Lindsey, Director, Integrated Client Services - rEvolution; pg. 406
Schumer, Melissa, President, Digital Entertainment, Technology & Gaming - Rogers & Cowan/PMK*BNC; pg. 643
Schunk, Andre, Executive Vice President - Octagon; pg. 313
Schuster, Catherine, Manager, Media - Mindshare; pg. 494
Schuster, Fred, Chief Executive Officer - Madras Global; pg. 103
Schuster, Jaimee, Account Executive - Undertone; pg. 273
Schuster, Johnathan, Media Planner - Clarity Coverdale Fury; pg. 342
Schuster, Jordan, Digital Marketing Manager - Colling Media; pg. 51
Schuster, Kevin, Director, Client Accounts - Lukas Partners; pg. 623
Schuster, Lauren, Head, Business Development - Bailey Lauerman; pg. 35
Schuster, Linda, President & Chief Executive Officer - Quantum Communications ; pg. 401
Schuster, Ryan, Vice President, Group Director - Carat; pg. 461
Schuster, Stephen, Chief Executive Officer & Founder - Rainier Communications; pg. 641
Schuster, Susan, Founder & President - Stage2 Marketing ; pg. 18
Schutt, Jeff, Vice President, Finance & Administration - Gage; pg. 361

Schutte, Laurie, Associate Media Director - DP+; pg. 353
Schutz, Dave, Director, Creative - Modern Climate; pg. 388
Schuyler, Amy, Senior Manager, Digital Media & Social Analytics - Hudson Rouge; pg. 372
Schwab, David, Senior Vice President & Managing Director, First Call - Octagon; pg. 313
Schwab, Liz, Director, Growth - Ampersand Agency; pg. 31
Schwab, Mike, Group Account Director - Colle McVoy; pg. 343
Schwab, Rudi, Director - Tool of North America; pg. 564
Schwabl, Mike, President - Dixon Schwabl Advertising; pg. 351
Schwach, Leo, Senior Planner - The VIA Agency; pg. 154
Schwadron, Steven, Senior Vice President - FleishmanHillard; pg. 605
Schwaerzel, Roy, President & Chief Executive Officer - nuMedia Group, Inc.; pg. 254
Schwaerzel, Titima, Vice President, Chief Operating Officer & Co-Founder - nuMedia Group, Inc.; pg. 254
Schwalb, Andrew, Vice President, Influencer Relations & Business Affairs - Edelman; pg. 601
Schwalbe, Kelly, Partner - SAGE; pg. 645
Schwandt, Ben, Search Supervisor - GTB; pg. 367
Schwantes, Wendy, Account Supervisor - Paul Werth Associates, Inc.; pg. 635
Schwanz, Kristen, Associate Creative Director - Leo Burnett Worldwide; pg. 98
Schwarberg, Carter, Creative Director - CSM Sport & Entertainment; pg. 347
Schwark-Risko, Catherine, Account Executive - Marketing Directions, Inc.; pg. 105
Schwarten, Geoff, Senior Growth & Digital Marketing Lead - IDEO ; pg. 187
Schwartz, Aaron, Co-Founder & Chief Creative Officer - Hook; pg. 239
Schwartz, Adam, Senior Vice President & Director, Sports Media - Horizon Media, Inc.; pg. 474
Schwartz, Alison, Vice President, Public Relations - CKC Agency; pg. 590
Schwartz, Alyse, Senior Vice President, Managing Director- Atlanta - Digitas; pg. 228
Schwartz, Debbie, Creative Director & Owner - SRC Advertising; pg. 200
Schwartz, Evan, Associate Director, Digital Investment - OMD; pg. 498
Schwartz, Jaclyn, New Business Associate - Abelson-Taylor; pg. 25
Schwartz, Jessica, Analyst, Digital Investment - PHD USA; pg. 505
Schwartz, Jodi, Executive Specialist, Account - Centerline Digital; pg. 220
Schwartz, Joe, Project Manager & Leader, Digital Team - Beyond Spots & Dots Inc.; pg. 333
Schwartz, Jonathan, Co-Founder & Chief Executive Officer - Bullseye Strategy; pg. 219
Schwartz, Katelyn, Social Media Specialist - Klunk & Millan Advertising; pg. 95
Schwartz, Kayla, Media Director, Digital Strategy - Horizon Media, Inc.; pg. 474
Schwartz, Keith, Chief Executive Officer - Bounteous; pg. 218
Schwartz, Kurt, President - Success Communications Group; pg. 415
Schwartz, Lauren, Director - Havas Media Group; pg. 470
Schwartz, Lyle, Chief Integration Officer - U.S. - GroupM; pg. 466
Schwartz, Matt, Manager, Account - Mother NY;

PERSONNEL AGENCIES

pg. 118
Schwartz, Nicole, Senior Negotiator - Initiative; pg. 477
Schwartz, Paula, Managing Director - RX Communications Group; pg. 645
Schwartz, Reid, Senior Account Supervisor - Edelman; pg. 601
Schwartz, Rob, Chief Executive Officer - TBWA \ Chiat \ Day; pg. 416
Schwartz, Sanford, Advisor to the Chairman - Phoenix Marketing International; pg. 448
Schwartz, Scott, Managing Director - OMD; pg. 498
Schwartz, Sue, Partner, Co-Founder - Robertson Schwartz Agency; pg. 643
Schwartz, Yoav, Co-Founder & Chief Executive Officer - Uberflip; pg. 535
Schwartzman, Sandra, Project Manager - RMR & Associates; pg. 407
Schwarz, Craig, Director, Short Form Media Group - Havas Edge; pg. 285
Schwarz, David, Creative Partner - Hush Studios, Inc.; pg. 186
Schwarz, David, Senior Vice President, Entertainment - Superjuice; pg. 651
Schwarz, Tracey, Senior Media Buyer & Planner - Strategic America; pg. 414
Schwarzberg, Marc, Executive Creative Director & Head, Art - David&Goliath; pg. 57
Schwarzenbach, Malcolm, Partner & Brand Strategist - Trumpet Advertising; pg. 157
Schwebel, Jim, Principal - Apel, Inc.; pg. 302
Schweber, Rhonda, Associate Media Director - H&L Partners; pg. 369
Schwedelson, Helene, Board of Directors - Worldata; pg. 294
Schwedelson, Jay, President & Chief Executive Officer - Worldata; pg. 294
Schweiger, Jeff, Owner & Vice President - Alison Group; pg. 681
Schweiger, Larry, Owner & President - Alison Group; pg. 681
Schweiger, Wendy, Vice President - Fahlgren Mortine Public Relations; pg. 602
Schweighoffer, Eric, Vice President & Director, Media - Cashman & Katz Integrated Communications; pg. 340
Schweinsberg, Bob, Senior Vice President, Performance Marketing - Scoppechio; pg. 409
Schweissinger, Anna, Senior Account Executive - Media Solutions; pg. 486
Schweitz, Theodore, Vice President & Director, Planning - BBDO Minneapolis; pg. 330
Schweitzer, Evan, Senior Partner & Director, Client Services - GroupM; pg. 466
Schweitzer, Kurt, Media Director - Mindstream Media Group - Dallas; pg. 496
Schweitzer, Lauren, Supervisor, Account - Harvey Agency; pg. 681
Schwenz, Mitchell, Senior Vice President & Senior Director - B-Reel; pg. 215
Schweppe, Chris, Vice President, Client Services - Global Strategies; pg. 673
Schwerdtfeger, Conner, Publicist - Think Jam; pg. 299
Schwertzel, Eric, Digital Reality Specialist Master - Deloitte Digital; pg. 225
Schwieger, Eric, Associate Creative Director & Copywriter - Leo Burnett Worldwide; pg. 98
Schwieger, Randi, Director, Account - mcgarrybowen; pg. 110
Schwinder, Meredith, Creative Director - Brownstein Group, Inc.; pg. 44
Schwitters, Derek, Chief Executive Officer & Chief Digital Strategist - lodestar marketing group; pg. 381
Schwitters, Sarah, Co-Founder & Chief Marketing Strategist - lodestar marketing

group; pg. 381
Sciacca, Kellie, Associate Strategist - Jack Morton Worldwide; pg. 308
Scialo, Kristen, Art Director - The Richards Group, Inc.; pg. 422
Sciamarelli, Joseph, Senior Manager, Integrated Investment - Universal McCann; pg. 521
Sciancalepore, Jim, Vice President & Senior Creative Director - Media Logic; pg. 288
Sciandra, Stephanie, Associate Creative Director - Situation Interactive; pg. 265
Scianna, Darcie, Senior Vice President & Global Operations Director - Energy BBDO, Inc.; pg. 355
Sciarra, Jen, Vice President - Mission North; pg. 627
Sciarrotta, Joe, Deputy Chief Creative Officer - Worldwide - Ogilvy; pg. 393
Scibelli, Gail, Senior Vice President - fama PR, Inc; pg. 602
Sciolla, Angelina, Executive Creative Director - Benchworks; pg. 333
Sciortino, Kati, Senior Vice President & Strategy Director - Starcom Worldwide; pg. 513
Scirocco, Christopher, Director, Membership Operations - Association of National Advertisers; pg. 442
Sciupider, Agata, Media Supervisor - Spark Foundry; pg. 510
Sclafani, Jessica, Production Manager - Geary Interactive; pg. 76
Scocchio, Vincenzo, Senior Media Strategist - OMD West; pg. 502
Scoff, Mark, Coordinator, Client & Account - AKA NYC; pg. 324
Scofield, Kerrie, Account Manager - Doner CX; pg. 352
Scognamiglio, Marco, Chief Executive Officer - Global - RAPP Worldwide; pg. 290
Scognamiglio, Michael, Associate Director, CRM & Marketing Analytics - Kepler Group; pg. 244
Scoonover, Paul, President & Chief Executive Officer - Asen Marketing & Advertising, Inc.; pg. 327
Scopellito, Tony, Managing Director - Terri & Sandy; pg. 147
Scopinich, Emily, Director, Client Management - Posterscope U.S.A.; pg. 556
Scordato, Adrienne, Founder & Chief Executive Officer - Atrium; pg. 579
Scordato, Elizabeth, Director, Project Management - StrawberryFrog; pg. 414
Scordo, Alicia, Associate Director, Digital - Carat; pg. 459
Scornaienchi, Al, President & Chief Executive Officer - Junction59; pg. 378
Scorpio, Dan, Senior Vice President - Abernathy MacGregor Group; pg. 574
Scott, Adam, Associate Media Director - d50 Media; pg. 348
Scott, Allison, Senior Manager, Media - Fusion92; pg. 235
Scott, Amy, Account Manager - Centerline Digital; pg. 220
Scott, Bill, Senior Vice President, Mobile Engagement Platforms & Strategies - Vibes Media; pg. 535
Scott, Bob, President - French / Blitzer / Scott; pg. 361
Scott, Caitlin, Senior Account Manager - Smith Gifford, Inc.; pg. 143
Scott, Courtney, Vice President, Strategy - Huge, Inc.; pg. 239
Scott, Dave, Senior Vice President & Creative Director - Natrel Communications; pg. 120
Scott, Dave, Creative Director - LO:LA; pg. 101

Scott, David, NA Lead, ROC & Data Design - Kantar Millward Brown; pg. 446
Scott, Destinee, Group Media Director - Wieden + Kennedy; pg. 430
Scott, Diana, Partner - Finn Partners; pg. 603
Scott, Edward, Executive Vice President & President - U.S - Jack Morton Worldwide; pg. 309
Scott, Erin, Specialist, Digital Marketing - PureRED; pg. 130
Scott, Gail, Senior Vice President & Director, Media - Southeast - USIM; pg. 525
Scott, Gerges, Senior Vice President - Agenda; pg. 575
Scott, James, Founder & Managing Partner - mono; pg. 117
Scott, Jared, Director & General Manager - quench; pg. 131
Scott, Jeff, President - DP+; pg. 353
Scott, Jennifer, Managing Director, Research & Intelligence - U.S. - Ogilvy Public Relations; pg. 633
Scott, Kate, Partner, Strategy - Bullish Inc; pg. 45
Scott, Kirsti, Creative Director - Scott Design Inc; pg. 198
Scott, Korry, Senior Producer - Ueno; pg. 273
Scott, Lauren, Senior Associate - Starcom Worldwide; pg. 513
Scott, Lauren, Strategy & Digital Media Planner - Wavemaker; pg. 528
Scott, Leslie, Vice President, Creative Technology - EP+Co.; pg. 356
Scott, Leslie, Account Manager - TracyLocke; pg. 683
Scott, Lisa, Managing Director & Chief Creative Officer - OneMagnify; pg. 123
Scott, Matt, President - Scott Design Inc; pg. 198
Scott, Maura, Negotiator, Digital Partnerships - Initiative; pg. 479
Scott, Melissa, Group Planning Director & Partner, Director Ad Verification - Eightbar - Neo Media World; pg. 496
Scott, Morgan, Director, Communications & Public Relations - VSA Partners, Inc. ; pg. 204
Scott, Peter, President - Bluetent; pg. 218
Scott, Russ, Associate Director, Digital - Carat; pg. 461
Scott, Shelly-Ann, Vice President & Group Account Director - Juniper Park\ TBWA; pg. 93
Scott, Tom, Group Director, Media - Saatchi & Saatchi Los Angeles; pg. 137
Scott, Trystin, Media Strategy Supervisor - Starcom Worldwide; pg. 513
Scott, Zarinah, Senior Manager, Paid Search & Social & Associate Director - MediaCom; pg. 487
Scotting, Andrea, Senior Partner & Group Creative Director - OgilvyOne Worldwide; pg. 255
Scotto Cutaia, Jaymie, Founder & Chief Executive Officer - Jaymie Scotto & Associates; pg. 616
Scourby, Tiffany, Engagement Director - Huge, Inc.; pg. 240
Scrase, Bertie, Copywriter - Wieden + Kennedy; pg. 430
Scribner, Jason, Senior Media Buyer - Milner Butcher Media Group; pg. 491
Scribner, Kerry, Senior Vice President, Director, Production - DiD Agency; pg. 62
Scribner, Shannon, Content Supervisor - Barkley; pg. 329
Scrim, David, Senior Vice President, Product & Pricing - Conversant, LLC; pg. 222
Scrivano, Katie, Senior Vice President, Earned Media Planning - Edelman; pg. 353

1010

AGENCIES PERSONNEL

Scruggs, Emily, Social Media Director - Proof Advertising; *pg.* 398
Scruggs, Gary, Director, Analytics - Jellyfish U.S.; *pg.* 243
Scuglik, Cody, Programmatic & Social Media Analyst - Starcom Worldwide; *pg.* 513
Scuglik, Jessica, Director - Starcom Worldwide; *pg.* 513
Scull, Nicole, Managing Director, P&G Global - MSLGroup; *pg.* 629
Scullion, Brendan, Copywriter - Anomaly; *pg.* 326
Scully, Scott, President & Chief Executive Officer - Abstrakt Marketing Group; *pg.* 322
Scutellaro, Steve, Senior Vice President & Group Account Director - Engine; *pg.* 231
Sea, Kira, Senior Designer - Siegel & Gale; *pg.* 17
Seabright, Melissa, Vice President, Media - Publicis Health Media - Digitas Health LifeBrands; *pg.* 229
Seager, Jymette, Account Manager - C. Grant & Company; *pg.* 46
Seale, Donna, Media Director - The Vimarc Group Inc.; *pg.* 425
Sealy, Chris, Senior Vice President, Client Services - Targetbase Marketing; *pg.* 292
Sealy, Jim, Director, Finance Services - Lewis Communications ; *pg.* 100
Seaman, Caitlin, Manager, Digital Analytics - PureRED; *pg.* 130
Seaman, Jennifer, Media Lead - Looney Advertising; *pg.* 101
Seaman, Keith, Associate Creative Director - Pavone Marketing Group; *pg.* 396
Seamark, Morgan, Managing Director & Head, Account Management - Havas New York; *pg.* 369
Seamen, Karen, President & Chief Operating Officer - Cramer-Krasselt ; *pg.* 53
Searcy, Elizabeth, Vice President & Client Partner - Sparks Grove, Inc.; *pg.* 199
Searcy, Zach, Manager, Digital Community - Cayenne Creative; *pg.* 49
Searle, Chuck, Chief Client Officer & Executive Vice President - Kansas City - VMLY&R; *pg.* 274
Sears, Alissa, Vice President, Growth & Strategy & Director, Global Betterment - Christie & Co.; *pg.* 50
Sears, Ashley, Account Supervisor - Cooksey Communications; *pg.* 593
Sears, Daniel, Director, Analytics & Reporting - Boathouse Group, Inc.; *pg.* 40
Sears, John, Director, Interactive - Immersion Active, Inc.; *pg.* 241
Seastrom, Gary, Art Director - Ayzenberg Group, Inc.; *pg.* 2
Seaton, Corey, Vice President, Creative Director - Burrell Communications Group, Inc. ; *pg.* 45
Seaver, Jeff, Principal - Cull Group; *pg.* 56
Seaver, Maria, Chief Experience Officer - Springbox; *pg.* 266
Seawright, Shany, Senior Vice President - Strategic Communications Group, Inc.; *pg.* 688
Sebag, Sandrine, Senior Vice President - Regan Communications Group; *pg.* 642
Sebanc, Tom, Creative Director - Carmichael Lynch; *pg.* 47
Sebastian, Julia, Account Management Director - The Shipyard; *pg.* 270
Sebastian, Roni, Executive Creative Director - 160over90; *pg.* 301
Sebastian, Sabina, Business Director - Spark44; *pg.* 411
Sebastian, Tom, President, The Story Lab US - The Story Lab; *pg.* 153
Sebbag, Micheline, Executive Vice President, Human Resources - Triton Digital; *pg.* 272
Sebbag, Steph, Chief Executive Officer & Partner - bpg advertising; *pg.* 42
Sebolao, Alexandra, Associate Director - Starcom Worldwide; *pg.* 517
Seckinger, Ted, Vice President, Media - Media Brokers International; *pg.* 485
Seddon, Joanna, President, Global Brand Consulting - OgilvyRED - OgilvyOne Worldwide; *pg.* 255
Seder, Craig, Executive Creative Director - Smith Brothers Agency, LP; *pg.* 410
Sederbaum, Dave, Executive Vice President, US Video Investment - Dentsu Aegis Network; *pg.* 61
Sederbaum, David, Senior Vice President, Video Activation - Carat; *pg.* 459
Sedgwick, Clyde, Chief Agency Officer - Defero; *pg.* 224
Sedky, Herve, President - Reed Exhibition Company; *pg.* 314
Sedlak, Aaron, Chief Creative Officer, Partner - Anchor Worldwide; *pg.* 31
Sedlak, Keith, Chief Growth Officer - Harte Hanks, Inc.; *pg.* 284
Sedlarcik, Peter, Chief Data Officer - Havas Media Group; *pg.* 468
Sedqwick, Tristan, Marketing Communications Manager - Farm Design Incorporated; *pg.* 71
See, Amanda, Global Manager, Marketing & Communications - The Sweet Shop; *pg.* 564
See, Kathleen, Account Manager - 10fold; *pg.* 573
Seeberg, Laura, Associate Director, Digital - Spark Foundry; *pg.* 510
Seecharan, Yasmin, Media Planner - Ogilvy Public Relations; *pg.* 633
Seeder, Jennifer, Sales Director - XJ Beauty; *pg.* 205
Seeds, Meredith, Director, Interior Design - FRCH Design Worldwide; *pg.* 184
Seeger, Cory, Media Supervisor - Starcom Worldwide; *pg.* 513
Seeker, John, President & Owner - Turnstile, Inc.; *pg.* 427
Seeley, Trevor, Founder - White Pants Agency; *pg.* 276
Seeloff, Peggy, Vice President - Marden-Kane, Inc.; *pg.* 568
Seely, Landon, Associate Director - Spark Foundry; *pg.* 510
Seely, Nancy, Executive Vice President, Public Relations - Shepherd Agency; *pg.* 410
Seelye, James, Supervisor, Digital Planning - Essence; *pg.* 232
Seem, David, Chief Financial Officer - Miller Zell Ventures - Miller Zell, Inc.; *pg.* 191
Seeman, Caroline, Account Executive - Rhythm Communications; *pg.* 643
Segal, Ariel, Account Executive - John St.; *pg.* 93
Segal, Asaf, Senior Manager, Media - 360i, LLC; *pg.* 208
Segal, Heather, Group Strategy Director - Zulu Alpha Kilo; *pg.* 165
Segal, Jieun, Vice President, Sales & Marketing - Major Tom; *pg.* 675
Segalini, Christa, Executive Vice President - Antenna Group, Inc.; *pg.* 578
Segall, Peter, Managing Director - Edelman; *pg.* 600
Segars, Keelie, Chief Executive Officer - Markstein; *pg.* 625
Segel, Scott, Controller - Tiziani Whitmyre; *pg.* 155
Seggel, Ryan, Global Managing Director - Blue State Digital; *pg.* 335
Segre, Paul, Chairman - Genesys Telecommunications Laboratories; *pg.* 168
Segri, Rafael, Associate Creative Director - Ogilvy Public Relations; *pg.* 633
Seguin, Nichole, Senior Account Executive - Leo Burnett Detroit; *pg.* 97
Segur, Jessica, Digital Marketing Associate - Destination Marketing; *pg.* 349
Segura, David, Art Director - the community; *pg.* 545
Segura, Diego, Media Relations Specialist - Moxie Communications Group; *pg.* 628
Segura, Mariana, Vice President, Marketing & Branded Entertainment - Latin WE; *pg.* 298
Segura, Seth, Vice President, Creative - Bigeye Agency; *pg.* 3
Sehgal, Ajai, Chief Technology Officer - EagleView Technologies, Inc.; *pg.* 230
Sehmi, Rajan, Associate Director - OMD; *pg.* 498
Seibert, Sara, Group Director, Content Production - Saatchi & Saatchi Los Angeles; *pg.* 137
Seibold, Jeremy, Creative Director - TDA_Boulder; *pg.* 147
Seickel, Jennifer, Managing Director - Billups, Inc; *pg.* 550
Seide, Michael, Account Director - BodyArmor - Laundry Service; *pg.* 287
Seidel, Patrick, Associate Creative Director - Ogilvy; *pg.* 393
Seidelman, Eric, Senior Director - QuinStreet, Inc.; *pg.* 290
Seidelman, Fred, Executive Vice President & Chief Technology Officer - MRM//McCANN; *pg.* 252
Seiden, Matthew, President, Chief Executive Officer & Founder - Seiden Group, Inc.; *pg.* 410
Seiden, Maya, Principal - BGR Group; *pg.* 583
Seidenberg, Zach, Senior Account Manager - Strauss Media Strategies, Inc.; *pg.* 518
Seidle, Elizabeth, Senior Designer - Grant Design Collaborative; *pg.* 185
Seidle, Kurt, Senior Designer - Grant Design Collaborative; *pg.* 185
Seidler, Sarah, Associate Media Director - BVK; *pg.* 339
Seidman, Rob, Vice President - Glover Park Group; *pg.* 608
Seidner, Matthew, Associate Director, Digital Activation - OMD - Resolution Media; *pg.* 263
Seifert, Allie, Director, Public Relations - Cashman & Associates; *pg.* 589
Seifert, Katie, Vice President - Coyne Public Relations; *pg.* 593
Seifert, Rome, Chief Financial Officer - Laughlin Constable, Inc.; *pg.* 379
Seifried, Lauren, Director, Digital Marketing - Wpromote; *pg.* 679
Seigel, Geoff, Executive Vice President & Media Director - The Collective Brandsactional Marketing, Inc. ; *pg.* 149
Seigler, Charlotte, Senior Vice President, Communications - Stratacomm, Inc.; *pg.* 650
Seiler, Meg, Director, Marketing & Public Relations - Team One; *pg.* 417
Seiler, Mike, Director, Search & Shopper - AKQA; *pg.* 211
Seiler Bovell, Carly, Director - Eventage Event Production; *pg.* 305
Seiman, Michael, Chief Executive Officer & Chairman - Digital Remedy; *pg.* 226
Seimetz, Diane, Principal - Launch Agency; *pg.* 97
Seinen, Ben, Chief Executive Officer - pep; *pg.* 569
Seinfeld, Roy, Executive Vice President, Sales - Learfield IMG College; *pg.* 310
Seiser, Andrea, Account Manager - SourceLink, LLC; *pg.* 292
Seits, Angela, Director, Social Media & Branded Content - PMG; *pg.* 257
Seits, Angela, Director, Influencer & Branded Content - PMG; *pg.* 257

1011

Seitz, Adam, Group Creative Director - VMLY&R; *pg.* 274
Seitz, Daniel B., Principal - Bose Public Affairs Group, LLC; *pg.* 585
Seitz, Jon, Co-Founder & Managing Director - MayoSeitz Media; *pg.* 483
Seitz, Scott, Founder, Owner & Chief Executive Officer - SPI Marketing; *pg.* 411
Seitz, Will, Brand Strategist - Horizon Media, Inc.; *pg.* 473
Seitzberg, Beth, Creative Director - d.trio Marketing Group; *pg.* 348
Sekhar, Sunil, Vice President, Human Resources - FCB Toronto; *pg.* 72
Sekhri, Anmol, Senior Digial Strategist - M Booth & Associates, Inc. ; *pg.* 624
Seki, Anri, Vice President & Senior Design Director - Sharp Communications, Inc.; *pg.* 140
Sekin, Chris, Co-Owner & Executive Creative Director - Johnson & Sekin; *pg.* 10
Seklir, Caroline, Strategist - YARD; *pg.* 435
Sekse Lutz, Erika, Digital Director - Pfizer - Carat; *pg.* 459
Selame, Ted, President & Chief Executive Officer - BrandEquity International ; *pg.* 175
Selan, Jeremy, Manager, Accounting & Operations - Luquire George Andrews, Inc.; *pg.* 382
Selbert, Cliff, Partner & Creative Director - Selbert Perkins Design Collaborative; *pg.* 198
Selbie, Olivia, Account Supervisor - FCB Toronto; *pg.* 72
Selby, David, Chief Executive Officer - Schafer Condon Carter; *pg.* 138
Selby, Michele, President - Media Works, Ltd.; *pg.* 486
Selden, Jim, Senior Group Director, Corporate Marketing - Crisp Media; *pg.* 533
Seldin, Benjamin, Associate Director, Creative Strategy - Digitas; *pg.* 226
Selditz, Inessah, Group Experiential Director - Huge, Inc.; *pg.* 239
Seldon, Annmarie, Manager, Media Relations - Psychronous Communications; *pg.* 130
Seldon, Eric, President & Chief Executive Officer - Communicorp, Inc.; *pg.* 52
Selenski, Emily, Senior Manager, Marketing - ForwardPMX; *pg.* 360
Seleski, Maura, Senior Associate, Media Strategy - Starcom Worldwide; *pg.* 513
Self, Megan, Principal - The Richards Group, Inc.; *pg.* 422
Self, Nancy, Executive Creative Director - Freed Advertising; *pg.* 360
Selfridge, Laura, Partner & Director, Global Operations - Wunderman Thompson; *pg.* 434
Selgur, Selin, Account Executive, Innovation - Anomaly; *pg.* 325
Selig, Jeff, Vice President, Earned Media & Analytics - Overdrive Interactive; *pg.* 256
Selig, Marcia, Senior Vice President & Director, Media Operations - Cramer-Krasselt ; *pg.* 53
Seliger, Nancy, Executive Vice President, Brand Development & Client Experience - M Booth & Associates, Inc. ; *pg.* 624
Seligman, Ken, Senior Business Development Director - Tinuiti; *pg.* 678
Selikow, Colin, Executive Creative Director - DDB Chicago; *pg.* 59
Selk, Kaylene, Account Supervisor - Edelman; *pg.* 600
Sellars, Betsy, Vice President, Media Performance - IMM; *pg.* 373
Sellars, Don, Vice President - Ilium Associates, Inc.; *pg.* 88
Sellens, Kristin, Associate Director - Posterscope U.S.A.; *pg.* 556
Sellers, Nicholas, Associate Creative Director - 160over90; *pg.* 207
Sellers, Tim, Partner - Inferno, LLC; *pg.* 374
Sellmeyer, Marty, Associate Creative Director - Brighton Agency, Inc.; *pg.* 337
Sells, Candice, Account Manager - Jan Kelley Marketing; *pg.* 10
Sells, Kass, Global Chief Operating Officer, President, International - WE Communications; *pg.* 660
Sells, Mike, Chief Executive Officer & Owner - The Sells Agency; *pg.* 655
Sellyn, Miles, President - Major Tom; *pg.* 675
Selman, Randy, Chairman, President & Chief Executive Officer - Onstream Media; *pg.* 255
Selner, Shelby, Vice President & Media Director - The Brandon Agency; *pg.* 419
Seltzer, Jamie, Global Managing Director, MarTech & Data Strategy - Havas Media Group; *pg.* 468
Selvaratnam, Kannan, Director, CommerceConnect - Amazon - Resolution Media; *pg.* 263
Selwood, David, Chief Analytics Officer - Javelin Agency; *pg.* 286
Selwyn, Jaki, Producer - Nail Communications; *pg.* 14
Seman, Barb, Vice President, Shopper Marketing - Drug, Dollar & Specialty - The Mars Agency; *pg.* 683
Seman, Barbara, Vice President, Shopper Marketing, Drug, Dollar & Specialty - The Mars Agency; *pg.* 683
Seman, Micac, Senior Media Director - Imaginuity; *pg.* 373
Semenza, Elena, Planning Associate - Carat; *pg.* 459
Semerdjian, Annie, Director, Digital Media - Milner Butcher Media Group; *pg.* 491
Seminara, Jennifer, Media Planner - Vladimir Jones; *pg.* 429
Seminowicz, Chris, Vice President & Group Director, Strategy & Analytics - Digitas Health LifeBrands; *pg.* 229
Semke, Brooke, Coordinator, Account - Reed Public Relations; *pg.* 642
Semmler, Elizabeth, Corporate Human Resource Director - SourceLink, LLC; *pg.* 292
Semones, Jeff, Managing Partner & Head, Social Media - MediaCom; *pg.* 487
Semons, Andy, Partner & Head, Strategy - IPNY; *pg.* 90
Semple, Laura, Senior Vice President, Strategy - Conill Advertising, Inc.; *pg.* 538
Semple, Tim, Director, Art - Wieden + Kennedy; *pg.* 430
Semrick Stephens, Megan, Managing Principal - Willoughby Design Group ; *pg.* 205
Sen, Deepa, Group Director, Strategy - Droga5; *pg.* 64
Sen, Sudeshna, Vice President, Marketing Strategy & Analytics - Merkle; *pg.* 114
Sena, Pete, Chief Executive & Creative Officer - Digital Surgeons, LLC; *pg.* 226
Sener, Elizabeth, Media Planner - DWA Media; *pg.* 464
Senese, Jodi, Chief Marketing Officer & Executive Vice President - Outfront Media; *pg.* 554
Seng, Frank, Chief Finance Officer - MUDD Advertising; *pg.* 119
Seng, Phil, Vice President - DJ Case & Associates; *pg.* 597
Senica, Andy, Graphic & Web Designer - MCS Advertising; *pg.* 111
Senio, Chris, Senior Vice President, Digital Investment - Zenith Media; *pg.* 529
Senke, Christine, Strategist, Social Media - Hospitals, Healthcare & Medical - Brown Parker | DeMarinis Advertising; *pg.* 43
Senkewicz, Steph, Account Executive, Public Relations - MGH Advertising ; *pg.* 387
Senn, Marty, Chief Creative Officer - Carmichael Lynch; *pg.* 47
Senne, Todd, Partner & President - Trilix Marketing Group, Inc.; *pg.* 427
Senour, Sarah, Director, Account - Aisle Rocket; *pg.* 681
Senra-James, Fernando, Managing Director - Moore Communications Group; *pg.* 628
Senske, Brent, Director, Design & Technology - The Weidert Group; *pg.* 425
Senter, Lauren, Senior Vice President, Business Development - Zorch; *pg.* 22
Sentucq, Olivier, Global Executive Director - Ogilvy; *pg.* 393
Senyk, Susan, Vice President, Strategic Accounts - Sparks; *pg.* 315
Seo, Brian, Social Media Manager - Black Bear Design Group; *pg.* 175
Seow, Bertrand, Chief Technology Officer & Co-Founder - RateSpecial Interactive LLC; *pg.* 262
Seow, Roy, Executive Creative Director - Saeshe Advertising; *pg.* 137
Sephel, Erin, Copywriter & Strategist, Content - redpepper; *pg.* 405
Septer, Brandy, Media Buyer - Hawthorne Advertising; *pg.* 285
Sepuca, Arianna, Media Coordinator - TouchPoint Integrated Communications; *pg.* 520
Sepulveda, Carlos, Director, Creative - Apollo Interactive; *pg.* 214
Sepulveda, Lisa, Chief Client Officer - Edelman; *pg.* 599
Sequenzia, Joe, Senior Partner & Chief Executive Officer - Milk; *pg.* 115
Serafin, Derek, Account Manager - The Motion Agency; *pg.* 270
Serafini, Daisy, Art Director - Eleven, Inc.; *pg.* 67
Serafino, Paula, Vice President, Director, Integrated Media - GYK Antler; *pg.* 368
Seratt, John, Senior Manager, Industry Lead - Entertainment - Walmart Media Group; *pg.* 684
Serbalik, Jacina, Associate Creative Director - Advantage International; *pg.* 301
Serebin, Dan, Chief Financial Officer - Derse, Inc.; *pg.* 304
Sergent, Shelley, Senior Media Buyer & Planner - Yebo; *pg.* 164
Sergi, Alyssa, Director, Digital Investment - Wavemaker; *pg.* 526
Seril, Scott, Senior Account Director - Marketing General, Inc.; *pg.* 288
Serilla, Paul, Strategy Director - Critical Mass, Inc.; *pg.* 223
Serino, Chris, Executive Vice President, Sales - Vector Media; *pg.* 558
Serio, Janine, Director, Integrated Planning - MediaCom; *pg.* 487
Seris, Thomas, Head, Strategy & Partner - The Platform Group; *pg.* 152
Serluco, Jonathan, Senior Producer - inVNT; *pg.* 90
Serocki, Samantha, Digital Strategist - Wieden + Kennedy; *pg.* 430
Seroka, John, Principal, Brand Strategist - Seroka Brand Development; *pg.* 646
Seroka, Patrick, Chief Executive Officer - Seroka Brand Development; *pg.* 646
Seroka, Scott, Principal & Certified Brand Consultant - Seroka Brand Development; *pg.* 646
Serowoky, Alexandra, Graphic Designer - inVNT; *pg.* 90
Serra, Jean, Partner - Version 2 Communications; *pg.* 658
Serra, Luis, Senior Director, Business Development - SITO; *pg.* 535
Serra, RaeAnn, Photographer & Videographer -

AGENCIES — PERSONNEL

Colangelo & Partners; pg. 591
Serrahsu, Tracy, Senior Manager, Media Partnerships - Key Accounts - Walmart Media Group; pg. 684
Serrano, Brittany, Director, Paid Search - iProspect; pg. 674
Serrano, Carla, Chief Executive Officer - New York & Chief Strategy Officer - Publicis Groupe - Publicis North America; pg. 399
Serrano, Chris, Creative Director - Lucky Generals; pg. 101
Serrano, Lara, Vice President & Global Account Director - Saatchi & Saatchi ; pg. 136
Serrano, Rosa, Director, Media Strategy - Freed Advertising; pg. 360
Serrao, Aaron, Vice President, Audience Development - Hearst Autos; pg. 238
Serrato, Andrew, Senior Digital Producer - Gatorade - TBWA \ Chiat \ Day; pg. 146
Serres, Mark, Group Director, Client Engagement - VMLY&R; pg. 274
Serrian, Andrea, Account Supervisor - Carmichael Lynch; pg. 47
Serrin, Lindell, Senior Art Director & Designer - DNA Seattle; pg. 180
Seshadri, Vignesh, Senior Art Director - Droga5; pg. 64
Sessa, Stefania, Creative Director - Milano - People Ideas & Culture; pg. 194
Session, Miki, Assistant Media Planner - Powerphyl Media Solutions; pg. 506
Sessoms, LaChelle, Account Coordinator - Next Marketing; pg. 312
Sesto, Brianna, Director, Business Development - Wavemaker; pg. 526
Sesto, Gino, Founder - Dash Two; pg. 551
Seth, Amit, Global Chief Product & Data Officer - GroupM; pg. 466
Sethi, Trina, Account Director - BBH; pg. 37
Setlak, Tracy, Group Director - PHD Chicago; pg. 504
Setounski, Nick, Head, Integrated Production - Wieden + Kennedy; pg. 432
Setree, Trudy, Vice President, Account Services - Blakeslee; pg. 40
Settle, Chris, Executive Vice President & Director, Creative Services - Destination Marketing; pg. 349
Settlemire, Juli B., Business Manager - Nancy Marshall Communications ; pg. 631
Setzer, Molly, Manager, Media - Insight Creative, Inc.; pg. 89
Sevening, Kelsey, Director, Engagement Management - Amobee, Inc.; pg. 213
Sever, Jennifer, Group Planning Director - Wavemaker; pg. 529
Severs, Jason, Chief Design Officer - Droga5; pg. 64
Severson, Amy, Senior Account Executive - Nemer, Fieger & Associates; pg. 391
Severson, Erin, Senior Vice President - Edelman; pg. 601
Severtson, Maren, Senior Communication Strategist - Goodby, Silverstein & Partners; pg. 77
Sevgili, Aylin, Manager, Social Media - Giant Propeller; pg. 76
Sevier, Robert, Senior Vice President, Strategy - Stamats Communications; pg. 412
Sewell, Howard, President - Spear Marketing Group; pg. 411
Sewell, Peter, President - Commix Communications, Inc.; pg. 592
Sewell, Tom, Executive Advisor & Chief Operating Officer - DCX Growth Accelerator; pg. 58
Sewell, Whitney, Vice President, Global Business Development - Connect at Publicis Media; pg. 462

Sexauer, Laura, Associate Director, Strategy - Spark Foundry; pg. 510
Sexton, Charley, Creative Director - Moxley Carmichael; pg. 629
Sexton, John, Chief Financial Officer - Adcetera; pg. 27
Sexton, Kristy, Chief Creative Officer & Founder - Adcetera; pg. 27
Sexton, Lindsay, Account Supervisor - The Tombras Group; pg. 424
Sexton, Nanci, Senior Vice President, Finance & Human Resources - Martin Advertising; pg. 106
Seybold, Sheri, Senior Director, Client Services - Big Sky Communications; pg. 583
Seyfer, Mike, President & Partner - Hailey Sault; pg. 81
Seyferth, Ginny, President - Seyferth & Associates, Inc.; pg. 646
Seyman, Lindsey, Managing Partner, Accounts - FANCY LLC; pg. 71
Seymour, Deborah, Head, Communications - JMW Consultants, Inc.; pg. 10
Seymour, Justin, Executive Creative Director - Amalgam; pg. 324
Seymour, Lance, Co-Founder, Co-Chief Executive Officer & Human Resources Manager - CHO / Highwater Group; pg. 590
Seymour, Scott, Senior Vice President, Golf - Octagon; pg. 313
Seymour, Scott, Vice President & Chief Creative Officer - BFG Communications; pg. 333
Seymour, Sloan, Executive Vice President, New Business & Client Development - ForwardPMX; pg. 360
Seymour-Anderson, Aaron, Creative Director - AKQA; pg. 212
Sferra, Daniel, Partner - Anthony Thomas Advertising; pg. 32
Sfetcu, Judy, Vice President, Finance, Administration & Investor Relations - PondelWilkinson Inc; pg. 637
Shabelman, Doug, President - Burns Entertainment & Sports Marketing, Inc.; pg. 303
Shacham, Melissa, Group Account Director - YARD; pg. 435
Shackelford, MaryJane, President - Barnes Advertising Corporation; pg. 549
Shackley, Maya, Chief Financial Officer - Dezenhall Resources; pg. 597
Shaddox, Jennifer, Director, Client Services - Stamats Communications; pg. 412
Shadid, Josh, Chief Executive Officer & Executive Producer - Lord Danger; pg. 562
Shadle, Mark, Managing Director, Corporate Communications - Zeno Group; pg. 664
Shadley, Luke, Media Supervisor - Spark Foundry; pg. 510
Shadoff, Thomas, Director, Media - Bensimon Byrne; pg. 38
Shadowens, Ashley, Supervisor, Social Media & Public Relations - Firehouse, Inc.; pg. 358
Shaeffer, Christine, Director, Global Internal Communications - WPP Kantar Media; pg. 163
Shaeffer, Kim, Chief Executive Officer, Chief Creative Officer & Principal - designTHIS!; pg. 179
Shafer, Brooke, Chief Executive Officer - CMI; pg. 443
Shafer, Kat, Executive Vice President - EP+Co.; pg. 356
Shafer, Kimberly, Broadcast Media Buyer - Mindstream Media Group - Dallas; pg. 496
Shafer, Lucy, Brand Strategy - Twenty-First Century Brand; pg. 157
Shafer, Ross, Art Director - Lodge Design Co.; pg. 190

Shaffer, Elizabeth, Art Director, Creative - DIO; pg. 62
Shaffer, Galen, Director, Art & Multimedia Specialist - BlaineTurner Advertising; pg. 584
Shaffer, Iris, Senior Vice President & Director - APCO Worldwide; pg. 578
Shaffer, Steve, Vice President & Media Director - JCF Marketing; pg. 91
Shaffer, Tanner, Chief Operating Officer & Co-Founder - Directive Consulting; pg. 63
Shaffner, Cathy, Chief Investment Officer & Senior Vice President, Marketing & Media - Empower; pg. 354
Shafi, Susan, Chief Financial Officer & General Counsel - Juarez and Associates, Inc.; pg. 446
Shafrath, Paige, Producer, Content - The Buntin Group; pg. 148
Shah, Alka, Partner & Programmatic Director - GroupM; pg. 466
Shah, Ameet, Senior Director, Global Technology, Publisher & Data Strategy - Prohaska Consulting; pg. 130
Shah, Anar, Group Media Director & Head, Paid Media - Laundry Service; pg. 287
Shah, Anish, Director, Client Services - Logical Media Group; pg. 247
Shah, Atit, Chief Creative Officer - Digitas; pg. 226
Shah, Chirag, Senior Vice President & Head, Financial Technology & Innovation - North America - Publicis.Sapient; pg. 259
Shah, Nick, Co-Founder & Chief Operation Officer - Ampush; pg. 213
Shah, Puja, Creative Director - Colle McVoy; pg. 343
Shah, Ruchir, Director, Analytics & Business Intelligence - 4FRONT; pg. 208
Shah, Shazeen, Vice President - Finn Partners; pg. 604
Shah, Stacy, Integrated Associate Media Director - Starcom Worldwide; pg. 516
Shah, Vidhi, Director, Creative - Huge, Inc.; pg. 239
Shah, Vivek, Manager, Paid Social - Wavemaker; pg. 526
Shah, Winter, Associate Media Director - OMD San Francisco; pg. 501
Shahab, Mariam, Director & Vice President, Digital Strategy - Golin; pg. 609
Shahabuddin, Samira, Director, Strategy - TBWA \ Chiat \ Day; pg. 146
Shahady, Emily, Executive Vice President & Managing Director - Leo Burnett Detroit; pg. 97
Shahar, Serah, Supervisor, Global Media Operations - Carat; pg. 459
Shaheed, Nya, Strategy Director - Canvas Worldwide; pg. 458
Shahian, Lauren, Brand Manager - R\West; pg. 136
Shaikh, Waseem, Head, Creative & Copywriter - McCann Canada; pg. 384
Shaini, Beth, Associate Media Director - Mering; pg. 114
Shakarian, Alisa, Head, Experience & Artistry - Cambridge BioMarketing; pg. 46
Shake, Christine, Media Planner & Media Buyer - MGH Advertising ; pg. 387
Shakeel, Khawar, Vice President, Business Integration & Analytics - Spark Foundry; pg. 508
Shaker, Daniel, Vice President, Creative - Shaker Recruitment Advertising & Communications; pg. 667
Shaker, Joseph, President - Shaker Recruitment Advertising & Communications; pg. 667
Shaker, Samantha, Account Director - Genuine

1013

PERSONNEL — AGENCIES

Interactive; pg. 237
Shaker Jr., Joe, President - Shaker Recruitment Advertising & Communications; pg. 667
Shakham, Asaf, Associate Creative Director - Path Interactive, Inc.; pg. 256
Shalaby, Karim, Senior Vice President, Analytics & Technology - Performics; pg. 676
Shalaveyus, Jason, Vice President, Advanced Analytics & Insights - Starcom Worldwide; pg. 513
Shalayev, Denys, Global Manager, Paid Social & Search Enging Marketing - Reprise Digital; pg. 676
Shalgian, Graham, Senior Vice President - Rasky Baerlein Strategic Communications, Inc.; pg. 641
Shalkoski, Joe, Manager, Media Technology - Digitas; pg. 226
Shallcross, Ann, President - Forrest & Blake, Inc.; pg. 540
Shamah, Ronald, Co-Chief Executive Officer - Publicis.Sapient; pg. 258
Shamberg, Scott, President & Chief Executive Officer - Performics; pg. 676
Shambo, Stephanie, Director - ICF Next; pg. 614
Shames, Steve, Chief Transformation Officer, Executive Vice President & Director, Commerce - Publicis North America; pg. 399
Shames, Yocasta, Senior Vice President - Edelman; pg. 599
Shamese, Ayanna, Associate Director, Creative - Burrell Communications Group, Inc. ; pg. 45
Shamlian, Fred, Founder & Chief Executive Officer - Shamlian Advertising; pg. 140
Shamloo, Mathew, Art Director - Nebo Agency, LLC; pg. 253
Shammas, Madaline, Manager, Client Relations & Email Marketing - Focus USA; pg. 284
Shamon, Pete, Vice President & Creative Director - Copy - Hill Holliday; pg. 85
Shamsunder, Abhilash, Director, Technology - Archer Malmo; pg. 32
Shamy, Chelsea, Account Executive - Dearing Group; pg. 60
Shanaberger, Kerry, Event Coordinator - Colangelo & Partners; pg. 591
Shanahan, Allie, Account Supervisor - redpepper; pg. 405
Shanahan, Kathleen, Founder - Boca Communications; pg. 585
Shanahan, Lindsay, Account Director - The Outcast Agency; pg. 654
Shanahan, Michael, Director, Production Operations - Leo Burnett Worldwide; pg. 98
Shanahan, Vanessa, Vice President, Analytics & Strategy - Smarty Social Media; pg. 688
Shane, Emilie, Production Coordinator - Gretel; pg. 78
Shane, Michael, Director, Creative Strategy - Code and Theory; pg. 221
Shane, Raquel, Ad Tech Supervisor AAI - Starcom Worldwide; pg. 513
Shang, Kelsey, Copywriter - Interesting Development; pg. 90
Shank, Fred, Executive Vice President & West Coast Consumer Practice Leader - Porter Novelli; pg. 637
Shank, Mark, Planner, Engagement Team - The Martin Agency; pg. 421
Shank, Tara, Senior Art Director - Array Creative; pg. 173
Shank Rockman, Mary, Principal & Chief Executive Officer - MSR Communications; pg. 630
Shankar, Arun, Vice President, Digital Solutions - Epsilon; pg. 283
Shankman, Emily, Senior Marketing Specialist - Adpearance; pg. 671

Shankman, Susan, Sales Director - MBuy; pg. 484
Shanks, Bob, Founding Partner, Business Development - Grip Limited; pg. 78
Shanks, Richard, President - Upshift Creative Group; pg. 21
Shanley, Kevin, Associate Media Director - Laughlin Constable, Inc.; pg. 380
Shannon, Brittany, Client Program Coordinator - Valassis; pg. 294
Shannon, Cathy, Executive Vice President - Radical Media; pg. 196
Shannon, Mike, Associate Director, Operations - Ready Set Rocket; pg. 262
Shannon, Taylor, Director - Resolution Media; pg. 263
Shaouli, Chloe, Senior Designer, Communications - Initiative; pg. 478
Shapiro, Adam, Principal, Digital Strategy - Sard Verbinnen; pg. 646
Shapiro, Andrew, Social Media Manager - Powerphyl Media Solutions; pg. 506
Shapiro, Caitlin, Account Director - Butler, Shine, Stern & Partners; pg. 45
Shapiro, Charles, President & Chief Executive Officer - Massmedia, Inc.; pg. 483
Shapiro, Debra, Executive Vice President & Creative Director - Massmedia, Inc.; pg. 483
Shapiro, James, Chief Operating Officer - NeON; pg. 120
Shapiro, Jillian, Director, Digital & Data Marketing - WongDoody; pg. 162
Shapiro, Matt, Creative Director - The Republik; pg. 152
Shapiro, Maury, Deputy Global Chief Financial Officer - BCW New York; pg. 581
Shapiro, Melissa, President, Investment - Blue 449; pg. 455
Shapiro, Mitch, Partner & General Manager - Beber Silverstein Group; pg. 38
Shapiro, Mollie, Account Supervisor - Situation Interactive; pg. 265
Shapiro, Neil, Group Creative Director & Copywriter - Tribal Worldwide - Vancouver; pg. 272
Shapiro, Neil, Senior Vice President, Digital & Programmatic Sales - Captivate Network, Inc.; pg. 550
Shapiro, Nikki, Senior Portfolio Manager - Universal McCann; pg. 428
Shapiro, Rebecca, Senior Vice President - Shore Fire Media; pg. 647
Shapiro, Robin, Global President - TBWA\WorldHealth; pg. 147
Shapiro, Robyn, Senior Broadcast Negotiator - Wingman Media; pg. 529
Shapiro, Ronnie, Chief Executive Officer - Cardinal Communications USA; pg. 47
Shapiro, Ryan, National Director, Sales - Sapper Consulting, LLC; pg. 291
Shapiro, Stephen, Founder & President - Communications Strategy Group; pg. 592
Shapka, Kathy, Vice President & Media Director - DDB Canada; pg. 59
Shaprio, Jared, Managing Member - The Tag Experience; pg. 688
Shaps, Jana, Manager, Digital Strategy - Konnect Agency; pg. 620
Sharadin, Scott, Creative Director - Miller Designworks; pg. 191
Sharbono, Lori, Director, Business Development - Yamamoto; pg. 435
Sharer, Tom, Production Manager & Art Director - Manzella Marketing Group; pg. 383
Shares, Courtney, Associate Director, Business Operations - COLLINS:; pg. 177
Sharetts, Andrew, Director, Digital, Social & Content Strategy - Publicis.Sapient; pg. 258
Sharkey, Kristen, Supervisor - Starcom Worldwide; pg. 513

Sharkey, Tom, Analytics Manager - Barbarian; pg. 215
Sharma, Breea, Senior Manager, Strategic Planning - Travel Spike; pg. 272
Sharma, Kamakshi, Associate Managing Director - Horizon Media, Inc.; pg. 474
Sharma, Neal, Chief Executive Officer - DEG Digital; pg. 224
Sharma, Suzie, Specialist, Creative Services - Saatchi & Saatchi Los Angeles; pg. 137
Sharma, Vivek, Co-Founder & Chief Executive Officer - Moveable Ink; pg. 251
Sharman, Jay, Co-Founder & Chief Executive Officer - Teamworks Media; pg. 519
Sharon, Rebecca, Director, Media - Noble People; pg. 120
Sharp, Catherine, Account Supervisor - Mering; pg. 114
Sharp, Donna, Managing Director - MediaLink; pg. 386
Sharp, Jane, Supervisor, Account - The Hatch Agency; pg. 653
Sharp, Joseph, Group Account Director - Allscope Media; pg. 454
Sharp, Karen, Group Media Director - Butler / Till; pg. 457
Sharp, Kathleen, Senior Specialist, Digital Media - Lewis Communications; pg. 100
Sharp, Matthew, Chief Digital Officer - Advance 360; pg. 211
Sharp, Michael, Founder & Chief Executive Officer - Standard Black; pg. 144
Sharp, Quinn, Analyst, Demand Generation - Walker Sands Communications; pg. 659
Sharp, Sarah, Copywriter - Mother NY; pg. 118
Sharp, Torrey, Principal & Business Director - Faceout Studios; pg. 182
Sharp, Valerie, President - AWESTRUCK; pg. 691
Sharp Fera, Matthew, Creative Director - mcgarrybowen; pg. 110
Sharp-Curro, Liz, Director, Project Development & Print Manager - Adserts; pg. 27
Sharpe, Dave, Co-Founder - 6Degrees; pg. 321
Sharpe, Ellie, Senior Associate Planner - Mindshare; pg. 491
Sharpe, Pam, Media Director & Chief Operating Officer - The Price Group Inc.; pg. 152
Sharpton, Jon, Director, Communications Design - Initiative; pg. 477
Sharrow-Blaum, Christian, Strategist, Content Marketing - Lyons Consulting Group; pg. 247
Shasserre, Jessica, Director, Higher Education Marketing - MediaCross, Inc.; pg. 112
Shatten, Bill, Director, Client Services - Infinity Marketing; pg. 374
Shatts, Lisa, Executive Assistant & Office Manager - Makai, Inc.; pg. 310
Shatz, Alexander, Client Financial Manager - VMLY&R; pg. 160
Shaub, Zach, Director, Media - Hearts & Science; pg. 471
Shaughnessy, Aimee, Director, Client Development - Pathos; pg. 396
Shaul, Victoria, Director, Publisher Strategy - Magna Global; pg. 483
Shaver, Kat, Director, Production Services - Reynolds & Associates; pg. 406
Shaver, Laurinda, Producer - Vusr - Secret Location; pg. 563
Shaver, Rick, Chief Executive Officer & President - The Hive Strategic Marketing; pg. 420
Shaw, Adam, Senior Media Strategist - BMG; pg. 335
Shaw, Bob, President & Partner - Concentric Marketing; pg. 52
Shaw, Bonnie, President - Clearpoint Agency; pg. 591

AGENCIES · PERSONNEL

Shaw, David, Director, Brand Strategy - IBM iX; *pg.* 240
Shaw, David, Managing Director - The&Partnership; *pg.* 426
Shaw, Doug, Chairman & Chief Executive Officer - Douglas Shaw & Associates ; *pg.* 598
Shaw, Edward, Chief Recruiting Officer & Executive Vice President, Executive Search - Yoh; *pg.* 277
Shaw, Erin, Vice President & Account Director - Deutsch, Inc.; *pg.* 350
Shaw, Jordan, Associate Director, Content - Carat; *pg.* 461
Shaw, Justin, Director, Client Engagement - VMLY&R; *pg.* 274
Shaw, Kara, Senior Business Manager - Caldwell VanRiper; *pg.* 46
Shaw, Kristen, Community Manager - Zehnder Communications, Inc.; *pg.* 436
Shaw, Roberta, Senior Vice President - Denterlein; *pg.* 596
Shaw, Ryan, Vice President, Media Strategy & Planning - iCrossing; *pg.* 241
Shaw, Stacey, Associate Director - Amnet; *pg.* 454
Shaw, Wes, Owner - Words and Pictures Creative Service, Inc.; *pg.* 276
Shaw West, Robert, Chairman & Chief Executive Officer - The Republik; *pg.* 152
Shawn, Stephanie, Director, Digital Strategy - Cultivator Advertising & Design; *pg.* 178
Shay, Chancelor, Director, Public Relations & Integrated Communications - Wright On Communications; *pg.* 663
Shayotovich, Mike, Senior Manager, Business Development - Louisville Sports Properties - Learfield Sports; *pg.* 310
Shcherbinina, Yulia, Project Coordinator - Giant Propeller; *pg.* 76
Shea, Brendan, Vice President, Creative Services - Walker Sands Communications; *pg.* 659
Shea, Courtney, Media Manager - Harmelin Media; *pg.* 467
Shea, Elana, Vice President & Senior Account Director - BBDO San Francisco; *pg.* 330
Shea, Elizabeth, Executive Vice President, Public Relations - SpeakerBox Communications; *pg.* 649
Shea, Emily, Vice President, Creative - Stephan & Brady, Inc.; *pg.* 412
Shea, George, Vice President, Strategic Development - Silverman Group; *pg.* 410
Shea, George, Chairman & Chief Executive Officer - Shea Communications; *pg.* 646
Shea, Greg, Managing Partner | Chief Operating Officer - Campbell Marketing and Communications; *pg.* 339
Shea, Jason, Director, Web Development - Media One Advertising; *pg.* 112
Shea, John, Associate, Planning - Mindshare; *pg.* 491
Shea, John, President, Marketing - Worldwide - Octagon; *pg.* 313
Shea, Kit, Director, Strategic Services - Resource/Ammirati; *pg.* 263
Shea, Kris, Partner & Vice President, Business Development - Juice Studios; *pg.* 309
Shea, Richard, President & Partner - Shea Communications; *pg.* 646
Sheaffer, Austin, Vice President, Operations - Vokal Interactive; *pg.* 275
Sheaffer, Kimberly, Associate Media Director - Starcom Worldwide; *pg.* 513
Shear, Michael, Director, Digital Analytics - Analytic Consulting Group - Epsilon ; *pg.* 283
Shearer, Andria, Product Marketing Manager - Walmart Performance Ads - Walmart Media Group; *pg.* 684
Shearer, Chad, Chief Operating Officer, Creative Director & Owner - Caren West PR; *pg.* 588
Shearer, Chrissy, Business Affair Manager - Goodby, Silverstein & Partners; *pg.* 77
Shearer, Daniel, President - Ontario & West - Cossette Media; *pg.* 345
Shearer, Norm, Partner & Chief Creative Officer - Cactus Marketing Communications; *pg.* 339
Shearin, Dan, Associate Creative Director - Young & Laramore; *pg.* 164
Shearin, Michael, Senior Account Executive - Intersection; *pg.* 553
Shearing, Brett, Vice President, Business Development - The Search Agency; *pg.* 677
Shedd, Dan, President - Taylor Box Company; *pg.* 201
Shee, Tiffany, Senior Vice President, Digital & Magazine Activation - Zenith Media; *pg.* 529
Sheehan, Casey, Associate Director, Social & Programmatic - Starcom Worldwide; *pg.* 513
Sheehan, Casey, Partner, Design - Work & Co; *pg.* 276
Sheehan, Catherine, Executive Vice President & Director, Brand Strategy - Arnold Worldwide; *pg.* 33
Sheehan, Christine, Vice President & Integrated Communications Group Director - Media Assembly; *pg.* 484
Sheehan, Diana, Vice President, Client Leadership - Kantar TNS; *pg.* 446
Sheehan, Emily, Copywriter - Mother NY; *pg.* 118
Sheehan, Inga, Associate Director, Strategy - Connect at Publicis Media; *pg.* 462
Sheehan, Lauren, Executive Vice President & Head, Design - MERGE; *pg.* 113
Sheehan, Meg, Manager, Growth Marketing - Pattern; *pg.* 126
Sheehan, Riley, Chief Technology Officer - MERGE; *pg.* 113
Sheehy, John, Global Brand President - Starcom Worldwide; *pg.* 513
Sheely, Alissa, Account Director - Goodby, Silverstein & Partners; *pg.* 77
Sheen, Mike, Creative Director & Vice President - Coates Kokes, Inc.; *pg.* 51
Sheeran, Jenna, Senior Vice President - Digitas; *pg.* 227
Sheeran, Katie, Vice President, Group Planning Director - Ogilvy; *pg.* 393
Sheets, Erin, Negotiator - OMD Atlanta; *pg.* 501
Sheets, Mastery, Senior Front End Web Developer - KlundtHosmer Design; *pg.* 244
Sheets, Micah, Back End Developer & IT Manager - KlundtHosmer Design; *pg.* 244
Sheffield, Harrison, Media Strategies Supervisor - Edelman; *pg.* 599
Sheffield, Ted, Executive Vice President, Operations & General Counsel - Branded Entertainment Network, Inc.; *pg.* 297
Sheffy, Lianne, Strategy Director - Anomaly; *pg.* 325
Shehata, Marc, Manager, Integrated Investment - Universal McCann; *pg.* 521
Sheikh, Shaun, Chief Executive Officer - Jump 450 Media; *pg.* 481
Sheikha, Moe, Strategy Director - Wunderman Thompson; *pg.* 434
Sheinbaum, Pete, Senior Vice President, Digital Media - Active Interest Media; *pg.* 561
Sheinberg, Scott, Executive Vice President, Chief Creative Officer & General Manager - Tampa - 22squared Inc.; *pg.* 319
Sheiner, Mitch, Senior Vice President & Group Client Director - Spark Foundry; *pg.* 508
Sheingold, Nick, Vice President, Strategy - Laundry Service; *pg.* 287
Shekhar, Chandra, Director, Performance Marketing Science - OMD; *pg.* 498
Shekoski, Cindy, Broadcast Account Manager - Kelly, Scott & Madison, Inc.; *pg.* 482
Shelby, Aisa, Vice President, Operations - Mercury Media; *pg.* 288
Shelby, Robin, Manager, Brand - Dr Pepper Snapple Group - The Richards Group, Inc.; *pg.* 422
Sheldon, Mattie, Associate Director - Starcom Worldwide; *pg.* 513
Sheldon, Sarah, Director, Digital Operations - NDP; *pg.* 390
Shelford, Don, Executive Creative Director - Swift; *pg.* 145
Shelhamer, Kebra, Vice President, Communications & Public Relations - Root3 Growth Marketing; *pg.* 408
Shelhamer, Kylee, Senior Account Executive - Leo Burnett Worldwide; *pg.* 98
Shell, Farr, Media Planner & Media Buyer - Martin Advertising; *pg.* 106
Shell, Jared, Account Director - FCB New York; *pg.* 357
Shellard, Della, Senior Accountant, Advertising & Design - Elevator Strategy Advertising & Design, Inc.; *pg.* 181
Shelly, Peter, Project Manager - HUEMOR; *pg.* 239
Shelly, Stacey, Executive Vice President, Global Client Lead - Zenith Media; *pg.* 529
Shelman, Seth, Designer, Studio - Wieden + Kennedy; *pg.* 430
Shelton, Anne, Vice President - Signature Agency ; *pg.* 141
Shelton, Brandon, Associate Creative Director - Woodruff; *pg.* 163
Shelton, Jackie, Vice President, Public Relations - Estipona Group; *pg.* 69
Shelton, Jeffrey, Director, National Video Investment - Spark Foundry; *pg.* 508
Shelton, Josh, Associate Creative Director - WorkInProgress; *pg.* 163
Shelton, Rusty, Founder & Chairman - Zilker Media; *pg.* 665
Shelton, Samuel, Principal & Creative Director - KINETIK Communications Graphics; *pg.* 189
Shelton, Suzanne, President & Chief Executive Officer - The Shelton Group; *pg.* 153
Shelton-Murphy, Kris, Senior Designer - Banowetz + Company, Inc.; *pg.* 36
Shembeda, Brian, Group Creative Director - Leo Burnett Worldwide; *pg.* 98
Shen, Christine, Associate Director - Media Assembly; *pg.* 484
Sheniak, Dan, Global Communications Planning Director - Nike - Wieden + Kennedy; *pg.* 430
Sheniak, Daniel, Director, Communication Planning - Nike - Wieden + Kennedy; *pg.* 430
Shenk, Annie, Social Engagement Manager - Moxie; *pg.* 251
Shenk, Gary, Founder - Branded Entertainment Network, Inc.; *pg.* 297
Shennum, Samantha, Senior Account Manager - Location3 Media; *pg.* 246
Shenouda, Rania, Senior Director, Media Delivery - Conversant, LLC; *pg.* 222
Shepansky, Tom, Founder & Managing Partner & Owner - Rethink Communications, Inc.; *pg.* 133
Shepard, Breanna, Senior Manager, Content - Branded Entertainment Network, Inc.; *pg.* 297
Shepard, Brooke, Executive Vice President, Global Insights Community Leader - Weber Shandwick; *pg.* 660
Shepard, Dori, General Manager - Vreeland Marketing; *pg.* 161
Shepard, Janet, Chief Financial Officer - Herzog & Company; *pg.* 298
Shepard, Jessica, Assistant Producer - RPA;

PERSONNEL   AGENCIES

Shepard, Robert, Partner & Creative Director - Koopman Ostbo Inc.; pg. 378
Shepard, Thomas, Partner & Chief Marketing Officer - 21 Marketing; pg. 301
Shepardson, Rob, Co-Founder & Partner - SS+K; pg. 144
Shephard, Debbie, Creative Director - Snavely & Associates; pg. 199
Shepheard, Rachel, Vice President - LaunchSquad; pg. 621
Shepherd, Amanda, Art Director - North Charles Street Design Organization; pg. 193
Shepherd, Annette, Senior Program Manager - The Brandon Agency; pg. 419
Shepherd, Graham, Vice President & Creative Director - Digitas; pg. 228
Shepherd, Jordan, Senior Account Manager - 3Q Digital; pg. 208
Shepherd, Robin, Founder & President - Shepherd Agency; pg. 410
Shepherd, Sam, Executive Creative Director - 360i, LLC; pg. 320
Sheppard, Brian, Executive Vice President & Executive Creative Director - Saatchi & Saatchi Canada; pg. 136
Sheppard, Cathy, Receptionist - Jan Kelley Marketing; pg. 10
Sheppard, Dan, Creative Director & Partner - SLN, Inc.; pg. 677
Sheppard, Greg, Senior Vice President, Business Intelligence & Product Marketing - TravelClick, Inc.; pg. 272
Sheppard, Matthew, Partner - The Sheppard Group; pg. 424
Sheppard, Natalie, Managing Director - Initiative; pg. 477
Sheppard, Suzanne, Partner - The Sheppard Group; pg. 424
Sheppard, Travis, Director, Experience Center - PwC Digital Services; pg. 260
Sherbon, Annie, Account Supervisor - Droga5; pg. 64
Sherbow, Rachel, Senior Executive, Account - The Hatch Agency; pg. 653
Sherensky, Jill, Founder & Chief Executive Officer - Denny Mountain Media; pg. 225
Sherer, Kristi, Director, Data Marketing - InQuest Marketing; pg. 445
Sherer, Lynne, Senior Media Buyer - Larry John Wright, Inc.; pg. 379
Sheridan, Chris, Associate Media Director - Spark Foundry; pg. 508
Sheridan, Erika, Director, Media Services - Schafer Condon Carter; pg. 138
Sheridan, Jamie, Client Business Lead - PHD Chicago; pg. 504
Sheridan, Julie, Senior Vice President & Group Account Director - Cramer-Krasselt ; pg. 53
Sheridan, Karen, President & Director, Media Services - SMY Media, Inc.; pg. 508
Sheridan, Tim, Creative Director & Senior Writer - Live Marketing; pg. 310
Sheridan, Virginia, Managing Partner - Finn Partners; pg. 603
Sherman, Ashleigh, Social Media Specialist - Darby Communications; pg. 595
Sherman, Danielle, Director, People & Culture - Barbarian; pg. 215
Sherman, Derek, Executive Creative Director - The Escape Pod; pg. 150
Sherman, Elise, Associate Director, Media Planning - Wavemaker; pg. 526
Sherman, Jolene, Managing Director - Amplified Digital Agency; pg. 213
Sherman, Katie, Regional Account Director - North America - DDB New York; pg. 59
Sherman, Katie, Senior Strategist - Crispin Porter + Bogusky; pg. 346

Sherman, Keith, President & Owner - Keith Sherman & Associates, Inc.; pg. 686
Sherman, Kevin, Group Director, Digital Experience - Blue Chip Marketing & Communications; pg. 334
Sherman, Kim, President & Chief Executive Officer - Echo Media Group; pg. 599
Sherman, Lee, Partner & Chief Media Officer - Formative; pg. 235
Sherman, Mark, Founder & Chief Executive Officer - Media Experts; pg. 485
Sherman, Matt, Creative Director - Zambezi; pg. 165
Sherman, Matthew, Partner & President - Joele Frank, Wilkinson Brimmer Katcher; pg. 617
Sherman, Melanie, Account Manager - Fitzco; pg. 73
Sherman, Regina, Director, Creative - IMC / Irvine Marketing Communications; pg. 89
Sherman, Russell, Partner - Prosek Partners; pg. 639
Sherman, Sandy, Vice President, Production - Madwell; pg. 13
Sherman, Sarah, Account Director - Nina Hale Consulting; pg. 675
Sherman, Vanessa, Vice President, Strategy - Zenith Media; pg. 529
Shermulis Johnson, Laura, Vice President & Director - Starcom Worldwide; pg. 513
Sherr, Susan, Vice President, Demographic & Policy research - SSRS; pg. 450
Sherrell, Rob, Vice President & Client Partner - Sparks Grove, Inc.; pg. 199
Sherrill, Anna, Vice President & Media Director - The Tombras Group; pg. 153
Sherrill, Asa, Vice President, Experience Design - Macquarium, Inc.; pg. 247
Sherrill, Kate, Associate Media Director - GroupeConnect - Digitas; pg. 226
Sherron, Bob, Vice President, Technology - HughesLeahyKarlovic; pg. 372
Sherry, Patrick, Vice President & Director, Business Development - GS&F ; pg. 367
Shervin, Craig, Copywriter - Goodby, Silverstein & Partners; pg. 77
Sherwell, Brian, Vice President & Group Director, Creative & Experience Strategy - Digitas; pg. 228
Sherwood, Bradley, Partner & Creative Director - Mighty 8th Media; pg. 115
Sherwood, Dave, Vice President & Creative Director - Creative Marketing Alliance; pg. 54
Sherwood, Matthew, Senior Vice President & Creative Director - Patients & Purpose; pg. 126
Shevin, Andrew, Vice President, Business Development - Apollo Interactive; pg. 214
Shew, Julia, Manager, Brand - Camp + King; pg. 46
Shewell, Meredith, Coordinator, Media - Pavone Marketing Group; pg. 396
Shi, Jade, Account Executive - Rogers & Cowan/PMK*BNC; pg. 643
Shi, Jiawen, Account Director - Metia; pg. 250
Shie, Jane, Director, Client Operations - The Trade Desk; pg. 519
Shief, Janice, Media Director - LFO'Connell; pg. 380
Shields, Chrissy, Vice President & Media Director - Paige Group; pg. 396
Shields, Gwen, Chief Operating Officer & Partner - Altitude Marketing; pg. 30
Shields, Kate, Chief Executive Officer - Vault Communications, Inc.; pg. 658
Shields, Marilyn, Office Manager - Nova Creative Group, Inc.; pg. 193
Shields, Regan, Senior Manager, Technical Project - r2integrated; pg. 261

Shiff, Julian, Founder & Chief Executive Officer - Abel Nyc; pg. 25
Shifflett, Julia, President, Performance Marketing - Tic Toc; pg. 570
Shifflett, Owen, Art Director - Viget Labs; pg. 274
Shifman, Jennifer, Vice President & General Manager - The George P. Johnson Company; pg. 316
Shih, Annie, Managing Partner, Multicultural Marketing & Account Planner - AdAsia; pg. 26
Shih, Janet, Associate Director, Strategy - Deutsch, Inc.; pg. 350
Shih, Tammy, Associate Media Planner - Posterscope U.S.A.; pg. 556
Shikaloff, Elena, Account Executive - Archetype; pg. 33
Shilale, Dave, Executive Producer & General Manager - Viewpoint Creative; pg. 159
Shilgalis, Erin, Senior Media Buyer - Sherry Matthews Advocacy Marketing; pg. 140
Shill, Jeff, Creative Director & Copywriter - Brunner; pg. 44
Shill, Taylor, Manager, Video Investment - Mindshare; pg. 491
Shilling, Brian, Director, Branding & Digital Marketing - ClarityQuest; pg. 50
Shilney, Christopher, Paid Digital Marketing Lead - Walker Sands Communications; pg. 659
Shim, Peter, Associate Director - OMD; pg. 498
Shimasaki, Robert, Director, Integrated Communications - Media Assembly; pg. 484
Shimek, Justin, Chief Executive Officer - Mattson; pg. 447
Shimkus, Bernie, Vice President, Insight - Harmelin Media; pg. 467
Shimmel, Kari, Chief Marketing & Strategy Officer - Campbell Ewald; pg. 46
Shin, Helen, Associate Creative Director - Saatchi & Saatchi ; pg. 136
Shin, Madeleine, Vice President, Health Care - Weber Shandwick; pg. 661
Shin, Rachel, Account Supervisor & Digital Strategist - BCW Austin; pg. 581
Shin, Rosemary, Senior Analyst - Starcom Worldwide; pg. 513
Shinabarger, Matthew, Vice President & Marketing Portfolio Lead - FleishmanHillard; pg. 606
Shinbaum, Laurie, Brand Director - Hearts & Science; pg. 471
Shinehoft, Debbie, Director, Production - DDB Canada; pg. 59
Shiner, Meredith, Vice President, Media - Golin; pg. 609
Shing, Patrick, Associate Creative Director - Rethink Communications, Inc.; pg. 133
Shintaku, Mussashi, Associate Creative Director - Digitas; pg. 228
Shipley, Amy, Partner & Managing Director - Sterling-Rice Group; pg. 413
Shipley, Ashley, Account Executive - Matrix Media Services; pg. 554
Shipley, Mark, Chief Executive Officer & Strategy Director - Smith & Jones; pg. 143
Shipley, Mark, Chief Executive Officer & Strategy Director - Burst Marketing; pg. 338
Shipley, Nathan, Technical Director - Goodby, Silverstein & Partners; pg. 77
Shipley, Neil, Principal & Director, Operations - DOXA Total Design Strategy, Inc.; pg. 180
Shipman, Shawn, Creative Development Manager - Lighthouse, Inc.; pg. 11
Shipp, Jason, Executive Creative Director - Citrus Advertising; pg. 50
Shirdan, Gabrielle, Vice President & Creative Director- McCann New York - Universal McCann; pg. 521

1016

AGENCIES / PERSONNEL

Shirden, Emily, Partner & Senior Vice President - Finn Partners; *pg.* 604
Shires, Ben, Vice President, Analytics - The Tombras Group; *pg.* 424
Shirey, Kaila, Media Buyer - Swanson Russell; *pg.* 415
Shirk, Bill, President - Think Tank Communications; *pg.* 656
Shirk, Sue, Creative Director - Think Tank Communications; *pg.* 656
Shirley, Craig, Founder, Chairman & Chief Executive Officer - Shirley & Banister Public Affairs; *pg.* 647
Shirley, Philip, Chairman & Chief Executive Officer - Godwin Group; *pg.* 364
Shirley, Roger, Editorial Director - McNeely Pigott & Fox Public Relations; *pg.* 626
Shishkoff, Gabrielle, Associate Director, Decision Sciences - Starcom Worldwide; *pg.* 513
Shitole, Priyanka, Director, Digital & Technology - Words and Pictures Creative Service, Inc.; *pg.* 276
Shiue, Laura, Vice President, Strategic Marketing & Media - Level; *pg.* 99
Shively, Amber, Senior Media Planner - Kroger Media Services; *pg.* 96
Shively, Kelsey, Vice President - Weber Shandwick; *pg.* 662
Shlansky, Steve, Chief Executive Officer & President - Go! Experience Design; *pg.* 307
Shlissel, Evan, Supervisor - Havas Media Group; *pg.* 468
Shmarak, Michael, Vice President & Director, Corporate Communications - Digitas; *pg.* 227
Shnayder, Steven, Associate Director, Paid Search - Generator Media + Analytics; *pg.* 466
Shoaf, Christine, Executive Vice President & Global Account Director - Momentum Worldwide; *pg.* 117
Shoaf, Temma, Executive Producer - Wieden + Kennedy; *pg.* 432
Shoan, Michele, Finance Director - Universal McCann Detroit; *pg.* 524
Shockley, Marisa, Senior Vice President & Senior Director - BBDO Worldwide; *pg.* 331
Shockley, Tony, Senior Vice President, Technology - ZAG Interactive; *pg.* 277
Shoemaker, Elizabeth, Vice President, Account Services & Strategy - CMD; *pg.* 51
Shoemaker, Stephen, Associate Media Director - m/SIX; *pg.* 482
Shoenthal, Amy, Vice President & Group Manager, Digital - M Booth & Associates, Inc. ; *pg.* 624
Shoesmith, Jo, Chief Creative Officer - Campbell Ewald; *pg.* 46
Shoiock, Michael, Senior Manager, Retention Marketing - Pattern; *pg.* 126
Shoji, Brent, Executive Director, Account Services & Business Development Services & Digital - TRAFFIK Advertising; *pg.* 156
Sholars, Kent, Vice President, Corporate Communications - Edelman; *pg.* 600
Shoman, Jess, Art Director - Annex Experience; *pg.* 31
Shook, Katie, Manager, Operations - Second Story Interactive; *pg.* 265
Shook, Terry, Owner - Shook Kelley; *pg.* 198
Shook-Kelly, Soeurette, Director, Corporate Development - Anderson Marketing Group; *pg.* 31
Shoope, Carla, Senior Vice President, Client Relations Manager - GTB; *pg.* 80
Shopa, Linda, Chief Financial Officer - Aloysius Butler & Clark; *pg.* 30
Shore, Derek, Account Supervisor - AMP Agency; *pg.* 297
Shore, Hill, Account Director - The Martin Agency; *pg.* 421

Shore, Ken, Chief Commercial Officer - Continuum Clinical - Blue Chip Marketing & Communications; *pg.* 334
Shore, Kenny, Creative Director - Geary Interactive; *pg.* 76
Shore, Kurt, President - D4 Creative Group; *pg.* 56
Shorr, Brad, Director, Content Strategy - Straight North, LLC; *pg.* 267
Short, Andrea, Senior Strategist - BrightWave Marketing, Inc.; *pg.* 219
Short, Elizabeth, Director, Accounts & Business Development - Debut Group; *pg.* 349
Short, Karen, Executive Creative Director - Droga5; *pg.* 64
Short, Marilyn, Founder - Harbinger Communications, Inc.; *pg.* 611
Short, Martin, Partner - Swerve, Inc.; *pg.* 200
Short, Patrick, Senior Vice President & Creative Director - Mower; *pg.* 628
Short, Ron, Director, Art & Designer - Quaker City Mercantile; *pg.* 131
Short, Ryan, Associate Director, Client Advice & Management - Initiative; *pg.* 479
Shortall, Taylor, Social Media Director - Gentleman Scholar; *pg.* 562
Shorter, Janet, Director, Business Development - IMS Media Solutions; *pg.* 241
Shoshan, Karen, Senior Vice President, Client Services - McCann Torre Lazur; *pg.* 109
Shotwell, Jeff, President & Creative Director - Imagine It! Media, Inc.; *pg.* 477
Shoukas, Dean, Executive Producer, Content - Saatchi & Saatchi ; *pg.* 136
Shoukas, Dean, Senior Vice President, Digital Marketing - ChizComm; *pg.* 50
Shoulders, Anne, Director & Master Practitioner - Sparks Grove, Inc.; *pg.* 199
Shourie, Rishi, Partner & Creative Director - Character; *pg.* 5
Shovlin, Francis, Director, PPC - Seer Interactive; *pg.* 677
Show, Ned, Chief Executive Officer - Chemistry Communications Inc.; *pg.* 50
Showalter, Leslie, Director, Library & Research Services - The Richards Group, Inc.; *pg.* 422
Showalter, Mark, Co-Founder - P.S. Media; *pg.* 395
Shrader, Dana, Partner, Portfolio Management - Universal McCann Detroit; *pg.* 524
Shrader, Ralph, Chairman - Booz Allen Hamilton; *pg.* 218
Shrake, Debra, Director, Human Resources - Agency 720; *pg.* 323
Shreefter, Mariel, Manager, Digital Activation - Citi - Spark Foundry; *pg.* 508
Shreve, Kim, Traffic Manager - AMPM, Inc. ; *pg.* 325
Shroff, Shahnaz, Senior Vice President, Senior Director - BBDO Worldwide; *pg.* 331
Shron, Barrie, Partner & Associate Planning Director - Wavemaker; *pg.* 526
Shroyer, Amy, Account Executive - TriComB2B; *pg.* 427
Shroyer, Brent, Vice President, Product Marketing - Listrak; *pg.* 246
Shtrahman, Lana, Associate Director, National Broadcast - Mindshare; *pg.* 491
Shu-wei Chen, Diana, Account Director - TBWA\WorldHealth; *pg.* 147
Shudak, Stacey, Associate Director, Digital - Mediaspot, Inc. ; *pg.* 490
Shue, Jason, Vice President, Global Trading - The Trade Desk; *pg.* 519
Shuey, Ashley, Supervisor, Media - Aloysius Butler & Clark; *pg.* 30
Shuey, Monica, Specialist, Brand - Jajo, Inc.; *pg.* 91

Shuey-Kostelac, Laura, Account Supervisor - Finn Partners; *pg.* 603
Shuke, Ilisia, Senior Vice President & Account Director - Grey Group; *pg.* 365
Shukert, Ariel, Creative Director - RPA; *pg.* 134
Shulda, Corey, Senior Creative Artist - Trozzolo Communications Group; *pg.* 657
Shuler, Emily, Public Relations Account Executive - Stoner Bunting Advertising; *pg.* 414
Shulhafer, Alex, Group Creative Director - McKinney New York; *pg.* 111
Shulick, Scott, Senior Vice President, Planning Director - Cramer-Krasselt ; *pg.* 54
Shulkin, Lonn, President - BAM Strategy; *pg.* 215
Shulman, David, Vice President - Ogilvy; *pg.* 393
Shulman, Tori, Associate Director, Programmatic - Digitas; *pg.* 226
Shulow, Allison, Creative Director - StoneArch Creative; *pg.* 144
Shultz, Craig, Director, Project Management - Zehnder Communications, Inc.; *pg.* 436
Shumaker Stanton, Callie, Vice President - Nike Communications, Inc.; *pg.* 632
Shuman, Brandy, Manager, Strategic - Konnect Agency; *pg.* 620
Shuman, Donovan, Strategist, Digital - Nebo Agency, LLC; *pg.* 253
Shumann, Greg, Vice President - Markstein; *pg.* 625
Shumate, Matt, Senior Vice President - Max Borges Agency; *pg.* 626
Shumchenia, Greg, Group Strategy Director - mcgarrybowen; *pg.* 385
Shupp, Aaron, Director, Interactive Marketing - 23k Studios; *pg.* 23
Shur, Limore, Chief Operating Officer - Mod Op; *pg.* 116
Shusko, Erin, Vice President - HB&M Sports; *pg.* 307
Shust, Dan, Chief Innovation Officer - IBM iX; *pg.* 240
Shuster, Elayne, Partner & Executive Producer - M-Street Creative; *pg.* 190
Shuster, Karen, Vice President & Director, Media - Duffy & Shanley, Inc.; *pg.* 66
Shusterman, Jared, Founder & Chief Executive Officer - SproutLoud Media Networks; *pg.* 17
Shutt, Evin, Chief Executive Officer & Partner - 72andSunny; *pg.* 23
Shuttleworth, Jamie, Chief Strategy Officer - U.S. - mcgarrybowen; *pg.* 110
Shymko, Scott, Associate Creative Director & Art Director - Clean Sheet Communications; *pg.* 342
Sia, Geoff, Group Account Director - Creative B'stro; *pg.* 222
Sia, Vince, Senior Art Director - Marketsmith, Inc; *pg.* 483
Siadak, Amy, President & Owner - House of Marketing Research; *pg.* 541
Siano, Greg, Managing & Executive Director - Crossmedia; *pg.* 463
Sibille, PJ, Account Director - 360i, LLC; *pg.* 320
Siciliano, Italo, Creative Group Lead - Track DDB; *pg.* 293
Siciliano, Jim, Media Director - The Yaffe Group; *pg.* 154
Siciliano, Rhona, Director, Media & Vice President - Turchette Advertising Agency; *pg.* 157
Sickler, Eric, Vice President, Client Services - The Thorburn Group; *pg.* 20
Sicklinger, Philip, Executive Creative Director - BBDO Worldwide; *pg.* 331
Sicko, Matt, Vice President, Creative

1017

PERSONNEL   AGENCIES

Director - LaneTerralever; *pg.* 245
Siddall, Alex, Group Director, Strategy - Initiative; *pg.* 477
Siddall, John, Chairman - Siddall; *pg.* 141
Siddall, Kira, Executive Vice President - Siddall; *pg.* 141
Siddiqi, Sabia, Vice President & Account Director - GSD&M; *pg.* 79
Sidebotham, Greyson, Senior Account Manager - Eckel & Vaughan; *pg.* 599
Sides, Larry, President & Chief Executive Officer - Sides & Associates; *pg.* 410
Sidhu, Resh, Group Creative Director - AKQA; *pg.* 212
Sidhu, Sukh, Vice President, Business Development & Strategic Alliances - Zehner; *pg.* 277
Sidley, Katelyn, Technical SEO Manager - Seer Interactive; *pg.* 677
Sidoti, Pat, Head, Production - Fallon Worldwide; *pg.* 70
Siebenman, Laura, Vice President - Leo Burnett Worldwide; *pg.* 98
Siebert, Anne, Associate Media Director - Starcom Worldwide; *pg.* 513
Siebold, Susy, Media Planner - Mediasmith, Inc.; *pg.* 490
Siedband, Brian, Senior Vice President & Creative Director - Leo Burnett Worldwide; *pg.* 98
Siegan, Jon, Media Supervisor - Starcom Worldwide; *pg.* 513
Siegel, Amy, Partner - C&G Partners, LLC; *pg.* 176
Siegel, Andrew, Partner - Joele Frank, Wilkinson Brimmer Katcher; *pg.* 617
Siegel, Barby, Chief Executive Officer - Zeno Group; *pg.* 664
Siegel, Bethany, Marketing Specialist - Derse, Inc.; *pg.* 304
Siegel, Ciara, Account Director - Saatchi & Saatchi; *pg.* 136
Siegel, Hunter, Experiential Director - Conde Nast - Pop2Life; *pg.* 195
Siegel, Jason, Managing Partner & Chief Creative Officer - Bluetext; *pg.* 40
Siegel, Jeff, Co-Creative Director - Zambezi; *pg.* 165
Siegel, Jordyn, Supervisor, Account - 360i, LLC; *pg.* 208
Siegel, Noah, Digital Media Supervisor - Wavemaker; *pg.* 526
Siegel, Paul, Account Director - TDA_Boulder; *pg.* 147
Siegel, Peter, Executive Vice President & Creative Director - Pacific Communications; *pg.* 124
Siegel, Richard, Manager, Social Marketplace - Horizon Media, Inc.; *pg.* 473
Siegel, Sharon, Owner - Deco Productions; *pg.* 304
Sieger, Randy, Vice President - Force Marketing; *pg.* 284
Siegers, Michael, Associate Creative Director - Zulu Alpha Kilo; *pg.* 165
Siegert, Karl, Chief Operating Officer - MVP Collaborative, Inc.; *pg.* 312
Siegfried, Robert, Vice Chairman & Partner - Kekst & Company, Inc.; *pg.* 619
Sieler, Michele, Partner - Coudal Partners; *pg.* 53
Siemen, Pamela, Controller - EGC Media Group, Inc.; *pg.* 354
Siemienski, John, Vice President, Digital - Quattro Direct; *pg.* 290
Siemietkowski, Amanda, Operations Manager - AR James Media; *pg.* 549
Sieminski, Jim, Vice President & Account Director - RPA; *pg.* 134
Siemon, Danielle, Vice President, Consumer Technology - Zeno Group; *pg.* 665
Sierra, Andrea, Talent Payment/ Business Affairs - Wieden + Kennedy; *pg.* 430
Sierra, Elvis, Creative - The Many; *pg.* 151
Sierra, Melissa, Vice President, Client Services - USIM; *pg.* 525
Sierra, Ruben, Senior Account Executive - Conill Advertising, Inc.; *pg.* 538
Siers, Steve, Director, Creative Services - Callan Advertising Company; *pg.* 457
Siets, Marilyn, Deputy Senior Manager, Finance - Sachs Media Group; *pg.* 645
Sievers Humbard, Kaitria, Director, Account - The Marketing Arm; *pg.* 316
Sifakis, Manos, President & Chief Executive Officer - customedialabs; *pg.* 223
Sifantus, Nigel, Paid Search Manager - Mindshare; *pg.* 495
Siff, Katie, Director, Creative Strategy - Praytell; *pg.* 258
Siff, Lily, Account Manager - TBWA \ Chiat \ Day; *pg.* 416
Sigel, Audrey, Brand Coordinator - NFL & Activision Blizzard - 72andSunny; *pg.* 23
Sigler, Adina, Vice President & Brand Leader - Media Assembly; *pg.* 385
Sigler, Adina, Vice President & Brand Leader - Doner; *pg.* 63
Sigler, Jamie Lynn, Founding Partner - J Public Relations; *pg.* 616
Sigler, Mike, Sales Manager - Park Outdoor Advertising; *pg.* 555
Sigmon, Tyler, Senior Vice President - Red Moon Marketing; *pg.* 404
Signer, William, Executive Managing Director - Tax & Healthcare - Carmen Group; *pg.* 588
Signore, Scott, Principal & Chief Executive Officer - Matter Communications, Inc.; *pg.* 626
Signore, Tony, Chief Executive Officer & Managing Partner - Taylor; *pg.* 651
Signorini, Jennifer, Senior Vice President - Racepoint Global; *pg.* 640
Sigrest, Amy, Chief Operating Officer, Digital Marketing - MAPR; *pg.* 624
Sijohn, Jamie, Account Manager - BHW1 Advertising; *pg.* 3
Sikorski, Andy, Director, Accounts - Rabinovici & Associates, Inc.; *pg.* 544
Sikorski, Kristen, Director, Media - VMLY&R; *pg.* 274
Sikorski, Simon, Chief Executive Officer - McCann Canada; *pg.* 384
Silagy, Ron, Vice President & Regional Advertising Director - South East - Agency 720; *pg.* 323
Silber, Brad, Vice President - Ogilvy; *pg.* 393
Silberberg, Gail, Vice President, Director Sourcing & Procurement - Trade X Partners; *pg.* 156
Silbergleit, David, Vice President, Sales & Marketing - PIMS; *pg.* 128
Silberman, Eric, President - True North Custom Publishing, LLC; *pg.* 564
Silberstein, Lee, Chief Strategy Officer & Managing Director - Marino Organization, Inc.; *pg.* 625
Silberstein, Shaina, Director, Client Services - Branded Entertainment Network, Inc.; *pg.* 297
Sileo, Michele, Managing Director - Eleven, Inc.; *pg.* 67
Silha, Diane, Consumer Media Director - Timberlake Media Services, Inc.; *pg.* 520
Silimeo, Debra, Executive Vice President - Hager Sharp, Inc.; *pg.* 81
Sills, Cheryl, Senior Vice President & Director, Corporate Communications - MARC USA; *pg.* 104
Siltanen, Chelsey, Director, Digital Strategy - Siltanen & Partners Advertising; *pg.* 410
Siltanen, Rob, Chief Creative Officer & Chairman - Siltanen & Partners Advertising; *pg.* 410
Silva, Chris, Associate Creative Director - Wunderman Health; *pg.* 164
Silva, Elisa, Managing Director, Clients & Culture - SS+K; *pg.* 144
Silva, Hector, Chief Financial Officer & Chief Operating Officer - Bakery; *pg.* 215
Silva, John, President & Senior Creative Director - DuPuis; *pg.* 180
Silva, Tracy, Senior Vice President, Quality Production - (add)ventures; *pg.* 207
Silvagni, Natalie, Vice President, Digital Media & Innovation - Quigley-Simpson; *pg.* 544
Silveira, Julie, Senior Media Supervisor, Digital Investment - OMD West; *pg.* 502
Silver, Ashley, Director, Digital Activation - OMD; *pg.* 498
Silver, Chad, Chief Operating Officer - Vector Media; *pg.* 558
Silver, Claude, Chief Human Resources Officer - VaynerMedia; *pg.* 689
Silver, Dan, Vice President, Marketing - GroundTruth.com; *pg.* 534
Silver, David, Chief Revenue Officer, Media & Marketing Revenue - Refuel Agency; *pg.* 507
Silver, Don, Chief Operating Officer - Boardroom Communications; *pg.* 584
Silver, Eric, Chief Creative Officer - North America - McCann New York; *pg.* 108
Silver, Jack, Executive Vice President, Client Services - USIM; *pg.* 525
Silver, Jackie, Account Executive - BBDO Worldwide; *pg.* 331
Silver, Mark, Co-Founder & Partner - Factory PR; *pg.* 602
Silver, Pat, President & Chief Executive Officer - Silver Marketing, Inc.; *pg.* 141
Silver, Rick, Vice Chairman - Chernoff Newman; *pg.* 341
Silver, Robert, Senior Vice President & Head, National Media - Publicis.Sapient; *pg.* 258
Silver, Steve, Creative Director - Bader Rutter & Associates, Inc.; *pg.* 328
Silverbush, Barbara, Strategic Intelligence Analyst - Center for Marketing Intelligence; *pg.* 443
Silveri, Shelly, Senior Vice President, Finance & Operations - Revolution Media; *pg.* 507
Silverman, Anna, Manager, Print - GroupM; *pg.* 466
Silverman, Bob, Chief Financial Officer - VSA Partners, Inc.; *pg.* 204
Silverman, Carly, Media Director - MediaCom; *pg.* 487
Silverman, Courtney, Media Planner & Associate, Connections - Spark Foundry; *pg.* 510
Silverman, Jack, Vice President, Business Development - Bolin Marketing; *pg.* 41
Silverman, Jamie, Creative Director - Berlin Cameron; *pg.* 38
Silverman, Lisa, Senior Account Supervisor, Co-Owner - Silverman Group; *pg.* 410
Silverman, Marcy, President - Silverman Group; *pg.* 410
Silverman, Mark, Account Director - Bodden Partners; *pg.* 335
Silverman, Paul, Managing Director - Team One; *pg.* 418
Silverman, Rachel, Account Executive - FCB Health; *pg.* 72
Silverman, Scott, Vice President - Sun & Moon Marketing Communications, Inc.; *pg.* 415
Silverstein, Amanda, Manager, Human Resource - Prosek Partners; *pg.* 639

1018

AGENCIES — PERSONNEL

Silverstein, David, Chief Operating Officer & Senior Strategist - Envisionit Media, Inc.; pg. 231
Silverstein, Elaine, Chairman - Beber Silverstein Group; pg. 38
Silverstein, Lauren, Senior Account Executive - The Ferraro Group; pg. 653
Silverstein, Rich, Co-Founder, Co-Chairman & Partner - Goodby, Silverstein & Partners; pg. 77
Silverton, Ezra, President, Operations & Website Design - 9th Co.; pg. 209
Silvestre, Franchesca, Director, Digital Activation - Hearts & Science; pg. 471
Silvestri, Joe, Executive Vice President, Client Partnerships - Kiosk Creative LLC; pg. 378
Silvestri, Michael, Manager, Connections - Spark Foundry; pg. 508
Silvestri, Phil, Managing Director & Chief Creative Officer - Havas Tonic; pg. 285
Silvestri, Philip , Publisher & President - Plano Profile; pg. 195
Silvestri, Rebecca , Executive Editor - Plano Profile; pg. 195
Silvestri , Holly, Partner & Co-Owner - The Ferraro Group; pg. 653
Silvia, Michael, Creative Director & Writer - Duffy & Shanley, Inc.; pg. 66
Sim, Brian, Vice President, Client Partnership - Ansira; pg. 565
Simanowitz, John, Founder & Chief Executive Officer - Integrity; pg. 90
Simas, Paulo, Chief Creative Officer - W2O; pg. 659
Simchak, Paula, Creative Director - VMLY&R; pg. 429
Siminski, Christopher, Brand Manager - The Richards Group, Inc.; pg. 422
Simko, Tim, Senior Vice President & Group Client Leader - Arena Media; pg. 454
Simmelink, Tom, President - Whitemyer Advertising, Inc.; pg. 161
Simmerman, Melissa, Director, Creative Strategy - Kreber; pg. 379
Simmonds, Mallory, Associate Vice President, Client Solutions & Development - Europe, Middle East & Africa - Kepler Group; pg. 244
Simmons, Alyssa, Account Executive - 3Headed Monster; pg. 23
Simmons, Brian, Senior Vice President, Business Development - imre; pg. 374
Simmons, Drew, Founder & President - Pale Morning Media; pg. 635
Simmons, Emily, Account Director - Agenda NYC; pg. 29
Simmons, Ethan, Lead, SEO - iProspect; pg. 674
Simmons, Felicia, Senior Business Manager - TBWA \ Chiat \ Day; pg. 416
Simmons, George, Manager, Finance & Strategy - The Trade Desk; pg. 520
Simmons, Katie, Account Executive - Midan Marketing; pg. 13
Simmons, Nate, Managing Partner - Backbone Media; pg. 579
Simmons, Russell, Chief Executive Officer - WP Narrative_; pg. 163
Simmons, Sarah, Senior Associate, Digital Investment - Wavemaker; pg. 526
Simmons, Sarah, Partner & President, Portland - R\West; pg. 136
Simmons, Shanell, Integrated Planning Manager - Wavemaker; pg. 526
Simmons, Sheperd, President - Counterpart; pg. 345
Simmons, Victoria, Vice President & Group Account Director - BVK; pg. 339
Simmons, William, Managing Principal - Grayling USA; pg. 610

Simms, Brad, President & Chief Executive Officer - GALE; pg. 236
Simms, Jamie, Group Account Director - David&Goliath; pg. 57
Simms, Julia, Founder & President - San Diego PR; pg. 645
Simms, Michael, Vice President - San Diego PR; pg. 645
Simms, Randy, Senior Vice President, Innovation Experience Design - Maddock Douglas; pg. 102
Simms, Richard, Dean, Learning - Horizon Media, Inc.; pg. 474
Simms, Wendy, Vice President, Media - Marriner Marketing Communications; pg. 105
Simms Hassan, Jodi, Principal - Alison Brod Public Relations; pg. 576
Simoes, Darren, Art Director - The James Agency (TJA); pg. 151
Simoes, Megan, Director, Web Strategy & Development - The James Agency (TJA); pg. 151
Simon, Andrew, Chief Creative Officer - Edelman ; pg. 601
Simon, Blake, Senior Director, Business Development - The Trade Desk; pg. 519
Simon, Cheryl, Senior Broadcast Negotiator - Kelly, Scott & Madison, Inc.; pg. 482
Simon, Daniel, Co-Founder & Chief Executive Officer - Vested; pg. 658
Simon, Dave, Creative Director - Rosenberg Advertising; pg. 134
Simon, Doug, President & Chief Executive Officer - DS Simon Productions, Inc.; pg. 230
Simon, Eve, Creative Director - Beaconfire RedEngine; pg. 216
Simon, Jane, Vice President & Executive Creative Director - Simon + Associates Advertising; pg. 142
Simon, Jeremy, Senior Vice President, Influencer Marketing - Lippe Taylor; pg. 623
Simon, Joshua, President - Simon + Associates Advertising; pg. 142
Simon, Julianna, Head, Strategy - Callen; pg. 46
Simon, Justin, Vice President, Strategy & Activation - Zenith Media; pg. 529
Simon, Mark, Chief Creative Officer - The Yaffe Group; pg. 154
Simon, Mark, Vice President, New Business Development - Respond2 - Rain; pg. 402
Simon, Mark, Executive Vice President, Sales & Marketing - Didit.com; pg. 673
Simon, Paul, Creative Director - Liquid Agency, Inc.; pg. 12
Simon, Shannon, Director, Strategic Communications - Asher Agency; pg. 327
Simon Andry, Katherine, Account Supervisor - Zehnder Communications, Inc.; pg. 436
Simoncic, Steve, Chief Creative Officer - Jacobson Rost; pg. 376
Simonds, Colin, Digital Strategy Director - Team One; pg. 417
Simone, Nicole, Media Planner - Endo Pharma - HealixGlobal; pg. 471
Simoneaux, Monica, Senior Vice President, Account Lead - Alcone Marketing Group; pg. 565
Simoneschi, Paul, Group Director, Technology - Code and Theory; pg. 221
Simonetta, Joseph, Senior Partner - Public Strategies Impact; pg. 639
Simonetta, Lindsay, Senior Media Associate - Starcom Worldwide; pg. 513
Simonette, Nick , Vice President, Sales - Czarnowski; pg. 304
Simoni, Marie, Manager, Brand & Junior Strategist - 72andSunny; pg. 23
Simonian, Ashod, Creative Director - North; pg. 121

Simonian, Ian, Vice President, Digital & Print Production - Weston | Mason; pg. 430
Simonian, Maya, Executive Vice President & Digital Director - TouchPoint Integrated Communications; pg. 520
Simonides, Matt, Associate Director, Performance Marketing - Horizon Media, Inc.; pg. 474
Simons, Alexa, Associate Director, Communications Strategy - Havas Media Group; pg. 470
Simons, Dahlia, Brand Group Director - Horizon Media, Inc.; pg. 474
Simons, Elise, Director, Marketing Communications - Nth Degree, Inc.; pg. 312
Simons, Harald, Head, Global Client - FleishmanHillard; pg. 604
Simons, Marc, Co-Founder - Giant Spoon, LLC; pg. 363
Simonson, Tess, Associate, Media Planning - Mindshare; pg. 491
Simonton, Mark, Executive Vice President & General Manager - Chemistry Atlanta; pg. 50
Simpson, Alicia, Assistant Account Executive - Saatchi & Saatchi Los Angeles; pg. 137
Simpson, Bill, Co-Founder & Chief Technology Officer - Simpleview, Inc.; pg. 168
Simpson, Clinton, Managing Director & Chief Media Officer - North America - Digitas; pg. 226
Simpson, Cory, Associate Media Director - Fallon Worldwide; pg. 70
Simpson, Dave, Senior Account Executive & Director - Verde Brand Communications; pg. 658
Simpson, Jamie, Senior Media Buyer & Planner - Young & Laramore; pg. 164
Simpson, Jeff, Associate Creative Director & Art Director - Arrivals + Departures; pg. 34
Simpson, Jordyn, Manager, Digital Investment - Mindshare; pg. 491
Simpson, Josh, Chief Strategy Officer - Intermark Group, Inc.; pg. 375
Simpson, Julian, General Manager - Beyond; pg. 217
Simpson, Kelly, Director, Project Management - Fitzco; pg. 73
Simpson, Lowell, Executive Vice President & Chief Information Officer - Outfront Media; pg. 554
Simpson, Matthew, Vice President, Performance & Analytics - MRM//McCANN; pg. 289
Simpson, Matthew, Copywriter - Wieden + Kennedy; pg. 432
Simpson, Richmond, President & Chief Executive Officer - The Vimarc Group Inc.; pg. 425
Simpson, Sarah, Group Director - OMD; pg. 500
Simpson, Scott, Senior Vice President & Group Planning Director - Hill Holliday; pg. 85
Simpson, Sheila, Senior Vice President, Human Resource - The Zimmerman Agency; pg. 426
Simpson, Thomas, Manager & Analyst, Digital Investment & Manager, Media Operations - Mindshare; pg. 491
Simpson, Whitney, Associate Media Director - Spark Foundry; pg. 510
Simpson, Will, Director, Strategy - Giant Spoon, LLC; pg. 363
Simrell, Andrea, Director, Public Relations - VantagePoint, Inc.; pg. 428
Sims, Amanda, Senior Manager, Marketing & Client Development - Amnet; pg. 454
Sims, Brent, Principal & Brand Strategist - Rockit Science Agency; pg. 16
Sims, Eric, Owner - Stellar Marketing; pg. 518
Sims, Jennifer, Vice President, Client Success - Three Five Two, Inc.; pg. 271
Sims, Jessica, Director, Major Accounts -

1019

PERSONNEL / AGENCIES

Force Marketing; *pg.* 284
Sims, Lindsey, Director, Media - Madwell; *pg.* 13
Sims, Nic, Co-Founder - SIMBOL; *pg.* 647
Sims, Tim, Senior Vice President, Inventory Partnerships - The Trade Desk; *pg.* 520
Sincaglia, Matt, Vice President, Strategy & Analytics - RedPeg Marketing; *pg.* 692
Sinclair, Cassandra, Global Client Partner - Wunderman Health; *pg.* 164
Sinclair, Chris, Head, People Operations - PMG; *pg.* 257
Sinclair, Jaclyn, Senior Vice President & Director, Media - Spark Foundry; *pg.* 510
Sinclair, Julie, Group Account Director - 215 McCann; *pg.* 319
Sinclair, Laura, Supervisor - Carat; *pg.* 461
Sinclair, Lianne, Executive Vice President & Group Account Director - Energy BBDO, Inc.; *pg.* 355
Sindoni, Vilma, Executive Vice President & Managing Director - Furman Feiner Advertising; *pg.* 667
Singel, Chris, Director, Digital Marketing - Cull Group; *pg.* 56
Singer, Aldo, Associate Director, Paid Social Media - Socialyse - Havas Media Group; *pg.* 468
Singer, Jodie, Account Executive - Washington - Red Banyan; *pg.* 641
Singer, Lloyd, Senior Vice President - Epoch 5 Public Relations; *pg.* 602
Singer, Nicholas, Founder & Chief Executive Officer - Hooray Agency; *pg.* 239
Singer, Rachel, Account Supervisor - RPA; *pg.* 134
Singer, Sam, President & Chief Executive Officer - Singer Associates; *pg.* 647
Singh, Bani, Supervisor, Strategy - PHD Chicago; *pg.* 504
Singh, Bhawan, Media Buyer - VaynerMedia; *pg.* 689
Singh, Jasvindarjit, Principal & Chief Technology Officer - DEG Digital; *pg.* 224
Singh, Navneet, Director, Programmatic Buying - HX - Horizon Media, Inc.; *pg.* 474
Singh, Ravi, Group Account Director - FCB Toronto; *pg.* 72
Singh, Sanjay, Senior Planning Associate - m/SIX; *pg.* 482
Singhal, Raj, Chief Operations & Financial Officer - Huge, Inc.; *pg.* 239
Singles, Alan, Director, Marketing & Graphic Servies - Jaffe PR; *pg.* 616
Singletary, Lane, Graphic Designer - S&A Communications; *pg.* 645
Singleterry, Suzanne, Vice President - Jones Public Relations, Inc. ; *pg.* 617
Singleton, Ben, Director, Public Relations - Ideopia; *pg.* 88
Singleton, Dana, Associate Director, Strategy - Zenith Media; *pg.* 529
Singleton, Dana, Associate Director, Strategy - VM1 (Zenith Media + Moxie); *pg.* 526
Singleton, Heidi, President & Chief Creative Officer - New Honor Society; *pg.* 391
Singleton, Stephanie, Senior Producer - Moxie; *pg.* 251
Singolda, Adam, Chief Executive Officer & Founder - Taboola; *pg.* 268
Singsaas, Heather, Senior Manager, Marketing - ForwardPMX; *pg.* 360
Sinha, Roslyn, Social Media & Influencer Marketing - Miller Ad Agency; *pg.* 115
Sinha, Soumya, Associate Director, Marketing Science - OMD; *pg.* 498
Siniard, Nancy, Managing Partner - TotalCom; *pg.* 156
Sinitean, Sarah, Associate Media Director - Starcom Worldwide; *pg.* 513

Sinkford, Billy, Senior Partner - Echos Brand Communications; *pg.* 599
Sinko, Carol, Senior Vice President & Head, Publicis Learning - Publicis North America; *pg.* 399
Sinko, Donna, Senior Executive Vice President, Digital & Creative - Stiegler, Wells, Brunswick & Roth, Inc.; *pg.* 413
Sinuita, Matthew, Group Account Director - Zulu Alpha Kilo; *pg.* 165
Sinykin, Dave, Account Supervisor - LaBelle Barin Advertising; *pg.* 379
Siodlarz, Ashlee, Associate Director, Operations - Essence - Team Arrow Partners - GroupM; *pg.* 519
Siolka, Taylor, Creative Director - R\West; *pg.* 136
Sipes, Laura, Vice President - Genesco Sports Enterprises; *pg.* 306
Sipes, Smithy, Director & Senior Producer - GoConvergence; *pg.* 364
Sipos, Candace, Account Coordinator - Jaymie Scotto & Associates; *pg.* 616
Sirach, Blake, Chief Product Officer - WillowTree, Inc.; *pg.* 535
Sirhal, Sabrina, Director, Hyundai Digital Strategy - Innocean USA; *pg.* 479
Sirignano, Abraham, Partner, Service & Product Innovation - Prophet; *pg.* 15
Siripong, Jennifer, Chief Digital Officer - No Fixed Address Inc.; *pg.* 120
Sirkin, Kate, Executive Vice President, Global Data Partnerships - Publicis Spine - Starcom Worldwide; *pg.* 513
Sirko, Regina, Digital Account Manager - Healthcare Success; *pg.* 83
Sirotnik, Andrew, Chief Experience Officer - Astound Commerce; *pg.* 214
Sisa Thompson, Verena, Chief Strategy Officer - Conill Advertising, Inc.; *pg.* 538
Sisco, Connie, Senior Account Manager - ICF Next; *pg.* 372
Sisti, Kara, Account Director - C2C Outdoor; *pg.* 550
Sitomer, Matt, Vice President & Group Account Director - VaynerMedia; *pg.* 689
Sitorus, Rebecca, Account Executive - Finn Partners; *pg.* 603
Sitrick, Michael, Founder, Chairman & Chief Executive Officer - Sitrick and Company, Inc.; *pg.* 647
Sitser, Matt, Partner & Account Director - The Shop Agency; *pg.* 153
Sitta, Jay, General Manager - Outfront Media; *pg.* 555
Sittig, Richard, President & Creative Director - Secret Weapon Marketing; *pg.* 139
Sitzman, Micah, Art Director - Borshoff; *pg.* 585
Sitzmann, Dale, Lead Director, Trading Strategy - The Trade Desk; *pg.* 520
Siu, Eric, Owner & Chief Executive Officer - Single Grain; *pg.* 265
Siu, Maggie, Manager, Digital Investment Group - Mindshare; *pg.* 493
Siu, Wilson, Senior Analyst, Strategic Analytics - Mediahub Boston; *pg.* 489
Siveski, Aleksandar, Manager, Programmatic - GroupM; *pg.* 466
Sixt, Kasey, Regional Vice President - Southern California - CKR Interactive, Inc.; *pg.* 220
Siyahian, Raffi, President, Healthcare & Principal - Scout Marketing; *pg.* 139
Sizemore, Brandon, Account Executive - Spear Marketing Group; *pg.* 411
Sizemore, Kim, Group Media Director - Wieden + Kennedy; *pg.* 430
Sizemore, Stefanie, Senior Specialist, Paid Search - The Search Agency; *pg.* 677

Sizer, John, Account Director - LaneTerralever; *pg.* 245
Sjogreen, Tracy, Co-Founder & Partner - Nectar Communications; *pg.* 632
Skaats, Jeanine, Vice President & Integrated Investment Director - Spark Foundry; *pg.* 508
Skaggs, Bradley, Co-Founder & Creative Director - Skaggs; *pg.* 199
Skaggs, Jonina, Co-Founder & Art Director - Skaggs; *pg.* 199
Skaggs, Stephanie, Creative Director - Springbox; *pg.* 266
Skalecki, Adam, Co-Head, Design - Crispin Porter + Bogusky; *pg.* 346
Skalsky, Chris, Account Supervisor - Commonwealth // McCann; *pg.* 52
Skandalis, Mike, Executive Vice President & Director, Planning - MGH Advertising ; *pg.* 387
Skauge Schulz, Megan, Senior Account Executive - Padilla; *pg.* 635
Skeadas, Mariana, Director, Local Activation - Noble People; *pg.* 120
Skeete, Nia, Negotiator, Local Activation - Zenith Media; *pg.* 531
Skellett, Sherri, Media Services Manager, Engagement Team - The Martin Agency; *pg.* 421
Skelly, Carolina, Executive Vice President - Havit; *pg.* 83
Skelly, Meaghan, Negotiator - Mindshare; *pg.* 491
Skelly, Megan, Executive Creative Director & Executive Vice President - Edelman; *pg.* 599
Skenandore, Tracy, Director, Corporate Communications & Public Affairs - Kirvin Doak Communications; *pg.* 620
Skewes, Jonathan, Account Executive - FCB New York; *pg.* 357
Skibiak, Matt, Creative Director - Wieden + Kennedy; *pg.* 430
Skidgel, Jennifer, Chief, Staff - Leo Burnett Worldwide; *pg.* 98
Skiles, Jane, Media Planner - The Richards Group, Inc.; *pg.* 422
Skillman, Britney, Senior Account Executive - Proof Advertising; *pg.* 398
Skillman, Gavin, Senior Vice President & Founder - New York Office - LaunchSquad; *pg.* 621
Skillman, Jenny, Managing Director - KINETIK Communications Graphics; *pg.* 189
Skinner, Alex, Enterprise Campaign Manager - 97th Floor; *pg.* 209
Skinner, Autumn, Associate, Public Relations - Golin; *pg.* 609
Skinner, Jason, Chief Marketing Officer - True North Custom Publishing, LLC; *pg.* 564
Skinner, Mark, Senior Art Director - Mediaplus Advertising; *pg.* 386
Skinner, Susana, Senior Media Buyer - GSD&M; *pg.* 79
Skislak, Nick, President - SSDM; *pg.* 412
Skiver, Jeremy, Chief Executive Officer - Skiver Advertising; *pg.* 142
Skjold, Ann Marie, Manager, Paid Social - Mindshare; *pg.* 491
Sklad, Amanda, Executive Vice President, Strategy - Edelman; *pg.* 601
Sklar, Erica, Senior Vice President, Digital Investment - Zenith Media; *pg.* 529
Sklar, Marlene, Vice President, Planning & Strategy - Allscope Media; *pg.* 454
Skly, Erin, Group Account Director - Rhea & Kaiser Marketing ; *pg.* 406
Skobac, Kevin, Managing Director, Strategy Group - SS+K; *pg.* 144
Skola, Andrew, Vice President, Strategy - AvreaFoster; *pg.* 35
Skolits, Richard, Management Supervisor - Dentino Marketing; *pg.* 281

AGENCIES — PERSONNEL

Skomski, Tatiana, Senior Account Manager - Rebellious PR; *pg.* 641
Skonieczny, Molly, Creative Director - Tolleson Design; *pg.* 202
Skop, Brandon, Senior Director - Padilla; *pg.* 635
Skopas, Anne, Executive Producer - Buck; *pg.* 176
Skorin, Emily, Programmatic Associate Director - Mindshare; *pg.* 494
Skoryna, Nina, Director, Programmatic - GP Generate, LLC; *pg.* 541
Skow-Lindsey, Sasha, Account Supervisor - Asher Agency; *pg.* 327
Skowronski, Jill, Director, Strategy & Accounts - 6AM Marketing; *pg.* 1
Skrove, Kristin, Media Director - Haworth Marketing & Media; *pg.* 470
Skrtich, Brandi, Media Director - R&R Partners; *pg.* 131
Skundrich, Jenny, Senior Vice President, Client Strategy - Recruitics; *pg.* 404
Skuraton, Tammy, Vice President & Director, Creative Recruiting - East Coast - MullenLowe U.S. Boston; *pg.* 389
Skwiersky, Roni, Senior Media Buyer - GSD&M; *pg.* 79
Skye, Dawn, Vice President, Operations - McMillan; *pg.* 484
Slackman, Shari, Director, Television Strategy & Investment - Generator Media + Analytics; *pg.* 466
Sladack, David, President - bld Marketing; *pg.* 334
Slade, Jamie, Senior Producer, Video - Crispin Porter + Bogusky; *pg.* 346
Slade, Shaunda, Senior Manager, Business Affairs - Droga5; *pg.* 64
Sladowski, Lynn, Senior Partner & Director, Content & Experience - Wavemaker; *pg.* 526
Slagle, Matt, Director, Content - Golin; *pg.* 609
Slaiding, Krista, Project Manager - Taylor Box Company; *pg.* 201
Slaker, Victoria, Vice President, Industrial Design - Ammunition, LLC; *pg.* 172
Slate, Alanna, Manager, Communications Design - Initiative; *pg.* 477
Slater, Erin, Senior Vice President, Business Development - Imagination Publishing, LLC; *pg.* 187
Slater, Mark J., Associate Creative Director - Cramer; *pg.* 6
Slater, Scott, Senior Vice President & Director, Agency Integration - Haworth Marketing & Media; *pg.* 470
Slater, Summer, Director, Communication Strategy - DNA Seattle; *pg.* 180
Slater, Vivian, Vice President - Echo Media Group; *pg.* 599
Slattery, Ashley, Associate Director, Digital Investment - Mindshare; *pg.* 491
Slattery, Scott, Vice President, Public Relations & Influencer Marketing - 360i, LLC; *pg.* 320
Slattery, Taylor, Senior Associate, Media - Starcom Worldwide; *pg.* 513
Slattery-Gaston, Brian, Vice President, Consumer Marketing - Ripple Street; *pg.* 687
Slauson, Ellen, Executive Vice President, Account Management - Upshot ; *pg.* 157
Slavick, Brad, Account Supervisor - Arc Worldwide; *pg.* 327
Slavin, Ana, Account Director - Fetch; *pg.* 533
Slavin, Anya, Vice President & Account Director - Havas Media Group; *pg.* 470
Slavin, Ryan, Executive Producer - The Reserve Label; *pg.* 563
Slaymaker, Jennifer, Senior Director, Operations - Converge Consulting; *pg.* 222
Slaymaker, Kathy, Graphic Designer & Media Buyer - Adfinity Marketing Group; *pg.* 27
Sleight, Wayne, Chief Operating Officer - 97th Floor; *pg.* 209
Sleightholm, Lindsay, Senior Graphic Designer - 3H Communications, Inc.; *pg.* 321
Slezak, Jeannie, Broadcast Producer - FCB Chicago; *pg.* 71
Slicklein, Kim, President, OgilvyEarth - Ogilvy; *pg.* 393
Sligh, Hays, Marketing Specialist - Cargo LLC; *pg.* 47
Slinko, Madeline, Brand Group Director - Horizon Media, Inc.; *pg.* 474
Slitt, Brian, Chief Revenue Officer - NinthDecimal; *pg.* 534
Sloan, Ariane, Vice President & Media Relations Specialist - Finn Partners; *pg.* 603
Sloan, Chris, Co-President & Executive Creative Director - 2C Media, Inc.; *pg.* 561
Sloan, Cliff, Founder & Chief Executive Officer - Phil & Co.; *pg.* 397
Sloan, Liz, Senior Marketing Strategist - Flashpoint Public Relations; *pg.* 604
Sloan, Mark, Head, Design - Mother NY; *pg.* 118
Sloan, Phil, Senior Vice President, Client Lead - Canvas Worldwide; *pg.* 458
Sloan, Renee, Senior Art Director & Design Consultant - Millennium 3 Management; *pg.* 543
Sloane, Elliot, Founder & Advisor - Sloane & Company; *pg.* 647
Sloane, Lisa, Senior Account Manager - Big Sky Communications; *pg.* 583
Sloane, Siobhan, Vice President & Group Director - Carat; *pg.* 459
Sloboda, Gary, Partner & Executive Creative Director - Bandy Carroll Hellige ; *pg.* 36
Slocum, Allison, Media Supervisor, Engagement Team - The Martin Agency; *pg.* 421
Slocumb, Christine, President & Founder - ClarityQuest; *pg.* 50
Sloman, Cara, Executive Vice President - Nadel Phelan, Inc.; *pg.* 631
Slominski, Jason, Media Planner - HealixGlobal; *pg.* 471
Slosberg, Rob, Creative Director - DeVito/Verdi; *pg.* 62
Slothower, Andy, Creative Director & Partner - Spyglass Creative; *pg.* 200
Slotkin, Luis, Managing Partner, Business Strategy - Highdive; *pg.* 85
Slotten, Andrea, Manager, Production - Planet Propaganda; *pg.* 195
Slovitt, Lee, Executive Vice President & Relationship Lead - Heartbeat Ideas; *pg.* 238
Slowik, Dusty, Senior Business Affairs Manager - Wieden + Kennedy; *pg.* 430
Sluk, Steven, Group Account Director - Saatchi & Saatchi Los Angeles; *pg.* 137
Sluyk, Kristin, Senior Account Executive, Integrated Communications - Decker Royal Agency; *pg.* 596
Smack, Jeff, Director, Interactive Media - Yebo; *pg.* 164
Smaha, Carrie, Group Account Director - AMMUNITION; *pg.* 212
Small, Amy, Associate Director, Talent - Team One; *pg.* 417
Small, Amy, Senior Vice President, Brand & Creative - Media Cause; *pg.* 249
Small, Colleen, Account Director - Cadient Group; *pg.* 219
Small, Megan, Senior Conceptual Copywriter - Ron Foth Advertising; *pg.* 134
Small-Weil, Susan, Chief Planning Officer & Partner - Seiden Group, Inc.; *pg.* 410
Smalley, Catherine, Account Supervisor - J.T. Mega, Inc.; *pg.* 91
Smalley, Kyle, Senior Vice President & Print Production Manager - Campbell Ewald; *pg.* 46
Smalls-Landau, Deidre, Chief Marketing Officer & Executive Vice President, Global Culture - Universal McCann; *pg.* 521
Smart, Dwain, Associate Creative Director - Hanna & Associates ; *pg.* 81
Smart, Rob, Senior Multimedia Producer - Brighton Agency, Inc.; *pg.* 337
Smart Mannetti, Lauren, Vice President, Communications Planning & Media - Brunner; *pg.* 44
Smartschan, Adam, Vice President, Innovation & Strategy - Altitude Marketing; *pg.* 30
Smarty, Ann, Manager, Community & Brand - Internet Marketing Ninjas; *pg.* 242
Smeach Stringfellow, Samantha, Vice President, Client Partner - Critical Mass, Inc.; *pg.* 223
Smedley, Matt, Vice President - Edelman; *pg.* 600
Smerch, Hanya, Senior Analyst, Advanced Analytics & Insights - Starcom Worldwide; *pg.* 513
Smichowski, Caitlin, Art Director - The Tombras Group; *pg.* 424
Smiertka, David, Vice President, Creative - Sparks; *pg.* 315
Smiles, Andrew, Partner & Creative Director - Tank Design; *pg.* 201
Smiley, Dennis, Executive Director, Operations - Power; *pg.* 398
Smiley, Shannon, Vice President, Strategy Director, Cultural Exchange - Energy BBDO, Inc.; *pg.* 355
Smiley, Taylor, Principal, Partnership Marketing - The Richards Group, Inc.; *pg.* 422
Smiling, Ray, Creative Director - Johannes Leonardo; *pg.* 92
Smilowitz, Stephanie, Vice President, Account Management - CSM Sport & Entertainment; *pg.* 347
Smit, Diana, Executive Assistant to the President - Wavemaker; *pg.* 529
Smit, Marilyn, Co-Founder - M45 Marketing Services; *pg.* 382
Smit, Shelley, President - Canada - Universal McCann; *pg.* 524
Smith, Aaron, Global Chief Client Officer - Wavemaker; *pg.* 526
Smith, Aaron, Senior Vice President & Managing Director - Digitas; *pg.* 229
Smith, Aaron, Associate Account Director - Friends & Neighbors; *pg.* 7
Smith, Adam, President, Global Marketing - United Entertainment Group; *pg.* 299
Smith, Alan, Founding Partner & Executive Creative Director - Trinity Brand Group; *pg.* 202
Smith, Ali, Project Manager, Research - Lewis Communications; *pg.* 100
Smith, Allie, Associate Director - Spark Foundry; *pg.* 510
Smith, Alyssa, Account Supervisor - Fahlgren Mortine Public Relations; *pg.* 70
Smith, Alyssa, Account Executive, Entertainment Marketing - Nemer, Fieger & Associates; *pg.* 391
Smith, Amanda, Public Relations & Influencer Marketing Director - Benedict Advertising; *pg.* 38
Smith, Andrew, President - initiate-it LLC; *pg.* 375
Smith, Angela, President - ADsmith Communications, Inc.; *pg.* 28
Smith, Angie, Senior Account Manager - Pac / West Communications; *pg.* 635
Smith, Ariel, Account Supervisor - WongDoody; *pg.* 162
Smith, Ashley, Associate Director, Media

PERSONNEL AGENCIES

Investment - Novus Media, Inc.; *pg.* 497
Smith, Bailey, Manager, Integrated Planning - J3; *pg.* 480
Smith, Ben, Director, Social & Emerging Media - Callahan Creek ; *pg.* 4
Smith, Beth, Vice President, Public Relations - The Simon Group, Inc.; *pg.* 153
Smith, Bhavana, Chief Client Officer - MediaCom; *pg.* 487
Smith, Billie, Chief Talent Officer - Leo Burnett Worldwide; *pg.* 98
Smith, Blair, Display Activation Manager - Google Apps - Essence; *pg.* 232
Smith, Brad, Lead Print Producer - Colle McVoy; *pg.* 343
Smith, Brent, Senior Brand Strategist & Marketing Planner - 6P Marketing; *pg.* 1
Smith, Brett, Partner - Fuse, LLC; *pg.* 8
Smith, Brian, Senior Vice President - Ogilvy; *pg.* 393
Smith, Brian, Senior Vice President, Human Resources - Octagon; *pg.* 313
Smith, Bronson, Owner & Co-Chief Creative Director - Smith Brothers Agency, LP; *pg.* 410
Smith, Brooke, Senior Media Planner & Buyer - CLM Marketing & Advertising; *pg.* 342
Smith, Bryan, Executive Strategy Director - 72andSunny; *pg.* 23
Smith, Bryan, Account Supervisor - Grey Midwest; *pg.* 366
Smith, Buck, Senior Vice President - FleishmanHillard; *pg.* 604
Smith, Cameron, Founder & Chief Executive Officer - Product Creation Studio; *pg.* 563
Smith, Carlyn, Director, Marketing Operation & Client Success - Baesman; *pg.* 167
Smith, Caroline, Senior Director, Analytics & Insight - Havas Tonic; *pg.* 285
Smith, Cassie, Media Planner - Bully Pulpit Interactive; *pg.* 45
Smith, Chris, Group Creative Director - The Richards Group, Inc.; *pg.* 422
Smith, Chris, Chief Strategy Officer - The Marketing Arm; *pg.* 316
Smith, Chris, Director, Marketing - Idfive; *pg.* 373
Smith, Christine, Head, New Business - Wunderman Thompson Atlanta; *pg.* 435
Smith, Christopher, Senior Graphic Artist - Screenvision; *pg.* 557
Smith, Chuck, Vice President & Production Manager - Hodges Associates; *pg.* 86
Smith, Cindy, Executive Vice President - Brown & Bigelow; *pg.* 566
Smith, Colin, Director, Business Development - Neustar, Inc.; *pg.* 289
Smith, Collin, Copywriter - Venables Bell & Partners; *pg.* 158
Smith, Connie, Director, Operations - Apogee Results; *pg.* 672
Smith, Cortney, Account Executive - Say It Loud!; *pg.* 198
Smith, Craig, Chief Information Officer - Craft WW; *pg.* 561
Smith, Curtis, Vice President, Business Development - Modern Climate; *pg.* 388
Smith, Dailon, Associate Media Planner - Aletheia Marketing & Media; *pg.* 454
Smith, Dan, President - Columbus - GSW Worldwide / GSW, fueled by Blue Diesel; *pg.* 80
Smith, Dan, Co-Founder & Account Director - Flight Path Creative; *pg.* 74
Smith, Daniel, Manager, National Broadcast - OpenMind; *pg.* 503
Smith, Danielle, Senior Vice President & Managing Director- East - iProspect; *pg.* 674
Smith, Danielle, Director, Marketing - Global Events - Lotame; *pg.* 447
Smith, Dave, Chief Executive Officer -

Incremental Media; *pg.* 477
Smith, David, Chairman - Mediasmith, Inc. ; *pg.* 490
Smith, David, Vice President Creative Services - Publitek North America; *pg.* 401
Smith, David, Associate Vice President, Marketing Strategy - Mindstream Interactive; *pg.* 250
Smith, Denise, Executive Vice President & Managing Partner - Digital - Universal McCann Detroit; *pg.* 524
Smith, Devin, Media Planner - GSD&M; *pg.* 79
Smith, Dexter, Media Associate - National Video - Starcom Worldwide; *pg.* 513
Smith, Donna, Senior Vice President & Associate Director, Creative Operations - 22squared Inc.; *pg.* 319
Smith, Donna, Owner & President - Adlib, Ltd.; *pg.* 27
Smith, Doug, President & Chief Executive Officer - EDSA ; *pg.* 181
Smith, Doug, Chief Financial Officer - Grossman Marketing Group; *pg.* 284
Smith, Douglas, Director, Technology - AKQA ; *pg.* 212
Smith, Drew, Senior Account Manager - 10Fold; *pg.* 573
Smith, Duane, Media Director - 22squared Inc.; *pg.* 319
Smith, Duncan, President - Vizeum; *pg.* 526
Smith, Dustin, Senior Social Strategist - Carmichael Lynch; *pg.* 47
Smith, Ebony, Digital Strategist - ThreeSixtyEight; *pg.* 271
Smith, Eiron, President - Howell Liberatore & Wickham, Inc.; *pg.* 371
Smith, Emily, Associate Director, Programmatic & Social - Digitas; *pg.* 226
Smith, Erin, Senior Project Manager - BrightWave Marketing, Inc.; *pg.* 219
Smith, Evie, Founder & Chief Executive Officer - Rebellious PR; *pg.* 641
Smith, Ferdinand, Chairman & Executive Creative Director - Jay Advertising, Inc.; *pg.* 377
Smith, Garrott, Director, Creative Marketing Strategy - Accenture Interactive; *pg.* 322
Smith, Gary, Account Manager - JPR Communications; *pg.* 618
Smith, Gina, President - Rauxa; *pg.* 291
Smith, Grant, Chief Creative Officer - Yamamoto; *pg.* 435
Smith, Greg, Managing Director - Marketing - EMI Strategic Marketing, Inc.; *pg.* 68
Smith, Greg, Director, Retail Marketing - partners + napier; *pg.* 125
Smith, Greg, Art Director - Ferguson Advertising, Inc.; *pg.* 73
Smith, Gregory, President & Chief Executive Officer - Jay Advertising, Inc.; *pg.* 377
Smith, Gretchen, Account Director - OMG OMD; *pg.* 498
Smith, Guy Stephen, Senior Vice President & Partner - Jay Advertising, Inc.; *pg.* 377
Smith, Halley , Planner, Digital Media - Young & Laramore; *pg.* 164
Smith, Harlen, Senior Vice President & Managing Director & Head, Global Accounts - Vizeum; *pg.* 526
Smith, Helen, Executive Vice President & Business Manager - FVM Strategic Communications; *pg.* 75
Smith, J. Donald, Senior Vice President, Strategy & Chief Analytics Officer - Brierley & Partners; *pg.* 167
Smith, Jack, Global Chief Product Officer, Investment - GroupM; *pg.* 466
Smith, Jacqueline, Senior Marketing & Press Director - Allied Touring; *pg.* 324
Smith, Jaime, Regional Manager - Gregory

Welteroth Advertising; *pg.* 466
Smith, Jake, President & General Manager - Dallas & Fort Worth - Clear Channel Outdoor; *pg.* 550
Smith, James, Director, Video Services - Potts Marketing Group; *pg.* 398
Smith, Jared, Chief Executive Officer - BlueMedia; *pg.* 175
Smith, Jarrett, Vice President, Strategy & Partner - Echo Delta; *pg.* 353
Smith, Jason, Chief User Experience Officer - dotCMS; *pg.* 230
Smith, Jason, Co-Founder, Partner & Creative Director, Art & Design - Pocket Hercules; *pg.* 398
Smith, Jason, Director, Client Results - Amnet; *pg.* 454
Smith, Jeff, Co-Founder & Chief Executive Officer - JS2 Communications; *pg.* 618
Smith, Jen, Creative Director - T3; *pg.* 268
Smith, Jenna, President & Chief Executive Officer - Smith Design; *pg.* 199
Smith, Jennifer, Senior Copywriter - The Integer Group; *pg.* 682
Smith, Jennifer, Associate Director, Media - TracyLocke; *pg.* 683
Smith, Jess, Vice President & Account Director - OutsidePR; *pg.* 634
Smith, Jill, Media Director/Planner - Drake Cooper; *pg.* 64
Smith, Jill, Chief Marketing Officer - North America - Iris; *pg.* 376
Smith, Jill, Vice President, Digital Services - Insight Marketing Design; *pg.* 89
Smith, Jimmy, Chairman, Partner & Chief Creative Officer - Amusement Park; *pg.* 325
Smith, Jimmy W. A., Chief Engineer, Electrical - Idea Engineering, Inc.; *pg.* 88
Smith, Jocelyn, Founder & Chief Executive Officer - Infinitee Communications, Inc.; *pg.* 374
Smith, Jody, Business Manager - Hanson Watson Associates; *pg.* 81
Smith, Josh, Creative Director - Compadre; *pg.* 221
Smith, Joy, Vice President, Sales & Marketing - Partners For Incentives ; *pg.* 569
Smith, JP, Senior Production Artist - partners + napier; *pg.* 125
Smith, Judy, Agency President - JPR Communications; *pg.* 618
Smith, Julie, Owner & President - RJW Media; *pg.* 507
Smith, Julie, Operations & Talent Manager - Generator Media + Analytics; *pg.* 466
Smith, Julieta, Senior Vice President, Planning - Havas Health & You; *pg.* 82
Smith, Justin, Senior Copywriter - Barkley; *pg.* 329
Smith, Kara, Creative Director - Wendt; *pg.* 430
Smith, Kathryn, Senior Account Executive - Propac; *pg.* 682
Smith, Katy, Digital Senior Manager - CSM Sports & Entertainment; *pg.* 55
Smith, Keisha, Associate Media Director - 22squared Inc.; *pg.* 319
Smith, Kelly, Creative Director - Gilbreath Communications, Inc.; *pg.* 541
Smith, Kerry, Vice President, Account Director - NSA Media Group, Inc.; *pg.* 497
Smith, Kevin, Partner & Director, Strategy - Riggs Partners; *pg.* 407
Smith, Kevin, President - Mighty Roar; *pg.* 250
Smith, Kimberly, Creative Director - The Loomis Agency; *pg.* 151
Smith, Kirk, President - The AdSmith; *pg.* 201
Smith, Kirk, Assistant Vice President & Group Business Director - Retail Service -

1022

AGENCIES — PERSONNEL

Universal McCann Detroit; pg. 524
Smith, Kristen, Owner - The Imagination Company ; pg. 201
Smith, Kristen, Media Planner & Buyer - Social - Crossmedia; pg. 463
Smith, Kristine, Director, Integrated Marketing - DeBerry Group; pg. 595
Smith, Kyle, Strategy Supervisor - Canvas Worldwide; pg. 458
Smith, Kylie, Account Coordinator - We Are BMF; pg. 318
Smith, Larry, Senior Vice President, Consulting & Senior Strategist - Levick Strategic Communications; pg. 622
Smith, Laura, Senior Vice President, Marketing Account Services - Racepoint Global; pg. 640
Smith, Lauren, Senior Account Executive, Public Relations, Content & Social Media - Hiebing; pg. 85
Smith, Lauren, Management Supervisor - Wieden + Kennedy; pg. 432
Smith, Lauren, Executive Vice President, Alliances - North America - ClickFox, Inc.; pg. 167
Smith, Lauren, Director, Operations - 72andSunny; pg. 24
Smith, Leanne, Senior Vice President, Insights & Analytics - CMI Media, LLC; pg. 342
Smith, Leslie, Supervisor, Media Strategy - OMD San Francisco; pg. 501
Smith, Linda, Vice President - Northlight Advertising, Inc.; pg. 121
Smith, Lindsay, Director, Content & Social Media - Venture Communications, Ltd.; pg. 158
Smith, Lindsey, Account Manager, Public Relations - Pinckney Hugo Group; pg. 128
Smith, Lindsey, Partner & Co-Executive Creative Director - Smith Brothers Agency, LP; pg. 410
Smith, Lisa, Vice President, Operations - Allison+Partners; pg. 576
Smith, Luke, Senior Account Executive - Geile/Leon Marketing Communications; pg. 362
Smith, Marc, Programmatic Media Planner - Crossmedia; pg. 463
Smith, Maria, Partner & Chief Creative Officer - M&C Saatchi LA; pg. 482
Smith, Marilyn Anne, Media Planner, Integrated Strategy & Digital Investment - Zenith Media; pg. 529
Smith, Marin, Creative Director - Shiftology Communication; pg. 647
Smith, Mark, Executive Vice President - JPR Communications; pg. 618
Smith, Mark, Co-Founder & Chief Operating Officer - 3Cinteractive; pg. 533
Smith, Marty, Strategy Consultant - AGENCYSACKS; pg. 29
Smith, Matt, Chief Executive Officer - Smith Gifford, Inc.; pg. 143
Smith, Matt, Senior Vice President & Client Business Partner - J3; pg. 480
Smith, Matt, Co-Founder & Chief Marketing Officer - MaxAudience; pg. 248
Smith, Matthew, Brand Coordinator - DiMassimo Goldstein; pg. 351
Smith, Meagan, Account Manager - The Designory; pg. 269
Smith, Megan, Senior Account Director - eMDs - Amendola Communications; pg. 577
Smith, Melisa, Chief Financial Officer - Greatest Common Factory; pg. 365
Smith, Merry Michael, Media Director - Big Communications, Inc.; pg. 39
Smith, Michael, Chief Executive Officer - Designvox; pg. 179
Smith, Michael, Vice President, Sales & Marketing - WireSpring; pg. 559

Smith, Michael, Vice President, Product & Engineering - Billups Worldwide; pg. 550
Smith, Mike, Co-Founder - Sasquatch; pg. 138
Smith, Mike, Partner - Montner & Associates; pg. 628
Smith, Monica, Founder & Chief Executive Officer - Marketsmith, Inc; pg. 483
Smith, Monika, Senior Account Manager - Mosaic North America; pg. 312
Smith, Natalie, Senior Vice President - Padilla; pg. 635
Smith, Neil, Head, New Business - 360i, LLC; pg. 320
Smith, Nicholas, Associate Director - Horizon Media, Inc.; pg. 474
Smith, Pat, Media Director - Hercky, Pasqua, Herman, Inc.; pg. 84
Smith, Patrick, Executive Vice President, MarTech - Bader Rutter & Associates, Inc. ; pg. 328
Smith, Patrick, Managing Director - Rubenstein Associates; pg. 644
Smith, Patrick, Creative Director - Dossier Creative; pg. 180
Smith, Patti, President & Chief Executive Officer - Smith Miller Moore; pg. 411
Smith, Peter, Vice President, Mobile, Social & Digital Solution - GMR Marketing; pg. 306
Smith, Phil, Owner - Trozzolo Communications Group; pg. 657
Smith, Rachel, Art Director - TPN; pg. 683
Smith, Randall, Chief Executive Officer & Managing Director - Insite MediaCom; pg. 552
Smith, Rebecca, Senior Account Executive - R&J Strategic Communications; pg. 640
Smith, Robert, Vice President, Sales - All Star Carts & Vehicles, Inc.; pg. 565
Smith, Robyn, Client Services Director - Cossette Media; pg. 345
Smith, Ryan, Associate Director, Communications Planning - Volkswagon - PHD USA; pg. 505
Smith, Ryan, Senior Account Executive - Rogers & Cowan/PMK*BNC; pg. 643
Smith, Ryan, Vice President & Strategic Planning Director - FCB Health; pg. 72
Smith, Ryan, Group Strategy Director - Planit; pg. 397
Smith, Sadie, Senior Specialist, Account - Warner Communications; pg. 659
Smith, Sam, General Manager - Beyond; pg. 216
Smith, Samantha, Senior Copywriter - BVK; pg. 339
Smith, Scott, Vice President & Creative Director - Leo Burnett Worldwide; pg. 98
Smith, Sean, Executive Vice President, Global Reputation Management - Porter Novelli; pg. 637
Smith, Sequel, Director, Creative & Writer - Amusement Park; pg. 325
Smith, Shannon, Media Manager, Social Media - 360i, LLC; pg. 320
Smith, Sherry, Chief Executive Officer - Triad Retail Media; pg. 272
Smith, Sherry L., Senior Account Manager - Oxford Communications; pg. 395
Smith, Stacey, Associate Creative Director - Droga5; pg. 64
Smith, Stephanie, Chief Client Officer, Chief Development Officer & Account Director, Netflix - MSLGroup; pg. 629
Smith, Stephanie, Director, Brand - Preacher; pg. 129
Smith, Steve, Brand Manager - Wieden + Kennedy; pg. 430
Smith, Steve, Creative Director - BrandEquity International ; pg. 175
Smith, Steve, Partner & Chief Operating Officer - Firehouse, Inc.; pg. 358
Smith, Steve, Account Manager - OSK Marketing & Communications, Inc.; pg. 634

Smith, Steve, Partner & Chief Marketing Officer - The Starr Conspiracy ; pg. 20
Smith, Sue A., Chief Finance Officer - Fuszion / Collaborative; pg. 184
Smith, Sydney, Digital Marketing Strategist - Shine United; pg. 140
Smith, Tara, Video Investment Associate - Havas Media Group; pg. 468
Smith, Tessa, Associate Project Manager - Zehner; pg. 277
Smith, Tiffany, Manager, Branded Content - Zenith Media; pg. 529
Smith, Tiffany, Creative Director - David&Goliath; pg. 57
Smith, Tim, President - Chemistry Atlanta; pg. 50
Smith, Tim, Principal - Williams McBride Group; pg. 205
Smith, Tim, Chief Marketing Officer - Local Marketing Solutions - Infogroup; pg. 286
Smith, Timothy, Director, Media & Communications - IPNY; pg. 90
Smith, Tom, President, US Corporate Practice - Allison+Partners; pg. 576
Smith, Tom, Group Managing Director - mcgarrybowen; pg. 110
Smith, Tommy, Vice President, Marketing Strategy - Ackermann Public Relations ; pg. 574
Smith, Trevor, Account Director - CMD; pg. 51
Smith, Trisch, Chief Diversity Officer & Chief Inclusion Officer - Edelman; pg. 599
Smith, Tucker, Senior SEO Manager - Wpromote; pg. 679
Smith, Ty, Creative Director - AMPM, Inc. ; pg. 325
Smith, Tyler, Managing Director & Head, Production- North America - VMLY&R; pg. 274
Smith, Victor, Partner, Business & Governmental Services Group & Principal - Bose Public Affairs Group, LLC; pg. 585
Smith, Vikki, Executive Producer & Owner - Out of the Blue Productions; pg. 290
Smith, Wayne, Chairman - SKAR Advertising; pg. 265
Smith, William, President & Chief Executive Officer - Brown & Bigelow; pg. 566
Smith, Zach, Partner & Strategy Director - MediaCom; pg. 487
Smith, Zach, Associate Media Director, Digital - Powerphyl Media Solutions; pg. 506
Smith , James, Founding Partner & Owner - Smith Design; pg. 199
Smith Barnum, Sarah, Project Manager, Web - Gray Loon Marketing Group; pg. 365
Smith Campbell, Barbara, Co-Principal - The Ferraro Group; pg. 653
Smith DiNapoli, Rhonda, President & Creative Director - Words and Pictures Creative Service, Inc.; pg. 276
Smith Harvey, Heather, Executive Producer - Wieden + Kennedy; pg. 430
Smith-Hawkins, Geriease, Vice President, Media & Creative Services - Bright Moments Public Relations; pg. 586
Smith-Klein, Misty, Senior Account Manager - Access; pg. 322
Smithburg, Tom, Co-Founder & Executive Vice President, Business Affairs - Teamworks Media; pg. 519
Smither, Mark, Vice President & Strategy Director - Paulsen Marketing Communications ; pg. 126
Smithers, Bob, President - MossWarner; pg. 192
Smithgall, Jonathan, Director, Digital Marketing - Love Communications; pg. 101
Smithson, Lisa, Chief Financial Officer - SecurityPoint Media; pg. 557

PERSONNEL | AGENCIES

Smithson, Lyndale, Media Director - Cayenne Creative; pg. 49
Smits, Ashley, Creative Project Manager - Marketing By Design, Inc.; pg. 190
Smits, Rick, Senior Designer - fd2s; pg. 183
Smokler, Jeff, Partner & President - Imre Health - Imre; pg. 374
Smola, Kellyn, Senior Media Investment Strategist - Butler / Till; pg. 457
Smolan, Leslie, Partner & Director, Creative Strategy - Carbone Smolan Agency; pg. 176
Smolen, Mary, Account Supervisor - EP+Co.; pg. 356
Smolenski, Matt, President - 90octane; pg. 209
Smoler, Sara, Manager, Business Development - Ogilvy; pg. 393
Smolian, Darielle, Vice President & Senior Producer, Art - ROKKAN, LLC; pg. 264
Smolin, Philip, Chief Strategy Officer - Amobee, Inc.; pg. 213
Smoller, Jessica, Account Director - Publicis.Sapient; pg. 259
Smolowitz, Pete, Director, Public Relations - Mower; pg. 628
Smull, Andia, Senior Marketing Director - Doublespace; pg. 180
Smuts, Tracy, President & Owner - Capstone Media; pg. 459
Smyth, Mary Frances, Vice President & Associate Media Director - Media Assembly; pg. 385
Smyth, Shelby, Assistant Media Planner - DWA Media; pg. 464
Smythe, Adelaide, Account Director - Lightning Orchard; pg. 11
Smythe, Katherine, Account Executive - Novita Communications; pg. 392
Smythe, Nandi, Content Marketing Director - UWG; pg. 546
Snavely, Lawrence, President - Snavely & Associates; pg. 199
Snavely, Meredith, Group Director, Media Strategy - Campbell Ewald; pg. 47
Snayd, Emily, Partner - HFS Communications; pg. 567
Sneath, Scott, Managing Director - Primal - Allen & Gerritsen; pg. 29
Sneeden, Patrick, Manager, Brand - DiMassimo Goldstein; pg. 351
Sneider, Mark, Owner & President - RSW/US; pg. 136
Sneider, Tamara, Assistant Account Executive - Covet Public Relations; pg. 593
Snell, Anthony, Partner - Snell Medical Communication, Inc.; pg. 648
Snell, Dave, Director, Brand Planning - The Richards Group, Inc.; pg. 422
Snell, Elizabeth, Content Manager - March Communications; pg. 625
Snell, Gordan, Partner - Snell Medical Communication, Inc.; pg. 648
Snell, Gordon, Chief Executive Officer - Snell Medical Communication, Inc.; pg. 648
Snell, Greta, Director, Accounts - Dittoe Public Relations; pg. 597
Snell, Peter, Partner & President - Snell Medical Communication, Inc.; pg. 648
Snell, Stephanie, Vice President, Technology & Activation - Publicis North America; pg. 399
Snelling, Amy, Senior Vice President, Business Leadership - Allen & Gerritsen; pg. 29
Snelling, Cassandra, Associate Media Director - LaneTerralever; pg. 245
Snider, Brian, President & Chief Creative Officer - The GRI Marketing Group, Inc.; pg. 270
Snider, Caitlin, Senior Account Executive - CTP; pg. 347
Snider, Jessie, Vice President - Taylor; pg. 651
Snider, John, Senior Vice President & Group Director, Creative Strategy - Digitas; pg. 229
Snider, Nancy, Partner, Integrated Investment - Universal McCann Detroit; pg. 524
Snitkovsky, Masha, Associate Director, Digital Influence - Marina Maher Communications; pg. 625
Snitzer, Tina, Executive Vice President, Buying - Corinthian Media, Inc.; pg. 463
Snively, Jenn, Director, Content & Media - (add)ventures; pg. 207
Snodgrass, Ross, Group Creative Director - Red Robin - The Integer Group; pg. 682
Snow, Heather, Marketing Director - McGarrah Jessee; pg. 384
Snow, Michael, Chief Business Development Officer - Intermarkets, Inc.; pg. 242
Snow, Randy, Chief Strategic Officer & Principal - R&R Partners; pg. 131
Snowden, Joe, Chief Strategy officer - Deveney Communications; pg. 596
Snowden, Kristy, Vice President, Client Services & Operations - Rational Interaction; pg. 262
Snowden Coles, Ashley, Account Director - Starcom Worldwide; pg. 517
Snowdon, Wendy, Vice President, Finance - The NOW Group; pg. 422
Snyder, Alexa, Producer Developer - Derse, Inc.; pg. 304
Snyder, Allie, Senior Specialist, Digital Media - Empower; pg. 354
Snyder, Andrea, Managing Director - Wpromote; pg. 678
Snyder, Andy, Director, Business Development - Deskey Integrated Branding ; pg. 7
Snyder, Brian, Executive Vice President & Executive Digital Director - Golin; pg. 609
Snyder, Brian, Vice President, Delivery Technology - Worktank; pg. 21
Snyder, Danielle, Account Executive - Javelin Agency; pg. 286
Snyder, Dave, Chief Creative Officer - Firstborn; pg. 234
Snyder, Deana, Vice President - Estee Marketing Group; pg. 283
Snyder, Dillon, Director, Creative - The Integer Group; pg. 682
Snyder, George, President - Direct Impact, Inc.; pg. 62
Snyder, Heather, Account Manager & Coordinator, Clarksville - BLF Marketing; pg. 334
Snyder, Jason, Global Chief Technology Officer - Momentum Worldwide; pg. 117
Snyder, Jeff, Owner & Chief Inspiration Officer - Inspira Marketing Group; pg. 308
Snyder, Matthew, Co-Founder - MBA Partners; pg. 626
Snyder, Megan, Marketing Manager - Web Talent Marketing; pg. 276
Snyder, Mike, Principal - Rowley Snyder Ablah; pg. 134
Snyder, Natalie, Vice President, Integrated Production - Gyro; pg. 368
Snyder, Rochelle, Senior Vice President - Zeno Group; pg. 664
Snyder, Ryan, Copywriter - Wieden + Kennedy; pg. 430
Snyder, Ryan, Vice President, OOH Practice - Spark Foundry; pg. 508
Snyder, Scott, Regional Account Director - Innocean USA; pg. 479
Snyder, Stephen, Senior Account Director, Emerging Brand Initiatives - One Trick Pony; pg. 15
Snyder, Thomas, Negotiator - MediaCom; pg. 487
Snyder, Tracy, Director, Strategy & Communications Planning - Wavemaker; pg. 526
So, Anthony, Senior Vice President, Group Director - RPA; pg. 135
So, Michael, Group Strategy Director - Wavemaker; pg. 529
So, Monica, Vice President, Financial - Active International; pg. 439
Soames, David, Partner & Creative Director - The Shop Agency; pg. 153
Soane, Cameron, Art Director - Wieden + Kennedy; pg. 430
Soares, Tammy, Lead, West Coast - North America - Accenture Interactive; pg. 322
Soares, Tony, Partner & Group Account Director - adHOME creative; pg. 27
Sobba, Kristen, Senior Art Director - J. Schmid & Associates; pg. 286
Sobczak, Christina, Director, Display - iProspect; pg. 674
Sobel, Ashley, Group Director - The Media Kitchen; pg. 519
Sobel, Scott, Senior Vice President, Crisis & Litigation Communications - kglobal; pg. 620
Soberman, Andrew, Director, Client Services - Mosaic North America; pg. 312
Sobers, Scott, Chief Marketing Officer - Listrak; pg. 246
Sobie, Alex, Design Director - PRR; pg. 399
Sobieszczyk, Timothy, Senior Vice President & Media Director - Starcom Worldwide; pg. 513
Sobol, Aaron, Vice President & Group Partner, Integrated Investment - Universal McCann; pg. 521
Sobol, Sydney, Associate Account Director - 360i, LLC; pg. 208
Soboleski, Barbara, Senior Coordinator, Sales - Reade Communications; pg. 641
Sobolewski, Ela, Business Development Manager - Marcus Thomas; pg. 104
Sobreiro Jr., Octavio, Senior Director, Marketing Services - Huemen Design; pg.
Soby, Kelsey, Vice President & Director, Marketing & Public Relations - Periscope; pg. 127
Socha, Colleen, Senior Associate, Portfolio Management - Universal McCann Detroit; pg. 524
Sochowski Hefner, Brittney, Vice President - Edelman; pg. 601
Socolow, Julie, Senior Media Planner - HealixGlobal; pg. 471
Sode, Paige, Social Media Manager - Social Chain; pg. 143
Soder, Mike, Vice President, Finance, Financial Planning & Analysis - Extreme Reach, Inc.; pg. 552
Soeder, Robert, Associate Director, Local Activation - Zenith Media; pg. 531
Sofer, Craig, Senior Vice President & Managing Director - M1 - Dentsu Aegis Network; pg. 61
Soffer, Ben, Vice President, Influencer Marketing & Brand Engagement - Marina Maher Communications; pg. 625
Soggu, Nick, Founder & President - Silver Technologies, Inc.; pg. 141
Soghier, Shereen, Senior Vice President - Qorvis Communications, LLC; pg. 640
Sogutlu, Kirac, Senior Enterprise Account Manager - Taboola; pg. 268
Sohaili, Sam, Chief Creative Officer - DMA United; pg. 63
Sohan, Tina, Senior Manager, Broadcast Ad Operations - Universal McCann; pg. 521
Sohmer, Ryan, Chief Creative Officer, Director, Animation & Co-Founder - Blind Ferret; pg. 217

1024

AGENCIES   PERSONNEL

Sohn, Ian, Chief Executive Officer - Central Region - Wunderman Thompson; *pg.* 434
Sohn, Lois, Senior Graphic Designer - Jim Ricca & Associates; *pg.* 92
Sohnen, Lauren, Manager, Paid Social - Spark Foundry; *pg.* 508
Soifer, Barbara, Vice President, Marketing & Communications - The Solutions Group, Inc.; *pg.* 153
Soileau, Jamie, Brand Media Planner - The Richards Group, Inc.; *pg.* 422
Sojka, Chris, Co-Founder & Creative Director - Madwell; *pg.* 13
Sokolewicz, Darcy, Vice President, Marketing & Media - Creative Communication Associates; *pg.* 54
Sokolnicki, Lisa, Vice President, Client Services - MatchMG; *pg.* 384
Sokolow, Jay, Senior Vice President - The Tombras Group; *pg.* 424
Sokolowski, Casey, Senior Creative Director - ClarityQuest; *pg.* 50
Sokolowski, Mariana, Manager, Creative Services - the community; *pg.* 545
Sokolowski, Marla, Senior Project Manager & Marketing Systems Lead - ClarityQuest; *pg.* 50
Sokolsky Burke, Donna, Co-Founder & Managing Partner - SparkPR; *pg.* 648
Sokoly, Alyson, Media Supervisor - Universal McCann Detroit; *pg.* 524
Solano, Bill, Associate Director, Planning - Carat; *pg.* 459
Solari, Bruno, Senior Account Manager - SourceCode Communications; *pg.* 648
Solberg, Scott, Senior Designer - Eventive Marketing; *pg.* 305
Solc, Aliza, Senior Account Executive - MSLGroup; *pg.* 629
Soler, J.B., Integrated Relationship Director - Addison; *pg.* 171
Soler, Verner, Associate Creative Director - Saatchi & Saatchi Los Angeles; *pg.* 137
Soliday, David, Chief Executive Officer - Mythic; *pg.* 119
Solinski, Patrick, Specialist, SEM - Mindshare; *pg.* 491
Solis, Jared, Media Buyer - The Wood Agency; *pg.* 154
Solitare, Dan, Digital Service Manager - Turtledove Clemens, Inc.; *pg.* 427
Soljacich, Keith, Vice President & Group Director, Experiential Technology - Digitas; *pg.* 227
Sollenberger, Glenn, Director, Postal Affairs - Fry Communications, Inc; *pg.* 361
Soller, Alexandria, Assistant Account Executive - Edelman; *pg.* 601
Sollisch, Jim, Co-Executive Creative Directors - Marcus Thomas; *pg.* 104
Solmssen, Andrew, President - California - Wunderman Thompson; *pg.* 435
Soloaga, Diana, Brand Manager - MINI - Pereira & O'Dell; *pg.* 257
Solomon, Andy, Vice President, Operations - Definition 6; *pg.* 224
Solomon, Eleanor, Group Managing Director - mcgarrybowen; *pg.* 109
Solomon, Elissa, Senior Brand Director - Schiefer Chopshop; *pg.* 508
Solomon, Helene, Chief Executive Officer - Solomon McCown & Co., Inc.; *pg.* 648
Solomon, Howard, Founding Managing Partner - Finn Partners; *pg.* 603
Solomon, Kevin, Director, Business Leadership - Momentum Worldwide; *pg.* 117
Solomon, Lauren, Account Director - DDB New York; *pg.* 59
Solomon, Mike, Managing Director - OMD; *pg.* 500
Solomon, Rachel, Vice President, Social Strategy - FleishmanHillard; *pg.* 605
Solomon, Rachel, Account Coordinator, Client Services - Branded Entertainment Network, Inc.; *pg.* 297
Solomon, Scott, Senior Vice President - Sharon Merrill Associates, Inc. ; *pg.* 646
Solomon, Tara, Founding Partner & Principal - Tara, Ink.; *pg.* 651
Solomon, Victoria, Associate Director - Wavemaker; *pg.* 526
Solomons, Paul, Media Planner & Buyer - Champion Management Group, LLC; *pg.* 589
Solorzano, Jessica, Manager, Business Affairs - Team One; *pg.* 417
Solowey, Joanna, Vice President, Marketing & Communications - iX.co; *pg.* 243
Solu, Cameron, Digital Media Manager - Jekyll and Hyde; *pg.* 92
Soluri, Julie, Senior Art Director - Zambezi; *pg.* 165
Somera, Jo-Anne, Senior Strategist - Laundry Service; *pg.* 287
Somerlot, Greg, Senior Editor - Leo Burnett Worldwide; *pg.* 98
Somerville, Whitney, Vice President, Client Service & Strategy - FrazierHeiby; *pg.* 75
Somma, Debbe, Director, Operations - Rainier Communications; *pg.* 641
Sommer, Matthew, Chief Strategy Officer - Brolik Productions; *pg.* 561
Sommers, Todd, Senior Vice President, Integrated Marketing - Allison+Partners; *pg.* 577
Sommerville, Andrew, Director, Production - The Mill; *pg.* 152
Somoza, Sofia, Brand Manager - 72andSunny; *pg.* 23
Somsen Diem, Kara, Vice President, Client Strategy - Recruitics; *pg.* 404
Son, Catherine, Digital Supervisor - Carat; *pg.* 459
Son, Trang, Associate, Digital Investment Analyst - Mindshare; *pg.* 491
Sonderup, Laura, Managing Director & Senior Strategist - Hispanidad, - Heinrich Marketing, Inc.; *pg.* 84
Sonderup, Nick, Executive Creative Director - Pereira & O'Dell; *pg.* 257
Sondrup, Amy, President - Access TCA, Inc.; *pg.* 210
Sone, Ron, Creative Director - Schafer Condon Carter; *pg.* 138
Sonea, Phil, President & Chief Operating Officer - Soshal; *pg.* 143
Sonenclar, Ken, Managing Director - Oaklins DeSilva+Phillips; *pg.* 687
Sones, Stephanie, Account Manager - imre; *pg.* 374
Song, April , Associate Director, Integrated Planning - GroupM; *pg.* 466
Song, Justine, Vice President, Account Director & Real Estate Strategist - Hirshorn Zuckerman Design Group; *pg.* 371
Song, Mimi, Senior Vice President & Group Communications Director - Hudson Rouge; *pg.* 371
Song, Nita, President & Chief Momentum Officer - IW Group, Inc.; *pg.* 541
Song, Sandy, Managing Director - 180LA; *pg.* 23
Song, Shawn, Director, Marketing Science - PHD USA; *pg.* 505
Sonia, Scott, Senior Vice President, Design - Mad*Pow; *pg.* 247
Sonka, Joe, Vice President, Client Engagement - Modern Climate; *pg.* 388
Sonna, Suzan, Print Production Manager - EvansHardy + Young; *pg.* 69
Sonnek, Jeff, Senior Vice President - Healthy Living - ICR; *pg.* 615
Sonneman, Robert, Chief Executive Officer - Sonneman Design Group, Inc.; *pg.* 199
Sonnenschein, Ned, Director, Strategy - Droga5; *pg.* 64
Sonner, Rob, Director, Technology - Troika/Mission Group; *pg.* 20
Sonnhalter, John, Founder - Sonnhalter; *pg.* 411
Sonnhalter, Matt, President - Sonnhalter; *pg.* 411
SooHoo, Patrick, President - SooHoo Designers; *pg.* 199
Soon, Faye, Director, Communications Planning & Digital - Carat; *pg.* 459
Soos, Shirlene, Chief Financial Officer - Brogan Tennyson Group, Inc.; *pg.* 43
Sooudi, Lauren, Brand Strategy Director - DNA Seattle; *pg.* 180
Sophia, Victoria, Account Supervisor - Berry & Company Public Relations; *pg.* 583
Sorah, Cliff, Senior Vice President & Group Creative Director - The Martin Agency; *pg.* 421
Sorah, Mark, Art Director - Yeck Brothers Company; *pg.* 294
Sorbera, Linda, Global Director, Human Resources - MRM//McCANN; *pg.* 289
Sorbun, Liz-Marie, Manager, Employee Resources - Point B Communications; *pg.* 128
Sorcan, Kathy, Media Director - Platypus Advertising & Design ; *pg.* 397
Soren, Liam, Senior Copywriter - Doner; *pg.* 63
Sorensen, Eric, Managing Creative Director - Solve; *pg.* 17
Sorensen, John, Chief Operating Officer - ICR; *pg.* 615
Sorensen, Kelly, Human Experience Supervisor - Starcom Worldwide; *pg.* 516
Sorensen, Krissy, Media Supervisor - Martin Williams Advertising; *pg.* 106
Sorenson, Eric, Co-Founder & Board Co-Director - Strategies 360; *pg.* 650
Sorenson, Scott, Creative Director - Struck; *pg.* 144
Sorgen, Dan, Associate Creative Director - Saatchi & Saatchi Los Angeles; *pg.* 137
Soriano, Joe, Group Media Director - GRP Media, Inc.; *pg.* 467
Soricelli, Joanna, Vice President & Group Account Director - VaynerMedia; *pg.* 689
Sorin, Coryna, Partner & Vice President, Account Services - Instrument; *pg.* 242
Sorin, Jenna, Associate Director - Starcom Worldwide; *pg.* 513
Sorkin, Jenny, Senior Director, Client Services - IgnitionOne; *pg.* 673
Sorkin, Lane, Vice President & Director, Media - Campbell Ewald New York; *pg.* 47
Sormani, Hora, Associate Creative Director - BBH; *pg.* 37
Soroczak, Gerry, Lead Delivery Manager - Garrigan Lyman Group; *pg.* 236
Soroosh, Michael, Managing Director, Communications Planning - Mindshare; *pg.* 494
Sorrell, Matt, Creative Director - Wieden + Kennedy; *pg.* 430
Sorrells, Shawn, Videographer & Account Manager - Coles Marketing Communications; *pg.* 591
Sorrels, Gina, Director, Talent Engagement - Bounteous; *pg.* 218
Sorrenti, Dan, President & Chief Operating Officer - Ghiorse & Sorrenti, Inc.; *pg.* 607
Sorrentino, Neil, Director, Digital Strategy & Audience Planning - Hearts & Science; *pg.* 471
Sorto, Chris, Associate Creative Director, Design - Envisionit Media, Inc.; *pg.* 231
Sorvino, Carl, Senior Vice President &

PERSONNEL   AGENCIES

Executive Creative Director - MWWPR; pg. 631
Sosa, Diana, Senior Media Buyer - Ocean Media, Inc.; pg. 498
Sosa, Emerson, Communications Planning Director - MediaCom; pg. 487
Sosa, Jacqueline, Senior Account Executive - Orci; pg. 543
Sosa, Luis, Manager, Public Relations - Merlot Marketing; pg. 114
Soseman, Paul, Founder & Chief Executive Officer - Department Zero; pg. 691
Soseman, Sara, President - Department Zero; pg. 691
Soskin, Nicole, Director, Account Management - POV Sports Marketing; pg. 314
Sosnow, Elizabeth, Managing Partner - Bliss Integrated Communications; pg. 584
Sosnowski, Stephen, Senior Vice President, Business Development - SpotCo; pg. 143
Sossaman, Ellen, Executive Assistant - Wunderman Data Products; pg. 451
Sostrin, Adam, Associate Media Director, Strategy - Spark Foundry; pg. 512
Sotelo, Michael, Vice President, Digital - Alma; pg. 537
Soto, Amilynn, Senior Brand Strategist - the community; pg. 545
Soto, Daiana, Manager, Digital Reconciliation - Spark Foundry; pg. 510
Soto, James, President, Chief Executive Officer & Chief Marketing Officer - Industrial Strength Marketing, Inc.; pg. 686
Soto, Kelley, Manager, Media Planning & Buying - Initiative; pg. 477
Soto, Manny, Account Director - Zimmerman Advertising; pg. 437
Soto, Peter, Senior Vice President, Client Partnership - Ansira; pg. 280
Sotolongo, Kristina, Manager, Digital Marketing - LRXD; pg. 101
Sotsky, Alexis, Media Director - MediaCom; pg. 487
Sottolano, Christina, Associate Director, Integrated Media - Underscore Marketing, LLC; pg. 521
Sotwick, Lyndsey, Account Superviser - barrettSF; pg. 36
Soucheray, Joe, Chief Technology Officer - Modern Climate; pg. 388
Soucy, Alan, Chief Executive Officer & Managing Partner - SparkPR; pg. 648
Soucy, Jacqueline, Senior Account Executive - Advertise.com; pg. 671
Soudek, Charlotte, Associate Director - PHD Chicago; pg. 504
Souder, Kirk, Co-Founder & Chief Creative Officer - enso; pg. 68
Soudry, Michelle, Founder & Director, Public Relations - The Gab Group; pg. 653
Soudry, Simon, Chief Finance Officer - The Gab Group; pg. 653
Soufan, Ghada, Account Supervisor - Wieden + Kennedy; pg. 430
Soukup, Karin, Managing Partner, Brand Experience Design - COLLINS:; pg. 177
Soukup, Kerri, Executive Vice President & Executive Creative Director - Leo Burnett Worldwide; pg. 98
Soulek, Sam, Group Creative Director - 10 Thousand Design; pg. 171
Souleles, Candace, Media Director - Mancuso Media; pg. 382
Soulies, Casey, Media Director, Digital - Mering; pg. 114
Soulsby, Liz, Media Planner & Buyer - Geometry; pg. 362
Sous, Justin, Vice President, Optimization & Innovation - Kepler Group; pg. 244
Sousa, Janet, Program Director - Ogilvy Public Relations; pg. 633

Sousa, Stephany, Group Account Director - PHD Canada; pg. 504
South, Cynthia, President - Alison South Marketing Group; pg. 29
Southard, Bill, Founder, Chief Executive Officer & President - Southard Communications; pg. 648
Southard, Vicki, Director, Earned Media - TVA Media Group; pg. 293
Southerland, David, Production Manager - Morvil Advertising & Design Group; pg. 14
Southgate, Toby, Chief Growth Officer - McCann Worldgroup; pg. 109
Southworth, Julia, Director, Marketing - Bluetent; pg. 218
Souza, Andre, Director, Strategy - Huge, Inc.; pg. 239
Souza, Anthony, Founder - The Souza Agency; pg. 424
Souza, Erin, Director, Business Operations - Singer Associates; pg. 647
Souza, Flavia, Associate Account Director - Spark44; pg. 411
Souza, Kathy, Finance Director - Motivate, Inc.; pg. 543
Souza, Roseanne, Managing Creative Director - The Souza Agency; pg. 424
Sova, Elizabeth, Senior Brand Manager - CITGO & Hoosier Lottery - The Buntin Group; pg. 148
Soviero, Lauren, Associate Director, Business Development - M&C Saatchi Performance; pg. 247
Sovonick, Doug, Chief Creative Officer - Deskey Integrated Branding ; pg. 7
Sowa, Jody, Senior Vice President - The Narrative Group; pg. 654
Sowby, Anson, Chief Executive Officer & Co-Founder - Battery; pg. 330
Sowden, James, Chief Strategy Officer - TBWA \ Chiat \ Day; pg. 416
Sowinski, John, Founding Partner & Communications Strategist - Consensus Communications; pg. 592
Soyars, Michelle, Vice President, Creative Strategy - Vela; pg. 428
Soylu, Gulru, Account Supervisor - Johannes Leonardo; pg. 92
Spacil, Paula, Director, Creative Operations - Barkley; pg. 329
Spada, Alexandra, Director, Strategy & Neuromarketing - MOD Worldwide; pg. 192
Spadaro, Lou, Director, Insights & Strategy - Starcom Worldwide; pg. 517
Spadavecchia, Dino, Executive Creative Director - Gallegos United; pg. 75
Spade Denson, Kristina, Director, Audience Solutions - Annalect Group; pg. 213
Spaeth, Merrie, President - Spaeth Communications, Inc.; pg. 648
Spaeth, Taylor, Director, Strategic Planning - Arc Worldwide; pg. 327
Spahr, Jay, Associate Creative Director - BBDO Worldwide; pg. 331
Spain, Betsy, Associate Director, Project Management - Publicis.Sapient; pg. 259
Spainhour, Marissa, Associate Director, Digital Media - Sterling-Rice Group; pg. 413
Spakowski, Mike, Partner & Creative Director - Atomicdust; pg. 214
Spalding, Amy, Senior Manager, Digital Media - Callan Advertising Company; pg. 457
Spalding, Erin, Account Supervisor - DoeAnderson Advertising ; pg. 352
Spangenberg, Karl, Executive Vice President - MediaLink; pg. 386
Spangler, Andrew, Owner - no|inc; pg. 254
Spangler, Jennifer, Senior Account Supervisor - Zion & Zion; pg. 165
Spaniardi, Amy, Senior Vice President, Media - DWA Media; pg. 464

Spanninga, Jodi, Vice President, & Group Account Director - FCB Toronto; pg. 72
Spano, Melissa, Group Account Director - David&Goliath; pg. 57
Sparks, Don, Vice President, Account Strategy - Viewstream; pg. 274
Sparks, Michael, Art Director - The Integer Group - Dallas; pg. 570
Sparling, Maria, Senior Account Director - Beeby Clark+Meyler; pg. 333
Sparling, Scott, Director, Strategy - Gard Communications; pg. 75
Sparrer, John, Vice President & Director, Planning - Carat; pg. 461
Sparrow, Courtney, Account Supervisor & Copywriter - Boulton Creative; pg. 41
Sparrow, Jordan, Associate Creative Director - Leo Burnett Worldwide; pg. 98
Spaseff, Alexandra, Partner & Director, Strategic Planning - Mindshare; pg. 491
Spatz, Shannon, Associate Director, Media Strategy - iCrossing; pg. 241
Spaul, Matt, Director & Editor - partners + napier; pg. 125
Spaulding, Dan, Principal - Seyferth & Associates, Inc.; pg. 646
Spaulding, Jack, Executive Director, Strategy - Planit; pg. 397
Spaulding, Katy, General Manager - Northwest Region - Allison+Partners; pg. 577
Spaulding, Laura, Manager, Corporate Communications - Bozell; pg. 42
Speagle, Kristen, Senior Director, Strategy - BrightWave Marketing, Inc.; pg. 219
Speaks, Aaron, Assistant Media Planner - The Tombras Group; pg. 424
Spearing, Sarah, Director, Human Resources - Golin; pg. 609
Spears, Ron, Vice President, Sales - West - Firefly; pg. 552
Spece, Mara, Account Supervisor - Publicis North America; pg. 399
Speck, Brian, Vice President, Accounting & Finance - Rise Interactive; pg. 264
Speck, Kathy, Creative Director - Commonwealth // McCann; pg. 52
Spector, Barry, Co-Founder, Chief Creative Officer - Spector Public Relations; pg. 649
Spector, Evan, Senior Partner & Associate Director, Print - Group M - Mindshare; pg. 491
Spector, Graham, Content Planner - Socialdeviant, LLC; pg. 688
Spector, Phillip, Supervisor, Media & Video Investments - Mediahub Boston; pg. 489
Spector, Shelley, Co-Founder & President - Spector Public Relations; pg. 649
Spector Yeninas, Barbara, Senior Partner & Chief Executive Officer - BSY Associates; pg. 4
Speech, Jeff, Partner & Vice President, Creative Services - Core Creative; pg. 344
Speed, Tyler, Manager, Integrated Media - Spark Foundry; pg. 510
Speer, Amanda, Senior Recruiter, Creative - Mekanism; pg. 113
Speer, Randy, Project Manager - Fry Communications, Inc; pg. 361
Speers, Brandon, Associate Director, Media - 360i, LLC; pg. 207
Speichinger, Gregg, Manager, Local Sales - Reagan Outdoor Advertising; pg. 557
Speidel, David, Partner & Chief Operating Officer - Place Creative Company; pg. 15
Speight, Diane, Art Director - Morton, Vardeman & Carlson; pg. 389
Speirs, Jean, Vice President & Creative Director - Atlantica Content Studios; pg. 35
Spelbrink, Stephanie, Director, Digital - Carat; pg. 459

AGENCIES — PERSONNEL

Spelling, Dan, Founder & Chief Executive Officer - Spelling Communications, Inc.; *pg.* 649
Spelliscy, Ryan, Co-Founder & Chief Creative Officer - Juliet; *pg.* 11
Spellman, Kate, Chief Marketing Officer - Questex; *pg.* 449
Spellman, Tim, Associate Creative Director - MOD Worldwide; *pg.* 192
Speltz, Michael, Vice President & Principal - Appleton Creative; *pg.* 32
Spence, Hunter, Executive Director, Technology - Second Story Interactive; *pg.* 265
Spence, Roy, Co-Founder & Chairman - GSD&M; *pg.* 79
Spence, Sarah, Managing Director - Narrative; *pg.* 631
Spence, Shannon, Vice President & Director, Digital Media - Zimmerman Advertising; *pg.* 437
Spencer, Anne, Graphic Designer - BayCreative; *pg.* 215
Spencer, Brandon, Director, Digital & Creative Services - CKR Interactive, Inc.; *pg.* 220
Spencer, Danielle, Strategist Social Media - A2G; *pg.* 691
Spencer, DD, Senior Vice President, Marketing & Strategy - LAM Design Associates, Inc.; *pg.* 189
Spencer, Deborah, Vice President, Events & Marketing - The Castle Group, Inc.; *pg.* 652
Spencer, Demetrius, Chief Executive Officer & Co-Founder - The Launchpad Group; *pg.* 546
Spencer, Diane, President & Chief Executive Officer - Distinctive Marketing, Inc.; *pg.* 444
Spencer, Hunter, Creative Director - Otto Design & Marketing; *pg.* 124
Spencer, Jeanne, Vice President, Creative Director - Idea Engineering, Inc.; *pg.* 88
Spencer, Jeff, Creative Director - Goldstein Group Communications, Inc.; *pg.* 365
Spencer, Jesse, Senior Vice President, Social Media & Digital Strategy - Leo Burnett Detroit; *pg.* 97
Spencer, Lauren, Project Manager - Oxford Communications; *pg.* 395
Spencer, Mark, Vice President, Sales Strategy & Partner Solutions - Active International; *pg.* 439
Spencer, Nicolas, Senior Vice President, Production & Content - The Launchpad Group; *pg.* 546
Spencer, Nicolette, Vice President & Head, Content Production - Innocean USA; *pg.* 479
Spencer, Parke, President - Civic Entertainment Group; *pg.* 566
Spencer, Rachel, Vice President, Director Research, Insights - Access; *pg.* 322
Spencer, Ron, Director, Digital Media Production - Ricochet Partners; *pg.* 406
Spencer, Ryan, Creative Director - Y Media Labs; *pg.* 205
Spencer, Sam, Vice President, Marketing Services - Mirum Shopper - Mirum Agency; *pg.* 681
Spencer, Scott, Vice President & Creative Director - Powell Creative; *pg.* 258
Spencer, Terra, Founder, Partner & Managing Director - Leopold Ketel & Partners; *pg.* 99
Spencer, Todd, President & Chief Executive Officer - DoeAnderson Advertising ; *pg.* 352
Spenchian, Meg, Account Executive - ICF Next; *pg.* 614
Spender, Andrew, Group Vice President, Global Corporate Communications - Gartner, Inc.; *pg.* 236
Spenjian, Aris, Vice President, Analytics - Zenith Media; *pg.* 529
Sperb, Nando, Art Director - Goodby, Silverstein & Partners; *pg.* 77
Sperin, Skylar, Senior Manager, Media - 360i, LLC; *pg.* 207
Sperla, Jacob, Senior Communication Strategist - Goodby, Silverstein & Partners; *pg.* 77
Sperling, Jamie, Associate Director, Brand Development - Innovation Protocol; *pg.* 10
Sperling, Jason, Senior Vice President & Chief, Creative Development - RPA; *pg.* 134
Sperling, Michael, Principal - Evoke Giant; *pg.* 69
Sperling, Tyler, Negotiator - OMD; *pg.* 498
Spero, Harry, Principal - Apel, Inc.; *pg.* 302
Spero, Harry, Owner & President - Spero Media; *pg.* 411
Sperry, Mark, Senior Associate, Digital Activation - OMD; *pg.* 498
Sperzel, Casey, Associate Director, Marketing Science - Swift; *pg.* 145
Sperzel, Josef, Group Director, SEO - Horizon Media, Inc.; *pg.* 474
Spicer, Aki, Chief Strategy Officer - Leo Burnett Worldwide; *pg.* 98
Spicer, Mackenzie, Account Executive - Yebo; *pg.* 164
Spicer, Stephanie, Vice President & Director, Brand Strategy - Luquire George Andrews, Inc.; *pg.* 382
Spiecha, Katy, Accounting Manager - BooneOakley; *pg.* 41
Spiegel, Andrea, Partner, Client Engagement - VSA Partners, Inc. ; *pg.* 204
Spiegel, Beth, Chief Operating Officer - BFO; *pg.* 217
Spiegel, Brianna, Manager, Brand - Duarte; *pg.* 180
Spiegel, Emily, Vice President, Consulting - Charlotte, North Carolina - MKTG; *pg.* 568
Spiegel, Gregg, Director, Strategic Planning - Source Communications; *pg.* 315
Spiegel, Jared, Co-Founder & Chief Operating Officer - Highfield; *pg.* 85
Spiegelman, Josh, Managing Director & Senior Partner - Mindshare; *pg.* 491
Spiegelman, Rachel, President, Integrated Marketing - Lieberman Research Worldwide; *pg.* 446
Spieles, Victor, Creative Director - Simons / Michelson / Zieve, Inc.; *pg.* 142
Spielman, Rachel, Executive Vice President, Media & Head, Storytelling - Ruder Finn, Inc.; *pg.* 645
Spielvogel, Seth, Senior Partner & Director - Mindshare; *pg.* 491
Spier, Marco, Partner & Creative Director - Psyop; *pg.* 196
Spier, Travis, Creative Director - McKinney; *pg.* 111
Spies, Jason, Executive Vice President & Chief Strategy Officer - BARKER; *pg.* 36
Spiess, Aaron, Executive Vice President & Founder - Big Red Rooster; *pg.* 3
Spight, Susan, Senior Manager, Business Affairs - ROKKAN, LLC; *pg.* 264
Spiker, Chris, Partner & Co-Owner - Spiker Communications; *pg.* 17
Spiker, Wes, President & Co-Owner - Spiker Communications; *pg.* 17
Spille, Sherry, Finance Director - The Ramey Agency; *pg.* 422
Spilsbury, Heather, Vice President, Marketing & Strategy - The Sheppard Group; *pg.* 424
Spina, Denise, Regional Communications Director - GTB; *pg.* 367
Spinelli, Jessica, Sales Director - International - JCDecaux North America; *pg.* 553
Spinelli, Nicole, Group Account Director - 215 McCann; *pg.* 319
Spink, Bill, Chief Creative Officer & Partner - DMW Worldwide, LLC; *pg.* 282
Spinks, Jeremy, Vice President, Online Design - BowStern; *pg.* 336
Spire, Jennifer, Partner & Chief Executive Officer - Preston Kelly; *pg.* 129
Spirelli, Craig, Director, Business Development - The Trade Desk; *pg.* 520
Spiritas, Eric, Principal - Champion Management Group, LLC; *pg.* 589
Spirk, John, Co-President - Nottingham-Spirk Design, Inc.; *pg.* 193
Spiro, Christopher, Chief Executive Officer - Spiro & Associates; *pg.* 143
Spitaleri, Matthew, Media Director - Wavemaker; *pg.* 526
Spitz, Clay, Managing Partner - South - Chief Outsiders; *pg.* 443
Spitz, Meredith, Group Media Director - 360i, LLC; *pg.* 208
Spitz, Sarah, Vice President - Mission North; *pg.* 627
Spitzer, Douglas, Co-Founder, Chief Creative Officer & Partner - Catch New York; *pg.* 340
Spitzer, Jacques, Chief Executive Officer - Raindrop Agency Inc; *pg.* 196
Spivak, Ron, Senior Art Director - Milton Samuels Advertising & Public Relations; *pg.* 387
Spivak, Wendy, Principal & Founder - The Castle Group, Inc.; *pg.* 652
Spivey, Dion, Coordinator, Benefits & Compensation - GTB; *pg.* 367
Spiwack, David, Partner - JMW Consultants, Inc.; *pg.* 10
Spliethoff, Sarah, Associate Creative Director - AgencyEA; *pg.* 302
Spoden Kiss, Anne, Vice President, Digital Services - TAG Communications, Inc.; *pg.* 416
Spofford, Grant, Executive Vice President, Digital - Ackerman McQueen, Inc.; *pg.* 26
Sponaski, Ania, Vice President, Global Sponsorship Consulting - GMR Marketing; *pg.* 307
Spong, Christopher, Senior Manager, Digital Content & Marketing - Nina Hale Consulting; *pg.* 675
Spooner, Jason, Director, Business Development - Union; *pg.* 273
Spooner, Taylor, Director, Content & Email Marketing - Blueprint Digital; *pg.* 218
Sporborg, Natasha, Assistant Account Executive - MERGE; *pg.* 113
Sporkin, Danielle, Head, Integrated Planning - U.S. - OMD; *pg.* 498
Sporn, Benjamin, Managing Director, Google - Jump 450 Media; *pg.* 481
Spoto, Erica, Associate Director - Mindshare; *pg.* 491
Spoto, Glenn, Chief Financial Officer & Global Vice President, Investor Strategy - Prohaska Consulting; *pg.* 130
Spraglin, Jasmine, Senior Strategist - David&Goliath; *pg.* 57
Sprague, Abigail, Associate Media Director - MediaCom; *pg.* 487
Sprague, Jill, Lead Media Strategist - Idfive; *pg.* 373
Sprague, Karolyne, Senior Vice President & Group Account Director - Havas Media Group; *pg.* 469
Sprague, Laurel, Account Director - Golin; *pg.* 609
Sprague, Robert, President & Chief Executive Officer - Yes&; *pg.* 436
Sprague, Sue Ann, Partner - Roher / Sprague Partners; *pg.* 408
Spraker, Rachel, Senior Account Executive -

PERSONNEL

MSLGroup; pg. 629
Sprecher, Tyler, Principal & Executive Vice President, Creative & Brand Strategy - Love & Company; pg. 101
Spreen, Sydney, Assistant Account Executive - mcgarrybowen; pg. 110
Spreer, Megan, Senior Social Media Manager - Callahan Creek ; pg. 4
Sprehe, Katie, Senior Director, Reputation Research & Strategy - APCO Worldwide; pg. 578
Spring, Justin, Co-Founder - Adept Marketing; pg. 210
Spring, Katie, General Manager - Edelman; pg. 353
Spring, Micho, Chairman, Global Corporate Practice & President - Weber Shandwick New England - Weber Shandwick; pg. 660
Springer, Holly, Vice President & Account Director - Leo Burnett Worldwide; pg. 98
Springer, Laura, Chief Of Staff - The Media Kitchen; pg. 519
Springer, Marina, Marketing & Production Coordinator - OSIK Media; pg. 554
Springer, Mark, Vice President & Senior Director, Financial Services - TBWA\WorldHealth; pg. 147
Springer, Teri, Senior Art Director - Cohn Marketing, Inc.; pg. 51
Springer Page, Ellen, Creative Director - EP+Co.; pg. 356
Spritzer, Courtney, Co-Chief Executive Officer - Socialfly; pg. 688
Sproul, Jenny, Senior Producer, Experiential Marketing - Xperience Communications; pg. 318
Sprouse, Michael, Chief Financial Officer - 160over90; pg. 1
Sprout, Zoe, Coordinator, Account - GMR Marketing; pg. 306
Sprowl, Paula, Senior Vice President - Engine; pg. 444
Sprungle, Alexander, Senior Art Director - Point to Point; pg. 129
Spurlock, Emily, Manager, Integrated Strategy & Promotions - Ignite Social Media; pg. 686
Spurlock, Lauren, Senior Account Executive - G7 Entertainment Marketing; pg. 306
Spurrell, Beth, Account Executive - Zeno Group; pg. 665
Spurrier, Donna, Chief Executive Officer & Executive Strategist - Spurrier Group; pg. 513
Spurrier, Marian, Head, Talent & Development - GYK Antler; pg. 368
Spurway-Griffin, Sarah, Media Supervisor - d50 Media; pg. 348
Squadrito, Anne, Senior Vice President, Group Creative Director, Art - Ogilvy CommonHealth Worldwide; pg. 122
Squeri, Marissa, Associate Account Executive - Air Paris New York; pg. 172
Squires, Cherie, Senior Director, Program Management - SCORR Marketing; pg. 409
Squires, James, President - Squires & Company ; pg. 200
Squires, Maggie, Managing Director - Moxie Communications Group; pg. 628
Squires, Sally, Senior Vice President, Food & Nutrition - Powell Tate; pg. 638
Sraj, Michael, Website Support Specialist - Leverage; pg. 245
Sree, Kash, Group Creative Director - Gyro NY; pg. 369
Sreenan, Ruth, Executive Vice President, Operations - U.S. - AnalogFolk; pg. 439
Sreenivasan, Ashwathy, Partner & Group Director, Search & Social - MediaCom; pg. 487
Srere, David, Co-Chief Executive Officer & Chief Strategy Officer - Siegel & Gale; pg. 17
Srivastava, Deepali, Senior Director, Content Strategy - Global Gateway Advisors, LLC; pg. 608
St John, Theodore, Supervisor, Video Investment - OMD; pg. 498
St. Andre, Steve, Chief Executive Officer & Founder - Shift Digital; pg. 265
St. Clair, Lindsay, Senior Brand Designer - Red Antler; pg. 16
St. Clair, Will, Senior Vice President & Director, Integrated Production - FCB Chicago; pg. 71
St. Cyr, Brian, President & Vice President, Business Development - Mediaspace Solutions; pg. 490
St. Fleur, Melissa, Associate Connections Director, Digital Media - VMLY&R; pg. 160
St. Germain, Ken, Data Operations Manager - Wunderman Thompson; pg. 435
St. John, Adam, Creative Director - Colle McVoy; pg. 343
St. John, Dan, Chief Executive Officer & Chairman - St. John & Partners Advertising & Public Relations; pg. 412
St. Mars, Jeff, Senior Designer - THIS IS RED; pg. 271
St. Martin, David, Vice President, Cultural Development - AgencyEA; pg. 302
St. Philip, Carl, Partner & Chief Financial Officer - Mahalo Spirits Group; pg. 13
St.Amant, Laura, Senior Project Manager & Account Manager - Kolano Design, Inc. ; pg. 189
Staaf, Martin, Senior Director, Art - BBDO Worldwide; pg. 331
Staal, Nick, Design Director - Upshift Creative Group; pg. 21
Staarmann, Kathy, Director, Human Resources - Brandience; pg. 42
Staas, David, President - NinthDecimal; pg. 534
Stabler, Elizabeth, Brand Management Team Lead - The Richards Group, Inc.; pg. 422
Stabler, Zach, Social Media Manager - BigWing; pg. 217
Stachulski, John, Director, Programmatic & Paid Social Strategy - Laughlin Constable, Inc.; pg. 380
Stack, Christine, Vice President, Talent Acquisition - Jack Morton Worldwide; pg. 308
Stack, Courtney, Head, Content & Digital Marketing - Karbo Communications; pg. 618
Stack, Doyle, Senior Associate, Digital Activation - Comcast - Spark Foundry; pg. 510
Stack, Sunny, Account Director - Switch; pg. 145
Stack, Tracey, Executive Vice President - Media Brokers International; pg. 485
Stackhouse, Madeline, Research & Analytics Specialist - Zehnder Communications, Inc.; pg. 436
Stackpole, Peter, President & Founder - Stackpole & Partners; pg. 412
Stacy, Joel, Group Creative Director - mono; pg. 117
Stacy, Marina, Executive Vice President, Media & Digital Specialist - Media Brokers International; pg. 485
Stadilus, Hope, Brand Supervisor - Pereira & O'Dell; pg. 256
Stadius, Katie, Associate Account Director - MBuy; pg. 484
Stadler, Neale, Account Manager - Swanson Russell Associates; pg. 415
Stadnyk, Erica, Associate Media Director - TouchPoint Integrated Communications; pg. 520
Staebler, Bruce, Owner & Chief Creative Officer - Signature Advertising; pg. 17
Staffon, Haley, Media Analyst - Martin Williams Advertising; pg. 106
Stafford, Alvin, Vice President, Accounts -

AGENCIES

On Board Experiential Marketing; pg. 313
Stafford, Jerry, Director, Design - Pure Brand Communications; pg. 130
Stafford, Jessica, Senior Account Manager - W2O; pg. 659
Stafford, Matthew, Creative Director - Mekanism; pg. 112
Stafford, Ryan, Vice President & Creative Director - 22squared Inc.; pg. 319
Stafford, Ty, Senior Content Strategist - Omelet; pg. 122
Stagliano, Michael, Associate Media Director - Starcom Worldwide; pg. 513
Stagner, Michael, Group Media Director - Analytics - The Richards Group, Inc.; pg. 422
Stahl, Eric, Manager, Brand Media & Performance Marketing - Gartner, Inc.; pg. 236
Stahl, Monica, Account Supervisor - Leo Burnett Worldwide; pg. 98
Stahlecker, Nicole, Digital Media Planner - Pappas Group; pg. 396
Stahler, Rachel, Chief Information & Digital Officer - Syneos Health Communications; pg. 169
Staib, Markus, President & Executive Officer - MVNP; pg. 119
Stainbrook, Laila, Account Supervisor - mono; pg. 117
Stair, Trev, Creative Director - Stackpole & Partners; pg. 412
Staires, Julie, Senior Media Buyer - The Ramey Agency; pg. 422
Stakem, Michael, Director, Creative Services - Creating Results; pg. 346
Stakgold, Alissa, President, Strategy & Creative Services - Quigley-Simpson; pg. 544
Stalder, Morgan, Vice President, Digital Media - Horizon Media, Inc.; pg. 474
Staley, Amy, Vice President, Operations - Small Army; pg. 142
Staley, Cassandra, Social Media Coordinator - Midan Marketing; pg. 13
Staley, Deanne, Senior Vice President, Agency Director - Kreber; pg. 379
Stalker, Dana, Creative Director - Swift; pg. 145
Stalling, Wendy, President - Tysinger Promotions, Inc.; pg. 571
Stallman, Dave, Creative Director - Cannonball Agency; pg. 5
Stallman, Jim, Senior Vice President & Creative Director - Leo Burnett Worldwide; pg. 98
Stallsmith, Michael , Senior Account Executive - Theory House : The Agency Built for Retail; pg. 683
Stalwick, Colleen, Account Director - Ziba; pg. 205
Stamats, Bill, Executive Vice President - Stamats Communications; pg. 412
Stamats, Peter, President & Chief Executive Officer - Stamats Communications; pg. 412
Stamell, Asher, Associate Director, Strategy - Mekanism; pg. 113
Stamnes, Bob, Chief Executive Officer - Elevator Strategy Advertising & Design, Inc.; pg. 181
Stamp, Dwight, Senior Art Director - Integrity; pg. 90
Stamp, Jeff, Chief Content Officer - Grey Group; pg. 365
Stamper , Steven, Principal - fd2s; pg. 183
Stanajic, Cyril, Brand Image & Creative Director - MA3 Agency; pg. 190
Stanback, Karlyn, Manager, Account - Moxie; pg. 251
Stanback, Sydney, Supervisor, Communications Planning - PHD USA; pg. 505
Stancik, Blake, Vice President, Operations -

1028

AGENCIES — PERSONNEL

Product Creation Studio; *pg.* 563
Stancil, Anthony, Managing Director, Talent - Crossmedia; *pg.* 463
Stanczak, Stephanie, Senior Media Director, Pricing & Strategy - Ocean Media, Inc.; *pg.* 498
Standerfer, Courtney, Account Director- McDonalds - Moroch Partners; *pg.* 389
Standley, Morgan, Associate Director & Media Supervisor - Starcom Worldwide; *pg.* 513
Standley, Rick, Creative Director - Cramer-Krasselt; *pg.* 53
Standley, Rod, Senior Art Director - McDaniels Marketing & Communications; *pg.* 109
Standridge, Claire, Global Account Director - Saatchi & Saatchi; *pg.* 136
Stanford, Jason, Senior Vice President, Global Communications - Hill+Knowlton Strategies; *pg.* 613
Stanford, Kirk, Creative Director & Principal - gravity design, inc.; *pg.* 185
Stanford, Travis, Producer - MKTG INC; *pg.* 312
Stangl, Alanna, Account Manager - Periscope; *pg.* 127
Stangland, Ben, President & Chief Operating Officer - Strum; *pg.* 18
Stanieich-Burke, Joe, Account Manager - M5; *pg.* 102
Stanislovaitis, Mindy, Vice President, Planning - Essence; *pg.* 232
Stank, Robert, Chief Operating Officer - Crossmedia; *pg.* 463
Stankey, Bill, President - Westport Entertainment Associates; *pg.* 668
Stankiewicz, Mary, Senior Account Executive - Belle Communication; *pg.* 582
Stanko, Gary, Chairman - Marketing Alternatives, Inc.; *pg.* 383
Stanko Jr., Gary Jon, President - Marketing Alternatives, Inc.; *pg.* 383
Stanley, Amie, Founder & Chief Executive Officer - E29 Marketing; *pg.* 67
Stanley, Connor, Director, New Business - Chandelier Creative; *pg.* 49
Stanley, Jason, Project Manager - Marlin Network; *pg.* 105
Stanley, Jay, Creative Director - Stone Ward Advertising; *pg.* 413
Stanley, Jessica, Senior Manager - Quicken Loans - Universal McCann Detroit; *pg.* 524
Stanley, John, Chief Executive Officer - MOD Worldwide; *pg.* 192
Stanley, Kara, Associate Buyer - Carat; *pg.* 459
Stanley, Lesley, Account Director & Media Specialist - BCW New York; *pg.* 581
Stanley, Mary, Finance Director & Director, Administrative - Bigbuzz Marketing Group; *pg.* 217
Stanley, Melissa, Project Manager - Morvil Advertising & Design Group; *pg.* 14
Stanley, Nina, Owner & Chief Creative Officer - MOD Worldwide; *pg.* 192
Stanley, Patrick, Project Manager - Fitch; *pg.* 183
Stanley, Sarah, Partner, Portfolio Management - Universal McCann; *pg.* 521
Stanley, Sonja, Senior Vice President, Business Operations - Moxie; *pg.* 251
Stanley, Stephanie, Director, Program Operations - Catalysis; *pg.* 340
Stanley, Summer, Copywriter - Creative Energy, Inc.; *pg.* 346
Stansfield, Caitlin, Media Manager - BrivicMedia, Inc.; *pg.* 456
Stansfield, Scott, Co-Founder & President - Centriply; *pg.* 462
Stanten, Andrew, President - Altitude Marketing; *pg.* 30

Stanton, Alex, Chief Executive Officer - Stanton Public Relations & Marketing; *pg.* 649
Stanton, Amy, Founder & Chief Executive Officer - Stanton & Company; *pg.* 649
Stanton, Bill, Associate Media Director - Starcom Worldwide; *pg.* 513
Stanton, Carolyn, Account Director - Weber Shandwick; *pg.* 660
Stanton, David, Vice President, Marketing Communications - GfK; *pg.* 444
Stanton, David, Executive Creative Director - WilliamsRandall Marketing Communications; *pg.* 433
Stanton, Jack, Planner - Zenith Media; *pg.* 529
Stanton, Jenna, Director, Media Investment - ID Media; *pg.* 477
Stanton, Karen, Chief Financial Officer - Slingshot, LLC; *pg.* 265
Stanton, Pen, Executive Producer, New York - Ueno; *pg.* 273
Stanvick, Christopher K., Vice President & Director, Strategic Accounts - Havas Edge; *pg.* 284
Stanze, Madison, Assistant Brand Manager - Barkley; *pg.* 329
Staples, Brad, Chief Executive Officer - APCO Worldwide; *pg.* 578
Staples, Chris, Owner & Creative Director - Rethink Communications, Inc.; *pg.* 133
Staples, Donna, President - Makiaris Media Services; *pg.* 483
Staples, Joe, Executive Creative Director - Mother; *pg.* 118
Staples, Marisa, Associate Director - VaynerMedia; *pg.* 689
Stapleton, Cortney, Partner - Bliss Integrated Communications; *pg.* 584
Stapleton, Ellie, Senior Associate, Paid Search - Mindshare; *pg.* 494
Stapleton, James, Senior Vice President & Principal - FRCH Design Worldwide; *pg.* 184
Stapleton, John, Executive Vice President & Director Innovation & Design - 22squared Inc.; *pg.* 319
Stapleton, Kristen, Strategic Relation Manager - SourceLink, LLC; *pg.* 292
Stapleton, Sean, Associate Media Director - MediaCom; *pg.* 487
Stapleton Pesta, Lauren, Vice President & Account Director - Digitas; *pg.* 229
Stapor, Ed, Partner & Chief Client Officer - Havas Health & You; *pg.* 82
Stapor, Ed, Partner - Health4Brands Chelsea; *pg.* 83
Starace, William, Chief Financial Officer & Executive Vice President - MWWPR; *pg.* 631
Staranowicz, Stacy, Senior Partner & Director, Global Operations - Mindshare; *pg.* 495
Starcevich, Lauren, Manager - Mindshare; *pg.* 494
Starck, John, Production Supervisor - Derse, Inc.; *pg.* 304
Stark, Alexandra, Account Executive - Rapport Outdoor Worldwide; *pg.* 557
Stark, Alyson, Strategy Supervisor - Starcom Worldwide; *pg.* 513
Stark, Betsy, Managing Director, Content & Media Strategy - Ogilvy Public Relations; *pg.* 633
Stark, Doug, Senior Vice President & Executive Group Director - Accenture Interactive; *pg.* 209
Stark, Jaclyn, Associate Media Director - Publicis Health Media - Digitas Health LifeBrands; *pg.* 229
Stark, Jessica, Associate Media Director - The Integer Group - Dallas; *pg.* 570
Stark, Matt, Director - MKTG INC; *pg.* 312

Stark, Pamela, Owner & President - PS Adfinity - Adfinity Marketing Group; *pg.* 27
Stark, Samantha, Executive Vice President, Public Relations & Communications - 160over90; *pg.* 301
Starke, Caroline, Senior Vice President - APCO Worldwide; *pg.* 578
Starkes, Kevin, Head, Production & Partner - NA Collective, LLC; *pg.* 312
Starkey, Bill, Creative Director - quench; *pg.* 131
Starkey-Posey, Yvonne, Director, Strategy - Grey Midwest; *pg.* 366
Starkman, Aaron, Partner & Creative Director - Rethink Communications, Inc.; *pg.* 133
Starkman, Farrah, Vice President & Group Director, Brand - Horizon Media, Inc.; *pg.* 474
Starkov, Max, Founder & Director - NextGuest Digital; *pg.* 253
Starks, Rory, Executive Vice President, Strategic Engagement - Masterworks; *pg.* 687
Starnes, Mallory, Head, UX - Union; *pg.* 273
Starnes, Michelle, Operations Manager - Verdin; *pg.* 21
Starr, Bret, Founder & Chief Executive Officer - The Starr Conspiracy; *pg.* 20
Starr, Janelle, Executive Vice President, Marketing - Heartbeat Ideas; *pg.* 238
Starr, Lisa, Senior Media Buyer & Planner - Asher Agency; *pg.* 327
Starr, Rachel, Senior Vice President & Group Director - Carat; *pg.* 459
Starr, Samantha, Account Supervisor - DiMassimo Goldstein; *pg.* 351
Starr, Shana, Chief Executive Officer - Bastion Elevate; *pg.* 580
Starr, Stephanie, Managing Partner - MediaCom; *pg.* 487
Starr, Tawnya, Executive Vice President, Sales - Firespring; *pg.* 234
Starr Castillo, Nicole, Executive Vice President - Wordhampton Public Relations; *pg.* 663
Starr-Gates, Caryn, Account Manager & Writer - Caryl Communications, Inc.; *pg.* 589
Starrantino, Liana, Growth Strategist - DiMassimo Goldstein; *pg.* 351
Starring Blucher, Nancy, Senior Vice President & Managing Director, Acquisition & Branding Campaigns - Horizon Media, Inc.; *pg.* 474
Starsia, Phyllis, Chief Executive Officer & Founder - Powerphyl Media Solutions; *pg.* 506
Startz, Rachel, Account Executive - David; *pg.* 57
Startzman, Judi, Vice President, Strategic Marketing - VI Marketing & Branding; *pg.* 428
Staruch, Scott, Partner - Quantum Communications; *pg.* 640
Staryak, Lisa, Manager, Photography - National & Senior Coordinator - Marketing - Vector Media; *pg.* 558
Stasiak, Bret, President - BVK; *pg.* 339
Stassen, Anna, Senior Vice President & Group Creative Director - DDB Chicago; *pg.* 59
Stathis, Alexandra, Account Director - Brands - Taylor; *pg.* 651
Statman, Matt, Chief Executive Officer, Founder & Creative Director - Think Motive; *pg.* 154
Staton, Dana, Associate Media Director - Starcom Worldwide; *pg.* 513
Statt, Chris, Chief Operating Officer - Luckie & Company; *pg.* 382
Statzer, Brent, President & Chief Executive Officer - PMG Retail & Entertainment; *pg.* 128
Staub, Jess, Senior Marketing & Public Relations Manager - Gavin Advertising; *pg.*
Staublin, Vanessa, Account Executive - Dittoe

PERSONNEL — **AGENCIES**

Public Relations; *pg.* 597
Stauch, Chris, Managing Director, Design & Creative - Deloitte Digital; *pg.* 224
Staudenmayer, John, Operations Manger - ICS Corporation; *pg.* 285
Stauff, Shannon, New Business Director - Preston Kelly; *pg.* 129
Stauffer, Alexandria, Vice President, Account Service - BMG; *pg.* 335
Stauffer, Brandon, Account Director - 97th Floor; *pg.* 209
Stauffer, Haley, Manager, Paid Media - Nebo Agency, LLC; *pg.* 253
Stauffer, Heather, Vice President, Publisher Distribution - Adperio; *pg.* 533
Stauffer, Justin, Vice President, Integrated Marketing - DMW Worldwide, LLC; *pg.* 282
Staughton, Karen, Associate Director, Strategy - AnalogFolk; *pg.* 439
Stauss, Brian, Media Buyer - Davis Ad Agency; *pg.* 58
Stavrou, Harry, Vice President, Digital Services - HCB Health; *pg.* 83
Stayt, Laura, Group Account Director, Beats by Dre - Zambezi; *pg.* 165
Steadly, Rebecca, Coordinator, Public Relations - 9thWonder; *pg.* 453
Steadman, Jack, Chief Technology Strategist - Blue State Digital; *pg.* 335
Stearley, Lauren, Associate Director, Programmatic - Starcom Worldwide; *pg.* 517
Stearns, Lisa, Executive Vice President - Hubbell Group, Inc.; *pg.* 614
Stearns, Maria, Vice President, Client Services - Inside Out Communications; *pg.* 89
Stearns, Susan, Executive Vice President & Director, Account Services - Laughlin Constable, Inc.; *pg.* 380
Stebbings, Dave, President & Chief Executive Officer - Stebbings Partners; *pg.* 144
Stebbins, Charity, Senior Director, Brand & Communications - Conductor; *pg.* 672
Steblai, Diana, Senior Vice President & Client Business Partner - Universal McCann; *pg.* 521
Stebner, Beth, Global Strategic Planning Director - PHD Chicago; *pg.* 504
Stechschulte, Michelle, Vice President & Director, Account - Grey Midwest; *pg.* 366
Steckel, Brian, Creative Director - Lord + Thomas - FCB Chicago; *pg.* 71
Steckelman, Eric, Chief Growth Officer - Evoke Giant; *pg.* 69
Stecker, Samantha, Senior Director, Strategy & Innovation - Ocean Media, Inc.; *pg.* 498
Stecker, Trisha, Corporate Director, Channel Strategy & Digital Media - R&R Partners; *pg.* 131
Stedman, Lauren, Director, Media Technology - Publicis Health Media; *pg.* 506
Steeble, Diana, Head, Healthcare - National & Principal, Strategic Communications - PRR; *pg.* 399
Steed, Christina, Executive Vice President - Flowers Communications Group; *pg.* 606
Steed, Valdez, Digital Director - PHD USA; *pg.* 505
Steel, Phoebe, Media Planner - Havas Media Group; *pg.* 468
Steel, Tony, President & Chief Executive Officer - SMITH; *pg.* 266
Steel, Wade, Graphic & Web Designer - Artmil Graphic Design; *pg.* 173
Steelberg, Ryan, President - Veritone One; *pg.* 525
Steele, Angela, Chief Executive Officer - U.S. - Carat; *pg.* 459
Steele, Ben, Associate Creative Director - Grip Limited; *pg.* 78
Steele, Chris, Owner & Chief Executive Officer - Steele+; *pg.* 412
Steele, Emily, Account Director - Planet Propaganda; *pg.* 195
Steele, E'van, Vice President, Operations, - Advantage Communications, Inc.; *pg.* 537
Steele, Gumala, Executive Vice President, Director - Starcom Worldwide; *pg.* 513
Steele, Jacqueline, Director, New Business - Wieden + Kennedy; *pg.* 432
Steele, Jill, Director, Corporate Strategy - Prophet; *pg.* 15
Steele, Jim, Chief Executive Officer - Steele Branding; *pg.* 412
Steele, Kelsey, Strategy Director - Havas Media Group; *pg.* 468
Steele, Kevin, Copywriter - Wieden + Kennedy; *pg.* 430
Steele, Laurie, Senior Vice President, Client Services - Burns Marketing; *pg.* 219
Steele, Lorien, Creative Director - Sparkloft Media; *pg.* 688
Steele, Michael, President & Chief Executive Officer - Advantage Communications, Inc.; *pg.* 537
Steele, Mike, Creative Director - Vitalink Communications; *pg.* 159
Steele, Sydney, Senior Vice President, Digital - Edelman; *pg.* 601
Steele Paddon, Layne, Account Supervisor - Groupon - O'Keefe Reinhard & Paul; *pg.* 392
Steely, William, President & Chief Executive Officer - Sky Advertising, Inc.; *pg.* 142
Steen, Taylor, Content Administrator - VMLY&R; *pg.* 274
Steen, Todd, Executive Director, Business Development - Jackson Marketing Group; *pg.* 188
Steensma, Craig, Chief Executive Officer - eshots, Inc.; *pg.* 305
Steenstra, Chris, Chief Administrative Officer - Mower; *pg.* 118
Steephen, Anushka, Senior Associate, Portfolio Management - Universal McCann; *pg.* 521
Steer, Scott, Director, Branding & Promotion - The Miller Group; *pg.* 421
Steere, Will, Managing Director, Corporate Communications Practice - FTI Consulting; *pg.* 606
Stees, Mike, Principal & Creative Director - Mass Communications; *pg.* 190
Steever, Sara, President - Paulsen Marketing Communications; *pg.* 126
Stefanelli, Romie, Vice President, Client Services - Yes&; *pg.* 436
Stefaniak, Mike, Chief Strategy Officer - Hanson Dodge, Inc.; *pg.* 185
Stefaniak, Susan, Global Managing Director - Ogilvy; *pg.* 393
Stefanik, Brian, Associate Creative Director - Boelter & Lincoln, Inc.; *pg.* 41
Stefanis-Israel, Barbara, Senior Vice President & Director, Marketing - MARC USA; *pg.* 104
Stefanowicz, Marianne, Chief Communications Officer - TBWA/Media Arts Lab; *pg.* 147
Stefchak, Cara, Senior Social Media Strategist - quench; *pg.* 131
Steffens, Amber, Associate Vice President - Turner Public Relations; *pg.* 657
Steffes, Kelsey, Associate Creative Director - LRXD; *pg.* 101
Stegall, Allen, Principal & General Manager, Healthcare - Scout Marketing; *pg.* 139
Steger, Carmen, Account Director - Cossette Media; *pg.* 345
Stegmann, Jack, Assistant Strategist - OMD; *pg.* 500
Stehley, Isabelle, Director, Print Services - Siltanen & Partners Advertising; *pg.* 410
Stehlin, Holly, Manager, Human Resource - Walker Sands Communications; *pg.* 659
Steidemann, Mike, Director, Programmatic - YouTube - GTB; *pg.* 367
Steiger, Chelsea, Creative Director - FF Creative; *pg.* 234
Steiger, Leslie, Creative Director - Liveposter - Posterscope U.S.A.; *pg.* 556
Steil, Catherine, Vice President, Account Services - Creata; *pg.* 346
Steils, Macie, Account Director - Publicis.Sapient; *pg.* 259
Steimel, Keith, Chief Creative Officer - Cornerstone Strategic Branding, Inc.; *pg.* 178
Stein, Alex, Associate Buying Director - TouchPoint Integrated Communications; *pg.* 520
Stein, Brooke, Vice President, Client Service - Inspira Marketing Group; *pg.* 308
Stein, Chelsea, Manager - Mindshare; *pg.* 494
Stein, Christian, Managing Director & Global Brand Leader - TBWA \ Chiat \ Day; *pg.* 146
Stein, Cindy, Group Director, Media - 360i, LLC; *pg.* 207
Stein, Colin, Content Producer - Fact & Fiction; *pg.* 70
Stein, Craig, Media Planner - Essence; *pg.* 232
Stein, Dana, Senior Director, Consumer Lifestyle - Hospitality & Travel - HL Group; *pg.* 614
Stein, Daniel, Founder & Chief Executive Officer - EVB; *pg.* 233
Stein, Danielle, Account Supervisor, Digital Strategy & Insights - Edelman; *pg.* 599
Stein, Deborah, Specialist, Content & Branding - Levy MG; *pg.* 245
Stein, Ellina, Senior Producer - Edelman; *pg.* 601
Stein, Gail, Senior Director, Marketing Science - Hearts & Science; *pg.* 471
Stein, Gary, Chief Integration Officer - Duncan Channon; *pg.* 66
Stein, Jennifer, Account Supervisor - Archer Malmo; *pg.* 32
Stein, Jonathan, Partner Success Director, Strategic Partnerships - Taboola; *pg.* 268
Stein, Joslyn, Account Supervisor - BCF; *pg.* 581
Stein, Lindsay, Senior Account Executive - Travel & Hospitality Public Relations - Decker Royal Agency; *pg.* 596
Stein, Martin, Chief Analytics Officer - G5 Search Marketing Inc.; *pg.* 673
Stein, Monica, Manager, Account Management - GumGum; *pg.* 467
Stein, Pete, Global Chief Executive Officer - Huge, Inc.; *pg.* 239
Stein, Randy, Partner, Creative - Grip Limited; *pg.* 78
Stein, Serge, Vice President, Technology & Development - Infuse Creative; *pg.* 673
Stein, Stan, Executive Vice President & Global Account Director - Weber Shandwick; *pg.* 662
Stein, Tara, Associate Account Strategy Manager - Soulsight; *pg.* 199
Stein, Tom, Chairman & Chief Client Officer - Stein IAS; *pg.* 267
Steinauer, Shelby, Junior Media Buyer - Rain; *pg.* 402
Steinbach, Avi, Associate Creative Director - TBWA \ Chiat \ Day; *pg.* 416
Steinbach, Fred, Partner - Musen Steinbach Weiss; *pg.* 119
Steinbach, Matt, Associate Director, Digital - Wavemaker; *pg.* 528
Steinbeck, Gary, Chief Financial Officer & Executive Vice President - Active International; *pg.* 439
Steinberg, Adam, Vice President & Group

1030

AGENCIES PERSONNEL

Director - Universal McCann; *pg.* 521
Steinberg, Anne, Managing Director - Kitchen Public Relations, LLC; *pg.* 620
Steinberg, Hannah, Senior Designer - Turner Duckworth; *pg.* 203
Steinberg, Jill, Director, Group Account - OMD San Francisco; *pg.* 501
Steinberg, Marc, Supervisor, Visual Effects - Buck; *pg.* 176
Steinberg, Neal, Principal & Art Director - kapow, inc.; *pg.* 188
Steiner, Brandon, Chief Executive Officer - Steiner Sports Marketing; *pg.* 315
Steiner, Lauren, Executive Account Director - Cannonball Agency; *pg.* 5
Steiner, Leif, Founder & Creative Director - Moxie Sozo; *pg.* 192
Steiner, Michael, Senior Vice President & Experience Planner - Harrison & Star, Inc.; *pg.* 9
Steiner, Nancy, Vice President, Account Services - Diane Allen & Associates; *pg.* 597
Steiner, Selena, Associate Media Director - Media Assembly; *pg.* 484
Steinert, Eric, Executive Vice President & Chief Revenue Officer - Lightbox OOH Video Network; *pg.* 553
Steinfeld, Aaron, Senior Art Director - Prosek Partners; *pg.* 639
Steinfelder, Justin, Vice President - Strategic Partnerships - Vector Media; *pg.* 558
Steingraber, Fred, Senior Account Manager - Trungale, Egan & Associates; *pg.* 203
Steinhardt, John, Creative Director - o2kl; *pg.* 121
Steinhoff, Jane, Global Account Executive - DDB Chicago; *pg.* 59
Steinhorn, Lauren, Vice President - Edelman; *pg.* 599
Steinhour, Jeff, Founder & Chief Executive Officer - Markham & Stein; *pg.* 105
Steiniger, Matt, Seniot Manager, Digital Project - Isobar US; *pg.* 242
Steininger, Julie, Senior Vice President & Partner - The Standing Partnership; *pg.* 655
Steinkamp, Janelle, Senior Project Manager - Trilix Marketing Group, Inc.; *pg.* 427
Steinke, Bill, Group Media Director - MMGY Global; *pg.* 388
Steinman, Amanda, Senior Account Executive - LEWIS Global Communications; *pg.* 380
Steinman, Josh, Senior Vice President & Senior Director - BBDO Worldwide; *pg.* 331
Steinman, Murray, President & Chief Executive Officer - Flying Horse Communication; *pg.* 359
Steinreich, Ariella, Senior Vice President - Steinreich Communications; *pg.* 650
Steinreich, Stan, President & Chief Executive Officer - Steinreich Communications; *pg.* 650
Steinson, Lisa, Account Manager & Media Planner - Myron Advertising & Design; *pg.* 119
Steinwald, Matt, Senior Vice President & Executive Creative Director - Engine; *pg.* 231
Stekloff, Casey, Lead, Marketing & Events - Solebury Trout; *pg.* 648
Stella, Christine, Brand Manager - The Richards Group, Inc.; *pg.* 422
Stella, Reid, Vice President & Associate Creative Director - Woodruff; *pg.* 163
Stelling, Elizabeth, Senior Project Manager - GSD&M; *pg.* 79
Stellmach, Robyn, Senior Vice President - Starcom Worldwide; *pg.* 513
Stelma, Joe, Vice President & Director, Marketing - Mad Men Marketing; *pg.* 102
Stelmaszek, Michael, Executive Vice President & Executive Creative Director - Media Assembly; *pg.* 385
Steltenpohl, Jon, Vice President & Group Account Director - GMR Marketing; *pg.* 306
Steltz, Kevin, Managing Director & Vice President, Account Managment & Planning - BVK; *pg.* 339
Stelzer, Michael, Owner - Marlin Network; *pg.* 105
Stembridge, Derrick, Senior Vice President - Echos Brand Communications; *pg.* 599
Stemen, Sharon, Manager, New Business Development - Hart; *pg.* 82
Stemm, Jason, Vice President - Padilla; *pg.* 635
Stempeck, Brian, Chief Strategy Officer - The Trade Desk; *pg.* 520
Stempin, Kathy, Integrated Print Media Specialist - EXL Media; *pg.* 465
Stempky, Chris, Managing Partner - Faire, LLC; *pg.* 357
Stenander, Corinne, Art Director - Garrison Hughes; *pg.* 75
Stenberg, Edie, Social Media Specialist, Content Creator & Junior Art Director - Griffin Archer; *pg.* 78
Stenclik, Nicole, Practice Leader, Commercial Real Estate Finance & Investment - Akrete; *pg.* 575
Steneri Morrow, Nicole, Manager, Creative - GoMedia; *pg.* 77
Stengel, Mary W., Vice President, Brand & Media Strategy - Regan Communications Group; *pg.* 642
Stengel Austen, Mary, President & Chief Executive Officer - Tierney Communications; *pg.* 426
Stenger, Griffin, Managing Director - The Concept Farm; *pg.* 269
Stengle, Jon, Creative Director - CMD; *pg.* 51
Stenhouse, Kevin, Account Director - The Trade Desk; *pg.* 519
Stenlund, Keith, Chief Financial Officer - Abelson-Taylor; *pg.* 25
Stennett, Sarah, Account Director - Scout Marketing; *pg.* 139
Stentz, William, Director, Marketing Analytics - Carmichael Lynch; *pg.* 47
Stephan, Ben, Web & Graphic Designer - beMarketing Solutions; *pg.* 216
Stephan, Cris, Manager, Search & Social - Spark Foundry; *pg.* 510
Stephan, George, Founder & Managing Partner - Stephan Partners, Inc.; *pg.* 267
Stephan Hardin, Annabel, Managing Director, Digital Content - LDWW Group; *pg.* 622
Stephen, Kevin, Print Producer & Print Studio Supervisor - Leo Burnett Toronto; *pg.* 97
Stephen, Rachel, Account Manager - DAC Group; *pg.* 224
Stephen, Terra, Content Manager - DentsuBos Inc.; *pg.* 61
Stephens, Brittney, Client Services Director - GoDo Discovery Company; *pg.* 77
Stephens, Chuck, President & Chief Executive Officer - Stephens & Associates Advertising; *pg.* 413
Stephens, Devon, Senior Planner - Wavemaker; *pg.* 529
Stephens, Emma, Senior Media Strategist - OMD; *pg.* 498
Stephens, James, National Account Executive - Zoom Media; *pg.* 559
Stephens, James, Partner & Managing Director - Decoded Creative - Decoded Advertising; *pg.* 60
Stephens, Jill, Vice President, Business Development - Baker Brand Communications; *pg.* 2
Stephens, Jo Ann, Vice President, Business Manager - Dalton Agency; *pg.* 348
Stephens, Jordan, Media Buyer Supervisor - Barkley; *pg.* 329
Stephens, Kimberly, Integrated Producer, Engagement - Forsman & Bodenfors; *pg.* 74
Stephens, Laura, Executive Producer - Innocean USA; *pg.* 479
Stephens, Phillip, President, Chief Operating Officer - Stephens Direct; *pg.* 292
Stephens, Tanner, Paid Search Specialist - Tinuiti; *pg.* 271
Stephens, Tara, Group Director, Design & Branding - Saatchi & Saatchi Los Angeles; *pg.* 137
Stephenson, Aaron, Associate Design Director - Vault49; *pg.* 203
Stephenson, Ben, Creative Director - Spear Marketing Group; *pg.* 411
Stephenson, Bettina, Account Director - Ogilvy; *pg.* 393
Stephenson, Chena, Creative Director - 72andSunny; *pg.* 24
Stephenson, Dave, Executive Producer, Film - Droga5; *pg.* 64
Stephenson, Jennifer, Director, Strategic Planning - Varallo Public Relations; *pg.* 658
Stephenson, Lauren, Account Director - The Sheppard Group; *pg.* 424
Stephenson, Sue, Director, Agency Operations - Wunderman Thompson; *pg.* 435
Stephenson, Whitney, Chief Financial Officer - Ignited; *pg.* 373
Stepler, Warren, Brand Planning Director - The Richards Group, Inc.; *pg.* 422
Sterling, Bill, Principal - Motiv; *pg.* 192
Sterling, Ken, Executive Vice President, Marketing & Talent - BigSpeak Speakers Bureau; *pg.* 302
Sterling, Mikaela, Media Director - Saatchi & Saatchi Los Angeles; *pg.* 137
Sterling, Nancy, Senior Vice President, Strategic Communications - ML Strategies, LLC; *pg.* 627
Sterling, Nick, Executive Producer & Sales Manager - National Boston; *pg.* 253
Sterling, Sandra, Media Buyer & Planner - Beacon Media; *pg.* 216
Sterling, Sidney, Assistant Account Executive - RBB Communications; *pg.* 641
Stern, Allen, Group Media Director - AKQA; *pg.* 211
Stern, Andy, Founder, Senior Counsel - Sunwest Communications; *pg.* 651
Stern, Ariel, Business Director - Wunderman Thompson; *pg.* 434
Stern, Bill, Chief Executive Officer - Stern Advertising, Inc.; *pg.* 413
Stern, Brian, Creative Director - Design 446; *pg.* 61
Stern, Brian, Group Director - The Media Kitchen; *pg.* 519
Stern, David, Vice President - Sunwest Communications; *pg.* 651
Stern, Fred, Senior Advisor - Sunwest Communications; *pg.* 651
Stern, Greg, Chairman - Butler, Shine, Stern & Partners; *pg.* 45
Stern, Heather, Chief Marketing & Talent Officer - Lippincott; *pg.* 189
Stern, Jeffrey, Senior Director, Financial Planning & Analysis - Zeta Interactive; *pg.* 277
Stern, Jonathan, Managing Director - BCW Miami; *pg.* 581
Stern, Kelly, Senior Analyst, Search & Performance Marketing - Beeby Clark+Meyler; *pg.* 333
Stern, Lenny, Co-Founder & Partner - SS+K; *pg.* 144
Stern, Marina, Senior Copywriter - the community; *pg.* 545
Stern, Richard, Chairman - Stern & Company; *pg.* 650

1031

PERSONNEL AGENCIES

Stern, Robyn, Creative Director - Saatchi & Saatchi Los Angeles; *pg.* 137
Stern, Ryan, Founder & Chief Executive Officer - Collectively, Inc.; *pg.* 685
Stern, Sam, Media Planner - Mediahub Boston; *pg.* 489
Stern, Sharon, Partner - Joele Frank, Wilkinson Brimmer Katcher; *pg.* 617
Stern, Stacey, Director, Media - KWG Advertising, Inc.; *pg.* 96
Stern, Stephanie, President & Co-Founder - Stern & Company; *pg.* 650
Stern, Susan, President - Stern Strategy Group; *pg.* 650
Stern, Tony, Partner & Global Head, Creative - 9thWonder Agency; *pg.* 453
Stern, Tony, Partner & Global Head, Creative - 9thWonder; *pg.* 453
Sternberg, Neil, Global Chief Financial Officer - Wavemaker; *pg.* 526
Sternlicht, Aaron, Founding Partner & Executive Producer - ModOp; *pg.* 251
Sterzenbach, Bill, Partner - Upward Brand Interactions; *pg.* 158
Stethers, Trisha, Manager, Traffic - ABC Creative Group; *pg.* 322
Stetler, Kelly, Senior Vice President, Strategy - Spark Foundry; *pg.* 510
Stetson, Brian, Chief Information Technology Officer & Executive Director, Production - Renegade Communications; *pg.* 405
Stettler, Andy, Senior Account Executive - Devine + Partners; *pg.* 596
Stetzer, Alicia, Vice President, Corporate Communications - Ketchum; *pg.* 542
Stetzer, Steven, President & Director, Client Services - Rotter Creative Group; *pg.* 507
Steuer, Howard, Executive Vice President - Media Brokers International; *pg.* 485
Steuer, Melissa, Manager, Integrated Media - 360i, LLC; *pg.* 207
Stevanov, David, Associate Creative Director - R/GA; *pg.* 260
Stevens, Aaliytha, Chief Operating Officer - SpotCo; *pg.* 143
Stevens, Alissa, Senior Account Executive - Zeno Group; *pg.* 664
Stevens, Andy, Senior Vice President, Research & Insights - Clear Channel Outdoor; *pg.* 551
Stevens, Ashley, Supervisor, Account - Cramer-Krasselt ; *pg.* 53
Stevens, Austyn, Creative Director - Siegel & Gale; *pg.* 17
Stevens, Carly, Integrated Media Planner - Zimmerman Advertising; *pg.* 437
Stevens, Doug, Digital Producer - Flynn Wright, Inc.; *pg.* 359
Stevens, Erin, Associate Director, Creative - Swift; *pg.* 145
Stevens, Jennifer, Director, Creative - MAPR; *pg.* 624
Stevens, Julie, Project Manager - Fry Communications, Inc; *pg.* 361
Stevens, Kathleen, Financial Manager - The Powell Group; *pg.* 655
Stevens, Katie, Senior Vice President, P&G Global Operations - MSLGroup; *pg.* 629
Stevens, Kelly, Chief Marketing Officer - The&Partnership; *pg.* 426
Stevens, Mark, Media Director - AM Strategies; *pg.* 324
Stevens, Meghan, Senior Supervisor, Media plannin - d. exposito & Partners; *pg.* 539
Stevens, Michele, Accounting & Media Manager - Hancock Advertising Agency ; *pg.* 81
Stevens, Mike, Executive Director, Strategic Planning & Account Services - GYK Antler; *pg.* 368
Stevens, Stephanie, Associate Director, Biddable Media - The Media Kitchen; *pg.* 519
Stevens, Tammy, Accounting Manager - LHWH Advertising & Public Relations; *pg.* 381
Stevens, Wayne, Account Director - The Integer Group; *pg.* 682
Stevens, Wendy, President & Managing Partner - Lane PR; *pg.* 621
Stevens, Sr., Ed, Owner, Chairman & Chief Executive Officer - Stevens Strategic Communications, Inc.; *pg.* 413
Stevenson, Brett, President - Stevenson Advertising ; *pg.* 144
Stevenson, David, Founder, President & Chief Executive Officer - Two by Four Communications, Ltd.; *pg.* 157
Stevenson, Diana, Chief Executive Officer - Grace Outdoor Advertising; *pg.* 552
Stevenson, Guy, Chief Customer Engagement Officer - Ogilvy; *pg.* 394
Stevenson, Ian, Vice President, Sales - Straight North, LLC; *pg.* 267
Stevenson, Julianne, Vice President - Fishman Public Relations Inc.; *pg.* 604
Stevenson, Tiasha, Vice President - MSLGroup; *pg.* 629
Steves, Lisa, Senior Account Manager - BigWing; *pg.* 217
Steward, Jim, President - Dicom, Inc.; *pg.* 464
Steward, Skylar, Group Director, Data Strategy - 72andSunny; *pg.* 24
Stewart, Adrienne, Vice President, Client Operations - pep; *pg.* 569
Stewart, Andrew, Founding Partner - WMX; *pg.* 276
Stewart, Ashley, Partner, Communications - MDC Partners, Inc.; *pg.* 385
Stewart, Bryan, Consultant, Corporate Partnerships - Premier Partnerships; *pg.* 314
Stewart, Cheryl, Senior Strategic Planner - Media Storm; *pg.* 486
Stewart, Claire, Senior Strategist - McCann New York; *pg.* 108
Stewart, Crystal, Vice President - Booyah Online Advertising; *pg.* 218
Stewart, Daniel, President - Wier / Stewart; *pg.* 205
Stewart, Daniel, President & Studio Director - Wier / Stewart; *pg.* 162
Stewart, David, Vice President & Creative Technology Director - Karsh & Hagan; *pg.* 94
Stewart, David, Principal - Agenda NYC; *pg.* 29
Stewart, Douglas, Director, Account Management - Appleton Creative; *pg.* 32
Stewart, Duff, Chief Executive Officer - GSD&M; *pg.* 79
Stewart, Hank, Executive Vice President, Communications Strategy - Green Team Advertising; *pg.* 8
Stewart, Hayley, Supervisor, Media - Spark Foundry; *pg.* 510
Stewart, Jessica, Director, Strategy - Stein IAS; *pg.* 267
Stewart, John, Executive Vice President, Data & Analysis - Digitas; *pg.* 227
Stewart, Kelsey, Account Director - Metia; *pg.* 250
Stewart, Kristi, Senior Vice President & Group Account Director - MGH Advertising ; *pg.* 387
Stewart, Kristian, Senior Vice President, Strategy, Analytics & Research - Ten35; *pg.* 147
Stewart, Lauren, Creative Director - Ten Peaks Media; *pg.* 269
Stewart, Maggie, Associate Director - Starcom Worldwide; *pg.* 513
Stewart, Megan, Associate Media Director, Operations & Technology - GSD&M; *pg.* 79
Stewart, Molly, Vice President & Talent Management Director - Leo Burnett Worldwide; *pg.* 98
Stewart, Patrick, Strategist, Shopping & Performance Strategy - Kia - Canvas Worldwide; *pg.* 458
Stewart, Rafe, Creative Director - Flying Horse Communication; *pg.* 359
Stewart, Raleigh, Creative Director, Design - Herzog & Company; *pg.* 298
Stewart, Richard, Manager, Digital Advertising Production - Orci; *pg.* 543
Stewart, Rob, Partner & Chief Creative Officer - Forge Worldwide; *pg.* 183
Stewart, Sarah, Vice President - Regan Communications Group; *pg.* 642
Stewart, Shelley, Founder - O2 Ideas; *pg.* 392
Stewart, Stacey, Executive Vice President & Managing Director, Integrated Investment - Universal McCann; *pg.* 521
Stewart-Meudt, James, Senior Strategist, Social - MRM//McCANN; *pg.* 289
Stich-Mills, Kelli, Executive Vice President - Feren Communications; *pg.* 603
Stichweh, John, Senior Vice President, Account Services - Grey Midwest; *pg.* 366
Stickney, Kevin, Founder, Principal & President - Calypso; *pg.* 588
Stiedaman, Jerry, Director, Client Engagement - VSA Partners, Inc. ; *pg.* 204
Stiefvater, Laird, Chief Operating Officer - Global Brand Management - Ogilvy; *pg.* 393
Stiegemeyer, Larson, Vice President & Group Account Director - Bernstein-Rein Advertising, Inc.; *pg.* 39
Stiegler, Ernie, Chairman & Chief Executive Officer - Stiegler, Wells, Brunswick & Roth, Inc.; *pg.* 413
Stiel, Allison, Social Media Manager - Zehnder Communications, Inc.; *pg.* 436
Stielglitz, Devon, Associate Director, Media & Marketing Trade Services - Trade X Partners; *pg.* 156
Stielper, Chris, Senior Interactive Designer & Developer - Millennium Marketing Solutions; *pg.* 13
Stier, Larry, Regional Sales Manager - Norton Outdoor Advertising; *pg.* 554
Stierwalt, Jon, Senior Brand Director - Nemo Design; *pg.* 193
Stiff, Grant, Senior Vice President, Business Development - Fusion Marketing; *pg.* 8
Stiff Evans, Lauren, Account Supervisor - The Tombras Group; *pg.* 424
Stiffelman, Lauren, Account Supervisor - JONESWORKS; *pg.* 618
Stiffler, Ellen, Senior Vice President, Client Services - The Mars Agency; *pg.* 683
Stigol, Florencia, Social Media Coordinator - Hemsworth Communications; *pg.* 613
Stikeleather , Michelle, Manager, Media Services - Infinity Marketing; *pg.* 374
Stiker, Matt, President - Garrand Moehlenkamp; *pg.* 75
Stiles, Charmon, Director, Digital & Product Manager - Gate 6; *pg.* 236
Stiles, Kelley, Senior Account Executive - MAN Marketing; *pg.* 103
Stiles, Remy, Chief Strategy Officer - Kepler Group; *pg.* 244
Stiles, Teresa, Managing Director - Nuffer Smith Tucker, Inc.; *pg.* 392
Stiles, Tom, Media Planner - Team One; *pg.* 417
Still, Heather, Executive Vice President, Human Resources & Chief Privacy Officer - Phoenix Marketing International; *pg.* 448
Stille, Lori, Creative Director & Copywriter - Omni Advertising; *pg.* 394
Stillion, Danny, Partner & Executive

AGENCIES — PERSONNEL

Director, Design - IDEO ; pg. 187
Stillmank, Paul, Founder, Chairman & Chief Executive Officer - 7Summits; pg. 209
Stillwagon, Andy, Executive Director, Marketing - Power; pg. 398
Stillwell, Melissa, Director, Digital Engagement & Lead Generation - UBM; pg. 521
Stilp, Sarah, Program Manager - ICF Next; pg. 372
Stiltner, Mark, Associate Creative Director - Karsh & Hagan; pg. 94
Stilwell, Erika, Media Planner & Buyer - Ten Adams Marketing & Advertising; pg. 147
Stimmel, Jon, Chief Investment Officer - Universal McCann; pg. 521
Stimpson, Phil, Executive Vice President - Eastern Region - Outfront Media; pg. 554
Stine, Eric, Art Director - Lodge Design Co.; pg. 190
Stingl, Laura, Supervisor, Programmatic Media - BVK; pg. 339
Stinnett, Matthew, Associate Director, Insights - Havas Media Group; pg. 469
Stinnett, Wiley, Senior Vice President, Strategy & Insights & Executive Creative Director - Douglas Shaw & Associates ; pg. 598
Stinsmuehlen, Jason, Group Creative Director - Lexus - Team One; pg. 417
Stinson, Max, Creative Director - Wieden + Kennedy; pg. 430
Stinson, Michael, Partner & Creative Director - Ramp Creative; pg. 196
Stinson, Victoria, Account Coordinator - Hemsworth Communications; pg. 613
Stinson-Ross, Michelle, Director, Marketing Operations - Apogee Results; pg. 672
Stipeche, Cynthia, Director, Brand Experience - BrandExtract, LLC; pg. 4
Stipp, Bill, Senior Vice President & Creative Director - Allyn Media; pg. 577
Stipp, Les, Media Supervisor & Buyer - GSD&M; pg. 79
Stirling, Beth, Associate Media Director - Merkley + Partners; pg. 114
Stirrup, Charlotte, Vice President, Executive Content Producer - EP+Co.; pg. 356
Stites, Brooke, Global Group Brand Director - Wieden + Kennedy; pg. 430
Stitzenberger, Lee, Chairman & Chief Executive Officer - The Dolphin Group, Inc.; pg. 653
Stivaletti, Kathy, Associate Vice President, List Brokerage - Lake Group Media, Inc.; pg. 287
Stizmann, Ryan, Director, Media - Connect at Publicis Media; pg. 462
Stob, David, Media Director - Schifino Lee Advertising; pg. 139
Stock, Alex, Partner - Fahrenheit 212; pg. 182
Stock, Martin, Founder & Chief Executive Officer - Cavalry; pg. 48
Stock, Tim, Partner & Managing Director - scenarioDNA; pg. 449
Stocker, Emerald, Account Manager - TRUE Communications; pg. 657
Stocker, Jeff, Chief Creative Officer - The Mars Agency; pg. 683
Stocker, Leslie, Supervisor, Media - Spawn; pg. 648
Stocker, Steve, Principal & Chief Creative Officer - Affirm Agency; pg. 323
Stockham, Tom, Chief Executive Officer - ExpertVoice; pg. 233
Stockman, Samantha, Associate Director - The Media Kitchen; pg. 519
Stockton, Adam, Creative Director - The Martin Agency; pg. 421
Stockton, Chad, Vice President & Creative Director - Hirshorn Zuckerman Design Group; pg. 371
Stockton, Shayla, Senior Account Executive - SFW Agency; pg. 16
Stockton, Shelbey, Group Account Director - Marlin Network; pg. 105
Stoddard, Christina, Director, Strategic Planning - BBDO Worldwide; pg. 331
Stoddard, Joseph, Principal & Vice President - SKA Design; pg. 199
Stoddard, Russ, President & Founder - Oliver Russell; pg. 168
Stoddart, Rich, President & Chief Executive Officer - InnerWorkings, Inc.; pg. 375
Stoeber, Chris, Group Chief Financial Officer & Executive Vice President - The Integer Group; pg. 682
Stoecker, Tim, Brand Contact Manager - Signal Theory; pg. 141
Stoeckle, Joan, Associate Director, Design - Artefact; pg. 173
Stoeckle, Nicholas, Group Digital Director - PP+K; pg. 129
Stoecklein, Teddy, Executive Creative Director - The VIA Agency; pg. 154
Stoeffhaas, Bill, Partner & President - Style Advertising; pg. 415
Stoelk, Lauren, Media Supervisor - Carmichael Lynch; pg. 47
Stoelken, Jens, Founding Partner, Strategy - The Many; pg. 151
Stoelting, Chelsea, Managing Director, Client Services - Rethink Communications, Inc.; pg. 133
Stoer, Ryan, Director, Integrated Planning - Kelly, Scott & Madison, Inc.; pg. 482
Stoering, Tony, Vice President, Business - Billups Worldwide; pg. 550
Stoermer, Emily, Account Director - Backbay Communications; pg. 579
Stoesser, Jacqueline, Account Manager - Hayter Communications; pg. 612
Stoffel, Joe, SEO Manager - Marcel Digital; pg. 675
Stoffel, Julie, Junior Media Buyer - BMG; pg. 335
Stoga, Susan, Partner & Media Relations & Social Media Strategy Account Lead - Carson Stoga Communications Inc.; pg. 340
Stogner, Sean, Director, Communication Planning - PHD USA; pg. 505
Stoiber, Vicki, Head, Production - M-Street Creative; pg. 190
Stojicevic, Dusan, Associate Director, Planning & Optimization - OMD; pg. 498
Stokely, Bryan, Associate Creative Director - BBDO Worldwide; pg. 331
Stoker, Steven, Media Planner - Backbone Media; pg. 579
Stoker, Todd, Vice President, Operations - Anderson Direct & Digital; pg. 279
Stokes, Casey, Associate Director, Creative - Bailey Lauerman; pg. 35
Stokes, Casey, Vice President - Elevation Marketing; pg. 67
Stokes, Casey, Senior Account Executive - Write2Market; pg. 276
Stokes, Daniel, Executive Vice President - JStokes; pg. 378
Stokes, Elizabeth, Inbound Marketing Director - Innovative Advertising; pg. 375
Stokes, Elliott, Media Planner - LaPlaca Cohen Advertising; pg. 379
Stokes, Heather, Senior Graphic Designer - Zync Communications Inc.; pg. 22
Stokes, Jim, President & Chief Executive Officer - JStokes; pg. 378
Stokes, Nick, Art Director - Wieden + Kennedy; pg. 430
Stokey, Diana, Marketing Director - Media Monitors, LLC; pg. 249
Stolarz, Ariana, Global Chief Strategy Officer - MRM//McCANN; pg. 289
Stolarz, Leigh, Art Director - 360i, LLC; pg. 320
Stoliker, Kris, Media Buyer - Martin Retail Group; pg. 106
Stoll, Hunter, Account Coordinator - Cornett Integrated Marketing Solutions; pg. 344
Stoll, Martin, Chief Executive Officer - Sparkloft Media; pg. 688
Stollberg, Jessica, Graphic Designer - Turner Public Relations; pg. 657
Stoller, Alex, Supervisor, Communications Strategy - Havas Media Group; pg. 470
Stoller, Dani, Producer - Ogilvy Public Relations; pg. 633
Stoller, Josh, Senior Director, Sponsorship & Partner Programs - Association of National Advertisers; pg. 442
Stolp, Andrew, Director, Business Leadership - Momentum Worldwide; pg. 117
Stolte, Milla, Head, Strategic Planning & Research - Smith Brothers Agency, LP; pg. 410
Stommel, Mike, Co-Founder, Chief Creative Officer & Principal - Lucky Break Public Relations; pg. 623
Stone, Alex, Vice President, Digital Investment - Horizon Media, Inc.; pg. 474
Stone, Andrea, Managing Director - BrandJuice; pg. 336
Stone, Ashley, Senior Manager, Integrated Investment - Universal McCann; pg. 521
Stone, Ben, Assistant Media Buyer - Carat; pg. 461
Stone, Bob, President & Vice President, Operations - Exhibit Affects; pg. 305
Stone, Brittany , Account Director - Moxie Communications Group; pg. 628
Stone, Charlie, Co-Founder & Chief Executive Officer - SRW; pg. 143
Stone, Chris, Owner & Chief Executive Officer - The Stone Agency; pg. 20
Stone, Daniel, Co-Owner - Bandolier Media; pg. 685
Stone, Dave, Art Director - The Richards Group, Inc.; pg. 422
Stone, Deirdre, Managing Director, Creative Technology - mcgarrybowen; pg. 109
Stone, Dylan, Account Manager, Digital - Willow Marketing; pg. 433
Stone, Geoff, Creative Director - Big River; pg. 3
Stone, Haley, Art Director - Commonwealth // McCann; pg. 52
Stone, Jamison, Account Manager - SociallyIn; pg. 688
Stone, Jessica, Producer - Teamworks Media; pg. 519
Stone, Jimmie, Chief Creative Officer, New York & Latin America - Edelman; pg. 599
Stone, Katie, Account Manager - Elevation Marketing; pg. 67
Stone, Larry, Chief Executive Officer & Executive Creative Director - Stone Ward Advertising; pg. 413
Stone, Laurie, Vice President, Brand Leadership - Doner; pg. 63
Stone, Mallory, Senior Vice President - Edelman; pg. 599
Stone, Mark, Managing Director, Analytics & Client Services - Hudson River Group; pg. 239
Stone, Matthew, Director, Logistics - Blind Ferret; pg. 217
Stone, Michael, Chairman - The Beanstalk Group; pg. 19
Stone, Michael, Chief Relationship Officer - Wpromote; pg. 678
Stone, Michaela, Senior Media Manager - Dixon Schwabl Advertising; pg. 351

1033

PERSONNEL AGENCIES

Stone, Michele, Principal & President - The Stone Agency; *pg.* 20
Stone, Nicole, Senior Vice President, Business Development - Laughlin Constable, Inc.; *pg.* 380
Stone, Phil, Chief Operating Officer & Senior Vice President, Strategy - Revive Health; *pg.* 133
Stone, Rachel, Senior Director, Client Partnerships - East - MBuy; *pg.* 484
Stone, Rob, Owner & Co-Chief Executive Officer - Cornerstone Agency; *pg.* 53
Stone, Steve, Founder & Chief Creative Officer - Heat; *pg.* 84
Stone, Zack, Supervisor, Account - FCB Health; *pg.* 72
Stone Grusin, Jessica, Vice President - Point B Communications; *pg.* 128
Stone-Butler, Brandy, Director, Consumer East - Havas Formula; *pg.* 612
Stonecypher, Liz, General Manager, Account Executive - Grace Outdoor Advertising; *pg.* 552
Stonehocker, Abby, Public Relations Coordinator - Swanson Russell Associates; *pg.* 415
Stoneman, Wally, Creative Director - Mower; *pg.* 389
Stoner, Brad, Group Director, Communications Design - Initiative; *pg.* 478
Stoner, Rick, Vice President, Sales & Client Strategy - Derse, Inc.; *pg.* 304
Stoner, Ryan, Group Director, Strategy - Phenomenon; *pg.* 439
Stonerock, Mandy, Director, Client Services - LocalBizNow; *pg.* 675
Stoopack, Michael, Managing Director - R/GA; *pg.* 260
Stoopler, Jesse, Senior Manager, Sports & Sponsorship Development - Momentum Worldwide; *pg.* 117
Stopforth, David, Chief Communications Design Officer - Initiative; *pg.* 477
Stopper, Mike, Director, Creative Strategy & Momentum - Johnson & Sekin; *pg.* 10
Stoppleworth, Denise, President & Owner - Ironclad Marketing; *pg.* 90
Stopulos, Stephanie, Executive Vice President & Managing Director - Starcom Worldwide; *pg.* 516
Storace, William, Principal - Silver Technologies, Inc.; *pg.* 141
Storck, Sara, Business Development Manager - Media Star Promotions; *pg.* 112
Storer, Julie, Senior Manager - Chief Marketing Officer Office - Deloitte Digital; *pg.* 224
Storey, Wendy, Director, Search - Wray Ward; *pg.* 433
Storinge, A.J., Chief Operating Officer - Hearts & Science; *pg.* 471
Storkamp, Kelsey, Associate Director, Design - Mirum Agency; *pg.* 251
Storm, Megan, Associate Director, Media - Bailey Lauerman; *pg.* 35
Stormer, Lyndsey, Copywriter - the community; *pg.* 545
Stormont, Lisa, Supervisor, Media Strategy - MayoSeitz Media; *pg.* 483
Storms, Terry, Chief Executive Officer - DCG ONE; *pg.* 58
Stornello, Carmie, Director, People Operations - BrandTrust, Inc.; *pg.* 4
Story, Addison, Supervisor, Account - 97 Degrees West; *pg.* 24
Story, Carol, Senior Media Buyer & Planner - BVK; *pg.* 339
Story, Geoff, Creative Director - TOKY Branding + Design; *pg.* 202
Story, Jeremy, Vice President - GroundFloor Media; *pg.* 611
Story, Jeremy, Vice President - Weber Shandwick; *pg.* 662
Stottler, Tracy, Executive Director - Southeast - Dana Communications; *pg.* 57
Stotts, Dana, Senior Vice President, Business Leadership - Arc Worldwide; *pg.* 327
Stotts, Ryan, Creative Director - Leo Burnett Worldwide; *pg.* 98
Stouber, Mike, Associate Vice President - Rubenstein Associates; *pg.* 644
Stoudemire, Sonya, Office Manager - MLT Creative; *pg.* 116
Stout, Alan, Head, Strategy - Argonaut, Inc.; *pg.* 33
Stout, Craig, Associate Partner & Creative Director - Prophet; *pg.* 15
Stout, Duncan, President - CD&M Communications; *pg.* 49
Stout, Georgie, Founding Partner & Creative Director - 2x4, Inc.; *pg.* 171
Stout, Jahnae, Senior Marketing Manager - GCG Marketing; *pg.* 362
Stout, Jane, Executive Vice President - Cookerly Public Relations Inc.; *pg.* 593
Stout, Kennedy, Brand Director - Barkley; *pg.* 329
Stout, Samantha, Vice President, Corporate Communications - MatchMG; *pg.* 248
Stout, Sarah, Senior Vice President & Group Account Supervisor - Harrison & Star, Inc.; *pg.* 9
Stoute, Steve, Chief Executive Officer & Founder - Translation; *pg.* 299
Stoutenborough, Tara, Owner & Principal - Strategies ; *pg.* 414
Stovall, Suzanne, Senior Vice President & Group Account Director - DDB Chicago; *pg.* 59
Stoven, Stephanie, Senior Media Planner & Buyer - Catalyst Marketing Company; *pg.* 5
Stover, David, Field Account Executive - Merkley + Partners; *pg.* 114
Stover, Stephanie, Brand Manager - Greteman Group; *pg.* 8
Stoway, Chad, Senior Art Director - Woodruff; *pg.* 163
Stowe, Halsey, Vice President, Strategy Director - Edelman; *pg.* 599
Stowell, David, Graphic Artist - Marketing By Design, Inc.; *pg.* 190
Stowell, Davin, Chief Executive Officer - Smart Design,. Inc; *pg.* 199
Stowers, Tori, Senior Channel Specialist, Display - Lewis Media Partners; *pg.* 482
Stox, Cassie, Senior Director, Media Strategy - MedThink Communications; *pg.* 112
Stoyka, David, Account Supervisor - Marx Layne & Company; *pg.* 626
Strachan, Bob, Founder - Metacake LLC; *pg.* 386
Strachan, Michael, Vice President, Business Development - Tinuiti; *pg.* 678
Strader, Pat, Founder & Chief Executive Officer - Digital Relativity; *pg.* 226
Strader, Samantha, Account Supervisor - Padilla; *pg.* 635
Stradiotto, Matthew, Co-Founder - Matchstick; *pg.* 692
Straehle, Sydney, Negotiator - MediaCom; *pg.* 487
Straface, Greg, Senior Vice President, Business Development - PJA Advertising + Marketing; *pg.* 397
Strahl, Jeff, Creative Director - Cactus Marketing Communications; *pg.* 339
Strait, Kerry, Manager, Agency Capacity - Saatchi & Saatchi X; *pg.* 682
Straka, Chris, Senior Media Buyer & Planner - Ron Foth Advertising; *pg.* 134
Straker, Laronn, Connections Planner - UWG; *pg.* 546
Stramara, Laken, Digital Strategist - The Richards Group, Inc.; *pg.* 422
Stranberg, Alyse, Director, Creative Strategy - Orange Label Art & Advertising; *pg.* 395
Strand, David, Chief Executive Officer & Brand Director - Strand Marketing; *pg.* 144
Strang, Scott, Business Development Manager - Wheelhouse Digital Marketing Group; *pg.* 678
Strang Burgess, Meredith, President & Chief Executive Officer - Burgess Advertising & Associates, Inc.; *pg.* 338
Strange, Meg, Senior Brand Manager - Geile/Leon Marketing Communications; *pg.* 362
Stransky, Frank, Senior Creative Director - Rome & Company; *pg.* 134
Strapp, Alyce, Media Director - Questus; *pg.* 260
Strashnov, Katherine, Supervisor, Digital Activation - Hearts & Science; *pg.* 473
Strashun, Clifford, Vice President & Account Director - Deutsch, Inc.; *pg.* 349
Strasser, Dan, Creative Director - Bensimon Byrne; *pg.* 38
Strasser, Michael, Director, Operations - TAXI; *pg.* 146
Strassman, Lauren, Senior Strategist, Media Investment - Butler / Till; *pg.* 457
Strateman, Tyler, Director, Marketing - InterCommunications, Inc. ; *pg.* 375
Stratford, Kerry, President - The Caliber Group; *pg.* 19
Strathmann, Katy, Associate Director, Media Technology - Digitas; *pg.* 227
Strathy, Diane, Manager, Print Production - 3rd Third Marketing; *pg.* 279
Stratta, Michael, Founder & Chief Executive Officer - Arcalea LLC; *pg.* 672
Stratten, Whitney, Vice President, Client Growth - Marketing Architects; *pg.* 288
Stratton, A.K., Vice President, Product Development - Helix Design, Inc. ; *pg.* 186
Stratton, Darilyn, Executive Vice President & Strategy Director - Starcom Worldwide; *pg.* 516
Stratton, Darilyn, Executive Vice President & Managing Director - Starcom Worldwide; *pg.* 517
Stratton, Lucy, Vice President, Business Development - AgencyEA; *pg.* 302
Straus, Gail, Director, Research - Magnani Continuum Marketing; *pg.* 103
Straus, Jerry, Chief Executive Officer - JMW Consultants, Inc.; *pg.* 10
Strauss, Karen, Partner & Chief Officer, Strategy & Creativity - Ketchum; *pg.* 542
Strauss, Lane, Creative Director & Vice President - Falls Communications; *pg.* 357
Strauss, Richard, President - Strauss Media Strategies, Inc.; *pg.* 518
Strauss, Sabrina, Chief Operating Officer - Goodman Media International, Inc.; *pg.* 610
Strauss, Sarah, Senior Director, Marketing - RightPoint; *pg.* 263
Strauss, Sasha, Managing Director - Innovation Protocol; *pg.* 10
Strauss, Tyler, Associate Director, Digital Investment Group - Mindshare; *pg.* 494
Strauss, Wendy, Art Director - We're Magnetic; *pg.* 318
Strauss Mortenson, Staci, Managing Director - ICR; *pg.* 615
Strausser, Bob, Vice President, Acccount Service - The Integer Group; *pg.* 682
Straw, Jack, Senior Manager, Public Affairs - Southwest Strategies, LLC; *pg.* 411
Strawn, Brooke, Analyst Operations Manager - Adpearance; *pg.* 671
Strawn, Joey, Director, Integrated Marketing - Industrial Strength Marketing, Inc.; *pg.*

1034

AGENCIES / PERSONNEL

686
Strayer, Zack, Media Director, Newspaper & Direct Mail - Media Brokers International; *pg.* 485
Strayhan, Kristin, Director, Partnership Marketing & Culture - TPN; *pg.* 683
Straznickas, Michael, Group Creative Director - mcgarrybowen; *pg.* 110
Strazza, Lizzie, Public Relations & Account Manager - Backbone Media; *pg.* 579
Streams, Caitlin, Senior Account Supervisor - Turner Public Relations; *pg.* 657
Streck, Miriam, Global Online Operations Manager - Dell Blue; *pg.* 60
Strecker, Laura, Media Buyer - Fasone Partners, Inc.; *pg.* 357
Streeb, Tim, Senior Vice President - ICR; *pg.* 615
Street, Barney, Executive Vice President, Operations - Good Advertising, Inc.; *pg.* 365
Street, Garrett, Vice President & Creative Director - MBB Agency; *pg.* 107
Street, Steve, Founder & Chief Executive Officer - Agilitee Solutions, Inc.; *pg.* 172
Streett, Maureen, Associate Director, Media - Publicis.Sapient; *pg.* 259
Strege, Jeremy, Senior Account Executive - Hill Holliday; *pg.* 85
Streger, Amy, Senior Producer, Design - Wieden + Kennedy; *pg.* 430
Streiff, Leyland, General Manager - Heat; *pg.* 370
Streisand, Robyn, Founder & Chief Executive Officer - The Mixx; *pg.* 20
Streit, Charlie, Senior Account Executive - G7 Entertainment Marketing; *pg.* 306
Streiter, Jacob, Account Director - The Rosen Group; *pg.* 655
Streufert, Josh, Creative Director & Principal - Strum; *pg.* 18
Streuli, Molly, Production Manager & Copywriter - Leopold Ketel & Partners; *pg.* 99
Strey, Andrea, Associate Director, Shopper Retail Media - Mindshare; *pg.* 494
Stribl, Joe, Vice President, Sales - Clear Channel Outdoor; *pg.* 551
Strichman, Hayley, Public Relations Manager - Civic Entertainment Group; *pg.* 566
Strickland, Barbara, Advertising Sales Account Executive - Outfront Media; *pg.* 555
Strickland, Christopher, Senior Media Buyer - Ocean Media, Inc.; *pg.* 498
Strickland, Ericka, Director, Marketing & Activation Services - Ovative Group; *pg.* 256
Strickland, Garianna, Senior Vice President & Management Supervisor - GTB; *pg.* 368
Strickland, Jason, Group Media Director - Wieden + Kennedy; *pg.* 430
Strickland, Lauren, Account Director - BrandPie; *pg.* 42
Strickland, Scott, Senior Art Director - Saatchi & Saatchi X; *pg.* 682
Strickland, Todd, Chief Financial Officer & Vice President - Oden Marketing & Design; *pg.* 193
Strickler, Jennifer, Senior Vice President, Brand Experience - Westmoreland Flint; *pg.* 161
Stricklin, Marc, Creative Director - blr further; *pg.* 334
Stricklin, Stacey, Vice President & Account Director - Havas Media Group; *pg.* 469
Striebich, Jim, Executive Producer - NA Collective, LLC; *pg.* 312
Striegle, Derek, Senior Manager, Digital - 4FRONT; *pg.* 208
Strietelmeier, Matthew, Director, Marketplace Advertising - Stella Rising; *pg.* 518
Strife, Chelsey, Junior Media Buyer - The Brandon Agency; *pg.* 419
Stril, Lindsay, Program Director - Voxus PR; *pg.* 658
Strilko, Jennifer, Director, Operations - Launch Digital Marketing; *pg.* 245
Stringer, Sarah, Senior Vice President & Head, Innovation - Carat; *pg.* 459
Stringer, Sarah, Co-Founder & Chief Strategy Officer - Juliet; *pg.* 11
Stringham, Thomas, President & Creative Director - Hot Tomali Communications, Inc.; *pg.* 371
Stripe, Scott, Vice President - Fahlgren Mortine Public Relations; *pg.* 70
Strizich, Nell, Senior Account Manager - jones knowles ritchie; *pg.* 11
Strobbe, Melvin, Executive Vice President & Executive Creative Director - Geometry; *pg.* 362
Strobin, Alexis, Strategist, Creative Social - Ralph; *pg.* 262
Strode, Erin, Vice President, Client Services - McDill Design; *pg.* 190
Strodl, Kelly, Director, Integrated Marketing - Team 201; *pg.* 269
Stroh, Katrina, Associate Director, Media Strategy - Media Plus, Inc.; *pg.* 486
Stroh, Lisa, Vice President & Account Director - Campbell Ewald New York; *pg.* 47
Stroh, Patrick, Vice President, Data Science & Decision Analysis - Brunner; *pg.* 44
Strohl, Chad, Principal, Brand Management - The Richards Group, Inc.; *pg.* 422
Strohm, Anita, Account Director - Crossroads; *pg.* 594
Strohmeyer, Chris, Director, Creative Services - Broadhead; *pg.* 337
Strohs, Kendall, Paid Social Media Specialist - The Richards Group, Inc.; *pg.* 422
Strokes, Tina, Group Director, Media - Major Tom; *pg.* 675
Strollo, Thomas, Global Leader, CreativeDrive - Fashion & Beauty & Co-Founder - CDFB; *pg.* 561
Stroman, Bev, Director, Finance Services - Barnhardt Day & Hines; *pg.* 36
Stromberg, Britt, Head, Marketing - Sid Lee; *pg.* 140
Strommer, Stephanie, Senior Account Executive - Redpoint Marketing PR, Inc.; *pg.* 642
Stronach, Ashley, Media Planner - Rain; *pg.* 402
Strong, Ann, Vice President, Management Supervisor & Director, Client Services - J.T. Mega, Inc.; *pg.* 91
Strong, Riley, Senior Account Coordinator - Union; *pg.* 273
Strong, Rose, Office Manager - Furia Rubel Communications, Inc.; *pg.* 607
Strong, Warren, Chief Information Officer - YESCO Outdoor Media; *pg.* 559
Stroot, Nathan, Senior Creative - The Many; *pg.* 151
Strope, John, Technical Director - Dogwood Productions, Inc.; *pg.* 230
Strope, Leigh, Executive Vice President & Managing Director, Dallas Market Advisor - BCW Dallas; *pg.* 581
Stropkay, Scott, Partner - Essential; *pg.* 182
Strotman, Rebekah, Associate Manager, Experiences - CNX; *pg.* 51
Strotmeyer, Catherine, Director, New Business - Prophet; *pg.* 15
Strottman, Ken, President & Chief Executive Officer - Strottman International; *pg.* 569
Stroud, Steve, Senior Vice President, Insights & Strategy - Intersport; *pg.* 308
Stroup, Colleen, Accounting Manager - Radix Communication; *pg.* 132
Strout, Aaron, Chief Marketing Officer - W2O; *pg.* 659
Strubel, Jonathan, Media Planner & Buyer - Evok Advertising; *pg.* 69
Strubhar, Keith, Executive Vice President- U.S & D.C Office - MSLGroup; *pg.* 629
Struensee, Cindy, Business Director - Insight Creative, Inc.; *pg.* 89
Struiksma, Danika, Group Director, Trading Strategy - Xaxis; *pg.* 277
Strum, Andrew, Account Manager - Strategic America; *pg.* 414
Strumba, Jane, Senior Vice President, Research - Publicis North America; *pg.* 399
Struthers, Maclean, Head, Paid Media & Big Data - APCO Worldwide; *pg.* 578
Strydom, Tinus, Chief Creative Officer - Empower; *pg.* 354
Stryk, Courtney, Senior Manager, Media Planning & Buying - ForwardPMX; *pg.* 360
Stryker, Marc, Director, Media - Penna Powers Brian Haynes; *pg.* 396
Strzok, Boriana, Founder & Chief Executive Officer - 5ive; *pg.* 23
Stuard, Sara, Senior Vice President, Account Services - D4 Creative Group; *pg.* 56
Stuart, Billy, Media Director & Editor - National Boston; *pg.* 253
Stuart, Chris, Director, Information Technology - VSA Partners, Inc. ; *pg.* 204
Stuart, Crystalyn, Partner & President, Creators - imre; *pg.* 374
Stuart, Donna, Editor, Online Marketing & Writer - Drive Brand Studio; *pg.* 64
Stuart, Scott, Executive Vice President & Deputy General Manager - 22squared Inc.; *pg.* 319
Stuart, Traci, President - Blattel Communications; *pg.* 584
Stuart, Carol, Production Manager - Stephens & Associates Advertising; *pg.* 413
Stubbs, Colleen, Creative Director - Altman-Hall Associates; *pg.* 30
Stuby, Liz, Account Executive - Ferguson Advertising, Inc.; *pg.* 73
Stuchbury, Tim, Media Director - MediaCom; *pg.* 487
Stuck, Randy, Vice President, Digital Strategy - Hooray Agency; *pg.* 239
Stuckey, Barb, President & Chief Innovation Officer - Mattson; *pg.* 447
Stuckey, Chad, Owner, President & Creative Director - Brand Innovation Group; *pg.* 336
Stuckey, Shawn, Managing Partner - Jajo, Inc.; *pg.* 91
Stude, Robert, Art Director - Stude-Becker Advertising; *pg.* 18
Studebaker, Cami, Public Relations Specialist - Champion Management Group, LLC; *pg.* 589
Studer, Adam, Chief Executive Officer - Digital Mark Group; *pg.* 225
Studer, Doug, President & Chief Executive Officer - Deskey Integrated Branding ; *pg.* 7
Studio, Brainstorm, Senior Art Director - Brainstorm Studio; *pg.* 672
Stuek, Jeff, President- North America - TravelClick, Inc.; *pg.* 272
Stuiber, Katie, Manager, Database - Leo Burnett Worldwide; *pg.* 98
Stumpo, Kerri, Group Director, Integrated Planning - OMD; *pg.* 500
Stumvoll, Diana, Vice President & Media Director - Conill Advertising, Inc.; *pg.* 538
Stupar, Jim, Owner - Catalyst Advertising; *pg.* 48
Stupin, Lauren, Supervisor, Account - TRAFFIK Advertising; *pg.* 156
Sturchio, Rich, President - Cramer; *pg.* 6
Sturges, Melissa, Principal - Sturges & Word; *pg.* 200
Sturges, Steve, Partner & Executive Creative

PERSONNEL   AGENCIES

Director - VI Marketing & Branding; *pg.* 428
Sturgill, Abby, Associate Connections Planning - Havas Media Group; *pg.* 469
Sturgill, Sarah, Executive Producer - Instrument; *pg.* 242
Sturm, Brad, Designer - studio Blue; *pg.* 200
Sturm, Melonie, Media Director - Watauga Group; *pg.* 21
Sturner, Ben, Founder, President & Chief Executive Officer - Leverage Agency; *pg.* 298
Sturrus, Angela, Associate Creative Director - Hook; *pg.* 239
Sturtz, David, Marketing Director - Geometric; *pg.* 237
Stutler, Pam, Director, Media Investment - Moroch Partners; *pg.* 389
Stutterheim, Katelyn, Strategic Account Manager - Randall Branding Agency; *pg.* 16
Stuttman, Nicole, Senior Account Executive - Edelman; *pg.* 599
Stutts, David, Account Planning Director - Shoptology; *pg.* 682
Styer, Alex, Director, Digital Media - Bellevue Communications; *pg.* 582
Styler, David, Senior Art Director - The Richards Group, Inc.; *pg.* 422
Su, Fion, Director, Search - MediaCom - GroupM; *pg.* 466
Su, Vera, Associate Director, Digital Planning & Activation - Carat; *pg.* 459
Suarez, David, Executive Creative Director - Goodby, Silverstein & Partners; *pg.* 77
Suarez, Morgan, Media Planner - 22squared Inc.; *pg.* 319
Suarez, Sabrina, Senior Vice President - Echo Media Group; *pg.* 599
Suarez, Sally, Manager, Operations - United Landmark Associates ; *pg.* 157
Suarez, Ulissa, National Broadcast Supervisor - Havas Media Group; *pg.* 468
Suarez-Starfeldt, Dean, Managing Director, Strategy & Insights - VMLY&R; *pg.* 274
Subler, Dodie, Founding Partner - Tait Subler; *pg.* 19
Sublousky, Sara, Account Manager - Uproar; *pg.* 657
Subramanian, Zahida, Business Partner - MiNY; *pg.* 115
Sucher, Jason, Director, Business Development - University of Louisville Athletics - Learfield Sports; *pg.* 310
Sucher, Mark, Principal - Lyons & Sucher Advertising; *pg.* 382
Sucherman, Andrea, Vice President, Operations - SteadyRain; *pg.* 267
Suchin, Benjamin, Senior Search Associate - MediaCom; *pg.* 486
Suchy, Randy, Project Manager - Cannella Response Television; *pg.* 281
Sud, Priyanka, Partner, Director, Integrated Planning - Wavemaker; *pg.* 528
Sudit, Katerina, Chief Media Officer - Hill Holliday; *pg.* 85
Sudyka, Kurt, Director, Client Solutions - Upland Mobile Messaging; *pg.* 535
Suen, Baron, President - Time Advertising; *pg.* 155
Suescun-Fast, Anamaria, Chief Operating Officer & Vice President - DeBerry Group; *pg.* 595
Suess, Martina, Vice President, Communications & Engagement - WPP Group, Inc.; *pg.* 433
Suganuma, Angela, Senior Project Manager - R&R Partners; *pg.* 131
Sugar, Hailey, Account Executive, Marketing & Communications - ChizComm; *pg.* 50
Sugarman, Brandon, Associate Director, Digital - Duncan Channon; *pg.* 66
Sugarman, Molly, Vice President & Managing Director - Treehouse - Horizon Media, Inc.; *pg.* 474
Sugarman, Zack, Senior Vice President, Properties - Wasserman Media Group; *pg.* 317
Sugerman, Jessica, Senior Art Director - barrettSF; *pg.* 36
Suggett, Shannon, Group Director - Citizen Relations; *pg.* 590
Sugiuchi, Scott, Managing Partner & Design Director - Exit 10 Advertising; *pg.* 233
Suh, Chan, Senior Partner & Chief Digital Officer - Prophet; *pg.* 15
Suh, Mick, Executive Vice President & Managing Director, Commerce & Business Development - Saatchi & Saatchi X; *pg.* 682
Suh, Peter, Director, Communications Planning - PHD USA; *pg.* 505
Suhajda, Jackie, Associate Media Director - Spark Foundry; *pg.* 510
Suharto, Tom, Group Strategy Director - Wieden + Kennedy; *pg.* 430
Suhr, Jay, Chief Creative Officer & Senior Vice President - T3; *pg.* 268
Suhy, Jeff, Founding Partner & President - ModOp; *pg.* 251
Sui, Ian, Product Placement Specialist - Hadler Public Relations, Inc.; *pg.* 611
Sui, Taylor, Senior Analyst, Analytics - RPA; *pg.* 134
Suits, Nicole, Director, Business Operations - MP Media & Promotions; *pg.* 252
Suitum, Rich, President - Exsel Advertising; *pg.* 70
Suk, Juli, Associate Director - Universal McCann; *pg.* 524
Sukalski, Alyse, Managing Director - Cambridge BioMarketing; *pg.* 46
Sukle, Mike, Owner & Creative Director - Sukle Advertising & Design; *pg.* 145
Suky, Scott, Executive Vice President & Global Managing Partner - Universal McCann; *pg.* 521
Sulecki, Jim, Chief Content Officer - Meister Interactive; *pg.* 250
Sulit, Dennis, Senior Art Director - Arc Worldwide; *pg.* 327
Sulkes, Destry, Chief Experience Officer - Wunderman Health; *pg.* 164
Sullens, Kristopher, Art Director - J. W. Morton & Associates ; *pg.* 91
Sullivan, Adam, Graphic Designer - Balzac Communications & Marketing; *pg.* 580
Sullivan, Allen, Co-Chief Executive Officer - JCDecaux North America; *pg.* 553
Sullivan, Amy, Chief Marketing Officer - FRESH Communications; *pg.* 606
Sullivan, Andrea, Chief Marketing Officer - VaynerMedia; *pg.* 689
Sullivan, Barbara, Founder & Managing Partner - Sullivan; *pg.* 18
Sullivan, Bill, Director, Business Development - Lockard & Wechsler ; *pg.* 287
Sullivan, Bonnie, Strategy Associate - Spark Foundry; *pg.* 508
Sullivan, Brian, Media Buyer - MediaCom; *pg.* 487
Sullivan, Brian, Principal & Chief Executive Officer - Sullivan Branding; *pg.* 415
Sullivan, Brian M., Director & Architect - FRCH Design Worldwide; *pg.* 184
Sullivan, Brianne, Associate Brand Group Director - Horizon Media, Inc.; *pg.* 474
Sullivan, Brittany, Vice President & Director, Marketing - Golin; *pg.* 609
Sullivan, Caroline, Assistant, Planning & Investment - Posterscope U.S.A.; *pg.* 556
Sullivan, Catherine, Chief Investment Officer - North America - Omnicom Group; *pg.* 123
Sullivan, Catherine, Executive Vice President, Global Communications - BCW New York; *pg.* 581
Sullivan, Chris, Associate Media Director - Wieden + Kennedy; *pg.* 430
Sullivan, Chris, President - MacMillan Communications; *pg.* 624
Sullivan, Chris, Vice President, Sales - Internet Marketing Ninjas; *pg.* 242
Sullivan, Christopher, Senior Vice President, Interactive Services - Tiziani Whitmyre; *pg.* 155
Sullivan, Christopher, Vice President, Cross Media Solutions - Princeton Partners, Inc.; *pg.* 398
Sullivan, Claire, Media Supervisor - Connelly Partners; *pg.* 344
Sullivan, Colleen, Marketing Director, Retail - Jaguar Land Rover Central Reg - Spark44; *pg.* 411
Sullivan, Conor, Senior Associate, Media Strategy - Mindshare; *pg.* 494
Sullivan, Craig, Designer - Tiziani Whitmyre; *pg.* 155
Sullivan, Craig, President - Pacific Communications; *pg.* 124
Sullivan, Danny, Brand Director - Wieden + Kennedy; *pg.* 430
Sullivan, Elizabeth, Senior Project Manager - Huge, Inc.; *pg.* 239
Sullivan, Erica, Account Supervisor - Asher Agency; *pg.* 327
Sullivan, Gregg, Executive, Strategic Business Solutions - SIGMA Marketing Insights; *pg.* 450
Sullivan, Heather, Director, Operations - Spitfire Strategies; *pg.* 649
Sullivan, Jeffrey, Co-Founder & President - Fionta; *pg.* 183
Sullivan, Jennifer, Account Director - Anomaly; *pg.* 325
Sullivan, Jere, Vice Chairman, Public Affairs - Edelman; *pg.* 600
Sullivan, Katie, Director, Digital Partnerships - Initiative; *pg.* 477
Sullivan, Kelly, Partner - Joele Frank, Wilkinson Brimmer Katcher; *pg.* 617
Sullivan, Kelly, Executive Vice President, Strategic Initiatives & Business Development - Weber Shandwick; *pg.* 660
Sullivan, Kristen, Supervisor, Business Management Group - Arnold Worldwide; *pg.* 33
Sullivan, Kylie, Production Coordinator - On Board Experiential Marketing; *pg.* 313
Sullivan, Laura, Creative Director - BrightWave Marketing, Inc.; *pg.* 219
Sullivan, Laurie, Vice President & Financial Director - St. John & Partners Advertising & Public Relations; *pg.* 412
Sullivan, Lindsay, Director, Business Development - C Space; *pg.* 443
Sullivan, Matt, Senior Vice President, Group Creative Director - MARC USA; *pg.* 104
Sullivan, Matt, Vice President & Director - Padilla; *pg.* 635
Sullivan, Michelle, Senior Media Negotiator - Ocean Media, Inc.; *pg.* 498
Sullivan, Mike, President & Partner - The Loomis Agency; *pg.* 151
Sullivan, Pam, President & Client Director - Los Angeles - Essence; *pg.* 232
Sullivan, Patrick , Principal - Sullivan & Leshane Public Relations; *pg.* 650
Sullivan, Patrick, Vice President & Regional Director - Northeast - Martin Retail Group; *pg.* 106
Sullivan, Robin, Marketing Assistant - Enlighten; *pg.* 68
Sullivan, Ryan, Chief Strategy Officer - Performics; *pg.* 676
Sullivan, Shannon, Vice President & Account Director - Mod Op; *pg.* 388

1036

AGENCIES PERSONNEL

Sullivan, Susan, Office Manager - Sherry Matthews Advocacy Marketing; *pg.* 140
Sullivan, Tim, President - Cendyn; *pg.* 220
Sullivan, Tom, Manager, Production - Anderson Marketing Group; *pg.* 31
Sullivan, Tom, Chairman & Chief Executive Officer - Princeton Partners, Inc.; *pg.* 398
Sullivan, Tom, Principal - Vitro Agency; *pg.* 159
Sullivan Jackson, Clare, Founder & Chief Executive Officer - Sullivan Group; *pg.* 315
Sullivan Odenbach, Melissa, Media Director - Starcom Worldwide; *pg.* 513
Sullivan, Sr., Richard, Owner & Chief Executive Officer - Red Square Agency; *pg.* 642
Sulpizi, Joseph, President & Chief Creative Officer - The Brand Factory; *pg.* 19
Sultan, Greg, Senior Vice President & Strategist - Customer Communications Group; *pg.* 167
Sultan, Ruby, Senior Analyst - PHD USA; *pg.* 505
Suman, Ken, Senior Vice President, Account Management - DSC Advertising; *pg.* 66
Sumar, Misha, Account Executive - MRY; *pg.* 252
Sumlin, Andy, Media Director - Burke Communications ; *pg.* 176
Summerlin, Elizabeth, Director, Operations - Six Foot Studios; *pg.* 265
Summerlin, Talley, Senior Vice President - Access Brand Communications; *pg.* 1
Summers, Cameron, Senior Vice President & Toronto Office Lead - Weber Shandwick; *pg.* 662
Summers, Jessica, Associate Creative Director - Organic, Inc.; *pg.* 255
Summers, Kirby, Senior Account Executive - O'Keefe Reinhard & Paul; *pg.* 392
Summers, Maggie, Director, Strategy - Periscope; *pg.* 127
Summers, Maggie, Vice President, Performance Media - 360i, LLC; *pg.* 208
Summerville, Geoffrey, Vice President & Group Account Director - Havas Media Group; *pg.* 468
Summy, Hank, Executive Vice President - Capgemini - Capgemini; *pg.* 219
Summy, Katie, Executive Vice President, Integrated Account Leadership & Client Service Director - Energy BBDO, Inc.; *pg.* 355
Sumner, Amanda, Director, Account Management - Net Conversion; *pg.* 253
Sumner, Ashley, Senior Associate, Paid Social - iProspect; *pg.* 674
Sumner, Catriona, Vice President, Marketing Services - Cameo Marketing, Inc.; *pg.* 303
Sumner, Jacquelyn, President - Sumner Group; *pg.* 415
Sumner, Kate, Director, Finance - Full Contact Advertising; *pg.* 75
Sumner, Michael, Vice President, Client Services - Sumner Group; *pg.* 415
Sumner, Rob, Vice President & Regional Advertising Director - Agency 720; *pg.* 323
Sumoski, Dawn, Associate Media Director - OMD; *pg.* 500
Sumple, Gary, Co-Owner & Managing Partner - CDHM Advertising, Inc.; *pg.* 49
Sumrit, Sharon, Associate, Public Relations - Walt & Company Communications; *pg.* 659
Sumrow, Shane, Vice President - The Margulies Communications Group; *pg.* 654
Sun, Adelina, Social Strategist - The Richards Group, Inc.; *pg.* 422
Sun, Angela, Group Director, Engagement - Huge, Inc.; *pg.* 239
Sun, Gianni, Associate Director, Planning & Optimization - PHD USA; *pg.* 505
Sun, Jenny, Associate Media Director,

Programmatic - Neo Media World; *pg.* 496
Sun, Ronnie, Media Supervisor - Abelson-Taylor; *pg.* 25
Sun, Xavier, Chief Operating Officer - Hylink; *pg.* 240
Sund, Mike, Partner, Strategy - ICF Next; *pg.* 372
Sundberg, Amalia, Manager, Engagement - Citizen Group; *pg.* 342
Sundberg, Greg, President - Sundberg & Associates ; *pg.* 200
Sundberg, Kristi, Media Supervisor, Strategy - OMD; *pg.* 500
Sundby, Joe, Founder & Executive Creative Director - Roundhouse - Portland; *pg.* 408
Sunde, Hayley, Associate Director, Operations - Starcom Worldwide; *pg.* 513
Sundeen, Jenna, Director, Media Strategy - Haworth Marketing & Media; *pg.* 470
Sundell, Karen, Vice President, Entertainment - Music & Sports - Rogers & Cowan/PMK•BNC; *pg.* 643
Sundermier, Brooke, Public Relations Director - Champion Management Group, LLC; *pg.* 589
Sundet, Mike, Senior Vice President, North America Director, Sports & Entertainment - Momentum Worldwide; *pg.* 568
Sundin, Glenn, Senior Director, Strategic Marketing - Motiv; *pg.* 192
Sundin Brandt, Kristin, President - Sundin Associates; *pg.* 415
Sundin, Jr., Roger, Founder & Chief Operating Officer - Sundin Associates; *pg.* 415
Sundquist, Dan, Producer - mono; *pg.* 117
Sundquist , Natalie, Vice President & Director, Human Resources & U.S. Talent Management - Golin; *pg.* 609
Sung, Angela, Associate Director, Creative & Art Director - Arrivals + Departures; *pg.* 34
Sung, Augustus, Associate Creative Director - R/GA; *pg.* 260
Sung, Jin, Associate Director, Programmatic - Mindshare; *pg.* 495
Sunol, Alvar, Co-President & Chief Creative Officer - Alma; *pg.* 537
Sunshine, Anna, Supervisor, Client Strategy & Podcast Media - Oxford Road; *pg.* 503
Sunshine, Ken, President - Sunshine Sachs; *pg.* 650
Suos, Josh, Manager, Digital Investment - Mindshare; *pg.* 491
Suozzi, Charlotte, Integrated Media Planner - Havas Media Group; *pg.* 468
Super, Erica, Account Director - MBB Agency; *pg.* 107
Super, Jennifer, Vice President & Director, Activation - Spark Foundry; *pg.* 508
Superina, Laura, Associate Portfolio Manager, Artist Marketing - Universal McCann; *pg.* 521
Supnick, Marla, President & Owner - Unified Field; *pg.* 273
Suppes, Eric, Vice President & Partner - Great Lakes Business Center - Universal McCann Detroit; *pg.* 524
Supple, Jack, Partner & Chief Creative Officer - Pocket Hercules; *pg.* 398
Sura, Carolyn, Executive Vice President & Director, Broadcast - Lockard & Wechsler ; *pg.* 287
Suraci, Linda, Senior Director, Brand Activation - Centra360; *pg.* 49
Surbaugh, Scott, Account Services Director - Cuneo Advertising; *pg.* 56
Suren, Anil, Senior Vice President, Operations - Firefly; *pg.* 552
Surette, Diane, President & Chief Client Officer - Burke, Inc.; *pg.* 442
Suri, Natasha, Social Media Planner - Proof Advertising; *pg.* 398
Suri, Tehjal, Account Supervisor - Droga5;

pg. 64
Surillo, Susan, Vice President, Executive Services & Client Relations - Coltrin & Associates; *pg.* 592
Surkamer, Brad, President - CLM Marketing & Advertising; *pg.* 342
Surles, Mark, Founding Partner - 54 Brands; *pg.* 321
Surphlis, Nancy, Executive Vice President, Omnicom Media Group Investments - OMD Canada; *pg.* 501
Surr, Fred, Principal & Executive Producer - Captains of Industry, Inc.; *pg.* 340
Surrena, Kara, Vice President, Sales - Listrak; *pg.* 246
Susa, Dawna, Director, Operations - A-Train Marketing Communications; *pg.* 321
Susick, Lindsey, Vice President & Client Director - Havas Media Group; *pg.* 469
Suskin, Andrew, Associate Director, Digital Investments - Havas Media Group; *pg.* 470
Sussin, Jenny, Managing Vice President - Gartner, Inc.; *pg.* 236
Sussman, Alan, President & Chief Executive Officer - The Sussman Agency; *pg.* 153
Sussman, Deborah, Co-Owner - Sussman / Prejza & Co., Inc.; *pg.* 200
Sussman, Jena, Director - Golin; *pg.* 609
Sussman, Jodi, Supervisor, Media - Digitas; *pg.* 228
Sussman, Michael, Chief Executive Officer - BAV Group - VMLY&R; *pg.* 160
Sussman, Sam, Senior Vice President & Director - Broadcast - Starcom Worldwide; *pg.* 513
Sussman, Scott, Senior Vice President & Director, Media - Tinsley Advertising; *pg.* 155
Sussman, Todd, Chief Strategy Officer - FCB New York; *pg.* 357
Sussman, Todd, Vice President, Creative - Derse, Inc.; *pg.* 304
Sussner, Derek, President - Sussner Design Company; *pg.* 200
Sussner, Tessa, Account Manager - Sussner Design Company; *pg.* 200
Sustello, CJ, Social & Marketing Strategist - Gentleman Scholar; *pg.* 562
Sutantio, Samantha, Director, Communications Strategy - Droga5; *pg.* 64
Sutch, Linda, Media Planner - Ethos Marketing & Design; *pg.* 182
Sutcliffe, Kelsey, Account Director, Integrated Marketing - Archetype; *pg.* 33
Suter, Janice, Director, Social Media - GSD&M; *pg.* 79
Sutherland, Adryanna, Chief Operating Officer - Gyro; *pg.* 368
Sutherland, Bailey, Copywriter - Out There Advertising; *pg.* 395
Sutherland, Cara, Content Writer - Trampoline; *pg.* 20
Sutherland, Craig, Principal - Dewey Square Group; *pg.* 596
Sutherland, Erica, Public Relations & Media Buyer Director - CoxRasmussen & Company; *pg.* 345
Sutherland, Glenn, Management Supervisor - GTB; *pg.* 367
Sutherland, Jennifer, Client Services Director - Arrivals + Departures; *pg.* 34
Sutherland, Jenny, Strategist, SEO Outreach - Visiture; *pg.* 678
Sutherland, Scott, Co-Founder & Partner - SutherlandGold Communications; *pg.* 651
Sutherland, Sean, Director, Accounts - Kapowza; *pg.* 94
Sutherland, Steve, Vice President & Director, Integrated Creative Production - Periscope; *pg.* 127

1037

PERSONNEL　　　　　　　　　　　　　　　　　　　　　　　　　　　　　　　　　　　AGENCIES

Sutomo, Budi, Creative Director - Maloney Strategic Communications ; *pg.* 103
Sutorius, Chris, Production Manager - Avocet Communications; *pg.* 328
Sutorius, Kit, Chairman - Avocet Communications; *pg.* 328
Sutorius Jones, Lori, President & Chief Executive Officer - Avocet Communications; *pg.* 328
Sutt, Amanda, Chief Executive Officer & Creative Director - Rock, Paper, Scissors, LLC; *pg.* 197
Sutt, Randy, Owner & Chief Financial Officer - Rock, Paper, Scissors, LLC; *pg.* 197
Sutter, Bob, President & Director, Accounts - The Escape Pod; *pg.* 150
Sutter, Joe, Chief Creative Officer - GMR Marketing; *pg.* 306
Sutter, Mick, Executive Creative Director - Huge, Inc.; *pg.* 239
Sutterfield, Jason, Managing Director - Grow Interactive; *pg.* 237
Suttle, Michelle, Managing Director, Partnerships & Business Development - VMLY&R; *pg.* 274
Suttmann, Karin, Director, Strategic - JL Media, Inc.; *pg.* 481
Suttmiller, Matt, Director, Client Services - RedPeg Marketing; *pg.* 692
Sutton, Anna, Associate Manager, Media - 360i, LLC; *pg.* 208
Sutton, Caustin, Director, Social Media - Banton Media; *pg.* 329
Sutton, David, Director, Strategy - Lever Interactive ; *pg.* 245
Sutton, Erin, Brand Management - The Richards Group, Inc.; *pg.* 422
Sutton, Greggory R., Principal - EDSA ; *pg.* 181
Sutton, Jeremy, President - Traffic Digital Agency; *pg.* 271
Sutton, Justin, Vice President, Brand Leadership - Barkley; *pg.* 329
Sutton, Katy, Media Manager - Dicom, Inc.; *pg.* 464
Sutton, Lisa, Chief Nurse, Clinical Operations - LiveWorld; *pg.* 246
Sutton, Mike, President - Zulu Alpha Kilo; *pg.* 165
Sutton, Paul, Partner & Director of Production - Circus Maximus; *pg.* 50
Sutton, Scott, Assistant Strategist, HBO - Hearts & Science; *pg.* 471
Sutton, Steve, Senior Director, Media Planning - Quotient Technology - Crisp Media; *pg.* 533
Sutton, Whitney, Print Production Manager - The Buntin Group; *pg.* 148
Suva, Adrian, Senior Digital Designer - McCann Canada; *pg.* 384
Suvanto, Lex, Managing Director, Financial Communications & Capital Markets - Edelman; *pg.* 599
Suzor Dunning, Margaret, Managing Partner, Higher Education - Finn Partners; *pg.* 603
Svagdis, Ashley, Senior Media Strategist - Spark Foundry; *pg.* 512
Svensk Dishotsky, Gabriella, Senior Brand Strategist - Goodby, Silverstein & Partners; *pg.* 77
Svoboda, Jim, President, Chief Executive Officer & Partner - RCG Advertising and Media; *pg.* 403
Svoboda, Radim, Executive Vice President, Business Management - Leo Burnett Worldwide; *pg.* 98
Svoboda, Sam, Chief Operating Officer & Director, Content - 3Points Communications; *pg.* 573
Swadia, Sandeep, Chief Data & Trust Officer - The Trade Desk; *pg.* 520
Swaebe, Connie, Partner & Chief Operating Officer - Gear Communications; *pg.* 76
Swaebe, David, Global Chief Growth Officer - MullenLowe U.S. Boston; *pg.* 389
Swago, Lauren, Associate Creative Director - Socialdeviant, LLC; *pg.* 688
Swain, Amy, Senior Vice President & Director, Creative Services - Media Assembly; *pg.* 385
Swain, Jessie, Associate Media Director - Ogilvy Public Relations; *pg.* 633
Swain, Richard, Group Vice President, Strategy & Identity - Huge, Inc.; *pg.* 239
Swaine, Dave, Director, Creative & Co-Owner - Kuhl Swaine; *pg.* 11
Swajeski, David, Founder - Location 8; *pg.* 101
Swales, Will, Strategic Analyst - Global Strategies; *pg.* 673
Swaminathan, Murali, Executive Vice President, Client Success & Engineering - Sprinklr; *pg.* 688
Swan, Glen, Associate Director & Architect - Data - iProspect; *pg.* 674
Swan, JoAna, Director & Group Account Supervisor - Digitas Health LifeBrands; *pg.* 229
Swan, Jordan, Senior Creative Director - Flint & Steel; *pg.* 74
Swanbon, Paige, Associate Project Manager - RightPoint; *pg.* 263
Swaney, Joel, Director, SEO - Nina Hale Consulting; *pg.* 675
Swank, Andrew, Senior Vice President & Director, Account Management - Cramer-Krasselt; *pg.* 53
Swanker, Aaron, Co-Founder & Creative Director - Flight Path Creative; *pg.* 74
Swanker, Heather, Art Director - Flight Path Creative; *pg.* 74
Swann, Kate, Chief Operating Officer - Blue State Digital; *pg.* 335
Swanson, Andy, Editor, Film - Boiling Point Media; *pg.* 439
Swanson, Caitlin, Supervisor, Brand & Media Strategy - Haworth Marketing & Media; *pg.* 470
Swanson, Cassie, Associate Digital Project Manager - Envisionit Media, Inc.; *pg.* 231
Swanson, Cheryl, Founder & Managing Partner - Toniq, LLC; *pg.* 20
Swanson, Chris, Vice President, Creative Director - Edelman; *pg.* 601
Swanson, Craig, Owner - Toniq, LLC; *pg.* 20
Swanson, Grieg, Manager, Portfolio Management - Universal McCann; *pg.* 521
Swanson, Jaylene, Project Manager & Junior Account Manager - Banik Communications; *pg.* 580
Swanson, Jim, Partner, Creative - Performance Marketing; *pg.* 126
Swanson, John, Production Designer - May Advertising & Design, Inc.; *pg.* 107
Swanson, Justin, Vice President - Bose Public Affairs Group, LLC; *pg.* 585
Swanson, Katelyn, Associate Director, Digital Investment - Mindshare; *pg.* 491
Swanson, Nicole, Production Coordinator - Firespring; *pg.* 358
Swanson, Rachel, Vice President - French / West / Vaughan ; *pg.* 361
Swanson, Roe, Associate Media Director - Affirm Agency; *pg.* 323
Swanson, Sara, Associate Strategy Director - PHD; *pg.* 504
Swanson, Scott, Director, Turbo Marketing - Central Address Systems; *pg.* 281
Swanson, Susan, Senior Vice President, Agency Operations & General Manager - IMG LIVE; *pg.* 308
Swanston, Bill, Partner, Creative Director & Copywriter - Frederick Swanston; *pg.* 360
Swanston, Tiffini, Director, Customer Relationship Management - FCB Health; *pg.* 72
Swarens, Heather, Vice President, Media Development - Conversant, LLC; *pg.* 222
Swartley, Susanna, Head, Client Services - Translation; *pg.* 299
Swartwout, Christine, Analytics Supervisor - Crossmedia; *pg.* 463
Swartz, Ausyn, Senior Media Planner - CMI Media, LLC; *pg.* 342
Swartz, Ben, Chief Executive Officer - Marcel Digital; *pg.* 675
Swartz, Dave, Co-Founder & President - MEDL Mobile; *pg.* 534
Swartz, John, Managing Director, Production & Operations - SS+K; *pg.* 144
Swartz, Lauren, Executive Vice President, Managing Director,Lifestyle - M Booth & Associates, Inc. ; *pg.* 624
Swartz, Robert, Director, Strategy & Managing Partner - MediaCom; *pg.* 487
Swayne, Beth, Associate Director, Account Services - Zehnder Communications, Inc.; *pg.* 436
Swayne, Jack, Managing Director - iProspect; *pg.* 674
Swayne, William, Global President - Dentsu Aegis - Carat; *pg.* 459
Sweeney, Barri, Accounting & Human Resources Benefits - Prophet; *pg.* 15
Sweeney, Brian, Chairman - SweeneyVesty; *pg.* 651
Sweeney, Bridget, Director, Art - Epsilon; *pg.* 283
Sweeney, Brooke, Senior Associate, Integrated Investment - Universal McCann; *pg.* 521
Sweeney, Chris, Senior Data Analyst - Infinity Marketing; *pg.* 374
Sweeney, Christopher, Chief Executive Officer - HealthSTAR Communications; *pg.* 83
Sweeney, Hannah, Senior Video Investor - Horizon Media, Inc.; *pg.* 474
Sweeney, James, Chief Executive Officer - Sweeney Public Relations; *pg.* 651
Sweeney, James, Partner & Chief Strategy Officer - Gain; *pg.* 284
Sweeney, Justine, Associate Director - Zenith Media; *pg.* 529
Sweeney, Kevin, Chief Financial Officer - Allen & Gerritsen; *pg.* 29
Sweeney, Leilani, Senior Vice President - Zeno Group; *pg.* 664
Sweeney, Lisa, Senior Account Director - DiD Agency; *pg.* 62
Sweeney, Margy, Chief Executive Officer & Founder - Akrete; *pg.* 575
Sweeney, Meghan, Associate Digital Director - Horizon Media, Inc.; *pg.* 474
Sweeney, Michele, Senior Director, Strategic Accounts - Neustar, Inc.; *pg.* 289
Sweeney, Mike, Chief Executive Officer - The Integer Group; *pg.* 682
Sweeney, Morgan, Coordinator, Business Development & Marketing - Akrete; *pg.* 575
Sweeney, Nick, Integrated Media Planner - Universal McCann; *pg.* 524
Sweeney, Shauna, Coordinator, Operations & Finance - DiMassimo Goldstein; *pg.* 351
Sweeney, Stephanie, Brand Management - The Richards Group, Inc.; *pg.* 422
Sweeney, Tony, Senior Vice President & Media Director - LevLane Advertising; *pg.* 380
Sweeney, Tyler, Supervisor, Digital Strategy - RPA; *pg.* 134
Sweere, Melissa, Digital Strategist - SRW; *pg.* 143
Sweet, Dan, Director, Public Relations - RP3 Agency; *pg.* 408
Sweet, Jeff, Art Director - Davis

AGENCIES — PERSONNEL

Advertising; *pg.* 58
Sweet, Keely, Vice President & Supervisor, Client Service - Universal McCann; *pg.* 428
Sweet, Patrick, Chief Financial Officer - Stephens & Associates Advertising; *pg.* 413
Sweetbaum, Jodi, President & Managing Director - Lloyd&Co; *pg.* 190
Sweetman, Della, Chief Business Development Officer - FleishmanHillard; *pg.* 605
Swegle, Marie, Senior Account Director - GMR Marketing; *pg.* 307
Swegle, Regan, Group Account Director - Team One; *pg.* 417
Sweis, Amanda, Manager, Engagement - Vokal Interactive; *pg.* 275
Swender, Natalie, Associate Director - Mindshare; *pg.* 494
Swenson, Christopher, Assistant Account Executive - Hunter Public Relations; *pg.* 614
Swenson, Mike, President - Crossroads; *pg.* 594
Swenson, Sara, Account Director - Goff Public; *pg.* 608
Swent, Greg, President & Chief Executive Officer - Marketry, Inc.; *pg.* 288
Swenton, Liz, Vice President - March Communications; *pg.* 625
Swepston, Becky, Associate Media Director - Explore Communications; *pg.* 465
Swetnam, Hal, Senior Vice President & Chief Strategist, Creative - Grafik Marketing Communications; *pg.* 185
Swiader, Keith, Account Manager - Moxie Communications Group; *pg.* 628
Swiderski, Evelyn, Vice President - Daddi Brand Communications; *pg.* 595
Swierczynski, Jana, Senior Producer - Critical Mass, Inc.; *pg.* 223
Swies, Tim, Executive Vice President - Zubi Advertising; *pg.* 165
Swietochowska, Kathy, Account Coordinator - Overcat Communications; *pg.* 634
Swift, Bill, Executive Vice President & Chief Technology Officer - Brierley & Partners; *pg.* 167
Swift, Brandon, Vice President & Analytics Manager - The CDM Group; *pg.* 149
Swift, Brooke, Digital Media Supervisor - OMD; *pg.* 498
Swift, Christina, Assistant Media Buyer - Carat; *pg.* 459
Swift, Joe, Director, Client Services - Manrique Group; *pg.* 311
Swift, John, Chief Operating Officer - North America - Omnicom Group; *pg.* 123
Swift, Kenna, Vice President & Account Director - Sherry Matthews Advocacy Marketing; *pg.* 140
Swift, Nate, Director, Brand Strategy - O'Keefe Reinhard & Paul; *pg.* 392
Swift, Ray, Vice President & Director, Production Consulting - Leo Burnett Worldwide; *pg.* 98
Swigert, Micah, Senior Vice President, Technology - Rightpoint; *pg.* 263
Swiggum, Theresa, Associate Media Director - Nina Hale Consulting; *pg.* 675
Swihart, Lynne, Director, Production Services - Balcom Agency ; *pg.* 329
Swinand, Andrew, Chief Executive Officer - North America & Interim President - Leo Burnett Worldwide; *pg.* 98
Swing, Jason, Co-Founder & Chief Executive Officer - Swing Media; *pg.* 557
Swing, Mekela, Director, Sales - Swing Media; *pg.* 557
Swingle, Catherine, Chief Operations Officer - Advantage Design Group; *pg.* 172
Swingle, Juli, Executive Director, Client Services - Accenture Interactive; *pg.* 322

Swingle, Sam, Chief Executive Officer - Advantage Design Group; *pg.* 172
Swinton, Melissa, Associate Program Director - Huge, Inc.; *pg.* 240
Swiontek, Elizabeth, Account Supervisor - Digital & Social Media - Saatchi & Saatchi Dallas; *pg.* 136
Swiryn, Laurie, Vice President, Education Market & Web Developer - Cuesta Technologies, LLC; *pg.* 223
Swiryn, Monty, General Manager - Cuesta Technologies, LLC; *pg.* 223
Swistro, Corey, Manager, Client Services - Maier Advertising, Inc.; *pg.* 103
Switzer, Nick, Director, Development - Elevated Third; *pg.* 230
Switzer-Tal, Oren, Partner & Senior Vice President - Marshall Fenn Communications; *pg.* 625
Swofford, Chad, Vice President & General Manager - ACC Digital - Raycom Sports; *pg.* 314
Swofford, Leah, Account Executive - Myriad Travel Marketing; *pg.* 390
Swope, Trish, Director, Human Resources - Archer Malmo; *pg.* 32
Swoyer, Madeline, Account Executive - Gregory Welteroth Advertising; *pg.* 466
Swygert, Craig, President & General Manager - Clear Channel Outdoor; *pg.* 550
Syatt, David, Executive Director - SSA Public Relations; *pg.* 649
Syatt, Steve, Owner & Chief Executive Officer - SSA Public Relations; *pg.* 649
Sych, Matt, Director, Sponsorship Consulting - MKTG INC; *pg.* 311
Sydnor, John, Chief Growth Officer - The Shipyard; *pg.* 270
Sygar, Dan, Vice President & Associate Creative Director - Perich Advertising; *pg.* 126
Sykes, Camille, Coordinator, Creative - LG2; *pg.* 380
Sykes, Kim, Production Manager - Mad Genius; *pg.* 13
Sylla, Kim, Director, Buying - NSA Media Group, Inc.; *pg.* 497
Sylte, Nicole, Administrative Coordinator - Vladimir Jones; *pg.* 429
Sylvan, Matt, Associate Creative Director - Vladimir Jones; *pg.* 429
Sylvester, Jill, Senior Vice President, Integration & Operations - Spark Foundry; *pg.* 510
Syme, Michelle, Executive Vice President - PlusMedia, LLC; *pg.* 290
Symmes, Laura, Project Manager & Supervisor - Canvas Worldwide; *pg.* 458
Symmonds, Jennifer, Vice President, Human Resources - Current ; *pg.* 594
Symonds, Scott, Managing Director, Media - AKQA; *pg.* 211
Symons, Justin, Group Director - Project X; *pg.* 556
Sypniewski, Brian, Group Account Director - Pathway Group - OMD; *pg.* 498
Sytsma, Mark, Director, Performance Media - Huge, Inc.; *pg.* 239
Szabo, Geraldine, Director, Planning - Bear In The Hall; *pg.* 2
Szabo, Pia, Wine Account Coordinator - Colangelo & Partners; *pg.* 591
Szabo, Randi, Director, Public Relations & Market Research - Banik Communications; *pg.* 580
Szadkowski, Chris, Creative Director - EVB; *pg.* 233
Szafranski, John, Senior Manager, Account - 52 Ltd; *pg.* 667
Szajgin, Adam, Creative Director -

72andSunny; *pg.* 23
Szajkovics, Katie, Media Strategist - OMD; *pg.* 498
Szala, Joseph, Principal - Vigor ; *pg.* 21
Szandzik, Mark, Manager, Data Sciences - Publicis.Sapient; *pg.* 258
Szarek, Taryn, Account Executive - Ignite Social Media; *pg.* 686
Szatmary, Jason, Group Vice President, Client Services - Huge, Inc.; *pg.* 239
Szczepanik, Mark, Group Creative Director - Adcom Communications, Inc.; *pg.* 210
Szczes, Laura, Vice President & Account Director - Ad Mark Services; *pg.* 441
Sze, Tony, Assistant Media Planner & Buyer - Crossmedia; *pg.* 463
Szerejko, Agatha, Associate Media Director - Good Apple Digital; *pg.* 466
Szewczyk, Tod, Vice President & Director, Emerging Technology & Innovation - Leo Burnett Worldwide; *pg.* 98
Szewczyk, Zach, Team Leader - Dow AgroSciences - Bader Rutter & Associates, Inc. ; *pg.* 328
Szkatulski, Lisa, Senior Strategic Planner - Socialdeviant, LLC; *pg.* 688
Szmilewska, Magda, Associate Director & Partner - MediaCom; *pg.* 487
Sznewajs, Julia, Managing Partner - Res Publica Group; *pg.* 642
Szostak, Roman, Vice President & Director, Creative Services - Myriad Marketing, Inc.; *pg.* 168
Szudarek, Mike, Partner - Marx Layne & Company; *pg.* 626
Szul, Brenna, Director, Employee Experience - Pyxl; *pg.* 131
Szul, Dana, Account Director - Walmart, Inc. - Propac; *pg.* 682
Szumny, Julia, Account Director - The MX Group; *pg.* 422
Szwanek, Rod, Associate Creative Director, Electronic Media - RCG Advertising and Media; *pg.* 403
Szykula, Ed, Partner, Owner & Principal - Kracoe Szykula & Townsend Inc. ; *pg.* 96
Szymanski, Aaron, President - EVO Design, LLC; *pg.* 182
Szymanski, Connor, Senior Account Executive - Finn Partners; *pg.* 603
Szymanski, Jakub, Associate Creative Director - BBDO San Francisco; *pg.* 330
Szymanski, Kevin, Executive Vice President - Intermedia Advertising; *pg.* 375
Szynal, Derek, Copywriter - Wieden + Kennedy; *pg.* 430
Szyskowski, Linda, Partner - Creative Oxygen LLC; *pg.* 178

T

Ta, Khoi, Studio Manager - Modo Modo Agency; *pg.* 116
TaCito, Tony, Owner & Chief Executive Officer - TaCito Direct Marketing; *pg.* 292
Tabella, Kara, Senior Director, Client Services - Voveo Marketing Group ; *pg.* 429
Tabery, Kiyo, Art Director - Ethos Marketing & Design; *pg.* 182
Tabnick, Barbra, President - The Radio Agency; *pg.* 293
Tabolt, Mallory, Senior Account Manager - SIGMA Marketing Insights; *pg.* 450
Tabor, Hannah, Strategist - Mother NY; *pg.* 118
Tacconelli, Angelica, Supervisor, Media - GP Generate, LLC; *pg.* 541
Tack, Sara, Executive Vice President, Image &

PERSONNEL

AGENCIES

Identity - Burst Marketing; pg. 338
Tack, Sara, Executive Vice President & Director, Creative - Burst Marketing; pg. 338
Tackett, Erica, Manager, Social - Chevy - Weber Shandwick; pg. 662
Tackett, Tina, Executive Creative Director - The Loomis Agency; pg. 151
Tacopino, Alyssa, Account Director - Anomaly; pg. 325
Tadeo, Angie, Strategy Lead - Fuseproject, Inc.; pg. 184
Tadgell, Nicole, Art Director - Davis Advertising; pg. 58
Tadikonda, Madhavi, Senior Vice President, Investment - Canvas Worldwide; pg. 458
Tadjedin, Jennifer, Partner & Director, Operations - The Great Society; pg. 150
Tadlock, Steve, Creative Director - Broderick Advertising; pg. 43
Tadross, Ronald, Chief Financial Officer - Spark451, Inc.; pg. 411
Taee, Georgina, Vice President, Integrated Strategy - VaynerMedia; pg. 689
Taflinger, Neal, Creative Director - Borshoff; pg. 585
Taflinger, Pat, Senior Vice President, Media - Blue Chip Marketing & Communications; pg. 334
Taft, Amanda, Director, AOR - Intel - Carat; pg. 459
Tafur, Ivan, Group Media Director - Brunner; pg. 44
Taggert, Kristen, Director, Social Media - Brunner; pg. 44
Tagle, Aris, Group Director, Digital & Social Media Analytics - Team One; pg. 417
Tagliaferri, Ed, Executive Vice President - DKC Public Relations; pg. 597
Tagliasacchi, Alicia, C4D Designer & Animator - We Are Royale; pg. 205
Tagtow, Andrea, Senior Media Planner & Buyer - Meyocks Group; pg. 387
Tahan, Julie, Director, Paid Social - Zeno Group; pg. 664
Tahy, Andrew, Vice President, Associate Media Director - Media Assembly; pg. 385
Tai, Nancy, Chief People Officer - Agency 39A; pg. 172
Taibi, Sal, President - Campbell Ewald New York; pg. 47
Tainsh, Jessica, Associate Creative Director - Firstborn; pg. 234
Tait, Bruce, Founding Partner - Tait Subler; pg. 19
Tait, Chris, Partner, Director & Composer - Pirate Toronto; pg. 195
Tait, Orion, Principal & Executive Creative Director - Buck; pg. 176
Tait, Samuel, Executive Vice President, Managing Director - Media Transformation - Dentsu Aegis Network; pg. 61
Taitt, Nathan, Chief Executive Officer - Blueprint Digital; pg. 218
Taji, Dana, Senior Producer - 22squared Inc.; pg. 319
Tak, Esther, Group Account Director, Digital - Active International; pg. 439
Takach, Joe, Chief Executive Officer - Meridian Group; pg. 386
Takacs, Katie, Marketing Director - Social Media Link; pg. 266
Takahashi, Akira, Creative Director - AKQA; pg. 211
Taki, Shelina, Director, Strategic Intelligence - THIRD EAR; pg. 546
Takla, Steve, Chief Financial Officer - Global - RAPP Worldwide; pg. 290
Talaba, Pete, Chief Strategy Officer - Omelet; pg. 122
Talam, Jenny, Media Planner - Garage Team Mazda; pg. 465

Talbert, Thomas, Vice President, Culinary Research & Development - Culinary Sales Support, Inc.; pg. 347
Talbert, Trent, Director, Strategy - April Six; pg. 280
Talbot, Amanda, Coordinator, Event & Culture Programming - Propac; pg. 682
Talbot, Eddie, Director, Digital Production & Information Technology - BBR Creative; pg. 174
Talbot, Martin, Director, Business Intelligence & Data Science - Cossette Media; pg. 345
Talbot, Matt, Partner & Creative - WorkInProgress; pg. 163
Talbott, Joe, President, Content & Creative - VIVA Creative; pg. 160
Talenfeld, Julie, Founder & President - Boardroom Communications; pg. 584
Talerico, Anna, Co-Founder & Executive Vice President - ion interactive, inc.; pg. 242
Talerico, James, President & Executive Creative Director - Heartbeat Ideas; pg. 238
Taliaferro, Will, Partner - GMMB; pg. 364
Talick, Carrie, Associate Creative Director & Writer - Innocean USA; pg. 479
Tall Carter, Brittany, Senior Director, Customer Success - Vibes Media; pg. 535
Talley, Deb, Chief Financial Officer - PineRock; pg. 636
Talley, Meggan, Director, Design & Branding - Green Olive Media, LLC; pg. 610
Tallmage, Elizabeth, Account Manager - Woodruff; pg. 163
Talpasz, Janet, Senior Account Executive - CK Advertising; pg. 220
Talreja, Prerna, Group Director - Crossmedia; pg. 463
Tam, David, Chief Executive Officer & Co-Founder - RateSpecial Interactive LLC; pg. 262
Tam, Raymond, Art Director - L3 Advertising Inc.; pg. 542
Tam, Simon, Associate Director, Creative - Nice & Company; pg. 391
Tamaddon, Lindsey, Manager, Account & Social Marketing - Appleton Creative; pg. 32
Tamares, JoAn, Senior Graphic Designer - Cook & Schmid; pg. 593
Tamayo, Andy, Senior Art Director - David; pg. 57
Tamayo, Pamela, Senior Art Director - Fluid, Inc.; pg. 235
Tamberlane, Jessica, Executive Vice President & Group Business Director - Velocity OMC; pg. 158
Tamble, Kim, Senior Vice President, Sales & Marketing - Bluespire Inc.; pg. 335
Tambling, Caroline, Media Supervisor - The Many; pg. 151
Tamburino, John, Creative Director - Trenchless Marketing; pg. 427
Tamm, Lauren, Supervisor, Strategy - Spark Foundry; pg. 510
Tammaro, Josh, Account Manager - LaunchSquad; pg. 621
Tammaro, Katie, Senior Manager, Agency Communications - MullenLowe U.S. Boston; pg. 389
Tamol, Heather, Director, Public Relations & Content - Wray Ward; pg. 433
Tamporello, Carol, Office Manager - Zehnder Communications, Inc.; pg. 436
Tamura, Shelby, Senior Art Director - DDB Chicago; pg. 59
Tan, Cindy, Account Manager - Adlucent; pg. 671
Tan, Jeff, Managing Director, Product & Innovation - Dentsu Aegis Network - Dentsu Aegis Network; pg. 61

Tan, Karen, Senior Designer - Vermilion Design; pg. 204
Tan, Lisha, Creative Director - The Mill; pg. 563
Tan, Richard, Partner, Chief Financial Officer & Chief Operating Officer - FIG; pg. 73
Tan, Tess, Media Buyer - Saeshe Advertising; pg. 137
Tanabe, Chris, Product Manager - Huge, Inc.; pg. 239
Tanabe, Kristin, Account Executive - mcgarrybowen; pg. 109
Tanaka, Michelle, Associate Media Director - Digitas; pg. 227
Tanasy, Jasmine, Executive Director, Naming & Verbal Identity - Landor; pg. 11
Tandon, Anisha, GMC Community Manager - Leo Burnett Detroit; pg. 97
Tandon, Vikalp, Senior Vice President, Global Data & Technology - Isobar US; pg. 242
Tanen, Ilene, President - Tanen Directed Advertising; pg. 416
Tang, Alan, Chairman, Chief Executive Officer & President - Olomana Loomis ISC; pg. 394
Tang, Carole, Chief Brand & Communications Officer - Olomana Loomis ISC; pg. 394
Tang, Eric, Senior Vice President, Technology Practice & Deputy Leader - Porter Novelli Canada; pg. 638
Tang, Eric, Executive Vice President & Managing Director - Porter Novelli Canada; pg. 638
Tang, Jerry, Integrations Manager - The Trade Desk; pg. 520
Tang, Justina, Paid Social Manager - Mindshare; pg. 491
Tang, Michelle, Executive Vice President & Head, New Business & Marketing - North America - Digitas; pg. 226
Tang, Michelle, Senior Art Director - Weber Shandwick; pg. 662
Tang, Shane, Creative Director - The James Agency (TJA); pg. 151
Tang, Sophia, Client Development Strategist, Insights & Analytics - BrandTrust, Inc.; pg. 4
Tang Nyholt, Candice, Senior Account Executive - EvansHardy + Young; pg. 69
Tangen, Julie, Executive Vice President & General Manager - OffLeash; pg. 633
Tangney, Scott, Managing Director - Corporate Communications Group - ICR; pg. 615
Tangsrud, Brittany, Management Supervisor - Crispin Porter + Bogusky; pg. 346
Tankai, Jennie, Media & Print Buyer - Brand Thirty-Three; pg. 3
Tankerson, Rhonda, Social Media Director - Authentique Agency; pg. 538
Tannebaum, Michelle, Account Executive - Tinsley Advertising; pg. 155
Tannenbaum, Jill, Chief Communications & Marketing Officer - Weber Shandwick; pg. 660
Tannenbaum, Julia, Specialist, Paid Social - Havas Media Group; pg. 468
Tanner, Becky, Media Director - Ad Partners, Inc.; pg. 26
Tanner, Jacob, Co-Founder - The Digital Hyve; pg. 269
Tanner, Joel, Co-Founder & Principal - GigaSavvy; pg. 237
Tanner, Kim, Head, Operations - The Distillery Project; pg. 149
Tanner, Robyne, Vice President, Finance & Controller - AMP Agency; pg. 297
Tanner, Ross, Vice President & Brand Strategist - Dearing Group; pg. 60
Tanner, Sean, Associate Producer - adam&eve DDB; pg. 26

AGENCIES — PERSONNEL

Tanner, Terry, Chief Executive Officer - Mindstream Media; *pg.* 250
Tanney, Brittany, Vice President, Project Director - DiD Agency; *pg.* 62
Tanoury, Carson, Media Planner - The Richards Group, Inc.; *pg.* 422
Tanouye, Anthea, Associate Vice President, Local Social Media & Reputation Management - Ansira; *pg.* 326
Tanski, Keith, Group Director, Strategy - T3; *pg.* 268
Tantao, Frank, Director, Production - Little Big Brands; *pg.* 12
Tanton, Tyler, Search Engine Marketing Specialist - Just Media, Inc.; *pg.* 481
Tanzillo, Kevin, Vice President - Dux Public Relations; *pg.* 599
Tanzillo, Kristine, Founder & President - Dux Public Relations; *pg.* 599
Tao, Joe, Chief Delivery Officer - ROKKAN, LLC; *pg.* 264
Taormina, Lisa, Partner & Manager, Global Marketing & Business Development - GroupM; *pg.* 466
Tapazoglou, Sara, Partner, Portfolio Management - Universal McCann Detroit; *pg.* 524
Tapfar, Brian, Vice President & Director, Paid Social - Digitas; *pg.* 226
Taplin, Todd, Chief Executive Officer - Brand Networks, Inc.; *pg.* 219
Tapolczai, Les, Director, Experience Planning - John St.; *pg.* 93
Taqi, Tahira, Account Executive - Schnake Turnbo Frank, Inc.; *pg.* 646
Tarantino, Briana, Project Director & Senior Account Manager - Tolleson Design; *pg.* 202
Tarantino-Gallego, Christine, Finance Director - L7 Creative Communications; *pg.* 245
Taratuta, Alona, General Manager & Director, Finance - Debut Group; *pg.* 349
Taratuta, Claudio, Managing Partner - Praytell; *pg.* 258
Tarayre, Guillaume, Vice President, Information Technology - JCDecaux North America; *pg.* 553
Tarazewich, Hayley, Senior Account Executive - Propac; *pg.* 682
Tarbell, Carey, General Manager - VOX Global; *pg.* 658
Tarby, Alissa, Senior Director, Media Strategy - New York - Ocean Media, Inc.; *pg.* 498
Tardibuono, Joe, Executive Vice President - HealthSTAR Communications - SCS Healthcare Marketing, Inc.; *pg.* 139
Tardiff, Alyson, Owner & Managing Director - Colangelo Synergy Marketing, Inc.; *pg.* 566
Tardiff, Emilie, Media Manager - Bully Pulpit Interactive; *pg.* 45
Tarhan, Tiphaine, Senior Vice President & Head, Analytics - North America - Essence; *pg.* 232
Taris, Maria, Senior Vice President, Business Affairs - Deutsch, Inc.; *pg.* 349
Tarkovsky, Leo, President - McCann Health New York; *pg.* 108
Tarlecki, Michele, Media Strategist - Harmelin Media; *pg.* 467
Tarner, Sarah, Account Supervisor - FCB New York; *pg.* 357
Tarone, James, Vice President, Digital Investment - Horizon Media, Inc.; *pg.* 474
Tarpey, Kevin, Senior Vice President, Integrated Communications Group Director - Media Assembly; *pg.* 484
Tarquinio, Kim, Director, Customer Experience - Pipitone Group; *pg.* 195
Tarquinio, Regina, Executive Vice President & Managing Director - PGR Media; *pg.* 504
Tarquino, Jeannette, Media Buyer & Planner - The Marcus Group, Inc.; *pg.* 654
Tarr, Beth, Finance Director - Friends & Neighbors; *pg.* 7
Tarry, Rob, Creative Director - Rethink Communications, Inc.; *pg.* 133
Tartar, Brent, Executive Vice President, Sales & Marketing - SourceLink, LLC; *pg.* 292
Tarte, Scott, Chief Executive Officer - Sparks; *pg.* 315
Tarver, Derrick, Paid Social Media Supervisor - 360i, LLC; *pg.* 207
Tarwater, Troy, Executive Vice President, Global Operations & Partner Integration - BBDO Worldwide; *pg.* 331
Tarzian, Charlie, President & Chief Innovation Officer - Aberdeen Group, Inc.; *pg.* 441
Tasch, Christina, Associate Director, Print Media - Active International; *pg.* 439
Tasik, Michael, Strategist - The Media Kitchen; *pg.* 519
Taslica, Zeynep, Executive Producer - 72andSunny; *pg.* 23
Tasso, Louis, Account Director - Cannella Response Television; *pg.* 457
Tat, Vy, Designer - KPS3 Marketing and Communications; *pg.* 378
Tatar, Dan, President - ADK Group; *pg.* 210
Tate, Alexandra, Associate Director - OMD; *pg.* 498
Tate, Danielle, Vice President, Media - Publicis Health Media; *pg.* 506
Tate, Jeremy, General Manager - DWA Media; *pg.* 464
Tate, Philip, Senior Vice President - Luquire George Andrews, Inc.; *pg.* 382
Tate, Sarah, Account Executive - Decibel Blue; *pg.* 595
Tateishi, Hiromi, Manager, SEM & Social - Reprise Digital; *pg.* 676
Tateosian, Karla, Vice President & Account Director - Havas Edge; *pg.* 284
Tatge, Lynn, Strategy Manager - Spark Foundry; *pg.* 510
Tatge, Mike, Founder, Owner & President - JumpFly, Inc.; *pg.* 674
Tatge, Sue, Vice President & Director, Media - Wray Ward; *pg.* 433
Tatgenhorst, Lindsey, Account Director - Fitzco; *pg.* 73
Tatlow, Jonathan, Executive Vice President & Head, Strategy - North America - Digitas; *pg.* 226
Tato, Mercedes, Vice President, Sales & Marketing Technology - Epsilon; *pg.* 283
Tatro, Nicole, Manager, Media - 360i, LLC; *pg.* 207
Tatulli, Paige, Account Supervisor - M Booth & Associates, Inc.; *pg.* 624
Tatum, John, Owner, Chief Executive Office & President - Genesco Sports Enterprises; *pg.* 306
Taub, David, Managing Director - r2integrated; *pg.* 261
Taub, Elliot, Vice President & Associate Creative Director - Havas Health & You; *pg.* 82
Taub, Kyla, Content Manager - Forsman & Bodenfors; *pg.* 74
Taub, Omer, Senior Manager, Business Development - Branded Entertainment Network, Inc.; *pg.* 297
Tauber, Ben, Managing Director, Account Management - Grey Group; *pg.* 365
Tauber, Jessica, Senior Vice President, Client Services - Wpromote; *pg.* 678
Tauberman, Richard, Executive Vice President, Corporate Communication - MWWPR; *pg.* 631
Taubes, Jennifer, Manager, Integrated Investment - Universal McCann; *pg.* 521
Taufield, Jeffrey, Vice Chairman & Partner - Kekst & Company, Inc.; *pg.* 619
Taukule, Mariya, Digital Investment Director - Wavemaker; *pg.* 526
Taukus, Matt, Senior Vice President, National Video - Zenith Media; *pg.* 529
Taunton, Tiffany, Associate Creative Director - Echo Delta; *pg.* 353
Tauro Jr., Nick, Creative Director, Broadcast & Writer - RK VENTURE; *pg.* 197
Tavarez, Michael, Associate Creative Director - Gentleman Scholar; *pg.* 562
Taverna, Matthew, Associate Managing Director, National Audio - Horizon Media, Inc.; *pg.* 474
Tavlarides, Mark, Senior Vice President - BGR Group; *pg.* 583
Tavrides, Heath, Director, Brand - Preacher; *pg.* 129
Tawakali, Mona, Executive Vice President, Programmatic - Recruitics; *pg.* 404
Tax Wille, Kathleen, Senior Vice President & Director, Creative - FCB Chicago; *pg.* 71
Tay, Earn, Group Account Director - Commerce - Resolution Media; *pg.* 263
Tayebi, Sheila, Account Supervisor - Consumer PR - 360PRplus; *pg.* 573
Tayebi Hughes, Sheila, Account Director, Consumer Public Relations - 360PRplus; *pg.* 573
Taylor, Aaron, Partner & Creative Director - Hinge; *pg.* 370
Taylor, Alexandra, Director & Senior Consumer Media Specialist - Hill+Knowlton Strategies; *pg.* 613
Taylor, Allison, President - TCP Integrated Direct, Inc.; *pg.* 293
Taylor, Amy, Director, Account - Energy BBDO, Inc.; *pg.* 355
Taylor, Amy, Manager, Social Media & Community Manager - Brains On Fire; *pg.* 691
Taylor, Andrea, Outreach Manager - Clix Marketing; *pg.* 672
Taylor, Becca, Strategy Director, Nike - Wieden + Kennedy; *pg.* 430
Taylor, Bradley, Group Creative Director - Ten35; *pg.* 147
Taylor, Bray, Senior Performance & Digital Strategist - Mighty & True; *pg.* 250
Taylor, Brent, Creative Director - Kemp Advertising + Marketing; *pg.* 378
Taylor, Britton, Group Strategy Director - Wieden + Kennedy; *pg.* 430
Taylor, Brooke, Senior Vice President, Corporate Group Head - Edelman; *pg.* 600
Taylor, Caroline, Digital Media Specialist - Cayenne Creative; *pg.* 49
Taylor, Chree, Managing Director - mcgarrybowen; *pg.* 109
Taylor, Chris, Chief Operating Officer - Agenda; *pg.* 575
Taylor, Chris, Creative Technologist - Conversant, LLC; *pg.* 222
Taylor, Claire, Executive Vice President & Creative Strategies Director - Carpenter Group; *pg.* 48
Taylor, Dale, President & Chief Executive Officer - Abelson-Taylor; *pg.* 25
Taylor, Dan, President, Creative Director & Account Director - Taylor Design; *pg.* 201
Taylor, Deon, Office Manager - 88 Brand Partners; *pg.* 171
Taylor, Dustin, Partner & Creative Director - The Shop Agency; *pg.* 153
Taylor, Eena, Director, Digital - Hiebing; *pg.* 85
Taylor, Eric, Director, Email Marketing - Bluetent; *pg.* 218

PERSONNEL / AGENCIES

Taylor, Fitzhugh, Managing Director - ICR; pg. 615
Taylor, Forest, Strategy Director - Weber Shandwick; pg. 660
Taylor, Georgia, Senior Creative - David; pg. 57
Taylor, Gerald, General Manager - Lippe Taylor; pg. 623
Taylor, Glenn, Managing Partner & Senior Creative Director - MLT Creative; pg. 116
Taylor, Gordon, Principal - Ogilvy Government Relations; pg. 633
Taylor, Greg, Chief Business Officer - Billups, Inc; pg. 550
Taylor, Heather, Vice President & Media Director - Three Atlanta, LLC; pg. 155
Taylor, Heather, Account Director - Marbury Creative Group; pg. 104
Taylor, Heather, Director, Media - Destination Marketing; pg. 349
Taylor, Jacqueline, Junior Media Planner - DiD Agency; pg. 62
Taylor, Jasmine, Director, Business Development - Apollo Interactive; pg. 214
Taylor, Jay, Founder & Managing Director - Leverage; pg. 245
Taylor, Jennifer, Senior Project Manager - iCrossing; pg. 241
Taylor, Jessie, Account Manager - MOD Worldwide; pg. 192
Taylor, Julie, Principal - Taylor & Company; pg. 652
Taylor, Kami, Senior Vice President - Octagon; pg. 313
Taylor, Kathie, Chief Marketing Officer - In Plain Sight Marketing LLC; pg. 89
Taylor, Kevin, Creative Director - 22squared Inc.; pg. 319
Taylor, Kieley, Managing Partner & Global Head, Social - GroupM; pg. 466
Taylor, Kingsley, Executive Vice President & Managing Director - Digitas; pg. 227
Taylor, Krista, Chief Marketing Officer - Powers Agency, Inc.; pg. 398
Taylor, Kyle, Founding Partner & Creative Director - Fact & Fiction; pg. 70
Taylor, Lea, Associate Director, Social Content & Engagement Strategy - Publicis.Sapient; pg. 259
Taylor, Lee, Director, Creative - Curiosity Advertising; pg. 223
Taylor, Liz, Global Chief Creative Officer - Leo Burnett Worldwide; pg. 98
Taylor, Luke, Client Partner - VIRTUE Worldwide; pg. 159
Taylor, Lynda, Vice President & Group Account Director - Quattro Direct; pg. 290
Taylor, Lyndon, Managing Associate - Finn Partners; pg. 603
Taylor, Maggie, Chief Executive Officer - North America - Added Value; pg. 441
Taylor, Mark, Chief Creative Officer - Mering; pg. 114
Taylor, Mary, Senior Account Manager - Yeck Brothers Company; pg. 294
Taylor, Matt, Vice President, Client Services - Leap; pg. 245
Taylor, Matt, Creative Director - Union; pg. 273
Taylor, Melissa, Group Director, Strategy - Taylor ; pg. 651
Taylor, Michael, Senior Account Director - Creative Producers Group; pg. 303
Taylor, Mike, Lead Developer - Artbox Creative Studios; pg. 173
Taylor, Missy, Senior Vice President, Operations - Dagger; pg. 224
Taylor, Morgan, Supervisor, Media - Starcom Worldwide; pg. 513
Taylor, Natalie, Vice President & Creative Director - Leo Burnett Worldwide; pg. 98
Taylor, Nelson, Director, Sports & Events - KemperLesnik Communications ; pg. 619
Taylor, Nick, Innovation Technology Officer - Lippe Taylor; pg. 623
Taylor, Prescott, Head, Finance - Cambridge BioMarketing; pg. 46
Taylor, Randy, Senior Account Executive - Derse, Inc.; pg. 304
Taylor, Robb, Chief Creative Officer - Jekyll and Hyde; pg. 92
Taylor, Robert, Marketing Director - St. John & Partners Advertising & Public Relations; pg. 412
Taylor, Rod, President & Principal - New River Communications, Inc.; pg. 120
Taylor, Sabrina, Production Coordinator - Industry; pg. 187
Taylor, Samantha, Coordinator, Strategy - Humanaut; pg. 87
Taylor, Sara, Senior Vice President, Field Marketing - Allied Experiential; pg. 691
Taylor, Shane, Vice President, Sales & Partnerships - AUDIENCEX; pg. 35
Taylor, Shannon, Senior Vice President, Media - Spark Foundry; pg. 508
Taylor, Sheridan, Supervisor, Brand Strategy - Canvas Worldwide; pg. 458
Taylor, Sherry, Chief Financial Officer - The Marketing Workshop, Inc.; pg. 450
Taylor, Sophia, Senior Vice President, Account Services - Walton Isaacson CA; pg. 547
Taylor, Susan, President, OMG23 - OMD Entertainment; pg. 501
Taylor, T., Founder & Creative Director - The Creative Alliance; pg. 653
Taylor, Terrance, Director, Operations - FSC Interactive; pg. 235
Taylor, Theodore, Senior Designer - The Brick Factory; pg. 269
Taylor, Tim, Strategic Planning Director - RPA; pg. 134
Taylor, Tim, Chief Operating Officer - True North Inc.; pg. 272
Taylor, Todd, Vice President & Creative Director - Red Tettemer O'Connell + Partners; pg. 404
Taylor, Tori, Account Supervisor - Velocity OMC; pg. 158
Taylor Tuskey, Margaret, Senior Account Executive, Public Relations - PETERMAYER; pg. 127
Tcholakov, Jessica, Senior Account Lead - All Points Public Relations; pg. 576
Teach, Lindsey, Vice President, Media Director - Moxie; pg. 251
Teachey, Kayleigh, Graphic Designer - Crafted; pg. 178
Teachman, Peter, Chief Operating Officer - North America - Kantar Millward Brown; pg. 446
Teachout, Sarah, Vice President, OOH Practice - Spark Foundry; pg. 508
Teagle, Andrew, Chief Strategist - GSD&M; pg. 79
Teague, Lauren, Strategist - Convince & Convert; pg. 222
Teague, Meggan, Senior Manager, Business Development - Smith Bucklin Corporation; pg. 314
Teague, Tennille, Head, Integrated Production - YARD; pg. 435
Tebbe, Christina, Specialist, Media - Brogan & Partners ; pg. 538
Tebbe, Michele, Chief Marketing Officer - David&Goliath; pg. 57
Tebcherany, Christine, Senior Client Director - Triad Retail Media; pg. 272
Tebeleff, Robert, Partner & Vice President - SunStar Strategic; pg. 651
Tecchio, Vinney, Vice President & Creative Director - Business Development - Deutsch, Inc.; pg. 349
Tecson, Ashley, Publicity Manager - Think Jam; pg. 299
Tedeschi, Jai, Executive Director, Production & Operations - R/GA; pg. 261
Tedeschi, Paul, Vice President & Executive Creative Director - Decker; pg. 60
Tedesco, Alexis, Senior Account Executive - LaForce; pg. 621
Tedesco, Greg, Senior Vice President, Digital Marketing - Zeno Group; pg. 664
Tedesco, Michael, Partner & Associate Director - Wavemaker; pg. 526
Tedesco, Mike, Executive Vice President & Chief Operating Officer - Sky Advertising, Inc.; pg. 142
Tedesco, Paul, Vice President & Managing Director - Track DDB; pg. 293
Tedford, Jamie, Chairman - Brand Networks, Inc.; pg. 219
Tedford, Katie, Manager, Talent & Influencer Marketing - The Narrative Group; pg. 654
Tedford, Linda, Vice President - Lilja Inc.; pg. 622
Tedlock, Ethan, Associate Director, Creative - VMLY&R; pg. 274
Tedstrom, John, Managing Director, Insight & Strategy - Publicis Hawkeye; pg. 399
Tedstrom, John L., Managing Director, Insight & Strategy - Publicis Hawkeye; pg. 399
Teeple, Kevin, Associate Director, Media - Trucks - GTB; pg. 367
Teeple, Phil, Group Director, Sponsorship & Experiential Marketing - Saatchi & Saatchi Dallas; pg. 136
Teeter, Hilary, Vice President - Edelman; pg. 600
Teeters, Nicole, Strategist - SRW; pg. 143
Teevens, Kevin, Creative Director - Hudson Rouge; pg. 372
Tegethoff, Scott, Global President, Audience Engagement - TBWA \ Chiat \ Day; pg. 416
Teherani-Ami, Lawrence, Media Director - Wieden + Kennedy; pg. 430
Tehrani, Joanne, Manager, Nutrition Communications - Padilla; pg. 635
Tehrani, Sara, Account Supervisor - mPRm Public Relations; pg. 629
Teich, Lori, Account Executive - Abelson-Taylor; pg. 25
Teigen, Jessica, Director, Project Management & Production - BBDO Minneapolis; pg. 330
Teigen, Terry, Brand Media Strategy Supervisor - Spark Foundry; pg. 512
Teijeira, Cody, Event Coordinator - Fuseideas, LLC; pg. 306
Teirstein, Chatty, Director, Media & Account Management - PlusMedia, LLC; pg. 290
Teisch, Scott, Specialist, Channel Activation - The Buntin Group; pg. 148
Teitelbaum, Jeff, Senior Vice President, Account Management - Rise Interactive; pg. 264
Teitler, Jennifer, Executive Vice President - M Booth & Associates, Inc. ; pg. 624
Teixeira, Andrea, Director, Business Development & Event Management - The Castle Group, Inc.; pg. 652
Teixeira, Fabricio, Design Director - Work & Co; pg. 276
Teixeira, Josh, Executive Vice President & Group Strategy Director - Deutsch, Inc.; pg. 350
Teixeira, Nuno, Creative Director - TBWA \ Chiat \ Day; pg. 416
Tejada, Juan, Strategist, Digital Media - Austin & Williams Advertising; pg. 328

1042

AGENCIES

PERSONNEL

Tejada, Luz, Senior Partner, Client - Publicis.Sapient; *pg.* 258
Tekippe, Abe, Director, Public Relations - Taylor Johnson; *pg.* 652
Teklemariam, Hibre, Vice President & Partner - SunStar Strategic; *pg.* 651
Teklits, Joe, Managing Partner, Retail & Consumer - ICR; *pg.* 615
Tekus, Derek, Head, Production - Onion, Inc.; *pg.* 394
Telesz, Julie, Vice President & Director, Account Management - Falls Communications; *pg.* 357
Telford, Greg, Business Development Manager - Juniper Park\ TBWA; *pg.* 93
Telford, John, Senior Vice President, Digital Solutions - Bounteous; *pg.* 218
Telian, Adam, Vice President & Associate Director, Media - Mediahub Boston; *pg.* 489
Telkamp, Kevin, Associate Director, Digital Operations - Ocean Media, Inc.; *pg.* 498
Tell, Jason, Chief User Experience Officer - Modern Climate; *pg.* 388
Tell, Michele, Founder, Chief Executive Officer & Creative Director - Preferred Public Relations & Marketing; *pg.* 638
Tellier, Amanda, Senior Director, Media Strategy - Wieden + Kennedy; *pg.* 432
Telmer, Mindy, Creative Lead, Health & Wellness - Rauxa; *pg.* 291
Telucci, Joey, Senior Account Executive - Blattel Communications; *pg.* 584
Temby, Dan, Vice President, Technology - DAC Group; *pg.* 224
Temesvary, Bela, Managing Member & Founder - Los Feliz Airlines; *pg.* 562
Temeyer, Michelle, Director, Client Services - Dailey Communications ; *pg.* 57
Temkin, Mike, Vice President, Strategic Planning & Development - Shaker Recruitment Advertising & Communications; *pg.* 667
Temple, Lynn, Vice President - McComm Group; *pg.* 109
Temple, Richard, Executive Vice President - McNally Temple & Associates, Inc.; *pg.* 626
Templeman, Sue, Vice President, Brand Management - Godwin Group; *pg.* 364
Templeton, Breck, Chief Financial Officer - 9thWonder Agency; *pg.* 453
Templeton, Cameron, Creative Director - Momentum Worldwide; *pg.* 117
Templeton, Gary, Media Director - 22squared Inc.; *pg.* 319
Templeton, Krista, Director, Marketing - Imaginary Forces; *pg.* 187
Templeton, Tiffany, Account Supervisor - Asher Agency; *pg.* 327
Templin, Todd, Executive Vice President - Boardroom Communications; *pg.* 584
Ten, Alexandra, Growth Coordinator - Sullivan; *pg.* 18
Tenbekjian, Ashley, Senior Account Executive - Source Communications; *pg.* 315
Tench, Donald, Executive Vice President & Director, Digital Production - Deutsch, Inc.; *pg.* 350
Tench, Samantha, Account Director - Moroch Partners; *pg.* 389
Tender, Maria, Director, Strategic Planning - DDB New York; *pg.* 59
Tendler, Lindsay, Managing Director, Promotions - Horizon Media, Inc.; *pg.* 474
Tenenbaum, Lexi, Associate Paid Media Planner - Nina Hale Consulting; *pg.* 675
Teneyck, Peter, Vice President, Business Development - Blue Onion; *pg.* 218
Teng, Grace, Executive Director, Media & Analytics - Zambezi; *pg.* 165
Teng, Ryan, Associate Media Director - OMD West; *pg.* 502

Tenicki, Samantha, Director - Starcom Worldwide; *pg.* 513
Tennenbaum, Jason, Associate Director, Digital Partnerships - Initiative; *pg.* 478
Tennessen, Stephanie, Vice President - Ketchum; *pg.* 619
Tenney, Kendall, Chief Executive Officer & Founder - 10e Media; *pg.* 573
Tenney Bocka, Kristen, Account Manager - True Sense Marketing; *pg.* 293
Tennyson, Patricia, Executive Vice President & Director, Client Relations - Katz & Associates, Inc.; *pg.* 686
Tennyson-McGuire, Mary, Director, Strategy & Planning - Spark Foundry; *pg.* 508
Tentler, Leslie, Senior Editor & Senior Writer - Carabiner Communications Inc.; *pg.* 588
Tenuta, Angela, Executive Vice President, Client Services - Intouch Solutions, Inc.; *pg.* 242
Tenzeldam, Ryan, Media Supervisor - Wieden + Kennedy; *pg.* 430
Tepe, Eric, Director, Strategy - Zambezi; *pg.* 165
Teplitzky, Whitney, Associate Media Director - Kelly, Scott & Madison, Inc.; *pg.* 482
Tepper, Matt, Chief Strategy Officer - Wunderman Health; *pg.* 164
Tepperman, Paul, Principal & Creative Director - TR Design, Inc.; *pg.* 202
Terashima, Natalie, Managing Partner - Rachel Kay Public Relations; *pg.* 640
Teravainen, Britt, Media Director - Boathouse Group, Inc.; *pg.* 40
Terbil, Kelsey, Marketing Analytics Specialist - RDW Group; *pg.* 403
Terchek, Tim, Partner & Executive Creative Director - The Drucker Group; *pg.* 150
Terjeson, Steve, Director, Analytics - Wunderman Thompson; *pg.* 434
Terlizzi, Jessica, Associate Creative Director - mcgarrybowen; *pg.* 109
Terlizzi, Robert, Associate Creative Director - Havas Media Group; *pg.* 468
Terluk, Paz, Country Manager - Mexico - MarketLogic; *pg.* 383
Terman, Jennifer, Public Relations & Marketing Coordinator - DRS & Associates; *pg.* 598
Terman, Jim, Vice Chairman - Jasculca / Terman & Associates ; *pg.* 616
Terman , Diane, Founder, President & Chief Executive Officer - Terman Public Relations; *pg.* 652
Ternblom, Simona, Group Creative Director - Critical Mass, Inc.; *pg.* 223
Terp, Margie, Account Executive - Alison Brod Public Relations; *pg.* 576
Terpstra, Ashley, Media Director - Nina Hale Consulting; *pg.* 675
Terrana, John, Executive Vice President, Media Solutions - VaynerMedia; *pg.* 689
Terrazas, Dawn, Executive Group Managing Director - AFG&; *pg.* 28
Terrell, Don, President & Agency Lead - New & Improved Media; *pg.* 497
Terrell, Nancy, Director, Client Collaboration & Integration - Citrus Advertising; *pg.* 50
Terretta, Yoko, Vice President, Client Services - Huge, Inc.; *pg.* 186
Terrey, Jeffrey, Partner & Senior Vice President, Government Relations Practice - Rasky Baerlein Strategic Communications, Inc.; *pg.* 641
Terris, Spencer, Producer - Hub Strategy & Communication; *pg.* 9
Terrono, Alex, Media Analyst - VaynerMedia; *pg.* 689

Terry, April, Media Planner - Intermark Group, Inc.; *pg.* 375
Terry, Aryn, Associate Director, Partnerships - Initiative; *pg.* 479
Terry, Bradley, Coordinator, Media - Emico Media; *pg.* 465
Terry, Dave, Art Director - May Advertising & Design, Inc.; *pg.* 107
Terry, Emmarose, Media Director - R&R Partners; *pg.* 131
Terry, Erica, Supervisor, Media - Burrell Communications Group, Inc. ; *pg.* 45
Terry, Jim, Senior Vice President, Account Services - Mod Op; *pg.* 388
Terry, Logan, Vice President - Derse, Inc.; *pg.* 304
Terry, Matthew, Director, Creative Strategy & Commerce - VMLY&R; *pg.* 160
Terry, Mike, Vice President - Anvil Media, Inc; *pg.* 671
Terry, Rich, Senior Vice President & Creative Director - Sherry Matthews Advocacy Marketing; *pg.* 140
Terry, Shayne, Senior Content Strategist - Trekk; *pg.* 156
Terry, Terry, President - Message Makers; *pg.* 627
Teruya, Jeremy, Director, Data Science - Publicis.Sapient; *pg.* 258
Tervo, Kirstan, Senior Account Executive - Sales - MSP; *pg.* 289
Terwilleger, Bret, Principal & Chief Creative Officer - Oden Marketing & Design; *pg.* 193
Terwilliger, Jodi, Creative Director - Buck; *pg.* 176
Terzich, Nick, Senior Producer - Buck; *pg.* 176
Terzis, Kimberley, Creative Director - Simple Truth; *pg.* 198
Teshler, Sabina, Chairman - SET Creative; *pg.* 139
Tesi, Ray, Senior Vice President - Worldata; *pg.* 294
Teska, Jamie, Design Director - Hughes Design Group; *pg.* 186
Teske, Amy, Director, Social Investment - Merkley + Partners; *pg.* 114
Teske, Katherine, Strategy Director - Soulsight; *pg.* 199
Tesoriero, Alexa, Director, New Manager - Clean; *pg.* 5
Tesoro, Cristian, Director, Connection Planning - Universal McCann; *pg.* 524
Tessalone, Tori, Account Supervisor - Droga5; *pg.* 64
Tessier, Fred, Brand Partnerships Manager - Malka; *pg.* 562
Tessier, Karen, Owner & President - Market Connections; *pg.* 383
Tessmann, Marcy, President & Partner - Charleston|Orwig, Inc.; *pg.* 341
Tester, Allison, Social Media Manager - Raindrop Agency Inc; *pg.* 196
Tetens, Samuel, Senior Marketing Data Analyst - Generator Media + Analytics; *pg.* 466
Tetidrick, Kathleen, Senior Media Buyer - Ad Partners, Inc.; *pg.* 26
Tetreault, Adam, Copywriter - Wieden + Kennedy; *pg.* 430
Tetrick, Charles, President & Chief Executive Officer - Walz Tetrick Advertising; *pg.* 429
Tetuan, Lauren, Executive Vice President & Digital Group Media Director - Deutsch, Inc.; *pg.* 350
Tetzloff, Sara, Senior Account Executive, Public Relations & Social Media - Hiebing; *pg.* 85
Teufel, Rainer, Principal - Design-Central; *pg.* 179
Tewell, Jordan, Lead Media Strategist &

1043

PERSONNEL   AGENCIES

Writer - 10fold; *pg.* 573
Tewell, Kent, Founder & Chief Executive Officer - L.E.T. Group, Inc.; *pg.* 245
Tezel, Benan, Associate Director, Analytics & Insight - Wavemaker; *pg.* 526
Thach, Louise, Senior Vice President - FleishmanHillard; *pg.* 605
Thacker, Fred, Manager, Information Technology & Facilities - Osborn & Barr Communications; *pg.* 395
Thackray, Jim, Vice President - RS & K; *pg.* 408
Thackway, Simon, Managing Partner - Thackway Mccord; *pg.* 201
Thadani, Nithya, Chief Executive Officer - RAIN; *pg.* 262
Thai, Michelle, Director, Account - Media Cause; *pg.* 249
Thai, Richard, Media Supervisor - RPA; *pg.* 134
Thai, Victor, Digital Manager - Spark Foundry; *pg.* 508
Thain, Dan, Chief Fundraising Strategist & Creative Director - Blue State Digital; *pg.* 335
Thain, Robbie, Founder & Chief Executive Officer - Makai, Inc.; *pg.* 310
Thakar, Preeti, Vice President & Account Director - Gyro; *pg.* 368
Thal, Charlotte, Senior Vice President, Creative Services & Media Buyer - Feature Advertising; *pg.* 673
Thal, Fred, President - Feature Advertising; *pg.* 673
Thaler, Ben, Media Director - Davis Advertising; *pg.* 58
Thalhuber, Dutch, President - Space150; *pg.* 266
Thaman, Michael, Senior Art Director - Miller Brooks, Inc.; *pg.* 191
Thao Nguyen, Theresa, Account Executive - Rockit Science Agency; *pg.* 16
Thapa, Sofia, Executive, Business Development - Archer Malmo; *pg.* 214
Tharnstrom, Brenna, Senior Planner - BBDO Worldwide; *pg.* 331
Tharp, Charis, Director, Account - Ocean Media, Inc.; *pg.* 498
Tharrington, Amy, Principal & Co-Founder - Maximum Design & Advertising, Inc; *pg.* 107
Thatch, Lori, Account Services - FingerPaint Marketing; *pg.* 358
Thaw, Jeff, Manager, Sales - Intersection; *pg.* 553
Thawani, Rohit, Creative Lead, Digital Experiences - TBWA/Media Arts Lab; *pg.* 147
Thayer, Amy, Director, Research - Achieve; *pg.* 210
Thayer, Jillian, Account Director - J Public Relations; *pg.* 616
Theibert, Dave, Associate Account Director - Young & Laramore; *pg.* 164
Theilken, Stacy, Group Account Director - iProspect; *pg.* 674
Theinpeng, Arm, Senior Art Director - Arc Worldwide; *pg.* 327
Theis, Erin, Director, Online & Traditional Media - Williams Randall; *pg.* 432
Theis, Morgan, Brand Manager - 180LA; *pg.* 23
Theisen, Matt, Global Brand Lead - TBWA \ Chiat \ Day; *pg.* 146
Theisen, Nicholas, Digital Asset Manager - Walton Isaacson CA; *pg.* 547
Theiss, Briana, Supervisor, Media Buying - Mindstream Media Group - Dallas; *pg.* 496
Theissen, Tony, Senior Brand Manager & Strategist, Media - Carey O'Donnell Public Relations Group; *pg.* 588
Thekan, Grant, Director, Strategy - Bader Rutter & Associates, Inc. ; *pg.* 328

Thelen, Kim, Vice President, Strategic Planning & Client Services - Level; *pg.* 99
Thelen, Lori, Senior Vice President, Accounts - The Marketing Arm; *pg.* 316
Thelwell, Aduke, Partner - Kekst & Company, Inc.; *pg.* 619
Theo, Melinda, Vice President, Sales Operations - Amobee, Inc.; *pg.* 30
Theobald, Barbara, Chief Operating Officer - Campos Inc; *pg.* 443
Theobald, Kate, Paid Social Media Planner & Buyer - The Tombras Group; *pg.* 424
Theobald, Marisa, Associate Director - Blue 449; *pg.* 455
Theodorakis, Emy, Senior Strategist - Venables Bell & Partners; *pg.* 158
Theodore, Halley, Brand Strategist - Nemo Design; *pg.* 193
Theodore, Marla, Vice President & Group Director, Media - Digitas; *pg.* 226
Theoharides, Jillian, Assistant Strategist - Hearts & Science; *pg.* 471
Theraube, Ariel, Senior Digital Producer - Deutsch, Inc.; *pg.* 350
Theriault, Alex, Vice President, Global Client Services - Lotame; *pg.* 447
Theriault, Angela, Vice President & Account Director - BVK; *pg.* 339
Theriault, Sue, Senior Media Analyst - Hambrick & Associates; *pg.* 467
Theriot, Tabor, Senior Producer - Engine; *pg.* 231
Theroux, Justin, Senior Designer - Friends & Neighbors; *pg.* 7
Therrien, Amelie, Senior Manager, Media Planning - Senior Media Executive - MediaCom; *pg.* 489
Therrien, Jason, President - Thunder Tech; *pg.* 426
Theuer, Christian, Account Supervisor - Qorvis Communications, LLC; *pg.* 640
Theuma, Corel, Executive Creative Director - StrawberryFrog; *pg.* 414
Theurer, Sara, Marketing Automation Strategist - Signal Theory; *pg.* 141
Thi, Stephen, Media Director - Ignited; *pg.* 373
Thiagarajan, Aarti, Managing Director & Partner - Mother NY; *pg.* 118
Thibodeau, Dee, Manager, Business Operations - Smarty Social Media; *pg.* 688
Thibodeau, Jeff, Senior Vice President, Digital & Data - Starcom Worldwide; *pg.* 517
Thibodeau, John, Senior Vice President - Media Profile; *pg.* 627
Thibodeau, Matt, Associate Media Director - Carat; *pg.* 461
Thide, Gregory, Account Lead - Amobee, Inc.; *pg.* 30
Thiel, Leigh, Senior Vice President, Client Services - Broadhead; *pg.* 337
Thiel, Paul, Creative Director - Avatar Labs; *pg.* 214
Thiele, Herbie, Vice President & Director, Public Affairs - Sachs Media Group; *pg.* 645
Thiele, Traecy, Executive Vice President, Global Marketing & Integration - Zeno Group; *pg.* 664
Thielman, Scott, Founder & Chief Technology Officer - Product Creation Studio; *pg.* 563
Thieman, Andy, Executive Vice President & Executive Creative Director - Weber Shandwick; *pg.* 660
Thiessen, Samantha, Senior Art Director - MillerCoors - Arc Worldwide; *pg.* 327
Thill, Blair, Associate Director, Branded Content & Strategy - The Foundry @ Meredith Corp; *pg.* 150
Thill, Erica, Assistant Media Planner - Noble People; *pg.* 120

Thimme, Andrew, Executive Director, Marketing Services - Healthcare Focus - Neustar, Inc.; *pg.* 289
Thiot, Pierce, Creative Director - TBWA/Media Arts Lab; *pg.* 147
Thiry, Julien, Associate Creative Director - DentsuBos Inc.; *pg.* 61
Thoburn, Patrick, Co-Founder - Matchstick; *pg.* 692
Thode, Glenn, Executive Creative Director - Gartner, Inc.; *pg.* 236
Thoelke, Eric, President & Executive Creative Director - TOKY Branding + Design; *pg.* 202
Thoelke, Mary, Principal & Director, Operations - TOKY Branding + Design; *pg.* 202
Thom, Kelley, Account Manager, SEM - BFO; *pg.* 217
Thoma, Martin, Principal - Thoma Thoma Creative; *pg.* 155
Thoma, Melissa, Owner - Thoma Thoma Creative; *pg.* 155
Thomas, Amy, Director, Services - Third Wave Digital ; *pg.* 270
Thomas, Angela, Founder, President & Chief Executive Officer - Prana Marketing & Media Relations; *pg.* 506
Thomas, Annick, Art Director - Red Antler; *pg.* 16
Thomas, Ashley, Director, Public Relations - SRW; *pg.* 143
Thomas, Barbara, Principal - Thomas Communications, LLC; *pg.* 656
Thomas, Ben, Executive Vice President, Media & Innovation - The Buntin Group; *pg.* 148
Thomas, Ben, Senior Brand Strategist - Audi - MUH-TAY-ZIK / HOF-FER; *pg.* 119
Thomas, Beverly, Vice President, Marketing & Strategic Accounts - Baldwin & Obenauf, Inc.; *pg.* 329
Thomas, Brenda, Senior Production Manager - Direct Impact, Inc.; *pg.* 62
Thomas, Brittany, Senior Art Director - The Shipyard; *pg.* 270
Thomas, Charlie, Vice President, Marketing & Media - Camelot Strategic Marketing & Media; *pg.* 457
Thomas, Clare, Account Manager - redpepper; *pg.* 405
Thomas, Courtney, Account Director - Carmichael Lynch; *pg.* 47
Thomas, Courtney, Account Manager - Moxie Communications Group; *pg.* 628
Thomas, Dana, Head, Integrated Planning - Initiative; *pg.* 478
Thomas, Dana, Strategist, Digital & Social - HMH; *pg.* 86
Thomas, Daniel, President & Chief Executive Officer - TimeZoneOne; *pg.* 155
Thomas, Dave , Vice President, Account Planning - Brothers & Co.; *pg.* 43
Thomas, David, Director, Editorial - Edelman; *pg.* 353
Thomas, Eric, President - Media Development, Inc.; *pg.* 112
Thomas, Gary, Creative Director - Nice Shoes; *pg.* 193
Thomas, Grant, Creative - Wieden + Kennedy; *pg.* 430
Thomas, Hana, Creative Talent Director - McCann New York; *pg.* 108
Thomas, Jasper, Creative Associate - Golin; *pg.* 609
Thomas, Jenna, Senior Director, Public Relations - Nebo Agency, LLC; *pg.* 253
Thomas, Jennifer, Vice President & Associate Creative Director - Campbell Ewald; *pg.* 46
Thomas, Jerry, President & Chief Executive Officer - Decision Analyst, Inc. ; *pg.* 539
Thomas, Jody, Group Director, Strategy & Planning - WongDoody; *pg.* 433

AGENCIES — PERSONNEL

Thomas, John, Director, Digital Media - Media Storm; pg. 486
Thomas, John, Group Director, Media - Media Storm; pg. 486
Thomas, Jonathan, Media Supervisor - Wieden + Kennedy; pg. 430
Thomas, Kacie, Vice President - WE Communications; pg. 660
Thomas, Kathryn, Director, Operations - Media Development, Inc.; pg. 112
Thomas, Keith, Creative Services Director - Energy BBDO, Inc.; pg. 355
Thomas, Kent, Senior Vice President, Business Intelligence - rEvolution; pg. 406
Thomas, Kenya, Influencer Marketing Specialist - Colangelo & Partners; pg. 591
Thomas, Kirsten, Senior Vice President - The Ruth Group; pg. 655
Thomas, Kristen, Media Planner & Buyer - Proof Advertising; pg. 398
Thomas, Latoya, Account Coordinator - Gilbreath Communications, Inc.; pg. 541
Thomas, Lauren, Director, Account Services - Cardinal Digital Marketing; pg. 220
Thomas, Liz, Chief Executive Officer - Thomas Boyd Communications; pg. 656
Thomas, Mark, Director, Communications Design - Initiative; pg. 477
Thomas, Martin, President & Owner - Always On Communications; pg. 454
Thomas, Mason, Analyst, Consumer Insights - Young & Laramore; pg. 164
Thomas, Melissa, Vice President, Media Operations - 360i, LLC; pg. 320
Thomas, Michael, Senior Vice President & Partner, Global Transformation - Universal Pictures - Essence; pg. 233
Thomas, Michele, Co-Founder & President - Azione PR; pg. 579
Thomas, Michelle, Senior Vice President & Coach, Leadership Development - Spark Foundry; pg. 510
Thomas, Mike, Chief Executive Officer - Alison South Marketing Group; pg. 29
Thomas, Monique, Associate Creative Director - MorseKode; pg. 14
Thomas, Natalie, Media Buyer - Diane Allen & Associates; pg. 597
Thomas, Nick, Account Director - Proof Advertising; pg. 398
Thomas, Raelene, Partner & Vice President, Operations - Major Tom; pg. 675
Thomas, Ragy, Founder & Chief Executive Officer - Sprinklr; pg. 688
Thomas, Scott, Associate Creative Director - The Boston Group; pg. 418
Thomas, Sean, Managing Director, Growth - Jump 450 Media; pg. 481
Thomas, Steve, Chairman & Executive Creative Director - Stephen Thomas; pg. 412
Thomas, Stuart, Specialist, Digital Media - Aloysius Butler & Clark; pg. 30
Thomas, Susan, Chief Executive Officer - 10Fold; pg. 573
Thomas, Taylor, Senior Account Executive - Energy BBDO, Inc.; pg. 355
Thomas, Terry, Senior Vice President & Director, Strategic Planning - Daniel Brian Advertising; pg. 348
Thomas, Theresa, Senior Vice President & Group Director - Carat; pg. 461
Thomas, Tim, Creative Director - Buick - Leo Burnett Detroit; pg. 97
Thomas, Tracy, Office Manager - Fusionary Media, Inc. ; pg. 236
Thomas, Trevor, Director, Strategic Planning - John St.; pg. 93
Thomas, Ward, Director, Analytics - Havas Helia; pg. 285
Thomas, Zach, Designer, Print & Web - AOR, Inc.; pg. 32
Thomas-Copeland, Justin, President, Chief Executive Officer & Senior Vice President - RAPP Worldwide; pg. 290
Thomason, Adam, Group Account Director - Publicis West; pg. 130
Thomason, Anne, Associate Director, Local TV - Canvas Worldwide; pg. 458
Thomason, Beau, Manager, Partnerships & Legal - 72andSunny; pg. 23
Thomason, Caitlin, Manager, Account - Common Thread Collective; pg. 221
Thomason, Keith, Associate Creative Director - The Tombras Group; pg. 424
Thomasson, Anne, Vice President, Business Affairs & Talent Management - Barkley; pg. 329
Thomasson, Jenny, Vice President, Client Services - Gonzalez Marketing; pg. 610
Thompkins, Marcella, Director, Wine Division - McCue Public Relations; pg. 626
Thompson, Adrian, Chief Software Architect - Elevation Web; pg. 540
Thompson, Akeem, Senior Paid Social Manager - Reprise Digital; pg. 676
Thompson, Albert, Digital Strategist - Walton Isaacson; pg. 547
Thompson, Ana, Negotiator - Mindshare; pg. 491
Thompson, Andrew, Vice President, TMA Experiential - The Marketing Arm; pg. 316
Thompson, Beth, Associate Vice President & Group Account Director - Gatesman; pg. 361
Thompson, Blaine, Associate Director - Optimum Sports; pg. 394
Thompson, Bob, Vice President & Senior Art Director - Porcaro Communications; pg. 398
Thompson, Brad, Senior Vice President & Partner - Universal McCann Detroit; pg. 524
Thompson, Brady, Senior Associate, Media Innovation - Blue 449; pg. 456
Thompson, Brandon, President & Chief Executive Officer - Helen Thompson Media; pg. 473
Thompson, Brennen, Programmatic Coordinator - Xaxis; pg. 276
Thompson, Brian, Vice President - Maloney Strategic Communications ; pg. 103
Thompson, Carol, President & Creative Director - Ad Cetera, Inc.; pg. 26
Thompson, Dana, Executive Producer - Digitas; pg. 228
Thompson, Devin, Creative Developer - Instrument; pg. 242
Thompson, Dustin, Director, Social Media - Caldwell VanRiper; pg. 46
Thompson, Dwayne, Supervisor, Out-of-Home - Horizon Media, Inc.; pg. 474
Thompson, Eden, Director, Brand Planning - Carmichael Lynch; pg. 47
Thompson, Elizabeth, Executive Strategy Director - R/GA; pg. 261
Thompson, Erika, Senior Account Executive - Benchworks; pg. 333
Thompson, Evan, Creative Director - VSA Partners, Inc. ; pg. 204
Thompson, Geoffrey, Partner - Thompson & Bender; pg. 656
Thompson, Helen, Chairman & Founder - Helen Thompson Media; pg. 473
Thompson, Jarrell, Associate Director, Digital - Partnerships & Branded Content - Verizon - Zenith Media; pg. 529
Thompson, Jeff, Vice President, Media - New Day Marketing; pg. 497
Thompson, Jennifer, Vice President & Group Account Director - Starcom Worldwide; pg. 517
Thompson, Jeremy, President - Robertson+Partners; pg. 407
Thompson, Jessica, Account Manager - Preston Kelly; pg. 129
Thompson, Jonathan, Web Developer - Love Advertising; pg. 101
Thompson, Jonathan, Vice President, Automotive Marketing & Technology Enthusiast - Force Marketing; pg. 284
Thompson, Kevin, Principal - MGT Design; pg. 191
Thompson, Kristen, Account Supervisor - 360PRplus; pg. 573
Thompson, Lee, Senior Vice President, Business Development - Mintel; pg. 447
Thompson, Lesley, Media Director - Bouvier Kelly, Inc. ; pg. 41
Thompson, Lindsay, Senior Account Manager - Strategies ; pg. 414
Thompson, Mark, Senior Account Executive - The Boston Group; pg. 418
Thompson, Martin, Account Executive, Creative Services - Abel Communications; pg. 574
Thompson, Maryann, Vice President & Media Buyer - Media Assembly; pg. 484
Thompson, Meg, Senior Strategist, Search - Global Strategies; pg. 673
Thompson, Michael, Specialist, Digital Media - Saxton Horne; pg. 138
Thompson, Mike, Senior Vice President - Creative Response Concepts; pg. 593
Thompson, Missy, Account Director - The Brandon Agency; pg. 419
Thompson, Monica C., Manager, Digital Marketing - Noble Studios; pg. 254
Thompson, Nate, Managing Director - Ratio Interactive; pg. 262
Thompson, Rachael, Assistant Account Manager & Junior Producer - Sterling-Rice Group; pg. 413
Thompson, Ron, President - Marketing - Beuerman Miller Fitzgerald; pg. 39
Thompson, Sarah, Chief Strategy Officer - Mindshare; pg. 495
Thompson, Sarah, Global Chief Executive Officer - Droga5; pg. 64
Thompson, Scott, Managing Partner - MBT Marketing; pg. 108
Thompson, Shelley, Chief Operating Officer - Woodruff; pg. 163
Thompson, Stan, Vice President, Operations - Sagepath, Inc.; pg. 409
Thompson, Steve, Creative Director - Red Tettemer O'Connell + Partners; pg. 404
Thompson, Sunni, Director, Content Marketing - Wunderman Thompson Atlanta; pg. 435
Thompson, Tara, Account Supervisor - The Integer Group - Dallas; pg. 570
Thompson, Tommy, Senior Vice President & Director, Business Development - The Integer Group - Dallas; pg. 570
Thompson, Trent, Director, Creative - No Fixed Address Inc.; pg. 120
Thompson, Vince, Chief Executive Officer - Melt, LLC; pg. 311
Thompson, Will, Vice President & Social Strategy Director - Giant Spoon, LLC; pg. 363
Thompson, William, Digital Marketing Specialist - 9thWonder Agency; pg. 453
Thompson, Woody, Executive Vice President, Marketing - North America - Octagon; pg. 313
Thompson Grillo, Kimberly, Executive Vice President & Managing Director - Spark Foundry; pg. 508
Thompson Rowan, Cortney, Director, Strategy - Altitude; pg. 172
Thompson-Ingraham, Amy, Vice President, Account Services - Anthology Marketing Group; pg. 326
Thomson, Bryce, Principal & Vice President, Client Services - Strategic America; pg. 414
Thomson, Georgina, Director, Digital Activation - Resolution Media - OMD; pg. 500

PERSONNEL / AGENCIES

Thomson, Stacy, Vice President, eBusiness - Scrum50; *pg.* 409
Thongton, Nickie, Associate Creative Director - McCann New York; *pg.* 108
Thorburn, Bill, Chief Executive Officer & Chief Creative Officer - The Thorburn Group; *pg.* 20
Thorleifsson, Haraldur, Chief Executive Officer & Founder - Ueno; *pg.* 273
Thorn, Bobbie, Senior Buyer, Video Partnerships - Initiative; *pg.* 477
Thorn, Brian, Negotiator, Digital Partnerships - Initiative; *pg.* 478
Thornbrough, Matt, Senior Vice President, Media - HealixGlobal; *pg.* 471
Thornburg, Brent, Creative Director - Known; *pg.* 298
Thorndike, Jake, Senior Brand Manager - 72andSunny; *pg.* 24
Thorndyke, Matthew, Media Supervisor - Starcom Worldwide; *pg.* 513
Thorne, Chris, Principal Product Manager - The Trade Desk; *pg.* 520
Thorne, Geoff, Vice President & Group Director - Digitas Health LifeBrands; *pg.* 229
Thorne, John, Chief Executive Officer - Automotive Events; *pg.* 328
Thorne, Rich, Creative Director, Art - Cambridge BioMarketing; *pg.* 46
Thornhill, Rick, Managing Director - Chicago - Mekanism; *pg.* 112
Thornhill, Ty, Senior Vice President & Group Account Director - The Tombras Group; *pg.* 424
Thornton, Aaron, Creative Director - The Richards Group, Inc.; *pg.* 422
Thornton, Brooks, Senior Manager, Analytics & Technology - Performics; *pg.* 676
Thornton, Cheryl, Account Director - Marden-Kane, Inc.; *pg.* 568
Thornton, Christopher, Digital Strategy Director - Horizon Media, Inc; *pg.* 473
Thornton, Jen, Executive Director, Business Strategy - PP+K; *pg.* 129
Thornton, Kyle, Account Executive - Ash-Allmond Associates; *pg.* 566
Thornton, Nathan, Executive Creative Director - Ologie; *pg.* 122
Thornton, Scott, Associate Media Director - Team One; *pg.* 417
Thorp, Jon, Director, Creative Services & Public Relations - Promersberger Company; *pg.* 638
Thorpe, Daniel, President & Chief Executive Officer - Boom Creative; *pg.* 41
Thorpe, David, Founding Partner & Executive Director, Strategy - Industry; *pg.* 187
Thorpe, Jennifer, Director, Operations - U.S. - Jellyfish U.S.; *pg.* 243
Thorpe, Jessica, President & Co-Founder - GEN.VIDEO; *pg.* 236
Thorpe, John, Group Brand Strategy Director - Goodby, Silverstein & Partners; *pg.* 77
Thorpe, Molly, Connection & Engagement Strategist - Haberman; *pg.* 369
Thorpe, Todd, Director, New Business Development - Trekk; *pg.* 156
Thorpe, Victoria, Senior Marketing Associate - ScratchMM; *pg.* 677
Thorson, Krista, Account Supervisor - Callahan Creek ; *pg.* 4
Thrap, Trevor, Designer - Sandstrom Partners; *pg.* 198
Thrash, Elizabeth, Associate Media Director - Zenith Media; *pg.* 531
Thrasher, Chad, President & Principal - My Friend's Nephew; *pg.* 119
Threlfall, Jennifer, Vice President, Strategic Client Partnerships - DiD Agency; *pg.* 62
Throckmorton, Lisa, Executive Vice President, Public Relations - SpeakerBox Communications; *pg.* 649
Throckmorton, Rob, Director, Employment & Staffing - MARC USA; *pg.* 104
Thrun, Rick, President & Creative Director - Propeller; *pg.* 130
Thube, Sayli, Media Planning Supervisor - Essence; *pg.* 232
Thum, David, Vice President - The Outcast Agency; *pg.* 654
Thuman, Julia, Senior Vice President, Client Service - Ansira; *pg.* 326
Thur, Adam, Creative Director - Union Creative; *pg.* 273
Thur, Danielle, Vice President, Lifestyle & Entertainment - Rogers & Cowan/PMK*BNC; *pg.* 644
Thurau, Jeff, Senior Art Director & Director, Information Technology - Impressions; *pg.* 89
Thurlow, Brittany, Account Manager - SourceLink, LLC; *pg.* 292
Thurman, T.J., Graphic Designer - Monigle Associates, Inc.; *pg.* 14
Thurstin, Jenny, Vice President, Account Management - Harris, Baio & McCullough; *pg.* 369
Thurston, Elisse, Digital Marketing & Project Manager - Departure; *pg.* 61
Thurston, Erica, Account Manager - CheckMark Communications; *pg.* 49
Thurston, Patti, Vice President, Efficacy - The Designory; *pg.* 149
Tibbetts, Isabel, Assistant Strategist - PHD USA; *pg.* 505
Tibbitts, Maggie, Associate Director - OMD; *pg.* 498
Tice, Kimberly, Vice President & Account Director - GSD&M; *pg.* 79
Tice, Laura, Associate Director, Motion - Wray Ward; *pg.* 433
Tichy, Sandra, Global Operations Manager & Global Media Specialist - Edelman; *pg.* 599
Tichy, Terry, Vice President, Production - Falls Communications; *pg.* 357
Tiedje, Garth, Executive Vice President Video Investment - Horizon Media, Inc.; *pg.* 474
Tiehen, Susan, Creative Director - JNA Advertising; *pg.* 92
Tieman, Jake, Creative - Bullish Inc; *pg.* 45
Tieman, Scott, Global Lead, Programmatic Services - Accenture Interactive; *pg.* 322
Tiemann, Frauke, Group Creative Director - David&Goliath; *pg.* 57
Tiernan, Bob, President - Cameo Marketing, Inc.; *pg.* 303
Tiernan, Bonnie, Owner - Cameo Marketing, Inc.; *pg.* 303
Tierney, Allison, Senior Vice President & Group Director, Media - Mediahub Boston; *pg.* 489
Tierney, Josh, Vice President, Strategy - We Are BMF; *pg.* 318
Tierney, Katelyn, Senior Art Director - BVK; *pg.* 339
Tierney, Rachel, Producer - Publicis North America; *pg.* 399
Tietge, Ted, Chief Executive Officer - Anderson Direct & Digital; *pg.* 279
Tighe, Dan, Executive Vice President & Managing Director - Initiative; *pg.* 477
Tigue, Alyssa, Account Supervisor - Zambezi; *pg.* 165
Tihanyi, Steve, Chief Marketing Officer - EventLink, LLC; *pg.* 305
Tijerina, Chelsea, Junior Art Director - 180LA; *pg.* 23
Tilford, Anthony, Founder & President - Lee Tilford Agency; *pg.* 97
Till, Brit, Executive Vice President & Creative Director - TheBloc; *pg.* 154
Till, Spencer, Senior Vice President & Chief Creative Office - Lewis Communications; *pg.* 100
Till, Tracy, Member Board, Directors - Butler / Till; *pg.* 457
Tillery, Anne, Managing Partner - Pyramid Communications; *pg.* 401
Tilley, Laurie, Executive Vice President, Brand Strategy - Littlefield Brand Development; *pg.* 12
Tillinghast, Stephanie, Vice President, Business Development - 160over90; *pg.* 207
Timberlake, Carol, President & Chief Executive Officer - Timberlake Media Services, Inc.; *pg.* 520
Timberlake, Dale, Chief Operating Officer & Executive Vice President - Timberlake Media Services, Inc.; *pg.* 520
Timerson, Nicole, Account Director - Saatchi & Saatchi Dallas; *pg.* 136
Timins, Justin, Manager, Media - Harmelin Media; *pg.* 467
Timko, Lindsey, Manager, Business Affairs - Wieden + Kennedy; *pg.* 432
Timlin, Patrick, Manager, Digital - Wavemaker; *pg.* 526
Timmer, Emilie, Media Director - Bradshaw Advertising; *pg.* 42
Timmerman, Andrea, Senior Vice President, Account Management - ForwardPMX; *pg.* 360
Timmerman, Rachel, Strategist, Creative Media - Red Tettemer O'Connell + Partners; *pg.* 404
Timmermeyer, Douglas, Design Director & Brand Strategist - Herring Design Studio; *pg.* 186
Timmings, Sarah, Associate Director, Innovation - C Space; *pg.* 443
Timmis, Elizabeth, Director, Content Marketing - Stella Rising; *pg.* 518
Timmons, Brittany, Account Manager - Creative Spot; *pg.* 55
Timmons, Rich, Founder - Timmons & Company ; *pg.* 426
Timmons, Rich, President & Chief Strategy Officer - 3rd Coast PR; *pg.* 573
Timmreck, Brian, Senior Associate - Spark Foundry; *pg.* 510
Timms, Judy, Associate Creative Director - Publicis Toronto; *pg.* 639
Timms, Meagan, Senior Vice President, Digital - Edelman; *pg.* 601
Timms, Ryan, President - McCann Canada; *pg.* 384
Timofeev, Steve, Executive Vice President, Operations & Managing Partner, WebART - Madison Avenue Marketing Group; *pg.* 287
Tims, Scott, Account Supervisor - The Point Group; *pg.* 152
Tindale, Kimberly, Production Coordinator - Jam3; *pg.* 243
Tindall, Bryn, Owner & Chief Executive Officer - Rebel Interactive; *pg.* 403
Tindall, Elizabeth, Brand Strategist - BrandExtract, LLC; *pg.* 4
Tines, Haley, Senior Programmatic Strategist - Havas Media Group; *pg.* 470
Ting, Rebecca, Associate Director, Strategy - OMD San Francisco; *pg.* 501
Ting, Richard, Global Chief Experience Officer - R/GA; *pg.* 260
Tingley, Austin, Affiliate Marketing Manager - Hawke Media; *pg.* 370
Tinkham, Chris, Executive Vice President & Media Director - DeVito/Verdi; *pg.* 62
Tino, Frank, Senior Director, Production - Merkle; *pg.* 114
Tinsley, Jamie, Vice President, Media Relations - Hill+Knowlton Strategies; *pg.* 613
Tinsley, Maggie, Digital Creative Director - Geometry; *pg.* 363
Tio, Jennifer, President - Maximum Marketing

1046

AGENCIES   PERSONNEL

Services; pg. 107
Tippett, Janice, Owner & President - Millennium Marketing Solutions; pg. 13
Tippmann, James R., Chief Executive Officer - FRCH Design Worldwide; pg. 184
Tipre, Joseph, Vice President & Director, Production - Lord + Thomas - FCB Chicago; pg. 71
Tipton, Franklin, Partner - Odysseus Arms; pg. 122
Tirado, Laura, Director, Creative - Genuine Interactive; pg. 237
Tiratira, Ken, Chief Strategy Officer & Senior Vice President, Operations - Imprenta Communications Group; pg. 89
Tirone, Michael, Vice President, Client Experience - Digital - Weber Shandwick; pg. 661
Tisch, Daniel, President & Chief Executive Officer - Argyle Communications ; pg. 578
Tischler, Melissa, Partner, Innovation - Lippincott; pg. 189
Tisdale, Michelle, Head of Strategic Intelligence - TracyLocke; pg. 426
Tishgart, Ariel, Strategy Director - Leo Burnett Worldwide; pg. 98
Tisser, Jason, Executive Creative Director - Campbell Ewald; pg. 47
Titelius, Jeff, Manager, Digital Services - Starmark International, Inc.; pg. 412
Titsworth, Joshua, Manager, Search Engine Marketing - Vizion Interactive; pg. 678
Tittel, Mike, Executive Creative Director - Gyro; pg. 368
Titus, Jim, Senior Art Director - BrabenderCox; pg. 336
Titus, Keith, President & Chief Executive Officer - MarketStar Corporation; pg. 383
Titus, Tracy, President & Art Director - Page Design Group; pg. 194
Tiwari, Shruti, Senior Director, Engagement Planning - Ogilvy; pg. 393
Tiz, Carrie, Supervisor, Spot Broadcast - Cramer-Krasselt ; pg. 53
Tiziani, Robert, Chief Executive Officer - Tiziani Whitmyre; pg. 155
Tkach, Dmitry, Partner, Portfolio Management - Universal McCann; pg. 521
Tkach, Natasha, Associate Producer - Hudson Rouge; pg. 371
Tkachenko, Lana, Director, Social Media - 360PRplus; pg. 573
Tlachac, Kristy, Senior Media Buyer & Planner - Zizzo Group Advertising & Public Relations; pg. 437
Tlustosch, Rebecca, Chief Financial Officer - mono; pg. 117
Toal, Jessica, Director, Business Development - ASD / Sky; pg. 173
Toback, Gabrielle, Senior Associate, Paid Media - NMPi; pg. 254
Tobak, Suzanne, Senior Director, Events - Serino Coyne, Inc.; pg. 299
Tobengauz, Steve, Chief Financial & Operating Officer - Annalect Group; pg. 213
Tobey, Gary, Chairman & Chief Executive Officer - Haworth Marketing & Media; pg. 471
Tobey, Josh, Chief Executive Officer - Integrated Merchandising Systems; pg. 286
Tobias, Christopher, President - Dudnyk Exchange; pg. 66
Tobias, Emily, Director, Digital Media - OMD; pg. 498
Tobias, Sierra, Senior Vice President - Zenith Media; pg. 529
Tobin, Jim, Chief Executive Officer - Ignite Social Media; pg. 686
Tobin, Katie, Director, Strategy & Insights - Archer Malmo; pg. 32
Tobin, Patrick, Executive Vice President &

Director, Creative - FCB Health; pg. 72
Tobin, Tracey, Senior Vice President, Client Lead - Publicis Toronto; pg. 639
Tobol, Mitch, Partner - CGT Marketing, LLC; pg. 49
Tobon, Chris, Media Planner - Team One; pg. 417
Toboy, Barbara, Senior Manager, Analytics - GTB; pg. 367
Tocco, Stephen, President & Chief Executive Officer - ML Strategies, LLC; pg. 627
Tocmacov, Alin, Associate Partner & Designer, Experience & Spatial - C&G Partners, LLC; pg. 176
Tod, Holliston, Media Planner - MediaCom; pg. 487
Todai, Amin, President & Chief Creative Officer - OneMethod Inc.; pg. 123
Todd, Bill, President - O2 Ideas; pg. 392
Todd, Caitlyn, Associate Director, Digital Marketing - Wpromote; pg. 679
Todd, Kayla, Associate Content Manager - MRM//McCANN; pg. 252
Todd, Leilanni, Associate Creative Director - Droga5; pg. 64
Todd, Margaret, Key Account Director - Frank Advertising; pg. 360
Todd, Michelle, Vice President, Account - The Shipyard; pg. 153
Todd, Paul, Chief Executive Officer - Gerson Lehrman Group; pg. 168
Todd, Scott, Senior Vice President, Licensing & Strategic Partnerships - Graj + Gustavsen, Inc.; pg. 8
Todd, Tara, Vice President & Director, Strategy & Analytics - GroupeConnect - Digitas; pg. 227
Toepper, Dave, Lead Designer - Artbox Creative Studios; pg. 173
Toepper, Eric, Media Supervisor - Starcom Worldwide; pg. 513
Toffoli, Chris, Creative & Design Director - DDB San Francisco; pg. 60
Toivola, Don, Paid Search Manager - Colling Media; pg. 51
Tokioka, Karly, Associate, Media Relations - Weber Shandwick; pg. 662
Tokuhiro, Lanna, Associate Director, Brand Strategy - Arnold Worldwide; pg. 33
Toland, Dan, Account Manager - Shiftology Communication; pg. 647
Toland, Ryan, Co-Director, Client Services - Pereira & O'Dell; pg. 256
Tolani, Neelam, Controller & Director, Finance - Fraser Communications; pg. 540
Tolbert, Ben, Senior Art Director - TBWA \ Chiat \ Day; pg. 146
Tolbert, Kristin, Senior Planner - BBDO Worldwide; pg. 331
Toledano, Andrew, Chief Client Development Officer - Kepler Group; pg. 244
Toledano, Baruch, Chief Product Officer - Conductor; pg. 672
Toledo, Ailys, Senior Account Executive - RBB Communications; pg. 641
Toledo, Javier, Senior Creative - McCann New York; pg. 108
Tolensky, Daniel, Chief Financial Officer & Partner - Arrivals + Departures; pg. 34
Tolentino, Brittany, Senior Negotiator, Video Partnerships - Initiative; pg. 478
Tolep, Don, Creative Business Strategist - OGK Creative; pg. 14
Tolkachyov, Luba, Chief Operating Officer - dentsu X; pg. 61
Tolkacz, Frank, Growth Strategist - Square 2 Marketing, Inc.; pg. 143
Tolkin, Danielle, Managing Supervisor - AFG&; pg. 28
Toll, Ann, Vice President, Client Services -

Buyer Advertising, Inc.; pg. 338
Tolle, Jeff, Senior Vice President, Digital - Brothers & Co.; pg. 43
Tollefson, Liv, Account Supervisor & Senior Strategist, Media - Linnihan Foy Advertising; pg. 100
Toller, Michele, Vice President, Media Marketing - Empower; pg. 354
Tolleson, Steve, Principal & Executive Creative Director - Tolleson Design; pg. 202
Tolley, Geoff, Chief Creative Officer & President - Chemistry Communications Inc.; pg. 50
Tolley, Joe, Art Director & Associate Creative Director - Luquire George Andrews, Inc.; pg. 382
Tolmaire, Raquel, Account Manager - Icon Media Direct; pg. 476
Toltzman, Leslie, Media Planning Supervisor - Universal McCann Detroit; pg. 524
Tom, Nicole, Media Partnerships Lead - Health, Beauty, Wellness & Personal Care - Walmart Media Group; pg. 684
Tomala, Don, Managing Director & Co-Founder - Matrix Partners, Ltd.; pg. 107
Tomala, Rebecca, Vice President, Client & Creative Services - Matrix Partners, Ltd.; pg. 107
Tomalavage, Sarah, Vice President, Media - CMI Media, LLC; pg. 342
Tomase, Mary, Group Media Director - GRP Media, Inc.; pg. 467
Tomasek, Haleigh, Account Representative - The William Mills Agency; pg. 655
Tomasek, Samantha, Director, Media & Partner - MediaCom; pg. 489
Tomasella, Brian, Controller - GIOVATTO Advertising; pg. 363
Tomasetti, Laura, Chief Executive Officer & Founder - 360PRplus; pg. 573
Tomasi, Edward, Managing Director, eSports - Big Block; pg. 217
Tomasiewicz, Patrick, Director, Communications Strategy - Wieden + Kennedy; pg. 432
Tomassen, Lisa, Practice Leader, Integrated Marketing Communications - Exponent PR; pg. 602
Tomassini Malek, Miriam, Vice President, Client Services - C-COM Group, Inc.; pg. 587
Tomasulo, Joseph, Executive Vice President & Global Chief Financial Officer - R/GA; pg. 260
Tomaszewski, Chris, Strategist, Paid Search - Austin & Williams Advertising; pg. 328
Tomaszewski, Jessica, Vice President & Director, Search Engine Optimization - Mediahub New York; pg. 249
Tomazin, Monica, Associate Media Director, Digital - Dailey & Associates; pg. 56
Tombacher, Robyn, Chief Operations Officer - North America - Wunderman Thompson; pg. 434
Tombras, Charlie, Chief Executive Officer - The Tombras Group; pg. 424
Tombras, Dooley, President - The Tombras Group; pg. 424
Tomczyk, Cody, Vice President, Sales - Force Marketing; pg. 284
Tomeny, Candace, Senior Director, Client Operations - The Trade Desk; pg. 519
Tomes, Dustin, Creative Director - Droga5; pg. 64
Tomes, Kathleen, President - Brilliant PR & Marketing; pg. 586
Tomkins, Julia, Associate Vice President - Rubenstein Associates; pg. 644
Tomlin, Jessica, Associate Creative Director - BlackDog Advertising; pg. 40
Tomlin, Karen, Director, Integrated Production - DiMassimo Goldstein; pg. 351

PERSONNEL — AGENCIES

Tomlin, Kaylin, Senior Display Media Manager - 360i, LLC; pg. 207
Tomlinson, Brian, Chief Financial Officer & Senior Vice President - Rasky Baerlein Strategic Communications, Inc.; pg. 641
Tomlinson, Gregg, Principal - fathead design, inc.; pg. 71
Tomlinson, Jared, Partner & Executive Creative Director - Standard Black; pg. 144
Tomlinson, Katherine, Account Director - TAXI; pg. 146
Tomlinson, Lauren, Account Director - Droga5; pg. 64
Tomlinson, Robert, Chief Financial Officer - Onstream Media; pg. 255
Tomlinson, Shomari, Senior Associate, Partnerships - Organic, Inc.; pg. 256
Tomlinson, Tonya, Principal - fathead design, inc.; pg. 71
Tompkins, Lacey, Associate Director, Display - iProspect; pg. 674
Tompkins, Maggie, Account Executive - Risdall Marketing Group; pg. 133
Tompkins, Stephen, Executive Director, Media Activation - Hearts & Science; pg. 471
Toms, Liz, Senior Vice President & Director, Business Development - The Martin Agency; pg. 421
Tomsen, Karissa, Vice President - Intertwine Interactive; pg. 242
Tone, Ketura, Account Director - Quaker City Mercantile; pg. 131
Tone, Tim, Creative Group Head & Art Director - The Richards Group, Inc.; pg. 422
Tonetti, Emma, Project Director - Anomaly; pg. 325
Tong, Jimmy, Senior Director, Marketing Sciences - OMD West; pg. 502
Tong, Katy, Manager, Analytics - Universal McCann; pg. 521
Tong, Mabel, Senior Art Director - Manhattan Marketing Ensemble; pg. 382
Tong, Su, Chief Executive Officer - Hylink; pg. 240
Tong, William, Account Supervisor - Seiter & Miller Advertising; pg. 139
Tonick, Matthew, Account Executive - Pacific Communications; pg. 124
Tonkin, Rob, Founder & Chief Executive Officer - Marketing Factory, Inc.; pg. 383
Tonner, Alexa, Co-Founder & Executive Vice President - Collectively, Inc.; pg. 685
Tons, Chad, President - Infinity Marketing Team; pg. 308
Tontz, Timothy, Senior Project Manager - TBWA \ Chiat \ Day; pg. 416
Tonya, Gomas, Media & Client Services - DL Media Inc.; pg. 63
Tooch, Dylan, Associate Director, Analytics - Mekanism; pg. 113
Toohey, Jennifer, Senior Brand Manager - 72andSunny; pg. 23
Toohey, Joe, Chief Creative Officer - 2e Creative; pg. 23
Toohey, Ross, Chief Executive Officer - 2e Creative; pg. 23
Toole, Christa, Partner, Search Marketing & Web Analytics - Greater Than One; pg. 8
Tooley, Michael, Associate Media Director - 360i, LLC; pg. 207
Toomey, Anne, Partner & Co-Owner - Epstein Design Partners, Inc.; pg. 182
Toomey, Anne, Founding Partner - Jarrard Phillips Cate & Hancock; pg. 616
Toomey, Keri, Senior Vice President - Bliss Integrated Communications; pg. 584
Toop, Andrea, Global Lead, Business Development & Brand - GALE; pg. 236
Topa, Susan, Creative Director - Park Outdoor Advertising; pg. 555

Topazio, Elizabeth, President, Travel - Active International; pg. 439
Topete, JonCarlo, Director - OMD Entertainment; pg. 501
Topken, Maria, Vice President, Client Leadership - Brandience; pg. 42
Topkins, Andrew, Partner & Owner - Brandgenuity, LLC; pg. 4
Toplitt, Dan, Vice President & Group Director, Search Engine Optimization - Reprise Digital; pg. 676
Topper, Hilary, President & Chief Executive Officer - HJMT Public Relations, Inc.; pg. 686
Torbeck, Heather, Senior Event Manager - The George P. Johnson Company; pg. 316
Torcasi, Alexandra, Vice President & Brand Group Director - Horizon Media, Inc.; pg. 474
Torchiana, Ashleigh, Associate Director, Digital Marketing - Mission Media, LLC; pg. 115
Torello, Gabrielle, Senior Account Executive - Grand Communications, Inc.; pg. 610
Torkelson, Meredith, Co-Owner & Vice President, Production - The Nolan Group ; pg. 654
Tornoe, Juan, Chief Marketing Officer & Partner - Cultural Strategies, Inc.; pg. 347
Toro, Vanessa, Vice President, Creative Strategy - Digitas; pg. 228
Torode, Jennifer, Vice President - Chen PR, Inc.; pg. 590
Torongo, Bob, Executive Vice President - Ipsos Public Affairs - GfK; pg. 444
Torossian, Ronn, Founder, President & Chief Executive Officer - 5W Public Relations; pg. 574
Torpey, Gary, Chief Finance Officer - PAN Communications; pg. 635
Torphy, Shannon, Junior Designer - AOR, Inc.; pg. 32
Torr, Michelle, Account Supervisor - Orange Label Art & Advertising; pg. 395
Torre, Michael, Account Supervisor - VaynerMedia; pg. 689
Torre, Zachery, Associate Director, Creative - DiD Agency; pg. 62
Torreggiani, Heather, Chief Marketing Officer - VSA Partners, Inc. ; pg. 204
Torrens, Kyle, Senior Public Relations Account Executive - R\West; pg. 136
Torrente, Andres, Director, Media Strategy - Hearts & Science; pg. 473
Torrents, Liz, Director, Broadcast Traffic - Zimmerman Advertising; pg. 437
Torres, Becky, Account Manager - Darby O'Brien Advertising, Inc.; pg. 57
Torres, Bernardo, Director, Strategy & Design - Prosek Partners; pg. 639
Torres, Blair, Account Director - Firehouse, Inc.; pg. 358
Torres, Carina, Associate Social Media Specialist - WE Communications; pg. 660
Torres, Christina, Account Supervisor, Strategy, Paid Media & Client Services - Laundry Service; pg. 287
Torres, Cristina, Senior Vice President & Media Director - Starcom Worldwide; pg. 513
Torres, Cristina, Senior Vice President, Strategic Partnerships & Growth - MediaMonks; pg. 249
Torres, Juan, Designer - Blue C Advertising; pg. 334
Torres, Lisa, President - Multicultural - Publicis North America; pg. 399
Torres, Malinda, Senior Manager - HL Group; pg. 614
Torres, Manuel, Creative Director - Energy BBDO, Inc.; pg. 355
Torres, Matt, Head, Video Production - Taylor

& Pond Interactive; pg. 269
Torres, Maurice, Senior Director, Digital Marketing - Global Media Group; pg. 76
Torres, Nathalie, Director, Data - IxCo; pg. 243
Torres, Nicole, Senior Vice President & Director, Local Audio Video Investment - Havas Media Group; pg. 468
Torres, Nicole, Vice President & Partner, Integrated Investment - Universal McCann; pg. 521
Torres, Peter, Director, Digital Services & Business Development Center - Ross Media; pg. 676
Torres, Roy, Creative Director - Huge, Inc.; pg. 240
Torres, Sandra, Buyer - National DR Media - JL Media, Inc.; pg. 481
Torrez, Liz, Managing Director - Hill+Knowlton Strategies; pg. 370
Torrijos, Francheska, Digital Media Planner - Garage Team Mazda; pg. 465
Torsey, Kate, Account Supervisor - Swift; pg. 145
Torsiello, Kat, Media Planning Supervisor - Target - Essence; pg. 233
Torstenbo, Craig, Creative Director - Masterworks; pg. 687
Tortelli, Mitchell, Account Coordinator - Campbell Ewald; pg. 46
Tortorella, Nancy, Chief Client Officer - U.S. - Wavemaker; pg. 526
Toscano, Chris, Media Supervisor, Health - Edelman; pg. 600
Toscano, Malory, Account Supervisor - Barkley Boulder; pg. 36
Toscano, Melinda, Head, Strategy & Planning - Spark Foundry; pg. 510
Toshniwal, Ashish, Chief Executive Officer & Founder - Y Media Labs; pg. 205
Tosi, Kevin, Senior Copywriter - BBH; pg. 37
Toso, Kim, Vice President & Director, Investment - Starcom Worldwide; pg. 513
Toss, Phyllis, Managing Partner - Wavemaker; pg. 526
Tosto, Max, Associate Media Director, Programmatic - 360i, LLC; pg. 208
Tota, Jon, Co-Founder & President - Edulence Interactive; pg. 230
Totade, Tejas, Senior Vice President, Head, Emerging Technologies - Ruder Finn, Inc.; pg. 645
Totah, Sammy, Vice President - Boca Communications; pg. 585
Totaram, Simone, Director, Digital Strategy - Media Assembly; pg. 484
Totaro, Gianna, Account Supervisor - Covet Public Relations; pg. 593
Toth, Emma, General Manager - TAXI; pg. 146
Toth, Jim, Associate Partner & Executive Creative Director - VSA Partners, Inc. ; pg. 204
Toth, Steve, Senior Art Director - Stevens Strategic Communications, Inc.; pg. 413
Toth, Zack, President - Toth + Co.; pg. 202
Totin, Lauren, Director, Marketing Operations - Teknicks; pg. 677
Toto, David, President - Juniper Park\ TBWA; pg. 93
Totten, Ajayne, Strategist, Paid Social - Ogilvy Public Relations; pg. 633
Totushek, Chris, Executive Producer & Head, Production - Observatory Marketing; pg. 122
Touich, Dara, Partner - Ballantines Public Relations; pg. 580
Touleyrou, Jason, Analyst, Business Intelligence - MRM//McCANN; pg. 252
Tountas, Alexandra, Senior Connections Planner - Havas Media Group; pg. 469
Tournat, Charlie, Associate Creative Director

AGENCIES PERSONNEL

& Writer - Preston Kelly; *pg.* 129
Tous, Katia, Director, Media - Hernandez & Garcia, LLC; *pg.* 84
Tousignant, Norm, Chief Financial Officer - The Food Group; *pg.* 419
Toussaint, Alea, Creative - mono; *pg.* 117
Toussaint, Genevieve, Supervisor - Starcom Worldwide; *pg.* 513
Toussaint Jr., Fausto, Senior Manager, Production - Lowe's & NFL Partnership - 160over90; *pg.* 301
Tout, Jim, Senior Vice President, Account Management & Business Services - Creata; *pg.* 346
Touzeau, Felicity, Account Lead - SwellShark; *pg.* 518
Tovi, Aaron, Creative Director & Strategist - Vigor ; *pg.* 21
Towers, Megan, Chief Strategy Officer - John St.; *pg.* 93
Towery Prevost, Melanie, Senior Account Executive - Archer Malmo; *pg.* 32
Towle, Glenn, Chief Operating Officer - Merrick Towle Communications; *pg.* 114
Towler, John, Vice President & Art Director - The Zimmerman Agency; *pg.* 426
Towler Weese, Cheryl, Partner - studio Blue; *pg.* 200
Towning, Gary, Senior Vice President, Digital Strategy & Services - Trone Brand Energy, Inc.; *pg.* 427
Townsend, Alica, Senior Manager, Business - mcgarrybowen; *pg.* 110
Townsend, Andrew, Creative Director & Principal - Kracoe Szykula & Townsend Inc. ; *pg.* 96
Townsend, Brian, Vice President, Business Development - GoConvergence; *pg.* 364
Townsend, Dave, President - Intrinzic, Inc.; *pg.* 10
Townsend, David, Founder & President - Townsend Raimundo Besler & Usher; *pg.* 656
Townsend, Elise, Vice President, Strategy & Business Development - LP&G, Inc.; *pg.* 381
Townsend, James, Global Chief Executive Officer - ForwardPMX; *pg.* 360
Townsend, Jared, Copywriter & Specialist, Digital Marketing - Rocket55; *pg.* 264
Townsend, Matthew, Vice President & Group Brand Director - Horizon Media, Inc.; *pg.* 474
Townsend, Natalie, Account Director - SHIFT Communications, LLC; *pg.* 647
Townsend, Paul, Associate Director, Strategy - Smashing Ideas; *pg.* 266
Townsend, Vicki, Media Director - Red Chalk Studios; *pg.* 404
Townsend, Wayne, President, Technology Practice - Epsilon; *pg.* 282
Townsend Zakroff, Lisa, Managing Director - Mekanism; *pg.* 113
Townsley, Katie, Vice President & Executive Director, Social - Accenture Interactive; *pg.* 322
Trabulsi, Judy, Co-Founder - GSD&M; *pg.* 79
Trach, Lauren, Partner & Global Digital Director - MediaCom; *pg.* 489
Trachte, Elizabeth, Chief Financial Officer - Phoenix Marketing International; *pg.* 448
Trachtman, Lisa, President - Strata-Media, Inc.; *pg.* 18
Tractenberg, Joel, Partner - The Levinson Tractenberg Group; *pg.* 151
Tracy, Emily, Senior Vice President - Prosek Partners; *pg.* 639
Tracy, John, President & Chief Executive Officer - Brilliant Media Strategies; *pg.* 43
Tracy, Karin, Vice President, Marketing - Fionta; *pg.* 183
Tracy, Kerry, Co-Founder, Chief Executive Officer & Partner - Working Media Group; *pg.* 433
Tracy, Marianne, Senior Director, Graphic Operations & Production - The George P. Johnson Company; *pg.* 316
Tracy, Melanie, Account Manager - WordCom, Inc.; *pg.* 294
Tracy, Pamela, Vice President, National Accounts - Gail & Rice; *pg.* 306
Traeger, Paul, Senior Vice President & Director, Strategy - Havas Media Group; *pg.* 469
Trager, Emma, Media Supervisor - Two by Four Communications, Ltd.; *pg.* 157
Trahan, Ronald, President - Ronald Trahan Associates, Inc.; *pg.* 644
Trahar, John, Managing Partner & Strategic & Creative Lead - Greatest Common Factory; *pg.* 365
Trahey, Amy, Director, Account - Adpearance; *pg.* 671
Traina, Chris, Chief Communications Officer - Conill Advertising, Inc.; *pg.* 538
Traina, David, President - Traina Design; *pg.* 20
Trainer, John, Vice President, Marketing Partnerships - ShopHer Media; *pg.* 682
Trainer, Kendall, Account Director - Nike Communications, Inc.; *pg.* 632
Trainer, Rachel, Digital Marketing Coordinator - Bailey Brand Consulting; *pg.* 2
Trainer, Tyler, Social & Digital Executive - 10Fold; *pg.* 573
Trainor, Judy, Account Executive - Ethos Marketing & Design; *pg.* 182
Trainor, Mike, Vice President, Public Relations - S&A Communications; *pg.* 645
Tramontana, Anthony, Chief Financial Officer - Baretz + Brunelle; *pg.* 580
Tramontano, Pamela, Senior Vice President & Account Director - ICON International, Inc.; *pg.* 476
Tramonte, Jessica, Director, Client Leadership - Empower; *pg.* 354
Tramp, Misia, Vice President, Strategy & Insight - Metia; *pg.* 250
Tran, Amelia, Associate Director, Paid Social - MediaCom; *pg.* 487
Tran, Caroline, Senior Partner, Group Director - Wavemaker; *pg.* 526
Tran, Cindy M., Project Manager - Pico Plus; *pg.* 397
Tran, Connie, Art Director - Philosophy Communication; *pg.* 636
Tran, John Paul, Chief Creative Officer - Triptent; *pg.* 156
Tran, Jonathan, Campaign Manager - FCB/SIX; *pg.* 358
Tran, Kelli, Media Planner - DWA Media; *pg.* 464
Tran, Kim, Digital Strategy Manager - Dash Two; *pg.* 551
Tran, Long, Creative Director - TVGla; *pg.* 273
Tran, Ly, Associate Partner & Chief Media Officer - Proof Advertising; *pg.* 398
Tran, Terence, Associate Director, Data & Analysis - Digitas; *pg.* 226
Tran-Canonigo, Tracy, Associate Director, Strategic Planning- Offline Media - DuMont project; *pg.* 230
Tran-Vu, Anthony, Analytics Strategist - Carmichael Lynch; *pg.* 47
Tranberg, David, Senior Vice President, Client Development - BDS Marketing, Inc.; *pg.* 566
Tranchemontagne, Scott, President & Partner - Montagne Communications; *pg.* 389
Trani, JorDana, Senior Account Supervisor - DeVries Global; *pg.* 596
Trapani, Lisa, Senior Vice President - RoseComm; *pg.* 644
Trapasso, Angela, Vice President, Digital Marketing - InkHouse Public Relations; *pg.* 615
Traphagen, Elise, Senior Account Manager - The MX Group; *pg.* 422
Trapp, Alima, Senior Vice President, Strategic Planning - Doner; *pg.* 63
Trapp, Alyssa, Account Coordinator - Martin Retail Group; *pg.* 106
Trapp, Will, Director, Marketing Technology & eCommunication - Saatchi & Saatchi X; *pg.* 682
Trask, Patricia, Vice President, Human Resources - Porter Novelli; *pg.* 637
Traub, Matthew, Managing Director & Chief, Staff - DKC Public Relations; *pg.* 597
Trauernicht, Cheryl, Associate Director - Publicis North America; *pg.* 399
Travaglini, Christine, President, Katz Radio Group - Katz Media Group, Inc.; *pg.* 481
Traver, Eric, Associate Director, Paid Social & Search - Mediahub Winston Salem; *pg.* 386
Traver, Kathleen, Senior Account Manager - Butler / Till; *pg.* 457
Traversi, Amanda, Senior Digital Producer - GSD&M; *pg.* 79
Traverso, Jeff, Senior Partner & Managing Director - Ogilvy; *pg.* 393
Travis, Daryl, Founder & Chief Executive Officer - BrandTrust, Inc.; *pg.* 4
Travis, Magdalena, Art Director - Force Majure Design Inc.; *pg.* 183
Travis, Nicole, Associate Director - Starcom Worldwide; *pg.* 513
Travis, Patty, Media Director - 5MetaCom; *pg.* 208
Travisano, Vincent, Vice President & Creative Director - PureRED; *pg.* 130
Travitz, Tim, Managing Partner - Contrast Creative; *pg.* 222
Traxler, Doug, Chief Revenue Officer - Webb/Mason; *pg.* 294
Traxler, Nik, Head, Production - The Distillery Project; *pg.* 149
Traylor, Brett, Senior Partner - Thinkso Creative LLC; *pg.* 155
Traylor, Brianna, Media Supervisor - Mediahub Boston; *pg.* 489
Traylor, Margie, Chief Executive Officer - August United; *pg.* 214
Trayner, Graeme, Managing Director - Glover Park Group; *pg.* 608
Treacy, Jack, Director, Art - Colle McVoy; *pg.* 343
Treacy-Schell, Nancy, Senior Broadcast Negotiator - 9thWonder; *pg.* 321
Treadway, Teresa, Co-Owner & Vice President, Media - Creative Energy, Inc.; *pg.* 346
Treadway, Tony, President & Chief Executive Officer - Creative Energy, Inc.; *pg.* 346
Treanor, Kevin, Global Director, E-Commerce Strategic - GTB; *pg.* 367
Treat, Colin, Search Engine Optimization Specialist - Youtech; *pg.* 436
Trechock, Alexa, Connections Planning Associate - Havas Media Group; *pg.* 468
Tredinnick, Nate, Manager, Communications - Shine United; *pg.* 140
Tredo, Jake, Senior Account Executive - Moxie Communications Group; *pg.* 628
Tredway, Mary Eva, Director, Publicity - The Butin Group; *pg.* 652
Tree, Brendan, Director, Search & Social - Hearts & Science; *pg.* 473
Treff, Michael, Managing Partner - New York - Code and Theory; *pg.* 221
Treiber, Ross, Project Manager - Bank of America - Starcom Worldwide; *pg.* 513
Treister, Carly, Senior Account Executive - MilkPEP - Arc Worldwide; *pg.* 327

1049

PERSONNEL — AGENCIES

Trejo, Alexander, Senior Web Developer - Leverage; pg. 245
Treleaven, Cheryl, Principal & Executive Vice President - ComBlu; pg. 691
Trem, Wendy, Vice President, Digital Services - Falls Communications; pg. 357
Tremblay, Jessica, Account Executive - LMNO; pg. 100
Tremblay, Kristyn, Strategy Supervisor - OMD; pg. 498
Tremblay, Louis-Philippe, Chief Creative Officer- One Publicis Team Samsung - Publicis North America; pg. 399
Trenary, Laura, Head, Analytics - Huge, Inc.; pg. 239
Trencher, Lewis, Chief Financial Officer & Chief Operating Officer - Wunderman Thompson; pg. 434
Trent, Nancy, President & Founder - Trent & Company, Inc.; pg. 656
Trentham, Colleen, Associate Creative Director - On Board Experiential Marketing; pg. 313
Trepal, Judy, Co-Founder & Vice President, Creative - Ethos Marketing & Design; pg. 182
Treppler, Stephanie, Senior Project Manager - Leo Burnett Worldwide; pg. 98
Tresidder, Melissa, Creative Director - Preston Kelly; pg. 129
Tresider, Jeff, Senior Vice President & Executive Creative Director - Broadhead; pg. 337
Tressel, Peter, Senior Vice President & Digital Creative Director - Preston Kelly; pg. 129
Tressler, Claudia, Chief Operating Officer & Partner - Broadstreet; pg. 43
Trester, Brianne, Manager, Operations - Noble People; pg. 120
Treston, Dave, Senior Account Planner - Kelliher Samets Volk; pg. 94
Treuhaft, Zachary, President - Hearts & Science; pg. 471
Trevail, Charles, Chief Executive Officer - C Space; pg. 443
Trevelino, Dean, Co-Owner & Principal - Trevelino / Keller Communications Group; pg. 656
Trevino, Felicia, Program Director, Global Marketing Automation - BrightWave Marketing, Inc.; pg. 219
Trevino, Janelle, Senior Account Director - Dieste; pg. 539
Trevino, Jenalisa, Account Director - Anomaly; pg. 325
Trevino, Nickolaus, Associate Media Director - Fearless Media; pg. 673
Trevino, Sylvia, Media Director - Anderson Marketing Group; pg. 31
Trevisani, Jonathan, Operations Manager - Playwire Media; pg. 257
Trevizo, Ben, Director, Performance Marketing - USIM; pg. 525
Trevor, Brian, Senior Vice President, Research & Development - Epsilon; pg. 282
Trewyn, Phill, Senior Account Executive - Mueller Communications, Inc.; pg. 630
Treyer-Evans, Toby, Group Creative Director - Droga5; pg. 64
Trezek, Morgan, Senior Associate, Digital Investment - Mindshare; pg. 495
Tri, Michael, Designer, Interactive - Elevate; pg. 230
Tribbett, Ryan, Vice President, Government Affairs - Pac / West Communications; pg. 635
Tribble, Amber, Customer & User Experience Lead - WongDoody; pg. 162
Tribble, Erika, Senior Producer - Fitzco; pg. 73
Tribble, Mark, Director, Account Management - Callahan Creek ; pg. 4
Tribe, Nigel, Head, Strategy - BBDO ATL; pg. 330
Tribe, Norm, Partner & Director, Creative & Digital - GearShift Advertising; pg. 76
Trickett, Alison, Senior Vice President, Client Growth - Mindstream Interactive; pg. 250
Trickey, Colleen, Owner & Principal - Trickey Jennus, Inc.; pg. 156
Triemstra, Carl, President - Symmetri Marketing Group, LLC; pg. 416
Trienens, Nathanial, Founder & Chief Executive Officer - Fuzz Productions; pg. 236
Trierweiler, Elena, Business Development - Archetype; pg. 33
Trierweiler, Spencer, Group Creative Director - Think Motive; pg. 154
Triglia, Amanda, Senior Media Strategist - Giant Spoon, LLC; pg. 363
Trilli, Tiffany, Account Supervisor - KWT Global; pg. 621
Trimino, Anthony, President & Chief Creative Officer - TRAFFIK Advertising; pg. 156
Tringali, Cara, Supervisor - Optimum Sports; pg. 394
Trinidad, Megan, Executive Creative Director - R/GA; pg. 261
Trinkle, Alan, President - m/SIX; pg. 482
Trinkle, Robert, Vice President & Account Director - PriceWeber Marketing Communications, Inc.; pg. 398
Triolo, Jack, Director, Finance Operations - Initiative; pg. 477
Tripeau, Chloe, Director, Advanced Analytics & Insights - Starcom Worldwide; pg. 517
Tripi, Julie, Vice President & Account Supervisor, AgencyRx - DDB Health; pg. 59
Triplett, John, Senior Marketing Consultant - Investis Digital; pg. 376
Triplett, Megan, Public Relations & Social Media Strategist - JacobsEye; pg. 243
Triplett, Travis, Director, Accounts - ADK Group; pg. 210
Tripodi, Kevin, Senior Vice President & Creative Director - Mower; pg. 118
Tripodi, Maggie, Digital Marketing Producer - The Digital Hyve; pg. 269
Tripodi, Michael, Senior Vice President, Digital Strategy & Revenue - Evergreen Trading - Horizon Media, Inc.; pg. 474
Tripp, Russ , Owner - Fain & Tripp; pg. 70
Trissel, Adam, Senior Vice President, Technology - Hero Digital; pg. 238
Trissel , Ed, Partner - Joele Frank, Wilkinson Brimmer Katcher; pg. 617
Tristano-Martin, Lisa, Associate Director, Public Relations & Social Engagement - MARC USA; pg. 104
Tritle, Kaylee, Media Specialist - Lessing-Flynn Advertising Co. ; pg. 99
Trivelli, Lynne, Director, Broadcast Media - Stern Advertising, Inc.; pg. 413
Trivunovic, Kara, Senior Vice President, Digital Solutions - Epsilon; pg. 283
Trnkus, Lindsay, Senior Manager - Weber Shandwick; pg. 662
Troast, Jennifer, Vice President & Managing Director - NeON; pg. 120
Trocchia, Elizabeth, Assistant Account Executive - Access Brand Communications; pg. 1
Trocchio, Matt, Senior Vice President & General Manager, Austin - WE Communications; pg. 660
Troche, Mason, Social Community Manager - Spark44; pg. 411
Trochimiuk, Aleksandra, Strategy & Creative Director - Colangelo & Partners; pg. 591
Troiano, Nick, Chief Executive Officer - Cadent Technology; pg. 219
Trojanowski, Jason, Creative Director - Evoke Health; pg. 69
Trojanowski, Joel, Creative Director - Armstrong Partnership Limited; pg. 565
Trollback, Jakob, Chief Executive Officer & Creative Director - Trollback & Company; pg. 203
Trollinger, Beverly, Vice President, Operations - OIA / Marketing; pg. 122
Tromba, Kathryn, Digital Marketing Manager - Dunn&Co; pg. 353
Trombley, Victoria, Vice President, Strategy - Zenith Media; pg. 531
Trompeter, Anne, Principal & Executive Creative Strategist - Live Marketing; pg. 310
Tron, Sylvain, Managing Director - McKinney LA - McKinney; pg. 111
Troncoso, Alfredo, Vice President, Global Brand & Marketing ROI - Kantar TNS; pg. 446
Troncoso, Marcos, Account Director - BKV; pg. 334
Trondle, Jayme, Senior Designer - Nimbus; pg. 391
Troop, Bob, Chairman & Chief Executive Officer - Shamrock Companies, Inc.; pg. 291
Troop, Nick, Senior Art Director - Preacher; pg. 129
Troost, Ashley, Project Manager, Media - 160over90; pg. 1
Tropeano, Kerry, Director, Marketing & Communications - Thompson & Bender; pg. 656
Tropp, Kristi, Senior Vice President, Client - Broadbeam Media; pg. 456
Tropp, Sarah, Account Supervisor - Schafer Condon Carter; pg. 138
Trosan, Ray, Director, Media & Business Development - The Variable; pg. 153
Troskosky, Craig, Senior Vice President - Edelman; pg. 599
Tross, Marissa, Director, Trading Desk - Mindshare; pg. 494
Trost, Julie, Vice President, Operations - Zorch; pg. 22
Troth, Britton, Senior Associate, Data Science & Analytics - Publicis.Sapient; pg. 258
Trotta, Matt, General Manager - North America - Playbuzz; pg. 128
Troubh, Natalie, Managing Director - Badger & Winters; pg. 174
Trout, Joanne, Senior Vice President, Global Communications - Omnicom Group; pg. 123
Trouten, Katie, Associate, Video Investment - Haworth Marketing & Media; pg. 470
Troutt, Bailey, Supervisor, Account - Alcon - 9thWonder; pg. 321
Troutt, Jeremy, Director, Creative - TRAFFIK Advertising; pg. 156
Troxell, Alec, Director, Business Development & Marketing - The Media Kitchen; pg. 519
Troy, Carina, Director, Account - 360PRplus; pg. 573
Troy, Carina, Director, Account - 360PRplus; pg. 573
Trozzolo, Angelo, Chief Executive Officer & President - Trozzolo Communications Group; pg. 657
Trozzolo, Pasquale, Executive Chairman - Trozzolo Communications Group; pg. 657
Truax, Jana, Director, Media - CMI Media, LLC; pg. 342
Truban Curry, Joice, President & Chief Executive Officer - C3 Communications, Inc.; pg. 588
Trubiano, Sara, Director, Account - Media Cause; pg. 249
Trudeau, Colette, Senior Vice President, Performance Media - Spark Foundry; pg. 510
Trudeau, Jill, Account Supervisor - The

AGENCIES — PERSONNEL

Zimmerman Agency; *pg.* 426
Trudel, Justin, Senior Vice President, Corporate Development - Ansira; *pg.* 1
Trudell, John, Digital Media Supervisor - DP+; *pg.* 353
Truffelman, Joanne, Executive Director - Chemistry Atlanta; *pg.* 50
Truffen, Sandi, Director, Client Services - Bensimon Byrne; *pg.* 38
Truitt, Heather, Senior Graphic Designer - Furia Rubel Communications, Inc.; *pg.* 607
Trujillo-Kalianis, Shelly, Senior Media Planner & Associate Media Director - Baker Street Advertising; *pg.* 329
Trull, Tim, Managing Director & Director, Account Strategy - The Lavidge Company; *pg.* 420
Truman, Ken, Vice President, Insights & Connections - MedThink Communications; *pg.* 112
Trumble, James, Senior Vice President & Head, US Strategy - Organic, Inc.; *pg.* 256
Trumble, Kristin, Brand Manager - The Richards Group, Inc.; *pg.* 422
Trummer, Camille, Account Manager - Brink Communications; *pg.* 337
Trumpfheller, Bill, President - Nuffer Smith Tucker, Inc.; *pg.* 392
Truong, Duyen, Vice President, Public Relations - Sage Communications, LLC; *pg.* 409
Truong, Jenny, Director, Art - Stein IAS; *pg.* 267
Truong, Quinn, Controller - Mediaspot, Inc. ; *pg.* 490
Truss, Brian, Senior Vice President & Group Account Director, Digital Strategy - P&G Oral Care - Publicis North America; *pg.* 399
Truss, Mark, Global Director, Brand Intelligence - Wunderman Thompson; *pg.* 434
Trussell-Scheppach, Sarah, Account Manager - Munroe Creative Partners; *pg.* 192
Truttmann, Jayson, Executive Vice President - Periscope; *pg.* 127
Trygg, Toby, Executive Creative Director - Ogilvy Health; *pg.* 122
Trzeciak, Stacey, Sales Manager - Foresight Group; *pg.* 74
Trzinski, Dan, Owner & President - Platypus Advertising & Design ; *pg.* 397
Tsai, Austin, Assistant Media Planner - Team One; *pg.* 417
Tsai, Wade, Chief Technology Officer - Zumobi; *pg.* 535
Tsai Petrenka, Grace, Art Producer - Wieden + Kennedy; *pg.* 430
Tsakalakis, Athan, Chief Operating Officer - Ethos, Pathos, Logos, LLC; *pg.* 233
Tsakalakis, Gyi, President - Ethos, Pathos, Logos, LLC; *pg.* 233
Tsan, Susan, Manager, Decision Sciences, Advanced Analytics & Insights - Starcom Worldwide; *pg.* 513
Tsang, Jen-Jen, Group Director, Partnerships - Initiative; *pg.* 478
Tsang, Tina, Lead, Display - iProspect; *pg.* 674
Tsang, Wendy, Senior Director, Talent & Culture - Lippincott; *pg.* 189
Tschetter, Carrie, President - Archer Communications, Inc.; *pg.* 327
Tschida, Jeannette, Media Director - Kruskopf & Company; *pg.* 96
Tschiffely, Donna, President - Conference Incorporated; *pg.* 303
Tse, Joyce, Associate Director, Digital Investment - PHD USA; *pg.* 505
Tse, Lilia, Vice President, Sales - Adfire Health; *pg.* 27
Tselenchuk, Galina, Senior Director, Product Management - QuinStreet, Inc.; *pg.* 290

Tseng, Tina, Principal Product Manager - Activision Blizzard Media; *pg.* 26
Tshimanga, Karen, Senior Campaign Program Manager - New Balance - VMLY&R; *pg.* 160
Tshing, Karrmen, Social Media Director - Pal8 Media, Inc.; *pg.* 503
Tsiboulski, Cyril, Partner & Creative Director - cloudred; *pg.* 221
Tsioutsias, Dimitris, Chief Analytics Officer - Targetbase Marketing; *pg.* 292
Tsipis, Igor, Associate Director, Programmatic - OMD West; *pg.* 502
Tsitsopoulos, Tass, Planning Director - Wieden + Kennedy; *pg.* 432
Tsitsos, Kristen, Account Director - Goodby, Silverstein & Partners; *pg.* 77
Tsoi, Jensen, Creative Director - Dyversity Communications; *pg.* 66
Tsotas, Jennifer, Vice President, Regional Sales - JCDecaux North America; *pg.* 553
Tsouros, Thalia, Director, Business Affairs - Translation; *pg.* 299
Tsue, Ed, Chief Strategy Officer - Samsung - One Publicis Team Samsung - Starcom Worldwide; *pg.* 517
Tsui, Eric, Account Director - Havas Tonic; *pg.* 285
Tsui, Scott, Account Executive - True X Media; *pg.* 317
Tsujioka, Terry, Copywriter, Senior Account Executive - Ripley - Woodbury Marketing; *pg.* 133
Tucci, Amanda, Account Supervisor - Rain 43; *pg.* 262
Tucci, Mark, Owner & President - Tucci Creative; *pg.* 157
Tuchalski, Brian, Senior Vice President & Group Director, Sponsorship Strategy - Zenith Media; *pg.* 529
Tuchalski, Lauren, Director & Senior Partner - Mindshare; *pg.* 491
Tuchler, Andrew, Managing Partner, Hospitality Division - LAZ Parking - Ultimate Parking; *pg.* 294
Tuchman, Shirin, Manager, Integrated Investment - Universal McCann; *pg.* 521
Tucker, Adam, Executive Partner & Global Lead, Brand Strategy & Advertising - Ogilvy; *pg.* 393
Tucker, Adrienne, Senior Producer - TracyLocke; *pg.* 683
Tucker, Allyson, Senior Associate, Portfolio Management - Universal McCann; *pg.* 521
Tucker, Angus, Chief Creative Officer - John St.; *pg.* 93
Tucker, Bill, Chief Executive Officer - iFuel; *pg.* 88
Tucker, Christina, Director, Strategic Planning - Wier / Stewart; *pg.* 162
Tucker, Dan, Chief Financial Officer - Madwell; *pg.* 13
Tucker, David, Head, Strategy - SwellShark; *pg.* 518
Tucker, Deborah, Creative Director, Vice President - ColinKurtis Advertising & Design; *pg.* 177
Tucker, Jeffrey, Founder - Tucker / Hall, Inc.; *pg.* 657
Tucker, Jenny, Associate Director, Media Planning - Initiative; *pg.* 477
Tucker, Kerry, Chief Executive Officer - Nuffer Smith Tucker, Inc.; *pg.* 392
Tucker, Kristina, Managing Partner, iFuel Interactive - iFuel; *pg.* 88
Tucker, Lauren, Chief Strategy Officer - MERGE; *pg.* 113
Tucker, Leslie, Brand Media Group Head - The Richards Group, Inc.; *pg.* 422
Tucker, Michelle, Senior Vice President & Creative Director - Edelman; *pg.* 353

Tucker, Nicole, Senior Account Manager - SourceLink, LLC; *pg.* 292
Tucker, Robert, Director, Brand Strategy - Gyro; *pg.* 368
Tucker, Shannon, Senior Director, Media Relations - SSPR; *pg.* 649
Tucker, Todd, Art Director & Creative Group Head - The Richards Group, Inc.; *pg.* 422
Tucker Clark, Mish, Vice President, Strategy & Accounts - GoConvergence; *pg.* 364
Tucker-Kauffman, Jenna, Account Director - Jack Morton Worldwide; *pg.* 309
Tudor, Destiny, Director, Art - Velocity OMC; *pg.* 158
Tuel, Matt, Chief Financial Officer - Profitero; *pg.* 682
Tuff, Christopher, Executive Vice President & Director, Content Marketing & Partnerships - 22squared Inc.; *pg.* 319
Tufo, Tara, Corporate Director, Communication - Paradise; *pg.* 396
Tufts, Katie, Director, Communications - United Entertainment Group; *pg.* 299
Tugentman, Michelle, Senior Negotiator - Zenith Media; *pg.* 529
Tuleya, Chris, Executive Vice President, Media - Underscore Marketing, LLC; *pg.* 521
Tulipana, Cheryl, Media Director - Signal Theory; *pg.* 141
Tull, Kim, Manager, Creative Resource - Godfrey; *pg.* 8
Tulley, Vincent, Associate Creative Director - DeVito/Verdi; *pg.* 62
Tulloch, Trish, Senior Account Director - Endeavor - Chicago; *pg.* 297
Tullos, Shea, Creative Director - Cactus Marketing Communications; *pg.* 339
Tully, Austen, Senior Vice President, Group Account Director - 22squared Inc.; *pg.* 319
Tuluy, Turan, Associate Creative Director - Anomaly; *pg.* 325
Tumangday, Erwin, Vice President, Business Development & Growth - Klick Health; *pg.* 244
Tumblety, Brielle, Group Strategy Director - OMD; *pg.* 498
Tummeley, Daniel, Senior Account Executive - Whill - Uproar; *pg.* 657
Tumminello, Matt, President - Target 10; *pg.* 19
Tumulty, Jennifer, Production Artist - Aloysius Butler & Clark; *pg.* 30
Tuncok Fischer, Nukte, Group Director, Planning - Havas Media Group; *pg.* 468
Tung, Mina, Creative Project Manager - Undertone; *pg.* 273
Tung, Sherman, Vice President & Senior Creative Director - Time Advertising; *pg.* 155
Tung, Tiffany, Manager, Search - Tinuiti; *pg.* 678
Tunheim, Kathy, Principal & Chief Executive Officer - Tunheim Partners; *pg.* 657
Tupot, Marie Lena, Managing Partner & Research Director - scenarioDNA; *pg.* 449
Tuppeney, Betty, Chief Executive Officer & Owner - Domus Advertising; *pg.* 352
Tupper, Emily, Senior Media Planner - GTB; *pg.* 367
Tupper, Karlyn, Digital Media Coordinator - USIM; *pg.* 525
Tupper, Shelley, Executive Vice President - PineRock; *pg.* 636
Tura, Hunter, President & Chief Executive Officer - Bruce Mau Design; *pg.* 176
Turcot, Jay, Vice President, AI - Affectiva, Inc.; *pg.* 441
Turcotte, Marie-Noelle, Director, Production - Bob Communications; *pg.* 41
Turcotte, Nathalie, Partner & Vice President, Consulting Group - Bob Communications; *pg.* 41
Turk, Barnett, Creative Director - Purdie

1051

PERSONNEL — AGENCIES

Rogers, Inc.; pg. 130
Turk, Emily, Senior Associate, New Business - Digitas; pg. 226
Turk, Marybeth, Director, Client Services - Purdie Rogers, Inc.; pg. 130
Turkel, Bruce, Keynote Speaker - Turkel; pg. 157
Turkel, Rebecca, Senior Account Manager - 360i, LLC; pg. 208
Turken, Patricia, Senior Art Director - Munn Rabot; pg. 448
Turkington, Eric, Vice President, Strategic Partnerships - RAIN; pg. 262
Turlej, Melissa, Vice President, Digital - Edelman ; pg. 601
Turman, David, Senior Vice President, Out-of-Home Investment - Publicis Media - Spark Foundry; pg. 510
Turman, Kimberly, Senior Account Executive & Social Media Strategist - Champion Management Group, LLC; pg. 589
Turman, Sabrina, Content Director - Team 201; pg. 269
Turmell, Madison, Director, Client Management - Modifly Inc.; pg. 687
Turnbo, Steve, Chairman, Emeritus - Schnake Turnbo Frank, Inc.; pg. 646
Turnbow, Andrea, Director, Marketing Services - StringCan Interactive; pg. 267
Turnbull, Amanda, Executive Vice President, Client Services - Legacy Marketing Partners; pg. 310
Turnbull, Chris, Associate Media Director - True Media; pg. 427
Turnbull, Karl, Founder & Chief Strategy Officer - Cavalry; pg. 48
Turnbull, Susan, Owner - Hot Pink, Inc.; pg. 87
Turnbull, Tyler, Chief Executive Officer - FCB New York; pg. 357
Turner, Allison, Marketing Manager - Definition 6; pg. 224
Turner, Amy, Associate Director - PHD USA; pg. 505
Turner, Brandon, Account Supervisor - Wunderman Thompson Seattle; pg. 435
Turner, Brett, Senior Web Developer, Project Manager - Godat Design; pg. 185
Turner, Brian, President - Sherwood Outdoor, Inc.; pg. 557
Turner, Chad, Co-Founder & President - GoMedia; pg. 77
Turner, Charmaine, Media Supervisor - Media Experts; pg. 485
Turner, Chris, Senior Partner, Group Creative Director & Creative Integration Lead - Ogilvy; pg. 393
Turner, Christine, Executive Vice President & Principal - ChappellRoberts; pg. 341
Turner, Christine, President - Turner Public Relations; pg. 657
Turner, David, Partner - Turner Duckworth; pg. 203
Turner, David, Director, Web Services - Turnstile, Inc.; pg. 427
Turner, Delayne, Senior Vice President, Human Resources & Talent Director - Leo Burnett Detroit; pg. 97
Turner, Doug, Partner & Chief Executive Officer - Agenda; pg. 575
Turner, Elizabeth, Global Sales & Marketing Director - Pier 3 Entertainment; pg. 298
Turner, Emily, Senior Media Buyer - Carat; pg. 461
Turner, Ethan, Senior Account Executive - Red Moon Marketing; pg. 404
Turner, Gene, Chief & Executive Vice President - Horizon Next - Horizon Media, Inc.; pg. 474
Turner, Ian, Associate Director, Communications Planning - PHD USA; pg. 505
Turner, Jacquelyn, Senior Manager, Social Media - Chemistry Atlanta; pg. 50
Turner, Janice, Marketing Account Executive - Fain & Tripp; pg. 70
Turner, Jasmine, Platform Media Strategist - Trilia; pg. 521
Turner, Jason, Copywriter - Wieden + Kennedy; pg. 430
Turner, Jeremy, Art Director - Red Antler; pg. 16
Turner, Jonathan, Head, US Analytics - Mediahub Boston; pg. 489
Turner, Katie, Partner - ICR; pg. 615
Turner, Kellsey, Senior Account Executive - Vault Communications, Inc.; pg. 658
Turner, Kevin, Senior Copywriter - Funworks; pg. 75
Turner, Larry, President - Backus Turner International; pg. 35
Turner, Lauren, Associate Account Director - OMD West; pg. 502
Turner, Lauren, Director, Social Media Operations & Analytics - Agency 720; pg. 323
Turner, Lauren, Vice President, Client Relations - No Limit Agency; pg. 632
Turner, Lisa, Director, Partnership Services - Learfield Sports; pg. 310
Turner, Mark, Chief Strategy Officer - Saatchi & Saatchi Los Angeles; pg. 137
Turner, Ron, Vice President, Brand Development - Alison South Marketing Group; pg. 29
Turner, Russell, Vice President & Creative Director - Fall Advertising ; pg. 70
Turner, Sam, Creative Director - Miller-Reid; pg. 115
Turner, Sarah, Art Director - E. W. Bullock Associates; pg. 66
Turner, Shannon, Senior Account Director - TVGla; pg. 273
Turner, Sophie, Supervisor, Media - Mediahub Los Angeles; pg. 112
Turner, Tom, Senior Vice President, Direct Response Media - Active International; pg. 439
Turney, Chris, Strategy Director - Joan; pg. 92
Turpin, Annmarie, Senior Vice President, Client Analytics - Ocean Media, Inc.; pg. 498
Turpin, Michelle, Copywriter - EP+Co.; pg. 356
Turpin, Tim, Executive Vice President - SparkPR; pg. 648
Turrin, Ryan, Vice President, Publicity - The Karpel Group; pg. 299
Turrini, Geneva, Account Executive - Spawn; pg. 648
Turton, Penny, Media Planner - Mintz & Hoke; pg. 387
Turtz, Zachary, Sports Marketing Analyst - Roc Nation; pg. 298
Tusalem, Stephanie, Senior Manager, Paid Media & Performance Marketing - Manifest; pg. 383
Tuska, Jennifer, Senior Analyst, Marketing Analytics - Rain; pg. 402
Tussing, Chris, Chief Marketing Officer - MERGE; pg. 113
Tuttle, Amanda, Director, Operations & Strategic Planning - BrightWave Marketing, Inc.; pg. 219
Tuttle, Chip, Partner - CTP; pg. 347
Tuttle, John, Director, Technology & Facilities - Haberman; pg. 369
Tuttle, Kari, Associate Creative Director - Blind Society; pg. 40
Tuttle, Ryan P., Co-Founder & Chief Operating Officer - Dragon Army; pg. 533
Tutunjian, Eric, Director, Production - MidLantic Marketing Solutions; pg. 288
Tuzson, Andrew, Vice President, Creative - Firespring; pg. 358
Tveit, Mary, Partner & Creative Director - Sol Design Company ; pg. 199
Tverskaya, Viktoriya, Strategy Supervisor - Hearts & Science; pg. 471
Twardowski, Jeremy, Senior Director, Fabrication Estimating - The George P. Johnson Company; pg. 316
Tweddell, Zachery, Senior Director, Marketing & Employer Brand - Bayard Advertising Agency, Inc.; pg. 37
Twentey, Ruth, Human Resources Coordinator - Denny Mountain Media; pg. 225
Twer, Kevin, President & Partner - HKA, Inc.; pg. 614
Twersky, Elizabeth, Director, Digital Media & Data Solutions - Horizon Media, Inc.; pg. 474
Twigger, Gavin, Executive Creative Director - Javelin Agency; pg. 286
Twitchell, Bryce, Creative Director - Scott Peyron & Associates, Inc.; pg. 688
Twomey, John, Senior Creative Director - Cameron Advertising; pg. 339
Tybus, Drew, Senior Vice President - Evins Communications, Ltd.; pg. 602
Tykal, Erica, Digital Account Manager - Cardinal Digital Marketing; pg. 220
Tyldesley, Marci, Vice President - Regan Communications Group; pg. 642
Tyler, Eliot, President - Patients & Purpose; pg. 126
Tyler, Jared, Associate Director, Analytics & Insights - Spark Foundry; pg. 510
Tyler, Jennifer, Group Director, Account Operations - Manifest; pg. 248
Tyler, Lindsay, Vice President & Director, Production - Lord + Thomas - FCB Chicago; pg. 71
Tyler, Lisa, Operations Director - Bulldog Drummond; pg. 338
Tyler, Marnie, Senior Vice President & Group Client Director - Spark Foundry; pg. 512
Tyler Williamson, John, Manager, Search Engine Optimization - The Brandon Agency; pg. 419
Tylka, Courtney, Senior Manager, Broadcast Traffic - Deutsch, Inc.; pg. 350
Tyll, Kristin, Senior Vice President & Partner - Stratacomm, Inc.; pg. 650
Tyma, Braeden, Designer, Motion - SCORR Marketing; pg. 409
Tyner, Troy, Partner & Creative Director - Mitre Agency; pg. 191
Tynski, Dan, Senior Vice President - Fractional Labs - Fractl; pg. 686
Tynski, Kristin, Co-Founder & Senior Vice President, Creative - Fractl; pg. 686
Tyree, Alex, Client & Content Director - Spike DDB; pg. 143
Tyree, Sarah, Associate Director, Digital - Carat; pg. 459
Tyrol, Julianne, Associate Media Director - Digitas; pg. 228
Tyrrell, Denise, Account Management Supervisor - Freed Advertising; pg. 360
Tyrrell, Katelyn , Vice President & Group Partner, Integrated Investment - J3; pg. 480
Tyrrell, Mary, Executive Vice President & Director, Media Strategy - MayoSeitz Media; pg. 483
Tysarczyk, Aimee, Vice President - Brian Communications; pg. 586
Tysell, Monica, Chief Integration Officer - Doner; pg. 63
Tyson, Alena R., Manager, Digital Marketing - Third Wave Digital; pg. 270
Tyson, Alyssa, Senior Marketing Manager - PAN Communications; pg. 635

AGENCIES PERSONNEL

Tzeiler, Karen, Senior Account Supervisor - Kaplow Communications; *pg.* 618
te Booij, Merijn, Chief Marketing Officer - Genesys Telecommunications Laboratories; *pg.* 168

U

Ubben, Michelle, President & Partner - Sachs Media Group; *pg.* 645
Ubeda, Amanda, Senior Marketing Manager - Arnold Worldwide; *pg.* 34
Ubovich, Megan, Senior Producer - Mekanism; *pg.* 112
Ucinski, Jacqlyn, Senior Account Executive - Publicis.Sapient; *pg.* 260
Udler, Francis, Digital Investment Director - Wavemaker; *pg.* 526
Uetz, Michael, Principal & Owner - Midan Marketing; *pg.* 13
Uffelman, Caroline, Account Director - DDB New York; *pg.* 59
Ugarte, Giselle, Director, Marketing - Media Bridge Advertising; *pg.* 484
Uge, Seda, National Broadcast Negotiator - Mindshare; *pg.* 495
Ugenti, Meg, Corporate Director, Sales & Marketing - Focus USA; *pg.* 284
Ugenti, Michael, President - Focus USA; *pg.* 284
Uhalde, Gina, Media Planner - AKQA; *pg.* 211
Uhelski, Sara, Copywriter - TBD; *pg.* 146
Uhl, Brian, Vice President, Client Services - Lockard & Wechsler ; *pg.* 287
Uhlan, Lauren, Manager, Digital Investment - Wavemaker; *pg.* 526
Uhlig, Leslieanne, Controller - Beyond Marketing Group; *pg.* 685
Ulanowski, Betty, Controller - LA, Inc.; *pg.* 11
Ulibas, Arlene, Director, Search & Analytics - Situation Interactive; *pg.* 265
Ulis, Igor, President, Enterprise Solutions & Strategy - iX.co; *pg.* 243
Ulla, Jorge, Chief Ideation Officer & Partner - d. exposito & Partners; *pg.* 539
Ullman, Jake, Brand Strategist - Argonaut, Inc.; *pg.* 33
Ulloa, Renee, Art Director - Dark Horse Media; *pg.* 464
Ulman, Bonnie, Director, M Booth South - M Booth & Associates, Inc. ; *pg.* 624
Ulrich, Bryan, Vice President & Director, Digital - Carat; *pg.* 459
Ulrich, Farrell, Supervisor, Brand - Observatory Marketing; *pg.* 122
Ulrich, Fred, Senior Account Supervisor - Media Logic; *pg.* 288
Ulrich, Joel, Senior Media Strategist - Brunner; *pg.* 44
Ulrich, Lisa, Vice President & Group Partner, Client Finance - Universal McCann Detroit; *pg.* 524
Ulrich, Marla, Senior Vice President & Head, Production - BBDO ATL; *pg.* 330
Umali, Jennifer, Chief Executive Officer - MediaCross, Inc.; *pg.* 112
Umans, Jamie, Partner & Integrated Planning Director - MediaCom; *pg.* 487
Umanskiy, Tina, Manager, Account - 360i, LLC; *pg.* 208
Umbach, Mark, Vice President - MWWPR; *pg.* 630
Umbro, Matthew, Associate Director, Search - Hanapin Marketing; *pg.* 237
Ume, Chike, Associate Director, Creative Strategy - Essence; *pg.* 232
Umemoto, Lynn, Principal, Client Strategy - Grafik Marketing Communications; *pg.* 185

Umholtz, Anna, Digital Media Operations Supervisor - Cramer-Krasselt ; *pg.* 53
Umlauf, Dan, President - Clear River Advertising & Marketing; *pg.* 177
Umlauf, Simon, Producer - Mountain View Group; *pg.* 389
Un, Milton, Director, Design - Carmichael Lynch; *pg.* 47
UnRuh, Paige, Account Executive - LMNO; *pg.* 100
Underwood, John, Chief Marketing Officer - Tinsley Advertising; *pg.* 155
Unes, Tim, President - Event Strategies, Inc.; *pg.* 305
Unflat, Brian, Creative Director - CMD; *pg.* 51
Ung, Sie, Director, Media - Quigley-Simpson; *pg.* 544
Unger, Alexander, Media Planner - The Richards Group, Inc.; *pg.* 422
Unger, Brandi, Director, Sales - Amplified Digital Agency; *pg.* 213
Unger, Dan, Account Director - Central Area Lexus Dealer Association - Team One; *pg.* 417
Unger, Jesse, Director, Strategy - TBWA \ Chiat \ Day; *pg.* 146
Unger, Mark, Partner & Chief Creative Officer - Push; *pg.* 401
Unger, Peter, Creative Director - VaynerMedia; *pg.* 689
Unger, Rex, Director, Client Services - Phil & Co.; *pg.* 397
Unger, Ryan, Chief Technology Officer - Punchkick Interactive; *pg.* 534
Unger, Stephanie, Director, Advertising Operations - Blind Ferret; *pg.* 217
Unglaub, Bob, Partner - Integrated Marketing Solutions; *pg.* 89
Ungru, Kristen, Director, Account - PriceWeber Marketing Communications, Inc.; *pg.* 398
Ungs, Justin, Director, Account Management - Fame; *pg.* 70
Ungvarsky, Drew, Chief Executive Officer & Executive Creative Director - Grow Interactive; *pg.* 237
Unkles, Timothy, Media Planner - Trilia ; *pg.* 521
Unkraut, Katie, Strategist, Broadcasting Buying - National - Empower; *pg.* 354
Unruh, Todd, Head, Innovation - Mindstream Media Group - Dallas; *pg.* 496
Untalan, Jocelle, Account Executive - Campbell Ewald; *pg.* 47
Upah, Megan, Vice President & Global Director, Digital - Carat; *pg.* 459
Upchurch, Alan, Senior Vice President - Marx Layne & Company; *pg.* 626
Updike, James, Senior Vice President - The George P. Johnson Company; *pg.* 316
Upham, Britton, Chief Executive Officer - McGarrah Jessee; *pg.* 384
Upham, Gary, Graphic Designer - Shift; *pg.* 17
Upham, Nowell, Executive Vice President - The Marketing Arm; *pg.* 316
Uppal, Baba, Senior Vice President, Strategy & Business Development - Secret Location; *pg.* 563
Upton, Laurel, Director, Search - HBO - Hearts & Science; *pg.* 471
Uratsu, David, Controller & Chief Financial Officer - Chase Design Group; *pg.* 177
Urban, Cristin, Senior Account Supervisor - Coyne Public Relations; *pg.* 593
Urban, Lauren, Chief Operating Officer - Youtech; *pg.* 436
Urban, Nicki, Account Planner - Simantel Group; *pg.* 142
Urban, Rachel, Media Supervisor - Hearts & Science; *pg.* 473

Urband, Lauren, Founder & President - The Consultancy PR; *pg.* 653
Urce, Shannon, Vice President, National Video Activation - Zenith Media; *pg.* 529
Urciuoli, Janet, Senior Vice President, Finance - IgnitionOne; *pg.* 673
Urdang, Kellie, Global Director, Human Resources - Branded Entertainment Network, Inc.; *pg.* 297
Urena, Yesenia, Coordinator, Client Service - Duarte; *pg.* 180
Uriarte, Luisa, Executive Vice President & Managing Partner - Maddock Douglas; *pg.* 102
Uriarte, Melanie, Art Director - Reagan Outdoor Advertising; *pg.* 557
Uribe, Jessica, Digital Producer - Dailey & Associates; *pg.* 56
Urice, Chad, Executive Director, Analytics & Activation - Media Storm; *pg.* 486
Urner, Nancy, Directors, Operations - Tether; *pg.* 201
Urruchua, Arantza, Account Supervisor - VMLY&R; *pg.* 160
Ursino, Mark, Senior Director, Technology & CMS Practice Lead - RightPoint; *pg.* 263
Urteaga, Mayra, Manager, Accounting - Interlex Communications; *pg.* 541
Uruchurtu, Richard, Vice President, Operations - KlientBoost; *pg.* 244
Usher, Sharon, Chief Executive Officer - Townsend Raimundo Besler & Usher; *pg.* 656
Usherwood, Brad, Chief Executive Officer & Founder & Head, Strategy - Yield-Integrated Communications & Advertising; *pg.* 164
Uslugil, Sal, Chief Revenue Officer - Clarabridge, Inc.; *pg.* 167
Usoltseff, Anthony, Director, Strategy - TWO NIL; *pg.* 521
Usseglio, Melissa, Vice President - RTi Research; *pg.* 449
Ussery, Tom, Director, Business Intelligence - J.R. Thompson Company; *pg.* 91
Utomo, Diandra, Assistant Account Executive - Rogers & Cowan/PMK*BNC; *pg.* 643
Utterson, Nicole, Director, Video Partnerships - Initiative; *pg.* 478
Uttley, Mark, Group Strategy Director - AKQA; *pg.* 211
Utzinger, Rick, Executive Creative Director - Fallon Worldwide; *pg.* 70
Uva, JC, Managing Director - MediaLink; *pg.* 386
Uy, Bernard, Owner & Creative Director - Wall to Wall Studios; *pg.* 204
Uzana, Dana, Social Media Marketing Specialist - Renaissance; *pg.* 263
Uzer, Met, Director, Experience Design - VMLY&R; *pg.* 274

V

Vaca, Efran, Executive Vice President & Managing Director, North America Health Practice - VMLY&R; *pg.* 160
Vacatello, Danielle, Senior Vice President & Client Business Partner - J3; *pg.* 480
Vacca, Lindsay, Director, Video Investment - Starcom Worldwide; *pg.* 517
Vacca, Peter, Senior Art Director - Cardinal Communications USA; *pg.* 47
Vaccarella, Lisa, Supervisor, Media Buying - KWG Advertising, Inc.; *pg.* 96
Vaccarino, Tim, Executive Creative Director - MullenLowe U.S. Boston; *pg.* 389
Vaccaro, Alexandra, Manager - Mindshare; *pg.* 491
Vaccaro, Amy Lynne, Supervisor, Planning - Carat; *pg.* 459

PERSONNEL — AGENCIES

Vaccaro, Chris, Senior Partner & Associate Director, National Broadcast - Mindshare; pg. 491
Vaccaro, Fran, Vice President, Account Services - Aqua Marketing & Communications; pg. 326
Vaccaro, Jacqueline, Senior Partner & Associate Director - Essence; pg. 232
Vaccaro, John, Account Manager - MediaCom Canada; pg. 489
Vaccaro, Lisa, Associate Media Director - Luxe Collective Group; pg. 102
Vacchiano, Callie, Senior Associate, Digital Investment - Wavemaker; pg. 526
Vadala, Erin, President - Warner Communications; pg. 659
Vadhar, Eric, Vice President, Digital Investment - Zenith Media; pg. 529
Vadnais, Adam, Vice President, Social & Digital - Mob Scene; pg. 563
Vagra, Kyle, Media Planner, Strategy - Zenith Media; pg. 529
Vague, Dana, Director, Design - Cayenne Creative; pg. 49
Vahdani, Kiara, Assistant, Paid Social - Carat; pg. 459
Vahidi, Saeid, Strategy Director - 72andSunny; pg. 24
Vahldick, Lauren, Senior Associate, Client Experience - Current; pg. 594
Vahlkamp, Alie, Media Planner - Icon Media Direct; pg. 476
Vahsholtz, Jesse, Group Account Director - PP+K; pg. 129
Vaile, Ernie, Chief Operating Officer - Webb/Mason; pg. 294
Vaitonis, Robin, Chief Operating Officer - Grafik Marketing Communications; pg. 185
Vaivads, Nora, Partner, New Business Development & Director, Human Resources - Taylor Design; pg. 201
Vakos, Geordan, Account Supervisor - Carmichael Lynch; pg. 47
Val, Gabriel, Vice President, Innovation & Special Projects - Jellyvision Lab; pg. 377
Vala, Jiri, Vice President & Group Director - 360i, LLC; pg. 207
Valadez, Oved, Co-Founder & Executive Creative Director - Industry; pg. 187
Valarezo, Kimberly, Junior Manager - PRCG | Haggerty, LLC; pg. 638
Valcich, Ray, General Manager - Crossmedia; pg. 463
Valderrama, Claudia, Chief Finance Officer - Wieden + Kennedy; pg. 430
Valderrama, Jose, Owner & President - Hispanic Group; pg. 371
Valdes, Robert, Partner & Head, Production - FIG; pg. 73
Valdes-Fauli, Mike, President & Chief Executive Officer - Pinta USA, LLC; pg. 397
Valdespino, Sandra, Senior Account Executive - Camelot Strategic Marketing & Media; pg. 457
Valdez, David, Senior Principal Account Executive - Strategic Accounts - Neustar, Inc.; pg. 289
Valdez, Georgina, Manager, Accounts Payable - Ocean Media, Inc.; pg. 498
Valdez, Roxana, Director, National Video - Palisades Media Group, Inc.; pg. 124
Valdivia, Kassandra, Marketing & Business Development Associate - PHD USA; pg. 505
Vale, Jennifer, Manager, Client Services - o2kl; pg. 121
Vale, Maggi, Group Account Director, New Business - Merkley + Partners; pg. 114
Vale-Brennan, Vilma, Managing Partner, Client Advice & Management - Initiative; pg. 477
Valencia, Brigit, Vice President, Public Relations - Boca Communications; pg. 585
Valencia, Cristobal, Group Director, Search & Social Partnerships - Initiative; pg. 477
Valencia, Johanna, Vice President & Director, Planning - Carat; pg. 459
Valencis, Stan, President - Primacy; pg. 258
Valencius, Chris, Senior Vice President & Brand Director - Arnold Worldwide; pg. 33
Valenstein, Kendall, Account Supervisor - FCB Chicago; pg. 71
Valente, Kristen, Media Planner & Media Buyer - Havas Media Group; pg. 470
Valente, Megan, Media Planner - 22squared Inc.; pg. 319
Valente, Nicholas, Senior Account Supervisor - B/HI, Inc. - LA; pg. 579
Valente, Stephanie, Community Manager - Madwell; pg. 13
Valenti, Alexis, Senior Vice President, Client Experience - Current; pg. 594
Valenti, Doug, Chief Executive Officer - QuinStreet, Inc.; pg. 290
Valenti, Michael, Executive Vice President - 1105 Media; pg. 453
Valenti, Pamela, Managing Partner, Director, Media Investment - MediaCom; pg. 487
Valentin, Mike, Vice President & Director, Digital - Carat; pg. 459
Valentine, Jennifer, Vice President & Group Director, Strategic Planning - Sprint - Horizon Media, Inc.; pg. 474
Valentine, Jennifer, Vice President & Management Director - FCB Health; pg. 72
Valentine, Kalen, Media Coordinator - Workhorse Marketing; pg. 433
Valentine, Lisa, Vice President & Group Partner, Portfolio Management - Universal McCann; pg. 521
Valentine, Liz, Chief Executive Officer - Wunderman Thompson; pg. 435
Valentine, Liz, Co-Founder & Chief Executive Officer - Swift; pg. 145
Valentine, Taylor, Chief Learning & Invention Officer - Horizon Media, Inc.; pg. 474
Valentine, Tom, President - Creative Solutions Group; pg. 303
Valentino, Joyce, Chief Financial Officer - Idea Engineering, Inc.; pg. 88
Valentino, Mike, President & Chief Executive Officer - TMPG Media; pg. 299
Valenza, Giana, Associate Director, National Video Investment - Zenith Media; pg. 529
Valenzuela, Christina, Media Director - Noble People; pg. 120
Valeri, Brad, Executive Director, Marketing Science - Hearts & Science; pg. 471
Valerie, Alison, Account Manager - ZAG Interactive; pg. 277
Valerius, Mylene, Manager, Production & Estimating - BlackDog Advertising; pg. 40
Valero, Daniel, Manager, Client Solutions - Kepler Group; pg. 244
Valero, Lindsay, Accounts Director - Ten; pg. 269
Valero, Ricard, Group Creative Director - Ogilvy; pg. 393
Valfer, Reid, Chief Client Delivery Officer - Rise Interactive; pg. 264
Valfre, Jenny, Social Media Marketing Coordinator - The Tag Experience; pg. 688
Valiente, Jess, Senior Account Executive - Berk Communications; pg. 583
Valkov, Ulian, Vice President & Associate Director, National Investment - GSD&M; pg. 79
Vallach, Glenn, Vice President, Communications & Public Relations - Ghiorse & Sorrenti, Inc.; pg. 607
Valladares, Jenny, Senior Producer - Team One; pg. 417
Vallante, Nick, Vice President & Group Director, Media - Mediahub Boston; pg. 489
Vallauri, DJ, Owner, President & Chief Executive Officer - Lodging Interactive; pg. 246
Valle, Daniel, Senior Vice President, Inbound Marketing - Leverage Marketing, LLC; pg. 675
Valle, Javier, Senior Copywriter - Allstate, Marshalls, Fage Yogurts & Purina - Leo Burnett Worldwide; pg. 98
Valle, Katalina, Media Strategist - PHD Chicago; pg. 504
Valle, Peter, Vice President & Group Creative Director - Allen & Gerritsen; pg. 29
Vallee, Kaila, Senior Vice President - MMSI; pg. 496
Vallee-Smith, Lisa, Chief Executive Officer & President - Airfoil Public Relations; pg. 575
Valles, Elizabeth, Chief of Staff, Technology & Digital Media Manager - Casey & Sayre, Inc.; pg. 589
Valley, Adam, Senior Creative - The Many; pg. 151
Vallin, Arthur, Creative Director - Harley & Co; pg. 9
Vallone, Mike, Account Supervisor - RPA; pg. 134
Valls, Annie, Assistant Media Planner - Posterscope U.S.A.; pg. 556
Valone, Kyle, Senior Director, Integrated Media Planning - OMD West; pg. 502
Valorz, Nate, Manager, Integrated Investment - Universal McCann; pg. 521
Valtierra, Caitlin, Senior Account Executive - WE Communications; pg. 660
Valudes, Alisa, Senior Partner & Chief Executive Officer - Merritt Group Public Relations; pg. 627
Valusek, Kathy, Manager, Creative Services - Munroe Creative Partners; pg. 192
Valvano, Greg, Founder & Creative Director - Crafted; pg. 178
Vamosy, Michael, Chief Creative Officer - Known; pg. 298
Van, Daniel, Partnership Marketing Manager - The Richards Group, Inc.; pg. 422
Van, Shirley, Industrial Designer - Industry; pg. 187
Van Alstin, Chad, Manager, Content & Media Relations - Amendola Communications; pg. 577
Van Amburgh, Craig, Owner & President - CVA Advertising & Marketing, Inc.; pg. 56
Van Andel, Doug, Executive Creative Director - Blue Chip Marketing & Communications; pg. 334
Van Auken, Cory, Digital Relations Director - Darby Communications; pg. 595
Van Blarcom, Jeff, Regional Account Director - RPA; pg. 135
Van Brunt, Cori, Senior Project Manager - Modern Climate; pg. 388
Van Buskirk, Maria, Director, Communications Strategy - Wavemaker; pg. 526
Van Camp, Alex, Senior Vice President, Sales - West - True X Media; pg. 317
Van Dam, Andrea, Chief Executive Officer - Stella Rising; pg. 518
Van Dam, Candy, Partner & Chief Strategy Officer - Insight Marketing Design; pg. 89
Van De Walle, Mary, Vice President, Strategic Planning - Upshot; pg. 157
Van Denover, Sally, Coordinator, Marketing, Business Development & Public Relations - Sterling-Rice Group; pg. 413
Van Deursen, Jeff, Senior Media Planner & Buyer - Right Place Media; pg. 507
Van Dongen, Ryan, Vice President, Client Advice & Management - Initiative; pg. 479
Van Durand, Tinsley, President & Owner - Lawler Ballard Van Durand; pg. 97
Van Dusen, Melanie, Vice President, Sports &

AGENCIES — PERSONNEL

Entertainment - Berk Communications; *pg.* 583
Van Duyn, Adriana, Account Supervisor - Bianchi Public Relations, Inc.; *pg.* 583
Van Duyne, Sarah, Associate Director, Strategy - Zenith Media; *pg.* 529
Van Dyk, Sean, Creative Technologist - Folklore Digital; *pg.* 235
Van Dyke, Melinda, Supervisor - Content Team; Publishing Specialist - Spark Foundry; *pg.* 510
Van Dyke, Nathan, Art Director - Derse, Inc.; *pg.* 304
Van Dyke, Peter, Chief Executive Officer - Vandyke-Horn; *pg.* 658
Van Dzura, Gary, Creative Director - Wieden + Kennedy; *pg.* 432
Van Dzura, Matt, Executive Producer - R/GA; *pg.* 260
Van Erum, Nicolas, Managing Partner - Los Angeles - Sid Lee; *pg.* 141
Van Eyck, Andrew, Agency Partnerships, Senior Account Executive - Activision Blizzard Media; *pg.* 26
Van Fleet, Ryan, Senior Vice President, Analytics - VM1 - Zenith Media; *pg.* 529
Van Fossen, Eric, Executive Creative Director - Denmark - The Agency; *pg.* 61
Van Gurp, Kathleen, Senior Media Planner - Mediahub Winston Salem; *pg.* 386
Van Hall, Alayna, Vice President, Growth & Practice Development - Edelman; *pg.* 353
Van Hook, Lisa, Director, Public Relations & Client Services - The Communications Group; *pg.* 149
Van Horn, Alexandra, Supervisor, Digital Media - PHD USA; *pg.* 505
Van Horn, Karen, Director, Human Resources - Kiku Obata & Co.; *pg.* 188
Van Hoven, Alfred, Vice President, Interactive - Camelot Strategic Marketing & Media; *pg.* 457
Van Kort, Elizabeth Ann, Associate Media Director - True Media; *pg.* 521
Van Kuren, Laurie, Manager, Media & Account Services - Riger Marketing Communications; *pg.* 407
Van Laanen, Liz, Director, Account Management - NCH Marketing Services; *pg.* 568
Van Loon, Curt, President & Owner - Adstrategies, Inc.; *pg.* 323
Van Malssen, Hannah, Senior Account Supervisor - MSLGroup; *pg.* 629
Van Meter, Libby, Manager, Brand Strategy - MODCoGroup; *pg.* 116
Van Metre, Laurie, President - FVM Strategic Communications; *pg.* 75
Van Mol, John, Founding Partner & Chairman - DVL Seigenthaler; *pg.* 599
Van Ooteghem, Debbie, Executive Vice President, Business Development & Training - Fusion92; *pg.* 235
Van Order, Cathy, Director, Production Services - Pinckney Hugo Group; *pg.* 128
Van Ort, Katelyn, Senior Associate, Digital Activation - OMD; *pg.* 498
Van Os, Erik, Director, Digital Activation - Hearts & Science; *pg.* 471
Van Oss, Ilyssa, Vice President, Executive Director, Business Operations - R/GA; *pg.* 260
Van Pelt, Ryan, Executive Vice President Client Service - Sandbox; *pg.* 138
Van Putten, Hans, Director, Production & Purchasing - Interkom Creative Marketing; *pg.* 168
Van Raalte, Ferris, Associate Director, Media - Mindshare; *pg.* 491
Van Remortel, Andy, Media Director - Insight Creative, Inc.; *pg.* 89
Van Rensburg, Lauren, Director, Marketing - Reed Exhibition Company; *pg.* 314

Van Scoy, Greg, Senior Vice President, Client Services - Burke, Inc.; *pg.* 442
Van Sickle, Leigha, Brand Media Planner - The Richards Group, Inc.; *pg.* 422
Van Sickle, Scott, Director, Global Accounts - Czarnowski; *pg.* 304
Van Slyke, Billie, Executive Vice President - Love Advertising; *pg.* 101
Van Someren, Lisa, Vice President, Creative Operations - Cactus Marketing Communications; *pg.* 339
Van Steen, Bonnie, Senior Producer - Leo Burnett Worldwide; *pg.* 98
Van Swearingen, Jody, Creative Director - Abelson-Taylor; *pg.* 25
Van Wagner, Alex, Client Strategy Director - HERO Marketing; *pg.* 370
Van Winkle, Alex, President - VWA; *pg.* 429
Van Wonderen, Janelle, Senior Vice President & Senior Account Director - BBDO Worldwide; *pg.* 331
Van Wormer, Emily, Brand Group Director - Horizon Media, Inc.; *pg.* 474
Van Zile-Buchwalter, Aimee, Director, Account - MullenLowe U.S. Boston; *pg.* 389
Van Zon, Martin, President & Chief Executive Officer - Interkom Creative Marketing; *pg.* 168
Van de Water, Donna, Chief Operating Officer - Lipman Hearne, Inc.; *pg.* 381
Van der Lyn, Lindsey, Account Director, Honda & Acura - The George P. Johnson Company; *pg.* 316
VanAntwerp, Amanda, Director, Operations - Preacher; *pg.* 129
VanDeventer, Brendan, Associate Director, Digital Partnerships - Initiative; *pg.* 477
VanDorn, Tanya, Account Executive - Snell Medical Communication, Inc.; *pg.* 648
VanGorden, Rob, Principal, Brand Management - The Richards Group, Inc.; *pg.* 422
VanHeirseele, Sarah, Senior Vice President, Strategic Integration - Blue Chip Marketing & Communications; *pg.* 334
VanValkenburgh, Kevin, Chief Connections Officer - The Tombras Group; *pg.* 424
VanWilder, Jennifer, Supervisor, Media - Firehouse, Inc.; *pg.* 358
Vanaman, Jaime, Account Director - Deardorff Associates, Inc.; *pg.* 60
Vananzo, Maura, Senior Media Planner - Horizon Next - Horizon Media, Inc.; *pg.* 474
Vanausdeln, Mike, Senior Brand Strategist - Stealing Share; *pg.* 18
Vance, Chris, Senior Vice President & Director, Brand Integration - Starcom Worldwide; *pg.* 513
Vance, Darren, Senior Vice President, Sales & Business Development - The Sunflower Group; *pg.* 317
Vance, Joe, Creative Director - Mediaura; *pg.* 250
Vance, John, President - Levine & Associates, Inc.; *pg.* 11
Vance, Liz, Group Account Director - iProspect; *pg.* 674
Vance, Trevor, Principal - Bose Public Affairs Group, LLC; *pg.* 585
Vancil, Ryan, Associate Design Director - BASIC; *pg.* 215
Vandegrift, Mark, Chief Operating Officer & Principal - Innis Maggiore Group; *pg.* 375
Vandehey, Jenny, Director, Insights & Strategy - Monigle Associates, Inc.; *pg.* 14
Vanden-Eynden, David, Principal - Calori & Vanden-Eynden, Ltd.; *pg.* 176
VandenBosch, Derek, Chief Operations Officer - 160over90; *pg.* 207
Vandenberg, Celsae, Innovation Director - Wallace Church, Inc.; *pg.* 204

Vandenberg, Jenna, Managing Partner & Chief Operating Officer - Fiftyandfive.com; *pg.* 234
Vandenberg, Lucas, Founder & Managing Partner - Fiftyandfive.com; *pg.* 234
Vandenberg, Stephen, Manager, Accounts, Research & Insights - Fiftyandfive.com; *pg.* 234
Vandeputte, Brian, Senior Art Director - R/GA; *pg.* 261
Vander Wal, Steve, Vice President, Public Affairs - British Columbia - Hill+Knowlton Strategies Canada; *pg.* 613
VanderHaar, Star, Vice President - Arketi Group; *pg.* 578
VanderLinden, Stephanie, Brand Management Principal - The Richards Group, Inc.; *pg.* 422
VanderMarliere, Gina, Associate Director, Media - Carat; *pg.* 461
VanderTop, Chad, Senior Account Executive - Infinity Direct; *pg.* 286
VanderVeen, Amanda, Senior Analyst, Media Operations - Digitas; *pg.* 228
VanderWoude, Peyton, Senior Account Manager - Lewis Communications; *pg.* 100
Vanderbrook, Leslie, Associate Director - SocialCode; *pg.* 688
Vanderhoef Banks, Carole, Vice President, Research & Planning - Shepherd Agency; *pg.* 410
Vanderkleed, Chris, Junior Art Director - EP+Co.; *pg.* 356
Vandermause, Craig, Leader, Business Development - West Coast - GMR Marketing; *pg.* 306
Vandermyde, Adam, Executive Vice President, Operations & Channel Marketing - Ansira; *pg.* 326
Vanderveen, Mandi, Senior Analyst, Media Operations - Rewards & Loans - Digitas; *pg.* 227
Vandervest, Joe, Chief Information Officer - Campbell Marketing and Communications; *pg.* 339
Vandeven, Debbi, Global Chief Creative Officer - VMLY&R; *pg.* 274
Vandiver, Donna, President & Chief Executive Officer - The Vandiver Group, Inc.; *pg.* 425
Vandroff, Emily, Account Supervisor - 360i, LLC; *pg.* 207
Vanga, Ed, Senior Director, Product Management & Digital Transformation - Publicis.Sapient; *pg.* 258
Vangelakos, Phil, Senior Vice President - Push Digital; *pg.* 640
Vanhecke, Drew, Senior Art Director - BusinessOnLine; *pg.* 672
Vanhook, Haley, Account Executive - The Marketing Arm; *pg.* 316
Vanhulst, Jean-Luc, President - Write2Market; *pg.* 276
Vann, Shawn, Strategist, Business - AdServices, Inc.; *pg.* 27
Vannucci, Denise, Senior Vice President & Creative Director - Blue Plate Media Services; *pg.* 456
Vano, Monai, Senior Vice President & Director, Group Account - Zimmerman Advertising; *pg.* 437
Vanoer, Carolyn, Associate Media Director - Starcom Worldwide; *pg.* 513
Vansickle, Ric, Partner & Chief Operating Officer - Plan B; *pg.* 397
Varallo, Deborah, Owner & President - Varallo Public Relations; *pg.* 658
Vardaro, Valerie, Senior Digital Producer & Account Director - Ogilvy Public Relations; *pg.* 634
Vardeman, John, President - Morton, Vardeman & Carlson; *pg.* 389
Varela, Matthew, Supervisor, Digital

1055

PERSONNEL — AGENCIES

Investment - Carnival Corporation - PHD USA; *pg.* 505
Varela, Ximena, Account Manager - Wavemaker; *pg.* 528
Vargas, Amanda, Supervisor - Zenith Media; *pg.* 529
Vargas, Bridget, Senior Media Planner, Digital - Wavemaker; *pg.* 528
Vargas, Bryan, Supervisor, Digital Investment - Hearts & Science; *pg.* 471
Vargas, Jose, Multicultural Brand Champion - Jack Daniels - Greenhouse Agency; *pg.* 307
Vargas, Malinda, Media Planner - Always On Communications ; *pg.* 454
Vargas, Naomi, Production Manager - O'Brien Et Al. Advertising; *pg.* 392
Vargas, Paloma, Marketing Manager - Fizz; *pg.* 691
Vargas, Steve, Senior Executive, Account - Orci; *pg.* 543
Vargas, Will, Multicultural Integrated Media Planner - PP+K; *pg.* 129
Vargas, Yeris, Account Manager - Acento Advertising, Inc.; *pg.* 25
Varghese, Amy, Account Manager - Sunshine Sachs; *pg.* 650
Varghese, Gregory, Technical Director - AKQA; *pg.* 212
Variano, Caroline, Account Director - Anomaly; *pg.* 325
Varias, Laarni, Senior Partner & Senior Director, Digital Investment - Wavemaker; *pg.* 526
Varland, Scott, Senior Vice President, Marketing Innovation - M Booth & Associates, Inc. ; *pg.* 624
Varlotta, Lucia, Public Relations & Social Coordinator - Cramer-Krasselt ; *pg.* 53
Varney, Katy, Partner - McNeely Pigott & Fox Public Relations; *pg.* 626
Varoga, Caleb, Director, Marketing - Mobivity; *pg.* 534
Varquez, Lindsay, Account Executive - Wieden + Kennedy; *pg.* 430
Varraone, Angelo, Chief Executive Officer & Chairman - Exponation; *pg.* 305
Varrone, Karen, Vice President, Business Development - Exponation; *pg.* 305
Varroney, Shannon, Vice President & Account Director - Golin; *pg.* 609
Vartan, Brent, Managing Partner - Bullish Inc; *pg.* 45
Varvis, Dolly, Senior Media Buyer - Mancuso Media; *pg.* 382
Vas, Kevin, Director, Advertising Operations - ConvergeDirect; *pg.* 462
Vasan, Rachita, Strategist - Leo Burnett Worldwide; *pg.* 98
Vasan, Rema, Executive Vice President & Chief Innovation Officer - Marina Maher Communications; *pg.* 625
Vasatko, Steve, Divisional Vice President - Derse, Inc.; *pg.* 304
Vasco, Gerard, Account Supervisor - Colangelo Synergy Marketing, Inc.; *pg.* 566
Vasic, Julie, Vice President, People & Culture - No Limit Agency; *pg.* 632
Vasilevskis, Alissa, Vice President & Manager, Account - Boca Communications; *pg.* 585
Vaske, Joe, Co-Founder - M45 Marketing Services; *pg.* 382
Vasos, Joni, Group Director, Events - Mall Marketing & Senior Director, Events, Venues & Fleets - GMR Marketing; *pg.* 306
Vasques, Chris, Campaign Manager, Paid Social - AKQA; *pg.* 211
Vasquez, Adam, President & Chief Executive Officer - Merit; *pg.* 386
Vasquez, Adriana, Director, Accounts - MOD Worldwide; *pg.* 192
Vasquez, Lourdes, Integrated Producer - Anomaly; *pg.* 325
Vasquez, Mariana, Senior Associate, Programmatic - MediaCom; *pg.* 487
Vasquez, Marnie, Group Director, Strategic Planning - Intouch Solutions, Inc.; *pg.* 242
Vasquez, Sara, Account Director - Character LLC; *pg.* 5
Vassallo, James, Senior Brand Communications Strategist - GTB; *pg.* 367
Vassallo, Jessica, Group Director - OMD; *pg.* 498
Vassilaros, Sean, Chief Operating Officer - THREAD; *pg.* 271
Vassiliadis, Billy, Chief Executive Officer & Principal - R&R Partners; *pg.* 131
Vasu, Emilie, Director, Client Services & Managing Director - SET Creative; *pg.* 139
Vater, Dave, Vice President, Account Director - CTP; *pg.* 347
Vaughan, Allison, Strategist, Integrated Media - The Tombras Group; *pg.* 424
Vaughan, Brian, Creative Director - Shadow Public Relations; *pg.* 646
Vaughan, Ginger, Vice President - Quinn / Brein Communications; *pg.* 402
Vaughan, Harris, Founder & Partner - Eckel & Vaughan; *pg.* 599
Vaughan, Kennedy, Project Manager - Wray Ward; *pg.* 433
Vaughan, Margot, Director, Media - DiMassimo Goldstein; *pg.* 351
Vaughan, Meredith, Chief Executive Officer - Vladimir Jones; *pg.* 429
Vaughn, Blake, Executive Vice President, eCommerce - Jagged Peak; *pg.* 91
Vaughn, Erik, Founder - Location 8; *pg.* 101
Vaughn, Ivy, Media Planner & Buyer - Karsh & Hagan; *pg.* 94
Vaughn, Luke, Brand Manager - Bluespace Creative; *pg.* 3
Vaughn, Roger, Partner & Creative Director - The Johnson Group; *pg.* 420
Vaught, Kelly, Chief Marketing Officer & Principal - BeCore; *pg.* 302
Vautier, Sera, Account Director - Fuse, LLC; *pg.* 8
Vawter, David, Executive Vice President & Chief Creative Officer - DoeAnderson Advertising ; *pg.* 352
Vax, Ingrid, Vice President, Business Development - WHITE64; *pg.* 430
Vaynerchuk, Gary, Chief Executive Officer - VaynerMedia; *pg.* 689
Vaz, Madeline, Chief Operating Officer & Head, Client Services - Gigante Vaz Partners; *pg.* 363
Vaz, Nigel, Chief Executive Officer - Publicis.Sapient; *pg.* 259
Vazquez, Emmie, Executive Director - CreativeOndemand; *pg.* 539
Vazquez, Nery, Owner & Chief Executive Officer - DirecToHispanic, LLC; *pg.* 681
Vazza, Heather, Content Manager - Crispin Porter + Bogusky; *pg.* 346
Veale, Grace, Supervisor - Connect at Publicis Media; *pg.* 462
Veasey, Bob, Group Creative Director & Art Director - Leo Burnett Detroit; *pg.* 97
Vecchio, Angela, Executive Creative Director - GNF Marketing; *pg.* 364
Vedsted Jespersen, Sebastian, Founder, President & Chief Executive Officer - Vertic; *pg.* 274
Veenstra, Adam, Account Supervisor - Ogilvy CommonHealth Worldwide; *pg.* 122
Veeraragavan, Arthi, Director, Analytics - MUH-TAY-ZIK / HOF-FER; *pg.* 119
Veet, Daniel, Senior Producer - VaynerMedia; *pg.* 689
Vega, Holly, Executive Producer - Biscuit Filmworks; *pg.* 561
Vega, Richard, Associate Director, Media - Publicis Health Media; *pg.* 506
Vega-Garcia, Dezaree, President - Sunny505; *pg.* 415
Veglahn, Jill, Manager, Operations & Talent - BAM Communications; *pg.* 580
Veiga, Tony, Executive Creative Director - Wunderman Thompson; *pg.* 547
Veil, Lynne, Chief Operating Officer - Empower; *pg.* 354
Veile, Steve, Chairman & Chief Executive Officer - Communique, Inc.; *pg.* 592
Vejchoda, Katherine, Senior Specialist, Global Reputation Management - FleishmanHillard; *pg.* 605
Vela, Krystal, Media Director - Texas Creative; *pg.* 201
Velani, Murad, President & Chief Executive Officer - Bluespire Inc.; *pg.* 335
Velarde, Javier, President & Creative Director - Triton Productions; *pg.* 317
Velasquez, Henry, Account Manager - The Trade Desk; *pg.* 520
Velasquez, Nina, Executive Vice President, Talent Development - North 6th Agency; *pg.* 633
Velasquez, Paige, Chief Executive Officer - Zilker Media; *pg.* 665
Velazquez, Carlos, President - HMA Associates, Inc.; *pg.* 541
Velazquez, Carolina, Account Manager & Content Creator - Neue; *pg.* 253
Velazquez, Vivian, Account Director - Norton Creative; *pg.* 121
Velde, Ty, Co-Founder & Director, Client Services - Overdrive Interactive; *pg.* 256
Velez, Joel, Managing Director, Strategy & Creative - (add)ventures; *pg.* 207
Velez, Lindsay, Account Supervisor - Alcone Marketing Group; *pg.* 565
Velez, Raymond, Chief Technology Officer - Publicis.Sapient; *pg.* 259
Velez, Wilmarie, Account Manager & Social Media Supervisor - Nobox; *pg.* 254
Velez-Couto, Maite, Senior Vice President & Partner - RBB Communications; *pg.* 641
Velichansky, Andrew, Senior Brand Manager - Connelly Partners; *pg.* 344
Velle, Adam, President - Communique, Inc.; *pg.* 592
Vellines, Meredith, Director, Communications - Goodby, Silverstein & Partners; *pg.* 77
Velliquette, Jason, Vice President & Director, Digital & Strategy - Publicis North America; *pg.* 399
Velo, Valerie, Office Manager - The Lane Communications Group; *pg.* 654
Veltre, Ashley, Associate Creative Director - TBWA \ Chiat \ Day; *pg.* 416
Venable, Veronica, Manager, Account - Mad 4 Marketing; *pg.* 102
Venables, Mike, Executive Director - Hearts & Science; *pg.* 471
Venables, Paul, Founder & Chairman - Venables Bell & Partners; *pg.* 158
Venard, Jessica, Media Director, Strategy - Spark Foundry; *pg.* 510
Vendetti, Neil, President, Investment - Zenith Media; *pg.* 529
Vendice, Beth, President - Broadbeam Media; *pg.* 456
Vendittelli, Thomas, Associate Director, Business Affairs - Droga5; *pg.* 64
Venditti, Gianluca, Senior Media Planner - Carat; *pg.* 461
Venditti, Vicki, Senior Account Executive - Media Logic; *pg.* 288

AGENCIES — PERSONNEL

Venee, Chelsie, Operations Manager - Little Arrows; pg. 687
Venegas, Amelia, Director, Administrative Services - Mueller Communications, Inc.; pg. 630
Venegas, Daniel, Associate Creative Director - Mekanism - Epic Signal; pg. 685
Veneziano, Britta, Manager, Business Development - Ocean Media, Inc.; pg. 498
Venhaus, Charles, Senior Accountability Manager - Hearts & Science; pg. 471
Venhuizen, Amy, Account Director - Spurrier Group; pg. 513
Venn, Andrew, Digital Architect & Business Analyst - Agiletie Solutions, Inc.; pg. 172
Venn, Paul, Chief Executive Offier - Hudson Rouge; pg. 371
Vennari, Janet, Executive Vice President & Director, Client Services - Evoke Giant; pg. 69
Vennell, Jaimie, Supervisor, Media - LevLane Advertising; pg. 380
Venorsky, Jamie, Partner & Chief Creative Officer - Marcus Thomas; pg. 104
Ventetuolo, Sara, Director, Production - MMB; pg. 116
Ventrella, Tyler, Media Strategist - 90octane; pg. 209
Ventrelli, Kelly, Production Business Manager - O'Keefe Reinhard & Paul; pg. 392
Ventura, Elyce, Vice President - Boca Communications; pg. 585
Ventura, Jessica, Vice President & Public Relations Account Director - Sharp Communications, Inc.; pg. 140
Ventura, Michael, Founder & Chief Executive Officer - Sub Rosa; pg. 200
Venuti, Phil, Vice President, Strategic Partnerships - HYFN; pg. 240
Venuto, Domenic, Chief Operations Officer - Amobee, Inc.; pg. 30
Vera, Claudio, Creative Director - Conill Advertising, Inc.; pg. 538
Vera, Jessica, Associate Media Buyer, Digital - Active International; pg. 439
Veralrud, Kiki, Account Director - Goodby, Silverstein & Partners; pg. 77
Verbeke, Stephanie, Associate Director - Spark Foundry; pg. 510
Verbinnen, Paul, President & Chief Executive Officer - Sard Verbinnen; pg. 646
Verdi, Ellis, President, Chief Executive Ofiicer & Co-Founder - DeVito/Verdi; pg. 62
Verdin, Adam, Principal - Verdin; pg. 21
Verdin, Mary, President & Chief Strategy Officer - Verdin; pg. 21
Verdino, Andrew, Advertising Supervisor - OMD; pg. 498
Verdugo, Gabriella, Account Coordinator - Rachel Kay Public Relations; pg. 640
Verdugo-Del Real, Susana, Associate Director, Social Media - Reprise Digital; pg. 676
Veres, Effie, Managing Director, Strategic Communications - FTI Consulting; pg. 606
Verga, Paul, Client Engagement Director - Carpenter Group; pg. 48
Vergano, Luca, Vice President, Strategy - Elephant; pg. 181
Verge, Anthony, Graphic Designer - LG2; pg. 380
Vergouwen, Brunhilde, Senior Group Account Director - Healthcare Consultancy Group; pg. 83
Verhulst, Amber, Director, Search & Analytics - Ciceron; pg. 220
Verhulst, Julie, Vice President, Strategy - Ciceron; pg. 220
Verigan, Chet, Director, Technology - AMMUNITION; pg. 212
Verille, Kristen, Digital Investments Supervisor - Havas Media Group; pg. 470
Verjan, Andres, Vice President, Client Services - Oster & Associates, Inc.; pg. 123
Verloop, Michelle, Senior Account Director - JUMBOshrimp Advertising; pg. 93
Verly, Chad, Vice President & Creative Director - Cramer-Krasselt ; pg. 54
Verma, Aditya, Chief Operating Officer - Rip Road; pg. 534
Verma, Shalini, Media Supervisor - Mediahub New York; pg. 249
Vermeren, Chris, Senior Programmer - Moncur Associates; pg. 251
Vermillion, Rob, Director, Client Partnerships - Moxie Sozo; pg. 192
Vernetti, Nicholas, Senior Interactive Art Director - Dixon Schwabl Advertising; pg. 351
Vernola, Nick, Global Director, Media Strategy - PHD USA; pg. 505
Vernon, Garrett, Senior Copywriter - Leo Burnett Worldwide; pg. 98
Veron, Sebastian, Associate Creative Director - Red Fuse Communications; pg. 404
Verona, Andre, Digital Designer & Producer - Perceptiv; pg. 396
Verost, Nichole, Associate Director, Strategy - PHD USA; pg. 505
Verrengia, Bree, Chief Executive Officer - AccuData America; pg. 279
Verrengia, Peter, President & Senior Partner, Communications Consulting Worldwide - FleishmanHillard; pg. 605
Verret, Heather, Coordinator, Paid Social - Fetch; pg. 533
Verrier, Monique, Associate Partner & Director, Creative Services - Eleven, Inc.; pg. 67
Verrill, Benjamin, Associate Director, Social Media - Mediahub Boston; pg. 489
Verrini, Dario, Brand Director - Helo; pg. 307
Verschaetse, Madi, Assistant Account Executive - Subaru Digital - Carmichael Lynch; pg. 47
Verschuren, Ian, Partner & Chief Technology Officer - Marcus Thomas; pg. 104
Versteegh, Katherine, Senior Vice President, Client Services - A.B. Data, Ltd; pg. 279
Vertolli, Frank, Co-Founder - Net Conversion; pg. 253
Verville, Mike, Partner - pushtwentytwo; pg. 401
Vervroegen, Erik, Executive Creative Director - TBWA \ Chiat \ Day; pg. 416
Vesce, Katherine, Director, Marketing - The Trade Desk; pg. 520
Veselovsky, Dana, Senior Director & Head, Social - Hearts & Science; pg. 471
Vesprini, Bradley, Vice President, Delivery - Rightpoint; pg. 263
Vespucci, Anthony, Vice President, Retail & Business Services - Stella Rising; pg. 267
Vest, Cody, Creative Director - Vest Advertising; pg. 159
Vest, Keith, Chairman - The Variable; pg. 153
Vest, Rita, Principal & President - Vest Advertising; pg. 159
Vestergaard, Nicole, Senior Strategist, Media - Calder Bateman Communications; pg. 339
Vestrum, Luke, Vice President, Account Director - Clockwork Active Media; pg. 221
Vesty, Jane, President & Chief Executive Officer - SweeneyVesty; pg. 651
Vetrano, Rich, Vice President & Managing Partner - Core Creative; pg. 344
Vetrone, Lisa, Senior Content Manager - Colangelo & Partners; pg. 591
Vetter, Moira, Chief Executive Officer - Modo Modo Agency; pg. 116
Via, Justin, Creative Director - Publicis North America; pg. 399
Viager, Erik, Senior Associate, Business Development - Manifest; pg. 248
Vianello, Jennifer, Managing Director & Executive Vice President - Zenith - Publicis North America; pg. 399
Viano, Jonathan, Senior Business Development Manager - Direct Agents, Inc.; pg. 229
Viau, Michel, President & Chief Executive Officer - Ove Design & Communications Limited; pg. 193
Vicari, Katherine, Account Supervisor - Energy BBDO, Inc.; pg. 355
Vicario, Rachel, Group Account Director- PHD - Resolution Media; pg. 263
Viccars, Anthony, Precision Marketing Lead - TBWA \ Chiat \ Day; pg. 416
Vicente Simoes, Luiz, Regional Creative Director - Lapiz; pg. 542
Vichiola, Steve, Traffic Manager - TouchPoint Integrated Communications; pg. 520
Vickeroy, Tim, Vice President, Sales & Business Development - Ivie & Associates, Inc.; pg. 91
Vickers, Jon, Production Manager - Acorn Woods Communications; pg. 322
Vickery, Jenn, Senior Vice President, Digital Strategy - Nebo Agency, LLC; pg. 253
Vicknair, Alexis, Broadcast Producer - PETERMAYER; pg. 127
Victor, Alexia, Supervisor, Brand Strategy - Horizon Media, Inc.; pg. 474
Vider, Jeffrey, Senior Vice President & Strategic Communications Director - Blue 449; pg. 455
Videtto, Amy, Associate Director, Social Strategy - Horizon Media, Inc.; pg. 474
Vidika, Colin, Vice President & Director, Project Management - BBDO West; pg. 331
Vidler, Kim, Manager, Media Partnership - Kroger Media Services; pg. 96
Vidler, Laura, Supervisor, National Video Activation - Carat; pg. 459
Viecili, Joe, Managing Partner - Foxx Advertising & Design; pg. 184
Viedma, Daniel, Technical Director - Firstborn; pg. 234
Viega, Rachel, Managing Director - Moving Image & Content; pg. 251
Vieira, Brian, Director, Strategy - Mighty Roar; pg. 250
Vieira, Mia, Associate Media Director - Love Advertising; pg. 101
Vieira, Wayne, Senior Vice President, Design & Branding - (add)ventures; pg. 207
Viens, Dan, Creative Director - Wieden + Kennedy; pg. 430
Vieregge, Dale, Senior Director, Digital Strategy - APCO Worldwide; pg. 578
Viers, Tim, Vice President, Analytics - Blue 449; pg. 456
Vigen, Catie, Senior Media Planner - Publicis.Sapient; pg. 259
Viger, Dale, Account Manager, Media - Just Media, Inc.; pg. 481
Vigilia, Lorraine, Director, Communication Design - Initiative; pg. 477
Vigliotti, Lisa, Media Manager - ITM Newspaper Media Planning & Buying; pg. 480
Vigna, Mark, Vice President & Group Account Director - Chemistry Communications Inc.; pg. 50
Vigneault, Kevin, Product Design Director - Viget Labs; pg. 274
Vigorito, Becka, Managing Director - VMLY&R; pg. 160
Vigotov, Alex, Account Supervisor - Red Fuse Communications; pg. 404
Vigrass, Kristen, President - Brandman Agency; pg. 585

PERSONNEL

Vigue, Danielle, Senior Director, Media Planning - Essence; pg. 232
Viguerie, Richard, Chairman - American Target Advertising ; pg. 279
Vilar-Frary, Sofie, Supervisor, Accounting - Tinsley Advertising; pg. 155
Vilardi, Sally, Account Director - Metia; pg. 250
Vilchis, Debra, Chief Operating Officer - Fishman Public Relations Inc.; pg. 604
Vill, Aaron, Senior Director - bpg advertising; pg. 42
Villa, Andrea, Business Director - Brand Messaging - Wunderman Thompson Atlanta; pg. 435
Villa, Daniel, Associate Connections Planner - Havas Media Group; pg. 469
Villa, Jessica, Account Manager - Doubleknot Creative; pg. 180
Villa, Jose, Founder & President - Sensis Agency; pg. 545
Villacarillo, Ron, Senior Creative - Yebo; pg. 164
Villacorte, Emmy, Manager, Human Resources & Recruitment - Finn Partners; pg. 603
Villafane, Gregory, Investment Associate - Spark Foundry; pg. 508
Villafane, Liza, Vice President, Human Resources - Van Wagner Communications; pg. 558
Villafane, Thomas, Assistant Media Planner - Carat; pg. 459
Villain, Chantal, Associate Director, Strategy - Mindshare; pg. 491
Villalobos, Katrina, Media Associate - Starcom Worldwide; pg. 516
Villalon, Veronica, Executive Vice President & Managing Director - Paco Collective; pg. 544
Villalpando, Isaac, Art Director - CultureSpan Marketing; pg. 594
Villalta, Cindy, Brand Manager - The Richards Group, Inc.; pg. 422
Villalta, Shannon, Media Supervisor - Honda & Acura - RPA; pg. 134
Villalva, Nicholas, Senior Art Director - Wingard Creative; pg. 162
Villamar, Giovanni, Managing Director - Anomaly; pg. 325
Villane, Tom, President - Design 446; pg. 61
Villanueva, Christine, Chief Strategy & Brand Officer - Walton Isaacson; pg. 547
Villanueva, Daniel, Group Account Director - Dieste; pg. 539
Villanueva, Heather, Senior Vice President & Director, Integrated Communications - R\West; pg. 136
Villanueva, Joshua, Supervisor, Multicultural - Starcom Worldwide; pg. 513
Villanueva, Tim, Head, Media Strategy - Fetch; pg. 533
Villany, Jennifer, Senior Vice President, Portfolio Lead - Isobar US; pg. 242
Villarosa, Lisa, Vice President, Digital - Edelman; pg. 601
Villarreal, Kristen, Account Director, Events - Infinity Marketing Team; pg. 308
Villarreal, Michelle, Account Director - Highfield; pg. 85
Villarreal, Myrna, Associate Media Director, Tapestry - Starcom Worldwide; pg. 513
Villarreal, Teresa, Senior Vice President - Newlink Communications Group; pg. 632
Villarroel, Chad, Account Manager - Brunet-Garcia Advertising, Inc.; pg. 44
Villavicencio, Samantha, Director, Social Media - Orci; pg. 543
Villazon, Roberto, Owner & President - hi-gloss; pg. 84
Villegas, Eduardo, Associate, Video Partnerships - Rufus/Amazon - Initiative; pg. 478
Villegas, Orlando, Vice President & Account Director - Martin Retail Group; pg. 106
Villegas, Sue, Account Manager - 9thWonder; pg. 453
Villet, Jonathan, President - OneWorld Communications; pg. 123
Villet, Trevor, Group Creative Director - Planit; pg. 397
Villett, Jonathan, Founder & President - OneWorld Communications; pg. 123
Villian, Chantal, Director, Strategy - Hearts & Science; pg. 473
Villing, Jeannine, Executive Vice President - Villing & Co.; pg. 429
Villing, Thom, President - Villing & Co.; pg. 429
Villiott, Brent, Manager, Social Marketing - CPC Strategy; pg. 672
Vilnius, Erik, Art Director - Wilson Creative Group, Inc.; pg. 162
Viloria, Christian, Media Activation Supervisor - Essence; pg. 233
Vinals, Cristobal, Manager, Key Account Partnerships - Walmart Media Group; pg. 684
Vincent, Ashley, Associate Director, Digital Partnerships - Initiative; pg. 477
Vincent, Brent, Associate Director, Creative - Davis Harrison Dion Advertising; pg. 348
Vincent, Christine, Vice President, Customer Growth - Kenshoo; pg. 244
Vincent, Courtney, Creative Director - Peterson Milla Hooks ; pg. 127
Vincent, Daniel, Director, Video Partnerships - Initiative; pg. 477
Vincent, Jessica, Vice President & Director, Brand Management - Cornett Integrated Marketing Solutions; pg. 344
Vincent, Rachel, Media Director - Media Partners, Inc.; pg. 486
Vincent, Sydney, Senior Account Executive - VaynerMedia; pg. 689
Vinci, Alex, Senior Partner & Director - Mindshare; pg. 491
Vines, Jordan, Public Relations Specialist - The Tombras Group; pg. 424
Vingoe, Sarah, Producer, Broadcasting - Rethink Communications, Inc.; pg. 133
Vinh, Hung, Lead Designer - Energy BBDO, Inc.; pg. 355
Vinick, Jeff, Executive Creative Director - Deutsch, Inc.; pg. 349
Vining, Lance, Vice President & Creative Director - BBDO Worldwide; pg. 331
Vining, Nicholas, Director, Strategy & Insights - Catalyst Digital; pg. 220
Vinyard O'Melia, Abby, Executive Vice President & Head, Digital - Nike Communications, Inc.; pg. 632
Vio, Pablo, Executive Creative Director - Jam3; pg. 243
Viola, Jeremy, Senior Vice President & Group Director, Strategy - Palisades Media Group, Inc.; pg. 124
Viola, Kellie, Art Director - BBR Creative; pg. 174
Violante, Andrew, Account Supervisor - Flashpoint Public Relations; pg. 604
Vior, Ricardo, Vice President & Executive Creative Director - the community; pg. 545
Vipond, Devon, Director, Digital - Citizen Relations; pg. 590
Virag, Krisztina, Account Director - DDB Canada; pg. 224
Virdo, Rosella, Chief Operating Officer - Lodging Interactive; pg. 246
Virgen, Merrel, President & Creative Director - Virgen Advertising; pg. 159
Virgil, Dydra, Principal - V&L Research & Consulting, Inc.; pg. 451
Virk, Harleen, Media Supervisor - Barlow Media; pg. 455
Visage, Renee, Senior Media Relations & Services Coordinator - Kelly, Scott & Madison, Inc.; pg. 482
Visaya, Francis, Senior Art Director - Magnet Media, Inc.; pg. 247
Visconte, Michael, Executive Vice President & Creative Director - FCEdge, Inc.; pg. 7
Viscuse, Anthony, Senior Director, Supply Side Relationship Management - AudienceXpress; pg. 455
Viselli, Lisa, Senior Vice President, Marketing & Communications - Escalent; pg. 444
Visich, Benjamin, Group Vice President - Publicis Health Media; pg. 506
Vismara, Davide, Creative Director - Team One; pg. 417
Vissat, Dave, Creative Director - Brunner; pg. 44
Vistad, Kjell, Vice President, PR & Business Development - One PR Studio; pg. 634
Vita, Celine, President - Centron Advertising - Centron; pg. 49
Vitale, Domenico, Founder & Chief Idea Architect - People Ideas & Culture; pg. 194
Vitale, Eve, Associate Media Director - Harmelin Media; pg. 467
Vitale, Kim, Director, Strategic Planning - Media Storm; pg. 486
Vitale, Stefanie, Media Supervisor, Paid Social - 360i, LLC; pg. 320
Viteri, Alex, Chief Strategy & Engagement Officer - Sleek Machine; pg. 142
Viti, Julia, Digital Media Manager - MediaCom; pg. 487
Viti, Susan, Vice President & Director, Strategy - Spark Foundry; pg. 510
Viti, Susan, Managing Director & Head, Franchisees - Initiative; pg. 479
Vitiello, Kathy, Senior Project Manager - Publicis North America; pg. 399
Vitogiannes, Danielle, Director, Digital Services - Celtic Marketing, Inc.; pg. 341
Vitorovich, Johnny, Principal & Creative Director - Grafik Marketing Communications; pg. 185
Vitrano, Amanda, Social Media Specialist - Havas Media Group; pg. 469
Vitrano, Christopher, Chief Marketing Officer - Nelson Schmidt Inc.; pg. 120
Vitrano, Robbie, Co-Founder - Trumpet Advertising; pg. 157
Vitro, John, Principal & Executive Creative Director - Vitro Agency; pg. 159
Vitro, Max, Account Supervisor - Vitro Agency; pg. 159
Vitrone, Scott, Partner & Chief Creative Officer - FIG; pg. 73
Vitti, Vince, Vice President, Business Development & Digital Strategy - Infinitee Communications, Inc.; pg. 374
Vitturi-Lochra, Jan, Account Director - The Shipyard; pg. 270
Vivalo, Kate, Director, Operations - Spark Foundry; pg. 508
Viveiros, Brandon, Senior Director, Digital & Media - Saatchi & Saatchi X; pg. 682
Vivian, Kristy, Vice President of Business - Billups Worldwide; pg. 550
Vivian, Laura, Account Director - HughesLeahyKarlovic; pg. 372
Vivolo, Joe, Partner, Senior Director, Demand Generation - KoMarketing Associates; pg. 675
Vivona, Tricia, Media Supervisor - Intouch Solutions, Inc.; pg. 242
Vizek, Josh, Vice President & Group Creative Director - Abelson-Taylor; pg. 25

AGENCIES — PERSONNEL

Vizethann, Marjorie, Media Director, Paid Search - 360i, LLC; *pg.* 207
Vizvary, Mike, President & Chief Executive Officer - Revolution Media; *pg.* 507
Vizzacco, Joshua, Lead Designer - Agilitee Solutions, Inc.; *pg.* 172
Vlatkovich, Gloria, Senior Project Manager - Periscope; *pg.* 127
Vobejda, Susan, Chief Marketing Officer - The Trade Desk; *pg.* 520
Voege, Scott, Senior Vice President & Group Account Director - EP+Co.; *pg.* 356
Voehringer, Mark, Senior Creative Director - BBDO Worldwide; *pg.* 331
Voetmann, Cameron, Account Director - Destination Marketing; *pg.* 349
Vogan, Cory, Senior Digital Marketing Specialist - Doner CX; *pg.* 282
Vogel, Erin, Senior Vice President & Head, Content - Central Region - Spark Foundry; *pg.* 510
Vogel, Evan, Founder - Night Agency, LLC; *pg.* 692
Vogel, Jon, Graphic Designer - Media Bridge Advertising; *pg.* 484
Vogel, Randy, Director, Global Strategy & Integration - DePuy - Anderson DDB Health & Lifestyle; *pg.* 31
Vogel, Shannon, Account Supervisor - Crowley Webb & Associates; *pg.* 55
Vogelman, Drew, Executive Vice President & Director, Creative Production - Edelman; *pg.* 599
Vogelpohl, Sharon, President & Partner - Mangan Holcomb Partners; *pg.* 103
Vogelzang, Courtney, Partner & Vice President, Integrated Planning - J3; *pg.* 480
Vogler, Carrie, Associate Director, Content Strategy - Huge, Inc.; *pg.* 240
Vogliano, Marie, Chief Financial Officer - Goodman Media International, Inc.; *pg.* 610
Vogt, Erin, Account Supervisor - Peritus Public Relations; *pg.* 636
Vogt, Jason, Vice President, Operations & Planning - BFG Communications; *pg.* 333
Vogt, Justin, Vice President, Business Development - Fuseideas, LLC; *pg.* 306
Vogt, Kelly, Senior Vice President, Account Director - Cramer-Krasselt ; *pg.* 54
Vohlidka, Adam, Group Creative Director - The Annex - Havas Worldwide Chicago; *pg.* 82
Voigt, Whitney, Vice President, Account Services - Moosylvania; *pg.* 568
Voisard, Jenny, Senior Consultant - ComBlu; *pg.* 691
Vojta, Daniela, Executive Vice President & Executive Creative Director - BBDO Worldwide; *pg.* 331
Volansky, Jamie, Art Director - Mint Advertising; *pg.* 115
Volaric, Josephina, Senior Planning Manager - M&C Saatchi Performance; *pg.* 247
Volbert, Rachel, Account Executive, Business Development - THIRD EAR; *pg.* 546
Volk, Josh, SEO Team Lead - Rocket55; *pg.* 264
Volk, Tim, Partner & Advisor - Kelliher Samets Volk; *pg.* 94
Volke, Kristi, Account Manager - Imre; *pg.* 374
Volker, David, Creative Director - LPK; *pg.* 12
Volkman, Bob, Co-Founder & Creative Partner - Tom, Dick & Harry Creative; *pg.* 426
Volland, Elisha, Assistant Account Executive - Martin Retail Group; *pg.* 106
Vollendorf, Jessica, Creative Director - Nemo Design; *pg.* 193
Vollerslev, Christian, President - Posterscope U.S.A.; *pg.* 556
Vollet, Amy, Senior Vice President & Executive Director, Media - The Integer Group - Dallas; *pg.* 570
Vollman, Michael, Associate Creative Director - Kuhl Swaine; *pg.* 11
Vollmer, Kayla, Associate Director - Honda & Macy's - Spark Foundry; *pg.* 508
Vollmer, Kayla M., Associate Director - Spark Foundry; *pg.* 508
Vollmers, Angie, Director, Media - OH Partners; *pg.* 122
Volodarksy, Jessica, Senior Producer - Ueno; *pg.* 273
Volohov, Anna, Integrated Media Planner - Hilton - MediaCom; *pg.* 487
Volonte, Vanessa, Art Director - Innocean USA; *pg.* 479
Voloshin, Helen, Planner, Paid Social - Digitas; *pg.* 226
Volosin, Kelley, Supervisor - Zenith Media; *pg.* 529
Volpe, Brendon, Head, Strategy - CNX; *pg.* 51
Volpe, Lisa, Manager, Human Resource - MayoSeitz Media; *pg.* 483
Volpe, Loretta, Co-Founding Partner - GMLV; *pg.* 466
Volpone, Seven, Chief Executive Officer - Big Block; *pg.* 217
Voltz, Joan, Senior Partner & Executive Group Director - Ogilvy; *pg.* 393
Volz Bongar, Tina, Partner & Creative & Marketing Director - BongarBiz; *pg.* 302
Von Der Lippe, Doug, Senior Account Executive - Shift Now; *pg.* 140
Von Hassel, Shannon, Senior Vice President & Group Account Director - Initiative; *pg.* 477
Von Hoff, Jim, President - Insight Creative, Inc.; *pg.* 89
Von Ohlen, Adam, Senior Vice President & Creative Director - Two by Four Communications, Ltd.; *pg.* 157
Von Sadovszky, Mia, Senior Vice President & Group Strategic Planning Director - RPA; *pg.* 134
Von Sossan, Jamie, Director, Operations - 3fold Communications; *pg.* 23
Von Stauffenberg, Jennifer, President - Olive Creative Strategies; *pg.* 634
Von Zee, Randall, Manager, Data & Analytics - The MX Group; *pg.* 422
Von der Kret, Gina, Creative Director - LJG Partners; *pg.* 189
Vona, Alyssa, Associate Director, Strategy - OMD; *pg.* 498
Vona, Meredith, Vice President, Digital Media Strategy - Cooper-Smith Advertising; *pg.* 462
Vonderhaar, Tina, President & Chief Executive Officer - Brighton Agency, Inc.; *pg.* 337
Vonderhaar, Wendy, Chief Executive Officer - Intrinzic, Inc.; *pg.* 10
Vondran, Kathleen, Vice President - TAG Communications, Inc.; *pg.* 416
Vondran, Mike, President & Chief Executive Officer - TAG Communications, Inc.; *pg.* 416
Vontayes, Rahshawn, Coordinator, Materials - Adams Outdoor Advertising; *pg.* 549
Voorhees, Jennifer, Account Lead & Strategic Marketing Leader - Wray Ward; *pg.* 433
Voorhies, Dock, Associate Director - Starcom Worldwide; *pg.* 513
Vorgitch, Michael, Account Executive - Martin Retail Group; *pg.* 106
Vorlicky, Ann, Executive Producer - Slingshot, LLC; *pg.* 265
Vorovich, Maria, Chief Strategy Officer - Air Paris New York; *pg.* 172
Vos, Jack, Vice President & Creative Director - Rhea & Kaiser Marketing ; *pg.* 406
Vosa, Ricardo, Associate Media Director - Spark Foundry; *pg.* 508
Voskanian, Andrea, Associate Creative Director - Petrol; *pg.* 127
Vosler, Austin, Senior Group Marketing Director - Active Interest Media; *pg.* 561
Vosloo, Paul, Senior Vice President & Senior Partner - FleishmanHillard; *pg.* 605
Voss, Angela, Executive Vice President, Account Services - Marketing Architects; *pg.* 288
Voss, Michael, Chief Executive Officer - BVK; *pg.* 339
Voss, Teresa, Supervisor, Client Services - Universal McCann Detroit; *pg.* 524
Vossoughi, Sohrab, Founder & President - Ziba; *pg.* 205
Voth, Gretchen, Senior Vice President & Director, Emerging Solutions - Luquire George Andrews, Inc.; *pg.* 382
Voth, Jon, Director, Creative Technology - Periscope; *pg.* 127
Votto, Brie, Account Supervisor - Grow Marketing; *pg.* 691
Vournakis, Chris, Global Senior Account Director - The Designory; *pg.* 149
Vradiy, Olia, Senior Designer - User Interface & User Experience - Artime Group; *pg.* 34
Vranicar, Andrew, Head, Innovation - Phenomenon; *pg.* 439
Vranicar, Jim, Chief Operating Officer - Signal Theory; *pg.* 141
Vranich, Tom, Vice President, Client Services - Marketing Works; *pg.* 105
Vredenburgh, Cynthia, Senior Vice President, Global Relationship Lead - Wunderman Health; *pg.* 164
Vreen, Typhanee, Account Director - WongDoody; *pg.* 433
Vrem Devine, Kaylee, Account Supervisor - Spawn; *pg.* 648
Vu, Dolly, Associate Director, Experience Design & Visual Design - Digitas; *pg.* 227
Vu, Jonathan, Global Managing Partner - Initiative; *pg.* 477
Vu, Sophie, Chief Marketing Officer - Vibes Media; *pg.* 535
Vucelic, Katherine, Manager, Digital Media & CRM - Starcom Worldwide; *pg.* 513
Vujanic, Brenda, Chief Operating Officer - Benchworks; *pg.* 333
Vuolo, Lindsay, Director, Strategy - 360i, LLC; *pg.* 320
Vuono, Frank, Partner - 16W Marketing; *pg.* 301
van Adelsberg, Karlina, Executive Vice President, Operations - The Regan Group; *pg.* 570
van Becelaere, Charlie, Partner, Research - Universal McCann Detroit; *pg.* 524
van Bergen, Karen, Executive Vice President & Dean, Omnicom University - Omnicom Group; *pg.* 123
van Dam, Daan, Associate Creative Director - R/GA; *pg.* 261
van Dyk, Rhonda, Production Manager - Scott Design Inc; *pg.* 198
van Ginkel, Dirk, Creative Director - Jam3; *pg.* 243
van Leeuwen, Matthijs, Director, Design - Mother NY; *pg.* 118
van Mourik, Judy, Director, Production & Studio - Bob's Your Uncle; *pg.* 335
van Steenburgh, Richard, Executive Vice President, Data Strategy - Deutsch, Inc.; *pg.* 349
van Vorstenbosch, Pieter, Vice President - Nike Communications, Inc.; *pg.* 632
van den Bosch, Derek, Chief Operating Officer - 160over90; *pg.* 301
van den Driesen, Scot, Senior Copywriter - Venables Bell & Partners; *pg.* 158

van den Heuvel, Eric, Managing Director - The Gate Worldwide; *pg.* 419
van der Does, Anne, Vice President & Principal Photographer - A.D. Lubow; *pg.* 25
van der Merwe, Riaad, Associate Creative Director - AKQA; *pg.* 212
von Bismarck, Vanessa, Partner & Co-Founder - BPCM; *pg.* 585
von Borcke, Erika, Account Director - Zapwater Communications; *pg.* 664
von Czoernig, Elissa, Associate Partner & Account Director - Proof Advertising; *pg.* 398
von Ende, Chris, Senior Vice President & Director, Creative & Art - Leo Burnett Worldwide; *pg.* 98
von Plato, Alexandra, Chief Executive Officer - Publicis Health; *pg.* 639
von Plonski, Olivia, Associate Director, Business Development - Publicis Hawkeye; *pg.* 399
von Thelen, Katherine, Art Director - OrangeRoc; *pg.* 395
von der Sitt, Carrie, Head, US Growth - Golin; *pg.* 609

W

Wachenheim, Sheri, Public Relations Specialist - Mint Advertising; *pg.* 115
Wachs, Lindsay, Capacity Partner & Director Staffing - Publicis.Sapient; *pg.* 259
Wachs, Michael, Chief Creative Officer - GYK Antler; *pg.* 368
Wachtel, Christopher, President & Chief Executive Officer - WordCom, Inc.; *pg.* 294
Wachtel, Rachel, Event Production Manager - The Narrative Group; *pg.* 654
Wachtendonk, Holly, Account Supervisor - Hiebing; *pg.* 85
Wachter, Marie, Assistant Account Executive - Grey Group; *pg.* 365
Wachter, Marissa, Media Planner - The Richards Group, Inc.; *pg.* 422
Wachtfogel, Stacey, Executive Vice President & Chief Human Resources Officer - Makovsky & Company, Inc.; *pg.* 624
Wachtler, Brian, President & Partner - Haberman; *pg.* 369
Wacksman, Barry, Vice Chairman & Global Chief Strategy Officer - R/GA; *pg.* 260
Wadas, Alicia, Chief Operating Officer & Vice President - The Lavidge Company; *pg.* 420
Wadas, Kelsee, Vice President & Director, Connections Planning - Havas Media Group; *pg.* 470
Waddell, Bob, Vice President- Matchup - MBB Agency; *pg.* 107
Waddell, Karen, Vice President, List Services - eTargetMedia; *pg.* 283
Waddington, Celia, Principal & Owner - Ignite Creative Services, LLC ; *pg.* 88
Waddy, John, Owner & Chief Executive Officer - TwentySix2 Marketing; *pg.* 678
Wade, Allison, Account Director - Anchor Worldwide; *pg.* 31
Wade, Beth, Global Chief Marketing Officer - VMLY&R; *pg.* 274
Wade, Cheryl, Senior Associate, People Services - Diversity & Inclusion - Booz Allen Hamilton; *pg.* 218
Wade, Corey, Founder & Partner - Sandbox Strategies; *pg.* 645
Wade, Emily, Digital Project Manager - Marcel Digital; *pg.* 675
Wade, Erik, Brand Director, Nike Basketball - Wieden + Kennedy; *pg.* 430
Wade, Jessica, Senior Account Executive - Desautel Hege Communications; *pg.* 596

Wade, Jessica, Creative Manager - Element Productions; *pg.* 562
Wade, Nadia, Director, Marketing Sciences - OMD West; *pg.* 502
Wade, Shali, Executive Director, Office, Global Chief Executive Officer - VMLY&R; *pg.* 274
Wade, Sheryl, Director, Administration - Prairie Region - Pattison Outdoor Advertising ; *pg.* 555
Wade, Stacey, President - Nimbus; *pg.* 391
Wade, Stephanie, Principal & Creative Director - Argus, LLC; *pg.* 173
Wade, Stephen, President - The Infinite Agency; *pg.* 151
Wade, Tyla, Media Planner - Hudson Rouge; *pg.* 371
Wadia, Daniel, Co-Founder - Mrs & Mr; *pg.* 192
Wadia, Kate, Co-Founder & Chief Creative Officer - Mrs & Mr; *pg.* 192
Wadleigh, Dan, Chief Financial Officer - Wunderman Health; *pg.* 164
Wadler, Ame, Managing Director, Health & Strategic Planning - Zeno Group; *pg.* 664
Wadler, Pam, Director, Client Relations - Trent & Company, Inc.; *pg.* 656
Wadlinger, Becca, Copywriter - Wieden + Kennedy; *pg.* 430
Waernes, Jens, Creative Director - Goodby, Silverstein & Partners; *pg.* 77
Waetzman, Melissa, Senior Vice President - RTi Research; *pg.* 449
Wageman, Alexa, Brand Management - The Richards Group, Inc.; *pg.* 422
Wageman, Quinn, Partner - TriplePoint ; *pg.* 656
Wagener, Jeff, Vice President & Creative Director - Questus; *pg.* 260
Wages, Bob, Owner & Creative Director - Wages Design, Inc.; *pg.* 204
Wages, Byron, Associate Creative Director - barrettSF; *pg.* 36
Waggener Zorkin, Melissa, Founder & Chief Executive Officer - WE Communications; *pg.* 660
Waggoner, Kevin, Account Executive - Brothers & Co.; *pg.* 43
Waggoner, Kimberly, Senior Manager, Account Services - Empower; *pg.* 354
Waggoner, Taryn, Senior Producer - Mirum Agency; *pg.* 251
Waghorn, Matthew, Vice President, Strategy - Huge, Inc.; *pg.* 239
Wagman, Ryan, Chief Creative Officer - 160over90; *pg.* 301
Wagner, Adam, Associate Director, Creative - The Many; *pg.* 151
Wagner, Adam, Chief Strategy Officer - Raindrop Agency Inc; *pg.* 196
Wagner, Amanda, Project Manager - Curiosity Advertising; *pg.* 223
Wagner, Arthur, Co-Founder & President - Active International; *pg.* 439
Wagner, Bob, President - Nimble Worldwide; *pg.* 391
Wagner, Cameron, Chief Client Officer - GMR Marketing; *pg.* 306
Wagner, Charles, Senior Manager, Paid Search - Tinuiti; *pg.* 678
Wagner, Chelsea, Manager, Public Relations - partners + napier; *pg.* 125
Wagner, David, Partner & Chief Financial Officer - Schnake Turnbo Frank, Inc.; *pg.* 646
Wagner, Dean, Creative Director - 54 Brands; *pg.* 321
Wagner, Emily, Account Director - Brogan & Partners; *pg.* 538
Wagner, Helen, Senior Analyst - MBuy; *pg.* 484
Wagner, Jackie, President - Creative Marketing Resource, Inc.; *pg.* 54

Wagner, Joe, Managing Director - Fenton Communications; *pg.* 603
Wagner, John, Executive Director, Published Media & Digital Director - PHD USA; *pg.* 505
Wagner, Jon, Senior Partner & Executive Creative Director - Ogilvy; *pg.* 393
Wagner, Josh, Vice President, Sales, Enterprise Account Executive & Head, Partnerships - LeadMD; *pg.* 380
Wagner, Kristel, Manager, Public Relations - Rinck Advertising; *pg.* 407
Wagner, Laurie, Media Supervisor - MediaCom; *pg.* 487
Wagner, Lindsay, Brand Director - Hearts & Science; *pg.* 471
Wagner, Matthew, Account Director - Target 10; *pg.* 19
Wagner, Melissa, Director, Media - CMI Media, LLC; *pg.* 342
Wagner, Mitchell, Director, Digital Marketing - Ironclad Marketing; *pg.* 90
Wagner, Paul, Founder - Balzac Communications & Marketing; *pg.* 580
Wagner, Samantha, Account Director - Wieden + Kennedy; *pg.* 432
Wagner, Sarah, Associate Director - Starcom Worldwide; *pg.* 513
Wagner, Shannon, President, SPM - NSA Media Group, Inc.; *pg.* 497
Wagner, Sheilah, Lead Analyst - Engine; *pg.* 444
Wagner, Tiffany, Senior Vice President - Civic Entertainment Group; *pg.* 566
Wagstaff, Mary, President - Wagstaff Worldwide; *pg.* 659
Wahl, Carol, Senior Account Executive - d.trio Marketing Group; *pg.* 348
Wahl, Chris, President - Southwest Strategies, LLC; *pg.* 411
Wahlbeck, Dana, Producer, Integrated - 22squared Inc.; *pg.* 319
Wahlquist, Anders, Chief Executive Officer - B-Reel; *pg.* 215
Wahlrab, Lorelei, Account Manager - Yeck Brothers Company; *pg.* 294
Wahlstrom, Chelsey, Account Director - Laughlin Constable, Inc.; *pg.* 380
Wahnschaffe, Krystle, Brand Manager & Team Lead - The Richards Group, Inc.; *pg.* 422
Waid, Denise, Partner & Creative Director - Steel Digital Studios; *pg.* 200
Wailand, Sybil, Managing Partner - Ingram Consumer Dynamics; *pg.* 10
Wain, Lance, Principal & President - Grafik Marketing Communications; *pg.* 185
Waishampayan, Amol, Vice President, Platform Marketing - Stream Companies; *pg.* 415
Wait, Janel, Chief Information Officer - GlynnDevins Marketing; *pg.* 364
Waite, Emily, Senior Planner - Grey Group; *pg.* 365
Waite, Emily, Account Supervisor - Ketchum; *pg.* 619
Waite, Greg, President - Diamond Communications Solutions; *pg.* 281
Waite, Jill, Account Director - Derse, Inc.; *pg.* 304
Waite, Jonathan, Director, Search & SEO - Direct Agents, Inc.; *pg.* 229
Waite, Yvette, Media Buyer & Planner - Sanders\Wingo; *pg.* 138
Wajdowicz, Jurek, Principal & Creative Director - Emerson, Wajdowicz Studios, Inc.; *pg.* 181
Wakabayashi, Brian, Senior Vice President & Director, Strategy - 215 McCann; *pg.* 319
Wakabayashi, Dennis, Group Director, Digital Marketing & Integration - The Integer Group - Dallas; *pg.* 570
Wakabayashi, Lindsay, Director, Business

AGENCIES — PERSONNEL

Affairs - GSD&M; *pg.* 79
Wakefield, Nick, Vice President & Creative Director, Broadcast & Streaming - Mob Scene; *pg.* 563
Wakeland, Eve, Account Director - Esparza Advertising; *pg.* 68
Wakely, Jim, Co-Founder - Folklore Digital; *pg.* 235
Wakeman, Matthew, Creative Director - Eleven, Inc.; *pg.* 67
Wakim, Patricia, Senior Vice President, Finance - MARC Research; *pg.* 447
Waknitz, Tom, Managing Director - All Covered; *pg.* 212
Walbert, Lauren, Vice President - Sandy Hillman Communications; *pg.* 645
Walcher, Jean, President & Owner - JWalcher Communications; *pg.* 618
Walcher, Laura, Principal & Public Relations Counsel - JWalcher Communications; *pg.* 618
Walcott, Elizabeth, Marketing Manager - Jellyfish U.S.; *pg.* 243
Wald, Janet, Vice President & Group Associate Media Director - Universal McCann Detroit; *pg.* 524
Wald, Jessica, Media Supervisor - Zenith Media; *pg.* 529
Waldau, Griffin, Senior Art Director - VMLY&R; *pg.* 275
Waldeck, Robert, President - Holland - Mark; *pg.* 87
Walden, Becky, Executive Vice President & Global Director, Global Network Clients - Starcom Worldwide; *pg.* 513
Walden, Clint, Co-Founder & Executive Creative Director - Mindgruve; *pg.* 534
Walden, Zach, Associate Director, Digital Activation - OMD West; *pg.* 502
Walden-Morden, Jessica, Creative Director - Barkley; *pg.* 329
Walderich, Jeff, Owner & Business Manager - IdeaStudio; *pg.* 10
Walderich, Lori, Principal & Chief Creative Officer - IdeaStudio; *pg.* 10
Waldheim, Alyssa, Director, Project & Operations - Blue State Digital; *pg.* 335
Waldner, Bill, Managing Partner - Dailey & Associates; *pg.* 56
Waldorf, Gordon, President & Owner - Bayard Advertising Agency, Inc.; *pg.* 37
Waldow, Sofia, Senior Vice President & Managing Director - Carat; *pg.* 459
Waldron, Meaghan, Director, Client Business - Wray Ward; *pg.* 433
Waldrop Miles, Amy, Senior Project Manager - Dell Blue; *pg.* 60
Waldschmidt, Craig, Director, Paid Programming - Tower Media Advertising, Inc.; *pg.* 293
Waldsmith, Jillian, Group Director - Kinetic Worldwide; *pg.* 553
Walian, Jaclyn, Director, Operations & Public Relations - Olive Creative Strategies; *pg.* 634
Walian, Kayla, Supervisor, Digital - Essence; *pg.* 233
Walker, Adam, Vice President, Media - PlusMedia, LLC; *pg.* 290
Walker, Adrian, Associate Creative Director - Anthology Marketing Group; *pg.* 326
Walker, Allie, Associate Director, Strategy - R/GA; *pg.* 260
Walker, Andrew, Programmatic Manager - Mindshare; *pg.* 494
Walker, Bob, Associate Creative Director - Curiosity Advertising; *pg.* 223
Walker, Bradley, Director, Editorial - 1000heads; *pg.* 691
Walker, Brian, Director, Technology - Grow Interactive; *pg.* 237

Walker, Brittany, Account Supervisor - Tribe, Inc.; *pg.* 20
Walker, Caleb, SEM Analyst - Elevation Marketing; *pg.* 67
Walker, Carolyn, Chief Executive Officer & Managing Partner - Response Marketing; *pg.* 133
Walker, Collin, Senior Analyst, Programmatic - Starcom Worldwide; *pg.* 513
Walker, Courtney, Director, Strategy - Aaaza; *pg.* 537
Walker, Darrun, Project Manager - Derse, Inc.; *pg.* 304
Walker, Dena, Head, Brand Planning North America - Ford - BBDO Worldwide; *pg.* 331
Walker, Dennis, Creative Group Head & Art Director - The Richards Group, Inc.; *pg.* 422
Walker, Greg, Associate Director, Search Engine Optimization - Starcom Worldwide; *pg.* 513
Walker, Jackie, Senior Account Manager & Business Development - SCA Promotions, Inc.; *pg.* 569
Walker, James, Co-Founder & Owner - TKO Advertising; *pg.* 155
Walker, Jee Nah, Senior Vice President, Lifestyle - Kaplow Communications; *pg.* 618
Walker, Jee Nah, Senior Vice President - Lifestyle - Kaplow Communications; *pg.* 618
Walker, Jeff, Senior Partner - VSA Partners - VSA Partners, Inc.; *pg.* 204
Walker, Jen, Senior Graphic Designer - Zeller Marketing & Design; *pg.* 205
Walker, Jennifer, Planning Director - Spurrier Group; *pg.* 513
Walker, Jennifer, Managing Director, Vice President - Brave Public Relations; *pg.* 586
Walker, Jessica, Brand Manager - Team Lead - The Richards Group, Inc.; *pg.* 422
Walker, Jill, Senior Vice President & Group Client Services Director - Wunderman World Health - Wunderman Health; *pg.* 164
Walker, Joe, Vice President, Business Development - Adrenaline, Inc.; *pg.* 172
Walker, Joel, Vice President & Group Creative Director - Blue Chip Marketing & Communications; *pg.* 334
Walker, John, Co-Owner & Managing Partner - CDHM Advertising, Inc.; *pg.* 49
Walker, John, Creative Director - Broadhead; *pg.* 337
Walker, Jordan, Digital Director - Greteman Group; *pg.* 8
Walker, Julie, Executive Vice President - Cramer; *pg.* 6
Walker, Kandy, Broadcast Manager - Cossette Media; *pg.* 345
Walker, Kerry, Senior Vice President - The Outcast Agency; *pg.* 654
Walker, Lauren, Associate Media Director - Crispin Porter + Bogusky; *pg.* 346
Walker, Lorianne, Senior Account Executive - Abel Communications; *pg.* 574
Walker, Maria, Analyst, Marketing - Drake Cooper; *pg.* 64
Walker, Marianella, Advanced Analytics Supervisor - RPA; *pg.* 134
Walker, Mary Ann, Owner & Chief Executive Officer - Walker Advertising, Inc.; *pg.* 546
Walker, Matt, Vice President, Group Creative Director - WHITE64; *pg.* 430
Walker, Matt, Director, Writing - JPR Communications; *pg.* 618
Walker, Matthew, Senior Program Manager - Liquid Agency, Inc.; *pg.* 12
Walker, Michelle, Director, Rapid Project Delivery - BrightWave Marketing, Inc.; *pg.* 219
Walker, Nadia, Senior Director, Communications & Global Brand - IDEO; *pg.* 187

Walker, Nara, Director, Creative - Trailer Park; *pg.* 299
Walker, Nicole, Vice President, Account Management - Ampersand Agency; *pg.* 31
Walker, Nikki, Vice President & Director, Planning - Carat; *pg.* 461
Walker, Pam, Director, Finance & Human Resources - BrandingBusiness; *pg.* 4
Walker, Riley, Senior Designer, Motion - Code and Theory; *pg.* 221
Walker, Rosie, Executive Vice President & Managing Director - Primacy; *pg.* 258
Walker, Roy, Director, Business Development - ASV Inc.; *pg.* 302
Walker, Ryan, Senior Associate, Broadcast - Spark Foundry; *pg.* 508
Walker, Sarah, Associate, National Video Activation - 360i, LLC; *pg.* 320
Walker, Scott, Vice President - Zenith Media; *pg.* 529
Walker, Shelbi, Assistant Account Executive - Texas Creative; *pg.* 201
Walker, Spice, Senior Strategist - 360i, LLC; *pg.* 320
Walker, Stephen, Senior Vice President, Worldwide Sales Operations - Taboola; *pg.* 268
Walker, Steve, Broadcast Supervisor - Saatchi & Saatchi Canada; *pg.* 136
Walker, Steven, Partner & Senior Vice President - FleishmanHillard; *pg.* 604
Walker, Tim, Principal & Director, Design - DOXA Total Design Strategy, Inc.; *pg.* 180
Walker, Tommy, Director, Broadcast Production - Stone Ward Advertising; *pg.* 413
Walker, Trevor, Director, Trading & Accountability - OMD Canada; *pg.* 501
Walker, Wayne, Partner - Branding Plus Marketing Group; *pg.* 456
Walker II, Ronald L., Chief Operating Officer - Rasky Baerlein Strategic Communications, Inc.; *pg.* 641
Walker-Kulp, Stephanie, Director, Digital Investment - Mindshare; *pg.* 491
Walkey, Bryan, Chief Executive Officer - Northern Lights Direct; *pg.* 289
Walkosz, Tomasz, Associate Finance Director - Leo Burnett Worldwide; *pg.* 98
Walkowiak, James, Director, Operations - VDA Productions; *pg.* 317
Walkup, Kelley, President & Chief Executive Officer - Conversion Interactive Agency; *pg.* 222
Wall, Betty, Partner & Director, Client Services - Jaffe & Partners; *pg.* 377
Wall, Chad, Creative Director - Mower; *pg.* 389
Wall, Kendall, Senior Media Planner - Blue 449; *pg.* 456
Wall, Michelle, Associate Media Director - MeadsDurket; *pg.* 112
Wall, Steve, Vice President, Sales - Netsertive; *pg.* 253
Walla, Jack, Negotiator, Video Investment - Mindshare; *pg.* 491
Wallace, Annabelle, Manager, Content - Spark Foundry; *pg.* 510
Wallace, Brian, President & Owner - NowSourcing; *pg.* 254
Wallace, Bridgit, Vice President, Media Investment - Novus Media, Inc.; *pg.* 497
Wallace, Bronwyn, Senior Vice President - Hill+Knowlton Strategies; *pg.* 613
Wallace, Brooks, Director - Nectar Communications; *pg.* 632
Wallace, Bruce, Art Director - Stone Ward Advertising; *pg.* 413
Wallace, Circe, Executive Vice President - Wasserman Media Group; *pg.* 317
Wallace, Deborah, Director, Corporate

PERSONNEL — AGENCIES

Communications - Golin; *pg.* 609
Wallace, Drew, Associate Creative Director - Think Motive; *pg.* 154
Wallace, Fraser, Chief Executive Officer & President - Wallace & Company; *pg.* 161
Wallace, Giles, Art Director - BrandHive; *pg.* 336
Wallace, Graham, Media Supervisor - Wieden + Kennedy; *pg.* 430
Wallace, Jenna, Manager, Key Account Partnerships - Walmart Media Group; *pg.* 684
Wallace, Judy, Managing Partner - NowSourcing; *pg.* 254
Wallace, Kaitlyn, Channel Strategist - CITGO, Hutamaki & Chinet - The Buntin Group; *pg.* 148
Wallace, Katrina, Associate Media Director - McKinney; *pg.* 111
Wallace, Kellie, Art Director - 23k Studios; *pg.* 23
Wallace, Laura , Account Director - BooneOakley; *pg.* 41
Wallace, Lauren, Marketplace Media Planner & Buyer, Social Media - Crossmedia; *pg.* 463
Wallace, Mark, Senior Vice President & Director, Budget & Operations - GTB; *pg.* 367
Wallace, Melanie, Account Supervisor - McKinney; *pg.* 111
Wallace, Michael, Senior Analyst - Digitas; *pg.* 228
Wallace, Rich, Group Creative Director - Ogilvy; *pg.* 393
Wallace, Robert, Partner & Executive Vice President, Marketing - Tallwave; *pg.* 268
Wallace, Scot, Director, Creative Services - PUSH 7; *pg.* 131
Wallace, Stephanie, Vice President, Owned Media - Nebo Agency, LLC; *pg.* 253
Wallach, Adam, Account Executive - Corinthian Media, Inc.; *pg.* 463
Wallach, Allen, President & Chief Executive Officer - Pavlov; *pg.* 126
Wallach, Eric, Senior Vice President & Content Director - Spark Foundry; *pg.* 508
Wallen, Marc, Managing Partner - MediaCom; *pg.* 487
Wallen, Michael, Partner & Chief Creative Officer - Omelet; *pg.* 122
Wallenfang, Ansel, Copywriter - Wieden + Kennedy; *pg.* 430
Waller, Ashley, Associate Media Director - Starcom Worldwide; *pg.* 513
Waller, Barrett, Vice President - Propeller Communications; *pg.* 639
Waller, Preston, Vice President & Head, Business Development - MDC Media Partners - MDC Partners, Inc.; *pg.* 385
Walling, Liza, Media Manager - Harmelin Media; *pg.* 467
Wallis, Bob, Chief Information Officer - Vestcom ; *pg.* 571
Wallis, Sam, Art Director - Bailey Brand Consulting; *pg.* 2
Wallman, Andy, President & Executive Creative Director - Knupp & Watson & Wallman; *pg.* 378
Wallnut, Elyse, Director, Strategy - Media Cause; *pg.* 249
Walloch, Amy, Account Director - Leo Burnett Worldwide; *pg.* 98
Wallrapp, Chris, President - Hill Holliday; *pg.* 85
Walls, Marco, Creative Director - Gyro; *pg.* 368
Walls, Marco, Creative Director - Gyro NY; *pg.* 369
Wallwork, Jack, Chief Executive Officer & Creative Director - Wallwork Curry McKenna; *pg.* 161
Wallwork, Pat, Partner & Director, Media - McKee Wallwork & Company; *pg.* 385
Walmsley, Graham, Manager, Connections

Planning - Universal McCann; *pg.* 524
Walpert, Jarrod, President - East - Havas Formula; *pg.* 612
Walpole, Andrew, Director, Web Services - Traina Design; *pg.* 20
Walsh, Beth, Vice President - Clearpoint Agency; *pg.* 591
Walsh, Brandi, Art Director - Decibel Blue; *pg.* 595
Walsh, Caitlin, Supervisor, Media Strategy - MayoSeitz Media; *pg.* 483
Walsh, Carly, Director, Communications - 160over90; *pg.* 301
Walsh, Chloe, Producer - Digitas Health LifeBrands; *pg.* 229
Walsh, Chris, Vice President, Media Activation - Essence; *pg.* 232
Walsh, Danny, Senior Copywriter - Colle McVoy; *pg.* 343
Walsh, Dianna, Associate Vice President - Rasky Baerlein Strategic Communications, Inc.; *pg.* 641
Walsh, Emily, Media Planner & Buyer - Crossmedia; *pg.* 463
Walsh, Greg, Global Chief Commercial Officer - Havas Media Group; *pg.* 468
Walsh, Gretchen , Senior Vice President & Group Account Director - McKinney; *pg.* 111
Walsh, Jen, Design Director, UX - Tallwave; *pg.* 268
Walsh, Jennifer, Account Director, Digital - DAC Group; *pg.* 223
Walsh, Jill, Production Manager - Harold Warner Advertising, Inc.; *pg.* 369
Walsh, Joe, Principal & Creative Director - Greenfield / Belser Ltd.; *pg.* 185
Walsh, Joe, Director, Operations - Healthcare Consultancy Group; *pg.* 83
Walsh, Jordan, Marketing, Brand & Content Manager - MiracleBrands - Colling Media; *pg.* 51
Walsh, Kaieran, Account Operations Manager - Snippies, Inc.; *pg.* 450
Walsh, Kieran, President - Greater Than One; *pg.* 8
Walsh, Kim, Director, Production & Business Affairs - BBDO Minneapolis; *pg.* 330
Walsh, Kimberley, Chief Creative Officer - Targetbase Marketing; *pg.* 292
Walsh, Koko, Senior Associate - Starcom Worldwide; *pg.* 516
Walsh, Laura, Media Buyer - Clinical Trial Media; *pg.* 667
Walsh, Maggie, Director, Strategy - 360i, LLC; *pg.* 320
Walsh, Mariana, Vice President, Communications Strategy - Cage Point; *pg.* 457
Walsh, Megan, Manager, Strategic Partner Development - Adpearance; *pg.* 671
Walsh, Meghan, Director, Out-of-Home Investment - Warner Media - Hearts & Science; *pg.* 471
Walsh, Meredith, Director, Print Services - David&Goliath; *pg.* 57
Walsh, Michael, Senior Vice President, Strategy & Relationship Management - Banner Direct; *pg.* 280
Walsh, Michael, Senior Art Director - Digitas; *pg.* 227
Walsh, Michelle, Associate Media Director - Innovative Travel Marketing; *pg.* 480
Walsh, Mike, Associate Partner, Strategic Engagements - VSA Partners, Inc. ; *pg.* 204
Walsh, Monica, Executive Vice President - Zeno Group; *pg.* 665
Walsh, Neil, Senior Vice President & Client Partner - Epsilon; *pg.* 282
Walsh, Patrick, Manager, Media Platform - Kroger Media Services; *pg.* 96
Walsh, Sam, Executive Producer - Team One;

pg. 417
Walsh, Sean, Senior Vice President, Media & Client Development - VaynerMedia; *pg.* 689
Walsh, Tim, Partner - Fearless Agency; *pg.* 73
Walsh, Tina, Vice President, Content Strategy - Tongal; *pg.* 20
Walsh, Tom, Executive Vice President & Head, Zeta Labs - Zeta Interactive; *pg.* 277
Walshe, Tonya, Senior Media Buyer - Rain; *pg.* 402
Walstrom, Kira, Director, Insight & Strategy - The Integer Group; *pg.* 682
Walt, Bob, President - Walt & Company Communications; *pg.* 659
Walter, Andrew, Director, Delivery - AKQA; *pg.* 211
Walter, Ellie, Graphic Designer - Performance Marketing; *pg.* 126
Walter, Jarrad, Senior Manager, Inside Sales - Marketing Services - Neustar, Inc.; *pg.* 289
Walter, Jeff, Executive Director, Account Management & Planning - Rhea & Kaiser Marketing ; *pg.* 406
Walter, Lynn, Executive Assistant - MMG; *pg.* 116
Walter, Peggy, Vice President & Director, Celebrity Services - Leo Burnett Worldwide; *pg.* 98
Walters, Ashley, Chief Development Officer - Curiosity Advertising; *pg.* 223
Walters, Chris, Editor, Motion - Wray Ward; *pg.* 433
Walters, Kate, Chief Strategy Officer - mcgarrybowen; *pg.* 385
Walters, Katie, Senior Account Executive - Deco Productions; *pg.* 304
Walters, Kristen, Senior Art Director - Leo Burnett Worldwide; *pg.* 98
Walters, Lauren, Senior Vice President & General Manager - FleishmanHillard; *pg.* 605
Walters, Lee, Managing Partner & Founder - Arcana Academy; *pg.* 32
Walters, Mark, Art Director - Jan Kelley Marketing; *pg.* 10
Walters, Mia, Senior Vice President, Digital Strategy & Technology - Cronin; *pg.* 55
Walters, Sarah Ann, Director, Strategy & Client Engagement - Grow Interactive; *pg.* 237
Walters, Stefanie, Account Manager - Verde Brand Communications; *pg.* 658
Walters, Taylor, Head, Production - Designsensory; *pg.* 62
Walters, Zach, Account Manager - MOD Worldwide; *pg.* 192
Walthall, Tom, Vice President & Management Supervisor - DoeAnderson Advertising ; *pg.* 352
Walther, Nicole, Senior Specialist, Programmatic - Empower; *pg.* 354
Walther, Sven, Director, Operations - Soshal; *pg.* 143
Walton, Aaron, Founding Partner - Walton Isaacson CA; *pg.* 547
Walton, Colby, President - Cooksey Communications; *pg.* 593
Walton, Danielle, Co-Founder - Adept Marketing; *pg.* 210
Walton, Ginny, Manager, Pricing & Media Buyer - Greteman Group; *pg.* 8
Walton, Jennifer, Vice President, Director - Starcom Worldwide; *pg.* 517
Walton, Kory, Vice President, Digital Strategy - Berry Network; *pg.* 295
Waltz, Allison, U.S. Knowledge Manager - Edelman; *pg.* 353
Waltz, Dawn, Managing Director & People Lead - ICF Next; *pg.* 372
Waltz, Lindsey, Project Manager - The Brandon Agency; *pg.* 419
Walz, Denise, Co-President & Head, Marketing

AGENCIES — PERSONNEL

& Creative - PRR; *pg.* 399
Walz, Kimberly, Media Planner - Carat; *pg.* 461
Walzak, Kevin, Principal - Walzak Advertising; *pg.* 161
Walzak, Toni, Principal - Walzak Advertising; *pg.* 161
Wamble, Jeffrey, Chief Financial Officer - Hearts & Science; *pg.* 471
Wambold, Jennifer, Chief Human Resources Officer - Extreme Reach, Inc.; *pg.* 552
Wambold, Sean, Business Development Director - IWCO Direct; *pg.* 286
Wammack, Beth, Chief Operating Officer & Partner - GDC Marketing & Ideation; *pg.* 362
Wan, Bonnie, Partner & Head, Brand Strategy - Goodby, Silverstein & Partners; *pg.* 77
Wan, Lin, Group Account Director - Juniper Park\ TBWA; *pg.* 93
Wan, Maria, Director, Design - Droga5; *pg.* 64
Wanczyk, Stephen, Senior Vice President, Search & Social Media - RepEquity; *pg.* 263
Wang, Christine, Director, Human Resources - Greenhouse Agency; *pg.* 307
Wang, Connie, Innovation Consultant - Deloitte Digital; *pg.* 225
Wang, Doreen, Head, BrandZ - Kantar Media; *pg.* 446
Wang, Fer, Vice President, Strategy - Likeable Media; *pg.* 246
Wang, Helen, Account Executive - interTrend Communications; *pg.* 541
Wang, Janet, Account Director - David&Goliath; *pg.* 57
Wang, Jasmine, Supervisor, Digital Media - Noble People; *pg.* 120
Wang, Jennifer, Art Director - Publicis North America; *pg.* 399
Wang, Jenny, Senior Designer - Clear; *pg.* 51
Wang, Jessica, Partner, Integrated Investment - Universal McCann; *pg.* 521
Wang, Julie, Vice President & Corporate Controller - GroundTruth.com; *pg.* 534
Wang, Mandy, Media Planner - GSD&M; *pg.* 79
Wang, Yan, Group Director, Communications Strategy - Droga5; *pg.* 64
Wang, Yujing, Specialist, Digital Marketing - Epic Creative; *pg.* 7
Wang, Zhou, Media Planning Associate - Wavemaker; *pg.* 526
Wangbickler, Mike, President - Balzac Communications & Marketing; *pg.* 580
Wanger, Sarah, Senior Manager, Social Marketing - 360i, LLC; *pg.* 320
Wankoff, Rachel, Associate Media Director - PHD; *pg.* 504
Wannarka Gary, Emily, Account Director - Proof Advertising; *pg.* 398
Wannermeyer, Lauren, Associate Content Director - Big Spaceship; *pg.* 455
Want, Hannah, Senior Associate, Strategy - Spark Foundry; *pg.* 512
Wantman, Dana, Senior Partner & Director, Brand Management - Connelly Partners; *pg.* 344
Wantuch, Filip, Vice President, Content Development & Digital Production - DentsuBos Inc.; *pg.* 61
Warack, Haley, Vice President, Digital Strategy - Converge Consulting; *pg.* 222
Warady, Erin, Vice President & Group Director - Idea Hall; *pg.* 615
Warbrook, Cheryl, Executive Producer - Wieden + Kennedy; *pg.* 432
Warburton, Catherine, Chief Investment Officer - Media Assembly; *pg.* 484
Warchol, Robert, Senior Art Director - partners + napier; *pg.* 125
Ward, Abigail, Project Manager - Wunderman Thompson Health - Wunderman Thompson; *pg.* 434
Ward, Alan, Principal - Sasaki Associates; *pg.* 198

Ward, Allison, Media Supervisor - 360i, LLC; *pg.* 207
Ward, Bradley, Senior Art Director - Luquire George Andrews, Inc.; *pg.* 382
Ward, Christie, Director, Accounting - Agency Creative; *pg.* 29
Ward, Cliff, Managing Director, Client & Partner Development - Orange142; *pg.* 255
Ward, Dan, Associate Director - Starcom Worldwide; *pg.* 513
Ward, Haley, Media Planner, Digital - Horizon Media, Inc.; *pg.* 474
Ward, James, President - Detroit - McCann Worldgroup; *pg.* 109
Ward, Janabeth, Account Executive - March Communications; *pg.* 625
Ward, Jim, President - The Ward Group; *pg.* 520
Ward, Jim, President & Chief Executive Officer - BrainSell Technologies, LLC; *pg.* 167
Ward, Katie, Account Supervisor - CTP; *pg.* 347
Ward, Kif, Executive Vice President & Managing Director - Starcom Worldwide; *pg.* 513
Ward, Lanny, Creative Director - Commit Agency; *pg.* 343
Ward, McCall, Associate Media Director - Initiative; *pg.* 477
Ward, Megan, Director, Project Management - Firehouse, Inc.; *pg.* 358
Ward, Megan, Brand Director - Mechanica; *pg.* 13
Ward, Mercedes, Digital Project Manager - Marcel Digital; *pg.* 675
Ward, Michael, Partner - M+R; *pg.* 12
Ward, Mike, Creative Director & Writer - Leo Burnett Worldwide; *pg.* 98
Ward, Millie, Owner & President - Stone Ward Advertising; *pg.* 413
Ward, Nicholas, Head, Production - Herzog & Company; *pg.* 298
Ward, Nicole, President - TBC; *pg.* 416
Ward, Patrick, Founder, President & Chief Executive Officer - 104 West Partners; *pg.* 573
Ward, Peggy, Director, Creative Services - DDB Chicago; *pg.* 59
Ward, Rachel, Managing Director, Growth - Sullivan; *pg.* 18
Ward, Richard, Chairman & Chief Executive Officer - 22squared Inc.; *pg.* 319
Ward, Ryan, Group Planning Director - Mindstream Media Group - Dallas; *pg.* 496
Ward, Sarah, Director, Operations - Affectiva, Inc.; *pg.* 441
Ward, Shirley, Chief Executive Officer - The Ward Group, Inc - Media Stewards; *pg.* 520
Ward, Tim, Director, Accounts & Social Media - H+A International, Inc.; *pg.* 611
Ward, Zack, Associate Creative Director - Johnson & Sekin; *pg.* 10
Wardell, Justin, Senior Account Director - Axxis; *pg.* 302
Warden, Alexandra, Manager, Senior Event - Sparks; *pg.* 315
Wardle, Adriana, Social Media Manager - Social Chain; *pg.* 143
Wardle, Simon, Chief Strategy Officer - Octagon; *pg.* 313
Ware, La Tanya, Director, Partnerships & Legal - 72andSunny; *pg.* 23
Warech, Gary, Executive Vice President, Sales & Advertiser, Sports & Branded Entertainment - comScore; *pg.* 443
Warendorf, Casey, Brand Supervisor - Audi - Venables Bell & Partners; *pg.* 158
Waresmith, Tess, Chief, Staff - Acceleration Partners; *pg.* 25

Warfield, Mariana, Director, Digital Strategy - Horizon Media, Inc.; *pg.* 473
Warfield, Megan, Partner & Senior Director, Media Planning & Strategy - Wavemaker; *pg.* 526
Wargo, Nancy, Vice President, Senior Account & Marketing Director - Hughes Design Group; *pg.* 186
Wargo, Samantha, Senior Associate, Planning & Strategy - Spark Foundry; *pg.* 508
Warholak, Marley, Manager, Media Platform - Kroger Media Services; *pg.* 96
Warin, Mike, Senior Director, Engagement - Sagepath, Inc.; *pg.* 409
Waring, Lawson, Executive Vice President Global Client Strategy - Edelman; *pg.* 599
Warkentien, Kelly, Associate Creative Director - Art - Sid Lee; *pg.* 141
Warley, Mary, Sales Director - Third Door Media, Inc.; *pg.* 678
Warlick, Dennis, Vice President, Strategic Technology - Deutsch, Inc.; *pg.* 349
Warman, Jeff, Chief Creative Officer - Curiosity Advertising; *pg.* 223
Warn, Anthony, Art Director - Design 446; *pg.* 61
Warnatsch, Nicole, Associate Director, Global Operations - Microsoft - Carat; *pg.* 461
Warneke, Joel, Owner & Executive Creative Director - Matter Creative Group; *pg.* 107
Warner, Alex, Account Manager - Baldwin&; *pg.* 35
Warner, Annie, Group Account Director - Spear Marketing Group; *pg.* 411
Warner, Arthur, Vice President, Client Services - Stebbings Partners; *pg.* 144
Warner, Carin, Founder - Warner Communications; *pg.* 659
Warner, Debbie, Vice President, Commercial Consulting - WPP Kantar Media; *pg.* 163
Warner, Emily, Managing Director, Real Estate Collection - Murphy O'Brien, Inc.; *pg.* 630
Warner, Erika, Account Supervisor - DiD Agency; *pg.* 62
Warner, Harry, Director, Quality Assurance & Compliance - Fry Communications, Inc; *pg.* 361
Warner, Hayden, Digital Strategy Manager - Dash Two; *pg.* 551
Warner, Jim, Executive Chairman - Ansira; *pg.* 280
Warner, Josh, Senior Associate, Digital Investment Analyst - Mindshare; *pg.* 491
Warner, Kallana, Vice President, Group Partner, Integrated Investment - Universal McCann; *pg.* 521
Warner, Korryn, Senior Art Director - Tinsley Advertising; *pg.* 155
Warner, Lindsey, Brand Manager - Wieden + Kennedy; *pg.* 430
Warner, Lindsey, Vice President & Director, Media - Young & Laramore; *pg.* 164
Warner, Mackenzie, Account Executive - The Hatch Agency; *pg.* 653
Warner, Megan, Senior Director - Turner Public Relations; *pg.* 657
Warner, Michael, Production Supervisor - NAS Recruitment Communications; *pg.* 667
Warner, Michael, Chief Relationship Officer - Egami Group; *pg.* 539
Warner, Missy, Associate Media Director - Starcom Worldwide; *pg.* 513
Warner, Molly, Account Director - barrettSF; *pg.* 36
Warner, Ryan, Brand Director - 72andSunny; *pg.* 23
Warner, Schuyler, Owner - Dakota Group; *pg.* 348
Warner, Shelbi, Director, Finance - GroundFloor Media; *pg.* 611

PERSONNEL — AGENCIES

Warning, Sara, Associate Director, Media - OMD; pg. 500
Warnke, Erica, Senior Account Executive - BVK; pg. 339
Warren, Alexandra, Account Coordinator - The MX Group; pg. 422
Warren, Blair, Art Director - Wieden + Kennedy; pg. 432
Warren, Brenda, Senior Media Buyer - Swanson Russell Associates; pg. 415
Warren, Carrie, Senior Director, Art - Humanaut; pg. 87
Warren, Chad, Vice President, Relationship Marketing & Analytics - MRM//McCANN; pg. 118
Warren, Dave, Co-Founder & Co-Owner - Fly Communications, Inc.; pg. 74
Warren, David, Partner & Creative Director - Tank Design; pg. 201
Warren, Drew, Associate Director, Analytics - Formative; pg. 235
Warren, Gail, Media Director - Metrics Marketing; pg. 114
Warren, Jacqueline, Vice President - M Booth & Associates, Inc. ; pg. 624
Warren, James, Director, Digital Intelligence - MCD Partners; pg. 249
Warren, Jeff, Brand Management Team Lead - The Richards Group, Inc.; pg. 422
Warren, Jena, Specialist, Digital Marketing & Account Manager - The Simon Group, Inc.; pg. 153
Warren, Jimmy, President - Total Com; pg. 155
Warren, Jordan, Chief Executive Officer - TBD; pg. 146
Warren, KJ, Associate Director, Data & Analysis - Digitas; pg. 226
Warren, Lindsey, Vice President & Director, Media - Digitas; pg. 226
Warren, Lydia, Media Planner - Universal McCann; pg. 428
Warren, Melissa, Managing Partner - Faiss Foley Warren; pg. 602
Warren, Samuel, Account Director - Social Chain; pg. 143
Warren, Scott, Associate Media Director - Callan Advertising Company; pg. 457
Warren, Stacey, Manager, Search Engine Optimization - Visiture; pg. 678
Warren, Tiffany, Senior Vice President & Chief Diversity Officer - Omnicom Group; pg. 123
Warren, Vinny, Co-Founder & Executive Creative Director - The Escape Pod; pg. 150
Warren-Gilmore, Octavia, Founder & Chief Creative Officer - Creative Juice; pg. 54
Warrum, Josh, Co-Founder & Chief Operating Officer - Project X; pg. 556
Warschawski, David, Founder & Chief Executive Officer - Warschawski Public Relations; pg. 659
Warshaw, Mathew, Chief Operating Officer - D3 Systems; pg. 56
Warso, David, Executive Vice President, Treasurer & Partner - Kelly, Scott & Madison, Inc.; pg. 482
Warszawski, Martin, Motion Designer - Swift; pg. 145
Warthe, Stephanie, SEO Manager - Critical Mass, Inc.; pg. 223
Warwick, Clayton, Assistant Director, Digital Strategy - WordBank LLC; pg. 163
Warwick, Mike, Manager, Search & Social - Universal McCann Detroit; pg. 524
Warwick, Stacey, Senior Vice President & General Manager - Intersport; pg. 308
Warwinsky, Rich, Senior Director, Technical - PineRock; pg. 636
Wasag, Shantelle, New Business Development - E29 Marketing; pg. 67
Washburn, Kristyn, Copywriter - Wunderman Thompson; pg. 435
Washburn, Tim, Co-Founder & Chief Creative Officer - Nomadic Agency; pg. 121
Washington, Cornelius, Director, Art - SociallyIn; pg. 688
Washington, Kris, Owner & Founding Partner & President - Psynchronous Communications; pg. 130
Washington, Lourdes, Vice President, Client Leadership - Acento Advertising, Inc.; pg. 25
Washington, Regina, Vice President, Human Resource - Team Velocity Marketing; pg. 418
Washington, Stephen, Media Supervisor - OMD Atlanta; pg. 501
Washkowitz, Stacey, Director, Operations - Norbella; pg. 497
Washle, Jennifer, Manager, Promotion - Bisig Impact Group; pg. 583
Washlesky, Mike, Art Director - The Richards Group, Inc.; pg. 422
Wasiak, Gregg, Partner & Director, Growth - The Concept Farm; pg. 269
Wasilewsk, Paige, Manager, Community - Smarty Social Media; pg. 688
Wasilewski, Michael, Founding Partner & Chief Creative Officer - Frank Collective; pg. 75
Wasinger, Kristi, Senior Brand Contact Manager - Signal Theory; pg. 141
Wasko, Eva, Director, Public Relations - Allen & Gerritsen; pg. 29
Wassef, Simon, Chief Strategy Officer - TBWA \ Chiat \ Day; pg. 146
Wassell, David, Chief Creative Officer & Executive Vice President - MGH Advertising ; pg. 387
Wassell, Heather, Account Director - MGH Advertising ; pg. 387
Wasser, Marcia, Executive Vice President & Chief Marketing Officer - Source Communications; pg. 315
Wasser, Merrill, Vice President, Strategy, Growth & Marketing - Atlantic 57; pg. 2
Wasserman, Alvin, Chairman & Chief Executive Officer - Wasserman & Partners Advertising, Inc.; pg. 429
Wasserman, Berk, Vice President & Creative Director - Barkley; pg. 329
Wasserman, Bill, President & Partner- Washington, D.C. - M+R; pg. 12
Wasserman, Casey, Chairman & Chief Executive Officer - Wasserman Media Group; pg. 317
Wasserman, David, Founder & President - PictureU Promotions; pg. 313
Wasserman, Jeff, Vice President, Business Development - Ipsos Healthcare; pg. 446
Wasserman, Sherry, Co-Founder & President - Another Planet Entertainment; pg. 565
Wasserott, Michael, Senior Strategy Associate, Kraft Heinz - Starcom Worldwide; pg. 513
Wassom, Jeremiah, Creative Director - Deutsch, Inc.; pg. 350
Wasson, Laura, Creative Director - Madwell; pg. 13
Wasylow, Damion, Director, Growth Marketing - Three Five Two, Inc.; pg. 271
Wasyluk, Tanya, Senior Copywriter - MullenLowe U.S. Boston; pg. 389
Waszkelewicz, Brett, Partner & Chief Creative Officer - Wondersauce; pg. 205
Watana, Joe, Senior Project Manager - Droga5; pg. 64
Watari, Kayo, Treasurer - Media Etc.; pg. 112
Watchman, Rob, Director, Client Services - Catalysis; pg. 340
Waterman, Amy, Head, Project - The VIA Agency; pg. 154
Waterman, Charles, OWNER - Jefferson Waterman International; pg. 617
Waterman, David, Senior Director, Digital Marketing & Search Engine Optimization Strategy - The Search Agency; pg. 677
Waterman, Linda, Controller - Exsel Advertising; pg. 70
Waterman, Steven, Group Integrated Media Director - Zimmerman Advertising; pg. 437
Waters, Brandon, Brand Director - Decoded Advertising; pg. 60
Waters, Colin, Customer Experience Manager - Jackrabbit Design; pg. 188
Waters, Janet, Director, Media - Saatchi & Saatchi Los Angeles; pg. 137
Waters, Lily, Account Director - Samsung Home Appliances - adam&eve DDB; pg. 26
Waters, Tricia, Vice President, Sales - Impact Mobile; pg. 534
Waters Raynor, Teresa, Manager, Accounting - Rawle-Murdy Associates; pg. 403
Wathen, Anita, Director, Operations - Doug Carpenter & Associates, LLC; pg. 64
Watkins, Aaron, Co-Founder & President - Appency; pg. 32
Watkins, Anita, Global Head, Qualitative - Kantar; pg. 446
Watkins, Brandi, Associate Director, Strategy, Digital & Print - Zenith Media; pg. 531
Watkins, Ina, Senior Vice President & Engagement Planning Director - Mediahub Los Angeles; pg. 112
Watkins, Jarrod, Media Buyer - Matrix Media Services; pg. 554
Watkins, Jillian, Creative Director - Terri & Sandy; pg. 147
Watkins, Justin, Chief Executive Officer - Native Digital, LLC; pg. 253
Watkins, Kevin, Creative Director - Johannes Leonardo; pg. 92
Watkins, Louise, Office Manager - TPN; pg. 571
Watkins, Maddie, Associate Director - Starcom Worldwide; pg. 513
Watkins, Nick, Digital Marketing Strategist - ADK Group; pg. 210
Watkins, Pam, Senior Vice President, Business & Media Strategy - Mod Op; pg. 388
Watkins, Robin, Management Supervisor, Social Media - Lexus - Team One; pg. 417
Watkins, Tim, President & Chief Executive Officer - Renegade Communications; pg. 405
Watkins, Tricia, Senior Channel Manager - Display - Lewis Media Partners; pg. 482
Watler, Krystle, Senior Vice President & Head, Business Development - Americas - VIRTUE Worldwide; pg. 159
Watlington, Charles, Design Director - Johannes Leonardo; pg. 92
Watlington, Trae, Principal & Director, Strategic Planning - Firehouse, Inc.; pg. 358
Watry, Callie, Media Buyer - Shine United; pg. 140
Watson, Adowa, Senior Planner, Operations - Starcom Worldwide; pg. 517
Watson, Adrienne, Senior Client Finance Manager - OMD West; pg. 502
Watson, Alex, Vice President, New Business Development - Tic Toc; pg. 570
Watson, Ali, Paid Social Media Manager - Colling Media; pg. 51
Watson, Andy, Chief Financial Officer - Ogilvy; pg. 394
Watson, Ashley, Chief Marketing Officer - Commerce House; pg. 52
Watson, Beth, Vice President & Account Director - SpotCo; pg. 143
Watson, Brett, Account Manager, Paid Media - BFO; pg. 217
Watson, Brian, Executive Creative Director - Cactus Marketing Communications; pg. 339
Watson, Britton, President & Chief Operating

AGENCIES

PERSONNEL

Officer - Blue Olive Consulting; *pg.* 40
Watson, Cara, Managing Director, Client Services - R/GA; *pg.* 261
Watson, Caroline, Co-Founder & Media Buyer - Emico Media; *pg.* 465
Watson, Catherine, Account Manager - Young & Laramore; *pg.* 164
Watson, Daniel, Vice President - Glover Park Group; *pg.* 608
Watson, Diahanna, Senior Vice President, Sales & Client Management - Active International; *pg.* 439
Watson, Drew, Executive Business Lead - Mediahub Boston; *pg.* 489
Watson, Edge, Controller - Rain 43; *pg.* 262
Watson, Emily, Associate Creative Director - Baldwin&; *pg.* 35
Watson, Gary, Director, Strategic Planning - OneMagnify; *pg.* 123
Watson, Grant, Brand Director - Preacher; *pg.* 129
Watson, Gregory, Chief Executive Officer & New Business Specialist - Blue Olive Consulting; *pg.* 40
Watson, Heather, Director, Broadcast - Empower; *pg.* 354
Watson, Holly, Associate Director, Product Marketing - Sprinklr; *pg.* 688
Watson, Holly, Traffic & Production Manager - Innovative Advertising; *pg.* 375
Watson, James, President - Hanson Watson Associates; *pg.* 81
Watson, Jenna, Vice President, Digital Media - DAC Group; *pg.* 223
Watson, Jennifer, Account Director - The Variable; *pg.* 153
Watson, Jes, Business Lead - Juliet; *pg.* 11
Watson, Katie, Director, Technology & Activation - Spark Foundry; *pg.* 510
Watson, Keith, Founding Partner - fama PR, Inc.; *pg.* 602
Watson, Kerry Anne, Managing Director & President, Public Relations - The Zimmerman Agency; *pg.* 426
Watson, Madeline, Senior Account Executive - Baltz & Company; *pg.* 580
Watson, Mark, Creative Director - WongDoody; *pg.* 162
Watson, Melissa, Senior Director, Display - iProspect; *pg.* 674
Watson, Michelle, Associate Media Director - Thayer Media; *pg.* 519
Watson, Monkey, Creative Director - WongDoody; *pg.* 162
Watson, Patti, President - Cooney, Watson & Associates; *pg.* 53
Watson, Richard, Partner - Essential; *pg.* 182
Watson, Sarah, Executive Vice President & Global Planning Director - McCann New York; *pg.* 108
Watson, Sarah, Chairwoman - BBH; *pg.* 37
Watson, Stephanie, Client Finance Manager - FCA Media & Social Media Accounts - Universal McCann Detroit; *pg.* 524
Watson, Tracy, Owner & President - Ad Place; *pg.* 26
Watson, Jr., Joseph, Programmatic Manager - m/SIX; *pg.* 482
Watt, Jonathan, Digital Strategist - BowStern; *pg.* 336
Watt, Ryan, Director, Client Relations - Henry V Events; *pg.* 307
Watt, Taylor, Marketing Coordinator - Metacake LLC; *pg.* 386
Watterson, Jill, Partner & Chief Operating Officer - Duft Watterson; *pg.* 353
Wattie, Lauren, Associate Vice President - Vault Communications, Inc.; *pg.* 658
Wattigney Smith, Tanya, Senior Director, Client Solutions - Conversant, LLC; *pg.* 222

Watts, Brent, Executive Creative Director - Struck; *pg.* 144
Watts, Chris, Partner & Head, Technology - Hook; *pg.* 239
Watts, David, Creative Director - Avenir Bold; *pg.* 328
Watts, Diana, Media Supervisor - Pal8 Media, Inc.; *pg.* 503
Watts, Erica, Awards Manager - BBDO Worldwide; *pg.* 331
Watts, Glenn, Chief Operating Officer - Hirshorn Zuckerman Design Group; *pg.* 371
Watts, Jade, Executive Director - Mediahub Boston; *pg.* 489
Watts, Jane, Account Supervisor - Zeno Group; *pg.* 664
Watts, Jonni, Director, Video Production - Ad Partners, Inc.; *pg.* 26
Watts, Kate, President - Atlantic 57; *pg.* 2
Watts, Keslie, Art Director - Draftline; *pg.* 353
Watts, Melinda, Vice President, Account Services - Zeno Group; *pg.* 665
Watts, Michael, Co-Founder, Chief Executive Officer & Managing Director - Hook; *pg.* 239
Watts, Nick, Partner & Head, Content - Hook; *pg.* 239
Watts, Scott, Principal - Tank Design; *pg.* 201
Watts, Vanessa, Executive Vice President & Media Director - Laughlin Constable, Inc.; *pg.* 379
Watts, Walter, Chief Financial Officer - Hager Sharp, Inc.; *pg.* 81
Waugh, Rema, Senior Vice President & Client Business Partner - Universal McCann Detroit; *pg.* 524
Wauters, Chad, Vice President, Sales - MUDD Advertising; *pg.* 119
Wawak, Seth, Associate Financial Director - ProED Communications; *pg.* 129
Wax, Bill, Founder & President - Wax Communications; *pg.* 294
Waxenblatt, Nicole, Group Creative Director - MRY; *pg.* 252
Waxler, Debbie, Vice President, Associate Media Director & Broadcast - SPOT - Media Assembly; *pg.* 484
Waxman, Randy, Chief Executive Officer & Co-Founder - Blind Ferret; *pg.* 217
Way, Taylor, Brand Strategist - DiMassimo Goldstein; *pg.* 351
Wayland, Ellen, Director, Media - CMI Media, LLC; *pg.* 342
Wayland, Jonathan, Talent Buyer & Director - Red Frog Events, LLC; *pg.* 314
Waylonis, Daniel, Associate Director - OMD - Resolution Media; *pg.* 263
Wayman, Jennifer, President & Chief Executive Officer - Hager Sharp, Inc.; *pg.* 81
Wayner, Taras, Chief Creative Officer - Wunderman Thompson; *pg.* 434
Wazir, Shak, Managing Director, Production Services - rEvolution; *pg.* 406
Weag, Alexandra, Senior Vice President, Media - CMI Media, LLC; *pg.* 342
Wearden, Francis, Managing Partner & Chief Strategy Officer - FPO Marketing; *pg.* 360
Weas, Patrick, Chief Operating Officer & Executive Strategy Director - The Thorburn Group; *pg.* 20
Weasel, Megan, Media Supervisor - Starcom Worldwide; *pg.* 513
Weatherhead, Susan, Director, Business Development - J.R. Thompson Company; *pg.* 91
Weaton, Jeff, Vice President, Media Strategy & Activation - Spark Foundry; *pg.* 508
Weaver, Alexandra, Account Director - Little & Company; *pg.* 12
Weaver, Cathy, Group Account Director -

Saatchi & Saatchi Los Angeles; *pg.* 137
Weaver, Chad, Group Engagement Director - Huge, Inc.; *pg.* 240
Weaver, Courtney, Associate Director, Media - Burrell Communications Group, Inc.; *pg.* 45
Weaver, Don, Executive Creative Director - Plan B; *pg.* 397
Weaver, Fred, Partner & Creative Director - Tank Design; *pg.* 201
Weaver, Kent, Director - Starcom Worldwide; *pg.* 513
Weaver, Lisa, Group Media Director - GS&F; *pg.* 367
Weaver, Lucas, Digital Strategist - Preston Kelly; *pg.* 129
Weaver, Matthew, Co-Founder & Principal - Bronstein & Weaver, Inc.; *pg.* 280
Weaver, Mike, Senior Vice President, Performance & Innovation - BrightWave Marketing, Inc.; *pg.* 219
Weaver, Mike, Founding Partner & Chief Operations Officer - Manifold; *pg.* 104
Weaver, Stephanie, Manager, Brand Media - Richards Carlberg; *pg.* 406
Weaver, Tim, Senior Architect & Development Lead - Agilitee Solutions, Inc.; *pg.* 172
Weaver, Wendy, Director, Media Services - Williams Whittle; *pg.* 432
Webb, Amanda, Senior Media Planner - DWA Media; *pg.* 464
Webb, Biddie, Partner - Limb Design; *pg.* 100
Webb, Elizabeth, Media Buyer & Director, Production - TotalCom; *pg.* 156
Webb, Emily, Account Director - BAM Communications; *pg.* 580
Webb, Jamie, Media Manager - Harmelin Media; *pg.* 467
Webb, Jennifer, Senior Vice President, Operations - Coltrin & Associates; *pg.* 592
Webb, Kaitlyn, Account Coordinator - Bob Gold & Associates; *pg.* 585
Webb, Kevin, Chief Financial Officer - Norbella; *pg.* 497
Webb, Kip, Executive Vice President & Co-Founder - Webb/Mason; *pg.* 294
Webb, Mariya, Associate Media Director - MediaCom; *pg.* 487
Webb, Mary, Executive Vice President & Executive Creative Director - Havas Edge; *pg.* 285
Webb, Mary, Executive Vice President & Executive Creative Director - Havas Edge; *pg.* 285
Webb, Michael, Chief Financial Officer - Team One; *pg.* 417
Webb, Nancy, Chief Executive Officer - Banfield Agency; *pg.* 329
Webb, Pete, Principal - Peter Webb Public Relations, Inc.; *pg.* 636
Webb, Quentin, Director, Studio - DiMassimo Goldstein; *pg.* 351
Webb, Reuben, Chief Creative & Values Officer - Stein IAS; *pg.* 267
Webb, Rudy, Vice President, Account Services - Paradise; *pg.* 396
Webb, Victor, President & Managing Director - Marston Webb International; *pg.* 626
Webb, Victoria, Director, Client Services - The Yaffe Group; *pg.* 154
Webber, Chelsea, Senior Brand Strategist - DNA Seattle; *pg.* 180
Webber, Kim, Account Executive - Ethos Marketing & Design; *pg.* 182
Webber, Liz, Communications Specialist - Babbit Bodner; *pg.* 579
Webber, Melanie, President - mWEBB Communications; *pg.* 630
Webber, Melissa, Creative Director & Partner - Williams McBride Group; *pg.* 205
Webber, Tyson, President - GMR Marketing;

PERSONNEL   AGENCIES

pg. 306
Webden, Chris, Associate Director, Production - Tribal Worldwide - DDB Canada; pg. 224
Weber, Alexander, Manager, Paid Media - VaynerMedia; pg. 689
Weber, Andy, Senior Developer - Designvox; pg. 179
Weber, Annie, Managing Director - Ipsos Public Affairs - GfK; pg. 444
Weber, Brianna, Media Buyer - Spark Foundry; pg. 510
Weber, Emily, Account Director - Wallwork Curry McKenna; pg. 161
Weber, Erik, Vice President, Creative - Sparks; pg. 315
Weber, Jamie, Director, Business Development - McKinney; pg. 111
Weber, Jeffrey, Senior Art Director - Team Epiphany; pg. 652
Weber, Joe, Senior Art Director - Bisig Impact Group; pg. 583
Weber, Kate, Director, Business Development - TPN; pg. 571
Weber, Keri, Brand Media Group Head - The Richards Group, Inc.; pg. 422
Weber, Larry, Chief Executive Officer, Chairman & Founder - Racepoint Global; pg. 640
Weber, Lauren, Producer - Beautiful Destinations; pg. 38
Weber, Lucas, Strategist, Content - Wray Ward; pg. 433
Weber, Marisa, Director, New Business & Brand - Wieden + Kennedy; pg. 432
Weber, Mark, Chairman & Chief Executive Officer - Strum; pg. 18
Weber, Mike, Vice President, Manufacturing - Fry Communications, Inc; pg. 361
Weber, Neal, Senior Creative Director - We Are Alexander; pg. 429
Weber, Nicole, Account Director - Laughlin Constable, Inc.; pg. 379
Weber, Nikole, Associate Media Director - Universal McCann; pg. 524
Weber, Paige, Media Supervisor - Wieden + Kennedy; pg. 430
Weber, Robby, Social Media Coordinator - Dalton Agency; pg. 348
Weber, Sharon, Senior Manager, Media Relations - Mitchell; pg. 627
Weber, Tony, Chief Executive Officer - Goldfarb Weber Creative Media; pg. 562
Weber, Trent, Senior Account Executive - Infinity Direct; pg. 286
Weber, Vin, Managing Partner & Chief Executive offer - Mercury Public Affairs; pg. 386
Weberman, Holly, Senior Supervisor, Client Service - J.R. Thompson Company; pg. 91
Webley, Dawn, Vice President, Media Services & Analytics - OH Partners; pg. 122
Webre, Charles, Executive Vice President, Creative - Sherry Matthews Advocacy Marketing; pg. 140
Webster, Bobby, Manager, Digital Campaign - Union; pg. 273
Webster, Deacon, Owner & Chief Creative Officer - Walrus; pg. 161
Webster, Donald, Executive Vice President & Chief Financial Officer - Matlock Advertising & Public Relations; pg. 107
Webster, Elizabeth, Integrated Marketing Consultant - Cox Media; pg. 463
Webster, Frances, Owner & Chief Executive Officer - Walrus; pg. 161
Webster, Henry, Senior Vice President & Director, Analytics & Insights - Kelly, Scott & Madison, Inc.; pg. 482
Webster, James, Founder & Chief Creative Officer - High Synergy LLC; pg. 9

Webster, Justin, Director, Connections Planning - Havas Media Group; pg. 468
Webster, Karen, Principal - Brickhouse Design; pg. 4
Webster, Michael, Senior Vice President, Research Solutions - Burke, Inc.; pg. 442
Webster, Nicole, Associate Director, Digital Planning & Activation - Carat; pg. 459
Webster, Robert, President & Owner - RWI; pg. 197
Webster, Tammy, Founder & Chief Executive Officer - High Synergy LLC; pg. 9
Webster, Tom, Vice President, Strategy & Marketing - Edison Media Research; pg. 444
Webster, Tom, Principal & Designer - EyeThink; pg. 182
Webster, Tom, Executive Creative Director - Helo; pg. 307
Wechsler, Richard, President & Chief Executive Officer - Lockard & Wechsler ; pg. 287
Weckenmann, John, Partner & Senior Counselor - Ketchum; pg. 542
Wedel, Heather, Director, Public Relations - Allison+Partners; pg. 577
Wee, Yao, Artificial Intelligence Lead - Digital Authority Partners; pg. 225
Wee Pang, Kong, Art Director & Associate Creative Director - Archer Malmo; pg. 32
Weed, Mike, Vice President & Creative Director - Spawn; pg. 648
Weedon, Amy, Executive Vice President, Media Services - Merrick Towle Communications; pg. 114
Weekman, Madeline, Account Executive - The Tombras Group; pg. 153
Weeks, Beth, Vice President & Director, Media - Digitas; pg. 227
Weeks, Celia, Vice President & Director, Human Resources - St. John & Partners Advertising & Public Relations; pg. 412
Weeks, Diane, Executive Business Director - Hearts & Science; pg. 471
Weeks, Jenna, Associate Director, Media - ACH Foods - Wavemaker; pg. 529
Weeks, Kelly, Implementation Manager, eCommerce Digital Marketing - Adlucent; pg. 671
Wegener, Mike, Creative Director - mcgarrybowen; pg. 110
Wegert, Karel, Senior Vice President, Digital Solutions - Media Experts; pg. 485
Wegienka, Rachel, Vice President - FleishmanHillard; pg. 606
Wehrkamp, Monte, Executive Vice President & Executive Creative Director - Aspen Marketing Services; pg. 280
Wehrle, Drew, Senior Vice President - MSLGroup; pg. 629
Wei, Jason, Associate Media Director - VaynerMedia; pg. 689
Wei, Tony, Vice President & Senior Digital Producer - Cramer-Krasselt ; pg. 53
Weiand, Julie, Accounting Coordinator - Amperage; pg. 30
Weiand, Kent, Vice President, Client Experience - Vestcom; pg. 571
Weichel, David, Vice President, Product Development - CPC Strategy; pg. 672
Weichelt, Meg, Senior Artist, Production - Bader Rutter & Associates, Inc. ; pg. 328
Weichselbaum, Charles, Senior Social Media Strategist - Epic Signal; pg. 685
Weida, Chris, Director, Corporate Operations - Derse, Inc.; pg. 304
Weidauer, Jeff, Vice President, Marketing & Strategy - Vestcom ; pg. 571
Weidner, Jenna, Senior Art Director - 93 Octane; pg. 279
Weidner, Kate, Co-Founder & Owner - SRW;

pg. 143
Weigel, Gus, Chief Financial Officer - Americas - Wunderman Thompson Seattle; pg. 435
Weigel, Stephanie, Account Director - Point to Point; pg. 129
Weigle, Brad, Director, Digital - Drake Cooper; pg. 64
Weil, Andy, Global Chief Financial Officer - GTB; pg. 367
Weil, Bob, Senior Vice President, Digital Engagement - InterCommunications, Inc. ; pg. 375
Weil, Carly, Senior Account Executive - The Lane Communications Group; pg. 654
Weil, Chris, Chairman & Chief Executive Officer - Momentum Worldwide - Momentum Worldwide; pg. 117
Weil, Courtney, Account Manager - Sublime Communications; pg. 415
Weil, Gabrielle, Media Buyer - Horizon Media, Inc.; pg. 474
Weil, Karen, Procurement Director - IWCO Direct; pg. 286
Weiland, Bobbie, Supervisor, Media - Starcom Worldwide; pg. 516
Weiler, Adam, Vice President & Director, Audience & Measurement Solutions - Spark Foundry; pg. 510
Weilheimer, Marc, Director, Entertainment Marketing - GNF Marketing; pg. 364
Weill, Geoffrey, President - Geoffrey Weill Associates, Inc.; pg. 607
Weill, John, Senior Media Buyer - Starcom Worldwide; pg. 513
Weimann, Denise, Managing Partner & National Broadcast Talent Director - Wavemaker; pg. 526
Weimer, Mitchell, Director, Digital Retail - PwC; pg. 260
Weinbach, Daniel, President & Chief Executive Officer - The Weinbach Group, Inc.; pg. 425
Weinbach, Elaine, Comptroller - The Weinbach Group, Inc.; pg. 425
Weinbach, Phil, Chairman - The Weinbach Group, Inc.; pg. 425
Weinberg, Erin, General Manager - 360PRplus; pg. 573
Weinberg, Kelly, Brand Partnerships - Sid Lee; pg. 141
Weinberg, Lizzi, Managing Director - Nail Communications; pg. 14
Weinberg, Mallory, Senior Vice President - Finsbury; pg. 604
Weinberg, Nathan, Director, Paid Search - MediaCom; pg. 487
Weinberg, Tian, Senior Account Executive - BerlinRosen; pg. 583
Weinberger, Andi, Associate Media Director - PP+K; pg. 129
Weiner, Allison, Media Buyer - MMSI; pg. 496
Weiner, Ami, Senior Vice President & Account Director - BBDO ATL; pg. 330
Weiner, Ashley, Director - Spark Foundry; pg. 510
Weiner, Brett, Partner - LaunchSquad; pg. 621
Weiner, Francine, Producer - Los Feliz Airlines; pg. 562
Weiner, Jay, Senior Vice President, Finance - CSE, Inc.; pg. 6
Weiner, Ken, Chief Technology Officer - GumGum; pg. 80
Weiner, Marc, Chief Operating Officer - Ogilvy CommonHealth Worldwide; pg. 122
Weiner, Rachel, Associate Media Director - Carat; pg. 459
Weiners, Paige, Associate Director, Global Marketing - Beyond; pg. 217
Weinert, Eileen, Chief Operating Officer - Blue Onion; pg. 218

1066

AGENCIES — PERSONNEL

Weingard, Tom, Creative Director - McCann New York; pg. 108
Weingarten, Ashlee, Assistant Account Executive - R&J Strategic Communications; pg. 640
Weingarten, Uri, Strategist - Red Tettemer O'Connell + Partners; pg. 404
Weinheimer, Tim, President & Managing Partner - Hahn Public Communications; pg. 686
Weinhouse, Julie, Principal - Hero Entertainment Marketing; pg. 298
Weinman, Cynthia, Principal - Weinman Schnee Morais, Inc.; pg. 451
Weinraub, Olga, Vice President & Media Director - Garage Team Mazda; pg. 465
Weinrebe, Jim, Executive Vice President & Healthcare Practice Leader - MSLGroup; pg. 629
Weinsoff, Tina, Associate Media Director - Team One; pg. 417
Weinstein, Andrew, Senior Account Executive - Rapport Outdoor Worldwide; pg. 556
Weinstein, Ashley, Associate, Media Planning - Initiative; pg. 477
Weinstein, Brad, Global Operations Strategist - Google - PHD USA; pg. 505
Weinstein, Britania, Senior Account Executive - Havas Formula; pg. 612
Weinstein, Brittany, Media Buyer - Mindshare; pg. 491
Weinstein, Deborah, President - Strategic Objectives; pg. 650
Weinstein, Ecole, Executive Vice President & Executive Director, Creative - FCB Chicago; pg. 71
Weinstein, Evan, Art Director - SFW Agency; pg. 16
Weinstein, Hilary, Vice President, Media investment officer - Lockard & Wechsler; pg. 287
Weinstein, Jenna, Media Planner - Pavone Marketing Group; pg. 396
Weinstein, Kimberly, Lead Principal Account Manager - The Trade Desk; pg. 520
Weinstein, Mark, President & Founder - The Weinstein Organization, Inc.; pg. 425
Weinstein, Rich, Managing Director - Arts & Letters; pg. 34
Weinstein, Richard, Senior Partner & Director, Media - Connelly Partners; pg. 344
Weinstein, Samantha, Director, Programmatic Media & Data Strategy - AMP Agency; pg. 297
Weinstein, Sharon, Account Director, Local Investment - Zenith Media; pg. 531
Weinstein, Stephen, Vice President & Group Account Director - Hothouse; pg. 371
Weinstein, Todd, Vice President, Digital Strategy & Analytics - Patients & Purpose; pg. 126
Weinstein, Tracy, Account Director - The Weinstein Organization, Inc.; pg. 425
Weinstock, David, Chief Creative Officer - RFBinder Partners, Inc.; pg. 642
Weinstock, David, Partner & Chief Creative Officer - Decoded Creative - Decoded Advertising; pg. 60
Weinstock, Elias, Executive Vice President & Chief Creative Officer - Casanova//McCann; pg. 538
Weinsztok, Bryan, Account Director - Pinckney Hugo Group; pg. 128
Weintraub, Larry, Partner - Integrity; pg. 90
Weintraub, Larry, Chief Innovation Officer - The Marketing Arm; pg. 317
Weintraub, Mark, Managing Director, Brooklyn - Huge, Inc.; pg. 239
Weintraub, Rob, Senior Executive - Integrity; pg. 90
Weipz, John, Vice President, Media & Promotions - Refuel Agency; pg. 405

Weir, Alex, Co-Founder & Creative Director - Wier / Stewart; pg. 162
Weir, Greg, Partner & Vice President, Digital Marketing & Analytics - BrandExtract, LLC; pg. 4
Weis, Kristian, Creative Strategist & Senior Copywriter - DG Communications Group; pg. 351
Weis, Natalie, Director, Creative - DoeAnderson Advertising; pg. 352
Weis, Suzanne, Integrated Global Media Director, Strategy & Senior Partner - Mindshare; pg. 491
Weisberg, Eric, Global Chief Creative Officer - Doner; pg. 63
Weisbrodt, Kathy, Account Director - Elevated Third; pg. 230
Weisel, Evan, Co-Founder & Principal - Welz & Weisel Communications; pg. 662
Weisenbeck, Paula, Account Director - Carmichael Lynch; pg. 47
Weisenstein Ribotsky, Dorene, Co-Owner, Executive Vice President & Chief Creative Officer - Brandkarma, LLC; pg. 42
Weiser, Rebecca, Managing Director - Moxie Communications Group; pg. 628
Weisfelner, David, Group Account Director - OMD; pg. 498
Weishaupl, Alex, Group Director, User Experience - Publicis.Sapient; pg. 258
Weisinger, Sandra, Creative Director - El Autobus; pg. 67
Weisman, Danny, Media Director - Noble People; pg. 120
Weismann, Ted, Senior Vice President - fama PR, Inc.; pg. 602
Weismiller, Kelly, Vice President & Account Director - WHITE64; pg. 430
Weiss, Alexis, Vice President, Public Affairs - Edelman; pg. 599
Weiss, Ari, Global Chief Creative Officer - DDB New York; pg. 59
Weiss, Ashley, Project Manager - Rapport Outdoor Worldwide; pg. 556
Weiss, Charney, Director, Social Media - Dailey & Associates; pg. 56
Weiss, Christopher, Creative Director - Thread Connected Content; pg. 202
Weiss, David, Analytics Engineer - January Digital; pg. 243
Weiss, Elana, Partner - The Rose Group; pg. 655
Weiss, Eric, Executive Producer - Berlin Cameron; pg. 38
Weiss, Gwyn, Account Director, Client Services - MKTG INC; pg. 311
Weiss, Jason, Director, Customer Strategy - NutraClick; pg. 255
Weiss, Jeff, President - Harbinger Communications, Inc.; pg. 611
Weiss, Jennifer, Vice President & Group Media Director - Mediahub Boston; pg. 489
Weiss, Jessica, Senior Partner & Associate Director - GroupM; pg. 466
Weiss, Jessica, Media Supervisor - Carat; pg. 461
Weiss, Jim, Chairman & Chief Executive Officer - W2O - W2O; pg. 659
Weiss, Jon, General Manager - Adams Outdoor Advertising; pg. 549
Weiss, Jonathan, Junior Producer, Film - 72andSunny; pg. 24
Weiss, Kathy, Executive Vice President - Blass Communications; pg. 584
Weiss, Liz, Manager, SEO & Content Strategy - Hearst Magazines Digital Media; pg. 238
Weiss, Matt, President - Brooklyn Office - Huge, Inc.; pg. 239
Weiss, Michael, Vice President, Creative360 - Creative Circle; pg. 667
Weiss, Milissa, Vice President, Account Services - Ron Foth Advertising; pg. 134
Weiss, Patty, Associate Director, Media - BVK; pg. 339
Weiss, Philip, Director, Operations - BrandDefinition; pg. 4
Weiss, Stephanie, Digital Marketing Strategist - Neiger Design, Inc.; pg. 193
Weiss Francisco, Evelyn, Vice President & Client Services Director - Caryl Communications, Inc.; pg. 589
Weissbrot, Evan, Chief Engagement Officer - TBWA \ Chiat \ Day; pg. 416
Weissglass, Josh, Managing Director - The Vault; pg. 154
Weissman, Candice, Vice President - Ink & Roses; pg. 615
Weissman, Kate, Account Director - Weber Shandwick; pg. 660
Weist, Dave, Executive Creative Director - MullenLowe U.S. Boston; pg. 389
Weitman, Rebecca, Senior Director, Growth & Innovation - The Marketing Arm; pg. 316
Weitz, Carter, Chairman & Chief Creative Officer - Bailey Lauerman; pg. 35
Weitzel, Maggie, Executive Vice President, Administration - Falls Communications; pg. 357
Weitzen, Jake, Vice President & Account Director - Olumiant - Grey Group; pg. 365
Weitzman, Alan, Owner - Weitzman Advertising, Inc.; pg. 430
Weitzman, Robert, Copywriter & Social Media Manager - Weitzman Advertising, Inc.; pg. 430
Wekselblatt, Hailey, Associate Buyer - Carat; pg. 459
Welborn, Michelle, Business Development Specialist - Mediaura; pg. 250
Welch, Amy, Head, Account Services - wedu; pg. 430
Welch, Bob, Senior Vice President, Communications & Media Services - Kroger - 84.51; pg. 441
Welch, Derek, Vice President, Media - Allen & Gerritsen; pg. 29
Welch, Erik, Partner & Director, Production - Godfrey Dadich; pg. 364
Welch, Greg, Vice President, Sales - Filter; pg. 234
Welch, Jack, Media Director - Brains On Fire; pg. 691
Welch, Jessica, Marketing Content Associate - BigSpeak Speakers Bureau; pg. 302
Welch, Josslynne, President - Litzky Public Relations; pg. 623
Welch, Kelly, Junior Manager, Media - BCF; pg. 581
Welch, McKenzie, Social Media Planner & Buyer - BFG Communications; pg. 333
Welch, Michael, Vice President, Media Strategy & Operations - Scoppechio; pg. 409
Welch, Mike, Group Account Director - Wieden + Kennedy; pg. 432
Welch, Renee, Head, Strategy - David&Goliath; pg. 57
Welch, Rose, Head, Production - We Are BMF; pg. 318
Welch, Tim, Co-Founder, Board Memeber & Partner - Nomadic Agency; pg. 121
Weld-Brown, Christian, Partner - MBB Agency; pg. 107
Welday, David, Vice President & Account Director - BBDO ATL; pg. 330
Welford, Corey, Vice President, Public Affairs & Communications - CTP; pg. 347
Welin, Josefina, Assistant Account Executive & Business Development - Leo Burnett Worldwide; pg. 98
Welk, Allaire, Principal Product Researcher - WillowTree, Inc.; pg. 535
Welke, Breanna, Director, Brand Strategy -

PERSONNEL — AGENCIES

Bellmont Partners Public Relations; *pg.* 582
Welker, Allison, Executive Vice President, General Manager - Edge Marketing; *pg.* 681
Welkom, Steve, Chief Operating Officer - Another Planet Entertainment; *pg.* 565
Weller, John, Senior Account Director - Manifest; *pg.* 248
Weller, Scott, Executive Vice President, Business Development - Mediaspot, Inc.; *pg.* 490
Welles, Jack, Art Director - Wieden + Kennedy; *pg.* 430
Wellfare, Judy, Executive Creative Director - Plus; *pg.* 128
Wellhausen, Sandra, Communications Strategist - Wright On Communications; *pg.* 663
Wellins, Alex, Co-Founder & Managing Director - The Blueshirt Group; *pg.* 652
Wellman, Brad, Account Supervisor - Carmichael Lynch; *pg.* 47
Wellman, Frederick, Chief Executive Officer & Founder - ScoutComms; *pg.* 646
Wellman, Mateo, Vice President & Digital Director - Luquire George Andrews, Inc.; *pg.* 382
Wells, Alex, President - Aars & Wells, Inc.; *pg.* 321
Wells, Ali, Chief Creative Officer - Vested; *pg.* 658
Wells, Ashley, Director, Communications & Media Strategy - Pereira & O'Dell; *pg.* 256
Wells, Cynthia, Senior Media Buyer & Planner - The Tombras Group; *pg.* 424
Wells, Jeremy, Chief Marketing Officer - Longitude; *pg.* 12
Wells, John, President, Los Angeles & Dallas - RAPP Worldwide; *pg.* 291
Wells, Kathrine, Manager, Strategic Relationship - SourceLink, LLC; *pg.* 292
Wells, Lindsey, Account Director - Leo Burnett Detroit; *pg.* 97
Wells, Marcus, Senior Vice President, Research & Planning - Buzz Marketing Group; *pg.* 691
Wells, Michael, General Manager - Outfront Media; *pg.* 554
Wells, Rachel, Managing Director - The Republik; *pg.* 152
Wells, Sandra, Vice President, Broadcast - Touché; *pg.* 520
Wells, Scott, Data Sciences Lead - Wavemaker; *pg.* 526
Wells, Scott, Chief Executive Officer - Clear Channel Outdoor; *pg.* 550
Wells, Tina, Founder & Chief Executive Officer - Buzz Marketing Group; *pg.* 691
Wells, Valerie, Copywriter - LG2; *pg.* 380
Wells, Whitney, Account Manager - BAM Communications; *pg.* 580
Welsch, Andrew, Account Director - 360i, LLC; *pg.* 207
Welsch, John, Chief Marketing Officer - The Tombras Group; *pg.* 424
Welsch, Mike, Owner, Founding Partner & Creative Director - Barrett and Welsh; *pg.* 36
Welsh, Erin, Vice President & Senior Account Director - Energy BBDO, Inc.; *pg.* 355
Welsh, Jeff, Principal, Creative Services - GA Creative; *pg.* 361
Welsh, Kevin, Co-Founder, Creative Director & Chief Technical Officer - Antics Digital Marketing; *pg.* 214
Welsh, Sandy, Director, Accounts, Strategy, & Research - Dana Communications; *pg.* 57
Welter, Linda, Principal & Chief Executive Officer - The Caliber Group; *pg.* 19
Welty, Patrick, Senior Director, Strategic Partnerships - Amobee, Inc.; *pg.* 213
Welz, Tony, Co-Founder & Principal - Welz & Weisel Communications; *pg.* 662

Wemyss, Cameron, Media Planner - DWA Media;
Wen, Amelie, Director, Operations - Turner Duckworth; *pg.* 203
Wencel, Jason, Chief Executive Officer - Wencel Worldwide, Inc.; *pg.* 572
Wencel, MJ, President - Wencel Worldwide, Inc.; *pg.* 572
Wenck, Linda, Principal & Director, Corporate Affairs & Responsibility - Morgan & Myers; *pg.* 389
Wendel, Erin, Programmatic Media Manager - Butler / Till; *pg.* 457
Wendel, Mallory, Senior Account Executive - Cooksey Communications; *pg.* 593
Wendel, Natalie, Director, Digital - Hot Dish Advertising; *pg.* 87
Wendle, Brian, Director, Business Development - Yamamoto; *pg.* 435
Wendling, Steve, Media Director - The Media Kitchen; *pg.* 519
Weng, Jonathan, Manager, Trading Desk (Programmatic) - Mindshare; *pg.* 491
Wengert, Emily, Group Vice President, User Experience - Huge, Inc.; *pg.* 239
Wengrover, Carly, Chief of Staff - Havas Media Group; *pg.* 468
Wenholz, Sushil, Vice President & Creative Director - Customer Communications Group; *pg.* 167
Weninger, Pete, Group Director, Media - BVK; *pg.* 339
Wenke, Joe, Managing Partner - Xperience Communications; *pg.* 318
Wennerholm, Heather, Senior Specialist, Media Market - Active International; *pg.* 439
Wensberg, Lisa, Vice President & Director, Business Development - eshots, Inc.; *pg.* 305
Wensman, Scott, Executive Director & Office Lead - Mindshare; *pg.* 493
Wenstrom, Cherie, Chief Executive Officer & Founder - Wenstrom Communications, Inc.; *pg.* 529
Wenstrom, Steve, President - Wenstrom Communications, Inc.; *pg.* 529
Wenstrup, Greg, Chief Operating Officer - Schafer Condon Carter; *pg.* 138
Wente, Mike, Chief Creative Officer - mcgarrybowen; *pg.* 385
Wentlent, Matt, Connections Director - Spark Foundry; *pg.* 512
Wentworth, Barbie, President & Chief Executive Officer - Miller Brooks, Inc.; *pg.* 191
Wentz, Andy, Senior Digital Strategist - Turner Public Relations; *pg.* 657
Wenzel, Karl, Senior Vice President & Account Director - Arc Worldwide; *pg.* 327
Werbaneth, Bill, Executive Creative Director - Beacon Healthcare Communications; *pg.* 38
Werbler, Elisa, Senior Art Director - Red Antler; *pg.* 16
Werbylo, Jeffrey, Senior Vice President & Group Strategy Director - McCann Health New York; *pg.* 108
Werhan, Marie, Account Executive, Strategy - Adept Marketing; *pg.* 210
Wermuth, Michael, Senior Media Planner & Buyer, Media Services - DMW Worldwide, LLC; *pg.* 282
Werne, Mendy, Chief Executive Officer - BLASTmedia; *pg.* 584
Werner, Bret, President - MWWPR; *pg.* 631
Werner, Chris, Chief Operating Officer - OutCold; *pg.* 395
Werner, Erika, Chief Marketing Officer - Red Door Interactive; *pg.* 404
Werner, Jen, Vice President, Marketing - Mintel; *pg.* 447
Werner, Larkin, Partner & Creative Director -

Wall to Wall Studios; *pg.* 204
Werner, Lindsay, Account Director - AKQA; *pg.* 212
Wertheim, Adam, Manager, Support & Training Services - DEG Digital; *pg.* 224
Wertheimer, Amy, Group Executive Producer - BBDO Worldwide; *pg.* 331
Wertz, Kevin, Chief Executive Officer - Campbell Ewald; *pg.* 46
Wertz, Michael, Principal, Director, Creative & Writer - Apple Box Studios; *pg.* 32
Werzinger, David, Chief Financial Officer - Smart Design,. Inc; *pg.* 199
Wesche, Brian, Director, Investment Analytics - Hearts & Science; *pg.* 471
Wescott, Emery, Vice President & Group Director, Shopping Strategy - Kia - Canvas Worldwide; *pg.* 458
Wescott, Kristin, Senior Account Executive - Inferno, LLC; *pg.* 374
Weseloh, Liam, Regional Vice President, Corporate Partnerships - Spectra; *pg.* 315
Wesierski, Ryan, Senior Account Director - Publicis.Sapient; *pg.* 259
Wesley, Chauncey, Senior Vice President & Group Partner, Integrated Investment - Universal McCann; *pg.* 521
Wesley, Thembi, Vice President, Experiential - Team Epiphany; *pg.* 652
Wesoloski, Suzanne, Design Studio Manager - D | Fab Design; *pg.* 178
Wesolowski, Kay, Senior Vice President, Strategy & Engagement - Kelly, Scott & Madison, Inc.; *pg.* 482
Wesolowski, Meaghan, Digital Marketing Coordinator - BMG; *pg.* 335
Wessinger, Derek, Director, Design - Ove Design & Communications Limited; *pg.* 193
Wessling, Nadine, Media Buyer - True Media; *pg.* 521
Wesson, Marcus, Chief Creative Officer - Dailey & Associates; *pg.* 56
West, Ben, Chairman & Founder - 22squared Inc.; *pg.* 319
West, Bethany, Senior Media Buyer - The Manahan Group; *pg.* 19
West, Bill, Founder & Chief Executive Officer - Taylor West Advertising, Inc.; *pg.* 416
West, Bob, Director, Business Services - Meister Interactive; *pg.* 250
West, Caren, Founder & President - Caren West PR; *pg.* 588
West, Charlotte, Senior Art Director - Compadre; *pg.* 221
West, Chris, Senior Vice President, Operations - Pac / West Communications; *pg.* 635
West, Chris, Partner - iostudio; *pg.* 242
West, Cindy, Vice President & Director, Operations - INK, Inc.; *pg.* 615
West, Ellie, Senior Strategist, Brand - Hirshorn Zuckerman Design Group; *pg.* 371
West, Erica, Business Manager - Andrea Obston Marketing Communications; *pg.* 31
West, Erin, Senior Vice President & Client Partner - POP, Inc.; *pg.* 195
West, Helen, President - MMG; *pg.* 116
West, Jocelyn, Senior Campaign Manager - AKQA; *pg.* 211
West, Justin, Account Supervisor - ROKKAN, LLC; *pg.* 264
West, Liz, Graphic Designer - Freelance - Communication Solutions Group; *pg.* 592
West, Owen, Director, Digital Media Operations - Ocean Media, Inc.; *pg.* 498
West, Rachel, Senior Brand Strategist - Doner; *pg.* 63
West, Ryan, Account Director - Goodby, Silverstein & Partners; *pg.* 77
West, Tom, Director, Production - Performance

AGENCIES — PERSONNEL

Marketing; *pg.* 126
Westall, Chris, Chief Strategy Officer - Bounteous; *pg.* 218
Westberg, George, Manager - FleishmanHillard; *pg.* 605
Westbrook, Greg, Social Media Director - Harmon Group; *pg.* 82
Westbrook, John, Vice President, Client Services - Acart Communications, Inc.; *pg.* 322
Westbrook, Tripp, Chief Marketing Officer & Executive Creative Director - Firehouse, Inc.; *pg.* 358
Westenburg Mendez, Morgan, Account Executive - Redstone Advertising - RCG Advertising and Media; *pg.* 403
Westendorf, Kristin, Group Director - PHD Chicago; *pg.* 504
Wester, Al, President - Ventura Associates Intl, LLC; *pg.* 571
Westerbeck, Tim, President - Eduvantis LLC; *pg.* 673
Westerby, Melissa, Account Director - Ove Design & Communications Limited; *pg.* 193
Westerholt, Jack, Brand Creative Writer - The Richards Group, Inc.; *pg.* 422
Westerkon, Samuel, Director, Business Intelligence & Analytics - Mindshare; *pg.* 491
Westerman, Scott, Media Planner - Carmichael Lynch; *pg.* 47
Westfall, Matthew, Account Supervisor - PETERMAYER; *pg.* 127
Westfield, Andreas, Director, Digital Strategy & Investment - Spark Foundry; *pg.* 510
Westhues Hilt, Debbie, Director, Public Relations - EG Integrated; *pg.* 354
Westin, Alexis, Senior Content Creator - Mediahub Los Angeles; *pg.* 112
Westlake, Curt, Director, Creative Services - Infinity Marketing; *pg.* 374
Westling, Mike, Senior Account Manager - Brink Communications; *pg.* 337
Westlund, Jaime, Associate Media Director - Carmichael Lynch; *pg.* 47
Westman, Karl, Senior Partner & Executive Music Producer - Ogilvy; *pg.* 393
Weston, Brian, Executive Vice President & Global Account Director - Grey Group; *pg.* 365
Weston, Dan, Vice President & Creative Director - Knock, Inc.; *pg.* 95
Weston, Don, Director, Information Technology - Derse, Inc.; *pg.* 304
Weston, Kristie, Group Brand Director & Business Development Lead - Venables Bell & Partners; *pg.* 158
Weston, Mike, Vice President & Chief Creative Officer - DOM360; *pg.* 230
Weston, Sam, Senior Vice President, Global Communications - Essence; *pg.* 232
Weston, Tom, Chief Executive Officer - Weston | Mason; *pg.* 430
Westphal, Steve, Vice President, National Sales - Advance 360; *pg.* 211
Westre, Susan, Executive Creative Director - Ogilvy; *pg.* 393
Westrom, Jeff, President, Creative Services & Senior Creative Director - J. W. Morton & Associates ; *pg.* 91
Westworth, Ian, Senior Vice President & Head, Planning & Effectiveness - Grey Canada; *pg.* 365
Wetherbee, Roy, Director, Measurement & Analytics - MERGE; *pg.* 113
Wetmore, Alexandra, Senior Creative Consultant - Lumentus; *pg.* 624
Wetmore, Jim, Executive Vice President & General Manager, Health Practice - West Region - Weber Shandwick; *pg.* 662
Wetmore, Kelly, Associate Director, Communications Design - Initiative; *pg.* 478
Wettersten, Ryan, Media Planner - Cramer-Krasselt ; *pg.* 53
Wetwiski, Nicole, Director, Digital Marketing - Innovative Advertising; *pg.* 375
Wetzel, Andrew, Senior Designer - Carmichael Lynch; *pg.* 47
Wetzel, Chad, Account Manager - Bailey Brand Consulting; *pg.* 2
Wetzel, Kris, Coordinator, Content - Visiture; *pg.* 678
Wetzel, Lynn, Account Director, Marketing - Kirvin Doak Communications; *pg.* 620
Wetzel, Thomas, Media Director - MMSI; *pg.* 496
Wetzler, Andrew, President & Founder - MoreVisibility; *pg.* 675
Wexler, Alan, Chairman - Publicis.Sapient; *pg.* 259
Wexler, Jed, CEO, Event Director, & Content Chief - 818 Agency; *pg.* 24
Wexler, Sheila, Director, Marketing Strategy & Research - MDB Communications, Inc.; *pg.* 111
Wexler Orpaz, Tracey, Senior Vice President, Integrated Media - 360i, LLC; *pg.* 320
Wey, Jessica, Senior Vice President & Creative Director - FCB Health; *pg.* 72
Weyandt, Leah, Senior Vice President, Talent & Culture - Bounteous; *pg.* 218
Weyer, Jacy, Creative Director - Industry; *pg.* 187
Weyers, Sheeri, Director, Client Services - Tower Media Advertising, Inc.; *pg.* 293
Whaites, Chris, Creative Director - Heartbeat Ideas; *pg.* 238
Whalen, Christina, Associate Director, Creative - BBDO San Francisco; *pg.* 330
Whalen, Jennifer, Director, Product Marketing, Trailblazer Marketing & Adoption - Salesforce DMP; *pg.* 409
Whalen, Julia, Supervisor, Integrated Video Investment - Hearts & Science; *pg.* 471
Whalen, Lisa, Senior Media Planner - Universal McCann Detroit; *pg.* 524
Whalen, Peter, Account Director - TBWA \ Chiat \ Day; *pg.* 416
Whalen, Rich, Managing Director - Deloitte Digital; *pg.* 225
Whalen, Thomas, Partner - WHM Creative; *pg.* 162
Whaley, Erik, Chief Operating Officer - Location3 Media; *pg.* 246
Whaley, Mike, Group Director, Mobility - VMLY&R; *pg.* 274
Whaling, Mike, President & Founder - 30 Lines; *pg.* 207
Whalley, Chris, Director, Creative Services - Wieden + Kennedy; *pg.* 432
Whang, Jeff, Vice President, Strategy - Wunderman Thompson Seattle; *pg.* 435
Wharton, Halley, Account Executive - Next Marketing; *pg.* 312
Wharton, Lauren, Associate Marketing Director - FortyFour; *pg.* 235
Whatley, Kerry, Resource Management Portfolio Partner - Sparks Grove, Inc.; *pg.* 199
Wheat, Russ, Account Supervisor - BHW1 Advertising; *pg.* 3
Wheeler, Allisyn, Senior Vice President, Client Strategy & Operations - Barkley; *pg.* 329
Wheeler, Amy, Art Director - Wieden + Kennedy; *pg.* 432
Wheeler, Bria, Account Services Director - BBR Creative; *pg.* 174
Wheeler, Brian, Vice President & Creative Director - M Booth & Associates, Inc. ; *pg.* 624
Wheeler, Dj, Executive Managing Director - Rational Interaction; *pg.* 262
Wheeler, Jennifer, Executive Vice President & Director, Client Services - Healthcare Consultancy Group; *pg.* 83
Wheeler, Keehln, Owner & Chief Executive Officer - MaxMedia Inc.; *pg.* 248
Wheeler, Kelly, Media Director - Media Solutions; *pg.* 486
Wheeler, Kelsey, Account Supervisor - Litzky Public Relations; *pg.* 623
Wheeler, Leigh, Supervisor, Client Coordination - Schawk, Inc.; *pg.* 16
Wheeler, Mary, Social Media Specialist - Woodruff; *pg.* 163
Wheeler, Matt, Senior Vice President, Sales & Marketing - Foresight ROI; *pg.* 681
Wheeler, Rachel, Account Executive, Public Relations - Bose Public Affairs Group, LLC; *pg.* 585
Wheeler, Ron, Chief Executive Officer - Wheeler Advertising, Inc.; *pg.* 430
Wheeler, Talia, Media Planner - MMSI; *pg.* 496
Wheeler, Tina, Operations Manager - Trozzolo Communications Group; *pg.* 657
Whelan, Kirsty, Senior Vice President, Strategy & Insights - Imre; *pg.* 374
Whelan, Lexi, Associate Brand Strategy Director - Mekanism; *pg.* 112
Whelan, Michael, Director, Creative Content - Camp + King; *pg.* 46
Whelan, Rick, President - Marketing General, Inc.; *pg.* 288
Whelan, Suzie, Account Supervisor, eCommerce - Grey Midwest; *pg.* 366
Whetsel, Rick, Vice President - G7 Entertainment Marketing; *pg.* 306
Whetter, Lori, Digital Director - Signal Theory; *pg.* 141
Whibbs, Bob, Creative Director - Foxx Advertising & Design; *pg.* 184
Whicker, Jarred, Senior Digital Advertising Specialist - Adpearance; *pg.* 671
Whiddon, Jean, Strategist, Brand Communications - Fixation Marketing; *pg.* 359
Whigham, Claire, Chief Creative Officer - McGarrah Jessee; *pg.* 384
Whigham, Judson, Head, Brand Development - Psyop; *pg.* 196
Whinfield, Steve, Senior Production Manager - Signature Advertising; *pg.* 17
Whipple, Joel, Senior Marketing Strategist - All Points Digital; *pg.* 671
Whipple, Scott, Designer, Studio - Duncan Channon; *pg.* 66
Whisel, Stacy, President - Godfrey; *pg.* 8
Whisenant, Alison, Account Director - MullenLowe U.S. Boston; *pg.* 389
Whisler, Kyle A., Associate Vice President, Media - Target Media USA; *pg.* 518
Whisnant, Jennifer, Senior Account Executive - Quixote Group; *pg.* 402
Whisner, Tiffany, Vice President, Public Relations - Coles Marketing Communications; *pg.* 591
Whitaker, Gino, Interactive Director - Pressley Johnson Design; *pg.* 195
Whitaker, Jamie, Digital Strategy Manager - Dash Two; *pg.* 551
Whitaker, Josh, Partner & Director, Digital - The Loomis Agency; *pg.* 151
Whitaker, Matt, Director, Digital Strategy - The Richards Group, Inc.; *pg.* 422
Whitaker, Steve, Executive Vice President, Sales - Signature Graphics; *pg.* 557
Whitaker, Susie, Senior Coordinator - FleishmanHillard; *pg.* 604
Whitcomb, Jeff, President - Communicators Group; *pg.* 344
Whitcomb, Melissa, Media Director - Merkley + Partners; *pg.* 114

PERSONNEL

AGENCIES

Whitcomb, Sarah, Senior Project Manager, Digital - Schermer; *pg.* 16
White, Adam, Partner - Doug&Partners; *pg.* 353
White, Alan, Group Partner & Senior Vice President, Research, Analytics & Decision Sciences - Universal McCann Detroit; *pg.* 524
White, Alana, Executive Director, Global Media - Giant Spoon, LLC; *pg.* 363
White, Amanda, Supervisor, Digital Strategy - Haworth Marketing & Media; *pg.* 470
White, Amy, Media Planner - r2integrated; *pg.* 261
White, Amy, Director, Project Management - FIG; *pg.* 73
White, Anne, Senior Artist - Foundry; *pg.* 75
White, Arianne, Senior Strategist, Social Media - PETERMAYER; *pg.* 127
White, Arthur, Director, Integrated Experiences - Zoom Media; *pg.* 559
White, Austin, Copywriter - Honey Bunches of Oats, NerdWallet & Cricket - Argonaut, Inc.; *pg.* 33
White, Autumn, Executive Vice President, Digital & Managing Partner - Horizon Media, Inc.; *pg.* 473
White, Ben, Vice President, Growth & Managing Director - Fuseproject, Inc.; *pg.* 184
White, Bill, Chief Executive Officer - Offenberger & White, Inc; *pg.* 193
White, Brenda, Executive Vice President & Group Director - Starcom Worldwide; *pg.* 513
White, Bryan, Broadcast Group Manager - Media Storm; *pg.* 486
White, Byron, Founder & Chief Executive Officer - ideaLaunch; *pg.* 673
White, Carey, Director, Operations - MMSI; *pg.* 496
White, Cindy, Creative Director & Chief Executive Officer - ParkerWhite; *pg.* 194
White, Clint, President & Co-Creative Director - WiT Media; *pg.* 162
White, David, Managing Partner & Account Director - Exit 10 Advertising; *pg.* 233
White, Derek, President & Chief Executive Officer - Refuel Agency; *pg.* 507
White, Desiree, Director, Finance & Admistration - Wieden + Kennedy; *pg.* 432
White, Desmond, Chief Audio Systems Engineer - Nomad Event Services; *pg.* 312
White, Erika, Associate Director, Marketing Sciences - PHD USA; *pg.* 505
White, Greg, Director, Communication Strategy - 72andSunny; *pg.* 23
White, Halley, Senior Account Manager - Eckel & Vaughan; *pg.* 599
White, Heidi, Vice President - Fineman PR; *pg.* 603
White, Henry, Chief Operations Officer & Founder - SHARPLEFT, Inc.; *pg.* 299
White, Jack K., Manager, Broadcasting Production - Otey White & Associates; *pg.* 123
White, Janet, Chief Financial Officer - The Martin Agency; *pg.* 421
White, Jason, Co-Founder & Chief Creative Officer - Leviathan; *pg.* 189
White, Jason, Director, SEO - PMG; *pg.* 257
White, Jeff, Partner & Chief Marketing Officer - North America - Deutsch, Inc.; *pg.* 350
White, Jennifer, Account Supervisor - Infinity Direct; *pg.* 286
White, Jennifer, Senior Vice President, Strategic Partnership - Klick Health; *pg.* 244
White, Jeremie, Partner & Director, Design - Suburbia Studios; *pg.* 18
White, Jillian, Media Director - The Summit Group; *pg.* 153
White, Jim, Partner & Vice President - Carroll White Advertising; *pg.* 340
White, Jim, Digital Creative Director - DDB Chicago; *pg.* 59
White, Jon, Director, Digital & Data - Vladimir Jones; *pg.* 429
White, Katie, Account Supervisor - The Martin Agency; *pg.* 421
White, Keeven, President & Chief Executive Officer - WhiteSpace Creative; *pg.* 162
White, Keith, Managing Partner & Brand Strategist - ParkerWhite; *pg.* 194
White, Kevin, Senior Vice President, Media - One & All Agency; *pg.* 289
White, Kiley, Account Director, Digital Brand Management - The Richards Group, Inc.; *pg.* 422
White, Kristine, Account Executive - Performance Marketing; *pg.* 126
White, Kristy, Account Director - Propeller Communications; *pg.* 639
White, Lee, Campaign Manager - FiveFifty; *pg.* 235
White, Lesley, Associate Director, Strategy - Connect at Publicis Media; *pg.* 462
White, Lexi, Associate Creative Director - Barkley; *pg.* 329
White, Linda, Principal - Strategies ; *pg.* 414
White, Lynn , Production Manager - Smith & Jones; *pg.* 143
White, Lynn, Director, Operations - Burst Marketing; *pg.* 338
White, Mara, Director, Public Relations - Flynn Wright, Inc.; *pg.* 359
White, Marcus, Creative Director - Grow Interactive; *pg.* 237
White, Mark, Chief Executive Officer & General Manager - Martino-White; *pg.* 106
White, Mary, Media Buyer - Marcus Thomas; *pg.* 104
White, Matthew, Owner, Chairman & Chief Executive Officer - WHITE64; *pg.* 430
White, Max, Associate Creative Director - CLM Marketing & Advertising; *pg.* 342
White, Melissa, Strategist, Digital Marketing - Jones Huyett Partners; *pg.* 93
White, Michael, Senior Vice President & Group Account Director - VMLY&R; *pg.* 160
White, Molly, Vice President, Brand Strategy - GlynnDevins Marketing; *pg.* 364
White, Neil, President & Chief Executive Officer - BBDO Minneapolis; *pg.* 330
White, Nulty, Managing Partner - Elmwood; *pg.* 181
White, Otey, President - Otey White & Associates; *pg.* 123
White, Peter, Account Director & North American Paid Social Media Lead - Archetype; *pg.* 33
White, Phil, Executive Vice President, Strategy - New York - Geometry; *pg.* 362
White, Renee, Client Business Analyst - New Honor Society; *pg.* 391
White, Scott, Chief Executive Officer & Co-Founder - Bizcom Associates; *pg.* 584
White, Sheri, Business Development Manager - Direct Results; *pg.* 63
White, Simon, Chief Strategic Officer - FCB West; *pg.* 72
White, Tiffany, Director, Business Development - The Trade Desk; *pg.* 519
White, Tim, Manager, IT - Kelliher Samets Volk; *pg.* 94
White , Melissa, Account Supervisor - Newmark Advertising; *pg.* 692
White Jr., David, Supervisor, Integrated Publishing - dentsu X; *pg.* 61
White-Charles, Aimee, Executive Vice President & Director, Strategy & Program Development - Edelman; *pg.* 599
Whited, Christine, Group Account Director - PHD USA; *pg.* 505
Whitehead, Jason, Copywriter - Team One; *pg.* 417
Whitehead, Kiara, Account Executive - Anomaly; *pg.* 325
Whitehead, Melinda, Account Services Director - Wirthwein Corporation; *pg.* 162
Whitehouse, Christy, Partner - The Summit Group; *pg.* 153
Whitehurst, Janelle, Account Manager - IHOP - Droga5; *pg.* 64
Whitely, David, Executive Brand Manager - Sprinklr; *pg.* 688
Whitely, George, President & Chief Executive Officer - Stephan & Brady, Inc.; *pg.* 412
Whiteman, Amber, Vice President - Seattle - Metia; *pg.* 250
Whiteside, Tony, Creative Director - Ogilvy; *pg.* 393
Whitfield, Brock, Account Supervisor - XenoPsi; *pg.* 164
Whitfield, Julie, Senior Media Buyer - OMD Atlanta; *pg.* 501
Whitfield, Mark, Group Media Director - 9thWonder; *pg.* 453
Whitfield, Molly, Chief Operating Officer - Madison & Main; *pg.* 382
Whitford, Jade, Project Manager - Team One; *pg.* 417
Whiting, Brent, Creative Director - Prana Marketing & Media Relations; *pg.* 506
Whiting, Courtney, Senior Account Executive - FCB West; *pg.* 72
Whiting, Eric, Account Manager, Public Relations - Backbone Media; *pg.* 579
Whiting, Jason, President - Pace Communications; *pg.* 395
Whiting, Julie, Vice President & Director - Digitas; *pg.* 227
Whiting, Mark, Vice President, Technology - motum b2b; *pg.* 14
Whiting, Wyeth, Senior Account Director - Turner Duckworth; *pg.* 203
Whitley, Renee, Account Supervisor - Fuse Interactive; *pg.* 235
Whitlock, Tanya, Senior Vice President & Media Director, Consumer - CJRW Northwest; *pg.* 566
Whitman, Lois, President & Co-Owner - HWH Public Relations; *pg.* 614
Whitman, Russ, Managing Director - Ratio Interactive; *pg.* 262
Whitmark, Mike, Media Relations Specialist - The Brand AMP; *pg.* 419
Whitmer, Kurt, President - Database Marketing Group, Inc.; *pg.* 281
Whitmore, Chuck, Owner - Oxford Communications; *pg.* 395
Whitmore, Jayson, Executive Director, Brand Partnerships - We Are Royale; *pg.* 205
Whitmyre, Rick, President & Principal - Tiziani Whitmyre; *pg.* 155
Whitney, Blake, Account Director - Saatchi & Saatchi Dallas; *pg.* 136
Whitney, David, Director, Agency Communications - Crispin Porter + Bogusky; *pg.* 346
Whitney, Janet, Media Director - 360i, LLC; *pg.* 207
Whitney, Jim, Co-Owner & President - Whitney Advertising & Design; *pg.* 430
Whitney, Robin, Co-Owner, Vice President & Media Director - Whitney Advertising & Design; *pg.* 430
Whitney, Skylar, Account Executive - Dittoe Public Relations; *pg.* 597
Whitney, Terry, Vice President & Director, Media Strategy - Starcom Worldwide; *pg.* 513
Whitney-Smith, Lynn, Manager, Creative Services - Evok Advertising; *pg.* 69
Whitson, Margaret, Digital Media Marketing

1070

AGENCIES

PERSONNEL

Manager - Amperage; *pg.* 30
Whitson, Thomas, Senior Accountant - Capitol Media Solutions; *pg.* 459
Whitt, Jeremy, Vice President & Group Media Director - BVK; *pg.* 339
Whittaker, Drew, Assistant Media Planner - Bernstein-Rein Advertising, Inc.; *pg.* 39
Whitticom, Jon, Chief Product Officer - FreeWheel; *pg.* 465
Whittington, Ashlyn, Senior Account Manager, Social - Cashmere Agency; *pg.* 48
Whittington, Catherine, Senior Account Executive - InterStar Marketing & Public Relations; *pg.* 616
Whittington, James, Broadcast Editor - WongDoody; *pg.* 162
Whittington, Nate, Vice President, Finance & Operations - WHITE64; *pg.* 430
Whittle, Jennifer, Associate Director, Public Relations - The Lavidge Company; *pg.* 420
Whittle, Rob, Chief Executive Officer - Williams Whittle; *pg.* 432
Whittlesey, Judy, Executive Vice President - Susan Davis International; *pg.* 651
Whitwell, Fletcher, Senior Vice President & Group Managing Director, Media & Publishing - R&R Partners; *pg.* 131
Whitworth, Sarah, Vice President - GMMB; *pg.* 364
Whouley, Michael, Principal & Co-Founder - Dewey Square Group; *pg.* 597
Whyte, David, Media Buyer - Quarry Integrated Communications; *pg.* 402
Whyte, Ken, President, Partner & Chief Operating Officer - Quarry Integrated Communications; *pg.* 402
Whyte VanDerSlagt, Beverly, Senior Key Account Buyer - Active International; *pg.* 439
Wiberg, Kate, Human Resources - YARD; *pg.* 435
Wichtoski, Alan, Chief Financial Officer & Vice President - A.B. Data, Ltd; *pg.* 279
Wicinske, Shelley, Partner & Director, Studio - Hunt Adkins; *pg.* 372
Wick, Benjamin, Editor - Epic Creative; *pg.* 7
Wicklund, Brian, President, Creative Director & Partner - X3 Creative; *pg.* 205
Wicklund, Kristy, Partner - X3 Creative; *pg.* 205
Wico, Antoniette, Executive Vice President & Director, Group Management - FCB Chicago; *pg.* 71
Widen, Jeanette, Production Supervisor - The Integer Group; *pg.* 682
Widmann, Jason, Director, Digital Strategy & User Experience - Stellar Agency; *pg.* 267
Widmeyer, Scott, Founder & Managing Partner - Widmeyer Communications; *pg.* 662
Wiebe, Mike, President - Toolhouse, Inc.; *pg.* 155
Wiecek, Brittany, Media Coordinator - Global Media Group; *pg.* 76
Wieczorek, Jill, Director, Strategic Planning - Noble Studios; *pg.* 254
Wiedemann, Monica, Senior Vice President & Group Account Director - PHD USA; *pg.* 505
Wieden, Dan, Co-Founder & Chief Executive Officer - Wieden + Kennedy; *pg.* 430
Wiedensmith, Peter, Director & Editor, Film - Wieden + Kennedy; *pg.* 430
Wiederin, Alex, Creative Director - Buero New York; *pg.* 176
Wiederkehr, Donna, Chief Growth Strategist - Americas - Dentsu Aegis Network; *pg.* 61
Wiegand, Connor, Account Executive - Scout Marketing; *pg.* 139
Wiegand, Sheila, Senior Vice President, National Video - Zenith Media; *pg.* 529
Wieland, Brady, Manager, Operations & Production- INTO Digital Marketing - Brand Innovation Group; *pg.* 336

Wieland, Kris, Account Manager - Amperage; *pg.* 30
Wielgosh, Robert, Vice President & Director, Group Account - Patients & Purpose; *pg.* 126
Wielgus, George, Senior Director, Art - Matrix Partners, Ltd.; *pg.* 107
Wiemer, Ashleigh, Associate Media Director - InLine Media, Inc. ; *pg.* 479
Wiener, Ashley, Director - OMD; *pg.* 500
Wiener, Ben, Chief Executive Officer - WongDoody; *pg.* 433
Wiener, Matt, Vice President, Business Development & Consulting - IPG360; *pg.* 90
Wiener, Rick, Media Director - Allebach Communications; *pg.* 29
Wiens, Angela, Account Coordinator - WS; *pg.* 164
Wiens, Kate, Account Executive - Project X; *pg.* 556
Wienslaw, Arthur, Business Adviser & Strategist - All Points Digital; *pg.* 671
Wienslaw, Courtney, Co-Founder & Managing Partner - All Points Digital; *pg.* 671
Wier, Alex, Principal & Creative Director - Wier / Stewart; *pg.* 205
Wiering, Laura, New Business Manager - Martin Williams Advertising; *pg.* 106
Wieringo, Suzanne, Broadcast Business Affairs Supervisor - The Martin Agency; *pg.* 421
Wierman, Kate, Senior Account Manager - Turner Duckworth; *pg.* 203
Wieronski, Garrett, Senior Art Director - Mondo Robot ; *pg.* 192
Wiese, Adam, Vice President, Strategy - Giant Spoon, LLC; *pg.* 363
Wiese, Brad, Creative Director - G.F. Advertising; *pg.* 75
Wiesenfeld, Melanie, Vice President - ShopPR; *pg.* 647
Wiest, Dave, Senior Designer - Red Tettemer O'Connell + Partners; *pg.* 404
Wiest, Kim, President & Owner - Platinum Marketing Group; *pg.* 506
Wiest, Steve, Owner & Partner, Creative Services - Axis41; *pg.* 215
Wiethorn, Bree, Supervisor, Media - Digitas; *pg.* 227
Wigert, Christine, Director, Business Development - SCORR Marketing; *pg.* 409
Wiggan, April, Group Account Director - WongDoody; *pg.* 162
Wiggan, Marika, Director, Strategy - Preacher; *pg.* 129
Wiggins, Eric, Senior Vice President - Didit.com; *pg.* 673
Wiggins, Jennifer, Vice President - Client Services - Akins Public Strategies; *pg.* 575
Wiggins, Jessica, Senior Social Strategist - VMLY&R; *pg.* 274
Wigginton, Josh, Staff Vice President, Product Management - Interop Technologies; *pg.* 534
Wigglesworth, Nathan, Senior Art Director - Wieden + Kennedy; *pg.* 432
Wigham, Matthew, President, US - Orion Worldwide; *pg.* 503
Wigle, Carlos, Vice President Creative Director - McCann New York; *pg.* 108
Wigle, Kay, Senior Vice President & Media Director - Swanson Russell Associates; *pg.* 415
Wigler, Lori, Vice President & Managing Director - Horizon Media, Inc.; *pg.* 474
Wigod, Josh, Senior Account Supervisor - Campbell Ewald New York; *pg.* 47
Wijesekera, Amanda, Content Manager - Mirum Agency; *pg.* 251
Wiland, Phil, President & Chief Executive Officer - Wiland Direct; *pg.* 294
Wilber, Cassidy, Director, Brand Strategy -

Goodby, Silverstein & Partners; *pg.* 77
Wilber Kincaid, Colleen, Vice President, Corporate Communications, Media Relations, Public Affairs, Digital Media & Corp Socia - Qorvis Communications, LLC; *pg.* 640
Wilbert, Caroline, President - The Wilbert Group; *pg.* 655
Wilbourn, Dustin, Producer - Firespring; *pg.* 358
Wilburn, Brian, Senior Art Director - GCG Marketing; *pg.* 362
Wilburn, Jim, Chief Executive Officer - Winnercomm; *pg.* 564
Wilchek, Ariel, Creative Director - On Board Experiential Marketing; *pg.* 313
Wilcox, Audrey, Senior Account Manager - DKY Integrated Marketing Communications; *pg.* 352
Wilcox, Brad, Senior Director, Analytics - Global Strategies; *pg.* 673
Wilcox, Chris, Vice President, Partnerships - Pereira & O'Dell; *pg.* 256
Wilcox, Dan, Director, Finance & Accounting - The Richards Group, Inc.; *pg.* 422
Wilcox, Emily, Head, Account Management - Johannes Leonardo; *pg.* 92
Wilcox, Johna, Account Manager - Wendt; *pg.* 430
Wilcox, Steve, Principal - Design Science; *pg.* 179
Wilcox, Trent, President - Unanimous; *pg.* 203
Wilcox, Trenton, President - Unanimous; *pg.* 203
Wilcox, Tyler, Producer, Digital Content & Copywriter - Turner Public Relations; *pg.* 657
Wild, Amy Claire, Chief Strategist - GroundFloor Media; *pg.* 611
Wild, Anthony, Operations Director - The Richards Group, Inc.; *pg.* 422
Wild, Shea, Associate Production Manager - Strategic America; *pg.* 414
Wildasin, Keith, Vice President, Creative Strategy & Narrative - bpg advertising; *pg.* 42
Wilday, James, Founding Partner - Burns Group; *pg.* 338
Wilde, Barry, Chief Financial Officer - Pattison Outdoor Advertising; *pg.* 555
Wilde, Liz, Senior Account Executive - Sherry Matthews Advocacy Marketing; *pg.* 140
Wilder, Brad, Creative Director - Glyphix; *pg.* 76
Wilder, Tom, Creative Director - COLLINS:; *pg.* 177
Wildermuth, Joan, Chief Creative Officer & Executive Director - Juice Pharma Worldwide; *pg.* 93
Wilders, Eddie, Senior Vice President, Research & Analytics - Lockard & Wechsler ; *pg.* 287
Wilders, Rachel, Vice President, Client Services - Lockard & Wechsler ; *pg.* 287
Wildrick, Meg, Managing Partner - Bliss Integrated Communications; *pg.* 584
Wilds, Nathan, Chief Creative Officer - Clear River Advertising & Marketing; *pg.* 177
Wilemon, Clay, Founder, Chief Executive Officer & Chief Strategy Officer - Brado; *pg.* 336
Wilen, Corey, Executive Vice President - Wilen Media Corporation; *pg.* 432
Wilen, Darrin, President - Wilen Media Corporation; *pg.* 432
Wilen, Richard, Owner - Wilen Media Corporation; *pg.* 432
Wilensky, Gila, Senior Vice President, Media Activation - North America - Essence; *pg.* 232
Wiles, Ford, Partner & Chief Creative Officer - Big Communications, Inc.; *pg.* 39
Wiles, Ilana, Director, Connections Planning - Wray Ward; *pg.* 433

1071

PERSONNEL — AGENCIES

Wiley, Andrea, Director, Account Management - Doug Carpenter & Associates, LLC; *pg.* 64

Wiley, Katie, Managing Director - West Coast - Blue State Digital; *pg.* 335

Wiley-Rapoport, Caryn, Consultant, Consumer Insights & Strategy - Horizon Media, Inc.; *pg.* 473

Wilfong, Marcela, Director, Research - Ocean Media, Inc.; *pg.* 498

Wilford, Martin, Co-Founder & Principal - Red Deluxe; *pg.* 507

Wilga, Glenn, Account Director - Red Moon Marketing; *pg.* 404

Wilgus, David, Principal & Creative Director - Launch Agency; *pg.* 97

Wilhelm, Anna, Senior Brand Strategist - Horizon Media, Inc.; *pg.* 474

Wilhelm, Mike, Senior Vice President, Sports Sponsorship - Momentum Worldwide; *pg.* 117

Wilhelmi, Barrie, Senior Recruiter - Wieden + Kennedy; *pg.* 430

Wilhelmi, Chris, Executive Vice President & Chief Research & Analytics Officer - US - Universal McCann; *pg.* 524

Wilhelmy, Bob, Chief Finance Officer - MKTG INC; *pg.* 311

Wilhelmy, Bob, Principal - MKTG; *pg.* 568

Wilhite, Michael, Vice President, Data Strategy - 84.51; *pg.* 441

Wiliamson, Kelly, Senior Vice President - APCO Worldwide; *pg.* 578

Wilie, Kim, Vice President - Witherspoon Marketing Communications; *pg.* 663

Wilie, Mike, President & Chief Executive Officer - Witherspoon Marketing Communications; *pg.* 663

Wilke, Rachel, Associate Director, Strategy - Spark Foundry; *pg.* 508

Wilke, Richard, Director, Global Business Development - Lippincott; *pg.* 189

Wilken, Mollie, Public Relations Associate - Swanson Russell; *pg.* 415

Wilkerson, Kevin, Senior Communications Strategist - Droga5; *pg.* 64

Wilkerson, Todd, Chief Executive Officer - Brewco Marketing; *pg.* 303

Wilkerson, Wendy, Vice President, Strategic Accounts - Sparks; *pg.* 315

Wilkes, Corina, Group Account Director - TAXI; *pg.* 146

Wilkes, Kit, Lead, Embedded Studio Performance - MediaMonks; *pg.* 249

Wilkes, Nancy, Director, Public Relations - Platypus Advertising & Design ; *pg.* 397

Wilkie, Rob, Creative Director - pushtwentytwo; *pg.* 401

Wilkins, Dianne, Chief Executive Officer - Critical Mass, Inc.; *pg.* 223

Wilkins, Evan, Supervisor - Blue 449; *pg.* 455

Wilkins, Scott, Supervisor, Media - Mediahub Winston Salem; *pg.* 386

Wilkinson, Brian, Partner & Co-Founder - Wilkinson Ferrari & Company; *pg.* 663

Wilkinson, Carrie, Media Director & Public Affairs Coordinator - Kaneen Advertising & Public Relations, Inc.; *pg.* 618

Wilkinson, Daniel, Head, Paid Media - Jellyfish U.S.; *pg.* 243

Wilkinson, Doug, Head, CG & Technology - Buck; *pg.* 176

Wilkinson, Gavin, Digital Campaign Coordinator - 4FRONT; *pg.* 208

Wilkinson, Gerrard, Partner - GATES; *pg.* 76

Wilkinson, Graham, Senior Vice President & Global Head, Product - Reprise Digital; *pg.* 676

Wilkinson, Jay, Chief Executive Officer - Firespring; *pg.* 234

Wilkinson, John, Vice President - One & All Agency; *pg.* 289

Wilkinson, Laurie, Chief Finance Officer - RS & K; *pg.* 408

Wilkinson, Mandy, Media Planner & Buyer - Stone Ward Advertising; *pg.* 413

Wilkinson, Mike, Senior Vice President & Director, Strategic Planning - Jordan Advertising; *pg.* 377

Wilkinson, Rhonda, Account Supervisor - Lewis Communications; *pg.* 100

Wilkinson, Tim, Director, Business Development - Hanson Watson Associates; *pg.* 81

Wilkos, Dan, Vice President & Strategy Director - McCann New York; *pg.* 108

Will, Matt, Creative Developer - Glow; *pg.* 237

Will, Sara, Director, Digital Marketing - Closed Loop Marketing; *pg.* 672

Willaby, Brooke, Advertising Director - Push Digital; *pg.* 640

Willard, Caitlin, Account Manager - Fish Consulting LLC; *pg.* 604

Willard, Kelly, Account Director - Iris; *pg.* 376

Wille, Paul, Chief Operations Officer - Swift; *pg.* 145

Willette, Jon, Vice President, Operations - Advantix Digital; *pg.* 211

Willette, Pierre, Account Executive - Goff Public; *pg.* 608

Willette, Tara, Senior Account Supervisor - PP+K; *pg.* 129

Willhoft, Gene, Founder & President - Absolute Media Inc.; *pg.* 453

Williams, Abby, Account Manager, Client Services - TriComB2B; *pg.* 427

Williams, Amber, President - Uncommon; *pg.* 157

Williams, Amy, Writer & Producer - Brothers & Co.; *pg.* 43

Williams, Amy, Manager, Content Marketing - Furia Rubel Communications, Inc.; *pg.* 607

Williams, Amy, Director, Client Performance - Jan Kelley Marketing; *pg.* 10

Williams, Angie, Vice President & Director, Client Services - JNA Advertising; *pg.* 92

Williams, Ansley, Associate Director, Social - Ogilvy; *pg.* 393

Williams, Ariel, Associate Director, Media & Broadcast - PP+K; *pg.* 129

Williams, Ashley, Media Planner - TracyLocke; *pg.* 683

Williams, Barb, Executive Creative Director - Track DDB; *pg.* 293

Williams, Ben, Senior Vice President, Executive Creative Director & Head, Creative - R/GA; *pg.* 260

Williams, Bill, Planner, Strategic - The Miller Group; *pg.* 421

Williams, Blake, Performance Media Manager & SEO Writer - The Shipyard; *pg.* 270

Williams, Brad, Senior Vice President, Competitive Intelligence - Zenith Media; *pg.* 529

Williams, Bret, Business Development Executive - Ten Peaks Media; *pg.* 269

Williams, Brian W., Co-Founder & Chief Executive Officer - Viget Labs; *pg.* 274

Williams, Bruce , Vice President, Media Practice Lead - 360i, LLC; *pg.* 208

Williams, Bruce, Vice President, Development - Thunder Tech; *pg.* 426

Williams, Carol, President, Chief Executive Officer & Chief Creative Officer - Carol H. Williams Advertising; *pg.* 48

Williams, Caroline, Account Executive - Duree & Company; *pg.* 598

Williams, Charlene, President - Nancy Marshall Communications ; *pg.* 631

Williams, Charlie, Executive Vice President - StoreBoard Media LLC; *pg.* 557

Williams, Chris, Creative Director, Motion - Wray Ward; *pg.* 433

Williams, Christopher, Global Group Director - OMD; *pg.* 498

Williams, Christy, Director, Marketing Project Management - Nebo Agency, LLC; *pg.* 253

Williams, Clay, Chief Executive Officer - Achieve; *pg.* 210

Williams, Dan, Lead, Digital Design - TriComB2B; *pg.* 427

Williams, Dan, Vice President, Client Services - Huge, Inc.; *pg.* 239

Williams, Danielle, Corporate Marketing Manager - Team Velocity Marketing; *pg.* 418

Williams, Dawn, Chief Talent Officer - Johnson-Rauhoff, Inc.; *pg.* 93

Williams, Denise, Vice President, Media - Williams / Crawford & Associates; *pg.* 162

Williams, Desmond, Creative Director - AFG&; *pg.* 28

Williams, Don, President - Lewis Advertising, Inc.; *pg.* 380

Williams, Donald, Chief Digital Officer & Executive Vice President - Horizon Media, Inc.; *pg.* 474

Williams, Emily, Managing Director, Creative - The MX Group; *pg.* 422

Williams, Fred, Chief Executive Officer - Williams / Crawford & Associates; *pg.* 162

Williams, Ginny, Principal & Vice President, Marketing - Peter Webb Public Relations, Inc.; *pg.* 636

Williams, Grace, Account Director - BLASTmedia; *pg.* 584

Williams, Greg, Partner & Media Director - Backbone Media; *pg.* 579

Williams, Gwendolyn, Brand Media Strategist - The Richards Group, Inc.; *pg.* 422

Williams, Hannah, Art Director - Fitzco; *pg.* 73

Williams, Hayden, Media Planner - DWA Media; *pg.* 464

Williams, Jamie, Product Manager - Tapjoy; *pg.* 535

Williams, Jamie, Business Manager - Bigfish Creative Group; *pg.* 333

Williams, Jay, Director, Digital Strategy - Agency Within; *pg.* 323

Williams, Jeff, Art Director - Wieden + Kennedy; *pg.* 430

Williams, Jennifer, Vice President & Partner - Adserts; *pg.* 27

Williams, Jennifer, Managing Partner, Account Management - The Watsons; *pg.* 154

Williams, Jennifer, Group Account Director & Head, Client Service - redpepper; *pg.* 405

Williams, Jenny, Chief Process Officer - Watauga Group; *pg.* 21

Williams, Jill, Director, Marketing & Business Development - Lane PR; *pg.* 621

Williams, Jim, President - KWG Advertising, Inc.; *pg.* 96

Williams, Joan, Deputy Director - Kallman Worldwide ; *pg.* 309

Williams, Joanna, Digital Media Strategist - True Media; *pg.* 521

Williams, Johari, Senior Account Planner - Media Experts; *pg.* 485

Williams, Jonathan, Senior Vice President, Brands & Marketing - Push Digital; *pg.* 640

Williams, Joni, President - Kelly, Scott & Madison, Inc.; *pg.* 482

Williams, Judd, Vice President, Service - YESCO Outdoor Media; *pg.* 559

Williams, Justin, Director, Integrated Publishing - dentsu X; *pg.* 61

Williams, Kali, Associate Media Director - Doremus & Company; *pg.* 64

1072

AGENCIES — PERSONNEL

Williams, Karan, Vice President, Operations - ASH Technology Marketing; pg. 34
Williams, Kelly, Executive Vice President - The William Mills Agency; pg. 655
Williams, Kelly, Senior Information Architect - Intouch Solutions, Inc.; pg. 242
Williams, Kevin, Brand & Communications Planner - Firehouse, Inc.; pg. 358
Williams, Kevin, Program & Event Manager - Next Marketing; pg. 312
Williams, Kevin, Media Campaign Manager - Giant Propeller; pg. 76
Williams, Kimani, Manager, Media - 360i, LLC; pg. 208
Williams, Kirk, Art & Creative Director - RPA; pg. 134
Williams, Kristina, Operations Manager - Spurrier Group; pg. 513
Williams, Laura, Associate Director, Analytics - Mediahub Boston; pg. 489
Williams, Lewis, Chief Creative Officer & Executive Vice President - Burrell Communications Group, Inc.; pg. 45
Williams, Lindsay, Chief Connections Officer - ROKKAN, LLC; pg. 264
Williams, Lisa, Executive Vice President, Finance & Operations - Trevelino / Keller Communications Group; pg. 656
Williams, Lynnette, Senior Vice President - Edelman; pg. 600
Williams, Maria, Senior Project Manager - VSBrooks; pg. 429
Williams, Marian, Creative Director - O'Keeffe Reinhard & Paul; pg. 392
Williams, Mariana, Director, Operations - Achieve; pg. 210
Williams, Marissa, Manager, Paid Social - Essence; pg. 232
Williams, Mark, Managing Partner & Chief Executive Officer - Mortar Advertising; pg. 117
Williams, Mark, Senior Director, Sales - Amobee, Inc.; pg. 213
Williams, Marshall, Chief Executive Officer & Partner - Ad Results Media; pg. 279
Williams, Mary, Account Manager - Pac / West Communications; pg. 635
Williams, Maxine, Vice President, Account Services - CJRW Northwest; pg. 566
Williams, Meagan, Manager, Digital Account - Aisle Rocket; pg. 681
Williams, Melanie, Vice President, Strategy Director - Muse USA; pg. 543
Williams, Meredith, Director, Account Management & Group Account Director - Goodby, Silverstein & Partners; pg. 77
Williams, Neel, Vice President & Creative Director - The Martin Agency; pg. 421
Williams, Nick, Chief Financial Officer - Canada - Wavemaker; pg. 529
Williams, Noah, Associate Creative Director - The Tombras Group; pg. 153
Williams, Paige, Associate Digital Analyst - Blue State Digital; pg. 335
Williams, Peter, Creative Director - The George P. Johnson Company; pg. 316
Williams, Peter, Executive Producer - BBH; pg. 37
Williams, Rachel, Account Manager - Digitas; pg. 227
Williams, Rebecca, Vice President & Group Creative Director - Burrell Communications Group, Inc. ; pg. 45
Williams, Rebecca, Director, Design - Turner Duckworth; pg. 203
Williams, Richard, Associate Creative Director - Archer Malmo; pg. 32
Williams, Richard, Co-Founder & Chief Strategy Officer - Witz Communications, Inc.; pg. 663

Williams, Ryan, Head, Client Insights - Travel & Retail - comScore; pg. 443
Williams, Samantha, Supervisor & Media Planner, Interactive - Zenith Media; pg. 531
Williams, Sandra, Account Manager - 9thWonder Agency; pg. 453
Williams, Sandy, Co-Founder & Chief Executive Officer - Cloudberry Creative, Inc.; pg. 221
Williams, Sarah, Partner & Director, Creative - Beardwood & CO; pg. 174
Williams, Scott, Group Director - InQuest Marketing; pg. 445
Williams, Scott, Associate Creative Director - Derse, Inc.; pg. 304
Williams, Shanon, Vice President & Director, Advertising Account Services - CJRW; pg. 590
Williams, Shawndia, Integrated Media Strategy Manager - Havas Media Group; pg. 469
Williams, Sheri, Manager, Accounting & Human Resources - Contrast Creative; pg. 222
Williams, Slylar, Art Director - EP+Co.; pg. 356
Williams, Stephanie, Brand Management Team Lead - The Richards Group, Inc.; pg. 422
Williams, Steve, Co-Executive Creative Director - DNA Seattle; pg. 180
Williams, Steve, Global Chief Operating Officer - Essence; pg. 232
Williams, Suzanne, Art Director - Jennings & Company; pg. 92
Williams, Suzanne, Controller - Bradley and Montgomery; pg. 336
Williams, Tara, Account Director & Vice President - Right Place Media; pg. 507
Williams, Thomas, President & Chief Executive Officer - ASD / Sky; pg. 173
Williams, Tiffany, Vice President & Group Account Director - Cramer-Krasselt ; pg. 53
Williams, Tim, Co-Founder & Co-Owner - Media Storm; pg. 486
Williams, Todd, Director, Creative - NDP; pg. 390
Williams, Tom, Vice President & Partner, Portfolio Management - Universal McCann; pg. 524
Williams, Tony, President & Chief Executive Officer - Infinity Marketing; pg. 374
Williams, Trevor, Principal & Group Creative Director - Young & Laramore; pg. 164
Williams, Tynesha, Creative Director - Cashmere Agency; pg. 48
Williams, Vanessa, Senior Manager, Integrated Strategy & Promotions - Ignite Social Media; pg. 686
Williams, Vernon, Senior Vice President, Accounts & Project Management - Bernstein-Rein Advertising, Inc.; pg. 39
Williams, Ward, Group Creative Director - 160over90; pg. 301
Williams, Wes, Senior Creative Director - The Ramey Agency; pg. 422
Williams, Whitney, Account Supervisor & Manager, Social Media - McKeeman Communications; pg. 626
Williams, Wilma, Public Relations Director - D'Orazio & Associates; pg. 594
Williams, Yvonne, Vice President & Director, Digital Media - Palisades Media Group, Inc.; pg. 124
Williams , Russ, Chief Executive Officer & Principal - Archer Malmo; pg. 32
Williams-Osse, McGhee, Co-Chief Executive Officer - Burrell Communications Group, Inc. ; pg. 45
Williamson, Amy, Account Director - SMS Marketing Services; pg. 292
Williamson, Andrea, Senior Vice President - Edelman; pg. 353
Williamson, Christine, Vice President - Greenough Communications; pg. 610

Williamson, Con, President & Chief Creative Officer - EP+Co.; pg. 356
Williamson, Janeen, Associate Director, Strategy & Growth - Atlantic 57; pg. 2
Williamson, Janelle, Associate Director, Paid Social - Digitas; pg. 226
Williamson, Mark, Partner & Chairman - Putnam Roby Williamson Communications ; pg. 640
Williamson, Matt, Senior Copywriter - Leo Burnett Toronto; pg. 97
Williamson, Natasha, Senior Account Director - Spike DDB; pg. 143
Williamson, Nichole, Brand Strategy Director - Zilker Media; pg. 665
Williamson, Sean, Senior Vice President & Group Director - Mastercard Account Lead - Carat; pg. 459
Williamson, Shelby, Brand Strategist - barrettSF; pg. 36
Williamson, Tim, Vice President, Media Strategy - Cooper-Smith Advertising; pg. 462
Williard, Andy, Partner - W5; pg. 451
Williford, Keisha, Senior Director, Account - Lopez Negrete Communications, Inc. ; pg. 542
Willig, Alex, Director, Performance Media - Horizon Media, Inc.; pg. 474
Willig, Cameron, Senior Media Planner - AKQA; pg. 211
Willimann, Stefan, Chief Executive Officer - SIGMA Marketing Insights; pg. 450
Willis, Christine, Vice President - Antibody Healthcare Communications; pg. 32
Willis, Emma, Media Planner - DiD Agency; pg. 62
Willis, Harriette, Supervisor, National Video Investment - OMD; pg. 498
Willis, Holly, Vice President & Account Director - The Escape Pod; pg. 150
Willis, Jessica, Manager, Account - LRXD; pg. 101
Willis, Katie, Art Director - Wieden + Kennedy; pg. 430
Willis, Margaret, Media Planner & Media Buyer - CJRW Northwest; pg. 566
Willis, Nathan, Experiential Marketing Manager - Fuseideas, LLC; pg. 306
Willis, Ryan, Vice President - Ackermann Public Relations ; pg. 574
Willis, Sarah, Project Manager - Gyro; pg. 368
Willis, Steve, Senior Art Director - Arnold Worldwide; pg. 34
Willis, Todd, Owner & President - High Tide Creative; pg. 85
Willis-Grimes, Nicole, Director, Public Affairs - The Ferraro Group; pg. 653
Willison, Amanda, Associate Media Director - MODCoGroup; pg. 116
Willms, Russ, Owner - Suburbia Studios; pg. 18
Willner, Ken, Chief Executive Officer - Zumobi; pg. 535
Willome, Patrick, Director, Data Management - Butler / Till; pg. 457
Willoughby, Ann, Founder, Chief Creative Officer & Ambassador - Willoughby Design Group ; pg. 205
Willoughby, Dan, Associate Creative Director - Maxwell & Miller Marketing Communications; pg. 384
Willoughby, Luke, Specialist, Digital Media - Prosek Partners; pg. 639
Willoughby, Pamela, President - Relish Marketing; pg. 405
Wills, Benson, Manager, Internet Development - Maximum Design & Advertising, Inc; pg. 107
Wills, David, Senior Vice President - Media Profile; pg. 627
Willumson, Rebecca, Vice President & Publisher, Life Sciences - Questex; pg. 449

1073

PERSONNEL AGENCIES

Willy, Scott, Co-Founder & Senior Vice President, Creative Services - 360 Group; pg. 23
Wilmarth, Amanda, Media Manager - Pannos Marketing; pg. 125
Wilmer, Donald, Design Director - MOD Worldwide; pg. 192
Wilmot, Paul, Chairman - Paul Wilmot Communications; pg. 636
Wilmoth, Michelle, Account Executive - PR Plus, Inc.; pg. 638
Wilsher, Karina, Partner, Global Chief Executive Officer - Anomaly; pg. 325
Wilson, Adam, Executive Vice President, Marketing - DP+; pg. 353
Wilson, Adam, Co-Founder, Strategy & Creative - D/CAL; pg. 56
Wilson, Allison, CRM Associate - Agency Within; pg. 323
Wilson, Andrea, Vice President & Strategy Director - iProspect; pg. 674
Wilson, Andy, Vice President - Bohlsen Group; pg. 336
Wilson, Anna-Marshall, Account Director - Eckel & Vaughan; pg. 599
Wilson, Arthur, Media Planner - Carat; pg. 461
Wilson, Ashley, Programmatic Planner - Havas Media Group; pg. 470
Wilson, Ashley, Senior Accountant - Team Enterprises; pg. 316
Wilson, Banks, President & Director, Creative - Union; pg. 273
Wilson, Beth, Manager, Public Relations - Inferno, LLC; pg. 374
Wilson, Brent, Managing Principal, Strategy & Creative - Alling Henning & Associates; pg. 30
Wilson, Cat, Group Strategy Director - 72andSunny; pg. 23
Wilson, Chaz, Strategy Supervisor - PHD USA; pg. 505
Wilson, Chris, Managing Director, Client Services - Wunderman Thompson Atlanta; pg. 435
Wilson, Chris, Manager, Public Relations - Bose Public Affairs Group, LLC; pg. 585
Wilson, Christine, Managing Director - OMD Canada; pg. 501
Wilson, Cori, Account Director - Cannonball Agency; pg. 5
Wilson, Cynthia, Associate Director, Media Finance - Digitas; pg. 227
Wilson, Dale, Senior Media Analyst, Paid Search - adQuadrant; pg. 211
Wilson, David, Chief Marketing Officer - United Landmark Associates ; pg. 157
Wilson, David, Chief Technology Officer - Hooray Agency; pg. 239
Wilson, Ellen, Principal & Managing Director, Global Health & Science - Burness Communications; pg. 587
Wilson, Emily, Vice President, Government Affairs & Strategic Communications - Bose Public Affairs Group, LLC; pg. 585
Wilson, Erica, Group Account Director - R/GA; pg. 261
Wilson, Erin, Account Director - Benchworks; pg. 333
Wilson, Fred, Managing Principal - Kelsh Wilson Design; pg. 188
Wilson, Geoff, President & Founder - Three Five Two, Inc.; pg. 271
Wilson, Jacqueline, Vice President - Stratacomm, Inc.; pg. 650
Wilson, Jamie, Account Director - Howard Miller Associates, Inc.; pg. 87
Wilson, Jeff, Vice President, Agency Marketing - Padilla; pg. 635
Wilson, Jennifer, Managing Director, Client Service - VMLY&R; pg. 429
Wilson, Jesse, Manager, Data - Publicis.Sapient; pg. 258
Wilson, Jill, President - Simple Machines Marketing; pg.
Wilson, Jim, Chief Executive Officer - U.S. - Talon Outdoor; pg. 558
Wilson, Joey, President - South Region - Publicis.Sapient; pg. 259
Wilson, John, Executive Vice President, Business Development - Milner Butcher Media Group; pg. 491
Wilson, Jonathan, Chief Executive Officer - Spectrum Science Communications; pg. 649
Wilson, Joy, Senior Director, Product Management, Delivery & User Experience - Rise Interactive; pg. 264
Wilson, Karen, Senior Vice President & Group Media Director - Mediahub Winston Salem; pg. 386
Wilson, Katie, Director, Account - 9thWonder; pg. 321
Wilson, Katie, Director, Client Services - Belle Communication; pg. 582
Wilson, Kelsey, Strategist, Integrated Media - The Tombras Group; pg. 582
Wilson, Ken, Vice President & Managing Director - Lewis Communications; pg. 100
Wilson, Kendall, Manager, Account Strategy - Vert Mobile LLC; pg. 274
Wilson, Kent, Associate Media Director - TEC Direct Media, Inc.; pg. 519
Wilson, Kevin, Director, Integrated Production - Chemistry Atlanta; pg. 50
Wilson, Kevin, Chief Executive Officer & Owner - Esrock Partners; pg. 69
Wilson, Lauren, Management Supervisor - Wieden + Kennedy; pg. 432
Wilson, Leah, President & Owner - Real World, Inc.; pg. 403
Wilson, Lizzie, Associate Creative Director - McCann New York; pg. 108
Wilson, Madeline, Senior Account Executive - Digital Advocacy - BerlinRosen; pg. 583
Wilson, Marcia, Assistant Office Manager - Stratacomm, Inc.; pg. 650
Wilson, Mark, Executive Creative Director - Cramer; pg. 6
Wilson, Mary, Sales Representative - George Lay Signs, Inc.; pg. 552
Wilson, Mary Ann, Chief Finance Officer - Imre; pg. 374
Wilson, Matt, Director, Video Investments - Mediahub Los Angeles; pg. 112
Wilson, Matt, President & Chief Operating Officer - Eastport Holdings; pg. 353
Wilson, Matthew, Vice President, Creative & Partner - Knoodle Shop; pg. 95
Wilson, Michael, Creative Director - Trekk; pg. 156
Wilson, Mike, Associate Creative Director - Ron Foth Advertising; pg. 134
Wilson, Morgan, Senior Account Executive - Rapport Outdoor Worldwide; pg. 556
Wilson, Nathan, SEM Specialist - Adlucent; pg. 671
Wilson, Peggy, President & Chief Executive Officer - Wilson Creative Group, Inc.; pg. 162
Wilson, Piper, Controller - Otey White & Associates; pg. 123
Wilson, Ryan, Vice President, Marketing - Universal McCann; pg. 521
Wilson, Ryan, Founder & Chief Executive Officer - FiveFifty; pg. 235
Wilson, Sarah, Digital Media Director - DWA Media; pg. 464
Wilson, Sarah, Director, Client Services - Visiture; pg. 678
Wilson, Seth, Senior Account Supervisor - Miller Ad Agency; pg. 115
Wilson, Shade, Director, Digital Strategy - Elevation Marketing; pg. 67
Wilson, Sherri, Media Director - Jones Huyett Partners; pg. 93
Wilson, Steffany, Associate Creative Director - ROKKAN, LLC; pg. 264
Wilson, Steve, Senior Manager, Account - Western Region - Family Features; pg. 297
Wilson, Taylor, Assistant Media Planner & Buyer - Conquer Media; pg. 52
Wilson, Terri, Senior Media Buyer - 22squared Inc.; pg. 319
Wilson, Tierney, Managing Director - January Digital; pg. 243
Wilson, Tim, Principal - Studio/Lab; pg. 200
Wilson, Todd, Vice President, Operations - Marchex, Inc.; pg. 675
Wilson, Tom, President - Wilson Media Group; pg. 529
Wilson, Tom, Vice President & Creative Director - Blakeslee; pg. 40
Wilson, Tommy, Director, Production - Humanaut; pg. 87
Wilson, Will, Associate Creative Director - Geometry; pg. 363
Wilson-Sawyer, Emily, Executive Vice President & West Coast Consumer Marketing Lead - Allison+Partners; pg. 576
Wilt, Bill, Account Director - Chevrolet Silverado - Commonwealth // McCann; pg. 52
Wilt, Melanie, Founder & Chief Experience Officer - Shiftology Communication; pg. 647
Wilton, Geoff, Vice President & Head, Business - Cossette Media; pg. 345
Wimer, Laurie, Creative Director - Mekanism; pg. 112
Wimmer, Amber, Producer - Forsman & Bodenfors; pg. 74
Win, Jack, Head, Advertising Operations - Exverus Media Inc.; pg. 465
Winberg, Anna, Director, Project Manager - Martin Williams Advertising; pg. 106
Winburne, Emma, Planning Assistant - Posterscope U.S.A.; pg. 556
Winch, Tracey, Director, Client Services - 6P Marketing; pg. 1
Winchell, John, Manager, Portfolio Management - Universal McCann; pg. 521
Winchester, Bill, President & Chief Creative Officer - Lindsay, Stone & Briggs; pg. 100
Winchester, Dawn, Chief Digital Officer - Publicis North America; pg. 399
Winck, Emily, Director, Web & Application Development - Nebo Agency, LLC; pg. 253
Winckler, Angie, Owner & Director, Logistics-Meetings & Events - Juice Studios; pg. 309
Windheuser, Beth, Senior Brand Strategist - 215 McCann; pg. 319
Windhorst, Katie, Director, Marketing & Media - Ott Communications, Inc. ; pg. 395
Winding, Alicia, Director, Client Services - The Sheppard Group; pg. 424
Windle, Alyssa, Associate, Integrated Planning & Activation - Carat; pg. 459
Wine, Lindsay, Manager, Sales - Adams Outdoor Advertising; pg. 549
Winebaum, Tess, Media Strategist - Backbone Media; pg. 579
Wineholt, Anne, Media Supervisor - Marriner Marketing Communications; pg. 105
Wineland, Layne, Media Planner - DWA Media; pg. 464
Winell, Ken, Chief Technology Officer - Greater Than One; pg. 8
Winer, Maxine, President & Chief Operating Officer - DiGennaro Communications; pg. 597
Winer, Rachel, President - Edelman Chicago - Edelman; pg. 353
Winer, Rachel, Vice President, Digital Paid

AGENCIES — PERSONNEL

Media - Ketchum; pg. 619
Wines, Brad, President & Owner - Rhodes Stafford Wines, Creative; pg. 406
Wines, Caleb, Senior Vice President & Client Director - Canvas Worldwide; pg. 458
Winey, Scott, Founder & President - Bluespace Creative; pg. 3
Winfield, Alette, Account Supervisor - Atrium; pg. 579
Winfield, Patrick, Art Director - XenoPsi; pg. 164
Winfield, Sherman, Vice President & Creative Director - Fitzco; pg. 73
Winfree, Blake, Group Creative Director - Havas Worldwide Chicago; pg. 82
Winfrey, Aubry, Media Buyer & Account Executive - Newton Media; pg. 497
Wing, Matthew, Director, Communications Design - Initiative; pg. 477
Wingard, David, Founder & Chief Creative Officer - Wingard Creative; pg. 162
Wingard, Diane, Senior Account Planner - The Communications Group; pg. 149
Wingate, Curtis, Associate Creative Director - Abel Nyc; pg. 25
Wingbermuehle, Jeff, Vice President, Print Production - Ansira; pg. 280
Winger, Amy, Chief Strategy Officer - VMLY&R; pg. 274
Wingfield, Rebecca, Account Director - BrightWave Marketing, Inc.; pg. 219
Wingo, Leslie, President & Chief Executive Officer - Sanders\Wingo; pg. 138
Wingo, Robert, Chairman - Sanders\Wingo; pg. 138
Winick, Leila, Executive Vice President & Managing Director, Multicultural - USIM; pg. 525
Winick, T. J., Senior Vice President - Solomon McCown & Co., Inc.; pg. 648
Wink, Jeff, Chief Financial Officer - Bounteous; pg. 218
Winkel, Ashley, Assistant Media Planner & Buyer - Crossmedia; pg. 463
Winkel, Ashley, Client Services Director - The James Agency (TJA); pg. 151
Winkelman, Phil, Associate Vice President, Media & Agency - Mintel; pg. 447
Winkelman, Suzanne, Group Account Director - Havas Tonic; pg. 285
Winker, Erin, Senior Content Marketing Manager - Jack Morton Worldwide; pg. 309
Winker, Katelyn, Digital Account Manager - Taylor & Pond Interactive; pg. 269
Winkleman, John, Senior Account Director - Turner Duckworth; pg. 203
Winkler, Ben, Chief Investment Officer & Chief Transformation Officer - OMD; pg. 498
Winkler, Bill, Chief Financial Officer & Secretary - Ackerman McQueen, Inc.; pg. 26
Winkler, Brian, Partner & Principal - Robot House; pg. 16
Winkler, Cory, Digital Account Analyst - 4FRONT; pg. 208
Winkler, Heidi, Account Executive - PUSH 7; pg. 131
Winkler, Jordan, Director, Integrated Strategy & Investment - Zenith Media; pg. 531
Winkler, Katie, Associate Director, Account - PG One Commerce - Saatchi & Saatchi X; pg. 682
Winkler, Lindsey, Senior Vice President & Managing Director - Krupp Kommunications; pg. 686
Winkler, Mara, Director, Paid Media - Situation Interactive; pg. 265
Winkler, Nate, Founding Partner - South; pg.
Winkler, Steve, Production Manager - 2e Creative; pg. 23

Winn, Jay, Senior Vice President & Managing Director Marketing Communications - Ogilvy; pg. 393
Winn, Michael D., Chief Digital Officer - RB Oppenheim Associates; pg. 641
Winner, Jaime, Senior Vice President & Head, Social & Digital Strategy - McCann New York; pg. 108
Winnie, Karla, Vice President - The Winnie Group; pg. 425
Winnie, Robert, Owner & President - The Winnie Group; pg. 425
Winnikoff, Alan, Co-Principal - Sayles & Winnikoff Communications; pg. 646
Winograd, Les, Senior Vice President, Client Service - Bounteous; pg. 218
Winslow, Erin, Account Director - Haberman; pg. 369
Winslow, Mary, Senior Vice President, Strategic Solutions - Luckie & Company; pg. 382
Winsor, Tom, Group President - Equine Network - Active Interest Media; pg. 561
Winsper, Jeff, Account Manager - Droga5; pg. 64
Winstead, Adam, Vice President, Human Resource & Operations - GS&F ; pg. 367
Winston, Kate, Agency Lead, Strategy & Growth - Envisionit Media, Inc.; pg. 231
Winston, MIchael, Lead Digital Designer - Turner Duckworth; pg. 203
Winston, Rebecca, Brand Group Director - Horizon Next - Horizon Media, Inc.; pg. 474
Wint, Andrew, Senior Vice President, Technology - Evoke Giant; pg. 69
Winter, Bob, Chief Creative Officer - Leo Burnett Detroit; pg. 97
Winter, Brian, Founder & Chief Executive Officer - Pyxl; pg. 131
Winter, Caitlin, Brand Manager - Signal Theory; pg. 141
Winter, Cody, Managing Director - VMLY&R; pg. 275
Winter, Stephanie, Supervisor, Media Buying - Mortenson Kim; pg. 118
Winter, Wendy, Vice President, Account Leadership - The Integer Group; pg. 682
Winterhalter, Megan, Senior Copywriter - Carmichael Lynch; pg. 47
Winters, Alex, Senior Account Representative - Ansira; pg. 280
Winters, Ben, Managing Director, Client Success & Vice President - Ideoclick; pg. 241
Winters, Carreen, Chief Strategy Officer & Chairman, Reputation Management Practice - MWWPR; pg. 631
Winters, Jasmine, Manager, Advanced Analytics & Insights - Starcom Worldwide; pg. 517
Winters, Jennifer, Strategist - Mode; pg. 251
Winters, Jim, President - Badger & Winters; pg. 174
Winters, Lynsey, Assistant Account Executive - Rachel Kay Public Relations; pg. 640
Winters, Mary, Director, Production Technology - Manifest; pg. 383
Winters Bloom, Deneen, Client Services Director - S&A Communications; pg. 645
Winterton, Caroline, Executive Vice President & Managing Director - New York Region - Digitas; pg. 226
Winther, Haley, Senior Account Executive - T3; pg. 416
Wintrob, Michael, Vice President, Strategy - LPK; pg. 12
Wintrub, Charles, Chairman - Catalyst Marketing Communications; pg. 340
Winward, Lisa, Design Director - Kelsh Wilson Design; pg. 188
Wire, Chris, President & Creative Director - Real Art Design Group; pg. 197

Wirgin, Ilisa, Senior Vice President & Group Director - 5W Public Relations; pg. 574
Wirht, Blake, Group Vice President, Client Services - Huge, Inc.; pg. 239
Wirt, Tom, Vice President & Executive Creative Director - JNA Advertising; pg. 92
Wirth, Bridget, Account Executive - BVK; pg. 339
Wirth, Hillary, Director, Media - Noble People; pg. 120
Wirth, Marnie, Director, Media Insights - Haworth Marketing & Media; pg. 470
Wirth, Sarah, Manager, Media Relations - Morningstar Communications; pg. 628
Wirth, Susan, Senior Public Relations Account Executive - LePoidevin Marketing; pg. 380
Wirthwein, Chris, Chief Executive Officer & Owner - 5MetaCom; pg. 208
Wirthwein, Christine, President - Wirthwein Corporation; pg. 162
Wischmann, Talia, Content Director - Haberman; pg. 369
Wiscomb, Abby, Copywriter - Havas Worldwide Chicago; pg. 82
Wise, Blythe, Media Coordinator - Proof Advertising; pg. 398
Wise, Christine, Chief Strategy Officer - DNA Seattle; pg. 180
Wise, Delane, Vice President & Director, Broadcast Production - DoeAnderson Advertising; pg. 352
Wise, Jenny, Senior Account Manager - Strategic America; pg. 414
Wise, Jon, Founder & Creative Director - Neue; pg. 253
Wise, Kat, Strategic Planner - MERGE; pg. 113
Wise, Kathy, President - DME Marketing; pg. 282
Wise, Rick, Chief Executive Officer - Lippincott; pg. 189
Wise, Victoria, Group Account Director - Infinity Direct; pg. 286
Wisely, David, Vice President, Experiential - Innocean USA; pg. 479
Wisely, Jonathan, Senior Vice President & Executive Creative Director - Ketchum - Ketchum; pg. 378
Wiseman, Aaron, Media Production Professional - Gonzalez Marketing; pg. 610
Wiseman, Bob, President - Burkholder Flint Associates; pg. 338
Wiseman, Wendy, President & Chief Creative Officer - Zaiss & Company; pg. 165
Wiseman, Will, President, Strategy & Planning - PHD Worldwide - PHD USA; pg. 505
Wiser, Nancy, President - Wiser Strategies; pg. 663
Wisham, Steve, Art Director - Duarte; pg. 180
Wishau, Jackie, Account Director - Plan B; pg. 397
Wismer, Tina, Director, Business Development - The Summit Group; pg. 153
Wisner, Amy, Executive Vice President - Media Works, Ltd.; pg. 486
Wisniewski, Jillian, Senior Manager, Business - mcgarrybowen; pg. 109
Wisniewski, Julie, Vice President & Account Director - Digitas; pg. 227
Wisniewski, Lauren, Manager, Programmatic - Digitas; pg. 227
Wisniewski, Sheila, President & Chief Executive Officer - Hill+Knowlton Strategies Canada; pg. 613
Wisnionski, Jim, Division President & Corporate Chief Information Officer - SourceLink, LLC; pg. 292
Wissa, Sandra, Associate Director, Digital - Universal McCann; pg. 524
Wissman, Melinda, Account Director - Kelsh Wilson Design; pg. 188

Wissmann, Kathie, Business Manager - Kelsh Wilson Design; *pg.* 188
Wisz, Tom, Vice President, General Administration & Human Resources - Outfront Media; *pg.* 554
Witcher, Jeff, Brand Director - Barkley; *pg.* 329
Withers, Chas, Chief Executive Officer - Dix & Eaton; *pg.* 351
Witherspoon, Cheryl, Manager, Accounting - Jennings & Company; *pg.* 92
Witherspoon, Chris, President & Chief Growth Officer - DNA Seattle; *pg.* 180
Witherspoon, Chrystine, Associate Partner & Creative Director - VSA Partners, Inc. ; *pg.* 204
Witherspoon, Josh, Associate Partner & Creative Director - VSA Partners, Inc. ; *pg.* 204
Witko, Marta, Account Executive - Energy BBDO, Inc.; *pg.* 355
Witkower, Melanie, Social Manager - BLT Communications, LLC; *pg.* 297
Witmer, Tim, Vice President, Digital Project Management - GMR Marketing; *pg.* 306
Witover, Nicole, Vice President, Account Director - McCann New York; *pg.* 108
Witt, Brittany, Account Lead & Associate Director - Crossmedia; *pg.* 463
Witt, Charisma, Associate Director, Global Client Advice & Management - Initiative; *pg.* 478
Witt, Cody, Associate Creative Director - Zambezi; *pg.* 165
Witt, Ginger, Director, Broadcast Business Affairs - Serino Coyne, Inc.; *pg.* 299
Witt, Matthew, Director, Digital Investment & Operations - Wavemaker; *pg.* 526
Witt, Patrick, Senior Producer - Leo Burnett Worldwide; *pg.* 98
Witt, Paul, Senior Vice President & Director - Agency - Tampa Bay - Mad Men Marketing; *pg.* 102
Wittchen, Alexandra, Director, Strategy - 160over90; *pg.* 1
Witter, Bob, Director, Brand Integration - Observatory Marketing; *pg.* 122
Witter, Vanessa, Creative Director - WongDoody; *pg.* 433
Wittersheim, Aaron, Chief Operating Officer - Straight North, LLC; *pg.* 267
Wittes Schlack, Julie, Senior Vice President, Innovation & Design - C Space; *pg.* 443
Wittke, Priya, Account Supervisor - Heat; *pg.* 84
Wittmark, Hanna, Associate Creative Director - Goodby, Silverstein & Partners; *pg.* 77
Wittnebel, Gina, Senior Graphic Designer - BVK; *pg.* 339
Witzke, Amber, Senior Art Director - Mering; *pg.* 114
Wixted, Patrick, Vice President & Client Services Director - Ketchum Sports & Entertainment - Ketchum; *pg.* 542
Wiza, Jennifer, Chief Marketing Officer - RPM Advertising; *pg.* 408
Wiznitzer, Daniel, Account Executive - Himmelrich Inc.; *pg.* 614
Wlach, Bruce, Manager, Client Services - Jennings & Company; *pg.* 92
Wodnick, Mandy, Senior Strategist, Search Engine Optimization - Location3 Media; *pg.* 246
Wodrich, Jody, Vice President, Production & Creative - The Sheppard Group; *pg.* 424
Woe, Yenny, Associate Digital Media Director - Starcom Worldwide; *pg.* 516
Woehrmann, Matt, Chief Executive Officer - Fitzco; *pg.* 73
Woelfel, Scott, Executive Vice President - IfThen Digital; *pg.* 241
Woerz, Craig, Managing Partner - Media Storm; *pg.* 486
Woesner, Clint, Partner - Linespace; *pg.* 189
Wofford, Sheri, Partner & Controller - Industrial Strength Marketing, Inc.; *pg.* 686
Wohl, Adam, Partner & Executive Creative Director - Sterling-Rice Group; *pg.* 413
Wojan, Kate, Associate Art Director - Doner; *pg.* 63
Wojciechowski, Lauren, Account Supervisor - Publicis North America; *pg.* 399
Wojcik, Natasha, Account Manager - The Zimmerman Agency; *pg.* 426
Wojcik, Ryan, Senior Director, Digital - OMD; *pg.* 498
Wojdyla, Cindy, Vice President & Creative Director - The Pepper Group; *pg.* 202
Wojtak, Craig, Vice President & Director - Starcom Worldwide; *pg.* 513
Wojtaszek, Mallory, Senior Event Operations Coordinator - Sparks; *pg.* 315
Wojtowicz, Justin, Vice President, Account Management - Borshoff; *pg.* 585
Wolan, Ben, Executive Creative Director - DDB San Francisco; *pg.* 60
Wolanske, Jon, Creative Director - Goodby, Silverstein & Partners; *pg.* 77
Wolch, Alexandra, Director, Strategy - Wavemaker; *pg.* 529
Wolch, Anthony, Partner & Chief Creative Officer - Beyond Marketing Group; *pg.* 685
Wolch, Wesley, Chief Strategy Officer - Cossette Media; *pg.* 345
Wold, Brian, Vice President, Partnership Development - Shamrock Sports & Entertainment; *pg.* 569
Wold, Greg, Partner, Director of Consumer Brands - Shine United; *pg.* 140
Wold, Steven, Partner & Chief Creative Officer - Jigsaw, LLC; *pg.* 377
Wold, Suzin, Senior Vice President, Marketing - BazaarVoice, Inc.; *pg.* 216
Wold, Todd, Director, Internet Strategies - MKTX; *pg.* 116
Wolf, Adam, Chief Technology Officer - Americas - Wunderman Thompson Seattle; *pg.* 435
Wolf, Allison, Associate Planner - Mindshare; *pg.* 491
Wolf, Brandon, Manager, Media Operations & Technology - Digitas; *pg.* 227
Wolf, Howard, President - Total Promotions, Inc.; *pg.* 570
Wolf, Julie, Senior Sales Director - GumGum; *pg.* 467
Wolf, Katy, Senior Manager, Client Services - Branded Entertainment Network, Inc.; *pg.* 297
Wolf, Keith, Chief Creative Officer - Modern Climate; *pg.* 388
Wolf, Kirsten, Vice President & Media Director - Starcom Worldwide; *pg.* 516
Wolf, Melissa, Group Director, Buying Operations - Mindstream Media Group - Dallas; *pg.* 496
Wolf, Spencer, Vice President, Marketing Services - Premier Partnerships; *pg.* 314
Wolf, Steve, Vice President & Director, Video Investment - Canvas Worldwide; *pg.* 458
Wolf, Tobias, Executive Director, Client Services - Mindshare; *pg.* 491
Wolfarth, John, Executive Vice President & Group Creative Director - MullenLowe U.S. Boston; *pg.* 389
Wolfberg, Steve, Chief Creative & Growth Officer - Cronin; *pg.* 55
Wolfe, Brian, Chief Information Officer & Vice President, Technology Services - Lyons Consulting Group; *pg.* 247
Wolfe, David, Account Manager - TWG Communications; *pg.* 427
Wolfe, Davis, Account Supervisor - Duncan Channon; *pg.* 66
Wolfe, Dennis, Art Director - 22squared Inc.; *pg.* 319
Wolfe, Kiri, Director, Brand - DiMassimo Goldstein; *pg.* 351
Wolfe, Lauren, Account Director - AKQA ; *pg.* 212
Wolfe, Mike, Chief Executive Officer - Zorch; *pg.* 22
Wolfe, Nora, Vice President, Group Partner - Universal McCann; *pg.* 521
Wolfe, Tim, Group Creative Director - 72andSunny; *pg.* 23
Wolfenbarger, Todd, President & Partner - The Summit Group; *pg.* 153
Wolfensperger, Mike, Director, Marketing Science & Analytics - Hearts & Science; *pg.* 473
Wolfer, Tricia, Senior Director, Video - National - Empower; *pg.* 354
Wolff, Ariane, Vice President - Warner Communications; *pg.* 659
Wolff, Bob, Director, Public Relations - The Drucker Group; *pg.* 150
Wolff, Frances, Broadcast Media Buyer - Pinnacle Advertising; *pg.* 397
Wolff-Ormes, Tyler, Social Manager - Superfly; *pg.* 315
Wolff-Reid, Maureen, Chief Executive Officer - Sharon Merrill Associates, Inc. ; *pg.* 646
Wolfgram, Kelli, Manager, Operations & Recruitment, Human Resource - AgencyEA; *pg.* 302
Wolfington, John, Founder - Play Work Group; *pg.* 195
Wolford, Barry, Producer, Integrated - The VIA Agency; *pg.* 154
Wolfson, Rachael, Supervisor, Local Investments - Havas Media Group; *pg.* 470
Wolfsthal, Elizabeth, Senior Account Supervisor - DeVries Global; *pg.* 596
Wolinetz, Geoff, Senior Vice President, Client Relationships & Head, Revenue - FreeWheel; *pg.* 465
Wolinsky, Adam, Associate Creative Director - Venables Bell & Partners; *pg.* 158
Wolk, Ali, Media Supervisor - CMI Media, LLC; *pg.* 342
Wolk, Anna, Senior Technical Account Manager - The Trade Desk; *pg.* 520
Wolk, Carina, Account Manager - Champion Management Group, LLC; *pg.* 589
Wolk, Michael, Chairman, Creative Director & Owner - Michael Wolk Design Associates; *pg.* 191
Wollenberg, Fred, Director, Design - The Bergman Group, Inc; *pg.* 148
Wollenstein, Carlos, Broadcast Producer - Dieste; *pg.* 539
Wolleon, Lisa, Executive Vice President - Coyne Public Relations; *pg.* 593
Wollet, Natalie, President - TCA; *pg.* 147
Wollin, Jenna, Account Supervisor - MWWPR; *pg.* 631
Wollner, Nick, Owner & Chief Executive Officer - 1919; *pg.* 207
Wollney, Mark, Senior Vice President, Digital - Aspen Marketing Services; *pg.* 280
Wolloch, Julia, Supervisor, Media & Strategy - Starcom Worldwide; *pg.* 513
Woloshun, Ron, Creative Director - Creative B'stro; *pg.* 222
Wolpe, Catherine, Business Director - Anomaly; *pg.* 325
Wolper, Kate, Assistant Account Executive - Vault Communications, Inc.; *pg.* 658
Wolter, Jessica, Account Manager - Matter Communications, Inc.; *pg.* 626

AGENCIES — PERSONNEL

Wolter, Malcolm, Partner & Vice President, Digital - BrandExtract, LLC; pg. 4
Wolters, Stacy, Co-Founder & Vice President, Innovation - Vodori; pg. 275
Woltz DuBois, Erin, Creative Director - Norton Creative; pg. 121
Wolverton, Barry, Brand Manager, Content - Archer Malmo; pg. 32
Womer, Kelly, Partner & Senior Vice President - Linhart Public Relations; pg. 622
Wonacott, Jason, President & Chief Executive Officer - Wonacott Communications, LLC; pg. 663
Wong, Anita, Vice President, Public & Media Relations - StrategicAmpersand; pg. 414
Wong, Brooke, Junior Art Director - RPA; pg. 134
Wong, Cecilia, Vice President, Planning - Weber Shandwick; pg. 661
Wong, Clif, Associate Creative Director - Pacific Communications; pg. 124
Wong, Craig, Group Director, Experience Design - Droga5; pg. 64
Wong, Debbie, Senior Account Manager - SocialCode; pg. 688
Wong, Denise, President - Midnight Oil Creative; pg. 250
Wong, Elaine, Manager, Corporate Communications & Public Relations - FCB New York; pg. 357
Wong, Ellen, Account Services Director - Roni Hicks & Associates, Inc. ; pg. 644
Wong, Erin, Vice President & Director, Strategy - DDB Chicago; pg. 59
Wong, Frankie, Chief Technology Officer - Brand Protect; pg. 672
Wong, Greg, Senior Vice President & Chief Financial Officer - QuinStreet, Inc.; pg. 290
Wong, Helena, Assistant Media Planner - Moxie; pg. 251
Wong, Hilda, Associate Director, Digital Activation - Hearts & Science; pg. 471
Wong, Jeane, Principal & Co-Founder - One PR Studio; pg. 634
Wong, Jessie, Account Director - WE Communications; pg. 660
Wong, Johnny, Co-Founder, Operam & Panoramic - Operam LLC; pg. 255
Wong, Joys, Associate Media Director - interTrend Communications, Inc.; pg. 541
Wong, Justin, Head, Technical & Specialist - Marketing Automation - Quarry Integrated Communications; pg. 402
Wong, Karen, Chief Operating Officer - Marlo Marketing Communications; pg. 383
Wong, Katherine, Vice President, Communications - Spark Foundry; pg. 508
Wong, Kelly, Senior Vice President & Director, Media - USIM; pg. 525
Wong, Kourtney, Associate Program Manager - AKQA ; pg. 212
Wong, Kris, Director, SEO - Reprise Digital; pg. 676
Wong, Lawrence, Senior Communications Designer, Strategy - Initiative; pg. 477
Wong, Louisa, Chief Operating Officer - Carat; pg. 459
Wong, Maisie, Associate Media Director - Posterscope U.S.A.; pg. 556
Wong, Marisa, Associate Planning Director - Essence; pg. 232
Wong, Michael, Art Director - Hamazaki Wong Marketing Group; pg. 81
Wong, Michelle, President - Dailey & Associates; pg. 56
Wong, Pam, Managing Director, Group Business Leader - Initiative; pg. 477
Wong, Phelia, Senior Project Manager, Digital - DentsuBos Inc.; pg. 61
Wong, Ronald, President & Chief Executive Officer - Imprenta Communications Group; pg. 89
Wong, Samantha, Media Supervisor - MediaCom; pg. 487
Wong, Sonny, President & Creative Director - Hamazaki Wong Marketing Group; pg. 81
Wong, Steven, Co-Founder & Chief Marketing Officer - Ready State; pg. 132
Wong, Stewart, Account Manager - Hamazaki Wong Marketing Group; pg. 81
Wong, Tonny, Chief Technology Innovation Officer - HackerAgency; pg. 284
Wong, Tracy, Chairman & Chief Executive Officer - WongDoody; pg. 162
Wong, Tracy, Account Director - Chevrolet - Agency 720; pg. 323
Wong, Vanessa, Senior Associate, Portfolio Management - Universal McCann; pg. 521
Wong, William, General Manager - Hamazaki Wong Marketing Group; pg. 81
Wong, Youngju, Managing Partner & Director, Group Strategy - Mindshare; pg. 491
Wons, Kyle, Manager, Digital - Norbella; pg. 497
Woo, Blake, Associate Media Director - Starcom Worldwide; pg. 517
Woo, Jacqueline, Director, Global Sports & Entertainment Consulting - GMR Marketing; pg. 306
Woo, Sally, Manager, Planning - Wavemaker; pg. 528
Wood, Andrea, Chief Operating Officer & Managing Director - Sandstorm Design; pg. 264
Wood, Andrew, Senior Vice President, Strategy & Planning - Mintz & Hoke; pg. 387
Wood, Ashley, Senior Copywriter - Butler, Shine, Stern & Partners; pg. 45
Wood, Ashley, Social Media Channel Manager - Oxford Communications; pg. 395
Wood, Barton, President & Creative Director - Firefly Creative Services; pg. 73
Wood, Carlton, Vice President & Client Services Direct - Lewis Communications; pg. 100
Wood, Casey, Account Executive - Phire Group; pg. 397
Wood, Cheri, Account Director - Subway - The Summit Group; pg. 153
Wood, Christie, Account Director - Sterling-Rice Group; pg. 413
Wood, Dave, Senior Vice President - Central Region - Outfront Media; pg. 554
Wood, Deborah, Associate Creative Director - Brogan & Partners ; pg. 538
Wood, Emily, Community Manager - Hudson Rouge; pg. 371
Wood, Greg, Creative Director - Backbay Communications; pg. 579
Wood, Holly, Director, Media - Scoppechio; pg. 409
Wood, James, Chairman & Owner - Wood Communications Group; pg. 663
Wood, Jessica, Director, Media - The Wood Agency; pg. 154
Wood, Jim, Partner & Creative Director - AnalogFolk; pg. 439
Wood, Jonathan, Vice President, Product - Amobee, Inc.; pg. 213
Wood, Jordan, Director, Group Brand - Argonaut, Inc.; pg. 33
Wood, Josh, Chief Executive Officer - Ruckus Marketing; pg. 408
Wood, Joshua, Editor & Senior Writer - Greteman Group; pg. 8
Wood, Kennan, President & Account Manager - Wood Communications Group; pg. 663
Wood, Kevin, Associate Technology Director - Zimmerman Advertising; pg. 437
Wood, Kristin, Team Leader - Campaign Management - Bader Rutter & Associates, Inc. ; pg. 328
Wood, Lynn, Senior Vice President, Client Operations - Wood Communications Group; pg. 663
Wood, Meghan, Account Manager - BBDO Worldwide; pg. 331
Wood, Melanie, Director, Program Management - Character; pg. 5
Wood, Melissa, Consultant - National Public Relations; pg. 631
Wood, Michael, Chief Executive Officer - PG One - Publicis North America; pg. 399
Wood, Michael, Senior Creative Director - The George P. Johnson Company; pg. 316
Wood, Nick, Account Executive - Echos Brand Communications; pg. 599
Wood, Preston, Partner & Creative Director - Love Communications; pg. 101
Wood, Rich, Vice President, Microsoft - Rightpoint; pg. 263
Wood, Robert, President & Chief Executive - BGR Group; pg. 583
Wood, Ryan, Media Assistant - Harmelin Media; pg. 467
Wood, Scott, Chief Operations Officer - Simpleview, Inc.; pg. 168
Wood, Skip, President & Chief Executive Officer - The Wood Agency; pg. 154
Wood, Tara, Senior Manager, Creative Services - Litzky Public Relations; pg. 623
Wood, Tim, Brand Creative Writer - The Richards Group, Inc.; pg. 422
Wood, Trevor, Vice President - The Wood Agency; pg. 154
Woodall, Michael, Producer - BBDO Worldwide; pg. 331
Woodard, Ellen, Partner & Vice President, Operations - Juice Studios; pg. 309
Woodard, Francis, Senior Client Business Manager - BBDO ATL; pg. 330
Woodard, Jake, Digital Producer - Killer Visual Strategies; pg. 189
Woodard, Taylor, Vice President & Senior Account Director - Think Motive; pg. 154
Woodbury, Becki, Executive Director, Research & Media - CLM Marketing & Advertising; pg. 342
Woodbury, David, Associate Creative Director - Anomaly; pg. 325
Woodbury, John, Senior Vice President & Managing Director - Reprise Digital; pg. 676
Woodbury, Juan, Senior Vice President, Creative Director & Executive Producer - Leo Burnett Worldwide; pg. 98
Woodbury, Mick, President - Ripley - Woodbury Marketing; pg. 133
Woodcock, Jim, Senior Vice President & Partner, Sports Business - FleishmanHillard; pg. 604
Woodhull, Bailey, Vice President, Planning Director - Hill Holliday; pg. 85
Woodington, Steve, Associate Creative Director - VantagePoint, Inc.; pg. 428
Woodland, James, Chief Strategy & Financial Officer - CMI Media, LLC; pg. 342
Woodland, Stan, Chief Executive Officer - CMI Media, LLC; pg. 342
Woodley, Adam, Managing Director - 1000heads; pg. 691
Woodley, Neil, Creative Director - Bond Brand Loyalty; pg. 280
Woodlief, Mari, President & Co-Founder - Allyn Media; pg. 577
Woodman, Nathan, Chief Development Officer - Havas Media Group; pg. 470
Woodroof, Maggie, Media Coordinator - Big Communications, Inc.; pg. 39
Woodrow, Deena, Managing Director, Retail Media - GTB; pg. 367
Woodrow , James, Founder & Chief Operations

PERSONNEL — AGENCIES

Officer - Preferred Public Relations & Marketing; pg. 638
Woodruff, Andrew, Director, Account - Energy BBDO, Inc.; pg. 355
Woodruff, Brooke, Director, Production - Cactus Marketing Communications; pg. 339
Woodruff, Carolyn, Managing Director, Brokerage - Lake Group Media, Inc.; pg. 287
Woodruff, Diane, Executive Administrator - Cronin; pg. 55
Woodruff, Matt, Co-Founder & President - Constellation Agency; pg. 221
Woodruff, Terry, President & Chief Executive Officer - Woodruff; pg. 163
Woods, Alex, Group Account Director - Droga5; pg. 64
Woods, Brian, Chief Marketing Officer - Xevo; pg. 535
Woods, Clint, Chief Operating Officer - Pierpont Communications, Inc.; pg. 636
Woods, Danielle, Manager, Client Services - Ethos, Pathos, Logos, LLC; pg. 233
Woods, Eddie, Partner, Senior Vice President & Director, Integrated Marketing - The Ramey Agency; pg. 422
Woods, Jon, President, Center Table & Vice President - GroundFloor Media; pg. 611
Woods, Lorie, Account Manager, Client Services - TriComB2B; pg. 427
Woods, Matthew, Senior Specialist, Product Insights & Analysis - General Motors, Leo Burnett - Digitas; pg. 229
Woods, Michael, Director, Integrated Media - APCO Worldwide; pg. 578
Woods, Randy, Senior Vice President, Marketing & Services Strategy - North America - Valtech; pg. 273
Woods, Raylene, Chief Operating Officer & Senior Vice President - Marketing General, Inc.; pg. 288
Woods, Rhea, Vice President, Influencer Marketing - Praytell; pg. 258
Woods, Robert, Group Account Director - barrettSF; pg. 36
Woods, Stephanie, Supervisor, Media - Starcom Worldwide; pg. 513
Woods, Steve, Founder & Chief Executive Officer - TideSmart Global; pg. 317
Woods, Tanya, Head, Creative Services - 360i, LLC; pg. 320
Woodson, Brittany, Director, Graphic Design - Design at Work Creative Services; pg. 179
Woodson, Corey, Brand Director - Wieden + Kennedy; pg. 430
Woodson, Laura, Executive Vice President & Client Business Partner - Universal McCann; pg. 521
Woodul, Jenna, Executive Vice President & Chief Community Officer - LiveWorld; pg. 246
Woodward, Craig, President - Baker Woodward; pg. 174
Woodward, David, Account Supervisor - TracyLocke; pg. 683
Woodward, Eleanor, Media Planner - Wier / Stewart; pg. 162
Woodward, Katie, Senior Manager, Marketing Operations - Acceleration Partners; pg. 25
Woodward, Kelly, President & Vice Chairman - Huntsinger & Jeffer, Inc.; pg. 285
Woodward, Meredithe, Account Supervisor - Team One; pg. 417
Woodward, Merritt, Partner & Senior Vice President - Walt & Company Communications; pg. 659
Woodward, Paris, Associate Producer - 42 Entertainment, LLC; pg. 297
Woodward, Patricia, Integrated Project Manager - VMLY&R; pg. 160
Woodward, Rohan, Head, Design - Hero Digital; pg. 238

Woodwort, Abbi, Digital Project Coordinator - Pinnacle Advertising; pg. 397
Woodworth, Alex, Business Development Manager - BeCore; pg. 302
Woodworth, Steve, President - Masterworks; pg. 687
Wool, Ann, Partner & President - Sports & Entertainment - Ketchum; pg. 542
Wool, Matthew, President - Acceleration Partners; pg. 25
Wooldridge, Kirk, Vice President, Account Services - Miller Ad Agency; pg. 115
Woolery, Amanda, Media Strategy Supervisor - AKQA; pg. 211
Woolford, Jeffrey, Partner & Vice President, Research & Development - Orange142; pg. 255
Woolford, Leah, Founder & Chairman - Orange142; pg. 255
Woolford, Michelle, Associate Director, Public Relations - 160over90; pg. 1
Woolfson, Aaron, Copywriter - Arrivals + Departures; pg. 34
Woolhouse, Matt, Creative Director - Traktek Partners; pg. 271
Woolley, Barb, Partner - Hambly & Woolley, Inc.; pg. 185
Woolley, Gord, Director, Communications - Hambly & Woolley, Inc.; pg. 185
Woolmington, Paul, Chief Executive Officer - Canvas Worldwide; pg. 458
Woolridge, Carrie, Media Director - Davis Ad Agency; pg. 58
Woolums, Amanda, Account Executive - DAC Group; pg. 223
Woosley, Mike, Chief Operating Officer - Lotame; pg. 446
Wooster, Chris, Executive Creative Director - T3; pg. 268
Wooster, Mary, Director, Strategic Services - Global Strategies; pg. 673
Wooten, Kristin, Senior Vice President, Client Strategy - Babbit Bodner; pg. 579
Wootten, Nate, Principal Product Strategist - WillowTree, Inc.; pg. 535
Wootten, Nicholas, Senior Vice President, Marketing & Innovation - Billups, Inc; pg. 550
Wootton, Mary Ann, Manager, Media - The Ohlmann Group; pg. 422
Worcester, Anna, Integrated Media Planner - Merkley + Partners; pg. 114
Worcester Lanzi, Amy, Executive Vice President, Commerce & Practice Lead - North America - Connect at Publicis Media; pg. 462
Word, Linda, Principal & Creative Director - Sturges & Word; pg. 200
Worden, Kim, Media Buyer - Texas Creative; pg. 201
Worden, Maia, Chief Operating Officer - Atlantic List Company; pg. 280
Workman, Jim, Chief Executive Officer - BFW Advertising; pg. 39
Worley, Abby, Account Manager - DoeAnderson Advertising; pg. 352
Worley, Amy, Chief Connections Officer - VMLY&R; pg. 274
Worley, Diane, Accounts Director - db&m media; pg. 349
Worley, Joe, Vice President, Client Services - Ivie & Associates, Inc.; pg. 91
Worley, Lauren, Manager, Public Relations & Marketing - Manifold; pg. 104
Worley, Rachel, Public Relations & Marketing Specialist - Designsensory; pg. 62
Worley, Scott, Project Manager - Belmont Icehouse; pg. 333
Worm, Brenda, Vice President & Director, Operations - CJRW; pg. 590
Wormser, Lauren, Partner & Communications Planning Director - MediaCom; pg. 487

Worner, Sarah, Account Director - The Marketing Arm; pg. 316
Woronko, Stefan, Design Director - Nice Shoes; pg. 193
Worple, Doug, Global Chief Executive Officer - Proximity Worldwide; pg. 258
Worrall, Jeffrey, Associate Media Director - Canvas Worldwide; pg. 458
Worrel, Ethan, Principal - Entermedia; pg. 231
Worrilow, Elizabeth, Senior Media Planner - Mediahub Boston; pg. 489
Worthen, Laura, Brand Manager & Account Executive - The Ostler Group; pg. 422
Worthington, Abby, Supervisor, Communications - Carat; pg. 461
Worthington, Jessica, Senior Partner & Global Business Director- Instagram & Facebook Blue App - Mindshare; pg. 495
Worthington, Katherine, Associate Media Planner - Carat; pg. 459
Worthington, Kathryn, Managing Director, Strategy - R/GA; pg. 261
Worthington, Sara, Group Creative Director - Huge, Inc.; pg. 239
Worthy, Cecily, Creative Director - The Loomis Agency; pg. 151
Wortman, Whitney, Vice President, Business Development - Siegel & Gale; pg. 17
Wotherspoon, Robin, Senior Manager, Finance - Outcrop Group; pg. 124
Woxland, Kristin, Managing Director - 10 Thousand Design; pg. 171
Woyma, Brittany, Director, Account - Swift; pg. 145
Woyzbun, Rob, Managing Partner & President - The / Marketing / Works; pg. 19
Wozniak, Beth, Finance Director - BrandTrust, Inc.; pg. 4
Wozniak, Emily, Vice President & Group Account Director - Karwoski & Courage ; pg. 618
Wraase, John, Manager, Data - Ocean Media, Inc.; pg. 498
Wragg, Olivianna, Associate, Communications Planning - Carat; pg. 459
Wraspir, Stephen, Director, Media - Silverlight Digital; pg. 265
Wray, Brendan, Art Director - MBB Agency; pg. 107
Wren, Cassidy, Brand Manager - The Richards Group, Inc.; pg. 422
Wren, John, Chairman & Chief Executive Officer - Omnicom Group; pg. 123
Wrenn, Rebecca, Creative Director - Sweeney Public Relations; pg. 651
Wright, Allison, Media Strategist - OMD; pg. 500
Wright, Austin, Senior Vice President, Strategic Planning - Ansira; pg. 326
Wright, Beverly, Senior Vice President & Account Director - Abelson-Taylor; pg. 25
Wright, Bill, Technical Director - Smashing Ideas; pg. 266
Wright, Brittney, Director, Account Management - McDonald's - Zimmerman Advertising; pg. 437
Wright, Cathy, Director - OffLeash; pg. 633
Wright, Celine, Media Planner - Backbone Media; pg. 579
Wright, Charlie, Head, Strategy - Global Growth - Wavemaker; pg. 526
Wright, Christy, Supervisor, Media Buying - True Media; pg. 521
Wright, Dandi, Senior Vice President & Account Director - Sherry Matthews Advocacy Marketing; pg. 140
Wright, Devon, Director, Client Services Operations - Acceleration Partners; pg. 25
Wright, Doug, Chief Operating Officer - MSP;

AGENCIES PERSONNEL

pg. 289
Wright, Elise, Senior Associate - Mindshare; pg. 491
Wright, Ellen, Senior Media Buyer & Planner - BERLINE; pg. 39
Wright, Eric, Senior Vice President, Marketing & Business Development - DS Simon Productions, Inc.; pg. 230
Wright, Gary, Founder & Chief Executive Officer - G.A Wright Sales, Inc.; pg. 284
Wright, Gordon, Owner & President - OutsidePR; pg. 634
Wright, Grant, Chief Executive Officer & Managing Partner - Wright On Communications; pg. 663
Wright, J.R., Chief Financial Officer - Larry John Wright, Inc.; pg. 379
Wright, Jennifer, Manager, Cultural Anthropology - GTB; pg. 367
Wright, Jim, Partner, Strategic Marketing - Pulsar Advertising; pg. 401
Wright, John, President & Owner - Larry John Wright, Inc.; pg. 379
Wright, Julie, President & Founder - Wright On Communications; pg. 663
Wright, Karissa, Assistant Planner, Media - Essence; pg. 233
Wright, Katie, Senior Account Executive - Weitzman Advertising, Inc.; pg. 430
Wright, Kelly, Director, Strategy - New York - B-Reel; pg. 215
Wright, Mark, Chief Executive Officer - Targetbase Marketing; pg. 292
Wright, Molly, Account Supervisor - Moxie; pg. 251
Wright, Nancy, Chief Executive Officer - Ferguson Advertising, Inc.; pg. 73
Wright, Nancy, Senior Vice President - Blue Advertising; pg. 40
Wright, Neil, Creative Director - Spiral Design Studio, LLC; pg. 199
Wright, Reed, Partner, Technical Services - Axis41; pg. 215
Wright, Robyn, Director, Marketing Communications - Gilbreath Communications, Inc.; pg. 541
Wright, Rodney, President - Unicom ARC; pg. 657
Wright, Sam, Senior Creative Strategist - Mother NY; pg. 118
Wright, Sherman, Managing Partner & Chief Operating Officer - Ten35; pg. 147
Wright, Stephen, Associate Creative Director - Hudson Rouge; pg. 371
Wright, Summer, Account Executive - Aqua Marketing & Communications; pg. 326
Wright, Ted, Chief Executive Officer - Fizz; pg. 691
Wright, Thomas, Supervisor - PHD USA; pg. 505
Wright, Travis, Chief Marketing Officer - CCP Digital; pg. 49
Wright, Wes, Managing Director, Digital - Publicis Hawkeye; pg. 399
Wright-Ford, Kylie, Chief Executive Officer - Reputation Institute; pg. 449
Wroblewski, Brittany, Account Director - BAM Strategy; pg. 215
Wroblewski, Caitlin, Marketing Director - Initiative; pg. 477
Wroblewski, Peter, Principal & Co-Founder - The MX Group; pg. 422
Wroe, Justin, Executive Vice President & Global Managing Partner - Universal McCann; pg. 521
Wrzesinski, Tifany, Senior Project Manager - Barkley; pg. 329
Wu, Connie, Senior Associate, Planning - Wavemaker; pg. 526
Wu, Corinna, Senior Media Manager - Xevo; pg. 535

Wu, Frances, Brand Strategy Partner - Saltworks; pg. 197
Wu, Jeanne, Group Account Director - Havas Worldwide Chicago; pg. 82
Wu, Judy, Associate Communications Director - Saatchi & Saatchi Los Angeles; pg. 137
Wu, Julia, Brand Director - Audi - Venables Bell & Partners; pg. 158
Wu, Kylie, Director, Brand - The Many; pg. 151
Wu, Mike, Senior Art Director & Designer - Axiom; pg. 174
Wu, Shawn, Director, Communications Strategy - Generator Media + Analytics; pg. 466
Wu, Stephanie, Media Analyst - Universal McCann; pg. 521
Wu, Suyun, Senior Integrated Producer - Publicis North America; pg. 399
Wu, Xiao, Social Media Analyst - Harmelin Media; pg. 467
Wudrick, Connor, Associate Brand Manager - Gatorade - TBWA\Chiat\Day; pg. 146
Wuelfrath, Erika, Social Media Strategist - Sparkloft Media; pg. 688
Wuensch, Mary, Art Director - Deutsch, Inc.; pg. 350
Wuetcher, Emily, Assistant Digital Media Buyer - Cornett Integrated Marketing Solutions; pg. 344
Wujastyk, Donna, Office Manager - Howell Liberatore & Wickham, Inc.; pg. 371
Wulf, Kelsey, Manager, Portfolio Management - Universal McCann Detroit; pg. 524
Wulfeck, Rebecca, Research Associate - Marcus Thomas; pg. 104
Wulfsberg, Rolf, Global Director, Business Analytics - Siegel & Gale; pg. 17
Wulfsohn, Jason, Chief Executive Officer & Co-Chairman - AUDIENCEX; pg. 35
Wunsch, Michael, President - Leap; pg. 245
Wurm, Jessica, Media Director - MediaCom; pg. 487
Wurst, Brenda, Co-Founder & President - Camelot Strategic Marketing & Media; pg. 457
Wurthmann, Lauren, Integrated Video Investor - Horizon Media, Inc.; pg. 474
Wurz, Emily, Associate Brand Director - The Buntin Group; pg. 148
Wusthoff, Laura, Director, Media - Brand Value Accelerator; pg. 42
Wyatt, Carol, Director, Human Resources - Carol H. Williams Advertising; pg. 48
Wyatt, Mark, Founder & Chief Executive Officer - Agency Creative; pg. 29
Wyatt, Rachel, Account Executive - Martin Retail Group; pg. 106
Wyatt, Tina, Traffic Manager - Wieden + Kennedy; pg. 432
Wydermyer, Alexis, Senior Integrated Media Planner - Noble People; pg. 120
Wygant, Jonathan, Founder & Chief Executive Officer - BigSpeak Speakers Bureau; pg. 302
Wykes, Matthew, Ad Operations Manager - MediaCom; pg. 249
Wyler, Shari, Video Investment Group Director - Hearts & Science; pg. 471
Wyllie, Michael, Senior Vice President, Strategic Planning - Blue 449; pg. 455
Wyman, Samuel, Vice Chairman & Chief Operating Officer - Jefferson Waterman International; pg. 617
Wynegar, Sandy, Director, Client Services - Marketing Works; pg. 105
Wynn, Sara, Marketing Manager - Sapper Consulting, LLC; pg. 291
Wynne, Clare, President - M2W RetailDetail; pg. 102
Wynne, Maureen, Senior Creative Director - Superfly; pg. 315
Wynschenk, Andrew, Director, Product Management - Eyeview Digital, Inc.; pg. 233
Wyrick, Felicia, Partner & Director, Public Relations - Adfinity Marketing Group; pg. 27
Wyse, Murray, Group Creative Director - R/GA; pg. 261
Wyskida, Ben, Chief Executive Officer - Fenton Communications; pg. 603
Wysocki, Gabriela, Social Operations Associate Manager - Mirum Agency; pg. 681
Wyss, Kevin, Account Director - Ansira; pg. 280
Wytock, Leesa, Group Director, Experience - Siegel & Gale; pg. 17
Wyville, Jon, Creative Director - Goodby, Silverstein & Partners; pg. 77

X

Xenopoulos, Jason, Chief Executive Officer - New York & Chief Creative Officer - North America - VMLY&R; pg. 274
Xenopoulos, Jason, Co-Chief Creative Officer - North America - VMLY&R; pg. 160
Xi, Janet, Director, Planning - Jungle Media; pg. 481
Xia, Jason, Associate Media Director - interTrend Communications; pg. 541
Xia, Yan Yan, Senior Vice President, Operations - Database Marketing Group, Inc.; pg. 281
Xiang, Bill, Chief Executive Officer - XJ Beauty; pg. 205
Xie, Angel, Associate Strategy Director - R/GA; pg. 261
Xie, Anna, Director, Strategic Planning - interTrend Communications, Inc.; pg. 541
Xin, Jennifer, Creative Director - Firstborn; pg. 234
Xoinis, Christine, Creative Partner & Founder - Ethos Creative; pg. 69
Xu, Chuck, Associate Account Director - Wieden + Kennedy; pg. 430

Y

Yablonski, Michael, Managing Director, Innovation - Mindshare; pg. 491
Yabu, Chrisie, Vice President, Public Relations - KPS3 Marketing and Communications; pg. 378
Yaciuk, Gail, General Manager - Omni Advertising; pg. 394
Yackey, Yasemin, SEM Specialist - Mindstream Media; pg. 495
Yackow, Fara, Associate Media Director - Zenith Media; pg. 529
Yada, Darren, Managing Partner, Strategy - Rethink Communications, Inc.; pg. 133
Yaeger, Mark, Partner & Creative Director - DKY Integrated Marketing Communications; pg. 352
Yag, Michael, President & Chief Executive Officer - Access TCA, Inc.; pg. 210
Yagecic, Peter, Director, Technical Projects - Situation Interactive; pg. 265
Yager, Hannah, Digital Media Strategist - DoeAnderson Advertising; pg. 352
Yagi, Ritsuko, Graphic Designer - Tamotsu Yagi Design; pg. 201
Yagi, Tamotsu, Principal - Tamotsu Yagi Design; pg. 201
Yahes, Jarrod, Chief Finance Officer - Zeta Interactive; pg. 277
Yahr, Erica, Chief Strategy Officer - McCann Health New York; pg. 108
Yajko, Glenn, Media Director - Baker Street

1079

Advertising; pg. 329
Yaklich, Cindi, Co-Owner, President & Art Director - Epicenter Creative; pg. 68
Yakowenko, Samantha, Assistant, Media Planner & Buyer & Search Engine Optimization Specialist - Designsensory; pg. 62
Yakuel, Joe, Founder & Chief Executive Officer - Agency Within; pg. 323
Yalla, Pavani, Director, Creative - Second Story Interactive; pg. 265
Yallen, Robert, President & Chief Executive Officer - Intermedia Advertising; pg. 375
Yallouz, Natalie, Vice President - mPRm Public Relations; pg. 629
Yamada, Brian, Chief Innovation Officer - VMLY&R; pg. 274
Yamada, Daniel, Senior Vice President & Creative Director - A.D.K.; pg. 321
Yamada, Naomi, Executive Vice President & Senior Project Manager - Cresta Creative; pg. 594
Yamamoto, Deanne, Managing Director - Golin; pg. 609
Yamandag, Gokben, Chief Digital Officer - Archer Malmo; pg. 32
Yamane, Shelley, President & Chief Strategic Officer - Muse USA; pg. 543
Yamashiro, Andy, Senior Art Director - 88 Brand Partners; pg. 171
Yamashita, Akiko, Technical Director - VT Pro Design; pg. 564
Yamashita, Barbara, Senior Director, Accounting & Human Resources - Infrared Experience Marketing - RPMC, Inc.; pg. 569
Yamashita, Keith, Chairman & Founder - SYPartners; pg. 18
Yambor, Scott, Vice President, Media Services - Serino Coyne, Inc.; pg. 299
Yaminy, Krysten, Ad Operations Manager - Team One; pg. 417
Yan, Jessica, Designer - Mother NY; pg. 118
Yancey, Warren, Manager, Governance & Architecture - Starcom Worldwide; pg. 513
Yanez, Anne Marie, Senior Vice President, Strategy - Business Leader - Zenith Media; pg. 531
Yang, Angela, Vice President, Growth - T3; pg. 268
Yang, Christopher, Project Manager - Cundari Integrated Advertising; pg. 347
Yang, David, Co-Founder & Creative Partner - Tom, Dick & Harry Creative; pg. 426
Yang, Drake, Creative Director - Squeaky Wheel Media; pg. 267
Yang, Esther, Manager, Client Strategy & Service - January Digital; pg. 243
Yang, Fu-Hua, Senior Account Executive - Myriad Travel Marketing; pg. 390
Yang, Jason, Senior Manager, Digital Project - Energy BBDO, Inc.; pg. 355
Yang, Jeff, Vice President, Cultural Strategy - Sparks & Honey; pg. 450
Yang, Leila, Manager, Search Engine Optimization - Reprise Digital; pg. 676
Yang, Mason, Associate, Brand - Innocean USA; pg. 479
Yang, Nicky, Global Communications Planning Supervisor - Carat; pg. 459
Yang, Ruth, Supervisor, Search - Zenith Media; pg. 529
Yang, Sean, Senior Analyst, Marketing Sciences - OMD West; pg. 502
Yang, Skye, Director, Insights & Analytics - Neo Media World; pg. 496
Yangosian, Roberto, Account Manager - The Brand Factory; pg. 19
Yankowich, Dane, Art Director - Digitas; pg. 228
Yannello, Sue, Executive Vice President & Managing Director,Content - 919 Marketing; pg. 574

Yanon, Paul, Vice President, Wine - Colangelo & Partners; pg. 591
Yanoscik, Andrew, Creative Director, Brand Strategy - BASIC; pg. 215
Yanovski, Rachel, Associate Creative Director - 160over90; pg. 207
Yansick, Adam, Senior Vice President & Director, Media Strategy & Analytics - MayoSeitz Media; pg. 483
Yant, Jocelyn Marie, Senior Recruiter - Creative Circle; pg. 667
Yant, Tara, Account Director - Hayter Communications; pg. 612
Yanuszewski, Tina, Director, Human Resources - GYK Antler; pg. 368
Yapaola, John, Chief Executive Officer - Wyng; pg. 276
Yaralian, Eileen, Executive Vice President & Director, Strategic Services - DDB Health; pg. 59
Yarbrough, Alli, Digital Media Supervisor - Proof Advertising; pg. 398
Yardley, Catherine, Global Assistant Account Executive - Energy BBDO, Inc.; pg. 355
Yardley, Liz, Account Supervisor - Leviathan; pg. 189
Yardley, Mike, Chief Integration Officer - VMLY&R; pg. 274
Yardley, Vera, Director, Operations - The Sussman Agency; pg. 153
Yarnish, Victoria, Vice President, Communications & Strategic Partnerships - Studio Number One, Inc.; pg. 144
Yarrington, Jacqueline, Senior Account Executive - Anderson Marketing Group; pg. 31
Yashayeva, Rina, Vice President, Marketplace Strategy - Stella Rising; pg. 518
Yasher, Anna, Strategy Specialist - Havas Media Group; pg. 470
Yasko, Bryan, President - Johannes Leonardo; pg. 92
Yasser, Ed, Vice President, Integrated Marketing - Lanmark360; pg. 379
Yasumura, Muts, Partner & Co-Founder - Muts & Joy, Inc.; pg. 192
Yates, Courtney, Creative & Social Media Strategist - Matte Projects; pg. 107
Yates, Justin, Account Director - Publicis.Sapient; pg. 260
Yates, Ken, Senior Vice President - Jefferson Waterman International; pg. 617
Yau, April, Group Director, Account Services - Major Tom; pg. 247
Yau, Randy, Creative Director - Tolleson Design; pg. 202
Yavasile, Nicole, Account Director - Entertainment Content & Licensed Products - B/HI, Inc. - LA; pg. 579
Yawger, Brittnee, Planning Supervisor - Kelly, Scott & Madison, Inc.; pg. 482
Ybarra, Jessie, Associate Producer - 215 McCann; pg. 319
Ybarra, Judy, Associate Director, Business Affairs - Goodby, Silverstein & Partners; pg. 77
Ye, Kimberly, Media Planner - 9thWonder; pg. 453
Yeager, Eric, Associate Creative Director & Director, Media Production - Bailey Brand Consulting; pg. 2
Yeager, Mark, Brand Group Director & Supervisor, Brand Strategy - Horizon Media, Inc.; pg. 474
Yeakel, Gina, Vice President, Planning & Print - Harmelin Media; pg. 467
Yeaman, Allison, Manager - BCW Dallas; pg. 581
Yeary, Phillip, Vice President & Creative Director - Bouvier Kelly, Inc.; pg. 41

Yechout, Mark, Interactive Design Director - Words at Work; pg. 163
Yee, Allen, Owner & Creative Partner & Strategist - cloudred; pg. 221
Yee, Amy, Associate, Planning - Wavemaker; pg. 526
Yee, Michelle, Senior Project Manager - Anomaly; pg. 325
Yee, Robert, Associate Director, Data Integration & Integrity - Zenith Media; pg. 529
Yee, Sabrina, Senior Analyst, Data - Starcom Worldwide; pg. 513
Yee, Steve, Group Creative Director - David&Goliath; pg. 57
Yeend, David, Director, Innovation - Three Five Two, Inc.; pg. 271
Yegenoglu, Lara, Senior Project Manager - Droga5; pg. 64
Yeh, Terry, Manager - MIS - Fry Communications, Inc; pg. 361
Yell, Anthony, Chief Creative Officer - North America - Publicis.Sapient; pg. 258
Yellen, Ira, President & Chief Executive Officer - Tall Timbers Marketing; pg. 292
Yelsey, Arthur, President - Mediaspot, Inc.; pg. 490
Yelverton, Marinda, Senior Manager, Influencer Marketing & Public Relations - 360i, LLC; pg. 207
Yen, Arthur, Vice President, Marketing Analytics & Data Consulting - Havas Formulatin; pg. 612
Yen, Jing, Director, Digital Media - Zenith Media; pg. 531
Yen, Tiffeny, Community Affairs Strategist - R&R Partners; pg. 132
Yen Wong, Lai, Group Director - OMD; pg. 498
Yeomans, David, Senior Creative Producer - Draftline; pg. 353
Yeomans, Joel, Director - Starcom Worldwide; pg. 513
Yepez, Luis, Business Manager - Leotta Designers, Inc.; pg. 189
Yeranosyan, Suzie, Senior Art Director - RPA; pg. 134
Yerega, Courtney, Vice President - Falls Communications; pg. 357
Vergeau, Richard, Editor, Video & Designer - Motion - bleublancrouge; pg. 40
Yergler, Jonathan, Associate Director, Data Analytics & Research - Spark Foundry; pg. 508
Yerichev, Vladimir, Creative Director - Zeta Interactive; pg. 277
Yerkes, Hayley, Associate Director, Strategy - Giant Spoon, LLC; pg. 363
Yerks, Dustin, Associate Director, Design - 10 Thousand Design; pg. 171
Yerman, Todd, Director, Business Development - Campbell Ewald; pg. 46
Yesikov, Alexander, Group Account Director - BBDO Worldwide; pg. 331
Yesvetz, Kat, Media Buyer & Coordinator, Traffic - Klunk & Millan Advertising; pg. 95
Yetman, Ashley, Brand Strategy Director - Baldwin&; pg. 35
Yetman, Lyle, Group Creative Director - McKinney; pg. 111
Yetra, Lauren, Vice President & Associate Director, Media - Mediahub Boston; pg. 489
Yeun, Norman, Account Director - Riddle & Bloom; pg. 133
Yeung, Evelyn, Senior Associate, Digital Investment - Wavemaker; pg. 526
Yi, Scott, Vice President, Marketing Analytics & Data Consulting - Havas Media Group; pg. 469
Yi, Sun, Broadcast Production Manager - Copacino + Fujikado, LLC; pg. 344
Yih, Joy, Senior Art Director - Evoke Health;

1080

AGENCIES | PERSONNEL

pg. 69
Yikiel, Aiz, Broadcast Assistant Producer - Merkley + Partners; pg. 114
Yin, Eric, Lead Media Strategist - Decoded Advertising; pg. 60
Yin, Susan, Vice President, Digital Entertainment - Rogers & Cowan/PMK*BNC; pg. 643
Yip, Lori, Director, Communications - 141 Hawaii; pg. 297
Yip, Michael, Associate Media Director - MediaCom; pg. 486
Yiu, Christian, Assistant Media Planner - Team One; pg. 418
Ylanan, Antonio, Associate Media Director - Canvas Worldwide; pg. 458
Yntema, Ted, Senior Director, Strategic Development - Investis Digital; pg. 376
Yoars, Laura, Senior Vice President, Client Services - Manifest; pg. 248
Yoburn, Josh, Senior Vice President, Medical & Scientific Strategy - Evoke Giant; pg. 69
Yoder, Amber, Director, Development & Content - Hiker; pg. 239
Yoder, Melinda, Operations - Citrus Advertising; pg. 50
Yoder, Mike, Creative Director - CD&M Communications; pg. 49
Yoder, Mikey, Marketplace Media Planner - Crossmedia; pg. 463
Yohe, Mariel, Communications Director, West Coast - DRS & Associates; pg. 598
Yohnka, Eric, Senior Copywriter - Havas Worldwide Chicago; pg. 82
Yokogawa, Jon, Vice President & Managing Director - interTrend Communications, Inc.; pg. 541
Yokota, Kim, Vice President, Graphic Design - Shikatani Lacroix Brandesign, Inc.; pg. 198
Yolanda Osorio, Maria, Senior Account Executive - BKV; pg. 334
Yomtobian, Daniel, Founder & Chief Executive Officer - Advertise.com; pg. 671
Yonack, Samuel, Media Analyst, Digital Investment - Levi's - OMD West; pg. 502
Yonan, Matt, Founder & President - Tigris Sponsorship & Marketing; pg. 317
Yonchev, Oliver, Managing Director - USA - Social Chain; pg. 143
Yonemura, Myra, Media Director - Pal8 Media, Inc.; pg. 503
Yong, Will, Senior Manager, Decision Sciences - Universal McCann; pg. 428
Yongue, Olivia, Vice President, Client Strategy - Recruitics; pg. 404
Yontz, Robin, Vice President & Creative Director - Trone Brand Energy, Inc.; pg. 427
Yoo, Enza, Sales Marketing Coordinator - JumpCrew; pg. 93
Yoo, Heawon, Senior Vice President, Marketing - Lightbox OOH Video Network; pg. 553
Yoo, Roy, Marketplace Media Supervisor - Crossmedia; pg. 463
Yoon, Jane, Senior Media Associate - Starcom Worldwide; pg. 516
Yoon, Jennifer, Senior Copywriter - Droga5; pg. 64
Yoon, Jenny, Director, Creative - Sparks; pg. 315
Yoon, Mark, Director, Design - Droga5; pg. 64
Yoon, Sara, Analytics Manager - Spark Foundry; pg. 508
Yordanova, Kalina, Senior Programmatic Analyst - Spark Foundry; pg. 508
Yorio, Kimberly, Owner & Principal - YC Media; pg. 664
York, Andrew, Associate Director, Operations - AKQA; pg. 211
York, Jennifer, Senior Producer - Mirum Agency; pg. 251

York, Kelly, Director, Paid Search - Tinuiti; pg. 678
York, Travis, Founder & Chief Executive Officer - York Creative Collective & Chief Executive Officer - GYK Antler - GYK Antler; pg. 368
York Cox, Mary, Vice President - The William Mills Agency; pg. 655
Yorke, John, Chief Executive Officer - Rain 43; pg. 262
Yorker, Janelle, Group Supervisor, Management - Cambridge BioMarketing; pg. 46
Yorkin, Andy, President - BrandHive; pg. 336
Yormark, Brett, Co-Chief Executive Officer - Roc Nation Unified & President, Business Operations & Strategy - Roc Nation; pg. 298
Yormark, Michael, Co-Chief Executive Officer, Roc Nation Unified & President, Business Operations & Strategy - Roc Nation; pg. 298
Yoselevitz, Lindsey, Head, Marketing & Corporate Communications - U.S. - Wavemaker; pg. 526
Yoshii, Mikako, Senior Analyst, Marketing Sciences - R/GA; pg. 260
Yoshimoto, Katelyn, Vice President - Jasculca / Terman & Associates; pg. 616
Yoshitome, Yukari, Senior Graphic Designer - 3H Communications, Inc.; pg. 321
Yoss, Marissa, Vice President & Group Partner, Portfolio Management - Universal McCann; pg. 521
Yost, Sarah, Head, Workflow & Production - Archrival, Inc.; pg. 1
You, Brian, Associate Director, Programmatic - Spark Foundry; pg. 508
You, Shawn, Assistant Strategist, Digital Media - Hearts & Science; pg. 471
You, Wilbur, Founder & Chief Executive Officer - Youtech; pg. 436
Youker, Brett, President & Chief Executive Officer - MTI; pg. 118
Young, Alicia, Managing Partner - Finn Partners; pg. 603
Young, Amber, Account Director - Colle McVoy; pg. 343
Young, Amy, Account Supervisor - Callahan Creek ; pg. 4
Young, Andrew, Account Manager - Kuhl Swaine; pg. 11
Young, Avery, Senior Creative - Heineken, Unilever, Pepsi, Kroger, Hasbro, Cotton - DDB New York; pg. 59
Young, Bart, Chief Executive Officer - Young Company; pg. 165
Young, Bettina, Client Business Lead & Group Account Director - PHD USA; pg. 505
Young, Brooke, Senior Vice President & Group Account Director - Moxie; pg. 251
Young, Cameron, Creative Director - Maricich Healthcare Communications; pg. 105
Young, Carrie, Vice President, Corporate Brand Identity, Design, Marketing & Communications - Padilla; pg. 635
Young, Catherine, Associate Director - Spark Foundry; pg. 508
Young, David, President & Chief Operating Officer - Slingshot, LLC; pg. 265
Young, Dawn, Director, Video Partnerships - Initiative; pg. 477
Young, Debbie, Media Director - 3H Communications, Inc.; pg. 321
Young, Denny, President - Elevation; pg. 305
Young, Diane, Vice President, Account Management - Signal Theory; pg. 141
Young, Donna, Corporate Vice President, Database Management - Focus USA; pg. 284
Young, Elizabeth, Account Executive - Grey Group; pg. 365
Young, Erin, Vice President, Client Services - Conversion Interactive Agency; pg. 222

Young, Gregory, Global Head, Paid Media & Senior Vice President, Integrated Communications - Weber Shandwick; pg. 661
Young, Gwendolyn, President & Chief Executive Officer - Young Communications Group, Inc.; pg. 664
Young, Jamie, Associate Director, Content Design - Publicis.Sapient; pg. 259
Young, Jason, Chief Marketing & Media Officer - Quotient Technologies - Crisp Media; pg. 533
Young, Jeff, President & Chief Executive Officer - Bader Rutter & Associates, Inc. ; pg. 328
Young, Jennifer, Senior Vice President, Human Resources - Rubenstein Associates; pg. 644
Young, Joe, Vice President, Business Leadership - Allen & Gerritsen; pg. 30
Young, John, Digital Marketing Director - Steele Branding; pg. 412
Young, Joshua, President - YESCO Franchising - YESCO Outdoor Media; pg. 559
Young, Julia, Vice President, Retail & Consumer - ICR; pg. 615
Young, Katie, Executive Producer, Interactive - BBDO Worldwide; pg. 331
Young, Kelly, Vice President & Group Director, Performance Strategy - Canvas Worldwide; pg. 458
Young, Kesha, Senior Account Director - VWA; pg. 429
Young, Kira, Media Supervisor - Publicis Health Media; pg. 506
Young, Lauren, Media Planning Supervisor - Moroch Partners; pg. 389
Young, Lauren, Account Manager - AKQA; pg. 211
Young, Laurie, Chief Executive Officer - Ogilvy & Mather Canada - Ogilvy; pg. 394
Young, Linda, Vice President, Media - A.B. Data, Ltd; pg. 279
Young, Lindsay, Vice President & Brand Leader - Doner - Media Assembly; pg. 385
Young, Mark, Executive Vice President & Managing Director, Out of Home Media & GeoTrak HyperLocal Media - The Buntin Group; pg. 148
Young, Mark, Chief Executive Officer - Jekyll and Hyde; pg. 92
Young, Michael, President & Chief Executive Officer - YESCO Outdoor Media; pg. 559
Young, Michelle, Vice President & Global Marketing Leader - Deloitte Digital; pg. 225
Young, Mimi, Executive Vice President, Digital Design - Behavior, LLC; pg. 216
Young, Olivia, Group Media Director - Noble People; pg. 120
Young, Paul, Executive Vice President - YESCO Outdoor Media; pg. 559
Young, Ryan, Vice President, Director - Spark Foundry; pg. 512
Young, Sally, President - Jekyll and Hyde; pg. 92
Young, Sandy, Vice President - JWalcher Communications; pg. 618
Young, Sarah, Managing Partner - National Public Relations; pg. 631
Young, Scott, Director, eCRM - WMX; pg. 276
Young, Sean, Business Development - Deloitte Digital; pg. 225
Young, Shaun, Associate Creative Director - H&L Partners; pg. 80
Young, Susan, Executive Creative Director - BBDO Worldwide; pg. 331
Young, Tasha, Senior Director, Client Services - G7 Entertainment Marketing; pg. 306
Young, Terry, Founder & Chief Executive Officer - Sparks & Honey; pg. 450
Young, Tom, Chief Solution Officer -

PERSONNEL   AGENCIES

Wunderman Data Products; *pg.* 451
Young, Tori, Director, Brand Strategy - 9thWonder; *pg.* 453
Young, Wes, Communications Planning Director - Wieden + Kennedy; *pg.* 432
Young Dzwonar, Jennifer, Managing Principal - Borshoff; *pg.* 585
Youngberg, Ken, Managing Director, Growth & Innovation - LPI Group; *pg.* 12
Youngblade, Rachel, Content Marketing Manager - IDEO ; *pg.* 187
Youngblood, Mariah, Associate Director - Wavemaker; *pg.* 526
Youngblood, Matthew, Principal & Founding Partner - Trinity Brand Group; *pg.* 202
Youngblutt, Jerry, Founder & Principal - Boyden & Youngblutt Advertising; *pg.* 336
Younger, Amanda, Senior Art Director - Venables Bell & Partners; *pg.* 158
Younger, Chris, President - Ayzenberg Group, Inc.; *pg.* 2
Younger, Tonja, Project Director - Friends & Neighbors; *pg.* 7
Younglincoln, Tracy, Executive Vice President, Data, Technology, Intelligence & Experience - Moxie; *pg.* 251
Youngren, John, Vice President & Group Account Director - Love Communications; *pg.* 101
Youngren, Soren, Creative Director - mcgarrybowen; *pg.* 109
Yount, Brian, Marketing Director - NuStream; *pg.* 254
Yousuf, Nadia, Group Account Supervisor - Heartbeat Ideas; *pg.* 238
Youtz, Brad, Media Director - Harmelin Media; *pg.* 467
Yowpa, Tim, Senior Director, Client Services - RedPeg Marketing; *pg.* 692
Yozzo, John, Managing Director - FTI Consulting; *pg.* 606
Yu, Allen, Associate Creative Director - MUH-TAY-ZIK / HOF-FER; *pg.* 119
Yu, Ben, Head, Media Solutions - Single Grain; *pg.* 265
Yu, Caprice, Executive Creative Director & Executive Vice President - McCann New York; *pg.* 108
Yu, Christina, Managing Partner & Creative Director - Rethink Communications, Inc.; *pg.* 133
Yu, Jennifer, President - Covet Public Relations; *pg.* 593
Yu, Jennifer, Account Executive - GM Account - Martin Retail Group; *pg.* 106
Yu, Jingyi, Media Buyer & Planner - Northern Lights Direct; *pg.* 289
Yu, Justine, Senior Event Coordinator - Octagon; *pg.* 313
Yu, Linda, Talent & Culture Manager - The George P. Johnson Company; *pg.* 316
Yu, Todd, Digital Media Associate Director - Rain; *pg.* 402
Yu, Young, Senior Vice President, Operations - Saeshe Advertising; *pg.* 137
Yu, Yun, Group Manager - Lippe Taylor; *pg.* 623
Yu-Kinsey, Dianne, Manager, Broadcast Investment - Cossette Media; *pg.* 345
Yuan, Emily, Manager, Strategy & Analytics - Cash Rewards & Preferred Rewards - Digitas; *pg.* 227
Yudin, Michael, Chief Technology Officer - adMarketplace; *pg.* 210
Yue, Albert, President & Owner - Dyversity Communications; *pg.* 66
Yue, Li, Principal - Design Science; *pg.* 179
Yuen, Annie, Media Supervisor - Wieden + Kennedy; *pg.* 430
Yuen, Aok, Executive Vice President, Chief Creative Officer & Owner - A Partnership, Inc.; *pg.* 537
Yuen, Crystal, Associate Director, New Business - OMD; *pg.* 498
Yuen, Jeannie, President & Chief Executive Officer - A Partnership, Inc.; *pg.* 537
Yuen, Kieran, Analyst, Global Investment - MediaCom; *pg.* 487
Yuen, Linda, Senior Manager, Talent & Rights - Leo Burnett Worldwide; *pg.* 98
Yuen, Marcus, Art Director - 72andSunny; *pg.* 23
Yuile, Catherine, Executive Vice President, Insights & Analytics - Edelman ; *pg.* 601
Yumo, Rachael, Vice President & Director, Data & Analysis - Digitas; *pg.* 227
Yun, Sun, Vice President, Experience Design & Creative Director, Digital - Grafik Marketing Communications; *pg.* 185
Yun, Sunny, Senior Broadcast Director - Revolution Media; *pg.* 507
Yund, Patrick, Digital Strategist - Bayard Advertising Agency, Inc.; *pg.* 37
Yung, Troy, President & Chief Executive Officer - 6Degrees; *pg.* 321
Yunger, Daniel, Partner - Kekst & Company, Inc.; *pg.* 619
Yurchuck, Philip, Chief Technical Officer - POS Outdoor Media; *pg.* 556
Yurko, Emily, Creative Director, Digital Platforms - Saatchi & Saatchi Los Angeles; *pg.* 137
Yuskewich, Matt, Chief Creative Officer - 160over90; *pg.* 1
Yusko, Shelly, Communications Associate - FCB Chicago; *pg.* 71
Yuskoff, Claudia, Director, Content Experience - Conill Advertising, Inc.; *pg.* 538
Yuson, Jon, Managing Director - Crossmedia; *pg.* 463
Yuter, Stephen, Senior Vice President, Public Sector - FleishmanHillard; *pg.* 605
Yutuc, Leann, Account Manager - Inventa; *pg.* 10
Yuzeitis, Chris, Manager, Media - Point B Communications; *pg.* 128
Yuzwa, Michael, Creative Director - IBM iX; *pg.* 240

Z

Zaar, Erik, Vice President & Executive Producer - Leo Burnett Detroit; *pg.* 97
Zaas, Wendy, General Manager & Director, Entertainment - DKC Public Relations; *pg.* 597
Zaborowski, Russ, Associate Creative Director - Success Communications Group; *pg.* 415
Zabriskie, Dale, President - Zabriskie & Associates; *pg.* 664
Zabriskie, Michele, Vice President - Zabriskie & Associates; *pg.* 664
Zabroski, Brian, Vice President - Mojave Advertising; *pg.* 192
Zabroski, Tom, President & Chief Executive Officer - Mojave Advertising; *pg.* 192
Zacchei, Dan, Managing Director - Sloane & Company; *pg.* 647
Zaccone, Francesca, Senior Account Manager - jones knowles ritchie; *pg.* 11
Zacek, Adam, Director, Accounts & Operations - Viewstream; *pg.* 274
Zach, Tracy, Vice President, Managing Director - Modern Climate; *pg.* 388
Zacharias, Dan, Account Director - Ford Sprint Cup Media Relations - Campbell Marketing and Communications; *pg.* 339
Zachmeyer, Ed, Digital Solutions Manager - Bailey Brand Consulting; *pg.* 2
Zachowski, Matt, Managing Partner & Executive Chairman - Intermarket Communications; *pg.* 375
Zack, Barbara, Senior Vice President, Global Analytics - Carat; *pg.* 459
Zack, Emily, Account Director - Leo Burnett Detroit; *pg.* 97
Zackery, Rayanne, Vice President - Ketchum West; *pg.* 620
Zackheim, Ben, Senior Account Executive - Zimmerman Advertising; *pg.* 437
Zadeh, Abdi, Managing Director - Sensis Agency; *pg.* 545
Zadeh, Roxana, Senior Lead - January Digital; *pg.* 243
Zadeii, Alex, Business Development Manager - Forsman & Bodenfors; *pg.* 74
Zaech, Juri, Senior Art Director - 72andSunny; *pg.* 23
Zaentz, Derek, Account Supervisor - Publicis.Sapient; *pg.* 258
Zaffarano, John, President, Global Creative, Digital & Brand - Mob Scene; *pg.* 563
Zagalskaya, Tatyana, Associate Media Director, Digital Partnerships - Initiative; *pg.* 477
Zagarzazu, Yun, Media Supervisor - Carmichael Lynch; *pg.* 47
Zagorin, Dalit, Strategy Director - Zambezi; *pg.* 165
Zahka, Alex, Supervisor, Media - Spark Foundry; *pg.* 510
Zahm, Devon, Account Coordinator - JMPR Public Relations; *pg.* 617
Zahn, Laura, Director, Operations - Brightline; *pg.* 219
Zahn, Rachael, Vice President, Marketing & Sales Optimization - Investis Digital; *pg.* 376
Zahr, John, Business Development Manager - GYK Antler; *pg.* 368
Zai, Brian, Digital Director - Horizon Media, Inc.; *pg.* 474
Zaiss, Tracy, Chief Strategist - Zaiss & Company; *pg.* 165
Zajac, Amanda, Vice President, Beauty - Stella Rising; *pg.* 518
Zajac, Matthew, Chief, Staff - Navigate Marketing; *pg.* 253
Zajac, Melanie, Associate Director - Posterscope U.S.A.; *pg.* 556
Zajic, Christina, Partner, Communications & Engagement - ICF Next; *pg.* 372
Zak, Ashley, Vice President & Chief, Staff - Edelman; *pg.* 353
Zakheim, Keith, Chief Executive Officer - Antenna Group, Inc.; *pg.* 578
Zakim, Andrew, Strategy Director - TBWA/Media Arts Lab; *pg.* 147
Zakovich, Ken, Creative Director & Art Director - Westmoreland Flint; *pg.* 161
Zaks, Irving, Director, Business Development - Isobar US; *pg.* 242
Zaldivar, Natalia, Associate Director - Spark Foundry; *pg.* 510
Zaldivar, Olivia, Associate Director, Media - Conill Advertising, Inc.; *pg.* 538
Zale, Emily, Account Director - TBWA \ Chiat \ Day; *pg.* 416
Zalensky, Lori, Associate Media Director - Hawthorne Advertising; *pg.* 285
Zaleon, Steven, Chief Executive Officer - Multimedia Solutions, Inc.; *pg.* 252
Zaleski, July, Public Relations Specialist - JAM Collective; *pg.* 616
Zaleski, Lauren, Art Director - Critical Mass, Inc.; *pg.* 223
Zalesky, Chet, Chief Executive Officer - CMI; *pg.* 443

AGENCIES — PERSONNEL

Zalewski, Laura, Manager, Paid Search - Mindshare; *pg.* 494
Zalewski, Michael, Senior Counsel - Seyferth & Associates, Inc.; *pg.* 646
Zaller, Tom, President & Chief Executive Officer - Imagine Exhibitions, Inc.; *pg.* 373
Zaman, Kashif, Chief Marketing Officer & Chief Digital Officer - Aisle Rocket; *pg.* 681
Zaman, Samar, Senior Integrated Producer - Huge, Inc.; *pg.* 239
Zamansky, Natalie, Account Director - Nina Hale Consulting; *pg.* 675
Zamarripa, Christian, Strategic Planner - Pernod Ricard - 160over90; *pg.* 301
Zamba, Dave, Creative Director - Prosek Partners; *pg.* 639
Zambito, Meredith, Account Manager - TBWA \ Chiat \ Day; *pg.* 416
Zambotti, Dave, Principal & Creative Director - Zamboo; *pg.* 165
Zambrano, Diego, Partner, Design - Work & Co; *pg.* 276
Zambrano, Juan, Co-Founder - Firewood; *pg.* 283
Zambrano, Lanya, Co-Founder & President - Firewood; *pg.* 283
Zamiar, Alex, Associate Creative Director - The Martin Agency; *pg.* 421
Zamiar, Veronica, Vice President & Account Director - DDB Chicago; *pg.* 59
Zaminasli, Taji, Managing Partner - Media Matters SF; *pg.* 485
Zamlong, William, Group Supervisor, Creative - Source Communications; *pg.* 315
Zammit, Serena, Managing Director - Iris Worldwide - Iris Atlanta; *pg.* 90
Zamora, Jesse, Associate Director, Account Services - The Summit Group; *pg.* 153
Zamorano, Gabriela, Director, Public Relations & Event Planning - VSBrooks; *pg.* 429
Zampa, Thomas, Technical Operations Manager - Energy BBDO, Inc.; *pg.* 355
Zampino, Bryan, Associate Media Director - PHD USA; *pg.* 505
Zamprogno, Jean, Group Creative Director - David; *pg.* 57
Zamuner, Mark, Chief Executive Officer - TWO NIL; *pg.* 521
Zanardi, Giannina, Associate Media Director, Digital - Universal McCann; *pg.* 524
Zanca, Devon, Account Manager - Agenda NYC; *pg.* 29
Zander, Megan, Content Strategist - Signal Theory; *pg.* 141
Zander, Meredith, Associate Media Director - Fallon Worldwide; *pg.* 70
Zandri, Justin, Vice President, Brand Strategy & Marketing Services - Gartner, Inc.; *pg.* 236
Zaner, Douglas, Editor - Publicis North America; *pg.* 399
Zang, Drew, Founder - Artisan Creative; *pg.* 173
Zantzinger, Woody, Vice President, Business Development - WillowTree, Inc.; *pg.* 535
Zapakin, Eric, Head, Production - We Are Royale; *pg.* 205
Zapata, Andres, Co-Founder & Senior Vice President, Strategy - Idfive; *pg.* 373
Zapata, David, President & Founder - Zapwater Communications; *pg.* 664
Zapata, Gustavo, Head, Art - Dieste; *pg.* 539
Zapletal, David, Chief, Innovation & Media Officer - Digital Remedy; *pg.* 226
Zappia, Deborah, Senior Vice President & Director, Operations - Gatesman; *pg.* 361
Zappolo, Len, Senior Director, Media Services - DMW Worldwide, LLC; *pg.* 282
Zarecki, Alison, Director, Communications Design - Initiative; *pg.* 477
Zarem, Jillian, Associate Account Director - Reds Roof Inn, SoFi - 360i, LLC; *pg.* 320
Zaretzky, Jeremy, President & Co-Founder - WireSpring; *pg.* 559
Zaring, Betty, Director, Account Services - Media Partners, Inc.; *pg.* 486
Zaritsky, David, Chief Executive Officer - PulseCX; *pg.* 290
Zarrillo, Michael, Principal & Chief Executive Officer - UTÖKA; *pg.* 203
Zarski, Chris, Vice President, Interactive & Social Media - Camelot Strategic Marketing & Media; *pg.* 457
Zartman, Jean, Director, Customer Engagement - Garrigan Lyman Group; *pg.* 236
Zartman, Wayne, Vice President & Media Buyer - Ad Cetera, Inc.; *pg.* 26
Zarubina, Daria, Associate Director, Strategy & Analytics - Mindshare; *pg.* 491
Zatcoff, Rachel, Specialist, Media Relations - Vault Communications, Inc.; *pg.* 658
Zatler, Oleg, Executive Director, Creative - Print - bpg advertising; *pg.* 42
Zator, Elizabeth, Senior Media Planner - Zeta Interactive; *pg.* 277
Zaucha, Barbara, Director, Advanced Analytics & Insights - Starcom Worldwide; *pg.* 513
Zaute, Matthew, Senior Vice President - Rise Interactive; *pg.* 264
Zavala, Adriana, Account Supervisor - Tom, Dick & Harry Creative; *pg.* 426
Zavala, Gerardo, Supervisor, Content - Publicis Media - Spark Foundry; *pg.* 510
Zavala, Maria, Associate Media Director - R/GA; *pg.* 261
Zavala, Matt, Senior Vice President, Head, Creative - Unilever U.S. & Group Creative Director - Edelman; *pg.* 599
Zawadowski, Cass, Vice President & Executive Creative Director - Blast Radius; *pg.* 217
Zawistowicz, Thomas, Vice President & Digital Project Manager - Lewis Advertising, Inc.; *pg.* 380
Zayan, Hany, Senior Project Manager - Zehner; *pg.* 277
Zayas, Iris, Media Director - Omni Advertising; *pg.* 394
Zayner, Bridget, Senior Manager, Publisher Team - Hearst Autos; *pg.* 238
Zazueta, Lucia, Digital Strategist Manager - BCW Miami; *pg.* 581
Zazzera, Nicholas, President - Deco Productions; *pg.* 304
Zbikowski, Kathryn, Senior Marketing Manager - Deloitte Digital; *pg.* 225
Zbikowski, Nicole, Public Relations Assistant - Jennifer Bett Communications; *pg.* 617
Zdrill, Kirby, Director, Growth - Lumency Inc.; *pg.* 310
Zea, Cesar, Vice President, Client Management - Kantar Millward Brown; *pg.* 446
Zebroski, Meg, Vice President & Director, Strategy & Analytics - Digitas; *pg.* 226
Zecher, Kate, Vice President, Senior Business Director - Velocity OMC; *pg.* 158
Zeesman, Arthur, Chief Growth Officer - FIDGET Branding; *pg.* 7
Zeesman, Jules, Account Coordinator - FIDGET Branding; *pg.* 7
Zeff, Alyssa, Vice President - Davis & Company; *pg.* 595
Zeh Peacock, Amanda, Senior Art Director - Lewis Communications; *pg.* 100
Zehe, Darcy, Principal & Chief Operating Officer & Certified Brand Strategist - BrandPivot; *pg.* 337
Zehmer, Megan, Vice President - 42West; *pg.* 573
Zehnder, Jeffrey, Chief Executive Officer - Zehnder Communications, Inc.; *pg.* 436
Zehner, Matthew, Founder & Chief Executive Officer - Zehner; *pg.* 277
Zehren, Charles, Executive Vice President, Corporate Communications - Rubenstein Associates; *pg.* 644
Zeifman, Brad, Co-Chief Executive Officer - Shadow Public Relations; *pg.* 646
Zeigler, Todd, Founder & Chief Executive Officer - The Brick Factory; *pg.* 269
Zeiher, Tanya, Managing Director - Evok Advertising; *pg.* 69
Zeikel, Katie, Supervisor, Paid Social - PHD USA; *pg.* 505
Zeilman, Andy, Chief Strategy Officer - Affectiva, Inc.; *pg.* 441
Zeinier, Ted, Creative Director - Mojave Advertising; *pg.* 192
Zeiris, Victor, Creative Director - DDB New York; *pg.* 59
Zeitner, Beth, Vice President, Media Planning & Analysis - NSA Media Group, Inc.; *pg.* 497
Zektzer, Andrew, Director of Sales - GroundTruth.com; *pg.* 534
Zelcs, Martins, Associate Creative Director - BBDO Worldwide; *pg.* 331
Zeldes, Rich, Executive Vice President & Managing Director, Global Business Development - Stella Rising; *pg.* 518
Zelenka, Karen, Vice President & Director, Strategic Planning - Blue 449; *pg.* 455
Zeleny, Barbara, Media Buyer - True Media; *pg.* 156
Zelesko, Ian, Group Planning Director - Anomaly; *pg.* 325
Zelisko, Kristina, Vice President, Digital Client Engagement - Edelman; *pg.* 599
Zelkowitz, Jeffrey, Executive Vice President & Head, Finance Practice - APCO Worldwide; *pg.* 578
Zell-Groner, Evyn, Executive Vice President & Group Account Director - BBDO San Francisco; *pg.* 330
Zeller, Joe, President - Zeller Marketing & Design; *pg.* 205
Zeller, LouAnn, Vice President - Zeller Marketing & Design; *pg.* 205
Zelley, Matthew, Executive Creative Director - DP+; *pg.* 353
Zellmann, Caitlin, Supervisor, Broadcast - Haworth Marketing & Media; *pg.* 470
Zeltser, Irina, Managing Director - Talon Outdoor; *pg.* 558
Zeman, Maggie, Senior Vice President & General Manager - New York - Double-Forte; *pg.* 230
Zeman, Paul, Executive Vice President & General Manager, Communications & Brand - Analytics Division - Phoenix Marketing International; *pg.* 449
Zemke, Ayme, Senior Vice President, Client Services - Beehive PR; *pg.* 582
Zent, Amber, Vice President & Director, Social Media - Marcus Thomas; *pg.* 104
Zentil, Jaimes, Creative Director - Cossette Media; *pg.* 345
Zenz, Barbara, President & Chief Executive Officer - Stephenz Group; *pg.* 413
Zenz, Madeline, Senior Manager, Account - 3rd Coast PR; *pg.* 573
Zeoli, Jess, Senior Vice President & Director, Video Investment - Horizon Media, Inc.; *pg.* 474
Zeppa, Paolo, Senior Vice President, Client Success - The George P. Johnson Company; *pg.* 316
Zerfu, Solome, Associate Director, Brand Development - Los Angeles - Brand Institute, Inc.; *pg.* 3
Zerger, Todd, Creative Director -

PERSONNEL — AGENCIES

Publicis.Sapient; pg. 259
Zertuche, Marina, Lead Brand Designer - Industry; pg. 187
Zessin, Margaret, Senior Associate, Planning & Strategy - Mindshare; pg. 494
Zetrenne, Jean-Rene, Chief Talent Officer - Ogilvy; pg. 393
Zettel, Kelly, Creative Director - Leo Burnett Toronto; pg. 97
Zevy, Ron, President & Chief Executive Officer - Tumbleweed Press; pg. 293
Zeyger, Inna, Associate Director, Digital Media - Path Interactive, Inc.; pg. 256
Zhai, Joyce, Associate Director - Starcom Worldwide; pg. 513
Zhang, David, Vice President, Media - VaynerMedia; pg. 689
Zhang, Felicia, Director, Executive Strategy - R/GA; pg. 260
Zhang, Gordon, Strategist, Amplification - Rethink Communications, Inc.; pg. 133
Zhang, James, Senior Director, Marketing - Walmart Media Group; pg. 684
Zhang, Jean, Creative Director - Rise Interactive; pg. 264
Zhang, Mindy, Digital Media Liaison - Starcom Worldwide; pg. 513
Zhang, Sisi, Senior Director, Data Science & Analytics - Publicis.Sapient; pg. 258
Zhang, Vivian, Media Supervisor - Wieden + Kennedy; pg. 430
Zhang, Xuewei, Manager, Analytics - Horizon Media, Inc.; pg. 474
Zhang, YanYan, Associate Partner & Executive Creative Director - VSA Partners, Inc.; pg. 204
Zhao, Flora, Group Account Director - IW Group, Inc.; pg. 542
Zhao, Katie, Director, Corporate Accounting - GroundTruth.com; pg. 534
Zhao, Millie, Vice President, Strategy - Zenith Media; pg. 529
Zhen, Alina, Biddable Media Buyer & Planner - Mekanism; pg. 113
Zhen, Tina, Account Manager - EGC Media Group, Inc.; pg. 354
Zheng, Krystal, Partner & Senior Director - Wavemaker; pg. 526
Zheng, Sharon, Associate Director, Media - OMD; pg. 498
Zhiss, Pete, Media & Account Supervisor - USIM; pg. 525
Zhong, Sheryl, Partner, Account Director - Wavemaker; pg. 528
Zhou, Alicia, Media Supervisor - Starcom Worldwide; pg. 516
Zhou, Melina, Manager, Paid Social - Starcom Worldwide; pg. 517
Zhu, Anqi, Associate Director, Insights - Mindshare; pg. 491
Zhu, Cooper, Manager, Digital Analytics - MediaCom; pg. 487
Zhu, Lily, Assistant Media Planner - MediaCom; pg. 487
Zia, Ryan, Vice President & Group Director, National Video Activation - 360i, LLC; pg. 320
Zia Butt, Sidra, Experience & Social Strategy Associate Director - Doremus & Company; pg. 64
Ziaja, Todd, Group Creative Director - Deloitte Digital; pg. 225
Ziarko, Joey, Account Managing Director - mcgarrybowen; pg. 109
Zibell, Robert, Vice President, Digital Media - GigaSavvy; pg. 237
Zick, Robert, Owner - IMC / Irvine Marketing Communications; pg. 89
Zid, Susan, Director, Integrated Production - Ten35; pg. 147

Zidek, Alayna, Art Director - Sterling-Rice Group; pg. 413
Zieff, Katelyn, Account Executive - Cannabrand; pg. 47
Ziegaus, Alan, Chairman - Southwest Strategies, LLC; pg. 411
Ziegaus Wahl, Jennifer, Chief Executive Officer - Southwest Strategies, LLC; pg. 411
Ziegler, Andy, Executive Vice President, Process & Quality Improvement - Wunderman Data Products; pg. 451
Ziegler, Sierra, Intgrated Marketing Manager - DiMassimo Goldstein; pg. 351
Ziehm, Jason, Senior Copywriter - Digitas; pg. 227
Zielie, Sarah, Vice President, Media - Space150; pg. 266
Zielinski, Corinne, Vice President & Media Director - Coyne Advertising & Public Relations; pg. 345
Zielinski, Jeff, Production Supervisor - partners + napier; pg. 125
Zielke, Cory, Senior Manager - Golin; pg. 609
Zieman, Bret, Contract Manager - GSD&M; pg. 79
Ziemba, Jason, Art Director - Klunk & Millan Advertising; pg. 95
Ziemba, Steve, Head, Agency - Social Media Marketing - Envisionit Media, Inc.; pg. 231
Zier, Kevin, Executive Creative Director - Edelman; pg. 600
Ziesemer, Eileen, Senior Vice President, Consumer Practice Lead - MSLGroup; pg. 629
Zietzer, Diana, Manager, Disability Content & Outreach - Concepts, Inc.; pg. 592
Zigarelli, Merrilee, Director, New Business Development - CM&N Advertising; pg. 51
Zijderveld, Gabi, Chief Marketing Officer - Affectiva, Inc.; pg. 441
Zijlstra, Estrella, Senior Product Manager - Huge, Inc.; pg. 239
Zilbershatz, Allison, Director, Content - Spark Foundry; pg. 510
Zilka, Jeff, Senior Counselor - Edelman; pg. 353
Zils, Jackie, Advisor - JayRay; pg. 377
Zimbard, Michael, Owner, Executive Creative Director & President - Edit1; pg. 562
Zimelman, Jason, Director, Earned Media - NextLeft; pg. 254
Zimkind, Emily, Senior Vice President & Group Director - Carat; pg. 459
Zimmer, Billy, Vice President, Marketing - Allied Integrated Marketing; pg. 576
Zimmer, Leah, Senior Project Manager - Grey Midwest; pg. 366
Zimmer, Robyn, Partner & Director, Media - Sterling-Rice Group; pg. 413
Zimmerman, Amy, Production Manager - gkv; pg. 364
Zimmerman, Andrew, Senior Designer - SJI Associates; pg. 142
Zimmerman, Ben, President - Media Design Group, LLC; pg. 485
Zimmerman, Brody, Senior Strategist - Palisades Media Group, Inc.; pg. 124
Zimmerman, Carrie, Co-Founder & Chief Executive Officer - The Zimmerman Agency; pg. 426
Zimmerman, Cassidy, Senior Account Manager, Client Services - Mosaic North America; pg. 312
Zimmerman, Cole, Vice President & Group Account Director - Bright Red\TBWA; pg. 337
Zimmerman, Curtis, President & Partner - The Zimmerman Agency; pg. 426
Zimmerman, Curtis, President - Bright Red\TBWA; pg. 337
Zimmerman, Denise, Business Growth Strategist - Pavone Marketing Group; pg. 396

Zimmerman, Diana, President & Chief Executive Officer - CMS, Inc.; pg. 303
Zimmerman, Erik, Manager, Strategic Marketing - Undertone; pg. 273
Zimmerman, Jami, Vice President, Media Relations - Champion Management Group, LLC; pg. 589
Zimmerman, Jamie, Group Director - OMD San Francisco; pg. 501
Zimmerman, Jennifer, Global & U.S. Chief Strategic Officer - mcgarrybowen; pg. 109
Zimmerman, Jim, President & Owner - The Zimmerman Group; pg. 426
Zimmerman, Jordan, Founder & Chairman - Zimmerman Advertising; pg. 437
Zimmerman, Julia, Manager, Marketing Content & Communications - Lyons Consulting Group; pg. 247
Zimmerman, Katy, Social Supervisor - Barkley; pg. 329
Zimmerman, Meimei, Vice President, Accounts - On Board Experiential Marketing; pg. 313
Zimmerman, Michelle, Business Director - Mirum Agency; pg. 251
Zimmerman, Molly, Partner, Integrated Investment - Universal McCann; pg. 521
Zimmerman, Natalie, Manager, Strategy & Content - Spark Foundry; pg. 508
Zimmerman, Stacey, Vice President & Group Account Director - Big Spaceship; pg. 455
Zimmerman, Teegan, Media Associate - Marketing Architects; pg. 288
Zimmerman, Tracey, President - Robots & Pencils; pg. 264
Zimostrad, Sarah, Associate Director, Integrated Media - OMD West; pg. 502
Zimpfer, Jennifer, Manager, Resource - Crowley Webb & Associates; pg. 55
Zimroth, Aaron, Associate Creative Director - the community; pg. 545
Zincke, Joyce, Chief Operating Officer - Mirum U.S. - Mirum Agency; pg. 251
Zindren, Geoffrey, Account Executive - Alliance Group Ltd; pg. 576
Zingale, Russell, President - East Division - USIM; pg. 525
Zingarelli, Ally, Manager, Programmatic - Wavemaker; pg. 528
Zink, Jenna, Associate Creative Director - 360i, LLC; pg. 320
Zinkel, Daniel, Associate Director, Advertising Technology, Advanced Analytics & Insights - Starcom Worldwide; pg. 513
Zinkus, Annie, Senior Media Planner - Mediahub Boston; pg. 489
Zinn, Dana, Account Manager, Digital & Social - Sunshine Sachs; pg. 650
Zinn, Katie, Vice President, Integrated Strategy - Edelman; pg. 601
Zinn, Paige, Owner & Chief Operating Officer - Jennings & Company; pg. 92
Ziobro, Lara, Vice President, Global Digital & Social Marketing - Weber Shandwick; pg. 660
Ziomek, Christine, Special Projects Manager - Caryl Communications, Inc.; pg. 589
Zion, Aric, Chief Executive Officer - Zion & Zion; pg. 165
Zion, Laurette, Director, Broadcast Traffic - Hearts & Science; pg. 471
Zipin, Melissa, Senior Vice President & Senior Partner - FleishmanHillard; pg. 605
Zipp Garbis, Carly, Senior Director, Communications, Sponsorships & Events - Outfront Media; pg. 554
Zirkle, Susan, Planning Supervisor - The Martin Agency; pg. 421
Zirlin, Elliott, Co-Owner & Director, Sales - Blue Sky Marketing Group; pg. 566
Zirlin, Todd, Co-Owner & President - Blue Sky Marketing Group; pg. 566

AGENCIES — PERSONNEL

Zisa, Joseph, Associate Director, Audience Insights - Wieden + Kennedy; *pg.* 432
Ziskind, Cory, Senior Vice President - ICR; *pg.* 615
Zita, Sandy, Creative Director & Partner - Field Day; *pg.* 358
Zitaglio, Nick, Manager, Account - The Marketing Arm; *pg.* 316
Zitella, Lisa, Director, Digital Print & Production Operations - mcgarrybowen; *pg.* 110
Zito, Billie, Group Director, Communication Design - Initiative; *pg.* 477
Zito, Cara, Digital Assistant - Carat; *pg.* 459
Zito Jr., Vincent, Creative Director - Tanen Directed Advertising; *pg.* 416
Zizzo, Anne, President & Chief Executive Officer - Zizzo Group Advertising & Public Relations; *pg.* 437
Zlatin, Yael, Head, eCommerce - Adtaxi; *pg.* 211
Zlatkin, Jesse, Creative Director - AIM Productions; *pg.* 453
Zlatoper, Michael, Chief Operating Officer - Mekanism; *pg.* 112
Zlokower, Harry, President - Zlokower Company; *pg.* 665
Zlotnick, Lisa, Executive Media Director - Nintendo - Golin; *pg.* 609
Zmerli, Karima, Chief Data Sciences Officer - Wavemaker; *pg.* 526
Znidarsic, John, Creative Director - Adcom Communications, Inc.; *pg.* 210
Zoelle, Bill, Chief Creative Officer - Envano, Inc.; *pg.*
Zogby, Matthew, Executive Vice President, Data & Analytics - 360i, LLC; *pg.* 320
Zoladz, Chris, Account Supervisor - Seyferth & Associates, Inc.; *pg.* 646
Zoleta, Grace, Accounting Director - Serino Coyne, Inc.; *pg.* 299
Zoller, Frank, Senior Partner & Group Account Director - MediaCom; *pg.* 487
Zolliecoffer, Loretta, Director, Business Affairs - 180LA; *pg.* 23
Zollo, Lauren, Director, Creative - DiD Agency; *pg.* 62
Zoltowski, Jill, Media Buyer - Universal McCann Detroit; *pg.* 524
Zone, Lisa, Managing Director - Dix & Eaton; *pg.* 351
Zonia, Theresa, Vice President & Strategic Planner - Tierney Communications; *pg.* 426
Zonin, Kylie, Associate, Integrated Investment & Planner - Team Elevate - Reprise Digital; *pg.* 676
Zonis, Mindy, Director - Posterscope U.S.A.; *pg.* 556
Zonta, Kristen, Associate Digital Media Director - GTB; *pg.* 367
Zonta, Marko, Partner & Creative Director - Zync Communications Inc.; *pg.* 22
Zorad, Anne-Marie, Print Production Supervisor - Dieste; *pg.* 539
Zorkin, Melissa, Chief Executive Officer & Founder - WE Communications; *pg.* 660
Zorn, Jessica, Associate Director, Data Instrumentation - Publicis.Sapient; *pg.* 258
Zorn, Scott, Co-Founder & Managing Partner - Direct Resources Group; *pg.* 281
Zorola, Roy, Senior Planner - Kelly, Scott & Madison, Inc.; *pg.* 482
Zozakiewicz, Aimee, Account Supervisor - Jacobson Rost; *pg.* 376
Zubairi, Mohib, Director, Business Solutions - Model B; *pg.* 251
Zubieta, Sabrina, Associate Group Manager, Local Audio & Video - Horizon Media, Inc.; *pg.* 473
Zubizarreta, Michelle, Co-Owner - Zubi Advertising; *pg.* 165
Zubrow, Katie, Senior Social Media Strategist - Ogilvy; *pg.* 393
Zucker, Bill, Partner & Managing Director, Food Team - North America - Ketchum; *pg.* 619
Zucker, Gabrielle, President - KWT Global; *pg.* 621
Zucker, Kelsey, Senior Account Executive - NSA Media Group, Inc.; *pg.* 497
Zuckerman, Jerry, Chief Executive & Financial Officer - Hirshorn Zuckerman Design Group; *pg.* 371
Zuckerman, Karen, President, Owner & Chief Creative Officer - Hirshorn Zuckerman Design Group; *pg.* 371
Zugehar, Tori, Account Project Coordinator - Aloysius Butler & Clark; *pg.* 30
Zuidema, Joanna, Senior Graphic Designer - Schermer; *pg.* 16
Zuika, Lee, Finance Controller - MAN Marketing; *pg.* 103
Zukerman, Allan, Chairman & Chief Executive Officer - Z Marketing Partners; *pg.* 436
Zulch, Rebecca, Senior Manager, Integrated Investment - Universal McCann; *pg.* 521
Zuleger, Mary, Coordinator, Media Planning & Buying - Wieden + Kennedy; *pg.* 430
Zuloaga, Brittany, Senior Accountant - Orange Label Art & Advertising; *pg.* 395
Zumsteg, Ben, Senior Vice President & Director, Strategy - Publicis North America; *pg.* 399
Zumwalt, Denee, Account Supervisor - Ogilvy; *pg.* 393
Zuncic, Eric, Chief Strategy Officer - North America - DDB Chicago; *pg.* 59
Zunda, Charles, Partner & Chief Creative Officer - Zunda Group; *pg.* 205
Zundl, Kevin, Owner - Psynchronous Communications; *pg.* 130
Zuniga, Armando, Vice President & Creative Director - Digitas; *pg.* 227
Zuniga, Jocelyn, SEO Manager - Wavemaker; *pg.* 526
Zunkley, Eric, Design Director - Deutsch, Inc.; *pg.* 350
Zupcic, Cindy, New Client Partnerships Manager - XenoPsi; *pg.* 164
Zupp, Shawn, Group Account Director - R/GA; *pg.* 260
Zurbey, Jon, Partner - Haberman; *pg.* 369
Zuriech, Jackie, Account Supervisor - ICF Next; *pg.* 614
Zurliene, Maggie, Associate Director - Starcom Worldwide; *pg.* 513
Zuurbier, Rob, Managing Partner - SuperHeroes New York; *pg.* 145
Zuwiala-Rogers, Emily, Art Director - Bailey Brand Consulting; *pg.* 2
Zuzelski, Lauren, Partner & Account Director - Brogan & Partners ; *pg.* 538
Zverin, Stephanie, Director, Integrated Investment - PHD USA; *pg.* 505
Zvonkin, Tanya, Senior Vice President, National Video Investment - Canvas Worldwide; *pg.* 458
Zweibaum, Kiersten, Partner, Managing Director, Growth - Ketchum; *pg.* 542
Zweig, Caylie, Strategist - OMD West; *pg.* 502
Zwerdling, Hilary, Senior Vice President - M+R; *pg.* 12
Zwerin, Amanda, Strategist, Paid Media - Union; *pg.* 273
Zwicker Baumgarten, Tara, Senior Vice President - Stern Strategy Group; *pg.* 650
Zwicky, Alexandra, Account Director - Novita Communications; *pg.* 392
Zwieg, Justin, Creative Director & Design Director - Bolin Marketing; *pg.* 41
Zwilling, Maureen, Senior Digital Campaign Strategist - Amplified Digital Agency; *pg.* 213
Zwizanski, Kate, Senior Vice President, Media - CMI Media, LLC; *pg.* 342
Zygadlo, Jacqueline, Senior Account Executive, Corporate Communications & Healthcare - MWWPR; *pg.* 631
Zysk Buerger, Elke, Chief Strategy Officer - GMR Marketing; *pg.* 306
Zywicki, Ron, Vice President, Creative Services - David James Group; *pg.* 348

AGENCY RESPONSIBILITIES INDEX

Account Planning

Abdul Khabir, Safiyyah - Account Planner, Account Services - MEDIA CAUSE, San Francisco, CA, pg. 249

Abel, Jeremy - Account Planner - RDIALOGUE, Atlanta, GA, pg. 291

Acevedo, Karla - Account Planner - CASANOVA//MCCANN, Costa Mesa, CA, pg. 538

Acosta, Katie - Account Planner, Media Department, NBC - BBH, West Hollywood, CA, pg. 37

Acquistapace, Kyle - Account Planner, Account Services, Interactive / Digital, Media Department, PPOM, Public Relations - TEAM ONE, Los Angeles, CA, pg. 417

Adams, Jeff - Account Planner, Account Services - COMMONWEALTH // MCCANN, Detroit, MI, pg. 52

Adams, Danielle - Account Planner, Media Department - HORIZON MEDIA, INC., New York, NY, pg. 474

Adams, Cliff - Account Planner, Media Department - TEAM ONE, Dallas, TX, pg. 418

Adamus, Eric - Account Planner, NBC - HORIZON MEDIA, INC., New York, NY, pg. 474

Adarraga, Valentina - Account Planner - SUPERFLY, New York, NY, pg. 315

Addesa, Joey-lyn - Account Planner, PPOM - MINDSHARE, New York, NY, pg. 491

Adolfo, Raig - Account Planner, Account Services, Management, Media Department, NBC, Operations, PPOM, Promotions - 360I, LLC, New York, NY, pg. 320

Afflixio, Meredith - Account Planner, Account Services - UNIVERSAL MCCANN, New York, NY, pg. 521

Aguilar, Carolina - Account Planner, Account Services, Media Department - OMD SAN FRANCISCO, San Francisco, CA, pg. 501

Aguirre, John-Paul - Account Planner, Management, Media Department, PPOM - UNIVERSAL MCCANN, San Francisco, CA, pg. 428

Ahmad, Tahir - Account Planner, Media Department - LEO BURNETT TORONTO, Toronto, ON, pg. 97

Ahuja, Xavier - Account Planner, Operations - CRESCENDO, San Ramon, CA, pg. 55

Aiello, Kimberly - Account Planner, NBC - HORIZON MEDIA, INC., New York, NY, pg. 474

Ailts, Lauren - Account Planner, Media Department - CARAT, New York, NY, pg. 459

Aiu, Cashman - Account Planner, Interactive / Digital, Media Department - HORIZON MEDIA, INC., New York, NY, pg. 474

Alaverdian, Natalie - Account Planner, Account Services - INITIATIVE, Los Angeles, CA, pg. 478

Albanese, Paul - Account Planner, Account Services, Management, PPM - DAVID&GOLIATH, El Segundo, CA, pg. 57

Alber-Glanstaetten, Virginia - Account Planner, Media Department - MRY, New York, NY, pg. 252

Alberti, Bill - Account Planner, NBC, Operations - C SPACE, Boston, MA, pg. 443

Albu, Julia - Account Planner, Account Services, Creative - DROGA5, New York, NY, pg. 64

Alcantara, Jennifer - Account Planner, Account Services - 360I, LLC, Los Angeles, CA, pg. 208

Alcordo, Bethany - Account Planner, Account Services, Media Department, Social Media - SWELLSHARK, New York, NY, pg. 518

Alejos Oliver, Danielli - Account Planner - TRACYLOCKE, Chicago, IL, pg. 426

Alers, Ian - Account Planner, Account Services, Media Department - HORIZON MEDIA, INC., New York, NY, pg. 474

Alessandra, Jessica - Account Planner, Interactive / Digital, Media Department, PPM - HAVAS MEDIA GROUP, New York, NY, pg. 468

Alexander, Tiffany - Account Planner, Account Services, Management - ENERGY BBDO, INC., Chicago, IL, pg. 355

Allen, Lucy - Account Planner, Account Services, Management - EDELMAN, San Francisco, CA, pg. 601

Allen, Vaughn - Account Planner, Account Services, Interactive / Digital, Management, NBC - BARKLEY BOULDER, Boulder, CO, pg. 36

Allen, James - Account Planner, NBC - CARAT, New York, NY, pg. 459

Allen, Bradley - Account Planner, Account Services - DROGA5, New York, NY, pg. 64

Alles, Lina - Account Planner, Account Services, Media Department, PPOM, Programmatic - MINDSHARE, Toronto, ON, pg. 495

Allie, Dillon - Account Planner, Account Services, Management, Media Department - HDMZ, Chicago, IL, pg. 83

Allspaugh, Hugh - Account Planner, NBC, PPOM - VSA PARTNERS, INC., Chicago, IL, pg. 204

Aloise, Fernando - Account Planner - COSSETTE MEDIA, Toronto, ON, pg. 345

Altman, Kristin - Account Planner, Account Services, NBC - MOSES, INC., Phoenix, AZ, pg. 118

Alvarenga, Elba - Account Planner, Account Services, Interactive / Digital, Media Department, NBC, Public Relations - EDELMAN, New York, NY, pg. 599

Alyce, Ruth - Account Planner, Account Services - INTERSECTION, New York, NY, pg. 553

Aman, Lauren - Account Planner, Media Department, NBC - SPARK FOUNDRY, New York, NY, pg. 508

Amato, Laura - Account Planner, Account Services - CARAT, New York, NY, pg. 459

Amstutz, Elizabeth - Account Planner, Media Department - KELLY, SCOTT & MADISON, INC., Chicago, IL, pg. 482

Anast, Philip - Account Planner, Account Services - AMENDOLA COMMUNICATIONS, Scottsdale, AZ, pg. 577

Andell, Bethany - Account Planner, NBC, PPOM - SAVAGE DESIGN GROUP, Houston, TX, pg. 198

Anderle, Elke - Account Planner, Media Department - ENERGY BBDO, INC., Chicago, IL, pg. 355

Anderson, Carol - Account Planner, Account Services, Public Relations - EXPONENT PR, Minneapolis, MN, pg. 602

Anderson, Stacy - Account Planner, Media Department - EMPOWER, Cincinnati, OH, pg. 354

Anderson, Libby - Account Planner - MCGARRAH JESSEE, Austin, TX, pg. 384

Anderson, Flora - Account Planner, Account Services - THE OUTCAST AGENCY, San Francisco, CA, pg. 654

Anderson, Brock - Account Planner, Account Services - SECRET WEAPON MARKETING, Los Angeles, CA, pg. 139

Anderson, Kelly - Account Planner - LITTLEFIELD BRAND DEVELOPMENT, Tulsa, OK, pg. 12

Anderson, Zachary - Account Planner, Media Department - CARAT, Culver City, CA, pg. 459

Andreozzi, Alaina - Account Planner, Account Services - CIRCUS MAXIMUS, New York, NY, pg. 50

Andreus, Rachel - Account Planner, Interactive / Digital - HORIZON MEDIA, INC., New York, NY, pg. 474

Andrews, Chris - Account Planner, Media Department, NBC - GENERATOR MEDIA + ANALYTICS, New York, NY, pg. 466

Andrus, Nick - Account Planner, PPOM, Research - THE DRUCKER GROUP, Chicago, IL, pg. 150

Angelo, Vik - Account Planner - FETCH, San Francisco, CA, pg. 533

Angelovich, Michael - Account Planner, Media Department, PPOM - ZIMMERMAN ADVERTISING, Fort Lauderdale, FL, pg. 437

Anjum, Oshin - Account Planner, Account Services, Media Department, NBC - GTB, Dallas, TX, pg. 80

Ansell, Dan - Account Planner,

RESPONSIBILITIES INDEX — AGENCIES

Media Department - AKQA, New York, NY, pg. 212

Antoniello, Darren - Account Planner - MINDSTREAM MEDIA GROUP - DALLAS, Dallas, TX, pg. 496

Antonio, Carlo - Account Planner, Media Department - INTERTREND COMMUNICATIONS, Plano, TX, pg. 541

Antonucci, Joseph - Account Planner - PHD USA, New York, NY, pg. 505

Antuzzi, Karen - Account Planner, Interactive / Digital, Media Department - CARAT, New York, NY, pg. 459

Apitz, Shanna - Account Planner, Interactive / Digital - HUNT ADKINS, Minneapolis, MN, pg. 372

Applewhaite, Kenneth - Account Planner - NYHUS COMMUNICATIONS, Seattle, WA, pg. 633

Arakelian, Christine - Account Planner, NBC - WOLFF OLINS, New York, NY, pg. 21

Arias Duval, Mariana - Account Planner, Account Services, Media Department - WMX, Miami, FL, pg. 276

Arita, Marci - Account Planner, Account Services, Interactive / Digital, Media Department, NBC - HEARTS & SCIENCE, New York, NY, pg. 471

Armijo, Lori - Account Planner - DERSE, INC., North Las Vegas, NV, pg. 304

Armistead, Stacy - Account Planner, Account Services, Interactive / Digital, Public Relations - MINDSHARE, Atlanta, GA, pg. 493

Arnold, Talia - Account Planner - EXVERUS MEDIA INC., Los Angeles, CA, pg. 465

Arostegui, Zachary - Account Planner, NBC - WALKER SANDS COMMUNICATIONS, Chicago, IL, pg. 659

Arroyo Flores, Lilia - Account Planner - EDELMAN, Chicago, IL, pg. 353

Arthur, Neal - Account Planner - WIEDEN + KENNEDY, New York, NY, pg. 432

Arthur, Charlotte - Account Planner - GEOMETRY, Chicago, IL, pg. 363

Artis, Sadie - Account Planner - PRESTON KELLY, Minneapolis, MN, pg. 129

Ashworth, Kathy - Account Planner, Management - SIDES & ASSOCIATES, Lafayette, LA, pg. 410

Aske, Brenda - Account Planner, Account Services - BIOLUMINA, New York, NY, pg. 39

Askins, Sylvie - Account Planner, PPOM - KELLEY HABIB JOHN INTEGRATED MARKETING, Boston, MA, pg. 11

Atabay, Nicole - Account Planner, Account Services, Media Department - ZENITH MEDIA, Atlanta, GA, pg. 531

Atkinson, Pam - Account Planner, Media Department - CROSBY MARKETING COMMUNICATIONS, Annapolis, MD, pg. 347

Atkinson, Hillary - Account Planner - LITTLEFIELD BRAND DEVELOPMENT, Tulsa, OK, pg. 12

Augeri, Melissa - Account Planner, Account Services - MASON, INC., Bethany, CT, pg. 383

Austin, James - Account Planner, Account Services - MINDSHARE, New York, NY, pg. 491

Axtell, Karen - Account Planner, NBC, PPOM - GA CREATIVE, Bellevue, WA, pg. 361

Ayotte, Chad - Account Planner, Account Services - HAVAS MEDIA GROUP, New York, NY, pg. 468

Azevedo, Karina - Account Planner, NBC - BIG FAMILY TABLE, Los Angeles, CA, pg. 39

Babazadeh, Matthew - Account Planner, Account Services, Creative, Media Department - DDB CHICAGO, Chicago, IL, pg. 59

Babb, Gina - Account Planner, Media Department - SPARK FOUNDRY, Chicago, IL, pg. 510

Babcock, Kristin - Account Planner, Account Services, Interactive / Digital, Media Department, Social Media - CRAMER-KRASSELT, Chicago, IL, pg. 53

Baehr, Sarah - Account Planner, Finance, Management, PPOM - HORIZON MEDIA, INC., New York, NY, pg. 474

Baer, Megan - Account Planner, Account Services - SECRET WEAPON MARKETING, Los Angeles, CA, pg. 139

Bagno, Craig - Account Planner, Account Services, Management - MCCANN NEW YORK, New York, NY, pg. 108

Baharvar, Samantha - Account Planner, Interactive / Digital, Media Department, NBC, Public Relations - DIGITAS, New York, NY, pg. 226

Bahnmueller, Lori - Account Planner, PPOM - BROGAN & PARTNERS, Birmingham, MI, pg. 538

Bailey, Jasmine - Account Planner, Account Services - MEDIACOM, New York, NY, pg. 487

Bailey, Cody - Account Planner, Management - BELO + COMPANY, Dallas, TX, pg. 216

Bailin, Dan - Account Planner, Account Services, Management - THE VIA AGENCY, Portland, ME, pg. 154

Bailly, Nestor - Account Planner, Account Services, Research, Social Media - PRAYTELL, Brooklyn, NY, pg. 258

Baird, Todd - Account Planner, Management, Media Department - KELLEY HABIB JOHN INTEGRATED MARKETING, Boston, MA, pg. 11

Baker, John - Account Planner, NBC - THE RICHARDS GROUP, INC., Dallas, TX, pg. 422

Baldessarre, Christine - Account Planner, Account Services, Media Department, NBC - MINDSHARE, New York, NY, pg. 491

Baldwin, Suzanne - Account Planner, Media Department - DELL BLUE, Round Rock, TX, pg. 60

Baldwin, Chamie - Account Planner, Interactive / Digital, NBC, PPOM - BURNS GROUP, New York, NY, pg. 338

Baldwin, Jennifer - Account Planner, Media Department - PUBLICIS NORTH AMERICA, New York, NY, pg. 399

Baliber, Michael - Account Planner, Account Services, Interactive / Digital, Media Department - HEALIXGLOBAL, New York, NY, pg. 471

Ball, Dakota - Account Planner - OCEAN MEDIA, INC., Huntington Beach, CA, pg. 498

Banasik, Nancy - Account Planner, Management - PIPITONE GROUP, Pittsburgh, PA, pg. 195

Bandy, Megan - Account Planner, Account Services, Media Department, NBC - MINDSHARE, Chicago, IL, pg. 494

Banerjee, Mitali - Account Planner, Account Services - WUNDERMAN HEALTH, New York, NY, pg. 164

Banks, Allyson - Account Planner, Media Department - OMD CANADA, Toronto, ON, pg. 501

Bannon, Megan - Account Planner, Account Services, Media Department - LEO BURNETT WORLDWIDE, Chicago, IL, pg. 98

Barasch, Jane - Account Planner, Media Department, PPOM - WAVEMAKER, New York, NY, pg. 526

Barber, Peter - Account Planner, Account Services, NBC - LIPMAN HEARNE, INC., Chicago, IL, pg. 381

Barber, Kelly - Account Planner, Interactive / Digital - 26 DOT TWO LLC, New York, NY, pg. 453

Bard, Nicole - Account Planner - REDPEG MARKETING, Alexandria, VA, pg. 692

Barham, Nick - Account Planner, PPOM - TBWA \ CHIAT \ DAY, Los Angeles, CA, pg. 146

Barkow, Stephanie - Account Planner, Account Services, Research - BVK, Milwaukee, WI, pg. 339

Barnes, Alyson - Account Planner, Finance, Management - KETCHUM WEST, San Francisco, CA, pg. 620

Barone, Olivia - Account Planner, Account Services, Media Department - SWELLSHARK, New York, NY, pg. 518

Barr, Jessica - Account Planner - TURNER DUCKWORTH, San Francisco, CA, pg. 203

Barrientos, Sergio - Account Planner - M8, Miami, FL, pg. 542

Barrow, Adrian - Account Planner, Account Services, Management, Media Department - R/GA, Los Angeles, CA, pg. 261

Barsky, Dani - Account Planner, Account Services, Interactive / Digital, Media Department - CMI MEDIA, LLC, King of Prussia, PA, pg. 342

Barsky, Jessica - Account Planner, Account Services - GOLIN, New York, NY, pg. 610

Bartek, Lizzie - Account Planner,

AGENCIES — RESPONSIBILITIES INDEX

Media Department, NBC - CRAMER-KRASSELT, Chicago, IL, pg. 53

Bartholemy, Shannon - Account Planner, Social Media - OCEAN MEDIA, INC., Huntington Beach, CA, pg. 498

Bartholomew, Betsy - Account Planner, Account Services, PPOM - LAUNCH ADVERTISING, Denver, CO, pg. 97

Bartucci, Samantha - Account Planner, Account Services - OMD, Chicago, IL, pg. 500

Baskin, Steve - Account Planner, PPOM - TRIBE, INC., Atlanta, GA, pg. 20

Bass, Benjamin - Account Planner - BBDO WORLDWIDE, New York, NY, pg. 331

Batac, Colleen - Account Planner, Account Services, Media Department - UNIVERSAL MCCANN, San Francisco, CA, pg. 428

Batka, Jennifer - Account Planner, Interactive / Digital, Media Department - ESSENCE, Seattle, WA, pg. 232

Battaglia, Alanna - Account Planner, Account Services, Media Department - MINDSHARE, New York, NY, pg. 491

Batterson, Steve - Account Planner, Media Department, NBC - SIMPLE TRUTH, Chicago, IL, pg. 198

Bauer, Jonny - Account Planner, Account Services, PPOM - DROGA5, New York, NY, pg. 64

Baxter, Daniel - Account Planner - SANDSTROM PARTNERS, Portland, OR, pg. 198

Baxter, Andrea - Account Planner, Interactive / Digital - GLOBAL STRATEGIES, Bend, OR, pg. 673

Bayer, Jesse - Account Planner, Media Department - DDB CHICAGO, Chicago, IL, pg. 59

Bayham, Jake - Account Planner - BUTLER, SHINE, STERN & PARTNERS, Sausalito, CA, pg. 45

Beacher, Seth - Account Planner, Account Services, Media Department - DENTSU X, New York, NY, pg. 61

Beatty, Ken - Account Planner, Analytics, PPOM, Research - FCB NEW YORK, New York, NY, pg. 357

Beck, Jeff - Account Planner, NBC - ANOMALY, New York, NY, pg. 325

Beckett, Jaime - Account Planner, Interactive / Digital, Social Media - OMD, Chicago, IL, pg. 500

Beckley, Ben - Account Planner, Account Services, PPOM - CAMBRIDGE BIOMARKETING, Cambridge, MA, pg. 46

Beecher, Diane - Account Planner, PPOM - THE BRAND CONSULTANCY, Washington, DC, pg. 19

Beerden, Alexander - Account Planner, Account Services, Creative - MCGARRYBOWEN, New York, NY, pg. 109

Beere, Derek - Account Planner, Account Services, NBC - MASON, INC., Bethany, CT, pg. 383

Begehr, Judy R. - Account Planner, Account Services - GYRO, Cincinnati, OH, pg. 368

Begler, Arnie - Account Planner, NBC, PPOM - PIPITONE GROUP, Pittsburgh, PA, pg. 195

Behar, Claire - Account Planner, Account Services, Management, NBC - OMNICOM GROUP, New York, NY, pg. 123

Bekerman, Sara - Account Planner, Creative, Interactive / Digital - CODE AND THEORY, New York, NY, pg. 221

Bell, Rebekah - Account Planner, Account Services - MYRIAD TRAVEL MARKETING, Los Angeles, CA, pg. 390

Bell, Mike - Account Planner - CARAT, New York, NY, pg. 459

Bell, Jerry - Account Planner, Promotions - VIDMOB, New York, NY, pg. 690

Bell, Rebekah - Account Planner, Account Services - MMGY GLOBAL, Kansas City, MO, pg. 388

Bellis, Avery - Account Planner, Account Services - DEUTSCH, INC., Los Angeles, CA, pg. 350

Bello, Jose - Account Planner, Management - ICON INTERNATIONAL, INC., Greenwich, CT, pg. 476

Benedict, Lindsay - Account Planner, Media Department, NBC - SPARK FOUNDRY, Chicago, IL, pg. 510

Benigno, Peter - Account Planner, Interactive / Digital, Media Department - HEARTS & SCIENCE, New York, NY, pg. 471

Bennett, George - Account Planner, Interactive / Digital - DROGA5, New York, NY, pg. 64

Benson, Karen - Account Planner, Interactive / Digital, Media Department - DEUTSCH, INC., New York, NY, pg. 349

Bentley, Mike - Account Planner, Management - GTB, Dearborn, MI, pg. 367

Berardino, Angela - Account Planner, Public Relations - TURNER PUBLIC RELATIONS, New York, NY, pg. 657

Berger, Cory - Account Planner, Management, NBC, PPOM - GREY GROUP, New York, NY, pg. 365

Berghoff, Lauren - Account Planner, Account Services - CARAT, Culver City, CA, pg. 459

Bergmann, Kristen - Account Planner, Interactive / Digital, Media Department - GTB, Dearborn, MI, pg. 367

Berliner, Marc - Account Planner, Management - CONE, INC., Boston, MA, pg. 6

Berney, Tim - Account Planner, NBC, PPOM - VI MARKETING & BRANDING, Oklahoma City, OK, pg. 428

Berning, Jenna - Account Planner, Media Department - BIG YAM, Scottsdale, AZ, pg. 583

Bernstein, Ruth - Account Planner, PPOM - YARD, New York, NY, pg. 435

Berresse, Jessica - Account Planner, Media Department, NBC - CARAT, Atlanta, GA, pg. 459

Berrin, Nicole - Account Planner, Account Services, Media Department - OMD, New York, NY, pg. 498

Berris, Robert - Account Planner, Interactive / Digital - THREE FIVE TWO, INC., Atlanta, GA, pg. 271

Bevins, Tanya - Account Planner, Account Services, Media Department, NBC, Operations - MINDSHARE, New York, NY, pg. 491

Bey, Jacqueline - Account Planner, Media Department - SPARK FOUNDRY, New York, NY, pg. 508

Bhatia, Sohail - Account Planner - BUTLER, SHINE, STERN & PARTNERS, Sausalito, CA, pg. 45

Bi, Yukun - Account Planner, Media Department - HYLINK, Santa Monica, CA, pg. 240

Bidwell, Christy - Account Planner, Media Department - HAWORTH MARKETING & MEDIA, Minneapolis, MN, pg. 470

Bielby, Lesley - Account Planner, Account Services, NBC, PPOM - HILL HOLLIDAY, Boston, MA, pg. 85

Bien, Rachel - Account Planner, Analytics, Interactive / Digital, Media Department - ZENITH MEDIA, New York, NY, pg. 529

Biglione, Shann - Account Planner, Account Services, Management, Media Department - PUBLICIS NORTH AMERICA, New York, NY, pg. 399

Bikowski, David - Account Planner, Analytics, Interactive / Digital, Management, Media Department, Research - SYZYGY US, New York, NY, pg. 268

Billones, Chanelle - Account Planner, Media Department - TEAM ONE, Dallas, TX, pg. 418

Billups, J'nel - Account Planner - GENERATOR MEDIA + ANALYTICS, New York, NY, pg. 466

Birk, Jessica - Account Planner, Media Department - ID MEDIA, New York, NY, pg. 477

Birnbaum, Norma - Account Planner, Interactive / Digital, Management, Media Department - SAATCHI & SAATCHI WELLNESS, New York, NY, pg. 137

Bishara, Kareem - Account Planner, Media Department - UNIVERSAL MCCANN, New York, NY, pg. 521

Bishop, Martin - Account Planner, Account Services, NBC - LIVEWORLD, San Jose, CA, pg. 246

Bishop, Christie - Account Planner, Creative, Management - EDELMAN, Los Angeles, CA, pg. 601

Bissuel, Julien - Account Planner, Account Services, Interactive / Digital, NBC - FORSMAN & BODENFORS, Toronto, ON, pg. 74

Bivins, Liz - Account Planner, Interactive / Digital, Media Department - ZENITH MEDIA, Atlanta, GA, pg. 531

Black, Aaron - Account Planner, NBC - HORIZON MEDIA, INC., New York,

RESPONSIBILITIES INDEX — AGENCIES

NY, pg. 474

Black, Maggie - Account Planner - MEDIACROSS, INC., Saint Louis, MO, pg. 112

Blackwell, Tayhlor - Account Planner - REED PUBLIC RELATIONS, Nashville, TN, pg. 642

Blair, Magnus - Account Planner, Account Services, PPOM - JOAN, New York, NY, pg. 92

Blake, David - Account Planner, Account Services - ZENITH MEDIA, Chicago, IL, pg. 531

Blake, Anna - Account Planner, NBC - SUPERFLY, New York, NY, pg. 315

Blazek, Danielle - Account Planner - THE MX GROUP, Burr Ridge, IL, pg. 422

Bliss, Sarah - Account Planner - PROPAC, Plano, TX, pg. 682

Block, Alex - Account Planner, Account Services, Analytics, NBC, Operations, Research - GROUPM, New York, NY, pg. 466

Blood, Michelle - Account Planner, Account Services, Media Department - AMBASSADOR ADVERTISING, Irvine, CA, pg. 324

Bloom, Dana - Account Planner, Account Services - MINDSHARE, New York, NY, pg. 491

Blount, Bret - Account Planner, Account Services, Management - EDELMAN, San Francisco, CA, pg. 601

Bluebaugh, Adam - Account Planner - REDPEG MARKETING, Alexandria, VA, pg. 692

Blumberg, Stephen - Account Planner, Account Services, Interactive / Digital, Management, Media Department, PPOM - STARCOM WORLDWIDE, New York, NY, pg. 517

Bobenmoyer, Brad - Account Planner, Account Services, NBC - YOUNG & LARAMORE, Indianapolis, IN, pg. 164

Bockting, Teri - Account Planner, Account Services, NBC, PPOM - BLIND SOCIETY, Scottsdale, AZ, pg. 40

Boera, Catherine - Account Planner, Media Department, NBC - ACTIVE INTERNATIONAL, Pearl River, NY, pg. 439

Bogdanski, Justin - Account Planner, Account Services, Media Department - CROSSMEDIA, New York, NY, pg. 463

Bogue, Margot - Account Planner, NBC - CRAMER-KRASSELT, Chicago, IL, pg. 53

Bohrer, Douglas - Account Planner, Interactive / Digital - THINK JAM, West Hollywood, Los Angeles, CA, pg. 299

Boldt, Christina - Account Planner - STARCOM WORLDWIDE, New York, NY, pg. 517

Boldt, Jessica - Account Planner, Account Services, Interactive / Digital, Media Department - HAWORTH MARKETING & MEDIA, Minneapolis, MN, pg. 470

Bongiorni, Nicholas - Account Planner, Interactive / Digital, Media Department - HORIZON MEDIA, INC., New York, NY, pg. 474

Bonner, Brittany - Account Planner, Media Department - TEAM ONE, Dallas, TX, pg. 418

Bonney, Andrea - Account Planner, Account Services, Management - MCGARRYBOWEN, New York, NY, pg. 109

Borchard, Matthew - Account Planner, Media Department - NOBLE PEOPLE, New York, NY, pg. 120

Bordinat, Lisa - Account Planner, Research - SYMPHONY TALENT, San Francisco, CA, pg. 667

Borgella, Candice - Account Planner, Media Department - WAVEMAKER, Los Angeles, CA, pg. 528

Borges, Raquel - Account Planner, Account Services, Media Department - HEARTS & SCIENCE, New York, NY, pg. 471

Bosse, Jordan - Account Planner - TURNER DUCKWORTH, San Francisco, CA, pg. 203

Bostwick, Gary - Account Planner, Account Services, Creative - THE VARIABLE, Winston-Salem, NC, pg. 153

Bousquet, Stephanie - Account Planner, Media Department - GOODBY, SILVERSTEIN & PARTNERS, San Francisco, CA, pg. 77

Boutte, Mark - Account Planner, Interactive / Digital, Media Department - ANDERSON DDB HEALTH & LIFESTYLE, Toronto, ON, pg. 31

Bouvier, Jassica - Account Planner, Account Services, Media Department - BEARDWOOD & CO, New York, NY, pg. 174

Boverie, Rob - Account Planner - CAMELOT STRATEGIC MARKETING & MEDIA, Dallas, TX, pg. 457

Bowers, Catlin - Account Planner, Account Services, Interactive / Digital, Media Department - INITIATIVE, New York, NY, pg. 477

Bowman, Julianna - Account Planner, Media Department, NBC, Public Relations - HEARTS & SCIENCE, Atlanta, GA, pg. 473

Boyarsky, Anna - Account Planner, NBC - CHARACTER, San Francisco, CA, pg. 5

Boyce, Peter - Account Planner - HARBINGER COMMUNICATIONS, INC., Toronto, ON, pg. 611

Boyd, Jarryd - Account Planner, Account Services, Media Department, Social Media - PRAYTELL, Brooklyn, NY, pg. 258

Boyd, Jen - Account Planner, Interactive / Digital - ACUMIUM, LLC, Madison, WI, pg. 210

Boynton, Caroline - Account Planner, Media Department - GSD&M, Austin, TX, pg. 79

Bradley, Beth - Account Planner - STARCOM WORLDWIDE, Chicago, IL, pg. 513

Bradley, Justin - Account Planner, Media Department - WIEDEN + KENNEDY, Portland, OR, pg. 430

Bradshaw, Rachel - Account Planner, Account Services - ISOBAR US, New York, NY, pg. 242

Brady, Janelle - Account Planner, Media Department - MAYOSEITZ MEDIA, Blue Bell, PA, pg. 483

Brady, Angie - Account Planner - SPARKS, Philadelphia, PA, pg. 315

Brady, Katie - Account Planner - ARC WORLDWIDE, Chicago, IL, pg. 327

Braggs, Taja - Account Planner, Interactive / Digital, Media Department - ESSENCE, Minneapolis, MN, pg. 233

Braider, Janine - Account Planner, Account Services - MEDIAWORX, Shelton, CT, pg. 490

Brake, Susan - Account Planner, Interactive / Digital, Operations - DEVELOPMENT COUNSELLORS INTERNATIONAL, LTD., New York, NY, pg. 596

Brand, Laura - Account Planner, Interactive / Digital, NBC, Social Media - VMLY&R, Kansas City, MO, pg. 274

Brand, Kortney - Account Planner, Account Services, Media Department - FIG, New York, NY, pg. 73

Brandell, Amanda - Account Planner, Media Department - MEDIACOM, New York, NY, pg. 487

Brands, Alex - Account Planner, Account Services, Creative, Media Department - PATTERN, New York, NY, pg. 126

Brankovic, Adnan - Account Planner, Account Services, Management, Media Department - MEDIACOM, New York, NY, pg. 487

Braziel, Lisa - Account Planner, NBC - IGNITE SOCIAL MEDIA, Cary, NC, pg. 686

Bremer, Marla - Account Planner, Interactive / Digital, Media Department - ESSENCE, New York, NY, pg. 232

Bremer, Devon - Account Planner, Media Department - R/GA, New York, NY, pg. 260

Brennan, Leslie - Account Planner, Account Services - ANOMALY, Venice, CA, pg. 326

Bressi, Kayla - Account Planner, Account Services - VELOCITY OMC, New York, NY, pg. 158

Bretschger, Christopher - Account Planner, Analytics, Interactive / Digital - IMW AGENCY, Costa Mesa, CA, pg. 374

Brezzi, Alex - Account Planner, Account Services - CARAT, New York, NY, pg. 459

Brick, Patty - Account Planner, Account Services, Media Department, PPOM - KELLY, SCOTT & MADISON, INC., Chicago, IL, pg. 482

Brill, Allison - Account Planner - REDPEG MARKETING, Alexandria, VA, pg. 692

Brito, Ariel - Account Planner, Media Department, NBC - HORIZON MEDIA, INC., Los Angeles, CA, pg. 473

Brock, Todd - Account Planner, Interactive / Digital - GLOBAL

1090

AGENCIES

RESPONSIBILITIES INDEX

STRATEGIES, Bend, OR, pg. 673
Brockenbrough, Kevin - Account Planner - BURRELL COMMUNICATIONS GROUP, INC., Chicago, IL, pg. 45
Brockley, Marshall - Account Planner, Media Department - MEDIACOM, New York, NY, pg. 487
Brooke, Shelagh - Account Planner, Analytics, PPOM - OGILVY COMMONHEALTH WORLDWIDE, Parsippany, NJ, pg. 122
Brooks, Peter - Account Planner, Account Services, Finance - MEDIACOM, New York, NY, pg. 487
Brothwell, Veronica - Account Planner, Account Services, Media Department - INITIATIVE, Los Angeles, CA, pg. 478
Broughman, Ashley - Account Planner, Account Services - 72ANDSUNNY, Playa Vista, CA, pg. 23
Brower, Lucretia - Account Planner - STARCOM WORLDWIDE, Chicago, IL, pg. 513
Brown, Jason - Account Planner, PPOM - BROWN PARKER | DEMARINIS ADVERTISING, Boca Raton, FL, pg. 43
Brown, Traci - Account Planner, NBC - HORIZON MEDIA, INC., Los Angeles, CA, pg. 473
Brown, Antoine - Account Planner, Account Services, Management, Media Department, PPOM - SPARK FOUNDRY, New York, NY, pg. 508
Brown, Sherri-Lyn - Account Planner, Account Services - EDELMAN, Toronto, ON, pg. 601
Brown, Melanee - Account Planner, NBC - BRANDHIVE, Salt Lake City, UT, pg. 336
Brown, Elizabeth - Account Planner, Media Department - ENERGY BBDO, INC., Chicago, IL, pg. 355
Brown, Emily - Account Planner, NBC - MCCANN NEW YORK, New York, NY, pg. 108
Brown, Beau - Account Planner - RED ANTLER, Brooklyn, NY, pg. 16
Brown, Ashley - Account Planner, Account Services, Media Department - KROGER MEDIA SERVICES, Portland, OR, pg. 96
Brown, Corbin - Account Planner - GIANT SPOON, LLC, Los Angeles, CA, pg. 363
Browning, Brit - Account Planner, Media Department - BBDO WORLDWIDE, New York, NY, pg. 331
Broxson, Donnie - Account Planner, Account Services, Management, NBC, PPOM - ACENTO ADVERTISING, INC., Santa Monica, CA, pg. 25
Bruce, David - Account Planner, Account Services, Media Department - MEDIAHUB BOSTON, Boston, MA, pg. 489
Bruckstein, Michael - Account Planner, Interactive / Digital, Media Department - NEO MEDIA WORLD, New York, NY, pg. 496
Brusin, Josh - Account Planner, Account Services - EPSILON, Chicago, IL, pg. 283
Bryant, Jon - Account Planner,

Media Department - MAYOSEITZ MEDIA, Blue Bell, PA, pg. 483
Bryant, Erica - Account Planner - AVOCET COMMUNICATIONS, Longmont, CO, pg. 328
Bryant, Jessica - Account Planner, Account Services - NECTAR COMMUNICATIONS, Seattle, WA, pg. 632
Brydon, Brian - Account Planner, Operations - BBDO WORLDWIDE, New York, NY, pg. 331
Bryson, Evan - Account Planner, Creative, NBC - WE ARE BMF, New York, NY, pg. 318
Buchanan, Antonio - Account Planner, PPOM - ANTONIO & PARIS, San Francisco, CA, pg. 32
Buck, Brian - Account Planner, Media Department, PPOM, Research - SCOTWORK, Bedminster, NJ, pg. 291
Buck, Sebastian - Account Planner, PPOM - ENSO, Santa Monica, CA, pg. 68
Buckley, Jerry - Account Planner, Account Services, NBC - EMC OUTDOOR, Newtown Square, PA, pg. 551
Buckley, Brendon - Account Planner, Account Services - GENUINE INTERACTIVE, Boston, MA, pg. 237
Bukovics, Andrew - Account Planner, Account Services, Media Department - AMOBEE, INC., Redwood City, CA, pg. 213
Bukowski, Jessica - Account Planner, Account Services, NBC - SIGNAL THEORY, Kansas City, MO, pg. 141
Bukzin, Michael - Account Planner, Account Services - TURNER DUCKWORTH, San Francisco, CA, pg. 203
Bullen, Kaitlyn - Account Planner, Media Department - STARCOM WORLDWIDE, Toronto, ON, pg. 517
Bullock, Steve - Account Planner, Analytics, Media Department, NBC, Research - BERNSTEIN-REIN ADVERTISING, INC., Kansas City, MO, pg. 39
Bunce, Juliana - Account Planner, Media Department - OMD WEST, Los Angeles, CA, pg. 502
Buntin, Brent - Account Planner, NBC - CODE AND THEORY, New York, NY, pg. 221
Burch, Michael - Account Planner, Interactive / Digital, Public Relations - ANOMALY, New York, NY, pg. 325
Burdick, Cory - Account Planner, Interactive / Digital, Media Department - THE MEDIA KITCHEN, New York, NY, pg. 519
Burfeind, David - Account Planner, PPOM - THE VIA AGENCY, Portland, ME, pg. 154
Burgess, Ron - Account Planner, Analytics, PPOM - RED FUSION MEDIA, Redlands, CA, pg. 132
Burgess, Stephanie - Account Planner, Account Services - CARAT, New York, NY, pg. 459

Burgess, Sarah - Account Planner, Account Services - OMD, New York, NY, pg. 498
Burke, Elizabeth - Account Planner, Media Department - ESSENCE, New York, NY, pg. 232
Burmaster, Nikki - Account Planner, Interactive / Digital, Media Department - KARSH & HAGAN, Denver, CO, pg. 94
Burmeister, Claus - Account Planner, Media Department, Research - WAVEMAKER, Toronto, ON, pg. 529
Burnham, Kristin - Account Planner - DOUG&PARTNERS, Toronto, ON, pg. 353
Burns, Bryan - Account Planner, Account Services - GREY GROUP, New York, NY, pg. 365
Burns, Hilary - Account Planner, Account Services, Management, Media Department - EMPOWER, Chicago, IL, pg. 355
Burns, Julia - Account Planner - EDELMAN, Portland, OR, pg. 600
Burns, Julia - Account Planner, Media Department - HAVAS MEDIA GROUP, Boston, MA, pg. 470
Burroughs, Will - Account Planner, NBC - BIG FAMILY TABLE, Los Angeles, CA, pg. 39
Burtis, Lily - Account Planner, Account Services - PATTERN, New York, NY, pg. 126
Buss, Kristen - Account Planner, Analytics, Management, Research - MOSAIC NORTH AMERICA, Chicago, IL, pg. 312
Butcher, Matt - Account Planner, NBC - THE RICHARDS GROUP, INC., Dallas, TX, pg. 422
Butler, Cathy - Account Planner, Account Services, Interactive / Digital, Management, NBC, Operations, PPOM - ORGANIC, INC., New York, NY, pg. 256
Buturla, Sara - Account Planner, Account Services, Media Department - SPARK FOUNDRY, New York, NY, pg. 508
Butzen Dougherty, Jennyfer - Account Planner, Account Services, Media Department - LKH&S, Chicago, IL, pg. 381
Byrnes, Jennifer - Account Planner, Account Services, Management, Media Department - SPARK FOUNDRY, New York, NY, pg. 508
Cabral, Melissa - Account Planner, Account Services, Creative, Media Department - THE MANY, Pacific Palisades, CA, pg. 151
Cacioppo, Chris - Account Planner, Account Services, Media Department - MINDSHARE, New York, NY, pg. 491
Cahill, Joseph - Account Planner, NBC, PPOM - STRAIGHT NORTH, LLC, Downers Grove, IL, pg. 267
Cai, Carol - Account Planner, Account Services, Interactive / Digital, Media Department, NBC - MEDIAHUB BOSTON, Boston, MA, pg. 489
Cain, Rachel - Account Planner,

RESPONSIBILITIES INDEX — AGENCIES

Account Services - WEBER SHANDWICK, Atlanta, GA, pg. 661
Calabria, Kelly - Account Planner, Account Services, NBC - KETCHUM, Raleigh, NC, pg. 378
Callaghan, Cathryn - Account Planner, Account Services, Interactive / Digital, Media Department - HEARTS & SCIENCE, New York, NY, pg. 471
Callahan, Ed - Account Planner, Creative, PPOM - PLANIT, Baltimore, MD, pg. 397
Callard, Tom - Account Planner, Account Services - BBH, New York, NY, pg. 37
Cameron, Madison - Account Planner, Media Department - GOODBY, SILVERSTEIN & PARTNERS, San Francisco, CA, pg. 77
Cameron, Kaitlyn - Account Planner - DWA MEDIA, Austin, TX, pg. 464
Cammareri, Paola - Account Planner, Account Services - FCB WEST, San Francisco, CA, pg. 72
Campbell, Eric - Account Planner, Account Services, Management, NBC, PPOM - VMLY&R, New York, NY, pg. 160
Campbell, Melissa - Account Planner, Account Services, Management, Media Department - SPARK FOUNDRY, New York, NY, pg. 508
Campbell, Mike - Account Planner, Management - ANDERSON DIRECT & DIGITAL, Poway, CA, pg. 279
Campbell, Kelli - Account Planner, Account Services, Media Department - OMD SAN FRANCISCO, San Francisco, CA, pg. 501
Campobasso, Jessica - Account Planner - TPN, Chicago, IL, pg. 571
Canada, Olivia - Account Planner, Interactive / Digital, Media Department - HAVAS MEDIA GROUP, Boston, MA, pg. 470
Candia, Matias - Account Planner, Account Services, Management, NBC - DAVID, Miami, FL, pg. 57
Candy, Graham - Account Planner, Account Services - DDB CANADA, Toronto, ON, pg. 224
Canuel, Francois - Account Planner, Account Services, Management - TAM TAM \ TBWA, Montreal, QC, pg. 416
Capaul, John - Account Planner, Management - FUSION92, Chicago, IL, pg. 235
Cappiello, Giuliana - Account Planner, Account Services, Media Department - MINDSHARE, New York, NY, pg. 491
Caprio, Jamie - Account Planner - THE SAWTOOTH GROUP , Red Bank, NJ, pg. 152
Caputo Karp, Janet - Account Planner, Account Services, NBC, Social Media - MRY, New York, NY, pg. 252
Cardetti, Chris - Account Planner, Account Services - BARKLEY, Kansas City, MO, pg. 329
Carey, Jackie - Account Planner,

Account Services, Media Department - ZENITH MEDIA, New York, NY, pg. 529
Carlson, Mark - Account Planner, NBC, PPOM - LAUGHLIN CONSTABLE, INC., Milwaukee, WI, pg. 379
Carlson, Gretta - Account Planner, Media Department, NBC - CARAT, New York, NY, pg. 459
Carlton, Dan - Account Planner, NBC - DIVISION OF LABOR, Sausalito, CA, pg. 63
Carmona, Jessica - Account Planner, Media Department, NBC - NORBELLA, Boston, MA, pg. 497
Carnevale, Nicole - Account Planner, Account Services - MAISONBRISON, Montreal, QC, pg. 624
Carolan, Mara - Account Planner - POSTERSCOPE U.S.A., New York, NY, pg. 556
Carollo, Rose - Account Planner, NBC, PPOM - J3, New York, NY, pg. 480
Carpenter, Casey - Account Planner, Social Media - HAVAS WORLDWIDE CHICAGO, Chicago, IL, pg. 82
Carr, Nigel - Account Planner, Management, NBC, PPOM - THE TOMBRAS GROUP, Knoxville, TN, pg. 424
Carr, Lucy - Account Planner, Media Department - MERKLEY + PARTNERS, New York, NY, pg. 114
Carrasco, Daniela - Account Planner - FCB HEALTH, New York, NY, pg. 72
Carrigan, Megan - Account Planner, Account Services - UNION, Charlotte, NC, pg. 273
Carroll, Julie - Account Planner, Account Services, Media Department - LIGHTNING ORCHARD, Brooklyn, NY, pg. 11
Carson, Anthony - Account Planner - AIR PARIS NEW YORK, New York, NY, pg. 172
Carter, Gail - Account Planner, Account Services, PPOM - SCHAFER CONDON CARTER, Chicago, IL, pg. 138
Carter, Megan - Account Planner, Account Services, Analytics, Media Department, NBC - MINDSHARE, New York, NY, pg. 491
Casey, Karena - Account Planner, NBC - E10, Minneapolis, MN, pg. 353
Casey, Deb - Account Planner, Account Services, NBC - MILK, South Norwalk, CT, pg. 115
Casey, Michelle - Account Planner, Account Services - MCGARRYBOWEN, Chicago, IL, pg. 110
Cassell, Dana - Account Planner, Account Services - BIGEYE AGENCY, Orlando, FL, pg. 3
Cassidy, Colbie - Account Planner, Media Department - MEDIAHUB NEW YORK, New York, NY, pg. 249
Cassorla, Lori - Account Planner, Media Department, Operations - MEDIAHUB BOSTON, Boston, MA, pg. 489
Castellano, Christian - Account Planner, Interactive / Digital - SULLIVAN, New York, NY, pg. 18
Castelli, Auro Trini - Account

Planner, Management - ELEPHANT, Brooklyn, NY, pg. 181
Castillo, Lydia - Account Planner, Account Services - FINN PARTNERS, Chicago, IL, pg. 604
Castro, Paul - Account Planner, Account Services - SPARK44, New York, NY, pg. 411
Castro, Jemilly - Account Planner, NBC - ENERGY BBDO, INC., Chicago, IL, pg. 355
Cates, Bob - Account Planner, PPOM - TEN PEAKS MEDIA, Boerne, TX, pg. 269
Cerruti, James - Account Planner, NBC, PPOM, Research - TENET PARTNERS, Norwalk, CT, pg. 19
Cesarec, Jeremy - Account Planner, Account Services, Social Media - PLANET PROPAGANDA, Madison, WI, pg. 195
Chaba, Sy - Account Planner, Account Services, Finance, Management, PPOM - KELLY, SCOTT & MADISON, INC., Chicago, IL, pg. 482
Chabot, Elizabeth - Account Planner, NBC - VMLY&R, New York, NY, pg. 160
Chafe, Paulette - Account Planner - HEARTS & SCIENCE, Atlanta, GA, pg. 473
Chaisson, Evan - Account Planner, Interactive / Digital, NBC, Social Media - 3 BIRDS MARKETING, Chapel Hill, NC, pg. 207
Chakrabarty, Lily - Account Planner, Account Services, Media Department - STARCOM WORLDWIDE, New York, NY, pg. 517
Chakravorti, Mimi - Account Planner, Interactive / Digital, Management, Media Department - LANDOR, San Francisco, CA, pg. 11
Challis, Dean - Account Planner, NBC - DROGA5, New York, NY, pg. 64
Chang, Bora - Account Planner, Account Services - VIZEUM, New York, NY, pg. 526
Chao, Liping - Account Planner, Account Services, Media Department - MEDIACOM, New York, NY, pg. 487
Chapman, Tracy - Account Planner, NBC - TERRI & SANDY, New York, NY, pg. 147
Charney, Hannah - Account Planner - CONE, INC., Boston, MA, pg. 6
Chartrand, Ashley - Account Planner - MEDIACROSS, INC., Saint Louis, MO, pg. 112
Chastain, Ali - Account Planner - ANOMALY, New York, NY, pg. 325
Chasteen, Amanda - Account Planner - GYRO, Cincinnati, OH, pg. 368
Chatelain, Olivier - Account Planner, Interactive / Digital - IPROSPECT, Montreal, QC, pg. 674
Chen, Christine - Account Planner, Account Services, Creative, Media Department, PPOM - INITIATIVE, New York, NY, pg. 477
Chen, Alexis - Account Planner - MINDSHARE, Toronto, ON, pg. 495
Chen, Lilian - Account Planner - HAMAZAKI WONG MARKETING GROUP,

AGENCIES

RESPONSIBILITIES INDEX

Vancouver, BC, *pg.* 81
Cheng, Tiffany - Account Planner, Account Services, Interactive / Digital, Media Department - PALISADES MEDIA GROUP, INC., New York, NY, *pg.* 124
Chepigin, Martine - Account Planner, PPOM - INC DESIGN, New York, NY, *pg.* 187
Cherian, Joyson - Account Planner, Account Services - WELZ & WEISEL COMMUNICATIONS, McLean, VA, *pg.* 662
Chernick, Randi - Account Planner, Account Services, Media Department, PPOM - MINDSHARE, New York, NY, *pg.* 491
Chester, Caroline - Account Planner - WAVEMAKER, New York, NY, *pg.* 526
Chiavone, Laura - Account Planner, Interactive / Digital, Management, NBC, Social Media - SPARKS & HONEY, New York, NY, *pg.* 450
Chickering, Kelsey - Account Planner, Interactive / Digital, Media Department - HAVAS MEDIA GROUP, Boston, MA, *pg.* 470
Childers, Kelly - Account Planner, Account Services - DEUTSCH, INC., Los Angeles, CA, *pg.* 350
Childs, Amanda - Account Planner - SPARKS, Philadelphia, PA, *pg.* 315
Childs, Carol - Account Planner - CARAT, Atlanta, GA, *pg.* 459
Chiles, Steve - Account Planner - DID AGENCY, Ambler, PA, *pg.* 62
Chin, Christina - Account Planner, Media Department - KWG ADVERTISING, INC., New York, NY, *pg.* 96
Chin, Anthony - Account Planner, Account Services, Media Department - UNIVERSAL MCCANN, New York, NY, *pg.* 521
Chisholm, Molly - Account Planner, Account Services, Creative, Media Department - ARNOLD WORLDWIDE, Boston, MA, *pg.* 33
Choco, Andrew - Account Planner, Account Services - DIRECTIVE CONSULTING, Irvine, CA, *pg.* 63
Choi, Gloria - Account Planner, Media Department - FCB HEALTH, New York, NY, *pg.* 72
Choi, Christina - Account Planner, Public Relations - LANDOR, San Francisco, CA, *pg.* 11
Chong, Philip - Account Planner, Account Services, Media Department - ZENITH MEDIA, New York, NY, *pg.* 529
Christensen, Melissa - Account Planner - MAPR, Boulder, CO, *pg.* 624
Christian, Reina - Account Planner, Account Services - RED DELUXE, Memphis, TN, *pg.* 507
Christie, Kyle - Account Planner, Media Department, NBC - CARAT, New York, NY, *pg.* 459
Chuku, Yusuf - Account Planner, Management, Operations, PPOM - VMLY&R, New York, NY, *pg.* 160
Chung, Yin - Account Planner, Interactive / Digital, Media Department, NBC - BBDO WORLDWIDE,

New York, NY, *pg.* 331
Ciccotelli, Nadia - Account Planner, Media Department, NBC - PMG, Fort Worth, TX, *pg.* 257
Cigliano, Sophia - Account Planner, Account Services - GYK ANTLER, Manchester, NH, *pg.* 368
Cilibrasi, Samantha - Account Planner, Account Services, Media Department, Social Media - HEARTS & SCIENCE, New York, NY, *pg.* 471
Cimino, Donna - Account Planner, Media Department - SPARK FOUNDRY, Chicago, IL, *pg.* 510
Cipriati, Valerie - Account Planner, Media Department - KWG ADVERTISING, INC., New York, NY, *pg.* 96
Cirincione, Allison - Account Planner, Account Services - ACCELERATION PARTNERS, Needham, MA, *pg.* 25
Cirone, Amanda - Account Planner, Account Services, Media Department, PPM - SPARK FOUNDRY, New York, NY, *pg.* 508
Civello, Jessica - Account Planner, Account Services, Public Relations - DEVENEY COMMUNICATIONS, New Orleans, LA, *pg.* 596
Clark, Amy - Account Planner, Interactive / Digital, Media Department - THE MEDIA KITCHEN, New York, NY, *pg.* 519
Clark, Jody - Account Planner, Account Services, NBC - LEXICON BRANDING, INC., Sausalito, CA, *pg.* 189
Clark, Melissa - Account Planner, Management, Media Department, NBC, Public Relations - THE INTEGER GROUP - DALLAS, Dallas, TX, *pg.* 570
Clark, Alison - Account Planner, Account Services - COLLE MCVOY, Minneapolis, MN, *pg.* 343
Clark, Melissa - Account Planner - MARTIN WILLIAMS ADVERTISING, Minneapolis, MN, *pg.* 106
Clark, Gabrielle - Account Planner, Account Services, Analytics, Creative - BAESMAN, Columbus, OH, *pg.* 167
Clarke, Jo - Account Planner, Account Services, Management - LANDOR, San Francisco, CA, *pg.* 11
Clarke, Courtney - Account Planner, Account Services, Media Department - PUBLICIS.SAPIENT, New York, NY, *pg.* 258
Clausing, Jeff - Account Planner, Analytics, NBC - AXIOM MARKETING, INC., Libertyville, IL, *pg.* 566
Clay, Matthew - Account Planner, Media Department - WEBER SHANDWICK, Chicago, IL, *pg.* 661
Claybrook, Lisa - Account Planner, Account Services, Interactive / Digital - DASH TWO, Nashville, TN, *pg.* 551
Clayman, Larry - Account Planner, Account Services, NBC, PPOM - CLAYMAN & ASSOCIATES, Marietta, OH, *pg.* 51
Cleary, Erin - Account Planner,

Media Department - STARCOM WORLDWIDE, Chicago, IL, *pg.* 513
Cleary, Neil - Account Planner, Analytics - MERGE, Chicago, IL, *pg.* 113
Clement, Chelsea - Account Planner, Account Services - LITTLEFIELD BRAND DEVELOPMENT, Tulsa, OK, *pg.* 12
Clemmons, Joshua - Account Planner, Account Services - ROMANELLI COMMUNICATIONS, Clinton, NY, *pg.* 134
Clevenger, Trae - Account Planner, Analytics, PPOM - ANSIRA, Addison, TX, *pg.* 326
Clifford, Megan - Account Planner - RIDDLE & BLOOM, Boston, MA, *pg.* 133
Cloud, Mickey - Account Planner, Account Services, Management - VAYNERMEDIA, Chattanooga, TN, *pg.* 689
Cobb, Kristina - Account Planner, Media Department, Programmatic - AMOBEE, INC., Chicago, IL, *pg.* 213
Coburn, Samantha - Account Planner - HORIZON MEDIA, INC., New York, NY, *pg.* 474
Cocchiaro, Alec - Account Planner, Account Services - FCB NEW YORK, New York, NY, *pg.* 357
Cochran, Jordan - Account Planner, Account Services, Management - VMLY&R, Kansas City, MO, *pg.* 274
Cocker, Christian - Account Planner, NBC - RPA, Santa Monica, CA, *pg.* 134
Cody, Caitlin - Account Planner, Creative - DIGITAS, Chicago, IL, *pg.* 227
Coghlan, James - Account Planner, Account Services, Research - AREA 23, New York, NY, *pg.* 33
Cohen, Lisa - Account Planner, Media Department, PPM - WILSON MEDIA GROUP, Key West, FL, *pg.* 529
Cohen, Robin - Account Planner, Account Services, Media Department - RAIN, Westchester, PA, *pg.* 402
Cohen, Maris - Account Planner, Account Services, Media Department, NBC - OMD, New York, NY, *pg.* 498
Cohen, Martha - Account Planner, Account Services, Media Department - AUTHENTIC, Richmond, VA, *pg.* 214
Cohn, Daniel - Account Planner, Account Services, Management, Media Department - MCCANN NEW YORK, New York, NY, *pg.* 108
Cole, Iris - Account Planner - GIRL ON THE ROOF, INC, Knoxville, TN, *pg.* 364
Coleman, Angie - Account Planner, Account Services - MILLER ZELL, INC., Atlanta, GA, *pg.* 191
Coleman, Dave - Account Planner, Account Services, Media Department - OCEAN MEDIA, INC., Huntington Beach, CA, *pg.* 498
Coleman, Kyong - Account Planner, Account Services, Management, Media Department, PPOM - OMD, New York, NY, *pg.* 498
Coleman, Christopher - Account

1093

RESPONSIBILITIES INDEX — AGENCIES

Planner, Account Services, PPM - DAVID&GOLIATH, El Segundo, CA, *pg.* 57

Coleman, Jayne - Account Planner, Account Services - ADFIRE HEALTH, Stamford, CT, *pg.* 27

Collins, Dan - Account Planner, Account Services, Interactive / Digital, Media Department, Research - GKV, Baltimore, MD, *pg.* 364

Collins, Jennifer - Account Planner - PEAK CREATIVE MEDIA, Denver, CO, *pg.* 256

Collins, Wetherly - Account Planner, Media Department - CARAT, New York, NY, *pg.* 459

Collinson, Sarah - Account Planner, Account Services, Management - JOAN, New York, NY, *pg.* 92

Colman, Carly - Account Planner, Account Services, Media Department - VIZEUM, New York, NY, *pg.* 526

Colon, Andrews - Account Planner, Account Services - AMPLIFIED DIGITAL AGENCY, Saint Louis, MO, *pg.* 213

Colonero Wolfe, Nora - Account Planner, Account Services, NBC - J3, New York, NY, *pg.* 480

Colucci, John - Account Planner - MARINA MAHER COMMUNICATIONS, New York, NY, *pg.* 625

Colvin, Jason - Account Planner - REDPEG MARKETING, Alexandria, VA, *pg.* 692

Colwell, Ashley - Account Planner, Account Services, Media Department, PPOM - MINDSHARE, New York, NY, *pg.* 491

Combs, Amanda - Account Planner, Account Services - SWIFT, Portland, OR, *pg.* 145

Comerford, Payton - Account Planner - REED PUBLIC RELATIONS, Nashville, TN, *pg.* 642

Como, Alexandra - Account Planner, Account Services, Media Department - HAVAS MEDIA GROUP, New York, NY, *pg.* 468

Con, Nathalie - Account Planner - GIANT SPOON, LLC, Los Angeles, CA, *pg.* 363

Conklin, Jacqueline - Account Planner, NBC - HORIZON MEDIA, INC., New York, NY, *pg.* 474

Connelly, Lucas - Account Planner, Account Services, Media Department - CARAT, Culver City, CA, *pg.* 459

Conner, Ty - Account Planner - OUTDOOR NATION, Signal Mountain, TN, *pg.* 554

Conrad, Craig - Account Planner, Management, NBC, PPOM - DONER, Southfield, MI, *pg.* 63

Conroy, Anna - Account Planner, Account Services - MCGARRYBOWEN, Chicago, IL, *pg.* 110

Conti, Joe - Account Planner - QUAKER CITY MERCANTILE, Philadelphia, PA, *pg.* 131

Conway, Casey - Account Planner, Account Services - ENERGY BBDO, INC., Chicago, IL, *pg.* 355

Cook, Kate - Account Planner, Account Services, NBC - DCG ONE, Seattle, WA, *pg.* 58

Cooper, Alyssa - Account Planner, Media Department, NBC - CARAT, New York, NY, *pg.* 459

Cordes, Tina - Account Planner - ANALOGFOLK, New York, NY, *pg.* 439

Corn, Joanna - Account Planner, Account Services, Media Department, NBC - OMD, New York, NY, *pg.* 498

Coronna, David - Account Planner, Creative - BCW CHICAGO, Chicago, IL, *pg.* 581

Cortizo-Burgess, Pele - Account Planner, Interactive / Digital, Management, Media Department, NBC, PPOM - INITIATIVE, New York, NY, *pg.* 477

Cotton, Carly - Account Planner, Account Services - MOVING IMAGE & CONTENT, New York, NY, *pg.* 251

Couvillon, Scott - Account Planner, NBC, PPOM - TRUMPET ADVERTISING, New Orleans, LA, *pg.* 157

Covent, Rebecca - Account Planner, Media Department - STARCOM WORLDWIDE,. Chicago, IL, *pg.* 513

Cowan, Elise - Account Planner - LEO BURNETT WORLDWIDE, Chicago, IL, *pg.* 98

Cowell, Asha - Account Planner, Media Department - CARAT, Culver City, CA, *pg.* 459

Cox, Gail - Account Planner, NBC - AC&M GROUP, Charlotte, NC, *pg.* 537

Craft, Erin - Account Planner, Account Services - CENTERLINE DIGITAL, Raleigh, NC, *pg.* 220

Craig, Lindsey - Account Planner, Account Services - ROOT3 GROWTH MARKETING, Chicago, IL, *pg.* 408

Cramer, Erika - Account Planner, Media Department, NBC - GENERATOR MEDIA + ANALYTICS, New York, NY, *pg.* 466

Crandall, Adam - Account Planner, Account Services, Creative, Management - DDB CHICAGO, Chicago, IL, *pg.* 59

Cranswick, Marisa - Account Planner, Account Services, Media Department - KROGER MEDIA SERVICES, Portland, OR, *pg.* 96

Crawford, Elizabeth - Account Planner, Media Department - MINDSHARE, Chicago, IL, *pg.* 494

Crawford, TJ - Account Planner, Analytics, Interactive / Digital, Media Department, NBC - MARC USA, Pittsburgh, PA, *pg.* 104

Creaney, Erin - Account Planner, Account Services, Interactive / Digital - IRIS, Chicago, IL, *pg.* 376

Cregler, Tony - Account Planner, NBC - LEO BURNETT WORLDWIDE, Chicago, IL, *pg.* 98

Crerar, Kelly - Account Planner, NBC - IC GROUP, Winnipeg, MB, *pg.* 567

Croddy, Jason - Account Planner, Media Department - CANVAS WORLDWIDE, Playa Vista, CA, *pg.* 458

Cronin, Randy - Account Planner, NBC, PPOM, Research - RED THE AGENCY INC., Edmonton, AB, *pg.* 405

Crosby, Jennifer - Account Planner, Account Services - MEDIACOM CANADA, Toronto, ON, *pg.* 489

Crosby, JR - Account Planner, Account Services, Interactive / Digital, Management - XAXIS, New York, NY, *pg.* 276

Crotty, Virginia - Account Planner, Operations - MCKINNEY, Durham, NC, *pg.* 111

Cruikshank, Aileen - Account Planner, Account Services, NBC - WAVEMAKER, Toronto, ON, *pg.* 529

Cullar, Brittni - Account Planner - BURRELL COMMUNICATIONS GROUP, INC., Chicago, IL, *pg.* 45

Culp, Emily - Account Planner, Interactive / Digital, Media Department - ESSENCE, Minneapolis, MN, *pg.* 233

Cumiskey, Brendan - Account Planner, Account Services, NBC - DALTON AGENCY, Jacksonville, FL, *pg.* 348

Cummings, Lindsey - Account Planner - BBH, West Hollywood, CA, *pg.* 37

Cummings, Chris - Account Planner, Management, Media Department, PPOM - BUTLER, SHINE, STERN & PARTNERS, Sausalito, CA, *pg.* 45

Cumpton, David - Account Planner, Account Services - CITIZEN GROUP, San Francisco, CA, *pg.* 342

Cunningham, Jon - Account Planner, Management, Public Relations - WEBER SHANDWICK, New York, NY, *pg.* 660

Cunningham, Megan - Account Planner, Account Services - GEAR COMMUNICATIONS, Stoneham, MA, *pg.* 76

Cunningham, Tom - Account Planner, Account Services - CREATA, Oakbrook Terrace, IL, *pg.* 346

Curley-Egan, Jodi - Account Planner - OMNICOM GROUP, New York, NY, *pg.* 123

Curran, Megan - Account Planner, Media Department - MEDIA STORM, New York, NY, *pg.* 486

Curran, Jillian - Account Planner - GENUINE INTERACTIVE, Boston, MA, *pg.* 237

Curtis, Danielle - Account Planner, Account Services - CARAT, Chicago, IL, *pg.* 461

Cusick, Jack - Account Planner, Account Services - ARENA MEDIA, New York, NY, *pg.* 454

Czupylo, Dimitri - Account Planner, Account Services, Creative - KETCHUM, Los Angeles, CA, *pg.* 619

D'Amico, Amaya - Account Planner, Media Department - SAATCHI & SAATCHI LOS ANGELES, Torrance, CA, *pg.* 137

D'Antonio, Jackie - Account Planner, NBC - THE STONE AGENCY, Raleigh, NC, *pg.* 20

D'Aquila, Jackie - Account Planner, Media Department - MEDIACOM, New York, NY, *pg.* 487

1094

AGENCIES

RESPONSIBILITIES INDEX

Dadlani, Jasmine - Account Planner, Account Services, Media Department, NBC - MCKINNEY NEW YORK, New York, NY, pg. 111

Dailey, Kathleen - Account Planner, Account Services, Management, Media Department - INITIATIVE, Chicago, IL, pg. 479

Dailey, Elissa - Account Planner, Account Services, Interactive / Digital, Media Department - RAIN, New York, NY, pg. 262

Dalavayi, Kavya - Account Planner, Account Services - UNIVERSAL MCCANN, New York, NY, pg. 521

Dale, Richard - Account Planner, Media Department, PPOM - FLEISHMANHILLARD, New York, NY, pg. 605

Daley, Joe - Account Planner, NBC, Operations, PPOM - GSW WORLDWIDE / GSW, FUELED BY BLUE DIESEL, Westerville, OH, pg. 80

Daley, Laura - Account Planner, Account Services - ZENITH MEDIA, Atlanta, GA, pg. 531

Dalgarno, James - Account Planner, Account Services, Media Department - KROGER MEDIA SERVICES, Portland, OR, pg. 96

Dalton McGuinness, Jenny - Account Planner, NBC - TRUMPET ADVERTISING, New Orleans, LA, pg. 157

Daly, Jeremy - Account Planner, Management, Media Department - MEKANISM, San Francisco, CA, pg. 112

Damian, Trapper - Account Planner - BURRELL COMMUNICATIONS GROUP, INC., Chicago, IL, pg. 45

Dammann, Lisa - Account Planner - TREAT AND COMPANY, LLC, Minneapolis, MN, pg. 202

Dandes, Spencer - Account Planner, Account Services - GLOBAL GATEWAY ADVISORS, LLC, Brooklyn, NY, pg. 608

Danziger Johnson, Molly - Account Planner, Account Services, NBC, PPM - HAYMAKER, Los Angeles, CA, pg. 83

Darius, Catherine - Account Planner - LG2, Montreal, QC, pg. 380

Darling, Ted - Account Planner, Finance, NBC - ETHOS MARKETING & DESIGN, Westbrook, ME, pg. 182

Dass Sanchez, Rhona - Account Planner, Management, Media Department, Public Relations - PALISADES MEDIA GROUP, INC., Santa Monica, CA, pg. 124

Daum, Rena - Account Planner, Account Services - BCW NEW YORK, New York, NY, pg. 581

Davey, MaryPat - Account Planner, Account Services, NBC - SPEAR MARKETING GROUP, Walnut Creek, CA, pg. 411

Davidson, Jay - Account Planner, Account Services, NBC - UPSHOT, Chicago, IL, pg. 157

Davie, Will - Account Planner, Interactive / Digital - DROGA5, New York, NY, pg. 64

Davies, Nichole - Account Planner, Analytics, Media Department, PPOM - WUNDERMAN HEALTH, New York, NY, pg. 164

Davis, Evan - Account Planner, NBC - ADG CREATIVE, Columbia, MD, pg. 323

Davis, Asmirh - Account Planner, Social Media - HUGE, INC., Atlanta, GA, pg. 240

Davis, Robert - Account Planner, Interactive / Digital, NBC - PJA ADVERTISING + MARKETING, Cambridge, MA, pg. 397

Davis, Julia - Account Planner - ANCHOR WORLDWIDE, New York, NY, pg. 31

Davis, Rachel - Account Planner - REED PUBLIC RELATIONS, Nashville, TN, pg. 642

Dawson, Andrew - Account Planner, Account Services - BARBARIAN, New York, NY, pg. 215

De Flora, Stephanie - Account Planner, NBC - HORIZON MEDIA, INC., New York, NY, pg. 474

De Haro Bohorova, Andrea - Account Planner, Account Services - THIRD EAR, Austin, TX, pg. 546

de Lange, Dick - Account Planner, Interactive / Digital - HUGE, INC., Brooklyn, NY, pg. 239

Deakins, Kathleen - Account Planner, Account Services, PPOM, Public Relations - JAYRAY, Tacoma, WA, pg. 377

DeAndrea, Melody - Account Planner, Media Department - STARCOM WORLDWIDE, New York, NY, pg. 517

DeCardenas, Kirk - Account Planner, Account Services - PUBLICIS HAWKEYE, Dallas, TX, pg. 399

DeCherney, Constance - Account Planner, Account Services, Interactive / Digital - TDA_BOULDER, Boulder, CO, pg. 147

Decker, Kaitlyn - Account Planner, Media Department - MEDIAHUB LOS ANGELES, El Segundo, CA, pg. 112

DeCou, Niki - Account Planner, Management, Media Department, NBC, PPOM - HORIZON MEDIA, INC., New York, NY, pg. 474

Deevy, Samantha - Account Planner, Media Department, NBC - DROGA5, New York, NY, pg. 64

DeHaven, Philip - Account Planner, Media Department - ZENITH MEDIA, New York, NY, pg. 529

Deheza, Jessica - Account Planner, Media Department - PP+K, Tampa, FL, pg. 129

Dekanchuk, Megan - Account Planner, Media Department - ESSENCE, New York, NY, pg. 232

Delaney, Katie - Account Planner, Account Services, Media Department - MEDIAHUB BOSTON, Boston, MA, pg. 489

Delapoer, Jordan - Account Planner, NBC - NORTH, Portland, OR, pg. 121

Delbridge, Andrew - Account Planner, Media Department, PPOM - GALLEGOS UNITED, Huntington Beach, CA, pg. 75

DeLeo, Lindsey - Account Planner, Media Department, NBC - HORIZON MEDIA, INC., New York, NY, pg. 474

Dellacato, Melissa - Account Planner, Media Department - MEDIACOM, New York, NY, pg. 487

DeLuca, Amie - Account Planner, Account Services - AGENCY H5, Chicago, IL, pg. 575

DeLuise, Brooke - Account Planner, Account Services - MANGOS INC., Conshohocken, PA, pg. 103

deMenna, Joanne - Account Planner, Creative - MANGOS INC., Conshohocken, PA, pg. 103

Demopoulos, Dino - Account Planner, Account Services, Management, Media Department - NO FIXED ADDRESS INC., Toronto, ON, pg. 120

DeMund, Kira - Account Planner, Account Services, Media Department - HEARTS & SCIENCE, Atlanta, GA, pg. 473

Denari, Tom - Account Planner, PPOM - YOUNG & LARAMORE, Indianapolis, IN, pg. 164

Dencker, Ann - Account Planner, Analytics, PPOM - HIEBING, Madison, WI, pg. 85

DePaola, Nikki - Account Planner, Media Department - LIQUID ADVERTISING, INC., El Segundo, CA, pg. 100

DePlautt, Elizabeth - Account Planner, Media Department - PHD USA, New York, NY, pg. 505

Deputato, Rachel - Account Planner, Interactive / Digital, Media Department - MEDIACOM, New York, NY, pg. 487

Dernik, Jamie - Account Planner - DISCOVERY USA, Philadelphia, PA, pg. 63

Derringer, Leigh Ann - Account Planner, Media Department, NBC, Public Relations - RJW MEDIA, Pittsburgh, PA, pg. 507

DeSanctis, Michelle - Account Planner - SPARKS, Philadelphia, PA, pg. 315

Desmond, Caroline - Account Planner, Media Department - NORTH, Portland, OR, pg. 121

DeSousa, Arlene - Account Planner, Account Services, Operations - SPARK FOUNDRY, New York, NY, pg. 508

Desveaux, Gord - Account Planner, NBC - ANDERSON DDB HEALTH & LIFESTYLE, Toronto, ON, pg. 31

Deter, Olivia - Account Planner - PROPAC, Plano, TX, pg. 682

Deveney, Shelly - Account Planner, Account Services, NBC, Operations - CALLAHAN CREEK, Lawrence, KS, pg. 4

DeVito, Amanda - Account Planner, Account Services, Management, NBC - BUTLER / TILL, Rochester, NY, pg. 457

Dey, Joydeep - Account Planner, Interactive / Digital, Management, Media Department, Operations, PPOM - MARINA MAHER COMMUNICATIONS, New

RESPONSIBILITIES INDEX — AGENCIES

York, NY, pg. 625

Diamond, Howard - Account Planner, Interactive / Digital, NBC, PPOM - RISE INTERACTIVE, Chicago, IL, pg. 264

Diamond, Hayley - Account Planner, Interactive / Digital, Media Department, NBC - SPARK FOUNDRY, New York, NY, pg. 508

Diana, Caroline - Account Planner, Account Services, Media Department - INITIATIVE, New York, NY, pg. 477

Diard, Leslie - Account Planner, Media Department, NBC - DUNCAN CHANNON, San Francisco, CA, pg. 66

Diaz, Cecilia - Account Planner - DROGA5, New York, NY, pg. 64

Diaz, Lorena - Account Planner, Account Services, Media Department - INITIATIVE, New York, NY, pg. 477

Dickens, Rob - Account Planner, Media Department, NBC - MEDIACOM, New York, NY, pg. 487

Dickson, Glen - Account Planner, Management, Media Department - ZENITH MEDIA, Santa Monica, CA, pg. 531

Dienstag, Jesse - Account Planner, Research - GOLIN, Chicago, IL, pg. 609

Dierwa, Kristin - Account Planner, Account Services, Media Department - SPARK FOUNDRY, Chicago, IL, pg. 510

DiGiuseppe, Daniel - Account Planner, Interactive / Digital, Media Department - UNIVERSAL MCCANN, New York, NY, pg. 521

Dimes, Corianda - Account Planner, Account Services, Media Department - TBWA \ CHIAT \ DAY, Los Angeles, CA, pg. 146

Dinccetin, Haldun - Account Planner, Account Services, Management - FINN PARTNERS, New York, NY, pg. 603

Dindiyal, Raysha - Account Planner, Interactive / Digital, Media Department, NBC - BLUE 449, New York, NY, pg. 455

Ding, Jessie - Account Planner, Account Services, NBC - HORIZON MEDIA, INC., New York, NY, pg. 474

DiRado, Steve - Account Planner, Account Services, NBC - PHD USA, New York, NY, pg. 505

Dirks, Taylor - Account Planner, Interactive / Digital, Media Department - PACIFIC COMMUNICATIONS, Irvine, CA, pg. 124

Dischinger, Michael - Account Planner, Account Services, Creative - INNOCEAN USA, Huntington Beach, CA, pg. 479

Dithmer Rogers, Jill - Account Planner, Management, PPOM - PROXY SPONSORSHIP, Denver, CO, pg. 314

Dittrich, Katrina - Account Planner, Media Department - CONVERSANT, LLC, Chicago, IL, pg. 222

Djigo, Aita - Account Planner, Media Department, NBC - HORIZON MEDIA, INC., New York, NY, pg. 474

Do, Tiffany - Account Planner, Media Department - VMLY&R, New York, NY, pg. 160

Dodge, Caroline - Account Planner, Account Services, Interactive / Digital, Media Department - ZENITH MEDIA, Atlanta, GA, pg. 531

Doejo, Margot - Account Planner, Account Services - MARKETLOGIC, Miami, FL, pg. 383

Doering, Matthew - Account Planner, Account Services, Management - GLOBAL GATEWAY ADVISORS, LLC, Brooklyn, NY, pg. 608

Dolbear, Lisa - Account Planner, Account Services - MOWER, Syracuse, NY, pg. 118

Dollins, Camille - Account Planner, Account Services - HEART CREATIVE, Portland, OR, pg. 238

Donato, Ali - Account Planner, Account Services - WUNDERMAN HEALTH, New York, NY, pg. 164

Donnelly, Danielle - Account Planner, Interactive / Digital, Media Department, Public Relations - MOXIE, Atlanta, GA, pg. 251

Donnelly, Julie - Account Planner, Interactive / Digital - GLOBAL STRATEGIES, Bend, OR, pg. 673

Donohoe, Anne - Account Planner, Management, NBC, Public Relations - KCSA STRATEGIC COMMUNICATIONS, New York, NY, pg. 619

Dons, Joel - Account Planner, Account Services, Management - TEAM ONE, Dallas, TX, pg. 418

Dorado, Christina - Account Planner, Media Department - MEDIA STORM, New York, NY, pg. 486

Dorani, Anass - Account Planner, Account Services - UNIVERSAL MCCANN, New York, NY, pg. 521

Dorini, Alexa - Account Planner - BLUE CHIP MARKETING & COMMUNICATIONS, Northbrook, IL, pg. 334

Doss, Kathryn - Account Planner, Account Services, Media Department - CARAT, Atlanta, GA, pg. 459

Doss, Lucy - Account Planner, Media Department - HAWORTH MARKETING & MEDIA, Los Angeles, CA, pg. 471

Doughty, Julie - Account Planner, Account Services - LANDOR, New York, NY, pg. 11

Douglas, Robby - Account Planner, Analytics - JELLYFISH U.S., Baltimore, MD, pg. 243

Dowe, Charles - Account Planner, Media Department, NBC - MEDIACOM, New York, NY, pg. 487

Dowker, Amie - Account Planner - 360I, LLC, Chicago, IL, pg. 208

Downes, Emery - Account Planner, Media Department - PHD USA, New York, NY, pg. 505

Downey, Jackson - Account Planner, Account Services - ELEVATION MARKETING, Richmond, VA, pg. 67

Drabicky, Nick - Account Planner - PMG, Fort Worth, TX, pg. 257

Drake, John - Account Planner, Account Services, NBC, PPOM - DRAKE COOPER, Boise, ID, pg. 64

Dreibelbis, Aileen - Account Planner, Interactive / Digital, NBC, Social Media - DIGITAS HEALTH LIFEBRANDS, Philadelphia, PA, pg. 229

Droke, Katlyn - Account Planner, Account Services, Media Department - AUTHENTIC, Richmond, VA, pg. 214

Drozen, Zoe - Account Planner, Media Department - STARCOM WORLDWIDE, North Hollywood, CA, pg. 516

Drutman, Makena - Account Planner, Account Services - THE&PARTNERSHIP, New York, NY, pg. 426

Duane, Laura - Account Planner, Account Services, Media Department - ZIMMERMAN ADVERTISING, Fort Lauderdale, FL, pg. 437

DuBose, Megan - Account Planner - ANSIRA, Dallas, TX, pg. 1

Duggan, Kevin - Account Planner - MARTIN RETAIL GROUP, Alpharetta, GA, pg. 106

Dulny, Pamela - Account Planner, Account Services, Media Department - MINDSHARE, New York, NY, pg. 491

Dunbar, Lee - Account Planner, Interactive / Digital, Media Department - STARCOM WORLDWIDE, Chicago, IL, pg. 513

Duncan, Paul - Account Planner, Account Services - INFORMA RESEARCH SERVICES, Alpharetta, GA, pg. 445

Duncan, Michelle - Account Planner, Account Services, Interactive / Digital - STACKPOLE & PARTNERS, Newbury Port, MA, pg. 412

Duncan, Meaghan - Account Planner, Interactive / Digital, Media Department - CARAT, New York, NY, pg. 459

Duncan, Jessica - Account Planner - HORIZON MEDIA, INC., New York, NY, pg. 474

Dunn, Mitchell - Account Planner, Creative, Interactive / Digital, Media Department - EMPOWER, Cincinnati, OH, pg. 354

Dunn, Stacey - Account Planner, Account Services, Interactive / Digital, Media Department - DP+, Farmington Hills, MI, pg. 353

Dunn, Kevin - Account Planner, Account Services - LEVLANE ADVERTISING, Philadelphia, PA, pg. 380

Dupont, Lorraine - Account Planner, Account Services - CASHMAN & KATZ INTEGRATED COMMUNICATIONS, Glastonbury, CT, pg. 340

Dupuis, Jonathan - Account Planner, Account Services, Management, Media Department, NBC, PPOM - MCGARRYBOWEN, New York, NY, pg. 109

Duran, Lei - Account Planner - GEOMETRY, Rogers, AR, pg. 363

Dykema, Misty - Account Planner, PPOM, Research - SIMANTEL GROUP, Peoria, IL, pg. 142

Dynes, Gina - Account Planner, Interactive / Digital, Media Department - MINDSHARE, Toronto,

AGENCIES
RESPONSIBILITIES INDEX

ON, pg. 495
Eastburn, Eileen - Account Planner, Account Services - CHANDELIER CREATIVE, New York, NY, pg. 49
Eastwood, Michael - Account Planner, Interactive / Digital, Media Department - WAVEMAKER, New York, NY, pg. 526
Eberhart, Susan - Account Planner, Interactive / Digital, Management, NBC, Public Relations - BLUE 449, Dallas, TX, pg. 456
Echelmeyer, Suzanne - Account Planner, Account Services - LUCAS MARKET RESEARCH, Saint Louis, MO, pg. 447
Eckart, Jef - Account Planner, Account Services - OMD ENTERTAINMENT, Burbank, CA, pg. 501
Edmonds, Lucy - Account Planner, Account Services - CARAT, New York, NY, pg. 459
Edwards, McGavock - Account Planner, NBC, Public Relations - ECKEL & VAUGHAN, Raleigh, NC, pg. 599
Edwards, Tom - Account Planner, Interactive / Digital, Media Department, PPOM - EPSILON, Irving, TX, pg. 283
Ehlen, Andy - Account Planner, Media Department - GRADY BRITTON ADVERTISING, Portland, OR, pg. 78
Ehrhart, Allison - Account Planner, Media Department - ZENITH MEDIA, New York, NY, pg. 529
Eichner, Clay - Account Planner, Account Services, Interactive / Digital, Media Department - OMD ENTERTAINMENT, Burbank, CA, pg. 501
Eiselstein, Paul - Account Planner - KELLY, SCOTT & MADISON, INC., Chicago, IL, pg. 482
Elamin, Tamara - Account Planner, Account Services, Media Department - HEARTS & SCIENCE, Atlanta, GA, pg. 473
Ellefson, Kelsey - Account Planner, Account Services, Media Department - DDB NEW YORK, New York, NY, pg. 59
Elliot, Jackie - Account Planner, Media Department - RAPPORT OUTDOOR WORLDWIDE, New York, NY, pg. 556
Elliott, Rayna - Account Planner, Account Services, Interactive / Digital, Media Department - HORIZON MEDIA, INC., New York, NY, pg. 474
Elston, Craig - Account Planner, Analytics, Research - THE INTEGER GROUP, Lakewood, CO, pg. 682
Elwell, Dale - Account Planner, Account Services, PPOM - HITCHCOCK FLEMING & ASSOCIATES, INC. , Akron, OH, pg. 86
Elwell, Conner - Account Planner, Account Services, Media Department - HORIZON MEDIA, INC., New York, NY, pg. 474
Emery, David - Account Planner, Account Services, Analytics - WEBER SHANDWICK, Birmingham, MI, pg. 662
Emery, Mariel - Account Planner, Media Department - HORIZON MEDIA,

INC., New York, NY, pg. 474
Engel, Amy - Account Planner, Media Department - SPARK FOUNDRY, Chicago, IL, pg. 510
Engle, Joseph - Account Planner, NBC - CONVERSANT, LLC, Los Angeles, CA, pg. 222
Epstein, Diane - Account Planner, Media Department - MCGARRYBOWEN, New York, NY, pg. 109
Ervin, Cristin - Account Planner - ARC WORLDWIDE, Chicago, IL, pg. 327
Ervolina, Elizabeth - Account Planner, Account Services, Creative, Media Department - ABBEY MECCA & COMPANY, Buffalo, NY, pg. 321
Esposito, Gary - Account Planner, Creative, PPOM - ZUNDA GROUP, South Norwalk, CT, pg. 205
Esposito, Barbara - Account Planner, Interactive / Digital, Media Department, NBC - AUSTIN & WILLIAMS ADVERTISING, Hauppauge, NY, pg. 328
Esposito, Michael - Account Planner, Analytics, Interactive / Digital, Programmatic - PHD USA, New York, NY, pg. 505
Estenson, Dennis - Account Planner, PPOM - ROCKET LAWN CHAIR, Milwaukee, WI, pg. 407
Evans, Annabelle - Account Planner, Interactive / Digital - ZENITH MEDIA, New York, NY, pg. 529
Evans-Pfeifer, Kelly - Account Planner, Interactive / Digital, NBC - GOODBY, SILVERSTEIN & PARTNERS, San Francisco, CA, pg. 77
Eve, Noah - Account Planner, Account Services, Analytics, Interactive / Digital, Media Department, Programmatic, Research - HORIZON MEDIA, INC., Los Angeles, CA, pg. 473
Everhart, Jim - Account Planner - GODFREY, Lancaster, PA, pg. 8
Everse, Philip - Account Planner, Interactive / Digital, Media Department, Programmatic - STARCOM WORLDWIDE, Chicago, IL, pg. 513
Evins, Mathew - Account Planner, PPOM - EVINS COMMUNICATIONS, LTD., New York, NY, pg. 602
Expose, Keiara - Account Planner, Media Department - WAVEMAKER, Chicago, IL, pg. 529
Exum, Geoff - Account Planner, NBC - GENERATOR MEDIA + ANALYTICS, New York, NY, pg. 466
Fagioli, Steve - Account Planner, Media Department - ARENA MEDIA, New York, NY, pg. 454
Fahrland, Bridget - Account Planner, Interactive / Digital - ASTOUND COMMERCE, San Bruno, CA, pg. 214
Fain, Debbie - Account Planner, Management, PPOM - FAIN & TRIPP, Grayson, GA, pg. 70
Fairbanks, Don - Account Planner - HELLOWORLD, New York, NY, pg. 567
Fait, Nicole - Account Planner, Account Services - THE BRAND AMP,

Costa Mesa, CA, pg. 419
Falabella, Michael - Account Planner, Account Services, Media Department, PPOM - MINDSHARE, New York, NY, pg. 491
Falk, Rebecca - Account Planner - STEIN IAS, New York, NY, pg. 267
Falt, Peter - Account Planner, NBC - DESIGNWORKS/USA, Newbury Park, CA, pg. 179
Fanaras, Linda - Account Planner, PPOM - MILLENNIUM INTEGRATED MARKETING, Manchester, NH, pg. 387
Farber, Leyah - Account Planner, Interactive / Digital, NBC - DESANTIS BREINDEL, New York, NY, pg. 349
Farhang, Michelle - Account Planner, Account Services - VAULT49, New York, NY, pg. 203
Farmas, Stephanie - Account Planner, Analytics - MUH-TAY-ZIK / HOF-FER, San Francisco, CA, pg. 119
Farmer, Sharee - Account Planner, Operations - INSIGHT CREATIVE GROUP, Oklahoma City, OK, pg. 89
Farquhar, Stephen - Account Planner, Account Services, Management, Media Department, Operations, PPOM - PUBLICIS NORTH AMERICA, New York, NY, pg. 399
Farrar, Jade - Account Planner, Media Department - 360I, LLC, New York, NY, pg. 320
Farren, Kristen - Account Planner, Interactive / Digital, Management, Media Department - LUXE COLLECTIVE GROUP, New York, NY, pg. 102
Faust, Bill - Account Planner, NBC, PPOM - OLOGIE, Columbus, OH, pg. 122
Fay-Hurvitz, Jonah - Account Planner - RED ANTLER, Brooklyn, NY, pg. 16
Feather, Edward - Account Planner, Account Services - CRAMER, Norwood, MA, pg. 6
Feather, Brad - Account Planner, Account Services, Interactive / Digital, Media Department - INITIATIVE, New York, NY, pg. 477
Fegarsky, Michelle - Account Planner, Interactive / Digital, Media Department, NBC - HARMELIN MEDIA, Bala Cynwyd, PA, pg. 467
Fegler, Elisa - Account Planner, Account Services, Interactive / Digital, Media Department - HEARTS & SCIENCE, New York, NY, pg. 471
Feld, Shanna - Account Planner, Interactive / Digital, Media Department, NBC - SPARK FOUNDRY, New York, NY, pg. 508
Feldman, Gary - Account Planner, Media Department - ZENITH MEDIA, New York, NY, pg. 529
Feliciano, Sarah - Account Planner, Account Services - INITIATIVE, New York, NY, pg. 477
Feliz, Jimmy - Account Planner, Media Department - SPARK FOUNDRY, New York, NY, pg. 508
Felsten, Kellie - Account Planner, Interactive / Digital, Media

1097

RESPONSIBILITIES INDEX — AGENCIES

Department - 90OCTANE, Denver, CO, *pg.* 209
Feng, Amy - Account Planner, Media Department - POSTERSCOPE U.S.A., New York, NY, *pg.* 556
Fennell-Smykowski, Julie - Account Planner, Account Services - NCH MARKETING SERVICES, Deerfield, IL, *pg.* 568
Ferencevych, Emily - Account Planner - CANVAS WORLDWIDE, New York, NY, *pg.* 458
Ferguson, Kenny - Account Planner, Management - IFTHEN DIGITAL, Atlanta, GA, *pg.* 241
Fernandez, Liz - Account Planner, Account Services - ZENO GROUP, Chicago, IL, *pg.* 664
Fernandez, Angela - Account Planner, Creative - KETCHUM, Los Angeles, CA, *pg.* 619
Ferraro, Christina - Account Planner, NBC, Operations - BECK MEDIA & MARKETING, Santa Monica, CA, *pg.* 582
Ferraro, Amy - Account Planner - BLUE CHIP MARKETING & COMMUNICATIONS, Northbrook, IL, *pg.* 334
Ferrel, Chris - Account Planner, Interactive / Digital - THE RICHARDS GROUP, INC., Dallas, TX, *pg.* 422
Ficek, Sarah - Account Planner, Account Services - HERON AGENCY, Chicago, IL, *pg.* 613
Fickert, Kristi - Account Planner, Account Services, NBC - 30 LINES, Columbus, OH, *pg.* 207
Fields, Stan - Account Planner, Account Services, Management, PPOM - HORIZON MEDIA, INC., New York, NY, *pg.* 474
Fieman, Trang - Account Planner - TEAM ONE, Dallas, TX, *pg.* 418
Filiberto, Katherine - Account Planner - CARAT, Atlanta, GA, *pg.* 459
Filippi, Jordana - Account Planner, Media Department - WAVEMAKER, New York, NY, *pg.* 526
Fink, Abbie - Account Planner, Management, NBC - HMA PUBLIC RELATIONS, Phoenix, AZ, *pg.* 614
Finn, Dave - Account Planner, Account Services - TAYLOR , New York, NY, *pg.* 651
Finnigan, Colleen - Account Planner, Account Services, Interactive / Digital, Media Department - MINDSHARE, New York, NY, *pg.* 491
Firko, Sean - Account Planner, Account Services, Social Media - PRAYTELL, Brooklyn, NY, *pg.* 258
Fischer, B.J. - Account Planner, Account Services - FLS MARKETING, Toledo, OH, *pg.* 359
Fischer, Marcus - Account Planner, NBC, PPOM - CARMICHAEL LYNCH, Minneapolis, MN, *pg.* 47
Fischer, Agnes - Account Planner, Account Services, Management, NBC, PPOM - THE&PARTNERSHIP, New York, NY, *pg.* 426
Fisher, Kelly - Account Planner, Account Services, Media Department - 360I, LLC, New York, NY, *pg.* 320
Fisher, Elise - Account Planner, NBC - HORIZON MEDIA, INC., New York, NY, *pg.* 474
Fishman, Glen - Account Planner, NBC, Research - COMMUNITY MARKETING, INC., San Francisco, CA, *pg.* 443
Fishman, David - Account Planner, Management - GLOBAL GATEWAY ADVISORS, LLC, Brooklyn, NY, *pg.* 608
FitzGerald, Callahan - Account Planner - CARAT, Atlanta, GA, *pg.* 459
Fix, Kelly - Account Planner, Account Services, Media Department - HAWORTH MARKETING & MEDIA, Minneapolis, MN, *pg.* 470
Flanigan, Meegan - Account Planner, Management, Media Department - BLUE 449, Dallas, TX, *pg.* 456
Flannery, Grant - Account Planner, Media Department - MCGARRYBOWEN, New York, NY, *pg.* 109
Flemister, David - Account Planner, Account Services - VMLY&R, New York, NY, *pg.* 160
Florea, Ted - Account Planner, Media Department, NBC, PPOM - FORSMAN & BODENFORS, New York, NY, *pg.* 74
Flower, Elizabeth - Account Planner, Media Department - MINDSTREAM MEDIA GROUP - DALLAS, Dallas, TX, *pg.* 496
Flowers, Cynthia - Account Planner, Account Services, Management - FCB HEALTH, New York, NY, *pg.* 72
Fluker, Danielle - Account Planner, Media Department, NBC - BLUE 449, New York, NY, *pg.* 455
Flynn, Scott - Account Planner, Media Department, NBC - HORIZON MEDIA, INC., New York, NY, *pg.* 474
Follis, Amanda - Account Planner, Account Services - WAVEMAKER, Toronto, ON, *pg.* 529
Foltz, Laura - Account Planner, NBC - CSM SPORTS & ENTERTAINMENT, New York, NY, *pg.* 55
Fontana, Peter - Account Planner, Analytics, Research - BLUE STATE DIGITAL, New York, NY, *pg.* 335
Ford, Ryan - Account Planner, Creative - CASHMERE AGENCY, Los Angeles, CA, *pg.* 48
Ford, Andy - Account Planner, PPOM - BRADO, Irvine, CA, *pg.* 336
Ford, Lee - Account Planner, Account Services, Media Department - WIEDEN + KENNEDY, New York, NY, *pg.* 432
Foreman, Terri - Account Planner - DID AGENCY, Ambler, PA, *pg.* 62
Forero, Alessandra - Account Planner - 360PRPLUS, Boston, MA, *pg.* 573
Forker, Korbi - Account Planner, Interactive / Digital - OMOBONO, Chicago, IL, *pg.* 687
Forman, Dave - Account Planner, Account Services, Media Department, NBC - HORIZON MEDIA, INC., New York, NY, *pg.* 474
Formica, Mark - Account Planner, Account Services, PPOM - FMI DIRECT, INC., Philadelphia, PA, *pg.* 284
Fortune, Ainslie - Account Planner, Account Services, NBC - CACTUS MARKETING COMMUNICATIONS, Denver, CO, *pg.* 339
Fournier, Servane - Account Planner, Media Department - MEDIACOM, New York, NY, *pg.* 487
Foux, Lisa - Account Planner - THE MARKETING ARM, Dallas, TX, *pg.* 316
Fowler, Christina - Account Planner, Account Services, Media Department - STARCOM WORLDWIDE, Chicago, IL, *pg.* 513
Fox, Jennifer - Account Planner, NBC - DDB NEW YORK, New York, NY, *pg.* 59
Fox, Jared - Account Planner, NBC - ESSENCE, New York, NY, *pg.* 232
Fox, Lyndsey - Account Planner, Account Services, Management - ALLEN & GERRITSEN, Philadelphia, PA, *pg.* 30
Fox, Sandy - Account Planner, Account Services, Media Department - INITIATIVE, Chicago, IL, *pg.* 479
Francesco, Nicole - Account Planner, Interactive / Digital, Media Department, NBC - MEDIACOM, New York, NY, *pg.* 487
Franco, Kaytien - Account Planner, Account Services - ZUBI ADVERTISING, Coral Gables, FL, *pg.* 165
Francois, Aaron - Account Planner, Media Department, NBC - MEDIACOM, New York, NY, *pg.* 487
Frank, Belle - Account Planner, NBC - VMLY&R, New York, NY, *pg.* 160
Franklin, Mason - Account Planner, Management, Media Department, PPOM - UNIVERSAL MCCANN, New York, NY, *pg.* 521
Franklin, Chelsea - Account Planner, Account Services, Interactive / Digital, Media Department - SPARK FOUNDRY, Chicago, IL, *pg.* 510
Frantz, Zachary - Account Planner, Interactive / Digital, Media Department - UNIVERSAL MCCANN, New York, NY, *pg.* 521
Franzen, Kate - Account Planner, Account Services, Operations - PHD CHICAGO, Chicago, IL, *pg.* 504
Fraser, James - Account Planner, Account Services, Management, Media Department - MOTHER NY, New York, NY, *pg.* 118
Frazier, Kathleen - Account Planner, Creative, Management - BARKLEY, Kansas City, MO, *pg.* 329
Freedman, Brian - Account Planner, NBC - ARNOLD WORLDWIDE, Boston, MA, *pg.* 33
Freeland, Joshua - Account Planner - RED ANTLER, Brooklyn, NY, *pg.* 16

AGENCIES RESPONSIBILITIES INDEX

Freeman, Zachary - Account Planner, Media Department - MINDSHARE, New York, NY, pg. 491

Freitas, Nelson - Account Planner, PPOM - OMNICOM GROUP, New York, NY, pg. 123

French, Stephen - Account Planner - BURRELL COMMUNICATIONS GROUP, INC., Chicago, IL, pg. 45

Fretthold, Jessica - Account Planner - POINT TO POINT, Cleveland, OH, pg. 129

Frey, Brian - Account Planner - MAPR, Boulder, CO, pg. 624

Friedland, Peter - Account Planner - ESSENCE, New York, NY, pg. 232

Friedman, Ryan - Account Planner, Interactive / Digital, Media Department - 360I, LLC, Atlanta, GA, pg. 207

Friedow, Gwen - Account Planner, NBC - SCHAFER CONDON CARTER, Chicago, IL, pg. 138

Frisch, Remy - Account Planner, Account Services - LEWIS GLOBAL COMMUNICATIONS, Burlington, MA, pg. 380

Fry, Dwayne - Account Planner, PPOM - THE REPUBLIK, Durham, NC, pg. 152

Fulcher, Lauren - Account Planner, Account Services - GENESCO SPORTS ENTERPRISES, Dallas, TX, pg. 306

Fulena, Dana - Account Planner, Account Services - CRAMER-KRASSELT, Chicago, IL, pg. 53

Fuller, Chris - Account Planner, PPOM - DM.2, Ridgefield, NJ, pg. 180

Fuller, Cher - Account Planner, Interactive / Digital - THESIS, Portland, OR, pg. 270

Fuquea, Ryan - Account Planner, Account Services, Management, Operations - MEDIA CAUSE, Atlanta, GA, pg. 249

Futerman, Michelle - Account Planner, Interactive / Digital, Media Department - HORIZON MEDIA, INC., New York, NY, pg. 474

Gabelmann, Brad - Account Planner, Account Services, Interactive / Digital - AUDIENCEXPRESS, New York, NY, pg. 455

Gadd, Jonathan - Account Planner, Account Services, Media Department, NBC - MULLENLOWE U.S. BOSTON, Boston, MA, pg. 389

Gaffney, C.J. - Account Planner, Interactive / Digital, NBC - PARTNERS + NAPIER, Rochester, NY, pg. 125

Gainor, Brian - Account Planner, Account Services, Management, Media Department, Promotions - 4FRONT, Chicago, IL, pg. 208

Gaita, Aaron - Account Planner, NBC - 72ANDSUNNY, Brooklyn, NY, pg. 24

Galan, Rocio - Account Planner, Social Media - SOCIAL CHAIN, New York, NY, pg. 143

Galatis, Jon - Account Planner, Account Services, NBC - MARC USA, Pittsburgh, PA, pg. 104

Gallagher, Brendan - Account Planner, Account Services, Interactive / Digital - DIGITAS HEALTH LIFEBRANDS, Philadelphia, PA, pg. 229

Gallagher, Katie - Account Planner, Account Services - FIG, New York, NY, pg. 73

Gallardo, Elsa - Account Planner, Account Services, Interactive / Digital, Media Department, NBC, Social Media - ESSENCE, Los Angeles, CA, pg. 233

Gallis, Brian - Account Planner - CARAT, New York, NY, pg. 459

Galloway, Stuart - Account Planner - JUNGLE MEDIA, Toronto, ON, pg. 481

Galvin, Chris - Account Planner - QUAKER CITY MERCANTILE, Philadelphia, PA, pg. 131

Ganshirt, Jennifer - Account Planner, Research - THE VARIABLE, Winston-Salem, NC, pg. 153

Gantz, Mike - Account Planner, Account Services, Media Department - CARAT, Chicago, IL, pg. 461

Garbiso, Zach - Account Planner, Account Services, Media Department - OMD, New York, NY, pg. 498

Garces, Felipe - Account Planner, Media Department, NBC - RICHARDS CARLBERG, Dallas, TX, pg. 406

Garcia, Jenna - Account Planner, Creative, Interactive / Digital, Media Department, PPM - ZENITH MEDIA, New York, NY, pg. 529

Garcia, Lisa - Account Planner, Account Services, Media Department, NBC - CENTRO, Denver, CO, pg. 220

Garcia, Tahir - Account Planner, Creative, NBC - CONVERSANT, LLC, Los Angeles, CA, pg. 222

Garcia, Jackie - Account Planner - WAVEMAKER, New York, NY, pg. 526

Garcia, Robert - Account Planner, Account Services, Media Department - CARAT, New York, NY, pg. 459

Garde, Timothy - Account Planner, Account Services, PPOM - LEVLANE ADVERTISING, Philadelphia, PA, pg. 380

Gardiner Bowers, Indra - Account Planner, PPOM - I.D.E.A., San Diego, CA, pg. 9

Gargano, Alex - Account Planner, NBC - HORIZON MEDIA, INC., New York, NY, pg. 474

Garman, Sarah - Account Planner - DROGA5, New York, NY, pg. 64

Garrido, Luis - Account Planner, Media Department - MCCANN MINNEAPOLIS, Minneapolis, MN, pg. 384

Garrigan, Audrey - Account Planner - THE MX GROUP, Burr Ridge, IL, pg. 422

Garrison, Mike - Account Planner, Analytics, Interactive / Digital - PADILLA, Minneapolis, MN, pg. 635

Garvey, Kurt - Account Planner, Media Department, NBC - PHD, San Francisco, CA, pg. 504

Gatbonton, Natalie - Account Planner, Account Services - MINDSHARE, New York, NY, pg. 491

Gates, Colleen - Account Planner, Interactive / Digital, Media Department, NBC - MEDIACOM, New York, NY, pg. 487

Gatti, Enrico - Account Planner, Account Services - BARBARIAN, New York, NY, pg. 215

Gay, Amity - Account Planner, Account Services - THE OUTCAST AGENCY, San Francisco, CA, pg. 654

Gay, Stephanie - Account Planner, Interactive / Digital, Media Department, PPOM - CROSSMEDIA, New York, NY, pg. 463

Gaydosh, Kevin - Account Planner, Public Relations - O'BRIEN ET AL. ADVERTISING, Virginia Beach, VA, pg. 392

Gearhart, Lisa - Account Planner, NBC - ST. JOHN & PARTNERS ADVERTISING & PUBLIC RELATIONS, Jacksonville, FL, pg. 412

Geer, Kelly - Account Planner, Interactive / Digital, Media Department - ESSENCE, New York, NY, pg. 232

Geisler, Annie - Account Planner, Media Department - BLUE 449, Dallas, TX, pg. 456

Geist, Brian - Account Planner, Account Services, Interactive / Digital, Management, Media Department - PUBLICIS HEALTH MEDIA, Philadelphia, PA, pg. 506

Geletka, John - Account Planner, Account Services - FUSION92, Chicago, IL, pg. 235

Gencorelli, Robert - Account Planner, Media Department - HORIZON MEDIA, INC., New York, NY, pg. 474

Genest, Audrey - Account Planner, Account Services - GEAR COMMUNICATIONS, Stoneham, MA, pg. 76

Gennaria, Jerry - Account Planner, Account Services, Analytics, Media Department, Research - TOKY BRANDING + DESIGN, Saint Louis, MO, pg. 202

Genoa, Randi - Account Planner, Account Services, Media Department - HORIZON MEDIA, INC., New York, NY, pg. 474

George, Matthew - Account Planner, Management, NBC - DEUTSCH, INC., New York, NY, pg. 349

George, Jimmy - Account Planner, Social Media - MULLENLOWE U.S. BOSTON, Boston, MA, pg. 389

Geren, David - Account Planner - SFW AGENCY, Greensboro, NC, pg. 16

Gering, Sean - Account Planner, Media Department - PHD USA, New York, NY, pg. 505

Gersh, Casey - Account Planner - WAVEMAKER, New York, NY, pg. 526

Gerz, Anna - Account Planner - GREY GROUP, New York, NY, pg. 365

Getlen, Melissa - Account Planner, Account Services, Interactive / Digital, Management, Media Department - PHD USA, New York, NY, pg. 505

1099

RESPONSIBILITIES INDEX — AGENCIES

Ghaisar, Negeen - Account Planner, Interactive / Digital, Media Department - BIGBUZZ MARKETING GROUP, New York, NY, pg. 217

Gherardi, Caroline - Account Planner - PLUSMEDIA, LLC, Danbury, CT, pg. 290

Ghublikian, John - Account Planner, Media Department - HORIZON MEDIA, INC., New York, NY, pg. 474

Giacobbe, Chelsea - Account Planner, Account Services - COBURN COMMUNICATIONS, New York, NY, pg. 591

Giancini, Erin - Account Planner, Account Services, Media Department, Programmatic - AMNET, New York, NY, pg. 454

Gianino, Amie - Account Planner, Account Services - WE ARE ALEXANDER, St. Louis, MO, pg. 429

Gibbon, Lauren - Account Planner - PROPAC, Plano, TX, pg. 682

Gibbs, Nicki - Account Planner, NBC - BEEHIVE PR, Saint Paul, MN, pg. 582

Gibbs, Alexandra - Account Planner, Interactive / Digital, Media Department - HORIZON MEDIA, INC., New York, NY, pg. 474

Gibert, Haley - Account Planner, Account Services - MCGARRYBOWEN, Chicago, IL, pg. 110

Gibson, Paige - Account Planner, Media Department - HEARTS & SCIENCE, Atlanta, GA, pg. 473

Gibson, Tom - Account Planner - ANOMALY, New York, NY, pg. 325

Gibson, Anne - Account Planner - BURRELL COMMUNICATIONS GROUP, INC., Chicago, IL, pg. 45

Gibson, Alexandria - Account Planner, Account Services, Media Department - CAMPBELL EWALD NEW YORK, New York, NY, pg. 47

Gies, Larry - Account Planner, Analytics, PPOM - ENERGY BBDO, INC., Chicago, IL, pg. 355

Giglio, Alexandra - Account Planner, Account Services - VIZEUM, New York, NY, pg. 526

Giguère, Richard - Account Planner, Analytics, Media Department - MEDIACOM, Montreal, QC, pg. 489

Gilbert, Ryan - Account Planner - SPARK FOUNDRY, Chicago, IL, pg. 510

Gilbertsen, Eric - Account Planner, Interactive / Digital - REPEQUITY, Washington, DC, pg. 263

Gilbertson, Jordan - Account Planner, NBC - BUTLER, SHINE, STERN & PARTNERS, Sausalito, CA, pg. 45

Gilford, Casey - Account Planner, Account Services, Management - LEO BURNETT WORLDWIDE, Chicago, IL, pg. 98

Giller, Madison - Account Planner - CAVALRY, Chicago, IL, pg. 48

Gilmore, Hilary - Account Planner, Analytics, Research - UNIVERSAL MCCANN, New York, NY, pg. 521

Gilmore, Mike - Account Planner - NYHUS COMMUNICATIONS, Seattle, WA, pg. 633

Gimbel, Allison - Account Planner, Interactive / Digital, Media Department - HORIZON MEDIA, INC., New York, NY, pg. 474

Giordano, Frances - Account Planner, Account Services, Interactive / Digital, Media Department, Programmatic - THE MEDIA KITCHEN, New York, NY, pg. 519

Gitau, Erin - Account Planner, Media Department - HUGHESLEAHYKARLOVIC, Saint Louis, MO, pg. 372

Giuggio, Michael - Account Planner, Account Services, Management, Media Department, NBC - 360I, LLC, New York, NY, pg. 320

Glaser, Dana - Account Planner, Media Department - KETCHUM, New York, NY, pg. 542

Glassoff, Sam - Account Planner, Account Services, NBC - HEAT, San Francisco, CA, pg. 84

Gleason, Kellie - Account Planner, Account Services - FCB NEW YORK, New York, NY, pg. 357

Gleeson, Renny - Account Planner, Interactive / Digital, NBC - WIEDEN + KENNEDY, Portland, OR, pg. 430

Glick, Julie - Account Planner - ARC WORLDWIDE, Chicago, IL, pg. 327

Glomski, Price - Account Planner, NBC - PMG, Fort Worth, TX, pg. 257

Glunk, Michael - Account Planner, Account Services, Management, Media Department - THE INTEGER GROUP, Lakewood, CO, pg. 682

Glure, Maureen - Account Planner, Media Department - STARCOM WORLDWIDE, Chicago, IL, pg. 513

Gocaj, Mia - Account Planner, Media Department - GTB, Dearborn, MI, pg. 367

Godbe, Bryan - Account Planner, PPOM - GODBE COMMUNICATIONS, Burlingame, CA, pg. 445

Goddard, Stacia - Account Planner, Management, NBC - EPSILON, New York, NY, pg. 283

Goddard, Jerel - Account Planner, Media Department - PHD USA, New York, NY, pg. 505

Godfrey, Natalie - Account Planner, Media Department - TRIBAL WORLDWIDE - VANCOUVER, Vancouver, BC, pg. 272

Godfrey, Angela - Account Planner, Account Services - FULL CONTACT ADVERTISING, Boston, MA, pg. 75

Goetz, Harold - Account Planner, Media Department, Research - HEALIXGLOBAL, New York, NY, pg. 471

Goff, Jamie - Account Planner, Account Services - LOSASSO INTEGRATED MARKETING, Chicago, IL, pg. 381

Gogan-Tilstone, Ellie - Account Planner, Account Services, Management - MULLENLOWE U.S. BOSTON, Boston, MA, pg. 389

Gogarty, John - Account Planner, Management - COYNE PUBLIC RELATIONS, Parsippany, NJ, pg. 593

Goggin, Pat - Account Planner, NBC, PPOM - JACOBSON ROST, Chicago, IL, pg. 376

Gold, Natasha - Account Planner, Account Services, Management - UNIVERSAL MCCANN, New York, NY, pg. 521

Goldberg, Steve - Account Planner - ACTIVE INTERNATIONAL, Pearl River, NY, pg. 439

Goldberg, Jason - Account Planner, Account Services, Interactive / Digital, NBC, Research - PUBLICIS.SAPIENT, Chicago, IL, pg. 259

Goldberg, Nathan - Account Planner, Operations - WIEDEN + KENNEDY, Portland, OR, pg. 430

Goldberg, Jacqueline - Account Planner, Media Department - KLICK HEALTH, Toronto, ON, pg. 244

Goldman, Jonathan - Account Planner, Media Department, NBC - HORIZON MEDIA, INC., New York, NY, pg. 474

Goldman, Marlee - Account Planner - 88 BRAND PARTNERS, Chicago, IL, pg. 171

Goldstein, Jake - Account Planner, Account Services, NBC, Operations - CODE AND THEORY, New York, NY, pg. 221

Golestani, Devin - Account Planner, Interactive / Digital, Media Department - HEARTS & SCIENCE, New York, NY, pg. 471

Golloher, Lisa - Account Planner, Interactive / Digital - THE MARS AGENCY, Southfield, MI, pg. 683

Goncalves, Catarina - Account Planner, Account Services - GALLEGOS UNITED, Huntington Beach, CA, pg. 75

Gonzales, Lizet - Account Planner, Account Services, Programmatic - GP GENERATE, LLC, Los Angeles, CA, pg. 541

Gonzalez, Diana - Account Planner, Account Services, NBC - 72ANDSUNNY, Brooklyn, NY, pg. 24

Gonzalez, Abigail - Account Planner, Media Department - CARAT, New York, NY, pg. 459

Gonzalez, Megan - Account Planner - LRXD, Denver, CO, pg. 101

Good, Lauren - Account Planner, Media Department - MINDSHARE, Chicago, IL, pg. 494

Goodman, Allison - Account Planner, Media Department, NBC - UNIVERSAL MCCANN, New York, NY, pg. 521

Goodmark, Matt - Account Planner, Finance, Media Department - HEARTS & SCIENCE, New York, NY, pg. 471

Goodwin, Amanda - Account Planner, Interactive / Digital, Media Department, NBC - ANSIRA, Addison, TX, pg. 326

Gordon, Sharon - Account Planner - OMNICOM GROUP, New York, NY, pg. 123

Gordon, Jamie - Account Planner, NBC - HORIZON MEDIA, INC., New York, NY, pg. 474

Gordon, Brian - Account Planner,

AGENCIES — RESPONSIBILITIES INDEX

Account Services, Media Department - INTERMARK GROUP, INC., Birmingham, AL, pg. 375

Gordy, Bill - Account Planner, PPOM - THE SOLUTIONS GROUP, INC., Warren, NJ, pg. 153

Gorin, Lindsay - Account Planner, Management, PPOM - MINDSHARE, New York, NY, pg. 491

Gorruso, Taylor - Account Planner, Media Department - MEDIACOM, New York, NY, pg. 487

Gorski, Steven - Account Planner, Interactive / Digital, Media Department, NBC - FORSMAN & BODENFORS, New York, NY, pg. 74

Goss, Jim - Account Planner, Interactive / Digital, Media Department - GTB, Dearborn, MI, pg. 367

Goth, Shane - Account Planner, Account Services - WASSERMAN & PARTNERS ADVERTISING, INC., Vancouver, BC, pg. 429

Grabois, Joel - Account Planner, Account Services, Management, Media Department, PPOM - BLUE ONION, Lakewood, CO, pg. 218

Graham, Zach - Account Planner, Account Services, Interactive / Digital, Management, Media Department - OMD, Chicago, IL, pg. 500

Granados, Ben - Account Planner, Analytics, PPOM - PETROL, Burbank, CA, pg. 127

Granfield, Jennifer - Account Planner, Interactive / Digital, Management, Media Department - HEARTS & SCIENCE, New York, NY, pg. 471

Grant, Meghan - Account Planner, Account Services, NBC, Research - PUBLICIS NORTH AMERICA, New York, NY, pg. 399

Graul, Katherine - Account Planner, Interactive / Digital, Management, NBC, Operations - TRACYLOCKE, Chicago, IL, pg. 426

Gray, Mercedes - Account Planner, Interactive / Digital, Media Department - MCGARRAH JESSEE, Austin, TX, pg. 384

Greco, Colby - Account Planner, Account Services, Operations - THE GRIST, Boston, MA, pg. 19

Green, Jeff - Account Planner, Creative, Interactive / Digital - WEITZMAN ADVERTISING, INC., Annapolis, MD, pg. 430

Green, Desiree - Account Planner, Account Services, Interactive / Digital, Media Department - GTB, Dearborn, MI, pg. 367

Greenberg, Paul - Account Planner, Media Department, NBC, PPOM - MILTON SAMUELS ADVERTISING & PUBLIC RELATIONS, New York, NY, pg. 387

Greenberg, Jesse - Account Planner - ACKERMAN MCQUEEN, INC., Dallas, TX, pg. 26

Greene, Alexa - Account Planner, Media Department - INITIATIVE, New York, NY, pg. 477

Greenfield, Eden - Account Planner, Interactive / Digital - LUMENTUS, New York, NY, pg. 624

Greer, Ryan - Account Planner, Account Services, Media Department - AKA NYC, New York, NY, pg. 324

Gregory, Alicia - Account Planner, Account Services - TRICKEY JENNUS, INC., Tampa, FL, pg. 156

Gregory Segovia, Rebecca - Account Planner, NBC - THE PURSUANT GROUP, Dallas, TX, pg. 422

Grekulak, Jillian - Account Planner, NBC - BUTLER, SHINE, STERN & PARTNERS, Sausalito, CA, pg. 45

Grialou, Haley - Account Planner - GOODBY, SILVERSTEIN & PARTNERS, San Francisco, CA, pg. 77

Grieder, Logan - Account Planner, Management - BERNSTEIN-REIN ADVERTISING, INC., Kansas City, MO, pg. 39

Griffin, Pam - Account Planner, Account Services - MEDIACOM, New York, NY, pg. 487

Griffin, Annie - Account Planner, Interactive / Digital, Media Department - PHD CHICAGO, Chicago, IL, pg. 504

Griffith, Shanee - Account Planner, Media Department - HORIZON MEDIA, INC., New York, NY, pg. 474

Griffith-Roach, Ashley - Account Planner, Account Services - MATRIX MEDIA SERVICES, Columbus, OH, pg. 554

Grinnell, Katherine - Account Planner, Media Department - 26 DOT TWO LLC, New York, NY, pg. 453

Grossman, Ben - Account Planner, Interactive / Digital - JACK MORTON WORLDWIDE, New York, NY, pg. 308

Grove, Amy - Account Planner - MINDSHARE, Toronto, ON, pg. 495

Grzyb, Leah - Account Planner, Media Department - INITIATIVE, Chicago, IL, pg. 479

Guarino, Janine - Account Planner, Account Services - MEDIA CAUSE, Boston, MA, pg. 249

Gudinskas, Ron - Account Planner - BVK, Milwaukee, WI, pg. 339

Guernsey Metz, Kristen - Account Planner - 160VER90, Philadelphia, PA, pg. 1

Guerri, Alex - Account Planner, Account Services, PPOM - WORKINPROGRESS, Boulder, CO, pg. 163

Guerrier, Agathe - Account Planner, Management, Operations, PPOM - TBWA \ CHIAT \ DAY, Los Angeles, CA, pg. 146

Guglielmo, Alex - Account Planner, Account Services - FCB CHICAGO, Chicago, IL, pg. 71

Gulla, Hannah - Account Planner, Account Services, Media Department, NBC - MULLENLOWE U.S. LOS ANGELES, El Segundo, CA, pg.

Gundry, Heather - Account Planner - CARAT, Detroit, MI, pg. 461

Gunnells, Jon - Account Planner, Interactive / Digital, Social Media - MEDIA ASSEMBLY, Southfield, MI, pg. 385

Gunnewig, Sebastian - Account Planner, Account Services - AKQA, San Francisco, CA, pg. 211

Gunning, Kate - Account Planner, Media Department - R/GA, Austin, TX, pg. 261

Gurevich, Maxine - Account Planner, NBC, Research - VAYNERMEDIA, New York, NY, pg. 689

Guthrie, Emilie - Account Planner, Account Services - GS&F, Nashville, TN, pg. 367

Gutierrez Bitter, Adrienne - Account Planner - STARCOM WORLDWIDE, Chicago, IL, pg. 513

Gutkowski, Jennifer - Account Planner, Account Services, Media Department - WATAUGA GROUP, Orlando, FL, pg. 21

Gutschow, Uwe - Account Planner, Interactive / Digital - THE MARKETING ARM, Los Angeles, CA, pg. 317

Gutting, David - Account Planner, Account Services - BARKLEY, Kansas City, MO, pg. 329

Gwozdz, Fiona - Account Planner, Public Relations - OLIVER RUSSELL, Boise, ID, pg. 168

Hable, Andrea - Account Planner, Media Department - UNIVERSAL MCCANN DETROIT, Birmingham, MI, pg. 524

Hagen, Kent - Account Planner, Interactive / Digital, Media Department - WAVEMAKER, Los Angeles, CA, pg. 528

Haglund, Tara - Account Planner, Account Services - DEUTSCH, INC., Los Angeles, CA, pg. 350

Hahn, Dennis - Account Planner, Media Department, PPOM - LIQUID AGENCY, INC., San Jose, CA, pg. 12

Hahn, Haley - Account Planner, Media Department - PHD CHICAGO, Chicago, IL, pg. 504

Hahs, Jennifer - Account Planner, Analytics, NBC, Research - ESSENCE, Minneapolis, MN, pg. 233

Hair, Kirsten - Account Planner, Media Department - STARCOM WORLDWIDE, Chicago, IL, pg. 513

Haithcock, Laura - Account Planner, PPM - WONGDOODY, Seattle, WA, pg. 162

Hakimi, Maria - Account Planner, Interactive / Digital, Media Department - RESOLUTION MEDIA, New York, NY, pg. 263

Hall, Sarah - Account Planner, Account Services, Management - FCB HEALTH, New York, NY, pg. 72

Hall, Alexander - Account Planner, Media Department, NBC - HORIZON MEDIA, INC., New York, NY, pg. 474

Hall, Andrew - Account Planner, Interactive / Digital, Media Department, NBC - CARAT, New York, NY, pg. 459

Halpern, Katie - Account Planner, Media Department, NBC - CAVALRY, Chicago, IL, pg. 48

Halpert, Jack - Account Planner,

RESPONSIBILITIES INDEX — AGENCIES

Account Services, Media Department - GP GENERATE, LLC, Los Angeles, CA, pg. 541

Halprin, Marisa - Account Planner, Account Services, Media Department - MEDIAHUB NEW YORK, New York, NY, pg. 249

Hamilton, Alana - Account Planner, Media Department, NBC - CARAT, Toronto, ON, pg. 461

Hamilton, Diann - Account Planner - DIGITAS HEALTH LIFEBRANDS, Philadelphia, PA, pg. 229

Hamlin, David - Account Planner, Media Department - CAMELOT STRATEGIC MARKETING & MEDIA, Dallas, TX, pg. 457

Hammack, Cole - Account Planner, Account Services, Creative - R/GA, Los Angeles, CA, pg. 261

Hammer, Garth - Account Planner, Interactive / Digital, Media Department - PUBLICIS NORTH AMERICA, New York, NY, pg. 399

Hammer, Kristin - Account Planner, Media Department - SPARK FOUNDRY, New York, NY, pg. 508

Hammonds, Kelsey - Account Planner, Account Services, Interactive / Digital - PORTER NOVELLI, New York, NY, pg. 637

Hampshire, Taylor - Account Planner, Account Services - ZENITH MEDIA, Chicago, IL, pg. 531

Hancock, Alana - Account Planner - LRXD, Denver, CO, pg. 101

Hancock, Alex - Account Planner, Account Services - INITIATIVE, New York, NY, pg. 477

Handler, Justin - Account Planner, Account Services - O3 WORLD, Philadelphia, PA, pg. 14

Hanley, John - Account Planner, Account Services, Interactive / Digital, Management, Media Department - UNIVERSAL MCCANN, New York, NY, pg. 521

Hanlon, Evan - Account Planner, Interactive / Digital, Media Department, PPOM - GROUPM, New York, NY, pg. 466

Hansen, Wendy - Account Planner, Account Services - PENNA POWERS BRIAN HAYNES, Salt Lake City, UT, pg. 396

Hanson, Courtney - Account Planner, Account Services, Media Department - TEAM ONE, Dallas, TX, pg. 418

Hanson, Andi - Account Planner, Media Department - VALASSIS, Livonia, MI, pg. 294

Hanson, Chrissie - Account Planner, Media Department, NBC - OMD WEST, Los Angeles, CA, pg. 502

Hanzi, Robb - Account Planner, Account Services - SPARKS & HONEY, New York, NY, pg. 450

Harden, John - Account Planner, Media Department, Operations - DENTSU AEGIS NETWORK, New York, NY, pg. 61

Hardy, Alison - Account Planner, Account Services, NBC - ESSENCE, New York, NY, pg. 232

Hardy, Josh - Account Planner, Account Services, Media Department, Operations - NOBLE PEOPLE, New York, NY, pg. 120

Harlacher, Jennifer - Account Planner, Management - HARMELIN MEDIA, Bala Cynwyd, PA, pg. 467

Harms, Deanna - Account Planner - GRETEMAN GROUP, Wichita, KS, pg. 8

Harper, Marty - Account Planner, Management - LEO BURNETT WORLDWIDE, Chicago, IL, pg. 98

Harper, Ilene - Account Planner, Account Services, Interactive / Digital, Management, Media Department - TARGETBASE MARKETING, Greensboro, NC, pg. 293

Harrell, Kim - Account Planner, Account Services, NBC - BAYARD ADVERTISING AGENCY, INC., New York, NY, pg. 37

Harriman, Patrick-Robert - Account Planner, Account Services, NBC - BARON & BARON, INC., New York, NY, pg. 36

Harris, George - Account Planner - HB&M SPORTS, Charlotte, NC, pg. 307

Harris, Tammy - Account Planner, Account Services, Media Department - NDP, Richmond, VA, pg. 390

Harris, Rebecca - Account Planner, Account Services, Operations - ERICH & KALLMAN, San Francisco, CA, pg. 68

Harris, Elizabeth - Account Planner, NBC, PPOM - ARC WORLDWIDE, Chicago, IL, pg. 327

Harris, Jessica - Account Planner, Account Services - ROGERS & COWAN/PMK*BNC, New York, NY, pg. 644

Harris, Heather - Account Planner, Media Department - HAVAS MEDIA GROUP, New York, NY, pg. 468

Harrison, Amy - Account Planner, Media Department - UNIVERSAL MCCANN DETROIT, Birmingham, MI, pg. 524

Harrison, Nadia - Account Planner, Media Department, PPOM - WAVEMAKER, New York, NY, pg. 526

Harrison, Jeffrey - Account Planner, Media Department - MEDIACOM, Playa Vista, CA, pg. 486

Harrison, Stuart - Account Planner - ADAM&EVE DDB, New York, NY, pg. 26

Hart, William - Account Planner, Media Department - WAVEMAKER, Toronto, ON, pg. 529

Hartley, Vanessa - Account Planner, Account Services - HEARTS & SCIENCE, New York, NY, pg. 471

Hartley, Elizabeth - Account Planner, Media Department, NBC - DROGA5, New York, NY, pg. 64

Hartstein, Devon - Account Planner, Account Services, Interactive / Digital, Social Media - WE COMMUNICATIONS, San Francisco, CA, pg. 660

Hatch, Zoe - Account Planner, Media Department - UNIVERSAL MCCANN, San Francisco, CA, pg. 428

Hatcher King, Kendra - Account Planner, Account Services, NBC - PUBLICIS.SAPIENT, Atlanta, GA, pg. 259

Hatfield, Jason - Account Planner, Account Services, Interactive / Digital, Management, Media Department, PPOM - MORRISON, Atlanta, GA, pg. 117

Hathaway, Katie - Account Planner, Account Services - PHD USA, New York, NY, pg. 505

Hattle, Emily - Account Planner, Media Department, NBC - CARAT, New York, NY, pg. 459

Haveron, Bill - Account Planner - BLUE CHIP MARKETING & COMMUNICATIONS, Northbrook, IL, pg. 334

Haw, Carly - Account Planner, Interactive / Digital, Media Department - INITIATIVE, Los Angeles, CA, pg. 478

Hawkes, Joanna - Account Planner, Management, Media Department, NBC - 360I, LLC, New York, NY, pg. 320

Hawley, Jane - Account Planner, Account Services - SPARKS, Philadelphia, PA, pg. 315

Hawthorne, Kara - Account Planner, Interactive / Digital, NBC - SHIFT DIGITAL, Birmingham, MI, pg. 265

Hazel, Patrick - Account Planner, Account Services, Interactive / Digital, Media Department - CARAT, New York, NY, pg. 459

Heath, Andy - Account Planner, Media Department, NBC - MINDSHARE, New York, NY, pg. 491

Heath, Jana - Account Planner, Interactive / Digital, Media Department - ZENITH MEDIA, New York, NY, pg. 529

Heathco, Saya - Account Planner, Media Department - 22SQUARED INC., Tampa, FL, pg. 319

Hebert, Megan - Account Planner, Interactive / Digital, Media Department - UNIVERSAL MCCANN DETROIT, Birmingham, MI, pg. 524

Hederman, Beth - Account Planner, Management, Media Department - INITIATIVE, New York, NY, pg. 477

Hefter, Arie - Account Planner, Interactive / Digital, Media Department, NBC - MEDIA ASSEMBLY, New York, NY, pg. 484

Heigl, Matthew - Account Planner - RED ANTLER, Brooklyn, NY, pg. 16

Heilbronn, Charlotte - Account Planner - RED ANTLER, Brooklyn, NY, pg. 16

Heilweil, Eldad - Account Planner, Account Services - M:UNITED//MCCANN, New York, NY, pg. 102

Heinemann, Brandt - Account Planner - CHAPTER & VERSE, Spokane, WA, pg. 341

Hellickson, Amy - Account Planner, Account Services - LAUNDRY SERVICE, Brooklyn, NY, pg. 287

Hellrung, Amanda - Account Planner, Account Services, Media Department - ZENITH MEDIA, New York, NY, pg.

AGENCIES

RESPONSIBILITIES INDEX

529
Helmstead, Tiare - Account Planner, Interactive / Digital - GLOBAL STRATEGIES, Bend, OR, pg. 673
Henderson, Matthew - Account Planner, Research - DIGITAS, Boston, MA, pg. 226
Henderson, Leslie - Account Planner, Account Services - THE VIA AGENCY, Portland, ME, pg. 154
Hendricks, Brian - Account Planner, Account Services, Media Department, PPM - WAVEMAKER, Los Angeles, CA, pg. 528
Hendricks, Aniqua - Account Planner, Account Services, Management - HEARTS & SCIENCE, Atlanta, GA, pg. 473
Henneghan, Chris - Account Planner, Account Services, NBC - SCHUBERT COMMUNICATIONS, INC., Downingtown, PA, pg. 139
Hennessy, Jack - Account Planner, Account Services, Interactive / Digital, Research - WUNDERMAN THOMPSON, Chicago, IL, pg. 434
Henninger, Valerie - Account Planner, Administrative, Interactive / Digital, Media Department - MINDSHARE, Chicago, IL, pg. 494
Henry, Megan - Account Planner, Account Services, NBC - RHEA & KAISER MARKETING, Naperville, IL, pg. 406
Hensarling, Nina - Account Planner, Account Services, NBC - PEREIRA & O'DELL, New York, NY, pg. 257
Hentemann, Gretchen - Account Planner, Account Services, Interactive / Digital, Media Department - GYRO, Chicago, IL, pg. 368
Hentze, Lisa - Account Planner, Media Department - OUTDOOR MEDIA GROUP, Jersey City, NJ, pg. 554
Hercules, Katrina - Account Planner, Account Services - ORCI, Santa Monica, CA, pg. 543
Herder, Caryn - Account Planner, Account Services, Management, Operations - CMD, Portland, OR, pg. 51
Hering, Nicole - Account Planner, Account Services, Interactive / Digital, Management, Media Department - CRISPIN PORTER + BOGUSKY, Boulder, CO, pg. 346
Hering, Alex - Account Planner, Media Department - WIEDEN + KENNEDY, Portland, OR, pg. 430
Herman, Alison - Account Planner - J3, New York, NY, pg. 480
Herman, Bonnie - Account Planner, Interactive / Digital - ACCELERATION PARTNERS, Needham, MA, pg. 25
Herman, Matthew - Account Planner - AVOCET COMMUNICATIONS, Longmont, CO, pg. 328
Hernandez, Daniella - Account Planner, Account Services, Management, Media Department - HEARTS & SCIENCE, New York, NY,

pg. 471
Herrera, Andrew - Account Planner, Account Services, Media Department, Public Relations - PRAYTELL, Brooklyn, NY, pg. 258
Herron, Madison - Account Planner - CARAT, Culver City, CA, pg. 459
Hesse, Sarah - Account Planner, Interactive / Digital, Media Department - GTB, Dearborn, MI, pg. 367
Hibbert, Ann - Account Planner, Media Department - GENERATOR MEDIA + ANALYTICS, New York, NY, pg. 466
Hickman, John - Account Planner - TBWA \ CHIAT \ DAY, Los Angeles, CA, pg. 146
Hiddemen, Pamela - Account Planner, Account Services, NBC, Social Media - KLICK HEALTH, Toronto, ON, pg. 244
Hidden, James - Account Planner, Account Services, Creative, Public Relations - OGILVY, Chicago, IL, pg. 393
Higbee, Stacy - Account Planner, Management, Media Department, PPOM - WAVEMAKER, New York, NY, pg. 526
Higgins, Vanessa - Account Planner, Media Department - MEDIAHUB BOSTON, Boston, MA, pg. 489
Higley, Laura - Account Planner, Account Services, Media Department - MINDSHARE, New York, NY, pg. 491
Higuera, Michelle - Account Planner, Social Media - DIGITAS, San Francisco, CA, pg. 227
Hill, Nikki - Account Planner, Management, Media Department - LAUGHLIN CONSTABLE, INC., Chicago, IL, pg. 380
Hill, Stephanie - Account Planner, Account Services, Interactive / Digital, Management, Media Department, NBC - CARAT, New York, NY, pg. 459
Hill, Dan - Account Planner - WIEDEN + KENNEDY, New York, NY, pg. 432
Hill, Alec - Account Planner, Account Services, NBC, Operations - EPSILON, New York, NY, pg. 283
Hill, Matthew - Account Planner - EMPOWER, Cincinnati, OH, pg. 354
Hillman, Rhys - Account Planner, Media Department - TBWA \ CHIAT \ DAY, Los Angeles, CA, pg. 146
Hines, Clare - Account Planner - ANOMALY, New York, NY, pg. 325
Hinkes, Tom - Account Planner, Account Services - INITIATE-IT LLC, Richmond, VA, pg. 375
Hinson, Ruthie - Account Planner, Account Services - ZENITH MEDIA, Atlanta, GA, pg. 531
Hinton, Ian - Account Planner, Interactive / Digital, Media Department - CARAT, New York, NY, pg. 459
Hippelheuser, Catherine - Account Planner - PP+K, Tampa, FL, pg. 129
Hirsch, Barbara - Account Planner, Media Department - MRM//MCCANN, Salt Lake City, UT, pg. 118

Hirsch, Lauren - Account Planner - DISCOVERY USA, Philadelphia, PA, pg. 63
Hisamoto, Matt - Account Planner, NBC - WIEDEN + KENNEDY, Portland, OR, pg. 430
Hlatky, John - Account Planner, Account Services - SWELLSHARK, New York, NY, pg. 518
Hoch, Melissa - Account Planner, Media Department - BRITTON MARKETING & DESIGN GROUP, Fort Wayne, IN, pg. 4
Hodgkin, Kelsey - Account Planner, Account Services, Management, Media Department, Research - DEUTSCH, INC., Los Angeles, CA, pg. 350
Hoelscher, Ashley - Account Planner, Account Services, Media Department - MEDIAHUB NEW YORK, New York, NY, pg. 249
Hoff, Holly - Account Planner, Account Services - CONCENTRIC HEALTH EXPERIENCE, New York, NY, pg. 52
Hoffend, Emily - Account Planner, Interactive / Digital, Media Department - HAVAS MEDIA GROUP, Boston, MA, pg. 470
Hoffman, Laura - Account Planner, Creative, Interactive / Digital, NBC - ZENITH MEDIA, New York, NY, pg. 529
Hoffmannbeck, Jennifer - Account Planner, Account Services - MATRIX MEDIA SERVICES, Columbus, OH, pg. 554
Hofherr, Matt - Account Planner, Media Department, PPOM - MUH-TAY-ZIK / HOF-FER, San Francisco, CA, pg. 119
Hogan, Erin - Account Planner, Account Services, Media Department - HEARTS & SCIENCE, Atlanta, GA, pg. 473
Hohberger, Amalia - Account Planner - FCB HEALTH, New York, NY, pg. 72
Hollinger, Jake - Account Planner - MINDSHARE, Playa Vista, CA, pg. 495
Hollingsworth, Denise - Account Planner, NBC - HMH, Portland, OR, pg. 86
Holloway, Robert - Account Planner, Account Services, NBC - CADIENT GROUP, Malvern, PA, pg. 219
Holt, Kelly - Account Planner - CARAT, New York, NY, pg. 459
Holten, Becky - Account Planner, Account Services, NBC - SIXSPEED, Minneapolis, MN, pg. 198
Holton, Eileen - Account Planner, Account Services, Interactive / Digital, Media Department - OMD, Chicago, IL, pg. 500
Hopkins, Erin - Account Planner, NBC, PPM - MEDIASPOT, INC., Corona Del Mar, CA, pg. 490
Horne, Kate - Account Planner, Account Services - TAXI, New York, NY, pg. 146
Horne, Erin - Account Planner - REED PUBLIC RELATIONS, Nashville, TN, pg. 642
Horowitz, Brooke - Account Planner,

1103

RESPONSIBILITIES INDEX

AGENCIES

Interactive / Digital, Media Department, NBC - PHD USA, New York, NY, pg. 505

Horwitz, Julia - Account Planner, Media Department - MEDIA STORM, New York, NY, pg. 486

Hotchkiss, Colleen - Account Planner, Account Services, Media Department - ZENITH MEDIA, New York, NY, pg. 529

Hough, David - Account Planner, Creative, PPM - GROSSMAN MARKETING GROUP, Somerville, MA, pg. 284

Houser, Victoria - Account Planner, Account Services - GREGORY WELTEROTH ADVERTISING, Montoursville, PA, pg. 466

Howaniec, Samantha - Account Planner, Account Services - DWA MEDIA, Boston, MA, pg. 464

Howard, Brooke-Lynn - Account Planner, Account Services - SWIFT, Portland, OR, pg. 145

Howard, Amy - Account Planner, Media Department - GARRIGAN LYMAN GROUP, Seattle, WA, pg. 236

Howard, Kerry - Account Planner, Media Department - KELLY, SCOTT & MADISON, INC., Chicago, IL, pg. 482

Howatt, Brian - Account Planner, Creative, PPOM - RESULTS MARKETING & ADVERTISING, Charlottetown, PE, pg. 405

Howell, Anne - Account Planner, Management - ONEMAGNIFY, Detroit, MI, pg. 394

Hsia, Victoria - Account Planner, Account Services, Interactive / Digital - NEXTGUEST DIGITAL, New York, NY, pg. 253

Hsu, Courtney - Account Planner - SPARKS, Philadelphia, PA, pg. 315

Huang, Ashley - Account Planner, Account Services, Human Resources, Media Department - INITIATIVE, Los Angeles, CA, pg. 478

Huang, Jeffrey - Account Planner - ESSENCE, Minneapolis, MN, pg. 233

Hubich, Mandy - Account Planner, Account Services - THE VARIABLE, Winston-Salem, NC, pg. 153

Huck, Jenn - Account Planner, Media Department, NBC, Programmatic - OMD ENTERTAINMENT, Burbank, CA, pg. 501

Hudson, Michelle - Account Planner, Media Department - MINDSTREAM MEDIA GROUP - DALLAS, Dallas, TX, pg. 496

Huffman, Jaclyn - Account Planner, Interactive / Digital, Media Department - GTB, Dearborn, MI, pg. 367

Hughes, Cassie - Account Planner, PPOM - GROW MARKETING, San Francisco, CA, pg. 691

Hughes, Ed - Account Planner, Account Services, Management, Media Department - MINDSHARE, New York, NY, pg. 491

Hughes, Jan - Account Planner, Account Services, Interactive / Digital, Media Department - DAY COMMUNICATIONS GROUP, INC., Toronto, ON, pg. 349

Hughes, Vanessa - Account Planner, Account Services, Media Department - MEDIAHUB LOS ANGELES, El Segundo, CA, pg. 112

Hughes, Karina - Account Planner - PLUSMEDIA, LLC, Danbury, CT, pg. 290

Hui, Jordan - Account Planner, Account Services - CARAT, Toronto, ON, pg. 461

Hunley, Jennifer - Account Planner, Interactive / Digital, Media Department, NBC - BBDO WORLDWIDE, New York, NY, pg. 331

Hunt, Christopher - Account Planner, Interactive / Digital - MINDSTREAM MEDIA GROUP - DALLAS, Dallas, TX, pg. 496

Huo, Blanche - Account Planner, Account Services - OMD, New York, NY, pg. 498

Hurd, Lindsay - Account Planner, Media Department - CARAT, New York, NY, pg. 459

Hurr, Lindsey - Account Planner, Account Services, NBC - IMMOTION STUDIOS, Fort Worth, TX, pg. 89

Hurwitz, Thomas - Account Planner, Media Department - PALISADES MEDIA GROUP, INC., Santa Monica, CA, pg. 124

Huston, Sam - Account Planner, NBC, PPOM - IPROSPECT, San Francisco, CA, pg. 674

Huynh, Danny - Account Planner, Account Services, Interactive / Digital, Management, Media Department, PPOM - UNIVERSAL MCCANN, New York, NY, pg. 521

Hwang, Kendra - Account Planner, Account Services, Interactive / Digital, Media Department - CAMPBELL EWALD, West Hollywood, CA, pg. 47

Hyland, Macy - Account Planner, Account Services, Media Department, Social Media - FIREMAN CREATIVE, Pittsburgh, PA, pg. 183

Iadanza, Clare - Account Planner, Media Department, NBC - HORIZON MEDIA, INC., New York, NY, pg. 474

Iasilli, Melinda - Account Planner, Account Services, Media Department - OMD, New York, NY, pg. 498

Ignoffo, Lauren - Account Planner, Interactive / Digital, Media Department - MINDSHARE, Chicago, IL, pg. 494

Ikeda, Mindi - Account Planner, Media Department - ESSENCE, New York, NY, pg. 232

Imperiale, Michael - Account Planner, Account Services - SPARK44, New York, NY, pg. 411

Ingold, Madison - Account Planner, Account Services, Media Department - SPARK FOUNDRY, Chicago, IL, pg. 510

Insdorf, Stephanie - Account Planner, Interactive / Digital, Management, Media Department - UNIVERSAL MCCANN, New York, NY, pg. 521

Irizarry, Jonathan - Account Planner, Account Services, Media Department, Social Media - WIEDEN + KENNEDY, New York, NY, pg. 432

Irwin, Debbie - Account Planner, Media Department, PPM - WAVEMAKER, Toronto, ON, pg. 529

Isaacs, Courtney - Account Planner, Interactive / Digital, Media Department, PPOM - MINDSHARE, Chicago, IL, pg. 494

Isca, Frank - Account Planner - THE WEIDERT GROUP, Appleton, WI, pg. 425

Ivey, Lori - Account Planner - SPARK FOUNDRY, Chicago, IL, pg. 510

Ivie, Blake - Account Planner, Account Services, Interactive / Digital, Management, Media Department - CARAT, Atlanta, GA, pg. 459

Iyer, Archana - Account Planner, Account Services - WEBER SHANDWICK, New York, NY, pg. 660

Jackson, Jeremy - Account Planner, Media Department - 360I, LLC, Chicago, IL, pg. 208

Jackson, Robert - Account Planner, Account Services, Media Department - UNIVERSAL MCCANN, New York, NY, pg. 521

Jackson, Pamela - Account Planner, Account Services - MEDIA ASSEMBLY, New York, NY, pg. 484

Jackson, Lee Ann - Account Planner, Account Services, Media Department, Social Media - AMBASSADOR ADVERTISING, Irvine, CA, pg. 324

Jacober, Suzanne - Account Planner, Account Services, NBC - MEDIA STORM, New York, NY, pg. 486

Jacobs, Rick - Account Planner, Media Department, PPOM - MONIGLE ASSOCIATES, INC., Denver, CO, pg. 14

Jacobs, Peter - Account Planner, Account Services - FF CREATIVE, Los Angeles, CA, pg. 234

Jacobs, Leigh - Account Planner, Media Department, NBC - GENERATOR MEDIA + ANALYTICS, New York, NY, pg. 466

Jacobsen, Eric - Account Planner, NBC - HORIZON MEDIA, INC., New York, NY, pg. 474

Jacobson, Emily - Account Planner, Account Services, Media Department - STARCOM WORLDWIDE, Chicago, IL, pg. 513

Jacoby, Steve - Account Planner, Interactive / Digital, Media Department - CONVERGEDIRECT, New York, NY, pg. 462

Jacover, Hana - Account Planner - SPEAR MARKETING GROUP, Walnut Creek, CA, pg. 411

Jager, Julie - Account Planner - MARTIN RETAIL GROUP, Alpharetta, GA, pg. 106

Jaime, Bia - Account Planner, Account Services - PUBLICIS.SAPIENT, New York, NY, pg. 258

James, Greg - Account Planner, Management, Media Department, NBC, PPOM - HAVAS MEDIA GROUP, New York,

AGENCIES
RESPONSIBILITIES INDEX

NY, *pg.* 468
James, Beth - Account Planner, Account Services - WIER / STEWART, Augusta, GA, *pg.* 162
James, Bailey - Account Planner - TURNER DUCKWORTH, San Francisco, CA, *pg.* 203
Jamison, Joanna - Account Planner, Account Services - SID LEE, Toronto, ON, *pg.* 141
Janke, Kimberly - Account Planner, NBC - FLINT COMMUNICATIONS, INC., Fargo, ND, *pg.* 359
Janness, Laura - Account Planner, Account Services, PPOM - LIGHTNING ORCHARD, Brooklyn, NY, *pg.* 11
Jansen, Brad - Account Planner, NBC - HAVAS SPORTS & ENTERTAINMENT, Atlanta, GA, *pg.* 370
Jaquins, Tiffany - Account Planner, Interactive / Digital, Media Department - NOBLE PEOPLE, New York, NY, *pg.* 120
Jarosh, Jessica - Account Planner, Account Services, NBC - BAILEY LAUERMAN, Omaha, NE, *pg.* 35
Jatlow, Julie - Account Planner - FUSE, LLC, Vinooski, VT, *pg.* 8
Jay, Stephen - Account Planner, Management, Media Department - BIG RED ROOSTER, Columbus, OH, *pg.* 3
Jayanath, Ravi - Account Planner, Account Services, Creative, Interactive / Digital, Media Department - BIG FAMILY TABLE, Los Angeles, CA, *pg.* 39
Jean, Karen - Account Planner, Account Services, Media Department, PPM - DAVID&GOLIATH, El Segundo, CA, *pg.* 57
Jebens, Harley - Account Planner, Account Services, Interactive / Digital, Media Department - 22SQUARED INC., Atlanta, GA, *pg.* 319
Jedras, Emmy - Account Planner, Management, Media Department - DESANTIS BREINDEL, New York, NY, *pg.* 349
Jefferson, Kaitlin - Account Planner, Media Department - MEDIACOM, New York, NY, *pg.* 487
Jefferson West, Jihan - Account Planner, Account Services - BURRELL COMMUNICATIONS GROUP, INC., Chicago, IL, *pg.* 45
Jelsomeno, Emily - Account Planner, Account Services - FCB CHICAGO, Chicago, IL, *pg.* 71
Jennings, Paul - Account Planner, Interactive / Digital, Media Department - CAMPBELL EWALD, West Hollywood, CA, *pg.* 47
Jennissen, Joy - Account Planner, Account Services, Management - HILL+KNOWLTON STRATEGIES CANADA, Vancouver, BC, *pg.* 613
Jensen, Andre - Account Planner, Interactive / Digital - GLOBAL STRATEGIES, Bend, OR, *pg.* 673
Jerath, Shreya - Account Planner, Media Department, Social Media - DIGITAS, San Francisco, CA, *pg.* 227
Jerome, Zack - Account Planner, NBC - WIEDEN + KENNEDY, Portland, OR, *pg.* 430
Jeu, Elaine - Account Planner - CARAT, New York, NY, *pg.* 459
Jeudy, Caroline - Account Planner, Account Services, Interactive / Digital, Media Department - CARAT, New York, NY, *pg.* 459
Jimenez, Miguel - Account Planner, Interactive / Digital - DASH TWO, Culver City, CA, *pg.* 551
Johns, Ken - Account Planner, Account Services, NBC - BRUNNER, Pittsburgh, PA, *pg.* 44
Johnson, Steve - Account Planner, Management, Operations - ROEDER-JOHNSON CORPORATION, Redwood City, CA, *pg.* 643
Johnson, Joel - Account Planner, PPOM - ADMIRABLE DEVIL, Washington, DC, *pg.* 27
Johnson, Tom - Account Planner, Media Department - HAWORTH MARKETING & MEDIA, Minneapolis, MN, *pg.* 470
Johnson, Nick - Account Planner, Management, NBC - SCOPPECHIO, Louisville, KY, *pg.* 409
Johnson, Peter - Account Planner, Media Department - MINDSHARE, Chicago, IL, *pg.* 494
Johnson, Petra - Account Planner, Interactive / Digital, Media Department - DAILEY & ASSOCIATES, West Hollywood, CA, *pg.* 56
Johnson, Wendy - Account Planner, Account Services, Operations, PPOM - CHUTE GERDEMAN, Columbus, OH, *pg.* 177
Johnson, Nick - Account Planner, Media Department - HOFFMAN YORK, Milwaukee, WI, *pg.* 371
Johnson, Matthew - Account Planner, Account Services - MARKSTEIN, Birmingham, AL, *pg.* 625
Johnson, Kim - Account Planner, Interactive / Digital - AMPERAGE, Cedar Rapids, IA, *pg.* 30
Johnson, Craig - Account Planner - CHECKMARK COMMUNICATIONS, Saint Louis, MO, *pg.* 49
Johnston, Kate - Account Planner, Account Services - PORTER NOVELLI, New York, NY, *pg.* 637
Jones, Noble - Account Planner, Analytics, PPOM - ST&P COMMUNICATIONS, INC., Fairlawn, OH, *pg.* 412
Jones, Susan - Account Planner, NBC - HAWK, Moncton, NB, *pg.* 83
Jones, Kirstin - Account Planner, Media Department - LANETERRALEVER, Phoenix, AZ, *pg.* 245
Jones, Andy - Account Planner, Account Services, Media Department - OGILVY, New York, NY, *pg.* 393
Jones, Owen - Account Planner, Account Services, Interactive / Digital, Media Department - OMD WEST, Los Angeles, CA, *pg.* 502
Jones, Nikki - Account Planner, Analytics, Interactive / Digital, Research - THE INTEGER GROUP - DALLAS, Dallas, TX, *pg.* 570
Jones, Angela - Account Planner, Account Services - WIEDEN + KENNEDY, Portland, OR, *pg.* 430
Jones, Gavin - Account Planner - VENABLES BELL & PARTNERS, San Francisco, CA, *pg.* 158
Jones, Ashley - Account Planner, Account Services - ARC WORLDWIDE, Chicago, IL, *pg.* 327
Jorgensen, Dana - Account Planner, Interactive / Digital - ANTICS DIGITAL MARKETING, San Carlos, CA, *pg.* 214
Jorishie, Andy - Account Planner, Account Services, Management, NBC - BRIGHT RED\TBWA, Tallahassee, FL, *pg.* 337
Jovanovic, Jane - Account Planner, Account Services - SAATCHI & SAATCHI, New York, NY, *pg.* 136
Juliano, Dana - Account Planner, Account Services, Interactive / Digital, Media Department - VAYNERMEDIA, New York, NY, *pg.* 689
Jurasic, Patrick - Account Planner, Account Services, Media Department, Public Relations - DENTSU X, New York, NY, *pg.* 61
Jurden, Frank - Account Planner, Account Services - VMLY&R, Kansas City, MO, *pg.* 274
Jurgensen, Brad - Account Planner, Media Department - PERICH ADVERTISING, Ann Arbor, MI, *pg.* 126
Kabir, Romeo - Account Planner, Interactive / Digital, Media Department - NEO MEDIA WORLD, New York, NY, *pg.* 496
Kaduc, Sarah - Account Planner, Account Services, Media Department - WAVEMAKER, New York, NY, *pg.* 526
Kafie, Aldo - Account Planner, Account Services, Management - OCTAGON, Stanford, CT, *pg.* 313
Kalb, Steve - Account Planner, Account Services, Interactive / Digital, Media Department - MEDIAHUB NEW YORK, New York, NY, *pg.* 249
Kallet, Sally - Account Planner, Account Services - CAMP + KING, San Francisco, CA, *pg.* 46
Kamm, Morgan - Account Planner, Account Services, Interactive / Digital, Media Department - CARAT, New York, NY, *pg.* 459
Kane, Marni - Account Planner - RED ANTLER, Brooklyn, NY, *pg.* 16
Kang, Harry - Account Planner, Account Services, Media Department - AAAZA, Los Angeles, CA, *pg.* 537
Kanga, Natasha - Account Planner, Account Services, Media Department, NBC - KINETIC WORLDWIDE, New York, NY, *pg.* 553
Kantrowitz, Eva - Account Planner, Account Services, Management, PPOM - HORIZON MEDIA, INC., New York, NY, *pg.* 474
Kaplan, Eliza - Account Planner, Account Services, Research - 360I, LLC, Chicago, IL, *pg.* 208
Karambis, Scott - Account Planner, Account Services, Management, NBC,

RESPONSIBILITIES INDEX — AGENCIES

PR Management, Research - ARNOLD WORLDWIDE, Boston, MA, *pg.* 33

Karpel, Lenny - Account Planner, Account Services, Creative, Media Department, NBC - PEREIRA & O'DELL, San Francisco, CA, *pg.* 256

Karwande, Kyle - Account Planner, Interactive / Digital, Media Department - STARCOM WORLDWIDE, Chicago, IL, *pg.* 513

Kasparian, Nairi - Account Planner, Media Department, NBC - CARAT, New York, NY, *pg.* 459

Kastenholz, Ashley - Account Planner, Account Services, Media Department - SPARK FOUNDRY, Chicago, IL, *pg.* 510

Katelman, Steve - Account Planner, Account Services, Interactive / Digital, Management, NBC, Operations - ANNALECT GROUP, New York, NY, *pg.* 213

Kato, Meagan - Account Planner, Media Department - MONO, Minneapolis, MN, *pg.* 117

Katsachnias, Constantin - Account Planner - AIR PARIS NEW YORK, New York, NY, *pg.* 172

Kattreh, Allison - Account Planner, Interactive / Digital - POP-DOT, Madison, WI, *pg.* 257

Kauffman, Stephen - Account Planner - DOEANDERSON ADVERTISING, Louisville, KY, *pg.* 352

Kaufman, Greg - Account Planner, Interactive / Digital - RAPP WORLDWIDE, Los Angeles, CA, *pg.* 291

Kavanagh, Kathleen - Account Planner, Media Department - KELLIHER SAMETS VOLK, Burlington, VT, *pg.* 94

Kavanagh, Laura - Account Planner, Management, Media Department - MEDIAHUB NEW YORK, New York, NY, *pg.* 249

Kavanaugh, Sherri - Account Planner, Account Services - BERRY NETWORK, Dayton, OH, *pg.* 295

Keen, Molly - Account Planner, Account Services - SECRET WEAPON MARKETING, Los Angeles, CA, *pg.* 139

Keiserman, Suzanne - Account Planner, Account Services, Interactive / Digital, PPOM - OMD, New York, NY, *pg.* 498

Keith, Erik - Account Planner, Interactive / Digital, Media Department, PPOM - COMMUNICATIONS STRATEGY GROUP, Denver, CO, *pg.* 592

Kelce, Anna - Account Planner, Media Department - STARCOM WORLDWIDE, New York, NY, *pg.* 517

Kelley, Mike - Account Planner, Account Services, Media Department - THE MARTIN AGENCY, Richmond, VA, *pg.* 421

Kellner, Doug - Account Planner, Account Services - MACIAS CREATIVE, Miami, FL, *pg.* 543

Kelly, Liz - Account Planner, Account Services, Management, Media Department - USIM, Los Angeles, CA, *pg.* 525

Kelly, Evan - Account Planner, Interactive / Digital, Media Department - HEARTS & SCIENCE, New York, NY, *pg.* 471

Kelly, Paul - Account Planner, Account Services, Media Department - UNIVERSAL MCCANN, New York, NY, *pg.* 521

Kelly, Chris - Account Planner, Account Services - CARAT, Culver City, CA, *pg.* 459

Kelly, Elona - Account Planner, Account Services - DCG ONE, Seattle, WA, *pg.* 58

Kemler McDonald, Marissa - Account Planner, Account Services - FUSE, LLC, Vinooski, VT, *pg.* 8

Kennedy, Hugh - Account Planner, Management, PPOM - PJA ADVERTISING + MARKETING, Cambridge, MA, *pg.* 397

Kennedy, Meghan - Account Planner, Interactive / Digital, Media Department - MEDIA EXPERTS, Toronto, ON, *pg.* 485

Kennish, Fran - Account Planner, NBC, PPOM - WAVEMAKER, New York, NY, *pg.* 526

Kenny, Katherine - Account Planner, Media Department - CARAT, New York, NY, *pg.* 459

Kenny, Melissa - Account Planner - DERSE, INC., North Las Vegas, NV, *pg.* 304

Kent, Harvey - Account Planner, Account Services, Management - STRATA, Chicago, IL, *pg.* 267

Keogh, Devin - Account Planner, Account Services, Media Department - MINDSHARE, New York, NY, *pg.* 491

Keohane, Kerry - Account Planner, Operations - GEAR COMMUNICATIONS, Stoneham, MA, *pg.* 76

Keown, Jimmy - Account Planner, Account Services, Finance, Media Department, NBC - BARKLEY, Kansas City, MO, *pg.* 329

Kerho, Steve - Account Planner, PPOM - ACCENTURE INTERACTIVE, Culver City, CA, *pg.* 209

Kerrigan, Deirdre - Account Planner, Account Services - INTEGRATED MERCHANDISING SYSTEMS, Morton Grove, IL, *pg.* 286

Kessler, Julie - Account Planner, Interactive / Digital, Management, Media Department, NBC - CARAT, New York, NY, *pg.* 459

Ketchell, Kim - Account Planner, Interactive / Digital - SAATCHI & SAATCHI WELLNESS, New York, NY, *pg.* 137

Kevelson, Austin - Account Planner, Interactive / Digital, Media Department - OMD, New York, NY, *pg.* 498

Khan, Sabena - Account Planner, Account Services, Media Department - MINDSHARE, New York, NY, *pg.* 491

Khan, Asif - Account Planner, Analytics, Management, Media Department - ATTENTION, New York, NY, *pg.* 685

Khan, Farris - Account Planner, Account Services, Interactive / Digital, Management, Media Department, Social Media - VMLY&R, Kalamazoo, MI, *pg.* 274

Khurana, Nancy - Account Planner - FCB CHICAGO, Chicago, IL, *pg.* 71

Kieffer, Jamie - Account Planner, NBC - EDELMAN, Chicago, IL, *pg.* 353

Kilbride, Cristin - Account Planner, Account Services, Media Department - OMD, New York, NY, *pg.* 498

Kilby, Tina - Account Planner, Account Services - STRUCTURAL GRAPHICS, LLC, Essex, CT, *pg.* 569

Kim, Pearl - Account Planner, Media Department - ICON MEDIA DIRECT, Sherman Oaks, CA, *pg.* 476

Kim, John - Account Planner, Media Department, NBC - HORIZON MEDIA, INC., New York, NY, *pg.* 474

Kim, Joy - Account Planner, NBC - CARAT, Culver City, CA, *pg.* 459

Kime, Lauren - Account Planner, Account Services - SPARK FOUNDRY, Atlanta, GA, *pg.* 512

Kinch, Melissa - Account Planner, Management, PPOM - KETCHUM, Los Angeles, CA, *pg.* 619

King, Randy - Account Planner, Media Department - EDELMAN, Dallas, TX, *pg.* 600

King, Derek - Account Planner, Media Department - MINDSTREAM MEDIA GROUP - DALLAS, Dallas, TX, *pg.* 496

Kirby, Aileen - Account Planner, Analytics, Media Department, Research - LUXE COLLECTIVE GROUP, New York, NY, *pg.* 102

Kirk, Scott - Account Planner, NBC - PAVLOV, Fort Worth, TX, *pg.* 126

Kirkpatrick, Pamela - Account Planner, Interactive / Digital, Media Department, NBC - THE RICHARDS GROUP, INC., Dallas, TX, *pg.* 422

Kishner, Annis - Account Planner, Media Department, Public Relations - ALLIED INTEGRATED MARKETING, Hollywood, CA, *pg.* 576

Klaassen, Ben - Account Planner - COLLE MCVOY, Minneapolis, MN, *pg.* 343

Klarfeld, Emily - Account Planner, Media Department, NBC - HORIZON MEDIA, INC., New York, NY, *pg.* 474

Klassen, Greg - Account Planner, Account Services - JOELE FRANK, WILKINSON BRIMMER KATCHER, New York, NY, *pg.* 617

Klein, Bob - Account Planner, PPOM - BLUE CHIP MARKETING & COMMUNICATIONS, Northbrook, IL, *pg.* 334

Klemt, Danielle - Account Planner, Account Services, Media Department - MINDSHARE, New York, NY, *pg.* 491

Klett, Ashley - Account Planner, Media Department, Public Relations - 360I, LLC, New York, NY, *pg.* 320

Kline, Ben - Account Planner, NBC, PPOM - THE DISTILLERY PROJECT, Chicago, IL, *pg.* 149

Kline, Rebecca - Account Planner, Account Services, Media Department, NBC - CANVAS WORLDWIDE, Playa

1106

AGENCIES — RESPONSIBILITIES INDEX

Vista, CA, pg. 458
Knape, Kristen - Account Planner - DAVID&GOLIATH, El Segundo, CA, pg. 57
Knapp, Steve - Account Planner, Media Department, NBC - COLLE MCVOY, Minneapolis, MN, pg. 343
Knutson, Daniel - Account Planner, Social Media - BARKLEY, Kansas City, MO, pg. 329
Koch, Kaleigh - Account Planner, Media Department - OMD CANADA, Toronto, ON, pg. 501
Kocher, Dale - Account Planner, Account Services, Interactive / Digital, Media Department - MARTIN WILLIAMS ADVERTISING, Minneapolis, MN, pg. 106
Koehnen, Chad - Account Planner, Media Department, Operations - FALLON WORLDWIDE, Minneapolis, MN, pg. 70
Kogut, Jason - Account Planner, Media Department - EMPOWER, Chicago, IL, pg. 355
Kohler, Daniella - Account Planner, Account Services, NBC - HUGHES DESIGN GROUP, South Norwalk, CT, pg. 186
Kokes, Steve - Account Planner, PPOM - COATES KOKES, INC., Portland, OR, pg. 51
Kolandra, Udayan - Account Planner, Account Services, Management - UPSHOT, Chicago, IL, pg. 157
Kolbert, Karli - Account Planner, Account Services, NBC - FALLON WORLDWIDE, Minneapolis, MN, pg. 70
Kolpon, Ivy - Account Planner, Interactive / Digital, Media Department - OMD, New York, NY, pg. 498
Kondo, Sharon - Account Planner, Analytics, Research - TEAM ONE, Los Angeles, CA, pg. 417
Kong, Serena - Account Planner, Account Services, Interactive / Digital, Media Department - ZENITH MEDIA, New York, NY, pg. 529
Kopec, Vanessa - Account Planner, Account Services - PUBLICIS NORTH AMERICA, New York, NY, pg. 399
Kortmann, Shannon - Account Planner, Media Department - MEDIACOM, New York, NY, pg. 487
Kotick, Michael - Account Planner, Account Services, Interactive / Digital, Media Department, NBC, Public Relations - 360I, LLC, New York, NY, pg. 320
Koutris Neamonitis, Victoria - Account Planner, Account Services, Media Department - OPTIMUM SPORTS, New York, NY, pg. 394
Kovan, Andy - Account Planner, Account Services, Management - THE BRANDON AGENCY, Myrtle Beach, SC, pg. 419
Kovanich, Kevin - Account Planner - MCGARRYBOWEN, Chicago, IL, pg. 110
Kovler, Eden - Account Planner, Media Department - UNIVERSAL MCCANN, San Francisco, CA, pg. 428
Kovnot, Lana - Account Planner - BLUECADET INTERACTIVE, Philadelphia, PA, pg. 218
Kowalski, Laura - Account Planner, Creative, Media Department - SOULSIGHT, Chicago, IL, pg. 199
Krakowsky, Philippe - Account Planner, Human Resources, Operations, PPOM - INTERPUBLIC GROUP OF COMPANIES, New York, NY, pg. 90
Kramer, Sarah - Account Planner, Account Services, NBC, Operations, PPOM - SPARK FOUNDRY, New York, NY, pg. 508
Kramer, Allison - Account Planner, Account Services, Creative, Interactive / Digital - ZENO GROUP, Chicago, IL, pg. 664
Krantzler, Leah - Account Planner, Media Department - STARCOM WORLDWIDE, Chicago, IL, pg. 513
Kravetz, Julie - Account Planner, Account Services, Management - DEUTSCH, INC., New York, NY, pg. 349
Kravitz, Amanda - Account Planner, Media Department - SPARK FOUNDRY, New York, NY, pg. 508
Kren, Kristina - Account Planner, Account Services - HEARTS & SCIENCE, New York, NY, pg. 471
Kreuter, Chris - Account Planner, Account Services - IPROSPECT, Toronto, ON, pg. 674
Krick, Brian - Account Planner, Media Department - ESSENCE, New York, NY, pg. 232
Kropp, Jeane - Account Planner, NBC, PPOM - HIEBING, Madison, WI, pg. 85
Krueger, Julie - Account Planner, Account Services - GUD MARKETING, Lansing, MI, pg. 80
Kruger, Karla - Account Planner, Account Services - ALMA, Coconut Grove, FL, pg. 537
Krukowski, Kristin - Account Planner, Interactive / Digital, Media Department, Research - PHD USA, New York, NY, pg. 505
Krull, Meredith - Account Planner, Creative, NBC - BBDO SAN FRANCISCO, San Francisco, CA, pg. 330
Kruse, Kelly - Account Planner, Account Services - UPSHOT, Chicago, IL, pg. 157
Kula, Zach - Account Planner, Account Services - BBDO WORLDWIDE, New York, NY, pg. 331
Kunz, Ben - Account Planner, Interactive / Digital, NBC - MEDIASSOCIATES, INC., Sandy Hook, CT, pg. 490
Kurbjeweit, Ginny - Account Planner - ACCENTURE INTERACTIVE, Arlington, VA, pg. 322
Kurian, Ron - Account Planner, Media Department - NEO MEDIA WORLD, New York, NY, pg. 496
Kurtz, Robert - Account Planner, Interactive / Digital, Media Department - THE RICHARDS GROUP, INC., Dallas, TX, pg. 422
Kushner, Scott - Account Planner, Account Services, Media Department - ICON INTERNATIONAL, INC., Greenwich, CT, pg. 476
Kusumgar, Kavita - Account Planner, Human Resources, Media Department, NBC - CARAT, New York, NY, pg. 459
Kuykendall, Beth - Account Planner - TARGETBASE MARKETING, Irving, TX, pg. 292
La Cruz, Camilo - Account Planner, PPOM - SPARKS & HONEY, New York, NY, pg. 450
La Fleur, Ashley - Account Planner, Account Services - ROOT3 GROWTH MARKETING, Chicago, IL, pg. 408
La Nier, Kennedy - Account Planner, Account Services, Media Department - WIEDEN + KENNEDY, Portland, OR, pg. 430
LaBarba, Bonner - Account Planner, NBC - THE RICHARDS GROUP, INC., Dallas, TX, pg. 422
Lacher, Jane - Account Planner, Account Services, Management - ZENITH MEDIA, New York, NY, pg. 529
Ladd, Bob - Account Planner, Account Services - THOMAS J. PAUL, INC., Rydal, PA, pg. 20
Ladd, Carolyn - Account Planner, Interactive / Digital, Media Department - GYRO, Cincinnati, OH, pg. 368
Laham, Lindsley - Account Planner, Account Services, Creative - MCKINNEY, Durham, NC, pg. 111
Lai, Suzanne - Account Planner, Account Services, Media Department - HEARTS & SCIENCE, Atlanta, GA, pg. 473
Laing, Bobby - Account Planner, Analytics, Media Department - MINDSHARE, Chicago, IL, pg. 494
Lair, Sophie - Account Planner - EDELMAN, Portland, OR, pg. 600
Lal, Savita - Account Planner, Account Services, Media Department, NBC - CANVAS WORLDWIDE, Playa Vista, CA, pg. 458
Laloggia, Daniel - Account Planner, Account Services, Analytics, Interactive / Digital - WALKER SANDS COMMUNICATIONS, Chicago, IL, pg. 659
Lam, Henry - Account Planner, Account Services, Analytics - EYEVIEW DIGITAL, INC., New York, NY, pg. 233
Lam, Anna - Account Planner, Media Department - MEDIACOM, New York, NY, pg. 487
LaManna, Nicholas - Account Planner - THE VIA AGENCY, Portland, ME, pg. 154
Lambe, Nicole - Account Planner, Interactive / Digital, Media Department - WAVEMAKER, Toronto, ON, pg. 529
Lambert, Henry - Account Planner, NBC - WIEDEN + KENNEDY, Portland, OR, pg. 430
Lamm, Geoff - Account Planner, Account Services - OMD, New York, NY, pg. 498
Lampertz, Clarissa - Account

RESPONSIBILITIES INDEX — AGENCIES

Planner, Account Services - BBDO WORLDWIDE, New York, NY, pg. 331
LaNasa, Maggie - Account Planner, NBC, Operations - FOLKLORE DIGITAL, Minneapolis, MN, pg. 235
Lance, Danielle - Account Planner, Account Services, Media Department - INITIATIVE, Los Angeles, CA, pg. 478
Landahl, Jenna - Account Planner, Account Services, Interactive / Digital, Media Department - BUTLER / TILL, Rochester, NY, pg. 457
Lane, Josh - Account Planner, Account Services, PPOM - FEREBEELANE, Greenville, SC, pg. 358
Lane, Lindsey - Account Planner, Account Services, Interactive / Digital, Media Department, NBC - INITIATIVE, New York, NY, pg. 477
Langdell, Suzy - Account Planner, Account Services - FALLON WORLDWIDE, Minneapolis, MN, pg. 70
Lange, Jonathan - Account Planner, Account Services, Management - CAMPBELL EWALD NEW YORK, New York, NY, pg. 47
Lange, Colin - Account Planner, Account Services, Management - LANDOR, New York, NY, pg. 11
Langlitz, Daniel - Account Planner, Account Services, Management - STRAWBERRYFROG, New York, NY, pg. 414
Langlois, Hilary - Account Planner - PALISADES MEDIA GROUP, INC., Santa Monica, CA, pg. 124
Lannert, Jason - Account Planner, Analytics, Creative, NBC, PPOM - MA3 AGENCY, New York, NY, pg. 190
Lapham, Andrew - Account Planner, Account Services - CARMICHAEL LYNCH, Minneapolis, MN, pg. 47
Laredo, Ryanne - Account Planner, Account Services - AMOBEE, INC., Chicago, IL, pg. 213
LaRock, Marta - Account Planner, Media Department, PPOM - RED FUSE COMMUNICATIONS, New York, NY, pg. 404
LaSala, Hannah - Account Planner, Account Services - THE VIA AGENCY, Portland, ME, pg. 154
Lasky, Marc - Account Planner, Interactive / Digital, Media Department, PPM - PHD USA, New York, NY, pg. 505
Lasner, Meredith - Account Planner, Media Department, NBC, Public Relations - CARAT, New York, NY, pg. 459
Laub, Dave - Account Planner, Media Department, NBC - HORIZON MEDIA, INC., New York, NY, pg. 474
Laubscher, Howard - Account Planner, Management, NBC, Research - BARKLEY, Kansas City, MO, pg. 329
Lauer, Camille - Account Planner - INTOUCH SOLUTIONS, INC., Overland Park, KS, pg. 242
Laughlin, Scott - Account Planner, Account Services, PPOM - LMO ADVERTISING, Arlington, VA, pg. 100

Laungaue, Aisea - Account Planner, NBC, PPOM - ANOMALY, Venice, CA, pg. 326
Laurendeau, Derek - Account Planner - JUNGLE MEDIA, Toronto, ON, pg. 481
Lawless, Matthew - Account Planner, Account Services, Media Department, NBC - OMD ENTERTAINMENT, Burbank, CA, pg. 501
Lawrence, Tamera - Account Planner, Account Services, Media Department - ARCHER MALMO, Memphis, TN, pg. 32
Lay, Ashley - Account Planner - THE MX GROUP, Burr Ridge, IL, pg. 422
Lazar, Shelly - Account Planner, Account Services - HORIZON MEDIA, INC., New York, NY, pg. 474
Lazarus, Michelle - Account Planner, Account Services - MINDSHARE, New York, NY, pg. 491
Lazaunikas, Andrew - Account Planner, Interactive / Digital - PUBLICIS HEALTH MEDIA, Philadelphia, PA, pg. 506
Leach, Kelly - Account Planner, Account Services, Interactive / Digital, Management, Media Department - HORIZON MEDIA, INC., New York, NY, pg. 474
Leahy, Colleen - Account Planner, Media Department, NBC - DIGITAS, Boston, MA, pg. 226
LeBlanc, Tracey - Account Planner, Account Services - MEDIAHUB BOSTON, Boston, MA, pg. 489
Lech, Allyson - Account Planner, Media Department - OMD, New York, NY, pg. 498
Leddy, Colleen - Account Planner, Media Department, NBC, PPOM - DROGA5, New York, NY, pg. 64
Lee, Mike - Account Planner - CACTUS MARKETING COMMUNICATIONS, Denver, CO, pg. 339
Lee, Raymond - Account Planner, Media Department, Operations - HORIZON MEDIA, INC., New York, NY, pg. 474
Lee, Jonathan - Account Planner, Account Services, Management, NBC, Operations, PPOM - GREY GROUP, New York, NY, pg. 365
Lee, Bryan - Account Planner, NBC - HUGE, INC., Brooklyn, NY, pg. 239
Lee, Jason - Account Planner, Programmatic - ESSENCE, New York, NY, pg. 232
Lee, Yuri - Account Planner, Account Services - PUBLICIS NORTH AMERICA, New York, NY, pg. 399
Lee, Dale - Account Planner, Account Services, Interactive / Digital, Media Department - MEDIAHUB BOSTON, Boston, MA, pg. 489
Lee, Harold - Account Planner, Account Services, Media Department, NBC, Operations - PUBLICIS.SAPIENT, New York, NY, pg. 258
Lee, Phillip - Account Planner, Account Services, Management, Media Department - THE RICHARDS GROUP, INC., Dallas, TX, pg. 422

Lee, Kristie - Account Planner, Media Department, NBC - BBDO SAN FRANCISCO, San Francisco, CA, pg. 330
Lee, Michael - Account Planner, Account Services - ZENITH MEDIA, Santa Monica, CA, pg. 531
Lee, Kabrina - Account Planner, Account Services, Media Department - CARAT, New York, NY, pg. 459
Lee, Christine - Account Planner, Account Services - TPN, Chicago, IL, pg. 571
Leeds, Ryan - Account Planner, Account Services, NBC, Public Relations - MASTERMINDS, INC., Egg Harbor Township, NJ, pg. 687
Leger, Amy - Account Planner - MAPR, Boulder, CO, pg. 624
Lem, Elizabeth - Account Planner, Interactive / Digital, Media Department - M/SIX, Toronto, ON, pg. 483
LeMesurier, Eryn - Account Planner - FCB TORONTO, Toronto, ON, pg. 72
Leonard, Russ - Account Planner, NBC, PPOM - NL PARTNERS, Cape Elizabeth, ME, pg. 391
Leonard, Will - Account Planner, Interactive / Digital, NBC - GREY GROUP, New York, NY, pg. 365
Leonard, Katherine - Account Planner, Account Services, Media Department - TOKY BRANDING + DESIGN, Saint Louis, MO, pg. 202
Leonard, Nadine - Account Planner, Management - HEARTBEAT IDEAS, New York, NY, pg. 238
Leone, Dario - Account Planner, Media Department - MERGE, Boston, MA, pg. 113
Leong, Joanne - Account Planner, Media Department, NBC - CARAT, New York, NY, pg. 459
Lerch, Chelsea - Account Planner, Finance - OPAD MEDIA SOLUTIONS, LLC, New York, NY, pg. 503
Lerner, Nancy - Account Planner, PPOM - OTHERWISE, INC., Chicago, IL, pg. 634
Lessard, Michel-Alexandre - Account Planner, Analytics, Creative - COSSETTE MEDIA, Quebec City, QC, pg. 345
Lester, Vicki - Account Planner - HUNTSINGER & JEFFER, INC., Richmond, VA, pg. 285
Lev, Josh - Account Planner, Account Services - LEVLANE ADVERTISING, Philadelphia, PA, pg. 380
Lev, Zach - Account Planner, Account Services, Creative, Management, NBC - BULLISH INC, New York, NY, pg. 45
Levande, Patrice - Account Planner - STARCOM WORLDWIDE, New York, NY, pg. 517
Levenberg, Ruth - Account Planner, Management, Media Department, NBC - CARAT, New York, NY, pg. 459
Leventhal, Tanner - Account Planner, Account Services, Media Department - MINDSHARE, New York,

AGENCIES   RESPONSIBILITIES INDEX

NY, pg. 491
Levine, Janet - Account Planner, Media Department - MINDSHARE, New York, NY, pg. 491
Levine, Scott - Account Planner, Research - KERN, Woodland Hills, CA, pg. 287
Levy, Martine - Account Planner, Account Services, NBC - TRACK DDB, Toronto, ON, pg. 293
Lewis, Jonathan - Account Planner, Account Services, Management, PPOM - MCKEE WALLWORK & COMPANY, Albuquerque, NM, pg. 385
Lewis, Monisha - Account Planner, Public Relations - BBDO SAN FRANCISCO, San Francisco, CA, pg. 330
Lewis, Reilly - Account Planner, Media Department - VAYNERMEDIA, New York, NY, pg. 689
Lewis, Ashley - Account Planner, Account Services, Media Department - FARM, Lancaster, NY, pg. 357
Lewis, Heather - Account Planner - 72ANDSUNNY, Playa Vista, CA, pg. 23
Lewis, Jennifer - Account Planner, Account Services, NBC - ADPERIO, Denver, CO, pg. 533
Lewis, Caroline - Account Planner, Research - GREY GROUP, New York, NY, pg. 365
Leykind, Olga - Account Planner, CARMICHAEL LYNCH, Minneapolis, MN, pg. 47
Leys, Shauna - Account Planner, Interactive / Digital - MINDSHARE, New York, NY, pg. 491
Li, Alisa - Account Planner, Account Services, Media Department - KELLY, SCOTT & MADISON, INC., Chicago, IL, pg. 482
Li, Jiaqi - Account Planner, Interactive / Digital - DEUTSCH, INC., New York, NY, pg. 349
Li, Corina - Account Planner, Media Department, NBC - CARAT, New York, NY, pg. 459
Li, Tiffany - Account Planner - MINDSHARE, New York, NY, pg. 491
Liao, Andrea - Account Planner, Media Department - RPA, Santa Monica, CA, pg. 134
Liao, Chris - Account Planner - MKTG INC, San Francisco, CA, pg. 312
Lichter, Jonathan - Account Planner, Account Services, PPOM - KELLY, SCOTT & MADISON, INC., Chicago, IL, pg. 482
Lieber, Greg - Account Planner, NBC - VIDMOB, New York, NY, pg. 690
Lied, Rose - Account Planner, Account Services, Management - BRUNNER, Pittsburgh, PA, pg. 44
Lightell, Camille - Account Planner, Media Department, NBC - WAVEMAKER, New York, NY, pg. 526
Lilies, Carli - Account Planner, Account Services - OPTIDGE, Houston, TX, pg. 255
Liljegren, David - Account Planner, Operations, PPOM - A.D.K., Los Angeles, CA, pg. 321

Lilly, Kevin - Account Planner, Account Services, Management - LEO BURNETT WORLDWIDE, Chicago, IL, pg. 98
Lin, Jim - Account Planner, Interactive / Digital, Media Department - KETCHUM WEST, San Francisco, CA, pg. 620
Lindsay, Elaine - Account Planner, Media Department - OMD CANADA, Toronto, ON, pg. 501
Lindsay, Tawnya - Account Planner, Interactive / Digital, Media Department, NBC, Public Relations - VIZEUM, Toronto, ON, pg. 525
Linehan, Mackenzie - Account Planner, NBC - CARAT, New York, NY, pg. 459
Ling, Marguerite - Account Planner - MOROCH PARTNERS, Dallas, TX, pg. 389
Lintner, Paula - Account Planner - BERNSTEIN-REIN ADVERTISING, INC., Kansas City, MO, pg. 39
Linton, Leslie - Account Planner, Interactive / Digital, Media Department - MWWPR, East Rutherford, NJ, pg. 630
Lipson, Paul - Account Planner - ANOMALY, Toronto, ON, pg. 326
List, Andrea - Account Planner - CONE, INC., Boston, MA, pg. 6
Litsas, Stephanie - Account Planner - MEDIACOM, New York, NY, pg. 487
Liu, Michael - Account Planner, Interactive / Digital, Media Department - CARAT, New York, NY, pg. 459
Livsey, AJ - Account Planner, Interactive / Digital, NBC - GOLIN, Chicago, IL, pg. 609
Llana, Dan - Account Planner, Media Department, NBC - THE MCCARTHY COMPANIES, Dallas, TX, pg. 151
Lofton, Jillian - Account Planner, Media Department - HAWORTH MARKETING & MEDIA, Los Angeles, CA, pg. 471
Lohman, Cara - Account Planner - TEAM ONE, Dallas, TX, pg. 418
Lombard, Jennifer - Account Planner, Account Services - BILLUPS WORLDWIDE, Lake Oswego, OR, pg. 550
Londen, Ron - Account Planner, Creative, PPOM - JOURNEY GROUP, Charlottesville, VA, pg. 377
London, Jenn - Account Planner, Interactive / Digital, Media Department - EDELMAN, Washington, DC, pg. 600
Lonergan, Jacqueline - Account Planner - WAVEMAKER, New York, NY, pg. 526
Loong, Josephine - Account Planner, Account Services, Media Department - SPARK FOUNDRY, Chicago, IL, pg. 510
Lopez, Patrick - Account Planner, Account Services, Analytics, Management, PPOM, Research - INTERBRAND, New York, NY, pg. 187
Lopez, Samantha - Account Planner, Operations - UNDERTONE, New York, NY, pg. 273

Lopez Negrete, Patrick - Account Planner, Account Services - LOPEZ NEGRETE COMMUNICATIONS, INC., Houston, TX, pg. 542
Lopuch, Amelia - Account Planner, NBC - HORIZON MEDIA, INC., New York, NY, pg. 474
Lorch, Giovanna - Account Planner, Media Department - MEDIA STORM, Norwalk, CT, pg. 486
Lord, Matthew - Account Planner, Account Services - ADPERIO, Denver, CO, pg. 533
Lorden, Jim - Account Planner, Media Department - CAMPBELL EWALD, Los Angeles, CA, pg. 47
Loredo, Gerry - Account Planner, Analytics, NBC, Research - LOPEZ NEGRETE COMMUNICATIONS, INC., Houston, TX, pg. 542
Loretto, Kira - Account Planner, Creative, NBC - PEREIRA & O'DELL, New York, NY, pg. 257
Losada, Jill - Account Planner, Programmatic - BROWNSTEIN GROUP, INC., Philadelphia, PA, pg. 44
Lovatt, Tracy - Account Planner, Account Services - BBDO WORLDWIDE, New York, NY, pg. 331
Lovera, Alaina - Account Planner, Account Services - MCGARRYBOWEN, Chicago, IL, pg. 110
Lovett, Johnnie - Account Planner, Account Services - TEN35, Chicago, IL, pg. 147
Lovoy, Ellen - Account Planner, Account Services - GOODBY, SILVERSTEIN & PARTNERS, San Francisco, CA, pg. 77
Lowe, Alyssa - Account Planner - MOROCH PARTNERS, Dallas, TX, pg. 389
Lowman, Katie - Account Planner - FCB CHICAGO, Chicago, IL, pg. 71
Lubin, Cassandre - Account Planner, Account Services, Interactive / Digital, Media Department - MINDSHARE, New York, NY, pg. 491
Lubman, Craig - Account Planner, Account Services, NBC - MAGNET MEDIA, INC., New York, NY, pg. 247
Luca, Razvan - Account Planner, Media Department - TRAMPOLINE, Halifax, NS, pg. 20
Lucas, Maggie - Account Planner - TANDEM THEORY, Dallas, TX, pg. 269
Luckett, Jessica - Account Planner - PROPAC, Plano, TX, pg. 682
Luczak, Colleen - Account Planner, Media Department - MINDSHARE, Chicago, IL, pg. 494
Luedke, Mike - Account Planner - JIGSAW, LLC, Milwaukee, WI, pg. 377
Lui, Stephanie - Account Planner, Interactive / Digital, Media Department, NBC - ZENITH MEDIA, Atlanta, GA, pg. 531
Lui, Stella - Account Planner - CARAT, New York, NY, pg. 459
Lundgren, Mike - Account Planner, Interactive / Digital, NBC, Research - VMLY&R, Kansas City, MO, pg. 274
Lundy, Allysun - Account Planner,

RESPONSIBILITIES INDEX

AGENCIES

Account Services - GEOMETRY, New York, NY, pg. 362
Luo, Jenny - Account Planner, Account Services, Media Department, NBC - INITIATIVE, New York, NY, pg. 477
Lurie, Eric - Account Planner, Account Services, Analytics, NBC - HORIZON MEDIA, INC., New York, NY, pg. 474
Luther, Scott - Account Planner, Interactive / Digital - THE RICHARDS GROUP, INC., Dallas, TX, pg. 422
Luton, Samantha - Account Planner - PUBLICIS NORTH AMERICA, New York, NY, pg. 399
Lutz, Hannah - Account Planner, Account Services - ESSENCE, Minneapolis, MN, pg. 233
Lyke, John - Account Planner, Account Services - MEDIACOM, New York, NY, pg. 487
Lynch, Sarah - Account Planner, Account Services - WIEDEN + KENNEDY, New York, NY, pg. 432
Lyons, Theresa - Account Planner, Account Services, Media Department, Research - THE MARS AGENCY, Southfield, MI, pg. 683
Lyons, Susie - Account Planner, Account Services, Management, Media Department, Operations - VIRTUE WORLDWIDE, Brooklyn, NY, pg. 159
Lyons, Scott - Account Planner, Account Services - RETHINK COMMUNICATIONS, INC., Vancouver, BC, pg. 133
Ma, Christina - Account Planner, Media Department - HORIZON MEDIA, INC., New York, NY, pg. 474
Ma, Stephanie - Account Planner, Account Services, Media Department - HEARTS & SCIENCE, New York, NY, pg. 471
Maas, Jonathon - Account Planner, Account Services - CARAT, Detroit, MI, pg. 461
Mace, Stephanie - Account Planner, Account Services, Management, NBC - MRM//MCCANN, San Francisco, CA, pg. 289
Maceda, Joe - Account Planner, Account Services, Media Department, PPOM - MINDSHARE, New York, NY, pg. 491
Machtiger, Susan - Account Planner, NBC, PPOM - OGILVYONE WORLDWIDE, New York, NY, pg. 255
Mack, Rene - Account Planner, NBC, PPOM - PERCEPTURE, Rashberg, NJ, pg. 636
Mackay, Dave - Account Planner, Account Services - OGILVYONE WORLDWIDE, New York, NY, pg. 255
Mackey, Taylor - Account Planner - 88 BRAND PARTNERS, Chicago, IL, pg. 171
Macleod, Scott - Account Planner, Management, Research - THE VIA AGENCY, Portland, ME, pg. 154
MacMaster, Scott - Account Planner, Media Department - TBWA \ CHIAT \ DAY, Los Angeles, CA, pg. 146

Madden, Liadha - Account Planner, Public Relations - CARAT, Toronto, ON, pg. 461
Madison, Jacob - Account Planner, Account Services, Media Department - EMPOWER, Chicago, IL, pg. 355
Madison, Vann - Account Planner - RED TETTEMER O'CONNELL + PARTNERS, Philadelphia, PA, pg. 404
Magill, Dayle - Account Planner, Account Services, Operations - PMG, Fort Worth, TX, pg. 257
Maher, Tim - Account Planner, NBC - FUSE, LLC, Vinooski, VT, pg. 8
Mahomes, Lauren - Account Planner, Interactive / Digital, Media Department, NBC, Social Media - MEDIACOM, Chicago, IL, pg. 489
Mai, Mi - Account Planner, Interactive / Digital, Media Department, NBC - GARAGE TEAM MAZDA, Costa Mesa, CA, pg. 465
Maicon, Lee - Account Planner, Management, PPOM - MCCANN NEW YORK, New York, NY, pg. 108
Majuqwana, Nomzamo - Account Planner, Account Services - WOLFF OLINS, New York, NY, pg. 21
Maleeny, Tim - Account Planner, Account Services, Management, Media Department, NBC, Operations, PPOM - HAVAS NEW YORK, New York, NY, pg. 369
Malfi, Renee - Account Planner, Account Services - TENET PARTNERS, New York, NY, pg. 450
Malhotra, Sonia - Account Planner, Management, Media Department - CARAT, Chicago, IL, pg. 461
Malik, Osama - Account Planner, Interactive / Digital, Management, PPOM - BOOZ ALLEN HAMILTON, McLean, VA, pg. 218
Malli, Megan - Account Planner, Account Services, Media Department - HUGE, INC., Washington, DC, pg. 240
Malloy, Mark - Account Planner, Interactive / Digital, Media Department, Public Relations - WIEDEN + KENNEDY, New York, NY, pg. 432
Malloy, Brea - Account Planner, Media Department, NBC - SIMPLE TRUTH, Chicago, IL, pg. 198
Maloney, Mackenzie - Account Planner, Account Services - XEVO, Bellevue, WA, pg. 535
Maloy, Taryn - Account Planner - GIANT SPOON, LLC, Los Angeles, CA, pg. 363
Maltby, Jen - Account Planner, PPOM - FULL CONTACT ADVERTISING, Boston, MA, pg. 75
Manber, Susan - Account Planner, Management, NBC, PPOM - DIGITAS HEALTH LIFEBRANDS, New York, NY, pg. 229
Mance, Amina - Account Planner, Account Services, Interactive / Digital, Media Department - BURRELL COMMUNICATIONS GROUP, INC., Chicago, IL, pg. 45
Mandel, Haley - Account Planner,

Account Services, Interactive / Digital, Media Department - OMD WEST, Los Angeles, CA, pg. 502
Mandel, Karen - Account Planner, Media Department - MEDIACOM, New York, NY, pg. 487
Mandell, Joshua - Account Planner, Account Services, Media Department - INITIATIVE, New York, NY, pg. 477
Mandino, Sarah - Account Planner, Account Services, Interactive / Digital, Media Department - MEDIAHUB BOSTON, Boston, MA, pg. 489
Mann, Jake - Account Planner, Analytics, Interactive / Digital, Media Department, NBC, PPM - ZENITH MEDIA, New York, NY, pg. 529
Mann, Rachel - Account Planner - ZENITH MEDIA, New York, NY, pg. 529
Mannan, Sabeena - Account Planner, Account Services - PHD USA, New York, NY, pg. 505
Mansell, Elizabeth - Account Planner, Media Department - HEALIXGLOBAL, New York, NY, pg. 471
Mantione, Lauren - Account Planner, Account Services - SPARK FOUNDRY, New York, NY, pg. 508
Marcy, Michael - Account Planner, Media Department - MINDSHARE, Toronto, ON, pg. 495
Mardahl, Danielle - Account Planner, Account Services, Interactive / Digital, Media Department - FINN PARTNERS, Chicago, IL, pg. 604
Marder, Andrea - Account Planner, Media Department - MEDIASSOCIATES, INC., Sandy Hook, CT, pg. 490
Marfisi, Michael - Account Planner - SWELLSHARK, New York, NY, pg. 518
Mariello, Anthony - Account Planner, Analytics, Creative - THE&PARTNERSHIP, New York, NY, pg. 426
Marino, Jaclyn - Account Planner, Account Services, Management, Media Department - SPARK FOUNDRY, New York, NY, pg. 508
Mariscal, Debby - Account Planner, Account Services - SAGON - PHIOR, Los Angeles, CA, pg. 409
Markey, Sara - Account Planner, Account Services, Media Department, PPM - STARCOM WORLDWIDE, Chicago, IL, pg. 513
Marks, Michelle - Account Planner, Creative, PPOM - IDEAS ON PURPOSE, New York, NY, pg. 186
Maroda, Stephen - Account Planner, Account Services - PREACHER, Austin, TX, pg. 129
Marquez, Sara - Account Planner - CASANOVA//MCCANN, Costa Mesa, CA, pg. 538
Marsey, Dave - Account Planner, Interactive / Digital, Management, Media Department, NBC, PPOM - ESSENCE, San Francisco, CA, pg. 232
Marsh, Pamela - Account Planner, Analytics, Research - ANNALECT GROUP, New York, NY, pg. 213
Marshall, Matt - Account Planner,

AGENCIES / RESPONSIBILITIES INDEX

Interactive / Digital, Media Department, NBC - ESSENCE, New York, NY, *pg.* 232
Marsili, Julie - Account Planner, Account Services, Management, Media Department - UNIVERSAL MCCANN DETROIT, Birmingham, MI, *pg.* 524
Martell, Molly - Account Planner - RED ANTLER, Brooklyn, NY, *pg.* 16
Martin, Tonya - Account Planner, Account Services - BALDWIN&, Raleigh, NC, *pg.* 35
Martin, Kerrie - Account Planner, Account Services, NBC - DORN MARKETING, Geneva, IL, *pg.* 64
Martin, Dan - Account Planner, Account Services - HIEBING, Madison, WI, *pg.* 85
Martin, Aisha - Account Planner - ZENITH MEDIA, New York, NY, *pg.* 529
Martineau, Scott - Account Planner, PPOM - KEAP, Chandler, AZ, *pg.* 168
Martinelli, Nicole - Account Planner, Account Services, Media Department - VM1 (ZENITH MEDIA + MOXIE), New York, NY, *pg.* 526
Martinez, Mabel - Account Planner, Account Services, Management - GOLIN, Chicago, IL, *pg.* 609
Martinez, Tim - Account Planner, NBC, PPOM - DIRECT RESULTS, Venice, CA, *pg.* 63
Martino, Melina - Account Planner, Interactive / Digital, Media Department - UNIVERSAL MCCANN, New York, NY, *pg.* 521
Marzonie, Kyle - Account Planner - RED ANTLER, Brooklyn, NY, *pg.* 16
Maser, Anna - Account Planner, Interactive / Digital, Media Department, NBC - CARAT, New York, NY, *pg.* 459
Masilun, Kelli - Account Planner, NBC - CONCENTRIC MARKETING, Charlotte, NC, *pg.* 52
Massat, Marie - Account Planner - GREY GROUP, New York, NY, *pg.* 365
Massie, Laura - Account Planner, Account Services, NBC - ANOMALY, New York, NY, *pg.* 325
Masterson, Vera - Account Planner, Analytics, Interactive / Digital, Media Department - VAYNERMEDIA, New York, NY, *pg.* 689
Matathia, David - Account Planner, PPOM - FITZCO, Atlanta, GA, *pg.* 73
Mather, Wheaten - Account Planner, Analytics, Research - STRATEGIC AMERICA, West Des Moines, IA, *pg.* 414
Mathews, Kathryn - Account Planner, Account Services, Interactive / Digital, Media Department, Programmatic - STARCOM WORLDWIDE, Chicago, IL, *pg.* 513
Matio, Kim - Account Planner, Account Services, Interactive / Digital, Media Department - CONVERGEDIRECT, New York, NY, *pg.* 462
Matta, Ana Maria - Account Planner, Account Services, Management, Media Department, Research - LAPIZ, Chicago, IL, *pg.* 542

Matthews, Martha - Account Planner, Media Department - CARAT, Atlanta, GA, *pg.* 459
Mattis, Bill - Account Planner, Management - MCKINNEY, Durham, NC, *pg.* 111
Matusak, Amanda - Account Planner, NBC - DESKEY INTEGRATED BRANDING, Cincinnati, OH, *pg.* 7
Mawhee, Lindsey - Account Planner, Account Services - BBDO WORLDWIDE, New York, NY, *pg.* 331
Maxson, Audrey - Account Planner, Interactive / Digital, Media Department - MEDIACOM, New York, NY, *pg.* 487
May, Mike - Account Planner, Analytics, NBC - HUGE, INC., Washington, DC, *pg.* 240
May, Larry - Account Planner, NBC - INFOGROUP MEDIA SOLUTIONS, New York, NY, *pg.* 286
Mayberry, Ryan - Account Planner, Interactive / Digital, Media Department - STARCOM WORLDWIDE, New York, NY, *pg.* 517
Mayer, Lynn - Account Planner, Account Services, Management - VIZEUM, Toronto, ON, *pg.* 525
Mayo, Nicole - Account Planner, Account Services, Management - WEBER SHANDWICK, New York, NY, *pg.* 660
Mayo, Parker - Account Planner - TEAM ONE, Dallas, TX, *pg.* 418
Mazenett, Melissa - Account Planner, Account Services - SAATCHI & SAATCHI, New York, NY, *pg.* 136
Mazzarelli, Sam - Account Planner, Account Services - WEBER SHANDWICK, Boston, MA, *pg.* 660
Mazzarisi, Lisa - Account Planner, Account Services, Media Department - SQAD, INC., Tarrytown, NY, *pg.* 513
McAlearney Pirie, Kelly - Account Planner, Interactive / Digital - EDELMAN, San Francisco, CA, *pg.* 601
McArthur, Maddie - Account Planner, Analytics, Interactive / Digital, Media Department - AKQA, San Francisco, CA, *pg.* 211
McAuliffe, Catrina - Account Planner, Account Services, Management, Media Department - MARKETING ARCHITECTS, Minneapolis, MN, *pg.* 288
McBride, John - Account Planner, NBC, PPOM - TRANSLATION, Brooklyn, NY, *pg.* 299
McBroom, Meredith - Account Planner, Account Services, Media Department - THIRD EAR, Austin, TX, *pg.* 546
McCabe, Mick - Account Planner, PPOM - PUBLICIS NORTH AMERICA, New York, NY, *pg.* 399
McCarthy, Jared - Account Planner, Account Services, Media Department - ESSENCE, New York, NY, *pg.* 232
McCary, Matt - Account Planner, Media Department, NBC - BLUE 449, Dallas, TX, *pg.* 456
McCaughrin, Brooke - Account Planner, Media Department - STARCOM WORLDWIDE, Chicago, IL, *pg.* 513
McConville, Kolby - Account Planner - HORIZON MEDIA, INC., New York, NY, *pg.* 474
McCormick, Emily - Account Planner, Account Services - HAVAS NEW YORK, New York, NY, *pg.* 369
McCormick, Emily - Account Planner, Media Department, NBC - DUNCAN CHANNON, San Francisco, CA, *pg.* 66
McCracken, Julie - Account Planner, Account Services, Interactive / Digital, Public Relations - PADILLA, Richmond, VA, *pg.* 635
McCrimmon, Charles - Account Planner, Management - MATRIX MEDIA SERVICES, Columbus, OH, *pg.* 554
Mccusker, Lisa - Account Planner, Account Services, Finance - ZENITH MEDIA, New York, NY, *pg.* 529
McDaid, Ryan - Account Planner - DROGA5, New York, NY, *pg.* 64
McDermott, Maddie - Account Planner, Account Services - DDB NEW YORK, New York, NY, *pg.* 59
McDonald, Bryden - Account Planner, Account Services - ANOMALY, Toronto, ON, *pg.* 326
McDonald, Jen - Account Planner, Account Services - VMLY&R, Kansas City, MO, *pg.* 274
McDonnell, Kelly - Account Planner, Media Department - ESSENCE, New York, NY, *pg.* 232
McElrath, Megan - Account Planner, Interactive / Digital, Media Department - ESSENCE, New York, NY, *pg.* 232
McEvoy-Halston, Shannon - Account Planner - CRITICAL MASS, INC., Toronto, ON, *pg.* 223
McEwan, Amy - Account Planner, Account Services, Media Department - 72ANDSUNNY, Playa Vista, CA, *pg.* 23
McGarr, Sean - Account Planner, Account Services, Interactive / Digital, Media Department, PPOM - WAVEMAKER, New York, NY, *pg.* 526
McGee Swartz, Caitlin - Account Planner, Account Services - MPRM PUBLIC RELATIONS, Los Angeles, CA, *pg.* 629
McGovern, Sara - Account Planner, Account Services, Public Relations - LITZKY PUBLIC RELATIONS, Hoboken, NJ, *pg.* 623
McGrath, Megan - Account Planner - CARMICHAEL LYNCH, Minneapolis, MN, *pg.* 47
McGrew, Kelsey - Account Planner, Account Services - OUTSIDEPR, Sausalito, CA, *pg.* 634
Mcilwee, Andi - Account Planner, Media Department - PERFORMANCE MARKETING, West Des Moines, IA, *pg.* 126
McKamy, Galen - Account Planner, Account Services, Creative - MATCH ACTION MARKETING GROUP, Boulder, CO, *pg.* 692
McKay, Tim - Account Planner, Account Services, Management -

1111

RESPONSIBILITIES INDEX — AGENCIES

MEDIA PARTNERS, INC., Raleigh, NC, pg. 486

McKee, Gerard - Account Planner, Account Services, Interactive / Digital, Management, Media Department - CROSSMEDIA, Philadelphia, PA, pg. 463

McKeown, Nicole - Account Planner - PUBLICIS WEST, Seattle, WA, pg. 130

McKirchy-Spencer, Jeanne - Account Planner, PPOM - RICOCHET PARTNERS, Portland, OR, pg. 406

McKittrick, Charlie - Account Planner, PPOM - MOTHER NY, New York, NY, pg. 118

McLaurin, Michael - Account Planner, Creative, PPOM - FIFTEEN DEGREES, New York, NY, pg. 358

McLean, Donald - Account Planner, Account Services, Interactive / Digital, Media Department, PPM - OMD, New York, NY, pg. 498

McLean, Malcolm - Account Planner, Analytics, PPOM, Research - CUNDARI INTEGRATED ADVERTISING, Toronto, ON, pg. 347

McMahon, Christopher - Account Planner, Account Services, Media Department - NOM, Los Angeles, CA, pg. 121

McManus, Peter - Account Planner, Interactive / Digital, Media Department - ESSENCE, New York, NY, pg. 232

McMorran, Ginger - Account Planner, Interactive / Digital, Media Department - RPA, Santa Monica, CA, pg. 134

McMurray, Carrie - Account Planner - PAIGE GROUP, Utica, NY, pg. 396

McNeely, Brandon - Account Planner, Interactive / Digital, Media Department, Programmatic - SPARK FOUNDRY, Chicago, IL, pg. 510

McNeil, Fraser - Account Planner, Account Services, Management, Media Department, Operations, Research - THE STORY LAB, Santa Monica, CA, pg. 153

McNeil, Leo - Account Planner, Account Services - HAVAS MEDIA GROUP, Boston, MA, pg. 470

McNicholas, Adam - Account Planner, Media Department - ESSENCE, New York, NY, pg. 232

McNider, Mary Tyler - Account Planner, Interactive / Digital, Media Department, NBC - HUDSON ROUGE, New York, NY, pg. 371

McNulty, Adam - Account Planner, Account Services, Media Department - HAVAS MEDIA GROUP, New York, NY, pg. 468

McQuillan, Denise - Account Planner, Creative, PPOM - YOLO SOLUTIONS, Clarkston, MI, pg. 436

McWhinnie, Erin - Account Planner - OMD VANCOUVER, Vancouver, BC, pg. 502

McWhirter, Iain - Account Planner - MKTG INC, New York, NY, pg. 311

Mead, Kimberly - Account Planner, Media Department - HEALIXGLOBAL, New York, NY, pg. 471

Meador, Timothy - Account Planner, Account Services - MINDSHARE, New York, NY, pg. 491

Means, AndiSue - Account Planner, Interactive / Digital, Media Department - REPRISE DIGITAL, New York, NY, pg. 676

Measer, David - Account Planner, Account Services, Management, Media Department - RPA, Santa Monica, CA, pg. 134

Mechanic, Victoria - Account Planner, Account Services - MINDSHARE, New York, NY, pg. 491

Meese, Dolly - Account Planner, PPOM - BRIGHTHOUSE, LLC, Atlanta, GA, pg. 43

Mehra, Shabnum - Account Planner, Interactive / Digital, Management, Media Department - AKQA, San Francisco, CA, pg. 211

Mehta, Nirav - Account Planner, Analytics - ZENITH MEDIA, New York, NY, pg. 529

Mejia, Angelica - Account Planner, Account Services - DWA MEDIA, San Francisco, CA, pg. 464

Mellish, Tamera - Account Planner, Account Services, Media Department - MINDSHARE, New York, NY, pg. 491

Mello, Jennifer - Account Planner, NBC - PERFORMANCE RESEARCH, Newport, RI, pg. 448

Melone, Carol - Account Planner, Media Department, PPOM - MINDSHARE, New York, NY, pg. 491

Menard-Badigian, Renee - Account Planner, Interactive / Digital - MEDIACOM, New York, NY, pg. 487

Menasco, Luke - Account Planner, Interactive / Digital - GLOBAL STRATEGIES, Bend, OR, pg. 673

Mendoza, Luis - Account Planner, Account Services - MINDSHARE, New York, NY, pg. 491

Menon, Radhika - Account Planner, Interactive / Digital, Media Department - HORIZON MEDIA, INC., New York, NY, pg. 474

Mercado, Denise - Account Planner, Media Department - BILLUPS, INC, Los Angeles, CA, pg. 550

Mercer, Rachel - Account Planner, Interactive / Digital, Management, Media Department - R/GA, New York, NY, pg. 260

Merkin, Josh - Account Planner, Account Services - RBB COMMUNICATIONS, Miami, FL, pg. 641

Merriman, Jenny - Account Planner, Media Department - MARC USA, Pittsburgh, PA, pg. 104

Mesrobian, Claire - Account Planner, Account Services, Media Department, NBC - MINDSHARE, Chicago, IL, pg. 494

Messina, Alison - Account Planner, Account Services - FCB NEW YORK, New York, NY, pg. 357

Metcalfe, Sheri - Account Planner - JUNGLE MEDIA, Toronto, ON, pg. 481

Metzger, Paris - Account Planner - BADGER & WINTERS, New York, NY, pg. 174

Meyer, Teresa - Account Planner, Media Department - QUISENBERRY, Spokane, WA, pg. 131

Mezzetta, Jillian - Account Planner, Account Services, Media Department - MINDSHARE, New York, NY, pg. 491

Michael, Tom - Account Planner, Account Services, Management - JACK MORTON WORLDWIDE, San Francisco, CA, pg. 309

Michael, Christopher - Account Planner, Account Services, Media Department - INITIATIVE, New York, NY, pg. 477

Micklo, Kevin - Account Planner, Media Department - PINNACLE ADVERTISING, Schaumburg, IL, pg. 397

Miglin, Dave - Account Planner, Interactive / Digital, NBC - STRATEGIC AMERICA, West Des Moines, IA, pg. 414

Miley-Bailey, Mozell - Account Planner, NBC - CLEAR, New York, NY, pg. 51

Milian, Natalie - Account Planner - POSTERSCOPE U.S.A., Culver City, CA, pg. 556

Miliauskas, Andrea - Account Planner, Media Department - MINDSHARE, Toronto, ON, pg. 495

Miller, Tera - Account Planner, Creative, PPOM - KETCHUM, Chicago, IL, pg. 619

Miller, Mark - Account Planner, PPOM - TEAM ONE, Los Angeles, CA, pg. 417

Miller, Mark - Account Planner, Account Services, Media Department, PPM - NORTON AGENCY, Chicago, IL, pg. 391

Miller, Lori - Account Planner, Creative - LEVLANE ADVERTISING, Philadelphia, PA, pg. 380

Miller, Ryan - Account Planner - GREY WEST, San Francisco, CA, pg. 367

Miller, Amanda - Account Planner, Media Department - PALISADES MEDIA GROUP, INC., New York, NY, pg. 124

Miller, LaDonna - Account Planner, Media Department, NBC - THE RICHARDS GROUP, INC., Dallas, TX, pg. 422

Miller, Mardene - Account Planner, Account Services, Management, PPOM - NEON, New York, NY, pg. 120

Miller, Lisa - Account Planner, NBC, Public Relations - GLOVER PARK GROUP, Washington, DC, pg. 608

Miller, Melissa - Account Planner, Account Services - BBDO SAN FRANCISCO, San Francisco, CA, pg. 330

Miller, Bobby - Account Planner, Media Department - FIG, New York, NY, pg. 73

Miller, Catie - Account Planner, Media Department, NBC - SUB ROSA, New York, NY, pg. 200

Miller, Beth - Account Planner, NBC, PPOM - MAGID, Minneapolis, MN, pg. 447

AGENCIES
RESPONSIBILITIES INDEX

Miller, Kelsey - Account Planner - THE MX GROUP, Burr Ridge, IL, pg. 422

Miller, Jordan - Account Planner, Account Services, Media Department - MEDIACOM, Chicago, IL, pg. 489

Miller, Stephanie - Account Planner, Account Services - PENNA POWERS BRIAN HAYNES, Salt Lake City, UT, pg. 396

Mills, Sean - Account Planner, Account Services, Management, PPOM - ARCHETYPE, San Francisco, CA, pg. 33

Mills, Jamarr - Account Planner, Media Department - ESSENCE, New York, NY, pg. 232

Mills, Rebecca - Account Planner, Account Services, Interactive / Digital, Media Department, NBC - UNIVERSAL MCCANN, New York, NY, pg. 521

Milone, Simona - Account Planner, Account Services, Interactive / Digital, Management, Media Department, PPOM - WAVEMAKER, New York, NY, pg. 526

Minarik, Aubrey - Account Planner, Media Department - MEDIACOM, New York, NY, pg. 487

Mira, Patty - Account Planner, Account Services - CONILL ADVERTISING, INC., El Segundo, CA, pg. 538

Mirto, Bryon - Account Planner, Account Services, Interactive / Digital, Management, Media Department, NBC - DIGITAS, New York, NY, pg. 226

Misiewicz, Emily - Account Planner, Account Services, Media Department - MEDIAHUB BOSTON, Boston, MA, pg. 489

Misra, Celia - Account Planner, Account Services - THE GRIST, Boston, MA, pg. 19

Missirian, Sela - Account Planner, Account Services, Interactive / Digital, Media Department, NBC, Social Media - BROWN BAG MARKETING, Atlanta, GA, pg. 338

Mitchell, Darren - Account Planner, Account Services - PHOENIX GROUP, Regina, SK, pg. 128

Mitchell, James - Account Planner - ESSENCE, Seattle, WA, pg. 232

Mitchell, Seth - Account Planner, Account Services, Management, Media Department - 9THWONDER, Dallas, TX, pg. 321

Mitra, Sohini - Account Planner - SPARKS, Philadelphia, PA, pg. 315

Modafferi, Dana - Account Planner, Interactive / Digital, Media Department, PPOM - UNIVERSAL MCCANN, New York, NY, pg. 521

Mohr, Ashley - Account Planner, Account Services, Management, Media Department - ZENITH MEDIA, Santa Monica, CA, pg. 531

Molina, Cassidy - Account Planner, Media Department - HEALIXGLOBAL, New York, NY, pg. 471

Monastersky, Jill - Account Planner, Media Department - BLOOM ADS, INC., Woodland Hills, CA, pg. 334

Moncus, Kaitlin - Account Planner, Media Department - CAPITOL MEDIA SOLUTIONS, Atlanta, GA, pg. 459

Monderine, James - Account Planner, Media Department - HAWORTH MARKETING & MEDIA, Minneapolis, MN, pg. 470

Monroe, Meredith - Account Planner, Account Services, Media Department - CARAT, New York, NY, pg. 459

Montemarano, Andrew - Account Planner, Interactive / Digital, Media Department - INITIATIVE, Los Angeles, CA, pg. 478

Montgomery, Cindy - Account Planner, PPOM - AMPERSAND AGENCY, Austin, TX, pg. 31

Moody, Camille - Account Planner, Account Services - CARAT, Culver City, CA, pg. 459

Moody, Chelsea - Account Planner, Account Services, Interactive / Digital, Media Department - CARAT, Culver City, CA, pg. 459

Moon, Kevin - Account Planner, Interactive / Digital, Media Department - HEARTS & SCIENCE, New York, NY, pg. 471

Moore, Chris - Account Planner, NBC, PPOM - 3, Albuquerque, NM, pg. 23

Moore, Kendra - Account Planner, Media Department, NBC - BLUE 449, Dallas, TX, pg. 456

Moore, Valerie - Account Planner - PLUSMEDIA, LLC, Danbury, CT, pg. 290

Moore, Zach - Account Planner, Account Services, Media Department - STARCOM WORLDWIDE, Chicago, IL, pg. 513

Mootz, Catherine - Account Planner, Account Services - ARKETI GROUP, Atlanta, GA, pg. 578

Moran, Liam - Account Planner - ACTIVE INTERNATIONAL, Pearl River, NY, pg. 439

Moran, Jamie - Account Planner - COLLE MCVOY, Minneapolis, MN, pg. 343

Moreno, David - Account Planner, Media Department - VMLY&R, Atlanta, GA, pg. 274

Moreno, Luisa - Account Planner, Interactive / Digital, NBC - ROC NATION, New York, NY, pg. 298

Moreton, Brighton - Account Planner - DWA MEDIA, Austin, TX, pg. 464

Morgan, Lance - Account Planner, Management, Public Relations - POWELL TATE, Washington, DC, pg. 638

Morgan, Taylor - Account Planner, Account Services, Interactive / Digital, Media Department - MEDIACOM, Ann Arbor, MI, pg. 249

Morgan, Sarah - Account Planner, Media Department - MEDIAHUB BOSTON, Boston, MA, pg. 489

Morgan, David - Account Planner, Account Services, NBC, PPOM - FORCE 5, South Bend, IN, pg. 7

Morgan, Michelle - Account Planner, Account Services - MINDSHARE, New York, NY, pg. 491

Moriarty, Charlotte - Account Planner - SPARKS, Philadelphia, PA, pg. 315

Moribe, May - Account Planner, Interactive / Digital - GREY GROUP, New York, NY, pg. 365

Mormile, Christine - Account Planner, Interactive / Digital, Media Department - CMI MEDIA, LLC, King of Prussia, PA, pg. 342

Morrison, Alex - Account Planner, Management, NBC, Operations, PPOM - GREY WEST, San Francisco, CA, pg. 367

Morrison, Kris - Account Planner, Account Services - TEAM ONE, Dallas, TX, pg. 418

Morrissey, David - Account Planner, Account Services, Media Department, NBC - CAMP + KING, San Francisco, CA, pg. 46

Morrone, Gina - Account Planner, Account Services, Interactive / Digital, Media Department, NBC, PPM - INITIATIVE, New York, NY, pg. 477

Morse, Elizabeth - Account Planner, Account Services, Media Department - MEDIAHUB BOSTON, Boston, MA, pg. 489

Morton, Shannon - Account Planner, Account Services - EDELMAN, Toronto, ON, pg. 601

Mosack, Nathan - Account Planner, Account Services, Interactive / Digital, Media Department - OMD, Chicago, IL, pg. 500

Moskowitz, Megan - Account Planner, Media Department - MINDSHARE, New York, NY, pg. 491

Moss, Shannon - Account Planner, Account Services, NBC - LOVE ADVERTISING, Houston, TX, pg. 101

Motala, Jasmine - Account Planner, NBC - DENTSUBOS INC., Toronto, ON, pg. 61

Moxon, Brock - Account Planner, Interactive / Digital, Media Department, NBC, Research - CANVAS WORLDWIDE, Playa Vista, CA, pg. 458

Moy, Joanna - Account Planner, Account Services - LEO BURNETT WORLDWIDE, Chicago, IL, pg. 98

Mozer, Kate - Account Planner, Interactive / Digital, Media Department - GTB, Dearborn, MI, pg. 367

Muchura, Tessa - Account Planner, Account Services - DROGA5, New York, NY, pg. 64

Muetterties, Megan - Account Planner, Media Department - GOLIN, Los Angeles, CA, pg. 609

Mulhern, Andrew - Account Planner, Interactive / Digital, PPOM - MEDIACOM, New York, NY, pg. 487

Mullen, Mark - Account Planner, Media Department - THE GEORGE P. JOHNSON COMPANY, San Carlos, CA, pg. 316

Mullen, Matt - Account Planner,

RESPONSIBILITIES INDEX — AGENCIES

Account Services, Management, Media Department - MULLENLOWE U.S. BOSTON, Boston, MA, *pg.* 389

Mullin, John - Account Planner, NBC - JAVELIN AGENCY, Irving, TX, *pg.* 286

Mulvey, Emily - Account Planner, Account Services, Media Department - DROGA5, New York, NY, *pg.* 64

Munk, Curtis - Account Planner, Management, PPOM - GEOMETRY, Chicago, IL, *pg.* 363

Munoz, Gabrielle - Account Planner, Account Services, Media Department - MEDIACOM, New York, NY, *pg.* 487

Muntz, Nikki - Account Planner, NBC - PUBLICIS HEALTH, New York, NY, *pg.* 639

Muoio, Sandra - Account Planner, Media Department, NBC, PPOM - WAVEMAKER, New York, NY, *pg.* 526

Murch, Elissa - Account Planner - RPA, Santa Monica, CA, *pg.* 134

Mure, Amanda - Account Planner, Account Services, Interactive / Digital - MEDIACOM, New York, NY, *pg.* 487

Murph, Glynn - Account Planner, Media Department, NBC - ROC NATION, New York, NY, *pg.* 298

Murphy, Brandon - Account Planner, Account Services, Management, NBC, PPOM - 22SQUARED INC., Atlanta, GA, *pg.* 319

Murphy, Colm - Account Planner, Management, NBC, PPOM - THE&PARTNERSHIP, New York, NY, *pg.* 426

Murphy, Danielle - Account Planner, NBC - MEDIA STORM, Norwalk, CT, *pg.* 486

Murphy, Melissa - Account Planner, Account Services, Media Department - MINDSHARE, New York, NY, *pg.* 491

Murphy, Tim - Account Planner, Interactive / Digital - ENTERCOM COMMUNICATIONS CORP., Bala Cynwyd, PA, *pg.* 551

Murphy, Shanti - Account Planner, Interactive / Digital - GLOBAL STRATEGIES, Bend, OR, *pg.* 673

Murphy, Sarah - Account Planner, Media Department - VAYNERMEDIA, New York, NY, *pg.* 689

Murphy, Lyndsey - Account Planner - SPARKS, Philadelphia, PA, *pg.* 315

Murphy, Evie - Account Planner - GENERATOR MEDIA + ANALYTICS, New York, NY, *pg.* 466

Murphy, Megan - Account Planner, Account Services, Media Department - MEDIACOM, New York, NY, *pg.* 487

Murray, Nellie - Account Planner, Interactive / Digital, Media Department - CARMICHAEL LYNCH, Minneapolis, MN, *pg.* 47

Murray, Tyler - Account Planner, Interactive / Digital, Media Department, PPOM - GEOMETRY, Chicago, IL, *pg.* 363

Murray, Kevin - Account Planner, Media Department - MCKINNEY, Durham, NC, *pg.* 111

Muth, Grace - Account Planner,

Account Services, Media Department - HORIZON MEDIA, INC., Los Angeles, CA, *pg.* 473

Myers, Garrett - Account Planner, Interactive / Digital, Media Department - CARAT, Culver City, CA, *pg.* 459

Mygind, Beth - Account Planner, Account Services - VITRO AGENCY, San Diego, CA, *pg.* 159

Nadel, Ethan - Account Planner, Account Services - MERKLEY + PARTNERS, New York, NY, *pg.* 114

Nadgar, Preeti - Account Planner, Human Resources, Media Department, NBC - PHD CHICAGO, Chicago, IL, *pg.* 504

Nagata, Taryn - Account Planner, Account Services, Interactive / Digital, Media Department - QUIGLEY-SIMPSON, Los Angeles, CA, *pg.* 544

Nagy, Colin - Account Planner, Media Department - FF CREATIVE, New York, NY, *pg.* 234

Naidu, Julie - Account Planner - BBDO WORLDWIDE, New York, NY, *pg.* 331

Naik, Ankur - Account Planner, Account Services, Management, NBC, Operations - BBMG, Brooklyn, NY, *pg.* 2

Nam, Annie - Account Planner - GIANT SPOON, LLC, Los Angeles, CA, *pg.* 363

Nance, Santia - Account Planner, Interactive / Digital, Media Department - THE MARTIN AGENCY, Richmond, VA, *pg.* 421

Napoli, Madison - Account Planner - POSTERSCOPE U.S.A., New York, NY, *pg.* 556

Napp, Thaddeus - Account Planner - VERMILION DESIGN, Boulder, CO, *pg.* 204

Narasimhan, Avin - Account Planner, Media Department, NBC - PHD USA, New York, NY, *pg.* 505

Naughton, Tom - Account Planner, Management, Media Department, NBC - PEREIRA & O'DELL, New York, NY, *pg.* 257

Nayerman, Julia - Account Planner, NBC - HORIZON MEDIA, INC., Los Angeles, CA, *pg.* 473

Nazzaro, Khrysti - Account Planner, NBC - MOREVISIBILITY, Boca Raton, FL, *pg.* 675

Nella, Chris - Account Planner - TWO NIL, Los Angeles, CA, *pg.* 521

Nelson, Brent - Account Planner, PPOM - LEO BURNETT TORONTO, Toronto, ON, *pg.* 97

Nelson, Paul - Account Planner, Account Services, NBC - ARNOLD WORLDWIDE, Boston, MA, *pg.* 33

Nelson, Ted - Account Planner, Analytics, PPOM - MECHANICA, Newburyport, MA, *pg.* 13

Nelson, Jade - Account Planner, Account Services, Interactive / Digital, Media Department - OMD, New York, NY, *pg.* 498

Nelson, Melanie - Account Planner,

Media Department, NBC - THE MEDIA KITCHEN, New York, NY, *pg.* 519

Nelson, Alex - Account Planner, Account Services, Media Department - HAWORTH MARKETING & MEDIA, Minneapolis, MN, *pg.* 470

Nettelfield, Joanna - Account Planner, Account Services, Interactive / Digital - MWWPR, East Rutherford, NJ, *pg.* 630

Neugebauer, David - Account Planner, PPOM - SALT BRANDING, San Francisco, CA, *pg.* 16

Neveil, Irene - Account Planner, Media Department - HARMELIN MEDIA, Bala Cynwyd, PA, *pg.* 467

Nevins, Nick - Account Planner, Analytics, Interactive / Digital, Media Department - PHD USA, New York, NY, *pg.* 505

Newell, Kate - Account Planner - UNIVERSAL MCCANN, New York, NY, *pg.* 521

Newlin, Nick - Account Planner, Account Services - SHINE UNITED, Madison, WI, *pg.* 140

Newman, Michael - Account Planner, Research - DONER CX, Warrendale, PA, *pg.* 282

Newman, Bruce - Account Planner, Account Services, Management - E&M MEDIA GROUP, Jericho, NY, *pg.* 282

Newman, Jennifer - Account Planner, Account Services, Programmatic - AMNET, New York, NY, *pg.* 454

Ng, Dan - Account Planner, Interactive / Digital, Media Department, PPOM - DROGA5, New York, NY, *pg.* 64

Ng, Eric - Account Planner, Media Department - DIGITAS, New York, NY, *pg.* 226

Ngai, Devon - Account Planner, Media Department, NBC - CARAT, New York, NY, *pg.* 459

Nguyen, Christine - Account Planner, Media Department - HUGE, INC., Brooklyn, NY, *pg.* 239

Nguyen, Kevin - Account Planner - MCGARRYBOWEN, New York, NY, *pg.* 109

Nguyen, Lien - Account Planner, Account Services - XEVO, Bellevue, WA, *pg.* 535

Nguyen, Phung - Account Planner, Account Services, Media Department - MINDSHARE, New York, NY, *pg.* 491

Nguyen Crettenand, Lien - Account Planner, Account Services, Media Department - INNOCEAN USA, Huntington Beach, CA, *pg.* 479

Nickel, Jeff - Account Planner, Account Services, NBC - TRUE SENSE MARKETING, Freedom, PA, *pg.* 293

Nieder, Jonathan - Account Planner, Account Services, Media Department, Social Media - OMD WEST, Los Angeles, CA, *pg.* 502

Nielsen, Emily - Account Planner - PLUSMEDIA, LLC, Danbury, CT, *pg.* 290

Nigam, Ankita - Account Planner, Media Department, NBC - OMD, New York, NY, *pg.* 498

Nikitsina, Maryia - Account

AGENCIES RESPONSIBILITIES INDEX

Planner, Media Department - INITIATIVE, New York, NY, *pg.* 477

Nilsen, Ben - Account Planner, Media Department, NBC - DROGA5, New York, NY, *pg.* 64

Nishimura, Chad - Account Planner, Account Services, Public Relations - GOLIN, Los Angeles, CA, *pg.* 609

Nix, Laura - Account Planner, Media Department - EMPOWER, Cincinnati, OH, *pg.* 354

Noble, Steve - Account Planner, NBC, PPOM - GREY MIDWEST, Cincinnati, OH, *pg.* 366

Nodzak, Lauren - Account Planner, Account Services - BUFFALO.AGENCY, Reston, VA, *pg.* 587

Nolan, Jen - Account Planner, Account Services - QUAKER CITY MERCANTILE, Philadelphia, PA, *pg.* 131

Norberg, Elli - Account Planner, Media Department, NBC - BLUE 449, San Francisco, CA, *pg.* 456

Norcini, Laura - Account Planner, Account Services - GOTHAM, INC., New York, NY, *pg.* 77

Norris, Annemarie - Account Planner, Account Services - BBDO WORLDWIDE, New York, NY, *pg.* 331

Nugent, Alyssa - Account Planner, Account Services - RIDDLE & BLOOM, Boston, MA, *pg.* 133

Nugent, Malcolm - Account Planner - CARAT, New York, NY, *pg.* 459

Nugent, Devin - Account Planner, Account Services - MEDIACOM, New York, NY, *pg.* 487

Nunez, Stephanie - Account Planner, Account Services, Media Department - STARCOM WORLDWIDE, Chicago, IL, *pg.* 513

Nyffenegger, Marcel - Account Planner, PPM - VDA PRODUCTIONS, Somerville, MA, *pg.* 317

O'Brian, Meghan - Account Planner, Account Services - DDB NEW YORK, New York, NY, *pg.* 59

O'Brien, Michael - Account Planner, NBC - KETCHUM, New York, NY, *pg.* 542

O'Brien, Curt - Account Planner, Account Services, PPM - DAVID&GOLIATH, El Segundo, CA, *pg.* 57

O'Brien, Vanessa - Account Planner, Account Services, Public Relations - NEXT LEVEL SPORTS INC., San Juan Capistrano, CA, *pg.* 632

O'Brien, Sarah - Account Planner, Media Department - OPENMIND, New York, NY, *pg.* 503

O'Dea, Noel - Account Planner, Creative, PPOM - TARGET MARKETING & COMMUNICATIONS, INC., Saint John's, NL, *pg.* 146

O'Donnell, Mary - Account Planner - PROPAC, Plano, TX, *pg.* 682

O'Grady, Ryan - Account Planner, Media Department, NBC - CARAT, New York, NY, *pg.* 459

O'Kelly, Emily - Account Planner, Account Services - BIGSPEAK SPEAKERS BUREAU, Santa Barbara, CA, *pg.* 302

O'Mara, Molly - Account Planner, Account Services - PADILLA, Minneapolis, MN, *pg.* 635

O'Shea, Allie - Account Planner, Analytics, Interactive / Digital, NBC - PUBLICIS NORTH AMERICA, New York, NY, *pg.* 399

Oberlander, Amy - Account Planner, Account Services, Media Department - OMD ENTERTAINMENT, Burbank, CA, *pg.* 501

Obermeyer, Michael - Account Planner, Account Services - TBWA \ CHIAT \ DAY, New York, NY, *pg.* 416

Occhipinti, Ashley - Account Planner, Account Services, Media Department - MEDIACOM, New York, NY, *pg.* 487

Oclatis, Jeremy - Account Planner, Account Services - FUSE, LLC, Vinooski, VT, *pg.* 8

Ogle, Jammie - Account Planner, Media Department - OMD CANADA, Toronto, ON, *pg.* 501

Ogurick, Michael - Account Planner, Media Department, NBC - SPARK FOUNDRY, New York, NY, *pg.* 508

Olay, Pablo - Account Planner - PADILLA, New York, NY, *pg.* 635

Oldham, Lindsey - Account Planner, Interactive / Digital, Media Department - HAWTHORNE ADVERTISING, Fairfield, IA, *pg.* 285

Olivarez, Elizabeth - Account Planner - MINDSTREAM MEDIA GROUP - DALLAS, Dallas, TX, *pg.* 496

Olmsted, Amanda - Account Planner - RIGHT PLACE MEDIA, Lexington, KY, *pg.* 507

Olsen, Brian - Account Planner - ARGONAUT, INC., San Francisco, CA, *pg.* 33

Olson, Tom - Account Planner, Account Services, Media Department, Public Relations - BCW NEW YORK, New York, NY, *pg.* 581

Olyaie, Donesh - Account Planner - DAVID&GOLIATH, El Segundo, CA, *pg.* 57

Onder, Sedef - Account Planner, PPOM - CLEAR, New York, NY, *pg.* 51

Ooms, Rachel - Account Planner, Media Department - HEARTS & SCIENCE, Atlanta, GA, *pg.* 473

Ordahl, Thomas - Account Planner - LANDOR, New York, NY, *pg.* 11

Orr, Dillon - Account Planner, NBC - HORIZON MEDIA, INC., New York, NY, *pg.* 474

Ortiz, Adrian - Account Planner, Account Services, Media Department - 360I, LLC, Los Angeles, CA, *pg.* 208

Ortiz, Laura - Account Planner, Account Services - PATIENTS & PURPOSE, New York, NY, *pg.* 126

Osborn, Bethany - Account Planner - MAPR, Boulder, CO, *pg.* 624

Oscher, Addie - Account Planner - DELL BLUE, Round Rock, TX, *pg.* 60

Otero, Ana - Account Planner, Media Department - MEDIA ASSEMBLY, Century City, CA, *pg.* 484

Ott, Chris - Account Planner, PPOM - OTT COMMUNICATIONS, INC., Louisville, KY, *pg.* 395

Owens, Mark - Account Planner, Management, PPOM - ROGERS & COWAN/PMK*BNC, Los Angeles, CA, *pg.* 643

Owens, Christopher - Account Planner, NBC - THE RICHARDS GROUP, INC., Dallas, TX, *pg.* 422

Oyedele, Adeola - Account Planner, Operations - AMNET, New York, NY, *pg.* 454

Ozerities, Henry - Account Planner, Analytics, Research - AGENCY 720, Detroit, MI, *pg.* 323

Paas, Haley - Account Planner, Account Services - CARAT, New York, NY, *pg.* 459

Pacifico, Cassandra - Account Planner, Account Services - BCW PITTSBURGH, Pittsburgh, PA, *pg.* 581

Pacitti, Nikki - Account Planner, Account Services - WRAY WARD, Charlotte, NC, *pg.* 433

Pagano, Kathleen - Account Planner, PPOM - PAGANO MEDIA, Worcester, MA, *pg.* 256

Pagliara, Meagan - Account Planner, Account Services, Media Department - CARMICHAEL LYNCH, Minneapolis, MN, *pg.* 47

Pagliuca, Megan - Account Planner, Account Services, Analytics, Media Department, PPOM, Programmatic - HEARTS & SCIENCE, New York, NY, *pg.* 471

Palagonia, Kristine - Account Planner, Account Services, Media Department - MINDSHARE, New York, NY, *pg.* 491

Palomo, Jasmin - Account Planner, Media Department - SANDERS\WINGO, El Paso, TX, *pg.* 138

Palutis, Kari - Account Planner, Account Services, Management - SANDBOX, Kansas City, MO, *pg.* 409

Panawek, Steve - Account Planner, Media Department, Operations - BBDO WORLDWIDE, New York, NY, *pg.* 331

Pandya, Anand - Account Planner, Management, Media Department - VM1 (ZENITH MEDIA + MOXIE), New York, NY, *pg.* 526

Panjwani, Sachin - Account Planner, Account Services, Interactive / Digital, Media Department, NBC - ORGANIC, INC., San Francisco, CA, *pg.* 255

Panknin, Marjorie - Account Planner, Interactive / Digital, Media Department, Social Media - WAVEMAKER, Los Angeles, CA, *pg.* 528

Pankratz, Kristen - Account Planner, Media Department - THE RICHARDS GROUP, INC., Dallas, TX, *pg.* 422

Pankratz, Eric - Account Planner, Interactive / Digital - NOVUS MEDIA, INC., Plymouth, MN, *pg.* 497

Pantelias, Christina - Account Planner, NBC - RP3 AGENCY, Bethesda, MD, *pg.* 408

Pantelias, Christina - Account

RESPONSIBILITIES INDEX   AGENCIES

Planner, Media Department - RP3 AGENCY, Bethesda, MD, *pg.* 408

Pardee, Sharon - Account Planner, Account Services, Media Department, PPOM - WAVEMAKER, Los Angeles, CA, *pg.* 528

Pardo, Roberto - Account Planner, Media Department - JUNGLE MEDIA, Toronto, ON, *pg.* 481

Pardun, Lauren - Account Planner, Account Services, Media Department - OMD, Chicago, IL, *pg.* 500

Parise, Cristin - Account Planner, Account Services - FCB HEALTH, New York, NY, *pg.* 72

Park, Melanie - Account Planner, Media Department - ADCOM COMMUNICATIONS, INC., Cleveland, OH, *pg.* 210

Park, Heather - Account Planner, Media Department - MEDIACOM, New York, NY, *pg.* 487

Park, Mary - Account Planner, Media Department - POSTERSCOPE U.S.A., Culver City, CA, *pg.* 556

Parker, Lynn - Account Planner, NBC, PPOM - GREENRUBINO, Seattle, WA, *pg.* 365

Partridge, Maura - Account Planner - POINT TO POINT, Cleveland, OH, *pg.* 129

Passaro, Bianca - Account Planner, Account Services, Interactive / Digital, Media Department, NBC - UNIVERSAL MCCANN, New York, NY, *pg.* 521

Pasternak, Melissa - Account Planner, Account Services - DROGA5, New York, NY, *pg.* 64

Patalano, Danielle - Account Planner - WAVEMAKER, New York, NY, *pg.* 526

Patel, Seema - Account Planner, Account Services, Media Department - HAVAS MEDIA GROUP, Miami, FL, *pg.* 470

Patel, Anjali - Account Planner, Interactive / Digital, Media Department, NBC - WIEDEN + KENNEDY, New York, NY, *pg.* 432

Patel, Nikin - Account Planner, Account Services, Interactive / Digital - WAVEMAKER, New York, NY, *pg.* 526

Paterson, Elizabeth - Account Planner, Account Services - 88 BRAND PARTNERS, Chicago, IL, *pg.* 171

Patrick, Katherine - Account Planner, Creative - POTOMAC COMMUNICATIONS GROUP, INC., Washington, DC, *pg.* 638

Pattani, Tracey - Account Planner, Account Services, Management, NBC - DIGITAS, San Francisco, CA, *pg.* 227

Patten, Scott - Account Planner, NBC - LANETERRALEVER, Phoenix, AZ, *pg.* 245

Patterson, Mackenzie - Account Planner - MINDSHARE, Playa Vista, CA, *pg.* 495

Patterson, Joanna - Account Planner, Research - GFK, New York, NY, *pg.* 444

Patterson, Kate - Account Planner, Media Department, Promotions - HORIZON MEDIA, INC., New York, NY, *pg.* 474

Paul, Darren - Account Planner, PPOM - NIGHT AGENCY, LLC, New York, NY, *pg.* 692

Paul, Elizabeth - Account Planner, Account Services, Management, Media Department, Operations, PPOM - THE MARTIN AGENCY, Richmond, VA, *pg.* 421

Paul, Erin - Account Planner, Creative - TRINITY BRAND GROUP, Berkeley, CA, *pg.* 202

Pawlowski, Inbal - Account Planner, Analytics - ABELSON-TAYLOR, Chicago, IL, *pg.* 25

Pearman, Samantha - Account Planner, NBC - HORIZON MEDIA, INC., New York, NY, *pg.* 474

Pearson, Abbey - Account Planner - MARTIN RETAIL GROUP, Detroit, MI, *pg.* 106

Pecci, Michael - Account Planner, Account Services - RESOLUTION MEDIA, New York, NY, *pg.* 263

Peckham, Kelleen - Account Planner - DUNCAN CHANNON, San Francisco, CA, *pg.* 66

Pecorino, Katharine - Account Planner - QUAKER CITY MERCANTILE, Philadelphia, PA, *pg.* 131

Peleuses, Tucker - Account Planner, Management, Media Department - VERITONE ONE, San Diego, CA, *pg.* 525

Pembaur, Katie - Account Planner - GREY MIDWEST, Cincinnati, OH, *pg.* 366

Pent, Claire - Account Planner, Account Services - MCGARRYBOWEN, Chicago, IL, *pg.* 110

Peralta, John - Account Planner, Account Services - CHANDELIER CREATIVE, Los Angeles, CA, *pg.* 49

Perez, Aaron - Account Planner, Interactive / Digital - GLOW, New York, NY, *pg.* 237

Pernikar, Carol - Account Planner, Management, PPOM - TRACYLOCKE, Chicago, IL, *pg.* 426

Perry, Jen - Account Planner, Analytics, Research - WUNDERMAN THOMPSON, Washington, DC, *pg.* 434

Perry, Collin - Account Planner, Account Services, Interactive / Digital - JANUARY DIGITAL, New York, NY, *pg.* 243

Persaud, Ryan - Account Planner, Media Department, NBC - CARAT, New York, NY, *pg.* 459

Persichilli, Katie - Account Planner, Account Services - JOAN, New York, NY, *pg.* 92

Peters, James - Account Planner, Media Department - KETCHUM SOUTH, Dallas, TX, *pg.* 620

Peterson, Jen - Account Planner, Account Services, Management, PPOM - MCCANN NEW YORK, New York, NY, *pg.* 108

Pettenati, Olivia - Account Planner, Media Department - MEDIAHUB BOSTON, Boston, MA, *pg.* 489

Pfleiderer, Paul - Account Planner, PPOM - TBWA\WORLDHEALTH, New York, NY, *pg.* 147

Pham, Thuy - Account Planner, Account Services, Interactive / Digital, Media Department - INITIATIVE, New York, NY, *pg.* 477

Pham, Kim - Account Planner, Interactive / Digital - DASH TWO, Culver City, CA, *pg.* 551

Pharr, Brittny - Account Planner - BURRELL COMMUNICATIONS GROUP, INC. , Chicago, IL, *pg.* 45

Phelps, Elizabeth - Account Planner, Account Services, Media Department - PP+K, Tampa, FL, *pg.* 129

Phillips, Ben - Account Planner, Account Services, Management - MEKANISM, New York, NY, *pg.* 113

Phothirath, Peter - Account Planner, Account Services - TARGETBASE MARKETING, Irving, TX, *pg.* 292

Piazza, Monica - Account Planner, Media Department - 22SQUARED INC., Tampa, FL, *pg.* 319

Pieper, Rob - Account Planner - THE MARKETING STORE WORLDWIDE, Chicago, IL, *pg.* 421

Pierre, Michael - Account Planner, Interactive / Digital, Management, Media Department - BEACON MEDIA, Mahwah, NJ, *pg.* 216

Pignone, Mike - Account Planner, NBC, Public Relations - DROGA5, New York, NY, *pg.* 64

Piland, Kelly Ann - Account Planner, NBC - THE RICHARDS GROUP, INC., Dallas, TX, *pg.* 422

Pilaprat, Nicolas - Account Planner - GREY GROUP, New York, NY, *pg.* 365

Pilla, Megan - Account Planner, Creative, PPOM - BULLDOG DRUMMOND, San Diego, CA, *pg.* 338

Pilon, Julie - Account Planner, Management - AREA 23, New York, NY, *pg.* 33

Pine, Sarah - Account Planner, Interactive / Digital, Media Department, Social Media - GLOW, New York, NY, *pg.* 237

Pineiro, Christine - Account Planner, Management, Media Department - CARAT, New York, NY, *pg.* 459

Pirkola, Kristin - Account Planner, Account Services - PP+K, Tampa, FL, *pg.* 129

Pittner, Sarah - Account Planner, Account Services - MORTENSON KIM, Milwaukee, WI, *pg.* 118

Pitts, Allison - Account Planner, Interactive / Digital - HORIZON MEDIA, INC., New York, NY, *pg.* 474

Pizzitola, Megan - Account Planner, Account Services, Media Department - PHD USA, New York, NY, *pg.* 505

Planovsky, Kevin - Account Planner, Account Services, PPOM - VERT MOBILE LLC, Atlanta, GA, *pg.* 274

Plating, Chris - Account Planner,

1116

AGENCIES — RESPONSIBILITIES INDEX

Creative, NBC - EP+CO., Greenville, SC, pg. 356

Platt, Hallie - Account Planner, Management, Media Department - SPARK FOUNDRY, New York, NY, pg. 508

Pleckaitis, Kristy - Account Planner, Account Services - NO FIXED ADDRESS INC., Toronto, ON, pg. 120

Plonchak, Ali - Account Planner, Interactive / Digital - CROSSMEDIA, New York, NY, pg. 463

Plunkett, Nicole - Account Planner, Interactive / Digital, Media Department - LOVE ADVERTISING, Houston, TX, pg. 101

Pocock, Amari - Account Planner, Management, Media Department - ESSENCE, New York, NY, pg. 232

Podhaizer, Jamie - Account Planner - FAHRENHEIT 212, New York, NY, pg. 182

Poer, Brent - Account Planner, Account Services, Creative, Interactive / Digital, Management, Media Department, NBC, PPOM - ZENITH MEDIA, New York, NY, pg. 529

Poirier, Jennifer - Account Planner, Account Services, Creative, Management - GENUINE INTERACTIVE, Boston, MA, pg. 237

Polatin, Mitch - Account Planner - DEUTSCH, INC., Los Angeles, CA, pg. 350

Pollock, Elyse - Account Planner, NBC - HORIZON MEDIA, INC., New York, NY, pg. 474

Polomsky, Elizabeth - Account Planner - POINT TO POINT, Cleveland, OH, pg. 129

Polynice, Zola - Account Planner, Account Services - OMD, New York, NY, pg. 498

Pond, Cayla - Account Planner, Media Department, NBC - CARAT, New York, NY, pg. 459

Pons, Gianpaulo - Account Planner, Media Department - GIANT SPOON, LLC, New York, NY, pg. 363

Poon, Ashley - Account Planner, Media Department - ESSENCE, New York, NY, pg. 232

Popelka, Dave - Account Planner, Account Services, NBC - GARRISON HUGHES, Pittsburgh, PA, pg. 75

Popkin, Bryan - Account Planner, Interactive / Digital, Media Department - ICROSSING, New York, NY, pg. 240

Porath, Matt - Account Planner, Interactive / Digital, NBC - GTB, Dearborn, MI, pg. 367

Porrello, Brianna - Account Planner, Media Department - TEAM ONE, Dallas, TX, pg. 418

Porter, Katie - Account Planner, Account Services, Media Department - HEARTS & SCIENCE, New York, NY, pg. 471

Post, Jessica - Account Planner, Management, Media Department, Programmatic - VMLY&R, New York, NY, pg. 160

Potosyan, Sona - Account Planner, Media Department - J3, New York, NY, pg. 480

Powers, Laura - Account Planner, Media Department - MINDSHARE, New York, NY, pg. 491

Poyraz, Mina - Account Planner, Account Services - MEDIA CAUSE, Boston, MA, pg. 249

Pozzobon, Omar - Account Planner, Media Department - WAVEMAKER, Toronto, ON, pg. 529

Prann, Lucie - Account Planner, Media Department - THE RICHARDS GROUP, INC., Dallas, TX, pg. 422

Pratt, Caroline - Account Planner, Account Services, Media Department - HEARTS & SCIENCE, New York, NY, pg. 471

Prendergast, Anna - Account Planner, Management, Media Department - INITIATIVE, Los Angeles, CA, pg. 478

Prentice, Grant - Account Planner, Analytics, Public Relations - FOODMINDS, LLC, Chicago, IL, pg. 606

Prentis, Kate - Account Planner, Media Department, NBC - SPARK FOUNDRY, New York, NY, pg. 508

Prentiss, Lauren - Account Planner, Creative - CAPTAINS OF INDUSTRY, INC., Boston, MA, pg. 340

Preston, Julie - Account Planner, Account Services - CONCENTRIC HEALTH EXPERIENCE, New York, NY, pg. 52

Prevete, Danielle - Account Planner, Account Services, Human Resources - LANDOR, New York, NY, pg. 11

Price, Peter - Account Planner - JWT INSIDE, Seattle, WA, pg. 667

Price Hanson, Maria - Account Planner, Account Services - CARAT, New York, NY, pg. 459

Prior, Karin - Account Planner, Media Department, PPOM - WAVEMAKER, New York, NY, pg. 526

Pritchard, Tom - Account Planner, Interactive / Digital - GLOBAL STRATEGIES, Bend, OR, pg. 673

Proctor, Audra - Account Planner - EDELMAN, Portland, OR, pg. 600

Pugh, Jason - Account Planner, Media Department, NBC - BLUE 449, Dallas, TX, pg. 456

Puglisi, Chelsey - Account Planner, Account Services, Media Department - MEDIAHUB BOSTON, Boston, MA, pg. 489

Pugongan, Geraldine - Account Planner, Media Department, PPOM - MINDSHARE, Playa Vista, CA, pg. 495

Pulman, Celeste - Account Planner, Account Services - DROGA5, New York, NY, pg. 64

Pulwer, Lauren - Account Planner, Account Services - PUBLICIS NORTH AMERICA, New York, NY, pg. 399

Purcell, Elaine - Account Planner, Account Services, Media Department - HAVAS NEW YORK, New York, NY, pg. 369

Purtell, Gerry - Account Planner, Account Services, Media Department, NBC - TRADE X PARTNERS, New York, NY, pg. 156

Queiroz, Rodolfo - Account Planner, Media Department - DASH TWO, Culver City, CA, pg. 551

Quenville, Jennifer - Account Planner, Account Services, Management, Media Department - THE MARS AGENCY, Southfield, MI, pg. 683

Quick, Julie - Account Planner, Analytics, Interactive / Digital - SHOPTOLOGY, Plano, TX, pg. 682

Quiqney, Patrick - Account Planner, Interactive / Digital - TIGRIS SPONSORSHIP & MARKETING, Littleton, CO, pg. 317

Quirsfeld, Tim - Account Planner - MINDSHARE, Chicago, IL, pg. 494

Radziunas, Victoria - Account Planner - WUNDERMAN THOMPSON, New York, NY, pg. 434

Raftery, Emma - Account Planner, Account Services, Media Department - INITIATIVE, New York, NY, pg. 477

Raidt, Donna - Account Planner, Management, Media Department, PPOM - WAVEMAKER, New York, NY, pg. 526

Raimo, Joseph - Account Planner, Account Services - COLANGELO SYNERGY MARKETING, INC., Darien, CT, pg. 566

Raines, Lisa - Account Planner, Account Services - LEADING AUTHORITIES, INC., Washington, DC, pg. 622

Raiten, Justin - Account Planner, Media Department - MRM//MCCANN, Princeton, NJ, pg. 252

Raley, Dave - Account Planner, Analytics, Interactive / Digital, NBC, Research - MASTERWORKS, Poulsbo, WA, pg. 687

Rallabhandi, Anirudh - Account Planner - NEXT MARKETING, Norcross, GA, pg. 312

Ramaili, Mosito - Account Planner - DROGA5, New York, NY, pg. 64

Ramchandar, Neethu - Account Planner, Interactive / Digital, Media Department, NBC - HORIZON MEDIA, INC., New York, NY, pg. 474

Ramia, Stacey - Account Planner, Account Services - PUBLICIS.SAPIENT, Coconut Grove, FL, pg. 259

Ramos, Monique - Account Planner, Account Services - PREACHER, Austin, TX, pg. 129

Ranganathan, Vidya - Account Planner - FCB CHICAGO, Chicago, IL, pg. 71

Raoust, Olivier - Account Planner, Creative, NBC, PPOM - RAOUST + PARTNERS, Hampton, VA, pg. 403

Rassel Cambaliza, Ianne - Account Planner, Interactive / Digital, Media Department - HORIZON MEDIA, INC., New York, NY, pg. 474

Rath, Debbie - Account Planner, Media Department, Operations - ASSOCIATION OF NATIONAL

RESPONSIBILITIES INDEX — AGENCIES

ADVERTISERS, New York, NY, pg. 442
Rathbone, Tod - Account Planner, Interactive / Digital, Management - WONGDOODY, New York, NY, pg. 433
Rattray, Laurian - Account Planner, Media Department - WAVEMAKER, New York, NY, pg. 526
Rauch, Jaime - Account Planner, Account Services, Interactive / Digital, Media Department, NBC, PPOM - OPENMIND, New York, NY, pg. 503
Rauen, Shelby - Account Planner, Account Services - DONER , Cleveland, OH, pg. 352
Ray, Carroll - Account Planner, Creative, PPOM - TR DESIGN, INC., North Andover, MA, pg. 202
Razim, Mike - Account Planner - LEO BURNETT WORLDWIDE, Chicago, IL, pg. 98
Reddington, Alicia - Account Planner, Interactive / Digital, Media Department, NBC - 360I, LLC, New York, NY, pg. 320
Reddy, Michael - Account Planner, Account Services, Interactive / Digital, Media Department, NBC - CODE AND THEORY, New York, NY, pg. 221
Redmond, Alexis - Account Planner, Account Services, Management, Public Relations - EDELMAN , Toronto, ON, pg. 601
Redmond, John - Account Planner, NBC - PEREIRA & O'DELL, New York, NY, pg. 257
Redmond, Kevin - Account Planner, Account Services, Research - GENUINE INTERACTIVE, Boston, MA, pg. 237
Reed, Bennie - Account Planner, Interactive / Digital - THE RICHARDS GROUP, INC., Dallas, TX, pg. 422
Reeder, Kate - Account Planner, Management, Media Department - VIRTUE WORLDWIDE, Brooklyn, NY, pg. 159
Reefe, Lisa - Account Planner, Media Department, NBC - (ADD)VENTURES, Providence, RI, pg. 207
Reeves, Madeleine - Account Planner, Account Services, NBC - BBDO WORLDWIDE, New York, NY, pg. 331
Rege, Kunal - Account Planner, Media Department - OMD, New York, NY, pg. 498
Reid, Daniel - Account Planner, PPOM - EMERGE2 DIGITAL, Waterloo, ON, pg. 231
Reifenberg, Meggie - Account Planner - TPN, Chicago, IL, pg. 571
Reilly, Meghan - Account Planner, Account Services - FCB HEALTH, New York, NY, pg. 72
Reilly, Allison - Account Planner, Account Services - SMALL ARMY, Boston, MA, pg. 142
Reinstein, Joe - Account Planner, Account Services, Interactive / Digital, Media Department, NBC -

PERFORMICS, Chicago, IL, pg. 676
Reiss, Rachel - Account Planner, Account Services, Interactive / Digital, Media Department - DENTSU X, New York, NY, pg. 61
Reist, Jocelyn - Account Planner, NBC - WIEDEN + KENNEDY, Portland, OR, pg. 430
Rektorik, Rebecca - Account Planner, Account Services, PPM - AMNET, New York, NY, pg. 454
Renda, Daniel - Account Planner - RED ANTLER, Brooklyn, NY, pg. 16
Renesto, Denise - Account Planner, Interactive / Digital, Media Department - EXVERUS MEDIA INC., Los Angeles, CA, pg. 465
Reninger, Sue - Account Planner, NBC, PPOM - RMD ADVERTISING , Columbus, OH, pg. 643
Renshaw, Amelea - Account Planner - ANOMALY, New York, NY, pg. 325
Renuart, Nicole - Account Planner, Account Services, Media Department - PHD USA, New York, NY, pg. 505
RePass, Andrea - Account Planner - THE DESIGNORY, Longbeach, CA, pg. 149
Resnick, Brittany - Account Planner, Media Department - 160OVER90, Philadelphia, PA, pg. 1
Retzke, Autumn - Account Planner, Interactive / Digital, Media Department - VM1 (ZENITH MEDIA + MOXIE), New York, NY, pg. 526
Reyes, Ellen - Account Planner - WAVEMAKER, Chicago, IL, pg. 529
Reynolds, Stephen - Account Planner, Account Services, Media Department, Social Media - BUFFALO.AGENCY, Reston, VA, pg. 587
Reynolds, Taylor - Account Planner, Account Services, Media Department - AKQA, San Francisco, CA, pg. 211
Rho, Michelle - Account Planner, Account Services, Media Department - HEARTS & SCIENCE, Los Angeles, CA, pg. 473
Ribeiro, Heather - Account Planner, Account Services - ZENO GROUP, Chicago, IL, pg. 664
Ribero, Esteban - Account Planner, Analytics, Research - PERFORMICS, Chicago, IL, pg. 676
Rice, Andrew - Account Planner - ARC WORLDWIDE, Chicago, IL, pg. 327
Richards, Ben - Account Planner, Management, Operations, PPOM - OGILVY, New York, NY, pg. 393
Richey, Kevin - Account Planner, Management, Media Department - DDB CHICAGO, Chicago, IL, pg. 59
Richmond-Basedow, Sarah - Account Planner, Media Department - CORE CREATIVE, Milwaukee, WI, pg. 344
Rickett, Dave - Account Planner, Interactive / Digital, Management - IFTHEN DIGITAL, Atlanta, GA, pg. 241
Rider, Ginny - Account Planner, Account Services, NBC - GOODBY, SILVERSTEIN & PARTNERS, San Francisco, CA, pg. 77
Riley, Ryan - Account Planner - FCB

WEST, San Francisco, CA, pg. 72
Riley, Mike - Account Planner, NBC - VENABLES BELL & PARTNERS, San Francisco, CA, pg. 158
Ring, Andrea - Account Planner, NBC, PPOM - BIG SPACESHIP, Brooklyn, NY, pg. 455
Rios, Albert - Account Planner, Account Services, Interactive / Digital, Media Department - PALISADES MEDIA GROUP, INC., Santa Monica, CA, pg. 124
Rivas, Joe - Account Planner, Account Services, PPOM - DOREMUS & COMPANY, New York, NY, pg. 64
Rizo, Jessica - Account Planner, Media Department - M8, Miami, FL, pg. 542
Roach, Jessica - Account Planner - VENABLES BELL & PARTNERS, San Francisco, CA, pg. 158
Roberts, Michelle - Account Planner, Account Services, Media Department - IA COLLABORATIVE, Chicago, IL, pg. 186
Roberts, Aimee - Account Planner, Media Department, NBC - R&R PARTNERS, Las Vegas, NV, pg. 131
Roberts, Hilary - Account Planner, Account Services - ZULU ALPHA KILO, Toronto, ON, pg. 165
Robertson, Chris - Account Planner, Account Services, NBC - MCGARRYBOWEN, Chicago, IL, pg. 110
Robinson, Madelaine - Account Planner, Interactive / Digital, Media Department, NBC - DUNCAN CHANNON, San Francisco, CA, pg. 66
Robinson, Kaila - Account Planner, Media Department - PB&, Seattle, WA, pg. 126
Robinson, Mina - Account Planner, Media Department - MEDIACOM, New York, NY, pg. 487
Rocha, Natalia - Account Planner, Media Department, NBC - HORIZON MEDIA, INC., New York, NY, pg. 474
Roche, Donovan - Account Planner - HAVAS FORMULA, San Diego, CA, pg. 612
Roche, Kaitlyn - Account Planner, Creative, Media Department, NBC - GIANT SPOON, LLC, New York, NY, pg. 363
Rodak, Mallorie - Account Planner, NBC - THE RICHARDS GROUP, INC., Dallas, TX, pg. 422
Rodgers, Renee - Account Planner, Account Services - RATTLEBACK, INC., Columbus, OH, pg. 262
Rodis, Jennifer - Account Planner, PPOM - HEARTS & SCIENCE, Los Angeles, CA, pg. 473
Rodriguez, Steven - Account Planner, Interactive / Digital, Management, Media Department - SPARK FOUNDRY, New York, NY, pg. 508
Rodriguez, Elissa - Account Planner, Account Services, Interactive / Digital, Media Department - MINDSHARE, New York, NY, pg. 491
Rodriguez, Pedro - Account Planner,

1118

AGENCIES — RESPONSIBILITIES INDEX

Interactive / Digital, NBC, Social Media - HORIZON MEDIA, INC., New York, NY, *pg.* 474

Roffino, Trina - Account Planner, Account Services, NBC, PPOM - THE MARKETING ARM, Dallas, TX, *pg.* 316

Rolfs, Beth - Account Planner, Interactive / Digital, Research - GREY GROUP, New York, NY, *pg.* 365

Roman, Madelyn - Account Planner, Account Services - MINDSHARE, New York, NY, *pg.* 491

Romer, Dylan - Account Planner, Account Services - CARAT, New York, NY, *pg.* 459

Romero, Jackie - Account Planner, Account Services - NATIVE DIGITAL, LLC, Kansas City, MO, *pg.* 253

Rooke, Bruce - Account Planner, Account Services, Creative, Management - FINGERPAINT MARKETING, Saratoga Springs, NY, *pg.* 358

Rosario-Stanley, Serena - Account Planner, Interactive / Digital, Management - NEON, New York, NY, *pg.* 120

Rosen, Ilana - Account Planner - DISCOVERY USA, Philadelphia, PA, *pg.* 63

Rosen, Rebecca - Account Planner, Account Services, Media Department - CARAT, New York, NY, *pg.* 459

Rosenbaum, Jill - Account Planner, Management, Media Department - MEDIA STORM, Los Angeles, CA, *pg.* 486

Rosenberg, Jim - Account Planner - EBBEN GROUP, Needham Heights, MA, *pg.* 67

Rosenquist, Grant - Account Planner, Media Department, Research - INTERMEDIA ADVERTISING, Woodland Hills, CA, *pg.* 376

Ross, Anna - Account Planner, Account Services, Creative, Media Department - VMLY&R, New York, NY, *pg.* 160

Ross, Betsy - Account Planner, Account Services, Management - O'KEEFE REINHARD & PAUL, Chicago, IL, *pg.* 392

Ross, Shawna - Account Planner, Account Services, Creative, PPOM - MCGARRYBOWEN, Chicago, IL, *pg.* 110

Ross, Abigail - Account Planner, Account Services - SPARK FOUNDRY, New York, NY, *pg.* 508

Rossi, Laurel - Account Planner, Account Services, Management, NBC, PPOM - ORGANIC, INC., New York, NY, *pg.* 256

Roth, Shannon - Account Planner, Account Services, Management, Media Department - MINDSHARE, Chicago, IL, *pg.* 494

Rothblatt, Sheri - Account Planner, Account Services, Management, Media Department - PATHWAY GROUP LLC, New York, NY, *pg.* 503

Rothweiler, Julie - Account Planner, Account Services - ARC WORLDWIDE, Chicago, IL, *pg.* 327

Roubadeaux, Jess - Account Planner, Account Services, Operations - LUCKY GENERALS, New York, NY, *pg.* 101

Rouech, Mike - Account Planner, Account Services, NBC - PHIRE GROUP, Ann Arbor, MI, *pg.* 397

Rounds, Jenna - Account Planner, Account Services - VMLY&R, New York, NY, *pg.* 160

Rouse, Terrence - Account Planner - FCB HEALTH, New York, NY, *pg.* 72

Rousselet, Kendra - Account Planner, Interactive / Digital, Media Department - HORIZON MEDIA, INC., Los Angeles, CA, *pg.* 473

Routdhome, Imanol - Account Planner, Creative, NBC, Operations - 160OVER90, New York, NY, *pg.* 301

Rovai, Mark - Account Planner, Account Services - EPSILON, San Francisco, CA, *pg.* 283

Rovelo, Paola - Account Planner, Account Services, Media Department, NBC, PPOM - MINDSHARE, Chicago, IL, *pg.* 494

Rowan, Peggy - Account Planner, Creative - MATRIX MEDIA SERVICES, Columbus, OH, *pg.* 554

Ruberg, Sean - Account Planner, NBC - MERRICK TOWLE COMMUNICATIONS, Greenbelt, MD, *pg.* 114

Rubin, Rebecca - Account Planner, Account Services, NBC - DNA SEATTLE, Seattle, WA, *pg.* 180

Rubinsky, Brittany - Account Planner, Account Services, Interactive / Digital, Media Department - MEDIACOM, New York, NY, *pg.* 487

Rubinson, Lori - Account Planner, Management, Operations, PPOM - LIPPE TAYLOR, New York, NY, *pg.* 623

Rubinstein, Jamie - Account Planner, Media Department - SPARK FOUNDRY, Chicago, IL, *pg.* 510

Rubio, Alejandra - Account Planner, Account Services - MCGARRYBOWEN, Chicago, IL, *pg.* 110

Ruddy, Autumn - Account Planner, Media Department - HAWORTH MARKETING & MEDIA, Minneapolis, MN, *pg.* 470

Rudman, Jillian - Account Planner, Account Services - TBWA \ CHIAT \ DAY, Los Angeles, CA, *pg.* 146

Ruhl, Danielle - Account Planner, Account Services, Interactive / Digital, Media Department - STARCOM WORLDWIDE, Chicago, IL, *pg.* 513

Ruia, Andy - Account Planner, Management, PPOM - HORIZON MEDIA, INC., New York, NY, *pg.* 474

Rumack, Elaine - Account Planner, Interactive / Digital, Management, Media Department, PPOM - WAVEMAKER, Los Angeles, CA, *pg.* 528

Rumack, Asher - Account Planner - COLUMN FIVE, Brooklyn, NY, *pg.* 343

Rummel, Leslie - Account Planner, Account Services, Operations, Public Relations - TURNER PUBLIC RELATIONS, New York, NY, *pg.* 657

Ruocco, Kathryn - Account Planner, NBC - DROGA5, New York, NY, *pg.* 64

Rupert, Emily - Account Planner - RE:GROUP, INC., Ann Arbor, MI, *pg.* 403

Ruppel, David - Account Planner, Media Department, NBC - UNDERSCORE MARKETING, LLC, New York, NY, *pg.* 521

Russack, Evan - Account Planner, Account Services, Interactive / Digital, PPOM - WORKINPROGRESS, Boulder, CO, *pg.* 163

Russell, Scott - Account Planner, Account Services, Management, PPOM - UNIVERSAL MCCANN DETROIT, Birmingham, MI, *pg.* 524

Russo, Tricia - Account Planner, Analytics, NBC, PPOM - DDB CHICAGO, Chicago, IL, *pg.* 59

Rutherford, Jamie - Account Planner - BBDO WORLDWIDE, New York, NY, *pg.* 331

Rutter, Savannah - Account Planner, Account Services - STRATEGY LABS, Spokane, WA, *pg.* 267

Ryan, Lisa - Account Planner, PPOM - BOOMM MARKETING & COMMUNICATIONS, La Grange, IL, *pg.* 218

Sackett, Jonathan - Account Planner, PPOM, Research - ALLSCOPE MEDIA, New York, NY, *pg.* 454

Sacks, Rebecca - Account Planner, Media Department - DALTON AGENCY, Jacksonville, FL, *pg.* 348

Sadler, Jody - Account Planner, Interactive / Digital, Media Department - ZIMMERMAN ADVERTISING, Fort Lauderdale, FL, *pg.* 437

Sadlier, Mary - Account Planner, NBC, PPOM - (ADD)VENTURES, Providence, RI, *pg.* 207

Sager, Ethan - Account Planner, Interactive / Digital - MINDSHARE, Toronto, ON, *pg.* 495

Sager, Chelsea - Account Planner - ANCHOR WORLDWIDE, New York, NY, *pg.* 31

Sagucio, Eric - Account Planner, Account Services - PERCEPTIV, Los Angeles, CA, *pg.* 396

Saguin, Sabrina - Account Planner - ZENITH MEDIA, New York, NY, *pg.* 529

Sahlool, Nasser - Account Planner - DAC GROUP, Toronto, ON, *pg.* 224

Saieh, Tasha - Account Planner, Media Department - MINDSHARE, Chicago, IL, *pg.* 494

Saint Denis, Travis - Account Planner, Account Services - BBDO CANADA, Toronto, ON, *pg.* 330

Sairam, Shobha - Account Planner, Account Services, Management, NBC, PPOM - THE COMMUNITY, Miami Beach, FL, *pg.* 545

Salafia, Paul - Account Planner, Account Services, Media Department, PPOM - ADVERTISING MANAGEMENT SERVICES, INC., Andover, MA, *pg.* 28

Salamone, John - Account Planner, Account Services, Media Department - HEARTS & SCIENCE, New York, NY, *pg.* 471

Salles, Luiz - Account Planner, Management, Media Department - ORCI, Santa Monica, CA, *pg.* 543

Saltwell, Susan - Account Planner,

RESPONSIBILITIES INDEX

AGENCIES

Account Services, NBC - JACOBS AGENCY, INC., Chicago, IL, pg. 10

Salvo, Mike - Account Planner, Management, Media Department - PHD, San Francisco, CA, pg. 504

Sampathu, Darshan - Account Planner, Analytics, Research - ALLEN & GERRITSEN, Boston, MA, pg. 29

Sanchez, Myranne - Account Planner, Media Department - CARAT, New York, NY, pg. 459

Sandberg, Kalli - Account Planner, Account Services, NBC - THE ENGINE IS RED, Santa Rosa, CA, pg. 150

Sandhu, Sabrina - Account Planner, Media Department - INITIATIVE, Toronto, ON, pg. 479

Sandoval, Jackie - Account Planner, Media Department, NBC - CARAT, New York, NY, pg. 459

Sanfilippo, Laura - Account Planner, Account Services - CARAT, New York, NY, pg. 459

Sanger, Brandy - Account Planner - GREY MIDWEST, Cincinnati, OH, pg. 366

Sannazzaro, Lisa - Account Planner, Account Services, Interactive / Digital, Media Department, Operations, PPOM, Social Media - REPRISE DIGITAL, New York, NY, pg. 676

Santiago, Karin - Account Planner, Media Department - BBDO WORLDWIDE, New York, NY, pg. 331

Santos, Moey - Account Planner, Account Services, Management, Media Department - UNIVERSAL MCCANN, New York, NY, pg. 521

Saraceno, Frank - Account Planner, Media Department - HAVAS MEDIA GROUP, New York, NY, pg. 468

Sargent, Todd - Account Planner - VDA PRODUCTIONS, Somerville, MA, pg. 317

Sarnicola, Laura - Account Planner - RDIALOGUE, Atlanta, GA, pg. 291

Sarro, Adriana - Account Planner, Interactive / Digital, Media Department - CARAT, New York, NY, pg. 459

Sarro, Angela - Account Planner - MINDSHARE, New York, NY, pg. 491

Sasso Gardner, Ariel - Account Planner, Account Services - MARLO MARKETING COMMUNICATIONS, Boston, MA, pg. 383

Sater, Barbara - Account Planner - STEPHENZ GROUP, San Jose, CA, pg. 413

Sauer, Kevin - Account Planner, Management, Media Department - ZENITH MEDIA, New York, NY, pg. 529

Sauro, Joseph - Account Planner, Research - DIRECT AGENTS, INC., New York, NY, pg. 229

Sauzameda, Jessica - Account Planner - THE MX GROUP, Burr Ridge, IL, pg. 422

Savage, Riley - Account Planner, Account Services, Media Department - UNIVERSAL MCCANN, New York, NY, pg. 521

Savitz, Caryn - Account Planner, Interactive / Digital, Media Department - VAYNERMEDIA, New York, NY, pg. 689

Saw, Diane - Account Planner, Account Services - MOVING IMAGE & CONTENT, New York, NY, pg. 251

Sawyer, Louis - Account Planner, Operations, PPOM - BRUNNER, Atlanta, GA, pg. 44

Scally, Meegan - Account Planner, Account Services, Media Department - SPARK FOUNDRY, New York, NY, pg. 508

Scarpelli, Tiffany - Account Planner - MARTIN RETAIL GROUP, Detroit, MI, pg. 106

Schaaf, Jimmy - Account Planner, Account Services, Media Department - CANVAS WORLDWIDE, New York, NY, pg. 458

Schaal, Lindsay - Account Planner, Account Services, Management - CONVERSANT, LLC, Chicago, IL, pg. 222

Schaefer, Jeff - Account Planner, Account Services - FARM, Lancaster, NY, pg. 357

Schaffer, Katherine - Account Planner, Account Services, Analytics, Media Department, NBC, Research - OMD, Chicago, IL, pg. 500

Scher, Paula - Account Planner, Creative, NBC, PPOM - PENTAGRAM, New York, NY, pg. 194

Schiavone, Anthony - Account Planner, Account Services, Media Department - MINDSHARE, New York, NY, pg. 491

Schiermeyer, Ashley - Account Planner, Account Services, Social Media - NEXT LEVEL SPORTS INC., San Juan Capistrano, CA, pg. 632

Schindler, Paul - Account Planner, NBC - HORIZON MEDIA, INC., New York, NY, pg. 474

Schirripa, Lauren - Account Planner, Account Services, Media Department - EDELMAN, Chicago, IL, pg. 353

Schmale, Anglea - Account Planner, Interactive / Digital, Media Department - FLYNN, Pittsford, NY, pg. 74

Schmidt, Clayton - Account Planner, Media Department, NBC - REPRISE DIGITAL, New York, NY, pg. 676

Schnebel, Doug - Account Planner, Media Department - PHD USA, New York, NY, pg. 505

Schoeffel, Kelly - Account Planner - 72ANDSUNNY, Playa Vista, CA, pg. 23

Schoen, Megan - Account Planner - ARC WORLDWIDE, Chicago, IL, pg. 327

Schreiber, Jordannah - Account Planner, Media Department - SPARK FOUNDRY, New York, NY, pg. 508

Schroeder, Jillian - Account Planner, Account Services, Media Department, PPOM - MINDSHARE, New York, NY, pg. 491

Schug, Stephanie - Account Planner,

Account Services - MEDIA CAUSE, San Francisco, CA, pg. 249

Schuller, Megan - Account Planner, Interactive / Digital, Media Department - HAWORTH MARKETING & MEDIA, Minneapolis, MN, pg. 470

Schulte, Alison - Account Planner, Account Services, Management, NBC - CRAMER-KRASSELT, Chicago, IL, pg. 53

Schultz, Craig - Account Planner, Interactive / Digital, Media Department - INNOCEAN USA, Huntington Beach, CA, pg. 479

Schultz, Lewis - Account Planner, Analytics, Research - MINDSHARE, New York, NY, pg. 491

Schulz, Jessica - Account Planner, Account Services - AMNET, Detroit, MI, pg. 454

Schuster, Johnathan - Account Planner, Media Department - CLARITY COVERDALE FURY, Minneapolis, MN, pg. 342

Schuyler, Amy - Account Planner, Analytics, Interactive / Digital, Social Media - HUDSON ROUGE, Dearborn, MI, pg. 372

Schwartz, Alyse - Account Planner - DIGITAS, Atlanta, GA, pg. 228

Schwartz, Nicole - Account Planner, Account Services, Media Department - INITIATIVE, New York, NY, pg. 477

Schweitz, Theodore - Account Planner, Account Services - BBDO MINNEAPOLIS, Minneapolis, MN, pg. 330

Sciandra, Stephanie - Account Planner, Creative - SITUATION INTERACTIVE, New York, NY, pg. 265

Sciortino, Kati - Account Planner, Research - STARCOM WORLDWIDE, Chicago, IL, pg. 513

Sciupider, Agata - Account Planner, Media Department - SPARK FOUNDRY, Chicago, IL, pg. 510

Scott, Tom - Account Planner, Interactive / Digital, Media Department, NBC - SAATCHI & SAATCHI LOS ANGELES, Torrance, CA, pg. 137

Scott, Courtney - Account Planner, Interactive / Digital, Media Department - HUGE, INC., Brooklyn, NY, pg. 239

Scott, Destinee - Account Planner, Media Department, NBC - WIEDEN + KENNEDY, Portland, OR, pg. 430

Scott, Lauren - Account Planner, Interactive / Digital, Media Department - WAVEMAKER, Los Angeles, CA, pg. 528

Scott, Kate - Account Planner, Account Services, Creative, NBC, Operations - BULLISH INC, New York, NY, pg. 45

Scott, Leslie - Account Planner, Account Services - TRACYLOCKE, Irving, TX, pg. 683

Sears, Alissa - Account Planner, NBC - CHRISTIE & CO., Santa Barbara, CA, pg. 50

Seely, Landon - Account Planner, Media Department - SPARK FOUNDRY, Chicago, IL, pg. 510

1120

AGENCIES — RESPONSIBILITIES INDEX

Seelye, James - Account Planner, Account Services, Interactive / Digital, Media Department - ESSENCE, New York, NY, pg. 232

Selk, Kaylene - Account Planner - EDELMAN, Portland, OR, pg. 600

Sellens, Kristin - Account Planner, Interactive / Digital, Media Department - POSTERSCOPE U.S.A., Culver City, CA, pg. 556

Semke, Brooke - Account Planner - REED PUBLIC RELATIONS, Nashville, TN, pg. 642

Serocki, Samantha - Account Planner, NBC - WIEDEN + KENNEDY, Portland, OR, pg. 430

Serrano, Carla - Account Planner, PPOM - PUBLICIS NORTH AMERICA, New York, NY, pg. 399

Sessoms, LaChelle - Account Planner - NEXT MARKETING, Norcross, GA, pg. 312

Sever, Jennifer - Account Planner, Media Department - WAVEMAKER, Chicago, IL, pg. 529

Sevier, Robert - Account Planner, NBC - STAMATS COMMUNICATIONS, Cedar Rapids, IA, pg. 412

Sexauer, Laura - Account Planner, Interactive / Digital, Media Department - SPARK FOUNDRY, Chicago, IL, pg. 510

Seymour-Anderson, Aaron - Account Planner, Creative, Media Department - AKQA, Portland, OR, pg. 212

Shafer, Lucy - Account Planner, Account Services - TWENTY-FIRST CENTURY BRAND, San Francisco, CA, pg. 157

Shaffner, Cathy - Account Planner, Account Services, Media Department, NBC - EMPOWER, Cincinnati, OH, pg. 354

Shahabuddin, Samira - Account Planner, Account Services, Creative, Media Department - TBWA \ CHIAT \ DAY, Los Angeles, CA, pg. 146

Shaheed, Nya - Account Planner, Media Department, NBC - CANVAS WORLDWIDE, Playa Vista, CA, pg. 458

Shames, Steve - Account Planner, Interactive / Digital, PPOM - PUBLICIS NORTH AMERICA, New York, NY, pg. 399

Shaouli, Chloe - Account Planner, Interactive / Digital, Media Department - INITIATIVE, Los Angeles, CA, pg. 478

Shapiro, Nikki - Account Planner, Account Services, Interactive / Digital, Media Department - UNIVERSAL MCCANN, San Francisco, CA, pg. 428

Sharpe, Ellie - Account Planner - MINDSHARE, New York, NY, pg. 491

Shaw, David - Account Planner, Account Services, Administrative, Creative, Finance, Management - THE&PARTNERSHIP, New York, NY, pg. 426

Shea, John - Account Planner - MINDSHARE, New York, NY, pg. 491

Sheets, Erin - Account Planner - OMD ATLANTA, Atlanta, GA, pg. 501

Sheffy, Lianne - Account Planner, NBC - ANOMALY, New York, NY, pg. 325

Sheiner, Mitch - Account Planner, Account Services - SPARK FOUNDRY, New York, NY, pg. 508

Shelly, Stacey - Account Planner, Management, Media Department, Operations - ZENITH MEDIA, New York, NY, pg. 529

Shen, Christine - Account Planner, Interactive / Digital, Media Department, NBC, Research, Social Media - MEDIA ASSEMBLY, New York, NY, pg. 484

Sheniak, Dan - Account Planner, NBC, Public Relations - WIEDEN + KENNEDY, Portland, OR, pg. 430

Sherman, Vanessa - Account Planner, NBC - ZENITH MEDIA, New York, NY, pg. 529

Sherr, Susan - Account Planner, Research - SSRS, Glen Mills, PA, pg. 450

Shih, Annie - Account Planner, Account Services, NBC, PPOM - ADASIA, Englewood Cliffs, NJ, pg. 26

Shih, Tammy - Account Planner, Media Department - POSTERSCOPE U.S.A., Culver City, CA, pg. 556

Shill, Taylor - Account Planner, Account Services, Media Department - MINDSHARE, New York, NY, pg. 491

Shipley, Mark - Account Planner, NBC, PPOM - BURST MARKETING, Troy, NY, pg. 338

Shishkoff, Gabrielle - Account Planner, Account Services, Media Department - STARCOM WORLDWIDE, Chicago, IL, pg. 513

Shively, Amber - Account Planner, Account Services, Interactive / Digital, Media Department - KROGER MEDIA SERVICES, Portland, OR, pg. 96

Shumann, Greg - Account Planner, NBC - MARKSTEIN, Birmingham, AL, pg. 625

Shuster, Elayne - Account Planner, Management, PPOM - M-STREET CREATIVE, Freehold, NJ, pg. 190

Silva, Elisa - Account Planner, Account Services, Human Resources - SS+K, New York, NY, pg. 144

Silverman, Lisa - Account Planner, Account Services, Media Department - SILVERMAN GROUP, New Haven, CT, pg. 410

Silverstein, David - Account Planner, Operations, PPOM - ENVISIONIT MEDIA, INC., Chicago, IL, pg. 231

Simmons, George - Account Planner, Finance - THE TRADE DESK, New York, NY, pg. 520

Simon, Julianna - Account Planner, Management, Operations - CALLEN, Austin, TX, pg. 46

Simons, Alexa - Account Planner - HAVAS MEDIA GROUP, Boston, MA, pg. 470

Simonson, Tess - Account Planner, Media Department - MINDSHARE, New York, NY, pg. 491

Simpson, Scott - Account Planner, Management - HILL HOLLIDAY, Boston, MA, pg. 85

Simpson, Cory - Account Planner, Media Department - FALLON WORLDWIDE, Minneapolis, MN, pg. 70

Simpson, Will - Account Planner - GIANT SPOON, LLC, Los Angeles, CA, pg. 363

Sims, Brent - Account Planner, Media Department, NBC, PPOM - ROCKIT SCIENCE AGENCY, Baton Rouge, LA, pg. 16

Sincaglia, Matt - Account Planner, Analytics, Management, Media Department, NBC - REDPEG MARKETING, Alexandria, VA, pg. 692

Sinclair, Laura - Account Planner, NBC - CARAT, Toronto, ON, pg. 461

Singh, Bani - Account Planner, Account Services, Media Department - PHD CHICAGO, Chicago, IL, pg. 504

Singh, Sanjay - Account Planner - M/SIX, New York, NY, pg. 482

Singleton, Dana - Account Planner, Media Department - VM1 (ZENITH MEDIA + MOXIE), New York, NY, pg. 526

Siodlarz, Ashlee - Account Planner, Media Department, Operations - TEAM ARROW PARTNERS - GROUPM, Minneapolis, MN, pg. 519

Sisa Thompson, Verena - Account Planner, Account Services, Management, PPOM - CONILL ADVERTISING, INC., El Segundo, CA, pg. 538

Sitser, Matt - Account Planner, Account Services - THE SHOP AGENCY, Richardson, TX, pg. 153

Skewes, Jonathan - Account Planner - FCB NEW YORK, New York, NY, pg. 357

Sklar, Marlene - Account Planner - ALLSCOPE MEDIA, New York, NY, pg. 454

Skobac, Kevin - Account Planner, Interactive / Digital, Media Department, NBC, Social Media - SS+K, New York, NY, pg. 144

Skowronski, Jill - Account Planner, Account Services - 6AM MARKETING, Madison, WI, pg. 1

Slate, Alanna - Account Planner, Interactive / Digital, Media Department, NBC - INITIATIVE, New York, NY, pg. 477

Slinko, Madeline - Account Planner, Media Department, NBC - HORIZON MEDIA, INC., New York, NY, pg. 474

Sloan, Renee - Account Planner, Account Services, Creative, Public Relations - MILLENNIUM 3 MANAGEMENT, Philadelphia, PA, pg. 543

Slocum, Allison - Account Planner, Media Department - THE MARTIN AGENCY, Richmond, VA, pg. 421

Small, Colleen - Account Planner, Account Services - CADIENT GROUP, Malvern, PA, pg. 219

Small-Weil, Susan - Account

RESPONSIBILITIES INDEX — AGENCIES

Planner, PPOM - SEIDEN GROUP, INC., New York, NY, pg. 410

Smiley, Shannon - Account Planner, Media Department, NBC - ENERGY BBDO, INC., Chicago, IL, pg. 355

Smith, Marty - Account Planner, Account Services, NBC, PPOM - AGENCYSACKS, New York, NY, pg. 29

Smith, Chris - Account Planner, Creative, Media Department, NBC, PPOM - THE MARKETING ARM, Dallas, TX, pg. 316

Smith, Kirk - Account Planner, Interactive / Digital, Management, Media Department - UNIVERSAL MCCANN DETROIT, Birmingham, MI, pg. 524

Smith, Danielle - Account Planner, Account Services, NBC - IPROSPECT, Fort Worth, TX, pg. 674

Smith, Ryan - Account Planner, Interactive / Digital - PLANIT, Baltimore, MD, pg. 397

Smith, Zach - Account Planner, Media Department, NBC - MEDIACOM, New York, NY, pg. 487

Smith, David - Account Planner, NBC - MINDSTREAM INTERACTIVE, Columbus, OH, pg. 250

Smith, Kyle - Account Planner, NBC - CANVAS WORLDWIDE, Playa Vista, CA, pg. 458

Smith, Erin - Account Planner, Account Services - BRIGHTWAVE MARKETING, INC., Atlanta, GA, pg. 219

Smith, Kathryn - Account Planner - PROPAC, Plano, TX, pg. 682

Smith, Marilyn Anne - Account Planner, Account Services, Interactive / Digital, Media Department - ZENITH MEDIA, New York, NY, pg. 529

Smith, Leslie - Account Planner, Account Services, Media Department - OMD SAN FRANCISCO, San Francisco, CA, pg. 501

Smith, Julieta - Account Planner, Management - HAVAS HEALTH & YOU, New York, NY, pg. 82

Smith, Brent - Account Planner, Account Services - 6P MARKETING, Winnipeg, MB, pg. 1

Smither, Mark - Account Planner, NBC - PAULSEN MARKETING COMMUNICATIONS, Sioux Falls, SD, pg. 126

Smolin, Philip - Account Planner, Management, Media Department, NBC, PPOM - AMOBEE, INC., Redwood City, CA, pg. 213

Snavely, Meredith - Account Planner, Account Services, Management, Media Department - CAMPBELL EWALD, West Hollywood, CA, pg. 47

Snell, Dave - Account Planner, NBC - THE RICHARDS GROUP, INC., Dallas, TX, pg. 422

Snider, John - Account Planner, Account Services, Creative - DIGITAS, Detroit, MI, pg. 229

Snowden Coles, Ashley - Account Planner, Account Services, Interactive / Digital, NBC - STARCOM WORLDWIDE, Toronto, ON, pg. 517

Snyder, Tracy - Account Planner, Media Department - WAVEMAKER, New York, NY, pg. 526

So, Michael - Account Planner, Interactive / Digital, Media Department, Public Relations - WAVEMAKER, Toronto, ON, pg. 529

Soileau, Jamie - Account Planner, Media Department - THE RICHARDS GROUP, INC., Dallas, TX, pg. 422

Solano, Bill - Account Planner, Media Department - CARAT, New York, NY, pg. 459

Solomons, Paul - Account Planner, Media Department, NBC - CHAMPION MANAGEMENT GROUP, LLC, Addison, TX, pg. 589

Son, Catherine - Account Planner, Interactive / Digital, Media Department, Operations - CARAT, New York, NY, pg. 459

Song, Mimi - Account Planner, Management, Media Department, NBC, PPOM - HUDSON ROUGE, New York, NY, pg. 371

Song, Justine - Account Planner, Account Services, Management - HIRSHORN ZUCKERMAN DESIGN GROUP, Rockville, MD, pg. 371

Sonnenschein, Ned - Account Planner, Media Department - DROGA5, New York, NY, pg. 64

Soon, Faye - Account Planner, Account Services, Interactive / Digital, Media Department - CARAT, New York, NY, pg. 459

Sorensen, Kelly - Account Planner, Account Services, Interactive / Digital, Media Department - STARCOM WORLDWIDE, North Hollywood, CA, pg. 516

Soroosh, Michael - Account Planner, NBC - MINDSHARE, Chicago, IL, pg. 494

Sosa, Emerson - Account Planner, Media Department - MEDIACOM, New York, NY, pg. 487

Soyars, Michelle - Account Planner, Creative - VELA, Winston-Salem, NC, pg. 428

Spaeth, Taylor - Account Planner, NBC - ARC WORLDWIDE, Chicago, IL, pg. 327

Sparks, Don - Account Planner, Account Services - VIEWSTREAM, San Francisco, CA, pg. 274

Spaulding, Jack - Account Planner, Account Services - PLANIT, Baltimore, MD, pg. 397

Spector, Graham - Account Planner - SOCIALDEVIANT, LLC, Chicago, IL, pg. 688

Spector, Phillip - Account Planner, Account Services, Media Department - MEDIAHUB BOSTON, Boston, MA, pg. 489

Spicer, Aki - Account Planner, Account Services, Creative, Interactive / Digital, Management, Media Department - LEO BURNETT WORLDWIDE, Chicago, IL, pg. 98

Sprague, Laurel - Account Planner, Account Services - GOLIN, Atlanta, GA, pg. 609

Spring, Justin - Account Planner, Management, PPOM - ADEPT MARKETING, Columbus, OH, pg. 210

Spurrier, Donna - Account Planner, NBC, PPOM - SPURRIER GROUP, Richmond, VA, pg. 513

Squeri, Marissa - Account Planner - AIR PARIS NEW YORK, New York, NY, pg. 172

Srere, David - Account Planner, PPOM - SIEGEL & GALE, New York, NY, pg. 17

Srivastava, Deepali - Account Planner, Account Services - GLOBAL GATEWAY ADVISORS, LLC, Brooklyn, NY, pg. 608

Stahlecker, Nicole - Account Planner, Account Services, Interactive / Digital, Media Department - PAPPAS GROUP, Arlington, VA, pg. 396

Stangl, Alanna - Account Planner - PERISCOPE, Minneapolis, MN, pg. 127

Stanieich-Burke, Joe - Account Planner, Account Services - M5, Bedford, NH, pg. 102

Stanley, Kara - Account Planner, Account Services - CARAT, New York, NY, pg. 459

Staples, Marisa - Account Planner, Account Services, Media Department, NBC - VAYNERMEDIA, Sherman Oaks, CA, pg. 689

Stapleton Pesta, Lauren - Account Planner, Account Services - DIGITAS, Detroit, MI, pg. 229

Stark, Betsy - Account Planner, Media Department, NBC, Public Relations - OGILVY PUBLIC RELATIONS, New York, NY, pg. 633

Stark, Alyson - Account Planner, Interactive / Digital, Media Department - STARCOM WORLDWIDE, Chicago, IL, pg. 513

Starkey-Posey, Yvonne - Account Planner, Account Services, Management, Media Department - GREY MIDWEST, Cincinnati, OH, pg. 366

Starkman, Farrah - Account Planner, Account Services, Management, NBC - HORIZON MEDIA, INC., New York, NY, pg. 474

Starks, Rory - Account Planner, Interactive / Digital, NBC - MASTERWORKS, Poulsbo, WA, pg. 687

Starr, Samantha - Account Planner - DIMASSIMO GOLDSTEIN, New York, NY, pg. 351

Startzman, Judi - Account Planner, NBC - VI MARKETING & BRANDING, Oklahoma City, OK, pg. 428

Stasiak, Bret - Account Planner, Account Services, Media Department - BVK, Milwaukee, WI, pg. 339

Stebner, Beth - Account Planner, Account Services, Media Department - PHD CHICAGO, Chicago, IL, pg. 504

Stecker, Samantha - Account Planner, Media Department, Programmatic - OCEAN MEDIA, INC., Huntington Beach, CA, pg. 498

Steed, Valdez - Account Planner,

AGENCIES

RESPONSIBILITIES INDEX

Interactive / Digital, Media Department - PHD USA, New York, NY, pg. 505
Steele, Jill - Account Planner - PROPHET, San Francisco, CA, pg. 15
Steele, Angela - Account Planner, PPOM - CARAT, New York, NY, pg. 459
Stefanelli, Romie - Account Planner, Account Services, Management - YES&, Alexandria, VA, pg. 436
Steidemann, Mike - Account Planner, Account Services, Programmatic - GTB, Dearborn, MI, pg. 367
Stein, Craig - Account Planner, Media Department - ESSENCE, New York, NY, pg. 232
Steinbach, Matt - Account Planner, Interactive / Digital, Media Department - WAVEMAKER, Los Angeles, CA, pg. 528
Steinberg, Jill - Account Planner, Account Services, Media Department - OMD SAN FRANCISCO, San Francisco, CA, pg. 501
Steltz, Kevin - Account Planner, Account Services, Management - BVK, Milwaukee, WI, pg. 339
Stephens, Devon - Account Planner, Media Department, NBC - WAVEMAKER, Toronto, ON, pg. 529
Stepler, Warren - Account Planner, NBC - THE RICHARDS GROUP, INC., Dallas, TX, pg. 422
Sterling, Nancy - Account Planner, Analytics, NBC - ML STRATEGIES, LLC, Boston, MA, pg. 627
Stern, Brian - Account Planner, Management, Media Department - THE MEDIA KITCHEN, New York, NY, pg. 519
Stern, Sam - Account Planner, Account Services, Media Department - MEDIAHUB BOSTON, Boston, MA, pg. 489
Stevens, Mike - Account Planner, Account Services - GYK ANTLER, Manchester, NH, pg. 368
Stewart, Patrick - Account Planner, Interactive / Digital, Media Department - CANVAS WORLDWIDE, Playa Vista, CA, pg. 458
Stewart, Jessica - Account Planner - STEIN IAS, New York, NY, pg. 267
Stiedaman, Jerry - Account Planner, Account Services, Management - VSA PARTNERS, INC., Chicago, IL, pg. 204
Stiff Evans, Lauren - Account Planner, Account Services - THE TOMBRAS GROUP, Knoxville, TN, pg. 424
Stiles, Remy - Account Planner, Account Services - KEPLER GROUP, New York, NY, pg. 244
Stingl, Laura - Account Planner, Interactive / Digital, Media Department, Programmatic - BVK, Milwaukee, WI, pg. 339
Stinnett, Wiley - Account Planner, Media Department - DOUGLAS SHAW & ASSOCIATES, Naperville, IL, pg. 598
Stirling, Beth - Account Planner,

Media Department - MERKLEY + PARTNERS, New York, NY, pg. 114
Stoga, Susan - Account Planner, Account Services, Media Department, PPOM, Public Relations - CARSON STOGA COMMUNICATIONS INC., Schaumberg, IL, pg. 340
Stogner, Sean - Account Planner, Media Department, NBC - PHD USA, New York, NY, pg. 505
Stoiber, Vicki - Account Planner, Management - M-STREET CREATIVE, Freehold, NJ, pg. 190
Stolarz, Ariana - Account Planner, Interactive / Digital, Management, Media Department, PPOM - MRM//MCCANN, New York, NY, pg. 289
Stone, Alex - Account Planner, Interactive / Digital, Media Department - HORIZON MEDIA, INC., New York, NY, pg. 474
Stone, Ben - Account Planner - CARAT, Chicago, IL, pg. 461
Stormont, Lisa - Account Planner, Media Department - MAYOSEITZ MEDIA, Blue Bell, PA, pg. 483
Stotts, Dana - Account Planner, Management, NBC, Promotions - ARC WORLDWIDE, Chicago, IL, pg. 327
Stout, Alan - Account Planner, Account Services - ARGONAUT, INC., San Francisco, CA, pg. 33
Stowe, Halsey - Account Planner, Media Department - EDELMAN, New York, NY, pg. 599
Straehle, Sydney - Account Planner, Account Services - MEDIACOM, New York, NY, pg. 487
Straker, Laronn - Account Planner, Media Department - UWG, Brooklyn, NY, pg. 546
Stramara, Laken - Account Planner, Interactive / Digital, Media Department - THE RICHARDS GROUP, INC., Dallas, TX, pg. 422
Stratton, Darilyn - Account Planner, Media Department - STARCOM WORLDWIDE, North Hollywood, CA, pg. 516
Stroh, Katrina - Account Planner, Media Department - MEDIA PLUS, INC., Seattle, WA, pg. 486
Stutts, David - Account Planner - SHOPTOLOGY, Plano, TX, pg. 682
Su, Vera - Account Planner, Interactive / Digital, Media Department - CARAT, New York, NY, pg. 459
Suchin, Benjamin - Account Planner, Media Department - MEDIACOM, Playa Vista, CA, pg. 486
Sud, Priyanka - Account Planner, Media Department - WAVEMAKER, San Francisco, CA, pg. 528
Sugarman, Brandon - Account Planner, Account Services, Interactive / Digital - DUNCAN CHANNON, San Francisco, CA, pg. 66
Suharto, Tom - Account Planner, NBC - WIEDEN + KENNEDY, Portland, OR, pg. 430
Sullivan, Brianne - Account Planner, NBC - HORIZON MEDIA, INC., New York, NY, pg. 474

Sullivan, Bonnie - Account Planner, Media Department - SPARK FOUNDRY, New York, NY, pg. 508
Sullivan, Brittany - Account Planner, Media Department - GOLIN, Chicago, IL, pg. 609
Sultan, Greg - Account Planner, Management, NBC - CUSTOMER COMMUNICATIONS GROUP, Lakewood, CO, pg. 167
Summers, Maggie - Account Planner - PERISCOPE, Minneapolis, MN, pg. 127
Sundeen, Jenna - Account Planner, Media Department - HAWORTH MARKETING & MEDIA, Minneapolis, MN, pg. 470
Suri, Natasha - Account Planner, Media Department, Social Media - PROOF ADVERTISING, Austin, TX, pg. 398
Sussman, Todd - Account Planner, Account Services, Interactive / Digital, Management - FCB NEW YORK, New York, NY, pg. 357
Sutantio, Samantha - Account Planner, Media Department, NBC - DROGA5, New York, NY, pg. 64
Svensk Dishotsky, Gabriella - Account Planner, Account Services, NBC - GOODBY, SILVERSTEIN & PARTNERS, San Francisco, CA, pg. 77
Swadia, Sandeep - Account Planner, Management, PPOM - THE TRADE DESK, New York, NY, pg. 520
Swales, Will - Account Planner, Interactive / Digital - GLOBAL STRATEGIES, Bend, OR, pg. 673
Swartz, Robert - Account Planner, Account Services, Media Department - MEDIACOM, New York, NY, pg. 487
Swetnam, Hal - Account Planner, Creative, PPOM - GRAFIK MARKETING COMMUNICATIONS, Alexandria, VA, pg. 185
Swift, Nate - Account Planner, NBC, Research - O'KEEFE REINHARD & PAUL, Chicago, IL, pg. 392
Szabo, Geraldine - Account Planner - BEAR IN THE HALL, New York, NY, pg. 2
Szerejko, Agatha - Account Planner, Account Services, Media Department - GOOD APPLE DIGITAL, New York, NY, pg. 466
Szkatulski, Lisa - Account Planner, Account Services - SOCIALDEVIANT, LLC, Chicago, IL, pg. 688
Szmilewska, Magda - Account Planner, Account Services - MEDIACOM, New York, NY, pg. 487
Szul, Dana - Account Planner - PROPAC, Plano, TX, pg. 682
Tabor, Hannah - Account Planner, Account Services - MOTHER NY, New York, NY, pg. 118
Tadeo, Angie - Account Planner, Media Department - FUSEPROJECT, INC., San Francisco, CA, pg. 184
Talaba, Pete - Account Planner, Interactive / Digital, Media Department, Research - OMELET, Culver City, CA, pg. 122
Talam, Jenny - Account Planner, Media Department - GARAGE TEAM

RESPONSIBILITIES INDEX

AGENCIES

MAZDA, Costa Mesa, CA, *pg*. 465

Talbert, Trent - Account Planner - APRIL SIX, San Francisco, CA, *pg*. 280

Tanasy, Jasmine - Account Planner, Account Services, Creative - LANDOR, New York, NY, *pg*. 11

Tanner, Ross - Account Planner, Account Services, Media Department, NBC - DEARING GROUP, West Lafayette, IN, *pg*. 60

Tanney, Brittany - Account Planner - DID AGENCY, Ambler, PA, *pg*. 62

Tapolczai, Les - Account Planner, Account Services, Media Department - JOHN ST., Toronto, ON, *pg*. 93

Tarazewich, Hayley - Account Planner - PROPAC, Plano, TX, *pg*. 682

Tatge, Lynn - Account Planner, Media Department - SPARK FOUNDRY, Chicago, IL, *pg*. 510

Tatgenhorst, Lindsey - Account Planner, Account Services, Interactive / Digital, Management - FITZCO, Atlanta, GA, *pg*. 73

Tay, Earn - Account Planner, Account Services, Interactive / Digital - RESOLUTION MEDIA, New York, NY, *pg*. 263

Taylor, Tim - Account Planner, Account Services - RPA, Santa Monica, CA, *pg*. 134

Taylor, Britton - Account Planner, Analytics, Operations - WIEDEN + KENNEDY, Portland, OR, *pg*. 430

Taylor, Becca - Account Planner, NBC - WIEDEN + KENNEDY, Portland, OR, *pg*. 430

Taylor, Melissa - Account Planner, Interactive / Digital - TAYLOR, New York, NY, *pg*. 651

Taylor, Sheridan - Account Planner, Media Department, NBC - CANVAS WORLDWIDE, Playa Vista, CA, *pg*. 458

Teirstein, Chatty - Account Planner, Media Department - PLUSMEDIA, LLC, Danbury, CT, *pg*. 290

Teixeira, Josh - Account Planner, Account Services, Management - DEUTSCH, INC., Los Angeles, CA, *pg*. 350

Temkin, Mike - Account Planner, Analytics - SHAKER RECRUITMENT ADVERTISING & COMMUNICATIONS, Oak Park, IL, *pg*. 667

Tender, Maria - Account Planner, NBC - DDB NEW YORK, New York, NY, *pg*. 59

Tennyson-McGuire, Mary - Account Planner, Account Services, Media Department - SPARK FOUNDRY, New York, NY, *pg*. 508

Tepe, Eric - Account Planner - ZAMBEZI, Culver City, CA, *pg*. 165

Terry, Aryn - Account Planner, Account Services, Media Department - INITIATIVE, Chicago, IL, *pg*. 479

Tessalone, Tori - Account Planner, Account Services - DROGA5, New York, NY, *pg*. 64

Thekan, Grant - Account Planner, Account Services, Operations -

BADER RUTTER & ASSOCIATES, INC., Milwaukee, WI, *pg*. 328

Thelen, Kim - Account Planner, Account Services, NBC - LEVEL, Minneapolis, MN, *pg*. 99

Theo, Melinda - Account Planner, Account Services, Analytics, Management, NBC, Operations - AMOBEE, INC., New York, NY, *pg*. 30

Theodorakis, Emy - Account Planner, Account Services - VENABLES BELL & PARTNERS, San Francisco, CA, *pg*. 158

Theoharides, Jillian - Account Planner, Account Services - HEARTS & SCIENCE, New York, NY, *pg*. 471

Therrien, Amelie - Account Planner, Media Department - MEDIACOM, Montreal, QC, *pg*. 489

Thomas, Kent - Account Planner - REVOLUTION, Chicago, IL, *pg*. 406

Thomas, Trevor - Account Planner, Media Department - JOHN ST., Toronto, ON, *pg*. 93

Thomas, Terry - Account Planner, Account Services, Creative - DANIEL BRIAN ADVERTISING, Rochester, MI, *pg*. 348

Thomas, Dave - Account Planner - BROTHERS & CO., Tulsa, OK, *pg*. 43

Thomas, Mark - Account Planner, Account Services - INITIATIVE, New York, NY, *pg*. 477

Thompson, Eden - Account Planner, Media Department, NBC - CARMICHAEL LYNCH, Minneapolis, MN, *pg*. 47

Thompson, Jennifer - Account Planner, Account Services - STARCOM WORLDWIDE, Toronto, ON, *pg*. 517

Thompson, Meg - Account Planner, Interactive / Digital - GLOBAL STRATEGIES, Bend, OR, *pg*. 673

Thompson, Elizabeth - Account Planner, Account Services, Management - R/GA, Austin, TX, *pg*. 261

Thompson Rowan, Cortney - Account Planner, Media Department - ALTITUDE, Somerville, MA, *pg*. 172

Thomson, Georgina - Account Planner, Account Services, Interactive / Digital, Media Department, Programmatic, Research - OMD, Chicago, IL, *pg*. 500

Thorn, Bobbie - Account Planner, Account Services, Interactive / Digital, NBC - INITIATIVE, New York, NY, *pg*. 477

Thornton, Christopher - Account Planner - HORIZON MEDIA, INC., Los Angeles, CA, *pg*. 473

Thornton, Jen - Account Planner, Account Services - PP+K, Tampa, FL, *pg*. 129

Thorpe, Jennifer - Account Planner, Management, Operations - JELLYFISH U.S., Baltimore, MD, *pg*. 243

Thube, Sayli - Account Planner, Media Department - ESSENCE, New York, NY, *pg*. 232

Thurston, Erica - Account Planner - CHECKMARK COMMUNICATIONS, Saint Louis, MO, *pg*. 49

Tibbetts, Isabel - Account Planner,

Account Services - PHD USA, New York, NY, *pg*. 505

Tierney, Josh - Account Planner, Management - WE ARE BMF, New York, NY, *pg*. 318

Tilley, Laurie - Account Planner, Account Services, NBC - LITTLEFIELD BRAND DEVELOPMENT, Tulsa, OK, *pg*. 12

Timmons, Rich - Account Planner, PPOM - 3RD COAST PR, Chicago, IL, *pg*. 573

Ting, Rebecca - Account Planner, Media Department, Research - OMD SAN FRANCISCO, San Francisco, CA, *pg*. 501

Tishgart, Ariel - Account Planner - LEO BURNETT WORLDWIDE, Chicago, IL, *pg*. 98

Tiwari, Shruti - Account Planner, Interactive / Digital, Media Department - OGILVY, New York, NY, *pg*. 393

Tobin, Katie - Account Planner, Account Services - ARCHER MALMO, Memphis, TN, *pg*. 32

Tobon, Chris - Account Planner - TEAM ONE, Los Angeles, CA, *pg*. 417

Tokuhiro, Lanna - Account Planner, Media Department, NBC - ARNOLD WORLDWIDE, Boston, MA, *pg*. 33

Tolbert, Kristin - Account Planner, Account Services - BBDO WORLDWIDE, New York, NY, *pg*. 331

Toltzman, Leslie - Account Planner, Management - UNIVERSAL MCCANN DETROIT, Birmingham, MI, *pg*. 524

Torrents, Liz - Account Planner, Account Services, Management, Media Department - ZIMMERMAN ADVERTISING, Fort Lauderdale, FL, *pg*. 437

Torres, Nicole - Account Planner, Account Services, Media Department - UNIVERSAL MCCANN, New York, NY, *pg*. 521

Torres, Bernardo - Account Planner - PROSEK PARTNERS, New York, NY, *pg*. 639

Torsiello, Kat - Account Planner, Interactive / Digital, Media Department - ESSENCE, Minneapolis, MN, *pg*. 233

Townsend, Matthew - Account Planner, Account Services, Media Department - HORIZON MEDIA, INC., New York, NY, *pg*. 474

Traeger, Paul - Account Planner, Analytics, Management - HAVAS MEDIA GROUP, Chicago, IL, *pg*. 469

Tran, Terence - Account Planner, Interactive / Digital, NBC, Research - DIGITAS, Boston, MA, *pg*. 226

Tran, Kim - Account Planner, Interactive / Digital - DASH TWO, Culver City, CA, *pg*. 551

Tran, Kelli - Account Planner, Media Department - DWA MEDIA, San Francisco, CA, *pg*. 464

Treister, Carly - Account Planner - ARC WORLDWIDE, Chicago, IL, *pg*. 327

Treston, Dave - Account Planner, Media Department - KELLIHER SAMETS VOLK, Burlington, VT, *pg*. 94

AGENCIES — RESPONSIBILITIES INDEX

Tross, Marissa - Account Planner, Management, Media Department - MINDSHARE, Chicago, IL, *pg.* 494

Trubiano, Sara - Account Planner, Account Services - MEDIA CAUSE, Boston, MA, *pg.* 249

Trujillo-Kalianis, Shelly - Account Planner, Media Department - BAKER STREET ADVERTISING, San Francisco, CA, *pg.* 329

Trull, Tim - Account Planner, Account Services, NBC - THE LAVIDGE COMPANY, Phoenix, AZ, *pg.* 420

Trumble, James - Account Planner, Account Services, Creative, Management, Media Department, NBC, Operations - ORGANIC, INC., Troy, MI, *pg.* 256

Truss, Brian - Account Planner, Account Services, Interactive / Digital, Management - PUBLICIS NORTH AMERICA, New York, NY, *pg.* 399

Tsitsopoulos, Tass - Account Planner - WIEDEN + KENNEDY, New York, NY, *pg.* 432

Tsue, Ed - Account Planner, Media Department, PPOM - STARCOM WORLDWIDE, New York, NY, *pg.* 517

Tuchalski, Brian - Account Planner, Media Department - ZENITH MEDIA, New York, NY, *pg.* 529

Tucker, David - Account Planner - SWELLSHARK, New York, NY, *pg.* 518

Tucker Clark, Mish - Account Planner, NBC - GOCONVERGENCE, Orlando, FL, *pg.* 364

Turnbull, Karl - Account Planner, Media Department, PPOM - CAVALRY, Chicago, IL, *pg.* 48

Turner, Mark - Account Planner, Media Department, PPOM - SAATCHI & SAATCHI LOS ANGELES, Torrance, CA, *pg.* 137

Turner, Janice - Account Planner, Account Services - FAIN & TRIPP, Grayson, GA, *pg.* 70

Turner, Sophie - Account Planner, Account Services, Interactive / Digital, Media Department - MEDIAHUB LOS ANGELES, El Segundo, CA, *pg.* 112

Tverskaya, Viktoriya - Account Planner - HEARTS & SCIENCE, New York, NY, *pg.* 471

Tyler, Jennifer - Account Planner, Account Services, Operations - MANIFEST, New York, NY, *pg.* 248

Tyrrell, Mary - Account Planner, Media Department - MAYOSEITZ MEDIA, Blue Bell, PA, *pg.* 483

Ulrich, Joel - Account Planner, Media Department - BRUNNER, Pittsburgh, PA, *pg.* 44

Umans, Jamie - Account Planner, Media Department, NBC, PPOM - MEDIACOM, New York, NY, *pg.* 487

Unger, Jesse - Account Planner, Account Services - TBWA \ CHIAT \ DAY, Los Angeles, CA, *pg.* 146

Urice, Chad - Account Planner, Analytics, Management - MEDIA STORM, Norwalk, CT, *pg.* 486

Usherwood, Brad - Account Planner, PPOM - YIELD-INTEGRATED COMMUNICATIONS & ADVERTISING, Toronto, ON, *pg.* 164

Vaccaro, Chris - Account Planner, Account Services, Media Department, PPOM - MINDSHARE, New York, NY, *pg.* 491

Vaccaro, Amy Lynne - Account Planner, Media Department - CARAT, New York, NY, *pg.* 459

Vagra, Kyle - Account Planner, Media Department - ZENITH MEDIA, New York, NY, *pg.* 529

Vahlkamp, Alie - Account Planner, Interactive / Digital, Media Department - ICON MEDIA DIRECT, Sherman Oaks, CA, *pg.* 476

Valencia, Johanna - Account Planner, Interactive / Digital, Media Department - CARAT, New York, NY, *pg.* 459

Valencius, Chris - Account Planner, Account Services, Creative - ARNOLD WORLDWIDE, Boston, MA, *pg.* 33

Valentine, Jennifer - Account Planner, Account Services, NBC - HORIZON MEDIA, INC., New York, NY, *pg.* 474

Valeri, Brad - Account Planner, Analytics, Interactive / Digital, Media Department, NBC - HEARTS & SCIENCE, New York, NY, *pg.* 471

Vallone, Mike - Account Planner, Account Services - RPA, Santa Monica, CA, *pg.* 134

Valls, Annie - Account Planner - POSTERSCOPE U.S.A., New York, NY, *pg.* 556

Valone, Kyle - Account Planner, Account Services, Management, Media Department - OMD WEST, Los Angeles, CA, *pg.* 502

Van Duyne, Sarah - Account Planner - ZENITH MEDIA, New York, NY, *pg.* 529

Van Hoven, Alfred - Account Planner, Interactive / Digital, Management - CAMELOT STRATEGIC MARKETING & MEDIA, Dallas, TX, *pg.* 457

Van Wormer, Emily - Account Planner, Media Department, NBC - HORIZON MEDIA, INC., New York, NY, *pg.* 474

Vanausdeln, Mike - Account Planner, Interactive / Digital, NBC - STEALING SHARE, Greensboro, NC, *pg.* 18

Vandehey, Jenny - Account Planner, Research - MONIGLE ASSOCIATES, INC., Denver, CO, *pg.* 14

Vanderhoef Banks, Carole - Account Planner, Media Department, Research - SHEPHERD AGENCY, Jacksonville, FL, *pg.* 410

Vargas, Amanda - Account Planner, Account Services, Media Department - ZENITH MEDIA, New York, NY, *pg.* 529

Vargas, Bridget - Account Planner, Interactive / Digital, Media Department - WAVEMAKER, Los Angeles, CA, *pg.* 528

Vargas, Will - Account Planner, Account Services, Media Department - PP+K, Tampa, FL, *pg.* 129

Velasquez, Henry - Account Planner, Account Services - THE TRADE DESK, New York, NY, *pg.* 520

Venditti, Gianluca - Account Planner, Account Services - CARAT, Toronto, ON, *pg.* 461

Venhaus, Charles - Account Planner, Account Services, Management, Media Department - HEARTS & SCIENCE, New York, NY, *pg.* 471

Vergano, Luca - Account Planner, Account Services, Management, Operations - ELEPHANT, Brooklyn, NY, *pg.* 181

Verma, Shalini - Account Planner, Account Services, Media Department - MEDIAHUB NEW YORK, New York, NY, *pg.* 249

Vernola, Nick - Account Planner, Media Department - PHD USA, New York, NY, *pg.* 505

Verost, Nichole - Account Planner, Account Services, Media Department - PHD USA, New York, NY, *pg.* 505

Vespucci, Anthony - Account Planner, Account Services, Management - STELLA RISING, New York, NY, *pg.* 267

Victor, Alexia - Account Planner, NBC - HORIZON MEDIA, INC., New York, NY, *pg.* 474

Videtto, Amy - Account Planner, NBC, Social Media - HORIZON MEDIA, INC., New York, NY, *pg.* 474

Viega, Rachel - Account Planner, Account Services, Management - MOVING IMAGE & CONTENT, New York, NY, *pg.* 251

Vieira, Brian - Account Planner, Account Services, Operations - MIGHTY ROAR, Roswell, GA, *pg.* 250

Vigue, Danielle - Account Planner, Media Department - ESSENCE, New York, NY, *pg.* 232

Villain, Chantal - Account Planner - MINDSHARE, New York, NY, *pg.* 491

Villanueva, Christine - Account Planner, Account Services, Administrative, Analytics, Management, Media Department, PPOM, Research - WALTON ISAACSON, New York, NY, *pg.* 547

Viola, Jeremy - Account Planner, Account Services, Media Department - PALISADES MEDIA GROUP, INC., Santa Monica, CA, *pg.* 124

Vitale, Domenico - Account Planner, Account Services, PPOM - PEOPLE IDEAS & CULTURE, Brooklyn, NY, *pg.* 194

Viteri, Alex - Account Planner, NBC, PPOM - SLEEK MACHINE, Boston, MA, *pg.* 142

Vizethann, Marjorie - Account Planner, Account Services, Interactive / Digital, Management, Media Department - 360I, LLC, Atlanta, GA, *pg.* 207

Vogel, Randy - Account Planner, Interactive / Digital, Media Department, Operations - ANDERSON DDB HEALTH & LIFESTYLE, Toronto,

RESPONSIBILITIES INDEX — AGENCIES

ON, *pg.* 31

Vogelzang, Courtney - Account Planner, Account Services, Media Department - J3, New York, NY, *pg.* 480

Vogt, Jason - Account Planner, Operations, PPOM - BFG COMMUNICATIONS, Bluffton, SC, *pg.* 333

Volland, Elisha - Account Planner - MARTIN RETAIL GROUP, Detroit, MI, *pg.* 106

Vollmer, Kayla - Account Planner, Account Services, NBC - SPARK FOUNDRY, New York, NY, *pg.* 508

Voth, Gretchen - Account Planner, Media Department - LUQUIRE GEORGE ANDREWS, INC., Charlotte, NC, *pg.* 382

Vuolo, Lindsay - Account Planner - 360I, LLC, New York, NY, *pg.* 320

Wachtendonk, Holly - Account Planner, Account Services - HIEBING, Madison, WI, *pg.* 85

Waddington, Celia - Account Planner, Account Services, PPOM - IGNITE CREATIVE SERVICES, LLC , Scottsdale, AZ, *pg.* 88

Wade, Tyla - Account Planner, Media Department - HUDSON ROUGE, New York, NY, *pg.* 371

Wade, Allison - Account Planner - ANCHOR WORLDWIDE, New York, NY, *pg.* 31

Wagner, Lindsay - Account Planner, Media Department, NBC - HEARTS & SCIENCE, New York, NY, *pg.* 471

Wagner, Adam - Account Planner, PPOM - RAINDROP AGENCY INC, San Diego, CA, *pg.* 196

Waite, Emily - Account Planner - GREY GROUP, New York, NY, *pg.* 365

Waite, Jill - Account Planner - DERSE, INC., North Las Vegas, NV, *pg.* 304

Walden, Becky - Account Planner, Account Services, Management, Media Department - STARCOM WORLDWIDE, Chicago, IL, *pg.* 513

Waldow, Sofia - Account Planner, Account Services, Management, NBC - CARAT, New York, NY, *pg.* 459

Walker, Trevor - Account Planner, Account Services - OMD CANADA, Toronto, ON, *pg.* 501

Walker, Jennifer - Account Planner, Media Department - SPURRIER GROUP, Richmond, VA, *pg.* 513

Walker, Dena - Account Planner, NBC - BBDO WORLDWIDE, New York, NY, *pg.* 331

Walker, Courtney - Account Planner, Account Services - AAAZA, Los Angeles, CA, *pg.* 537

Wall, Kendall - Account Planner - BLUE 449, Seattle, WA, *pg.* 456

Wallace, Kaitlyn - Account Planner, Media Department - THE BUNTIN GROUP, Nashville, TN, *pg.* 148

Wallnut, Elyse - Account Planner, Account Services, Media Department - MEDIA CAUSE, Washington, DC, *pg.* 249

Walsh, Michael - Account Planner, NBC - BANNER DIRECT, Wilmington, NC, *pg.* 280

Walsh, Caitlin - Account Planner, Media Department - MAYOSEITZ MEDIA, Blue Bell, PA, *pg.* 483

Walsh, Meghan - Account Planner, Creative, Finance, Media Department - HEARTS & SCIENCE, New York, NY, *pg.* 471

Walstrom, Kira - Account Planner, Account Services, Research - THE INTEGER GROUP, Lakewood, CO, *pg.* 682

Walter, Jeff - Account Planner, Account Services, Management - RHEA & KAISER MARKETING , Naperville, IL, *pg.* 406

Walters, Kate - Account Planner, Account Services, Creative, Media Department, Social Media - MCGARRYBOWEN, San Francisco, CA, *pg.* 385

Walton, Danielle - Account Planner, PPOM - ADEPT MARKETING, Columbus, OH, *pg.* 210

Wan, Bonnie - Account Planner, Media Department, NBC, PPOM - GOODBY, SILVERSTEIN & PARTNERS, San Francisco, CA, *pg.* 77

Wang, Fer - Account Planner, Media Department - LIKEABLE MEDIA, New York, NY, *pg.* 246

Wang, Yan - Account Planner, Media Department, NBC, Public Relations - DROGA5, New York, NY, *pg.* 64

Warack, Haley - Account Planner, Interactive / Digital - CONVERGE CONSULTING, Cedar Rapids, IA, *pg.* 222

Ward, Nicole - Account Planner, Account Services, PPOM - TBC, Baltimore, MD, *pg.* 416

Ward, Ryan - Account Planner, Media Department - MINDSTREAM MEDIA GROUP - DALLAS, Dallas, TX, *pg.* 496

Ward, Haley - Account Planner, Media Department - HORIZON MEDIA, INC., New York, NY, *pg.* 474

Warden, Alexandra - Account Planner - SPARKS, Philadelphia, PA, *pg.* 315

Ware, La Tanya - Account Planner, Account Services, Management - 72ANDSUNNY, Playa Vista, CA, *pg.* 23

Warfield, Megan - Account Planner, Media Department, PPOM - WAVEMAKER, New York, NY, *pg.* 526

Wargo, Samantha - Account Planner, Account Services - SPARK FOUNDRY, New York, NY, *pg.* 508

Warholak, Marley - Account Planner, Account Services, Media Department - KROGER MEDIA SERVICES, Portland, OR, *pg.* 96

Warner, Hayden - Account Planner, Account Services, Interactive / Digital - DASH TWO, Nashville, TN, *pg.* 551

Warner, Annie - Account Planner - SPEAR MARKETING GROUP, Walnut Creek, CA, *pg.* 411

Warren, Lydia - Account Planner, Account Services, Media Department - UNIVERSAL MCCANN, San Francisco, CA, *pg.* 428

Wasserott, Michael - Account Planner, Account Services - STARCOM WORLDWIDE, Chicago, IL, *pg.* 513

Watana, Joe - Account Planner, Account Services - DROGA5, New York, NY, *pg.* 64

Watkins, Pam - Account Planner, Media Department, NBC - MOD OP, Dallas, TX, *pg.* 388

Watkins, Ina - Account Planner, Interactive / Digital, Management, Media Department - MEDIAHUB LOS ANGELES, El Segundo, CA, *pg.* 112

Watry, Callie - Account Planner, Media Department - SHINE UNITED, Madison, WI, *pg.* 140

Watson, Drew - Account Planner, Account Services, Management, Media Department, NBC - MEDIAHUB BOSTON, Boston, MA, *pg.* 489

Watson, Sarah - Account Planner, PPOM, Research - MCCANN NEW YORK, New York, NY, *pg.* 108

Watson, Gary - Account Planner, NBC - ONEMAGNIFY, Wilmington, DE, *pg.* 123

Watt, Jonathan - Account Planner, Account Services, Creative - BOWSTERN, Tallahassee, FL, *pg.* 336

Weas, Patrick - Account Planner, Analytics, Operations, PPOM - THE THORBURN GROUP, Minneapolis, MN, *pg.* 20

Weaver, Alexandra - Account Planner, Account Services - LITTLE & COMPANY , Minneapolis, MN, *pg.* 12

Weber, Trent - Account Planner, Account Services, PPM - INFINITY DIRECT, Plymouth, MN, *pg.* 286

Weber, Nikole - Account Planner, Media Department - UNIVERSAL MCCANN, Los Angeles, CA, *pg.* 524

Webster, Justin - Account Planner, Interactive / Digital, Media Department - HAVAS MEDIA GROUP, New York, NY, *pg.* 468

Weidauer, Jeff - Account Planner, NBC - VESTCOM , Little Rock, AR, *pg.* 571

Weigel, Stephanie - Account Planner, Account Services - POINT TO POINT, Cleveland, OH, *pg.* 129

Weinberg, Tian - Account Planner, Account Services - BERLINROSEN, New York, NY, *pg.* 583

Weinstein, Brad - Account Planner, Media Department, NBC, Operations - PHD USA, New York, NY, *pg.* 505

Weinstein, Ashley - Account Planner, Account Services, Media Department - INITIATIVE, New York, NY, *pg.* 477

Weinstein, Todd - Account Planner, Account Services, Analytics - PATIENTS & PURPOSE, New York, NY, *pg.* 126

Weis, Kristian - Account Planner, Creative - DG COMMUNICATIONS GROUP, Delray Beach, FL, *pg.* 351

Weiss, Gwyn - Account Planner, Account Services, Media Department, NBC - MKTG INC, New York, NY, *pg.* 311

Weiss, Jessica - Account Planner,

AGENCIES / RESPONSIBILITIES INDEX

Media Department - CARAT, Detroit, MI, *pg.* 461

Weiss, Jason - Account Planner, Account Services - NUTRACLICK, Boston, MA, *pg.* 255

Weissman, Kate - Account Planner, Account Services - WEBER SHANDWICK, Boston, MA, *pg.* 660

Welch, Renee - Account Planner, Management - DAVID&GOLIATH, El Segundo, CA, *pg.* 57

Welch, McKenzie - Account Planner, Account Services, Media Department, Social Media - BFG COMMUNICATIONS, Atlanta, GA, *pg.* 333

Welke, Breanna - Account Planner, Account Services - BELLMONT PARTNERS PUBLIC RELATIONS, Minneapolis, MN, *pg.* 582

Wells, Marcus - Account Planner, Research - BUZZ MARKETING GROUP, Haddonfield, NJ, *pg.* 691

Wentz, Andy - Account Planner, Interactive / Digital, Social Media - TURNER PUBLIC RELATIONS, New York, NY, *pg.* 657

Wenzel, Karl - Account Planner - ARC WORLDWIDE, Chicago, IL, *pg.* 327

Werhan, Marie - Account Planner, Account Services - ADEPT MARKETING, Columbus, OH, *pg.* 210

Wescott, Emery - Account Planner, Account Services, Media Department - CANVAS WORLDWIDE, Playa Vista, CA, *pg.* 458

West, Rachel - Account Planner, Account Services - DONER, Southfield, MI, *pg.* 63

Westall, Chris - Account Planner, Account Services, Management, Media Department - BOUNTEOUS, Chicago, IL, *pg.* 218

Westworth, Ian - Account Planner - GREY CANADA, Toronto, ON, *pg.* 365

Whalen, Lisa - Account Planner, Media Department - UNIVERSAL MCCANN DETROIT, Birmingham, MI, *pg.* 524

Whang, Jeff - Account Planner, Media Department - WUNDERMAN THOMPSON SEATTLE, Seattle, WA, *pg.* 435

Wharton, Halley - Account Planner - NEXT MARKETING, Norcross, GA, *pg.* 312

Whelan, Lexi - Account Planner, Account Services, Analytics, Media Department - MEKANISM, San Francisco, CA, *pg.* 112

Whitaker, Matt - Account Planner, Interactive / Digital - THE RICHARDS GROUP, INC., Dallas, TX, *pg.* 422

Whitaker, Jamie - Account Planner, Interactive / Digital, Media Department - DASH TWO, Culver City, CA, *pg.* 551

White, Amanda - Account Planner, Interactive / Digital, Media Department - HAWORTH MARKETING & MEDIA, Minneapolis, MN, *pg.* 470

White, Katie - Account Planner, Account Services - THE MARTIN AGENCY, Richmond, VA, *pg.* 421

White, Phil - Account Planner,

Analytics - GEOMETRY, New York, NY, *pg.* 362

White, Lesley - Account Planner, Media Department - CONNECT AT PUBLICIS MEDIA, Chicago, IL, *pg.* 462

Whiting, Wyeth - Account Planner - TURNER DUCKWORTH, San Francisco, CA, *pg.* 203

Wieczorek, Jill - Account Planner, Media Department - NOBLE STUDIOS, Reno, NV, *pg.* 254

Wierman, Kate - Account Planner - TURNER DUCKWORTH, San Francisco, CA, *pg.* 203

Wiese, Adam - Account Planner - GIANT SPOON, LLC, New York, NY, *pg.* 363

Wiggan, Marika - Account Planner, Account Services - PREACHER, Austin, TX, *pg.* 129

Wilemon, Clay - Account Planner, PPOM - BRADO, Irvine, CA, *pg.* 336

Wiley-Rapoport, Caryn - Account Planner, Account Services, Analytics, Management, Research - HORIZON MEDIA, INC., Los Angeles, CA, *pg.* 473

Wilkinson, Mike - Account Planner, NBC, Research - JORDAN ADVERTISING, Oklahoma City, OK, *pg.* 377

Wilkos, Dan - Account Planner, Account Services, Creative, NBC - MCCANN NEW YORK, New York, NY, *pg.* 108

Williams, Gwendolyn - Account Planner, Media Department, NBC - THE RICHARDS GROUP, INC., Dallas, TX, *pg.* 422

Williams, Johari - Account Planner - MEDIA EXPERTS, Toronto, ON, *pg.* 485

Williams, Ryan - Account Planner, Analytics - COMSCORE, Seattle, WA, *pg.* 443

Williamson, Janelle - Account Planner, Interactive / Digital, Media Department, NBC, Social Media - DIGITAS, New York, NY, *pg.* 226

Willis, Jessica - Account Planner - LRXD, Denver, CO, *pg.* 101

Wilson, Cat - Account Planner - 72ANDSUNNY, Playa Vista, CA, *pg.* 23

Wilson, Chaz - Account Planner - PHD USA, New York, NY, *pg.* 505

Wilson, Andrea - Account Planner - IPROSPECT, Fort Worth, TX, *pg.* 674

Wilson, Arthur - Account Planner, Account Services - CARAT, Toronto, ON, *pg.* 461

Wilson, Brent - Account Planner, Account Services, PPOM - ALLING HENNING & ASSOCIATES, Vancouver, WA, *pg.* 30

Windheuser, Beth - Account Planner, Account Services, Media Department - 215 MCCANN, San Francisco, CA, *pg.* 319

Wingard, Diane - Account Planner - THE COMMUNICATIONS GROUP, Little Rock, AR, *pg.* 149

Winger, Amy - Account Planner - VMLY&R, Kansas City, MO, *pg.* 274

Winkel, Ashley - Account Planner,

Account Services, Media Department - CROSSMEDIA, New York, NY, *pg.* 463

Winston, Rebecca - Account Planner, Interactive / Digital, Media Department, NBC - HORIZON MEDIA, INC., New York, NY, *pg.* 474

Wintrob, Michael - Account Planner, Media Department - LPK, Cincinnati, OH, *pg.* 12

Wise, Christine - Account Planner, Management, PPOM, Research - DNA SEATTLE, Seattle, WA, *pg.* 180

Wolch, Wesley - Account Planner, Interactive / Digital, Management, Media Department, PPOM - COSSETTE MEDIA, Toronto, ON, *pg.* 345

Wollin, Jenna - Account Planner, Account Services - MWWPR, New York, NY, *pg.* 631

Wong, Marisa - Account Planner, Media Department - ESSENCE, New York, NY, *pg.* 232

Wong, Erin - Account Planner, Media Department - DDB CHICAGO, Chicago, IL, *pg.* 59

Wong, Hilda - Account Planner, Account Services, Interactive / Digital, NBC - HEARTS & SCIENCE, New York, NY, *pg.* 471

Wong, Elaine - Account Planner, Account Services, Media Department - FCB NEW YORK, New York, NY, *pg.* 357

Wong, Cecilia - Account Planner, Media Department - WEBER SHANDWICK, Chicago, IL, *pg.* 661

Wood, Andrea - Account Planner, Account Services, Interactive / Digital, Media Department, Operations, PPOM - SANDSTORM DESIGN, Chicago, IL, *pg.* 264

Woodhull, Bailey - Account Planner, Media Department, NBC - HILL HOLLIDAY, Boston, MA, *pg.* 85

Woods, Alex - Account Planner, Account Services - DROGA5, New York, NY, *pg.* 64

Woods, Danielle - Account Planner, Account Services - ETHOS, PATHOS, LOGOS, LLC, Chicago, IL, *pg.* 233

Wooster, Mary - Account Planner, Interactive / Digital - GLOBAL STRATEGIES, Bend, OR, *pg.* 673

Worner, Sarah - Account Planner - THE MARKETING ARM, Dallas, TX, *pg.* 316

Worrilow, Elizabeth - Account Planner, Account Services, Media Department - MEDIAHUB BOSTON, Boston, MA, *pg.* 489

Wragg, Olivianna - Account Planner, Account Services - CARAT, New York, NY, *pg.* 459

Wright, Austin - Account Planner, Account Services, Management - ANSIRA, Addison, TX, *pg.* 326

Wright, Jim - Account Planner, Media Department, NBC, PPOM - PULSAR ADVERTISING, Washington, DC, *pg.* 401

Wright, Kelly - Account Planner - B-REEL, Brooklyn, NY, *pg.* 215

Wu, Frances - Account Planner, NBC, PPOM - SALTWORKS, Boston, MA, *pg.*

RESPONSIBILITIES INDEX — AGENCIES

197
Wyatt, Rachel - Account Planner - MARTIN RETAIL GROUP, Alpharetta, GA, pg. 106
Xi, Janet - Account Planner - JUNGLE MEDIA, Toronto, ON, pg. 481
Yablonski, Michael - Account Planner, Media Department - MINDSHARE, New York, NY, pg. 491
Yahr, Erica - Account Planner, NBC, PPOM - MCCANN HEALTH NEW YORK, New York, NY, pg. 108
Yamane, Shelley - Account Planner, NBC, PPOM - MUSE USA, Santa Monica, CA, pg. 543
Yang, Jeff - Account Planner - SPARKS & HONEY, New York, NY, pg. 450
Yang, Nicky - Account Planner, Interactive / Digital, Media Department - CARAT, Culver City, CA, pg. 459
Yansick, Adam - Account Planner, Analytics, Media Department, Public Relations - MAYOSEITZ MEDIA, Blue Bell, PA, pg. 483
Yasher, Anna - Account Planner, Account Services - HAVAS MEDIA GROUP, Miami, FL, pg. 470
Ye, Kimberly - Account Planner, Media Department - 9THWONDER, Playa Vista, CA, pg. 453
Yee, Amy - Account Planner, Account Services - WAVEMAKER, New York, NY, pg. 526
Yeend, David - Account Planner, Interactive / Digital, Management, Media Department, Research - THREE FIVE TWO, INC., Atlanta, GA, pg. 271
Yen Wong, Lai - Account Planner, Account Services - OMD, New York, NY, pg. 498
Yerkes, Hayley - Account Planner - GIANT SPOON, LLC, New York, NY, pg. 363
Yesikov, Alexander - Account Planner, Account Services, Interactive / Digital - BBDO WORLDWIDE, New York, NY, pg. 331
Yeun, Norman - Account Planner, Account Services - RIDDLE & BLOOM, Boston, MA, pg. 133
Yiu, Christian - Account Planner, Media Department - TEAM ONE, New York, NY, pg. 418
Young, Wes - Account Planner, Media Department, NBC - WIEDEN + KENNEDY, New York, NY, pg. 432
Young, Lauren - Account Planner, Media Department - MOROCH PARTNERS, Dallas, TX, pg. 389
Youngblood, Mariah - Account Planner, Interactive / Digital, Media Department - WAVEMAKER, New York, NY, pg. 526
Younger, Tonja - Account Planner, Account Services - FRIENDS & NEIGHBORS, Minneapolis, MN, pg. 7
Yu, Jennifer - Account Planner - MARTIN RETAIL GROUP, Detroit, MI, pg. 106
Yuskoff, Claudia - Account Planner, Account Services, Interactive /

Digital, Management, Media Department, NBC, Social Media - CONILL ADVERTISING, INC., El Segundo, CA, pg. 538
Yuter, Stephen - Account Planner, NBC - FLEISHMANHILLARD, Washington, DC, pg. 605
Zakim, Andrew - Account Planner, Account Services, Creative, Media Department - TBWA/MEDIA ARTS LAB, Los Angeles, CA, pg. 147
Zamarripa, Christian - Account Planner, Account Services - 160OVER90, New York, NY, pg. 301
Zapata, Andres - Account Planner, Management, NBC, PPOM - IDFIVE, Baltimore, MD, pg. 373
Zebroski, Meg - Account Planner, Analytics - DIGITAS, Boston, MA, pg. 226
Zelesko, Ian - Account Planner - ANOMALY, New York, NY, pg. 325
Zessin, Margaret - Account Planner - MINDSHARE, Chicago, IL, pg. 494
Zhang, Felicia - Account Planner, Account Services, Interactive / Digital, Management, Media Department - R/GA, New York, NY, pg. 260
Zhao, Millie - Account Planner, Interactive / Digital, Media Department - ZENITH MEDIA, New York, NY, pg. 529
Zimmerman, Jennifer - Account Planner, Media Department, NBC, PPOM - MCGARRYBOWEN, New York, NY, pg. 109
Zimmerman, Jamie - Account Planner, Account Services, Interactive / Digital, Media Department - OMD SAN FRANCISCO, San Francisco, CA, pg. 501
Zinkus, Annie - Account Planner, Account Services - MEDIAHUB BOSTON, Boston, MA, pg. 489
Zito, Billie - Account Planner, Account Services, Media Department - INITIATIVE, New York, NY, pg. 477
Zumsteg, Ben - Account Planner, Research - PUBLICIS NORTH AMERICA, New York, NY, pg. 399
Zuncic, Eric - Account Planner, Media Department, PPOM - DDB CHICAGO, Chicago, IL, pg. 59
Zundl, Kevin - Account Planner, PPOM, Research - PSYNCHRONOUS COMMUNICATIONS, Woburn, MA, pg. 130
Zwilling, Maureen - Account Planner, Account Services - AMPLIFIED DIGITAL AGENCY, Saint Louis, MO, pg. 213
Zysk Buerger, Elke - Account Planner, Account Services - GMR MARKETING, New Berlin, WI, pg. 306

Account Service

Aaby, Barb - Account Services - M45 MARKETING SERVICES, Freeport, IL, pg. 382
Aagaard, Alexandra - Account Services - J.T. MEGA, INC.,

Minneapolis, MN, pg. 91
Aaron, Jennifer - Account Services - CARROLL WHITE ADVERTISING, Atlanta, GA, pg. 340
Abad, Corey - Account Services - ARC WORLDWIDE, Chicago, IL, pg. 327
Abate, Michelle - Account Services, NBC - MARKETSMITH, INC, Cedar Knolls, NJ, pg. 483
Abayomi, Ola - Account Services - DROGA5, New York, NY, pg. 64
Abberton, Patrick - Account Services - ARCHETYPE, Boston, MA, pg. 33
Abbott, Keri - Account Services - THE INTEGER GROUP, Lakewood, CO, pg. 682
Abbott, Erin - Account Services - JACK MORTON WORLDWIDE, Chicago, IL, pg. 309
Abbott, Jilllian - Account Services - STRAWBERRYFROG, New York, NY, pg. 414
Abbott, Sophia - Account Services - THE VIA AGENCY, Portland, ME, pg. 154
Abbott, Spencer - Account Services, Creative, Interactive / Digital - ALL POINTS PUBLIC RELATIONS, Deerfield, IL, pg. 576
Abbracciamento, Monica - Account Services, Interactive / Digital - TEAM ONE, Dallas, TX, pg. 418
Abbruzzese, Adam - Account Services, Management - AKQA, Washington, DC, pg. 212
Abdelhamid, Sarah - Account Services, Interactive / Digital - INITIATIVE, New York, NY, pg. 477
Abdi, Deika - Account Services, Management - FCB HEALTH, New York, NY, pg. 72
Abdul Khabir, Safiyyah - Account Planner, Account Services - MEDIA CAUSE, San Francisco, CA, pg. 249
Abel, Marc - Account Services, Management - WEBER SHANDWICK, Saint Louis, MO, pg. 660
Abel, Theo - Account Services - GOODBY, SILVERSTEIN & PARTNERS, San Francisco, CA, pg. 77
Abel, Greg - Account Services, PPOM - TAILFIN MARKETING COMMUNICATIONS, Atlanta, GA, pg. 18
Abela-Froese, Jessica - Account Services - BOB'S YOUR UNCLE, Toronto, ON, pg. 335
Aboyoun, Stacy - Account Services, Public Relations - KINNEY + KINSELLA, New York, NY, pg. 11
Abrahams, Andrew - Account Services, Interactive / Digital - OVERDRIVE INTERACTIVE, Allston, MA, pg. 256
Abram, Sarah - Account Services - THE MX GROUP, Burr Ridge, IL, pg. 422
Abramo, Kristen - Account Services, Media Department - HAVAS MEDIA GROUP, Boston, MA, pg. 470
Abramowitz, Ally - Account Services - DECODED ADVERTISING, New York, NY, pg. 60
Abrams, Ian - Account Services,

AGENCIES

RESPONSIBILITIES INDEX

Management - GOLIN, Miami, FL, pg. 609

Absalom, Emily - Account Services, Media Department - TEAM ONE, New York, NY, pg. 418

Acampora, Rick - Account Services, Operations, PPOM - WAVEMAKER, New York, NY, pg. 526

Accetta, Martin - Account Services - O2KL, New York, NY, pg. 121

Acierno, James - Account Services - VAYNERMEDIA, New York, NY, pg. 689

Acker, Kate - Account Services, Interactive / Digital, Public Relations - THINK MOTIVE, Denver, CO, pg. 154

Ackerman, Karley - Account Services, Media Department - CAPTIVATE NETWORK, INC., New York, NY, pg. 550

Ackerman, Valarie - Account Services - OVERCAT COMMUNICATIONS, Toronto, ON, pg. 634

Ackermann, Brian - Account Services - HAVAS PR, Pittsburgh, PA, pg. 612

Acklin, Jenna - Account Services - GEOMETRY, Cincinnati, OH, pg. 363

Acquistapace, Kyle - Account Planner, Account Services, Interactive / Digital, Media Department, PPOM, Public Relations - TEAM ONE, Los Angeles, CA, pg. 417

Actis, Chris - Account Services - KRUSKOPF & COMPANY, Minneapolis, MN, pg. 96

Adams, Lisa - Account Services, Management, Media Department - MECHANICA, Newburyport, MA, pg. 13

Adams, Mason - Account Services, Interactive / Digital, Social Media - SPRINGBOX, Austin, TX, pg. 266

Adams, Emily - Account Services - SHIFT COMMUNICATIONS, LLC, Boston, MA, pg. 647

Adams, Mike - Account Services - RED MOON MARKETING, Charlotte, NC, pg. 404

Adams, Jeff - Account Planner, Account Services - COMMONWEALTH // MCCANN, Detroit, MI, pg. 52

Adams, Ryan - Account Services - CLEAR CHANNEL OUTDOOR, Oakland, CA, pg. 550

Adams, Trish - Account Services, PPOM - OPINIONATED, Portland, OR, pg. 123

Adams, Hannah - Account Services - FLUENT360, Nashville, TN, pg. 540

Adams, Mallory - Account Services - 22SQUARED INC., Atlanta, GA, pg. 319

Adelhelm, Victoria - Account Services - FETCH, Los Angeles, CA, pg. 533

Adelman, Ron - Account Services - THE GEORGE P. JOHNSON COMPANY, Torrance, CA, pg. 316

Adiletti, Lauren - Account Services - LEVERAGE MARKETING GROUP, Newtown, CT, pg. 99

Adkins, Jeff - Account Services, Management - ENERGY BBDO, INC., Chicago, IL, pg. 355

Adler, Hope - Account Services - CONCEPTS, INC., Bethesda, MD, pg. 592

Adler, Scott - Account Services, Management - HILL HOLLIDAY, Boston, MA, pg. 85

Adler, Sara - Account Services, NBC - THE TRADE DESK, Ventura, CA, pg. 519

Adler, Megan - Account Services - TEAM ONE, Dallas, TX, pg. 418

Adler, Susannah - Account Services, Creative, Media Department - BOCA COMMUNICATIONS, San Francisco, CA, pg. 585

Adler Kerekes, Joy - Account Services, Creative, Media Department - MOTHER NY, New York, NY, pg. 118

Adolfo, Raig - Account Planner, Account Services, Management, Media Department, NBC, Operations, PPOM, Promotions - 360I, LLC, New York, NY, pg. 320

Adolphson, Kate - Account Services, PPM - SPARKLOFT MEDIA, Portland, OR, pg. 688

Aeschbach, Jared - Account Services - GMR MARKETING, New Berlin, WI, pg. 306

Afflixio, Matthew - Account Services, Management - ACCESS BRAND COMMUNICATIONS, San Francisco, CA, pg. 574

Afflixio, Meredith - Account Planner, Account Services - UNIVERSAL MCCANN, New York, NY, pg. 521

Afzal, David - Account Services, Interactive / Digital, Management - REPRISE DIGITAL, New York, NY, pg. 676

Agas, Urania - Account Services - MEDIACOM CANADA, Toronto, ON, pg. 489

Agboyani, Nick - Account Services - CAMBRIDGE BIOMARKETING, Cambridge, MA, pg. 46

Aggas, Molly - Account Services - THE BRADFORD GROUP, Nashville, TN, pg. 148

Agnew, Michelle - Account Services, Interactive / Digital, Management - SAATCHI & SAATCHI DALLAS, Dallas, TX, pg. 136

Agnew, Kelsey - Account Services, Operations - VERT MOBILE LLC, Atlanta, GA, pg. 274

Agosta, Lindsay - Account Services - GOODBY, SILVERSTEIN & PARTNERS, San Francisco, CA, pg. 77

Agresta, Stephanie - Account Services, Interactive / Digital, Management, Media Department, NBC - DIGENNARO COMMUNICATIONS, New York, NY, pg. 597

Aguilar, Carolina - Account Planner, Account Services, Media Department - OMD SAN FRANCISCO, San Francisco, CA, pg. 501

Aguilera, Daniela - Account Services - THE TAG EXPERIENCE, Miami, FL, pg. 688

Aguirre, Mario - Account Services, Interactive / Digital, Media Department - DIGITAS, New York, NY, pg. 226

Ahearn, Shannon - Account Services, Media Department - OMD, New York, NY, pg. 498

Ahle, Diane - Account Services, NBC - LINETT & HARRISON, Montville, NJ, pg. 100

Ahmed, Imran - Account Services, NBC - PHD USA, New York, NY, pg. 505

Aiken, Jamey - Account Services - SID LEE, Seattle, WA, pg. 140

Ailey, Alice - Account Services - THE JOHNSON GROUP, Chattanooga, TN, pg. 420

Akao, Laide - Account Services - THE NARRATIVE GROUP, Los Angeles, CA, pg. 654

Akens, Brittany - Account Services, Public Relations - BRANDSTYLE COMMUNICATIONS, New York, NY, pg. 585

Akers, Ashlee - Account Services - VERDIN, San Luis Obispo, CA, pg. 21

Akhbari, James - Account Services, Interactive / Digital, Management, Media Department - HAVAS HEALTH & YOU, New York, NY, pg. 82

Akhgar, Mir - Account Services - DENTSU X, New York, NY, pg. 61

Akine, Sara - Account Services - MATRIX ADVERTISING ASSOCIATES, INC., New York, NY, pg. 107

Akizian, Peter - Account Services - ICON MEDIA DIRECT, Sherman Oaks, CA, pg. 476

Aksman, Robert - Account Services, PPOM - BRIGHTLINE, New York, NY, pg. 219

Alam, Sasvi - Account Services - LEO BURNETT WORLDWIDE, Chicago, IL, pg. 98

Alanis, Rod - Account Services, Media Department - DENTSU X, New York, NY, pg. 61

Alarcon, Sigvard - Account Services, Analytics - PRAYTELL, Brooklyn, NY, pg. 258

Alauddin Small, Maria - Account Services - ADPEARANCE, Portland, OR, pg. 671

Alaverdian, Natalie - Account Planner, Account Services - INITIATIVE, Los Angeles, CA, pg. 478

Albalancy, Dana - Account Services - 21 MARKETING, Greenwich, CT, pg. 301

Albanese, Paul - Account Planner, Account Services, Management, PPM - DAVID&GOLIATH, El Segundo, CA, pg. 57

Albanese, Mary - Account Services, Creative - DELL BLUE, Round Rock, TX, pg. 60

Albani, Edoardo - Account Services - JUNIPER PARK\ TBWA, Toronto, ON, pg. 93

Albert, John - Account Services, NBC, PPOM - HERRMANN ADVERTISING DESIGN, Annapolis, MD, pg. 186

Alberti, Tracy - Account Services -

1129

RESPONSIBILITIES INDEX — AGENCIES

SOURCELINK, LLC, Greenville, SC, pg. 292
Alberts, Roxanne - Account Services - SPARK44, New York, NY, pg. 411
Albright, Betsy - Account Services - IRIS, New York, NY, pg. 376
Albu, Julia - Account Planner, Account Services, Creative - DROGA5, New York, NY, pg. 64
Alcantara, Jennifer - Account Planner, Account Services - 360I, LLC, Los Angeles, CA, pg. 208
Alcazar, Carlos - Account Services, Creative, Interactive / Digital, Management, NBC, Operations, PPOM - CULTURE ONE WORLD, Washington, DC, pg. 539
Alcordo, Bethany - Account Planner, Account Services, Media Department, Social Media - SWELLSHARK, New York, NY, pg. 518
Alcott, Jen - Account Services - OVATIVE GROUP, Minneapolis, MN, pg. 256
Ald, Greg - Account Services, Finance - INTERSECTION, New York, NY, pg. 553
Aldax, Mike - Account Services - SINGER ASSOCIATES, San Francisco, CA, pg. 647
Aldoroty, Haley - Account Services - MINY, New York, NY, pg. 115
Aldrich, Wendy - Account Services, Management, Media Department, PPOM - UNIVERSAL MCCANN, Los Angeles, CA, pg. 524
Aldrich, Eric - Account Services - J.R. THOMPSON COMPANY, Farmington Hills, MI, pg. 91
Aldridge, Mary Ann - Account Services, Management - GARD COMMUNICATIONS, Portland, OR, pg. 75
Aldridge, Jared - Account Services, Media Department - WAVEMAKER, Toronto, ON, pg. 529
Alers, Ian - Account Planner, Account Services, Media Department - HORIZON MEDIA, INC., New York, NY, pg. 474
Alexander, Jody - Account Services - LANETERRALEVER, Phoenix, AZ, pg. 245
Alexander, Tiffany - Account Planner, Account Services, Management - ENERGY BBDO, INC., Chicago, IL, pg. 355
Alexander, Scott - Account Services - ORANGE142, Austin, TX, pg. 255
Alexander, Lisa - Account Services, Administrative, Creative, Management, Media Department - ALEXANDER ADVERTISING, INC., Birmingham, AL, pg. 324
Alexander, Megan - Account Services - GOTHAM, INC., New York, NY, pg. 77
Alexander, Joelle - Account Services, Social Media - CLM MARKETING & ADVERTISING, Boise, ID, pg. 342
Alexander, Rod - Account Services - ALLING HENNING & ASSOCIATES, Vancouver, WA, pg. 30

Alfano, Melissa - Account Services - OGILVY MONTREAL, Montreal, QC, pg. 394
Alfano, Neal - Account Services, Creative - MILES MEDIA GROUP, LLP, Sarasota, FL, pg. 387
Alfano-Maidman, Marisa - Account Services, Management - MINDSHARE, New York, NY, pg. 491
Alfonso, Carlos - Account Services - FLUENT360, Nashville, TN, pg. 540
Alfonzo, John - Account Services - FLUENT360, Chicago, IL, pg. 540
Alford, Briana - Account Services - MOXIE COMMUNICATIONS GROUP, New York, NY, pg. 628
Algaier, Ryan - Account Services - GS&F, Nashville, TN, pg. 367
Algayer, Kurt - Account Services, Operations, PPM - LANMARK360, West Long Branch, NJ, pg. 379
Ali, Jamal - Account Services - BURRELL COMMUNICATIONS GROUP, INC., Chicago, IL, pg. 45
Alice Snowden, Mary - Account Services - ARCHER MALMO, Memphis, TN, pg. 32
Alie, Marilyn - Account Services, Media Department - TOUCHE!, Montreal, QC, pg. 520
Alison, Dashiell - Account Services, NBC - COLLINS:, New York, NY, pg. 177
Alito, Laura - Account Services, NBC - KETCHUM, New York, NY, pg. 542
Allamby, Nastassia - Account Services - SID LEE, Toronto, ON, pg. 141
Allehoff, Susan - Account Services - BOUNTEOUS, Chicago, IL, pg. 218
Allen, Kristie - Account Services - RICHARDS/LERMA, Dallas, TX, pg. 545
Allen, Lucy - Account Planner, Account Services, Management - EDELMAN, San Francisco, CA, pg. 601
Allen, Stacia - Account Services - GREENRUBINO, Seattle, WA, pg. 365
Allen, Vaughn - Account Planner, Account Services, Interactive / Digital, Management, NBC - BARKLEY BOULDER, Boulder, CO, pg. 36
Allen, Jeff - Account Services - HANAPIN MARKETING, Bloomington, IN, pg. 237
Allen, Bradley - Account Planner, Account Services - DROGA5, New York, NY, pg. 64
Allen, Vanessa - Account Services - LOCATION3 MEDIA, Denver, CO, pg. 246
Allen, Marissa - Account Services - WPROMOTE, El Segundo, CA, pg. 678
Allen, Millicent - Account Services - WITZ COMMUNICATIONS, INC., Raleigh, NC, pg. 663
Alles, Lina - Account Planner, Account Services, Media Department, PPOM, Programmatic - MINDSHARE, Toronto, ON, pg. 495
Alletson, Megan - Account Services - FINN PARTNERS, San Francisco, CA, pg. 603
Allex, Smita - Account Services,

Media Department, NBC, PPOM - PUBLICIS.SAPIENT, Atlanta, GA, pg. 259
Alley, Olivia - Account Services - DUNCAN CHANNON, San Francisco, CA, pg. 66
Allie, Dillon - Account Planner, Account Services, Management, Media Department - HDMZ, Chicago, IL, pg. 83
Alliott, Sarah Jane - Account Services, Media Department - HAVAS MEDIA GROUP, New York, NY, pg. 468
Allison, Ben - Account Services, NBC - TEAM ONE, Dallas, TX, pg. 418
Allman, Oksana - Account Services - GARTNER, INC., Stamford, CT, pg. 236
Almada, Daniel - Account Services, Media Department - M8, Miami, FL, pg. 542
Almonroeder, Kimberly - Account Services, Management - UNIVERSAL MCCANN DETROIT, Birmingham, MI, pg. 524
Alpen, Jeff - Account Services, Management, PPOM - SID LEE, New York, NY, pg. 141
Alpern, Rick - Account Services, NBC, PPOM - SINGLE SOURCE M.A.P., INC., Danvers, MA, pg. 142
Alpian, Massimo - Account Services, Public Relations - OUTSIDEPR, Sausalito, CA, pg. 634
Alt, Patricia - Account Services - HUGHESLEAHYKARLOVIC, Saint Louis, MO, pg. 372
Altenberg, Les - Account Services, NBC, PPOM - A.L.T. LEGAL PROFESSIONALS MARKETING GROUP, Marlton, NJ, pg. 321
Altman, Kristin - Account Planner, Account Services, NBC - MOSES, INC., Phoenix, AZ, pg. 118
Alvarenga, Elba - Account Planner, Account Services, Interactive / Digital, Media Department, NBC, Public Relations - EDELMAN, New York, NY, pg. 599
Alvarez, Frances - Account Services, Management, Media Department - THE BEANSTALK GROUP, Miami, FL, pg. 19
Alvarez, Denise - Account Services, Media Department - HAVAS MEDIA GROUP, Chicago, IL, pg. 469
Alvarez, Alyssa - Account Services - CAVALRY, Chicago, IL, pg. 48
Alvarez, Natasha - Account Services - SEYFERTH & ASSOCIATES, INC., Grand Rapids, MI, pg. 646
Alvaro, David - Account Services, Interactive / Digital, NBC - SUPERFLY, New York, NY, pg. 315
Alvillar, Jordan - Account Services - PHILOSOPHY COMMUNICATION, Denver, CO, pg. 636
Alyce, Ruth - Account Planner, Account Services - INTERSECTION, New York, NY, pg. 553
Amaria, Hooshna - Account Services - HDMZ, Chicago, IL, pg. 83
Amato, Laura - Account Planner, Account Services - CARAT, New York,

1130

AGENCIES
RESPONSIBILITIES INDEX

NY, *pg.* 459
Amatullah-Wali, Zakiyya - Account Services, Management - AMOBEE, INC., New York, NY, *pg.* 30
Ambos, Kate - Account Services - DESIGNSENSORY, Knoxville, TN, *pg.* 62
Ambrose, Kelsey - Account Services, Creative - ESSENCE, Seattle, WA, *pg.* 232
Ambrosio, Emily - Account Services - WALRUS, New York, NY, *pg.* 161
Amdemichael, Semhar - Account Services, Interactive / Digital, Media Department, Programmatic - MEDIA ASSEMBLY, New York, NY, *pg.* 484
Amenta, Kathryn - Account Services - BPCM, New York, NY, *pg.* 585
Ames, Vanessa - Account Services - HARTE HANKS, INC., San Antonio, TX, *pg.* 284
Amigh, Vanessa - Account Services, Public Relations - HUNTER PUBLIC RELATIONS, New York, NY, *pg.* 614
Ammirato, Liz - Account Services - CATHY CALLEGARI PUBLIC RELATIONS, INC., New York, NY, *pg.* 589
Amon, Debi - Account Services - IVIE & ASSOCIATES, INC., Flower Mound, TX, *pg.* 91
Amor, Maria - Account Services, NBC - HAVAS FORMULATIN, New York, NY, *pg.* 612
Amores, Harry - Account Services, Administrative, Human Resources, Management - 9TH CO., Toronto, ON, *pg.* 209
Amori, Rachel - Account Services - MEDIA HORIZONS, INC., Norwalk, CT, *pg.* 288
Ampe, Cory - Account Services - JIGSAW, LLC, Milwaukee, WI, *pg.* 377
Amper, Ellyn - Account Services, Media Department - CANVAS WORLDWIDE, New York, NY, *pg.* 458
Amster, Lauren - Account Services, PPOM - MEDIACOM, New York, NY, *pg.* 487
Amundson, Kari - Account Services - THREE DEEP MARKETING, Saint Paul, MN, *pg.* 678
An, Suzy - Account Services - PORTER NOVELLI, New York, NY, *pg.* 637
Anast, Philip - Account Planner, Account Services - AMENDOLA COMMUNICATIONS, Scottsdale, AZ, *pg.* 577
Anastasi, Angela - Account Services, Public Relations - FLEISHMANHILLARD, New York, NY, *pg.* 605
Anastasiadis, Paul - Account Services, Public Relations - M&C SAATCHI PERFORMANCE, New York, NY, *pg.* 247
Ancillotti, Mike - Account Services, NBC, PPOM - LATORRA, PAUL & MCCANN, Syracuse, NY, *pg.* 379
Andersen, Kurt - Account Services - HARRIS, BAIO & MCCULLOUGH, Philadelphia, PA, *pg.* 369
Andersen, Will - Account Services -

RDW GROUP , Providence, RI, *pg.* 403
Andersen, Alyssa - Account Services - SIXSPEED, Minneapolis, MN, *pg.* 198
Anderson, George - Account Services, Creative, PPOM - TRAILER PARK, Hollywood, CA, *pg.* 299
Anderson, Dru - Account Services, PPOM - CORPORATE COMMUNICATIONS, Nashville, TN, *pg.* 593
Anderson, Mark - Account Services, PPOM - STATESIDE ASSOCIATES, Arlington, VA, *pg.* 649
Anderson, Kim - Account Services - FUNDAMENTAL MEDIA, Boston, MA, *pg.* 465
Anderson, Carol - Account Planner, Account Services, Public Relations - EXPONENT PR, Minneapolis, MN, *pg.* 602
Anderson, Francis - Account Services, Management, Media Department - PUBLICIS NORTH AMERICA, New York, NY, *pg.* 399
Anderson, Christi - Account Services, Creative, Media Department - CANNELLA RESPONSE TELEVISION, Burlington, WI, *pg.* 281
Anderson, Rich - Account Services, Management, Media Department, PPOM - UNIVERSAL MCCANN, New York, NY, *pg.* 521
Anderson, Rick - Account Services - AMERICAN TARGET ADVERTISING , Manassas, VA, *pg.* 279
Anderson, Jessica - Account Services - HAVAS MEDIA GROUP, Boston, MA, *pg.* 470
Anderson, Todd - Account Services - APOLLO INTERACTIVE, El Segundo, CA, *pg.* 214
Anderson, Justin - Account Services, Management - MEDIASSOCIATES, INC., Sandy Hook, CT, *pg.* 490
Anderson, Greg - Account Services, NBC - XAXIS, New York, NY, *pg.* 276
Anderson, Brian - Account Services - CAIN & CO., Rockford, IL, *pg.* 588
Anderson, KC - Account Services - THESIS, Portland, OR, *pg.* 270
Anderson, Robb - Account Services, Operations - EXHIBIT AFFECTS, Tempe, AZ, *pg.* 305
Anderson, Alissa - Account Services - CARMICHAEL LYNCH, Minneapolis, MN, *pg.* 47
Anderson, Flora - Account Planner, Account Services - THE OUTCAST AGENCY, San Francisco, CA, *pg.* 654
Anderson, Brock - Account Planner, Account Services - SECRET WEAPON MARKETING, Los Angeles, CA, *pg.* 139
Anderson, Emily - Account Services, Interactive / Digital, Media Department - HEARTS & SCIENCE, New York, NY, *pg.* 471
Anderson, Tim - Account Services, Interactive / Digital, Media Department - AMOBEE, INC., New York, NY, *pg.* 30
Anderson, Lindsey - Account Services - PEREIRA & O'DELL, San Francisco, CA, *pg.* 256

Anderson, Ellie - Account Services - GRIFFIN ARCHER, Minneapolis, MN, *pg.* 78
Anderson, Crystal - Account Services, Creative, Management, PPOM - 3HEADED MONSTER, Dallas, TX, *pg.* 23
Anderson, Mary - Account Services - BCW LOS ANGELES, Los Angeles, CA, *pg.* 581
Anderson, Kieran - Account Services - THINK MOTIVE, Denver, CO, *pg.* 154
Anderson, Tayler - Account Services - THE MARTIN AGENCY, Richmond, VA, *pg.* 421
Anderson, Katie - Account Services - VMLY&R, Chicago, IL, *pg.* 275
Anderson, Sarah - Account Services - 22SQUARED INC., Atlanta, GA, *pg.* 319
Anderson, Kirsten - Account Services - THE NARRATIVE GROUP, New York, NY, *pg.* 654
Anderson, Shelby - Account Services - JWT INSIDE, Atlanta, GA, *pg.* 667
Anderson, Brook - Account Services - LOCAL PROJECTS, New York, NY, *pg.* 190
Anderson, Shannon - Account Services, Management - WS, Calgary, AB, *pg.* 164
Anderson, Megan - Account Services - BELLMONT PARTNERS PUBLIC RELATIONS, Minneapolis, MN, *pg.* 582
Andra, Kate - Account Services - FORCE MARKETING, Atlanta, GA, *pg.* 284
Andre, Anthony - Account Services, Operations - BAYARD ADVERTISING AGENCY, INC., New York, NY, *pg.* 37
Andreasik, Alexis - Account Services - LAPIZ, Chicago, IL, *pg.* 542
Andreozzi, Alaina - Account Planner, Account Services - CIRCUS MAXIMUS, New York, NY, *pg.* 50
Andres, Anthony - Account Services, Media Department - GELIA WELLS & MOHR, Williamsville, NY, *pg.* 362
Andres, Karen - Account Services, Creative - THE MANY, Pacific Palisades, CA, *pg.* 151
Andrew, Caroline - Account Services, Management - MISSY FARREN & ASSOCIATES, LTD., New York, NY, *pg.* 627
Andrew, Christopher - Account Services, Interactive / Digital, Media Department - MEDIACOM, New York, NY, *pg.* 487
Andrews, Connie - Account Services, Creative, Interactive / Digital - THE RICHARDS GROUP, INC., Dallas, TX, *pg.* 422
Andrews, Morgan - Account Services - IMG LIVE, Atlanta, GA, *pg.* 308
Andrews, Jeff - Account Services - BOOMM MARKETING & COMMUNICATIONS, La Grange, IL, *pg.* 218
Andrist, Ryan - Account Services, Interactive / Digital - THE INTEGER GROUP, Lakewood, CO, *pg.* 682
Andros, Nadine - Account Services - WUNDERMAN THOMPSON, New York, NY,

RESPONSIBILITIES INDEX — AGENCIES

pg. 434
Andry, Katherine - Account Services - ZEHNDER COMMUNICATIONS, INC., New Orleans, LA, *pg.* 436
Angell, Karen - Account Services - SID LEE, Seattle, WA, *pg.* 140
Angert, Shira - Account Services, Public Relations - BENENSON STRATEGY GROUP, New York, NY, *pg.* 333
Angotti, Karol - Account Services, PPOM - FASONE PARTNERS, INC., Kansas City, MO, *pg.* 357
Angulo, Alice - Account Services - GLYNNDEVINS MARKETING, Kansas City, MO, *pg.* 364
Anjum, Oshin - Account Planner, Account Services, Media Department, NBC - GTB, Dallas, TX, *pg.* 80
Ankeney, Shane - Account Services, Management, PPOM - HAVAS MEDIA GROUP, New York, NY, *pg.* 468
Anklow, Liz - Account Services, Management, NBC - DKC PUBLIC RELATIONS, New York, NY, *pg.* 597
Anselmo, Diane - Account Services - HANAPIN MARKETING, Bloomington, IN, *pg.* 237
Anta, Veronica - Account Services - FLUID, INC., New York, NY, *pg.* 235
Anthony, Trisha - Account Services, Public Relations - GORDON C. JAMES PUBLIC RELATIONS, Phoenix, AZ, *pg.* 610
Antoine, Jessica - Account Services - COVET PUBLIC RELATIONS, San Diego, CA, *pg.* 593
Anton, Georgine - Account Services, Management, PPOM - ACCENTURE INTERACTIVE, New York, NY, *pg.* 209
Antonini, Ann - Account Services, Creative, Media Department, NBC - DONER, Los Angeles, CA, *pg.* 352
Anzulewicz, Julie - Account Services - RAUXA, Costa Mesa, CA, *pg.* 291
Apatoff, Claire - Account Services, Interactive / Digital - BCV EVOLVE, Chicago, IL, *pg.* 216
Apelo, Marika - Account Services - THE OUTCAST AGENCY, San Francisco, CA, *pg.* 654
Aponte, Midy - Account Services - SPITFIRE STRATEGIES, Washington, DC, *pg.* 649
Appenzoller, Erin - Account Services, Interactive / Digital, Media Department, Social Media - CRISPIN PORTER + BOGUSKY, Boulder, CO, *pg.* 346
Appicello-Heyl, Jillian - Account Services - DID AGENCY, Ambler, PA, *pg.* 62
Applebaum, Sari - Account Services - HEARTS & SCIENCE, New York, NY, *pg.* 471
Appleby, Jack - Account Services, Creative - R/GA, Los Angeles, CA, *pg.* 261
Applegate, Kyla - Account Services, Social Media - THINK MOTIVE, Denver, CO, *pg.* 154
Appleget, Scott - Account Services - J. W. MORTON & ASSOCIATES, Cedar Rapids, IA, *pg.* 91

Applequist, Eric - Account Services - BARKLEY, Kansas City, MO, *pg.* 329
Apter, Carin - Account Services - AREA 23, New York, NY, *pg.* 33
Aquilino, Liz - Account Services - 360PRPLUS, New York, NY, *pg.* 573
Aquilino, Liz - Account Services - 360PRPLUS, Boston, MA, *pg.* 573
Aralihalli, Dion - Account Services, Management - ANOMALY, Toronto, ON, *pg.* 326
Aran Quintana, Jaqueline - Account Services - THE COMMUNITY, Miami Beach, FL, *pg.* 545
Arango, John - Account Services - ZENO GROUP, Chicago, IL, *pg.* 664
Arant, Jasmine - Account Services - NIKE COMMUNICATIONS, INC., New York, NY, *pg.* 632
Arbeene, Rebecca - Account Services - COPACINO + FUJIKADO, LLC, Seattle, WA, *pg.* 344
Arboleda, Christopher - Account Services - ARCHETYPE, San Francisco, CA, *pg.* 33
Arcangeli, Eileen - Account Services - MANHATTAN MARKETING ENSEMBLE, New York, NY, *pg.* 382
Arce, Pablo - Account Services - Y MEDIA LABS, Redwood City, CA, *pg.* 205
Arcentales, Anita - Account Services, Management, Media Department - BLUE 449, New York, NY, *pg.* 455
Archambault, Virginia - Account Services - VREELAND MARKETING, Yarmouth, ME, *pg.* 161
Archambeau, Kristin - Account Services - NIKE COMMUNICATIONS, INC., New York, NY, *pg.* 632
Archer, Janet - Account Services - YECK BROTHERS COMPANY, Dayton, OH, *pg.* 294
Archibald, Tim - Account Services - MKTG INC, New York, NY, *pg.* 311
Ardia, Lisa - Account Services, Media Department - RINCK ADVERTISING, Lewiston, ME, *pg.* 407
Arenas, Lou - Account Services - BEAKBANE MARKETING, INC., Toronto, ON, *pg.* 2
Arenson, Susan - Account Services - BROWN & BIGELOW, San Diego, CA, *pg.* 566
Aresu, Nancy - Account Services, Creative, Management - CRAMER-KRASSELT, New York, NY, *pg.* 53
Arevalo, Melba - Account Services, Creative - FCB HEALTH, New York, NY, *pg.* 72
Argieard, Terri - Account Services, Finance, Management - THE EHRHARDT GROUP, INC., New Orleans, LA, *pg.* 653
Arias Duval, Mariana - Account Planner, Account Services, Media Department - WMX, Miami, FL, *pg.* 276
Arita, Marci - Account Planner, Account Services, Interactive / Digital, Media Department, NBC -

HEARTS & SCIENCE, New York, NY, *pg.* 471
Arkatin, Lauren - Account Services - DID AGENCY, Ambler, PA, *pg.* 62
Arkell, Chris - Account Services, NBC, Operations - PINNACLE ADVERTISING, Schaumburg, IL, *pg.* 397
Armenteros, Arlene - Account Services - REPUBLICA HAVAS, Miami, FL, *pg.* 545
Armistead, Stacy - Account Planner, Account Services, Interactive / Digital, Public Relations - MINDSHARE, Atlanta, GA, *pg.* 493
Armitage, Ben - Account Services, Management, Operations - ADAMS OUTDOOR ADVERTISING, North Charleston, SC, *pg.* 549
Armitstead, Alan - Account Services, Management - IMI INTERNATIONAL, Toronto, ON, *pg.* 445
Armstrong, Amy - Account Services, PPOM - INITIATIVE, New York, NY, *pg.* 477
Armstrong, Gabriel - Account Services, Management, Media Department - TAG, Thornhill, ON, *pg.* 145
Armstrong, Rebecca - Account Services, Creative, Management, NBC, PPOM - NORTH, Portland, OR, *pg.* 121
Armstrong, Sydney - Account Services - AMOBEE, INC., New York, NY, *pg.* 30
Armstrong, Pamela - Account Services - RED BANYAN, Deerfield Beach, FL, *pg.* 641
Armstrong, Mary - Account Services - RED URBAN, Toronto, ON, *pg.* 405
Arnason, Alex - Account Services, Media Department - OVATIVE GROUP, Minneapolis, MN, *pg.* 256
Arndt, Julie - Account Services - 360I, LLC, New York, NY, *pg.* 320
Arney, Lauren - Account Services, Media Department - PP+K, Tampa, FL, *pg.* 129
Arnise, Kira - Account Services - WORKHORSE MARKETING, Austin, TX, *pg.* 433
Arnold, Hannah - Account Services, Management, PPOM - LAK PR, New York, NY, *pg.* 621
Arnold, Andy - Account Services, NBC, PPOM - ANSIRA, Irvine, CA, *pg.* 565
Arnold, Melissa - Account Services, Public Relations - PORTER NOVELLI CANADA, Toronto, ON, *pg.* 638
Arnold, Karmin - Account Services - PLANET PROPAGANDA, Madison, WI, *pg.* 195
Arnoldi Pedersen, Mikkel - Account Services - VERTIC, New York, NY, *pg.* 274
Arnot, Andrew - Account Services, Management - DEUTSCH, INC., New York, NY, *pg.* 349
Arons, Susan - Account Services, Management - RUBENSTEIN ASSOCIATES, New York, NY, *pg.* 644
Aronson, Danit - Account Services,

AGENCIES — RESPONSIBILITIES INDEX

NBC, PPOM - CSM SPORT & ENTERTAINMENT, New York, NY, pg. 347

Aronson, Ian - Account Services, NBC - COLLINS:, New York, NY, pg. 177

Arora, Ishviene - Account Services, Operations, PPOM - VESTED, New York, NY, pg. 658

Arora, Pallavi - Account Services - HERO DIGITAL, San Francisco, CA, pg. 238

Arriaga, Carolina - Account Services - MARTIN RETAIL GROUP, New York, NY, pg. 106

Arrive, Emilie - Account Services - TBWA \ CHIAT \ DAY, Los Angeles, CA, pg. 146

Arroliga, Alexandra - Account Services, Operations - VMLY&R, New York, NY, pg. 160

Arseneau, Christina - Account Services - CITIZEN RELATIONS, Toronto, ON, pg. 590

Arsham, Kevin - Account Services, PPOM - MEDIACOM, New York, NY, pg. 487

Arslanian, Tamar - Account Services - AFG&, New York, NY, pg. 28

Artea, Janette - Account Services - GOLIN, Dallas, TX, pg. 609

Arthur, Anna - Account Services, Interactive / Digital - WPROMOTE, Melville, NY, pg. 678

Artur, Allie - Account Services - VAULT COMMUNICATIONS, INC., Plymouth Meeting, PA, pg. 658

Aruda, Ashley - Account Services - M BOOTH & ASSOCIATES, INC., New York, NY, pg. 624

Asay, Martin - Account Services - FRONTLINE PUBLIC INVOLVEMENT, Farmington, UT, pg. 606

Asbury, William - Account Services - BRIGHTWAVE MARKETING, INC., Atlanta, GA, pg. 219

Asch Schalik, Alana - Account Services, Media Department - CARAT, New York, NY, pg. 459

Aschaker, Dana - Account Services - GMR MARKETING, New Berlin, WI, pg. 306

Ash, Richard - Account Services, Management - ZIMMERMAN ADVERTISING, Fort Lauderdale, FL, pg. 437

Ash, Ron - Account Services, Management, NBC - DERSE, INC., Kennesaw, GA, pg. 304

Ash, Jessica - Account Services - CO:COLLECTIVE, LLC, New York, NY, pg. 5

Ashburn, Jennifer - Account Services, NBC - VDA PRODUCTIONS, Somerville, MA, pg. 317

Ashcraft, Heidi - Account Services, Finance, PPOM - ASHCRAFT DESIGN, Torrance, CA, pg. 173

Ashkenazi, Nina - Account Services - CSM SPORT & ENTERTAINMENT, New York, NY, pg. 347

Ashley Page, Erica - Account Services - BELMONT ICEHOUSE, Dallas, TX, pg. 333

Ashmore, Robin - Account Services,

NBC, PPOM - AMELIE COMPANY, Denver, CO, pg. 325

Ashnault, Karen - Account Services - CSM SPORT & ENTERTAINMENT, New York, NY, pg. 347

Ashpole, Kathy - Account Services - THE ZIMMERMAN GROUP, Minnetonka, MN, pg. 426

Ashraf, Sabah - Account Services, PPOM - SUPERUNION, New York, NY, pg. 18

Ashraf, Sadia - Account Services, PPOM - SAATCHI & SAATCHI X, Cincinnati, OH, pg. 682

Ashton, Kim - Account Services - IDEAOLOGY ADVERTISING, Marina Del Rey, CA, pg. 88

Aske, Brenda - Account Planner, Account Services - BIOLUMINA, New York, NY, pg. 39

Asker, Paige - Account Services - BRIGHT RED\TBWA, Tallahassee, FL, pg. 337

Asman, Sheryl - Account Services - THE KARMA GROUP, Green Bay, WI, pg. 420

Asselin, Elizabeth - Account Services, NBC - FORSMAN & BODENFORS, New York, NY, pg. 74

Assenza, Michelle - Account Services - FOXX ADVERTISING & DESIGN, Toronto, ON, pg. 184

Assenza, Michael - Account Services, Interactive / Digital - ZENITH MEDIA, New York, NY, pg. 529

Assie-Kurtz, Tina - Account Services - LMNO, Saskatoon, SK, pg. 100

Astin, Elizabeth - Account Services - BADER RUTTER & ASSOCIATES, INC., Milwaukee, WI, pg. 328

Astini, Marcella - Account Services - DELOITTE DIGITAL, New York, NY, pg. 225

Atabay, Nicole - Account Planner, Account Services, Media Department - ZENITH MEDIA, Atlanta, GA, pg. 531

Atherton, James - Account Services, Media Department, PPOM - RED FUSE COMMUNICATIONS, New York, NY, pg. 404

Atkins, Kelsey - Account Services, CENTERLINE DIGITAL, Raleigh, NC, pg. 220

Atkinson, Craig - Account Services, Interactive / Digital, NBC, Operations, PPOM - TINUITI, New York, NY, pg. 678

Atkinson, Jennifer - Account Services, Management, PPOM - FLEISHMANHILLARD HIGHROAD, Toronto, ON, pg. 606

Atkinson, Holly - Account Services - ADSMITH COMMUNICATIONS, INC., Springfield, MO, pg. 28

Atlas, Ashton - Account Services - BEAUTIFUL DESTINATIONS, New York, NY, pg. 38

Atteberry, Candi - Account Services - NOVUS MEDIA, INC., Plymouth, MN, pg. 497

Attia, Sarah - Account Services - EDELMAN, Toronto, ON, pg. 601

Attridge, Lisa - Account Services, Administrative - ACTIVE INTERNATIONAL, Pearl River, NY, pg. 439

Atwood, Jill - Account Services - FUSEIDEAS, LLC, Winchester, MA, pg. 306

Aubin, Chris - Account Services, Media Department, NBC - STARCOM WORLDWIDE, Chicago, IL, pg. 513

Augeri, Melissa - Account Planner, Account Services - MASON, INC., Bethany, CT, pg. 383

Aultz, Christine - Account Services - BOOYAH ONLINE ADVERTISING, Denver, CO, pg. 218

Aultz, Geoffrey - Account Services - JCDECAUX NORTH AMERICA, New York, NY, pg. 553

Auren, Megan - Account Services - MARTIN WILLIAMS ADVERTISING, Minneapolis, MN, pg. 106

Auriol, Stephane - Account Services - MARC USA, Chicago, IL, pg. 104

Aust, Susan - Account Services - VERMILION DESIGN, Boulder, CO, pg. 204

Austin, Wade - Account Services, Management - CJRW, Little Rock, AR, pg. 590

Austin, James - Account Planner, Account Services - MINDSHARE, New York, NY, pg. 491

Autry, Stephanie - Account Services, NBC - BESON 4 MEDIA GROUP, Jacksonville, FL, pg. 3

Avalone, Danielle - Account Services - LANMARK360, West Long Branch, NJ, pg. 379

Avanessian, Steve - Account Services - BENSUSSEN DEUTSCH & ASSOCIATES, Woodinville, WA, pg. 566

Averay Cuesta, Julie - Account Services - MYRIAD TRAVEL MARKETING, Los Angeles, CA, pg. 390

Averback, Karintha - Account Services, Media Department - PHD, San Francisco, CA, pg. 504

Avila, Rachelle - Account Services, Management, Media Department - MEKANISM, New York, NY, pg. 113

Avila, Gabriela - Account Services - DROGA5, New York, NY, pg. 64

Avino, Christina - Account Services - SEER INTERACTIVE, Philadelphia, PA, pg. 677

Avril, Meg - Account Services - WALKER SANDS COMMUNICATIONS, Chicago, IL, pg. 659

Awad, Garett - Account Services, Management - DEUTSCH, INC., New York, NY, pg. 349

Axmacher, Meryl - Account Services, Interactive / Digital, Media Department, NBC - SPARK451, INC., Westbury, NY, pg. 411

Aydin, Priscilla - Account Services - ANNALECT GROUP, New York, NY, pg. 213

Ayers, Elizabeth - Account Services - DUNN&CO, Tampa, FL, pg. 353

Ayers, Emily - Account Services - UNION, Charlotte, NC, pg. 273

1133

RESPONSIBILITIES INDEX — AGENCIES

Ayotte, Chad - Account Planner, Account Services - HAVAS MEDIA GROUP, New York, NY, pg. 468

Ayres, Carly - Account Services - ZAMBEZI, Culver City, CA, pg. 165

Azarloza, Armando - Account Services, NBC, PPOM - THE AXIS AGENCY, Century City, CA, pg. 545

Azevedo, Chrissy - Account Services - FAMA PR, INC., Boston, MA, pg. 602

Azuri, Jonathan - Account Services, Operations - HITWISE, Santa Monica, CA, pg. 86

Azzolino, Christine - Account Services, Public Relations - COYNE PUBLIC RELATIONS, Parsippany, NJ, pg. 593

Babazadeh, Matthew - Account Planner, Account Services, Creative, Media Department - DDB CHICAGO, Chicago, IL, pg. 59

Babcock, Kristin - Account Planner, Account Services, Interactive / Digital, Media Department, Social Media - CRAMER-KRASSELT, Chicago, IL, pg. 53

Babcock, John - Account Services, NBC - RHYTHMONE, Burlington, MA, pg. 263

Baber, Karen - Account Services, Management, Media Department - THE MARTIN AGENCY, Richmond, VA, pg. 421

Babin, Michelle - Account Services, Public Relations - KETCHUM, Washington, DC, pg. 619

Babjack, Kristen - Account Services - BRANDMUSCLE, Cleveland, OH, pg. 337

Bablin, Josh - Account Services - TERRI & SANDY, New York, NY, pg. 147

Babrikova, Mila - Account Services - PUBLICIS NORTH AMERICA, New York, NY, pg. 399

Bacharach, Jason - Account Services - SOURCE COMMUNICATIONS, Hackensack, NJ, pg. 315

Bacharach, Alexandra - Account Services - DADDI BRAND COMMUNICATIONS, New York, NY, pg. 595

Bacheller, Andrew - Account Services - LEO BURNETT DETROIT, Troy, MI, pg. 97

Backenstose, Brad - Account Services, Media Department, NBC - WAVEMAKER, New York, NY, pg. 526

Backer, Donna - Account Services - TWG COMMUNICATIONS, North Bay, ON, pg. 427

Backs, Claire - Account Services, Interactive / Digital - TAYLOR WEST ADVERTISING, INC., San Antonio, TX, pg. 416

Backs-Chin, Andi - Account Services - FERGUSON ADVERTISING, INC., Fort Wayne, IN, pg. 73

Backus, Lesley - Account Services, Management, Media Department, PPOM - FLEISHMANHILLARD, Saint Louis, MO, pg. 604

Bacon Cvancara, Kathryn - Account Services, Promotions - THE INTEGER GROUP, Lakewood, CO, pg. 682

Baddley, Janice - Account Services - DNA CREATIVE COMMUNICATIONS, Greenville, SC, pg. 598

Badger, McKenzie - Account Services, NBC - MEKANISM, New York, NY, pg. 113

Badhorn-Hall, Michelle - Account Services, NBC - MEDIA PARTNERS, INC., Raleigh, NC, pg. 486

Bae, Arlene - Account Services, Management - FCB WEST, San Francisco, CA, pg. 72

Baer, Ian - Account Services, NBC, PPOM - RAUXA, New York, NY, pg. 291

Baer, Megan - Account Planner, Account Services - SECRET WEAPON MARKETING, Los Angeles, CA, pg. 139

Baez, Maria - Account Services - SHIFT COMMUNICATIONS, LLC, Boston, MA, pg. 647

Baghdasarian, Armen - Account Services, Creative, Management - WPROMOTE, El Segundo, CA, pg. 678

Bagley, Andy - Account Services - SIGNATURE GRAPHICS, Porter, IN, pg. 557

Bagno, Craig - Account Planner, Account Services, Management - MCCANN NEW YORK, New York, NY, pg. 108

Bahlmann, Ashley - Account Services, Media Department - CRAMER-KRASSELT, Chicago, IL, pg. 53

Bailes, Jeff - Account Services, Media Department - ICON MEDIA DIRECT, Sherman Oaks, CA, pg. 476

Bailey, Jonathan - Account Services, PPOM - I.D.E.A., San Diego, CA, pg. 9

Bailey, Andrew - Account Services, NBC, PPOM - THE&PARTNERSHIP, New York, NY, pg. 426

Bailey, Amy - Account Services - GOTHAM, INC., New York, NY, pg. 77

Bailey, Jasmine - Account Planner, Account Services - MEDIACOM, New York, NY, pg. 487

Bailin, Dan - Account Planner, Account Services, Management - THE VIA AGENCY, Portland, ME, pg. 154

Bailin Batz, Alison - Account Services - HMA PUBLIC RELATIONS, Phoenix, AZ, pg. 614

Baillargeon, Isabelle - Account Services - TOUCHE!, Montreal, QC, pg. 520

Baillie, Marian - Account Services - 6DEGREES, Toronto, ON, pg. 321

Bailly, Nestor - Account Planner, Account Services, Research, Social Media - PRAYTELL, Brooklyn, NY, pg. 258

Bain, Sean - Account Services, NBC - NAS RECRUITMENT COMMUNICATIONS, Troy, IL, pg. 667

Bainbridge, Mike - Account Services, NBC - STERLING BRANDS, New York, NY, pg. 18

Baio, Chris - Account Services, Media Department - WHITEMYER ADVERTISING, INC., Zoar, OH, pg. 161

Baird, Lisa - Account Services - RPA, Atlanta, GA, pg. 135

Baird, Taylor - Account Services - BBDO WORLDWIDE, New York, NY, pg. 331

Baizen, Amanda - Account Services - EP+CO., Greenville, SC, pg. 356

Baker, Craig - Account Services, Management - NOBLE MARKETING GROUP, North Orlando, FL, pg. 569

Baker, Ben - Account Services, Operations - ANTHOLOGIE, Milwaukee, WI, pg. 31

Baker, Erica - Account Services, Interactive / Digital - SAATCHI & SAATCHI LOS ANGELES, Torrance, CA, pg. 137

Baker, Tonya - Account Services - CREATIVE ENERGY, INC., Johnson City, TN, pg. 346

Baker, Phyllis - Account Services - COONEY, WATSON & ASSOCIATES, Albuquerque, NM, pg. 53

Baker, Marie - Account Services, Interactive / Digital - LITZKY PUBLIC RELATIONS, Hoboken, NJ, pg. 623

Baker, Kristen - Account Services, Interactive / Digital, Management, Media Department, PPOM - REPRISE DIGITAL, New York, NY, pg. 676

Baker, Kari - Account Services, NBC - PHIZZLE, INC., San Francisco, CA, pg. 534

Baker, Matthew - Account Services, PPOM - J3, New York, NY, pg. 480

Baker, Maggie - Account Services - FLYNN WRIGHT, INC., Des Moines, IA, pg. 359

Baker, Erica - Account Services - FIREHOUSE, INC., Dallas, TX, pg. 358

Baker, Stacy - Account Services - ALOYSIUS BUTLER & CLARK, Wilmington, DE, pg. 30

Baker, Jana - Account Services, NBC - MARCHEX, INC., Seattle, WA, pg. 675

Baker, Peter - Account Services - INTERSECTION, New York, NY, pg. 553

Baker, Jessica - Account Services, Creative - PREACHER, Austin, TX, pg. 129

Baker, Lauren - Account Services, Analytics - HEARTS & SCIENCE, New York, NY, pg. 471

Baker, Laurie - Account Services - OUTCOLD, Chicago, IL, pg. 395

Baker, Katelyn - Account Services, Promotions - 160OVER90, Los Angeles, CA, pg. 301

Baker, Jeremy - Account Services - CK ADVERTISING, Lakewood, CO, pg. 220

Baker, Kayla - Account Services - CK ADVERTISING, Lakewood, CO, pg. 220

Baker, Melissa - Account Services, Interactive / Digital, NBC - DESTINATION MARKETING, Mountlake Terrace, WA, pg. 349

Baker Kenny, Shannan - Account Services - WOODRUFF, Columbia, MO,

AGENCIES

RESPONSIBILITIES INDEX

pg. 163

Bakula, Morana - Account Services - BOND BRAND LOYALTY, Mississauga, ON, pg. 280

Balanov, Danielle - Account Services, NBC - ARNOLD WORLDWIDE, Boston, MA, pg. 33

Baldauf, Mark - Account Services, NBC, PPOM - CATALYST ADVERTISING, Pittsburgh, PA, pg. 48

Baldessarre, Christine - Account Planner, Account Services, Media Department, NBC - MINDSHARE, New York, NY, pg. 491

Baldez, Christie - Account Services, NBC - THE BARBER SHOP MARKETING, Addison, TX, pg. 148

Baldridge, Mark - Account Services - HUGHESLEAHYKARLOVIC, Saint Louis, MO, pg. 372

Baldwin, Erica - Account Services - PORTER NOVELLI, New York, NY, pg. 637

Baldwin, Camille - Account Services, Creative, Media Department - PATTERN, New York, NY, pg. 126

Baldwin, Katie - Account Services - MATCH ACTION MARKETING GROUP, Boulder, CO, pg. 692

Baldwin, Zach - Account Services, Creative - ACTION INTEGRATED MARKETING, Norcross, GA, pg. 322

Baliber, Michael - Account Planner, Account Services, Interactive / Digital, Media Department - HEALIXGLOBAL, New York, NY, pg. 471

Balicki, Chris - Account Services, Management, Media Department - COMMONWEALTH // MCCANN, Detroit, MI, pg. 52

Balicki, Olivia - Account Services - HEAT, San Francisco, CA, pg. 84

Balk, Charlie - Account Services - LIKEABLE MEDIA, New York, NY, pg. 246

Ball, Greg - Account Services - BRENER ZWIKEL & ASSOCIATES, Reseda, CA, pg. 586

Ball, Kelly - Account Services - PATHFINDERS ADVERTISING & MARKETING GROUP, INC., Mishawaka, IN, pg. 126

Ball, Gavin - Account Services - JUNCTION59, Toronto, ON, pg. 378

Ball, Josh - Account Services, Operations - DAGGER, Atlanta, GA, pg. 224

Ball, Jennifer - Account Services - NIMBUS, Louisville, KY, pg. 391

Ball, Mardi - Account Services, Finance - HMH, Portland, OR, pg. 86

Ballard, Morgan - Account Services - ARCHETYPE, Los Angeles, CA, pg. 33

Ballenger, Travis - Account Services, NBC - TRUE MEDIA, Columbia, MO, pg. 521

Balliet, Genine - Account Services, Human Resources, PPOM - TARGETBASE MARKETING, Irving, TX, pg. 292

Balter, Jessica - Account Services - PUBLICIS TORONTO, Toronto, ON, pg. 639

Baltz, Emilie - Account Services - TOOL OF NORTH AMERICA, Santa Monica, CA, pg. 564

Banasik, Kirk - Account Services, Management - PIPITONE GROUP, Pittsburgh, PA, pg. 195

Bandy, Megan - Account Planner, Account Services, Media Department, NBC - MINDSHARE, Chicago, IL, pg. 494

Banerjee, Mitali - Account Planner, Account Services - WUNDERMAN HEALTH, New York, NY, pg. 164

Banghart, Katie - Account Services, NBC - SAATCHI & SAATCHI LOS ANGELES, Torrance, CA, pg. 137

Banks, Emily - Account Services, Public Relations - RYGR, Carbondale, CO, pg. 409

Bankston, Erik - Account Services - CARDENAS MARKETING NETWORK, Chicago, IL, pg. 303

Bannon, Kristyn - Account Services, Creative - JACOBSON ROST, Chicago, IL, pg. 376

Bannon, Megan - Account Planner, Account Services, Media Department - LEO BURNETT WORLDWIDE, Chicago, IL, pg. 98

Bannon, Bonnie - Account Services - ZORCH, Chicago, IL, pg. 22

Banting, Erin - Account Services - NO FIXED ADDRESS INC., Toronto, ON, pg. 120

Baptiste, Jim - Account Services - MATTER COMMUNICATIONS, INC., Newburyport, MA, pg. 626

Baraczek, Susan - Account Services, Management - RED TETTEMER O'CONNELL + PARTNERS, Philadelphia, PA, pg. 404

Baran, Christina - Account Services, Operations - FUSEIDEAS, LLC, Winchester, MA, pg. 306

Barba Murphy, Kate - Account Services - REGAN COMMUNICATIONS GROUP, Providence, RI, pg. 642

Barbeln, Alison - Account Services - CARMICHAEL LYNCH, Minneapolis, MN, pg. 47

Barber, Robert - Account Services, PPM, Public Relations - RUSSELL DESIGN, New York, NY, pg. 197

Barber, Peter - Account Planner, Account Services, NBC - LIPMAN HEARNE, INC. , Chicago, IL, pg. 381

Barber, Charlotte - Account Services - ZULU ALPHA KILO, Toronto, ON, pg. 165

Barber, Alexandra - Account Services - JELLYFISH, San Francisco, CA, pg. 243

Barbosa, Renato - Account Services, Interactive / Digital - MULLENLOWE U.S. NEW YORK, New York, NY, pg. 496

Barbour, Christi - Account Services, Media Department - LEWIS MEDIA PARTNERS, Richmond, VA, pg. 482

Barbour, Kristin - Account Services - AGENCYEA, Chicago, IL, pg. 302

Barbour, Haley - Account Services, PPOM, Public Relations - BGR GROUP, Washington, DC, pg. 583

Barbuto, Angela - Account Services - 6DEGREES, Toronto, ON, pg. 321

Barcia, Mike - Account Services, Interactive / Digital - DAVIDSON BELLUSO, Phoenix, AZ, pg. 179

Bardacke, Seth - Account Services - GRANDESIGN, San Diego, CA, pg. 552

Barden, Adriana - Account Services, Management - CALLAN ADVERTISING COMPANY, New York, NY, pg. 457

Bardis, Eleni - Account Services, Interactive / Digital, Media Department, PPOM - MEDIACOM, New York, NY, pg. 487

Bare, Wade - Account Services, NBC - MERING, Sacramento, CA, pg. 114

Barek, Rachel - Account Services, Interactive / Digital - AKQA , Washington, DC, pg. 212

Baretz, Spencer - Account Services, PPOM - BARETZ + BRUNELLE, New York, NY, pg. 580

Barg, Jason - Account Services - BIMM DIRECT & DIGITAL, Toronto, ON, pg. 280

Barich, Kyle - Account Services, NBC, PPOM - THE CDM GROUP, New York, NY, pg. 149

Baril, Amy - Account Services, Creative, Media Department - NDP, Richmond, VA, pg. 390

Barish Blevins, Dani - Account Services, Interactive / Digital - TERRI & SANDY, New York, NY, pg. 147

Barkan, Jennifer - Account Services - ALLISON+PARTNERS, Chicago, IL, pg. 577

Barker, Devyn - Account Services, Media Department, Public Relations - DECKER ROYAL AGENCY, New York, NY, pg. 596

Barker, Jenny - Account Services - REED PUBLIC RELATIONS, Nashville, TN, pg. 642

Barker, Chad - Account Services, Promotions - ADPEARANCE, Portland, OR, pg. 671

Barkow, Stephanie - Account Planner, Account Services, Research - BVK, Milwaukee, WI, pg. 339

Barlow, Sadie - Account Services, Media Department - COGNISCIENT MEDIA/MARC USA, Charlestown, MA, pg. 51

Barnard, Janet - Account Services, Media Department - OMD, New York, NY, pg. 498

Barnard, Amy - Account Services, NBC - MOMENTUM WORLDWIDE, Chicago, IL, pg. 117

Barnes, Eric - Account Services, Creative - BROTHERS & CO., Tulsa, OK, pg. 43

Barnes, Joey - Account Services, PPOM - DEG DIGITAL, Overland Park, KS, pg. 224

Barnett, Kimberly - Account Services - 360I, LLC, Atlanta, GA, pg. 207

Barnett, Sarah - Account Services - THREE FIVE TWO, INC., Atlanta, GA, pg. 271

Barnett, Jonathan - Account

RESPONSIBILITIES INDEX AGENCIES

Services - CACTUS MARKETING COMMUNICATIONS, Denver, CO, pg. 339
Barnhart, Wes - Account Services - SASQUATCH, Portland, OR, pg. 138
Barnum, Kalyn - Account Services, Media Department - COMMONWEALTH // MCCANN, Detroit, MI, pg. 52
Barofsky, Karen - Account Services - BRUSTMAN CARRINO PUBLIC RELATIONS, Miami, FL, pg. 587
Barone, Olivia - Account Planner, Account Services, Media Department - SWELLSHARK, New York, NY, pg. 518
BaRoss, Kelsey - Account Services - ROSECOMM, Hoboken, NJ, pg. 644
Barr, Karyn - Account Services, Management, Operations - ALLISON+PARTNERS, San Francisco, CA, pg. 576
Barr, Rahel - Account Services, NBC - MATMON.COM, Little Rock, AR, pg. 248
Barr, Devin - Account Services - MBT MARKETING, Portland, OR, pg. 108
Barragan, Armando - Account Services - LOCATION3 MEDIA, Denver, CO, pg. 246
Barrans, Lisa - Account Services - PROOF EXPERIENCES, Toronto, ON, pg. 314
Barre, Brittany - Account Services - WUNDERMAN THOMPSON, Washington, DC, pg. 434
Barrena, Montse - Account Services, Management - DEUTSCH, INC., Los Angeles, CA, pg. 350
Barreras, Desiree - Account Services, Interactive / Digital, Management, Media Department, PPOM - UNIVERSAL MCCANN, New York, NY, pg. 521
Barrett, Leslie - Account Services, Management, PPOM - GOODBY, SILVERSTEIN & PARTNERS, San Francisco, CA, pg. 77
Barrett, Kim - Account Services - MKTG INC, New York, NY, pg. 311
Barron, Walt - Account Services, Management, Media Department, PPOM - MCKINNEY, Durham, NC, pg. 111
Barron, Kate - Account Services, NBC - MOMENTUM WORLDWIDE, Chicago, IL, pg. 117
Barron, Meghan - Account Services - OPTIMUM SPORTS, New York, NY, pg. 394
Barrow, Adrian - Account Planner, Account Services, Management, Media Department - R/GA, Los Angeles, CA, pg. 261
Barry, Michelle - Account Services - LINK MEDIA OUTDOOR, Roswell, GA, pg. 553
Barsanti, Vincenz - Account Services, Interactive / Digital, Media Department - KENSHOO, San Francisco, CA, pg. 244
Barsky, Dani - Account Planner, Account Services, Interactive / Digital, Media Department - CMI MEDIA, LLC, King of Prussia, PA, pg. 342
Barsky, Jessica - Account Planner,

Account Services - GOLIN, New York, NY, pg. 610
Bartholomew, Tom - Account Services, Media Department - ICON INTERNATIONAL, INC., Greenwich, CT, pg. 476
Bartholomew, Betsy - Account Planner, Account Services, PPOM - LAUNCH ADVERTISING, Denver, CO, pg. 97
Bartholomew, Marc - Account Services - POSTERSCOPE U.S.A., New York, NY, pg. 556
Bartle, Lori - Account Services, PPOM - MERING, Sacramento, CA, pg. 114
Bartlett, Renata - Account Services, Interactive / Digital - ACUMIUM, LLC, Madison, WI, pg. 210
Bartman, Heather - Account Services, Public Relations - FAHLGREN MORTINE PUBLIC RELATIONS, Columbus, OH, pg. 70
Bartnovsky, Sasha - Account Services - MINDSHARE, New York, NY, pg. 491
Bartoe, Desiree - Account Services, Public Relations - GATESMAN, Pittsburgh, PA, pg. 361
Bartoli, Caterina - Account Services, Management, Media Department, PPOM - THE MEDIA KITCHEN, New York, NY, pg. 519
Bartolotta, Sophie - Account Services - AKRETE, Evanston, IL, pg. 575
Barton, Will - Account Services - GROUNDTRUTH.COM, New York, NY, pg. 534
Barton, Ross - Account Services - OLOGIE, Columbus, OH, pg. 122
Bartow, Kate - Account Services, NBC, Promotions - TEAM ONE, New York, NY, pg. 418
Bartucci, Samantha - Account Planner, Account Services - OMD, Chicago, IL, pg. 500
Barufkin, Phill - Account Services, Management, NBC - BADER RUTTER & ASSOCIATES, INC., Milwaukee, WI, pg. 328
Bash, Jonathan - Account Services - BROWN MILLER COMMUNICATIONS, INC., Martinez, CA, pg. 587
Basillo, Daina - Account Services, Management, Operations - KOVAK-LIKLY COMMUNICATIONS, Wilton, CT, pg. 620
Baskin, Laurie - Account Services, Management - 360I, LLC, Atlanta, GA, pg. 207
Baskind, Tori - Account Services, Finance, Interactive / Digital - MEDIA CAUSE, Washington, DC, pg. 249
Basone, Pam - Account Services - INTEGRATED MARKETING SOLUTIONS, Wheaton, IL, pg. 89
Bass, Jason - Account Services - VMLY&R, Kansas City, MO, pg. 274
Bassounas, John - Account Services, PPOM - QUENCH, Harrisburg, PA, pg. 131
Bast, Sarah - Account Services,

Media Department - PUBLICIS HEALTH MEDIA, Philadelphia, PA, pg. 506
Basu, Neha - Account Services, Operations - BRANDED ENTERTAINMENT NETWORK, INC., Sherman Oaks, CA, pg. 297
Batac, Colleen - Account Planner, Account Services, Media Department - UNIVERSAL MCCANN, San Francisco, CA, pg. 428
Batchler, Katy - Account Services, Media Department - EMPOWER, Cincinnati, OH, pg. 354
Batenhorst, Julia - Account Services, Interactive / Digital, Management - HUGE, INC., Oakland, CA, pg. 240
Bates, Amanda - Account Services - CURVE COMMUNICATIONS, Vancouver, BC, pg. 347
Bates, Lindy - Account Services, Management - HUGE, INC., Toronto, ON, pg. 240
Bates, Stephanie - Account Services - REVOLUTION, Chicago, IL, pg. 406
Batheja, Ankit - Account Services, Interactive / Digital - RIGHTPOINT, Boston, MA, pg. 263
Batinich, Cassie - Account Services - WEBER SHANDWICK, Minneapolis, MN, pg. 660
Batista, Katheryn - Account Services, Creative - ENERGY BBDO, INC., Chicago, IL, pg. 355
Battaglia, Alanna - Account Planner, Account Services, Media Department - MINDSHARE, New York, NY, pg. 491
Battisti, Michael - Account Services - HAVAS PR, Pittsburgh, PA, pg. 612
Battistini, Angela - Account Services - ALMA, Coconut Grove, FL, pg. 537
Bauer, Jonny - Account Planner, Account Services, PPOM - DROGA5, New York, NY, pg. 64
Baugham, Leigha - Account Services, Interactive / Digital, Media Department, NBC, Social Media - MRM//MCCANN, New York, NY, pg. 289
Baum, Jeff - Account Services - HANAPIN MARKETING, Bloomington, IN, pg. 237
Baum, Rebecca - Account Services, Media Department - OCEAN MEDIA, INC., Huntington Beach, CA, pg. 498
Baumann, Cindy - Account Services, NBC - AMPERAGE, Cedar Rapids, IA, pg. 30
Baumgarten, Eric - Account Services - VMLY&R, Seattle, WA, pg. 275
Baumgartner, Beth - Account Services, NBC - MEDIA ASSEMBLY, Southfield, MI, pg. 385
Baumgartner, Beth - Account Services - DONER, Southfield, MI, pg. 63
Bautista, Shaleena - Account Services - OCEAN MEDIA, INC., Huntington Beach, CA, pg. 498
Baxter, Steve - Account Services, NBC - OVATIVE GROUP, Minneapolis, MN, pg. 256

1136

AGENCIES — RESPONSIBILITIES INDEX

Baxter, Barney - Account Services - TBWA \ CHIAT \ DAY, New York, NY, pg. 416

Baxter, Barney - Account Services - ROKKAN, LLC, New York, NY, pg. 264

Bay, Douglas - Account Services - MARKETSTAR CORPORATION, Ogden, UT, pg. 383

Bayas, Maria - Account Services, Interactive / Digital - R&J STRATEGIC COMMUNICATIONS, Bridgewater, NJ, pg. 640

Bayer, Kristin - Account Services - ZIZZO GROUP ADVERTISING & PUBLIC RELATIONS, Milwaukee, WI, pg. 437

Bayne, Suzanne - Account Services - TRUE MEDIA, Columbia, MO, pg. 521

Baynham, Maggie - Account Services, Creative, Interactive / Digital, Operations - FORTYFOUR, Atlanta, GA, pg. 235

Beach, Bob - Account Services, Creative - J.T. MEGA, INC., Minneapolis, MN, pg. 91

Beach-Catton, Leslie - Account Services, NBC - DERSE, INC., Kennesaw, GA, pg. 304

Beacher, Seth - Account Planner, Account Services, Media Department - DENTSU X, New York, NY, pg. 61

Beadling, Jennifer - Account Services - DDM MARKETING & COMMUNICATIONS, Grand Rapids, MI, pg. 6

Bean, Andi - Account Services - EDELMAN, San Francisco, CA, pg. 601

Beasley, Jessica - Account Services - DUNN&CO, Tampa, FL, pg. 353

Beason, Lauren - Account Services, Management, Media Department - BLR FURTHER, Birmingham, AL, pg. 334

Beattie, Jessica - Account Services - JENNINGS & ASSOCIATES COMMUNICATIONS INC., Carlsbad, CA, pg. 617

Beauchamp, Monique - Account Services, Creative, Management - GUT MIAMI, Miami, FL, pg. 80

Beaulieu, Kristy - Account Services, Management - NEMO DESIGN, Portland, OR, pg. 193

Beauparlant, Dawn - Account Services, Interactive / Digital, PPOM - WE COMMUNICATIONS, Bellevue, WA, pg. 660

Beck, Michael - Account Services - ADVANTAGE INTERNATIONAL, Los Angeles, CA, pg. 301

Beck, Jack - Account Services - MONO, Minneapolis, MN, pg. 117

Becker, Chris - Account Services - HANSON DODGE, INC., Milwaukee, WI, pg. 185

Becker, Diana - Account Services, Media Department - CARAT, New York, NY, pg. 459

Becker, Christopher - Account Services, Media Department - JUST MEDIA, INC., Emeryville, CA, pg. 481

Beckerman, Meredith - Account Services - CARAT, New York, NY, pg. 459

Beckerman-Terry, Andie - Account Services, Management - HERZOG & COMPANY, North Hollywood, CA, pg. 298

Beckham, Danielle - Account Services, Management - MBB AGENCY, Leawood, KS, pg. 107

Beckley, Ben - Account Planner, Account Services, PPOM - CAMBRIDGE BIOMARKETING, Cambridge, MA, pg. 46

Beckman, Mitch - Account Services, Interactive / Digital - KEPLER GROUP, New York, NY, pg. 244

Beckwith, Cyndie - Account Services, Management - ACCENTURE INTERACTIVE, El Segundo, CA, pg. 322

Beddingfield, Tracy - Account Services - CONWAY MARKETING COMMUNICATIONS, Knoxville, TN, pg. 53

Beechler, Lydia - Account Services - BLASTMEDIA, Fishers, IN, pg. 584

Beedham, Melissa - Account Services - SIGMA MARKETING INSIGHTS, Rochester, NY, pg. 450

Beer, Alex - Account Services - GMR MARKETING, New Berlin, WI, pg. 306

Beer Levine, Paula - Account Services, Management, PPOM - WALRUS, New York, NY, pg. 161

Beerden, Alexander - Account Planner, Account Services, Creative - MCGARRYBOWEN, New York, NY, pg. 109

Beere, Derek - Account Planner, Account Services, NBC - MASON, INC., Bethany, CT, pg. 383

Beere, Shelley - Account Services - HIEBING, Madison, WI, pg. 85

Beere, Emmie - Account Services - BALTZ & COMPANY, New York, NY, pg. 580

Begal, Andy - Account Services, NBC - TONGAL, Santa Monica, CA, pg. 20

Begehr, Judy R. - Account Planner, Account Services - GYRO, Cincinnati, OH, pg. 368

Begel, Michael - Account Services - REVOLUTION, Chicago, IL, pg. 406

Beggs, Kaitlyn - Account Services - BLUE CHIP MARKETING & COMMUNICATIONS, Northbrook, IL, pg. 334

Behar, Claire - Account Planner, Account Services, Management, NBC - OMNICOM GROUP, New York, NY, pg. 123

Behbehani, Erin - Account Services - AGENCYEA, Chicago, IL, pg. 302

Behm, Michael - Account Services, PPOM - STATESIDE ASSOCIATES, Arlington, VA, pg. 649

Behrman, Ben - Account Services - SCHAFER CONDON CARTER, Chicago, IL, pg. 138

Beilman, Adam - Account Services - BBDO WORLDWIDE, New York, NY, pg. 331

Belfast, Ashley - Account Services, NBC - BENSIMON BYRNE, Toronto, ON, pg. 38

Belisario, Ryan - Account Services - OGILVY PUBLIC RELATIONS, New York, NY, pg. 633

Belisle, Lindsay - Account Services, Media Department, NBC - OMD, New York, NY, pg. 498

Belizario, Vince - Account Services, Management - JACK MORTON WORLDWIDE, San Francisco, CA, pg. 309

Bell, Gene - Account Services, Management - MILLER ADVERTISING, New York, NY, pg. 115

Bell, Greg - Account Services - NONBOX, Hales Corners, WI, pg. 121

Bell, Sean - Account Services - ZULU ALPHA KILO, Toronto, ON, pg. 165

Bell, Rebekah - Account Planner, Account Services - MYRIAD TRAVEL MARKETING, Los Angeles, CA, pg. 390

Bell, Diana - Account Services - RAPP WORLDWIDE, New York, NY, pg. 290

Bell, Tony - Account Services, Management, Media Department - GEOMETRY, Akron, OH, pg. 362

Bell, Nina - Account Services - TEN35, Chicago, IL, pg. 147

Bell, Brittany - Account Services - DEEPLOCAL, Sharpburgs, PA, pg. 349

Bell, Madeline - Account Services - BBDO WORLDWIDE, New York, NY, pg. 331

Bell, Lauren - Account Services, Social Media - HARVEY AGENCY, Sparks, MD, pg. 681

Bell, Rebekah - Account Planner, Account Services - MMGY GLOBAL, Kansas City, MO, pg. 388

Bell, Alan - Account Services - BADER RUTTER & ASSOCIATES, INC., Milwaukee, WI, pg. 328

Bell, Barbie - Account Services - DAVIS ADVERTISING, Worcester, MA, pg. 58

Belling, Noelle - Account Services, Operations - THE INTEGER GROUP, Lakewood, CO, pg. 682

Bellini, Jr., Dante - Account Services, NBC, PPOM - RDW GROUP, Providence, RI, pg. 403

Bellino, Eric - Account Services, Interactive / Digital - MERKLEY + PARTNERS, New York, NY, pg. 114

Bellis, Avery - Account Planner, Account Services - DEUTSCH, INC., Los Angeles, CA, pg. 350

Bellissimo, Mark - Account Services, Management, NBC, PPOM - J.R. THOMPSON COMPANY, Farmington Hills, MI, pg. 376

Bellmont, Jen - Account Services, NBC - BELLMONT PARTNERS PUBLIC RELATIONS, Minneapolis, MN, pg. 582

Belloir, Katharine - Account Services - BALDWIN&, Raleigh, NC, pg. 35

Bellot, Shana - Account Services, Creative - STRAWBERRYFROG, New York, NY, pg. 414

Belmore, Chris - Account Services - STRAWBERRYFROG, New York, NY, pg. 414

Belusko, Ann - Account Services, Interactive / Digital, Media Department - INITIATIVE, Chicago,

RESPONSIBILITIES INDEX AGENCIES

IL, pg. 479
Belz, Lizzy - Account Services - TOGORUN, Washington, DC, pg. 656
Benanti, Eric - Account Services, PPOM - TRACTORBEAM, Dallas, TX, pg. 156
Benavente, Jeniffer - Account Services, Management - CONVERSANT, LLC, New York, NY, pg. 222
Bendel, Jake - Account Services - BRUNNER, Atlanta, GA, pg. 44
Bender, Brett - Account Services, Management, PPOM - RPA, Santa Monica, CA, pg. 134
Bender, Gregg - Account Services, Management - OCEAN MEDIA, INC., Huntington Beach, CA, pg. 498
Bender, Brenda - Account Services - HATCH DESIGN, San Francisco, CA, pg. 186
Benedict, Jason - Account Services - ZUBI ADVERTISING, Dearborn, MI, pg. 547
Benenson, Joel - Account Services, NBC, PPOM, Public Relations - BENENSON STRATEGY GROUP, New York, NY, pg. 333
Benevento, Ali - Account Services - MOXIE, Atlanta, GA, pg. 251
Benjamini, Tracey - Account Services, Public Relations - R&J STRATEGIC COMMUNICATIONS, Bridgewater, NJ, pg. 640
Bennett, Daniel - Account Services, Interactive / Digital, Management, PPOM - GREY GROUP, New York, NY, pg. 365
Bennett, Brian - Account Services, PPOM - STIR, LLC, Milwaukee, WI, pg. 413
Bennett, Myron - Account Services, Creative - THIRD WAVE DIGITAL, Macon, GA, pg. 270
Bennett, Kristine - Account Services - CALYSTO COMMUNICATIONS INC., Buford, GA, pg. 588
Bennett, Angelica - Account Services - JOHN ST., Toronto, ON, pg. 93
Bennett, Linda - Account Services - ADRENALINE, INC., Atlanta, GA, pg. 172
Bennett, Emily - Account Services - SHIFTOLOGY COMMUNICATION, Springfield, OH, pg. 647
Bennett, Delilah - Account Services - 3POINTS COMMUNICATIONS, Chicago, IL, pg. 573
Benoit, Allison - Account Services - IRIS, New York, NY, pg. 376
Benoit, Chanel - Account Services - GREENOUGH COMMUNICATIONS, Watertown, MA, pg. 610
Benson, Julia - Account Services - PARTNERS + NAPIER, Rochester, NY, pg. 125
Bentz, Pam - Account Services, Media Department, NBC, PPOM - MILNER BUTCHER MEDIA GROUP, Los Angeles, CA, pg. 491
Benvenuto, Laura - Account Services, Public Relations - KETCHUM, Washington, DC, pg. 619
Benway, Elle - Account Services -

GMR MARKETING, New Berlin, WI, pg. 306
Beraglia, Amanda - Account Services - STRAWBERRYFROG, New York, NY, pg. 414
Berberich, Garrett - Account Services - HIMMELRICH INC., Baltimore, MD, pg. 614
Berchtold, Katherine - Account Services - ARGONAUT, INC., San Francisco, CA, pg. 33
Berckes, Monica - Account Services - DM.2, Ridgefield, NJ, pg. 180
Beregi, Christine - Account Services, Creative, PPM - NFM+DYMUN, Pittsburgh, PA, pg. 120
Berendt, Paul - Account Services, Management - STRATEGIES 360, Seattle, WA, pg. 650
Berg, Michelle - Account Services, Management - MKTG, Westport, CT, pg. 568
Berg, Jim - Account Services - EXCLAIMI, Palatine, IL, pg. 182
Berg, Jeff - Account Services - ABELSON-TAYLOR, Chicago, IL, pg. 25
Bergen, Chris - Account Services, Management, NBC - LEO BURNETT WORLDWIDE, Chicago, IL, pg. 98
Berger, Scott - Account Services, Management, Media Department, PPOM - WINGMAN MEDIA, Westlake Village, CA, pg. 529
Berger, Molly - Account Services - WAVEMAKER, San Francisco, CA, pg. 528
Berger, Jared - Account Services, Media Department - ANSIRA, Addison, TX, pg. 326
Berger, Jordan - Account Services, Media Department - MCCANN NEW YORK, New York, NY, pg. 108
Bergh, Peri - Account Services, PPOM - MICHAELS WILDER, INC., Peoria, AZ, pg. 250
Bergh, Myles - Account Services - MICHAELS WILDER, INC., Peoria, AZ, pg. 250
Berghoff, Lauren - Account Planner, Account Services - CARAT, Culver City, CA, pg. 459
Berghorn, Christine - Account Services, Finance, Media Department, NBC - PERFORMICS, New York, NY, pg. 676
Berghoudian, Chris - Account Services, Media Department - MARTIN RETAIL GROUP, Westlake Village, CA, pg. 106
Bergin, Maggie - Account Services - RP3 AGENCY, Bethesda, MD, pg. 408
Bergum, Lisa - Account Services - CLEARPOINT AGENCY, Encinitas, CA, pg. 591
Beringer, Emily - Account Services - MATRIX MEDIA SERVICES, Columbus, OH, pg. 554
Berk, Ariel - Account Services - GOODBY, SILVERSTEIN & PARTNERS, San Francisco, CA, pg. 77
Berke, JoAnna - Account Services - DOREMUS & COMPANY, San Francisco, CA, pg. 64
Berleman, Larry - Account Services,

Creative - ZOOM ADVERTISING, Chicago, IL, pg. 165
Berlinguet, Christina - Account Services - MARLO MARKETING COMMUNICATIONS, Boston, MA, pg. 383
Berman, Josh - Account Services, Interactive / Digital, Management, NBC, PPOM - WAVEMAKER, New York, NY, pg. 526
Berman, Geri - Account Services - RAUXA, New York, NY, pg. 291
Berman, Zachary - Account Services, Public Relations - DIFFUSION PR, New York, NY, pg. 597
Berman, Brittany - Account Services - THE MANY, Pacific Palisades, CA, pg. 151
Berman, Annie - Account Services, Analytics, NBC - VAYNERMEDIA, New York, NY, pg. 689
Bermond, Laura - Account Services - TRACYLOCKE, Wilton, CT, pg. 684
Bermudez, Ana - Account Services, Interactive / Digital, NBC - THE COMMUNITY, Miami Beach, FL, pg. 545
Bermudez, Barbara - Account Services, Interactive / Digital, Media Department - KETCHUM SOUTH, Atlanta, GA, pg. 620
Bernard, Casey - Account Services, Administrative - WIEDEN + KENNEDY, New York, NY, pg. 432
Bernard, Sophia - Account Services - EDELMAN, New York, NY, pg. 599
Bernard, Lauren - Account Services, Interactive / Digital - MAGNA GLOBAL, New York, NY, pg. 483
Bernardo, Rachel - Account Services - VAYNERMEDIA, New York, NY, pg. 689
Bernardoni, Michael - Account Services, NBC - MEDIA ASSEMBLY, Century City, CA, pg. 484
Bernardy, Natalie - Account Services - ZAKHILL GROUP, Santa Monica, CA, pg. 294
Bernat, Lauren - Account Services, Creative - RBB COMMUNICATIONS, Miami, FL, pg. 641
Bernero, Donna - Account Services - IMPACT XM, Dayton, NJ, pg. 308
Bernethy, Erin - Account Services, Media Department - GSD&M, Chicago, IL, pg. 79
Bernhardt, Kate - Account Services - GREY GROUP, New York, NY, pg. 365
Bernstein, Lauren - Account Services, Media Department - STELLA RISING, Westport, CT, pg. 518
Bernstein, Alex - Account Services - 22SQUARED INC., Atlanta, GA, pg. 319
Bernstein, Andrew - Account Services - TRUE COMMUNICATIONS, Sausalito, CA, pg. 657
Berrin, Nicole - Account Planner, Account Services, Media Department - OMD, New York, NY, pg. 498
Berrios, Vanessa - Account Services, Media Department - OPTIMUM SPORTS, New York, NY, pg. 394
Berry, Dana - Account Services, Public Relations - STONE WARD

1138

AGENCIES   RESPONSIBILITIES INDEX

ADVERTISING, Little Rock, AR, *pg.* 413
Berry, Jon - Account Services - TRICOMB2B, Dayton, OH, *pg.* 427
Berry, Courtney - Account Services, Management - BARBARIAN, New York, NY, *pg.* 215
Berry, Holden - Account Services - LOCATION3 MEDIA, Denver, CO, *pg.* 246
Berry, Caitlin - Account Services, Public Relations - INFERNO, LLC, Memphis, TN, *pg.* 374
Berstler, Aaron - Account Services, Public Relations - BROADHEAD, Minneapolis, MN, *pg.* 337
Berthoumieux, English - Account Services - SIX DEGREES GROUP, New York, NY, *pg.* 647
Bertram, Jodi - Account Services - C3, Overland Park, KS, *pg.* 4
Bertsche, Lindsay - Account Services - WONGDOODY, Culver City, CA, *pg.* 433
Berzins, Jaclyn - Account Services, Interactive / Digital - MEDIACOM CANADA, Toronto, ON, *pg.* 489
Beshara, Lisa - Account Services, NBC - J3, New York, NY, *pg.* 480
Beson, AJ - Account Services, NBC, PPOM - BESON 4 MEDIA GROUP, Jacksonville, FL, *pg.* 3
Besse, Tristan - Account Services, Creative, Management - ARGONAUT, INC., San Francisco, CA, *pg.* 33
Best, Natalie - Account Services - FRENCH / WEST / VAUGHAN , Raleigh, NC, *pg.* 361
Best, Oliver - Account Services - INVENTA, Toronto, ON, *pg.* 10
Betancur, Melissa - Account Services, Media Department, PPM - DEUTSCH, INC., New York, NY, *pg.* 349
Betoff, Andrew - Account Services - GOODBY, SILVERSTEIN & PARTNERS, San Francisco, CA, *pg.* 77
Bettini, Vallerie - Account Services, NBC - ARNOLD WORLDWIDE, Boston, MA, *pg.* 33
Betz, Keith - Account Services - BUTLER / TILL, Rochester, NY, *pg.* 457
Bevans, Kaitlin - Account Services, Media Department, Programmatic - THE MEDIA KITCHEN, New York, NY, *pg.* 519
Beverley, Michael - Account Services - R/GA, New York, NY, *pg.* 260
Beverly, Jeff - Account Services, Management, NBC - COMMONWEALTH // MCCANN, Detroit, MI, *pg.* 52
Bevilacqua, Patrick - Account Services, Interactive / Digital, Management, Media Department, Operations, Programmatic - ACTIVISION BLIZZARD MEDIA, New York, NY, *pg.* 26
Bevins, Tanya - Account Planner, Account Services, Media Department, NBC, Operations - MINDSHARE, New York, NY, *pg.* 491
Bexon, Pippa - Account Services -

SITUATION INTERACTIVE, New York, NY, *pg.* 265
Beyer, Mark - Account Services - TURNER DUCKWORTH, San Francisco, CA, *pg.* 203
Beylerian, Maral - Account Services - BRANDED ENTERTAINMENT NETWORK, INC., Sherman Oaks, CA, *pg.* 297
Beyrau, Abby - Account Services, Creative, Interactive / Digital - PERFORMICS, Chicago, IL, *pg.* 676
Biagi, Matthew - Account Services - IPNY, New York, NY, *pg.* 90
Biagini, Jody - Account Services, Interactive / Digital - CICERON, Minneapolis, MN, *pg.* 220
Bialaszewski, Keitha - Account Services, Operations - THE 360 AGENCY, Los Angeles, CA, *pg.* 418
Bianchini, Nicole - Account Services - MOD WORLDWIDE, Philadelphia, PA, *pg.* 192
Bianco, Katherine - Account Services - PROOF ADVERTISING, Austin, TX, *pg.* 398
Bibona, Jeane - Account Services, Management - THE MARTIN AGENCY, Richmond, VA, *pg.* 421
Bickel, Alison - Account Services - RPA, Santa Monica, CA, *pg.* 134
Bickers, Jim - Account Services - MARTIN RETAIL GROUP, Detroit, MI, *pg.* 106
Bickford, Joselyn - Account Services - CRISPIN PORTER + BOGUSKY, Boulder, CO, *pg.* 346
Bickford, Aisha - Account Services, Media Department, Operations - UNIVERSAL MCCANN, New York, NY, *pg.* 521
Bideaux, Douglas - Account Services, Media Department - INTERSECTION, New York, NY, *pg.* 553
Biebel, Angela - Account Services, Creative - RODGERS TOWNSEND, LLC, Saint Louis, MO, *pg.* 407
Bieberich, Caiti - Account Services, Management, Public Relations - KETCHUM, Chicago, IL, *pg.* 619
Bielby, Lesley - Account Planner, Account Services, NBC, PPOM - HILL HOLLIDAY, Boston, MA, *pg.* 85
Bielefeldt, Shawn - Account Services, NBC, PPOM - FOLKLORE DIGITAL, Minneapolis, MN, *pg.* 235
Bielefeldt, Corrisa - Account Services - SHINE UNITED, Madison, WI, *pg.* 140
Bierut, Michael - Account Services, Creative, NBC, PPOM - PENTAGRAM, New York, NY, *pg.* 194
Biglione, Shann - Account Planner, Account Services, Management, Media Department - PUBLICIS NORTH AMERICA, New York, NY, *pg.* 399
Bila, Courtney - Account Services, NBC - QUENCH, Harrisburg, PA, *pg.* 131
Bilbia, Chelsea - Account Services - TIC TOC, Dallas, TX, *pg.* 570
Bilbrey, Sarah - Account Services - M BOOTH & ASSOCIATES, INC. , New York, NY, *pg.* 624

Bilger, Kristen - Account Services, Interactive / Digital, Media Department - FLEISHMANHILLARD, Charlotte, NC, *pg.* 605
Billinger, James - Account Services - VMLY&R, Kansas City, MO, *pg.* 274
Billmeyer, Tony - Account Services - ERICH & KALLMAN, San Francisco, CA, *pg.* 68
Bills, Ann - Account Services, NBC - THE RICHARDS GROUP, INC., Dallas, TX, *pg.* 422
Bills, Natalie - Account Services, Creative - PUBLICIS HAWKEYE, Dallas, TX, *pg.* 399
Billy, Michael - Account Services - ANSIRA, Saint Louis, MO, *pg.* 280
Bina, Richard - Account Services - RPA, Santa Monica, CA, *pg.* 134
Bingham, Amanda - Account Services, Analytics, Media Department, NBC - PROJECT X, New York, NY, *pg.* 556
Bingham, Kimberly - Account Services - SAATCHI & SAATCHI DALLAS, Dallas, TX, *pg.* 136
Binney, Tessa - Account Services, Management - PERFORMICS, Chicago, IL, *pg.* 676
Bins, Jenn - Account Services - KETCHUM SOUTH, Atlanta, GA, *pg.* 620
Biondi, Carrie - Account Services, NBC - LAWRENCE & SCHILLER, Sioux Falls, SD, *pg.* 97
Bird, Danielle - Account Services - GODFREY DADICH, San Francisco, CA, *pg.* 364
Bird, Megan - Account Services - SWANSON RUSSELL, Omaha, NE, *pg.* 415
Birkel, Jennifer - Account Services - MOMENTUM WORLDWIDE, Atlanta, GA, *pg.* 117
Birkenhauer, Elizabeth - Account Services - FRCH DESIGN WORLDWIDE, Cincinnati, OH, *pg.* 184
Birnbaum, Max - Account Services - TRUE IMPACT MEDIA, Austin, TX, *pg.* 558
Birnbaum, Jeffrey - Account Services - BGR GROUP, Washington, DC, *pg.* 583
Birrell, Kate - Account Services, NBC, Operations - CLEAR CHANNEL OUTDOOR, New York, NY, *pg.* 550
Bisek, Tessa - Account Services - HIEBING, Madison, WI, *pg.* 85
Bishop, Martin - Account Planner, Account Services, NBC - LIVEWORLD, San Jose, CA, *pg.* 246
Bishop, Greg - Account Services, Media Department - 360I, LLC, Atlanta, GA, *pg.* 207
Bishop, Leslie - Account Services, Public Relations - 5W PUBLIC RELATIONS, New York, NY, *pg.* 574
Bishop, Angelica - Account Services - MARCH COMMUNICATIONS, Boston, MA, *pg.* 625
Bishop, Luke - Account Services - INVESTIS DIGITAL, New York, NY, *pg.* 376
Bishop, Abbey - Account Services - AGENCYSACKS, New York, NY, *pg.* 29
Bishop, Jon - Account Services - JPL, Harrisburg, PA, *pg.* 378

1139

RESPONSIBILITIES INDEX   AGENCIES

Bisignano, Samantha - Account Services, Media Department - POSTERSCOPE U.S.A., New York, NY, pg. 556

Bisono, Sonia - Account Services, Management, Media Department - WIEDEN + KENNEDY, New York, NY, pg. 432

Bisono, Keisy - Account Services - SPARK44, New York, NY, pg. 411

Biss, David - Account Services - MSLGROUP, New York, NY, pg. 629

Bissell, Janice - Account Services, NBC - TENET PARTNERS, New York, NY, pg. 450

Bissonnette, Jenna - Account Services - HANGARFOUR CREATIVE, Brooklyn, NY, pg. 81

Bissuel, Julien - Account Planner, Account Services, Interactive / Digital, NBC - FORSMAN & BODENFORS, Toronto, ON, pg. 74

Bittker, Brian - Account Services - INNOCEAN USA, Huntington Beach, CA, pg. 479

Bittle, Joanna - Account Services, NBC - COMMCREATIVE, Framingham, MA, pg. 343

Bixler, Randy - Account Services, Management - INITIATIVE, San Diego, CA, pg. 479

Bixler, David - Account Services - NEXT MARKETING, Norcross, GA, pg. 312

Bjelovuk, Anna - Account Services - ANOMALY, New York, NY, pg. 325

Bjorgo, Mark - Account Services - BADER RUTTER & ASSOCIATES, INC., Milwaukee, WI, pg. 328

Black, Allan - Account Services - ELEVATOR STRATEGY ADVERTISING & DESIGN, INC., Vancouver, BC, pg. 181

Black, Taylor - Account Services, Media Department - EXTRAORDINARY EVENTS, Sherman Oaks, CA, pg. 305

Black, Courtney - Account Services - GKV, Baltimore, MD, pg. 364

Black, Philip - Account Services, Media Department, NBC - GYRO, Chicago, IL, pg. 368

Black, Richard - Account Services, Management - MOMENTUM WORLDWIDE, New York, NY, pg. 117

Black, Kate - Account Services, NBC - MOVEMENT STRATEGY, New York, NY, pg. 687

Black, Erica - Account Services - PEREIRA & O'DELL, New York, NY, pg. 257

Black-Manriquez, Susie - Account Services, Public Relations - FAISS FOLEY WARREN, Las Vegas, NV, pg. 602

Blacker, Mike - Account Services, NBC - THE TRADE DESK, Ventura, CA, pg. 519

Blackford, Alina - Account Services, Public Relations - EDELMAN, New York, NY, pg. 599

Blackman Nelson, Jessica - Account Services - ALLING HENNING & ASSOCIATES, Vancouver, WA, pg. 30

Blackwell, Lisa - Account Services, Management, PPOM - DANIEL BRIAN ADVERTISING, Rochester, MI, pg. 348

Blagg, Jennifer - Account Services - VISTRA COMMUNICATIONS, LLC, Lutz, FL, pg. 658

Blair, Magnus - Account Planner, Account Services, PPOM - JOAN, New York, NY, pg. 92

Blair, Bohb - Account Services, Management, Media Department, PPOM - STARCOM WORLDWIDE, Chicago, IL, pg. 513

Blair, Mary - Account Services - DESIGNSENSORY, Knoxville, TN, pg. 62

Blair, Chad - Account Services - TDG COMMUNICATIONS, Deadwood, SD, pg. 417

Blair Pluem, Shannon - Account Services, Media Department, PPOM - INITIATIVE, Toronto, ON, pg. 479

Blake, Chris - Account Services - MSR COMMUNICATIONS, San Francisco, CA, pg. 630

Blake, David - Account Planner, Account Services - ZENITH MEDIA, Chicago, IL, pg. 531

Blake, Megan - Account Services, Interactive / Digital, Management - WONDERSAUCE, New York, NY, pg. 205

Blake, Jessie - Account Services - MADWELL, Brooklyn, NY, pg. 13

Blakely, Andrea - Account Services - PERISCOPE, Minneapolis, MN, pg. 127

Blakeman, Kendall - Account Services - SOCIAL CHAIN, New York, NY, pg. 143

Blakemore, Ashley - Account Services, Creative - MEDIAURA, Jefferson, IN, pg. 250

Blanche, Julie - Account Services, Management - DIGITAS, Boston, MA, pg. 226

Blanco, Cristina - Account Services - WUNDERMAN THOMPSON, New York, NY, pg. 434

Blanco, Jennifer - Account Services - AKA NYC, New York, NY, pg. 324

Blank, Stephanie - Account Services - HERRMANN ADVERTISING DESIGN, Annapolis, MD, pg. 186

Blankenship, Adam - Account Services - RPA, Santa Monica, CA, pg. 134

Blaska, Ben - Account Services - CRAMER-KRASSELT, Chicago, IL, pg. 53

Blatchley, Ryan - Account Services - OCEAN MEDIA, INC., Huntington Beach, CA, pg. 498

Blatt, Jeb - Account Services, Management - JACK MORTON WORLDWIDE, Boston, MA, pg. 309

Blaylock, Kim - Account Services - &BARR, Orlando, FL, pg. 319

Bleazey, Jacqueline - Account Services - OPTIMUM SPORTS, New York, NY, pg. 394

Blecher, Douglas - Account Services - MOSSWARNER, Trumbull, CT, pg. 192

Bledsoe, Kristin - Account Services - THE MX GROUP, Burr Ridge, IL, pg. 422

Bleedorn, Gina - Account Services, Management - ADRENALINE, INC., Atlanta, GA, pg. 172

Bleers, Anna - Account Services - ENERGY BBDO, INC., Chicago, IL, pg. 355

Bletsch, Erica - Account Services, Interactive / Digital - THE INTEGER GROUP, Lakewood, CO, pg. 682

Blevins, Sian - Account Services - KARBO COMMUNICATIONS, San Francisco, CA, pg. 618

Bliss, Kellie - Account Services, Interactive / Digital, Management, PPOM - MERGE, Chicago, IL, pg. 113

Block, Alex - Account Planner, Account Services, Analytics, NBC, Operations, Research - GROUPM, New York, NY, pg. 466

Block, Danielle - Account Services, Interactive / Digital, Media Department, Social Media - INTEGRITY, Saint Louis, MO, pg. 90

Blomberg, Brad - Account Services - MEDIA ONE ADVERTISING, Sioux Falls, SD, pg. 112

Blomker, Theresa - Account Services - FUSION MARKETING, St. Louis, MO, pg. 8

Blood, Michelle - Account Planner, Account Services, Media Department - AMBASSADOR ADVERTISING, Irvine, CA, pg. 324

Bloom, Carrie - Account Services - CARL BLOOM ASSOCIATES, White Plains, NY, pg. 281

Bloom, Jenna - Account Services, Interactive / Digital, Media Department - ADHAWKS ADVERTISING & PUBLIC RELATIONS, INC., Louisville, KY, pg. 27

Bloom, Seth - Account Services, PPOM - FLEISHMANHILLARD, Boston, MA, pg. 605

Bloom, Kate - Account Services - LITTLE ARROWS, Marina Del Rey, CA, pg. 687

Bloom, Beth - Account Services, NBC - KREBER, Columbus, OH, pg. 379

Bloom, Dana - Account Planner, Account Services - MINDSHARE, New York, NY, pg. 491

Bloomquist, Dana - Account Services - COONEY, WATSON & ASSOCIATES, Albuquerque, NM, pg. 53

Bloore Hunt, Karen - Account Services, Management, Media Department, PPOM - UNIVERSAL MCCANN, Los Angeles, CA, pg. 524

Blotner, Andrew - Account Services - SPARK FOUNDRY, New York, NY, pg. 508

Blount, Courtney - Account Services, Media Department - THE MEDIA KITCHEN, New York, NY, pg. 519

Blount, Bret - Account Planner, Account Services, Management - EDELMAN, San Francisco, CA, pg. 601

Blue, Jerry - Account Services, PPOM - ELEMENT 8, Honolulu, HI, pg. 67

Blum, Robin - Account Services, NBC - SQAD, INC., Tarrytown, NY, pg.

AGENCIES — RESPONSIBILITIES INDEX

513
Blumberg, Stephen - Account Planner, Account Services, Interactive / Digital, Management, Media Department, PPOM - STARCOM WORLDWIDE, New York, NY, *pg.* 517
Blumenthal, Elizabeth - Account Services - LAFORCE, New York, NY, *pg.* 621
Blunt, George - Account Services - ACTIVE INTERNATIONAL, Pearl River, NY, *pg.* 439
Boal, Jeff - Account Services, NBC, PPOM - PLOWSHARE GROUP, INC., Stamford, CT, *pg.* 128
Boasberg, Jules - Account Services, NBC, PPOM - BERNSTEIN-REIN ADVERTISING, INC., Kansas City, MO, *pg.* 39
Bobbins, Bruce - Account Services, Management - DKC PUBLIC RELATIONS, New York, NY, *pg.* 597
Bobenmoyer, Brad - Account Planner, Account Services, NBC - YOUNG & LARAMORE, Indianapolis, IN, *pg.* 164
Bocage, Linda - Account Services, Management, Media Department - SPARK FOUNDRY, Chicago, IL, *pg.* 510
Bock, Josh - Account Services, Management, Operations - UNIVERSAL MCCANN, New York, NY, *pg.* 521
Bock, Jason - Account Services, Interactive / Digital, Media Department, Operations - OMD ENTERTAINMENT, Burbank, CA, *pg.* 501
Bockting, Teri - Account Planner, Account Services, NBC, PPOM - BLIND SOCIETY, Scottsdale, AZ, *pg.* 40
Boddy, Mandy - Account Services, Media Department, NBC - MOTHER NY, New York, NY, *pg.* 118
Bodker, Kimberly - Account Services - BERNSTEIN-REIN ADVERTISING, INC., Kansas City, MO, *pg.* 39
Bodor, Artemis - Account Services - CANNABRAND, Denver, CO, *pg.* 47
Bodrie, Jerry - Account Services, Management, Operations, PPOM - BALDWIN&, Raleigh, NC, *pg.* 35
Boedeker Blair, Erin - Account Services - ASHER AGENCY, Fort Wayne, IN, *pg.* 327
Boehm, Claire - Account Services - THE RICHARDS GROUP, INC., Dallas, TX, *pg.* 422
Boes-Decampi, Karen - Account Services - ADVERTISING SAVANTS, Saint Louis, MO, *pg.* 28
Bogan, Susan - Account Services - GLYNNDEVINS MARKETING, Kansas City, MO, *pg.* 364
Bogdanski, Justin - Account Planner, Account Services, Media Department - CROSSMEDIA, New York, NY, *pg.* 463
Boggeman, Peter - Account Services - THE BRANDON AGENCY, Myrtle Beach, SC, *pg.* 419
Bogner, Tom - Account Services, NBC - LEO BURNETT DETROIT, Troy, MI, *pg.* 97
Bogucki, Mary - Account Services, Management - AMERGENT, Peabody, MA, *pg.* 279

Bogusz, Kevin - Account Services, Management - ENERGY BBDO, INC., Chicago, IL, *pg.* 355
Bohls, Kelly - Account Services, PPM, PPOM - SANDSTROM PARTNERS, Portland, OR, *pg.* 198
Bohne, Brian - Account Services, Interactive / Digital, PPM - RIGHTPOINT, Boston, MA, *pg.* 263
Bohochik, Emily - Account Services - SHINE UNITED, Madison, WI, *pg.* 140
Boice, Brittani - Account Services - TEAM VELOCITY MARKETING, Herndon, VA, *pg.* 418
Bojorquez, May - Account Services - DECCA DESIGN, San Jose, CA, *pg.* 349
Bokum-Fauth, Harper - Account Services - GOODBY, SILVERSTEIN & PARTNERS, San Francisco, CA, *pg.* 77
Bolderson, Caley - Account Services - SAATCHI & SAATCHI X, Cincinnati, OH, *pg.* 682
Bolding, Rebecca - Account Services - AKQA, New York, NY, *pg.* 212
Boldt, Jessica - Account Planner, Account Services, Interactive / Digital, Media Department - HAWORTH MARKETING & MEDIA, Minneapolis, MN, *pg.* 470
Boler, Maggie - Account Services - MEKANISM, Seattle, WA, *pg.* 113
Boles, John - Account Services, Management, Media Department - EDELMAN, New York, NY, *pg.* 599
Boling, Jan - Account Services, NBC - BOLING ASSOCIATES, Fresno, CA, *pg.* 41
Bolles, Lauren - Account Services - FORWARDPMX, New York, NY, *pg.* 360
Bollin, Andrea - Account Services, Operations - GREY MIDWEST, Cincinnati, OH, *pg.* 366
Bolling, Nia - Account Services - PUBLICIS NORTH AMERICA, New York, NY, *pg.* 399
Bolton, Lee - Account Services, NBC - OUTFRONT MEDIA, Atlanta, GA, *pg.* 555
Bolz, Renee - Account Services - HOLLAND - MARK, Boston, MA, *pg.* 87
Bombard, Daniel - Account Services, Programmatic - FIVEFIFTY, Denver, CO, *pg.* 235
Bonaccio, Mary - Account Services, NBC - THE VERDI GROUP, INC., Pittsford, NY, *pg.* 293
Bonach, Eric - Account Services, Management - ABERNATHY MACGREGOR GROUP, New York, NY, *pg.* 574
Bonanno, Vincent - Account Services - KREBER, Columbus, OH, *pg.* 379
Bonchi, Emily - Account Services - CIVIC ENTERTAINMENT GROUP, New York, NY, *pg.* 566
Bond, Samantha - Account Services, Media Department, NBC, Promotions - MKTG INC, New York, NY, *pg.* 311
Bond, Melissa - Account Services - EDELMAN, New York, NY, *pg.* 599
Bond, Emily - Account Services - BERLIN CAMERON, New York, NY, *pg.* 38
Bond, Calvin - Account Services,

Public Relations - BACKBONE MEDIA, Carbondale, CO, *pg.* 579
Bond, Kayla - Account Services, Interactive / Digital, Management - VMLY&R, Frisco, TX, *pg.* 275
Bondarenko, Anya - Account Services - MERKLEY + PARTNERS, New York, NY, *pg.* 114
Bonds, Destanee - Account Services - ANOMALY, New York, NY, *pg.* 325
Bone, Katie - Account Services, Media Department - NOVITA COMMUNICATIONS, New York, NY, *pg.* 392
Boneno, Jennifer - Account Services, NBC - ZEHNDER COMMUNICATIONS, INC., Baton Rouge, LA, *pg.* 437
Boney, Stacie - Account Services, NBC, PPOM, Public Relations - HANSON DODGE, INC., Milwaukee, WI, *pg.* 185
Bonilla, Juan - Account Services, NBC, PPOM - WALTON ISAACSON CA, Culver City, CA, *pg.* 547
Bonk, Morgan - Account Services, Promotions - ENDEAVOR - CHICAGO, Chicago, IL, *pg.* 297
Bonkowski, Dana - Account Services, Management, Media Department - STARCOM WORLDWIDE, Chicago, IL, *pg.* 513
Bonnell, Steve - Account Services, Management - LEO BURNETT WORLDWIDE, Chicago, IL, *pg.* 98
Bonner, Rosalie - Account Services - DROGA5, New York, NY, *pg.* 64
Bonney, Andrea - Account Planner, Account Services, Management - MCGARRYBOWEN, New York, NY, *pg.* 109
Bonthuys, Sean - Account Services, NBC - ELEPHANT, Brooklyn, NY, *pg.* 181
Boone, Michael - Account Services, PPOM - LAUNCH AGENCY, Dallas, TX, *pg.* 97
Boos, Ken - Account Services - HAROLD WARNER ADVERTISING, INC., Buffalo, NY, *pg.* 369
Booth, Tony - Account Services, Creative - LEO BURNETT DETROIT, Troy, MI, *pg.* 97
Booth, Christian - Account Services, Interactive / Digital, Media Department - FUNDAMENTAL MEDIA, Boston, MA, *pg.* 465
Borchert, Chris - Account Services, Interactive / Digital - DYNAMIC LOGIC, Chicago, IL, *pg.* 444
Borde, Crystal - Account Services - VANGUARD COMMUNICATIONS, Washington, DC, *pg.* 658
Borders, Matt - Account Services - OUTDOOR NATION, Signal Mountain, TN, *pg.* 554
Borgen, Lindsay - Account Services - STRATEGIS, Boston, MA, *pg.* 414
Borges, Raquel - Account Planner, Account Services, Media Department - HEARTS & SCIENCE, New York, NY, *pg.* 471
Borgese, Danica - Account Services - SWIFT, Portland, OR, *pg.* 145
Borgida, Lane - Account Services -

1141

RESPONSIBILITIES INDEX — AGENCIES

TEAM EPIPHANY, New York, NY, *pg. 652*
Borho, Megan - Account Services - DDR PUBLIC RELATIONS, Pleasantville, NY, *pg. 595*
Borko, Lacy - Account Services - BIG FAMILY TABLE, Los Angeles, CA, *pg. 39*
Borkowski, Philip - Account Services - FRCH DESIGN WORLDWIDE, Cincinnati, OH, *pg. 184*
Bormel, Allison - Account Services - BERLINROSEN, Washington, DC, *pg. 583*
Bornhausen, Denise - Account Services, Management, NBC - MORSEKODE, Minneapolis, MN, *pg. 14*
Borstad Biehl, Abbey - Account Services - UNCOMMON, Sacramento, CA, *pg. 157*
Bort, Travis - Account Services, NBC, PPOM - ABC CREATIVE GROUP, Syracuse, NY, *pg. 322*
Borton, Kayla - Account Services - GREENHOUSE AGENCY, Irvine, CA, *pg. 307*
Borza, Tyler - Account Services, Public Relations - OGILVY, New York, NY, *pg. 393*
Bosse, Lauren - Account Services - MIGHTY & TRUE, Austin, TX, *pg. 250*
Bossen, Dana - Account Services, Interactive / Digital, Media Department, Social Media - PADILLA, Minneapolis, MN, *pg. 635*
Bossy, Charlie - Account Services - ACTIVE INTERNATIONAL, Pearl River, NY, *pg. 439*
Bostrom, Matt - Account Services, Management, PPOM - FINN PARTNERS, San Francisco, CA, *pg. 603*
Bostwick, Gary - Account Planner, Account Services, Creative - THE VARIABLE, Winston-Salem, NC, *pg. 153*
Boswell, Melissa - Account Services, Management - ADEPT MARKETING, Columbus, OH, *pg. 210*
Boswell, Lindsey - Account Services - PUBLICIS.SAPIENT, Birmingham, MI, *pg. 260*
Boteva, Anna - Account Services - WIEDEN + KENNEDY, Portland, OR, *pg. 430*
Bothel, Chris - Account Services, Interactive / Digital, NBC, PPOM - BARON & BARON, Bellingham, WA, *pg. 580*
Bothwell, Eleanor - Account Services, Interactive / Digital - MEDIA EXPERTS, Toronto, ON, *pg. 485*
Bott, Amy - Account Services - AGENCYEA, Chicago, IL, *pg. 302*
Bouaziz, Laurent - Account Services, Research - DCX GROWTH ACCELERATOR, Brooklyn, NY, *pg. 58*
Bouchacourt, Lani - Account Services - MASTERMINDS, INC., Egg Harbor Township, NJ, *pg. 687*
Boucher, Jason - Account Services - ZLR IGNITION, Des Moines, IA, *pg. 437*
Boulanger, Joan - Account Services - ADVOCACY SOLUTIONS, LLC, Providence, RI, *pg. 575*

Boulanger, Genevieve - Account Services - SID LEE, Montreal, QC, *pg. 140*
Boulia, Billy - Account Services, Interactive / Digital, Management, Media Department, NBC, Social Media - THE COMMUNITY, Miami Beach, FL, *pg. 545*
Boullin, Greg - Account Services, Interactive / Digital, Media Department - PUBLICIS.SAPIENT, New York, NY, *pg. 258*
Boulos, Kristy - Account Services - MATRIX PARTNERS, LTD., Chicago, IL, *pg. 107*
Boulrice, Abigail - Account Services - ZAG INTERACTIVE, Glastonbury, CT, *pg. 277*
Boultwood, Lauren - Account Services - ZULU ALPHA KILO, Toronto, ON, *pg. 165*
Bourada, Caitlin - Account Services - JOHN ST., Toronto, ON, *pg. 93*
Bourgeois, Bob - Account Services, Management, NBC, PPOM - MORTENSON KIM, Indianapolis, IN, *pg. 118*
Bourhis, Carolyne - Account Services, Management - HAVAS MEDIA GROUP, New York, NY, *pg. 468*
Bourke, Elizabeth - Account Services, NBC - R/GA, New York, NY, *pg. 260*
Bouvat-Johnson, Jen - Account Services - EPSILON, Westminster, CO, *pg. 283*
Bouvier, Jassica - Account Planner, Account Services, Media Department - BEARDWOOD & CO, New York, NY, *pg. 174*
Bowdon, Ben - Account Services, Interactive / Digital, Media Department - BLUE WHEEL MEDIA, Birmingham, MI, *pg. 335*
Bowdouris, Scott - Account Services - TARGETBASE MARKETING, Irving, TX, *pg. 292*
Bowen, Megan - Account Services, NBC - 72ANDSUNNY, Brooklyn, NY, *pg. 24*
Bowers, Kaylea - Account Services, Media Department, Research - PORTER NOVELLI, Atlanta, GA, *pg. 637*
Bowers, Catlin - Account Planner, Account Services, Interactive / Digital, Media Department - INITIATIVE, New York, NY, *pg. 477*
Bowers, Sammy - Account Services - MARTIN RETAIL GROUP, Detroit, MI, *pg. 106*
Bowles, Jeremy - Account Services, Management, Operations - PUBLICIS NORTH AMERICA, New York, NY, *pg. 399*
Bowman, Lexie - Account Services - ALLIED INTEGRATED MARKETING, Cambridge, MA, *pg. 576*
Boxhill, Conroy - Account Services, Management, Operations - PORTER NOVELLI, Atlanta, GA, *pg. 637*
Boyd, Ben - Account Services, Operations, PPOM - BCW NEW YORK, New York, NY, *pg. 581*
Boyd, Jarryd - Account Planner, Account Services, Media Department,

Social Media - PRAYTELL, Brooklyn, NY, *pg. 258*
Boye, Rachel - Account Services - AMNET, Detroit, MI, *pg. 454*
Boyer, Lauren - Account Services, PPOM - UNDERSCORE MARKETING, LLC, New York, NY, *pg. 521*
Boykin, Lynne - Account Services, Media Department, PPM - THE BRANDON AGENCY, Myrtle Beach, SC, *pg. 419*
Boyle, Kevin - Account Services, Management, Media Department, PR Management, Public Relations - HEARTS & SCIENCE, New York, NY, *pg. 471*
Boyle, Nancy - Account Services, Creative - GYK ANTLER, Manchester, NH, *pg. 368*
Boyle, Kelly - Account Services, Public Relations - GMR MARKETING, New Berlin, WI, *pg. 306*
Boyle, Lindsey - Account Services - MOXIE COMMUNICATIONS GROUP, New York, NY, *pg. 628*
Boyle, Bruce - Account Services - KARMA AGENCY, Philadelphia, PA, *pg. 618*
Boynton, Vanessa - Account Services - MATTER COMMUNICATIONS, INC., Newburyport, MA, *pg. 626*
Bozas, Rudy - Account Services, PPOM - POLVORA ADVERTISING, Boston, MA, *pg. 544*
Braasch Arnold, Heather - Account Services - BEHRMAN COMMUNICATIONS, New York, NY, *pg. 582*
Brack, Ryan - Account Services - FLEISHMANHILLARD, New York, NY, *pg. 605*
Bradbury, Bo - Account Services, Management - GSD&M, Austin, TX, *pg. 79*
Braden, Melissa - Account Services, Creative - TANDEM THEORY, Dallas, TX, *pg. 269*
Braden, Alyssa - Account Services, Public Relations - ZEHNDER COMMUNICATIONS, INC., New Orleans, LA, *pg. 436*
Bradfield, Kristin - Account Services - MSLGROUP, New York, NY, *pg. 629*
Bradford, Bianca - Account Services, Management - LEO BURNETT WORLDWIDE, Chicago, IL, *pg. 98*
Bradley, Megan - Account Services - FORCE MAJURE DESIGN INC., Brooklyn, NY, *pg. 183*
Bradley, Katy - Account Services - VAULT COMMUNICATIONS, INC., Plymouth Meeting, PA, *pg. 658*
Bradshaw, Melanie - Account Services, Media Department - MEDIA COUNSELORS, LLC, Miami, FL, *pg. 485*
Bradshaw, Rachel - Account Planner, Account Services - ISOBAR US, New York, NY, *pg. 242*
Brady, Jana - Account Services - THE RAMEY AGENCY, Jackson, MS, *pg. 422*
Brady, Cora - Account Services - BOB'S YOUR UNCLE, Toronto, ON, *pg. 335*
Brady, Elizabeth - Account Services

AGENCIES

RESPONSIBILITIES INDEX

- ECHOS BRAND COMMUNICATIONS, San Francisco, CA, *pg.* 599
Braem, Lindsey - Account Services - MOXIE, Pittsburgh, PA, *pg.* 251
Braider, Janine - Account Planner, Account Services - MEDIAWORX, Shelton, CT, *pg.* 490
Brake, Ernie - Account Services - TARGET MARKETING & COMMUNICATIONS, INC., Saint John's, NL, *pg.* 146
Brakora, Scott - Account Services - KARSH & HAGAN, Denver, CO, *pg.* 94
Brand, Kortney - Account Planner, Account Services, Media Department - FIG, New York, NY, *pg.* 73
Brandes, Paula - Account Services, Management - SUBLIME COMMUNICATIONS, Stamford, CT, *pg.* 415
Brandl, Charles - Account Services - OGILVY, Chicago, IL, *pg.* 393
Brandon, Andrea - Account Services, Creative, Media Department, NBC - MINDSTREAM MEDIA, Peoria, IL, *pg.* 250
Brandon, Laura - Account Services - BERLINROSEN, Washington, DC, *pg.* 583
Brands, Alex - Account Planner, Account Services, Creative, Media Department - PATTERN, New York, NY, *pg.* 126
Brandts, Taylor - Account Services - PEP, Cincinnati, OH, *pg.* 569
Brandus, Chris - Account Services, Research - ORGANIC, INC., San Francisco, CA, *pg.* 255
Branen, Allison - Account Services, Management - MANIFEST, Chicago, IL, *pg.* 248
Braner, Kenneth - Account Services, NBC - COMMUNICORP, INC., Columbus, GA, *pg.* 52
Branham, Hailey - Account Services - ADQUADRANT, Costa Mesa, CA, *pg.* 211
Brankovic, Adnan - Account Planner, Account Services, Management, Media Department - MEDIACOM, New York, NY, *pg.* 487
Brannan, Mallory - Account Services, NBC - ARNOLD WORLDWIDE, Boston, MA, *pg.* 33
Branner, Sarah - Account Services - JAYMIE SCOTTO & ASSOCIATES, Middlebrook, VA, *pg.* 616
Brannock, Janelle - Account Services, Management - COMMIT AGENCY, Chandler, AZ, *pg.* 343
Brannon, Jason - Account Services - ADAMS OUTDOOR ADVERTISING, Charlotte, NC, *pg.* 549
Branson, Troy - Account Services - SAY IT LOUD!, Orlando, FL, *pg.* 198
Brant Gresser, Allyssa - Account Services - KL COMMUNICATIONS, Red Bank, NJ, *pg.* 446
Branvold, Paula - Account Services - WONGDOODY, Seattle, WA, *pg.* 162
Brashares, Eliza - Account Services - RISE INTERACTIVE, Chicago, IL, *pg.* 264
Brashear, Todd - Account Services, Creative - MOD OP, Dallas, TX, *pg.* 388
Brasko, Donna - Account Services, Management - VMLY&R, New York, NY, *pg.* 160
Brathwaite, Nicola - Account Services - DRM PARTNERS, INC., Hoboken, NJ, *pg.* 282
Brau, Abbey - Account Services - SPAWN, Anchorage, AK, *pg.* 648
Braue, Mike - Account Services, NBC - INNOCEAN USA, Huntington Beach, CA, *pg.* 479
Braun, Sandra - Account Services - NTH DEGREE, INC., Duluth, GA, *pg.* 312
Braun, Kaitlyn - Account Services - MSLGROUP, New York, NY, *pg.* 629
Braun, Betsy - Account Services - SAATCHI & SAATCHI X, Cincinnati, OH, *pg.* 682
Brauneis, Eric - Account Services - SCHAFER CONDON CARTER, Chicago, IL, *pg.* 138
Bray, Lindsey - Account Services, Creative, NBC - ALTITUDE MARKETING, Emmaus, PA, *pg.* 30
Braybrooks, Gigi - Account Services - 72ANDSUNNY, Playa Vista, CA, *pg.* 23
Brazier, Niki - Account Services - NAIL COMMUNICATIONS, Providence, RI, *pg.* 14
Brazil, Don - Account Services - MACQUARIUM, INC., Atlanta, GA, *pg.* 247
Brazzale, Jacquelyn - Account Services, Media Department - 3RD COAST PR, Chicago, IL, *pg.* 573
Breaux, Amanda - Account Services - SAATCHI & SAATCHI DALLAS, Dallas, TX, *pg.* 136
Brecker, Danielle - Account Services - PUBLICIS NORTH AMERICA, New York, NY, *pg.* 399
Breedlove, Amanda - Account Services - BURRELL COMMUNICATIONS GROUP, INC., Chicago, IL, *pg.* 45
Breen, John - Account Services, Analytics, NBC - RED PEAK GROUP, New York, NY, *pg.* 132
Breen, Michael - Account Services, Interactive / Digital, Media Department - GEOMETRY, New York, NY, *pg.* 362
Breen, Laura - Account Services - THE OUTCAST AGENCY, San Francisco, CA, *pg.* 654
Breese, Marisa - Account Services - KETCHUM, Chicago, IL, *pg.* 619
Brehm, Joe - Account Services, Research - KNOWLEDGEBASE MARKETING, INC., Richardson, TX, *pg.* 446
Breihan, Annie - Account Services - PROOF ADVERTISING, Austin, TX, *pg.* 398
Breines, Laura - Account Services, Management, NBC - BIG SPACESHIP, Brooklyn, NY, *pg.* 455
Breinlinger, Ashley - Account Services, Public Relations - BOCA COMMUNICATIONS, San Francisco, CA, *pg.* 585
Brelsford, Dawn - Account Services, Media Department, PPOM - INNOVAIRRE, Cherry Hill, NJ, *pg.* 89
Brenman, Susan - Account Services - CGT MARKETING, LLC, Amityville, NY, *pg.* 49
Brennan, Lauren - Account Services - MULLENLOWE U.S. BOSTON, Boston, MA, *pg.* 389
Brennan, Sarah - Account Services - MMSI, Warwick, RI, *pg.* 496
Brennan, Leslie - Account Planner, Account Services - ANOMALY, Venice, CA, *pg.* 326
Brennan, Ashley - Account Services, NBC - NEW TRADITION, New York, NY, *pg.* 554
Brennan, Jennifer - Account Services, Public Relations - 360PRPLUS, Boston, MA, *pg.* 573
Brennan, Tim - Account Services - JENNINGS & COMPANY, Chapel Hill, NC, *pg.* 92
Brennan, Katy - Account Services - PEP, Cincinnati, OH, *pg.* 569
Brennen, Madeline - Account Services - ARC WORLDWIDE, Chicago, IL, *pg.* 327
Brenner, Arlyn - Account Services, Management - MSW RESEARCH, Westbury, NY, *pg.* 448
Brenner, Lori - Account Services - MARKETRY, INC., Issaquah, WA, *pg.* 288
Brereton, Kelly - Account Services, NBC - SAGEPATH, INC., Atlanta, GA, *pg.* 409
Bresolin, Joncarl - Account Services - CLEAN SHEET COMMUNICATIONS, Toronto, ON, *pg.* 342
Bressau, Nina - Account Services, Management - THE INTEGER GROUP - DALLAS, Dallas, TX, *pg.* 570
Bressi, Kayla - Account Planner, Account Services - VELOCITY OMC, New York, NY, *pg.* 158
Breton, Ana - Account Services, Interactive / Digital - FIRSTBORN, New York, NY, *pg.* 234
Brewer, Jessica - Account Services, NBC - 72ANDSUNNY, Playa Vista, CA, *pg.* 23
Brewer, Kelsey - Account Services - HIRONS & COMPANY, Indianapolis, IN, *pg.* 86
Brewer, Patrick - Account Services - CIVIC ENTERTAINMENT GROUP, New York, NY, *pg.* 566
Brezzi, Alex - Account Planner, Account Services - CARAT, New York, NY, *pg.* 459
Bricault, Adam - Account Services, Management - EDELMAN, New York, NY, *pg.* 599
Briceno, Samanta - Account Services - SID LEE, Montreal, QC, *pg.* 140
Brick, Patty - Account Planner, Account Services, Media Department, PPOM - KELLY, SCOTT & MADISON, INC., Chicago, IL, *pg.* 482
Bricker Skelton, Courtney - Account Services - EBIQUITY, New York, NY, *pg.* 444
Brickman, Maria - Account Services - RYGR, Carbondale, CO, *pg.* 409

1143

RESPONSIBILITIES INDEX

AGENCIES

Bridenstine, Elizabeth - Account Services, Interactive / Digital, Media Department - OMD, Chicago, IL, pg. 500

Bridgers, Taylor - Account Services - MOXIE, Atlanta, GA, pg. 251

Bridges, Holly - Account Services, NBC - SPROUTLOUD MEDIA NETWORKS, Sunrise, FL, pg. 17

Bridges, Morgan - Account Services - THE MARKETING ARM, Dallas, TX, pg. 316

Brief, Andrew - Account Services - DEVITO/VERDI, New York, NY, pg. 62

Brien, Jennifer - Account Services, NBC - RATIONAL INTERACTION, Seattle, WA, pg. 262

Brien, Mike - Account Services - 6DEGREES, Toronto, ON, pg. 321

Briggs, Hannah - Account Services - BAM COMMUNICATIONS, San Diego, CA, pg. 580

Brigham, Kyle - Account Services, Management - MARCEL DIGITAL, Chicago, IL, pg. 675

Bright, Haley - Account Services - TEAM ONE, Los Angeles, CA, pg. 417

Brightman, T.J. - Account Services, NBC, PPOM - A. BRIGHT IDEA, Bel Air, MD, pg. 25

Brigman, Elyise - Account Services - MUELLER COMMUNICATIONS, INC., Milwaukee, WI, pg. 630

Brim, Chloe - Account Services - SWANSON RUSSELL, Omaha, NE, pg. 415

Brininstool, Cara - Account Services - ANOMALY, New York, NY, pg. 325

Brinkley, Shannon - Account Services - BLUE SKY, Atlanta, GA, pg. 40

Brisbane, Terry - Account Services - ALAN NEWMAN RESEARCH, Richmond, VA, pg. 441

Briscoe, Katie - Account Services, Interactive / Digital - MMGY GLOBAL, Kansas City, MO, pg. 388

Brisseaux, Madison - Account Services - THE TRADE DESK, New York, NY, pg. 520

Brito, Phillip - Account Services - FIREHOUSE, INC., Dallas, TX, pg. 358

Britt, Alexandra - Account Services - BBDO WORLDWIDE, New York, NY, pg. 331

Britton, Kimberley - Account Services, Management - ALLING HENNING & ASSOCIATES, Vancouver, WA, pg. 30

Brock, Sarah - Account Services, Management, NBC - BROWN PARKER | DEMARINIS ADVERTISING, Boca Raton, FL, pg. 43

Brock, Daniel - Account Services, Interactive / Digital, Public Relations, Social Media - RAWLE-MURDY ASSOCIATES, Charleston, SC, pg. 403

Broderick, Amanda - Account Services, Interactive / Digital, PPOM, Public Relations, Social Media - HIEBING, Madison, WI, pg. 85

Brodie, Kendall - Account Services - LAUNCHSQUAD, New York, NY, pg. 621

Brodt, John - Account Services - BEHAN COMMUNICATIONS, INC., Glens Falls, NY, pg. 582

Brogan, Tanya - Account Services - PLUSMEDIA, LLC, Danbury, CT, pg. 290

Brolly, Phil - Account Services - BBDO WORLDWIDE, New York, NY, pg. 331

Brond, David - Account Services - ALOYSIUS BUTLER & CLARK, Wilmington, DE, pg. 30

Bronfeld, Rob - Account Services, Management - CATALYST PUBLIC RELATIONS, New York, NY, pg. 589

Bronstein, Maya - Account Services - DKC PUBLIC RELATIONS, New York, NY, pg. 597

Brook, Rick - Account Services, Operations - WPP GROUP, INC., New York, NY, pg. 433

Brooke, Kayla - Account Services - BESON 4 MEDIA GROUP, Jacksonville, FL, pg. 3

Brooks, Diana - Account Services, NBC, PPOM - VSBROOKS, Coral Gables, FL, pg. 429

Brooks, Michael - Account Services - ROUNDHOUSE - PORTLAND, Portland, OR, pg. 408

Brooks, Emily - Account Services, Management, NBC - MEDIAHUB BOSTON, Boston, MA, pg. 489

Brooks, Melinda - Account Services - EDELMAN, New York, NY, pg. 599

Brooks, Niyah - Account Services, Interactive / Digital - FINN PARTNERS, Washington, DC, pg. 603

Brooks, Leslie - Account Services, Interactive / Digital - HEALTHCARE SUCCESS, Irvine, CA, pg. 83

Brooks, Peter - Account Planner, Account Services, Finance - MEDIACOM, New York, NY, pg. 487

Brooks, Chelsea - Account Services, Public Relations - OVERCAT COMMUNICATIONS, Toronto, ON, pg. 634

Brooks, Olivia - Account Services - SWARM, Atlanta, GA, pg. 268

Brooks, Brianna - Account Services - H&L PARTNERS, Oakland, CA, pg. 80

Brooks, Will - Account Services - RED MOON MARKETING, Charlotte, NC, pg. 404

Broomhead, Alexandra - Account Services - BLUE STATE DIGITAL, Boston, MA, pg. 335

Brophy, Laura - Account Services, NBC - MARKETCOM PR, Westin, CT, pg. 625

Brot, David - Account Services, Management - LEO BURNETT WORLDWIDE, Chicago, IL, pg. 98

Brothers, Erin - Account Services, Public Relations - MERIDIAN GROUP, Virginia Beach, VA, pg. 386

Brothwell, Veronica - Account Planner, Account Services, Media Department - INITIATIVE, Los Angeles, CA, pg. 478

Brotman, Jennifer - Account Services - SAATCHI & SAATCHI, New York, NY, pg. 136

Broughman, Ashley - Account Planner, Account Services - 72ANDSUNNY, Playa Vista, CA, pg. 23

Brown, Karen - Account Services, Media Department - GROUP NINE, Louisville, KY, pg. 78

Brown, Stephen - Account Services - FUSE MARKETING GROUP, INC., Toronto, ON, pg. 8

Brown, George - Account Services, Finance, NBC - ACUPOLL RESEARCH, Milford, OH, pg. 441

Brown, Antoine - Account Planner, Account Services, Management, Media Department, PPOM - SPARK FOUNDRY, New York, NY, pg. 508

Brown, Bethany - Account Services, Creative, Interactive / Digital - L.E.T. GROUP, INC., Tequesta, FL, pg. 245

Brown, Sherri-Lyn - Account Planner, Account Services - EDELMAN, Toronto, ON, pg. 601

Brown, Renee - Account Services, Management - GURU MEDIA SOLUTIONS, San Francisco, CA, pg. 80

Brown, Kathryn - Account Services - BBDO WORLDWIDE, New York, NY, pg. 331

Brown, Pete - Account Services - ZAMBEZI, Culver City, CA, pg. 165

Brown, Lindsay - Account Services - DAVID&GOLIATH, El Segundo, CA, pg. 57

Brown, Colin - Account Services, Public Relations - MULLENLOWE U.S. BOSTON, Boston, MA, pg. 389

Brown, Katelyn - Account Services, Media Department - OMD, New York, NY, pg. 498

Brown, Dave - Account Services, NBC - GARAGE TEAM MAZDA, Costa Mesa, CA, pg. 465

Brown, Matt - Account Services, Interactive / Digital - WALKER SANDS COMMUNICATIONS, Chicago, IL, pg. 659

Brown, Paul - Account Services, NBC - DUARTE, Sunnyvale, CA, pg. 180

Brown, Chuck - Account Services - BLATTEL COMMUNICATIONS, San Francisco, CA, pg. 584

Brown, Brian - Account Services, Interactive / Digital - JAGGED PEAK, Cincinnati, OH, pg. 91

Brown, Jennifer - Account Services - BILLUPS, INC, Atlanta, GA, pg. 550

Brown, Samantha - Account Services - 97TH FLOOR, Lehi, UT, pg. 209

Brown, Mark - Account Services, Management, Media Department - CARAT, Detroit, MI, pg. 461

Brown, Ashley - Account Planner, Account Services, Media Department - KROGER MEDIA SERVICES, Portland, OR, pg. 96

Brown, Payton - Account Services - GREY GROUP, New York, NY, pg. 365

Brown, Ryan - Account Services - 160OVER90, Philadelphia, PA, pg. 1

1144

AGENCIES — RESPONSIBILITIES INDEX

Brown, Kristen - Account Services - ZAG INTERACTIVE, Glastonbury, CT, pg. 277

Brown, Lesley - Account Services - 22SQUARED INC., Atlanta, GA, pg. 319

Brown, Stefanie - Account Services, Interactive / Digital, Social Media - BANIK COMMUNICATIONS, Great Falls, MT, pg. 580

Brown, Leah - Account Services - S&A COMMUNICATIONS, Cary, NC, pg. 645

Brown, Kelly - Account Services - LINHART PUBLIC RELATIONS, Denver, CO, pg. 622

Brown, Nicole - Account Services - ENVISIONIT MEDIA, INC., Chicago, IL, pg. 231

Brown, Jason - Account Services - ADHOME CREATIVE, London, ON, pg. 27

Brown, Katie - Account Services - WITZ COMMUNICATIONS, INC., Raleigh, NC, pg. 663

Brown, Amanda - Account Services - STEPHENS DIRECT, Kettering, OH, pg. 292

Brown, Mike - Account Services - BOUNTEOUS, Chicago, IL, pg. 218

Brown, Afton - Account Services - DEFINITION 6, Atlanta, GA, pg. 224

Browning, Jordan - Account Services - OGILVY, New York, NY, pg. 393

Browning, Meghan - Account Services, Public Relations - BRIGHT RED\TBWA, Tallahassee, FL, pg. 337

Browning, Tom - Account Services - TWO BY FOUR COMMUNICATIONS, LTD., Chicago, IL, pg. 157

Broxson, Donnie - Account Planner, Account Services, Management, NBC, PPOM - ACENTO ADVERTISING, INC., Santa Monica, CA, pg. 25

Broyard, Ayiko - Account Services - WALTON ISAACSON CA, Culver City, CA, pg. 547

Brozack, Bill - Account Services, Public Relations - PERISCOPE, Minneapolis, MN, pg. 127

Brubaker, John - Account Services, NBC - MARKETING DIRECTIONS, INC., Cleveland, OH, pg. 105

Brubaker, Jon - Account Services, Management - COGNITO, New York, NY, pg. 591

Brucato, Lauren - Account Services, NBC - ORGANIC, INC., New York, NY, pg. 256

Bruce, David - Account Planner, Account Services, Media Department - MEDIAHUB BOSTON, Boston, MA, pg. 489

Bruce, Laura - Account Services - JACK MORTON WORLDWIDE, Detroit, MI, pg. 309

Bruck, Fred - Account Services, NBC, PPOM - HARQUIN, New Rochelle, NY, pg. 82

Bruckmann, Lauren - Account Services - AUTHENTIC, Richmond, VA, pg. 214

Bruder, Fiona - Account Services - THE GEORGE P. JOHNSON COMPANY, New York, NY, pg. 316

Brugler, Benjamin - Account Services, Management - AKHIA PUBLIC RELATIONS, INC., Hudson, OH, pg. 575

Bruhn, Callie - Account Services, Public Relations - EDELMAN, Portland, OR, pg. 600

Brun, Kimberly - Account Services - DDB CHICAGO, Chicago, IL, pg. 59

Brunner, Ashley - Account Services, Management, Media Department, PPOM - UNIVERSAL MCCANN DETROIT, Birmingham, MI, pg. 524

Brunning, Alyssa - Account Services, Media Department - MAD MEN MARKETING, Jacksonville, FL, pg. 102

Bruns, Jimmy - Account Services - GMR MARKETING, Charlotte, NC, pg. 307

Brusatori, Paul - Account Services, Management, NBC - INTERMARK GROUP, INC., Birmingham, AL, pg. 375

Brusin, Josh - Account Planner, Account Services - EPSILON, Chicago, IL, pg. 283

Bruzzone, Chelsea - Account Services - GOODBY, SILVERSTEIN & PARTNERS, San Francisco, CA, pg. 77

Bryan, Martin - Account Services, NBC - J3, New York, NY, pg. 480

Bryan, Meghan - Account Services - BRANDTRUST, INC., Chicago, IL, pg. 4

Bryant, Clay - Account Services - DOUGLAS DISPLAYS, Charlotte, NC, pg. 551

Bryant, Bria - Account Services - MSLGROUP, New York, NY, pg. 629

Bryant, Megan - Account Services - GILBREATH COMMUNICATIONS, INC., Houston, TX, pg. 541

Bryant, Alisha - Account Services - ON BOARD EXPERIENTIAL MARKETING, Sausalito, CA, pg. 313

Bryant, Jessica - Account Planner, Account Services - NECTAR COMMUNICATIONS, Seattle, WA, pg. 632

Bryson, Andrew - Account Services - MCCANN NEW YORK, New York, NY, pg. 108

Bubel, Kevin - Account Services, NBC - BCW WASHINGTON DC, Washington, DC, pg. 582

Bubica, Airaby - Account Services - PUBLICIS.SAPIENT, Los Angeles, CA, pg. 259

Bucci, Nick - Account Services - MMSI, Warwick, RI, pg. 496

Bucci Hulings, Cari - Account Services, Management, NBC, PPOM - MARC USA, Chicago, IL, pg. 104

Buchach, Jennifer - Account Services, Management - PHASE 3 MARKETING & COMMUNICATIONS, Atlanta, GA, pg. 636

Buchanan, Dave - Account Services - CAPSULE, Minneapolis, MN, pg. 176

Buchanan, Adam - Account Services, Management - SPEEDMEDIA INC., Venice, CA, pg. 266

Buck, Sara - Account Services - BARKLEY, Kansas City, MO, pg. 329

Buck, Melissa - Account Services - GOODBY, SILVERSTEIN & PARTNERS, San Francisco, CA, pg. 77

Buckfelder, Cristina - Account Services, Operations, PPOM - CREATIVE SERVICES, High Point, NC, pg. 594

Buckhahn, Alissa - Account Services - FIREFLY, San Francisco, CA, pg. 552

Buckholz, Matthew - Account Services, Interactive / Digital, Media Department - HORIZON MEDIA, INC., New York, NY, pg. 474

Buckley, Jerry - Account Planner, Account Services, NBC - EMC OUTDOOR, Newtown Square, PA, pg. 551

Buckley, Nadine - Account Services, Creative - MCGILL BUCKLEY, Ottawa, ON, pg. 110

Buckley, Brendon - Account Planner, Account Services - GENUINE INTERACTIVE, Boston, MA, pg. 237

Buckley, Austin - Account Services - BEACONFIRE REDENGINE, Arlington, VA, pg. 216

Buckley-Green, Susannah - Account Services - BCW SAN FRANCISCO, San Francisco, CA, pg. 582

Buckspan, David - Account Services - LEO BURNETT TORONTO, Toronto, ON, pg. 97

Bucu Gittings, Chrissy - Account Services, Creative, Interactive / Digital, Management, Media Department, NBC - UNIVERSAL MCCANN, New York, NY, pg. 521

Buda, Chris - Account Services, Creative, PPM - IRIS ATLANTA, Atlanta, GA, pg. 90

Budinsky, Thomas - Account Services, Creative - WRL ADVERTISING, Canton, OH, pg. 163

Budraitis, Laura - Account Services - ALTITUDE MARKETING, Emmaus, PA, pg. 30

Buerger, Kevin - Account Services, NBC, Programmatic - JELLYFISH U.S., Baltimore, MD, pg. 243

Buffo, Doug - Account Services, NBC - LEO BURNETT WORLDWIDE, Chicago, IL, pg. 98

Bukilica, Jason - Account Services - MJR CREATIVE GROUP, Fresno, CA, pg. 14

Buklarewicz, David - Account Services, Management, Media Department - COGNISCIENT MEDIA/MARC USA, Charlestown, MA, pg. 51

Bukovics, Andrew - Account Planner, Account Services, Media Department - AMOBEE, INC., Redwood City, CA, pg. 213

Bukowski, Jessica - Account Planner, Account Services, NBC - SIGNAL THEORY, Kansas City, MO, pg. 141

Bukzin, Michael - Account Planner, Account Services - TURNER DUCKWORTH, San Francisco, CA, pg. 203

Bulakites, Laine - Account Services - BOOYAH ONLINE ADVERTISING,

RESPONSIBILITIES INDEX — AGENCIES

Denver, CO, pg. 218
Bulgaru, Iolanda - Account Services - DIGITAL AUTHORITY PARTNERS, Chicago, IL, pg. 225
Buljan, Lisa - Account Services - TARGETBASE MARKETING, Irving, TX, pg. 292
Bull, Jarrod - Account Services - YARD, New York, NY, pg. 435
Buller, Corey - Account Services, Interactive / Digital, Media Department - HARMELIN MEDIA, Bala Cynwyd, PA, pg. 467
Bundy, Stacy - Account Services - O'BRIEN ET AL. ADVERTISING, Virginia Beach, VA, pg. 392
Bunna, Juliann - Account Services - INNERWORKINGS, INC., Chicago, IL, pg. 375
Buntje, Grant - Account Services, NBC, PPOM - FOLKLORE DIGITAL, Minneapolis, MN, pg. 235
Buoye, Connor - Account Services, Media Department - CARAT, New York, NY, pg. 459
Burba, Scott - Account Services, Management, NBC - ABEL SOLUTIONS, INC., Alpharetta, GA, pg. 209
Burch, Reid - Account Services - ANOMALY, New York, NY, pg. 325
Burckhard, Amy - Account Services - CLEAR CHANNEL OUTDOOR, Minneapolis, MN, pg. 551
Burda, Bryan - Account Services - INTERSECTION, New York, NY, pg. 553
Burdette, Karen - Account Services, NBC, PPOM - BURDETTE I KETCHUM, Jacksonville, FL, pg. 587
Burdette, Lauren - Account Services, NBC, Public Relations - BANDY CARROLL HELLIGE , Louisville, KY, pg. 36
Burge, Catherine - Account Services - THE INTEGER GROUP, Lakewood, CO, pg. 682
Burger, Katie - Account Services - DIGENNARO COMMUNICATIONS, New York, NY, pg. 597
Burgess, Peyton - Account Services - FRENCH / WEST / VAUGHAN , Raleigh, NC, pg. 361
Burgess, Stephanie - Account Planner, Account Services - CARAT, New York, NY, pg. 459
Burgess, Sarah - Account Planner, Account Services - OMD, New York, NY, pg. 498
Burgess, Mark - Account Services - LEO BURNETT WORLDWIDE, Chicago, IL, pg. 98
Burgess, Chris - Account Services - DROGA5, New York, NY, pg. 64
Burk, Brian - Account Services - MADISON AVENUE MARKETING GROUP, Toledo, OH, pg. 287
Burke, Maureen - Account Services - NTH DEGREE, INC., Duluth, GA, pg. 312
Burke, Julie - Account Services, PPOM - GA CREATIVE, Bellevue, WA, pg. 361
Burke, Mary - Account Services, NBC, PPM - CHIEF, Washington, DC, pg. 590

Burke, Jason - Account Services - R/GA, New York, NY, pg. 260
Burke, Kristina - Account Services, Management - GYK ANTLER, Manchester, NH, pg. 368
Burke, Julia - Account Services - PERFORMANCE RESEARCH, Newport, RI, pg. 448
Burke, Ashley - Account Services - THE OUTCAST AGENCY, San Francisco, CA, pg. 654
Burke, Chelsea - Account Services - BCW PITTSBURGH, Pittsburgh, PA, pg. 581
Burke, Farah - Account Services - WONGDOODY, New York, NY, pg. 433
Burke, Alex - Account Services, Creative - DDB SAN FRANCISCO, San Francisco, CA, pg. 60
Burke, Andrew - Account Services, Operations - HAVAS MEDIA GROUP, Boston, MA, pg. 470
Burke, Emily - Account Services, Media Department - BBR CREATIVE, Lafayette, LA, pg. 174
Burke, Katie - Account Services - AMBASSADOR ADVERTISING, Irvine, CA, pg. 324
Burkhardt, Brent - Account Services, Public Relations - TBC, Baltimore, MD, pg. 416
Burks, Kryslyn - Account Services - TRACYLOCKE, Irving, TX, pg. 683
Burlingame, Colby - Account Services, NBC - ANOMALY, New York, NY, pg. 325
Burnette, Kelly - Account Services, NBC - MAXIMUM DESIGN & ADVERTISING, INC, Wilmington, NC, pg. 107
Burnham, Cameron - Account Services - MULLENLOWE U.S. BOSTON, Boston, MA, pg. 389
Burnham, Pat - Account Services - MARCUS THOMAS, Cleveland, OH, pg. 104
Burns, Kelly - Account Services - GRADY BRITTON ADVERTISING, Portland, OR, pg. 78
Burns, Mike - Account Services, Management - HILL HOLLIDAY, Boston, MA, pg. 85
Burns, Bryan - Account Planner, Account Services - GREY GROUP, New York, NY, pg. 365
Burns, Hilary - Account Planner, Account Services, Management, Media Department - EMPOWER, Chicago, IL, pg. 355
Burns, Kim - Account Services - MULLENLOWE U.S. BOSTON, Boston, MA, pg. 389
Burrows, Amy - Account Services - TIC TOC, Dallas, TX, pg. 570
Burrows, Gabrielle - Account Services, Media Department - COMMONWEALTH // MCCANN, Detroit, MI, pg. 52
Burt, Andi - Account Services - VIZERGY, Jacksonville, FL, pg. 274
Burtis, Lily - Account Planner, Account Services - PATTERN, New York, NY, pg. 126
Burton, Benji - Account Services, Media Department, PPOM - THE OSTLER GROUP, Sandy, UT, pg. 422

Burton, Kim - Account Services, Management - HB&M SPORTS, Charlotte, NC, pg. 307
Burton, Whitney - Account Services, Management - OGILVY, Chicago, IL, pg. 393
Burton, Ella - Account Services, NBC - BCW NEW YORK, New York, NY, pg. 581
Burtoni, Joseph - Account Services, Interactive / Digital, Media Department, Social Media - PUBLICIS.SAPIENT, Birmingham, MI, pg. 260
Busch, Megan - Account Services - RACHEL KAY PUBLIC RELATIONS, Solana Beach, CA, pg. 640
Bush, Lorna - Account Services, Management - FINEMAN PR, San Francisco, CA, pg. 603
Bush, Meghan - Account Services, Creative, NBC - METHOD, INC., New York, NY, pg. 191
Bush, Jonathan - Account Services - CARMICHAEL LYNCH, Minneapolis, MN, pg. 47
Bush, Bobby - Account Services, Creative - YARD, New York, NY, pg. 435
Bush, Amber - Account Services - THE WILLIAM MILLS AGENCY, Atlanta, GA, pg. 655
Busher, Alicia - Account Services - EPSILON, Blue Ash, OH, pg. 283
Bushnell, Alissa - Account Services, PPOM - 104 WEST PARTNERS, Denver, CO, pg. 573
Buss, Marisa - Account Services - ELEVEN, INC., San Francisco, CA, pg. 67
Bussan, Tracy - Account Services, PPOM - MKG, New York, NY, pg. 311
Bustos, Linda - Account Services - GRP MEDIA, INC., Chicago, IL, pg. 467
Buterbaugh, Trent - Account Services - ENERGY BBDO, INC., Chicago, IL, pg. 355
Buterin, Mark - Account Services, Media Department - AMPLIFIED DIGITAL AGENCY, Saint Louis, MO, pg. 213
Butler, Mike - Account Services - ARCHER MALMO, Memphis, TN, pg. 32
Butler, Lauren - Account Services, NBC - KETCHUM SOUTH, Dallas, TX, pg. 620
Butler, Alice - Account Services, Management - MARC RESEARCH, Irving, TX, pg. 447
Butler, Katherine - Account Services, NBC - RED FUSE COMMUNICATIONS, New York, NY, pg. 404
Butler, Gwen - Account Services, NBC - ODNEY ADVERTISING AGENCY, Bismarck, ND, pg. 392
Butler, Cathy - Account Planner, Account Services, Interactive / Digital, Management, NBC, Operations, PPOM - ORGANIC, INC., New York, NY, pg. 256
Butler, Katie - Account Services -

1146

AGENCIES
RESPONSIBILITIES INDEX

160OVER90, Philadelphia, PA, *pg.* 1
Butler, Fritsl - Account Services - HUMANAUT, Chattanooga, TN, *pg.* 87
Butler, Danny - Account Services, Media Department - HEARTS & SCIENCE, New York, NY, *pg.* 471
Butowsky, Lauren - Account Services - 3HEADED MONSTER, Dallas, TX, *pg.* 23
Buttrill, Stephanie - Account Services, Management - KETCHUM, New York, NY, *pg.* 542
Butturini, Ashley - Account Services - THE TOMBRAS GROUP, Knoxville, TN, *pg.* 424
Buturla, Sara - Account Planner, Account Services, Media Department - SPARK FOUNDRY, New York, NY, *pg.* 508
Butzen Dougherty, Jennyfer - Account Planner, Account Services, Media Department - LKH&S, Chicago, IL, *pg.* 381
Buzzelli, Joe - Account Services, Creative, Media Department - SPARK FOUNDRY, Chicago, IL, *pg.* 510
Byers, Erienne - Account Services - EPSILON, Chicago, IL, *pg.* 283
Byers, Lauren - Account Services, PPM - DAGGER, Atlanta, GA, *pg.* 224
Byfield, Kathryn - Account Services, Administrative, Media Department - ADHOME CREATIVE, London, ON, *pg.* 27
Byors, Ryan - Account Services, Promotions - PREMIER PARTNERSHIPS, New York, NY, *pg.* 314
Byrne, Trevor - Account Services - RED URBAN, Toronto, ON, *pg.* 405
Byrne, Natalie - Account Services, Public Relations - AKA NYC, New York, NY, *pg.* 324
Byrnes, Jennifer - Account Planner, Account Services, Management, Media Department - SPARK FOUNDRY, New York, NY, *pg.* 508
Byrnes, Marykate - Account Services, Media Department - VMLY&R, New York, NY, *pg.* 160
Byroads, Lindsey - Account Services, Interactive / Digital, Media Department - R2INTEGRATED, Baltimore, MD, *pg.* 261
Byron, Brittni - Account Services - EVR ADVERTISING, Manchester, NH, *pg.* 69
Byun, Mary - Account Services - LIPPE TAYLOR, New York, NY, *pg.* 623
Caballes, Kevin - Account Services, Operations - ACTIVISION BLIZZARD MEDIA, New York, NY, *pg.* 26
Cabaysa, Jerico - Account Services, Management, Media Department - TBWA \ CHIAT \ DAY, Los Angeles, CA, *pg.* 146
Cabe, Molly - Account Services, Management, Media Department, NBC - HEAT, San Francisco, CA, *pg.* 84
Cabonargi, Benjamin - Account Services - TARGETSPOT, INC., New York, NY, *pg.* 269
Cabral, Melissa - Account Planner, Account Services, Creative, Media Department - THE MANY, Pacific Palisades, CA, *pg.* 151
Cabral, Caitlin - Account Services - MIDNIGHT OIL CREATIVE, Burbank, CA, *pg.* 250
Caccavo, Laura - Account Services, NBC - HYFN, Los Angeles, CA, *pg.* 240
Cacioppo, Chris - Account Planner, Account Services, Media Department - MINDSHARE, New York, NY, *pg.* 491
Cadmus, Stephanie - Account Services - J.T. MEGA, INC., Minneapolis, MN, *pg.* 91
Caggiano, Rachel - Account Services - OGILVY PUBLIC RELATIONS, Washington, DC, *pg.* 634
Cagide, Cori - Account Services - SOURCECODE COMMUNICATIONS, New York, NY, *pg.* 648
Caglayan, Tugce - Account Services, Management, Media Department - ZENITH MEDIA, New York, NY, *pg.* 529
Cagle, Marlo - Account Services - BBIG COMMUNICATIONS, Coronado, CA, *pg.* 216
Cagnina, Cody - Account Services - ALLOVER MEDIA, Plymouth, MN, *pg.* 549
Cahalane, Noreen - Account Services, PPOM - THE MERZ GROUP, West Chester, PA, *pg.* 19
Cahalane, Corey - Account Services - INDUSTRY, Portland, OR, *pg.* 187
Cahall, Suzanne - Account Services - OLOGIE, Columbus, OH, *pg.* 122
Cahill, Dan - Account Services, NBC - WEBB/MASON, Hunt Valley, MD, *pg.* 294
Cahill, Kelly - Account Services, Media Department, Public Relations - MGH ADVERTISING, Owings Mills, MD, *pg.* 387
Cahn, Kevin - Account Services, Interactive / Digital, Media Department - KEPLER GROUP, New York, NY, *pg.* 244
Cai, Carol - Account Planner, Account Services, Interactive / Digital, Media Department, NBC - MEDIAHUB BOSTON, Boston, MA, *pg.* 489
Caiarelli, Zilia - Account Services - MCCANN CANADA, Montreal, QC, *pg.* 447
Cain, Rachel - Account Planner, Account Services - WEBER SHANDWICK, Atlanta, GA, *pg.* 661
Caine, Kathryn - Account Services - REDPEG MARKETING, Alexandria, VA, *pg.* 692
Caires, Annalecia - Account Services - RAPPORT OUTDOOR WORLDWIDE, Los Angeles, CA, *pg.* 557
Calabria, Kelly - Account Planner, Account Services, NBC - KETCHUM, Raleigh, NC, *pg.* 378
Calato, Harrison - Account Services - INKHOUSE PUBLIC RELATIONS, Waltham, MA, *pg.* 615
Calderone, Rosemary - Account Services, Management - M:UNITED//MCCANN, New York, NY, *pg.* 102
Calderone, Matt - Account Services, Management - LAUNCHSQUAD, New York, NY, *pg.* 621
Caldwell, Chris - Account Services, Management - MKTG, Westport, CT, *pg.* 568
Caldwell, David - Account Services, Management, PPOM - GTB, Dallas, TX, *pg.* 80
Caldwell, Laura - Account Services, NBC - WIEDEN + KENNEDY, Portland, OR, *pg.* 430
Caldwell, Emily - Account Services, Management - 360I, LLC, Atlanta, GA, *pg.* 207
Calef, Morgan - Account Services - HUNTER PUBLIC RELATIONS, New York, NY, *pg.* 614
Calhoun, Lauren - Account Services - DIGITAS, Detroit, MI, *pg.* 229
Califre, Gabrielle - Account Services - FLEISHMANHILLARD, New York, NY, *pg.* 605
Call, Felicia - Account Services - NEUTRON INTERACTIVE, Sandy, UT, *pg.* 253
Callaghan, Cathryn - Account Planner, Account Services, Interactive / Digital, Media Department - HEARTS & SCIENCE, New York, NY, *pg.* 471
Callaghan, Jacqueline - Account Services - PROJECT X, New York, NY, *pg.* 556
Callahan, Jennifer - Account Services, Media Department - DWA MEDIA, Boston, MA, *pg.* 464
Callahan, Colleen - Account Services, Media Department - PUBLICIS.SAPIENT, Birmingham, MI, *pg.* 260
Callahan, Amanda - Account Services - LOSASSO INTEGRATED MARKETING, Chicago, IL, *pg.* 381
Callahan, Melanie - Account Services, Creative, Interactive / Digital - CARMICHAEL LYNCH, Minneapolis, MN, *pg.* 47
Calland, Grace - Account Services - PIPITONE GROUP, Pittsburgh, PA, *pg.* 195
Callard, Tom - Account Planner, Account Services - BBH, New York, NY, *pg.* 37
Callender, Jeff - Account Services - Q LTD, Ann Arbor, MI, *pg.* 15
Callicotte, Michael - Account Services, Creative, Promotions - RAPP WORLDWIDE, San Francisco, CA, *pg.* 291
Callis, Charlyn - Account Services - CALLIS & ASSOCIATES, Sedalia, MO, *pg.* 46
Calloway, Juliana - Account Services - FIFTYANDFIVE.COM, Winter Park, FL, *pg.* 234
Calnen, Gregory - Account Services - ZAG INTERACTIVE, Glastonbury, CT, *pg.* 277
Calogera, Danielle - Account Services, Media Department, NBC - 360I, LLC, New York, NY, *pg.* 320
Calvert, Courtney - Account Services, NBC - MULLENLOWE U.S. BOSTON, Boston, MA, *pg.* 389

RESPONSIBILITIES INDEX

AGENCIES

Calvin, Jennifer - Account Services - METIA, Bellevue, WA, *pg.* 250

Camacho, Nicole - Account Services - DEUTSCH, INC., New York, NY, *pg.* 349

Camargo, Nicole - Account Services - RAUXA, New York, NY, *pg.* 291

Cambria, Alyssa - Account Services - BUTLER ASSOCIATES PUBLIC RELATIONS, New York, NY, *pg.* 587

Cameron, Mike - Account Services, Creative - ADCO ADVERTISING AGENCY, Peoria, IL, *pg.* 171

Cameron, Brianna - Account Services, Public Relations - MSLGROUP, New York, NY, *pg.* 629

Cammareri, Paola - Account Planner, Account Services - FCB WEST, San Francisco, CA, *pg.* 72

Cammayo, Seiya - Account Services - MOTHER, Los Angeles, CA, *pg.* 118

Campana, Samantha - Account Services - EDELMAN, Chicago, IL, *pg.* 353

Campbell, Shawn - Account Services, Management - ROSS-CAMPBELL, INC., Sacramento, CA, *pg.* 644

Campbell, Jennifer - Account Services, PPOM - HOT DISH ADVERTISING, Minneapolis, MN, *pg.* 87

Campbell, Ryan - Account Services - PENN GARRITANO DIRECT RESPONSE MARKETING, Excelsior, MN, *pg.* 290

Campbell, Eric - Account Planner, Account Services, Management, NBC, PPOM - VMLY&R, New York, NY, *pg.* 160

Campbell, Rich - Account Services - SANDBOX, Chicago, IL, *pg.* 138

Campbell, Melissa - Account Planner, Account Services, Management, Media Department - SPARK FOUNDRY, New York, NY, *pg.* 508

Campbell, Ashley - Account Services - LINHART PUBLIC RELATIONS, Denver, CO, *pg.* 622

Campbell, Alistair - Account Services, Management, NBC, PPOM - THE HYBRID CREATIVE, Santa Rosa, CA, *pg.* 151

Campbell, Laurie - Account Services, PPM - NOSTRUM, INC., Long Beach, CA, *pg.* 14

Campbell, Doug - Account Services, Management - BRANDSTAR, Deerfield Beach, FL, *pg.* 337

Campbell, James - Account Services, Creative - BBDO SAN FRANCISCO, San Francisco, CA, *pg.* 330

Campbell, Sydney - Account Services - GOODBY, SILVERSTEIN & PARTNERS, San Francisco, CA, *pg.* 77

Campbell, Katie - Account Services - ZEHNDER COMMUNICATIONS, INC., New Orleans, LA, *pg.* 436

Campbell, Adrian - Account Services, Analytics - PHD USA, New York, NY, *pg.* 505

Campbell, Alesia - Account Services - YECK BROTHERS COMPANY, Dayton, OH, *pg.* 294

Campbell, Sarah - Account Services - PUBLICIS.SAPIENT, Chicago, IL, *pg.* 259

Campbell, Philippa - Account Services - DROGA5, New York, NY, *pg.* 64

Campbell, Rebecca - Account Services, Public Relations - KONNECT AGENCY, Los Angeles, CA, *pg.* 620

Campbell, Karissa - Account Services, Media Department - JAYMIE SCOTTO & ASSOCIATES, Middlebrook, VA, *pg.* 616

Campbell, Peggy - Account Services - AMBASSADOR ADVERTISING, Irvine, CA, *pg.* 324

Campbell, Kelli - Account Planner, Account Services, Media Department - OMD SAN FRANCISCO, San Francisco, CA, *pg.* 501

Campbell, Clara - Account Services - MEDIA CAUSE, Washington, DC, *pg.* 249

Campbell Jr., Brian - Account Services - FISHMAN PUBLIC RELATIONS INC., Northbrook, IL, *pg.* 604

Canady, Eilish - Account Services - GLOBAL STRATEGIES, Bend, OR, *pg.* 673

Cancelosi, Maggie - Account Services, NBC - EDELMAN, New York, NY, *pg.* 599

Cancio, Meagan - Account Services - SAATCHI & SAATCHI, New York, NY, *pg.* 136

Cancro, Andrea - Account Services, Management, Media Department - J3, New York, NY, *pg.* 480

Cancro, Jillian - Account Services - WE ARE BMF, New York, NY, *pg.* 318

Candelario, Carmen - Account Services - WUNDERMAN THOMPSON, New York, NY, *pg.* 434

Candelario, Yudelka - Account Services - DIGITAS, Atlanta, GA, *pg.* 228

Candelieri, Gabriella - Account Services - ARNOLD WORLDWIDE, Boston, MA, *pg.* 33

Candia, Matias - Account Planner, Account Services, Management, NBC - DAVID, Miami, FL, *pg.* 57

Candy, Graham - Account Planner, Account Services - DDB CANADA, Toronto, ON, *pg.* 224

Cannell, Hanna - Account Services - GREY GROUP, New York, NY, *pg.* 365

Canning, Kathryn - Account Services - PADILLA, Richmond, VA, *pg.* 635

Cantrell, Steve - Account Services, Media Department - BALCOM AGENCY, Fort Worth, TX, *pg.* 329

Cantrell, Honey - Account Services - LIKEABLE MEDIA, New York, NY, *pg.* 246

Cantrell, Christine - Account Services - BALCOM AGENCY, Fort Worth, TX, *pg.* 329

Canuel, Francois - Account Planner, Account Services, Management - TAM TAM \ TBWA, Montreal, QC, *pg.* 416

Canyon, Amber - Account Services - SAATCHI & SAATCHI DALLAS, Dallas, TX, *pg.* 136

Capaccio, Carolyn - Account Services, Public Relations - LIPPERT / HEILSHORN & ASSOCIATES, INC., New York, NY, *pg.* 623

Capasso, Kelley - Account Services - CROSSMEDIA, New York, NY, *pg.* 463

Capobianco, Julie - Account Services - VISTRA COMMUNICATIONS, LLC, Lutz, FL, *pg.* 658

Capone, Dominic - Account Services - GIOVATTO ADVERTISING, Paramus, NJ, *pg.* 363

Capooth, Lindsey - Account Services - SIGNATURE MARKETING SOLUTIONS, Memphis, TN, *pg.* 141

Cappadocia, Jordan - Account Services - DROGA5, New York, NY, *pg.* 64

Cappello, Anne - Account Services, Operations - TRIAD RETAIL MEDIA, St. Petersburg, FL, *pg.* 272

Cappiello, Giuliana - Account Planner, Account Services, Media Department - MINDSHARE, New York, NY, *pg.* 491

Capps, MacKenzie - Account Services - SWARM, Atlanta, GA, *pg.* 268

Capps, Corey - Account Services - MEDIAURA, Jefferson, IN, *pg.* 250

Caputi, Kathleen - Account Services, NBC - EPOCH 5 PUBLIC RELATIONS, Huntington, NY, *pg.* 602

Caputo, Nicholas - Account Services, NBC - BLUE 449, New York, NY, *pg.* 455

Caputo Karp, Janet - Account Planner, Account Services, NBC, Social Media - MRY, New York, NY, *pg.* 252

Caravello, Dena - Account Services, Media Department - CARAT, New York, NY, *pg.* 459

Carbone, Susan - Account Services, Analytics - ABEL SOLUTIONS, INC., Alpharetta, GA, *pg.* 209

Carbone Kraut, Karen - Account Services, Management, Media Department - PUBLICIS NORTH AMERICA, New York, NY, *pg.* 399

Carbonella, Suzanne - Account Services - CRONIN, Glastonbury, CT, *pg.* 55

Carbonneau, Stephanie - Account Services - GENERATION, Montreal, QC, *pg.* 362

Card, Montanna - Account Services, Interactive / Digital - THINK MOTIVE, Denver, CO, *pg.* 154

Cardamone, Andrea - Account Services, Management, NBC - PALISADES MEDIA GROUP, INC., New York, NY, *pg.* 124

Cardetti, Chris - Account Planner, Account Services - BARKLEY, Kansas City, MO, *pg.* 329

Cardoso, Sandra - Account Services - WAVEMAKER, Toronto, ON, *pg.* 529

Cardozo, Courtney - Account Services - FOCUS USA, Paramus, NJ, *pg.* 284

Careaga, Janet - Account Services - BODEN AGENCY, Miami, FL, *pg.* 538

Carelli, Randy - Account Services, Interactive / Digital - STARCOM

AGENCIES

RESPONSIBILITIES INDEX

WORLDWIDE, Toronto, ON, *pg.* 517
Carey, Michael - Account Services, Management - RIDDLE & BLOOM, Boston, MA, *pg.* 133
Carey, Jackie - Account Planner, Account Services, Media Department - ZENITH MEDIA, New York, NY, *pg.* 529
Carey, Jeremy - Account Services, Management, PPOM - OPTIMUM SPORTS, New York, NY, *pg.* 394
Carfi, Alyssa - Account Services - RED HAVAS, New York, NY, *pg.* 641
Cargal, Chuck - Account Services - STYLE ADVERTISING, Birmingham, AL, *pg.* 415
Carlin, Kristin - Account Services, Management, PPOM - OMD ENTERTAINMENT, Burbank, CA, *pg.* 501
Carlisle, Allen - Account Services, NBC, PPOM - ADI MEDIA, San Antonio, TX, *pg.* 171
Carlisle, Janet - Account Services - PJA ADVERTISING + MARKETING, Cambridge, MA, *pg.* 397
Carlisle, Karin - Account Services - FCB CHICAGO, Chicago, IL, *pg.* 71
Carlsen, Colleen - Account Services, Social Media - TEAM ONE, Dallas, TX, *pg.* 418
Carlson, Andrew - Account Services, Creative, Interactive / Digital, PPOM - ORGANIC, INC., New York, NY, *pg.* 256
Carlson, Parker - Account Services - TRIBE, INC., Atlanta, GA, *pg.* 20
Carlson, Katherine - Account Services, Management, Media Department - PULSAR ADVERTISING, Washington, DC, *pg.* 401
Carlson, Tracy - Account Services - PADILLA, Minneapolis, MN, *pg.* 635
Carlson, Genna - Account Services - GEOMETRY, Minneapolis, MN, *pg.* 363
Carlson, Wayne - Account Services, NBC - BROADHEAD, Minneapolis, MN, *pg.* 337
Carlson, Jason - Account Services - ILM SERVICES, Edina, MN, *pg.* 241
Carlton, Nora - Account Services, Interactive / Digital - MSLGROUP, New York, NY, *pg.* 629
Carlton, Alessia - Account Services - WE ARE ALEXANDER, St. Louis, MO, *pg.* 429
Carmo, Liz - Account Services - REFUEL AGENCY, Santa Barbara, CA, *pg.* 507
Carnard, Taylor - Account Services - THE MARTIN AGENCY, Richmond, VA, *pg.* 421
Carnevale, Nicole - Account Planner, Account Services - MAISONBRISON, Montreal, QC, *pg.* 624
Carney, Traci - Account Services - TRUE SENSE MARKETING, Freedom, PA, *pg.* 293
Carolan Di Salvo, Paula - Account Services - MINDSHARE, Toronto, ON, *pg.* 495
Caron, Neil - Account Services, Operations - HUGE, INC., Atlanta, GA, *pg.* 240
Carpenter, Mary - Account Services,

Management, NBC, PPOM - PHD CHICAGO, Chicago, IL, *pg.* 504
Carpenter, Mark - Account Services, Interactive / Digital, Management, Media Department, PPOM - NO FIXED ADDRESS INC., Toronto, ON, *pg.* 120
Carpenter, Stacy - Account Services, Social Media - MEDIAHUB BOSTON, Boston, MA, *pg.* 489
Carpinelli, Al - Account Services, Interactive / Digital - LOGIC SOLUTIONS, INC. , Ann Arbor, MI, *pg.* 247
Carr, Katherine - Account Services, Management, NBC - SILVER MARKETING, INC., Bethesda, MD, *pg.* 141
Carr, Cindy - Account Services, NBC - THE MARS AGENCY, Southfield, MI, *pg.* 683
Carr, Thomas - Account Services, Media Department - POSTERSCOPE U.S.A., New York, NY, *pg.* 556
Carr, Taylor - Account Services - MOMENTUM WORLDWIDE, Chicago, IL, *pg.* 117
Carr, Molly - Account Services - KUHL SWAINE, Saint Louis, MO, *pg.* 11
Carrero, Leslie - Account Services - LEVERAGE, Tampa, FL, *pg.* 245
Carricato, Aimee - Account Services, NBC - HEARTS & SCIENCE, New York, NY, *pg.* 471
Carrigan, Pat - Account Services, PPM - R&R PARTNERS, Las Vegas, NV, *pg.* 131
Carrigan, Megan - Account Planner, Account Services - UNION, Charlotte, NC, *pg.* 273
Carroll, Jennifer - Account Services, Management, Media Department - WAVEMAKER, New York, NY, *pg.* 526
Carroll, Ryan - Account Services - CARROLL WHITE ADVERTISING, Atlanta, GA, *pg.* 340
Carroll, Julie - Account Planner, Account Services, Media Department - LIGHTNING ORCHARD, Brooklyn, NY, *pg.* 11
Carroll, Philip - Account Services, Creative - REFUEL AGENCY, New York, NY, *pg.* 507
Carroll, Lana - Account Services - TRICOMB2B, Dayton, OH, *pg.* 427
Carroll, Thomas - Account Services - AMNET, Fort Worth, TX, *pg.* 454
Carroll, Madeline - Account Services - FUSEIDEAS, LLC, Buffalo, NY, *pg.* 306
Carroll, Mackenzie - Account Services - BACKBONE MEDIA, Carbondale, CO, *pg.* 579
Carroll, Natasha - Account Services - RED HAVAS, New York, NY, *pg.* 641
Carroll, Sheila - Account Services - MEDIA LOGIC, Albany, NY, *pg.* 288
Carroll, Delaney - Account Services, Interactive / Digital, Social Media - WILSON CREATIVE GROUP, INC., Naples, FL, *pg.* 162
Carrozza, Sheryl - Account Services, Media Department - HAVAS MEDIA GROUP, New York, NY, *pg.* 468

Carry, Ellen - Account Services, Management - CORINTHIAN MEDIA, INC., New York, NY, *pg.* 463
Carse, Brad - Account Services - HUDSON ROUGE, Dearborn, MI, *pg.* 372
Carter, Gail - Account Planner, Account Services, PPOM - SCHAFER CONDON CARTER, Chicago, IL, *pg.* 138
Carter, Tina - Account Services - CLEAR CHANNEL OUTDOOR, Jacksonville, FL, *pg.* 551
Carter, Marilyn - Account Services, Creative - SHERRY MATTHEWS ADVOCACY MARKETING, Austin, TX, *pg.* 140
Carter, Lee - Account Services - MOWER, Charlotte, NC, *pg.* 628
Carter, Dan - Account Services, Management - RACEPOINT GLOBAL, Boston, MA, *pg.* 640
Carter, Gillian - Account Services, NBC - BRANDTRUST, INC., Chicago, IL, *pg.* 4
Carter, Chris - Account Services - DEUTSCH, INC., Los Angeles, CA, *pg.* 350
Carter, Megan - Account Planner, Account Services, Analytics, Media Department, NBC - MINDSHARE, New York, NY, *pg.* 491
Carter, Michelle - Account Services - CRONIN, Glastonbury, CT, *pg.* 55
Carter, Jessica - Account Services - DRAKE COOPER, Boise, ID, *pg.* 64
Cartlidge, Brianne - Account Services - MOSAIC NORTH AMERICA, Jacksonville, FL, *pg.* 389
Cartwright, Vanessa - Account Services, Management, NBC, PPOM - FLUID, INC., New York, NY, *pg.* 235
Caruso, John - Account Services - ELISCO ADVERTISING, Pittsburgh, PA, *pg.* 68
Carver, Andrea - Account Services - LUCKIE & COMPANY, Birmingham, AL, *pg.* 382
Carver, Kate - Account Services, Public Relations - ICF NEXT, New York, NY, *pg.* 615
Casabielle, Krysten - Account Services, Media Department - PINTA USA, LLC, Coral Gables, FL, *pg.* 397
Casadaban, Giselle - Account Services - MARKSTEIN, Birmingham, AL, *pg.* 625
Casagrande, Corinne - Account Services, Interactive / Digital - BROADBEAM MEDIA, New York, NY, *pg.* 456
Casale, Michelle - Account Services - 72ANDSUNNY, Playa Vista, CA, *pg.* 23
Casanova, Casey - Account Services - BORDERS PERRIN NORRANDER, INC., Portland, OR, *pg.* 41
Case, Courteney - Account Services - BIG FAMILY TABLE, Los Angeles, CA, *pg.* 39
Caselnova, Lisa - Account Services, Creative - DIMASSIMO GOLDSTEIN, New York, NY, *pg.* 351
Casey, Deb - Account Planner, Account Services, NBC - MILK, South Norwalk, CT, *pg.* 115
Casey, Michelle - Account Planner,

RESPONSIBILITIES INDEX — AGENCIES

Account Services - MCGARRYBOWEN, Chicago, IL, *pg.* 110
Casey, Amy - Account Services - THE MARKETING ARM, Dallas, TX, *pg.* 316
Casey, Nicole - Account Services - RAPPORT OUTDOOR WORLDWIDE, New York, NY, *pg.* 556
Casey, Lori - Account Services - OUTDOOR NATION, Signal Mountain, TN, *pg.* 554
Casey, Clare - Account Services - PUBLICIS NORTH AMERICA, New York, NY, *pg.* 399
Cash, Shannon - Account Services - 360I, LLC, New York, NY, *pg.* 320
Cashen, Colby - Account Services, Programmatic - THE TRADE DESK, New York, NY, *pg.* 520
Cashill, Charlotte - Account Services - PUBLICIS.SAPIENT, Seattle, WA, *pg.* 259
Cashman, Sean - Account Services - IPROSPECT, New York, NY, *pg.* 674
Casi, John - Account Services, NBC - PRICEWEBER MARKETING COMMUNICATIONS, INC., Louisville, KY, *pg.* 398
Casiean, Jena - Account Services, NBC - 72ANDSUNNY, Playa Vista, CA, *pg.* 23
Cason, Wesley - Account Services, Interactive / Digital, Media Department - AKQA, San Francisco, CA, *pg.* 211
Cassell, Dana - Account Planner, Account Services - BIGEYE AGENCY, Orlando, FL, *pg.* 3
Cassens, Meghan - Account Services - TETHER, Seattle, WA, *pg.* 201
Cassidy, Mike - Account Services, Management - MASON MARKETING, Penfield, NY, *pg.* 106
Cassidy, Tracey - Account Services, Operations - ALLISON+PARTNERS, New York, NY, *pg.* 576
Cassidy, Melanie - Account Services - OTEY WHITE & ASSOCIATES, Baton Rouge, LA, *pg.* 123
Cast, Frauke - Account Services, Operations - JUST MEDIA, INC., Emeryville, CA, *pg.* 481
Castellini, Stacey - Account Services, Media Department - EMPOWER, Cincinnati, OH, *pg.* 354
Castillo, Gabriela - Account Services, Public Relations - EDELMAN, Chicago, IL, *pg.* 353
Castillo, Lydia - Account Planner, Account Services - FINN PARTNERS, Chicago, IL, *pg.* 604
Castillo, Andrea - Account Services, Creative - ZIMMERMAN ADVERTISING, Fort Lauderdale, FL, *pg.* 437
Castle, Anna - Account Services - RISE INTERACTIVE, Chicago, IL, *pg.* 264
Castrillon, Macarena - Account Services - DENTSU X, New York, NY, *pg.* 61
Castro, Tavo - Account Services, Management, Media Department - HEARTS & SCIENCE, Los Angeles, CA, *pg.* 473

Castro, Raquel - Account Services - WIEDEN + KENNEDY, New York, NY, *pg.* 432
Castro, Paul - Account Planner, Account Services - SPARK44, New York, NY, *pg.* 411
Castro, Josie - Account Services, Management - MCCANN NEW YORK, New York, NY, *pg.* 108
Catalano, Michael - Account Services, Media Department, Research - R&R PARTNERS, Las Vegas, NV, *pg.* 131
Catanzaro, Michael - Account Services - VITRO AGENCY, San Diego, CA, *pg.* 159
Cati, Lena - Account Services, Management - THE EQUITY GROUP, INC., New York, NY, *pg.* 653
Catletti, Sarah - Account Services, NBC - R&R PARTNERS, Las Vegas, NV, *pg.* 131
Catrenich, Kristin - Account Services - STRATEGIC AMERICA, West Des Moines, IA, *pg.* 414
Cau, Jia - Account Services - BBDO CANADA, Toronto, ON, *pg.* 330
Caudle, Maggie - Account Services, Public Relations - WEBER SHANDWICK, Dallas, TX, *pg.* 660
Cavagnaro, Nataly - Account Services, Management, Media Department, PPOM - UNIVERSAL MCCANN, New York, NY, *pg.* 521
Cavallaro, Nicole - Account Services, Interactive / Digital, Media Department, PPOM - WAVEMAKER, New York, NY, *pg.* 526
Cavallaro, Christine - Account Services - ARNOLD WORLDWIDE, Boston, MA, *pg.* 33
Cavanaugh, Colleen - Account Services - UPROAR, Orlando, FL, *pg.* 657
Cavanaugh, Mark - Account Services - SMITH, Spokane, WA, *pg.* 266
Cavazos, Cheyenne - Account Services - THE SUNFLOWER GROUP, Lenexa, KS, *pg.* 317
Caver, Morgan - Account Services - MARTIN RETAIL GROUP, Alpharetta, GA, *pg.* 106
Caverno, Kate - Account Services - MORSEKODE, Minneapolis, MN, *pg.* 14
Cawley, Jennifer - Account Services - CROSSROADS, Kansas City, MO, *pg.* 594
Center, Katie - Account Services - ABZ CREATIVE PARTNERS, Charlotte, NC, *pg.* 171
Cerami, Charles - Account Services - ALISON GROUP, North Miami Beach, FL, *pg.* 681
Cerulli, Jennifer - Account Services, Management - OGILVY COMMONHEALTH WORLDWIDE, Parsippany, NJ, *pg.* 122
Cervantes, Paola - Account Services - ORCI, Santa Monica, CA, *pg.* 543
Cesarec, Jeremy - Account Planner, Account Services, Social Media - PLANET PROPAGANDA, Madison, WI, *pg.* 195
Cesarkas Handelman, Yael - Account Services, Creative, NBC - R/GA, San Francisco, CA, *pg.* 261

Ceska, Patrick - Account Services - MORTON, VARDEMAN & CARLSON, Gainesville, GA, *pg.* 389
Ceurvorst, Kaileigh - Account Services, Analytics, NBC - CANVAS WORLDWIDE, Playa Vista, CA, *pg.* 458
Chaba, Sy - Account Planner, Account Services, Finance, Management, PPOM - KELLY, SCOTT & MADISON, INC., Chicago, IL, *pg.* 482
Chabot, Jessica - Account Services - MILLENNIUM INTEGRATED MARKETING, Manchester, NH, *pg.* 387
Chacko, Caren - Account Services - THE BEANSTALK GROUP, New York, NY, *pg.* 19
Chadwick, Katlin - Account Services - SOUTH, Charleston, SC, *pg.*
Chae, Sandra - Account Services, NBC, Public Relations - INITIATIVE, Los Angeles, CA, *pg.* 478
Chaffee, Kevin - Account Services - QORVIS COMMUNICATIONS, LLC, Washington, DC, *pg.* 640
Chaffiotte, Jules - Account Services, NBC - FF CREATIVE, Los Angeles, CA, *pg.* 234
Chai, Barbara - Account Services, Creative - PUBLICIS.SAPIENT, New York, NY, *pg.* 258
Chaiken, Erin - Account Services - THINK MOTIVE, Denver, CO, *pg.* 154
Chait, Allison - Account Services, Interactive / Digital, Management - HUGE, INC., Atlanta, GA, *pg.* 240
Chakrabarty, Lily - Account Planner, Account Services, Media Department - STARCOM WORLDWIDE, New York, NY, *pg.* 517
Chaleunsouk, Kampi - Account Services, PPOM - INK LINK MARKETING LLC, Miami Lakes, FL, *pg.* 615
Chalfant Parker, Adrienne - Account Services - RIGHTPOINT, Oakland, CA, *pg.* 263
Chalmers, Katie - Account Services - MURPHY O'BRIEN, INC., Los Angeles, CA, *pg.* 630
Chamberlain, Dianne - Account Services - NANCY MARSHALL COMMUNICATIONS, Augusta, ME, *pg.* 631
Chamberlin, Terra - Account Services - E29 MARKETING, Larkspur, CA, *pg.* 67
Chambers, Sherri - Account Services, Media Department, NBC, PPOM - 360I, LLC, New York, NY, *pg.* 320
Chambers, Janet - Account Services - HABERMAN, Minneapolis, MN, *pg.* 369
Chambers, Elise - Account Services - MISSION NORTH, San Francisco, CA, *pg.* 627
Champa, Tracee - Account Services - NEW HONOR SOCIETY, Saint Louis, MO, *pg.* 391
Chan, Joanne - Account Services, PPOM - TURNER DUCKWORTH, San Francisco, CA, *pg.* 203
Chan, Alex - Account Services,

AGENCIES — RESPONSIBILITIES INDEX

Media Department - INITIATIVE, New York, NY, pg. 477
Chan, Ryan - Account Services, Interactive / Digital, Media Department - GENERATOR MEDIA + ANALYTICS, New York, NY, pg. 466
Chan, Minette - Account Services, Media Department - ZEHNDER COMMUNICATIONS, INC. , Baton Rouge, LA, pg. 437
Chan, Stephanie - Account Services - SHIFT COMMUNICATIONS LLC, New York, NY, pg. 647
Chan, Christopher - Account Services - INNERWORKINGS, INC., Chicago, IL, pg. 375
Chan, Chris - Account Services - WILEN MEDIA CORPORATION, Melville, NY, pg. 432
Chan, Carman - Account Services - MYRIAD TRAVEL MARKETING, Los Angeles, CA, pg. 390
Chance, Sarah - Account Services - CRITICAL MASS, INC., Nashville, TN, pg. 223
Chandler, Barbara - Account Services, Management - DEUTSCH, INC., New York, NY, pg. 349
Chandler, Jessica - Account Services - LIQUID AGENCY, INC., Portland, OR, pg. 12
Chandrasekhar, Preethi - Account Services - BIG SKY COMMUNICATIONS, San Jose, CA, pg. 583
Chane Abend, Sarah - Account Services, PPOM - RDIALOGUE, Atlanta, GA, pg. 291
Chaney, Sarah - Account Services - WOODRUFF, Columbia, MO, pg. 163
Chang, Theresa - Account Services, PPOM - MEDIACOM, New York, NY, pg. 487
Chang, JoAnn - Account Services - LANDERS & PARTNERS, Clearwater, FL, pg. 379
Chang, Edward - Account Services, Management - A PARTNERSHIP, INC., New York, NY, pg. 537
Chang, Jenny - Account Services - PKPR, New York, NY, pg. 637
Chang, Michael - Account Services, Management, NBC, Operations - WONGDOODY, New York, NY, pg. 433
Chang, Roger - Account Services, NBC - HEAT, New York, NY, pg. 370
Chang, Catrina - Account Services - MATTE PROJECTS, New York, NY, pg. 107
Chang, Sunny - Account Services - TAXI, Toronto, ON, pg. 146
Chang, Bora - Account Planner, Account Services - VIZEUM, New York, NY, pg. 526
Chang, Jennifer - Account Services - CAMPBELL EWALD NEW YORK, New York, NY, pg. 47
Changalidi, Elena - Account Services - LOCATION3 MEDIA, Denver, CO, pg. 246
Chankowsky, Allen - Account Services, NBC, PPOM - MBC MARKETING, INC., Toronto, ON, pg. 568
Channell, Derek - Account Services,

Management - DG COMMUNICATIONS GROUP, Delray Beach, FL, pg. 351
Chao, Jenny - Account Services - MOXIE COMMUNICATIONS GROUP, New York, NY, pg. 628
Chao, Liping - Account Planner, Account Services, Media Department - MEDIACOM, New York, NY, pg. 487
Chaplick, Marion - Account Services, Management, PPOM - RAZORFISH HEALTH, Philadelphia, PA, pg. 262
Chapman, Lisa - Account Services, Interactive / Digital - BCW CHICAGO, Chicago, IL, pg. 581
Chapman, Kelly - Account Services - PARTNERS + NAPIER, Rochester, NY, pg. 125
Chappo, Derek - Account Services, Interactive / Digital, Management - WEBER SHANDWICK, Birmingham, MI, pg. 662
Charak, Colette - Account Services - FCB CHICAGO, Chicago, IL, pg. 71
Charania, Alina - Account Services - RDIALOGUE, Atlanta, GA, pg. 291
Charanza, Jenny - Account Services, Media Department - MIGHTY & TRUE, Austin, TX, pg. 250
Charbonneau, Christy - Account Services - NOVUS MEDIA, INC., Plymouth, MN, pg. 497
Charbonnet, Donny - Account Services, Media Department - DIANE ALLEN & ASSOCIATES, Baton Rouge, LA, pg. 597
Charney, Amanda - Account Services, Operations - FIXATION MARKETING, Arlington, VA, pg. 359
Charron, Jarrod - Account Services - PHD CANADA, Toronto, ON, pg. 504
Chartoff, Adam - Account Services - HAVAS MEDIA GROUP, Boston, MA, pg. 470
Chase, Sara - Account Services - DRAKE COOPER, Boise, ID, pg. 64
Chase, Carrie - Account Services, Media Department - STARCOM WORLDWIDE, Chicago, IL, pg. 513
Chase, Crystal - Account Services, Interactive / Digital, Social Media - AKA NYC, New York, NY, pg. 324
Chase, James - Account Services - JASCULCA / TERMAN & ASSOCIATES, Chicago, IL, pg. 616
Chase, Sean - Account Services - DIGITAS HEALTH LIFEBRANDS, Philadelphia, PA, pg. 229
Chastain, Zach - Account Services, NBC - MONSTER XP, Altamonte Springs, FL, pg. 388
Chastang, Shane - Account Services, NBC - DROGA5, New York, NY, pg. 64
Chatani, Amina - Account Services - UNIVERSAL MCCANN, New York, NY, pg. 521
Chatoff, Dave - Account Services, Analytics - BRAND CONNECTIONS, LLC, New York, NY, pg. 336
Chatterjee, Ashmita - Account Services, Management - RISE INTERACTIVE, Chicago, IL, pg. 264
Chau, Kristina - Account Services, Media Department, Operations -

STARCOM WORLDWIDE, New York, NY, pg. 517
Chavey, Sarah - Account Services - PRAYTELL, Brooklyn, NY, pg. 258
Checco, Allison - Account Services - FAST HORSE, Minneapolis, MN, pg. 603
Cheesman, Michelle - Account Services - STURGES & WORD, Kansas City, MO, pg. 200
Chen, Susan - Account Services, Media Department - PHD, San Francisco, CA, pg. 504
Chen, Lindsey - Account Services, NBC, Social Media - CANVAS WORLDWIDE, Playa Vista, CA, pg. 458
Chen, Christine - Account Planner, Account Services, Creative, Media Department, PPOM - INITIATIVE, New York, NY, pg. 477
Chen, Erica - Account Services, Media Department - ESSENCE, New York, NY, pg. 232
Chen, Eryn - Account Services - WONGDOODY, Culver City, CA, pg. 433
Chen, Jessica - Account Services - LIKEABLE MEDIA, New York, NY, pg. 246
Chen, Diana - Account Services, Management - HILL HOLLIDAY, New York, NY, pg. 85
Chen Smith, Szu Ann - Account Services, PPOM - HELLO DESIGN, Culver City, CA, pg. 238
Chenevert, Amber - Account Services, Operations - VMLY&R, New York, NY, pg. 160
Cheng, Rita - Account Services, PPM - INTERTREND COMMUNICATIONS, INC., Long Beach, CA, pg. 541
Cheng, Tiffany - Account Planner, Account Services, Interactive / Digital, Media Department - PALISADES MEDIA GROUP, INC., New York, NY, pg. 124
Cheng, Sarah - Account Services - MULLENLOWE U.S. NEW YORK, New York, NY, pg. 496
Chengary, Lisa - Account Services - ABELSON-TAYLOR, Chicago, IL, pg. 25
Chenot, Pat - Account Services - DID AGENCY, Ambler, PA, pg. 62
Cherian, Joyson - Account Planner, Account Services - WELZ & WEISEL COMMUNICATIONS, McLean, VA, pg. 662
Chernick, Randi - Account Planner, Account Services, Media Department, PPOM - MINDSHARE, New York, NY, pg. 491
Cheronis, Amy - Account Services, Interactive / Digital, Management, Media Department, PPOM, Public Relations - MSLGROUP, Chicago, IL, pg. 629
Chesner, Christi - Account Services - THREE BOX STRATEGIC COMMUNICATIONS, Dallas, TX, pg. 656
Cheung, Kai - Account Services, Media Department, NBC - OMD, New York, NY, pg. 498
Chew, Alison - Account Services, Management, NBC - ACCELERATION PARTNERS, Needham, MA, pg. 25
Chez, Renee - Account Services -

1151

RESPONSIBILITIES INDEX
AGENCIES

CRAMER-KRASSELT, Chicago, IL, pg. 53

Cheza, Amy - Account Services - THE SUSSMAN AGENCY, Southfield, MI, pg. 153

Chiarelli, Rick - Account Services, Management, NBC, PPOM - GALE, New York, NY, pg. 236

Chiat, Brandon - Account Services, Public Relations - WARSCHAWSKI PUBLIC RELATIONS, Baltimore, MD, pg. 659

Chien, David - Account Services, Interactive / Digital - ANIDEN INTERACTIVE, Mountain View, CA, pg. 213

Childers, Kelly - Account Planner, Account Services - DEUTSCH, INC., Los Angeles, CA, pg. 350

Chilver, Bobby - Account Services, Media Department - WALKER SANDS COMMUNICATIONS, Chicago, IL, pg. 659

Chin, Amanda - Account Services - MSLGROUP, New York, NY, pg. 629

Chin, Anthony - Account Planner, Account Services, Media Department - UNIVERSAL MCCANN, New York, NY, pg. 521

Chiodo, Karen - Account Services, Administrative - HOWARD MILLER ASSOCIATES, INC., Lancaster, PA, pg. 87

Chiopelas, Kirsten - Account Services - NORTON AGENCY, Chicago, IL, pg. 391

Chiou, Harmony - Account Services, Creative, Media Department - ENVISIONIT MEDIA, INC., Chicago, IL, pg. 231

Chiricosta, Meredith - Account Services, PPOM, Public Relations - BIGFISH PR, Boston, MA, pg. 685

Chisar, Greg - Account Services - HAVAS WORLDWIDE SAN FRANCISCO, San Francisco, CA, pg. 370

Chisholm, Cory - Account Services, NBC - WAVEMAKER, Toronto, ON, pg. 529

Chisholm, Molly - Account Planner, Account Services, Creative, Media Department - ARNOLD WORLDWIDE, Boston, MA, pg. 33

Chishti, Daanish - Account Services, Interactive / Digital, Media Department, NBC, Social Media - MINDSHARE, Chicago, IL, pg. 494

Chizick, Harold - Account Services - BEACON MEDIA, Mahwah, NJ, pg. 216

Cho, Nicole - Account Services - MKTG INC, New York, NY, pg. 311

Cho, Marina - Account Services - VAYNERMEDIA, Sherman Oaks, CA, pg. 689

Choco, Andrew - Account Planner, Account Services - DIRECTIVE CONSULTING, Irvine, CA, pg. 63

Choi, Jung - Account Services, Creative - MMI AGENCY, Houston, TX, pg. 116

Choi, Jocelyn - Account Services - JOHANNES LEONARDO, New York, NY, pg. 92

Choi, Julian - Account Services, Interactive / Digital, Management, Media Department - WEBER SHANDWICK, New York, NY, pg. 660

Choi, Elaine - Account Services - READY STATE, San Francisco, CA, pg. 132

Choi, Matthew - Account Services, Media Department - JOHANNES LEONARDO, New York, NY, pg. 92

Choksey, Shamit - Account Services, Public Relations - ZENO GROUP, Santa Monica, CA, pg. 665

Chomiak Littleton, Corinne - Account Services, Public Relations - ACTIVE INTERNATIONAL, Pearl River, NY, pg. 439

Chong, Philip - Account Planner, Account Services, Media Department - ZENITH MEDIA, New York, NY, pg. 529

Chong, Michelle - Account Services, Media Department - FITZCO, Atlanta, GA, pg. 73

Chong, Danica - Account Services, Interactive / Digital, Media Department - UNIVERSAL MCCANN, New York, NY, pg. 521

Chopek, Chris - Account Services, Interactive / Digital, Management, Operations - EDELMAN, Washington, DC, pg. 600

Chopra, Rachel - Account Services, Management - THE CDM GROUP, New York, NY, pg. 149

Choy, Matthew - Account Services - INTERTREND COMMUNICATIONS, Plano, TX, pg. 541

Choy, Allison - Account Services, Interactive / Digital, Management - EDELMAN, Seattle, WA, pg. 601

Christensen, Renee - Account Services, NBC - ACCELERATION PARTNERS, Needham, MA, pg. 25

Christensen, Erin - Account Services - MCKINNEY NEW YORK, New York, NY, pg. 111

Christian, Bryan - Account Services, PPOM - PROOF ADVERTISING, Austin, TX, pg. 398

Christian, Melanie - Account Services, Management - HANSON, INC., Toledo, OH, pg. 237

Christian, Reina - Account Planner, Account Services - RED DELUXE, Memphis, TN, pg. 507

Christiano, Tara - Account Services, Media Department - MBT MARKETING, Portland, OR, pg. 108

Christianson, Emilee - Account Services - TREKK, Rockford, IL, pg. 156

Christman, Jennifer - Account Services, Media Department, Operations - AD RESULTS MEDIA, Houston, TX, pg. 279

Christman, Carson - Account Services - PATTERN, New York, NY, pg. 126

Christopher, Sloan - Account Services, Media Department - MERKLEY + PARTNERS, New York, NY, pg. 114

Chu, Livia - Account Services, Media Department, Operations - DWA MEDIA, San Francisco, CA, pg. 464

Chu, Stevie - Account Services - DDB SAN FRANCISCO, San Francisco, CA, pg. 60

Chu, Aaron - Account Services - ZENITH MEDIA, Santa Monica, CA, pg. 531

Chu, Christina - Account Services, Public Relations - HMH, Charlotte, NC, pg. 86

Chuipek, Trish - Account Services, PPOM - UNIVERSAL MCCANN, New York, NY, pg. 521

Chumley, Pam - Account Services, Management - KELLEN CO., New York, NY, pg. 686

Chumsky, Sarah - Account Services - INSIGHT STRATEGY GROUP, New York, NY, pg. 445

Chung, Dana - Account Services - THE GARY GROUP, Santa Monica, CA, pg. 150

Chung, Charles - Account Services, Management, Operations, PPM - R/GA, Chicago, IL, pg. 261

Chung, Christine - Account Services, Public Relations - KAPLOW COMMUNICATIONS, New York, NY, pg. 618

Chung, Connie - Account Services - TBC, Baltimore, MD, pg. 416

Churchill, Scott - Account Services, Management - WUNDERMAN THOMPSON SEATTLE, Seattle, WA, pg. 435

Chusid, Rob - Account Services - MILNER BUTCHER MEDIA GROUP, Los Angeles, CA, pg. 491

Chvojan, Allison - Account Services - COOKSEY COMMUNICATIONS, Irving, TX, pg. 593

Ciambriello, Alyssa - Account Services, Management - LIPPE TAYLOR, New York, NY, pg. 623

Ciangi, Angel - Account Services - GMR MARKETING SAN FRANCISCO, San Francisco, CA, pg. 307

Cibula, Katie - Account Services - HDMZ, Chicago, IL, pg. 83

Ciccone, Jesse - Account Services, Management - MATTER COMMUNICATIONS, INC., Newburyport, MA, pg. 626

Cichocki, Joanna - Account Services, NBC, Promotions - 160OVER90, Los Angeles, CA, pg. 301

Cicola, Andrea - Account Services - PACO COLLECTIVE, Chicago, IL, pg. 544

Cieply, Rick - Account Services - PARTNERS + NAPIER, Rochester, NY, pg. 125

Cigliano, Sophia - Account Planner, Account Services - GYK ANTLER, Manchester, NH, pg. 368

Cilibrasi, Samantha - Account Planner, Account Services, Media Department, Social Media - HEARTS & SCIENCE, New York, NY, pg. 471

Cimler, Hayley - Account Services - FUSE, LLC, Vinooski, VT, pg. 8

Cimperman, John - Account Services, Management, PPOM - FUSEIDEAS, LLC, Buffalo, NY, pg. 306

Cioffi, Tara - Account Services,

1152

AGENCIES — RESPONSIBILITIES INDEX

Management, Media Department, PPOM - M/SIX, New York, NY, pg. 482

Cioppa, Retha - Account Services, Media Department - GSD&M, Austin, TX, pg. 79

Cipolla, Leslie - Account Services, Interactive / Digital - AIGNER/PRENSKY MARKETING GROUP, Watertown, MA, pg. 324

Ciresi, Tony - Account Services - GEOMETRY, Minneapolis, MN, pg. 363

Ciricillo, Shannon - Account Services, Finance, Media Department - PHD USA, New York, NY, pg. 505

Ciriello, Maria - Account Services, Management, NBC - CRONIN, Glastonbury, CT, pg. 55

Cirillo, Corey - Account Services - BBDO WORLDWIDE, New York, NY, pg. 331

Cirincione, Allison - Account Planner, Account Services - ACCELERATION PARTNERS, Needham, MA, pg. 25

Cirone, Amanda - Account Planner, Account Services, Media Department, PPM - SPARK FOUNDRY, New York, NY, pg. 508

Cirrone, Katy - Account Services - CONE, INC., Boston, MA, pg. 6

Cisco, Paul - Account Services - BBDO WORLDWIDE, New York, NY, pg. 331

Cisero, Claudia - Account Services, NBC - SID LEE, Seattle, WA, pg. 140

Citarella, Mickey - Account Services - STERLING-RICE GROUP, Boulder, CO, pg. 413

Citrigno, Sean - Account Services - CITIZEN RELATIONS, Toronto, ON, pg. 590

Ciulla, Chris - Account Services - CIULLA & ASSOCIATES, Chicago, IL, pg. 177

Civello, Jessica - Account Planner, Account Services, Public Relations - DEVENEY COMMUNICATIONS, New Orleans, LA, pg. 596

Civiletti Mittler, Cara - Account Services - PARTNERS + NAPIER, Rochester, NY, pg. 125

Clamage, Marly - Account Services - ACCENTURE INTERACTIVE, New York, NY, pg. 209

Clancy, Brendan - Account Services, Programmatic - AUDIENCEXPRESS, New York, NY, pg. 455

Clancy, Judy - Account Services - SPECIALISTS MARKETING SERVICES, INC. , Hasbrouck Heights, NJ, pg. 292

Clapp, Polly - Account Services, Creative - MECHANICA, Newburyport, MA, pg. 13

Clapp, Jenna - Account Services - AMP AGENCY, Boston, MA, pg. 297

Clarity, Elizabeth - Account Services, NBC - BBDO SAN FRANCISCO, San Francisco, CA, pg. 330

Clark, Scott - Account Services, Management - BLAIR, INC., Rockford, IL, pg. 334

Clark, Christi - Account Services - CRISPIN PORTER + BOGUSKY, Boulder, CO, pg. 346

Clark, Jody - Account Planner, Account Services, NBC - LEXICON BRANDING, INC., Sausalito, CA, pg. 189

Clark, Allie - Account Services, Management - BLUE SKY , Atlanta, GA, pg. 40

Clark, Scott - Account Services - CLEAR CHANNEL OUTDOOR, Jacksonville, FL, pg. 551

Clark, Bridget - Account Services, NBC - CREATIVE SOLUTIONS GROUP, Clawson, MI, pg. 303

Clark, Alison - Account Planner, Account Services - COLLE MCVOY, Minneapolis, MN, pg. 343

Clark, Ryan - Account Services - BFG COMMUNICATIONS, Bluffton, SC, pg. 333

Clark, Carolyn - Account Services, Media Department - TRACYLOCKE , Wilton, CT, pg. 684

Clark, Gabrielle - Account Planner, Account Services, Analytics, Creative - BAESMAN, Columbus, OH, pg. 167

Clark, Victoria - Account Services, NBC - SWEDEN UNLIMITED, New York, NY, pg. 268

Clark, David - Account Services - THE TOMBRAS GROUP, Knoxville, TN, pg. 424

Clark, Randy - Account Services - H&G MARKETING, Big Lake, MN, pg. 80

Clarke, Richard - Account Services, PPOM - FIFTEEN DEGREES, New York, NY, pg. 358

Clarke, Chris - Account Services, Creative - THE MCCARTHY COMPANIES, Dallas, TX, pg. 151

Clarke, Jason - Account Services, NBC - WE COMMUNICATIONS, San Francisco, CA, pg. 660

Clarke, Brady - Account Services, NBC - MATCH ACTION MARKETING GROUP, Boulder, CO, pg. 692

Clarke, Jo - Account Planner, Account Services, Management - LANDOR, San Francisco, CA, pg. 11

Clarke, Courtney - Account Planner, Account Services, Media Department - PUBLICIS.SAPIENT, New York, NY, pg. 258

Clarke, Ethan - Account Services - AI MEDIA GROUP, LLC, New York, NY, pg. 211

Clausen, Ian - Account Services, Interactive / Digital - RATIONAL INTERACTION, Seattle, WA, pg. 262

Clawson, Catherine - Account Services - MOMENTUM WORLDWIDE, New York, NY, pg. 117

Claybrook, Lisa - Account Planner, Account Services, Interactive / Digital - DASH TWO, Nashville, TN, pg. 551

Clayman, Larry - Account Planner, Account Services, NBC, PPOM - CLAYMAN & ASSOCIATES, Marietta, OH, pg. 51

Claypole, Timothy - Account Services - NEXT MARKETING, Norcross, GA, pg. 312

Cleage, Mary Jane - Account Services, Media Department - BIG COMMUNICATIONS, INC., Birmingham, AL, pg. 39

Cleary, Macey - Account Services - REED PUBLIC RELATIONS, Nashville, TN, pg. 642

Cleghorn, Kristen - Account Services, Creative - REPRISE DIGITAL, New York, NY, pg. 676

Cleland, Anita - Account Services - SPIKER COMMUNICATIONS, Missoula, MT, pg. 17

Clemens, Isaac - Account Services - HEAT, New York, NY, pg. 370

Clement, Chelsea - Account Planner, Account Services - LITTLEFIELD BRAND DEVELOPMENT, Tulsa, OK, pg. 12

Clemente, Matthew - Account Services - MIRUM AGENCY, Toronto, ON, pg. 251

Clemmons, Joshua - Account Planner, Account Services - ROMANELLI COMMUNICATIONS, Clinton, NY, pg. 134

Cloninger, Elsbeth - Account Services - UPLAND MOBILE MESSAGING, San Francisco, CA, pg. 535

Cloud, Alena - Account Services, Creative, NBC - WINGER MARKETING, Chicago, IL, pg. 663

Cloud, Mickey - Account Planner, Account Services, Management - VAYNERMEDIA, Chattanooga, TN, pg. 689

Cloud, Carrie - Account Services - H&L PARTNERS, Atlanta, GA, pg. 369

Clouser, Scott - Account Services - MINTZ & HOKE, Avon, CT, pg. 387

Cluet, Romain - Account Services, NBC - DERSE, INC., Waukegan, IL, pg. 304

Coates, Pam - Account Services - CLEAR RIVER ADVERTISING & MARKETING, Midland, MI, pg. 177

Cobb, Ann - Account Services - GAIN, Richmond, VA, pg. 284

Cobb, Tyla - Account Services - ACCELERATION PARTNERS, Needham, MA, pg. 25

Cobbs, Roxanne - Account Services, NBC - CAMP + KING, San Francisco, CA, pg. 46

Cobourn, Kayla - Account Services - VMLY&R, New York, NY, pg. 160

Cocchiaro, Alec - Account Planner, Account Services - FCB NEW YORK, New York, NY, pg. 357

Cochran, Zak - Account Services - BRUNNER, Atlanta, GA, pg. 44

Cochran, Jordan - Account Planner, Account Services, Management - VMLY&R, Kansas City, MO, pg. 274

Cochran, Rachel - Account Services, Analytics, Creative, Operations, Social Media - BEACHY MEDIA, Queens, NY, pg. 216

Codalata, Jonny - Account Services, Creative, Media Department - CSM SPORTS & ENTERTAINMENT, Indianapolis, IN, pg. 55

Cody, Chris - Account Services - HATCH ADVERTISING, Spokane Valley,

RESPONSIBILITIES INDEX — AGENCIES

Coe, Amy - Account Services, Media Department - WONGDOODY, Seattle, WA, pg. 82

Coe, Katie - Account Services - MCGARRYBOWEN, New York, NY, pg. 109

Coe, Brooke - Account Services - BOYDEN & YOUNGBLUTT ADVERTISING, Fort Wayne, IN, pg. 336

Coffey, Katie - Account Services - MARKHAM & STEIN, Miami, FL, pg. 105

Cogdell, Jasmine - Account Services - WIEDEN + KENNEDY, New York, NY, pg. 432

Coggiano, Benjamin - Account Services - CAMERON ADVERTISING, Hauppauge, NY, pg. 339

Coghlan, James - Account Planner, Account Services, Research - AREA 23, New York, NY, pg. 33

Cogliani, Angela - Account Services - CTP, Boston, MA, pg. 347

Cogswell, McKinzie - Account Services, Public Relations - FAISS FOLEY WARREN, Las Vegas, NV, pg. 602

Cohan, Beth - Account Services - VAYNERMEDIA, New York, NY, pg. 689

Cohen, Ryan - Account Services, Media Department - MILLER ADVERTISING AGENCY, INC., New York, NY, pg. 115

Cohen, Robin - Account Planner, Account Services, Media Department - RAIN, Westchester, PA, pg. 402

Cohen, Audrey - Account Services - EPOCH 5 PUBLIC RELATIONS, Huntington, NY, pg. 602

Cohen, Jessica - Account Services, Management - ARIA MARKETING, INC., Newton, MA, pg. 441

Cohen, Danielle - Account Services, Interactive / Digital, Media Department - OMD, New York, NY, pg. 498

Cohen, Adam - Account Services, Interactive / Digital, Management, Media Department - HAVAS MEDIA GROUP, New York, NY, pg. 468

Cohen, Andy - Account Services - PETER WEBB PUBLIC RELATIONS, INC., Denver, CO, pg. 636

Cohen, Doug - Account Services, Management, PPOM - STERN ADVERTISING, INC., Cleveland, OH, pg. 413

Cohen, Maris - Account Planner, Account Services, Media Department, NBC - OMD, New York, NY, pg. 498

Cohen, Jay - Account Services, Management - MRM//MCCANN, New York, NY, pg. 289

Cohen, Jon - Account Services, Management - FVM STRATEGIC COMMUNICATIONS, Plymouth Meeting, PA, pg. 75

Cohen, Dani - Account Services - MINDSHARE, New York, NY, pg. 491

Cohen, Alexandra - Account Services - DROGA5, New York, NY, pg. 64

Cohen, Abe - Account Services, Administrative - EARTHBOUND BRANDS, New York, NY, pg. 7

Cohen, Ryan - Account Services, Interactive / Digital - TEAM ONE, Dallas, TX, pg. 418

Cohen, Martha - Account Planner, Account Services, Media Department - AUTHENTIC, Richmond, VA, pg. 214

Cohen, Lindsey - Account Services - ENERGY BBDO, INC., Chicago, IL, pg. 355

Cohen, David - Account Services - LUMENCY INC., Toronto, ON, pg. 310

Cohen, Ellen - Account Services, Management - MCGARRYBOWEN, Chicago, IL, pg. 110

Cohick, Tim - Account Services - H&G MARKETING, Big Lake, MN, pg. 80

Cohn, Daniel - Account Planner, Account Services, Management, Media Department - MCCANN NEW YORK, New York, NY, pg. 108

Cohn, Alex - Account Services, NBC, PPOM - ZAMBEZI, Culver City, CA, pg. 165

Cohn, Russ - Account Services - GIANT SPOON, LLC, Los Angeles, CA, pg. 363

Colantuono, Kate - Account Services - GOODBY, SILVERSTEIN & PARTNERS, San Francisco, CA, pg. 77

Colasurdo, Sal - Account Services - ONE TRICK PONY, Hammonton, NJ, pg. 15

Colborn, Matt - Account Services - USIM, Los Angeles, CA, pg. 525

Colburn, Bill - Account Services, Creative - DIXON SCHWABL ADVERTISING, Victor, NY, pg. 351

Cole, Sharron - Account Services - THE RICHARDS GROUP, INC., Dallas, TX, pg. 422

Cole, Kristin - Account Services - A. LARRY ROSS COMMUNICATIONS, Carrollton, TX, pg. 574

Cole, Lindsay - Account Services - DROGA5, New York, NY, pg. 64

Cole, Joshua - Account Services - 360I, LLC, Chicago, IL, pg. 208

Cole, Lauren - Account Services - EDELMAN, New York, NY, pg. 599

Cole, Garry - Account Services - SSDM, Troy, MI, pg. 412

Coleman, Angie - Account Planner, Account Services - MILLER ZELL, INC., Atlanta, GA, pg. 191

Coleman, Dave - Account Planner, Account Services, Media Department - OCEAN MEDIA, INC., Huntington Beach, CA, pg. 498

Coleman, Kyong - Account Planner, Account Services, Management, Media Department, PPOM - OMD, New York, NY, pg. 498

Coleman, Rachel - Account Services, Public Relations - FLEISHMANHILLARD, Chicago, IL, pg. 605

Coleman, Christopher - Account Planner, Account Services, PPM - DAVID&GOLIATH, El Segundo, CA, pg. 57

Coleman, Jeff - Account Services - CPC STRATEGY, San Diego, CA, pg. 672

Coleman, Kristin - Account Services, Management - NOVITA COMMUNICATIONS, New York, NY, pg. 392

Coleman, Renata - Account Services - MARTIN RETAIL GROUP, Westlake Village, CA, pg. 106

Coleman, Greg - Account Services, Media Department - POV SPORTS MARKETING, Wayne, PA, pg. 314

Coleman, Jayne - Account Planner, Account Services - ADFIRE HEALTH, Stamford, CT, pg. 27

Colet, Ryan - Account Services - THE&PARTNERSHIP, New York, NY, pg. 426

Coletti, Shannon - Account Services, NBC - INTERESTING DEVELOPMENT, New York, NY, pg. 90

Collawn, Emily - Account Services - MSLGROUP, New York, NY, pg. 629

Colleluori, Kristin - Account Services - DID AGENCY, Ambler, PA, pg. 62

Coller, Alexis - Account Services, Interactive / Digital, NBC - RPA, Santa Monica, CA, pg. 134

Collett, Dave - Account Services, Management - WEBER SHANDWICK, Saint Louis, MO, pg. 660

Colley, Ian - Account Services - THE TRADE DESK, New York, NY, pg. 520

Colley, Leslie - Account Services - DEPTH PUBLIC RELATIONS, Decatur, GA, pg. 596

Colli, Natalie - Account Services - INKHOUSE PUBLIC RELATIONS, San Francisco, CA, pg. 616

Collingridge, Nicolin - Account Services - ICF NEXT, New York, NY, pg. 615

Collins, Mike - Account Services, PPOM - SKAR ADVERTISING, Omaha, NE, pg. 265

Collins, Dan - Account Planner, Account Services, Interactive / Digital, Media Department, Research - GKV, Baltimore, MD, pg. 364

Collins, Nicole - Account Services, Finance, Media Department, PPM - OMD, New York, NY, pg. 498

Collins, Brett - Account Services, Management, Media Department - GTB, Dearborn, MI, pg. 367

Collins, Rob - Account Services - MEDIAHUB NEW YORK, New York, NY, pg. 249

Collins, Carolina - Account Services - CASANOVA//MCCANN, Costa Mesa, CA, pg. 538

Collins, Sue - Account Services, PPOM - RAIN, Portland, OR, pg. 402

Collins, Morgan - Account Services - WORKINPROGRESS, Boulder, CO, pg. 163

Collins, Katharine - Account Services - IMG LIVE, Atlanta, GA, pg. 308

Collins, Janelle - Account Services - MAPR, Boulder, CO, pg. 624

Collins, Laurel - Account Services, Creative, Media Department - OH PARTNERS, Phoenix, AZ, pg. 122

Collins, Nicole - Account Services - SAATCHI & SAATCHI, New York, NY, pg. 136

Collins, Caroline - Account Services, Interactive / Digital,

AGENCIES

RESPONSIBILITIES INDEX

Social Media - AYZENBERG GROUP, INC., Pasadena, CA, *pg.* 2

Collins, Maegan - Account Services - BLF MARKETING, Clarksville, TN, *pg.* 334

Collins, Tara - Account Services, Creative - LEO BURNETT WORLDWIDE, Chicago, IL, *pg.* 98

Collinson, Sarah - Account Planner, Account Services, Management - JOAN, New York, NY, *pg.* 92

Collison, Tina - Account Services - THE SUSSMAN AGENCY, Southfield, MI, *pg.* 153

Collyer, Phil - Account Services, Creative - JACK MORTON WORLDWIDE, Boston, MA, *pg.* 309

Colman, Carly - Account Planner, Account Services, Media Department - VIZEUM, New York, NY, *pg.* 526

Colombo, Lolly - Account Services - BREWER DIRECT, Monrovia, CA, *pg.* 337

Colon, Melissa - Account Services - HAVAS MEDIA GROUP, New York, NY, *pg.* 468

Colon, Andrews - Account Planner, Account Services - AMPLIFIED DIGITAL AGENCY, Saint Louis, MO, *pg.* 213

Colonero Wolfe, Nora - Account Planner, Account Services, NBC - J3, New York, NY, *pg.* 480

Colonna, Kristen - Account Services, Media Department, Operations, PPOM - OMD, New York, NY, *pg.* 498

Colven, Laura - Account Services - GENESCO SPORTS ENTERPRISES, Dallas, TX, *pg.* 306

Colvill, Claire - Account Services - 9THWONDER AGENCY, Houston, TX, *pg.* 453

Colwell, Ashley - Account Planner, Account Services, Media Department, PPOM - MINDSHARE, New York, NY, *pg.* 491

Combs, Amanda - Account Planner, Account Services - SWIFT, Portland, OR, *pg.* 145

Comella, Kathie - Account Services, NBC - TRICKEY JENNUS, INC., Tampa, FL, *pg.* 156

Comer, Lisa - Account Services, NBC - THE CIRLOT AGENCY, INC., Flowood, MS, *pg.* 149

Comer, Marjorie - Account Services, Public Relations - AXIA, Jacksonville, FL, *pg.* 579

Command, Lauren - Account Services, PPOM, Programmatic - AMNET, New York, NY, *pg.* 454

Commesso, Joe - Account Services, Finance, PPOM - IN PLACE MARKETING, Tampa, FL, *pg.* 374

Como, John - Account Services, Management - TRUE NORTH INC., New York, NY, *pg.* 272

Como, Alexandra - Account Planner, Account Services, Media Department - HAVAS MEDIA GROUP, New York, NY, *pg.* 468

Comstock, Kelsey - Account Services, Public Relations - TURNER PUBLIC RELATIONS, New York, NY, *pg.* 657

Concepcion, Gail - Account Services - ARC WORLDWIDE, Chicago, IL, *pg.* 327

Cone, Malia - Account Services - SPACE150, Minneapolis, MN, *pg.* 266

Conklin, Cassie - Account Services, Social Media - YOUNG & LARAMORE, Indianapolis, IN, *pg.* 164

Conklin Cash, Lindsey - Account Services - BBDO WORLDWIDE, New York, NY, *pg.* 331

Conley, Mary - Account Services - ORGANIC, INC., San Francisco, CA, *pg.* 255

Conley, Sarah - Account Services, Public Relations - ZOZIMUS AGENCY, Boston, MA, *pg.* 665

Conlin, Elizabeth - Account Services - RE:GROUP, INC., Ann Arbor, MI, *pg.* 403

Connell, Jennifer - Account Services, Media Department - MEDIASPOT, INC., Corona Del Mar, CA, *pg.* 490

Connell, Adrienne - Account Services, Management - FLEISHMANHILLARD HIGHROAD, Toronto, ON, *pg.* 606

Connell, Elizabeth - Account Services, Interactive / Digital - BARTON COTTON, Baltimore, MD, *pg.* 37

Connell, Brigitte - Account Services, Analytics - THE INTEGER GROUP, Lakewood, CO, *pg.* 682

Connelly, Helene - Account Services, Media Department - SILVERLIGHT DIGITAL, New York, NY, *pg.* 265

Connelly, Emily - Account Services - 72ANDSUNNY, Playa Vista, CA, *pg.* 23

Connelly, Lucas - Account Planner, Account Services, Media Department - CARAT, Culver City, CA, *pg.* 459

Connolly, Brian - Account Services - MAIER ADVERTISING, INC., Farmington, CT, *pg.* 103

Connolly, Mary - Account Services - DEUTSCH, INC., Los Angeles, CA, *pg.* 350

Connolly, Katherine - Account Services - THE FOUNDRY @ MEREDITH CORP, New York, NY, *pg.* 150

Connolly, Eric - Account Services, Media Department - MECHANICA, Newburyport, MA, *pg.* 13

Connolly, Shannon - Account Services - GREY GROUP, New York, NY, *pg.* 365

Connor, Brian - Account Services - BERRY & COMPANY PUBLIC RELATIONS, New York, NY, *pg.* 583

Connors, Michael - Account Services, NBC - THE TRADE DESK, Chicago, IL, *pg.* 519

Connors, Kate - Account Services - PAN COMMUNICATIONS, Boston, MA, *pg.* 635

Connors, Cadie - Account Services - PARRIS COMMUNICATIONS, INC., Kansas City, MO, *pg.* 125

Conrad, Rebecca - Account Services - VAYNERMEDIA, New York, NY, *pg.* 689

Conrad Cunningham, R. - Account Services - MUSE USA, Santa Monica, CA, *pg.* 543

Conreaux, Stephanie - Account Services - ANSIRA, Addison, TX, *pg.* 326

Conroy, Anna - Account Planner, Account Services - MCGARRYBOWEN, Chicago, IL, *pg.* 110

Conroy, Jay - Account Services - ADAMS OUTDOOR ADVERTISING, North Charleston, SC, *pg.* 549

Constanza, Tiffany - Account Services, Media Department - AD RESULTS MEDIA, Houston, TX, *pg.* 279

Continanza, Stella - Account Services - HAVAS MEDIA GROUP, New York, NY, *pg.* 468

Contini, Cailean - Account Services - GREATER THAN ONE, New York, NY, *pg.* 8

Contractor, Anchie - Account Services - LEO BURNETT TORONTO, Toronto, ON, *pg.* 97

Conway, Jay - Account Services, PPOM - RDW GROUP, Providence, RI, *pg.* 403

Conway, Casey - Account Planner, Account Services - ENERGY BBDO, INC., Chicago, IL, *pg.* 355

Conway, Alex - Account Services - HUNTER PUBLIC RELATIONS, New York, NY, *pg.* 614

Conway, Morrison - Account Services - SID LEE, Culver City, CA, *pg.* 141

Conway, Christine - Account Services, Programmatic - CONVERSANT, LLC, Chicago, IL, *pg.* 222

Conway, Molly - Account Services - ZENITH MEDIA, New York, NY, *pg.* 529

Conway, Leif - Account Services, Interactive / Digital - 3Q DIGITAL, Chicago, IL, *pg.* 208

Cook, Angie - Account Services, Management, Operations - INITIATIVE, Chicago, IL, *pg.* 479

Cook, Casie - Account Services, Interactive / Digital, Media Department - COLLE MCVOY, Minneapolis, MN, *pg.* 343

Cook, Kate - Account Planner, Account Services, NBC - DCG ONE, Seattle, WA, *pg.* 58

Cook, Tiffany - Account Services, Management, PPOM - WE COMMUNICATIONS, Bellevue, WA, *pg.* 660

Cook, Meredith - Account Services - HAYTER COMMUNICATIONS, Seattle, WA, *pg.* 612

Cook, Kristen - Account Services - BRUNNER, Pittsburgh, PA, *pg.* 44

Cooke, Chelsea - Account Services - PUBLICIS.SAPIENT, Birmingham, MI, *pg.* 260

Cooks, Josh - Account Services, Interactive / Digital - BERLINROSEN, New York, NY, *pg.* 583

Cooley Wilson, Randi - Account Services - OCEAN BRIDGE MEDIA

RESPONSIBILITIES INDEX — AGENCIES

GROUP, Los Angeles, CA, *pg.* 498
Cooling Braasch, Laura - Account Services - ANSIRA, Irvine, CA, *pg.* 565
Coon, Molly - Account Services, Public Relations - ALISON BROD PUBLIC RELATIONS, New York, NY, *pg.* 576
Coon, Morgan - Account Services - KINETIC WORLDWIDE, Chicago, IL, *pg.* 553
Coon, Meredith - Account Services, Administrative, Management - COBURN COMMUNICATIONS, New York, NY, *pg.* 591
Cooney, Kara - Account Services, Management, Media Department - ALLSCOPE MEDIA, New York, NY, *pg.* 454
Cooper, Jay - Account Services, PPOM - ARCHER MALMO, Memphis, TN, *pg.* 32
Cooper, Mark - Account Services - CZARNOWSKI, Austell, GA, *pg.* 304
Cooper, Rachel - Account Services, Public Relations - ICF NEXT, Chicago, IL, *pg.* 614
Cooper, Jason - Account Services, Media Department - VMLY&R, Kansas City, MO, *pg.* 274
Cooper, Ben - Account Services, Interactive / Digital, Management, Media Department - CAMELOT STRATEGIC MARKETING & MEDIA, Dallas, TX, *pg.* 457
Cooper, Stephanie - Account Services - BLACKWING CREATIVE, Seattle, WA, *pg.* 40
Cooper, Samara - Account Services - AZIONE PR, Los Angeles, CA, *pg.* 579
Cooper, Kelly - Account Services - PARRIS COMMUNICATIONS, INC., Kansas City, MO, *pg.* 125
Coopman, Mackenzie - Account Services - ALL POINTS PUBLIC RELATIONS, Deerfield, IL, *pg.* 576
Coors, Erin - Account Services, Administrative, NBC - THE BUNTIN GROUP, Nashville, TN, *pg.* 148
Copacia, Leia - Account Services, Interactive / Digital, Media Department - EPSILON, San Francisco, CA, *pg.* 283
Copacino, Chris - Account Services, NBC - COPACINO + FUJIKADO, LLC, Seattle, WA, *pg.* 344
Copeland, Kristin - Account Services - KETCHUM SOUTH, Atlanta, GA, *pg.* 620
Copeland, Carrie - Account Services - HI-GLOSS, North Bay Village, FL, *pg.* 84
Corbacho, Tani - Account Services - BBDO WORLDWIDE, New York, NY, *pg.* 331
Corbett, Courtney - Account Services - CONILL ADVERTISING, INC., El Segundo, CA, *pg.* 538
Corbett, Julia - Account Services - ACCENTURE INTERACTIVE, New York, NY, *pg.* 209
Corbetta, Lindsey - Account Services, Interactive / Digital, Media Department - MEDIA STORM, New

York, NY, *pg.* 486
Corcoran, Michele - Account Services, Creative, Management - PRECISIONEFFECT, Boston, MA, *pg.* 129
Cordo, Ashley - Account Services, Management - WEBER SHANDWICK, New York, NY, *pg.* 660
Cordrey, Mike - Account Services - ALOYSIUS BUTLER & CLARK, Wilmington, DE, *pg.* 30
Corley, Sheila - Account Services, Media Department - THE LEE GROUP, Houston, TX, *pg.* 420
Cormier, Kathy - Account Services - PATTISON OUTDOOR ADVERTISING, Mississagua, ON, *pg.* 555
Cormier, Adam - Account Services - PAN COMMUNICATIONS, Boston, MA, *pg.* 635
Corn, Joanna - Account Planner, Account Services, Media Department, NBC - OMD, New York, NY, *pg.* 498
Corna, Lauren - Account Services - KARSH & HAGAN, Denver, CO, *pg.* 94
Cornejo-Jones, Diana - Account Services - MUSE USA, Santa Monica, CA, *pg.* 543
Cornejo-Smith, Yvette - Account Services - BURRELL COMMUNICATIONS GROUP, INC. , Chicago, IL, *pg.* 45
Cornelius, Elizabeth - Account Services - HCK2 PARTNERS, Addison, TX, *pg.* 613
Cornfeldt, Jeremy - Account Services, Management, NBC, PPOM - IPROSPECT, New York, NY, *pg.* 674
Cornford, Allison - Account Services - BBH, New York, NY, *pg.* 37
Corns, David - Account Services, Management, NBC, Operations - R/GA, San Francisco, CA, *pg.* 261
Coronna, Alissa - Account Services, Analytics, Management - LEO BURNETT WORLDWIDE, Chicago, IL, *pg.* 98
Corrall, Bob - Account Services, PPOM - THE BYTOWN GROUP, Ottawa, ON, *pg.* 201
Corrall, Sonya - Account Services - THE BYTOWN GROUP, Ottawa, ON, *pg.* 201
Corrato, Danielle - Account Services - VAULT COMMUNICATIONS, INC., Plymouth Meeting, PA, *pg.* 658
Correia, Brittany - Account Services, Creative - SOLEBURY TROUT, New York, NY, *pg.* 648
Correnti, Laura - Account Services, Interactive / Digital, Media Department, PPOM - GIANT SPOON, LLC, New York, NY, *pg.* 363
Corrigan, Tucker - Account Services, Media Department - HALLPASS MEDIA, Costa Mesa, CA, *pg.* 81
Corringham, Josh - Account Services, NBC - MAD*POW, Portsmouth, NH, *pg.* 247
Cortes, David - Account Services, NBC - VAYNERMEDIA, New York, NY, *pg.* 689
Cortesini, George - Account Services, Management - MASTERMINDS,

INC., Egg Harbor Township, NJ, *pg.* 687
Cortez, Alexis - Account Services - AMNET, Fort Worth, TX, *pg.* 454
Cortina, Alex - Account Services - HOTHOUSE, Atlanta, GA, *pg.* 371
Cortinhal, Stephanie - Account Services, Interactive / Digital, Media Department - BIG SPACESHIP, Brooklyn, NY, *pg.* 455
Cory, Vicky - Account Services, Interactive / Digital - INTOUCH SOLUTIONS, INC., Overland Park, KS, *pg.* 242
Cosmelli, Dario - Account Services - SEIDEN GROUP, INC., New York, NY, *pg.* 410
Costa, Stephanie - Account Services, NBC - FAHRENHEIT 212, New York, NY, *pg.* 182
Costa, Justin - Account Services - ROKKAN, LLC, New York, NY, *pg.* 264
Costa, Matt - Account Services - BEYOND MARKETING GROUP, Toronto, ON, *pg.* 685
Costales, Tisha - Account Services, Interactive / Digital, Management - M8, Miami, FL, *pg.* 542
Costanzo, Cassandra - Account Services, Media Department - MARC USA, Pittsburgh, PA, *pg.* 104
Costello, Harry - Account Services, Management, NBC - HILL+KNOWLTON STRATEGIES, Tampa, FL, *pg.* 613
Costello, Rachel - Account Services, NBC - TRIAD RETAIL MEDIA, St. Petersburg, FL, *pg.* 272
Costello, Alison - Account Services - WALLWORK CURRY MCKENNA, Charlestown, MA, *pg.* 161
Costello, Jennifer - Account Services, Creative, Management, Media Department - TBWA \ CHIAT \ DAY, Los Angeles, CA, *pg.* 146
Costello, Diana - Account Services - THOMPSON & BENDER, Briarcliff Manor, NY, *pg.* 656
Cote, John - Account Services, PPOM - THE BALLANTINE CORPORATION, Fairfield, NJ, *pg.* 293
Cote, Matt - Account Services, NBC - THE BALLANTINE CORPORATION, Fairfield, NJ, *pg.* 293
Cote, Genevieve - Account Services, Management - LEO BURNETT TORONTO, Toronto, ON, *pg.* 97
Cote, Scott - Account Services, Interactive / Digital, Operations - THE BALLANTINE CORPORATION, Fairfield, NJ, *pg.* 293
Cote, Tom - Account Services, Management - COMMONWEALTH // MCCANN, Detroit, MI, *pg.* 52
Cothern, Elizabeth - Account Services - CIVIC ENTERTAINMENT GROUP, New York, NY, *pg.* 566
Cothran, Dara - Account Services - KWT GLOBAL, New York, NY, *pg.* 621
Cott, Sara - Account Services - GLOBAL GATEWAY ADVISORS, LLC, Brooklyn, NY, *pg.* 608
Cotter, Christine - Account Services, Interactive / Digital, Social Media - MIRUM AGENCY,

AGENCIES — RESPONSIBILITIES INDEX

Chicago, IL, pg. 681
Cotton, Carly - Account Planner, Account Services - MOVING IMAGE & CONTENT, New York, NY, pg. 251
Cottrell, Perry - Account Services, Management - DONER, Los Angeles, CA, pg. 352
Couch, Brian - Account Services - SOHO EXPERIENTIAL, New York, NY, pg. 143
Coughlin, Jason - Account Services - FACTORY 360, New York, NY, pg. 306
Coughlin, Kathleen - Account Services - COLLECTIVE BIAS, LLC, Rogers, AR, pg. 221
Courtines, Alyse - Account Services - MKTG INC, Culver City, CA, pg. 312
Courtois, Patricia - Account Services, PPOM - ON IDEAS, Jacksonville, FL, pg. 394
Cousineau, Lauren - Account Services - DIGITAS, Detroit, MI, pg. 229
Coutinho, Fernanda - Account Services, NBC - THE BEANSTALK GROUP, Miami, FL, pg. 19
Covant, Neal - Account Services - IMI INTERNATIONAL, Toronto, ON, pg. 445
Covault, Jillian - Account Services - HUDSON ROUGE, Dearborn, MI, pg. 372
Covington, Grady - Account Services - UPSHOT, Chicago, IL, pg. 157
Cowan, Holly - Account Services - WONGDOODY, Seattle, WA, pg. 162
Cowen, Michael - Account Services, NBC, Public Relations - MSLGROUP, Chicago, IL, pg. 629
Cox, Justin - Account Services, PPOM - HEAT, San Francisco, CA, pg. 84
Cox, Samantha - Account Services - PADILLA, Richmond, VA, pg. 635
Cox, Sally - Account Services, Management, NBC - MCGARRYBOWEN, Chicago, IL, pg. 110
Cox, Carl - Account Services, NBC - MADDEN MEDIA, Tucson, AZ, pg. 247
Cox, Ashley - Account Services - TURNER PUBLIC RELATIONS, Denver, CO, pg. 657
Cox, Kelsey - Account Services - COLUMN FIVE, Brooklyn, NY, pg. 343
Coxen, Lauren - Account Services - FERGUSON ADVERTISING, INC., Fort Wayne, IN, pg. 73
Coyne, Leslie - Account Services - HAVAS HELIA, Glen Allen, VA, pg. 285
Coyne, Lauren - Account Services - GTB, Dearborn, MI, pg. 367
Coyne, Irene - Account Services, Management - PUBLICIS HEALTH MEDIA, Philadelphia, PA, pg. 506
Cozic, Gerri - Account Services, Management - KALLMAN WORLDWIDE, Waldwick, NJ, pg. 309
Crabill, Molly - Account Services - CITIZEN RELATIONS, New York, NY, pg. 590
Crabtree, Stephanie - Account Services, Management - SMITH, Spokane, WA, pg. 266
Cradic, Carolyn - Account Services - BLUE CHIP MARKETING & COMMUNICATIONS, Northbrook, IL, pg. 334
Craft, Erin - Account Planner, Account Services - CENTERLINE DIGITAL, Raleigh, NC, pg. 220
Crafter, Josh - Account Services - MRY, New York, NY, pg. 252
Crafton, Laura - Account Services - HIRONS & COMPANY, Indianapolis, IN, pg. 86
Craig, Brian - Account Services - FORWARDPMX, New York, NY, pg. 360
Craig, Lindsey - Account Planner, Account Services - ROOT3 GROWTH MARKETING, Chicago, IL, pg. 408
Crain, Allison - Account Services - UPSHOT, Chicago, IL, pg. 157
Cramb, Lisa - Account Services, Interactive / Digital, NBC - MONTAGNE COMMUNICATIONS, Manchester, NH, pg. 389
Crandall, Adam - Account Planner, Account Services, Creative, Management - DDB CHICAGO, Chicago, IL, pg. 59
Crane, David - Account Services, Management - PETERMAYER, New Orleans, LA, pg. 127
Crane, Jocelyn - Account Services - GMR MARKETING, Charlotte, NC, pg. 307
Crane, Cameron - Account Services - CASHMERE AGENCY, Los Angeles, CA, pg. 48
Craney, Jake - Account Services, Media Department - T3, Atlanta, GA, pg. 416
Cranswick, Marisa - Account Planner, Account Services, Media Department - KROGER MEDIA SERVICES, Portland, OR, pg. 96
Crawford, Amy - Account Services, Operations - ROCKIT SCIENCE AGENCY, Baton Rouge, LA, pg. 16
Crawford, Renee - Account Services, Media Department - TRUE MEDIA, Minneapolis, MN, pg. 521
Crawford, Lauren - Account Services - ECHO SPORTS MARKETING, Emeryville, CA, pg. 67
Crawford, Sam - Account Services - CRISPIN PORTER + BOGUSKY, Boulder, CO, pg. 346
Crawford Kerr, Karla - Account Services - HAWTHORNE ADVERTISING, Los Angeles, CA, pg. 370
Crean, Bob - Account Services, NBC - MANZELLA MARKETING GROUP, Bowmansville, NY, pg. 383
Creaney, Erin - Account Planner, Account Services, Interactive / Digital - IRIS, Chicago, IL, pg. 376
Crede, Kaelyn - Account Services, Creative - THRIVEHIVE, Las Vegas, NV, pg. 271
Crepin-Burr, Damon - Account Services, PPOM - FULLSIX MEDIA, Brooklyn, NY, pg. 465
Cresap, Heather - Account Services - DECCA DESIGN, San Jose, CA, pg. 349
Cretella, Morgan - Account Services - THE NEIBART GROUP, Brooklyn, NY, pg. 654
Criddle, Leanna - Account Services - PUBLICIS NORTH AMERICA, New York, NY, pg. 399
Crider, Amy - Account Services, NBC - ACCELERATION PARTNERS, Needham, MA, pg. 25
Cripe, Jake - Account Services - JACOBSON ROST, Milwaukee, WI, pg. 376
Crisafulli, Sandy - Account Services - CARYL COMMUNICATIONS, INC., Paramus, NJ, pg. 589
Crisanti, Analeigh - Account Services, Public Relations - MSLGROUP, New York, NY, pg. 629
Crispo, Jessica - Account Services, Management, PPOM - BIGFISH PR, Boston, MA, pg. 685
Cristales-Reynoso, Emily - Account Services - ORCI, Santa Monica, CA, pg. 543
Crivello-Wagner, Beth - Account Services - CORE CREATIVE, Milwaukee, WI, pg. 344
Crockett, Stephanie - Account Services, PPOM - MOWER, Syracuse, NY, pg. 118
Crockett, Brett - Account Services - SAATCHI & SAATCHI DALLAS, Dallas, TX, pg. 136
Crockett, Tiffany - Account Services - REPEQUITY, Washington, DC, pg. 263
Croden, Denise - Account Services - THE GEORGE P. JOHNSON COMPANY, New York, NY, pg. 316
Croft, Laura - Account Services, NBC - TAYLOR DESIGN, Stamford, CT, pg. 274
Crofts Evanchan, Jeannie - Account Services - PRAYTELL, Brooklyn, NY, pg. 258
Crombie, Chris - Account Services, NBC - RIGHTPOINT, Boston, MA, pg. 263
Cromer, Joe - Account Services, Interactive / Digital - DEG DIGITAL, Overland Park, KS, pg. 224
Cromer, Kristen - Account Services, Creative - OGILVY, Denver, CO, pg. 255
Cromheecke, Todd - Account Services - INTEGRATED MERCHANDISING SYSTEMS, Morton Grove, IL, pg. 286
Cronander, Anthony - Account Services - 3Q DIGITAL, Chicago, IL, pg. 208
Crone, Michael - Account Services, Management - MCCANN WORLDGROUP, Birmingham, MI, pg. 109
Cronin, Kate - Account Services, Interactive / Digital, Public Relations, Social Media - OGILVY PUBLIC RELATIONS, New York, NY, pg. 633
Cronin, Jay - Account Services, NBC, PPOM - HOTHOUSE, Atlanta, GA, pg. 371
Cronin, Nancy - Account Services -

1157

RESPONSIBILITIES INDEX

AGENCIES

UPSIDE COLLECTIVE, Albany, NY, pg. 428

Cronin, Kevin - Account Services, Management - SPARK FOUNDRY, New York, NY, pg. 508

Cronin, Mike - Account Services, Creative - KRUSKOPF & COMPANY, Minneapolis, MN, pg. 96

Cronin, Chris - Account Services - H&L PARTNERS, Oakland, CA, pg. 80

Crosby, Jennifer - Account Planner, Account Services - MEDIACOM CANADA, Toronto, ON, pg. 489

Crosby, JR - Account Planner, Account Services, Interactive / Digital, Management - XAXIS, New York, NY, pg. 276

Cross, Jennifer - Account Services, Management, Media Department - MEDIAHUB WINSTON SALEM, Winston-Salem, NC, pg. 386

Cross, Andrew - Account Services, Management, Public Relations - WALKER SANDS COMMUNICATIONS, Chicago, IL, pg. 659

Cross, Christy - Account Services, NBC - 22SQUARED INC., Atlanta, GA, pg. 319

Cross, Kelly - Account Services, Public Relations - RIESTER, Phoenix, AZ, pg. 406

Crossan, Laura Anne - Account Services, Public Relations - DESIGN 446, Manasquan, NJ, pg. 61

Crotty, Kate - Account Services, Management, NBC, PPM - INVISION COMMUNICATIONS, New York, NY, pg. 308

Crotty, Kyle - Account Services, NBC - SPARKS, Philadelphia, PA, pg. 315

Croutier, Matthew - Account Services, Media Department - ICON INTERNATIONAL, INC., Greenwich, CT, pg. 476

Crowder, Clint - Account Services, Creative, Interactive / Digital, PPM - MOROCH PARTNERS, Dallas, TX, pg. 389

Crowder, Megan - Account Services, Interactive / Digital, Social Media - NANCY MARSHALL COMMUNICATIONS, Augusta, ME, pg. 631

Crowley, Michele - Account Services - THE INTEGER GROUP, Lakewood, CO, pg. 682

Crowley, Melissa - Account Services - IPROSPECT, Fort Worth, TX, pg. 674

Crozier, Claire - Account Services, NBC - FUNWORKS, Oakland, CA, pg. 75

Cruikshank, Aileen - Account Planner, Account Services, NBC - WAVEMAKER, Toronto, ON, pg. 529

Crum, Molly - Account Services - REDROC AUSTIN, Austin, TX, pg. 132

Crumbley, Stacey - Account Services, PPOM - TARGETBASE MARKETING, Irving, TX, pg. 292

Crump, Rachael - Account Services - TRAMPOLINE, Halifax, NS, pg. 20

Crump, Nikki - Account Services - BURRELL COMMUNICATIONS GROUP, INC., Chicago, IL, pg. 45

Crumpton, Elizabeth - Account Services - EP+CO., New York, NY, pg. 356

Cruz, Lina - Account Services, Media Department - GRUPO UNO INTERNATIONAL, Coral Gables, FL, pg. 79

Cruz, Andrea - Account Services, Creative - MCGARRAH JESSEE, Austin, TX, pg. 384

Cruz, Kelly Rose - Account Services - ADRENALINE, INC., Atlanta, GA, pg. 172

Cruz, Kristie - Account Services, Analytics, Interactive / Digital, Media Department - HEARTS & SCIENCE, New York, NY, pg. 471

Cruz, Teresa - Account Services - WORKHORSE MARKETING, Austin, TX, pg. 433

Cruz, Jonathan - Account Services, Public Relations - EDELMAN, Seattle, WA, pg. 601

Cruz-Letelier, Carolina - Account Services, Management, PPOM - MUH-TAY-ZIK / HOF-FER, San Francisco, CA, pg. 119

Cubine, Kim - Account Services - CHAPMAN CUBINE & HUSSEY, Arlington, VA, pg. 281

Cubiotti, Terri - Account Services - MASON MARKETING, Penfield, NY, pg. 106

Cuddihy, Kelly - Account Services, Management, NBC - 54 BRANDS, Charlotte, NC, pg. 321

Cueto, Adrienne - Account Services - 20/20 CREATIVE GROUP, San Luis Obispo, CA, pg. 171

Cueva, Veronica - Account Services - CONILL ADVERTISING, INC., El Segundo, CA, pg. 538

Cuevas, Meredith - Account Services - ARCHER MALMO, Memphis, TN, pg. 32

Cukrov, Claudia - Account Services - SS+K, New York, NY, pg. 144

Culbertson, Samantha - Account Services, Analytics, Interactive / Digital, Operations - RESOLUTION MEDIA, Chicago, IL, pg. 676

Culic, Dan - Account Services - RETHINK COMMUNICATIONS, INC., Vancouver, BC, pg. 133

Cullity, Kerri - Account Services, NBC - PUBLICIS.SAPIENT, New York, NY, pg. 258

Culpepper, Wendy - Account Services, NBC, PPOM - KOBIE MARKETING, Saint Petersburg, FL, pg. 287

Culver, Ian - Account Services - CULVER BRAND DESIGN, Milwaukee, WI, pg. 178

Cumella, Roseanne - Account Services - THE DONEGER GROUP, New York, NY, pg. 419

Cumiskey, Brendan - Account Planner, Account Services, NBC - DALTON AGENCY, Jacksonville, FL, pg. 348

Cummings, Karen - Account Services, NBC - DONER, Cleveland, OH, pg. 352

Cummings, Daune - Account Services, Social Media - WALTON ISAACSON CA, Culver City, CA, pg. 547

Cummings, Brett - Account Services, Management - FLEISHMANHILLARD, New York, NY, pg. 605

Cummings, Shannon - Account Services - MMGY GLOBAL, Kansas City, MO, pg. 388

Cummings, Holly - Account Services - BLF MARKETING, Clarksville, TN, pg. 334

Cumpton, David - Account Planner, Account Services - CITIZEN GROUP, San Francisco, CA, pg. 342

Cunnell, Matthew - Account Services - MCCANN NEW YORK, New York, NY, pg. 108

Cunningham, Gary - Account Services, Creative, Interactive / Digital - AFG&, New York, NY, pg. 28

Cunningham, Sarah - Account Services, Media Department, NBC, PPOM - TPN, Chicago, IL, pg. 571

Cunningham, Tara - Account Services, Media Department - MINDSHARE, Chicago, IL, pg. 494

Cunningham, Emma - Account Services, Creative, Interactive / Digital, Media Department - WUNDERMAN THOMPSON, Toronto, ON, pg. 435

Cunningham, Megan - Account Planner, Account Services - GEAR COMMUNICATIONS, Stoneham, MA, pg. 76

Cunningham, Tom - Account Planner, Account Services - CREATA, Oakbrook Terrace, IL, pg. 346

Cunningham, Randall - Account Services - PERISCOPE, Minneapolis, MN, pg. 127

Curatolo, Dana - Account Services - LAURA DAVIDSON PUBLIC RELATIONS, New York, NY, pg. 622

Curcio, Jill - Account Services - MSLGROUP, New York, NY, pg. 629

Currey-Ortiz, Caitlin - Account Services - IDFIVE, Baltimore, MD, pg. 373

Currie, Jaclyn - Account Services - MCCANN NEW YORK, New York, NY, pg. 108

Curry, Tiffany - Account Services - 360I, LLC, Chicago, IL, pg. 208

Curtis, Carole - Account Services, Media Department - STRATEGIC AMERICA, West Des Moines, IA, pg. 414

Curtis, Danielle - Account Planner, Account Services - CARAT, Chicago, IL, pg. 461

Curtis, Matt - Account Services - ADPERIO, Denver, CO, pg. 533

Curtis, Stevee - Account Services, Interactive / Digital, Social Media - GS&F, Nashville, TN, pg. 367

Curtis-Neves, Jennifer - Account Services, Management - CONSORTIUM MEDIA SERVICES, Ventura, CA, pg. 592

Curtola, Trey - Account Services, Management, PPOM - H&L PARTNERS, Oakland, CA, pg. 80

AGENCIES

RESPONSIBILITIES INDEX

Cushing, Kali - Account Services, NBC - PHENOMENON, Los Angeles, CA, pg. 439

Cushing, Dan - Account Services - PAC / WEST COMMUNICATIONS, Wilsonville, OR, pg. 635

Cusick, Mary - Account Services, Media Department, NBC - CRITICAL MASS, INC., Chicago, IL, pg. 223

Cusick, Jack - Account Planner, Account Services - ARENA MEDIA, New York, NY, pg. 454

Cusimano, Nicole - Account Services - BIG YAM, Scottsdale, AZ, pg. 583

Custodio, Megan - Account Services, Management, PPOM - DITTOE PUBLIC RELATIONS, Indianapolis, IN, pg. 597

Cuttic, Natalie - Account Services - DID AGENCY, Ambler, PA, pg. 62

Cyphers, Cray - Account Services, NBC - MOWER, Buffalo, NY, pg. 389

Cyphert, Jim - Account Services, Public Relations - INNIS MAGGIORE GROUP, Canton, OH, pg. 375

Cyr, Melanie - Account Services - CASANOVA//MCCANN, Costa Mesa, CA, pg. 538

Cyr, Heather - Account Services - RINCK ADVERTISING, Lewiston, ME, pg. 407

Cyrus, Zachary - Account Services, Interactive / Digital - SAATCHI & SAATCHI, New York, NY, pg. 136

Czachowski, Emily - Account Services - LEVER INTERACTIVE, Lisle, IL, pg. 245

Czarnomski, Loretta - Account Services - STERN ADVERTISING, INC., Cleveland, OH, pg. 413

Czupylo, Dimitri - Account Planner, Account Services, Creative - KETCHUM, Los Angeles, CA, pg. 619

D'Alessandro, Nadia - Account Services - MCCANN MONTREAL, Montreal, QC, pg. 108

D'Amato, Jessica - Account Services, Interactive / Digital - SAGEPATH, INC., Atlanta, GA, pg. 409

D'Amico, Ronnie - Account Services, Management, Media Department - HERO DIGITAL, San Francisco, CA, pg. 238

D'Amore, Brenlyn - Account Services, Public Relations - BASTION ELEVATE, Irvine, CA, pg. 580

D'Angelo, Lucas - Account Services, NBC - 360I, LLC, New York, NY, pg. 320

D'Angelo, Erin - Account Services, NBC - SAATCHI & SAATCHI LOS ANGELES, Torrance, CA, pg. 137

D'Annunzio, Tori - Account Services - 160OVER90, New York, NY, pg. 301

D'Elia, Bianca - Account Services - SMITH BROTHERS AGENCY, LP, Pittsburgh, PA, pg. 410

D'Orazio, Flavia - Account Services, Management - MEDIA EXPERTS, Montreal, QC, pg. 485

D'Orsaneo, Lisa - Account Services - DEVANEY & ASSOCIATES, Owings Mills, MD, pg. 351

Da Silva Hastie, Gabriela - Account Services - DOSSIER CREATIVE, Vancouver, BC, pg. 180

Dade, Stephanie - Account Services, Interactive / Digital - BRANDED ENTERTAINMENT NETWORK, INC., Sherman Oaks, CA, pg. 297

Dadgar, Olivia - Account Services - TRAFFIK ADVERTISING, Irvine, CA, pg. 156

Dadlani, Jasmine - Account Planner, Account Services, Media Department, NBC - MCKINNEY NEW YORK, New York, NY, pg. 111

Daga, Rishi - Account Services, NBC - EAGLEVIEW TECHNOLOGIES, INC., Bothell, WA, pg. 230

Dagenais, Natasha - Account Services - LEO BURNETT TORONTO, Toronto, ON, pg. 97

Dahl, Britta - Account Services, Management - VMLY&R, New York, NY, pg. 160

Dahman, Leen - Account Services, Media Department - MARKHAM & STEIN, Miami, FL, pg. 105

Daigle, Jamie - Account Services - ABEL NYC, New York, NY, pg. 25

Dailey, Kathleen - Account Planner, Account Services, Management, Media Department - INITIATIVE, Chicago, IL, pg. 479

Dailey, Elissa - Account Planner, Account Services, Interactive / Digital, Media Department - RAIN, New York, NY, pg. 262

Dailey, Claire - Account Services, Management, Public Relations - PERISCOPE, Minneapolis, MN, pg. 127

Daily, Aly - Account Services - WORKHORSE MARKETING, Austin, TX, pg. 433

Daines, Dave - Account Services, Creative - OPINIONATED, Portland, OR, pg. 123

Daiya, Raj - Account Services, Analytics, Media Department, NBC - OMD, New York, NY, pg. 498

Dakesian, Kelly - Account Services - ZUBI ADVERTISING, Dearborn, MI, pg. 547

Dalati, Jessica - Account Services - SCOUT MARKETING, Atlanta, GA, pg. 139

Dalavayi, Kavya - Account Planner, Account Services - UNIVERSAL MCCANN, New York, NY, pg. 521

Dalbey, Kate - Account Services - HERO DIGITAL, San Francisco, CA, pg. 238

Dale, Emily - Account Services - MARLIN NETWORK, Springfield, MO, pg. 105

Dalesandro, Dani - Account Services, Management, Public Relations - SUNSHINE SACHS, New York, NY, pg. 650

Daley, Kyle - Account Services, Creative - MERKLEY + PARTNERS, New York, NY, pg. 114

Daley, Adam - Account Services, Public Relations, Social Media - BERRY & COMPANY PUBLIC RELATIONS, New York, NY, pg. 583

Daley, Laura - Account Planner, Account Services - ZENITH MEDIA, Atlanta, GA, pg. 531

Dalgarno, James - Account Planner, Account Services, Media Department - KROGER MEDIA SERVICES, Portland, OR, pg. 96

Dallaire, Ashley - Account Services - ZAG INTERACTIVE, Glastonbury, CT, pg. 277

Dalmau, Marcella - Account Services - KGBTEXAS COMMUNICATIONS, San Antonio, TX, pg. 95

Dalpiaz, Adrianna - Account Services - ANDERSON ADVERTISING, Scottsdale, AZ, pg. 325

Dalsgaard, Toby - Account Services, Creative - GOCONVERGENCE, Orlando, FL, pg. 364

Dalton, Dominique - Account Services - JOHANNES LEONARDO, New York, NY, pg. 92

Daly, Virginia - Account Services, Media Department - TRADE X PARTNERS, New York, NY, pg. 156

Daly, Eric - Account Services - KLICK HEALTH, Toronto, ON, pg. 244

Daly, Sean - Account Services - ZAMBEZI, Culver City, CA, pg. 165

Daly, Matt - Account Services - JPL, Harrisburg, PA, pg. 378

Damato, Christie - Account Services - LITZKY PUBLIC RELATIONS, Hoboken, NJ, pg. 623

Dames, Maggie - Account Services - KINETIC WORLDWIDE, Chicago, IL, pg. 553

Damiano-DeTraglia, Allison - Account Services - PAIGE GROUP, Utica, NY, pg. 396

Dammrich, Jamie - Account Services, Management - MSLGROUP, Chicago, IL, pg. 629

Damore, Regina - Account Services, Operations - DECCA DESIGN, San Jose, CA, pg. 349

Danberg, Amy - Account Services - PRR, Seattle, WA, pg. 399

Dandes, Spencer - Account Planner, Account Services - GLOBAL GATEWAY ADVISORS, LLC, Brooklyn, NY, pg. 608

Dang, Emily - Account Services - RAIN, Portland, OR, pg. 402

Daniel, Alexis - Account Services - BRIGHTWAVE MARKETING, INC., Atlanta, GA, pg. 219

Danielak, Meagan - Account Services - TEAM ONE, Los Angeles, CA, pg. 417

Daniels, Kelly - Account Services, NBC - WUNDERMAN THOMPSON SEATTLE, Seattle, WA, pg. 435

Daniels, Amanda - Account Services, Management, Operations - HAVAS SPORTS & ENTERTAINMENT, Atlanta, GA, pg. 370

Daniels, Julie - Account Services - COMMONWEALTH // MCCANN, Detroit, MI, pg. 52

Daniels, Jeff - Account Services - CALLAHAN CREEK, Lawrence, KS, pg. 4

Daniels, Trina - Account Services -

RESPONSIBILITIES INDEX — AGENCIES

ACCESS, Roanoke, VA, pg. 322
Daniels, Elizabeth - Account Services - RINCK ADVERTISING, Lewiston, ME, pg. 407
Daniels, Brynn - Account Services - DKY INTEGRATED MARKETING COMMUNICATIONS, Minneapolis, MN, pg. 352
Danish, Amanda - Account Services, Analytics, NBC - SAATCHI & SAATCHI X, Springdale, AR, pg. 682
Danitz, Shawn - Account Services - LAKE GROUP MEDIA, INC., Armonk, NY, pg. 287
Danner, Kirt - Account Services, Management - RPA, Santa Monica, CA, pg. 134
Danner, Alison - Account Services - ESSENCE, Seattle, WA, pg. 232
Dansey, Rachel - Account Services - DDB CHICAGO, Chicago, IL, pg. 59
Dantus, Freddie - Account Services, Interactive / Digital, Media Department, PPM - UNIVERSAL MCCANN, New York, NY, pg. 521
Danziger Johnson, Molly - Account Planner, Account Services, NBC, PPM - HAYMAKER, Los Angeles, CA, pg. 83
Darby, Claire - Account Services - BERLINROSEN, Washington, DC, pg. 583
Daril, Ginger - Account Services, Public Relations - THE SELLS AGENCY, Little Rock, AR, pg. 655
Darling, Tom - Account Services, Media Department, PPOM - DAYNERHALL MARKETING & ADVERTISING, Orlando, FL, pg. 58
Darling, Ingrid - Account Services - DAYNERHALL MARKETING & ADVERTISING, Orlando, FL, pg. 58
Darrican, Jessica - Account Services - MAX BORGES AGENCY, Miami, FL, pg. 626
DaSilva, Jennifer - Account Services, PPOM - BERLIN CAMERON, New York, NY, pg. 38
DaSilva, Wendie - Account Services - EBBEN GROUP, Needham Heights, MA, pg. 67
Daum, Rena - Account Planner, Account Services - BCW NEW YORK, New York, NY, pg. 581
Dautel, Stacy - Account Services - THE WEINSTEIN ORGANIZATION, INC., Chicago, IL, pg. 425
Davey, Christopher - Account Services, Analytics, Management, NBC, PPOM - PUBLICIS.SAPIENT, Boston, MA, pg. 259
Davey, MaryPat - Account Planner, Account Services, NBC - SPEAR MARKETING GROUP, Walnut Creek, CA, pg. 411
David, Haynes - Account Services, NBC - RED ANTLER, Brooklyn, NY, pg. 16
David, LouLou - Account Services - DEUTSCH, INC., New York, NY, pg. 349
Davidian, Liza - Account Services, Finance, Media Department - OMD, New York, NY, pg. 498
Davidson, Becky - Account Services

- NELSON SCHMIDT INC., Milwaukee, WI, pg. 120
Davidson, Jay - Account Planner, Account Services, NBC - UPSHOT, Chicago, IL, pg. 157
Davidson, Margaret - Account Services, NBC - ASHER AGENCY, Fort Wayne, IN, pg. 327
Davidson, Ian - Account Services, Management - VMLY&R, Kansas City, MO, pg. 274
Davidson, Lela - Account Services - SAATCHI & SAATCHI X, Springdale, AR, pg. 682
Davie, Anne - Account Services, Management, Media Department - LOPEZ NEGRETE COMMUNICATIONS, INC., Houston, TX, pg. 542
Davies, Lee - Account Services, Management - MAKOVSKY & COMPANY, INC., New York, NY, pg. 624
Davila, Denise - Account Services - DEVENEY COMMUNICATIONS, New Orleans, LA, pg. 596
Davila, Mily - Account Services, Human Resources - CARAT, Culver City, CA, pg. 459
Davis, Brantley - Account Services, Management, NBC - DAVIS AD AGENCY, Washington, DC, pg. 58
Davis, Jeff - Account Services, PPOM - FLEISHMANHILLARD, Saint Louis, MO, pg. 604
Davis, Julie - Account Services, PPOM - ANNEX GRAPHICS & DESIGN, Binbrook, ON, pg. 172
Davis, Carrie - Account Services, Media Department - OMD WEST, Los Angeles, CA, pg. 502
Davis, Robert - Account Services, Management, Media Department, PPOM - NOVUS MEDIA, INC., Plymouth, MN, pg. 497
Davis, Brent - Account Services - BECKER MEDIA, Oakland, CA, pg. 38
Davis, Jillian - Account Services, Management, Media Department - BARRETTSF, San Francisco, CA, pg. 36
Davis, Alison - Account Services, Management, Operations - HOOK, Ann Arbor, MI, pg. 239
Davis, Scott - Account Services, Public Relations - HARMELIN MEDIA, Bala Cynwyd, PA, pg. 467
Davis, Valerie - Account Services, Interactive / Digital, Media Department, NBC - FORWARDPMX, New York, NY, pg. 360
Davis, Will - Account Services, Public Relations - SIX DEGREES GROUP, New York, NY, pg. 647
Davis, Ed - Account Services - AKQA, Washington, DC, pg. 212
Davis, Angela - Account Services - CALLAN ADVERTISING COMPANY, Burbank, CA, pg. 457
Davis, Cyndi - Account Services, Management - JACK MORTON WORLDWIDE, New York, NY, pg. 308
Davis, Mandy - Account Services - BCW NEW YORK, New York, NY, pg. 581
Davis, Lindsay - Account Services, Management - AUXILIARY, Grand

Rapids, MI, pg. 173
Davis, Michael - Account Services - LEADMD, Scottsdale, AZ, pg. 380
Davis, Trevor - Account Services, Interactive / Digital, Media Department, Public Relations, Social Media - EDELMAN, New York, NY, pg. 599
Davis, Nikki - Account Services, Media Department - OMD, New York, NY, pg. 498
Davis, Victoria - Account Services, NBC - CHAMPION MANAGEMENT GROUP, LLC, Addison, TX, pg. 589
Davis, Grace - Account Services - THE WILLIAM MILLS AGENCY, Atlanta, GA, pg. 655
Davis, Adam - Account Services, Promotions - MARKETING RESOURCES, Oak Park, IL, pg. 568
Davis, Rob - Account Services - NOVUS MEDIA, INC., Chicago, IL, pg. 497
Davis, Trisha - Account Services, Public Relations - BALLANTINES PUBLIC RELATIONS, West Hollywood, CA, pg. 580
Davis, Carrie - Account Services - GEOMETRY, Akron, OH, pg. 362
Davis, Chris - Account Services, Interactive / Digital - BIGWING, Oklahoma City, OK, pg. 217
Davis, Steve - Account Services - H&G MARKETING, Big Lake, MN, pg. 80
Davison, Brock - Account Services, NBC - KATZ MEDIA GROUP, INC., New York, NY, pg. 481
Davoine, Victor - Account Services, Management - MIRUM AGENCY, Montreal, QC, pg. 251
Daw Clarke, Megann - Account Services, Administrative - ENC STRATEGY, Arlington, VA, pg. 68
Dawson, Amy - Account Services, Management - FAHLGREN MORTINE PUBLIC RELATIONS, Columbus, OH, pg. 70
Dawson, Harold - Account Services, Management, Media Department - SPARK FOUNDRY, Chicago, IL, pg. 510
Dawson, Rachel - Account Services - DDB CHICAGO, Chicago, IL, pg. 59
Dawson, Grace - Account Services - JONES KNOWLES RITCHIE, New York, NY, pg. 11
Dawson, Andrew - Account Planner, Account Services - BARBARIAN, New York, NY, pg. 215
Dawson, Ken - Account Services - MERING, Sacramento, CA, pg. 114
Dawson, Angela - Account Services - SAATCHI & SAATCHI WELLNESS, New York, NY, pg. 137
Dawson, Brandi - Account Services - ACCESS, Roanoke, VA, pg. 322
Dawson, Jessica - Account Services, Media Department, Social Media - ADVANTIX DIGITAL, Addison, TX, pg. 211
Dawson, Maureen - Account Services, Management, Media Department - HAVAS MEDIA GROUP, Boston, MA, pg. 470
Day, Mark - Account Services, PPOM

1160

AGENCIES

RESPONSIBILITIES INDEX

- DVL SEIGENTHALER, Nashville, TN, *pg.* 599
Day, Farley - Account Services, Interactive / Digital, Management, NBC - THE BOHAN AGENCY, Nashville, TN, *pg.* 418
Day, Cheryl - Account Services, Operations - UWG, Dearborn, MI, *pg.* 546
De Alba, Brenda - Account Services - MSLGROUP, Santa Monica, CA, *pg.* 629
De Antonio, Christie - Account Services - THE BRANDON AGENCY, Myrtle Beach, SC, *pg.* 419
De Castro, Denise - Account Services - FLIGHTPATH, New York, NY, *pg.* 235
De Cordoba, Pedro - Account Services - BCW MIAMI, Miami, FL, *pg.* 581
De Filippis, Brielle - Account Services - WALTON ISAACSON, New York, NY, *pg.* 547
De Frenza, Antonio - Account Services - THE BRAND FACTORY, Toronto, ON, *pg.* 19
De Haro Bohorova, Andrea - Account Planner, Account Services - THIRD EAR, Austin, TX, *pg.* 546
De Jesus, Joan - Account Services - J3, New York, NY, *pg.* 480
De La Cruz, Veronica - Account Services - FINN PARTNERS, San Francisco, CA, *pg.* 603
De La Maza, Mayte - Account Services, NBC - ALMA, Coconut Grove, FL, *pg.* 537
de Lara, Andrew - Account Services, Public Relations - DRIVEN 360, Manhattan Beach, CA, *pg.* 598
De Leon, Dianne - Account Services - RK VENTURE, Albuquerque, NM, *pg.* 197
De Nysschen, Tiaan - Account Services, NBC - PEREIRA & O'DELL, New York, NY, *pg.* 257
De Rose, Jamie - Account Services - THE COLLECTIVE BRANDSACTIONAL MARKETING, INC. , Toronto, ON, *pg.* 149
De Ryk, William - Account Services - BARRETTSF, San Francisco, CA, *pg.* 36
de Seve, Alexis - Account Services - FIG, New York, NY, *pg.* 73
de Silva, Kathleen - Account Services - RINCK ADVERTISING, Lewiston, ME, *pg.* 407
Deakers, Elaine - Account Services, Operations - MKTG INC, New York, NY, *pg.* 311
Deakins, Kathleen - Account Planner, Account Services, PPOM, Public Relations - JAYRAY , Tacoma, WA, *pg.* 377
Dean, Andrew - Account Services - FORSMAN & BODENFORS, New York, NY, *pg.* 74
Deane, Michaela - Account Services, NBC - KIDZSMART CONCEPTS, Vancouver, BC, *pg.* 188
Dearien, Jessie - Account Services - IPROSPECT, Fort Worth, TX, *pg.* 674
Deavers, Charlotte - Account Services - MEKANISM, New York, NY, *pg.* 113
DeAvila, Seth - Account Services, Analytics, Research - ISOBAR US, Boston, MA, *pg.* 242
DeBaere, Allison - Account Services, NBC - ISOBAR US, Boston, MA, *pg.* 242
DeBlois, Roxy - Account Services, Interactive / Digital - BLUESPIRE MARKETING, West Hartford, CT, *pg.* 40
DeBlois, Amelie - Account Services, Creative - GIANT SPOON, LLC, New York, NY, *pg.* 363
DeBoer, Samantha - Account Services - ICF NEXT, Chicago, IL, *pg.* 614
DeCamp, LaShena - Account Services, Media Department - MEDIACOM, New York, NY, *pg.* 487
DeCandia, Gina - Account Services, Public Relations - SHARP COMMUNICATIONS, INC., New York, NY, *pg.* 140
DeCardenas, Kirk - Account Planner, Account Services - PUBLICIS HAWKEYE, Dallas, TX, *pg.* 399
Decarie, Nadja - Account Services, Analytics - COSSETTE MEDIA, Montreal, QC, *pg.* 345
Decastro, Justin - Account Services - ADVANTAGE INTERNATIONAL, Los Angeles, CA, *pg.* 301
DeCelles, Stephanie - Account Services, Management, PPOM - VMLY&R, Kansas City, MO, *pg.* 274
Dechene, Dana - Account Services, NBC - CANVAS WORLDWIDE, Playa Vista, CA, *pg.* 458
DeCherney, Constance - Account Planner, Account Services, Interactive / Digital - TDA_BOULDER, Boulder, CO, *pg.* 147
DeCicco, Brian - Account Services, Interactive / Digital, Management, PPOM - MINDSHARE, Chicago, IL, *pg.* 494
Decker, Jennifer - Account Services - PRISMA, Phoenix, AZ, *pg.* 290
Decker, Lisa - Account Services - STEVENS ADVERTISING, Grand Rapids, MI, *pg.* 413
Deely, John - Account Services, Creative, Media Department, Social Media - PATIENTS & PURPOSE, New York, NY, *pg.* 126
Deepak, Meera - Account Services - TRIBAL WORLDWIDE, New York, NY, *pg.* 272
Deepak, Shyna - Account Services, Public Relations - NADEL PHELAN, INC., Santa Cruz, CA, *pg.* 631
Deeter, Drew - Account Services - DEETER ASSOCIATES, Doylestown, PA, *pg.* 60
DeFer, Jamie - Account Services - ENERGY BBDO, INC., Chicago, IL, *pg.* 355
Dehner, Dan - Account Services, Interactive / Digital, Media Department, PPOM - CHEMISTRY COMMUNICATIONS INC., Pittsburgh, PA, *pg.* 50
Deichmiller, Michael - Account Services - BUTLER / TILL, Rochester, NY, *pg.* 457
Deitz, Addison - Account Services, NBC, Operations - RAPP WORLDWIDE, Irving, TX, *pg.* 291
DeJarnatt, Nicole - Account Services, Public Relations - RYGR, Carbondale, CO, *pg.* 409
Dekoschak, Sandy - Account Services - RIGHTPOINT, Boston, MA, *pg.* 263
Del-Cid, Ramiro - Account Services - WIEDEN + KENNEDY, Portland, OR, *pg.* 430
Delaney, Kelly - Account Services - THE MERZ GROUP, West Chester, PA, *pg.* 19
Delaney, Lauren - Account Services, Social Media - SUPERFLY, New York, NY, *pg.* 315
Delaney, Meghan - Account Services - MINDSHARE, Chicago, IL, *pg.* 494
Delaney, Katie - Account Planner, Account Services, Media Department - MEDIAHUB BOSTON, Boston, MA, *pg.* 489
Delarosa, Monique - Account Services, Management - MOXIE, Atlanta, GA, *pg.* 251
Delebois, Pierre - Account Services, Creative - FORCE MAJURE DESIGN INC., Brooklyn, NY, *pg.* 183
Delehant, Allie - Account Services - RUNYON SALTZMAN EINHORN, Sacramento, CA, *pg.* 645
Deleon, Mandy - Account Services, Media Department - FREED ADVERTISING, Sugar Land, TX, *pg.* 360
DeLesk, Rachel - Account Services - TEAM ONE, Dallas, TX, *pg.* 418
Delfino Seneca, Christine - Account Services, Management - DELFINO MARKETING COMMUNICATIONS, Valhalla, NY, *pg.* 349
Delgadillo, Gloria - Account Services, Public Relations - WEBER SHANDWICK, Minneapolis, MN, *pg.* 660
Delia, Lori - Account Services - DELIA ASSOCIATES, Whitehouse, NJ, *pg.* 6
Dell'Isola, Casey - Account Services, Public Relations - SPEAKERBOX COMMUNICATIONS, Vienna, VA, *pg.* 649
Della Mora, Paul - Account Services - BOND BRAND LOYALTY, Mississauga, ON, *pg.* 280
Dellabella, Lisa - Account Services - GMR MARKETING, New Berlin, WI, *pg.* 306
Dellinger, Ashleigh - Account Services - THE ZIMMERMAN AGENCY, Tallahassee, FL, *pg.* 426
DeLong, Mary - Account Services, Management, NBC - BVK, Milwaukee, WI, *pg.* 339
DeLuca, Peter - Account Services, Media Department, NBC - HORIZON MEDIA, INC., New York, NY, *pg.* 474
DeLuca, Amie - Account Planner, Account Services - AGENCY H5, Chicago, IL, *pg.* 575

RESPONSIBILITIES INDEX — AGENCIES

DeLuise, Brooke - Account Planner, Account Services - MANGOS INC., Conshohocken, PA, pg. 103

Delz, Susan - Account Services, NBC - ION INTERACTIVE, INC., Boca Raton, FL, pg. 242

Delzell, Matt - Account Services, Management - THE MARKETING ARM, Dallas, TX, pg. 316

DeMallie, Kate - Account Services - DEUTSCH, INC., Los Angeles, CA, pg. 350

DeMartino, Kim - Account Services - RESPONSE MARKETING, New Haven, CT, pg. 133

DeMaso, Suzanne - Account Services, Management, NBC - THE BURNETT COLLECTIVE, New York, NY, pg. 669

Demick, Brian - Account Services - THE VIA AGENCY, Portland, ME, pg. 154

DeMinco, Jessica - Account Services - PARTNERS + NAPIER, Rochester, NY, pg. 125

Demopoulos, Dino - Account Planner, Account Services, Management, Media Department - NO FIXED ADDRESS INC., Toronto, ON, pg. 120

DeMund, Kira - Account Planner, Account Services, Media Department - HEARTS & SCIENCE, Atlanta, GA, pg. 473

Demyanyk, Lana - Account Services, Finance - AKRETE, Evanston, IL, pg. 575

Denci, Patricia - Account Services - DOUBLE-FORTE, San Francisco, CA, pg. 230

Denevan, Stephanie - Account Services - AUDIENCEX, Marina Del Rey, CA, pg. 35

Denne, Lindsey - Account Services - BOLIN MARKETING, Minneapolis, MN, pg. 41

Dennehy, Ericca - Account Services, Management, NBC - ACUPOLL RESEARCH, Milford, OH, pg. 441

Denney, Alex - Account Services - AFG&, New York, NY, pg. 28

Dennig, Melanie - Account Services - TURNER PUBLIC RELATIONS, New York, NY, pg. 657

Dennis, Shari - Account Services, Management, NBC - GS&F , Nashville, TN, pg. 367

Denny, Joni - Account Services - ACTON INTERNATIONAL, LTD., Lincoln, NE, pg. 279

Densmore, Eric - Account Services, Management - ABELSON-TAYLOR, Chicago, IL, pg. 25

DeNuccio, Jim - Account Services, Operations, PPOM - CURRENT PR, Lake Forest, CA, pg. 594

Deo, Alexa - Account Services - COYNE PUBLIC RELATIONS, Parsippany, NJ, pg. 593

DeOrio, Tamara - Account Services, Creative, Management - ARNOLD WORLDWIDE, Boston, MA, pg. 33

DeOrzio, Stacey - Account Services - HIRSHORN ZUCKERMAN DESIGN GROUP, Rockville, MD, pg. 371

DePalma, Brielle - Account Services - CONCENTRIC HEALTH EXPERIENCE, New York, NY, pg. 52

DePinto, Jessica - Account Services - LYONS CONSULTING GROUP, Chicago, IL, pg. 247

DePlasco, Joe - Account Services, Management, NBC - DKC PUBLIC RELATIONS, New York, NY, pg. 597

Depp, Rob - Account Services - FRCH DESIGN WORLDWIDE, Cincinnati, OH, pg. 184

Derderian, Michelle - Account Services - VMLY&R, Chicago, IL, pg. 160

Derkey, Megan - Account Services - BELLMONT PARTNERS PUBLIC RELATIONS, Minneapolis, MN, pg. 582

DeRosa, Michaela - Account Services - HAVAS MEDIA GROUP, New York, NY, pg. 468

DeRose, Bryan - Account Services, NBC - CHIEF MARKETING OFFICER COUNCIL, San Jose, CA, pg. 50

Derrenbacher, Nathaniel - Account Services - RBB COMMUNICATIONS, Miami, FL, pg. 641

Derrigo, Joel - Account Services - DERSE, INC., Kennesaw, GA, pg. 304

Derzypolski, Tom - Account Services - BOWSTERN, Tallahassee, FL, pg. 336

Desai, Sameer - Account Services, Analytics, NBC, Research - ONEMAGNIFY, Detroit, MI, pg. 394

Desai, Swapna - Account Services, Management, NBC - MARTIN WILLIAMS ADVERTISING, Minneapolis, MN, pg. 106

Deschamps, Dani - Account Services, Administrative - ZIP COMMUNICATION, Montreal, QC, pg. 21

Deschamps, Annie - Account Services - NSA MEDIA GROUP, INC., Downers Grove, IL, pg. 497

Deschner, John - Account Services, Management, PPOM - CNX, New York, NY, pg. 51

DeSena, Bryan - Account Services, Interactive / Digital, Media Department, NBC, Social Media - SAATCHI & SAATCHI DALLAS, Dallas, TX, pg. 136

DeSimone, Lauren - Account Services, Public Relations - EDELMAN, New York, NY, pg. 599

Desimone, Katie - Account Services, Interactive / Digital, Media Department - BARBARIAN, New York, NY, pg. 215

Desjardins, Josee - Account Services - MEDIAPLUS ADVERTISING, Ottawa, ON, pg. 386

DesMarais, Tiffany - Account Services, Public Relations - MAX BORGES AGENCY, Miami, FL, pg. 626

Desmarais, Jason - Account Services - DELOITTE DIGITAL, New York, NY, pg. 225

Desmond, John - Account Services, Management - TCAA, Cincinnati, OH, pg. 147

Desmond, Nancy - Account Services - GIGANTE VAZ PARTNERS, New York, NY, pg. 363

DeSousa, Arlene - Account Planner, Account Services, Operations - SPARK FOUNDRY, New York, NY, pg. 508

DeStasio, Joyce - Account Services - ONE TRICK PONY, Hammonton, NJ, pg. 15

Determann, Julie - Account Services - THE WEINSTEIN ORGANIZATION, INC., Chicago, IL, pg. 425

Detwiler, Bryan - Account Services - AKQA , Washington, DC, pg. 212

Detwiler, Marshall - Account Services - ARCANA ACADEMY, Los Angeles, CA, pg. 32

Deutch, Liz - Account Services, Management - OGILVYONE WORLDWIDE, New York, NY, pg. 255

DeVault, Taylor - Account Services, Social Media - YOUNG & LARAMORE, Indianapolis, IN, pg. 164

Deveney, Shelly - Account Planner, Account Services, NBC, Operations - CALLAHAN CREEK , Lawrence, KS, pg. 4

Devenny, Brian - Account Services, Public Relations - ZENO GROUP, Santa Monica, CA, pg. 665

Dever, Victoria - Account Services - BRIGHTLINE, New York, NY, pg. 219

Deville, Renny - Account Services - HARRIS DEVILLE & ASSOCIATES, Baton Rouge, LA, pg. 612

Devine, Tim - Account Services - DEVINE COMMUNICATIONS, Saint Petersburg, FL, pg. 62

Devine, Kenny - Account Services - PADILLA, Minneapolis, MN, pg. 635

Devine, Michael - Account Services - WIEDEN + KENNEDY, Portland, OR, pg. 430

Devine, Rich - Account Services, Interactive / Digital - EMPOWER, Cincinnati, OH, pg. 354

DeVito, Amanda - Account Planner, Account Services, Management, NBC - BUTLER / TILL, Rochester, NY, pg. 457

DeWeese, Cory - Account Services - ALCONE MARKETING GROUP, Darien, CT, pg. 565

Dewitte, Lindsay - Account Services, Management, NBC - CROSSROADS, Kansas City, MO, pg. 594

DeWree, Caroline - Account Services - PUBLICIS HAWKEYE, Dallas, TX, pg. 399

Dezendorf, Erik - Account Services - T3, Austin, TX, pg. 268

DeZutter, Laura - Account Services, Management - MCS, INC., Basking Ridge, NJ, pg. 111

Dezzutti, Nicole - Account Services, Creative - HAYMAKER, Los Angeles, CA, pg. 83

Dhuey, Samuel - Account Services, Interactive / Digital, Media Department - KENSHOO, San Francisco, CA, pg. 244

Di Cerbo, Tom - Account Services, NBC, PPOM - SNIPPIES, INC., New York, NY, pg. 450

Diamond, Matthew - Account

1162

AGENCIES — RESPONSIBILITIES INDEX

Services, Management, Operations - MOSAIC NORTH AMERICA, Mississauga, ON, *pg.* 312

Diamond, Adrianne - Account Services - DAC GROUP, Louisville, KY, *pg.* 223

Diana, Caroline - Account Planner, Account Services, Media Department - INITIATIVE, New York, NY, *pg.* 477

DiAngelo, Tracy - Account Services - MARKETING ALTERNATIVES, INC., Elgin, IL, *pg.* 383

Diaz, Fernando - Account Services, Media Department, Public Relations - THE INTEGER GROUP, Lakewood, CO, *pg.* 682

Diaz, Gloryanna - Account Services, Media Department - WAVEMAKER, New York, NY, *pg.* 526

Diaz, Lorena - Account Planner, Account Services, Media Department - INITIATIVE, New York, NY, *pg.* 477

DiCaprio, Michael - Account Services, Management, NBC - BUTLER / TILL, Rochester, NY, *pg.* 457

Dicesare, Gillian - Account Services - OVERCAT COMMUNICATIONS, Toronto, ON, *pg.* 634

DiCicco, Jenna - Account Services - GYK ANTLER, Manchester, NH, *pg.* 368

DiCienzo, Ken - Account Services - GREENOUGH COMMUNICATIONS, Watertown, MA, *pg.* 610

Dick, Jason - Account Services - BBDO CANADA, Toronto, ON, *pg.* 330

Dick, Ian - Account Services - IMG LIVE, Atlanta, GA, *pg.* 308

Dickey, Alice - Account Services - AMOBEE, INC., Redwood City, CA, *pg.* 213

DiCuollo, John - Account Services, NBC, Public Relations - BACKBONE MEDIA, Carbondale, CO, *pg.* 579

Diddell, Ashley - Account Services - DROGA5, New York, NY, *pg.* 64

Didwall, Paul - Account Services, Interactive / Digital, Media Department, Social Media - MGH ADVERTISING, Owings Mills, MD, *pg.* 387

Diebel, Scott - Account Services, Interactive / Digital, Media Department - BFO, Chicago, IL, *pg.* 217

Diegnan, Shama - Account Services - ACCENTURE INTERACTIVE, New York, NY, *pg.* 209

Diehl, Jen - Account Services - GREGORY FCA COMMUNICATIONS, INC., Ardmore, PA, *pg.* 611

Diehlman, Steve - Account Services - STRATACOMM, INC., Southfield, MI, *pg.* 650

Dierwa, Kristin - Account Planner, Account Services, Media Department - SPARK FOUNDRY, Chicago, IL, *pg.* 510

Dieter, Cameron - Account Services, Analytics - ADPEARANCE, Portland, OR, *pg.* 671

Dietz, Ryan - Account Services, Analytics, Interactive / Digital, Media Department, Research - STARCOM WORLDWIDE, Chicago, IL, *pg.* 513

Dietz, Courtney - Account Services - MERRICK TOWLE COMMUNICATIONS, Greenbelt, MD, *pg.* 114

Dietz, John - Account Services, Media Department - RED FUSE COMMUNICATIONS, New York, NY, *pg.* 404

Dietz, Kelley - Account Services - BVK, Milwaukee, WI, *pg.* 339

Dietz, Sara - Account Services - STRINGCAN INTERACTIVE, Scottsdale, AZ, *pg.* 267

DiFiore, Alaina - Account Services, Management, Media Department - SPARK FOUNDRY, New York, NY, *pg.* 508

Difoglio, Joe - Account Services, Media Department - CARAT, New York, NY, *pg.* 459

DiFrangia, Jim - Account Services - STEVENS STRATEGIC COMMUNICATIONS, INC., Westlake, OH, *pg.* 413

DiFurio, Dana - Account Services - MASTERMIND MARKETING, Atlanta, GA, *pg.* 248

Diggins, Martha - Account Services - 360I, LLC, Chicago, IL, *pg.* 208

DiGiovanni, Robert - Account Services, Media Department, Operations, PPOM - PHD USA, New York, NY, *pg.* 505

DiLecce, Charlotte - Account Services - PUBLICIS TORONTO, Toronto, ON, *pg.* 639

Dillard, Myndi - Account Services - J. SCHMID & ASSOCIATES, Mission, KS, *pg.* 286

Dilliner, Kaulana - Account Services, Public Relations - REBELLIOUS PR, Portland, OR, *pg.* 641

Dillon, Ashley - Account Services, Media Department, Promotions - SFW AGENCY, Greensboro, NC, *pg.* 16

Dillow, Emily - Account Services, NBC - CAMP + KING, San Francisco, CA, *pg.* 46

DiLorenzo, Kevin - Account Services, NBC, PPOM - RISE AND SHINE AND PARTNERS, Minneapolis, MN, *pg.* 134

DiMarco Hayden, Kristen - Account Services - ZOOM MEDIA, New York, NY, *pg.* 559

Dimarino, Danielle - Account Services, Interactive / Digital - DIGITAS, New York, NY, *pg.* 226

DiMartino, Cheryl - Account Services, Management - PUBLICIS NORTH AMERICA, New York, NY, *pg.* 399

DiMartino, Andrew - Account Services, Media Department - SAATCHI & SAATCHI, New York, NY, *pg.* 136

DiMatteo, Frank - Account Services - MAN MARKETING, Carol Stream, IL, *pg.* 103

DiMeglio, Joe - Account Services, Management, NBC, PPOM - BBDO WORLDWIDE, New York, NY, *pg.* 331

Dimen, Rob - Account Services, Media Department -

PUBLICIS.SAPIENT, New York, NY, *pg.* 258

Dimes, Corianda - Account Planner, Account Services, Media Department - TBWA \ CHIAT \ DAY, Los Angeles, CA, *pg.* 146

DiMilia, Stephanie - Account Services - GREY GROUP, New York, NY, *pg.* 365

Dinccetin, Haldun - Account Planner, Account Services, Management - FINN PARTNERS, New York, NY, *pg.* 603

Ding, Jessie - Account Planner, Account Services, NBC - HORIZON MEDIA, INC., New York, NY, *pg.* 474

Ding, Susanna - Account Services, NBC - FF CREATIVE, New York, NY, *pg.* 234

Dino, Patricia - Account Services, Management - RPA, Santa Monica, CA, *pg.* 134

Dinovo, Phil - Account Services, Social Media - ADPEARANCE, Portland, OR, *pg.* 671

DiNucci, Darcy - Account Services, Creative, Interactive / Digital - AMMUNITION, LLC, San Francisco, CA, *pg.* 172

Dira, Jennifer - Account Services - LEWIS COMMUNICATIONS, Mobile, AL, *pg.* 100

DiRado, Steve - Account Planner, Account Services, NBC - PHD USA, New York, NY, *pg.* 505

Dischinger, Michael - Account Planner, Account Services, Creative - INNOCEAN USA, Huntington Beach, CA, *pg.* 479

DiStasi, Donna - Account Services - JL MEDIA, INC., Union, NJ, *pg.* 481

DiTommaso, Dustin - Account Services, Management - MAD*POW, Boston, MA, *pg.* 247

Ditter, Jeannie - Account Services - DECCA DESIGN, San Jose, CA, *pg.* 349

DiUbaldi, Lianne - Account Services - PORTER NOVELLI, New York, NY, *pg.* 637

Dixon, Jeffrey - Account Services, NBC - CANVAS WORLDWIDE, Playa Vista, CA, *pg.* 458

Dixon, Diana - Account Services - MSLGROUP, Chicago, IL, *pg.* 629

Dixon, Caroline - Account Services - UNION, Charlotte, NC, *pg.* 273

Djanikian, Jacqueline - Account Services - BBDO SAN FRANCISCO, San Francisco, CA, *pg.* 330

Djuanda, Susana - Account Services, Media Department - J. BRENLIN DESIGN, INC., Norco, CA, *pg.* 188

Doaga, Raluca - Account Services, Public Relations - SUBLIME COMMUNICATIONS, Philadelphia, PA, *pg.* 415

Doak, Eva - Account Services - WONGDOODY, Culver City, CA, *pg.* 433

Doan, Anna - Account Services, Interactive / Digital - VERTIC, New York, NY, *pg.* 274

Dobbins, Molly - Account Services - RUDER FINN, INC., New York, NY,

1163

RESPONSIBILITIES INDEX — AGENCIES

pg. 645
Dobbs, Michael - Account Services, Creative, Social Media - 360I, LLC, Atlanta, GA, pg. 207
Dobson, John - Account Services, Creative, NBC - BARKLEY, Kansas City, MO, pg. 329
Dockins, Neely - Account Services, Interactive / Digital - EDELMAN, Washington, DC, pg. 600
Dodge, Caroline - Account Planner, Account Services, Interactive / Digital, Media Department - ZENITH MEDIA, Atlanta, GA, pg. 531
Dodge, Alex - Account Services - NETWORK AFFILIATES, INC., Lakewood, CO, pg. 391
Dodson, Jeannine - Account Services, Management, Operations - ADAMS OUTDOOR ADVERTISING, Charlotte, NC, pg. 549
Doejo, Margot - Account Planner, Account Services - MARKETLOGIC, Miami, FL, pg. 383
Doerig, Andreas - Account Services - SAATCHI & SAATCHI CANADA, Toronto, ON, pg. 136
Doering, Matthew - Account Planner, Account Services, Management - GLOBAL GATEWAY ADVISORS, LLC, Brooklyn, NY, pg. 608
Doerrbecker, Elena - Account Services, PPOM - UNIVERSAL MCCANN, New York, NY, pg. 521
Doftert, Jonah - Account Services - SIMPLE TRUTH, Chicago, IL, pg. 198
Doherty, Bethany - Account Services, Creative, Media Department, NBC - HORIZON MEDIA, INC., Los Angeles, CA, pg. 473
Doherty, Megan - Account Services, Creative, Media Department, PPM - INITIATIVE, New York, NY, pg. 477
Doherty, James - Account Services, Media Department - OMD, New York, NY, pg. 498
Dolan, Bobby - Account Services, NBC - CLEAR CHANNEL OUTDOOR, Orlando, FL, pg. 550
Dolan, Jennifer - Account Services, Media Department - CROSSMEDIA, Philadelphia, PA, pg. 463
Dolan, Kelly - Account Services, Interactive / Digital, Public Relations - COOPER, Brooklyn, NY, pg. 222
Dolan, Michael - Account Services - AMP AGENCY, Boston, MA, pg. 297
Dolbear, Lisa - Account Planner, Account Services - MOWER, Syracuse, NY, pg. 118
Dold, Laura - Account Services - JNA ADVERTISING, Overland Park, KS, pg. 92
Dollins, Camille - Account Planner, Account Services - HEART CREATIVE, Portland, OR, pg. 238
Dolnick, Lori - Account Services, Management - FRANK ADVERTISING, Cranbury, NJ, pg. 360
Dolowy, Lukasz - Account Services - PUBLICIS TORONTO, Toronto, ON, pg. 639
Dolzadelli, Lisa - Account Services

- LAKE GROUP MEDIA, INC., Armonk, NY, pg. 287
Dombek, Karen - Account Services - MCS, INC., Basking Ridge, NJ, pg. 111
Dombrow, Matt - Account Services - CLIXO, Denver, CO, pg. 221
Domingo, Cynthia - Account Services - SEYFERTH & ASSOCIATES, INC., Grand Rapids, MI, pg. 646
Domsic, Rachel - Account Services, Creative - HARRINGTON COMMUNICATIONS, Traverse City, MI, pg. 611
Donahoe, Brian - Account Services - AGENCYEA, Chicago, IL, pg. 302
Donahue, Philip - Account Services, NBC - ZOOM MEDIA, Chicago, IL, pg. 559
Donahue, Erin - Account Services, Management, NBC - DIGENNARO COMMUNICATIONS, New York, NY, pg. 597
Donahue, Jean - Account Services, Management - GREY GROUP, New York, NY, pg. 365
Donaldson, Cheryl - Account Services - R2INTEGRATED, Baltimore, MD, pg. 261
Donato, Ali - Account Planner, Account Services - WUNDERMAN HEALTH, New York, NY, pg. 164
Dondero, Rob - Account Services, Management - R&R PARTNERS, Las Vegas, NV, pg. 131
Donley, Jamie - Account Services - DUFT WATTERSON, Boise, ID, pg. 353
Donlon, Laurie - Account Services - GOTHAM, INC., New York, NY, pg. 77
Donnelly, Molly - Account Services - TURNER PUBLIC RELATIONS, Denver, CO, pg. 657
Donner, Rob - Account Services, Programmatic - AUDIENCEXPRESS, New York, NY, pg. 455
Donohue, Mark - Account Services - TBWA \ CHIAT \ DAY, New York, NY, pg. 416
Donohue, Sarah - Account Services - UNIVERSAL MCCANN, New York, NY, pg. 521
Donohue, Shannon - Account Services - BERK COMMUNICATIONS, New York, NY, pg. 583
Donohue, Pam - Account Services - SOURCELINK, LLC, Greenville, SC, pg. 292
Donovan, Quinn - Account Services - BAZAARVOICE, INC., Austin, TX, pg. 216
Donovan, Rebecca - Account Services - NAIL COMMUNICATIONS, Providence, RI, pg. 14
Donovan, Emily - Account Services - STARCOM WORLDWIDE, Chicago, IL, pg. 513
Donovan, Aileen - Account Services - HAVAS FORMULA, El Segundo, CA, pg. 612
Dons, Joel - Account Planner, Account Services, Management - TEAM ONE, Dallas, TX, pg. 418
Donze, Sarah - Account Services - OBSERVATORY MARKETING, Los Angeles,

CA, pg. 122
Dooley, Courtney - Account Services - BELLOMY RESEARCH, Winston-Salem, NC, pg. 442
Doomany, Alexandra - Account Services, Management, NBC - WIEDEN + KENNEDY, New York, NY, pg. 432
Dorani, Anass - Account Planner, Account Services - UNIVERSAL MCCANN, New York, NY, pg. 521
Dorcely, Raymond - Account Services - BBDO WORLDWIDE, New York, NY, pg. 331
Dore, Vanessa - Account Services, Media Department - MARKHAM & STEIN, Miami, FL, pg. 105
Dorian, Lyndsey - Account Services - BARRETTSF, San Francisco, CA, pg. 36
Doris, John - Account Services, Interactive / Digital, Management, PPM - TBWA \ CHIAT \ DAY, New York, NY, pg. 416
Dorko, Melissa - Account Services, NBC, Operations, PPOM - WUNDERMAN THOMPSON, Chicago, IL, pg. 434
Dorr, Lori - Account Services, Finance, Management - INNOCEAN USA, Huntington Beach, CA, pg. 479
Doshi, Sanjay - Account Services, NBC - DESANTIS BREINDEL, New York, NY, pg. 349
Doshi, Ayesha - Account Services, Media Department - PHD, Los Angeles, CA, pg. 504
Doss, Kathryn - Account Planner, Account Services, Media Department - CARAT, Atlanta, GA, pg. 459
Doucet, Pam - Account Services - O'CARROLL GROUP, Lake Charles, LA, pg. 392
Doucet-Albert, Lisa - Account Services, Management - REGAN COMMUNICATIONS GROUP, Providence, RI, pg. 642
Dougherty, Heather - Account Services, Management - KARMA AGENCY, Philadelphia, PA, pg. 618
Doughty, Julie - Account Planner, Account Services - LANDOR, New York, NY, pg. 11
Douglas, Wilson - Account Services - MYTHIC, Charlotte, NC, pg. 119
Douglas, Rob - Account Services - DENTSU X, New York, NY, pg. 61
Douglas, Jeremy - Account Services - CATAPULT PR-IR, Boulder, CO, pg. 589
Douglas, Caressa - Account Services, Media Department - BRANDED ENTERTAINMENT NETWORK, INC., Sherman Oaks, CA, pg. 297
Douglass, Eric - Account Services, Management - FISHBOWL, Alexandria, VA, pg. 234
Douglass, Craig - Account Services, NBC - DIGITAS HEALTH LIFEBRANDS, Philadelphia, PA, pg. 229
Dowd, Jen - Account Services, Management - BACKBAY COMMUNICATIONS, Boston, MA, pg. 579
Dowd, Zach - Account Services - MOOSYLVANIA, Saint Louis, MO, pg. 568

1164

AGENCIES — RESPONSIBILITIES INDEX

Downey, Jackson - Account Planner, Account Services - ELEVATION MARKETING, Richmond, VA, pg. 67

Downey, Katelyn - Account Services - 3FOLD COMMUNICATIONS, Sacramento, CA, pg. 23

Downs, Scott - Account Services, Operations, PPOM - OMD, New York, NY, pg. 498

Doyle, Bill - Account Services - PERFORMANCE RESEARCH, Newport, RI, pg. 448

Doyle, Sheryl - Account Services - D.TRIO MARKETING GROUP, Minneapolis, MN, pg. 348

Doyle, Lauren - Account Services - WORDSWORTH COMMUNICATIONS, Cincinnati, OH, pg. 663

Doyle, Kerry - Account Services, Creative - CARAT, Culver City, CA, pg. 459

Doyle, Hayley - Account Services - STONEARCH CREATIVE, Minneapolis, MN, pg. 144

Doyle, Kelsey - Account Services - JOHNSON & SEKIN, Dallas, TX, pg. 10

Doyon, Joe - Account Services, Creative, Operations - PINEROCK, New York, NY, pg. 636

Drahos, Heather - Account Services - DUDNYK EXCHANGE, Horsham, PA, pg. 66

Drake, John - Account Planner, Account Services, NBC, PPOM - DRAKE COOPER, Boise, ID, pg. 64

Drakenberg, Karin - Account Services, Management - STRAWBERRYFROG, New York, NY, pg. 414

Draksler Brown, Tracy - Account Services, Management - SANDBOX, Chicago, IL, pg. 138

Draper, Carrie - Account Services - YOUTECH, Naperville, IL, pg. 436

Drazdovich, Vlad - Account Services - RED BANYAN, Deerfield Beach, FL, pg. 641

Dreistadt, Jason - Account Services, Creative, Operations, PPOM - INFINITY CONCEPTS, Export, PA, pg. 285

Dressel, Molly - Account Services - ABEL COMMUNICATIONS, Baltimore, MD, pg. 574

Drew, Jeff - Account Services, Management - FAMA PR, INC., Boston, MA, pg. 602

Drews, Jason - Account Services - OCEAN MEDIA, INC., Huntington Beach, CA, pg. 498

Driesen, Randy - Account Services - STRATEGIC AMERICA, West Des Moines, IA, pg. 414

Driggers, Amanda - Account Services - FIREHOUSE, INC., Dallas, TX, pg. 358

Driggs, Clare - Account Services - DROGA5, New York, NY, pg. 64

Driggs, Kela - Account Services - CALHOUN & COMPANY COMMUNICATIONS, San Francisco, CA, pg. 588

Drinkwater, Carrie - Account Services, Interactive / Digital, Management, Media Department - MEDIAHUB BOSTON, Boston, MA, pg. 489

Driscoll, Julia - Account Services - EPSILON, Wakefield, MA, pg. 282

Droke, Katlyn - Account Planner, Account Services, Media Department - AUTHENTIC, Richmond, VA, pg. 214

Drolshagen, Cara - Account Services, Management - FIG, New York, NY, pg. 73

Drottar, Casey - Account Services, Interactive / Digital, Media Department - 360I, LLC, Chicago, IL, pg. 208

Druckenmiller, Eric - Account Services, Management - CHANDELIER CREATIVE, New York, NY, pg. 49

Drummond, Ashley - Account Services - M3 AGENCY, Augusta, GA, pg. 102

Drust, Stefan - Account Services, PPOM - FUSE INTERACTIVE, Laguna Beach, CA, pg. 235

Drutman, Makena - Account Planner, Account Services - THE&PARTNERSHIP, New York, NY, pg. 426

Duane, Laura - Account Planner, Account Services, Media Department - ZIMMERMAN ADVERTISING, Fort Lauderdale, FL, pg. 437

Dube, Connor - Account Services, NBC - ACTIVE BLOGS, Fort Collins, CO, pg. 575

Dube, Sara - Account Services, Media Department - SPARK FOUNDRY, Atlanta, GA, pg. 512

Duberia, Zeenat - Account Services, NBC - OMD, New York, NY, pg. 498

Dubin, Harvey - Account Services - JMW CONSULTANTS, INC., Stamford, CT, pg. 10

Dubin, Rachel - Account Services - ZAPWATER COMMUNICATIONS, Santa Monica, CA, pg. 664

Duboe, Jenna - Account Services, Creative - GOODBY, SILVERSTEIN & PARTNERS, San Francisco, CA, pg. 77

DuCharme, Erin - Account Services - KENNEDY COMMUNICATIONS, Madison, WI, pg. 482

Duchene, Dawn - Account Services - CROSSBOW GROUP, Westport, CT, pg. 347

Duda, Rob - Account Services - PEPPERCOMM, INC., New York, NY, pg. 687

Dudgeon, Grant - Account Services, Analytics, Interactive / Digital, Research - OMD, Chicago, IL, pg. 500

Dudziak, Lauren - Account Services - REVOLUTION, Chicago, IL, pg. 406

Duff, Lindsay - Account Services - TRUE SENSE MARKETING, Freedom, PA, pg. 293

Duffy, Paul - Account Services, Management, Operations - NEXT MARKETING, Norcross, GA, pg. 312

Duffy, Nicole - Account Services, Management - NEON, New York, NY, pg. 120

Dugan, Kevin - Account Services - DMI PARTNERS, Philadelphia, PA, pg. 681

Dukarski, Rebecca - Account Services - THE INTEGER GROUP - DALLAS, Dallas, TX, pg. 570

Duke, Tisha - Account Services - INTERSECTION, New York, NY, pg. 553

Dukes, Brian - Account Services, PPOM - SHIFT DIGITAL, Birmingham, MI, pg. 265

Dukes, Terry - Account Services - BROWNSTEIN GROUP, INC., Philadelphia, PA, pg. 44

Dukes, Christy - Account Services, Media Department - UNION, Charlotte, NC, pg. 273

Dulle, Samantha - Account Services - FUSION MARKETING, St. Louis, MO, pg. 8

Dulny, Pamela - Account Planner, Account Services, Media Department - MINDSHARE, New York, NY, pg. 491

Dulny, Joseph - Account Services, Analytics, Interactive / Digital, Research - BOOZ ALLEN HAMILTON, McLean, VA, pg. 218

Dumayne, Madeline - Account Services, Interactive / Digital - LG2, Montreal, QC, pg. 380

DuMont, Peter - Account Services, Public Relations - ALLIANCE GROUP LTD, Richmond, VA, pg. 576

Dumont, Debbie - Account Services - QUESTUS, San Francisco, CA, pg. 260

Dunaway, Craig - Account Services - PERICH ADVERTISING, Ann Arbor, MI, pg. 126

Duncan, Jodi - Account Services, NBC, PPOM - FLINT COMMUNICATIONS, INC., Fargo, ND, pg. 359

Duncan, Paul - Account Planner, Account Services - INFORMA RESEARCH SERVICES, Alpharetta, GA, pg. 445

Duncan, Michelle - Account Planner, Account Services, Interactive / Digital - STACKPOLE & PARTNERS, Newbury Port, MA, pg. 412

Duncan, Jane - Account Services, Management - LUQUIRE GEORGE ANDREWS, INC., Charlotte, NC, pg. 382

Duncan, Brooke - Account Services, Creative, Management - THE TOMBRAS GROUP, Knoxville, TN, pg. 424

Dundon, Brian - Account Services, NBC - MARKETVISION RESEARCH, Cincinnati, OH, pg. 447

Dunkak, Geoff - Account Services, Creative - BTB MARKETING COMMUNICATIONS, Raleigh, NC, pg. 44

Dunlap, Amanda - Account Services, PPOM - S&A COMMUNICATIONS, Cary, NC, pg. 645

Dunlap, Kristyn - Account Services, Media Department - M&C SAATCHI LA, Santa Monica, CA, pg. 482

Dunn, Stephanie - Account Services - TIME & SPACE MEDIA, Halifax, NS, pg. 520

Dunn, Shareen - Account Services, Interactive / Digital - POWER, Louisville, KY, pg. 398

Dunn, Stacey - Account Planner, Account Services, Interactive / Digital, Media Department - DP+, Farmington Hills, MI, pg. 353

Dunn, Eric - Account Services,

RESPONSIBILITIES INDEX — AGENCIES

Management, Operations - ODYSSEUS ARMS, San Francisco, CA, *pg.* 122
Dunn, Laura - Account Services, Creative - FCB NEW YORK, New York, NY, *pg.* 357
Dunn, Jonathan - Account Services - BELIEF AGENCY, Seattle, WA, *pg.* 38
Dunn, Kellyn - Account Services - BARKLEY, Kansas City, MO, *pg.* 329
Dunn, Kevin - Account Planner, Account Services - LEVLANE ADVERTISING, Philadelphia, PA, *pg.* 380
Dunne, Danielle - Account Services - MSLGROUP, New York, NY, *pg.* 629
Dunne, Meggan - Account Services - RIGHTPOINT, Oakland, CA, *pg.* 263
Dunwoody, Sherri - Account Services - MMSI, Warwick, RI, *pg.* 496
Dupis-Mitchell, Hilary - Account Services, Management - PIERCE PROMOTIONS & EVENT MANAGEMENT, Portland, ME, *pg.* 313
Duplain, Laura - Account Services - RODGERS TOWNSEND, LLC, Saint Louis, MO, *pg.* 407
Dupont, Lorraine - Account Planner, Account Services - CASHMAN & KATZ INTEGRATED COMMUNICATIONS, Glastonbury, CT, *pg.* 340
Dupre, Lesley - Account Services, Public Relations - BALCOM AGENCY, Fort Worth, TX, *pg.* 329
Dupuis, Jonathan - Account Planner, Account Services, Management, Media Department, NBC, PPOM - MCGARRYBOWEN, New York, NY, *pg.* 109
Duque, Marcella - Account Services - OSK MARKETING & COMMUNICATIONS, INC., New York, NY, *pg.* 634
Duran, Frank - Account Services, PPOM - K2MD, Albuquerque, NM, *pg.* 93
Duran, Arlene - Account Services - 360I, LLC, Atlanta, GA, *pg.* 207
Durand, Jill - Account Services, Interactive / Digital, NBC - TBWA \ CHIAT \ DAY, Los Angeles, CA, *pg.* 146
Durant, Tripp - Account Services, Management - LUCKIE & COMPANY, Birmingham, AL, *pg.* 382
Durfee, Alicia - Account Services - JACK MORTON WORLDWIDE, Boston, MA, *pg.* 309
Durkalski, Douglas - Account Services - RISE INTERACTIVE, Chicago, IL, *pg.* 264
Durocher, Kelle - Account Services, Management - GTB, Dearborn, MI, *pg.* 367
Dutchik, Lauren - Account Services, Media Department - CAMPBELL EWALD, Detroit, MI, *pg.* 46
Dutton, David - Account Services - THE SCOTT & MILLER GROUP, Saginaw, MI, *pg.* 152
Duty, Doug - Account Services - STUDIONORTH, North Chicago, IL, *pg.* 18
Duxbury, Craig - Account Services - STEIN IAS, New York, NY, *pg.* 267
Duysen, David - Account Services, Operations - INNERWORKINGS, INC.,

Chicago, IL, *pg.* 375
Dwiggins, Josh - Account Services - PERFORMICS, Chicago, IL, *pg.* 676
Dwiggins, Sara - Account Services - THE INTEGER GROUP, Lakewood, CO, *pg.* 682
Dwyer, Leah - Account Services - BROKAW, INC., Cleveland, OH, *pg.* 43
Dwyer, Amanda - Account Services, Creative, Interactive / Digital, PPM - EP+CO., New York, NY, *pg.* 356
Dwyer, Cameron - Account Services - MINDSTREAM MEDIA GROUP - DALLAS, Dallas, TX, *pg.* 496
Dydynski, Kathy - Account Services - DECCA DESIGN, San Jose, CA, *pg.* 349
Dykstra, Julie - Account Services - BARKLEY, Kansas City, MO, *pg.* 329
Eagen, Sarah - Account Services, Management - DIGITAS, San Francisco, CA, *pg.* 227
Eales, Francesca - Account Services, Creative - AMPLIFIED DIGITAL AGENCY, Saint Louis, MO, *pg.* 213
Ealons, Corey - Account Services - VOX GLOBAL, Washington, DC, *pg.* 658
Eames, Bruce - Account Services, Administrative - SIGNAL THEORY, Kansas City, MO, *pg.* 141
Earle, Monica - Account Services - ARCHETYPE, New York, NY, *pg.* 33
Earls, Kristen - Account Services, NBC, PPOM - WIT MEDIA, New York, NY, *pg.* 162
Early, Amanda - Account Services - COYNE PUBLIC RELATIONS, Parsippany, NJ, *pg.* 593
Eash, Rose Marie - Account Services - DUBLIN STRATEGIES GROUP, San Antonio, TX, *pg.* 598
Eastburn, Eileen - Account Planner, Account Services - CHANDELIER CREATIVE, New York, NY, *pg.* 49
Easton, Holli - Account Services - BFG COMMUNICATIONS, Atlanta, GA, *pg.* 333
Easton, Kaylie - Account Services, Public Relations - LITZKY PUBLIC RELATIONS, Hoboken, NJ, *pg.* 623
Easton, Alexa - Account Services, Interactive / Digital, Media Department - HILL HOLLIDAY, Boston, MA, *pg.* 85
Eatherton, Linda - Account Services, PPOM - KETCHUM, Chicago, IL, *pg.* 619
Eaton, Brett - Account Services - MCGARRAH JESSEE, Austin, TX, *pg.* 384
Ebling, Brian - Account Services - BOUNTEOUS, Chicago, IL, *pg.* 218
Ebmeyer, Christopher - Account Services, Management - CROSSMEDIA, Philadelphia, PA, *pg.* 463
Eboli, Carla - Account Services, NBC, PPOM - ENERGY BBDO, INC., Chicago, IL, *pg.* 355
Echavez-Taylor, Alexa - Account Services, Interactive / Digital, Media Department - CHILLINGWORTH / RADDING, INC., New York, NY, *pg.*

342
Echegaray, Miguel - Account Services, Management - STELLAR AGENCY, Torrance, CA, *pg.* 267
Echelmeyer, Suzanne - Account Planner, Account Services - LUCAS MARKET RESEARCH, Saint Louis, MO, *pg.* 447
Echenique, Ana - Account Services - REPUBLICA HAVAS, Miami, FL, *pg.* 545
Eckardt, Lisa - Account Services - THE MX GROUP, Burr Ridge, IL, *pg.* 422
Eckart, Jef - Account Planner, Account Services - OMD ENTERTAINMENT, Burbank, CA, *pg.* 501
Eckelmann, Paul A. - Account Services - DROGA5, New York, NY, *pg.* 64
Eckert, Carolyn - Account Services, Management - AUSTIN & WILLIAMS ADVERTISING, Hauppauge, NY, *pg.* 328
Eckford, Mandy - Account Services, Management, Operations - FORTNIGHT COLLECTIVE, Boulder, CO, *pg.* 7
Eckrote, Dan - Account Services, Management, Media Department, PPOM - MINDSHARE, New York, NY, *pg.* 491
Econ, Heather - Account Services, Media Department, PPM - HAVAS MEDIA GROUP, Chicago, IL, *pg.* 469
Eddings, Caroline - Account Services - ST. JOHN & PARTNERS ADVERTISING & PUBLIC RELATIONS, Jacksonville, FL, *pg.* 412
Edel, Elizabeth - Account Services - ARKETI GROUP, Atlanta, GA, *pg.* 578
Edelstein, Lee - Account Services - BRANDMAN AGENCY, New York, NY, *pg.* 585
Edinger, Toni - Account Services - HUGHESLEAHYKARLOVIC, Saint Louis, MO, *pg.* 372
Edmonds, Lucy - Account Planner, Account Services - CARAT, New York, NY, *pg.* 459
Edmondson, Maggie - Account Services - MMGY GLOBAL, Kansas City, MO, *pg.* 388
Edmonson, Will - Account Services, Interactive / Digital - WPROMOTE, Dallas, TX, *pg.* 679
Edoo, Riyaad - Account Services, Analytics, Research - MINDSHARE, New York, NY, *pg.* 491
Edson, Katie - Account Services - WORDBANK LLC, Denver, CO, *pg.* 163
Edwards, Ray - Account Services, Analytics, Research - BBDO ATL, Atlanta, GA, *pg.* 330
Edwards, Leslie - Account Services - GLOBAL STRATEGIES, Bend, OR, *pg.* 673
Edwards, Brittany - Account Services - SPARK FOUNDRY, Seattle, WA, *pg.* 512
Edwards, Lindsay - Account Services - REN BEANIE, Lake Worth, FL, *pg.* 642
Edwards, Derrick - Account Services - FIXATION MARKETING, Arlington, VA, *pg.* 359
Edwards, Cheryl - Account Services

AGENCIES

RESPONSIBILITIES INDEX

- 3601, LLC, Chicago, IL, *pg.* 208
Edwards, Mary - Account Services - QUATTRO DIRECT, Berwyn, PA, *pg.* 290
Edwards, Emily - Account Services, Creative, Media Department - CRISPIN PORTER + BOGUSKY, Boulder, CO, *pg.* 346
Efta, Jessica - Account Services - YESLER, Seattle, WA, *pg.* 436
Eftekari, Roya - Account Services - ROGERS & COWAN/PMK*BNC, Los Angeles, CA, *pg.* 643
Egan, Tracy - Account Services, Management - MEDIA HORIZONS, INC., Norwalk, CT, *pg.* 288
Egan, Roby - Account Services - DIRECT RESOURCES GROUP, Seattle, WA, *pg.* 281
Egan, Jolie - Account Services, Public Relations - MSLGROUP, New York, NY, *pg.* 629
Eggert, Ashley - Account Services - DITTOE PUBLIC RELATIONS, Indianapolis, IN, *pg.* 597
Ehart, Josh - Account Services, Interactive / Digital, NBC, PPOM - ENERGY BBDO, INC., Chicago, IL, *pg.* 355
Ehlers, Carter - Account Services, Analytics - HEARTS & SCIENCE, Atlanta, GA, *pg.* 473
Ehrhardt, Marc - Account Services, Management - THE EHRHARDT GROUP, INC., New Orleans, LA, *pg.* 653
Ehrlich, Amy - Account Services - SOURCE COMMUNICATIONS, Hackensack, NJ, *pg.* 315
Ehrnstein, Jacob - Account Services - 3Q DIGITAL, Chicago, IL, *pg.* 208
Eiben, David - Account Services, Management, PPOM - DELL BLUE, Round Rock, TX, *pg.* 60
Eichele, Heather - Account Services, Creative, Management - OH PARTNERS, Phoenix, AZ, *pg.* 122
Eichner, Clay - Account Planner, Account Services, Interactive / Digital, Media Department - OMD ENTERTAINMENT, Burbank, CA, *pg.* 501
Eickemeyer, Nick - Account Services - ZENO GROUP, Chicago, IL, *pg.* 664
Eifert, Marissa - Account Services - FLEISHMANHILLARD, Saint Louis, MO, *pg.* 604
Eifert Mayer, Sandy - Account Services, Interactive / Digital, Media Department - CONILL ADVERTISING, INC., El Segundo, CA, *pg.* 538
Einan, Kim - Account Services, Management, Media Department - STARCOM WORLDWIDE, Chicago, IL, *pg.* 513
Einhaus, Rick - Account Services, Management, NBC - HMT ASSOCIATES, INC., Broadview Heights, OH, *pg.* 681
Einhauser, Chris - Account Services, Management, Operations - DAVID&GOLIATH, El Segundo, CA, *pg.* 57
Einhorn, Ashley - Account Services, Media Department - VAYNERMEDIA, New York, NY, *pg.* 689

Eisenberg, Jesse - Account Services, Interactive / Digital, Management, NBC, PPOM - TINUITI, New York, NY, *pg.* 678
Eisinger, Kenny - Account Services, Analytics, Interactive / Digital - NET CONVERSION, Orlando, FL, *pg.* 253
Ejaz, Vencilla - Account Services, Interactive / Digital - RESPONSE MEDIA, INC., Norcross, GA, *pg.* 507
Ekonomou, Sia - Account Services - RED FUSE COMMUNICATIONS, New York, NY, *pg.* 404
Elamin, Tamara - Account Planner, Account Services, Media Department - HEARTS & SCIENCE, Atlanta, GA, *pg.* 473
Elberson, Charlie - Account Services, Analytics, Creative - WRAY WARD, Charlotte, NC, *pg.* 433
Eldred, Sean - Account Services, Media Department - USIM, New York, NY, *pg.* 525
Eldred, Sean - Account Services - USIM, Los Angeles, CA, *pg.* 525
Elenes, Eneida - Account Services - CHANDELIER CREATIVE, Los Angeles, CA, *pg.* 49
Eley, Alex - Account Services - BUTLER, SHINE, STERN & PARTNERS, Sausalito, CA, *pg.* 45
Elfstrom, Nicole - Account Services - MCGARRYBOWEN, New York, NY, *pg.* 109
Elimeliah, Craig - Account Services, Creative, Interactive / Digital, Management - VMLY&R, New York, NY, *pg.* 160
Elissat, Dean - Account Services, NBC - ENGINE DIGITAL, Vancouver, BC, *pg.* 231
Elkins, Anne - Account Services, Management, Media Department - INITIATIVE, Los Angeles, CA, *pg.* 478
Elkins, Laura - Account Services - LOVELL COMMUNICATIONS, INC., Nashville, TN, *pg.* 623
Ellefson, Kelsey - Account Planner, Account Services, Media Department - DDB NEW YORK, New York, NY, *pg.* 59
Ellet, Ted - Account Services, Management, Media Department - INITIATIVE, New York, NY, *pg.* 477
Ellingson, Andrew - Account Services - SIXSPEED, Minneapolis, MN, *pg.* 198
Elliott, Kevin - Account Services - HILL+KNOWLTON STRATEGIES, San Francisco, CA, *pg.* 613
Elliott, Rayna - Account Planner, Account Services, Interactive / Digital, Media Department - HORIZON MEDIA, INC., New York, NY, *pg.* 474
Elliott, Lauren - Account Services, Media Department - MCCANN NEW YORK, New York, NY, *pg.* 108
Elliott, Kaley - Account Services - THE ROSE GROUP, Santa Monica, CA, *pg.* 655
Elliott, Matthew - Account Services - ENVISIONIT MEDIA, INC., Chicago,

IL, *pg.* 231
Ellis, Brian - Account Services, Management, PPOM - PADILLA, Richmond, VA, *pg.* 635
Ellis, Julie - Account Services - NEWMAN PR, Coconut Grove, FL, *pg.* 632
Ellis, Shaye - Account Services - ARNOLD WORLDWIDE, Boston, MA, *pg.* 33
Ellis, Jill - Account Services - ARCHER MALMO, Memphis, TN, *pg.* 32
Ellis, Madelyn - Account Services - MARTIN RETAIL GROUP, Alpharetta, GA, *pg.* 106
Ellis, Margaret - Account Services, Analytics - KEPLER GROUP, New York, NY, *pg.* 244
Ellison, Steve - Account Services - 3H COMMUNICATIONS, INC., Oakville, ON, *pg.* 321
Ellowitch, Dori - Account Services - STRAWBERRYFROG, New York, NY, *pg.* 414
Elmore, Peter - Account Services, NBC - THE MARTIN AGENCY, Richmond, VA, *pg.* 421
Elmowitz, Tina - Account Services, Management, PPOM - RBB COMMUNICATIONS, Miami, FL, *pg.* 641
Elsas, Cara - Account Services, PPOM - FLEISHMANHILLARD, Saint Louis, MO, *pg.* 604
Elsasser, Kamerin - Account Services, PPM - DDB CHICAGO, Chicago, IL, *pg.* 59
Elsom, Cindi - Account Services - HMH, Portland, OR, *pg.* 86
Elson, Sarah - Account Services - WE COMMUNICATIONS, Bellevue, WA, *pg.* 660
Elwell, Dale - Account Planner, Account Services, PPOM - HITCHCOCK FLEMING & ASSOCIATES, INC., Akron, OH, *pg.* 86
Elwell, Anne - Account Services, NBC - PACE COMMUNICATIONS, Greensboro, NC, *pg.* 395
Elwell, Conner - Account Planner, Account Services, Media Department - HORIZON MEDIA, INC., New York, NY, *pg.* 474
Emanuel, Laura - Account Services, Public Relations - BROWNSTEIN GROUP, INC., Philadelphia, PA, *pg.* 44
Embry, Robin - Account Services - LOVELL COMMUNICATIONS, INC., Nashville, TN, *pg.* 623
Embry, Brooke - Account Services, NBC, PPM - DUARTE, Sunnyvale, CA, *pg.* 180
Emery, David - Account Planner, Account Services, Analytics - WEBER SHANDWICK, Birmingham, MI, *pg.* 662
Emery, Courtney - Account Services - SPARKS & HONEY, New York, NY, *pg.* 450
Emory-Walker, Patricia - Account Services, NBC - ARCHER MALMO, Memphis, TN, *pg.* 32
Empringham, Erica - Account Services, Finance - DOVETAIL COMMUNICATIONS, INC., Richmond

1167

RESPONSIBILITIES INDEX — AGENCIES

Hill, ON, pg. 464
Endlich, Edwin - Account Services, Creative, Interactive / Digital, NBC - MARINA MAHER COMMUNICATIONS, New York, NY, pg. 625
Eng, Katie - Account Services, Media Department - PACO COLLECTIVE, Chicago, IL, pg. 544
Eng, Raymond - Account Services - PUBLICIS NORTH AMERICA, New York, NY, pg. 399
Eng, Audrey - Account Services - ADPERIO, Denver, CO, pg. 533
Engelbrecht, Leigh - Account Services - PROFESSIONAL MEDIA MANAGEMENT, Grand Rapids, MI, pg. 130
Engerer, Elyse - Account Services - SAATCHI & SAATCHI DALLAS, Dallas, TX, pg. 136
Engle, Amberlee - Account Services, NBC - R&R PARTNERS, Las Vegas, NV, pg. 131
Engle, Rebecca - Account Services, NBC - ADMARKETPLACE, New York, NY, pg. 210
English, Katherine - Account Services, Management, Operations - KEPLER GROUP, New York, NY, pg. 244
Enright, Rob - Account Services, Management, PPOM - THE WARD GROUP, INC - MEDIA STEWARDS, Frisco, TX, pg. 520
Enright, Sharon - Account Services, Media Department - OMD WEST, Los Angeles, CA, pg. 502
Enriquez, Nicole - Account Services - RAPPORT OUTDOOR WORLDWIDE, Los Angeles, CA, pg. 557
Enriquez, Sandra - Account Services, NBC - ON BOARD EXPERIENTIAL MARKETING, Sausalito, CA, pg. 313
Enss, Rhiannon - Account Services - ANOMALY, Toronto, ON, pg. 326
Entman, Max - Account Services - YES&, Alexandria, VA, pg. 436
Eppich, Kelley - Account Services - AMERICAN SOLUTIONS, Cleveland, OH, pg. 565
Epstein, Michael - Account Services, Media Department, PPOM - CARAT, New York, NY, pg. 459
Epstein, Elizabeth - Account Services - KEMPERLESNIK COMMUNICATIONS, Chicago, IL, pg. 619
Epstein, Ali - Account Services - ATLANTIC 57, Washington, DC, pg. 2
Epstein, Allison - Account Services - TEAK MEDIA COMMUNICATIONS, South Boston, MA, pg. 652
Erb, Kevin - Account Services, Interactive / Digital, Public Relations, Social Media - FERGUSON ADVERTISING, INC., Fort Wayne, IN, pg. 73
Erdman, Brian - Account Services, Management, Media Department - SAATCHI & SAATCHI X, Cincinnati, OH, pg. 682
Erdman Albohm, Emily - Account Services - CRONIN, Glastonbury, CT, pg. 55

Erdossy, Maddie - Account Services - COVET PUBLIC RELATIONS, San Diego, CA, pg. 593
Eretzian, Karly - Account Services, Creative - RINCK ADVERTISING, Lewiston, ME, pg. 407
Erickson, Katelyn - Account Services, Creative, Media Department - SPARK FOUNDRY, Chicago, IL, pg. 510
Erlich, Caley - Account Services - DENTSUBOS INC., Toronto, ON, pg. 61
Ermen, Christine - Account Services - ACTIVE INTERNATIONAL, Pearl River, NY, pg. 439
Erstad, Hayley - Account Services - HOT DISH ADVERTISING, Minneapolis, MN, pg. 87
Ervin, Mark - Account Services - 160OVER90, Los Angeles, CA, pg. 301
Ervolina, Elizabeth - Account Planner, Account Services, Creative, Media Department - ABBEY MECCA & COMPANY, Buffalo, NY, pg. 321
Escarcega, Adriana - Account Services - THE SAN JOSE GROUP LTD., Chicago, IL, pg. 546
Esch, Taylor - Account Services - YOUTECH, Naperville, IL, pg. 436
Esguerra, Lorenz - Account Services, Management, Media Department, NBC - WEBER SHANDWICK, Minneapolis, MN, pg. 660
Eslinger, Patrick - Account Services, Interactive / Digital, Media Department, Operations - SSDM, Troy, MI, pg. 412
Esquivel, Jasmin - Account Services, Media Department - DEUTSCH, INC., Los Angeles, CA, pg. 350
Estacio, Julia - Account Services - CONILL ADVERTISING, INC., Miami, FL, pg. 538
Estep, Maureen - Account Services - SID LEE, Seattle, WA, pg. 140
Estep, Katie - Account Services - JAYMIE SCOTTO & ASSOCIATES, Middlebrook, VA, pg. 616
Estrada, Julie - Account Services - JAMISON ADVERTISING GROUP, Chula Vista, CA, pg. 91
Estrada, Bob - Account Services, Interactive / Digital, NBC - PHD USA, New York, NY, pg. 505
Etheart, Thibault - Account Services - DENTSUBOS INC., Montreal, QC, pg. 61
Etheridge, Carla - Account Services - WRITE2MARKET, Atlanta, GA, pg. 276
Etherington, Trisha - Account Services, Management - LEVY MG, Pittsburgh, PA, pg. 245
Ethier, Shaun - Account Services, PPOM - EMPOWER, Cincinnati, OH, pg. 354
Ethington, Celeste - Account Services, Media Department - HEALTHCARE SUCCESS, Irvine, CA, pg. 83
Ethridge, Melany - Account Services - A. LARRY ROSS COMMUNICATIONS,

Carrollton, TX, pg. 574
Eure, Renea - Account Services - KIOSK CREATIVE LLC, Novato, CA, pg. 378
Evans, Aaron - Account Services, Management - LOVE COMMUNICATIONS, Salt Lake City, UT, pg. 101
Evans, Jay - Account Services - THE MARKETING ARM, Dallas, TX, pg. 316
Evans, Greg - Account Services, NBC - SIMPLEVIEW, INC., Tucson, AZ, pg. 168
Evans, Dave - Account Services - MARCUS THOMAS, Cleveland, OH, pg. 104
Evans, Erick - Account Services - THE RAMEY AGENCY, Jackson, MS, pg. 422
Evans, Jamie - Account Services - M BOOTH & ASSOCIATES, INC. , New York, NY, pg. 624
Evans, Christy - Account Services, Interactive / Digital, Public Relations - MARKSTEIN, Birmingham, AL, pg. 625
Evans, Samantha - Account Services - ARCHETYPE, New York, NY, pg. 33
Evans, Jennifer - Account Services, Finance, Operations - H&L PARTNERS, Atlanta, GA, pg. 369
Evans, Jasmine - Account Services - G7 ENTERTAINMENT MARKETING, Nashville, TN, pg. 306
Evans Gardner, Jennifer - Account Services - MURPHY O'BRIEN, INC., Los Angeles, CA, pg. 630
Eve, Noah - Account Planner, Account Services, Analytics, Interactive / Digital, Media Department, Programmatic, Research - HORIZON MEDIA, INC., Los Angeles, CA, pg. 473
Evelyn, Richard - Account Services - MORRISON, Atlanta, GA, pg. 117
Everett, Lisa - Account Services - THE MX GROUP, Burr Ridge, IL, pg. 422
Ewan, Rebecca - Account Services - LEO BURNETT WORLDWIDE, Chicago, IL, pg. 98
Ewing, Christian - Account Services - SAATCHI & SAATCHI , New York, NY, pg. 136
Ewing, Jonathan - Account Services, Interactive / Digital - QORVIS COMMUNICATIONS, LLC, Washington, DC, pg. 640
Exelby, Lindsay - Account Services - ANOMALY, Toronto, ON, pg. 326
Eyssautier, Alyse - Account Services - BROADHEAD, Minneapolis, MN, pg. 337
Fabbro, Gabriella - Account Services, NBC - DAVID, Miami, FL, pg. 57
Faber, Trevor - Account Services, Media Department, NBC - CANVAS WORLDWIDE, Playa Vista, CA, pg. 458
Fabian, Esther - Account Services - HART, Toledo, OH, pg. 82
Fabiano, Brian - Account Services, PPOM - FABCOM, Scottsdale, AZ, pg. 357
Fabritius, Rich - Account Services,

AGENCIES — RESPONSIBILITIES INDEX

Management, NBC, Operations, PPOM - VMLY&R, Atlanta, GA, *pg.* 274
Face, Coreen - Account Services, PPM - SWARM, Atlanta, GA, *pg.* 268
Fader, Samantha - Account Services - 215 MCCANN, San Francisco, CA, *pg.* 319
Fador, Jonathan - Account Services - ALLIED INTEGRATED MARKETING, Cambridge, MA, *pg.* 576
Fagan, Kirk - Account Services - ICS CORPORATION, West Deptford, NJ, *pg.* 285
Fagerstrom, Bruce - Account Services, Management, Media Department, NBC, PPOM - COOPER-SMITH ADVERTISING, Stamford, CT, *pg.* 462
Fagin, Rachel - Account Services - GOODBY, SILVERSTEIN & PARTNERS, San Francisco, CA, *pg.* 77
Fagnano, Robyn - Account Services - GREGORY WELTEROTH ADVERTISING, Montoursville, PA, *pg.* 466
Fagnant, Erin - Account Services, Management - KELLIHER SAMETS VOLK, Burlington, VT, *pg.* 94
Fague, Emily - Account Services - GREY MIDWEST, Cincinnati, OH, *pg.* 366
Fahey, Sara Beth - Account Services - MATTER COMMUNICATIONS, INC., Providence, RI, *pg.* 626
Faight, Ian - Account Services - PUSH 7, Pittsburgh, PA, *pg.* 131
Fairhead, Rob - Account Services, PPOM - ZGM COLLABORATIVE MARKETING, Calgary, AB, *pg.* 437
Fait, Nicole - Account Planner, Account Services - THE BRAND AMP, Costa Mesa, CA, *pg.* 419
Fakhr, Nermene - Account Services - NIKE COMMUNICATIONS, INC., New York, NY, *pg.* 632
Falabella, Michael - Account Planner, Account Services, Media Department, PPOM - MINDSHARE, New York, NY, *pg.* 491
Fallara, Stephanie - Account Services - POINT B COMMUNICATIONS, Chicago, IL, *pg.* 128
Faller, Lisa - Account Services, PPOM - FKQ ADVERTISING, INC., Clearwater, FL, *pg.* 359
Faller, Rob - Account Services, Management - FKQ ADVERTISING, INC., Clearwater, FL, *pg.* 359
Fallon, Matt - Account Services - MMB, Boston, MA, *pg.* 116
Faloon, Tracy - Account Services, PPOM - TPN, New York, NY, *pg.* 571
Familetti, Robert - Account Services, NBC - THE MARKETING ARM, New York, NY, *pg.* 317
Fancett, Matt - Account Services - CAMPBELL MARKETING AND COMMUNICATIONS, Dearborn, MI, *pg.* 339
Fancher, Dallas - Account Services - ENLIGHTEN, Bowling Green, KY, *pg.* 68
Fanelli, Shannon - Account Services - FCB CHICAGO, Chicago, IL, *pg.* 71
Fanelli, Stephanie - Account Services - BRIAN COMMUNICATIONS, Conshohocken, PA, *pg.* 586
Fanucci, Jonathan - Account Services - 360I, LLC, Chicago, IL, *pg.* 208
Farber, Julia - Account Services - TRANSLATION, Brooklyn, NY, *pg.* 299
Farber-Kolo, Joy - Account Services, Management, PPOM - WEBER SHANDWICK, New York, NY, *pg.* 660
Farbman, Rob - Account Services - EDISON MEDIA RESEARCH, Somerville, NJ, *pg.* 444
Farca, Margareta - Account Services, Finance - UNIVERSAL MCCANN DETROIT, Birmingham, MI, *pg.* 524
Farhang, Michelle - Account Planner, Account Services - VAULT49, New York, NY, *pg.* 203
Farias, Gabriela - Account Services, Interactive / Digital, Management, NBC - DEUTSCH, INC., Los Angeles, CA, *pg.* 350
Farkas, Melody - Account Services, PPM - JOHN MANLOVE ADVERTISING, Houston, TX, *pg.* 93
Farleo, Diane - Account Services, NBC - DON FARLEO AD & DESIGN CO., Saint Cloud, MN, *pg.* 63
Farley, Brian - Account Services, Public Relations - COYNE PUBLIC RELATIONS, Parsippany, NJ, *pg.* 593
Farley, David - Account Services - CAVALRY, Chicago, IL, *pg.* 48
Farley, Banks - Account Services, Interactive / Digital - PUBLICIS.SAPIENT, New York, NY, *pg.* 258
Farmakis, Helen - Account Services - FLEISHMANHILLARD, New York, NY, *pg.* 605
Farman-Dietz, Marcella - Account Services - MEDIALINK, New York, NY, *pg.* 386
Farmer, Kaye - Account Services - SID LEE, Seattle, WA, *pg.* 140
Farquhar, Stephen - Account Planner, Account Services, Management, Media Department, Operations, PPOM - PUBLICIS NORTH AMERICA, New York, NY, *pg.* 399
Farquharson, James - Account Services - ZULU ALPHA KILO, Toronto, ON, *pg.* 165
Farr Douglas, Olivia - Account Services, Management, Media Department, NBC - PHD USA, New York, NY, *pg.* 505
Farrar, Drew - Account Services - HUNTER PUBLIC RELATIONS, New York, NY, *pg.* 614
Farrar, James - Account Services, Management, Media Department - CONVERSANT, LLC, New York, NY, *pg.* 222
Farrell, Mary Anne - Account Services, Interactive / Digital, Management - ASSOCIATION OF NATIONAL ADVERTISERS, New York, NY, *pg.* 442
Farrell, Jane - Account Services - HERRMANN ADVERTISING DESIGN, Annapolis, MD, *pg.* 186
Farrelly, Shaunagh - Account Services - ZULU ALPHA KILO, Toronto, ON, *pg.* 165
Farren, Susan - Account Services - DELLA FEMINA/ROTHSCHILD/JEARY PARTNERS, New York, NY, *pg.* 61
Farrington, Regina - Account Services, Management - AUGUST JACKSON, Baltimore, MD, *pg.* 302
Farrington, Elise - Account Services - AGENCYEA, Chicago, IL, *pg.* 302
Fasano, Matt - Account Services - RIDDLE & BLOOM, Boston, MA, *pg.* 133
Fasola, David - Account Services, NBC - DENTSU AEGIS NETWORK, New York, NY, *pg.* 61
Fast, Jessica - Account Services - ABEL COMMUNICATIONS, Baltimore, MD, *pg.* 574
Fatianow, Alexandria - Account Services - KINETIC WORLDWIDE, Chicago, IL, *pg.* 553
Faucette, Tony - Account Services, NBC - KEMP ADVERTISING + MARKETING, High Point, NC, *pg.* 378
Faulkner, Joyce - Account Services, NBC - FITZCO, Atlanta, GA, *pg.* 73
Faust, Joyclyn - Account Services, Interactive / Digital, Media Department, NBC - HARMELIN MEDIA, Bala Cynwyd, PA, *pg.* 467
Faust, Cindy - Account Services, PPOM - AIMIA, Minneapolis, MN, *pg.* 167
Faust, Danelle - Account Services, Management - ACCENTURE INTERACTIVE, Chicago, IL, *pg.* 209
Favis, Alexis - Account Services, Interactive / Digital - MADDEN MEDIA, Tucson, AZ, *pg.* 247
Fayer, Madison - Account Services, Interactive / Digital, Media Department - HARTE HANKS, INC., Austin, TX, *pg.* 284
Fea, Alyssa - Account Services - MEKANISM, San Francisco, CA, *pg.* 112
Fear, Jessica - Account Services - MDG ADVERTISING, Boca Raton, FL, *pg.* 484
Feaser, Amanda - Account Services - PACIFIC COMMUNICATIONS, Irvine, CA, *pg.* 124
Feather, Edward - Account Planner, Account Services - CRAMER, Norwood, MA, *pg.* 6
Feather, Brad - Account Planner, Account Services, Interactive / Digital, Media Department - INITIATIVE, New York, NY, *pg.* 477
Fecher, Jill - Account Services - FARM, Lancaster, NY, *pg.* 357
Fedak, Alyssa - Account Services - RAPPORT OUTDOOR WORLDWIDE, Los Angeles, CA, *pg.* 557
Feder, Laura - Account Services, Creative - VENABLES BELL & PARTNERS, San Francisco, CA, *pg.* 158
Federico, Elizabeth - Account Services, NBC - DROGA5, New York, NY, *pg.* 64
Federman, Mark - Account Services,

1169

RESPONSIBILITIES INDEX — AGENCIES

NBC - GREENHOUSE AGENCY, Irvine, CA, *pg.* 307

Feely, Teresa - Account Services, NBC - MAGNETIC, New York, NY, *pg.* 447

Feeney, Anne Catherine - Account Services, PPOM - ICF NEXT, Minneapolis, MN, *pg.* 372

Fegler, Elisa - Account Planner, Account Services, Interactive / Digital, Media Department - HEARTS & SCIENCE, New York, NY, *pg.* 471

Fehr, Ashley - Account Services - ADVERTISING SAVANTS, Saint Louis, MO, *pg.* 28

Feigel, Leah - Account Services - AMNET, Fort Worth, TX, *pg.* 454

Feigenbaum, Brooke - Account Services - LEO BURNETT WORLDWIDE, Chicago, IL, *pg.* 98

Feighan, Sage - Account Services, Management - MINT ADVERTISING, Clinton, NJ, *pg.* 115

Feinstein, Elaine - Account Services - TBWA/MEDIA ARTS LAB, Los Angeles, CA, *pg.* 147

Feir, Meredith - Account Services, Creative, NBC - VAYNERMEDIA, New York, NY, *pg.* 689

Felcher, Gail - Account Services, NBC - ARNOLD WORLDWIDE, Boston, MA, *pg.* 33

Feldman, Adrienne - Account Services, Management - RPA, Santa Monica, CA, *pg.* 134

Feldman, Jacqueline - Account Services - THE SUNFLOWER GROUP, New York, NY, *pg.* 317

Feldman, Nicole - Account Services - THE GEORGE P. JOHNSON COMPANY, San Carlos, CA, *pg.* 316

Felice, Danielle - Account Services, Public Relations - KAPLOW COMMUNICATIONS, New York, NY, *pg.* 618

Feliciano, Sarah - Account Planner, Account Services - INITIATIVE, New York, NY, *pg.* 477

Felitto, Magan - Account Services, NBC - TEAM ONE, New York, NY, *pg.* 418

Fellenz, Katie - Account Services, Interactive / Digital - NEXTLEFT, San Diego, CA, *pg.* 254

Fellows, Lindsay - Account Services, NBC - GEOMETRY, New York, NY, *pg.* 362

Fendell, Liz - Account Services - ZUMOBI, Seattle, WA, *pg.* 535

Fenncy, Julianna - Account Services - PERISCOPE, Minneapolis, MN, *pg.* 127

Fennell-Smykowski, Julie - Account Planner, Account Services - NCH MARKETING SERVICES, Deerfield, IL, *pg.* 568

Fennessy, Jo - Account Services - VELOCITY OMC, New York, NY, *pg.* 158

Fenton, Amy - Account Services, NBC, PPOM - KANTAR MEDIA, New York, NY, *pg.* 446

Ferber, Amanda - Account Services, Media Department - 22SQUARED INC., Atlanta, GA, *pg.* 319

Ferenbach, Elissa - Account Services - THE FOOD GROUP, Tampa, FL, *pg.* 419

Fergione, Stephanie - Account Services - INKHOUSE PUBLIC RELATIONS, Waltham, MA, *pg.* 615

Ferguson, Matt - Account Services, PPOM - MOWER, Charlotte, NC, *pg.* 628

Ferguson, Alicia - Account Services - NEXT MARKETING, Norcross, GA, *pg.* 312

Ferguson, Andi - Account Services - WORDSWORTH COMMUNICATIONS, Cincinnati, OH, *pg.* 663

Ferguson, Jake - Account Services - FLEISHMANHILLARD, Sacramento, CA, *pg.* 605

Ferguson, Julie - Account Services, Interactive / Digital, NBC, Operations - CARAT, Culver City, CA, *pg.* 459

Ferguson, Brandon - Account Services - LAUNCHFIRE, INC., Ottawa, ON, *pg.* 568

Ferguson, Sarah - Account Services, Public Relations - ALLISON+PARTNERS, Dallas, TX, *pg.* 577

Fern, Sandy - Account Services, Management - RDW GROUP, Providence, RI, *pg.* 403

Fernald, Steve - Account Services, Management, Media Department - JACOBSON ROST, Milwaukee, WI, *pg.* 376

Fernandes, Priscila - Account Services, Management - GREY MIDWEST, Cincinnati, OH, *pg.* 366

Fernandez, Fernando - Account Services, PPOM - D. EXPOSITO & PARTNERS, New York, NY, *pg.* 539

Fernandez, Tristan - Account Services, Media Department - MARKHAM & STEIN, Miami, FL, *pg.* 105

Fernandez, Liz - Account Planner, Account Services - ZENO GROUP, Chicago, IL, *pg.* 664

Fernandez, Christian - Account Services, Management - BRIECHLE-FERNANDEZ MARKETING SERVICES, Eatontown, NJ, *pg.* 43

Fernandez, Stefanie - Account Services - THE S3 AGENCY, Boonton, NJ, *pg.* 424

Fero, Sean - Account Services - MCCANN CANADA, Calgary, AB, *pg.* 384

Ferraguto, Matt - Account Services - ECKEL & VAUGHAN, Raleigh, NC, *pg.* 599

Ferranti, Amy - Account Services, Management, PPOM - HUGE, INC., Chicago, IL, *pg.* 186

Ferrari, Lucy - Account Services - MAN MARKETING, Carol Stream, IL, *pg.* 103

Ferraz, Marina - Account Services - DENTSUBOS INC., Toronto, ON, *pg.* 61

Ferrebee, Cheryl - Account Services, PPOM - TGG BRAND MARKETING & DESIGN, Marietta, OH, *pg.* 148

Ferreira, Michelle - Account Services, Operations, Public Relations - CKR INTERACTIVE, INC., Campbell, CA, *pg.* 220

Ferrell, Sarah - Account Services - PP+K, Tampa, FL, *pg.* 129

Ferreyra-Guertin, Valerie - Account Services, Interactive / Digital, Social Media - EDELMAN, New York, NY, *pg.* 599

Ferri, Jessica - Account Services - TBWA \ CHIAT \ DAY, Los Angeles, CA, *pg.* 146

Ferrick, Rebecca - Account Services - MARCH COMMUNICATIONS, Boston, MA, *pg.* 625

Ferris, George - Account Services, Management, NBC, PPOM - FKQ ADVERTISING, INC., Clearwater, FL, *pg.* 359

Ferris, Lindsay - Account Services, Management, Media Department, NBC, PPOM - LINDSAY, STONE & BRIGGS, Madison, WI, *pg.* 100

Ferry, Mike - Account Services, Operations - THE STORY LAB, Santa Monica, CA, *pg.* 153

Festoso, Christina - Account Services - GREY CANADA, Toronto, ON, *pg.* 365

Fetkenhour, Lisa - Account Services - PARTNERS + NAPIER, Rochester, NY, *pg.* 125

Feuer, Sharon - Account Services, Media Department - ZIMMERMAN ADVERTISING, Fort Lauderdale, FL, *pg.* 437

Fiala, James - Account Services, Creative, NBC - PRODUCT VENTURES, Fairfield, CT, *pg.* 196

Ficek, Sarah - Account Planner, Account Services - HERON AGENCY, Chicago, IL, *pg.* 613

Fickert, Kristi - Account Planner, Account Services, NBC - 30 LINES, Columbus, OH, *pg.* 207

Fidelman, Laura - Account Services - AVREAFOSTER, Dallas, TX, *pg.* 35

Fidoten, Doug - Account Services - 360I, LLC, New York, NY, *pg.* 320

Field, Joanna - Account Services - GENUINE INTERACTIVE, Boston, MA, *pg.* 237

Fielder, Jessica - Account Services - BUSINESSONLINE, San Diego, CA, *pg.* 672

Fielding, Cheryl - Account Services, Management, PPOM - HAVAS HEALTH & YOU, New York, NY, *pg.* 82

Fields, Stan - Account Planner, Account Services, Management, PPOM - HORIZON MEDIA, INC., New York, NY, *pg.* 474

Fields, Cathy - Account Services - SIMPLE TRUTH, Chicago, IL, *pg.* 198

Fields, Michael - Account Services, Media Department - MINDSHARE, Portland, OR, *pg.* 495

Fienman, Jarett - Account Services, Management, Media Department - MINDSHARE, New York, NY, *pg.* 491

Fier, Amanda - Account Services - HIEBING, Madison, WI, *pg.* 85

Fierman, Ashley - Account Services, Media Department - BALLANTINES PUBLIC RELATIONS, West Hollywood,

AGENCIES
RESPONSIBILITIES INDEX

CA, *pg.* 580
Figliuolo, Megan - Account Services - ACOSTA, INC., Jacksonville, FL, *pg.* 322
Figueroa, Karli - Account Services, Creative, Media Department - MOXIE, Atlanta, GA, *pg.* 251
Figueroa, Robert - Account Services, NBC - NOM, Los Angeles, CA, *pg.* 121
Filgioun, Clarissa - Account Services, NBC - THE ROBERT GROUP, Los Angeles, CA, *pg.* 655
Filippelli, Marina - Account Services, Operations - ORCI, Santa Monica, CA, *pg.* 543
Filizzola, John - Account Services - THE NARRATIVE GROUP, Los Angeles, CA, *pg.* 654
Findlay, Elizabeth - Account Services, Media Department - AKA NYC, New York, NY, *pg.* 324
Findling, Laura - Account Services - RHEA & KAISER MARKETING , Naperville, IL, *pg.* 406
Fine, Carolyn - Account Services - MRY, New York, NY, *pg.* 252
Fine, Jennifer - Account Services, Media Department - 360I, LLC, Atlanta, GA, *pg.* 207
Fineberg, Debbie - Account Services, NBC - IPSOS, Chicago, IL, *pg.* 445
Finegold, Mindy - Account Services - SPAR GROUP, INC., Vaughn, ON, *pg.* 266
Finke, Mike - Account Services - TOM, DICK & HARRY CREATIVE, Chicago, IL, *pg.* 426
Finkelman, Megan - Account Services, Management - MERGE, Chicago, IL, *pg.* 113
Finkelman, Cynthia - Account Services, Management - COLANGELO SYNERGY MARKETING, INC., Darien, CT, *pg.* 566
Finkelstein, Alisa - Account Services - MWWPR, New York, NY, *pg.* 631
Finkelstein, Aaron - Account Services, Interactive / Digital, Media Department - OMD, New York, NY, *pg.* 498
Finlan, Karla - Account Services - LITTLE BIG BRANDS, White Plains, NY, *pg.* 12
Finley, Dev - Account Services, Management, NBC - GODFREY DADICH, San Francisco, CA, *pg.* 364
Finn, Mark - Account Services, Management - ABELSON-TAYLOR, Chicago, IL, *pg.* 25
Finn, Beth - Account Services, Human Resources, NBC - RSW/US, Cincinnati, OH, *pg.* 136
Finn, Dave - Account Planner, Account Services - TAYLOR , New York, NY, *pg.* 651
Finn, Michael - Account Services - TRUE COMMUNICATIONS, Sausalito, CA, *pg.* 657
Finnegan, Chris - Account Services - GREY GROUP, New York, NY, *pg.* 365
Finney, Katy - Account Services,

Management - 22SQUARED INC., Atlanta, GA, *pg.* 319
Finnigan, Colleen - Account Planner, Account Services, Interactive / Digital, Media Department - MINDSHARE, New York, NY, *pg.* 491
Finnigan, Kelly - Account Services - DONER, Southfield, MI, *pg.* 63
Fino, Alex - Account Services, Management - FLUENT360, Chicago, IL, *pg.* 540
Fiorito, Julia - Account Services - TETHER, Seattle, WA, *pg.* 201
Firko, Sean - Account Planner, Account Services, Social Media - PRAYTELL, Brooklyn, NY, *pg.* 258
Firth, Noelle - Account Services, Creative - DELOITTE DIGITAL, Seattle, WA, *pg.* 224
Fischer, B.J. - Account Planner, Account Services - FLS MARKETING, Toledo, OH, *pg.* 359
Fischer, Greg - Account Services, Management, NBC - THE MARTIN AGENCY, Richmond, VA, *pg.* 421
Fischer, Todd - Account Services - GMR MARKETING CHICAGO, Chicago, IL, *pg.* 307
Fischer, Angie - Account Services, PPOM - GYRO, Cincinnati, OH, *pg.* 368
Fischer, Agnes - Account Planner, Account Services, Management, NBC, PPOM - THE&PARTNERSHIP, New York, NY, *pg.* 426
Fischer, Kelly - Account Services, Social Media - AGENCY 720, Detroit, MI, *pg.* 323
Fischer, Jeff - Account Services, Finance, Operations - EP+CO., Greenville, SC, *pg.* 356
Fischman, Sophie - Account Services - THE OUTCAST AGENCY, San Francisco, CA, *pg.* 654
Fisette, Justin - Account Services - GRIP LIMITED, Toronto, ON, *pg.* 78
Fish, Marissa - Account Services - THE KARMA GROUP, Green Bay, WI, *pg.* 420
Fish, Scott - Account Services, PPM - OPINIONATED, Portland, OR, *pg.* 123
Fish, Travis - Account Services - ESROCK PARTNERS, Burr Ridge, IL, *pg.* 69
Fishburn, Meghan - Account Services, Management - AGENCYQ, Washington, DC, *pg.* 211
Fisher, Claire - Account Services - CMD, Portland, OR, *pg.* 51
Fisher, Krystina - Account Services, Public Relations - BCW NEW YORK, New York, NY, *pg.* 581
Fisher, Kelly - Account Planner, Account Services, Media Department - 360I, LLC, New York, NY, *pg.* 320
Fisher, Lawrence - Account Services, PPOM - RISE INTERACTIVE, Chicago, IL, *pg.* 264
Fisher, Jeffrey - Account Services, Media Department - HEARTS & SCIENCE, Los Angeles, CA, *pg.* 473
Fisher, Megan - Account Services -

BORSHOFF, Indianapolis, IN, *pg.* 585
Fisher, Heather - Account Services - CMM, New York, NY, *pg.* 591
Fisher, Adam - Account Services - ATLANTIC 57, Washington, DC, *pg.* 2
Fisher, Tina - Account Services - SAATCHI & SAATCHI WELLNESS, New York, NY, *pg.* 137
Fisher, Leasa - Account Services - MENTUS, San Diego, CA, *pg.* 386
Fisher, Cailin - Account Services - BOOYAH ONLINE ADVERTISING, Denver, CO, *pg.* 218
Fisher, Greg - Account Services - TRUE COMMUNICATIONS, Sausalito, CA, *pg.* 657
Fisk, Sara - Account Services, Creative - CALLAHAN CREEK , Lawrence, KS, *pg.* 4
Fiszer, Martha - Account Services, Creative - RHEA & KAISER MARKETING , Naperville, IL, *pg.* 406
Fitch, Stephen - Account Services - NAIL COMMUNICATIONS, Providence, RI, *pg.* 14
Fitkin, Kimberly - Account Services - KLIENTBOOST, Costa Mesa, CA, *pg.* 244
Fitterer, Alyssa - Account Services, Management - CRISPIN PORTER + BOGUSKY, Boulder, CO, *pg.* 346
Fitzgerald, Kevin - Account Services - MODERN CLIMATE, Minneapolis, MN, *pg.* 388
Fitzgerald, Erik - Account Services - LOCKARD & WECHSLER , Irvington, NY, *pg.* 287
Fitzgerald, Erin - Account Services - EDELMAN, Chicago, IL, *pg.* 353
Fitzgerald, Darren - Account Services, Management - NICE & COMPANY, San Francisco, CA, *pg.* 391
Fitzgerald, David - Account Services, Interactive / Digital, Management - HUGE, INC., Chicago, IL, *pg.* 186
Fitzgerald, Karlie - Account Services, Public Relations - 360PRPLUS, Boston, MA, *pg.* 573
Fitzgibbon, Chuck - Account Services, Management - WEBER SHANDWICK, Baltimore, MD, *pg.* 661
Fitzkee, Eden - Account Services - MISSION MEDIA, LLC, Baltimore, MD, *pg.* 115
Fitzpatrick, John - Account Services, PPOM - STRATACOMM, INC., Washington, DC, *pg.* 650
Fitzpatrick, Jean - Account Services, Management, NBC - MAGNA GLOBAL, New York, NY, *pg.* 483
Fitzpatrick, Paul - Account Services - JACK MORTON WORLDWIDE, Chicago, IL, *pg.* 309
FitzRandolph, Steve - Account Services, Operations - PEAK CREATIVE MEDIA, Denver, CO, *pg.* 256
Fitzsimmons, Greg - Account Services - RYGR, Carbondale, CO, *pg.* 409
Fix, Kelly - Account Planner, Account Services, Media Department - HAWORTH MARKETING & MEDIA,

1171

RESPONSIBILITIES INDEX — AGENCIES

Minneapolis, MN, *pg.* 470
Flanders, Kathleen - Account Services - MONO, Minneapolis, MN, *pg.* 117
Flanik, Kirsten - Account Services, Management, PPOM - BBDO WORLDWIDE, New York, NY, *pg.* 331
Flavin, Anne - Account Services - VAYNERMEDIA, New York, NY, *pg.* 689
Fleck, Jennifer - Account Services - MIRUM AGENCY, San Diego, CA, *pg.* 251
Fleckenstein, Ross - Account Services, Management - JACK MORTON WORLDWIDE, Detroit, MI, *pg.* 309
Fleder, Emily - Account Services - DKC PUBLIC RELATIONS, New York, NY, *pg.* 597
Fleming, Ann - Account Services - THE MX GROUP, Burr Ridge, IL, *pg.* 422
Flemister, David - Account Planner, Account Services - VMLY&R, New York, NY, *pg.* 160
Fleschere, Clintton - Account Services - OCEAN MEDIA, INC., Huntington Beach, CA, *pg.* 498
Flessner, Michelle - Account Services - PROOF ADVERTISING, Austin, TX, *pg.* 398
Fletcher, Mish - Account Services, Management, Media Department, NBC, PPOM - ACCENTURE INTERACTIVE, New York, NY, *pg.* 209
Fletcher, Madison - Account Services - SNACKBOX LLC, Austin, TX, *pg.* 648
Fletcher, Jill - Account Services, Finance, PPOM - ADPERIO, Denver, CO, *pg.* 533
Fletcher, Kristin - Account Services - IBM IX, Columbus, OH, *pg.* 240
Fliess, Katherine - Account Services - FCB CHICAGO, Chicago, IL, *pg.* 71
Flink, Peter - Account Services, Media Department - WUNDERMAN HEALTH, New York, NY, *pg.* 164
Flint, Sara - Account Services, Operations - EDGE COMMUNICATIONS, INC., Los Angeles, CA, *pg.* 601
Flood, Tom - Account Services, NBC - BILLUPS, INC, New York, NY, *pg.* 550
Florance, Conor - Account Services - DMA UNITED, New York, NY, *pg.* 63
Florek, Craig - Account Services, Interactive / Digital, Management - DIGITAS, Detroit, MI, *pg.* 229
Flores, Ruben - Account Services - PROJECT X, New York, NY, *pg.* 556
Floridia, Jennifer - Account Services - TANEN DIRECTED ADVERTISING, Norwalk, CT, *pg.* 416
Florio, Dale - Account Services, PPOM - PRINCETON PUBLIC AFFAIRS GROUP, INC., Trenton, NJ, *pg.* 638
Florkiewicz, Katherine - Account Services - MARTIN RETAIL GROUP, Detroit, MI, *pg.* 106
Flory, Harriet - Account Services, Management, Media Department - VAYNERMEDIA, New York, NY, *pg.* 689

Flowers, Paul - Account Services - SLINGSHOT, LLC, Dallas, TX, *pg.* 265
Flowers, Stacey - Account Services - PROOF INC., Toronto, ON, *pg.* 449
Flowers, Cynthia - Account Planner, Account Services, Management - FCB HEALTH, New York, NY, *pg.* 72
Flynn, Kevin - Account Services - KIKU OBATA & CO., Saint Louis, MO, *pg.* 188
Flynn, Kyle - Account Services - VSA PARTNERS, INC., Chicago, IL, *pg.* 204
Flynn, Sean - Account Services - BIG SPACESHIP, Brooklyn, NY, *pg.* 455
Flynn, Kelley - Account Services - RED MOON MARKETING, Charlotte, NC, *pg.* 404
Fodo, Melissa - Account Services, Management, Social Media - MCGARRAH JESSEE, Austin, TX, *pg.* 384
Fogarty, Susannah - Account Services, Creative - AKQA, Washington, DC, *pg.* 212
Fogarty, Mary - Account Services, Interactive / Digital - DERSE, INC., Milwaukee, WI, *pg.* 304
Foley, Helen - Account Services, PPOM - FAISS FOLEY WARREN, Las Vegas, NV, *pg.* 602
Foley, Lauren - Account Services - PALISADES MEDIA GROUP, INC., New York, NY, *pg.* 124
Foley, Bergan - Account Services, Creative - RED TETTEMER O'CONNELL + PARTNERS, Philadelphia, PA, *pg.* 404
Foley, Kristin - Account Services - VINCODO LLC, Langhorne, PA, *pg.* 274
Foley, Tony A. - Account Services - BIGBUZZ MARKETING GROUP, New York, NY, *pg.* 217
Foley, Cybil - Account Services - GEOMETRY, Cincinnati, OH, *pg.* 363
Follett, Bud - Account Services, Management - HORIZON MEDIA, INC., New York, NY, *pg.* 474
Follis, Amanda - Account Planner, Account Services - WAVEMAKER, Toronto, ON, *pg.* 529
Foltyn, Chris - Account Services - RAPPORT OUTDOOR WORLDWIDE, Chicago, IL, *pg.* 556
Fones, Madeline - Account Services - RYGR, Carbondale, CO, *pg.* 409
Fonner, Diana - Account Services, Operations - SWASH LABS, Denton, TX, *pg.* 145
Fons, Garin - Account Services - TRUE COMMUNICATIONS, Sausalito, CA, *pg.* 657
Fontaine, Megan - Account Services - EMPOWER, Cincinnati, OH, *pg.* 354
Fontana, Donna - Account Services, Management, Public Relations - FLEISHMANHILLARD, Detroit, MI, *pg.* 606
Fonte, Annette - Account Services, Management - GEOMETRY, Chicago, IL, *pg.* 363
Fooks, Tameka - Account Services, Analytics, Interactive / Digital, Media Department - 360I, LLC, Atlanta, GA, *pg.* 207

Foote, Andrew - Account Services, Interactive / Digital - EDELMAN, New York, NY, *pg.* 599
Forbes, Anna - Account Services - THE CYPHERS AGENCY, Crofton, MD, *pg.* 419
Forbes, Madison - Account Services - RISE INTERACTIVE, Chicago, IL, *pg.* 264
Ford, Kathryn - Account Services, Media Department, PPOM - MEDIACOM, Chicago, IL, *pg.* 489
Ford, Jessica - Account Services - AUSTIN & WILLIAMS ADVERTISING, Hauppauge, NY, *pg.* 328
Ford, Lee - Account Planner, Account Services, Media Department - WIEDEN + KENNEDY, New York, NY, *pg.* 432
Ford, Kendra - Account Services - THE WRIJEN COMPANY, Fayetteville, NC, *pg.* 546
Ford, Fiona - Account Services, Analytics, Programmatic - FETCH, Los Angeles, CA, *pg.* 533
Ford, Katy - Account Services - MAROON PR, Columbia, MD, *pg.* 625
Ford, John - Account Services, Media Department - BARETZ + BRUNELLE, New York, NY, *pg.* 580
Forde, Iman - Account Services - THE MANY, Pacific Palisades, CA, *pg.* 151
Foreman, Tom - Account Services, Interactive / Digital, Media Department - STARCOM WORLDWIDE, Chicago, IL, *pg.* 513
Foretich, Paul - Account Services, PPOM - BRICKHOUSE DESIGN, Jasper, GA, *pg.* 4
Forget, Jennifer - Account Services - AUSTIN & WILLIAMS ADVERTISING, Hauppauge, NY, *pg.* 328
Forgione, Amanda - Account Services, Management - MORRISON, Atlanta, GA, *pg.* 117
Forgo, Sonja - Account Services, Media Department, NBC - MEDIACOM, New York, NY, *pg.* 487
Forman, Brenda - Account Services - MERLOT MARKETING, Sacramento, CA, *pg.* 114
Forman, Dave - Account Planner, Account Services, Media Department, NBC - HORIZON MEDIA, INC., New York, NY, *pg.* 474
Forman, Laura - Account Services, Management, PPOM - DAVID&GOLIATH, El Segundo, CA, *pg.* 57
Formanek, Jen - Account Services - HOT DISH ADVERTISING, Minneapolis, MN, *pg.* 87
Formica, Mark - Account Planner, Account Services, PPOM - FMI DIRECT, INC., Philadelphia, PA, *pg.* 284
Fornaro, Marissa - Account Services, Interactive / Digital - NUSTREAM, Allentown, PA, *pg.* 254
Fornes, Brian - Account Services, Public Relations - ECHOS BRAND COMMUNICATIONS, San Francisco, CA, *pg.* 599
Forrester, Ursula - Account

Services - LEWIS ADVERTISING, INC., Rocky Mount, NC, *pg.* 380
Forsell, Alyssa - Account Services - BCW AUSTIN, Austin, TX, *pg.* 581
Forster, Georgina - Account Services, Management, NBC - MIRUM AGENCY, New York, NY, *pg.* 251
Forsyth, Eric - Account Services - BARKLEY BOULDER, Boulder, CO, *pg.* 36
Forsythe, Greg - Account Services, Interactive / Digital - BARKLEY REI, Pittsburgh, PA, *pg.* 215
Fort, Tucker - Account Services, Creative, PPOM - SMART DESIGN, INC, New York, NY, *pg.* 199
Forte, Anthony - Account Services, Interactive / Digital - FORT GROUP, INC., Richfield Park, NJ, *pg.* 359
Fortenberry, Scott - Account Services - THE DESIGNORY, Nashville, TN, *pg.* 269
Fortier, Nelson - Account Services, NBC - CATALYSIS, Seattle, WA, *pg.* 340
Fortier, Nicole - Account Services, Administrative, NBC - ZIMMERMAN ADVERTISING, Fort Lauderdale, FL, *pg.* 437
Fortin, Jean-Francois - Account Services, PPOM - SID LEE, Montreal, QC, *pg.* 140
Fortune, Ainslie - Account Planner, Account Services, NBC - CACTUS MARKETING COMMUNICATIONS, Denver, CO, *pg.* 339
Fortune, John - Account Services - DCF ADVERTISING, New York, NY, *pg.* 58
Foster, Brenda - Account Services, Management, Media Department - VANGUARD COMMUNICATIONS, Washington, DC, *pg.* 658
Foster, Paulina - Account Services - NIKE COMMUNICATIONS, INC., New York, NY, *pg.* 632
Foster, David - Account Services - 160OVER90, Santa Monica, CA, *pg.* 207
Foster, Kim - Account Services, Analytics, Media Department - AUTHENTIC, Richmond, VA, *pg.* 214
Foster, Dave - Account Services - 160OVER90, Los Angeles, CA, *pg.* 301
Foster, Felicia - Account Services - WMX, Miami, FL, *pg.* 276
Foth, Mike - Account Services, Management - RON FOTH ADVERTISING, Columbus, OH, *pg.* 134
Fotheringham, Tom - Account Services, Management, Media Department, Programmatic - OMD CANADA, Toronto, ON, *pg.* 501
Foulk, Jeff - Account Services, Creative, Interactive / Digital - MATREX EXHIBITS, Addison, IL, *pg.* 311
Fowler, Marianne - Account Services, Operations - THE TRADE DESK, New York, NY, *pg.* 520
Fowler, Caroline - Account Services, Media Department - SPARK FOUNDRY, Atlanta, GA, *pg.* 512
Fowler, Christina - Account Planner, Account Services, Media Department - STARCOM WORLDWIDE, Chicago, IL, *pg.* 513
Fowles, Anna - Account Services - NORTHERN LIGHTS DIRECT, Toronto, ON, *pg.* 289
Fox, Sandra - Account Services, Media Department - SAATCHI & SAATCHI LOS ANGELES, Torrance, CA, *pg.* 137
Fox, Molly - Account Services, Management - COMMONWEALTH // MCCANN, Detroit, MI, *pg.* 52
Fox, Keri - Account Services, Media Department - WAVEMAKER, New York, NY, *pg.* 526
Fox, Hayley - Account Services, Media Department - CROSSMEDIA, New York, NY, *pg.* 463
Fox, Lyndsey - Account Planner, Account Services, Management - ALLEN & GERRITSEN, Philadelphia, PA, *pg.* 30
Fox, Michael - Account Services - FCB CHICAGO, Chicago, IL, *pg.* 71
Fox, Sandy - Account Planner, Account Services, Media Department - INITIATIVE, Chicago, IL, *pg.* 479
Foxton, Virginia - Account Services - MKTG INC, San Francisco, CA, *pg.* 312
Frabotta, Anthony - Account Services, Interactive / Digital, Media Department - OMD, Chicago, IL, *pg.* 500
Fracassa, Francesca - Account Services, Management, Media Department - STARCOM WORLDWIDE, Chicago, IL, *pg.* 513
Fraga, Kristen - Account Services, Promotions - DECO PRODUCTIONS, Miami, FL, *pg.* 304
Fraguela, Katie - Account Services - BALLANTINES PUBLIC RELATIONS, West Hollywood, CA, *pg.* 580
Frances Somerall, Mary - Account Services - CAYENNE CREATIVE, Birmingham, AL, *pg.* 49
Franchino Rusthoven, Hollie - Account Services, Management - STONY POINT COMMUNICATIONS, INC., Haslett, MI, *pg.* 650
Francis, Jennifer - Account Services, Creative - R&R PARTNERS, Reno, NV, *pg.* 131
Franco, Clara - Account Services, Management, NBC - HAMILTON INK PUBLICITY & MEDIA RELATIONS, Mill Valley, CA, *pg.* 611
Franco, Kaytien - Account Planner, Account Services - ZUBI ADVERTISING, Coral Gables, FL, *pg.* 165
Francois, Kimberly - Account Services - MGH ADVERTISING, Owings Mills, MD, *pg.* 387
Franconi, Genna - Account Services - 22SQUARED INC., Atlanta, GA, *pg.* 319
Francque, Cathy - Account Services, Management - OGILVY, Chicago, IL, *pg.* 393
Frank, Robert - Account Services, NBC, PPOM - FRANK ADVERTISING, Cranbury, NJ, *pg.* 360
Frank, Zoe - Account Services - WUNDERMAN THOMPSON, Irvine, CA, *pg.* 435
Frank, Danielle - Account Services - DROGA5, New York, NY, *pg.* 64
Frankenfeld, Emily - Account Services - ZAMBEZI, Culver City, CA, *pg.* 165
Franklin, Stacy - Account Services - ACCESS TO MEDIA, Chicopee, MA, *pg.* 453
Franklin, Keeley - Account Services, Creative, Media Department, PPM - GLOVER PARK GROUP, New York, NY, *pg.* 608
Franklin, Chelsea - Account Planner, Account Services, Interactive / Digital, Media Department - SPARK FOUNDRY, Chicago, IL, *pg.* 510
Franklin, Jeremy - Account Services, Operations - VMLY&R, Kansas City, MO, *pg.* 274
Franklin, Jeff - Account Services - QUANTUM COMMUNICATIONS, Lousiville, KY, *pg.* 401
Franklin, Afton - Account Services - TAXI, Toronto, ON, *pg.* 146
Franz, Solveig - Account Services - ICF NEXT, Minneapolis, MN, *pg.* 372
Franzen, Kate - Account Planner, Account Services, Operations - PHD CHICAGO, Chicago, IL, *pg.* 504
Fraser, Brittany - Account Services, Management - ICR, New York, NY, *pg.* 615
Fraser, Abby - Account Services - VMLY&R, Kansas City, MO, *pg.* 274
Fraser, Adam - Account Services - TRACK DDB, Toronto, ON, *pg.* 293
Fraser, James - Account Planner, Account Services, Management, Media Department - MOTHER NY, New York, NY, *pg.* 118
Fraser, Pete - Account Services, Media Department - R/GA, New York, NY, *pg.* 260
Fratesi, Anne-Lauren - Account Services - THE RAMEY AGENCY, Jackson, MS, *pg.* 422
Frazier, Kate - Account Services, Management - VMLY&R, Kansas City, MO, *pg.* 274
Frazier, Moffat - Account Services, Analytics, Management - HORIZON MEDIA, INC., New York, NY, *pg.* 474
Frazier, Taylor - Account Services, Public Relations - ALISON BROD PUBLIC RELATIONS, New York, NY, *pg.* 576
Fream, Jessie - Account Services, NBC - DERSE, INC., Kennesaw, GA, *pg.* 304
Freckmann, John - Account Services, Management - CRAMER-KRASSELT, Milwaukee, WI, *pg.* 54
Fredericks, Marta - Account Services, Management - DANCIE PERUGINI WARE PUBLIC RELATIONS, South Houston, TX, *pg.* 595
Fredkin, Kim - Account Services, Management - BBDO SAN FRANCISCO, San Francisco, CA, *pg.* 330

RESPONSIBILITIES INDEX — AGENCIES

Freeberg, Kelly - Account Services - 3601, LLC, Atlanta, GA, pg. 207
Freel, Laura - Account Services - HAVAS SPORTS & ENTERTAINMENT, Atlanta, GA, pg. 370
Freely, Jessica - Account Services, Media Department - POSTERSCOPE U.S.A., New York, NY, pg. 556
Freeman, Lauren - Account Services, Management - DIGITAS, Atlanta, GA, pg. 228
Freeman, Libby - Account Services - EDELMAN, San Francisco, CA, pg. 601
Freer, Ashley - Account Services, Media Department, Research - BALCOM AGENCY, Fort Worth, TX, pg. 329
Freeze, Garlanda - Account Services - WALTON ISAACSON, Chicago, IL, pg. 547
Freiburger, Kourtney - Account Services - SHINE UNITED, Madison, WI, pg. 140
Freisthler, Aimee - Account Services, Promotions - BURNS ENTERTAINMENT & SPORTS MARKETING, INC., Evanston, IL, pg. 303
French, Lisa - Account Services - OBSERVATORY MARKETING, Los Angeles, CA, pg. 122
French, Mary - Account Services - LAUNDRY SERVICE, Brooklyn, NY, pg. 287
Freudigmann, Alexa - Account Services - INVENTA, Vancouver, BC, pg. 10
Frey, Paula - Account Services, NBC - GENERAL LEARNING COMMUNICATIONS, Skokie, IL, pg. 466
Frey, Tami - Account Services, Media Department - MEDIA WORKS, LTD., Baltimore, MD, pg. 486
Frey, Megan - Account Services - DERSE, INC., Waukegan, IL, pg. 304
Frey, Lisa - Account Services - CALLAHAN CREEK, Lawrence, KS, pg. 4
Freyre, Charlie - Account Services, NBC - DECODED ADVERTISING, New York, NY, pg. 60
Frickey, Debbie - Account Services, Media Department - VLADIMIR JONES, Colorado Springs, CO, pg. 429
Frickey, Danielle - Account Services - VSBROOKS, Coral Gables, FL, pg. 429
Friday, Matthew - Account Services, NBC - FORSMAN & BODENFORS, New York, NY, pg. 74
Fried, Harriet C. - Account Services, Management - LIPPERT / HEILSHORN & ASSOCIATES, INC., New York, NY, pg. 623
Fried, Ilana - Account Services - THE BROOKLYN BROTHERS, New York, NY, pg. 148
Fried, Debra - Account Services, PPOM - OGILVYONE WORLDWIDE, New York, NY, pg. 255
Friedgood, Lindsay - Account Services - TBWA \ CHIAT \ DAY, Los Angeles, CA, pg. 146
Friedland, Amy - Account Services, Management - FREEMAN PUBLIC RELATIONS, Totowa, NJ, pg. 606

Friedland, Clifford - Account Services, NBC - ONSTREAM MEDIA, Fort Lauderdale, FL, pg. 255
Friedman, Jacki - Account Services, PPOM - FURMAN ROTH ADVERTISING, New York, NY, pg. 361
Friedman, Heidi - Account Services, Management, NBC - DON JAGODA ASSOCIATES, Melville, NY, pg. 567
Friedman, Andrew - Account Services - ESSENCE, Seattle, WA, pg. 232
Friedman, Caroline - Account Services - KETCHUM, Chicago, IL, pg. 619
Friedman, Jamie - Account Services, Creative, Interactive / Digital, NBC - WUNDERMAN THOMPSON, Irvine, CA, pg. 435
Friedman, Eric - Account Services - STERLING-RICE GROUP, Boulder, CO, pg. 413
Friedman, Batya - Account Services, NBC - THE INFINITE AGENCY, Dallas, TX, pg. 151
Friedman Lewis, Kayla - Account Services - MCGARRYBOWEN, New York, NY, pg. 109
Frisch, Amy - Account Services, Management, Media Department, NBC - SS+K, New York, NY, pg. 144
Frisch, Remy - Account Planner, Account Services - LEWIS GLOBAL COMMUNICATIONS, Burlington, MA, pg. 380
Frisch, Meghan - Account Services - NATREL COMMUNICATIONS, Parsippany, NJ, pg. 120
Fritsch, Brandi - Account Services, Media Department - TEAM ENTERPRISES, Fort Lauderdale, FL, pg. 316
Fritts, Shannon - Account Services, NBC - RAYCOM SPORTS, Charlotte, NC, pg. 314
Fritz, Tom - Account Services - THE MARS AGENCY, Southfield, MI, pg. 683
Fritz, Jennifer - Account Services - WENDT, Great Falls, MT, pg. 430
Fronapfel, Laura - Account Services, Media Department - OMD, Chicago, IL, pg. 500
Frost, Rob - Account Services, NBC - MEDIACOM, New York, NY, pg. 487
Frost, Logan - Account Services, Interactive / Digital - FITZCO, Atlanta, GA, pg. 73
Frost-Houle, Amanda - Account Services - RINCK ADVERTISING, Lewiston, ME, pg. 407
Frumberg, Emily - Account Services - THE POLLACK PR MARKETING GROUP, New York, NY, pg. 655
Frutoso, Nicole - Account Services, Interactive / Digital - CRONIN, Glastonbury, CT, pg. 55
Fry, Sean - Account Services, Administrative - AKA NYC, New York, NY, pg. 324
Fry, Moya - Account Services - THE VIA AGENCY, Portland, ME, pg. 154
Frye, Brandi - Account Services - CALLAHAN CREEK, Lawrence, KS, pg. 4

Fuentes, Valerie - Account Services - MAX BORGES AGENCY, Miami, FL, pg. 626
Fujarski, Margie - Account Services - THE MARS AGENCY, Southfield, MI, pg. 683
Fujikado, Betti - Account Services, PPOM - COPACINO + FUJIKADO, LLC, Seattle, WA, pg. 344
Fujimoto, Tamiko - Account Services, Management, Media Department - MEDIASPOT, INC., Corona Del Mar, CA, pg. 490
Fulcher, Lauren - Account Planner, Account Services - GENESCO SPORTS ENTERPRISES, Dallas, TX, pg. 306
Fulena, Dana - Account Planner, Account Services - CRAMER-KRASSELT, Chicago, IL, pg. 53
Fullem, Michael - Account Services - ROGERS & COWAN/PMK*BNC, Los Angeles, CA, pg. 643
Fuller, Caroline - Account Services, Interactive / Digital - MCCANN NEW YORK, New York, NY, pg. 108
Fuller, Jonathan - Account Services - INTERSECTION, New York, NY, pg. 553
Fulton, Amy - Account Services - IWCO DIRECT, Chanhassen, MN, pg. 286
Fung, Tianna - Account Services - RETHINK COMMUNICATIONS, INC., Vancouver, BC, pg. 133
Fuqua, Jr., Gil - Account Services, PPOM - CORPORATE COMMUNICATIONS, Nashville, TN, pg. 593
Fuquea, Ryan - Account Planner, Account Services, Management, Operations - MEDIA CAUSE, Atlanta, GA, pg. 249
Furbee, Linda - Account Services, NBC - KINER COMMUNICATIONS, Palm Desert, CA, pg. 95
Furze, Elizabeth - Account Services, Administrative, Management - AKA NYC, New York, NY, pg. 324
Fus, Mike - Account Services, Operations - AZAVAR TECHNOLOGIES CORPORATION, Chicago, IL, pg. 215
Gabelmann, Brad - Account Planner, Account Services, Interactive / Digital - AUDIENCEXPRESS, New York, NY, pg. 455
Gacek, Lisa - Account Services, Interactive / Digital - MCCANN CANADA, Calgary, AB, pg. 384
Gadd, Jonathan - Account Planner, Account Services, Media Department, NBC - MULLENLOWE U.S. BOSTON, Boston, MA, pg. 389
Gaddy, Sarah - Account Services, Interactive / Digital, NBC - AKQA, Atlanta, GA, pg. 212
Gaede, Julia - Account Services - SOLVE, Minneapolis, MN, pg. 17
Gaffney, Seth - Account Services, Management - PREACHER, Austin, TX, pg. 129
Gaffney, Cheryl - Account Services, Media Department - FORREST & BLAKE, INC., Clark, NJ, pg. 540

AGENCIES

RESPONSIBILITIES INDEX

Gaffney, Garrick - Account Services, Interactive / Digital - HEALTHCARE SUCCESS, Irvine, CA, *pg.* 83

Gage, Rachel - Account Services, NBC - KELLIHER SAMETS VOLK, Burlington, VT, *pg.* 94

Gage, Devon - Account Services - RAWLE-MURDY ASSOCIATES, Charleston, SC, *pg.* 403

Gagliardi, Cassandra - Account Services - JAM3, Toronto, ON, *pg.* 243

Gagliardi, Melissa - Account Services - AVENIR BOLD, Raleigh, NC, *pg.* 328

Gagnon, Sandra - Account Services, Management - ADWORKSHOP & INPHORM, Lake Placid, NY, *pg.* 323

Gaikowski, Jason - Account Services, Management - VMLY&R, Kansas City, MO, *pg.* 274

Gailewicz, Jamie - Account Services - BAILEY BRAND CONSULTING, Plymouth Meeting, PA, *pg.* 2

Gainey, Betsey - Account Services, Management - CRONIN, Glastonbury, CT, *pg.* 55

Gainor, Brian - Account Planner, Account Services, Management, Media Department, Promotions - 4FRONT, Chicago, IL, *pg.* 208

Gajdos, Leah - Account Services - MCGARRYBOWEN, San Francisco, CA, *pg.* 385

Galanis, Elizabeth - Account Services - ABELSON-TAYLOR, Chicago, IL, *pg.* 25

Galasso, Lauren - Account Services - MCCANN HEALTH NEW YORK, New York, NY, *pg.* 108

Galatis, Jon - Account Planner, Account Services, NBC - MARC USA, Pittsburgh, PA, *pg.* 104

Galazka, Melissa - Account Services - PARADOWSKI CREATIVE, Saint Louis, MO, *pg.* 125

Galietti, Bob - Account Services, Management, Media Department - HAVAS MEDIA GROUP, Boston, MA, *pg.* 470

Galietti, Bob - Account Services - HAVAS MEDIA GROUP, New York, NY, *pg.* 468

Gall, Melissa - Account Services - PARRIS COMMUNICATIONS, INC., Kansas City, MO, *pg.* 125

Gallagher, Ginger - Account Services - VELA, Winston-Salem, NC, *pg.* 428

Gallagher, Taylor - Account Services - SHIFT COMMUNICATIONS, LLC, Boston, MA, *pg.* 647

Gallagher, Brendan - Account Planner, Account Services, Interactive / Digital - DIGITAS HEALTH LIFEBRANDS, Philadelphia, PA, *pg.* 229

Gallagher, Christine - Account Services, NBC - THE TRADE DESK, New York, NY, *pg.* 520

Gallagher, Dan - Account Services, NBC, PPOM - BOOYAH ONLINE ADVERTISING, Denver, CO, *pg.* 218

Gallagher, Katie - Account Planner, Account Services - FIG, New York, NY, *pg.* 73

Gallagher, Matt - Account Services - CATALYSIS, Seattle, WA, *pg.* 340

Gallagher, Kaitlin - Account Services - BERRY & COMPANY PUBLIC RELATIONS, New York, NY, *pg.* 583

Gallant, Maggie - Account Services, Management, NBC - SUPERJUICE, Atlanta, GA, *pg.* 651

Gallant, Nicole - Account Services, Media Department, NBC - CROSSMEDIA, Los Angeles, CA, *pg.* 463

Gallant, Anita - Account Services, Finance, Media Department, Operations - WAVEMAKER, New York, NY, *pg.* 526

Gallardo, Elsa - Account Planner, Account Services, Interactive / Digital, Media Department, NBC, Social Media - ESSENCE, Los Angeles, CA, *pg.* 233

Gallardo, Anastasia - Account Services, Creative, Management, Media Department - MECHANICA, Newburyport, MA, *pg.* 13

Gallerini, Roger - Account Services, Media Department - DP+, Farmington Hills, MI, *pg.* 353

Galley, Tina - Account Services, Management, NBC - M:UNITED//MCCANN, New York, NY, *pg.* 102

Gallogly, Payton - Account Services - FALLON WORLDWIDE, Minneapolis, MN, *pg.* 70

Galloway, David - Account Services - GALLOWAY RESEARCH SERVICE, San Antonio, TX, *pg.* 444

Galonek, Jr., Ed - Account Services - ALL STAR INCENTIVE MARKETING, Fiskdale, MA, *pg.* 565

Galperin, Eliana - Account Services - KEPLER GROUP, New York, NY, *pg.* 244

Galvez, Fernando - Account Services, NBC, PPOM - BNMR CREATIVE & ADVERTISING, Miami, FL, *pg.* 335

Gambolati, Erin - Account Services - CROSSMEDIA, New York, NY, *pg.* 463

Gamino, Nathaly - Account Services - ORCI, Santa Monica, CA, *pg.* 543

Gammill, Christal - Account Services - PUBLICIS MID AMERICA, Boise, ID, *pg.* 639

Gandhi, Rujuta - Account Services - ENERGY BBDO, INC., Chicago, IL, *pg.* 355

Ganim, Cat - Account Services, Creative, Interactive / Digital - AGILITEE SOLUTIONS, INC., Londonderry, NH, *pg.* 172

Ganjei, John - Account Services, Interactive / Digital - QORVIS COMMUNICATIONS, LLC, Washington, DC, *pg.* 640

Gannon, Joseph - Account Services - BELIEF AGENCY, Seattle, WA, *pg.* 38

Gannon, Katherine - Account Services - MEKANISM, San Francisco, CA, *pg.* 112

Gantz, Mike - Account Planner, Account Services, Media Department - CARAT, Chicago, IL, *pg.* 461

Ganz, Michelle - Account Services - INNERWORKINGS, INC., Chicago, IL, *pg.* 375

Gapinski, Jill - Account Services, Finance, Human Resources - SCALES ADVERTISING, Minneapolis, MN, *pg.* 138

Garbiso, Zach - Account Planner, Account Services, Media Department - OMD, New York, NY, *pg.* 498

Garcia, Garrett - Account Services, Analytics, NBC, Research - PP+K, Tampa, FL, *pg.* 129

Garcia, Jordan - Account Services, Interactive / Digital, NBC - JNA ADVERTISING, Overland Park, KS, *pg.* 92

Garcia, Katie - Account Services - STURGES & WORD, Kansas City, MO, *pg.* 200

Garcia, Lisa - Account Planner, Account Services, Media Department, NBC - CENTRO, Denver, CO, *pg.* 220

Garcia, Matthew - Account Services, Management, PPOM - ROKKAN, LLC, New York, NY, *pg.* 264

Garcia, Catherine - Account Services, Media Department - TABOOLA, New York, NY, *pg.* 268

Garcia, Diandra - Account Services - MCCANN NEW YORK, New York, NY, *pg.* 108

Garcia, Odalis - Account Services - YOU SQUARED MEDIA, Houston, TX, *pg.* 436

Garcia, Arturo - Account Services - CORNERSTONE AGENCY, New York, NY, *pg.* 53

Garcia, Robert - Account Planner, Account Services, Media Department - CARAT, New York, NY, *pg.* 459

Garcia, Angelica - Account Services, Management - ACENTO ADVERTISING, INC., Santa Monica, CA, *pg.* 25

Garcia-Tunon, Annie - Account Services - REPUBLICA HAVAS, Miami, FL, *pg.* 545

Garde, Timothy - Account Planner, Account Services, PPOM - LEVLANE ADVERTISING, Philadelphia, PA, *pg.* 380

Gardiner, Ryan - Account Services - MCKINNEY NEW YORK, New York, NY, *pg.* 111

Gardiner, Hannah - Account Services - J PUBLIC RELATIONS, San Diego, CA, *pg.* 616

Gardiner, Ian - Account Services - MEDIA CAUSE, Washington, DC, *pg.* 249

Garella, Christie - Account Services, Public Relations - DANCIE PERUGINI WARE PUBLIC RELATIONS, South Houston, TX, *pg.* 595

Gargan, Madison - Account Services - PARTY LAND, Marina Del Rey, CA, *pg.* 125

Garibay, Stacy - Account Services, Management - DAVID&GOLIATH, El Segundo, CA, *pg.* 57

Garland, Elise - Account Services - LOVE ADVERTISING, Houston, TX, *pg.* 101

1175

RESPONSIBILITIES INDEX — AGENCIES

Garlow, Caitlin - Account Services - FLEISHMANHILLARD, San Francisco, CA, *pg.* 605

Garnand, Stacy - Account Services - ROUNDHOUSE - PORTLAND, Portland, OR, *pg.* 408

Garner, Maya - Account Services - RECRUITICS, Lafayette, CA, *pg.* 404

Garofalo, Jordan - Account Services - BRANDWARE PUBLIC RELATIONS, INC., Atlanta, GA, *pg.* 585

Garretson, David - Account Services - SWANSON RUSSELL ASSOCIATES, Lincoln, NE, *pg.* 415

Garrett, Justin - Account Services - ACCENTURE INTERACTIVE, New York, NY, *pg.* 209

Garrett, Katie - Account Services - REPEQUITY, Washington, DC, *pg.* 263

Garson, Michael - Account Services, Programmatic - THE TRADE DESK, Chicago, IL, *pg.* 519

Garstecki, Lauren - Account Services, Interactive / Digital - LAUGHLIN CONSTABLE, INC., Milwaukee, WI, *pg.* 379

Garten, Emma - Account Services - LINHART PUBLIC RELATIONS, Denver, CO, *pg.* 622

Gartenmayer, Kelly - Account Services - VMLY&R, Kansas City, MO, *pg.* 274

Garvey, Donna - Account Services - VAULT49, New York, NY, *pg.* 203

Garvey, Alaina - Account Services - CROWLEY WEBB & ASSOCIATES, Buffalo, NY, *pg.* 55

Garza, Eric - Account Services, Analytics, Interactive / Digital, Media Department, Research - VMLY&R, Frisco, TX, *pg.* 275

Gasch, Molly - Account Services, Creative - BBDO SAN FRANCISCO, San Francisco, CA, *pg.* 330

Gaspar, Aaron - Account Services, NBC - SCHIEFER CHOPSHOP, Irvine, CA, *pg.* 508

Gatbonton, Natalie - Account Planner, Account Services - MINDSHARE, New York, NY, *pg.* 491

Gatchalian, Savin - Account Services - WALMART MEDIA GROUP, San Bruno, CA, *pg.* 684

Gaterman, Scott - Account Services, Media Department - FUSION MARKETING, St. Louis, MO, *pg.* 8

Gates, Karen - Account Services - THE MARTIN AGENCY, Richmond, VA, *pg.* 421

Gates, Desiree - Account Services, NBC - 9THWONDER, Playa Vista, CA, *pg.* 453

Gatsas, Emily - Account Services, Management - ARNOLD WORLDWIDE, Boston, MA, *pg.* 33

Gatti, Enrico - Account Planner, Account Services - BARBARIAN, New York, NY, *pg.* 215

Gaudar, Sarah - Account Services, Public Relations - THE CONSULTANCY PR, Los Angeles, CA, *pg.* 653

Gaudino, Lou-Anne - Account Services - ANDERSON DDB HEALTH & LIFESTYLE, Toronto, ON, *pg.* 31

Gaughan, Erin - Account Services, Interactive / Digital, Media Department - DWA MEDIA, Boston, MA, *pg.* 464

Gauss, Peter - Account Services - SPARK FOUNDRY, New York, NY, *pg.* 508

Gauthier, Paul - Account Services, PPOM - LG2, Montreal, QC, *pg.* 380

Gauthier, Veronica - Account Services, NBC - ACCELERATION PARTNERS, Needham, MA, *pg.* 25

Gauthier, Jennifer - Account Services - LIPPE TAYLOR, New York, NY, *pg.* 623

Gauvreau, Nolan - Account Services - BFG COMMUNICATIONS, Bluffton, SC, *pg.* 333

Gawrych, Nicole - Account Services, Media Department - HORIZON MEDIA, INC., New York, NY, *pg.* 474

Gay, Amity - Account Planner, Account Services - THE OUTCAST AGENCY, San Francisco, CA, *pg.* 654

Gayles Jr, Kenneth L. - Account Services - STRATACOMM, INC., Washington, DC, *pg.* 650

Gaylord, Andrew - Account Services, Interactive / Digital - BLUETENT, Carbondale, CO, *pg.* 218

Gaynor, Michelle - Account Services - KLUNK & MILLAN ADVERTISING, Allentown, PA, *pg.* 95

Gaytan, Gabby - Account Services - MCKENZIE WAGNER, INC., Champaign, IL, *pg.* 111

Geadah, Antoine - Account Services, Management - LEO BURNETT WORLDWIDE, Chicago, IL, *pg.* 98

Geane, Katryn - Account Services - SITUATION INTERACTIVE, New York, NY, *pg.* 265

Gearhart, Jason - Account Services, Media Department - WONGDOODY, Seattle, WA, *pg.* 162

Geary, Shae - Account Services, Public Relations - WRIGHT ON COMMUNICATIONS, La Jolla, CA, *pg.* 663

Geidt, Bryan - Account Services - CANNELLA RESPONSE TELEVISION, Los Angeles, CA, *pg.* 457

Geiger, Emily - Account Services, Creative, Media Department, Promotions - CONSTELLATION AGENCY, New York, NY, *pg.* 221

Geise, Katie - Account Services, Management - ZORCH, Chicago, IL, *pg.* 22

Geiser, Lena - Account Services - MOXIE COMMUNICATIONS GROUP, New York, NY, *pg.* 628

Geisler, Jeff - Account Services, NBC, PPOM - RAUXA, New York, NY, *pg.* 291

Geisler, Alexandra - Account Services, Interactive / Digital, Media Department, PPOM - MINDSHARE, New York, NY, *pg.* 491

Geisler, Alexandra - Account Services - HARVEY AGENCY, Sparks, MD, *pg.* 681

Geist, Brian - Account Planner, Account Services, Interactive / Digital, Management, Media Department - PUBLICIS HEALTH MEDIA, Philadelphia, PA, *pg.* 506

Gelender, Amy - Account Services - TACO TRUCK CREATIVE, Carlsbad, CA, *pg.* 145

Geletka, John - Account Planner, Account Services - FUSION92, Chicago, IL, *pg.* 235

Geller, Robert - Account Services, Management, PPOM - FUSION PUBLIC RELATIONS, New York, NY, *pg.* 607

Gellman, Rachel - Account Services - FIXATION MARKETING, Arlington, VA, *pg.* 359

Gen, Samantha - Account Services - DDB NEW YORK, New York, NY, *pg.* 59

Gendreau, Denis - Account Services, Analytics, Media Department - ADAMS & KNIGHT ADVERTISING, Avon, CT, *pg.* 322

Genest, Audrey - Account Planner, Account Services - GEAR COMMUNICATIONS, Stoneham, MA, *pg.* 76

Gennaria, Jerry - Account Planner, Account Services, Analytics, Media Department, Research - TOKY BRANDING + DESIGN, Saint Louis, MO, *pg.* 202

Gennaro Meberg, Christine - Account Services, Public Relations - OGILVY PUBLIC RELATIONS, New York, NY, *pg.* 633

Genoa, Randi - Account Planner, Account Services, Media Department - HORIZON MEDIA, INC., New York, NY, *pg.* 474

Genovese, Angie - Account Services - PHD CANADA, Toronto, ON, *pg.* 504

Gentile, Katherine - Account Services - MARKETLOGIC, Miami, FL, *pg.* 383

Gentile, Marci - Account Services - ELMWOOD, New York, NY, *pg.* 181

Gentry, Caylin - Account Services - TRUE X MEDIA, Los Angeles, CA, *pg.* 317

Gentry, Jacob - Account Services - RPA, Santa Monica, CA, *pg.* 134

Geoghegan, Alanna - Account Services - HUGE, INC., Brooklyn, NY, *pg.* 239

Georgakis, Dimitra - Account Services, NBC - DENTSUBOS INC., Montreal, QC, *pg.* 61

George, Geralyn - Account Services - THE MARS AGENCY, Southfield, MI, *pg.* 683

George, Constance - Account Services, Interactive / Digital, Media Department - HAVAS WORLDWIDE CHICAGO, Chicago, IL, *pg.* 82

George, Melanie - Account Services - ASHER AGENCY, Fort Wayne, IN, *pg.* 327

George, Emily - Account Services - THINK JAM, West Hollywood, Los Angeles, CA, *pg.* 299

George, Genevieve - Account Services, NBC, Operations - R/GA, New York, NY, *pg.* 260

George, JoDee - Account Services, Management, PPOM - BADER RUTTER &

AGENCIES

RESPONSIBILITIES INDEX

ASSOCIATES, INC. , Milwaukee, WI, *pg.* 328

George, Maria - Account Services - MDB COMMUNICATIONS, INC., Washington, DC, *pg.* 111

George, Samuel - Account Services - PERFORMANCE MARKETING, West Des Moines, IA, *pg.* 126

Georgeff, Kim - Account Services - LEGACY MARKETING PARTNERS, Chicago, IL, *pg.* 310

Georgianna, Michael - Account Services - RECKNER, Chalfont, PA, *pg.* 449

Gerard Ross, Melissa - Account Services - STOREBOARD MEDIA LLC, New York, NY, *pg.* 557

Gerber, Adam - Account Services, Creative, Media Department, Promotions - CONSTELLATION AGENCY, New York, NY, *pg.* 221

Gerber, James - Account Services - MARCH COMMUNICATIONS, Boston, MA, *pg.* 625

Gerdes, Dustin - Account Services, Analytics, Interactive / Digital, Management - RHEA & KAISER MARKETING , Naperville, IL, *pg.* 406

Gerding, Ryan - Account Services, Media Department - INK, INC., Overland Park, MO, *pg.* 615

Gerhard, Ellen - Account Services, Operations - DESTINATION MARKETING, Mountlake Terrace, WA, *pg.* 349

Gerlikovski, Paul - Account Services - THE KARMA GROUP, Green Bay, WI, *pg.* 420

German, Daniel - Account Services, Interactive / Digital - BANTON MEDIA, Myrtle Beach, SC, *pg.* 329

Gerome, Frank - Account Services - TARGETBASE MARKETING, Irving, TX, *pg.* 292

Gerrity, Taylor - Account Services - REDPEPPER, Nashville, TN, *pg.* 405

Gershon, Lee - Account Services - M BOOTH & ASSOCIATES, INC. , New York, NY, *pg.* 624

Gerson, Mitch - Account Services, NBC - BAYARD ADVERTISING AGENCY, INC., New York, NY, *pg.* 37

Gersten, Stacey - Account Services, NBC - BURNS ENTERTAINMENT & SPORTS MARKETING, INC., Evanston, IL, *pg.* 303

Gerstner, Tony - Account Services - THE BOHAN AGENCY, Nashville, TN, *pg.* 418

Gerwen, Jennifer - Account Services, Management, PPOM - CAVALRY, Chicago, IL, *pg.* 48

Getlen, Melissa - Account Planner, Account Services, Interactive / Digital, Management, Media Department - PHD USA, New York, NY, *pg.* 505

Getlik, Kristyn - Account Services - JL MEDIA, INC., Union, NJ, *pg.* 481

Gewartowski, Katy - Account Services, Management - STARMARK INTERNATIONAL, INC., Fort Lauderdale, FL, *pg.* 412

Gewehr, Chris - Account Services - INTEGRITY, Saint Louis, MO, *pg.* 90

Ghee, Michele - Account Services - 160OVER90, New York, NY, *pg.* 301

Gheen, Linda - Account Services, NBC - SPARKS, Philadelphia, PA, *pg.* 315

Giacobbe, Chelsea - Account Planner, Account Services - COBURN COMMUNICATIONS, New York, NY, *pg.* 591

Giambrone, Voni - Account Services - GAMS COMMUNICATIONS, Chicago, IL, *pg.* 361

Giambrone, Janine - Account Services - MENTUS, San Diego, CA, *pg.* 386

Giancini, Erin - Account Planner, Account Services, Media Department, Programmatic - AMNET, New York, NY, *pg.* 454

Gianino, Amie - Account Planner, Account Services - WE ARE ALEXANDER, St. Louis, MO, *pg.* 429

Giannone, Dot - Account Services, Management - VMLY&R, New York, NY, *pg.* 160

Giannone, Jaclyn - Account Services - GROUNDTRUTH.COM, New York, NY, *pg.* 534

Gianomenico, Maria - Account Services - CARAT, New York, NY, *pg.* 459

Giarraffa, Sarah - Account Services, NBC, Operations - TBWA \ CHIAT \ DAY, New York, NY, *pg.* 416

Gibbons, Cailin - Account Services - BBDO WORLDWIDE, New York, NY, *pg.* 331

Gibbons, Grace - Account Services - YOUNG & LARAMORE, Indianapolis, IN, *pg.* 164

Gibbs, Jennifer - Account Services - ANSIRA, Saint Louis, MO, *pg.* 280

Gibbs, Kendall - Account Services - IPROSPECT, Fort Worth, TX, *pg.* 674

Gibert, Haley - Account Planner, Account Services - MCGARRYBOWEN, Chicago, IL, *pg.* 110

Gibson, John - Account Services, Management - THE WOO AGENCY, Culver City, CA, *pg.* 425

Gibson, Caroline - Account Services, Management, PPOM - PROSEK PARTNERS, New York, NY, *pg.* 639

Gibson, Whitney - Account Services, Interactive / Digital, Media Department, Public Relations, Social Media - TRAFFIKGROUP, Toronto, ON, *pg.* 426

Gibson, Katie - Account Services, Creative - PREACHER, Austin, TX, *pg.* 129

Gibson, Mandi - Account Services - THREE ATLANTA, LLC, Atlanta, GA, *pg.* 155

Gibson, Alexandria - Account Planner, Account Services, Media Department - CAMPBELL EWALD NEW YORK, New York, NY, *pg.* 47

Gibson, Amanda - Account Services - PAVLOV, Fort Worth, TX, *pg.* 126

Gibson-Thompson, Nage - Account Services, NBC, Operations - VIVO360, Alpharetta, GA, *pg.* 274

Giddings, Nate - Account Services - TEAM ONE, Dallas, TX, *pg.* 418

Gieseke, Clark - Account Services - GOODBY, SILVERSTEIN & PARTNERS, San Francisco, CA, *pg.* 77

Giger, Mike - Account Services, Management, NBC - FCB WEST, San Francisco, CA, *pg.* 72

Giglio, Katelyn - Account Services - 22SQUARED INC., Tampa, FL, *pg.* 319

Giglio, Brian - Account Services - ROGERS & COWAN/PMK*BNC, New York, NY, *pg.* 644

Giglio, Alexandra - Account Planner, Account Services - VIZEUM, New York, NY, *pg.* 526

Gilbert, Stephanie - Account Services - THE INTEGER GROUP, Lakewood, CO, *pg.* 682

Gilbert, Lacey - Account Services, Interactive / Digital, Media Department - LEO BURNETT WORLDWIDE, Chicago, IL, *pg.* 98

Gilbert, Brigitte - Account Services - SUNSHINE SACHS, New York, NY, *pg.* 650

Gilbertson, Brooke - Account Services, Management, Media Department, Operations - STARCOM WORLDWIDE, Chicago, IL, *pg.* 513

Gilchrist, Katherine - Account Services - ADLUCENT, Austin, TX, *pg.* 671

Giles, Jason - Account Services - LAUNCH AGENCY, Dallas, TX, *pg.* 97

Giles, Shelby - Account Services - BERLINROSEN, Washington, DC, *pg.* 583

Gilford, Casey - Account Planner, Account Services, Management - LEO BURNETT WORLDWIDE, Chicago, IL, *pg.* 98

Gilhuley, Tom - Account Services, Interactive / Digital, Media Department - MERRICK TOWLE COMMUNICATIONS, Greenbelt, MD, *pg.* 114

Gill, Laura - Account Services - NOSTRUM, INC., Long Beach, CA, *pg.* 14

Gill, Ashley - Account Services - BBDO WORLDWIDE, New York, NY, *pg.* 331

Gillam, Rosie - Account Services - WALKER SANDS COMMUNICATIONS, Chicago, IL, *pg.* 659

Gillen, Kelsey - Account Services, Creative, Media Department - HAVAS NEW YORK, New York, NY, *pg.* 369

Giller, Michael - Account Services - BRIDGEMARK, Mississauga, ON, *pg.* 4

Gilles, Molly - Account Services - OGILVY, Chicago, IL, *pg.* 393

Gillespie, Sean - Account Services, Creative - GILLESPIE GROUP, Wallingford, PA, *pg.* 76

Gillespie, Liz - Account Services, Media Department - HUDSON ROUGE, Dearborn, MI, *pg.* 372

Gillespie Jr., Michael - Account Services - GILLESPIE GROUP, Wallingford, PA, *pg.* 76

RESPONSIBILITIES INDEX

AGENCIES

Gillett, Emma - Account Services - GOODMAN MEDIA INTERNATIONAL, INC., New York, NY, *pg.* 610

Gilleylen, Sean - Account Services - MEKANISM, New York, NY, *pg.* 113

Gilmour, Dominique - Account Services - BORSHOFF, Indianapolis, IN, *pg.* 585

Gilmour, Rachel - Account Services - TEAM ONE, Los Angeles, CA, *pg.* 417

Gilpatrick, Brian - Account Services, Management - THE BOHAN AGENCY, Nashville, TN, *pg.* 418

Gilpin, Claire - Account Services - FLEISHMANHILLARD, Washington, DC, *pg.* 605

Gilreath, Taran - Account Services - HAVAS SPORTS & ENTERTAINMENT, Atlanta, GA, *pg.* 370

Gines, Allan - Account Services, Media Department - HORIZON MEDIA, INC., Los Angeles, CA, *pg.* 473

Ginsberg, Eric - Account Services - SUPERFLY, New York, NY, *pg.* 315

Ginther, Abigail - Account Services - SOME CONNECT, Chicago, IL, *pg.* 677

Gioglio, Germana - Account Services - FRCH DESIGN WORLDWIDE, Cincinnati, OH, *pg.* 184

Giordano, Emily - Account Services, Management - GREY GROUP, New York, NY, *pg.* 365

Giordano, Frances - Account Planner, Account Services, Interactive / Digital, Media Department, Programmatic - THE MEDIA KITCHEN, New York, NY, *pg.* 519

Giordano, Erin - Account Services, Media Department - JL MEDIA, INC., Union, NJ, *pg.* 481

Giordano, Brittany - Account Services - BEACH HOUSE PR, Newport Beach, CA, *pg.* 582

Giorgino, Rafael - Account Services - DAVID, Miami, FL, *pg.* 57

Giovatto, Gina - Account Services - GIOVATTO ADVERTISING, Paramus, NJ, *pg.* 363

Giovatto, Justin - Account Services - GIOVATTO ADVERTISING, Paramus, NJ, *pg.* 363

Giovinelli, Kelsey - Account Services - GYK ANTLER, Manchester, NH, *pg.* 368

Giovino, Sarah - Account Services, Media Department, Social Media - T3, Atlanta, GA, *pg.* 416

Girard, Jesse - Account Services - WUNDERMAN THOMPSON, New York, NY, *pg.* 434

Girone, Jason - Account Services - ADVANTAGE INTERNATIONAL, Los Angeles, CA, *pg.* 301

Girouard, Justin - Account Services - JEKYLL AND HYDE, Redford, MI, *pg.* 92

Gish, Amy - Account Services - HUGE, INC., Brooklyn, NY, *pg.* 239

Gislason, Karen - Account Services, Administrative - COMMUNIQUE, Toronto, ON, *pg.* 303

Gitelman, Regina - Account Services, Interactive / Digital, Media Department - OMD, New York, NY, *pg.* 498

Gittings, Jon - Account Services, Interactive / Digital, Media Department - ESSENCE, New York, NY, *pg.* 232

Giuffre, Jolie - Account Services, Interactive / Digital, NBC - ESSENCE, San Francisco, CA, *pg.* 232

Giuggio, Michael - Account Planner, Account Services, Management, Media Department, NBC - 360I, LLC, New York, NY, *pg.* 320

Giuliano, Adrian - Account Services, Management, Media Department, PPOM - STARCOM WORLDWIDE, Chicago, IL, *pg.* 513

Given, David - Account Services, Social Media - DAVIES COMMUNICATIONS, Santa Barbara, CA, *pg.* 595

Gjerstad, Marianne - Account Services, Media Department, NBC, Social Media - BARKLEY, Kansas City, MO, *pg.* 329

Gladden, Melissa - Account Services, Media Department - HEARTS & SCIENCE, New York, NY, *pg.* 471

Gladstone, Ben - Account Services, Management - DDB CHICAGO, Chicago, IL, *pg.* 59

Glasgow, Nancy - Account Services, Management - BITNER HENNESSY, Orlando, FL, *pg.* 685

Glasner, Jacqueline - Account Services, Public Relations - ALISON BROD PUBLIC RELATIONS, New York, NY, *pg.* 576

Glasoe, Hunter - Account Services - H&L PARTNERS, Atlanta, GA, *pg.* 369

Glass, Matt - Account Services, Creative, NBC - ALTMAN-HALL ASSOCIATES, Erie, PA, *pg.* 30

Glass, Matt - Account Services - HAYTER COMMUNICATIONS, Seattle, WA, *pg.* 612

Glass, Alanna - Account Services - ICF NEXT, Chicago, IL, *pg.* 614

Glass Jr., Winston - Account Services, NBC - AVANCE COMMUNICATIONS, INC., Detroit, MI, *pg.* 579

Glassoff, Sam - Account Planner, Account Services, NBC - HEAT, San Francisco, CA, *pg.* 84

Glaum, Colin - Account Services, Interactive / Digital - AFG&, New York, NY, *pg.* 28

Glazer, Christopher - Account Services - APOGEE RESULTS, Austin, TX, *pg.* 672

Glazier, Lauren - Account Services - CRAMER-KRASSELT, New York, NY, *pg.* 53

Gleason, Jerry - Account Services, Management - WEBER SHANDWICK, Chicago, IL, *pg.* 661

Gleason, Jacolyn - Account Services - 5W PUBLIC RELATIONS, New York, NY, *pg.* 574

Gleason, Kellie - Account Planner, Account Services - FCB NEW YORK, New York, NY, *pg.* 357

Gleason, Hayley - Account Services - FUNDAMENTAL MEDIA, Boston, MA, *pg.* 465

Gleckler, Kelly - Account Services - THE LANE COMMUNICATIONS GROUP, New York, NY, *pg.* 654

Glenn, Oliver - Account Services, Interactive / Digital, Social Media - DDB CHICAGO, Chicago, IL, *pg.* 59

Glenn, Brandon - Account Services - AMENDOLA COMMUNICATIONS, Scottsdale, AZ, *pg.* 577

Glennon, John - Account Services - VIBES MEDIA, Chicago, IL, *pg.* 535

Glick, Joel - Account Services, Interactive / Digital, PPOM - BUYER ADVERTISING, INC., Newton, MA, *pg.* 338

Glomb, Jon - Account Services - THE MARTIN AGENCY, Richmond, VA, *pg.* 421

Glose, Sarah - Account Services, Interactive / Digital - FINGERPAINT MARKETING, Saratoga Springs, NY, *pg.* 358

Glover, Tim - Account Services, Management - EMPOWER, Cincinnati, OH, *pg.* 354

Glover, Terrence - Account Services, Analytics, Finance, Interactive / Digital - INITIATIVE, Los Angeles, CA, *pg.* 478

Gluck, Lauren - Account Services, NBC - STANDARD BLACK, Los Angeles, CA, *pg.* 144

Glunk, Michael - Account Planner, Account Services, Management, Media Department - THE INTEGER GROUP, Lakewood, CO, *pg.* 682

Glushon, Kristin - Account Services - BRANDED ENTERTAINMENT NETWORK, INC., Sherman Oaks, CA, *pg.* 297

Glynn, Jenna - Account Services, Public Relations - WEBER SHANDWICK, New York, NY, *pg.* 660

Glynn, Amanda - Account Services - STRATEGIC AMERICA, West Des Moines, IA, *pg.* 414

Glynn, Greg - Account Services - NANCY MARSHALL COMMUNICATIONS, Augusta, ME, *pg.* 631

Gnozzo, Christina - Account Services - HAWKINS INTERNATIONAL PUBLIC RELATIONS, New York, NY, *pg.* 612

Gobel, Jenny - Account Services, NBC - DAVID, Miami, FL, *pg.* 57

Gobis, John - Account Services - ILIUM ASSOCIATES, INC., Bellevue, WA, *pg.* 88

Gochnauer, Grant - Account Services, Interactive / Digital, PPOM - VODORI, Chicago, IL, *pg.* 275

Gochtovtt, Tessa - Account Services, Media Department - ASHER AGENCY, Fort Wayne, IN, *pg.* 327

Goda, Paul - Account Services, Management - GODA ADVERTISING, Inverness, IL, *pg.* 364

Godbee, Krista - Account Services - ROSS MEDIA, Woodstock, GA, *pg.* 676

Godbout, Matt - Account Services, Management - CSM SPORTS &

AGENCIES
RESPONSIBILITIES INDEX

ENTERTAINMENT, Indianapolis, IN, pg. 55
Godfray, Kelly - Account Services - LEO BURNETT WORLDWIDE, Chicago, IL, pg. 98
Godfrey, Lawrence - Account Services - THE INTEGER GROUP - DALLAS, Dallas, TX, pg. 570
Godfrey, Angela - Account Planner, Account Services - FULL CONTACT ADVERTISING, Boston, MA, pg. 75
Godfrey, Megan - Account Services, Public Relations - KEMPERLESNIK COMMUNICATIONS, Chicago, IL, pg. 619
Godinez, Nathan - Account Services, Media Department - THE RICHARDS GROUP, INC., Dallas, TX, pg. 422
Goepfrich, Joshlyn - Account Services - HABERMAN, Minneapolis, MN, pg. 369
Goerz, Michael - Account Services - HACKERAGENCY, Seattle, WA, pg. 284
Goff, Jamie - Account Planner, Account Services - LOSASSO INTEGRATED MARKETING, Chicago, IL, pg. 381
Gogan-Tilstone, Ellie - Account Planner, Account Services, Management - MULLENLOWE U.S. BOSTON, Boston, MA, pg. 389
Goger Eun, Jennifer - Account Services, Management - MYRIAD TRAVEL MARKETING, Los Angeles, CA, pg. 390
Gold, Alana - Account Services - BLISS INTEGRATED COMMUNICATIONS, New York, NY, pg. 584
Gold, Natasha - Account Planner, Account Services, Management - UNIVERSAL MCCANN, New York, NY, pg. 521
Goldberg, Jason - Account Planner, Account Services, Interactive / Digital, NBC, Research - PUBLICIS.SAPIENT, Chicago, IL, pg. 259
Goldberg, Jamie - Account Services, PPOM - GROUPM, New York, NY, pg. 466
Goldberg, Brian - Account Services, Management - APCO WORLDWIDE, New York, NY, pg. 578
Goldberg, Jesse - Account Services - TOLLESON DESIGN, San Francisco, CA, pg. 202
Goldblatt, Richard - Account Services, NBC - M BOOTH & ASSOCIATES, INC., New York, NY, pg. 624
Golden, Sydney - Account Services - DROGA5, New York, NY, pg. 64
Golden, Angelia - Account Services - BRANDED CITIES, New York, NY, pg. 550
Goldfarb, Leora - Account Services, Public Relations - BARETZ + BRUNELLE, New York, NY, pg. 580
Goldfeld, Max - Account Services - NEW TRADITION, New York, NY, pg. 554
Goldman, Jim - Account Services - PLAN B, Chicago, IL, pg. 397
Goldman, Derek - Account Services - M+R, Missoula, MT, pg. 12
Goldman, Jeff - Account Services, Management - BELLOMY RESEARCH, Winston-Salem, NC, pg. 442
Goldman, Stephanie - Account Services - THE POLLACK PR MARKETING GROUP, New York, NY, pg. 655
Goldstein, Abe - Account Services - TRILIX MARKETING GROUP, INC., Des Moines, IA, pg. 427
Goldstein, Julie - Account Services, Management, Media Department - CARAT, New York, NY, pg. 459
Goldstein, Zvika - Account Services, NBC - KENSHOO, San Francisco, CA, pg. 244
Goldstein, Kymn - Account Services, Management, NBC - ALLIED INTEGRATED MARKETING, Hollywood, CA, pg. 576
Goldstein, Kim - Account Services, Media Department - HAVAS MEDIA GROUP, New York, NY, pg. 468
Goldstein, Peter - Account Services, NBC - 215 MCCANN, San Francisco, CA, pg. 319
Goldstein, Jessica - Account Services - OPTIMUM SPORTS, New York, NY, pg. 394
Goldstein, Jake - Account Planner, Account Services, NBC, Operations - CODE AND THEORY, New York, NY, pg. 221
Goldstein, Gregg - Account Services - ADSERVICES, INC., Hollywood, FL, pg. 27
Goldstein, Lesley - Account Services - 6DEGREES, Toronto, ON, pg. 321
Goldstein, Adam - Account Services - HILL HOLLIDAY, Boston, MA, pg. 85
Goldstein, Brittany-Lee - Account Services, Media Department - SPARK FOUNDRY, New York, NY, pg. 508
Goliszewski, Stefanie - Account Services, Media Department - PUBLICIS.SAPIENT, Chicago, IL, pg. 259
Golkar, Parisa - Account Services, PPOM - DEWEY SQUARE GROUP, Boston, MA, pg. 597
Goluboff, Denise - Account Services - BOSTON INTERACTIVE, Charlestown, MA, pg. 218
Gomes, Gabi - Account Services - ZYNC COMMUNICATIONS INC., Toronto, ON, pg. 22
Gomez, Natalie - Account Services, Social Media - DAVID&GOLIATH, El Segundo, CA, pg. 57
Gomez, Vanessa - Account Services - STARCOM WORLDWIDE, New York, NY, pg. 517
Gomez, Joel - Account Services, Management - REPRISE DIGITAL, New York, NY, pg. 676
Goncalves, Don - Account Services, Management - TIZIANI WHITMYRE, Sharon, MA, pg. 155
Goncalves, Catarina - Account Planner, Account Services - GALLEGOS UNITED, Huntington Beach, CA, pg. 75
Gonda, Daniel - Account Services, Management - DROGA5, New York, NY, pg. 64
Gonerka, Greer - Account Services - CUTWATER, San Francisco, CA, pg. 56
Gongora, Lauren - Account Services - BODEN AGENCY, Miami, FL, pg. 538
Gonnella, Lindsey - Account Services, Management - WUNDERMAN THOMPSON, New York, NY, pg. 434
Gonsalves, Sean - Account Services, Public Relations - REGAN COMMUNICATIONS GROUP, Boston, MA, pg. 642
Gonsior, Sarah - Account Services - PERISCOPE, Minneapolis, MN, pg. 127
Gonsorcik, Tomas - Account Services, Analytics, Management, PPOM - VMLY&R, New York, NY, pg. 160
Gonya, Gary - Account Services, Human Resources, Management - LRXD, Denver, CO, pg. 101
Gonya, Cindy - Account Services - PANNOS MARKETING, Manchester, NH, pg. 125
Gonzales, Cathlyn - Account Services - RPA, Santa Monica, CA, pg. 134
Gonzales, Leslie - Account Services - MOXIE COMMUNICATIONS GROUP, New York, NY, pg. 628
Gonzales, Melissa - Account Services - ORCI, Santa Monica, CA, pg. 543
Gonzales, Daniel - Account Services - WE'RE MAGNETIC, New York, NY, pg. 318
Gonzales, Lizet - Account Planner, Account Services, Programmatic - GP GENERATE, LLC, Los Angeles, CA, pg. 541
Gonzalez, Melanie - Account Services - OGILVY, Chicago, IL, pg. 393
Gonzalez, Diana - Account Planner, Account Services, NBC - 72ANDSUNNY, Brooklyn, NY, pg. 24
Gonzalez, Karla - Account Services, Public Relations - ZENO GROUP, Santa Monica, CA, pg. 665
Gonzalez, Yulia - Account Services - CASHMERE AGENCY, Los Angeles, CA, pg. 48
Gonzalez, Alanna - Account Services - USIM, New York, NY, pg. 525
Good, Lisa - Account Services - ONEMETHOD INC., Toronto, ON, pg. 123
Good, Emily - Account Services - EDELMAN, Dallas, TX, pg. 600
Goodfriend, Tracey - Account Services - ADVANTAGE INTERNATIONAL, Stamford, CT, pg. 301
Gooding, Susan - Account Services, NBC - AGENCYEA, Chicago, IL, pg. 302
Goodman, Deb - Account Services, Management - HORIZON MEDIA, INC., New York, NY, pg. 474
Goodman, Josh - Account Services - BBDO WORLDWIDE, New York, NY, pg. 331
Goodman, Scott - Account Services, Media Department - MEDIALINK, New

RESPONSIBILITIES INDEX   AGENCIES

York, NY, pg. 386
Goodman, Cheslea - Account Services, NBC - HAVAS TONIC, New York, NY, pg. 285
Goodman, Caleb - Account Services, Management, PPOM - RETHINK COMMUNICATIONS, INC., Toronto, ON, pg. 133
Goodman, Carly - Account Services - MERKLEY + PARTNERS, New York, NY, pg. 114
Goodwin, Jodee - Account Services, Creative - THE CREATIVE ALLIANCE, Lafayette, CO, pg. 653
Goodwin, Kelli - Account Services - STERLING-RICE GROUP, Boulder, CO, pg. 413
Goonan, Christine - Account Services, Management, NBC - THE SUNFLOWER GROUP, New York, NY, pg. 317
Gopal, Geetha - Account Services - PHD USA, New York, NY, pg. 505
Gorder, Jeffrey - Account Services, Management, NBC - MONO, Minneapolis, MN, pg. 117
Gordon, Ryan - Account Services, Interactive / Digital, Management, Media Department - WALRUS, New York, NY, pg. 161
Gordon, Jim - Account Services, Management - VIZEUM CANADA, INC., Vancouver, BC, pg. 526
Gordon, Alexandra - Account Services, Media Department - MEDIAHUB BOSTON, Boston, MA, pg. 489
Gordon, Paul - Account Services, NBC - RYMAX MARKETING SERVICES, Pine Brook, NJ, pg. 569
Gordon, Brian - Account Planner, Account Services, Media Department - INTERMARK GROUP, INC., Birmingham, AL, pg. 375
Gordon, Leslie - Account Services - H&L PARTNERS, Oakland, CA, pg. 80
Gordon, Andrea - Account Services, Media Department - REMER, INC., Seattle, WA, pg. 405
Gordon, Jennifer - Account Services - OTEY WHITE & ASSOCIATES, Baton Rouge, LA, pg. 123
Gordon, Abbie - Account Services - DOUG CARPENTER & ASSOCIATES, LLC, Memphis, TN, pg. 64
Gordon Lynch, Shari - Account Services, Media Department - CANVAS WORLDWIDE, Playa Vista, CA, pg. 458
Gordon-Kaufman, Kelly - Account Services - PRAYTELL, Brooklyn, NY, pg. 258
Gore, Elizabeth - Account Services, Media Department - OPAD MEDIA SOLUTIONS, LLC, New York, NY, pg. 503
Goren Slovin, Zach - Account Services, Creative, PPM - SOLVE, Minneapolis, MN, pg. 17
Gorman, Ed - Account Services, Management, PPOM - CARAT, New York, NY, pg. 459
Gorman, Dana - Account Services, Management - ABERNATHY MACGREGOR GROUP, New York, NY, pg. 574

Gorrell, Curtis - Account Services - BADER RUTTER & ASSOCIATES, INC., Milwaukee, WI, pg. 328
Gossett, Natalie - Account Services, PPOM - HUNT MARKETING GROUP, Seattle, WA, pg. 285
Gossieaux, Kamran - Account Services, NBC - 72ANDSUNNY, Brooklyn, NY, pg. 24
Gosslin, Linda - Account Services - PEGGY LAURITSEN DESIGN GROUP, Minneapolis, MN, pg. 194
Gostyla, Margie - Account Services, Management - REYNOLDS & ASSOCIATES, El Segundo, CA, pg. 406
Gotch, Maggie - Account Services - PINCKNEY HUGO GROUP, Syracuse, NY, pg. 128
Goth, Shane - Account Planner, Account Services - WASSERMAN & PARTNERS ADVERTISING, INC., Vancouver, BC, pg. 429
Gothing, Kate - Account Services - ENERGY BBDO, INC., Chicago, IL, pg. 355
Goto, Kristin - Account Services - AKQA, San Francisco, CA, pg. 211
Gottshall, Lindsay - Account Services - M2W RETAILDETAIL, Allen, TX, pg. 102
Goulart, Joseph - Account Services, Media Department - GIANT SPOON, LLC, New York, NY, pg. 363
Gould, Laura - Account Services, NBC - ZEHNDER COMMUNICATIONS, INC., New Orleans, LA, pg. 436
Gould, Helena - Account Services - DEUTSCH, INC., New York, NY, pg. 349
Goulette, Andrea - Account Services - COMMONWEALTH // MCCANN, Detroit, MI, pg. 52
Gouvis, Aris - Account Services, PPM - TCP INTEGRATED DIRECT, INC., Toronto, ON, pg. 293
Goynshor, Jon - Account Services, NBC - GEOMETRY, Chicago, IL, pg. 363
Grabek, Liz - Account Services, Management - SPACE150, Minneapolis, MN, pg. 266
Grabois, Joel - Account Planner, Account Services, Management, Media Department, PPOM - BLUE ONION, Lakewood, CO, pg. 218
Grabosky, Herman - Account Services - M8, Miami, FL, pg. 542
Grabowski, Brian - Account Services, PPOM - 3Q DIGITAL, San Mateo, CA, pg. 671
Gracia, Rochelle - Account Services - LPI GROUP, Calgary, AB, pg. 12
Gradala, Maggie - Account Services - FCB CHICAGO, Chicago, IL, pg. 71
Grady, Kevin - Account Services, Creative, Management - FCB CHICAGO, Chicago, IL, pg. 71
Grady, Jerry - Account Services - THE WARD GROUP, Woburn, MA, pg. 520
Grady, Rachel - Account Services - M BOOTH & ASSOCIATES, INC., New York, NY, pg. 624
Graham, Tom - Account Services, Management - GODA ADVERTISING,

Inverness, IL, pg. 364
Graham, Zach - Account Planner, Account Services, Interactive / Digital, Management, Media Department - OMD, Chicago, IL, pg. 500
Graham, Susan - Account Services, PPOM - BLAZER EXHIBITS & EVENTS, Fremont, CA, pg. 302
Graham, Pablo - Account Services, Media Department - SPARK FOUNDRY, New York, NY, pg. 508
Graham, Avery - Account Services - MCGARRAH JESSEE, Austin, TX, pg. 384
Graham, Melissa - Account Services, Management - WEBER SHANDWICK, Toronto, ON, pg. 662
Graham, Jeff - Account Services, Management - BARKLEY BOULDER, Boulder, CO, pg. 36
Graham, Morgan - Account Services, NBC, PPOM, Public Relations - EFM AGENCY, San Diego, CA, pg. 67
Graham, Emily - Account Services, Media Department - WIEDEN + KENNEDY, Portland, OR, pg. 430
Graham, John - Account Services, NBC - 72ANDSUNNY, Playa Vista, CA, pg. 23
Graham, Laura - Account Services, Interactive / Digital - THINK MOTIVE, Denver, CO, pg. 154
Graham, Kelly - Account Services - GERSHONI, San Francisco, CA, pg. 76
Graham, Mia - Account Services - ADPERIO, Denver, CO, pg. 533
Grahovac, Ivana - Account Services - ELEVEN, INC., San Francisco, CA, pg. 67
Grand, Tim - Account Services, NBC - STEVENSON ADVERTISING, Lynnwood, WA, pg. 144
Grandberry, Kristin - Account Services - ENERGY BBDO, INC., Chicago, IL, pg. 355
Grandia, Elliot - Account Services - NO LIMIT AGENCY, Chicago, IL, pg. 632
Grando, Aaron - Account Services, Creative - RED TETTEMER O'CONNELL + PARTNERS, Philadelphia, PA, pg. 404
Grandy, John - Account Services, Creative - THE BOSTON GROUP, Boston, MA, pg. 418
Granger, Newman - Account Services, Creative, Media Department - WIEDEN + KENNEDY, New York, NY, pg. 432
Granito, Lynn - Account Services, Media Department - BERRY & COMPANY PUBLIC RELATIONS, New York, NY, pg. 583
Grant, Meghan - Account Planner, Account Services, NBC, Research - PUBLICIS NORTH AMERICA, New York, NY, pg. 399
Grant, Shane - Account Services - DIXON SCHWABL ADVERTISING, Victor, NY, pg. 351
Grant, Courtney - Account Services, Media Department - REPRISE DIGITAL, New York, NY, pg. 676
Grant, Lindsay - Account Services, Management, Media Department, NBC -

AGENCIES — RESPONSIBILITIES INDEX

BUTLER, SHINE, STERN & PARTNERS, Sausalito, CA, pg. 45
Graves, Adam - Account Services, Management, NBC - DEUTSCH, INC., Los Angeles, CA, pg. 350
Graves, Amber - Account Services - YAMAMOTO, Minneapolis, MN, pg. 435
Graves, Tim - Account Services - RED ANTLER, Brooklyn, NY, pg. 16
Graw, Marie - Account Services - R/GA, Austin, TX, pg. 261
Gray, Mike - Account Services - PERISCOPE, Minneapolis, MN, pg. 127
Gray, Holly - Account Services - BROTHERS & CO., Tulsa, OK, pg. 43
Gray, Mollie - Account Services, NBC - BDS MARKETING, INC., Irvine, CA, pg. 566
Gray, Rachel - Account Services - HABERMAN, Minneapolis, MN, pg. 369
Gray, Gordon - Account Services - ZAMBEZI, Culver City, CA, pg. 165
Gray, Sam - Account Services - ANOMALY, New York, NY, pg. 325
Gray, Christy Lynn - Account Services - LOCATION3 MEDIA, Denver, CO, pg. 246
Gray, Casey - Account Services - GREENHOUSE AGENCY, Irvine, CA, pg. 307
Gray, Victoria - Account Services - WASSERMAN & PARTNERS ADVERTISING, INC., Vancouver, BC, pg. 429
Gray, Lauryn - Account Services - DITTOE PUBLIC RELATIONS, Indianapolis, IN, pg. 597
Gray, Genevieve - Account Services - MEKANISM, New York, NY, pg. 113
Gray, Sarah - Account Services - WIRED PR, Phoenix, AZ, pg. 663
Gray, Kristen - Account Services - OPTIMUM SPORTS, New York, NY, pg. 394
Grayson, Andy - Account Services - ARTS & LETTERS, Richmond, VA, pg. 34
Greaves, Gillian - Account Services, Interactive / Digital, Management, Media Department - ICROSSING, New York, NY, pg. 240
Greco, Colby - Account Planner, Account Services, Operations - THE GRIST, Boston, MA, pg. 19
Greeley, Jon - Account Services - MMB, Boston, MA, pg. 116
Green, Dawn - Account Services - PETER GREEN DESIGN STUDIOS, INC., Glendale, CA, pg. 194
Green, Melissa - Account Services - SAATCHI & SAATCHI LOS ANGELES, Torrance, CA, pg. 137
Green, Desiree - Account Planner, Account Services, Interactive / Digital, Media Department - GTB, Dearborn, MI, pg. 367
Green, Eric - Account Services, Creative, Management, Media Department - PUBLICIS NORTH AMERICA, New York, NY, pg. 399
Green, Danette - Account Services, Management - TURCHETTE ADVERTISING AGENCY, Fairfield, NJ, pg. 157
Green, Patrick - Account Services, NBC - STRATEGIC AMERICA, West Des Moines, IA, pg. 414
Green, Shelby - Account Services - HEALIXGLOBAL, New York, NY, pg. 471
Green, Deborah - Account Services, Interactive / Digital, Media Department, Programmatic - HEARTS & SCIENCE, New York, NY, pg. 471
Greenberg, Rick - Account Services, Management, PPOM - KEPLER GROUP, New York, NY, pg. 244
Greenberg, Taylor - Account Services - BRIGHTLINE, New York, NY, pg. 219
Greenberg, Michelle - Account Services - CENTRA360, Westbury, NY, pg. 49
Greenblatt, Melanie - Account Services, Management - OGILVY, New York, NY, pg. 393
Greene, John - Account Services, NBC, PPOM - TRANSLATION, Brooklyn, NY, pg. 299
Greene, Donna - Account Services, Management - STORANDT PANN MARGOLIS & PARTNERS, LaGrange, IL, pg. 414
Greene, Chris - Account Services - HILL HOLLIDAY, Boston, MA, pg. 85
Greene, Debra - Account Services - MATTER CREATIVE GROUP, Cincinnati, OH, pg. 107
Greener, Nick - Account Services - SASQUATCH, Portland, OR, pg. 138
Greengrass, Marc - Account Services, Management, Operations, PPOM - FLINT & STEEL, New York, NY, pg. 74
Greenlee, Rachel - Account Services - BBDO WEST, Los Angeles, CA, pg. 331
Greenspan, Sarah - Account Services, Management - STARCOM WORLDWIDE, Chicago, IL, pg. 513
Greenstein, Alyson - Account Services - DERSE, INC., Kennesaw, GA, pg. 304
Greenwald, Mitch - Account Services, PPOM - CREATIVE SPOT, Columbus, OH, pg. 55
Greenwood, Emily - Account Services - ELEVATION MARKETING, Richmond, VA, pg. 67
Greer, Phil - Account Services - LEWIS ADVERTISING, INC., Rocky Mount, NC, pg. 380
Greer, Ryan - Account Planner, Account Services, Media Department - AKA NYC, New York, NY, pg. 324
Grego, John - Account Services - MASCOLA GROUP, New Haven, CT, pg. 106
Gregory, Alicia - Account Planner, Account Services - TRICKEY JENNUS, INC., Tampa, FL, pg. 156
Gregory, Chase - Account Services - RED MOON MARKETING, Charlotte, NC, pg. 404
Gregory, Patrick - Account Services - BUTLER, SHINE, STERN & PARTNERS, Sausalito, CA, pg. 45
Gregory, Carol - Account Services, Management, Operations - ELEVATION MARKETING, Richmond, VA, pg. 67
Greisman, David - Account Services - GRIP LIMITED, Toronto, ON, pg. 78
Grenning, Janice - Account Services, Media Department - WS, Calgary, AB, pg. 164
Greubel, Marcie - Account Services - GCG MARKETING, Fort Worth, TX, pg. 362
Grewing, Cathy - Account Services, Administrative - RUNYON SALTZMAN EINHORN, Sacramento, CA, pg. 645
Grieco, Mark - Account Services - THE TOMBRAS GROUP, Knoxville, TN, pg. 424
Griffin, NaShonna - Account Services, Management - O'KEEFE REINHARD & PAUL, Chicago, IL, pg. 392
Griffin, Pam - Account Planner, Account Services - MEDIACOM, New York, NY, pg. 487
Griffin, Todd - Account Services, NBC, PPOM - MUSTACHE, Brooklyn, NY, pg. 252
Griffin, Molly - Account Services - BARKLEY, Kansas City, MO, pg. 329
Griffin, Allison - Account Services - VMLY&R, Austin, TX, pg. 429
Griffin, Leisha - Account Services, NBC - CHAMPION MANAGEMENT GROUP, LLC, Addison, TX, pg. 589
Griffin, Sara - Account Services - CAMRON, New York, NY, pg. 588
Griffith, Brendan - Account Services - REPUTATION PARTNERS, Chicago, IL, pg. 642
Griffith-Roach, Ashley - Account Planner, Account Services - MATRIX MEDIA SERVICES, Columbus, OH, pg. 554
Griffiths, Shauna - Account Services, Interactive / Digital, Management - CSM SPORT & ENTERTAINMENT, New York, NY, pg. 347
Griffiths, Camielle - Account Services - ZAG INTERACTIVE, Glastonbury, CT, pg. 277
Griffo, Angela - Account Services, NBC - 10FOLD, San Francisco, CA, pg. 573
Griggs, Parrish - Account Services - DIGITAS, Atlanta, GA, pg. 228
Grillo, Maria - Account Services - WEBER SHANDWICK, Chicago, IL, pg. 661
Grimes, Steve - Account Services, Creative, Interactive / Digital, Media Department, Operations - AKA NYC, New York, NY, pg. 324
Grimes, Betsy - Account Services, NBC, Research - INSIGHT STRATEGY GROUP, New York, NY, pg. 445
Grimm, Julia - Account Services, Media Department - STARCOM WORLDWIDE, Chicago, IL, pg. 513
Grinavich, Amanda - Account Services, Interactive / Digital, NBC - SHIFT COMMUNICATIONS, LLC, Boston, MA, pg. 647
Griner, Jason - Account Services, Media Department - DIRECT RESULTS, Venice, CA, pg. 63
Griscom, Suzanne - Account Services, Interactive / Digital - DUFFY & SHANLEY, INC., Providence,

1181

RESPONSIBILITIES INDEX — AGENCIES

RI, *pg.* 66
Griswold, Marsha - Account Services - TRIAD/NEXT LEVEL, Cuyahoga Falls, OH, *pg.* 156
Grivas, Michael - Account Services - IMPACT XM, Dayton, NJ, *pg.* 308
Grogan, Robert - Account Services - DAVIS HARRISON DION ADVERTISING, Chicago, IL, *pg.* 348
Groll, Aviva - Account Services, Media Department, PPOM - OGILVY, Toronto, ON, *pg.* 394
Groller, Tiffany - Account Services - MMG, Rockville, MD, *pg.* 116
Grome, David - Account Services - BUTLER / TILL, Rochester, NY, *pg.* 457
Groom, Chris - Account Services, Finance - THE ZIMMERMAN AGENCY, Tallahassee, FL, *pg.* 426
Groot, Lisa - Account Services - MATCHMG, Chicago, IL, *pg.* 384
Grosman, Jesika - Account Services - GIOVATTO ADVERTISING, Paramus, NJ, *pg.* 363
Gross, Sig - Account Services, Creative - DID AGENCY, Ambler, PA, *pg.* 62
Gross, Brooke - Account Services, NBC - MEDIA LOGIC, Albany, NY, *pg.* 288
Gross, Kelly - Account Services - BRAND CONTENT, Boston, MA, *pg.* 42
Gross, Megan - Account Services - BORSHOFF, Indianapolis, IN, *pg.* 585
Grosse, Ashley - Account Services - YOUGOV, Palo Alto, CA, *pg.* 451
Grossman, Helen - Account Services - TOOL OF NORTH AMERICA, Santa Monica, CA, *pg.* 564
Grotheim, Sarah - Account Services, NBC - WEBER SHANDWICK, Minneapolis, MN, *pg.* 660
Grothey, Jim - Account Services - BVK, Milwaukee, WI, *pg.* 339
Groudle, Stephanie - Account Services - ADLUCENT, Austin, TX, *pg.* 671
Groves, Tom - Account Services - PATIENTS & PURPOSE, New York, NY, *pg.* 126
Grozik, Tamara - Account Services - ELEVEN, INC., San Francisco, CA, *pg.* 67
Grubbs, Kenzie - Account Services - DROGA5, New York, NY, *pg.* 64
Gruber, Rachel - Account Services - BARBARIAN, New York, NY, *pg.* 215
Grucela, Amy - Account Services, NBC - COMMCREATIVE, Framingham, MA, *pg.* 343
Gruen, Meredith - Account Services, Interactive / Digital, NBC, Social Media - TEAM ONE, Los Angeles, CA, *pg.* 417
Gruenewald, Briana - Account Services - BELLMONT PARTNERS PUBLIC RELATIONS, Minneapolis, MN, *pg.* 582
Gruer, Hannah - Account Services - VELOCITY OMC, New York, NY, *pg.* 158
Grumm, Nyssa - Account Services, Media Department - STARCOM WORLDWIDE, Detroit, MI, *pg.* 517
Grundy, Mary - Account Services -

FIREWOOD, San Francisco, CA, *pg.* 283
Grunewald, Amber - Account Services - TURNSTILE, INC., Dallas, TX, *pg.* 427
Grunseth, Suzy - Account Services - INFINITY DIRECT, Plymouth, MN, *pg.* 286
Gruppo, Emily - Account Services - CRISPIN PORTER + BOGUSKY, Boulder, CO, *pg.* 346
Grusso, Alison - Account Services - MINDSHARE, New York, NY, *pg.* 491
Gruszkievicz, Liz - Account Services - ENERGY BBDO, INC., Chicago, IL, *pg.* 355
Gryglewska, Anna - Account Services - THE GEORGE P. JOHNSON COMPANY, New York, NY, *pg.* 316
Grymek, Jerry - Account Services - LMA, Toronto, ON, *pg.* 623
Guadarrama-Baumunk, Sandra - Account Services, Operations, PPOM - KNOODLE SHOP, Phoenix, AZ, *pg.* 95
Gualtieri, Katelyn - Account Services - IRIS ATLANTA, Atlanta, GA, *pg.* 90
Guan, Carmen - Account Services - GOODBY, SILVERSTEIN & PARTNERS, San Francisco, CA, *pg.* 77
Guarascio, Teresa - Account Services - MEDIACOM, Vancouver, BC, *pg.* 489
Guarino, Joe - Account Services, Management - KETCHUM, New York, NY, *pg.* 542
Guarino, Janine - Account Planner, Account Services - MEDIA CAUSE, Boston, MA, *pg.* 249
Gucunski, Marijana - Account Services, Public Relations - 5W PUBLIC RELATIONS, New York, NY, *pg.* 574
Gudgeon, Lauraliisa - Account Services - ANSIRA, Irvine, CA, *pg.* 565
Gudusky, Kim - Account Services - OTTO DESIGN & MARKETING, Norfolk, VA, *pg.* 124
Guell, Benjamin - Account Services - VAULT COMMUNICATIONS, INC., Plymouth Meeting, PA, *pg.* 658
Guerra, Hollis - Account Services - BLAST! PR, Santa Barbara, CA, *pg.* 584
Guerra, Dana - Account Services, NBC - MITHOFF BURTON PARTNERS, El Paso, TX, *pg.* 115
Guerra, Bruno - Account Services, Social Media - THE MANY, Pacific Palisades, CA, *pg.* 151
Guerra, Marissa - Account Services - DROGA5, New York, NY, *pg.* 64
Guerrero, Sue - Account Services, Management, Operations - STEIN IAS, New York, NY, *pg.* 267
Guerrero, Yasmin - Account Services, NBC - BKV, Miami, FL, *pg.* 334
Guerrero, Armando - Account Services, Management - NTOOITIVE DIGITAL, Las Vegas, NV, *pg.* 254
Guerrero, Emily - Account Services - IMAGINE, Manassas, VA, *pg.* 241

Guerri, Alex - Account Planner, Account Services, PPOM - WORKINPROGRESS, Boulder, CO, *pg.* 163
Guglielmi, Valerie - Account Services - LEVER INTERACTIVE, Lisle, IL, *pg.* 245
Guglielmo, Alex - Account Planner, Account Services - FCB CHICAGO, Chicago, IL, *pg.* 71
Guglielmo, Taylor - Account Services, NBC - CHEMISTRY ATLANTA, Atlanta, GA, *pg.* 50
Guiang, Christine - Account Services - AVREAFOSTER, Dallas, TX, *pg.* 35
Guillama-Rodriguez, Arminda - Account Services, Management, Media Department - HORIZON MEDIA, INC., New York, NY, *pg.* 474
Guillermo, Myra - Account Services - ANSIRA, Irvine, CA, *pg.* 565
Guimond, Jennifer - Account Services - TIZIANI WHITMYRE, Sharon, MA, *pg.* 155
Guitar, Laura - Account Services, Public Relations - RBB COMMUNICATIONS, Miami, FL, *pg.* 641
Guiterman, Alexandra - Account Services - CULTURE ONE WORLD, Washington, DC, *pg.* 539
Guitteau, John - Account Services - WRK ADVERTISING, Toledo, OH, *pg.* 163
Gulla, Hannah - Account Planner, Account Services, Media Department, NBC - MULLENLOWE U.S. LOS ANGELES, El Segundo, CA, *pg.*
Gullick, Emily - Account Services - DIGITAS, Boston, MA, *pg.* 226
Gunderman, Jeff - Account Services, Management - EYE MEDIA, New York, NY, *pg.* 552
Gunderson, Kelsey - Account Services, Management - WALKER SANDS COMMUNICATIONS, Chicago, IL, *pg.* 659
Gundrum, Connie - Account Services, NBC, Operations - DOM360, Greenville, SC, *pg.* 230
Gungormez, Allan - Account Services, Finance - HI5.AGENCY, Burbank, CA, *pg.* 239
Gunnewig, Sebastian - Account Planner, Account Services - AKQA, San Francisco, CA, *pg.* 211
Gunther, Susan - Account Services, PPOM - MARRINER MARKETING COMMUNICATIONS, Columbia, MD, *pg.* 105
Gunther, Matthew - Account Services, NBC - MEDIACOM, New York, NY, *pg.* 487
Gurkin, Amanda - Account Services - LUQUIRE GEORGE ANDREWS, INC., Charlotte, NC, *pg.* 382
Gurrieri, Michael - Account Services - HAWTHORNE ADVERTISING, Los Angeles, CA, *pg.* 370
Gurvits, Viola - Account Services, NBC - ESSENCE, New York, NY, *pg.* 232
Gusanders, Kristin - Account Services - LEGACY MARKETING

1182

AGENCIES

RESPONSIBILITIES INDEX

PARTNERS, Chicago, IL, *pg.* 310
Gustafson, Callen - Account Services, Interactive / Digital - GOODBY, SILVERSTEIN & PARTNERS, San Francisco, CA, *pg.* 77
Gustafson, Nick - Account Services - DUNCAN CHANNON, San Francisco, CA, *pg.* 66
Guthrie, Emilie - Account Planner, Account Services - GS&F , Nashville, TN, *pg.* 367
Guthrie, J M - Account Services, Finance, Management - AUTHENTIC, Richmond, VA, *pg.* 214
Gutierrez, Jimmy - Account Services, NBC - DEUTSCH, INC., Los Angeles, CA, *pg.* 350
Gutkowski, Jennifer - Account Planner, Account Services, Media Department - WATAUGA GROUP, Orlando, FL, *pg.* 21
Gutman, David - Account Services - XPERIENCE COMMUNICATIONS, Dearborn, MI, *pg.* 318
Gutting, David - Account Planner, Account Services - BARKLEY, Kansas City, MO, *pg.* 329
Guttman, Shaina - Account Services - ARCHER MALMO, Memphis, TN, *pg.* 32
Guy, Carla - Account Services, Human Resources, Interactive / Digital, Management, NBC, Operations, PPOM, Promotions - DAGGER, Atlanta, GA, *pg.* 224
Guy, Meghan - Account Services, Interactive / Digital, Management - FLEISHMANHILLARD, Raleigh, NC, *pg.* 606
Guyton, Lori - Account Services, Management - CROSBY-VOLMER, Washington, DC, *pg.* 594
Gwyn, David - Account Services, PPOM - FRENCH / WEST / VAUGHAN , Raleigh, NC, *pg.* 361
Gwynn, Anne - Account Services, Media Department - 22SQUARED INC., Tampa, FL, *pg.* 319
Gyles, Stephanie - Account Services, Interactive / Digital - ZULU ALPHA KILO, Toronto, ON, *pg.* 165
Haack, Natalie - Account Services - NUFFER SMITH TUCKER, INC., San Diego, CA, *pg.* 392
Haan, Rick - Account Services, PPOM - J. BRENLIN DESIGN, INC. , Norco, CA, *pg.* 188
Haanraadts, Jack - Account Services - FINN PARTNERS, New York, NY, *pg.* 603
Haas, Marie - Account Services - BVK, Milwaukee, WI, *pg.* 339
Haas, Rachel - Account Services - OGILVY, Chicago, IL, *pg.* 393
Haas, Hunter - Account Services - AGENCYEA, Chicago, IL, *pg.* 302
Habeck, Robert - Account Services, Management, Media Department, PPOM - OMD, New York, NY, *pg.* 498
Haber, Renee - Account Services - LAUGHLIN CONSTABLE, INC., Chicago, IL, *pg.* 380
Haber, Lauren - Account Services, Public Relations - VERDE BRAND

COMMUNICATIONS, Durango, CO, *pg.* 658
Hackenberg, Kate - Account Services - WONDERSAUCE, New York, NY, *pg.* 205
Hacker, Jacqueline - Account Services - YOUNG & LARAMORE, Indianapolis, IN, *pg.* 164
Hacker, Mary - Account Services - EPIC CREATIVE, West Bend, WI, *pg.* 7
Hackett, Daniel - Account Services - PEREIRA & O'DELL, San Francisco, CA, *pg.* 256
Hackett, Jill - Account Services - MCGARRYBOWEN, San Francisco, CA, *pg.* 385
Hackmann, Alyssa - Account Services - LITZKY PUBLIC RELATIONS, Hoboken, NJ, *pg.* 623
Haddad, Eric - Account Services, Management - THE MARS AGENCY, Southfield, MI, *pg.* 683
Haddad, Najla - Account Services, Management - VMLY&R, New York, NY, *pg.* 160
Hadden, Utahna - Account Services, Management - AM STRATEGIES, San Diego, CA, *pg.* 324
Haddow, Sarah - Account Services, Interactive / Digital, NBC - HORIZON MEDIA, INC., New York, NY, *pg.* 474
Hadley, Hannah - Account Services, Media Department - GOODBY, SILVERSTEIN & PARTNERS, San Francisco, CA, *pg.* 77
Haenel, Brant - Account Services, NBC, PPOM - MODERN CLIMATE, Minneapolis, MN, *pg.* 388
Haeseker, Karene - Account Services, Operations - RHYTHM, Irvine, CA, *pg.* 263
Hafez Bartolomeo, Atalie - Account Services - OGILVY PUBLIC RELATIONS, New York, NY, *pg.* 633
Haffenberg, Liza - Account Services - STRAWBERRYFROG, New York, NY, *pg.* 414
Haflich, Greg - Account Services - CALLAHAN CREEK , Lawrence, KS, *pg.* 4
Hagan, Emily - Account Services, Management, Media Department - CTI MEDIA , Atlanta, GA, *pg.* 464
Hagel, Cindy - Account Services, NBC - KICKING COW PROMOTIONS, INC., Saint Louis, MO, *pg.* 309
Hagemann, Rob - Account Services, Creative - COLLE MCVOY, Minneapolis, MN, *pg.* 343
Hagerman, Jenn - Account Services - KIOSK CREATIVE LLC, Novato, CA, *pg.* 378
Hagerman, Gabriella - Account Services - INITIATIVE, New York, NY, *pg.* 477
Hagg, Kati - Account Services - MANIFEST, Chicago, IL, *pg.* 248
Haggerty, Cameron - Account Services - BILLUPS WORLDWIDE, Lake Oswego, OR, *pg.* 550
Haggman, Emily - Account Services, NBC, PPOM - HAGGMAN, Gloucester, MA, *pg.* 81

Haglund, Tara - Account Planner, Account Services - DEUTSCH, INC., Los Angeles, CA, *pg.* 350
Hague, Megan - Account Services, Management - TRACYLOCKE, Chicago, IL, *pg.* 426
Hahn, David - Account Services, Management, PPOM - MEDIA CONNECT, New York, NY, *pg.* 485
Hahnfeldt, Tiffany - Account Services, Interactive / Digital, PPM - 5IVE, Minneapolis, MN, *pg.* 23
Haidinger, Tom - Account Services, Management - ADVANTAGE INTERNATIONAL, Stamford, CT, *pg.* 301
Hajimomen, Matthew - Account Services, Management - INNOCEAN USA, Huntington Beach, CA, *pg.* 479
Halabuk, Patty - Account Services - PENNA POWERS BRIAN HAYNES, Salt Lake City, UT, *pg.* 396
Halamuda, Jenni - Account Services - MILLER AD AGENCY, Dallas, TX, *pg.* 115
Halas, Olivia - Account Services, Programmatic - AMNET, Detroit, MI, *pg.* 454
Halas, Olivia - Account Services, PPOM - AMNET, New York, NY, *pg.* 454
Halaska, Howard - Account Services - LAYER ONE MEDIA, INC., Milwaukee, WI, *pg.* 245
Halberg, Clarice - Account Services, Management - J.T. MEGA, INC., Minneapolis, MN, *pg.* 91
Hale, Morgan - Account Services, NBC - CHAMPION MANAGEMENT GROUP, LLC, Addison, TX, *pg.* 589
Hall, Lisa - Account Services - MAXWELL & MILLER MARKETING COMMUNICATIONS, Kalamazoo, MI, *pg.* 384
Hall, Christina - Account Services, Management - INITIATIVE, San Diego, CA, *pg.* 479
Hall, Sarah - Account Planner, Account Services, Management - FCB HEALTH, New York, NY, *pg.* 72
Hall, Simon - Account Services, NBC - 72ANDSUNNY, Playa Vista, CA, *pg.* 23
Hall, Alana - Account Services - TRIPTENT, New York, NY, *pg.* 156
Hall, Dan - Account Services, Promotions - GMR MARKETING SAN FRANCISCO, San Francisco, CA, *pg.* 307
Hall, Gianine - Account Services - POSTERSCOPE U.S.A., New York, NY, *pg.* 556
Hall, Derek - Account Services - SKIVER ADVERTISING, Costa Mesa, CA, *pg.* 142
Hall, Alexandra - Account Services, Creative - HARLEY & CO, New York, NY, *pg.* 9
Hall, Elizabeth - Account Services, Management - IRIS ATLANTA, Atlanta, GA, *pg.* 90
Hall, Brian - Account Services - CROSSMEDIA, Philadelphia, PA, *pg.* 463
Hall, Michele - Account Services,

RESPONSIBILITIES INDEX — AGENCIES

NBC - COOPER-SMITH ADVERTISING, Stamford, CT, *pg.* 462

Haller, Chris - Account Services, Management, PPOM - OBATA DESIGN, INC., Saint Louis, MO, *pg.* 193

Halley, Lauren - Account Services - SAESHE ADVERTISING, Los Angeles, CA, *pg.* 137

Halling, Mckenzie - Account Services - PLANET PROPAGANDA, Madison, WI, *pg.* 195

Hallmark, Jordan - Account Services - OGILVY, Chicago, IL, *pg.* 393

Halloran, John - Account Services, Creative - MACY + ASSOCIATES, INC., Playa del Rey, CA, *pg.* 382

Halpern, Drew - Account Services - TERRI & SANDY, New York, NY, *pg.* 147

Halpert, Jack - Account Planner, Account Services, Media Department - GP GENERATE, LLC, Los Angeles, CA, *pg.* 541

Halphen, Stephanie - Account Services, Media Department, NBC - VAYNERMEDIA, New York, NY, *pg.* 689

Halpin, Suzanne - Account Services, Public Relations - RUBENSTEIN ASSOCIATES, New York, NY, *pg.* 644

Halpin, Denise - Account Services, NBC - EMPOWER, Cincinnati, OH, *pg.* 354

Halpin, Lindsey - Account Services - MGH ADVERTISING, Owings Mills, MD, *pg.* 387

Halpin, Erin - Account Services, Administrative - THE BUNTIN GROUP, Nashville, TN, *pg.* 148

Halprin, Marisa - Account Planner, Account Services, Media Department - MEDIAHUB NEW YORK, New York, NY, *pg.* 249

Halvorsen, Brooke - Account Services - 4FRONT, Chicago, IL, *pg.* 208

Hamamci, Asli - Account Services - PHD USA, New York, NY, *pg.* 505

Hamburg, Perry - Account Services, Analytics, Media Department - HEARTS & SCIENCE, New York, NY, *pg.* 471

Hamby, Stuart - Account Services - INTERSECTION, New York, NY, *pg.* 553

Hamel, Caroline - Account Services, PPM - REDPEPPER, Nashville, TN, *pg.* 405

Hamill, Alexandra - Account Services - BBDO SAN FRANCISCO, San Francisco, CA, *pg.* 330

Hamilton, Susan - Account Services - DEVINE + PARTNERS, Philadelphia, PA, *pg.* 596

Hamilton, Davina - Account Services - DIGITAS, San Francisco, CA, *pg.* 227

Hamilton, Joy - Account Services, NBC - COMMUNICORP, INC., Columbus, GA, *pg.* 52

Hamilton, Alycia - Account Services, Management - DIGITAS, Chicago, IL, *pg.* 227

Hamilton, Sydney - Account Services, Analytics, Research - IPROSPECT, Fort Worth, TX, *pg.* 674

Hamlin, Natalie - Account Services, Public Relations - WEBER SHANDWICK, Los Angeles, CA, *pg.* 662

Hammack, Cole - Account Planner, Account Services, Creative - R/GA, Los Angeles, CA, *pg.* 261

Hammer, Benedikt - Account Services, Interactive / Digital - LOCATION3 MEDIA, Denver, CO, *pg.* 246

Hammerling, Hayden - Account Services - THE BENDER GROUP, Upper Montclair, NJ, *pg.* 652

Hammes, Gwen - Account Services, Management - FCB CHICAGO, Chicago, IL, *pg.* 71

Hammett, Kris - Account Services, PPOM - JUICE STUDIOS, Atlanta, GA, *pg.* 309

Hammill, Kristin - Account Services, Management - HAVAS MEDIA GROUP, New York, NY, *pg.* 468

Hammond, Jon - Account Services, NBC - 97TH FLOOR, Lehi, UT, *pg.* 209

Hammond, Katie - Account Services, Operations - LEO BURNETT WORLDWIDE, Chicago, IL, *pg.* 98

Hammonds, Kelsey - Account Planner, Account Services, Interactive / Digital - PORTER NOVELLI, New York, NY, *pg.* 637

Hampel, Doug - Account Services, PPOM - GIBBS & SOELL, INC., Chicago, IL, *pg.* 607

Hampshire, Amber - Account Services - AFA KRAUSE, Sandy, UT, *pg.* 28

Hampshire, Taylor - Account Planner, Account Services - ZENITH MEDIA, Chicago, IL, *pg.* 531

Hampton, Karen - Account Services, PPOM - SCHENK HAMPTON ADVERTISING, Evansville, IN, *pg.* 138

Hampton, Defausha - Account Services - SHIFT COMMUNICATIONS LLC, New York, NY, *pg.* 647

Hampton, Marcelle - Account Services - THE GEORGE P. JOHNSON COMPANY, San Carlos, CA, *pg.* 316

Hamrick, David - Account Services, NBC - BOONEOAKLEY, Charlotte, NC, *pg.* 41

Hamzeh, Mo - Account Services - TBWA\WORLDHEALTH, New York, NY, *pg.* 147

Hanan, Amy - Account Services, Analytics, Media Department, NBC - BARETZ + BRUNELLE, New York, NY, *pg.* 580

Hanavan, Patrick - Account Services, PPOM - EXTREME REACH, INC., Needham, MA, *pg.* 552

Hancock, Lorill - Account Services, Creative - HANGAR 18 CREATIVE GROUP, Vancouver, BC, *pg.* 185

Hancock, Barrie - Account Services, NBC - FRENCH / WEST / VAUGHAN, Raleigh, NC, *pg.* 361

Hancock, Alex - Account Planner, Account Services - INITIATIVE, New York, NY, *pg.* 477

Handler, Justin - Account Planner, Account Services - O3 WORLD, Philadelphia, PA, *pg.* 14

Handley, Melissa - Account Services, Media Department - UNIVERSAL MCCANN, Los Angeles, CA, *pg.* 524

Handschuh, Alyssa - Account Services - MOXIE COMMUNICATIONS GROUP, New York, NY, *pg.* 628

Hanes, Samuel - Account Services - YOUNG & LARAMORE, Indianapolis, IN, *pg.* 164

Haney, Kaleigh - Account Services - PROOF ADVERTISING, Austin, TX, *pg.* 398

Haney-Crowe, Jennifer - Account Services - THE MX GROUP, Burr Ridge, IL, *pg.* 422

Hanford, Diana - Account Services, Media Department - PIERSON GRANT PUBLIC RELATIONS, Fort Lauderdale, FL, *pg.* 636

Hanford, Raymond - Account Services - DAC GROUP, Louisville, KY, *pg.* 223

Hang, Sherry - Account Services, Creative, NBC - YECK BROTHERS COMPANY, Dayton, OH, *pg.* 294

Hanley, Jennifer - Account Services, Management, PPM, PPOM - IBM IX, Columbus, OH, *pg.* 240

Hanley, Chris - Account Services, Management - CRAMER-KRASSELT, Chicago, IL, *pg.* 53

Hanley, John - Account Planner, Account Services, Interactive / Digital, Management, Media Department - UNIVERSAL MCCANN, New York, NY, *pg.* 521

Hanna, Brad - Account Services, Management - BARKLEY, Kansas City, MO, *pg.* 329

Hanna, Lizzy - Account Services, Media Department - ENGINE MEDIA GROUP, New York, NY, *pg.* 465

Hanna, Jessica - Account Services - ARC WORLDWIDE, Chicago, IL, *pg.* 327

Hannah, Katie - Account Services - THE INTEGER GROUP - DALLAS, Dallas, TX, *pg.* 570

Hannen, Janci - Account Services, Promotions, Social Media - SOHO EXPERIENTIAL, New York, NY, *pg.* 143

Hanners, Tim - Account Services - THE JOHNSON GROUP, Chattanooga, TN, *pg.* 420

Hanrahan, Colleen - Account Services, Public Relations - BCW NEW YORK, New York, NY, *pg.* 581

Hanratty, Darcie - Account Services, Media Department - SPD&G, Yakima, WA, *pg.* 411

Hansen, Mark - Account Services, Management, PPOM - DDB CHICAGO, Chicago, IL, *pg.* 59

Hansen, Amy - Account Services, Public Relations - SEROKA BRAND DEVELOPMENT, Brookfield, WI, *pg.* 646

Hansen, Wendy - Account Planner, Account Services - PENNA POWERS BRIAN HAYNES, Salt Lake City, UT, *pg.* 396

Hansen, Bryan - Account Services - MURPHY O'BRIEN, INC., Los Angeles, CA, *pg.* 630

Hansen, Yardley - Account Services

AGENCIES

RESPONSIBILITIES INDEX

- DROGA5, New York, NY, pg. 64
Hanser, Julie - Account Services - PROXIMITY WORLDWIDE, Cincinnati, OH, pg. 258
Hanser, Ryan - Account Services - HANSER & ASSOCIATES, West Des Moines, IA, pg. 611
Hanson, Courtney - Account Planner, Account Services, Media Department - TEAM ONE, Dallas, TX, pg. 418
Hanson, Sara - Account Services, Management - MOXIE SOZO, Boulder, CO, pg. 192
Hanzi, Robb - Account Planner, Account Services - SPARKS & HONEY, New York, NY, pg. 450
Happe, Debbie - Account Services - DESKEY INTEGRATED BRANDING , Cincinnati, OH, pg. 7
Haque, Yasir - Account Services - IPROSPECT, Fort Worth, TX, pg. 674
Hara, Sal - Account Services - 3H COMMUNICATIONS, INC., Oakville, ON, pg. 321
Harap, Lisa - Account Services - VAYNERMEDIA, New York, NY, pg. 689
Harasyn, Maggie - Account Services, Management, NBC, PPM - WIEDEN + KENNEDY, Portland, OR, pg. 430
Harb, Ameara - Account Services - CONE, INC., Boston, MA, pg. 6
Harbron, Jamie - Account Services - ENERGY BBDO, INC., Chicago, IL, pg. 355
Harcharic, Jason - Account Services - BEYOND MARKETING GROUP, Toronto, ON, pg. 685
Hardatt, Devina - Account Services, Media Department - 215 MCCANN, San Francisco, CA, pg. 319
Hardesty, Matt - Account Services, Interactive / Digital, Public Relations - SAATCHI & SAATCHI LOS ANGELES, Torrance, CA, pg. 137
Hardin, Kim - Account Services - BURKE, INC., Cincinnati, OH, pg. 442
Harding, Don - Account Services - INFINITY DIRECT, Plymouth, MN, pg. 286
Hardwick, Samantha - Account Services - BLACK BEAR DESIGN GROUP, Chamblee, GA, pg. 175
Hardy, Alison - Account Planner, Account Services, NBC - ESSENCE, New York, NY, pg. 232
Hardy, Josh - Account Planner, Account Services, Media Department, Operations - NOBLE PEOPLE, New York, NY, pg. 120
Hardy, Garrett - Account Services, Media Department - THE RICHARDS GROUP, INC., Dallas, TX, pg. 422
Hardy, Kallie - Account Services, Media Department, Public Relations - FUEL MARKETING, Salt Lake City, UT, pg. 361
Hargrave Thomas, Grace - Account Services - GREY GROUP, New York, NY, pg. 365
Hargrove, Amanda - Account Services - AKRETE, Evanston, IL, pg. 575
Harkai, Marissa - Account Services, Management - THE BUNTIN GROUP, Nashville, TN, pg. 148

Harkman, Chris - Account Services - FITCH, Scottsdale, AZ, pg. 183
Harman, Christina - Account Services - MERKLEY + PARTNERS, New York, NY, pg. 114
Harmer, Maria - Account Services, Creative - TRUE SENSE MARKETING, Freedom, PA, pg. 293
Harmon, Jenifer - Account Services, Management - ST. JOHN & PARTNERS ADVERTISING & PUBLIC RELATIONS, Jacksonville, FL, pg. 412
Harmon, Alex - Account Services - ADLUCENT, Austin, TX, pg. 671
Harmon, Hayley - Account Services - DERSE, INC., Kennesaw, GA, pg. 304
Harmon, Jacqueline - Account Services - CALLAHAN CREEK , Lawrence, KS, pg. 4
Harmon Schmidt, Kelly - Account Services - COLLE MCVOY, Minneapolis, MN, pg. 343
Harness, Trey - Account Services, Management, PPOM - CURIOSITY ADVERTISING, Cincinnati, OH, pg. 223
Harney, Alexa - Account Services - PRESTON KELLY, Minneapolis, MN, pg. 129
Harper, Tammy - Account Services - THE MANAHAN GROUP, Charleston, WV, pg. 19
Harper, Whitney - Account Services, Management - UPSHOT , Chicago, IL, pg. 157
Harper, Ilene - Account Planner, Account Services, Interactive / Digital, Management, Media Department - TARGETBASE MARKETING, Greensboro, NC, pg. 293
Harper, Baron - Account Services, NBC, Programmatic - THE TRADE DESK, New York, NY, pg. 520
Harper, Emily - Account Services - MOXIE, Atlanta, GA, pg. 251
Harrell, Kim - Account Planner, Account Services, NBC - BAYARD ADVERTISING AGENCY, INC., New York, NY, pg. 37
Harrell, Brett - Account Services - HARRIS, BAIO & MCCULLOUGH, Philadelphia, PA, pg. 369
Harriman, Patrick-Robert - Account Planner, Account Services, NBC - BARON & BARON, INC., New York, NY, pg. 36
Harrington, Emily - Account Services, NBC - DIGITAS, Detroit, MI, pg. 229
Harrington, Kathryn - Account Services, Media Department - INITIATIVE, New York, NY, pg. 477
Harris, Bethany - Account Services, Analytics, Management, NBC, Research - ACTIVE INTERNATIONAL, Pearl River, NY, pg. 439
Harris, Tammy - Account Planner, Account Services, Media Department - NDP, Richmond, VA, pg. 390
Harris, Rebecca - Account Services - PUBLICIS NORTH AMERICA, New York, NY, pg. 399
Harris, Kelly - Account Services,

Public Relations - HAUSER GROUP PUBLIC RELATIONS, Saint Louis, MO, pg. 612
Harris, Ashlee - Account Services, Media Department - CORNETT INTEGRATED MARKETING SOLUTIONS, Lexington, KY, pg. 344
Harris, Tegan - Account Services, Creative - YAH. - YOU ARE HERE, Atlanta, GA, pg. 318
Harris, Rebecca - Account Planner, Account Services, Operations - ERICH & KALLMAN, San Francisco, CA, pg. 68
Harris, Rebecca - Account Services - REACH AGENCY, Santa Monica, CA, pg. 196
Harris, Mellisa - Account Services - ALLEBACH COMMUNICATIONS, Souderton, PA, pg. 29
Harris, Jessica - Account Planner, Account Services - ROGERS & COWAN/PMK*BNC, New York, NY, pg. 644
Harris, Tyler - Account Services - ANOMALY, New York, NY, pg. 325
Harris, Joya - Account Services - LEO BURNETT DETROIT, Troy, MI, pg. 97
Harris, Jennifer - Account Services - AKRETE, Evanston, IL, pg. 575
Harris, Kennedy - Account Services - 72ANDSUNNY, Playa Vista, CA, pg. 23
Harris, Clarice - Account Services - A5, Chicago, IL, pg. 25
Harrison, Cathy - Account Services - BRAINS ON FIRE, Greenville, SC, pg. 691
Harrison, Sam - Account Services, Operations, PPOM - LINETT & HARRISON, Montville, NJ, pg. 100
Harrison, Lauren - Account Services - THE ZIMMERMAN AGENCY, Tallahassee, FL, pg. 426
Harrison, Jason - Account Services, NBC, PPOM - ESSENCE, Minneapolis, MN, pg. 233
Harrison, Kelly - Account Services - J PUBLIC RELATIONS, San Diego, CA, pg. 616
Hart, Don - Account Services, Media Department, NBC, PPOM - MOVE COMMUNICATIONS, Ann Arbor, MI, pg. 389
Hart, Diane - Account Services - MEISTER INTERACTIVE, Willoughby, OH, pg. 250
Hart, Kelsey - Account Services - RHEA & KAISER MARKETING , Naperville, IL, pg. 406
Hart Schmidt, Blaise - Account Services, Public Relations - ATOMICDUST, St. Louis, MO, pg. 214
Hartley, Jessica - Account Services, Management - INSTRUMENT, Portland, OR, pg. 242
Hartley, Vanessa - Account Planner, Account Services - HEARTS & SCIENCE, New York, NY, pg. 471
Hartlieb, Becca - Account Services - HAVAS WORLDWIDE CHICAGO, Chicago, IL, pg. 82
Hartman, Megan - Account Services -

RESPONSIBILITIES INDEX — AGENCIES

CALLIS & ASSOCIATES, Sedalia, MO, pg. 46
Hartman, Katie - Account Services, NBC - COLLE MCVOY, Minneapolis, MN, pg. 343
Hartmann, Michelle - Account Services - JACK MORTON WORLDWIDE, New York, NY, pg. 308
Hartstein, Devon - Account Planner, Account Services, Interactive / Digital, Social Media - WE COMMUNICATIONS, San Francisco, CA, pg. 660
Hartwell, Crystal - Account Services, NBC - MWEBB COMMUNICATIONS, Culver City, CA, pg. 630
Hartz, John - Account Services - SLOANE & COMPANY, New York, NY, pg. 647
Harvey, Erin - Account Services, Management, Media Department - PUBLICIS HEALTH, New York, NY, pg. 639
Harvey, Thomas - Account Services - WIEDEN + KENNEDY, Portland, OR, pg. 430
Harvey, Morgan - Account Services - MOXIE, Atlanta, GA, pg. 251
Harvey, Lisa - Account Services - JUNIPER PARK\ TBWA, Toronto, ON, pg. 93
Haskell, Kevin - Account Services, Operations - INTERSECTION, New York, NY, pg. 553
Haskins, Caitlin - Account Services - 10FOLD, Austin, TX, pg. 573
Haslbauer, John - Account Services, Interactive / Digital, Media Department - HEARTS & SCIENCE, New York, NY, pg. 471
Haslow, Tom - Account Services, Interactive / Digital, Management, Media Department - INTERESTING DEVELOPMENT, New York, NY, pg. 90
Hass, Erik - Account Services, Interactive / Digital, NBC - GARTNER, INC., Stamford, CT, pg. 236
Hassan, Aryana - Account Services - LEO BURNETT TORONTO, Toronto, ON, pg. 97
Hastings, Becky - Account Services, Media Department - CONWAY MARKETING COMMUNICATIONS, Knoxville, TN, pg. 53
Hatalski, Kara - Account Services, Interactive / Digital, Management, NBC - NEON, New York, NY, pg. 120
Hatcher, BJ - Account Services, Interactive / Digital, Media Department - SPARK FOUNDRY, New York, NY, pg. 508
Hatcher King, Kendra - Account Planner, Account Services, NBC - PUBLICIS.SAPIENT, Atlanta, GA, pg. 259
Hatfield, Jason - Account Planner, Account Services, Interactive / Digital, Management, Media Department, PPOM - MORRISON, Atlanta, GA, pg. 117
Hathaway, Katie - Account Planner, Account Services - PHD USA, New York, NY, pg. 505

Hathaway-Perrin, Joseph - Account Services - PUBLICIS NORTH AMERICA, New York, NY, pg. 399
Hauge, Brook - Account Services, NBC - HEARTS & SCIENCE, Los Angeles, CA, pg. 473
Hauge, Jacob - Account Services - ECHOS BRAND COMMUNICATIONS, San Francisco, CA, pg. 599
Haugen, Joshua - Account Services - DRAKE COOPER, Boise, ID, pg. 64
Hauman, Scott - Account Services, Management, Media Department - THE INTEGER GROUP - DALLAS, Dallas, TX, pg. 570
Hauser, Devin - Account Services - THE MARKETING STORE WORLDWIDE, Chicago, IL, pg. 421
Hausman, Marc - Account Services, NBC, PPOM - STRATEGIC COMMUNICATIONS GROUP, INC., McLean, VA, pg. 688
Havrilla, Scot - Account Services, Management - FCB CHICAGO, Chicago, IL, pg. 71
Hawes, David - Account Services - T3, Austin, TX, pg. 268
Hawkes, Jamie - Account Services - THE MARGULIES COMMUNICATIONS GROUP, Dallas, TX, pg. 654
Hawkins, Sophie - Account Services - ADPEARANCE, Portland, OR, pg. 671
Hawkins, Brittany - Account Services - AMOBEE, INC., Redwood City, CA, pg. 213
Hawkins, Tia - Account Services, Public Relations - WINGER MARKETING, Chicago, IL, pg. 663
Hawley, Jane - Account Planner, Account Services - SPARKS, Philadelphia, PA, pg. 315
Hawley, Lindsay - Account Services, Public Relations - WEBER SHANDWICK, Boston, MA, pg. 660
Hawreluk, Lisa - Account Services, Interactive / Digital, NBC - EXCELERATE DIGITAL, Raleigh, NC, pg. 233
Hay, Steve - Account Services, Media Department - SMITH BROTHERS AGENCY, LP, Pittsburgh, PA, pg. 410
Hayashi, Sharon - Account Services - AAAZA, Los Angeles, CA, pg. 537
Hayden, Kasey - Account Services, Interactive / Digital - TRIAD RETAIL MEDIA, New York, NY, pg. 272
Hayden, Emily - Account Services - HIRONS & COMPANY, Indianapolis, IN, pg. 86
Hayes, Bruce - Account Services, Management, Public Relations - EDELMAN, New York, NY, pg. 599
Hayes, Jo - Account Services, Analytics, Creative, Interactive / Digital, NBC - R/GA, New York, NY, pg. 260
Hayes, Kim - Account Services - PROED COMMUNICATIONS, Beachwood, OH, pg. 129
Hayes, Christy - Account Services - MIDNIGHT OIL CREATIVE, Burbank, CA, pg. 250
Hayes, Alyssa - Account Services -

RACHEL KAY PUBLIC RELATIONS, Solana Beach, CA, pg. 640
Hayhoe, Beau - Account Services, Social Media - COYNE PUBLIC RELATIONS, Parsippany, NJ, pg. 593
Hayman, Luke - Account Services, Creative, NBC, PPOM - PENTAGRAM, New York, NY, pg. 194
Hayman, Erica - Account Services, Management - SOURCE COMMUNICATIONS, Hackensack, NJ, pg. 315
Haymes, Sandy - Account Services - GATESMAN, Springfield, MO, pg. 361
Hays, Stephanie - Account Services - SWANSON RUSSELL ASSOCIATES, Lincoln, NE, pg. 415
Hazel, Patrick - Account Planner, Account Services, Interactive / Digital, Media Department - CARAT, New York, NY, pg. 459
Hazelett, Jennifer - Account Services - BALDWIN&, Raleigh, NC, pg. 35
Hazelwood, Roxanne - Account Services - BLENDERBOX, Brooklyn, NY, pg. 175
Hazlett, Jocelyn - Account Services, NBC - MEDIACOM, New York, NY, pg. 487
Heale, Daniel - Account Services, Creative, NBC, Social Media - WAY TO BLUE, Los Angeles, CA, pg. 275
Healing, Dave - Account Services - BRANDTRUST, INC., Chicago, IL, pg. 4
Healy, Lisa - Account Services, Management, PPOM - DAAKE DESIGN CENTER, Omaha, NE, pg. 178
Hean, Emily - Account Services, Operations - ORGANIC, INC., San Francisco, CA, pg. 255
Heard, Liz - Account Services, Media Department, Research - DAGGER, Atlanta, GA, pg. 224
Heatley, Kathy - Account Services - STARCOM WORLDWIDE, Detroit, MI, pg. 517
Heaton, Martin - Account Services, NBC - PHENOMENON, Los Angeles, CA, pg. 439
Heaven, Tonique - Account Services - CROSSMEDIA, New York, NY, pg. 463
Heberling, Keith - Account Services - THE ANDERSON GROUP, Sinking Spring, PA, pg. 19
Heck, Katie - Account Services - KETCHUM, Chicago, IL, pg. 619
Heckelman, Emily - Account Services, Creative, Media Department - SPARK FOUNDRY, Chicago, IL, pg. 510
Heelan, Kayla - Account Services, Programmatic, Public Relations - THRIVEHIVE, Quincy, MA, pg. 271
Heffner, Rick - Account Services, Media Department - CAIN & CO., Rockford, IL, pg. 588
Heger, Todd - Account Services, NBC, PPOM, Programmatic - DIGILANT, Boston, MA, pg. 464
Hegge, Jamie - Account Services - LAWRENCE & SCHILLER, Sioux Falls, SD, pg. 97
Hehir, Tom - Account Services - FCB

AGENCIES — RESPONSIBILITIES INDEX

CHICAGO, Chicago, IL, *pg.* 71
Heilemann, Elaine - Account Services - SMALL ARMY, Boston, MA, *pg.* 142
Heilpern, Kelly - Account Services, Operations, PPOM, Research - AMMUNITION, Atlanta, GA, *pg.* 212
Heilweil, Eldad - Account Planner, Account Services - M:UNITED//MCCANN, New York, NY, *pg.* 102
Heilweil, Jason - Account Services, Interactive / Digital, Media Department, Public Relations - NO LIMIT AGENCY, Chicago, IL, *pg.* 632
Heine, Emily - Account Services - CATALYST PUBLIC RELATIONS, New York, NY, *pg.* 589
Heiner, Bo - Account Services, Management, NBC - OCTAGON, Atlanta, GA, *pg.* 313
Heinzeroth, Scott - Account Services - HEINZEROTH MARKETING GROUP, Rockford, IL, *pg.* 84
Heitner-Anderson, Sheri - Account Services - ANDERSON ADVERTISING, Scottsdale, AZ, *pg.* 325
Heitzinger, Mark - Account Services - FUSE, LLC, Vinooski, VT, *pg.* 8
Heitzman, Tricia - Account Services, Interactive / Digital - DIGITAS, New York, NY, *pg.* 226
Held, Jessica - Account Services, PPOM - LESSING-FLYNN ADVERTISING CO., Des Moines, IA, *pg.* 99
Helford, Glenn - Account Services, Media Department - GROUPM, New York, NY, *pg.* 466
Helgeson, Kacie - Account Services - MONO, Minneapolis, MN, *pg.* 117
Heller, Jason - Account Services, Public Relations - 5W PUBLIC RELATIONS, New York, NY, *pg.* 574
Heller, Danielle - Account Services, Social Media - ACCENTURE INTERACTIVE, Chicago, IL, *pg.* 209
Hellickson, Amy - Account Planner, Account Services - LAUNDRY SERVICE, Brooklyn, NY, *pg.* 287
Hellrung, Amanda - Account Planner, Account Services, Media Department - ZENITH MEDIA, New York, NY, *pg.* 529
Helminiak, Beth Ann - Account Services, Human Resources, Management - SAATCHI & SAATCHI, New York, NY, *pg.* 136
Helms, Tyler - Account Services, Management - DEUTSCH, INC., New York, NY, *pg.* 349
Helms, Sarah - Account Services - LUQUIRE GEORGE ANDREWS, INC., Charlotte, NC, *pg.* 382
Helphand, Megan - Account Services - BENSON MARKETING GROUP, Napa, CA, *pg.* 280
Helscher, Katie - Account Services, Interactive / Digital, Public Relations, Social Media - HIEBING, Madison, WI, *pg.* 85
Heltne, Ashley - Account Services, Interactive / Digital, Management, NBC - Y MEDIA LABS, Redwood City, CA, *pg.* 205

Hemby, Becca - Account Services - 4FRONT, Chicago, IL, *pg.* 208
Hemingway, Cate - Account Services - THE NARRATIVE GROUP, New York, NY, *pg.* 654
Hemsley Butt, Eve - Account Services - MAROON PR, Columbia, MD, *pg.* 625
Henderson, Teresa - Account Services, Management, Operations - BCW DALLAS, Dallas, TX, *pg.* 581
Henderson, Richard - Account Services - DAVID&GOLIATH, El Segundo, CA, *pg.* 57
Henderson, Samuel - Account Services, Creative - BBDO WORLDWIDE, New York, NY, *pg.* 331
Henderson, Eric - Account Services, Management, NBC, PPOM, Public Relations - METEORITE PR, Boulder, CO, *pg.* 627
Henderson, Frank - Account Services, Media Department - CROSSMEDIA, New York, NY, *pg.* 463
Henderson, Christian - Account Services - G7 ENTERTAINMENT MARKETING, Nashville, TN, *pg.* 306
Henderson, Marcus - Account Services - EPIQ SYSTEMS, Beaverton, OR, *pg.* 232
Henderson, Leslie - Account Planner, Account Services - THE VIA AGENCY, Portland, ME, *pg.* 154
Henderson, Menzie - Account Services - PERISCOPE, Minneapolis, MN, *pg.* 127
Hendricks, Brian - Account Planner, Account Services, Media Department, PPM - WAVEMAKER, Los Angeles, CA, *pg.* 528
Hendricks, Julie - Account Services - RACHEL KAY PUBLIC RELATIONS, Solana Beach, CA, *pg.* 640
Hendricks, Aniqua - Account Planner, Account Services, Management - HEARTS & SCIENCE, Atlanta, GA, *pg.* 473
Hendricks-Atkins, Julie - Account Services - GETO & DE MILLY, INC., New York, NY, *pg.* 607
Heng, Angelica - Account Services - FCB CHICAGO, Chicago, IL, *pg.* 71
Hengst, Kyler - Account Services - ADVANTAGE INTERNATIONAL, Stamford, CT, *pg.* 301
Henkin, Elyce - Account Services, NBC - AKA NYC, New York, NY, *pg.* 324
Henley, Tessa - Account Services - ANSON-STONER, INC., Winter Park, FL, *pg.* 31
Henneghan, Chris - Account Planner, Account Services, NBC - SCHUBERT COMMUNICATIONS, INC., Downingtown, PA, *pg.* 139
Hennessy, Jack - Account Planner, Account Services, Interactive / Digital, Research - WUNDERMAN THOMPSON, Chicago, IL, *pg.* 434
Henning, Amy - Account Services, NBC - MEKANISM, New York, NY, *pg.* 113
Henning, Jacquie - Account Services - SUBURBIA STUDIOS, Victoria, BC,

pg. 18
Henri, Rena - Account Services - ARCHETYPE, San Francisco, CA, *pg.* 33
Henrichs, Jessica - Account Services, Management - COLLE MCVOY, Minneapolis, MN, *pg.* 343
Henrie, Lindsey - Account Services - TRACTORBEAM, Dallas, TX, *pg.* 156
Henry, Megan - Account Planner, Account Services, NBC - RHEA & KAISER MARKETING, Naperville, IL, *pg.* 406
Henry, Erin - Account Services - LPI GROUP, Calgary, AB, *pg.* 12
Henry, Gentry - Account Services - TRIPLEPOINT, San Francisco, CA, *pg.* 656
Henry, Rachel - Account Services, Public Relations - KIRVIN DOAK COMMUNICATIONS, Las Vegas, NV, *pg.* 620
Hensarling, Nina - Account Planner, Account Services, NBC - PEREIRA & O'DELL, New York, NY, *pg.* 257
Hensel, Wendy - Account Services - PRIMACY, Farmington, CT, *pg.* 258
Hensley, Allison - Account Services - THE MARTIN AGENCY, Richmond, VA, *pg.* 421
Hentemann, Gretchen - Account Planner, Account Services, Interactive / Digital, Media Department - GYRO, Chicago, IL, *pg.* 368
Hepburn, Elizabeth - Account Services - LIQUID AGENCY, INC., Portland, OR, *pg.* 12
Hepner, Ed - Account Services - TPG REWARDS, INC., New York, NY, *pg.* 570
Herbst, Angela - Account Services, Operations - THE BOSTON GROUP, Boston, MA, *pg.* 418
Hercules, Katrina - Account Planner, Account Services - ORCI, Santa Monica, CA, *pg.* 543
Herder, Caryn - Account Planner, Account Services, Management, Operations - CMD, Portland, OR, *pg.* 51
Herinckx, Ed - Account Services, PPOM - HMH, Portland, OR, *pg.* 86
Hering, Nicole - Account Planner, Account Services, Interactive / Digital, Management, Media Department - CRISPIN PORTER + BOGUSKY, Boulder, CO, *pg.* 346
Herlihy, Meg - Account Services - TRACYLOCKE, Wilton, CT, *pg.* 684
Herman, Adam - Account Services, Interactive / Digital, Management, NBC - CONTROL V EXPOSED, Jenkintown, PA, *pg.* 222
Herman, Erica - Account Services, Management - CRAMER-KRASSELT, New York, NY, *pg.* 53
Herman, Nicole - Account Services - ROKKAN, LLC, New York, NY, *pg.* 264
Hermann, Suzanne - Account Services - DARBY COMMUNICATIONS, Asheville, NC, *pg.* 595
Hermanson, Jenny - Account Services, Management - OMD, New

RESPONSIBILITIES INDEX — AGENCIES

York, NY, *pg.* 498
Hermes, Chuck - Account Services, NBC, PPOM - CLOCKWORK ACTIVE MEDIA, Minneapolis, MN, *pg.* 221
Hermosura, Rica - Account Services - THE NARRATIVE GROUP, New York, NY, *pg.* 654
Hernandez, Adrian - Account Services, Interactive / Digital, PPM - GOODBY, SILVERSTEIN & PARTNERS, San Francisco, CA, *pg.* 77
Hernandez, Ivette - Account Services - DELTA MEDIA, INC., Miami, FL, *pg.* 551
Hernandez, Ali - Account Services - BORSHOFF, Indianapolis, IN, *pg.* 585
Hernandez, Daniella - Account Planner, Account Services, Management, Media Department - HEARTS & SCIENCE, New York, NY, *pg.* 471
Hernandez, Stormy - Account Services, Interactive / Digital, Operations - J3, New York, NY, *pg.* 480
Hernandez, Fabian - Account Services, Creative - THRIVEHIVE, Las Vegas, NV, *pg.* 271
Hernandez, Pablo - Account Services - HAVAS MEDIA GROUP, New York, NY, *pg.* 468
Hernandez-Bobrow, Lisa - Account Services, NBC - TRUE IMPACT MEDIA, Austin, TX, *pg.* 558
Herndon, Claire - Account Services, Creative, NBC - ALTITUDE MARKETING, Emmaus, PA, *pg.* 30
Herrera, Henry - Account Services - ORIGINAL IMPRESSIONS, Miami, FL, *pg.* 289
Herrera, Andrew - Account Planner, Account Services, Media Department, Public Relations - PRAYTELL, Brooklyn, NY, *pg.* 258
Herrick, Shawn - Account Services, Interactive / Digital - YOUTECH, Scottsdale, AZ, *pg.* 436
Herrick, Tassi - Account Services - LINHART PUBLIC RELATIONS, Denver, CO, *pg.* 622
Herring, David - Account Services, Management - PUBLICIS.SAPIENT, Boston, MA, *pg.* 259
Herriott, Kristi - Account Services, PPOM - FIRMANI & ASSOCIATES, INC., Seattle, WA, *pg.* 604
Herrtage, Dallia - Account Services, Media Department - WAVEMAKER, New York, NY, *pg.* 526
Herse, Nora - Account Services - MAJOR TOM, New York, NY, *pg.* 247
Hershberger, Diana - Account Services, Creative - 3HEADED MONSTER, Dallas, TX, *pg.* 23
Hershey, Summer - Account Services - CACTUS MARKETING COMMUNICATIONS, Denver, CO, *pg.* 339
Hershfield, Alyssa - Account Services, Public Relations - BCW NEW YORK, New York, NY, *pg.* 581
Hershkowitz, Mara - Account Services - EDELMAN, New York, NY, *pg.* 599

Herskind, Erik - Account Services, Creative, Management - GODO DISCOVERY COMPANY, Dallas, TX, *pg.* 77
Hertenstein, Eric - Account Services, Management - HILL HOLLIDAY, Boston, MA, *pg.* 85
Hertenstein, Mark - Account Services, NBC - EPSILON , New York, NY, *pg.* 283
Hertzberg, Kyle - Account Services, Finance - DIGITAS, New York, NY, *pg.* 226
Hertzberg, Justin - Account Services - AFG&, New York, NY, *pg.* 28
Herzog, Randy - Account Services, Research - WUNDERMAN DATA PRODUCTS, Houston, TX, *pg.* 451
Herzog, Bret - Account Services - PERISCOPE, Minneapolis, MN, *pg.* 127
Hess, Casey - Account Services, NBC, PPOM - UPSHOT , Chicago, IL, *pg.* 157
Hess, Jennifer - Account Services, Management - DENTSU AEGIS NETWORK, New York, NY, *pg.* 61
Hess, Elizabeth - Account Services - PATIENTS & PURPOSE, New York, NY, *pg.* 126
Hesslein, Jordan - Account Services, NBC - 72ANDSUNNY, Brooklyn, NY, *pg.* 24
Hessler Fusselman, Kristen - Account Services - ZETA INTERACTIVE, New York, NY, *pg.* 277
Hester, Amy - Account Services, Media Department - BURKHOLDER FLINT ASSOCIATES, Columbus, OH, *pg.* 338
Hester, Lisa - Account Services - ROUNTREE GROUP, INC., Milton, GA, *pg.* 644
Hettel, Keri - Account Services, Analytics, Management - RAZORFISH HEALTH, Philadelphia, PA, *pg.* 262
Hettich, Cuyler - Account Services - CROWLEY WEBB & ASSOCIATES, Buffalo, NY, *pg.* 55
Heyburn, Gage - Account Services - GIANT SPOON, LLC, New York, NY, *pg.* 363
Hiatt, Leslie - Account Services - LEADING EDGES ADVERTISING, Meridian, MS, *pg.* 97
Hiban, Heather - Account Services - RP3 AGENCY, Bethesda, MD, *pg.* 408
Hibbs, Jennifer - Account Services, Interactive / Digital, Management - MARDEN-KANE, INC., Syosset, NY, *pg.* 568
Hibler, Scott - Account Services - BLUEMEDIA, Tempe, AZ, *pg.* 175
Hickey, Jim - Account Services, Management - COMMUNICATORS GROUP, Keene, NH, *pg.* 344
Hickey, Melissa - Account Services - ALCONE MARKETING GROUP, Darien, CT, *pg.* 565
Hicks, Wayne - Account Services, Management - GLYNNDEVINS, Richmond, VA, *pg.* 364
Hicks, Cindy - Account Services, Management - MCGARRYBOWEN, Chicago, IL, *pg.* 110

Hicks, Lori - Account Services - WONGDOODY, Seattle, WA, *pg.* 162
Hicks, Brian - Account Services - COMPASS COMMUNICATIONS, Halifax, NS, *pg.* 52
Hicks, Danielle - Account Services - DESIGN AT WORK CREATIVE SERVICES, Houston, TX, *pg.* 179
Hicks, Mike - Account Services - BESON 4 MEDIA GROUP, Jacksonville, FL, *pg.* 3
Hicks, Dixie - Account Services - GRACE OUTDOOR ADVERTISING, Columbia, SC, *pg.* 552
Hidalgo, Karen - Account Services - BIGEYE AGENCY, Orlando, FL, *pg.* 3
Hiddemen, Pamela - Account Planner, Account Services, NBC, Social Media - KLICK HEALTH, Toronto, ON, *pg.* 244
Hidden, James - Account Planner, Account Services, Creative, Public Relations - OGILVY, Chicago, IL, *pg.* 393
Hides, Greg - Account Services, Management, PPM - GEOMETRY, Chicago, IL, *pg.* 363
Higbee, Sarah - Account Services, Interactive / Digital, Media Department, NBC - EPSILON , New York, NY, *pg.* 283
Higgins, Kelly - Account Services, Management - DOREMUS & COMPANY, New York, NY, *pg.* 64
Higgins, Michelle - Account Services, Media Department - OMD, New York, NY, *pg.* 498
Higgins, Chelsea - Account Services - SFW AGENCY, Greensboro, NC, *pg.* 16
Higgins, Taylor - Account Services - ICF NEXT, Minneapolis, MN, *pg.* 372
Highsmith, Rick - Account Services, Finance, PPOM - CLIXO, Denver, CO, *pg.* 221
Hight, Taylor - Account Services - FAKE LOVE, Brooklyn, NY, *pg.* 183
Hightower, Kerry - Account Services - PROJECT X, New York, NY, *pg.* 556
Higley, Laura - Account Planner, Account Services, Media Department - MINDSHARE, New York, NY, *pg.* 491
Higuera, Jose - Account Services - BBDO SAN FRANCISCO, San Francisco, CA, *pg.* 330
Hiland, Chris - Account Services, Interactive / Digital, Management, Media Department, NBC - PERISCOPE, Minneapolis, MN, *pg.* 127
Hildebrandt, Lisa - Account Services, Finance - UNIVERSAL MCCANN DETROIT, Birmingham, MI, *pg.* 524
Hile, Jon - Account Services - DCG ONE, Seattle, WA, *pg.* 58
Hile, Angela - Account Services, Media Department - 97 DEGREES WEST, Austin, TX, *pg.* 24
Hiler, Christy - Account Services, PPOM - CORNETT INTEGRATED MARKETING SOLUTIONS, Lexington, KY, *pg.* 344
Hill, David - Account Services - STEPHENS & ASSOCIATES ADVERTISING,

AGENCIES
RESPONSIBILITIES INDEX

Overland Park, KS, *pg.* 413
Hill, Shayne - Account Services, Management, NBC - PATTISON OUTDOOR ADVERTISING, Mississagua, ON, *pg.* 555
Hill, Stephanie - Account Planner, Account Services, Interactive / Digital, Management, Media Department, NBC - CARAT, New York, NY, *pg.* 459
Hill, Christopher - Account Services, Management - GYRO, Chicago, IL, *pg.* 368
Hill, Zachary - Account Services, Media Department, NBC - BATTERY, Hollywood, CA, *pg.* 330
Hill, Melissa - Account Services, Media Department - MOROCH PARTNERS, Dallas, TX, *pg.* 389
Hill, Melissa - Account Services, Creative, Management - MEKANISM, New York, NY, *pg.* 113
Hill, Alec - Account Planner, Account Services, NBC, Operations - EPSILON, New York, NY, *pg.* 283
Hill, Sara - Account Services - LEO BURNETT WORLDWIDE, Chicago, IL, *pg.* 98
Hill, Gian - Account Services - PERISCOPE, Minneapolis, MN, *pg.* 127
Hill, Kacey M. - Account Services, Public Relations - PETERMAYER, New Orleans, LA, *pg.* 127
Hill, Michelle - Account Services - THE RAMEY AGENCY, Jackson, MS, *pg.* 422
Hill-Young, Renee - Account Services, Media Department, PPOM - QUIGLEY-SIMPSON, Los Angeles, CA, *pg.* 544
Hilliard, Maggie - Account Services, NBC, PPOM - MEDIACOM, New York, NY, *pg.* 487
Hillman, Leigh - Account Services - TEAM EPIPHANY, New York, NY, *pg.* 652
Hilton, Gail - Account Services - WUNDERMAN THOMPSON, New York, NY, *pg.* 434
Hines, Carrie - Account Services, Management - GSD&M, Austin, TX, *pg.* 79
Hines, Erwin - Account Services, Creative - BASIC, San Diego, CA, *pg.* 215
Hines, Jacqueline - Account Services - DDB CHICAGO, Chicago, IL, *pg.* 59
Hines-Bollinger, Alaine - Account Services, Management - BARNHARDT DAY & HINES, Concord, NC, *pg.* 36
Hinkes, Tom - Account Planner, Account Services - INITIATE-IT LLC, Richmond, VA, *pg.* 375
Hinkle, Kiley - Account Services, Public Relations - MSLGROUP, New York, NY, *pg.* 629
Hinkle-Bachofer, Brenda - Account Services - WALZ TETRICK ADVERTISING, Mission, KS, *pg.* 429
Hinnenkamp, Chelsea - Account Services - NOVUS MEDIA, INC., Plymouth, MN, *pg.* 497
Hinsley, Obele - Account Services,

Interactive / Digital, Management - WEBER SHANDWICK, Chicago, IL, *pg.* 661
Hinson, Ruthie - Account Planner, Account Services - ZENITH MEDIA, Atlanta, GA, *pg.* 531
Hiponia, Alexandria - Account Services - SUNSHINE SACHS, New York, NY, *pg.* 650
Hiroshima, Helen - Account Services - CANNELLA RESPONSE TELEVISION, Los Angeles, CA, *pg.* 457
Hirota, David - Account Services, Interactive / Digital - WEBER SHANDWICK, San Francisco, CA, *pg.* 662
Hirsh, Matthew - Account Services, Media Department - MINDSHARE, Chicago, IL, *pg.* 494
Hirst, Kevin - Account Services - SERINO COYNE, INC., New York, NY, *pg.* 299
Hirt, Julie - Account Services - SPAWN, Anchorage, AK, *pg.* 648
Hitch, Emilie - Account Services, NBC, PPOM - BROADHEAD, Minneapolis, MN, *pg.* 337
Hixon, Steve - Account Services, Media Department - MIDAN MARKETING, Chicago, IL, *pg.* 13
Hlatky, John - Account Planner, Account Services - SWELLSHARK, New York, NY, *pg.* 518
Hlebak, Janel - Account Services - FALLS COMMUNICATIONS, Cleveland, OH, *pg.* 357
Ho, Terrence - Account Services - COSSETTE MEDIA, Toronto, ON, *pg.* 345
Ho, Yalun - Account Services - MYRIAD TRAVEL MARKETING, Los Angeles, CA, *pg.* 390
Hobbins, Teddy - Account Services, Creative, Management - BOATBURNER, St Paul, MN, *pg.* 40
Hobbs, Tim - Account Services, PPM, Promotions - MARKETING RESOURCES, Oak Park, IL, *pg.* 568
Hobley, Tony - Account Services, Management - SPARK44, New York, NY, *pg.* 411
Hobson, Lauren - Account Services - MOXIE COMMUNICATIONS GROUP, New York, NY, *pg.* 628
Hocevar, Rachel - Account Services, NBC - BAZAARVOICE, INC., Austin, TX, *pg.* 216
Hockman, Kayla - Account Services, Public Relations - DKC PUBLIC RELATIONS, New York, NY, *pg.* 597
Hockman, Eric - Account Services - RYGR, Carbondale, CO, *pg.* 409
Hodges, Tori - Account Services, NBC - AKQA, Washington, DC, *pg.* 212
Hodges, Matthew - Account Services, Media Department - OMD, New York, NY, *pg.* 498
Hodges, Brie - Account Services - BBR CREATIVE, Lafayette, LA, *pg.* 174
Hodges Smith, Anna - Account Services, PPOM - HODGES ASSOCIATES, Fayetteville, NC, *pg.* 86

Hodgkin, Kelsey - Account Planner, Account Services, Management, Media Department, Research - DEUTSCH, INC., Los Angeles, CA, *pg.* 350
Hodgman, Alec - Account Services - SILTANEN & PARTNERS ADVERTISING, El Segundo, CA, *pg.* 410
Hodgson, Maria - Account Services - ALMA, Coconut Grove, FL, *pg.* 537
Hodkins, Emily - Account Services, NBC, Public Relations - ELEPHANT, Brooklyn, NY, *pg.* 181
Hodson, Challen - Account Services - RED ANTLER, Brooklyn, NY, *pg.* 16
Hodson, Mark - Account Services, NBC - XEVO, Bellevue, WA, *pg.* 535
Hoedeman, Dan - Account Services - RILEY HAYES ADVERTISING, INC., Minneapolis, MN, *pg.* 407
Hoeft, Laura - Account Services - J.R. THOMPSON COMPANY, Farmington Hills, MI, *pg.* 376
Hoehn, Maija - Account Services, Interactive / Digital, Media Department - BROADHEAD, Minneapolis, MN, *pg.* 337
Hoelscher, Ashley - Account Planner, Account Services, Media Department - MEDIAHUB NEW YORK, New York, NY, *pg.* 249
Hoerter, Rob - Account Services - ARCHER MALMO, Memphis, TN, *pg.* 32
Hoff, Holly - Account Planner, Account Services - CONCENTRIC HEALTH EXPERIENCE, New York, NY, *pg.* 52
Hoffarber, Jordan - Account Services - FALLON WORLDWIDE, Minneapolis, MN, *pg.* 70
Hoffman, Chris - Account Services, Management - THE BALLANTINE CORPORATION, Fairfield, NJ, *pg.* 293
Hoffman, Brittany - Account Services, Media Department - UNIVERSAL MCCANN, Los Angeles, CA, *pg.* 524
Hoffman, Jeff - Account Services, Creative, NBC, PPOM - EP+CO., Greenville, SC, *pg.* 356
Hoffman, Laura - Account Services, NBC - THE MANY, Pacific Palisades, CA, *pg.* 151
Hoffmannbeck, Jennifer - Account Planner, Account Services - MATRIX MEDIA SERVICES, Columbus, OH, *pg.* 554
Hogan, Dan - Account Services - GTB, Dearborn, MI, *pg.* 367
Hogan, Mark - Account Services - WE ARE ALEXANDER, St. Louis, MO, *pg.* 429
Hogan, Erin - Account Services - WORDWRITE COMMUNICATIONS, Pittsburgh, PA, *pg.* 663
Hogan, Erin - Account Planner, Account Services, Media Department - HEARTS & SCIENCE, Atlanta, GA, *pg.* 473
Hohman, Deborah - Account Services, Media Department, PPM - MEDIASPOT, INC., Corona Del Mar, CA, *pg.* 490
Hohman, Jennifer - Account Services, Management, NBC, PPOM - FCB NEW YORK, New York, NY, *pg.* 357

RESPONSIBILITIES INDEX AGENCIES

Hoholick, Erica - Account Services, PPOM - 22SQUARED INC., Atlanta, GA, *pg.* 319
Hoin, Jake - Account Services, Interactive / Digital - KEPLER GROUP, New York, NY, *pg.* 244
Hokr, Michelle - Account Services - KEVIN/ROSS PUBLIC RELATIONS, Westlake Village, CA, *pg.* 686
Holbrook, Natalie - Account Services, Management, Media Department - INITIATIVE, Los Angeles, CA, *pg.* 478
Holden, Robert - Account Services, Management - STATESIDE ASSOCIATES, Arlington, VA, *pg.* 649
Holden, Alexis - Account Services - ALLISON+PARTNERS, Chicago, IL, *pg.* 577
Holden, James - Account Services, Media Department - ACTIVE INTERNATIONAL, Pearl River, NY, *pg.* 439
Holdnick, Jay - Account Services - THINK SHIFT, INC., Winnipeg, MB, *pg.* 270
Holdsworth, Katie - Account Services - BOOYAH ONLINE ADVERTISING, Denver, CO, *pg.* 218
Hollabaugh, Sara - Account Services - DADDI BRAND COMMUNICATIONS, New York, NY, *pg.* 595
Holland, Meg - Account Services - NEON, New York, NY, *pg.* 120
Holland, Rachael - Account Services - AMPERAGE, Cedar Rapids, IA, *pg.* 30
Hollander, Gail - Account Services, Management, NBC, Operations - PUBLICIS NORTH AMERICA, New York, NY, *pg.* 399
Holleman, Shannon - Account Services - HUNTSINGER & JEFFER, INC., Richmond, VA, *pg.* 285
Holley, Kelly - Account Services, Media Department - FALLON WORLDWIDE, Minneapolis, MN, *pg.* 70
Holliday, Nick - Account Services, Interactive / Digital, Management - 22SQUARED INC., Atlanta, GA, *pg.* 319
Hollon, Kalee - Account Services, Creative - IBM IX, Columbus, OH, *pg.* 240
Holloway, Robert - Account Planner, Account Services, NBC - CADIENT GROUP, Malvern, PA, *pg.* 219
Holloway, Lauren - Account Services - RAWLE-MURDY ASSOCIATES, Charleston, SC, *pg.* 403
Holloway, Bonnie - Account Services, Interactive / Digital - ADTAXI, Denver, CO, *pg.* 211
Holman, Jenny - Account Services, Interactive / Digital, Management - CLOCKWORK ACTIVE MEDIA, Minneapolis, MN, *pg.* 221
Holmes, Brandi - Account Services - M BOOTH & ASSOCIATES, INC., New York, NY, *pg.* 624
Holmes, Abigail E. - Account Services - CORPORATE INK PUBLIC RELATIONS, Boston, MA, *pg.* 593
Holmes, Alisa - Account Services -

BLUETENT, Carbondale, CO, *pg.* 218
Holstein, Ryan - Account Services, NBC, Operations - HYFN, Los Angeles, CA, *pg.* 240
Holt, Shelby - Account Services - ENDEAVOR - CHICAGO, Chicago, IL, *pg.* 297
Holten, Becky - Account Planner, Account Services, NBC - SIXSPEED, Minneapolis, MN, *pg.* 198
Holtkamp, Robert - Account Services, Management, Media Department - INITIATIVE, Los Angeles, CA, *pg.* 478
Holton, Eileen - Account Planner, Account Services, Interactive / Digital, Media Department - OMD, Chicago, IL, *pg.* 500
Holtz, Liesl - Account Services - MATCH ACTION MARKETING GROUP, Boulder, CO, *pg.* 692
Holub, Johanna - Account Services - BELLMONT PARTNERS PUBLIC RELATIONS, Minneapolis, MN, *pg.* 582
Holwick, Evan - Account Services - BARKLEY, Kansas City, MO, *pg.* 329
Holzemer, Lisa - Account Services, Interactive / Digital - CARMICHAEL LYNCH, Minneapolis, MN, *pg.* 47
Holzhauer, Ashley - Account Services, Public Relations - ACCESS BRAND COMMUNICATIONS, San Francisco, CA, *pg.* 574
Holzman, Louis - Account Services, NBC - ALTITUDE MARKETING, Emmaus, PA, *pg.* 30
Hom, Stephen - Account Services - 360I, LLC, Atlanta, GA, *pg.* 207
Homsher, Ashley - Account Services - PMG, Fort Worth, TX, *pg.* 257
Honey, Kevin - Account Services, Management - SAATCHI & SAATCHI, New York, NY, *pg.* 136
Hong, Gil - Account Services, Interactive / Digital - SEER INTERACTIVE, Philadelphia, PA, *pg.* 677
Honig, Shana - Account Services - BBH, New York, NY, *pg.* 37
Hoock, Andrea - Account Services - PUBLICIS NORTH AMERICA, New York, NY, *pg.* 399
Hood, David - Account Services - REVOLUTION, Chicago, IL, *pg.* 406
Hook, Caroline - Account Services - R2INTEGRATED, Baltimore, MD, *pg.* 261
Hooker, Jamie - Account Services, Public Relations - SNACKBOX LLC, Austin, TX, *pg.* 648
Hooks, Brandon - Account Services, Social Media - MARKSTEIN, Birmingham, AL, *pg.* 625
Hoover, Adam - Account Services - BORSHOFF, Indianapolis, IN, *pg.* 585
Hoover, Jake - Account Services, Interactive / Digital - ARCALEA LLC, Chicago, IL, *pg.* 672
Hopkins, Jay - Account Services - CREATIVE RESPONSE CONCEPTS, Alexandria, VA, *pg.* 593
Hopkins, Tim - Account Services - ZULU ALPHA KILO, Toronto, ON, *pg.* 165

Hopkins, Diana - Account Services - ARCHER MALMO, Memphis, TN, *pg.* 32
Hopkins, Nicole - Account Services - 3POINTS COMMUNICATIONS, Chicago, IL, *pg.* 573
Hopman, Rob - Account Services - GTB, Dearborn, MI, *pg.* 367
Hopper, Dawn - Account Services, NBC - MOSAIC NORTH AMERICA, Irving, TX, *pg.* 312
Hopson, Jessica - Account Services - LOVELL COMMUNICATIONS, INC., Nashville, TN, *pg.* 623
Horak, Debbie - Account Services, NBC - GUD MARKETING, Lansing, MI, *pg.* 80
Horak, Markus - Account Services, Creative, Media Department - ACCENTURE INTERACTIVE, New York, NY, *pg.* 209
Horbal, Stephanie - Account Services - ADAMS UNLIMITED, New York, NY, *pg.* 575
Hordeman, Jessica - Account Services, Interactive / Digital, Social Media - REPRISE DIGITAL, New York, NY, *pg.* 676
Horine, Holli - Account Services - EDGE MARKETING, Stamford, CT, *pg.* 681
Horlick, Dennis - Account Services, PPOM - DJ-LA, LLC, Los Angeles, CA, *pg.* 63
Horn, Juliet - Account Services, Finance, Management - DKC PUBLIC RELATIONS, New York, NY, *pg.* 597
Horn, Amos - Account Services, Public Relations - PALE MORNING MEDIA, Waitsville, VT, *pg.* 635
Hornaday, John - Account Services - BARKLEY, Kansas City, MO, *pg.* 329
Horne, Kate - Account Planner, Account Services - TAXI, New York, NY, *pg.* 146
Hornickel, Kristi - Account Services, Creative - INNOCEAN USA, Huntington Beach, CA, *pg.* 479
Horning, Bryan - Account Services - THE DESIGNORY, Nashville, TN, *pg.* 269
Horsburgh, Neysa - Account Services, Management - PSYOP, Venice, CA, *pg.* 196
Horst, Jessica - Account Services - SAXTON HORNE, Sandy, UT, *pg.* 138
Horton, Rob - Account Services, Management - WRAY WARD, Charlotte, NC, *pg.* 433
Horwitz, Thomas E. - Account Services, Management, PPOM - FRCH DESIGN WORLDWIDE, Cincinnati, OH, *pg.* 184
Horwitz, Nikki - Account Services - BILLUPS, INC, Los Angeles, CA, *pg.* 550
Hoshia, Allison - Account Services - LAKE GROUP MEDIA, INC., Armonk, NY, *pg.* 287
Hosler, Samantha - Account Services, NBC - AMOBEE, INC., Chicago, IL, *pg.* 213
Hosler, Joe - Account Services, Creative - ZORCH, Chicago, IL, *pg.* 22

AGENCIES — RESPONSIBILITIES INDEX

Hosseini, Sadaf - Account Services - HEARTBEAT IDEAS, El Segundo, CA, pg. 238

Hotchkiss, Colleen - Account Planner, Account Services, Media Department - ZENITH MEDIA, New York, NY, pg. 529

Houel, Jennifer - Account Services, NBC - IN CONNECTED MARKETING, Stamford, CT, pg. 681

Houghton, Joe - Account Services, Operations - UNIVERSAL MCCANN DETROIT, Birmingham, MI, pg. 524

Houk, Chris - Account Services - TRICOMB2B, Dayton, OH, pg. 427

House, Allison - Account Services, NBC - EVENTNETUSA, Fort Lauderdale, FL, pg. 305

House, Erin - Account Services - ZEHNER, Los Angeles, CA, pg. 277

House, Kim - Account Services - INTEGRITY, Saint Louis, MO, pg. 90

Houser, Victoria - Account Planner, Account Services - GREGORY WELTEROTH ADVERTISING, Montoursville, PA, pg. 466

Houston, Jocelyn - Account Services - BAILEY LAUERMAN, Omaha, NE, pg. 35

Houston, Heather - Account Services - DALTON AGENCY, Jacksonville, FL, pg. 348

Houweling, Brittany - Account Services, NBC - ENGINE DIGITAL, Vancouver, BC, pg. 231

Hovanessian, Dina - Account Services, Management - MCCANN NEW YORK, New York, NY, pg. 108

Hovsepian, Susan - Account Services - ARNOLD WORLDWIDE, Boston, MA, pg. 33

Howaniec, Samantha - Account Planner, Account Services - DWA MEDIA, Boston, MA, pg. 464

Howar, Alexandra - Account Services - AUGUST JACKSON, Baltimore, MD, pg. 302

Howard, Patti - Account Services - KINZIEGREEN MARKETING GROUP, Wausau, WI, pg. 95

Howard, Tonie - Account Services, Management - ONE & ALL, Atlanta, GA, pg. 289

Howard, Jennifer - Account Services, NBC, Public Relations, Social Media - BANDY CARROLL HELLIGE, Louisville, KY, pg. 36

Howard, EJ - Account Services - XAXIS, New York, NY, pg. 276

Howard, Kevin - Account Services, Management, Media Department - HORIZON MEDIA, INC., New York, NY, pg. 474

Howard, Brooke-Lynn - Account Planner, Account Services - SWIFT, Portland, OR, pg. 145

Howard, Kelly - Account Services, Media Department - WAVEMAKER, New York, NY, pg. 526

Howard, Jessica - Account Services - DALTON + ANODE, Nashville, TN, pg. 348

Howard, Tom - Account Services - DIGITAS, Chicago, IL, pg. 227

Howard, Erika - Account Services - GNF MARKETING, Armonk, NY, pg. 364

Howarth, Sarah - Account Services, Media Department - VMC MEDIA, Toronto, ON, pg. 526

Howatt, Heather - Account Services, Media Department, NBC, PPOM - RESULTS MARKETING & ADVERTISING, Charlottetown, PE, pg. 405

Howden, Carla - Account Services - WS, Calgary, AB, pg. 164

Howe, Jordan - Account Services, PPOM - THE SUMMIT GROUP, Salt Lake City, UT, pg. 153

Howe, Charles - Account Services, NBC - TRUE MEDIA, Columbia, MO, pg. 521

Howe, Laura - Account Services - TEAM VELOCITY MARKETING, Herndon, VA, pg. 418

Howe, Arianna - Account Services - SPARKLOFT MEDIA, Portland, OR, pg. 688

Howe, Megan - Account Services - CARMICHAEL LYNCH, Minneapolis, MN, pg. 47

Howe, Elizabeth - Account Services - VARALLO PUBLIC RELATIONS, Nashville, TN, pg. 658

Howell, Kiska - Account Services - DDB CHICAGO, Chicago, IL, pg. 59

Howeth, Madeline - Account Services - WEBER SHANDWICK, New York, NY, pg. 660

Howland, PJ - Account Services - 97TH FLOOR, Lehi, UT, pg. 209

Howze, Nikki - Account Services, PPM - PARTNERS + NAPIER, Rochester, NY, pg. 125

Hoy, Greg - Account Services, Management - HELMS WORKSHOP, Austin, TX, pg. 9

Hoza, Kylie - Account Services - BOUNTEOUS, Chicago, IL, pg. 218

Hrstic, Karen - Account Services, Management - CARAT, Toronto, ON, pg. 461

Hruska, Jen - Account Services, Management - CRISPIN PORTER + BOGUSKY, Boulder, CO, pg. 346

Hsia, Victoria - Account Planner, Account Services, Interactive / Digital - NEXTGUEST DIGITAL, New York, NY, pg. 253

Hsu, Wendy - Account Services - PETROL, Burbank, CA, pg. 127

Hu, Wendy - Account Services - HAVAS NEW YORK, New York, NY, pg. 369

Huang, Ashley - Account Planner, Account Services, Human Resources, Media Department - INITIATIVE, Los Angeles, CA, pg. 478

Hubbard, Scott - Account Services, PPM - VENABLES BELL & PARTNERS, San Francisco, CA, pg. 158

Hubbard, John - Account Services, NBC - CANVAS WORLDWIDE, Playa Vista, CA, pg. 458

Hubbard, Dave - Account Services, Management - SWIFT, Portland, OR, pg. 145

Hubbard, Scott - Account Services - SPARK44, New York, NY, pg. 411

Huber, Matt - Account Services, Management - PERISCOPE, Minneapolis, MN, pg. 127

Huber, Conner - Account Services, Interactive / Digital, Management, Media Department, NBC, PPOM - MCGARRYBOWEN, New York, NY, pg. 109

Huber, Katherine - Account Services - D/CAL, Detroit, MI, pg. 56

Hubich, Mandy - Account Planner, Account Services - THE VARIABLE, Winston-Salem, NC, pg. 153

Hubler, Andrea - Account Services - THE OHLMANN GROUP, Dayton, OH, pg. 422

Huck, Kevin - Account Services, NBC - ASPEN MARKETING SERVICES, West Chicago, IL, pg. 280

Hudak, Shelby - Account Services, Public Relations - HAVAS FORMULA, San Diego, CA, pg. 612

Hudec, Erin - Account Services - FCB CHICAGO, Chicago, IL, pg. 71

Hudecheck, Julie - Account Services - OUT THERE ADVERTISING, Duluth, MN, pg. 395

Hudgins, Matt - Account Services, Creative, Interactive / Digital, Media Department - GOODBY, SILVERSTEIN & PARTNERS, San Francisco, CA, pg. 77

Hudson, Erica - Account Services - VMLY&R, Kansas City, MO, pg. 274

Hudson, Samantha - Account Services - BOUVIER KELLY, INC., Greensboro, NC, pg. 41

Huehnergarth, David - Account Services, Management - LEVLANE ADVERTISING, Philadelphia, PA, pg. 380

Huff, MacKenzie - Account Services, Interactive / Digital, Media Department, PPM - COPACINO + FUJIKADO, LLC, Seattle, WA, pg. 344

Huff, Michele - Account Services - HMT ASSOCIATES, INC., Broadview Heights, OH, pg. 681

Huffman, Whitney - Account Services - PUBLICIS HAWKEYE, Dallas, TX, pg. 399

Huggett, Paula - Account Services, Management - BOKKA GROUP, Denver, CO, pg. 218

Hughes, Ed - Account Planner, Account Services, Management, Media Department - MINDSHARE, New York, NY, pg. 491

Hughes, Lisa - Account Services, Management - MCKINNEY, Durham, NC, pg. 111

Hughes, David - Account Services, Creative, Management, Operations - CALLEN, Austin, TX, pg. 46

Hughes, Ashley - Account Services - ABELSON-TAYLOR, Chicago, IL, pg. 25

Hughes, Kristy - Account Services - HAVAS MEDIA GROUP, Chicago, IL, pg. 469

Hughes, Jan - Account Planner, Account Services, Interactive / Digital, Media Department - DAY COMMUNICATIONS GROUP, INC., Toronto, ON, pg. 349

Hughes, Brett - Account Services,

RESPONSIBILITIES INDEX

AGENCIES

Hughes, Analytics, Interactive / Digital - NET CONVERSION, Orlando, FL, pg. 253

Hughes, Kimberly - Account Services - FIVEHUNDRED DEGREES STUDIO, Miami, FL, pg. 74

Hughes, Angela - Account Services - ACCELERATION PARTNERS, Needham, MA, pg. 25

Hughes, Vanessa - Account Planner, Account Services, Media Department - MEDIAHUB LOS ANGELES, El Segundo, CA, pg. 112

Hughes, Lindsay - Account Services - IMRE, Baltimore, MD, pg. 374

Hughes, Shannon - Account Services - LINHART PUBLIC RELATIONS, Denver, CO, pg. 622

Hugo, Aaron - Account Services - PINCKNEY HUGO GROUP, Syracuse, NY, pg. 128

Huh, Roomie - Account Services - MUSTACHE, Brooklyn, NY, pg. 252

Hui, Jordan - Account Planner, Account Services - CARAT, Toronto, ON, pg. 461

Huling, Josh - Account Services, NBC - CAMPBELL EWALD, Detroit, MI, pg. 46

Hull, Lindsay - Account Services - ZER0 TO 5IVE, LLC, New York, NY, pg. 665

Hulse, Brock - Account Services - PAC / WEST COMMUNICATIONS, Wilsonville, OR, pg. 635

Hultgren, Talley - Account Services, Research - CHEMISTRY ATLANTA, Atlanta, GA, pg. 50

Hum, William - Account Services, Creative, Media Department, Promotions - CONSTELLATION AGENCY, New York, NY, pg. 221

Humbert, Melissa - Account Services, Management, Operations - BURNS MARKETING, Loveland, CO, pg. 219

Hume, Hayden - Account Services - ADVANTAGE INTERNATIONAL, Los Angeles, CA, pg. 301

Humiston, Rachel - Account Services, NBC - BRANDGENUITY, LLC, New York, NY, pg. 4

Hummitzsch, Elizabeth - Account Services, Management - MUELLER COMMUNICATIONS, INC., Milwaukee, WI, pg. 630

Humphries, Lauren - Account Services - SHOPTOLOGY, Fayetteville, AR, pg. 682

Hundt, Kelly - Account Services - TOM, DICK & HARRY CREATIVE, Chicago, IL, pg. 426

Hunsicker, Steve - Account Services, Media Department - INITIATIVE, New York, NY, pg. 477

Hunt, Matt - Account Services, Creative, PPOM - HUNT MARKETING GROUP, Seattle, WA, pg. 285

Hunt, Darren - Account Services - BERNSTEIN-REIN ADVERTISING, INC., Kansas City, MO, pg. 39

Hunt, Laura - Account Services - JONES & THOMAS, INC. , Decatur, IL, pg. 377

Hunt, Lauren - Account Services, Creative - EP+CO., Greenville, SC, pg. 356

Hunt, Casey - Account Services, NBC - GUMGUM, New York, NY, pg. 467

Hunt, Jennifer - Account Services - OUTDOOR NATION, Signal Mountain, TN, pg. 554

Hunt, Alexa - Account Services - THE GARFIELD GROUP, Philadelphia, PA, pg. 419

Hunt, Lisa - Account Services, NBC - ACCENTURE INTERACTIVE, Chicago, IL, pg. 209

Hunt, Caroline - Account Services - FCB WEST, San Francisco, CA, pg. 72

Hunter, Chris - Account Services, NBC - PUBLICIS TORONTO, Toronto, ON, pg. 639

Hunter, Lynnette - Account Services - ABELSON-TAYLOR, Chicago, IL, pg. 25

Hunter Grant, Blair - Account Services - CURRENT LIFESTYLE MARKETING, New York, NY, pg. 594

Huntington, Jorah - Account Services - ARCHETYPE, San Francisco, CA, pg. 33

Huo, Blanche - Account Planner, Account Services - OMD, New York, NY, pg. 498

Huppenthal, Jim - Account Services, Creative - BRIERLEY & PARTNERS, Sherman Oaks, CA, pg. 167

Hurdiss, Chris - Account Services - 9THWONDER, Playa Vista, CA, pg. 453

Hurl, Stephanie - Account Services - RETHINK COMMUNICATIONS, INC., Toronto, ON, pg. 133

Hurley, Kendal - Account Services, Public Relations - BALLANTINES PUBLIC RELATIONS, West Hollywood, CA, pg. 580

Hurr, Lindsey - Account Planner, Account Services, NBC - IMMOTION STUDIOS, Fort Worth, TX, pg. 89

Hurst, Lisa - Account Services - UPSHOT , Chicago, IL, pg. 157

Hurst, Sandy - Account Services, NBC - ACXIOM CORPORATION, Cape Coral, FL, pg. 279

Hurt, Karen - Account Services - BOHLSEN GROUP, Indianapolis, IN, pg. 336

Hurtwitz, Fredda - Account Services - REDPEG MARKETING, Alexandria, VA, pg. 692

Huskins, Sarah - Account Services - BIGEYE AGENCY, Orlando, FL, pg. 3

Hussey, Joanna - Account Services, Interactive / Digital - EDELMAN, Chicago, IL, pg. 353

Hussey, Matthew - Account Services - QUESTUS, San Francisco, CA, pg. 260

Huston, Jim - Account Services, Finance, PPOM - ASPEN MARKETING SERVICES, West Chicago, IL, pg. 280

Huston-Lyons, Aleigh - Account Services, Media Department - MOMENTUM WORLDWIDE, New York, NY, pg. 117

Hutchens, Emily - Account Services - THE INTEGER GROUP - DALLAS, Dallas, TX, pg. 570

Hutchin, Brian - Account Services - NETWORK AFFILIATES, INC., Lakewood, CO, pg. 391

Hutchings, Colleen - Account Services - CHAPMAN CUBINE + HUSSEY, Arlington, VA, pg. 281

Hutchins, Brittni - Account Services, NBC - 72ANDSUNNY, Brooklyn, NY, pg. 24

Hutchins, Parker - Account Services - ADPEARANCE, Portland, OR, pg. 671

Hutchinson, Sarah - Account Services, Creative - NEIMAND COLLABORATIVE, Washington, DC, pg. 391

Hutchinson, Caroline - Account Services - PADILLA, Richmond, VA, pg. 635

Hutchinson, Justin - Account Services - THREESIXTYEIGHT, Baton Rouge, LA, pg. 271

Hutchinson, Patrick - Account Services - PUBLICIS WEST, Seattle, WA, pg. 130

Hutchison, Jennifer - Account Services - JASCULCA / TERMAN & ASSOCIATES , Chicago, IL, pg. 616

Huyett, Jake - Account Services, NBC - JONES HUYETT PARTNERS, Topeka, KS, pg. 93

Huynh, Danny - Account Planner, Account Services, Interactive / Digital, Management, Media Department, PPOM - UNIVERSAL MCCANN, New York, NY, pg. 521

Huynh, Andrew - Account Services, Analytics, Interactive / Digital, Media Department - SAATCHI & SAATCHI LOS ANGELES, Torrance, CA, pg. 137

Huynh, Kevin - Account Services - MKTG INC, New York, NY, pg. 311

Hwang, Kendra - Account Planner, Account Services, Interactive / Digital, Media Department - CAMPBELL EWALD, West Hollywood, CA, pg. 47

Hyams Romoff, Audrey - Account Services, Management - OVERCAT COMMUNICATIONS, Toronto, ON, pg. 634

Hyatt, Olivia - Account Services, Management - BUONASERA MEDIA SERVICES, Columbia, SC, pg. 457

Hyde, Darlene - Account Services - DAVIS & COMPANY, Glen Rock, NJ, pg. 595

Hyer, Melissa - Account Services - WEBER SHANDWICK, New York, NY, pg. 660

Hyland, Macy - Account Planner, Account Services, Media Department, Social Media - FIREMAN CREATIVE, Pittsburgh, PA, pg. 183

Hyman, Kristine - Account Services, Management - HANAPIN MARKETING, Bloomington, IN, pg. 237

Hyun, Jennifer - Account Services - RPA, Santa Monica, CA, pg. 134

Iacopelli, Susan - Account Services, Interactive / Digital - SPARK FOUNDRY, Chicago, IL, pg. 510

Iacurci, Jenna - Account Services -

AGENCIES
RESPONSIBILITIES INDEX

BERRY & COMPANY PUBLIC RELATIONS, New York, NY, *pg.* 583
Iadevaia, Kim - Account Services, NBC - ZENITH MEDIA, New York, NY, *pg.* 529
Ianelli, Jonathan - Account Services, PPOM - MERGE, Boston, MA, *pg.* 113
Iasilli, Melinda - Account Planner, Account Services, Media Department - OMD, New York, NY, *pg.* 498
Ibe, River - Account Services - ANCHOR WORLDWIDE, New York, NY, *pg.* 31
Ibrahim, Aiman - Account Services - CANVAS WORLDWIDE, Playa Vista, CA, *pg.* 458
Ignacio-Mesa, Jessica - Account Services, Management - SAATCHI & SAATCHI LOS ANGELES, Torrance, CA, *pg.* 137
Imbriano, Danielle - Account Services - KAPLOW COMMUNICATIONS, New York, NY, *pg.* 618
Imgrund, Anthony - Account Services - FCB NEW YORK, New York, NY, *pg.* 357
Imler, Colleen - Account Services, Public Relations - COYNE PUBLIC RELATIONS, Parsippany, NJ, *pg.* 593
Immel, Sally - Account Services - PERITUS PUBLIC RELATIONS, Birmingham, AL, *pg.* 636
Imperiale, Michael - Account Planner, Account Services - SPARK44, New York, NY, *pg.* 411
Ince, Stuart - Account Services, NBC, PPOM - I2I ADVERTISING & MARKETING, Vancouver, BC, *pg.* 88
Inge, Crystal - Account Services - GREENRUBINO, Seattle, WA, *pg.* 365
Ingold, Madison - Account Planner, Account Services, Media Department - SPARK FOUNDRY, Chicago, IL, *pg.* 510
Ingram, Tamara - Account Services, Management, Media Department, PPOM - WUNDERMAN THOMPSON, New York, NY, *pg.* 434
Inman, Abby - Account Services - OGILVY, Chicago, IL, *pg.* 393
Inners, Chris - Account Services, Creative - OMD WEST, Los Angeles, CA, *pg.* 502
Ippolito, Danielle - Account Services - IMRE, Baltimore, MD, *pg.* 374
Ipsen, Rita - Account Services - GUMAS ADVERTISING, San Francisco, CA, *pg.* 368
Iranikhah, Sina - Account Services - ANALOGFOLK, New York, NY, *pg.* 439
Irfan, Shaharyar - Account Services, Administrative, Management, Operations - AV COMMUNICATIONS, Toronto, ON, *pg.* 35
Irizarry, Jonathan - Account Planner, Account Services, Media Department, Social Media - WIEDEN + KENNEDY, New York, NY, *pg.* 432
Irmen, Jackie - Account Services - LAIRD + PARTNERS, New York, NY, *pg.* 96
Irmen, Krysta - Account Services - HANSON, INC., Toledo, OH, *pg.* 237
Irvin, Beth - Account Services - SUPERHEROES NEW YORK, Brooklyn, NY, *pg.* 145
Irvin, Megan - Account Services - THE HODGES PARTNERSHIP, Richmond, VA, *pg.* 653
Ishida, Allison - Account Services - TRACTION CREATIVE COMMUNICATIONS, Vancouver, BC, *pg.* 202
Isler, Diane - Account Services - NUMERATOR, Chicago, IL, *pg.* 254
Ismail, Imran - Account Services, PPOM - MEDIACOM, New York, NY, *pg.* 487
Israel, Beryl - Account Services - 3MARKETEERS ADVERTISING, INC., San Jose, CA, *pg.* 23
Israel, Gail - Account Services, Media Department - MEDIASPOT, INC., Corona Del Mar, CA, *pg.* 490
Ivey, Gwen - Account Services - BAILEY LAUERMAN, Los Angeles, CA, *pg.* 2
Ivey, Mary - Account Services - HAPPY MEDIUM, Des Moines, IA, *pg.* 238
Ivey, Jamey - Account Services - ST. JOHN & PARTNERS ADVERTISING & PUBLIC RELATIONS, Jacksonville, FL, *pg.* 412
Ivie, Blake - Account Planner, Account Services, Interactive / Digital, Management, Media Department - CARAT, Atlanta, GA, *pg.* 459
Ivory, Paris - Account Services, Public Relations - BURRELL COMMUNICATIONS GROUP, INC., Chicago, IL, *pg.* 45
Ivory, Brian - Account Services - 360I, LLC, New York, NY, *pg.* 320
Ivy, Lisa - Account Services, Management - LEO BURNETT WORLDWIDE, Chicago, IL, *pg.* 98
Iyer, Archana - Account Planner, Account Services - WEBER SHANDWICK, New York, NY, *pg.* 660
Jabaley Murry, Allison - Account Services - SPARK44, New York, NY, *pg.* 411
Jabbour, Anthony - Account Services - AGENCY WITHIN, Lond Island City, NY, *pg.* 323
Jablonski, Marc - Account Services, Analytics, NBC - AKA NYC, New York, NY, *pg.* 324
Jachles, Melanie - Account Services, Interactive / Digital - EDELMAN, Chicago, IL, *pg.* 353
Jacks, David - Account Services - PUBLICIS NORTH AMERICA, New York, NY, *pg.* 399
Jackson, Jennifer - Account Services, Public Relations - THE ZIMMERMAN AGENCY, Tallahassee, FL, *pg.* 426
Jackson, Robert - Account Planner, Account Services, Media Department - UNIVERSAL MCCANN, New York, NY, *pg.* 521
Jackson, Dave - Account Services, Interactive / Digital, NBC, Public Relations - BURRELL COMMUNICATIONS GROUP, INC. , Chicago, IL, *pg.* 45
Jackson, Cassie - Account Services, NBC - MEKANISM, New York, NY, *pg.* 113
Jackson, Leigh - Account Services, Public Relations - JACKSON SPALDING INC., Atlanta, GA, *pg.* 376
Jackson, Hannah - Account Services, Management - SCHNAKE TURNBO FRANK, INC., Tulsa, OK, *pg.* 646
Jackson, Passion - Account Services - OGILVY, Chicago, IL, *pg.* 393
Jackson, Alex - Account Services - MAROON PR, Columbia, MD, *pg.* 625
Jackson, Garrett - Account Services, NBC - EPSILON, Chicago, IL, *pg.* 283
Jackson, Amy - Account Services, Operations - 97TH FLOOR, Lehi, UT, *pg.* 209
Jackson, Misty - Account Services, Administrative - NEXT MARKETING, Norcross, GA, *pg.* 312
Jackson, Pamela - Account Planner, Account Services - MEDIA ASSEMBLY, New York, NY, *pg.* 484
Jackson, Janna - Account Services - BANOWETZ + COMPANY, INC., Dallas, TX, *pg.* 36
Jackson, Kristy - Account Services - DIGITAS, Atlanta, GA, *pg.* 228
Jackson, Lee Ann - Account Planner, Account Services, Media Department, Social Media - AMBASSADOR ADVERTISING, Irvine, CA, *pg.* 324
Jackson, Jeremy - Account Services - ACTION INTEGRATED MARKETING, Norcross, GA, *pg.* 322
Jackson-Richter, Katie - Account Services, Management - CUNEO ADVERTISING, Bloomington, MN, *pg.* 56
Jacob, Jinnyn - Account Services - BOOZ ALLEN HAMILTON, McLean, VA, *pg.* 218
Jacob, Mike - Account Services, Media Department - COOPER-SMITH ADVERTISING, Toledo, OH, *pg.* 462
Jacober, Suzanne - Account Planner, Account Services, NBC - MEDIA STORM, New York, NY, *pg.* 486
Jacobs, Letitia - Account Services, Media Department, PPM - ARTS & LETTERS, Richmond, VA, *pg.* 34
Jacobs, Peter - Account Planner, Account Services - FF CREATIVE, Los Angeles, CA, *pg.* 234
Jacobs, Elizabeth - Account Services - BBDO WORLDWIDE, New York, NY, *pg.* 331
Jacobs, Courtney - Account Services, Media Department - MEDIAHUB WINSTON SALEM, Winston-Salem, NC, *pg.* 386
Jacobs, Jordan - Account Services - MOORE COMMUNICATIONS GROUP, Tallahassee, FL, *pg.* 628
Jacobs, Shannon - Account Services - BRADO, Irvine, CA, *pg.* 336
Jacobsen, David - Account Services - HAVAS MEDIA GROUP, New York, NY, *pg.* 468
Jacobson, Emily - Account Planner, Account Services, Media Department

1193

RESPONSIBILITIES INDEX — AGENCIES

- STARCOM WORLDWIDE, Chicago, IL, pg. 513
Jacobson, Sonoko - Account Services - THE CDM GROUP, New York, NY, pg. 149
Jacxsens, Kelly - Account Services - BRIGHTWAVE MARKETING, INC., Atlanta, GA, pg. 219
Jaczko, Taryn - Account Services - TACO TRUCK CREATIVE, Carlsbad, CA, pg. 145
Jaeckel, Marissa - Account Services - VMLY&R, Chicago, IL, pg. 160
Jaffe, Ira - Account Services - EVENTNETUSA, Fort Lauderdale, FL, pg. 305
Jaffe, Eric - Account Services - CRITICAL MASS, INC., New York, NY, pg. 223
Jaffe, Abigail - Account Services - MOXIE COMMUNICATIONS GROUP, New York, NY, pg. 628
Jaffery, Imran - Account Services, Interactive / Digital, Media Department, NBC - TOUCHPOINT INTEGRATED COMMUNICATIONS, Darien, CT, pg. 520
Jagielski, Sara - Account Services, Public Relations - FIG, New York, NY, pg. 73
Jago, Philipp - Account Services - SPECTOR PUBLIC RELATIONS, New York, NY, pg. 649
Jahn, Dan - Account Services, Interactive / Digital, Management - CSM SPORT & ENTERTAINMENT, New York, NY, pg. 347
Jahn, Jason - Account Services, Media Department - HEARTS & SCIENCE, New York, NY, pg. 471
Jahng, Justin - Account Services, Media Department - PRAYTELL, Brooklyn, NY, pg. 258
Jaime, Bia - Account Planner, Account Services - PUBLICIS.SAPIENT, New York, NY, pg. 258
Jain, Anjali - Account Services, NBC - GREY GROUP, New York, NY, pg. 365
Jairam, Michelle - Account Services, NBC - OMD CANADA, Toronto, ON, pg. 501
Jaitla, Alice - Account Services, NBC - NEBO AGENCY, LLC, Atlanta, GA, pg. 253
Jakovich, Amanda - Account Services, NBC - AGENCY 720, Naperville, IL, pg. 323
James, Brett - Account Services - FAIRWAY OUTDOOR ADVERTISING, Hagerhill, KY, pg. 552
James, Nigel - Account Services - UWG, Dearborn, MI, pg. 546
James, Neil - Account Services, Interactive / Digital, Media Department - SOLVE, Minneapolis, MN, pg. 17
James, Beth - Account Planner, Account Services - WIER / STEWART, Augusta, GA, pg. 162
James, Brittany - Account Services, Social Media - MSLGROUP, New York, NY, pg. 629
James, Dominique - Account Services - BAYARD BRADFORD, Houston, TX, pg. 215
Jameson, Sydney - Account Services - YOUNG & LARAMORE, Indianapolis, IN, pg. 164
Jamieson, Martha - Account Services, NBC - DDB CANADA, Edmonton, AB, pg. 59
Jamison, Joanna - Account Planner, Account Services - SID LEE, Toronto, ON, pg. 141
Jamison, Erica - Account Services - BRIGHTWAVE MARKETING, INC., Atlanta, GA, pg. 219
Jamo, Cristina - Account Services - UNIVERSAL MCCANN DETROIT, Birmingham, MI, pg. 524
Jane Kolassa, Mary - Account Services, Public Relations - PARADISE, Saint Petersburg, FL, pg. 396
Janese, Chris - Account Services, Management - GAIL & RICE, Farmington Hills, MI, pg. 306
Janhunen, Kelly - Account Services, PPOM - LINHART PUBLIC RELATIONS, Denver, CO, pg. 622
Janicki, Stacy - Account Services, PPOM - CARMICHAEL LYNCH, Minneapolis, MN, pg. 47
Janicki, Jennifer - Account Services - COOKSEY COMMUNICATIONS, Irving, TX, pg. 593
Janness, Laura - Account Planner, Account Services, PPOM - LIGHTNING ORCHARD, Brooklyn, NY, pg. 11
Janson, Brian - Account Services - FUSION PUBLIC RELATIONS, New York, NY, pg. 607
Janssen, Peter - Account Services - RESULTS DRIVEN MARKETING, Wichita, KS, pg. 291
Jansson, Suzanne - Account Services, PPOM - BLACK & WHITE DESIGN, Campbell, CA, pg. 175
Janzen, Bonnie - Account Services - DECISION ANALYST, INC., Arlington, TX, pg. 539
Jaquith, Madeline - Account Services - MCNEIL, GRAY & RICE, Boston, MA, pg. 627
Jaramillo, Sasha - Account Services - YOU SQUARED MEDIA, Houston, TX, pg. 436
Jardeleza, Joanna - Account Services, NBC - RATESPECIAL INTERACTIVE LLC, Paasadena, CA, pg. 262
Jardine, John - Account Services, Management - WIEDEN + KENNEDY, New York, NY, pg. 432
Jarman, Jennifer - Account Services - THE BLUESHIRT GROUP, San Francisco, CA, pg. 652
Jarnagin, Mary - Account Services, PPM - CANNONBALL AGENCY, Saint Louis, MO, pg. 5
Jaros, Chelsea - Account Services, Management, Media Department - UNIVERSAL MCCANN DETROIT, Birmingham, MI, pg. 524
Jarosh, Jessica - Account Planner, Account Services, NBC - BAILEY LAUERMAN, Omaha, NE, pg. 35
Jarrett, Katie - Account Services - THE INTEGER GROUP, Lakewood, CO, pg. 682
Jarvis, Rikki - Account Services - SCOPPECHIO, Louisville, KY, pg. 409
Jashinski, June - Account Services, Management - RPA, Santa Monica, CA, pg. 134
Jasinski, Zak - Account Services, NBC - HANSON, INC., Toledo, OH, pg. 237
Javaid, Hasnain - Account Services, Interactive / Digital - SPARK FOUNDRY, Chicago, IL, pg. 510
Jaworski, Brian - Account Services - ROUTE 1A ADVERTISING, Erie, PA, pg. 134
Jawski, Greg - Account Services, Finance, Management, Public Relations - PORTER NOVELLI, New York, NY, pg. 637
Jayanath, Ravi - Account Planner, Account Services, Creative, Interactive / Digital, Media Department - BIG FAMILY TABLE, Los Angeles, CA, pg. 39
Jayawardena, Sonali - Account Services, Management - FLEISHMANHILLARD, Washington, DC, pg. 605
Jean, Karen - Account Planner, Account Services, Media Department, PPM - DAVID&GOLIATH, El Segundo, CA, pg. 57
Jeanty, Jonathan - Account Services - NIMBUS, Louisville, KY, pg. 391
Jebens, Harley - Account Planner, Account Services, Interactive / Digital, Media Department - 22SQUARED INC., Atlanta, GA, pg. 319
Jeffas, Tracey - Account Services - THE S3 AGENCY, Boonton, NJ, pg. 424
Jeffers, Emily - Account Services - DIGITAS, San Francisco, CA, pg. 227
Jefferson, Victoria - Account Services - AKQA, San Francisco, CA, pg. 211
Jefferson West, Jihan - Account Planner, Account Services - BURRELL COMMUNICATIONS GROUP, INC., Chicago, IL, pg. 45
Jeffries, Shannon - Account Services - WALZ TETRICK ADVERTISING, Mission, KS, pg. 429
Jelalian, Matthew - Account Services - 97TH FLOOR, Lehi, UT, pg. 209
Jelsomeno, Emily - Account Planner, Account Services - FCB CHICAGO, Chicago, IL, pg. 71
Jenevein, Jane - Account Services, Interactive / Digital - BELO + COMPANY, Dallas, TX, pg. 216
Jenkins, Abby - Account Services - CARMICHAEL LYNCH, Minneapolis, MN, pg. 47
Jenkins, Elizabeth - Account Services, Management - FORGE WORLDWIDE, Boston, MA, pg. 183
Jenkins, Jill - Account Services, NBC - PRODIGAL MEDIA COMPANY, Boardman, OH, pg. 15

AGENCIES

Jenkins, Mary - Account Services - MWWPR, Los Angeles, CA, pg. 630
Jennings, Nicolina - Account Services - R/GA, New York, NY, pg. 260
Jennings, Casey - Account Services - WIEDEN + KENNEDY, New York, NY, pg. 432
Jennings, Brianna - Account Services - FABCOM, Scottsdale, AZ, pg. 357
Jennissen, Joy - Account Planner, Account Services, Management - HILL+KNOWLTON STRATEGIES CANADA, Vancouver, BC, pg. 613
Jensen, Patty - Account Services - JENSEN DESIGN ASSOCIATES, Long Beach, CA, pg. 188
Jensen, Alison - Account Services - TPN, Dallas, TX, pg. 683
Jensen, Jennifer - Account Services - MCGARRYBOWEN, New York, NY, pg. 109
Jensen, Timothy - Account Services, Interactive / Digital, PPM - CLIX MARKETING, Louisville, KY, pg. 672
Jenson, Hillary - Account Services - SHERRY MATTHEWS ADVOCACY MARKETING, Austin, TX, pg. 140
Jernigan, Ashley - Account Services - LIGHTHOUSE, INC., Marietta, GA, pg. 11
Jessen, Jace - Account Services, NBC - CLEAR CHANNEL OUTDOOR, Torrance, CA, pg. 551
Jeudy, Ralph - Account Services, Interactive / Digital - CSM SPORT & ENTERTAINMENT, New York, NY, pg. 347
Jeudy, Caroline - Account Planner, Account Services, Interactive / Digital, Media Department - CARAT, New York, NY, pg. 459
Jewell, Jordin - Account Services - SIMPLE MACHINES MARKETING, Chicago, IL, pg.
Jewett, Frank - Account Services, NBC - XEVO, Bellevue, WA, pg. 535
Jiang, Evelyn - Account Services - MOTHER, Los Angeles, CA, pg. 118
Jimenez, Michelle - Account Services - GEOVISION, Watertown, MA, pg. 540
Jimenez, Lissete - Account Services - CONILL ADVERTISING, INC., El Segundo, CA, pg. 538
Jimenez, Eric - Account Services - THE COMMUNITY, Miami Beach, FL, pg. 545
Jimenez-Padron, Julie - Account Services - RBB COMMUNICATIONS, Miami, FL, pg. 641
Joannides, John - Account Services, NBC - ANOMALY, Venice, CA, pg. 326
John, Kevin - Account Services, Creative - PEREIRA & O'DELL, San Francisco, CA, pg. 256
Johns, Ken - Account Planner, Account Services, NBC - BRUNNER, Pittsburgh, PA, pg. 44
Johns, Jennifer - Account Services - MAMMOTH ADVERTISING, New York, NY, pg. 248
Johnson, Steve - Account Services, NBC, PPOM - RIGER MARKETING COMMUNICATIONS, Binghamton, NY, pg. 407
Johnson, Peter - Account Services, Media Department - COMMUNICATORS GROUP, Keene, NH, pg. 344
Johnson, Mark - Account Services - GOLDSTEIN GROUP COMMUNICATIONS, INC., Solon, OH, pg. 365
Johnson, Steve - Account Services, Management - SWANSON RUSSELL, Omaha, NE, pg. 415
Johnson, George - Account Services, Management - RAYCOM SPORTS, Charlotte, NC, pg. 314
Johnson, Jan - Account Services, NBC, PPOM - AVENIR BOLD, Raleigh, NC, pg. 328
Johnson, Kelly - Account Services, Management, PPOM - 215 MCCANN, San Francisco, CA, pg. 319
Johnson, Katie - Account Services, Media Department - FRENCH / WEST / VAUGHAN , Raleigh, NC, pg. 361
Johnson, Nicole - Account Services, Management - MEDIA LOGIC, Albany, NY, pg. 288
Johnson, Steve - Account Services, PPOM - CHEMPETITIVE GROUP, Chicago, IL, pg. 341
Johnson, Angela - Account Services, Management, PPOM - DENTSU AEGIS NETWORK, New York, NY, pg. 61
Johnson, Noel - Account Services, NBC - DUNCAN CHANNON, San Francisco, CA, pg. 66
Johnson, Angela - Account Services - BBDO MINNEAPOLIS, Minneapolis, MN, pg. 330
Johnson, Kathryn - Account Services - GROUNDTRUTH.COM, New York, NY, pg. 534
Johnson, Neil - Account Services, Creative, Management - FLEISHMANHILLARD HIGHROAD, Toronto, ON, pg. 606
Johnson, Ashley - Account Services, Public Relations - SOUTHWEST STRATEGIES, LLC, San Diego, CA, pg. 411
Johnson, Lori - Account Services - ANGLIN PUBLIC RELATIONS, Oklahoma City, OK, pg. 577
Johnson, Matt - Account Services, Finance, Management, Media Department, NBC, PPOM - HAYMAKER, Los Angeles, CA, pg. 83
Johnson, Hanah - Account Services - MARCH COMMUNICATIONS, Boston, MA, pg. 625
Johnson, Katarina - Account Services, Management, Research - ESCALENT, Atlanta, GA, pg. 444
Johnson, Carter - Account Services - FITZCO, Atlanta, GA, pg. 73
Johnson, Angela - Account Services, Interactive / Digital, NBC - VAYNERMEDIA, New York, NY, pg. 689
Johnson, Graham - Account Services, Interactive / Digital, NBC - FCB HEALTH, New York, NY, pg. 72
Johnson, Ryan - Account Services, Media Department, NBC - RPA, Santa Monica, CA, pg. 134
Johnson, Wendy - Account Planner, Account Services, Operations, PPOM - CHUTE GERDEMAN, Columbus, OH, pg. 177
Johnson, Rosanne - Account Services, Media Department - VMLY&R, New York, NY, pg. 160
Johnson, Lori - Account Services - SIMANTEL GROUP, Peoria, IL, pg. 142
Johnson, Daniel - Account Services - R&J STRATEGIC COMMUNICATIONS, Bridgewater, NJ, pg. 640
Johnson, Clare - Account Services - TARGETBASE MARKETING, Greensboro, NC, pg. 293
Johnson, Lauren - Account Services - MUSE USA, Santa Monica, CA, pg. 543
Johnson, Jacquie - Account Services - TAYLOR & POND INTERACTIVE, San Diego, CA, pg. 269
Johnson, Mia - Account Services - RELISH MARKETING, Decatur, GA, pg. 405
Johnson, Matthew - Account Planner, Account Services - MARKSTEIN, Birmingham, AL, pg. 625
Johnson, Lindsey - Account Services - THE VARIABLE, Winston-Salem, NC, pg. 153
Johnson, Kelsey - Account Services - THE MARTIN AGENCY, Richmond, VA, pg. 421
Johnson, Kelsey - Account Services - MARCH COMMUNICATIONS, Boston, MA, pg. 625
Johnson, Mike - Account Services - ZULU ALPHA KILO, Toronto, ON, pg. 165
Johnson, Stefanie - Account Services, Creative, Management - VELOCITY OMC, New York, NY, pg. 158
Johnson, Grace - Account Services, Interactive / Digital - HANLEY WOOD MARKETING, Minneapolis, MN, pg. 9
Johnson, Lisa - Account Services - SMALL ARMY, Boston, MA, pg. 142
Johnson, Weston - Account Services - PUBLICIS.SAPIENT, New York, NY, pg. 258
Johnson, Hope - Account Services - HOWELL LIBERATORE & WICKHAM, INC., Elmira, NY, pg. 371
Johnson, Lauren - Account Services - PERISCOPE, Minneapolis, MN, pg. 127
Johnson, Michael - Account Services - THE TOMBRAS GROUP, Knoxville, TN, pg. 424
Johnson, Karen - Account Services - COHN MARKETING, INC., Denver, CO, pg. 51
Johnson, Jessie - Account Services - RB OPPENHEIM ASSOCIATES, Tallahassee, FL, pg. 641
Johnson, Taylor - Account Services - MBT MARKETING, Portland, OR, pg. 108
Johnson, Allyson - Account Services - BLASTMEDIA, Fishers, IN, pg. 584
Johnson, Brittany - Account Services - UPROAR, Orlando, FL, pg. 657
Johnson, Farrah - Account Services

RESPONSIBILITIES INDEX — AGENCIES

- EP+CO., Greenville, SC, pg. 356
Johnson Days, Sarah - Account Services, NBC, PPOM - ACCELERATION PARTNERS, Needham, MA, pg. 25
Johnston, Hallie - Account Services, NBC, PPOM - INITIATIVE, New York, NY, pg. 477
Johnston, Kelly - Account Services, Public Relations - SODA POP PUBLIC RELATIONS LLC, Los Angeles, CA, pg. 648
Johnston, AJ - Account Services, NBC - COLD SPARK MEDIA, Pittsburgh, PA, pg. 51
Johnston, Kate - Account Planner, Account Services - PORTER NOVELLI, New York, NY, pg. 637
Johnston, Martine - Account Services - CRAMER-KRASSELT, Chicago, IL, pg. 53
Johnston, Sara - Account Services - HKA, INC., Tustin, CA, pg. 614
Johnston, Geoff - Account Services - MJR CREATIVE GROUP, Fresno, CA, pg. 14
Jolicoeur, Pete - Account Services - FALLS COMMUNICATIONS, Cleveland, OH, pg. 357
Jonas, Nicole - Account Services - INSIGHT OUT OF CHAOS, New York, NY, pg. 286
Jonathan, Tim - Account Services - VIZEUM, New York, NY, pg. 526
Jones, Deborah - Account Services, Management, Public Relations - STRATEGIES, Tustin, CA, pg. 414
Jones, Kim - Account Services, Operations - WILLOW MARKETING, Indianapolis, IN, pg. 433
Jones, Stephen - Account Services, Management - GOLIN, Los Angeles, CA, pg. 609
Jones, Mary - Account Services - CREATIVE COMMUNICATIONS CONSULTANTS, INC., Minneapolis, MN, pg. 346
Jones, Todd - Account Services - OUTFRONT MEDIA, Trevose, PA, pg. 555
Jones, Sherri - Account Services, Management, NBC - PHASE 3 MARKETING & COMMUNICATIONS, Atlanta, GA, pg. 636
Jones, Megan - Account Services, Media Department - DIGITAS, Boston, MA, pg. 226
Jones, Nick - Account Services, NBC - GEOMETRY, Chicago, IL, pg. 363
Jones, Patty - Account Services, Management - TRIBAL WORLDWIDE - VANCOUVER, Vancouver, BC, pg. 272
Jones, Jenny - Account Services - NEXTGUEST DIGITAL, New York, NY, pg. 253
Jones, Andy - Account Planner, Account Services, Media Department - OGILVY, New York, NY, pg. 393
Jones, Stephanie - Account Services, Interactive / Digital, Management, Media Department - INITIATIVE, New York, NY, pg. 477
Jones, Courtney - Account Services - THE INTEGER GROUP - DALLAS, Dallas, TX, pg. 570

Jones, David - Account Services - PUBLICIS TORONTO, Toronto, ON, pg. 639
Jones, Laura - Account Services - DANCIE PERUGINI WARE PUBLIC RELATIONS, South Houston, TX, pg. 595
Jones, William - Account Services - BBDO SAN FRANCISCO, San Francisco, CA, pg. 330
Jones, Owen - Account Planner, Account Services, Interactive / Digital, Media Department - OMD WEST, Los Angeles, CA, pg. 502
Jones, Courtney - Account Services, NBC - 22SQUARED INC., Atlanta, GA, pg. 319
Jones, Alyssa - Account Services, Media Department, Operations, PPM - BECORE, Los Angeles, CA, pg. 302
Jones, Barry - Account Services, Creative - HARMON GROUP, Nashville, TN, pg. 82
Jones, Graham - Account Services - DROGA5, New York, NY, pg. 64
Jones, MacKenzie - Account Services, NBC - FINGERPAINT MARKETING, Saratoga Springs, NY, pg. 358
Jones, Kelly - Account Services - LEGEND PR, New York, NY, pg. 622
Jones, Angela - Account Planner, Account Services - WIEDEN + KENNEDY, Portland, OR, pg. 430
Jones, Dee Dee - Account Services, Management, Operations - ESSENCE, Seattle, WA, pg. 232
Jones, Brett - Account Services - MADRAS GLOBAL, New York, NY, pg. 103
Jones, Daniel - Account Services - AKQA, Portland, OR, pg. 212
Jones, Ryan - Account Services - VISITURE, Charleston, SC, pg. 678
Jones, Christian - Account Services - HAWTHORNE ADVERTISING, Los Angeles, CA, pg. 370
Jones, Dan - Account Services, Management - ENDEAVOR - CHICAGO, Chicago, IL, pg. 297
Jones, Travis - Account Services - BAILEY BRAND CONSULTING, Plymouth Meeting, PA, pg. 2
Jones, Rachel - Account Services - ARCHETYPE, New York, NY, pg. 33
Jones, Ashley - Account Planner, Account Services - ARC WORLDWIDE, Chicago, IL, pg. 327
Jones, Angelica - Account Services - BURRELL COMMUNICATIONS GROUP, INC., Chicago, IL, pg. 45
Jones, Katelyn - Account Services, Interactive / Digital - KEPLER GROUP, New York, NY, pg. 244
Jones, Amanda - Account Services, NBC - DRAKE COOPER, Boise, ID, pg. 64
Jones, Amy M. - Account Services - IMRE, Baltimore, MD, pg. 374
Jones, Danielle - Account Services - LRXD, Denver, CO, pg. 101
Jones, Kevin - Account Services - HUGE, INC., Brooklyn, NY, pg. 239
Jones, Billy - Account Services -

ENERGY BBDO, INC., Chicago, IL, pg. 355
Jones, Matt - Account Services - THE MARKETING PRACTICE, Seattle, WA, pg. 169
Jones, Kristi - Account Services - TRAINA DESIGN, San Diego, CA, pg. 20
Jones-Gillihan, Sarah - Account Services - BENSON MARKETING GROUP, Napa, CA, pg. 280
Jordan, Laura - Account Services - MEDIAHUB LOS ANGELES, El Segundo, CA, pg. 112
Jordan, Todd - Account Services - BELLOMY RESEARCH, Winston-Salem, NC, pg. 442
Jordan, Alvin - Account Services, Public Relations - KETCHUM SOUTH, Dallas, TX, pg. 620
Jordan, Nick - Account Services, Analytics - UNIVERSAL MCCANN, San Francisco, CA, pg. 428
Jordan Wilsted, W. - Account Services - VERDE BRAND COMMUNICATIONS, Durango, CO, pg. 658
Jorel, Jacqueline - Account Services - SAATCHI & SAATCHI DALLAS, Dallas, TX, pg. 136
Jorishie, Andy - Account Planner, Account Services, Management, NBC - BRIGHT RED\TBWA, Tallahassee, FL, pg. 337
Joseph, Jerry - Account Services, Media Department, NBC - MEDIACOM, New York, NY, pg. 487
Josephs, Michael - Account Services - HUGE, INC., Brooklyn, NY, pg. 239
Joshi, Ankit - Account Services, Interactive / Digital, Social Media - TRAFFIK ADVERTISING, Irvine, CA, pg. 156
Jost, Paul - Account Services, Public Relations - MCNEIL, GRAY & RICE, Boston, MA, pg. 627
Jovanovic, Jane - Account Planner, Account Services - SAATCHI & SAATCHI, New York, NY, pg. 136
Joyal, Jim - Account Services, NBC, PPOM - SHIFT COMMUNICATIONS, LLC, Boston, MA, pg. 647
Jozefczak, Meggan - Account Services - EPSILON, Chicago, IL, pg. 283
Jucha, Sandi - Account Services - NOVUS MEDIA, INC., Plymouth, MN, pg. 497
Judah, Hannah - Account Services - MURPHY O'BRIEN, INC., Los Angeles, CA, pg. 630
Judd, Natalie - Account Services - 10 THOUSAND DESIGN, Minneapolis, MN, pg. 171
Judge, Kate - Account Services, Finance, Media Department - ZENITH MEDIA, Chicago, IL, pg. 531
Judy, Jamie - Account Services, PPM - MERIT, Harrisburg, PA, pg. 386
Juliano, Dana - Account Planner, Account Services, Interactive / Digital, Media Department - VAYNERMEDIA, New York, NY, pg. 689
Juliano, Anthony - Account

AGENCIES

RESPONSIBILITIES INDEX

Services, NBC - ASHER AGENCY, Fort Wayne, IN, *pg.* 327
Juncker, Jill - Account Services - IMAGINUITY, Dallas, TX, *pg.* 373
June, Annie - Account Services - RAUXA, New York, NY, *pg.* 291
Junger, Amy - Account Services, Management - PUBLICIS.SAPIENT, New York, NY, *pg.* 258
Jurado, Lisa - Account Services - KEVIN/ROSS PUBLIC RELATIONS, Westlake Village, CA, *pg.* 686
Jurado, Erin - Account Services - MBB AGENCY, Leawood, KS, *pg.* 107
Jurasic, Patrick - Account Planner, Account Services, Media Department, Public Relations - DENTSU X, New York, NY, *pg.* 61
Jurczynski, Carlie - Account Services - KEPLER GROUP, New York, NY, *pg.* 244
Jurden, Frank - Account Planner, Account Services - VMLY&R, Kansas City, MO, *pg.* 274
Jurgens, Barbara - Account Services - 88 BRAND PARTNERS, Chicago, IL, *pg.* 171
Jurist, Suzy - Account Services, NBC, PPOM - SJI ASSOCIATES, New York, NY, *pg.* 142
Jusko, Liz - Account Services, NBC - ACCESS TO MEDIA, Chicopee, MA, *pg.* 453
Justice, Jim - Account Services, Interactive / Digital - ONE TRICK PONY, Hammonton, NJ, *pg.* 15
Justus, Emily - Account Services - THE TOMBRAS GROUP, Knoxville, TN, *pg.* 424
Kabakov, Maxim - Account Services - UNIVERSAL MCCANN, New York, NY, *pg.* 521
Kable, Enslow - Account Services, Management - ACCENTURE INTERACTIVE, New York, NY, *pg.* 209
Kabule, Wandie - Account Services, Creative - IMAGINARY FORCES, Los Angeles, CA, *pg.* 187
Kacmarcik, Kara - Account Services, Media Department - BLUETENT, Carbondale, CO, *pg.* 218
Kacvinsky, Megan - Account Services, PPOM - POINT TO POINT, Cleveland, OH, *pg.* 129
Kaczmarerk, Elizabeth - Account Services, Interactive / Digital, Media Department - MINDSHARE, New York, NY, *pg.* 491
Kadow, Mitja - Account Services - ZONION CREATIVE GROUP, Bend, OR, *pg.* 21
Kaduc, Sarah - Account Planner, Account Services, Media Department - WAVEMAKER, New York, NY, *pg.* 526
Kaepplinger, Daniel - Account Services - FUNDAMENTAL MEDIA, Boston, MA, *pg.* 465
Kafie, Aldo - Account Planner, Account Services, Management - OCTAGON, Stanford, CT, *pg.* 313
Kafka, Samantha - Account Services, Interactive / Digital - UNIVERSAL MCCANN, New York, NY, *pg.* 521
Kafka, Jasmine - Account Services,

NBC - KIDZSMART CONCEPTS, Vancouver, BC, *pg.* 188
Kager, Karen - Account Services, Management, Media Department, NBC - BHW1 ADVERTISING, Spokane, WA, *pg.* 3
Kahl, Graham - Account Services, Management - WS, Calgary, AB, *pg.* 164
Kahle, Lauren - Account Services - CRAMER-KRASSELT , Milwaukee, WI, *pg.* 54
Kahn, Josh - Account Services - KAHN TRAVEL COMMUNICATIONS, Rockville Center, NY, *pg.* 481
Kahn, Emily - Account Services, NBC - WIEDEN + KENNEDY, Portland, OR, *pg.* 430
Kahrer, Alexandra - Account Services - MARINA MAHER COMMUNICATIONS, New York, NY, *pg.* 625
Kahrimanian, Camille - Account Services - H&L PARTNERS, Oakland, CA, *pg.* 80
Kaiman, Natalie - Account Services - 6DEGREES, Toronto, ON, *pg.* 321
Kain-Cacossa, Marnie - Account Services, Finance, NBC, PPOM - GREY GROUP, New York, NY, *pg.* 365
Kaiser, Jennifer - Account Services - PERFORMICS, Chicago, IL, *pg.* 676
Kaiser, Boyd - Account Services - MARTIN ADVERTISING, Birmingham, AL, *pg.* 106
Kajiya, Lori - Account Services - OCEAN MEDIA, INC., Huntington Beach, CA, *pg.* 498
Kakaletris, Voula - Account Services, Operations, PPOM - HORIZON MEDIA, INC., New York, NY, *pg.* 474
Kal Hagan, Bradley - Account Services, Management - CAMRON , New York, NY, *pg.* 588
Kalabat, Olivia - Account Services - ALLIED INTEGRATED MARKETING, Troy, MI, *pg.* 324
Kalatzan, Star - Account Services, PPOM - HEALIXGLOBAL, New York, NY, *pg.* 471
Kalb, Steve - Account Planner, Account Services, Interactive / Digital, Media Department - MEDIAHUB NEW YORK, New York, NY, *pg.* 249
Kalczynski, Stefan - Account Services, NBC - HAWKE MEDIA, Los Angeles, CA, *pg.* 370
Kalfus, Michael - Account Services - JK DESIGN, Hillsborough, NJ, *pg.* 481
Kalia, Peggy - Account Services - EPOCH 5 PUBLIC RELATIONS, Huntington, NY, *pg.* 602
Kaliser, Christy - Account Services - TIC TOC, Dallas, TX, *pg.* 570
Kallet, Sally - Account Planner, Account Services - CAMP + KING, San Francisco, CA, *pg.* 46
Kallman, Ann - Account Services, Creative - KALLMAN WORLDWIDE , Waldwick, NJ, *pg.* 309
Kallman, Rebecca - Account Services

- ARGONAUT, INC., San Francisco, CA, *pg.* 33
Kalub, Sean - Account Services, Media Department - HAVAS EDGE, Carlsbad, CA, *pg.* 285
Kamara, Salina - Account Services, Interactive / Digital, Media Department - FITZCO, Atlanta, GA, *pg.* 73
Kamara, Neelam - Account Services - VAYNERMEDIA, New York, NY, *pg.* 689
Kamienski, Jennifer - Account Services, Management - COYNE PUBLIC RELATIONS, Parsippany, NJ, *pg.* 593
Kaminsky, Sarah - Account Services, Creative - LEO BURNETT WORLDWIDE, Chicago, IL, *pg.* 98
Kamm, Morgan - Account Planner, Account Services, Interactive / Digital, Media Department - CARAT, New York, NY, *pg.* 459
Kamp, Kaitlin - Account Services - 360I, LLC, Chicago, IL, *pg.* 208
Kamrowski, Shuko - Account Services, Analytics, Media Department - WAVEMAKER, New York, NY, *pg.* 526
Kanagasabapathy, Kumar - Account Services, Management - INITIATIVE, Los Angeles, CA, *pg.* 478
Kane, Isabelle - Account Services - SCRATCHMM, Cambridge, MA, *pg.* 677
Kane, Renee - Account Services - MASTERWORKS, Poulsbo, WA, *pg.* 687
Kane, Kiersten - Account Services, Creative - MARLO MARKETING COMMUNICATIONS, Boston, MA, *pg.* 383
Kane, Corina - Account Services - THE DESIGNORY, Chicago, IL, *pg.* 269
Kane, Lynn - Account Services, NBC - GRAF MEDIA GROUP, New York, NY, *pg.* 552
Kanefsky, Jason - Account Services, Media Department, PPOM, Research - HAVAS MEDIA GROUP, New York, NY, *pg.* 468
Kanefsky, Jeremy - Account Services - ENERGY BBDO, INC., Chicago, IL, *pg.* 355
Kang, Peter - Account Services, Creative, Management - ACCENTURE INTERACTIVE, El Segundo, CA, *pg.* 322
Kang, Harry - Account Planner, Account Services, Media Department - AAAZA, Los Angeles, CA, *pg.* 537
Kang-Fuentecilla, Sook - Account Services - MANHATTAN MARKETING ENSEMBLE, New York, NY, *pg.* 382
Kanga, Natasha - Account Planner, Account Services, Media Department, NBC - KINETIC WORLDWIDE, New York, NY, *pg.* 553
Kansteiner, Natalie - Account Services - ORACLE DATA CLOUD, Broomfield, CO, *pg.* 448
Kantor, Kody - Account Services, Public Relations - ZAPWATER COMMUNICATIONS, Santa Monica, CA, *pg.* 664
Kantrowitz, Eva - Account Planner, Account Services, Management, PPOM - HORIZON MEDIA, INC., New York, NY, *pg.* 474

RESPONSIBILITIES INDEX — AGENCIES

Kaplan, Michael - Account Services, Management - GEOMETRY, New York, NY, *pg.* 362
Kaplan, Leslie - Account Services, PPOM - THE BOSTON GROUP, Boston, MA, *pg.* 418
Kaplan, Erin - Account Services - BULLDOG DRUMMOND, San Diego, CA, *pg.* 338
Kaplan, Lisa - Account Services, Media Department, PPOM - GROUPM, New York, NY, *pg.* 466
Kaplan, Eliza - Account Planner, Account Services, Research - 360I, LLC, Chicago, IL, *pg.* 208
Kaplan, James - Account Services - CRAMER-KRASSELT, Chicago, IL, *pg.* 53
Kaplan, Stephanie - Account Services, Management, Media Department - DIGITAS, San Francisco, CA, *pg.* 227
Kaplan, Samantha - Account Services - OGILVY, New York, NY, *pg.* 393
Kaplan, Alyssa - Account Services, Social Media - MEKANISM, New York, NY, *pg.* 113
Kaplan, Austin - Account Services - MALKA, Jersey City, NJ, *pg.* 562
Kaplan, Arthur - Account Services - PROPAC, Plano, TX, *pg.* 682
Kaplan, Eric - Account Services - FORMATIVE, Seattle, WA, *pg.* 235
Kaplan-Nadel, Michal - Account Services - MOXIE COMMUNICATIONS GROUP, New York, NY, *pg.* 628
Kapler, Mitchell - Account Services - GIANT SPOON, LLC, New York, NY, *pg.* 363
Kapp, Carrie - Account Services - COMMIT AGENCY, Chandler, AZ, *pg.* 343
Kappes, Kadre - Account Services - 360I, LLC, Chicago, IL, *pg.* 208
Kappus, Kathy - Account Services, Analytics, Interactive / Digital, NBC - BLIZZARD INTERNET MARKETING, Glenwood Springs, CO, *pg.* 672
Kapustka, Kyle - Account Services - PADILLA, Minneapolis, MN, *pg.* 635
Karalekas, Michelle - Account Services - KELLEY HABIB JOHN INTEGRATED MARKETING, Boston, MA, *pg.* 11
Karam, Tara - Account Services, Creative, Media Department, NBC - HEARTS & SCIENCE, New York, NY, *pg.* 471
Karambis, Scott - Account Planner, Account Services, Management, NBC, PR Management, Research - ARNOLD WORLDWIDE, Boston, MA, *pg.* 33
Karas, Jacqueline - Account Services - KAPLOW COMMUNICATIONS, New York, NY, *pg.* 618
Karasseferian, Marie - Account Services - BAM STRATEGY, Montreal, QC, *pg.* 215
Karchon, Nicolas - Account Services - PUBLICIS.SAPIENT, Birmingham, MI, *pg.* 260
Karim, Carrie - Account Services - RETHINK COMMUNICATIONS, INC., Vancouver, BC, *pg.* 133

Karl, Andrew - Account Services - TRIPLEPOINT, San Francisco, CA, *pg.* 656
Karlberg, Tyler - Account Services, Interactive / Digital, Media Department, Social Media - GRIFFIN ARCHER, Minneapolis, MN, *pg.* 78
Karlsson, Nik - Account Services - R/GA, San Francisco, CA, *pg.* 261
Karlstrom, Ryan - Account Services - SHOPTOLOGY, Plano, TX, *pg.* 682
Karmann, Lauren - Account Services - THE RICHARDS GROUP, INC., Dallas, TX, *pg.* 422
Karner, Nick - Account Services - WILDFIRE, Winston Salem, NC, *pg.* 162
Karo, Monica - Account Services, Analytics, Management, PPOM - OMD, New York, NY, *pg.* 498
Karon, Nicole - Account Services - AVATAR LABS, Encino, CA, *pg.* 214
Karpati, Kat - Account Services, Management - HATCH DESIGN, San Francisco, CA, *pg.* 186
Karpel, Lenny - Account Planner, Account Services, Creative, Media Department, NBC - PEREIRA & O'DELL, San Francisco, CA, *pg.* 256
Karsenti, Melvin - Account Services - MEDIA CAUSE, San Francisco, CA, *pg.* 249
Karson, Kelsey - Account Services - DEUTSCH, INC., Los Angeles, CA, *pg.* 350
Karsten, Hillary - Account Services, Media Department, Operations, Public Relations - RUBENSTEIN ASSOCIATES, New York, NY, *pg.* 644
Karter, Calli - Account Services - MORTENSON KIM, Milwaukee, WI, *pg.* 118
Kartley, Andrea - Account Services - ABELSON-TAYLOR, Chicago, IL, *pg.* 25
Kasper, Karin - Account Services - NSA MEDIA GROUP, INC., Downers Grove, IL, *pg.* 497
Kasper, Chris - Account Services - ARNOLD WORLDWIDE, New York, NY, *pg.* 34
Kastenholz, Ashley - Account Planner, Account Services, Media Department - SPARK FOUNDRY, Chicago, IL, *pg.* 510
Kataoka, Mayu - Account Services - MOXIE COMMUNICATIONS GROUP, New York, NY, *pg.* 628
Kataoka, Marisa - Account Services - KEPLER GROUP, New York, NY, *pg.* 244
Katelman, Steve - Account Planner, Account Services, Interactive / Digital, Management, NBC, Operations - ANNALECT GROUP, New York, NY, *pg.* 213
Kates, Rich - Account Services, Programmatic - THE TRADE DESK, Chicago, IL, *pg.* 519
Katherine Rordam, Mary - Account Services, Media Department, Social Media - 22SQUARED INC., Atlanta, GA, *pg.* 319

Kato, Wanda - Account Services, Management, Media Department, PPOM - HORIZON MEDIA, INC., Los Angeles, CA, *pg.* 473
Kats, Mark - Account Services - MANIFEST, Chicago, IL, *pg.* 248
Katz, Jamie - Account Services - DUNCAN CHANNON, San Francisco, CA, *pg.* 66
Katz, Alissa - Account Services - LIPPE TAYLOR, New York, NY, *pg.* 623
Katz, Rebecca - Account Services - VERDE BRAND COMMUNICATIONS, Durango, CO, *pg.* 658
Katzman, Alicia - Account Services - ALLING HENNING & ASSOCIATES, Vancouver, WA, *pg.* 30
Kauffman, Ali - Account Services - MEYOCKS GROUP, West Des Moines, IA, *pg.* 387
Kauffman, Brianna - Account Services, Interactive / Digital, Media Department, NBC - TAYLOR, New York, NY, *pg.* 651
Kauffman, Mackenzie - Account Services - CARMICHAEL LYNCH, Minneapolis, MN, *pg.* 47
Kauffman, Sarah - Account Services, Management, Operations - ATTENTION, New York, NY, *pg.* 685
Kaufman, Dan - Account Services, Management, PPOM - WIDMEYER COMMUNICATIONS, Washington, DC, *pg.* 662
Kaufman, Marci - Account Services - SERINO COYNE, INC., New York, NY, *pg.* 299
Kaufman, Kayla - Account Services - C SPACE, Boston, MA, *pg.* 443
Kaufman, Rich - Account Services, NBC - CENTRIPLY, New York, NY, *pg.* 462
Kaufman, Johan - Account Services, Creative - DUNCAN CHANNON, San Francisco, CA, *pg.* 66
Kaufman-Lewis, Shari - Account Services - LLOYD&CO, New York, NY, *pg.* 190
Kaufmann, Denise - Account Services, PPOM - KETCHUM, Chicago, IL, *pg.* 619
Kaulback, Victoria - Account Services, Management - BBDO WORLDWIDE, New York, NY, *pg.* 331
Kautz, Michele - Account Services - GREGORY WELTEROTH ADVERTISING, Montoursville, PA, *pg.* 466
Kavalle, Jared - Account Services - TRAFFIK ADVERTISING, Irvine, CA, *pg.* 156
Kavanagh, Tracey - Account Services - DIGITAL LION MARKETING, Beverly Hills, CA, *pg.* 225
Kavanaugh, Sherri - Account Planner, Account Services - BERRY NETWORK, Dayton, OH, *pg.* 295
Kavelaars-DiPenta, Tanya - Account Services - TRAMPOLINE, Halifax, NS, *pg.* 20
Kavich, Sarah - Account Services, Management - KANTAR TNS, Chicago, IL, *pg.* 446
Kavjian, Amanda - Account Services, Management - DWA MEDIA, Boston, MA,

AGENCIES
RESPONSIBILITIES INDEX

pg. 464

Kawas, Michelle - Account Services - BODEN AGENCY, Miami, FL, *pg.* 538

Kawasaki, Elvin - Account Services, Interactive / Digital, Media Department - INITIATIVE, Los Angeles, CA, *pg.* 478

Kawasaki, Keith - Account Services - IOSTUDIO, Nashville, TN, *pg.* 242

Kay, Natalie - Account Services - KARMA AGENCY, Philadelphia, PA, *pg.* 618

Kaydo, Damon - Account Services, Management - MEDIACOM, Chicago, IL, *pg.* 489

Kaye, Matthew - Account Services - ZIMMERMAN ADVERTISING, Fort Lauderdale, FL, *pg.* 437

Kaye, Andrea - Account Services, Management, PPM - MCCANN NEW YORK, New York, NY, *pg.* 108

Kaye, Laura - Account Services, NBC - ORGANIC, INC., San Francisco, CA, *pg.* 255

Kaylani, Haya - Account Services - ROGERS & COWAN/PMK*BNC, Los Angeles, CA, *pg.* 643

Keady, Michelle - Account Services, Management - HAVAS MEDIA GROUP, Chicago, IL, *pg.* 469

Keane, Anne - Account Services - ISOBAR US, Boston, MA, *pg.* 242

Keane, Abbey - Account Services - JUMPCREW, Nashville, TN, *pg.* 93

Kearin, Brendan - Account Services - HANLEY WOOD MARKETING, Minneapolis, MN, *pg.* 9

Kearl, Steven - Account Services - TIC TOC, Dallas, TX, *pg.* 570

Kearney, Sarah - Account Services - VELOCITY OMC, New York, NY, *pg.* 158

Keathley, Thomas - Account Services, Creative - ADCOM COMMUNICATIONS, INC., Cleveland, OH, *pg.* 210

Keatts, Tera - Account Services, Public Relations - PHILOSOPHY COMMUNICATION, Denver, CO, *pg.* 636

Kee, Brittany - Account Services - KING FISH MEDIA, Beverly, MA, *pg.* 482

Keefe, Julia - Account Services - ELEMENT PRODUCTIONS, Boston, MA, *pg.* 562

Keen, Molly - Account Planner, Account Services - SECRET WEAPON MARKETING, Los Angeles, CA, *pg.* 139

Keenan, Danielle - Account Services, Interactive / Digital, Media Department, PPM - ENERGY BBDO, INC., Chicago, IL, *pg.* 355

Keenan, Thomas - Account Services, Public Relations - MCNEIL, GRAY & RICE, Boston, MA, *pg.* 627

Keetle, Ashley - Account Services, Management - 360I, LLC, Atlanta, GA, *pg.* 207

Keiler, Cammy - Account Services, Media Department - HAVAS MEDIA GROUP, Boston, MA, *pg.* 470

Keim, Emily - Account Services - ICROSSING, Scottsdale, AZ, *pg.* 241

Keiserman, Suzanne - Account Planner, Account Services,

Interactive / Digital, PPOM - OMD, New York, NY, *pg.* 498

Keiter, Stacie - Account Services - THE INTEGER GROUP, Lakewood, CO, *pg.* 682

Kelberg, Elizabeth - Account Services - BBDO WORLDWIDE, New York, NY, *pg.* 331

Kelleher, Haleigh - Account Services - HILL HOLLIDAY, Boston, MA, *pg.* 85

Kellenberger, Courtney - Account Services - GROW MARKETING, San Francisco, CA, *pg.* 691

Keller, Don - Account Services, NBC - CATALPHA ADVERTISING & DESIGN, INCORPORATED, Towson, MD, *pg.* 340

Keller, Susannah - Account Services, Management - BBDO WORLDWIDE, New York, NY, *pg.* 331

Keller, Shaunna - Account Services - BRAND CONTENT, Boston, MA, *pg.* 42

Keller, Elisabeth - Account Services - BRIERLEY & PARTNERS, Plano, TX, *pg.* 167

Keller, Kristina - Account Services - ACCENTURE INTERACTIVE, Chicago, IL, *pg.* 209

Keller McCoy, Michaela - Account Services - NCOMPASS INTERNATIONAL, West Hollywood, CA, *pg.* 390

Kellett, Bill - Account Services, PPOM - KELLETT COMMUNICATIONS, Yellowknife, NT, *pg.* 94

Kelley, Troy - Account Services, Management - DEUTSCH, INC., Los Angeles, CA, *pg.* 350

Kelley, Mike - Account Planner, Account Services, Media Department - THE MARTIN AGENCY, Richmond, VA, *pg.* 421

Kelley, Page - Account Services - MIGHTY ROAR, Roswell, GA, *pg.* 250

Kellner, Doug - Account Planner, Account Services - MACIAS CREATIVE, Miami, FL, *pg.* 543

Kellogg, Rebecca - Account Services - TEXAS CREATIVE, San Antonio, TX, *pg.* 201

Kelly, Krista - Account Services - CARMICHAEL LYNCH, Minneapolis, MN, *pg.* 47

Kelly, Liz - Account Planner, Account Services, Management, Media Department - USIM, Los Angeles, CA, *pg.* 525

Kelly, Paul - Account Planner, Account Services, Media Department - UNIVERSAL MCCANN, New York, NY, *pg.* 521

Kelly, Joe - Account Services, Management - VANGUARD COMMUNICATIONS, Washington, DC, *pg.* 658

Kelly, Christy - Account Services - GATESMAN, Chicago, IL, *pg.* 76

Kelly, Blaire - Account Services, Media Department - CARAT, New York, NY, *pg.* 459

Kelly, Claire - Account Services - DPR GROUP, INC., Frederick, MD, *pg.* 598

Kelly, Erin - Account Services, NBC - BRANDTRUST, INC., Chicago, IL,

pg. 4

Kelly, Kaitlin - Account Services - HAVAS SPORTS & ENTERTAINMENT, Chicago, IL, *pg.* 307

Kelly, Caitlin - Account Services, Management - ALISON BROD PUBLIC RELATIONS, New York, NY, *pg.* 576

Kelly, Leah - Account Services - AMP AGENCY, Boston, MA, *pg.* 297

Kelly, Emily - Account Services - SHINE UNITED, Madison, WI, *pg.* 140

Kelly, Amanda - Account Services, Creative, Management - DIGITAS, New York, NY, *pg.* 226

Kelly, Whitt - Account Services - TURNER PUBLIC RELATIONS, Denver, CO, *pg.* 657

Kelly, Joe - Account Services, NBC, Promotions - OMOBONO, Chicago, IL, *pg.* 687

Kelly, Gavin - Account Services, NBC, PPOM - ARTEFACT, Seattle, WA, *pg.* 173

Kelly, Chris - Account Planner, Account Services - CARAT, Culver City, CA, *pg.* 459

Kelly, Claire - Account Services - BERK COMMUNICATIONS, New York, NY, *pg.* 583

Kelly, Elona - Account Planner, Account Services - DCG ONE, Seattle, WA, *pg.* 58

Kelsch King, Rose - Account Services - BRINK COMMUNICATIONS, Portland, OR, *pg.* 337

Kemble, Kori - Account Services - IPROSPECT, Fort Worth, TX, *pg.* 674

Kemler McDonald, Marissa - Account Planner, Account Services - FUSE, LLC, Vinooski, VT, *pg.* 8

Kemp, Bryan - Account Services, Management, Media Department, NBC - THE BUNTIN GROUP, Nashville, TN, *pg.* 148

Kempske, Kevin - Account Services, PPOM, Public Relations - GKV, Baltimore, MD, *pg.* 364

Kendall, Kylie - Account Services - MEDIAHUB LOS ANGELES, El Segundo, CA, *pg.* 112

Kendrick, Emily - Account Services - CHIEF, Washington, DC, *pg.* 590

Kennedy, Caitlin - Account Services, Interactive / Digital, NBC - BLUE CHIP MARKETING & COMMUNICATIONS, Northbrook, IL, *pg.* 334

Kennedy, Emily - Account Services - AMNET, Fort Worth, TX, *pg.* 454

Kennedy, Megan - Account Services - RAPPORT OUTDOOR WORLDWIDE, Birmingham, MI, *pg.* 556

Kennedy, Janel - Account Services - HEILBRICE, Newport Beach, CA, *pg.* 84

Kennedy, Maria - Account Services - MOXIE COMMUNICATIONS GROUP, New York, NY, *pg.* 628

Kennedy, Amanda - Account Services, Management - HAHN PUBLIC COMMUNICATIONS, Austin, TX, *pg.* 686

Kennedy, Erika - Account Services - DAVIS HARRISON DION ADVERTISING, Chicago, IL, *pg.* 348

1199

RESPONSIBILITIES INDEX

AGENCIES

Kenny, Tom - Account Services - BBDO CANADA, Toronto, ON, pg. 330
Kenny, Bryan - Account Services - DERSE, INC., North Las Vegas, NV, pg. 304
Kent, Matthew - Account Services - RISE INTERACTIVE, Chicago, IL, pg. 264
Kent, Harvey - Account Planner, Account Services, Management - STRATA, Chicago, IL, pg. 267
Kent, Katie - Account Services - CKR INTERACTIVE, INC., Campbell, CA, pg. 220
Kenyon, Danielle - Account Services, NBC - OUTFRONT MEDIA, Chicago, IL, pg. 554
Keogh, Devin - Account Planner, Account Services, Media Department - MINDSHARE, New York, NY, pg. 491
Keohane, Chris - Account Services, Interactive / Digital - FUSEIDEAS, LLC, Winchester, MA, pg. 306
Keown, Jimmy - Account Planner, Account Services, Finance, Media Department, NBC - BARKLEY, Kansas City, MO, pg. 329
Kerans, Kate - Account Services, Management - DDB CHICAGO, Chicago, IL, pg. 59
Kerns, Carey - Account Services - THE HOFFMAN AGENCY, San Jose, CA, pg. 653
Kerns Lowry, Corinne - Account Services, PPOM - OGILVY, New York, NY, pg. 393
Kerr, Jim - Account Services - TRITON DIGITAL, Sherman Oaks, CA, pg. 272
Kerr, Carolyn - Account Services - THE SHIPYARD, Columbus, OH, pg. 270
Kerrigan, Deirdre - Account Planner, Account Services - INTEGRATED MERCHANDISING SYSTEMS, Morton Grove, IL, pg. 286
Kerrin, Chris - Account Services, Media Department, Social Media - MEDIACOM, New York, NY, pg. 487
Kersey, Dave - Account Services, NBC, Promotions - CARAT, Culver City, CA, pg. 459
Kesaji, Natasha - Account Services - O'KEEFE REINHARD & PAUL, Chicago, IL, pg. 392
Kesselhaut, Leighsa - Account Services, Management - PIMS, New York, NY, pg. 128
Kesselman, Angela - Account Services - C SPACE, Boston, MA, pg. 443
Kessler, Lorraine - Account Services, PPOM - INNIS MAGGIORE GROUP, Canton, OH, pg. 375
Kessler, Megan - Account Services - PAN COMMUNICATIONS, Boston, MA, pg. 635
Keszei, Matthew - Account Services, Media Department - THE MOTION AGENCY, Chicago, IL, pg. 270
Ketchiff, Nancy - Account Services, Media Department, PPOM - CHARLES BEARDSLEY ADVERTISING, Avon, CT, pg. 49
Keunen, Alison - Account Services - FLEISHMANHILLARD, New York, NY, pg. 605
Keusseyan, Zaven - Account Services, NBC - CANVAS WORLDWIDE, Playa Vista, CA, pg. 458
Keyes, Stephen - Account Services - KEY-ADS, INC., Dayton, OH, pg. 553
Keyes, Chelsea - Account Services - LIPPE TAYLOR, New York, NY, pg. 623
Keyes, Chris - Account Services - IMG LIVE, Atlanta, GA, pg. 308
Keyes Jr., Nick - Account Services, NBC - KEY-ADS, INC., Dayton, OH, pg. 553
Keyler, Jane - Account Services - ADPEARANCE, Portland, OR, pg. 671
Khajenouri, Ally - Account Services - FCB CHICAGO, Chicago, IL, pg. 71
Khalid, Zaki - Account Services - SAATCHI & SAATCHI X, Cincinnati, OH, pg. 682
Khalil, Adam - Account Services, Interactive / Digital - OMD, New York, NY, pg. 498
Khan, Sabena - Account Planner, Account Services, Media Department - MINDSHARE, New York, NY, pg. 491
Khan, Farris - Account Planner, Account Services, Interactive / Digital, Management, Media Department, Social Media - VMLY&R, Kalamazoo, MI, pg. 274
Khattar, Monica - Account Services - QORVIS COMMUNICATIONS, LLC, Washington, DC, pg. 640
Khemlani, Dhiren - Account Services, Management - FORSMAN & BODENFORS, New York, NY, pg. 74
Khersonsky, Kristina - Account Services - TEAM ONE, Los Angeles, CA, pg. 417
Khill, Milly - Account Services - LEO BURNETT TORONTO, Toronto, ON, pg. 97
Khosrorad, Atash - Account Services - TRACK DDB, Toronto, ON, pg. 293
Kibort, Nancy - Account Services - WEBER SHANDWICK, Chicago, IL, pg. 661
Kidd, Chris - Account Services, Public Relations - CARLETON PUBLIC RELATIONS INC., Huntsville, AL, pg. 588
Kidd, Roshel - Account Services - LEO BURNETT TORONTO, Toronto, ON, pg. 97
Kidman, Kristin - Account Services - REDPEG MARKETING, Alexandria, VA, pg. 692
Kidwell, Chris - Account Services, PPOM - CLIXO, Denver, CO, pg. 221
Kielmanowicz, Brenda - Account Services - BERK COMMUNICATIONS, New York, NY, pg. 583
Kiely, Michelle - Account Services, Management - M:UNITED//MCCANN, New York, NY, pg. 102
Kiernan, James - Account Services - THE TRADE DESK, New York, NY, pg. 520
Kiernan, Bruce - Account Services, Management, NBC - REPRISE DIGITAL, New York, NY, pg. 676
Kifle, Lieham - Account Services - SPARKS, Philadelphia, PA, pg. 315
Kiker, Eric - Account Services, PPOM - LRXD, Denver, CO, pg. 101
Kiker, John - Account Services, NBC - THE INTEGER GROUP - DALLAS, Dallas, TX, pg. 570
Kilbride, Cristin - Account Planner, Account Services, Media Department - OMD, New York, NY, pg. 498
Kilby, Tina - Account Planner, Account Services - STRUCTURAL GRAPHICS, LLC, Essex, CT, pg. 569
Kilkes, Chris - Account Services, Interactive / Digital, Programmatic - KEPLER GROUP, New York, NY, pg. 244
Killeen, Heidi - Account Services - GOODBY, SILVERSTEIN & PARTNERS, San Francisco, CA, pg. 77
Killenberg Muzik, Jessica - Account Services - BIANCHI PUBLIC RELATIONS, INC., Troy, MI, pg. 583
Kim, Chang - Account Services, Interactive / Digital, Management, Media Department, Operations, PPOM - UNIVERSAL MCCANN, New York, NY, pg. 521
Kim, Jane - Account Services - TEAM EPIPHANY, New York, NY, pg. 652
Kim, Debbie - Account Services - DESANTIS BREINDEL, New York, NY, pg. 349
Kim, James - Account Services - AYZENBERG GROUP, INC., Pasadena, CA, pg. 2
Kim, Ji - Account Services, Media Department - PHD USA, New York, NY, pg. 505
Kim, Anna - Account Services - HS AD, Los Angeles, CA, pg. 87
Kim, Kun Yang - Account Services - PACIFIC COMMUNICATIONS, Irvine, CA, pg. 124
Kim, Erica - Account Services, Interactive / Digital, Media Department - INNOCEAN USA, Huntington Beach, CA, pg. 479
Kim, Suejin - Account Services, Public Relations - 5W PUBLIC RELATIONS, New York, NY, pg. 574
Kim, Matthew - Account Services, Media Department - NOM, Los Angeles, CA, pg. 121
Kim, Cecilia - Account Services - CITIZEN RELATIONS, Toronto, ON, pg. 590
Kimball, Lauren - Account Services - CTP, Boston, MA, pg. 347
Kimball, Kelsey - Account Services, Programmatic - THE TRADE DESK, New York, NY, pg. 520
Kimbowa Ladyman, Erin - Account Services - HIRONS & COMPANY, Indianapolis, IN, pg. 86
Kimbrell, Chris - Account Services - RISE INTERACTIVE, Chicago, IL, pg. 264
Kime, Lauren - Account Planner, Account Services - SPARK FOUNDRY, Atlanta, GA, pg. 512
Kimsey, Shane - Account Services - TRAFFIK ADVERTISING, Irvine, CA, pg. 156

1200

AGENCIES

RESPONSIBILITIES INDEX

Kindle, Kathleen - Account Services, Media Department, NBC - SAATCHI & SAATCHI LOS ANGELES, Torrance, CA, *pg.* 137

King, Karen - Account Services - MINKUS & ASSOCIATES, Malvern, PA, *pg.* 191

King, Jacqueline - Account Services, Management - AMOBEE, INC., Chicago, IL, *pg.* 213

King, Kristen - Account Services, NBC, Public Relations - WEBER SHANDWICK, Toronto, ON, *pg.* 662

King, Kristen - Account Services, Management - FIG, New York, NY, *pg.* 73

King, Jonathan - Account Services - DDB CHICAGO, Chicago, IL, *pg.* 59

King, Kristy - Account Services - MBUY, Chicago, IL, *pg.* 484

King, Kathleen - Account Services, Management - YOH, Philadelphia, PA, *pg.* 277

King, Jeremiah - Account Services, Creative - THE TOMBRAS GROUP, Atlanta, GA, *pg.* 153

King, Chloe - Account Services - SWANSON RUSSELL, Omaha, NE, *pg.* 415

King, Andrew - Account Services - HKA, INC., Tustin, CA, *pg.* 614

King, Joe - Account Services - MONO, Minneapolis, MN, *pg.* 117

Kingkade, Elina - Account Services, Interactive / Digital - BRADO, Irvine, CA, *pg.* 336

Kingsbery, Jessica - Account Services - DROGA5, New York, NY, *pg.* 64

Kinkade, Brian - Account Services - DALTON AGENCY, Jacksonville, FL, *pg.* 348

Kinney, Charissa - Account Services, Interactive / Digital, NBC, Public Relations - 72ANDSUNNY, Playa Vista, CA, *pg.* 23

Kinney, Caitlin - Account Services - PEREIRA & O'DELL, San Francisco, CA, *pg.* 256

Kinsch, Renee - Account Services, Management, Media Department - HAVAS MEDIA GROUP, New York, NY, *pg.* 468

Kinzler Sanders, Lauren - Account Services, PPOM - DITTOE PUBLIC RELATIONS, Indianapolis, IN, *pg.* 597

Kipnis, Erica - Account Services - TRACYLOCKE, Chicago, IL, *pg.* 426

Kipp, Daniel - Account Services, Interactive / Digital - MARCEL DIGITAL, Chicago, IL, *pg.* 675

Kirby, Matthew - Account Services - FIREHOUSE, INC., Dallas, TX, *pg.* 358

Kirby, Justin - Account Services - AYZENBERG GROUP, INC., Pasadena, CA, *pg.* 2

Kirby, Chelsey - Account Services - J PUBLIC RELATIONS, San Diego, CA, *pg.* 616

Kirk, Tom - Account Services, Management - RPA, Santa Monica, CA, *pg.* 134

Kirkegaard, Jordan - Account Services, NBC - FIREFLY, San Francisco, CA, *pg.* 552

Kirkeide Boutiette, Kristi - Account Services - CRISPIN PORTER + BOGUSKY, Boulder, CO, *pg.* 346

Kirkpatrick, Kyle - Account Services - ANTENNA GROUP, INC., Hackensack, NJ, *pg.* 578

Kirkwood, Jen - Account Services - AREA 17, Brooklyn, NY, *pg.* 214

Kirsch, Greg - Account Services, Creative - INTOUCH SOLUTIONS, INC., Overland Park, KS, *pg.* 242

Kirsch, Danielle - Account Services - PAN COMMUNICATIONS, Boston, MA, *pg.* 635

Kirsch, Brian - Account Services - BUTLER ASSOCIATES PUBLIC RELATIONS, New York, NY, *pg.* 587

Kiskadden, Greg - Account Services - WHITESPACE CREATIVE, Akron, OH, *pg.* 162

Kislevitz, Maximilian - Account Services, Management, NBC - TOOL OF NORTH AMERICA, Santa Monica, CA, *pg.* 564

Kiss, Katie - Account Services, Management - NSA MEDIA GROUP, INC., Downers Grove, IL, *pg.* 497

Kist, Rebecca - Account Services - IMC / IRVINE MARKETING COMMUNICATIONS, Holmdel, NJ, *pg.* 89

Kistner, Laura - Account Services - WEST COAST ADVISORS, Sacramento, CA, *pg.* 662

Kita, Lauren - Account Services - J PUBLIC RELATIONS, San Diego, CA, *pg.* 616

Kitchens, Ryan - Account Services, Creative - HELMS WORKSHOP, Austin, TX, *pg.* 9

Kite, Betsy - Account Services - HMH, Charlotte, NC, *pg.* 86

Kite, Zachary - Account Services, Interactive / Digital - JAVELIN AGENCY, Irving, TX, *pg.* 286

Kittel, Lucie - Account Services, Creative - LIGHTNING ORCHARD, Brooklyn, NY, *pg.* 11

Kittredge, Sean - Account Services - WUNDERMAN THOMPSON, New York, NY, *pg.* 434

Klado, Rebecca - Account Services - SAATCHI & SAATCHI, New York, NY, *pg.* 136

Klassen, Greg - Account Planner, Account Services - JOELE FRANK, WILKINSON BRIMMER KATCHER, New York, NY, *pg.* 617

Klatt, Elisa - Account Services - LAKE GROUP MEDIA, INC., Armonk, NY, *pg.* 287

Klausner, Melanie - Account Services, Administrative, Public Relations - RED HAVAS, New York, NY, *pg.* 641

Klebacha, Mike - Account Services, Interactive / Digital - FAHLGREN MORTINE PUBLIC RELATIONS, Columbus, OH, *pg.* 70

Klein, Katie - Account Services, PPM - ZENITH MEDIA, New York, NY, *pg.* 529

Klein, Randy - Account Services - 160OVER90, Los Angeles, CA, *pg.* 301

Klein, Jessica - Account Services, Interactive / Digital, Management, Media Department - REPRISE DIGITAL, New York, NY, *pg.* 676

Klein, Jeff - Account Services, Interactive / Digital, Media Department - MODCOGROUP, New York, NY, *pg.* 116

Klein, Lauren - Account Services - OGILVY, Chicago, IL, *pg.* 393

Klein, Heather - Account Services, Interactive / Digital, Management, Media Department - 4FRONT, Dallas, TX, *pg.* 208

Klein, Lexi - Account Services, Public Relations - ROGERS & COWAN/PMK*BNC, Los Angeles, CA, *pg.* 643

Klein, Abigayil - Account Services, Promotions - FACTORY PR, New York, NY, *pg.* 602

Klein, Barry - Account Services - BERLINROSEN, Washington, DC, *pg.* 583

Kleine, Jay - Account Services - SANDERS\WINGO, El Paso, TX, *pg.* 138

Kleinheksel, Katie - Account Services - THE DESIGNORY, Nashville, TN, *pg.* 269

Kleinman, Andrea - Account Services - EMPOWER, Chicago, IL, *pg.* 355

Kleiter, Chris - Account Services, NBC - LMNO, Saskatoon, SK, *pg.* 100

Klemt, Danielle - Account Planner, Account Services, Media Department - MINDSHARE, New York, NY, *pg.* 491

Kleppel, Amanda - Account Services - HMT ASSOCIATES, INC., Broadview Heights, OH, *pg.* 681

Kline, Liz - Account Services, PPOM - EISENBERG & ASSOCIATES, Dallas, TX, *pg.* 181

Kline, Andrew - Account Services, NBC - CAMERON ADVERTISING, Hauppauge, NY, *pg.* 339

Kline, Rebecca - Account Planner, Account Services, Media Department, NBC - CANVAS WORLDWIDE, Playa Vista, CA, *pg.* 458

Kline, Braden - Account Services - 50,000 FEET, INC., Chicago, IL, *pg.* 171

Klineberg, David - Account Services, PPOM - RESPONSE MARKETING, New Haven, CT, *pg.* 133

Klos, Kay - Account Services, NBC - ANSIRA, Saint Louis, MO, *pg.* 280

Klugherz, Wendy - Account Services, Media Department - TOUCHPOINT INTEGRATED COMMUNICATIONS, Darien, CT, *pg.* 520

Knapp, Bella - Account Services - PINCKNEY HUGO GROUP, Syracuse, NY, *pg.* 128

Knecht, Karla - Account Services, Management, Media Department, PPOM - STARCOM WORLDWIDE, Chicago, IL, *pg.* 513

Knee, Sara - Account Services, Interactive / Digital, Media Department, NBC - LIPPE TAYLOR, New York, NY, *pg.* 623

Knickmeier, Danette - Account

RESPONSIBILITIES INDEX AGENCIES

Services - D.TRIO MARKETING GROUP, Minneapolis, MN, pg. 348
Knight, Maggie - Account Services - CAPGEMINI, Wayne, PA, pg. 219
Knight, Robin - Account Services, Management - EP+CO., New York, NY, pg. 356
Knights, Jason - Account Services, NBC - M5, Bedford, NH, pg. 102
Knill, Allie - Account Services - BBDO WEST, Los Angeles, CA, pg. 331
Knipe, Paul - Account Services - VERMILION DESIGN, Boulder, CO, pg. 204
Knobbe, Ariel - Account Services - THE INTEGER GROUP, Lakewood, CO, pg. 682
Knoff, Greg - Account Services, NBC - GENUINE INTERACTIVE, Boston, MA, pg. 237
Knoll, Ryan - Account Services - INFERNO, LLC, Memphis, TN, pg. 374
Knoth, Audrey - Account Services, Management - GOLDMAN & ASSOCIATES, Norfolk, VA, pg. 608
Knox, Katie - Account Services - WALZ TETRICK ADVERTISING, Mission, KS, pg. 429
Knox, Bruce - Account Services - BRAINSTORM MEDIA, Columbus, OH, pg. 175
Knutson, Nicole - Account Services - PERISCOPE, Minneapolis, MN, pg. 127
Knutson, Garth - Account Services - PUBLICIS WEST, Seattle, WA, pg. 130
Ko, Brian - Account Services, Management, PPOM - AUDIENCEX, Marina Del Rey, CA, pg. 35
Kobe, Kristine - Account Services, Management - HEAT, Chicago, IL, pg. 84
Kobeszko, Stacey - Account Services - COYNE PUBLIC RELATIONS, Parsippany, NJ, pg. 593
Kobylarski, Dana - Account Services - AUDIENCEX, Marina Del Rey, CA, pg. 35
Koch, Caitlyn - Account Services - DEFAZIO COMMUNICATIONS, Philadelphia, PA, pg. 596
Kochan, Tracy - Account Services, Media Department - BOATHOUSE GROUP, INC., Waltham, MA, pg. 40
Kochanasz, Amanda - Account Services - RAUXA, New York, NY, pg. 291
Kocheilas, Antonis - Account Services, Management - OGILVY, New York, NY, pg. 393
Kocher, Dale - Account Planner, Account Services, Interactive / Digital, Media Department - MARTIN WILLIAMS ADVERTISING, Minneapolis, MN, pg. 106
Kochis, Matthew - Account Services, Media Department, Public Relations - EDELMAN, Chicago, IL, pg. 353
Kocian, Kathy - Account Services - HILL HOLLIDAY, New York, NY, pg. 85
Koehl, Jolyn - Account Services - MSLGROUP, New York, NY, pg. 629
Koehler, Lindsay - Account Services - WONGDOODY, Seattle, WA, pg. 162

Koehlmoos, Amy - Account Services - AMENDOLA COMMUNICATIONS, Scottsdale, AZ, pg. 577
Koelle, Paul - Account Services, NBC, Operations - C SPACE, Boston, MA, pg. 443
Koenig, Holly - Account Services - KELLEN CO., New York, NY, pg. 686
Koenig, Toni - Account Services, NBC - CCG MARKETING SOLUTIONS, West Caldwell, NJ, pg. 341
Koenig, Aja - Account Services - PLAYBUZZ, New York, NY, pg. 128
Koenig, Karen - Account Services, NBC - HIEBING, Madison, WI, pg. 85
Koepke, Carol - Account Services, Management - ZIMMERMAN ADVERTISING, Fort Lauderdale, FL, pg. 437
Koepp, Stephen - Account Services - 360I, LLC, Atlanta, GA, pg. 207
Kogler, Jamie - Account Services - CRAMER-KRASSELT, Chicago, IL, pg. 53
Kogler, Angela - Account Services, Management - MCCANN HEALTH NEW YORK, New York, NY, pg. 108
Kohler, Kim - Account Services, PPOM - MINDSTREAM MEDIA GROUP - DALLAS, Dallas, TX, pg. 496
Kohler, Daniella - Account Planner, Account Services, NBC - HUGHES DESIGN GROUP, South Norwalk, CT, pg. 186
Kohler, Jennifer - Account Services, NBC - MRM//MCCANN, Birmingham, MI, pg. 252
Kohn, Zach - Account Services - MCKINNEY NEW YORK, New York, NY, pg. 111
Kohnle, Allison - Account Services - THE INTEGER GROUP, Lakewood, CO, pg. 682
Kolandra, Udayan - Account Planner, Account Services, Management - UPSHOT, Chicago, IL, pg. 157
Kolberg, Lynda - Account Services - DECCA DESIGN, San Jose, CA, pg. 349
Kolbert, Karli - Account Planner, Account Services, NBC - FALLON WORLDWIDE, Minneapolis, MN, pg. 70
Kolenz, Michelle - Account Services - INTRINZIC, INC., Newport, KY, pg. 10
Koler, Sarah - Account Services, NBC - PLANET PROPAGANDA, Madison, WI, pg. 195
Koleva, Vlada - Account Services - KEA ADVERTISING, Valley Cottage, NY, pg. 94
Kolinsky, Jason - Account Services, Management - M:UNITED//MCCANN, New York, NY, pg. 102
Kolkey, Sandor - Account Services, PPOM - EPSILON, Chicago, IL, pg. 283
Koller, Sarvary - Account Services - RYGR, Carbondale, CO, pg. 409
Kolman, Hilary - Account Services, Analytics, Media Department, Research - DIGITAS, New York, NY, pg. 226
Kolodij, Cat - Account Services, Management, Operations, PPOM - FALLS COMMUNICATIONS, Cleveland,

OH, pg. 357
Kolodny, Noah - Account Services, Research - OCTAGON, Stanford, CT, pg. 313
Kolomer, Brenna - Account Services, PPOM - MEDIACOM, New York, NY, pg. 487
Komack, Jordyn - Account Services, Interactive / Digital, Media Department - AMOBEE, INC., Redwood City, CA, pg. 213
Komejan, Kendra - Account Services - CARMICHAEL LYNCH, Minneapolis, MN, pg. 47
Komitor, Jaime - Account Services - SWIFT, Portland, OR, pg. 145
Konesni, Deanna - Account Services - PUSH 7, Pittsburgh, PA, pg. 131
Kong, Sophie - Account Services - ASV INC., Torrance, CA, pg. 302
Kong, Serena - Account Planner, Account Services, Interactive / Digital, Media Department - ZENITH MEDIA, New York, NY, pg. 529
Konko, Dayna - Account Services - GYRO NY, New York, NY, pg. 369
Konsbruck, Lynn - Account Services - MAXIMUM MARKETING SERVICES, Chicago, IL, pg. 107
Koontz, Barbara - Account Services, NBC - CURRAN & CONNORS, INC., Brentwood, CA, pg. 178
Koopman, Meghan - Account Services, Management, Media Department - HAVAS MEDIA GROUP, New York, NY, pg. 468
Kopacz, Matthew - Account Services, Public Relations - MWWPR, East Rutherford, NJ, pg. 630
Kopec, Vanessa - Account Planner, Account Services - PUBLICIS NORTH AMERICA, New York, NY, pg. 399
Kopitko, Jonathan - Account Services, Interactive / Digital, Media Department - PHD USA, New York, NY, pg. 505
Kopitov, Irene - Account Services - CAMRON, New York, NY, pg. 588
Koppel, Victor - Account Services - CSM SPORT & ENTERTAINMENT, New York, NY, pg. 347
Koralewski, Kelsey - Account Services - BLASTMEDIA, Fishers, IN, pg. 584
Korecki, Christine - Account Services - DAVIDSON BELLUSO, Phoenix, AZ, pg. 179
Korman, Ben - Account Services, Media Department - PIPITONE GROUP, Pittsburgh, PA, pg. 195
Kormushoff, Mike - Account Services, PPOM - ST&P COMMUNICATIONS, INC., Fairlawn, OH, pg. 412
Kornegay, Katherine - Account Services, Interactive / Digital - JOHNSON & SEKIN, Dallas, TX, pg. 10
Kornet, Nathan - Account Services, Interactive / Digital - CHIZCOMM, North York, ON, pg. 50
Korngut, Jennifer - Account Services - HAVAS HEALTH & YOU, New York, NY, pg. 82
Korniczky, Andrew - Account

AGENCIES RESPONSIBILITIES INDEX

Services - JCDECAUX NORTH AMERICA, New York, NY, pg. 553
Korono, Deborah - Account Services - HUGE, INC., Brooklyn, NY, pg. 239
Korsgard, Karen - Account Services, Interactive / Digital, Management, Media Department, Public Relations - ONEFIRE, INC, Peoria, IL, pg. 394
Kos, Amanda - Account Services, Programmatic - THE TRADE DESK, Chicago, IL, pg. 519
Kosakowski, Megan - Account Services, NBC - ARNOLD WORLDWIDE, Boston, MA, pg. 33
Koslelnik, Jayme - Account Services - BROKAW, INC., Cleveland, OH, pg. 43
Kosnik, Timothy - Account Services, Management - FCB CHICAGO, Chicago, IL, pg. 71
Kostecka, Andy - Account Services - DAVIS AD AGENCY, Washington, DC, pg. 58
Kotick, Michael - Account Planner, Account Services, Interactive / Digital, Media Department, NBC, Public Relations - 360I, LLC, New York, NY, pg. 320
Kotowski, Dena - Account Services - LAGES & ASSOCIATES, Irvine, CA, pg. 621
Kotz, Alex - Account Services - BRUNNER, Pittsburgh, PA, pg. 44
Kouloheras, Kristen - Account Services, NBC - HILL HOLLIDAY, Boston, MA, pg. 85
Koutris Neamonitis, Victoria - Account Planner, Account Services, Media Department - OPTIMUM SPORTS, New York, NY, pg. 394
Kovach, Kristin - Account Services - CROSSROADS, Kansas City, MO, pg. 594
Kovacs, Laura - Account Services - FINN PARTNERS, Washington, DC, pg. 603
Kovacs, Laura - Account Services - ZETA INTERACTIVE, New York, NY, pg. 277
Kovalcik, Robert - Account Services, Media Department - THE MEDIA KITCHEN, New York, NY, pg. 519
Kovalcik, Laura - Account Services, Management, Media Department - CARAT, Detroit, MI, pg. 461
Kovan, Andy - Account Planner, Account Services, Management - THE BRANDON AGENCY, Myrtle Beach, SC, pg. 419
Kovitz, Lisa - Account Services, Management - EDELMAN, New York, NY, pg. 599
Kowalczyk, Jake - Account Services, Media Department - MCS ADVERTISING, Peru, IL, pg. 111
Kowalski, Bradley - Account Services, Management, Media Department - HAVAS WORLDWIDE TORONTO, Toronto, ON, pg. 83
Kowan, Joseph - Account Services, Research - GROUPM NEXT, Saint Louis, MO, pg. 439
Koyen, Neena - Account Services,

Management, Media Department - UNIVERSAL MCCANN, New York, NY, pg. 521
Kozarovich, Steve - Account Services - PRICEWEBER MARKETING COMMUNICATIONS, INC., Louisville, KY, pg. 398
Kozma, Jamie - Account Services, Interactive / Digital, Management, Media Department - UNIVERSAL MCCANN, New York, NY, pg. 521
Kozniuk, Emily - Account Services - TAXI, Vancouver, BC, pg. 146
Kozo, Karyn - Account Services - RE:GROUP, INC., Ann Arbor, MI, pg. 403
Kozo, Amber - Account Services, Interactive / Digital, Media Department - INITIATIVE, New York, NY, pg. 477
Kraft, Adam - Account Services, Public Relations - LINNIHAN FOY ADVERTISING, Minneapolis, MN, pg. 100
Krager, Breanne - Account Services - WIRED PR, Phoenix, AZ, pg. 663
Krajewski, Stephanie - Account Services - BRANDMAN AGENCY, New York, NY, pg. 585
Krakower, Gary - Account Services, Management - 16OVER90, Los Angeles, CA, pg. 301
Kramer, Sarah - Account Planner, Account Services, NBC, Operations, PPOM - SPARK FOUNDRY, New York, NY, pg. 508
Kramer, Allison - Account Planner, Account Services, Creative, Interactive / Digital - ZENO GROUP, Chicago, IL, pg. 664
Krane, Kate - Account Services, Creative - EDELMAN, Seattle, WA, pg. 601
Krapff, Max - Account Services - RYGR, Carbondale, CO, pg. 409
Kratz, Jim - Account Services - GAS STATION TV, Detroit, MI, pg. 552
Kraus, Andrew - Account Services, Management - EPOCH 5 PUBLIC RELATIONS, Huntington, NY, pg. 602
Kraus, Jeremy - Account Services - SITUATION INTERACTIVE, New York, NY, pg. 265
Kraus, Molly - Account Services - THEORY HOUSE : THE AGENCY BUILT FOR RETAIL, Charlotte, NC, pg. 683
Kraus, Kaitlyn - Account Services - TRICOMB2B, Dayton, OH, pg. 427
Krause, Ken - Account Services, NBC - AMENDOLA COMMUNICATIONS, Scottsdale, AZ, pg. 577
Krause, Brian - Account Services, Interactive / Digital - MOXIE, Atlanta, GA, pg. 251
Kravetz, Julie - Account Planner, Account Services, Management - DEUTSCH, INC., New York, NY, pg. 349
Kravetzker, Stefanie - Account Services - LATCHA+ASSOCIATES, Farmington Hills, MI, pg. 168
Krediet, Caroline - Account Services, Media Department, PPOM - FIG, New York, NY, pg. 73

Kreft, Denis - Account Services, NBC, PPOM - IMAGINASIUM, Green Bay, WI, pg. 89
Kregel, Jill - Account Services, Interactive / Digital, Media Department, Programmatic, Social Media - STARCOM WORLDWIDE, Detroit, MI, pg. 517
Kreider, Janelle - Account Services, NBC - MMSI, Warwick, RI, pg. 496
Kreider, Katie - Account Services - BLUE STATE DIGITAL, Washington, DC, pg. 335
Kreidle, Connor - Account Services - THINK MOTIVE, Denver, CO, pg. 154
Kreikemeier, Tracy - Account Services, Management - THRULINE MARKETING, Lenexa, KS, pg. 155
Kreindler, Lizzy - Account Services - A5, Chicago, IL, pg. 25
Kreisberg, Laurie - Account Services - TRINITY BRAND GROUP, Berkeley, CA, pg. 202
Kreisler, Ariel - Account Services - NEO MEDIA WORLD, New York, NY, pg. 496
Kreitner, Luke - Account Services, NBC - INCENTIVE SOLUTIONS, Atlanta, GA, pg. 567
Kremer, Emmalee - Account Services - THE HATCH AGENCY, San Francisco, CA, pg. 653
Kren, Kristina - Account Planner, Account Services - HEARTS & SCIENCE, New York, NY, pg. 471
Krensky, Andrew - Account Services, Management, NBC, PPOM - OMELET, Culver City, CA, pg. 122
Kreul, Caroline - Account Services - PLANET PROPAGANDA, Madison, WI, pg. 195
Kreuter, Chris - Account Planner, Account Services - IPROSPECT, Toronto, ON, pg. 674
Kreutzberg, Colin - Account Services - VAYNERMEDIA, New York, NY, pg. 689
Kreutzer, Janice - Account Services, Media Department - BISIG IMPACT GROUP, Louisville, KY, pg. 583
Kreytak, Daniel - Account Services - MARCH COMMUNICATIONS, Boston, MA, pg. 625
Kribs-LaPierre, Beth - Account Services, NBC - ADVENTIVE, INC., Rochester, NY, pg. 211
Krieg, Amy - Account Services - TBWA \ CHIAT \ DAY, Los Angeles, CA, pg. 146
Krieger, Katie - Account Services - CATALYSIS, Seattle, WA, pg. 340
Kriese, Tamara - Account Services, Interactive / Digital - GMR MARKETING, New Berlin, WI, pg. 306
Krimm, Melissa - Account Services, NBC - WUNDERMAN THOMPSON, New York, NY, pg. 434
Krishnalingam, Hiran - Account Services - M/SIX, Toronto, ON, pg. 483
Krock, Elizabeth - Account Services - ZENO GROUP, Toronto, ON, pg. 665

RESPONSIBILITIES INDEX — AGENCIES

Krongold, Jaclyn - Account Services, Management - DEUTSCH, INC., New York, NY, pg. 349

Kropp, Matt - Account Services, Management - CARAT, Chicago, IL, pg. 461

Kross Lee, Meg - Account Services - CHAPMAN CUBINE + HUSSEY, Arlington, VA, pg. 281

Krouse, Rachel - Account Services - VMLY&R, New York, NY, pg. 160

Krout, Benjamin - Account Services, Social Media - SPARK FOUNDRY, Chicago, IL, pg. 510

Krucker, Kelsey - Account Services, Interactive / Digital, Management - WALKER SANDS COMMUNICATIONS, Chicago, IL, pg. 659

Krueger, Julie - Account Planner, Account Services - GUD MARKETING, Lansing, MI, pg. 80

Krug, Ashley - Account Services, Interactive / Digital - FORTYFOUR, Atlanta, GA, pg. 235

Kruger, Karla - Account Planner, Account Services - ALMA, Coconut Grove, FL, pg. 537

Kruisbrink, Will - Account Services, PPOM, Public Relations - WALKER SANDS COMMUNICATIONS, Chicago, IL, pg. 659

Kruk, David - Account Services - 30 LINES, Columbus, OH, pg. 207

Krumwiede, Ryan - Account Services - BROADHEAD, Minneapolis, MN, pg. 337

Kruse, Nicole - Account Services - ARCHETYPE, Los Angeles, CA, pg. 33

Kruse, Kelly - Account Planner, Account Services - UPSHOT, Chicago, IL, pg. 157

Kruse, Joe - Account Services - DESKEY INTEGRATED BRANDING, Cincinnati, OH, pg. 7

Kruszewski, Emily - Account Services - UPROAR, Orlando, FL, pg. 657

Krutchik, Larry - Account Services, Management, NBC - HILL+KNOWLTON STRATEGIES, Los Angeles, CA, pg. 613

Kubancik, Sally - Account Services - WORKINPROGRESS, Boulder, CO, pg. 163

Kubanka, Stefanie - Account Services, Management, Media Department, NBC - HAVAS MEDIA GROUP, New York, NY, pg. 468

Kucia, Diane - Account Services - MARTIN RETAIL GROUP, Alpharetta, GA, pg. 106

Kucinski, Maria - Account Services - GREENOUGH COMMUNICATIONS, Watertown, MA, pg. 610

Kudla, Jonathan - Account Services - MOXIE, Atlanta, GA, pg. 251

Kuefler, John - Account Services, Interactive / Digital - CALLAHAN CREEK, Lawrence, KS, pg. 4

Kuehn, Rob - Account Services, Management - MARTIN RETAIL GROUP, Alpharetta, GA, pg. 106

Kuhl, Kristie - Account Services - FINN PARTNERS, New York, NY, pg. 603

Kuhl, Dave - Account Services, PPOM - KUHL SWAINE, Saint Louis, MO, pg. 11

Kuhlman, Nina - Account Services - THE MX GROUP, Burr Ridge, IL, pg. 422

Kuhn, Lindsey - Account Services - GSD&M, Austin, TX, pg. 79

Kuiper, Eric - Account Services - CARAT, Toronto, ON, pg. 461

Kujawa, Stephen - Account Services, Interactive / Digital, NBC - YOUTECH, Naperville, IL, pg. 436

Kuksis, Alia - Account Services - BIMM DIRECT & DIGITAL, Toronto, ON, pg. 280

Kula, Zach - Account Planner, Account Services - BBDO WORLDWIDE, New York, NY, pg. 331

Kuljak, Natasa - Account Services, Media Department - HORIZON MEDIA, INC., New York, NY, pg. 474

Kulkarni, Shivani - Account Services, Media Department, PPOM - UNIVERSAL MCCANN, New York, NY, pg. 521

Kull, Paula - Account Services - RITTA & ASSOCIATES, Paramus, NJ, pg. 407

Kulp, James - Account Services, Interactive / Digital, Media Department, PPM - PHD USA, New York, NY, pg. 505

Kurasz, Margie - Account Services, Interactive / Digital, Media Department - BIOLUMINA, New York, NY, pg. 39

Kurek, Ken - Account Services, NBC, PPOM - QUINT EVENTS, Charlotte, NC, pg. 314

Kurland, Evan - Account Services - 3Q DIGITAL, Chicago, IL, pg. 208

Kurtz, Allison - Account Services, Management - L.C. WILLIAMS & ASSOCIATES, INC., Chicago, IL, pg. 621

Kushner, Scott - Account Planner, Account Services, Media Department - ICON INTERNATIONAL, INC., Greenwich, CT, pg. 476

Kutnick, Dale - Account Services, Management - GARTNER, INC., Stamford, CT, pg. 236

Kuykendall, Alan - Account Services - MMGY GLOBAL, Kansas City, MO, pg. 388

Kwak, Jinie - Account Services, Public Relations - VMLY&R, New York, NY, pg. 160

Kwok, Jennifer - Account Services, Media Department - ESSENCE, San Francisco, CA, pg. 232

Kwon, Alice - Account Services, Interactive / Digital, Media Department - OMD, New York, NY, pg. 498

Kwong, Leila - Account Services, Media Department - ID MEDIA, Los Angeles, CA, pg. 477

Kyba, Suzanne - Account Services, Operations - 97 DEGREES WEST, Austin, TX, pg. 24

L'Ecuyer, Courtney - Account Services - EDELMAN, Seattle, WA, pg. 601

La Cute, Dan - Account Services - BBDO CANADA, Toronto, ON, pg. 330

La Fleur, Ashley - Account Planner, Account Services - ROOT3 GROWTH MARKETING, Chicago, IL, pg. 408

La Nier, Kennedy - Account Planner, Account Services, Media Department - WIEDEN + KENNEDY, Portland, OR, pg. 430

La Rosa, Sarah - Account Services - TEAM EPIPHANY, New York, NY, pg. 652

Labb, Amy - Account Services - ARENA MEDIA, New York, NY, pg. 454

Lacher, Samantha - Account Services - MISSY FARREN & ASSOCIATES, LTD., New York, NY, pg. 627

Lacher, Jane - Account Planner, Account Services, Management - ZENITH MEDIA, New York, NY, pg. 529

Lackore, Sarah - Account Services - FUSION92, Chicago, IL, pg. 235

Lacour, John - Account Services, Interactive / Digital, NBC, Operations, PPOM - DMN3, Houston, TX, pg. 230

LaCroix, Katie - Account Services - 4FRONT, Chicago, IL, pg. 208

Ladd, Bob - Account Planner, Account Services - THOMAS J. PAUL, INC., Rydal, PA, pg. 20

Ladd, Joshua - Account Services - ZLR IGNITION, Des Moines, IA, pg. 437

Ladd, Joe - Account Services, Management - MRY, New York, NY, pg. 252

Laforga, Julie - Account Services - MILNER BUTCHER MEDIA GROUP, Los Angeles, CA, pg. 491

Lage, Cristina - Account Services, Administrative - ALMA, Coconut Grove, FL, pg. 537

Lagrange, Kinley - Account Services - WONGDOODY, Culver City, CA, pg. 433

Laguna, Gabriela - Account Services - R/GA, New York, NY, pg. 260

Lagzial, Ashley - Account Services - QUINN & COMPANY, New York, NY, pg. 640

Laham, Lindsley - Account Planner, Account Services, Creative - MCKINNEY, Durham, NC, pg. 111

Lai, Suzanne - Account Planner, Account Services, Media Department - HEARTS & SCIENCE, Atlanta, GA, pg. 473

Laidlaw, Shayna - Account Services - IPROSPECT, San Diego, CA, pg. 674

Lake, Dan - Account Services, NBC - C SPACE, Boston, MA, pg. 443

Lake, Anne - Account Services, PPOM - BLUE BEAR CREATIVE, Denver, CO, pg. 40

Lako, Christine - Account Services, NBC - ACTIVE INTERNATIONAL, Pearl River, NY, pg. 439

Lal, Savita - Account Planner, Account Services, Media Department, NBC - CANVAS WORLDWIDE, Playa Vista, CA, pg. 458

AGENCIES
RESPONSIBILITIES INDEX

Lally, Megan - Account Services, PPOM - HIGHDIVE, Chicago, IL, *pg.* 85

Laloggia, Daniel - Account Planner, Account Services, Analytics, Interactive / Digital - WALKER SANDS COMMUNICATIONS, Chicago, IL, *pg.* 659

Lalonde, Lindsay - Account Services - JOHN ST., Toronto, ON, *pg.* 93

Lam, Amanda - Account Services - DUARTE, Sunnyvale, CA, *pg.* 180

Lam, Jed - Account Services, Management, NBC - EDELMAN, Chicago, IL, *pg.* 353

Lam, Henry - Account Planner, Account Services, Analytics - EYEVIEW DIGITAL, INC., New York, NY, *pg.* 233

Lam, Lina - Account Services, Social Media - MEDIACOM, New York, NY, *pg.* 487

LaManna, Rachel - Account Services - FUSEIDEAS, LLC, Buffalo, NY, *pg.* 306

Lamanna, Angie - Account Services, NBC, Public Relations - CITIZEN RELATIONS, Toronto, ON, *pg.* 590

LaMar, Aubrie - Account Services - IPROSPECT, Fort Worth, TX, *pg.* 674

LaMarco, Rachel - Account Services, Interactive / Digital - REDSHIFT, Pittsburgh, PA, *pg.* 133

Lambert, Jessica - Account Services - CREATIVE ENERGY, INC., Johnson City, TN, *pg.* 346

Lambert, Jenna - Account Services - OTTO DESIGN & MARKETING, Norfolk, VA, *pg.* 124

Lambeth, Kelly - Account Services - YAH. - YOU ARE HERE, Atlanta, GA, *pg.* 318

Lamm, Geoff - Account Planner, Account Services - OMD, New York, NY, *pg.* 498

LaMontagne, Theresa - Account Services, Interactive / Digital, Research - EDELMAN, New York, NY, *pg.* 599

Lampert, Suzanne - Account Services - OUTFRONT MEDIA, New York, NY, *pg.* 554

Lampertz, Clarissa - Account Planner, Account Services - BBDO WORLDWIDE, New York, NY, *pg.* 331

Lancaster, Trinity - Account Services - CREATIVE ENERGY, INC., Johnson City, TN, *pg.* 346

Lancaster, Katie - Account Services - GOODBY, SILVERSTEIN & PARTNERS, San Francisco, CA, *pg.* 77

Lancaster, Holly - Account Services - WE COMMUNICATIONS, San Francisco, CA, *pg.* 660

Lance, Danielle - Account Planner, Account Services, Media Department - INITIATIVE, Los Angeles, CA, *pg.* 478

Landahl, Jenna - Account Planner, Account Services, Interactive / Digital, Media Department - BUTLER / TILL, Rochester, NY, *pg.* 457

Landaker, Paul - Account Services, NBC - MAGNETO BRAND ADVERTISING, Portland, OR, *pg.* 13

Landau, Susan - Account Services - IMPRESSIONS, Mineola, NY, *pg.* 89

Landers, Ashley - Account Services - TEXAS CREATIVE, San Antonio, TX, *pg.* 201

Landerud, Marki - Account Services - STEPHAN & BRADY, INC., Madison, WI, *pg.* 412

Landesman, Nicole - Account Services, Media Department, NBC - BBDO WORLDWIDE, New York, NY, *pg.* 331

Landez, Ronnie - Account Services - UNIVERSAL MCCANN, Los Angeles, CA, *pg.* 524

Landicho, Stephanie - Account Services, Management, Media Department - MEDIACOM CANADA, Toronto, ON, *pg.* 489

Landman, Carrie - Account Services, Operations - UBM, Duluth, MN, *pg.* 521

Landphere, Ken - Account Services - OCTAGON, San Francisco, CA, *pg.* 313

Landrum, Stephanie - Account Services - AMNET, Fort Worth, TX, *pg.* 454

Landry, Meredith - Account Services - RED SIX MEDIA, Baton Rouge, LA, *pg.* 132

Lane, Josh - Account Planner, Account Services, PPOM - FEREBEELANE, Greenville, SC, *pg.* 358

Lane, Lindsey - Account Planner, Account Services, Interactive / Digital, Media Department, NBC - INITIATIVE, New York, NY, *pg.* 477

Lane, Jordan - Account Services, Management - BENSIMON BYRNE, Toronto, ON, *pg.* 38

Lane, Lucas - Account Services, Creative - MCGARRAH JESSEE, Austin, TX, *pg.* 384

Lane, Corey - Account Services - ELEVATION MARKETING, Richmond, VA, *pg.* 67

Lane, Sarah - Account Services - IMRE, Baltimore, MD, *pg.* 374

Lane, TJ - Account Services - WRITE2MARKET, Atlanta, GA, *pg.* 276

Lane Mertz, Shelby - Account Services - WOODRUFF, Columbia, MO, *pg.* 163

Lanes, Ken - Account Services, Interactive / Digital, NBC - AGENCY 720, Westlake Village, CA, *pg.* 323

Laney, Lachelle - Account Services - CAMPBELL MARKETING AND COMMUNICATIONS, Dearborn, MI, *pg.* 339

Lang, Jenny - Account Services, Interactive / Digital, Management, Media Department - MAGNA GLOBAL, New York, NY, *pg.* 483

Lang, Jamie - Account Services, Research - KL COMMUNICATIONS, Red Bank, NJ, *pg.* 446

Lang, Aaron - Account Services - HEAT, San Francisco, CA, *pg.* 84

Lang, Jenny - Account Services, Management, NBC - REAL WORLD, INC., Scottsdale, AZ, *pg.* 403

Lang, Monica - Account Services - MKTG INC, New York, NY, *pg.* 311

Langan, Jill - Account Services - MINDSHARE, Chicago, IL, *pg.* 494

Langdell, Suzy - Account Planner, Account Services - FALLON WORLDWIDE, Minneapolis, MN, *pg.* 70

Langdon, Brian - Account Services - GLOBAL STRATEGIES, Bend, OR, *pg.* 673

Lange, Jonathan - Account Planner, Account Services, Management - CAMPBELL EWALD NEW YORK, New York, NY, *pg.* 47

Lange, Brittany - Account Services - DIRECT AGENTS, INC., New York, NY, *pg.* 229

Lange, Colin - Account Planner, Account Services, Management - LANDOR, New York, NY, *pg.* 11

Lange, Suzanne - Account Services - RODGERS TOWNSEND, LLC, Saint Louis, MO, *pg.* 407

Lange, Jess - Account Services, NBC - PUBLITEK NORTH AMERICA, Portland, OR, *pg.* 401

Langlitz, Daniel - Account Planner, Account Services, Management - STRAWBERRYFROG, New York, NY, *pg.* 414

Langworth, Nicholas - Account Services - BIG SPACESHIP, Brooklyn, NY, *pg.* 455

Lanker-Wood, Delaney - Account Services - ECHOS BRAND COMMUNICATIONS, San Francisco, CA, *pg.* 599

Lannon, Maggie - Account Services - 360I, LLC, Chicago, IL, *pg.* 208

Lanz, Joshua - Account Services, Interactive / Digital - R/GA, New York, NY, *pg.* 260

Lanzi, Amy - Account Services, Interactive / Digital - PUBLICIS NORTH AMERICA, New York, NY, *pg.* 399

LaPalomento, Sarah - Account Services - THE MX GROUP, Burr Ridge, IL, *pg.* 422

LaPeare, Dawn - Account Services - LPI GROUP, Calgary, AB, *pg.* 12

Lapham, Andrew - Account Planner, Account Services - CARMICHAEL LYNCH, Minneapolis, MN, *pg.* 47

Lapointe, Catherine - Account Services - TAXI, Montreal, QC, *pg.* 146

Lappas, Jimmy - Account Services - GREAT INK COMMUNICATIONS, INC., New York, NY, *pg.* 610

Laprea, Daniel - Account Services - AMOBEE, INC., Chicago, IL, *pg.* 213

Laracy, Susannah - Account Services, PPOM - DAILEY & ASSOCIATES, West Hollywood, CA, *pg.* 56

Laramie, Clayton - Account Services, PPOM - CLIXO, Denver, CO, *pg.* 221

Laramy, Kim - Account Services - ETHOS MARKETING & DESIGN, Westbrook, ME, *pg.* 182

Larberg, Dillon - Account Services, Interactive / Digital, Media

1205

RESPONSIBILITIES INDEX — AGENCIES

Department, Social Media - PMG, Fort Worth, TX, pg. 257

Laredo, Ryanne - Account Planner, Account Services - AMOBEE, INC., Chicago, IL, pg. 213

Larkin, Stephen - Account Services, Interactive / Digital, Management, NBC, PPOM - R/GA, Los Angeles, CA, pg. 261

Laroccia, Trisha - Account Services - NORTH 6TH AGENCY, New York, NY, pg. 633

Laroche, Shelly - Account Services, Media Department - THE RICHARDS GROUP, INC., Dallas, TX, pg. 422

LaRoche, Nadine - Account Services, Interactive / Digital - TRAMPOLINE, Halifax, NS, pg. 20

LaRosa, Nicholas - Account Services, Media Department, NBC, Operations - MAYOSEITZ MEDIA, Blue Bell, PA, pg. 483

Larriviere, Antony - Account Services - BAM STRATEGY, Montreal, QC, pg. 215

Larsen, Madeline - Account Services, Interactive / Digital, Media Department - VMLY&R, Chicago, IL, pg. 275

Larsen, Tia - Account Services - OMNI ADVERTISING, Boca Raton, FL, pg. 394

Larsen, Jennifer - Account Services, Creative, Media Department, PPM - KORN HYNES ADVERTISING, Morristown, NJ, pg. 95

Larsen, Walt - Account Services, Management - SCALES ADVERTISING, Minneapolis, MN, pg. 138

Larsen, Stacie - Account Services, Creative - ERICH & KALLMAN, San Francisco, CA, pg. 68

Larsen, Sarah - Account Services, NBC - CREATA, Oakbrook Terrace, IL, pg. 346

Larsh, Michelle - Account Services, NBC - USIM, Los Angeles, CA, pg. 525

Larson, Aubrey - Account Services, Media Department, NBC - TBWA \ CHIAT \ DAY, Los Angeles, CA, pg. 146

Larson, Preston - Account Services - TEAM ONE, Los Angeles, CA, pg. 417

Larson, Kelly - Account Services - DDB SAN FRANCISCO, San Francisco, CA, pg. 60

Larson, Kathryn - Account Services - 9THWONDER AGENCY, Houston, TX, pg. 453

Larson, Bri - Account Services, Interactive / Digital - STRATEGIC AMERICA, West Des Moines, IA, pg. 414

LaRue, Dale - Account Services - RAIN, New York, NY, pg. 262

LaRue, Diana - Account Services - APPLETON CREATIVE, Orlando, FL, pg. 32

Laryea, Chris - Account Services, Management, Media Department - THE VIA AGENCY, Portland, ME, pg. 154

LaSala, Hannah - Account Planner, Account Services - THE VIA AGENCY, Portland, ME, pg. 154

Laschever, Ann-Rebecca - Account Services, Management, NBC - GEOFFREY WEILL ASSOCIATES, INC., New York, NY, pg. 607

Lash, Jaime - Account Services - XENOPSI, New York, NY, pg. 164

Lasky, Emily - Account Services - JELLYFISH U.S., Baltimore, MD, pg. 243

Lasky, Samantha - Account Services - BERLINROSEN, Washington, DC, pg. 583

Laszacs, Andrew - Account Services - BOB GOLD & ASSOCIATES, Redondo, CA, pg. 585

Latham, Shana - Account Services, Analytics, Research - POLARIS MARKETING RESEARCH, Atlanta, GA, pg. 449

Lathem, Rebecca - Account Services - MORRISON, Atlanta, GA, pg. 117

Latimer, Claire - Account Services - UNIVERSAL MCCANN, San Francisco, CA, pg. 428

Latta, Bethany - Account Services - ARCHETYPE, New York, NY, pg. 33

Laufer, Kris - Account Services, Creative - TEN ADAMS MARKETING & ADVERTISING, Evansville, IN, pg. 147

Lauffer, Christian - Account Services, Analytics, Research - BRANDTRUST, INC., Chicago, IL, pg. 4

Laughlin, Scott - Account Planner, Account Services, PPOM - LMO ADVERTISING, Arlington, VA, pg. 100

Laughlin, Amy - Account Services, Management - DAVID&GOLIATH, El Segundo, CA, pg. 57

Lauper, Jordan - Account Services, Management - STARCOM WORLDWIDE, Toronto, ON, pg. 517

Laurel, Tony - Account Services - ADLUCENT, Austin, TX, pg. 671

Lauria, Dante - Account Services - KING FISH MEDIA, Beverly, MA, pg. 482

Lauricella, Adrianna - Account Services, Public Relations - ALISON BROD PUBLIC RELATIONS, New York, NY, pg. 576

Laurie, Anita-Marie - Account Services, NBC, PPOM - SITRICK AND COMPANY, INC., Los Angeles, CA, pg. 647

Lauterstein, Carrie - Account Services - WEBER SHANDWICK, Dallas, TX, pg. 660

LaValle, Lauren - Account Services - DROGA5, New York, NY, pg. 64

LaVardera, Claire - Account Services, Interactive / Digital, Public Relations - TBC, Baltimore, MD, pg. 416

Lavecchia, Renee - Account Services, Management, PPOM - VMLY&R, Miami, FL, pg. 160

Lavender, Amber - Account Services, NBC - WIEDEN + KENNEDY, Portland, OR, pg. 430

Lavoie, Renee - Account Services, Interactive / Digital - CENDYN, Boca Raton, FL, pg. 220

Law, Kaitlin - Account Services, Media Department - MEDIAHUB BOSTON, Boston, MA, pg. 489

Lawler, Megan - Account Services, Management, Programmatic, Social Media - PHD CHICAGO, Chicago, IL, pg. 504

Lawler, Dan - Account Services - QUATTRO DIRECT, Berwyn, PA, pg. 290

Lawless, Matthew - Account Planner, Account Services, Media Department, NBC - OMD ENTERTAINMENT, Burbank, CA, pg. 501

Lawless, Sharon - Account Services, NBC, Operations - BURST MARKETING, Troy, NY, pg. 338

Lawniczak, Nicole - Account Services - CROWLEY WEBB & ASSOCIATES, Buffalo, NY, pg. 55

Lawrence, Garrett - Account Services, Management - DOREMUS & COMPANY, San Francisco, CA, pg. 64

Lawrence, Christopher - Account Services, Media Department - THE INTEGER GROUP, Lakewood, CO, pg. 682

Lawrence, Tamera - Account Planner, Account Services, Media Department - ARCHER MALMO, Memphis, TN, pg. 32

Lawrence, Rachel - Account Services, Interactive / Digital, Media Department - R2INTEGRATED, Baltimore, MD, pg. 261

Lawrence, Cary - Account Services, Interactive / Digital, NBC - SOCIALCODE, Washington, DC, pg. 688

Lawrence, Sara - Account Services - BELMONT ICEHOUSE, Dallas, TX, pg. 333

Laws, Catherine - Account Services, Management - THE WILLIAM MILLS AGENCY, Atlanta, GA, pg. 655

Lawson, Colleen - Account Services, Management - PERFORMICS, New York, NY, pg. 676

Lawson, Ami - Account Services, NBC - QUENCH, Harrisburg, PA, pg. 131

Lawson, James - Account Services, Management, Media Department - BROTHERS & CO., Tulsa, OK, pg. 43

Lawson, Natalia - Account Services - THE PRICE GROUP INC., Lubbock, TX, pg. 152

Lawton, Kim - Account Services - INSPIRA MARKETING GROUP, Norwalk, CT, pg. 308

Lay, Sandy - Account Services, NBC - SHOPHER MEDIA, Fort Lauderdale, FL, pg. 682

Layne, Michael - Account Services, PPOM - MARX LAYNE & COMPANY, Farmington Hills, MI, pg. 626

Lazar, Mike - Account Services, NBC - MEDIACOM, New York, NY, pg. 487

Lazar, Antonia - Account Services, NBC - COLLINS:, New York, NY, pg. 177

Lazar, Shelly - Account Planner, Account Services - HORIZON MEDIA, INC., New York, NY, pg. 474

Lazarenko, David - Account Services, PPOM - THINK SHIFT, INC.,

1206

AGENCIES　　　　　　　　　　　　　　　　　　　　　　　　　　　　　　　　　　RESPONSIBILITIES INDEX

Winnipeg, MB, *pg.* 270
Lazarus, Becky - Account Services - TABOOLA, New York, NY, *pg.* 268
Lazarus, Michelle - Account Planner, Account Services - MINDSHARE, New York, NY, *pg.* 491
Lazor, Molly - Account Services - KIOSK CREATIVE LLC, Novato, CA, *pg.* 378
Lazorik, Kevin - Account Services - HERO DIGITAL, San Francisco, CA, *pg.* 238
Lazzaro, Zachary - Account Services - POV SPORTS MARKETING, Wayne, PA, *pg.* 314
Le, Minh - Account Services - DVL SEIGENTHALER, Nashville, TN, *pg.* 599
Leach, Kelly - Account Planner, Account Services, Interactive / Digital, Management, Media Department - HORIZON MEDIA, INC., New York, NY, *pg.* 474
Leahy, Tracy - Account Services, NBC - HARGROVE INC., Lanham, MD, *pg.* 307
Leake, Tim - Account Services, NBC, Public Relations - RPA, Santa Monica, CA, *pg.* 134
Leal, Rolando - Account Services - OGILVY, New York, NY, *pg.* 393
Leal, Vejurnae - Account Services - WALTON ISAACSON, Chicago, IL, *pg.* 547
Leaman, Vanessa - Account Services - CMI MEDIA, LLC, King of Prussia, PA, *pg.* 342
Leapaldt, Stephanie - Account Services - MARKETING ARCHITECTS, Minneapolis, MN, *pg.* 288
Leary, Drea - Account Services, Media Department - FUEL MARKETING, Salt Lake City, UT, *pg.* 361
Leary, Meg - Account Services - EGC MEDIA GROUP, INC., Melville, NY, *pg.* 354
Leathart, Tim - Account Services - DROGA5, New York, NY, *pg.* 64
Leather, Patrick - Account Services - ICON INTERNATIONAL, INC., Greenwich, CT, *pg.* 476
Leathers, Morgan - Account Services - OMD, New York, NY, *pg.* 498
Leaver, Jennifer - Account Services - WORKHORSE MARKETING, Austin, TX, *pg.* 433
Leavey, Kelsey - Account Services, Public Relations - THE HODGES PARTNERSHIP, Richmond, VA, *pg.* 653
Leavitt, Hannah - Account Services - NTOOITIVE DIGITAL, Las Vegas, NV, *pg.* 254
LeBlanc, Tracey - Account Planner, Account Services - MEDIAHUB BOSTON, Boston, MA, *pg.* 489
LeBlanc, Brittany - Account Services - A-TRAIN MARKETING COMMUNICATIONS, Fort Collins, CO, *pg.* 321
Leboeuf, Beau - Account Services - SHERRY MATTHEWS ADVOCACY MARKETING, Austin, TX, *pg.* 140
Leboeuf, Marie-Michelle - Account Services - LG2, Montreal, QC, *pg.* 380

Lebron, Lillian - Account Services, Management, NBC - BEACON MEDIA, Mahwah, NJ, *pg.* 216
LeBrun, Jennifer - Account Services, Finance - KIOSK CREATIVE LLC, Novato, CA, *pg.* 378
Lecceadone, Tyler - Account Services, Management, PPOM - SEYFERTH & ASSOCIATES, INC., Grand Rapids, MI, *pg.* 646
Lechner, Pouneh - Account Services, Public Relations - KARBO COMMUNICATIONS, San Francisco, CA, *pg.* 618
Leckstrom, Jennifer - Account Services, Media Department, Public Relations - ROSECOMM, Hoboken, NJ, *pg.* 644
LeClair, Liz - Account Services, Creative - NANCY MARSHALL COMMUNICATIONS , Augusta, ME, *pg.* 631
LeCompte, Christine - Account Services - BRODEUR PARTNERS, Portsmouth, NH, *pg.* 586
Ledbetter, Zach - Account Services - NEWELL LEDBETTER ADVERTISING, Colorado Springs, CO, *pg.* 120
Ledford, Chris - Account Services, Management - OXFORD COMMUNICATIONS, Lambertville, NJ, *pg.* 395
LeDrew, Nikki - Account Services - MARCHEX, INC., Seattle, WA, *pg.* 675
Leduc, Jean-Philippe - Account Services, NBC - NEWAD, Montreal, QC, *pg.* 554
LeDuc, Kimberly - Account Services - SOURCECODE COMMUNICATIONS, New York, NY, *pg.* 648
Lee, Lorrie - Account Services, NBC - TWINENGINE, Houston, TX, *pg.* 203
Lee, Ann - Account Services, NBC, PPOM - THE LEE GROUP, Houston, TX, *pg.* 420
Lee, Henry - Account Services - PACIFIC COMMUNICATIONS, Irvine, CA, *pg.* 124
Lee, Kelly - Account Services - CO-COMMUNICATIONS INC. , White Plains, NY, *pg.* 685
Lee, Bruce - Account Services, Management, Media Department, NBC - UNIVERSAL MCCANN, New York, NY, *pg.* 521
Lee, Jonathan - Account Planner, Account Services, Management, NBC, Operations, PPOM - GREY GROUP, New York, NY, *pg.* 365
Lee, Carol - Account Services, Interactive / Digital, NBC - LOCATION3 MEDIA, Denver, CO, *pg.* 246
Lee, Yuri - Account Planner, Account Services - PUBLICIS NORTH AMERICA, New York, NY, *pg.* 399
Lee, Dale - Account Planner, Account Services, Interactive / Digital, Media Department - MEDIAHUB BOSTON, Boston, MA, *pg.* 489
Lee, Allison - Account Services - PAPPAS GROUP, Arlington, VA, *pg.* 396

Lee, Harold - Account Planner, Account Services, Media Department, NBC, Operations - PUBLICIS.SAPIENT, New York, NY, *pg.* 258
Lee, David - Account Services, Media Department, Programmatic - THE RICHARDS GROUP, INC., Dallas, TX, *pg.* 422
Lee, Nicole - Account Services, Media Department, Operations - PUBLICIS NORTH AMERICA, New York, NY, *pg.* 399
Lee, Walter - Account Services - THE TRADE DESK, Los Angeles, CA, *pg.* 519
Lee, Hannah - Account Services - OGILVY, Chicago, IL, *pg.* 393
Lee, Phillip - Account Planner, Account Services, Management, Media Department - THE RICHARDS GROUP, INC., Dallas, TX, *pg.* 422
Lee, Sandy - Account Services, PPOM - POSTERSCOPE U.S.A., New York, NY, *pg.* 556
Lee, Crystal - Account Services - GOTHAM, INC., New York, NY, *pg.* 77
Lee, Kevin - Account Services - DROGA5, New York, NY, *pg.* 64
Lee, Hurshini - Account Services - MUSE USA, Santa Monica, CA, *pg.* 543
Lee, Priscilla - Account Services, Management, Operations - REBEL VENTURES INC., Los Angeles, CA, *pg.* 262
Lee, Ginny - Account Services - FORSMAN & BODENFORS, New York, NY, *pg.* 74
Lee, Justin - Account Services, Interactive / Digital, Social Media - COMMIT AGENCY, Chandler, AZ, *pg.* 343
Lee, Michael - Account Planner, Account Services - ZENITH MEDIA, Santa Monica, CA, *pg.* 531
Lee, Ellen - Account Services - L3 ADVERTISING INC., New York, NY, *pg.* 542
Lee, Kabrina - Account Planner, Account Services, Media Department - CARAT, New York, NY, *pg.* 459
Lee, Christine - Account Planner, Account Services - TPN, Chicago, IL, *pg.* 571
Lee, Justin - Account Services, Media Department - OMD, New York, NY, *pg.* 498
Leeds, Ryan - Account Planner, Account Services, NBC, Public Relations - MASTERMINDS, INC., Egg Harbor Township, NJ, *pg.* 687
Leeloy, Wayne - Account Services, NBC - G7 ENTERTAINMENT MARKETING, Nashville, TN, *pg.* 306
Lefebvre, Alex - Account Services - RETHINK COMMUNICATIONS, INC., Vancouver, BC, *pg.* 133
Legein, Teresa - Account Services - THE BOSTON GROUP, Boston, MA, *pg.* 418
Leger, Chris - Account Services, Management - DWA MEDIA, Austin, TX, *pg.* 464
Legere, Olivia - Account Services, Management - JONES KNOWLES RITCHIE,

1207

RESPONSIBILITIES INDEX — AGENCIES

New York, NY, pg. 11
LeGros, Jayme - Account Services - THE ATKINS GROUP, San Antonio, TX, pg. 148
Legutko, Vanessa - Account Services - AGENCY H5, Chicago, IL, pg. 575
Lehmann, Lindsey - Account Services, Media Department - UNIVERSAL MCCANN, New York, NY, pg. 521
Lehmann, Katherine - Account Services - MOXIE, Atlanta, GA, pg. 251
Lehrer, Nancy - Account Services - HILL HOLLIDAY, Boston, MA, pg. 85
Leibow, Jillian - Account Services - MINDSHARE, Chicago, IL, pg. 494
Leicht, John - Account Services, Administrative - IPROSPECT, San Diego, CA, pg. 674
Leighton, Scott - Account Services - KETTLE, New York, NY, pg. 244
Leinwetter, Melanie - Account Services, NBC - SIGNAL THEORY, Kansas City, MO, pg. 141
Lemasters, Kylie - Account Services - DAVID&GOLIATH, El Segundo, CA, pg. 57
Lemmermen, Kristine - Account Services - DEFINITION 6, Atlanta, GA, pg. 224
Lemmler, Rachael - Account Services - ZOZIMUS AGENCY, Boston, MA, pg. 665
Lemoine, Michelle - Account Services, Interactive / Digital, NBC - MEDIACOM, New York, NY, pg. 487
Lenski, Joseph - Account Services, PPOM - EDISON MEDIA RESEARCH, Somerville, NJ, pg. 444
Lent, Sarah - Account Services, Operations - ESSENCE, San Francisco, CA, pg. 232
Lentz, Brittany - Account Services - SWANSON RUSSELL ASSOCIATES, Lincoln, NE, pg. 415
Lenz, John - Account Services, NBC - LENZ, INC., Decatur, GA, pg. 622
Lenze, Josh - Account Services, Creative - DDB CHICAGO, Chicago, IL, pg. 59
Lenzen, Stephen - Account Services, Research - INSIGHT STRATEGY GROUP, New York, NY, pg. 445
Leon, George - Account Services, Management, PPOM - HAWTHORNE ADVERTISING, Los Angeles, CA, pg. 370
Leonard, Laura - Account Services, Media Department - PHD CANADA, Toronto, ON, pg. 504
Leonard, Austin - Account Services - WALMART MEDIA GROUP, San Bruno, CA, pg. 684
Leonard, Katherine - Account Planner, Account Services, Media Department - TOKY BRANDING + DESIGN, Saint Louis, MO, pg. 202
Leonard, Lindsay - Account Services - J.R. THOMPSON COMPANY, Farmington Hills, MI, pg. 91
Leonardis, Korinne - Account Services - EDELMAN, New York, NY, pg. 599

Leonardo, Michelle - Account Services, Management, PPOM - HORIZON MEDIA, INC., New York, NY, pg. 474
Leone, Leo - Account Services, Creative - BARBARIAN, New York, NY, pg. 215
Leone, Charles - Account Services - MULLENLOWE U.S. NEW YORK, New York, NY, pg. 496
Leone, Gina - Account Services - PUBLICIS NORTH AMERICA, New York, NY, pg. 399
Leos, Nanci - Account Services, PPOM - RAUXA, Costa Mesa, CA, pg. 291
Lepore, Helen - Account Services, Administrative - GOTHAM, INC., New York, NY, pg. 77
Lersch, Dale - Account Services, Management - METRIXLAB, Farmington, CT, pg. 447
LeSage Nelson, Jo Ann - Account Services, NBC - PIERCE COMMUNICATIONS, Albany, NY, pg. 636
Lescarbeau, Julia - Account Services - NIKE COMMUNICATIONS, INC., New York, NY, pg. 632
Lessens, Eric - Account Services, Management, NBC - FCB CHICAGO, Chicago, IL, pg. 71
Lessne, Scott - Account Services - STANTON PUBLIC RELATIONS & MARKETING, New York, NY, pg. 649
Lestan, Jake - Account Services, Management - DDB CHICAGO, Chicago, IL, pg. 59
Leszko, Izabela - Account Services - CITIZEN RELATIONS, Toronto, ON, pg. 590
Leto, Jen - Account Services, Media Department - STRATEGIC AMERICA, West Des Moines, IA, pg. 414
LeTourneau, Linda - Account Services, Management - HAUGAARD CREATIVE GROUP, Chicago, IL, pg. 186
Lett, Kacie - Account Services, Management - THREE FIVE TWO, INC., Atlanta, GA, pg. 271
Leung, Juliana - Account Services - PRIME ADVERTISING, Richmond Hill, ON, pg. 398
Leupold, Jim - Account Services - HARRIS, BAIO & MCCULLOUGH, Philadelphia, PA, pg. 369
Leutze, Jaclyn - Account Services, NBC - MASON, INC., Bethany, CT, pg. 383
Lev, Josh - Account Planner, Account Services - LEVLANE ADVERTISING, Philadelphia, PA, pg. 380
Lev, Zach - Account Planner, Account Services, Creative, Management, NBC - BULLISH INC, New York, NY, pg. 45
LeVatte, Megan - Account Services - TRAMPOLINE, Halifax, NS, pg. 20
Leventhal, Marcia - Account Services, Management - SKY ADVERTISING, INC., New York, NY, pg. 142

Leventhal, Tanner - Account Planner, Account Services, Media Department - MINDSHARE, New York, NY, pg. 491
Leventhal, Cassie - Account Services - SOHO EXPERIENTIAL, New York, NY, pg. 143
Levin, Quinn - Account Services - HAVAS NEW YORK, New York, NY, pg. 369
Levin, Beth - Account Services - GEOFFREY WEILL ASSOCIATES, INC., New York, NY, pg. 607
Levin, Amy - Account Services, Public Relations - BENENSON STRATEGY GROUP, New York, NY, pg. 333
Levine, Cindy - Account Services, Creative, PPOM - PROPHET, Chicago, IL, pg. 15
Levine, Elaine - Account Services, Management - HAVAS MEDIA GROUP, New York, NY, pg. 468
Levine, Rachel - Account Services, Creative - LLOYD&CO, New York, NY, pg. 190
Levine, Rob - Account Services - MARRINER MARKETING COMMUNICATIONS, Columbia, MD, pg. 105
Levine, Robert - Account Services - INTERSECTION, New York, NY, pg. 553
Levine, Jessica - Account Services - WAGSTAFF WORLDWIDE, New York, NY, pg. 659
Levine Archer, Samantha - Account Services, Analytics - HEARTS & SCIENCE, New York, NY, pg. 471
Levine Sauerhoff, Tesse - Account Services - ARTEFACT, Seattle, WA, pg. 173
Levinson, Jenna - Account Services - TEAM EPIPHANY, New York, NY, pg. 652
Levinthal, Julie - Account Services, Media Department - JACK MORTON WORLDWIDE, New York, NY, pg. 308
LeVonne, Stephanie - Account Services, Analytics, Media Department - TINUITI, New York, NY, pg. 678
Levy, Martine - Account Planner, Account Services, NBC - TRACK DDB, Toronto, ON, pg. 293
Levy, Arte - Account Services - MEDIA LOGIC, Albany, NY, pg. 288
Levy, Jessie - Account Services, Interactive / Digital, Media Department - ENERGY BBDO, INC., Chicago, IL, pg. 355
Levy, Marissa - Account Services - WUNDERMAN HEALTH, New York, NY, pg. 164
Levy, Conor - Account Services, Interactive / Digital - KEPLER GROUP, New York, NY, pg. 244
Levy, Chris - Account Services - 215 MCCANN, San Francisco, CA, pg. 319
Lew, Rebecca - Account Services - MOXIE COMMUNICATIONS GROUP, New York, NY, pg. 628
Lewellen, Ali - Account Services - ARC WORLDWIDE, Chicago, IL, pg. 327

AGENCIES

RESPONSIBILITIES INDEX

Lewensky, Amanda - Account Services - WALTON ISAACSON, Chicago, IL, *pg.* 547

Lewis, Tripp - Account Services, Media Department, NBC - LEWIS COMMUNICATIONS , Mobile, AL, *pg.* 100

Lewis, Judy - Account Services, Management, PPOM - STRATEGIC OBJECTIVES, Toronto, ON, *pg.* 650

Lewis, Mike - Account Services, Media Department - KELLY, SCOTT & MADISON, INC., Chicago, IL, *pg.* 482

Lewis, Jonathan - Account Planner, Account Services, Management, PPOM - MCKEE WALLWORK & COMPANY, Albuquerque, NM, *pg.* 385

Lewis, Jill - Account Services - MARCUS THOMAS, Cleveland, OH, *pg.* 104

Lewis, Cara - Account Services, Management, Media Department - DENTSU AEGIS NETWORK, New York, NY, *pg.* 61

Lewis, Gigi - Account Services, Creative - TBWA \ CHIAT \ DAY, Los Angeles, CA, *pg.* 146

Lewis, Angela - Account Services, Interactive / Digital, Media Department - UNIVERSAL MCCANN DETROIT, Birmingham, MI, *pg.* 524

Lewis, Taylor - Account Services - THE MARS AGENCY, Bentonville, AR, *pg.* 683

Lewis, Brandon - Account Services - KWT GLOBAL, New York, NY, *pg.* 621

Lewis, Courtney - Account Services - THE VARIABLE, Winston-Salem, NC, *pg.* 153

Lewis, Shannon - Account Services - KREBER, Columbus, OH, *pg.* 379

Lewis, Ashley - Account Planner, Account Services, Media Department - FARM, Lancaster, NY, *pg.* 357

Lewis, Courtney - Account Services, Research - CHAPMAN CUBINE + HUSSEY, Arlington, VA, *pg.* 281

Lewis, Olivia - Account Services, Public Relations - EGAMI GROUP, New York, NY, *pg.* 539

Lewis, Jennifer - Account Planner, Account Services, NBC - ADPERIO, Denver, CO, *pg.* 533

Lewis, Martin - Account Services, Interactive / Digital, Media Department - TINUITI, New York, NY, *pg.* 678

Lewis, Kelli - Account Services - DEEP BLUE INSIGHT, Atlanta, GA, *pg.* 443

Lewman, Hannah - Account Services - JOAN, New York, NY, *pg.* 92

Li, Alisa - Account Planner, Account Services, Media Department - KELLY, SCOTT & MADISON, INC., Chicago, IL, *pg.* 482

Li, Serena - Account Services - ESSENCE, Seattle, WA, *pg.* 232

Lianthamani, Kimberly - Account Services - KARBO COMMUNICATIONS, San Francisco, CA, *pg.* 618

Liao, Wendy - Account Services - IW GROUP, INC., Los Angeles, CA, *pg.* 541

Libbey, Matthew - Account Services - GREY GROUP, New York, NY, *pg.* 365

Libowsky, Sam - Account Services - STARCOM WORLDWIDE, New York, NY, *pg.* 517

Librizzi, Marie - Account Services - CLEAR CHANNEL OUTDOOR, Pewaukee, WI, *pg.* 551

Lich, Sarah - Account Services - LOCATION3 MEDIA, Denver, CO, *pg.* 246

Lichtblau, Henry - Account Services, NBC - RIDDLE & BLOOM, Boston, MA, *pg.* 133

Lichter, Jonathan - Account Planner, Account Services, PPOM - KELLY, SCOTT & MADISON, INC., Chicago, IL, *pg.* 482

Liddle, Sarah - Account Services - GFK MRI, Chicago, IL, *pg.* 445

Lieberman, Sara - Account Services - SHADOW PUBLIC RELATIONS, New York, NY, *pg.* 646

Lieberman, Samantha - Account Services - MCGARRYBOWEN, New York, NY, *pg.* 109

Liebermann, Mark - Account Services - GEOFFREY WEILL ASSOCIATES, INC., New York, NY, *pg.* 607

Liebling, Kerry - Account Services - 360I, LLC, Atlanta, GA, *pg.* 207

Lied, Rose - Account Planner, Account Services, Management - BRUNNER, Pittsburgh, PA, *pg.* 44

Lied, David - Account Services - BRUNNER, Pittsburgh, PA, *pg.* 44

Lierman, Chris - Account Services - GMR MARKETING, New Berlin, WI, *pg.* 306

Lieto, Bridget - Account Services - TRACYLOCKE , Wilton, CT, *pg.* 684

Liggett, Kristen - Account Services - AGENCYEA, Chicago, IL, *pg.* 302

Light, Kate - Account Services - RED SQUARE AGENCY, Mobile, AL, *pg.* 642

Light-McNeely, Dina - Account Services, Analytics, Creative, Operations - BLUE 449, Dallas, TX, *pg.* 456

Likens, Valerie - Account Services - MADISON AVENUE MARKETING GROUP, Toledo, OH, *pg.* 287

Likos, Laura - Account Services, NBC - 72ANDSUNNY, Playa Vista, CA, *pg.* 23

Lilies, Carli - Account Planner, Account Services - OPTIDGE, Houston, TX, *pg.* 255

Lillejord, Erik - Account Services - LINNIHAN FOY ADVERTISING, Minneapolis, MN, *pg.* 100

Liller, Lena - Account Services, Operations - INNOVATIVE ADVERTISING, Mandeville, LA, *pg.* 375

Lillig, Tom - Account Services, NBC - STONE WARD ADVERTISING, Chicago, IL, *pg.* 414

Lillo, Angelo - Account Services, Interactive / Digital, Management - WPROMOTE, El Segundo, CA, *pg.* 678

Lilly, Kevin - Account Planner, Account Services, Management - LEO BURNETT WORLDWIDE, Chicago, IL, *pg.* 98

Lilly, William - Account Services - FISHBOWL, Alexandria, VA, *pg.* 234

Lim, Rich - Account Services, NBC - AGENDA NYC, New York, NY, *pg.* 29

Lima, Paulo - Account Services, Media Department, NBC, PPOM - LAGRANT COMMUNICATIONS, Los Angeles, CA, *pg.* 621

Lindau, Felicia - Account Services - ADAMS & KNIGHT ADVERTISING, Avon, CT, *pg.* 322

Lindberg, Liz - Account Services - WIEDEN + KENNEDY, New York, NY, *pg.* 432

Lindblade, Andy - Account Services, Media Department - WIEDEN + KENNEDY, Portland, OR, *pg.* 430

Lindblom, Arielle - Account Services, Operations - HAVAS MEDIA GROUP, Boston, MA, *pg.* 470

Linden, Seth - Account Services, PPOM - DUKAS LINDEN PUBLIC RELATIONS, New York, NY, *pg.* 598

Lindenbergs, Janis - Account Services - COSSETTE MEDIA, Toronto, ON, *pg.* 345

Lindner, Luca - Account Services, Management, PPOM - MCCANN NEW YORK, New York, NY, *pg.* 108

Lindner, Alissa - Account Services - AUSTIN & WILLIAMS ADVERTISING, Hauppauge, NY, *pg.* 328

Lindsay, Carrie - Account Services, Media Department - INITIATIVE, New York, NY, *pg.* 477

Lindsay-Jones, Jahna - Account Services - EDELMAN, Chicago, IL, *pg.* 353

Lindsey, Libby - Account Services, NBC - DECODED ADVERTISING, New York, NY, *pg.* 60

Linehan, Douglas - Account Services, NBC - SECURITYPOINT MEDIA, Saint Petersburg, FL, *pg.* 557

Linger, Alexa - Account Services, NBC - NAVIGATE MARKETING, Chicago, IL, *pg.* 253

Lingren, Aaron - Account Services, Creative - BLUESPACE CREATIVE, Denison, IA, *pg.* 3

Linkins, Aric - Account Services, Media Department, Public Relations - OUTBRAIN, INC., New York, NY, *pg.* 256

Linsmeier, Kristen - Account Services, Public Relations - METHOD COMMUNICATIONS, Salt Lake City, UT, *pg.* 386

Linton, Jon - Account Services - HAVAS WORLDWIDE CHICAGO, Chicago, IL, *pg.* 82

Lipe, Rodney - Account Services, NBC, PPOM - ACKERMAN MCQUEEN, INC., Oklahoma City, OK, *pg.* 26

Liporace, John - Account Services, PPOM - TAYLOR , New York, NY, *pg.* 651

Lipper, Carrie - Account Services - TBWA \ CHIAT \ DAY, New York, NY, *pg.* 416

Lipton, Jason - Account Services -

RESPONSIBILITIES INDEX — AGENCIES

TINUITI, New York, NY, pg. 678
Lipworth, Laurence - Account Services, NBC - VERTIC, New York, NY, pg. 274
Lish, Sandy - Account Services, NBC, PPOM - THE CASTLE GROUP, INC., Boston, MA, pg. 652
Lisk, Jaime - Account Services - BOATHOUSE GROUP, INC., Waltham, MA, pg. 40
Liszka, James - Account Services - HAWORTH MARKETING & MEDIA, Minneapolis, MN, pg. 470
Litovich, Crista - Account Services - SPARK FOUNDRY, New York, NY, pg. 508
Litt, Justin - Account Services - INTERSECTION, New York, NY, pg. 553
Litt, Rachel - Account Services - ACCENTURE INTERACTIVE, Chicago, IL, pg. 209
Littlejohns, Keith - Account Services, NBC - ADDISON, New York, NY, pg. 171
Littman, Diana - Account Services, Management, NBC, PPOM - MSLGROUP, New York, NY, pg. 629
Litwak, Danny - Account Services - SAATCHI & SAATCHI DALLAS, Dallas, TX, pg. 136
Liu, Annie - Account Services - INNOCEAN USA, Huntington Beach, CA, pg. 479
Liu, Sophia - Account Services, Programmatic - HORIZON MEDIA, INC., New York, NY, pg. 474
Liu, Jackie - Account Services, Public Relations - THE POLLACK PR MARKETING GROUP, Los Angeles, CA, pg. 654
Livingstone, EmmaJean - Account Services - PIERSON GRANT PUBLIC RELATIONS, Fort Lauderdale, FL, pg. 636
Livingston, Brittany - Account Services - VLADIMIR JONES, Colorado Springs, CO, pg. 429
Llewellyn, Lauren - Account Services, Public Relations - PADILLA, Richmond, VA, pg. 635
Lloyd, Karen - Account Services - GIGANTE VAZ PARTNERS, New York, NY, pg. 363
Lloyd, Pamela - Account Services, NBC - TBWA \ CHIAT \ DAY, Los Angeles, CA, pg. 146
Lloyd, Andrea - Account Services - ACTIVE INTERNATIONAL, Pearl River, NY, pg. 439
Lock, Carrie - Account Services, PPM - ABZ CREATIVE PARTNERS, Charlotte, NC, pg. 171
Lock, David - Account Services, NBC - IGNITED, El Segundo, CA, pg. 373
Locke, Gordon - Account Services, NBC, PPOM - PACE COMMUNICATIONS, Greensboro, NC, pg. 395
Lockhart, Paige - Account Services, Media Department - HORIZON MEDIA, INC., Los Angeles, CA, pg. 473
Lockwood, Paige - Account Services, NBC - COSGROVE ASSOCIATES, White Plains, NY, pg. 344
LoConte, Mary Kate - Account Services - THE MERZ GROUP, West Chester, PA, pg. 19
Lodder, Jason - Account Services, Media Department - CARAT, Toronto, ON, pg. 461
Lodge, Jack - Account Services, Interactive / Digital - AKQA, Portland, OR, pg. 212
Loeffler, Chris - Account Services, Management, PPOM - DIGITAS, Chicago, IL, pg. 227
Lofaro, Peter - Account Services, Media Department - UNIVERSAL MCCANN, New York, NY, pg. 521
Lofgren, Christine - Account Services - FINN PARTNERS, Washington, DC, pg. 603
Lofgren, Blake - Account Services - CALDWELL VANRIPER, Indianapolis, IN, pg. 46
Loftus, Peter - Account Services, NBC - BARBARIAN, New York, NY, pg. 215
Logan, Madeline - Account Services - RPA, Santa Monica, CA, pg. 134
Logan, Anjie - Account Services - LAKE GROUP MEDIA, INC., Armonk, NY, pg. 287
Loganathan, Kamalesh - Account Services - PUBLICIS.SAPIENT, Seattle, WA, pg. 259
Logsdon, Mark - Account Services, NBC - PLA MEDIA, Nashville, TN, pg. 637
Logullo, Raphaela - Account Services, Management, Media Department - HAVAS MEDIA GROUP, New York, NY, pg. 468
Loh, Kendra - Account Services - DAVIS HARRISON DION ADVERTISING, Chicago, IL, pg. 348
Lohan, Brad - Account Services, Social Media - DAILEY & ASSOCIATES, West Hollywood, CA, pg. 56
Loiacono, Ryan - Account Services - TRAILER PARK, Hollywood, CA, pg. 299
Loiacono, Matthew - Account Services - AISLE ROCKET, Chicago, IL, pg. 681
Lok, Daisy - Account Services, Media Department - MEDIASPOT, INC., Corona Del Mar, CA, pg. 490
Loken, Molly - Account Services - MONO, Minneapolis, MN, pg. 117
Lokey, Anne - Account Services, Interactive / Digital - 360I, LLC, Atlanta, GA, pg. 207
Lombard, Jennifer - Account Planner, Account Services - BILLUPS WORLDWIDE, Lake Oswego, OR, pg. 550
Lombardi, Amanda - Account Services, Media Department - MEDIACOM, Chicago, IL, pg. 489
Lombardo, Todd - Account Services, Interactive / Digital, Social Media - THE MANY, Pacific Palisades, CA, pg. 151
Lombardo, Jessica - Account Services, Management - THE CONCEPT FARM, Long Island City, NY, pg. 269
Lombardo, Nicole - Account Services - VMLY&R, New York, NY, pg. 160
Lombardo, Rachel - Account Services - GUMGUM, Santa Monica, CA, pg. 80
Londa, Brittany - Account Services - BRIGHTLINE, New York, NY, pg. 219
Lonergan, Brianna - Account Services - SMALL ARMY, Boston, MA, pg. 142
Long, Rick - Account Services - GELIA WELLS & MOHR, Williamsville, NY, pg. 362
Long, Pamela - Account Services, PPOM - LITTLE BIG BRANDS, White Plains, NY, pg. 12
Long, Katherine - Account Services - THE MARGULIES COMMUNICATIONS GROUP, Dallas, TX, pg. 654
Long, Carter - Account Services - HEMSWORTH COMMUNICATIONS, Fort Lauderdale, FL, pg. 613
Long, Lauren - Account Services - ECKEL & VAUGHAN, Raleigh, NC, pg. 599
Long, Brooke - Account Services - STRATEGIC AMERICA, West Des Moines, IA, pg. 414
Long, Katherine - Account Services, Media Department - MINDSHARE, New York, NY, pg. 491
Longhin, Ellie - Account Services - PHD CANADA, Toronto, ON, pg. 504
Longman, Hannah - Account Services, Media Department - ACCESS BRAND COMMUNICATIONS, New York, NY, pg. 1
Longo, Debbie - Account Services, Management, NBC - ABILITY COMMERCE, Delray Beach, FL, pg. 209
Longo, Nicholas - Account Services - OMNICOM MEDIA GROUP, Los Angeles, CA, pg. 503
Longo, Breanna - Account Services, Interactive / Digital - NIKE COMMUNICATIONS, INC., New York, NY, pg. 632
Longwater, Elaine - Account Services, Creative, NBC, PPOM - LONGWATER ADVERTISING, Savannah, GA, pg. 101
Lonigro, Darren - Account Services, Management, Media Department - UNIVERSAL MCCANN, New York, NY, pg. 521
Loong, Josephine - Account Planner, Account Services, Media Department - SPARK FOUNDRY, Chicago, IL, pg. 510
Lopaty Robinson, Shelby - Account Services, Public Relations - KONNECT AGENCY, Los Angeles, CA, pg. 620
Loper, Jennifer - Account Services, PPOM - C3, Overland Park, KS, pg. 4
Lopes, Ana - Account Services - THE FOUNDRY @ MEREDITH CORP, New York, NY, pg. 150
Lopez, Mailet - Account Services, PPOM - SQUEAKY WHEEL MEDIA, New York, NY, pg. 267
Lopez, Teresa - Account Services, Management - THE INTEGER GROUP, Lakewood, CO, pg. 682
Lopez, Maricruz - Account Services - NM+U MARKETING COMMUNICATIONS, INC., Miami, FL, pg. 120
Lopez, Meylin - Account Services - FCB HEALTH, New York, NY, pg. 72

1210

Lopez, Patrick - Account Planner, Account Services, Analytics, Management, PPOM, Research - INTERBRAND, New York, NY, pg. 187
Lopez, Francisco - Account Services - EPSILON, Wilton, CT, pg. 282
Lopez, Valentina - Account Services - HAVAS MEDIA GROUP, Miami, FL, pg. 470
Lopez, Lindsay - Account Services - STANTON & COMPANY, Marina Del Rey, CA, pg. 649
Lopez, Demica - Account Services - TAYLOR WEST ADVERTISING, INC., San Antonio, TX, pg. 416
Lopez, Daniela - Account Services - KGBTEXAS COMMUNICATIONS, San Antonio, TX, pg. 95
Lopez Negrete, Patrick - Account Planner, Account Services - LOPEZ NEGRETE COMMUNICATIONS, INC., Houston, TX, pg. 542
Lopez-Dowding, Erica - Account Services - UNDERSCORE MARKETING, LLC, New York, NY, pg. 521
LoPiccolo, Maria - Account Services, Management - FURMAN FEINER ADVERTISING, Englewood Cliffs, NJ, pg. 667
Loporcaro, Dominic - Account Services, NBC - PATTISON OUTDOOR ADVERTISING, Montreal, QC, pg. 555
Lorber, Abby - Account Services - ENERGY BBDO, INC., Chicago, IL, pg. 355
Lord, Heather - Account Services, NBC - CAMP + KING, San Francisco, CA, pg. 46
Lord, Maddison - Account Services, Interactive / Digital - WUNDERMAN HEALTH, New York, NY, pg. 164
Lord, Matthew - Account Planner, Account Services - ADPERIO, Denver, CO, pg. 533
Lorenzet, Don - Account Services - MULLENLOWE U.S. BOSTON, Boston, MA, pg. 389
Lorenzo, Tom - Account Services, Creative - SITUATION INTERACTIVE, New York, NY, pg. 265
Lorenzo, Annelise - Account Services - DAVID&GOLIATH, El Segundo, CA, pg. 57
Lorio, Caroline - Account Services - TRACYLOCKE, Irving, TX, pg. 683
Lorusso, Monica - Account Services, Interactive / Digital, Management, Media Department - ALLEN & GERRITSEN, Philadelphia, PA, pg. 30
LoSasso, Jane - Account Services - RPA, Santa Monica, CA, pg. 134
Loscoe, Phil - Account Services, PPOM - RDW GROUP, Providence, RI, pg. 403
Lose, Alex - Account Services, Management, PPM - TRIPTENT, New York, NY, pg. 156
Loson, Jackie - Account Services - TOTH + CO., Concord, MA, pg. 202
Lotfi-Shahabadi, Shirin - Account Services - TPN, Chicago, IL, pg. 571
Loughran, Amanda - Account Services, Creative, Management -

SID LEE, Toronto, ON, pg. 141
Loughran, Thomas - Account Services - WILSON CREATIVE GROUP, INC., Naples, FL, pg. 162
Lounsberry, Valarie - Account Services, Analytics, Interactive / Digital - NET CONVERSION, Orlando, FL, pg. 253
Louttit, Kayla - Account Services - HEMSWORTH COMMUNICATIONS, Fort Lauderdale, FL, pg. 613
Loux, Carly - Account Services - 22SQUARED INC., Atlanta, GA, pg. 319
Lovatt, Tracy - Account Planner, Account Services - BBDO WORLDWIDE, New York, NY, pg. 331
Love, Monica - Account Services - 3Q DIGITAL, Chicago, IL, pg. 208
Lovelace, Stefen - Account Services - IMRE, Baltimore, MD, pg. 374
Loveman, Courtney - Account Services, Management - CRISPIN PORTER + BOGUSKY, Boulder, CO, pg. 346
Lovera, Alaina - Account Planner, Account Services - MCGARRYBOWEN, Chicago, IL, pg. 110
Lovery, Aubrey - Account Services - LUMENCY INC., Toronto, ON, pg. 310
Lovett, Johnnie - Account Planner, Account Services - TEN35, Chicago, IL, pg. 147
Lovitz, Alan - Account Services - BUYER ADVERTISING, INC., Newton, MA, pg. 338
Lovoy, Ellen - Account Planner, Account Services - GOODBY, SILVERSTEIN & PARTNERS, San Francisco, CA, pg. 77
Low, Brannon - Account Services, Interactive / Digital - PMG, Fort Worth, TX, pg. 257
Lowe, Pam - Account Services - FAHLGREN MORTINE PUBLIC RELATIONS, Columbus, OH, pg. 70
Lowe, Justine - Account Services, Finance, Management - WIEDEN + KENNEDY, New York, NY, pg. 432
Lowe, Meredith - Account Services - EDELMAN, New York, NY, pg. 599
Lowenstein, Rachel - Account Services, Media Department - MINDSHARE, New York, NY, pg. 491
Lowenthal, Barry - Account Services, NBC, PPOM - THE MEDIA KITCHEN, New York, NY, pg. 519
Lower, Amy - Account Services - ESSENCE, Seattle, WA, pg. 232
Lowery Long, Emily - Account Services, Interactive / Digital, Media Department, Social Media - ARCHER MALMO, Memphis, TN, pg. 32
Lowman LaBadie, Nancy - Account Services, Management - MARINA MAHER COMMUNICATIONS, New York, NY, pg. 625
Lowry, Stacie - Account Services, Interactive / Digital, Operations - TIVOLI PARTNERS, Charlotte, NC, pg. 293
Loyola, Laurie - Account Services, Media Department, PPOM - GROUPM, New York, NY, pg. 466

Lozada, Alicia - Account Services - MC2, Las Vegas, NV, pg. 311
Lozada, Javier - Account Services - WAVEMAKER, Miami, FL, pg. 528
Lozano, Christian - Account Services - MOXIE, Atlanta, GA, pg. 251
Lu, Brian - Account Services, Media Department - PUBLICIS.SAPIENT, New York, NY, pg. 258
Lubin, Cassandre - Account Planner, Account Services, Interactive / Digital, Media Department - MINDSHARE, New York, NY, pg. 491
Lublin, Jenna - Account Services, Media Department - STARCOM WORLDWIDE, Chicago, IL, pg. 513
Lubman, Craig - Account Planner, Account Services, NBC - MAGNET MEDIA, INC., New York, NY, pg. 247
Lucas, Dana - Account Services - BRUNNER, Pittsburgh, PA, pg. 44
Lucas, Jamie - Account Services - SQUIRES & COMPANY, Dallas, TX, pg. 200
Lucas, Joy - Account Services - COSSETTE MEDIA, Vancouver, BC, pg. 345
Lucas, Caitlyn - Account Services - SOULSIGHT, Chicago, IL, pg. 199
Lucci, Nick - Account Services, Programmatic - AUDIENCEXPRESS, New York, NY, pg. 455
Luce, Tina - Account Services, PPOM - FCEDGE, INC., Port St. Lucie, FL, pg. 7
Lucero, Kristy - Account Services - LOVELL COMMUNICATIONS, INC., Nashville, TN, pg. 623
Lucey, Neal - Account Services - MEDIACOM, Playa Vista, CA, pg. 486
Luchini, Angelica - Account Services, Media Department - 72ANDSUNNY, Playa Vista, CA, pg. 23
Luchsinger, Caitlyn - Account Services - ZENO GROUP, Chicago, IL, pg. 664
Luciani, Chris - Account Services - TEAM ONE, Dallas, TX, pg. 418
Lucius, Randi - Account Services, NBC, Research - COMMCREATIVE, Framingham, MA, pg. 343
Luckett, Emily - Account Services - ON BOARD EXPERIENTIAL MARKETING, Sausalito, CA, pg. 313
Luckow, Emily - Account Services - MOMENTUM WORLDWIDE, New York, NY, pg. 117
Ludolph, Gloria - Account Services - DAVIDSON BELLUSO, Phoenix, AZ, pg. 179
Ludwig, Eric - Account Services, Interactive / Digital, Management - REPRISE DIGITAL, New York, NY, pg. 676
Ludwig, Amanda - Account Services, Management, Media Department - SPARK FOUNDRY, Chicago, IL, pg. 510
Ludwig, Tori - Account Services - ECKEL & VAUGHAN, Raleigh, NC, pg. 599
Lue, Alexandra - Account Services - MAGRINO PUBLIC RELATIONS, New York, NY, pg. 624

RESPONSIBILITIES INDEX — AGENCIES

Luebke, Kim - Account Services, PPOM - BROGAN & PARTNERS , Birmingham, MI, *pg.* 538

Lugo, Shannon - Account Services, Interactive / Digital - GSD&M, Austin, TX, *pg.* 79

Lukaszewski, Tanaya - Account Services, Public Relations - OFFLEASH, San Mateo, CA, *pg.* 633

Lukens, Kimberly - Account Services - JONES ADVERTISING, Seattle, WA, *pg.* 93

Lum, Monica - Account Services - GOTHAM, INC., New York, NY, *pg.* 77

Lum, Kimberly - Account Services, Analytics, NBC, Social Media - WAVEMAKER, New York, NY, *pg.* 526

Lund, Hilary - Account Services, Management - COLLE MCVOY, Minneapolis, MN, *pg.* 343

Lundberg, Kara - Account Services, Human Resources - RAFFETTO HERMAN STRATEGIC COMMUNICATIONS, Seattle, WA, *pg.* 641

Lundblade, Amanda - Account Services - THE ATKINS GROUP, San Antonio, TX, *pg.* 148

Lundeen, Jon - Account Services, Management - BEALS CUNNINGHAM STRATEGIC SERVICES, Oklahoma City, OK, *pg.* 332

Lundrigan, Nick - Account Services - LINK MEDIA OUTDOOR, Roswell, GA, *pg.* 553

Lundy, Allysun - Account Planner, Account Services - GEOMETRY, New York, NY, *pg.* 362

Lunny, Marie - Account Services - RETHINK COMMUNICATIONS, INC., Toronto, ON, *pg.* 133

Luo, Jenny - Account Planner, Account Services, Media Department, NBC - INITIATIVE, New York, NY, *pg.* 477

Luong, Tiffany - Account Services, Media Department - FALLON WORLDWIDE, Minneapolis, MN, *pg.* 70

Luongo, Matthew - Account Services - PROSEK PARTNERS, New York, NY, *pg.* 639

Lupori, Madeline - Account Services - MSLGROUP, New York, NY, *pg.* 629

Lupton, Kathryn - Account Services - AD RESULTS MEDIA, Houston, TX, *pg.* 279

Luquire, Brooks - Account Services, Management - LUQUIRE GEORGE ANDREWS, INC., Charlotte, NC, *pg.* 382

Lurie, Jonathan - Account Services, NBC - SMITH BUCKLIN CORPORATION, Chicago, IL, *pg.* 314

Lurie, Eric - Account Planner, Account Services, Analytics, NBC - HORIZON MEDIA, INC., New York, NY, *pg.* 474

LuSane, Jordan - Account Services - BURRELL COMMUNICATIONS GROUP, INC. , Chicago, IL, *pg.* 45

Lush, Nick - Account Services - ENVISIONIT MEDIA, INC., Chicago, IL, *pg.* 231

Luskin, Christi - Account Services, Management, NBC - THE BANTAM GROUP, Atlanta, GA, *pg.* 450

Lussenhop, Beth - Account Services - WIEDEN + KENNEDY, Portland, OR, *pg.* 430

Luthra, Samantha - Account Services - BREAD & BUTTER PUBLIC RELATIONS, Los Angeles, CA, *pg.* 586

Lutz, Teresa - Account Services, Management, NBC - WIEDEN + KENNEDY, Portland, OR, *pg.* 430

Lutz, Adam - Account Services - CARAT, New York, NY, *pg.* 459

Lutz, Hannah - Account Planner, Account Services - ESSENCE, Minneapolis, MN, *pg.* 233

Lutzker, Ashley - Account Services - AMP3 PUBLIC RELATIONS, New York, NY, *pg.* 577

Luvisi, Sarah - Account Services - ACCENTURE INTERACTIVE, New York, NY, *pg.* 209

Ly, Lisa - Account Services - HITWISE, Santa Monica, CA, *pg.* 86

Ly-Quan, Annie - Account Services, NBC - RED PEAK GROUP, New York, NY, *pg.* 132

Lybarger, Josh - Account Services, Creative - DEUTSCH, INC., Los Angeles, CA, *pg.* 350

Lydon, Madelyn - Account Services, Creative, Media Department - OH PARTNERS, Phoenix, AZ, *pg.* 122

Lyke, John - Account Planner, Account Services - MEDIACOM, New York, NY, *pg.* 487

Lynch, Shawna - Account Services, Interactive / Digital, Management - B/HI, INC. - LA, Los Angeles, CA, *pg.* 579

Lynch, Tom - Account Services - LOCATION3 MEDIA, Denver, CO, *pg.* 246

Lynch, Laila - Account Services, Management - AKQA , Washington, DC, *pg.* 212

Lynch, Sarah - Account Planner, Account Services - WIEDEN + KENNEDY, New York, NY, *pg.* 432

Lynch, Jasmine - Account Services - GREENHOUSE AGENCY, Irvine, CA, *pg.* 307

Lynch, Kyle - Account Services - DAC GROUP, Louisville, KY, *pg.* 223

Lynch Kimicata, Tiffany - Account Services - OGILVY PUBLIC RELATIONS, New York, NY, *pg.* 633

Lyness, Jennifer - Account Services - LOPEZ NEGRETE COMMUNICATIONS, INC. , Houston, TX, *pg.* 542

Lynett Howes, Luke - Account Services, Media Department - ACTIVE INTERNATIONAL, Pearl River, NY, *pg.* 439

Lynn Gratzer, Mary - Account Services - ARCHER MALMO, Memphis, TN, *pg.* 32

Lynn Silva, Tricia - Account Services, Public Relations - KGBTEXAS COMMUNICATIONS, San Antonio, TX, *pg.* 95

Lyon, Amy - Account Services - GSD&M, Austin, TX, *pg.* 79

Lyon, Garrett - Account Services - GS&F , Nashville, TN, *pg.* 367

Lyon Eisen, Melanie - Account Services, Media Department - PUBLICIS NORTH AMERICA, New York, NY, *pg.* 399

Lyons, Jennifer - Account Services, Interactive / Digital, Management, PPOM - UNIVERSAL MCCANN, San Francisco, CA, *pg.* 428

Lyons, Theresa - Account Planner, Account Services, Media Department, Research - THE MARS AGENCY, Southfield, MI, *pg.* 683

Lyons, Susie - Account Planner, Account Services, Management, Media Department, Operations - VIRTUE WORLDWIDE, Brooklyn, NY, *pg.* 159

Lyons, Scott - Account Planner, Account Services - RETHINK COMMUNICATIONS, INC., Vancouver, BC, *pg.* 133

Lyons, Eileen - Account Services - HUDSON ROUGE, New York, NY, *pg.* 371

Lyons Price, Sarah - Account Services - ETHOS MARKETING & DESIGN, Westbrook, ME, *pg.* 182

Lytle, Alexandra - Account Services - ADVANTAGE INTERNATIONAL, Los Angeles, CA, *pg.* 301

Ma, Annie - Account Services, Management - PUBLICIS.SAPIENT, New York, NY, *pg.* 258

Ma, Andrew - Account Services, NBC - BURKE, INC., Cincinnati, OH, *pg.* 442

Ma, Anna - Account Services - UNIVERSAL MCCANN, Los Angeles, CA, *pg.* 524

Ma, Stephanie - Account Planner, Account Services, Media Department - HEARTS & SCIENCE, New York, NY, *pg.* 471

Ma, Danielle - Account Services - FLY COMMUNICATIONS, INC., New York, NY, *pg.* 74

Maarec, Lindsay - Account Services, NBC - HIRSHORN ZUCKERMAN DESIGN GROUP, Rockville, MD, *pg.* 371

Maas, Jonathon - Account Planner, Account Services - CARAT, Detroit, MI, *pg.* 461

Mabin, Nancy - Account Services - AGENCY MABU, Bismarck, ND, *pg.* 29

Mabin, Alexander - Account Services, NBC - AGENCY MABU, Bismarck, ND, *pg.* 29

Mabry, David - Account Services - DAC GROUP, Louisville, KY, *pg.* 223

Maccagnone, Sophie - Account Services - DITTOE PUBLIC RELATIONS, Indianapolis, IN, *pg.* 597

MacDonald, Suzanne - Account Services, Management - THE INTEGER GROUP, Lakewood, CO, *pg.* 682

MacDonald, Bonnie - Account Services, NBC - ACCELERATION PARTNERS, Needham, MA, *pg.* 25

Macdonald, Christine - Account Services - JOHN ST., Toronto, ON, *pg.* 93

MacDonald, Kayla - Account Services - ZULU ALPHA KILO, Toronto, ON, *pg.* 165

MacDonald Gough, Whitney - Account Services, Media Department - BCW

AGENCIES
RESPONSIBILITIES INDEX

SAN FRANCISCO, San Francisco, CA, pg. 582

Mace, Stephanie - Account Planner, Account Services, Management, NBC - MRM//MCCANN, San Francisco, CA, pg. 289

Maceda, Joe - Account Planner, Account Services, Media Department, PPOM - MINDSHARE, New York, NY, pg. 491

MacGregor, Jessica - Account Services, Management - FAMA PR, INC., Boston, MA, pg. 602

Machata, Cynthia - Account Services - HAVAS MEDIA GROUP, New York, NY, pg. 468

Machen, Lauren - Account Services, Interactive / Digital, NBC, Public Relations - FUSE, LLC, Vinooski, VT, pg. 8

Macias, Evie - Account Services, Creative - MARKHAM & STEIN, Miami, FL, pg. 105

MacInnes, Scott - Account Services - TEAGUE, Seattle, WA, pg. 201

MacIntyre, Krystal - Account Services, Social Media - MINDSTREAM MEDIA GROUP - DALLAS, Dallas, TX, pg. 496

Mack, Maria - Account Services, Interactive / Digital - REDSHIFT, Pittsburgh, PA, pg. 133

Mack Tomaro, Ashley - Account Services - ADCOM COMMUNICATIONS, INC., Cleveland, OH, pg. 210

Mackay, Dave - Account Planner, Account Services - OGILVYONE WORLDWIDE, New York, NY, pg. 255

MacKellar, Peter - Account Services - COMMUNICATIONS STRATEGY GROUP, Denver, CO, pg. 592

MacKenzie, Kim - Account Services, NBC - HOLLYWOOD AGENCY, Hingham, MA, pg. 371

Macklam, Paul - Account Services - LUMENCY INC., Toronto, ON, pg. 310

Mackley, Crysta - Account Services, Media Department - CANVAS WORLDWIDE, Playa Vista, CA, pg. 458

Macklin, Stephen - Account Services, Creative - THE CONCEPT STUDIO, Westport, CT, pg. 269

Mackoff, Shawn - Account Services - GSD&M, Austin, TX, pg. 79

MacLean, Monica - Account Services - CALDER BATEMAN COMMUNICATIONS, Edmonton, AB, pg. 339

MacLeod, Dave - Account Services - IDEA HALL, Costa Mesa, CA, pg. 615

Macleod, Sam - Account Services, Interactive / Digital, Media Department - NO FIXED ADDRESS INC., Toronto, ON, pg. 120

MacManus, Liam - Account Services, Administrative, Management, PPOM - MINDSHARE, Portland, OR, pg. 495

MacNeal, Catherine - Account Services - ELEVATION, LTD, Washington, DC, pg. 540

MacPherson, Chris - Account Services - SPRINKLR, New York, NY, pg. 267

Madalone, Chrissy - Account Services - KWG ADVERTISING, INC.,

New York, NY, pg. 96

Madaris, Michele - Account Services - BOATHOUSE GROUP, INC., Waltham, MA, pg. 40

Madden, Brian - Account Services, Management, NBC - HEARST MAGAZINES DIGITAL MEDIA, New York, NY, pg. 238

Madden, Molly - Account Services, NBC - DDB CHICAGO, Chicago, IL, pg. 59

Madden, Lacy - Account Services - CORNETT INTEGRATED MARKETING SOLUTIONS, Lexington, KY, pg. 344

Madden, Melissa - Account Services, Media Department - NOM, Los Angeles, CA, pg. 121

Madden Johnson, Rachel - Account Services - 3RD COAST PR, Chicago, IL, pg. 573

Maddox, McNeal - Account Services - INNOVATION PROTOCOL, Los Angeles, CA, pg. 10

Maddrey, Erika - Account Services - PUBLICIS NORTH AMERICA, New York, NY, pg. 399

Madera, Maria - Account Services - A. MARCUS GROUP, New York, NY, pg. 25

Madison, Katie - Account Services - SCOPPECHIO, Louisville, KY, pg. 409

Madison, Jacob - Account Planner, Account Services, Media Department - EMPOWER, Chicago, IL, pg. 355

Madjidi, Navid - Account Services, Creative, Media Department - ACCENTURE INTERACTIVE, El Segundo, CA, pg. 322

Madyda, Stan - Account Services, Management - ESTEE MARKETING GROUP, Rye Brook, NY, pg. 283

Maertens, Kiersten - Account Services - FLYNN WRIGHT, INC., Des Moines, IA, pg. 359

Maffessanti, Marina - Account Services - IPROSPECT, Fort Worth, TX, pg. 674

Magarity, Makenna - Account Services - 72ANDSUNNY, Playa Vista, CA, pg. 23

Magee, Robbie - Account Services - FLYNN, Pittsford, NY, pg. 74

Magesis, Derek - Account Services - DEUTSCH, INC., New York, NY, pg. 349

Maggs, Jeffrey - Account Services, Management - BRUNNER, Atlanta, GA, pg. 44

Magill, Shannon - Account Services - KARBO COMMUNICATIONS, San Francisco, CA, pg. 618

Magill, Dayle - Account Planner, Account Services, Operations - PMG, Fort Worth, TX, pg. 257

Magley, Jennifer - Account Services, Management - CSM SPORTS & ENTERTAINMENT, Indianapolis, IN, pg. 55

Magnani, Ian - Account Services, PPOM - MCD PARTNERS, New York, NY, pg. 249

Magnuson, Jeff - Account Services - GMR MARKETING, New Berlin, WI, pg. 306

Maguire, Amy - Account Services, Management - HAVAS MEDIA GROUP, Boston, MA, pg. 470

Maher, Dan - Account Services - ASPEN MARKETING SERVICES, West Chicago, IL, pg. 280

Mahin, Christine - Account Services, Operations - LENZ, INC., Decatur, GA, pg. 622

Mahon, Denis - Account Services - MCCANN NEW YORK, New York, NY, pg. 108

Mahoney, Regan - Account Services - SPLASH, San Jose, CA, pg. 200

Mahoney, Corey - Account Services - PLAYBUZZ, New York, NY, pg. 128

Mai, Cindy - Account Services, Public Relations - AMP AGENCY, Los Angeles, CA, pg. 213

Maidens, Robert - Account Services - MICHAEL PATRICK PARTNERS, San Francisco, CA, pg. 191

Mailman, Alex - Account Services - PUBLICIS NORTH AMERICA, New York, NY, pg. 399

Maines, Holli - Account Services - HUNT ADKINS, Minneapolis, MN, pg. 372

Maiorano, Thomas - Account Services, Media Department - CARAT, New York, NY, pg. 459

Maise, Kelly - Account Services, Social Media - PUBLICIS.SAPIENT, Birmingham, MI, pg. 260

Maiser, Natalie - Account Services - PERISCOPE, Minneapolis, MN, pg. 127

Majuqwana, Nomzamo - Account Planner, Account Services - WOLFF OLINS, New York, NY, pg. 21

Maker, Gina - Account Services - CONNECTIVITY STRATEGY, Tampa, FL, pg. 462

Maki, Sarah - Account Services, Operations - PUBLIC WORKS, Minneapolis, MN, pg. 130

Makowsky, Olivia - Account Services - VIZEUM, New York, NY, pg. 526

Maldari, Maureen - Account Services, PPOM - BAM CONNECTION, Brooklyn, NY, pg. 2

Maldonado Toomey, Tanya - Account Services, Interactive / Digital, Social Media - CONILL ADVERTISING, INC., El Segundo, CA, pg. 538

Male, Olivia - Account Services - MBB AGENCY, Leawood, KS, pg. 107

Maleeny, Tim - Account Planner, Account Services, Management, Media Department, NBC, Operations, PPOM - HAVAS NEW YORK, New York, NY, pg. 369

Malen, Susan - Account Services - AGENCYEA, Chicago, IL, pg. 302

Malewski, Ronnie - Account Services - IPROSPECT, Montreal, QC, pg. 674

Malfi, Renee - Account Planner, Account Services - TENET PARTNERS, New York, NY, pg. 450

Malfitano, Devon - Account Services - IMG LIVE, Atlanta, GA, pg. 308

Malhotra, Taanya - Account Services - GREENOUGH COMMUNICATIONS, Watertown, MA, pg. 610

1213

RESPONSIBILITIES INDEX — AGENCIES

Mallen, Amanda - Account Services - MOXIE, Atlanta, GA, pg. 251

Malley, Rebecca - Account Services, Interactive / Digital - PUBLICIS NORTH AMERICA, New York, NY, pg. 399

Malli, Megan - Account Planner, Account Services, Media Department - HUGE, INC., Washington, DC, pg. 240

Mallone, Scott - Account Services, NBC, PPOM - HYFN, Los Angeles, CA, pg. 240

Mallory, Marrissa - Account Services - J PUBLIC RELATIONS, San Diego, CA, pg. 616

Mallow, Rachel - Account Services - VAULT COMMUNICATIONS, INC., Plymouth Meeting, PA, pg. 658

Maloney, Michael - Account Services - RIGHTPOINT, Boston, MA, pg. 263

Maloney, Mackenzie - Account Planner, Account Services - XEVO, Bellevue, WA, pg. 535

Maltese, Christina - Account Services - ZEHNDER COMMUNICATIONS, INC., Nashville, TN, pg. 436

Mamorsky, Alexandra - Account Services, Creative, Management - CODE AND THEORY, New York, NY, pg. 221

Manalac, Wendy - Account Services - THE SUMMIT GROUP, Salt Lake City, UT, pg. 153

Manaois, Caitlin - Account Services - SCOUTCOMMS, Richmond, VA, pg. 646

Mance, Amina - Account Planner, Account Services, Interactive / Digital, Media Department - BURRELL COMMUNICATIONS GROUP, INC., Chicago, IL, pg. 45

Mandato, Michael - Account Services - GFK, New York, NY, pg. 444

Mandel, Josh - Account Services, NBC, PPOM - THE MILL, Los Angeles, CA, pg. 563

Mandel, Haley - Account Planner, Account Services, Interactive / Digital, Media Department - OMD WEST, Los Angeles, CA, pg. 502

Mandel, Anabella - Account Services, NBC - COSSETTE MEDIA, Toronto, ON, pg. 345

Mandell, Joshua - Account Planner, Account Services, Media Department - INITIATIVE, New York, NY, pg. 477

Mandino, Sarah - Account Planner, Account Services, Interactive / Digital, Media Department - MEDIAHUB BOSTON, Boston, MA, pg. 489

Manea, Brenda - Account Services - BAM COMMUNICATIONS, San Diego, CA, pg. 580

Maness, Amanda - Account Services - RED MOON MARKETING, Charlotte, NC, pg. 404

Manford, Price - Account Services - WIEDEN + KENNEDY, New York, NY, pg. 432

Manfredo, Nicholas - Account Services, Interactive / Digital - DAC GROUP, Louisville, KY, pg. 223

Mangan, Colleen - Account Services - GREY GROUP, New York, NY, pg. 365

Mangelson, Cory - Account Services, NBC - NSON, Salt Lake City, UT, pg. 448

Manna, Cory - Account Services, NBC - SPARKS & HONEY, New York, NY, pg. 450

Mannan, Sabeena - Account Planner, Account Services - PHD USA, New York, NY, pg. 505

Mannarelli Puleo, Lisa - Account Services - MERKLEY + PARTNERS, New York, NY, pg. 114

Manning, Jackson - Account Services - EVOKE HEALTH, New York, NY, pg. 69

Mannion, John - Account Services - DOREMUS & COMPANY, San Francisco, CA, pg. 64

Mannion, Ryan - Account Services - SYMMETRI MARKETING GROUP, LLC, Chicago, IL, pg. 416

Mannion, Martin - Account Services, Management - DEUTSCH, INC., New York, NY, pg. 349

Mano, Kariann - Account Services - HAVAS PR, Pittsburgh, PA, pg. 612

Manocchio, Jennifer - Account Services, Media Department - SWEENEY PUBLIC RELATIONS, Cleveland, OH, pg. 651

Manohar, Saira - Account Services, Analytics, Media Department - IPROSPECT, Fort Worth, TX, pg. 674

Mansfield, Garrett - Account Services - THE VARIABLE, Winston-Salem, NC, pg. 153

Mansour, Linda - Account Services - BRILLMEDIA.CO, Los Angeles, CA, pg. 43

Mantica, Valeria - Account Services - ANOMALY, New York, NY, pg. 325

Mantione, Lauren - Account Planner, Account Services - SPARK FOUNDRY, New York, NY, pg. 508

Mantiply, Amanda - Account Services - ABEL COMMUNICATIONS, Baltimore, MD, pg. 574

Maramonte Dillow, Cristina - Account Services - ACTIVE INTERNATIONAL, Pearl River, NY, pg. 439

Marano, Melissa - Account Services - RAPP WORLDWIDE, New York, NY, pg. 290

Maraoui, Blake - Account Services - BBDO WORLDWIDE, New York, NY, pg. 331

Marbley, Sanaz - Account Services, Public Relations - IMRE, Los Angeles, CA, pg. 374

March, Jaclyn - Account Services - KPS3 MARKETING AND COMMUNICATIONS, Reno, NV, pg. 378

Marchant, Lauren - Account Services - TRACYLOCKE, Irving, TX, pg. 683

Marchegiani, Chris - Account Services - CAMPBELL EWALD, Detroit, MI, pg. 46

Marchetti, Mike - Account Services - BRANDMUSCLE, Cleveland, OH, pg. 337

Marciani, Justin - Account Services, Operations - BBH, New York, NY, pg. 37

Marcino, Adrienne - Account Services, NBC - TERRI & SANDY, New York, NY, pg. 147

Marcus, Cameron - Account Services - KEMPERLESNIK COMMUNICATIONS, Chicago, IL, pg. 619

Marcus, Tobin - Account Services, Research - BENENSON STRATEGY GROUP, New York, NY, pg. 333

Mardahl, Danielle - Account Planner, Account Services, Interactive / Digital, Media Department - FINN PARTNERS, Chicago, IL, pg. 604

Marder, Akiva - Account Services - FORSMAN & BODENFORS, New York, NY, pg. 74

Mardesich, Brenda - Account Services - THE GEORGE P. JOHNSON COMPANY, San Carlos, CA, pg. 316

Marek, Carolyn - Account Services, Media Department - INTERCOMMUNICATIONS, INC., Newport Beach, CA, pg. 375

Marett Leoni, Lindsay - Account Services - EDELMAN, Chicago, IL, pg. 353

Marfey, Lynn - Account Services, Creative - ALTERNATIVES DESIGN, New York, NY, pg. 172

Margolin, Mike - Account Services, Interactive / Digital, Management, Media Department, NBC - RPA, Santa Monica, CA, pg. 134

Margolis, Lawrence - Account Services, PPOM - STORANDT PANN MARGOLIS & PARTNERS, LaGrange, IL, pg. 414

Margrave, Stacie - Account Services - RESULTS DRIVEN MARKETING, Wichita, KS, pg. 291

Maricich, Margie - Account Services, Media Department, Public Relations - KELLY, SCOTT & MADISON, INC., Chicago, IL, pg. 482

Marie Aviles, Stephanie - Account Services - QUAKER CITY MERCANTILE, Philadelphia, PA, pg. 131

Marie Price, Ann - Account Services - SCATENA DANIELS COMMUNICATIONS, San Diego, CA, pg. 646

Mariella, Adriana - Account Services - JOHANNES LEONARDO, New York, NY, pg. 92

Marin, Janna - Account Services, PPOM - GSD&M, Austin, TX, pg. 79

Marino, Jaclyn - Account Planner, Account Services, Management, Media Department - SPARK FOUNDRY, New York, NY, pg. 508

Marino, AJ - Account Services - BUTLER, SHINE, STERN & PARTNERS, Sausalito, CA, pg. 45

Marion, Michael - Account Services - ENDEAVOR - CHICAGO, Chicago, IL, pg. 297

Mariscal, Debby - Account Planner, Account Services - SAGON - PHIOR, Los Angeles, CA, pg. 409

Markel, Mitch - Account Services - BENENSON STRATEGY GROUP, New York, NY, pg. 333

Markey, Sara - Account Planner,

AGENCIES
RESPONSIBILITIES INDEX

Account Services, Media Department, PPM - STARCOM WORLDWIDE, Chicago, IL, *pg.* 513

Markfield, Barbara - Account Services, Management, NBC - ASSOCIATION OF NATIONAL ADVERTISERS, New York, NY, *pg.* 442

Markiewicz, Dana - Account Services - MCCANN NEW YORK, New York, NY, *pg.* 108

Markman, Marilyn - Account Services, Media Department - CO:COLLECTIVE, LLC, New York, NY, *pg.* 5

Marko, David - Account Services, Analytics, Management - ACUMEN SOLUTIONS, McLean, VA, *pg.* 167

Markowitz, Daniel - Account Services, Media Department - MINDSHARE, New York, NY, *pg.* 491

Markstein, Danny - Account Services - MARKSTEIN, Birmingham, AL, *pg.* 625

Markstein, Eileen - Account Services, Management - MARKSTEIN, Birmingham, AL, *pg.* 625

Marlin, Robby - Account Services, Media Department - LAPLACA COHEN ADVERTISING, New York, NY, *pg.* 379

Marmina, Simona - Account Services, Social Media - MINDSHARE, New York, NY, *pg.* 491

Maroda, Stephen - Account Planner, Account Services - PREACHER, Austin, TX, *pg.* 129

Marolt, Kelly - Account Services - THE BUTIN GROUP, St. Simons Island, GA, *pg.* 652

Maron, Meagan - Account Services - LENZ, INC., Decatur, GA, *pg.* 622

Maroney, Jennifer - Account Services, Management - FCB HEALTH, New York, NY, *pg.* 72

Marquardt, Renee - Account Services, Management - REPRISE DIGITAL, New York, NY, *pg.* 676

Marques, Steven - Account Services - AC&M GROUP, Charlotte, NC, *pg.* 537

Marquess, Claire - Account Services, Management, Media Department - FORTNIGHT COLLECTIVE, Boulder, CO, *pg.* 7

Marquez, Michelle - Account Services - IPSOS HEALTHCARE, Mahwah, NJ, *pg.* 446

Marquez, Dennis - Account Services - ATMOSPHERE PROXIMITY, New York, NY, *pg.* 214

Marquis, Aerin - Account Services - KEPLER GROUP, New York, NY, *pg.* 244

Marr, Lauren - Account Services - PMG, Fort Worth, TX, *pg.* 257

Marr, Quincy - Account Services, Creative - EVENTIVE MARKETING, New York, NY, *pg.* 305

Marr, Tony - Account Services - PRODIGAL MEDIA COMPANY, Boardman, OH, *pg.* 15

Marrero, Victor - Account Services, Media Department - ZENITH MEDIA, New York, NY, *pg.* 529

Marrese, Meaghan - Account Services - VECTOR MEDIA, New York, NY, *pg.* 558

Marroquin, Marisol - Account Services - MARKETLOGIC, Miami, FL, *pg.* 383

Marroquin, Jacquie - Account Services, Interactive / Digital - SAATCHI & SAATCHI LOS ANGELES, Torrance, CA, *pg.* 137

Marsalisi, Suzanne - Account Services, NBC - AUSTIN LAWRENCE GROUP, INC., Stamford, CT, *pg.* 328

Marshall, Brian - Account Services - MKTG INC, Chicago, IL, *pg.* 312

Marshall, Andrea - Account Services, Interactive / Digital - DIGITAL MARK GROUP, Beaverton, OR, *pg.* 225

Marshall, Sandra - Account Services - BIGEYE AGENCY, Orlando, FL, *pg.* 3

Marshall, Kate - Account Services, Management - DAY COMMUNICATIONS GROUP, INC., Toronto, ON, *pg.* 349

Marsili, Julie - Account Planner, Account Services, Management, Media Department - UNIVERSAL MCCANN DETROIT, Birmingham, MI, *pg.* 524

Martay, Christa - Account Services, Media Department - OMD, Chicago, IL, *pg.* 500

Martell, Miranda - Account Services, Promotions - FAKE LOVE, Brooklyn, NY, *pg.* 183

Martello, Brittany - Account Services, Interactive / Digital - SPI GROUP, LLC, Fairfield, NJ, *pg.* 143

Marthaler, Joe - Account Services - SIXSPEED, Minneapolis, MN, *pg.* 198

Martin, Linda - Account Services, Management, PPOM - PORTER NOVELLI, Los Angeles, CA, *pg.* 637

Martin, Shaun - Account Services - UNBOUNDARY, Atlanta, GA, *pg.* 203

Martin, T. J. - Account Services, Management, NBC - CRAMER, Norwood, MA, *pg.* 6

Martin, Lisa - Account Services - ID MEDIA, Los Angeles, CA, *pg.* 477

Martin, Tyler - Account Services, Management - H&L PARTNERS, Saint Louis, MO, *pg.* 80

Martin, Jeremy - Account Services, Finance, NBC - 3CINTERACTIVE, Boca Raton, FL, *pg.* 533

Martin, Tonya - Account Planner, Account Services - BALDWIN&, Raleigh, NC, *pg.* 35

Martin, Jacque - Account Services - BROWN & BIGELOW, San Diego, CA, *pg.* 566

Martin, Michael - Account Services, Management, NBC, PPOM - CODE AND THEORY, New York, NY, *pg.* 221

Martin, Kerrie - Account Planner, Account Services, NBC - DORN MARKETING, Geneva, IL, *pg.* 64

Martin, Ryan - Account Services - VAYNERMEDIA, New York, NY, *pg.* 689

Martin, Malissa - Account Services, Interactive / Digital, Media Department - PUBLICIS.SAPIENT, Birmingham, MI, *pg.* 260

Martin, Samantha - Account Services, Media Department, PPM, Research - USIM, Los Angeles, CA, *pg.* 525

Martin, Dan - Account Planner, Account Services - HIEBING, Madison, WI, *pg.* 85

Martin, Marnie - Account Services, Management - ELEVATION MARKETING, Richmond, VA, *pg.* 67

Martin, Erin - Account Services - ZEHNDER COMMUNICATIONS, INC., New Orleans, LA, *pg.* 436

Martin, Nia - Account Services, Management, Media Department - INITIATIVE, New York, NY, *pg.* 477

Martin, Katie - Account Services, Creative - 72ANDSUNNY, Playa Vista, CA, *pg.* 23

Martin, Lindsay - Account Services - MBB AGENCY, Leawood, KS, *pg.* 107

Martin, Carol - Account Services, NBC - DERSE, INC., Kennesaw, GA, *pg.* 304

Martin, Allison - Account Services, Management - XENOPSI, New York, NY, *pg.* 164

Martin, Kyle - Account Services - FERGUSON ADVERTISING, INC., Fort Wayne, IN, *pg.* 73

Martin, Raelyn - Account Services - JOAN, New York, NY, *pg.* 92

Martin, Katie - Account Services, Interactive / Digital, Media Department - A. LARRY ROSS COMMUNICATIONS, Carrollton, TX, *pg.* 574

Martin Federico, Juan - Account Services - HAVAS MEDIA GROUP, Miami, FL, *pg.* 470

Martineau, Suzanne - Account Services, Creative, NBC, PPOM - SCHAFER CONDON CARTER, Chicago, IL, *pg.* 138

Martinelli, Nicole - Account Planner, Account Services, Media Department - VM1 (ZENITH MEDIA + MOXIE), New York, NY, *pg.* 526

Martinez, Jorge - Account Services - CONROY / MARTINEZ GROUP, Coral Gables, FL, *pg.* 592

Martinez, Mabel - Account Planner, Account Services, Management - GOLIN, Chicago, IL, *pg.* 609

Martinez, Brenda - Account Services, Media Department - ARC WORLDWIDE, Chicago, IL, *pg.* 327

Martinez, Wendy - Account Services - TURNSTILE, INC., Dallas, TX, *pg.* 427

Martinez, Christian - Account Services - BBDO WORLDWIDE, New York, NY, *pg.* 331

Martinez, Katy - Account Services, Creative - GREY MIDWEST, Cincinnati, OH, *pg.* 366

Martinez, David - Account Services - AR JAMES MEDIA, Woodbridge, NJ, *pg.* 549

Martinez, Joe - Account Services - CLIX MARKETING, Louisville, KY, *pg.* 672

Martino, Lindsay - Account Services, Interactive / Digital - ADTAXI, Denver, CO, *pg.* 211

Martori, Brian - Account Services,

RESPONSIBILITIES INDEX — AGENCIES

Interactive / Digital - THE TOMBRAS GROUP, Knoxville, TN, pg. 424
Martuscelli, Christina - Account Services - BIG SKY COMMUNICATIONS, San Jose, CA, pg. 583
Maruscak, Ethan - Account Services, Analytics, Media Department - FORWARDPMX, New York, NY, pg. 360
Marut, Rebecca U. - Account Services - INTERLEX COMMUNICATIONS, San Antonio, TX, pg. 541
Marvin, Zenaida - Account Services, Operations - CAMPBELL EWALD, West Hollywood, CA, pg. 47
Marvin, Lucas - Account Services - THE MX GROUP, Burr Ridge, IL, pg. 422
Mas, Santiago - Account Services, NBC, PPOM - NOBOX, Miami, FL, pg. 254
Mascaro, Brianna - Account Services, Creative, Interactive / Digital - HEARTS & SCIENCE, New York, NY, pg. 471
Mascino, Francesca - Account Services - SPARKS, Philadelphia, PA, pg. 315
Masi, Molly - Account Services - MARCH COMMUNICATIONS, Boston, MA, pg. 625
Masiakos, Greg - Account Services - MULLENLOWE U.S. NEW YORK, New York, NY, pg. 496
Maskin, Ilana - Account Services, Creative, NBC - SPARK FOUNDRY, New York, NY, pg. 508
Maslic, Ermin - Account Services - SAATCHI & SAATCHI DALLAS, Dallas, TX, pg. 136
Mason, Steve - Account Services - FUSEIDEAS, LLC, Winchester, MA, pg. 306
Mason, James - Account Services - PHD, Los Angeles, CA, pg. 504
Mason, Marc - Account Services - FALLON WORLDWIDE, Minneapolis, MN, pg. 70
Mason, Matt - Account Services - SAATCHI & SAATCHI, New York, NY, pg. 136
Massa, Ann - Account Services - LAM DESIGN ASSOCIATES, INC., Pleasantville, NY, pg. 189
Masselle, Cris - Account Services - NBC - BTB MARKETING COMMUNICATIONS, Raleigh, NC, pg. 44
Massenzio, Frank - Account Services, Operations - O2KL, New York, NY, pg. 121
Massey Cullers, Tess - Account Services - MCGARRAH JESSEE, Austin, TX, pg. 384
Massie, Laura - Account Planner, Account Services, NBC - ANOMALY, New York, NY, pg. 325
Mastenbrook, Blaine - Account Services - CAVALRY, Chicago, IL, pg. 48
Masters, Laura - Account Services - SID LEE, Seattle, WA, pg. 140
Mastroberti, Lea - Account Services - PUBLICIS NORTH AMERICA, New York, NY, pg. 399
Mastroianni, Mia - Account Services

- THE HATCH AGENCY, San Francisco, CA, pg. 653
Masukawa, Michael - Account Services, Finance, Operations - SECRET LOCATION, Culver City, CA, pg. 563
Mata, Desiree - Account Services - CAMPBELL EWALD NEW YORK, New York, NY, pg. 47
Matalon, Vivian - Account Services - KLICK HEALTH, Toronto, ON, pg. 244
Mataraza, John - Account Services, Interactive / Digital, Management, NBC - DIGITAS, Boston, MA, pg. 226
Matayoshi, Risa - Account Services - TAPJOY, San Francisco, CA, pg. 535
Mateo, Miguel - Account Services - ESSENCE, Seattle, WA, pg. 232
Materowski, Jim - Account Services, Operations - MAGNET MEDIA, INC., New York, NY, pg. 247
Mates, Rachael - Account Services - SID LEE, Seattle, WA, pg. 140
Mathei, Melissa - Account Services - MONO, Minneapolis, MN, pg. 117
Matheny, Meghan - Account Services - BLASTMEDIA, Fishers, IN, pg. 584
Mathews, Heather - Account Services, Management - RAPP WORLDWIDE, Irving, TX, pg. 291
Mathews, Kathryn - Account Planner, Account Services, Interactive / Digital, Media Department, Programmatic - STARCOM WORLDWIDE, Chicago, IL, pg. 513
Mathews, Daniela - Account Services - BFG COMMUNICATIONS, Bluffton, SC, pg. 333
Mathewson, JJ - Account Services, NBC - RUCKUS MARKETING, New York, NY, pg. 408
Mathias, Lucy - Account Services, Media Department - NOVITA COMMUNICATIONS, New York, NY, pg. 392
Mathieu, Sheri - Account Services - TALL TIMBERS MARKETING, Glastonbury, CT, pg. 292
Mathis, Glenn - Account Services - ALL COVERED, Roseville, MN, pg. 212
Matio, Kim - Account Planner, Account Services, Interactive / Digital, Media Department - CONVERGEDIRECT, New York, NY, pg. 462
Matlaf, Tawny - Account Services - UNIVERSAL MCCANN, Los Angeles, CA, pg. 524
Matos, Kyle - Account Services - PP+K, Tampa, FL, pg. 129
Matson, Laura Beth - Account Services, Creative, Media Department - BROTHERS & CO., Tulsa, OK, pg. 43
Matsumiya, Jacob - Account Services - AKA NYC, New York, NY, pg. 324
Matta, Ana Maria - Account Planner, Account Services, Management, Media Department, Research - LAPIZ, Chicago, IL, pg. 542
Matte, Stephen - Account Services, NBC - THE TRADE DESK, Ventura, CA,

pg. 519
Mattingly, Beverly - Account Services, Media Department - ARCHER MALMO, Memphis, TN, pg. 32
Mattox, Matt - Account Services, Management - THE MARTIN AGENCY, Richmond, VA, pg. 421
Mattson, Skyler - Account Services - WONGDOODY, Culver City, CA, pg. 433
Matulich, Joe - Account Services - CROSBY-VOLMER, Washington, DC, pg. 594
Matzen, Matthew - Account Services, NBC - DEUTSCH, INC., Los Angeles, CA, pg. 350
Mauck, Drew - Account Services, Public Relations - 3POINTS COMMUNICATIONS, Chicago, IL, pg. 573
Maule, James - Account Services - SIMPLE TRUTH, Chicago, IL, pg. 198
Maultasch, Jayme - Account Services, Management - DEUTSCH, INC., New York, NY, pg. 349
Maune, LaNor - Account Services, Media Department, NBC - PRX, INC., San Jose, CA, pg. 639
Mauricio, Ditas - Account Services, NBC - HAVAS FORMULA, San Diego, CA, pg. 612
Mavaega, Marissa - Account Services - CANVAS BLUE, Los Angeles, CA, pg. 47
Mawhee, Lindsey - Account Planner, Account Services - BBDO WORLDWIDE, New York, NY, pg. 331
Maxfeldt, Ashley - Account Services - TEAM ONE, Los Angeles, CA, pg. 417
Maxwell, Chad - Account Services, Management, Research - KELLY, SCOTT & MADISON, INC., Chicago, IL, pg. 482
Maxwell, Richard - Account Services, Management - PAVLOV, Fort Worth, TX, pg. 126
May, Marci - Account Services, Management - JASCULCA / TERMAN & ASSOCIATES, Chicago, IL, pg. 616
May, Brad - Account Services - REACH AGENCY, Santa Monica, CA, pg. 196
May, Jerry - Account Services, Management - BLR FURTHER, Nashville, TN, pg. 334
May, Gavin - Account Services - JONES KNOWLES RITCHIE, New York, NY, pg. 11
Maybell, Graham - Account Services, NBC - FIREFLY, San Francisco, CA, pg. 552
Mayer, Lynn - Account Planner, Account Services, Management - VIZEUM, Toronto, ON, pg. 525
Mayer, Lauren - Account Services, Management - AKQA, Atlanta, GA, pg. 212
Mayer, Trish - Account Services, Interactive / Digital - 3RD THIRD MARKETING, Seattle, WA, pg. 279
Mayerle, Erika - Account Services, Management - PRESTON KELLY, Minneapolis, MN, pg. 129

1216

AGENCIES
RESPONSIBILITIES INDEX

Mayfield, Bernadette - Account Services, Management - GAP COMMUNICATIONS GROUP, INC., Cleveland, OH, *pg.* 540

Mayhew, Karen - Account Services, Management, NBC - INFOGROUP MEDIA SOLUTIONS, New York, NY, *pg.* 286

Mayhew, Mike - Account Services, Management, NBC - INFOGROUP MEDIA SOLUTIONS, New York, NY, *pg.* 286

Maynard, Traci - Account Services - ADAMS OUTDOOR ADVERTISING, Charlotte, NC, *pg.* 549

Maynord, Amanda - Account Services - LOVELL COMMUNICATIONS, INC., Nashville, TN, *pg.* 623

Mayo, Nicole - Account Planner, Account Services, Management - WEBER SHANDWICK, New York, NY, *pg.* 660

Mayoh, Bob - Account Services, Public Relations - SLN, INC., Providence, RI, *pg.* 677

Mays, Kathy - Account Services - INFINITY DIRECT, Plymouth, MN, *pg.* 286

Mazenett, Melissa - Account Planner, Account Services - SAATCHI & SAATCHI, New York, NY, *pg.* 136

Mazza, Haley - Account Services - JOHANNES LEONARDO, New York, NY, *pg.* 92

Mazza, Mary - Account Services, Management - HAVAS HEALTH & YOU, New York, NY, *pg.* 82

Mazzante, Erica - Account Services - GREGORY WELTEROTH ADVERTISING, Montoursville, PA, *pg.* 466

Mazzarelli, Sam - Account Planner, Account Services - WEBER SHANDWICK, Boston, MA, *pg.* 660

Mazzariol, Tatiana - Account Services - THE MARTIN AGENCY, Richmond, VA, *pg.* 421

Mazzarisi, Lisa - Account Planner, Account Services, Media Department - SQAD, INC., Tarrytown, NY, *pg.* 513

Mazzella, Marissa - Account Services, Social Media - MGH ADVERTISING, Owings Mills, MD, *pg.* 387

Mazzella, Courtney - Account Services, NBC - CHAMPION MANAGEMENT GROUP, LLC, Addison, TX, *pg.* 589

Mazzorana, Gina - Account Services - STARCOM WORLDWIDE, Chicago, IL, *pg.* 513

McAbee, Alan - Account Services - PRISMA, Phoenix, AZ, *pg.* 290

McAdoo, Chris - Account Services, Creative - DESIGNSENSORY, Knoxville, TN, *pg.* 62

McAfee, Katie - Account Services, Media Department - THE BUNTIN GROUP, Nashville, TN, *pg.* 148

McAleer, Owen - Account Services - JONES KNOWLES RITCHIE, New York, NY, *pg.* 11

McAloon, Cassidy - Account Services, Interactive / Digital - NO LIMIT AGENCY, Chicago, IL, *pg.* 632

McAndrew, Shane - Account Services, Interactive / Digital, Management, NBC, PPOM - MINDSHARE, New York, NY, *pg.* 491

McAneny, Justin - Account Services, Interactive / Digital - M BOOTH & ASSOCIATES, INC., New York, NY, *pg.* 624

McAuliffe, Catrina - Account Planner, Account Services, Management, Media Department - MARKETING ARCHITECTS, Minneapolis, MN, *pg.* 288

McBride, Elizabeth - Account Services, Creative - SHERRY MATTHEWS ADVOCACY MARKETING, Austin, TX, *pg.* 140

McBride, Tess - Account Services - LAUNDRY SERVICE, Brooklyn, NY, *pg.* 287

McBride, Scott - Account Services - ADAMS OUTDOOR ADVERTISING, Florence, SC, *pg.* 549

McBroom, Meredith - Account Planner, Account Services, Media Department - THIRD EAR, Austin, TX, *pg.* 546

McCabe, Erin - Account Services, NBC - HOTWIRE PR, San Francisco, CA, *pg.* 614

McCafferty, Caitlan - Account Services, Public Relations - FURIA RUBEL COMMUNICATIONS, INC., Doylestown, PA, *pg.* 607

McCaffrey, Fern - Account Services, NBC - RPA, Santa Monica, CA, *pg.* 134

McCaffrey, Bree - Account Services - PROPAC, Plano, TX, *pg.* 682

McCain-Matte, Tina - Account Services, NBC, PPOM - GRAVINA SMITH & MATTE, INC., Fort Myers, FL, *pg.* 610

McCall, Steve - Account Services, NBC, PPOM - FORSMAN & BODENFORS, New York, NY, *pg.* 74

McCallen, Ryann - Account Services - PORTER NOVELLI, New York, NY, *pg.* 637

McCallum, Scott - Account Services, Interactive / Digital, NBC, PPOM, Research - GEOMETRY, Chicago, IL, *pg.* 363

McCallum, Brian - Account Services, Management - DIGITAS, Detroit, MI, *pg.* 229

McCallum, Sam - Account Services - JOHANNES LEONARDO, New York, NY, *pg.* 92

McCambridge, Christine - Account Services - GREY MIDWEST, Cincinnati, OH, *pg.* 366

McCann, Christopher - Account Services - CROSSMEDIA, New York, NY, *pg.* 463

McCarrick, Edward - Account Services, Media Department, NBC - ICON INTERNATIONAL, INC., Greenwich, CT, *pg.* 476

McCarten, Amy - Account Services, Operations - MYRIAD MARKETING, INC., Toronto, ON, *pg.* 168

McCarter, Christina - Account Services - LKH&S, Chicago, IL, *pg.* 381

McCarthy, Stacy - Account Services - THE LETTER M MARKETING, Guelph, ON, *pg.* 420

McCarthy, Leigh - Account Services, Management - DEUTSCH, INC., Los Angeles, CA, *pg.* 350

McCarthy, Jared - Account Planner, Account Services, Media Department - ESSENCE, New York, NY, *pg.* 232

McCarthy, Alison - Account Services, Management - THE BOSTON GROUP, Boston, MA, *pg.* 418

McCarthy, Kevin - Account Services, Interactive / Digital, Management, Media Department, PPOM, Research - GROUPM, New York, NY, *pg.* 466

McCarthy, Jane - Account Services, Management - DAILEY & ASSOCIATES, West Hollywood, CA, *pg.* 56

McCarthy, Amanda - Account Services - AKQA, New York, NY, *pg.* 212

McCarthy, Tina - Account Services - HUGE, INC., Brooklyn, NY, *pg.* 239

McCarty, Katie - Account Services - DIGITAS, Detroit, MI, *pg.* 229

McCaskill, Claire - Account Services - TARGETBASE MARKETING, Greensboro, NC, *pg.* 293

McCauley, Kristina - Account Services - MEKANISM, New York, NY, *pg.* 113

McCausland, Marcy - Account Services, PPOM - J.R. THOMPSON COMPANY, Farmington Hills, MI, *pg.* 91

McClain, Stephanie - Account Services - HUGE, INC., Brooklyn, NY, *pg.* 239

McClain, Dan - Account Services - BOUNTEOUS, Chicago, IL, *pg.* 218

McClear, Courtney - Account Services, NBC - DONER, Southfield, MI, *pg.* 63

McClellan, Chris - Account Services - YECK BROTHERS COMPANY, Dayton, OH, *pg.* 294

McClendon, Sara - Account Services, Public Relations - RHEA & KAISER MARKETING, Naperville, IL, *pg.* 406

McCleskey, Erin - Account Services, Public Relations - R&R PARTNERS, Las Vegas, NV, *pg.* 131

McClorey, Martin - Account Services - GRIP LIMITED, Toronto, ON, *pg.* 78

McClure, Travis - Account Services, Media Department - ZIMMERMAN ADVERTISING, Fort Lauderdale, FL, *pg.* 437

McClure, Shanley - Account Services - GOODBY, SILVERSTEIN & PARTNERS, San Francisco, CA, *pg.* 77

McClure, Megan - Account Services - LRXD, Denver, CO, *pg.* 101

McColl, Britt - Account Services, Public Relations - RPA, Santa Monica, CA, *pg.* 134

McComas, Sydney - Account Services - DUNCAN CHANNON, San Francisco, CA, *pg.* 66

McConaughey, Chris - Account Services, NBC - HAVAS EDGE, Boston, MA, *pg.* 284

McConnell, Maggie - Account Services - TPN, Dallas, TX, *pg.* 683

RESPONSIBILITIES INDEX — AGENCIES

McCord, Lester - Account Services, Management - RAIN, Portland, OR, pg. 402

McCormick, Jody - Account Services, Media Department - KINZIEGREEN MARKETING GROUP, Wausau, WI, pg. 95

McCormick, Emily - Account Planner, Account Services - HAVAS NEW YORK, New York, NY, pg. 369

McCormick, Katie - Account Services, NBC - SS+K, New York, NY, pg. 144

McCormick, Melissa - Account Services - 360I, LLC, Los Angeles, CA, pg. 208

McCown, Ashley - Account Services, PPOM - SOLOMON MCCOWN & CO., INC., Boston, MA, pg. 648

McCoy, Kara - Account Services - PROOF ADVERTISING, Austin, TX, pg. 398

McCracken, Julie - Account Planner, Account Services, Interactive / Digital, Public Relations - PADILLA, Richmond, VA, pg. 635

McCracken, Lauren - Account Services, Interactive / Digital, Media Department - OMD, Chicago, IL, pg. 500

McCray, Stacey - Account Services, Public Relations - LUQUIRE GEORGE ANDREWS, INC., Charlotte, NC, pg. 382

McCready, Rob - Account Services, PPOM - BLUE COLLAR INTERACTIVE, Hood River, OR, pg. 217

McCulley, Samantha - Account Services - THE RICHARDS GROUP, INC., Dallas, TX, pg. 422

McCullough, Laura - Account Services, Management, PPOM - OGILVY, Chicago, IL, pg. 393

McCullough, Kemit - Account Services, Management, Operations - WONDERFUL AGENCY, Los Angeles, CA, pg. 162

McCullough, Lynn - Account Services - CREATIVE MARKETING ALLIANCE, Princeton Junction, NJ, pg. 54

McCullough, Dana - Account Services, Management - MCCANN NEW YORK, New York, NY, pg. 108

McCullough, Ryan - Account Services, Interactive / Digital - BFO, Chicago, IL, pg. 217

McCullough, Sean - Account Services - ACTION INTEGRATED MARKETING, Norcross, GA, pg. 322

Mccusker, Lisa - Account Planner, Account Services, Finance - ZENITH MEDIA, New York, NY, pg. 529

McDaid, Jessica - Account Services, NBC - TINUITI, New York, NY, pg. 678

McDaniel, Brian - Account Services - IPROSPECT, Fort Worth, TX, pg. 674

McDaniel, Molly - Account Services - MAD MEN MARKETING, Jacksonville, FL, pg. 102

McDermott, Anna - Account Services - NANCY MARSHALL COMMUNICATIONS, Augusta, ME, pg. 631

McDermott, Maddie - Account Planner, Account Services - DDB NEW YORK, New York, NY, pg. 59

McDevitt, Heather - Account Services - ROGERS & COWAN/PMK*BNC, New York, NY, pg. 644

McDonald, Marty - Account Services, Management, Public Relations - FAHLGREN MORTINE PUBLIC RELATIONS, Columbus, OH, pg. 70

McDonald, Bryden - Account Planner, Account Services - ANOMALY, Toronto, ON, pg. 326

McDonald, Jen - Account Planner, Account Services - VMLY&R, Kansas City, MO, pg. 274

McDonald, Hamish - Account Services - POINT B COMMUNICATIONS, Chicago, IL, pg. 128

McDonald, Amy - Account Services - QUATTRO DIRECT, Berwyn, PA, pg. 290

McDonnell, Austin - Account Services - MEKANISM, New York, NY, pg. 113

McDonnell, Megan - Account Services - WPROMOTE, Dallas, TX, pg. 679

McDougal, Connor - Account Services, Creative, Media Department - INITIATIVE, Chicago, IL, pg. 479

McDowell, Jenny - Account Services, Management - PUBLIC WORKS, Minneapolis, MN, pg. 130

McDowell, Matt - Account Services - DWA MEDIA, Austin, TX, pg. 464

McDowell, Felicia - Account Services, Interactive / Digital - STARCOM WORLDWIDE, Chicago, IL, pg. 513

McEldowney, Angie - Account Services - VANTAGEPOINT, INC., Greenville, SC, pg. 428

McElroy, Laurey - Account Services, Media Department - BARNHARDT DAY & HINES, Concord, NC, pg. 36

McEvady, Andrea - Account Services, NBC - ACCESS TO MEDIA, Chicopee, MA, pg. 453

McEvoy, Amy - Account Services, Public Relations - RHEA & KAISER MARKETING, Naperville, IL, pg. 406

McEwan, Amy - Account Planner, Account Services, Media Department - 72ANDSUNNY, Playa Vista, CA, pg. 23

McFadden, Eden - Account Services, Operations - IMAGINARY FORCES, Los Angeles, CA, pg. 187

McFadden, Brady - Account Services - FARM, Lancaster, NY, pg. 357

McFerran, Molly - Account Services, Management - WEBER SHANDWICK, Chicago, IL, pg. 661

McGarr, Sean - Account Planner, Account Services, Interactive / Digital, Media Department, PPOM - WAVEMAKER, New York, NY, pg. 526

McGaughey, Karen - Account Services - STRUM, Seattle, WA, pg. 18

McGee, Kerry - Account Services - KWT GLOBAL, New York, NY, pg. 621

McGee, Ryan - Account Services - MCCANN NEW YORK, New York, NY, pg. 108

McGee, Shannon - Account Services - FCB HEALTH, New York, NY, pg. 72

McGee Swartz, Caitlin - Account Planner, Account Services - MPRM PUBLIC RELATIONS, Los Angeles, CA, pg. 629

McGilloway Campbell, Ashley - Account Services, NBC - MECHANICA, Newburyport, MA, pg. 13

McGirk, Kristen - Account Services, Management - ABELSON-TAYLOR, Chicago, IL, pg. 25

McGirr, Rachel - Account Services, Interactive / Digital, Media Department, PPOM - UNIVERSAL MCCANN, New York, NY, pg. 521

McGivney, Kate - Account Services - AGENCYEA, Chicago, IL, pg. 302

McGlynn, Kevin - Account Services, PPM - LERNER ADVERTISING, Beverly Hills, MI, pg. 99

McGonnigal, Ian - Account Services, Management, Operations - CRAMER, Norwood, MA, pg. 6

McGorray, Seamus - Account Services, Media Department - MINDSHARE, New York, NY, pg. 491

McGovern, Kelsey - Account Services - KETCHUM, Chicago, IL, pg. 619

McGovern, Shannon - Account Services - CURRENT LIFESTYLE MARKETING, New York, NY, pg. 594

McGovern, Sara - Account Planner, Account Services, Public Relations - LITZKY PUBLIC RELATIONS, Hoboken, NJ, pg. 623

McGowan, Briana - Account Services, Media Department, NBC - FISHBOWL, Alexandria, VA, pg. 234

McGowan, Mara - Account Services - XHIBITION, New York, NY, pg. 664

McGrath, Thomas - Account Services, NBC - MALKA, Jersey City, NJ, pg. 562

McGrath, Matthew - Account Services - ZULU ALPHA KILO, Toronto, ON, pg. 165

McGraw, Erin - Account Services - THE MOTION AGENCY, Chicago, IL, pg. 270

McGrew, Kelsey - Account Planner, Account Services - OUTSIDEPR, Sausalito, CA, pg. 634

McGuire, Mary - Account Services - SHIFT COMMUNICATIONS LLC, New York, NY, pg. 647

McGuire, Dan - Account Services - TAILFIN MARKETING COMMUNICATIONS, Atlanta, GA, pg. 18

McGuire, Laureen - Account Services, NBC - LOVE & COMPANY, Frederick, MD, pg. 101

McGurk, Stacey - Account Services - CONVERGE CONSULTING, Cedar Rapids, IA, pg. 222

McHattie, Katie - Account Services - THE INTEGER GROUP, Lakewood, CO, pg. 682

McHugh, Lindsay - Account Services - 1000HEADS, New York, NY, pg. 691

McHugh, Alex - Account Services - DNA SEATTLE, Seattle, WA, pg. 180

McIlwain, Ross - Account Services - INFINITY MARKETING, Greenville, SC, pg. 374

AGENCIES — RESPONSIBILITIES INDEX

McInnis, Mark - Account Services, Creative - NOCOAST ORIGINALS, Saint Louis, MO, pg. 312

McIntosh, Martin - Account Services, Management - THOMAS COMMUNICATIONS, LLC, Mission Viejo, CA, pg. 656

McIntosh, Michelle - Account Services, Interactive / Digital, Management, Media Department - MERING, Sacramento, CA, pg. 114

McKamey, Mitch - Account Services - RETHINK COMMUNICATIONS, INC., Vancouver, BC, pg. 133

McKamy, Galen - Account Planner, Account Services, Creative - MATCH ACTION MARKETING GROUP, Boulder, CO, pg. 692

McKay, Tim - Account Planner, Account Services, Management - MEDIA PARTNERS, INC., Raleigh, NC, pg. 486

McKay, Megan - Account Services - REGAN COMMUNICATIONS GROUP, Boston, MA, pg. 642

McKee, Chris - Account Services, Creative, Management, NBC, PPOM - FLINT & STEEL, New York, NY, pg. 74

McKee, Gerard - Account Planner, Account Services, Interactive / Digital, Management, Media Department - CROSSMEDIA, Philadelphia, PA, pg. 463

McKee, Christine - Account Services - SOURCELINK, LLC, Miamisburg, OH, pg. 292

McKenna, Fiona - Account Services - J.R. THOMPSON COMPANY, Farmington Hills, MI, pg. 91

McKenna, Austin - Account Services, Creative - MCGARRAH JESSEE, Austin, TX, pg. 384

McKenna, Lindsey - Account Services, Programmatic - THE TRADE DESK, New York, NY, pg. 520

McKenna, Susan - Account Services, Creative - EARTHBOUND BRANDS, New York, NY, pg. 7

McKenna, Ryan - Account Services, NBC - HOLLYWOOD AGENCY, Hingham, MA, pg. 371

McKenzie, Joy - Account Services, Interactive / Digital, NBC, Research - DROGA5, New York, NY, pg. 64

McKenzie, Colin - Account Services, PPOM - GRADIENT EXPERIENTIAL LLC, New York, NY, pg. 78

McKenzie, David - Account Services, Management - BBDO WEST, Los Angeles, CA, pg. 331

McKenzie, Katie - Account Services - SPM COMMUNICATIONS, Dallas, TX, pg. 649

McKenzie, Colin - Account Services - MADWELL, Brooklyn, NY, pg. 13

McKeown, Chris - Account Services - UNIVERSAL MCCANN, New York, NY, pg. 521

McKinney, Chelsea - Account Services, Public Relations - POWERHOUSE COMMUNICATIONS, Santa Ana, CA, pg. 638

McKinney, Christina - Account Services - THE LOOMIS AGENCY, Dallas, TX, pg. 151

McKinnon, Ryan - Account Services - CUMMINS&PARTNERS, New York, NY, pg. 347

McKirahan, Kathryn - Account Services - GSD&M, Austin, TX, pg. 79

McKnight, Lee - Account Services, NBC - RSW/US, Cincinnati, OH, pg. 136

McKnight, Chelsey - Account Services, Management - ACKERMAN MCQUEEN, INC., Oklahoma City, OK, pg. 26

McLagan, Marnie - Account Services - MRY, New York, NY, pg. 252

McLane, Madalyn - Account Services - DEUTSCH, INC., New York, NY, pg. 349

McLaren, Matt - Account Services, Analytics, Creative - CHEMISTRY ATLANTA, Atlanta, GA, pg. 50

McLaughlin, Kathy - Account Services, Management, Media Department - MEDIASPOT, INC., Corona Del Mar, CA, pg. 490

McLaughlin, Brittany - Account Services - THE IDEA GROVE, Addison, TX, pg. 654

McLean, Donald - Account Planner, Account Services, Interactive / Digital, Media Department, PPM - OMD, New York, NY, pg. 498

McLean, Stacey - Account Services - AKQA, New York, NY, pg. 212

McLees, Morgan - Account Services, Creative, Media Department, Social Media - THE TOMBRAS GROUP, Knoxville, TN, pg. 424

McLeod, Ross - Account Services - ANOMALY, New York, NY, pg. 325

McLeod, Megan - Account Services - WS, Calgary, AB, pg. 164

McMahon, Christopher - Account Planner, Account Services, Media Department - NOM, Los Angeles, CA, pg. 121

McMahon, Robert - Account Services, Media Department - FEARLESS AGENCY, New York, NY, pg. 73

McMahon, Philip - Account Services - LUMENTUS, New York, NY, pg. 624

McMahon, Kayla - Account Services - MAROON PR, Columbia, MD, pg. 625

McManemy, Janice - Account Services - TURNER DUCKWORTH, San Francisco, CA, pg. 203

McManigal, Meghan - Account Services - ZORCH, Chicago, IL, pg. 22

McMaster, Gerry - Account Services - ALLISON+PARTNERS, Chicago, IL, pg. 577

McMenimen, Allison - Account Services, NBC - NINA HALE CONSULTING, Minneapolis, MN, pg. 675

McMillan, Gordon - Account Services, NBC, PPOM - MCMILLAN, Ottawa, ON, pg. 484

McMillen, Jim - Account Services, NBC - ARENDS, INC., Batavia, IL, pg. 327

McMinn, Victoria - Account Services, Media Department - ACTIVE INTERNATIONAL, Pearl River, NY, pg. 439

McMullen, Tyler - Account Services, PPOM - MARKETVISION RESEARCH, Cincinnati, OH, pg. 447

McMurray, Scott - Account Services, Management - MEISTER INTERACTIVE, Willoughby, OH, pg. 250

McMurry, Chris - Account Services, Public Relations - MGH ADVERTISING, Owings Mills, MD, pg. 387

McNab, Todd - Account Services, Management - ASPEN MARKETING SERVICES, West Chicago, IL, pg. 280

McNamara, Katie - Account Services, Interactive / Digital, Media Department - HORIZON MEDIA, INC., New York, NY, pg. 474

McNamara, Lily - Account Services - ENERGY BBDO, INC., Chicago, IL, pg. 355

McNatt, Ashley - Account Services, Operations - DOEANDERSON ADVERTISING, Louisville, KY, pg. 352

McNaughton, Maeve - Account Services - WINGER MARKETING, Chicago, IL, pg. 663

McNeeley, Sean - Account Services - WUNDERMAN THOMPSON ATLANTA, Atlanta, GA, pg. 435

McNeil, Fraser - Account Planner, Account Services, Management, Media Department, Operations, Research - THE STORY LAB, Santa Monica, CA, pg. 153

McNeil, Leo - Account Planner, Account Services - HAVAS MEDIA GROUP, Boston, MA, pg. 470

McNelis, Lindsay - Account Services - FALLON WORLDWIDE, Minneapolis, MN, pg. 70

McNerney, Griff - Account Services - WEBER SHANDWICK, Boston, MA, pg. 660

McNulty, Adam - Account Planner, Account Services, Media Department - HAVAS MEDIA GROUP, New York, NY, pg. 468

McNulty, Emily - Account Services - FUNDAMENTAL MEDIA, Boston, MA, pg. 465

McParland, Leigh - Account Services - JOHN ST., Toronto, ON, pg. 93

McPherson, Brian - Account Services, PPOM - GOODBY, SILVERSTEIN & PARTNERS, San Francisco, CA, pg. 77

McShane, Nicholas - Account Services - GREENHOUSE AGENCY, Irvine, CA, pg. 307

McTavish, Heather - Account Services, Creative, Media Department - VIRTUE WORLDWIDE, Brooklyn, NY, pg. 159

McTiernan, Casey - Account Services, Interactive / Digital, PPM - MULLENLOWE U.S. BOSTON, Boston, MA, pg. 389

McVicker, Kevin - Account Services - SHIRLEY & BANISTER PUBLIC AFFAIRS, Alexandria, VA, pg. 647

RESPONSIBILITIES INDEX — AGENCIES

McWilliams, Brian - Account Services - SPELLING COMMUNICATIONS, INC., Los Angeles, CA, pg. 649

McWilliams, Joe - Account Services, Analytics - PUBLICIS.SAPIENT, Atlanta, GA, pg. 259

Meacham, Kim - Account Services, Management - BARKER, New York, NY, pg. 36

Meade, Kristen - Account Services, Creative, Media Department - PREACHER, Austin, TX, pg. 129

Meador, Timothy - Account Planner, Account Services - MINDSHARE, New York, NY, pg. 491

Meager, John - Account Services, NBC - MOTHER, Los Angeles, CA, pg. 118

Meagher, Maureen - Account Services - MINY, New York, NY, pg. 115

Meagher, Joanna - Account Services, Public Relations - AGENCY H5, Chicago, IL, pg. 575

Means, Roger - Account Services, NBC, PPOM - MEANS ADVERTISING, Birmingham, AL, pg. 112

Mears, Jen - Account Services - IOSTUDIO, Nashville, TN, pg. 242

Measer, David - Account Planner, Account Services, Management, Media Department - RPA, Santa Monica, CA, pg. 134

Mecca, Arriel - Account Services - DID AGENCY, Ambler, PA, pg. 62

Mechanic, Victoria - Account Planner, Account Services - MINDSHARE, New York, NY, pg. 491

Medeiros, Megan - Account Services, NBC, Promotions - ADEPT MARKETING, Columbus, OH, pg. 210

Medellin, Amy - Account Services - OGILVY, Chicago, IL, pg. 393

Medico, Lenny - Account Services, Management - LAKE GROUP MEDIA, INC., Armonk, NY, pg. 287

Medina, Brittany - Account Services, Interactive / Digital, Programmatic - ADTAXI, Denver, CO, pg. 211

Meehan, Brian - Account Services - DELOITTE DIGITAL, Seattle, WA, pg. 224

Meermans, Wes - Account Services - MINDSTREAM INTERACTIVE, Columbus, OH, pg. 250

Meeson, Jeff - Account Services, Analytics, Research - OCTAGON, Stanford, CT, pg. 313

Mefferd, Charley - Account Services, Media Department, NBC - AMBASSADOR ADVERTISING, Irvine, CA, pg. 324

Mehling, Dan - Account Services, Creative - WHITEMYER ADVERTISING, INC., Zoar, OH, pg. 161

Mehta, Emmanuelle - Account Services - ICF NEXT, Minneapolis, MN, pg. 372

Meiboom, Chantelle - Account Services - 9TH CO., Toronto, ON, pg. 209

Meier, Kaley - Account Services - HIGHDIVE, Chicago, IL, pg. 85

Meile, Kristin - Account Services -

WORKS DESIGN GROUP, Pennsauken, NJ, pg. 21

Meiselas, Jordan - Account Services - TRANSLATION, Brooklyn, NY, pg. 299

Meismer, Erin - Account Services - YESLER, Seattle, WA, pg. 436

Meisner, Edward - Account Services - NEUSTAR, INC., Sterling, VA, pg. 289

Meisnitzer, Kristen - Account Services - J.R. THOMPSON COMPANY, Farmington Hills, MI, pg. 91

Mejia, Eneida - Account Services - DEUTSCH, INC., Los Angeles, CA, pg. 350

Mejia, Angelica - Account Planner, Account Services - DWA MEDIA, San Francisco, CA, pg. 464

Mejia, Molly - Account Services, Management - RPA, Santa Monica, CA, pg. 134

Melamed, Emma - Account Services - TURNER DUCKWORTH, San Francisco, CA, pg. 203

Melamut, Hailey - Account Services - MARCH COMMUNICATIONS, Boston, MA, pg. 625

Melendez, Cristobal - Account Services - LAIRD + PARTNERS, New York, NY, pg. 96

Melendez, Armando - Account Services - DEUTSCH, INC., New York, NY, pg. 349

Melendez, Cristina - Account Services - BORSHOFF, Indianapolis, IN, pg. 585

Melendez, Erin - Account Services - J PUBLIC RELATIONS, San Diego, CA, pg. 616

Melichar, Leah - Account Services - EPIC CREATIVE, West Bend, WI, pg. 7

Melkonian, Alec - Account Services, NBC - KLICK HEALTH, Toronto, ON, pg. 244

Mellish, Tamera - Account Planner, Account Services, Media Department - MINDSHARE, New York, NY, pg. 491

Melnick, Caitlin - Account Services - 360PRPLUS, Boston, MA, pg. 573

Melofchik, Audrey - Account Services, Management, PPOM - DDB NEW YORK, New York, NY, pg. 59

Menchaca, Peter - Account Services - INTERSECTION, New York, NY, pg. 553

Mendelsohn, Jennifer - Account Services - NIKE COMMUNICATIONS, INC., New York, NY, pg. 632

Mendelson, Rebecca - Account Services - RPA, Santa Monica, CA, pg. 134

Mendelson, Michele - Account Services - KWT GLOBAL, New York, NY, pg. 621

Mendez, Matt - Account Services - THE TRADE DESK, Los Angeles, CA, pg. 519

Mendez, Daniel - Account Services, Management, NBC - MEDIACOM, Playa Vista, CA, pg. 486

Mendosa, Rebecca - Account Services - PUBLICIS HAWKEYE, Dallas, TX, pg. 399

Mendoza, Luis - Account Planner, Account Services - MINDSHARE, New York, NY, pg. 491

Mendoza, Hannah - Account Services - STRATEGY LABS, Spokane, WA, pg. 267

Menduni, Charlie - Account Services - MEDIASSOCIATES, INC., Sandy Hook, CT, pg. 490

Menendez, Kristina - Account Services, Interactive / Digital, NBC - ZETA INTERACTIVE, New York, NY, pg. 277

Menerey, Jody - Account Services, NBC - INNOVATION PROTOCOL, Los Angeles, CA, pg. 10

Menjivar, Donny - Account Services - RPA, Santa Monica, CA, pg. 134

Menkov, David - Account Services, Media Department - ZENITH MEDIA, New York, NY, pg. 529

Mensies, Robert - Account Services - 6P MARKETING, Winnipeg, MB, pg. 1

Meny, Elizabeth - Account Services - GREY GROUP, New York, NY, pg. 365

Meraz Arceo, Antonio - Account Services - LEGION ADVERTISING, Irving, TX, pg. 542

Mercalde, Aish - Account Services - MCCANN HEALTH NEW YORK, New York, NY, pg. 108

Mercaldo, Josh - Account Services - CLM MARKETING & ADVERTISING, Boise, ID, pg. 342

Mercer, Brad - Account Services - PRICEWEBER MARKETING COMMUNICATIONS, INC., Louisville, KY, pg. 398

Mercier, Patrick - Account Services - TOLLESON DESIGN, San Francisco, CA, pg. 202

Merkel, Kelly - Account Services, Media Department, PPM, Programmatic - CONVERSANT, LLC, Chicago, IL, pg. 222

Merkin, Julie - Account Services - SCHAFER CONDON CARTER, Chicago, IL, pg. 138

Merkin, Josh - Account Planner, Account Services - RBB COMMUNICATIONS, Miami, FL, pg. 641

Merola, Lisa - Account Services, Interactive / Digital, Media Department, NBC, Social Media - WAVEMAKER, San Francisco, CA, pg. 528

Merrett, Laura - Account Services, NBC - MINDSHARE, Portland, OR, pg. 495

Merrick, Kelly - Account Services - IPROSPECT, New York, NY, pg. 674

Merritt, Ed - Account Services - ENGINE, Cincinnati, OH, pg. 444

Merton, Catherine - Account Services - MARCEL DIGITAL, Chicago, IL, pg. 675

Meschewski, Alyssa - Account Services - REFUEL AGENCY, New York, NY, pg. 507

Mesrobian, Melanie - Account Services, Creative - DDB NEW YORK, New York, NY, pg. 59

Mesrobian, Claire - Account Planner, Account Services, Media

AGENCIES

RESPONSIBILITIES INDEX

Department, NBC - MINDSHARE, Chicago, IL, *pg.* 494

Messenger, Amy - Account Services, NBC - OGILVY PUBLIC RELATIONS, Denver, CO, *pg.* 633

Messerli, Alexandra - Account Services - ROCKET55, Minneapolis, MN, *pg.* 264

Messerly, Emily - Account Services - PADILLA, Richmond, VA, *pg.* 635

Messina, Lauren - Account Services, Management - SAATCHI & SAATCHI LOS ANGELES, Torrance, CA, *pg.* 137

Messina, Alison - Account Planner, Account Services - FCB NEW YORK, New York, NY, *pg.* 357

Messing, Neil - Account Services, Management - OPTIMUM SPORTS, New York, NY, *pg.* 394

Metcalf, Erin - Account Services, Creative, Management - BARBARIAN, New York, NY, *pg.* 215

Metcalf, Jill - Account Services, NBC - ESSENCE, New York, NY, *pg.* 232

Metcalf, Ashley - Account Services - EP+CO., Greenville, SC, *pg.* 356

Metcalfe, Ashley - Account Services - POSTERSCOPE U.S.A., New York, NY, *pg.* 556

Mettraux, Andrea - Account Services - ZIMMERMAN ADVERTISING, Fort Lauderdale, FL, *pg.* 437

Metz, Becky - Account Services - HMT ASSOCIATES, INC., Broadview Heights, OH, *pg.* 681

Metzger, Rob - Account Services, Management - CARAT, Toronto, ON, *pg.* 461

Meyer, Meredith - Account Services - 360I, LLC, Los Angeles, CA, *pg.* 208

Meyer, Katie - Account Services - DIGITAS, Chicago, IL, *pg.* 227

Meyer, Emily - Account Services - GMMB, Washington, DC, *pg.* 364

Meyer, Allyson - Account Services - HUGE, INC., Chicago, IL, *pg.* 186

Meyer, Kirsten - Account Services - MCCANN NEW YORK, New York, NY, *pg.* 108

Meyer, Shelly - Account Services - AKA NYC, New York, NY, *pg.* 324

Meyer, Becca - Account Services - BRAVE PUBLIC RELATIONS, Atlanta, GA, *pg.* 586

Meyer, Greg - Account Services, Media Department, Social Media - HYFN, Los Angeles, CA, *pg.* 240

Meyers, Chuck - Account Services, Public Relations - THE WILLIAM MILLS AGENCY, Atlanta, GA, *pg.* 655

Meyerson, Samantha - Account Services - DECODED ADVERTISING, New York, NY, *pg.* 60

Mezzanotte, Renee - Account Services - DMW WORLDWIDE, LLC, Chesterbrook, PA, *pg.* 282

Mezzetta, Jillian - Account Planner, Account Services, Media Department - MINDSHARE, New York, NY, *pg.* 491

Micarelli, Angel - Account Services, Management - CRAMER, Norwood, MA, *pg.* 6

Micco, Tamra - Account Services - NATREL COMMUNICATIONS, Parsippany, NJ, *pg.* 120

Miceli, Lauren - Account Services - BIG SPACESHIP, Brooklyn, NY, *pg.* 455

Michael, Julie - Account Services, NBC, PPOM - TEAM ONE, Los Angeles, CA, *pg.* 417

Michael, Tom - Account Planner, Account Services, Management - JACK MORTON WORLDWIDE, San Francisco, CA, *pg.* 309

Michael, Christopher - Account Planner, Account Services, Media Department - INITIATIVE, New York, NY, *pg.* 477

Michael Kerr, Scott - Account Services, Management - INVNT, New York, NY, *pg.* 90

Michael-Smith, Jina - Account Services, Public Relations - CITIZEN RELATIONS, Los Angeles, CA, *pg.* 590

Michaels, Benjamin - Account Services, Interactive / Digital, Media Department - FCB NEW YORK, New York, NY, *pg.* 357

Michalak, Erin - Account Services, Management - GODFREY, Lancaster, PA, *pg.* 8

Micham, Kate - Account Services, Management - MODE, Charlotte, NC, *pg.* 251

Michel, Corey - Account Services, PPOM - LMNO, Saskatoon, SK, *pg.* 100

Micheletti, Randy - Account Services, Management - GEILE/LEON MARKETING COMMUNICATIONS, Saint Louis, MO, *pg.* 362

Michell Alarcon, Natalia - Account Services - GIOVATTO ADVERTISING, Paramus, NJ, *pg.* 363

Michelson, Debbie - Account Services - SIMONS / MICHELSON / ZIEVE, INC., Troy, MI, *pg.* 142

Michelson, Amanda - Account Services - VAULT COMMUNICATIONS, INC., Plymouth Meeting, PA, *pg.* 658

Mickler, Kelley - Account Services, NBC - PACE COMMUNICATIONS, Greensboro, NC, *pg.* 395

Middleton, Janis - Account Services, Interactive / Digital, Media Department, NBC, Social Media - 22SQUARED INC., Atlanta, GA, *pg.* 319

Middleton, Camille - Account Services - WINGARD CREATIVE, Jacksonville, FL, *pg.* 162

Mideaker, Melissa - Account Services - PUBLICIS NORTH AMERICA, New York, NY, *pg.* 399

Mielke, Carrie - Account Services - KNOCK, INC., Minneapolis, MN, *pg.* 95

Mihelic, Jessica - Account Services - GTB, Dearborn, MI, *pg.* 367

Miille, Cameron - Account Services - FREEWHEEL, New York, NY, *pg.* 465

Mikkola, Amy - Account Services - SCREAM AGENCY, LLC, Denver, CO, *pg.* 139

Mikolajewski, Marge - Account Services - GREY MIDWEST, Cincinnati, OH, *pg.* 366

Mikoli, Scott - Account Services, Media Department, NBC - CONVERSANT, LLC, Westlake Village, CA, *pg.* 222

Mikolon, Nikki - Account Services, Social Media - WEBER SHANDWICK, Birmingham, MI, *pg.* 662

Mikulis, Justine - Account Services, PPOM - TANK DESIGN, Cambridge, MA, *pg.* 201

Milazzo, Nicole - Account Services - 5W PUBLIC RELATIONS, New York, NY, *pg.* 574

Milazzo, Tonya - Account Services, Media Department - TUCCI CREATIVE, Tucson, AZ, *pg.* 157

Mildren, Weston - Account Services - THE TOMBRAS GROUP, Knoxville, TN, *pg.* 424

Miles, David - Account Services, NBC, PPOM - MILES BRANDNA, Englewood, CO, *pg.* 13

Miles, Mike - Account Services - BBDO WORLDWIDE, New York, NY, *pg.* 331

Miles, Melissa - Account Services, Interactive / Digital - VISITURE, Charleston, SC, *pg.* 678

Miles, Scott - Account Services - ACTIVE INTERNATIONAL, Pearl River, NY, *pg.* 439

Miley, Laura - Account Services - ERICH & KALLMAN, San Francisco, CA, *pg.* 68

Millan, Jeanette - Account Services, Interactive / Digital, Management, Media Department - SPARK FOUNDRY, New York, NY, *pg.* 508

Millar, Tim - Account Services, Creative, Management - BBDO SAN FRANCISCO, San Francisco, CA, *pg.* 330

Millar, Alden - Account Services - 360I, LLC, New York, NY, *pg.* 320

Millas, Sergio - Account Services, Interactive / Digital, Media Department - HALLPASS MEDIA, Costa Mesa, CA, *pg.* 81

Millea, John - Account Services, NBC - PUSH 7, Pittsburgh, PA, *pg.* 131

Milleman, Alison - Account Services - ADPEARANCE, Portland, OR, *pg.* 671

Miller, Abbott - Account Services, Creative, NBC, PPOM - PENTAGRAM, New York, NY, *pg.* 194

Miller, Cal - Account Services, NBC - BLUE MARBLE MEDIA, Atlanta, GA, *pg.* 217

Miller, Suzanne - Account Services - AVREAFOSTER, Dallas, TX, *pg.* 35

Miller, Nicole - Account Services, NBC, PPOM - MILLER ADVERTISING AGENCY, INC., New York, NY, *pg.* 115

Miller, Mark - Account Planner, Account Services, Media Department, PPM - NORTON AGENCY, Chicago, IL, *pg.* 391

Miller, Teri - Account Services, Management, NBC, Operations, PPOM - 72ANDSUNNY, Playa Vista, CA, *pg.* 23

1221

RESPONSIBILITIES INDEX — AGENCIES

Miller, Lauren - Account Services - MOXLEY CARMICHAEL, Knoxville, TN, pg. 629

Miller, Kari - Account Services, Media Department - BLOOM ADS, INC., Woodland Hills, CA, pg. 334

Miller, Corrina - Account Services, Operations - CARAT, Culver City, CA, pg. 459

Miller, Caitlin - Account Services, NBC - NINA HALE CONSULTING, Minneapolis, MN, pg. 675

Miller, Jason - Account Services, Management - THE PIVOT GROUP, Washington, DC, pg. 293

Miller, Marci - Account Services, Management - THE COMMUNITY, Miami Beach, FL, pg. 545

Miller, Allison - Account Services, Media Department - BARKLEY, Kansas City, MO, pg. 329

Miller, Mara - Account Services - VIBES MEDIA, Chicago, IL, pg. 535

Miller, Rosemary - Account Services, Operations - STARCOM WORLDWIDE, Chicago, IL, pg. 513

Miller, Mardene - Account Planner, Account Services, Management, PPOM - NEON, New York, NY, pg. 120

Miller, Craig - Account Services - GMR MARKETING, New Berlin, WI, pg. 306

Miller, Seema - Account Services, NBC, PPOM - WOLFGANG, Los Angeles, CA, pg. 433

Miller, Melissa - Account Planner, Account Services - BBDO SAN FRANCISCO, San Francisco, CA, pg. 330

Miller, Charisse - Account Services, Media Department - ICON MEDIA DIRECT, Sherman Oaks, CA, pg. 476

Miller, Jackie - Account Services, Media Department, Public Relations - GOLIN, New York, NY, pg. 610

Miller, Paige - Account Services, NBC - THE TRADE DESK, Ventura, CA, pg. 519

Miller, Griffin - Account Services - ANOMALY, New York, NY, pg. 325

Miller, Hillary - Account Services - HYDROGEN, Seattle, WA, pg. 87

Miller, Hannah - Account Services - MOMENTUM WORLDWIDE, New York, NY, pg. 117

Miller, Katie - Account Services, Management, NBC, PPOM - ARGONAUT, INC., San Francisco, CA, pg. 33

Miller, Caroline - Account Services - RP3 AGENCY, Bethesda, MD, pg. 408

Miller, Angie - Account Services - MEDTHINK COMMUNICATIONS, Cary, NC, pg. 112

Miller, Robin - Account Services - TRICOMB2B, Dayton, OH, pg. 427

Miller, Gina - Account Services - SPEAR MARKETING GROUP, Walnut Creek, CA, pg. 411

Miller, Joe - Account Services - TAXI, Toronto, ON, pg. 146

Miller, Kate - Account Services - ARCHETYPE, San Francisco, CA, pg. 33

Miller, Lorraine - Account Services - BURRELL COMMUNICATIONS GROUP, INC. , Chicago, IL, pg. 45

Miller, Jordan - Account Planner, Account Services, Media Department - MEDIACOM, Chicago, IL, pg. 489

Miller, Ashley - Account Services - WAGSTAFF WORLDWIDE, New York, NY, pg. 659

Miller, Zach - Account Services - THE INTEGER GROUP, Lakewood, CO, pg. 682

Miller, Ashley - Account Services - BRUNNER, Pittsburgh, PA, pg. 44

Miller, Megan - Account Services - HMH, Portland, OR, pg. 86

Miller, Stephanie - Account Planner, Account Services - PENNA POWERS BRIAN HAYNES, Salt Lake City, UT, pg. 396

Miller, Hillary - Account Services - THINK MOTIVE, Denver, CO, pg. 154

Miller, Dan - Account Services - JPR COMMUNICATIONS, Woodland Hills, CA, pg. 618

Miller, Janet - Account Services - DIGITAS, San Francisco, CA, pg. 227

Miller, Eddie - Account Services, Media Department - BIG SKY COMMUNICATIONS, San Jose, CA, pg. 583

Miller Jr., Don - Account Services, Management, Media Department, NBC - UNIVERSAL MCCANN DETROIT, Birmingham, MI, pg. 524

Millerd, Rylee - Account Services, Media Department, PPM - WIEDEN + KENNEDY, New York, NY, pg. 432

Millett, Kelly - Account Services - HAVAS MEDIA GROUP, New York, NY, pg. 468

Mills, Michael - Account Services - MASS COMMUNICATIONS, Oakland, CA, pg. 190

Mills, Sean - Account Planner, Account Services, Management, PPOM - ARCHETYPE, San Francisco, CA, pg. 33

Mills, Rebecca - Account Planner, Account Services, Interactive / Digital, Media Department, NBC - UNIVERSAL MCCANN, New York, NY, pg. 521

Mills, Megan - Account Services - R/GA, Austin, TX, pg. 261

Mills, Lana - Account Services - DID AGENCY, Ambler, PA, pg. 62

Mills, Amanda - Account Services - BENCHWORKS, Chestertown, MD, pg. 333

Millward, Curtis - Account Services, NBC - MULLENLOWE U.S. LOS ANGELES, El Segundo, CA, pg.

Milone, Simona - Account Planner, Account Services, Interactive / Digital, Management, Media Department, PPOM - WAVEMAKER, New York, NY, pg. 526

Miloradovic, Meghan - Account Services - MUNN RABOT, New York, NY, pg. 448

Miltiadou, Stefanie - Account Services - VAULT49, New York, NY, pg. 203

Milton, Trevis - Account Services, Media Department - STARCOM WORLDWIDE, North Hollywood, CA, pg. 516

Milton, Josh - Account Services, Public Relations - CONRIC PR & MARKETING, Fort Meyers, FL, pg. 592

Mims, Joy - Account Services - LEWIS COMMUNICATIONS, Birmingham, AL, pg. 100

Min, Joe - Account Services - INTERTREND COMMUNICATIONS, INC., Long Beach, CA, pg. 541

Minchenko, Zina - Account Services - ELEVATOR STRATEGY ADVERTISING & DESIGN, INC., Vancouver, BC, pg. 181

Mindel, Seth - Account Services, Interactive / Digital, Media Department - GRAVITY.LABS, Chicago, IL, pg. 365

Mine, Blake - Account Services - SPLASH, San Jose, CA, pg. 200

Minerley, Glenn - Account Services, Media Department - MOMENTUM WORLDWIDE, New York, NY, pg. 117

Mingledorff, Polly - Account Services, NBC - EDELMAN, New York, NY, pg. 599

Mini, Lana - Account Services - MARX LAYNE & COMPANY, Farmington Hills, MI, pg. 626

Minichiello, Vincent - Account Services, NBC - REDPEG MARKETING, Alexandria, VA, pg. 692

Minifee, Marcus - Account Services, Interactive / Digital, Management - UNIVERSAL MCCANN, New York, NY, pg. 521

Miniscloux, Flo - Account Services, PPM - EXTRAORDINARY EVENTS, Sherman Oaks, CA, pg. 305

Minnotti, Megan - Account Services - HITCHCOCK FLEMING & ASSOCIATES, INC. , Akron, OH, pg. 86

Minoff, Erin - Account Services - WEBER SHANDWICK, Chicago, IL, pg. 661

Minor, Scott - Account Services, Media Department - HEARTS & SCIENCE, New York, NY, pg. 471

Minski, Jared - Account Services - MASTRO COMMUNICATIONS, INC., Green Brook, NJ, pg. 626

Minyo, Marie - Account Services - LANDOR, New York, NY, pg. 11

Miotto, Mark - Account Services - AUXILIARY, Grand Rapids, MI, pg. 173

Mira, Patty - Account Planner, Account Services - CONILL ADVERTISING, INC., El Segundo, CA, pg. 538

Miranda, Mallory - Account Services, NBC - R&R PARTNERS, Phoenix, AZ, pg. 132

Miranda, Marvin - Account Services, Management - DROGA5, New York, NY, pg. 64

Miranda, Annet - Account Services - PURPLEGROUP, Chicago, IL, pg. 131

Miranda O'Donnell, Stephanie - Account Services, Management, NBC - ANOMALY, New York, NY, pg. 325

1222

AGENCIES — RESPONSIBILITIES INDEX

Mirandi, Matthew - Account Services - BERK COMMUNICATIONS, New York, NY, pg. 583

Mireau, Jess - Account Services, Management - MADWELL, Brooklyn, NY, pg. 13

Miro, Pablo - Account Services, Management, NBC - ZUBI ADVERTISING, Coral Gables, FL, pg. 165

Mirsky, Israel - Account Services, Interactive / Digital, Media Department, PR Management - OMD, New York, NY, pg. 498

Mirto, Bryon - Account Planner, Account Services, Interactive / Digital, Management, Media Department, NBC - DIGITAS, New York, NY, pg. 226

Mischel, Josh - Account Services - FIREFLY, San Francisco, CA, pg. 552

Miser, Paul - Account Services, Interactive / Digital, Media Department, PPOM - CHINATOWN BUREAU, New York, NY, pg. 220

Misher, Stacy - Account Services, Management - HAVAS MEDIA GROUP, New York, NY, pg. 468

Mishkin, Gregory - Account Services, Management, Research - ESCALENT, Atlanta, GA, pg. 444

Misiewicz, Emily - Account Planner, Account Services, Media Department - MEDIAHUB BOSTON, Boston, MA, pg. 489

Miskevics, Jill - Account Services - EDELMAN, Los Angeles, CA, pg. 601

Misra, Celia - Account Planner, Account Services - THE GRIST, Boston, MA, pg. 19

Misselhorn, Maggie - Account Services, PPOM - SIMANTEL GROUP, Peoria, IL, pg. 142

Missier, Stephane - Account Services - WIEDEN + KENNEDY, New York, NY, pg. 432

Missirian, Sela - Account Planner, Account Services, Interactive / Digital, Media Department, Social Media - BROWN BAG MARKETING, Atlanta, GA, pg. 338

Mitchell, Darren - Account Planner, Account Services - PHOENIX GROUP, Regina, SK, pg. 128

Mitchell, Jeanne - Account Services - EGC MEDIA GROUP, INC., Melville, NY, pg. 354

Mitchell, Anne - Account Services, NBC - EDELMAN, Atlanta, GA, pg. 599

Mitchell, Oliver - Account Services, Interactive / Digital - BRANDMOVERS, INC., Atlanta, GA, pg. 538

Mitchell, Michelle - Account Services - PHD CANADA, Toronto, ON, pg. 504

Mitchell, Jeremy - Account Services, Media Department, NBC - MATRIX MEDIA SERVICES, Columbus, OH, pg. 554

Mitchell, John - Account Services, NBC - YAH. - YOU ARE HERE, Atlanta, GA, pg. 318

Mitchell, Deb - Account Services - MEYOCKS GROUP, West Des Moines, IA, pg. 387

Mitchell, Trevor - Account Services - BRIGHTWAVE MARKETING, INC., Atlanta, GA, pg. 219

Mitchell, Alexander - Account Services, Management - VOX GLOBAL, Washington, DC, pg. 658

Mitchell, Seth - Account Planner, Account Services, Management, Media Department - 9THWONDER, Dallas, TX, pg. 321

Mitchell, Craig - Account Services - H&G MARKETING, Big Lake, MN, pg. 80

Mitchum, Liz - Account Services, Management, Operations - ADAMS OUTDOOR ADVERTISING, Florence, SC, pg. 549

Mizany, Melika - Account Services - THE OUTCAST AGENCY, San Francisco, CA, pg. 654

Mizrahi, Halle - Account Services - TERRI & SANDY, New York, NY, pg. 147

Mizzell, Ed - Account Services, Operations, PPOM - LUCKIE & COMPANY, Birmingham, AL, pg. 382

Mladjen, Kiri - Account Services - LEVLANE ADVERTISING, Philadelphia, PA, pg. 380

Mlotkowski, Elena - Account Services - AOR, INC., Denver, CO, pg. 32

Moccia, Suzanne - Account Services - CARABINER COMMUNICATIONS INC., Lilburn, GA, pg. 588

Mock, Don - Account Services, Creative, NBC, PPOM - MOCK, THE AGENCY, Atlanta, GA, pg. 192

Moczydlowsky, Denise - Account Services, Management - GTB, Dearborn, MI, pg. 367

Modi, Sheetal - Account Services - PURERED, Princeton, NJ, pg. 130

Modi, Sonya - Account Services - HAVAS FORMULA, El Segundo, CA, pg. 612

Modini, Amy - Account Services - CHADWICK MARTIN BAILEY, Boston, MA, pg. 443

Moehnke, Tracy - Account Services - NUFFER SMITH TUCKER, INC., San Diego, CA, pg. 392

Moen, Casey - Account Services - ROUNDHOUSE MARKETING & PROMOTIONS, Verona, WI, pg. 408

Moffat, Juliet - Account Services, NBC - VMLY&R, Chicago, IL, pg. 160

Moglia, Ryan - Account Services, NBC - RAUXA, New York, NY, pg. 291

Mohr, Ashley - Account Planner, Account Services, Management, Media Department - ZENITH MEDIA, Santa Monica, CA, pg. 531

Moisio, Colleen - Account Services - MCCANN NEW YORK, New York, NY, pg. 108

Molenda, Kasia - Account Services, Management - 72ANDSUNNY, Playa Vista, CA, pg. 23

Moler, Bryan - Account Services, Media Department - STARCOM WORLDWIDE, Detroit, MI, pg. 517

Molina, Edgar - Account Services, Interactive / Digital - INNOCEAN USA, Huntington Beach, CA, pg. 479

Mollen, Nicole - Account Services, Interactive / Digital, Management, Media Department - SPARK FOUNDRY, New York, NY, pg. 508

Molloy, Emily - Account Services - AUDIENCEX, Marina Del Rey, CA, pg. 35

Molnick, Sara - Account Services, Interactive / Digital - PATH INTERACTIVE, INC., New York, NY, pg. 256

Moloney, Carmen - Account Services, NBC - ACCELERATION PARTNERS, Needham, MA, pg. 25

Moloney, Amanda - Account Services - KELLY, SCOTT & MADISON, INC., Chicago, IL, pg. 482

Mon, Priscilla - Account Services - SAATCHI & SAATCHI DALLAS, Dallas, TX, pg. 136

Monaco, Alex - Account Services, Interactive / Digital, Media Department - 360I, LLC, New York, NY, pg. 320

Monaco, Mike - Account Services, NBC - KEPLER GROUP, New York, NY, pg. 244

Monaghan, Timothy - Account Services - CAMRON, New York, NY, pg. 588

Monahan, Kate - Account Services - TURNER DUCKWORTH, San Francisco, CA, pg. 203

Mondi, Luigi - Account Services - BEEBY CLARK+MEYLER, Stamford, CT, pg. 333

Mondre, Amanda - Account Services - THE NARRATIVE GROUP, New York, NY, pg. 654

Mondshein, Kristen - Account Services - FIG, New York, NY, pg. 73

Monforton, Dana - Account Services, Interactive / Digital - HUDSON ROUGE, Dearborn, MI, pg. 372

Monger, Alex - Account Services, Management - BBH, New York, NY, pg. 37

Moniz, Paula - Account Services, NBC - PAPPAS GROUP, Arlington, VA, pg. 396

Monohan, Kate - Account Services - WEBER SHANDWICK, New York, NY, pg. 660

Monroe, Meredith - Account Planner, Account Services, Media Department - CARAT, New York, NY, pg. 459

Monroe, Brian - Account Services - AMPERAGE, Cedar Rapids, IA, pg. 30

Montague, Eric - Account Services, NBC, PPOM, Public Relations - SLEEK MACHINE, Boston, MA, pg. 142

Monte, Jason - Account Services - BROLIK PRODUCTIONS, Philadelphia, PA, pg. 561

Monte, Michelle - Account Services, Management - THE CDM GROUP, New York, NY, pg. 149

Monte, Jeanette - Account Services, Media Department, PPM - WILEN MEDIA CORPORATION, Melville, NY, pg. 432

Monteleone, Joel - Account

RESPONSIBILITIES INDEX — AGENCIES

Services, NBC - VENABLES BELL & PARTNERS, San Francisco, CA, pg. 158

Montemarano, Tania - Account Services, Management - BBDO CANADA, Toronto, ON, pg. 330

Montes, Kristina - Account Services - 3MARKETEERS ADVERTISING, INC., San Jose, CA, pg. 23

Montgomery, Melanie - Account Services, Management - ACKERMAN MCQUEEN, INC., Oklahoma City, OK, pg. 26

Montgomery, Tim - Account Services, Management - COOPER HONG, INC., Saint Charles, IL, pg. 593

Montgomery, Suzanne - Account Services, Interactive / Digital - B-REEL, Brooklyn, NY, pg. 215

Montgomery, Gabrielle - Account Services - 360I, LLC, Chicago, IL, pg. 208

Montgomery White, Katherine - Account Services - WILDFIRE, Winston Salem, NC, pg. 162

Montimore, Terrance - Account Services, Creative - GOODWIN DESIGN GROUP, Wallingford, PA, pg. 185

Montner, Debra - Account Services, Media Department, PPOM, Public Relations - MONTNER & ASSOCIATES, Westport, CT, pg. 628

Monzey, Pamela - Account Services - ZETA INTERACTIVE, New York, NY, pg. 277

Moody, Camille - Account Planner, Account Services - CARAT, Culver City, CA, pg. 459

Moody, Chelsea - Account Planner, Account Services, Interactive / Digital, Media Department - CARAT, Culver City, CA, pg. 459

Mooney, Maryellen - Account Services, Public Relations - GOODMAN MEDIA INTERNATIONAL, INC., New York, NY, pg. 610

Moore, Kim - Account Services - RON FOTH ADVERTISING, Columbus, OH, pg. 134

Moore, Marlene - Account Services, Public Relations - SMITH MILLER MOORE, Encino, CA, pg. 411

Moore, Lori - Account Services - TOTAL COM, Tuscaloosa, AL, pg. 155

Moore, Tyler - Account Services, Interactive / Digital, NBC - THE ESCAPE POD, Chicago, IL, pg. 150

Moore, Brad - Account Services, Creative - GOCONVERGENCE, Orlando, FL, pg. 364

Moore, Steve - Account Services - CULTIVATOR ADVERTISING & DESIGN, Denver, CO, pg. 178

Moore, Kim - Account Services - ELEVATION MARKETING, Richmond, VA, pg. 67

Moore, Vanessa - Account Services - MOXIE COMMUNICATIONS GROUP, New York, NY, pg. 628

Moore, Jill - Account Services - CLM MARKETING & ADVERTISING, Boise, ID, pg. 342

Moore, Jeffery - Account Services - COMMONWEALTH // MCCANN, Detroit, MI, pg. 52

Moore, Britt - Account Services - SPRING STUDIOS, New York, NY, pg. 563

Moore, Tawnie - Account Services - GRANDESIGN, San Diego, CA, pg. 552

Moore, Kelli - Account Services, Administrative, Interactive / Digital - THE RICHARDS GROUP, INC., Dallas, TX, pg. 422

Moore, Meegan - Account Services - PREACHER, Austin, TX, pg. 129

Moore, Zach - Account Planner, Account Services, Media Department - STARCOM WORLDWIDE, Chicago, IL, pg. 513

Moore, Ashley - Account Services - DOEANDERSON ADVERTISING, Louisville, KY, pg. 352

Moore, Jessica - Account Services - ALLYN MEDIA, Dallas, TX, pg. 577

Moore, Scott - Account Services, Management, Media Department - AKA NYC, New York, NY, pg. 324

Mooring, Dewey - Account Services - JENNINGS & COMPANY, Chapel Hill, NC, pg. 92

Mooring, Bryson - Account Services - EP+CO., Greenville, SC, pg. 356

Mootz, Catherine - Account Planner, Account Services - ARKETI GROUP, Atlanta, GA, pg. 578

Moquin, Linda - Account Services - SPLASH, San Jose, CA, pg. 200

Morais, Didier - Account Services - BERK COMMUNICATIONS, New York, NY, pg. 583

Morales, Ivan - Account Services - OMD LATIN AMERICA, Miami, FL, pg. 543

Moran, Corey - Account Services, NBC, PPOM - HUNT MARKETING GROUP, Seattle, WA, pg. 285

Moran, Steve - Account Services - THE INTEGER GROUP - MIDWEST, Des Moines, IA, pg. 570

Moran, Victoria - Account Services - SHADOW PUBLIC RELATIONS, New York, NY, pg. 646

Moran, Michael - Account Services - BOUNTEOUS, Chicago, IL, pg. 218

Morba, Heather - Account Services - WIEDEN + KENNEDY, Portland, OR, pg. 430

Morea, Joe - Account Services - PATIENTS & PURPOSE, New York, NY, pg. 126

Moreau, Kimanh - Account Services, Interactive / Digital - GREENRUBINO, Seattle, WA, pg. 365

Morehouse, Becky - Account Services - STAMATS COMMUNICATIONS, Cedar Rapids, IA, pg. 412

Moreira, George - Account Services, Creative, Interactive / Digital, Social Media - ACCENTURE INTERACTIVE, Chicago, IL, pg. 209

Morelli, Michael - Account Services, NBC - NEW BREED MARKETING, Winooski, VT, pg. 675

Morelli, Joseph - Account Services, Interactive / Digital - CRONIN, Glastonbury, CT, pg. 55

Moreno, Lorenzo - Account Services, NBC - THE TRADE DESK, Los Angeles, CA, pg. 519

Moreno, Jonathan - Account Services - PACO COLLECTIVE, Chicago, IL, pg. 544

Moretti, James - Account Services - VECTOR MEDIA, New York, NY, pg. 558

Morgan, Jennifer - Account Services - PARKER & PARTNERS MARKETING RESOURCES, LLC, Absecon, NJ, pg. 125

Morgan, Taylor - Account Planner, Account Services, Interactive / Digital, Media Department - MEDIACOM, Ann Arbor, MI, pg. 249

Morgan, David - Account Planner, Account Services, NBC, PPOM - FORCE 5, South Bend, IN, pg. 7

Morgan, Jennifer - Account Services - CJRW, Little Rock, AR, pg. 590

Morgan, Michelle - Account Planner, Account Services - MINDSHARE, New York, NY, pg. 491

Morgan, Adam - Account Services - VERDIN, San Luis Obispo, CA, pg. 21

Morgan, Michelle - Account Services, NBC - CLIX MARKETING, Louisville, KY, pg. 672

Morgulis, Shlomo - Account Services, Interactive / Digital - ANTENNA GROUP, INC., Hackensack, NJ, pg. 578

Morin, Laura - Account Services - STERLING-RICE GROUP, Boulder, CO, pg. 413

Moron, Erica - Account Services, Media Department - ALLSCOPE MEDIA, New York, NY, pg. 454

Morra, Erin - Account Services, Management - HARBINGER COMMUNICATIONS, INC., Toronto, ON, pg. 611

Morrell, Brookney - Account Services, Creative - ASEN MARKETING & ADVERTISING, INC., Knoxville, TN, pg. 327

Morris, Brent - Account Services, Media Department, PPOM - NDP, Richmond, VA, pg. 390

Morris, Ben - Account Services, Media Department - MQ&C ADVERTISING, INC., Austin, TX, pg. 389

Morris, Nicole - Account Services, Media Department - RECRUITICS, Lafayette, CA, pg. 404

Morris, Jessica - Account Services - EXPERTVOICE, Salt Lake City, UT, pg. 233

Morris, Robyn - Account Services, Creative, NBC - TBWA \ CHIAT \ DAY, Los Angeles, CA, pg. 146

Morris, Aubrey - Account Services - HOT IN THE KITCHEN, St. Louis, MO, pg. 9

Morris, Chelsea - Account Services - SPRINKLR, New York, NY, pg. 688

Morris, Becca - Account Services - GOODBY, SILVERSTEIN & PARTNERS, San Francisco, CA, pg. 77

Morris, Isaac - Account Services, Management, PPOM - THESIS, Portland, OR, pg. 270

Morris, Payton - Account Services -

AGENCIES   RESPONSIBILITIES INDEX

STEEP CREEK MEDIA, Humble, TX, pg. 557
Morris, Mary - Account Services - 3Q DIGITAL, Chicago, IL, pg. 208
Morris, Lauren - Account Services - ORGANIC, INC., San Francisco, CA, pg. 255
Morris, Kate - Account Services - TRUE COMMUNICATIONS, Sausalito, CA, pg. 657
Morrisette, David - Account Services - YAMAMOTO, Minneapolis, MN, pg. 435
Morrison, Steve - Account Services, Management - ASHER AGENCY, Charleston, WV, pg. 327
Morrison, Kris - Account Planner, Account Services - TEAM ONE, Dallas, TX, pg. 418
Morrison, Greg - Account Services, NBC - ENERGY BBDO, INC., Chicago, IL, pg. 355
Morrison, Katie - Account Services, Management - CONE, INC., Boston, MA, pg. 6
Morrison, Emily - Account Services - GMR MARKETING, New Berlin, WI, pg. 306
Morrison, Jeff - Account Services, Management - GREGORY WELTEROTH ADVERTISING, Montoursville, PA, pg. 466
Morrison, Shelley - Account Services, Media Department - YESLER, Seattle, WA, pg. 436
Morrison, Madeline - Account Services - ZETA INTERACTIVE, New York, NY, pg. 277
Morrissey, David - Account Planner, Account Services, Media Department, NBC - CAMP + KING, San Francisco, CA, pg. 46
Morrissey, Edward - Account Services - UNIVERSAL MCCANN, New York, NY, pg. 521
Morrone, Gina - Account Planner, Account Services, Interactive / Digital, Media Department, NBC, PPM - INITIATIVE, New York, NY, pg. 477
Morrow, Molly - Account Services - 360I, LLC, Chicago, IL, pg. 208
Morrow, Stephanie - Account Services - MYRIAD TRAVEL MARKETING, Los Angeles, CA, pg. 390
Morse, Ted - Account Services, Media Department - FORTNIGHT COLLECTIVE, Boulder, CO, pg. 7
Morse, Elizabeth - Account Planner, Account Services, Media Department - MEDIAHUB BOSTON, Boston, MA, pg. 489
Morse, Chris - Account Services, Media Department, NBC - M&C SAATCHI PERFORMANCE, New York, NY, pg. 247
Mortelliti, Dominique - Account Services - SPARKS, Philadelphia, PA, pg. 315
Mortenson, Alexis - Account Services - KAPLOW COMMUNICATIONS, New York, NY, pg. 618
Mortimore, Krystle - Account Services, Creative - WIEDEN + KENNEDY, Portland, OR, pg. 430
Mortman, Loren - Account Services,

PPOM - THE EQUITY GROUP, INC., New York, NY, pg. 653
Morton, Shannon - Account Planner, Account Services - EDELMAN, Toronto, ON, pg. 601
Morton, Rosalie - Account Services, Interactive / Digital, Social Media - PADILLA, Richmond, VA, pg. 635
Morton, Christina - Account Services - CONSENSUS COMMUNICATIONS, Orlando, FL, pg. 592
Morton, Jade - Account Services - 160OVER90, Los Angeles, CA, pg. 301
Morville, Peter - Account Services - Q LTD, Ann Arbor, MI, pg. 15
Mosack, Nathan - Account Planner, Account Services, Interactive / Digital, Media Department - OMD, Chicago, IL, pg. 500
Moscatelli, Stacy - Account Services, Creative, Operations - SUPERFLY, New York, NY, pg. 315
Moschberger, Mollie - Account Services, Media Department, PPM - SPARK FOUNDRY, New York, NY, pg. 508
Moser, Jessica - Account Services - HEALIXGLOBAL, New York, NY, pg. 471
Moser, Melanie - Account Services - SMALL ARMY, Boston, MA, pg. 142
Mosher, Jennifer - Account Services - SWARM, Atlanta, GA, pg. 268
Mosk, Andrea - Account Services - GREY GROUP, New York, NY, pg. 365
Moskowitz, Ed - Account Services, Interactive / Digital, NBC - MULTIMEDIA SOLUTIONS, INC., Edgewater, NJ, pg. 252
Moskowitz, Stacy - Account Services, Management - PADILLA, New York, NY, pg. 635
Moss, David - Account Services, Management, NBC - LEO BURNETT TORONTO, Toronto, ON, pg. 97
Moss, Shannon - Account Planner, Account Services, NBC - LOVE ADVERTISING, Houston, TX, pg. 101
Moss, Stacy - Account Services - WORKINPROGRESS, Boulder, CO, pg. 163
Mota, Dulce - Account Services - YOU SQUARED MEDIA, Houston, TX, pg. 436
Mote, Carla - Account Services, Operations, PPOM - RED TETTEMER O'CONNELL + PARTNERS, Philadelphia, PA, pg. 404
Moten, Tiffany - Account Services - MOMENTUM WORLDWIDE, Chicago, IL, pg. 117
Mott, Miranda - Account Services - SOURCELINK, LLC, Madison, MS, pg. 292
Motto, Gabrielle - Account Services - PIA AGENCY, Carlsbad, CA, pg. 506
Moua, Mao - Account Services, Creative - LEO BURNETT WORLDWIDE, Chicago, IL, pg. 98
Mouleart, Nicco - Account Services, Management, NBC - VERTICAL MARKETING NETWORK, Tustin, CA, pg. 428
Moy, Joanna - Account Planner,

Account Services - LEO BURNETT WORLDWIDE, Chicago, IL, pg. 98
Moya, Maribel - Account Services - CAMPBELL EWALD NEW YORK, New York, NY, pg. 47
Moyer, Amanda - Account Services - RAZORFISH HEALTH, Philadelphia, PA, pg. 262
Moyer, Kevin - Account Services, NBC - WIEDEN + KENNEDY, Portland, OR, pg. 430
Moyo, Vusi - Account Services, Public Relations - ZENO GROUP, Chicago, IL, pg. 664
Mozdzierz, Samantha - Account Services - DUREE & COMPANY, Fort Lauderdale, FL, pg. 598
Muchura, Tessa - Account Planner, Account Services - DROGA5, New York, NY, pg. 64
Mudd, Garrett - Account Services, Management - REVOLUTION, Chicago, IL, pg. 406
Muellenbach, Chris - Account Services, Interactive / Digital, Management - DELOITTE DIGITAL, New York, NY, pg. 225
Mueller, Johnny - Account Services - HAVAS WORLDWIDE SAN FRANCISCO, San Francisco, CA, pg. 370
Muff, Shelby - Account Services - TRUE MEDIA, Columbia, MO, pg. 521
Mugalian, Ruth - Account Services, NBC - PUBLIC COMMUNICATIONS, INC., Chicago, IL, pg. 639
Mugg, Kylie - Account Services - MULLENLOWE U.S. LOS ANGELES, El Segundo, CA, pg.
Mugnaini, Jen - Account Services - STONEARCH CREATIVE, Minneapolis, MN, pg. 144
Muhlbradt, Dwight - Account Services - IMM, Boulder, CO, pg. 373
Muilenburg, Matt - Account Services, Management - MARCHEX, INC., Seattle, WA, pg. 675
Muir, Laurel - Account Services - STERLING-RICE GROUP, Boulder, CO, pg. 413
Mulcahey, Laura - Account Services - DESANTIS BREINDEL, New York, NY, pg. 349
Muldowney, Julie - Account Services - FINN PARTNERS, Chicago, IL, pg. 604
Muldrew, Ben - Account Services, NBC - JOHANNES LEONARDO, New York, NY, pg. 92
Mules, Rich - Account Services, Management - CRAMER-KRASSELT, Chicago, IL, pg. 53
Mulhern, Mark - Account Services, Creative, Management, PPOM - DDB CHICAGO, Chicago, IL, pg. 59
Mulholland, Ashley - Account Services - VMLY&R, Seattle, WA, pg. 275
Mulholland, Ashleigh - Account Services - LEO BURNETT TORONTO, Toronto, ON, pg. 97
Mull, Andrea - Account Services, Interactive / Digital, Media Department - MINDSHARE, Playa

RESPONSIBILITIES INDEX — AGENCIES

Vista, CA, pg. 495
Mullane, Diane - Account Services, NBC - SHIKATANI LACROIX BRANDESIGN, INC., Toronto, ON, pg. 198
Mullen, Matt - Account Planner, Account Services, Management, Media Department - MULLENLOWE U.S. BOSTON, Boston, MA, pg. 389
Mullen, Olivia - Account Services - GOODBY, SILVERSTEIN & PARTNERS, San Francisco, CA, pg. 77
Mullen, Meghan - Account Services - WIEDEN + KENNEDY, New York, NY, pg. 432
Mullen, David - Account Services, PPOM - THE VARIABLE, Winston-Salem, NC, pg. 153
Mullen, Katie - Account Services - CURRENT, Chicago, IL, pg. 594
Muller, Mike - Account Services, Management, NBC - STEVENS ADVERTISING, Grand Rapids, MI, pg. 413
Muller, Alex - Account Services, NBC - GPSHOPPER, New York, NY, pg. 533
Muller, Paige - Account Services - THE NARRATIVE GROUP, New York, NY, pg. 654
Mulligan, Jennifer - Account Services - WALKER SANDS COMMUNICATIONS, Chicago, IL, pg. 659
Mullin, Ian - Account Services, Media Department - HAVAS MEDIA GROUP, New York, NY, pg. 468
Mulqueeney, Will - Account Services - UNIVERSAL MCCANN, Toronto, ON, pg. 524
Mulroney, Shawn - Account Services, Management - HAVAS MEDIA GROUP, Chicago, IL, pg. 469
Mulvey, Emily - Account Planner, Account Services, Media Department - DROGA5, New York, NY, pg. 64
Mulvihill, Mike - Account Services, Management - PADILLA, Richmond, VA, pg. 635
Mulvihill, Megan - Account Services - WE ARE ALEXANDER, St. Louis, MO, pg. 429
Munarriz, Stephanie - Account Services - TURNER PUBLIC RELATIONS, Denver, CO, pg. 657
Munce, Brian - Account Services, NBC, PPOM - GESTALT BRAND LAB, La Jolla, CA, pg. 76
Munger, Summer - Account Services, NBC - 22SQUARED INC., Atlanta, GA, pg. 319
Munoz, Rene - Account Services, Management - HAVAS MEDIA GROUP, New York, NY, pg. 468
Munoz, Ashley - Account Services, Creative - SILTANEN & PARTNERS ADVERTISING, El Segundo, CA, pg. 410
Munoz, Gabrielle - Account Planner, Account Services, Media Department - MEDIACOM, New York, NY, pg. 487
Munro, Lindsey - Account Services - WONDERSAUCE, New York, NY, pg. 205
Murai, Rosabel - Account Services, Media Department - OMD WEST, Los

Angeles, CA, pg. 502
Murdock, Pam - Account Services - JAN KELLEY MARKETING, Burlington, ON, pg. 10
Mure, Amanda - Account Planner, Account Services, Interactive / Digital - MEDIACOM, New York, NY, pg. 487
Murphy, Jill - Account Services, NBC, PPOM - WEBER SHANDWICK, New York, NY, pg. 660
Murphy, Mike - Account Services, Management - MTI, Wyoming, MI, pg. 118
Murphy, Sean - Account Services, Management, NBC, PPOM - PACE COMMUNICATIONS, Greensboro, NC, pg. 395
Murphy, Brandon - Account Planner, Account Services, Management, NBC, PPOM - 22SQUARED INC., Atlanta, GA, pg. 319
Murphy, Kaitlyn - Account Services, Management - HAVAS MEDIA GROUP, Chicago, IL, pg. 469
Murphy, Liz - Account Services, Interactive / Digital, Management, Media Department, PPOM - BEACONFIRE REDENGINE, Arlington, VA, pg. 216
Murphy, Lori Adams - Account Services - CSE, INC., Atlanta, GA, pg. 6
Murphy, Lauren - Account Services, Interactive / Digital, Media Department - UNIVERSAL MCCANN, New York, NY, pg. 521
Murphy, Melissa - Account Planner, Account Services, Media Department - MINDSHARE, New York, NY, pg. 491
Murphy, Jennifer - Account Services, Creative, Interactive / Digital, Media Department, NBC, Social Media - PUBLICIS.SAPIENT, Birmingham, MI, pg. 260
Murphy, Lisa - Account Services, Management - HAVAS TONIC, New York, NY, pg. 285
Murphy, Tom - Account Services, NBC - BBH, West Hollywood, CA, pg. 37
Murphy, Erynn - Account Services - HANGAR12, Chicago, IL, pg. 567
Murphy, Jack - Account Services, NBC - MOSAIC NORTH AMERICA, Irving, TX, pg. 312
Murphy, Jordan - Account Services - PARTNERS + NAPIER, Rochester, NY, pg. 125
Murphy, Jessica - Account Services, Media Department - SPARK FOUNDRY, Chicago, IL, pg. 510
Murphy, Megan - Account Planner, Account Services, Media Department - MEDIACOM, New York, NY, pg. 487
Murphy, Corinne - Account Services, Media Department - UNIVERSAL MCCANN, New York, NY, pg. 521
Murphy Jones, Colleen - Account Services - TREVELINO / KELLER COMMUNICATIONS GROUP, Atlanta, GA, pg. 656
Murray, Bill - Account Services, Public Relations - MWWPR, East Rutherford, NJ, pg. 630
Murray, Dave - Account Services,

Management - GLOBAL FLUENCY, San Jose, CA, pg. 608
Murray, Tom - Account Services - WILAND DIRECT, Niwot, CO, pg. 294
Murray, Ryan - Account Services - SOLVE, Minneapolis, MN, pg. 17
Murray, Maureen - Account Services - ZENO GROUP, Chicago, IL, pg. 664
Murray, Lauren - Account Services - BVK, Milwaukee, WI, pg. 339
Murray, Nick - Account Services - PUSH DIGITAL, Columbia, SC, pg. 640
Murray, Tiffany - Account Services - GUTHRIE / MAYES & ASSOCIATES, INC., Louisville, KY, pg. 611
Murray, Jessica - Account Services - AGENCYEA, Chicago, IL, pg. 302
Murray, Denise - Account Services, Media Department - ACTIVE INTERNATIONAL, Pearl River, NY, pg. 439
Murray, Mike - Account Services, Analytics - ABEL SOLUTIONS, INC., Alpharetta, GA, pg. 209
Murrin, Amy - Account Services - DONER, Southfield, MI, pg. 63
Murtagh, Lindsay - Account Services, NBC - PHD USA, New York, NY, pg. 505
Muse, Jordan - Account Services - THE MARTIN AGENCY, Richmond, VA, pg. 421
Musgrove, Maureen - Account Services - LINK MEDIA OUTDOOR, Roswell, GA, pg. 553
Musikar, Matt - Account Services, NBC - INFOGROUP MEDIA SOLUTIONS, New York, NY, pg. 286
Mussey, Hannah - Account Services, Creative, Interactive / Digital, Media Department - DEPARTURE, San Diego, CA, pg. 61
Muszynski, John - Account Services, Finance, Interactive / Digital, PPOM - SPARK FOUNDRY, Chicago, IL, pg. 510
Muth, Grace - Account Planner, Account Services, Media Department - HORIZON MEDIA, INC., Los Angeles, CA, pg. 473
Muyskens, Sarah - Account Services - SHERRY MATTHEWS ADVOCACY MARKETING, Austin, TX, pg. 140
Myers, Joe - Account Services - INQUEST MARKETING, Kansas City, MO, pg. 445
Myers, Kate - Account Services, Social Media - ROSEWOOD CREATIVE, Los Angeles, CA, pg. 134
Myers, Diane - Account Services - MCKINNEY, Durham, NC, pg. 111
Myers, Morgan - Account Services - MYTHIC, Charlotte, NC, pg. 119
Mygind, Beth - Account Planner, Account Services - VITRO AGENCY, San Diego, CA, pg. 159
Mylan, Mark - Account Services, Management, NBC, PPOM - CARAT, New York, NY, pg. 459
Myles, Holly - Account Services - AUTHENTIC, Richmond, VA, pg. 214
Mylett, Jennifer - Account Services, Management - HILL+KNOWLTON STRATEGIES, New York,

AGENCIES

RESPONSIBILITIES INDEX

NY, *pg.* 613
Nabors, Nancy - Account Services, Management, NBC - BHW1 ADVERTISING, Spokane, WA, *pg.* 3
Nackers, Trevor - Account Services - GMR MARKETING, New Berlin, WI, *pg.* 306
Nadeau, Lesley - Account Services - CAMPBELL MARKETING AND COMMUNICATIONS, Dearborn, MI, *pg.* 339
Nadel, Ethan - Account Planner, Account Services - MERKLEY + PARTNERS, New York, NY, *pg.* 114
Nader, William - Account Services, NBC - 72ANDSUNNY, Playa Vista, CA, *pg.* 23
Nadjarian, Narine - Account Services - ADVERTISE.COM, Sherman Oaks, CA, *pg.* 671
Naegelen, Romain - Account Services, Management, NBC, PPOM - MOTHER, Los Angeles, CA, *pg.* 118
Nagar, Meet - Account Services - BRANDHIVE, Salt Lake City, UT, *pg.* 336
Nagata, Taryn - Account Planner, Account Services, Interactive / Digital, Media Department - QUIGLEY-SIMPSON, Los Angeles, CA, *pg.* 544
Nagel, Jenny - Account Services - WHM CREATIVE, Oakland, CA, *pg.* 162
Nagel, Anna Beth - Account Services, Administrative, Management, Media Department, Operations - WIEDEN + KENNEDY, New York, NY, *pg.* 432
Naghashian, Venous - Account Services, NBC - HUGE, INC., Atlanta, GA, *pg.* 240
Naglie, Jodi - Account Services - FUNWORKS, Oakland, CA, *pg.* 75
Naguib, Diana - Account Services, Interactive / Digital, Management, Media Department - MEDIALINK, New York, NY, *pg.* 386
Nagy, Lou - Account Services - THE WARD GROUP, Woburn, MA, *pg.* 520
Naik, Ankur - Account Planner, Account Services, Management, NBC, Operations - BBMG, Brooklyn, NY, *pg.* 2
Nailling, Jenny - Account Services - MAPR, Boulder, CO, *pg.* 624
Nairn, Rachel - Account Services, Management - BBDO WEST, Los Angeles, CA, *pg.* 331
Najarian, Ara - Account Services, NBC, Operations - DIGITAS, Chicago, IL, *pg.* 227
Najera, Melissa - Account Services - MARKETING RESOURCES, Oak Park, IL, *pg.* 568
Nalty, Jillian - Account Services, NBC - 180LA, Los Angeles, CA, *pg.* 23
Namatevs, Alex - Account Services - BOOYAH ONLINE ADVERTISING, Denver, CO, *pg.* 218
Nance, Carter - Account Services, Management, NBC, PPOM - BBDO SAN FRANCISCO, San Francisco, CA, *pg.* 330

Nance, Ginger - Account Services - HOTHOUSE, Atlanta, GA, *pg.* 371
Nanus, Deb - Account Services, Management, Media Department - INITIATIVE, New York, NY, *pg.* 477
Napier, Ali - Account Services - MCGARRYBOWEN, New York, NY, *pg.* 109
Naples, Taylor - Account Services - 5W PUBLIC RELATIONS, New York, NY, *pg.* 574
Narcisse-Williams, Ayanna - Account Services, Media Department - BBDO ATL, Atlanta, GA, *pg.* 330
Nardone, Mark - Account Services, PPOM - PAN COMMUNICATIONS, Boston, MA, *pg.* 635
Nardone, Stephen - Account Services - AARS & WELLS, INC., Dallas, TX, *pg.* 321
Nardone, Esther - Account Services - GRAFIK MARKETING COMMUNICATIONS, Alexandria, VA, *pg.* 185
Nash, Lenny - Account Services - CLICKFOX, INC., Atlanta, GA, *pg.* 167
Nash, Chevonne - Account Services - GOLIN, Chicago, IL, *pg.* 609
Nason, Kelsey - Account Services, PPOM - BARETZ + BRUNELLE, New York, NY, *pg.* 580
Natarajan, Aruna - Account Services - OMD, New York, NY, *pg.* 498
Nathans, Sally - Account Services, Creative, Management - BBDO WORLDWIDE, New York, NY, *pg.* 331
Natlo, Bill - Account Services - TRACYLOCKE, Wilton, CT, *pg.* 684
Naum, Elaine - Account Services, Operations - PARTNERS + NAPIER, Rochester, NY, *pg.* 125
Navarro, Vicente - Account Services, Management, NBC - AC&M GROUP, Charlotte, NC, *pg.* 537
Nayar, Prashant - Account Services, Analytics - WAVEMAKER, New York, NY, *pg.* 526
Naylor, Blair - Account Services - TAXI, New York, NY, *pg.* 146
Nazarenus, Nicole - Account Services - GREY GROUP, New York, NY, *pg.* 365
Neal, Rich - Account Services - MSP, Freedom, PA, *pg.* 289
Neal, Anne Marie - Account Services, NBC, PPOM - RAPP WORLDWIDE, San Francisco, CA, *pg.* 291
Neal, Lindsey - Account Services - DEPTH PUBLIC RELATIONS, Decatur, GA, *pg.* 596
Neale, Andrea - Account Services, Media Department - UNIVERSAL MCCANN, Toronto, ON, *pg.* 524
Nedvidek, Maria - Account Services - BRIGHT RED\TBWA, Tallahassee, FL, *pg.* 337
Needham, David - Account Services - IVIE & ASSOCIATES, INC., Flower Mound, TX, *pg.* 91
Neely, Megan - Account Services - CALDWELL VANRIPER, Indianapolis, IN, *pg.* 46
Neer, Lucy - Account Services - KAPLOW COMMUNICATIONS, New York,

NY, *pg.* 618
Nefs Leistikow, Laura - Account Services, Interactive / Digital, Management, NBC - HABERMAN, Minneapolis, MN, *pg.* 369
Negrete, Rudy - Account Services - OBSERVATORY MARKETING, Los Angeles, CA, *pg.* 122
Nehila, Megan - Account Services - PATIENTS & PURPOSE, New York, NY, *pg.* 126
Neifield, Robin - Account Services, NBC - PAVONE MARKETING GROUP, Harrisburg, PA, *pg.* 396
Nelson, Lori - Account Services, Management, NBC - BURNS ENTERTAINMENT & SPORTS MARKETING, INC., Evanston, IL, *pg.* 303
Nelson, Paige - Account Services, NBC, PPOM - NELSON & GILMORE, Redondo Beach, CA, *pg.* 391
Nelson, Pamela - Account Services, Analytics, Interactive / Digital - WPROMOTE, Melville, NY, *pg.* 678
Nelson, Paul - Account Planner, Account Services, NBC - ARNOLD WORLDWIDE, Boston, MA, *pg.* 33
Nelson, Alicia - Account Services, Interactive / Digital, Media Department, Programmatic - USIM, Los Angeles, CA, *pg.* 525
Nelson, Melissa - Account Services - ALCONE MARKETING GROUP, Darien, CT, *pg.* 565
Nelson, Jen - Account Services - THE INTEGER GROUP, Lakewood, CO, *pg.* 682
Nelson, Jade - Account Planner, Account Services, Interactive / Digital, Media Department - OMD, New York, NY, *pg.* 498
Nelson, Lindsey - Account Services, Interactive / Digital - OMD, Chicago, IL, *pg.* 500
Nelson, Mindy - Account Services - WE COMMUNICATIONS, Austin, TX, *pg.* 660
Nelson, Evan - Account Services - ARC WORLDWIDE, Chicago, IL, *pg.* 327
Nelson, Samara - Account Services, Interactive / Digital, Media Department, NBC, Social Media - HEARTS & SCIENCE, New York, NY, *pg.* 471
Nelson, Rachel - Account Services, Public Relations - INKHOUSE PUBLIC RELATIONS, San Francisco, CA, *pg.* 616
Nelson, Emily - Account Services, Interactive / Digital, Media Department, Social Media - MOROCH PARTNERS, Dallas, TX, *pg.* 389
Nelson, John - Account Services - GREY GROUP, New York, NY, *pg.* 365
Nelson, Lauren - Account Services - STANTON & COMPANY, Marina Del Rey, CA, *pg.* 649
Nelson, Nikita - Account Services - JOHN ST., Toronto, ON, *pg.* 93
Nelson, Hyedi - Account Services - BELLMONT PARTNERS PUBLIC RELATIONS, Minneapolis, MN, *pg.* 582
Nelson, Alex - Account Planner, Account Services, Media Department

1227

RESPONSIBILITIES INDEX

AGENCIES

- HAWORTH MARKETING & MEDIA, Minneapolis, MN, *pg.* 470
Nelson Monroe, Bridget - Account Services, Public Relations - BELLMONT PARTNERS PUBLIC RELATIONS, Minneapolis, MN, *pg.* 582
Nemetsky, Elyssa - Account Services - MCCANN NEW YORK, New York, NY, *pg.* 108
Neopolitan, Nicole - Account Services, Interactive / Digital - MULLENLOWE U.S. LOS ANGELES, El Segundo, CA, *pg.*
Neren, Matt - Account Services, NBC, PPOM - CULTIVATOR ADVERTISING & DESIGN, Denver, CO, *pg.* 178
Nerio, Valerie - Account Services - DUNCAN CHANNON, San Francisco, CA, *pg.* 66
Nestola, Frank - Account Services - KLICK HEALTH, Toronto, ON, *pg.* 244
Netland, Emma - Account Services, Interactive / Digital - BEYOND, San Francisco, CA, *pg.* 216
Nettelfield, Joanna - Account Planner, Account Services, Interactive / Digital - MWWPR, East Rutherford, NJ, *pg.* 630
Nettles, Susan - Account Services, Management, NBC - R + M, Cary, NC, *pg.* 196
Nettles, Christine - Account Services, Administrative - THE FEAREY GROUP, Seattle, WA, *pg.* 653
Netzley, Heidi - Account Services, NBC - WE ARE ROYALE, Los Angeles, CA, *pg.* 205
Neufeld, Victoria - Account Services, Interactive / Digital, NBC - EDELMAN , Toronto, ON, *pg.* 601
Neujahr, Dana - Account Services, Creative, Interactive / Digital, Management, Media Department - SOMETHING MASSIVE, Los Angeles, CA, *pg.* 266
Neuman, Tim - Account Services - WITHERSPOON MARKETING COMMUNICATIONS, Fort Worth, TX, *pg.* 663
Neuman, Lauren - Account Services - , DDB NEW YORK, New York, NY, *pg.* 59
Neuman, David - Account Services, Interactive / Digital, NBC, Social Media - RHYTHMONE, Burlington, MA, *pg.* 263
Neville, Christine - Account Services - MERING, Sacramento, CA, *pg.* 114
Neville, Evan - Account Services - MARCH COMMUNICATIONS, Boston, MA, *pg.* 625
Nevins, Paula - Account Services - DECKER, Glastonbury, CT, *pg.* 60
Newall, John - Account Services, NBC, PPOM - NOBLE PEOPLE, New York, NY, *pg.* 120
Newbold, Alan - Account Services, Management, Media Department - BROADHEAD, Minneapolis, MN, *pg.* 337
Newell, Marc - Account Services, Administrative, Management - ARCOS COMMUNICATIONS, New York, NY, *pg.* 537

Newell, Allison - Account Services - ABELSON-TAYLOR, Chicago, IL, *pg.* 25
Newkirk, Vanessa - Account Services, PPOM - MEDIACOM, New York, NY, *pg.* 487
Newlin, Nick - Account Planner, Account Services - SHINE UNITED, Madison, WI, *pg.* 140
Newman, Andy - Account Services, Management - NEWMAN PR, Coconut Grove, FL, *pg.* 632
Newman, Paula - Account Services - GAP COMMUNICATIONS GROUP, INC., Cleveland, OH, *pg.* 540
Newman, Montrew - Account Services, Media Department - NOVUS MEDIA, INC. , Chicago, IL, *pg.* 497
Newman, Bruce - Account Planner, Account Services, Management - E&M MEDIA GROUP, Jericho, NY, *pg.* 282
Newman, Nicole - Account Services - J.R. THOMPSON COMPANY, Farmington Hills, MI, *pg.* 91
Newman, Jennifer - Account Planner, Account Services, Programmatic - AMNET, New York, NY, *pg.* 454
Newsome, David - Account Services - WIEDEN + KENNEDY, Portland, OR, *pg.* 430
Newton, Georgia - Account Services - R/GA, New York, NY, *pg.* 260
Newton, Simona - Account Services - OVERCAT COMMUNICATIONS, Toronto, ON, *pg.* 634
Nezirevic, Admira - Account Services, Management - OVE DESIGN & COMMUNICATIONS LIMITED, Toronto, ON, *pg.* 193
Ng, Jenny - Account Services - BCW SAN FRANCISCO, San Francisco, CA, *pg.* 582
Ng, Sarah - Account Services - BBDO CANADA, Toronto, ON, *pg.* 330
Ng, Kenward - Account Services - MINDSHARE, San Francisco, CA, *pg.* 495
Ng, Melissa - Account Services, Management - ELEPHANT, Brooklyn, NY, *pg.* 181
Nguyen, Amanda - Account Services, NBC - CHIEF, Washington, DC, *pg.* 590
Nguyen, Amanda - Account Services, NBC - ROGERS & COWAN/PMK*BNC, Los Angeles, CA, *pg.* 643
Nguyen, Myco - Account Services - MEKANISM, Seattle, WA, *pg.* 113
Nguyen, Lien - Account Planner, Account Services - XEVO, Bellevue, WA, *pg.* 535
Nguyen, Ann - Account Services - INTERTREND COMMUNICATIONS, Plano, TX, *pg.* 541
Nguyen, Phung - Account Planner, Account Services, Media Department - MINDSHARE, New York, NY, *pg.* 491
Nguyen, Kim - Account Services - DAGGER, Atlanta, GA, *pg.* 224
Nguyen, Vi - Account Services - MCCANN HEALTH NEW YORK, New York, NY, *pg.* 108
Nguyen, Mai - Account Services, NBC - WORK & CO, Brooklyn, NY, *pg.* 276

Nguyen Crettenand, Lien - Account Planner, Account Services, Media Department - INNOCEAN USA, Huntington Beach, CA, *pg.* 479
Niang, Yana - Account Services - DAILEY & ASSOCIATES, West Hollywood, CA, *pg.* 56
Nice, Tim - Account Services, PPOM - NICE & COMPANY, San Francisco, CA, *pg.* 391
Nicholas, Carli - Account Services - VIRTUE WORLDWIDE, Brooklyn, NY, *pg.* 159
Nichols, Regan - Account Services - SCOPPECHIO, Louisville, KY, *pg.* 409
Nichols, Fred - Account Services - ARCHER MALMO, Memphis, TN, *pg.* 32
Nichols, Ashton - Account Services - WRAY WARD, Charlotte, NC, *pg.* 433
Nichols, Scott - Account Services - BROADHEAD, Minneapolis, MN, *pg.* 337
Nichols, Taylor - Account Services - 14TH & BOOM, Chicago, IL, *pg.* 207
Nicholson, Jimmy - Account Services - MKTG INC, New York, NY, *pg.* 311
Nicholson, Peter - Account Services - TRUE COMMUNICATIONS, Sausalito, CA, *pg.* 657
Nicholson Fowler, Jeny - Account Services, NBC - SDI MEDIA GROUP, Los Angeles, CA, *pg.* 545
Nickel, Jeff - Account Planner, Account Services, NBC - TRUE SENSE MARKETING, Freedom, PA, *pg.* 293
Nickels, Todd - Account Services, Media Department, Public Relations - 42WEST, New York, NY, *pg.* 573
Nickerson, Jill - Account Services, Media Department - HORIZON MEDIA, INC., New York, NY, *pg.* 474
Nickerson, Mike - Account Services, NBC, PPOM - PRICEWEBER MARKETING COMMUNICATIONS, INC., Louisville, KY, *pg.* 398
Nickerson, Carieanne - Account Services, NBC - CARAT, Toronto, ON, *pg.* 461
Nickrent, Michelle - Account Services - RHEA & KAISER MARKETING , Naperville, IL, *pg.* 406
Nicolas, Bessie - Account Services - MILLER ADVERTISING, New York, NY, *pg.* 115
Nicolau, Mariana - Account Services, NBC, Operations - ANOMALY, New York, NY, *pg.* 325
Nicolli, Kellyn - Account Services - ABC CREATIVE GROUP, Syracuse, NY, *pg.* 322
Nicosia, Sarah - Account Services, Management - DAVIS AD AGENCY, Virginia Beach, VA, *pg.* 58
Nieder, Jonathan - Account Planner, Account Services, Media Department, Social Media - OMD WEST, Los Angeles, CA, *pg.* 502
Nielsen, Lisa - Account Services, Media Department, Public Relations - HEINZEROTH MARKETING GROUP, Rockford, IL, *pg.* 84
Nielson, Kate - Account Services - GEAR COMMUNICATIONS, Stoneham, MA, *pg.* 76
Nieto, Pamela - Account Services -

1228

AGENCIES

RESPONSIBILITIES INDEX

HAGER SHARP, INC., Washington, DC, pg. 81

Nieves, Charles - Account Services, Management - LEARFIELD IMG COLLEGE, Plano, TX, pg. 310

Niffin, Nicole - Account Services, Interactive / Digital, Media Department - CARAT, Detroit, MI, pg. 461

Nigro, Beth - Account Services, Management, NBC - MOXIE, Pittsburgh, PA, pg. 251

Nijjar, Nirmal - Account Services, Interactive / Digital, Media Department - ESSENCE, New York, NY, pg. 232

Nikiforov, Orlin - Account Services, Media Department - OMD ENTERTAINMENT, Burbank, CA, pg. 501

Nilsen, Chris - Account Services - GOODBY, SILVERSTEIN & PARTNERS, San Francisco, CA, pg. 77

Nimmo, Ali - Account Services - BARRETTSF, San Francisco, CA, pg. 36

Nimock, David - Account Services, Media Department - STEALTH CREATIVE, St. Louis, MO, pg. 144

Nisanyan, Allen - Account Services, Management, Media Department - HAVAS MEDIA GROUP, New York, NY, pg. 468

Nishimura, Chad - Account Planner, Account Services, Public Relations - GOLIN, Los Angeles, CA, pg. 609

Nist, Matt - Account Services - WRL ADVERTISING, Canton, OH, pg. 163

Nitsch, Casie - Account Services - SID LEE, Culver City, CA, pg. 141

Nitzberg, Perri - Account Services - CHEMISTRY COMMUNICATIONS INC., Pittsburgh, PA, pg. 50

Niv, Gil - Account Services, NBC - IPSOS, Chicago, IL, pg. 445

Nix, Laura - Account Services - HOTHOUSE, Atlanta, GA, pg. 371

Nix Earnhardt, Katie - Account Services - RED MOON MARKETING, Charlotte, NC, pg. 404

Nixon, Amy - Account Services, Management, NBC - MARC USA, Chicago, IL, pg. 104

Nixon, Don - Account Services, PPOM - CREATIVE SPOT, Columbus, OH, pg. 55

Noble, Kate - Account Services - CONILL ADVERTISING, INC., El Segundo, CA, pg. 538

Noce Kanarek, Monica - Account Services, Creative - PUROHIT NAVIGATION, Chicago, IL, pg. 401

Nocerino, Teresa - Account Services - EQUANCYNO11, INC., New York, NY, pg. 182

Nodzak, Lauren - Account Planner, Account Services - BUFFALO.AGENCY, Reston, VA, pg. 587

Noel, Andrew - Account Services, Management - GALE, New York, NY, pg. 236

Nolan, Karen - Account Services, Public Relations - FLASHPOINT PUBLIC RELATIONS, San Francisco, CA, pg. 604

Nolan, Amanda - Account Services, NBC - BOOM CREATIVE, Spokane, WA, pg. 41

Nolan, Jen - Account Planner, Account Services - QUAKER CITY MERCANTILE, Philadelphia, PA, pg. 131

Nolan, Roger - Account Services - INSIGHT MARKETING DESIGN, Sioux Falls, SD, pg. 89

Nolden, Jennifer - Account Services, Creative, Management - DDB CHICAGO, Chicago, IL, pg. 59

Nolibois, Quentin - Account Services - BCW SAN FRANCISCO, San Francisco, CA, pg. 582

Nolte, Alison - Account Services - MWWPR, East Rutherford, NJ, pg. 630

Nones, Phil - Account Services, NBC, PPOM - MULLIN / ASHLEY ASSOCIATES, INC., Chestertown, MD, pg. 448

Nonnenkamp, Maggie - Account Services - EDELMAN, Los Angeles, CA, pg. 601

Noonan, Bruce - Account Services, PPOM - BEBER SILVERSTEIN GROUP, Miami, FL, pg. 38

Noone, Tom - Account Services, Management, PPOM - ASSOCIATED DESIGN SERVICE, Palos Hills, IL, pg. 173

Nooney, Timothy - Account Services, Public Relations - RYGR, Carbondale, CO, pg. 409

Norat, Lisa - Account Services - HMT ASSOCIATES, INC., Broadview Heights, OH, pg. 681

Norcini, Laura - Account Planner, Account Services - GOTHAM, INC., New York, NY, pg. 77

Nordstrom, Clare - Account Services - ACCESS BRAND COMMUNICATIONS, New York, NY, pg. 1

Noriega, Carla - Account Services - CASANOVA//MCCANN, New York, NY, pg. 538

Norin, Mollie - Account Services - GOODBY, SILVERSTEIN & PARTNERS, San Francisco, CA, pg. 77

Norris, Jim - Account Services - NORRIS & COMPANY, Stoughton, MA, pg. 391

Norris, Kelly - Account Services - GREY GROUP, New York, NY, pg. 365

Norris, Annemarie - Account Planner, Account Services - BBDO WORLDWIDE, New York, NY, pg. 331

Norris, Sabrina - Account Services - THE LAVIDGE COMPANY, Phoenix, AZ, pg. 420

Nortman, Michael - Account Services, Management, NBC - THE RICHARDS GROUP, INC., Dallas, TX, pg. 422

Norton, Greg - Account Services, PPOM - R + M, Cary, NC, pg. 196

Norton, Sydney - Account Services, Management - THE MARTIN AGENCY, Richmond, VA, pg. 421

Norton, Chris - Account Services - BELO + COMPANY, Dallas, TX, pg. 216

Norton Keyes, Stacy - Account Services, NBC - NORTON OUTDOOR ADVERTISING, Cincinnati, OH, pg. 554

Notari, Teddy - Account Services, NBC - TBWA \ CHIAT \ DAY, Los Angeles, CA, pg. 146

Noto, Christine - Account Services, Media Department - PHD USA, New York, NY, pg. 505

Nottoli, Jennifer - Account Services - TBWA \ CHIAT \ DAY, Los Angeles, CA, pg. 146

Nouguier, Beth - Account Services, NBC - WUNDERMAN THOMPSON SEATTLE, Seattle, WA, pg. 435

Novak, Steve - Account Services, Management - NOVAK-BIRCH, Baltimore, MD, pg. 448

Novak, Casey - Account Services, Management - NEXTLEFT, San Diego, CA, pg. 254

Novell, Kaitlin - Account Services, Public Relations - PRAYTELL, Brooklyn, NY, pg. 258

Novotny, Cassidy - Account Services - BENCHWORKS, Philadelphia, PA, pg. 333

Nowak, Robyn - Account Services - HOFFMAN YORK, Milwaukee, WI, pg. 371

Nowak, Abigail - Account Services, Interactive / Digital, Media Department, Social Media - MGH ADVERTISING, Owings Mills, MD, pg. 387

Nowick, Rachel - Account Services, NBC, PPOM - MEDIACOM, New York, NY, pg. 487

Noyes, Chase - Account Services, Interactive / Digital - EDELMAN, Washington, DC, pg. 600

Nuara, Julia - Account Services - RESPONSE MARKETING, New Haven, CT, pg. 133

Nuckols, Kristin - Account Services, Media Department - IMAGINUITY, Dallas, TX, pg. 373

Nugent, Alyssa - Account Planner, Account Services - RIDDLE & BLOOM, Boston, MA, pg. 133

Nugent, Devin - Account Planner, Account Services - MEDIACOM, New York, NY, pg. 487

Nugent, Kristin - Account Services, Public Relations - MCNEIL, GRAY & RICE, Boston, MA, pg. 627

Nulty, Katie - Account Services - RED ANTLER, Brooklyn, NY, pg. 16

Nunes, Phil - Account Services, Management, NBC - BACKBAY COMMUNICATIONS, Boston, MA, pg. 579

Nunez, Nicole Marie - Account Services, NBC - ALMA, Coconut Grove, FL, pg. 537

Nunez, Antonio - Account Services, Management - WUNDERMAN THOMPSON, Miami, FL, pg. 547

Nunez, Stephanie - Account Planner, Account Services, Media Department - STARCOM WORLDWIDE, Chicago, IL, pg. 513

Nutt Bello, Lauren - Account Services, Management, PPOM - READY SET ROCKET, New York, NY, pg. 262

Nuzum, Krista - Account Services -

1229

RESPONSIBILITIES INDEX — AGENCIES

RED MOON MARKETING, Charlotte, NC, pg. 404

Nycz, Patrick - Account Services, PPOM - INDIANA DESIGN CONSORTIUM, INC., Lafayette, IN, pg. 187

Nye, Nicole - Account Services, NBC - BLUESPIRE INC., Minneapolis, MN, pg. 335

O'Brian, Meghan - Account Planner, Account Services - DDB NEW YORK, New York, NY, pg. 59

O'Brien, Mike - Account Services, NBC - FISERV, INC., Hazelwood, MO, pg. 283

O'Brien, Curt - Account Planner, Account Services, PPM - DAVID&GOLIATH, El Segundo, CA, pg. 57

O'Brien, Kevin - Account Services - KASTNER, Los Angeles, CA, pg. 94

O'Brien, Vanessa - Account Planner, Account Services, Public Relations - NEXT LEVEL SPORTS INC., San Juan Capistrano, CA, pg. 632

O'Brien, Liz - Account Services - OGILVY, New York, NY, pg. 393

O'Brien, Judy - Account Services - NORTH CHARLES STREET DESIGN ORGANIZATION, Baltimore, MD, pg. 193

O'Brien, Carly - Account Services - QORVIS COMMUNICATIONS, LLC, Washington, DC, pg. 640

O'Bryant, Andrea - Account Services - FUSEIDEAS, LLC, Buffalo, NY, pg. 306

O'Connell, Kerry - Account Services, Creative - WIEDEN + KENNEDY, New York, NY, pg. 432

O'Connell, Karli - Account Services - DUNN&CO, Tampa, FL, pg. 353

O'Connor, Jennifer - Account Services, Media Department - BOATHOUSE GROUP, INC., Waltham, MA, pg. 40

O'Connor, Erin - Account Services, Management, Media Department - BENSIMON BYRNE, Toronto, ON, pg. 38

O'Connor, Joyce - Account Services - HEALTHCARE CONSULTANCY GROUP, New York, NY, pg. 83

O'Connor, Megan - Account Services, Operations - MRM//MCCANN, Birmingham, MI, pg. 252

O'Connor, Lauren - Account Services - NIKE COMMUNICATIONS, INC., New York, NY, pg. 632

O'Connor, Evan - Account Services, Interactive / Digital - CARMICHAEL LYNCH, Minneapolis, MN, pg. 47

O'Connor, Colleen - Account Services - THE MARKETING ARM, Dallas, TX, pg. 316

O'Conor, Jessica - Account Services - RED TETTEMER O'CONNELL + PARTNERS, Philadelphia, PA, pg. 404

O'Crotty, Morgan - Account Services - WIRED PR, Phoenix, AZ, pg. 663

O'Day, Anne - Account Services, Management - DAVID JAMES GROUP, Oakbrook Terrace, IL, pg. 348

O'Donnell, Lawrence - Account Services - 360I, LLC, Atlanta, GA, pg. 207

O'Donoghue, Patrick - Account Services - WIEDEN + KENNEDY, New York, NY, pg. 432

O'Driscoll, Sarah - Account Services, Management - FAHLGREN MORTINE PUBLIC RELATIONS, Columbus, OH, pg. 70

O'Flaherty, Rory - Account Services, Interactive / Digital, Management, Media Department - MEKANISM, New York, NY, pg. 113

O'Grady, Sarah - Account Services, Media Department - RPA, Atlanta, GA, pg. 135

O'Hara, Caroline - Account Services - HAVAS MEDIA GROUP, New York, NY, pg. 468

O'Harra, Jennifer - Account Services, Media Department, PPOM - MINOR O'HARRA ADVERTISING, Reno, NV, pg. 387

O'Hurley, Jack - Account Services, Programmatic - THE TRADE DESK, San Francisco, CA, pg. 520

O'Keefe, Aaron - Account Services - MONO, Minneapolis, MN, pg. 117

O'Keefe, Aileen - Account Services, Media Department - OUTDOOR MEDIA GROUP, Jersey City, NJ, pg. 554

O'Keefe, Peter - Account Services, PPOM - MEDIACOM, New York, NY, pg. 487

O'Keefe, Matt - Account Services - CARMICHAEL LYNCH, Minneapolis, MN, pg. 47

O'Kelly, Emily - Account Planner, Account Services - BIGSPEAK SPEAKERS BUREAU, Santa Barbara, CA, pg. 302

O'Malley, Brian - Account Services - GORDON C. JAMES PUBLIC RELATIONS, Phoenix, AZ, pg. 610

O'Mara, Tim - Account Services - COPACINO + FUJIKADO, LLC, Seattle, WA, pg. 344

O'Mara, Molly - Account Planner, Account Services - PADILLA, Minneapolis, MN, pg. 635

O'Meara, Sean - Account Services - VITRO AGENCY, San Diego, CA, pg. 159

O'Neil, Avery - Account Services - MOXIE COMMUNICATIONS GROUP, New York, NY, pg. 628

O'Neill, Finnian - Account Services, NBC - FIG, New York, NY, pg. 73

O'Neill, Daniel - Account Services - BAYARD ADVERTISING AGENCY, INC., New York, NY, pg. 37

O'Neill, Alison - Account Services - INNOCEAN USA, Huntington Beach, CA, pg. 479

O'Neill, Michael - Account Services, NBC - ZOZIMUS AGENCY, Boston, MA, pg. 665

O'Reilly, Caitlin - Account Services - BERRY & COMPANY PUBLIC RELATIONS, New York, NY, pg. 583

O'Riordan, Ciara - Account Services - CITIZEN RELATIONS, Toronto, ON, pg. 590

O'Rourke, Helen - Account Services, Media Department, Social Media - AUSTIN & WILLIAMS ADVERTISING, Hauppauge, NY, pg. 328

O'Rourke, Katie - Account Services - TECH IMAGE, LTD., Chicago, IL, pg. 652

O'Rourke, Christina - Account Services, Creative, Public Relations, Social Media - EDELMAN, Chicago, IL, pg. 353

O'Sullivan, Sean - Account Services, Management, NBC - CARAT, New York, NY, pg. 459

O'Sullivan, Katelyn - Account Services - REGAN COMMUNICATIONS GROUP, Boston, MA, pg. 642

Oak, Kayla - Account Services - DDB NEW YORK, New York, NY, pg. 59

Oakes, Theresa - Account Services - KAHN TRAVEL COMMUNICATIONS, Rockville Center, NY, pg. 481

Oakes, Beth - Account Services, Media Department - ICON INTERNATIONAL, INC., Greenwich, CT, pg. 476

Oakley, Claire - Account Services - BOONEOAKLEY, Charlotte, NC, pg. 41

Oars, Amy - Account Services - TEAM ONE, Los Angeles, CA, pg. 417

Obarowski, Constance - Account Services - THE BIONDO GROUP, Stamford, CT, pg. 201

Oberlander, Amy - Account Planner, Account Services, Media Department - OMD ENTERTAINMENT, Burbank, CA, pg. 501

Oberman, Ellen - Account Services, Management, NBC - MCGARRYBOWEN, Chicago, IL, pg. 110

Obermeyer, Michael - Account Planner, Account Services - TBWA \ CHIAT \ DAY, New York, NY, pg. 416

Obletz, Ellen - Account Services, NBC - CAMP + KING, San Francisco, CA, pg. 46

Obrist, Jessica - Account Services, Creative, Media Department, PPM - WONGDOODY, Seattle, WA, pg. 162

Ocampo, Paulyn - Account Services - THE HODGES PARTNERSHIP, Richmond, VA, pg. 653

Ocasio, Denise - Account Services, Management, Media Department - MINDSHARE, New York, NY, pg. 491

Occhipinti, Ashley - Account Planner, Account Services, Media Department - MEDIACOM, New York, NY, pg. 487

Oclatis, Jeremy - Account Planner, Account Services - FUSE, LLC, Vinooski, VT, pg. 8

Oddo, Brian - Account Services - NEXTLEFT, San Diego, CA, pg. 254

Oddone, Helen - Account Services, NBC - CAMP + KING, San Francisco, CA, pg. 46

Odenbach, Kristen - Account Services - IPSOS ASI, Cincinnati, OH, pg. 446

Odom, Michael - Account Services - MARX LAYNE & COMPANY, Farmington Hills, MI, pg. 626

Ofiara, Josephina - Account Services - ARCHER MALMO, Memphis, TN, pg. 32

AGENCIES

RESPONSIBILITIES INDEX

Ofsevit, Jordan - Account Services - TRANSLATION, Brooklyn, NY, *pg.* 299

Ogburn, Katherine - Account Services - READY STATE, San Francisco, CA, *pg.* 132

Ogilvie, Meaghan - Account Services - GS&F , Nashville, TN, *pg.* 367

Ogushwitz, Mary - Account Services - MAGRINO PUBLIC RELATIONS, New York, NY, *pg.* 624

Oh, Catherine - Account Services, Media Department - MINDSHARE, New York, NY, *pg.* 491

Ohlmann, Lori - Account Services - THE OHLMANN GROUP, Dayton, OH, *pg.* 422

Ohringer, Marc - Account Services - XAXIS, New York, NY, *pg.* 276

Oke, Kristin - Account Services - EDELMAN, Portland, OR, *pg.* 600

Okeowo, Toluwalope - Account Services, Media Department - CROSSMEDIA, New York, NY, *pg.* 463

Olajide, Cathy - Account Services - HORIZON MEDIA, INC., New York, NY, *pg.* 474

Olanow, Anna M. - Account Services - BARBARIAN, New York, NY, *pg.* 215

Oldfield-Mills, Alex - Account Services - MCGARRYBOWEN, New York, NY, *pg.* 109

Olen, Sadie - Account Services, Interactive / Digital, Media Department, NBC - AMOBEE, INC., Chicago, IL, *pg.* 213

Oliva, Tami - Account Services, Management - BBDO ATL, Atlanta, GA, *pg.* 330

Oliver, Richard - Account Services, Promotions - EDELMAN, Seattle, WA, *pg.* 601

Oliver, Kelsey - Account Services - SWARM, Atlanta, GA, *pg.* 268

Oliver, Jenna - Account Services - THE LOOMIS AGENCY, Dallas, TX, *pg.* 151

Olivera, Yuvitza - Account Services - MARCA MIAMI, Coconut Grove, FL, *pg.* 104

Olivieri, Nicole - Account Services - CROW CREATIVE, New York, NY, *pg.* 55

Olivo, Jeff - Account Services - DIGITAS HEALTH LIFEBRANDS, Philadelphia, PA, *pg.* 229

Olsen, Stephanie - Account Services - LAGES & ASSOCIATES, Irvine, CA, *pg.* 621

Olson, Lou Ann - Account Services - TUNHEIM PARTNERS, Bloomington, MN, *pg.* 657

Olson, Ryan - Account Services, Interactive / Digital, Media Department - COLLE MCVOY, Minneapolis, MN, *pg.* 343

Olson, Tom - Account Planner, Account Services, Media Department, Public Relations - BCW NEW YORK, New York, NY, *pg.* 581

Olson, Tara - Account Services - FLINT COMMUNICATIONS, INC., Fargo, ND, *pg.* 359

Olson, Britta - Account Services, Public Relations - ICF NEXT, Chicago, IL, *pg.* 614

Olson, Jordan - Account Services, Media Department, Programmatic - CONVERSANT, LLC, Chicago, IL, *pg.* 222

Olson, Susan - Account Services - ACUMIUM, LLC, Madison, WI, *pg.* 210

Olson, Kelly - Account Services - THE MX GROUP, Burr Ridge, IL, *pg.* 422

Olson, John - Account Services - MDG ADVERTISING, Boca Raton, FL, *pg.* 484

Olson, Larisa - Account Services, Media Department, Promotions - THRIVEHIVE, Quincy, MA, *pg.* 271

Olszewski, Caroline - Account Services, Media Department - RED FUSE COMMUNICATIONS, New York, NY, *pg.* 404

Oltmanns, Alexander - Account Services, Media Department - PIPITONE GROUP, Pittsburgh, PA, *pg.* 195

Onken, Angela - Account Services, NBC - RAPPORT OUTDOOR WORLDWIDE, Chicago, IL, *pg.* 556

Onofrey, Meaghan - Account Services, NBC, PPOM - TBWA\WORLDHEALTH, New York, NY, *pg.* 147

Opad, Amy - Account Services - AFFIRM AGENCY, Pewaukee, WI, *pg.* 323

Opatz, Maria - Account Services - ICF NEXT, Minneapolis, MN, *pg.* 372

Opich, Nick - Account Services, PPM - KCSA STRATEGIC COMMUNICATIONS, New York, NY, *pg.* 619

Oporta, Katherine - Account Services, Media Department - PUBLICIS.SAPIENT, Coconut Grove, FL, *pg.* 259

Orendorf, Ryan - Account Services - HAHN PUBLIC COMMUNICATIONS, Austin, TX, *pg.* 686

Orenstein, Kristen - Account Services - MEDIA BROKERS INTERNATIONAL, Alpharetta, GA, *pg.* 485

Orgel, Amy - Account Services, Management - 72ANDSUNNY, Brooklyn, NY, *pg.* 24

Oriani, Phil - Account Services, PPOM - SHIFT DIGITAL, Birmingham, MI, *pg.* 265

Orlando, Joshua - Account Services - ZAG INTERACTIVE, Glastonbury, CT, *pg.* 277

Orlowsky, Keith - Account Services, Management - DIGITAS, Boston, MA, *pg.* 226

Ornelas, Robert - Account Services - MOSAIC NORTH AMERICA, Irving, TX, *pg.* 312

Ornell, Jim - Account Services - BLUESPIRE INC., Minneapolis, MN, *pg.* 335

Ornstein, Max - Account Services - AYZENBERG GROUP, INC., Pasadena, CA, *pg.* 2

Orr, Barbara - Account Services, PPOM - PORETTA & ORR, INC., Doylestown, PA, *pg.* 314

Orsini, Ryan - Account Services - PACIFIC COMMUNICATIONS, Irvine, CA, *pg.* 124

Orticello, Eric - Account Services, PPOM - MEDIA DIMENSIONS LIMITED, Toronto, ON, *pg.* 485

Ortinez-Hansen, Julia - Account Services, Creative - BARRETTSF, San Francisco, CA, *pg.* 36

Ortiz, Olivia - Account Services, Public Relations - LAPIZ, Chicago, IL, *pg.* 542

Ortiz, Ludwig - Account Services, Media Department, NBC - THE COMMUNITY, Miami Beach, FL, *pg.* 545

Ortiz, Irasema - Account Services - INTERLEX COMMUNICATIONS, San Antonio, TX, *pg.* 541

Ortiz, Stephanie - Account Services, Social Media - IPROSPECT, New York, NY, *pg.* 674

Ortiz, Alexis - Account Services - DMA UNITED, New York, NY, *pg.* 63

Ortiz, Adrian - Account Planner, Account Services, Media Department - 360I, LLC, Los Angeles, CA, *pg.* 208

Ortiz, Laura - Account Planner, Account Services - PATIENTS & PURPOSE, New York, NY, *pg.* 126

Ortiz, Henry - Account Services - OMD ATLANTA, Atlanta, GA, *pg.* 501

Ortiz, Juan - Account Services - REFUEL AGENCY, New York, NY, *pg.* 507

Osborn, Elizabeth - Account Services - HAGER SHARP, INC., Washington, DC, *pg.* 81

Osborn, Cayla - Account Services - OXFORD COMMUNICATIONS, Lambertville, NJ, *pg.* 395

Osborne, Julie - Account Services, Management - STEVENS STRATEGIC COMMUNICATIONS, INC., Westlake, OH, *pg.* 413

Osborne, Reginald - Account Services, Interactive / Digital, Management, Media Department - WALTON ISAACSON, New York, NY, *pg.* 547

Osborne, Lynda - Account Services, Creative - DECKER, Glastonbury, CT, *pg.* 60

Oshman, David - Account Services - BRAUN RESEARCH, INC., Princeton, NJ, *pg.* 442

Osio, Katrina - Account Services, Media Department, NBC - DUMONT PROJECT, Marina Del Rey, CA, *pg.* 230

Osmond, Bob - Account Services, Management - ACCESS BRAND COMMUNICATIONS, New York, NY, *pg.* 1

Osol, Krista - Account Services - TRACTION CORPORATION, San Francisco, CA, *pg.* 271

Osorio, Felicia - Account Services - RESOURCE ADVANTAGE GROUP, INC., Fairfield, NJ, *pg.* 405

Osorio, Susan - Account Services - ZUBI ADVERTISING, Coral Gables, FL, *pg.* 165

Ospina, Taylor - Account Services -

1231

RESPONSIBILITIES INDEX — AGENCIES

ICROSSING, New York, NY, pg. 240
Osterhaus, Tony - Account Services - IMAGINUITY INTERACTIVE, INC., Dallas, TX, pg. 241
Ostermann, Stephanie - Account Services, Public Relations - WS, Calgary, AB, pg. 164
Oswieler, Marilyn - Account Services - STAMATS COMMUNICATIONS, Cedar Rapids, IA, pg. 412
Otte, Greg - Account Services, NBC - BENEDICT ADVERTISING, Daytona Beach, FL, pg. 38
Otter, Sheila - Account Services - PURDIE ROGERS, INC., Seattle, WA, pg. 130
Ou, Tina - Account Services - TETHER, Seattle, WA, pg. 201
Overbay, Amy - Account Services - MILES PARTNERSHIP, Sarasota, FL, pg. 250
Overton, Todd - Account Services - SCA PROMOTIONS, INC., Dallas, TX, pg. 569
Overton, Heath - Account Services - DALTON + ANODE, Nashville, TN, pg. 348
Owen, Jayme - Account Services - FLEISHMANHILLARD, Raleigh, NC, pg. 606
Owen, Molly - Account Services - CONE, INC., Boston, MA, pg. 6
Owen, Ashley - Account Services - ARIA MARKETING, INC., Newton, MA, pg. 441
Owen, Brewer - Account Services - FRENCH / WEST / VAUGHAN, Raleigh, NC, pg. 361
Owen, Amie - Account Services, Management, Media Department - UNIVERSAL MCCANN, New York, NY, pg. 521
Owens, Kerry - Account Services, Public Relations - MGH ADVERTISING, Owings Mills, MD, pg. 387
Owens, Kate - Account Services, NBC - LOPEZ NEGRETE COMMUNICATIONS, INC., Houston, TX, pg. 542
Owens Stuart, Kristn - Account Services - THE MARKETING ARM, Dallas, TX, pg. 316
Oxler, Jilian - Account Services, Management - OGILVY, Chicago, IL, pg. 393
Oxman, Robert - Account Services, Creative - PASKILL, STAPLETON & LORD, Glenside, PA, pg. 256
Ozerkis, Alexandria - Account Services - KELLEN CO., New York, NY, pg. 686
Oztra, MacKenzie - Account Services - PERFORMANCE MARKETING, West Des Moines, IA, pg. 126
O'Brien, Chris - Account Services, Interactive / Digital, Management, Media Department, NBC - OMD, Chicago, IL, pg. 500
O'Grady, Patrick - Account Services, Creative - FEINSTEIN KEAN HEALTHCARE, Cambridge, MA, pg. 603
O'Neill, Laurie - Account Services - HAILEY SAULT, Duluth, MN, pg. 81
Paas, Haley - Account Planner, Account Services - CARAT, New York, NY, pg. 459

Pace, Richard - Account Services - THOMAS J. PAUL, INC., Rydal, PA, pg. 20
Pace, Dominick - Account Services, Interactive / Digital, Media Department, PPOM - MINDSHARE, New York, NY, pg. 491
Pace, Elle - Account Services, Media Department - MCGARRAH JESSEE, Austin, TX, pg. 384
Pacifico, Cassandra - Account Planner, Account Services - BCW PITTSBURGH, Pittsburgh, PA, pg. 581
Pacitti, Nikki - Account Planner, Account Services - WRAY WARD, Charlotte, NC, pg. 433
Pack, Jennifer - Account Services - EDELMAN, New York, NY, pg. 599
Pacovich, Melissa - Account Services - FAIRWAY OUTDOOR ADVERTISING, Hagerhill, KY, pg. 552
Padellaro, Liza - Account Services, Interactive / Digital - EDELMAN, New York, NY, pg. 599
Padgen, Jocie - Account Services - MARC USA, Chicago, IL, pg. 104
Padilla, Lauren - Account Services - BLUE C ADVERTISING, Costa Mesa, CA, pg. 334
Padilla, Elisa - Account Services, Creative, NBC, Operations - ROC NATION, New York, NY, pg. 298
Padilla, Gabriela - Account Services, NBC - EDELMAN, Chicago, IL, pg. 353
Padilla-Ravega, Derek - Account Services, Media Department - OMD ENTERTAINMENT, Burbank, CA, pg. 501
Padovano, Angie - Account Services - RAPP WORLDWIDE, Los Angeles, CA, pg. 291
Page, Nancy - Account Services - BUCHANAN PUBLIC RELATIONS, Bryn Mawr, PA, pg. 587
Page, Stephanie - Account Services, Management - BBDO CANADA, Toronto, ON, pg. 330
Page, Scott - Account Services, Management - GSW WORLDWIDE / GSW, FUELED BY BLUE DIESEL, Westerville, OH, pg. 80
Pagis, Rebekah - Account Services, Management - MULLENLOWE U.S. NEW YORK, New York, NY, pg. 496
Pagliara, Meagan - Account Planner, Account Services, Media Department - CARMICHAEL LYNCH, Minneapolis, MN, pg. 47
Pagliuca, Megan - Account Planner, Account Services, Analytics, Media Department, PPOM, Programmatic - HEARTS & SCIENCE, New York, NY, pg. 471
Pagni, Tara - Account Services, NBC - KEPLER GROUP, New York, NY, pg. 244
Paige, Ellen - Account Services - SHAKER RECRUITMENT ADVERTISING & COMMUNICATIONS, Oak Park, IL, pg. 667
Paine, Sydney - Account Services - MCGARRYBOWEN, San Francisco, CA, pg. 385

Palacios, Linda - Account Services, Public Relations - ENVIRONMENTAL TECHNOLOGIES & COMMUNICATIONS, INC., Loveland, OH, pg. 602
Palagonia, Kristine - Account Planner, Account Services, Media Department - MINDSHARE, New York, NY, pg. 491
Palen, Adrienne - Account Services - MN & COMPANY MEDIA MANAGEMENT, Andover, MA, pg. 496
Palmer, Tyler - Account Services - PALMER ADVERTISING, San Francisco, CA, pg. 124
Palmer, Michelle - Account Services, NBC, PPOM, Promotions - THE MARKETING ARM, Dallas, TX, pg. 316
Palmer, Amy - Account Services - DIGITAL LION MARKETING, Beverly Hills, CA, pg. 225
Palmer, Jonathan - Account Services - DAILEY & ASSOCIATES, West Hollywood, CA, pg. 56
Palmer, Kristin - Account Services, Interactive / Digital, PPM - CLIX MARKETING, Louisville, KY, pg. 672
Palmeri, Chris - Account Services, Media Department - BUTLER / TILL, Rochester, NY, pg. 457
Palomba, Sarah - Account Services - PRODUCT VENTURES, Fairfield, CT, pg. 196
Palos, Ben - Account Services - BENSON MARKETING GROUP, Napa, CA, pg. 280
Palts, Saskia - Account Services, Media Department - MEDIA COUNSELORS, LLC, Miami, FL, pg. 485
Palumbo, Erica - Account Services, NBC - MEDIACOM, New York, NY, pg. 487
Palutis, Kari - Account Planner, Account Services, Management - SANDBOX, Kansas City, MO, pg. 409
Pamelia, Nicole - Account Services - SPACE150, Minneapolis, MN, pg. 266
Pancheri, Kay - Account Services, Management - MULLENLOWE U.S. BOSTON, Boston, MA, pg. 389
Pane, Carly - Account Services, Interactive / Digital, Media Department - INITIATIVE, New York, NY, pg. 477
Panjwani, Sachin - Account Planner, Account Services, Interactive / Digital, Media Department, NBC - ORGANIC, INC., San Francisco, CA, pg. 255
Pankuck, Bob - Account Services - ACTIVE INTERNATIONAL, Pearl River, NY, pg. 439
Panos, Chrysann - Account Services - RUBENSTEIN ASSOCIATES, New York, NY, pg. 644
Paolucci, Dana - Account Services - EDELMAN, New York, NY, pg. 599
Papayanopoulos, Jennifer - Account Services, Media Department - WAVEMAKER, New York, NY, pg. 526
Papazian, Alexis - Account Services - RED TETTEMER O'CONNELL + PARTNERS, Philadelphia, PA, pg. 404

AGENCIES

RESPONSIBILITIES INDEX

Pape, Amanda - Account Services, Media Department, PPM - ICON INTERNATIONAL, INC., Greenwich, CT, pg. 476

Papola, Nicole - Account Services - MAGNETIC, New York, NY, pg. 447

Papp, Mary - Account Services, Media Department - HAWTHORNE ADVERTISING, Fairfield, IA, pg. 285

Pappas, Brian - Account Services - MINDSTREAM MEDIA GROUP - DALLAS, Dallas, TX, pg. 496

Pappen, Sarah - Account Services - ACCENTURE INTERACTIVE, New York, NY, pg. 209

Parachini, Fred - Account Services - MINDSHARE, New York, NY, pg. 491

Paradis, Anne-Marie - Account Services - PUBLICIS MONTREAL, Montreal, QC, pg. 507

Paradis, Zachary Jean - Account Services - PUBLICIS.SAPIENT, Chicago, IL, pg. 260

Paradise, Charlene - Account Services, Interactive / Digital - EMI STRATEGIC MARKETING, INC., Boston, MA, pg. 68

Paradise, Kimberly - Account Services, Operations - ABILITY COMMERCE, Delray Beach, FL, pg. 209

Parashar, Monika - Account Services - METIA, Bellevue, WA, pg. 250

Parchman, Alan - Account Services - BALCOM AGENCY, Fort Worth, TX, pg. 329

Parchment, Jenn - Account Services - SOHO EXPERIENTIAL, New York, NY, pg. 143

Parco, Lauren - Account Services, Media Department - CARAT, New York, NY, pg. 459

Pardalis, Jimmy - Account Services - CRAMER-KRASSELT, New York, NY, pg. 53

Pardee, Sharon - Account Planner, Account Services, Media Department, PPOM - WAVEMAKER, Los Angeles, CA, pg. 528

Pardini, Colette - Account Services, Media Department - INITIATIVE, Los Angeles, CA, pg. 478

Pardo, Leslie - Account Services, Management - MARX LAYNE & COMPANY, Farmington Hills, MI, pg. 626

Pardo, Natalie - Account Services, NBC - REPUBLICA HAVAS, Miami, FL, pg. 545

Pardun, Lauren - Account Planner, Account Services, Media Department - OMD, Chicago, IL, pg. 500

Parekh, Rupal - Account Services - WORK & CO, Brooklyn, NY, pg. 276

Parent, Michael - Account Services, NBC - AUDIENCEXPRESS, New York, NY, pg. 455

Parham, Jamaal - Account Services - AKA NYC, New York, NY, pg. 324

Parham Loyd, Margaret - Account Services - DEFINITION 6, Atlanta, GA, pg. 224

Parikh, Vrajesh - Account Services - THE MX GROUP, Burr Ridge, IL, pg. 422

Paris, Brittany - Account Services - MOXIE, Atlanta, GA, pg. 251

Parise, Cristin - Account Planner, Account Services - FCB HEALTH, New York, NY, pg. 72

Parisi, Molly - Account Services, Management - ISOBAR US, Boston, MA, pg. 242

Park, Yuna - Account Services, Interactive / Digital, Management, Media Department, NBC - FORSMAN & BODENFORS, New York, NY, pg. 74

Park, Rose - Account Services, NBC, PPOM - MEDIACOM, New York, NY, pg. 487

Park, Charlotte - Account Services - LOU HAMMOND GROUP, New York, NY, pg. 381

Park, Will - Account Services, Media Department - BRANDED ENTERTAINMENT NETWORK, INC., Sherman Oaks, CA, pg. 297

Park, Karen - Account Services - ADASIA, Englewood Cliffs, NJ, pg. 26

Parker, Stephanie - Account Services - BARKLEY, Kansas City, MO, pg. 329

Parker, Joe - Account Services, PPOM - KOOPMAN OSTBO INC., Portland, OR, pg. 378

Parker, Neil - Account Services, NBC, PPOM - CO:COLLECTIVE, LLC, New York, NY, pg. 5

Parker, Lisa - Account Services, Management, NBC - 9THWONDER AGENCY, Houston, TX, pg. 453

Parker, Guy - Account Services, PPOM - WORKHORSE MARKETING, Austin, TX, pg. 433

Parker, Amanda - Account Services, Interactive / Digital - PMG, Fort Worth, TX, pg. 257

Parker, Beth - Account Services, Management, PPOM - VOX GLOBAL, Washington, DC, pg. 658

Parker, Wendy - Account Services, Management - MYTHIC, Charlotte, NC, pg. 119

Parker, Ashley - Account Services - 3HEADED MONSTER, Dallas, TX, pg. 23

Parker, Kevin - Account Services, Interactive / Digital - 3Q DIGITAL, Chicago, IL, pg. 208

Parker, Cheryl - Account Services - EVOK ADVERTISING, Heathrow, FL, pg. 69

Parker, Katey - Account Services - MEDIA CAUSE, Boston, MA, pg. 249

Parker-Smith, O'Licia - Account Services - ECKEL & VAUGHAN, Raleigh, NC, pg. 599

Parkinson, Jon - Account Services, Management - GSW WORLDWIDE, New York, NY, pg. 79

Parkinson, Courtney - Account Services, NBC - MAD*POW, Portsmouth, NH, pg. 247

Parkinson, Silvia - Account Services - PUBLICIS TORONTO, Toronto, ON, pg. 639

Parks, Jason - Account Services, Management - BARKLEY, Kansas City, MO, pg. 329

Parks, Karen - Account Services, Creative - SIGNATURE MARKETING SOLUTIONS, Memphis, TN, pg. 141

Parks, Lesley - Account Services, Interactive / Digital, Media Department, NBC, Public Relations, Social Media - TBWA \ CHIAT \ DAY, New York, NY, pg. 416

Parks, Casey - Account Services, Public Relations - UNITED ENTERTAINMENT GROUP, New York, NY, pg. 299

Parmann, Andy - Account Services, Interactive / Digital, Social Media - EPIC CREATIVE, West Bend, WI, pg. 7

Parmekar, Lars - Account Services - AIMIA, Minneapolis, MN, pg. 167

Parmelee, Nicholas - Account Services, NBC - HUBBELL GROUP, INC., Quincy, MA, pg. 614

Parnell, Shaun - Account Services, Analytics - ANSIRA, Dallas, TX, pg. 1

Parnell, Andy - Account Services, NBC, PPOM - LANETERRALEVER, Phoenix, AZ, pg. 245

Parodi, Carolyn - Account Services, Media Department - OMD SAN FRANCISCO, San Francisco, CA, pg. 501

Parra, Armand - Account Services, Management, Media Department, Research - THE INTEGER GROUP, Lakewood, CO, pg. 682

Parrish, Kati - Account Services - CURRENT360, Louisville, KY, pg. 56

Parro, Dave - Account Services, Management, Operations - WALKER SANDS COMMUNICATIONS, Chicago, IL, pg. 659

Parry, Brandon - Account Services, Management - JUST MEDIA, INC., Emeryville, CA, pg. 481

Parseghian, Stacia - Account Services, Management - BBDO WEST, Los Angeles, CA, pg. 331

Parsley, Shannon - Account Services - UNION, Charlotte, NC, pg. 273

Parson, Tony - Account Services - ETERNAL WORKS, Virginia Beach, VA, pg. 357

Parsons, Andrea - Account Services - TALLWAVE, Scottsdale, AZ, pg. 268

Parsons, Alexa - Account Services, Analytics, Interactive / Digital - NET CONVERSION, Orlando, FL, pg. 253

Parsons, Ryan - Account Services, Management - BUFFALO.AGENCY, Reston, VA, pg. 587

Partin, Anna - Account Services - REFUEL AGENCY, New York, NY, pg. 507

Partite, Gina - Account Services - MARKETSMITH, INC, Cedar Knolls, NJ, pg. 483

Pasanen, Jennifer - Account Services - VERSO ADVERTISING, New York, NY, pg. 159

Pascali, Nicholas - Account Services, NBC - GIOVATTO ADVERTISING, Paramus, NJ, pg. 363

Pasinelli, Ricki - Account Services

1233

RESPONSIBILITIES INDEX

AGENCIES

- SID LEE, Seattle, WA, pg. 140
Paskalev, Krasen - Account Services, Interactive / Digital, Management - ADASTRA CORPORATION, Markham, ON, pg. 167
Paskiewicz, Ashley - Account Services, NBC - THE TRADE DESK, Chicago, IL, pg. 519
Pasquale, Deb - Account Services, NBC - CRITICAL MASS, INC., Chicago, IL, pg. 223
Pasquale, Anna - Account Services - CMD, Portland, OR, pg. 51
Pasqualucci, Angela - Account Services, NBC, Operations - PUBLICIS NORTH AMERICA, New York, NY, pg. 399
Pasquariello, Tony - Account Services - EGC MEDIA GROUP, INC., Melville, NY, pg. 354
Pasquinelli, Olivia - Account Services, Interactive / Digital, Social Media - GEOMETRY, New York, NY, pg. 362
Passananti, Jessica - Account Services - GRIFFIN360, New York, NY, pg. 611
Passaro, Bianca - Account Planner, Account Services, Interactive / Digital, Media Department, NBC - UNIVERSAL MCCANN, New York, NY, pg. 521
Passavant, Suzanne - Account Services - FORWARDPMX, New York, NY, pg. 360
Passell, Grant - Account Services - FALLS COMMUNICATIONS, Cleveland, OH, pg. 357
Passey, Julie - Account Services - TAYLOR BOX COMPANY, Warren, RI, pg. 201
Passman, Rachel - Account Services - BBDO WORLDWIDE, New York, NY, pg. 331
Paster, Jamie - Account Services, Public Relations - COYNE PUBLIC RELATIONS, Parsippany, NJ, pg. 593
Pasternak, Melissa - Account Planner, Account Services - DROGA5, New York, NY, pg. 64
Patankar, Teja - Account Services - ACCENTURE INTERACTIVE, New York, NY, pg. 209
Pate, Brea - Account Services - DESIGNSENSORY, Knoxville, TN, pg. 62
Patel, Seema - Account Planner, Account Services, Media Department - HAVAS MEDIA GROUP, Miami, FL, pg. 470
Patel, Nikin - Account Planner, Account Services, Interactive / Digital - WAVEMAKER, New York, NY, pg. 526
Patel, Shreena - Account Services, Media Department - BADGER & WINTERS, New York, NY, pg. 174
Patel, Nilesh - Account Services - BCF, Virginia Beach, VA, pg. 581
Paterson, Elizabeth - Account Planner, Account Services - 88 BRAND PARTNERS, Chicago, IL, pg. 171
Paterson, Charles - Account Services - SAATCHI & SAATCHI DALLAS, Dallas, TX, pg. 136
Patilis, George - Account Services, Management - TPG REWARDS, INC., New York, NY, pg. 570
Patishnock, Darlene - Account Services, Programmatic - VMLY&R, New York, NY, pg. 160
Patoureaux, Audrey - Account Services - RAPP WORLDWIDE, New York, NY, pg. 290
Patrick, Becca - Account Services, Creative - JOAN, New York, NY, pg. 92
Pattani, Tracey - Account Planner, Account Services, Management, NBC - DIGITAS, San Francisco, CA, pg. 227
Patterson, Dede - Account Services, Management - MKTG, Westport, CT, pg. 568
Patterson, James - Account Services, Management, NBC - BURRELL COMMUNICATIONS GROUP, INC. , Chicago, IL, pg. 45
Patti, Ryan - Account Services - HAVAS MEDIA GROUP, Boston, MA, pg. 470
Patton, Kim - Account Services - FAIRWAY OUTDOOR ADVERTISING, Athens, GA, pg. 552
Patton, Darah - Account Services, Public Relations - INKHOUSE PUBLIC RELATIONS, San Francisco, CA, pg. 616
Paul, Elizabeth - Account Planner, Account Services, Management, Media Department, Operations, PPOM - THE MARTIN AGENCY, Richmond, VA, pg. 421
Paul, Rebecca - Account Services - FLUID, INC., New York, NY, pg. 235
Paul, Alexandria - Account Services - GOLIN, New York, NY, pg. 610
Pauletic, Josh - Account Services - FIVEFIFTY, Denver, CO, pg. 235
Pauletto, Emily - Account Services - EPSILON, Chicago, IL, pg. 283
Paulius, Linas - Account Services, Management, Media Department - OMD, Chicago, IL, pg. 500
Paulson, Stephanie - Account Services, Creative - STEPHENZ GROUP, San Jose, CA, pg. 413
Paulson, Denise - Account Services - THE REGAN GROUP, Los Angeles, CA, pg. 570
Paulson Lissick, Shelli - Account Services - BELLMONT PARTNERS PUBLIC RELATIONS, Minneapolis, MN, pg. 582
Pautz, Andrew - Account Services - SOLVE, Minneapolis, MN, pg. 17
Pavlas, Laura - Account Services - MILLER AD AGENCY, Dallas, TX, pg. 115
Pavlick, Carrie DeVries - Account Services, Public Relations - DEVENEY COMMUNICATIONS, New Orleans, LA, pg. 596
Pawlak, Nicole - Account Services - CSM SPORTS & ENTERTAINMENT, New York, NY, pg. 55
Paxton, Alexandra - Account Services - SPEAR MARKETING GROUP, Walnut Creek, CA, pg. 411
Payne, Regine - Account Services, Finance, Interactive / Digital - EARTHBOUND BRANDS, New York, NY, pg. 7
Paynter, Jodi - Account Services, Operations - BADER RUTTER & ASSOCIATES, INC. , Milwaukee, WI, pg. 328
Payton, Racheal - Account Services, Public Relations - BCW WASHINGTON DC, Washington, DC, pg. 582
Paz, Jimena - Account Services - ELEVATION, LTD, Washington, DC, pg. 540
Paz, Ana - Account Services - BANDUJO DONKER & BROTHERS , New York, NY, pg. 36
Paz, Cecilia - Account Services - MARKETLOGIC, Miami, FL, pg. 383
Peabody, Jennifer - Account Services, Media Department - HAVAS EDGE, Carlsbad, CA, pg. 285
Peach, Kate - Account Services, Interactive / Digital, PPM - FINN PARTNERS, San Francisco, CA, pg. 603
Peach, Katherine - Account Services - RYGR, Carbondale, CO, pg. 409
Pearce, Elizabeth - Account Services, Creative, Interactive / Digital - HAVAS WORLDWIDE CHICAGO, Chicago, IL, pg. 82
Pearce, Greer - Account Services - AMP AGENCY, Boston, MA, pg. 297
Pearl, Melanie - Account Services - UNION, Charlotte, NC, pg. 273
Pearre, Lisa - Account Services, PPOM - LOVE & COMPANY, Frederick, MD, pg. 101
Pearson, Jeff - Account Services - ZIMMERMAN ADVERTISING, Fort Lauderdale, FL, pg. 437
Pearson, Maura - Account Services - GYRO, Cincinnati, OH, pg. 368
Pearson, Jaylen - Account Services - BUTLER ASSOCIATES PUBLIC RELATIONS, New York, NY, pg. 587
Pearson, Claire - Account Services, Management - DIGITAS, New York, NY, pg. 226
Pearson, Drew - Account Services - LOGICAL MEDIA GROUP, Chicago, IL, pg. 247
Peart, Chelsea - Account Services, Analytics, NBC - DUNCAN CHANNON, San Francisco, CA, pg. 66
Pecci, Michael - Account Planner, Account Services - RESOLUTION MEDIA, New York, NY, pg. 263
Pece, Lisa - Account Services, Interactive / Digital, Media Department - SPARK FOUNDRY, New York, NY, pg. 508
Peck, Sarah - Account Services - THE VIA AGENCY, Portland, ME, pg. 154
Peck, Maureen - Account Services - MCCANN WORLDGROUP, Birmingham, MI, pg. 109
Peck, Ethan - Account Services, Public Relations - RYGR, Carbondale, CO, pg. 409
Pecknold, Elizabeth - Account Services, NBC - TRUE

1234

AGENCIES

RESPONSIBILITIES INDEX

COMMUNICATIONS, Sausalito, CA, *pg.* 657

Peczynski, Kristen - Account Services - AMNET, Detroit, MI, *pg.* 454

Pedego, Kimberly - Account Services - NOBLE STUDIOS, Reno, NV, *pg.* 254

Pedraza, Linda - Account Services, Interactive / Digital - WPROMOTE, Dallas, TX, *pg.* 679

Pedroza, Cristina - Account Services, Analytics, NBC - CONTEND, Los Angeles, CA, *pg.* 52

Peebles, Brad - Account Services - AREA 23, New York, NY, *pg.* 33

Pelkey, Kristal - Account Services - CANNABRAND, Denver, CO, *pg.* 47

Pelletier, Erica - Account Services - 88 BRAND PARTNERS, Chicago, IL, *pg.* 171

Peloquin, Victoria - Account Services - SOURCELINK, LLC, Madison, MS, *pg.* 292

Pelt, Liz - Account Services - WUNDERMAN THOMPSON, Miami, FL, *pg.* 547

Peluso, Cheryl - Account Services - MGH ADVERTISING , Owings Mills, MD, *pg.* 387

Pemberton, William - Account Services - BLUESPIRE MARKETING, West Hartford, CT, *pg.* 40

Pena, Margarita - Account Services, NBC - DAVID, Miami, FL, *pg.* 57

Pence, Heather - Account Services - THE YAFFE GROUP, Southfield, MI, *pg.* 154

Pence, Sara - Account Services - ZILKER MEDIA, Austin, TX, *pg.* 665

Pendrill, Matt - Account Services - DENTSUBOS INC., Toronto, ON, *pg.* 61

Penelton, Lisa - Account Services, Analytics, NBC, Operations - CRITICAL MASS, INC., Chicago, IL, *pg.* 223

Peninger, Katie - Account Services - LEWIS COMMUNICATIONS, Nashville, TN, *pg.* 100

Peniston, Tammy - Account Services, NBC, PPOM - DCG ONE, Seattle, WA, *pg.* 58

Penney, Jessica - Account Services - CORINTHIAN MEDIA, INC., New York, NY, *pg.* 463

Penny, Emilie - Account Services, Media Department - CMI MEDIA, LLC, King of Prussia, PA, *pg.* 342

Pennypacker, Jason - Account Services - PUSH, Orlando, FL, *pg.* 401

Pent, Claire - Account Planner, Account Services - MCGARRYBOWEN, Chicago, IL, *pg.* 110

Peralta, John - Account Planner, Account Services - CHANDELIER CREATIVE, Los Angeles, CA, *pg.* 49

Peraza, Jessica - Account Services - ALLISON+PARTNERS, Scotsdale, AZ, *pg.* 577

Pereira, Ellen - Account Services - PHD CANADA, Toronto, ON, *pg.* 504

Pereira, Margaret - Account Services, Public Relations - KARBO COMMUNICATIONS, San Francisco, CA, *pg.* 618

Pereira, Santiago - Account Services, Media Department - MARKETLOGIC, Miami, FL, *pg.* 383

Perera, Dimitri - Account Services, Interactive / Digital, Management, NBC - COPACINO + FUJIKADO, LLC, Seattle, WA, *pg.* 344

Perez, Katherine - Account Services - ZIMMERMAN ADVERTISING, Fort Lauderdale, FL, *pg.* 437

Perez, Samantha - Account Services, Media Department - UNIVERSAL MCCANN, New York, NY, *pg.* 521

Perez, Bridget - Account Services, Media Department - PHINNEY / BISCHOFF DESIGN HOUSE, Seattle, WA, *pg.* 194

Perez, Monica - Account Services - BILLUPS WORLDWIDE, Lake Oswego, OR, *pg.* 550

Perez Velez, Madeline - Account Services, NBC - ALMA, Coconut Grove, FL, *pg.* 537

Perhach, Mary - Account Services, Management, Media Department - SWELLSHARK, New York, NY, *pg.* 518

Perham, Abby - Account Services - NOVITA COMMUNICATIONS, New York, NY, *pg.* 392

Peric, Dejana - Account Services - FITZCO, Atlanta, GA, *pg.* 73

Perkel, Rebecca - Account Services - JANUARY DIGITAL, New York, NY, *pg.* 243

Perkins, Bethany - Account Services, NBC, Operations, PPOM - 7SUMMITS, Milwaukee, WI, *pg.* 209

Perkins, Lissie - Account Services - MEDIA PARTNERS WORLDWIDE, Long Beach, CA, *pg.* 485

Perkins, Marilyn - Account Services, NBC - CHAMPION MANAGEMENT GROUP, LLC, Addison, TX, *pg.* 589

Perkins, Sheldon - Account Services - VREELAND MARKETING, Yarmouth, ME, *pg.* 161

Perlman, Steve - Account Services, Creative, Interactive / Digital, Social Media - THE MARKETING STORE WORLDWIDE, Chicago, IL, *pg.* 421

Perlmutter, Jaclyn - Account Services, PPOM - CARDINAL COMMUNICATIONS USA, New York, NY, *pg.* 47

Permuy, Gillian - Account Services, Media Department - 22SQUARED INC., Tampa, FL, *pg.* 319

Perreira, Ben - Account Services, Media Department, Operations - CNX, New York, NY, *pg.* 51

Perrelli, Justin - Account Services - BBDO WORLDWIDE, New York, NY, *pg.* 331

Perrin, Ashley - Account Services - MANIFEST, Chicago, IL, *pg.* 248

Perrine, Dean - Account Services, Management - JAYMIE SCOTTO & ASSOCIATES, Middlebrook, VA, *pg.* 616

Perrizo, Laura - Account Services - BBDO ATL, Atlanta, GA, *pg.* 330

Perry, Lester - Account Services, Interactive / Digital - INNOCEAN USA, Huntington Beach, CA, *pg.* 479

Perry, Quentin - Account Services, NBC - 72ANDSUNNY, Brooklyn, NY, *pg.* 24

Perry, Collin - Account Planner, Account Services, Interactive / Digital - JANUARY DIGITAL, New York, NY, *pg.* 243

Persichilli, Katie - Account Planner, Account Services - JOAN, New York, NY, *pg.* 92

Persinger, Bonnie - Account Services - MMSI, Warwick, RI, *pg.* 496

Perz, Jay - Account Services, Interactive / Digital, Social Media - MINDSHARE, Chicago, IL, *pg.* 494

Perzek, Rachel - Account Services - LEO BURNETT WORLDWIDE, Chicago, IL, *pg.* 98

Pescatore, Bailey - Account Services - BCW NEW YORK, New York, NY, *pg.* 581

Pescatore-Tierney, Kara - Account Services - MERGE, Boston, MA, *pg.* 113

Peschel, Dan - Account Services - SPACE150, Minneapolis, MN, *pg.* 266

Peskin, Jackie - Account Services, Management - COYNE PUBLIC RELATIONS, Parsippany, NJ, *pg.* 593

Peskind, Brittany - Account Services - ENERGY BBDO, INC., Chicago, IL, *pg.* 355

Pestana, Eric - Account Services - KARBO COMMUNICATIONS, San Francisco, CA, *pg.* 618

Peterman, Daryn - Account Services - MCDILL DESIGN, Milwaukee, WI, *pg.* 190

Peterman, Elizabeth - Account Services, Media Department - 360I, LLC, Chicago, IL, *pg.* 208

Peters, Marya - Account Services, Management - ALLIED TOURING, Chicago, IL, *pg.* 324

Peters, Sean - Account Services, Management, PPOM - ZENITH MEDIA, New York, NY, *pg.* 529

Peters, Briana - Account Services, Media Department - OMD ENTERTAINMENT, Burbank, CA, *pg.* 501

Peters, Kristen - Account Services, Management - CONVERSANT, LLC, Atlanta, GA, *pg.* 533

Peters, Amy - Account Services, Management - DIGITAS HEALTH LIFEBRANDS, Philadelphia, PA, *pg.* 229

Peters, Donna - Account Services, Public Relations - TAYLOR & COMPANY, Los Angeles, CA, *pg.* 652

Peters, Katie - Account Services - INTRINZIC, INC., Newport, KY, *pg.* 10

Petersen, Shaun - Account Services - NEW RIVER COMMUNICATIONS, INC., Fort Lauderdale, FL, *pg.* 120

Petersen, Jessica - Account Services - AMPERAGE, Cedar Rapids, IA, *pg.* 30

Petersen, Jill - Account Services, Management - MCCANN NEW YORK, New York, NY, *pg.* 108

RESPONSIBILITIES INDEX — AGENCIES

Peterson, Roger - Account Services, Media Department - HEINZEROTH MARKETING GROUP, Rockford, IL, *pg.* 84

Peterson, Tami - Account Services, NBC, Programmatic - AMNET, Detroit, MI, *pg.* 454

Peterson, Annaliese - Account Services, Interactive / Digital, Media Department - CARAT, Detroit, MI, *pg.* 461

Peterson, Melissa - Account Services, Management - OGILVY, New York, NY, *pg.* 393

Peterson, Jaye - Account Services, Analytics, Creative, Research - ADVENTURE CREATIVE, Brainerd, MN, *pg.* 28

Peterson, Pete - Account Services - BELLEVUE COMMUNICATIONS, Philadelphia, PA, *pg.* 582

Peterson, Jen - Account Planner, Account Services, Management, PPOM - MCCANN NEW YORK, New York, NY, *pg.* 108

Peterson, Eric - Account Services - REED EXHIBITION COMPANY, Norwalk, CT, *pg.* 314

Peterson, Lauren - Account Services - AMP AGENCY, Boston, MA, *pg.* 297

Pethkongkathon, Krit - Account Services, Analytics, Management, NBC - HORIZON MEDIA, INC., New York, NY, *pg.* 474

Petreikis, Rosemary - Account Services, Management, NBC - BAYARD ADVERTISING AGENCY, INC., New York, NY, *pg.* 37

Petrillo, Nicholas - Account Services - SS+K, New York, NY, *pg.* 144

Petritz, Cathy - Account Services - NSA MEDIA GROUP, INC., Downers Grove, IL, *pg.* 497

Petrocco, Melissa - Account Services, Creative, NBC - THE TOMBRAS GROUP, Atlanta, GA, *pg.* 153

Petroni, Kathryn - Account Services - GREY GROUP, New York, NY, *pg.* 365

Petschel, Pat - Account Services, NBC - WUNDERMAN THOMPSON, Chicago, IL, *pg.* 434

Pettit, Bryan - Account Services, Management - ADRENALINE, INC., Atlanta, GA, *pg.* 172

Petzold, Cailine - Account Services - DID AGENCY, Ambler, PA, *pg.* 62

Peznola, Daniel - Account Services - FUNDAMENTAL MEDIA, Boston, MA, *pg.* 465

Pezone, Kimberly - Account Services, Interactive / Digital, Media Department, NBC - DIGITAS, Boston, MA, *pg.* 226

Pezzino, Karina - Account Services, Interactive / Digital - US MEDIA CONSULTING, Miami, FL, *pg.* 546

Pfau, Heidi - Account Services - DKY INTEGRATED MARKETING COMMUNICATIONS, Minneapolis, MN, *pg.* 352

Pfeifer, Nicole - Account Services - SOURCECODE COMMUNICATIONS, New York, NY, *pg.* 648

Pfeiffer, Don - Account Services - GREY GROUP, New York, NY, *pg.* 365

Pflederer, Erika - Account Services, Interactive / Digital, Management, Media Department, PPM, PPOM - FCB CHICAGO, Chicago, IL, *pg.* 71

Pfleger, Julie - Account Services, Creative - ERICH & KALLMAN, San Francisco, CA, *pg.* 68

Pflucker, Kurt - Account Services, PPOM - HISPANIC GROUP, Miami, FL, *pg.* 371

Pfluger, Matt - Account Services, Interactive / Digital - THE GARFIELD GROUP, Philadelphia, PA, *pg.* 419

Pham, Thuy - Account Planner, Account Services, Interactive / Digital, Media Department - INITIATIVE, New York, NY, *pg.* 477

Pham, Annie - Account Services - STUDIO NUMBER ONE, INC., Los Angeles, CA, *pg.* 144

Phaneuf, Mackenzie - Account Services - MERKLEY + PARTNERS, New York, NY, *pg.* 114

Phelps, Elizabeth - Account Planner, Account Services, Media Department - PP+K, Tampa, FL, *pg.* 129

Phernetton, Ross - Account Services, Creative - PROXIMITY WORLDWIDE, Cincinnati, OH, *pg.* 258

Philips, Carolyn - Account Services, Management - EP+CO., Greenville, SC, *pg.* 356

Phillips, Robert - Account Services, Creative, PPOM - SPD&G, Yakima, WA, *pg.* 411

Phillips, Garrett - Account Services - B2 ADVERTISING, Naples, FL, *pg.* 35

Phillips, Jodi - Account Services, Interactive / Digital, Management, Media Department, NBC, Research, Social Media - MOXIE, Atlanta, GA, *pg.* 251

Phillips, Dylan - Account Services, NBC - VENABLES BELL & PARTNERS, San Francisco, CA, *pg.* 158

Phillips, Christine - Account Services, NBC - MOSAIC NORTH AMERICA, Irving, TX, *pg.* 312

Phillips, Ben - Account Planner, Account Services, Management - MEKANISM, New York, NY, *pg.* 113

Phillips, Ian - Account Services - TEAM ONE, Los Angeles, CA, *pg.* 417

Phillips, Randy - Account Services - QUATTRO DIRECT, Berwyn, PA, *pg.* 290

Phillips, Benjamin - Account Services - HAVAS NEW YORK, New York, NY, *pg.* 369

Philpott, Carrie - Account Services, Management - WUNDERMAN THOMPSON ATLANTA, Atlanta, GA, *pg.* 435

Philyaw, Rick - Account Services, NBC - E-B DISPLAY CO., INC., Massillon, OH, *pg.* 180

Phinney, Kristy - Account Services, Interactive / Digital, Social Media - RINCK ADVERTISING, Lewiston, ME, *pg.* 407

Phipps, Will - Account Services, Media Department - ALLEN & GERRITSEN, Boston, MA, *pg.* 29

Phothirath, Peter - Account Planner, Account Services - TARGETBASE MARKETING, Irving, TX, *pg.* 292

Piacente, Michael - Account Services, NBC, PPM - MERGE, Boston, MA, *pg.* 113

Pianelli, Maria - Account Services - LAUNCHSQUAD, San Francisco, CA, *pg.* 621

Piazza, Kyle - Account Services - DDB CHICAGO, Chicago, IL, *pg.* 59

Piccirillo, Bart - Account Services - INFOGROUP, New York, NY, *pg.* 286

Pichler, Michael - Account Services - TARGETBASE MARKETING, Irving, TX, *pg.* 292

Picicci, Laura - Account Services - VMLY&R, Kansas City, MO, *pg.* 274

Pickard, Elizabeth - Account Services - MINDSTREAM MEDIA GROUP - DALLAS, Dallas, TX, *pg.* 496

Pickens, Ashley - Account Services, Interactive / Digital, Media Department - INITIATIVE, New York, NY, *pg.* 477

Picquerey, Xavier - Account Services - BAM STRATEGY, Montreal, QC, *pg.* 215

Pierce, JT - Account Services, Management - ARGONAUT, INC., San Francisco, CA, *pg.* 33

Pierce Strickler, Lyn - Account Services, Management - HARMELIN MEDIA, Bala Cynwyd, PA, *pg.* 467

Pieri, Kasie - Account Services - DITTOE PUBLIC RELATIONS, Indianapolis, IN, *pg.* 597

Pierson, Lucas - Account Services - WUNDERMAN HEALTH, New York, NY, *pg.* 164

Pierzchala, Michael - Account Services - THE INTEGER GROUP, Lakewood, CO, *pg.* 682

Pietrafesa, Laura - Account Services - BML PUBLIC RELATIONS, Florham Park, NJ, *pg.* 584

Pigliavento, Allie - Account Services - BEMARKETING SOLUTIONS, Blue Bell, PA, *pg.* 216

Pike, Michelle - Account Services, Interactive / Digital, Media Department - JEKYLL AND HYDE, Redford, MI, *pg.* 92

Piliguian, Lisa - Account Services, Management - BBDO WORLDWIDE, New York, NY, *pg.* 331

Pilkin, Caitlin - Account Services, Interactive / Digital - ZETA INTERACTIVE, New York, NY, *pg.* 277

Pillsbury, Samantha - Account Services - MEDIALINK, New York, NY, *pg.* 386

Pimentel, Andy - Account Services - WUNDERMAN HEALTH, New York, NY, *pg.* 164

Pincow, Pamela - Account Services - EVINS COMMUNICATIONS, LTD., New York, NY, *pg.* 602

AGENCIES
RESPONSIBILITIES INDEX

Pincus, Chelsea - Account Services - MEDIACOM, New York, NY, *pg.* 487

Pineda, Yael - Account Services, Interactive / Digital, Management, Media Department - UNIVERSAL MCCANN, New York, NY, *pg.* 521

Pineda, Veronica - Account Services - ANDERSON DDB HEALTH & LIFESTYLE, Toronto, ON, *pg.* 31

Pineda, Jessica - Account Services - EDELMAN, Chicago, IL, *pg.* 353

Pineiro, Carmen - Account Services - ARCHETYPE, New York, NY, *pg.* 33

Pinho, Alessandra - Account Services, Media Department - PUBLICIS NORTH AMERICA, New York, NY, *pg.* 399

Pinilla, Julian - Account Services, Media Department - WEBER SHANDWICK, New York, NY, *pg.* 660

Pinkelman, Jenni - Account Services - BLUE BEAR CREATIVE, Denver, CO, *pg.* 40

Pinkerton, Caleb - Account Services, Interactive / Digital, Media Department, NBC - KSM SOUTH, Austin, TX, *pg.* 482

Pinkerton, Libby - Account Services - LINHART PUBLIC RELATIONS, Denver, CO, *pg.* 622

Pinkus, Gregory - Account Services, Media Department - PUBLICIS NORTH AMERICA, New York, NY, *pg.* 399

Pinney, Lauren - Account Services - EDELMAN, Seattle, WA, *pg.* 601

Pinto, Erica - Account Services, Management - MINDSTREAM MEDIA, San Diego, CA, *pg.* 495

Pintor, Mariano - Account Services, Interactive / Digital - MCCANN NEW YORK, New York, NY, *pg.* 108

Piper, Brandon - Account Services - CIVIC ENTERTAINMENT GROUP, New York, NY, *pg.* 566

Pirani, Nargis - Account Services - RPA, Santa Monica, CA, *pg.* 134

Pires, Claire - Account Services - MWWPR, New York, NY, *pg.* 631

Pirkola, Kristin - Account Planner, Account Services - PP+K, Tampa, FL, *pg.* 129

Pisani, Kurt - Account Services - LOCKARD & WECHSLER, Irvington, NY, *pg.* 287

Pisano, Amanda - Account Services - LEGEND PR, New York, NY, *pg.* 622

Piscatelli, Katherine - Account Services - VMLY&R, New York, NY, *pg.* 160

Piscopo, Gerald - Account Services, Media Department - SPARK FOUNDRY, Chicago, IL, *pg.* 510

Pittman, Tim - Account Services - BAZAARVOICE, INC., Austin, TX, *pg.* 216

Pittner, Sarah - Account Planner, Account Services - MORTENSON KIM, Milwaukee, WI, *pg.* 118

Pitts, Andy - Account Services, Creative - BARKLEY, Kansas City, MO, *pg.* 329

Pizzi, Marianne - Account Services, NBC - VIRTUE WORLDWIDE, Brooklyn, NY, *pg.* 159

Pizzitola, Megan - Account Planner, Account Services, Media Department - PHD USA, New York, NY, *pg.* 505

Placzek, Dick - Account Services - SWANSON RUSSELL ASSOCIATES, Lincoln, NE, *pg.* 415

Planovsky, Kevin - Account Planner, Account Services, PPOM - VERT MOBILE LLC, Atlanta, GA, *pg.* 274

Plansky, David - Account Services - WALLACE CHURCH, INC., New York, NY, *pg.* 204

Platt, Coley - Account Services - GSD&M, Austin, TX, *pg.* 79

Platt, Kelsey - Account Services, Programmatic - THE TRADE DESK, New York, NY, *pg.* 520

Plaut, Daniel - Account Services, Media Department - BLUE 449, New York, NY, *pg.* 455

Pleckaitis, Kristy - Account Planner, Account Services - NO FIXED ADDRESS INC., Toronto, ON, *pg.* 120

Plesent, Gabriel - Account Services - MOXIE COMMUNICATIONS GROUP, New York, NY, *pg.* 628

Plewinski, Alex - Account Services - THE BUNTIN GROUP, Nashville, TN, *pg.* 148

Plum, Arabella - Account Services, PPOM - MECHANICA, Newburyport, MA, *pg.* 13

Plump, Kalli - Account Services - BELLMONT PARTNERS PUBLIC RELATIONS, Minneapolis, MN, *pg.* 582

Poad, Rachel - Account Services - SAATCHI & SAATCHI, New York, NY, *pg.* 136

Podolsky, Eric - Account Services - PIKE & COMPANY, San Francisco, CA, *pg.* 636

Podsiadlik, Brooke - Account Services - RPM ADVERTISING, Chicago, IL, *pg.* 408

Poe, Adam - Account Services - OWEN JONES AND PARTNERS, Portland, OR, *pg.* 124

Poer, Brent - Account Planner, Account Services, Creative, Interactive / Digital, Management, Media Department, NBC, PPOM - ZENITH MEDIA, New York, NY, *pg.* 529

Poessiger, Steffen - Account Services, NBC - MITHOFF BURTON PARTNERS, El Paso, TX, *pg.* 115

Pofahl, Amy - Account Services - AGENCYSACKS, New York, NY, *pg.* 29

Pohorylo, Alison - Account Services, Media Department - MEDIACOM, New York, NY, *pg.* 487

Poindexter, Stewart - Account Services, Creative, PPM - MOTHER, Los Angeles, CA, *pg.* 118

Poirier, Jennifer - Account Planner, Account Services, Creative, Management - GENUINE INTERACTIVE, Boston, MA, *pg.* 237

Poisall, Rachel - Account Services - IMRE, Baltimore, MD, *pg.* 374

Pokoik, Charlotte - Account Services - XHIBITION, New York, NY, *pg.* 664

Pokraka, Erika - Account Services, Management - HAVAS WORLDWIDE CHICAGO, Chicago, IL, *pg.* 82

Polachi, Steve - Account Services, PPOM - CCM, INC., New York, NY, *pg.* 341

Polay, Kevin - Account Services, Creative - FLINT & STEEL, New York, NY, *pg.* 74

Polk, Sharon - Account Services - SANDBOX, Kansas City, MO, *pg.* 409

Pollack, Adam - Account Services, Public Relations - JOELE FRANK, WILKINSON BRIMMER KATCHER, New York, NY, *pg.* 617

Pollard, Scott - Account Services, NBC - HILL+KNOWLTON STRATEGIES, Austin, TX, *pg.* 613

Pollard, Leonard - Account Services - PADILLA, Minneapolis, MN, *pg.* 635

Polson, Christine - Account Services - HAPPY MEDIUM, Des Moines, IA, *pg.* 238

Polyak, Amanda - Account Services - VAULT COMMUNICATIONS, INC., Plymouth Meeting, PA, *pg.* 658

Polynice, Zola - Account Planner, Account Services - OMD, New York, NY, *pg.* 498

Pomatto, Hannah - Account Services - ZENO GROUP, Chicago, IL, *pg.* 664

Pomeroy, Chris - Account Services - MMGY GLOBAL, Kansas City, MO, *pg.* 388

Pontarelli, Jim - Account Services, NBC, PPOM - RDW GROUP, Providence, RI, *pg.* 403

Pontarelli, Anna - Account Services - 360I, LLC, Chicago, IL, *pg.* 208

Pontillo, Maria - Account Services, Media Department - ACCENTURE INTERACTIVE, Chicago, IL, *pg.* 209

Ponzan, Rachael - Account Services, NBC, Operations - CENDYN, Boca Raton, FL, *pg.* 220

Poole, Megan - Account Services - BBH, New York, NY, *pg.* 37

Poole, Harry - Account Services - REDPEG MARKETING, Alexandria, VA, *pg.* 692

Pope, Haleigh - Account Services - OTEY WHITE & ASSOCIATES, Baton Rouge, LA, *pg.* 123

Pope, Kaki - Account Services - JOHANNES LEONARDO, New York, NY, *pg.* 92

Pope, Jessica - Account Services - 30 LINES, Columbus, OH, *pg.* 207

Popelka, Dave - Account Planner, Account Services, NBC - GARRISON HUGHES, Pittsburgh, PA, *pg.* 75

Popowski, Mike - Account Services, NBC, PPOM - DAGGER, Atlanta, GA, *pg.* 224

Porada, Leslie - Account Services - MARTIN RETAIL GROUP, Detroit, MI, *pg.* 106

Porcaro, Bob - Account Services, Management - GRP MEDIA, INC., Chicago, IL, *pg.* 467

Porell, Jeff - Account Services, Interactive / Digital, Media Department - GROUNDTRUTH.COM, New York, NY, *pg.* 534

Porrazzo, Brittany - Account

RESPONSIBILITIES INDEX AGENCIES

Services, Public Relations - FLEISHMANHILLARD WEST COAST, Los Angeles, CA, *pg.* 606
Portela, Jenna - Account Services, Interactive / Digital, NBC - JONES KNOWLES RITCHIE, New York, NY, *pg.* 11
Portella, Chris - Account Services, Management, Media Department - UNIVERSAL MCCANN, San Francisco, CA, *pg.* 428
Porteous, David - Account Services - ADPERIO, Denver, CO, *pg.* 533
Porter, Ginger - Account Services, Management, PPOM, Public Relations - GOLIN, Chicago, IL, *pg.* 609
Porter, Dulani - Account Services, Management - SPARK, Tampa, FL, *pg.* 17
Porter, Marjorie - Account Services, Creative, Management, NBC - PUBLICIS NORTH AMERICA, New York, NY, *pg.* 399
Porter, Martin - Account Services, Management, Media Department, NBC - POSTERSCOPE U.S.A., New York, NY, *pg.* 556
Porter, Katie - Account Planner, Account Services, Media Department - HEARTS & SCIENCE, New York, NY, *pg.* 471
Porter, Aidan - Account Services - CAMPBELL EWALD NEW YORK, New York, NY, *pg.* 47
Porter, Nina - Account Services, NBC - MEDIA PARTNERS, INC., Raleigh, NC, *pg.* 486
Porter, Andrew - Account Services - BUSINESSONLINE, San Diego, CA, *pg.* 672
Porter, Kyle - Account Services - TRAFFIC DIGITAL AGENCY, Clawson, MI, *pg.* 271
Portugal, Jeff - Account Services, Management - ENDEAVOR - CHICAGO, Chicago, IL, *pg.* 297
Porwoll, Sarah - Account Services - AFG&, New York, NY, *pg.* 28
Posey, Tina - Account Services, PPOM - JAVELIN AGENCY, Irving, TX, *pg.* 286
Post, Meghan - Account Services - RASKY BAERLEIN STRATEGIC COMMUNICATIONS, INC., Boston, MA, *pg.* 641
Potash, Casey - Account Services - ARNOLD WORLDWIDE, Boston, MA, *pg.* 33
Potter, Doug - Account Services - ADVERTISING ART STUDIOS, INC., Brookfield, WI, *pg.* 172
Potter, Marylou - Account Services - WALKER ADVERTISING, INC., Torrance, CA, *pg.* 546
Potthast, Mick - Account Services - DEUTSCH, INC., New York, NY, *pg.* 349
Potts, Ngaio - Account Services - LEO BURNETT TORONTO, Toronto, ON, *pg.* 97
Potts-Semel, Bernadette - Account Services - QUAKER CITY MERCANTILE, Philadelphia, PA, *pg.* 131
Pouget-Prieto, Sofia - Account

Services - DECODED ADVERTISING, New York, NY, *pg.* 60
Poulsen, Paige - Account Services - R/GA, Los Angeles, CA, *pg.* 261
Poulton, Simon - Account Services, Analytics, Interactive / Digital - WPROMOTE, El Segundo, CA, *pg.* 678
Pourkazemi, Lian - Account Services - GENTLEMAN SCHOLAR, Los Angeles, CA, *pg.* 562
Poveromo, Matt - Account Services - ABEL NYC, New York, NY, *pg.* 25
Povilaitis, Carly - Account Services - LISTRAK, Lititz, PA, *pg.* 246
Powell, Pamela - Account Services - HAUSER GROUP PUBLIC RELATIONS, Saint Louis, MO, *pg.* 612
Powell, Tamalyn - Account Services, Management - BVK, Milwaukee, WI, *pg.* 339
Powell, Logan - Account Services - MARKSTEIN, Birmingham, AL, *pg.* 625
Powell, Brelin - Account Services - MARTIN RETAIL GROUP, Alpharetta, GA, *pg.* 106
Powell, Jazz - Account Services, Management - BULLISH INC, New York, NY, *pg.* 45
Powell, Nicholas - Account Services - DIGITAL OPERATIVE, INC., San Diego, CA, *pg.* 225
Powers, Amanda - Account Services, PPOM - GREATER THAN ONE, New York, NY, *pg.* 8
Powers, Kristen - Account Services - CENTERLINE DIGITAL, Raleigh, NC, *pg.* 220
Powers, Samantha - Account Services - MARCH COMMUNICATIONS, Boston, MA, *pg.* 625
Poyraz, Mina - Account Planner, Account Services - MEDIA CAUSE, Boston, MA, *pg.* 249
Pozmanter, Lauren - Account Services - VESTED, New York, NY, *pg.* 658
Prach, Francesca - Account Services - MULLENLOWE U.S. BOSTON, Boston, MA, *pg.* 389
Pracht, Brandon - Account Services - WIEDEN + KENNEDY, New York, NY, *pg.* 432
Prado, Eric - Account Services, Management - GRAVITY LABS, Chicago, IL, *pg.* 365
Prater, Kyla - Account Services - MILLER ZELL, INC., Atlanta, GA, *pg.* 191
Prats, Elizabeth - Account Services - RBB COMMUNICATIONS, Miami, FL, *pg.* 641
Pratt, Steve - Account Services, Media Department - BRENER ZWIKEL & ASSOCIATES, Reseda, CA, *pg.* 586
Pratt, Caroline - Account Planner, Account Services, Media Department - HEARTS & SCIENCE, New York, NY, *pg.* 471
Preece, Cathy - Account Services, Management - ADAMS UNLIMITED, New York, NY, *pg.* 575
Preece, Bonnie - Account Services - MOMENTUM WORLDWIDE, New York, NY,

pg. 117
Preiser, Mark - Account Services, PPOM - CAMERON ADVERTISING, Hauppauge, NY, *pg.* 339
Preisler, Amy Jo - Account Services - CARMICHAEL LYNCH, Minneapolis, MN, *pg.* 47
Preiss, David - Account Services, PPOM - LAUNCH INTERACTIVE, LLC, Atlanta, GA, *pg.* 245
Prentice, Blake - Account Services - AGENCY WITHIN, Lond Island City, NY, *pg.* 323
Presberg Ivler, Jaymie - Account Services - GRAND COMMUNICATIONS, INC., New York, NY, *pg.* 610
Presbury, Marissa - Account Services - COLANGELO SYNERGY MARKETING, INC., Darien, CT, *pg.* 566
Presnail, Kimberly - Account Services, Media Department - ACTIVE INTERNATIONAL, Pearl River, NY, *pg.* 439
Preston, Stephanie - Account Services - EVINS COMMUNICATIONS, LTD., New York, NY, *pg.* 602
Preston, Julie - Account Planner, Account Services - CONCENTRIC HEALTH EXPERIENCE, New York, NY, *pg.* 52
Presutti, Dominic - Account Services - DID AGENCY, Ambler, PA, *pg.* 62
Pretto, Alexandra - Account Services, Interactive / Digital, Media Department - YESLER, Seattle, WA, *pg.* 436
Prettyman, Alyssa - Account Services, Creative - SCRATCHMM, Cambridge, MA, *pg.* 677
Prevete, Danielle - Account Planner, Account Services, Human Resources - LANDOR, New York, NY, *pg.* 11
Prevost, Emily - Account Services, Interactive / Digital, Media Department - XENOPSI, New York, NY, *pg.* 164
Prewitt, Ashley - Account Services - INTERMARK GROUP, INC., Birmingham, AL, *pg.* 375
Prezioso, Lauren - Account Services - ELEVATION MARKETING, Richmond, VA, *pg.* 67
Price, Dawn - Account Services, Finance, Research - CAMPBELL EWALD, Detroit, MI, *pg.* 46
Price, Pam - Account Services, Finance - THE MARTIN AGENCY, Richmond, VA, *pg.* 421
Price, Michael - Account Services, Management, NBC - MYRIAD TRAVEL MARKETING, Los Angeles, CA, *pg.* 390
Price, Lauren - Account Services, Interactive / Digital - FLEISHMANHILLARD, Boston, MA, *pg.* 605
Price, Sahara - Account Services - TAYLOR , New York, NY, *pg.* 651
Price, Olivia - Account Services - JOHNSON & SEKIN, Dallas, TX, *pg.* 10
Price Hanson, Maria - Account Planner, Account Services - CARAT,

AGENCIES

RESPONSIBILITIES INDEX

New York, NY, *pg.* 459
Prichard, Samantha - Account Services - LOVELL COMMUNICATIONS, INC., Nashville, TN, *pg.* 623
Priddy, Charles - Account Services, Creative - HARMON GROUP, Nashville, TN, *pg.* 82
Primack, Laura - Account Services, Creative - AVATAR LABS, Encino, CA, *pg.* 214
Prince, Ilene - Account Services - FRASER COMMUNICATIONS, Los Angeles, CA, *pg.* 540
Principato, Jessica - Account Services - BLENDERBOX, Brooklyn, NY, *pg.* 175
Principe, Vanessa - Account Services, Public Relations - EDELMAN, Toronto, ON, *pg.* 601
Pringle, Isiah - Account Services - OWEN JONES AND PARTNERS, Portland, OR, *pg.* 124
Prinsen, Kendall - Account Services - HIRONS & COMPANY, Indianapolis, IN, *pg.* 86
Prinzivalli, Mike - Account Services, Interactive / Digital, Media Department - HEARTS & SCIENCE, New York, NY, *pg.* 471
Prior, Pat - Account Services - HAVAS SPORTS & ENTERTAINMENT, New York, NY, *pg.* 370
Prisby, Shelby - Account Services - AMNET, Fort Worth, TX, *pg.* 454
Proctor, Crevante - Account Services, Media Department - THE NARRATIVE GROUP, Los Angeles, CA, *pg.* 654
Promisloff-Ross, Sarah - Account Services - BRAITHWAITE COMMUNICATIONS, Philadelphia, PA, *pg.* 585
Prouty, Courtney - Account Services, Media Department - M3 AGENCY, Augusta, GA, *pg.* 102
Provisor, Jason - Account Services - TONGAL, Santa Monica, CA, *pg.* 20
Prowda, Bob - Account Services, Management, NBC - ILIUM ASSOCIATES, INC., Bellevue, WA, *pg.* 88
Pruden, Ricci - Account Services, Management - DAVIS ELEN ADVERTISING, Los Angeles, CA, *pg.* 58
Prudhomme, Denege - Account Services, Public Relations - STANTON & COMPANY, Marina Del Rey, CA, *pg.* 649
Prus, Beth - Account Services, Management - MYTHIC, Charlotte, NC, *pg.* 119
Prysock, Maria - Account Services, Interactive / Digital, Media Department, Public Relations, Social Media - CRAMER-KRASSELT, Chicago, IL, *pg.* 53
Puakpaibool, Tadar - Account Services - THE INTEGER GROUP, Lakewood, CO, *pg.* 682
Puccetti, Perry - Account Services, Interactive / Digital, Management, NBC - VMLY&R, Kansas City, MO, *pg.* 274
Pucci, Felicia - Account Services -

LAKE GROUP MEDIA, INC., Armonk, NY, *pg.* 287
Pugel, Hayley - Account Services - RUNSWITCH PR, Louisville, KY, *pg.* 645
Pugh, Meredith - Account Services, Management, NBC, PPOM - CENTRON, New York, NY, *pg.* 49
Pugh, Natalie - Account Services - ACCELERATION PARTNERS, Needham, MA, *pg.* 25
Pugliese, LouAnn - Account Services - IMPRESSIONS, Mineola, NY, *pg.* 89
Puglisi, Chelsey - Account Planner, Account Services, Media Department - MEDIAHUB BOSTON, Boston, MA, *pg.* 489
Pulaski, Chris - Account Services - DAC GROUP, Louisville, KY, *pg.* 223
Pulman, Celeste - Account Planner, Account Services - DROGA5, New York, NY, *pg.* 64
Pultorak, Christopher - Account Services, Management - DDB CHICAGO, Chicago, IL, *pg.* 59
Pults, Lindsey - Account Services - TARGETBASE MARKETING, Irving, TX, *pg.* 292
Pulwer, Lauren - Account Planner, Account Services - PUBLICIS NORTH AMERICA, New York, NY, *pg.* 399
Pupshis, Jennifer - Account Services, Media Department - MEDIA WORKS, LTD., Baltimore, MD, *pg.* 486
Purcell, Elaine - Account Planner, Account Services, Media Department - HAVAS NEW YORK, New York, NY, *pg.* 369
Purtell, Gerry - Account Planner, Account Services, Media Department, NBC - TRADE X PARTNERS, New York, NY, *pg.* 156
Pustay, Kate - Account Services - NSA MEDIA GROUP, INC., Downers Grove, IL, *pg.* 497
Puttin, Matthew - Account Services - NO LIMIT AGENCY, Chicago, IL, *pg.* 632
Pyatt, Krystal - Account Services, Interactive / Digital, Public Relations, Social Media - THE FERRARO GROUP, Las Vegas, NV, *pg.* 653
Quach, Tiffany - Account Services - OCEAN MEDIA, INC., Huntington Beach, CA, *pg.* 498
Quach, Angela - Account Services - MAX BORGES AGENCY, Miami, FL, *pg.* 626
Quackenbush, Melissa - Account Services, Human Resources, PR Management, Public Relations - HILL+KNOWLTON STRATEGIES, Austin, TX, *pg.* 613
Quackenbush, Sarah - Account Services, NBC - HAVAS HELIA, Baltimore, MD, *pg.* 285
Quader, Jenn - Account Services, Management - BROWER GROUP, Newport Beach, CA, *pg.* 586
Quaglieri, Barbara - Account Services, Interactive / Digital - ALTITUDE MARKETING, Emmaus, PA, *pg.* 30

Quaintance, John - Account Services - ALLOVER MEDIA, Plymouth, MN, *pg.* 549
Quast, Tiffany - Account Services - FORWARDPMX, Minneapolis, MN, *pg.* 360
Quay, Andrew - Account Services, Management - DEUTSCH, INC., New York, NY, *pg.* 349
Quenville, Jennifer - Account Planner, Account Services, Management, Media Department - THE MARS AGENCY, Southfield, MI, *pg.* 683
Querry, David - Account Services, PPOM - GSW WORLDWIDE / GSW, FUELED BY BLUE DIESEL, Westerville, OH, *pg.* 80
Quesada, Chris - Account Services - QUIRK CREATIVE, Brooklyn, NY, *pg.* 131
Quigley, Kevin - Account Services, Management - SWITCH, Saint Louis, MO, *pg.* 145
Quigley, Kate - Account Services, Interactive / Digital, Management, Operations - RIGHTPOINT, Boston, MA, *pg.* 263
Quigley, Julia - Account Services - POSTERSCOPE U.S.A., New York, NY, *pg.* 556
Quinlan, Peggy - Account Services, Management - MEDPOINT COMMUNICATIONS, Evanston, IL, *pg.* 288
Quinn, Ross - Account Services - FCB CHICAGO, Chicago, IL, *pg.* 71
Quinn, Kelly - Account Services, NBC - SID LEE, Culver City, CA, *pg.* 141
Quinn, Jessica - Account Services - HABERMAN, Minneapolis, MN, *pg.* 369
Quinn, Carol - Account Services - KARSH & HAGAN, Denver, CO, *pg.* 94
Quinn, Shannon - Account Services - QORVIS COMMUNICATIONS, LLC, Washington, DC, *pg.* 640
Quinn, Stephanie - Account Services, NBC - PINEROCK, New York, NY, *pg.* 636
Quinones, Ruben - Account Services, NBC - PATH INTERACTIVE, INC., New York, NY, *pg.* 256
Quinones, Marinet - Account Services - ALMA, Coconut Grove, FL, *pg.* 537
Quintana, Erin - Account Services, Management, Media Department, PPOM - J3, New York, NY, *pg.* 480
Quintana, Marlaina - Account Services, Public Relations - CRAMER-KRASSELT, Milwaukee, WI, *pg.* 54
Quintanilla, Carlos - Account Services - RPA, Atlanta, GA, *pg.* 135
Quiroz, George - Account Services, Management, NBC - DAVID, Miami, FL, *pg.* 57
Raab, Paul - Account Services, PPOM - LINHART PUBLIC RELATIONS, Denver, CO, *pg.* 622
Rabasca, Erin - Account Services - R/GA, New York, NY, *pg.* 260

RESPONSIBILITIES INDEX — AGENCIES

Rabbitt, Dakota - Account Services - GENUINE INTERACTIVE, Boston, MA, pg. 237

Rabellino, Ryan - Account Services - MUELRATH PUBLIC AFFAIRS, Santa Rosa, CA, pg. 630

Rabi, Tamara - Account Services, Media Department - INITIATIVE, New York, NY, pg. 477

Rabinowitz, Kelly - Account Services, Management - SCOUT MARKETING, Atlanta, GA, pg. 139

Raboy, Doug - Account Services, Interactive / Digital, Media Department, PPOM - PEOPLE IDEAS & CULTURE, Brooklyn, NY, pg. 194

Radcliff, Paige - Account Services - EPSILON, Blue Ash, OH, pg. 283

Radcliffe, Marah - Account Services - MGH ADVERTISING, Owings Mills, MD, pg. 387

Raddish, Colleen - Account Services, Media Department - INFERNO, LLC, Memphis, TN, pg. 374

Radley, Laura - Account Services - ASH-ALLMOND ASSOCIATES, Venus, TX, pg. 566

Radloff, Jenny - Account Services - PAN COMMUNICATIONS, Boston, MA, pg. 635

Rado, Emily - Account Services - LINHART PUBLIC RELATIONS, Denver, CO, pg. 622

Radomsky, Janice - Account Services, Management, Media Department - BARBARIAN, New York, NY, pg. 215

Raff, Jaclyn - Account Services - WONGDOODY, Culver City, CA, pg. 433

Rafferty, Brian - Account Services, Analytics, Research - SIEGEL & GALE, New York, NY, pg. 17

Raftery, Emma - Account Planner, Account Services, Media Department - INITIATIVE, New York, NY, pg. 477

Ragan, Kelly - Account Services - DESIGN 446, Manasquan, NJ, pg. 61

Ragnetti, Sandy - Account Services - GRADY BRITTON ADVERTISING, Portland, OR, pg. 78

Ragsdale, Will - Account Services, PPOM - MITRE AGENCY, Greensboro, NC, pg. 191

Ragusa, Jessica - Account Services, Media Department, NBC - WIT MEDIA, New York, NY, pg. 162

Ragusa, Maria - Account Services - GOODBY, SILVERSTEIN & PARTNERS, San Francisco, CA, pg. 77

Rahlfs, Lauren - Account Services, Media Department - PHD, San Francisco, CA, pg. 504

Raidt, Robert - Account Services, Creative, Interactive / Digital - ACCENTURE INTERACTIVE, Chicago, IL, pg. 209

Railing, Courtney - Account Services, Interactive / Digital, NBC - COMMCREATIVE, Framingham, MA, pg. 343

Raimo, Joseph - Account Planner, Account Services - COLANGELO SYNERGY MARKETING, INC., Darien, CT, pg. 566

Rainbow, Michelle - Account Services, Media Department - RESPONSE MEDIA, INC., Norcross, GA, pg. 507

Raines, Lisa - Account Planner, Account Services - LEADING AUTHORITIES, INC., Washington, DC, pg. 622

Rainey, Kelly - Account Services - ACCENTURE INTERACTIVE, New York, NY, pg. 209

Rainwater, Anna - Account Services - MEKANISM, Seattle, WA, pg. 113

Raj, Katen - Account Services, NBC - CPC STRATEGY, San Diego, CA, pg. 672

Rajecki, David - Account Services - THE TOMBRAS GROUP, Atlanta, GA, pg. 153

Rajewski, Amy - Account Services - CLEAR RIVER ADVERTISING & MARKETING, Midland, MI, pg. 177

Rakes, Janice - Account Services, Creative, NBC - SOURCE4, Roanoke, VA, pg. 569

Raleigh, Colleen - Account Services, Media Department - LEO BURNETT WORLDWIDE, Chicago, IL, pg. 98

Raleigh, David - Account Services, Programmatic - AUDIENCEXPRESS, New York, NY, pg. 455

Raley, Benjamin - Account Services - GS&F, Nashville, TN, pg. 367

Ralls, David - Account Services, NBC, PPOM - COMMIT AGENCY, Chandler, AZ, pg. 343

Ramb, Justin - Account Services - BIGEYE AGENCY, Orlando, FL, pg. 3

Ramia, Stacey - Account Planner, Account Services - PUBLICIS.SAPIENT, Coconut Grove, FL, pg. 259

Ramirez, Roger - Account Services, NBC - MUSTACHE, Brooklyn, NY, pg. 252

Ramirez, Brenda - Account Services, NBC - MOSAIC NORTH AMERICA, Irving, TX, pg. 312

Ramirez, Courtney - Account Services - EDELMAN, Seattle, WA, pg. 601

Ramos, Monique - Account Planner, Account Services - PREACHER, Austin, TX, pg. 129

Ramos, Martin - Account Services, Creative - TBWA \ CHIAT \ DAY, Los Angeles, CA, pg. 146

Ramos, Nancy - Account Services, Media Department - INITIATIVE, Los Angeles, CA, pg. 478

Ramos, Rosanne - Account Services, NBC, PPOM - LO:LA, El Segundo, CA, pg. 101

Ramsay, Len - Account Services - MVP MARKETING, Toronto, ON, pg. 390

Ramsey, Taylor - Account Services - WEBER SHANDWICK, Boston, MA, pg. 660

Rana, Arooj - Account Services - AUGUST JACKSON, Baltimore, MD, pg. 302

Rand, Hannah - Account Services - ALLISON+PARTNERS, Portland, OR, pg. 577

Randall, Chris - Account Services - THE TOMBRAS GROUP, Knoxville, TN, pg. 424

Randolph, Mackenzie - Account Services - FITZCO, Atlanta, GA, pg. 73

Rangel, Olga - Account Services, Social Media - ADLUCENT, Austin, TX, pg. 671

Rangel, Jennifer - Account Services - GUT MIAMI, Miami, FL, pg. 80

Ranjo, Erin - Account Services - OXFORD COMMUNICATIONS, Lambertville, NJ, pg. 395

Ranshaw, Michael - Account Services, Management - APOLLO INTERACTIVE, El Segundo, CA, pg. 214

Ranshous, Allison - Account Services, Public Relations - WEBER SHANDWICK, New York, NY, pg. 660

Rao, Chandani - Account Services, Management - OGILVY COMMONHEALTH WORLDWIDE, Parsippany, NJ, pg. 122

Rao, Devika - Account Services, Public Relations - O'NEILL COMMUNICATIONS, Smyrna, GA, pg. 255

Rao, Malavika - Account Services - PUBLICIS.SAPIENT, New York, NY, pg. 258

Raphael, Remy - Account Services - 360I, LLC, New York, NY, pg. 320

Rapoport, Julia - Account Services - TARGETBASE MARKETING, Greensboro, NC, pg. 293

Rapp, Callie - Account Services - WEBER SHANDWICK, Saint Louis, MO, pg. 660

Rappaport, Scott - Account Services, NBC - TABOOLA, New York, NY, pg. 268

Raser, Liza - Account Services - ENERGY BBDO, INC., Chicago, IL, pg. 355

Raskin, Joshua - Account Services, NBC - CADENT NETWORK, Philadelphia, PA, pg. 280

Rasmussen, Dan - Account Services, Management - LINNIHAN FOY ADVERTISING, Minneapolis, MN, pg. 100

Rasmussen, Faye - Account Services - UPSHOT, Chicago, IL, pg. 157

Raso, Mike - Account Services, Creative, Management - DON SCHAAF & FRIENDS, INC., Annapolis, MD, pg. 180

Rathbone, Vanessa - Account Services, Media Department - VERMILION DESIGN, Boulder, CO, pg. 204

Ratliff, Joshua - Account Services, Management, Media Department - PUBLICIS.SAPIENT, El Segundo, CA, pg. 260

Rau, Lisa - Account Services, NBC, PPOM - FIONTA, Washington, DC, pg. 183

Rauch, Jaime - Account Planner, Account Services, Interactive / Digital, Media Department, NBC, PPOM - OPENMIND, New York, NY, pg. 503

AGENCIES / RESPONSIBILITIES INDEX

Rauen, Shelby - Account Planner, Account Services - DONER, Cleveland, OH, pg. 352

Rauss, Josie - Account Services, Management - HUGE, INC., Atlanta, GA, pg. 240

Ravindra, Madhu - Account Services - BIMM DIRECT & DIGITAL, Toronto, ON, pg. 280

Ray, Maureen - Account Services, Public Relations - BCW CHICAGO, Chicago, IL, pg. 581

Ray, Erin - Account Services - MINDSTREAM MEDIA, Peoria, IL, pg. 250

Ray, John - Account Services - ANVIL MEDIA, INC, Portland, OR, pg. 671

Ray-Jones, Anna - Account Services - DONLEY COMMUNICATIONS CORPORATION, New York, NY, pg. 598

Raymer, Lori - Account Services, Creative - CERADINI BRAND DESIGN, Brooklyn, NY, pg. 177

Raymond, Christopher - Account Services, Creative, Interactive / Digital - SCHUBERT COMMUNICATIONS, INC., Downingtown, PA, pg. 139

Raymond, Peter - Account Services, NBC - FREEWHEEL, New York, NY, pg. 465

Raymond, Tesa - Account Services - FRIENDS & NEIGHBORS, Minneapolis, MN, pg. 7

Raymond, Whitney - Account Services - NANCY MARSHALL COMMUNICATIONS, Augusta, ME, pg. 631

Raymond, Kimberlee - Account Services - WPROMOTE, El Segundo, CA, pg. 678

Raynor, Anna - Account Services - BARRETTSF, San Francisco, CA, pg. 36

Rea, Dave - Account Services, Media Department, NBC - 360I, LLC, Los Angeles, CA, pg. 208

Rea, Beth - Account Services, Social Media - PUBLICIS.SAPIENT, Birmingham, MI, pg. 260

Rea-Bain, Crissy - Account Services, Interactive / Digital, Media Department, NBC - PHD USA, New York, NY, pg. 505

Read, Jenny - Account Services, Interactive / Digital, Media Department, Operations, PPM - SAATCHI & SAATCHI, New York, NY, pg. 136

Reagan, Michelle - Account Services, Management - WEBER SHANDWICK, Toronto, ON, pg. 662

Reardon, Tim - Account Services - DIGITAS, Chicago, IL, pg. 227

Reasor, Kyle - Account Services, NBC - INITIATIVE, Los Angeles, CA, pg. 478

Reaume, Dan - Account Services, Creative, Management, NBC, PPOM - MINDSHARE, Miami, FL, pg. 495

Reaves, Lauren - Account Services - ARCHER MALMO, Memphis, TN, pg. 32

Recalde, Andres - Account Services, Management, Media Department - RPA, Santa Monica, CA, pg. 134

Rechtsteiner, Kate - Account Services, Management - EMPOWER, Cincinnati, OH, pg. 354

Reckman, Christie - Account Services, Management - BURKE, INC., Cincinnati, OH, pg. 442

Rectenwald, Robin - Account Services, NBC, Public Relations - WORDWRITE COMMUNICATIONS, Pittsburgh, PA, pg. 663

Redden, Brittany - Account Services - BAILEY LAUERMAN, Omaha, NE, pg. 35

Redden, Jessica - Account Services, Public Relations, Social Media - BOHLSEN GROUP, Indianapolis, IN, pg. 336

Reddy, Michael - Account Planner, Account Services, Interactive / Digital, Media Department, NBC - CODE AND THEORY, New York, NY, pg. 221

Reddy, Lauren - Account Services - BARKER, New York, NY, pg. 36

Reddy, Swaroop - Account Services, Management - PUBLICIS.SAPIENT, New York, NY, pg. 258

Reder, Mark - Account Services, Management, PPOM - FLEISHMANHILLARD HIGHROAD, Vancouver, BC, pg. 606

Redington, Sue - Account Services, Management, NBC - FCB WEST, San Francisco, CA, pg. 72

Redington, Andy - Account Services - LOCATION3 MEDIA, Denver, CO, pg. 246

Redmond, Alexis - Account Planner, Account Services, Management, Public Relations - EDELMAN, Toronto, ON, pg. 601

Redmond, Kevin - Account Planner, Account Services, Research - GENUINE INTERACTIVE, Boston, MA, pg. 237

Redmount, Joel - Account Services - OMD, New York, NY, pg. 498

Redwood, Joan - Account Services - CROSS COUNTRY COMPUTER, East Islip, NY, pg. 281

Reece, Jennifer - Account Services, Interactive / Digital, Media Department - GARAGE TEAM MAZDA, Costa Mesa, CA, pg. 465

Reed, Shenan - Account Services, Media Department, PPOM - VM1 (ZENITH MEDIA + MOXIE), New York, NY, pg. 526

Reed, Jenn - Account Services - GARRISON HUGHES, Pittsburgh, PA, pg. 75

Reed, Jelanii - Account Services, NBC - CSE, INC., Atlanta, GA, pg. 6

Reed, Michelle - Account Services - COLLECTIVELY, INC., San Francisco, CA, pg. 685

Reed, Josh - Account Services - ALLISON+PARTNERS, Scotsdale, AZ, pg. 577

Reed, Bianca - Account Services - RAIN, Portland, OR, pg. 402

Reed, Kevin - Account Services, NBC - RR DONNELLEY, Atlanta, GA, pg. 197

Reed, Lindsay - Account Services -

MGH ADVERTISING, Owings Mills, MD, pg. 387

Reed, Dan - Account Services, Finance - MEDIA CAUSE, Washington, DC, pg. 249

Reese, Jeff - Account Services - FIREWOOD, San Francisco, CA, pg. 283

Reeves, Madeleine - Account Planner, Account Services, NBC - BBDO WORLDWIDE, New York, NY, pg. 331

Reeves, Rebecca - Account Services - HANNA & ASSOCIATES, Coeur d'Alene, ID, pg. 81

Refinski, David - Account Services - JIGSAW, LLC, Milwaukee, WI, pg. 377

Regalado, Alexis - Account Services - REPUBLICA HAVAS, Miami, FL, pg. 545

Regan, Caroline - Account Services - CONE, INC., Boston, MA, pg. 6

Regan, Kristin - Account Services, Media Department - ZIMMERMAN ADVERTISING, Fort Lauderdale, FL, pg. 437

Regan, Caroline - Account Services - PORTER NOVELLI, New York, NY, pg. 637

Regan, Nicole - Account Services - CAMPBELL EWALD NEW YORK, New York, NY, pg. 47

Regan, Alyce - Account Services - DIGITAS, Atlanta, GA, pg. 228

Regoso, Lesley - Account Services - OPERAM LLC, Los Angeles, CA, pg. 255

Regrut, Michelle - Account Services - ORANGE LABEL ART & ADVERTISING, Newport Beach, CA, pg. 395

Rehder, Mike - Account Services - INNOCEAN USA, Huntington Beach, CA, pg. 479

Rehrauer, Katie - Account Services, PPOM - BROGAN & PARTNERS, Birmingham, MI, pg. 538

Reich, Jakob - Account Services, Interactive / Digital - MEDIACOM, New York, NY, pg. 487

Reichert, James - Account Services - LIKEABLE MEDIA, New York, NY, pg. 246

Reid, Kelli - Account Services - MCNALLY TEMPLE & ASSOCIATES, INC., Sacramento, CA, pg. 626

Reid, Monica - Account Services, NBC - EMERGE2 DIGITAL, Waterloo, ON, pg. 231

Reid, Taylor - Account Services - DEUTSCH, INC., Los Angeles, CA, pg. 350

Reid, Damien - Account Services, NBC - ANOMALY, New York, NY, pg. 325

Reid, Madeline - Account Services, Interactive / Digital - NIKE COMMUNICATIONS, INC., New York, NY, pg. 632

Reid, Rebecca - Account Services - DIVISION OF LABOR, Sausalito, CA, pg. 63

Reid, Brandon - Account Services - MARCH COMMUNICATIONS, Boston, MA,

RESPONSIBILITIES INDEX — AGENCIES

pg. 625
Reid, Colleen - Account Services - FIREFLY, San Francisco, CA, pg. 552
Reigart, Richardson - Account Services, Interactive / Digital, Management, Media Department, Operations - BLUE 449, Seattle, WA, pg. 456
Reighart, Allison - Account Services - DID AGENCY, Ambler, PA, pg. 62
Reile, Kristina - Account Services, Media Department - JUST MEDIA, INC., Emeryville, CA, pg. 481
Reilly, Greg - Account Services, Management, NBC, PPOM - PUBLICIS HEALTH, New York, NY, pg. 639
Reilly, Jim - Account Services, Management - KOVEL FULLER, Culver City, CA, pg. 96
Reilly, Meghan - Account Planner, Account Services - FCB HEALTH, New York, NY, pg. 72
Reilly, Paul - Account Services, Management - BBDO CANADA, Toronto, ON, pg. 330
Reilly, Carlin - Account Services, Analytics, Media Department, Research - MEDIAHUB BOSTON, Boston, MA, pg. 489
Reilly, Allison - Account Planner, Account Services - SMALL ARMY, Boston, MA, pg. 142
Reilly, Pat - Account Services - ZERO TO 5IVE, LLC, New York, NY, pg. 665
Reilly, Michael - Account Services - PUBLICIS NORTH AMERICA, New York, NY, pg. 399
Reilly, Courtney - Account Services, PPOM - UPSHIFT CREATIVE GROUP, Chicago, IL, pg. 21
Reimert, Christine - Account Services - DEVINE + PARTNERS, Philadelphia, PA, pg. 596
Reimherr, Andrew - Account Services, Creative - MOROCH PARTNERS, Dallas, TX, pg. 389
Reincke, Nicole - Account Services, Interactive / Digital - PUBLICIS.SAPIENT, Birmingham, MI, pg. 260
Reiner, Debby - Account Services, PPOM - GREY GROUP, New York, NY, pg. 365
Reiner, Karen - Account Services - DOOR NUMBER 3, Austin, TX, pg. 64
Reiner, Nikki - Account Services, Media Department - KINETIC WORLDWIDE, New York, NY, pg. 553
Reini, Leah - Account Services, Media Department, PPOM - ESSENCE, Minneapolis, MN, pg. 233
Reino, Michelle - Account Services - LUQUIRE GEORGE ANDREWS, INC., Charlotte, NC, pg. 382
Reinstein, Joe - Account Planner, Account Services, Interactive / Digital, Media Department, NBC - PERFORMICS, Chicago, IL, pg. 676
Reintz, Christopher - Account Services - GREY MIDWEST, Cincinnati, OH, pg. 366
Reisch, Eric - Account Services, Management - WPROMOTE, Melville, NY, pg. 678
Reisdorf, Lauren - Account Services, Human Resources, Operations - BISIG IMPACT GROUP, Louisville, KY, pg. 583
Reisman, Jamie - Account Services - ROGERS & COWAN/PMK*BNC, New York, NY, pg. 644
Reiss, Rachel - Account Planner, Account Services, Interactive / Digital, Media Department - DENTSU X, New York, NY, pg. 61
Reissfelder, Hayley - Account Services, Interactive / Digital - CERCONE BROWN COMPANY, Boston, MA, pg. 341
Reiter, Michele - Account Services, NBC - WEITZMAN ADVERTISING, INC., Annapolis, MD, pg. 430
Reitz, Tyler - Account Services - BLUE COLLAR INTERACTIVE, Hood River, OR, pg. 217
Reitzes, Robyn - Account Services - SUPERFLY, New York, NY, pg. 315
Rektorik, Rebecca - Account Planner, Account Services, PPM - AMNET, New York, NY, pg. 454
Remmers, Marisa - Account Services, Analytics, NBC - NEBO AGENCY, LLC, Atlanta, GA, pg. 253
Remy, Chris - Account Services - ARGONAUT, INC., San Francisco, CA, pg. 33
Renaud, Chris - Account Services - HCA MINDBOX, Windsor, ON, pg. 83
Renbarger, Sam - Account Services, Management, NBC - DDB SAN FRANCISCO, San Francisco, CA, pg. 60
Renckens, Marie - Account Services - BEEHIVE PR, Saint Paul, MN, pg. 582
Rende, Justin - Account Services - TRIPLEPOINT, San Francisco, CA, pg. 656
Renfrew, Danielle - Account Services, Media Department - TEAM ENTERPRISES, Fort Lauderdale, FL, pg. 316
Renne, Matthew - Account Services, Media Department - TBWA \ CHIAT \ DAY, New York, NY, pg. 416
Reno, Jason - Account Services - CRAMER-KRASSELT, Chicago, IL, pg. 53
Renstrom, Christian - Account Services - MASON, INC., Bethany, CT, pg. 383
Renuart, Nicole - Account Planner, Account Services, Media Department - PHD USA, New York, NY, pg. 505
Renusch, Pam - Account Services, Management - SIMONS / MICHELSON / ZIEVE, INC., Troy, MI, pg. 142
Renwick, Victoria - Account Services, Management, Public Relations - 360PRPLUS, Boston, MA, pg. 573
Renwick, Frank - Account Services - DROGA5, New York, NY, pg. 64
Renyi, Tim - Account Services - TIDESMART GLOBAL, Falmouth, ME, pg. 317
Repasky, Ellen - Account Services, Management - DALTON AGENCY, Atlanta, GA, pg. 57
Repasky, Edward - Account Services - MGH ADVERTISING, Owings Mills, MD, pg. 387
Repicci, Greg - Account Services, Programmatic - AUDIENCEXPRESS, New York, NY, pg. 455
Repin, Stacy - Account Services, Media Department - BILLUPS WORLDWIDE, Lake Oswego, OR, pg. 550
Repka-Geller, Victoria - Account Services, Management, NBC, Operations, PPOM - DIGITAL PULP, New York, NY, pg. 225
Reponen, Erik - Account Services, Creative, Interactive / Digital - THE GEORGE P. JOHNSON COMPANY, Torrance, CA, pg. 316
Repp, Violet - Account Services, Media Department - JUST MEDIA, INC., Emeryville, CA, pg. 481
Resch, Katie - Account Services - HAVAS NEW YORK, New York, NY, pg. 369
Resnikoff, Sharen - Account Services - GROUNDTRUTH.COM, New York, NY, pg. 534
Ress Jacobson, Jamie - Account Services - LIPPE TAYLOR, New York, NY, pg. 623
Rettew, Robin - Account Services - TARGETBASE MARKETING, Greensboro, NC, pg. 293
Reugebrink, Bryan - Account Services - MULLENLOWE U.S. LOS ANGELES, El Segundo, CA, pg.
Reus, Sharon - Account Services, Operations, PPM - CREATIVE PRODUCERS GROUP, Saint Louis, MO, pg. 303
Rey, Nuria - Account Services - FACTORY 360, New York, NY, pg. 306
Reydel, Kimberly - Account Services - KWG ADVERTISING, INC., New York, NY, pg. 96
Reyes, Nancy - Account Services, Management, NBC, PPOM - TBWA \ CHIAT \ DAY, New York, NY, pg. 416
Reyes, Annabelle - Account Services - PIL CREATIVE GROUP, Coral Gables, FL, pg. 128
Reyes, Paola - Account Services - BCW NEW YORK, New York, NY, pg. 581
Reyna, Dayna - Account Services - DIGITAS, Chicago, IL, pg. 227
Reynolds, Caitlin - Account Services - SAATCHI & SAATCHI, New York, NY, pg. 136
Reynolds, James - Account Services, NBC - MEDIACOM, New York, NY, pg. 487
Reynolds, Michael - Account Services - EBIQUITY, New York, NY, pg. 444
Reynolds, Monique - Account Services - MOSAIC NORTH AMERICA, Jacksonville, FL, pg. 389
Reynolds, Stephen - Account Planner, Account Services, Media Department, Social Media - BUFFALO.AGENCY, Reston, VA, pg. 587
Reynolds, Ellie - Account Services

AGENCIES

RESPONSIBILITIES INDEX

- WEBER SHANDWICK, Chicago, IL, *pg.* 661
Reynolds, Lucia - Account Services - CHANDELIER CREATIVE, Los Angeles, CA, *pg.* 49
Reynolds, Lauren - Account Services - ARC WORLDWIDE, Chicago, IL, *pg.* 327
Reynolds, Carolyn - Account Services - LAUNCHSQUAD, San Francisco, CA, *pg.* 621
Reynolds, Jason - Account Services - INSIGHT CREATIVE GROUP, Oklahoma City, OK, *pg.* 89
Reynolds, Taylor - Account Planner, Account Services, Media Department - AKQA, San Francisco, CA, *pg.* 211
Reynoso, Sophia - Account Services, Media Department, NBC - MEDIACOM, New York, NY, *pg.* 487
Reynoso, Lauren - Account Services - VERMILION DESIGN, Boulder, CO, *pg.* 204
Rhea, Russ - Account Services, Media Department, Public Relations - HAHN PUBLIC COMMUNICATIONS, Austin, TX, *pg.* 686
Rho, Michelle - Account Planner, Account Services, Media Department - HEARTS & SCIENCE, Los Angeles, CA, *pg.* 473
Rhoads, Melanie - Account Services, NBC - HYFN, Los Angeles, CA, *pg.* 240
Rhodes, Taylor - Account Services - MERKLEY + PARTNERS, New York, NY, *pg.* 114
Rhodes, Russ - Account Services - UNIVERSAL MEDIA, INC., Mechanicsburg, PA, *pg.* 525
Rhodes, Frannie - Account Services, Creative - TBWA \ CHIAT \ DAY, New York, NY, *pg.* 416
Rhodes, Alexandra - Account Services, NBC - MERIT, Harrisburg, PA, *pg.* 386
Rhodes, Michelle - Account Services, Interactive / Digital - ADLUCENT, Austin, TX, *pg.* 671
Rhodes, Tina - Account Services - ARTISAN CREATIVE, Salem, MA, *pg.* 173
Rhude, Melissa - Account Services, Interactive / Digital, Media Department, NBC - OMD WEST, Los Angeles, CA, *pg.* 502
Riahei, Nazan - Account Services, Public Relations - ABERNATHY MACGREGOR GROUP, Los Angeles, CA, *pg.* 574
Riback Levy, Jaclyn - Account Services, Media Department - JAYMIE SCOTTO & ASSOCIATES, Middlebrook, VA, *pg.* 616
Ribaudo, Gina - Account Services - MSLGROUP, New York, NY, *pg.* 629
Ribeiro, Heather - Account Planner, Account Services - ZENO GROUP, Chicago, IL, *pg.* 664
Ribotsky, Chloe - Account Services - HEALTHCARE SUCCESS, Irvine, CA, *pg.* 83
Ricciardi, Donna - Account Services, PPOM - MOWER, Syracuse,
NY, *pg.* 118
Rice, Molly - Account Services, NBC, PPOM - SPYGLASS CREATIVE, Minneapolis, MN, *pg.* 200
Rice, Leslie - Account Services, NBC - GAIL & RICE, Farmington Hills, MI, *pg.* 306
Rice, Travis - Account Services - MELT, LLC, Atlanta, GA, *pg.* 311
Rice, Michelle - Account Services - CRONIN, Glastonbury, CT, *pg.* 55
Rice, Tim - Account Services - BCW PITTSBURGH, Pittsburgh, PA, *pg.* 581
Rice, Bryan - Account Services - PETERMAYER, New Orleans, LA, *pg.* 127
Rice, Rachel - Account Services - ZONION CREATIVE GROUP, Bend, OR, *pg.* 21
Rich, Madison - Account Services - TEAM ONE, Dallas, TX, *pg.* 418
Richard, Aimee - Account Services - KENNA, Mississauga, ON, *pg.* 244
Richards, Lori - Account Services, Media Department - MERING, Sacramento, CA, *pg.* 114
Richards, Jessica - Account Services, Management, Media Department - HAVAS MEDIA GROUP, New York, NY, *pg.* 468
Richards, Erin - Account Services, Interactive / Digital, Media Department, Programmatic - NINETY9X, New York, NY, *pg.* 254
Richards, Annie - Account Services - DNA SEATTLE, Seattle, WA, *pg.* 180
Richards, Amber - Account Services - UPROAR, Orlando, FL, *pg.* 657
Richardson, Andy - Account Services, Public Relations - GINNY RICHARDSON PUBLIC RELATIONS, Hinsdale, IL, *pg.* 607
Richardson, Satina - Account Services - BIG COMMUNICATIONS, INC., Birmingham, AL, *pg.* 39
Richardson, Kristen - Account Services, Interactive / Digital, Media Department - 360I, LLC, Atlanta, GA, *pg.* 207
Richardson, John-James - Account Services, Media Department, Public Relations - MEKANISM, Seattle, WA, *pg.* 113
Richardson, Jillyn - Account Services, Management, Media Department, NBC - HORIZON MEDIA, INC., New York, NY, *pg.* 474
Richardson, Brad - Account Services - MCCANN CANADA, Toronto, ON, *pg.* 384
Richardson, Annie - Account Services - REVOLUTION, Chicago, IL, *pg.* 406
Richardson, Sue - Account Services - WILLOW MARKETING, Indianapolis, IN, *pg.* 433
Richardson-George, Ashley - Account Services, NBC - CIRCUS MAXIMUS, New York, NY, *pg.* 50
Richichi Costello, Christina - Account Services - FCB HEALTH, New York, NY, *pg.* 72
Richter, Erika - Account Services, NBC - MCCANN NEW YORK, New York,
NY, *pg.* 108
Richter, Carly - Account Services - LEO BURNETT WORLDWIDE, Chicago, IL, *pg.* 98
Richter, Katie - Account Services - DARBY COMMUNICATIONS, Asheville, NC, *pg.* 595
Rickert, Stephanie - Account Services - QUANTUM COMMUNICATIONS, Lousiville, KY, *pg.* 401
Riddell, Fraser - Account Services, NBC, PPOM - MEDIACOM, New York, NY, *pg.* 487
Riddle, Robin - Account Services, Interactive / Digital, NBC, Social Media - THE FOUNDRY @ MEREDITH CORP, New York, NY, *pg.* 150
Riddle, Joye - Account Services, Media Department - THE TOMBRAS GROUP, Knoxville, TN, *pg.* 424
Rideout, Dustin - Account Services, Management, PPOM - JUNIPER PARK\ TBWA, Toronto, ON, *pg.* 93
Rider, Ginny - Account Planner, Account Services, NBC - GOODBY, SILVERSTEIN & PARTNERS, San Francisco, CA, *pg.* 77
Ridge, Dawn - Account Services - BERNSTEIN-REIN ADVERTISING, INC., Kansas City, MO, *pg.* 39
Ridgway, Jr., Joseph - Account Services - BRUNO & RIDGWAY RESEARCH ASSOCIATES, Lawrenceville, NJ, *pg.* 442
Ridzon, Jon - Account Services - MULLENLOWE U.S. BOSTON, Boston, MA, *pg.* 389
Rie, Katie - Account Services, Interactive / Digital - ZENO GROUP, New York, NY, *pg.* 664
Ried, Julie - Account Services, NBC - THE WARD GROUP, Woburn, MA, *pg.* 520
Riediger, Stefanie - Account Services, Media Department - MARCUS THOMAS, Cleveland, OH, *pg.* 104
Riegler, Nate - Account Services, NBC - TPN, Dallas, TX, *pg.* 683
Riehl, Megan - Account Services - WIEDEN + KENNEDY, Portland, OR, *pg.* 430
Ries, Laura - Account Services, Management, Media Department, NBC - FIG, New York, NY, *pg.* 73
Riggi, Megan - Account Services - GMR MARKETING, New Berlin, WI, *pg.* 306
Riley, Megan - Account Services, Management - HORIZON MEDIA, INC., New York, NY, *pg.* 474
Riley, Blair - Account Services, Interactive / Digital - PORTER NOVELLI, Atlanta, GA, *pg.* 637
Riley, Claire - Account Services, Media Department - AMOBEE, INC., Chicago, IL, *pg.* 213
Riley, Anthony - Account Services - THE MX GROUP, Burr Ridge, IL, *pg.* 422
Riley, Kayla - Account Services - TEAM ONE, Dallas, TX, *pg.* 418
Rinaldi, Frank - Account Services, Management, NBC - CRONIN, Glastonbury, CT, *pg.* 55

RESPONSIBILITIES INDEX AGENCIES

Rincavage, Kristen - Account Services - DEUTSCH, INC., New York, NY, pg. 349

Rineman, Patrick - Account Services - RED MOON MARKETING, Charlotte, NC, pg. 404

Ring, Stephanie - Account Services, Interactive / Digital - ENVISIONIT MEDIA, INC., Chicago, IL, pg. 231

Ringel, Susan - Account Services - JL MEDIA, INC., Union, NJ, pg. 481

Ringelstetter, Lisa - Account Services, Management - BFG COMMUNICATIONS, Bluffton, SC, pg. 333

Ringstaff, Beverly - Account Services, Creative - CONVERSION INTERACTIVE AGENCY, Brentwood, TN, pg. 222

Riordan, Kimberly - Account Services - DECKER DESIGN INC., New York, NY, pg. 179

Rios, Kathleen - Account Services, Interactive / Digital, Media Department - ZENITH MEDIA, New York, NY, pg. 529

Rios, Albert - Account Planner, Account Services, Interactive / Digital, Media Department - PALISADES MEDIA GROUP, INC., Santa Monica, CA, pg. 124

Rios, Marciela - Account Services - RED HAVAS, New York, NY, pg. 641

Ripes, Daniel - Account Services, NBC - RISE INTERACTIVE, Chicago, IL, pg. 264

Ripley, Squirrel - Account Services, Creative, Media Department, PPM - DARK HORSE MEDIA, Tucson, AZ, pg. 464

Rippentrop, Michelle - Account Services, Interactive / Digital - THE EVOKE GROUP, Columbia, MO, pg. 270

Risher, Emily - Account Services - SWIFT, Portland, OR, pg. 145

Risi, Joe - Account Services, Public Relations - BACKBONE MEDIA, Carbondale, CO, pg. 579

Rispoli, Joe - Account Services - MERKLEY + PARTNERS, New York, NY, pg. 114

Ritondo, Amanda - Account Services, Management, Operations - ZENITH MEDIA, New York, NY, pg. 529

Ritter, Brian - Account Services, Creative - WIEDEN + KENNEDY, New York, NY, pg. 432

Ritts, Casey - Account Services - HAVAS MEDIA GROUP, New York, NY, pg. 468

Rivas, Joe - Account Planner, Account Services, PPOM - DOREMUS & COMPANY, New York, NY, pg. 64

Rivera, Frances - Account Services, Interactive / Digital, Management - FLUID, INC., New York, NY, pg. 235

Rivera, Alice - Account Services, PPOM - WALTON ISAACSON CA, Culver City, CA, pg. 547

Rivera, Beverly - Account Services, Media Department - MEDIACOM, Playa Vista, CA, pg. 486

Rivera, Horacio - Account Services - OGILVY, New York, NY, pg. 393

Rivera, Pamela - Account Services, Creative, Interactive / Digital - MCGARRYBOWEN, San Francisco, CA, pg. 385

Rivera, Tony - Account Services, Media Department, NBC, Operations - SOLVE, Minneapolis, MN, pg. 17

Rivera, David - Account Services - WPROMOTE, Melville, NY, pg. 678

Rivers, Elizabeth - Account Services - LEO BURNETT TORONTO, Toronto, ON, pg. 97

Rizer, Emily - Account Services, NBC - MEDIACOM, New York, NY, pg. 487

Rizzo, Eddie - Account Services, NBC - VAYNERMEDIA, New York, NY, pg. 689

Roach, Cynthia - Account Services - FCB TORONTO, Toronto, ON, pg. 72

Roach, Sarah - Account Services - REDPEG MARKETING, Alexandria, VA, pg. 692

Robb, Susan - Account Services - VMC MEDIA, Toronto, ON, pg. 526

Robb, Caitlin - Account Services - BARKLEY, Kansas City, MO, pg. 329

Robbins, Kendra - Account Services - INTOUCH SOLUTIONS, INC., Overland Park, KS, pg. 242

Robbins, Julie - Account Services - MANGAN HOLCOMB PARTNERS, Little Rock, AR, pg. 103

Robbins, Rachel - Account Services - GREENOUGH COMMUNICATIONS, Watertown, MA, pg. 610

Roberson, Rebekah - Account Services, Interactive / Digital - R\WEST, Portland, OR, pg. 136

Roberts, Kristen - Account Services, Management - BRANDTAILERS, Irvine, CA, pg. 43

Roberts, Michelle - Account Planner, Account Services, Media Department - IA COLLABORATIVE, Chicago, IL, pg. 186

Roberts, Brittany - Account Services, Media Department, NBC - TEAM ONE, Dallas, TX, pg. 418

Roberts, Alexis - Account Services - BLAST! PR, Santa Barbara, CA, pg. 584

Roberts, Melissa - Account Services - TRUE SENSE MARKETING, Freedom, PA, pg. 293

Roberts, Jeff - Account Services, Creative - AUGUSTINE, Roseville, CA, pg. 328

Roberts, Hilary - Account Planner, Account Services - ZULU ALPHA KILO, Toronto, ON, pg. 165

Roberts, Adalia - Account Services - COACTION PUBLIC RELATIONS, New York, NY, pg. 591

Roberts, Cara - Account Services - DROGA5, New York, NY, pg. 64

Roberts, Angela - Account Services, Management - ADAMS OUTDOOR ADVERTISING, Charlotte, NC, pg. 549

Roberts, Stephanie - Account Services - CCP DIGITAL, Kansas City, MO, pg. 49

Robertson, Chris - Account Planner, Account Services, NBC - MCGARRYBOWEN, Chicago, IL, pg. 110

Robertson, Sarah - Account Services, Management, Media Department - INITIATIVE, Los Angeles, CA, pg. 478

Robertson, Erin - Account Services - BEACONFIRE REDENGINE, Arlington, VA, pg. 216

Robichaux, Laura - Account Services - HOTHOUSE, Atlanta, GA, pg. 371

Robillard, Nichole - Account Services, Management - TEAM ENTERPRISES, Fort Lauderdale, FL, pg. 316

Robin, Hannah - Account Services, NBC - O'BRIEN MARKETING, Newport Beach, CA, pg. 498

Robins, Ilana - Account Services - DIGITAS, New York, NY, pg. 226

Robinson, Julie - Account Services, Management, Operations, PPOM - TROZZOLO COMMUNICATIONS GROUP, Kansas City, MO, pg. 657

Robinson, Rick - Account Services, Creative, Media Department, Operations, PPOM - BILLUPS, INC, Los Angeles, CA, pg. 550

Robinson, Danny - Account Services, Management, PPOM - THE MARTIN AGENCY, Richmond, VA, pg. 421

Robinson, Andrew - Account Services - GKV, Baltimore, MD, pg. 364

Robinson, Jacob - Account Services - MERGE, Chicago, IL, pg. 113

Robinson, Brittany - Account Services - WUNDERMAN THOMPSON ATLANTA, Atlanta, GA, pg. 435

Robinson, Jaime - Account Services, Creative, Management - JOAN, New York, NY, pg. 92

Robinson, Emily - Account Services, NBC - GRIP LIMITED, Toronto, ON, pg. 78

Robinson, Paige - Account Services, Public Relations, Social Media - SCHAFER CONDON CARTER, Chicago, IL, pg. 138

Robinson, Scott - Account Services, NBC - MINT ADVERTISING, Clinton, NJ, pg. 115

Robinson, Jamie - Account Services - WIEDEN + KENNEDY, New York, NY, pg. 432

Robinson, Angela - Account Services - DARBY COMMUNICATIONS, Asheville, NC, pg. 595

Robinson, Brooks - Account Services - FISHBOWL, Alexandria, VA, pg. 234

Robinson, Kimberly - Account Services - EVOKE GIANT, San Francisco, CA, pg. 69

Robledo, Joe - Account Services - 97TH FLOOR, Lehi, UT, pg. 209

Robson, Doug - Account Services - BRIDGEMARK, Mississauga, ON, pg. 4

Robson, Kate - Account Services, Media Department - BLUETENT, Carbondale, CO, pg. 218

Roche, Katelyn - Account Services, Public Relations - DANCIE PERUGINI WARE PUBLIC RELATIONS, South Houston, TX, pg. 595

Rocheleau, Holly - Account Services

AGENCIES

RESPONSIBILITIES INDEX

- XPERIENCE COMMUNICATIONS, Dearborn, MI, pg. 318
Rochon, Renee - Account Services, NBC - CONNELLY PARTNERS, Boston, MA, pg. 344
Rockefeller, Mary - Account Services - BUTLER / TILL, Rochester, NY, pg. 457
Rockey, Kelsey - Account Services - PARRIS COMMUNICATIONS, INC., Kansas City, MO, pg. 125
Rockman, Jason - Account Services, Management, PPOM - DEFINITION 6, Atlanta, GA, pg. 224
Roder, Cortney - Account Services - BLUE 449, New York, NY, pg. 455
Rodgers, Heidi - Account Services - MEDIA LOGIC, Albany, NY, pg. 288
Rodgers, Caryn - Account Services, Operations - BRIGHT MOMENTS PUBLIC RELATIONS, New Orleans, LA, pg. 586
Rodgers, Mandy - Account Services - THINK JAM, West Hollywood, Los Angeles, CA, pg. 299
Rodgers, Renee - Account Planner, Account Services - RATTLEBACK, INC., Columbus, OH, pg. 262
Rodgers-Rouselle, Ethel - Account Services - BRIGHT MOMENTS PUBLIC RELATIONS, New Orleans, LA, pg. 586
Rodi, Bill - Account Services, Media Department - MOSAIC NORTH AMERICA, Chicago, IL, pg. 312
Rodrigo, Vicki - Account Services, Programmatic - CONVERSANT, LLC, Chicago, IL, pg. 222
Rodriguez, Maria - Account Services, PPOM - VANGUARD COMMUNICATIONS, Washington, DC, pg. 658
Rodriguez, Elissa - Account Planner, Account Services, Interactive / Digital, Media Department - MINDSHARE, New York, NY, pg. 491
Rodriguez, Kyle - Account Services, Management - BBDO SAN FRANCISCO, San Francisco, CA, pg. 330
Rodriguez, Elizabeth - Account Services - GROUNDTRUTH.COM, New York, NY, pg. 534
Rodriguez, Steve - Account Services, Creative - EP+CO., New York, NY, pg. 356
Rodriguez, Laura - Account Services - ZOOM MEDIA, Chicago, IL, pg. 559
Rodriguez, Selena - Account Services - CHILD'S PLAY COMMUNICATIONS, New York, NY, pg. 590
Rodriguez, Meredith - Account Services, Administrative - STEVENS STRATEGIC COMMUNICATIONS, INC., Westlake, OH, pg. 413
Rodriguez, Olivia - Account Services, Interactive / Digital - DIESTE, Dallas, TX, pg. 539
Rodriguez, Amy - Account Services - T3, Atlanta, GA, pg. 416
Rodriguez, Jorrell - Account Services, Media Department - JUST MEDIA, INC., Austin, TX, pg. 481
Rodriguez, Carmen - Account Services, Creative, PPOM - GUT MIAMI, Miami, FL, pg. 80
Rodriguez, Juan - Account Services - JAVELIN AGENCY, Irving, TX, pg. 286
Rodriguez, Anais - Account Services - VSBROOKS, Coral Gables, FL, pg. 429
Roe, Kerri - Account Services - MCCANN CANADA, Calgary, AB, pg. 384
Roebuck, Paul - Account Services, Management, NBC - BBDO WORLDWIDE, New York, NY, pg. 331
Roehlke, Emma - Account Services, NBC - CONNELLY PARTNERS, Boston, MA, pg. 344
Roffers, Vincent - Account Services, Media Department - SUPERUNION, New York, NY, pg. 18
Roffino, Trina - Account Planner, Account Services, NBC, PPOM - THE MARKETING ARM, Dallas, TX, pg. 316
Rogers, Felicia - Account Services - DECISION ANALYST, INC. , Arlington, TX, pg. 539
Rogers, Claibourne - Account Services, Public Relations - FISH CONSULTING LLC, Fort Lauderdale, FL, pg. 604
Rogers, Katie - Account Services, Creative - JUMPCREW, Nashville, TN, pg. 93
Rogers, Scott - Account Services - TRICOMB2B, Dayton, OH, pg. 427
Rogers, Clint - Account Services - OCEAN MEDIA, INC., Huntington Beach, CA, pg. 498
Rogers, Sarah - Account Services, PPOM - BLAINETURNER ADVERTISING, Morgantown, WV, pg. 584
Rohin, Ian - Account Services, Management, NBC - UNIVERSAL MCCANN, New York, NY, pg. 521
Rohlman, Michelle - Account Services - SCHAWK, INC., Kalamazoo, MI, pg. 16
Rohn, Amy - Account Services, Public Relations - LINDSAY, STONE & BRIGGS, Madison, WI, pg. 100
Rohne, Alexandra - Account Services, NBC - THINK SHIFT, INC., Winnipeg, MB, pg. 270
Rohrer, Deveny - Account Services, Media Department - MEDIACOM, Playa Vista, CA, pg. 486
Rohrlich, Joe - Account Services, Finance, NBC, PPOM - BAZAARVOICE, INC., Austin, TX, pg. 216
Roissing, Jenn - Account Services - ACCESS TO MEDIA, Chicopee, MA, pg. 453
Rojas, Patti - Account Services - MBB AGENCY, Leawood, KS, pg. 107
Rokosh, Megan - Account Services, NBC, PPOM, Public Relations - HAVAS HEALTH & YOU, New York, NY, pg. 82
Roldan, Christel - Account Services - IGNITED, El Segundo, CA, pg. 373
Rolfsen, Madeline - Account Services - WINGARD CREATIVE, Jacksonville, FL, pg. 162
Rolland, Abigail - Account Services - HAUSER GROUP PUBLIC RELATIONS, Saint Louis, MO, pg. 612
Roman, Madelyn - Account Planner, Account Services - MINDSHARE, New York, NY, pg. 491
Roman, Dannia - Account Services, Creative - THRIVEHIVE, Las Vegas, NV, pg. 271
Roman, Tabatha - Account Services - PUBLICIS NORTH AMERICA, New York, NY, pg. 399
Roman-Torres, Harry - Account Services, Media Department, NBC - DROGA5, New York, NY, pg. 64
Romanello, Stephen - Account Services - PRIMEDIA, Warwick, RI, pg. 506
Romann, William - Account Services, Media Department - OMD, Chicago, IL, pg. 500
Romano, Anna - Account Services - WEBER SHANDWICK, Los Angeles, CA, pg. 662
Romano, Shannon - Account Services - TEAM ENTERPRISES, Fort Lauderdale, FL, pg. 316
Romer, Dylan - Account Planner, Account Services - CARAT, New York, NY, pg. 459
Romero, John - Account Services - THE GEORGE P. JOHNSON COMPANY, Torrance, CA, pg. 316
Romero, Jackie - Account Planner, Account Services - NATIVE DIGITAL, LLC, Kansas City, MO, pg. 253
Romph, Jeffrey - Account Services, Management, NBC - ROMPH & POU AGENCY, Shreveport, LA, pg. 408
Ronan Noteboom, Michelle - Account Services - AMENDOLA COMMUNICATIONS, Scottsdale, AZ, pg. 577
Ronda, Marieli - Account Services - LEO BURNETT WORLDWIDE, Chicago, IL, pg. 98
Roney, Katie - Account Services - AMOBEE, INC., Chicago, IL, pg. 213
Rongey, Ken - Account Services, NBC - DEUTSCH, INC., Los Angeles, CA, pg. 350
Ronkoski, Bill - Account Services - GERSON LEHRMAN GROUP, New York, NY, pg. 168
Rooke, Bruce - Account Planner, Account Services, Creative, Management - FINGERPAINT MARKETING, Saratoga Springs, NY, pg. 358
Rooney, Robin - Account Services, NBC - BBDO MINNEAPOLIS, Minneapolis, MN, pg. 330
Root, Nathaniel - Account Services, Interactive / Digital, Media Department, NBC - ESSENCE, New York, NY, pg. 232
Roper, Noah - Account Services - 160OVER90, Santa Monica, CA, pg. 207
Ropke, Christine - Account Services - ACCESS BRAND COMMUNICATIONS, New York, NY, pg. 1
Rorke, Jen - Account Services - FRIENDS & NEIGHBORS, Minneapolis, MN, pg. 7
Rosa, Marie - Account Services, Management - ADAMS UNLIMITED, New York, NY, pg. 575
Rosa, Stefane - Account Services, NBC - DAVID, Miami, FL, pg. 57

1245

RESPONSIBILITIES INDEX — AGENCIES

Rosales, Candy - Account Services, NBC - CANVAS WORLDWIDE, Playa Vista, CA, pg. 458

Rosario, Milette - Account Services, NBC - NOBOX, Miami, FL, pg. 254

Rosas, Lisa - Account Services, Media Department - NETWORK AFFILIATES, INC., Lakewood, CO, pg. 391

Rosas, Pablo - Account Services - THE COMMUNITY, Miami Beach, FL, pg. 545

Rosato, Eric - Account Services, Operations - ATLANTIC 57, Washington, DC, pg. 2

Rose, Leah - Account Services - FIELD DAY, Toronto, ON, pg. 358

Rose, Nicole - Account Services - ESTIPONA GROUP, Reno, NV, pg. 69

Rose, Suzanne - Account Services - HAVAS MEDIA GROUP, New York, NY, pg. 468

Rose Knox, Stacey - Account Services - PURE BRAND COMMUNICATIONS, Denver, CO, pg. 130

Roseblade, Char - Account Services, Management, Media Department - SPACE150, Minneapolis, MN, pg. 266

Rosen, Bill - Account Services, NBC, PPOM - VSA PARTNERS, INC., Chicago, IL, pg. 204

Rosen, Nicole - Account Services - D. PAGAN COMMUNICATIONS INC., Melville, NY, pg. 595

Rosen, Kelly - Account Services, NBC - TBWA \ CHIAT \ DAY, Los Angeles, CA, pg. 146

Rosen, Rebecca - Account Planner, Account Services, Media Department - CARAT, New York, NY, pg. 459

Rosen, Nate - Account Services - SAATCHI & SAATCHI LOS ANGELES, Torrance, CA, pg. 137

Rosenbaum, Dave - Account Services, Management - HAVAS MEDIA GROUP, New York, NY, pg. 468

Rosenberg, Dave - Account Services, PPOM - GMR MARKETING SAN FRANCISCO, San Francisco, CA, pg. 307

Rosenberg, Steve - Account Services - INTERSECTION, New York, NY, pg. 553

Rosenberg, Alexa - Account Services, Media Department, Public Relations - AGENCY H5, Chicago, IL, pg. 575

Rosenberry, Devon - Account Services, Social Media - PMG, Fort Worth, TX, pg. 257

Rosenblatt, Anna - Account Services, Management, Media Department, NBC - MEDIACOM, New York, NY, pg. 487

Rosenbluth, Ashley - Account Services, NBC - LANDOR, New York, NY, pg. 11

Rosengren, Brent - Account Services - BRIGHTWAVE MARKETING, INC., Atlanta, GA, pg. 219

Rosenhagen, Rick - Account Services - UNIFIED RESOURCES, INC., Houston, TX, pg. 571

Rosenmann, Alexandra - Account Services - BRANDED CITIES, New York, NY, pg. 550

Rosenthal, Bill - Account Services, Finance, Operations, PPOM - ROGERS & COWAN/PMK*BNC, Los Angeles, CA, pg. 643

Rosenthal, Raquel - Account Services, Operations, PPOM - DIGILANT, Boston, MA, pg. 464

Rosenthal, Alex - Account Services - XAXIS, New York, NY, pg. 276

Rosenthal, Lindsey - Account Services, Interactive / Digital - VELOCITY OMC, New York, NY, pg. 158

Rosenthal, Jill - Account Services - INKHOUSE PUBLIC RELATIONS, Waltham, MA, pg. 615

Rosenwinkel, Erika - Account Services - DDB CHICAGO, Chicago, IL, pg. 59

Rosiak, Shannon - Account Services - VAULT COMMUNICATIONS, INC., Plymouth Meeting, PA, pg. 658

Rosiek, Robert - Account Services, Finance - GTB, Dearborn, MI, pg. 367

Rosko, Laurie - Account Services - CRAMER-KRASSELT, Chicago, IL, pg. 53

Rosowski, Gary - Account Services - HUDSON ROUGE, Dearborn, MI, pg. 372

Ross, Anna - Account Planner, Account Services, Creative, Media Department - VMLY&R, New York, NY, pg. 160

Ross, Betsy - Account Planner, Account Services, Management - O'KEEFE REINHARD & PAUL, Chicago, IL, pg. 392

Ross, Jessica - Account Services, Management - UNIVERSAL MCCANN DETROIT, Birmingham, MI, pg. 524

Ross, Joanna - Account Services - UNIVERSAL MCCANN, New York, NY, pg. 521

Ross, Andy - Account Services - YAMAMOTO, Minneapolis, MN, pg. 435

Ross, Shawna - Account Planner, Account Services, Creative, PPOM - MCGARRYBOWEN, Chicago, IL, pg. 110

Ross, Natalie - Account Services - MADWELL, Denver, CO, pg. 103

Ross, Abigail - Account Planner, Account Services - SPARK FOUNDRY, New York, NY, pg. 508

Ross, Alexandra - Account Services - HARRISON & STAR, INC., New York, NY, pg. 9

Ross, Cheryl - Account Services - DAVIS & COMPANY, Glen Rock, NJ, pg. 595

Rossano, Jason - Account Services - LEVLANE ADVERTISING, Philadelphia, PA, pg. 380

Rosser, Beau - Account Services, Analytics, Social Media - ADPEARANCE, Portland, OR, pg. 671

Rossi, Mike - Account Services, Management, NBC - THE GEORGE P. JOHNSON COMPANY, Torrance, CA, pg. 316

Rossi, Jillian - Account Services - FCB NEW YORK, New York, NY, pg. 357

Rossi, Laurel - Account Planner, Account Services, Management, NBC, PPOM - ORGANIC, INC., New York, NY, pg. 256

Rossi, Lisa - Account Services - ZIMMERMAN ADVERTISING, Fort Lauderdale, FL, pg. 437

Rossi, Alexa - Account Services - CMM, New York, NY, pg. 591

Rost, Brandon - Account Services - BEMARKETING SOLUTIONS, Blue Bell, PA, pg. 216

Rotchford, Bob - Account Services - GROSSMAN MARKETING GROUP, Somerville, MA, pg. 284

Roth, Shannon - Account Planner, Account Services, Management, Media Department - MINDSHARE, Chicago, IL, pg. 494

Roth, James - Account Services - THE MARGULIES COMMUNICATIONS GROUP, Dallas, TX, pg. 654

Rothblatt, Sheri - Account Planner, Account Services, Management, Media Department - PATHWAY GROUP LLC, New York, NY, pg. 503

Rothenhauser, Jill - Account Services, PPOM - RAPPORT OUTDOOR WORLDWIDE, Birmingham, MI, pg. 556

Rothlein, Jeff - Account Services, Interactive / Digital, Media Department - LUMENCY INC., New York, NY, pg. 310

Rothman, Ari - Account Services, NBC - CONNECTIVITY STRATEGY, Tampa, FL, pg. 462

Rothrock, Suzanne - Account Services, PPOM - MISSION MEDIA, LLC, Baltimore, MD, pg. 115

Rothschild, Lisa - Account Services - FALLS AGENCY, Minneapolis, MN, pg. 70

Rothweiler, Julie - Account Planner, Account Services - ARC WORLDWIDE, Chicago, IL, pg. 327

Rotner Drucker, Jenna - Account Services - LIPPE TAYLOR, New York, NY, pg. 623

Rotroff, Erin - Account Services, Promotions - KELLY, SCOTT & MADISON, INC., Chicago, IL, pg. 482

Roubadeaux, Jess - Account Planner, Account Services, Operations - LUCKY GENERALS, New York, NY, pg. 101

Rouech, Mike - Account Planner, Account Services, NBC - PHIRE GROUP, Ann Arbor, MI, pg. 397

Rougvie, Maria - Account Services, NBC - MULLENLOWE U.S. BOSTON, Boston, MA, pg. 389

Rounds, Jenna - Account Planner, Account Services - VMLY&R, New York, NY, pg. 160

Rouse, Justin - Account Services - VOX GLOBAL, Washington, DC, pg. 658

Rousseau, Nicole - Account Services - 360I, LLC, New York, NY, pg. 320

Routh, Liza - Account Services - INFERNO, LLC, Memphis, TN, pg. 374

Rovai, Mark - Account Planner, Account Services - EPSILON, San Francisco, CA, pg. 283

Rovelo, Paola - Account Planner,

AGENCIES
RESPONSIBILITIES INDEX

Account Services, Media Department, NBC, PPOM - MINDSHARE, Chicago, IL, *pg.* 494

Rovito, Dana - Account Services, Media Department, Public Relations - TURCHETTE ADVERTISING AGENCY, Fairfield, NJ, *pg.* 157

Rowan, Tara - Account Services - ELEVATION MARKETING, Richmond, VA, *pg.* 67

Rowe, Melissa - Account Services, Public Relations - PIVOT MARKETING, Indianapolis, IN, *pg.* 15

Rowe, Dave - Account Services, Operations - MULLENLOWE U.S. LOS ANGELES, El Segundo, CA, *pg.*

Rowe, James - Account Services - ADAM&EVE DDB, New York, NY, *pg.* 26

Rowland, Teri - Account Services - JOHNSON GRAY ADVERTISING, Laguna Beach, CA, *pg.* 377

Rowland, Mark - Account Services - VSA PARTNERS, INC., Chicago, IL, *pg.* 204

Rowley, Patrick - Account Services, Management, Media Department - MCGARRYBOWEN, New York, NY, *pg.* 109

Roy, Rahul - Account Services, NBC - O'KEEFE REINHARD & PAUL, Chicago, IL, *pg.* 392

Roy, Nicole - Account Services - O'KEEFE REINHARD & PAUL, Chicago, IL, *pg.* 392

Roytman, Lisa - Account Services - MOTHER NY, New York, NY, *pg.* 118

Rozender, Nancy - Account Services, NBC, PPOM - MARTEL ET COMPAGNIE PUBLICITE, Montreal, QC, *pg.* 288

Rubenstein, Lauren - Account Services, NBC - TERRI & SANDY, New York, NY, *pg.* 147

Rubin, Paul - Account Services, Creative - ACTIVA PR, San Francisco, CA, *pg.* 575

Rubin, Jamie - Account Services, Media Department - CAMPBELL EWALD NEW YORK, New York, NY, *pg.* 47

Rubin, Adam - Account Services, Creative - 72ANDSUNNY, Brooklyn, NY, *pg.* 24

Rubin, Allie - Account Services - ZIMMERMAN ADVERTISING, Fort Lauderdale, FL, *pg.* 437

Rubin, Rebecca - Account Planner, Account Services, NBC - DNA SEATTLE, Seattle, WA, *pg.* 180

Rubin, Leigh - Account Services - KEPLER GROUP, New York, NY, *pg.* 244

Rubino, Jim - Account Services, Management - PHD USA, New York, NY, *pg.* 505

Rubinsky, Brittany - Account Planner, Account Services, Interactive / Digital, Media Department - MEDIACOM, New York, NY, *pg.* 487

Rubio, Alejandra - Account Planner, Account Services - MCGARRYBOWEN, Chicago, IL, *pg.* 110

Rubio, Laoise - Account Services - SCHAFER CONDON CARTER, Chicago, IL, *pg.* 138

Ruckemann, Sonia - Account Services - BBDO CANADA, Toronto, ON, *pg.* 330

Ruddy, Kathy - Account Services, Management, NBC - EXSEL ADVERTISING, Sturbridge, MA, *pg.* 70

Rudell, Lynlea - Account Services - OTTO DESIGN & MARKETING, Norfolk, VA, *pg.* 124

Rudman, Jillian - Account Planner, Account Services - TBWA \ CHIAT \ DAY, Los Angeles, CA, *pg.* 146

Rudoff, Sophie - Account Services - WONGDOODY, Culver City, CA, *pg.* 433

Rudson, Becky - Account Services - RETHINK COMMUNICATIONS, INC., Vancouver, BC, *pg.* 133

Rudy, Shaun - Account Services, Creative, Human Resources, Interactive / Digital, Management, Media Department, NBC - STARCOM WORLDWIDE, Chicago, IL, *pg.* 513

Rudyk, Norah - Account Services - GSD&M, Austin, TX, *pg.* 79

Rudzinski, Caroline - Account Services - CARMICHAEL LYNCH, Minneapolis, MN, *pg.* 47

Rue, Amanda - Account Services - PORTER NOVELLI, Atlanta, GA, *pg.* 637

Ruecke-Caudell, Jennifer - Account Services, Management - ONEMAGNIFY, Detroit, MI, *pg.* 394

Rueckert, Chris - Account Services - RUECKERT ADVERTISING, Albany, NY, *pg.* 136

Ruesink, Betsey - Account Services, NBC - PRESTON KELLY, Minneapolis, MN, *pg.* 129

Ruest, Pete - Account Services, Management, Media Department - ENERGY BBDO, INC., Chicago, IL, *pg.* 355

Ruhl, Danielle - Account Planner, Account Services, Interactive / Digital, Media Department - STARCOM WORLDWIDE, Chicago, IL, *pg.* 513

Ruiz, Joanna - Account Services, Management, NBC - BBDO WORLDWIDE, New York, NY, *pg.* 331

Ruiz, Alexis - Account Services - GRANDESIGN, San Diego, CA, *pg.* 552

Ruiz, Bianca - Account Services - REPUBLICA HAVAS, Miami, FL, *pg.* 545

Rummel, Leslie - Account Planner, Account Services, Operations, Public Relations - TURNER PUBLIC RELATIONS, New York, NY, *pg.* 657

Runyon, Jill - Account Services - T3, Austin, TX, *pg.* 268

Rupp, Megan - Account Services - COVET PUBLIC RELATIONS, San Diego, CA, *pg.* 593

Ruschman, Kelly - Account Services, Management - OMNIVORE, Milwaukee, WI, *pg.* 123

Rush, Mike - Account Services, Management - 360PRPLUS, Boston, MA, *pg.* 573

Rush, Alan - Account Services, NBC - MEDIACOM, New York, NY, *pg.* 487

Russack, Evan - Account Planner, Account Services, Interactive / Digital, PPOM - WORKINPROGRESS, Boulder, CO, *pg.* 163

Russel, Emily - Account Services, Media Department - CROSSMEDIA, New York, NY, *pg.* 463

Russell, Scott - Account Planner, Account Services, Management, PPOM - UNIVERSAL MCCANN DETROIT, Birmingham, MI, *pg.* 524

Russell, Sarah - Account Services - RPM ADVERTISING, Chicago, IL, *pg.* 408

Russell, Megan - Account Services, NBC - 72ANDSUNNY, Playa Vista, CA, *pg.* 23

Russell, Mac - Account Services, Media Department - BBDO WEST, Los Angeles, CA, *pg.* 331

Russell, Joe - Account Services - CROWLEY WEBB & ASSOCIATES, Buffalo, NY, *pg.* 55

Russo, Rich - Account Services, Media Department - JL MEDIA, INC., Union, NJ, *pg.* 481

Russo, Alec - Account Services - OUTFRONT MEDIA, Saint Louis, MO, *pg.* 555

Rutberg, Marlee - Account Services - OCEAN MEDIA, INC., Huntington Beach, CA, *pg.* 498

Ruth, Austin - Account Services, NBC - BALLANTINES PUBLIC RELATIONS, West Hollywood, CA, *pg.* 580

Rutherford, Mandy - Account Services - 10 THOUSAND DESIGN, Minneapolis, MN, *pg.* 171

Rutkowski, Kate - Account Services, NBC - WIEDEN + KENNEDY, Portland, OR, *pg.* 430

Rutter, Jayne - Account Services - BENCHWORKS, Philadelphia, PA, *pg.* 333

Rutter, Savannah - Account Planner, Account Services - STRATEGY LABS, Spokane, WA, *pg.* 267

Ruvo, Caroline - Account Services - BENCHWORKS, Chestertown, MD, *pg.* 333

Ruxer, Julia - Account Services - FIXATION MARKETING, Arlington, VA, *pg.* 359

Ryan, Gigi - Account Services, Management - METRIXLAB, Farmington, CT, *pg.* 447

Ryan, Laura - Account Services, PPOM - ORION WORLDWIDE, New York, NY, *pg.* 503

Ryan, Caitlin - Account Services, Public Relations - MOWER, Charlotte, NC, *pg.* 628

Ryan, Alan - Account Services, Operations - RAINIER COMMUNICATIONS, Westborough, MA, *pg.* 641

Ryan, Ken - Account Services - BADER RUTTER & ASSOCIATES, INC., Milwaukee, WI, *pg.* 328

Ryan, Annie - Account Services - MKTG INC, Chicago, IL, *pg.* 312

Ryan, Christie - Account Services - SIEGEL & GALE, New York, NY, *pg.* 17

Ryan, Tricia - Account Services, Management - BML PUBLIC RELATIONS, Florham Park, NJ, *pg.* 584

Ryan, Megan - Account Services - THE MX GROUP, Burr Ridge, IL, *pg.* 422

Ryan, Emily - Account Services -

1247

RESPONSIBILITIES INDEX — AGENCIES

BRAND CONNECTIONS, LLC, New York, NY, pg. 336
Ryan, Dan - Account Services - PRESTON KELLY, Minneapolis, MN, pg. 129
Ryan, Justin - Account Services - ARRIVALS + DEPARTURES, Toronto, ON, pg. 34
Ryback, Brian - Account Services, Interactive / Digital - ENVISIONIT MEDIA, INC., Chicago, IL, pg. 231
Ryback, Lauren - Account Services - TURNER PUBLIC RELATIONS, New York, NY, pg. 657
Rybski, Katey - Account Services - BLUE CHIP MARKETING & COMMUNICATIONS, Northbrook, IL, pg. 334
Rymer, Brooke - Account Services - J.T. MEGA, INC., Minneapolis, MN, pg. 91
Rzasa, Ed - Account Services, Management, PPOM - STERLING-RICE GROUP, Boulder, CO, pg. 413
Rzepka, Justin - Account Services - BGR GROUP, Washington, DC, pg. 583
Rzeznik, Aleks - Account Services, Management - DAVID&GOLIATH, El Segundo, CA, pg. 57
Rzutkiewicz, Jason - Account Services - Y MEDIA LABS, Redwood City, CA, pg. 205
Saad, Amy - Account Services - MARKETING BY DESIGN, INC., Beverly, MA, pg. 190
Sabalvaro, Danielle - Account Services - MEKANISM, New York, NY, pg. 113
Sabarots, Ana - Account Services - MEKANISM, Seattle, WA, pg. 113
Sabol, Kristen - Account Services, Management - THE MARS AGENCY, Southfield, MI, pg. 683
Sabol, Christine - Account Services - LEGACY MARKETING PARTNERS, Chicago, IL, pg. 310
Saboorian, Shelly - Account Services - 22SQUARED INC., Atlanta, GA, pg. 319
Saboorian, Shelly - Account Services - 22SQUARED INC., Atlanta, GA, pg. 319
Sacco, Jessica - Account Services, Public Relations - MCNEIL, GRAY & RICE, Boston, MA, pg. 627
Sadler, Sydney - Account Services - MADWELL, Brooklyn, NY, pg. 13
Sadler, Peyton - Account Services - INK LINK MARKETING LLC, Miami Lakes, FL, pg. 615
Saenz, Guillermo - Account Services, Management, NBC - THE INTEGER GROUP - DALLAS, Dallas, TX, pg. 570
Safer, Mariana - Account Services, NBC - NEXTGUEST DIGITAL, New York, NY, pg. 253
Saffrey, Kelly - Account Services - SILTANEN & PARTNERS ADVERTISING, El Segundo, CA, pg. 410
Safran, Joshua - Account Services - 360I, LLC, New York, NY, pg. 320
Sage, Kacie - Account Services, Management - UNIVERSAL MCCANN, Los Angeles, CA, pg. 524
Sage, Suzanne - Account Services - THOMA THOMA CREATIVE, Little Rock, AR, pg. 155
Sage, Jesse - Account Services, Management - FLUID, INC., New York, NY, pg. 235
Sager, Lauren - Account Services, Media Department - AMOBEE, INC., Chicago, IL, pg. 213
Saggese, Laura - Account Services, NBC - CREATIVE PARTNERS, LLC, Stamford, CT, pg. 346
Sagucio, Eric - Account Planner, Account Services - PERCEPTIV, Los Angeles, CA, pg. 396
Saguil, Sophie - Account Services - MATTE PROJECTS, New York, NY, pg. 107
Sain, Jennifer - Account Services - CENTER FOR MARKETING INTELLIGENCE, New York, NY, pg. 443
Saint Denis, Travis - Account Planner, Account Services - BBDO CANADA, Toronto, ON, pg. 330
Sairam, Shobha - Account Planner, Account Services, Management, NBC, PPOM - THE COMMUNITY, Miami Beach, FL, pg. 545
Saito, Brittany - Account Services - FCB CHICAGO, Chicago, IL, pg. 71
Saiyanthan, Abi - Account Services, Interactive / Digital, NBC - ANDERSON DDB HEALTH & LIFESTYLE, Toronto, ON, pg. 31
Sakla, Elisabeth - Account Services, Media Department - CENTRO, Denver, CO, pg. 220
Saks, Katelyn - Account Services - 360I, LLC, Chicago, IL, pg. 208
Salafia, Paul - Account Planner, Account Services, Media Department, PPOM - ADVERTISING MANAGEMENT SERVICES, INC., Andover, MA, pg. 28
Salamone, Amy - Account Services - WE'RE MAGNETIC, New York, NY, pg. 318
Salamone, John - Account Planner, Account Services, Media Department - HEARTS & SCIENCE, New York, NY, pg. 471
Salazar, Luis - Account Services, Media Department - ICON INTERNATIONAL, INC., Greenwich, CT, pg. 476
Salcedo, Arianna - Account Services - MADRAS GLOBAL, New York, NY, pg. 103
Salcido, Mary J. - Account Services - MURPHY O'BRIEN, INC., Los Angeles, CA, pg. 630
Saleh, Janet - Account Services - BRICKWORKS COMMUNICATIONS, INC., Ancaster, ON, pg. 337
Salem, Yasmeen - Account Services - GMR MARKETING, New Berlin, WI, pg. 306
Salema, Ricardo - Account Services, Creative, Management, NBC, PPOM - ISOBAR US, New York, NY, pg. 242
Salembier, Abagael - Account Services - MRY, New York, NY, pg. 252
Saler, Jesse - Account Services - CTP, Boston, MA, pg. 347
Salfiti, Samer - Account Services - THE INTEGER GROUP - DALLAS, Dallas, TX, pg. 570
Salgado, Anthony - Account Services - NORTON AGENCY, Chicago, IL, pg. 391
Salliotte, Jacqueline - Account Services - GSD&M, Austin, TX, pg. 79
Sallustio, Maria - Account Services - LITZKY PUBLIC RELATIONS, Hoboken, NJ, pg. 623
Salman, Paul - Account Services, Media Department - PHD USA, New York, NY, pg. 505
Salmon, Sharon - Account Services - DIGITAS HEALTH LIFEBRANDS, Philadelphia, PA, pg. 229
Saltwell, Susan - Account Planner, Account Services, NBC - JACOBS AGENCY, INC., Chicago, IL, pg. 10
Saltzman, Ashley - Account Services - FLYNN, Pittsford, NY, pg. 74
Saltzman, Eliott - Account Services, Management, NBC, PPOM - ADDISON, New York, NY, pg. 171
Salvatore, Shawn - Account Services - HARRIS, BAIO & MCCULLOUGH, Philadelphia, PA, pg. 369
Salzberg, Allison - Account Services, Public Relations - 360PRPLUS, Boston, MA, pg. 573
Samarripa, Stefanie - Account Services - WEBER SHANDWICK, New York, NY, pg. 660
Samet, Marcy - Account Services, NBC, PPOM - MRM//MCCANN, Princeton, NJ, pg. 252
Sammer, Nicholas - Account Services, NBC - SAATCHI & SAATCHI X, Springdale, AR, pg. 682
Sampogna, Nicholas - Account Services, Management, NBC - EDELMAN, New York, NY, pg. 599
Sampson, Kaitlin - Account Services - MMB, Boston, MA, pg. 116
Samuels, Yann - Account Services, Creative - WIEDEN + KENNEDY, New York, NY, pg. 432
Sanchez, Nicole - Account Services - HOUSE OF MARKETING RESEARCH, Pasadena, CA, pg. 541
Sanchez, Michelle - Account Services - FORWARDPMX, New York, NY, pg. 360
Sanchez, Victor - Account Services, Media Department - ZETA INTERACTIVE, New York, NY, pg. 277
Sanchez, Ashley - Account Services, NBC - THE NARRATIVE GROUP, New York, NY, pg. 654
Sandberg, Kalli - Account Planner, Account Services, NBC - THE ENGINE IS RED, Santa Rosa, CA, pg. 150
Sanders, Nichelle - Account Services, Administrative, Interactive / Digital - FCB NEW YORK, New York, NY, pg. 357
Sanders, Leah - Account Services - MYTHIC, Charlotte, NC, pg. 119
Sanders, Madison - Account Services - LAIRD + PARTNERS, New York, NY, pg. 96

AGENCIES

RESPONSIBILITIES INDEX

Sanders, Lisa - Account Services - CRAMER-KRASSELT, Chicago, IL, pg. 53

Sanderson, Brian - Account Services, Creative - OLMSTED ASSOCIATES, Flint, MI, pg. 193

Sandhu, Puneet - Account Services - MISSION NORTH, San Francisco, CA, pg. 627

Sandison, Joe - Account Services - FISHBOWL, Alexandria, VA, pg. 234

Sandoval, Elizabeth - Account Services - MCGARRYBOWEN, Chicago, IL, pg. 110

Sandoval, Jorge - Account Services - H&L PARTNERS, Oakland, CA, pg. 80

Sandquist, Clint - Account Services - DUFT WATTERSON, Boise, ID, pg. 353

Saneshige, Norio - Account Services, Creative - WRL ADVERTISING, Canton, OH, pg. 163

Sanfilippo, Jessica - Account Services, Management, Media Department - 360I, LLC, New York, NY, pg. 320

Sanfilippo, Laura - Account Planner, Account Services - CARAT, New York, NY, pg. 459

Sanford, Brandon - Account Services - WE COMMUNICATIONS, Bellevue, WA, pg. 660

Sangidorj, Darren - Account Services, Analytics, Media Department - MINDSHARE, New York, NY, pg. 491

Sannazzaro, Lisa - Account Planner, Account Services, Interactive / Digital, Media Department, Operations, PPOM, Social Media - REPRISE DIGITAL, New York, NY, pg. 676

Santa Cruz, Vanessa - Account Services, Interactive / Digital - WMX, Miami, FL, pg. 276

SantaLucia, Laurie - Account Services - ANDERSON ADVERTISING, Scottsdale, AZ, pg. 325

Santamaria, Alejandra - Account Services - MCCANN NEW YORK, New York, NY, pg. 108

Santana, Maruchi - Account Services, PPOM - PARHAM SANTANA, INC., New York, NY, pg. 194

Santarelli, Jen - Account Services, Interactive / Digital, Media Department - BOUNTEOUS, Chicago, IL, pg. 218

Santiago, Orlando - Account Services, Management - VENTURA ASSOCIATES INTL, LLC, New York, NY, pg. 571

Santiago-Poventud, Lorraine - Account Services, Interactive / Digital, NBC - WPROMOTE, Dallas, TX, pg. 679

Santmyer, Alli - Account Services - BENCHWORKS, Chestertown, MD, pg. 333

Santora, Jim - Account Services, Management - BBDO WORLDWIDE, New York, NY, pg. 331

Santos, Danny - Account Services, Creative - STEIN IAS, New York, NY, pg. 267

Santos, Cilmara - Account Services, NBC, Promotions - CONILL ADVERTISING, INC., El Segundo, CA, pg. 538

Santos, Jose - Account Services, NBC - UNIVERSAL MCCANN, New York, NY, pg. 521

Santos, Moey - Account Planner, Account Services, Management, Media Department - UNIVERSAL MCCANN, New York, NY, pg. 521

Santospago, Nicole - Account Services - FUNDAMENTAL MEDIA, Boston, MA, pg. 465

Sapinski, David - Account Services - SILVERLIGHT DIGITAL, New York, NY, pg. 265

Sapiro, Aaron - Account Services - TROIKA/MISSION GROUP, Los Angeles, CA, pg. 20

Sapoznikov, Alex - Account Services - BROADBEAM MEDIA, New York, NY, pg. 456

Sapp, Dalton - Account Services - BLACK BEAR DESIGN GROUP, Chamblee, GA, pg. 175

Sardinas, Natalie - Account Services - REPUBLICA HAVAS, Miami, FL, pg. 545

Sarkis, Gustavo - Account Services, Creative, Interactive / Digital - CONILL ADVERTISING, INC., El Segundo, CA, pg. 538

Sarnelli, Cristina - Account Services - THE MX GROUP, Burr Ridge, IL, pg. 422

Saronitman, Susan - Account Services, Public Relations - MITCHELL, Fayetteville, AR, pg. 627

Sarpy, Kathleen - Account Services, PPOM, Public Relations - AGENCY H5, Chicago, IL, pg. 575

Sarris, James - Account Services - AI MEDIA GROUP, LLC, New York, NY, pg. 211

Sartain, Magali - Account Services, NBC - WUNDERMAN HEALTH - KANSAS CITY, Kansas City, MO, pg. 164

Sartin, Hannah - Account Services - CALLIS & ASSOCIATES, Sedalia, MO, pg. 46

Sarto, Darrin - Account Services, Interactive / Digital - REVOLUTION MEDIA, Woodland Hills, CA, pg. 507

Sasada, Megumi - Account Services, Finance - MCCANN NEW YORK, New York, NY, pg. 108

Sass, Leah - Account Services, NBC - APEL, INC., New York, NY, pg. 302

Sasso Gardner, Ariel - Account Planner, Account Services - MARLO MARKETING COMMUNICATIONS, Boston, MA, pg. 383

Sato, Alex - Account Services - TRACYLOCKE, Wilton, CT, pg. 684

Saucier, Stephanie - Account Services - BOUNTEOUS, Chicago, IL, pg. 218

Sauer, Kevin - Account Services, Interactive / Digital, Media Department - VM1 (ZENITH MEDIA + MOXIE), New York, NY, pg. 526

Saul, Chad - Account Services, NBC - RP3 AGENCY, Bethesda, MD, pg. 408

Saul, Courtney - Account Services - CHEMISTRY ATLANTA, Atlanta, GA, pg. 50

Saunders, Michael - Account Services, NBC - RAUXA, New York, NY, pg. 291

Saunders, Kendall - Account Services - STERLING-RICE GROUP, Boulder, CO, pg. 413

Sausser, Leeann - Account Services - BORSHOFF, Indianapolis, IN, pg. 585

Sauter, Schuyler - Account Services - BRANDED CITIES, New York, NY, pg. 550

Sauter, Robert - Account Services - RISE INTERACTIVE, Chicago, IL, pg. 264

Sauvagnargues, Vincent - Account Services, NBC - HEARTS & SCIENCE, New York, NY, pg. 471

Savage, Jaclyn - Account Services - EPOCH 5 PUBLIC RELATIONS, Huntington, NY, pg. 602

Savage, Riley - Account Planner, Account Services, Media Department - UNIVERSAL MCCANN, New York, NY, pg. 521

Savik, Britta - Account Services - GOODBY, SILVERSTEIN & PARTNERS, San Francisco, CA, pg. 77

Savine, Steffanie - Account Services, NBC - THE MARX GROUP, San Rafeal, CA, pg. 421

Savini, Jessie - Account Services, Media Department - BILLUPS, INC, Atlanta, GA, pg. 550

Saw, Diane - Account Planner, Account Services - MOVING IMAGE & CONTENT, New York, NY, pg. 251

Sawicki, Rachel - Account Services - SEROKA BRAND DEVELOPMENT, Brookfield, WI, pg. 646

Saxon, Kiki - Account Services - VAULT49, New York, NY, pg. 203

Saxon, Emily - Account Services - 3Q DIGITAL, Chicago, IL, pg. 208

Sayegh, Daniela - Account Services, Interactive / Digital - MINDSHARE, Miami, FL, pg. 495

Saylor, Lana - Account Services, Management, NBC - THE INTEGER GROUP - DALLAS, Dallas, TX, pg. 570

Sbrega, Molly - Account Services - ON BOARD EXPERIENTIAL MARKETING, Sausalito, CA, pg. 313

Scales, Libby - Account Services - THE NARRATIVE GROUP, Chicago, IL, pg. 654

Scalise, Ronda - Account Services, Management - AISLE ROCKET, Chicago, IL, pg. 681

Scalisi, Tanya - Account Services - J PUBLIC RELATIONS, San Diego, CA, pg. 616

Scallate-Hartley, Michelle - Account Services - LEO BURNETT WORLDWIDE, Chicago, IL, pg. 98

Scally, Meegan - Account Planner, Account Services, Media Department - SPARK FOUNDRY, New York, NY, pg. 508

Scanlon, Erin - Account Services,

RESPONSIBILITIES INDEX — AGENCIES

Interactive / Digital, Media Department - CARAT, New York, NY, pg. 459

Scardino, Cris - Account Services - DROGA5, New York, NY, pg. 64

Scaros, Alex - Account Services - WIEDEN + KENNEDY, New York, NY, pg. 432

Scartz, Joe - Account Services, Interactive / Digital, NBC - TPN, Chicago, IL, pg. 571

Scazafave, Mark - Account Services, Management - IPSOS HEALTHCARE, Mahwah, NJ, pg. 446

Scerba, Lindsey - Account Services, NBC - ACCELERATION PARTNERS, Needham, MA, pg. 25

Schaaf, Jimmy - Account Planner, Account Services, Media Department - CANVAS WORLDWIDE, New York, NY, pg. 458

Schaal, Lindsay - Account Planner, Account Services, Management - CONVERSANT, LLC, Chicago, IL, pg. 222

Schachman, Karyn - Account Services, Media Department - SOURCE COMMUNICATIONS, Hackensack, NJ, pg. 315

Schade, Kate - Account Services - THE SAWTOOTH GROUP, Red Bank, NJ, pg. 152

Schade, Emily - Account Services - ANOMALY, New York, NY, pg. 325

Schaefer, Kristi - Account Services - PUSH 7, Pittsburgh, PA, pg. 131

Schaefer, Jeff - Account Planner, Account Services - FARM, Lancaster, NY, pg. 357

Schaevitz Deacon, Jessica - Account Services, PPOM - MCCANN NEW YORK, New York, NY, pg. 108

Schafer, Eric - Account Services, Creative - MIRUM AGENCY, Minneapolis, MN, pg. 251

Schafer, Charlie - Account Services - STERN ADVERTISING, INC., Cleveland, OH, pg. 413

Schafer, Stephanie - Account Services - MONO, Minneapolis, MN, pg. 117

Schafer, Dave - Account Services, Creative - BUSINESSONLINE, San Diego, CA, pg. 672

Schaffer, Lisa - Account Services, NBC - CREATIVE B'STRO, New York, NY, pg. 222

Schaffer, Katherine - Account Planner, Account Services, Analytics, Media Department, NBC, Research - OMD, Chicago, IL, pg. 500

Schaller, Katie - Account Services, PPM - WIEDEN + KENNEDY, Portland, OR, pg. 430

Schannen, Cathy - Account Services - LABOV MARKETING & TRAINING, Fort Wayne, IN, pg. 379

Scharf, Amy - Account Services - DANIELS & ROBERTS, INC., Lake Worth, FL, pg. 348

Scharf, Mitch - Account Services, NBC - MOXIE, Atlanta, GA, pg. 251

Schearer, Cory - Account Services,

Creative, NBC - EP+CO., Greenville, SC, pg. 356

Scheideler, Kara - Account Services - CMM, New York, NY, pg. 591

Scheidler, Samantha - Account Services - WUNDERMAN THOMPSON, Washington, DC, pg. 434

Schein, Emily - Account Services - GREY GROUP, New York, NY, pg. 365

Schenkel, Penny - Account Services - BURKE, INC., Cincinnati, OH, pg. 442

Scher, Kevin - Account Services, Management - MCCANN NEW YORK, New York, NY, pg. 108

Scherbring, Sarah - Account Services - CARMICHAEL LYNCH, Minneapolis, MN, pg. 47

Schermoly, Rachel - Account Services - THE SUNFLOWER GROUP, Lenexa, KS, pg. 317

Scherr, Traci - Account Services, Interactive / Digital, Public Relations, Social Media - ARKETI GROUP, Atlanta, GA, pg. 578

Scherrer, Jack - Account Services, Interactive / Digital - BLUETENT, Carbondale, CO, pg. 218

Scherzer, Robert - Account Services, Creative, Interactive / Digital - DNA SEATTLE, Seattle, WA, pg. 180

Schetzsle, Katie - Account Services - MEYOCKS GROUP, West Des Moines, IA, pg. 387

Scheuer, Madison - Account Services - ATRIUM, New York, NY, pg. 579

Schiappacasse, Natalia - Account Services - AC&M GROUP, Charlotte, NC, pg. 537

Schiavelli, Olivia - Account Services, Media Department - HORIZON MEDIA, INC., Los Angeles, CA, pg. 473

Schiavone, Anthony - Account Planner, Account Services, Media Department - MINDSHARE, New York, NY, pg. 491

Schieber, Beth - Account Services, Management, NBC - GSW WORLDWIDE / GSW, FUELED BY BLUE DIESEL, Westerville, OH, pg. 80

Schieffer, Kalyn - Account Services - MARCH COMMUNICATIONS, Boston, MA, pg. 625

Schields, Kristin - Account Services - PLANIT, Baltimore, MD, pg. 397

Schiermeyer, Ashley - Account Planner, Account Services, Social Media - NEXT LEVEL SPORTS INC., San Juan Capistrano, CA, pg. 632

Schiff, Carly - Account Services, Interactive / Digital - BROGAN & PARTNERS, Birmingham, MI, pg. 538

Schiffman, Graham - Account Services, Interactive / Digital, Media Department, Social Media - MEDIACOM, New York, NY, pg. 487

Schiller, Anne Marie - Account Services, PPOM - RAPP WORLDWIDE, Irving, TX, pg. 291

Schiller, Nicole - Account Services - DWA MEDIA, Boston, MA, pg. 464

Schindele, Scott - Account Services - AGENCY CREATIVE, Dallas, TX, pg. 29

Schiro, Julie - Account Services, Management, Media Department - SPARK FOUNDRY, New York, NY, pg. 508

Schirripa, Lauren - Account Planner, Account Services, Media Department - EDELMAN, Chicago, IL, pg. 353

Schlager, Madison - Account Services - BARKLEY, Kansas City, MO, pg. 329

Schlatter, Haley - Account Services - WONGDOODY, Seattle, WA, pg. 162

Schlax, Tony - Account Services - OMD, Chicago, IL, pg. 500

Schlegel, Sue - Account Services, NBC, Operations - GROUP G MARKETING PARTNERS, Ivyland, PA, pg. 284

Schlendorf, Thea - Account Services - BENSON MARKETING GROUP, Napa, CA, pg. 280

Schlissel, Erin - Account Services, Interactive / Digital, Media Department - OBSERVATORY MARKETING, Los Angeles, CA, pg. 122

Schloss, Niki - Account Services, Creative - J3, New York, NY, pg. 480

Schlossberg, Matt - Account Services, Interactive / Digital - AMENDOLA COMMUNICATIONS, Scottsdale, AZ, pg. 577

Schlotfeldt, David - Account Services, NBC, PPOM - PLAUDIT DESIGN, Saint Paul, MN, pg. 257

Schluckebier, Laura - Account Services - TEAM ONE, Los Angeles, CA, pg. 417

Schlussel, Amanda - Account Services - KRUPP KOMMUNICATIONS, New York, NY, pg. 686

Schluter, Mallory - Account Services - ROGERS & COWAN/PMK*BNC, Los Angeles, CA, pg. 643

Schmid, Caroline - Account Services, Management - MCKEEMAN COMMUNICATIONS, Raleigh, NC, pg. 626

Schmidt, Linda - Account Services, Management, NBC - KANTAR, Atlanta, GA, pg. 446

Schmidt, Rebecca - Account Services - NUFFER SMITH TUCKER, INC., San Diego, CA, pg. 392

Schmidt, Paul - Account Services, Management, NBC - MARKETING ARCHITECTS, Minneapolis, MN, pg. 288

Schmidt, Laurabeth - Account Services - PRICEWEBER MARKETING COMMUNICATIONS, INC., Louisville, KY, pg. 398

Schmidt, Samantha - Account Services - DIGITAS, New York, NY, pg. 226

Schmidt, Erin - Account Services - BRANDED ENTERTAINMENT NETWORK, INC., Sherman Oaks, CA, pg. 297

Schmidt, Andrew - Account Services - CZARNOWSKI, Austell, GA, pg. 304

Schmidt, Joe - Account Services -

1250

AGENCIES

RESPONSIBILITIES INDEX

MARTIN ADVERTISING, Birmingham, AL, pg. 106
Schmidt, Emily - Account Services - FCB CHICAGO, Chicago, IL, pg. 71
Schmitt, Ashley - Account Services, Media Department - FLEISHMANHILLARD, New York, NY, pg. 605
Schmitz, Katie - Account Services - INFINITY DIRECT, Plymouth, MN, pg. 286
Schmotzer, Kristin - Account Services - EDELMAN, Chicago, IL, pg. 353
Schmutz, Corinne - Account Services - PLANET PROPAGANDA, Madison, WI, pg. 195
Schneider, Kristi - Account Services - PUBLICIS.SAPIENT, Coconut Grove, FL, pg. 259
Schneider, Fritz - Account Services, PPOM - CLARK COMMUNICATIONS, Clarksburg, MD, pg. 591
Schneider, Cory - Account Services, NBC - YOUNG & LARAMORE, Indianapolis, IN, pg. 164
Schneider, Mary - Account Services, NBC - M45 MARKETING SERVICES, Freeport, IL, pg. 382
Schneider, Rachel - Account Services - COLLE MCVOY, Minneapolis, MN, pg. 343
Schneider, Kurt - Account Services, Management, NBC, PPM - UNIVERSAL MCCANN DETROIT, Birmingham, MI, pg. 524
Schneider, Galen - Account Services, NBC - ACCELERATION PARTNERS, Needham, MA, pg. 25
Schneider, Jamie - Account Services - SAATCHI & SAATCHI DALLAS, Dallas, TX, pg. 136
Schneider, Chuka - Account Services - CASHMERE AGENCY, Los Angeles, CA, pg. 48
Schnell, Cindy - Account Services - UPWARD BRAND INTERACTIONS, Dayton, OH, pg. 158
Schneller, Jennifer - Account Services, Interactive / Digital - EMPOWER, Cincinnati, OH, pg. 354
Schoen, Laura - Account Services, NBC, PPOM - WEBER SHANDWICK, New York, NY, pg. 660
Schoen, Natalie - Account Services - BAM COMMUNICATIONS, San Diego, CA, pg. 580
Schoolfield, Susan - Account Services - BALCOM AGENCY, Fort Worth, TX, pg. 329
Schopp, Dara - Account Services - ALISON BROD PUBLIC RELATIONS, New York, NY, pg. 576
Schott, Brent - Account Services, PPOM, Public Relations - SWANSON RUSSELL ASSOCIATES, Lincoln, NE, pg. 415
Schram, Jamie - Account Services - HUGE, INC., Brooklyn, NY, pg. 239
Schreckenbach, Megan - Account Services - FOSTER MARKETING COMMUNICATIONS, Lafayette, LA, pg. 360

Schreiner, Roberta - Account Services, Management - SKY ADVERTISING, INC., New York, NY, pg. 142
Schreiner, Kelsea - Account Services - KINETIC MARKETING GROUP, Billings, MT, pg. 95
Schremser, Gina - Account Services - JACK MORTON WORLDWIDE, Detroit, MI, pg. 309
Schreurs, Rob - Account Services - STRATEGIC AMERICA, West Des Moines, IA, pg. 414
Schrieber, Alex - Account Services, Interactive / Digital, NBC, Social Media - RESOLUTION MEDIA, Chicago, IL, pg. 676
Schroder, Abby - Account Services - TDA_BOULDER, Boulder, CO, pg. 147
Schroeder, Jillian - Account Planner, Account Services, Media Department, PPOM - MINDSHARE, New York, NY, pg. 491
Schroeder, Kate - Account Services, NBC - AXXIS, Louisville, KY, pg. 302
Schroetter, Tara - Account Services, Interactive / Digital - ROGERS & COWAN/PMK*BNC, Los Angeles, CA, pg. 643
Schubert, Kristen - Account Services - GREY GROUP, New York, NY, pg. 365
Schuck, Alison - Account Services - ACOM HEALTHCARE, Hingham, MA, pg. 26
Schuetz, Wendy - Account Services, Management, NBC - BROGAN TENNYSON GROUP, INC., Dayton, NJ, pg. 43
Schug, Stephanie - Account Planner, Account Services - MEDIA CAUSE, San Francisco, CA, pg. 249
Schuldt, Christine - Account Services, Promotions - LOCATION3 MEDIA, Denver, CO, pg. 246
Schulte, Alison - Account Planner, Account Services, Management, NBC - CRAMER-KRASSELT, Chicago, IL, pg. 53
Schulte, Sean - Account Services, NBC - YAH. - YOU ARE HERE, Atlanta, GA, pg. 318
Schulte, Phil - Account Services - REDSHIFT, Pittsburgh, PA, pg. 133
Schulte, Chris - Account Services - J. W. MORTON & ASSOCIATES, Cedar Rapids, IA, pg. 91
Schulte, Ashley - Account Services - WITZ COMMUNICATIONS, INC., Raleigh, NC, pg. 663
Schulte, Natalie - Account Services - WINGARD CREATIVE, Jacksonville, FL, pg. 162
Schulte, Allyson - Account Services - FIVEFIFTY, Denver, CO, pg. 235
Schulties, Jennifer - Account Services, Media Department - FORWARDPMX, New York, NY, pg. 360
Schultz, Dan - Account Services - SUKLE ADVERTISING & DESIGN, Denver, CO, pg. 145
Schulz, Jessica - Account Planner, Account Services - AMNET, Detroit, MI, pg. 454

Schumacher, Betsi - Account Services, Management - 3RD COAST PR, Chicago, IL, pg. 573
Schuster, Kevin - Account Services - LUKAS PARTNERS, Omaha, NE, pg. 623
Schuster, Ryan - Account Services, Interactive / Digital, Media Department - CARAT, Chicago, IL, pg. 461
Schuster, Jaimee - Account Services, Media Department - UNDERTONE, New York, NY, pg. 273
Schwab, Mike - Account Services - COLLE MCVOY, Minneapolis, MN, pg. 343
Schwantes, Wendy - Account Services - PAUL WERTH ASSOCIATES, INC., Columbus, OH, pg. 635
Schwark-Risko, Catherine - Account Services - MARKETING DIRECTIONS, INC., Cleveland, OH, pg. 105
Schwartz, Scott - Account Services, Media Department, NBC, Operations, PPOM, Public Relations - OMD, New York, NY, pg. 498
Schwartz, Lauren - Account Services - HAVAS MEDIA GROUP, Boston, MA, pg. 470
Schwartz, Reid - Account Services - EDELMAN, Austin, TX, pg. 601
Schwartz, Jessica - Account Services, Analytics, Media Department - PHD USA, New York, NY, pg. 505
Schwartz, Jodi - Account Services - CENTERLINE DIGITAL, Raleigh, NC, pg. 220
Schwartz, Nicole - Account Planner, Account Services, Media Department - INITIATIVE, New York, NY, pg. 477
Schwartz, Matt - Account Services - MOTHER NY, New York, NY, pg. 118
Schwartzman, Sandra - Account Services - RMR & ASSOCIATES, Rockville, MD, pg. 407
Schwarzenbach, Malcolm - Account Services, NBC, PPOM - TRUMPET ADVERTISING, New Orleans, LA, pg. 157
Schweiger, Wendy - Account Services - FAHLGREN MORTINE PUBLIC RELATIONS, Cleveland, OH, pg. 602
Schweissinger, Anna - Account Services - MEDIA SOLUTIONS, Sacramento, CA, pg. 486
Schweitz, Theodore - Account Planner, Account Services - BBDO MINNEAPOLIS, Minneapolis, MN, pg. 330
Schweitzer, Evan - Account Services, PPOM - GROUPM, New York, NY, pg. 466
Schweitzer, Lauren - Account Services - HARVEY AGENCY, Sparks, MD, pg. 681
Schweppe, Chris - Account Services - GLOBAL STRATEGIES, Bend, OR, pg. 673
Schwieger, Randi - Account Services - MCGARRYBOWEN, Chicago, IL, pg. 110
Sciacca, Kellie - Account Services - JACK MORTON WORLDWIDE, New York,

1251

RESPONSIBILITIES INDEX AGENCIES

NY, pg. 308
Scianna, Darcie - Account Services, Management, Operations - ENERGY BBDO, INC., Chicago, IL, pg. 355
Scoff, Mark - Account Services - AKA NYC, New York, NY, pg. 324
Scofield, Kerrie - Account Services - DONER CX, Norwalk, CT, pg. 352
Scopinich, Emily - Account Services, Media Department - POSTERSCOPE U.S.A., New York, NY, pg. 556
Scordato, Elizabeth - Account Services, Management - STRAWBERRYFROG, New York, NY, pg. 414
Scott, Shelly-Ann - Account Services, Management - JUNIPER PARK\ TBWA, Toronto, ON, pg. 93
Scott, Kate - Account Planner, Account Services, Creative, NBC, Operations - BULLISH INC, New York, NY, pg. 45
Scott, Zarinah - Account Services, NBC, Social Media - MEDIACOM, New York, NY, pg. 487
Scott, Maura - Account Services, Interactive / Digital, Media Department, Promotions - INITIATIVE, Chicago, IL, pg. 479
Scott, Caitlin - Account Services - SMITH GIFFORD, INC., Falls Church, VA, pg. 143
Scott, Amy - Account Services - CENTERLINE DIGITAL, Raleigh, NC, pg. 220
Scott, Lauren - Account Services - STARCOM WORLDWIDE, Chicago, IL, pg. 513
Scott, Leslie - Account Planner, Account Services - TRACYLOCKE, Irving, TX, pg. 683
Scribner, Shannon - Account Services, Interactive / Digital, Media Department, Social Media - BARKLEY, Kansas City, MO, pg. 329
Scrim, David - Account Services, Management, Media Department - CONVERSANT, LLC, Chicago, IL, pg. 222
Scruggs, Gary - Account Services, Analytics, Management, Media Department - JELLYFISH U.S., Baltimore, MD, pg. 243
Scutellaro, Steve - Account Services, Management - ENGINE, New York, NY, pg. 231
Seager, Jymette - Account Services - C. GRANT & COMPANY, Wheaton, IL, pg. 46
Sealy, Chris - Account Services - TARGETBASE MARKETING, Irving, TX, pg. 292
Seamark, Morgan - Account Services, Creative, Management - HAVAS NEW YORK, New York, NY, pg. 369
Searcy, Elizabeth - Account Services, Operations - SPARKS GROVE, INC., Atlanta, GA, pg. 199
Searle, Chuck - Account Services, PPOM - VMLY&R, Kansas City, MO, pg. 274
Sears, Ashley - Account Services - COOKSEY COMMUNICATIONS, Irving, TX,

pg. 593
Sebastian, Sabina - Account Services - SPARK44, New York, NY, pg. 411
Sebastian, Julia - Account Services - THE SHIPYARD, Columbus, OH, pg. 270
Seddon, Joanna - Account Services, Media Department, NBC, PPOM - OGILVYONE WORLDWIDE, New York, NY, pg. 255
Sederbaum, David - Account Services, Interactive / Digital, Media Department - CARAT, New York, NY, pg. 459
See, Kathleen - Account Services - 10FOLD, Austin, TX, pg. 573
Seelye, James - Account Planner, Account Services, Interactive / Digital, Media Department - ESSENCE, New York, NY, pg. 232
Seeman, Caroline - Account Services - RHYTHM COMMUNICATIONS, Atlanta, GA, pg. 643
Segal, Heather - Account Services, Media Department, Research - ZULU ALPHA KILO, Toronto, ON, pg. 165
Segal, Ariel - Account Services - JOHN ST., Toronto, ON, pg. 93
Seguin, Nichole - Account Services - LEO BURNETT DETROIT, Troy, MI, pg. 97
Segura, Diego - Account Services - MOXIE COMMUNICATIONS GROUP, New York, NY, pg. 628
Sehgal, Ajai - Account Services, Interactive / Digital, PPOM - EAGLEVIEW TECHNOLOGIES, INC., Bothell, WA, pg. 230
Seide, Michael - Account Services - LAUNDRY SERVICE, Brooklyn, NY, pg. 287
Seiden, Maya - Account Services - BGR GROUP, Washington, DC, pg. 583
Seidenberg, Zach - Account Services, Media Department - STRAUSS MEDIA STRATEGIES, INC., Washington, DC, pg. 518
Seidner, Matthew - Account Services, Interactive / Digital, Social Media - RESOLUTION MEDIA, New York, NY, pg. 263
Seiler, Mike - Account Services, Analytics - AKQA, San Francisco, CA, pg. 211
Seinen, Ben - Account Services, PPOM - PEP, Cincinnati, OH, pg. 569
Seiser, Andrea - Account Services - SOURCELINK, LLC, Miamisburg, OH, pg. 292
Seits, Angela - Account Services, Operations, Social Media - PMG, Fort Worth, TX, pg. 257
Seklir, Caroline - Account Services, Creative - YARD, New York, NY, pg. 435
Selan, Jeremy - Account Services, Operations - LUQUIRE GEORGE ANDREWS, INC., Charlotte, NC, pg. 382
Selbie, Olivia - Account Services - FCB TORONTO, Toronto, ON, pg. 72
Selditz, Inessah - Account Services - HUGE, INC., Brooklyn, NY, pg. 239

Selfridge, Laura - Account Services, Operations, PPOM - WUNDERMAN THOMPSON, New York, NY, pg. 434
Selgur, Selin - Account Services - ANOMALY, New York, NY, pg. 325
Seligman, Ken - Account Services, NBC - TINUITI, New York, NY, pg. 678
Sellars, Don - Account Services - ILIUM ASSOCIATES, INC., Bellevue, WA, pg. 88
Sells, Candice - Account Services - JAN KELLEY MARKETING, Burlington, ON, pg. 10
Seltzer, Jamie - Account Services, Interactive / Digital, Management, Media Department - HAVAS MEDIA GROUP, New York, NY, pg. 468
Selvaratnam, Kannan - Account Services, Media Department - RESOLUTION MEDIA, New York, NY, pg. 263
Seminowicz, Chris - Account Services, Analytics, NBC - DIGITAS HEALTH LIFEBRANDS, New York, NY, pg. 229
Semons, Andy - Account Services, NBC, PPOM - IPNY, New York, NY, pg. 90
Seng, Phil - Account Services - DJ CASE & ASSOCIATES, Mishawaka, IN, pg. 597
Senkewicz, Steph - Account Services, Public Relations - MGH ADVERTISING, Owings Mills, MD, pg. 387
Senour, Sarah - Account Services - AISLE ROCKET, Chicago, IL, pg. 681
Senyk, Susan - Account Services - SPARKS, Philadelphia, PA, pg. 315
Serafin, Derek - Account Services - THE MOTION AGENCY, Chicago, IL, pg. 270
Seril, Scott - Account Services - MARKETING GENERAL, INC., Alexandria, VA, pg. 288
Serilla, Paul - Account Services, Management, Operations - CRITICAL MASS, INC., Chicago, IL, pg. 223
Serio, Janine - Account Services, Interactive / Digital, Media Department, NBC - MEDIACOM, New York, NY, pg. 487
Serra, Jean - Account Services, NBC, PPOM, Public Relations - VERSION 2 COMMUNICATIONS, Boston, MA, pg. 658
Serrano, Lara - Account Services - SAATCHI & SAATCHI, New York, NY, pg. 136
Serres, Mark - Account Services - VMLY&R, Kansas City, MO, pg. 274
Serrian, Andrea - Account Services - CARMICHAEL LYNCH, Minneapolis, MN, pg. 47
Sethi, Trina - Account Services - BBH, West Hollywood, CA, pg. 37
Setree, Trudy - Account Services - BLAKESLEE, Baltimore, MD, pg. 40
Settle, Chris - Account Services, Creative - DESTINATION MARKETING, Mountlake Terrace, WA, pg. 349
Severson, Amy - Account Services -

1252

AGENCIES — RESPONSIBILITIES INDEX

NEMER, FIEGER & ASSOCIATES, Minneapolis, MN, *pg.* 391

Sewell, Whitney - Account Services, NBC - CONNECT AT PUBLICIS MEDIA, Chicago, IL, *pg.* 462

Sewell, Tom - Account Services, Management, NBC, Operations, PPOM - DCX GROWTH ACCELERATOR, Brooklyn, NY, *pg.* 58

Sexton, Lindsay - Account Services - THE TOMBRAS GROUP, Knoxville, TN, *pg.* 424

Seybold, Sheri - Account Services - BIG SKY COMMUNICATIONS, San Jose, CA, *pg.* 583

Seyman, Lindsey - Account Services - FANCY LLC, New York, NY, *pg.* 71

Sferra, Daniel - Account Services - ANTHONY THOMAS ADVERTISING, Akron, OH, *pg.* 32

Shabelman, Doug - Account Services, PPOM - BURNS ENTERTAINMENT & SPORTS MARKETING, INC., Evanston, IL, *pg.* 303

Shacham, Melissa - Account Services - YARD, New York, NY, *pg.* 435

Shaddox, Jennifer - Account Services - STAMATS COMMUNICATIONS, Cedar Rapids, IA, *pg.* 412

Shafer, Kat - Account Services, Management - EP+CO., New York, NY, *pg.* 356

Shafer, Lucy - Account Planner, Account Services - TWENTY-FIRST CENTURY BRAND, San Francisco, CA, *pg.* 157

Shaffner, Cathy - Account Planner, Account Services, Media Department, NBC - EMPOWER, Cincinnati, OH, *pg.* 354

Shah, Anish - Account Services - LOGICAL MEDIA GROUP, Chicago, IL, *pg.* 247

Shahabuddin, Samira - Account Planner, Account Services, Creative, Media Department - TBWA \ CHIAT \ DAY, Los Angeles, CA, *pg.* 146

Shaker, Samantha - Account Services - GENUINE INTERACTIVE, Boston, MA, *pg.* 237

Shamah, Ronald - Account Services, Management, NBC, PPOM - PUBLICIS.SAPIENT, New York, NY, *pg.* 258

Shambo, Stephanie - Account Services - ICF NEXT, Chicago, IL, *pg.* 614

Shammas, Madaline - Account Services, Interactive / Digital - FOCUS USA, Paramus, NJ, *pg.* 284

Shamy, Chelsea - Account Services - DEARING GROUP, West Lafayette, IN, *pg.* 60

Shanahan, Allie - Account Services - REDPEPPER, Nashville, TN, *pg.* 405

Shanahan, Lindsay - Account Services - THE OUTCAST AGENCY, San Francisco, CA, *pg.* 654

Shank, Fred - Account Services, Interactive / Digital, Management, NBC - PORTER NOVELLI, Seattle, WA, *pg.* 637

Shankar, Arun - Account Services, Interactive / Digital - EPSILON, San Francisco, CA, *pg.* 283

Shankman, Susan - Account Services - MBUY, Chicago, IL, *pg.* 484

Shankman, Emily - Account Services - ADPEARANCE, Portland, OR, *pg.* 671

Shannon, Cathy - Account Services, Management - RADICAL MEDIA, New York, NY, *pg.* 196

Shannon, Brittany - Account Services - VALASSIS, Livonia, MI, *pg.* 294

Shapiro, Caitlin - Account Services - BUTLER, SHINE, STERN & PARTNERS, Sausalito, CA, *pg.* 45

Shapiro, Nikki - Account Planner, Account Services, Interactive / Digital, Media Department - UNIVERSAL MCCANN, San Francisco, CA, *pg.* 428

Shapiro, Mollie - Account Services - SITUATION INTERACTIVE, New York, NY, *pg.* 265

Shares, Courtney - Account Services, NBC, Operations - COLLINS:, New York, NY, *pg.* 177

Sharp, Karen - Account Services, Media Department - BUTLER / TILL, Rochester, NY, *pg.* 457

Sharp, Joseph - Account Services - ALLSCOPE MEDIA, New York, NY, *pg.* 454

Sharp, Jane - Account Services, Public Relations - THE HATCH AGENCY, San Francisco, CA, *pg.* 653

Sharp-Curro, Liz - Account Services, NBC - ADSERTS, Brookfield, WI, *pg.* 27

Sharrow-Blaum, Christian - Account Services, Creative, Promotions - LYONS CONSULTING GROUP, Chicago, IL, *pg.* 247

Shatten, Bill - Account Services - INFINITY MARKETING, Greenville, SC, *pg.* 374

Shaughnessy, Aimee - Account Services - PATHOS, West Palm Beach, FL, *pg.* 396

Shaw, Justin - Account Services - VMLY&R, Kansas City, MO, *pg.* 274

Shaw, Erin - Account Services, Creative, NBC - DEUTSCH, INC., Los Angeles, CA, *pg.* 350

Shaw, David - Account Planner, Account Services, Administrative, Creative, Finance, Management - THE&PARTNERSHIP, New York, NY, *pg.* 426

Shaw, Jordan - Account Services, Media Department - CARAT, Detroit, MI, *pg.* 461

Shaw, Stacey - Account Services - AMNET, Detroit, MI, *pg.* 454

Shea, Elana - Account Services, Management - BBDO SAN FRANCISCO, San Francisco, CA, *pg.* 330

Shea, Kit - Account Services - RESOURCE/AMMIRATI, Columbus, OH, *pg.* 263

Shearin, Michael - Account Services - INTERSECTION, New York, NY, *pg.* 553

Sheehan, Christine - Account Services, Management, Media Department - MEDIA ASSEMBLY, New York, NY, *pg.* 484

Sheehan, Casey - Account Services, Programmatic, Social Media - STARCOM WORLDWIDE, Chicago, IL, *pg.* 513

Sheehan, Catherine - Account Services, Management, NBC - ARNOLD WORLDWIDE, Boston, MA, *pg.* 33

Sheehan, Casey - Account Services, Creative, Management, PPOM - WORK & CO, Brooklyn, NY, *pg.* 276

Sheehan, Diana - Account Services, Management - KANTAR TNS, Chicago, IL, *pg.* 446

Sheehan, Meg - Account Services, Analytics, Interactive / Digital - PATTERN, New York, NY, *pg.* 126

Sheely, Alissa - Account Services - GOODBY, SILVERSTEIN & PARTNERS, San Francisco, CA, *pg.* 77

Sheeran, Katie - Account Services, Media Department - OGILVY, Chicago, IL, *pg.* 393

Sheikha, Moe - Account Services - WUNDERMAN THOMPSON, New York, NY, *pg.* 434

Sheiner, Mitch - Account Planner, Account Services - SPARK FOUNDRY, New York, NY, *pg.* 508

Shekoski, Cindy - Account Services, PPM - KELLY, SCOTT & MADISON, INC., Chicago, IL, *pg.* 482

Shelby, Robin - Account Services - THE RICHARDS GROUP, INC., Dallas, TX, *pg.* 422

Shelhamer, Kylee - Account Services - LEO BURNETT WORLDWIDE, Chicago, IL, *pg.* 98

Shell, Jared - Account Services - FCB NEW YORK, New York, NY, *pg.* 357

Shennum, Samantha - Account Services - LOCATION3 MEDIA, Denver, CO, *pg.* 246

Shenouda, Rania - Account Services, Media Department, NBC - CONVERSANT, LLC, Westlake Village, CA, *pg.* 222

Shepansky, Tom - Account Services, PPOM - RETHINK COMMUNICATIONS, INC., Vancouver, BC, *pg.* 133

Shepheard, Rachel - Account Services, Management - LAUNCHSQUAD, San Francisco, CA, *pg.* 621

Shepherd, Jordan - Account Services - 3Q DIGITAL, Chicago, IL, *pg.* 208

Sheppard, Natalie - Account Services, Media Department - INITIATIVE, New York, NY, *pg.* 477

Sherbon, Annie - Account Services - DROGA5, New York, NY, *pg.* 64

Sherbow, Rachel - Account Services - THE HATCH AGENCY, San Francisco, CA, *pg.* 653

Sheridan, Julie - Account Services, Management - CRAMER-KRASSELT, Chicago, IL, *pg.* 53

Sherman, Katie - Account Services, NBC - DDB NEW YORK, New York, NY, *pg.* 59

Sherman, Melanie - Account Services, Administrative - FITZCO, Atlanta, GA, *pg.* 73

Sherman, Sarah - Account Services, NBC - NINA HALE CONSULTING,

1253

RESPONSIBILITIES INDEX — AGENCIES

Minneapolis, MN, *pg.* 675
Sherman, Jolene - Account Services - AMPLIFIED DIGITAL AGENCY, Saint Louis, MO, *pg.* 213
Shew, Julia - Account Services - CAMP + KING, San Francisco, CA, *pg.* 46
Shi, Jade - Account Services - ROGERS & COWAN/PMK*BNC, Los Angeles, CA, *pg.* 643
Shi, Jiawen - Account Services - METIA, Bellevue, WA, *pg.* 250
Shie, Jane - Account Services, NBC, Operations - THE TRADE DESK, Ventura, CA, *pg.* 519
Shih, Annie - Account Planner, Account Services, NBC, PPOM - ADASIA, Englewood Cliffs, NJ, *pg.* 26
Shih, Janet - Account Services, Interactive / Digital, Media Department - DEUTSCH, INC., Los Angeles, CA, *pg.* 350
Shikaloff, Elena - Account Services - ARCHETYPE, San Francisco, CA, *pg.* 33
Shill, Taylor - Account Planner, Account Services, Media Department - MINDSHARE, New York, NY, *pg.* 491
Shin, Rachel - Account Services, Interactive / Digital, Public Relations, Social Media - BCW AUSTIN, Austin, TX, *pg.* 581
Shipley, Ashley - Account Services - MATRIX MEDIA SERVICES, Columbus, OH, *pg.* 554
Shipley, Nathan - Account Services - GOODBY, SILVERSTEIN & PARTNERS, San Francisco, CA, *pg.* 77
Shishkoff, Gabrielle - Account Planner, Account Services, Media Department - STARCOM WORLDWIDE, Chicago, IL, *pg.* 513
Shitole, Priyanka - Account Services, Interactive / Digital - WORDS AND PICTURES CREATIVE SERVICE, INC., Park Ridge, NJ, *pg.* 276
Shively, Amber - Account Planner, Account Services, Interactive / Digital, Media Department - KROGER MEDIA SERVICES, Portland, OR, *pg.* 96
Shively, Kelsey - Account Services - WEBER SHANDWICK, San Francisco, CA, *pg.* 662
Shmarak, Michael - Account Services, Management - DIGITAS, Chicago, IL, *pg.* 227
Shoaf, Christine - Account Services, NBC - MOMENTUM WORLDWIDE, New York, NY, *pg.* 117
Shockley, Marisa - Account Services, Management - BBDO WORLDWIDE, New York, NY, *pg.* 331
Shoemaker, Elizabeth - Account Services - CMD, Portland, OR, *pg.* 51
Shoesmith, Jo - Account Services, Creative, Management, PPOM - CAMPBELL EWALD, Detroit, MI, *pg.* 46
Shoiock, Michael - Account Services - PATTERN, New York, NY, *pg.* 126
Shoji, Brent - Account Services - TRAFFIK ADVERTISING, Irvine, CA, *pg.* 156
Shook-Kelly, Soeurette - Account Services, NBC - ANDERSON MARKETING GROUP, San Antonio, TX, *pg.* 31
Shoope, Carla - Account Services, Management - GTB, Dallas, TX, *pg.* 80
Shore, Hill - Account Services - THE MARTIN AGENCY, Richmond, VA, *pg.* 421
Shore, Derek - Account Services - AMP AGENCY, Boston, MA, *pg.* 297
Short, Ryan - Account Services, Interactive / Digital, Management, Media Department - INITIATIVE, Chicago, IL, *pg.* 479
Short, Andrea - Account Services - BRIGHTWAVE MARKETING, INC., Atlanta, GA, *pg.* 219
Short, Elizabeth - Account Services, NBC - DEBUT GROUP, Toronto, ON, *pg.* 349
Shoshan, Karen - Account Services, Operations, Public Relations - MCCANN TORRE LAZUR, Mountain Lakes, NJ, *pg.* 109
Shrader, Dana - Account Services, Management, Media Department, PPOM - UNIVERSAL MCCANN DETROIT, Birmingham, MI, *pg.* 524
Shroff, Shahnaz - Account Services, Management - BBDO WORLDWIDE, New York, NY, *pg.* 331
Shroyer, Amy - Account Services - TRICOMB2B, Dayton, OH, *pg.* 427
Shu-wei Chen, Diana - Account Services, Management, Media Department - TBWA\WORLDHEALTH, New York, NY, *pg.* 147
Shuey-Kostelac, Laura - Account Services - FINN PARTNERS, Washington, DC, *pg.* 603
Shuke, Ilisia - Account Services - GREY GROUP, New York, NY, *pg.* 365
Shuler, Emily - Account Services, Public Relations - STONER BUNTING ADVERTISING, Lancaster, PA, *pg.* 414
Shumchenia, Greg - Account Services, Management, Media Department - MCGARRYBOWEN, San Francisco, CA, *pg.* 385
Shusko, Erin - Account Services - HB&M SPORTS, Charlotte, NC, *pg.* 307
Shuttleworth, Jamie - Account Services, NBC, PPOM - MCGARRYBOWEN, Chicago, IL, *pg.* 110
Sia, Geoff - Account Services - CREATIVE B'STRO, New York, NY, *pg.* 222
Siano, Greg - Account Services, Management, Media Department, PPOM - CROSSMEDIA, New York, NY, *pg.* 463
Sickler, Eric - Account Services, Management - THE THORBURN GROUP, Minneapolis, MN, *pg.* 20
Siddiqi, Sabia - Account Services - GSD&M, Austin, TX, *pg.* 79
Sidebotham, Greyson - Account Services - ECKEL & VAUGHAN, Raleigh, NC, *pg.* 599
Siegel, Ciara - Account Services - SAATCHI & SAATCHI, New York, NY, *pg.* 136
Siegel, Paul - Account Services - TDA_BOULDER, Boulder, CO, *pg.* 147
Siegel, Jordyn - Account Services - 360I, LLC, Chicago, IL, *pg.* 208
Sieminski, Jim - Account Services, Management - RPA, Santa Monica, CA, *pg.* 134
Siemon, Danielle - Account Services, Management - ZENO GROUP, Redwood Shores, CA, *pg.* 665
Sierra, Andrea - Account Services, Operations - WIEDEN + KENNEDY, Portland, OR, *pg.* 430
Sierra, Ruben - Account Services - CONILL ADVERTISING, INC., El Segundo, CA, *pg.* 538
Sierra, Melissa - Account Services - USIM, Los Angeles, CA, *pg.* 525
Siers, Steve - Account Services, Creative - CALLAN ADVERTISING COMPANY, Burbank, CA, *pg.* 457
Sievers Humbard, Kaitria - Account Services - THE MARKETING ARM, Dallas, TX, *pg.* 316
Siff, Lily - Account Services - TBWA \ CHIAT \ DAY, New York, NY, *pg.* 416
Sigel, Audrey - Account Services - 72ANDSUNNY, Playa Vista, CA, *pg.* 23
Sigler, Mike - Account Services, NBC - PARK OUTDOOR ADVERTISING, Elmira, NY, *pg.* 555
Sigler, Adina - Account Services - MEDIA ASSEMBLY, Southfield, MI, *pg.* 385
Sigler, Adina - Account Services - DONER, Southfield, MI, *pg.* 63
Sigmon, Tyler - Account Services, Management - RED MOON MARKETING, Charlotte, NC, *pg.* 404
Signorini, Jennifer - Account Services, Public Relations - RACEPOINT GLOBAL, Boston, MA, *pg.* 640
Sijohn, Jamie - Account Services - BHW1 ADVERTISING, Spokane, WA, *pg.* 3
Sikorski, Andy - Account Services - RABINOVICI & ASSOCIATES, INC., Hallandale Beach, FL, *pg.* 544
Sikorski, Simon - Account Services, PPOM - MCCANN CANADA, Toronto, ON, *pg.* 384
Silberstein, Shaina - Account Services - BRANDED ENTERTAINMENT NETWORK, INC., Sherman Oaks, CA, *pg.* 297
Silimeo, Debra - Account Services, Management - HAGER SHARP, INC., Washington, DC, *pg.* 81
Silva, John - Account Services, NBC, PPOM - DUPUIS, Ventura, CA, *pg.* 180
Silva, Elisa - Account Planner, Account Services, Human Resources - SS+K, New York, NY, *pg.* 144
Silver, Jack - Account Services - USIM, Los Angeles, CA, *pg.* 525
Silver, Jackie - Account Services - BBDO WORLDWIDE, New York, NY, *pg.* 331
Silverbush, Barbara - Account Services - CENTER FOR MARKETING INTELLIGENCE, New York, NY, *pg.* 443

AGENCIES / RESPONSIBILITIES INDEX

Silverman, Mark - Account Services - BODDEN PARTNERS, New York, NY, pg. 335
Silverman, Paul - Account Services, Management - TEAM ONE, Dallas, TX, pg. 418
Silverman, Lisa - Account Planner, Account Services, Media Department - SILVERMAN GROUP, New Haven, CT, pg. 410
Silverman, Jack - Account Services, Management - BOLIN MARKETING, Minneapolis, MN, pg. 41
Silverman, Rachel - Account Services, Media Department - FCB HEALTH, New York, NY, pg. 72
Silverstein, Lauren - Account Services - THE FERRARO GROUP, Las Vegas, NV, pg. 653
Silvestri, Joe - Account Services, NBC - KIOSK CREATIVE LLC, Novato, CA, pg. 378
Sim, Brian - Account Services - ANSIRA, Irvine, CA, pg. 565
Simko, Tim - Account Services, Management, Media Department - ARENA MEDIA, New York, NY, pg. 454
Simmelink, Tom - Account Services, NBC, PPOM - WHITEMYER ADVERTISING, INC., Zoar, OH, pg. 161
Simmons, Katie - Account Services - MIDAN MARKETING, Chicago, IL, pg. 13
Simmons, Brian - Account Services, NBC - IMRE, New York, NY, pg. 374
Simmons, Victoria - Account Services, Management - BVK, Milwaukee, WI, pg. 339
Simmons, Felicia - Account Services, Operations - TBWA \ CHIAT \ DAY, New York, NY, pg. 416
Simmons, Emily - Account Services - AGENDA NYC, New York, NY, pg. 29
Simms, Michael - Account Services - SAN DIEGO PR, San Diego, CA, pg. 645
Simms, Jamie - Account Services - DAVID&GOLIATH, El Segundo, CA, pg. 57
Simon, Blake - Account Services, NBC - THE TRADE DESK, Los Angeles, CA, pg. 519
Simon Andry, Katherine - Account Services, Interactive / Digital, Media Department - ZEHNDER COMMUNICATIONS, INC., New Orleans, LA, pg. 436
Simoneaux, Monica - Account Services, NBC - ALCONE MARKETING GROUP, Irvine, CA, pg. 565
Simoni, Marie - Account Services, NBC - 72ANDSUNNY, Playa Vista, CA, pg. 23
Simons, Harald - Account Services - FLEISHMANHILLARD, Kansas City, MO, pg. 604
Simpson, Kelly - Account Services, Management, Media Department - FITZCO, Atlanta, GA, pg. 73
Simpson, Dave - Account Services - VERDE BRAND COMMUNICATIONS, Durango, CO, pg. 658
Simpson, Alicia - Account Services - SAATCHI & SAATCHI LOS ANGELES, Torrance, CA, pg. 137
Sims, Jessica - Account Services, NBC - FORCE MARKETING, Atlanta, GA, pg. 284
Sims, Jennifer - Account Services, Administrative - THREE FIVE TWO, INC., Atlanta, GA, pg. 271
Sinclair, Julie - Account Services - 215 MCCANN, San Francisco, CA, pg. 319
Sinclair, Lianne - Account Services, Creative - ENERGY BBDO, INC., Chicago, IL, pg. 355
Sinclair, Cassandra - Account Services - WUNDERMAN HEALTH, New York, NY, pg. 164
Singer, Lloyd - Account Services, Management - EPOCH 5 PUBLIC RELATIONS, Huntington, NY, pg. 602
Singer, Rachel - Account Services - RPA, Santa Monica, CA, pg. 134
Singer, Jodie - Account Services - RED BANYAN, Deerfield Beach, FL, pg. 641
Singh, Ravi - Account Services, Interactive / Digital - FCB TORONTO, Toronto, ON, pg. 72
Singh, Bani - Account Planner, Account Services, Media Department - PHD CHICAGO, Chicago, IL, pg. 504
Singleterry, Suzanne - Account Services, Management - JONES PUBLIC RELATIONS, INC., Oklahoma City, OK, pg. 617
Singsaas, Heather - Account Services - FORWARDPMX, Minneapolis, MN, pg. 360
Sinuita, Matthew - Account Services - ZULU ALPHA KILO, Toronto, ON, pg. 165
Sinykin, Dave - Account Services - LABELLE BARIN ADVERTISING, Saint Louis Park, MN, pg. 379
Sipos, Candace - Account Services - JAYMIE SCOTTO & ASSOCIATES, Middlebrook, VA, pg. 616
Sirko, Regina - Account Services, Interactive / Digital - HEALTHCARE SUCCESS, Irvine, CA, pg. 83
Sisa Thompson, Verena - Account Planner, Account Services, Management, PPOM - CONILL ADVERTISING, INC., El Segundo, CA, pg. 538
Sisco, Connie - Account Services - ICF NEXT, Minneapolis, MN, pg. 372
Sisti, Kara - Account Services, Media Department - C2C OUTDOOR, New York, NY, pg. 550
Sitomer, Matt - Account Services - VAYNERMEDIA, Sherman Oaks, CA, pg. 689
Sitorus, Rebecca - Account Services - FINN PARTNERS, San Francisco, CA, pg. 603
Sitser, Matt - Account Planner, Account Services - THE SHOP AGENCY, Richardson, TX, pg. 153
Siu, Maggie - Account Services, Interactive / Digital, Media Department - MINDSHARE, Atlanta, GA, pg. 493
Sizemore, Brandon - Account Services - SPEAR MARKETING GROUP, Walnut Creek, CA, pg. 411
Sizer, John - Account Services - LANETERRALEVER, Phoenix, AZ, pg. 245
Skalsky, Chris - Account Services - COMMONWEALTH // MCCANN, Detroit, MI, pg. 52
Skauge Schulz, Megan - Account Services - PADILLA, Minneapolis, MN, pg. 635
Skellett, Sherri - Account Services, Interactive / Digital, Media Department - THE MARTIN AGENCY, Richmond, VA, pg. 421
Skillman, Britney - Account Services - PROOF ADVERTISING, Austin, TX, pg. 398
Skinner, Alex - Account Services - 97TH FLOOR, Lehi, UT, pg. 209
Skly, Erin - Account Services - RHEA & KAISER MARKETING, Naperville, IL, pg. 406
Skola, Andrew - Account Services - AVREAFOSTER, Dallas, TX, pg. 35
Skolits, Richard - Account Services - DENTINO MARKETING, Princeton, NJ, pg. 281
Skomski, Tatiana - Account Services - REBELLIOUS PR, Portland, OR, pg. 641
Skow-Lindsey, Sasha - Account Services - ASHER AGENCY, Fort Wayne, IN, pg. 327
Skowronski, Jill - Account Planner, Account Services - 6AM MARKETING, Madison, WI, pg. 1
Skundrich, Jenny - Account Services, Media Department - RECRUITICS, Lafayette, CA, pg. 404
Sladack, David - Account Services, Media Department, PPOM - BLD MARKETING, Bethel Park, PA, pg. 334
Slauson, Ellen - Account Services, Management - UPSHOT, Chicago, IL, pg. 157
Slavick, Brad - Account Services - ARC WORLDWIDE, Chicago, IL, pg. 327
Slavin, Anya - Account Services - HAVAS MEDIA GROUP, Boston, MA, pg. 470
Slavin, Ana - Account Services - FETCH, Los Angeles, CA, pg. 533
Sloan, Renee - Account Planner, Account Services, Creative, Public Relations - MILLENNIUM 3 MANAGEMENT, Philadelphia, PA, pg. 543
Sloan, Phil - Account Services, Interactive / Digital, Media Department, NBC - CANVAS WORLDWIDE, New York, NY, pg. 458
Sloane, Siobhan - Account Services - CARAT, New York, NY, pg. 459
Sloane, Lisa - Account Services - BIG SKY COMMUNICATIONS, San Jose, CA, pg. 583
Slowik, Dusty - Account Services, NBC - WIEDEN + KENNEDY, Portland, OR, pg. 430
Sluk, Steven - Account Services - SAATCHI & SAATCHI LOS ANGELES, Torrance, CA, pg. 137
Sluyk, Kristin - Account Services, Creative, Interactive / Digital,

RESPONSIBILITIES INDEX — AGENCIES

Public Relations - DECKER ROYAL AGENCY, New York, NY, *pg.* 596

Smaha, Carrie - Account Services - AMMUNITION, Atlanta, GA, *pg.* 212

Small, Colleen - Account Planner, Account Services - CADIENT GROUP, Malvern, PA, *pg.* 219

Smalley, Catherine - Account Services - J.T. MEGA, INC., Minneapolis, MN, *pg.* 91

Smartschan, Adam - Account Services, NBC, Operations - ALTITUDE MARKETING, Emmaus, PA, *pg.* 30

Smarty, Ann - Account Services, NBC - INTERNET MARKETING NINJAS, Clifton Park, NY, *pg.* 242

Smeach Stringfellow, Samantha - Account Services - CRITICAL MASS, INC., New York, NY, *pg.* 223

Smedley, Matt - Account Services, Management - EDELMAN, Portland, OR, *pg.* 600

Smilowitz, Stephanie - Account Services - CSM SPORT & ENTERTAINMENT, New York, NY, *pg.* 347

Smith, Marty - Account Planner, Account Services, NBC, PPOM - AGENCYSACKS, New York, NY, *pg.* 29

Smith, Robert - Account Services, NBC - ALL STAR CARTS & VEHICLES, INC., Bay Shore, NY, *pg.* 565

Smith, Tim - Account Services, PPOM - WILLIAMS MCBRIDE GROUP, Lexington, KY, *pg.* 205

Smith, Guy Stephen - Account Services, NBC - JAY ADVERTISING, INC., Rochester, NY, *pg.* 377

Smith, Jenna - Account Services, NBC - SMITH DESIGN, Morristown, NJ, *pg.* 199

Smith, Neil - Account Services, NBC - 360I, LLC, New York, NY, *pg.* 320

Smith, Danielle - Account Planner, Account Services, NBC - IPROSPECT, Fort Worth, TX, *pg.* 674

Smith, Bhavana - Account Services, NBC, PPOM - MEDIACOM, New York, NY, *pg.* 487

Smith, Duncan - Account Services, Management, NBC, Operations - VIZEUM, New York, NY, *pg.* 526

Smith, Natalie - Account Services, Management - PADILLA, Richmond, VA, *pg.* 635

Smith, Aaron - Account Services - FRIENDS & NEIGHBORS, Minneapolis, MN, *pg.* 7

Smith, Lauren - Account Services, Interactive / Digital, NBC, Public Relations, Social Media - HIEBING, Madison, WI, *pg.* 85

Smith, Steve - Account Services - OSK MARKETING & COMMUNICATIONS, INC., New York, NY, *pg.* 634

Smith, Meagan - Account Services - THE DESIGNORY, Nashville, TN, *pg.* 269

Smith, Kerry - Account Services, Management - NSA MEDIA GROUP, INC., Downers Grove, IL, *pg.* 497

Smith, Gretchen - Account Services, Interactive / Digital, Media Department - OMD, New York, NY, *pg.* 498

Smith, Bryan - Account Services, NBC - 72ANDSUNNY, Playa Vista, CA, *pg.* 23

Smith, Jess - Account Services, Public Relations - OUTSIDEPR, Sausalito, CA, *pg.* 634

Smith, Lauren - Account Services - WIEDEN + KENNEDY, New York, NY, *pg.* 432

Smith, Lauren - Account Services, NBC - CLICKFOX, INC., Atlanta, GA, *pg.* 167

Smith, Drew - Account Services - 10FOLD, San Francisco, CA, *pg.* 573

Smith, Bailey - Account Services, NBC - J3, New York, NY, *pg.* 480

Smith, Stephanie - Account Services - PREACHER, Austin, TX, *pg.* 129

Smith, Trevor - Account Services - CMD, Portland, OR, *pg.* 51

Smith, Harlen - Account Services, Management - VIZEUM, New York, NY, *pg.* 526

Smith, Matt - Account Services, NBC - J3, New York, NY, *pg.* 480

Smith, Laura - Account Services, NBC - RACEPOINT GLOBAL, Boston, MA, *pg.* 640

Smith, Ryan - Account Services - ROGERS & COWAN/PMK*BNC, Los Angeles, CA, *pg.* 643

Smith, Erin - Account Planner, Account Services - BRIGHTWAVE MARKETING, INC., Atlanta, GA, *pg.* 219

Smith, Rebecca - Account Services - R&J STRATEGIC COMMUNICATIONS, Bridgewater, NJ, *pg.* 640

Smith, Kylie - Account Services - WE ARE BMF, New York, NY, *pg.* 318

Smith, Monika - Account Services - MOSAIC NORTH AMERICA, Mississauga, ON, *pg.* 312

Smith, Carlyn - Account Services, NBC, Operations - BAESMAN, Columbus, OH, *pg.* 167

Smith, Tessa - Account Services, Media Department - ZEHNER, Los Angeles, CA, *pg.* 277

Smith, Ryan - Account Services, Management - FCB HEALTH, New York, NY, *pg.* 72

Smith, Bryan - Account Services - GREY MIDWEST, Cincinnati, OH, *pg.* 366

Smith, Stephanie - Account Services, PPOM - MSLGROUP, New York, NY, *pg.* 629

Smith, Alyssa - Account Services, Media Department - NEMER, FIEGER & ASSOCIATES, Minneapolis, MN, *pg.* 391

Smith, Sherry L. - Account Services - OXFORD COMMUNICATIONS, Lambertville, NJ, *pg.* 395

Smith, Lindsey - Account Services, Public Relations - PINCKNEY HUGO GROUP, Syracuse, NY, *pg.* 128

Smith, Ariel - Account Services - WONGDOODY, Seattle, WA, *pg.* 162

Smith, Luke - Account Services - GEILE/LEON MARKETING COMMUNICATIONS, Saint Louis, MO, *pg.* 362

Smith, Sadie - Account Services, Media Department - WARNER COMMUNICATIONS, Boston, MA, *pg.* 659

Smith, Gary - Account Services - JPR COMMUNICATIONS, Woodland Hills, CA, *pg.* 618

Smith, Angie - Account Services - PAC / WEST COMMUNICATIONS, Wilsonville, OR, *pg.* 635

Smith, Cortney - Account Services - SAY IT LOUD!, Orlando, FL, *pg.* 198

Smith, Robyn - Account Services - COSSETTE MEDIA, Vancouver, BC, *pg.* 345

Smith, Jason - Account Services, Analytics - AMNET, New York, NY, *pg.* 454

Smith, Megan - Account Services - AMENDOLA COMMUNICATIONS, Scottsdale, AZ, *pg.* 577

Smith, Marilyn Anne - Account Planner, Account Services, Interactive / Digital, Media Department - ZENITH MEDIA, New York, NY, *pg.* 529

Smith, Leslie - Account Planner, Account Services, Media Department - OMD SAN FRANCISCO, San Francisco, CA, *pg.* 501

Smith, Brent - Account Planner, Account Services - 6P MARKETING, Winnipeg, MB, *pg.* 1

Smith-Hawkins, Geriease - Account Services, Creative, Media Department - BRIGHT MOMENTS PUBLIC RELATIONS, New Orleans, LA, *pg.* 586

Smith-Klein, Misty - Account Services - ACCESS, Roanoke, VA, *pg.* 322

Smits, Ashley - Account Services, Creative - MARKETING BY DESIGN, INC., Beverly, MA, *pg.* 190

Smolen, Mary - Account Services - EP+CO., Greenville, SC, *pg.* 356

Smoler, Sara - Account Services, NBC - OGILVY, New York, NY, *pg.* 393

Smoller, Jessica - Account Services, Media Department - PUBLICIS.SAPIENT, Coconut Grove, FL, *pg.* 259

Smythe, Katherine - Account Services - NOVITA COMMUNICATIONS, New York, NY, *pg.* 392

Smythe, Adelaide - Account Services - LIGHTNING ORCHARD, Brooklyn, NY, *pg.* 11

Snavely, Meredith - Account Planner, Account Services, Management, Media Department - CAMPBELL EWALD, West Hollywood, CA, *pg.* 47

Sneider, Tamara - Account Services - COVET PUBLIC RELATIONS, San Diego, CA, *pg.* 593

Snell, Greta - Account Services - DITTOE PUBLIC RELATIONS, Indianapolis, IN, *pg.* 597

Snider, Jessie - Account Services, Public Relations - TAYLOR, Charlotte, NC, *pg.* 651

Snider, John - Account Planner, Account Services, Creative - DIGITAS, Detroit, MI, *pg.* 229

1256

AGENCIES

RESPONSIBILITIES INDEX

Snider, Caitlin - Account Services - CTP, Boston, MA, pg. 347

Snitkovsky, Masha - Account Services, Media Department, Public Relations, Social Media - MARINA MAHER COMMUNICATIONS, New York, NY, pg. 625

Snowden, Kristy - Account Services, Operations - RATIONAL INTERACTION, Seattle, WA, pg. 262

Snowden Coles, Ashley - Account Planner, Account Services, Interactive / Digital, NBC - STARCOM WORLDWIDE, Toronto, ON, pg. 517

Snyder, Deana - Account Services - ESTEE MARKETING GROUP, Rye Brook, NY, pg. 283

Snyder, Stephen - Account Services - ONE TRICK PONY, Hammonton, NJ, pg. 15

Snyder, Danielle - Account Services - JAVELIN AGENCY, Irving, TX, pg. 286

Snyder, Scott - Account Services - INNOCEAN USA, Huntington Beach, CA, pg. 479

Snyder, Heather - Account Services - BLF MARKETING, Clarksville, TN, pg. 334

So, Anthony - Account Services, Administrative, Interactive / Digital, Management, NBC, Operations, Social Media - RPA, Atlanta, GA, pg. 135

Soares, Tony - Account Services - ADHOME CREATIVE, London, ON, pg. 27

Soberman, Andrew - Account Services - MOSAIC NORTH AMERICA, Mississauga, ON, pg. 312

Sobol, Sydney - Account Services - 360I, LLC, Chicago, IL, pg. 208

Sofer, Craig - Account Services, Management - DENTSU AEGIS NETWORK, New York, NY, pg. 61

Sogutlu, Kirac - Account Services - TABOOLA, New York, NY, pg. 268

Sohn, Ian - Account Services, Interactive / Digital, Management, NBC, PPOM - WUNDERMAN THOMPSON, Chicago, IL, pg. 434

Soifer, Barbara - Account Services, Creative, Public Relations - THE SOLUTIONS GROUP, INC., Warren, NJ, pg. 153

Sokolnicki, Lisa - Account Services - MATCHMG, Chicago, IL, pg. 384

Sokolow, Jay - Account Services, Creative, Management - THE TOMBRAS GROUP, Knoxville, TN, pg. 424

Solari, Bruno - Account Services - SOURCECODE COMMUNICATIONS, New York, NY, pg. 648

Solc, Aliza - Account Services - MSLGROUP, New York, NY, pg. 629

Soller, Alexandria - Account Services - EDELMAN, Seattle, WA, pg. 601

Solmssen, Andrew - Account Services, Management, PPOM - WUNDERMAN THOMPSON, Irvine, CA, pg. 435

Solomon, Mike - Account Services, Management - OMD, Chicago, IL, pg. 500

Solomon, Eleanor - Account Services, Management - MCGARRYBOWEN, New York, NY, pg. 109

Solomon, Lauren - Account Services - DDB NEW YORK, New York, NY, pg. 59

Solomon, Rachel - Account Services - BRANDED ENTERTAINMENT NETWORK, INC., Sherman Oaks, CA, pg. 297

Solomon, Kevin - Account Services, NBC - MOMENTUM WORLDWIDE, New York, NY, pg. 117

Somerville, Whitney - Account Services, Media Department - FRAZIERHEIBY, Columbus, OH, pg. 75

Sommer, Matthew - Account Services, Creative - BROLIK PRODUCTIONS, Philadelphia, PA, pg. 561

Somsen Diem, Kara - Account Services, Media Department - RECRUITICS, Lafayette, CA, pg. 404

Sones, Stephanie - Account Services, Media Department - IMRE, Los Angeles, CA, pg. 374

Song, Justine - Account Planner, Account Services, Management - HIRSHORN ZUCKERMAN DESIGN GROUP, Rockville, MD, pg. 371

Song, Sandy - Account Services, Management, NBC, PPM - 180LA, Los Angeles, CA, pg. 23

Song, Shawn - Account Services, Analytics - PHD USA, New York, NY, pg. 505

Soon, Faye - Account Planner, Account Services, Interactive / Digital, Media Department - CARAT, New York, NY, pg. 459

Sooudi, Lauren - Account Services - DNA SEATTLE, Seattle, WA, pg. 180

Sophia, Victoria - Account Services - BERRY & COMPANY PUBLIC RELATIONS, New York, NY, pg. 583

Sorensen, Kelly - Account Planner, Account Services, Interactive / Digital, Media Department - STARCOM WORLDWIDE, North Hollywood, CA, pg. 516

Soricelli, Joanna - Account Services - VAYNERMEDIA, New York, NY, pg. 689

Sorin, Coryna - Account Services - INSTRUMENT, Portland, OR, pg. 242

Sorkin, Jenny - Account Services - IGNITIONONE, New York, NY, pg. 673

Sorrells, Shawn - Account Services, Creative - COLES MARKETING COMMUNICATIONS, Indianapolis, IN, pg. 591

Sorrels, Gina - Account Services, Human Resources - BOUNTEOUS, Chicago, IL, pg. 218

Sosa, Jacqueline - Account Services - ORCI, Santa Monica, CA, pg. 543

Soskin, Nicole - Account Services - POV SPORTS MARKETING, Wayne, PA, pg. 314

Soto, Amilynn - Account Services, Creative - THE COMMUNITY, Miami Beach, FL, pg. 545

Soto, Manny - Account Services - ZIMMERMAN ADVERTISING, Fort Lauderdale, FL, pg. 437

Soto, Daiana - Account Services, Interactive / Digital - SPARK FOUNDRY, Chicago, IL, pg. 510

Soto, Peter - Account Services - ANSIRA, Saint Louis, MO, pg. 280

Sotwick, Lyndsey - Account Services - BARRETTSF, San Francisco, CA, pg. 36

Soucy, Jacqueline - Account Services - ADVERTISE.COM, Sherman Oaks, CA, pg. 671

Soufan, Ghada - Account Services - WIEDEN + KENNEDY, Portland, OR, pg. 430

Soukup, Karin - Account Services, Creative, NBC, PPOM - COLLINS:, New York, NY, pg. 177

Sousa, Stephany - Account Services - PHD CANADA, Toronto, ON, pg. 504

Southgate, Toby - Account Services, NBC, PPOM - MCCANN WORLDGROUP, Birmingham, MI, pg. 109

Souza, Flavia - Account Services, Social Media - SPARK44, New York, NY, pg. 411

Soviero, Lauren - Account Services, NBC - M&C SAATCHI PERFORMANCE, New York, NY, pg. 247

Soylu, Gulru - Account Services - JOHANNES LEONARDO, New York, NY, pg. 92

Spade Denson, Kristina - Account Services - ANNALECT GROUP, New York, NY, pg. 213

Spainhour, Marissa - Account Services, Interactive / Digital, Media Department - STERLING-RICE GROUP, Boulder, CO, pg. 413

Spalding, Erin - Account Services - DOEANDERSON ADVERTISING, Louisville, KY, pg. 352

Spangenberg, Karl - Account Services, Management, Media Department - MEDIALINK, New York, NY, pg. 386

Spangler, Jennifer - Account Services - ZION & ZION, Tempe, AZ, pg. 165

Spanninga, Jodi - Account Services - FCB TORONTO, Toronto, ON, pg. 72

Spano, Melissa - Account Services - DAVID&GOLIATH, El Segundo, CA, pg. 57

Sparks, Don - Account Planner, Account Services - VIEWSTREAM, San Francisco, CA, pg. 274

Sparling, Scott - Account Services - GARD COMMUNICATIONS, Portland, OR, pg. 75

Sparling, Maria - Account Services - BEEBY CLARK+MEYLER, Stamford, CT, pg. 333

Sparrow, Courtney - Account Services - BOULTON CREATIVE, Greensboro, NC, pg. 41

Spaulding, Jack - Account Planner, Account Services - PLANIT, Baltimore, MD, pg. 397

Speagle, Kristen - Account Services, Interactive / Digital, Media Department, Operations - BRIGHTWAVE MARKETING, INC., Atlanta, GA, pg. 219

Spece, Mara - Account Services -

RESPONSIBILITIES INDEX AGENCIES

PUBLICIS NORTH AMERICA, New York, NY, pg. 399
Spector, Phillip - Account Planner, Account Services, Media Department - MEDIAHUB BOSTON, Boston, MA, pg. 489
Speichinger, Gregg - Account Services, NBC - REAGAN OUTDOOR ADVERTISING, Austin, TX, pg. 557
Spencer, Mark - Account Services - ACTIVE INTERNATIONAL, Pearl River, NY, pg. 439
Spencer, Rachel - Account Services, Research - ACCESS, Roanoke, VA, pg. 322
Spencer, Brandon - Account Services, Interactive / Digital - CKR INTERACTIVE, INC., Campbell, CA, pg. 220
Spencer, Lauren - Account Services - OXFORD COMMUNICATIONS, Lambertville, NJ, pg. 395
Spenchian, Meg - Account Services - ICF NEXT, Chicago, IL, pg. 614
Sperling, Jamie - Account Services, NBC - INNOVATION PROTOCOL, Los Angeles, CA, pg. 10
Sperry, Mark - Account Services, Interactive / Digital, Media Department - OMD, New York, NY, pg. 498
Spicer, Aki - Account Planner, Account Services, Creative, Interactive / Digital, Management, Media Department - LEO BURNETT WORLDWIDE, Chicago, IL, pg. 98
Spicer, Mackenzie - Account Services - YEBO, Richmond, VA, pg. 164
Spiegel, Andrea - Account Services, Management, PPOM - VSA PARTNERS, INC. , New York, NY, pg. 204
Spiegelman, Josh - Account Services, Media Department, PPOM - MINDSHARE, New York, NY, pg. 491
Spies, Jason - Account Services, NBC, PPOM - BARKER, New York, NY, pg. 36
Spiker, Chris - Account Services, NBC, PPOM - SPIKER COMMUNICATIONS, Missoula, MT, pg. 17
Spilsbury, Heather - Account Services, NBC - THE SHEPPARD GROUP, Glendale, CA, pg. 424
Spinelli, Nicole - Account Services, NBC - 215 MCCANN, San Francisco, CA, pg. 319
Spire, Jennifer - Account Services, Media Department, PPOM - PRESTON KELLY, Minneapolis, MN, pg. 129
Sponaski, Ania - Account Services, Management, NBC - GMR MARKETING, Toronto, ON, pg. 307
Sporborg, Natasha - Account Services - MERGE, Boston, MA, pg. 113
Sporkin, Danielle - Account Services, Interactive / Digital, Media Department - OMD, New York, NY, pg. 498
Sporn, Benjamin - Account Services, Management, Media Department - JUMP 450 MEDIA, New York, NY, pg. 481
Sprague, Karolyne - Account Services - HAVAS MEDIA GROUP, Chicago, IL, pg. 469
Sprague, Laurel - Account Planner, Account Services - GOLIN, Atlanta, GA, pg. 609
Spraker, Rachel - Account Services - MSLGROUP, New York, NY, pg. 629
Spreen, Sydney - Account Services - MCGARRYBOWEN, Chicago, IL, pg. 110
Spring, Micho - Account Services, NBC, PPOM - WEBER SHANDWICK, Boston, MA, pg. 660
Springer, Holly - Account Services, Management - LEO BURNETT WORLDWIDE, Chicago, IL, pg. 98
Springer, Marina - Account Services, NBC, PPM - OSIK MEDIA, Monrovia, CA, pg. 554
Sprout, Zoe - Account Services - GMR MARKETING, New Berlin, WI, pg. 306
Spurlock, Lauren - Account Services - G7 ENTERTAINMENT MARKETING, Nashville, TN, pg. 306
Spurrell, Beth - Account Services - ZENO GROUP, Toronto, ON, pg. 665
Srivastava, Deepali - Account Planner, Account Services - GLOBAL GATEWAY ADVISORS, LLC, Brooklyn, NY, pg. 608
St John, Theodore - Account Services, Media Department - OMD, New York, NY, pg. 498
St. Fleur, Melissa - Account Services, Interactive / Digital, Media Department - VMLY&R, New York, NY, pg. 160
St.Amant, Laura - Account Services - KOLANO DESIGN, INC. , Pittsburgh, PA, pg. 189
Stack, Sunny - Account Services, NBC - SWITCH, Saint Louis, MO, pg. 145
Stack, Courtney - Account Services, Creative - KARBO COMMUNICATIONS, San Francisco, CA, pg. 618
Stadius, Katie - Account Services - MBUY, Chicago, IL, pg. 484
Stadler, Neale - Account Services, SWANSON RUSSELL ASSOCIATES, Lincoln, NE, pg. 415
Stafford, Alvin - Account Services - ON BOARD EXPERIENTIAL MARKETING, Sausalito, CA, pg. 313
Stafford, Jessica - Account Services - W2O, San Francisco, CA, pg. 659
Stahl, Monica - Account Services - LEO BURNETT WORLDWIDE, Chicago, IL, pg. 98
Stahlecker, Nicole - Account Planner, Account Services, Interactive / Digital, Media Department - PAPPAS GROUP, Arlington, VA, pg. 396
Stainbrook, Laila - Account Services - MONO, Minneapolis, MN, pg. 117
Stakem, Michael - Account Services, Creative - CREATING RESULTS, Woodbridge, VA, pg. 346
Staley, Deanne - Account Services, Creative, PPM - KREBER, Columbus, OH, pg. 379
Stallsmith, Michael - Account Services, Creative - THEORY HOUSE : THE AGENCY BUILT FOR RETAIL, Charlotte, NC, pg. 683
Stalwick, Colleen - Account Services - ZIBA, Portland, OR, pg. 205
Stanback, Karlyn - Account Services - MOXIE, Atlanta, GA, pg. 251
Standerfer, Courtney - Account Services - MOROCH PARTNERS, Dallas, TX, pg. 389
Standridge, Claire - Account Services - SAATCHI & SAATCHI , New York, NY, pg. 136
Stanieich-Burke, Joe - Account Planner, Account Services - M5, Bedford, NH, pg. 102
Stankiewicz, Mary - Account Services - BELLE COMMUNICATION, Columbus, OH, pg. 582
Stanley, Lesley - Account Services - BCW NEW YORK, New York, NY, pg. 581
Stanley, Patrick - Account Services - FITCH, Scottsdale, AZ, pg. 183
Stanley, Kara - Account Planner, Account Services - CARAT, New York, NY, pg. 459
Stanton, Carolyn - Account Services, Public Relations - WEBER SHANDWICK, New York, NY, pg. 660
Stanvick, Christopher K. - Account Services - HAVAS EDGE, Portland, OR, pg. 284
Staples, Marisa - Account Planner, Account Services, Media Department, NBC - VAYNERMEDIA, Sherman Oaks, CA, pg. 689
Stapleton, Kristen - Account Services - SOURCELINK, LLC, Madison, MS, pg. 292
Stapleton Pesta, Lauren - Account Planner, Account Services - DIGITAS, Detroit, MI, pg. 229
Stapor, Ed - Account Services, NBC, PPOM - HAVAS HEALTH & YOU, New York, NY, pg. 82
Stark, Pamela - Account Services, Media Department, PPOM - ADFINITY MARKETING GROUP, Cedar Rapids, IA, pg. 27
Stark, Alexandra - Account Services - RAPPORT OUTDOOR WORLDWIDE, Los Angeles, CA, pg. 557
Starkey-Posey, Yvonne - Account Planner, Account Services, Management, Media Department - GREY MIDWEST, Cincinnati, OH, pg. 366
Starkman, Farrah - Account Planner, Account Services, Management, NBC - HORIZON MEDIA, INC., New York, NY, pg. 474
Starr, Lisa - Account Services, Interactive / Digital, Media Department, NBC - ASHER AGENCY, Fort Wayne, IN, pg. 327
Starr Castillo, Nicole - Account Services, Management - WORDHAMPTON PUBLIC RELATIONS, East Hampton, NY, pg. 663
Starr-Gates, Caryn - Account Services - CARYL COMMUNICATIONS, INC., Paramus, NJ, pg. 589

AGENCIES — RESPONSIBILITIES INDEX

Starring Blucher, Nancy - Account Services, NBC - HORIZON MEDIA, INC., New York, NY, pg. 474
Startz, Rachel - Account Services - DAVID, Miami, FL, pg. 57
Stasiak, Bret - Account Planner, Account Services, Media Department - BVK, Milwaukee, WI, pg. 339
Stathis, Alexandra - Account Services, NBC - TAYLOR , New York, NY, pg. 651
Staublin, Vanessa - Account Services - DITTOE PUBLIC RELATIONS, Indianapolis, IN, pg. 597
Stauffer, Brandon - Account Services - 97TH FLOOR, Lehi, UT, pg. 209
Stauffer, Alexandria - Account Services - BMG, St. Charles, MO, pg. 335
Stauffer, Heather - Account Services, Media Department - ADPERIO, Denver, CO, pg. 533
Stayt, Laura - Account Services - ZAMBEZI, Culver City, CA, pg. 165
Stearns, Maria - Account Services - INSIDE OUT COMMUNICATIONS, Holiston, MA, pg. 89
Stearns, Susan - Account Services - LAUGHLIN CONSTABLE, INC., Chicago, IL, pg. 380
Stebbings, Dave - Account Services, PPOM - STEBBINGS PARTNERS, Attleboro Falls, MA, pg. 144
Stebner, Beth - Account Planner, Account Services, Media Department - PHD CHICAGO, Chicago, IL, pg. 504
Stechschulte, Michelle - Account Services - GREY MIDWEST, Cincinnati, OH, pg. 366
Steele, Gumala - Account Services, Management - STARCOM WORLDWIDE, Chicago, IL, pg. 513
Steele, Laurie - Account Services, Management, Media Department - BURNS MARKETING, Loveland, CO, pg. 219
Steele, Emily - Account Services - PLANET PROPAGANDA, Madison, WI, pg. 195
Steele Paddon, Layne - Account Services - O'KEEFE REINHARD & PAUL, Chicago, IL, pg. 392
Steen, Taylor - Account Services, Administrative - VMLY&R, Kansas City, MO, pg. 274
Steever, Sara - Account Services, Interactive / Digital - PAULSEN MARKETING COMMUNICATIONS, Sioux Falls, SD, pg. 126
Stefanelli, Romie - Account Planner, Account Services, Management - YES&, Alexandria, VA, pg. 436
Stefaniak, Susan - Account Services, Management - OGILVY, Chicago, IL, pg. 393
Steffens, Amber - Account Services - TURNER PUBLIC RELATIONS, Denver, CO, pg. 657
Steger, Carmen - Account Services - COSSETTE MEDIA, Toronto, ON, pg. 345
Steidemann, Mike - Account Planner,

Account Services, Programmatic - GTB, Dearborn, MI, pg. 367
Steil, Catherine - Account Services - CREATA, Oakbrook Terrace, IL, pg. 346
Steils, Macie - Account Services - PUBLICIS.SAPIENT, Coconut Grove, FL, pg. 259
Stein, Tom - Account Services, NBC, PPOM - STEIN IAS, New York, NY, pg. 267
Stein, Stan - Account Services, Management, NBC - WEBER SHANDWICK, Birmingham, MI, pg. 662
Stein, Gail - Account Services, Analytics, Media Department, NBC - HEARTS & SCIENCE, New York, NY, pg. 471
Stein, Gary - Account Services, Analytics, Interactive / Digital, Management, Media Department, NBC, PPOM, Research - DUNCAN CHANNON, San Francisco, CA, pg. 66
Stein, Brooke - Account Services - INSPIRA MARKETING GROUP, Norwalk, CT, pg. 308
Stein, Monica - Account Services, Management - GUMGUM, New York, NY, pg. 467
Stein, Jennifer - Account Services - ARCHER MALMO, Memphis, TN, pg. 32
Stein, Ellina - Account Services, PPM - EDELMAN, Seattle, WA, pg. 601
Stein, Jonathan - Account Services - TABOOLA, New York, NY, pg. 268
Stein, Danielle - Account Services, Analytics, Interactive / Digital, Public Relations - EDELMAN, New York, NY, pg. 599
Stein, Dana - Account Services, Interactive / Digital - HL GROUP, New York, NY, pg. 614
Stein, Joslyn - Account Services - BCF, Virginia Beach, VA, pg. 581
Stein, Tara - Account Services - SOULSIGHT, Chicago, IL, pg. 199
Stein, Lindsay - Account Services, Public Relations - DECKER ROYAL AGENCY, New York, NY, pg. 596
Steinberg, Jill - Account Planner, Account Services, Media Department - OMD SAN FRANCISCO, San Francisco, CA, pg. 501
Steiner, Lauren - Account Services - CANNONBALL AGENCY, Saint Louis, MO, pg. 5
Steingraber, Fred - Account Services - TRUNGALE, EGAN & ASSOCIATES, Chicago, IL, pg. 203
Steinhoff, Jane - Account Services - DDB CHICAGO, Chicago, IL, pg. 59
Steiniger, Matt - Account Services, Interactive / Digital - ISOBAR US, New York, NY, pg. 242
Steinkamp, Janelle - Account Services - TRILIX MARKETING GROUP, INC., Des Moines, IA, pg. 427
Steinman, Josh - Account Services, Creative - BBDO WORLDWIDE, New York, NY, pg. 331
Steinman, Amanda - Account Services - LEWIS GLOBAL COMMUNICATIONS, Burlington, MA, pg. 380
Stekloff, Casey - Account Services,

Administrative - SOLEBURY TROUT, New York, NY, pg. 648
Stelling, Elizabeth - Account Services - GSD&M, Austin, TX, pg. 79
Steltenpohl, Jon - Account Services, Management - GMR MARKETING, New Berlin, WI, pg. 306
Steltz, Kevin - Account Planner, Account Services, Management - BVK, Milwaukee, WI, pg. 339
Stemm, Jason - Account Services, Management, Media Department - PADILLA, New York, NY, pg. 635
Stempeck, Brian - Account Services, NBC, PPOM - THE TRADE DESK, New York, NY, pg. 520
Stenclik, Nicole - Account Services, Finance - AKRETE, Evanston, IL, pg. 575
Stenhouse, Kevin - Account Services, NBC - THE TRADE DESK, Los Angeles, CA, pg. 519
Stennett, Sarah - Account Services - SCOUT MARKETING, Atlanta, GA, pg. 139
Stephen, Rachel - Account Services - DAC GROUP, Toronto, ON, pg. 224
Stephens, James - Account Services, NBC, PPOM - DECODED ADVERTISING, New York, NY, pg. 60
Stephens, Kimberly - Account Services, Interactive / Digital - FORSMAN & BODENFORS, New York, NY, pg. 74
Stephens, Brittney - Account Services, Creative - GODO DISCOVERY COMPANY, Dallas, TX, pg. 77
Stephens, James - Account Services - ZOOM MEDIA, New York, NY, pg. 559
Stephens, Jo Ann - Account Services, NBC - DALTON AGENCY, Jacksonville, FL, pg. 348
Stephenson, Bettina - Account Services - OGILVY, New York, NY, pg. 393
Stephenson, Lauren - Account Services - THE SHEPPARD GROUP, Glendale, CA, pg. 424
Sterling, Sidney - Account Services - RBB COMMUNICATIONS, Miami, FL, pg. 641
Stern, Ariel - Account Services, NBC - WUNDERMAN THOMPSON, New York, NY, pg. 434
Stern, Sam - Account Planner, Account Services, Media Department - MEDIAHUB BOSTON, Boston, MA, pg. 489
Stettler, Andy - Account Services - DEVINE + PARTNERS, Philadelphia, PA, pg. 596
Stetzer, Steven - Account Services, PPOM - ROTTER CREATIVE GROUP, Huntington, NY, pg. 507
Stevens, Wayne - Account Services - THE INTEGER GROUP, Lakewood, CO, pg. 682
Stevens, Ashley - Account Services - CRAMER-KRASSELT , Chicago, IL, pg. 53
Stevens, Kelly - Account Services, Creative, NBC, PPOM - THE&PARTNERSHIP, New York, NY,

RESPONSIBILITIES INDEX — AGENCIES

pg. 426
Stevens, Alissa - Account Services - ZENO GROUP, Chicago, IL, pg. 664
Stevens, Mike - Account Planner, Account Services - GYK ANTLER, Manchester, NH, pg. 368
Stevens, Katie - Account Services, Operations, Public Relations - MSLGROUP, New York, NY, pg. 629
Stevenson, Tiasha - Account Services, Management - MSLGROUP, Chicago, IL, pg. 629
Steves, Lisa - Account Services - BIGWING, Oklahoma City, OK, pg. 217
Stewart, Crystal - Account Services - BOOYAH ONLINE ADVERTISING, Denver, CO, pg. 218
Stewart, Claire - Account Services - MCCANN NEW YORK, New York, NY, pg. 108
Stewart, Kristi - Account Services - MGH ADVERTISING, Owings Mills, MD, pg. 387
Stewart, Douglas - Account Services - APPLETON CREATIVE, Orlando, FL, pg. 32
Stewart, Kelsey - Account Services - METIA, Bellevue, WA, pg. 250
Stewart, Adrienne - Account Services - PEP, Cincinnati, OH, pg. 569
Stich-Mills, Kelli - Account Services, Management - FEREN COMMUNICATIONS, New York, NY, pg. 603
Stichweh, John - Account Services - GREY MIDWEST, Cincinnati, OH, pg. 366
Stiedaman, Jerry - Account Planner, Account Services, Management - VSA PARTNERS, INC., Chicago, IL, pg. 204
Stiegemeyer, Larson - Account Services, Management - BERNSTEIN-REIN ADVERTISING, INC., Kansas City, MO, pg. 39
Stielglitz, Devon - Account Services, Media Department, NBC - TRADE X PARTNERS, New York, NY, pg. 156
Stierwalt, Jon - Account Services, NBC - NEMO DESIGN, Portland, OR, pg. 193
Stiff Evans, Lauren - Account Planner, Account Services - THE TOMBRAS GROUP, Knoxville, TN, pg. 424
Stiffelman, Lauren - Account Services - JONESWORKS, New York, NY, pg. 618
Stiffler, Ellen - Account Services - THE MARS AGENCY, Bentonville, AR, pg. 683
Stiles, Kelley - Account Services - MAN MARKETING, Carol Stream, IL, pg. 103
Stiles, Remy - Account Planner, Account Services - KEPLER GROUP, New York, NY, pg. 244
Stilp, Sarah - Account Services - ICF NEXT, Minneapolis, MN, pg. 372
Stinson, Victoria - Account Services, Public Relations - HEMSWORTH COMMUNICATIONS, Fort Lauderdale, FL, pg. 613
Stites, Brooke - Account Services, Media Department, NBC - WIEDEN + KENNEDY, Portland, OR, pg. 430
Stocker, Emerald - Account Services - TRUE COMMUNICATIONS, Sausalito, CA, pg. 657
Stockman, Samantha - Account Services, Management, Media Department - THE MEDIA KITCHEN, New York, NY, pg. 519
Stockton, Shayla - Account Services, Creative - SFW AGENCY, Greensboro, NC, pg. 16
Stockton, Shelbey - Account Services - MARLIN NETWORK, Springfield, MO, pg. 105
Stoddard, Joseph - Account Services, PPOM - SKA DESIGN, South Pasadena, CA, pg. 199
Stoelting, Chelsea - Account Services, Management - RETHINK COMMUNICATIONS, INC., Vancouver, BC, pg. 133
Stoermer, Emily - Account Services - BACKBAY COMMUNICATIONS, Boston, MA, pg. 579
Stoesser, Jacqueline - Account Services - HAYTER COMMUNICATIONS, Seattle, WA, pg. 612
Stoga, Susan - Account Planner, Account Services, Media Department, PPOM, Public Relations - CARSON STOGA COMMUNICATIONS INC., Schaumburg, IL, pg. 340
Stokes, Daniel - Account Services, Management - JSTOKES, Walnut Creek, CA, pg. 378
Stokes, Casey - Account Services - WRITE2MARKET, Atlanta, GA, pg. 276
Stoll, Hunter - Account Services - CORNETT INTEGRATED MARKETING SOLUTIONS, Lexington, KY, pg. 344
Stoller, Josh - Account Services, NBC - ASSOCIATION OF NATIONAL ADVERTISERS, New York, NY, pg. 442
Stolp, Andrew - Account Services, NBC - MOMENTUM WORLDWIDE, Chicago, IL, pg. 117
Stone, Brittany - Account Services - MOXIE COMMUNICATIONS GROUP, New York, NY, pg. 628
Stone, Jamison - Account Services - SOCIALLYIN, Birmingham, AL, pg. 688
Stone, Zack - Account Services, Creative - FCB HEALTH, New York, NY, pg. 72
Stone, Rachel - Account Services - MBUY, Chicago, IL, pg. 484
Stone, Mark - Account Services, Analytics - HUDSON RIVER GROUP, Tarrytown, NY, pg. 239
Stone, Laurie - Account Services - DONER, Southfield, MI, pg. 63
Stone, Dylan - Account Services, Interactive / Digital - WILLOW MARKETING, Indianapolis, IN, pg. 433
Stone, Katie - Account Services - ELEVATION MARKETING, Richmond, VA, pg. 67
Stoneman, Wally - Account Services, Creative - MOWER, Atlanta, GA, pg. 389
Stoopack, Michael - Account Services, Creative - R/GA, New York, NY, pg. 260
Stoopler, Jesse - Account Services, Interactive / Digital, Media Department - MOMENTUM WORLDWIDE, New York, NY, pg. 117
Storck, Sara - Account Services, NBC - MEDIA STAR PROMOTIONS, Hunt Valley, MD, pg. 112
Story, Addison - Account Services - 97 DEGREES WEST, Austin, TX, pg. 24
Stottler, Tracy - Account Services - DANA COMMUNICATIONS, Hopewell, NJ, pg. 57
Stouber, Mike - Account Services, Public Relations - RUBENSTEIN ASSOCIATES, New York, NY, pg. 644
Stout, Jane - Account Services, Management - COOKERLY PUBLIC RELATIONS INC., Atlanta, GA, pg. 593
Stout, Sarah - Account Services - HARRISON & STAR, INC., New York, NY, pg. 9
Stout, Alan - Account Planner, Account Services - ARGONAUT, INC., San Francisco, CA, pg. 33
Stout, Kennedy - Account Services - BARKLEY, Kansas City, MO, pg. 329
Stovall, Suzanne - Account Services - DDB CHICAGO, Chicago, IL, pg. 59
Stover, David - Account Services - MERKLEY + PARTNERS, New York, NY, pg. 114
Stoyka, David - Account Services - MARX LAYNE & COMPANY, Farmington Hills, MI, pg. 626
Strachan, Michael - Account Services, NBC - TINUITI, New York, NY, pg. 678
Strader, Samantha - Account Services - PADILLA, Richmond, VA, pg. 635
Straehle, Sydney - Account Planner, Account Services - MEDIACOM, New York, NY, pg. 487
Strait, Kerry - Account Services, Human Resources - SAATCHI & SAATCHI X, Cincinnati, OH, pg. 682
Strashun, Clifford - Account Services - DEUTSCH, INC., New York, NY, pg. 349
Strateman, Tyler - Account Services - INTERCOMMUNICATIONS, INC., Newport Beach, CA, pg. 375
Stratten, Whitney - Account Services - MARKETING ARCHITECTS, Minneapolis, MN, pg. 288
Strausser, Bob - Account Services, Management - THE INTEGER GROUP, Lakewood, CO, pg. 682
Strayhan, Kristin - Account Services, Management - TPN, Dallas, TX, pg. 683
Strazza, Lizzie - Account Services, Public Relations - BACKBONE MEDIA, Carbondale, CO, pg. 579
Streams, Caitlin - Account Services - TURNER PUBLIC RELATIONS, Denver, CO, pg. 657
Strecker, Laura - Account Services, Media Department - FASONE PARTNERS, INC., Kansas City, MO, pg. 357

AGENCIES — RESPONSIBILITIES INDEX

Streeb, Tim - Account Services, Management, Public Relations - ICR, New York, NY, pg. 615
Strege, Jeremy - Account Services - HILL HOLLIDAY, Boston, MA, pg. 85
Streit, Charlie - Account Services - G7 ENTERTAINMENT MARKETING, Nashville, TN, pg. 306
Streiter, Jacob - Account Services - THE ROSEN GROUP, New York, NY, pg. 655
Strichman, Hayley - Account Services - CIVIC ENTERTAINMENT GROUP, New York, NY, pg. 566
Strickland, Christopher - Account Services, Media Department - OCEAN MEDIA, INC., Huntington Beach, CA, pg. 498
Strickland, Lauren - Account Services - BRANDPIE, New York, NY, pg. 42
Strickland, Barbara - Account Services, NBC - OUTFRONT MEDIA, Kansas City, MO, pg. 555
Stricklin, Stacey - Account Services - HAVAS MEDIA GROUP, Chicago, IL, pg. 469
Stripe, Scott - Account Services - FAHLGREN MORTINE PUBLIC RELATIONS, Columbus, OH, pg. 70
Strizich, Nell - Account Services - JONES KNOWLES RITCHIE, New York, NY, pg. 11
Strode, Erin - Account Services - MCDILL DESIGN, Milwaukee, WI, pg. 190
Stroh, Lisa - Account Services, Management - CAMPBELL EWALD NEW YORK, New York, NY, pg. 47
Strohm, Anita - Account Services - CROSSROADS, Kansas City, MO, pg. 594
Strokes, Tina - Account Services - MAJOR TOM, Vancouver, BC, pg. 675
Strommer, Stephanie - Account Services - REDPOINT MARKETING PR, INC., New York, NY, pg. 642
Strong, Ann - Account Services, NBC - J.T. MEGA, INC., Minneapolis, MN, pg. 91
Strong, Riley - Account Services - UNION, Charlotte, NC, pg. 273
Strope, Leigh - Account Services, Public Relations - BCW DALLAS, Dallas, TX, pg. 581
Strotman, Rebekah - Account Services, Creative - CNX, New York, NY, pg. 51
Strubhar, Keith - Account Services, Management - MSLGROUP, New York, NY, pg. 629
Struiksma, Danika - Account Services, Interactive / Digital, NBC - XAXIS, Toronto, ON, pg. 277
Strum, Andrew - Account Services - STRATEGIC AMERICA, West Des Moines, IA, pg. 414
Stuard, Sara - Account Services - D4 CREATIVE GROUP, Philadelphia, PA, pg. 56
Stuart, Scott - Account Services, Management - 22SQUARED INC., Tampa, FL, pg. 319
Stuby, Liz - Account Services -

FERGUSON ADVERTISING, INC., Fort Wayne, IN, pg. 73
Stupin, Lauren - Account Services - TRAFFIK ADVERTISING, Irvine, CA, pg. 156
Sturm, Brad - Account Services, Creative - STUDIO BLUE, Chicago, IL, pg. 200
Stutterheim, Katelyn - Account Services - RANDALL BRANDING AGENCY, Richmond, VA, pg. 16
Stuttman, Nicole - Account Services - EDELMAN, New York, NY, pg. 599
Styer, Alex - Account Services, Interactive / Digital, Media Department - BELLEVUE COMMUNICATIONS, Philadelphia, PA, pg. 582
Su, Fion - Account Services, Analytics, Interactive / Digital, Research - GROUPM, New York, NY, pg. 466
Suarez-Starfeldt, Dean - Account Services, NBC - VMLY&R, Kalamazoo, MI, pg. 274
Sublousky, Sara - Account Services - UPROAR, Orlando, FL, pg. 657
Suchy, Randy - Account Services, Creative - CANNELLA RESPONSE TELEVISION, Burlington, WI, pg. 281
Sudyka, Kurt - Account Services - UPLAND MOBILE MESSAGING, San Francisco, CA, pg. 535
Sugarman, Brandon - Account Planner, Account Services, Interactive / Digital - DUNCAN CHANNON, San Francisco, CA, pg. 66
Sulkes, Destry - Account Services, NBC, PPOM - WUNDERMAN HEALTH, New York, NY, pg. 164
Sullivan, Craig - Account Services, PPOM - PACIFIC COMMUNICATIONS, Irvine, CA, pg. 124
Sullivan, Catherine - Account Services, Management, NBC, Public Relations - BCW NEW YORK, New York, NY, pg. 581
Sullivan, Pam - Account Services, Management, Media Department - ESSENCE, San Francisco, CA, pg. 232
Sullivan, Christopher - Account Services, Interactive / Digital - TIZIANI WHITMYRE, Sharon, MA, pg. 155
Sullivan, Shannon - Account Services, Management - MOD OP, Dallas, TX, pg. 388
Sullivan, Chris - Account Services, NBC - INTERNET MARKETING NINJAS, Clifton Park, NY, pg. 242
Sullivan, Lindsay - Account Services, NBC - C SPACE, Boston, MA, pg. 443
Sullivan, Ryan - Account Services, Programmatic - PERFORMICS, Chicago, IL, pg. 676
Sullivan, Erica - Account Services - ASHER AGENCY, Fort Wayne, IN, pg. 327
Sullivan, Jennifer - Account Services - ANOMALY, New York, NY, pg. 325
Sullivan, Kristen - Account Services, Finance, NBC - ARNOLD

WORLDWIDE, Boston, MA, pg. 33
Suman, Ken - Account Services - DSC ADVERTISING, Philadelphia, PA, pg. 66
Sumar, Misha - Account Services - MRY, New York, NY, pg. 252
Summers, Kirby - Account Services - O'KEEFE REINHARD & PAUL, Chicago, IL, pg. 392
Summerville, Geoffrey - Account Services, Management, Media Department - HAVAS MEDIA GROUP, New York, NY, pg. 468
Summy, Katie - Account Services, Interactive / Digital, Management - ENERGY BBDO, INC., Chicago, IL, pg. 355
Sumner, Michael - Account Services - SUMNER GROUP, Gastonia, NC, pg. 415
Sumner, Amanda - Account Services, Analytics, Interactive / Digital - NET CONVERSION, Orlando, FL, pg. 253
Sumple, Gary - Account Services, PPOM - CDHM ADVERTISING, INC., Stamford, CT, pg. 49
Sumrow, Shane - Account Services - THE MARGULIES COMMUNICATIONS GROUP, Dallas, TX, pg. 654
Sundin, Glenn - Account Services, Interactive / Digital - MOTIV, Boston, MA, pg. 192
Sunshine, Anna - Account Services, Interactive / Digital, Media Department, NBC - OXFORD ROAD, Sherman Oaks, CA, pg. 503
Super, Erica - Account Services - MBB AGENCY, Leawood, KS, pg. 107
Surbaugh, Scott - Account Services - CUNEO ADVERTISING, Bloomington, MN, pg. 56
Surette, Diane - Account Services, PPOM - BURKE, INC., Cincinnati, OH, pg. 442
Suri, Tehjal - Account Services - DROGA5, New York, NY, pg. 64
Surillo, Susan - Account Services - COLTRIN & ASSOCIATES, New York, NY, pg. 592
Susick, Lindsey - Account Services, Media Department - HAVAS MEDIA GROUP, Chicago, IL, pg. 469
Sussman, Todd - Account Planner, Account Services, Interactive / Digital, Management - FCB NEW YORK, New York, NY, pg. 357
Sussman, Jena - Account Services - GOLIN, Los Angeles, CA, pg. 609
Sussner, Tessa - Account Services - SUSSNER DESIGN COMPANY, Minneapolis, MN, pg. 200
Sutherland, Craig - Account Services, NBC, PPOM - DEWEY SQUARE GROUP, Tampa, FL, pg. 596
Sutherland, Sean - Account Services - KAPOWZA, Baltimore, MD, pg. 94
Sutherland, Glenn - Account Services, Management - GTB, Dearborn, MI, pg. 367
Sutherland, Jennifer - Account Services - ARRIVALS + DEPARTURES, Toronto, ON, pg. 34
Sutorius Jones, Lori - Account

1261

RESPONSIBILITIES INDEX — AGENCIES

Services, PPOM - AVOCET COMMUNICATIONS, Longmont, CO, *pg.* 328

Sutter, Bob - Account Services, PPOM - THE ESCAPE POD, Chicago, IL, *pg.* 150

Suttmiller, Matt - Account Services - REDPEG MARKETING, Alexandria, VA, *pg.* 692

Sutton, Erin - Account Services, Media Department, NBC - THE RICHARDS GROUP, INC., Dallas, TX, *pg.* 422

Svensk Dishotsky, Gabriella - Account Planner, Account Services, NBC - GOODBY, SILVERSTEIN & PARTNERS, San Francisco, CA, *pg.* 77

Swain, Amy - Account Services, Creative - MEDIA ASSEMBLY, Southfield, MI, *pg.* 385

Swan, Jordan - Account Services, Creative - FLINT & STEEL, New York, NY, *pg.* 74

Swan, JoAna - Account Services - DIGITAS HEALTH LIFEBRANDS, Philadelphia, PA, *pg.* 229

Swanbon, Paige - Account Services - RIGHTPOINT, Boston, MA, *pg.* 263

Swank, Andrew - Account Services, Management - CRAMER-KRASSELT, New York, NY, *pg.* 53

Swanson, Jaylene - Account Services - BANIK COMMUNICATIONS, Great Falls, MT, *pg.* 580

Swarens, Heather - Account Services, Media Department, NBC - CONVERSANT, LLC, Westlake Village, CA, *pg.* 222

Swartley, Susanna - Account Services - TRANSLATION, Brooklyn, NY, *pg.* 299

Swartz, Lauren - Account Services, Management - M BOOTH & ASSOCIATES, INC., New York, NY, *pg.* 624

Swartz, Robert - Account Planner, Account Services, Media Department - MEDIACOM, New York, NY, *pg.* 487

Swayne, Jack - Account Services, Interactive / Digital, Media Department - IPROSPECT, New York, NY, *pg.* 674

Swayne, Beth - Account Services - ZEHNDER COMMUNICATIONS, INC., Nashville, TN, *pg.* 436

Sweeney, Michele - Account Services - NEUSTAR, INC., Sterling, VA, *pg.* 289

Sweeney, Barri - Account Services, Human Resources, NBC - PROPHET, Chicago, IL, *pg.* 15

Sweeney, Stephanie - Account Services, NBC - THE RICHARDS GROUP, INC., Dallas, TX, *pg.* 422

Sweeney, Lisa - Account Services - DID AGENCY, Ambler, PA, *pg.* 62

Sweeney, Margy - Account Services, Management, NBC, PPOM - AKRETE, Evanston, IL, *pg.* 575

Sweeney, Morgan - Account Services, NBC - AKRETE, Evanston, IL, *pg.* 575

Sweet, Keely - Account Services - UNIVERSAL MCCANN, San Francisco, CA, *pg.* 428

Swegle, Marie - Account Services -

GMR MARKETING, Charlotte, NC, *pg.* 307

Swegle, Regan - Account Services - TEAM ONE, Los Angeles, CA, *pg.* 417

Swenson, Christopher - Account Services - HUNTER PUBLIC RELATIONS, New York, NY, *pg.* 614

Swenson, Sara - Account Services - GOFF PUBLIC, Saint Paul, MN, *pg.* 608

Swiader, Keith - Account Services - MOXIE COMMUNICATIONS GROUP, New York, NY, *pg.* 628

Swies, Tim - Account Services, Management - ZUBI ADVERTISING, Coral Gables, FL, *pg.* 165

Swietochowska, Kathy - Account Services - OVERCAT COMMUNICATIONS, Toronto, ON, *pg.* 634

Swift, Joe - Account Services - MANRIQUE GROUP, Minneapolis, MN, *pg.* 311

Swift, Kenna - Account Services - SHERRY MATTHEWS ADVOCACY MARKETING, Austin, TX, *pg.* 140

Swihart, Lynne - Account Services, PPM - BALCOM AGENCY, Fort Worth, TX, *pg.* 329

Swingle, Juli - Account Services, Management - ACCENTURE INTERACTIVE, El Segundo, CA, *pg.* 322

Swinton, Melissa - Account Services - HUGE, INC., Toronto, ON, *pg.* 240

Swistro, Corey - Account Services - MAIER ADVERTISING, INC., Farmington, CT, *pg.* 103

Switzer-Tal, Oren - Account Services, PPOM - MARSHALL FENN COMMUNICATIONS, Toronto, ON, *pg.* 625

Swofford, Leah - Account Services - MYRIAD TRAVEL MARKETING, Los Angeles, CA, *pg.* 390

Swoyer, Madeline - Account Services - GREGORY WELTEROTH ADVERTISING, Montoursville, PA, *pg.* 466

Symons, Justin - Account Services - PROJECT X, New York, NY, *pg.* 556

Sypniewski, Brian - Account Services - OMD, New York, NY, *pg.* 498

Szabo, Pia - Account Services - COLANGELO & PARTNERS, New York, NY, *pg.* 591

Szafranski, John - Account Services - 52 LTD, Portland, OR, *pg.* 667

Szarek, Taryn - Account Services - IGNITE SOCIAL MEDIA, Cary, NC, *pg.* 686

Szatmary, Jason - Account Services, Management - HUGE, INC., Brooklyn, NY, *pg.* 239

Szczes, Laura - Account Services, Management - AD MARK SERVICES, Seattle, WA, *pg.* 441

Szerejko, Agatha - Account Planner, Account Services, Media Department - GOOD APPLE DIGITAL, New York, NY, *pg.* 466

Szewczyk, Zach - Account Services - BADER RUTTER & ASSOCIATES, INC., Milwaukee, WI, *pg.* 328

Szewczyk, Tod - Account Services, Creative, Management, Operations -

LEO BURNETT WORLDWIDE, Chicago, IL, *pg.* 98

Szkatulski, Lisa - Account Planner, Account Services - SOCIALDEVIANT, LLC, Chicago, IL, *pg.* 688

Szmilewska, Magda - Account Planner, Account Services - MEDIACOM, New York, NY, *pg.* 487

Sznewajs, Julia - Account Services - RES PUBLICA GROUP, Chicago, IL, *pg.* 642

Szostak, Roman - Account Services, Creative - MYRIAD MARKETING, INC., Toronto, ON, *pg.* 168

Szumny, Julia - Account Services - THE MX GROUP, Burr Ridge, IL, *pg.* 422

Szymanski, Connor - Account Services - FINN PARTNERS, San Francisco, CA, *pg.* 603

Tabella, Kara - Account Services - VOVEO MARKETING GROUP, Malvern, PA, *pg.* 429

Tabolt, Mallory - Account Services, Interactive / Digital, NBC - SIGMA MARKETING INSIGHTS, Rochester, NY, *pg.* 450

Tabor, Hannah - Account Planner, Account Services - MOTHER NY, New York, NY, *pg.* 118

Tacopino, Alyssa - Account Services - ANOMALY, New York, NY, *pg.* 325

Taee, Georgina - Account Services, Interactive / Digital, Media Department, NBC - VAYNERMEDIA, New York, NY, *pg.* 689

Tagliaferri, Ed - Account Services, Management - DKC PUBLIC RELATIONS, New York, NY, *pg.* 597

Tak, Esther - Account Services, Interactive / Digital, Media Department - ACTIVE INTERNATIONAL, Pearl River, NY, *pg.* 439

Talerico, Anna - Account Services, Management, PPOM - ION INTERACTIVE, INC., Boca Raton, FL, *pg.* 242

Tall Carter, Brittany - Account Services - VIBES MEDIA, Chicago, IL, *pg.* 535

Tallmage, Elizabeth - Account Services - WOODRUFF, Columbia, MO, *pg.* 163

Talpasz, Janet - Account Services - CK ADVERTISING, Lakewood, CO, *pg.* 220

Tamaddon, Lindsey - Account Services - APPLETON CREATIVE, Orlando, FL, *pg.* 32

Tammaro, Josh - Account Services - LAUNCHSQUAD, San Francisco, CA, *pg.* 621

Tan, Cindy - Account Services - ADLUCENT, Austin, TX, *pg.* 671

Tanabe, Chris - Account Services - HUGE, INC., Brooklyn, NY, *pg.* 239

Tanabe, Kristin - Account Services - MCGARRYBOWEN, New York, NY, *pg.* 109

Tanasy, Jasmine - Account Planner, Account Services, Creative - LANDOR, New York, NY, *pg.* 11

Tang Nyholt, Candice - Account Services - EVANSHARDY + YOUNG, Santa Barbara, CA, *pg.* 69

1262

AGENCIES
RESPONSIBILITIES INDEX

Tannebaum, Michelle - Account Services - TINSLEY ADVERTISING, Miami, FL, *pg.* 155

Tanner, Ross - Account Planner, Account Services, Media Department, NBC - DEARING GROUP, West Lafayette, IN, *pg.* 60

Tanner, Sean - Account Services, Interactive / Digital, Management, Media Department, PPM - ADAM&EVE DDB, New York, NY, *pg.* 26

Tao, Joe - Account Services, Management, PPOM - ROKKAN, LLC, New York, NY, *pg.* 264

Tapazoglou, Sara - Account Services, Management, Media Department - UNIVERSAL MCCANN DETROIT, Birmingham, MI, *pg.* 524

Tapolczai, Les - Account Planner, Account Services, Media Department - JOHN ST., Toronto, ON, *pg.* 93

Taqi, Tahira - Account Services, Management - SCHNAKE TURNBO FRANK, INC., Tulsa, OK, *pg.* 646

Tarhan, Tiphaine - Account Services, Analytics - ESSENCE, New York, NY, *pg.* 232

Taris, Maria - Account Services, Administrative, Management - DEUTSCH, INC., New York, NY, *pg.* 349

Tarner, Sarah - Account Services - FCB NEW YORK, New York, NY, *pg.* 357

Tarquinio, Kim - Account Services - PIPITONE GROUP, Pittsburgh, PA, *pg.* 195

Tasso, Louis - Account Services - CANNELLA RESPONSE TELEVISION, Los Angeles, CA, *pg.* 457

Tate, Alexandra - Account Services, Media Department, Programmatic - OMD, New York, NY, *pg.* 498

Tate, Sarah - Account Services - DECIBEL BLUE, Scottsdale, AZ, *pg.* 595

Tateosian, Karla - Account Services, Media Department - HAVAS EDGE, Boston, MA, *pg.* 284

Tatgenhorst, Lindsey - Account Planner, Account Services, Interactive / Digital, Management - FITZCO, Atlanta, GA, *pg.* 73

Tatulli, Paige - Account Services - M BOOTH & ASSOCIATES, INC. , New York, NY, *pg.* 624

Taub, Kyla - Account Services, Management - FORSMAN & BODENFORS, New York, NY, *pg.* 74

Tauber, Ben - Account Services, Management, NBC, PPOM - GREY GROUP, New York, NY, *pg.* 365

Tauber, Jessica - Account Services, Management - WPROMOTE, El Segundo, CA, *pg.* 678

Tauberman, Richard - Account Services, Management - MWWPR, Washington, DC, *pg.* 631

Tavlarides, Mark - Account Services, Public Relations - BGR GROUP, Washington, DC, *pg.* 583

Tay, Earn - Account Planner, Account Services, Interactive / Digital - RESOLUTION MEDIA, New York, NY, *pg.* 263

Tayebi, Sheila - Account Services, Public Relations - 360PRPLUS, Boston, MA, *pg.* 573

Tayebi Hughes, Sheila - Account Services, Public Relations - 360PRPLUS, Boston, MA, *pg.* 573

Taylor, Dan - Account Services, Creative, PPOM - TAYLOR DESIGN, Stamford, CT, *pg.* 201

Taylor, Mary - Account Services - YECK BROTHERS COMPANY, Dayton, OH, *pg.* 294

Taylor, Heather - Account Services - MARBURY CREATIVE GROUP, Duluth, GA, *pg.* 104

Taylor, Tim - Account Planner, Account Services - RPA, Santa Monica, CA, *pg.* 134

Taylor, Lyndon - Account Services, Public Relations - FINN PARTNERS, New York, NY, *pg.* 603

Taylor, Forest - Account Services, Interactive / Digital, Media Department, Research - WEBER SHANDWICK, Minneapolis, MN, *pg.* 660

Taylor, Kingsley - Account Services, Management, NBC - DIGITAS, San Francisco, CA, *pg.* 227

Taylor, Sophia - Account Services - WALTON ISAACSON CA, Culver City, CA, *pg.* 547

Taylor, Kami - Account Services, Management - OCTAGON, Charlotte, NC, *pg.* 313

Taylor, Matt - Account Services - LEAP, Louisville, KY, *pg.* 245

Taylor, Nelson - Account Services, Promotions - KEMPERLESNIK COMMUNICATIONS , Chicago, IL, *pg.* 619

Taylor, Luke - Account Services - VIRTUE WORLDWIDE, Brooklyn, NY, *pg.* 159

Taylor, Jessie - Account Services - MOD WORLDWIDE, Philadelphia, PA, *pg.* 192

Taylor, Tori - Account Services - VELOCITY OMC, New York, NY, *pg.* 158

Taylor, Jennifer - Account Services - ICROSSING, Chicago, IL, *pg.* 241

Taylor, Samantha - Account Services - HUMANAUT, Chattanooga, TN, *pg.* 87

Taylor, Randy - Account Services - DERSE, INC., North Las Vegas, NV, *pg.* 304

Taylor, Amy - Account Services - ENERGY BBDO, INC., Chicago, IL, *pg.* 355

Taylor, Lynda - Account Services - QUATTRO DIRECT, Berwyn, PA, *pg.* 290

Taylor, Michael - Account Services - CREATIVE PRODUCERS GROUP, Saint Louis, MO, *pg.* 303

Taylor Tuskey, Margaret - Account Services, Public Relations - PETERMAYER, New Orleans, LA, *pg.* 127

Tebbe, Michele - Account Services, NBC, PPOM - DAVID&GOLIATH, El Segundo, CA, *pg.* 57

Tebcherany, Christine - Account Services - TRIAD RETAIL MEDIA, St. Petersburg, FL, *pg.* 272

Tecchio, Vinney - Account Services, Creative, Management, NBC - DEUTSCH, INC., New York, NY, *pg.* 349

Tedesco, Alexis - Account Services - LAFORCE, New York, NY, *pg.* 621

Teeter, Hilary - Account Services, Human Resources - EDELMAN, Washington, DC, *pg.* 600

Tegethoff, Scott - Account Services, Management, PPOM - TBWA \ CHIAT \ DAY, New York, NY, *pg.* 416

Tehrani, Sara - Account Services - MPRM PUBLIC RELATIONS, Los Angeles, CA, *pg.* 629

Teich, Lori - Account Services - ABELSON-TAYLOR, Chicago, IL, *pg.* 25

Teijeira, Cody - Account Services - FUSEIDEAS, LLC, Buffalo, NY, *pg.* 306

Teitelbaum, Jeff - Account Services - RISE INTERACTIVE, Chicago, IL, *pg.* 264

Teitler, Jennifer - Account Services, NBC - M BOOTH & ASSOCIATES, INC. , New York, NY, *pg.* 624

Teixeira, Josh - Account Planner, Account Services, Management - DEUTSCH, INC., Los Angeles, CA, *pg.* 350

Teklemariam, Hibre - Account Services, Management - SUNSTAR STRATEGIC, Alexandria, VA, *pg.* 651

Telesz, Julie - Account Services, Management - FALLS COMMUNICATIONS, Cleveland, OH, *pg.* 357

Telford, John - Account Services - BOUNTEOUS, Chicago, IL, *pg.* 218

Telucci, Joey - Account Services - BLATTEL COMMUNICATIONS, San Francisco, CA, *pg.* 584

Temeyer, Michelle - Account Services - DAILEY COMMUNICATIONS , St. Petersburg, FL, *pg.* 57

Temple, Lynn - Account Services - MCCOMM GROUP, Decatur, AL, *pg.* 109

Temple, Richard - Account Services, Management - MCNALLY TEMPLE & ASSOCIATES, INC., Sacramento, CA, *pg.* 626

Templeton, Tiffany - Account Services - ASHER AGENCY, Fort Wayne, IN, *pg.* 327

Templeton, Krista - Account Services - IMAGINARY FORCES, Los Angeles, CA, *pg.* 187

Templin, Todd - Account Services, Management - BOARDROOM COMMUNICATIONS, Fort Lauderdale, FL, *pg.* 584

Tenbekjian, Ashley - Account Services - SOURCE COMMUNICATIONS, Hackensack, NJ, *pg.* 315

Tench, Samantha - Account Services - MOROCH PARTNERS, Dallas, TX, *pg.* 389

Tennessen, Stephanie - Account Services, Public Relations - KETCHUM, Chicago, IL, *pg.* 619

Tenney Bocka, Kristen - Account Services - TRUE SENSE MARKETING, Freedom, PA, *pg.* 293

Tennyson, Patricia - Account Services - KATZ & ASSOCIATES, INC.,

RESPONSIBILITIES INDEX — AGENCIES

San Diego, CA, pg. 686
Tennyson-McGuire, Mary - Account Planner, Account Services, Media Department - SPARK FOUNDRY, New York, NY, pg. 508
Tenuta, Angela - Account Services, Interactive / Digital - INTOUCH SOLUTIONS, INC., Chicago, IL, pg. 242
Terbil, Kelsey - Account Services, Interactive / Digital, NBC - RDW GROUP, Providence, RI, pg. 403
Terp, Margie - Account Services - ALISON BROD PUBLIC RELATIONS, New York, NY, pg. 576
Terrell, Nancy - Account Services, Interactive / Digital, NBC, PPOM - CITRUS ADVERTISING, Dallas, TX, pg. 50
Terretta, Yoko - Account Services - HUGE, INC., Chicago, IL, pg. 186
Terry, Jim - Account Services - MOD OP, Dallas, TX, pg. 388
Terry, Aryn - Account Planner, Account Services, Media Department - INITIATIVE, Chicago, IL, pg. 479
Tervo, Kirstan - Account Services - MSP, Freedom, PA, pg. 289
Tesoro, Cristian - Account Services, Media Department - UNIVERSAL MCCANN, Toronto, ON, pg. 524
Tessalone, Tori - Account Planner, Account Services - DROGA5, New York, NY, pg. 64
Tessier, Fred - Account Services, NBC - MALKA, Jersey City, NJ, pg. 562
Tetzloff, Sara - Account Services, Interactive / Digital, NBC, Public Relations, Social Media - HIEBING, Madison, WI, pg. 85
Thach, Louise - Account Services, Management - FLEISHMANHILLARD, New York, NY, pg. 605
Thai, Michelle - Account Services - MEDIA CAUSE, San Francisco, CA, pg. 249
Thakar, Preeti - Account Services - GYRO, Cincinnati, OH, pg. 368
Thao Nguyen, Theresa - Account Services - ROCKIT SCIENCE AGENCY, Baton Rouge, LA, pg. 16
Tharp, Charis - Account Services - OCEAN MEDIA, INC., Huntington Beach, CA, pg. 498
Thatch, Lori - Account Services - FINGERPAINT MARKETING, Saratoga Springs, NY, pg. 358
Thaw, Jeff - Account Services - INTERSECTION, New York, NY, pg. 553
Thayer, Jillian - Account Services - J PUBLIC RELATIONS, San Diego, CA, pg. 616
Theibert, Dave - Account Services - YOUNG & LARAMORE, Indianapolis, IN, pg. 164
Theilken, Stacy - Account Services, Media Department - IPROSPECT, Fort Worth, TX, pg. 674
Theis, Morgan - Account Services, NBC - 180LA, Los Angeles, CA, pg. 23
Thekan, Grant - Account Planner,

Account Services, Operations - BADER RUTTER & ASSOCIATES, INC., Milwaukee, WI, pg. 328
Thelen, Kim - Account Planner, Account Services, NBC - LEVEL, Minneapolis, MN, pg. 99
Thelen, Lori - Account Services - THE MARKETING ARM, Dallas, TX, pg. 316
Theo, Melinda - Account Planner, Account Services, Analytics, Management, NBC, Operations - AMOBEE, INC., New York, NY, pg. 30
Theodorakis, Emy - Account Planner, Account Services - VENABLES BELL & PARTNERS, San Francisco, CA, pg. 158
Theodore, Halley - Account Services, Creative - NEMO DESIGN, Portland, OR, pg. 193
Theoharides, Jillian - Account Planner, Account Services - HEARTS & SCIENCE, New York, NY, pg. 471
Theriault, Angela - Account Services, Management - BVK, Milwaukee, WI, pg. 339
Theriault, Alex - Account Services, NBC - LOTAME, New York, NY, pg. 447
Theuer, Christian - Account Services - QORVIS COMMUNICATIONS, LLC, Washington, DC, pg. 640
Thiagarajan, Aarti - Account Services, Management - MOTHER NY, New York, NY, pg. 118
Thibodeau, John - Account Services, Public Relations - MEDIA PROFILE, Toronto, ON, pg. 627
Thide, Gregory - Account Services, Interactive / Digital, Media Department - AMOBEE, INC., New York, NY, pg. 30
Thiel, Leigh - Account Services, NBC - BROADHEAD, Minneapolis, MN, pg. 337
Thom, Kelley - Account Services, Interactive / Digital - BFO, Chicago, IL, pg. 217
Thomas, Ben - Account Services, Interactive / Digital, Media Department - THE BUNTIN GROUP, Nashville, TN, pg. 148
Thomas, Courtney - Account Services - CARMICHAEL LYNCH, Minneapolis, MN, pg. 47
Thomas, Hana - Account Services, Creative - MCCANN NEW YORK, New York, NY, pg. 108
Thomas, Terry - Account Planner, Account Services, Creative - DANIEL BRIAN ADVERTISING, Rochester, MI, pg. 348
Thomas, Nick - Account Services - PROOF ADVERTISING, Austin, TX, pg. 398
Thomas, Michael - Account Services, Interactive / Digital, Management, PPOM - ESSENCE, Los Angeles, CA, pg. 233
Thomas, Lauren - Account Services - CARDINAL DIGITAL MARKETING, Atlanta, GA, pg. 220
Thomas, Courtney - Account Services - MOXIE COMMUNICATIONS GROUP, New York, NY, pg. 628

Thomas, Clare - Account Services - REDPEPPER, Nashville, TN, pg. 405
Thomas, Mark - Account Planner, Account Services - INITIATIVE, New York, NY, pg. 477
Thomas, Ben - Account Services - MUH-TAY-ZIK / HOF-FER, San Francisco, CA, pg. 119
Thomas, Beverly - Account Services, Media Department - BALDWIN & OBENAUF, INC., Somerville, NJ, pg. 329
Thomas, Latoya - Account Services - GILBREATH COMMUNICATIONS, INC., Houston, TX, pg. 541
Thomas, Taylor - Account Services - ENERGY BBDO, INC., Chicago, IL, pg. 355
Thomason, Caitlin - Account Services - COMMON THREAD COLLECTIVE, Santa Ana, CA, pg. 221
Thomason, Adam - Account Services - PUBLICIS WEST, Seattle, WA, pg. 130
Thomasson, Jenny - Account Services - GONZALEZ MARKETING, Anchorage, AK, pg. 610
Thompkins, Marcella - Account Services, Management - MCCUE PUBLIC RELATIONS, Burbank, CA, pg. 626
Thompson, Mike - Account Services, Management - CREATIVE RESPONSE CONCEPTS, Alexandria, VA, pg. 593
Thompson, Tommy - Account Services, NBC, PPOM - THE INTEGER GROUP - DALLAS, Dallas, TX, pg. 570
Thompson, Brian - Account Services - MALONEY STRATEGIC COMMUNICATIONS, Dallas, TX, pg. 103
Thompson, Andrew - Account Services - THE MARKETING ARM, Dallas, TX, pg. 316
Thompson, Tara - Account Services - THE INTEGER GROUP - DALLAS, Dallas, TX, pg. 570
Thompson, Jennifer - Account Planner, Account Services - STARCOM WORLDWIDE, Toronto, ON, pg. 517
Thompson, Kristen - Account Services - 360PRPLUS, Boston, MA, pg. 573
Thompson, Lindsay - Account Services - STRATEGIES, Tustin, CA, pg. 414
Thompson, Mark - Account Services - THE BOSTON GROUP, Boston, MA, pg. 418
Thompson, Erika - Account Services - BENCHWORKS, Chestertown, MD, pg. 333
Thompson, Blaine - Account Services - OPTIMUM SPORTS, New York, NY, pg. 394
Thompson, Elizabeth - Account Planner, Account Services, Management - R/GA, Austin, TX, pg. 261
Thompson, Jessica - Account Services - PRESTON KELLY, Minneapolis, MN, pg. 129
Thompson, Rachael - Account Services, PPM - STERLING-RICE GROUP, Boulder, CO, pg. 413
Thompson, Missy - Account Services - THE BRANDON AGENCY, Myrtle Beach,

AGENCIES RESPONSIBILITIES INDEX

SC, pg. 419
Thompson, Beth - Account Services, Management - GATESMAN, Pittsburgh, PA, pg. 361
Thompson, Martin - Account Services, Creative - ABEL COMMUNICATIONS, Baltimore, MD, pg. 574
Thompson Grillo, Kimberly - Account Services, Management - SPARK FOUNDRY, New York, NY, pg. 508
Thompson-Ingraham, Amy - Account Services - ANTHOLOGY MARKETING GROUP, Honolulu, HI, pg. 326
Thomson, Georgina - Account Planner, Account Services, Interactive / Digital, Media Department, Programmatic, Research - OMD, Chicago, IL, pg. 500
Thomson, Bryce - Account Services, PPOM - STRATEGIC AMERICA, West Des Moines, IA, pg. 414
Thorn, Bobbie - Account Planner, Account Services, Interactive / Digital, NBC - INITIATIVE, New York, NY, pg. 477
Thornhill, Rick - Account Services, NBC - MEKANISM, San Francisco, CA, pg. 112
Thornhill, Ty - Account Services - THE TOMBRAS GROUP, Knoxville, TN, pg. 424
Thornton, Kyle - Account Services - ASH-ALLMOND ASSOCIATES, Venus, TX, pg. 566
Thornton, Jen - Account Planner, Account Services - PP+K, Tampa, FL, pg. 129
Thornton, Cheryl - Account Services - MARDEN-KANE, INC., Syosset, NY, pg. 568
Thorson, Krista - Account Services - CALLAHAN CREEK, Lawrence, KS, pg. 4
Thrasher, Chad - Account Services, NBC, Operations, PPOM - MY FRIEND'S NEPHEW, Atlanta, GA, pg. 119
Threlfall, Jennifer - Account Services - DID AGENCY, Ambler, PA, pg. 62
Thuman, Julia - Account Services - ANSIRA, Addison, TX, pg. 326
Thurlow, Brittany - Account Services - SOURCELINK, LLC, Greenville, SC, pg. 292
Thurstin, Jenny - Account Services - HARRIS, BAIO & MCCULLOUGH, Philadelphia, PA, pg. 369
Tibbetts, Isabel - Account Planner, Account Services - PHD USA, New York, NY, pg. 505
Tibbitts, Maggie - Account Services, Media Department, PPM - OMD, New York, NY, pg. 498
Tice, Kimberly - Account Services, Management - GSD&M, Austin, TX, pg. 79
Tichy, Sandra - Account Services, Interactive / Digital, Media Department, Operations - EDELMAN, New York, NY, pg. 599
Tighe, Dan - Account Services, Management - INITIATIVE, New York, NY, pg. 477

Tigue, Alyssa - Account Services - ZAMBEZI, Culver City, CA, pg. 165
Tilley, Laurie - Account Planner, Account Services, NBC - LITTLEFIELD BRAND DEVELOPMENT, Tulsa, OK, pg. 12
Tillinghast, Stephanie - Account Services, NBC - 160OVER90, Santa Monica, CA, pg. 207
Timerson, Nicole - Account Services - SAATCHI & SAATCHI DALLAS, Dallas, TX, pg. 136
Timmerman, Andrea - Account Services, Management, NBC - FORWARDPMX, Minneapolis, MN, pg. 360
Timmings, Sarah - Account Services - C SPACE, Boston, MA, pg. 443
Timmons, Brittany - Account Services - CREATIVE SPOT, Columbus, OH, pg. 55
Tims, Scott - Account Services - THE POINT GROUP, Dallas, TX, pg. 152
Tirone, Michael - Account Services, Interactive / Digital - WEBER SHANDWICK, Baltimore, MD, pg. 661
Tischler, Melissa - Account Services, Creative, Management, NBC - LIPPINCOTT, New York, NY, pg. 189
Tobin, Tracey - Account Services, Interactive / Digital, Management - PUBLICIS TORONTO, Toronto, ON, pg. 639
Tobin, Katie - Account Planner, Account Services - ARCHER MALMO, Memphis, TN, pg. 32
Todd, Margaret - Account Services - FRANK ADVERTISING, Cranbury, NJ, pg. 360
Todd, Michelle - Account Services - THE SHIPYARD, Newport Beach, CA, pg. 153
Toland, Ryan - Account Services - PEREIRA & O'DELL, San Francisco, CA, pg. 256
Toland, Dan - Account Services - SHIFTOLOGY COMMUNICATION, Springfield, OH, pg. 647
Tolbert, Kristin - Account Planner, Account Services - BBDO WORLDWIDE, New York, NY, pg. 331
Toledo, Ailys - Account Services - RBB COMMUNICATIONS, Miami, FL, pg. 641
Tolkin, Danielle - Account Services, Management, Media Department - AFG&, New York, NY, pg. 28
Toll, Ann - Account Services - BUYER ADVERTISING, INC., Newton, MA, pg. 338
Tolle, Jeff - Account Services, Interactive / Digital, Management - BROTHERS & CO., Tulsa, OK, pg. 43
Tollefson, Liv - Account Services, Media Department - LINNIHAN FOY ADVERTISING, Minneapolis, MN, pg. 100
Tolmaire, Raquel - Account Services - ICON MEDIA DIRECT, Sherman Oaks, CA, pg. 476
Tomasek, Haleigh - Account Services - THE WILLIAM MILLS AGENCY,

Atlanta, GA, pg. 655
Tomassini Malek, Miriam - Account Services - C-COM GROUP, INC., Miami, FL, pg. 587
Tomaszewski, Jessica - Account Services, Analytics, Interactive / Digital, Media Department, NBC, Research - MEDIAHUB NEW YORK, New York, NY, pg. 249
Tombras, Dooley - Account Services, Management - THE TOMBRAS GROUP, Knoxville, TN, pg. 424
Tomeny, Candace - Account Services, NBC, Operations - THE TRADE DESK, Ventura, CA, pg. 519
Tomkins, Julia - Account Services, Media Department - RUBENSTEIN ASSOCIATES, New York, NY, pg. 644
Tomlinson, Lauren - Account Services - DROGA5, New York, NY, pg. 64
Tomlinson, Katherine - Account Services - TAXI, Toronto, ON, pg. 146
Tomlinson, Shomari - Account Services - ORGANIC, INC., New York, NY, pg. 256
Tompkins, Maggie - Account Services - RISDALL MARKETING GROUP, Roseville, MN, pg. 133
Tone, Ketura - Account Services, Creative - QUAKER CITY MERCANTILE, Philadelphia, PA, pg. 131
Tong, William - Account Services - SEITER & MILLER ADVERTISING, New York, NY, pg. 139
Tonick, Matthew - Account Services - PACIFIC COMMUNICATIONS, Irvine, CA, pg. 124
Tonya, Gomas - Account Services, Media Department - DL MEDIA INC., Nixa, MO, pg. 63
Toohey, Jennifer - Account Services, Media Department - 72ANDSUNNY, Playa Vista, CA, pg. 23
Toomey, Keri - Account Services, Management - BLISS INTEGRATED COMMUNICATIONS, New York, NY, pg. 584
Topken, Maria - Account Services, PPOM - BRANDIENCE, Cincinnati, OH, pg. 42
Torello, Gabrielle - Account Services - GRAND COMMUNICATIONS, INC., New York, NY, pg. 610
Torode, Jennifer - Account Services, Management - CHEN PR, INC., Boston, MA, pg. 590
Torr, Michelle - Account Services - ORANGE LABEL ART & ADVERTISING, Newport Beach, CA, pg. 395
Torre, Michael - Account Services - VAYNERMEDIA, Sherman Oaks, CA, pg. 689
Torrens, Kyle - Account Services, Public Relations - R\WEST, Portland, OR, pg. 136
Torrents, Liz - Account Planner, Account Services, Management, Media Department - ZIMMERMAN ADVERTISING, Fort Lauderdale, FL, pg. 437
Torres, Becky - Account Services - DARBY O'BRIEN ADVERTISING, INC., South Hadley, MA, pg. 57

1265

RESPONSIBILITIES INDEX — AGENCIES

Torres, Nicole - Account Planner, Account Services, Media Department - UNIVERSAL MCCANN, New York, NY, pg. 521

Torres, Blair - Account Services - FIREHOUSE, INC., Dallas, TX, pg. 358

Torres, Cristina - Account Services, Management, Media Department, NBC - MEDIAMONKS, Venice, CA, pg. 249

Torres, Malinda - Account Services - HL GROUP, New York, NY, pg. 614

Torres, Christina - Account Services, Media Department, NBC - LAUNDRY SERVICE, Brooklyn, NY, pg. 287

Torsey, Kate - Account Services - SWIFT, Portland, OR, pg. 145

Tortelli, Mitchell - Account Services - CAMPBELL EWALD, Detroit, MI, pg. 46

Tortorella, Nancy - Account Services, Management, PPOM - WAVEMAKER, New York, NY, pg. 526

Toscano, Malory - Account Services, Management - BARKLEY BOULDER, Boulder, CO, pg. 36

Totaro, Gianna - Account Services - COVET PUBLIC RELATIONS, San Diego, CA, pg. 593

Toth, Jim - Account Services, Creative, PPOM - VSA PARTNERS, INC. , Chicago, IL, pg. 204

Toto, David - Account Services, PPOM - JUNIPER PARK\ TBWA, Toronto, ON, pg. 93

Toulch, Dara - Account Services, Public Relations - BALLANTINES PUBLIC RELATIONS, West Hollywood, CA, pg. 580

Tout, Jim - Account Services, NBC - CREATA, Oakbrook Terrace, IL, pg. 346

Touzeau, Felicity - Account Services - SWELLSHARK, New York, NY, pg. 518

Towers, Megan - Account Services, NBC, PPOM - JOHN ST., Toronto, ON, pg. 93

Towery Prevost, Melanie - Account Services - ARCHER MALMO, Memphis, TN, pg. 32

Towning, Gary - Account Services, Interactive / Digital - TRONE BRAND ENERGY, INC., High Point, NC, pg. 427

Townsend, Matthew - Account Planner, Account Services, Media Department - HORIZON MEDIA, INC., New York, NY, pg. 474

Townsend, Natalie - Account Services - SHIFT COMMUNICATIONS, LLC, Boston, MA, pg. 647

Townsend, Alica - Account Services, NBC - MCGARRYBOWEN, Chicago, IL, pg. 110

Townsend Zakroff, Lisa - Account Services - MEKANISM, Seattle, WA, pg. 113

Tracy, Karin - Account Services, NBC - FIONTA, Washington, DC, pg. 183

Tracy, Pamela - Account Services - GAIL & RICE, Farmington Hills, MI, pg. 306

Tracy, Melanie - Account Services - WORDCOM, INC., Ellington, CT, pg. 294

Trahey, Amy - Account Services - ADPEARANCE, Portland, OR, pg. 671

Trainer, Kendall - Account Services - NIKE COMMUNICATIONS, INC., New York, NY, pg. 632

Trainor, Judy - Account Services - ETHOS MARKETING & DESIGN, Westbrook, ME, pg. 182

Tramontano, Pamela - Account Services, Management - ICON INTERNATIONAL, INC., Greenwich, CT, pg. 476

Tramonte, Jessica - Account Services, Media Department - EMPOWER, Cincinnati, OH, pg. 354

Tran-Canonigo, Tracy - Account Services, Media Department, NBC - DUMONT PROJECT, Marina Del Rey, CA, pg. 230

Tran-Vu, Anthony - Account Services, Media Department, Programmatic - CARMICHAEL LYNCH, Minneapolis, MN, pg. 47

Tranberg, David - Account Services, NBC - BDS MARKETING, INC., Irvine, CA, pg. 566

Trani, JorDana - Account Services, Creative, Management, Public Relations, Social Media - DEVRIES GLOBAL, New York, NY, pg. 596

Traphagen, Elise - Account Services - THE MX GROUP, Burr Ridge, IL, pg. 422

Trapp, Alima - Account Services, Media Department, Research - DONER, Southfield, MI, pg. 63

Trapp, Alyssa - Account Services - MARTIN RETAIL GROUP, Detroit, MI, pg. 106

Traver, Eric - Account Services, Interactive / Digital, Media Department - MEDIAHUB WINSTON SALEM, Winston-Salem, NC, pg. 386

Traver, Kathleen - Account Services - BUTLER / TILL, Rochester, NY, pg. 457

Traverso, Jeff - Account Services, PPOM - OGILVY, New York, NY, pg. 393

Tredinnick, Nate - Account Services, Public Relations - SHINE UNITED, Madison, WI, pg. 140

Tredo, Jake - Account Services - MOXIE COMMUNICATIONS GROUP, New York, NY, pg. 628

Treleaven, Cheryl - Account Services, Management, PPOM - COMBLU, Chicago, IL, pg. 691

Trem, Wendy - Account Services, Interactive / Digital, Management - FALLS COMMUNICATIONS, Cleveland, OH, pg. 357

Tremblay, Louis-Philippe - Account Services, Creative, Media Department - PUBLICIS NORTH AMERICA, New York, NY, pg. 399

Tremblay, Jessica - Account Services - LMNO, Saskatoon, SK, pg. 100

Tremblay, Kristyn - Account Services - OMD, New York, NY, pg. 498

Treppler, Stephanie - Account Services - LEO BURNETT WORLDWIDE, Chicago, IL, pg. 98

Trevino, Janelle - Account Services - DIESTE, Dallas, TX, pg. 539

Trevino, Felicia - Account Services, NBC - BRIGHTWAVE MARKETING, INC., Atlanta, GA, pg. 219

Trevino, Jenalisa - Account Services - ANOMALY, New York, NY, pg. 325

Trewyn, Phill - Account Services - MUELLER COMMUNICATIONS, INC., Milwaukee, WI, pg. 630

Tribble, Mark - Account Services - CALLAHAN CREEK , Lawrence, KS, pg. 4

Tribble, Amber - Account Services, Interactive / Digital - WONGDOODY, Seattle, WA, pg. 162

Trickett, Alison - Account Services - MINDSTREAM INTERACTIVE, Columbus, OH, pg. 250

Trilli, Tiffany - Account Services - KWT GLOBAL, New York, NY, pg. 621

Trinkle, Robert - Account Services - PRICEWEBER MARKETING COMMUNICATIONS, INC., Louisville, KY, pg. 398

Tripi, Julie - Account Services - DDB HEALTH, New York, NY, pg. 59

Triplett, Travis - Account Services, Interactive / Digital - ADK GROUP, Louisville, KY, pg. 210

Trnkus, Lindsay - Account Services - WEBER SHANDWICK, Toronto, ON, pg. 662

Troast, Jennifer - Account Services, Management - NEON, New York, NY, pg. 120

Trocchia, Elizabeth - Account Services - ACCESS BRAND COMMUNICATIONS, New York, NY, pg. 1

Trombley, Victoria - Account Services, Management, Media Department - ZENITH MEDIA, Atlanta, GA, pg. 531

Troncoso, Marcos - Account Services - BKV, Miami, FL, pg. 334

Tropp, Kristi - Account Services - BROADBEAM MEDIA, New York, NY, pg. 456

Tropp, Sarah - Account Services - SCHAFER CONDON CARTER, Chicago, IL, pg. 138

Troubh, Natalie - Account Services, Management, Operations - BADGER & WINTERS, New York, NY, pg. 174

Troutt, Bailey - Account Services - 9THWONDER, Dallas, TX, pg. 321

Troy, Carina - Account Services - 360PRPLUS, Boston, MA, pg. 573

Troy, Carina - Account Services, Public Relations - 360PRPLUS, New York, NY, pg. 573

Trubiano, Sara - Account Planner, Account Services - MEDIA CAUSE, Boston, MA, pg. 249

Trudeau, Jill - Account Services, Public Relations - THE ZIMMERMAN

AGENCIES

RESPONSIBILITIES INDEX

AGENCY, Tallahassee, FL, *pg.* 426
Truffen, Sandi - Account Services, Management - BENSIMON BYRNE, Toronto, ON, *pg.* 38
Trull, Tim - Account Planner, Account Services, NBC - THE LAVIDGE COMPANY, Phoenix, AZ, *pg.* 420
Trumble, James - Account Planner, Account Services, Creative, Management, Media Department, NBC, Operations - ORGANIC, INC., Troy, MI, *pg.* 256
Trummer, Camille - Account Services, PPM - BRINK COMMUNICATIONS, Portland, OR, *pg.* 337
Truss, Brian - Account Planner, Account Services, Interactive / Digital, Management - PUBLICIS NORTH AMERICA, New York, NY, *pg.* 399
Trussell-Scheppach, Sarah - Account Services - MUNROE CREATIVE PARTNERS, Philadelphia, PA, *pg.* 192
Tselenchuk, Galina - Account Services, NBC - QUINSTREET, INC., Foster City, CA, *pg.* 290
Tsitsos, Kristen - Account Services - GOODBY, SILVERSTEIN & PARTNERS, San Francisco, CA, *pg.* 77
Tsui, Eric - Account Services - HAVAS TONIC, New York, NY, *pg.* 285
Tsui, Scott - Account Services - TRUE X MEDIA, Los Angeles, CA, *pg.* 317
Tsujioka, Terry - Account Services - RIPLEY - WOODBURY MARKETING, Huntington Beach, CA, *pg.* 133
Tucci, Amanda - Account Services - RAIN 43, Toronto, ON, *pg.* 262
Tucker, Christina - Account Services - WIER / STEWART, Augusta, GA, *pg.* 162
Tucker, Allyson - Account Services, Interactive / Digital, Media Department - UNIVERSAL MCCANN, New York, NY, *pg.* 521
Tucker, Nicole - Account Services - SOURCELINK, LLC, Miamisburg, OH, *pg.* 292
Tucker-Kauffman, Jenna - Account Services - JACK MORTON WORLDWIDE, Robbinsville, NJ, *pg.* 309
Tufts, Katie - Account Services, Public Relations - UNITED ENTERTAINMENT GROUP, New York, NY, *pg.* 299
Tulloch, Trish - Account Services - ENDEAVOR - CHICAGO, Chicago, IL, *pg.* 297
Tully, Austen - Account Services, Management - 22SQUARED INC., Atlanta, GA, *pg.* 319
Tummeley, Daniel - Account Services - UPROAR, Orlando, FL, *pg.* 657
Tung, Mina - Account Services, Creative - UNDERTONE, New York, NY, *pg.* 273
Turk, Marybeth - Account Services - PURDIE ROGERS, INC., Seattle, WA, *pg.* 130
Turkel, Rebecca - Account Services - 360I, LLC, Chicago, IL, *pg.* 208
Turkington, Eric - Account Services, Management - RAIN, New York, NY, *pg.* 262
Turman, Kimberly - Account Services, Media Department, NBC, Social Media - CHAMPION MANAGEMENT GROUP, LLC, Addison, TX, *pg.* 589
Turmell, Madison - Account Services - MODIFLY INC., San Marcos, CA, *pg.* 687
Turnbull, Amanda - Account Services - LEGACY MARKETING PARTNERS, Chicago, IL, *pg.* 310
Turner, Lisa - Account Services - LEARFIELD SPORTS, Louisville, KY, *pg.* 310
Turner, Janice - Account Planner, Account Services - FAIN & TRIPP, Grayson, GA, *pg.* 70
Turner, Lauren - Account Services, Media Department - OMD WEST, Los Angeles, CA, *pg.* 502
Turner, Christine - Account Services, PPOM - CHAPPELLROBERTS, Tampa, FL, *pg.* 341
Turner, Shannon - Account Services - TVGLA, Los Angeles, CA, *pg.* 273
Turner, Lauren - Account Services, Public Relations - NO LIMIT AGENCY, Chicago, IL, *pg.* 632
Turner, Brandon - Account Services - WUNDERMAN THOMPSON SEATTLE, Seattle, WA, *pg.* 435
Turner, Sophie - Account Planner, Account Services, Interactive / Digital, Media Department - MEDIAHUB LOS ANGELES, El Segundo, CA, *pg.* 112
Turner, Kellsey - Account Services - VAULT COMMUNICATIONS, INC., Plymouth Meeting, PA, *pg.* 658
Turner, Ethan - Account Services - RED MOON MARKETING, Charlotte, NC, *pg.* 404
Turney, Chris - Account Services - JOAN, New York, NY, *pg.* 92
Turrini, Geneva - Account Services - SPAWN, Anchorage, AK, *pg.* 648
Tweddell, Zachery - Account Services, Creative, NBC - BAYARD ADVERTISING AGENCY, INC., New York, NY, *pg.* 37
Tybus, Drew - Account Services, Management - EVINS COMMUNICATIONS, LTD., New York, NY, *pg.* 602
Tykal, Erica - Account Services, Interactive / Digital - CARDINAL DIGITAL MARKETING, Atlanta, GA, *pg.* 220
Tyler, Marnie - Account Services, Media Department - SPARK FOUNDRY, Atlanta, GA, *pg.* 512
Tyler, Jennifer - Account Planner, Account Services, Operations - MANIFEST, New York, NY, *pg.* 248
Tylka, Courtney - Account Services, Management, Media Department - DEUTSCH, INC., Los Angeles, CA, *pg.* 350
Tyree, Alex - Account Services, Creative - SPIKE DDB, Brooklyn, NY, *pg.* 143
Tyrrell, Denise - Account Services, Media Department - FREED ADVERTISING, Sugar Land, TX, *pg.* 360
Tysarczyk, Aimee - Account Services, Management, Public Relations - BRIAN COMMUNICATIONS, Conshohocken, PA, *pg.* 586
Tzeiler, Karen - Account Services - KAPLOW COMMUNICATIONS, New York, NY, *pg.* 618
Ucinski, Jacqlyn - Account Services - PUBLICIS.SAPIENT, Birmingham, MI, *pg.* 260
Uffelman, Caroline - Account Services - DDB NEW YORK, New York, NY, *pg.* 59
Uhl, Brian - Account Services - LOCKARD & WECHSLER, Irvington, NY, *pg.* 287
Uhlig, Leslieanne - Account Services - BEYOND MARKETING GROUP, Toronto, ON, *pg.* 685
Ullman, Jake - Account Services, Creative - ARGONAUT, INC., San Francisco, CA, *pg.* 33
Ulrich, Lisa - Account Services, Finance - UNIVERSAL MCCANN DETROIT, Birmingham, MI, *pg.* 524
Ulrich, Fred - Account Services - MEDIA LOGIC, Albany, NY, *pg.* 288
Ulrich, Farrell - Account Services - OBSERVATORY MARKETING, Los Angeles, CA, *pg.* 122
Umanskiy, Tina - Account Services - 360I, LLC, Chicago, IL, *pg.* 208
Umemoto, Lynn - Account Services, PPOM - GRAFIK MARKETING COMMUNICATIONS, Alexandria, VA, *pg.* 185
Unger, Rex - Account Services - PHIL & CO., New York, NY, *pg.* 397
Unger, Dan - Account Services - TEAM ONE, Los Angeles, CA, *pg.* 417
Unger, Brandi - Account Services - AMPLIFIED DIGITAL AGENCY, Saint Louis, MO, *pg.* 213
Unger, Jesse - Account Planner, Account Services - TBWA \ CHIAT \ DAY, Los Angeles, CA, *pg.* 146
Ungru, Kristen - Account Services - PRICEWEBER MARKETING COMMUNICATIONS, INC., Louisville, KY, *pg.* 398
Ungs, Justin - Account Services - FAME, Minneapolis, MN, *pg.* 70
Unruh, Todd - Account Services, Interactive / Digital, Management, Research - MINDSTREAM MEDIA GROUP - DALLAS, Dallas, TX, *pg.* 496
UnRuh, Paige - Account Services - LMNO, Saskatoon, SK, *pg.* 100
Untalan, Jocelle - Account Services - CAMPBELL EWALD, West Hollywood, CA, *pg.* 47
Uppal, Baba - Account Services, Finance, Operations - SECRET LOCATION, Culver City, CA, *pg.* 563
Urban, Cristin - Account Services - COYNE PUBLIC RELATIONS, Parsippany, NJ, *pg.* 593
Urban, Nicki - Account Services - SIMANTEL GROUP, Peoria, IL, *pg.* 142
Urena, Yesenia - Account Services - DUARTE, Sunnyvale, CA, *pg.* 180
Uribe, Jessica - Account Services, Creative, Media Department - DAILEY

RESPONSIBILITIES INDEX — AGENCIES

& ASSOCIATES, West Hollywood, CA, *pg.* 56

Urruchua, Arantza - Account Services, Interactive / Digital - VMLY&R, New York, NY, *pg.* 160

Usoltseff, Anthony - Account Services - TWO NIL, Los Angeles, CA, *pg.* 521

Utomo, Diandra - Account Services - ROGERS & COWAN/PMK*BNC, Los Angeles, CA, *pg.* 643

Uva, JC - Account Services, Management, Media Department - MEDIALINK, New York, NY, *pg.* 386

Vaca, Efran - Account Services - VMLY&R, New York, NY, *pg.* 160

Vacatello, Danielle - Account Services, NBC - J3, New York, NY, *pg.* 480

Vaccaro, Chris - Account Planner, Account Services, Media Department, PPOM - MINDSHARE, New York, NY, *pg.* 491

Vaccaro, John - Account Services, Media Department - MEDIACOM CANADA, Toronto, ON, *pg.* 489

Vaccaro, Fran - Account Services - AQUA MARKETING & COMMUNICATIONS, St. Petersburg, FL, *pg.* 326

Vadhar, Eric - Account Services, Interactive / Digital, Media Department - ZENITH MEDIA, New York, NY, *pg.* 529

Vahldick, Lauren - Account Services - CURRENT, Chicago, IL, *pg.* 594

Vahsholtz, Jesse - Account Services - PP+K, Tampa, FL, *pg.* 129

Vakos, Geordan - Account Services, Human Resources, Interactive / Digital, Media Department - CARMICHAEL LYNCH, Minneapolis, MN, *pg.* 47

Vala, Jiri - Account Services, Research - 360I, LLC, Atlanta, GA, *pg.* 207

Valdespino, Sandra - Account Services, NBC - CAMELOT STRATEGIC MARKETING & MEDIA, Dallas, TX, *pg.* 457

Valdez, David - Account Services - NEUSTAR, INC., Sterling, VA, *pg.* 289

Vale, Maggi - Account Services, NBC - MERKLEY + PARTNERS, New York, NY, *pg.* 114

Vale, Jennifer - Account Services - O2KL, New York, NY, *pg.* 121

Valencius, Chris - Account Planner, Account Services, Creative - ARNOLD WORLDWIDE, Boston, MA, *pg.* 33

Valenstein, Kendall - Account Services - FCB CHICAGO, Chicago, IL, *pg.* 71

Valente, Stephanie - Account Services, Social Media - MADWELL, Brooklyn, NY, *pg.* 13

Valente, Nicholas - Account Services - B/HI, INC. - LA, Los Angeles, CA, *pg.* 579

Valenti, Alexis - Account Services - CURRENT, Chicago, IL, *pg.* 594

Valentine, Jennifer - Account Planner, Account Services, NBC - HORIZON MEDIA, INC., New York, NY, *pg.* 474

Valerie, Alison - Account Services - ZAG INTERACTIVE, Glastonbury, CT, *pg.* 277

Valero, Lindsay - Account Services, NBC - TEN, Fort Lauderdale, FL, *pg.* 269

Valero, Daniel - Account Services - KEPLER GROUP, New York, NY, *pg.* 244

Valfer, Reid - Account Services, NBC, PPOM - RISE INTERACTIVE, Chicago, IL, *pg.* 264

Valiente, Jess - Account Services - BERK COMMUNICATIONS, New York, NY, *pg.* 583

Valle, Javier - Account Services, PPM - LEO BURNETT WORLDWIDE, Chicago, IL, *pg.* 98

Vallone, Mike - Account Planner, Account Services - RPA, Santa Monica, CA, *pg.* 134

Valone, Kyle - Account Planner, Account Services, Management, Media Department - OMD WEST, Los Angeles, CA, *pg.* 502

Valtierra, Caitlin - Account Services - WE COMMUNICATIONS, San Francisco, CA, *pg.* 660

Van Blarcom, Jeff - Account Services - RPA, Irving, TX, *pg.* 135

Van Brunt, Cori - Account Services - MODERN CLIMATE, Minneapolis, MN, *pg.* 388

van der Does, Anne - Account Services, Creative, PPOM - A.D. LUBOW, New York, NY, *pg.* 25

Van der Lyn, Lindsey - Account Services - THE GEORGE P. JOHNSON COMPANY, Torrance, CA, *pg.* 316

Van Dongen, Ryan - Account Services, Management - INITIATIVE, Toronto, ON, *pg.* 479

Van Duyn, Adriana - Account Services - BIANCHI PUBLIC RELATIONS, INC., Troy, MI, *pg.* 583

Van Eyck, Andrew - Account Services - ACTIVISION BLIZZARD MEDIA, New York, NY, *pg.* 26

Van Hook, Lisa - Account Services, Public Relations - THE COMMUNICATIONS GROUP, Little Rock, AR, *pg.* 149

Van Kuren, Laurie - Account Services, Media Department - RIGER MARKETING COMMUNICATIONS, Binghamton, NY, *pg.* 407

Van Laanen, Liz - Account Services - NCH MARKETING SERVICES, Deerfield, IL, *pg.* 568

Van Malssen, Hannah - Account Services - MSLGROUP, New York, NY, *pg.* 629

Van Ort, Katelyn - Account Services, Interactive / Digital, Media Department - OMD, New York, NY, *pg.* 498

Van Os, Erik - Account Services, Interactive / Digital, Media Department - HEARTS & SCIENCE, New York, NY, *pg.* 471

Van Oss, Ilyssa - Account Services - R/GA, New York, NY, *pg.* 260

Van Pelt, Ryan - Account Services, Management, NBC - SANDBOX, Chicago, IL, *pg.* 138

Van Scoy, Greg - Account Services - BURKE, INC., Cincinnati, OH, *pg.* 442

Van Sickle, Scott - Account Services - CZARNOWSKI, Austell, GA, *pg.* 304

Van Slyke, Billie - Account Services, Creative, Management - LOVE ADVERTISING, Houston, TX, *pg.* 101

Van Wagner, Alex - Account Services - HERO MARKETING, San Francisco, CA, *pg.* 370

Van Wonderen, Janelle - Account Services - BBDO WORLDWIDE, New York, NY, *pg.* 331

Van Zile-Buchwalter, Aimee - Account Services, Social Media - MULLENLOWE U.S. BOSTON, Boston, MA, *pg.* 389

Vanaman, Jaime - Account Services - DEARDORFF ASSOCIATES, INC., Philadelphi, PA, *pg.* 60

Vance, Liz - Account Services, Interactive / Digital - IPROSPECT, Fort Worth, TX, *pg.* 674

Vandenberg, Stephen - Account Services, Analytics, Research - FIFTYANDFIVE.COM, Winter Park, FL, *pg.* 234

VanderTop, Chad - Account Services - INFINITY DIRECT, Plymouth, MN, *pg.* 286

VanderWoude, Peyton - Account Services - LEWIS COMMUNICATIONS, Birmingham, AL, *pg.* 100

VanDorn, Tanya - Account Services - SNELL MEDICAL COMMUNICATION, INC., New York, NY, *pg.* 648

Vandroff, Emily - Account Services - 360I, LLC, Atlanta, GA, *pg.* 207

Vanhook, Haley - Account Services - THE MARKETING ARM, Dallas, TX, *pg.* 316

Vano, Monai - Account Services - ZIMMERMAN ADVERTISING, Fort Lauderdale, FL, *pg.* 437

Vardaro, Valerie - Account Services, Interactive / Digital, PPM - OGILVY PUBLIC RELATIONS, Washington, DC, *pg.* 634

Varela, Ximena - Account Services, Interactive / Digital - WAVEMAKER, Miami, FL, *pg.* 528

Vargas, Yeris - Account Services - ACENTO ADVERTISING, INC., Santa Monica, CA, *pg.* 25

Vargas, Steve - Account Services - ORCI, Santa Monica, CA, *pg.* 543

Vargas, Amanda - Account Planner, Account Services, Media Department - ZENITH MEDIA, New York, NY, *pg.* 529

Vargas, Jose - Account Services - GREENHOUSE AGENCY, Irvine, CA, *pg.* 307

Vargas, Will - Account Planner, Account Services, Media Department - PP+K, Tampa, FL, *pg.* 129

Varghese, Amy - Account Services - SUNSHINE SACHS, New York, NY, *pg.* 650

Variano, Caroline - Account

AGENCIES
RESPONSIBILITIES INDEX

Services - ANOMALY, New York, NY, pg. 325
Varias, Laarni - Account Services, Interactive / Digital, Media Department, PPOM - WAVEMAKER, New York, NY, pg. 526
Varroney, Shannon - Account Services, Management - GOLIN, Washinton, DC, pg. 609
Vasan, Rema - Account Services, Management, Public Relations - MARINA MAHER COMMUNICATIONS, New York, NY, pg. 625
Vasatko, Steve - Account Services, NBC - DERSE, INC., Milwaukee, WI, pg. 304
Vasco, Gerard - Account Services - COLANGELO SYNERGY MARKETING, INC., Darien, CT, pg. 566
Vasilevskis, Alissa - Account Services - BOCA COMMUNICATIONS, San Francisco, CA, pg. 585
Vasquez, Sara - Account Services - CHARACTER LLC, Portland, OR, pg. 5
Vasquez, Marnie - Account Services - INTOUCH SOLUTIONS, INC., Overland Park, KS, pg. 242
Vasquez, Adriana - Account Services - MOD WORLDWIDE, Philadelphia, PA, pg. 192
Vassallo, James - Account Services, NBC - GTB, Dearborn, MI, pg. 367
Vasu, Emilie - Account Services, NBC - SET CREATIVE, New York, NY, pg. 139
Vater, Dave - Account Services, Management - CTP, Boston, MA, pg. 347
Vaughan, Ginger - Account Services - QUINN / BREIN COMMUNICATIONS, Bainbridge Island, WA, pg. 402
Vautier, Sera - Account Services, PPM - FUSE, LLC, Vinooski, VT, pg. 8
Vaz, Madeline - Account Services, Operations, PPOM - GIGANTE VAZ PARTNERS, New York, NY, pg. 363
Veenstra, Adam - Account Services - OGILVY COMMONHEALTH WORLDWIDE, Parsipanny, NJ, pg. 122
Vega-Garcia, Dezaree - Account Services - SUNNY505, Albuquerque, NM, pg. 415
Velasquez, Nina - Account Services - NORTH 6TH AGENCY, New York, NY, pg. 633
Velasquez, Henry - Account Planner, Account Services - THE TRADE DESK, New York, NY, pg. 520
Velazquez, Vivian - Account Services, Creative - NORTON CREATIVE, Houston, TX, pg. 121
Velazquez, Carolina - Account Services - NEUE, Philadelphia, PA, pg. 253
Velde, Ty - Account Services, PPOM - OVERDRIVE INTERACTIVE, Allston, MA, pg. 256
Velez, Joel - Account Services, Creative - (ADD)VENTURES, Providence, RI, pg. 207
Velez, Lindsay - Account Services - ALCONE MARKETING GROUP, Darien, CT, pg. 565

Velez, Wilmarie - Account Services, Interactive / Digital, Social Media - NOBOX, Miami, FL, pg. 254
Velez-Couto, Maite - Account Services, Management - RBB COMMUNICATIONS, Miami, FL, pg. 641
Vellines, Meredith - Account Services, NBC, Public Relations - GOODBY, SILVERSTEIN & PARTNERS, San Francisco, CA, pg. 77
Venable, Veronica - Account Services - MAD 4 MARKETING, Fort Lauderdale, FL, pg. 102
Venditti, Gianluca - Account Planner, Account Services - CARAT, Toronto, ON, pg. 461
Venditti, Vicki - Account Services - MEDIA LOGIC, Albany, NY, pg. 288
Venhaus, Charles - Account Planner, Account Services, Management, Media Department - HEARTS & SCIENCE, New York, NY, pg. 471
Venhuizen, Amy - Account Services - SPURRIER GROUP, Richmond, VA, pg. 513
Venn, Andrew - Account Services, Analytics, Creative, Interactive / Digital, NBC - AGILITEE SOLUTIONS, INC., Londonderry, NH, pg. 172
Ventura, Jessica - Account Services, Public Relations - SHARP COMMUNICATIONS, INC., New York, NY, pg. 140
Ventura, Elyce - Account Services, Public Relations - BOCA COMMUNICATIONS, San Francisco, CA, pg. 585
Venuti, Phil - Account Services, NBC - HYFN, Los Angeles, CA, pg. 240
Veralrud, Kiki - Account Services - GOODBY, SILVERSTEIN & PARTNERS, San Francisco, CA, pg. 77
Verdugo, Gabriella - Account Services - RACHEL KAY PUBLIC RELATIONS, Solana Beach, CA, pg. 640
Verga, Paul - Account Services - CARPENTER GROUP, New York, NY, pg. 48
Vergano, Luca - Account Planner, Account Services, Management, Operations - ELEPHANT, Brooklyn, NY, pg. 181
Vergouwen, Brunhilde - Account Services - HEALTHCARE CONSULTANCY GROUP, New York, NY, pg. 83
Verjan, Andres - Account Services - OSTER & ASSOCIATES, INC., San Diego, CA, pg. 123
Verloop, Michelle - Account Services - JUMBOSHRIMP ADVERTISING, San Francisco, CA, pg. 93
Verma, Shalini - Account Planner, Account Services, Media Department - MEDIAHUB NEW YORK, New York, NY, pg. 249
Vermillion, Rob - Account Services, Management - MOXIE SOZO, Boulder, CO, pg. 192
Verost, Nichole - Account Planner, Account Services, Media Department - PHD USA, New York, NY, pg. 505
Verrier, Monique - Account

Services, Creative - ELEVEN, INC., San Francisco, CA, pg. 67
Verschaetse, Madi - Account Services - CARMICHAEL LYNCH, Minneapolis, MN, pg. 47
Versteegh, Katherine - Account Services - A.B. DATA, LTD, Milwaukee, WI, pg. 279
Vespucci, Anthony - Account Planner, Account Services, Management - STELLA RISING, New York, NY, pg. 267
Vestrum, Luke - Account Services - CLOCKWORK ACTIVE MEDIA, Minneapolis, MN, pg. 221
Viano, Jonathan - Account Services - DIRECT AGENTS, INC., New York, NY, pg. 229
Vicari, Katherine - Account Services - ENERGY BBDO, INC., Chicago, IL, pg. 355
Vicario, Rachel - Account Services, Media Department - RESOLUTION MEDIA, New York, NY, pg. 263
Viccars, Anthony - Account Services, Creative - TBWA \ CHIAT \ DAY, New York, NY, pg. 416
Vichiola, Steve - Account Services, Media Department - TOUCHPOINT INTEGRATED COMMUNICATIONS, Darien, CT, pg. 520
Vickeroy, Tim - Account Services, NBC - IVIE & ASSOCIATES, INC., Flower Mound, TX, pg. 91
Vidika, Colin - Account Services, Creative - BBDO WEST, Los Angeles, CA, pg. 331
Viecili, Joe - Account Services - FOXX ADVERTISING & DESIGN, Toronto, ON, pg. 184
Viega, Rachel - Account Planner, Account Services, Management - MOVING IMAGE & CONTENT, New York, NY, pg. 251
Vieira, Brian - Account Planner, Account Services, Operations - MIGHTY ROAR, Roswell, GA, pg. 250
Vieregge, Dale - Account Services, Interactive / Digital - APCO WORLDWIDE, Washington, DC, pg. 578
Viger, Dale - Account Services, Media Department - JUST MEDIA, INC., Emeryville, CA, pg. 481
Vigna, Mark - Account Services, Management - CHEMISTRY COMMUNICATIONS INC., Pittsburgh, PA, pg. 50
Vigorito, Becka - Account Services, Management, PPOM - VMLY&R, New York, NY, pg. 160
Vigotov, Alex - Account Services - RED FUSE COMMUNICATIONS, New York, NY, pg. 404
Vigrass, Kristen - Account Services, PPOM - BRANDMAN AGENCY, New York, NY, pg. 585
Vilardi, Sally - Account Services - METIA, Bellevue, WA, pg. 250
Villa, Andrea - Account Services, NBC - WUNDERMAN THOMPSON ATLANTA, Atlanta, GA, pg. 435
Villa, Jessica - Account Services - DOUBLEKNOT CREATIVE, Seattle, WA, pg. 180

1269

RESPONSIBILITIES INDEX — AGENCIES

Villalon, Veronica - Account Services - PACO COLLECTIVE, Chicago, IL, pg. 544

Villanueva, Christine - Account Planner, Account Services, Administrative, Analytics, Management, Media Department, PPOM, Research - WALTON ISAACSON, New York, NY, pg. 547

Villanueva, Daniel - Account Services - DIESTE, Dallas, TX, pg. 539

Villany, Jennifer - Account Services, Creative, Interactive / Digital, Management, Media Department - ISOBAR US, New York, NY, pg. 242

Villarreal, Kristen - Account Services - INFINITY MARKETING TEAM, Culver City, CA, pg. 308

Villarreal, Michelle - Account Services - HIGHFIELD, New York, NY, pg. 85

Villarroel, Chad - Account Services - BRUNET-GARCIA ADVERTISING, INC., Jacksonville, FL, pg. 44

Villegas, Orlando - Account Services - MARTIN RETAIL GROUP, Detroit, MI, pg. 106

Villegas, Sue - Account Services - 9THWONDER, Playa Vista, CA, pg. 453

Villian, Chantal - Account Services - HEARTS & SCIENCE, Los Angeles, CA, pg. 473

Villing, Jeannine - Account Services, Management, NBC - VILLING & CO., South Bend, IN, pg. 429

Vinals, Cristobal - Account Services - WALMART MEDIA GROUP, San Bruno, CA, pg. 684

Vincent, Jessica - Account Services, Management - CORNETT INTEGRATED MARKETING SOLUTIONS, Lexington, KY, pg. 344

Vincent, Sydney - Account Services - VAYNERMEDIA, New York, NY, pg. 689

Viola, Jeremy - Account Planner, Account Services, Media Department - PALISADES MEDIA GROUP, INC., Santa Monica, CA, pg. 124

Violante, Andrew - Account Services - FLASHPOINT PUBLIC RELATIONS, San Francisco, CA, pg. 604

Virag, Krisztina - Account Services - DDB CANADA, Toronto, ON, pg. 224

Viscuse, Anthony - Account Services, Programmatic - AUDIENCEXPRESS, New York, NY, pg. 455

Vitale, Domenico - Account Planner, Account Services, PPOM - PEOPLE IDEAS & CULTURE, Brooklyn, NY, pg. 194

Vitiello, Kathy - Account Services - PUBLICIS NORTH AMERICA, New York, NY, pg. 399

Vitro, Max - Account Services - VITRO AGENCY, San Diego, CA, pg. 159

Vitti, Vince - Account Services, Interactive / Digital, NBC - INFINITEE COMMUNICATIONS, INC., Atlanta, GA, pg. 374

Vitturi-Lochra, Jan - Account Services, Interactive / Digital, Management, Media Department - THE SHIPYARD, Columbus, OH, pg. 270

Vivian, Laura - Account Services - HUGHESLEAHYKARLOVIC, Saint Louis, MO, pg. 372

Vizethann, Marjorie - Account Planner, Account Services, Interactive / Digital, Management, Media Department - 360I, LLC, Atlanta, GA, pg. 207

Vlatkovich, Gloria - Account Services - PERISCOPE, Minneapolis, MN, pg. 127

Voege, Scott - Account Services, Creative, Management - EP+CO., Greenville, SC, pg. 356

Voetmann, Cameron - Account Services - DESTINATION MARKETING, Mountlake Terrace, WA, pg. 349

Vogel, Shannon - Account Services - CROWLEY WEBB & ASSOCIATES, Buffalo, NY, pg. 55

Vogelzang, Courtney - Account Planner, Account Services, Media Department - J3, New York, NY, pg. 480

Vogler, Carrie - Account Services, Analytics, Creative - HUGE, INC., Atlanta, GA, pg. 240

Vogt, Justin - Account Services, Management, NBC - FUSEIDEAS, LLC, Winchester, MA, pg. 306

Vogt, Kelly - Account Services, Creative, Management, Media Department - CRAMER-KRASSELT, Milwaukee, WI, pg. 54

Vogt, Erin - Account Services - PERITUS PUBLIC RELATIONS, Birmingham, AL, pg. 636

Voigt, Whitney - Account Services - MOOSYLVANIA, Saint Louis, MO, pg. 568

Volbert, Rachel - Account Services, NBC - THIRD EAR, Austin, TX, pg. 546

Volke, Kristi - Account Services - IMRE, Baltimore, MD, pg. 374

Vollmer, Kayla - Account Planner, Account Services, NBC - SPARK FOUNDRY, New York, NY, pg. 508

Volpe, Brendon - Account Services, Creative, Interactive / Digital - CNX, New York, NY, pg. 51

Voltz, Joan - Account Services, PPOM - OGILVY, New York, NY, pg. 393

von Borcke, Erika - Account Services - ZAPWATER COMMUNICATIONS, Chicago, IL, pg. 664

von Czoernig, Elissa - Account Services, Management, PPOM - PROOF ADVERTISING, Austin, TX, pg. 398

Von Der Lippe, Doug - Account Services - SHIFT NOW, Greensboro, NC, pg. 140

Von Hassel, Shannon - Account Services, Management, Media Department - INITIATIVE, New York, NY, pg. 477

Vontayes, Rahshawn - Account Services, Creative, Media Department - ADAMS OUTDOOR ADVERTISING, Charlotte, NC, pg. 549

Voorhees, Jennifer - Account Services, NBC - WRAY WARD, Charlotte, NC, pg. 433

Vorgitch, Michael - Account Services - MARTIN RETAIL GROUP, Westlake Village, CA, pg. 106

Vorovich, Maria - Account Services, PPOM - AIR PARIS NEW YORK, New York, NY, pg. 172

Vosloo, Paul - Account Services, Management - FLEISHMANHILLARD, New York, NY, pg. 605

Voss, Angela - Account Services - MARKETING ARCHITECTS, Minneapolis, MN, pg. 288

Votto, Brie - Account Services - GROW MARKETING, San Francisco, CA, pg. 691

Vournakis, Chris - Account Services - THE DESIGNORY, Longbeach, CA, pg. 149

Vranich, Tom - Account Services, Creative - MARKETING WORKS, York, PA, pg. 105

Vredenburgh, Cynthia - Account Services, Management - WUNDERMAN HEALTH, New York, NY, pg. 164

Vreen, Typhanee - Account Services - WONGDOODY, Culver City, CA, pg. 433

Vrem Devine, Kaylee - Account Services - SPAWN, Anchorage, AK, pg. 648

Wachtendonk, Holly - Account Planner, Account Services - HIEBING, Madison, WI, pg. 85

Wachter, Marie - Account Services - GREY GROUP, New York, NY, pg. 365

Wachtler, Brian - Account Services, NBC, PPOM - HABERMAN, Minneapolis, MN, pg. 369

Wadas, Kelsee - Account Services - HAVAS MEDIA GROUP, Boston, MA, pg. 470

Waddell, Bob - Account Services - MBB AGENCY, Leawood, KS, pg. 107

Waddell, Karen - Account Services - ETARGETMEDIA, Coconut Creek, FL, pg. 283

Waddington, Celia - Account Planner, Account Services, PPOM - IGNITE CREATIVE SERVICES, LLC, Scottsdale, AZ, pg. 88

Wade, Jessica - Account Services - DESAUTEL HEGE COMMUNICATIONS, Spokane, WA, pg. 596

Wade, Nadia - Account Services, Analytics, Media Department, NBC - OMD WEST, Los Angeles, CA, pg. 502

Wade, Emily - Account Services, Interactive / Digital - MARCEL DIGITAL, Chicago, IL, pg. 675

Wadler, Pam - Account Services - TRENT & COMPANY, INC., New York, NY, pg. 656

Wageman, Alexa - Account Services - THE RICHARDS GROUP, INC., Dallas, TX, pg. 422

Waggoner, Kevin - Account Services, Creative - BROTHERS & CO., Tulsa, OK, pg. 43

Waggoner, Kimberly - Account Services - EMPOWER, Cincinnati, OH,

1270

AGENCIES
RESPONSIBILITIES INDEX

pg. 354
Wagner, John - Account Services, Media Department - PHD USA, New York, NY, pg. 505
Wagner, Matthew - Account Services - TARGET 10, New York, NY, pg. 19
Wagner, Joe - Account Services, Management, Public Relations - FENTON COMMUNICATIONS, Washington, DC, pg. 603
Wagner, Samantha - Account Services, Management - WIEDEN + KENNEDY, New York, NY, pg. 432
Wagner, Helen - Account Services - MBUY, Chicago, IL, pg. 484
Wagner, Josh - Account Services, NBC - LEADMD, Scottsdale, AZ, pg. 380
Wagner, Cameron - Account Services - GMR MARKETING, New Berlin, WI, pg. 306
Wagner, Emily - Account Services - BROGAN & PARTNERS, Birmingham, MI, pg. 538
Wahl, Carol - Account Services - D.TRIO MARKETING GROUP, Minneapolis, MN, pg. 348
Wahlrab, Lorelei - Account Services - YECK BROTHERS COMPANY, Dayton, OH, pg. 294
Wahlstrom, Chelsey - Account Services - LAUGHLIN CONSTABLE, INC., Chicago, IL, pg. 380
Waite, Emily - Account Services - KETCHUM, Los Angeles, CA, pg. 619
Wakeland, Eve - Account Services - ESPARZA ADVERTISING, Albuquerque, NM, pg. 68
Walbert, Lauren - Account Services - SANDY HILLMAN COMMUNICATIONS, Towson, MD, pg. 645
Walden, Becky - Account Planner, Account Services, Management, Media Department - STARCOM WORLDWIDE, Chicago, IL, pg. 513
Waldow, Sofia - Account Planner, Account Services, Management, NBC - CARAT, New York, NY, pg. 459
Waldron, Meaghan - Account Services - WRAY WARD, Charlotte, NC, pg. 433
Waldrop Miles, Amy - Account Services, Creative - DELL BLUE, Round Rock, TX, pg. 60
Waldschmidt, Craig - Account Services - TOWER MEDIA ADVERTISING, INC., Chicago, IL, pg. 293
Waldsmith, Jillian - Account Services - KINETIC WORLDWIDE, Chicago, IL, pg. 553
Walker, Jennifer - Account Services, Management - BRAVE PUBLIC RELATIONS, Atlanta, GA, pg. 586
Walker, Jill - Account Services, Management - WUNDERMAN HEALTH, New York, NY, pg. 164
Walker, Jackie - Account Services, NBC - SCA PROMOTIONS, INC., Dallas, TX, pg. 569
Walker, Jee Nah - Account Services - KAPLOW COMMUNICATIONS, New York, NY, pg. 618
Walker, Brittany - Account Services - TRIBE, INC., Atlanta, GA, pg. 20
Walker, Bradley - Account Services,

Interactive / Digital, Media Department - 1000HEADS, New York, NY, pg. 691
Walker, Trevor - Account Planner, Account Services - OMD CANADA, Toronto, ON, pg. 501
Walker, Nicole - Account Services, Management - AMPERSAND AGENCY, Austin, TX, pg. 31
Walker, Darrun - Account Services - DERSE, INC., North Las Vegas, NV, pg. 304
Walker, Caleb - Account Services, Interactive / Digital - ELEVATION MARKETING, Richmond, VA, pg. 67
Walker, Shelbi - Account Services - TEXAS CREATIVE, San Antonio, TX, pg. 201
Walker, Lorianne - Account Services - ABEL COMMUNICATIONS, Baltimore, MD, pg. 574
Walker, Courtney - Account Planner, Account Services - AAAZA, Los Angeles, CA, pg. 537
Walkup, Kelley - Account Services, PPOM - CONVERSION INTERACTIVE AGENCY, Brentwood, TN, pg. 222
Wallace, Melanie - Account Services - MCKINNEY, Durham, NC, pg. 111
Wallace, Laura - Account Services - BOONEOAKLEY, Charlotte, NC, pg. 41
Wallace, Jenna - Account Services - WALMART MEDIA GROUP, San Bruno, CA, pg. 684
Wallach, Adam - Account Services - CORINTHIAN MEDIA, INC., New York, NY, pg. 463
Wallnut, Elyse - Account Planner, Account Services, Media Department - MEDIA CAUSE, Washington, DC, pg. 249
Walloch, Amy - Account Services - LEO BURNETT WORLDWIDE, Chicago, IL, pg. 98
Wallrapp, Chris - Account Services, Management, NBC, PPOM - HILL HOLLIDAY, Boston, MA, pg. 85
Walmsley, Graham - Account Services, Media Department - UNIVERSAL MCCANN, Toronto, ON, pg. 524
Walpert, Jarrod - Account Services, Creative, PPOM - HAVAS FORMULA, New York, NY, pg. 612
Walsh, Kaieran - Account Services, Operations - SNIPPIES, INC., New York, NY, pg. 450
Walsh, Maggie - Account Services, Interactive / Digital, Social Media - 360I, LLC, New York, NY, pg. 320
Walsh, Gretchen - Account Services, Management - MCKINNEY, Durham, NC, pg. 111
Walsh, Neil - Account Services - EPSILON, Wakefield, MA, pg. 282
Walsh, Jordan - Account Services, Creative, Interactive / Digital, Public Relations - COLLING MEDIA, Scottsdale, AZ, pg. 51
Walsh, Jennifer - Account Services, Interactive / Digital - DAC GROUP, Louisville, KY, pg. 223
Walsh, Megan - Account Services, NBC - ADPEARANCE, Portland, OR,

pg. 671
Walsh, Sean - Account Services, Media Department - VAYNERMEDIA, New York, NY, pg. 689
Walstrom, Kira - Account Planner, Account Services, Research - THE INTEGER GROUP, Lakewood, CO, pg. 682
Walter, Jeff - Account Planner, Account Services, Management - RHEA & KAISER MARKETING, Naperville, IL, pg. 406
Walter, Peggy - Account Services, Management - LEO BURNETT WORLDWIDE, Chicago, IL, pg. 98
Walters, Katie - Account Services - DECO PRODUCTIONS, Miami, FL, pg. 304
Walters, Zach - Account Services - MOD WORLDWIDE, Philadelphia, PA, pg. 192
Walters, Stefanie - Account Services - VERDE BRAND COMMUNICATIONS, Durango, CO, pg. 658
Walters, Kate - Account Planner, Account Services, Creative, Media Department, Social Media - MCGARRYBOWEN, San Francisco, CA, pg. 385
Walther, Sven - Account Services, Operations - SOSHAL, Ottawa, ON, pg. 143
Walton, Colby - Account Services, Management, Media Department - COOKSEY COMMUNICATIONS, Irving, TX, pg. 593
Waltz, Allison - Account Services - EDELMAN, Chicago, IL, pg. 353
Wan, Lin - Account Services - JUNIPER PARK\ TBWA, Toronto, ON, pg. 93
Wang, Janet - Account Services - DAVID&GOLIATH, El Segundo, CA, pg. 57
Wang, Connie - Account Services - DELOITTE DIGITAL, New York, NY, pg. 225
Wang, Helen - Account Services - INTERTREND COMMUNICATIONS, Plano, TX, pg. 541
Wang, Doreen - Account Services, Operations - KANTAR MEDIA, New York, NY, pg. 446
Wangbickler, Mike - Account Services, PPOM - BALZAC COMMUNICATIONS & MARKETING, Napa, CA, pg. 580
Wankoff, Rachel - Account Services, Interactive / Digital, Media Department - PHD, San Francisco, CA, pg. 504
Wannarka Gary, Emily - Account Services - PROOF ADVERTISING, Austin, TX, pg. 398
Warady, Erin - Account Services - IDEA HALL, Costa Mesa, CA, pg. 615
Ward, Nicole - Account Planner, Account Services, PPOM - TBC, Baltimore, MD, pg. 416
Ward, Kif - Account Services, Management, Media Department - STARCOM WORLDWIDE, Chicago, IL, pg. 513

RESPONSIBILITIES INDEX — AGENCIES

Ward, Tim - Account Services, Interactive / Digital, NBC, Social Media - H+A INTERNATIONAL, INC., Santa Ynez, CA, *pg.* 611
Ward, Peggy - Account Services, Creative - DDB CHICAGO, Chicago, IL, *pg.* 59
Ward, Megan - Account Services, NBC - MECHANICA, Newburyport, MA, *pg.* 13
Ward, Rachel - Account Services, NBC - SULLIVAN, New York, NY, *pg.* 18
Ward, Katie - Account Services - CTP, Boston, MA, *pg.* 347
Ward, Janabeth - Account Services - MARCH COMMUNICATIONS, Boston, MA, *pg.* 625
Ward, Mercedes - Account Services, Interactive / Digital - MARCEL DIGITAL, Chicago, IL, *pg.* 675
Ward, Christie - Account Services - AGENCY CREATIVE, Dallas, TX, *pg.* 29
Wardell, Justin - Account Services, NBC - AXXIS, Louisville, KY, *pg.* 302
Ware, La Tanya - Account Planner, Account Services, Management - 72ANDSUNNY, Playa Vista, CA, *pg.* 23
Wargo, Samantha - Account Planner, Account Services - SPARK FOUNDRY, New York, NY, *pg.* 508
Warholak, Marley - Account Planner, Account Services, Media Department - KROGER MEDIA SERVICES, Portland, OR, *pg.* 96
Waring, Lawson - Account Services, Management - EDELMAN, New York, NY, *pg.* 599
Warner, Arthur - Account Services - STEBBINGS PARTNERS, Attleboro Falls, MA, *pg.* 144
Warner, Kallana - Account Services, Interactive / Digital, Media Department - UNIVERSAL MCCANN, New York, NY, *pg.* 521
Warner, Molly - Account Services - BARRETTSF, San Francisco, CA, *pg.* 36
Warner, Lindsey - Account Services - WIEDEN + KENNEDY, Portland, OR, *pg.* 430
Warner, Hayden - Account Planner, Account Services, Interactive / Digital - DASH TWO, Nashville, TN, *pg.* 551
Warner, Mackenzie - Account Services - THE HATCH AGENCY, San Francisco, CA, *pg.* 653
Warner, Erika - Account Services - DID AGENCY, Ambler, PA, *pg.* 62
Warner, Michael - Account Services, PPOM - EGAMI GROUP, New York, NY, *pg.* 539
Warner, Alex - Account Services - BALDWIN&, Raleigh, NC, *pg.* 35
Warnke, Erica - Account Services - BVK, Milwaukee, WI, *pg.* 339
Warren, Jena - Account Services, Interactive / Digital, NBC - THE SIMON GROUP, INC., Sellersville, PA, *pg.* 153
Warren, Samuel - Account Services - SOCIAL CHAIN, New York, NY, *pg.* 143

Warren, Jacqueline - Account Services - M BOOTH & ASSOCIATES, INC. , New York, NY, *pg.* 624
Warren, Jeff - Account Services, NBC - THE RICHARDS GROUP, INC., Dallas, TX, *pg.* 422
Warren, Alexandra - Account Services - THE MX GROUP, Burr Ridge, IL, *pg.* 422
Warren, Lydia - Account Planner, Account Services, Media Department - UNIVERSAL MCCANN, San Francisco, CA, *pg.* 428
Washington, Lourdes - Account Services, Management - ACENTO ADVERTISING, INC., Santa Monica, CA, *pg.* 25
Wassell, Heather - Account Services - MGH ADVERTISING , Owings Mills, MD, *pg.* 387
Wasserott, Michael - Account Planner, Account Services - STARCOM WORLDWIDE, Chicago, IL, *pg.* 513
Watana, Joe - Account Planner, Account Services - DROGA5, New York, NY, *pg.* 64
Watchman, Rob - Account Services - CATALYSIS, Seattle, WA, *pg.* 340
Waterman, Amy - Account Services - THE VIA AGENCY, Portland, ME, *pg.* 154
Waters, Colin - Account Services - JACKRABBIT DESIGN, Milton, MA, *pg.* 188
Waters, Lily - Account Services - ADAM&EVE DDB, New York, NY, *pg.* 26
Watkins, Robin - Account Services, Interactive / Digital, NBC - TEAM ONE, Los Angeles, CA, *pg.* 417
Watkins, Nick - Account Services, Interactive / Digital - ADK GROUP, Louisville, KY, *pg.* 210
Watson, Drew - Account Planner, Account Services, Management, Media Department, NBC - MEDIAHUB BOSTON, Boston, MA, *pg.* 489
Watson, Beth - Account Services - SPOTCO, New York, NY, *pg.* 143
Watson, Brian - Account Services, Creative - CACTUS MARKETING COMMUNICATIONS, Denver, CO, *pg.* 339
Watson, Stephanie - Account Services, Finance, Media Department - UNIVERSAL MCCANN DETROIT, Birmingham, MI, *pg.* 524
Watson, Grant - Account Services, Media Department, NBC - PREACHER, Austin, TX, *pg.* 129
Watson, Jennifer - Account Services - THE VARIABLE, Winston-Salem, NC, *pg.* 153
Watson, Catherine - Account Services - YOUNG & LARAMORE, Indianapolis, IN, *pg.* 164
Watson, Jes - Account Services, NBC - JULIET, Toronto, ON, *pg.* 11
Watson, Melissa - Account Services, Social Media - IPROSPECT, Fort Worth, TX, *pg.* 674
Watson, Cara - Account Services - R/GA, San Francisco, CA, *pg.* 261
Watson, Madeline - Account Services - BALTZ & COMPANY, New York, NY, *pg.* 580

Watson, Brett - Account Services, Media Department - BFO, Chicago, IL, *pg.* 217
Watt, Jonathan - Account Planner, Account Services, Creative - BOWSTERN, Tallahassee, FL, *pg.* 336
Watt, Ryan - Account Services - HENRY V EVENTS, Portland, OR, *pg.* 307
Wattigney Smith, Tanya - Account Services, Media Department, Programmatic - CONVERSANT, LLC, Chicago, IL, *pg.* 222
Watts, Melinda - Account Services, Public Relations - ZENO GROUP, Redwood Shores, CA, *pg.* 665
Watts, Erica - Account Services - BBDO WORLDWIDE, New York, NY, *pg.* 331
Watts, Jane - Account Services - ZENO GROUP, Chicago, IL, *pg.* 664
Waugh, Rema - Account Services, Interactive / Digital, Management, Media Department, PPOM - UNIVERSAL MCCANN DETROIT, Birmingham, MI, *pg.* 524
Way, Taylor - Account Services, Media Department - DIMASSIMO GOLDSTEIN, New York, NY, *pg.* 351
Weaver, Cathy - Account Services - SAATCHI & SAATCHI LOS ANGELES, Torrance, CA, *pg.* 137
Weaver, Alexandra - Account Planner, Account Services - LITTLE & COMPANY , Minneapolis, MN, *pg.* 12
Weaver, Mike - Account Services, Management - BRIGHTWAVE MARKETING, INC., Atlanta, GA, *pg.* 219
Weaver, Tim - Account Services, Creative - AGILITEE SOLUTIONS, INC., Londonderry, NH, *pg.* 172
Webb, Biddie - Account Services, PPOM - LIMB DESIGN, Houston, TX, *pg.* 100
Webb, Nancy - Account Services, PPOM - BANFIELD AGENCY, Ottawa, ON, *pg.* 329
Webb, Kip - Account Services, Management, PPOM - WEBB/MASON, Hunt Valley, MD, *pg.* 294
Webb, Jennifer - Account Services, Media Department, Operations - COLTRIN & ASSOCIATES, New York, NY, *pg.* 592
Webb, Emily - Account Services - BAM COMMUNICATIONS, San Diego, CA, *pg.* 580
Webb, Victoria - Account Services - THE YAFFE GROUP, Southfield, MI, *pg.* 154
Webb, Kaitlyn - Account Services - BOB GOLD & ASSOCIATES, Redondo, CA, *pg.* 585
Webb, Rudy - Account Services - PARADISE, Saint Petersburg, FL, *pg.* 396
Webber, Chelsea - Account Services - DNA SEATTLE, Seattle, WA, *pg.* 180
Webber, Kim - Account Services - ETHOS MARKETING & DESIGN, Westbrook, ME, *pg.* 182
Weber, Trent - Account Planner, Account Services, PPM - INFINITY DIRECT, Plymouth, MN, *pg.* 286

AGENCIES

RESPONSIBILITIES INDEX

Weber, Emily - Account Services - WALLWORK CURRY MCKENNA, Charlestown, MA, *pg.* 161
Weber, Kate - Account Services - TPN, Chicago, IL, *pg.* 571
Weber, Alexander - Account Services, Media Department - VAYNERMEDIA, New York, NY, *pg.* 689
Weber, Nicole - Account Services - LAUGHLIN CONSTABLE, INC., Milwaukee, WI, *pg.* 379
Webster, Bobby - Account Services, Media Department - UNION, Charlotte, NC, *pg.* 273
Weekman, Madeline - Account Services - THE TOMBRAS GROUP, Atlanta, GA, *pg.* 153
Weiand, Julie - Account Services, NBC - AMPERAGE, Cedar Falls, IA, *pg.* 30
Weiand, Kent - Account Services - VESTCOM, Little Rock, AR, *pg.* 571
Weichel, David - Account Services, Creative - CPC STRATEGY, San Diego, CA, *pg.* 672
Weigel, Stephanie - Account Planner, Account Services - POINT TO POINT, Cleveland, OH, *pg.* 129
Weil, Courtney - Account Services, Management - SUBLIME COMMUNICATIONS, Stamford, CT, *pg.* 415
Weil, Carly - Account Services - THE LANE COMMUNICATIONS GROUP, New York, NY, *pg.* 654
Weinbach, Daniel - Account Services, Creative, PPOM - THE WEINBACH GROUP, INC., Miami, FL, *pg.* 425
Weinberg, Kelly - Account Services, NBC - SID LEE, Culver City, CA, *pg.* 141
Weinberg, Mallory - Account Services, Management - FINSBURY, New York, NY, *pg.* 604
Weinberg, Tian - Account Planner, Account Services - BERLINROSEN, New York, NY, *pg.* 583
Weiner, Ami - Account Services, Management - BBDO ATL, Atlanta, GA, *pg.* 330
Weingarten, Ashlee - Account Services, Public Relations - R&J STRATEGIC COMMUNICATIONS, Bridgewater, NJ, *pg.* 640
Weinrebe, Jim - Account Services, Management - MSLGROUP, Boston, MA, *pg.* 629
Weinsoff, Tina - Account Services, Management, Media Department - TEAM ONE, Los Angeles, CA, *pg.* 417
Weinstein, Stephen - Account Services, Management - HOTHOUSE, Atlanta, GA, *pg.* 371
Weinstein, Tracy - Account Services - THE WEINSTEIN ORGANIZATION, INC., Chicago, IL, *pg.* 425
Weinstein, Rich - Account Services, Management - ARTS & LETTERS, Richmond, VA, *pg.* 34
Weinstein, Andrew - Account Services - RAPPORT OUTDOOR WORLDWIDE, New York, NY, *pg.* 556
Weinstein, Kimberly - Account Services, NBC, PPOM - THE TRADE DESK, Boulder, CO, *pg.* 520
Weinstein, Ashley - Account Planner, Account Services, Media Department - INITIATIVE, New York, NY, *pg.* 477
Weinstein, Todd - Account Planner, Account Services, Analytics - PATIENTS & PURPOSE, New York, NY, *pg.* 126
Weinstein, Britania - Account Services - HAVAS FORMULA, El Segundo, CA, *pg.* 612
Weinsztok, Bryan - Account Services - PINCKNEY HUGO GROUP, Syracuse, NY, *pg.* 128
Weintraub, Mark - Account Services, Interactive / Digital, Media Department - HUGE, INC., Brooklyn, NY, *pg.* 239
Weisbrodt, Kathy - Account Services - ELEVATED THIRD, Denver, CO, *pg.* 230
Weisenbeck, Paula - Account Services - CARMICHAEL LYNCH, Minneapolis, MN, *pg.* 47
Weisfelner, David - Account Services, Media Department - OMD, New York, NY, *pg.* 498
Weismiller, Kelly - Account Services - WHITE64, Tysons, VA, *pg.* 430
Weiss, Kathy - Account Services, Management, NBC - BLASS COMMUNICATIONS, Old Chatham, NY, *pg.* 584
Weiss, Milissa - Account Services - RON FOTH ADVERTISING, Columbus, OH, *pg.* 134
Weiss, Gwyn - Account Planner, Account Services, Media Department, NBC - MKTG INC, New York, NY, *pg.* 311
Weiss, Jason - Account Planner, Account Services - NUTRACLICK, Boston, MA, *pg.* 255
Weiss Francisco, Evelyn - Account Services - CARYL COMMUNICATIONS, INC., Paramus, NJ, *pg.* 589
Weissman, Kate - Account Planner, Account Services - WEBER SHANDWICK, Boston, MA, *pg.* 660
Weissman, Candice - Account Services, Management - INK & ROSES, New York, NY, *pg.* 615
Weitzen, Jake - Account Services - GREY GROUP, New York, NY, *pg.* 365
Welborn, Michelle - Account Services - MEDIAURA, Jefferson, IN, *pg.* 250
Welch, Michael - Account Services, Management, Media Department, Operations - SCOPPECHIO, Louisville, KY, *pg.* 409
Welch, Amy - Account Services - WEDU, Manchester, NH, *pg.* 430
Welch, Mike - Account Services - WIEDEN + KENNEDY, New York, NY, *pg.* 432
Welch, Bob - Account Services, Management, Media Department - 84.51, Cincinnati, OH, *pg.* 441
Welch, McKenzie - Account Planner, Account Services, Media Department, Social Media - BFG COMMUNICATIONS, Atlanta, GA, *pg.* 333
Welday, David - Account Services - BBDO ATL, Atlanta, GA, *pg.* 330
Welford, Corey - Account Services - CTP, Boston, MA, *pg.* 347
Welin, Josefina - Account Services, NBC - LEO BURNETT WORLDWIDE, Chicago, IL, *pg.* 98
Welke, Breanna - Account Planner, Account Services - BELLMONT PARTNERS PUBLIC RELATIONS, Minneapolis, MN, *pg.* 582
Weller, John - Account Services - MANIFEST, Saint Louis, MO, *pg.* 248
Wellhausen, Sandra - Account Services, Media Department - WRIGHT ON COMMUNICATIONS, La Jolla, CA, *pg.* 663
Wellman, Brad - Account Services - CARMICHAEL LYNCH, Minneapolis, MN, *pg.* 47
Wells, John - Account Services, Management, Media Department, NBC - RAPP WORLDWIDE, Los Angeles, CA, *pg.* 291
Wells, Ashley - Account Services, Management, NBC - PEREIRA & O'DELL, San Francisco, CA, *pg.* 256
Wells, Lindsey - Account Services - LEO BURNETT DETROIT, Troy, MI, *pg.* 97
Wells, Whitney - Account Services - BAM COMMUNICATIONS, San Diego, CA, *pg.* 580
Welsch, Andrew - Account Services - 360I, LLC, Atlanta, GA, *pg.* 207
Welsh, Sandy - Account Services, Operations, Research - DANA COMMUNICATIONS, Hopewell, NJ, *pg.* 57
Welsh, Erin - Account Services, Management - ENERGY BBDO, INC., Chicago, IL, *pg.* 355
Wendel, Mallory - Account Services - COOKSEY COMMUNICATIONS, Irving, TX, *pg.* 593
Werbylo, Jeffrey - Account Services, Management - MCCANN HEALTH NEW YORK, New York, NY, *pg.* 108
Werhan, Marie - Account Planner, Account Services - ADEPT MARKETING, Columbus, OH, *pg.* 210
Werner, Erika - Account Services, Creative - RED DOOR INTERACTIVE, San Diego, CA, *pg.* 404
Werner, Lindsay - Account Services - AKQA, Washington, DC, *pg.* 212
Wertheim, Adam - Account Services - DEG DIGITAL, Overland Park, KS, *pg.* 224
Wertheimer, Amy - Account Services, PPM - BBDO WORLDWIDE, New York, NY, *pg.* 331
Wescott, Emery - Account Planner, Account Services, Media Department - CANVAS WORLDWIDE, Playa Vista, CA, *pg.* 458
Wescott, Kristin - Account Services - INFERNO, LLC, Memphis, TN, *pg.* 374
Wesierski, Ryan - Account Services - PUBLICIS.SAPIENT, Los Angeles,

1273

RESPONSIBILITIES INDEX AGENCIES

CA, pg. 259
West, Erin - Account Services, NBC - POP, INC., Seattle, WA, pg. 195
West, Ryan - Account Services, NBC - GOODBY, SILVERSTEIN & PARTNERS, San Francisco, CA, pg. 77
West, Rachel - Account Planner, Account Services - DONER, Southfield, MI, pg. 63
West, Jocelyn - Account Services, Management - AKQA, San Francisco, CA, pg. 211
West, Justin - Account Services - ROKKAN, LLC, New York, NY, pg. 264
Westall, Chris - Account Planner, Account Services, Management, Media Department - BOUNTEOUS, Chicago, IL, pg. 218
Westbrook, John - Account Services - ACART COMMUNICATIONS, INC., Ottawa, ON, pg. 322
Westenburg Mendez, Morgan - Account Services - RCG ADVERTISING AND MEDIA, Omaha, NE, pg. 403
Westendorf, Kristin - Account Services - PHD CHICAGO, Chicago, IL, pg. 504
Westerby, Melissa - Account Services - OVE DESIGN & COMMUNICATIONS LIMITED, Toronto, ON, pg. 193
Westfall, Matthew - Account Services - PETERMAYER, New Orleans, LA, pg. 127
Westlake, Curt - Account Services, Creative - INFINITY MARKETING, Greenville, SC, pg. 374
Westling, Mike - Account Services - BRINK COMMUNICATIONS, Portland, OR, pg. 337
Weston, Brian - Account Services - GREY GROUP, New York, NY, pg. 365
Weston, Kristie - Account Services, Management, NBC - VENABLES BELL & PARTNERS, San Francisco, CA, pg. 158
Westrom, Jeff - Account Services, Creative, PPOM - J. W. MORTON & ASSOCIATES , Cedar Rapids, IA, pg. 91
Wetzel, Chad - Account Services - BAILEY BRAND CONSULTING, Plymouth Meeting, PA, pg. 2
Weyers, Sheeri - Account Services, NBC - TOWER MEDIA ADVERTISING, INC., Chicago, IL, pg. 293
Whalen, Peter - Account Services - TBWA \ CHIAT \ DAY, New York, NY, pg. 416
Whaley, Erik - Account Services, Management, Operations, PPOM - LOCATION3 MEDIA, Denver, CO, pg. 246
Wheat, Russ - Account Services - BHW1 ADVERTISING, Spokane, WA, pg. 3
Wheeler, Jennifer - Account Services - HEALTHCARE CONSULTANCY GROUP, New York, NY, pg. 83
Wheeler, Kelsey - Account Services, Public Relations - LITZKY PUBLIC RELATIONS, Hoboken, NJ, pg. 623
Wheeler, Leigh - Account Services - SCHAWK, INC., Kalamazoo, MI, pg. 16

Wheeler, Talia - Account Services - MMSI, Warwick, RI, pg. 496
Wheeler, Bria - Account Services - BBR CREATIVE, Lafayette, LA, pg. 174
Wheeler, Rachel - Account Services, Public Relations - BOSE PUBLIC AFFAIRS GROUP, LLC, Indianapolis, IN, pg. 585
Whelan, Lexi - Account Planner, Account Services, Analytics, Media Department - MEKANISM, San Francisco, CA, pg. 112
Whelan, Suzie - Account Services - GREY MIDWEST, Cincinnati, OH, pg. 366
Whisenant, Alison - Account Services, Interactive / Digital, Media Department, NBC, Social Media - MULLENLOWE U.S. BOSTON, Boston, MA, pg. 389
Whisnant, Jennifer - Account Services - QUIXOTE GROUP, Greensboro, NC, pg. 402
White , Melissa - Account Services - NEWMARK ADVERTISING, Woodland Hills, CA, pg. 692
White, David - Account Services, PPOM - EXIT 10 ADVERTISING, Baltimore, MD, pg. 233
White, Kristy - Account Services - PROPELLER COMMUNICATIONS, Tulsa, OK, pg. 639
White, Jennifer - Account Services - INFINITY DIRECT, Plymouth, MN, pg. 286
White, Heidi - Account Services - FINEMAN PR, San Francisco, CA, pg. 603
White, Kiley - Account Services, Interactive / Digital, NBC - THE RICHARDS GROUP, INC., Dallas, TX, pg. 422
White, Michael - Account Services, Management - VMLY&R, San Francisco, CA, pg. 160
White, Katie - Account Planner, Account Services - THE MARTIN AGENCY, Richmond, VA, pg. 421
White, Nulty - Account Services, Management - ELMWOOD, New York, NY, pg. 181
White, Halley - Account Services - ECKEL & VAUGHAN, Raleigh, NC, pg. 599
White, Peter - Account Services, Interactive / Digital, Social Media - ARCHETYPE, New York, NY, pg. 33
White, Austin - Account Services - ARGONAUT, INC., San Francisco, CA, pg. 33
White, Kristine - Account Services - PERFORMANCE MARKETING, West Des Moines, IA, pg. 126
Whited, Christine - Account Services, Management, Media Department, PPOM - PHD USA, New York, NY, pg. 505
Whitehead, Melinda - Account Services - WIRTHWEIN CORPORATION, East Aurora, NY, pg. 162
Whitehead, Kiara - Account Services - ANOMALY, New York, NY, pg. 325
Whitehouse, Christy - Account Services, Interactive / Digital, PPOM - THE SUMMIT GROUP, Salt Lake City, UT, pg. 153

Whitehurst, Janelle - Account Services - DROGA5, New York, NY, pg. 64
Whiteman, Amber - Account Services - METIA, Bellevue, WA, pg. 250
Whitfield, Brock - Account Services - XENOPSI, New York, NY, pg. 164
Whiting, Mark - Account Services, Interactive / Digital, Media Department - MOTUM B2B, Toronto, ON, pg. 14
Whiting, Courtney - Account Services - FCB WEST, San Francisco, CA, pg. 72
Whiting, Eric - Account Services, Public Relations - BACKBONE MEDIA, Carbondale, CO, pg. 579
Whitley, Renee - Account Services - FUSE INTERACTIVE, Laguna Beach, CA, pg. 235
Whitney, Blake - Account Services - SAATCHI & SAATCHI DALLAS, Dallas, TX, pg. 136
Whitney, Skylar - Account Services - DITTOE PUBLIC RELATIONS, Indianapolis, IN, pg. 597
Whittington, Catherine - Account Services - INTERSTAR MARKETING & PUBLIC RELATIONS, Fort Worth, TX, pg. 616
Whittington, Ashlyn - Account Services, Social Media - CASHMERE AGENCY, Los Angeles, CA, pg. 48
Whitworth, Sarah - Account Services - GMMB, Washington, DC, pg. 364
Whyte VanDerSlagt, Beverly - Account Services - ACTIVE INTERNATIONAL, Pearl River, NY, pg. 439
Wicklund, Kristy - Account Services, Finance, PPOM - X3 CREATIVE, Smyrna, GA, pg. 205
Wico, Antoniette - Account Services - FCB CHICAGO, Chicago, IL, pg. 71
Wiedemann, Monica - Account Services, Management, Media Department - PHD USA, New York, NY, pg. 505
Wiegand, Connor - Account Services - SCOUT MARKETING, Atlanta, GA, pg. 139
Wieland, Kris - Account Services - AMPERAGE, Cedar Falls, IA, pg. 30
Wielgosh, Robert - Account Services - PATIENTS & PURPOSE, New York, NY, pg. 126
Wiener, Matt - Account Services, Operations - IPG360, Los Angeles, CA, pg. 90
Wiens, Kate - Account Services - PROJECT X, New York, NY, pg. 556
Wiens, Angela - Account Services - WS, Calgary, AB, pg. 164
Wiering, Laura - Account Services - MARTIN WILLIAMS ADVERTISING, Minneapolis, MN, pg. 106
Wieringo, Suzanne - Account Services, Management, NBC - THE MARTIN AGENCY, Richmond, VA, pg. 421
Wiesenfeld, Melanie - Account

1274

AGENCIES

RESPONSIBILITIES INDEX

Services - SHOPPR, New York, NY, pg. 647

Wiggan, Marika - Account Planner, Account Services - PREACHER, Austin, TX, pg. 129

Wiggan, April - Account Services - WONGDOODY, Seattle, WA, pg. 162

Wiggins, Jennifer - Account Services - AKINS PUBLIC STRATEGIES, Oak Ridge, TN, pg. 575

Wiggins, Eric - Account Services - DIDIT.COM, Melville, NY, pg. 673

Wigler, Lori - Account Services, Management, NBC - HORIZON MEDIA, INC., New York, NY, pg. 474

Wigod, Josh - Account Services - CAMPBELL EWALD NEW YORK, New York, NY, pg. 47

Wilcox, Dan - Account Services, Finance - THE RICHARDS GROUP, INC., Dallas, TX, pg. 422

Wilcox, Audrey - Account Services - DKY INTEGRATED MARKETING COMMUNICATIONS, Minneapolis, MN, pg. 352

Wilcox, Emily - Account Services - JOHANNES LEONARDO, New York, NY, pg. 92

Wilcox, Johna - Account Services - WENDT, Great Falls, MT, pg. 430

Wilde, Liz - Account Services - SHERRY MATTHEWS ADVOCACY MARKETING, Austin, TX, pg. 140

Wilders, Rachel - Account Services - LOCKARD & WECHSLER, Irvington, NY, pg. 287

Wiles, Ilana - Account Services, Media Department - WRAY WARD, Charlotte, NC, pg. 433

Wiley, Andrea - Account Services - DOUG CARPENTER & ASSOCIATES, LLC, Memphis, TN, pg. 64

Wiley-Rapoport, Caryn - Account Planner, Account Services, Analytics, Management, Research - HORIZON MEDIA, INC., Los Angeles, CA, pg. 473

Wilga, Glenn - Account Services - RED MOON MARKETING, Charlotte, NC, pg. 404

Wilhelmi, Barrie - Account Services - WIEDEN + KENNEDY, Portland, OR, pg. 430

Wilke, Rachel - Account Services - SPARK FOUNDRY, New York, NY, pg. 508

Wilkerson, Wendy - Account Services - SPARKS, Philadelphia, PA, pg. 315

Wilkes, Corina - Account Services - TAXI, Toronto, ON, pg. 146

Wilkinson, John - Account Services - ONE & ALL AGENCY, Pasadena, CA, pg. 289

Wilkinson, Graham - Account Services - REPRISE DIGITAL, New York, NY, pg. 676

Wilkinson, Gavin - Account Services, Interactive / Digital - 4FRONT, Dallas, TX, pg. 208

Wilkinson, Rhonda - Account Services - LEWIS COMMUNICATIONS, Mobile, AL, pg. 100

Wilkos, Dan - Account Planner, Account Services, Creative, NBC - MCCANN NEW YORK, New York, NY, pg. 108

Willard, Caitlin - Account Services - FISH CONSULTING LLC, Fort Lauderdale, FL, pg. 604

Willard, Kelly - Account Services - IRIS, New York, NY, pg. 376

Willette, Tara - Account Services - PP+K, Tampa, FL, pg. 129

Willette, Pierre - Account Services - GOFF PUBLIC, Saint Paul, MN, pg. 608

Williams, Vernon - Account Services, Human Resources, Management - BERNSTEIN-REIN ADVERTISING, INC., Kansas City, MO, pg. 39

Williams, Jennifer - Account Services, Management, PPOM - THE WATSONS, New York, NY, pg. 154

Williams, Joan - Account Services, Management - KALLMAN WORLDWIDE, Waldwick, NJ, pg. 309

Williams, Angie - Account Services - JNA ADVERTISING, Overland Park, KS, pg. 92

Williams, Stephanie - Account Services, Interactive / Digital, Management, Media Department, NBC - THE RICHARDS GROUP, INC., Dallas, TX, pg. 422

Williams, Shanon - Account Services, NBC - CJRW, Little Rock, AR, pg. 590

Williams, Tiffany - Account Services, Management - CRAMER-KRASSELT, Chicago, IL, pg. 53

Williams, Jonathan - Account Services, Management - PUSH DIGITAL, Columbia, SC, pg. 640

Williams, Jennifer - Account Services, NBC - REDPEPPER, Nashville, TN, pg. 405

Williams, Maxine - Account Services - CJRW NORTHWEST, Springdale, AR, pg. 566

Williams, Rachel - Account Services - DIGITAS, Chicago, IL, pg. 227

Williams, Kevin - Account Services, Media Department - GIANT PROPELLER, Burbank, CA, pg. 76

Williams, Meredith - Account Services - GOODBY, SILVERSTEIN & PARTNERS, San Francisco, CA, pg. 77

Williams, Tara - Account Services - RIGHT PLACE MEDIA, Lexington, KY, pg. 507

Williams, Sandra - Account Services - 9THWONDER AGENCY, Houston, TX, pg. 453

Williams, Vanessa - Account Services, Promotions, Social Media - IGNITE SOCIAL MEDIA, Cary, NC, pg. 686

Williams, Abby - Account Services - TRICOMB2B, Dayton, OH, pg. 427

Williams, Hayden - Account Services - DWA MEDIA, Austin, TX, pg. 464

Williams, Ansley - Account Services, Management, Media Department, Social Media - OGILVY, New York, NY, pg. 393

Williams, Maria - Account Services - VSBROOKS, Coral Gables, FL, pg. 429

Williams, Dan - Account Services - HUGE, INC., Brooklyn, NY, pg. 239

Williams, Mary - Account Services - PAC / WEST COMMUNICATIONS, Wilsonville, OR, pg. 635

Williams, Amy - Account Services, Analytics - JAN KELLEY MARKETING, Burlington, ON, pg. 10

Williams, Whitney - Account Services, Interactive / Digital, Media Department, Social Media - MCKEEMAN COMMUNICATIONS, Raleigh, NC, pg. 626

Williams, Grace - Account Services - BLASTMEDIA, Fishers, IN, pg. 584

Williams, Caroline - Account Services - DUREE & COMPANY, Fort Lauderdale, FL, pg. 598

Williams, Meagan - Account Services - AISLE ROCKET, Chicago, IL, pg. 681

Williamson, Con - Account Services, Creative, PPOM - EP+CO., Greenville, SC, pg. 356

Williamson, Natasha - Account Services - SPIKE DDB, Brooklyn, NY, pg. 143

Williamson, Sean - Account Services, Management - CARAT, New York, NY, pg. 459

Williamson, Amy - Account Services - SMS MARKETING SERVICES, Hasbrouck Heights, NJ, pg. 292

Williamson, Janeen - Account Services - ATLANTIC 57, Washington, DC, pg. 2

Williamson, Nichole - Account Services - ZILKER MEDIA, Austin, TX, pg. 665

Williamson, Shelby - Account Services - BARRETTSF, San Francisco, CA, pg. 36

Williford, Keisha - Account Services - LOPEZ NEGRETE COMMUNICATIONS, INC., Houston, TX, pg. 542

Willis, Holly - Account Services, Management - THE ESCAPE POD, Chicago, IL, pg. 150

Willis, Nathan - Account Services, NBC, Promotions - FUSEIDEAS, LLC, Buffalo, NY, pg. 306

Willis, Sarah - Account Services - GYRO, Cincinnati, OH, pg. 368

Wills, David - Account Services, Management - MEDIA PROFILE, Toronto, ON, pg. 627

Wilmoth, Michelle - Account Services - PR PLUS, INC., Las Vegas, NV, pg. 638

Wilson, Chris - Account Services, Management - WUNDERMAN THOMPSON ATLANTA, Atlanta, GA, pg. 435

Wilson, Piper - Account Services, Finance - OTEY WHITE & ASSOCIATES, Baton Rouge, LA, pg. 123

Wilson, John - Account Services, NBC - MILNER BUTCHER MEDIA GROUP, Los Angeles, CA, pg. 491

Wilson, Ellen - Account Services, Management, PPOM - BURNESS COMMUNICATIONS, Bethedsa, MD, pg.

RESPONSIBILITIES INDEX — AGENCIES

587
Wilson, Katie - Account Services - 9THWONDER, Dallas, TX, pg. 321
Wilson, Morgan - Account Services - RAPPORT OUTDOOR WORLDWIDE, Birmingham, MI, pg. 556
Wilson, Madeline - Account Services, Interactive / Digital, Media Department - BERLINROSEN, New York, NY, pg. 583
Wilson, Jennifer - Account Services, Creative, Management - VMLY&R, Austin, TX, pg. 429
Wilson, Kendall - Account Services - VERT MOBILE LLC, Atlanta, GA, pg. 274
Wilson, Lauren - Account Services - WIEDEN + KENNEDY, New York, NY, pg. 432
Wilson, Seth - Account Services - MILLER AD AGENCY, Dallas, TX, pg. 115
Wilson, Erin - Account Services - BENCHWORKS, Chestertown, MD, pg. 333
Wilson, Erica - Account Services - R/GA, Austin, TX, pg. 261
Wilson, Anna-Marshall - Account Services - ECKEL & VAUGHAN, Raleigh, NC, pg. 599
Wilson, Arthur - Account Planner, Account Services - CARAT, Toronto, ON, pg. 461
Wilson, Steve - Account Services - FAMILY FEATURES, Mission, KS, pg. 297
Wilson, Katie - Account Services - BELLE COMMUNICATION, Columbus, OH, pg. 582
Wilson, Jamie - Account Services - HOWARD MILLER ASSOCIATES, INC., Lancaster, PA, pg. 87
Wilson, Cori - Account Services - CANNONBALL AGENCY, Saint Louis, MO, pg. 5
Wilson, Sarah - Account Services - VISITURE, Charleston, SC, pg. 678
Wilson, Allison - Account Services - AGENCY WITHIN, Lond Island City, NY, pg. 323
Wilson, Brent - Account Planner, Account Services, PPOM - ALLING HENNING & ASSOCIATES, Vancouver, WA, pg. 30
Wilson, Andy - Account Services, Public Relations - BOHLSEN GROUP, Indianapolis, IN, pg. 336
Wilson-Sawyer, Emily - Account Services, Management - ALLISON+PARTNERS, Los Angeles, CA, pg. 576
Wilt, Bill - Account Services, NBC - COMMONWEALTH // MCCANN, Detroit, MI, pg. 52
Wilton, Geoff - Account Services, NBC - COSSETTE MEDIA, Toronto, ON, pg. 345
Winch, Tracey - Account Services - 6P MARKETING, Winnipeg, MB, pg. 1
Windheuser, Beth - Account Planner, Account Services, Media Department - 215 MCCANN, San Francisco, CA, pg. 319
Winding, Alicia - Account Services

- THE SHEPPARD GROUP, Glendale, CA, pg. 424
Wine, Lindsay - Account Services - ADAMS OUTDOOR ADVERTISING, North Charleston, SC, pg. 549
Winer, Rachel - Account Services, Management, NBC, PPOM - EDELMAN, Chicago, IL, pg. 353
Winer, Rachel - Account Services, Interactive / Digital, Media Department - KETCHUM, Washington, DC, pg. 619
Wines, Brad - Account Services, Media Department, NBC, PPOM - RHODES STAFFORD WINES, CREATIVE, Dallas, TX, pg. 406
Wines, Caleb - Account Services, Management, Media Department - CANVAS WORLDWIDE, Playa Vista, CA, pg. 458
Winfield, Alette - Account Services - ATRIUM, New York, NY, pg. 579
Winfrey, Aubry - Account Services, Media Department - NEWTON MEDIA, Chesapeake, VA, pg. 497
Wingfield, Rebecca - Account Services, Analytics, Interactive / Digital, Management, Media Department, Social Media - BRIGHTWAVE MARKETING, INC., Atlanta, GA, pg. 219
Wingo, Leslie - Account Services, NBC, PPOM - SANDERS\WINGO, El Paso, TX, pg. 138
Winkel, Ashley - Account Services - THE JAMES AGENCY (TJA), Scottsdale, AZ, pg. 151
Winkel, Ashley - Account Planner, Account Services, Media Department - CROSSMEDIA, New York, NY, pg. 463
Winkelman, Phil - Account Services, Media Department, NBC - MINTEL, Chicago, IL, pg. 447
Winker, Katelyn - Account Services, Interactive / Digital - TAYLOR & POND INTERACTIVE, San Diego, CA, pg. 269
Winkleman, John - Account Services - TURNER DUCKWORTH, San Francisco, CA, pg. 203
Winkler, Katie - Account Services - SAATCHI & SAATCHI X, Cincinnati, OH, pg. 682
Winkler, Heidi - Account Services - PUSH 7, Pittsburgh, PA, pg. 131
Winkler, Cory - Account Services, Interactive / Digital - 4FRONT, Dallas, TX, pg. 208
Winn, Jay - Account Services, Management, Media Department - OGILVY, New York, NY, pg. 393
Winner, Jaime - Account Services, Interactive / Digital, Operations, Social Media - MCCANN NEW YORK, New York, NY, pg. 108
Winnie, Robert - Account Services, PPOM - THE WINNIE GROUP, Springfield, MO, pg. 425
Winograd, Les - Account Services - BOUNTEOUS, Chicago, IL, pg. 218
Winslow, Mary - Account Services - LUCKIE & COMPANY, Duluth, GA, pg. 382
Winslow, Erin - Account Services -

HABERMAN, Minneapolis, MN, pg. 369
Winsper, Jeff - Account Services - DROGA5, New York, NY, pg. 64
Winter, Wendy - Account Services - THE INTEGER GROUP, Lakewood, CO, pg. 682
Winters, Alex - Account Services - ANSIRA, Saint Louis, MO, pg. 280
Winters, Ben - Account Services - IDEOCLICK, Seattle, WA, pg. 241
Winters, Lynsey - Account Services - RACHEL KAY PUBLIC RELATIONS, Solana Beach, CA, pg. 640
Winters Bloom, Deneen - Account Services - S&A COMMUNICATIONS, Cary, NC, pg. 645
Winther, Haley - Account Services - T3, Atlanta, GA, pg. 416
Wirgin, Ilisa - Account Services - 5W PUBLIC RELATIONS, New York, NY, pg. 574
Wirht, Blake - Account Services, Management - HUGE, INC., Brooklyn, NY, pg. 239
Wirth, Bridget - Account Services - BVK, Milwaukee, WI, pg. 339
Wirth, Susan - Account Services, Public Relations - LEPOIDEVIN MARKETING, Brookfield, WI, pg. 380
Wise, Kat - Account Services, Media Department - MERGE, Chicago, IL, pg. 113
Wise, Jenny - Account Services - STRATEGIC AMERICA, West Des Moines, IA, pg. 398
Wishau, Jackie - Account Services - PLAN B, Chicago, IL, pg. 397
Wisniewski, Jillian - Account Services, Management - MCGARRYBOWEN, New York, NY, pg. 109
Wisniewski, Julie - Account Services - DIGITAS, San Francisco, CA, pg. 227
Wissman, Melinda - Account Services - KELSH WILSON DESIGN, Bala Cynwyd, PA, pg. 188
Witcher, Jeff - Account Services - BARKLEY, Kansas City, MO, pg. 329
Witherspoon, Chris - Account Services, NBC, PPOM - DNA SEATTLE, Seattle, WA, pg. 180
Witko, Marta - Account Services - ENERGY BBDO, INC., Chicago, IL, pg. 355
Witover, Nicole - Account Services, Management, Media Department - MCCANN NEW YORK, New York, NY, pg. 108
Witt, Brittany - Account Services, Media Department - CROSSMEDIA, New York, NY, pg. 463
Witt, Charisma - Account Services, Operations - INITIATIVE, Los Angeles, CA, pg. 478
Witter, Bob - Account Services, Media Department - OBSERVATORY MARKETING, Los Angeles, CA, pg. 122
Wittke, Priya - Account Services - HEAT, San Francisco, CA, pg. 84
Wixted, Patrick - Account Services, Public Relations - KETCHUM, New York, NY, pg. 542
Wiznitzer, Daniel - Account Services, Public Relations -

AGENCIES

RESPONSIBILITIES INDEX

HIMMELRICH INC., Baltimore, MD, pg. 614

Wlach, Bruce - Account Services - JENNINGS & COMPANY, Chapel Hill, NC, pg. 92

Woehrmann, Matt - Account Services, Management, PPOM - FITZCO, Atlanta, GA, pg. 73

Wojciechowski, Lauren - Account Services - PUBLICIS NORTH AMERICA, New York, NY, pg. 399

Wojcik, Ryan - Account Services, Finance, Interactive / Digital, Media Department - OMD, New York, NY, pg. 498

Wojtowicz, Justin - Account Services - BORSHOFF, Indianapolis, IN, pg. 585

Wold, Greg - Account Services, NBC, PPOM - SHINE UNITED, Madison, WI, pg. 140

Wold, Brian - Account Services - SHAMROCK SPORTS & ENTERTAINMENT, Portland, ME, pg. 569

Wolf, Allison - Account Services, Media Department - MINDSHARE, New York, NY, pg. 491

Wolf, Tobias - Account Services - MINDSHARE, New York, NY, pg. 491

Wolf, Spencer - Account Services - PREMIER PARTNERSHIPS, New York, NY, pg. 314

Wolf, Katy - Account Services - BRANDED ENTERTAINMENT NETWORK, INC., Sherman Oaks, CA, pg. 297

Wolfe, David - Account Services - TWG COMMUNICATIONS, North Bay, ON, pg. 427

Wolfe, Davis - Account Services - DUNCAN CHANNON, San Francisco, CA, pg. 66

Wolinetz, Geoff - Account Services, Finance, NBC - FREEWHEEL, New York, NY, pg. 465

Wolk, Carina - Account Services, Analytics - CHAMPION MANAGEMENT GROUP, LLC, Addison, TX, pg. 589

Wollin, Jenna - Account Planner, Account Services - MWWPR, New York, NY, pg. 631

Wolper, Kate - Account Services - VAULT COMMUNICATIONS, INC., Plymouth Meeting, PA, pg. 658

Wolter, Jessica - Account Services - MATTER COMMUNICATIONS, INC., Newburyport, MA, pg. 626

Wong, Stewart - Account Services - HAMAZAKI WONG MARKETING GROUP, Vancouver, BC, pg. 81

Wong, Pam - Account Services - INITIATIVE, New York, NY, pg. 477

Wong, Michelle - Account Services, Management, PPOM - DAILEY & ASSOCIATES, West Hollywood, CA, pg. 56

Wong, Maisie - Account Services, Media Department - POSTERSCOPE U.S.A., New York, NY, pg. 556

Wong, Tracy - Account Services - AGENCY 720, Westlake Village, CA, pg. 323

Wong, Hilda - Account Planner, Account Services, Interactive / Digital, NBC - HEARTS & SCIENCE, New York, NY, pg. 471

Wong, Steven - Account Services, Management - READY STATE, San Francisco, CA, pg. 132

Wong, Elaine - Account Planner, Account Services, Media Department - FCB NEW YORK, New York, NY, pg. 357

Wong, Phelia - Account Services, Interactive / Digital - DENTSUBOS INC., Toronto, ON, pg. 61

Wong, Ellen - Account Services - RONI HICKS & ASSOCIATES, INC. , San Diego, CA, pg. 644

Wong, Youngju - Account Services, Media Department - MINDSHARE, New York, NY, pg. 491

Wong, Jessie - Account Services - WE COMMUNICATIONS, San Francisco, CA, pg. 660

Wong, Debbie - Account Services - SOCIALCODE, Washington, DC, pg. 688

Wong, Kris - Account Services, Interactive / Digital - REPRISE DIGITAL, New York, NY, pg. 676

Wood, Carlton - Account Services, Media Department - LEWIS COMMUNICATIONS, Birmingham, AL, pg. 100

Wood, Kennan - Account Services, PPOM - WOOD COMMUNICATIONS GROUP, Madison, WI, pg. 663

Wood, Lynn - Account Services, Operations - WOOD COMMUNICATIONS GROUP, Madison, WI, pg. 663

Wood, Dave - Account Services, Management - OUTFRONT MEDIA, Phoenix, AZ, pg. 554

Wood, Melissa - Account Services, Public Relations - NATIONAL PUBLIC RELATIONS, Ottawa, ON, pg. 631

Wood, Kristin - Account Services, Interactive / Digital, Media Department, NBC - BADER RUTTER & ASSOCIATES, INC. , Milwaukee, WI, pg. 328

Wood, Jordan - Account Services - ARGONAUT, INC., San Francisco, CA, pg. 33

Wood, Andrea - Account Planner, Account Services, Interactive / Digital, Media Department, Operations, PPOM - SANDSTORM DESIGN, Chicago, IL, pg. 264

Wood, Meghan - Account Services - BBDO WORLDWIDE, New York, NY, pg. 331

Wood, Casey - Account Services - PHIRE GROUP, Ann Arbor, MI, pg. 397

Wood, Cheri - Account Services - THE SUMMIT GROUP, Salt Lake City, UT, pg. 153

Wood, Nick - Account Services - ECHOS BRAND COMMUNICATIONS, San Francisco, CA, pg. 599

Wood, Tara - Account Services, Creative - LITZKY PUBLIC RELATIONS, Hoboken, NJ, pg. 623

Wood, Christie - Account Services - STERLING-RICE GROUP, Boulder, CO, pg. 413

Wood, Robert - Account Services - BGR GROUP, Washington, DC, pg. 583

Woodall, Michael - Account Services - BBDO WORLDWIDE, New York, NY, pg. 331

Woodard, Taylor - Account Services - THINK MOTIVE, Denver, CO, pg. 154

Woodard, Francis - Account Services, NBC - BBDO ATL, Atlanta, GA, pg. 330

Woodcock, Jim - Account Services, Management, NBC - FLEISHMANHILLARD, Saint Louis, MO, pg. 604

Woodruff, Andrew - Account Services - ENERGY BBDO, INC., Chicago, IL, pg. 355

Woods, Randy - Account Services, Management, NBC, Operations - VALTECH, Ottawa, ON, pg. 273

Woods, Lorie - Account Services, NBC - TRICOMB2B, Dayton, OH, pg. 427

Woods, Alex - Account Planner, Account Services - DROGA5, New York, NY, pg. 64

Woods, Robert - Account Services, NBC - BARRETTSF, San Francisco, CA, pg. 36

Woods, Danielle - Account Planner, Account Services - ETHOS, PATHOS, LOGOS, LLC, Chicago, IL , pg. 233

Woodson, Laura - Account Services, Management, Media Department - UNIVERSAL MCCANN, New York, NY, pg. 521

Woodward, Patricia - Account Services - VMLY&R, New York, NY, pg. 160

Woodward, David - Account Services - TRACYLOCKE, Irving, TX, pg. 683

Woodward, Meredithe - Account Services - TEAM ONE, Los Angeles, CA, pg. 417

Wooldridge, Kirk - Account Services - MILLER AD AGENCY, Dallas, TX, pg. 115

Woolford, Michelle - Account Services, Public Relations - 160OVER90, Philadelphia, PA, pg. 1

Woolums, Amanda - Account Services - DAC GROUP, Louisville, KY, pg. 223

Wooten, Kristin - Account Services, Public Relations - BABBIT BODNER, Atlanta, GA, pg. 579

Worley, Abby - Account Services - DOEANDERSON ADVERTISING , Louisville, KY, pg. 352

Worley, Diane - Account Services - DB&M MEDIA, Costa Mesa, CA, pg. 349

Worley, Joe - Account Services - IVIE & ASSOCIATES, INC., Flower Mound, TX, pg. 91

Worrilow, Elizabeth - Account Planner, Account Services, Media Department - MEDIAHUB BOSTON, Boston, MA, pg. 489

Worthen, Laura - Account Services, Media Department - THE OSTLER GROUP, Sandy, UT, pg. 422

Worthington, Jessica - Account Services, NBC, PPOM, Social Media - MINDSHARE, Portland, OR, pg. 495

Woxland, Kristin - Account Services, Management - 10 THOUSAND DESIGN, Minneapolis, MN, pg. 171

Woyma, Brittany - Account Services

RESPONSIBILITIES INDEX — AGENCIES

- SWIFT, Portland, OR, *pg.* 145
Wozniak, Emily - Account Services - KARWOSKI & COURAGE, Minneapolis, MN, *pg.* 618
Wragg, Olivianna - Account Planner, Account Services - CARAT, New York, NY, *pg.* 459
Wren, Cassidy - Account Services, NBC - THE RICHARDS GROUP, INC., Dallas, TX, *pg.* 422
Wright, Doug - Account Services, Operations, PPOM - MSP, Freedom, PA, *pg.* 289
Wright, Cathy - Account Services - OFFLEASH, San Mateo, CA, *pg.* 633
Wright, Austin - Account Planner, Account Services, Management - ANSIRA, Addison, TX, *pg.* 326
Wright, Beverly - Account Services, Management - ABELSON-TAYLOR, Chicago, IL, *pg.* 25
Wright, Jennifer - Account Services, Interactive / Digital, NBC, Social Media - GTB, Dearborn, MI, *pg.* 367
Wright, Devon - Account Services, Operations - ACCELERATION PARTNERS, Needham, MA, *pg.* 25
Wright, Molly - Account Services - MOXIE, Atlanta, GA, *pg.* 251
Wright, Katie - Account Services - WEITZMAN ADVERTISING, INC., Annapolis, MD, *pg.* 430
Wright, Brittney - Account Services - ZIMMERMAN ADVERTISING, Fort Lauderdale, FL, *pg.* 437
Wright, Dandi - Account Services - SHERRY MATTHEWS ADVOCACY MARKETING, Austin, TX, *pg.* 140
Wright, Summer - Account Services - AQUA MARKETING & COMMUNICATIONS, St. Petersburg, FL, *pg.* 326
Wroblewski, Peter - Account Services, PPOM - THE MX GROUP, Burr Ridge, IL, *pg.* 422
Wroblewski, Brittany - Account Services - BAM STRATEGY, Montreal, QC, *pg.* 215
Wrzesinski, Tifany - Account Services, Operations - BARKLEY, Kansas City, MO, *pg.* 329
Wu, Suyun - Account Services, Interactive / Digital, Media Department, PPM - PUBLICIS NORTH AMERICA, New York, NY, *pg.* 399
Wu, Jeanne - Account Services - HAVAS WORLDWIDE CHICAGO, Chicago, IL, *pg.* 82
Wulf, Kelsey - Account Services, Management, Media Department - UNIVERSAL MCCANN DETROIT, Birmingham, MI, *pg.* 524
Wurz, Emily - Account Services, NBC - THE BUNTIN GROUP, Nashville, TN, *pg.* 148
Wykes, Matthew - Account Services, Operations, Research - MEDIACOM, Ann Arbor, MI, *pg.* 249
Wynegar, Sandy - Account Services - MARKETING WORKS, York, PA, *pg.* 105
Wyss, Kevin - Account Services - ANSIRA, Saint Louis, MO, *pg.* 280
Xie, Angel - Account Services, Management, Public Relations -

R/GA, Portland, OR, *pg.* 261
Xu, Chuck - Account Services - WIEDEN + KENNEDY, Portland, OR, *pg.* 430
Yamamoto, Deanne - Account Services, Management, PPOM - GOLIN, Los Angeles, CA, *pg.* 609
Yaminy, Krysten - Account Services, Operations - TEAM ONE, Los Angeles, CA, *pg.* 417
Yang, Esther - Account Services - JANUARY DIGITAL, New York, NY, *pg.* 243
Yang, Fu-Hua - Account Services - MYRIAD TRAVEL MARKETING, Los Angeles, CA, *pg.* 390
Yang, Ruth - Account Services, Analytics, Media Department, Research - ZENITH MEDIA, New York, NY, *pg.* 529
Yangosian, Roberto - Account Services - THE BRAND FACTORY, Toronto, ON, *pg.* 19
Yanon, Paul - Account Services - COLANGELO & PARTNERS, New York, NY, *pg.* 591
Yanoscik, Andrew - Account Services, Creative, NBC - BASIC, San Diego, CA, *pg.* 215
Yant, Tara - Account Services - HAYTER COMMUNICATIONS, Seattle, WA, *pg.* 612
Yaralian, Eileen - Account Services, Management - DDB HEALTH, New York, NY, *pg.* 59
Yardley, Liz - Account Services - LEVIATHAN, Chicago, IL, *pg.* 189
Yardley, Catherine - Account Services - ENERGY BBDO, INC., Chicago, IL, *pg.* 355
Yarrington, Jacqueline - Account Services - ANDERSON MARKETING GROUP, San Antonio, TX, *pg.* 31
Yasher, Anna - Account Planner, Account Services - HAVAS MEDIA GROUP, Miami, FL, *pg.* 470
Yasko, Bryan - Account Services, NBC, PPOM - JOHANNES LEONARDO, New York, NY, *pg.* 92
Yates, Justin - Account Services - PUBLICIS.SAPIENT, Birmingham, MI, *pg.* 260
Yau, April - Account Services - MAJOR TOM, New York, NY, *pg.* 247
Yavasile, Nicole - Account Services, Creative - B/HI, INC. - LA, Los Angeles, CA, *pg.* 579
Yeaman, Allison - Account Services - BCW DALLAS, Dallas, TX, *pg.* 581
Yee, Amy - Account Planner, Account Services - WAVEMAKER, New York, NY, *pg.* 526
Yee, Michelle - Account Services - ANOMALY, New York, NY, *pg.* 325
Yegenoglu, Lara - Account Services - DROGA5, New York, NY, *pg.* 64
Yen, Tiffeny - Account Services, Public Relations - R&R PARTNERS, Salt Lake City, UT, *pg.* 132
Yen Wong, Lai - Account Planner, Account Services - OMD, New York, NY, *pg.* 498
Yesikov, Alexander - Account Planner, Account Services,

Interactive / Digital - BBDO WORLDWIDE, New York, NY, *pg.* 331
Yetman, Ashley - Account Services - BALDWIN&, Raleigh, NC, *pg.* 35
Yeun, Norman - Account Planner, Account Services - RIDDLE & BLOOM, Boston, MA, *pg.* 133
Yoars, Laura - Account Services - MANIFEST, New York, NY, *pg.* 248
Yokogawa, Jon - Account Services, Creative, NBC - INTERTREND COMMUNICATIONS, INC., Long Beach, CA, *pg.* 541
Yolanda Osorio, Maria - Account Services - BKV, Miami, FL, *pg.* 334
Yongue, Olivia - Account Services, Media Department - RECRUITICS, Lafayette, CA, *pg.* 404
Yoo, Enza - Account Services, Creative - JUMPCREW, Nashville, TN, *pg.* 93
York Cox, Mary - Account Services - THE WILLIAM MILLS AGENCY, Atlanta, GA, *pg.* 655
Yorkin, Andy - Account Services - BRANDHIVE, Salt Lake City, UT, *pg.* 336
Yormark, Brett - Account Services, NBC, Operations, PPOM - ROC NATION, New York, NY, *pg.* 298
Yormark, Michael - Account Services, Management, NBC, PPOM - ROC NATION, New York, NY, *pg.* 298
Yoss, Marissa - Account Services, Interactive / Digital, Management, Media Department - UNIVERSAL MCCANN, New York, NY, *pg.* 521
Youker, Brett - Account Services - MTI, Wyoming, MI, *pg.* 118
Young, Kesha - Account Services - VWA, Atlanta, GA, *pg.* 429
Young, Carrie - Account Services, Creative, NBC, Public Relations - PADILLA, Minneapolis, MN, *pg.* 635
Young, Erin - Account Services - CONVERSION INTERACTIVE AGENCY, Brentwood, TN, *pg.* 222
Young, Sean - Account Services, NBC - DELOITTE DIGITAL, New York, NY, *pg.* 225
Young, Kelly - Account Services, Analytics, Media Department, NBC - CANVAS WORLDWIDE, Playa Vista, CA, *pg.* 458
Young, Amber - Account Services - COLLE MCVOY, Minneapolis, MN, *pg.* 343
Young, Lauren - Account Services, Interactive / Digital, Media Department - AKQA, San Francisco, CA, *pg.* 211
Young, Bettina - Account Services - PHD USA, New York, NY, *pg.* 505
Young, Ryan - Account Services, Management - SPARK FOUNDRY, Seattle, WA, *pg.* 512
Young, Sandy - Account Services - JWALCHER COMMUNICATIONS, San Diego, CA, *pg.* 618
Young, Diane - Account Services - SIGNAL THEORY, Kansas City, MO, *pg.* 141
Young, Lindsay - Account Services, Creative, Media Department, NBC -

AGENCIES — RESPONSIBILITIES INDEX

MEDIA ASSEMBLY, Southfield, MI, pg. 385
Young, Joe - Account Services, Management, NBC - ALLEN & GERRITSEN, Philadelphia, PA, pg. 30
Young, Brooke - Account Services, PPOM - MOXIE, Pittsburgh, PA, pg. 251
Young, Donna - Account Services, Research - FOCUS USA, Paramus, NJ, pg. 284
Young, Tasha - Account Services - G7 ENTERTAINMENT MARKETING, Nashville, TN, pg. 306
Young, Tori - Account Services, NBC - 9THWONDER, Playa Vista, CA, pg. 453
Young, Andrew - Account Services - KUHL SWAINE, Saint Louis, MO, pg. 11
Young, Amy - Account Services - CALLAHAN CREEK, Lawrence, KS, pg. 4
Young, Elizabeth - Account Services - GREY GROUP, New York, NY, pg. 365
Younger, Tonja - Account Planner, Account Services - FRIENDS & NEIGHBORS, Minneapolis, MN, pg. 7
Youngren, John - Account Services, Management - LOVE COMMUNICATIONS, Salt Lake City, UT, pg. 101
Yousuf, Nadia - Account Services - HEARTBEAT IDEAS, El Segundo, CA, pg. 238
Yowpa, Tim - Account Services, NBC - REDPEG MARKETING, Alexandria, VA, pg. 692
Yuen, Kieran - Account Services, Finance - MEDIACOM, New York, NY, pg. 487
Yusko, Shelly - Account Services, Public Relations - FCB CHICAGO, Chicago, IL, pg. 71
Yuskoff, Claudia - Account Planner, Account Services, Interactive / Digital, Management, Media Department, NBC, Social Media - CONILL ADVERTISING, INC., El Segundo, CA, pg. 538
Yuson, Jon - Account Services, Management, Media Department - CROSSMEDIA, New York, NY, pg. 463
Yutuc, Leann - Account Services - INVENTA, Toronto, ON, pg. 10
Zabroski, Brian - Account Services, NBC - MOJAVE ADVERTISING, Mountaintop, PA, pg. 192
Zaccone, Francesca - Account Services - JONES KNOWLES RITCHIE, New York, NY, pg. 11
Zacek, Adam - Account Services, Operations - VIEWSTREAM, San Francisco, CA, pg. 274
Zacharias, Dan - Account Services, Public Relations - CAMPBELL MARKETING AND COMMUNICATIONS, Dearborn, MI, pg. 339
Zack, Emily - Account Services - LEO BURNETT DETROIT, Troy, MI, pg. 97
Zackheim, Ben - Account Services - ZIMMERMAN ADVERTISING, Fort Lauderdale, FL, pg. 437
Zadeh, Roxana - Account Services, Management - JANUARY DIGITAL, New York, NY, pg. 243
Zadeii, Alex - Account Services - FORSMAN & BODENFORS, New York, NY, pg. 74
Zaentz, Derek - Account Services - PUBLICIS.SAPIENT, New York, NY, pg. 258
Zagorin, Dalit - Account Services - ZAMBEZI, Culver City, CA, pg. 165
Zahn, Rachael - Account Services, NBC - INVESTIS DIGITAL, Phoenix, AZ, pg. 376
Zajac, Amanda - Account Services - STELLA RISING, Westport, CT, pg. 518
Zajac, Melanie - Account Services - POSTERSCOPE U.S.A., Culver City, CA, pg. 556
Zak, Ashley - Account Services, Human Resources, PPOM - EDELMAN, Chicago, IL, pg. 353
Zakim, Andrew - Account Planner, Account Services, Creative, Media Department - TBWA/MEDIA ARTS LAB, Los Angeles, CA, pg. 147
Zale, Emily - Account Services, Creative - TBWA \ CHIAT \ DAY, New York, NY, pg. 416
Zaman, Kashif - Account Services, NBC, PPOM - AISLE ROCKET, Chicago, IL, pg. 681
Zamansky, Natalie - Account Services - NINA HALE CONSULTING, Minneapolis, MN, pg. 675
Zamarripa, Christian - Account Planner, Account Services - 160OVER90, New York, NY, pg. 301
Zambito, Meredith - Account Services - TBWA \ CHIAT \ DAY, New York, NY, pg. 416
Zamiar, Veronica - Account Services - DDB CHICAGO, Chicago, IL, pg. 59
Zamora, Jesse - Account Services - THE SUMMIT GROUP, Salt Lake City, UT, pg. 153
Zanca, Devon - Account Services - AGENDA NYC, New York, NY, pg. 29
Zarecki, Alison - Account Services, Media Department - INITIATIVE, New York, NY, pg. 477
Zarem, Jillian - Account Services - 360I, LLC, New York, NY, pg. 320
Zaring, Betty - Account Services - MEDIA PARTNERS, INC., Raleigh, NC, pg. 486
Zartman, Wayne - Account Services, Management, Media Department - AD CETERA, INC., Addison, TX, pg. 26
Zarubina, Daria - Account Services, Analytics - MINDSHARE, New York, NY, pg. 491
Zavala, Adriana - Account Services - TOM, DICK & HARRY CREATIVE, Chicago, IL, pg. 426
Zawistowicz, Thomas - Account Services, Interactive / Digital - LEWIS ADVERTISING, INC., Rocky Mount, NC, pg. 380
Zayan, Hany - Account Services - ZEHNER, Los Angeles, CA, pg. 277
Zecher, Kate - Account Services - VELOCITY OMC, New York, NY, pg. 158
Zeesman, Jules - Account Services - FIDGET BRANDING, Los Angeles, CA, pg. 7
Zektzer, Andrew - Account Services - GROUNDTRUTH.COM, New York, NY, pg. 534
Zelisko, Kristina - Account Services, Interactive / Digital - EDELMAN, Atlanta, GA, pg. 599
Zell-Groner, Evyn - Account Services, Creative, Management - BBDO SAN FRANCISCO, San Francisco, CA, pg. 330
Zeller, LouAnn - Account Services - ZELLER MARKETING & DESIGN, East Dundee, IL, pg. 205
Zemke, Ayme - Account Services - BEEHIVE PR, Saint Paul, MN, pg. 582
Zenz, Madeline - Account Services - 3RD COAST PR, Chicago, IL, pg. 573
Zeppa, Paolo - Account Services - THE GEORGE P. JOHNSON COMPANY, San Carlos, CA, pg. 316
Zhang, Felicia - Account Planner, Account Services, Interactive / Digital, Management, Media Department - R/GA, New York, NY, pg. 260
Zhao, Flora - Account Services - IW GROUP, INC., Berkeley, CA, pg. 542
Zhen, Tina - Account Services - EGC MEDIA GROUP, INC., Melville, NY, pg. 354
Zheng, Krystal - Account Services, Interactive / Digital, Management, Media Department, PPOM - WAVEMAKER, New York, NY, pg. 526
Zhiss, Pete - Account Services, Media Department - USIM, New York, NY, pg. 525
Zhong, Sheryl - Account Services, Media Department, PPOM - WAVEMAKER, San Francisco, CA, pg. 528
Ziarko, Joey - Account Services - MCGARRYBOWEN, New York, NY, pg. 109
Zieff, Katelyn - Account Services, Administrative, NBC - CANNABRAND, Denver, CO, pg. 47
Zijlstra, Estrella - Account Services - HUGE, INC., Brooklyn, NY, pg. 239
Zimkind, Emily - Account Services, Interactive / Digital, Media Department - CARAT, New York, NY, pg. 459
Zimmer, Billy - Account Services, NBC - ALLIED INTEGRATED MARKETING, Hollywood, CA, pg. 576
Zimmer, Leah - Account Services, Management, Media Department, Social Media - GREY MIDWEST, Cincinnati, OH, pg. 366
Zimmerman, Denise - Account Services, NBC - PAVONE MARKETING GROUP, Harrisburg, PA, pg. 396
Zimmerman, Jamie - Account Planner, Account Services, Interactive / Digital, Media Department - OMD SAN FRANCISCO, San Francisco, CA, pg. 501
Zimmerman, Michelle - Account Services, NBC - MIRUM AGENCY, San Diego, CA, pg. 251
Zimmerman, Cole - Account Services - BRIGHT RED\TBWA, Tallahassee, FL,

RESPONSIBILITIES INDEX
AGENCIES

pg. 337
Zimmerman, Molly - Account Services, Media Department - UNIVERSAL MCCANN, New York, NY, pg. 521
Zimmerman, Cassidy - Account Services, NBC - MOSAIC NORTH AMERICA, Irving, TX, pg. 312
Zimmerman, Meimei - Account Services - ON BOARD EXPERIENTIAL MARKETING, Sausalito, CA, pg. 313
Zimmerman, Stacey - Account Services - BIG SPACESHIP, Brooklyn, NY, pg. 455
Zindren, Geoffrey - Account Services - ALLIANCE GROUP LTD, Richmond, VA, pg. 576
Zinkus, Annie - Account Planner, Account Services - MEDIAHUB BOSTON, Boston, MA, pg. 489
Zinn, Katie - Account Services, Interactive / Digital - EDELMAN, Los Angeles, CA, pg. 601
Zinn, Dana - Account Services, Interactive / Digital, Social Media - SUNSHINE SACHS, New York, NY, pg. 650
Zion, Laurette - Account Services, Media Department - HEARTS & SCIENCE, New York, NY, pg. 471
Zipp Garbis, Carly - Account Services, NBC, Public Relations - OUTFRONT MEDIA, New York, NY, pg. 554
Zitaglio, Nick - Account Services - THE MARKETING ARM, Dallas, TX, pg. 316
Zito, Billie - Account Planner, Account Services, Media Department - INITIATIVE, New York, NY, pg. 477
Zoladz, Chris - Account Services - SEYFERTH & ASSOCIATES, INC., Grand Rapids, MI, pg. 646
Zoller, Frank - Account Services, Media Department, NBC, PPOM - MEDIACOM, New York, NY, pg. 487
Zonia, Theresa - Account Services, Media Department, NBC - TIERNEY COMMUNICATIONS, Philadelphia, PA, pg. 426
Zonis, Mindy - Account Services - POSTERSCOPE U.S.A., New York, NY, pg. 556
Zozakiewicz, Aimee - Account Services - JACOBSON ROST, Chicago, IL, pg. 376
Zucker, Bill - Account Services, Management, Public Relations - KETCHUM, Chicago, IL, pg. 619
Zucker, Kelsey - Account Services - NSA MEDIA GROUP, INC., Downers Grove, IL, pg. 497
Zugehar, Tori - Account Services - ALOYSIUS BUTLER & CLARK, Wilmington, DE, pg. 30
Zuleger, Mary - Account Services, Media Department - WIEDEN + KENNEDY, Portland, OR, pg. 430
Zumwalt, Denee - Account Services - OGILVY, Playa Vista, CA, pg. 393
Zupp, Shawn - Account Services - R/GA, New York, NY, pg. 260
Zuriech, Jackie - Account Services - ICF NEXT, Chicago, IL, pg. 614

Zuzelski, Lauren - Account Services, PPOM - BROGAN & PARTNERS, Birmingham, MI, pg. 538
Zverin, Stephanie - Account Services, Interactive / Digital, Management, Media Department - PHD USA, New York, NY, pg. 505
Zweibaum, Kiersten - Account Services, NBC, PPOM - KETCHUM, New York, NY, pg. 542
Zwerin, Amanda - Account Services, Media Department - UNION, Charlotte, NC, pg. 273
Zwicky, Alexandra - Account Services - NOVITA COMMUNICATIONS, New York, NY, pg. 392
Zwilling, Maureen - Account Planner, Account Services - AMPLIFIED DIGITAL AGENCY, Saint Louis, MO, pg. 213
Zygadlo, Jacqueline - Account Services, Public Relations - MWWPR, New York, NY, pg. 631
Zysk Buerger, Elke - Account Planner, Account Services - GMR MARKETING, New Berlin, WI, pg. 306
Zywicki, Ron - Account Services, Creative - DAVID JAMES GROUP, Oakbrook Terrace, IL, pg. 348

Administrative

Abrams, Elanah - Administrative - MCKINNEY, Durham, NC, pg. 111
Abrams, Scott - Administrative, Interactive / Digital - CARAT, New York, NY, pg. 459
Acosta, Liz - Administrative, Management - EMERY GROUP ADVERTISING, El Paso, TX, pg. 68
Aitken, Brian - Administrative, Analytics, Interactive / Digital, Media Department, Social Media - JPL, Harrisburg, PA, pg. 378
Aldrich, Al - Administrative - STRATEGIES 360, Seattle, WA, pg. 650
Alexander, Lisa - Account Services, Administrative, Creative, Management, Media Department - ALEXANDER ADVERTISING, INC., Birmingham, AL, pg. 324
Allen, Amy - Administrative, Human Resources, Management, PPOM - BARKLEY, Kansas City, MO, pg. 329
Amores, Harry - Account Services, Administrative, Human Resources, Management - 9TH CO., Toronto, ON, pg. 209
Andrews, Simon - Administrative, NBC, PPOM - GRAPHIC SOLUTIONS, LTD., San Diego, CA, pg. 185
Appelbaum, Wendy - Administrative, Finance, PPOM - BOELTER & LINCOLN, INC., Milwaukee, WI, pg. 41
Attridge, Lisa - Account Services, Administrative - ACTIVE INTERNATIONAL, Pearl River, NY, pg. 439
Audet, Louise - Administrative, Finance, PPOM - TAM TAM \ TBWA, Montreal, QC, pg. 416

Augustine, Gina - Administrative, Finance, Human Resources - MINDS ON, INC., Lewis Center, OH, pg. 250
Babcock, Dolores - Administrative - PLUSMEDIA, LLC, Danbury, CT, pg. 290
Banks, Melissa - Administrative, Management - BLR FURTHER, Birmingham, AL, pg. 334
Bardot, Christophe - Administrative, Creative - TANEN DIRECTED ADVERTISING, Norwalk, CT, pg. 416
Barefoot, Susie - Administrative - GRAYLING USA, Washington, DC, pg. 610
Barootes, Karen - Administrative, Human Resources - GREY CANADA, Toronto, ON, pg. 365
Barrett, Chris - Administrative - MUSTANG MARKETING, Thousand Oaks, CA, pg. 390
Basile, Traci - Administrative, Finance - EASTWEST MARKETING GROUP, New York, NY, pg. 353
Baxter, Diane - Administrative - THOMA THOMA CREATIVE, Little Rock, AR, pg. 155
Bechert, Whitney - Administrative, Management - OCEAN MEDIA, INC., Huntington Beach, CA, pg. 498
Beck, Sally - Administrative - VSA PARTNERS, INC. , Chicago, IL, pg. 204
Beijor, Donna - Administrative, Finance - MYRON ADVERTISING & DESIGN, Vancouver, BC, pg. 119
Belanger, Martin - Administrative, Finance, PPOM - VISION7 INTERNATIONAL, Quebec City, QC, pg. 429
Bell, Kaye - Administrative - MATRIX DEPARTMENT, INC., Leesburg, GA, pg. 190
Bernard, Casey - Account Services, Administrative - WIEDEN + KENNEDY, New York, NY, pg. 432
Bianco, Anthony - Administrative, Management, PPOM - REPUBLICA HAVAS, Miami, FL, pg. 545
Bisig, Larry - Administrative, Management, PPOM - BISIG IMPACT GROUP, Louisville, KY, pg. 583
Bitong, Vincent - Administrative - ZENO GROUP, New York, NY, pg. 664
Blakely, Hunter - Administrative - ANCHOR WORLDWIDE, New York, NY, pg. 31
Borgia, Liz - Administrative - PIER 3 ENTERTAINMENT, Redondo Beach, CA, pg. 298
Bourn, Becky - Administrative, Operations - B/HI, INC. - LA, Los Angeles, CA, pg. 579
Burton, Carol - Administrative - KICKING COW PROMOTIONS, INC., Saint Louis, MO, pg. 309
Butler, Diane - Administrative, Media Department - ROBERTSON & MARKOWITZ ADVERTISING & PUBLIC RELATIONS, INC., Savannah, GA, pg. 643
Byfield, Kathryn - Account Services, Administrative, Media

1280

AGENCIES

RESPONSIBILITIES INDEX

Department - ADHOME CREATIVE, London, ON, *pg.* 27

Carroll, Ryan - Administrative, Creative - GSD&M, Austin, TX, *pg.* 79

Cedroni, Kelly - Administrative, NBC - BASSO DESIGN GROUP, Troy, MI, *pg.* 215

Chen, Anita - Administrative, Management - A.D.K., Los Angeles, CA, *pg.* 321

Chiodo, Karen - Account Services, Administrative - HOWARD MILLER ASSOCIATES, INC., Lancaster, PA, *pg.* 87

Christensen, Lynn - Administrative - GODA ADVERTISING, Inverness, IL, *pg.* 364

Chvala, Barb - Administrative - ENVOY, INC., Omaha, NE, *pg.* 356

Clark, Teresa - Administrative, Finance - EPI - COLORSPACE, Gaithersburg, MD, *pg.* 181

Cocivi, Deanna - Administrative - EVO DESIGN, LLC, Watertown, CT, *pg.* 182

Coffey, Laura - Administrative, Human Resources - VENUE MARKETING GROUP, North Palm Beach, FL, *pg.* 158

Cohen, Abe - Account Services, Administrative - EARTHBOUND BRANDS, New York, NY, *pg.* 7

Cohen, Daniel - Administrative, Media Department, Operations, PPOM - OCTAGON, New York, NY, *pg.* 313

Colovos, Julie - Administrative - CARAT, Detroit, MI, *pg.* 461

Coon, Meredith - Account Services, Administrative, Management - COBURN COMMUNICATIONS, New York, NY, *pg.* 591

Coors, Erin - Account Services, Administrative, NBC - THE BUNTIN GROUP, Nashville, TN, *pg.* 148

Copia, Maggie - Administrative, Finance - THE RENDON GROUP, INC., Washington, DC, *pg.* 655

Corsillo, Tom - Administrative, Public Relations - MARINO ORGANIZATION, INC., New York, NY, *pg.* 625

Corson, Sandy - Administrative, Finance - RAWLE-MURDY ASSOCIATES, Charleston, SC, *pg.* 403

Crane, Martina - Administrative - HAUGAARD CREATIVE GROUP, Chicago, IL, *pg.* 186

Critser, Mike - Administrative - REED EXHIBITION COMPANY, Norwalk, CT, *pg.* 314

Daw Clarke, Megann - Account Services, Administrative - ENC STRATEGY, Arlington, VA, *pg.* 68

Deans, Sue - Administrative, Finance, PPOM - WASSERMAN & PARTNERS ADVERTISING, INC., Vancouver, BC, *pg.* 429

Del Gigante, Joanne - Administrative, Finance - MDG ADVERTISING, Boca Raton, FL, *pg.* 484

Del Sarto, Dominique - Administrative, Finance, PPOM - KIRVIN DOAK COMMUNICATIONS, Las Vegas, NV, *pg.* 620

Delong, Joy - Administrative - MARATHON COMMUNICATIONS INC., Los Angeles, CA, *pg.* 625

Dennler, Bruce - Administrative, Operations - MILNER BUTCHER MEDIA GROUP, Los Angeles, CA, *pg.* 491

Depiano, Jo - Administrative - RONI HICKS & ASSOCIATES, INC., San Diego, CA, *pg.* 644

Deschamps, Dani - Account Services, Administrative - ZIP COMMUNICATION, Montreal, QC, *pg.* 21

Dillon, John - Administrative, Finance, PPOM - LEE TILFORD AGENCY, Austin, TX, *pg.* 97

Dodson, Mike - Administrative, Management - FISHBOWL, Alexandria, VA, *pg.* 234

Driessen, Henrique - Administrative - ELEPHANT SKIN, Los Angeles, CA, *pg.* 181

Eames, Bruce - Account Services, Administrative - SIGNAL THEORY, Kansas City, MO, *pg.* 141

Edmonson, Gina - Administrative, NBC, Public Relations - CONVERSION INTERACTIVE AGENCY, Brentwood, TN, *pg.* 222

Erickson, Kelly - Administrative, Finance - SWEENEY PUBLIC RELATIONS, Cleveland, OH, *pg.* 651

Ettorre, Irma - Administrative, Operations - TRI-MEDIA INTEGRATED MARKETING TECHNOLOGIES, Welland, ON, *pg.* 427

Faaborg, Sharron - Administrative, NBC - BROWN MILLER COMMUNICATIONS, INC., Martinez, CA, *pg.* 587

Farrelly, Donna - Administrative - MCCANN TORRE LAZUR, Mountain Lakes, NJ, *pg.* 109

Femminello, Lauren - Administrative, Media Department - CARAT, New York, NY, *pg.* 459

Ferderer, Todd - Administrative, Finance - PREMIER PARTNERSHIPS, Santa Monica, CA, *pg.* 314

Ferguson, Colin - Administrative - AFG&, New York, NY, *pg.* 28

Fernandez Parker, Karla - Administrative, NBC - SENSIS, Austin, TX, *pg.* 139

Ferrell, Tracy - Administrative, Human Resources - VANGUARD COMMUNICATIONS, Washington, DC, *pg.* 658

Ford, Sylvia - Administrative - THE WRIJEN COMPANY, Fayetteville, NC, *pg.* 546

Fortier, Nicole - Account Services, Administrative, NBC - ZIMMERMAN ADVERTISING, Fort Lauderdale, FL, *pg.* 437

Fox, Jim - Administrative, Finance - MERCER CREATIVE GROUP, Vancouver, BC, *pg.* 191

Francis, Laurie - Administrative, Human Resources, Operations - FUSE, LLC, Vinooski, VT, *pg.* 8

Fraser, Lee - Administrative, Management, PPOM, Research - DIGITAS HEALTH LIFEBRANDS, New York, NY, *pg.* 229

French, Michael - Administrative, Finance - FAMILY FEATURES, Mission, KS, *pg.* 297

Fricke Kijek, Michelle - Administrative, Management, PPOM - FOODMINDS, LLC, Chicago, IL, *pg.* 606

Fry, Sean - Account Services, Administrative - AKA NYC, New York, NY, *pg.* 324

Furze, Elizabeth - Account Services, Administrative, Management - AKA NYC, New York, NY, *pg.* 324

Gallegos, Joy - Administrative - AIM RESEARCH, El Paso, TX, *pg.* 441

Gehrer, Kevin - Administrative, NBC - JAJO, INC., Wichita, KS, *pg.* 91

Gibson, Elyse - Administrative, Media Department - MINDSTREAM MEDIA GROUP - DALLAS, Dallas, TX, *pg.* 496

Gislason, Karen - Account Services, Administrative - COMMUNIQUE, Toronto, ON, *pg.* 303

Graddy, Johnna - Administrative - PORTER NOVELLI, New York, NY, *pg.* 637

Graham, Miles - Administrative, Public Relations - GBSM, Denver, CO, *pg.* 607

Grams, Colleen - Administrative, Management, Public Relations - BADER RUTTER & ASSOCIATES, INC., Milwaukee, WI, *pg.* 328

Grewing, Cathy - Account Services, Administrative - RUNYON SALTZMAN EINHORN, Sacramento, CA, *pg.* 645

Grindell, Mike - Administrative, PPOM - 22SQUARED INC., Atlanta, GA, *pg.* 319

Grockau, Sandy - Administrative, Media Department - GTB, Dearborn, MI, *pg.* 367

Gross, David - Administrative - ANCHOR WORLDWIDE, New York, NY, *pg.* 31

Grosso, Holly - Administrative, Finance - ALL TERRAIN, Chicago, IL, *pg.* 302

Gumbrecht, Tina - Administrative - STARCOM WORLDWIDE, North Hollywood, CA, *pg.* 516

Gurich, Vicki - Administrative - MCHALE & KOEPKE COMMUNICATIONS, Chagrin Falls, OH, *pg.* 111

Hackney, Alice - Administrative, Finance - BACKBONE MEDIA, Carbondale, CO, *pg.* 579

Hallman, Kimberly - Administrative - 160OVER90, Philadelphia, PA, *pg.* 1

Halpin, Erin - Account Services, Administrative - THE BUNTIN GROUP, Nashville, TN, *pg.* 148

Hambrick, Gwen - Administrative - WARD CREATIVE COMMUNICATIONS, Bellaire, TX, *pg.* 659

Hanes, Liz - Administrative - BRUSTMAN CARRINO PUBLIC RELATIONS, Miami, FL, *pg.* 587

Harms, Jane - Administrative, Finance, Human Resources - PAULSEN MARKETING COMMUNICATIONS, Sioux

1281

RESPONSIBILITIES INDEX

AGENCIES

Falls, SD, pg. 126
Hartnett, Shannon - Administrative - STRATACOMM, INC., Washington, DC, pg. 650
Hazlett, Elizabeth - Administrative - KAILO COMMUNICATIONS STUDIO, LLC, Corpus Christi, TX, pg. 618
Hebert, Denese - Administrative, Finance - KOVEL FULLER, Culver City, CA, pg. 96
Heitz, Stephen - Administrative, Interactive / Digital - THE LAVIDGE COMPANY, Phoenix, AZ, pg. 420
Hendrickx, Laura - Administrative, Human Resources - ARNOLD WORLDWIDE, Boston, MA, pg. 33
Henninger, Valerie - Account Planner, Administrative, Interactive / Digital, Media Department - MINDSHARE, Chicago, IL, pg. 494
Hernandez, Natasha - Administrative, Finance - LAPLACA COHEN ADVERTISING, New York, NY, pg. 379
Hernandez, Andres - Administrative - EL AUTOBUS, Miami, FL, pg. 67
Hewitt, Ashley - Administrative, NBC - LOVE & COMPANY, Frederick, MD, pg. 101
Hirshon, Jennifer - Administrative, Finance - DEZENHALL RESOURCES, Washington, DC, pg. 597
Hodges, Jenny - Administrative, Management - KUHLMANN LEAVITT, Saint Louis, MO, pg. 189
Homes, Geri - Administrative - RED DELUXE, Memphis, TN, pg. 507
Horton, Barbara - Administrative - WEBER SHANDWICK, Dallas, TX, pg. 660
Huffine, Sandra - Administrative, Human Resources - THE BOHAN AGENCY, Nashville, TN, pg. 418
Irfan, Shaharyar - Account Services, Administrative, Management, Operations - AV COMMUNICATIONS, Toronto, ON, pg. 35
Isaac, Andrea - Administrative, Management, Media Department, NBC, PPOM - HAVAS MEDIA GROUP, Miami, FL, pg. 470
Jackson, Misty - Account Services, Administrative - NEXT MARKETING, Norcross, GA, pg. 312
Jamison, Derek - Administrative, Operations - DROGA5, New York, NY, pg. 64
Jordet, Kristen - Administrative, Interactive / Digital, Media Department - CARAT, Atlanta, GA, pg. 459
Joyner, Phillip - Administrative, Management, Media Department - GSD&M, Austin, TX, pg. 79
Juszkiewicz, Kristi - Administrative, Media Department - BANTON MEDIA, Myrtle Beach, SC, pg. 329
Karnitz, Rhonda - Administrative, Finance, Media Department - SPD&G, Yakima, WA, pg. 411
Kaufman, Sue - Administrative - LEVERAGE MARKETING GROUP, Newtown, CT, pg. 99
Kelly, Alexis - Administrative - MEDIA DIMENSIONS LIMITED, Toronto, ON, pg. 485
Kislan, Andrea - Administrative, Finance - ASSOCIATION OF NATIONAL ADVERTISERS, New York, NY, pg. 442
Klausner, Melanie - Account Services, Administrative, Public Relations - RED HAVAS, New York, NY, pg. 641
Knight, Gary - Administrative - WAGSTAFF WORLDWIDE, Los Angeles, CA, pg. 659
Koch, Mark - Administrative, NBC, PPOM - ALTERNATIVES DESIGN, New York, NY, pg. 172
Kopes, Donna - Administrative - STIEGLER, WELLS, BRUNSWICK & ROTH, INC., Bethlehem, PA, pg. 413
Lage, Cristina - Account Services, Administrative - ALMA, Coconut Grove, FL, pg. 537
Lambruno, Kelly - Administrative - BLAINETURNER ADVERTISING, Morgantown, WV, pg. 584
Lang, Sylvia - Administrative - OWEN MEDIA, Seattle, WA, pg. 634
Lark, Corey - Administrative, Interactive / Digital, Social Media - THE MARKETING ARM, Dallas, TX, pg. 316
LaVoun, Tara - Administrative, Finance, Operations - PORTER NOVELLI, New York, NY, pg. 637
Lawson, Cassie - Administrative - SPAETH COMMUNICATIONS, INC., Dallas, TX, pg. 648
Leicht, John - Account Services, Administrative - IPROSPECT, San Diego, CA, pg. 674
Lepage, Lise - Administrative, Finance - BLEUBLANCROUGE, Montreal, QC, pg. 40
Lepore, Helen - Account Services, Administrative - GOTHAM, INC., New York, NY, pg. 77
Levine, Julie - Administrative - MMGY NJF, New York, NY, pg. 628
Lin, Cynthia - Administrative, PPM - MEDIAMONKS, Venice, CA, pg. 249
MacManus, Liam - Account Services, Administrative, Management, PPOM - MINDSHARE, Portland, OR, pg. 495
Madden, Tricia - Administrative - GMR MARKETING, New Berlin, WI, pg. 306
Madrigal, Ray - Administrative, Human Resources - ZENO GROUP, Chicago, IL, pg. 664
Maggiore, Kathi - Administrative, PPOM - INNIS MAGGIORE GROUP, Canton, OH, pg. 375
Malkinson, Sabra - Administrative, Finance - ENTERACTIVE SOLUTIONS GROUP, INC., Burbank, CA, pg. 567
Malloy, Marc - Administrative, Media Department - R&R PARTNERS, Las Vegas, NV, pg. 131
Mann, Karon - Administrative, Finance - MANGAN HOLCOMB PARTNERS, Little Rock, AR, pg. 103
Marchena, Barbara - Administrative - VSBROOKS, Coral Gables, FL, pg. 429
Marinescu, Alexandru - Administrative, Finance, PPOM - DECODED ADVERTISING, New York, NY, pg. 60
Martinez, Tish - Administrative, Human Resources - OGILVY, New York, NY, pg. 393
Marto, Robert - Administrative, PPOM - EXECUTIVE VISIONS, Norcross, GA, pg. 305
Marvin, Erin - Administrative - MILES MEDIA GROUP, LLP, Sarasota, FL, pg. 387
May, Kate - Administrative, Finance, PPOM - UPSHOT , Chicago, IL, pg. 157
Maysonet, Antonette - Administrative - BLUE 449, New York, NY, pg. 455
McCabe, Christopher - Administrative - REED EXHIBITION COMPANY, Norwalk, CT, pg. 314
McCarter Nagle, Gwen - Administrative, Analytics, Creative - THE PARAGRAPH PROJECT, Durham, NC, pg. 152
McCutcheon, Brian - Administrative - OUTCROP GROUP, Yellowknife, NT, pg. 124
McDonald, Nicoletta - Administrative, NBC - PATTISON OUTDOOR ADVERTISING , Calgary, AB, pg. 555
McHatton, Haley - Administrative - REDTREE PRODUCTIONS, Boston, MA, pg. 563
McIntosh, Patti - Administrative, Finance - PINCKNEY HUGO GROUP, Syracuse, NY, pg. 128
Melamed, Ryan - Administrative, Finance - DIGITAL OPERATIVE, INC., San Diego, CA, pg. 225
Michalski, Fran - Administrative - EDELMAN, Chicago, IL, pg. 353
Millar, Quin - Administrative - NOVUS MEDIA, INC. , Toronto, ON, pg. 497
Mills, Wendy - Administrative - RILEY HAYES ADVERTISING, INC., Minneapolis, MN, pg. 407
Monaghan, Julie - Administrative - ENGEL O'NEILL ADVERTISING, Erie, PA, pg. 68
Moore, Kelli - Account Services, Administrative, Interactive / Digital - THE RICHARDS GROUP, INC., Dallas, TX, pg. 422
Mullinix, Connie - Administrative, Finance - INTOUCH SOLUTIONS, INC., Overland Park, KS, pg. 242
Murphy, Daniel - Administrative, Management, Public Relations - BGR GROUP, Washington, DC, pg. 583
Nagel, Anna Beth - Account Services, Administrative, Management, Media Department, Operations - WIEDEN + KENNEDY, New York, NY, pg. 432
Neal, Karen - Administrative, Finance - COOKSEY COMMUNICATIONS, Irving, TX, pg. 593
Nelson, Ann - Administrative, Finance - HOPE-BECKHAM, INC.,

AGENCIES

RESPONSIBILITIES INDEX

Atlanta, GA, pg. 614
Nettles, Christine - Account Services, Administrative - THE FEAREY GROUP, Seattle, WA, pg. 653
Neumann, Sharon - Administrative, Finance - AIRFOIL PUBLIC RELATIONS, Royal Oak, MI, pg. 575
Newell, Marc - Account Services, Administrative, Management - ARCOS COMMUNICATIONS, New York, NY, pg. 537
Nicot, Orlando - Administrative - DEUTSCH, INC., New York, NY, pg. 349
Niederriter, Janice - Administrative, Finance - SIMPLE TRUTH, Chicago, IL, pg. 198
Orloff, Jennifer - Administrative - EDISON MEDIA RESEARCH, Somerville, NJ, pg. 444
Orsini, Maria - Administrative, Finance - CUNDARI INTEGRATED ADVERTISING, Toronto, ON, pg. 347
Patrick, Bill - Administrative, Finance - LATORRA, PAUL & MCCANN, Syracuse, NY, pg. 379
Patterson, Natasha - Administrative - THE LETTER M MARKETING, Guelph, ON, pg. 420
Payne, Margaret - Administrative, NBC - PRINCETON PUBLIC AFFAIRS GROUP, INC., Trenton, NJ, pg. 638
Pedrazzini, Tisha - Administrative, Management - THE INTEGER GROUP, Lakewood, CO, pg. 682
Penteluke, Kathy - Administrative - LMNO, Saskatoon, SK, pg. 100
Phillippe, Susan - Administrative, Operations - RECKNER, Chalfont, PA, pg. 449
Phillis, Paula - Administrative, Management - HMH, Portland, OR, pg. 86
Potts, Candice - Administrative - POTTS MARKETING GROUP , Anniston, AL, pg. 398
Prestel, Aly - Administrative - GARRIGAN LYMAN GROUP, Seattle, WA, pg. 236
Quan, Jami - Administrative - 72ANDSUNNY, Playa Vista, CA, pg. 23
Ramcharan, Barbie - Administrative - MINDSHARE, New York, NY, pg. 491
Reindl, Michelle - Administrative - THE WEIDERT GROUP, Appleton, WI, pg. 425
Repasky, Ellen - Administrative - THE BANTAM GROUP, Atlanta, GA, pg. 450
Richter, Laurie - Administrative - MINT ADVERTISING, Clinton, NJ, pg. 115
Ringen, Kim - Administrative - LAWRENCE & SCHILLER, Sioux Falls, SD, pg. 97
Rival, Christine - Administrative, Finance, Human Resources, Operations - EVR ADVERTISING, Manchester, NH, pg. 69
Roberson, Jennifer - Administrative - MOMENTUM WORLDWIDE, Atlanta, GA, pg. 117
Robertson, Ted - Administrative - PPOM - ROBERTSON & MARKOWITZ

ADVERTISING & PUBLIC RELATIONS, INC., Savannah, GA, pg. 643
Rodriguez, Meredith - Account Services, Administrative - STEVENS STRATEGIC COMMUNICATIONS, INC., Westlake, OH, pg. 413
Roncal, Alex - Administrative, Human Resources, Operations - MACHER, Venice, CA, pg. 102
Salgo, Nina - Administrative, Human Resources - COLANGELO & PARTNERS, New York, NY, pg. 591
Sanders, Nichelle - Account Services, Administrative, Interactive / Digital - FCB NEW YORK, New York, NY, pg. 357
Sands, Jennifer - Administrative, Finance, PPOM - SOURCELINK, LLC, Miamisburg, OH, pg. 292
Sausen, Andrea - Administrative, Media Department - CRAMER-KRASSELT , Chicago, IL, pg. 53
Schmid, Gina - Administrative, PPM - BBIG COMMUNICATIONS, Coronado, CA, pg. 216
Schneider, Katie - Administrative, Media Department - STARCOM WORLDWIDE, Chicago, IL, pg. 513
Schutt, Jeff - Administrative, Finance, Operations - GAGE, Minneapolis, MN, pg. 361
Sfetcu, Judy - Administrative, Finance, Public Relations - PONDELWILKINSON INC, Woodland Hills, CA, pg. 637
Shane, Emilie - Administrative - GRETEL, New York, NY, pg. 78
Shatts, Lisa - Administrative - MAKAI, INC., El Segundo, CA, pg. 310
Shaw, David - Account Planner, Account Services, Administrative, Creative, Finance, Management - THE&PARTNERSHIP, New York, NY, pg. 426
Sheppard, Cathy - Administrative - JAN KELLEY MARKETING, Burlington, ON, pg. 10
Sherman, Melanie - Account Services, Administrative - FITZCO, Atlanta, GA, pg. 73
Sims, Jennifer - Account Services, Administrative - THREE FIVE TWO, INC., Atlanta, GA, pg. 271
Sinclair, Chris - Administrative, Human Resources - PMG, Fort Worth, TX, pg. 257
Smit, Diana - Administrative - WAVEMAKER, Toronto, ON, pg. 529
Snowdon, Wendy - Administrative, Finance - THE NOW GROUP, Vancouver, BC, pg. 422
So, Anthony - Account Services, Administrative, Interactive / Digital, Management, NBC, Operations, Social Media - RPA, Atlanta, GA, pg. 135
Sossaman, Ellen - Administrative - WUNDERMAN DATA PRODUCTS, Houston, TX, pg. 451
Soucheray, Joe - Administrative - MODERN CLIMATE, Minneapolis, MN, pg. 388
Spivey, Dion - Administrative -

GTB, Dearborn, MI, pg. 367
Stanley, Mary - Administrative, Finance - BIGBUZZ MARKETING GROUP, New York, NY, pg. 217
Steen, Taylor - Account Services, Administrative - VMLY&R, Kansas City, MO, pg. 274
Steenstra, Chris - Administrative, PPOM - MOWER, Syracuse, NY, pg. 118
Stekloff, Casey - Account Services, Administrative - SOLEBURY TROUT, New York, NY, pg. 648
Stevens, Michele - Administrative, Finance, Media Department - HANCOCK ADVERTISING AGENCY , Nacogdoches, TX, pg. 81
Sylte, Nicole - Administrative - VLADIMIR JONES, Colorado Springs, CO, pg. 429
Taft, Amanda - Administrative - CARAT, Culver City, CA, pg. 459
Tamporello, Carol - Administrative - ZEHNDER COMMUNICATIONS, INC., New Orleans, LA, pg. 436
Taris, Maria - Account Services, Administrative, Management - DEUTSCH, INC., New York, NY, pg. 349
Taylor, Brooke - Administrative - EDELMAN, Dallas, TX, pg. 600
Terry, Logan - Administrative - DERSE, INC., North Las Vegas, NV, pg. 304
Theiss, Briana - Administrative, Media Department - MINDSTREAM MEDIA GROUP - DALLAS, Dallas, TX, pg. 496
Thomas, Tracy - Administrative - FUSIONARY MEDIA, INC. , Grand Rapids, MI, pg. 236
Ulanowski, Betty - Administrative, Finance - LA, INC., Toronto, ON, pg. 11
van Bergen, Karen - Administrative, Management, PPOM - OMNICOM GROUP, New York, NY, pg. 123
VanHeirseele, Sarah - Administrative, Interactive / Digital, NBC, Operations - BLUE CHIP MARKETING & COMMUNICATIONS, Northbrook, IL, pg. 334
Velo, Valerie - Administrative - THE LANE COMMUNICATIONS GROUP, New York, NY, pg. 654
Villanueva, Christine - Account Planner, Account Services, Administrative, Analytics, Management, Media Department, PPOM, Research - WALTON ISAACSON, New York, NY, pg. 547
Wade, Sheryl - Administrative - PATTISON OUTDOOR ADVERTISING , Calgary, AB, pg. 555
Watkins, Louise - Administrative - TPN, Chicago, IL, pg. 571
Weiss, Michael - Administrative - CREATIVE CIRCLE, New York, NY, pg. 667
Weitzel, Maggie - Administrative - FALLS COMMUNICATIONS, Cleveland, OH, pg. 357
White, Desiree - Administrative, Finance - WIEDEN + KENNEDY, New York, NY, pg. 432
White, Renee - Administrative,

RESPONSIBILITIES INDEX

AGENCIES

Finance - NEW HONOR SOCIETY, Saint Louis, MO, *pg.* 391
Willis, Christine - Administrative - ANTIBODY HEALTHCARE COMMUNICATIONS, Toronto, ON, *pg.* 32
Winkler, Bill - Administrative, Finance, PPOM - ACKERMAN MCQUEEN, INC., Oklahoma City, OK, *pg.* 26
Wisz, Tom - Administrative, Human Resources - OUTFRONT MEDIA, Phoenix, AZ, *pg.* 554
Woodruff, Diane - Administrative, NBC - CRONIN, Glastonbury, CT, *pg.* 55
Wortman, Whitney - Administrative - SIEGEL & GALE, New York, NY, *pg.* 17
Yaciuk, Gail - Administrative, Management - OMNI ADVERTISING, Boca Raton, FL, *pg.* 394
Zieff, Katelyn - Account Services, Administrative, NBC - CANNABRAND, Denver, CO, *pg.* 47

Analytics

Abbott, Brad - Analytics, NBC - RESHIFT MEDIA, Toronto, ON, *pg.* 687
Abers, James - Analytics - JUST MEDIA, INC., Emeryville, CA, *pg.* 481
Adams, Joanne - Analytics - SMS MARKETING SERVICES, Hasbrouck Heights, NJ, *pg.* 292
Adams, Nathan - Analytics, Interactive / Digital - DKC PUBLIC RELATIONS, New York, NY, *pg.* 597
Adamson, Toby - Analytics, Management - PHD USA, New York, NY, *pg.* 505
Aitken, Brian - Administrative, Analytics, Interactive / Digital, Media Department, Social Media - JPL, Harrisburg, PA, *pg.* 378
Akar, Deniz - Analytics - UNIVERSAL MCCANN, New York, NY, *pg.* 521
Alarcon, Sigvard - Account Services, Analytics - PRAYTELL, Brooklyn, NY, *pg.* 258
Albers, Shelby - Analytics, Media Department, Operations - UNIVERSAL MCCANN DETROIT, Birmingham, MI, *pg.* 524
Alper, Dave - Analytics - FCB CHICAGO, Chicago, IL, *pg.* 71
Ammirati, Drew - Analytics - INITIATIVE, New York, NY, *pg.* 477
Amos, Kevin - Analytics, Interactive / Digital, Media Department, NBC, Research - BRUNNER, Pittsburgh, PA, *pg.* 44
Amray, Muhammad - Analytics, NBC - JAVELIN AGENCY, Irving, TX, *pg.* 286
Anderson, Hilding - Analytics, Research - PUBLICIS.SAPIENT, Coconut Grove, FL, *pg.* 259
Anderson, Keith - Analytics, Interactive / Digital, Research - PROFITERO, Boston, MA, *pg.* 682
Andrusz, Katherine - Analytics, Media Department, Social Media - STARCOM WORLDWIDE, Detroit, MI, *pg.* 517

Angelos, Andy - Analytics, Management, Media Department, Operations, Research - MANIFEST, Chicago, IL, *pg.* 248
Anne Engel, Leslie - Analytics, Operations - STARCOM WORLDWIDE, Chicago, IL, *pg.* 513
Archer, Josh - Analytics, Interactive / Digital - WUNDERMAN THOMPSON, New York, NY, *pg.* 434
Arens O'Halloran, Christine - Analytics, Media Department - CRONIN, Glastonbury, CT, *pg.* 55
Arkin, Jordan - Analytics - DIGITAS, San Francisco, CA, *pg.* 227
Arnett, Sarah - Analytics, Research - ICON MEDIA DIRECT, Sherman Oaks, CA, *pg.* 476
Arnold, Lisa - Analytics, Programmatic - AMNET, New York, NY, *pg.* 454
Ashbridge, Matt - Analytics - UNION, Charlotte, NC, *pg.* 273
Avery, Amy - Analytics, Management, PPOM, Research - DROGA5, New York, NY, *pg.* 64
Ayers, Jason - Analytics - WUNDERMAN THOMPSON SEATTLE, Seattle, WA, *pg.* 435
Babson, Kyle - Analytics, Social Media - CALLAHAN CREEK, Lawrence, KS, *pg.* 4
Bahr, Michael - Analytics, NBC - PHIRE GROUP, Ann Arbor, MI, *pg.* 397
Bailey, Heidi - Analytics, Media Department - THE INTEGER GROUP - DALLAS, Dallas, TX, *pg.* 570
Baker, Lauren - Account Services, Analytics - HEARTS & SCIENCE, New York, NY, *pg.* 471
Ballantyne, Robert - Analytics - PERFORMICS, Chicago, IL, *pg.* 676
Banerjee, Payel - Analytics - MEDIA ASSEMBLY, New York, NY, *pg.* 484
Banowsky, Caitlin - Analytics, Media Department - THE RICHARDS GROUP, INC., Dallas, TX, *pg.* 422
Bansal, Amit - Analytics - MERKLE, King of Prussia, PA, *pg.* 114
Baranowski, Mike - Analytics - NINA HALE CONSULTING, Minneapolis, MN, *pg.* 675
Barreira, Teresa - Analytics, Creative, NBC, PPOM - PUBLICIS.SAPIENT, Boston, MA, *pg.* 259
Barsotti, Justin - Analytics, Research - CATALYSIS, Seattle, WA, *pg.* 340
Barsoumian, Leon - Analytics, Management, Media Department, Research - DIGITAS, Boston, MA, *pg.* 226
Basta, Amy - Analytics, Media Department - PLANIT, Baltimore, MD, *pg.* 397
Batten, Andrew - Analytics - RED DOOR INTERACTIVE, San Diego, CA, *pg.* 404
Bauer, Kimberly - Analytics, Media Department - AKQA, San Francisco, CA, *pg.* 211
Baumann, Michelle - Analytics - GEOMETRY, Chicago, IL, *pg.* 363

Beale, Lee - Analytics, Management, NBC - CROSSMEDIA, New York, NY, *pg.* 463
Beane, Eric - Analytics, Management - VMLY&R, Kansas City, MO, *pg.* 274
Beatty, Ken - Account Planner, Analytics, PPOM, Research - FCB NEW YORK, New York, NY, *pg.* 357
Beazley, Chris - Analytics - STARCOM WORLDWIDE, Chicago, IL, *pg.* 513
Beck, Robb - Analytics, Interactive / Digital, Media Department - HMH, Portland, OR, *pg.* 86
Becker, Sarah - Analytics, Research - SPARK FOUNDRY, Chicago, IL, *pg.* 510
Becker, Stephen - Analytics - SPARK FOUNDRY, Chicago, IL, *pg.* 510
Beckwith, Cynthia - Analytics - UNIVERSAL MCCANN, New York, NY, *pg.* 521
Bedell, Sabrina - Analytics, Social Media - SPARK FOUNDRY, Seattle, WA, *pg.* 512
Beekman, Nancy - Analytics - HAVAS MEDIA GROUP, New York, NY, *pg.* 468
Beers, Jerry - Analytics - SAATCHI & SAATCHI LOS ANGELES, Torrance, CA, *pg.* 137
Bell, Jason - Analytics, Operations - ABEL SOLUTIONS, INC., Alpharetta, GA, *pg.* 209
Benson, Kerry - Analytics, Creative, Management - WPP KANTAR MEDIA, Boston, MA, *pg.* 451
Berki-Nnuji, Andrea - Analytics - CROWLEY WEBB & ASSOCIATES, Buffalo, NY, *pg.* 55
Berman, Annie - Account Services, Analytics, NBC - VAYNERMEDIA, New York, NY, *pg.* 689
Best, Jessica - Analytics, Interactive / Digital, NBC - BARKLEY, Kansas City, MO, *pg.* 329
Bethea, Brandon - Analytics, Media Department - NEO MEDIA WORLD, New York, NY, *pg.* 496
Bhatti, Hemash - Analytics, NBC, Research - PUBLICIS.SAPIENT, Toronto, ON, *pg.* 260
Bien, Rachel - Account Planner, Analytics, Interactive / Digital, Media Department - ZENITH MEDIA, New York, NY, *pg.* 529
Bikowski, David - Account Planner, Analytics, Interactive / Digital, Management, Media Department, Research - SYZYGY US, New York, NY, *pg.* 268
Bindra, Dex - Analytics, Management, Media Department - ZETA INTERACTIVE, New York, NY, *pg.* 277
Bingham, Amanda - Account Services, Analytics, Media Department, NBC - PROJECT X, New York, NY, *pg.* 556
Blanch, Courtney - Analytics, Research - DIGITAS, Boston, MA, *pg.* 226
Blando, Bianca - Analytics, Social Media - CMI MEDIA, LLC, King of Prussia, PA, *pg.* 342
Blaydon, Christopher - Analytics - DIGITAS, San Francisco, CA, *pg.* 227

1284

AGENCIES — RESPONSIBILITIES INDEX

Block, Alex - Account Planner, Account Services, Analytics, NBC, Operations, Research - GROUPM, New York, NY, *pg.* 466

Bloom, Greg - Analytics, PPOM - UNIVERSAL MCCANN DETROIT, Birmingham, MI, *pg.* 524

Bobick, Jeff - Analytics, Research - DIGITAS, New York, NY, *pg.* 226

Boesen, Maureen - Analytics, Management - MBB AGENCY, Leawood, KS, *pg.* 107

Bogan, Dave - Analytics - UNIVERSAL MCCANN, New York, NY, *pg.* 521

Bond, Trevor - Analytics - TARGETBASE MARKETING, Greensboro, NC, *pg.* 293

Bonich, Nate - Analytics - STARCOM WORLDWIDE, Chicago, IL, *pg.* 513

Boone, Shaina - Analytics, Management, NBC, Research - OMD, Chicago, IL, *pg.* 500

Boots, Kyle - Analytics, Social Media - VMLY&R, New York, NY, *pg.* 160

Bora, Pranjal - Analytics, Management - DIGITAL AUTHORITY PARTNERS, Chicago, IL, *pg.* 225

Boreham, Nicole - Analytics - CARAT, Culver City, CA, *pg.* 459

Boron, Kristopher - Analytics, Management - UPSHOT, Chicago, IL, *pg.* 157

Borstein, Josh - Analytics - PUBLICIS.SAPIENT, New York, NY, *pg.* 258

Boss, Deanna - Analytics, Interactive / Digital, Public Relations, Research - MACCABEE GROUP PUBLIC RELATIONS, Minneapolis, MN, *pg.* 624

Bottelsen, Donald - Analytics - SOURCELINK, LLC, Itasca, IL, *pg.* 292

Bouma, Melissa - Analytics, Media Department, NBC - MANIFEST, Phoenix, AZ, *pg.* 383

Bourke, Jim - Analytics - WAVEMAKER, Los Angeles, CA, *pg.* 528

Braccia, Brooke - Analytics - STARCOM WORLDWIDE, New York, NY, *pg.* 517

Brauer, Nick - Analytics, Interactive / Digital, Programmatic - DIGITAS, Chicago, IL, *pg.* 227

Breen, John - Account Services, Analytics, NBC - RED PEAK GROUP, New York, NY, *pg.* 132

Breh, David - Analytics - STARCOM WORLDWIDE, Chicago, IL, *pg.* 513

Bretschger, Christopher - Account Planner, Analytics, Interactive / Digital - IMW AGENCY, Costa Mesa, CA, *pg.* 374

Briddock, Rich - Analytics, Media Department - CARDINAL DIGITAL MARKETING, Atlanta, GA, *pg.* 220

Brock, Liz - Analytics, Interactive / Digital, Media Department, NBC, Social Media - STARCOM WORLDWIDE, Detroit, MI, *pg.* 517

Brook, Rachel - Analytics - MEDIACOM, New York, NY, *pg.* 487

Brooke, Shelagh - Account Planner, Analytics, PPOM - OGILVY COMMONHEALTH WORLDWIDE, Parsippany, NJ, *pg.* 122

Brotherson, Jaclyn - Analytics, Media Department - HAVAS MEDIA GROUP, New York, NY, *pg.* 468

Brown, Jason - Analytics - SIMANTEL GROUP, Peoria, IL, *pg.* 142

Budelmann, Jason - Analytics - MERGE, Boston, MA, *pg.* 113

Bullock, Steve - Account Planner, Analytics, Media Department, NBC, Research - BERNSTEIN-REIN ADVERTISING, INC., Kansas City, MO, *pg.* 39

Bunce, Emily - Analytics, Management, Research - GIBBS & SOELL, INC., New York, NY, *pg.* 607

Bur, Teressa - Analytics - ISOBAR US, New York, NY, *pg.* 242

Burgess, Ron - Account Planner, Analytics, PPOM - RED FUSION MEDIA, Redlands, CA, *pg.* 132

Burkard, Kayla - Analytics, Social Media - EDELMAN, Seattle, WA, *pg.* 601

Burra, Achyuta - Analytics - PUBLICIS.SAPIENT, New York, NY, *pg.* 258

Burton, Pete - Analytics - STARCOM WORLDWIDE, Chicago, IL, *pg.* 513

Buss, Kristen - Account Planner, Analytics, Management, Research - MOSAIC NORTH AMERICA, Chicago, IL, *pg.* 312

Butcher, Bruce - Analytics, Management, Research - CAMELOT STRATEGIC MARKETING & MEDIA, Dallas, TX, *pg.* 457

Byrne, Kevin - Analytics, Media Department, Research - SPARK FOUNDRY, Chicago, IL, *pg.* 510

Cahalan, Vincent - Analytics - UNIVERSAL MCCANN DETROIT, Birmingham, MI, *pg.* 524

Cambron, Katie - Analytics, Research - SWITCH, Saint Louis, MO, *pg.* 145

Campbell, Adrian - Account Services, Analytics - PHD USA, New York, NY, *pg.* 505

Campbell, Christopher - Analytics - SWARM, Atlanta, GA, *pg.* 268

Canady, Kathy - Analytics, PPOM, Research - THE BUNTIN GROUP, Nashville, TN, *pg.* 148

Cao, Naomi Y. - Analytics - STARCOM WORLDWIDE, Chicago, IL, *pg.* 513

Capreol, Gary - Analytics, Media Department, Research - CRONIN, Glastonbury, CT, *pg.* 55

Carbone, Susan - Account Services, Analytics - ABEL SOLUTIONS, INC., Alpharetta, GA, *pg.* 209

Carr, Jillian - Analytics, Creative - LEWIS GLOBAL COMMUNICATIONS, Burlington, MA, *pg.* 380

Carr, Brian - Analytics - FLEISHMANHILLARD, Chicago, IL, *pg.* 605

Carroll, Alicia - Analytics, Interactive / Digital, Media Department, NBC, Social Media - ANNALECT GROUP, New York, NY, *pg.* 213

Carroll, Sarah - Analytics, Creative - VISITURE, Charleston, SC, *pg.* 678

Carter, Jay - Analytics, Management - ABELSON-TAYLOR, Chicago, IL, *pg.* 25

Carter, Megan - Account Planner, Account Services, Analytics, Media Department, NBC - MINDSHARE, New York, NY, *pg.* 491

Caruso, Jonathan - Analytics, Interactive / Digital - BUYER ADVERTISING, INC., Newton, MA, *pg.* 338

Case, Ashley - Analytics, Media Department - HAVAS MEDIA GROUP, New York, NY, *pg.* 468

Caslowitz, Erin - Analytics - STELLA RISING, Westport, CT, *pg.* 518

Castro, Jenifer - Analytics - CARAT, Culver City, CA, *pg.* 459

Cataldo, Andy - Analytics - VAYNERMEDIA, New York, NY, *pg.* 689

Cecchini, Lisa - Analytics, Media Department - SITUATION INTERACTIVE, New York, NY, *pg.* 265

Ceurvorst, Kaileigh - Account Services, Analytics, NBC - CANVAS WORLDWIDE, Playa Vista, CA, *pg.* 458

Cha, Michael - Analytics, Interactive / Digital, NBC - HORIZON MEDIA, INC., New York, NY, *pg.* 474

Chaban, Jeff - Analytics - SPARK FOUNDRY, Chicago, IL, *pg.* 510

Chamberlain, Jeanne - Analytics - STARCOM WORLDWIDE, Chicago, IL, *pg.* 513

Chance, Erika - Analytics, Creative - SIGNAL THEORY, Kansas City, MO, *pg.* 141

Chang, Jennie - Analytics, Media Department - CANVAS WORLDWIDE, Playa Vista, CA, *pg.* 458

Chang, Angela - Analytics, Interactive / Digital - GOLIN, Chicago, IL, *pg.* 609

Chapin, Scott - Analytics, Creative, Interactive / Digital - MARCUS THOMAS, Cleveland, OH, *pg.* 104

Charpentier, Paul - Analytics - STARCOM WORLDWIDE, Chicago, IL, *pg.* 513

Chatoff, Dave - Account Services, Analytics - BRAND CONNECTIONS, LLC, New York, NY, *pg.* 336

Chaudhuri, Anamitra - Analytics - MERKLE, King of Prussia, PA, *pg.* 114

Cheetwood, Derk - Analytics, PPOM - ETCH MARKETING, Franklin, TN, *pg.* 357

Chen, Michael - Analytics, Interactive / Digital, Media Department - CANVAS WORLDWIDE, Playa Vista, CA, *pg.* 458

Chen, Sarah - Analytics - THE BOSTON GROUP, Boston, MA, *pg.* 418

Cherra, Richard - Analytics, NBC, Operations - MBB AGENCY, Leawood, KS, *pg.* 107

RESPONSIBILITIES INDEX   AGENCIES

Ching, Jesse - Analytics, Interactive / Digital, Media Department - BLANKET MARKETING GROUP, Sacramento, CA, *pg.* 217
Chiong, Michael - Analytics - UNIVERSAL MCCANN, New York, NY, *pg.* 521
Chivore, Tarirai - Analytics, Operations - MRM//MCCANN, New York, NY, *pg.* 289
Cho, Victor - Analytics - ESSENCE, Seattle, WA, *pg.* 232
Chobanian, Christopher - Analytics - 360I, LLC, New York, NY, *pg.* 320
Chrystie, Kim - Analytics - MEDIA MATTERS SF, San Francisco, CA, *pg.* 485
Chun, Eric - Analytics, Management - FCB CHICAGO, Chicago, IL, *pg.* 71
Clark, Gabrielle - Account Planner, Account Services, Analytics, Creative - BAESMAN, Columbus, OH, *pg.* 167
Clausing, Jeff - Account Planner, Analytics, NBC - AXIOM MARKETING, INC., Libertyville, IL, *pg.* 566
Cleary, Neil - Account Planner, Analytics - MERGE, Chicago, IL, *pg.* 113
Cleveland, Daniel - Analytics - MARKETING ARCHITECTS, Minneapolis, MN, *pg.* 288
Clevenger, Trae - Account Planner, Analytics, PPOM - ANSIRA, Addison, TX, *pg.* 326
Clifton, Cody - Analytics - ADPEARANCE, Portland, OR, *pg.* 671
Cline, Jeremy - Analytics - VMLY&R, Kansas City, MO, *pg.* 274
Cobb, Lucas - Analytics, Interactive / Digital, Management - MMGY GLOBAL, Kansas City, MO, *pg.* 388
Cocco, Susan - Analytics, Operations - COLANGELO SYNERGY MARKETING, INC., Darien, CT, *pg.* 566
Cochran, Rachel - Account Services, Analytics, Creative, Operations, Social Media - BEACHY MEDIA, Queens, NY, *pg.* 216
Cochran, Curtis - Analytics - DEFINITION 6, Atlanta, GA, *pg.* 224
Coco, Renata - Analytics, Research - HORIZON MEDIA, INC., New York, NY, *pg.* 474
Coen, April - Analytics, Interactive / Digital, Media Department, NBC, Research - HEARTS & SCIENCE, Los Angeles, CA, *pg.* 473
Colberg, Andrew - Analytics - DIGITAS, Chicago, IL, *pg.* 227
Cole, Bill - Analytics - TARGETBASE MARKETING, Greensboro, NC, *pg.* 293
Coles, Margaret - Analytics, Management, Research - GOODBY, SILVERSTEIN & PARTNERS, San Francisco, CA, *pg.* 77
Collis, Sara - Analytics, NBC, Research - WUNDERMAN THOMPSON, Washington, DC, *pg.* 434
Conlin, Kelly - Analytics, Media Department - VMLY&R, New York, NY, *pg.* 160

Connell, James - Analytics, Interactive / Digital, Media Department - PATH INTERACTIVE, INC., New York, NY, *pg.* 256
Connell, Brigitte - Account Services, Analytics - THE INTEGER GROUP, Lakewood, CO, *pg.* 682
Connelly, Andrew - Analytics, Management, NBC - ABERDEEN GROUP, INC., Waltham, MA, *pg.* 441
Connington, Tara - Analytics - UNIVERSAL MCCANN, New York, NY, *pg.* 521
Connolly, Lori - Analytics, Research - ONE & ALL, Atlanta, GA, *pg.* 289
Constantin, Corina - Analytics, Creative, Interactive / Digital - THE&PARTNERSHIP, New York, NY, *pg.* 426
Cook, Kandi - Analytics, Interactive / Digital - ARCHER MALMO, Memphis, TN, *pg.* 32
Cook, Justin - Analytics, Research, Social Media - 9TH CO., Toronto, ON, *pg.* 209
Coronna, Alissa - Account Services, Analytics, Management - LEO BURNETT WORLDWIDE, Chicago, IL, *pg.* 98
Corpuz, Marifel - Analytics - HORIZON MEDIA, INC., New York, NY, *pg.* 474
Cosneau, Melissa - Analytics - OMD VANCOUVER, Vancouver, BC, *pg.* 502
Craig, Anne - Analytics, Media Department - PLUSMEDIA, LLC, Danbury, CT, *pg.* 290
Crawford, TJ - Account Planner, Analytics, Interactive / Digital, Media Department, NBC - MARC USA, Pittsburgh, PA, *pg.* 104
Cronin, Amy - Analytics, Interactive / Digital, Management, Research - THE MARS AGENCY, Southfield, MI, *pg.* 683
Crume, Nancy - Analytics, Management, PPOM - COMMERCE HOUSE, Dallas, TX, *pg.* 52
Cruz, Kristie - Account Services, Analytics, Interactive / Digital, Media Department - HEARTS & SCIENCE, New York, NY, *pg.* 471
Cuevas, Beatriz - Analytics, Interactive / Digital, Media Department, NBC, Research - DIGITAS, New York, NY, *pg.* 226
Culbertson, Samantha - Account Services, Analytics, Interactive / Digital, Operations - RESOLUTION MEDIA, Chicago, IL, *pg.* 676
Cunha, Bruno - Analytics - 360I, LLC, New York, NY, *pg.* 320
Czerwinski, Mike - Analytics, NBC, Research - BVK, Milwaukee, WI, *pg.* 339
D'Amico, Steve - Analytics, Management - HAWTHORNE ADVERTISING, Los Angeles, CA, *pg.* 370
Dahlman, Ian - Analytics, Interactive / Digital - GYRO, Cincinnati, OH, *pg.* 368
Daiya, Raj - Account Services, Analytics, Media Department, NBC - OMD, New York, NY, *pg.* 498

Dale, Tim - Analytics - PERFORMICS, Chicago, IL, *pg.* 676
Daley, Jordan - Analytics - UNIVERSAL MCCANN, San Francisco, CA, *pg.* 428
Daniel, Jeff - Analytics, Media Department, Research - UPSHOT, Chicago, IL, *pg.* 157
Danish, Amanda - Account Services, Analytics, NBC - SAATCHI & SAATCHI X, Springdale, AR, *pg.* 682
Dao, GiaPhu - Analytics, Research - CONVERGE CONSULTING, Cedar Rapids, IA, *pg.* 222
Daudt, Isabela - Analytics, NBC - AFFECTIVA, INC., Boston, MA, *pg.* 441
Davey, Christopher - Account Services, Analytics, Management, NBC, PPOM - PUBLICIS.SAPIENT, Boston, MA, *pg.* 259
Davies, Nichole - Account Planner, Analytics, Media Department, PPOM - WUNDERMAN HEALTH, New York, NY, *pg.* 164
Davis, Lisa - Analytics, Media Department - OMD, Chicago, IL, *pg.* 500
Davis, Jonathan - Analytics, Research - SFW AGENCY, Greensboro, NC, *pg.* 16
Davis-Swing, Larry - Analytics, Management, Research - SPARK FOUNDRY, New York, NY, *pg.* 508
Dawes, Glenn - Analytics, PPOM, Research - ADFARM, Calgary, AB, *pg.* 279
Daws, Caroline - Analytics - MOXIE, Atlanta, GA, *pg.* 251
DeAvila, Seth - Account Services, Analytics, Research - ISOBAR US, Boston, MA, *pg.* 242
Decarie, Nadja - Account Services, Analytics - COSSETTE MEDIA, Montreal, QC, *pg.* 345
Deley, Ashley - Analytics, Interactive / Digital, Media Department, NBC, Research - AXIS41, Salt Lake City, UT, *pg.* 215
DeMar, David - Analytics, Interactive / Digital, Social Media - COLLING MEDIA, Scottsdale, AZ, *pg.* 51
Dencker, Ann - Account Planner, Analytics, PPOM - HIEBING, Madison, WI, *pg.* 85
Denson, Jeff - Analytics, NBC - HARMELIN MEDIA, Bala Cynwyd, PA, *pg.* 467
Denton, Emily - Analytics - HILL HOLLIDAY, Boston, MA, *pg.* 85
DePanfilis, Maria - Analytics - MRM//MCCANN, New York, NY, *pg.* 289
Desai, Sameer - Account Services, Analytics, NBC, Research - ONEMAGNIFY, Detroit, MI, *pg.* 394
Desmond, Marc - Analytics - SIEGEL & GALE, New York, NY, *pg.* 17
Dethloff, Clay - Analytics, Management - DECISION ANALYST, INC., Arlington, TX, *pg.* 539
Deutsch, Ken - Analytics, Research - JPA HEALTH COMMUNICATIONS, Washington, DC, *pg.* 618

1286

AGENCIES
RESPONSIBILITIES INDEX

Devlin, James - Analytics, Research - ESSENCE, San Francisco, CA, *pg.* 232
Diamond, Tyler - Analytics - HEALIXGLOBAL, New York, NY, *pg.* 471
DiBello, Martin - Analytics, Operations - FABCOM, Scottsdale, AZ, *pg.* 357
Dickter, Len - Analytics, Creative, Operations - SAGON - PHIOR, Los Angeles, CA, *pg.* 409
Dieter, Cameron - Account Services, Analytics - ADPEARANCE, Portland, OR, *pg.* 671
Dietz, Ryan - Account Services, Analytics, Interactive / Digital, Media Department, Research - STARCOM WORLDWIDE, Chicago, IL, *pg.* 513
Diggins, Brent - Analytics, Management, PPOM, Public Relations - ALLISON+PARTNERS, Scotsdale, AZ, *pg.* 577
Diggins, Brent - Analytics - ALLISON+PARTNERS, Atlanta, GA, *pg.* 577
Dixon, De'Leon - Analytics - MRM//MCCANN, Birmingham, MI, *pg.* 252
Dohaney, Kate - Analytics, Creative, Operations - THE&PARTNERSHIP, New York, NY, *pg.* 426
Dolega, Lauren - Analytics, Research - UNIVERSAL MCCANN DETROIT, Birmingham, MI, *pg.* 524
Donovan, Jaime - Analytics - GENERATOR MEDIA + ANALYTICS, New York, NY, *pg.* 466
Donovan, Jeffrey - Analytics - JPL, Harrisburg, PA, *pg.* 378
Doom, Kyle - Analytics - KEPLER GROUP, New York, NY, *pg.* 244
Douglas, Robby - Account Planner, Analytics - JELLYFISH U.S., Baltimore, MD, *pg.* 243
Dousias, Dakota - Analytics, Media Department - OMD, Chicago, IL, *pg.* 500
Drewicz, Alyssa - Analytics, Interactive / Digital, Social Media - INITIATE-IT LLC, Richmond, VA, *pg.* 375
Dreyfuss, Ben - Analytics - 360I, LLC, New York, NY, *pg.* 320
Dudgeon, Grant - Account Services, Analytics, Interactive / Digital, Research - OMD, Chicago, IL, *pg.* 500
Duerrschmid, Lara - Analytics, Media Department, Research - CROSSMEDIA, New York, NY, *pg.* 463
Duggan, Michael - Analytics - 160OVER90, Philadelphia, PA, *pg.* 1
Duke, Mike - Analytics, Management - WUNDERMAN THOMPSON, Washington, DC, *pg.* 434
Dulny, Joseph - Account Services, Analytics, Interactive / Digital, Research - BOOZ ALLEN HAMILTON, McLean, VA, *pg.* 218
Dunaway, Brandon - Analytics, Programmatic - DIGITAS, San Francisco, CA, *pg.* 227

Dunn, Meaghan - Analytics, Interactive / Digital - RESHIFT MEDIA, Toronto, ON, *pg.* 687
Earnest, Susanna - Analytics, Management, Media Department - OMD, Chicago, IL, *pg.* 500
Eckstein, Mike - Analytics, Interactive / Digital, NBC, Research - DP+, Farmington Hills, MI, *pg.* 353
Eden, Whitney - Analytics - DELOITTE DIGITAL, New York, NY, *pg.* 225
Edoo, Riyaad - Account Services, Analytics, Research - MINDSHARE, New York, NY, *pg.* 491
Edward, Tony - Analytics, Interactive / Digital, Media Department - TINUITI, New York, NY, *pg.* 678
Edwards, Ray - Account Services, Analytics, Research - BBDO ATL, Atlanta, GA, *pg.* 330
Ee, Chris - Analytics - THE MARKETING ARM, New York, NY, *pg.* 317
Ehlers, Carter - Account Services, Analytics - HEARTS & SCIENCE, Atlanta, GA, *pg.* 473
Ehven, Gilad - Analytics, Media Department, Research - FIREMAN CREATIVE, Pittsburgh, PA, *pg.* 183
Eisenmann, Marianne - Analytics, Research - CHANDLER CHICCO AGENCY, New York, NY, *pg.* 589
Eisenstein, Mike - Analytics - BLUE 449, New York, NY, *pg.* 455
Eisinger, Kenny - Account Services, Analytics, Interactive / Digital - NET CONVERSION, Orlando, FL, *pg.* 253
Ekisheva, Natalia - Analytics, Interactive / Digital, Media Department - 22SQUARED INC., Atlanta, GA, *pg.* 319
Elberson, Charlie - Account Services, Analytics, Creative - WRAY WARD, Charlotte, NC, *pg.* 433
Ellis, Margaret - Account Services, Analytics - KEPLER GROUP, New York, NY, *pg.* 244
Elston, Craig - Account Planner, Analytics, Research - THE INTEGER GROUP, Lakewood, CO, *pg.* 682
Emery, David - Account Planner, Account Services, Analytics - WEBER SHANDWICK, Birmingham, MI, *pg.* 662
Emmons, Amity - Analytics, NBC, Research - CRITICAL MASS, INC., Chicago, IL, *pg.* 223
Eng, Derek - Analytics - SPARK FOUNDRY, Chicago, IL, *pg.* 510
Engel, Dustin - Analytics, Interactive / Digital, Management, Media Department, NBC, Operations, Programmatic - PMG, Fort Worth, TX, *pg.* 257
Engelhardt, Renee - Analytics - ESSENCE, San Francisco, CA, *pg.* 232
Esit, Yasemin - Analytics - DIGITAS HEALTH LIFEBRANDS, New York, NY, *pg.* 229
Esposito, Michael - Account Planner, Analytics, Interactive /

Digital, Programmatic - PHD USA, New York, NY, *pg.* 505
Eve, Noah - Account Planner, Account Services, Analytics, Interactive / Digital, Media Department, Programmatic, Research - HORIZON MEDIA, INC., Los Angeles, CA, *pg.* 473
Facius, Timothy - Analytics, Research - OMD, Chicago, IL, *pg.* 500
Fan, Anni - Analytics - PERFORMICS, Chicago, IL, *pg.* 676
Faraci, Jennifer - Analytics - DIGITAS, San Francisco, CA, *pg.* 227
Farkas, Anett - Analytics, Media Department - CROSSMEDIA, New York, NY, *pg.* 463
Farmas, Stephanie - Account Planner, Analytics - MUH-TAY-ZIK / HOF-FER, San Francisco, CA, *pg.* 119
Faulkner, Stephen - Analytics - FORSMAN & BODENFORS, New York, NY, *pg.* 74
Fehn, Peter - Analytics - DIGITAS, Atlanta, GA, *pg.* 228
Fen, Sophia - Analytics, Interactive / Digital - 3Q DIGITAL, San Mateo, CA, *pg.* 671
Ferguson, Matthew - Analytics, Media Department, NBC, Research - OCTAGON, Stanford, CT, *pg.* 313
Ferrao, Roland - Analytics - MRM//MCCANN, New York, NY, *pg.* 289
Ferrufino, Edgardo - Analytics, Research - M/SIX, New York, NY, *pg.* 482
Fieni, Christina - Analytics - DROGA5, New York, NY, *pg.* 64
Filipson, Svetlana - Analytics, Media Department - TRILIA, Boston, MA, *pg.* 521
Filley, Madeline - Analytics, Interactive / Digital - SAATCHI & SAATCHI LOS ANGELES, Torrance, CA, *pg.* 137
Fleischman, Matthew - Analytics, Interactive / Digital, PPOM - PUBLICIS NORTH AMERICA, New York, NY, *pg.* 399
Flockencier, Peter - Analytics, Interactive / Digital, NBC, Programmatic - NEO MEDIA WORLD, New York, NY, *pg.* 496
Flom, Beth - Analytics, NBC, Operations - TENET PARTNERS, New York, NY, *pg.* 450
Flynn, Kevin - Analytics, Management - WUNDERMAN THOMPSON, Toronto, ON, *pg.* 435
Fontana, Peter - Account Planner, Analytics, Research - BLUE STATE DIGITAL, New York, NY, *pg.* 335
Fooks, Tameka - Account Services, Analytics, Interactive / Digital, Media Department - 360I, LLC, Atlanta, GA, *pg.* 207
Ford, Joe - Analytics, Interactive / Digital, PPOM - IMMERSION ACTIVE, INC., Frederick, MD, *pg.* 241
Ford, Fiona - Account Services, Analytics, Programmatic - FETCH, Los Angeles, CA, *pg.* 533
Foreman, Meghan - Analytics -

RESPONSIBILITIES INDEX — AGENCIES

INFINITY MARKETING, Greenville, SC, *pg.* 374

Foster, Kim - Account Services, Analytics, Media Department - AUTHENTIC, Richmond, VA, *pg.* 214

Fotis, Alexandra - Analytics - PUBLICIS.SAPIENT, Chicago, IL, *pg.* 259

Fowlkes, Bailey - Analytics - STARCOM WORLDWIDE, Chicago, IL, *pg.* 513

Fragel, Margaret - Analytics, Social Media - PUBLICIS.SAPIENT, Birmingham, MI, *pg.* 260

Francart, Kevin - Analytics - STARCOM WORLDWIDE, Chicago, IL, *pg.* 513

Francisco, Mebrulin - Analytics, NBC, PPOM, Research - GROUPM, New York, NY, *pg.* 466

Frankel, Bruno - Analytics, NBC - WIEDEN + KENNEDY, Portland, OR, *pg.* 430

Fraser, Alex - Analytics, Media Department - PRIMACY, Farmington, CT, *pg.* 258

Frazier, Moffat - Account Services, Analytics, Management - HORIZON MEDIA, INC., New York, NY, *pg.* 474

Freeman, Jeremy - Analytics, Media Department, Public Relations - FALLS COMMUNICATIONS, Cleveland, OH, *pg.* 357

Freitas, Chelsea - Analytics, Media Department, Research - UNIVERSAL MCCANN, New York, NY, *pg.* 521

Fu, June - Analytics - SPARK FOUNDRY, Chicago, IL, *pg.* 510

Gandhi Rajput, Bhumika - Analytics - UNIVERSAL MCCANN, New York, NY, *pg.* 521

Gantz, Heather - Analytics - BOUNTEOUS, Chicago, IL, *pg.* 218

Garcia, Garrett - Account Services, Analytics, NBC, Research - PP+K, Tampa, FL, *pg.* 129

Garg, Aman - Analytics, Research - 360I, LLC, Atlanta, GA, *pg.* 207

Garibay, Diandra - Analytics - BAZAARVOICE, INC., Austin, TX, *pg.* 216

Garrison, Mike - Account Planner, Analytics, Interactive / Digital - PADILLA, Minneapolis, MN, *pg.* 635

Garza, Eric - Account Services, Analytics, Interactive / Digital, Media Department, Research - VMLY&R, Frisco, TX, *pg.* 275

Gavin, Anne - Analytics - STARCOM WORLDWIDE, Chicago, IL, *pg.* 513

Ge, Bing - Analytics, Interactive / Digital, Research, Social Media - ZENITH MEDIA, New York, NY, *pg.* 529

Gendreau, Denis - Account Services, Analytics, Media Department - ADAMS & KNIGHT ADVERTISING, Avon, CT, *pg.* 322

Gennaria, Jerry - Account Planner, Account Services, Analytics, Media Department, Research - TOKY BRANDING + DESIGN, Saint Louis, MO, *pg.* 202

Gerdes, Dustin - Account Services, Analytics, Interactive / Digital, Management - RHEA & KAISER MARKETING, Naperville, IL, *pg.* 406

Gerstin, Michelle - Analytics, Media Department, Operations - HAVAS WORLDWIDE CHICAGO, Chicago, IL, *pg.* 82

Gertler, Amanda - Analytics, Interactive / Digital, Social Media - PUBLICIS.SAPIENT, Boston, MA, *pg.* 259

Giacosa, Lisa - Analytics, Interactive / Digital, Media Department, Research - SPARK FOUNDRY, New York, NY, *pg.* 508

Gies, Larry - Account Planner, Analytics, PPOM - ENERGY BBDO, INC., Chicago, IL, *pg.* 355

Giguère, Richard - Account Planner, Analytics, Media Department - MEDIACOM, Montreal, QC, *pg.* 489

Gillette, Samantha - Analytics, Interactive / Digital - MEDIACOM, New York, NY, *pg.* 487

Gilmore, Hilary - Account Planner, Analytics, Research - UNIVERSAL MCCANN, New York, NY, *pg.* 521

Giraldo, Fabio - Analytics, Media Department - MINDSHARE, New York, NY, *pg.* 491

Glasgow, Bobby - Analytics, Media Department - 360I, LLC, Chicago, IL, *pg.* 208

Glover, Terrence - Account Services, Analytics, Finance, Interactive / Digital - INITIATIVE, Los Angeles, CA, *pg.* 478

Goddard, Chris - Analytics - BLUE STATE DIGITAL, Washington, DC, *pg.* 335

Gonsorcik, Tomas - Account Services, Analytics, Management, PPOM - VMLY&R, New York, NY, *pg.* 160

Gordon, Caitlyn - Analytics - SPARK FOUNDRY, Chicago, IL, *pg.* 510

Gordon, Natanya - Analytics - PUBLICIS.SAPIENT, New York, NY, *pg.* 258

Graff, Matt - Analytics - ISOBAR US, New York, NY, *pg.* 242

Granados, Ben - Account Planner, Analytics, PPOM - PETROL, Burbank, CA, *pg.* 127

Green, Cynthia - Analytics, Media Department - ROMPH & POU AGENCY, Shreveport, LA, *pg.* 408

Green, Meredith - Analytics, Research - INTERACTIVE ADVERTISING BUREAU, New York, NY, *pg.* 90

Greenglass, Cyndi - Analytics, NBC - DIAMOND COMMUNICATIONS SOLUTIONS, Carol Stream, IL, *pg.* 281

Gregg, Aimee - Analytics - SPARK FOUNDRY, Chicago, IL, *pg.* 510

Grissinger, Scott - Analytics, Interactive / Digital - PUBLICIS HAWKEYE, Charlotte, NC, *pg.* 399

Gross, Michael - Analytics - IPSOS, New York, NY, *pg.* 445

Haase, Jason - Analytics, Finance - APOLLO INTERACTIVE, El Segundo, CA, *pg.* 214

Haberman, David - Analytics, Media Department - CROSSMEDIA, New York, NY, *pg.* 463

Hadley, Lauren - Analytics, Interactive / Digital, Research - STARCOM WORLDWIDE, Chicago, IL, *pg.* 513

Hahs, Jennifer - Account Planner, Analytics, NBC, Research - ESSENCE, Minneapolis, MN, *pg.* 233

Haley, Hillary - Analytics - RPA, Santa Monica, CA, *pg.* 134

Halvorsen, Ashley - Analytics, Media Department - HORIZON MEDIA, INC., New York, NY, *pg.* 474

Hamburg, Perry - Account Services, Analytics, Media Department - HEARTS & SCIENCE, New York, NY, *pg.* 471

Hamilton, Sydney - Account Services, Analytics, Research - IPROSPECT, Fort Worth, TX, *pg.* 674

Hammond, Bob - Analytics, Interactive / Digital, Operations, PPOM - GROUPM, New York, NY, *pg.* 466

Han, Joseph - Analytics - HORIZON MEDIA, INC., New York, NY, *pg.* 474

Hanan, Amy - Account Services, Analytics, Media Department, NBC - BARETZ + BRUNELLE, New York, NY, *pg.* 580

Haque, Mohammad - Analytics, Interactive / Digital, Media Department, Research - MEDIAHUB NEW YORK, New York, NY, *pg.* 249

Harris, Bethany - Account Services, Analytics, Management, NBC, Research - ACTIVE INTERNATIONAL, Pearl River, NY, *pg.* 439

Harris, Michael - Analytics, Media Department - MOOSYLVANIA, Saint Louis, MO, *pg.* 568

Harrison, Caroline - Analytics, Interactive / Digital, Research - DIGITAS HEALTH LIFEBRANDS, New York, NY, *pg.* 229

Hasan, Soheb - Analytics, Interactive / Digital, Media Department, Research - INITIATIVE, New York, NY, *pg.* 477

Hawes, Stacey - Analytics, PPOM - EPSILON, Westminster, CO, *pg.* 283

Hayes, Jo - Account Services, Analytics, Creative, Interactive / Digital, NBC - R/GA, New York, NY, *pg.* 260

Hazlett, Kaylan - Analytics - SAXTON HORNE, Sandy, UT, *pg.* 138

Heffel, Kim - Analytics, Media Department, Research - CARAT, Detroit, MI, *pg.* 461

Heidari, Parisa - Analytics, Interactive / Digital, Media Department, Social Media - CANVAS WORLDWIDE, Playa Vista, CA, *pg.* 458

Heidkamp, Lisa - Analytics - GOLIN, Chicago, IL, *pg.* 609

Hein, Caryn - Analytics - HAVAS MEDIA GROUP, Boston, MA, *pg.* 470

Heithaus, Paul - Analytics, Media Department - UNIVERSAL MCCANN, New York, NY, *pg.* 521

Helbling, Michael - Analytics, Research - SEARCH DISCOVERY, INC., Atlanta, GA, *pg.* 677

1288

AGENCIES

RESPONSIBILITIES INDEX

Hellbusch, Steven - Analytics, Media Department - MINDGRUVE, San Diego, CA, pg. 534
Henderson, David - Analytics - INITIATIVE, New York, NY, pg. 477
Hendrick, Stephanie - Analytics, Research - BERLINROSEN, Washington, DC, pg. 583
Henry, Paul - Analytics, Interactive / Digital - GLOBAL STRATEGIES, Bend, OR, pg. 673
Herbert, Grace - Analytics, Interactive / Digital, Media Department - UNIVERSAL MCCANN DETROIT, Birmingham, MI, pg. 524
Heryer, John - Analytics, Interactive / Digital - VMLY&R, Kansas City, MO, pg. 274
Hettel, Keri - Account Services, Analytics, Management - RAZORFISH HEALTH, Philadelphia, PA, pg. 262
Hiatt, Zack - Analytics - DIGITAS, Atlanta, GA, pg. 228
Hickey, Joseph - Analytics, Interactive / Digital - BFG COMMUNICATIONS, Bluffton, SC, pg. 333
Higgins, Stephen - Analytics - VAYNERMEDIA, New York, NY, pg. 689
Hill, Michael - Analytics - WPP KANTAR MEDIA, New York, NY, pg. 163
Hill, Ben - Analytics, Interactive / Digital, NBC - VEST ADVERTISING, Louisville, KY, pg. 159
Hill, Chris - Analytics - TARGETBASE MARKETING, Greensboro, NC, pg. 293
Hill, Amy - Analytics, Media Department - AGENTI MEDIA SERVICES, Plymouth, MN, pg. 453
Hine, Jennifer - Analytics - BURFORD COMPANY, Richmond, VA, pg. 45
Hobin, Angie - Analytics, Interactive / Digital, Research - GLOBAL STRATEGIES, Bend, OR, pg. 673
Hoerr, Taylor - Analytics, Media Department - MEDIAHUB WINSTON SALEM, Winston-Salem, NC, pg. 386
Holbrook, Amy - Analytics, Interactive / Digital, Research - GLOBAL STRATEGIES, Bend, OR, pg. 673
Horn, Elizabeth - Analytics, Management - DECISION ANALYST, INC., Arlington, TX, pg. 539
Hottenroth, Veronica - Analytics - BAZAARVOICE, INC., Austin, TX, pg. 216
Houghton, Hillary - Analytics, Social Media - OH PARTNERS, Phoenix, AZ, pg. 122
Howard, Alison - Analytics, Creative - ZOZIMUS AGENCY, Boston, MA, pg. 665
Hubert, David - Analytics, Interactive / Digital - BLUE CHIP MARKETING & COMMUNICATIONS, Northbrook, IL, pg. 334
Hudson, Pearce - Analytics, Research, Social Media - WAVEMAKER, Chicago, IL, pg. 529
Hughes, Brian - Analytics, Management, Research - MAGNA GLOBAL, New York, NY, pg. 483
Hughes, Brett - Account Services, Analytics, Interactive / Digital - NET CONVERSION, Orlando, FL, pg. 253
Hughes, Johanna - Analytics - SPARK FOUNDRY, Chicago, IL, pg. 510
Hultgren, Matthew - Analytics - MARKETING ARCHITECTS, Minneapolis, MN, pg. 288
Huq, Naimul - Analytics - LIPPE TAYLOR, New York, NY, pg. 623
Husain, Syed - Analytics - ZENITH MEDIA, Chicago, IL, pg. 531
Husain, Cassi - Analytics - GOODBY, SILVERSTEIN & PARTNERS, San Francisco, CA, pg. 77
Hutchinson, Whitney - Analytics - PUBLICIS.SAPIENT, Seattle, WA, pg. 259
Huynh, Andrew - Account Services, Analytics, Interactive / Digital, Media Department - SAATCHI & SAATCHI LOS ANGELES, Torrance, CA, pg. 137
Huynh, Nancy - Analytics, Media Department - DIGITAL AUTHORITY PARTNERS, Chicago, IL, pg. 225
Ingrody, Lauren - Analytics, Research - TRAFFIC DIGITAL AGENCY, Clawson, MI, pg. 271
Innes, Camilla - Analytics, Operations - OH PARTNERS, Phoenix, AZ, pg. 122
Isenberg, Ryan - Analytics, Interactive / Digital, Programmatic - DIGITAS, New York, NY, pg. 226
Ishihara, Andrew - Analytics, NBC, Research - BVK, Milwaukee, WI, pg. 339
Jablonski, Marc - Account Services, Analytics, NBC - AKA NYC, New York, NY, pg. 324
Jackson, Willie - Analytics - STARCOM WORLDWIDE, Chicago, IL, pg. 513
Jacobi, Sheila - Analytics - CARAT, Detroit, MI, pg. 461
Jairath, Akash - Analytics, Media Department, PPOM, Research - DENTSU AEGIS NETWORK, New York, NY, pg. 61
Janairo, Elizabeth - Analytics - BOUNTEOUS, Chicago, IL, pg. 218
Jang, Joo Won - Analytics, Programmatic - GP GENERATE, LLC, Los Angeles, CA, pg. 541
Jensen, Kari - Analytics - SAATCHI & SAATCHI LOS ANGELES, Torrance, CA, pg. 137
Jin, Alan - Analytics - PUBLICIS.SAPIENT, New York, NY, pg. 258
Johnson, Steven - Analytics, NBC, Research - BVK, Milwaukee, WI, pg. 339
Johnson, Paul - Analytics, Interactive / Digital - ANSIRA, Addison, TX, pg. 326
Jones, Noble - Account Planner, Analytics, PPOM - ST&P COMMUNICATIONS, INC., Fairlawn, OH, pg. 412
Jones, Amy - Analytics, Interactive / Digital - EDELMAN, Seattle, WA, pg. 601
Jones, Nikki - Account Planner, Analytics, Interactive / Digital, Research - THE INTEGER GROUP - DALLAS, Dallas, TX, pg. 570
Jordan, Nick - Account Services, Analytics - UNIVERSAL MCCANN, San Francisco, CA, pg. 428
Joseph, Alison - Analytics, Media Department - HORIZON MEDIA, INC., New York, NY, pg. 474
Josephson, Lina - Analytics, Interactive / Digital, Media Department, NBC, Research - HAVAS MEDIA GROUP, New York, NY, pg. 468
Josephson, Paolina - Analytics, Media Department - HAVAS MEDIA GROUP, New York, NY, pg. 468
Juneau, Madeline - Analytics, Management - UNIVERSAL MCCANN DETROIT, Birmingham, MI, pg. 524
Kabbani, Nada - Analytics - TEAM ONE, Los Angeles, CA, pg. 417
Kaminski, Andrew - Analytics, Creative - SIGNAL THEORY, Kansas City, MO, pg. 141
Kamrowski, Shuko - Account Services, Analytics, Media Department - WAVEMAKER, New York, NY, pg. 526
Kang, David - Analytics - HORIZON MEDIA, INC., New York, NY, pg. 474
Kangpan, Nathaniel - Analytics, Management - KEPLER GROUP, New York, NY, pg. 244
Kantor, Joe - Analytics - DONER, Southfield, MI, pg. 63
Kantor, Isabel - Analytics, Creative, Interactive / Digital, Media Department, Operations - ORGANIC, INC., New York, NY, pg. 256
Kappus, Kathy - Account Services, Analytics, Interactive / Digital, NBC - BLIZZARD INTERNET MARKETING, Glenwood Springs, CO, pg. 672
Karo, Monica - Account Services, Analytics, Management, PPOM - OMD, New York, NY, pg. 498
Karode, Gouri - Analytics, Interactive / Digital, Media Department - LODGING INTERACTIVE, Parsippany, NJ, pg. 246
Karthigeyan, Raj - Analytics - STARCOM WORLDWIDE, Chicago, IL, pg. 513
Katz, Jami - Analytics, Research - REPRISE DIGITAL, New York, NY, pg. 676
Katz, Dan - Analytics - REPEQUITY, Washington, DC, pg. 263
Katz, Helen - Analytics, NBC - PUBLICIS NORTH AMERICA, New York, NY, pg. 399
Kaushansky, Michael - Analytics, PPOM, Research - HAVAS MEDIA GROUP, New York, NY, pg. 468
Kaye, Lora - Analytics, Management - ICROSSING, New York, NY, pg. 240
Kean, Kelsey - Analytics, Creative, Interactive / Digital, PPM - CURRENT, Chicago, IL, pg. 594
Keenan, John - Analytics, Media

1289

RESPONSIBILITIES INDEX — AGENCIES

Department - PERISCOPE, Minneapolis, MN, *pg.* 127
Keith, Jason - Analytics, Interactive / Digital, Media Department, Programmatic, Social Media - DIGITAS, Chicago, IL, *pg.* 227
Keller, Michael - Analytics - GIANT SPOON, LLC, Los Angeles, CA, *pg.* 363
Keller, Liz - Analytics, Media Department - WEBER SHANDWICK, San Francisco, CA, *pg.* 662
Kelley, Stephen - Analytics - HAWTHORNE ADVERTISING, Fairfield, IA, *pg.* 285
Kellogg, Jackie - Analytics, Operations - SIMANTEL GROUP, Peoria, IL, *pg.* 142
Kellogg, Leigh - Analytics - 22SQUARED INC., Atlanta, GA, *pg.* 319
Kennedy, Ann - Analytics, Interactive / Digital, Programmatic - BAZAARVOICE, INC., Austin, TX, *pg.* 216
Kennedy, Erin - Analytics, Operations - SIMANTEL GROUP, Peoria, IL, *pg.* 142
Kenny, Victoria - Analytics, Media Department - CAMPBELL EWALD, Detroit, MI, *pg.* 46
Kerch, Jessica - Analytics, Interactive / Digital, Media Department, Programmatic, Social Media - DIGITAS, Boston, MA, *pg.* 226
Kernan, Julia - Analytics, Creative - VISITURE, Charleston, SC, *pg.* 678
Kershaw, Noah - Analytics, Management - KEPLER GROUP, New York, NY, *pg.* 244
Khan, Asif - Account Planner, Analytics, Management, Media Department - ATTENTION, New York, NY, *pg.* 685
Khan, Mahmood - Analytics, Interactive / Digital, Media Department - RISDALL MARKETING GROUP, Roseville, MN, *pg.* 133
Khan, Ela - Analytics - PUBLICIS.SAPIENT, Chicago, IL, *pg.* 259
Khaykin, Anthony - Analytics, Research - DROGA5, New York, NY, *pg.* 64
Khoo, Jamie - Analytics, Media Department, NBC, Research - MINDSHARE, New York, NY, *pg.* 491
Killary, Kade - Analytics, Interactive / Digital - CROSSMEDIA, Los Angeles, CA, *pg.* 463
Killeen, Katherine - Analytics, Media Department - HAVAS MEDIA GROUP, New York, NY, *pg.* 468
Kim, Carolyn - Analytics, NBC - HEARTS & SCIENCE, New York, NY, *pg.* 471
Kim, Michael - Analytics, NBC - PERFORMICS, Chicago, IL, *pg.* 676
Kim, Emily - Analytics, Social Media - PEREIRA & O'DELL, San Francisco, CA, *pg.* 256
Kinkelaar, Sara - Analytics,

Programmatic, Social Media - STARCOM WORLDWIDE, Chicago, IL, *pg.* 513
Kirby, Aileen - Account Planner, Analytics, Media Department, Research - LUXE COLLECTIVE GROUP, New York, NY, *pg.* 102
Kirov, Lily - Analytics - ADVANCE 360, New York, NY, *pg.* 211
Klau, Elena - Analytics, Research - MOMENTUM WORLDWIDE, New York, NY, *pg.* 117
Klimkoski, Tracy - Analytics, Interactive / Digital, Media Department, Research - CRONIN, Glastonbury, CT, *pg.* 55
Kluchman, Larisa - Analytics, Social Media - MEDIACOM, New York, NY, *pg.* 487
Knight, Max - Analytics - AMOBEE, INC., New York, NY, *pg.* 30
Koch, Paul - Analytics, Interactive / Digital - VIGET LABS, Falls Church, VA, *pg.* 274
Kokonas, Kelly - Analytics - STARCOM WORLDWIDE, Chicago, IL, *pg.* 513
Kollas, Spencer - Analytics, Management - BRIGHTWAVE MARKETING, INC., Atlanta, GA, *pg.* 219
Kolman, Hilary - Account Services, Analytics, Media Department, Research - DIGITAS, New York, NY, *pg.* 226
Kolman, Alicia - Analytics - ZENITH MEDIA, New York, NY, *pg.* 529
Kondo, Sharon - Account Planner, Analytics, Research - TEAM ONE, Los Angeles, CA, *pg.* 417
Kontos, Nicholas - Analytics, Interactive / Digital, Programmatic - SPARK FOUNDRY, Chicago, IL, *pg.* 510
Kopco, Tracy - Analytics, Media Department, Research - 160OVER90, Philadelphia, PA, *pg.* 1
Kotziagkiaouridis, Yannis - Analytics, Interactive / Digital, Management, PPOM - EDELMAN, Dallas, TX, *pg.* 600
Kowan, Joe - Analytics, Interactive / Digital, Programmatic - SPARK FOUNDRY, Chicago, IL, *pg.* 510
Kozel, Steve - Analytics - OSBORN & BARR COMMUNICATIONS, Saint Louis, MO, *pg.* 395
Kraaijvanger, Arnaud - Analytics, Interactive / Digital, NBC, Operations - GENESYS TELECOMMUNICATIONS LABORATORIES, Daly City, CA, *pg.* 168
Krakow, Ben - Analytics, Interactive / Digital, Research - HORIZON MEDIA, INC., New York, NY, *pg.* 474
Kram, Shari - Analytics - POSTERSCOPE U.S.A., New York, NY, *pg.* 556
Kramer, Jade - Analytics, Interactive / Digital - WUNDERMAN THOMPSON, New York, NY, *pg.* 434
Kramer, Molly - Analytics, Interactive / Digital - UNIVERSAL MCCANN DETROIT, Birmingham, MI,

pg. 524
Kremer, Danny - Analytics - PERISCOPE, Minneapolis, MN, *pg.* 127
Krisik, Daniel - Analytics - PUBLICIS NORTH AMERICA, New York, NY, *pg.* 399
Krochak, Daylyn - Analytics, Media Department - HAWTHORNE ADVERTISING, Fairfield, IA, *pg.* 285
Kroll, Brendan - Analytics - MOXIE, Atlanta, GA, *pg.* 251
Ku, Rita - Analytics, PPOM - RAUXA, New York, NY, *pg.* 291
Kuegler, Steve - Analytics, Research - BERNSTEIN-REIN ADVERTISING, INC., Kansas City, MO, *pg.* 39
Kukler, Alexandra - Analytics, Human Resources - TINUITI, New York, NY, *pg.* 678
Kulidzhanova, Yeva - Analytics - ALLEN & GERRITSEN, Boston, MA, *pg.* 29
Kulisheck, Michael - Analytics, Research - BENENSON STRATEGY GROUP, New York, NY, *pg.* 333
Kulpinski, Alex - Analytics, Media Department - TAILWIND, Tempe, AZ, *pg.* 677
Labenberg, Christian - Analytics, Interactive / Digital - TINUITI, New York, NY, *pg.* 678
Laing, Bobby - Account Planner, Analytics, Media Department - MINDSHARE, Chicago, IL, *pg.* 494
Lakkur, Vinu - Analytics, Media Department - WIEDEN + KENNEDY, Portland, OR, *pg.* 430
Lalich, Glen - Analytics, Research - FORWARDPMX, New York, NY, *pg.* 360
Laloggia, Daniel - Account Planner, Account Services, Analytics, Interactive / Digital - WALKER SANDS COMMUNICATIONS, Chicago, IL, *pg.* 659
Lam, Lindsay - Analytics, Interactive / Digital, Management, Operations, Research - WUNDERMAN THOMPSON, Washington, DC, *pg.* 434
Lam, Henry - Account Planner, Account Services, Analytics - EYEVIEW DIGITAL, INC., New York, NY, *pg.* 233
Lam, Steven - Analytics, Operations - FETCH, San Francisco, CA, *pg.* 533
Lam, Deney - Analytics, Creative, Interactive / Digital - WUNDERMAN THOMPSON, Washington, DC, *pg.* 434
Lamrock, Mike - Analytics, Interactive / Digital - LEO BURNETT DETROIT, Troy, MI, *pg.* 97
Landes, Derk - Analytics - ANNALECT GROUP, New York, NY, *pg.* 213
Lang, Krista - Analytics, Media Department - 22SQUARED INC., Atlanta, GA, *pg.* 319
Langrock, Carl - Analytics, Research - ALLSCOPE MEDIA, New York, NY, *pg.* 454
Lannert, Jason - Account Planner, Analytics, Creative, NBC, PPOM - MA3 AGENCY, New York, NY, *pg.* 190
Latchford, Robyn - Analytics - STARCOM WORLDWIDE, Chicago, IL,

AGENCIES — RESPONSIBILITIES INDEX

pg. 513
Latham, Shana - Account Services, Analytics, Research - POLARIS MARKETING RESEARCH, Atlanta, GA, *pg.* 449
Lattanzi, Nathan - Analytics - SWIFT, Portland, OR, *pg.* 145
Lau, Albert - Analytics, Media Department - ANNALECT GROUP, New York, NY, *pg.* 213
Laufenberg, Brent - Analytics, Interactive / Digital - RISE INTERACTIVE, Chicago, IL, *pg.* 264
Lauffer, Christian - Account Services, Analytics, Research - BRANDTRUST, INC., Chicago, IL, *pg.* 4
Lavick, Scott - Analytics - SPARK FOUNDRY, Chicago, IL, *pg.* 510
Lawry, Gray - Analytics, Research - MILES MEDIA GROUP, LLP, Sarasota, FL, *pg.* 387
Lazar, Anna - Analytics, Research - PUBLICIS.SAPIENT, Birmingham, MI, *pg.* 260
Lazar, Anna - Analytics - PUBLICIS.SAPIENT, New York, NY, *pg.* 258
Leaventon, Adam - Analytics, Management - RED TETTEMER O'CONNELL + PARTNERS, Philadelphia, PA, *pg.* 404
Lee, John - Analytics, Interactive / Digital, NBC, Research - FLIGHTPATH, New York, NY, *pg.* 235
Lendt, Steve - Analytics, Media Department - MOTUM B2B, Toronto, ON, *pg.* 14
Lennartz, Greg - Analytics - HUGE, INC., Atlanta, GA, *pg.* 240
Lessard, Michel-Alexandre - Account Planner, Analytics, Creative - COSSETTE MEDIA, Quebec City, QC, *pg.* 345
Leva, Chrissy - Analytics, Interactive / Digital, Media Department - MEDIAHUB NEW YORK, New York, NY, *pg.* 249
Levin, Jason - Analytics, Interactive / Digital, PPOM, Research - WAVEMAKER, New York, NY, *pg.* 526
Levin, Amy - Analytics, Interactive / Digital - PERFORMICS, Chicago, IL, *pg.* 676
Levine Archer, Samantha - Account Services, Analytics - HEARTS & SCIENCE, New York, NY, *pg.* 471
LeVonne, Stephanie - Account Services, Analytics, Media Department - TINUITI, New York, NY, *pg.* 678
Levy, Aaron - Analytics, Interactive / Digital - TINUITI, New York, NY, *pg.* 678
Li, Panjun - Analytics, Interactive / Digital, NBC - MEDIA STORM, New York, NY, *pg.* 486
Liew, Stephanie - Analytics, Programmatic - HORIZON MEDIA, INC., New York, NY, *pg.* 474
Lifhits, Greg - Analytics, Interactive / Digital, Media Department - CRONIN, Glastonbury, CT, *pg.* 55
Light-McNeely, Dina - Account Services, Analytics, Creative, Operations - BLUE 449, Dallas, TX, *pg.* 456
Linares, Angela - Analytics - HANSON, INC., Toledo, OH, *pg.* 237
Lindberg, Isaac - Analytics - DIGITAS, Atlanta, GA, *pg.* 228
Linert, Amy - Analytics, NBC, Social Media - MANIFEST, Phoenix, AZ, *pg.* 383
Lioi, Olivia - Analytics, Interactive / Digital, Research - RPA, Santa Monica, CA, *pg.* 134
Lippke, Francisco - Analytics - STARCOM WORLDWIDE, Chicago, IL, *pg.* 513
Liu, Andrew - Analytics, Creative, Promotions - SPRINKLR, New York, NY, *pg.* 688
Liu, Qing - Analytics, Operations - VMLY&R, New York, NY, *pg.* 160
Loach, Jeffrey - Analytics - RAPPORT OUTDOOR WORLDWIDE, Chicago, IL, *pg.* 556
Lokpez-Cobo, Eirasmin - Analytics, Research - CREATIVEONDEMAND, Coconut Grove, FL, *pg.* 539
Longhini, Will - Analytics, Interactive / Digital, Media Department, NBC - PHD CHICAGO, Chicago, IL, *pg.* 504
Looney, Tama - Analytics, Research - FISHBOWL, Alexandria, VA, *pg.* 234
Loos, Christopher - Analytics, Interactive / Digital - MEDIACOM, New York, NY, *pg.* 487
Lopez, Patrick - Account Planner, Account Services, Analytics, Management, PPOM, Research - INTERBRAND, New York, NY, *pg.* 187
LoPiccolo, Brian - Analytics, Media Department - MCKINNEY, Durham, NC, *pg.* 111
Loredo, Gerry - Account Planner, Analytics, NBC, Research - LOPEZ NEGRETE COMMUNICATIONS, INC., Houston, TX, *pg.* 542
Lounsberry, Valarie - Account Services, Analytics, Interactive / Digital - NET CONVERSION, Orlando, FL, *pg.* 253
Lu, Diana - Analytics, Interactive / Digital, Research - SPARK FOUNDRY, New York, NY, *pg.* 508
Lu, Jessie - Analytics, NBC, Research - VAYNERMEDIA, New York, NY, *pg.* 689
Luba, Matt - Analytics, Interactive / Digital, Media Department - BAYARD ADVERTISING AGENCY, INC., New York, NY, *pg.* 37
Lum, Kimberly - Account Services, Analytics, NBC, Social Media - WAVEMAKER, New York, NY, *pg.* 526
Lurie, Eric - Account Planner, Account Services, Analytics, NBC - HORIZON MEDIA, INC., New York, NY, *pg.* 474
Maddox, Dave - Analytics, Research - WESTGROUP RESEARCH, Phoenix, AZ, *pg.* 451
Magliocca, Evan - Analytics, Creative, Promotions - BAESMAN, Columbus, OH, *pg.* 167
Mahajan, Ashika - Analytics, Interactive / Digital, Media Department - M/SIX, Toronto, ON, *pg.* 483
Main, Kaitlyn - Analytics, Interactive / Digital, NBC, Research - PHD CHICAGO, Chicago, IL, *pg.* 504
Mainprize, Janet - Analytics, Interactive / Digital, Media Department, Operations - MINDSHARE, Toronto, ON, *pg.* 495
Maitra, Seb - Analytics, Management, Media Department, Operations, PPOM - NORBELLA, Boston, MA, *pg.* 497
Malekian, Geoffrey - Analytics - MEDIAHUB NEW YORK, New York, NY, *pg.* 249
Malone, Matthew - Analytics, NBC, Research - SPARK FOUNDRY, Chicago, IL, *pg.* 510
Malone, Caitlin - Analytics - INITIATIVE, Chicago, IL, *pg.* 479
Mann, Jake - Account Planner, Analytics, Interactive / Digital, Media Department, NBC, PPM - ZENITH MEDIA, New York, NY, *pg.* 529
Manohar, Saira - Account Services, Analytics, Media Department - IPROSPECT, Fort Worth, TX, *pg.* 674
Marcum, Andrew - Analytics - PROPHET, New York, NY, *pg.* 15
Mardoyan-Smyth, Julian - Analytics, Programmatic - SPARK FOUNDRY, Chicago, IL, *pg.* 510
Mariello, Anthony - Account Planner, Analytics, Creative - THE&PARTNERSHIP, New York, NY, *pg.* 426
Marko, David - Account Services, Analytics, Management - ACUMEN SOLUTIONS, McLean, VA, *pg.* 167
Marks, Takezo - Analytics, Interactive / Digital, NBC - RAIN, Portland, OR, *pg.* 402
Marlow, Jordan - Analytics, NBC - MANIFEST, Phoenix, AZ, *pg.* 383
Marpe, Tory - Analytics - ANSIRA, Addison, TX, *pg.* 326
Marsh, Pamela - Account Planner, Analytics, Research - ANNALECT GROUP, New York, NY, *pg.* 213
Martin, Nicole - Analytics, Interactive / Digital, Media Department, NBC - PACE COMMUNICATIONS, Greensboro, NC, *pg.* 395
Martin, Nicole - Analytics - CARAT, Detroit, MI, *pg.* 461
Maruscak, Ethan - Account Services, Analytics, Media Department - FORWARDPMX, New York, NY, *pg.* 360
Masel, Sarah - Analytics, NBC - BIG SPACESHIP, Brooklyn, NY, *pg.* 455
Maslow, Jonathan - Analytics - ZENITH MEDIA, New York, NY, *pg.* 529
Masterson, Vera - Account Planner, Analytics, Interactive / Digital, Media Department - VAYNERMEDIA, New York, NY, *pg.* 689
Mather, Wheaten - Account Planner,

RESPONSIBILITIES INDEX — AGENCIES

Analytics, Research - STRATEGIC AMERICA, West Des Moines, IA, pg. 414

Mathur, Anant - Analytics - ESSENCE, San Francisco, CA, pg. 232

Mathur, Pooja - Analytics - MERKLE, King of Prussia, PA, pg. 114

May, Mike - Account Planner, Analytics, NBC - HUGE, INC., Washington, DC, pg. 240

May, Robert - Analytics, Media Department - 360I, LLC, Los Angeles, CA, pg. 208

McArthur, Maddie - Account Planner, Analytics, Interactive / Digital, Media Department - AKQA, San Francisco, CA, pg. 211

McCarter Nagle, Gwen - Administrative, Analytics, Creative - THE PARAGRAPH PROJECT, Durham, NC, pg. 152

McCarthy, Rick - Analytics - SFW AGENCY, Greensboro, NC, pg. 16

McClelland, Misi - Analytics, Management, Operations, Social Media - IGNITE SOCIAL MEDIA, Cary, NC, pg. 686

McCormick, Timothy - Analytics, Media Department - BIGEYE AGENCY, Orlando, FL, pg. 3

McCormick, Pat - Analytics, Research - STARCOM WORLDWIDE, Chicago, IL, pg. 513

McFarren, Kyle - Analytics, Research - NSA MEDIA GROUP, INC., Downers Grove, IL, pg. 497

McGehee, Kevin - Analytics - HORIZON MEDIA, INC., New York, NY, pg. 474

McGoldrick, Joline - Analytics, Research - VIDMOB, New York, NY, pg. 690

McGoldrick, Megan - Analytics, Media Department, Research - DIGITAS, Boston, MA, pg. 226

McGowan, Amanda - Analytics - SEER INTERACTIVE, Philadelphia, PA, pg. 677

McKee, Jordan - Analytics - 451 RESEARCH, Boston, MA, pg. 441

McKenna, Chris - Analytics - 360I, LLC, New York, NY, pg. 320

McLaren, Matt - Account Services, Analytics, Creative - CHEMISTRY ATLANTA, Atlanta, GA, pg. 50

McLaughlin, Joseph - Analytics - BEACONFIRE REDENGINE, Arlington, VA, pg. 216

McLean, Malcolm - Account Planner, Analytics, PPOM, Research - CUNDARI INTEGRATED ADVERTISING, Toronto, ON, pg. 347

McMillan, Sara - Analytics, Operations, PPOM - MUNROE CREATIVE PARTNERS, Philadelphia, PA, pg. 192

McNeill, Nick - Analytics, Interactive / Digital - THE BRANDON AGENCY, Myrtle Beach, SC, pg. 419

McWilliams, Joe - Account Services, Analytics - PUBLICIS.SAPIENT, Atlanta, GA, pg. 259

Meeson, Jeff - Account Services, Analytics, Research - OCTAGON, Stanford, CT, pg. 313

Mehta, Nirav - Account Planner, Analytics - ZENITH MEDIA, New York, NY, pg. 529

Meltzer, Samantha - Analytics - DIGITAS, San Francisco, CA, pg. 227

Merolle, Christopher - Analytics, Interactive / Digital, Media Department, NBC, Research - HAVAS MEDIA GROUP, New York, NY, pg. 468

Mianecki, Anthony - Analytics - PERFORMICS, Chicago, IL, pg. 676

Micks, Emily - Analytics, Media Department, Programmatic - UNIVERSAL MCCANN, Toronto, ON, pg. 524

Miller, Jennifer - Analytics, Research - NEO MEDIA WORLD, New York, NY, pg. 496

Mir, Faiza - Analytics - 360I, LLC, Atlanta, GA, pg. 207

Mizera, Nick - Analytics, Interactive / Digital, Media Department, Research - WUNDERMAN THOMPSON, Chicago, IL, pg. 434

Mogharabi, Shon - Analytics, Research - TRANSLATION, Brooklyn, NY, pg. 299

Molnar, Jeremy - Analytics, NBC - AIMIA, Toronto, ON, pg. 167

Monarko, Dan - Analytics, Management - SMITH BROTHERS AGENCY, LP, Pittsburgh, PA, pg. 410

Moran, Jeremy - Analytics - THE RICHARDS GROUP, INC., Dallas, TX, pg. 422

Morgan, Rob - Analytics, Research - THE MARKETING STORE WORLDWIDE, Chicago, IL, pg. 421

Morrelli, Nick - Analytics - IPROSPECT, Boston, MA, pg. 674

Mossawir, John - Analytics, Research - INITIATIVE, New York, NY, pg. 477

Moylan, Danielle - Analytics, Media Department - 360I, LLC, New York, NY, pg. 320

Mulderink, Matthew - Analytics, Interactive / Digital, Management, Media Department, NBC, Research, Social Media - CONNECT AT PUBLICIS MEDIA, Chicago, IL, pg. 462

Mulvey, Therese - Analytics - NOVUS MEDIA, INC., Chicago, IL, pg. 497

Munjal, Divya - Analytics - VMLY&R, New York, NY, pg. 160

Murad-Patel, Libby - Analytics, Research - HEARST AUTOS, San Francisco, CA, pg. 238

Murphy, Kevin - Analytics, Interactive / Digital, Media Department - CMD, Portland, OR, pg. 51

Murphy, Jenna - Analytics, NBC - KEPLER GROUP, New York, NY, pg. 244

Murray, Taylor - Analytics - STARCOM WORLDWIDE, Chicago, IL, pg. 513

Murray, Mike - Account Services, Analytics - ABEL SOLUTIONS, INC., Alpharetta, GA, pg. 209

Musi, George - Analytics, Interactive / Digital, Management, Media Department, Research - BLUE 449, New York, NY, pg. 455

Nallen, Daniel - Analytics - VMLY&R, New York, NY, pg. 160

Nardone, Giuseppe - Analytics, Interactive / Digital - LOSASSO INTEGRATED MARKETING, Chicago, IL, pg. 381

Nash, Liz - Analytics, Research - OMNICOM GROUP, New York, NY, pg. 123

Nayar, Prashant - Account Services, Analytics - WAVEMAKER, New York, NY, pg. 526

Neale, Kristen - Analytics, Media Department, NBC, Research - TRIAD RETAIL MEDIA, St. Petersburg, FL, pg. 272

Nelipa, Nadia - Analytics - HARTE HANKS, INC., San Antonio, TX, pg. 284

Nelson, Pamela - Account Services, Analytics, Interactive / Digital - WPROMOTE, Melville, NY, pg. 678

Nelson, Ted - Account Planner, Analytics, PPOM - MECHANICA, Newburyport, MA, pg. 13

Nevins, Nick - Account Planner, Analytics, Interactive / Digital, Media Department - PHD USA, New York, NY, pg. 505

Nevins, Abigail - Analytics, Creative - KEPLER GROUP, New York, NY, pg. 244

Newton, Cassidy - Analytics - WARREN DOUGLAS ADVERTISING, Fort Worth, TX, pg. 161

Ng, Lily - Analytics, Research - DROGA5, New York, NY, pg. 64

Nhat Bui, Minh - Analytics - MINDSHARE, New York, NY, pg. 491

Nichols, Jane - Analytics - STARCOM WORLDWIDE, Chicago, IL, pg. 513

Nicoara, Monica - Analytics, Media Department, Research - SPARK FOUNDRY, Chicago, IL, pg. 510

Nikles, Dennis - Analytics, Media Department - &BARR, Orlando, FL, pg. 319

Norman, Rick - Analytics - SOURCELINK, LLC, Greenville, SC, pg. 292

Nuccio, Dawn - Analytics, Interactive / Digital - DUMONT PROJECT, Marina Del Rey, CA, pg. 230

Nussbaum, Dave - Analytics, NBC - PUBLICIS HEALTH, New York, NY, pg. 639

O'Flynn, Rory - Analytics - HUGE, INC., Brooklyn, NY, pg. 239

O'Hanlon, Maikel - Analytics, NBC, Social Media - HORIZON MEDIA, INC., New York, NY, pg. 474

O'Neill, Sean - Analytics, Operations - ARNOLD WORLDWIDE, Boston, MA, pg. 33

O'Shea, Allie - Account Planner, Analytics, Interactive / Digital, NBC - PUBLICIS NORTH AMERICA, New York, NY, pg. 399

Olson, Kirk - Analytics, Media Department - HORIZON MEDIA, INC., New York, NY, pg. 474

Orapello, Drew - Analytics - FORSMAN & BODENFORS, New York, NY,

1292

AGENCIES RESPONSIBILITIES INDEX

pg. 74
OReilly, Doug - Analytics - IPROSPECT, New York, NY, *pg.* 674
Otey, James - Analytics, Creative, Interactive / Digital - AGILITEE SOLUTIONS, INC., Londonderry, NH, *pg.* 172
Overley, Jerod - Analytics, Interactive / Digital - VMLY&R, Kansas City, MO, *pg.* 274
Owens, Kristopher - Analytics - HAVAS FORMULATIN, New York, NY, *pg.* 612
Ozerities, Henry - Account Planner, Analytics, Research - AGENCY 720, Detroit, MI, *pg.* 323
Pacheco, Juan - Analytics, Interactive / Digital, Media Department - MEKANISM, New York, NY, *pg.* 113
Pagliuca, Megan - Account Planner, Account Services, Analytics, Media Department, PPOM, Programmatic - HEARTS & SCIENCE, New York, NY, *pg.* 471
Palasek, Jessie - Analytics - MULLENLOWE U.S. BOSTON, Boston, MA, *pg.* 389
Palmquist, Christopher - Analytics, Programmatic - SPARK FOUNDRY, Chicago, IL, *pg.* 510
Parker, Zachary - Analytics, PPOM, Programmatic - THE TRADE DESK, Los Angeles, CA, *pg.* 519
Parker, Mollie - Analytics - DWA MEDIA, San Francisco, CA, *pg.* 464
Parker, Eddie - Analytics - STARCOM WORLDWIDE, Chicago, IL, *pg.* 513
Parks, Jeffrey - Analytics - TINUITI, Dania Beach, FL, *pg.* 271
Parks, Dan - Analytics - PERFORMICS, Chicago, IL, *pg.* 676
Parnell, Shaun - Account Services, Analytics - ANSIRA, Dallas, TX, *pg.* 1
Parsons, Alexa - Account Services, Analytics, Interactive / Digital - NET CONVERSION, Orlando, FL, *pg.* 253
Patel, Saagar - Analytics, Operations - CHIEF MARKETING OFFICER COUNCIL, San Jose, CA, *pg.* 50
Pathiyil, Amy - Analytics - DOREMUS & COMPANY, New York, NY, *pg.* 64
Patterson, Garrett - Analytics - SPARK FOUNDRY, Chicago, IL, *pg.* 510
Pawlowski, Inbal - Account Planner, Analytics - ABELSON-TAYLOR, Chicago, IL, *pg.* 25
Payne, Pam - Analytics, Management, Media Department - ROBERTSON+PARTNERS, Las Vegas, NV, *pg.* 407
Peart, Chelsea - Account Services, Analytics, NBC - DUNCAN CHANNON, San Francisco, CA, *pg.* 66
Pedroza, Cristina - Account Services, Analytics, NBC - CONTEND, Los Angeles, CA, *pg.* 52
Pelay, Carlos - Analytics, Interactive / Digital - EXCELERATE DIGITAL, Raleigh, NC, *pg.* 233
Peltekian, Lisa - Analytics, Media Department - STARCOM WORLDWIDE, Chicago, IL, *pg.* 513
Penelton, Lisa - Account Services, Analytics, NBC, Operations - CRITICAL MASS, INC., Chicago, IL, *pg.* 223
Peper Hays, Heide - Analytics, Research - DEUTSCH, INC., Los Angeles, CA, *pg.* 350
Peplov, Artem - Analytics, Research - DOREMUS & COMPANY, San Francisco, CA, *pg.* 64
Peralta, Huascar - Analytics, Media Department, Operations, Research - UNIVERSAL MCCANN DETROIT, Birmingham, MI, *pg.* 524
Perez, Pedro - Analytics - DIGITAS, New York, NY, *pg.* 226
Perriguey, Mark - Analytics, Creative, Interactive / Digital - ASEN MARKETING & ADVERTISING, INC., Knoxville, TN, *pg.* 327
Perry, Jen - Account Planner, Analytics, Research - WUNDERMAN THOMPSON, Washington, DC, *pg.* 434
Peters, Bethany - Analytics, Interactive / Digital - RAPPORT OUTDOOR WORLDWIDE, Chicago, IL, *pg.* 556
Petersen, Brian - Analytics, Media Department, NBC - ANNALECT GROUP, New York, NY, *pg.* 213
Peterson, Jaye - Account Services, Analytics, Creative, Research - ADVENTURE CREATIVE, Brainerd, MN, *pg.* 28
Pethkongkathon, Krit - Account Services, Analytics, Management, NBC - HORIZON MEDIA, INC., New York, NY, *pg.* 474
Pfeil, Tom - Analytics, Media Department - STARCOM WORLDWIDE, Chicago, IL, *pg.* 513
Phillips, Jennifer - Analytics, Creative - TRAKTEK PARTNERS, Needham, MA, *pg.* 271
Piaggio, Valeria - Analytics, NBC, Research - THE FUTURES COMPANY, Chapel Hill, NC, *pg.* 450
Pidliskey, Dana - Analytics, Media Department - ZENITH MEDIA, New York, NY, *pg.* 529
Piggush, Nate - Analytics - BRADLEY AND MONTGOMERY, Indianapolis, IN, *pg.* 336
Pike, Zack - Analytics, Creative - CALLAHAN CREEK, Lawrence, KS, *pg.* 4
Pisarra, Shelley - Analytics, Research - WASSERMAN MEDIA GROUP, Los Angeles, CA, *pg.* 317
Polizzi, Christina - Analytics, Interactive / Digital, NBC, Research - ACCELERATION PARTNERS, Needham, MA, *pg.* 25
Pologruto, Carina - Analytics, Interactive / Digital, Operations, PPOM - MARKETSMITH, INC, Cedar Knolls, NJ, *pg.* 483
Pop, Emma - Analytics, Management, Media Department, Research - STARCOM WORLDWIDE, Chicago, IL, *pg.* 513
Posch, Andrew - Analytics, Creative - SIGNAL THEORY, Kansas City, MO, *pg.* 141
Poulton, Simon - Account Services, Analytics, Interactive / Digital - WPROMOTE, El Segundo, CA, *pg.* 678
Powers, Lisi - Analytics, Social Media - WALRUS, New York, NY, *pg.* 161
Poyer, James - Analytics, Interactive / Digital - TEAM VELOCITY MARKETING, Herndon, VA, *pg.* 418
Pratt, Marcus - Analytics, Interactive / Digital, Research - MEDIASMITH, INC., San Francisco, CA, *pg.* 490
Prefer, Nicole - Analytics - THE INTEGER GROUP, Lakewood, CO, *pg.* 682
Prentice, Grant - Account Planner, Analytics, Public Relations - FOODMINDS, LLC, Chicago, IL, *pg.* 606
Price, James - Analytics, Interactive / Digital, PPOM, Programmatic, Research - OUTFRONT MEDIA, New York, NY, *pg.* 554
Proudlock, Eileen - Analytics, PPM - SAGE MEDIA PLANNING & PLACEMENT, INC., Washington, DC, *pg.* 508
Puckey, Brad - Analytics, NBC, PPOM - TENET PARTNERS, New York, NY, *pg.* 450
Putrino, Clare - Analytics - SPARK FOUNDRY, El Segundo, CA, *pg.* 512
Quan-Knowles, Renee - Analytics, Creative - THE&PARTNERSHIP, New York, NY, *pg.* 426
Quick, Julie - Account Planner, Analytics, Interactive / Digital - SHOPTOLOGY, Plano, TX, *pg.* 682
Rafferty, Brian - Account Services, Analytics, Research - SIEGEL & GALE, New York, NY, *pg.* 17
Raley, Dave - Account Planner, Analytics, Interactive / Digital, NBC, Research - MASTERWORKS, Poulsbo, WA, *pg.* 687
Ramos, Eric - Analytics - BUSINESSONLINE, San Diego, CA, *pg.* 672
Rao, Sunil - Analytics - MERKLE, King of Prussia, PA, *pg.* 114
Rapport, Kelley - Analytics, Interactive / Digital, Programmatic - DIGITAS, Boston, MA, *pg.* 226
Ratchye Foster, Ellen - Analytics - EPSILON, Chicago, IL, *pg.* 283
Regen, Laura - Analytics, Interactive / Digital, Research - WAVEMAKER, New York, NY, *pg.* 526
Reggimenti, Mark - Analytics, NBC, PPOM, Research - ANNALECT GROUP, New York, NY, *pg.* 213
Reicherter, Barry - Analytics, Interactive / Digital, PPOM, Research - WIDMEYER COMMUNICATIONS, Washington, DC, *pg.* 662
Reifel, Emma - Analytics, Interactive / Digital, Media Department - LYONS CONSULTING GROUP, Chicago, IL, *pg.* 247
Reilly, Carlin - Account Services, Analytics, Media Department,

RESPONSIBILITIES INDEX — AGENCIES

Research - MEDIAHUB BOSTON, Boston, MA, *pg.* 489
Reilly, Brent - Analytics - DIGITAL AUTHORITY PARTNERS, Chicago, IL, *pg.* 225
Remmers, Marisa - Account Services, Analytics, NBC - NEBO AGENCY, LLC, Atlanta, GA, *pg.* 253
Remmy, Evan - Analytics - EMPOWER, Cincinnati, OH, *pg.* 354
Renegar, Rob - Analytics, Research - STERLING-RICE GROUP, Boulder, CO, *pg.* 413
Resnick, Danielle - Analytics, Media Department - PHD CHICAGO, Chicago, IL, *pg.* 504
Rezai, Bitta - Analytics - UNIVERSAL MCCANN, San Francisco, CA, *pg.* 428
Ribero, Esteban - Account Planner, Analytics, Research - PERFORMICS, Chicago, IL, *pg.* 676
Riley, Samantha - Analytics - MRM//MCCANN, New York, NY, *pg.* 289
Robertson, Brendan - Analytics, PPOM - MUH-TAY-ZIK / HOF-FER, San Francisco, CA, *pg.* 119
Robinson, Angus - Analytics - DENTSUBOS INC., Toronto, ON, *pg.* 61
Rode, Charles - Analytics, Research - GENESCO SPORTS ENTERPRISES, Dallas, TX, *pg.* 306
Rodriguez, Angela - Analytics, Research - ALMA, Coconut Grove, FL, *pg.* 537
Rodriguez, Diossley - Analytics, Social Media - TINUITI, Dania Beach, FL, *pg.* 271
Rogers, Stephanie - Analytics, Management - MERGE, Boston, MA, *pg.* 113
Rosa, Adam - Analytics, Media Department - DIGITAL AUTHORITY PARTNERS, Chicago, IL, *pg.* 225
Rosario, Xavier - Analytics, Research - THE MEDIA KITCHEN, New York, NY, *pg.* 519
Rose, Joseph - Analytics - SPARK FOUNDRY, Chicago, IL, *pg.* 510
Rosner, Pat - Analytics, Media Department, Research - PARADOWSKI CREATIVE, Saint Louis, MO, *pg.* 125
Rosser, Beau - Account Services, Analytics, Social Media - ADPEARANCE, Portland, OR, *pg.* 671
Rossi, Dylan - Analytics - SPARK FOUNDRY, Chicago, IL, *pg.* 510
Rossler, Jordan - Analytics, NBC - MARKETING ARCHITECTS, Minneapolis, MN, *pg.* 288
Rothery, Doug - Analytics, Research - STARCOM WORLDWIDE, Chicago, IL, *pg.* 513
Rouse, Deb - Analytics - A.B. DATA, LTD, Milwaukee, WI, *pg.* 279
Rozkowski, Carl - Analytics, Media Department - JEKYLL AND HYDE, Redford, MI, *pg.* 92
Ruchlewicz, Sam - Analytics, Interactive / Digital, Media Department - WARSCHAWSKI PUBLIC RELATIONS, Baltimore, MD, *pg.* 659
Ruegger, Andrew - Analytics, Interactive / Digital, PPOM - GROUPM, New York, NY, *pg.* 466
Russell, Claire - Analytics, Interactive / Digital, Media Department, Programmatic, Social Media - FITZCO, Atlanta, GA, *pg.* 73
Russo, Tricia - Account Planner, Analytics, NBC, PPOM - DDB CHICAGO, Chicago, IL, *pg.* 59
Ryan, Mark - Analytics, PPOM - EXTRACTABLE, INC., San Francisco, CA, *pg.* 233
Ryan, Sean - Analytics - RESOURCE/AMMIRATI, Columbus, OH, *pg.* 263
Saidnawey, JP - Analytics - PUBLICIS.SAPIENT, Chicago, IL, *pg.* 259
Sakaguchi, Kristin - Analytics - HAVAS FORMULATIN, New York, NY, *pg.* 612
Salvo, Tradd - Analytics, Research - DROGA5, New York, NY, *pg.* 64
Sampathu, Darshan - Account Planner, Analytics, Research - ALLEN & GERRITSEN, Boston, MA, *pg.* 29
Sandmann, Deanna - Analytics, Management, Research - 1000HEADS, New York, NY, *pg.* 691
Sanford, Marc - Analytics - WUNDERMAN THOMPSON SEATTLE, Seattle, WA, *pg.* 435
Sangidorj, Darren - Account Services, Analytics, Media Department - MINDSHARE, New York, NY, *pg.* 491
Santos, Dina - Analytics - ARENA MEDIA, New York, NY, *pg.* 454
Sardana, Bhawna - Analytics - SPARK FOUNDRY, Chicago, IL, *pg.* 510
Saucedo, Sergio - Analytics - MUH-TAY-ZIK / HOF-FER, San Francisco, CA, *pg.* 119
Saunders, Rachel - Analytics, Research - WE'RE MAGNETIC, New York, NY, *pg.* 318
Schaerli, Alexander - Analytics - HORIZON MEDIA, INC., Los Angeles, CA, *pg.* 473
Schaffer, Katherine - Account Planner, Account Services, Analytics, Media Department, NBC, Research - OMD, Chicago, IL, *pg.* 500
Schiff, Brooke - Analytics, Interactive / Digital, Media Department, Social Media - HAVAS MEDIA GROUP, New York, NY, *pg.* 468
Schilling, Vitoria - Analytics, NBC - MEDIACOM, New York, NY, *pg.* 487
Schlegel, Luke - Analytics, Operations - NINA HALE CONSULTING, Minneapolis, MN, *pg.* 675
Schmidt, Robert - Analytics, Research - CARAT, Detroit, MI, *pg.* 461
Schnaufer, Ian - Analytics, Media Department - CRONIN, Glastonbury, CT, *pg.* 55
Schneck, Pamela - Analytics, Interactive / Digital, Media Department - AUSTIN & WILLIAMS ADVERTISING, Hauppauge, NY, *pg.* 328
Schrage, Morgan - Analytics - SPARK FOUNDRY, Chicago, IL, *pg.* 510
Schulman, Stacey Lynn - Analytics, NBC, PPOM, Research - KATZ MEDIA GROUP, INC., New York, NY, *pg.* 481
Schultz, Cameron - Analytics, Programmatic - UNIVERSAL MCCANN, Los Angeles, CA, *pg.* 524
Schultz, Lewis - Account Planner, Analytics, Research - MINDSHARE, New York, NY, *pg.* 491
Schuyler, Amy - Account Planner, Analytics, Interactive / Digital, Social Media - HUDSON ROUGE, Dearborn, MI, *pg.* 372
Schwandt, Ben - Analytics, Interactive / Digital, Media Department, Research - GTB, Dearborn, MI, *pg.* 367
Schwartz, Jessica - Account Services, Analytics, Media Department - PHD USA, New York, NY, *pg.* 505
Scognamiglio, Michael - Analytics - KEPLER GROUP, New York, NY, *pg.* 244
Scott, David - Analytics, Creative - KANTAR MILLWARD BROWN, Toronto, ON, *pg.* 446
Scruggs, Gary - Account Services, Analytics, Management, Media Department - JELLYFISH U.S., Baltimore, MD, *pg.* 243
Seaman, Caitlin - Analytics, Interactive / Digital - PURERED, Princeton, NJ, *pg.* 130
Sears, Daniel - Analytics - BOATHOUSE GROUP, INC., Waltham, MA, *pg.* 40
Sedlarcik, Peter - Analytics, Management, PPOM, Research - HAVAS MEDIA GROUP, New York, NY, *pg.* 468
Seiler, Mike - Account Services, Analytics - AKQA, San Francisco, CA, *pg.* 211
Selig, Jeff - Analytics - OVERDRIVE INTERACTIVE, Allston, MA, *pg.* 256
Selwood, David - Analytics, Operations, PPOM, Research - JAVELIN AGENCY, Irving, TX, *pg.* 286
Seminowicz, Chris - Account Services, Analytics, NBC - DIGITAS HEALTH LIFEBRANDS, New York, NY, *pg.* 229
Sen, Sudeshna - Analytics - MERKLE, King of Prussia, PA, *pg.* 114
Seth, Amit - Analytics, Management, Research - GROUPM, New York, NY, *pg.* 466
Shah, Ruchir - Analytics, NBC - 4FRONT, Chicago, IL, *pg.* 208
Shakeel, Khawar - Analytics, Media Department, NBC - SPARK FOUNDRY, New York, NY, *pg.* 508
Shalaby, Karim - Analytics - PERFORMICS, Chicago, IL, *pg.* 676
Shalaveyus, Jason - Analytics, Research - STARCOM WORLDWIDE, Chicago, IL, *pg.* 513
Shamsunder, Abhilash - Analytics - ARCHER MALMO, Memphis, TN, *pg.* 32
Shanahan, Vanessa - Analytics, NBC - SMARTY SOCIAL MEDIA, Santa Ana, CA, *pg.* 688
Sharkey, Tom - Analytics - BARBARIAN, New York, NY, *pg.* 215

AGENCIES

RESPONSIBILITIES INDEX

Sharp, Quinn - Analytics - WALKER SANDS COMMUNICATIONS, Chicago, IL, pg. 659

Shea, George - Analytics, NBC - SILVERMAN GROUP, New Haven, CT, pg. 410

Shear, Michael - Analytics - EPSILON , New York, NY, pg. 283

Sheehan, Meg - Account Services, Analytics, Interactive / Digital - PATTERN, New York, NY, pg. 126

Shires, Ben - Analytics - THE TOMBRAS GROUP, Knoxville, TN, pg. 424

Sidley, Katelyn - Analytics, Interactive / Digital, Media Department, NBC - SEER INTERACTIVE, Philadelphia, PA, pg. 677

Siltanen, Chelsey - Analytics, Creative, Interactive / Digital - SILTANEN & PARTNERS ADVERTISING, El Segundo, CA, pg. 410

Simmons, Ethan - Analytics - IPROSPECT, Boston, MA, pg. 674

Simpson, Matthew - Analytics, Operations - MRM//MCCANN, New York, NY, pg. 289

Sincaglia, Matt - Account Planner, Analytics, Management, Media Department, NBC - REDPEG MARKETING, Alexandria, VA, pg. 692

Sitzmann, Dale - Analytics, Interactive / Digital, Programmatic - THE TRADE DESK, Boulder, CO, pg. 520

Siu, Wilson - Analytics, Media Department - MEDIAHUB BOSTON, Boston, MA, pg. 489

Smerch, Hanya - Analytics - STARCOM WORLDWIDE, Chicago, IL, pg. 513

Smith, Caroline - Analytics - HAVAS TONIC, New York, NY, pg. 285

Smith, Leanne - Analytics - CMI MEDIA, LLC, King of Prussia, PA, pg. 342

Smith, Jason - Account Services, Analytics - AMNET, New York, NY, pg. 454

Soder, Mike - Analytics, Finance - EXTREME REACH, INC., Needham, MA, pg. 552

Song, Shawn - Account Services, Analytics - PHD USA, New York, NY, pg. 505

Spadaro, Lou - Analytics, Media Department - STARCOM WORLDWIDE, New York, NY, pg. 517

Spenjian, Aris - Analytics - ZENITH MEDIA, New York, NY, pg. 529

Stackhouse, Madeline - Analytics, Research - ZEHNDER COMMUNICATIONS, INC., New Orleans, LA, pg. 436

Stagner, Michael - Analytics, Media Department - THE RICHARDS GROUP, INC., Dallas, TX, pg. 422

Steele, Kelsey - Analytics, NBC - HAVAS MEDIA GROUP, New York, NY, pg. 468

Stein, Gail - Account Services, Analytics, Media Department, NBC - HEARTS & SCIENCE, New York, NY, pg. 471

Stein, Gary - Account Services, Analytics, Interactive / Digital, Management, Media Department, NBC, PPOM, Research - DUNCAN CHANNON, San Francisco, CA, pg. 66

Stein, Martin - Analytics, NBC, PPOM - G5 SEARCH MARKETING INC., Bend, OR, pg. 673

Stein, Danielle - Account Services, Analytics, Interactive / Digital, Public Relations - EDELMAN, New York, NY, pg. 599

Steiner, Michael - Analytics, Interactive / Digital - HARRISON & STAR, INC., New York, NY, pg. 9

Stentz, William - Analytics, NBC, Research - CARMICHAEL LYNCH, Minneapolis, MN, pg. 47

Sterling, Nancy - Account Planner, Analytics, NBC - ML STRATEGIES, LLC, Boston, MA, pg. 627

Steward, Skylar - Analytics - 72ANDSUNNY, Brooklyn, NY, pg. 24

Stewart, Kristian - Analytics, Interactive / Digital, Research - TEN35, Chicago, IL, pg. 147

Stewart, John - Analytics - DIGITAS, San Francisco, CA, pg. 227

Stone, Mark - Account Services, Analytics - HUDSON RIVER GROUP, Tarrytown, NY, pg. 239

Strawn, Brooke - Analytics, Operations - ADPEARANCE, Portland, OR, pg. 671

Stroh, Patrick - Analytics - BRUNNER, Pittsburgh, PA, pg. 44

Stuiber, Katie - Analytics - LEO BURNETT WORLDWIDE, Chicago, IL, pg. 98

Su, Fion - Account Services, Analytics, Interactive / Digital, Research - GROUPM, New York, NY, pg. 466

Sui, Taylor - Analytics - RPA, Santa Monica, CA, pg. 134

Sumner, Amanda - Account Services, Analytics, Interactive / Digital - NET CONVERSION, Orlando, FL, pg. 253

Sutherland, Jenny - Analytics, Creative - VISITURE, Charleston, SC, pg. 678

Swaney, Joel - Analytics, Interactive / Digital, Media Department - NINA HALE CONSULTING, Minneapolis, MN, pg. 675

Swartwout, Christine - Analytics - CROSSMEDIA, New York, NY, pg. 463

Sweeney, Chris - Analytics - INFINITY MARKETING, Greenville, SC, pg. 374

Swift, Brandon - Analytics - THE CDM GROUP, New York, NY, pg. 149

Szandzik, Mark - Analytics - PUBLICIS.SAPIENT, New York, NY, pg. 258

Tagle, Aris - Analytics, Interactive / Digital, Media Department, Social Media - TEAM ONE, Los Angeles, CA, pg. 417

Tang, Sophia - Analytics, Programmatic, Research - BRANDTRUST, INC., Chicago, IL, pg. 4

Tarhan, Tiphaine - Account Services, Analytics - ESSENCE, New York, NY, pg. 232

Taylor, Britton - Account Planner, Analytics, Operations - WIEDEN + KENNEDY, Portland, OR, pg. 430

Teagle, Andrew - Analytics, Research - GSD&M, Austin, TX, pg. 79

Tedstrom, John L. - Analytics, Management - PUBLICIS HAWKEYE, Dallas, TX, pg. 399

Temkin, Mike - Account Planner, Analytics - SHAKER RECRUITMENT ADVERTISING & COMMUNICATIONS, Oak Park, IL, pg. 667

Teng, Grace - Analytics, Media Department - ZAMBEZI, Culver City, CA, pg. 165

Terjeson, Steve - Analytics - WUNDERMAN THOMPSON, Chicago, IL, pg. 434

Teruya, Jeremy - Analytics - PUBLICIS.SAPIENT, New York, NY, pg. 258

Tetens, Samuel - Analytics - GENERATOR MEDIA + ANALYTICS, New York, NY, pg. 466

Tezel, Benan - Analytics - WAVEMAKER, New York, NY, pg. 526

Theo, Melinda - Account Planner, Account Services, Analytics, Management, NBC, Operations - AMOBEE, INC., New York, NY, pg. 30

Theurer, Sara - Analytics, Creative - SIGNAL THEORY, Kansas City, MO, pg. 141

Thomas, Ward - Analytics, NBC, Operations, Research - HAVAS HELIA, Glen Allen, VA, pg. 285

Thomas, Mason - Analytics, Research - YOUNG & LARAMORE, Indianapolis, IN, pg. 164

Thornton, Brooks - Analytics - PERFORMICS, Chicago, IL, pg. 676

Tisdale, Michelle - Analytics - TRACYLOCKE, Chicago, IL, pg. 426

Toboy, Barbara - Analytics - GTB, Dearborn, MI, pg. 367

Todd, Tara - Analytics, Media Department - DIGITAS, Chicago, IL, pg. 227

Tomaszewski, Jessica - Account Services, Analytics, Interactive / Digital, Media Department, NBC, Research - MEDIAHUB NEW YORK, New York, NY, pg. 249

Tong, Katy - Analytics - UNIVERSAL MCCANN, New York, NY, pg. 521

Tooch, Dylan - Analytics - MEKANISM, New York, NY, pg. 113

Toole, Christa - Analytics, Interactive / Digital, NBC, Research - GREATER THAN ONE, New York, NY, pg. 8

Toplitt, Dan - Analytics, Interactive / Digital, Research - REPRISE DIGITAL, New York, NY, pg. 676

Torres, Nathalie - Analytics - IXCO, Brooklyn, NY, pg. 243

Townsley, Katie - Analytics, Interactive / Digital, Research - ACCENTURE INTERACTIVE, Arlington, VA, pg. 322

Traeger, Paul - Account Planner,

RESPONSIBILITIES INDEX — AGENCIES

Analytics, Management - HAVAS MEDIA GROUP, Chicago, IL, pg. 469
Trenary, Laura - Analytics - HUGE, INC., Brooklyn, NY, pg. 239
Tripeau, Chloe - Analytics, Media Department, Research - STARCOM WORLDWIDE, New York, NY, pg. 517
Troth, Britton - Analytics - PUBLICIS.SAPIENT, New York, NY, pg. 258
Truman, Ken - Analytics, Interactive / Digital, Media Department, Research - MEDTHINK COMMUNICATIONS, Cary, NC, pg. 112
Tsan, Susan - Analytics - STARCOM WORLDWIDE, Chicago, IL, pg. 513
Tsioutsias, Dimitris - Analytics, PPOM - TARGETBASE MARKETING, Irving, TX, pg. 292
Turman, Sabrina - Analytics, Media Department - TEAM 201, Chicago, IL, pg. 269
Turner, Lauren - Analytics, Social Media - AGENCY 720, Detroit, MI, pg. 323
Turner, Jonathan - Analytics - MEDIAHUB BOSTON, Boston, MA, pg. 489
Turpin, Annmarie - Analytics - OCEAN MEDIA, INC., Huntington Beach, CA, pg. 498
Turtz, Zachary - Analytics, NBC - ROC NATION, New York, NY, pg. 298
Tuska, Jennifer - Analytics - RAIN, Portland, OR, pg. 402
Tyler, Jared - Analytics - SPARK FOUNDRY, Chicago, IL, pg. 510
Ulibas, Arlene - Analytics - SITUATION INTERACTIVE, New York, NY, pg. 265
Urice, Chad - Account Planner, Analytics, Management - MEDIA STORM, Norwalk, CT, pg. 486
Valeri, Brad - Account Planner, Analytics, Interactive / Digital, Media Department, NBC - HEARTS & SCIENCE, New York, NY, pg. 471
Valle, Katalina - Analytics, Media Department - PHD CHICAGO, Chicago, IL, pg. 504
Vallee, Kaila - Analytics, NBC, Operations - MMSI, Warwick, RI, pg. 496
Van Fleet, Ryan - Analytics - ZENITH MEDIA, New York, NY, pg. 529
Vandenberg, Stephen - Account Services, Analytics, Research - FIFTYANDFIVE.COM, Winter Park, FL, pg. 234
Veeraragavan, Arthi - Analytics - MUH-TAY-ZIK / HOF-FER, San Francisco, CA, pg. 119
Venn, Andrew - Account Services, Analytics, Creative, Interactive / Digital, NBC - AGILITEE SOLUTIONS, INC., Londonderry, NH, pg. 172
Verhulst, Amber - Analytics, Research - CICERON, Minneapolis, MN, pg. 220
Viers, Tim - Analytics - BLUE 449, Seattle, WA, pg. 456
Villanueva, Christine - Account Planner, Account Services, Administrative, Analytics,

Management, Media Department, PPOM, Research - WALTON ISAACSON, New York, NY, pg. 547
Vogler, Carrie - Account Services, Analytics, Creative - HUGE, INC., Atlanta, GA, pg. 240
Von Zee, Randall - Analytics - THE MX GROUP, Burr Ridge, IL, pg. 422
Wade, Nadia - Account Services, Analytics, Media Department, NBC - OMD WEST, Los Angeles, CA, pg. 502
Walker, Marianella - Analytics, Media Department - RPA, Santa Monica, CA, pg. 134
Walker, Maria - Analytics, Media Department - DRAKE COOPER, Boise, ID, pg. 64
Warren, KJ - Analytics, Research - DIGITAS, Boston, MA, pg. 226
Warren, Chad - Analytics, NBC - MRM//MCCANN, Salt Lake City, UT, pg. 118
Warren, Drew - Analytics - FORMATIVE, Seattle, WA, pg. 235
Weas, Patrick - Account Planner, Analytics, Operations, PPOM - THE THORBURN GROUP, Minneapolis, MN, pg. 20
Webley, Dawn - Analytics, Media Department - OH PARTNERS, Phoenix, AZ, pg. 122
Webster, Henry - Analytics, PPOM, Research - KELLY, SCOTT & MADISON, INC., Chicago, IL, pg. 482
Weinstein, Todd - Account Planner, Account Services, Analytics - PATIENTS & PURPOSE, New York, NY, pg. 126
Weir, Greg - Analytics, Interactive / Digital, NBC, PPOM, Research - BRANDEXTRACT, LLC, Houston, TX, pg. 4
Weiss, David - Analytics - JANUARY DIGITAL, New York, NY, pg. 243
Wells, Scott - Analytics, Management, Research - WAVEMAKER, New York, NY, pg. 526
Wesche, Brian - Analytics, Media Department - HEARTS & SCIENCE, New York, NY, pg. 471
Westerkon, Samuel - Analytics, Media Department, NBC - MINDSHARE, New York, NY, pg. 491
Whelan, Lexi - Account Planner, Account Services, Analytics, Media Department - MEKANISM, San Francisco, CA, pg. 112
White, Amy - Analytics, Media Department, Promotions - R2INTEGRATED, Baltimore, MD, pg. 261
White, Phil - Account Planner, Analytics - GEOMETRY, New York, NY, pg. 362
White, Alan - Analytics - UNIVERSAL MCCANN DETROIT, Birmingham, MI, pg. 524
Wilcox, Brad - Analytics, Research - GLOBAL STRATEGIES, Bend, OR, pg. 673
Wilders, Eddie - Analytics, Research - LOCKARD & WECHSLER, Irvington, NY, pg. 287
Wiley-Rapoport, Caryn - Account

Planner, Account Services, Analytics, Management, Research - HORIZON MEDIA, INC., Los Angeles, CA, pg. 473
Wilhelmi, Chris - Analytics, PPOM, Research - UNIVERSAL MCCANN, Los Angeles, CA, pg. 524
Williams, Lindsay - Analytics, Media Department, Research - ROKKAN, LLC, New York, NY, pg. 264
Williams, Brad - Analytics, Management, Research - ZENITH MEDIA, New York, NY, pg. 529
Williams, Ryan - Account Planner, Analytics - COMSCORE, Seattle, WA, pg. 443
Williams, Laura - Analytics - MEDIAHUB BOSTON, Boston, MA, pg. 489
Williams, Amy - Account Services, Analytics - JAN KELLEY MARKETING, Burlington, ON, pg. 10
Willome, Patrick - Analytics, Management, Media Department, Research - BUTLER / TILL, Rochester, NY, pg. 457
Wilson, Jesse - Analytics - PUBLICIS.SAPIENT, New York, NY, pg. 258
Wilson, Dale - Analytics, Media Department - ADQUADRANT, Costa Mesa, CA, pg. 211
Wingfield, Rebecca - Account Services, Analytics, Interactive / Digital, Management, Media Department, Social Media - BRIGHTWAVE MARKETING, INC., Atlanta, GA, pg. 219
Winston, Kate - Analytics, Management, NBC - ENVISIONIT MEDIA, INC., Chicago, IL, pg. 231
Winters, Jasmine - Analytics - STARCOM WORLDWIDE, New York, NY, pg. 517
Wirth, Marnie - Analytics, Media Department - HAWORTH MARKETING & MEDIA, Minneapolis, MN, pg. 470
Wolfensperger, Mike - Analytics - HEARTS & SCIENCE, Atlanta, GA, pg. 473
Wolk, Carina - Account Services, Analytics - CHAMPION MANAGEMENT GROUP, LLC, Addison, TX, pg. 589
Woods, Matthew - Analytics, NBC - DIGITAS, Detroit, MI, pg. 229
Wraase, John - Analytics - OCEAN MEDIA, INC., Huntington Beach, CA, pg. 498
Wulfsberg, Rolf - Analytics - SIEGEL & GALE, New York, NY, pg. 17
Wyatt, Tina - Analytics, Media Department - WIEDEN + KENNEDY, New York, NY, pg. 432
Yang, Sean - Analytics, Media Department, NBC - OMD WEST, Los Angeles, CA, pg. 502
Yang, Leila - Analytics, Research - REPRISE DIGITAL, New York, NY, pg. 676
Yang, Ruth - Account Services, Analytics, Media Department, Research - ZENITH MEDIA, New York, NY, pg. 529
Yang, Skye - Analytics - NEO MEDIA

WORLD, New York, NY, *pg.* 496
Yansick, Adam - Account Planner, Analytics, Media Department, Public Relations - MAYOSEITZ MEDIA, Blue Bell, PA, *pg.* 483
Yee, Sabrina - Analytics - STARCOM WORLDWIDE, Chicago, IL, *pg.* 513
Yen, Arthur - Analytics - HAVAS FORMULATIN, New York, NY, *pg.* 612
Yergler, Jonathan - Analytics, Media Department, Research - SPARK FOUNDRY, New York, NY, *pg.* 508
Yi, Scott - Analytics, Media Department, NBC - HAVAS MEDIA GROUP, Chicago, IL, *pg.* 469
Yonack, Samuel - Analytics, Interactive / Digital, Media Department - OMD WEST, Los Angeles, CA, *pg.* 502
Yoon, Sara - Analytics - SPARK FOUNDRY, New York, NY, *pg.* 508
Yoshii, Mikako - Analytics - R/GA, New York, NY, *pg.* 260
Young, Kelly - Account Services, Analytics, Media Department, NBC - CANVAS WORLDWIDE, Playa Vista, CA, *pg.* 458
Yuan, Emily - Analytics, Interactive / Digital, Media Department - DIGITAS, Chicago, IL, *pg.* 227
Yudin, Michael - Analytics, Media Department, Operations, Research - ADMARKETPLACE, New York, NY, *pg.* 210
Yuile, Catherine - Analytics, Management - EDELMAN , Toronto, ON, *pg.* 601
Zack, Barbara - Analytics, Management - CARAT, New York, NY, *pg.* 459
Zaldivar, Olivia - Analytics, Interactive / Digital, Media Department, Research - CONILL ADVERTISING, INC., El Segundo, CA, *pg.* 538
Zarubina, Daria - Account Services, Analytics - MINDSHARE, New York, NY, *pg.* 491
Zaucha, Barbara - Analytics, Creative, Interactive / Digital, Media Department, Research - STARCOM WORLDWIDE, Chicago, IL, *pg.* 513
Zazueta, Lucia - Analytics, Interactive / Digital - BCW MIAMI, Miami, FL, *pg.* 581
Zebroski, Meg - Account Planner, Analytics - DIGITAS, Boston, MA, *pg.* 226
Zeman, Paul - Analytics, Management, NBC - PHOENIX MARKETING INTERNATIONAL, Rhinebeck, NY, *pg.* 449
Zhang, Xuewei - Analytics - HORIZON MEDIA, INC., New York, NY, *pg.* 474
Zhang, Sisi - Analytics - PUBLICIS.SAPIENT, New York, NY, *pg.* 258
Zhu, Cooper - Analytics, Interactive / Digital - MEDIACOM, New York, NY, *pg.* 487
Zhu, Anqi - Analytics - MINDSHARE, New York, NY, *pg.* 491

Zinkel, Daniel - Analytics, Media Department - STARCOM WORLDWIDE, Chicago, IL, *pg.* 513
Zmerli, Karima - Analytics, Research - WAVEMAKER, New York, NY, *pg.* 526
Zogby, Matthew - Analytics, Interactive / Digital - 360I, LLC, New York, NY, *pg.* 320
Zuniga, Jocelyn - Analytics, Interactive / Digital - WAVEMAKER, New York, NY, *pg.* 526

Creative

Aal, Scott - Creative, PPOM - CHEMISTRY CLUB, San Francisco, CA, *pg.* 50
Abare, Tim - Creative, PPOM - CULTIVATOR ADVERTISING & DESIGN, Denver, CO, *pg.* 178
Abate, Matthew - Creative, Interactive / Digital - HAVAS HEALTH & YOU, New York, NY, *pg.* 82
Abbate, Karen - Creative - WUNDERMAN THOMPSON, New York, NY, *pg.* 434
Abbott, Richard - Creative - PATHFINDERS ADVERTISING & MARKETING GROUP, INC., Mishawaka, IN, *pg.* 126
Abbott, Spencer - Account Services, Creative, Interactive / Digital - ALL POINTS PUBLIC RELATIONS, Deerfield, IL, *pg.* 576
Abbruzzi, JC - Creative - 72ANDSUNNY, Playa Vista, CA, *pg.* 23
Abeja, Humberto - Creative - BLACKDOG ADVERTISING, Miami, FL, *pg.* 40
Abele, Klay - Creative - THIS IS RED, Munhall, PA, *pg.* 271
Abell, Mike - Creative - GREY GROUP, New York, NY, *pg.* 365
Abelson, Dennis - Creative, PPOM - MATRIX PARTNERS, LTD., Chicago, IL, *pg.* 107
Abracen, Jeff - Creative - BAM STRATEGY, Montreal, QC, *pg.* 215
Abrams, Amanda - Creative - TEAM ONE, Dallas, TX, *pg.* 418
Abrams, Rachel - Creative - COSSETTE MEDIA, Toronto, ON, *pg.* 345
Abrantes, Alexandre - Creative, PPM - PUBLICIS NORTH AMERICA, New York, NY, *pg.* 399
Abtahi, Olivia - Creative - AMELIE COMPANY, Denver, CO, *pg.* 325
Abuyuan, Maxinne - Creative - MIRUM AGENCY, Toronto, ON, *pg.* 251
Ace, Nick - Creative - COLLINS:, New York, NY, *pg.* 177
Acerra, Olivia - Creative - FCB HEALTH, New York, NY, *pg.* 72
Acevedo, Luis - Creative - THE RICHARDS GROUP, INC., Dallas, TX, *pg.* 422
Ackerman, Erin - Creative - SECRET LOCATION, Toronto, ON, *pg.* 563
Ackerman, Sarah - Creative - MEDIA CAUSE, Atlanta, GA, *pg.* 249
Ackmann, Nicole - Creative - THREAD

CONNECTED CONTENT, Minneapolis, MN, *pg.* 202
Acosta, Pablo - Creative, PPOM - PACO COLLECTIVE, Chicago, IL, *pg.* 544
Acosta, Melissa - Creative - POINT TO POINT, Cleveland, OH, *pg.* 129
Acosta, Jesus - Creative - DIESTE, Dallas, TX, *pg.* 539
Adair, Adrienne - Creative - MMI AGENCY, Houston, TX, *pg.* 116
Adair, Ryan - Creative - R/GA, New York, NY, *pg.* 260
Adame, James - Creative - COMMONWEALTH // MCCANN, Detroit, MI, *pg.* 52
Adams, Bill - Creative, Interactive / Digital - POTTS MARKETING GROUP , Anniston, AL, *pg.* 398
Adams, Jay - Creative - FITCH, Scottsdale, AZ, *pg.* 183
Adams, Chris - Creative - WOLFGANG, Los Angeles, CA, *pg.* 433
Adams, Virgil - Creative - MEDIA ASSEMBLY, Southfield, MI, *pg.* 385
Adams, Ashleigh - Creative - THE MARKETING ARM, Dallas, TX, *pg.* 316
Adams, Megan - Creative - BARKLEY, Kansas City, MO, *pg.* 329
Adams, Mindy - Creative - 22SQUARED INC., Tampa, FL, *pg.* 319
Adams, David - Creative - WRAY WARD, Charlotte, NC, *pg.* 433
Adams, Michele - Creative - EVOKE GIANT, San Francisco, CA, *pg.* 69
Adams, Matt - Creative - DIGITAS, Chicago, IL, *pg.* 227
Adams, Mills - Creative - MEKANISM, San Francisco, CA, *pg.* 112
Adamson-Jackes, Megan - Creative - BERLIN CAMERON, New York, NY, *pg.* 38
Addison, JC - Creative, Management, NBC - MOD OP, New York, NY, *pg.* 116
Adducci, Brian - Creative, PPOM - CAPSULE, Minneapolis, MN, *pg.* 176
Adduci, MaryBeth - Creative - GOLIN, Chicago, IL, *pg.* 609
Adelman, Kelly - Creative - TRAILER PARK, Hollywood, CA, *pg.* 299
Adelson, Robyn - Creative, Management, Operations - WEBER SHANDWICK, Toronto, ON, *pg.* 662
Adkins, Doug - Creative, PPOM - HUNT ADKINS, Minneapolis, MN, *pg.* 372
Adkins, Fred - Creative, PPOM - FRED AGENCY, Atlanta, GA, *pg.* 360
Adkins, Mark - Creative - ECHO DELTA, Winter Haven, FL, *pg.* 353
Adkisson, Nathan - Creative, Media Department - LOCAL PROJECTS, New York, NY, *pg.* 190
Adler, Susannah - Account Services, Creative, Media Department - BOCA COMMUNICATIONS, San Francisco, CA, *pg.* 585
Adler Kerekes, Joy - Account Services, Creative, Media Department - MOTHER NY, New York, NY, *pg.* 118
Adolph, Michael - Creative, PPOM - FLEISHMANHILLARD, Washington, DC, *pg.* 605

RESPONSIBILITIES INDEX — AGENCIES

Adriance, Oliver - Creative - SAATCHI & SAATCHI WELLNESS, New York, NY, pg. 137
Afifi, Azadeh - Creative - DECCA DESIGN, San Jose, CA, pg. 349
Agans, Liz - Creative - BIG SPACESHIP, Brooklyn, NY, pg. 455
Agapov, Masha - Creative - ZEHNER, Los Angeles, CA, pg. 277
Agbuya, Gerardo - Creative - MUH-TAY-ZIK / HOF-FER, San Francisco, CA, pg. 119
Agliardo, Peter - Creative - DDB HEALTH, New York, NY, pg. 59
Agostini, Olivier - Creative - ROSEWOOD CREATIVE, Los Angeles, CA, pg. 134
Aguayo, Berto - Creative, PPM - MADWELL, Brooklyn, NY, pg. 13
Aguirre, Jose - Creative - MWWPR, New York, NY, pg. 631
Ahern, Daniel - Creative - ROKKAN, LLC, New York, NY, pg. 264
Ahmed, Aleda - Creative, Media Department - MARKETING GENERAL, INC., Alexandria, VA, pg. 288
Ahn, Sophia - Creative - WOLFF OLINS, New York, NY, pg. 21
Ahrens, Laurie - Creative - MOMENTUM WORLDWIDE, Saint Louis, MO, pg. 568
Ahrens, Greg - Creative - SKAR ADVERTISING, Omaha, NE, pg. 265
Aimette, Michael - Creative - FCB NEW YORK, New York, NY, pg. 357
Ainsworth, Katie - Creative - COSSETTE MEDIA, Vancouver, BC, pg. 345
Aitken, Casey - Creative - JWT INSIDE, New York, NY, pg. 667
Akatsu, Osamu - Creative - AKQA, Portland, OR, pg. 212
Akin, Trevor - Creative - ADSMITH COMMUNICATIONS, INC., Springfield, MO, pg. 28
Alamo, Aaron - Creative - ARNOLD WORLDWIDE, New York, NY, pg. 34
Alatorre, Sean - Creative, NBC, PPOM - NEURON SYNDICATE, Santa Monica, CA, pg. 120
Albaitis, Aris - Creative, Interactive / Digital - DG COMMUNICATIONS GROUP, Delray Beach, FL, pg. 351
Albanese, Mary - Account Services, Creative - DELL BLUE, Round Rock, TX, pg. 60
Albano, Rick - Creative - SWIFT, Portland, OR, pg. 145
Albarran, Letty - Creative, Management - HAVAS HEALTH & YOU, New York, NY, pg. 82
Albee, Drew - Creative - MAPR, Boulder, CO, pg. 624
Albert, Joe - Creative - WIEDEN + KENNEDY, Portland, OR, pg. 430
Albert, Matt - Creative - MLT CREATIVE, Tucker, GA, pg. 116
Alberti, Jane Marie - Creative, Operations - DERSE, INC., Milwaukee, WI, pg. 304
Alblas, Andrew - Creative - RETHINK COMMUNICATIONS, INC., Vancouver, BC, pg. 133

Albu, Julia - Account Planner, Account Services, Creative - DROGA5, New York, NY, pg. 64
Alcazar, Carlos - Account Services, Creative, Interactive / Digital, Management, NBC, Operations, PPOM - CULTURE ONE WORLD, Washington, DC, pg. 539
Alcock, Bruce - Creative, PPOM - GLOBAL MECHANIC, Vancouver, BC, pg. 466
Alders, Katherine - Creative - PEREIRA & O'DELL, San Francisco, CA, pg. 256
Aldridge, Todd - Creative - LUQUIRE GEORGE ANDREWS, INC., Charlotte, NC, pg. 382
Aldridge, Lee - Creative - SPARK44, New York, NY, pg. 411
Aleman, Ileana - Creative, PPOM - BKV, Miami, FL, pg. 334
Alex, Max - Creative, Interactive / Digital, Media Department, PPM - MAGNET MEDIA, INC., New York, NY, pg. 247
Alexander, Toni - Creative, PPOM - INTERCOMMUNICATIONS, INC., Newport Beach, CA, pg. 375
Alexander, Lisa - Account Services, Administrative, Creative, Management, Media Department - ALEXANDER ADVERTISING, INC., Birmingham, AL, pg. 324
Alexander, Brett - Creative, Media Department, PPM - THE MARTIN AGENCY, Richmond, VA, pg. 421
Alexander, Micah - Creative - PROPAC, Plano, TX, pg. 682
Alexander, Caitlin - Creative - WIEDEN + KENNEDY, Portland, OR, pg. 430
Alfano, Neal - Account Services, Creative - MILES MEDIA GROUP, LLP, Sarasota, FL, pg. 387
Alfaro, Robert - Creative - GILBREATH COMMUNICATIONS, INC., Houston, TX, pg. 541
Alfieri, Paul - Creative, NBC, PPOM - CADENT NETWORK, Philadelphia, PA, pg. 280
Alija, Carlos - Creative - ANOMALY, New York, NY, pg. 325
Allebach, Jamie - Creative, PPOM - ALLEBACH COMMUNICATIONS, Souderton, PA, pg. 29
Allegri, Nick - Creative - VMLY&R, Kansas City, MO, pg. 274
Allen, Skeek - Creative - AD PARTNERS, INC., Tampa, FL, pg. 26
Allen, Brandi - Creative, NBC - CLEAR CHANNEL OUTDOOR, Jacksonville, FL, pg. 551
Allen, Todd - Creative, PPOM - TODD ALLEN DESIGN, Elkhart, IN, pg. 202
Allen, Justin - Creative, Interactive / Digital - INNIS MAGGIORE GROUP, Canton, OH, pg. 375
Allen, Craig - Creative, PPOM - CALLEN, Austin, TX, pg. 46
Allen, Josh - Creative, NBC - LOCATION3 MEDIA, Denver, CO, pg. 246
Allen, Josh - Creative, Media Department, NBC - CALLAN

ADVERTISING COMPANY, Burbank, CA, pg. 457
Allen, Emlyn - Creative - HUDSON ROUGE, New York, NY, pg. 371
Allen, Chris - Creative - HUGE, INC., Toronto, ON, pg. 240
Allen, Hadley - Creative - MCGARRYBOWEN, New York, NY, pg. 109
Allen, Alexander - Creative - DAVID, Miami, FL, pg. 57
Allen, Scott - Creative - PARTNERS + NAPIER, Rochester, NY, pg. 125
Aller, Matt - Creative, PPOM - BRANDHIVE, Salt Lake City, UT, pg. 336
Allick, Katrina - Creative, Operations - YARD, New York, NY, pg. 435
Allinson, Rachel - Creative - MEYOCKS GROUP, West Des Moines, IA, pg. 387
Allison, Jerri - Creative - HODGES ASSOCIATES, Fayetteville, NC, pg. 86
Allozi, Hannah - Creative - POINT TO POINT, Cleveland, OH, pg. 129
Almeida, Adriano - Creative, NBC - KUBIK, Mississauga, ON, pg. 309
Almeida, Kevin - Creative, NBC - CREATIVE DIGITAL AGENCY, San Ramon, CA, pg. 222
Almeida, Olsen - Creative - MDG ADVERTISING, Boca Raton, FL, pg. 484
Alonso, Jorge - Creative, PPOM - REALITY2, Los Angeles, CA, pg. 403
Alsante, Peter - Creative - BBDO WORLDWIDE, New York, NY, pg. 331
Altis, David - Creative - VMLY&R, Kansas City, MO, pg. 274
Altman, Linda - Creative - UNITED LANDMARK ASSOCIATES, Tampa, FL, pg. 157
Altman, Shane - Creative - THE RICHARDS GROUP, INC., Dallas, TX, pg. 422
Altman, Teri - Creative - DDB NEW YORK, New York, NY, pg. 59
Alvarado, Joshua - Creative - PETROL, Burbank, CA, pg. 127
Amack, Nate - Creative, Interactive / Digital, PPOM - BLUE BEAR CREATIVE, Denver, CO, pg. 40
Amadeo, Jim - Creative - MECHANICA, Newburyport, MA, pg. 13
Amador, Victor - Creative - VMLY&R, Miami, FL, pg. 160
Amato, Steven - Creative, PPOM - CONTEND, Los Angeles, CA, pg. 52
Ambrose, Kelsey - Account Services, Creative - ESSENCE, Seattle, WA, pg. 232
Ambrose, Laura - Creative, Interactive / Digital - WORK & CO, Brooklyn, NY, pg. 276
Ambrose, Leilah - Creative - EDELMAN, Chicago, IL, pg. 353
Ambruoso, Maria - Creative - REED EXHIBITION COMPANY, Norwalk, CT, pg. 314
Amelchenko, Paul - Creative - PUBLICIS.SAPIENT, Boston, MA, pg. 259
Amende, Monte - Creative - TDG

AGENCIES

RESPONSIBILITIES INDEX

COMMUNICATIONS, Deadwood, SD, pg. 417
Ames, Chris - Creative - EMOTIVE BRAND, Oakland, CA, pg. 181
Amidi, Omid - Creative - JOHANNES LEONARDO, New York, NY, pg. 92
Aminzadeh, Aryan - Creative - BARRETTSF, San Francisco, CA, pg. 36
Amirzadeh, Cheryl - Creative - 78MADISON, Altamont Springs, FL, pg. 321
Amon, Coleson - Creative - HUMANAUT, Chattanooga, TN, pg. 87
Amundson, Dylan - Creative, NBC - DRAKE COOPER, Boise, ID, pg. 64
Anav, Nava - Creative - DM.2, Ridgefield, NJ, pg. 180
Ancevic, Michael - Creative, PPOM - THE FANTASTICAL, Boston, MA, pg. 150
Ancy, Lauren - Creative, Interactive / Digital - HYFN, Los Angeles, CA, pg. 240
Anda, Maeden - Creative - PRECISIONEFFECT, Cost Mesa, CA, pg. 129
Andersen, Mark - Creative - COLLE MCVOY, Minneapolis, MN, pg. 343
Andersen, Luke - Creative - MISSION MEDIA, LLC, Baltimore, MD, pg. 115
Anderson, Jack - Creative, PPOM - SID LEE, Seattle, WA, pg. 140
Anderson, George - Account Services, Creative, PPOM - TRAILER PARK, Hollywood, CA, pg. 299
Anderson, Sheldon - Creative - AP LTD., Palatine, IL, pg. 173
Anderson, Jeff - Creative - GREY GROUP, New York, NY, pg. 365
Anderson, Keith - Creative, Interactive / Digital, PPOM - OGILVY, New York, NY, pg. 393
Anderson, Christi - Account Services, Creative, Media Department - CANNELLA RESPONSE TELEVISION, Burlington, WI, pg. 281
Anderson, Cassandra - Creative - DDB NEW YORK, New York, NY, pg. 59
Anderson, Jeff - Creative - CATALYST MARKETING DESIGN, Fort Wayne, IN, pg. 340
Anderson, Miles - Creative - HORICH HECTOR LEBOW ADVERTISING, Hunt Valley, MD, pg. 87
Anderson, Perrin - Creative - RPA, Santa Monica, CA, pg. 134
Anderson, Brent - Creative, PPOM - TBWA/MEDIA ARTS LAB, Los Angeles, CA, pg. 147
Anderson, Derek - Creative - VMLY&R, Kansas City, MO, pg. 274
Anderson, Staci - Creative - SWELL, LLC, Philadelphia, PA, pg. 145
Anderson, Crystal - Account Services, Creative, Management, PPOM - 3HEADED MONSTER, Dallas, TX, pg. 23
Anderson, Cheri - Creative, PPM - UNTITLED WORLDWIDE, New York, NY, pg. 157
Anderson, Mieko - Creative - J.T. MEGA, INC., Minneapolis, MN, pg. 91
Anderson, Mark - Creative -

DUNN&CO, Tampa, FL, pg. 353
Anderson, David - Creative, Interactive / Digital - CHEMISTRY ATLANTA, Atlanta, GA, pg. 50
Anderson, Sonja - Creative, PPOM - ZONION CREATIVE GROUP, Bend, OR, pg. 21
Anderson, Peter - Creative - SID LEE, Seattle, WA, pg. 140
Anderson, Brent - Creative - MMGY GLOBAL, Kansas City, MO, pg. 388
Anderson, Maria - Creative - MCKEE WALLWORK & COMPANY, Albuquerque, NM, pg. 385
Anderson, Brandon - Creative - INSIGHT CREATIVE GROUP, Oklahoma City, OK, pg. 89
Anderson, Mike - Creative - SIXSPEED, Minneapolis, MN, pg. 198
Anderson, Rachel - Creative - ADVENTURE CREATIVE, Brainerd, MN, pg. 28
Anderson Greene, Emily - Creative, PPOM - VIVA CREATIVE, Rockville, MD, pg. 160
Andrade, Reymundo - Creative - 72ANDSUNNY, Playa Vista, CA, pg. 23
Andrade, Victor - Creative - WORK & CO, Brooklyn, NY, pg. 276
Andrae, Garrett - Creative, Management, PPOM - BLD MARKETING, Bethel Park, PA, pg. 334
Andreae, Eric - Creative - JAJO, INC., Wichita, KS, pg. 91
Andreani, Daniel - Creative, NBC, PPOM - DO NOT DISTURB, San Diego, CA, pg. 63
Andres, Karen - Account Services, Creative - THE MANY, Pacific Palisades, CA, pg. 151
Andrews, Connie - Account Services, Creative, Interactive / Digital - THE RICHARDS GROUP, INC., Dallas, TX, pg. 422
Andrieu, Kory - Creative - PARTNERS + NAPIER, Rochester, NY, pg. 125
Ang, Jason - Creative - AMEBA MARKETING, San Diego, CA, pg. 325
Angel, Steve - Creative, PPOM - HEAD GEAR ANIMATION, Toronto, ON, pg. 186
Ankeny, Samantha - Creative, Operations - COMMONWEALTH // MCCANN, Detroit, MI, pg. 52
Anthony, Christopher - Creative - RIGHTPOINT, Boston, MA, pg. 263
Antista, Tom - Creative, PPOM - ANTISTA FAIRCLOUGH DESIGN, Atlanta, GA, pg. 172
Antkowiak, Jeff - Creative, PPOM - ADG CREATIVE, Columbia, MD, pg. 323
Antonelli, Jamie - Creative, Interactive / Digital, PPM - CDFB, New York, NY, pg. 561
Antonini, Ann - Account Services, Creative, Media Department, NBC - DONER, Los Angeles, CA, pg. 352
Anzaldi, Jackie - Creative - BBH, New York, NY, pg. 37
Anzenberger, Kathleen - Creative - JENNINGS & COMPANY, Chapel Hill, NC, pg. 92
Apaliski, Jason - Creative - PEREIRA & O'DELL, San Francisco,

CA, pg. 256
Apostolovich, Mike - Creative - DAVIS HARRISON DION ADVERTISING, Chicago, IL, pg. 348
Appelmann, Sean - Creative - FABCOM, Scottsdale, AZ, pg. 357
Appiah, Kobby - Creative, Interactive / Digital - KNOCK, INC., Minneapolis, MN, pg. 95
Appleby, Jennifer - Creative, PPOM - WRAY WARD, Charlotte, NC, pg. 433
Appleby, Jack - Account Services, Creative - R/GA, Los Angeles, CA, pg. 261
Applen, Elizabeth - Creative, Operations - FALLON WORLDWIDE, Minneapolis, MN, pg. 70
Aquadro, Robert - Creative - PUBLICIS.SAPIENT, Los Angeles, CA, pg. 259
Aquart, Bashan - Creative - AKA NYC, New York, NY, pg. 324
Aquino, Katy - Creative, Operations, PPOM - MUH-TAY-ZIK / HOF-FER, San Francisco, CA, pg. 119
Araki, Guto - Creative, Management, PPOM - BIG FAMILY TABLE, Los Angeles, CA, pg. 39
Arbaugh, Erin - Creative - ALLEN & GERRITSEN, Boston, MA, pg. 29
Arcade, Sam - Creative - BURNS GROUP, New York, NY, pg. 338
Arch, Nicole - Creative - REDPEG MARKETING, Alexandria, VA, pg. 692
Archer, Stevie - Creative - SS+K, New York, NY, pg. 144
Archibald, Jo - Creative - MVNP, Honolulu, HI, pg. 119
Archie, Kevin - Creative - RIGGS PARTNERS, West Columbia, SC, pg. 407
Arellano, Hector - Creative - FLUENT360, Chicago, IL, pg. 540
Arena, Gianfranco - Creative - BBDO WORLDWIDE, New York, NY, pg. 331
Aresu, Nancy - Account Services, Creative, Management - CRAMER-KRASSELT, New York, NY, pg. 53
Arevalo, Melba - Account Services, Creative - FCB HEALTH, New York, NY, pg. 72
Arguimbau, Terra - Creative, NBC - VAYNERMEDIA, New York, NY, pg. 689
Ariel, Jordan - Creative - VT PRO DESIGN, Los Angeles, CA, pg. 564
Arlia, Andres - Creative - MCGARRYBOWEN, Chicago, IL, pg. 110
Armbruster, Steve - Creative, PPOM - RCG ADVERTISING AND MEDIA, Omaha, NE, pg. 403
Armenta IV, Arthur - Creative - BASIC, San Diego, CA, pg. 215
Armitage, Carol - Creative - MARBURY CREATIVE GROUP, Duluth, GA, pg. 104
Armour, Justine - Creative, PPOM - GREY GROUP, New York, NY, pg. 365
Armstrong, Rebecca - Account Services, Creative, Management, NBC, PPOM - NORTH, Portland, OR, pg. 121
Armstrong, Jennifer - Creative - THE CREATIVE ALLIANCE, Lafayette,

1299

RESPONSIBILITIES INDEX — AGENCIES

Armstrong, Dwight - Creative - CHANDELIER CREATIVE, Los Angeles, CA, pg. 49

Arnett, Dana - Creative, PPOM - VSA PARTNERS, INC., Chicago, IL, pg. 204

Arnold, Jon - Creative, Management - THE BOHAN AGENCY, Nashville, TN, pg. 418

Arnold, Emma - Creative - WEBER SHANDWICK, Chicago, IL, pg. 661

Arnold, Zach - Creative - OSBORN & BARR COMMUNICATIONS, Saint Louis, MO, pg. 395

Arnold, Joel - Creative - BERLIN CAMERON, New York, NY, pg. 38

Arnold, Alfred - Creative - LEWIS ADVERTISING, INC., Rocky Mount, NC, pg. 380

Arnold, Odette - Creative - MORVIL ADVERTISING & DESIGN GROUP, Wilmington, NC, pg. 14

Arntfield, Andrew - Creative, NBC, PPOM - FIELD DAY, Toronto, ON, pg. 358

Aronov, Sofia - Creative - FAKE LOVE, Brooklyn, NY, pg. 183

Aronson, Michael - Creative - DENTSUBOS INC., Montreal, QC, pg. 61

Arredondo, Jennifer - Creative - THE VIA AGENCY, Portland, ME, pg. 154

Arredondo, Erik - Creative - THE ATKINS GROUP, San Antonio, TX, pg. 148

Art, Brian - Creative - FERGUSON ADVERTISING, INC., Fort Wayne, IN, pg. 73

Artemis, Chrysoula - Creative, PPOM - STARLIGHT RUNNER ENTERTAINMENT, INC., New York, NY, pg. 569

Arthur, Tom - Creative, PPOM - COMPASS DESIGN, INC., Minneapolis, MN, pg. 178

Arthur, Debbie - Creative, Interactive / Digital - KANEEN ADVERTISING & PUBLIC RELATIONS, INC., Tucson, AZ, pg. 618

Arthur, Nathin - Creative - YOUTECH, Naperville, IL, pg. 436

Artz, Dustin - Creative, PPOM - FAMILIAR CREATURES, Richmond, VA, pg. 71

Arutcheva, Alla - Creative - TEAM ONE, Los Angeles, CA, pg. 417

Arvanitakis, Greg - Creative - THE MX GROUP, Burr Ridge, IL, pg. 422

Asaro, Michael - Creative, Operations - WUNDERMAN THOMPSON, New York, NY, pg. 434

Asel, Daniel - Creative - KIDZSMART CONCEPTS, Vancouver, BC, pg. 188

Asensio, Danny - Creative - THE&PARTNERSHIP, New York, NY, pg. 426

Ash, Alyssa - Creative - AOR, INC., Denver, CO, pg. 32

Ashburn, Carolyn - Creative - TURNER DUCKWORTH, San Francisco, CA, pg. 203

Ashcraft, Daniel - Creative, NBC, PPOM - ASHCRAFT DESIGN, Torrance, CO, pg. 653

Ashworth, Jimmy - Creative - DECKER, Glastonbury, CT, pg. 60

Askren, Andy - Creative, PPOM - GRADY BRITTON ADVERTISING, Portland, OR, pg. 78

Aslam, Asan - Creative - GREY GROUP, New York, NY, pg. 365

Asuro, Noreel - Creative - THE&PARTNERSHIP, Toronto, ON, pg. 154

Atilano, Bryce - Creative, NBC - FANNIT INTERNET MARKETING SERVICES, Everett, WA, pg. 357

Atkins, David - Creative - THE BARBER SHOP MARKETING, Addison, TX, pg. 148

Atkinson, Dale - Creative - CREATIVE ENERGY, INC., Johnson City, TN, pg. 346

Atlas, Jordan - Creative - EDELMAN, Los Angeles, CA, pg. 601

Attwood, Kemp - Creative, PPOM - AREA 17, Brooklyn, NY, pg. 214

Au, Vincent - Creative - ROKKAN, LLC, New York, NY, pg. 264

Aubin, Marilou - Creative - LG2, Montreal, QC, pg. 380

Auchu, Claude - Creative - LG2, Montreal, QC, pg. 380

Aud, Adam - Creative - PLANIT, Baltimore, MD, pg. 397

Augustine, Tim - Creative - LAM DESIGN ASSOCIATES, INC., Pleasantville, NY, pg. 189

Augustine, Dan - Creative - EPIC CREATIVE, West Bend, WI, pg. 7

Augustine-Nelson, Debbie - Creative, PPOM - AUGUSTINE, Roseville, CA, pg. 328

Augustinos, Alex - Creative - MCGARRYBOWEN, New York, NY, pg. 109

Augusto Pellejero Acosta, Federico - Creative - CONILL ADVERTISING, INC., El Segundo, CA, pg. 538

Aumiller, Denis - Creative, PPOM - LEHIGH MINING & NAVIGATION, Allentown, PA, pg. 97

Austin, Travis - Creative, PPOM - STRATACOMM, INC., Washington, DC, pg. 650

Austin, Tim - Creative, PPOM - TPN, Dallas, TX, pg. 683

Austin, Richard - Creative - YARD, New York, NY, pg. 435

Austin, Lauren - Creative - MKG, New York, NY, pg. 311

Austin, Dale - Creative - GSD&M, Austin, TX, pg. 79

Austin, Chelsey - Creative - MEDIA PARTNERS, INC., Raleigh, NC, pg. 486

Austin, Brian - Creative - CODE AND THEORY, New York, NY, pg. 221

Avantaggio, Chris - Creative - THE VIA AGENCY, Portland, ME, pg. 154

Avellaneda, German - Creative - DIGITAL AUTHORITY PARTNERS, Chicago, IL, pg. 225

Aveyard, Martin - Creative - TRAPEZE COMMUNICATIONS, Victoria, BC, pg. 426

Avitable, Tom - Creative, PPOM - SID PATERSON ADVERTISING, New York, NY, pg. 141

Avramenko, Rae - Creative, Interactive / Digital - CATALYSIS, Seattle, WA, pg. 340

Avrea, Darren - Creative, PPOM - AVREAFOSTER, Dallas, TX, pg. 35

Awasano, Jennifer - Creative - DIGITAS, Atlanta, GA, pg. 228

Axeman, Matthew - Creative - GATESMAN, Pittsburgh, PA, pg. 361

Aydin, Asli - Creative - CODE AND THEORY, New York, NY, pg. 221

Ayliffe, Lawrence - Creative, PPOM - LA, INC., Toronto, ON, pg. 11

Ayrault, Terry - Creative, PPOM - J.R. THOMPSON COMPANY, Farmington Hills, MI, pg. 91

Ayre, Dominic - Creative - HAMBLY & WOOLLEY, INC., Toronto, ON, pg. 185

Ayzenberg, Eric - Creative, PPOM - AYZENBERG GROUP, INC., Pasadena, CA, pg. 2

Azarian, Victoria - Creative, PPOM - MKTG INC, New York, NY, pg. 311

Babazadeh, Matthew - Account Planner, Account Services, Creative, Media Department - DDB CHICAGO, Chicago, IL, pg. 59

Babineau, Brian - Creative, Interactive / Digital, Media Department, NBC, PPOM, Social Media - ALLEN & GERRITSEN, Boston, MA, pg. 29

Baburam, Alain - Creative - MOMENTUM WORLDWIDE, New York, NY, pg. 117

Bach, Eric - Creative - A. BRIGHT IDEA, Bel Air, MD, pg. 25

Bacino, Brian - Creative, PPOM - BAKER STREET ADVERTISING, San Francisco, CA, pg. 329

Backaus, Gary - Creative, PPOM - ARCHER MALMO, Memphis, TN, pg. 32

Backer, Jackie - Creative - RED ANTLER, Brooklyn, NY, pg. 16

Backus Turner, Roberta - Creative - BACKUS TURNER INTERNATIONAL, Lighthouse Point, FL, pg. 35

Badamo, Joanna - Creative - AGENCYEA, Chicago, IL, pg. 302

Badger, Madonna - Creative, PPOM - BADGER & WINTERS, New York, NY, pg. 174

Badowski, Steve - Creative - RESPONSE MARKETING, New Haven, CT, pg. 133

Badri, Hicham - Creative - GESTALT BRAND LAB, La Jolla, CA, pg. 76

Baechler, John - Creative - HANNA & ASSOCIATES, Coeur d'Alene, ID, pg. 81

Baer, Brad - Creative, NBC - BLUECADET INTERACTIVE, Philadelphia, PA, pg. 218

Bagby, Michael - Creative - DOEANDERSON ADVERTISING, Louisville, KY, pg. 352

Bagdadi, Karina - Creative - MARKHAM & STEIN, Miami, FL, pg. 105

Baghdasarian, Armen - Account Services, Creative, Management - WPROMOTE, El Segundo, CA, pg. 678

Bagley, Jason - Creative - WIEDEN + KENNEDY, Portland, OR, pg. 430

1300

AGENCIES
RESPONSIBILITIES INDEX

Bagliani, Anthony - Creative - RDA INTERNATIONAL , New York, NY, *pg.* 403
Baham, Mark - Creative - PETROL, Burbank, CA, *pg.* 127
Bailey, Kris - Creative - ACCESS, Roanoke, VA, *pg.* 322
Bailey, Molly - Creative - TOTALCOM, Huntsville, AL, *pg.* 156
Bailey, Adrian - Creative - MODOP, Los Angeles, CA, *pg.* 251
Bailey, Ryan - Creative - BANOWETZ + COMPANY, INC., Dallas, TX, *pg.* 36
Bailey, Andrew - Creative - THE MARTIN AGENCY, Richmond, VA, *pg.* 421
Bailey, Chris - Creative - GSD&M, Austin, TX, *pg.* 79
Bailey, Ryan - Creative - EP+CO., Greenville, SC, *pg.* 356
Bailey, Don - Creative - THE BUNTIN GROUP, Nashville, TN, *pg.* 148
Bainbridge, Dana - Creative - PPOM - ROUNDHOUSE - PORTLAND, Portland, OR, *pg.* 408
Baiocco, Rob - Creative, Interactive / Digital, PPOM - BAM CONNECTION, Brooklyn, NY, *pg.* 2
Baird, Kathy - Creative, NBC, Social Media - OGILVY PUBLIC RELATIONS, Washington, DC, *pg.* 634
Baird, Rob - Creative - PREACHER, Austin, TX, *pg.* 129
Bajan, Justin - Creative, PPOM - FAMILIAR CREATURES, Richmond, VA, *pg.* 71
Bajec, Dennis - Creative, PPOM - IBM IX, Columbus, OH, *pg.* 240
Bak, Larry - Creative, PPOM - ELEVATE, Chicago, IL, *pg.* 230
Baker, Gary - Creative, PPOM - BAKER BRAND COMMUNICATIONS, Santa Monica, CA, *pg.* 2
Baker, Jeff - Creative, PPOM - IMAGE 4, Manchester, NH, *pg.* 187
Baker, Brett - Creative - GSD&M, Austin, TX, *pg.* 79
Baker, Dallas - Creative - H&L PARTNERS, Oakland, CA, *pg.* 80
Baker, Rob - Creative - THE RICHARDS GROUP, INC., Dallas, TX, *pg.* 422
Baker, Mollie - Creative - DOUG CARPENTER & ASSOCIATES, LLC, Memphis, TN, *pg.* 64
Baker, Scott - Creative, PPOM - BAKER & ASSOCIATES, Minnetonka, MN, *pg.* 174
Baker, Andrew - Creative, Interactive / Digital - CACTUS MARKETING COMMUNICATIONS, Denver, CO, *pg.* 339
Baker, Olivia - Creative, PPM - ERICH & KALLMAN, San Francisco, CA, *pg.* 68
Baker, Jessica - Account Services, Creative - PREACHER, Austin, TX, *pg.* 129
Baker, Chad - Creative - MEYOCKS GROUP, West Des Moines, IA, *pg.* 387
Bakken, Blake - Creative - SIEGEL & GALE, Los Angeles, CA, *pg.* 17
Bakker, Job - Creative - MEDIAMONKS, Venice, CA, *pg.* 249

Bakker, Alex - Creative - RETHINK COMMUNICATIONS, INC., Vancouver, BC, *pg.* 133
Balagna, Kelly - Creative, PPM - COMMONWEALTH // MCCANN, Detroit, MI, *pg.* 52
Balcerak, Paul - Creative, Social Media - COPACINO + FUJIKADO, LLC, Seattle, WA, *pg.* 344
Baldanza, Jamie - Creative - THE SAWTOOTH GROUP , Red Bank, NJ, *pg.* 152
Baldowski, Roger - Creative - FORTYFOUR, Atlanta, GA, *pg.* 235
Baldwin, Jim - Creative - THE RICHARDS GROUP, INC., Dallas, TX, *pg.* 422
Baldwin, Eric - Creative, Interactive / Digital - WIEDEN + KENNEDY, Portland, OR, *pg.* 430
Baldwin, Lori - Creative - INFINITY DIRECT, Plymouth, MN, *pg.* 286
Baldwin, Camille - Account Services, Creative, Media Department - PATTERN, New York, NY, *pg.* 126
Baldwin, Zach - Account Services, Creative - ACTION INTEGRATED MARKETING, Norcross, GA, *pg.* 322
Bales, Mike - Creative - THE RICHARDS GROUP, INC., Dallas, TX, *pg.* 422
Ball, Bob - Creative - MASTERWORKS, Poulsbo, WA, *pg.* 687
Ball, John - Creative, PPOM - MIRESBALL, San Diego, CA, *pg.* 14
Ball, Ashley - Creative - ACKERMAN MCQUEEN, INC., Oklahoma City, OK, *pg.* 26
Ballard, Dustin - Creative - THE RICHARDS GROUP, INC., Dallas, TX, *pg.* 422
Ballestero, Marcos - Creative - QORVIS COMMUNICATIONS, LLC, Washington, DC, *pg.* 640
Ballew, Matt - Creative, Interactive / Digital - WONGDOODY, Seattle, WA, *pg.* 162
Balog, Robert - Creative - HEAT, New York, NY, *pg.* 370
Balows, Scott - Creative - MCGARRYBOWEN, Chicago, IL, *pg.* 110
Balzano, Thiago - Creative - AKQA, Washington, DC, *pg.* 212
Bankert, Kristen - Creative - ST. JOHN & PARTNERS ADVERTISING & PUBLIC RELATIONS, Jacksonville, FL, *pg.* 412
Banks, Patchaya - Creative - MEDIA STAR PROMOTIONS, Hunt Valley, MD, *pg.* 112
Bannon, Kristyn - Account Services, Creative - JACOBSON ROST, Chicago, IL, *pg.* 376
Banquer, Doug - Creative - SUNDBERG & ASSOCIATES , New York, NY, *pg.* 200
Bappe, Mark - Creative - CTP, Boston, MA, *pg.* 347
Baradat, Tony - Creative, NBC, PPOM - ANTHONY BARADAT & ASSOCIATES, Miami, FL, *pg.* 537
Baran, Roger - Creative - GOODBY, SILVERSTEIN & PARTNERS, San Francisco, CA, *pg.* 77

Baratelli, Joe - Creative, PPOM - RPA, Santa Monica, CA, *pg.* 134
Barbacovi, Jason - Creative - DELOITTE DIGITAL, Seattle, WA, *pg.* 224
Barbalinardo, Wendy - Creative - COLANGELO SYNERGY MARKETING, INC., Darien, CT, *pg.* 566
Barbas, Ranielle - Creative - HAVAS SPORTS & ENTERTAINMENT, Atlanta, GA, *pg.* 370
Barbercheck, Dan - Creative, PPOM - RED 7 E, Louisville, KY, *pg.* 132
Barbush, J - Creative, Interactive / Digital, NBC, Social Media - RPA, Santa Monica, CA, *pg.* 134
Bardot, Christophe - Administrative, Creative - TANEN DIRECTED ADVERTISING, Norwalk, CT, *pg.* 416
Barefoot-McGinnis, Brittany - Creative - PUBLICIS HAWKEYE, Dallas, TX, *pg.* 399
Baril, Amy - Account Services, Creative, Media Department - NDP, Richmond, VA, *pg.* 390
Barineau, Ben - Creative, PPOM - BLUE MARBLE MEDIA, Atlanta, GA, *pg.* 217
Barineau, Cara - Creative, PPOM - BLUE MARBLE MEDIA, Atlanta, GA, *pg.* 217
Barker, John - Creative, NBC, PPOM - BARKER, New York, NY, *pg.* 36
Barker, Catharine - Creative - MVP MARKETING, Toronto, ON, *pg.* 390
Barkoff, Evan - Creative - DROGA5, New York, NY, *pg.* 64
Barlow, Sean - Creative, PPOM - CUNDARI INTEGRATED ADVERTISING, Toronto, ON, *pg.* 347
Barlow, Amelia - Creative - ARTEFACT, Seattle, WA, *pg.* 173
Barlow, Kevin - Creative - FULL CONTACT ADVERTISING, Boston, MA, *pg.* 75
Barner, Kirsten - Creative - ALLIANCE SALES & MARKETING, Charlotte, NC, *pg.* 30
Barnes, Jessica - Creative - SMASHING IDEAS, Seattle, WA, *pg.* 266
Barnes, Eric - Account Services, Creative - BROTHERS & CO., Tulsa, OK, *pg.* 43
Barnes, David - Creative - JAN KELLEY MARKETING, Burlington, ON, *pg.* 10
Barnes, Ben - Creative - LENZ, INC., Decatur, GA, *pg.* 622
Barnett, Emma - Creative - WIEDEN + KENNEDY, Portland, OR, *pg.* 430
Barney, Brennan - Creative - SHIFT DIGITAL, Birmingham, MI, *pg.* 265
Barney, Shelley - Creative, NBC - PLATINUM MARKETING GROUP, Cincinnati, OH, *pg.* 506
Baron, Fabien - Creative, PPOM - BARON & BARON, INC., New York, NY, *pg.* 36
Baron, Jodie - Creative, Promotions - TBWA \ CHIAT \ DAY, Los Angeles, CA, *pg.* 146

1301

RESPONSIBILITIES INDEX — AGENCIES

Baron, Andy - Creative - TURNER DUCKWORTH, San Francisco, CA, pg. 203
Baron, Michael - Creative - PARTNERS + NAPIER, Rochester, NY, pg. 125
Baronciani, Larry - Creative - AUSTIN & WILLIAMS ADVERTISING, Hauppauge, NY, pg. 328
Barone, Jerry - Creative - THE MOTION AGENCY, Chicago, IL, pg. 270
Barrack, Rick - Creative, PPOM - CBX, New York, NY, pg. 176
Barraza, Walter - Creative, PPOM - WALO CREATIVE, INC., Dallas, TX, pg. 161
Barreira, Teresa - Analytics, Creative, NBC, PPOM - PUBLICIS.SAPIENT, Boston, MA, pg. 259
Barreras, Alejandro - Creative - PINTA USA, LLC, Coral Gables, FL, pg. 397
Barrett, Gavin - Creative, PPOM - BARRETT AND WELSH, Toronto, ON, pg. 36
Barrett, Jamie - Creative - BARRETTSF, San Francisco, CA, pg. 36
Barrie, Bob - Creative, NBC, PPOM - RISE AND SHINE AND PARTNERS, Minneapolis, MN, pg. 134
Barrineau, David - Creative - AKA NYC, New York, NY, pg. 324
Barrios, Nick - Creative - DIGITAS, New York, NY, pg. 226
Barrios, Raymond - Creative - DAILEY & ASSOCIATES, West Hollywood, CA, pg. 56
Barrows, Lena - Creative - WIEDEN + KENNEDY, New York, NY, pg. 432
Barry, Ian - Creative, PPOM - LANETERRALEVER, Phoenix, AZ, pg. 245
Barsuhn, Scott - Creative, PPOM - BARSUHN DESIGN, Minneapolis, MN, pg. 174
Bart, Aaron - Creative - 3Q DIGITAL, San Mateo, CA, pg. 671
Bartch, Karen - Creative - CAIN & CO., Rockford, IL, pg. 588
Bartecki, Holly - Creative, NBC - JASCULCA / TERMAN & ASSOCIATES, Chicago, IL, pg. 616
Bartel, Jeff - Creative, PPOM - NEMO DESIGN, Portland, OR, pg. 193
Barth, Cristin - Creative, Interactive / Digital, NBC, Social Media - ALLEN & GERRITSEN, Boston, MA, pg. 29
Bartley, Scott - Creative, PPOM - BARTLEY & DICK ADVERTISING, New York, NY, pg. 37
Barto, Josh - Creative - PUBLICIS HAWKEYE, Dallas, TX, pg. 399
Bartolini, Robin - Creative - VITRO AGENCY, San Diego, CA, pg. 159
Bartolomeu, Catrinel - Creative - DUARTE, Sunnyvale, CA, pg. 180
Barton, Melissa - Creative - THE MARS AGENCY, Southfield, MI, pg. 683
Bascom, Rachel - Creative, PPM - 97TH FLOOR, Lehi, UT, pg. 209

Basil, Nicholas - Creative, Interactive / Digital, Management - AUSTIN & WILLIAMS ADVERTISING, Hauppauge, NY, pg. 328
Basile, Maria - Creative - CDHM ADVERTISING, INC., Stamford, CT, pg. 49
Basile, Victor - Creative, PPM - PUBLICIS NORTH AMERICA, New York, NY, pg. 399
Basker, Jane - Creative - PATHFINDERS ADVERTISING & MARKETING GROUP, INC., Mishawaka, IN, pg. 126
Bass, Austin - Creative - BASS ADVERTISING, Sioux City, IA, pg. 37
Basse, Mike - Creative - BADER RUTTER & ASSOCIATES, INC., Milwaukee, WI, pg. 328
Bassett, Steve - Creative - THE MARTIN AGENCY, Richmond, VA, pg. 421
Bassine, David - Creative - RPA, Santa Monica, CA, pg. 134
Bassinson, Oscar - Creative, PPOM - INTERMEDIA ADVERTISING, Woodland Hills, CA, pg. 375
Basten, Zach - Creative - ARC WORLDWIDE, Chicago, IL, pg. 327
Bateman, Patti - Creative - HMH, Portland, OR, pg. 86
Bates, Chuck - Creative, PPOM - BATES DESIGN, Charleston, SC, pg. 174
Bates, Suzanne - Creative, PPOM - BATES DESIGN, Charleston, SC, pg. 174
Bates, Sarah May - Creative - RPA, Santa Monica, CA, pg. 134
Bates, Bradley - Creative - AFG&, New York, NY, pg. 28
Batista, Jasmine - Creative - BBDO WORLDWIDE, New York, NY, pg. 331
Batista, Katheryn - Account Services, Creative - ENERGY BBDO, INC., Chicago, IL, pg. 355
Batista, Adhemas - Creative - DEUTSCH, INC., Los Angeles, CA, pg. 350
Batista, Michael - Creative - MOD WORLDWIDE, Philadelphia, PA, pg. 192
Batterton, Sue - Creative - THE RICHARDS GROUP, INC., Dallas, TX, pg. 422
Battista, Mark - Creative, Management, PPOM - GYK ANTLER, Manchester, NH, pg. 368
Battistini, John - Creative - EDELMAN, New York, NY, pg. 599
Batuyong, Shelly - Creative - THINKSO CREATIVE LLC, New York, NY, pg. 155
Baudenbacher, Beat - Creative, PPOM - LOYALKASPAR, New York, NY, pg. 12
Bauer, Liz - Creative, Interactive / Digital, Media Department - RSD MARKETING, New York, NY, pg. 197
Bauer, Gregg - Creative - THE WILLIAM MILLS AGENCY, Atlanta, GA, pg. 655
Bauer, Jay - Creative - INSIGHT CREATIVE, INC., Green Bay, WI, pg. 89
Bauer Mas, Lauren - Creative, Social Media - DELOITTE DIGITAL, New York, NY, pg. 225

Bauman, Christian - Creative, PPOM - HEALTH4BRANDS CHELSEA, New York, NY, pg. 83
Bauman, Nicholas - Creative - DROGA5, New York, NY, pg. 64
Baumander, Sandra - Creative - PUBLICIS TORONTO, Toronto, ON, pg. 639
Baumert, Andreas - Creative - FORSMAN & BODENFORS, New York, NY, pg. 74
Bautista, Jed - Creative, Interactive / Digital, Media Department - HEARTS & SCIENCE, New York, NY, pg. 471
Bayer, Bike - Creative - AIR PARIS NEW YORK, New York, NY, pg. 172
Bayne, Tim - Creative - BBDO WORLDWIDE, New York, NY, pg. 331
Bayne, Bill - Creative - GSD&M, Austin, TX, pg. 79
Baynham, Maggie - Account Services, Creative, Interactive / Digital, Operations - FORTYFOUR, Atlanta, GA, pg. 235
Bayson, Jeff - Creative - GMR MARKETING, New Berlin, WI, pg. 306
Bea, Danger - Creative - BBH, West Hollywood, CA, pg. 37
Beach, Bob - Account Services, Creative - J.T. MEGA, INC., Minneapolis, MN, pg. 91
Beall, Julie - Creative - PROPAC, Plano, TX, pg. 682
Bearce, Ian - Creative - THE MILL, New York, NY, pg. 152
Beard, Steve - Creative - BORSHOFF, Indianapolis, IN, pg. 585
Beatty, Chris - Creative, PPOM - CULTIVATOR ADVERTISING & DESIGN, Denver, CO, pg. 178
Beauchamp, Monique - Account Services, Creative, Management - GUT MIAMI, Miami, FL, pg. 80
Beaudin, Marilyn - Creative - LG2, Montreal, QC, pg. 380
Beaudoin, Buck - Creative - MAD*POW, Portsmouth, NH, pg. 247
Beaudoin, Jim - Creative - AKQA, Washington, DC, pg. 212
Beaumont, Shaun - Creative - MANIFEST, New York, NY, pg. 248
Beaupre, Greg - Creative - PERISCOPE, Minneapolis, MN, pg. 127
Beaupre, John - Creative - RDW GROUP, Providence, RI, pg. 403
Beauseigneur, Miles - Creative - HAVAS WORLDWIDE CHICAGO, Chicago, IL, pg. 82
Beberman, Jeff - Creative - MULLENLOWE U.S. LOS ANGELES, El Segundo, CA, pg.
Becker, Philippe - Creative, Management, PPOM - STERLING BRANDS, New York, NY, pg. 18
Becker, Christoph - Creative, PPOM - GYRO NY, New York, NY, pg. 369
Becker, Erin - Creative - ASSOCIATION OF NATIONAL ADVERTISERS, New York, NY, pg. 442
Becker, Adine - Creative, Media Department - LEO BURNETT WORLDWIDE,

AGENCIES
RESPONSIBILITIES INDEX

Chicago, IL, *pg.* 98
Beckett, Edward - Creative, PPOM - BECKETT & BECKETT, INC., Altadena, CA, *pg.* 442
Beckett, Alec - Creative, PPOM - NAIL COMMUNICATIONS, Providence, RI, *pg.* 14
Beckett, Emily - Creative, PPM - MOMENTUM WORLDWIDE, Saint Louis, MO, *pg.* 568
Beckley, Jacob - Creative - FUSION92, Chicago, IL, *pg.* 235
Beckner, Julie - Creative - EMPOWER, Cincinnati, OH, *pg.* 354
Beckum, Meg - Creative - ELMWOOD, New York, NY, *pg.* 181
Beckwith, Tyler - Creative - MOXIE SOZO, Boulder, CO, *pg.* 192
Bedinghaus, Elliott - Creative - SPARK, Tampa, FL, *pg.* 17
Beebe, Laura - Creative - BOONEOAKLEY, Charlotte, NC, *pg.* 41
Beeby, Thomas - Creative, PPOM - BEEBY CLARK+MEYLER, Stamford, CT, *pg.* 333
Beechy, Mark - Creative - 160OVER90, Santa Monica, CA, *pg.* 207
Beerden, Alexander - Account Planner, Account Services, Creative - MCGARRYBOWEN, New York, NY, *pg.* 109
Beezley, Mauriahh - Creative - SAATCHI & SAATCHI X, Springdale, AR, *pg.* 682
Beharry, Genevieve - Creative - GREY CANADA, Toronto, ON, *pg.* 365
Behm, Doug - Creative - MCGARRYBOWEN, Chicago, IL, *pg.* 110
Behnen, Paul - Creative, NBC, PPOM - CALLAHAN CREEK, Lawrence, KS, *pg.* 4
Bekerman, Sara - Account Planner, Creative, Interactive / Digital - CODE AND THEORY, New York, NY, *pg.* 221
Bekes, Jef - Creative, Interactive / Digital - HERO DIGITAL, San Francisco, CA, *pg.* 238
Belanger, Danae - Creative - O'KEEFE REINHARD & PAUL, Chicago, IL, *pg.* 392
Belcher, Randy - Creative - STRATEGIC AMERICA, West Des Moines, IA, *pg.* 414
Beldi, Marina - Creative - GREY GROUP, New York, NY, *pg.* 365
Belhumeur, Pilar - Creative - GREATER THAN ONE, New York, NY, *pg.* 8
Belk, Howard - Creative, PPOM - SIEGEL & GALE, New York, NY, *pg.* 17
Bell, Lisa - Creative, PPOM - TIVOLI PARTNERS, Charlotte, NC, *pg.* 293
Bell, Parker - Creative - THE RICHARDS GROUP, INC., Dallas, TX, *pg.* 422
Bell, Mike - Creative, PPOM - TRICOMB2B, Dayton, OH, *pg.* 427
Bell, Logan - Creative - HOOK, Ann Arbor, MI, *pg.* 239
Bell, Lauren - Creative - EDELMAN, Chicago, IL, *pg.* 353

Bell, Ryan - Creative - PATIENTS & PURPOSE, New York, NY, *pg.* 126
Bell, Jennifer - Creative - PUBLICIS HAWKEYE, Dallas, TX, *pg.* 399
Bell, Scott - Creative - DROGA5, New York, NY, *pg.* 64
Bell, Zoe - Creative - DIGITAS, Atlanta, GA, *pg.* 228
Bellerive, David - Creative, Interactive / Digital, Media Department, PPOM - PHOENIX GROUP, Regina, SK, *pg.* 128
Belletini, Sergio - Creative - FIDGET BRANDING, Los Angeles, CA, *pg.* 7
Bellot, Shana - Account Services, Creative - STRAWBERRYFROG, New York, NY, *pg.* 414
Belser, Burkey - Creative, PPOM - GREENFIELD / BELSER LTD., Washington, DC, *pg.* 185
Belte, Liz - Creative - ELEVATION MARKETING, Richmond, VA, *pg.* 67
Belyea, Dave - Creative, NBC, PPOM - JACKRABBIT DESIGN, Milton, MA, *pg.* 188
Bender, Stacey - Creative, PPOM - THE BENDER GROUP, Upper Montclair, NJ, *pg.* 652
Bendziewicz Tracy, Jill - Creative, PPOM - CREATIVE B'STRO, New York, NY, *pg.* 222
Benfield, Ron - Creative, NBC, PPOM - ACORN WOODS COMMUNICATIONS, Huntington Beach, CA, *pg.* 322
Benincasa, Joe - Creative - ROMANELLI COMMUNICATIONS, Clinton, NY, *pg.* 134
Benjamin, Jeff - Creative, PPOM - THE TOMBRAS GROUP, Knoxville, TN, *pg.* 424
Benjamin Steed, Katie - Creative - ARCHER MALMO, Memphis, TN, *pg.* 32
Bennett, Myron - Account Services, Creative - THIRD WAVE DIGITAL, Macon, GA, *pg.* 270
Bennett, Mitch - Creative, PPOM - LUCKIE & COMPANY, Duluth, GA, *pg.* 382
Bennett, Ed - Creative, Media Department, PPOM - 10 THOUSAND DESIGN, Minneapolis, MN, *pg.* 171
Bennett, Susan - Creative, PPOM - SIMPLE TRUTH, Chicago, IL, *pg.* 198
Bennett, Lisa - Creative, PPOM - LAUGHLIN CONSTABLE, INC., Chicago, IL, *pg.* 380
Bennett, Zhanna - Creative - J3, New York, NY, *pg.* 480
Benoit, Marie-Elaine - Creative - SID LEE, Montreal, QC, *pg.* 140
Benson, Kerry - Analytics, Creative, Management - WPP KANTAR MEDIA, Boston, MA, *pg.* 451
Benson, LeeAna - Creative - TBWA \ CHIAT \ DAY, New York, NY, *pg.* 416
Bentivegna, Jerry - Creative - AUSTIN & WILLIAMS ADVERTISING, Hauppauge, NY, *pg.* 328
Bentley, Jeff - Creative, PPOM - BLUE C ADVERTISING, Costa Mesa, CA, *pg.* 334
Bentley, Tim - Creative - FUSE,

LLC, Vinooski, VT, *pg.* 8
Benton, Sean - Creative, PPOM - PARTNERSCREATIVE, Missoula, MT, *pg.* 125
Benton, Kara - Creative - AKQA, Portland, OR, *pg.* 212
Beom, Sun - Creative - BASIC, San Diego, CA, *pg.* 215
Berbari, Alejandro - Creative - MARCA MIAMI, Coconut Grove, FL, *pg.* 104
Beregi, Christine - Account Services, Creative, PPM - NFM+DYMUN, Pittsburgh, PA, *pg.* 120
Beres, Jennifer - Creative, PPM - PADILLA, Minneapolis, MN, *pg.* 635
Beresford-Hill, Chris - Creative, NBC, PPOM - TBWA \ CHIAT \ DAY, New York, NY, *pg.* 416
Berg, Jordan - Creative, PPOM - QUESTUS, San Francisco, CA, *pg.* 260
Berg, Jeff - Creative - HABERMAN, Minneapolis, MN, *pg.* 369
Berg, Don - Creative, Management - MAXMEDIA INC., Atlanta, GA, *pg.* 248
Berg, Katelyn - Creative - MCGARRYBOWEN, Chicago, IL, *pg.* 110
Bergan, Gregg - Creative, PPOM - PURE BRAND COMMUNICATIONS, Denver, CO, *pg.* 130
Bergen, Carolyn - Creative - O'KEEFE REINHARD & PAUL, Chicago, IL, *pg.* 392
Berger, Josh - Creative, PPM - MOB SCENE, Los Angeles, CA, *pg.* 563
Berger, Emily - Creative - DROGA5, New York, NY, *pg.* 64
Bergeron, Blake - Creative - DCA / DCPR, Jackson, TN, *pg.* 58
Bergeron, Guillaume - Creative - LG2, Montreal, QC, *pg.* 380
Bergin, Brandon - Creative - LITTLEFIELD BRAND DEVELOPMENT, Tulsa, OK, *pg.* 12
Berglund, Fabian - Creative - ANOMALY, New York, NY, *pg.* 325
Bergmann, Caitlin - Creative, Interactive / Digital, NBC, PPOM - DIGITAS, New York, NY, *pg.* 226
Bergmann, Dave - Creative, NBC - HEARTS & SCIENCE, New York, NY, *pg.* 471
Bergstresser, Jessica - Creative - DIGITAS, Chicago, IL, *pg.* 227
Berk, Rachel - Creative, Management, Media Department, NBC - BLUE 449, New York, NY, *pg.* 455
Berkheimer, Sarah - Creative - CACTUS MARKETING COMMUNICATIONS, Denver, CO, *pg.* 339
Berkley, Sarah - Creative - HAVAS WORLDWIDE CHICAGO, Chicago, IL, *pg.* 82
Berleman, Larry - Account Services, Creative - ZOOM ADVERTISING, Chicago, IL, *pg.* 165
Berliner, Samantha - Creative - SPRINGBOX, Austin, TX, *pg.* 266
Berman, Elysia - Creative - GOTHAM, INC., New York, NY, *pg.* 77
Berman, Greg - Creative - BIG SPACESHIP, Brooklyn, NY, *pg.* 455
Berman, John - Creative - R/GA, New York, NY, *pg.* 260

1303

RESPONSIBILITIES INDEX   AGENCIES

Bernamoff, Rae - Creative - SUB ROSA, New York, NY, pg. 200
Bernard, Vincent - Creative - LG2, Montreal, QC, pg. 380
Bernardino, Luca - Creative - ANOMALY, New York, NY, pg. 325
Bernat, Lauren - Account Services, Creative - RBB COMMUNICATIONS, Miami, FL, pg. 641
Bernath, Mark - Creative - WIEDEN + KENNEDY, New York, NY, pg. 432
Bernd, Dylan - Creative - RP3 AGENCY, Bethesda, MD, pg. 408
Berner, Chris - Creative - FUNK, LEVIS & ASSOCIATES, Eugene, OR, pg. 184
Bernhardt, Craig - Creative, PPOM - BERNHARDT FUDYMA DESIGN GROUP, New York, NY, pg. 174
Bernier, Alex - Creative - SID LEE, Montreal, QC, pg. 140
Bernius, Jeff - Creative - TURTLEDOVE CLEMENS, INC., Portland, OR, pg. 427
Bernstein, David - Creative - THE GATE WORLDWIDE, New York, NY, pg. 419
Bernstein, Jeremy - Creative, Management - EDELMAN, New York, NY, pg. 599
Bernstein, Harry - Creative, PPOM - HAVAS NEW YORK, New York, NY, pg. 369
Berrached, Wael - Creative, PPOM - EVIEW 360 CORPORATION, Farmington Hills, MI, pg. 182
Berragan, Cathal - Creative - SOCIAL CHAIN, New York, NY, pg. 143
Berry, Craig - Creative - ESPARZA ADVERTISING, Albuquerque, NM, pg. 68
Berthier, Nicolas - Creative - FF CREATIVE, Los Angeles, CA, pg. 234
Bertomen, Foster - Creative - YOUNG COMMUNICATIONS GROUP, INC., Los Angeles, CA, pg. 664
Besch, Marianne - Creative - MCGARRYBOWEN, New York, NY, pg. 109
Beseau, Alana - Creative - WEBER SHANDWICK, Chicago, IL, pg. 661
Besford, John - Creative - TURNER DUCKWORTH, San Francisco, CA, pg. 203
Besmer, John - Creative, PPOM - PLANET PROPAGANDA, Madison, WI, pg. 195
Besse, Tristan - Account Services, Creative, Management - ARGONAUT, INC., San Francisco, CA, pg. 33
Bessell, Scott - Creative - SONNHALTER, Cleveland, OH, pg. 411
Bessler, Larry - Creative, PPOM - RPM ADVERTISING, Chicago, IL, pg. 408
Best, Wayne - Creative, Management, PPOM - VMLY&R, New York, NY, pg. 160
Best, Trevor - Creative - VITAMIN, Baltimore, MD, pg. 21
Betcher, Katherine - Creative - HANSON WATSON ASSOCIATES, Moline, IL, pg. 81
Betteridge, Susan - Creative - MCGARRYBOWEN, Chicago, IL, pg. 110

Betts, Sarah - Creative - RED ANTLER, Brooklyn, NY, pg. 16
Beugen, Joan - Creative, PPOM - CRESTA CREATIVE, Chicago, IL, pg. 594
Beukema, Michael - Creative - SQUIRES & COMPANY, Dallas, TX, pg. 200
Beutler, Chris - Creative - RENEGADE COMMUNICATIONS, Hunt Valley, MD, pg. 405
Beveridge, Nina - Creative, PPOM - BEEVISION & HIVE, Toronto, ON, pg. 174
Bevilacqua, Grace - Creative - (ADD)VENTURES, Providence, RI, pg. 207
Bevilaqua, Adrianna - Creative - M BOOTH & ASSOCIATES, INC., New York, NY, pg. 624
Beyer, Sean - Creative - CAMERON ADVERTISING, Hauppauge, NY, pg. 339
Beyhl, Jake - Creative - SIMANTEL GROUP, Peoria, IL, pg. 142
Beyrau, Abby - Account Services, Creative, Interactive / Digital - PERFORMICS, Chicago, IL, pg. 676
Beytin, Jennifer - Creative - THE BEYTIN AGENCY, Arlington, VA, pg. 652
Bichler, Paul - Creative - SAATCHI & SAATCHI, New York, NY, pg. 136
Biebel, Angela - Account Services, Creative - RODGERS TOWNSEND, LLC, Saint Louis, MO, pg. 407
Bierman, David - Creative - CAMPBELL EWALD, Detroit, MI, pg. 46
Bierman, Robert - Creative, Operations - FALK HARRISON, INC., Saint Louis, MO, pg. 183
Bierut, Michael - Account Services, Creative, NBC, PPOM - PENTAGRAM, New York, NY, pg. 194
Bigness, Kristin - Creative - SEER INTERACTIVE, Philadelphia, PA, pg. 677
Bihl, Martin - Creative - LEVLANE ADVERTISING, Philadelphia, PA, pg. 380
Bildsten, Tim - Creative - MULLENLOWE U.S. BOSTON, Boston, MA, pg. 389
Bilgin, Selin - Creative - BEACON HEALTHCARE COMMUNICATIONS, Bedminster, NJ, pg. 38
Billick, Dave - Creative - FALL ADVERTISING, Santee, CA, pg. 70
Bills, Jennifer - Creative - O'KEEFE REINHARD & PAUL, Chicago, IL, pg. 392
Bills, Natalie - Account Services, Creative - PUBLICIS HAWKEYE, Dallas, TX, pg. 399
Bingham, Shaun - Creative - MISSION MEDIA, LLC, Baltimore, MD, pg. 115
Bingham, Max - Creative - ANOMALY, Toronto, ON, pg. 326
Binnette, Mike - Creative, PPOM - CANNONBALL AGENCY, Saint Louis, MO, pg. 5
Biolsi, Rick - Creative, PPOM - BARTLEY & DICK ADVERTISING, New York, NY, pg. 37
Biorcio, Jacopo - Creative -

SAATCHI & SAATCHI, New York, NY, pg. 136
Bird, Andy - Creative - PUBLICIS NORTH AMERICA, New York, NY, pg. 399
Birdsall, Maureen - Creative, PPOM - BIRDSALL INTERACTIVE, Lafayette, CA, pg. 217
Birdsall, Connie - Creative, PPOM - LIPPINCOTT, New York, NY, pg. 189
Birmingham, Hobart - Creative - RPA, Santa Monica, CA, pg. 134
Birney, Daniel - Creative - LEO BURNETT DETROIT, Troy, MI, pg. 97
Birney, Conor - Creative - MADWELL, Brooklyn, NY, pg. 13
Bishop, Christie - Account Planner, Creative, Management - EDELMAN, Los Angeles, CA, pg. 601
Bishop, Joseph - Creative - CANNONBALL AGENCY, Saint Louis, MO, pg. 5
Bishop, Bo - Creative - TROLLBACK & COMPANY, New York, NY, pg. 203
Biskin, Lisa - Creative - SMITH GIFFORD, INC., Falls Church, VA, pg. 143
Bisquera, Erico - Creative - PENNA POWERS BRIAN HAYNES, Salt Lake City, UT, pg. 396
Bistrong, Allison - Creative, NBC - PUBLICIS.SAPIENT, Coconut Grove, FL, pg. 259
Bitter, Derek - Creative - PUBLIC WORKS, Minneapolis, MN, pg. 130
Bizier, Jim - Creative - BRAND CONTENT, Boston, MA, pg. 42
Bjork, Paul - Creative - SWIFT, Portland, OR, pg. 145
Bjorkman, Lincoln - Creative, PPOM - RAUXA, New York, NY, pg. 291
Black, Dustin - Creative - COLLE MCVOY, Minneapolis, MN, pg. 343
Black, Spencer - Creative - DIGITAS, Atlanta, GA, pg. 228
Blackstone, Tim - Creative, Interactive / Digital - ETHOS MARKETING & DESIGN, Westbrook, ME, pg. 182
Blackwell, Charles - Creative, PPOM - CULT COLLECTIVE, LTD., Calgary, AB, pg. 178
Blackwell, Rich - Creative - METIA, Bellevue, WA, pg. 250
Blair, Kristy - Creative - INDIANA DESIGN CONSORTIUM, INC., Lafayette, IN, pg. 187
Blair, Greg - Creative - BLAIR, INC., Rockford, IL, pg. 334
Blais, Derek - Creative - BBDO CANADA, Toronto, ON, pg. 330
Blais, Arielle - Creative - THE MARTIN AGENCY, Richmond, VA, pg. 421
Blais, Xavier - Creative - RETHINK COMMUNICATIONS, INC., Vancouver, BC, pg. 133
Blake, Robin - Creative - MCLELLAN MARKETING GROUP, Clive, IA, pg. 111
Blakemore, Ashley - Account Services, Creative - MEDIAURA, Jefferson, IN, pg. 250
Bland, Trent - Creative - OTEY WHITE & ASSOCIATES, Baton Rouge,

1304

AGENCIES   RESPONSIBILITIES INDEX

LA, pg. 123
Blander, Lloyd - Creative - SIEGEL & GALE, New York, NY, pg. 17
Blaney, Bill - Creative - SMM ADVERTISING, Smithtown, NY, pg. 199
Blank, Ryan - Creative - OGILVY, New York, NY, pg. 393
Blankenship, Brian - Creative, Interactive / Digital - BALCOM AGENCY , Fort Worth, TX, pg. 329
Blankenship, Mark - Creative, Media Department - AKA NYC, New York, NY, pg. 324
Blascoe, Benjamin - Creative - DAVIS ELEN ADVERTISING, Los Angeles, CA, pg. 58
Blaser, Aaron - Creative - MONO, Minneapolis, MN, pg. 117
Blasingame, Josh - Creative - MARC USA, Pittsburgh, PA, pg. 104
Blatz, Jesse - Creative - TEAM ONE, Los Angeles, CA, pg. 417
Blazer, Matthew - Creative, Management, NBC, PPOM - BRANDPIVOT, Cleveland, OH, pg. 337
Blewett, Neil - Creative - ANOMALY, Toronto, ON, pg. 326
Blick, Hillary - Creative - BRIGHTLINE, New York, NY, pg. 219
Blitman, Rick - Creative - TINSLEY ADVERTISING, Miami, FL, pg. 155
Blitzer, Ernie - Creative, PPOM - FRENCH / BLITZER / SCOTT, New York, NY, pg. 361
Block, Sarah - Creative - LEO BURNETT WORLDWIDE, Chicago, IL, pg. 98
Blockey, Paul - Creative, Interactive / Digital, Research - RAPP WORLDWIDE, Los Angeles, CA, pg. 291
Blom, Tony - Creative - COMPASS COMMUNICATIONS, Halifax, NS, pg. 52
Bloodgood, Brian - Creative - ICF NEXT, Minneapolis, MN, pg. 372
Bloom, Robert - Creative, Interactive / Digital, PPOM - CARL BLOOM ASSOCIATES, White Plains, NY, pg. 281
Bloom, Richard - Creative - HUGE, INC., Washington, DC, pg. 240
Bloom, Doug - Creative, PPOM - ONE ELEVEN INTERACTIVE, INC., Cornwall, CT, pg. 255
Bloomer, Jen - Creative, Media Department - MAROON PR, Columbia, MD, pg. 625
Blount, Jimmie - Creative - PREACHER, Austin, TX, pg. 129
Blount, Kellyn - Creative - PREACHER, Austin, TX, pg. 129
Bluey, Ted - Creative, PPOM - ELEVEN, INC., San Francisco, CA, pg. 67
Blumberg, Jay - Creative - SOURCELINK, LLC, Miamisburg, OH, pg. 292
Blumenberg, Ronnie - Creative - BLT COMMUNICATIONS, LLC, Hollywood, CA, pg. 297
Blurton, Paul - Creative, PPOM - INVNT, New York, NY, pg. 90
Boardman, Jennifer - Creative - CIVIC ENTERTAINMENT GROUP, New York, NY, pg. 566

Boarts, Alan - Creative, PPOM - A TO Z COMMUNICATIONS, Pittsburgh, PA, pg. 24
Boatright, Tim - Creative - VISTRA COMMUNICATIONS, LLC, Lutz, FL, pg. 658
Bobolts, Carol - Creative, PPOM - RED HERRING DESIGN , New York, NY, pg. 197
Boccia, Casey - Creative - DEVANEY & ASSOCIATES, Owings Mills, MD, pg. 351
Bochenek, Alexei - Creative - PSYOP, Venice, CA, pg. 196
Boddington, Nicole - Creative - CJRW NORTHWEST, Springdale, AR, pg. 566
Boehnke, Richard - Creative - PUBLICIS TORONTO, Toronto, ON, pg. 639
Boer, Danilo - Creative - BBDO WORLDWIDE, New York, NY, pg. 331
Boesche, Brian - Creative, PPOM - SWANSON RUSSELL ASSOCIATES, Lincoln, NE, pg. 415
Bogdan, Josh - Creative - WIEDEN + KENNEDY, Portland, OR, pg. 430
Boggis, Tamara - Creative - ZIMMERMAN ADVERTISING, Fort Lauderdale, FL, pg. 437
Bogoch, Jake - Creative - THE&PARTNERSHIP, Toronto, ON, pg. 154
Bogucki, Andrew - Creative, PPOM - TENET PARTNERS, New York, NY, pg. 450
Bogucki, Kyle - Creative - BANNER PUBLIC AFFAIRS, Washington, DC, pg. 580
Boisvert, Nicolas - Creative - LG2, Montreal, QC, pg. 380
Boiter, Jamey - Creative, NBC - BOLT, Charlotte, NC, pg. 3
Bokman, Mike - Creative - 180LA, Los Angeles, CA, pg. 23
Bolecek, Patrik - Creative - PUBLICIS NORTH AMERICA, New York, NY, pg. 399
Boles, Mike - Creative - SPARK44, New York, NY, pg. 411
Bolesky, Jeremy - Creative - LEOPOLD KETEL & PARTNERS, Portland, OR, pg. 99
Boley, Brook - Creative - INNOCEAN USA, Huntington Beach, CA, pg. 479
Bolger, Thomas - Creative - THE COMMUNITY, Miami Beach, FL, pg. 545
Bolla, Alessandro - Creative - PEOPLE IDEAS & CULTURE, Brooklyn, NY, pg. 194
Bollenbach, Chad - Creative, NBC, PPOM - SHINE UNITED, Madison, WI, pg. 140
Bollinger, John - Creative - VMLY&R, New York, NY, pg. 160
Bombard, Christine - Creative - CATALYSIS, Seattle, WA, pg. 340
Bonadio, Franco - Creative, NBC, PPOM - C SPACE, Boston, MA, pg. 443
Bond, Craig - Creative, PPOM - B-STREET, Toronto, ON, pg. 681
Bond, Margaret - Creative - LUQUIRE GEORGE ANDREWS, INC., Charlotte,

NC, pg. 382
Bonder, Daniel - Creative - ADAM&EVE DDB, New York, NY, pg. 26
Bongioanni, Lucas - Creative - BBH, New York, NY, pg. 37
Bongiovanni, Brad - Creative, PPOM - ROCKIT SCIENCE AGENCY, Baton Rouge, LA, pg. 16
Bonilla, Tony - Creative - MERGE, Chicago, IL, pg. 113
Bonillo, Carie - Creative, Operations, PPM - DEUTSCH, INC., Los Angeles, CA, pg. 350
Bonn, Frederic - Creative, PPOM - ICROSSING, New York, NY, pg. 240
Bonn, Sarah - Creative, PPM - GLOVER PARK GROUP, New York, NY, pg. 608
Bonnell, Philippe - Creative - SID LEE, Montreal, QC, pg. 140
Bonner, Jimmy - Creative - THE RICHARDS GROUP, INC., Dallas, TX, pg. 422
Bonner, Kevin - Creative - VERMILION DESIGN, Boulder, CO, pg. 204
Bonner, David - Creative, PPOM - ON IDEAS, Jacksonville, FL, pg. 394
Bonney, Jennifer - Creative - PAN COMMUNICATIONS, Boston, MA, pg. 635
Bonnici, Joseph - Creative, PPOM - BENSIMON BYRNE, Toronto, ON, pg. 38
Bonomi, Silmo - Creative - VMLY&R, New York, NY, pg. 160
Bonomo, Bill - Creative - O2KL, New York, NY, pg. 121
Bontke, Jacqui - Creative - MERKLEY + PARTNERS, New York, NY, pg. 114
Bonura, Justin - Creative, PPOM - CERBERUS, New Orleans, LA, pg. 341
Book, Gary - Creative - INDIGO STUDIOS, Atlanta, GA, pg. 187
Book, Mark - Creative - DIGITAS, San Francisco, CA, pg. 227
Booker, Alex - Creative - BBDO WORLDWIDE, New York, NY, pg. 331
Booth, Tony - Account Services, Creative - LEO BURNETT DETROIT, Troy, MI, pg. 97
Booth, Ryan - Creative - ZULU ALPHA KILO, Toronto, ON, pg. 165
Booth, Colin - Creative - AMP AGENCY, Boston, MA, pg. 297
Borchert, Gui - Creative - 72ANDSUNNY, Playa Vista, CA, pg. 23
Borde, Manuel - Creative, Management - GEOMETRY, New York, NY, pg. 362
Bordeaux, April - Creative - CONRIC PR & MARKETING, Fort Meyers, FL, pg. 592
Bordignon, Samantha - Creative - DIGITAS, Chicago, IL, pg. 227
Borges, Bruno - Creative - BBDO WORLDWIDE, New York, NY, pg. 331
Boring, David - Creative, PPOM - NEVER BORING DESIGN, Modesto, CA, pg. 193
Borja, Rick - Creative, Interactive / Digital, Management, PPOM - GO WEST CREATIVE, Nashville, TN, pg. 307
Borosky, Michael - Creative, PPOM - ELEVEN, INC., San Francisco, CA,

1305

RESPONSIBILITIES INDEX — AGENCIES

pg. 67
Borrelli, Matthew - Creative - ALTITUDE MARKETING, Emmaus, PA, *pg.* 30
Borum, Beth - Creative - ELEVATION MARKETING, Richmond, VA, *pg.* 67
Borys, Michael - Creative - 42 ENTERTAINMENT, LLC, Burbank, CA, *pg.* 297
Bosaka, Natsuko - Creative - MCCANN NEW YORK, New York, NY, *pg.* 108
Bosch, Arnau - Creative - TBWA/MEDIA ARTS LAB, Los Angeles, CA, *pg.* 147
Bosniack, Diana - Creative - MADWELL, Brooklyn, NY, *pg.* 13
Bossert, Thomas - Creative - R/GA, New York, NY, *pg.* 260
Bossin, Jeff - Creative - INNOCEAN USA, Huntington Beach, CA, *pg.* 479
Boston, Brandon - Creative - FITCH, Columbus, OH, *pg.* 183
Bostwick, Gary - Account Planner, Account Services, Creative - THE VARIABLE, Winston-Salem, NC, *pg.* 153
Bostwick, Melanie - Creative, Interactive / Digital - 22SQUARED INC., Atlanta, GA, *pg.* 319
Boswell, Christian - Creative, PPOM - BFW ADVERTISING, Boca Raton, FL, *pg.* 39
Boswell, Matt - Creative - CHAPPELLROBERTS, Tampa, FL, *pg.* 341
Bosworth, Marc - Creative, PPM - GRETEMAN GROUP, Wichita, KS, *pg.* 8
Botfeld, Kevin - Creative - 22SQUARED INC., Tampa, FL, *pg.* 319
Bottenus, Jason - Creative - PERISCOPE, Minneapolis, MN, *pg.* 127
Bottkol, Matthew - Creative - VENABLES BELL & PARTNERS, San Francisco, CA, *pg.* 158
Boubion, Jacqueline - Creative - GENTLEMAN SCHOLAR, Los Angeles, CA, *pg.* 562
Bouchie, Andrew - Creative - MEDIAHUB NEW YORK, New York, NY, *pg.* 249
Bougdanos, Debbie - Creative, Management - LEO BURNETT WORLDWIDE, Chicago, IL, *pg.* 98
Boulton, Lee - Creative - 72ANDSUNNY, Brooklyn, NY, *pg.* 24
Bourgeois, Katie - Creative - MEKANISM, San Francisco, CA, *pg.* 112
Bours, Jeroen - Creative, PPOM - DARLING AGENCY, New York, NY, *pg.* 57
Bova, Roger - Creative - DEUTSCH, INC., New York, NY, *pg.* 349
Bow, Cara - Creative - WILLOW MARKETING, Indianapolis, IN, *pg.* 433
Bowden, Monte - Creative - AMPERAGE, Cedar Falls, IA, *pg.* 30
Bowen, Cathy - Creative - SMITH BROTHERS AGENCY, LP, Pittsburgh, PA, *pg.* 410
Bowen, Wiley - Creative, Interactive / Digital - BLUE STATE DIGITAL, New York, NY, *pg.* 335
Bowen, Jesse - Creative - BARKLEY,

Kansas City, MO, *pg.* 329
Bowen Cook, Ashley - Creative, NBC - GRETEMAN GROUP, Wichita, KS, *pg.* 8
Bowers, Bobbi - Creative - FCB CHICAGO, Chicago, IL, *pg.* 71
Bowers, Allyson - Creative - DESIGN AT WORK CREATIVE SERVICES, Houston, TX, *pg.* 179
Bowman, Glenn - Creative - PARADISE, Saint Petersburg, FL, *pg.* 396
Boyd, Christopher - Creative - DID AGENCY, Ambler, PA, *pg.* 62
Boyd, Terry - Creative - 88 BRAND PARTNERS, Chicago, IL, *pg.* 171
Boyd, Ian - Creative - BUTLER, SHINE, STERN & PARTNERS, Sausalito, CA, *pg.* 45
Boyden, Andrew - Creative - BOYDEN & YOUNGBLUTT ADVERTISING, Fort Wayne, IN, *pg.* 336
Boyle, Nancy - Account Services, Creative - GYK ANTLER, Manchester, NH, *pg.* 368
Boynton, Jane - Creative - LANDOR, New York, NY, *pg.* 11
Bozard, Cecil - Creative - AMELIE COMPANY, Denver, CO, *pg.* 325
Bozas, Cristina - Creative, PPOM - POLVORA ADVERTISING, Boston, MA, *pg.* 544
Brabender, John - Creative, PPOM - BRABENDERCOX, Pittsburgh, PA, *pg.* 336
Braccia, Nick - Creative - CAMPFIRE, New York, NY, *pg.* 297
Brace, Stephanie - Creative - BEMARKETING SOLUTIONS, Blue Bell, PA, *pg.* 216
Brackett, Eric - Creative, PPM - INDIGO STUDIOS, Atlanta, GA, *pg.* 187
Braden, Melissa - Account Services, Creative - TANDEM THEORY, Dallas, TX, *pg.* 269
Bradfield, Margaret - Creative - EP+CO., Greenville, SC, *pg.* 356
Bradicich, Talia - Creative - MCGARRYBOWEN, New York, NY, *pg.* 109
Bradley, Susie - Creative, PPOM - BRADLEY BROWN DESIGN, Carnegie, PA, *pg.* 175
Bradley, Randy - Creative, PPOM - JORDAN ADVERTISING, Oklahoma City, OK, *pg.* 377
Bradley, Danielle - Creative - ONE TRICK PONY, Hammonton, NJ, *pg.* 15
Bradley, Erin - Creative - WUNDERMAN THOMPSON SEATTLE, Seattle, WA, *pg.* 435
Brady, Alice - Creative - CLEAN, Raleigh, NC, *pg.* 5
Brady, Kevin - Creative - DROGA5, New York, NY, *pg.* 64
Braithwaite, Ashley - Creative - THE RICHARDS GROUP, INC., Dallas, TX, *pg.* 422
Braithwaite, Joshua - Creative - MOTHER NY, New York, NY, *pg.* 118
Brandao, Jorge - Creative - 72ANDSUNNY, Brooklyn, NY, *pg.* 24
Brandenburg, Kathleen - Creative, PPOM - IA COLLABORATIVE, Chicago,

IL, *pg.* 186
Brandon, Sarah - Creative - 3HEADED MONSTER, Dallas, TX, *pg.* 23
Brandon, Andrea - Account Services, Creative, Media Department, NBC - MINDSTREAM MEDIA, Peoria, IL, *pg.* 250
Brands, Alex - Account Planner, Account Services, Creative, Media Department - PATTERN, New York, NY, *pg.* 126
Brandt, Linda - Creative, PPOM - BRANDT RONAT & COMPANY, Merrit Island, FL, *pg.* 337
Brandt, Evan - Creative - OSBORN & BARR COMMUNICATIONS, Saint Louis, MO, *pg.* 395
Branton, Joe - Creative - GROW INTERACTIVE, Norfolk, VA, *pg.* 237
Brashear, Todd - Account Services, Creative - MOD OP, Dallas, TX, *pg.* 388
Brass, Matt - Creative - THE SHELTON GROUP, Knoxville, TN, *pg.* 153
Bratskeir, Rob - Creative, Management, Public Relations - 360PRPLUS, New York, NY, *pg.* 573
Bravo-Campbell, Andrea - Creative, Operations - COLUMN FIVE, Brooklyn, NY, *pg.* 343
Braxton, Alex - Creative - OGILVY PUBLIC RELATIONS, New York, NY, *pg.* 633
Bray, James - Creative - ARNOLD WORLDWIDE, Boston, MA, *pg.* 33
Bray, Lindsey - Account Services, Creative, NBC - ALTITUDE MARKETING, Emmaus, PA, *pg.* 30
Brazelton, Ryan - Creative - CHANGEUP, Cincinnati, OH, *pg.* 5
Brazzell, Gary - Creative - BRAZZELL MARKETING, Woodlawn, VA, *pg.* 337
Breakey, Julia - Creative, Interactive / Digital - YOUNG & LARAMORE, Indianapolis, IN, *pg.* 164
Breckenridge, Robin - Creative, PPOM - BRECKENRIDGE DESIGN GROUP, Washington, DC, *pg.* 175
Bredice, Dustin - Creative - THE INTEGER GROUP, Lakewood, CO, *pg.* 682
Bredimus, Kate - Creative - ELEVATION MARKETING, Richmond, VA, *pg.* 67
Bredon, Kaylyn - Creative - MINDSTREAM INTERACTIVE, Columbus, OH, *pg.* 250
Breeding, Greg - Creative, PPOM - JOURNEY GROUP, Charlottesville, VA, *pg.* 377
Breen, David - Creative, PPOM - VDA PRODUCTIONS, Somerville, MA, *pg.* 317
Breen, Chris - Creative, PPOM - CHEMISTRY ATLANTA, Atlanta, GA, *pg.* 50
Breen, Kerry - Creative, Interactive / Digital - ASSOCIATION OF NATIONAL ADVERTISERS, New York, NY, *pg.* 442
Breidenbach, Jeff - Creative, PPOM - ARGUS, LLC, Emeryville, CA, *pg.*

1306

AGENCIES

RESPONSIBILITIES INDEX

173
Breindel, Jordan - Creative - BARKLEY, Kansas City, MO, *pg.* 329
Breininger, Brad - Creative, PPOM - ZYNC COMMUNICATIONS INC., Toronto, ON, *pg.* 22
Brekke, Dennis - Creative - LINNIHAN FOY ADVERTISING, Minneapolis, MN, *pg.* 100
Bremner, Scott - Creative - SILTANEN & PARTNERS ADVERTISING, El Segundo, CA, *pg.* 410
Brenner, Rebekah - Creative, NBC, Promotions - THE TRADE DESK, Los Angeles, CA, *pg.* 519
Breno, Bob - Creative, Interactive / Digital - ANDREA OBSTON MARKETING COMMUNICATIONS, Bloomfield, CT, *pg.* 31
Breslin, Dana - Creative, NBC - ART 270, INC., Jenkintown, PA, *pg.* 173
Bresnahan, Todd - Creative, NBC, PPOM - DAVIDSON BELLUSO, Phoenix, AZ, *pg.* 179
Bressler, Dean - Creative, PPOM - ROCKET LAWN CHAIR, Milwaukee, WI, *pg.* 407
Brestrup, Christen - Creative - WIEDEN + KENNEDY, Portland, OR, *pg.* 430
Breton, Pete - Creative, PPOM - ANOMALY, Toronto, ON, *pg.* 326
Brett Kennedy, Daniel - Creative, PPM - MWWPR, New York, NY, *pg.* 631
Brettholle, Dan - Creative - APPLE BOX STUDIOS, Pittsburgh, PA, *pg.* 32
Bretz, Matt - Creative - AYZENBERG GROUP, INC., Pasadena, CA, *pg.* 2
Brewer, Scott - Creative - GSD&M, Austin, TX, *pg.* 79
Brida, Jay - Creative - THE DESIGNORY, Longbeach, CA, *pg.* 149
Bridger, Lara - Creative - GSD&M, Austin, TX, *pg.* 79
Bridges, Kristi - Creative, PPOM - THE SAWTOOTH GROUP, Red Bank, NJ, *pg.* 152
Bridges, Meara - Creative - CREATIVE ENERGY, INC., Johnson City, TN, *pg.* 346
Briggs, Walter - Creative, Media Department, NBC, PPOM - CD&M COMMUNICATIONS, Portland, ME, *pg.* 49
Bright, Lisa - Creative, Management - FCB CHICAGO, Chicago, IL, *pg.* 71
Bright, David - Creative - PRAYTELL, Brooklyn, NY, *pg.* 258
Brillante, Lowell - Creative - FRED AGENCY, Atlanta, GA, *pg.* 360
Brillanti, Laura - Creative, Interactive / Digital - HAVAS NEW YORK, New York, NY, *pg.* 369
Brillson, Lindsay - Creative - RED ANTLER, Brooklyn, NY, *pg.* 16
Brink, Matthew - Creative - BBDO WORLDWIDE, New York, NY, *pg.* 331
Brinkman, Taylor - Creative - LEVIATHAN, Chicago, IL, *pg.* 189
Brinkworth, Katie - Creative - BBDO WEST, Los Angeles, CA, *pg.* 331
Britton, Susan - Creative, PPOM - BRITTON MARKETING & DESIGN GROUP, Fort Wayne, IN, *pg.* 4

Broadfoot, Rob - Creative, PPOM - MOCK, THE AGENCY, Atlanta, GA, *pg.* 192
Broccolo, Mary Anne - Creative - MKG, New York, NY, *pg.* 311
Brock, Charles - Creative, PPOM - FACEOUT STUDIOS, Bend, OR, *pg.* 182
Brock, Nicholas - Creative, Interactive / Digital, Media Department - WISER STRATEGIES, Lexington, KY, *pg.* 663
Brockhoff, Libby - Creative, PPOM - ODYSSEUS ARMS, San Francisco, CA, *pg.* 122
Brodie, Paul - Creative - TROIKA/MISSION GROUP, Los Angeles, CA, *pg.* 20
Broggi, Ariel - Creative - SOMETHING MASSIVE, Los Angeles, CA, *pg.* 266
Brokaw, Rick - Creative - SHARK COMMUNICATIONS, Burlington, VT, *pg.* 265
Bronshvag, Rich - Creative - CANVAS BLUE, Los Angeles, CA, *pg.* 47
Brooks, Colette - Creative, PPOM - BIG IMAGINATION GROUP, Los Angeles, CA, *pg.* 685
Brooks, Drew - Creative - DONER, Los Angeles, CA, *pg.* 352
Brooks, Jennifer - Creative, NBC, PPOM - GERSON LEHRMAN GROUP, New York, NY, *pg.* 168
Brooks, Tyler - Creative - TURNER DUCKWORTH, San Francisco, CA, *pg.* 203
Brooks, Anthony - Creative - MERING, Sacramento, CA, *pg.* 114
Brooks, Heather - Creative - DIGITAS, Chicago, IL, *pg.* 227
Broom Harris, Shannon - Creative - BIG COMMUNICATIONS, INC., Birmingham, AL, *pg.* 39
Broscious, David - Creative - GKV, Baltimore, MD, *pg.* 364
Bross, Evan - Creative - WALRUS, New York, NY, *pg.* 161
Brossard, Yvon - Creative - COSSETTE MEDIA, Quebec City, QC, *pg.* 345
Brothers, Paul - Creative, PPOM - BROTHERS & CO., Tulsa, OK, *pg.* 43
Brothers, Bob - Creative - BANDUJO DONKER & BROTHERS, New York, NY, *pg.* 36
Broude, Chad - Creative, PPM - HIGHDIVE, Chicago, IL, *pg.* 85
Brouillard, Ben - Creative - PROMERSBERGER COMPANY, Fargo, ND, *pg.* 638
Brower, Mike - Creative - VITRO AGENCY, San Diego, CA, *pg.* 159
Brown, Shelley - Creative, PPOM - FCB TORONTO, Toronto, ON, *pg.* 72
Brown, Teddy - Creative - FCB CHICAGO, Chicago, IL, *pg.* 71
Brown, Bethany - Account Services, Creative, Interactive / Digital - L.E.T. GROUP, INC., Tequesta, FL, *pg.* 245
Brown, Jay - Creative, PPOM - ENLARGE MEDIA GROUP, Los Angeles, CA, *pg.* 356
Brown, Ned - Creative, PPOM - BADER

RUTTER & ASSOCIATES, INC., Milwaukee, WI, *pg.* 328
Brown, Daniel - Creative - TRUE NORTH INC., New York, NY, *pg.* 272
Brown, Daniel - Creative, Interactive / Digital - 22SQUARED INC., Atlanta, GA, *pg.* 319
Brown, David - Creative - ADAM&EVE DDB, New York, NY, *pg.* 26
Brown, Devin - Creative - R/GA, Austin, TX, *pg.* 261
Brown, Kevin - Creative - NONBOX, Hales Corners, WI, *pg.* 121
Brown, Nathalie - Creative - VMLY&R, New York, NY, *pg.* 160
Brown, Kevin - Creative - DDB CHICAGO, Chicago, IL, *pg.* 59
Brown, Sharon - Creative - HMT ASSOCIATES, INC., Broadview Heights, OH, *pg.* 681
Brown, Rich - Creative - ANOMALY, Toronto, ON, *pg.* 326
Brown, Chris - Creative - TREKK, Rockford, IL, *pg.* 156
Brown, Travis - Creative - PARADOWSKI CREATIVE, Saint Louis, MO, *pg.* 125
Brown, Quentin - Creative - MARLIN NETWORK, Springfield, MO, *pg.* 105
Brown, Brian - Creative - PUBLICIS.SAPIENT, New York, NY, *pg.* 258
Brown, Bonica - Creative - AD CETERA, INC., Addison, TX, *pg.* 26
Brown, Sonya - Creative - DNA CREATIVE COMMUNICATIONS, Greenville, SC, *pg.* 598
Brown, Scott - Creative, PPOM - BATTERY, Hollywood, CA, *pg.* 330
Brown, Jessica - Creative - FCB WEST, San Francisco, CA, *pg.* 72
Brown, Zach - Creative, Finance, Management, Media Department - CRISPIN PORTER + BOGUSKY, Boulder, CO, *pg.* 346
Brown, Max - Creative - PARTNERS + NAPIER, Rochester, NY, *pg.* 125
Brownstein, Berny - Creative, PPOM - BROWNSTEIN GROUP, INC., Philadelphia, PA, *pg.* 44
Brubaker, Matt - Creative, PPOM - TRAILER PARK, Hollywood, CA, *pg.* 299
Brubaker, Tod - Creative - KELLEY HABIB JOHN INTEGRATED MARKETING, Boston, MA, *pg.* 11
Brubaker, Dave - Creative - SJI ASSOCIATES, New York, NY, *pg.* 142
Bruce, Duncan - Creative, PPOM - PUBLICIS TORONTO, Toronto, ON, *pg.* 639
Brule, Eric - Creative - THE LOOMIS AGENCY, Dallas, TX, *pg.* 151
Brune, Mike - Creative - OGILVY COMMONHEALTH WORLDWIDE, Parsipanny, NJ, *pg.* 11
Bruneau, Elizabeth - Creative - ANOMALY, New York, NY, *pg.* 325
Bruner, Mike - Creative - ODNEY ADVERTISING AGENCY, Bismarck, ND, *pg.* 392
Brunette, Jean - Creative - INNOVACOM MARKETING & COMMUNICATIONS, Gatineau, QC, *pg.*

1307

RESPONSIBILITIES INDEX — AGENCIES

375
Brunner, Donny - Creative - CRISPIN PORTER + BOGUSKY, Boulder, CO, pg. 346
Bruno, Steven - Creative - TRAILER PARK, Hollywood, CA, pg. 299
Brusnighan, Todd - Creative - MCGARRYBOWEN, Chicago, IL, pg. 110
Brust, Sean - Creative, PPM - AYZENBERG GROUP, INC., Pasadena, CA, pg. 2
Bruyn, Simon - Creative - MOTHER, Los Angeles, CA, pg. 118
Bryan, Danny - Creative - THE RICHARDS GROUP, INC., Dallas, TX, pg. 422
Bryan, Sean - Creative, PPOM - MCCANN NEW YORK, New York, NY, pg. 108
Bryant, Mel - Creative - PRICEWEBER MARKETING COMMUNICATIONS, INC., Louisville, KY, pg. 398
Bryant, Andrew - Creative - ADVENT, Nashville, TN, pg. 301
Brylinsky, Kathryn - Creative - DROGA5, New York, NY, pg. 64
Brynestad, Barrett - Creative - TDA_BOULDER, Boulder, CO, pg. 147
Bryson, Evan - Account Planner, Creative, NBC - WE ARE BMF, New York, NY, pg. 318
Buccini, Jennifer - Creative - ZAG INTERACTIVE, Glastonbury, CT, pg. 277
Buchanan, Eric - Creative - GRAPEVINE COMMUNICATIONS, Sarasota, FL, pg. 78
Buchanan, Erin - Creative - BEARDWOOD & CO, New York, NY, pg. 174
Buck, Travis - Creative - LISTRAK, Lititz, PA, pg. 246
Buck, Rob - Creative - SHERRY MATTHEWS ADVOCACY MARKETING, Austin, TX, pg. 140
Buck, Peter - Creative - SPARK44, New York, NY, pg. 411
Buckenmeyer, Miguel - Creative - AREA 17, Brooklyn, NY, pg. 214
Buckham Neitzel, Kristi - Creative - THE DISTILLERY PROJECT, Chicago, IL, pg. 149
Buckholz, Cerra - Creative - FORSMAN & BODENFORS, New York, NY, pg. 74
Buckley, Pat - Creative, PPOM - THE JOHNSON GROUP, Chattanooga, TN, pg. 420
Buckley, Nadine - Account Services, Creative - MCGILL BUCKLEY, Ottawa, ON, pg. 110
Bucu Gittings, Chrissy - Account Services, Creative, Interactive / Digital, Management, Media Department, NBC - UNIVERSAL MCCANN, New York, NY, pg. 521
Buda, Chris - Account Services, Creative, PPM - IRIS ATLANTA, Atlanta, GA, pg. 90
Budd, Josh - Creative - NO FIXED ADDRESS INC., Toronto, ON, pg. 120
Budinsky, Thomas - Account Services, Creative - WRL ADVERTISING, Canton, OH, pg. 163

Buechler, Chad - Creative, Media Department, PPM - ANDERSON DDB HEALTH & LIFESTYLE, Toronto, ON, pg. 31
Bufalino, Maria - Creative, Interactive / Digital, Media Department, Social Media - STARCOM WORLDWIDE, Chicago, IL, pg. 513
Buhrman, Chris - Creative - HANSON DODGE, INC., Milwaukee, WI, pg. 185
Bui, Andrew - Creative - THE RICHARDS GROUP, INC., Dallas, TX, pg. 422
Bullen, Dave - Creative - MONO, Minneapolis, MN, pg. 117
Buller, Patrick - Creative - R&R PARTNERS, Salt Lake City, UT, pg. 132
Bulmer, Dominique - Creative - BLEUBLANCROUGE, Montreal, QC, pg. 40
Bulow, Allison - Creative - DDB CHICAGO, Chicago, IL, pg. 59
Bumgarner, Linda - Creative - VMLY&R, Kansas City, MO, pg. 274
Bumgarner, Richard - Creative, PPOM - HERO MARKETING, San Francisco, CA, pg. 370
Bump, Dale - Creative - HOTHOUSE, Atlanta, GA, pg. 371
Bunk, Matt - Creative - DANIEL BRIAN ADVERTISING, Rochester, MI, pg. 348
Bunker, Tim - Creative - PUBLICIS HAWKEYE, Dallas, TX, pg. 399
Burch, Jessica - Creative, PPOM - AMMUNITION, Atlanta, GA, pg. 212
Burch, Bob - Creative - GEARY INTERACTIVE, Las Vegas, NV, pg. 76
Burelle, Jason - Creative - IMRE, Baltimore, MD, pg. 374
Burford, Doug - Creative, PPOM - BURFORD COMPANY, Richmond, VA, pg. 45
Burgel, Fernanda - Creative - PETERMAYER, New Orleans, LA, pg. 127
Burger, Paul - Creative, Interactive / Digital - TRILIX MARKETING GROUP, INC., Des Moines, IA, pg. 427
Burgess, Matt - Creative - WONGDOODY, Culver City, CA, pg. 433
Buri, Greg - Creative - DAVID&GOLIATH, El Segundo, CA, pg. 57
Burk, Jake - Creative - NEBO AGENCY, LLC, Atlanta, GA, pg. 253
Burke, Susan - Creative - SAATCHI & SAATCHI X, Cincinnati, OH, pg. 682
Burke, Alex - Account Services, Creative - DDB SAN FRANCISCO, San Francisco, CA, pg. 60
Burke, Joseph - Creative - PLUSMEDIA, LLC, Danbury, CT, pg. 290
Burke, Eric - Creative - 22SQUARED INC., Tampa, FL, pg. 319
Burke, Casey - Creative - VAYNERMEDIA, New York, NY, pg. 689
Burkett, Adam - Creative - DONER, Southfield, MI, pg. 63
Burmester, Geno - Creative - 72ANDSUNNY, Playa Vista, CA, pg. 23

Burnell, Joan - Creative, PPM - GRAPEVINE COMMUNICATIONS, Sarasota, FL, pg. 78
Burnham, Robb - Creative - KRUSKOPF & COMPANY, Minneapolis, MN, pg. 96
Burns, Scott - Creative, PPOM - THE GEORGE P. JOHNSON COMPANY, San Carlos, CA, pg. 316
Burns, Benjamin - Creative - Q ADVERTISING & PUBLIC RELATIONS, Las Vegas, NV, pg. 131
Burns, Rob - Creative - KEENAN-NAGLE ADVERTISING, Allentown, PA, pg. 94
Burns, Shannon - Creative - DUNCAN CHANNON, San Francisco, CA, pg. 66
Burns, Walt - Creative - BROADHEAD, Minneapolis, MN, pg. 337
Burns III, Roy - Creative - LEWIS COMMUNICATIONS, Birmingham, AL, pg. 100
Burrell, Darcie - Creative - WIEDEN + KENNEDY, Portland, OR, pg. 430
Burris, Scott - Creative - HEILBRICE, Newport Beach, CA, pg. 84
Burrow, Drew - Creative - MRM//MCCANN, Birmingham, MI, pg. 252
Burton, Bryce - Creative - WARREN DOUGLAS ADVERTISING, Fort Worth, TX, pg. 161
Burton, Jeph - Creative - JOHANNES LEONARDO, New York, NY, pg. 92
Burton, Evan - Creative - CAMP + KING, San Francisco, CA, pg. 46
Burton, Chris - Creative - WORKS DESIGN GROUP, Pennsauken, NJ, pg. 21
Bush, Mark - Creative, PPOM - AMPM, INC., Midland, MI, pg. 325
Bush, David - Creative - STRAND MARKETING, Newburyport, MA, pg. 144
Bush, Meghan - Account Services, Creative, NBC - METHOD, INC., New York, NY, pg. 191
Bush, Bobby - Account Services, Creative - YARD, New York, NY, pg. 435
Buss, Michael - Creative - EP+CO., Greenville, SC, pg. 356
Bussen, Curt - Creative - MARLIN NETWORK, Springfield, MO, pg. 105
Butler, Mike - Creative - ELEVEN, INC., San Francisco, CA, pg. 67
Butorac, Mark - Creative - DOREMUS & COMPANY, San Francisco, CA, pg. 64
Butt, Richard - Creative - VMLY&R, New York, NY, pg. 160
Butte, Christian - Creative - R/GA, New York, NY, pg. 260
Butterfield, Candice - Creative - TOTAL COM, Tuscaloosa, AL, pg. 155
Butts, Amanda - Creative, Management - LEO BURNETT WORLDWIDE, Chicago, IL, pg. 98
Butts, Jonathan - Creative - BLACKWING CREATIVE, Seattle, WA, pg. 40
Butwinick, Rich - Creative, NBC, PPOM - MARKETINGLAB, Minneapolis, MN, pg. 568
Buyer, Marion - Creative - BUYER

1308

AGENCIES — RESPONSIBILITIES INDEX

ADVERTISING, INC., Newton, MA, *pg.* 338
Buzin, Cassidy - Creative, Media Department - ENERGY BBDO, INC., Chicago, IL, *pg.* 355
Buzzelli, Joe - Account Services, Creative, Media Department - SPARK FOUNDRY, Chicago, IL, *pg.* 510
Byers, Scott - Creative, PPOM - LEHIGH MINING & NAVIGATION, Allentown, PA, *pg.* 97
Bynum, Quinncy - Creative - BURRELL COMMUNICATIONS GROUP, INC., Chicago, IL, *pg.* 45
Byrne, Mike - Creative, PPOM - ANOMALY, New York, NY, *pg.* 325
Byrne, Jonathan - Creative - HEAT, San Francisco, CA, *pg.* 84
Byrom-Haley, Ellie - Creative, PPOM - GECKO GROUP, West Chester, PA, *pg.* 184
Bystrov, Will - Creative, PPOM - MUSTACHE, Brooklyn, NY, *pg.* 252
Bzowski, Mike - Creative, Media Department - JAN KELLEY MARKETING, Burlington, ON, *pg.* 10
Cabral, Melissa - Account Planner, Account Services, Creative, Media Department - THE MANY, Pacific Palisades, CA, *pg.* 151
Cabrera, Jaime - Creative - ADVANTAGE INTERNATIONAL, Los Angeles, CA, *pg.* 301
Cabrera, Greg - Creative - YESLER, Seattle, WA, *pg.* 436
Cacali, Aaron - Creative - T3, Austin, TX, *pg.* 268
Cacciatore, Caelin - Creative - ROKKAN, LLC, New York, NY, *pg.* 264
Cacciola, Tara - Creative - KALEIDOSCOPE, New York, NY, *pg.* 298
Cadden, Zam - Creative - WHERE EAGLES DARE, Pittsburgh, PA, *pg.* 161
Cade, Natalia - Creative - DECODED ADVERTISING, New York, NY, *pg.* 60
Cady, Steve - Creative - DRAFTLINE, New York, NY, *pg.* 353
Caggiano, Jeanie - Creative - LEO BURNETT WORLDWIDE, Chicago IL, *pg.* 98
Caguin, Mike - Creative, PPOM - COLLE MCVOY, Minneapolis, MN, *pg.* 343
Cahalin, Kevin - Creative - 88 BRAND PARTNERS, Chicago, IL, *pg.* 171
Cahill, Sara - Creative - KNOWN, Los Angeles, CA, *pg.* 298
Caielli, Silvio - Creative - THE COMMUNITY, Miami Beach, FL, *pg.* 545
Cain, Jon - Creative - LUQUIRE GEORGE ANDREWS, INC., Charlotte, NC, *pg.* 382
Caiozzo, Paul - Creative, PPOM - INTERESTING DEVELOPMENT, New York, NY, *pg.* 90
Caizley, Kristina - Creative - BIG SPACESHIP, Brooklyn, NY, *pg.* 455
Calabro, Rob - Creative - ARGONAUT, INC., San Francisco, CA, *pg.* 33
Calcagno, Chad - Creative, Interactive / Digital, PPM - DEEPLOCAL, Sharpsburgs, PA, *pg.* 349

Caldera, Doreen - Creative, PPOM - SALTWORKS, Boston, MA, *pg.* 197
Caldera, Paul - Creative, PPOM - SALTWORKS, Boston, MA, *pg.* 197
Calderon, Christina - Creative, Operations, PPOM - JB CHICAGO, Chicago, IL, *pg.* 188
Calderon, Jamie - Creative - TOLLESON DESIGN, San Francisco, CA, *pg.* 202
Caldwell, Alex - Creative - BROLIK PRODUCTIONS, Philadelphia, PA, *pg.* 561
Cale, Andy - Creative - CMD, Portland, OR, *pg.* 51
Call, Joe - Creative - VOKAL INTERACTIVE, Chicago, IL, *pg.* 275
Callahan, Ed - Account Planner, Creative, PPOM - PLANIT, Baltimore, MD, *pg.* 397
Callahan, Sean - Creative, Management, NBC, PR Management - JACK MORTON WORLDWIDE, Chicago, IL, *pg.* 309
Callahan, Jim - Creative - BAKER WOODWARD, Huntsville, AL, *pg.* 174
Callahan, Tom - Creative - SERINO COYNE, INC., New York, NY, *pg.* 299
Callahan, Melanie - Account Services, Creative, Interactive / Digital - CARMICHAEL LYNCH, Minneapolis, MN, *pg.* 47
Calle, Ivan - Creative - ZUBI ADVERTISING, Coral Gables, FL, *pg.* 165
Callender, Nicholas - Creative, PPM - THE MARKETING DEPARTMENT, London, ON, *pg.* 420
Callesen, Debbe - Creative - CULVER BRAND DESIGN, Milwaukee, WI, *pg.* 178
Callicotte, Michael - Account Services, Creative, Promotions - RAPP WORLDWIDE, San Francisco, CA, *pg.* 291
Calori, Chris - Creative, PPOM - CALORI & VANDEN-EYNDEN, LTD., New York, NY, *pg.* 176
Calvit, Christina - Creative - CRAMER-KRASSELT, Chicago, IL, *pg.* 53
Calzi, Rick - Creative - PARTNERS + NAPIER, Rochester, NY, *pg.* 125
Camarati, Scott - Creative - MARKETING DIRECTIONS, INC., Cleveland, OH, *pg.* 105
Camberos, Francisco - Creative, Media Department - TVGLA, Los Angeles, CA, *pg.* 273
Camenzuli, Allison - Creative, PPOM - KELLETT COMMUNICATIONS, Yellowknife, NT, *pg.* 94
Cameron, Mike - Account Services, Creative - ADCO ADVERTISING AGENCY, Peoria, IL, *pg.* 171
Cameron, Doug - Creative, NBC, PPOM - DCX GROWTH ACCELERATOR, Brooklyn, NY, *pg.* 58
Camillo, Jeff - Creative - SHOOK KELLEY, Charlotte, NC, *pg.* 198
Camozzi, Jake - Creative - VITRO AGENCY, San Diego, CA, *pg.* 159
Camozzi, Victor - Creative - VITRO AGENCY, San Diego, CA, *pg.* 159

Camp, Roger - Creative, PPOM - CAMP + KING, San Francisco, CA, *pg.* 46
Camp, Tom - Creative, PPOM - POCKET HERCULES, Minneapolis, MN, *pg.* 398
Campbell, Patrick - Creative - STERLING-RICE GROUP, Boulder, CO, *pg.* 413
Campbell, Jeffrey - Creative - KETCHUM, Chicago, IL, *pg.* 619
Campbell, James - Account Services, Creative - BBDO SAN FRANCISCO, San Francisco, CA, *pg.* 330
Campbell, Tommy - Creative, PPOM - BROTHERS & CO., Tulsa, OK, *pg.* 43
Campbell, Graeme - Creative - DENTSUBOS INC., Toronto, ON, *pg.* 61
Campbell, Jason - Creative - WIEDEN + KENNEDY, Portland, OR, *pg.* 430
Campbell, Sandy - Creative - BIG SKY COMMUNICATIONS, San Jose, CA, *pg.* 583
Campbell, Adam - Creative - BLAKESLEE, Baltimore, MD, *pg.* 40
Campisano, Kathleen - Creative, NBC, PPOM - CHIZCOMM, North York, ON, *pg.* 50
Campos, Julio - Creative, PPOM - CAMPOS CREATIVE WORKS, Santa Monica, CA, *pg.* 303
Campos, Dario - Creative - DIESTE, Dallas, TX, *pg.* 539
Campos, Igor - Creative - THE SHEPPARD GROUP, Glendale, CA, *pg.* 424
Canada, Vickie - Creative - SFW AGENCY, Greensboro, NC, *pg.* 16
Canada, Kristina - Creative - NET CONVERSION, Orlando, FL, *pg.* 253
Canavan, Mark - Creative - MCCANN WORLDGROUP, Birmingham, MI, *pg.* 109
Cancilla, Chris - Creative, PPOM - ARC WORLDWIDE, Chicago, IL, *pg.* 327
Candido, Jeff - Creative - LEO BURNETT WORLDWIDE, Chicago, IL, *pg.* 98
Candiotti, Fred - Creative, PPOM - CGT MARKETING, LLC, Amityville, NY, *pg.* 49
Candy, Simon - Creative - IRIS ATLANTA, Atlanta, GA, *pg.* 90
Cannon, Dave - Creative, Interactive / Digital - MOVEO INTEGRATED BRANDING, Chicago, IL, *pg.* 14
Cannon, Chris - Creative - THE RICHARDS GROUP, INC., Dallas, TX, *pg.* 422
Cannon, Chris - Creative - TERRI & SANDY, New York, NY, *pg.* 147
Cannon, Kristie - Creative - DALTON AGENCY, Atlanta, GA, *pg.* 57
Cannon, Rob - Creative - DHX ADVERTISING, Portland, OR, *pg.* 351
Cannon, Rachel - Creative - WORKS DESIGN GROUP, Pennsauken, NJ, *pg.* 21
Cano, Adrian - Creative - PM3, Atlanta, GA, *pg.* 544
Canright, David - Creative - THE RICHARDS GROUP, INC., Dallas, TX, *pg.* 422
Cantarella, Karl-David - Creative - BOOZ ALLEN HAMILTON, McLean, VA, *pg.* 218

1309

RESPONSIBILITIES INDEX — AGENCIES

Cantrell, Rachel - Creative - R/GA, New York, NY, *pg.* 260
Capaldo, Luis - Creative - DLC INTEGRATED MARKETING, Coral Gables, FL, *pg.* 63
Capell, Adam - Creative - VAYNERMEDIA, Chattanooga, TN, *pg.* 689
Cappiello, Dina - Creative - EDELMAN, Washington, DC, *pg.* 600
Caputo, Gerard - Creative - WIEDEN + KENNEDY, New York, NY, *pg.* 432
Caputo, Steve - Creative - CORNERSTONE AGENCY, New York, NY, *pg.* 53
Carabello, Laura - Creative, PPOM - CPR COMMUNICATIONS, Hasbrouck Heights, NJ, *pg.* 345
Carango, Rich - Creative, PPOM - SCHUBERT COMMUNICATIONS. INC., Downingtown, PA, *pg.* 139
Carbajal, Samantha - Creative - TAYLOR & POND INTERACTIVE, San Diego, CA, *pg.* 269
Carbone, Kenneth - Creative, PPOM - CARBONE SMOLAN AGENCY, New York, NY, *pg.* 176
Carbonneau, Jeff - Creative, PPM - DAVIS ADVERTISING, Worcester, MA, *pg.* 58
Carder, Howard - Creative - BRANDDEFINITION, New York, NY, *pg.* 4
Cardoso, Marcelo - Creative - MOD OP, New York, NY, *pg.* 116
Carey, Rick - Creative - HART, Toledo, OH, *pg.* 82
Carl, Christian - Creative, PPOM - 160OVER90, Philadelphia, PA, *pg.* 1
Carlberg, Chris - Creative - CARMICHAEL LYNCH, Minneapolis, MN, *pg.* 47
Carley, Brian - Creative, Interactive / Digital, PPOM - ROKKAN, LLC, New York, NY, *pg.* 264
Carlioz, Remi - Creative, NBC, PPOM - BEAUTIFUL DESTINATIONS, New York, NY, *pg.* 38
Carlisi, Cathy - Creative, PPOM - BRIGHTHOUSE, LLC, Atlanta, GA, *pg.* 43
Carlos Hernandez, Juan - Creative - CULTURESPAN MARKETING, El Paso, TX, *pg.* 594
Carlson, Janet - Creative, PPOM - ONE ELEVEN INTERACTIVE, INC., Cornwall, CT, *pg.* 255
Carlson, Tina - Creative - MORTON, VARDEMAN & CARLSON, Gainesville, GA, *pg.* 389
Carlson, Valerie - Creative - WUNDERMAN THOMPSON, Irvine, CA, *pg.* 435
Carlson, Ken - Creative, PPOM - BIG MACHINE DESIGN, Burbank, CA, *pg.* 174
Carlson, Andrew - Account Services, Creative, Interactive / Digital, PPOM - ORGANIC, INC., New York, NY, *pg.* 256
Carlson, Dave - Creative - MIRUM AGENCY, Chicago, IL, *pg.* 681
Carlson, Albany - Creative - SMITH BROTHERS AGENCY, LP, Pittsburgh, PA, *pg.* 410

Carlson, Bill - Creative - ROKKAN, LLC, New York, NY, *pg.* 264
Carlton, Rory - Creative, PPOM - ARKETI GROUP, Atlanta, GA, *pg.* 578
Carlton, Scott - Creative, Interactive / Digital - SAATCHI & SAATCHI WELLNESS, New York, NY, *pg.* 137
Carlton, Hannah - Creative - INSTRUMENT, Portland, OR, *pg.* 242
Carluccio, Sam - Creative - ELEVATION WEB, Washington, DC, *pg.* 540
Carney, Pat - Creative, NBC, PPM - ARNOLD WORLDWIDE, Boston, MA, *pg.* 33
Carney, Jennifer - Creative - DIRECT ASSOCIATES, Natick, MA, *pg.* 62
Carpenter, Phill - Creative, PPOM - REDONK MARKETING, Plano, TX, *pg.* 405
Carpenter, Jonathan - Creative, Interactive / Digital, Media Department, PPOM - DVL SEIGENTHALER, Nashville, TN, *pg.* 599
Carpenter, Michael - Creative, PPOM - ADMIRABLE DEVIL, Washington, DC, *pg.* 27
Carr, Jillian - Analytics, Creative - LEWIS GLOBAL COMMUNICATIONS, Burlington, MA, *pg.* 380
Carr, Allie - Creative - ERICH & KALLMAN, San Francisco, CA, *pg.* 68
Carrel, Becky - Creative, Media Department, PPM - GSD&M, Austin, TX, *pg.* 79
Carreon, Lionel - Creative, Human Resources - TBWA \ CHIAT \ DAY, New York, NY, *pg.* 416
Carroll, Dave - Creative, PPOM - RSD MARKETING, New York, NY, *pg.* 197
Carroll, Morgan - Creative, Management, PPOM - DIGITAS, Chicago, IL, *pg.* 227
Carroll, Jon - Creative - INSIGHT MARKETING DESIGN, Sioux Falls, SD, *pg.* 89
Carroll, Justin - Creative, PPOM - HAMAGAMI/CARROLL, INC., Los Angeles, CA, *pg.* 185
Carroll, Ryan - Administrative, Creative - GSD&M, Austin, TX, *pg.* 79
Carroll, Philip - Account Services, Creative - REFUEL AGENCY, New York, NY, *pg.* 507
Carroll, Matthew - Creative - WIEDEN + KENNEDY, Portland, OR, *pg.* 430
Carroll, Sarah - Analytics, Creative - VISITURE, Charleston, SC, *pg.* 678
Carroll, Shardi - Creative - BOYDEN & YOUNGBLUTT ADVERTISING, Fort Wayne, IN, *pg.* 336
Carson, Jeremy - Creative - SAATCHI & SAATCHI LOS ANGELES, Torrance, CA, *pg.* 137
Carstens, John - Creative - DDB CHICAGO, Chicago, IL, *pg.* 59

Cartagena, Frank - Creative, PPOM - THE COMMUNITY, Miami Beach, FL, *pg.* 545
Cartensen, Paul - Creative - MARKSTEIN, Birmingham, AL, *pg.* 625
Carter, Jed - Creative, NBC, PPOM - MK12 STUDIOS, Kansas City, MO, *pg.* 191
Carter, Don - Creative - ADAMS & KNIGHT ADVERTISING, Avon, CT, *pg.* 322
Carter, Marilyn - Account Services, Creative - SHERRY MATTHEWS ADVOCACY MARKETING, Austin, TX, *pg.* 140
Carter, Ryan - Creative - DDB CHICAGO, Chicago, IL, *pg.* 59
Carter, Will - Creative - O'KEEFE REINHARD & PAUL, Chicago, IL, *pg.* 392
Cartland, Susan - Creative, PPM - DDB CHICAGO, Chicago, IL, *pg.* 59
Cartwright, Keith - Creative - 72ANDSUNNY, Playa Vista, CA, *pg.* 23
Cartwright, Liz - Creative - TBWA \ CHIAT \ DAY, Los Angeles, CA, *pg.* 146
Caruso, John - Creative, PPOM - MCD PARTNERS, New York, NY, *pg.* 249
Caruso, Joe - Creative - DORN MARKETING, Geneva, IL, *pg.* 64
Carver, Joanna - Creative - GREY GROUP, New York, NY, *pg.* 365
Casabella, Amanda - Creative - ARCHER MALMO, Memphis, TN, *pg.* 32
Casal, Ricardo - Creative - GUT MIAMI, Miami, FL, *pg.* 80
Casamayor, Luis - Creative, PPOM - REPUBLICA HAVAS, Miami, FL, *pg.* 545
Casao, Lucas - Creative - ARNOLD WORLDWIDE, New York, NY, *pg.* 34
Casasco, Gordy - Creative - JUMPCREW, Nashville, TN, *pg.* 93
Cascarino, Matthew - Creative - FARM, Lancaster, NY, *pg.* 357
Case, Bob - Creative, PPOM - THE LAVIDGE COMPANY, Phoenix, AZ, *pg.* 420
Case, Bob - Creative - KATZ MEDIA GROUP, INC., New York, NY, *pg.* 481
Caselnova, Lisa - Account Services, Creative - DIMASSIMO GOLDSTEIN, New York, NY, *pg.* 351
Caserta, Joseph - Creative - DSC ADVERTISING, Philadelphia, PA, *pg.* 66
Caserta, Rich - Creative - DSC ADVERTISING, Philadelphia, PA, *pg.* 66
Casey, Steve - Creative - MARTIN WILLIAMS ADVERTISING, Minneapolis, MN, *pg.* 106
Casey, Jennifer - Creative - S&A COMMUNICATIONS, Cary, NC, *pg.* 645
Cash, Jada - Creative - LOSASSO INTEGRATED MARKETING, Chicago, IL, *pg.* 381
Cash, Carrie - Creative - PENNEBAKER, LMC, Houston, TX, *pg.* 194
Cashmore, Drew - Creative - WALMART MEDIA GROUP, San Bruno, CA, *pg.* 684
Casillas, Robert - Creative, Interactive / Digital - DAVID&GOLIATH, El Segundo, CA,

AGENCIES

RESPONSIBILITIES INDEX

pg. 57
Casillas, Francesca - Creative - DAILEY & ASSOCIATES, West Hollywood, CA, pg. 56
Caspari, Matt - Creative, PPOM - CASPARI MCCORMICK, Wilmington, DE, pg. 340
Cassatta, Matthew - Creative - DIMASSIMO GOLDSTEIN, New York, NY, pg. 351
Cassese, Marco - Creative, PPOM - ACENTO ADVERTISING, INC., Santa Monica, CA, pg. 25
Castagna, Serge - Creative - BARKLEY, Kansas City, MO, pg. 329
Castaneda, Flor - Creative, Interactive / Digital - CASANOVA//MCCANN, Costa Mesa, CA, pg. 538
Castaneda, John - Creative - GYRO, Chicago, IL, pg. 368
Castellano, Andria - Creative, Media Department - PURE GROWTH, New York, NY, pg. 507
Castiglione, Aaron - Creative - ANDERSON ADVERTISING, Scottsdale, AZ, pg. 325
Castillo, Jason - Creative - IMAGINE, Manassas, VA, pg. 241
Castillo, Andrea - Account Services, Creative - ZIMMERMAN ADVERTISING, Fort Lauderdale, FL, pg. 437
Castillon, John - Creative - BADGER & WINTERS, New York, NY, pg. 174
Catalano, Robert - Creative, PPOM - B&P ADVERTISING, Las Vegas, NV, pg. 35
Catalano, Rob - Creative, PPOM - B&P ADVERTISING, Las Vegas, NV, pg. 35
Catalinac, Kate - Creative - BBDO SAN FRANCISCO, San Francisco, CA, pg. 330
Cate, Justin - Creative - THE MX GROUP, Burr Ridge, IL, pg. 422
Caterisano, Katerina - Creative, PPOM - NETWORK DESIGN & COMMUNICATIONS, New York, NY, pg. 253
Cathel, Karen - Creative, Management - DONER, Southfield, MI, pg. 63
Cathey, Cale - Creative - DRAKE COOPER, Boise, ID, pg. 64
Catton, Jessica - Creative - DAYNERHALL MARKETING & ADVERTISING, Orlando, FL, pg. 58
Cauvel, Elizabeth - Creative - MRY, New York, NY, pg. 252
Cavallaro, Mike - Creative, PPOM - MUNROE CREATIVE PARTNERS, Philadelphia, PA, pg. 192
Cavanaugh, Kyle - Creative - PUBLICIS WEST, Seattle, WA, pg. 130
Cavender, Jim - Creative - RMR & ASSOCIATES, Rockville, MD, pg. 407
Cavoli, Eric - Creative - CASHMAN & KATZ INTEGRATED COMMUNICATIONS, Glastonbury, CT, pg. 340
Cecere, Joe - Creative, PPOM - LITTLE & COMPANY, Minneapolis, MN, pg. 12
Celli, Allison - Creative - SPARKS,

Philadelphia, PA, pg. 315
Cenna, Jeff - Creative - ENERGY BBDO, INC., Chicago, IL, pg. 355
Ceradini, Dave - Creative, PPOM - CERADINI BRAND DESIGN, Brooklyn, NY, pg. 177
Cermak, Dave - Creative - TRUNGALE, EGAN & ASSOCIATES, Chicago, IL, pg. 203
Cerone, Justin - Creative, PPOM - LINCOLN DIGITAL GROUP, West Palm Beach, FL, pg. 246
Cerri, Martin - Creative, PPOM - UPSTREAMERS, Lomita, CA, pg. 428
Cerri, Martin - Creative - CONILL ADVERTISING, INC., El Segundo, CA, pg. 538
Cerullo, Sam - Creative - LEO BURNETT TORONTO, Toronto, ON, pg. 97
Cervera, Tina - Creative, Interactive / Digital, PPOM - LIPPE TAYLOR, New York, NY, pg. 623
Cesarkas Handelman, Yael - Account Services, Creative, NBC - R/GA, San Francisco, CA, pg. 261
Chadwick, Philip - Creative - SUN & MOON MARKETING COMMUNICATIONS, INC., New York, NY, pg. 415
Chaffer, Elliott - Creative - TROLLBACK & COMPANY, New York, NY, pg. 203
Chai, Barbara - Account Services, Creative - PUBLICIS.SAPIENT, New York, NY, pg. 258
Chaisson, Emily - Creative - BIOLUMINA, New York, NY, pg. 39
Chamberlain, David - Creative - MOMENTUM WORLDWIDE, New York, NY, pg. 117
Chambers, Heather - Creative - LEO BURNETT TORONTO, Toronto, ON, pg. 97
Chambliss, Will - Creative - MCKINNEY, Durham, NC, pg. 111
Chamorro, Melisa - Creative - DROGA5, New York, NY, pg. 64
Champenois, Vincent - Creative - ZYNC COMMUNICATIONS INC., Toronto, ON, pg. 22
Chan, Kevin - Creative, Interactive / Digital - BARBARIAN, New York, NY, pg. 215
Chan, Adrian - Creative - DROGA5, New York, NY, pg. 64
Chan, Ernest - Creative - DIMASSIMO GOLDSTEIN, New York, NY, pg. 351
Chance, Erika - Analytics, Creative - SIGNAL THEORY, Kansas City, MO, pg. 141
Chandler, Daniel - Creative, PPOM - SID LEE, Culver City, CA, pg. 141
Chang, Sung - Creative, PPOM - MRM//MCCANN, New York, NY, pg. 289
Chang, Ciera - Creative, Public Relations - TAYLOR & POND INTERACTIVE, San Diego, CA, pg. 269
Channon, Parker - Creative, NBC, PPOM - DUNCAN CHANNON, San Francisco, CA, pg. 66
Chansky, Rachel - Creative - BIGBUZZ MARKETING GROUP, New York, NY, pg. 217
Chao, Alex - Creative -

P11CREATIVE, INC., Newport Beach, CA, pg. 194
Chapin, Scott - Analytics, Creative, Interactive / Digital - MARCUS THOMAS, Cleveland, OH, pg. 104
Chapman, Doug - Creative - PRECISIONEFFECT, Boston, MA, pg. 129
Chapman, Cathy - Creative - KNOX MARKETING, Akron, OH, pg. 568
Chard, Luke - Creative - DROGA5, New York, NY, pg. 64
Charette, John - Creative - BANFIELD AGENCY, Ottawa, ON, pg. 329
Charles, Allan - Creative, PPOM - TBC, Baltimore, MD, pg. 416
Charlton, Peter - Creative, PPOM - RICOCHET PARTNERS, Portland, OR, pg. 406
Charlton-Perrin, Donna - Creative, PPOM - OGILVY, Chicago, IL, pg. 393
Chase, Jeff - Creative - WALZ TETRICK ADVERTISING, Mission, KS, pg. 429
Chasnow, Adam - Creative - CRISPIN PORTER + BOGUSKY, Boulder, CO, pg. 346
Chassaignac, Henry - Creative, PPOM - ZEHNDER COMMUNICATIONS, INC., Nashville, TN, pg. 436
Chatman, Lauren - Creative, PPM - BUTLER, SHINE, STERN & PARTNERS, Sausalito, CA, pg. 45
Chatterjee, Soham - Creative - LEO BURNETT WORLDWIDE, Chicago, IL, pg. 98
Chavez, Steve - Creative, PPOM - GARAGE TEAM MAZDA, Costa Mesa, CA, pg. 465
Chavez, Daniela - Creative - FIRSTBORN, New York, NY, pg. 234
Chavez, Melissa - Creative - VAULT49, New York, NY, pg. 203
Cheaney, Philip - Creative - MEKANISM, New York, NY, pg. 113
Checket, Marc - Creative - CALYPSO, Portsmouth, NH, pg. 588
Chelvanathan, Anthony - Creative - LEO BURNETT TORONTO, Toronto, ON, pg. 97
Chen, Joshua - Creative, PPOM - CHEN DESIGN ASSOCIATES, Oakland, CA, pg. 177
Chen, Frances - Creative - HAMBLY & WOOLLEY, INC., Toronto, ON, pg. 185
Chen, Hsiao-Yu - Creative, Interactive / Digital - ANIDEN INTERACTIVE, Mountain View, CA, pg. 213
Chen, Christine - Account Planner, Account Services, Creative, Media Department, PPOM - INITIATIVE, New York, NY, pg. 477
Chen, Josephine - Creative - WUNDERMAN THOMPSON, Washington, DC, pg. 434
Chen, Bryan - Creative, Interactive / Digital - TOLLESON DESIGN, San Francisco, CA, pg. 202
Cheng, Sy-Jenq - Creative - FCB NEW YORK, New York, NY, pg. 357
Cherdrungsi, Sukanya - Creative -

1311

RESPONSIBILITIES INDEX — AGENCIES

A.D. LUBOW, New York, NY, pg. 25
Cherry, Judd - Creative, PPM - XENOPSI, New York, NY, pg. 164
Chesire, Jason - Creative - GOMEDIA, Hartford, CT, pg. 77
Chester, Karl - Creative - MARKSTEIN, Birmingham, AL, pg. 625
Chester, Asher - Creative - AGENCY WITHIN, Lond Island City, NY, 323
Cheung, Amelia - Creative - ELMWOOD, New York, NY, pg. 181
Chew, Susan - Creative - NOSTRUM, INC., Long Beach, CA, pg. 14
Chew, Jon - Creative - PRAYTELL, Brooklyn, NY, pg. 258
Chi, Anna - Creative - DECCA DESIGN, San Jose, CA, pg. 349
Chiaravalle, Bill - Creative - BRAND ZOO INC., San Francisco, CA, pg. 42
Chiavegato, David - Creative, PPOM - GRIP LIMITED, Toronto, ON, pg. 78
Childress, Stephen - Creative, PPOM - SCOPPECHIO, Louisville, KY, pg. 409
Chillinsky, Molly - Creative - THE OHLMANN GROUP, Dayton, OH, pg. 422
Chin, Brian - Creative - VAYNERMEDIA, New York, NY, pg. 689
Ching, Chris - Creative, PPOM - ELEMENT 8, Honolulu, HI, pg. 67
Chiong, Alex - Creative - FCBCURE, Parsippany, NJ, pg. 73
Chiorando, Rick - Creative, Management, PPOM - AUSTIN & WILLIAMS ADVERTISING, Hauppauge, NY, pg. 328
Chiou, Harmony - Account Services, Creative, Media Department - ENVISIONIT MEDIA, INC., Chicago, IL, pg. 231
Chisam, Ashley - Creative - KPS3 MARKETING AND COMMUNICATIONS, Reno, NV, pg. 378
Chisholm, Don - Creative, PPOM - DOSSIER CREATIVE, Vancouver, BC, pg. 180
Chisholm, Yoli - Creative - SPRINKLR, New York, NY, pg. 688
Chisholm, Deanna - Creative - LEWIS COMMUNICATIONS, Mobile, AL, pg. 100
Chisholm, Molly - Account Planner, Account Services, Creative, Media Department - ARNOLD WORLDWIDE, Boston, MA, pg. 33
Chiu, Kenneth - Creative, PPM - TOTO GROUP, New York, NY, pg. 156
Chiu, Kevin - Creative - HEALTHWISE CREATIVE RESOURCE GROUP, Toronto, ON, pg. 83
Chiu, Sarah - Creative - HAHN PUBLIC COMMUNICATIONS, Austin, TX, pg. 686
Chlebak, Peter - Creative - FRANK COLLECTIVE, Brooklyn, NY, pg. 75
Cho, Marcus - Creative - ES ADVERTISING, Los Angeles, CA, pg. 540
Cho, Grace - Creative - COSSETTE MEDIA, Vancouver, BC, pg. 345
Cho, Wonsik - Creative - GUT MIAMI, Miami, FL, pg. 80

Chodrow, Dan - Creative - LEO BURNETT WORLDWIDE, Chicago, IL, pg. 98
Choi, Jung - Account Services, Creative - MMI AGENCY, Houston, TX, pg. 116
Choi, Brent - Creative, Interactive / Digital, PPOM - DDB CANADA, Toronto, ON, pg. 224
Choi, Sarah - Creative - ADASIA, Englewood Cliffs, NJ, pg. 26
Choi, Henry - Creative - HS AD, Los Angeles, CA, pg. 87
Choi, Doug - Creative - HAPPY MEDIUM, Des Moines, IA, pg. 238
Choiniere, Chris - Creative - HAWK, Moncton, NB, pg. 83
Chong, Harry - Creative - FORCE MAJURE DESIGN INC., Brooklyn, NY, pg. 183
Chong, Ryan - Creative - 72ANDSUNNY, Brooklyn, NY, pg. 24
Chopra, Shivang - Creative - DIGITAS, New York, NY, pg. 226
Choremi, Nicholas - Creative - BBDO WORLDWIDE, New York, NY, pg. 331
Chouteau, Jordan - Creative - FORSMAN & BODENFORS, New York, NY, pg. 74
Chow, Kai - Creative - THE DONEGER GROUP, New York, NY, pg. 419
Choy, Tina - Creative - AUSTIN & WILLIAMS ADVERTISING, Hauppauge, NY, pg. 328
Chriss, Libby - Creative, Interactive / Digital - INITIATE-IT LLC, Richmond, VA, pg. 375
Christensen, Greg - Creative - THE RICHARDS GROUP, INC., Dallas, TX, pg. 422
Christensen, Debbie - Creative - BROADHEAD, Minneapolis, MN, pg. 337
Christian, James - Creative - THE GEORGE P. JOHNSON COMPANY, Torrance, CA, pg. 316
Christiansen, Richard - Creative, PPOM - CHANDELIER CREATIVE, New York, NY, pg. 49
Christopherson, Eric - Creative - ARCHER MALMO, Memphis, TN, pg. 32
Christy Manchester, Eric - Creative - BIG FAMILY TABLE, Los Angeles, CA, pg. 39
Chu, Daniel - Creative, Management - MIDNIGHT OIL CREATIVE, Burbank, CA, pg. 250
Chu, Grace - Creative - BADGER & WINTERS, New York, NY, pg. 174
Chu, Jackson - Creative - ARTEFACT, Seattle, WA, pg. 173
Chumley, Todd - Creative - GTB, Dearborn, MI, pg. 367
Chung, Sophia - Creative - RWI, New York, NY, pg. 197
Chung, Doris - Creative - DEUTSCH, INC., Los Angeles, CA, pg. 350
Chung, Jeannie - Creative - AIR PARIS NEW YORK, New York, NY, pg. 172
Chupp, Candace - Creative - LITTLEFIELD BRAND DEVELOPMENT, Tulsa, OK, pg. 12
Churak, Tom - Creative - HOLLYROCK / MILLER, Kingston, NJ, pg. 371

Church, Stanley - Creative, PPOM - WALLACE CHURCH, INC., New York, NY, pg. 204
Church, Casey - Creative - EP+CO., Greenville, SC, pg. 356
Church, Heather - Creative - ARNOLD WORLDWIDE, New York, NY, pg. 34
Ciardha, Kelsey O. - Creative - CALYPSO, Portsmouth, NH, pg. 588
Ciccoccioppo, David - Creative - REDROC AUSTIN, Austin, TX, pg. 132
Cicero, Eric - Creative - JUNIPER PARK\ TBWA, Toronto, ON, pg. 93
Cid, Julie - Creative - WUNDERMAN THOMPSON, New York, NY, pg. 434
Cieciwa, Dan - Creative - DERSE, INC., Milwaukee, WI, pg. 304
Cima, Chris - Creative - BARKLEY, Kansas City, MO, pg. 329
Cimala, Mackenzie - Creative - EPSILON, Chicago, IL, pg. 283
Cimfel, T.J. - Creative - RAZORFISH HEALTH, Chicago, IL, pg. 132
Cimmino, Craig - Creative - MCGARRYBOWEN, New York, NY, pg. 109
Cinco, Patrick - Creative - RED DOOR INTERACTIVE, San Diego, CA, pg. 404
Ciociola, Kerry - Creative - FCB CHICAGO, Chicago, IL, pg. 71
Circo, Leo - Creative - SAATCHI & SAATCHI LOS ANGELES, Torrance, CA, pg. 137
Circolo, Bruno - Creative - DSC ADVERTISING, Philadelphia, PA, pg. 66
Cirilli, Dominick - Creative - CM&N ADVERTISING, Somerville, NJ, pg. 51
Ciszek, Corey - Creative - EPSILON, Chicago, IL, pg. 283
Ciulla, Sam - Creative, PPOM - CIULLA & ASSOCIATES, Chicago, IL, pg. 177
Claflin, Will - Creative - CTP, Boston, MA, pg. 347
Claire, Amanda - Creative, Operations - WIEDEN + KENNEDY, Portland, OR, pg. 430
Clapp, Polly - Account Services, Creative - MECHANICA, Newburyport, MA, pg. 13
Clarey, John - Creative, PPOM - YOLO SOLUTIONS, Clarkston, MI, pg. 436
Clark, Doug - Creative - FUSE, LLC, Vinooski, VT, pg. 8
Clark, Jim - Creative, PPOM - BLIND SOCIETY, Scottsdale, AZ, pg. 40
Clark, Sara - Creative, PPM - TBWA/MEDIA ARTS LAB, Los Angeles, CA, pg. 147
Clark, David - Creative - PIA AGENCY, Carlsbad, CA, pg. 506
Clark, Gabrielle - Account Planner, Account Services, Analytics, Creative - BAESMAN, Columbus, OH, pg. 167
Clark, Matt - Creative - MULLENLOWE U.S. BOSTON, Boston, MA, pg. 389
Clark, Andrew - Creative - DERSE, INC., North Las Vegas, NV, pg. 304
Clark, Craig - Creative - TOLLESON DESIGN, San Francisco, CA, pg. 202
Clark, Amy - Creative - BEEHIVE PR,

1312

AGENCIES
RESPONSIBILITIES INDEX

Saint Paul, MN, pg. 582
Clark, Taylor - Creative - WINGER MARKETING, Chicago, IL, pg. 663
Clarke, Chris - Account Services, Creative - THE MCCARTHY COMPANIES, Dallas, TX, pg. 151
Clarke, David - Creative - HUGE, INC., Brooklyn, NY, pg. 239
Clarke, Tim - Creative - VAYNERMEDIA, New York, NY, pg. 689
Clarke, Darren - Creative, PPOM - MCCANN CANADA, Toronto, ON, pg. 384
Clarke, Clinton - Creative - DESANTIS BREINDEL, New York, NY, pg. 349
Claypool, Scott - Creative - UNANIMOUS, Lincoln, NE, pg. 203
Clazie, Ian - Creative - READY STATE, San Francisco, CA, pg. 132
Cleary, Sharon - Creative - GALLEGOS UNITED, Huntington Beach, CA, pg. 75
Cleary, Eavan - Creative - BURNS GROUP, New York, NY, pg. 338
Cleghorn, Kristen - Account Services, Creative - REPRISE DIGITAL, New York, NY, pg. 676
Clemens, Matthew - Creative - DESIGN RESOURCE CENTER, Naperville, IL, pg. 179
Clement, Joel - Creative - MCGARRAH JESSEE, Austin, TX, pg. 384
Clementi, Steve - Creative, NBC - JIGSAW, LLC, Milwaukee, WI, pg. 377
Clements, Katie - Creative - CALDWELL VANRIPER, Indianapolis, IN, pg. 46
Clements, Stephen - Creative, PPOM - Y MEDIA LABS, Redwood City, CA, pg. 205
Clesse, Laura - Creative - FUSION92, Chicago, IL, pg. 235
Clifford, Rod - Creative, Interactive / Digital - WALSH BRANDING, Tulsa, OK, pg. 204
Clifton, Robert - Creative, PPOM - TEN35, Chicago, IL, pg. 147
Clifton, Joel - Creative - LESSING-FLYNN ADVERTISING CO., Des Moines, IA, pg. 99
Climer, Nicholas - Creative, PPOM - RAPP WORLDWIDE, Irving, TX, pg. 291
Cline, Bryce - Creative - ANOMALY, New York, NY, pg. 325
Cloth, Melanie - Creative - ZILKER MEDIA, Austin, TX, pg. 665
Cloud, Alena - Account Services, Creative, NBC - WINGER MARKETING, Chicago, IL, pg. 663
Clugston, Ross - Creative - SUPERUNION, New York, NY, pg. 18
Clunie, Lisa - Creative, Management - JOAN, New York, NY, pg. 92
Coad, Richard - Creative, PPOM - MDB COMMUNICATIONS, INC., Washington, DC, pg. 111
Coamey, Jerry - Creative - TBWA\WORLDHEALTH, Chicago, IL, pg. 147
Coates, Erica - Creative, Media Department - MOCEAN, Los Angeles, CA, pg. 298
Coates, Tom - Creative - MEKANISM, San Francisco, CA, pg. 112

Coats, David - Creative, PPOM - SLINGSHOT, LLC, Dallas, TX, pg. 265
Cobb, Juliana - Creative - DROGA5, New York, NY, pg. 64
Cobb, Chris - Creative - SPACE150, New York, NY, pg. 266
Cocco, Bryan - Creative, Interactive / Digital - COLANGELO SYNERGY MARKETING, INC., Darien, CT, pg. 566
Cochran, Bill - Creative - THE RICHARDS GROUP, INC., Dallas, TX, pg. 422
Cochran, Jon - Creative - GREY GROUP, New York, NY, pg. 365
Cochran, Rachel - Account Services, Analytics, Creative, Operations, Social Media - BEACHY MEDIA, Queens, NY, pg. 216
Cochrane, Laura - Creative, PPOM - LEXPR, Toronto, ON, pg. 622
Cochrane, Kate - Creative - THE MILLER GROUP, Pacific Palisades, CA, pg. 421
Cocke, Tom - Creative, PPOM - THE BUNTIN GROUP, Nashville, TN, pg. 148
Cockrel, Warren - Creative - HEAT, San Francisco, CA, pg. 84
Codalata, Jonny - Account Services, Creative, Media Department - CSM SPORTS & ENTERTAINMENT, Indianapolis, IN, pg. 55
Codega, Daniele - Creative - WORK & CO, Brooklyn, NY, pg. 276
Codling, John - Creative - WUNDERMAN THOMPSON, New York, NY, pg. 434
Cody, Caitlin - Account Planner, Creative - DIGITAS, Chicago, IL, pg. 227
Coelho da Silveira, Mickael - Creative - B-REEL, Brooklyn, NY, pg. 215
Coffey, Megan - Creative, PPOM - SPRINGBOX, Austin, TX, pg. 266
Coffin, Greg - Creative - HEAT, San Francisco, CA, pg. 84
Cogswell Baskin, Elizabeth - Creative, PPOM - TRIBE, INC., Atlanta, GA, pg. 20
Cohen, Mark - Creative, PPOM - COHEN GROUP, Houston, TX, pg. 51
Cohen, Ian - Creative - VERITONE ONE, San Diego, CA, pg. 525
Cohen, Fern - Creative - VMLY&R, New York, NY, pg. 160
Cohen, Eric - Creative - HUGE, INC., Chicago, IL, pg. 186
Cohen, Dan - Creative - PUBLICIS NORTH AMERICA, New York, NY, pg. 399
Cohn, Scott - Creative, PPOM - BARKER, New York, NY, pg. 36
Colacion, Tres - Creative - GREY WEST, San Francisco, CA, pg. 367
Colán, Jarrett - Creative - DASH TWO, Culver City, CA, pg. 551
Colborn, Chris - Creative, Interactive / Digital, Management, PPOM - LIPPINCOTT, New York, NY, pg. 189
Colbourne, Richard - Creative - ADDISON, New York, NY, pg. 171

Colburn, Bill - Account Services, Creative - DIXON SCHWABL ADVERTISING, Victor, NY, pg. 351
Colclough, Jon - Creative, Promotions - MASS APPEAL, New York, NY, pg. 562
Coldagelli, Nick - Creative - PERISCOPE, Minneapolis, MN, pg. 127
Cole, Jeff - Creative - THREE ATLANTA, LLC, Atlanta, GA, pg. 155
Cole, Glenn - Creative, PPOM - 72ANDSUNNY, Playa Vista, CA, pg. 23
Cole, John - Creative, PPOM - COLE CREATIVE, Boston, MA, pg. 51
Cole, Denise - Creative, PPOM - JULIET, Toronto, ON, pg. 11
Cole, Art - Creative - INNOCEAN USA, Huntington Beach, CA, pg. 479
Coleman, Clay - Creative - SLINGSHOT, LLC, Dallas, TX, pg. 265
Coleman, Heidi - Creative - PETERSON MILLA HOOKS, Minneapolis, MN, pg. 127
Colenbrander, Elaine - Creative - POP, INC., Seattle, WA, pg. 195
Collin, Scott - Creative - HAVIT, Arlington, VA, pg. 83
Colling, Darryl - Creative - CROWLEY WEBB & ASSOCIATES, Buffalo, NY, pg. 55
Collings, Shaun - Creative - BIG BLOCK, El Segundo, CA, pg. 217
Collins, David - Creative, PPOM - GRAFIK MARKETING COMMUNICATIONS, Alexandria, VA, pg. 185
Collins, Brian - Creative, PPOM - COLLINS:, New York, NY, pg. 177
Collins, Laurel - Account Services, Creative, Media Department - OH PARTNERS, Phoenix, AZ, pg. 122
Collins, Sonya - Creative - CALLAHAN CREEK, Lawrence, KS, pg. 4
Collins, James - Creative - DIGITAS, Chicago, IL, pg. 227
Collins, Tara - Account Services, Creative - LEO BURNETT WORLDWIDE, Chicago, IL, pg. 98
Collyer, Phil - Account Services, Creative - JACK MORTON WORLDWIDE, Boston, MA, pg. 309
Colovin, Stewart - Creative, Media Department - MMGY GLOBAL, Kansas City, MO, pg. 388
Colsher, Silvia - Creative - DDB NEW YORK, New York, NY, pg. 59
Colton, Christopher - Creative - GSD&M, Austin, TX, pg. 79
Colvin, Alan - Creative, PPOM - CUE, INC., Minneapolis, MN, pg. 6
Comando, Steve - Creative - WPROMOTE, Melville, NY, pg. 678
Comber, Tom - Creative - AOR, INC., Denver, CO, pg. 32
Combs, Barbara - Creative, PPOM - GRAVITY DESIGN, INC., Seattle, WA, pg. 185
Combs, Josh - Creative - AKQA, New York, NY, pg. 212
Comeaux Mitchell, Cali - Creative - BBR CREATIVE, Lafayette, LA, pg. 174
Comer, Zane - Creative - AGENCY WITHIN, Lond Island City, NY, pg.

1313

RESPONSIBILITIES INDEX — AGENCIES

323
Comes, Janice - Creative - DAVIS & COMPANY, Glen Rock, NJ, pg. 595
Commandatore, Dana - Creative, Operations - DEUTSCH, INC., Los Angeles, CA, pg. 350
Compton, Julia - Creative - MADWELL, Brooklyn, NY, pg. 13
Condict, Megan - Creative - VERDIN, San Luis Obispo, CA, pg. 21
Condie, Todd - Creative - TERRI & SANDY, New York, NY, pg. 147
Condon, John - Creative, PPOM - THE DISTILLERY PROJECT, Chicago, IL, pg. 149
Condon, Lisa - Creative - A. BRIGHT IDEA, Bel Air, MD, pg. 25
Congdon, Emily - Creative - BRIGHTON AGENCY, INC., Saint Louis, MO, pg. 337
Conlon, Patrick - Creative - GREY GROUP, New York, NY, pg. 365
Connaughton, Brian - Creative - EP+CO., Greenville, SC, pg. 356
Connelly, Walt - Creative - TBWA \ CHIAT \ DAY, New York, NY, pg. 416
Connelly, Steve - Creative, PPOM - CONNELLY PARTNERS, Boston, MA, pg. 344
Conner Foutch, Andee - Creative, Management, Media Department - CONVEYOR MEDIA, Denver, CO, pg. 462
Connolly, John - Creative, PPOM - IDEAS ON PURPOSE, New York, NY, pg. 186
Connolly, Lauren - Creative - BBDO WORLDWIDE, New York, NY, pg. 331
Connolly, Carolyn - Creative - T3, Austin, TX, pg. 268
Connors, Audrey - Creative - (ADD)VENTURES, Providence, RI, pg. 207
Conover, Dave - Creative, PPOM - CONOVER, San Diego, CA, pg. 178
Conrad, Brock - Creative, PPOM - VSA PARTNERS, INC. , Chicago, IL, pg. 204
Conrad, Cory - Creative - 72ANDSUNNY, Playa Vista, CA, pg. 23
Conran, Chris - Creative - STEVENS ADVERTISING, Grand Rapids, MI, pg. 413
Constable, Dillon - Creative - PARTNERS + NAPIER, Rochester, NY, pg. 125
Constantin, Corina - Analytics, Creative, Interactive / Digital - THE&PARTNERSHIP, New York, NY, pg. 426
Conte, Chris - Creative, NBC - DALTON AGENCY, Jacksonville, FL, pg. 348
Contillo, Ryan - Creative - CRISPIN PORTER + BOGUSKY, Boulder, CO, pg. 346
Contreras, Sam - Creative - MIDNIGHT OIL CREATIVE, Burbank, CA, pg. 250
Converse, Brad - Creative - PROOF ADVERTISING, Austin, TX, pg. 398
Conway, Mike - Creative - JUMP COMPANY, Saint Louis, MO, pg. 378
Conway, Megan - Creative - SPRING STUDIOS, New York, NY, pg. 563

Cook, Tom - Creative, NBC, PPOM - BEAR IN THE HALL, New York, NY, pg. 2
Cook, Vince - Creative - LAUGHLIN CONSTABLE, INC., Chicago, IL, pg. 380
Cook, Spencer - Creative - PHENOMENON, Los Angeles, CA, pg. 439
Cookson, Scott - Creative - AYZENBERG GROUP, INC., Pasadena, CA, pg. 2
Coomer, David - Creative, PPOM - CORNETT INTEGRATED MARKETING SOLUTIONS, Lexington, KY, pg. 344
Coon, Darren - Creative - SOCIALDEVIANT, LLC, Chicago, IL, pg. 688
Cooney, Jim - Creative, PPOM - PRIMEDIA, Warwick, RI, pg. 506
Cooper, John - Creative - ESTEY-HOOVER ADVERTISING & PUBLIC RELATIONS, Newport Beach, CA, pg. 69
Cooper, Clay - Creative, NBC, PPOM - PLAN B, Chicago, IL, pg. 397
Cooper, Brian - Creative, Management, PPM - HAVAS WORLDWIDE CHICAGO, Chicago, IL, pg. 82
Cooper, Peter - Creative - SPARK44, New York, NY, pg. 411
Cooper, Nicole - Creative - ARTEFACT, Seattle, WA, pg. 173
Cooper, Courtney - Creative, Operations - BESON 4 MEDIA GROUP, Jacksonville, FL, pg. 3
Cooter, Scott - Creative - ALLEBACH COMMUNICATIONS, Souderton, PA, pg. 29
Copacino, Jim - Creative, PPOM - COPACINO + FUJIKADO, LLC, Seattle, WA, pg. 344
Copeland, Grant - Creative, PPOM - WORX BRANDING & ADVERTISING, Prospect, CT, pg. 163
Copeland, Aaron - Creative, Interactive / Digital - IMM, Boulder, CO, pg. 373
Copeland, Ron - Creative - RODGERS TOWNSEND, LLC, Saint Louis, MO, pg. 407
Copeland, Kris - Creative - JAVELIN AGENCY, Irving, TX, pg. 286
Coppers, Anthony - Creative, PPOM - GRADIENT EXPERIENTIAL LLC, New York, NY, pg. 78
Corbeille, Michael - Creative, Management - SIMONS / MICHELSON / ZIEVE, INC., Troy, MI, pg. 142
Corbitt, Carl - Creative - CHEMISTRY ATLANTA, Atlanta, GA, pg. 50
Corcoran, Donna - Creative - IMAGE ASSOCIATES INC., Durham, NC, pg. 241
Corcoran, Michele - Account Services, Creative, Management - PRECISIONEFFECT, Boston, MA, pg. 129
Cordell, Greg - Creative, PPOM - BRAINS ON FIRE, Greenville, SC, pg. 691
Cordell, David - Creative - BOHLSEN GROUP, Indianapolis, IN, pg. 336

Corder, Ernest - Creative, PPOM - REDROC AUSTIN, Austin, TX, pg. 132
Cordero, Veronica - Creative - BASIC, San Diego, CA, pg. 215
Cordingley, Elizabeth - Creative, Interactive / Digital - DEUTSCH, INC., Los Angeles, CA, pg. 350
Cordova, Ana - Creative - FISHER, Phoenix, AZ, pg. 183
Corfield, Kevin - Creative - BRUNNER, Pittsburgh, PA, pg. 44
Corley, Chris - Creative, Interactive / Digital - VMLY&R, Kansas City, MO, pg. 274
Corley, Michelle - Creative - DUNCAN MCCALL, Pensacola, FL, pg. 353
Corn, Lexi - Creative - IRIS ATLANTA, Atlanta, GA, pg. 90
Cornejo, Chris - Creative, Social Media - DESIGN CENTER, INC. , Saint Paul, MN, pg. 179
Cornelius, Jamie - Creative - CHANGEUP, Cincinnati, OH, pg. 5
Cornell, Michael - Creative - BBDO SAN FRANCISCO, San Francisco, CA, pg. 330
Cornette, John - Creative - EP+CO., New York, NY, pg. 356
Cornwell, Kevin - Creative - BIGFISH CREATIVE GROUP, Scottsdale, AZ, pg. 333
Coronna, David - Account Planner, Creative - BCW CHICAGO, Chicago, IL, pg. 581
Corr, David - Creative - PUBLICIS NORTH AMERICA, New York, NY, pg. 399
Corr, Joseph - Creative, Management, Media Department - CRISPIN PORTER + BOGUSKY, Boulder, CO, pg. 346
Correa, Memo - Creative - SANDERS\WINGO, El Paso, TX, pg. 138
Correia, Brittany - Account Services, Creative - SOLEBURY TROUT, New York, NY, pg. 648
Corrigan, Kieran - Creative - WUNDERMAN HEALTH, New York, NY, pg. 164
Corsaro, Lily - Creative - MRM//MCCANN, New York, NY, pg. 289
Cortizas, Priscilla - Creative, PPOM - CREATIVEONDEMAND, Coconut Grove, FL, pg. 539
Corzo, Paul - Creative - PURPLEGROUP, Chicago, IL, pg. 131
Cosgrove, Rick - Creative - AGENCYEA, Chicago, IL, pg. 302
Cosgrove, Daniel - Creative - DIGITAS, San Francisco, CA, pg. 227
Cosper, Eric - Creative, PPOM - ARGONAUT, INC., San Francisco, CA, pg. 33
Cossette, Philippe - Creative - SID LEE, Montreal, QC, pg. 140
Costa, Fabio - Creative - SAATCHI & SAATCHI LOS ANGELES, Torrance, CA, pg. 137
Costabile, Bob - Creative, PPOM - BIGBUZZ MARKETING GROUP, New York, NY, pg. 217
Costanza, Bob - Creative, PPOM - SCOUT MARKETING, Atlanta, GA, pg.

AGENCIES — RESPONSIBILITIES INDEX

Costello, Karen - Creative, PPOM - THE MARTIN AGENCY, Richmond, VA, pg. 421
Costello, Michael - Creative - CAMBRIDGE BIOMARKETING, Cambridge, MA, pg. 46
Costello, Jennifer - Account Services, Creative, Management, Media Department - TBWA \ CHIAT \ DAY, Los Angeles, CA, pg. 146
Costello, Erin - Creative - RPA, Santa Monica, CA, pg. 134
Costello, Mike - Creative - BBDO WEST, Los Angeles, CA, pg. 331
Cote, Matt - Creative, Media Department - EICOFF, Chicago, IL, pg. 282
Cote, Suzanne - Creative, PPOM - ATELIER DU PRESSE-CITRON, Montreal, QC, pg. 173
Cotoulas, Chloe - Creative - 9THWONDER, Playa Vista, CA, pg. 453
Cotteleer, Amy - Creative, PPOM - A2G, Los Angeles, CA, pg. 691
Cottrell, Noel - Creative, PPOM - FITZCO, Atlanta, GA, pg. 73
Couche, Bec - Creative - SPARK44, New York, NY, pg. 411
Coulon, Tim - Creative - COLES MARKETING COMMUNICATIONS, Indianapolis, IN, pg. 591
Coulston, Andy - Creative - THE RICHARDS GROUP, INC., Dallas, TX, pg. 422
Coulter, Jessica - Creative - BBDO WORLDWIDE, New York, NY, pg. 331
Counsell, Judd - Creative - BBDO WORLDWIDE, New York, NY, pg. 331
Courtney, Lennon - Creative - THE RICHARDS GROUP, INC., Dallas, TX, pg. 422
Coutinho, Joao - Creative - VMLY&R, New York, NY, pg. 160
Coutroulis, Niko - Creative - HILL HOLLIDAY, New York, NY, pg. 85
Cowan, Sean - Creative - FAHLGREN MORTINE PUBLIC RELATIONS, Columbus, OH, pg. 70
Cowan, Trish - Creative - SIMONS / MICHELSON / ZIEVE, INC., Troy, MI, pg. 142
Cowdrey, Marlee - Creative - BAILEY LAUERMAN, Omaha, NE, pg. 35
Cowdy, Travis - Creative - DENTSUBOS INC., Toronto, ON, pg. 61
Cowell, Frank - Creative, PPOM - ELEVATOR, Carlsbad, CA, pg. 67
Cowie, James - Creative - DEUTSCH, INC., New York, NY, pg. 349
Cox, Darren - Creative - SPOTCO, New York, NY, pg. 143
Cox, Tanya - Creative - FUNCTION:, Atlanta, GA, pg. 184
Cox, Elaine - Creative - HEAT, San Francisco, CA, pg. 84
Cox, Steve - Creative - HMH, Portland, OR, pg. 86
Coyle, Kara - Creative - MEKANISM, New York, NY, pg. 113
Coyle, Alex - Creative - SPARK, Tampa, FL, pg. 17
Crafts, Steve - Creative, PPOM - PLACE CREATIVE COMPANY, Burlington, VT, pg. 15
Craig, Brett - Creative, PPOM - DEUTSCH, INC., Los Angeles, CA, pg. 350
Craig, Jim - Creative - DOUBLEKNOT CREATIVE, Seattle, WA, pg. 180
Craig, Regan - Creative, PPOM - ABZ CREATIVE PARTNERS, Charlotte, NC, pg. 171
Craig, Meghann - Creative - EMPOWER, Cincinnati, OH, pg. 354
Cramer, Adam - Creative, PPOM - KELLEY HABIB JOHN INTEGRATED MARKETING, Boston, MA, pg. 11
Cramer, Ryan - Creative, PPOM - NEURON SYNDICATE, Santa Monica, CA, pg. 120
Crandall, Adam - Account Planner, Account Services, Creative, Management - DDB CHICAGO, Chicago, IL, pg. 59
Crane, Andrew - Creative - VMLY&R, Kansas City, MO, pg. 274
Crane, Sean - Creative - MINTZ & HOKE, Avon, CT, pg. 387
Cranley, Katie - Creative - HUGE, INC., Brooklyn, NY, pg. 239
Crawford, Craig - Creative - TEAM ONE, Los Angeles, CA, pg. 417
Crawford, Justin - Creative - DEUTSCH, INC., Los Angeles, CA, pg. 350
Crawford, Dan - Creative - RED ANTLER, Brooklyn, NY, pg. 16
Crawford, Andrew - Creative - TEAM ONE, Los Angeles, CA, pg. 417
Creamer, Matt - Creative - FORSMAN & BODENFORS, New York, NY, pg. 74
Crede, Kaelyn - Account Services, Creative - THRIVEHIVE, Las Vegas, NV, pg. 271
Credeur, Raymond - Creative - GRAHAM GROUP, Lafayette, LA, pg. 365
Credle, Susan - Creative, PPOM - FCB NEW YORK, New York, NY, pg. 357
Creek, Rob - Creative - ENVISIONIT MEDIA, INC., Chicago, IL, pg. 231
Creel, Zooey - Creative - BADGER & WINTERS, New York, NY, pg. 174
Creet, Simon - Creative, PPOM - THE HIVE STRATEGIC MARKETING, Toronto, ON, pg. 420
Crelia, Tyler - Creative - GREATEST COMMON FACTORY, Austin, TX, pg. 365
Crichton, David - Creative, PPOM - GRIP LIMITED, Toronto, ON, pg. 78
Crick, Ben - Creative - COLLINS:, New York, NY, pg. 177
Crimi-Lamanna, Nancy - Creative, PPOM - FCB TORONTO, Toronto, ON, pg. 72
Crimp, Tom - Creative, PPOM - AUXILIARY, Grand Rapids, MI, pg. 173
Criser, Angela - Creative, PPOM - 3FOLD COMMUNICATIONS, Sacramento, CA, pg. 23
Crisp, Mira - Creative - MOD WORLDWIDE, Philadelphia, PA, pg. 192
Critch-Gilfillan, Pauline - Creative, Interactive / Digital, Media Department - MOSAIC NORTH AMERICA, Chicago, IL, pg. 312
Croce, AJ - Creative - MOMENTUM WORLDWIDE, Atlanta, GA, pg. 117
Crocker, Curt - Creative - SIGNATURE MARKETING SOLUTIONS, Memphis, TN, pg. 141
Croda, Devin - Creative - DROGA5, New York, NY, pg. 64
Crofton, Liz - Creative, PPM - GRIP LIMITED, Toronto, ON, pg. 78
Cromer, Scott - Creative, PPOM - MUTT INDUSTRIES, Portland, OR, pg. 119
Cromer, Mary - Creative - RIGER MARKETING COMMUNICATIONS, Binghamton, NY, pg. 407
Cromer, Kristen - Account Services, Creative - OGILVY, Denver, CO, pg. 255
Cronan, Nick - Creative, NBC, PPOM - BRANCH, San Francisco, CA, pg. 175
Cronin, Markham - Creative, PPOM - MARKHAM & STEIN, Miami, FL, pg. 105
Cronin, Mike - Account Services, Creative - KRUSKOPF & COMPANY, Minneapolis, MN, pg. 96
Cropsal, Elise - Creative - LG2, Montreal, QC, pg. 380
Croteau, Lauren - Creative - THE VIA AGENCY, Portland, ME, pg. 154
Crow, Nathan - Creative - RPA, Santa Monica, CA, pg. 134
Crowder, Clint - Account Services, Creative, Interactive / Digital, PPM - MOROCH PARTNERS, Dallas, TX, pg. 389
Crowell, Alexis - Creative - THE RICHARDS GROUP, INC., Dallas, TX, pg. 422
Crowley, Ned - Creative, PPOM - MCGARRYBOWEN, Chicago, IL, pg. 110
Cruthirds, Jason - Creative - DOGWOOD PRODUCTIONS, INC., Mobile, AL, pg. 230
Cruz, Jeff - Creative, PPOM - MRM//MCCANN, Birmingham, MI, pg. 252
Cruz, Andrea - Account Services, Creative - MCGARRAH JESSEE, Austin, TX, pg. 384
Cruz, Monica - Creative - HAVAS MEDIA GROUP, Miami, FL, pg. 470
Cuccinello, David - Creative - BBDO WEST, Los Angeles, CA, pg. 331
Cude, Jonathan - Creative, PPOM - MCKINNEY, Durham, NC, pg. 111
Cuellar, Jordan - Creative - HALLPASS MEDIA, Costa Mesa, CA, pg. 81
Cuellar, III, Silver - Creative - THE TOMBRAS GROUP, Atlanta, GA, pg. 153
Cuker, Aaron - Creative, PPOM - CUKER INTERACTIVE, Carlsbad, CA, pg. 223
Culberson, Bart - Creative - DDB CHICAGO, Chicago, IL, pg. 59
Culbertson, David - Creative - MELT, LLC, Atlanta, GA, pg. 311
Culpepper, Chip - Creative, PPOM - MANGAN HOLCOMB PARTNERS, Little Rock, AR, pg. 103
Culver, Wells - Creative, NBC, PPOM

1315

RESPONSIBILITIES INDEX — AGENCIES

- CULVER BRAND DESIGN, Milwaukee, WI, *pg.* 178
Cummings, Bryan - Creative, PPOM - GARRIGAN LYMAN GROUP, Seattle, WA, *pg.* 236
Cummings, Rachelle - Creative - BELIEF AGENCY, Seattle, WA, *pg.* 38
Cunningham, Gary - Account Services, Creative, Interactive / Digital - AFG&, New York, NY, *pg.* 28
Cunningham, Geoff - Creative - MICROARTS CREATIVE AGENCY, Greenland, NH, *pg.* 191
Cunningham, Emma - Account Services, Creative, Interactive / Digital, Media Department - WUNDERMAN THOMPSON, Toronto, ON, *pg.* 435
Cunningham, Ryan - Creative - AKA NYC, New York, NY, *pg.* 324
Curielcha, Gabo - Creative - 72ANDSUNNY, Playa Vista, CA, *pg.* 23
Currey, Molly - Creative, Management, Public Relations - DKC PUBLIC RELATIONS, New York, NY, *pg.* 597
Currier, Meghan - Creative - SEARCH PARTY MUSIC, New York, NY, *pg.* 299
Curry, Stephen - Creative - LEWIS COMMUNICATIONS, Birmingham, AL, *pg.* 100
Curry, Chris - Creative - OGILVY, New York, NY, *pg.* 393
Curtis, Hal - Creative - WIEDEN + KENNEDY, Portland, OR, *pg.* 430
Curtis, Jim - Creative - DROGA5, New York, NY, *pg.* 64
Cusson, Jim - Creative, Management - THEORY HOUSE : THE AGENCY BUILT FOR RETAIL, Charlotte, NC, *pg.* 683
Custodio, Jesse - Creative - MCGARRYBOWEN, New York, NY, *pg.* 109
Cwiklinski, Ryan - Creative - AKQA, San Francisco, CA, *pg.* 211
Cyboski, Dana - Creative, PPM, PPOM - TRITON PRODUCTIONS, Miami Beach, FL, *pg.* 317
Czarnowski, Emil - Creative - WE'RE MAGNETIC, New York, NY, *pg.* 318
Czerwonka, Eric - Creative - APPLETON CREATIVE, Orlando, FL, *pg.* 32
Czupylo, Dimitri - Account Planner, Account Services, Creative - KETCHUM, Los Angeles, CA, *pg.* 619
D'Aloisio, Lauren - Creative - T3, Austin, TX, *pg.* 268
D'Amore, Vanessa - Creative, Interactive / Digital, Operations - CONVERSANT, LLC, Chicago, IL, *pg.* 222
D'Angelo, Jennifer - Creative - EDELMAN, Los Angeles, CA, *pg.* 601
D'Arienzo Toro, Alyssa - Creative, PPOM - CONNELLY PARTNERS, Boston, MA, *pg.* 344
d'Avignon, Marc - Creative - SAATCHI & SAATCHI LOS ANGELES, Torrance, CA, *pg.* 137
D'Rozario, Chris - Creative - TEAM ONE, Los Angeles, CA, *pg.* 417
Da Silva, Anders - Creative - HAVAS WORLDWIDE CHICAGO, Chicago, IL,

pg. 82
Da Silva, Jeffrey - Creative, PPOM - SID LEE, Toronto, ON, *pg.* 141
Daake, Greg - Creative, PPOM - DAAKE DESIGN CENTER, Omaha, NE, *pg.* 178
Dady, Glenn - Creative, PPOM - THE RICHARDS GROUP, INC., Dallas, TX, *pg.* 422
Dagan, Assaf - Creative, PPOM - ANY_, New York, NY, *pg.* 1
Dahl, Scott - Creative - PERISCOPE, Minneapolis, MN, *pg.* 127
Dailey, Leyla - Creative, PPOM - CAVALRY, Chicago, IL, *pg.* 48
Dailey, Tiffany - Creative - SPRINGBOX, Austin, TX, *pg.* 266
Daines, Dave - Account Services, Creative - OPINIONATED, Portland, OR, *pg.* 123
Dale, Sally-Ann - Creative, PPOM - DROGA5, New York, NY, *pg.* 64
Dale, Marilyn - Creative, Interactive / Digital - SUNSTAR STRATEGIC, Alexandria, VA, *pg.* 651
Daley, Kyle - Account Services, Creative - MERKLEY + PARTNERS, New York, NY, *pg.* 114
Daligan, Paul - Creative, Operations - MCGARRYBOWEN, New York, NY, *pg.* 109
Dalsgaard, Toby - Account Services, Creative - GOCONVERGENCE, Orlando, FL, *pg.* 364
Dalton, Stephen - Creative - WORKINPROGRESS, Boulder, CO, *pg.* 163
Daly, Raven - Creative - PUBLICIS TORONTO, Toronto, ON, *pg.* 639
Dambra, Michael - Creative, Management, NBC - STRUCTURAL GRAPHICS, LLC, Essex, CT, *pg.* 569
Damman, Dave - Creative, PPOM - THE BUNTIN GROUP, Nashville, TN, *pg.* 148
Damond, Rachel - Creative - 22SQUARED INC., Tampa, FL, *pg.* 319
Dana, Sean - Creative - EMPOWER, Cincinnati, OH, *pg.* 354
Danenberg, Jill - Creative - PUBLICIS NORTH AMERICA, New York, NY, *pg.* 399
Danesh, Samira - Creative - WESTON | MASON, Marina Del Rey, CA, *pg.* 430
Dang, Toan - Creative - AGENCY CREATIVE, Dallas, TX, *pg.* 29
Danger Bea, Lesley - Creative - BBH, West Hollywood, CA, *pg.* 37
Danho, Mackenzie - Creative - JACKRABBIT DESIGN, Milton, MA, *pg.* 188
Daniel, Adam - Creative - MAD GENIUS, Ridgeland, MS, *pg.* 13
Daniel Bagdadi, Jack - Creative - MARKHAM & STEIN, Miami, FL, *pg.* 105
Daniele, Ferdinand - Creative - MCCANN NEW YORK, New York, NY, *pg.* 108
Daniels, Morgan - Creative - PULSAR ADVERTISING, Los Angeles, CA, *pg.* 401
Danielski, Stefan - Creative - SEITER & MILLER ADVERTISING, New

York, NY, *pg.* 139
Danino, Roberto - Creative - BBDO WORLDWIDE, New York, NY, *pg.* 331
Danovitz, Malaika - Creative - PUBLICIS NORTH AMERICA, New York, NY, *pg.* 399
Danylak, Gregory - Creative - MASON MARKETING, Penfield, NY, *pg.* 106
Danzig, Marie - Creative - BLUE STATE DIGITAL, New York, NY, *pg.* 335
Dao, Daniel - Creative, Interactive / Digital, Media Department - HAVAS SPORTS & ENTERTAINMENT, Atlanta, GA, *pg.* 370
Darbyshire, Tom - Creative - BBDO WORLDWIDE, New York, NY, *pg.* 331
Dardenne, Matt - Creative, PPOM - RED SIX MEDIA, Baton Rouge, LA, *pg.* 132
Dario, Roger - Creative - JAM3, Toronto, ON, *pg.* 243
Darling, Jamie - Creative, Media Department - HEARTS & SCIENCE, New York, NY, *pg.* 471
Darling, Jim - Creative - TEAM ONE, Los Angeles, CA, *pg.* 417
Darling, Jesse - Creative - ACCENTURE INTERACTIVE, New York, NY, *pg.* 209
Darnell, Adrienne - Creative, Media Department - 360I, LLC, New York, NY, *pg.* 320
Darner, Richard - Creative - INTERCOMMUNICATIONS, INC. , Newport Beach, CA, *pg.* 375
Darretta, Jeannine - Creative - WILSON CREATIVE GROUP, INC., Naples, FL, *pg.* 162
Das, Uttara - Creative, Media Department, NBC - INITIATIVE, Toronto, ON, *pg.* 479
DaSilva, Aaron - Creative - PJA ADVERTISING + MARKETING, Cambridge, MA, *pg.* 397
Daugherty, Patrick - Creative - MARKSTEIN, Birmingham, AL, *pg.* 625
Daugherty, Shannon - Creative - SCHERMER, Minneapolis, MN, *pg.* 16
Daughters, Jenny - Creative - CLEVELAND DESIGN, Boston, MA, *pg.* 177
Dauksis, Ryan J. - Creative, PPM - ALLEBACH COMMUNICATIONS, Souderton, PA, *pg.* 29
Dautrich, Kate - Creative, Interactive / Digital - BERNHARDT FUDYMA DESIGN GROUP , New York, NY, *pg.* 174
Davenport, Jessica - Creative - RUBIN COMMUNICATIONS GROUP, Virginia Beach, VA, *pg.* 644
Davenport, Robin - Creative, Management - SUDLER & HENNESSEY, New York, NY, *pg.* 145
Davey, Andy - Creative, PPOM - SELBERT PERKINS DESIGN, Playa Del Rey, CA, *pg.* 198
Davia, Richard - Creative - (ADD)VENTURES, Providence, RI, *pg.* 207
David Dowdle, John - Creative - DOUG CARPENTER & ASSOCIATES, LLC, Memphis, TN, *pg.* 64

AGENCIES

RESPONSIBILITIES INDEX

Davidson, Jennifer - Creative - SAATCHI & SAATCHI, New York, NY, *pg.* 136

Davidson, Mike - Creative - LYONS CONSULTING GROUP, Chicago, IL, *pg.* 247

Davies, Rich - Creative, PPOM - VREELAND MARKETING, Yarmouth, ME, *pg.* 161

Davies, Cherie - Creative - FCB CHICAGO, Chicago, IL, *pg.* 71

Davis, Greg - Creative, PPOM - ANNEX GRAPHICS & DESIGN, Binbrook, ON, *pg.* 172

Davis, Lori - Creative, NBC, Public Relations - AMPERAGE, Cedar Falls, IA, *pg.* 30

Davis, Noah - Creative - DOOR NUMBER 3, Austin, TX, *pg.* 64

Davis, Steve - Creative - THE DESIGNORY, Longbeach, CA, *pg.* 149

Davis, Matt - Creative - SAATCHI & SAATCHI DALLAS, Dallas, TX, *pg.* 136

Davis, Nathaniel - Creative - DAVIS HARRISON DION ADVERTISING, Chicago, IL, *pg.* 348

Davis, Brock - Creative, PPOM - MARTIN WILLIAMS ADVERTISING, Minneapolis, MN, *pg.* 106

Davis, Joel - Creative - DELL BLUE, Round Rock, TX, *pg.* 60

Davis, Paul - Creative - OLOGIE, Columbus, OH, *pg.* 122

Davis, Mike - Creative - HUDSON ROUGE, Dearborn, MI, *pg.* 372

Davis, Amber - Creative - ENVISIONIT MEDIA, INC., Chicago, IL, *pg.* 231

Davis, Chelsea - Creative, Social Media - PUBLICIS.SAPIENT, Austin, TX, *pg.* 260

Davis, Kyle - Creative - CALLEN, Austin, TX, *pg.* 46

Davis, Griffin - Creative - PPM - BARKLEY, Kansas City, MO, *pg.* 329

Davis, Ryan - Creative - TEAM ONE, Los Angeles, CA, *pg.* 417

Davis, Brandon - Creative - INFERNO, LLC, Memphis, TN, *pg.* 374

Davis, Bryan - Creative - MEKANISM, San Francisco, CA, *pg.* 112

Davis, Laura - Creative - MBT MARKETING, Portland, OR, *pg.* 108

Davis, Jennifer - Creative - DUREE & COMPANY, Fort Lauderdale, FL, *pg.* 598

Davis, Mackenzie - Creative, Public Relations - WISER STRATEGIES, Lexington, KY, *pg.* 663

Davis, Ben - Creative - MIGHTY 8TH MEDIA, Buford, GA, *pg.* 115

Davtian, Anush - Creative, Interactive / Digital - FINN PARTNERS, New York, NY, *pg.* 603

Davy, Richard - Creative - HUGE, INC., Chicago, IL, *pg.* 186

Day, Stacey - Creative, PPOM - DUNCAN / DAY ADVERTISING, Dallas, TX, *pg.* 66

Day, Joseph - Creative, Media Department, NBC, Social Media - GREY GROUP, New York, NY, *pg.* 365

Days, Don - Creative - VIEWPOINT CREATIVE, Newton, MA, *pg.* 159

de Croix, Davia - Creative - CDFB, New York, NY, *pg.* 561

de Fouchier, Jennifer - Creative - GRADIENT EXPERIENTIAL LLC, New York, NY, *pg.* 78

De Herrera, Christopher - Creative, NBC - TALLWAVE, Scottsdale, AZ, *pg.* 268

De Jong, Corien - Creative - IMM, Boulder, CO, *pg.* 373

de la Herran, Edu - Creative - OGILVYONE WORLDWIDE, New York, NY, *pg.* 255

De Leon, Dino - Creative - IN CONNECTED MARKETING, Stamford, CT, *pg.* 681

de Leon, Kellie - Creative - THE MX GROUP, Burr Ridge, IL, *pg.* 422

De Meo, Rosalba - Creative - DENTINO MARKETING, Princeton, NJ, *pg.* 281

de Varennes, Jacques - Creative, PPOM - LG2, Montreal, QC, *pg.* 380

Deak, Tescia - Creative - GREY WEST, San Francisco, CA, *pg.* 367

Dean, Harold - Creative - THE ADSMITH, Athens, GA, *pg.* 201

Dean, Sarah - Creative - ARCHETYPE, San Francisco, CA, *pg.* 33

Dean, Tasha - Creative, Social Media - THE MARTIN AGENCY, Richmond, VA, *pg.* 421

DeAngelo, Tyler - Creative - STRAWBERRYFROG, New York, NY, *pg.* 414

Deangelo, James - Creative, PPOM - DCF ADVERTISING, New York, NY, *pg.* 58

DeAngelo, Matt - Creative - FUSE INTERACTIVE, Laguna Beach, CA, *pg.* 235

Dear, Christina - Creative - CTP, Boston, MA, *pg.* 347

Deardorff, Jill - Creative, PPOM - DEARDORFF ASSOCIATES, INC., Philadelphia, PA, *pg.* 60

Debenham, Gareth - Creative, PPOM - GOBIG BRANDING, INC., Weston, MA, *pg.* 184

Debenham, Eileen - Creative, PPOM - GOBIG BRANDING, INC., Weston, MA, *pg.* 184

DeBiase, Judy - Creative, Interactive / Digital - SMM ADVERTISING, Smithtown, NY, *pg.* 199

DeBlois, Amelie - Account Services, Creative - GIANT SPOON, LLC, New York, NY, *pg.* 363

DeCheser, David - Creative - R/GA, New York, NY, *pg.* 260

Decker, Lynda - Creative, PPOM - DECKER DESIGN INC., New York, NY, *pg.* 179

Decker, George - Creative - DEUTSCH, INC., New York, NY, *pg.* 349

Decker, Ryan - Creative - ETCH MARKETING, Franklin, TN, *pg.* 357

DeCourcy, Colleen - Creative, PPOM - WIEDEN + KENNEDY, Portland, OR, *pg.* 430

Dedering, Brian - Creative - PUBLICIS HAWKEYE, Dallas, TX, *pg.* 399

Deely, John - Account Services, Creative, Media Department, Social Media - PATIENTS & PURPOSE, New York, NY, *pg.* 126

Deer, Adam - Creative - PUBLICIS WEST, Seattle, WA, *pg.* 130

Deer, Joanne - Creative - THE NOW GROUP, Vancouver, BC, *pg.* 422

Deese, Derrick - Creative - UNION, Charlotte, NC, *pg.* 273

Deeter, Linda - Creative - DEETER ASSOCIATES, Doylestown, PA, *pg.* 60

DeFrain, Matt - Creative - GRANT DESIGN COLLABORATIVE, Canton, GA, *pg.* 185

DeFreitas, Helder - Creative - PUBLICIS TORONTO, Toronto, ON, *pg.* 639

Degenstein, Paul - Creative, PPOM - THE NOW GROUP, Vancouver, BC, *pg.* 422

Degni, Rich - Creative - SOURCE COMMUNICATIONS, Hackensack, NJ, *pg.* 315

DeHaven, Michele - Creative, PPOM - FUNCTION:, Atlanta, GA, *pg.* 184

DeJonge, Austin - Creative - DDB NEW YORK, New York, NY, *pg.* 59

Del Gigante, Anthony - Creative - MDG ADVERTISING, Boca Raton, FL, *pg.* 484

Del Gigante, Michael - Creative, PPOM - MDG ADVERTISING, Boca Raton, FL, *pg.* 484

Del Rosario, Byron - Creative, NBC - VENABLES BELL & PARTNERS, San Francisco, CA, *pg.* 158

Del Savio, Ray - Creative - DROGA5, New York, NY, *pg.* 64

Del Toro, Graciela - Creative, Operations, PPM - MOB SCENE, Los Angeles, CA, *pg.* 563

Delafosse, Ryan - Creative - PRAYTELL, Brooklyn, NY, *pg.* 258

DeLana, Libby - Creative, PPOM - MECHANICA, Newburyport, MA, *pg.* 13

Delaney, Kathy - Creative, PPOM - SAATCHI & SAATCHI WELLNESS, New York, NY, *pg.* 137

Delaney, Maxx - Creative - PREACHER, Austin, TX, *pg.* 129

Delbridge, Matt - Creative - GRETEL, New York, NY, *pg.* 78

Delebois, Pierre - Account Services, Creative - FORCE MAJURE DESIGN INC., Brooklyn, NY, *pg.* 183

Delgado, Rene - Creative - LEO BURNETT WORLDWIDE, Chicago, IL, *pg.* 98

DelGandio, Peter - Creative - AFG&, New York, NY, *pg.* 28

Delia, Chris - Creative - CODE AND THEORY, New York, NY, *pg.* 221

DeLong, Charles - Creative - ZIMMERMAN ADVERTISING, Fort Lauderdale, FL, *pg.* 437

Delp, Liz - Creative - ANOMALY, New York, NY, *pg.* 325

Delph, Danielle - Creative - WIEDEN + KENNEDY, Portland, OR, *pg.* 430

Delphey, Brianna - Creative - PLANET PROPAGANDA, Madison, WI, *pg.* 195

Delsol, Bob - Creative - ZLR

1317

RESPONSIBILITIES INDEX — AGENCIES

IGNITION, Des Moines, IA, pg. 437
DeLuca, John - Creative - FUSION92, Chicago, IL, pg. 235
DelVecchio, Maria - Creative - THE CALIBER GROUP, Tucson, AZ, pg. 19
DeMarco, Tony - Creative, PPOM - SIGNATURE COMMUNICATIONS, Philadelphia, PA, pg. 410
DeMarinis, Vince - Creative, PPOM - BROWN PARKER | DEMARINIS ADVERTISING, Boca Raton, FL, pg. 43
DeMars, Rob - Creative, PPOM - MARKETING ARCHITECTS, Minneapolis, MN, pg. 288
Dembkowski, Sarah - Creative - DAVID, Miami, FL, pg. 57
deMenna, Joanne - Account Planner, Creative - MANGOS INC., Conshohocken, PA, pg. 103
DeMoor, Zachary - Creative - WISER STRATEGIES, Lexington, KY, pg. 663
Dempster, Max - Creative - DUNN&CO, Tampa, FL, pg. 353
Denberg, Josh - Creative, NBC, PPOM - DIVISION OF LABOR, Sausalito, CA, pg. 63
deNeeve, Kristin - Creative - THE TRADE DESK, Ventura, CA, pg. 519
Denekas, Steven - Creative - BASIC, San Diego, CA, pg. 215
Denembo, Kiley - Creative - THE MANY, Pacific Palisades, CA, pg. 151
Dengrove, Jena - Creative - LIVEWORLD, San Jose, CA, pg. 246
DeNinno, Chris - Creative - INNOCEAN USA, Huntington Beach, CA, pg. 479
Denison, Brian - Creative - THE INTEGER GROUP, Lakewood, CO, pg. 682
Denlinger, Kiana - Creative - AKQA, New York, NY, pg. 212
Denman, Nick - Creative - THE RICHARDS GROUP, INC., Dallas, TX, pg. 422
Dennison-Bunch, Michelle - Creative - BRAND IT ADVERTISING, Spokane, WA, pg. 42
Denobrega, Damian - Creative - DAC GROUP, Toronto, ON, pg. 224
DeNofrio, Gabrielle - Creative - PAVONE MARKETING GROUP, Harrisburg, PA, pg. 396
Dent, Amanda - Creative - ARCHER MALMO, Memphis, TN, pg. 32
Denten, Matt - Creative - ARC WORLDWIDE, Chicago, IL, pg. 327
Denton, Nathan - Creative - MIRUM AGENCY, Minneapolis, MN, pg. 251
DeOrio, Tamara - Account Services, Creative, Management - ARNOLD WORLDWIDE, Boston, MA, pg. 33
Deoul Perl, Cara - Creative - THE FOUNDRY @ MEREDITH CORP, New York, NY, pg. 150
DePersio, Gerard - Creative, Media Department - CARAT, New York, NY, pg. 459
Derksen, Todd - Creative - WUNDERMAN THOMPSON SEATTLE, Seattle, WA, pg. 435
Derrick, Mike - Creative - ADCOM COMMUNICATIONS, INC., Cleveland, OH, pg. 210
Derrick, Dave - Creative - LEO BURNETT WORLDWIDE, Chicago, IL, pg. 98
Desai, Neal - Creative - BIG FAMILY TABLE, Los Angeles, CA, pg. 39
DeSalvio, Nicole - Creative - DIGITAS, Detroit, MI, pg. 229
DeSalvo, Joe - Creative - BARKLEY, Kansas City, MO, pg. 329
DeSanti, Meredith - Creative - BML PUBLIC RELATIONS, Florham Park, NJ, pg. 584
DeSantis, Andy - Creative - MONTANA STEELE ADVERTISING, Toronto, ON, pg. 117
DeSantis, Clare - Creative - THE VIA AGENCY, Portland, ME, pg. 154
DeShong, David - Creative - JENERATE PR, Wailea, HI, pg. 617
DeSilva, Sue - Creative, Management - DIGITAS, Boston, MA, pg. 226
DeSousa, Rubene - Creative - JUNIPER PARK\ TBWA, Toronto, ON, pg. 93
Desroches, Castro - Creative - DROGA5, New York, NY, pg. 64
Detchev, Colleen - Creative, Media Department - UPSHOT, Chicago, IL, pg. 157
Deutsch, Idan - Creative - SPRINKLR, New York, NY, pg. 688
Devaney, Diane - Creative, NBC, PPOM - DEVANEY & ASSOCIATES, Owings Mills, MD, pg. 351
DeVito, Sal - Creative, PPOM - DEVITO/VERDI, New York, NY, pg. 62
DeVito, Chris - Creative, PPOM - DEVITO GROUP, New York, NY, pg. 62
Devitt, Cedric - Creative, PPOM - BIG SPACESHIP, Brooklyn, NY, pg. 455
DeViva, Sara - Creative - VAULT COMMUNICATIONS, INC., Plymouth Meeting, PA, pg. 658
Devlin, Mike - Creative - FCB HEALTH, New York, NY, pg. 72
Devlin, Stewart - Creative, PPOM - SID LEE, New York, NY, pg. 141
DeWree, Madeline - Creative - DDB CHICAGO, Chicago, IL, pg. 59
Dezzutti, Nicole - Account Services, Creative - HAYMAKER, Los Angeles, CA, pg. 83
Dhiman, Tarun - Creative, Interactive / Digital - ROGERS & COWAN/PMK*BNC, Los Angeles, CA, pg. 643
Di Biagio, Bryan - Creative - INNOCEAN USA, Huntington Beach, CA, pg. 479
Di Giulio, Caroline - Creative - THE WOO AGENCY, Culver City, CA, pg. 425
di Piazza, Burke - Creative - DONER, Southfield, MI, pg. 63
Diaddezio, Marco - Creative - WALRUS, New York, NY, pg. 161
Diamond, Steve - Creative - RAIN, Portland, OR, pg. 402
Diana, Salvatore - Creative - FCB HEALTH, New York, NY, pg. 72
Diaz, Randy - Creative - WIEDEN + KENNEDY, New York, NY, pg. 432
Diaz, Federico - Creative - THE COMMUNITY, Miami Beach, FL, pg. 545
Dibona, Brendan - Creative - AKQA, Washington, DC, pg. 212
DiCampli, Paul - Creative - ONEMAGNIFY, Wilmington, DE, pg. 123
Dickey, Mary - Creative - CARYL COMMUNICATIONS, INC., Paramus, NJ, pg. 589
Dickhaus, Duane - Creative - SCALES ADVERTISING, Minneapolis, MN, pg. 138
Dickter, Len - Analytics, Creative, Operations - SAGON - PHIOR, Los Angeles, CA, pg. 409
Dietrich, Jon - Creative, PPOM - WUNDERMAN THOMPSON SEATTLE, Seattle, WA, pg. 435
Dietrich, Cobey - Creative, NBC, Public Relations - A. BRIGHT IDEA, Bel Air, MD, pg. 25
Dietzen, Jimmy - Creative - HAVAS WORLDWIDE CHICAGO, Chicago, IL, pg. 82
DiGeorge, Arnie - Creative - R&R PARTNERS, Las Vegas, NV, pg. 131
Digilio, Kate - Creative - SWIFT, Portland, OR, pg. 145
Diiullo, Shane - Creative - JUMBOSHRIMP ADVERTISING, San Francisco, CA, pg. 93
Dillon, Michael - Creative, PPOM - MCDILL DESIGN, Milwaukee, WI, pg. 190
Dillow, Jesse - Creative - CAMP + KING, San Francisco, CA, pg. 46
Dimmer, Matt - Creative - MCGARRYBOWEN, New York, NY, pg. 109
Dingle, Spencer - Creative - COSSETTE MEDIA, Toronto, ON, pg. 345
Dingman, Mark - Creative - MILLENNIUM INTEGRATED MARKETING, Manchester, NH, pg. 387
Dinkel, Joel - Creative - MYTHIC, Charlotte, NC, pg. 119
DiNucci, Darcy - Account Services, Creative, Interactive / Digital - AMMUNITION, LLC, San Francisco, CA, pg. 172
Dion, Bob - Creative, PPOM - DAVIS HARRISON DION ADVERTISING, Chicago, IL, pg. 348
Dion, Nicolas - Creative, PPOM - LG2, Montreal, QC, pg. 380
DiPaula, Anthony - Creative - ROKKAN, LLC, New York, NY, pg. 264
DiPietro, Mark - Creative - GATESMAN, Pittsburgh, PA, pg. 361
DiPreta, Amanda - Creative - CATALYST MARKETING COMMUNICATIONS, Stamford, CT, pg. 340
Dircks, Rob - Creative, PPOM - DIRCKS ASSOCIATES, Saint James, NY, pg. 180
DiRienz, David - Creative - MCGARRYBOWEN, New York, NY, pg. 109
Dirstein, Richard - Creative, Management - SHIKATANI LACROIX BRANDESIGN, INC., Toronto, ON, pg. 198
Disbennett, Scott - Creative, PPOM - SHOK IDEA GROUP, INC, New Smyrna Beach, FL, pg. 17

AGENCIES

RESPONSIBILITIES INDEX

Dischinger, Michael - Account Planner, Account Services, Creative - INNOCEAN USA, Huntington Beach, CA, *pg.* 479

DiStefano, Vinny - Creative - ROUTE 1A ADVERTISING, Erie, PA, *pg.* 134

Ditson, Melissa - Creative, PPOM - MRM//MCCANN, Salt Lake City, UT, *pg.* 118

Ditta, Mary - Creative - OKD MARKETING GROUP, Burlington, ON, *pg.* 394

Ditzhazy, Donn - Creative, PPOM - RMD ADVERTISING , Columbus, OH, *pg.* 643

Dixon, Peter - Creative, PPOM - PROPHET, New York, NY, *pg.* 15

Dixon, Brian - Creative - ARCHER MALMO, Memphis, TN, *pg.* 32

Djuric, Dejan - Creative - LEO BURNETT TORONTO, Toronto, ON, *pg.* 97

Dobbs, Michael - Account Services, Creative, Social Media - 360I, LLC, Atlanta, GA, *pg.* 207

Dobbs, Hannah - Creative - GSD&M, Austin, TX, *pg.* 79

Dobbs, Matthew - Creative - MOD WORLDWIDE, Philadelphia, PA, *pg.* 192

Dobbs, Justin - Creative - ARCHER MALMO, Memphis, TN, *pg.* 32

Dobies, Mike - Creative, PPOM - DKY INTEGRATED MARKETING COMMUNICATIONS, Minneapolis, MN, *pg.* 352

Dobratz, Niki - Creative, Media Department, NBC, PPOM, Promotions - FALLON WORLDWIDE, Minneapolis, MN, *pg.* 70

Dobson, John - Account Services, Creative, NBC - BARKLEY, Kansas City, MO, *pg.* 329

Dodd, Dustin - Creative - THE MARTIN AGENCY, Richmond, VA, *pg.* 421

Dodson, Jordan - Creative - DROGA5, New York, NY, *pg.* 64

Dody, Evan - Creative - HUGE, INC., Brooklyn, NY, *pg.* 239

Doeden, Brian - Creative - THE ZIMMERMAN GROUP, Minnetonka, MN, *pg.* 426

Doernemann, Daniel - Creative - LOYALKASPAR, New York, NY, *pg.* 12

Doessel, Ben - Creative - LEO BURNETT WORLDWIDE, Chicago, IL, *pg.* 98

Doessel, John - Creative - CRAMER-KRASSELT , Chicago, IL, *pg.* 53

Doggendorf, Ryan - Creative - HUGHESLEAHYKARLOVIC, Saint Louis, MO, *pg.* 372

Doggett, Jeff - Creative - DOGGETT ADVERTISING, INC. , Charlotte, NC, *pg.* 63

Dohaney, Kate - Analytics, Creative, Operations - THE&PARTNERSHIP, New York, NY, *pg.* 426

Doherty, Bethany - Account Services, Creative, Media Department, NBC - HORIZON MEDIA,

INC., Los Angeles, CA, *pg.* 473

Doherty, Megan - Account Services, Creative, Media Department, PPM - INITIATIVE, New York, NY, *pg.* 477

Dohogne, Maeve - Creative, Interactive / Digital, Media Department - HUGHESLEAHYKARLOVIC, Saint Louis, MO, *pg.* 372

Dolak, David - Creative, PPOM - PHOENIX CREATIVE , Saint Louis, MO, *pg.* 128

Dolan, Steve - Creative - MADE MOVEMENT, Boulder, CO, *pg.* 103

Dolin, Samantha - Creative, PPOM - OGILVY COMMONHEALTH WORLDWIDE, Parsipanny, NJ, *pg.* 122

Domingo, Paul - Creative - EP+CO., Greenville, SC, *pg.* 356

Domsic, Rachel - Account Services, Creative - HARRINGTON COMMUNICATIONS, Traverse City, MI, *pg.* 611

Don, Beverly - Creative - MERKLEY + PARTNERS, New York, NY, *pg.* 114

Donaghey, Mike - Creative - R/GA, New York, NY, *pg.* 260

Donaldson, Amy - Creative, Interactive / Digital, Media Department - M3 AGENCY, Augusta, GA, *pg.* 102

Donato, Laurie - Creative - MOWER, Charlotte, NC, *pg.* 628

Dondlinger Rezny, Missy - Creative - THE INTEGER GROUP, Lakewood, CO, *pg.* 682

Donegan, Geoff - Creative, PPOM - TANK DESIGN, Cambridge, MA, *pg.* 201

Dong, WeiWei - Creative - OGILVY, New York, NY, *pg.* 393

Donne, Matthew - Creative, PPM - ANOMALY, Toronto, ON, *pg.* 326

Donohue, Marty - Creative, PPOM - FULL CONTACT ADVERTISING, Boston, MA, *pg.* 75

Donohue, Susan - Creative - STUDE-BECKER ADVERTISING, Saint Paul, MN, *pg.* 18

Donovan, Michael - Creative, NBC, PPM - EDIT1, New York, NY, *pg.* 562

Donovan, April - Creative, PPOM - BLUE COLLAR INTERACTIVE, Hood River, OR, *pg.* 217

Dooley, Thomas - Creative, PPOM - TDA_BOULDER, Boulder, CO, *pg.* 147

Dorbin, Sariah - Creative - QUIGLEY-SIMPSON, Los Angeles, CA, *pg.* 544

Dorfman, Bob - Creative - BAKER STREET ADVERTISING, San Francisco, CA, *pg.* 329

Dormer, Dannielle - Creative - PPM - MOB SCENE, Los Angeles, CA, *pg.* 563

Dorn, James - Creative, PPOM - DORN MARKETING, Geneva, IL, *pg.* 64

Dorne, Dalton - Creative, NBC, PPOM - TINUITI, New York, NY, *pg.* 678

Doro, Monica - Creative, Interactive / Digital, Media Department - ANTHOLOGIE, Milwaukee, WI, *pg.* 31

Doss, Curtis - Creative - BIG BLOCK, El Segundo, CA, *pg.* 217

Dotson, Aaron - Creative, PPOM - ELEVATION MARKETING, Richmond, VA,

pg. 67

Doucette, Jordan - Creative - NO FIXED ADDRESS INC., Toronto, ON, *pg.* 120

Doucette, Jonathan - Creative - MCCANN NEW YORK, New York, NY, *pg.* 108

Dougherty, Sean - Creative - BUCK, Los Angeles, CA, *pg.* 176

Doughty, Scott - Creative - DJ-LA, LLC, Los Angeles, CA, *pg.* 63

Douglas, Wes - Creative, Management, NBC, PPOM - MADDOCK DOUGLAS, Elmhurst, IL, *pg.* 102

Douglas, Wesley - Creative, PPOM - MADDOCK DOUGLAS, Elmhurst, IL, *pg.* 102

Douglass, Dave - Creative, PPOM - ANOMALY, Toronto, ON, *pg.* 326

Douglass, Meg - Creative - HUGE, INC., Brooklyn, NY, *pg.* 239

Doupe, Tyler - Creative - TEAM ONE, Los Angeles, CA, *pg.* 417

Dow, Bill - Creative - CRAMER-KRASSELT , Chicago, IL, *pg.* 53

Downing, Aimee - Creative - A TO Z COMMUNICATIONS, Pittsburgh, PA, *pg.* 24

Downs, Joshua - Creative - FORMATIVE, Seattle, WA, *pg.* 235

Downs, Lucy - Creative - BIG SPACESHIP, Brooklyn, NY, *pg.* 455

Downs, Raejean - Creative - FRCH DESIGN WORLDWIDE, Cincinnati, OH, *pg.* 184

Doyle, Melissa - Creative - RED THREAD PRODUCTIONS, New York, NY, *pg.* 563

Doyle, Gary - Creative - CRAMER-KRASSELT , Chicago, IL, *pg.* 53

Doyle, Kerry - Account Services, Creative - CARAT, Culver City, CA, *pg.* 459

Doyle, John - Creative - 10 THOUSAND DESIGN, Minneapolis, MN, *pg.* 171

Doyon, Joe - Account Services, Creative, Operations - PINEROCK, New York, NY, *pg.* 636

Drake, Cassie - Creative - WALSH BRANDING, Tulsa, OK, *pg.* 204

Drane, Peg - Creative, Interactive / Digital - M45 MARKETING SERVICES, Freeport, IL, *pg.* 382

Draper, Gaelan - Creative - QUIRK CREATIVE, Brooklyn, NY, *pg.* 131

Dreistadt, Jason - Account Services, Creative, Operations, PPOM - INFINITY CONCEPTS, Export, PA, *pg.* 285

Dresser, Jillian - Creative - WALRUS, New York, NY, *pg.* 161

Drimalas, Dora - Creative, PPOM - HYBRID DESIGN, San Francisco, CA, *pg.* 87

Droga, David - Creative, PPOM - DROGA5, New York, NY, *pg.* 64

Drozd, Marketa - Creative, PPOM - SIMPLE TRUTH, Chicago, IL, *pg.* 198

Drukas, Alex - Creative - MEDIA ASSEMBLY, Southfield, MI, *pg.* 385

Drumheller, Jason - Creative -

1319

RESPONSIBILITIES INDEX — AGENCIES

HIRSHORN ZUCKERMAN DESIGN GROUP, Rockville, MD, *pg.* 371
Drummer, Cody - Creative - MULLENLOWE U.S. BOSTON, Boston, MA, *pg.* 389
Drummond, Anne - Creative, NBC - MLIVE MEDIA GROUP, Grand Rapids, MI, *pg.* 388
Du Sault, Luc - Creative - LG2, Montreal, QC, *pg.* 380
Duarte, Andrea - Creative - RED HERRING DESIGN, New York, NY, *pg.* 197
Dube, Scott - Creative, PPOM - GRIP LIMITED, Toronto, ON, *pg.* 78
Dubeauclard, Antoine - Creative, Interactive / Digital, NBC, PPOM - MEDIA GENESIS, INC., Troy, MI, *pg.* 249
DuBerry, Katie - Creative - AGENDA, Albuquerque, NM, *pg.* 575
Dubi, Carolyn - Creative, Management - INITIATIVE, Los Angeles, CA, *pg.* 478
Duboe, Jenna - Account Services, Creative - GOODBY, SILVERSTEIN & PARTNERS, San Francisco, CA, *pg.* 77
Dubois, David - Creative - SAATCHI & SAATCHI LOS ANGELES, Torrance, CA, *pg.* 137
Dubrick, Mike - Creative - RETHINK COMMUNICATIONS, INC., Toronto, ON, *pg.* 133
Dubs, Jake - Creative - PEREIRA & O'DELL, New York, NY, *pg.* 257
Duchon, Scott - Creative, PPOM - 215 MCCANN, San Francisco, CA, *pg.* 319
Duckworth, Alexander - Creative, PPOM - POINT-ONE-PERCENT, New York, NY, *pg.* 15
Duckworth, Naomi - Creative - GREATEST COMMON FACTORY, Austin, TX, *pg.* 365
Ducoin, Nicole - Creative - ONE TRICK PONY, Hammonton, NJ, *pg.* 15
Dudley, Tommy - Creative - ROKKAN, LLC, New York, NY, *pg.* 264
Duell, Aimee - Creative - 160OVER90, Los Angeles, CA, *pg.* 301
Duering, Anja - Creative - CHEMISTRY ATLANTA, Atlanta, GA, *pg.* 50
Duet, Shea - Creative, Interactive / Digital, Operations, PPOM - ZEHNDER COMMUNICATIONS, INC., New Orleans, LA, *pg.* 436
Duff, Mariah - Creative, PPM - CINEMASTREET, New York, NY, *pg.* 50
Duffy, Kevin - Creative, PPOM - STRAIGHT NORTH, LLC, Downers Grove, IL, *pg.* 267
Duffy, Ryan - Creative, NBC - YAH. - YOU ARE HERE, Atlanta, GA, *pg.* 318
Duffy, Anna - Creative - IMG LIVE, Atlanta, GA, *pg.* 308
Duffy, Trish - Creative, Interactive / Digital, Management - BRUNNER, Pittsburgh, PA, *pg.* 44
Duffy-Lehrman, Sheila - Creative, Operations, PPOM - TROPIC SURVIVAL, North Miami, FL, *pg.* 156
Duft, Ward - Creative, PPOM - DUFT WATTERSON, Boise, ID, *pg.* 353
Dugan, Jerry - Creative - OGILVY, New York, NY, *pg.* 393
Dugan, Patrick - Creative - ADAMS & KNIGHT ADVERTISING, Avon, CT, *pg.* 322
Dugan, Eileen - Creative - DIGITAS HEALTH LIFEBRANDS, New York, NY, *pg.* 229
Duguay, Anthony - Creative - ANDERSON DDB HEALTH & LIFESTYLE, Toronto, ON, *pg.* 31
Duke, Dustin - Creative, PPOM - OGILVY, New York, NY, *pg.* 393
Dula, Michael - Creative, PPOM - BRANDINGBUSINESS, Irvine, CA, *pg.* 4
Dumais, Jean-Francois - Creative - SID LEE, Montreal, QC, *pg.* 140
Duman, Michael - Creative, PPOM - SKAR ADVERTISING, Omaha, NE, *pg.* 265
Dumas, Myles - Creative - NAIL COMMUNICATIONS, Providence, RI, *pg.* 14
Dunaway, Brian - Creative, NBC - VITRO AGENCY, San Diego, CA, *pg.* 159
Duncan, Brooke - Account Services, Creative, Management - THE TOMBRAS GROUP, Knoxville, TN, *pg.* 424
Duncan, Shannon - Creative - 215 MCCANN, San Francisco, CA, *pg.* 319
Duncan, Megan - Creative, Media Department - TRAINA DESIGN, San Diego, CA, *pg.* 20
Duncker, Rachel - Creative, PPM - ARC WORLDWIDE, Chicago, IL, *pg.* 327
Dunkak, Geoff - Account Services, Creative - BTB MARKETING COMMUNICATIONS, Raleigh, NC, *pg.* 44
Dunlap, John - Creative - BROTHERS & CO., Tulsa, OK, *pg.* 43
Dunlap, Ryan - Creative - REDPEPPER, Nashville, TN, *pg.* 405
Dunlap, Lillian - Creative, NBC - LEWIS GLOBAL COMMUNICATIONS, Burlington, MA, *pg.* 380
Dunleavy, Annie - Creative, NBC - GYRO NY, New York, NY, *pg.* 369
Dunn, Ian - Creative - THE VIA AGENCY, Portland, ME, *pg.* 154
Dunn, Karl - Creative - EP+CO., Greenville, SC, *pg.* 356
Dunn, Mitchell - Account Planner, Creative, Interactive / Digital, Media Department - EMPOWER, Cincinnati, OH, *pg.* 354
Dunn, Troy - Creative, PPOM - DUNN&CO, Tampa, FL, *pg.* 353
Dunn, Laura - Account Services, Creative - FCB NEW YORK, New York, NY, *pg.* 357
Dunn, Michael - Creative - BFG COMMUNICATIONS, Bluffton, SC, *pg.* 333
Dunn, Michael - Creative - ROBERTSON+PARTNERS, Las Vegas, NV, *pg.* 407
Dunne, Molly - Creative - FRIENDS & NEIGHBORS, Minneapolis, MN, *pg.* 7
Dupere, Luc - Creative - LG2, Montreal, QC, *pg.* 380
Duplantis, Christian - Creative - DEFINITION 6, Atlanta, GA, *pg.* 224
Dupont, Patrick - Creative - J.T. MEGA, INC., Minneapolis, MN, *pg.* 91
Duran, Lalo - Creative, PPOM - WALO CREATIVE, INC., Dallas, TX, *pg.* 161
Duran, Robert - Creative - IVIE & ASSOCIATES, INC., Flower Mound, TX, *pg.* 91
Durazzo, Justin - Creative, Interactive / Digital, PPM - DROGA5, New York, NY, *pg.* 64
Durban, Christopher - Creative - WEBER SHANDWICK, Baltimore, MD, *pg.* 661
Durden, Bill - Creative - DURDEN OUTDOOR DISPLAYS, Dothan, AL, *pg.* 551
Durket, Tony - Creative, PPOM - MEADSDURKET, San Diego, CA, *pg.* 112
Durller, Dan - Creative - DUARTE, Sunnyvale, CA, *pg.* 180
Durr, Ryan - Creative - TEAM ONE, Dallas, TX, *pg.* 418
Durrant, Nathan - Creative - ELIXIR DESIGN, San Francisco, CA, *pg.* 181
Durrant, Miranda - Creative - SCHERMER, Minneapolis, MN, *pg.* 16
Durrett, Christian - Creative - MIGHTY ROAR, Roswell, GA, *pg.* 250
Durrett, Jake - Creative, PPM - GERSHONI, San Francisco, CA, *pg.* 76
Durst, Larry - Creative - MARKETSMITH, INC, Cedar Knolls, NJ, *pg.* 483
Dutcher, Kay Lynn - Creative - RPA, Santa Monica, CA, *pg.* 134
Dutlinger, Andy - Creative - LRXD, Denver, CO, *pg.* 101
Dveirin, Ben - Creative - RIESTER, Park City, UT, *pg.* 406
Dwan, Megan - Creative - GOOD ADVERTISING, INC., Memphis, TN, *pg.* 365
Dwyer, Amanda - Account Services, Creative, Interactive / Digital, PPM - EP+CO., New York, NY, *pg.* 356
Dyal, Herman - Creative, Interactive / Digital, PPOM - DYAL AND PARTNERS, Austin, TX, *pg.* 180
Dye, Ed - Creative, PPOM - UTŌKA, Atlanta, GA, *pg.* 203
Dzierzanowski, Scott - Creative - MOSAIC NORTH AMERICA, Chicago, IL, *pg.* 312
D'Amato, Lyn - Creative - RASSMAN DESIGN, Denver, CO, *pg.* 196
Eagleston, Paul - Creative - FUEL MARKETING, Salt Lake City, UT, *pg.* 361
Eakin, Jordan - Creative - MCKINNEY, Durham, NC, *pg.* 111
Eales, Francesca - Account Services, Creative - AMPLIFIED DIGITAL AGENCY, Saint Louis, MO, *pg.* 213
Earle, Michael - Creative - GIOVATTO ADVERTISING, Paramus, NJ, *pg.* 363
Eastman, David - Creative - THE RICHARDS GROUP, INC., Dallas, TX, *pg.* 422
Easton, Darren - Creative - THE CYPHERS AGENCY, Crofton, MD, *pg.* 419
Eastwood, Matt - Creative, PPOM -

AGENCIES

RESPONSIBILITIES INDEX

MCCANN HEALTH NEW YORK, New York, NY, pg. 108
Ebel, Chris - Creative - LAUGHLIN CONSTABLE, INC., Chicago, IL, pg. 380
Eberhard, Larry - Creative - ALLIED INTEGRATED MARKETING, Hollywood, CA, pg. 576
Eberhardt, Lauren - Creative - WUNDERMAN THOMPSON, New York, NY, pg. 434
Ebert, Evan - Creative, Interactive / Digital - FANNIT INTERNET MARKETING SERVICES, Everett, WA, pg. 357
Ebert, Kate - Creative - MCCANN NEW YORK, New York, NY, pg. 108
Eckersley, Rica - Creative - UNION CREATIVE, Toronto, ON, pg. 273
Eckhardt, Toby - Creative, PPOM - FOCUSED IMAGE, Falls Church, VA, pg. 235
Eddy, Nelson - Creative, PPOM - DVL SEIGENTHALER, Nashville, TN, pg. 599
Edelen, Jason - Creative - WE ARE ALEXANDER, St. Louis, MO, pg. 429
Edgerton, David - Creative - JONES ADVERTISING, Seattle, WA, pg. 93
Edgington, John - Creative - VIVA CREATIVE, Rockville, MD, pg. 160
Ediger, Becky - Creative - WILLOUGHBY DESIGN GROUP, Kansas City, MO, pg. 205
Edmonds, Dan - Creative - LAWRENCE & SCHILLER, Sioux Falls, SD, pg. 97
Edmonson, Ben - Creative - GEILE/LEON MARKETING COMMUNICATIONS, Saint Louis, MO, pg. 362
Edwards, Rusty - Creative - CVA ADVERTISING & MARKETING, INC., Odessa, TX, pg. 56
Edwards, Kinney - Creative - TRIBAL WORLDWIDE, New York, NY, pg. 272
Edwards, Ryon - Creative, PPOM - RIGGS PARTNERS, West Columbia, SC, pg. 407
Edwards, Scott - Creative - INNIS MAGGIORE GROUP, Canton, OH, pg. 375
Edwards, Shaine - Creative - WIEDEN + KENNEDY, Portland, OR, pg. 430
Edwards, Brittany - Creative, Public Relations - CARVE COMMUNICATIONS, Austin, TX, pg. 588
Edwards, Matthew - Creative - GOODBY, SILVERSTEIN & PARTNERS, San Francisco, CA, pg. 77
Edwards, Rachel - Creative - AMELIE COMPANY, Denver, CO, pg. 325
Edwards, Emily - Account Services, Creative, Media Department - CRISPIN PORTER + BOGUSKY, Boulder, CO, pg. 346
Egan, Andrew - Creative, PPOM - COOLGRAYSEVEN, New York, NY, pg. 53
Egan, Mike - Creative - WIEDEN + KENNEDY, Portland, OR, pg. 430
Egan, Cayla - Creative - MGH ADVERTISING, Owings Mills, MD, pg. 387
Eghammer, Johan - Creative - FORSMAN & BODENFORS, New York, NY, pg. 74

Eghammer, Johan - Creative, PPOM - CRISPIN PORTER + BOGUSKY, Boulder, CO, pg. 346
Ehsan, Ethan - Creative - DERSE, INC., North Las Vegas, NV, pg. 304
Ehsani, Parmis - Creative - DEUTSCH, INC., Los Angeles, CA, pg. 350
Eichele, Heather - Account Services, Creative, Management - OH PARTNERS, Phoenix, AZ, pg. 122
Eichen, Noah - Creative - AYZENBERG GROUP, INC., Pasadena, CA, pg. 2
Eichler, David - Creative, PPOM - DECIBEL BLUE, Scottsdale, AZ, pg. 595
Eickhoff, Brian - Creative, PPOM - TEXAS CREATIVE, San Antonio, TX, pg. 201
Eid, Luke - Creative, Interactive / Digital, PPOM - TBWA \ CHIAT \ DAY, New York, NY, pg. 416
Eid, George - Creative, PPOM - AREA 17, Brooklyn, NY, pg. 214
Einhorn, Lee - Creative - PARTNERS IN CRIME, San Francisco, CA, pg. 15
Eisenbraun, Paula - Creative, PPOM - BLUETEXT, Washington, DC, pg. 40
Eisenstein, Brad - Creative - MANHATTAN MARKETING ENSEMBLE, New York, NY, pg. 382
Eisner, Todd - Creative - BARRETTSF, San Francisco, CA, pg. 36
Ekblad, Brett - Creative, Interactive / Digital - TPN, Chicago, IL, pg. 571
Elberson, Charlie - Account Services, Analytics, Creative - WRAY WARD, Charlotte, NC, pg. 433
Eldred, Charles - Creative - DMN3, Houston, TX, pg. 230
Eldridge, Sebastian - Creative, Management - ANCHOR WORLDWIDE, New York, NY, pg. 31
Eley, Damien - Creative, PPOM - THE MANY, Pacific Palisades, CA, pg. 151
Elimeliah, Craig - Account Services, Creative, Interactive / Digital, Management - VMLY&R, New York, NY, pg. 160
Elisco, John - Creative, PPOM - ELISCO ADVERTISING, Pittsburgh, PA, pg. 68
Elisco-Lemme, Anne - Creative - DUNCAN CHANNON, San Francisco, CA, pg. 66
Elkins, Shelley - Creative, PPOM - JACK MORTON WORLDWIDE, Chicago, IL, pg. 309
Elkouby, Ari - Creative - JWT TORONTO, Toronto, ON, pg. 378
Ellen, Elizabeth - Creative - FIXATION MARKETING, Arlington, VA, pg. 359
Ellingson, Nicole - Creative - QUIGLEY-SIMPSON, Los Angeles, CA, pg. 544
Elliot, Jeremy - Creative - FIRSTBORN, New York, NY, pg. 234
Elliot, Charissa - Creative - ONE TRICK PONY, Hammonton, NJ, pg. 15
Elliot, Cassie - Creative - QORVIS

COMMUNICATIONS, LLC, Washington, DC, pg. 640
Elliott, Jeanette - Creative - ACKERMAN MCQUEEN, INC., Oklahoma City, OK, pg. 26
Elliott, Jim - Creative - GOODBY, SILVERSTEIN & PARTNERS, San Francisco, CA, pg. 77
Elliott, William - Creative - GOODBY, SILVERSTEIN & PARTNERS, San Francisco, CA, pg. 77
Elliott, Daniel - Creative - BANTON MEDIA, Myrtle Beach, SC, pg. 329
Elliott, Nick - Creative - HAVAS NEW YORK, New York, NY, pg. 369
Ellis, Vernon - Creative - GROSSMAN MARKETING GROUP, Somerville, MA, pg. 284
Ellis, George - Creative, PPOM - BANDOLIER MEDIA, Austin, TX, pg. 685
Ellis, Jon - Creative, Media Department, PPM - DDB CHICAGO, Chicago, IL, pg. 59
Ellis, Kristina - Creative - EVOKE GIANT, San Francisco, CA, pg. 69
Ellis, Dave - Creative - CENTERLINE DIGITAL, Raleigh, NC, pg. 220
Ellison, Justin - Creative, Interactive / Digital - HOLLAND ADVERTISING, Cincinnati, OH, pg. 87
Ellmaker, Scott - Creative - WRAY WARD, Charlotte, NC, pg. 433
Elmasry, Heba - Creative - POP2LIFE, New York, NY, pg. 195
Elmasu, Celia - Creative - ASTRO STUDIOS, San Francisco, CA, pg. 173
Elnar, Rachel - Creative, Interactive / Digital, Media Department, PPOM - RAMP CREATIVE, Los Angeles, CA, pg. 196
Eltringham, Courtney - Creative - MANIFEST, New York, NY, pg. 248
Emerine, Jeff - Creative, Operations, PPM - AUTOMOTIVE EVENTS, Cleveland, OH, pg. 328
Emery, Aaron - Creative - POCKET HERCULES, Minneapolis, MN, pg. 398
Emmett, Brad - Creative, PPOM - COMMONWEALTH // MCCANN, Detroit, MI, pg. 52
Emry, Steven - Creative - FCB HEALTH, New York, NY, pg. 72
Endicott, Bill - Creative, PPOM - MITCHELL ASSOCIATES, INC., Wilmington, DE, pg. 191
Endlich, Edwin - Account Services, Creative, Interactive / Digital, NBC - MARINA MAHER COMMUNICATIONS, New York, NY, pg. 625
Endo, Daisuke - Creative - FLYING MACHINE, New York, NY, pg. 74
Endres, Kevin - Creative - DALTON + ANODE, Nashville, TN, pg. 348
Endres, Simon - Creative, PPOM - RED ANTLER, Brooklyn, NY, pg. 16
Eng, Christopher - Creative - KNIGHT, Orlando, FL, pg. 95
Engel, Gregory - Creative, PPOM - ENGEL O'NEILL ADVERTISING, Erie, PA, pg. 68
Engelhart, Adam - Creative - NEFF ASSOCIATES, INC., Philadelphia, PA, pg. 391

1321

RESPONSIBILITIES INDEX — AGENCIES

Engesser, Stewart - Creative - ETHOS MARKETING & DESIGN, Westbrook, ME, *pg.* 182

English, Heather - Creative - DEUTSCH, INC., New York, NY, *pg.* 349

English, Michael - Creative, Interactive / Digital - ALOYSIUS BUTLER & CLARK, Wilmington, DE, *pg.* 30

Ennen, Willow - Creative - GUT MIAMI, Miami, FL, *pg.* 80

Ennis, Gary - Creative - BAM CONNECTION, Brooklyn, NY, *pg.* 2

Enright, Margaret - Creative - SOME CONNECT, Chicago, IL, *pg.* 677

Erdogan, Yucel - Creative, PPOM - AFG&, New York, NY, *pg.* 28

Eretzian, Karly - Account Services, Creative - RINCK ADVERTISING, Lewiston, ME, *pg.* 407

Erickson, Lael - Creative - ACKERMAN MCQUEEN, INC., Oklahoma City, OK, *pg.* 26

Erickson, Katelyn - Account Services, Creative, Media Department - SPARK FOUNDRY, Chicago, IL, *pg.* 510

Erickson, Steve - Creative, PPOM - AMPERAGE, Cedar Rapids, IA, *pg.* 30

Erickson, Marsha - Creative - MORSEKODE, Minneapolis, MN, *pg.* 14

Erin, Jeff - Creative - KASTNER, Los Angeles, CA, *pg.* 94

Erkur, Erman - Creative - ZIMMERMAN ADVERTISING, Fort Lauderdale, FL, *pg.* 437

Errigo, Dean - Creative - KEA ADVERTISING, Valley Cottage, NY, *pg.* 94

Ervin, Bill - Creative, PPOM - EG INTEGRATED, Omaha, NE, *pg.* 354

Ervolina, Elizabeth - Account Planner, Account Services, Creative, Media Department - ABBEY MECCA & COMPANY, Buffalo, NY, *pg.* 321

Erwin, Michael - Creative - LMGPR, San Jose, CA, *pg.* 623

Esangga, Jay - Creative - INTOUCH SOLUTIONS, INC., Chicago, IL, *pg.* 242

Escobar, Melissa - Creative, PPM - LATIN WE, South Miami, FL, *pg.* 298

Escobar, Bianca - Creative, PPM - DROGA5, New York, NY, *pg.* 64

Esguerra, Alex - Creative - JACK MORTON WORLDWIDE, Los Angeles, CA, *pg.* 309

Espejel, Grace - Creative - 72ANDSUNNY, Playa Vista, CA, *pg.* 23

Espiritu, Jay - Creative - ACCENTURE INTERACTIVE, New York, NY, *pg.* 209

Esposito, Gary - Account Planner, Creative, PPOM - ZUNDA GROUP, South Norwalk, CT, *pg.* 205

Esquibel, Josh - Creative, PPOM - THE PLATFORM GROUP, El Segundo, CA, *pg.* 152

Esquivel, Mauriahh - Creative - SAATCHI & SAATCHI X, Springdale, AR, *pg.* 682

Esser, Stephen - Creative, PPOM - ESSER DESIGN, INC., Phoenix, AZ, *pg.* 182

Essery, Mariota - Creative - SID LEE, Culver City, CA, *pg.* 141

Esteb, Madelynn - Creative - WONGDOODY, Seattle, WA, *pg.* 162

Esteban, Jorge - Creative - DIESTE, Dallas, TX, *pg.* 539

Esterly, Ali - Creative - ARGONAUT, INC., San Francisco, CA, *pg.* 33

Estrada, Jose - Creative - TAILFIN MARKETING COMMUNICATIONS, Atlanta, GA, *pg.* 18

Estrada, Analisa - Creative - HINT CREATIVE, Salt Lake City, UT, *pg.* 86

Estrada, Sergio - Creative - MILAGRO MARKETING, San Jose, CA, *pg.* 543

Estrella, Gustavo - Creative - DAVIDSON BELLUSO, Phoenix, AZ, *pg.* 179

Eten, Kimberlee - Creative - TOTH + CO., Concord, MA, *pg.* 202

Eul, Nate - Creative - MARTIN WILLIAMS ADVERTISING, Minneapolis, MN, *pg.* 106

Eumann, Jan - Creative - WOLFF OLINS, New York, NY, *pg.* 21

Evangelista, Tish - Creative, PPOM - CHARACTER, San Francisco, CA, *pg.* 5

Evans, Kirk - Creative - EVANSHARDY + YOUNG, Santa Barbara, CA, *pg.* 69

Evans, Mara - Creative - 22SQUARED INC., Atlanta, GA, *pg.* 319

Evans, Michele - Creative - HCB HEALTH, Austin, TX, *pg.* 83

Evans, Kristi - Creative - SOCIAL LINK, Nashville, TN, *pg.* 411

Evans, Clark - Creative, PPOM - CAMP, Austin, TX, *pg.* 46

Evans, Craig - Creative, PPOM - WUNDERMAN THOMPSON, Irvine, CA, *pg.* 435

Evanson, Aaron - Creative - VMLY&R, Chicago, IL, *pg.* 160

Eveland, Kevin - Creative, Interactive / Digital - BANIK COMMUNICATIONS, Great Falls, MT, *pg.* 580

Eveleth, Brent - Creative - DIGITAS, Chicago, IL, *pg.* 227

Everard, Michael - Creative - INNOCEAN USA, Huntington Beach, CA, *pg.* 479

Everett, Scott - Creative - PMG, Fort Worth, TX, *pg.* 257

Everett, Kyle - Creative - ROUNDHOUSE - PORTLAND, Portland, OR, *pg.* 408

Everitt, Peter - Creative - THE RICHARDS GROUP, INC., Dallas, TX, *pg.* 422

Eversmann, Ben - Creative - MANIFEST, Saint Louis, MO, *pg.* 248

Ewell, Latasha - Creative - BBDO SAN FRANCISCO, San Francisco, CA, *pg.* 330

Eyles, Stephen - Creative - SAGE ISLAND, Wilmington, NC, *pg.* 138

Eyre, Roger - Creative - ZULU ALPHA KILO, Toronto, ON, *pg.* 165

Ezzell, Lauren - Creative - SPARKLOFT MEDIA, Portland, OR, *pg.* 688

Fabian, Jeffery - Creative, PPOM - KINETIK COMMUNICATIONS GRAPHICS, Washington, DC, *pg.* 189

Fabila, Shane - Creative - GESTALT BRAND LAB, La Jolla, CA, *pg.* 76

Faden, Sean - Creative - BAILEY LAUERMAN, Omaha, NE, *pg.* 35

Fagan, Katie - Creative, Public Relations - VIDMOB, New York, NY, *pg.* 690

Fagedes, James - Creative - BRANDHIVE, Salt Lake City, UT, *pg.* 336

Fahrenkopf, Erik - Creative - WIEDEN + KENNEDY, Portland, OR, *pg.* 430

Fairclough, Tom - Creative, PPOM - ANTISTA FAIRCLOUGH DESIGN, Atlanta, GA, *pg.* 172

Fairfield, Clark - Creative - YES&, Alexandria, VA, *pg.* 436

Faledam, Celine - Creative - THE MANY, Pacific Palisades, CA, *pg.* 151

Falen, Steve - Creative - PARTNERSCREATIVE, Missoula, MT, *pg.* 125

Fallon, Doug - Creative, PPOM - BBDO WORLDWIDE, New York, NY, *pg.* 331

Falusi, Corinna - Creative, PPOM - MOTHER NY, New York, NY, *pg.* 118

Fanning, Theo - Creative, PPOM - TRACTION CORPORATION, San Francisco, CA, *pg.* 271

Fantich, Eric - Creative, Interactive / Digital - FANTICH MEDIA, McAllen, TX, *pg.* 71

Faraut, Billy - Creative - WUNDERMAN THOMPSON, New York, NY, *pg.* 434

Farber, Don - Creative, Interactive / Digital, PPOM - TAG COMMUNICATIONS, INC., Davenport, IA, *pg.* 416

Farhang, Omid - Creative, PPOM - MOMENTUM WORLDWIDE, New York, NY, *pg.* 117

Farley, Andrew - Creative - ESSENCE, Seattle, WA, *pg.* 232

Farley, Nora - Creative, NBC, Operations - WUNDERMAN HEALTH, New York, NY, *pg.* 164

Farmer, Chad - Creative, PPOM - GESTALT BRAND LAB, La Jolla, CA, *pg.* 76

Farmer, Stephanie - Creative - REVIVAL FILM, San Francisco, CA, *pg.* 197

Farmer, Brandt - Creative - FORCE MARKETING, Atlanta, GA, *pg.* 284

Farquhar, Kelly - Creative - PROPAC, Plano, TX, *pg.* 682

Farquhar, Megan - Creative - LEO BURNETT WORLDWIDE, Chicago, IL, *pg.* 98

Farrell, Peter - Creative, Interactive / Digital - ACKERMAN MCQUEEN, INC., Oklahoma City, OK, *pg.* 26

Farrell, Megan - Creative - GROUP TWO ADVERTISING, INC.,

AGENCIES | RESPONSIBILITIES INDEX

Philadelphia, PA, *pg.* 78
Farris, George - Creative, PPOM - FARRIS MARKETING, Youngstown, OH, *pg.* 357
Farris, John - Creative - FARRIS MARKETING, Youngstown, OH, *pg.* 357
Farthing, Doug - Creative, PPOM - INSIGHT CREATIVE GROUP, Oklahoma City, OK, *pg.* 89
Fattore, Phillip - Creative - BARRETTSF, San Francisco, CA, *pg.* 36
Faurote, Tim - Creative - BOYDEN & YOUNGBLUTT ADVERTISING, Fort Wayne, IN, *pg.* 336
Favat, Pete - Creative, PPOM - DEUTSCH, INC., Los Angeles, CA, *pg.* 350
Fawlkes, Amber - Creative - BRIGHTWAVE MARKETING, INC., Atlanta, GA, *pg.* 219
Featherstone, Guy - Creative - WIEDEN + KENNEDY, Portland, OR, *pg.* 430
Feder, Laura - Account Services, Creative - VENABLES BELL & PARTNERS, San Francisco, CA, *pg.* 158
Federico, Dave - Creative - NO FIXED ADDRESS INC., Toronto, ON, *pg.* 120
Federizo, Erwin - Creative - 72ANDSUNNY, Playa Vista, CA, *pg.* 23
Fedorov, Dmitry - Creative - LEVIATHAN, Chicago, IL, *pg.* 189
Fedyna, Ric - Creative, Management - WS, Calgary, AB, *pg.* 164
Feeny, Laureen - Creative - INSTRUMENT, Portland, OR, *pg.* 242
Fegley, Laura - Creative - O'KEEFE REINHARD & PAUL, Chicago, IL, *pg.* 392
Fehrenbach, Greg - Creative, PPOM - MATTER CREATIVE GROUP, Cincinnati, OH, *pg.* 107
Feige, Karl - Creative - RED 7 E, Louisville, KY, *pg.* 132
Feir, Meredith - Account Services, Creative, NBC - VAYNERMEDIA, New York, NY, *pg.* 689
Feitlin, Todd - Creative - MEKANISM, New York, NY, *pg.* 113
Feld, Samantha - Creative - BRINK COMMUNICATIONS, Portland, OR, *pg.* 337
Feldman, Lisa - Creative, PPOM - ASPECT RATIO, Los Angeles, CA, *pg.* 35
Feldstein, Mark - Creative, PPOM - KNOWN, Los Angeles, CA, *pg.* 298
Feliu, Amanda - Creative, Media Department - SPI GROUP, LLC, Fairfield, NJ, *pg.* 143
Fell, Josh - Creative, PPOM - ANOMALY, Venice, CA, *pg.* 326
Fellman, Glen - Creative, PPOM - CLEAN, Raleigh, NC, *pg.* 5
Fellows, Alanda - Creative, Interactive / Digital, PPM - BURNS GROUP, New York, NY, *pg.* 338
Fenhagen, Jim - Creative - JACK MORTON WORLDWIDE, New York, NY, *pg.* 308
Fenton, Hallie - Creative - KLICK HEALTH, Toronto, ON, *pg.* 244
Ferebee, Matt - Creative, PPOM - FEREBEELANE, Greenville, SC, *pg.* 358
Ferencz, Brian - Creative - J.R. THOMPSON COMPANY, Farmington Hills, MI, *pg.* 91
Ferguson, William - Creative, PPOM - TWG COMMUNICATIONS, North Bay, ON, *pg.* 427
Ferguson, Adam - Creative, PPOM - SOULSIGHT, Chicago, IL, *pg.* 199
Ferguson, Amy - Creative - TBWA \ CHIAT \ DAY, New York, NY, *pg.* 416
Fergusson, Andrew - Creative - DROGA5, New York, NY, *pg.* 64
Fernandez, Guayi - Creative - ELEVATION, LTD, Washington, DC, *pg.* 540
Fernandez, Angela - Account Planner, Creative - KETCHUM, Los Angeles, CA, *pg.* 619
Fernandez, Renato - Creative, PPOM - TBWA \ CHIAT \ DAY, Los Angeles, CA, *pg.* 146
Fernandez, Manny - Creative - R/GA, Chicago, IL, *pg.* 261
Fernandez, Emily - Creative, Operations - SECOND STORY INTERACTIVE, Portland, OR, *pg.* 265
Ferrara, Tom - Creative, Interactive / Digital - COLLE MCVOY, Minneapolis, MN, *pg.* 343
Ferrara, Jason - Creative, Interactive / Digital - VMLY&R, Frisco, TX, *pg.* 275
Ferrara, Christina - Creative - SITUATION INTERACTIVE, New York, NY, *pg.* 265
Ferrari, Adam - Creative, Media Department - GMMB, Washington, DC, *pg.* 364
Ferreira, Isabela - Creative - LEO BURNETT WORLDWIDE, Chicago, IL, *pg.* 98
Ferreira, Marnie - Creative, PPM - TWG COMMUNICATIONS, North Bay, ON, *pg.* 427
Ferrer, Eli - Creative - GUT MIAMI, Miami, FL, *pg.* 80
Ferrero, Luis - Creative - FIVEHUNDRED DEGREES STUDIO, Miami, FL, *pg.* 74
Festejo, Dana - Creative - SQUEAKY WHEEL MEDIA, New York, NY, *pg.* 267
Fetrow, Mike - Creative - FAME, Minneapolis, MN, *pg.* 70
Feuermann, Hernan - Creative, Management - PM3, Atlanta, GA, *pg.* 544
Feuille, Janie - Creative, Promotions - BROWN & BIGELOW, San Diego, CA, *pg.* 566
Feyerer, Julie - Creative - FAME, Minneapolis, MN, *pg.* 70
Fiala, James - Account Services, Creative, NBC - PRODUCT VENTURES, Fairfield, CT, *pg.* 196
Fichandler, Hannah - Creative - TAYLOR DESIGN, Stamford, CT, *pg.* 201
Fidalgo, Jessica - Creative - THE VIA AGENCY, Portland, ME, *pg.* 154
Fidler, Matt - Creative, PPOM - CHARLES RYAN ASSOCIATES, INC., Richmond, VA, *pg.* 589
Fields, McKenzie - Creative, NBC - REACH AGENCY, Santa Monica, CA, *pg.* 196
Fiester, Janna - Creative - SANDSTORM DESIGN, Chicago, IL, *pg.* 264
Figallo, Luis - Creative, Interactive / Digital - IMAGINUITY INTERACTIVE, INC., Dallas, TX, *pg.* 241
Figueroa, Patrick - Creative, Interactive / Digital - FALLON WORLDWIDE, Minneapolis, MN, *pg.* 70
Figueroa, Karli - Account Services, Creative, Media Department - MOXIE, Atlanta, GA, *pg.* 251
Filgate, Jeremy - Creative - PUBLICIS NORTH AMERICA, New York, NY, *pg.* 399
Filice, Katherine - Creative, PPOM - ARTICULATE SOLUTIONS, Gilroy, CA, *pg.* 34
Fina, Mark - Creative - AIR PARIS NEW YORK, New York, NY, *pg.* 172
Findlay, Michelle - Creative, PPM - PUBLICIS NORTH AMERICA, New York, NY, *pg.* 399
Fine, Edward - Creative, PPOM - YELLOW SUBMARINE MARKETING COMMUNICATIONS, Pittsburgh, PA, *pg.* 164
Fine, Kenn - Creative, PPOM - FINE DESIGN GROUP, San Francisco, CA, *pg.* 183
Fine, Anna - Creative - DROGA5, New York, NY, *pg.* 64
Finelli, Doug - Creative - NICE & COMPANY, San Francisco, CA, *pg.* 391
Finkelstein, Howard - Creative - FIG, New York, NY, *pg.* 73
Finley, Molly - Creative - CRAMER-KRASSELT, New York, NY, *pg.* 53
Finley, Terry - Creative, PPOM - OGILVY, New York, NY, *pg.* 393
Finn, Gary - Creative - HERO DIGITAL, San Francisco, CA, *pg.* 238
Finn, Chris - Creative - GENTLEMAN SCHOLAR, Los Angeles, CA, *pg.* 562
Fiore, Dave - Creative, PPOM - COLANGELO SYNERGY MARKETING, INC., Darien, CT, *pg.* 566
Fiorelli, Abbey - Creative - DIGITAL RELATIVITY, Fayetteville, WV, *pg.* 226
Fiorentini, Brenda - Creative, Interactive / Digital - BASELINE DESIGN, INC., New York, NY, *pg.* 174
Fiorino, Carol - Creative - SAATCHI & SAATCHI WELLNESS, New York, NY, *pg.* 137
Firth, Noelle - Account Services, Creative - DELOITTE DIGITAL, Seattle, WA, *pg.* 224
Fisch, Jen - Creative - BECORE, Los Angeles, CA, *pg.* 302
Fisch, Sarah - Creative - HAPPY MEDIUM, Des Moines, IA, *pg.* 238
Fischer, Matt - Creative, PPOM - CURIOSITY ADVERTISING, Cincinnati, OH, *pg.* 223
Fischer, Amy - Creative - INFINITY

RESPONSIBILITIES INDEX

AGENCIES

DIRECT, Plymouth, MN, pg. 286

Fischer, Katy - Creative - TOKY BRANDING + DESIGN, Saint Louis, MO, pg. 202

Fischer, Ross - Creative, Social Media - GOODBY, SILVERSTEIN & PARTNERS, San Francisco, CA, pg. 77

Fischer, Lindsay - Creative - PERISCOPE, Minneapolis, MN, pg. 127

Fischer, Matt - Creative, PPOM - MOSES, INC., Phoenix, AZ, pg. 118

Fischette, David - Creative, PPOM - GO WEST CREATIVE, Nashville, TN, pg. 307

Fish, Kenneth - Creative, Interactive / Digital - PURERED, Princeton, NJ, pg. 130

Fishback, Andrew - Creative, Interactive / Digital - SWARM, Atlanta, GA, pg. 268

Fishburne, Ardis - Creative - BURFORD COMPANY, Richmond, VA, pg. 45

Fisher, Clark - Creative - BADGER & WINTERS, New York, NY, pg. 174

Fisher, Stephanie - Creative - THE INTEGER GROUP - DALLAS, Dallas, TX, pg. 570

Fisher, Sarah - Creative - BIG SPACESHIP, Brooklyn, NY, pg. 455

Fisher, Robert - Creative - HERO DIGITAL, San Francisco, CA, pg. 238

Fisher, Caroline - Creative, NBC - DEEPLOCAL, Sharpburgs, PA, pg. 349

Fishman, Hannah - Creative - GREY GROUP, New York, NY, pg. 365

Fisk, Sara - Account Services, Creative - CALLAHAN CREEK, Lawrence, KS, pg. 4

Fiske, Barry - Creative - PUBLICIS.SAPIENT, Boston, MA, pg. 259

Fiszer, Martha - Account Services, Creative - RHEA & KAISER MARKETING, Naperville, IL, pg. 406

Fitch, Luis - Creative, PPOM - UNO, Minneapolis, MN, pg. 21

Fite, Erica - Creative, PPOM - FANCY LLC, New York, NY, pg. 71

Fittipaldi, Jayson - Creative, NBC, PPOM - NOBOX, Miami, FL, pg. 254

Fitzer, Marta - Creative - OUT THERE ADVERTISING, Duluth, MN, pg. 395

Fitzgerald, Robin - Creative, PPOM - BBDO ATL, Atlanta, GA, pg. 330

Fitzgerald, Damian - Creative, PPOM - GHOSTPISTOLS, Santa Monica, CA, pg. 76

Fitzgerald, Ryan - Creative - DROGA5, New York, NY, pg. 64

Fitzloff, Mark - Creative, PPOM - OPINIONATED, Portland, OR, pg. 123

Fitzsimons, Matt - Creative - LYON & ASSOCIATES CREATIVE SERVICES, INC., La Jolla, CA, pg. 102

Flachsenhaar, Matt - Creative - INVNT, New York, NY, pg. 90

Flagg, Danielle - Creative - ARTS & LETTERS, Richmond, VA, pg. 34

Flagg, Justin - Creative - MOXIE, Pittsburgh, PA, pg. 251

Flanders, Darcy Ann - Creative, NBC, PPOM - BASELINE DESIGN, INC.,

New York, NY, pg. 174

Flandorfer, Eric - Creative, PPM - RBMM, Dallas, TX, pg. 196

Flanik, Barry - Creative - WEBER SHANDWICK, New York, NY, pg. 660

Flannery, Jon - Creative - DDB CHICAGO, Chicago, IL, pg. 59

Flay, Brian - Creative - BOB'S YOUR UNCLE, Toronto, ON, pg. 335

Fleisher, Natalie - Creative - CHIEF MARKETING OFFICER COUNCIL, San Jose, CA, pg. 50

Fleming, Dana - Creative, NBC - BIG RED ROOSTER, Columbus, OH, pg. 3

Fleming, Shane - Creative - ARGONAUT, INC., San Francisco, CA, pg. 33

Fleming, Ryan - Creative, Interactive / Digital - ROUNDHOUSE - PORTLAND, Portland, OR, pg. 408

Fleming, Alex - Creative - RETHINK COMMUNICATIONS, INC., Toronto, ON, pg. 133

Flemming, Scott - Creative, Management - SIGNAL THEORY, Wichita, KS, pg. 141

Fletcher, Ross - Creative - FIG, New York, NY, pg. 73

Fleury, Debra - Creative, Interactive / Digital, NBC, PPOM - ALTITUDE, Somerville, MA, pg. 172

Flinn, Eric - Creative - ONION, INC., Chicago, IL, pg. 394

Flis, Brian - Creative - LINNIHAN FOY ADVERTISING, Minneapolis, MN, pg. 100

Flores, Serg - Creative - THIRD EAR, Austin, TX, pg. 546

Flores, Sean - Creative - CUTWATER, San Francisco, CA, pg. 56

Floyd, Kyle - Creative - STONE WARD ADVERTISING, Little Rock, AR, pg. 413

Floyd, Jay - Creative - NEMO DESIGN, Portland, OR, pg. 193

Flynn, Chris - Creative, PPOM - FLYNN, Pittsford, NY, pg. 74

Foerstel, Tom - Creative, PPOM - FOERSTEL DESIGN, Boise, ID, pg. 183

Fogarty, Susannah - Account Services, Creative - AKQA, Washington, DC, pg. 212

Fogarty, Bill - Creative - UPSHOT, Chicago, IL, pg. 157

Fogel, Steven - Creative - BBDO WORLDWIDE, New York, NY, pg. 331

Foley, Bergan - Account Services, Creative - RED TETTEMER O'CONNELL + PARTNERS, Philadelphia, PA, pg. 404

Foley, Tim - Creative, PPOM - FULL CONTACT ADVERTISING, Boston, MA, pg. 75

Follett, Christopher - Creative - PUBLICIS.SAPIENT, San Francisco, CA, pg. 259

Folz-Edwards, Bronson - Creative - TETHER, Seattle, WA, pg. 201

Fonfria, Roberto - Creative, PPOM - EL AUTOBUS, Miami, FL, pg. 67

Fono, Alissa - Creative - LOVE ADVERTISING, Houston, TX, pg. 101

Fonseca, Diego - Creative - BBH, New York, NY, pg. 37

Forbes, Lynn - Creative - M3

AGENCY, Augusta, GA, pg. 102

Ford, Ryan - Account Planner, Creative - CASHMERE AGENCY, Los Angeles, CA, pg. 48

Ford, Mark - Creative - 3HEADED MONSTER, Dallas, TX, pg. 23

Foresta, Nicol - Creative, PPM - SHOK IDEA GROUP, INC, New Smyrna Beach, FL, pg. 17

Foristall, Michael - Creative, Management - KNIGHT, Orlando, FL, pg. 95

Forman, Rusty - Creative - MOSSWARNER, Trumbull, CT, pg. 192

Forsey, Craig - Creative - THE MARKETING DEPARTMENT, London, ON, pg. 420

Forsman, Jenny - Creative - BRANDTRUST, INC., Chicago, IL, pg. 4

Fort, Tucker - Account Services, Creative, PPOM - SMART DESIGN, INC, New York, NY, pg. 199

Fortin, Marc - Creative - LG2, Montreal, QC, pg. 380

Forward, Jim - Creative, PPOM - FORWARD BRANDING, Webster, NY, pg. 184

Foss, Sarah - Creative, Finance - FREEWHEEL, New York, NY, pg. 465

Foster, John - Creative - EP+CO., New York, NY, pg. 356

Foster, Von - Creative - ADLIB LTD., Eugene, OR, pg. 27

Foster, Chad - Creative - NEAL ADVERTISING, Danvers, MA, pg. 391

Foster, Eric - Creative - BEDFORD ADVERTISING, INC., Carrollton, TX, pg. 38

Foster, Brenna - Creative - BLUE STATE DIGITAL, Washington, DC, pg. 335

Foster, Donna - Creative - LEO BURNETT WORLDWIDE, Chicago, IL, pg. 98

Foth Jr., Ron - Creative, PPOM - RON FOTH ADVERTISING, Columbus, OH, pg. 134

Foulk, Jeff - Account Services, Creative, Interactive / Digital - MATREX EXHIBITS, Addison, IL, pg. 311

Fowler, David - Creative, PPOM - OGILVY, New York, NY, pg. 393

Fox, Ken - Creative, PPOM - 50,000 FEET, INC., Chicago, IL, pg. 171

Fox, Brian - Creative - THE MARKETING STORE WORLDWIDE, Chicago, IL, pg. 421

Fox, Greg - Creative - OGILVY, Chicago, IL, pg. 393

Fox, Doreen - Creative, PPOM - OGILVYONE WORLDWIDE, New York, NY, pg. 255

Fraire, Peter - Creative, Operations, PPOM - MITHOFF BURTON PARTNERS, El Paso, TX, pg. 115

Frame, Christopher - Creative - PJA ADVERTISING + MARKETING, Cambridge, MA, pg. 397

Franchell, Tracy - Creative, Interactive / Digital, PPM - PAIGE GROUP, Utica, NY, pg. 396

Franchino, Bruno - Creative - BBH,

1324

AGENCIES
RESPONSIBILITIES INDEX

New York, NY, *pg.* 37
Francis, Jennifer - Account Services, Creative - R&R PARTNERS, Reno, NV, *pg.* 131
Francke, Joel - Creative - DROGA5, New York, NY, *pg.* 64
Franek, David - Creative - CHANNEL COMMUNICATIONS, Towson, MD, *pg.* 341
Frank, Thomas - Creative, PPOM - FORTYFOUR, Atlanta, GA, *pg.* 235
Frank, Mike - Creative, Management - DEUTSCH, INC., Los Angeles, CA, *pg.* 350
Frank, Nathan - Creative, NBC, PPOM - INTERESTING DEVELOPMENT, New York, NY, *pg.* 90
Franke, Stephanie - Creative - RAZORFISH HEALTH, Philadelphia, PA, *pg.* 262
Frankel, Mark - Creative - LANDOR, San Francisco, CA, *pg.* 11
Frankel, Ilan - Creative - HILL HOLLIDAY, Boston, MA, *pg.* 85
Frankfurt, Peter - Creative, PPOM - IMAGINARY FORCES, Los Angeles, CA, *pg.* 187
Franklin, Keeley - Account Services, Creative, Media Department, PPM - GLOVER PARK GROUP, New York, NY, *pg.* 608
Franklin, Wayne - Creative - BLR FURTHER, Birmingham, AL, *pg.* 334
Franks, Brian - Creative, NBC, PPOM - WHERE EAGLES DARE, Pittsburgh, PA, *pg.* 161
Franzen Linnihan, Conor - Creative - LINNIHAN FOY ADVERTISING, Minneapolis, MN, *pg.* 100
Fraser, Carla - Creative, PPOM - DYAL AND PARTNERS, Austin, TX, *pg.* 180
Fraser, Keith - Creative, PPOM - MARIS, WEST & BAKER, Jackson, MS, *pg.* 383
Fraser, Brian - Creative, PPOM - SPARK44, New York, NY, *pg.* 411
Fratto, Nadia - Creative - ADD IMPACT INC., Woodbridge, ON, *pg.* 565
Frazier, Doug - Creative, NBC, PPOM - FRAZIERHEIBY, Columbus, OH, *pg.* 75
Frazier, Kathleen - Account Planner, Creative, Management - BARKLEY, Kansas City, MO, *pg.* 329
Frazier, Alexandra - Creative - MYTHIC, Charlotte, NC, *pg.* 119
Frease, Michael - Creative - DIGITAS, Chicago, IL, *pg.* 227
Frease, Ryan - Creative - MOTIV, Boston, MA, *pg.* 192
Freda, Jordan - Creative, PPOM - GIANT PROPELLER, Burbank, CA, *pg.* 76
Frederick, Bill - Creative, PPOM - FREDERICK & FROBERG DESIGN OFFICES, INC. , Montclair, NJ, *pg.* 184
Frederick, Scott - Creative, PPOM - FREDERICK SWANSTON, Alpharetta, GA, *pg.* 360
Frederick, Rachel - Creative - JOHANNES LEONARDO, New York, NY, *pg.* 92
Frederick, Ben - Creative - MONDO

ROBOT , Boulder, CO, *pg.* 192
Frediani, Michael - Creative, Operations - OPINIONATED, Portland, OR, *pg.* 123
Fredman, Erin - Creative - TONGAL, Santa Monica, CA, *pg.* 20
Freeberg, Eric - Creative, Operations, PPOM - B-SWING, Minneapolis, MN, *pg.* 215
Freiser, Heather - Creative - LIKEABLE MEDIA, New York, NY, *pg.* 246
Freitag, Wayne - Creative - FORREST & BLAKE, INC., Clark, NJ, *pg.* 540
Frej, David - Creative, PPOM - OTHERWISE, INC., Chicago, IL, *pg.* 634
French, Lauren - Creative - SOCKEYE CREATIVE, Portland, OR, *pg.* 199
Frey, Robyn - Creative, PPOM - BOLCHALK FREY MARKETING, Tucson, AZ, *pg.* 41
Freytag, Bernie - Creative - ROMANELLI COMMUNICATIONS, Clinton, NY, *pg.* 134
Friant, Anton - Creative - CICERON, Minneapolis, MN, *pg.* 220
Fridman, Derek - Creative, PPOM - HUGE, INC., Atlanta, GA, *pg.* 240
Friedenwald-Fishman, Eric - Creative, PPOM - METROPOLITAN GROUP, Portland, OR, *pg.* 387
Friedlander, Simon - Creative - PEREIRA & O'DELL, San Francisco, CA, *pg.* 256
Friedman, Mitch - Creative - THE POINT GROUP, Dallas, TX, *pg.* 152
Friedman, Jamie - Account Services, Creative, Interactive / Digital, NBC - WUNDERMAN THOMPSON, Irvine, CA, *pg.* 435
Friedman, Kenny - Creative - UPSHOT , Chicago, IL, *pg.* 157
Fries, Kurt - Creative, PPOM - MCGARRYBOWEN, Chicago, IL, *pg.* 110
Fries, Fairchild - Creative - 72ANDSUNNY, Brooklyn, NY, *pg.* 24
Froberg, Tom - Creative, PPOM - FREDERICK & FROBERG DESIGN OFFICES, INC. , Montclair, NJ, *pg.* 184
Froedge, Robert - Creative - LEWIS COMMUNICATIONS, Nashville, TN, *pg.* 100
Froman, Shad - Creative, PPM - DIXON SCHWABL ADVERTISING, Victor, NY, *pg.* 351
Fromm, Reagan - Creative - SS+K, New York, NY, *pg.* 144
Frost, Karen - Creative - GATESMAN, Springfield, MO, *pg.* 361
Frost, Susan - Creative, NBC - PHASE 3 MARKETING & COMMUNICATIONS, Atlanta, GA, *pg.* 636
Frost, Brian - Creative - SAATCHI & SAATCHI LOS ANGELES, Torrance, CA, *pg.* 137
Frucci, Sarah - Creative, Interactive / Digital - YOUNG & LARAMORE, Indianapolis, IN, *pg.* 164
Fry, Matt - Creative - MADWELL, Brooklyn, NY, *pg.* 13
Fryer, Jason - Creative - WONDERFUL AGENCY, Los Angeles, CA, *pg.* 162
Fryia, Corey - Creative -

ENLIGHTEN, Bowling Green, KY, *pg.* 68
Fu, Lily - Creative - PEREIRA & O'DELL, San Francisco, CA, *pg.* 256
Fudyma, Janice - Creative, PPOM - BERNHARDT FUDYMA DESIGN GROUP , New York, NY, *pg.* 174
Fuerst, Dan - Creative, NBC, PPM - EDIT1, New York, NY, *pg.* 562
Fugate, Bob - Creative - ZELLER MARKETING & DESIGN, East Dundee, IL, *pg.* 205
Fugleberg, Tom - Creative, NBC, PPOM - FRIENDS & NEIGHBORS, Minneapolis, MN, *pg.* 7
Fujikawa, Norio - Creative - ASTRO STUDIOS, San Francisco, CA, *pg.* 173
Fujita, Yoko - Creative - CAMPBELL EWALD NEW YORK, New York, NY, *pg.* 47
Fulbrook, John - Creative - TRANSLATION, Brooklyn, NY, *pg.* 299
Fulcher, Larry - Creative - MBB AGENCY, Leawood, KS, *pg.* 107
Fulford, Charles - Creative - ELEPHANT, Brooklyn, NY, *pg.* 181
Fuller, Craig - Creative, PPOM - GREENHAUS, San Diego, CA, *pg.* 365
Fuller, Kate - Creative, Media Department - THE RICHARDS GROUP, INC., Dallas, TX, *pg.* 422
Fullman, Michael - Creative - VT PRO DESIGN, Los Angeles, CA, *pg.* 564
Fung, Paul - Creative - RPA, Santa Monica, CA, *pg.* 134
Fung, Christopher - Creative - LOCAL PROJECTS, New York, NY, *pg.* 190
Fung, Kris - Creative - ARTEFACT, Seattle, WA, *pg.* 173
Furgal, Marty - Creative - ABC CREATIVE GROUP, Syracuse, NY, *pg.* 322
Furman, Chere - Creative - MULLENLOWE U.S. BOSTON, Boston, MA, *pg.* 389
Fusco, Frank - Creative - 215 MCCANN, San Francisco, CA, *pg.* 319
Fusco, Frank - Creative - SAATCHI & SAATCHI , New York, NY, *pg.* 136
Fussell, Jonathan - Creative - ENERGY BBDO, INC., Chicago, IL, *pg.* 355
Ga, Naoki - Creative - WIEDEN + KENNEDY, Portland, OR, *pg.* 430
Gabaldon, Tiffany - Creative - ANDERSON MARKETING GROUP, San Antonio, TX, *pg.* 31
Gabel, Jeff - Creative, PPOM - PARTNERS + NAPIER, Rochester, NY, *pg.* 125
Gabel, Logan - Creative - DENTSUBOS INC., Toronto, ON, *pg.* 61
Gaboriau, Jason - Creative, Management, PPOM - DONER, Los Angeles, CA, *pg.* 352
Gabriel, Sharla - Creative, Operations - SANDBOX, Chicago, IL, *pg.* 138
Gaddis, Jim - Creative - WISER STRATEGIES, Lexington, KY, *pg.* 663
Gaede, Fred - Creative, PPOM - BOOMM MARKETING & COMMUNICATIONS,

RESPONSIBILITIES INDEX — AGENCIES

La Grange, IL, *pg.* 218
Gagliano, Chelsea - Creative - RALPH, California, CA, *pg.* 262
Galaktionova, Alina - Creative - AIR PARIS NEW YORK, New York, NY, *pg.* 172
Galanek, Lauren - Creative, Operations - WUNDERMAN THOMPSON, New York, NY, *pg.* 434
Galati, Tom - Creative, PPOM - PATIENTS & PURPOSE, New York, NY, *pg.* 126
Galeoto, Paige - Creative - ESTIPONA GROUP, Reno, NV, *pg.* 69
Galgay, PJ - Creative, PPM - PARTNERS + NAPIER, Rochester, NY, *pg.* 125
Gall, Andrew - Creative - COPACINO + FUJIKADO, LLC, Seattle, WA, *pg.* 344
Gallacher, Ryan - Creative, Interactive / Digital, Media Department - CONILL ADVERTISING, INC., El Segundo, CA, *pg.* 538
Gallardo, Anastasia - Account Services, Creative, Management, Media Department - MECHANICA, Newburyport, MA, *pg.* 13
Gallego, Tom - Creative, PPOM - L7 CREATIVE COMMUNICATIONS, Carlsbad, CA, *pg.* 245
Gallegos, Lee - Creative, Interactive / Digital, PPM, Social Media - RK VENTURE, Albuquerque, NM, *pg.* 197
Galligan, Jim - Creative - JK DESIGN, Hillsborough, NJ, *pg.* 481
Gallino, Mica - Creative - JOAN, New York, NY, *pg.* 92
Gallo, Mark - Creative - TRAINA DESIGN, San Diego, CA, *pg.* 20
Gallucci, Michael - Creative - GOODBY, SILVERSTEIN & PARTNERS, San Francisco, CA, *pg.* 77
Galster, Cory - Creative - BIG SPACESHIP, Brooklyn, NY, *pg.* 455
Galvan, David - Creative - SENSIS AGENCY, Los Angeles, CA, *pg.* 545
Galvin, Justin - Creative - ARNOLD WORLDWIDE, Boston, MA, *pg.* 33
Gama, Gabriel - Creative - THE COMMUNITY, Miami Beach, FL, *pg.* 545
Gambino, Michael - Creative, PPOM - KANGBINO, New York, NY, *pg.* 94
Gamboa, Sonny - Creative, Interactive / Digital - CRONIN, Glastonbury, CT, *pg.* 55
Gamer, Richard - Creative - MASON, INC. , Bethany, CT, *pg.* 383
Gammon, Kevin - Creative, PPOM - TEAK, San Francisco, CA, *pg.* 19
Ganci, Kristen - Creative, Interactive / Digital - CRONIN, Glastonbury, CT, *pg.* 55
Gandolf, Stewart - Creative, PPOM - HEALTHCARE SUCCESS, Irvine, CA, *pg.* 83
Gangwere, Mike - Creative - JAJO, INC., Wichita, KS, *pg.* 91
Ganim, Cat - Account Services, Creative, Interactive / Digital - AGILITEE SOLUTIONS, INC., Londonderry, NH, *pg.* 172
Ganser, Matt - Creative - VSA PARTNERS, INC. , Chicago, IL, *pg.* 204
Gant, Brooks - Creative - MARTIN ADVERTISING, Birmingham, AL, *pg.* 106
Ganther, Brian - Creative - BVK, Milwaukee, WI, *pg.* 339
Garane, Maryan - Creative - COLLE MCVOY, Minneapolis, MN, *pg.* 343
Garaventi, Jim - Creative, PPOM - MECHANICA, Newburyport, MA, *pg.* 13
Garber, Dafna - Creative - TBWA/MEDIA ARTS LAB, Los Angeles, CA, *pg.* 147
Garber, Ari - Creative - RED TETTEMER O'CONNELL + PARTNERS, Philadelphia, PA, *pg.* 404
Garber, Israel - Creative, Management - HAVAS NEW YORK, New York, NY, *pg.* 369
Garbutt, Chris - Creative, PPOM - TBWA \ CHIAT \ DAY, New York, NY, *pg.* 416
Garcia, Dennis - Creative - AD PARTNERS, INC., Tampa, FL, *pg.* 26
Garcia, David - Creative, PPOM - TENET PARTNERS, New York, NY, *pg.* 450
Garcia, Jenna - Account Planner, Creative, Interactive / Digital, Media Department, PPM - ZENITH MEDIA, New York, NY, *pg.* 529
Garcia, Federico - Creative - HUGE, INC., Brooklyn, NY, *pg.* 239
Garcia, Tahir - Account Planner, Creative, NBC - CONVERSANT, LLC, Los Angeles, CA, *pg.* 222
Garcia, Harry - Creative - BIG SPACESHIP, Brooklyn, NY, *pg.* 455
Garcia, Tara - Creative, Human Resources, Operations - VIRTUE WORLDWIDE, Brooklyn, NY, *pg.* 159
Garcia, Adam - Creative - OH PARTNERS, Phoenix, AZ, *pg.* 122
Gard, Dan - Creative - DUARTE, Sunnyvale, CA, *pg.* 180
Gardeazabal, Cristina - Creative, Interactive / Digital, Social Media - MIRUM AGENCY, Toronto, ON, *pg.* 251
Gardiner, Chris - Creative - SANDSTROM PARTNERS, Portland, OR, *pg.* 198
Gardiner, Pete - Creative - RED URBAN, Toronto, ON, *pg.* 405
Gardiner, Lauren - Creative, PPM - REACH AGENCY, Santa Monica, CA, *pg.* 196
Gargan, Julie - Creative - TVGLA, Los Angeles, CA, *pg.* 273
Garlitz, Michael - Creative - CATALPHA ADVERTISING & DESIGN, INCORPORATED , Towson, MD, *pg.* 340
Garlow, Rosalie - Creative - WE'RE MAGNETIC, New York, NY, *pg.* 318
Garman, Amanda - Creative - BONNIE HENESON COMMUNICATIONS, INC., Owings Mills, MD, *pg.* 585
Garman, Mark - Creative - ALLEN & GERRITSEN, Philadelphia, PA, *pg.* 30
Garneau, Philippe - Creative, PPOM - GWP BRAND ENGINEERING, Toronto, ON, *pg.* 9
Garner, Harley - Creative, NBC - DIGITAS, San Francisco, CA, *pg.* 227
Garnier, Laurie - Creative, Management - PUBLICIS NORTH AMERICA, New York, NY, *pg.* 399
Garretson, Sean - Creative - DAKOTA GROUP, Ridgefield, CT, *pg.* 348
Garrett, Stu - Creative - DOREMUS & COMPANY, New York, NY, *pg.* 64
Garrison, Bill - Creative, NBC, PPOM - GARRISON HUGHES, Pittsburgh, PA, *pg.* 75
Garrison, Sean - Creative - METROPOLITAN GROUP, Portland, OR, *pg.* 387
Garrison, Brandon - Creative - LIPPE TAYLOR, New York, NY, *pg.* 623
Garrity, Melissa - Creative - ABBEY MECCA & COMPANY, Buffalo, NY, *pg.* 321
Garro, Luke - Creative, Management - GYK ANTLER, Manchester, NH, *pg.* 368
Garske, Seth - Creative - WUNDERMAN THOMPSON SEATTLE, Seattle, WA, *pg.* 435
Garth, Heather - Creative - SWANSON RUSSELL, Omaha, NE, *pg.* 415
Gartrell, Marques - Creative - WIEDEN + KENNEDY, New York, NY, *pg.* 432
Garvey, Chris - Creative - TURNER DUCKWORTH, San Francisco, CA, *pg.* 203
Garvey, Amber - Creative - KERTIS CREATIVE, Louisville, KY, *pg.* 95
Garvey, James - Creative - DROGA5, New York, NY, *pg.* 64
Garyet, Haley - Creative - WORKINPROGRESS, Boulder, CO, *pg.* 163
Garza, Paco - Creative, PPOM - GARZA CREATIVE GROUP, Dallas, TX, *pg.* 76
Garza, Raul - Creative, PPOM - TKO ADVERTISING, Austin, TX, *pg.* 155
Garza, Manny - Creative - FANTICH MEDIA, McAllen, TX, *pg.* 71
Gasch, Molly - Account Services, Creative - BBDO SAN FRANCISCO, San Francisco, CA, *pg.* 330
Gasper, Jim - Creative, PPOM - MEYERS & PARTNERS, Chicago, IL, *pg.* 115
Gast, Bradley - Creative, PPOM - MANGOS INC., Conshohocken, PA, *pg.* 103
Gatchel, Lee - Creative, Interactive / Digital - CROSBY MARKETING COMMUNICATIONS, Annapolis, MD, *pg.* 347
Gates, Cecilia - Creative, NBC, PPOM - GATES, New York, NY, *pg.* 76
Gates, Kate - Creative - GSD&M, Austin, TX, *pg.* 79
Gatti, Michael - Creative - GYK ANTLER, Manchester, NH, *pg.* 368
Gaudelock, Adam - Creative - APPNET, Boone, NC, *pg.* 173
Gauger, David - Creative, PPOM - GAUGER + ASSOCIATES, San Francisco, CA, *pg.* 362
Gauger, Alyssa - Creative - UPSHOT , Chicago, IL, *pg.* 157
Gault, Christine - Creative -

AGENCIES

RESPONSIBILITIES INDEX

CARMICHAEL LYNCH, Minneapolis, MN, *pg.* 47
Gaumont, Damon - Creative - EMERGE INTERACTIVE, Portland, OR, *pg.* 231
Gauthier, Mira - Creative - LG2, Montreal, QC, *pg.* 380
Gavazzoni, Chris - Creative - SANDBOX, Chicago, IL, *pg.* 138
Gayer, Kelly - Creative - ASHER AGENCY, Fort Wayne, IN, *pg.* 327
Gayhart, Keith - Creative, PPOM - ARTISANS PUBLIC RELATIONS, Los Angeles, CA, *pg.* 578
Gbur, Daniel - Account Services, Interactive / Digital - BRUNNER, Pittsburgh, PA, *pg.* 44
Geard, Grant - Creative - THINK SHIFT, INC., Winnipeg, MB, *pg.* 270
Geddes, Nichole - Creative - 215 MCCANN, San Francisco, CA, *pg.* 319
Gee, Alan - Creative, PPOM - ARRIVALS + DEPARTURES, Toronto, ON, *pg.* 34
Geering, Nadine - Creative, NBC - D | FAB DESIGN, Madison Heights, MI, *pg.* 178
Gehlhausen, Greg - Creative - GRAY LOON MARKETING GROUP, Evansville, IN, *pg.* 365
Gehrke, Sue - Creative, PPOM - NORTON AGENCY, Chicago, IL, *pg.* 391
Geiger, Emily - Account Services, Creative, Media Department, Promotions - CONSTELLATION AGENCY, New York, NY, *pg.* 221
Geile, Dave - Creative, PPOM - GEILE/LEON MARKETING COMMUNICATIONS, Saint Louis, MO, *pg.* 362
Geinzer, Paul - Creative, Interactive / Digital - BRADLEY BROWN DESIGN, Carnegie, PA, *pg.* 175
Geis, Jason - Creative - BLUE CHIP MARKETING & COMMUNICATIONS, Northbrook, IL, *pg.* 334
Gelade, Jeremy - Creative, Management, Operations - DEUTSCH, INC., New York, NY, *pg.* 349
Gelder, Becky - Creative - RAUXA, Costa Mesa, CA, *pg.* 291
Gelemanovic, Sasha - Creative - MILLER AD AGENCY, Dallas, TX, *pg.* 115
Gelfand, Morgan - Creative - THE VIA AGENCY, Portland, ME, *pg.* 154
Gellos, John - Creative, PPOM - THE CONCEPT FARM, Long Island City, NY, *pg.* 269
Geneivive, Michael - Creative - FRACTL, Delray Beach, FL, *pg.* 686
Genevich, Michael - Creative, Media Department - GTB, Dearborn, MI, *pg.* 367
Gentile, Rosie - Creative - COSSETTE MEDIA, Toronto, ON, *pg.* 345
Georg, Alyssa - Creative - DROGA5, New York, NY, *pg.* 64
George, John - Creative - LOVIO-GEORGE, INC., Detroit, MI, *pg.* 101
George, Tristen - Creative - ABELSON-TAYLOR, Chicago, IL, *pg.* 25
George, Brandon - Creative -

DIGITAS, Atlanta, GA, *pg.* 228
George, Chris - Creative - ENERGY BBDO, INC., Chicago, IL, *pg.* 355
George, Tony - Creative, Interactive / Digital, Operations, PPOM - LRXD, Denver, CO, *pg.* 101
George, Matt - Creative - TRACTORBEAM, Dallas, TX, *pg.* 156
Georgis, Shelby - Creative - HAVAS WORLDWIDE CHICAGO, Chicago, IL, *pg.* 82
Geraldo, Max - Creative - ARNOLD WORLDWIDE, Boston, MA, *pg.* 33
Gerber, Adam - Account Services, Creative, Media Department, Promotions - CONSTELLATION AGENCY, New York, NY, *pg.* 221
Gerchak, Andrew - Creative - AREA 23, New York, NY, *pg.* 33
Gerlach, Jon - Creative - CROWLEY WEBB & ASSOCIATES, Buffalo, NY, *pg.* 55
German, Greg - Creative, Interactive / Digital - FOCUSED IMAGE, Falls Church, VA, *pg.* 235
Gernert, Melea - Creative, NBC, Public Relations - CLARK NIKDEL POWELL, Winter Haven, FL, *pg.* 342
Gerringer, Craig - Creative - DROGA5, New York, NY, *pg.* 64
Gershoni, Gil - Creative, PPOM - GERSHONI, San Francisco, CA, *pg.* 76
Gerstner, Greg - Creative - BBDO WORLDWIDE, New York, NY, *pg.* 331
Gervais, Francis - Creative - SID LEE, Montreal, QC, *pg.* 140
Getz, Jason - Creative - HOWARD MILLER ASSOCIATES, INC., Lancaster, PA, *pg.* 87
Geyskens, Philippe - Creative, NBC, Promotions - KANTAR TNS, Chicago, IL, *pg.* 446
Ghersi, Jessica - Creative - WIEDEN + KENNEDY, New York, NY, *pg.* 432
Giambrone, David - Creative - GAMS COMMUNICATIONS, Chicago, IL, *pg.* 361
Giannetta, Paul - Creative - LEO BURNETT TORONTO, Toronto, ON, *pg.* 97
Giarratano, Frank - Creative, Operations, PPOM - SGW INTEGRATED MARKETING, Montville, NJ, *pg.* 410
Gibbons, Roland - Creative, PPOM - GS&F , Nashville, TN, *pg.* 367
Gibbs, George - Creative, NBC - AGENCY 720, Naperville, IL, *pg.* 323
Giberti, Jim - Creative, PPOM - THE IMAGINATION COMPANY , Bethel, VT, *pg.* 201
Gibson, Gary - Creative - THE RICHARDS GROUP, INC., Dallas, TX, *pg.* 422
Gibson, Kurt - Creative, PPOM - INERGY GROUP, Weston, CT, *pg.* 187
Gibson, Dave - Creative - THE MARTIN AGENCY, Richmond, VA, *pg.* 421
Gibson, Dan - Creative - ARCHRIVAL, INC., Lincoln, NE, *pg.* 1
Gibson, Nico - Creative, NBC - DIGITAL KITCHEN, Chicago, IL, *pg.* 225
Gibson, Katie - Account Services,

Creative - PREACHER, Austin, TX, *pg.* 129
Gibson, Simon - Creative - 72ANDSUNNY, Playa Vista, CA, *pg.* 23
Gielniak, Joseph - Creative - COMMONWEALTH // MCCANN, Detroit, MI, *pg.* 52
Gier, George - Creative - ASPEN MARKETING SERVICES, West Chicago, IL, *pg.* 280
Giera, Shelley - Creative, PPM - BBH, New York, NY, *pg.* 37
Gifford, John - Creative - SIGNATURE COMMUNICATIONS, Philadelphia, PA, *pg.* 410
Gifford, Ryan - Creative - FORSMAN & BODENFORS, New York, NY, *pg.* 74
Gigante, Paul - Creative, PPOM - GIGANTE VAZ PARTNERS, New York, NY, *pg.* 363
Gignac, Christine - Creative - WIEDEN + KENNEDY, New York, NY, *pg.* 432
Gilbert, William - Creative - ZEHNDER COMMUNICATIONS, INC., New Orleans, LA, *pg.* 436
Gilbert, John - Creative, Interactive / Digital, PPOM - LRXD, Denver, CO, *pg.* 101
Gilbert, Miles - Creative - R/GA, Austin, TX, *pg.* 261
Gilbert, Matthew - Creative - BAYARD ADVERTISING AGENCY, INC., New York, NY, *pg.* 37
Gilbert, Robert - Creative - ANCHOR WORLDWIDE, New York, NY, *pg.* 31
Gilbert, John - Creative - QUENCH, Harrisburg, PA, *pg.* 131
Gilbert, Ron - Creative - WISER STRATEGIES, Lexington, KY, *pg.* 663
Gilbrech, Erika - Creative - PROPAC, Plano, TX, *pg.* 682
Giles, Helen - Creative, Media Department, PPM - CAMPBELL EWALD, Detroit, MI, *pg.* 46
Gill, Shawn - Creative - TRUTH & ADVERTISING, Santa Ana, CA, *pg.* 272
Gill, Stephany - Creative - SECOND STORY INTERACTIVE, Portland, OR, *pg.* 265
Gill, Nichole - Creative - PADILLA, Richmond, VA, *pg.* 635
Gillard, Gideon - Creative - 72ANDSUNNY, Playa Vista, CA, *pg.* 23
Gillen, Brian - Creative - MARCUS THOMAS, Cleveland, OH, *pg.* 104
Gillen, Kelsey - Account Services, Creative, Media Department - HAVAS NEW YORK, New York, NY, *pg.* 369
Gillespie, Sean - Account Services, Creative - GILLESPIE GROUP, Wallingford, PA, *pg.* 76
Gillespie, Liz - Creative - MOORE INK, Seattle, WA, *pg.* 628
Gillespie, Devin - Creative - WIEDEN + KENNEDY, Portland, OR, *pg.* 430
Gillett, Rachel - Creative - NEBO AGENCY, LLC, Atlanta, GA, *pg.* 253
Gillette, Jeff - Creative, Interactive / Digital - MADWELL, Denver, CO, *pg.* 103
Gilliam, Frank - Creative, PPOM - ELEVATION MARKETING, Richmond, VA,

1327

RESPONSIBILITIES INDEX — AGENCIES

pg. 67
Gillispie, Zebbie - Creative, Interactive / Digital - SCOUT MARKETING, Atlanta, GA, pg. 139
Gilmore, Tom - Creative - VMLY&R, New York, NY, pg. 160
Ginos, Becky - Creative - BATTERY, Hollywood, CA, pg. 330
Ginty, Nicholas - Creative - JAN KELLEY MARKETING, Burlington, ON, pg. 10
Gioglio, Tony - Creative, PPOM - ANTHONY THOMAS ADVERTISING, Akron, OH, pg. 32
Gipper, Samantha - Creative - AMPERAGE, Cedar Falls, IA, pg. 30
Giraldo, Andrea - Creative - THE COMMUNITY, Miami Beach, FL, pg. 545
Giraldo, Frederico - Creative - REPUBLICA HAVAS, Miami, FL, pg. 545
Girand, Mark - Creative - BBDO WORLDWIDE, New York, NY, pg. 331
Girandola, David - Creative - 72ANDSUNNY, Brooklyn, NY, pg. 24
Girard, Brock - Creative - WILLIAMS / CRAWFORD & ASSOCIATES, Fort Smith, AR, pg. 162
Girouard, Bill - Creative - ARNOLD WORLDWIDE, Boston, MA, pg. 33
Gisler, David - Creative, Management, PPOM - WORDS AND PICTURES CREATIVE SERVICE, INC., Park Ridge, NJ, pg. 276
Gitlitz, Dan - Creative - ZIMMERMAN ADVERTISING, Fort Lauderdale, FL, pg. 437
Giuggio, Elizabeth - Creative - GENUINE INTERACTIVE, Boston, MA, pg. 237
Giunta, Mike - Creative - GARRISON HUGHES, Pittsburgh, PA, pg. 75
Gladitsch, Melinda - Creative, Management, Research - PUBLICIS HAWKEYE, Dallas, TX, pg. 399
Gladstone, Doug - Creative, PPOM - BRAND CONTENT, Boston, MA, pg. 42
Glass, Timothy - Creative, PPOM - ALTMAN-HALL ASSOCIATES, Erie, PA, pg. 30
Glass, Matt - Account Services, Creative, NBC - ALTMAN-HALL ASSOCIATES, Erie, PA, pg. 30
Glass, Matt - Creative, PPOM - EVENTAGE EVENT PRODUCTION, South Orange, NJ, pg. 305
Glass, Ashley - Creative - MCCANN NEW YORK, New York, NY, pg. 108
Glaviano, Gregg - Creative, PPOM - GRAFIK MARKETING COMMUNICATIONS, Alexandria, VA, pg. 185
Glaze, Griffin - Creative - WRAY WARD, Charlotte, NC, pg. 433
Glazier, Jacob - Creative - FACT & FICTION, Boulder, CO, pg. 70
Glazik, Clay - Creative - GEOMETRY, Chicago, IL, pg. 363
Glick, Julia - Creative - FCB HEALTH, New York, NY, pg. 72
Gloo, Adam - Creative - BIG SPACESHIP, Brooklyn, NY, pg. 455
Glorioso, Tony - Creative - CRITICAL MASS, INC., New York, NY, pg. 223
Glover, Jason - Creative, PPOM - BARON & CO, Bellingham, WA, pg. 580
Glover, Carol - Creative - BALCOM AGENCY, Fort Worth, TX, pg. 329
Glover, Thom - Creative - DROGA5, New York, NY, pg. 64
Godard, Joe - Creative - CAMPBELL EWALD, Detroit, MI, pg. 46
Godat, Ken - Creative, PPOM - GODAT DESIGN, Tucson, AZ, pg. 185
Goddard, Marcia - Creative - PPOM - MCCANN TORRE LAZUR, Mountain Lakes, NJ, pg. 109
Godici, Tom - Creative - BBDO WORLDWIDE, New York, NY, pg. 331
Godsey, John - Creative, Management, NBC, PPOM - VMLY&R, New York, NY, pg. 160
Godsil, Max - Creative - MERKLEY + PARTNERS, New York, NY, pg. 114
Godzik, Tony - Creative - PHIRE GROUP, Ann Arbor, MI, pg. 397
Goecke, Amanda - Creative - ALL POINTS PUBLIC RELATIONS, Deerfield, IL, pg. 576
Goedeke, Nancy - Creative, Interactive / Digital - HARTE HANKS, INC., San Antonio, TX, pg. 284
Goff, Kevin - Creative - LEO BURNETT WORLDWIDE, Chicago, IL, pg. 98
Goger, Jillian - Creative - MEKANISM, New York, NY, pg. 113
Goin, Lisa - Creative - AVREAFOSTER, Dallas, TX, pg. 35
Gold, Steve - Creative, PPOM - GNF MARKETING, Armonk, NY, pg. 364
Goldberg, Barney - Creative - INNOCEAN USA, Huntington Beach, CA, pg. 479
Goldblatt, Stephen - Creative, Interactive / Digital, PPOM - PARTNERS IN CRIME, San Francisco, CA, pg. 67
Golden, Ginny - Creative - AKQA, Portland, OR, pg. 212
Golden, Josh - Creative - YES&, Alexandria, VA, pg. 436
Goldman, Jeff - Creative - BROWN PARKER | DEMARINIS ADVERTISING, Boca Raton, FL, pg. 43
Goldrosen, Richard - Creative - PUBLICIS HAWKEYE, Dallas, TX, pg. 399
Goldstein, Ritchie - Creative - VMLY&R, New York, NY, pg. 160
Goldstein, Alisha - Creative, PPOM - JANE SMITH AGENCY, New York, NY, pg. 377
Goldstein, Elisha - Creative, Human Resources - ARNOLD WORLDWIDE, Boston, MA, pg. 33
Goldstein, Antony - Creative - WIEDEN + KENNEDY, Portland, OR, pg. 430
Golkin, Susan - Creative - BBDO WORLDWIDE, New York, NY, pg. 331
Golodner, Lynne - Creative, PPOM - YOUR PEOPLE LLC, Huntington Woods, MI, pg. 664
Golus, Christine - Creative - Q LTD, Ann Arbor, MI, pg. 15
Gomes, Hira - Creative - EDELMAN, Chicago, IL, pg. 353
Gomez, Nathan - Creative, Interactive / Digital - WUNDERMAN THOMPSON, Washington, DC, pg. 434
Gong, David - Creative, Promotions - PMG, Fort Worth, TX, pg. 257
Gonsalves, Dana - Creative - SEQUEL STUDIO, New York, NY, pg. 16
Gonzalez, Lee - Creative - ZIMMERMAN ADVERTISING, Fort Lauderdale, FL, pg. 437
Gonzalez, Danny - Creative, PPOM - PERCEPTION NYC, New York, NY, pg. 194
Gonzalez, Danny - Creative - GOODBY, SILVERSTEIN & PARTNERS, San Francisco, CA, pg. 77
Gonzalez, Jimmy - Creative - WAX COMMUNICATIONS, Miami, FL, pg. 294
Gonzalez, Juan Pedro - Creative - R/GA, Austin, TX, pg. 261
Gonzalez, Bruna - Creative - GIANT SPOON, LLC, Los Angeles, CA, pg. 363
Gonzalez, Marcie - Creative - IMW AGENCY, Costa Mesa, CA, pg. 374
Gonzalez, Flavia - Creative - ELEVEN, INC., San Francisco, CA, pg. 67
Gonzalez, Rodrigo - Creative - THE COMMUNITY, Miami Beach, FL, pg. 545
Gonzalez, Andrew - Creative - GUT MIAMI, Miami, FL, pg. 80
Gonzalez Figueroa, Aldo - Creative - THE COMMUNITY, Miami Beach, FL, pg. 545
Goode, Corinne - Creative - BBDO SAN FRANCISCO, San Francisco, CA, pg. 330
Goodman, Gary - Creative, PPOM - AYZENBERG GROUP, INC., Pasadena, CA, pg. 2
Goodman, Karen - Creative - MULLENLOWE U.S. BOSTON, Boston, MA, pg. 389
Goodman, Glenn - Creative - POWER, Louisville, KY, pg. 398
Goodman, Gillian - Creative - HIRSHORN ZUCKERMAN DESIGN GROUP, Rockville, MD, pg. 371
Goodness, Terri - Creative, PPOM - THE GOODNESS COMPANY, Wisconsin Rapids, WI, pg. 419
Goodrich, Kara - Creative - BBDO WORLDWIDE, New York, NY, pg. 331
Goodspeed, Bill - Creative, Management, NBC, PPOM - WE ARE ALEXANDER, St. Louis, MO, pg. 429
Goodwin, Bill - Creative, PPOM - GOODWIN DESIGN GROUP, Wallingford, PA, pg. 185
Goodwin, Jodee - Account Services, Creative - THE CREATIVE ALLIANCE, Lafayette, CO, pg. 653
Googe, Joey - Creative - THE RICHARDS GROUP, INC., Dallas, TX, pg. 422
Goorvich, Jonathan - Creative - STARCOM WORLDWIDE, Chicago, IL, pg. 513
Goosmann, Tom - Creative, PPOM - TRUE NORTH INC., New York, NY, pg. 272
Goran, Jill - Creative - BRIERLEY & PARTNERS, Sherman Oaks, CA, pg. 167

AGENCIES — RESPONSIBILITIES INDEX

Gorbatkin, Kira - Creative - PUBLICIS NORTH AMERICA, New York, NY, pg. 399
Gordian, Graydon - Creative - FORTYFOUR, Atlanta, GA, pg. 235
Gordon, Tim - Creative, PPOM - DROGA5, New York, NY, pg. 64
Gordon, Steve - Creative - WILLOWTREE, INC., Durham, NC, pg. 535
Gordon, Paige - Creative - SPARK FOUNDRY, Chicago, IL, pg. 510
Gordon Mitchell, Laura - Creative - TRAPEZE COMMUNICATIONS, Victoria, BC, pg. 426
Gore, Don - Creative - KENDAL KING GROUP, Kansas City, MO, pg. 188
Gore, Rick - Creative - CATALYSIS, Seattle, WA, pg. 340
Gorelik, Samantha - Creative - OGILVY, Chicago, IL, pg. 393
Goren Slovin, Zach - Account Services, Creative, PPM - SOLVE, Minneapolis, MN, pg. 17
Gorman, Tara - Creative - THE MARTIN AGENCY, Richmond, VA, pg. 421
Gorman, Jason - Creative - PUBLICIS NORTH AMERICA, New York, NY, pg. 399
Gorman, Mike - Creative, Operations - MCCUE PUBLIC RELATIONS, Burbank, CA, pg. 626
Gorman, Jon - Creative - BUCK, Los Angeles, CA, pg. 176
Gorodetski, David - Creative, Operations, PPOM - SAGE COMMUNICATIONS, LLC, McLean, VA, pg. 409
Gorton, Tom - Creative - JACOBSON ROST, Chicago, IL, pg. 376
Goss, Amos - Creative - THE VIA AGENCY, Portland, ME, pg. 154
Gosselin, Martin - Creative - OGILVY MONTREAL, Montreal, QC, pg. 394
Gosselin, Pete - Creative, NBC - HAVAS NEW YORK, New York, NY, pg. 369
Gossett, Russell - Creative - ATLANTIC 57, Washington, DC, pg. 2
Gottheil, Jeffrey - Creative, PPOM - J. GOTTHEIL MARKETING COMMUNICATIONS, INC., Toronto, ON, pg. 376
Gough, Aaron - Creative - METHOD COMMUNICATIONS, Salt Lake City, UT, pg. 386
Goulart, Bob - Creative, PPOM - ISAAC REPUTATION GROUP, Toronto, ON, pg. 10
Grace, Brittany - Creative - SECOND STORY INTERACTIVE, Portland, OR, pg. 265
Graddy, Joey - Creative, PPOM - BRAND NEUE CO, Homewood, AL, pg. 3
Grady, Kevin - Account Services, Creative, Management - FCB CHICAGO, Chicago, IL, pg. 71
Graeff, Jon - Creative - SID LEE, Seattle, WA, pg. 140
Graff, Matt - Creative, PPM - NEMO DESIGN, Portland, OR, pg. 193
Graham, Travis - Creative, PPOM - TACO TRUCK CREATIVE, Carlsbad, CA, pg. 145
Graham, Tristan - Creative - GOODBY, SILVERSTEIN & PARTNERS, San Francisco, CA, pg. 77
Grais, Ian - Creative, PPOM - RETHINK COMMUNICATIONS, INC., Vancouver, BC, pg. 133
Grammer, Chase - Creative - STEIN IAS, New York, NY, pg. 267
Grando, Aaron - Account Services, Creative - RED TETTEMER O'CONNELL + PARTNERS, Philadelphia, PA, pg. 404
Grandy, John - Account Services, Creative - THE BOSTON GROUP, Boston, MA, pg. 418
Graney, Dan - Creative - DOVETAIL, Saint Louis, MO, pg. 64
Granger, Newman - Account Services, Creative, Media Department - WIEDEN + KENNEDY, New York, NY, pg. 432
Grant, Bill - Creative, PPOM - GRANT DESIGN COLLABORATIVE, Canton, GA, pg. 185
Grantham, Greg - Creative - YAH. - YOU ARE HERE, Atlanta, GA, pg. 318
Gratton, Christine - Creative - BIG SPACESHIP, Brooklyn, NY, pg. 455
Graul, Cindy - Creative - COMMUNICATION SOLUTIONS GROUP, Jenkintown, PA, pg. 592
Graupner, Jamie - Creative - BRAND THIRTY-THREE, Torrance, CA, pg. 3
Graves, Chris - Creative, PPOM - TEAM ONE, Los Angeles, CA, pg. 417
Graves, Mackenzie - Creative - NOVA CREATIVE GROUP, INC., Dayton, OH, pg. 193
Gray, Michael - Creative, PPOM - G+G ADVERTISING, Billings, MT, pg. 540
Gray, Bruce - Creative, PPOM - ADMIRABLE DEVIL, Washington, DC, pg. 27
Gray, Amanda - Creative - THE VIA AGENCY, Portland, ME, pg. 154
Gray, Tyler - Creative - EDELMAN, New York, NY, pg. 599
Gray, Richard - Creative - BUCK, Los Angeles, CA, pg. 176
Gray, Billy - Creative - 818 AGENCY, New York, NY, pg. 24
Greason, Julz - Creative - ARMADA MEDICAL MARKETING, Arvada, CO, pg. 578
Grech, Daniel - Creative - JOHANNES LEONARDO, New York, NY, pg. 92
Greco, Nicole - Creative - HYPE GROUP LLC, Saint Petersburg, FL, pg. 372
Greco, Rich - Creative - DROGA5, New York, NY, pg. 64
Green, Bob - Creative, PPOM - THE VERDI GROUP, INC., Pittsford, NY, pg. 293
Green, Cameron - Creative, PPOM - GREENRUBINO, Seattle, WA, pg. 365
Green, Tim - Creative - FACEOUT STUDIOS, Bend, OR, pg. 182
Green, Jeff - Account Planner, Creative, Interactive / Digital - WEITZMAN ADVERTISING, INC., Annapolis, MD, pg. 430
Green, Heather - Creative - HUNT MARKETING GROUP, Seattle, WA, pg. 285
Green, Eric - Account Services, Creative, Management, Media Department - PUBLICIS NORTH AMERICA, New York, NY, pg. 399
Green, Dominic - Creative - (ADD)VENTURES, Providence, RI, pg. 207
Green, Kirsten - Creative - SWARM, Atlanta, GA, pg. 268
Green, Jim - Creative - THE LOOMIS AGENCY, Dallas, TX, pg. 151
Green, Jen - Creative - GRAY LOON MARKETING GROUP, Evansville, IN, pg. 365
Green, Emily - Creative, PPM - YARD, New York, NY, pg. 435
Green, Ann - Creative, PPOM - KANTAR MEDIA, New York, NY, pg. 446
Green, Blythe - Creative - FCB CHICAGO, Chicago, IL, pg. 71
Greenberg, Jamie - Creative - TRIBAL WORLDWIDE, New York, NY, pg. 272
Greenberg, Gary - Creative - BROWNSTEIN GROUP, INC., Philadelphia, PA, pg. 44
Greenberg, Matt - Creative - LEVIATHAN, Chicago, IL, pg. 189
Greenberg, Lisa - Creative, PPOM - LEO BURNETT TORONTO, Toronto, ON, pg. 97
Greene, Linda - Creative - CHILLINGWORTH / RADDING, INC., New York, NY, pg. 342
Greene, Scott - Creative - FAIRWAY OUTDOOR ADVERTISING, Athens, GA, pg. 552
Greene, Jonathan - Creative - BLR FURTHER, Birmingham, AL, pg. 334
Greenfield, Cassandra - Creative, Media Department - LATITUDE, Dallas, TX, pg. 379
Greenlaw, Liam - Creative - WASSERMAN & PARTNERS ADVERTISING, INC., Vancouver, BC, pg. 429
Greenstein, Joey - Creative - JK DESIGN, Hillsborough, NJ, pg. 481
Greenwald, Tom - Creative - SPOTCO, New York, NY, pg. 143
Greenwald, Justine - Creative - GEOMETRY, Chicago, IL, pg. 363
Greenwood, Matt - Creative - NICE SHOES, New York, NY, pg. 193
Greer, Katie - Creative - LIPMAN HEARNE, INC. , Chicago, IL, pg. 381
Greggory, Scott - Creative - MADISON AVENUE MARKETING GROUP, Toledo, OH, pg. 287
Gregory, Mitch - Creative - VEST ADVERTISING, Louisville, KY, pg. 159
Gregory, Laurel - Creative - THE HYBRID CREATIVE, Santa Rosa, CA, pg. 151
Gregson, Paul - Creative - JOHANNES LEONARDO, New York, NY, pg. 92
Grenier, Chris - Creative - BROWNSTEIN GROUP, INC., Philadelphia, PA, pg. 44
Gresham, Aaron - Creative - BIG COMMUNICATIONS, INC., Birmingham, AL, pg. 39

RESPONSIBILITIES INDEX — AGENCIES

Greteman, Sonia - Creative, PPOM - GRETEMAN GROUP, Wichita, KS, pg. 8
Greve, Patricia - Creative - Q LTD, Ann Arbor, MI, pg. 15
Grey, Julian - Creative, PPOM - HEAD GEAR ANIMATION, Toronto, ON, pg. 186
Grice, Mike - Creative, PPOM - WILDFIRE, Winston Salem, NC, pg. 162
Grice, Taegan - Creative - DELOITTE DIGITAL, New York, NY, pg. 225
Griesch, Alyssa - Creative - INNERWORKINGS, INC., Chicago, IL, pg. 375
Grieves, Mark - Creative, Management - FAHLGREN MORTINE PUBLIC RELATIONS, Cleveland, OH, pg. 602
Griffin, Ryan - Creative, Interactive / Digital - FANNIT INTERNET MARKETING SERVICES, Everett, WA, pg. 357
Griffin, Sean - Creative - LOSASSO INTEGRATED MARKETING, Chicago, IL, pg. 381
Griffin, Gretchen - Creative - PKPR, New York, NY, pg. 637
Griffin, Matt - Creative, Interactive / Digital, PPOM - VERT MOBILE LLC, Atlanta, GA, pg. 274
Griffith, Will - Creative - CREATIVE ENERGY, INC., Johnson City, TN, pg. 346
Griffiths, Adam - Creative - 160VER90, Los Angeles, CA, pg. 301
Grigg, Lynne - Creative, PPOM - THE DESIGNORY, Longbeach, CA, pg. 149
Grigg, Mike - Creative - WUNDERMAN THOMPSON SEATTLE, Seattle, WA, pg. 435
Grignon, Paul - Creative - MANDALA, Bend, OR, pg. 103
Grimes, Steve - Account Services, Creative, Interactive / Digital, Media Department, Operations - AKA NYC, New York, NY, pg. 324
Grimes, Brett - Creative, PPOM - ROBOT HOUSE, Oklahoma City, OK, pg. 16
Grishaver, Alex - Creative - IDEO, Palo Alto, CA, pg. 187
Grodek, Tom - Creative - SHERRY MATTHEWS ADVOCACY MARKETING, Austin, TX, pg. 140
Grody, Ian - Creative - GIANT SPOON, LLC, New York, NY, pg. 363
Gross, Brian - Creative, PPOM - NAIL COMMUNICATIONS, Providence, RI, pg. 14
Gross, Dan - Creative, PPOM - DNA SEATTLE, Seattle, WA, pg. 180
Gross, Sig - Account Services, Creative - DID AGENCY, Ambler, PA, pg. 62
Gross, Mark - Creative, Management, PPM - HIGHDIVE, Chicago, IL, pg. 85
Gross, Josh - Creative, PPOM - ENERGY BBDO, INC., Chicago, IL, pg. 355
Gross, Nigel - Creative - PUBLICIS NORTH AMERICA, New York, NY, pg. 399
Gross, Mary - Creative -

BOONEOAKLEY, Charlotte, NC, pg. 41
Grossi, Guilherme - Creative - THE COMMUNITY, Miami Beach, FL, pg. 545
Grossman, Jed - Creative, Management - ARTS & LETTERS, Richmond, VA, pg. 34
Grossman, Whitney - Creative - DIGITAS, New York, NY, pg. 226
Grosso, Sara - Creative - DIMASSIMO GOLDSTEIN, New York, NY, pg. 351
Grove, Amy - Creative - BAILEY BRAND CONSULTING, Plymouth Meeting, PA, pg. 2
Grove Moller, Kristian - Creative - 72ANDSUNNY, Playa Vista, CA, pg. 23
Growhoski, Don - Creative, PPOM - COLANGELO SYNERGY MARKETING, INC., Darien, CT, pg. 566
Grubbs, Elmer - Creative - MASON, INC., Bethany, CT, pg. 383
Grube, Renee - Creative, PPM - DIGITAS HEALTH LIFEBRANDS, New York, NY, pg. 229
Grybowski, Jenn - Creative - ALOYSIUS BUTLER & CLARK, Wilmington, DE, pg. 30
Guajardo, Manolo - Creative - AC&M GROUP, Charlotte, NC, pg. 537
Guarracino, Nick - Creative, PPOM - FINN PARTNERS, New York, NY, pg. 603
Guberman, Steve - Creative, Interactive / Digital - R&J STRATEGIC COMMUNICATIONS, Bridgewater, NJ, pg. 640
Gudgel, Kristina - Creative, Interactive / Digital - KIOSK CREATIVE LLC, Novato, CA, pg. 378
Gudiatis, Ken - Creative - FRENCH / BLITZER / SCOTT, New York, NY, pg. 361
Güemes, Javier - Creative - ORCI, Santa Monica, CA, pg. 543
Guerra, Lucas - Creative, PPOM - ARGUS COMMUNICATIONS, Boston, MA, pg. 537
Guerrero, Thomas - Creative - THE LEE GROUP, Houston, TX, pg. 420
Guerry, Peter - Creative - BECKER / GUERRY, Middletown, NJ, pg. 38
Guertin-Ceric, Claudine - Creative - SIMPLE TRUTH, Chicago, IL, pg. 198
Guest, Rachel - Creative - THE MANY, Pacific Palisades, CA, pg. 151
Guevara, Jaime - Creative - CONILL ADVERTISING, INC., El Segundo, CA, pg. 538
Guglieri, Claudio - Creative - HUGE, INC., Oakland, CA, pg. 240
Guibord, Jennifer - Creative, Operations - HUB COLLECTIVE, LTD., Portland, OR, pg. 186
Guidera, Jon - Creative - WEBB/MASON, Hunt Valley, MD, pg. 294
Guidice, Leslie - Creative, PPOM - ENERGY ENERGY DESIGN, Los Gatos, CA, pg. 181
Guidice, Stacy - Creative - ENERGY ENERGY DESIGN, Los Gatos, CA, pg. 181
Guidicessi, Nico - Creative - HYPE

GROUP LLC, Saint Petersburg, FL, pg. 372
Guido, Nick - Creative - JK DESIGN, Hillsborough, NJ, pg. 481
Guidotti, Ted - Creative - TBWA \ CHIAT \ DAY, New York, NY, pg. 416
Guidry, Joel - Creative - VITRO AGENCY, San Diego, CA, pg. 159
Guillen, Gerardo - Creative - SECRET WEAPON MARKETING, Los Angeles, CA, pg. 139
Guilmette, Allen - Creative, PPOM - ALDEN MARKETING COMMUNICATIONS, San Diego, CA, pg. 324
Guimaraes, Bianca - Creative - BBDO WORLDWIDE, New York, NY, pg. 331
Guinn, David - Creative, PPOM - DESIGN ONE, INC., Asheville, NC, pg. 179
Guiry, Mike - Creative - SHEPHERD AGENCY, Jacksonville, FL, pg. 410
Guisgand, Robert - Creative - COMMONWEALTH // MCCANN, Detroit, MI, pg. 52
Gullixson, Jay - Creative, Management, PPM - HIEBING, Madison, WI, pg. 85
Gunatilaka, Timothy - Creative - ATTENTION, New York, NY, pg. 685
Gunderson, Seth - Creative - SIGNAL THEORY, Kansas City, MO, pg. 141
Gunn, Greg - Creative - BLIND, Santa Monica, CA, pg. 175
Gunning, Stefanie - Creative - EDELMAN, New York, NY, pg. 599
Guns, Arthur - Creative - BRIECHLE-FERNANDEZ MARKETING SERVICES, Eatontown, NJ, pg. 43
Gurisko, Tom - Creative - J.R. THOMPSON COMPANY, Farmington Hills, MI, pg. 91
Gust, Jim - Creative, PPM - MERRILL ANDERSON, Stratford, CT, pg. 687
Gustafsson, Anders - Creative - BUTLER, SHINE, STERN & PARTNERS, Sausalito, CA, pg. 45
Gustin, Kevin - Creative - MEANS ADVERTISING, Birmingham, AL, pg. 112
Gustman, Caitlin - Creative, Interactive / Digital, Media Department, PPOM - KETCHUM, Chicago, IL, pg. 619
Gutierrez, Lia - Creative, PPOM - INVENTIVA, San Antonio, TX, pg. 541
Guyton, Amber - Creative - SOHO EXPERIENTIAL, New York, NY, pg. 143
Guzman, Octavio - Creative - PACE, Boca Raton, FL, pg. 124
Ha, Caleb - Creative - ADASIA, Englewood Cliffs, NJ, pg. 26
Haak, Mark - Creative, PPOM - SWERVE DESIGN GROUP, Toronto, ON, pg. 416
Haas, Gary - Creative, PPOM - PLATYPUS ADVERTISING & DESIGN, Pewaukee, WI, pg. 397
Haas, Jessica - Creative - AGENCYSACKS, New York, NY, pg. 29
Haas, Kyle - Creative - SPARK FOUNDRY, Chicago, IL, pg. 510
Haase, Steffanie - Creative - SIEGEL & GALE, New York, NY, pg. 17
Habersang, Steve - Creative -

AGENCIES
RESPONSIBILITIES INDEX

TAYLOR DESIGN, Stamford, CT, *pg.* 201
Hackett, Jason - Creative, PPOM - HAPI, Phoenix, AZ, *pg.* 81
Hackett, David - Creative - DID AGENCY, Ambler, PA, *pg.* 62
Hackler, Marcus - Creative, Operations - BELIEF AGENCY, Seattle, WA, *pg.* 38
Haczkiewicz, Anna - Creative - MRY, New York, NY, *pg.* 252
Hadden, Gregory - Creative - THINK MOTIVE, Denver, CO, *pg.* 154
Hadlock, Carolyn - Creative - YOUNG & LARAMORE, Indianapolis, IN, *pg.* 164
Hadlock, Bryan - Creative, PPOM - MARC USA, Pittsburgh, PA, *pg.* 104
Haegele, Ford - Creative - KARMA AGENCY, Philadelphia, PA, *pg.* 618
Hagan, Deb - Creative, PPOM - YEBO, Richmond, VA, *pg.* 164
Hagemann, Rob - Account Services, Creative - COLLE MCVOY, Minneapolis, MN, *pg.* 343
Hagen, Glenn - Creative - SMITH DESIGN, Morristown, NJ, *pg.* 199
Haggerty, Sean - Creative - SASQUATCH, Portland, OR, *pg.* 138
Haggloff, Tom - Creative - AFG&, New York, NY, *pg.* 28
Hahn, Mike - Creative - OGILVY, New York, NY, *pg.* 393
Hahn, Peter - Creative - FINN PARTNERS, Washington, DC, *pg.* 603
Hahs, Rebecca - Creative - RK VENTURE, Albuquerque, NM, *pg.* 197
Haines, Michael - Creative - ABC CREATIVE GROUP, Syracuse, NY, *pg.* 322
Haines, Hudson - Creative - CENTERLINE DIGITAL, Raleigh, NC, *pg.* 220
Hainsworth, Stanley - Creative, PPOM - TETHER, Seattle, WA, *pg.* 201
Haire, David - Creative - WRAY WARD, Charlotte, NC, *pg.* 433
haJiani, Gabe - Creative, PPM - DNA SEATTLE, Seattle, WA, *pg.* 180
Hakim, Aisha - Creative - VENABLES BELL & PARTNERS, San Francisco, CA, *pg.* 158
Halcro, Jeffrey - Creative - BT/A ADVERTISING, Toronto, ON, *pg.* 44
Haldeman, Brock - Creative, PPOM - PIVOT DESIGN, INC., Chicago, IL, *pg.* 195
Haldeman, Liz - Creative, PPOM - PIVOT DESIGN, INC., Chicago, IL, *pg.* 195
Hale, Shana - Creative, Management - THE TRADE DESK, New York, NY, *pg.* 520
Hale, Izaak - Creative - 78MADISON, Altamont Springs, FL, *pg.* 321
Haley, Tom - Creative, PPOM - JELLYVISION LAB, Chicago, IL, *pg.* 377
Hall, Will - Creative, PPOM - RAIN, New York, NY, *pg.* 262
Hall, Jane - Creative, Interactive / Digital, Media Department - INFINITY MARKETING, Greenville, SC, *pg.* 374

Hall, Alexandra - Account Services, Creative - HARLEY & CO, New York, NY, *pg.* 9
Hall, Tosh - Creative - JONES KNOWLES RITCHIE, New York, NY, *pg.* 11
Hall, Wayne - Creative - GILBREATH COMMUNICATIONS, INC., Houston, TX, *pg.* 541
Hall, Jenny - Creative - DIGITAS, San Francisco, CA, *pg.* 227
Hall, Sarah - Creative, PPOM - HARLEY & CO, New York, NY, *pg.* 9
Hall, Jason - Creative - SIEGEL & GALE, Los Angeles, CA, *pg.* 17
Halle, Sarah - Creative - VERMILION DESIGN, Boulder, CO, *pg.* 204
Halliwell, Laura - Creative - TEKNICKS, Point Pleasant Beach, NJ, *pg.* 677
Hallli, Brittany - Creative - TRAMPOLINE, Halifax, NS, *pg.* 20
Hallock, Jackie - Creative, PPOM - HALLOCK & BRANCH, Portland, OR, *pg.* 81
Halloran, John - Account Services, Creative - MACY + ASSOCIATES, INC., Playa del Rey, CA, *pg.* 382
Halper, Ari - Creative, PPOM - FCB NEW YORK, New York, NY, *pg.* 357
Hamann, Rick - Creative, Management - LEO BURNETT WORLDWIDE, Chicago, IL, *pg.* 98
Hamby, Tim - Creative - BESON 4 MEDIA GROUP, Jacksonville, FL, *pg.* 3
Hamelin, Ben - Creative, Interactive / Digital, Management - ADWORKSHOP & INPHORM, Lake Placid, NY, *pg.* 323
Hamer, Jordan - Creative - COSSETTE MEDIA, Toronto, ON, *pg.* 345
Hamilton, Bill - Creative, PPOM - THEAGENCY, Camarillo, CA, *pg.* 154
Hamilton, Jonny - Creative, Interactive / Digital, Social Media - LIGHTBOX OOH VIDEO NETWORK, New York, NY, *pg.* 553
Hamilton, Brad - Creative - TROZZOLO COMMUNICATIONS GROUP, Kansas City, MO, *pg.* 657
Hamlin, Michael - Creative - GRAPEVINE COMMUNICATIONS, Sarasota, FL, *pg.* 78
Hamling, Tom - Creative - GSD&M, Austin, TX, *pg.* 79
Hammack, Cole - Account Planner, Account Services, Creative - R/GA, Los Angeles, CA, *pg.* 261
Hammond, Drew - Creative - THE BOHAN AGENCY, Nashville, TN, *pg.* 418
Hammond, Kevin - Creative - 20NINE DESIGN STUDIOS, Conshohocken, PA, *pg.* 171
Hampton, Tyler - Creative - VENABLES BELL & PARTNERS, San Francisco, CA, *pg.* 158
Hampton, Josh - Creative - QUANTUM COMMUNICATIONS, Louisville, KY, *pg.* 401
Hampton, Brandon - Creative - MOXIE, Atlanta, GA, *pg.* 251
Hampton, Hunter - Creative -

JOHANNES LEONARDO, New York, NY, *pg.* 92
Han, Ed - Creative, PPM - CINEMASTREET, New York, NY, *pg.* 50
Hancock, Lorill - Account Services, Creative - HANGAR 18 CREATIVE GROUP, Vancouver, BC, *pg.* 185
Hang, Sherry - Account Services, Creative, NBC - YECK BROTHERS COMPANY, Dayton, OH, *pg.* 294
Hanig, Amanda - Creative - KNOWN, Los Angeles, CA, *pg.* 298
Hanke-Hills, Tia - Creative - SPACE150, New York, NY, *pg.* 266
Hanks, Lorna - Creative, Operations - HUDSON ROUGE, New York, NY, *pg.* 371
Hanlon, Christopher - Creative, PPOM - HANLON CREATIVE, Kulpsville, PA, *pg.* 81
Hanlon, Steve - Creative - TEAM ONE, Los Angeles, CA, *pg.* 417
Hanlon, Brittney - Creative, Interactive / Digital - GYRO NY, New York, NY, *pg.* 369
Hannaway, Sean - Creative - LEO BURNETT WORLDWIDE, Chicago, IL, *pg.* 98
Hansa, John - Creative - DDB CHICAGO, Chicago, IL, *pg.* 59
Hansen, Kimberly - Creative - STRATA-MEDIA, INC., Irvine, CA, *pg.* 18
Hansen, Amy - Creative - HCB HEALTH, Austin, TX, *pg.* 83
Hansen, Christian - Creative, NBC, PPOM - HINT CREATIVE, Salt Lake City, UT, *pg.* 86
Hansen, Jonathan - Creative - RODGERS TOWNSEND, LLC, Saint Louis, MO, *pg.* 407
Hansen, Ron - Creative, PPOM - HANSEN BELYEA, Seattle, WA, *pg.* 185
Hansen, Eric - Creative - COLLE MCVOY, Minneapolis, MN, *pg.* 343
Hanson, Evan - Creative - ROCKET55, Minneapolis, MN, *pg.* 264
Hanson, Suzanne - Creative - THE GEORGE P. JOHNSON COMPANY, San Carlos, CA, *pg.* 316
Hanson, Jonathan - Creative, PPOM - UNCONQUERED, Baltimore, MD, *pg.* 203
Hanson, Chris - Creative - LESSING-FLYNN ADVERTISING CO., Des Moines, IA, *pg.* 99
Hanson, Leif - Creative - NORTH, Portland, OR, *pg.* 121
Hanson, Travis - Creative - 3HEADED MONSTER, Dallas, TX, *pg.* 23
Hanthorn, Steve - Creative - WARREN DOUGLAS ADVERTISING, Fort Worth, TX, *pg.* 161
Happ, Leslie - Creative, PPOM - CLARK COMMUNICATIONS, Clarksburg, MD, *pg.* 591
Hara, Miriam - Creative, Media Department, PPOM - 3H COMMUNICATIONS, INC., Oakville, ON, *pg.* 321
Harari, Sandi - Creative, Interactive / Digital - BARKER, New York, NY, *pg.* 36
Harbison, Collin - Creative - DEARING GROUP, West Lafayette, IN,

1331

RESPONSIBILITIES INDEX — AGENCIES

pg. 60
Harden, Dan - Creative, PPOM - WHIPSAW, INC., San Jose, CA, pg. 205
Harding, Jack - Creative - ELEVEN, INC., San Francisco, CA, pg. 67
Harding, Rachel - Creative - JULIET, Toronto, ON, pg. 11
Hardison, Jim - Creative - CHARACTER LLC, Portland, OR, pg. 5
Hardison, Rob - Creative - O2 IDEAS, Birmingham, AL, pg. 392
Hardy, Patrick - Creative - TIERNEY COMMUNICATIONS, Philadelphia, PA, pg. 426
Harhager, Mark - Creative - KNOX MARKETING, Akron, OH, pg. 568
Harig, Mary - Creative, Operations - LUCAS MARKET RESEARCH, Saint Louis, MO, pg. 447
Harkey, Taylor - Creative - ADJECTIVE & CO., Jacksonville Beach, FL, pg. 27
Harkins, Tim - Creative - HOOK, Ann Arbor, MI, pg. 239
Harley, David - Creative - BURRELL COMMUNICATIONS GROUP, INC., Chicago, IL, pg. 45
Harmer, Maria - Account Services, Creative - TRUE SENSE MARKETING, Freedom, PA, pg. 293
Harmeyer, Emily - Creative - ASHER AGENCY, Fort Wayne, IN, pg. 327
Harmon, Mikey - Creative - MCCANN NEW YORK, New York, NY, pg. 108
Harmon, Derrick - Creative - BURRELL COMMUNICATIONS GROUP, INC., Chicago, IL, pg. 45
Harms, Rory - Creative - MBB AGENCY, Leawood, KS, pg. 107
Haroutunian, Steve - Creative, Interactive / Digital, PPM - MULLENLOWE U.S. BOSTON, Boston, MA, pg. 389
Harp, Lisa - Creative, PPOM - HARP INTERACTIVE, Lombard, IL, pg. 238
Harp, Rachael - Creative - STERLING-RICE GROUP, Boulder, CO, pg. 413
Harper, Vince - Creative - ASHER AGENCY, Charleston, WV, pg. 327
Harper, Garry - Creative - FCB HEALTH, New York, NY, pg. 72
Harrach, Gabor - Creative, NBC, PPOM - BEAUTIFUL DESTINATIONS, New York, NY, pg. 38
Harrell, Kevin - Creative - PUSH, Orlando, FL, pg. 401
Harrington, Alan - Creative, PPOM - ADFINITY MARKETING GROUP, Cedar Rapids, IA, pg. 27
Harrington, Heather - Creative, PPOM - HARRINGTON COMMUNICATIONS, Traverse City, MI, pg. 611
Harris, Tegan - Account Services, Creative - YAH. - YOU ARE HERE, Atlanta, GA, pg. 318
Harris, Scott - Creative, PPOM - THE MANY, Pacific Palisades, CA, pg. 151
Harris, Bob - Creative - HUGHESLEAHYKARLOVIC, Saint Louis, MO, pg. 372
Harris, Layne - Creative,

Interactive / Digital, Management - BIG SPACESHIP, Brooklyn, NY, pg. 455
Harris, Brian - Creative - BRADLEY AND MONTGOMERY, Indianapolis, IN, pg. 336
Harris, Justin - Creative - THE MARTIN AGENCY, Richmond, VA, pg. 421
Harris, Kurtis - Creative, Media Department - SPARK FOUNDRY, Seattle, WA, pg. 512
Harris, Brad - Creative - CRAMER, Norwood, MA, pg. 6
Harris, Beth - Creative - S&A COMMUNICATIONS, Cary, NC, pg. 645
Harris, Peter - Creative - SCOUT MARKETING, Atlanta, GA, pg. 139
Harris, Chris - Creative, Media Department - GOCONVERGENCE, Orlando, FL, pg. 364
Harrison, Stephen - Creative, PPOM - FALK HARRISON, INC., Saint Louis, MO, pg. 183
Harrison, David - Creative - JACK MORTON WORLDWIDE, San Francisco, CA, pg. 309
Harrison, Edward - Creative - WIEDEN + KENNEDY, Portland, OR, pg. 430
Harrison, James - Creative - JOHNSON & SEKIN, Dallas, TX, pg. 10
Hart, Michael - Creative, PPOM - MONO, Minneapolis, MN, pg. 117
Hart, Paul - Creative, PPM - BEEVISION & HIVE, Toronto, ON, pg. 174
Hart, Jen - Creative - BARRETTSF, San Francisco, CA, pg. 36
Hart, Karen - Creative - REACH AGENCY, Santa Monica, CA, pg. 196
Hart, Jason - Creative - FLUID, INC., New York, NY, pg. 235
Hart, Tony - Creative - DUFT WATTERSON, Boise, ID, pg. 353
Hart, Jason - Creative - THE OHLMANN GROUP, Dayton, OH, pg. 422
Hartman, Bill - Creative - MDB COMMUNICATIONS, INC., Washington, DC, pg. 111
Hartsfield, Ryan - Creative - WIEDEN + KENNEDY, Portland, OR, pg. 430
Hartsfield, Brett - Creative - R + M, Cary, NC, pg. 196
Hartung, Stefan - Creative - IDEAS THAT KICK, Minneapolis, MN, pg. 186
Harvey, Todd - Creative, PPOM - MISSION MEDIA, LLC, Baltimore, MD, pg. 115
Harvey, Aaron - Creative, PPOM - READY SET ROCKET, New York, NY, pg. 262
Hasert, Bud - Creative - PROOF ADVERTISING, Austin, TX, pg. 398
Hasinoff, Mike - Creative, PPM - DROGA5, New York, NY, pg. 64
Haskell, Chip - Creative - LOVE COMMUNICATIONS, Salt Lake City, UT, pg. 101
Haslam, Gil - Creative - TROIKA/MISSION GROUP, Los Angeles, CA, pg. 20
Haslam, Rik - Creative, PPOM -

BRANDPIE, New York, NY, pg. 42
Hassan, AJ - Creative - R/GA, Chicago, IL, pg. 261
Hassell, Matt - Creative, PPOM - FORSMAN & BODENFORS, Toronto, ON, pg. 74
Hassell, Jon - Creative - IMAGINARY FORCES, Los Angeles, CA, pg. 187
Hastings, Greg - Creative - ARCHER MALMO, Memphis, TN, pg. 32
Hastings, Sally - Creative - VENABLES BELL & PARTNERS, San Francisco, CA, pg. 158
Hastings, Gerald - Creative - WONDERSAUCE, New York, NY, pg. 205
Hatch, Sheila - Creative, PPOM - DECCA DESIGN, San Jose, CA, pg. 349
Hauck, Brad - Creative - PARADOWSKI CREATIVE, Saint Louis, MO, pg. 125
Haug, Andrew - Creative - SID LEE, New York, NY, pg. 141
Hauksson, Haukur - Creative - SUNSHINE SACHS, New York, NY, pg. 650
Haus, Laila - Creative - PHOENIX GROUP, Regina, SK, pg. 128
Hauser, Neil - Creative, Interactive / Digital, PPM - CAMERON ADVERTISING, Hauppauge, NY, pg. 339
Hauser Clarkson, Annie - Creative - MANIFEST, Chicago, IL, pg. 248
Hausfeld, Jim - Creative - THE OHLMANN GROUP, Dayton, OH, pg. 422
Haviv, Sagi - Creative, PPOM - CHERMAYEFF & GEISMAR STUDIO, New York, NY, pg. 177
Hawkey, Tim - Creative, Management - AREA 23, New York, NY, pg. 33
Hawkins, Gerry - Creative - DAKOTA GROUP, Ridgefield, CT, pg. 348
Hawkins, Greg - Creative - HAVAS WORLDWIDE SAN FRANCISCO, San Francisco, CA, pg. 370
Hawkins, Jill - Creative - 360PRPLUS, Boston, MA, pg. 573
Hawkins, Alicia - Creative - HIGH TIDE CREATIVE, Bridgeton, NC, pg. 85
Hawkins, Tim - Creative - SPARK44, New York, NY, pg. 411
Hawthorne, Tim - Creative, PPOM - HAWTHORNE ADVERTISING, Los Angeles, CA, pg. 370
Hawthorne, Molly - Creative - AVREAFOSTER, Dallas, TX, pg. 35
Hawthorne, Gary - Creative - PUBLICIS HAWKEYE, Dallas, TX, pg. 399
Hayden, Steph - Creative - CARMICHAEL LYNCH, Minneapolis, MN, pg. 47
Hayden, Jaime - Creative, NBC, Public Relations - AUGUSTINE, Roseville, CA, pg. 328
Haydock, Dana - Creative - WRAY WARD, Charlotte, NC, pg. 433
Hayes, Britt - Creative, Human Resources, Operations - DDB NEW YORK, New York, NY, pg. 59
Hayes, Jo - Account Services, Analytics, Creative, Interactive / Digital, NBC - R/GA, New York, NY, pg. 260

AGENCIES — RESPONSIBILITIES INDEX

Hayes, Brian - Creative - MMB, Boston, MA, pg. 116

Hayes, Lauren - Creative - SRW, Chicago, IL, pg. 143

Hayman, Luke - Account Services, Creative, NBC, PPOM - PENTAGRAM, New York, NY, pg. 194

Hayman, Scott - Creative, PPOM - HAMMER CREATIVE, INC., Hollywood, CA, pg. 562

Haynie, Richard - Creative - COMMIT AGENCY, Chandler, AZ, pg. 343

Hayward, Arthur - Creative, PPM - THE BRAND FACTORY, Toronto, ON, pg. 19

Hayward, Mike - Creative - COPACINO + FUJIKADO, LLC, Seattle, WA, pg. 344

Headrick, Jason - Creative - LEWIS COMMUNICATIONS, Birmingham, AL, pg. 100

Heale, Daniel - Account Services, Creative, NBC, Social Media - WAY TO BLUE, Los Angeles, CA, pg. 275

Healy, Heather - Creative, PPM - MARKETING FACTORY, INC., Venice, CA, pg. 383

Healy, Melissa - Creative - LEO BURNETT WORLDWIDE, Chicago, IL, pg. 98

Hearne, Sanders - Creative - 22SQUARED INC., Atlanta, GA, pg. 319

Heath, Matt - Creative, NBC, PPOM - PARTY LAND, Marina Del Rey, CA, pg. 125

Heatley, Devin - Creative - THE MARTIN AGENCY, Richmond, VA, pg. 421

Hebert, Doug - Creative, PPOM - SAVAGE DESIGN GROUP, Houston, TX, pg. 198

Hebert, Karen - Creative, PPOM - THE OYA GROUP, Los Gatos, CA, pg. 152

Hebert, Joel - Creative - POTENZA INC, Lafayette, LA, pg. 398

Hebson, Denny - Creative - SCHAFER CONDON CARTER, Chicago, IL, pg. 138

Heck, Matt - Creative, PPOM - GHOSTPISTOLS, Santa Monica, CA, pg. 76

Heck, Lucas - Creative - WUNDERMAN THOMPSON ATLANTA, Atlanta, GA, pg. 435

Heckelman, Emily - Account Services, Creative, Media Department - SPARK FOUNDRY, Chicago, IL, pg. 510

Hedeman, Mark - Creative - SPIRO & ASSOCIATES, Fort Myers, FL, pg. 143

Hedgecoth, Mason - Creative - EP+CO., New York, NY, pg. 356

Heffner, Rick - Creative, NBC, PPOM - FUSZION / COLLABORATIVE, Alexandria, VA, pg. 184

Hegarty, Tammy - Creative, Operations, Promotions - WPP KANTAR MEDIA, Boston, MA, pg. 451

Heid, Pete - Creative, Interactive / Digital - EDELMAN, Atlanta, GA, pg. 599

Heidle, Eric - Creative - BANIK COMMUNICATIONS, Great Falls, MT, pg. 580

Heigler, Allison - Creative - BASSET & BECKER ADVERTISING, Columbus, GA, pg. 37

Heil, Sharon - Creative - SIMPLE TRUTH, Chicago, IL, pg. 198

Heilenday, Kristy - Creative - BERLIN CAMERON, New York, NY, pg. 38

Heindl, Brent - Creative - FCB HEALTH, New York, NY, pg. 72

Heinnen, Kia - Creative - DROGA5, New York, NY, pg. 64

Heinze, Derek - Creative - R/GA, Chicago, IL, pg. 261

Heinzen, Eva - Creative - MANIFEST, New York, NY, pg. 248

Heisler, Sean - Creative - DAAKE DESIGN CENTER, Omaha, NE, pg. 178

Heiss, Blake - Creative - MBT MARKETING, Portland, OR, pg. 108

Helfman, Jonathan - Creative, PPOM - EXIT 10 ADVERTISING, Baltimore, MD, pg. 233

Helin, Eric - Creative - WIEDEN + KENNEDY, New York, NY, pg. 432

Heller, Jef - Creative - MATREX EXHIBITS, Addison, IL, pg. 311

Heller, Ben - Creative - MEKANISM, San Francisco, CA, pg. 112

Helliker, Kevin - Creative - BRUNSWICK GROUP, New York, NY, pg. 587

Helm, Guy - Creative - TBWA \ CHIAT \ DAY, Los Angeles, CA, pg. 146

Helms, Christian - Creative - HELMS WORKSHOP, Austin, TX, pg. 9

Helphand, Sam - Creative, Interactive / Digital, PPM - IGNITED, El Segundo, CA, pg. 373

Hember, Jay - Creative - JAYRAY, Tacoma, WA, pg. 377

Hemeyer, Drew - Creative - BARKLEY, Kansas City, MO, pg. 329

Hemp, Joe - Creative - SILTANEN & PARTNERS ADVERTISING, El Segundo, CA, pg. 410

Hemp, Mike - Creative, PPOM - ARTBOX CREATIVE STUDIOS, Rogers, MN, pg. 173

Henderson, Peter - Creative, PPOM - THE HENDERSON ROBB GROUP, Toronto, ON, pg. 151

Henderson, Ron - Creative - THE RICHARDS GROUP, INC., Dallas, TX, pg. 422

Henderson, Samuel - Account Services, Creative - BBDO WORLDWIDE, New York, NY, pg. 331

Henderson, Christopher - Creative, PPOM - PUBLIC WORKS, Minneapolis, MN, pg. 130

Henderson, Jason - Creative, PPOM - SECRET FORT, Chicago, IL, pg. 139

Henderson, David - Creative - GEOMETRY, Montreal, QC, pg. 363

Henderson, Brandon - Creative - WIEDEN + KENNEDY, New York, NY, pg. 432

Hendricks, Nathan - Creative, PPOM - LPK, Cincinnati, OH, pg. 12

Hendry, James - Creative - TEAM ONE, Los Angeles, CA, pg. 417

Heney, Vincent - Creative, PPOM - NORTHERN LIGHTS DIRECT, Chicago, IL, pg. 289

Henke, Jack - Creative, PPOM - HENKE & ASSOCIATES, INC., Cedarburg, WI, pg. 370

Hennegan, Emily - Creative - A. BRIGHT IDEA, Bel Air, MD, pg. 25

Henriques, Anthony - Creative - MERGE, Boston, MA, pg. 113

Henry, Stephen - Creative - BRANDNER COMMUNICATIONS, INC., Federal Way, WA, pg. 42

Henry, Amy - Creative - ADVENTURE CREATIVE, Brainerd, MN, pg. 28

Hensley, Jonathon - Creative, PPOM - EMERGE INTERACTIVE, Portland, OR, pg. 231

Henson, Chris - Creative - ACCESS, Roanoke, VA, pg. 322

Hentges, Doug - Creative - BARKLEY, Kansas City, MO, pg. 329

Henthorne, David - Creative - RON FOTH ADVERTISING, Columbus, OH, pg. 134

Hepp, Nathan - Creative, Interactive / Digital, Management - EMI STRATEGIC MARKETING, INC., Boston, MA, pg. 68

Herbst, Peter - Creative - ST. JOHN & PARTNERS ADVERTISING & PUBLIC RELATIONS, Jacksonville, FL, pg. 412

Herder, Brian - Creative, PPOM - RUSSELL HERDER, Minneapolis, MN, pg. 136

Herfel, Julie - Creative, Operations, PPOM - LINDSAY, STONE & BRIGGS, Madison, WI, pg. 100

Hergott, Sylvie - Creative - IMAGE MAKERS ADVERTISING, INC., Brookfield, WI, pg. 88

Hering, Deirdre - Creative - PUBLICIS NORTH AMERICA, New York, NY, pg. 399

Herman, Mike - Creative - THE VARIABLE, Winston-Salem, NC, pg. 153

Herman, Lauren - Creative - HILL HOLLIDAY, New York, NY, pg. 85

Herman, Matt - Creative - WIEDEN + KENNEDY, New York, NY, pg. 432

Hermann, Mike - Creative - ROUTE 1A ADVERTISING, Erie, PA, pg. 134

Hermosillo, Hilda - Creative - HAVAS SPORTS & ENTERTAINMENT, Atlanta, GA, pg. 370

Hernandez, Armando - Creative, PPOM - MARCA MIAMI, Coconut Grove, FL, pg. 104

Hernandez, Rodolfo - Creative, PPOM - ELEVATION, LTD, Washington, DC, pg. 540

Hernandez, Maria - Creative - PIL CREATIVE GROUP, Coral Gables, FL, pg. 128

Hernandez, Marlon - Creative - RPA, Santa Monica, CA, pg. 134

Hernandez, Pepe - Creative - WIEDEN + KENNEDY, New York, NY, pg. 432

Hernandez, Jacqueline - Creative - THE RICHARDS GROUP, INC., Dallas, TX, pg. 422

Hernandez, Yaritza - Creative - THE SUNFLOWER GROUP, New York, NY,

RESPONSIBILITIES INDEX
AGENCIES

Hernandez, Fabian - Account Services, Creative - THRIVEHIVE, Las Vegas, NV, pg. 271

Hernandez, Lucyed - Creative - LEO BURNETT TORONTO, Toronto, ON, pg. 97

Herndon, Heather - Creative - BOULTON CREATIVE, Greensboro, NC, pg. 41

Herndon, Claire - Account Services, Creative, NBC - ALTITUDE MARKETING, Emmaus, PA, pg. 30

Herrick, Craig - Creative - ZOZIMUS AGENCY, Boston, MA, pg. 665

Herrmann, Judi - Creative, PPOM - HERRMANN ADVERTISING DESIGN, Annapolis, MD, pg. 186

Herrmann, Matt - Creative - BVK, Milwaukee, WI, pg. 339

Hershberger, Diana - Account Services, Creative - 3HEADED MONSTER, Dallas, TX, pg. 23

Hershfield, Bobby - Creative, PPOM - THE VIA AGENCY, Portland, ME, pg. 154

Hershon, Marc - Creative, PPM - LANDOR, San Francisco, CA, pg. 11

Herskind, Erik - Account Services, Creative, Management - GODO DISCOVERY COMPANY, Dallas, TX, pg. 77

Herzer, Brant - Creative - VMLY&R, Chicago, IL, pg. 160

Herzer, Lara - Creative - MCGARRYBOWEN, Chicago, IL, pg. 110

Hess, Katrina - Creative - THE HEAVYWEIGHTS, Indianapolis, IN, pg. 420

Hess, Chris - Creative, PPOM - MONDO ROBOT , Boulder, CO, pg. 192

Hess, Alison - Creative - CODE AND THEORY, New York, NY, pg. 221

Hesse, Kelcey - Creative - DESIGN AT WORK CREATIVE SERVICES, Houston, TX, pg. 179

Hessel, Adam - Creative - HARRISON & STAR, INC., New York, NY, pg. 9

Hessler, Holly - Creative - MCCANN NEW YORK, New York, NY, pg. 108

Hester, Wes - Creative, Interactive / Digital - BANDUJO DONKER & BROTHERS , New York, NY, pg. 36

Heubach, Russell - Creative - PICO PLUS, Santa Monica, CA, pg. 397

Heuglin, Bill - Creative - LKH&S, Chicago, IL, pg. 381

Hewitt, Hayley - Creative, Operations - RETHINK COMMUNICATIONS, INC., Vancouver, BC, pg. 133

Heymann, Neil - Creative, PPOM - DROGA5, New York, NY, pg. 64

Hiatt, Nora - Creative - MARLIN NETWORK, Springfield, MO, pg. 105

Hickey, Trevor - Creative - DIMASSIMO GOLDSTEIN, New York, NY, pg. 351

Hickman, Mike - Creative - AKQA , Washington, DC, pg. 212

Hickman, Piper - Creative - 360I, LLC, New York, NY, pg. 320

Hickman, Crethann - Creative - THE POINT GROUP, Dallas, TX, pg. 152

Hicks, Gretchen - Creative - SHERRY MATTHEWS ADVOCACY MARKETING, Austin, TX, pg. 140

Hicks, Tim - Creative, Interactive / Digital, PPM - PROOF ADVERTISING, Austin, TX, pg. 398

Hicks, Savannah - Creative - BUTLER, SHINE, STERN & PARTNERS, Sausalito, CA, pg. 45

Hicks, Robyn - Creative - A. BRIGHT IDEA, Bel Air, MD, pg. 25

Hidalgo, Reggie - Creative - ART MACHINE, Hollywood, CA, pg. 34

Hidden, James - Account Planner, Account Services, Creative, Public Relations - OGILVY, Chicago, IL, pg. 393

Higgason, Kristin - Creative - MCGARRYBOWEN, Chicago, IL, pg. 110

Higgins, Jerry - Creative - CORE CREATIVE, Milwaukee, WI, pg. 344

Higgins, Scott - Creative - MCCANN NEW YORK, New York, NY, pg. 108

Higgins, Jarrod - Creative - WIEDEN + KENNEDY, Portland, OR, pg. 430

Higgins, Schuyler - Creative - EDELMAN, New York, NY, pg. 599

Hilburn, Jay - Creative - SID LEE, Seattle, WA, pg. 140

Hilden, Nick - Creative - LINCOLN DIGITAL GROUP, West Palm Beach, FL, pg. 246

Hilder, Zach - Creative - 72ANDSUNNY, Playa Vista, CA, pg. 23

Hileman, Maria - Creative, NBC - MEDIA BRIDGE ADVERTISING, Minneapolis, MN, pg. 484

Hiler, Alyssa - Creative, Human Resources, Management, Operations - ARTEFACT, Seattle, WA, pg. 173

Hilgart, John - Creative - INFERNO, LLC, Memphis, TN, pg. 374

Hill, Chris - Creative, PPOM - HILL , Houston, TX, pg. 186

Hill, Stuart - Creative - THE RICHARDS GROUP, INC., Dallas, TX, pg. 422

Hill, Melissa - Account Services, Creative, Management - MEKANISM, New York, NY, pg. 113

Hill, Olivia - Creative - DONER, Southfield, MI, pg. 63

Hill, Anastasia - Creative - DOEANDERSON ADVERTISING , Louisville, KY, pg. 352

Hill, Brett - Creative - HEARST MAGAZINES DIGITAL MEDIA, New York, NY, pg. 238

Hills, Taylor - Creative, Management - DIGITAS HEALTH LIFEBRANDS, New York, NY, pg. 229

Hilton, Kerry - Creative, PPOM - HCB HEALTH, Austin, TX, pg. 83

Hilts, Jeff - Creative - FCB TORONTO, Toronto, ON, pg. 72

Hilzinger, Glen - Creative, Interactive / Digital - LEO BURNETT DETROIT, Troy, MI, pg. 97

Himelfarb, Micole - Creative - WE ARE BMF, New York, NY, pg. 318

Himeno, Hajime - Creative - HELLO DESIGN, Culver City, CA, pg. 238

Hines, Erwin - Account Services, Creative - BASIC, San Diego, CA, pg. 215

Hines, Justin - Creative, Interactive / Digital - ADEPT MARKETING, Columbus, OH, pg. 210

Hines, Robin - Creative - ROMPH & POU AGENCY, Shreveport, LA, pg. 408

Hinkle, Woody - Creative, PPOM - NASUTI & HINKLE, Bethesda, MD, pg. 119

Hinkle, Jeff - Creative - TOTALCOM, Huntsville, AL, pg. 156

Hinson, Paris - Creative, PPOM - ANTONIO & PARIS, San Francisco, CA, pg. 32

Hirata, Kathy - Creative, PPOM - SOOHOO DESIGNERS, Torrance, CA, pg. 199

Hirby, Ben - Creative, Interactive / Digital, PPOM - PLANET PROPAGANDA, Madison, WI, pg. 195

Hirneise, Bart - Creative - AGENCY CREATIVE, Dallas, TX, pg. 29

Hirsch, Andy - Creative, PPOM - MERKLEY + PARTNERS, New York, NY, pg. 114

Hirsch, Chris - Creative, PPOM - LG2, Montreal, QC, pg. 380

Hirsley, Quentin - Creative - MCGARRYBOWEN, Chicago, IL, pg. 110

Hitch, Troy - Creative, PPOM - PROXIMITY WORLDWIDE, Cincinnati, OH, pg. 258

Hite, Anne Marie - Creative - THE MARTIN AGENCY, Richmond, VA, pg. 421

Hite, Karen - Creative - HILL HOLLIDAY, Boston, MA, pg. 85

Hix, Laurie - Creative, PPOM - BROGAN & PARTNERS , Birmingham, MI, pg. 538

Ho, Derrick - Creative - WIEDEN + KENNEDY, Portland, OR, pg. 430

Ho, Austin - Creative - THE MANY, Pacific Palisades, CA, pg. 151

Ho, Anna - Creative, Interactive / Digital, Media Department - SMASHING IDEAS, Seattle, WA, pg. 266

Hoak, Jerry - Creative - THE MARTIN AGENCY, Richmond, VA, pg. 421

Hoar, John - Creative - PLANET CENTRAL, Richmond, VA, pg. 257

Hobbins, Teddy - Account Services, Creative, Management - BOATBURNER, St Paul, MN, pg. 40

Hock, Matthew - Creative - GREY GROUP, New York, NY, pg. 365

Hock, Ben - Creative - GROUNDFLOOR MEDIA, Denver, CO, pg. 611

Hocker, Brett - Creative - HAMMER CREATIVE, INC., Hollywood, CA, pg. 562

Hodder, Kent - Creative, PPOM - HODDER, Minneapolis, MN, pg. 86

Hodge, Lynda - Creative - THE RICHARDS GROUP, INC., Dallas, TX, pg. 422

Hodges, Greg - Creative, PPOM - HODGES & ASSOCIATES , Birmingham, AL, pg. 86

Hodges, Scott - Creative - THE ADSMITH, Athens, GA, pg. 201

Hodges, Charles - Creative, PPOM - ARTS & LETTERS, Richmond, VA, pg.

1334

34

Hodges, Colin - Creative - WONGDOODY, Culver City, CA, pg. 433

Hodges, Nicole - Creative - PROPAC, Plano, TX, pg. 682

Hodges, Jeremy - Creative - JACK MORTON WORLDWIDE, Chicago, IL, pg. 309

Hodgins, Ben - Creative, Operations - INSIGHT MARKETING DESIGN, Sioux Falls, SD, pg. 89

Hodgkinson, Don - Creative - AKQA, New York, NY, pg. 212

Hodgson, Tim - Creative, PPOM - BLACKWING CREATIVE, Seattle, WA, pg. 40

Hodgson, Jeff - Creative - GUT MIAMI, Miami, FL, pg. 80

Hodson, Karen - Creative - MARCOM GROUP, INC., Mississauga, ON, pg. 311

Hoelter, Cam - Creative - MCCANN NEW YORK, New York, NY, pg. 108

Hoenderboom, Pol - Creative - BBDO WORLDWIDE, New York, NY, pg. 331

Hofer, Eva - Creative - MEDIA ONE ADVERTISING, Sioux Falls, SD, pg. 112

Hoffman, Myra - Creative, NBC, PPOM - HIP ADVERTISING, Springfield, IL, pg. 86

Hoffman, Laura - Account Planner, Creative, Interactive / Digital, NBC - ZENITH MEDIA, New York, NY, pg. 529

Hoffman, Jeff - Account Services, Creative, NBC, PPOM - EP+CO., Greenville, SC, pg. 356

Hogan, Tim - Creative - BRANDIENCE, Cincinnati, OH, pg. 42

Hogfeldt, Erik - Creative, PPOM - HIGHFIELD, New York, NY, pg. 85

Hoggatt, Hannah - Creative - OUTCOLD, Chicago, IL, pg. 395

Hogrefe, Julie - Creative - RX EDGE MEDIA NETWORK, East Dundee, IL, pg. 557

Hoke, Chris - Creative - MARKSTEIN, Birmingham, AL, pg. 625

Holberg, Richard - Creative - GAVIN ADVERTISING, York, PA, pg.

Holbrook, Rachel - Creative, PPM - TWENTY-FIRST CENTURY BRAND, San Francisco, CA, pg. 157

Holden, Dave - Creative, PPOM - KIOSK CREATIVE LLC, Novato, CA, pg. 378

Holderfield, Carol - Creative - POINT B COMMUNICATIONS, Chicago, IL, pg. 128

Holdorf, Mandi - Creative, Interactive / Digital, PPM - 215 MCCANN, San Francisco, CA, pg. 319

Holewski, Christopher - Creative - JK DESIGN, Hillsborough, NJ, pg. 481

Holford, Greg - Creative - EVENTWORKS, Los Angeles, CA, pg. 305

Holland, Karen - Creative, NBC - RICHARDS CARLBERG, Dallas, TX, pg. 406

Holland, Burt - Creative, PPOM - ENCYCLOMEDIA ATLANTA, INC., Atlanta, GA, pg. 465

Holland, Claire - Creative, Public Relations - AGENCYEA, Chicago, IL, pg. 302

Holland, Emma - Creative, NBC - THE RICHARDS GROUP, INC., Dallas, TX, pg. 422

Hollenbeck, Rob - Creative, NBC - THE RICHARDS GROUP, INC., Dallas, TX, pg. 422

Hollister, Jeremy - Creative, PPOM - PLUS, New York, NY, pg. 128

Hollmeyer, Jenn - Creative - THE MX GROUP, Burr Ridge, IL, pg. 422

Hollon, Kalee - Account Services, Creative - IBM IX, Columbus, OH, pg. 240

Holly, Bruce - Creative - MEANS ADVERTISING, Birmingham, AL, pg. 112

Holman, Jexy - Creative - TBWA \ CHIAT \ DAY, New York, NY, pg. 416

Holman, Eric - Creative - MARCUS THOMAS, Cleveland, OH, pg. 104

Holman, Brien - Creative - WE ARE ROYALE, Los Angeles, CA, pg. 205

Holmes, Jeff - Creative, PPOM - 3MARKETEERS ADVERTISING, INC., San Jose, CA, pg. 23

Holmes, Tim - Creative - DDB CHICAGO, Chicago, IL, pg. 59

Holmes, Laura - Creative - DECODED ADVERTISING, New York, NY, pg. 60

Holmes, Brenna - Creative, Interactive / Digital, Media Department, Research, Social Media - CHAPMAN CUBINE + HUSSEY, Arlington, VA, pg. 281

Holmquist, Erick - Creative - FITZCO, Atlanta, GA, pg. 73

Holpfer, Shawn - Creative - BADER RUTTER & ASSOCIATES, INC., Milwaukee, WI, pg. 328

Holt, Shandra - Creative - MANZELLA MARKETING GROUP, Bowmansville, NY, pg. 383

Holt, Kristina - Creative - PROOF ADVERTISING, Austin, TX, pg. 398

Holt, Matthew - Creative, PPM - HEY WONDERFUL, Los Angeles, CA, pg. 562

Holtby, Joel - Creative - RETHINK COMMUNICATIONS, INC., Toronto, ON, pg. 133

Holtz, David - Creative - REVOLUTION MESSAGING, Washington, DC, pg. 534

Honey, Ryan - Creative, PPOM - BUCK, Los Angeles, CA, pg. 176

Hong, Devon - Creative - 72ANDSUNNY, Brooklyn, NY, pg. 24

Hong, Iris - Creative, Media Department - FIREWOOD, San Francisco, CA, pg. 283

Hooge, JD - Creative, NBC, PPOM - INSTRUMENT, Portland, OR, pg. 242

Hooton, Bryce - Creative - JOAN, New York, NY, pg. 92

Hoover, Dan - Creative, PPOM - ESTEY-HOOVER ADVERTISING & PUBLIC RELATIONS, Newport Beach, CA, pg. 69

Hope, Valerie - Creative, Interactive / Digital, PPM - WALRUS, New York, NY, pg. 161

Hopfer, Jeff - Creative - THE RICHARDS GROUP, INC., Dallas, TX, pg. 422

Hopkins, Peyton - Creative - VLADIMIR JONES, Colorado Springs, CO, pg. 429

Hoppe, Meg - Creative, Interactive / Digital - THE WEIDERT GROUP, Appleton, WI, pg. 425

Hoppe, Tina - Creative - ACTIVISION BLIZZARD MEDIA, New York, NY, pg. 26

Hopper, Charlie - Creative, PPOM - YOUNG & LARAMORE, Indianapolis, IN, pg. 164

Horak, Markus - Account Services, Creative, Media Department - ACCENTURE INTERACTIVE, New York, NY, pg. 209

Horn, Glenn - Creative - CHAPPELLROBERTS, Tampa, FL, pg. 341

Horn, Pat - Creative - SOLVE, Minneapolis, MN, pg. 17

Horn, Derek - Creative - BEARDWOOD & CO, New York, NY, pg. 174

Hornaday, Katy - Creative - BARKLEY, Kansas City, MO, pg. 329

Hornickel, Kristi - Account Services, Creative - INNOCEAN USA, Huntington Beach, CA, pg. 479

Horowitz, Brad - Creative, Interactive / Digital, Management, Media Department, PPOM - ELITE MARKETING GROUP, New York, NY, pg. 305

Horowitz, David - Creative - MEKANISM, New York, NY, pg. 113

Horsfall, Cheryl - Creative - DDB NEW YORK, New York, NY, pg. 59

Horstman, Bryan - Creative - GRAY LOON MARKETING GROUP, Evansville, IN, pg. 365

Horton, Nicole - Creative - PERISCOPE, Minneapolis, MN, pg. 127

Horton, Patrick M. - Creative - DROGA5, New York, NY, pg. 64

Hoskins, Christa - Creative - SPIRO & ASSOCIATES, Fort Myers, FL, pg. 143

Hosler, Joe - Account Services, Creative - ZORCH, Chicago, IL, pg. 22

Hosmer, Rick - Creative, PPOM - KLUNDTHOSMER DESIGN, Spokane, WA, pg. 244

Hostetler, Erik - Creative - MOXIE, Atlanta, GA, pg. 251

Hotten, Laura - Creative, Interactive / Digital - DEBERRY GROUP, San Antonio, TX, pg. 595

Hough, David - Account Planner, Creative, PPM - GROSSMAN MARKETING GROUP, Somerville, MA, pg. 284

Houlihan, Kevin - Creative, PPOM - MERGE, Chicago, IL, pg. 113

Hovis, Emily - Creative - 72ANDSUNNY, Brooklyn, NY, pg. 24

Howard, Blake - Creative, PPOM - MATCHSTIC, Atlanta, GA, pg. 13

Howard, Charles - Creative, Interactive / Digital, PPM - INHANCE DIGITAL, Los Angeles, CA, pg. 242

Howard, Reid - Creative, PPM - BBDO

RESPONSIBILITIES INDEX — AGENCIES

ATL, Atlanta, GA, pg. 330
Howard, Alison - Analytics, Creative - ZOZIMUS AGENCY, Boston, MA, pg. 665
Howard, Hannah - Creative - CREATIVE ENERGY, INC., Johnson City, TN, pg. 346
Howatt, Brian - Account Planner, Creative, PPOM - RESULTS MARKETING & ADVERTISING, Charlottetown, PE, pg. 405
Howe, Prentice - Creative, PPOM - DOOR NUMBER 3, Austin, TX, pg. 64
Howe, Chris - Creative - VMLY&R, Seattle, WA, pg. 275
Howe, Lauren - Creative - COLANGELO & PARTNERS, New York, NY, pg. 591
Howell, Laurie - Creative - DROGA5, New York, NY, pg. 64
Howells, Colin - Creative - SWARM, Atlanta, GA, pg. 268
Howells, John - Creative - SITUATION INTERACTIVE, New York, NY, pg. 265
Howlett, Brian - Creative, PPOM - JUNCTION59, Toronto, ON, pg. 378
Hradecky, Jim - Creative, PPOM - KRAUSE ADVERTISING, Dallas, TX, pg. 379
Hradek, Bryan - Creative - MCGARRYBOWEN, Chicago, IL, pg. 110
Hrubala, Bernie - Creative - DECKER, Glastonbury, CT, pg. 60
Hrutkay, Bradley - Creative - REDSHIFT, Pittsburgh, PA, pg. 133
Hsieh, Elaine - Creative, Management, Operations, Public Relations - 52 LTD, Portland, OR, pg. 667
Hsu, Emma - Creative - AIR PARIS NEW YORK, New York, NY, pg. 172
Hsu, Andy - Creative, Interactive / Digital - INNOCEAN USA, Huntington Beach, CA, pg. 479
Huang, Xiwei - Creative - WEBER SHANDWICK, San Francisco, CA, pg. 662
Huang, Alex - Creative - Y MEDIA LABS, Redwood City, CA, pg. 205
Huante, Lance - Creative, PPOM - P11CREATIVE, INC., Newport Beach, CA, pg. 194
Hubert, Jenna - Creative - KPS3 MARKETING AND COMMUNICATIONS, Reno, NV, pg. 378
Hucek, Brian - Creative - PLANET PROPAGANDA, Madison, WI, pg. 195
Hudak, Rob - Creative - ZEHNDER COMMUNICATIONS, INC., New Orleans, LA, pg. 436
Hudgins, Matt - Account Services, Creative, Interactive / Digital, Media Department - GOODBY, SILVERSTEIN & PARTNERS, San Francisco, CA, pg. 77
Hudson, Paige - Creative - SECOND STORY INTERACTIVE, Portland, OR, pg. 265
Huerta, Dave - Creative, PPOM - TACO TRUCK CREATIVE, Carlsbad, CA, pg. 145
Huff, Jeremy - Creative - THE RESERVE LABEL, Los Angeles, CA, pg. 563

Huft, Nathan - Creative - THE WOO AGENCY, Culver City, CA, pg. 425
Hughes, Barney - Creative, NBC, PPOM - HUGHES DESIGN GROUP, South Norwalk, CT, pg. 186
Hughes, Kathy - Creative - GECKO GROUP, West Chester, PA, pg. 184
Hughes, Dave - Creative, NBC, PPOM - GARRISON HUGHES, Pittsburgh, PA, pg. 75
Hughes, Dion - Creative, PPOM - PERSUASION ARTS & SCIENCES, Minneapolis, MN, pg. 15
Hughes, Anette - Creative - MIDNIGHT OIL CREATIVE, Burbank, CA, pg. 250
Hughes, David - Account Services, Creative, Management, Operations - CALLEN, Austin, TX, pg. 46
Hughes, Randy - Creative - CARMICHAEL LYNCH, Minneapolis, MN, pg. 47
Hughes, Kristi - Creative - THE MANY, Pacific Palisades, CA, pg. 151
Hughes, Peter - Creative - 72ANDSUNNY, Playa Vista, CA, pg. 23
Hughlett, Neal - Creative - MMB, Boston, MA, pg. 116
Huie, Rhonda - Creative - RE:GROUP, INC., Ann Arbor, MI, pg. 403
Huitsing, Suzanne - Creative - CALDER BATEMAN COMMUNICATIONS, Edmonton, AB, pg. 339
Hull, Brian - Creative, Interactive / Digital - CLEAR, New York, NY, pg. 51
Hull, Gordon - Creative - MOTHER NY, New York, NY, pg. 118
Hull, Jourdan - Creative, Social Media - TBWA \ CHIAT \ DAY, Los Angeles, CA, pg. 146
Hulsey, Derek - Creative - YOUNG & LARAMORE, Indianapolis, IN, pg. 164
Hum, William - Account Services, Creative, Media Department, Promotions - CONSTELLATION AGENCY, New York, NY, pg. 221
Hume, John - Creative - PORCARO COMMUNICATIONS, Anchorage, AK, pg. 398
Hummel, Camila - Creative - ENERGY BBDO, INC., Chicago, IL, pg. 355
Humphrey, Kristee - Creative, Interactive / Digital - PROOF ADVERTISING, Austin, TX, pg. 398
Hung, Tracy - Creative - HELLO DESIGN, Culver City, CA, pg. 238
Hung, Susan - Creative - PUBLICIS TORONTO, Toronto, ON, pg. 639
Huni, Nathalie - Creative, Management - DIGITAS, New York, NY, pg. 226
Hunn, Brian - Creative - DIGITAS, New York, NY, pg. 226
Hunt, Matt - Account Services, Creative, PPOM - HUNT MARKETING GROUP, Seattle, WA, pg. 285
Hunt, Steve - Creative, PPOM - CANNONBALL AGENCY, Saint Louis, MO, pg. 5
Hunt, Lauren - Account Services, Creative - EP+CO., Greenville, SC, pg. 356

Hunt, Ward - Creative - COLANGELO SYNERGY MARKETING, INC., Darien, CT, pg. 566
Hunt, John - Creative, PPOM - TBWA \ CHIAT \ DAY, New York, NY, pg. 416
Hunter, Alan - Creative, PPOM - PETROL, Burbank, CA, pg. 127
Hunter, Andrew - Creative - 360I, LLC, New York, NY, pg. 320
Hunter, Anne - Creative, Finance, NBC - KANTAR MEDIA, New York, NY, pg. 446
Hunter, Greg - Creative - PREACHER, Austin, TX, pg. 129
Huppenthal, Jim - Account Services, Creative - BRIERLEY & PARTNERS, Sherman Oaks, CA, pg. 167
Hurlbert, Grant - Creative - ROCKIT SCIENCE AGENCY, Baton Rouge, LA, pg. 16
Hurley, Brian - Creative - PUBLIC WORKS, Minneapolis, MN, pg. 130
Hurley, Josh - Creative - DEUTSCH, INC., Los Angeles, CA, pg. 350
Hurni, Roger - Creative, PPOM - OFF MADISON AVENUE, Phoenix, AZ, pg. 392
Hurst, Guido - Creative - BEACON HEALTHCARE COMMUNICATIONS, Bedminster, NJ, pg. 38
Husnik, Whitney - Creative - BBDO SAN FRANCISCO, San Francisco, CA, pg. 330
Hussey, Lance - Creative, PPOM - RKS DESIGN, Thousand Oaks, CA, pg. 197
Huston, Dennis - Creative - CREATIVE RESOURCES GROUP, INC., Plymouth, MA, pg. 55
Hutchens, Matt - Creative, Interactive / Digital, Media Department - BIGEYE AGENCY, Orlando, FL, pg. 3
Hutchinson, Sarah - Account Services, Creative - NEIMAND COLLABORATIVE, Washington, DC, pg. 391
Hutchison, Scott - Creative - PUBLICIS HAWKEYE, Dallas, TX, pg. 399
Hutson, Lauren - Creative - TARGETBASE MARKETING, Irving, TX, pg. 292
Hutson, Gregg - Creative - MERRICK TOWLE COMMUNICATIONS, Greenbelt, MD, pg. 114
Hwang, Grace - Creative - MEKANISM, San Francisco, CA, pg. 112
Hyde, Bill - Creative, NBC, PPOM - DP+, Farmington Hills, MI, pg. 353
Hyland, Douglas - Creative - VITRO AGENCY, San Diego, CA, pg. 159
Hynes, John - Creative, PPOM - KORN HYNES ADVERTISING, Morristown, NJ, pg. 95
Hynes, Bryan - Creative - AUSTIN & WILLIAMS ADVERTISING, Hauppauge, NY, pg. 328
Hyon, Marie - Creative, PPOM - PSYOP, New York, NY, pg. 196
Hystead, Marsha - Creative, PPOM - HAILEY SAULT, Duluth, MN, pg. 81
Hystead, Lauren - Creative -

1336

AGENCIES

RESPONSIBILITIES INDEX

SOCIALDEVIANT, LLC, Chicago, IL, pg. 688
Iacobucci, Marcia - Creative - DDB CHICAGO, Chicago, IL, pg. 59
Ian, Matt - Creative - MCGARRYBOWEN, New York, NY, pg. 109
Ibarra, Rodney - Creative - ONE TRICK PONY, Hammonton, NJ, pg. 15
Idoni, Trisha - Creative - E. W. BULLOCK ASSOCIATES, Pensacola, FL, pg. 66
Iler-Smith, Diane - Creative - BIOLUMINA, New York, NY, pg. 39
Imbert, Camille - Creative - KETTLE, New York, NY, pg. 244
Immel, Jeff - Creative - WEBER SHANDWICK, Chicago, IL, pg. 661
Inda, Brandon - Creative - STAPLEGUN DESIGN, LLC, Oklahoma City, OK, pg. 412
Ingram, Grey - Creative - FCB CHICAGO, Chicago, IL, pg. 71
Ingram, Chad - Creative - GEOMETRY, Chicago, IL, pg. 363
Ingrassia, Carl - Creative - CAWOOD, Eugene, OR, pg. 340
Ingwalson, Matt - Creative - HEINRICH MARKETING, INC., Denver, CO, pg. 84
Inman, Kim - Creative, Interactive / Digital - MATCH ACTION MARKETING GROUP, Boulder, CO, pg. 692
Inners, Chris - Account Services, Creative - OMD WEST, Los Angeles, CA, pg. 502
Ipcar, Matt - Creative - BLUE STATE DIGITAL, New York, NY, pg. 335
Irby, Chelsie - Creative, PPM - MCKINNEY, Durham, NC, pg. 111
Ireland, Robert - Creative, Management, PPOM - SHARP COMMUNICATIONS, INC., New York, NY, pg. 140
Irizarry, Thomas - Creative, Operations - TRIAD RETAIL MEDIA, St. Petersburg, FL, pg. 272
Irland, Nicole - Creative - BVK, Milwaukee, WI, pg. 339
Irving, Mark - Creative - ILEVEL MEDIA, Milwaukee, WI, pg. 615
Isenberg, Bob - Creative - WRL ADVERTISING, Canton, OH, pg. 163
Isidore, Adam - Creative, Interactive / Digital, PPM - FCB NEW YORK, New York, NY, pg. 357
Isler, Jarard - Creative - HILL HOLLIDAY, New York, NY, pg. 85
Isroff, Michelle - Creative, Interactive / Digital - BIG RED ROOSTER, Columbus, OH, pg. 3
Ives, Michael - Creative, Management - ACKERMAN MCQUEEN, INC., Oklahoma City, OK, pg. 26
Izarraras, Danny - Creative - WORLD WIDE MIND, Venice Beach, CA, pg. 163
Izique, Pedro - Creative - WIEDEN + KENNEDY, Portland, OR, pg. 430
Jacek, Nicole - Creative - WIEDEN + KENNEDY, Portland, OR, pg. 430
Jackson, Doug - Creative - ACCURATE DESIGN & COMMUNICATION, INC., Ottawa, ON, pg. 171
Jackson, Randy - Creative - MAY ADVERTISING & DESIGN, INC., Minneapolis, MN, pg. 107
Jackson, Alene - Creative - CLEAR, New York, NY, pg. 51
Jackson, Jon - Creative, Interactive / Digital, PPOM - WORK & CO, Brooklyn, NY, pg. 276
Jackson, Danny - Creative - TBWA \ CHIAT \ DAY, New York, NY, pg. 416
Jackson, Eric - Creative - TRUE NORTH CUSTOM PUBLISHING, LLC, Chattanooga, TN, pg. 564
Jackson, Madison - Creative - O'KEEFE REINHARD & PAUL, Chicago, IL, pg. 392
Jackus, George - Creative - BALDWIN & OBENAUF, INC., Somerville, NJ, pg. 329
Jacobs, Hank - Creative - BODDEN PARTNERS, New York, NY, pg. 335
Jacobs, Seth - Creative - ANOMALY, New York, NY, pg. 325
Jacobs, Dan - Creative - HUMANAUT, Chattanooga, TN, pg. 87
Jacobs, Jesse - Creative - LUMENTUS, New York, NY, pg. 624
Jacobs, Erik - Creative - PERISCOPE, Minneapolis, MN, pg. 127
Jacobs, Chris - Creative - THE VIA AGENCY, Portland, ME, pg. 154
Jacobson, Matthew - Creative - DIGITAS, Chicago, IL, pg. 227
Jacobson, Per - Creative, PPOM - THE DISTILLERY PROJECT, Chicago, IL, pg. 149
Jacoby, Erika - Creative - BLACKDOG ADVERTISING, Miami, FL, pg. 40
Jain, Shrivika - Creative - BIG SPACESHIP, Brooklyn, NY, pg. 455
Jakubiak, Jason - Creative, Interactive / Digital - THE MARS AGENCY, Southfield, MI, pg. 683
James, Lee - Creative, PPOM - MYTHIC, Charlotte, NC, pg. 119
James, Roland - Creative - ANALOGFOLK, New York, NY, pg. 439
James, Christen - Creative, Media Department, PPM - MCGARRYBOWEN, Chicago, IL, pg. 110
James, Caroline - Creative - DIGITAS, San Francisco, CA, pg. 227
James, Nathan - Creative - PREACHER, Austin, TX, pg. 129
James, Casey - Creative, Operations - JONES KNOWLES RITCHIE, New York, NY, pg. 11
Jamison, Randy - Creative, PPOM - CURIOUS MEDIA, Nampa, ID, pg. 56
Jamison, Molly - Creative - FIG, New York, NY, pg. 73
Jansen, Katie - Creative - POINT-ONE-PERCENT, New York, NY, pg. 15
Jansma, Chris - Creative - DIGITAS, Chicago, IL, pg. 227
Janusz, Rick - Creative - CONVERSANT, LLC, Chicago, IL, pg. 222
Jaramillo, Daniel - Creative - LEO BURNETT WORLDWIDE, Chicago, IL, pg. 98
Jardim, Ronaldo - Creative, Interactive / Digital, PPOM - PAVONE MARKETING GROUP, Harrisburg, PA, pg. 396
Jarosh, Aaron - Creative - BAILEY LAUERMAN, Omaha, NE, pg. 35
Jarvis, Paul - Creative, PPOM - PROPAGANDA, Saint Louis, MO, pg. 196
Jarvis, John - Creative, PPOM - THE LACEK GROUP, Minneapolis, MN, pg. 270
Jarvis, Gabby - Creative - STARCOM WORLDWIDE, Detroit, MI, pg. 517
Jasinowski, Jeff - Creative - STIR, LLC, Milwaukee, WI, pg. 413
Jason, Tory - Creative - HILL HOLLIDAY, New York, NY, pg. 85
Jatene, Rodrigo - Creative, PPOM - GREY WEST, San Francisco, CA, pg. 367
Jayanath, Ravi - Account Planner, Account Services, Creative, Interactive / Digital, Media Department - BIG FAMILY TABLE, Los Angeles, CA, pg. 39
Jeffrey, Colin - Creative, PPOM - WOLFGANG, Los Angeles, CA, pg. 433
Jeffrey, Nancy - Creative - EDELMAN, New York, NY, pg. 599
Jencks, Robert - Creative - GREY GROUP, New York, NY, pg. 365
Jendrysik, Ted - Creative - MECHANICA, Newburyport, MA, pg. 13
Jenkins, Lee - Creative - GLOVER PARK GROUP, Washington, DC, pg. 608
Jenkins, Whitney - Creative - AKQA, Portland, OR, pg. 212
Jenkins, Dean - Creative - THE MIXX, New York, NY, pg. 20
Jenkins, Wendy - Creative - UPWARD BRAND INTERACTIONS, Dayton, OH, pg. 158
Jenkinson, John - Creative, Public Relations - MOMENTUM WORLDWIDE, New York, NY, pg. 117
Jennings, Stuart - Creative - WIEDEN + KENNEDY, New York, NY, pg. 432
Jennings, Lee - Creative - WIEDEN + KENNEDY, Portland, OR, pg. 430
Jennus, Tom - Creative, PPOM - TRICKEY JENNUS, INC., Tampa, FL, pg. 156
Jensen, David - Creative, PPOM - JENSEN DESIGN ASSOCIATES, Long Beach, CA, pg. 188
Jensen, Lance - Creative, PPOM - HILL HOLLIDAY, Boston, MA, pg. 85
Jensen, Caleb - Creative - WIEDEN + KENNEDY, New York, NY, pg. 432
Jensen, Joel - Creative, PPOM - DENIZEN GROUP, Culver City, CA, pg. 225
Jensen, Katie - Creative - DDB NEW YORK, New York, NY, pg. 59
Jensen, Roderick - Creative - EP+CO., Greenville, SC, pg. 356
Jensen, David - Creative - WRL ADVERTISING, Canton, OH, pg. 163
Jerde, Jennifer - Creative, PPOM - ELIXIR DESIGN, San Francisco, CA, pg. 181
Jeske, Andrew - Creative - BBDO WORLDWIDE, New York, NY, pg. 331
Jesse, Greg - Creative - SUKLE ADVERTISING & DESIGN, Denver, CO,

RESPONSIBILITIES INDEX — AGENCIES

pg. 145
Jessee, Todd - Creative - BRANDIENCE, Cincinnati, OH, pg. 42
Jewell, Bridget - Creative - PERISCOPE, Minneapolis, MN, pg. 127
Jillian West, Rachel - Creative - GREY GROUP, New York, NY, pg. 365
Jim-George, Charlie - Creative, Interactive / Digital, Media Department - HI5.AGENCY, Burbank, CA, pg. 239
Jimenez, Ed - Creative - BRANDTRUST, INC., Chicago, IL, pg. 4
Jimenez, Brian - Creative - BROGAN TENNYSON GROUP, INC., Dayton, NJ, pg. 43
Jimenez, Christian - Creative - DIESTE, Dallas, TX, pg. 539
Joakim, Chris - Creative - R/GA, New York, NY, pg. 260
Jobson, Nikki - Creative - TAXI, Vancouver, BC, pg. 146
Johannsen, Lara - Creative - WONGDOODY, Seattle, WA, pg. 162
John, Judy - Creative, PPOM - EDELMAN, Chicago, IL, pg. 353
John, Kevin - Account Services, Creative - PEREIRA & O'DELL, San Francisco, CA, pg. 256
Johns, Josh - Creative, PPOM - AUGUST JACKSON, Baltimore, MD, pg. 302
Johnson, Mason - Creative, NBC, PPOM - JOHNSON-RAUHOFF, INC., Saint Joseph, MI, pg. 93
Johnson, Will - Creative, PPOM - JOHNSON GRAY ADVERTISING, Laguna Beach, CA, pg. 377
Johnson, Tina - Creative - THE RICHARDS GROUP, INC., Dallas, TX, pg. 422
Johnson, David - Creative, PPOM - SWERVE DESIGN GROUP, Toronto, ON, pg. 416
Johnson, Joe - Creative - PUBLICIS NORTH AMERICA, New York, NY, pg. 399
Johnson, Margaret - Creative, PPOM - GOODBY, SILVERSTEIN & PARTNERS, San Francisco, CA, pg. 77
Johnson, Donnell - Creative - ANOMALY, New York, NY, pg. 325
Johnson, Pete - Creative - DEUTSCH, INC., New York, NY, pg. 349
Johnson, Richard - Creative, PPOM - PRICEWEBER MARKETING COMMUNICATIONS, INC., Louisville, KY, pg. 398
Johnson, Mark - Creative, PPOM - PERSUASION ARTS & SCIENCES, Minneapolis, MN, pg. 15
Johnson, Neil - Account Services, Creative, Management - FLEISHMANHILLARD HIGHROAD, Toronto, ON, pg. 606
Johnson, Patrick - Creative - DIGITAS HEALTH LIFEBRANDS, Philadelphia, PA, pg. 229
Johnson, Kent - Creative, PPOM - JOHNSON & SEKIN, Dallas, TX, pg. 10
Johnson, Allie - Creative, NBC, PPM - VIVA CREATIVE, Rockville, MD, pg. 160

Johnson, Grant - Creative, PPOM - SIXSPEED, Minneapolis, MN, pg. 198
Johnson, Stefanie - Account Services, Creative, Management - VELOCITY OMC, New York, NY, pg. 158
Johnson, Richard - Creative - VWA, Atlanta, GA, pg. 429
Johnson, Macauley - Creative - GENTLEMAN SCHOLAR, Los Angeles, CA, pg. 562
Johnson, Matthew - Creative - MCKINNEY, West Hollywood, CA, pg. 111
Johnson, Neil - Creative, Interactive / Digital - MASON, INC., Bethany, CT, pg. 383
Johnson, Greg - Creative - MEDIA LOGIC, Albany, NY, pg. 288
Johnson, Margo - Creative - EVR ADVERTISING, Manchester, NH, pg. 69
Johnson, Steven - Creative - CRAMER, Norwood, MA, pg. 6
Johnson, Caroline - Creative - MEKANISM, San Francisco, CA, pg. 112
Johnson, Carla - Creative - CODE AND THEORY, New York, NY, pg. 221
Johnson, Ben - Creative - ERIC ROB & ISAAC, Little Rock, AR, pg. 68
Johnson, Ian - Creative - R\WEST, Portland, OR, pg. 136
Johnston, Lorri - Creative - BHW1 ADVERTISING, Spokane, WA, pg. 3
Johnston, Laura - Creative - GEOMETRY, Chicago, IL, pg. 363
Johnston, Gus - Creative - VENABLES BELL & PARTNERS, San Francisco, CA, pg. 158
Johnston, Katie - Creative - WIEDEN + KENNEDY, New York, NY, pg. 432
Johnstone, Scott - Creative - EVO DESIGN, LLC, Watertown, CT, pg. 182
Johnstone, Liam - Creative - LG2, Montreal, QC, pg. 380
Jones, Sherma - Creative - IDEA BANK MARKETING, Hastings, NE, pg. 88
Jones, Gary - Creative, PPOM - JONES HUYETT PARTNERS, Topeka, KS, pg. 93
Jones, Tony - Creative - MRM//MCCANN, New York, NY, pg. 289
Jones, Nat - Creative - FCB CHICAGO, Chicago, IL, pg. 71
Jones, Mark - Creative, PPOM - JONES ADVERTISING, Seattle, WA, pg. 93
Jones, Tim - Creative - CORNETT INTEGRATED MARKETING SOLUTIONS, Lexington, KY, pg. 344
Jones, Darren - Creative - ELEVATION MARKETING, Gilbert, AZ, pg. 354
Jones, Barry - Account Services, Creative - HARMON GROUP, Nashville, TN, pg. 82
Jones, Evan - Creative - BVK, Milwaukee, WI, pg. 339
Jones, Brian - Creative - SAATCHI & SAATCHI LOS ANGELES, Torrance, CA, pg. 137
Jones, David - Creative - THE VARIABLE, Winston-Salem, NC, pg. 153

Jones, Evan - Creative - CRITICAL MASS, INC., New York, NY, pg. 223
Jones, Timothy - Creative, PPOM - BANFIELD AGENCY, Ottawa, ON, pg. 329
Jones, Breanna - Creative - WIEDEN + KENNEDY, Portland, OR, pg. 430
Jones, Corey - Creative - GOLIN, Chicago, IL, pg. 609
Jones, Wes - Creative - BURRELL COMMUNICATIONS GROUP, INC., Chicago, IL, pg. 45
Jones, Hannah - Creative, Operations - CALLEN, Austin, TX, pg. 46
Jones, Daniel - Creative - THE KING AGENCY, Richmond, VA, pg. 151
Jones, Brad - Creative - LAUNDRY SERVICE, Brooklyn, NY, pg. 287
Jones, Leah - Creative - ARCHER MALMO, Memphis, TN, pg. 32
Jones, Jennifer - Creative - LUQUIRE GEORGE ANDREWS, INC., Charlotte, NC, pg. 382
Jones, Frank - Creative - PRIMEDIA, Warwick, RI, pg. 506
Jones, Kevin - Creative, Interactive / Digital, PPOM - KPS3 MARKETING AND COMMUNICATIONS, Reno, NV, pg. 378
Jones, Jessica - Creative - ROUNDHOUSE - PORTLAND, Portland, OR, pg. 408
Jones, Tim - Creative - MORVIL ADVERTISING & DESIGN GROUP, Wilmington, NC, pg. 14
Jones, Tim - Creative, Management - MCCANN HEALTH NEW YORK, New York, NY, pg. 108
Jones, Miller - Creative - BARKLEY BOULDER, Boulder, CO, pg. 36
Jordahl, Bryan - Creative - FALLS AGENCY, Minneapolis, MN, pg. 70
Jordan, Jeff - Creative, PPOM - CHAMELEON DESIGN GROUP, Milford, MA, pg. 177
Jordan, Jeff - Creative, PPOM - RESCUE SOCIAL CHANGE GROUP, San Diego, CA, pg. 133
Jordan, Nathan - Creative - MARKET CONNECTIONS, Asheville, NC, pg. 383
Jordan, Joseph - Creative, Interactive / Digital - JK DESIGN, Hillsborough, NJ, pg. 481
Jordan, Ryan - Creative - IMRE, Baltimore, MD, pg. 374
Jordan, Lane - Creative, Interactive / Digital - PROOF ADVERTISING, Austin, TX, pg. 398
Jordan, Mitchell - Creative - FRANKLIN STREET MARKETING & ADVERTISING, Richmond, VA, pg. 360
Jordan, Jason - Creative - LITTLEFIELD BRAND DEVELOPMENT, Tulsa, OK, pg. 12
Jordan, Nicole - Creative - TURNER DUCKWORTH, San Francisco, CA, pg. 203
Jordt, Andi - Creative - 5IVE, Minneapolis, MN, pg. 23
Jorge, Vicente - Creative - GREY GROUP, New York, NY, pg. 365
Jorgensen, Karen - Creative, PPOM - KALEIDOSCOPE, New York, NY, pg. 298

AGENCIES

RESPONSIBILITIES INDEX

Jorgensen, Eric - Creative - TEAM ONE, Los Angeles, CA, pg. 417
Jose Arias, Maria - Creative - JULIET, Toronto, ON, pg. 11
Joseph, Alison - Creative - WIEDEN + KENNEDY, New York, NY, pg. 432
Josephson, Alan - Creative - WESTMORELAND FLINT, Duluth, MN, pg. 161
Jost, Aric - Creative - CANNONBALL AGENCY, Saint Louis, MO, pg. 5
Jourdain, Alexandre - Creative, Interactive / Digital - LG2, Montreal, QC, pg. 380
Jovic, Mark - Creative - FUSION92, Chicago, IL, pg. 235
Joyce, Dustin - Creative - PERISCOPE, Minneapolis, MN, pg. 127
Judkins, Bryan - Creative, PPOM - YOUNG & LARAMORE, Indianapolis, IN, pg. 164
Juhas, Chris - Creative - TBWA \ CHIAT \ DAY, Los Angeles, CA, pg. 146
Juli, Alejandro - Creative - DDB CHICAGO, Chicago, IL, pg. 59
Julien, Jim - Creative - CREATIVE ENERGY, INC., Johnson City, TN, pg. 346
Julin, Derek - Creative - BRUNNER, Pittsburgh, PA, pg. 44
Juneau, Angelle - Creative - 31 LENGTHS, New York, NY, pg. 23
Juneja, Paras - Creative - ELEPHANT, Brooklyn, NY, pg. 181
Jung, Raina - Creative - SWIFT, Portland, OR, pg. 145
Jung, Hye - Creative - DIMASSIMO GOLDSTEIN, New York, NY, pg. 351
Jurcic, Vida - Creative, PPOM - HANGAR 18 CREATIVE GROUP, Vancouver, BC, pg. 185
Justice, Keefe - Creative - PUBLICIS.SAPIENT, Atlanta, GA, pg. 259
Kabule, Wandie - Account Services, Creative - IMAGINARY FORCES, Los Angeles, CA, pg. 187
Kacandes, Ted - Creative, PPOM - GLOW, New York, NY, pg. 237
Kachelhofer, Bradford - Creative, PPOM - MODERN BRAND COMPANY, Birmingham, AL, pg. 116
Kadiu, Ardis - Creative, Interactive / Digital, PPOM - SPARK451, INC., Westbury, NY, pg. 411
Kagan, Maya - Creative - BARKER, New York, NY, pg. 36
Kagiwada, Paul - Creative - TRINITY BRAND GROUP, Berkeley, CA, pg. 202
Kahn, Adam - Creative, PPOM - GREY MIDWEST, Cincinnati, OH, pg. 366
Kain, Peter - Creative - BBDO WORLDWIDE, New York, NY, pg. 331
Kaiser, Carrie - Creative - MERKLEY + PARTNERS, New York, NY, pg. 114
Kakomanolis, Elias - Creative, Operations - FORSMAN & BODENFORS, New York, NY, pg. 74
Kalathara, Antony - Creative - 72ANDSUNNY, Brooklyn, NY, pg. 24
Kalina, Ron - Creative - HB&M SPORTS, Charlotte, NC, pg. 307

Kalina, Ron - Creative - HARRIS, BAIO & MCCULLOUGH, Philadelphia, PA, pg. 369
Kalish, Matt - Creative - ANOMALY, Venice, CA, pg. 326
Kallman, Ann - Account Services, Creative - KALLMAN WORLDWIDE, Waldwick, NJ, pg. 309
Kallman, Eric - Creative, PPOM - ERICH & KALLMAN, San Francisco, CA, pg. 68
Kalvelage, Elaine - Creative - ENERGY BBDO, INC., Chicago, IL, pg. 355
Kamath, Jay - Creative, NBC, PPOM - HAYMAKER, Los Angeles, CA, pg. 83
Kaminski, Andrew - Analytics, Creative - SIGNAL THEORY, Kansas City, MO, pg. 141
Kaminski, Liz - Creative - PARK OUTDOOR ADVERTISING, Binghamton, NY, pg. 555
Kaminsky, Sarah - Account Services, Creative - LEO BURNETT WORLDWIDE, Chicago, IL, pg. 98
Kammien, Craig - Creative - SWITCH, Saint Louis, MO, pg. 145
Kane, Kiersten - Account Services, Creative - MARLO MARKETING COMMUNICATIONS, Boston, MA, pg. 383
Kane, Dan - Creative - 160OVER90, New York, NY, pg. 301
Kane, Christina - Creative - THE MARS AGENCY, Southfield, MI, pg. 683
Kaneen, Richard - Creative, PPOM - KANEEN ADVERTISING & PUBLIC RELATIONS, INC., Tucson, AZ, pg. 618
Kang, Peter - Account Services, Creative, Management - ACCENTURE INTERACTIVE, El Segundo, CA, pg. 322
Kang, Grace - Creative - PRAYTELL, Brooklyn, NY, pg. 258
Kang, Jenny - Creative - ANOMALY, Venice, CA, pg. 326
Kantor, Isabel - Analytics, Creative, Interactive / Digital, Media Department, Operations - ORGANIC, INC., New York, NY, pg. 256
Kao, Nini - Creative, Interactive / Digital - MCD PARTNERS, New York, NY, pg. 249
Kapadia, Harsh - Creative - VMLY&R, New York, NY, pg. 160
Kapec, Charles - Creative - NAS RECRUITMENT COMMUNICATIONS, Cleveland, OH, pg. 667
Kaplan, Jeremy - Creative, PPOM - ART MACHINE, Hollywood, CA, pg. 34
Kaplan, Nick - Creative - 72ANDSUNNY, Brooklyn, NY, pg. 24
Kaplan, Joel - Creative - MUH-TAY-ZIK / HOF-FER, San Francisco, CA, pg. 119
Kaplan, Abby - Creative - ADLUCENT, Austin, TX, pg. 671
Kaplan, Eric - Creative - JOELE FRANK, WILKINSON BRIMMER KATCHER, New York, NY, pg. 617
Kaplan, John R. - Creative - CENTERLINE DIGITAL, Raleigh, NC, pg. 220

Kapusta, Ted - Creative - PHENOMENON, Los Angeles, CA, pg. 439
Kaput, Joseph - Creative, Interactive / Digital - UPSHOT, Chicago, IL, pg. 157
Karam, Tara - Account Services, Creative, Media Department, NBC - HEARTS & SCIENCE, New York, NY, pg. 471
Kargl, Mark - Creative - REAL ART DESIGN GROUP, Dayton, OH, pg. 197
Karlen, Kacy - Creative - CAPTAINS OF INDUSTRY, INC., Boston, MA, pg. 340
Karlsson, Felix - Creative - DROGA5, New York, NY, pg. 64
Karnowsky, Debbie - Creative - MARICICH HEALTHCARE COMMUNICATIONS, Irvine, CA, pg. 105
Karpel, Lenny - Account Planner, Account Services, Creative, Media Department, NBC - PEREIRA & O'DELL, San Francisco, CA, pg. 256
Karr, Meredith - Creative - BARRETTSF, San Francisco, CA, pg. 36
Karsono, Bodi - Creative, Social Media - TBWA \ CHIAT \ DAY, New York, NY, pg. 416
Karwoski, Sarah - Creative - WHERE EAGLES DARE, Pittsburgh, PA, pg. 161
Kasdon, Carter - Creative - COMMCREATIVE, Framingham, MA, pg. 343
Kastranec, Kyle - Creative - OLOGIE, Columbus, OH, pg. 122
Katalinic, Tony - Creative - DDB CHICAGO, Chicago, IL, pg. 59
Katherman, Quinn - Creative - CRISPIN PORTER + BOGUSKY, Boulder, CO, pg. 346
Katona, Diti - Creative, PPOM - CONCRETE DESIGN COMMUNICATIONS, INC., Toronto, ON, pg. 178
Kaufman, Kelsie - Creative - 360I, LLC, New York, NY, pg. 320
Kaufman, Johan - Account Services, Creative - DUNCAN CHANNON, San Francisco, CA, pg. 66
Kauker, Bill - Creative, PPOM - IDEA HALL, Costa Mesa, CA, pg. 615
Kaulius, Jerry - Creative, PPOM - JK DESIGN, Hillsborough, NJ, pg. 481
Kaull, Kim - Creative - ATLANTIC 57, Washington, DC, pg. 2
Kaushal, Arti - Creative - DEBUT GROUP, Toronto, ON, pg. 349
Kavander, Tim - Creative - PUBLICIS TORONTO, Toronto, ON, pg. 639
Kayal, Brad - Creative - BARRETTSF, San Francisco, CA, pg. 36
Kazarinoff, Elyse - Creative - LANDOR, New York, NY, pg. 11
Kazim, Sherine - Creative, Interactive / Digital, NBC - FAIRE, LLC, Washington, DC, pg. 357
Kean, Kelsey - Analytics, Creative, Interactive / Digital, PPM - CURRENT, Chicago, IL, pg. 594
Keane, Julia - Creative,

RESPONSIBILITIES INDEX — AGENCIES

Interactive / Digital, PPM - MULLENLOWE U.S. LOS ANGELES, El Segundo, CA, pg.

Kearns, Patrick - Creative - WE ARE ALEXANDER, St. Louis, MO, pg. 429

Kearse, John - Creative - MULLENLOWE U.S. BOSTON, Boston, MA, pg. 389

Keasey, Lauren - Creative - THE CDM GROUP, New York, NY, pg. 149

Keathley, Thomas - Account Services, Creative - ADCOM COMMUNICATIONS, INC., Cleveland, OH, pg. 210

Keating, Katie - Creative, PPOM - FANCY LLC, New York, NY, pg. 71

Keats, Matt - Creative - VENABLES BELL & PARTNERS, San Francisco, CA, pg. 158

Keehn, Kevin - Creative - ROKKAN, LLC, New York, NY, pg. 264

Keenan, Bill - Creative, NBC - GROUNDZERO, Toronto, ON, pg. 78

Keesey, Colleen - Creative - DDB CHICAGO, Chicago, IL, pg. 59

Keff Beasley, Tyler - Creative, PPM - FANCY RHINO, Chattanooga, TN, pg. 233

Keil, Rob - Creative - GAUGER + ASSOCIATES, San Francisco, CA, pg. 362

Keiter, Nancy - Creative - O2KL, New York, NY, pg. 121

Kelleher, Dan - Creative, PPOM - DEUTSCH, INC., New York, NY, pg. 349

Keller, Kim - Creative - DECKER, Glastonbury, CT, pg. 60

Keller, Wade - Creative - QUAKER CITY MERCANTILE, Philadelphia, PA, pg. 131

Keller, Kurt - Creative - PHIRE GROUP, Ann Arbor, MI, pg. 397

Kelley, Shawn - Creative - HMH, Charlotte, NC, pg. 86

Kelley, Kyle - Creative - THE RICHARDS GROUP, INC., Dallas, TX, pg. 422

Kelley, Paul - Creative - GTB, Dearborn, MI, pg. 367

Kelley, Austin - Creative - BVK, Milwaukee, WI, pg. 339

Kelley, Brian - Creative - MGH ADVERTISING, Owings Mills, MD, pg. 387

Kelliher, Linda - Creative - KELLIHER SAMETS VOLK, Burlington, VT, pg. 94

Kellner, Ashlyn - Creative - ABZ CREATIVE PARTNERS, Charlotte, NC, pg. 171

Kellogg, Jake - Creative - POINT TO POINT, Cleveland, OH, pg. 129

Kelly, Doug - Creative - IMAGINATION PUBLISHING, LLC, Chicago, IL, pg. 187

Kelly, Shawn - Creative - BANDUJO DONKER & BROTHERS, New York, NY, pg. 36

Kelly, Stephanie - Creative - DIGITAS, Chicago, IL, pg. 227

Kelly, Kevin - Creative, NBC, PPOM - BIGBUZZ MARKETING GROUP, New York, NY, pg. 217

Kelly, Rachael - Creative - BBDO SAN FRANCISCO, San Francisco, CA, pg. 330

Kelly, Amanda - Account Services, Creative, Management - DIGITAS, New York, NY, pg. 226

Kelly, Chip - Creative - LEO BURNETT WORLDWIDE, Chicago, IL, pg. 98

Kelly, Daniel - Creative - DROGA5, New York, NY, pg. 64

Kelly, Morgan - Creative - DIMASSIMO GOLDSTEIN, New York, NY, pg. 351

Kelsen, Matt - Creative - ARGONAUT, INC., San Francisco, CA, pg. 33

Kember, Henry - Creative - DROGA5, New York, NY, pg. 64

Kemble, John - Creative - DUDNYK EXCHANGE, Horsham, PA, pg. 66

Kemmer, Dawn - Creative, NBC - OH PARTNERS, Phoenix, AZ, pg. 122

Kendrick, Kyle - Creative - TWENTY FOUR-SEVEN, INC., Portland, OR, pg. 203

Kenealy, Ryan - Creative - ENVISIONIT MEDIA, INC., Chicago, IL, pg. 231

Kenefick, Jim - Creative - DEVINE COMMUNICATIONS, Saint Petersburg, FL, pg. 62

Kenger, Dan - Creative - PATTERN, New York, NY, pg. 126

Kennedy, Scott - Creative - INFINITY DIRECT, Plymouth, MN, pg. 286

Kennedy, Heath - Creative, Interactive / Digital - BROTHERS & CO., Tulsa, OK, pg. 43

Kennedy, Coni - Creative, PPOM - LA, INC., Toronto, ON, pg. 11

Kennedy, Timothy - Creative - ENLIGHTEN, Bowling Green, KY, pg. 68

Kennedy, Casey - Creative - INFERNO, LLC, Memphis, TN, pg. 374

Kenney, Tom - Creative, PPOM - PP+K, Tampa, FL, pg. 129

Kent, Kevin - Creative, PPOM - METROPOLIS ADVERTISING, INC., Orlando, FL, pg. 386

Kern, Russell - Creative - ST&P COMMUNICATIONS, INC., Fairlawn, OH, pg. 412

Kernan, Julia - Analytics, Creative - VISITURE, Charleston, SC, pg. 678

Kerneklian, Steve - Creative - RIPPLE STREET, Irvington, NY, pg. 687

Kerr, Jason - Creative - ANOMALY, Toronto, ON, pg. 326

Kertis, Stephen - Creative, Management, NBC - KERTIS CREATIVE, Louisville, KY, pg. 95

Kesling, Khris - Creative - PAVLOV, Fort Worth, TX, pg. 126

Kessen, Erin - Creative - FRCH DESIGN WORLDWIDE, Cincinnati, OH, pg. 184

Kessous, David - Creative - LG2, Montreal, QC, pg. 380

Ketchum, Greg - Creative - BBDO WORLDWIDE, New York, NY, pg. 331

Ketel, Jerry - Creative - LEOPOLD KETEL & PARTNERS, Portland, OR, pg. 99

Ketterer, Stephen - Creative - MANZELLA MARKETING GROUP, Bowmansville, NY, pg. 383

Kettler, Moritz - Creative - CODE AND THEORY, New York, NY, pg. 221

Keuning, John - Creative, PPOM - OUT THERE ADVERTISING, Duluth, MN, pg. 395

Khan, Irfan - Creative - ZULU ALPHA KILO, Toronto, ON, pg. 165

Khanna, Rick - Creative - BRIGHTWAVE MARKETING, INC., Atlanta, GA, pg. 219

Khara, Monish - Creative - CUMMINS&PARTNERS, New York, NY, pg. 347

Khosid, Phillip - Creative, PPOM - BATTERY, Hollywood, CA, pg. 330

Khuri, Anwar - Creative, PPM - THE ESCAPE POD, Chicago, IL, pg. 150

Kiel, Bob - Creative - FERGUSON ADVERTISING, INC., Fort Wayne, IN, pg. 73

Kieler, Tiffini - Creative - AMPERAGE, Cedar Falls, IA, pg. 30

Kiesel, Ed - Creative - CK ADVERTISING, Lakewood, CO, pg. 220

Kilburn, Shelley - Creative - VERITONE ONE, San Diego, CA, pg. 525

Kilduff, Kolleen - Creative - DEVANEY & ASSOCIATES, Owings Mills, MD, pg. 351

Killeen, Gerry - Creative - PUBLICIS NORTH AMERICA, New York, NY, pg. 399

Killion, Stephen - Creative - LEVIATHAN, Chicago, IL, pg. 189

Kilmer, Richard - Creative, PPOM - K2MD, Albuquerque, NM, pg. 93

Kim, Yang - Creative - PEOPLE DESIGN, Grand Rapids, MI, pg. 194

Kim, Joanne - Creative, PPOM - MARCUS THOMAS, Cleveland, OH, pg. 104

Kim, Howard - Creative, PPOM - COMMIX COMMUNICATIONS, INC., Richmond Hill, ON, pg. 592

Kim, Peter - Creative, PPOM - MORTENSON KIM, Indianapolis, IN, pg. 118

Kim, Philip - Creative, Interactive / Digital, Management, Operations - MOMENT, New York, NY, pg. 192

Kim, Kenny - Creative - ALOYSIUS BUTLER & CLARK, Wilmington, DE, pg. 30

Kim, Delilah - Creative - 160OVER90, New York, NY, pg. 301

Kim, Peter - Creative, PPOM - MORTENSON KIM, Milwaukee, WI, pg. 118

Kim, Heesun - Creative - FRCH DESIGN WORLDWIDE, Cincinnati, OH, pg. 184

Kim, Nellie - Creative, PPOM - LG2, Montreal, QC, pg. 380

Kincaid, Tristan - Creative - GREY GROUP, New York, NY, pg. 365

Kinder, Krista - Creative, Operations - HUB COLLECTIVE, LTD., Portland, OR, pg. 186

1340

AGENCIES
RESPONSIBILITIES INDEX

Kinder, Jeremy - Creative - WUNDERMAN THOMPSON, New York, NY, pg. 434

King, David - Creative, PPOM - THE KING AGENCY, Richmond, VA, pg. 151

King, Marlyn - Creative - MULLIN / ASHLEY ASSOCIATES, INC., Chestertown, MD, pg. 448

King, Forrest - Creative, NBC, PPOM - JUICE PHARMA WORLDWIDE, New York, NY, pg. 93

King, Jon - Creative - TEAM ONE, Los Angeles, CA, pg. 417

King, Lindsey - Creative - THE MARTIN AGENCY, Richmond, VA, pg. 421

King, Creighton - Creative - KNOCK, INC., Minneapolis, MN, pg. 95

King, Becky - Creative - ACKERMAN MCQUEEN, INC., Oklahoma City, OK, pg. 26

King, Scott - Creative - YOUNG & LARAMORE, Indianapolis, IN, pg. 164

King, Jake - Creative - DOEANDERSON ADVERTISING , Louisville, KY, pg. 352

King, Jeremiah - Account Services, Creative - THE TOMBRAS GROUP, Atlanta, GA, pg. 153

King, Dan - Creative, PPOM - ZGM COLLABORATIVE MARKETING, Calgary, AB, pg. 437

King, Eric - Creative - R/GA, Chicago, IL, pg. 261

King Edwards, Laura - Creative - WRAY WARD, Charlotte, NC, pg. 433

Kinsella, Patrick - Creative - LAIRD + PARTNERS, New York, NY, pg. 96

Kirchner, Aaron - Creative - WE ARE BMF, New York, NY, pg. 318

Kirk, Jim - Creative, PPOM - CORPORATE MAGIC INC, Richardson, TX, pg. 303

Kirk Robinson, Tara - Creative - THE RICHARDS GROUP, INC., Dallas, TX, pg. 422

Kirkland, Linda - Creative - SINGLE SOURCE M.A.P., INC., Danvers, MA, pg. 142

Kirkland, Guy - Creative - PLANET PROPAGANDA, Madison, WI, pg. 195

Kirkwood, Kevin - Creative - MARCOM GROUP, INC., Mississauga, ON, pg. 311

Kirsch, Greg - Account Services, Creative - INTOUCH SOLUTIONS, INC., Overland Park, KS, pg. 242

Kirshenbaum, Sam - Creative, PPOM - LKH&S, Chicago, IL, pg. 381

Kissane, John - Creative - JACOBS & CLEVENGER, INC. , Chicago, IL, pg. 286

Kistner, John - Creative - LEO BURNETT WORLDWIDE, Chicago, IL, pg. 98

Kitazawa, Marissa - Creative, Social Media - DAILEY & ASSOCIATES, West Hollywood, CA, pg. 56

Kitces, Lizzy - Creative - DCF ADVERTISING, New York, NY, pg. 58

Kitchen, Anita - Creative - JAN KELLEY MARKETING, Burlington, ON, pg. 10

Kitchens, Lance - Creative - HANCOCK ADVERTISING AGENCY , Nacogdoches, TX, pg. 81

Kitchens, Tyler - Creative - TRACYLOCKE, Irving, TX, pg. 683

Kitchens, Ryan - Account Services, Creative - HELMS WORKSHOP, Austin, TX, pg. 9

Kitlan, Becky - Creative - RAUXA, New York, NY, pg. 291

Kittel, Lucie - Account Services, Creative - LIGHTNING ORCHARD, Brooklyn, NY, pg. 11

Kittles, Andy - Creative - THE OHLMANN GROUP, Dayton, OH, pg. 422

Kitzmann, Adam - Creative - EDELMAN, Chicago, IL, pg. 353

Kjartansson, Stefan - Creative, Management - IFTHEN DIGITAL, Atlanta, GA, pg. 241

Kjeldsen, Kirsten - Creative - CITIZEN GROUP, San Francisco, CA, pg. 342

Klapowich, Meredith - Creative - NARRATIVE, Toronto, ON, pg. 631

Klassen, Seth - Creative, PPOM - WONDERSAUCE, New York, NY, pg. 205

Klausmeier, Travis - Creative - LEO BURNETT WORLDWIDE, Chicago, IL, pg. 98

Klayman, Neil - Creative - HAWTHORNE ADVERTISING, Los Angeles, CA, pg. 370

Kleber, Kevin - Creative - ALCONE MARKETING GROUP, Irvine, CA, pg. 565

Kleckner, Rob - Creative - PUBLICIS WEST, Seattle, WA, pg. 130

Kleeman, Douglas - Creative - PREACHER, Austin, TX, pg. 129

Klein, Keith - Creative, PPOM - MILTON SAMUELS ADVERTISING & PUBLIC RELATIONS, New York, NY, pg. 387

Klein, John - Creative, Management, NBC - NINTHDECIMAL, San Francisco, CA, pg. 534

Klein, Hanna - Creative - ORGANIC, INC., San Francisco, CA, pg. 255

Klein, Alma - Creative - ARC WORLDWIDE, Chicago, IL, pg. 327

Klein, Daryl - Creative - BOB'S YOUR UNCLE, Toronto, ON, pg. 335

Kleinedler, Clare - Creative - EDELMAN, Portland, OR, pg. 600

Kleinman, Michael - Creative - DROGA5, New York, NY, pg. 64

Kleps, Damon - Creative - ROUTE 1A ADVERTISING, Erie, PA, pg. 134

Klinar, Gustavo - Creative - WMX, Miami, FL, pg. 276

Kling, Jeff - Creative, PPOM - LIGHTNING ORCHARD, Brooklyn, NY, pg. 11

Klinger, Tim - Creative - KLEIDON AND ASSOCIATES, Akron, OH, pg. 95

Kloehn, Tim - Creative, PPOM - UTOPIC, Chicago, IL, pg. 428

Kloet, Chris - Creative - MCGARRYBOWEN, Chicago, IL, pg. 110

Kluin, Menno - Creative, PPOM - 360I, LLC, New York, NY, pg. 320

Klundt, Jean - Creative, PPOM - KLUNDTHOSMER DESIGN, Spokane, WA, pg. 244

Kmet-Hunt, Sarah - Creative - BADER RUTTER & ASSOCIATES, INC. , Milwaukee, WI, pg. 328

Kmiec, Scott - Creative - DID AGENCY, Ambler, PA, pg. 62

Knechtel, Christine - Creative, Media Department, NBC - INITIATIVE, Toronto, ON, pg. 479

Knight, Linda - Creative, PPOM - OBSERVATORY MARKETING, Los Angeles, CA, pg. 122

Knight, Mary - Creative, PPOM - HYDROGEN, Seattle, WA, pg. 87

Knipp, Lucas - Creative - THE MARKETING ARM, Dallas, TX, pg. 316

Kniznik, Harry - Creative - LEO BURNETT DETROIT, Troy, MI, pg. 97

Knopp, Doug - Creative - VISUAL MARKETING ASSOCIATES, Dayton, OH, pg. 204

Knott, Erin - Creative - ENERGY BBDO, INC., Chicago, IL, pg. 355

Knouse, Agatha - Creative, PPM - SERINO COYNE, INC., New York, NY, pg. 299

Knowles, Andrea - Creative - O'KEEFE REINHARD & PAUL, Chicago, IL, pg. 392

Knox, Elena - Creative - DROGA5, New York, NY, pg. 64

Knutt, Jim - Creative, PPOM - TROPIC SURVIVAL, North Miami, FL, pg. 156

Ko, Hong - Creative - IXCO, Brooklyn, NY, pg. 243

Ko, Jilly - Creative - TBWA \ CHIAT \ DAY, New York, NY, pg. 416

Ko, Jenny - Creative - BUCK, Los Angeles, CA, pg. 176

Koch, Bri - Creative - SWANSON RUSSELL, Omaha, NE, pg. 415

Koch, Paul - Creative - Q LTD, Ann Arbor, MI, pg. 15

Koch-Beinke, Julie - Creative, PPOM - ALTERNATIVES DESIGN, New York, NY, pg. 172

Kochen, Jonas - Creative, PPOM - VERTIC, New York, NY, pg. 274

Kochmanski, Doug - Creative - IDEAMILL, Pittsburgh, PA, pg. 88

Koe, Mike - Creative - GRIP LIMITED, Toronto, ON, pg. 78

Koehler, Adam - Creative - MCCANN NEW YORK, New York, NY, pg. 108

Koelfgen, Mark - Creative, PPOM - DAVID&GOLIATH, El Segundo, CA, pg. 57

Koestner, Carl - Creative - BURRELL COMMUNICATIONS GROUP, INC. , Chicago, IL, pg. 45

Kofman, Inna - Creative - DROGA5, New York, NY, pg. 64

Koh, Dwayne - Creative, Interactive / Digital - DIGITAS, New York, NY, pg. 226

Koh, Daniel - Creative, PPOM - AGENDA NYC, New York, NY, pg. 29

Kohl, Jim - Creative - FATHOM, Chicago, IL, pg. 71

Kohm, Sue - Creative - R/GA, Chicago, IL, pg. 261

Kohnen, Stephanie - Creative - DAVID&GOLIATH, El Segundo, CA, pg. 57

RESPONSIBILITIES INDEX
AGENCIES

Kokinos, Christopher - Creative, PPOM - CLEAR, New York, NY, *pg.* 51
Kokorsky, Lynn - Creative - AGENCYSACKS, New York, NY, *pg.* 29
Kolada, Paul - Creative, PPOM - PRIORITY DESIGNS, INC., Columbus, OH, *pg.* 195
Kolb, Austin - Creative, PPOM - THE EVOKE GROUP, Columbia, MO, *pg.* 270
Koller, Kevin - Creative - R/GA, San Francisco, CA, *pg.* 261
Kollin, Jimmy - Creative, PPOM - DP+, Farmington Hills, MI, *pg.* 353
Kolopeaua, Rich - Creative - DEUTSCH, INC., New York, NY, *pg.* 349
Komulainen, Jason - Creative - THE MARTIN AGENCY, Richmond, VA, *pg.* 421
Konold, Bob - Creative - STORANDT PANN MARGOLIS & PARTNERS, LaGrange, IL, *pg.* 414
Kontiainen, Tuire - Creative, Operations, PPOM - BRIGHT DESIGN, Los Angeles, CA, *pg.* 176
Koop, Kristen - Creative - PUBLICIS NORTH AMERICA, New York, NY, *pg.* 399
Kopay, Jeff - Creative - DEUTSCH, INC., New York, NY, *pg.* 349
Kopelowicz, Maru - Creative - MCCANN NEW YORK, New York, NY, *pg.* 108
Kopilak, John - Creative, PPOM - O2KL, New York, NY, *pg.* 121
Kordonowy, Thom - Creative - PERISCOPE, Minneapolis, MN, *pg.* 127
Koren, Kent - Creative - ARNOLD WORLDWIDE, New York, NY, *pg.* 34
Korian, Steve - Creative, Management - IOMEDIA, INC., New York, NY, *pg.* 90
Korkowski, Annie - Creative - AUGUST JACKSON, Baltimore, MD, *pg.* 302
Korn, James - Creative - TODD ALLEN DESIGN, Elkhart, IN, *pg.* 202
Kosirog-Jones, Nicholas - Creative, NBC - MABBLY, Chicago, IL, *pg.* 247
Kosstrin, Jane - Creative, PPOM - DOUBLESPACE, New York, NY, *pg.* 180
Koteras, Danny - Creative - STONE WARD ADVERTISING, Little Rock, AR, *pg.* 413
Kotlhar, Marcos - Creative - BBDO WORLDWIDE, New York, NY, *pg.* 331
Kottkamp, Rob - Creative, PPOM - PARTNERS + NAPIER, Rochester, NY, *pg.* 125
Koukkos, George - Creative - COMMCREATIVE, Framingham, MA, *pg.* 343
Koukodimos, Tom - Creative - SID LEE, Toronto, ON, *pg.* 141
Koutsis, Phil - Creative - WE'RE MAGNETIC, New York, NY, *pg.* 318
Kovacevich, John - Creative, Public Relations - DUNCAN CHANNON, San Francisco, CA, *pg.* 66
Kovalik, Ian - Creative, PPOM - MEKANISM, San Francisco, CA, *pg.* 112
Kovarik, Heather - Creative - MONCUR ASSOCIATES, Southfield, MI, *pg.* 251

Kovey, Frederick - Creative - BBDO WORLDWIDE, New York, NY, *pg.* 331
Kovick, Tim - Creative, PPOM - CORPORATE COMMUNICATIONS, Nashville, TN, *pg.* 593
Kowalski, Jessica - Creative - GRANDESIGN, San Diego, CA, *pg.* 552
Kowalski, Laura - Account Planner, Creative, Media Department - SOULSIGHT, Chicago, IL, *pg.* 199
Kozel, Jared - Creative - MOXIE, Atlanta, GA, *pg.* 251
Koziol, Richard - Creative - TURCHETTE ADVERTISING AGENCY, Fairfield, NJ, *pg.* 157
Kraemer, Dan - Creative, NBC - IA COLLABORATIVE, Chicago, IL, *pg.* 186
Kraft, JJ - Creative - PREACHER, Austin, TX, *pg.* 129
Kraft, Marissa - Creative - FCB HEALTH, New York, NY, *pg.* 72
Krajan, Mark - Creative - DDB SAN FRANCISCO, San Francisco, CA, *pg.* 60
Kramer, Allison - Account Planner, Account Services, Creative, Interactive / Digital - ZENO GROUP, Chicago, IL, *pg.* 664
Kramskaya, Natasha - Creative - DECCA DESIGN, San Jose, CA, *pg.* 349
Krane, Kate - Account Services, Creative - EDELMAN, Seattle, WA, *pg.* 601
Kranjec, Bradley - Creative - RED ANTLER, Brooklyn, NY, *pg.* 16
Krasts, Kerry - Creative - MERING, Sacramento, CA, *pg.* 114
Kraus, Stephen - Creative, PPOM - BAM CONNECTION, Brooklyn, NY, *pg.* 2
Krause, Elaine - Creative, PPOM - GYK ANTLER, Manchester, NH, *pg.* 368
Krauss, Ken - Creative, PPOM - CD&M COMMUNICATIONS, Portland, ME, *pg.* 49
Kreher, Jason - Creative - WIEDEN + KENNEDY, Portland, OR, *pg.* 430
Kreho, Kelly - Creative, Social Media - BCM MEDIA, Darien, CT, *pg.* 455
Kreienberg, Lisa - Creative - JAY ADVERTISING, INC., Rochester, NY, *pg.* 377
Krening, Krysten - Creative - ROUNDHOUSE - PORTLAND, Portland, OR, *pg.* 408
Kreowski, August - Creative - Y MEDIA LABS, Redwood City, CA, *pg.* 205
Kretz, Haley - Creative - SPARKLOFT MEDIA, Portland, OR, *pg.* 688
Kreutzer, Joel - Creative - ARCHRIVAL, INC., Lincoln, NE, *pg.* 1
Kriefski, Mike - Creative, PPOM - SHINE UNITED, Madison, WI, *pg.* 140
Krieger, Joel - Creative, PPOM - SECOND STORY INTERACTIVE, Portland, OR, *pg.* 265
Kriegsman, Teresa - Creative - S&A COMMUNICATIONS, Cary, NC, *pg.* 645
Kriehn, Kevin - Creative - BVK, Milwaukee, WI, *pg.* 339
Kriisa, Kristen - Creative - BIG SPACESHIP, Brooklyn, NY, *pg.* 455

Kripas, Eric - Creative - O'KEEFE REINHARD & PAUL, Chicago, IL, *pg.* 392
Kristmanson, Danielle - Creative, PPOM - ORIGIN DESIGN + COMMUNICATIONS, Whistler, BC, *pg.* 123
Kritch, John - Creative - SAATCHI & SAATCHI LOS ANGELES, Torrance, CA, *pg.* 137
Krone, Jim - Creative, PPOM - CHAMELEON DESIGN GROUP, Milford, MA, *pg.* 177
Kroog, Ryan - Creative - DRAFTLINE, New York, NY, *pg.* 353
Krotzer, Jeff - Creative - RAUXA, New York, NY, *pg.* 291
Krstic, Goran - Creative - ZAMBEZI, Culver City, CA, *pg.* 165
Krug, Kelly - Creative - CRONIN, Glastonbury, CT, *pg.* 55
Kruger, Paul - Creative - DELLA FEMINA/ROTHSCHILD/JEARY PARTNERS, New York, NY, *pg.* 61
Kruger, Manfred - Creative - THE COMMUNITY, Miami Beach, FL, *pg.* 545
Krulik, Patrick - Creative - KINGSPOKE, Portland, ME, *pg.* 11
Krull, Stewart - Creative, Management - ATMOSPHERE PROXIMITY, New York, NY, *pg.* 214
Krull, Meredith - Account Planner, Creative, NBC - BBDO SAN FRANCISCO, San Francisco, CA, *pg.* 330
Krull, John - Creative - SHINE UNITED, Madison, WI, *pg.* 140
Krygowska, Barbara - Creative, Interactive / Digital - ALL POINTS PUBLIC RELATIONS, Deerfield, IL, *pg.* 576
Kubert, Elizabeth - Creative, Management - VAYNERMEDIA, New York, NY, *pg.* 689
Kucinsky, Ted - Creative, NBC, PPOM - CATALYST MARKETING DESIGN, Fort Wayne, IN, *pg.* 340
Kuczynski, James - Creative - VAYNERMEDIA, New York, NY, *pg.* 689
Kuehnle, Holger - Creative - ARTEFACT, Seattle, WA, *pg.* 173
Kuenzer, Jim - Creative - BOXCAR CREATIVE, Dallas, TX, *pg.* 219
Kuga, Marianne - Creative - BIGSPEAK SPEAKERS BUREAU, Santa Barbara, CA, *pg.* 302
Kugler, Gerald - Creative - ZULU ALPHA KILO, Toronto, ON, *pg.* 165
Kuhar, Jeremy - Creative - DIGITAS HEALTH LIFEBRANDS, Philadelphia, PA, *pg.* 229
Kuhlmann-Leavitt, Deanna - Creative, PPOM - KUHLMANN LEAVITT, Saint Louis, MO, *pg.* 189
Kumar, Bharat - Creative - JOHANNES LEONARDO, New York, NY, *pg.* 92
Kunakhovich, Max - Creative, Interactive / Digital - VMLY&R, Kansas City, MO, *pg.* 274
Kurchak, Morgan - Creative - LEO BURNETT TORONTO, Toronto, ON, *pg.* 97
Kurtyka, Lori - Creative, NBC - FIXATION MARKETING, Arlington, VA, *pg.* 359

AGENCIES
RESPONSIBILITIES INDEX

Kurzak, Manja - Creative - PUBLICIS.SAPIENT, New York, NY, pg. 258

Kushak, Sanya - Creative - HIP ADVERTISING, Springfield, IL, pg. 86

Kushan, Andria - Creative - THE RICHARDS GROUP, INC., Dallas, TX, pg. 422

Kutler, Julie - Creative - UTÖKA, Atlanta, GA, pg. 203

Kutner, Dave - Creative, Media Department - INITIATIVE, Toronto, ON, pg. 479

Kutsch, Steven - Creative - STRATEGY LABS , Spokane, WA, pg. 267

Kutscher, Ryan - Creative, PPOM - CIRCUS MAXIMUS, New York, NY, pg. 50

Kuznetsova, Tanya - Creative - STEIN IAS, New York, NY, pg. 267

Kuzov, Candice - Creative, Interactive / Digital - AARS & WELLS, INC., Dallas, TX, pg. 321

Kwan, Megan - Creative - PUBLICIS HAWKEYE, Dallas, TX, pg. 399

Lac, Anne - Creative - BBDO WORLDWIDE, New York, NY, pg. 331

Lachance, Troy - Creative, Interactive / Digital, PPOM - BLUECADET INTERACTIVE, Philadelphia, PA, pg. 218

Lack, Austin - Creative, Public Relations - ARTIME GROUP, Pasadena, CA, pg. 34

LaCroix, Gary - Creative - BAILEY BRAND CONSULTING, Plymouth Meeting, PA, pg. 2

Ladd, Brent - Creative - GSD&M, Austin, TX, pg. 79

Ladden, Andrew - Creative, NBC, PPOM - MADRAS GLOBAL, New York, NY, pg. 103

Ladera, Lea - Creative - DDB NEW YORK, New York, NY, pg. 59

Laffey, June - Creative, PPOM - MCCANN HEALTH NEW YORK, New York, NY, pg. 108

Lafond, Dave - Creative, Management, Media Department, PPOM, Public Relations - NO FIXED ADDRESS INC., Toronto, ON, pg. 120

Lafranz, Lauren - Creative, Management, Operations - VMLY&R, New York, NY, pg. 160

Lafreniere, Jean - Creative - LG2, Montreal, QC, pg. 380

Lagattuta, Joe - Creative - MIRUM AGENCY, Chicago, IL, pg. 681

Lagerfeld, Nathalie - Creative - WALKER SANDS COMMUNICATIONS, Chicago, IL, pg. 659

Lageson, Ernie - Creative, Management, PPOM - HAVAS WORLDWIDE SAN FRANCISCO, San Francisco, CA, pg. 370

Lagomarsino, Jack - Creative - 72ANDSUNNY, Playa Vista, CA, pg. 23

Lagrotte, Arnaud - Creative, PPOM - EQUANCYNO11, INC., New York, NY, pg. 182

Laham, Lindsley - Account Planner, Account Services, Creative -

MCKINNEY, Durham, NC, pg. 111

Lahens, Rajiv - Creative - 160OVER90, New York, NY, pg. 301

Lahue, Justin - Creative - PARTNERS + NAPIER, Rochester, NY, pg. 125

Lai, David - Creative - HELLO DESIGN, Culver City, CA, pg. 238

Laiche, Heather - Creative - ARCHER MALMO, Memphis, TN, pg. 32

Laird, Trey - Creative, PPOM - LAIRD + PARTNERS, New York, NY, pg. 96

Lal, Rikesh - Creative - CAMP + KING, San Francisco, CA, pg. 46

Lalica, Mildred - Creative, NBC - A.D. LUBOW, New York, NY, pg. 25

Lally, Jen - Creative - DROGA5, New York, NY, pg. 64

Lam, John - Creative, PPOM - LAM ANDREWS, Nashville, TN, pg. 379

Lam, Peter - Creative - PRIME ADVERTISING, Richmond Hill, ON, pg. 398

Lam, Tiffany - Creative - OMELET, Culver City, CA, pg. 122

Lam, Lindsey - Creative - SPRING STUDIOS, New York, NY, pg. 563

Lam, Deney - Analytics, Creative, Interactive / Digital - WUNDERMAN THOMPSON, Washington, DC, pg. 434

Lam, Steve - Creative - A PARTNERSHIP, INC., New York, NY, pg. 537

LaMascus, Joel - Creative - TURNSTILE, INC., Dallas, TX, pg. 427

Lambert, Joanne - Creative - ACCELERATION PARTNERS, Needham, MA, pg. 25

Lambert, Brian - Creative - CARMICHAEL LYNCH, Minneapolis, MN, pg. 47

Lambert, Paul - Creative - VITRO AGENCY, San Diego, CA, pg. 159

Lambie, Madeline - Creative, PPOM - DUNCAN CHANNON, San Francisco, CA, pg. 66

Lambrechts, Robert - Creative, PPOM - PEREIRA & O'DELL, San Francisco, CA, pg. 256

Lamond, Patrick - Creative - MISSION MEDIA, LLC, Baltimore, MD, pg. 115

Lamont, Michelle - Creative - WIEDEN + KENNEDY, New York, NY, pg. 432

Lampert, Ned - Creative - SPACE150, New York, NY, pg. 266

Lancaster, Todd - Creative, PPOM - GODO DISCOVERY COMPANY, Dallas, TX, pg. 77

Landes-Burris, Stephanie - Creative - MARCUS THOMAS, Cleveland, OH, pg. 104

Landi, Chris - Creative - MERKLEY + PARTNERS, New York, NY, pg. 114

Landon, Michael - Creative - COOKSEY COMMUNICATIONS, Irving, TX, pg. 593

Landreth, Ron - Creative - KGBTEXAS COMMUNICATIONS, San Antonio, TX, pg. 95

Landriel, Pablo - Creative - JB KNOWLEDGE TECHNOLOGIES, INC.,

Bryan, TX, pg. 243

Landry, Jim - Creative - CLARITY COVERDALE FURY, Minneapolis, MN, pg. 342

Landry, Richard - Creative - PETERMAYER, New Orleans, LA, pg. 127

Lane, Lucas - Account Services, Creative - MCGARRAH JESSEE, Austin, TX, pg. 384

Lane, Kevin - Creative - GSD&M, Austin, TX, pg. 79

Lane, Shauna - Creative - NO FIXED ADDRESS INC., Toronto, ON, pg. 120

Lang, William - Creative - CGT MARKETING, LLC, Amityville, NY, pg. 49

Lang, Graham - Creative, PPOM - JUNIPER PARK\ TBWA, Toronto, ON, pg. 93

Lang, Alex - Creative - GSD&M, Austin, TX, pg. 79

Lang, Ben - Creative, Interactive / Digital - SPYGLASS CREATIVE, Minneapolis, MN, pg. 200

Langdon, Jason - Creative - EMPOWER, Cincinnati, OH, pg. 354

Lange, Chris - Creative, PPOM - MONO, Minneapolis, MN, pg. 117

Langer, Jason - Creative - RILEY HAYES ADVERTISING, INC., Minneapolis, MN, pg. 407

Langford, Tim - Creative - IMAGINUITY INTERACTIVE, INC., Dallas, TX, pg. 241

Langley, Tom - Creative - TURKEL, Coconut Grove, FL, pg. 157

Langley, Blythe - Creative - MICROARTS CREATIVE AGENCY, Greenland, NH, pg. 191

Langsfeld, Benjamin - Creative - BUCK, Los Angeles, CA, pg. 176

Lanivich, Iain - Creative, Interactive / Digital - WEBER SHANDWICK, Birmingham, MI, pg. 662

Lanne, Emil - Creative - HUGE, INC., Brooklyn, NY, pg. 239

Lannert, Jason - Account Planner, Analytics, Creative, NBC, PPOM - MA3 AGENCY, New York, NY, pg. 190

Lansang, Clarence - Creative - AYZENBERG GROUP, INC., Pasadena, CA, pg. 2

Lansbury, Jim - Creative, PPOM - RP3 AGENCY, Bethesda, MD, pg. 408

Laplante, Jocelyn - Creative, PPOM - ATELIER DU PRESSE-CITRON, Montreal, QC, pg. 173

Laque-Almond, Lena - Creative - 72ANDSUNNY, Brooklyn, NY, pg. 24

Lara, Anastasia - Creative - DAVID, Miami, FL, pg. 57

Laracy, Jessica - Creative - ETHOS MARKETING & DESIGN, Westbrook, ME, pg. 182

Larberg, Chris - Creative - BARKLEY, Kansas City, MO, pg. 329

Largo, Alejandro - Creative - HUGE, INC., Brooklyn, NY, pg. 239

Larmey, Pete - Creative - SPEAKERBOX COMMUNICATIONS, Vienna, VA, pg. 649

LaRochelle, Lisa - Creative, PPOM - EMERSON, WAJDOWICZ STUDIOS, INC.,

1343

RESPONSIBILITIES INDEX — AGENCIES

New York, NY, pg. 181
Larsen, Jennifer - Account Services, Creative, Media Department, PPM - KORN HYNES ADVERTISING, Morristown, NJ, pg. 95
Larsen, Stacie - Account Services, Creative - ERICH & KALLMAN, San Francisco, CA, pg. 68
Larsen, Ayla - Creative - VLADIMIR JONES, Colorado Springs, CO, pg. 429
Larsen, Glenn - Creative - GEARY INTERACTIVE, Las Vegas, NV, pg. 76
Larson, Kraig - Creative, PPOM - CICERON, Minneapolis, MN, pg. 220
Larson, Drew - Creative - SIMPLE TRUTH, Chicago, IL, pg. 198
Larson, Dain - Creative - MORSEKODE, Minneapolis, MN, pg. 14
Lasagna, Amy - Creative - THOMPSON & BENDER, Briarcliff Manor, NY, pg. 656
Lasch, Steve - Creative - BOONEOAKLEY, Charlotte, NC, pg. 41
Laslo, Mark - Creative - (ADD)VENTURES, Providence, RI, pg. 207
Lasser, Jimm - Creative - WIEDEN + KENNEDY, New York, NY, pg. 432
Lasser, Anamika - Creative, Media Department - RIGHTPOINT, Oakland, CA, pg. 263
Latina, Christina - Creative - LOCAL PROJECTS, New York, NY, pg. 190
LaTour, Mike - Creative, NBC - THE RICHARDS GROUP, INC., Dallas, TX, pg. 422
Latshaw, Mike - Creative - MCGARRYBOWEN, New York, NY, pg. 109
Lau, Steve - Creative, Interactive / Digital, PPM - RAPP WORLDWIDE, Los Angeles, CA, pg. 291
Lauen, Helen - Creative - DIGITAS, San Francisco, CA, pg. 227
Laufer, Kris - Account Services, Creative - TEN ADAMS MARKETING & ADVERTISING, Evansville, IN, pg. 147
Laugenour, Andy - Creative - WIEDEN + KENNEDY, Portland, OR, pg. 430
Laun, Amy - Creative, Interactive / Digital - KIOSK CREATIVE LLC, Novato, CA, pg. 378
Laurens, Robin - Creative - ENERGY BBDO, INC., Chicago, IL, pg. 355
Lauture, Kamisha - Creative - RALPH, California, CA, pg. 262
Laux, Steven - Creative, PPOM - FORT GROUP, INC., Richfield Park, NJ, pg. 359
Lavelle, Desmond - Creative - PETERMAYER, New Orleans, LA, pg. 127
Law, Tyson - Creative, PPOM - ATTENTION SPAN MEDIA, LLC, Los Angeles, CA, pg. 214
Law, Prudence - Creative - BEYOND MARKETING GROUP, Toronto, ON, pg. 685
Law-Myles, Jennifer - Creative, PPM - BVK, Milwaukee, WI, pg. 339
Lawall, Tara - Creative - DROGA5, New York, NY, pg. 64

Lawley, Brad - Creative - FIREFLY CREATIVE SERVICES, Atlanta, GA, pg. 73
Lawson, Jordon - Creative - RETHINK COMMUNICATIONS, INC., Vancouver, BC, pg. 133
Lawton, Pete - Creative - NEBO AGENCY, LLC, Atlanta, GA, pg. 253
Lax, Kory - Creative - IMAGINASIUM, Green Bay, WI, pg. 89
Lay, Elizabeth - Creative - 180LA, Los Angeles, CA, pg. 23
Laychock, Jason - Creative - GIOVATTO ADVERTISING, Paramus, NJ, pg. 363
Lazaro, JoRoan - Creative - ELEPHANT, Brooklyn, NY, pg. 181
Lazarte, Jose - Creative - MOMENTUM WORLDWIDE, Atlanta, GA, pg. 117
Leachman, Jon - Creative - ENERGY BBDO, INC., Chicago, IL, pg. 355
Leahy, Joe - Creative, PPOM - HUGHESLEAHYKARLOVIC, Saint Louis, MO, pg. 372
Leandersson, Johan - Creative - INTERESTING DEVELOPMENT, New York, NY, pg. 90
Lear, Matt - Creative - HEALTHCARE CONSULTANCY GROUP, New York, NY, pg. 83
LeBlanc, Christopher - Creative - EVOK ADVERTISING, Heathrow, FL, pg. 69
LeBlanc, Kathrine - Creative, Interactive / Digital - THE TRADE DESK, Boulder, CO, pg. 520
Lebo, Erin - Creative - HOWARD MILLER ASSOCIATES, INC., Lancaster, PA, pg. 87
Leccia, Laurent - Creative - FF CREATIVE, New York, NY, pg. 234
Lechleiter, Paul - Creative, PPOM - FRCH DESIGN WORLDWIDE, Cincinnati, OH, pg. 184
LeClair, Liz - Account Services, Creative - NANCY MARSHALL COMMUNICATIONS, Augusta, ME, pg. 631
Ledbury, Adam - Creative - MUH-TAY-ZIK / HOF-FER, San Francisco, CA, pg. 119
Ledermann, Lora - Creative, PPOM - SCREAM AGENCY, LLC, Denver, CO, pg. 139
Ledesma, Marybeth - Creative - DROGA5, New York, NY, pg. 64
Ledford, Alex - Creative - WIEDEN + KENNEDY, New York, NY, pg. 432
LeDoux, B. C. - Creative, PPOM - NOBLE STUDIOS, Reno, NV, pg. 254
Leduc, Michele - Creative, PPOM - ZIP COMMUNICATION, Montreal, QC, pg. 21
Lee, Lawrence - Creative, PPOM - L3 ADVERTISING INC., New York, NY, pg. 542
Lee, Dean - Creative - TRIBAL WORLDWIDE - VANCOUVER, Vancouver, BC, pg. 272
Lee, Jason - Creative - THE VIMARC GROUP INC., Louisville, KY, pg. 425
Lee, Vong - Creative, PPOM - BROGAN & PARTNERS, Birmingham, MI, pg. 538

Lee, Chris - Creative - THE BOSTON GROUP, Boston, MA, pg. 418
Lee, Mary - Creative - FRONTIER STRATEGIES, INC., Ridgeland, MS, pg. 465
Lee, UnSun - Creative, Interactive / Digital - GROUNDTRUTH.COM, New York, NY, pg. 534
Lee, Jessica - Creative - CODE AND THEORY, New York, NY, pg. 221
Lee, Jennifer - Creative, NBC, Promotions - THE TRADE DESK, Ventura, CA, pg. 519
Lee, Dexter - Creative - TRINITY BRAND GROUP, Berkeley, CA, pg. 202
Lee, Catherine - Creative, PPM - MEDIAMONKS, Venice, CA, pg. 249
Lee, James - Creative, Management - MILLER AD AGENCY, Dallas, TX, pg. 115
Lee, Bruce - Creative, NBC, PPOM - IPNY, New York, NY, pg. 90
Lee, Arturo - Creative - DIESTE, Dallas, TX, pg. 539
Lee, Chris - Creative - DALTON + ANODE, Nashville, TN, pg. 348
Lee, Jason - Creative - ARCHER MALMO, Memphis, TN, pg. 32
Lee, Katie - Creative - SID LEE, Seattle, WA, pg. 140
Lee, Dylan - Creative - WIEDEN + KENNEDY, Portland, OR, pg. 430
Lee, Earl - Creative - MEKANISM, San Francisco, CA, pg. 112
Lee, Jeein - Creative - TERRI & SANDY, New York, NY, pg. 147
Lee, Maggie - Creative, PPOM - PRAYTELL, Brooklyn, NY, pg. 258
Lee, Choong - Creative - THE LOOMIS AGENCY, Dallas, TX, pg. 151
Leer, Kim - Creative - MUDD ADVERTISING, Cedar Falls, IA, pg. 119
Lefebure, Pum - Creative, PPOM - DESIGN ARMY LLC, Washington, DC, pg. 179
Lefebvre, Julianne - Creative, NBC - TAYLOR BOX COMPANY, Warren, RI, pg. 201
Leffler, Marc - Creative, PPOM - MARIS, WEST & BAKER, Jackson, MS, pg. 383
Lefkowitz, Brian - Creative, PPOM - DIGITAS HEALTH LIFEBRANDS, New York, NY, pg. 229
Legato, Tony - Creative - BUCK, Los Angeles, CA, pg. 176
Lehmann, Tom - Creative, PPOM - BLUE COLLAR INTERACTIVE, Hood River, OR, pg. 217
Lehmann, Robert - Creative, PPOM - CROW CREATIVE, New York, NY, pg. 55
Lehor, Brandon - Creative - DHX ADVERTISING, Portland, OR, pg. 351
Lehr, Ryan - Creative, Management - DEUTSCH, INC., Los Angeles, CA, pg. 350
Leighton, Susanna - Creative - TEAM ONE, Los Angeles, CA, pg. 417
Lein, Adam - Creative, Interactive / Digital, Media Department - ROHER / SPRAGUE PARTNERS, Irvington, NY, pg. 408
Leisler, Scott - Creative, PPOM -

AGENCIES RESPONSIBILITIES INDEX

DOVETAIL, Saint Louis, MO, *pg.* 64
Leitz, Chad - Creative - ELEVEN, INC., San Francisco, CA, *pg.* 67
Lekaviciute, Danguole - Creative - HEART CREATIVE, Portland, OR, *pg.* 238
Lemhag, Tor - Creative - FCB CHICAGO, Chicago, IL, *pg.* 71
Lemire, Sarah - Creative - SID LEE, Montreal, QC, *pg.* 140
Lemke, David - Creative - GMR MARKETING SAN FRANCISCO, San Francisco, CA, *pg.* 307
Lemme, Michael - Creative, PPOM - DUNCAN CHANNON, San Francisco, CA, *pg.* 66
Lemme, Austin - Creative, PPOM - INVESTIS DIGITAL, Phoenix, AZ, *pg.* 376
Lemoine, Samantha - Creative, Interactive / Digital - GUT MIAMI, Miami, FL, *pg.* 80
LeNaire, Adam - Creative - ROBOT HOUSE, Oklahoma City, OK, *pg.* 16
Lenart, Lauren - Creative - FCB CHICAGO, Chicago, IL, *pg.* 71
Lenois, Rob - Creative, PPOM - VAYNERMEDIA, New York, NY, *pg.* 689
Lenze, Josh - Account Services, Creative - DDB CHICAGO, Chicago, IL, *pg.* 59
Leon, Jon - Creative - HIRSHORN ZUCKERMAN DESIGN GROUP, Rockville, MD, *pg.* 371
Leonard, Jim - Creative, PPOM - STAMP IDEAS GROUP, LLC, Montgomery, AL, *pg.* 144
Leonard, Camille - Creative - STAMP IDEAS GROUP, LLC, Montgomery, AL, *pg.* 144
Leonard, Julia - Creative, Management - HAGGMAN, Gloucester, MA, *pg.* 81
Leonard, Jim - Creative - BARKLEY, Kansas City, MO, *pg.* 329
Leone, Leo - Account Services, Creative - BARBARIAN, New York, NY, *pg.* 215
Lerch, David - Creative - AXIOM, Houston, TX, *pg.* 174
Lerman, Justin - Creative - MODERN CLIMATE, Minneapolis, MN, *pg.* 388
Lero, Virginia - Creative - OBJECT 9, Atlanta, GA, *pg.* 14
Leroy, Jocelyn - Creative - LG2, Montreal, QC, *pg.* 380
Leslie, Lynda - Creative - THE CIRLOT AGENCY, INC., Flowood, MS, *pg.* 149
Lesniewski, Newbear - Creative - GREY MIDWEST, Cincinnati, OH, *pg.* 366
Lessard, Michel-Alexandre - Account Planner, Analytics, Creative - COSSETTE MEDIA, Quebec City, QC, *pg.* 345
Lesser, Dave - Creative - D4 CREATIVE GROUP, Philadelphia, PA, *pg.* 56
Lester, Gavin - Creative, PPOM - ZAMBEZI, Culver City, CA, *pg.* 165
Letherby, Mackenzie - Creative - DERSE, INC., Kennesaw, GA, *pg.* 304
Leung, Philip - Creative - ALTITUDE, Somerville, MA, *pg.* 172
Leung, Judy - Creative - BONFIRE LABS, San Francisco, CA, *pg.* 175
Leung, Kevin - Creative - GOODBY, SILVERSTEIN & PARTNERS, San Francisco, CA, *pg.* 77
Leutz, Josh - Creative - CARMICHAEL LYNCH, Minneapolis, MN, *pg.* 47
Lev, Bruce - Creative, PPOM - LEVLANE ADVERTISING, Philadelphia, PA, *pg.* 380
Lev, Zach - Account Planner, Account Services, Creative, Management, NBC - BULLISH INC, New York, NY, *pg.* 45
Levasseur, Philip - Creative - THE MX GROUP, Burr Ridge, IL, *pg.* 422
Levesque, Sabrina - Creative - SID LEE, Montreal, QC, *pg.* 140
Levin, Eric - Creative, NBC, PPOM - SPARK FOUNDRY, Chicago, IL, *pg.* 510
Levin, Cam - Creative, PPOM - SID LEE, Culver City, CA, *pg.* 141
Levine, Jeff - Creative, PPOM - JEFFREY ALEC COMMUNICATIONS, Los Angeles, CA, *pg.* 377
Levine, MaeLin - Creative, PPOM - VISUAL ASYLUM, San Diego, CA, *pg.* 204
Levine, Amy Jo - Creative, PPOM - VISUAL ASYLUM, San Diego, CA, *pg.* 204
Levine, Cindy - Account Services, Creative, PPOM - PROPHET, Chicago, IL, *pg.* 15
Levine, Rachel - Account Services, Creative - LLOYD&CO, New York, NY, *pg.* 190
Levine, Julie - Creative, Interactive / Digital, Media Department - BARKLEY, Kansas City, MO, *pg.* 329
Levis, Anne Marie - Creative, PPOM - FUNK, LEVIS & ASSOCIATES, Eugene, OR, *pg.* 184
Levite, Adam - Creative - MADWELL, Brooklyn, NY, *pg.* 13
Levy, Evan - Creative, Interactive / Digital, Management, Operations, PPOM - FITZCO, Atlanta, GA, *pg.* 73
Levy, Ben - Creative - MOD WORLDWIDE, Philadelphia, PA, *pg.* 192
Levy, Marc - Creative - MSLGROUP, New York, NY, *pg.* 629
Lew, Jolene - Creative, Operations - MONO, Minneapolis, MN, *pg.* 117
Lewandowski, Craig - Creative, PPOM - UTOPIC, Chicago, IL, *pg.* 428
Lewis, Tom - Creative - HIGH TIDE CREATIVE, Bridgeton, NC, *pg.* 85
Lewis, Gene - Creative, Interactive / Digital, PPOM - DIGITAL PULP, New York, NY, *pg.* 225
Lewis, Jerry - Creative - BROWN BAG MARKETING, Atlanta, GA, *pg.* 338
Lewis, Kyle - Creative, PPOM - MORRISON, Atlanta, GA, *pg.* 117
Lewis, Gigi - Account Services, Creative - TBWA\CHIAT\DAY, Los Angeles, CA, *pg.* 146
Lewis, Jamie - Creative, Interactive / Digital, Media Department - CAMPBELL EWALD, West Hollywood, CA, *pg.* 47
Lewis, Cliff - Creative, PPM - DROGA5, New York, NY, *pg.* 64
Lewis-Koltoniak, Debi - Creative, NBC, PPOM - CREATIVE OXYGEN LLC, Sylvania, OH, *pg.* 178
Lewman, Mark - Creative, PPOM - NEMO DESIGN, Portland, OR, *pg.* 193
Ley, Cameron - Creative - GALE, New York, NY, *pg.* 236
Liakos, Chris - Creative - PADILLA, Minneapolis, MN, *pg.* 635
Liang, Chen - Creative - WIEDEN + KENNEDY, Portland, OR, *pg.* 430
Licata, Michael - Creative, PPOM - MUNROE CREATIVE PARTNERS, Philadelphia, PA, *pg.* 192
Lide, Mary Anne - Creative - THE RICHARDS GROUP, INC., Dallas, TX, *pg.* 422
Liebenthal, John - Creative - CLM MARKETING & ADVERTISING, Boise, ID, *pg.* 342
Lieberman, Karl - Creative - WIEDEN + KENNEDY, New York, NY, *pg.* 432
Lietz, Tom - Creative, Media Department, PPOM - MESSAGE MAKERS, Lansing, MI, *pg.* 627
Lieu, Alex - Creative, PPOM - 42 ENTERTAINMENT, LLC, Burbank, CA, *pg.* 297
Light-McNeely, Dina - Account Services, Analytics, Creative, Operations - BLUE 449, Dallas, TX, *pg.* 456
Light-Wills, Caleb - Creative - TONGAL, Santa Monica, CA, *pg.* 20
Likhite, Craig - Creative - CRAMER-KRASSELT, Chicago, IL, *pg.* 53
Lillard, Patrick - Creative - WORKHORSE MARKETING, Austin, TX, *pg.* 433
Lilton, Amari - Creative - GREATER THAN ONE, New York, NY, *pg.* 8
Lim, Susie - Creative - WUNDERMAN THOMPSON, Irvine, CA, *pg.* 435
Lim, J.J. - Creative - LAUNDRY SERVICE, Brooklyn, NY, *pg.* 287
Lim, Vince - Creative - VAYNERMEDIA, New York, NY, *pg.* 689
Lima, Julio - Creative, PPOM - SAY IT LOUD!, Orlando, FL, *pg.* 198
Lima, Felipe - Creative - GOODBY, SILVERSTEIN & PARTNERS, San Francisco, CA, *pg.* 77
Limb, Baptiste - Creative - EDELMAN, Chicago, IL, *pg.* 353
Limongelli, Kevin - Creative - FORWARDPMX, New York, NY, *pg.* 360
Lin, Maureen - Creative - UNIFIED FIELD, New York, NY, *pg.* 273
Lin, Jeff - Creative - HUEMEN DESIGN, Stamford, CT, *pg.*
Linares, Patsy - Creative, PPOM - PIL CREATIVE GROUP, Coral Gables, FL, *pg.* 128
Linares, Oscar - Creative, Media Department - PIL CREATIVE GROUP, Coral Gables, FL, *pg.* 128
Lind, Amy - Creative - INFERNO, LLC, Memphis, TN, *pg.* 374
Lindborg, Tobias - Creative - DROGA5, New York, NY, *pg.* 64

1345

RESPONSIBILITIES INDEX — AGENCIES

Lindell, Anna - Creative - MADWELL, Brooklyn, NY, pg. 13
Linden, Chris - Creative - HUGE, INC., Oakland, CA, pg. 240
Linder, Ryan - Creative, NBC, PPOM - MDC PARTNERS, INC., New York, NY, pg. 385
Linder, Brian - Creative - THE RICHARDS GROUP, INC., Dallas, TX, pg. 422
Linder, Jonathan - Creative - ENERGY BBDO, INC., Chicago, IL, pg. 355
Lindgren, Mitch - Creative - COMPASS DESIGN, INC., Minneapolis, MN, pg. 178
Lindman, Martha - Creative, PPOM - RDW GROUP, Providence, RI, pg. 403
Lindner Jr., John - Creative, PPOM - 93 OCTANE, Richmond, VA, pg. 279
Lindskog, Katharine - Creative - THE FOUNDRY @ MEREDITH CORP, New York, NY, pg. 150
Linero, Benjamin - Creative, PPOM - BNMR CREATIVE & ADVERTISING, Miami, FL, pg. 335
Linginfelter, Anne - Creative - JIGSAW, LLC, Milwaukee, WI, pg. 377
Lingren, Aaron - Account Services, Creative - BLUESPACE CREATIVE, Denison, IA, pg. 3
Link, Brian - Creative - INVNT, New York, NY, pg. 90
Linsey, Christian - Creative - COOPER, Brooklyn, NY, pg. 222
Linsley, Pam - Creative - HIRONS & COMPANY, Indianapolis, IN, pg. 86
Lipton, Pierre - Creative, PPOM - MCCANN NEW YORK, New York, NY, pg. 108
Lipton, Adam - Creative - WONGDOODY, New York, NY, pg. 433
Lipton, Nick - Creative - HAVAS WORLDWIDE CHICAGO, Chicago, IL, pg. 82
Lira, Joaquin - Creative, PPOM - M8, Miami, FL, pg. 542
Lira, Kristi - Creative - ZAMBEZI, Culver City, CA, pg. 165
Liston, Tia - Creative - ADVERTISING SAVANTS, Saint Louis, MO, pg. 28
Litman, Daniel - Creative, NBC, PPOM - OUT THERE ADVERTISING, Duluth, MN, pg. 395
Litos, Michelle - Creative - O'KEEFE REINHARD & PAUL, Chicago, IL, pg. 392
Little, Emily - Creative, Media Department, Social Media - MULLENLOWE U.S. LOS ANGELES, El Segundo, CA, pg.
Little, Alex - Creative - MCCANN NEW YORK, New York, NY, pg. 108
Littlejohn, David - Creative, PPOM - HUMANAUT, Chattanooga, TN, pg. 87
Littlejohn, James - Creative - 160OVER90, Santa Monica, CA, pg. 207
Littleton, Emily - Creative - MARKSTEIN, Birmingham, AL, pg. 625
Litzow, Daniel - Creative - DROGA5, New York, NY, pg. 64
Liu, Kaming - Creative -

MARKETSMITH, INC, Cedar Knolls, NJ, pg. 483
Liu, Jefferson - Creative - AKQA, Washington, DC, pg. 212
Liu, Andrew - Analytics, Creative, Promotions - SPRINKLR, New York, NY, pg. 688
Liu, Christian - Creative - MCGARRYBOWEN, Chicago, IL, pg. 110
Livesey, Adam - Creative - BBDO WORLDWIDE, New York, NY, pg. 331
Livesey, Adam - Creative - BBDO WORLDWIDE, New York, NY, pg. 331
Livingston, Andrew - Creative - MOTHER, Los Angeles, CA, pg. 118
Liwag, Marcus - Creative - IRIS, New York, NY, pg. 376
Llenado, Armando - Creative - TVGLA, Los Angeles, CA, pg. 273
Lloyd, Doug - Creative, PPOM - LLOYD&CO, New York, NY, pg. 190
Lobaton Morey, Daniel - Creative - OGILVY PUBLIC RELATIONS, New York, NY, pg. 633
Locascio, Brian - Creative - THE TOMBRAS GROUP, Knoxville, TN, pg. 424
Locascio, David - Creative - THE TOMBRAS GROUP, Knoxville, TN, pg. 424
Lochridge, Diana - Creative, PPM - DEFINITION 6, New York, NY, pg. 224
Lockwood, Sarah - Creative - AKQA, Atlanta, GA, pg. 212
Loebner, Sarah - Creative - DESIGNSENSORY, Knoxville, TN, pg. 62
Loew, Dave - Creative - OGILVY, Chicago, IL, pg. 393
Loffredo, Doug - Creative - ROKKAN, LLC, New York, NY, pg. 264
Lofgreen, Art - Creative, PPOM - CATAPULT STRATEGIC DESIGN, Tempe, AZ, pg. 176
Logue, Mac - Creative - FITZMARTIN, Homewood, AL, pg. 359
Loh, Benjamin - Creative - PUBLICIS.SAPIENT, New York, NY, pg. 258
Lohman, Eric - Creative - GROW INTERACTIVE, Norfolk, VA, pg. 237
Lomas, Bryon - Creative - THE GARFIELD GROUP, Philadelphia, PA, pg. 419
Lombardo, Chester - Creative - FORSMAN & BODENFORS, New York, NY, pg. 74
Londen, Ron - Account Planner, Creative, PPOM - JOURNEY GROUP, Charlottesville, VA, pg. 377
London, Matt - Creative, Operations, PPM - DONOVAN ADVERTISING, Lititz, PA, pg. 352
Long, Michael - Creative - FCB WEST, San Francisco, CA, pg. 72
Long, John - Creative - OGILVY, New York, NY, pg. 393
Long, Abby - Creative - PMG, Fort Worth, TX, pg. 257
Longwater, Elaine - Account Services, Creative, NBC, PPOM - LONGWATER ADVERTISING, Savannah, GA, pg. 101
Looney, Sean - Creative, PPOM -

LOONEY ADVERTISING, Montclair, NJ, pg. 101
Looney, Debbie - Creative, Operations, PPM - LOONEY ADVERTISING, Montclair, NJ, pg. 101
Looper, Michael - Creative - THE TOMBRAS GROUP, Knoxville, TN, pg. 424
Lopez, Ruben - Creative - MOWER, Charlotte, NC, pg. 628
Lopez, Armando - Creative, PPOM - NM+U MARKETING COMMUNICATIONS, INC., Miami, FL, pg. 120
Lopez, Tom - Creative, Interactive / Digital - SANDERS\WINGO, El Paso, TX, pg. 138
Lopez, Aly - Creative - MARKHAM & STEIN, Miami, FL, pg. 105
LoPresti, Alexa - Creative - AFG&, New York, NY, pg. 28
LoProsti, Vincent - Creative, PPOM - COMMERCE HOUSE, Dallas, TX, pg. 52
Lord, Tom - Creative - ICF NEXT, Minneapolis, MN, pg. 372
Lorenz, Emily - Creative - DELOITTE DIGITAL, Seattle, WA, pg. 224
Lorenzo, Tom - Account Services, Creative - SITUATION INTERACTIVE, New York, NY, pg. 265
Lorenzo, Lixaida - Creative - DAVID&GOLIATH, El Segundo, CA, pg. 57
Loretto, Kira - Account Planner, Creative, NBC - PEREIRA & O'DELL, New York, NY, pg. 257
Lotan, Roy - Creative, PPOM - ANY_, New York, NY, pg. 1
Lotter, Bibi - Creative - PUBLICIS NORTH AMERICA, New York, NY, pg. 399
Lotterman, Deborah - Creative, PPOM - PRECISIONEFFECT, Boston, MA, pg. 129
Loudenberg, Beth - Creative - SAATCHI & SAATCHI X, Cincinnati, OH, pg. 682
Louderback, Jake - Creative - HERO DIGITAL, San Francisco, CA, pg. 238
Loudy, Liz - Creative - BBH, New York, NY, pg. 37
Louey, Robert - Creative, PPOM - LOUEY / RUBINO DESIGN GROUP, Santa Monica, CA, pg. 190
Lougheed, Dave - Creative, Interactive / Digital, Media Department - KLICK HEALTH, Toronto, ON, pg. 244
Loughran, Amanda - Account Services, Creative, Management - SID LEE, Toronto, ON, pg. 141
Louie, Steven - Creative - FLIGHTPATH, New York, NY, pg. 235
Louis, Claudeland - Creative - ANALOGFOLK, New York, NY, pg. 439
Louis-Johnson, Kevi - Creative - SID LEE, Seattle, WA, pg. 140
Louria, Lynn - Creative, Media Department, PPM - THE RICHARDS GROUP, INC., Dallas, TX, pg. 422
Love, Tim - Creative - CCL BRANDING, Winston-Salem, NC, pg. 176
Love, Carmen - Creative - DEUTSCH,

1346

AGENCIES

RESPONSIBILITIES INDEX

INC., Los Angeles, CA, *pg.* 350
Love, Craig - Creative - MOTHER NY, New York, NY, *pg.* 118
Love, Sandra - Creative - ASO ADVERTISING, Roswell, GA, *pg.* 328
Love, Richard B. - Creative, PPOM - LOVE COMMUNICATIONS, Salt Lake City, UT, *pg.* 101
Lovegrove, Mike - Creative, PPOM - TRACYLOCKE , Wilton, CT, *pg.* 684
Lovegrove, Michael - Creative, PPOM - TRACYLOCKE, Irving, TX, *pg.* 683
Lovelace, Diana - Creative, Management, PPM - DEUTSER, Houston, TX, *pg.* 443
Lovelace, Racheal - Creative, Media Department - MP MEDIA & PROMOTIONS, Knoxville, TN, *pg.* 252
Lovelady, Brett - Creative, PPOM - ASTRO STUDIOS, San Francisco, CA, *pg.* 173
Lovely, Mark - Creative - MCCANN CANADA, Calgary, AB, *pg.* 384
Low, Matt - Creative - CROWLEY WEBB & ASSOCIATES, Buffalo, NY, *pg.* 55
Lowe, Bryn - Creative - OGILVY PUBLIC RELATIONS, Denver, CO, *pg.* 633
Lowensen, Chuck - Creative - CREATIVE DIRECT RESPONSE, INC., Bowie, MD, *pg.* 281
Lowenthal, Noah - Creative - ABELSON-TAYLOR, Chicago, IL, *pg.* 25
Lowrey, Adam - Creative - RPA, Santa Monica, CA, *pg.* 134
Loy, Ken - Creative - E-B DISPLAY CO., INC., Massillon, OH, *pg.* 180
Loyola, Jef - Creative, PPOM - THE M-LINE, San Francisco, CA, *pg.* 201
Lubars, David - Creative, PPOM - BBDO WORLDWIDE, New York, NY, *pg.* 331
Lubberts, Megan - Creative, Interactive / Digital, Media Department - INITIATIVE, Toronto, ON, *pg.* 479
Lubomirsky, Sasha - Creative - UENO, San Francisco, CA, *pg.* 273
Lubow, Arthur - Creative, PPOM - A.D. LUBOW, New York, NY, *pg.* 25
Lucado, Jennifer - Creative - PADILLA, Richmond, VA, *pg.* 635
Lucci, Ralph - Creative - BEHAVIOR, LLC, New York, NY, *pg.* 216
Lucey, Dan - Creative - JOAN, New York, NY, *pg.* 92
Lucey, Nicole - Creative - BURNS GROUP, New York, NY, *pg.* 338
Luchini, Samuel - Creative, Media Department - FCB CHICAGO, Chicago, IL, *pg.* 71
Luckey, Flo - Creative - OBERLANDER GROUP, Cohoes, NY, *pg.* 193
Ludlow, Jeffrey - Creative, PPOM - BRUCE MAU DESIGN, Toronto, ON, *pg.* 176
Ludwig, Scott - Creative - GROUP 22, INC., El Segundo, CA, *pg.* 185
Ludwig, Melissa - Creative - FCB HEALTH, New York, NY, *pg.* 72
Luer, Courtney - Creative - RALPH, California, CA, *pg.* 262
Luetkehans, Tony - Creative, PPOM - HELLMAN ASSOCIATES, INC., Waterloo,

IA, *pg.* 84
Luhr, Vanessa - Creative - ENERGY BBDO, INC., Chicago, IL, *pg.* 355
Luis, Shalimar - Creative - KETTLE, New York, NY, *pg.* 244
Lukacs, Alex - Creative - 22SQUARED INC., Atlanta, GA, *pg.* 319
Lukas, Megan - Creative - CURRAN & CONNORS, INC., Brentwood, CA, *pg.* 178
Lukens, Bob - Creative, PPOM - LOGICA DESIGN, Providence, RI, *pg.* 190
Lukens, Kevin - Creative - MERING, Sacramento, CA, *pg.* 114
Luker, Steve - Creative, PPOM - MUTT INDUSTRIES, Portland, OR, *pg.* 119
Lull, Clifford - Creative, PPOM - NORTH CHARLES STREET DESIGN ORGANIZATION, Baltimore, MD, *pg.* 193
Lun, Andy - Creative, PPOM - TOTO GROUP, New York, NY, *pg.* 156
Lundeberg, Karl - Creative - THE SUMMIT GROUP, Salt Lake City, UT, *pg.* 153
Lundstrom, Matt - Creative, Interactive / Digital - PALISADES MEDIA GROUP, INC., Santa Monica, CA, *pg.* 124
Lundy, Gwenn - Creative - KLUNK & MILLAN ADVERTISING, Allentown, PA, *pg.* 95
Lunseth, Rich - Creative - Z MARKETING PARTNERS, Indianapolis, IN, *pg.* 436
Lusignan, Chuck - Creative - COMMUNICATION ARTS GROUP, INC., Warwick, RI, *pg.* 178
Luter, Daniel - Creative - FRONTIER STRATEGIES, INC., Ridgeland, MS, *pg.* 465
Lutz, John - Creative, PPOM - SELBERT PERKINS DESIGN, Playa Del Rey, CA, *pg.* 198
Ly, Thanh - Creative - OGILVY PUBLIC RELATIONS, New York, NY, *pg.* 633
Lybarger, Josh - Account Services, Creative - DEUTSCH, INC., Los Angeles, CA, *pg.* 350
Lydon, Madelyn - Account Services, Creative, Media Department - OH PARTNERS, Phoenix, AZ, *pg.* 122
Lynch, Erin - Creative - R/GA, New York, NY, *pg.* 260
Lynch, Erin - Creative - DID AGENCY, Ambler, PA, *pg.* 62
Lynch, Chris - Creative - INNOCEAN USA, Huntington Beach, CA, *pg.* 479
Lynn, Randy - Creative, Interactive / Digital, PPOM - MARIS, WEST & BAKER, Jackson, MS, *pg.* 383
Lyons, Tom - Creative - MEKANISM, San Francisco, CA, *pg.* 112
Lytle, Dana - Creative, PPOM - PLANET PROPAGANDA, Madison, WI, *pg.* 195
Lyttle, Allison - Creative - INFOGROUP, New York, NY, *pg.* 286
Ma, Michael - Creative - ROKKAN, LLC, New York, NY, *pg.* 264
Maben, Michelle - Creative - RED

TETTEMER O'CONNELL + PARTNERS, Philadelphia, PA, *pg.* 404
Macaluso, Tom - Creative - ANSON-STONER, INC., Winter Park, FL, *pg.* 31
Macarian, Melissa - Creative - CAMP + KING, San Francisco, CA, *pg.* 46
MacDonald, Matt - Creative - BBDO WORLDWIDE, New York, NY, *pg.* 331
Machak, Joel - Creative - CROSBY MARKETING COMMUNICATIONS, Annapolis, MD, *pg.* 347
Macias, Evie - Account Services, Creative - MARKHAM & STEIN, Miami, FL, *pg.* 105
Macias, Marcos - Creative, PPOM - MACIAS CREATIVE, Miami, FL, *pg.* 543
Macias, Diandra - Creative - DUARTE, Sunnyvale, CA, *pg.* 180
Macias Torres, Mauricio - Creative - CONILL ADVERTISING, INC., El Segundo, CA, *pg.* 538
Mackay, Michael - Creative - BRANDPIE, New York, NY, *pg.* 42
Macke, Patrick - Creative, Interactive / Digital - PACIFIC COMMUNICATIONS, Irvine, CA, *pg.* 124
MacKenzie, Ian - Creative, PPOM - FCB/SIX, Toronto, ON, *pg.* 358
Mackie, Todd - Creative - BBDO CANADA, Toronto, ON, *pg.* 330
Mackler, Jonathan - Creative - BBH, New York, NY, *pg.* 37
Macklin, Stephen - Account Services, Creative - THE CONCEPT STUDIO, Westport, CT, *pg.* 269
Maclay, Sam - Creative, PPOM - 3, Albuquerque, NM, *pg.* 23
Maclean, Chris - Creative - WOLFF OLINS, New York, NY, *pg.* 21
Macleod, Evan - Creative - WS, Calgary, AB, *pg.* 164
Macmillan, Stuart - Creative - LG2, Montreal, QC, *pg.* 380
Macomber, Patrick - Creative - 160OVER90, Philadelphia, PA, *pg.* 1
Maconochie, Ryan - Creative, NBC, PPOM - D/CAL, Detroit, MI, *pg.* 56
Macrae, Joanne - Creative - MVP MARKETING, Toronto, ON, *pg.* 390
Macrone, Lynn - Creative, PPOM - JUICE PHARMA WORLDWIDE, New York, NY, *pg.* 93
Macy, Kimberly - Creative, PPOM - MACY + ASSOCIATES, INC., Playa del Rey, CA, *pg.* 382
Madden, Leo - Creative - BRIGHTON AGENCY, INC., Saint Louis, MO, *pg.* 337
Madjidi, Navid - Account Services, Creative, Media Department - ACCENTURE INTERACTIVE, El Segundo, CA, *pg.* 322
Madson, Dan - Creative, PPOM - THE GRIST, Boston, MA, *pg.* 19
Mafnas, Donovan - Creative - HUGE, INC., Brooklyn, NY, *pg.* 239
Maggio, Kelsey - Creative - WOODRUFF, Columbia, MO, *pg.* 163
Magila, Marlene - Creative - PACIFIC COMMUNICATIONS, Irvine, CA, *pg.* 124
Magliocca, Evan - Analytics, Creative, Promotions - BAESMAN,

1347

RESPONSIBILITIES INDEX — AGENCIES

Columbus, OH, pg. 167
Magoc, Kate - Creative - WOLFF OLINS, New York, NY, pg. 21
Magpantay, Vonn - Creative - DUARTE, Sunnyvale, CA, pg. 180
MaGuire, Jaimie - Creative, Interactive / Digital - CLEAR, New York, NY, pg. 51
Mahaney, Bevan - Creative - GREY WEST, San Francisco, CA, pg. 367
Mahn, Steve - Creative - INSTRUMENT, Portland, OR, pg. 242
Mahon, Mike - Creative - MALKA, Jersey City, NJ, pg. 562
Mains, Joseph - Creative - R/GA, Portland, OR, pg. 261
Maiolo, Dominick - Creative - LEO BURNETT WORLDWIDE, Chicago, IL, pg. 98
Maitland, Jan - Creative, PPOM - UTOPIC, Chicago, IL, pg. 428
Mak, Michelle - Creative - FORCE MAJURE DESIGN INC., Brooklyn, NY, pg. 183
Maki, Jeff - Creative - GSD&M, Austin, TX, pg. 79
Maki, Paula - Creative - 72ANDSUNNY, Playa Vista, CA, pg. 23
Makowski, John - Creative - HARVEY AGENCY, Sparks, MD, pg. 681
Malcolm, Doug - Creative, NBC - DIGITAS, Chicago, IL, pg. 227
Maldini, Maria - Creative, Operations - GALLEGOS UNITED, Huntington Beach, CA, pg. 75
Malech, Jennifer - Creative - SAATCHI & SAATCHI LOS ANGELES, Torrance, CA, pg. 137
Malek, Brynn - Creative - DONER, Los Angeles, CA, pg. 352
Maley, Kim - Creative - GODA ADVERTISING, Inverness, IL, pg. 364
Malhan, Madhu - Creative - FCB NEW YORK, New York, NY, pg. 357
Mallon, Michael - Creative - DMA UNITED, New York, NY, pg. 63
Malloy, Mark - Creative - EMI STRATEGIC MARKETING, INC., Boston, MA, pg. 68
Malmstrom, Paul - Creative, PPOM - MOTHER NY, New York, NY, pg. 118
Malone, Mike - Creative, NBC, PPOM - THE RICHARDS GROUP, INC., Dallas, TX, pg. 422
Malone, Ryan - Creative, Operations - DELL BLUE, Round Rock, TX, pg. 60
Maloney, Caitlin - Creative, Media Department, NBC - SUPERFLY, New York, NY, pg. 315
Maloney, Hilary - Creative - ARGONAUT, INC., San Francisco, CA, pg. 33
Maloney, Suzanne - Creative, PPOM - KETCHUM WEST, San Francisco, CA, pg. 620
Maloy, Kurt - Creative - CELTIC MARKETING, INC., Morton Grove, IL, pg. 341
Mambro, Jamie - Creative, PPOM - MMB, Boston, MA, pg. 116
Mammone, Natalie - Creative - HUGE, INC., Brooklyn, NY, pg. 239
Mamorsky, Alexandra - Account Services, Creative, Management -

CODE AND THEORY, New York, NY, pg. 221
Manaysay, Allan - Creative - PUBLICIS HAWKEYE, Dallas, TX, pg. 399
Manchester, Jane - Creative - CURIOSITY ADVERTISING, Cincinnati, OH, pg. 223
Mandelbaum, Juan - Creative, PPOM - GEOVISION, Watertown, MA, pg. 540
Maness, Chris - Creative - HARTE HANKS, INC., Austin, TX, pg. 284
Mangan, Craig - Creative, PPOM - FUNWORKS, Oakland, CA, pg. 75
Manias, Kristen - Creative - DDB CHICAGO, Chicago, IL, pg. 59
Mankey, Austin - Creative - CRISPIN PORTER + BOGUSKY, Boulder, CO, pg. 346
Mann, Casey - Creative - SECOND STORY INTERACTIVE, Portland, OR, pg. 265
Manning, Keith - Creative - JACK MORTON WORLDWIDE, Boston, MA, pg. 309
Mannion, Julie - Creative, PPOM - KCD, INC., New York, NY, pg. 94
Mannschreck, Mark - Creative - TVA MEDIA GROUP, Studio City, CA, pg. 293
Manuszak, Mark - Creative - WILLOW MARKETING, Indianapolis, IN, pg. 433
Manzella, Keith - Creative - EASTWEST MARKETING GROUP, New York, NY, pg. 353
Marbury, Rob - Creative, PPOM - MARBURY CREATIVE GROUP, Duluth, GA, pg. 104
Marceau, Bill - Creative - GSD&M, Austin, TX, pg. 79
Marcella, Kyle - Creative - MOTIV, Boston, MA, pg. 192
Marcellino, Nico - Creative, Interactive / Digital - A.D. LUBOW, New York, NY, pg. 25
Marchese, Chad - Creative - FRCH DESIGN WORLDWIDE, Cincinnati, OH, pg. 184
Marchetti, Cesar - Creative - R/GA, New York, NY, pg. 260
Marck, Glenn - Creative, PPOM - WE'RE MAGNETIC, New York, NY, pg. 318
Marco, Harvey - Creative, PPOM - GALLEGOS UNITED, Huntington Beach, CA, pg. 75
Marcus, Matt - Creative, Management, PPOM - LEO BURNETT WORLDWIDE, Chicago, IL, pg. 98
Marcus, Ken - Creative - THE MARTIN AGENCY, Richmond, VA, pg. 421
Marfey, Lynn - Account Services, Creative - ALTERNATIVES DESIGN, New York, NY, pg. 172
Margonza, Noel - Creative - O'KEEFE REINHARD & PAUL, Chicago, IL, pg. 392
Marguccio, Tom - Creative - SUCCESS COMMUNICATIONS GROUP, Parsipanny, NJ, pg. 415
Maricich, David - Creative, PPOM - MARICICH HEALTHCARE COMMUNICATIONS, Irvine, CA, pg. 105

Marieb, Carolyn - Creative - SPEAR MARKETING GROUP, Walnut Creek, CA, pg. 411
Mariello, Anthony - Account Planner, Analytics, Creative - THE&PARTNERSHIP, New York, NY, pg. 426
Marin, Tony - Creative - VMLY&R, Kansas City, MO, pg. 274
Marin, Ian - Creative, PPOM - ARRAY CREATIVE, Akron, OH, pg. 173
Marinaccio, David - Creative, PPOM - LMO ADVERTISING, Arlington, VA, pg. 100
Marino, Patrina - Creative - DAVIS & COMPANY, Glen Rock, NJ, pg. 595
Marion, Neil - Creative - PACE COMMUNICATIONS, Greensboro, NC, pg. 395
Mark, Claudia - Creative - DIMASSIMO GOLDSTEIN, New York, NY, pg. 351
Mark Adkins, Ashley - Creative - CLARK NIKDEL POWELL, Winter Haven, FL, pg. 342
Markham, Tom - Creative - BBDO WORLDWIDE, New York, NY, pg. 331
Markovsky, David - Creative - BROWN & COMPANY GRAPHIC DESIGN, Portsmouth, NH, pg. 176
Marks, Michelle - Account Planner, Creative, PPOM - IDEAS ON PURPOSE, New York, NY, pg. 186
Markus, Craig - Creative - CRAMER-KRASSELT, New York, NY, pg. 53
Marlo, Michele - Creative - AM STRATEGIES, San Diego, CA, pg. 324
Maron, Octavio - Creative - IPROSPECT, New York, NY, pg. 674
Marquardt, Florian - Creative - GOODBY, SILVERSTEIN & PARTNERS, San Francisco, CA, pg. 77
Marquardt, Gib - Creative - AFG&, New York, NY, pg. 28
Marques, Michael - Creative - DID AGENCY, Ambler, PA, pg. 62
Marquez, Belen - Creative - DROGA5, New York, NY, pg. 64
Marquis, Blake - Creative, Interactive / Digital, PPOM - THE MANY, Pacific Palisades, CA, pg. 151
Marr, Quincy - Account Services, Creative - EVENTIVE MARKETING, New York, NY, pg. 305
Marrero, Daniel - Creative, PPOM - CREATIVEONDEMAND, Coconut Grove, FL, pg. 539
Marrone, Ben - Creative, Media Department - BOCA COMMUNICATIONS, San Francisco, CA, pg. 585
Mars, Sallie - Creative, Human Resources, PPOM - MCCANN NEW YORK, New York, NY, pg. 108
Marsh, Taylor - Creative - BBDO WORLDWIDE, New York, NY, pg. 331
Marshall, John - Creative, Interactive / Digital - AGENCY 720, Detroit, MI, pg. 323
Marshall, Ashley - Creative - WIEDEN + KENNEDY, Portland, OR, pg. 430
Marshall, Lisa - Creative - MKTG

AGENCIES

RESPONSIBILITIES INDEX

INC, Chicago, IL, pg. 312
Marshall, Alanna - Creative - TEN35, Chicago, IL, pg. 147
Marshall, Brett - Creative - KERTIS CREATIVE, Louisville, KY, pg. 95
Marshall, Ilana - Creative - BARKLEY, Kansas City, MO, pg. 329
Martel, Ignacio - Creative - REPUBLICA HAVAS, Miami, FL, pg. 545
Martell, Dorn - Creative, PPOM - TINSLEY ADVERTISING, Miami, FL, pg. 155
Martenson, Chance - Creative - TOOLHOUSE, INC., Bellingham, WA, pg. 155
Martin, Dan - Creative - LIGHTHOUSE, INC., Marietta, GA, pg. 11
Martin, Randy - Creative, Finance, PPOM - MARTIN & COMPANY ADVERTISING, Whites Creek, TN, pg. 106
Martin, Greg - Creative - HUGHES DESIGN GROUP, South Norwalk, CT, pg. 186
Martin, Cheryl - Creative, Management, NBC - HUNTSINGER & JEFFER, INC., Richmond, VA, pg. 285
Martin, Fletcher - Creative, PPOM - A5, Chicago, IL, pg. 25
Martin, Lori - Creative - ST. GREGORY GROUP MARKETING, Cincinnati, OH, pg. 144
Martin, Gerard - Creative - STARCOM WORLDWIDE, Chicago, IL, pg. 513
Martin, Andrew - Creative, PPM - ZULU ALPHA KILO, Toronto, ON, pg. 165
Martin, Stephen - Creative - VMLY&R, Kansas City, MO, pg. 274
Martin, Jason - Creative - LUCKIE & COMPANY, Birmingham, AL, pg. 382
Martin, Lori - Creative - INNOCEAN USA, Huntington Beach, CA, pg. 479
Martin, Henry - Creative - ACKERMAN MCQUEEN, INC., Oklahoma City, OK, pg. 26
Martin, Crystal - Creative - SPEAR MARKETING GROUP, Walnut Creek, CA, pg. 411
Martin, Christopher - Creative - DISCOVERY USA, Philadelphia, PA, pg. 63
Martin, Katie - Account Services, Creative - 72ANDSUNNY, Playa Vista, CA, pg. 23
Martin, Jeffery - Creative, PPOM - KARSH & HAGAN, Denver, CO, pg. 94
Martin, Claudette - Creative - FORSMAN & BODENFORS, New York, NY, pg. 74
Martin, Grace - Creative - WIEDEN + KENNEDY, New York, NY, pg. 432
Martin, Renee Kae - Creative - AISLE ROCKET, Chicago, IL, pg. 681
Martin, Lance - Creative, PPOM - UNION CREATIVE, Toronto, ON, pg. 273
Martin, Mike - Creative, PPOM - JACKSON SPALDING INC., Atlanta, GA, pg. 376
Martin, Chris - Creative - DIMASSIMO GOLDSTEIN, New York, NY, pg. 351

Martin, Joe - Creative - RED SIX MEDIA, Baton Rouge, LA, pg. 132
Martin, Merritt - Creative - 9THWONDER, Dallas, TX, pg. 321
Martin Filsoof, Ali - Creative - PHENOMENON, Los Angeles, CA, pg. 439
Martineau, Suzanne - Account Services, Creative, NBC, PPOM - SCHAFER CONDON CARTER, Chicago, IL, pg. 138
Martinez, Alfonso - Creative - WALKER ADVERTISING, INC., Torrance, CA, pg. 546
Martinez, Rey - Creative - ATMOSPHERE PROXIMITY, New York, NY, pg. 214
Martinez, Orlando - Creative, NBC, PPM - DIRECTOHISPANIC, LLC, North Hollywood, CA, pg. 681
Martinez, Katy - Account Services, Creative - GREY MIDWEST, Cincinnati, OH, pg. 366
Martinez, Gabriela - Creative - FCB HEALTH, New York, NY, pg. 72
Martins, Fred - Creative - TIZIANI WHITMYRE, Sharon, MA, pg. 155
Martinson, Julie - Creative, PPOM - COLOUR, Halifax, NS, pg. 343
Marulanda, Monica - Creative - ALMA, Coconut Grove, FL, pg. 537
Marvel, Hunter - Creative, Operations - METEORITE PR, Boulder, CO, pg. 627
Marzolf, Ted - Creative, Interactive / Digital, Media Department - SPARK FOUNDRY, Chicago, IL, pg. 510
Masatani, Paul - Creative - DAVIS ELEN ADVERTISING, Los Angeles, CA, pg. 58
Mascarenhas, Darryl - Creative - LVLY STUDIOS, New York, NY, pg. 247
Mascaro, Brianna - Account Services, Creative, Interactive / Digital - HEARTS & SCIENCE, New York, NY, pg. 471
Masci, Natasha - Creative, Public Relations - CHIZCOMM, North York, ON, pg. 50
Masden, James - Creative, NBC, PPOM - QUENCH, Harrisburg, PA, pg. 131
Masem, Pete - Creative - IN PLACE MARKETING, Tampa, FL, pg. 374
Masi, Eric - Creative, PPOM - TORQUE, Chicago, IL, pg. 20
Masi, Jennifer - Creative, PPOM - TORQUE, Chicago, IL, pg. 20
Maskin, Ilana - Account Services, Creative, NBC - SPARK FOUNDRY, New York, NY, pg. 508
Mason, Beverly - Creative, PPOM - WESTON | MASON, Marina Del Rey, CA, pg. 430
Mason, Amy - Creative, Media Department, Social Media - WEBER SHANDWICK, Atlanta, GA, pg. 661
Mason, Grant - Creative - WIEDEN + KENNEDY, New York, NY, pg. 432
Mason, Ben - Creative - EPIC CREATIVE, West Bend, WI, pg. 7
Massa, Agustina - Creative - THE COMMUNITY, Miami Beach, FL, pg. 545
Massa, Mallory - Creative - 3HEADED

MONSTER, Dallas, TX, pg. 23
Massaia, Louis - Creative, PPOM - HAVAS HEALTH & YOU, New York, NY, pg. 82
Masseur, Mark - Creative, PPOM - SYMMETRI MARKETING GROUP, LLC, Chicago, IL, pg. 416
Massih, Daniel - Creative - GREY GROUP, New York, NY, pg. 365
Mast, Andrew - Creative - BFO, Chicago, IL, pg. 217
Masters, Don - Creative, PPOM - MEDIAPLUS ADVERTISING, Ottawa, ON, pg. 386
Masters, Colleen - Creative - ALOYSIUS BUTLER & CLARK, Wilmington, DE, pg. 30
Mastrandrea, Lenny - Creative - NICE SHOES, New York, NY, pg. 193
Mastrobattista, Michelle - Creative - SOLOMON MCCOWN & CO., INC., Boston, MA, pg. 648
Matejczyk, John - Creative, PPOM - MUH-TAY-ZIK / HOF-FER, San Francisco, CA, pg. 119
Matheny, Michael - Creative, NBC, PPOM - FOLKLORE DIGITAL, Minneapolis, MN, pg. 235
Matheny, Julie - Creative - DROGA5, New York, NY, pg. 64
Mathes, Estee - Creative - OGILVY, Chicago, IL, pg. 393
Matheu, Amy - Creative - WONGDOODY, Culver City, CA, pg. 433
Mathias, Bryce - Creative - GREY GROUP, New York, NY, pg. 365
Mathieu, Christopher - Creative, PPOM - NEW BREED MARKETING, Winooski, VT, pg. 675
Mathis, Mark - Creative, Media Department, PPOM - AMPERAGE, Cedar Rapids, IA, pg. 30
Matson, Laura Beth - Account Services, Creative, Media Department - BROTHERS & CO., Tulsa, OK, pg. 43
Matsubara, Ken - Creative - THE VIA AGENCY, Portland, ME, pg. 154
Matsui, Fabio - Creative, Interactive / Digital, PPOM - ACCENTURE INTERACTIVE, El Segundo, CA, pg. 322
Matsumoto, Ryosuke - Creative - BANDUJO DONKER & BROTHERS, New York, NY, pg. 36
Matsunami, Lee - Creative, Interactive / Digital - KOVEL FULLER, Culver City, CA, pg. 96
Matsunobu, Mutsumi - Creative - MEDIA ETC., Honolulu, HI, pg. 112
Matsushima, Joe - Creative, PPOM - DENIZEN GROUP, Culver City, CA, pg. 225
Mattei, Robison - Creative - 180LA, Los Angeles, CA, pg. 23
Matthew, Molly - Creative, Media Department - MKTG INC, Chicago, IL, pg. 312
Matthews, Drew - Creative, PPOM - THE MATTHEWS GROUP, INC., Bryan, TX, pg. 151
Matthews, Susan - Creative - EVERGREEN & CO., Falls Church, VA, pg. 182

1349

RESPONSIBILITIES INDEX — AGENCIES

Matthews, Jennifer - Creative, Interactive / Digital - BALDWIN&, Raleigh, NC, pg. 35

Mattiace, William - Creative, NBC, Public Relations - GAIL & RICE, Farmington Hills, MI, pg. 306

Mattimore, Timothy - Creative - BBDO MINNEAPOLIS, Minneapolis, MN, pg. 330

Mattingly, Liz - Creative - CROWLEY WEBB & ASSOCIATES, Buffalo, NY, pg. 55

Mattoso, Frederico - Creative - OGILVY PUBLIC RELATIONS, New York, NY, pg. 633

Mattucci, Lindsey - Creative - HDMZ, Chicago, IL, pg. 83

Matulick, Kylie - Creative, PPOM - PSYOP, Venice, CA, pg. 196

Matyas, Mark - Creative - THE SIMON GROUP, INC., Sellersville, PA, pg. 153

Matz, Scott - Creative - THORNBERG & FORESTER, New York, NY, pg. 564

Matzner, Jason - Creative - VOVEO MARKETING GROUP , Malvern, PA, pg. 429

Matznick, William - Creative - CAVALRY, Chicago, IL, pg. 48

Mauldin, Melissa - Creative, NBC, Public Relations - A. BRIGHT IDEA, Bel Air, MD, pg. 25

Maurer, Paul - Creative - ABBEY MECCA & COMPANY, Buffalo, NY, pg. 321

Maurin, Rebekah - Creative, NBC - DESIGN AT WORK CREATIVE SERVICES, Houston, TX, pg. 179

Maus, Trudy - Creative, PPM - BANNER DIRECT, Wilmington, NC, pg. 280

Mavis, Madison - Creative, Media Department - VAYNERMEDIA, New York, NY, pg. 689

Maxham, John - Creative, PPOM - LAUGHLIN CONSTABLE, INC., Chicago, IL, pg. 380

May, Jared - Creative - THE PRICE GROUP INC., Lubbock, TX, pg. 152

May, Chris - Creative - ELEPHANT, Brooklyn, NY, pg. 181

Mayer, Josh - Creative, PPOM - PETERMAYER, New Orleans, LA, pg. 127

Mayer, Carole - Creative - SJI ASSOCIATES, New York, NY, pg. 142

Mayers, Gwen - Creative - BALASH ADVERTISING, Oakbrook Terrace, IL, pg. 35

Mayes, Wendy - Creative - THE RICHARDS GROUP, INC., Dallas, TX, pg. 422

Mayfield, Jim - Creative, Management - BRIGHTON AGENCY, INC., Saint Louis, MO, pg. 337

Mayhew, Kaleen - Creative - ORGANIC, INC., San Francisco, CA, pg. 255

Mays, Emily - Creative - INNIS MAGGIORE GROUP, Canton, OH, pg. 375

Mazur, Kellie - Creative - GELIA WELLS & MOHR, Williamsville, NY, pg. 362

Mazzariol, Mauricio - Creative - THE MARTIN AGENCY, Richmond, VA, pg. 421

Mazzotti, Bruno - Creative - FCB CHICAGO, Chicago, IL, pg. 71

McAdoo, Chris - Account Services, Creative - DESIGNSENSORY, Knoxville, TN, pg. 62

McAneney, Amanda - Creative, Interactive / Digital, Media Department, NBC - CANVAS WORLDWIDE, Playa Vista, CA, pg. 458

McArthur, Hamish - Creative - VMLY&R, New York, NY, pg. 160

McArtor, Todd - Creative, NBC - THE RICHARDS GROUP, INC., Dallas, TX, pg. 422

McBride, Chuck - Creative, PPOM - CUTWATER, San Francisco, CA, pg. 56

McBride, Sean - Creative, Management - ARNOLD WORLDWIDE, Boston, MA, pg. 33

McBride, Elizabeth - Account Services, Creative - SHERRY MATTHEWS ADVOCACY MARKETING, Austin, TX, pg. 140

McCafferty, Dennis - Creative, Research - WELZ & WEISEL COMMUNICATIONS, McLean, VA, pg. 662

McCaleb, Anna - Creative - PREACHER, Austin, TX, pg. 129

McCall, Cory - Creative, PPOM - 160OVER90, Philadelphia, PA, pg. 1

McCall, Marin - Creative, Interactive / Digital - ALL POINTS PUBLIC RELATIONS, Deerfield, IL, pg. 576

McCanna, Michael - Creative - REDPEG MARKETING, Alexandria, VA, pg. 692

McCaren, Pat - Creative - SWIFT, Portland, OR, pg. 145

McCarley, Erica - Creative - DELL BLUE, Round Rock, TX, pg. 60

McCarter Nagle, Gwen - Administrative, Analytics, Creative - THE PARAGRAPH PROJECT, Durham, NC, pg. 152

McCarthy, Kevin - Creative - MCGARRYBOWEN, San Francisco, CA, pg. 385

McCarthy, Taylor - Creative - COSSETTE MEDIA, Toronto, ON, pg. 345

McCarthy, Tayler - Creative - THE LOOMIS AGENCY, Dallas, TX, pg. 151

McCarthy, Jamie - Creative, PPOM - J.R. THOMPSON COMPANY, Farmington Hills, MI, pg. 91

McCartney, Bob - Creative - RPM ADVERTISING, Chicago, IL, pg. 408

McCarty, David - Creative, PPOM - PANZANO & PARTNERS, Moorestown, NJ, pg. 194

McCarty, Jen - Creative - MIND ACTIVE, St. Louis, MS, pg. 675

McCaskill, Laura - Creative - PUBLICIS HAWKEYE, Dallas, TX, pg. 399

McCathie, Jamie - Creative - TURNER DUCKWORTH, San Francisco, CA, pg. 203

McCauley, Marty - Creative - FRCH DESIGN WORLDWIDE, Cincinnati, OH, pg. 184

McClabb, Jill - Creative, NBC, PPOM - IPNY, New York, NY, pg. 90

McClain, Stacy - Creative, PPM - CAMP + KING, San Francisco, CA, pg. 46

McCloud, Randall - Creative, Interactive / Digital, PPM - MMA CREATIVE, Cookeville, TN, pg. 116

McClure, Mike - Creative, Interactive / Digital, NBC - THE YAFFE GROUP, Southfield, MI, pg. 154

McClure, Anna - Creative - DID AGENCY, Ambler, PA, pg. 62

McClure, Chad - Creative - MBB AGENCY, Leawood, KS, pg. 107

McCluskey, Sam - Creative - DROGA5, New York, NY, pg. 64

McConnell, Lisa - Creative - BURRELL COMMUNICATIONS GROUP, INC. , Chicago, IL, pg. 45

McCool, Ashley - Creative, Interactive / Digital, Media Department, Public Relations, Social Media - HITCHCOCK FLEMING & ASSOCIATES, INC. , Akron, OH, pg. 86

McCord, Kat - Creative, PPOM - THACKWAY MCCORD, New York, NY, pg. 201

McCormack, Joe - Creative - DOREMUS & COMPANY, San Francisco, CA, pg. 64

McCormack, Dan - Creative - ENERGY BBDO, INC., Chicago, IL, pg. 355

McCormack, Sean - Creative, PPOM - CASPARI MCCORMICK, Wilmington, DE, pg. 340

McCormick, Lance - Creative, PPOM - JNA ADVERTISING, Overland Park, KS, pg. 92

McCormick, Michael - Creative, PPOM - RODGERS TOWNSEND, LLC, Saint Louis, MO, pg. 407

McCormick, Tom - Creative, PPOM - THE BRICK FACTORY, Washington, DC, pg. 269

McCormick, Kelly - Creative - CRISPIN PORTER + BOGUSKY, Boulder, CO, pg. 346

McCormick, Brent - Creative - RANDALL BRANDING AGENCY, Richmond, VA, pg. 16

McCormick, Elaine - Creative - GREY GROUP, New York, NY, pg. 365

McCoy, Erin - Creative, Public Relations - KILLER VISUAL STRATEGIES, Seattle, WA, pg. 189

McCoy Kelly, Buffy - Creative, NBC, PPOM - TATTOO PROJECTS, LLC, Charlotte, NC, pg. 146

McCracken, Sean - Creative, Management - BOXCAR CREATIVE, Dallas, TX, pg. 219

McCracken, Tim - Creative - BARKLEY, Kansas City, MO, pg. 329

McCradden, David - Creative - MCGARRYBOWEN, Chicago, IL, pg. 110

McCrary, Joshua - Creative - TBWA \ CHIAT \ DAY, Los Angeles, CA, pg. 146

McCrimmon, Krista - Creative - JOHNSON & SEKIN, Dallas, TX, pg. 10

McCrindle, Lauren - Creative -

AGENCIES

RESPONSIBILITIES INDEX

MCCANN NEW YORK, New York, NY, pg. 108

McCrodden, Allen - Creative - PROED COMMUNICATIONS, Beachwood, OH, pg. 129

McCrory, Paisley - Creative - MCCANN CANADA, Toronto, ON, pg. 384

McCue, Tony - Creative - CANNONBALL AGENCY, Saint Louis, MO, pg. 5

McCulley, Bridget - Creative, Media Department - THE BOHAN AGENCY, Nashville, TN, pg. 418

McCullough, Kelly - Creative - ELEVEN, INC., San Francisco, CA, pg. 67

McCune, Wade - Creative - CJRW, Little Rock, AR, pg. 590

McCurdy, Drue - Creative - VSA PARTNERS, INC., Chicago, IL, pg. 204

McCurlie, Mike - Creative, PPOM - MJM PRODUCTIONS, Hamilton, ON, pg. 563

McCutcheon, Tim - Creative - UPSIDE COLLECTIVE, Albany, NY, pg. 428

McDaniel, Frank - Creative - HAROLD WARNER ADVERTISING, INC., Buffalo, NY, pg. 369

McDermott, Matt - Creative - IDFIVE, Baltimore, MD, pg. 373

McDonald, Marty - Creative, PPOM - EGG, Vachon, WA, pg. 7

McDonald, Kathleen - Creative - CONTRAST CREATIVE, Cary, NC, pg. 222

McDonald, Dan - Creative - PATTERSON BACH COMMUNICATIONS, Apopka, FL, pg. 126

McDonald, Matt - Creative - MOB SCENE, Los Angeles, CA, pg. 563

McDonald, Chip - Creative - SAATCHI & SAATCHI LOS ANGELES, Torrance, CA, pg. 137

McDonough, Joe - Creative, PPOM - MASTERMINDS, INC., Egg Harbor Township, NJ, pg. 687

McDonough, Tim - Creative, Finance, NBC - BERRY & COMPANY PUBLIC RELATIONS, New York, NY, pg. 583

McDougal, Connor - Account Services, Creative, Media Department - INITIATIVE, Chicago, IL, pg. 479

McDougall, Fiona - Creative, PPM, PPOM - ONEWORLD COMMUNICATIONS, San Francisco, CA, pg. 123

McDowell, Robert - Creative - LEO BURNETT WORLDWIDE, Chicago, IL, pg. 98

McElmeel, Chris - Creative - MEDIA ASSEMBLY, Southfield, MI, pg. 385

McElree, Garnet - Creative - LMNO, Saskatoon, SK, pg. 100

McElroy, Kevin - Creative - PUBLICIS.SAPIENT, Chicago, IL, pg. 259

McEnnes, Marc - Creative - GENDRON COMMUNICATIONS, Laval, QC, pg. 362

McFadden, Mike - Creative, Management - OGILVY, Denver, CO, pg. 255

McFarland, Jason - Creative - FERGUSON ADVERTISING, INC., Fort Wayne, IN, pg. 73

McFarlane, Mietta - Creative - DROGA5, New York, NY, pg. 64

McGarry, Lisa - Creative - CLEAR, New York, NY, pg. 51

McGee, Heather - Creative, NBC, PPM - BANNER DIRECT, Wilmington, NC, pg. 280

McGetrick, Michael - Creative, Interactive / Digital, PPOM - SPARK451, INC., Westbury, NY, pg. 411

McGill, Stephen - Creative, PPOM - MCGILL BUCKLEY, Ottawa, ON, pg. 110

McGill, John - Creative - VAYNERMEDIA, Chattanooga, TN, pg. 689

McGing, Breda - Creative - DIGITAS, San Francisco, CA, pg. 227

McGinness, Will - Creative, PPOM - VENABLES BELL & PARTNERS, San Francisco, CA, pg. 158

McGinnis, Seth - Creative - LAUNDRY SERVICE, Brooklyn, NY, pg. 287

McGivney, Tom - Creative, PPOM - ALOYSIUS BUTLER & CLARK, Wilmington, DE, pg. 30

McGowan, Matt - Creative - ZOZIMUS AGENCY, Boston, MA, pg. 665

McGrath, Tim - Creative, PPOM - 3, Albuquerque, NM, pg. 23

McGrath, Michael - Creative, PPOM - HYDROGEN, Seattle, WA, pg. 87

McGraw, Kevin - Creative - REVOLUTION, Chicago, IL, pg. 406

McGrogan, Sandi - Creative - SASQUATCH, Portland, OR, pg. 138

McGuffin, Justin - Creative - AARS & WELLS, INC., Dallas, TX, pg. 321

McGuinness, Pat - Creative, PPOM - TRUMPET ADVERTISING, New Orleans, LA, pg. 157

McHale, Kevin - Creative - NEON, New York, NY, pg. 120

McHugh, Rick - Creative - HILL HOLLIDAY, Boston, MA, pg. 85

McHugh, Evan - Creative - THE INTEGER GROUP, Lakewood, CO, pg. 682

McInnis, Mark - Account Services, Creative - NOCOAST ORIGINALS, Saint Louis, MO, pg. 312

McIntosh, Craig - Creative - COSSETTE MEDIA, Toronto, ON, pg. 345

McIntosh, Amber - Creative - BUTLER, SHINE, STERN & PARTNERS, Sausalito, CA, pg. 45

McIver, Jesse - Creative - SHOK IDEA GROUP, INC, New Smyrna Beach, FL, pg. 17

McKamy, Galen - Account Planner, Account Services, Creative - MATCH ACTION MARKETING GROUP, Boulder, CO, pg. 692

McKay, Jeffrey - Creative, PPOM - PENNEBAKER, LMC, Houston, TX, pg. 194

McKay, Mike - Creative, PPOM - ELEVEN, INC., San Francisco, CA, pg. 67

McKay, Matt - Creative - PUBLICIS NORTH AMERICA, New York, NY, pg. 399

McKee, Chris - Account Services, Creative, Management, NBC, PPOM - FLINT & STEEL, New York, NY, pg. 74

McKenna, Austin - Account Services, Creative - MCGARRAH JESSEE, Austin, TX, pg. 384

McKenna, Susan - Account Services, Creative - EARTHBOUND BRANDS, New York, NY, pg. 7

McKenna, Katie - Creative, Interactive / Digital, Social Media - MULLENLOWE U.S. NEW YORK, New York, NY, pg. 496

McKenzie, Chad - Creative - MCKENZIE WAGNER, INC., Champaign, IL, pg. 111

McKenzie, Lianna - Creative - DESKEY INTEGRATED BRANDING, Cincinnati, OH, pg. 7

McKeon, John - Creative - PORETTA & ORR, INC., Doylestown, PA, pg. 314

McKeown, Steve - Creative - BROKAW, INC., Cleveland, OH, pg. 43

McKinney, Pat - Creative, PPOM - DALTON AGENCY, Jacksonville, FL, pg. 348

McKinney, Jeff - Creative, Interactive / Digital - LDWW GROUP, Dallas, TX, pg. 622

McKinnon, Suzette - Creative, PPOM - LAUNCH ADVERTISING, Denver, CO, pg. 97

McLaren, Matt - Account Services, Analytics, Creative - CHEMISTRY ATLANTA, Atlanta, GA, pg. 50

McLarty, Jim - Creative - PERISCOPE, Minneapolis, MN, pg. 127

McLaughlin, Sean - Creative - WIEDEN + KENNEDY, New York, NY, pg. 432

McLaughlin, Trish - Creative - INFERNO, LLC, Memphis, TN, pg. 374

McLaurin, Michael - Account Planner, Creative, PPOM - FIFTEEN DEGREES, New York, NY, pg. 358

McLees, Morgan - Account Services, Creative, Media Department, Social Media - THE TOMBRAS GROUP, Knoxville, TN, pg. 424

McMahon, John - Creative, Management, PPOM - ART MACHINE, Hollywood, CA, pg. 34

McMann, Kathy - Creative - ARNOLD WORLDWIDE, Boston, MA, pg. 33

McMichael, III, Travis - Creative - OBSERVATORY MARKETING, Los Angeles, CA, pg. 122

McMillan, Dorothy - Creative, PPOM - BOB'S YOUR UNCLE, Toronto, ON, pg. 335

McMullen, Tim - Creative, PPOM - REDPEPPER, Nashville, TN, pg. 405

McMurtrey, Chris - Creative - MCCANN NEW YORK, New York, NY, pg. 108

McNally, Ray - Creative, PPOM - MCNALLY TEMPLE & ASSOCIATES, INC., Sacramento, CA, pg. 626

McNally, Justin - Creative - LAUNCHFIRE, INC., Ottawa, ON, pg. 568

McNany, Scott - Creative - PINCKNEY HUGO GROUP, Syracuse, NY, pg. 128

McNary, Matt - Creative - VMLY&R, Kansas City, MO, pg. 274

RESPONSIBILITIES INDEX — AGENCIES

McNeilage, Ned - Creative, PPOM - BBH, West Hollywood, CA, pg. 37
McNeill, Tal - Creative - GODWIN GROUP, Jackson, MS, pg. 364
McNulty, Devin - Creative - FUNWORKS, Oakland, CA, pg. 75
McOstrich, Neil - Creative, PPOM - CLEAN SHEET COMMUNICATIONS, Toronto, ON, pg. 342
McPherson, Susan - Creative, PPOM - CREATIVE COMMUNICATIONS CONSULTANTS, INC., Minneapolis, MN, pg. 346
McQuaid, Dave - Creative - VANTAGEPOINT, INC., Greenville, SC, pg. 428
McQuaide, Deidre - Creative - THE SHIPYARD, Newport Beach, CA, pg. 153
McQueen, George - Creative - DROGA5, New York, NY, pg. 64
McQueen, Rob - Creative - DROGA5, New York, NY, pg. 64
McQueen, Tom - Creative - DROGA5, New York, NY, pg. 64
McQuillan, Denise - Account Planner, Creative, PPOM - YOLO SOLUTIONS, Clarkston, MI, pg. 436
McTavish, Heather - Account Services, Creative, Media Department - VIRTUE WORLDWIDE, Brooklyn, NY, pg. 159
McTighe, Tug - Creative - DEG DIGITAL, Overland Park, KS, pg. 224
McVey, Lewis - Creative - HAVAS WORLDWIDE CHICAGO, Chicago, IL, pg. 82
McVey, Alicia - Creative, PPOM - SWIFT, Portland, OR, pg. 145
McWhorter, Joel - Creative, PPOM - MCCOMM GROUP, Decatur, AL, pg. 109
Mead, Monte - Creative, PPOM - CULTIVATOR ADVERTISING & DESIGN, Denver, CO, pg. 178
Mead, Sonya - Creative, Interactive / Digital - ESSENTIAL, Boston, MA, pg. 182
Meade, Kristen - Account Services, Creative, Media Department - PREACHER, Austin, TX, pg. 129
Meadors, Noah - Creative - SECRET WEAPON MARKETING, Los Angeles, CA, pg. 139
Meadows, Jennifer - Creative - LANDERS & PARTNERS, Clearwater, FL, pg. 379
Means, Gabrey - Creative, PPOM - GROW MARKETING, San Francisco, CA, pg. 691
Means, Tommy - Creative, PPOM - MEKANISM, San Francisco, CA, pg. 112
Mears, Eben - Creative, PPOM - PSYOP, New York, NY, pg. 196
Meates, Paul - Creative - DROGA5, New York, NY, pg. 64
Meckes, Corey - Creative, PPOM - ID GRAPHICS, Everett, PA, pg. 186
Medeiros, Rafael - Creative - RALPH, California, CA, pg. 262
Medeiros, Mark - Creative - JK DESIGN, Hillsborough, NJ, pg. 481
Medina, Rafael - Creative - SIEGEL & GALE, New York, NY, pg. 17

Medina, Lissett - Creative - DG COMMUNICATIONS GROUP, Delray Beach, FL, pg. 351
Medinger, Patti - Creative, PPOM - ADVERTISING MEDIA PLUS, INC., Columbia, MD, pg. 28
Mednis, Erik - Creative - ARNOLD WORLDWIDE, New York, NY, pg. 34
Meeks, Natalie - Creative - 22SQUARED INC., Tampa, FL, pg. 319
Megginson, Tom - Creative - ACART COMMUNICATIONS, INC., Ottawa, ON, pg. 322
Mehl, Drew - Creative, PPOM - BINARY PULSE TECHNOLOGY MARKETING, Irvine, CA, pg. 39
Mehling, Dan - Account Services, Creative - WHITEMYER ADVERTISING, INC., Zoar, OH, pg. 161
Meier, Kathryn - Creative, Interactive / Digital - HEARTS & SCIENCE, New York, NY, pg. 471
Meikle, Bruce - Creative - SUBURBIA STUDIOS, Victoria, BC, pg. 18
Meiser, Drew - Creative - FCB WEST, San Francisco, CA, pg. 72
Meister, Steve - Creative, NBC, PPOM - BIG BANG, INC., Decatur, GA, pg. 174
Meister, Mike - Creative, PPOM - THE PRICE GROUP INC., Lubbock, TX, pg. 152
Mejia, Jr., Margarito - Creative - ZEHNER, Los Angeles, CA, pg. 277
Melchiano, Craig - Creative - EP+CO., Greenville, SC, pg. 356
Melilli, Lawrence - Creative - WIEDEN + KENNEDY, Portland, OR, pg. 430
Melle, Julia - Creative - THE RICHARDS GROUP, INC., Dallas, TX, pg. 422
Mellon, Rick - Creative - MAIER ADVERTISING, INC., Farmington, CT, pg. 103
Meltzer, Larry - Creative, PPOM - MM2 PUBLIC RELATIONS, Dallas, TX, pg. 627
Melvin, Tinley - Creative - DELOITTE DIGITAL, New York, NY, pg. 225
Memoria, Felipe - Creative, PPOM - WORK & CO, Brooklyn, NY, pg. 276
Mencke, Matthias - Creative - SIEGEL & GALE, Los Angeles, CA, pg. 17
Mendelsohn, Arielle - Creative, Operations - DECODED ADVERTISING, New York, NY, pg. 60
Mendelson, Pat - Creative - RPA, Santa Monica, CA, pg. 134
Mendonca, Stephen - Creative - ANOMALY, New York, NY, pg. 325
Menezes, Doug - Creative - TBWA\CHIAT\DAY, Los Angeles, CA, pg. 146
Menezes, Cloves - Creative - HEAT, New York, NY, pg. 370
Menkena, Jimmy - Creative - CATALYSIS, Seattle, WA, pg. 340
Mennone, Michael - Creative - EVO DESIGN, LLC, Watertown, CT, pg. 182
Menzie, April - Creative, Interactive / Digital - TSA

COMMUNICATIONS, Warsaw, IN, pg. 157
Meore, Patricia - Creative, Media Department, NBC - INITIATIVE, New York, NY, pg. 477
Merath, Timmothy - Creative, Operations - EPIC CREATIVE, West Bend, WI, pg. 7
Mercado, Lynn - Creative - VELOCITY OMC, New York, NY, pg. 158
Mercer, Terry - Creative, PPOM - MERCER CREATIVE GROUP, Vancouver, BC, pg. 191
Mercer, Judd - Creative - ELEVATED THIRD, Denver, CO, pg. 230
Mercier, Greg - Creative - RESULTS MARKETING & ADVERTISING, Charlottetown, PE, pg. 405
Mercier, Dave - Creative - SMITH & JONES, Troy, NY, pg. 143
Merikallio, Bill - Creative - SCOTT DESIGN INC, Capitola, CA, pg. 198
Merino, Steve - Creative, Management, PPOM - ALOYSIUS BUTLER & CLARK, Wilmington, DE, pg. 30
Merola, Nadia - Creative - CRITICAL MASS, INC., Toronto, ON, pg. 223
Merrick, Tom - Creative, PPOM - PARADISE, Saint Petersburg, FL, pg. 396
Merrihue, Gabriela - Creative, PPM - FF CREATIVE, Los Angeles, CA, pg. 234
Merritt, Patrick - Creative - PUBLICIS NORTH AMERICA, New York, NY, pg. 399
Merry, Carol - Creative - FORTY TWO EIGHTY NINE, Rockton, IL, pg. 359
Mertens, Terry - Creative - PLAN B, Chicago, IL, pg. 397
Mescall, John - Creative - MCCANN NEW YORK, New York, NY, pg. 108
Mesfin, David - Creative - INNOCEAN USA, Huntington Beach, CA, pg. 479
Meshes, Nicholas - Creative - SANDSTORM DESIGN, Chicago, IL, pg. 264
Mesrobian, Melanie - Account Services, Creative - DDB NEW YORK, New York, NY, pg. 59
Messano, Michael - Creative, Operations - GIOVATTO ADVERTISING, Paramus, NJ, pg. 363
Messier, Nicole - Creative, Interactive / Digital - HUSH STUDIOS, INC., Brooklyn, NY, pg. 186
Messner, Victoria - Creative, Interactive / Digital - CMM, New York, NY, pg. 591
Metcalf, Erin - Account Services, Creative, Management - BARBARIAN, New York, NY, pg. 215
Metcalf, Mychael - Creative - GTB, Dearborn, MI, pg. 367
Metrick, Laurence - Creative, PPOM - THE METRICK SYSTEM, Toronto, ON, pg. 152
Metz, Peter - Creative, PPOM - SOCKEYE CREATIVE, Portland, OR, pg. 199
Metzger, Jill - Creative - GECKO GROUP, West Chester, PA, pg. 184
Meunier, Philippe - Creative, PPOM - SID LEE, Montreal, QC, pg. 140

1352

AGENCIES — RESPONSIBILITIES INDEX

Meyer, Andrew - Creative, Management - CRAMER-KRASSELT, Chicago, IL, *pg.* 53
Meyer, Tina - Creative, PPM - DIRECT IMPACT, INC., Saint Louis, MO, *pg.* 62
Meyer, Hannes - Creative, PPOM - RHYTHM, Irvine, CA, *pg.* 263
Meyer, Steve - Creative, PPOM - THE KARMA GROUP, Green Bay, WI, *pg.* 420
Meyer, Staci - Creative - SIGNAL THEORY, Kansas City, MO, *pg.* 141
Meyer, Kelsey - Creative - THE INTEGER GROUP - MIDWEST, Des Moines, IA, *pg.* 570
Meyer, Cheryl - Creative - TREAT AND COMPANY, LLC, Minneapolis, MN, *pg.* 202
Meyer, Luke - Creative, Interactive / Digital - YOUNG & LARAMORE, Indianapolis, IN, *pg.* 164
Meyer, Nicole - Creative - PERISCOPE, Minneapolis, MN, *pg.* 127
Meyer, Ted - Creative - DROGA5, New York, NY, *pg.* 64
Meyers, Gary - Creative, PPOM - BLACKWING CREATIVE, Seattle, WA, *pg.* 40
Meyers, Brad - Creative - 215 MCCANN, San Francisco, CA, *pg.* 319
Meyers, Kevin - Creative - TRICOMB2B, Dayton, OH, *pg.* 427
Meza, Ana - Creative - MADWELL, Brooklyn, NY, *pg.* 13
Mezoff, Lisa - Creative - PAPPAS MACDONNELL, INC., Southport, CT, *pg.* 125
Micetich, Michael - Creative - CHEMISTRY ATLANTA, Atlanta, GA, *pg.* 50
Michaelson, Joe - Creative - VMLY&R, Chicago, IL, *pg.* 275
Michels McDonagh, Nicole - Creative - WUNDERMAN THOMPSON SEATTLE, Seattle, WA, *pg.* 435
Michie, Kat - Creative - DUNCAN CHANNON, San Francisco, CA, *pg.* 66
Mickschl, Doug - Creative - BOATBURNER, St Paul, MN, *pg.* 40
Middeleer, Mike - Creative - VIEWPOINT CREATIVE, Newton, MA, *pg.* 159
Middleton, Angela - Creative - A. MARCUS GROUP, New York, NY, *pg.* 25
Middleton, Bryan - Creative, PPM - MEDIA ONE ADVERTISING, Sioux Falls, SD, *pg.* 112
Midgett, Alex - Creative, PPOM - ANOROC AGENCY, INC., Raleigh, NC, *pg.* 326
Mietelski, Steve - Creative, PPOM - THE FANTASTICAL, Boston, MA, *pg.* 150
Migliaccio, John - Creative - PIERCE-COTE ADVERTISING, Osterville, MA, *pg.* 397
Migliore, Rachel - Creative - THE RICHARDS GROUP, INC., Dallas, TX, *pg.* 422
Miguel, Evan - Creative - FITZCO, Atlanta, GA, *pg.* 73
Mika, Eric - Creative - LOCAL PROJECTS, New York, NY, *pg.* 190
Mikes, Craig - Creative, PPOM -
PROOF ADVERTISING, Austin, TX, *pg.* 398
Mikesell, Ryan - Creative, PPOM - ASO ADVERTISING, Roswell, GA, *pg.* 328
Mikus, James - Creative - MCGARRAH JESSEE, Austin, TX, *pg.* 384
Milan, Patrick - Creative, PPOM - TUNHEIM PARTNERS, Bloomington, MN, *pg.* 657
Milano, Isabella - Creative - BIGSPEAK SPEAKERS BUREAU, Santa Barbara, CA, *pg.* 302
Milavsky, Barry - Creative, PPOM - CALEXIS ADVERTISING & MARKETING COUNSEL, Toronto, ON, *pg.* 339
Miles, Danielle - Creative - IMC / IRVINE MARKETING COMMUNICATIONS, Holmdel, NJ, *pg.* 89
Miles, Josh - Creative, NBC, PPOM - KILLER VISUAL STRATEGIES, Seattle, WA, *pg.* 189
Miley, Tim - Creative - NOBLE STUDIOS, Reno, NV, *pg.* 254
Milisic, Marisa - Creative - GIANT SPOON, LLC, Los Angeles, CA, *pg.* 363
Milkereit, Bill - Creative - THE RICHARDS GROUP, INC., Dallas, TX, *pg.* 422
Mill, Carl - Creative, PPOM - ART 270, INC., Jenkintown, PA, *pg.* 173
Millar, Jeff - Creative - CENTRAL STATION, Toronto, ON, *pg.* 341
Millar, Tim - Account Services, Creative, Management - BBDO SAN FRANCISCO, San Francisco, CA, *pg.* 330
Millas, Tim - Creative, PPOM - BEACON HEALTHCARE COMMUNICATIONS, Bedminster, NJ, *pg.* 38
Miller, Renee - Creative, PPOM - THE MILLER GROUP, Pacific Palisades, CA, *pg.* 421
Miller, Rod - Creative - HOLMES & COMPANY, Salt Lake City, UT, *pg.* 87
Miller, Abbott - Account Services, Creative, NBC, PPOM - PENTAGRAM, New York, NY, *pg.* 194
Miller, Tera - Account Planner, Creative, PPOM - KETCHUM, Chicago, IL, *pg.* 619
Miller, Tim - Creative, PPOM - BLUR STUDIO, Culver City, CA, *pg.* 175
Miller, Kim - Creative, NBC, PPOM - INK LINK MARKETING LLC, Miami Lakes, FL, *pg.* 615
Miller, Mark - Creative, PPOM - WAVEMAKER, Los Angeles, CA, *pg.* 528
Miller, Jodi - Creative, Management, PPM - GEOMETRY, Chicago, IL, *pg.* 363
Miller, Rick - Creative, PPOM - NORTHLIGHT ADVERTISING, INC., Chester Springs, PA, *pg.* 121
Miller, Joy - Creative - MARTIN WILLIAMS ADVERTISING, Minneapolis, MN, *pg.* 106
Miller, Lori - Account Planner, Creative - LEVLANE ADVERTISING, Philadelphia, PA, *pg.* 380
Miller, Jennifer - Creative - BLUR STUDIO, Culver City, CA, *pg.* 175
Miller, Carla - Creative - CARBONE
SMOLAN AGENCY, New York, NY, *pg.* 176
Miller, Jason - Creative, Interactive / Digital - MATMON.COM, Little Rock, AR, *pg.* 248
Miller, Robert - Creative - COHEN GROUP, Houston, TX, *pg.* 51
Miller, Tony - Creative, PPOM - ANDERSON DDB HEALTH & LIFESTYLE, Toronto, ON, *pg.* 31
Miller, Brent - Creative - THE COMMUNICATIONS GROUP, Little Rock, AR, *pg.* 149
Miller, Kristen - Creative, Management - DIGITAS, Chicago, IL, *pg.* 227
Miller, Matt - Creative, Management - BBDO SAN FRANCISCO, San Francisco, CA, *pg.* 330
Miller, Andrew - Creative - OGILVY, New York, NY, *pg.* 393
Miller, Emily - Creative - BBDO ATL, Atlanta, GA, *pg.* 330
Miller, Liza - Creative, Media Department - THE MARTIN AGENCY, Richmond, VA, *pg.* 421
Miller, Matt - Creative - VENABLES BELL & PARTNERS, San Francisco, CA, *pg.* 158
Miller, Dennis - Creative, PPOM - ARTMIL GRAPHIC DESIGN, Kennewick, WA, *pg.* 173
Miller, Jim - Creative, PPOM - QUANTUM COMMUNICATIONS, Lousiville, KY, *pg.* 401
Miller, Jaimie - Creative - CONRIC PR & MARKETING, Fort Meyers, FL, *pg.* 592
Miller, Danny - Creative - EP+CO., Greenville, SC, *pg.* 356
Miller, Chris - Creative - MADDOCK DOUGLAS, Elmhurst, IL, *pg.* 102
Miller, Jennifer - Creative - SCRUM50, South Norwalk, CT, *pg.* 409
Miller, Omari - Creative - EDELMAN, Dallas, TX, *pg.* 600
Miller, Lindsay - Creative - DESIGNSENSORY, Knoxville, TN, *pg.* 62
Miller, Matt - Creative - PERISCOPE, Minneapolis, MN, *pg.* 127
Miller, Kyle - Creative - THORNBERG & FORESTER, New York, NY, *pg.* 564
Miller, Jen - Creative - MEKANISM, San Francisco, CA, *pg.* 112
Miller, Allison - Creative - MCGARRYBOWEN, Chicago, IL, *pg.* 110
Miller, Justin - Creative - ONION, INC., Chicago, IL, *pg.* 394
Miller, Matthew - Creative - SAGE ISLAND, Wilmington, NC, *pg.* 138
Miller, Jason - Creative - DAVID&GOLIATH, El Segundo, CA, *pg.* 57
Miller, Steve - Creative, PPOM - WUNDERMAN THOMPSON, New York, NY, *pg.* 434
Miller, Max - Creative, Media Department, Social Media - HALLPASS MEDIA, Costa Mesa, CA, *pg.* 81
Miller Gershfeld, Liz - Creative, PPM - ENERGY BBDO, INC., Chicago, IL, *pg.* 355
Millett, Trevor - Creative -

RESPONSIBILITIES INDEX — AGENCIES

TRAMPOLINE, Halifax, NS, *pg.* 20
Milligan, Michael - Creative - BERLIN CAMERON, New York, NY, *pg.* 38
Millington, Shayne - Creative - UNIVERSAL MCCANN, New York, NY, *pg.* 521
Millman, Jeff - Creative, PPOM - GKV, Baltimore, MD, *pg.* 364
Millman, Jeffrey I. - Creative, PPOM - GKV, Baltimore, MD, *pg.* 364
Mills, Lindsey - Creative - KARSH & HAGAN, Denver, CO, *pg.* 94
Mills, Kurt - Creative - GOODBY, SILVERSTEIN & PARTNERS, San Francisco, CA, *pg.* 77
Milz, Bob - Creative - CMA DESIGN, Houston, TX, *pg.* 177
Mimm, Angela - Creative - DID AGENCY, Ambler, PA, *pg.* 62
Mimum, Cara - Creative - LINCOLN DIGITAL GROUP, West Palm Beach, FL, *pg.* 246
Minella, Felipe - Creative - SID LEE, Seattle, WA, *pg.* 140
Minesinger, Chris - Creative - HIRSHORN ZUCKERMAN DESIGN GROUP, Rockville, MD, *pg.* 371
Minicucci, Mark - Creative, Interactive / Digital, PPOM - MODEL B, Washington, DC, *pg.* 251
Minihan, Bob - Creative, PPOM - MERGE, Boston, MA, *pg.* 113
Minkkinen, Anna - Creative - LOYALKASPAR, New York, NY, *pg.* 12
Minnis, Grant - Creative - ARGONAUT, INC., San Francisco, CA, *pg.* 33
Minson, Jon - Creative - ACKERMAN MCQUEEN, INC., Oklahoma City, OK, *pg.* 26
Mintz, Samantha - Creative - 72ANDSUNNY, Playa Vista, CA, *pg.* 23
Misail, Vaughn - Creative - THE BOSTON GROUP, Boston, MA, *pg.* 418
Misenheimer, Jeromie - Creative - DIGITAS HEALTH LIFEBRANDS, New York, NY, *pg.* 229
Mislow, Brad - Creative - SAATCHI & SAATCHI, New York, NY, *pg.* 136
Mitchell, Billy - Creative, PPOM - MLT CREATIVE, Tucker, GA, *pg.* 116
Mitchell, Steve - Creative - HUNT ADKINS, Minneapolis, MN, *pg.* 372
Mitchell, Randy - Creative - BOOMM MARKETING & COMMUNICATIONS, La Grange, IL, *pg.* 218
Mitchell, Dirk - Creative, PPOM - THE ATKINS GROUP, San Antonio, TX, *pg.* 148
Mitchell Price, Kelley - Creative, Interactive / Digital - T3, Atlanta, GA, *pg.* 416
Mitsunaga, Tracy - Creative - MENTUS, San Diego, CA, *pg.* 386
Mitsuzuka, Hiko - Creative - KNOWN, Los Angeles, CA, *pg.* 298
Mitton, Chris - Creative - MCCANN NEW YORK, New York, NY, *pg.* 108
Miura, Mari - Creative - FRCH DESIGN WORLDWIDE, Cincinnati, OH, *pg.* 184
Miyamoto, Mako - Creative - ROUNDHOUSE - PORTLAND, Portland, OR, *pg.* 408
Mize, Vivian - Creative - WRAY WARD, Charlotte, NC, *pg.* 433
Mizelle, Nevin - Creative - JACK MORTON WORLDWIDE, Los Angeles, CA, *pg.* 309
Mizrachi, Josh - Creative - HAVAS WORLDWIDE CHICAGO, Chicago, IL, *pg.* 82
Mizrahi, Jessie - Creative - UENO, San Francisco, CA, *pg.* 273
Mo, Vicky - Creative - OPINIONATED, Portland, OR, *pg.* 123
Mobley, Amanda - Creative - DIGITAS, San Francisco, CA, *pg.* 227
Mock, Don - Account Services, Creative, NBC, PPOM - MOCK, THE AGENCY, Atlanta, GA, *pg.* 192
Mock, Donald J. - Creative, PPOM - MOCK, THE AGENCY, Atlanta, GA, *pg.* 192
Modesto Rayson, Luke - Creative - THE REPUBLIK, Durham, NC, *pg.* 152
Moe, J. - Creative - DUNCAN CHANNON, San Francisco, CA, *pg.* 66
Moehn, Chris - Creative - SIMANTEL GROUP, Peoria, IL, *pg.* 142
Moen, John - Creative - TBWA\WORLDHEALTH, Chicago, IL, *pg.* 147
Moffat, Sarah - Creative - TURNER DUCKWORTH, San Francisco, CA, *pg.* 203
Mogielski, Rick - Creative, PPM - CHARLES RYAN ASSOCIATES, INC., Charleston, WV, *pg.* 590
Mogren, Simon - Creative - VIRTUE WORLDWIDE, Brooklyn, NY, *pg.* 159
Mohan, Rekha - Creative, Social Media - HI5.AGENCY, Burbank, CA, *pg.* 239
Mohr, Timothy - Creative - THE GEORGE P. JOHNSON COMPANY, San Carlos, CA, *pg.* 316
Moizel, Valerie - Creative, PPOM - THE WOO AGENCY, Culver City, CA, *pg.* 425
Mol, Bart - Creative - BBDO WORLDWIDE, New York, NY, *pg.* 331
Molina, Marioly - Creative, PPOM - MVC AGENCY, Sherman Oaks, CA, *pg.* 14
Molina Crawford, Molly - Creative - DIGITAS, Atlanta, GA, *pg.* 228
Moll, Justin - Creative - MANGOS INC., Conshohocken, PA, *pg.* 103
Molla, Jose - Creative, PPOM - THE COMMUNITY, Miami Beach, FL, *pg.* 545
Molla, Joaquin - Creative, PPOM - THE COMMUNITY, Miami Beach, FL, *pg.* 545
Molnar, Peter - Creative - GREY GROUP, New York, NY, *pg.* 365
Monahan, Christine - Creative - DIGITAS, Chicago, IL, *pg.* 227
Moncrief, Katherine - Creative - DEUTSCH, INC., New York, NY, *pg.* 349
Monello, Mike - Creative, PPOM - CAMPFIRE, New York, NY, *pg.* 297
Monge, Todd - Creative - FRANKE AND FIORELLA, Minneapolis, MN, *pg.* 184
Mongognia, Joe - Creative - GREY GROUP, New York, NY, *pg.* 365

Monica, Sam - Creative - BMG, St. Charles, MO, *pg.* 335
Monn, Chuck - Creative - TBWA \ CHIAT \ DAY, Los Angeles, CA, *pg.* 146
Monroe, Kipp - Creative, PPOM - WHITE64, Tysons, VA, *pg.* 430
Monroe, Dan - Creative, PPOM - CAYENNE CREATIVE, Birmingham, AL, *pg.* 49
Monroy, Greg - Creative - RLF COMMUNICATIONS, Greensboro, NC, *pg.* 643
Monsalve, Catalina - Creative - MOTHER NY, New York, NY, *pg.* 118
Montali, Larry - Creative, PPOM - NEW RIVER COMMUNICATIONS, INC., Fort Lauderdale, FL, *pg.* 120
Montanez, Ryane - Creative, Promotions - EARTHBOUND BRANDS, New York, NY, *pg.* 7
Monteiro, Mark - Creative - DAVID&GOLIATH, El Segundo, CA, *pg.* 57
Monteith, Maggie - Creative, PPOM - THE WATSONS, New York, NY, *pg.* 154
Monteith, Nathan - Creative - DDB CHICAGO, Chicago, IL, *pg.* 59
Monter, Jeff - Creative, PPOM - INNIS MAGGIORE GROUP, Canton, OH, *pg.* 375
Montes, Raul - Creative - OMELET, Culver City, CA, *pg.* 122
Montgomery, Scott - Creative, PPOM - BRADLEY AND MONTGOMERY, Indianapolis, IN, *pg.* 336
Montgomery, Will - Creative - MCCANN NEW YORK, New York, NY, *pg.* 108
Montgomery, Ryan - Creative - MULLENLOWE U.S. BOSTON, Boston, MA, *pg.* 389
Montie, Anna - Creative - CHAMPION MANAGEMENT GROUP, LLC, Addison, TX, *pg.* 589
Montimore, Terrance - Account Services, Creative - GOODWIN DESIGN GROUP, Wallingford, PA, *pg.* 185
Montoto, Carol - Creative - MIGHTY ROAR, Roswell, GA, *pg.* 250
Moodie, David - Creative, PPOM - G-NET MEDIA, Los Angeles, CA, *pg.* 236
Mooney, Gannon - Creative - ESSENCE, Seattle, WA, *pg.* 232
Mooradian, Carol - Creative - PERICH ADVERTISING, Ann Arbor, MI, *pg.* 126
Moore, Jeff - Creative - RHODES STAFFORD WINES, CREATIVE, Dallas, TX, *pg.* 406
Moore, Devin - Creative, PPOM - BIG BANG, INC., Decatur, GA, *pg.* 174
Moore, Nate - Creative - BULLISH INC, New York, NY, *pg.* 45
Moore, Katie - Creative, PPM - EIRE DIRECT MARKETING, INC., Chicago, IL, *pg.* 282
Moore, Ryan - Creative - TPN, Chicago, IL, *pg.* 571
Moore, Jeff - Creative, NBC, PPOM - GREEN OLIVE MEDIA, LLC, Atlanta, GA, *pg.* 610
Moore, Doug - Creative - JWALCHER

AGENCIES — RESPONSIBILITIES INDEX

COMMUNICATIONS, San Diego, CA, pg. 618
Moore, Karelia Jo - Creative, Interactive / Digital - HUGE, INC., Washington, DC, pg. 240
Moore, Brad - Account Services, Creative - GOCONVERGENCE, Orlando, FL, pg. 364
Moore, Justin - Creative - FCB WEST, San Francisco, CA, pg. 72
Moore, John - Creative - FRENCH / WEST / VAUGHAN, Raleigh, NC, pg. 361
Moore, Ryan - Creative - GRETEL, New York, NY, pg. 78
Moore, Sophia - Creative - VIRTUE WORLDWIDE, Brooklyn, NY, pg. 159
Moore, Dena - Creative, Media Department - TBWA \ CHIAT \ DAY, Los Angeles, CA, pg. 146
Moore, Brian - Creative - GODFREY, Lancaster, PA, pg. 8
Moore, Elise - Creative - PARADOWSKI CREATIVE, Saint Louis, MO, pg. 125
Moore, Matt - Creative - OH PARTNERS, Phoenix, AZ, pg. 122
Moore, Jennie - Creative - WONGDOODY, Seattle, WA, pg. 162
Moore, Patrick - Creative - WONGDOODY, Seattle, WA, pg. 162
Moore, Samuel - Creative - 72ANDSUNNY, Playa Vista, CA, pg. 23
Moore, Heather - Creative - 3H COMMUNICATIONS, INC., Oakville, ON, pg. 321
Moore, Brian - Creative - ANOMALY, Venice, CA, pg. 326
Moore, Brian - Creative - MJR CREATIVE GROUP, Fresno, CA, pg. 14
Moore, Matt - Creative, PPOM - OH PARTNERS, Phoenix, AZ, pg. 122
Moore, Kate - Creative - 160OVER90, Santa Monica, CA, pg. 207
Moorsom, Ben - Creative, PPOM - DEBUT GROUP, Toronto, ON, pg. 349
Morad, Dalia - Creative - RESHIFT MEDIA, Toronto, ON, pg. 687
Morales, Diana - Creative - CLEVELAND DESIGN, Boston, MA, pg. 177
Moran, Brendan - Creative - SPARK44, New York, NY, pg. 411
Moranville, David - Creative, NBC, PPOM - DAVIS ELEN ADVERTISING, Los Angeles, CA, pg. 58
Morazzani, Lizette - Creative - R/GA, Chicago, IL, pg. 261
Moreira, George - Account Services, Creative, Interactive / Digital, Social Media - ACCENTURE INTERACTIVE, Chicago, IL, pg. 209
Morel Coudurier, Ines - Creative - DOOR NUMBER 3, Austin, TX, pg. 64
Moreno, Luis - Creative, PPOM - JUMP, New York, NY, pg. 188
Moreno, Carlos - Creative, PPOM - COSSETTE MEDIA, Toronto, ON, pg. 345
Moreno, Miguel - Creative, NBC - RICHARDS/LERMA, Dallas, TX, pg. 545
Moreno, Mario - Creative, PPM - RK VENTURE, Albuquerque, NM, pg. 197
Moreno, Audelino - Creative - SHINE UNITED, Madison, WI, pg. 140
Morgado, Thadeu - Creative, Interactive / Digital, PPOM - WORK & CO, Brooklyn, NY, pg. 276
Morgan, Matt - Creative - MANIFEST, Chicago, IL, pg. 248
Morgan, Miranda - Creative - YEBO, Richmond, VA, pg. 164
Morgan, Anna - Creative - NEBO AGENCY, LLC, Atlanta, GA, pg. 253
Morin, Meredith - Creative - BLACK & WHITE DESIGN, Campbell, CA, pg. 175
Morioka, Noreen - Creative - WIEDEN + KENNEDY, Portland, OR, pg. 430
Morita, Kelley - Creative, NBC - CLEAR CHANNEL OUTDOOR, Torrance, CA, pg. 551
Moroney, Kyle - Creative - SEYFERTH & ASSOCIATES, INC., Grand Rapids, MI, pg. 646
Morpurgo, Leonard - Creative - WEISSMAN MARKOVITZ COMMUNICATIONS, Los Angeles, CA, pg. 662
Morra, Timothy - Creative - JADI COMMUNICATIONS, INC., Laguna Beach, CA, pg. 91
Morrell, Brookney - Account Services, Creative - ASEN MARKETING & ADVERTISING, INC., Knoxville, TN, pg. 327
Morresi, Max - Creative, Interactive / Digital - NORTHLIGHT ADVERTISING, INC., Chester Springs, PA, pg. 121
Morring, David - Creative - THE RICHARDS GROUP, INC., Dallas, TX, pg. 422
Morris, Haydn - Creative - MCGARRYBOWEN, New York, NY, pg. 109
Morris, Carrie - Creative - FAHLGREN MORTINE PUBLIC RELATIONS, Columbus, OH, pg. 70
Morris, Robyn - Account Services, Creative, NBC - TBWA \ CHIAT \ DAY, Los Angeles, CA, pg. 146
Morris, Brian - Creative, PPOM - MIRUM AGENCY, Chicago, IL, pg. 681
Morris, Blake - Creative - OGILVY PUBLIC RELATIONS, New York, NY, pg. 633
Morris, Suzanne - Creative - SAGEFROG MARKETING GROUP, Doylestown, PA, pg. 138
Morrison, Jay - Creative - FALLON WORLDWIDE, Minneapolis, MN, pg. 70
Morrison, Rick - Creative - CAMP + KING, San Francisco, CA, pg. 46
Morrison, Betsy - Creative - SCOUT MARKETING, Atlanta, GA, pg. 139
Morrison, Reina - Creative - AVOCET COMMUNICATIONS, Longmont, CO, pg. 328
Morrison, Molly - Creative - MANGAN HOLCOMB PARTNERS, Little Rock, AR, pg. 103
Morrissey, Nick - Creative - WIEDEN + KENNEDY, Portland, OR, pg. 430
Morse, Mark - Creative, PPOM - MORSEKODE, Minneapolis, MN, pg. 14
Mortimore, Krystle - Account Services, Creative - WIEDEN + KENNEDY, Portland, OR, pg. 430
Morton, Corinne - Creative, Management, PPOM - SYNTAX COMMUNICATION GROUP, Farmingville, NY, pg. 651
Morton, Perry - Creative - PEREIRA & O'DELL, New York, NY, pg. 257
Morvil, Jeff - Creative, PPOM - MORVIL ADVERTISING & DESIGN GROUP, Wilmington, NC, pg. 14
Moscatelli, Stacy - Account Services, Creative, Operations - SUPERFLY, New York, NY, pg. 315
Moser, Dale - Creative - BEAKBANE MARKETING, INC., Toronto, ON, pg. 2
Moses, Louie - Creative, PPOM - MOSES, INC., Phoenix, AZ, pg. 118
Moses, Dan - Creative, Interactive / Digital, NBC - ZONION CREATIVE GROUP, Bend, OR, pg. 21
Mosher, Ian - Creative - BOYDEN & YOUNGBLUTT ADVERTISING, Fort Wayne, IN, pg. 336
Moslander, James - Creative - WIEDEN + KENNEDY, Portland, OR, pg. 430
Moss, Doug - Creative, PPOM - INSIGHT MARKETING DESIGN, Sioux Falls, SD, pg. 89
Motch, Mike - Creative - CRISPIN PORTER + BOGUSKY, Boulder, CO, pg. 346
Motl, Lauren - Creative, Interactive / Digital, Management - ELEVATED THIRD, Denver, CO, pg. 230
Moua, Mao - Account Services, Creative - LEO BURNETT WORLDWIDE, Chicago, IL, pg. 98
Moulton, Alex - Creative - TROLLBACK & COMPANY, New York, NY, pg. 203
Mountjoy, Jim - Creative, Management - BOONEOAKLEY, Charlotte, NC, pg. 41
Moussalli, Jason - Creative - BBDO SAN FRANCISCO, San Francisco, CA, pg. 330
Moussaoui, Leila - Creative - TBD, San Francisco, CA, pg. 146
Mowitt, Rosalind - Creative - MCCANN NEW YORK, New York, NY, pg. 108
Mowry, Wesleigh - Creative - FRAZIERHEIBY, Columbus, OH, pg. 75
Moy, Sandra - Creative - TINUITI, New York, NY, pg. 678
Moyer, Devon - Creative - FINCH BRANDS, Philadelphia, PA, pg. 7
Moyer, Tom - Creative, Interactive / Digital - MASON MARKETING, Penfield, NY, pg. 106
Moyer, Danielle - Creative, Interactive / Digital - NMPI, New York, NY, pg. 254
Mroueh, Zak - Creative, PPOM - ZULU ALPHA KILO, Toronto, ON, pg. 165
Muckenthaler, Scott - Creative - INNOCEAN USA, Huntington Beach, CA, pg. 479
Mueller, Gary - Creative - BVK, Milwaukee, WI, pg. 339
Mueller, Todd - Creative, PPOM - PSYOP, Venice, CA, pg. 196
Mueller, Joseph - Creative - WUNDERMAN THOMPSON, New York, NY, pg. 434

RESPONSIBILITIES INDEX — AGENCIES

Mueller, Charlie - Creative - A-TRAIN MARKETING COMMUNICATIONS, Fort Collins, CO, *pg.* 321

Mufson, Pam - Creative - MCGARRYBOWEN, New York, NY, *pg.* 109

Muldaur, Skyler - Creative - TWENTY-FIRST CENTURY BRAND, San Francisco, CA, *pg.* 157

Mulder, Kimberly - Creative, Promotions, Public Relations - DRS & ASSOCIATES, North Hollywood, CA, *pg.* 598

Muldoon, David - Creative - XENOPSI, New York, NY, *pg.* 164

Mulhearn, Alex - Creative - VAYNERMEDIA, New York, NY, *pg.* 689

Mulhern, Mark - Account Services, Creative, Management, PPOM - DDB CHICAGO, Chicago, IL, *pg.* 59

Mull, Aerien - Creative - BRUNET-GARCIA ADVERTISING, INC., Jacksonville, FL, *pg.* 44

Mullen, Sean - Creative, PPOM - HIEBING, Madison, WI, *pg.* 85

Mullen, Matt - Creative, PPOM - ETHOS CREATIVE, Burlington, NC, *pg.* 69

Mullen, Joe - Creative - BUCK, Los Angeles, CA, *pg.* 176

Muller, Matthew - Creative - INNOVATION PROTOCOL, Los Angeles, CA, *pg.* 10

Muller, Gabriel - Creative, PPM - ATLANTIC 57, Washington, DC, *pg.* 2

Mullin, Krystle - Creative - RPA, Santa Monica, CA, *pg.* 134

Mullin, Brian - Creative, NBC, PPOM - MANIFOLD, San Francisco, CA, *pg.* 104

Mullins, Sam - Creative - ARNOLD WORLDWIDE, Boston, MA, *pg.* 33

Mulqueen, Colin - Creative - THE BRANDON AGENCY, Myrtle Beach, SC, *pg.* 419

Mulroy, Kevin - Creative - BBDO WORLDWIDE, New York, NY, *pg.* 331

Mulvey, Matt - Creative - WIEDEN + KENNEDY, Portland, OR, *pg.* 430

Munchmeyer, Andrea - Creative - TGG BRAND MARKETING & DESIGN, Marietta, OH, *pg.* 148

Munford, Lina - Creative, Interactive / Digital, Media Department - 3RD THIRD MARKETING, Seattle, WA, *pg.* 279

Munnik, Chris - Creative - LEO BURNETT TORONTO, Toronto, ON, *pg.* 97

Munoz, Ashley - Account Services, Creative - SILTANEN & PARTNERS ADVERTISING, El Segundo, CA, *pg.* 410

Munoz, Ani - Creative - DDB NEW YORK, New York, NY, *pg.* 59

Munsch, Joshua - Creative - UENO, San Francisco, CA, *pg.* 273

Murariu, Florin - Creative, Promotions - SPRINKLR, New York, NY, *pg.* 688

Murata, Darren - Creative - CI&T, San Francisco, CA, *pg.* 5

Murff, Sharon - Creative - GIANT SPOON, LLC, Los Angeles, CA, *pg.* 363

Murillo, Jorge - Creative - ALMA, Coconut Grove, FL, *pg.* 537

Murphy, Ryan - Creative - HODGES & ASSOCIATES , Birmingham, AL, *pg.* 86

Murphy, Brian - Creative - EAST BANK COMMUNICATIONS, Portland, OR, *pg.* 353

Murphy, Matt - Creative - 72ANDSUNNY, Playa Vista, CA, *pg.* 23

Murphy, Tom - Creative, PPOM - MCCANN NEW YORK, New York, NY, *pg.* 108

Murphy, Aaron - Creative, Interactive / Digital - HAGER SHARP, INC., Washington, DC, *pg.* 81

Murphy, Jennifer - Account Services, Creative, Interactive / Digital, Media Department, NBC, Social Media - PUBLICIS.SAPIENT, Birmingham, MI, *pg.* 260

Murphy, Sue - Creative - GRETEL, New York, NY, *pg.* 78

Murphy, Cary - Creative, PPOM - THE BRANDON AGENCY, Myrtle Beach, SC, *pg.* 419

Murphy, Shannon - Creative - VERTICAL MARKETING NETWORK, Tustin, CA, *pg.* 428

Murray, Patrick - Creative - THE RICHARDS GROUP, INC., Dallas, TX, *pg.* 422

Murray, Matt - Creative - THOMAS J. PAUL, INC. , Rydal, PA, *pg.* 20

Murray, Doug - Creative - 360I, LLC, New York, NY, *pg.* 320

Murray, Scott - Creative - R&R PARTNERS, El Segundo, CA, *pg.* 402

Murray, Chris - Creative, Interactive / Digital, NBC, PPOM, Public Relations - BOYD TAMNEY CROSS, Wayne, PA, *pg.* 42

Murray, Jackie - Creative - BRUNNER, Pittsburgh, PA, *pg.* 44

Murray, Nikki - Creative - RON FOTH ADVERTISING, Columbus, OH, *pg.* 134

Murray, Lisa - Creative, NBC, PPOM - OCTAGON, New York, NY, *pg.* 313

Murrell, Brian - Creative, PPOM - ADCO, Columbia, SC, *pg.* 27

Musallam, Michelle - Creative - MEDIA ASSEMBLY, Southfield, MI, *pg.* 385

Musante, Jason - Creative, PPOM - HUGE, INC., Brooklyn, NY, *pg.* 239

Muscat, McKenzie - Creative, Operations - 160OVER90, New York, NY, *pg.* 301

Muse, Amanda - Creative, Interactive / Digital - ADTAXI, Denver, CO, *pg.* 211

Musick, Matt - Creative - ARCHER MALMO, Memphis, TN, *pg.* 32

Musmanno, Anthony - Creative, PPOM - IDEAMILL, Pittsburgh, PA, *pg.* 88

Musquez, Carlos - Creative - E/LA ADVERTISING, Irvine, CA, *pg.* 67

Mussey, Hannah - Account Services, Creative, Interactive / Digital, Media Department - DEPARTURE, San Diego, CA, *pg.* 61

Mustakas, Katrina - Creative - MEKANISM, New York, NY, *pg.* 113

Mye, Geoffrey - Creative - THE GEORGE P. JOHNSON COMPANY, Torrance, CA, *pg.* 316

Myers, Doug - Creative, PPOM - HILTON & MYERS ADVERTISING, Tucson, AZ, *pg.* 86

Myers, Melanie - Creative - WIEDEN + KENNEDY, Portland, OR, *pg.* 430

Myers, Darrel - Creative - BARNHARDT DAY & HINES, Concord, NC, *pg.* 36

Myers, Benjamin - Creative - IMRE, Baltimore, MD, *pg.* 374

Myers, Adele - Creative, Management - HORIZON MEDIA, INC., New York, NY, *pg.* 474

Myles, Rebecca - Creative - PYXL, Knoxville, TN, *pg.* 131

Myrow, Zach - Creative - ANOMALY, Venice, CA, *pg.* 326

Nacey, Gina - Creative, PPOM - ADVENTURE CREATIVE, Brainerd, MN, *pg.* 28

Nadurak, Brian - Creative, NBC - CLICK HERE , Dallas, TX, *pg.* 221

Naff, Traci - Creative - WILDFIRE, Winston Salem, NC, *pg.* 162

Naficy, Darius - Creative - CSM SPORT & ENTERTAINMENT, New York, NY, *pg.* 347

Nagel, Jessie - Creative, NBC, PPOM - HYPE, Los Angeles, CA, *pg.* 614

Nakagawa, Dana - Creative - EVOKE GIANT, San Francisco, CA, *pg.* 69

Nakamura, Lynn - Creative - BUTLER, SHINE, STERN & PARTNERS, Sausalito, CA, *pg.* 45

Nakazato, Marilyn - Creative - THE WOO AGENCY, Culver City, CA, *pg.* 425

Nall, Matt - Creative - CALLEN, Austin, TX, *pg.* 46

Naman, Stephanie - Creative - LUCKIE & COMPANY, Birmingham, AL, *pg.* 382

Namaye, Darren - Creative, PPOM - IDEAS ON PURPOSE, New York, NY, *pg.* 186

Namsinh, Steve - Creative - BLT COMMUNICATIONS, LLC, Hollywood, CA, *pg.* 297

Nance, Claire - Creative, Public Relations - ACTIVISION BLIZZARD MEDIA, New York, NY, *pg.* 26

Nanda, Kathleen - Creative - FCB HEALTH, New York, NY, *pg.* 72

Naranjo, Melissa - Creative - THE COMMUNITY, Miami Beach, FL, *pg.* 545

Narofsky, Joshua - Creative - SHOPTOLOGY, Plano, TX, *pg.* 682

Narvaez, Junior - Creative - VAYNERMEDIA, New York, NY, *pg.* 689

Nash, Christopher - Creative - CAMP + KING, San Francisco, CA, *pg.* 46

Nathan, Valerie - Creative, PPOM - TRAPEZE COMMUNICATIONS, Victoria, BC, *pg.* 426

Nathans, Sally - Account Services, Creative, Management - BBDO WORLDWIDE, New York, NY, *pg.* 331

Nathanson, David - Creative, PPOM - ZIMMERMAN ADVERTISING, Fort Lauderdale, FL, *pg.* 437

Navarra, Trevor - Creative - DID AGENCY, Ambler, PA, *pg.* 62

Navarro, Al - Creative, PPOM - MINT

AGENCIES

RESPONSIBILITIES INDEX

ADVERTISING, Clinton, NJ, *pg.* 115
Navarro, David - Creative - UENO, San Francisco, CA, *pg.* 273
Nawrocki, Nick - Creative - STEVENS ADVERTISING, Grand Rapids, MI, *pg.* 413
Neale, Stephen - Creative - ABELSON-TAYLOR, Chicago, IL, *pg.* 25
Needham, Sammi - Creative - R/GA, Portland, OR, *pg.* 261
Neely, Shan - Creative, PPOM - MBB AGENCY, Leawood, KS, *pg.* 107
Neerland, John - Creative - COLLE MCVOY, Minneapolis, MN, *pg.* 343
Neff, Christopher - Creative, Interactive / Digital - THE COMMUNITY, Miami Beach, FL, *pg.* 545
Neis, Jen - Creative - PERISCOPE, Minneapolis, MN, *pg.* 127
Nelson, Gregg - Creative, Management - ARNOLD WORLDWIDE, Boston, MA, *pg.* 33
Nelson, Craig - Creative - BBDO SAN FRANCISCO, San Francisco, CA, *pg.* 330
Nelson, Chris - Creative - HANGAR12, Chicago, IL, *pg.* 567
Nelson, Don - Creative - TOM, DICK & HARRY CREATIVE, Chicago, IL, *pg.* 426
Nelson, Kim - Creative, PPOM - RED CHALK STUDIOS, Virginia Beach, VA, *pg.* 404
Nelson, Ellen - Creative - PREACHER, Austin, TX, *pg.* 129
Nelson, Brandt - Creative - CMD, Portland, OR, *pg.* 51
Nelson, Matt - Creative - JAJO, INC., Wichita, KS, *pg.* 91
Nelson, Christopher - Creative - MCGARRYBOWEN, New York, NY, *pg.* 109
Nelson, Michael - Creative, Interactive / Digital, Media Department - GASLIGHT CREATIVE, St. Cloud, MN, *pg.* 361
Nemec, Joseph - Creative - ARGONAUT, INC., San Francisco, CA, *pg.* 33
Nemeth, Stephen - Creative - DIGITAS, Atlanta, GA, *pg.* 228
Nemitz, Tom - Creative - EMSPACE + LOVGREN, Omaha, NE, *pg.* 355
Nepomuceno, James - Creative - DUARTE, Sunnyvale, CA, *pg.* 180
Nettleton, Ian - Creative, Social Media - THE TOMBRAS GROUP, Knoxville, TN, *pg.* 424
Neubeck, Nicolas - Creative, Interactive / Digital - HEARST MAGAZINES DIGITAL MEDIA, New York, NY, *pg.* 238
Neuhaus, Tashia - Creative, Interactive / Digital, PPM - ARGONAUT, INC., San Francisco, CA, *pg.* 33
Neuhof, Felicia - Creative - WE'RE MAGNETIC, New York, NY, *pg.* 318
Neujahr, Dana - Account Services, Creative, Interactive / Digital, Management, Media Department - SOMETHING MASSIVE, Los Angeles, CA, *pg.* 266
Neulieb, Zac - Creative - YOUNG & LARAMORE, Indianapolis, IN, *pg.* 164

Neumann, Julia - Creative - TBWA \ CHIAT \ DAY, New York, NY, *pg.* 416
Neumann, Renata - Creative, PPM - GUT MIAMI, Miami, FL, *pg.* 80
Neuwirth, Sierra - Creative - OMOBONO, Chicago, IL, *pg.* 687
Neveau, Eva - Creative - ACCENTURE INTERACTIVE, El Segundo, CA, *pg.* 322
Nevins, Abigail - Analytics, Creative - KEPLER GROUP, New York, NY, *pg.* 244
New, Jessica - Creative - 360I, LLC, New York, NY, *pg.* 320
Newbold, Dave - Creative, PPOM - RICHTER7, Salt Lake City, UT, *pg.* 197
Newell, Aaron - Creative, Interactive / Digital - INQUEST MARKETING, Kansas City, MO, *pg.* 445
Newkirk, Drake - Creative, Interactive / Digital - LEVLANE ADVERTISING, Philadelphia, PA, *pg.* 380
Newman, Patrick - Creative - ERICH & KALLMAN, San Francisco, CA, *pg.* 68
Newport, Katie - Creative - BLUE STATE DIGITAL, Washington, DC, *pg.* 335
Newson, Melanie - Creative - TEN, Fort Lauderdale, FL, *pg.* 269
Newton, David - Creative, Interactive / Digital, Media Department - GUMGUM, Santa Monica, CA, *pg.* 80
Newton, David - Creative - NEON, New York, NY, *pg.* 120
Newton, Josh - Creative - GROW INTERACTIVE, Norfolk, VA, *pg.* 237
Ney, Joseph - Creative, PPOM - REINGOLD, Alexandria, VA, *pg.* 405
Ng, Zan - Creative, PPOM - ADMERASIA, INC., New York, NY, *pg.* 537
Ng, Ronald - Creative, NBC, PPOM - ISOBAR US, New York, NY, *pg.* 242
Ng, Ben - Creative - 72ANDSUNNY, Playa Vista, CA, *pg.* 23
Ng, Jimmy - Creative - MANHATTAN MARKETING ENSEMBLE, New York, NY, *pg.* 382
Ng, Michael - Creative - CAMP + KING, San Francisco, CA, *pg.* 46
Ng Quarles, Stephanie - Creative, PPM - THE RHOADS GROUP, Tampa, FL, *pg.* 152
Ngo, Minh-Vy - Creative, NBC - ALLSCOPE MEDIA, New York, NY, *pg.* 454
Ngo, Linh - Creative - ACCENTURE INTERACTIVE, New York, NY, *pg.* 209
Ngun, Rachel - Creative - JOHANNES LEONARDO, New York, NY, *pg.* 92
Nguyen, Thanh - Creative, Interactive / Digital, Media Department - KIMBO DESIGN, Vancouver, BC, *pg.* 189
Nguyen, Khoa - Creative, Operations, Promotions - WALMART MEDIA GROUP, San Bruno, CA, *pg.* 684
Nguyen, Dac - Creative - UENO, San Francisco, CA, *pg.* 273
Nicastro, Jeanne - Creative,

Management, PPM - R/GA, Los Angeles, CA, *pg.* 261
Nicely, Jesse - Creative - CASHMERE AGENCY, Los Angeles, CA, *pg.* 48
Nicholas, George - Creative - GRAFIK MARKETING COMMUNICATIONS, Alexandria, VA, *pg.* 185
Nicholls, Sallianne - Creative - AUSTIN & WILLIAMS ADVERTISING, Hauppauge, NY, *pg.* 328
Nichols, Brent - Creative, Management, PPOM - INVENTA, Vancouver, BC, *pg.* 10
Nichols, Rob - Creative - BARNES ADVERTISING CORPORATION, Zanesville, OH, *pg.* 549
Nichols, Alix - Creative, Interactive / Digital - COLLE MCVOY, Minneapolis, MN, *pg.* 343
Nichols, Kelly - Creative - HILL HOLLIDAY, Boston, MA, *pg.* 85
Nichols, Katie S. - Creative - DRAKE COOPER, Boise, ID, *pg.* 64
Nichols, Jeff - Creative - HMH, Portland, OR, *pg.* 86
Nicholson, Peter - Creative, PPOM - PERISCOPE, Minneapolis, MN, *pg.* 127
Nicholson, Jenny - Creative - MCKINNEY, Durham, NC, *pg.* 111
Nickerson, Amy - Creative - INSIGHT CREATIVE GROUP, Oklahoma City, OK, *pg.* 89
Nickol, Noel - Creative - DNA SEATTLE, Seattle, WA, *pg.* 180
Nickson, Simon - Creative - MERKLEY + PARTNERS, New York, NY, *pg.* 114
Niedzwiecki, Stephen - Creative, PPOM - YARD, New York, NY, *pg.* 435
Nieli, Alissa - Creative - KEENAN-NAGLE ADVERTISING, Allentown, PA, *pg.* 94
Nielsen, Heidi - Creative, NBC, PPOM - BRINK COMMUNICATIONS, Portland, OR, *pg.* 337
Nielsen, Kara - Creative - COLLE MCVOY, Minneapolis, MN, *pg.* 343
Niemeyer, Lizz - Creative - TWENTY-FIRST CENTURY BRAND, San Francisco, CA, *pg.* 157
Nienow, Michael - Creative - HDMZ, Chicago, IL, *pg.* 83
Nieto, Jose - Creative - ARGUS COMMUNICATIONS, Boston, MA, *pg.* 537
Nikdel, Chris - Creative, PPOM - CLARK NIKDEL POWELL, Winter Haven, FL, *pg.* 342
Nikulin, Tadas - Creative, Management, PPOM - AD:60, Brooklyn, NY, *pg.* 210
Niland, Ryan - Creative - WIEDEN + KENNEDY, Portland, OR, *pg.* 430
Nilsson, Bruce - Creative, Management, PPOM - DAVIDSON BELLUSO, Phoenix, AZ, *pg.* 179
Nishimoto, John - Creative, NBC, PPOM - SEQUEL STUDIO, New York, NY, *pg.* 16
Nisson, Bob - Creative, PPOM - JAY ADVERTISING, INC., Rochester, NY, *pg.* 377
Nistler, Patrick - Creative - WIEDEN + KENNEDY, Portland, OR, *pg.* 430
Niswonger, Amy - Creative - NOVA

RESPONSIBILITIES INDEX — AGENCIES

CREATIVE GROUP, INC., Dayton, OH, pg. 193
Nixon, Jeff - Creative, PPOM - CAMP, Austin, TX, pg. 46
Nixon, Trina - Creative - SPD&G, Yakima, WA, pg. 411
Nnadi, Michael - Creative, Interactive / Digital - TEAM ONE, Los Angeles, CA, pg. 417
Nobili, Simone - Creative - KASTNER, Los Angeles, CA, pg. 94
Noble, Illya - Creative - STRATEGICAMPERSAND, Toronto, ON, pg. 414
Noble, Richard - Creative, PPM - LMNO, Saskatoon, SK, pg. 100
Nobles, Greg - Creative - CREATIVE ENERGY, INC., Johnson City, TN, pg. 346
Noce Kanarek, Monica - Account Services, Creative - PUROHIT NAVIGATION, Chicago, IL, pg. 401
Noe, Trish - Creative - WISER STRATEGIES, Lexington, KY, pg. 663
Noel, Ryan - Creative - BORSHOFF, Indianapolis, IN, pg. 585
Noffsinger, Aaron - Creative - EDELMAN, Chicago, IL, pg. 353
Nolan, Britt - Creative, PPOM - DDB CHICAGO, Chicago, IL, pg. 59
Noland, Tim - Creative - CALLIS & ASSOCIATES, Sedalia, MO, pg. 46
Nolden, Jennifer - Account Services, Creative, Management - DDB CHICAGO, Chicago, IL, pg. 59
Nonno, Chris - Creative - LOUIS & PARTNERS DESIGN, Akron, OH, pg. 190
Noonan, Tommy - Creative - DCX GROWTH ACCELERATOR, Brooklyn, NY, pg. 58
Norcross, Jason - Creative, PPOM - 72ANDSUNNY, Playa Vista, CA, pg. 23
Norell, Steve - Creative - DRAKE COOPER, Boise, ID, pg. 64
Nori, Geoff - Creative - MEDL MOBILE, Irvine, CA, pg. 534
Norin, Erik - Creative - MOTHER NY, New York, NY, pg. 118
Norkin, Michael - Creative - HARRISON & STAR, INC., New York, NY, pg. 9
Norling, Alexander - Creative - HIGHFIELD, New York, NY, pg. 85
Norman, John - Creative, NBC, PPOM - HAVAS WORLDWIDE CHICAGO, Chicago, IL, pg. 82
Norman, Tony - Creative - DEVENEY COMMUNICATIONS, New Orleans, LA, pg. 596
Norman, Mike - Creative, Operations - GENUINE INTERACTIVE, Boston, MA, pg. 237
Norman, Josh - Creative - TEXAS CREATIVE, San Antonio, TX, pg. 201
Norris, Lisa - Creative - MOVEMENT STRATEGY, New York, NY, pg. 687
North, Rich - Creative - VENABLES BELL & PARTNERS, San Francisco, CA, pg. 158
Northway, Kevin - Creative - J. W. MORTON & ASSOCIATES, Cedar Rapids, IA, pg. 91
Nosevich, Alex - Creative, NBC, PPOM - COMMCREATIVE, Framingham,

MA, pg. 343
Nosonowitz, Daniel - Creative - CODE AND THEORY, New York, NY, pg. 221
Nossan, Kurt - Creative - HAVAS TONIC, New York, NY, pg. 285
Notaro, Jonathan - Creative - BRAND NEW SCHOOL EAST, New York, NY, pg. 175
Nother, Joseph - Creative, PPOM - DESIGNSENSORY, Knoxville, TN, pg. 62
Notik, Shloimy - Creative - SWIFT, Portland, OR, pg. 145
Nott, Ben - Creative, PPOM - WORLD WIDE MIND, Venice Beach, CA, pg. 163
Nowak, Alexander - Creative - DROGA5, New York, NY, pg. 64
Nowak, Adam - Creative - WONGDOODY, Seattle, WA, pg. 162
Nowak, Erik - Creative - WALLACE & COMPANY, Dulles, VA, pg. 161
Nowels, Vogue - Creative - THE SCOTT & MILLER GROUP, Saginaw, MI, pg. 152
Nowinowski, Nathan - Creative - WIEDEN + KENNEDY, Portland, OR, pg. 430
Nunez, Danny - Creative - LAUNDRY SERVICE, Brooklyn, NY, pg. 287
Nunez, Ceindy - Creative - RED CHALK STUDIOS, Virginia Beach, VA, pg. 404
Nungaray, Rey - Creative - CRITICAL MASS, INC., Chicago, IL, pg. 223
Nunziato, John - Creative, PPOM - LITTLE BIG BRANDS, White Plains, NY, pg. 12
Nuss, Mark - Creative, PPOM - ADCOM COMMUNICATIONS, INC., Cleveland, OH, pg. 210
Nussbaum, Jenna - Creative - VMLY&R, Chicago, IL, pg. 275
Nussbaum, Myra - Creative - DDB CHICAGO, Chicago, IL, pg. 59
Nuzzo, Michael - Creative - UNITED ENTERTAINMENT GROUP, New York, NY, pg. 299
Nyholt, Nicole - Creative - JULIET, Toronto, ON, pg. 11
O'Bert, Valerie - Creative - WE'RE MAGNETIC, New York, NY, pg. 318
O'Brien, Kathleen - Creative - GREY BEAUTY GROUP, New York, NY, pg. 9
O'Brien, Jennifer - Creative - THE MX GROUP, Burr Ridge, IL, pg. 422
O'Brien, Gainer - Creative - DARBY O'BRIEN ADVERTISING, INC., South Hadley, MA, pg. 57
O'Brien, Ashleigh - Creative - ZULU ALPHA KILO, Toronto, ON, pg. 165
O'Brien, Lynn - Creative - PIERCE-COTE ADVERTISING, Osterville, MA, pg. 397
O'Brien, Sean - Creative - MULLENLOWE U.S. BOSTON, Boston, MA, pg. 389
O'Connell, Kerry - Account Services, Creative - WIEDEN + KENNEDY, New York, NY, pg. 432
O'Connell, Chad - Creative - SWIFT, Portland, OR, pg. 145
O'Connor, Danny - Creative -

DAVID&GOLIATH, El Segundo, CA, pg. 57
O'Connor, Sean - Creative - RETHINK COMMUNICATIONS, INC., Toronto, ON, pg. 133
O'Dea, Noel - Account Planner, Creative, PPOM - TARGET MARKETING & COMMUNICATIONS, INC., Saint John's, NL, pg. 146
O'Donnell, Carey - Creative, PPOM - CAREY O'DONNELL PUBLIC RELATIONS GROUP, West Palm Beach, FL, pg. 588
O'Donnell, Dan - Creative - PARTNERS + NAPIER, Rochester, NY, pg. 125
O'Grady, Tom - Creative, PPOM - GAMEPLAN CREATIVE, LLC, Chicago, IL, pg. 8
O'Hanlon, David - Creative - SJI ASSOCIATES, New York, NY, pg. 142
O'Hare, Meghan - Creative - MODERN CLIMATE, Minneapolis, MN, pg. 388
O'Hea, John - Creative - DAVID&GOLIATH, El Segundo, CA, pg. 57
O'Keefe, Kelly - Creative, Social Media - FCB CHICAGO, Chicago, IL, pg. 71
O'Keefe, Mary - Creative - BBDO ATL, Atlanta, GA, pg. 330
O'Mara, Colleen - Creative, NBC, PPOM - HYPE, Los Angeles, CA, pg. 614
O'Neil, D.J. - Creative, PPOM - HUB STRATEGY & COMMUNICATION, San Francisco, CA, pg. 9
O'Neil, Stuart - Creative - GTB, Dearborn, MI, pg. 367
O'Neill, Carolyn - Creative, PPOM - CENTRON, New York, NY, pg. 49
O'Rourke, Patrick - Creative - TEAM ONE, Los Angeles, CA, pg. 417
O'Rourke, Ryan - Creative - WIEDEN + KENNEDY, Portland, OR, pg. 430
O'Rourke, Christina - Account Services, Creative, Public Relations, Social Media - EDELMAN, Chicago, IL, pg. 353
O'Toole, Lawrence - Creative - FULL CONTACT ADVERTISING, Boston, MA, pg. 75
Oade, Anthony - Creative - GIOVATTO ADVERTISING, Paramus, NJ, pg. 363
Oakley, David - Creative, PPOM - BOONEOAKLEY, Charlotte, NC, pg. 41
Oaxaca, Kristen - Creative - BOLCHALK FREY MARKETING, Tucson, AZ, pg. 41
Oberlander, John - Creative - OBERLANDER GROUP, Cohoes, NY, pg. 193
Obrist, Jessica - Account Services, Creative, Media Department, PPM - WONGDOODY, Seattle, WA, pg. 162
Ocampo, David - Creative, PPOM - MILAGRO MARKETING, San Jose, CA, pg. 543
Ocasio, Diana - Creative - VSBROOKS, Coral Gables, FL, pg. 429
Occhino, Barbara - Creative, PPOM - VERTEX MARKETING COMMUNICATION, Stamford, CT, pg. 159
OConnor, Alexis - Creative - GTB, Dearborn, MI, pg. 367

AGENCIES   RESPONSIBILITIES INDEX

Odell, Alex - Creative, Interactive / Digital - DECKER DESIGN INC., New York, NY, pg. 179
Odum, Andy - Creative - CAYENNE CREATIVE, Birmingham, AL, pg. 49
Oelke, Erik - Creative - SIXSPEED, Minneapolis, MN, pg. 198
Oertel, Samantha - Creative - BLACKDOG ADVERTISING, Miami, FL, pg. 40
Oesterle, Alex - Creative, PPOM - BLUE BEAR CREATIVE, Denver, CO, pg. 40
Oestreich, Kelli - Creative - WALZ TETRICK ADVERTISING, Mission, KS, pg. 429
Ogando, Micky - Creative, PPOM - BAKERY, Austin, TX, pg. 215
Ogilvie, Derrick - Creative - BBDO ATL, Atlanta, GA, pg. 330
Oglesby, Marcella - Creative - EDGE MARKETING, Stamford, CT, pg. 681
Ogletree, Brynna - Creative - TPN, Chicago, IL, pg. 571
Oh, Hoon - Creative - ALLEN & GERRITSEN, Philadelphia, PA, pg. 30
Ohna, Kym - Creative - PERISCOPE, Minneapolis, MN, pg. 127
Okai, Kellie - Creative - TRACTION CORPORATION, San Francisco, CA, pg. 271
Okal, Tom - Creative - FALLS COMMUNICATIONS, Cleveland, OH, pg. 357
Okamoto, Cameron - Creative - LJG PARTNERS, San Diego, CA, pg. 189
Oki, Geoff - Creative - WAY TO BLUE, Los Angeles, CA, pg. 275
Okubo, Nako - Creative - MCGARRYBOWEN, Chicago, IL, pg. 110
Okumura, James - Creative, Interactive / Digital - HELO, Marina Del Rey, CA, pg. 307
Olamai, Farnosh - Creative - CREATIVE PARTNERS, LLC, Stamford, CT, pg. 346
Oldfield, Avery - Creative - VENABLES BELL & PARTNERS, San Francisco, CA, pg. 158
Oliveira, Mariana - Creative - BBDO WORLDWIDE, New York, NY, pg. 331
Olivero, Johan - Creative - FORSMAN & BODENFORS, New York, NY, pg. 74
Olivieri, Tom - Creative, PPOM - TINUITI, Dania Beach, FL, pg. 271
Olivieri, Mary - Creative - CBD MARKETING, Chicago, IL, pg. 341
Olivo, Frankmy - Creative - BBDO SAN FRANCISCO, San Francisco, CA, pg. 330
Ollis, Alyssa - Creative - MCGARRYBOWEN, Chicago, IL, pg. 110
Olmsted, Karl - Creative, PPOM - OLMSTED ASSOCIATES, Flint, MI, pg. 193
Olsen, Katie - Creative, Media Department, Operations - CHANDELIER CREATIVE, New York, NY, pg. 49
Olson, Derek - Creative, Interactive / Digital, Media Department - TDG COMMUNICATIONS, Deadwood, SD, pg. 417
Olson, Kurt - Creative - PUBLICIS MID AMERICA, Boise, ID, pg. 639

Olszewski, Olivia - Creative - SQUEAKY WHEEL MEDIA, New York, NY, pg. 267
Oltersdorf, Eric - Creative, PPOM - SNACKBOX LLC, Austin, TX, pg. 648
Omlor, Brian - Creative - LAUNCHSQUAD, San Francisco, CA, pg. 621
ONeil, Travis - Creative, Media Department, Operations - GUMGUM, Santa Monica, CA, pg. 80
Ono, Naoto - Creative - RDA INTERNATIONAL, New York, NY, pg. 403
Onorato, Karen - Creative - DID AGENCY, Ambler, PA, pg. 62
Onsager-Birch, Karin - Creative, PPOM - FCB WEST, San Francisco, CA, pg. 72
Opacic, Boris - Creative - WIEDEN + KENNEDY, New York, NY, pg. 432
Opet, John - Creative - ART 270, INC., Jenkintown, PA, pg. 173
Opfer, Craig - Creative, PPOM - MAGNETO BRAND ADVERTISING, Portland, OR, pg. 13
Oppenheimer, Jason - Creative - LRXD, Denver, CO, pg. 101
Orcutt, Ryan - Creative - DUARTE, Sunnyvale, CA, pg. 180
Ordonez, Andres - Creative, PPOM - FCB CHICAGO, Chicago, IL, pg. 71
Orefice, Paul - Creative, NBC, PPOM - THE WATSONS, New York, NY, pg. 154
Orezzoli, Nina - Creative - ICF NEXT, Minneapolis, MN, pg. 372
Orlando, Fabio - Creative, PPOM - TAG, Thornhill, ON, pg. 145
Orlando, Patty - Creative - WIEDEN + KENNEDY, Portland, OR, pg. 430
Ormerod, Andrew - Creative, Interactive / Digital - ELLIANCE, Pittsburgh, PA, pg. 231
Orona, Julie - Creative - NEVER BORING DESIGN, Modesto, CA, pg. 193
Orozco, Zulema - Creative - MCGARRYBOWEN, Chicago, IL, pg. 110
Orren, Shachar - Creative, NBC, PPOM - PLAYBUZZ, New York, NY, pg. 128
Orsini, Bill - Creative - SUNDIN ASSOCIATES, Natick, MA, pg. 415
Ortega, Tom - Creative, PPOM - RIESTER, Phoenix, AZ, pg. 406
Ortega, Carlos - Creative - MCKINNEY, West Hollywood, CA, pg. 111
Orth, Bridey - Creative - GODFREY, Lancaster, PA, pg. 8
Ortinez-Hansen, Julia - Account Services, Creative - BARRETTSF, San Francisco, CA, pg. 36
Ortiz, Alejandro - Creative - CASANOVA//MCCANN, New York, NY, pg. 538
Ortiz, Lorenz - Creative - GOODBY, SILVERSTEIN & PARTNERS, San Francisco, CA, pg. 77
Ortman, Kyle - Creative - DIMASSIMO GOLDSTEIN, New York, NY, pg. 351
Ortmeyer, Joe - Creative - HOT IN THE KITCHEN, St. Louis, MO, pg. 9
Osborne, Lynda - Account Services,

Creative - DECKER, Glastonbury, CT, pg. 60
Osborne, Kenny - Creative - AVREAFOSTER, Dallas, TX, pg. 35
Osborne, Tom - Creative - VIGET LABS, Falls Church, VA, pg. 274
Oshanani, Sophia - Creative - HUEMEN DESIGN, Stamford, CT, pg.
Oskan, Arthur - Creative, Interactive / Digital, PPM - FIELD DAY, Toronto, ON, pg. 358
Oster, Bev - Creative, PPOM - OSTER & ASSOCIATES, INC., San Diego, CA, pg. 123
Ostrow, Dylan - Creative - ANOMALY, New York, NY, pg. 325
Osuna, Fernando - Creative, PPOM - LOPEZ NEGRETE COMMUNICATIONS, INC., Houston, TX, pg. 542
Otchy, Jonah - Creative - TRICOMB2B, Dayton, OH, pg. 427
Otey, James - Analytics, Creative, Interactive / Digital - AGILITEE SOLUTIONS, INC., Londonderry, NH, pg. 172
Otis, Jason - Creative - PETERMAYER, New Orleans, LA, pg. 127
Otis, Dan - Creative - BASIC, San Diego, CA, pg. 215
Ots, Kieran - Creative - LEO BURNETT WORLDWIDE, Chicago, IL, pg. 98
Ottaviano, Taylor - Creative - CUMMINS&PARTNERS, New York, NY, pg. 347
Otter, Keith - Creative - INTERMARK GROUP, INC., Birmingham, AL, pg. 375
Otto, Craig - Creative, NBC, PPOM - ELLIANCE, Pittsburgh, PA, pg. 231
Otto, Alexander - Creative - MEDIAMONKS, New York, NY, pg. 249
Overby, Jim - Creative, Media Department, PPM - DIANE ALLEN & ASSOCIATES, Baton Rouge, LA, pg. 597
Overhuls, Greg - Creative - THE INTEGER GROUP - DALLAS, Dallas, TX, pg. 570
Overton, Michael - Creative, PPOM - INFERNO, LLC, Memphis, TN, pg. 374
Owens, Kevin - Creative - EBBEN GROUP, Needham Heights, MA, pg. 67
Owens, Lori - Creative - STEEL DIGITAL STUDIOS, Austin, TX, pg. 200
Owens, Geoff - Creative - BELMONT ICEHOUSE, Dallas, TX, pg. 333
Owens, Timothy - Creative - CRAMER, Norwood, MA, pg. 6
Owens, Renee - Creative - SFW AGENCY, Greensboro, NC, pg. 16
Oxley, Jenee - Creative - JDM, Farmers Branch, TX, pg. 243
Oxman, Robert - Account Services, Creative - PASKILL, STAPLETON & LORD, Glenside, PA, pg. 256
Oz, Chelsea - Creative - OMELET, Culver City, CA, pg. 122
Ozdych, John - Creative, Operations, PPOM - REAL INTEGRATED, Troy, MI, pg. 403
Ozkardesler, Ugur - Creative,

1359

RESPONSIBILITIES INDEX — AGENCIES

Interactive / Digital - YES&, Alexandria, VA, *pg.* 436
O'Brien, Dan - Creative, PPOM - MICHAEL PATRICK PARTNERS, San Francisco, CA, *pg.* 191
O'Brien, Becky - Creative - CUSTOMER COMMUNICATIONS GROUP, Lakewood, CO, *pg.* 167
O'Brien, Chelsea - Creative, PPM - OMELET, Culver City, CA, *pg.* 122
O'Connell, Steve - Creative, PPOM - RED TETTEMER O'CONNELL + PARTNERS, Philadelphia, PA, *pg.* 404
O'Grady, Patrick - Account Services, Creative - FEINSTEIN KEAN HEALTHCARE, Cambridge, MA, *pg.* 603
Pace, Grant - Creative, PPOM - CTP, Boston, MA, *pg.* 347
Pace, Audra - Creative - MOD OP, New York, NY, *pg.* 116
Pacetta, Chris - Creative - MCGARRYBOWEN, New York, NY, *pg.* 109
Pachner, Dharma - Creative, PPOM - CONTRAST & CO, Annapolis, MD, *pg.* 6
Padilla, Elisa - Account Services, Creative, NBC, Operations - ROC NATION, New York, NY, *pg.* 298
Padin, Aaron - Creative - WUNDERMAN THOMPSON, New York, NY, *pg.* 434
Pagani, Chris - Creative, PPOM - CHARLIE COMPANY CORP., Culver City, CA, *pg.* 177
Pagano, Joe - Creative, PPOM - PAGANO MEDIA, Worcester, MA, *pg.* 256
Paganucci, Monica - Creative - PLAY WORK GROUP, New York, NY, *pg.* 195
Page, Ted - Creative, PPOM - CAPTAINS OF INDUSTRY, INC., Boston, MA, *pg.* 340
Page, Ellen - Creative - EP+CO., Greenville, SC, *pg.* 356
Page, Matthew - Creative - SPARK44, New York, NY, *pg.* 411
Page, Matthew - Creative - BBDO WORLDWIDE, New York, NY, *pg.* 331
Paialii, Josh - Creative - THE MANY, Pacific Palisades, CA, *pg.* 151
Paik, Kathy - Creative - ARC WORLDWIDE, Chicago, IL, *pg.* 327
Paisley, Allyson - Creative - DNA SEATTLE, Seattle, WA, *pg.* 180
Pak, Peter - Creative - SID LEE, Montreal, QC, *pg.* 140
Palatini, Richard - Creative, NBC - DELIA ASSOCIATES, Whitehouse, NJ, *pg.* 6
Palermo, Michael - Creative - RELISH MARKETING, Decatur, GA, *pg.* 405
Paley, Jon - Creative, Management, PPOM - THE VAULT, New York, NY, *pg.* 154
Pally, Jenny - Creative - ATLANTIC 57, Washington, DC, *pg.* 2
Palmer, Rob - Creative - OPINIONATED, Portland, OR, *pg.* 123
Palmer, Richard - Creative - LITTLE BIG BRANDS, White Plains, NY, *pg.* 12
Palozzi, Stephen - Creative, PPOM - MCELVENEY & PALOZZI, Rochester, NY, *pg.* 190

Pals, Shawn - Creative - YAMAMOTO, Minneapolis, MN, *pg.* 435
Pandit, Shardool - Creative, Interactive / Digital, Media Department - MAGNANI CONTINUUM MARKETING, Chicago, IL, *pg.* 103
Pandya, Hital - Creative - OGILVY, Chicago, IL, *pg.* 393
Pandza, Marko - Creative - ANOMALY, Toronto, ON, *pg.* 326
Pangborn, Mitch - Creative - COMMONWEALTH // MCCANN, Detroit, MI, *pg.* 52
Pannuzzo, Ron - Creative, PPOM - DREAMSPAN, Phoenix, AZ, *pg.* 7
Pantano Campbell, Jennifer - Creative - CAMBRIDGE BIOMARKETING, Cambridge, MA, *pg.* 46
Panucci, Rodrigo - Creative - PUBLICIS NORTH AMERICA, New York, NY, *pg.* 399
Panunzio, Kimberly - Creative, Interactive / Digital, PPM - HERZOG & COMPANY, North Hollywood, CA, *pg.* 298
Paolini, John - Creative, PPOM - SULLIVAN, New York, NY, *pg.* 18
Papas, Tom - Creative - FTI CONSULTING, New York, NY, *pg.* 606
Pappalardo, Jeff - Creative - CROWLEY WEBB & ASSOCIATES, Buffalo, NY, *pg.* 55
Pappalardo, Dan - Creative, PPOM - TROIKA/MISSION GROUP, Los Angeles, CA, *pg.* 20
Pappanduros, Ken - Creative - RPA, Santa Monica, CA, *pg.* 134
Paquette, Joseph - Creative - FLUID, INC., New York, NY, *pg.* 235
Paradise, Liz - Creative, PPOM - BRIGHT RED\TBWA, Tallahassee, FL, *pg.* 337
Parado III, Jose - Creative - HAUGAARD CREATIVE GROUP, Chicago, IL, *pg.* 186
Paries, Kameron - Creative - 22SQUARED INC., Atlanta, GA, *pg.* 319
Parise, David - Creative - HILL HOLLIDAY, New York, NY, *pg.* 85
Park, Ted - Creative - ADCREASIANS, Los Angeles, CA, *pg.* 27
Park, Grace - Creative - ARTISANS ON FIRE, Las Vegas, NV, *pg.* 327
Park, Jei - Creative - THE BRICK FACTORY, Washington, DC, *pg.* 269
Park, Soojin - Creative - HAVAS MEDIA GROUP, New York, NY, *pg.* 468
Parker, Bill - Creative, PPOM - PARKER & PARTNERS MARKETING RESOURCES, LLC, Absecon, NJ, *pg.* 125
Parker, John - Creative - WIEDEN + KENNEDY, New York, NY, *pg.* 432
Parker, Ward - Creative, PPOM - BROWN PARKER | DEMARINIS ADVERTISING, Boca Raton, FL, *pg.* 43
Parker, Tom - Creative, Interactive / Digital, PPOM - EDELMAN, San Francisco, CA, *pg.* 601
Parker, Jon - Creative - CLEAN, Raleigh, NC, *pg.* 5
Parker, Payne - Creative - THE RICHARDS GROUP, INC., Dallas, TX, *pg.* 422

Parker, Ryan - Creative, Interactive / Digital - PARKERWHITE, Encinitas, CA, *pg.* 194
Parker, Chris - Creative, PPOM - IPNY, New York, NY, *pg.* 90
Parkin, Paul - Creative, PPOM - SALT BRANDING, San Francisco, CA, *pg.* 16
Parks, Bruce - Creative - ACKERMAN MCQUEEN, INC., Oklahoma City, OK, *pg.* 26
Parks, Colleen - Creative - ZAMBOO, Los Angeles, CA, *pg.* 165
Parks, Karen - Account Services, Creative - SIGNATURE MARKETING SOLUTIONS, Memphis, TN, *pg.* 141
Parks, Kenneth - Creative, Management, NBC, PPOM - HERO DIGITAL, San Francisco, CA, *pg.* 238
Parks, Allison - Creative - MGH ADVERTISING, Owings Mills, MD, *pg.* 387
Parr, Charlie - Creative, Operations, PPOM - RAOUST + PARTNERS, Hampton, VA, *pg.* 403
Parr, Deanna - Creative, PPOM - NORTON CREATIVE, Houston, TX, *pg.* 121
Parr, Travis - Creative - DDB CHICAGO, Chicago, IL, *pg.* 59
Parra, Perla - Creative - CULTURESPAN MARKETING, El Paso, TX, *pg.* 594
Parrish, Joe - Creative, PPOM - THE VARIABLE, Winston-Salem, NC, *pg.* 153
Parrott, Michael - Creative - MCGARRYBOWEN, New York, NY, *pg.* 109
Parson, Jeff - Creative, Interactive / Digital - THE BUNTIN GROUP, Nashville, TN, *pg.* 148
Parsons, Angeline - Creative - QUARRY INTEGRATED COMMUNICATIONS, Saint Jacobs, ON, *pg.* 402
Partovi, Roya - Creative, PPOM - SANDBOX, Chicago, IL, *pg.* 138
Pasch, Sara - Creative, Interactive / Digital - BLUECADET INTERACTIVE, Philadelphia, PA, *pg.* 218
Pascoe, Gary - Creative, PPOM - COMMONWEALTH // MCCANN, Detroit, MI, *pg.* 52
Paskill, Jim - Creative, PPOM - PASKILL, STAPLETON & LORD, Glenside, PA, *pg.* 256
Pass, Rich - Creative - INNOCEAN USA, Huntington Beach, CA, *pg.* 479
Passmore, Akilah - Creative, Interactive / Digital - BIG FAMILY TABLE, Los Angeles, CA, *pg.* 39
Past, Toby - Creative - PUBLICIS.SAPIENT, Los Angeles, CA, *pg.* 259
Pastir, Chris - Creative - WILSON CREATIVE GROUP, INC., Naples, FL, *pg.* 162
Patch, Jeff - Creative, PPOM - RDW GROUP, Providence, RI, *pg.* 403
Patel, Rishi - Creative, NBC - HMR DESIGNS, Chicago, IL, *pg.* 308
Patel, Whitney - Creative - IMG LIVE, Atlanta, GA, *pg.* 308
Patil, Vijay - Creative - DEUTSCH,

AGENCIES RESPONSIBILITIES INDEX

INC., New York, NY, pg. 349
Patillo, Sara - Creative, PPOM - GA CREATIVE, Bellevue, WA, pg. 361
Patrick, Katherine - Account Planner, Creative - POTOMAC COMMUNICATIONS GROUP, INC., Washington, DC, pg. 638
Patrick, Becca - Account Services, Creative - JOAN, New York, NY, pg. 92
Patroulis, John - Creative, PPOM - GREY GROUP, New York, NY, pg. 365
Patterson, John - Creative - MGH ADVERTISING, Owings Mills, MD, pg. 387
Patterson, Trent - Creative - THE MARTIN AGENCY, Richmond, VA, pg. 421
Patterson, Ed - Creative - BUTLER, SHINE, STERN & PARTNERS, Sausalito, CA, pg. 45
Patton, Don - Creative - FREEBAIRN & COMPANY, Atlanta, GA, pg. 360
Patton, Al - Creative, PPOM - DAGGER, Atlanta, GA, pg. 224
Patton, Bill - Creative - 6AM MARKETING, Madison, WI, pg. 1
Pattugalan, Krissan - Creative - VIRTUE WORLDWIDE, Brooklyn, NY, pg. 159
Patu, Daniel - Creative - THINK MOTIVE, Denver, CO, pg. 154
Paul, Jim - Creative - WEBER SHANDWICK, Chicago, IL, pg. 661
Paul, Erin - Account Planner, Creative - TRINITY BRAND GROUP, Berkeley, CA, pg. 202
Paul, Drake - Creative - GOLIN, Chicago, IL, pg. 609
Paul, Karen - Creative - OBERLANDER GROUP, Cohoes, NY, pg. 193
Paulson, Stephanie - Account Services, Creative - STEPHENZ GROUP, San Jose, CA, pg. 413
Paulson, Todd - Creative, PPOM - KNOCK, INC., Minneapolis, MN, pg. 95
Paultre, Gary - Creative - BRADLEY AND MONTGOMERY, Indianapolis, IN, pg. 336
Pawlak, Kim - Creative, Operations - THE MARS AGENCY, Southfield, MI, pg. 683
Pawlik, Christopher - Creative - ANDERSON MARKETING GROUP, San Antonio, TX, pg. 31
Pawlowski, Adam - Creative - GS&F, Nashville, TN, pg. 367
Payden, Jeff - Creative - HART, Toledo, OH, pg. 82
Payne, Brantley - Creative, PPOM - UNCOMMON, Sacramento, CA, pg. 157
Payne, Oliver - Creative - BURGESS ADVERTISING & ASSOCIATES, INC., Falmouth, ME, pg. 338
Pazolt, Leigh - Creative - RAKA CREATIVE, Portsmouth, NH, pg. 402
Peace, Pilar - Creative - MOTHER, Los Angeles, CA, pg. 118
Pearce, Elizabeth - Account Services, Creative, Interactive / Digital - HAVAS WORLDWIDE CHICAGO, Chicago, IL, pg. 82
Pearce, Jon - Creative, PPOM -

HUDSON ROUGE, New York, NY, pg. 371
Pearlman, Jared - Creative, Interactive / Digital, Media Department, NBC - UNITED ENTERTAINMENT GROUP, New York, NY, pg. 299
Pearman, Tony - Creative, PPOM - ACCESS, Roanoke, VA, pg. 322
Pearson, James - Creative - GEOMETRY, Chicago, IL, pg. 363
Pearson, Jesse - Creative - GMR MARKETING, Toronto, ON, pg. 307
Pearson-Mckenzie, Karen - Creative, PPOM - RHYME & REASON DESIGN, Atlanta, GA, pg. 263
Peat, Brandon - Creative, Interactive / Digital - ASHER AGENCY, Fort Wayne, IN, pg. 327
Peck, Martha - Creative, PPOM - LAUNCH ADVERTISING, Denver, CO, pg. 97
Peck, Dina - Creative, PPOM - PATIENTS & PURPOSE, New York, NY, pg. 126
Pedeflous, Sean - Creative - GRANDESIGN, San Diego, CA, pg. 552
Peden, Glen - Creative - MOMENTUM WORLDWIDE, New York, NY, pg. 117
Pedersen, Beth - Creative - WEBER SHANDWICK, Dallas, TX, pg. 660
Pedicone, Kristina - Creative, Management - BLENDERBOX, Brooklyn, NY, pg. 175
Peet, Ryan - Creative - THE GEORGE P. JOHNSON COMPANY, Boston, MA, pg. 316
Pekar, Carol - Creative, PPOM - POUTRAY & PEKAR ASSOCIATES, Milford, CT, pg. 398
Pellegrini, Daniel - Creative - TANK DESIGN, Cambridge, MA, pg. 201
Pellegrino, Claudio - Creative - THE BRAND FACTORY, Toronto, ON, pg. 19
Pellizzaro, Fernando - Creative - DAVID, Miami, FL, pg. 57
Pena, Luis - Creative, PPOM - REVIVAL FILM, San Francisco, CA, pg. 197
Pena, Juan Javier - Creative - GUT MIAMI, Miami, FL, pg. 80
Pendleton, Kristin - Creative - THE INTEGER GROUP, Lakewood, CO, pg. 682
Pendleton, Aaron - Creative - LEO BURNETT WORLDWIDE, Chicago, IL, pg. 98
Penney, John W. - Creative, Interactive / Digital, PPOM - BLACKDOG ADVERTISING, Miami, FL, pg. 40
Penny, Grant - Creative - GRANT MARKETING, Boston, MA, pg. 78
Pera, Monty - Creative - BBDO WORLDWIDE, New York, NY, pg. 331
Peralta, Daniel - Creative, PPM - SENSIS AGENCY, Los Angeles, CA, pg. 545
Perdue, Andy - Creative, Interactive / Digital - EMFLUENCE, LLC, Kansas City, MO, pg. 231
Perduk Rambo, Diane - Creative - BIG RED ROOSTER, Columbus, OH, pg. 3

Pereira, P.J. - Creative, PPOM - PEREIRA & O'DELL, San Francisco, CA, pg. 256
Pereira, Tiago - Creative - ENSO, Santa Monica, CA, pg. 68
Pereira, Reuben - Creative - C-COM GROUP, INC., Miami, FL, pg. 587
Perelson, Gene - Creative - R/GA, New York, NY, pg. 260
Perez, Allen - Creative, PPM - ORCI, Santa Monica, CA, pg. 543
Perez, Jose - Creative - ENERGY BBDO, INC., Chicago, IL, pg. 355
Perez, Pedro - Creative, PPOM - ENERGY BBDO, INC., Chicago, IL, pg. 355
Perez, Noe - Creative, Interactive / Digital - TKO ADVERTISING, Austin, TX, pg. 155
Perez, Diana - Creative - DROGA5, New York, NY, pg. 64
Perez Fernandez, Cora - Creative - THE COMMUNITY, Miami Beach, FL, pg. 545
Perich, Ernie - Creative, PPOM - PERICH ADVERTISING, Ann Arbor, MI, pg. 126
Perillo, Robert - Creative - KLUNK & MILLAN ADVERTISING, Allentown, PA, pg. 95
Perisho, Seth - Creative - DELL BLUE, Round Rock, TX, pg. 60
Perkins, Robin - Creative, PPOM - SELBERT PERKINS DESIGN, Playa Del Rey, CA, pg. 198
Perlman, Steve - Account Services, Creative, Interactive / Digital, Social Media - THE MARKETING STORE WORLDWIDE, Chicago, IL, pg. 421
Perlow, Lauren - Creative - WORKINPROGRESS, Boulder, CO, pg. 163
Perls, Leslie - Creative, PPOM - LP&G, INC., Tucson, AZ, pg. 381
Perriguey, Mark - Analytics, Creative, Interactive / Digital - ASEN MARKETING & ADVERTISING, INC., Knoxville, TN, pg. 327
Perry, Steve - Creative - BAILEY BRAND CONSULTING, Plymouth Meeting, PA, pg. 2
Perry, Nate - Creative - BLUESPACE CREATIVE, Denison, IA, pg. 3
Persico, Steve - Creative - LEO BURNETT TORONTO, Toronto, ON, pg. 97
Persson, Ida - Creative - MEDIA CAUSE, Atlanta, GA, pg. 249
Perz, Joe - Creative - BEBER SILVERSTEIN GROUP, Miami, FL, pg. 38
Pessaro, Phillip - Creative, Management, Media Department - MRY, New York, NY, pg. 252
Peteet, Rex - Creative - SHERRY MATTHEWS ADVOCACY MARKETING, Austin, TX, pg. 140
Peters, Karl - Creative - BRANDSAVVY, INC., Highlands Ranch, CO, pg. 4
Peters, Michael - Creative, PPOM - SPARK, Tampa, FL, pg. 17
Peters, Matthew - Creative - DIMASSIMO GOLDSTEIN, New York, NY,

RESPONSIBILITIES INDEX   AGENCIES

pg. 351
Petersen, Michael - Creative, PPOM - 50,000 FEET, INC., Chicago, IL, pg. 171
Petersen, Toby - Creative - CUTWATER, San Francisco, CA, pg. 56
Peterson, Matt - Creative, PPOM - CATALYSIS, Seattle, WA, pg. 340
Peterson, Jaye - Account Services, Analytics, Creative, Research - ADVENTURE CREATIVE, Brainerd, MN, pg. 28
Peterson, Henry - Creative - MCGARRYBOWEN, San Francisco, CA, pg. 385
Peterson, Laddie - Creative - WIEDEN + KENNEDY, New York, NY, pg. 432
Peterson, David - Creative, PPOM - PETERSON MILLA HOOKS, Minneapolis, MN, pg. 127
Petrocco, Melissa - Account Services, Creative, NBC - THE TOMBRAS GROUP, Atlanta, GA, pg. 153
Petroski, Julie - Creative - TARGETBASE MARKETING, Irving, TX, pg. 292
Petrosky, Mark - Creative - DP+, Farmington Hills, MI, pg. 353
Petrovsky, Fred - Creative, NBC, Operations, PPOM - COLLING MEDIA, Scottsdale, AZ, pg. 51
Pettigrew, Lizzy - Creative - NOBOX, Miami, FL, pg. 254
Pettis, Rob - Creative - SKIVER ADVERTISING, Costa Mesa, CA, pg. 142
Pettit, Brian - Creative - GMR MARKETING, New Berlin, WI, pg. 306
Peyre, Olivier - Creative, PPOM - KETTLE, New York, NY, pg. 244
Pfeifer, Erich - Creative - VENABLES BELL & PARTNERS, San Francisco, CA, pg. 158
Pfleger, Julie - Account Services, Creative - ERICH & KALLMAN, San Francisco, CA, pg. 68
Pfost, Walker - Creative - RPA, Santa Monica, CA, pg. 134
Pham, Benjamin - Creative, PPOM - CHARACTER, San Francisco, CA, pg. 5
Pham, Thuy - Creative - THE ATKINS GROUP, San Antonio, TX, pg. 148
Phan, Ivy - Creative - GSD&M, Austin, TX, pg. 79
Phelan, Wesley - Creative - GOODBY, SILVERSTEIN & PARTNERS, San Francisco, CA, pg. 77
Phelan, Wes - Creative - BANOWETZ + COMPANY, INC., Dallas, TX, pg. 36
Phernetton, Ross - Account Services, Creative - PROXIMITY WORLDWIDE, Cincinnati, OH, pg. 258
Phifer, Brad - Creative - WIEDEN + KENNEDY, New York, NY, pg. 432
Philip, Mark - Creative - DIGITAS, Chicago, IL, pg. 227
Philips, Allison - Creative, Media Department - IGOE CREATIVE, Greenville, NC, pg. 373
Phillips, Robert - Account Services, Creative, PPOM - SPD&G, Yakima, WA, pg. 411
Phillips, Robbin - Creative, PPOM - BRAINS ON FIRE, Greenville, SC, pg. 691
Phillips, Amy - Creative - PEAK BIETY, INC., Tampa, FL, pg. 126
Phillips, Jeff - Creative - THE ANDERSON GROUP, Sinking Spring, PA, pg. 19
Phillips, Jennifer - Analytics, Creative - TRAKTEK PARTNERS, Needham, MA, pg. 271
Phillips, Sara - Creative - WIEDEN + KENNEDY, Portland, OR, pg. 430
Phillips, Joshua - Creative - SHAMLIAN ADVERTISING, Media, PA, pg. 140
Phillips, Paul - Creative - CAIN & CO., Rockford, IL, pg. 588
Phinney, Leslie - Creative, PPOM - PHINNEY / BISCHOFF DESIGN HOUSE, Seattle, WA, pg. 194
Phior, Rio - Creative, PPOM - SAGON - PHIOR, Los Angeles, CA, pg. 409
Phipps, Randy - Creative - HART, Toledo, OH, pg. 82
Phipps, Allison - Creative - ARMADA MEDICAL MARKETING, Arvada, CO, pg. 578
Phour, Teng - Creative - YARD, New York, NY, pg. 435
Pia, Cliff - Creative, PPOM - PIA AGENCY, Carlsbad, CA, pg. 506
Piatek, Keri - Creative, PPOM - PLACE CREATIVE COMPANY, Burlington, VT, pg. 15
Piatt, Jeff - Creative, PPOM - PIPITONE GROUP, Pittsburgh, PA, pg. 195
Piazza, Jeff - Creative - BEHAVIOR, LLC, New York, NY, pg. 216
Pickett, Kim - Creative, PPOM - KIMBO DESIGN, Vancouver, BC, pg. 189
Piefer, Michele - Creative - HEINZEROTH MARKETING GROUP, Rockford, IL, pg. 84
Piepgras, Sara - Creative, Interactive / Digital, NBC - THE THORBURN GROUP, Minneapolis, MN, pg. 20
Pierach, Jorg - Creative, PPOM - FAST HORSE, Minneapolis, MN, pg. 603
Pierantozzi, Chris - Creative - SAATCHI & SAATCHI LOS ANGELES, Torrance, CA, pg. 137
Pierce, Michael - Creative, Interactive / Digital, Media Department, PPOM - ODNEY ADVERTISING AGENCY, Bismarck, ND, pg. 392
Pierce, Cary - Creative, Management - FCB CHICAGO, Chicago, IL, pg. 71
Pierce, Alex - Creative, Interactive / Digital - PUBLICIS HAWKEYE, Dallas, TX, pg. 399
Pierce, Allison - Creative - VMLY&R, Kansas City, MO, pg. 274
Pierce, Brook - Creative, Media Department - SCORR MARKETING, Kearney, NE, pg. 409
Pierson, Christopher - Creative - JK DESIGN, Hillsborough, NJ, pg. 481
Pietruszynski, James - Creative, PPOM - SOULSIGHT, Chicago, IL, pg. 199
Pignato, Philip - Creative - BEAR IN THE HALL, New York, NY, pg. 2
Pike, Zack - Analytics, Creative - CALLAHAN CREEK, Lawrence, KS, pg. 4
Pile, Rusty - Creative, NBC, PPOM - AVENUE 25 ADVERTISING & DESIGN, Phoenix, AZ, pg. 35
Pilhofer, Eric - Creative - MARKETING ARCHITECTS, Minneapolis, MN, pg. 288
Pilla, Megan - Account Planner, Creative, PPOM - BULLDOG DRUMMOND, San Diego, CA, pg. 338
Pinchevsky, Avital - Creative, Interactive / Digital - FCB CHICAGO, Chicago, IL, pg. 71
Pinchevsky, Polina - Creative, PPOM - ROUNDPEG, Silver Spring, MD, pg. 408
Pinckney, Christopher - Creative - PINCKNEY HUGO GROUP, Syracuse, NY, pg. 128
Pines, Tsilli - Creative - INSTRUMENT, Portland, OR, pg. 242
Pinkley, Brian - Creative - ENERGY BBDO, INC., Chicago, IL, pg. 355
Pinkney, Scott - Creative - PUBLICIS TORONTO, Toronto, ON, pg. 639
Piper, Pat - Creative - VMLY&R, Kansas City, MO, pg. 274
Piper, Grant - Creative - VENABLES BELL & PARTNERS, San Francisco, CA, pg. 158
Pipitone, Nick - Creative - BVK, Milwaukee, WI, pg. 339
Pires, Jason - Creative, PPOM - MVC AGENCY, Sherman Oaks, CA, pg. 14
Pita, Paul - Creative, PPOM - REBEL INTERACTIVE, Southington, CT, pg. 403
Pita, Damjan - Creative, Interactive / Digital - BBDO WORLDWIDE, New York, NY, pg. 331
Pitcheralle, Ryan - Creative, Interactive / Digital - ACRONYM MEDIA, New York, NY, pg. 671
Pitino, Sam - Creative - SMALL ARMY, Boston, MA, pg. 142
Pitrolo, Enza - Creative - ANDERSON DDB HEALTH & LIFESTYLE, Toronto, ON, pg. 31
Pittman, Sis - Creative - FOCUSED IMAGE, Falls Church, VA, pg. 235
Pittman, Diane - Creative, Management - DEUTSER, Houston, TX, pg. 443
Pittman, Mikal - Creative - LEO BURNETT WORLDWIDE, Chicago, IL, pg. 98
Pitts, Andy - Account Services, Creative - BARKLEY, Kansas City, MO, pg. 329
Pitzer, Chris - Creative - HUNTSINGER & JEFFER, INC., Richmond, VA, pg. 285
Pizarro, Pam - Creative - SPI GROUP, LLC, Fairfield, NJ, pg. 143
Plac, Alyssa - Creative - OGILVY, Chicago, IL, pg. 393
Plahn, Jack - Creative, PPM -

1362

AGENCIES   RESPONSIBILITIES INDEX

SIXSPEED, Minneapolis, MN, *pg.* 198
Plain, David - Creative - MEDIASSOCIATES, INC., Sandy Hook, CT, *pg.* 490
Plating, Chris - Account Planner, Creative, NBC - EP+CO., Greenville, SC, *pg.* 356
Platoni, Tom - Creative - ALLIED INTEGRATED MARKETING, New York, NY, *pg.* 324
Platt, Larry - Creative - MCCANN NEW YORK, New York, NY, *pg.* 108
Platt, Brian - Creative - MONO, Minneapolis, MN, *pg.* 117
Playford, Rich - Creative - ARCHER MALMO, Memphis, TN, *pg.* 32
Plehal, Chris - Creative - RED TETTEMER O'CONNELL + PARTNERS, Philadelphia, PA, *pg.* 404
Plottner, Kevin - Creative, Interactive / Digital - CHASE COMMUNICATIONS, San Francisco, CA, *pg.* 590
Plumley, Ashley - Creative - GOCONVERGENCE, Orlando, FL, *pg.* 364
Plymale, John - Creative - GARD COMMUNICATIONS, Portland, OR, *pg.* 75
Poccia, Angela - Creative - THE FOUNDRY @ MEREDITH CORP, New York, NY, *pg.* 150
Pochucha, Heath - Creative - PERISCOPE, Minneapolis, MN, *pg.* 127
Pocius, Sara - Creative - CRITICAL MASS, INC., Chicago, IL, *pg.* 223
Poe, Jesse - Creative - CODE AND THEORY, New York, NY, *pg.* 221
Poer, Brent - Account Planner, Account Services, Creative, Interactive / Digital, Management, Media Department, NBC, PPOM - ZENITH MEDIA, New York, NY, *pg.* 529
Poet, Michele - Creative - DEVANEY & ASSOCIATES, Owings Mills, MD, *pg.* 351
Poff, Kyle - Creative - LEO BURNETT WORLDWIDE, Chicago, IL, *pg.* 98
Pohlman, John - Creative - LAWRENCE & SCHILLER, Sioux Falls, SD, *pg.* 97
Poindexter, Stewart - Account Services, Creative, PPM - MOTHER, Los Angeles, CA, *pg.* 118
Poirier, Jennifer - Account Planner, Account Services, Creative, Management - GENUINE INTERACTIVE, Boston, MA, *pg.* 237
Poirier, Jordan - Creative - CONCRETE DESIGN COMMUNICATIONS, INC. , Toronto, ON, *pg.* 178
Poitras, Matty - Creative - HILL HOLLIDAY, Boston, MA, *pg.* 85
Polanco, Alex - Creative, Interactive / Digital - SEQUEL STUDIO, New York, NY, *pg.* 16
Polanski, Denise - Creative - SHAKER RECRUITMENT ADVERTISING & COMMUNICATIONS, Oak Park, IL, *pg.* 667
Polay, Kevin - Account Services, Creative - FLINT & STEEL, New York, NY, *pg.* 74
Polcari, Mike - Creative, PPOM - THE JOHNSON GROUP, Chattanooga, TN, *pg.* 420

Poliak, Tuesday - Creative, PPOM - WUNDERMAN THOMPSON, Washington, DC, *pg.* 434
Polis, Eva - Creative - DDB CANADA, Edmonton, AB, *pg.* 59
Polkes, Debra - Creative, PPOM - THE CDM GROUP, New York, NY, *pg.* 149
Pollak, Max - Creative - BIG FAMILY TABLE, Los Angeles, CA, *pg.* 39
Polskin, Philippa - Creative, PPOM - FINN PARTNERS, New York, NY, *pg.* 603
Polson, John - Creative - THE SCOTT & MILLER GROUP, Saginaw, MI, *pg.* 152
Pomatto, Christine - Creative - CHARLES RYAN ASSOCIATES, INC., Richmond, VA, *pg.* 589
Ponce, Ranulfo - Creative - FD2S, Austin, TX, *pg.* 183
Ponte, Alberto - Creative - WIEDEN + KENNEDY, Portland, OR, *pg.* 430
Pony, Milt - Creative - ONE TRICK PONY, Hammonton, NJ, *pg.* 15
Poole, Jason - Creative, NBC, PPOM - ACRO MEDIA, INC., Kelowna, BC, *pg.* 671
Poole, Brandon - Creative - INNOCEAN USA, Huntington Beach, CA, *pg.* 479
Poole, Chris - Creative - AGENCY 51 ADVERTISING, Santa Ana, CA, *pg.* 29
Pooley, Richard - Creative - AGENCY 51 ADVERTISING, Santa Ana, CA, *pg.* 29
Poon, Howard - Creative - DDB CANADA, Edmonton, AB, *pg.* 59
Poor, Kevin - Creative - DIX & EATON, Cleveland, OH, *pg.* 351
Popa, Joseph - Creative - 88 BRAND PARTNERS, Chicago, IL, *pg.* 171
Poper, Grayden - Creative - UENO, San Francisco, CA, *pg.* 273
Portee, Shirley - Creative - BURRELL COMMUNICATIONS GROUP, INC. , Chicago, IL, *pg.* 45
Porter, Marjorie - Account Services, Creative, Management, NBC - PUBLICIS NORTH AMERICA, New York, NY, *pg.* 399
Porter, Duncan - Creative - RAIN 43, Toronto, ON, *pg.* 262
Porter, Kaycee - Creative - RDIALOGUE, Atlanta, GA, *pg.* 291
Posch, Andrew - Analytics, Creative - SIGNAL THEORY, Kansas City, MO, *pg.* 141
Posdal, Chris - Creative - ARC WORLDWIDE, Chicago, IL, *pg.* 327
Posner, Lori J. - Creative, PPOM - YES DESIGN GROUP, Los Angeles, CA, *pg.* 21
Possemato, Cara - Creative - AIR PARIS NEW YORK, New York, NY, *pg.* 172
Postelwait, Jason - Creative - OH PARTNERS, Phoenix, AZ, *pg.* 122
Poster, Randall - Creative, PPOM - SEARCH PARTY MUSIC, New York, NY, *pg.* 299
Potesky, Bob - Creative, PPOM - THE RAMEY AGENCY, Jackson, MS, *pg.* 422
Potosnak, Jamie - Creative, PPOM -

ROUTE 1A ADVERTISING, Erie, PA, *pg.* 134
Potter, Stephen - Creative - GENUINE INTERACTIVE, Boston, MA, *pg.* 237
Potthast, Emily - Creative, Interactive / Digital - JIM RICCA & ASSOCIATES, Reston, VA, *pg.* 92
Pottinger, Rebecca - Creative - DROGA5, New York, NY, *pg.* 64
Pottoff, Lydia - Creative, PPOM - EPICENTER CREATIVE, Boulder, CO, *pg.* 68
Potu, Prav - Creative - CAMP + KING, San Francisco, CA, *pg.* 46
Poutray, Bill - Creative, PPOM - POUTRAY & PEKAR ASSOCIATES, Milford, CT, *pg.* 398
Povill, David - Creative - BBDO WEST, Los Angeles, CA, *pg.* 331
Powell, Anne - Creative - CLARK NIKDEL POWELL, Winter Haven, FL, *pg.* 342
Powell, Mike - Creative - EICOFF, Chicago, IL, *pg.* 282
Powell, Wayne - Creative, PPOM - POWELL CREATIVE, Nashville, TN, *pg.* 258
Powell, Freddie - Creative - WIEDEN + KENNEDY, Portland, OR, *pg.* 430
Powell, Christian - Creative - VAYNERMEDIA, New York, NY, *pg.* 689
Powell, Christi - Creative - GRAVITY.LABS, Chicago, IL, *pg.* 365
Powelson, Michael - Creative - RIGGS PARTNERS, West Columbia, SC, *pg.* 407
Powers, Corey - Creative - AVOCET COMMUNICATIONS, Longmont, CO, *pg.* 328
Powers, Daniel - Creative - EVR ADVERTISING, Manchester, NH, *pg.* 69
Powers, Michael - Creative - CRAMER, Norwood, MA, *pg.* 6
Powers, Chris - Creative - SITUATION INTERACTIVE, New York, NY, *pg.* 265
Powley, Will - Creative, PPOM - MAD*POW, Portsmouth, NH, *pg.* 247
Prato, Paul - Creative - PP+K, Tampa, FL, *pg.* 129
Pratt, Tim - Creative, Interactive / Digital - THREE FIVE TWO, INC., Newberry, FL, *pg.* 271
Praught, Bryce - Creative - ELEVATION MARKETING, Richmond, VA, *pg.* 67
Pregont, Christy - Creative - MOVEMENT STRATEGY, New York, NY, *pg.* 687
Premutico, Leo - Creative, PPOM - JOHANNES LEONARDO, New York, NY, *pg.* 92
Prentice, Brian - Creative - PADILLA, Minneapolis, MN, *pg.* 635
Prentiss, Lauren - Account Planner, Creative - CAPTAINS OF INDUSTRY, INC., Boston, MA, *pg.* 340
Preston, Chris - Creative, PPOM - PRESTON KELLY, Minneapolis, MN, *pg.* 129
Preston, Lilly - Creative - BLUECADET INTERACTIVE, Philadelphia, PA, *pg.* 218

RESPONSIBILITIES INDEX — AGENCIES

Preston, Dawn - Creative - CAIN & CO., Rockford, IL, *pg.* 588
Prettyman, Alyssa - Account Services, Creative - SCRATCHMM, Cambridge, MA, *pg.* 677
Preuss, Trish - Creative - AGENCY WITHIN, Lond Island City, NY, *pg.* 323
Price, Rob - Creative, PPOM - ELEVEN, INC., San Francisco, CA, *pg.* 67
Price, Heather - Creative - CHERNOFF NEWMAN, Columbia, SC, *pg.* 341
Priddy, Charles - Account Services, Creative - HARMON GROUP, Nashville, TN, *pg.* 82
Priest, Brian - Creative - UPSHOT, Chicago, IL, *pg.* 157
Prieur, Monique - Creative - THE MARS AGENCY, Southfield, MI, *pg.* 683
Prigge, Chance - Creative - PADILLA, Minneapolis, MN, *pg.* 635
Primack, Laura - Account Services, Creative - AVATAR LABS, Encino, CA, *pg.* 214
Pringle, Nicholas - Creative - R/GA, New York, NY, *pg.* 260
Pritchard, Morgan - Creative - KO CREATIVE, Beverly Hills, CA, *pg.* 298
Probert, Becky - Creative - CREATIVE SERVICES, High Point, NC, *pg.* 594
Proctor, Matthew - Creative - THINK MOTIVE, Denver, CO, *pg.* 154
Proffitt, Sarasota - Creative, Operations - INDUSTRY, Portland, OR, *pg.* 187
Prom, Oscar - Creative, Interactive / Digital - DEEPLOCAL, Sharpburgs, PA, *pg.* 349
Prosser, Luke - Creative - MODERN CLIMATE, Minneapolis, MN, *pg.* 388
Prostova, Elena - Creative, NBC - MILES MEDIA GROUP, LLP, Sarasota, FL, *pg.* 387
Proud, Melody - Creative, PPOM - MP MEDIA & PROMOTIONS, Knoxville, TN, *pg.* 252
Proulx, Art - Creative, PPOM - PICTUREPLANE, Los Angeles, CA, *pg.* 194
Provo, Kyle - Creative - ANOMALY, Venice, CA, *pg.* 326
Prow, Bob - Creative, Management - OBATA DESIGN, INC., Saint Louis, MO, *pg.* 193
Pruss, Sue - Creative - WRK ADVERTISING, Toledo, OH, *pg.* 163
Pryce-Jones, Rich - Creative, PPOM - GRIP LIMITED, Toronto, ON, *pg.* 78
Prystajko, Jeff - Creative, Interactive / Digital - ACCESSO, Lake Mary, FL, *pg.* 210
Pugh, Bruce - Creative, PPM - DOEANDERSON ADVERTISING, Louisville, KY, *pg.* 352
Puglisi, Joe - Creative - REBEL VENTURES INC., Los Angeles, CA, *pg.* 262
Pulchin, Howard - Creative - APCO WORLDWIDE, New York, NY, *pg.* 578

Pulito, Dan - Creative - DROGA5, New York, NY, *pg.* 64
Pulver, Courtney - Creative - DAVID&GOLIATH, El Segundo, CA, *pg.* 57
Pumfery, Aaron - Creative, PPOM - EDGE PUBLICOM, Lansing, MI, *pg.* 354
Punch, Tom - Creative, NBC, PPOM - SPRING STUDIOS, New York, NY, *pg.* 563
Pundsack, Jodie - Creative, PPOM - GASLIGHT CREATIVE, St. Cloud, MN, *pg.* 361
Puopolo, Kristin - Creative - THE MANY, Pacific Palisades, CA, *pg.* 151
Puppio, Francisco - Creative - 72ANDSUNNY, Playa Vista, CA, *pg.* 23
Purcell, Ben - Creative - DAVID&GOLIATH, El Segundo, CA, *pg.* 57
Purdy, Adam - Creative - 160OVER90, New York, NY, *pg.* 301
Purviance, George - Creative, PPOM - PURVIANCE & COMPANY, Saint Louis, MO, *pg.* 196
Pusateri, Melanie - Creative - 4 NEXT INTERACTIVE, Plainfield, IL, *pg.* 208
Puschak, Danielle - Creative, Interactive / Digital - THE TRADE DESK, Boulder, CO, *pg.* 520
Putman-Harper, Lialah - Creative - ARCHER MALMO, Memphis, TN, *pg.* 32
Putnam, Jen - Creative, Interactive / Digital, PPOM - ALLEN & GERRITSEN, Boston, MA, *pg.* 29
Pyle, Billy Joe - Creative - MINT ADVERTISING, Clinton, NJ, *pg.* 115
Pylpczak, John - Creative, NBC, PPOM - CONCRETE DESIGN COMMUNICATIONS, INC., Toronto, ON, *pg.* 178
Qian, Qian - Creative - GREY GROUP, New York, NY, *pg.* 365
Quan, Randy - Creative - SAATCHI & SAATCHI LOS ANGELES, Torrance, CA, *pg.* 137
Quan-Knowles, Renee - Analytics, Creative - THE&PARTNERSHIP, New York, NY, *pg.* 426
Quarles, Brian - Creative, PPOM - REVOLUTION, Chicago, IL, *pg.* 406
Quattrin, Victor - Creative - COMMONWEALTH // MCCANN, Detroit, MI, *pg.* 52
Quattrochi, Ann - Creative, NBC - FLEISHMANHILLARD, New York, NY, *pg.* 605
Quennoy, Eric - Creative - WIEDEN + KENNEDY, New York, NY, *pg.* 432
Quenomoen, Diana - Creative - 10 THOUSAND DESIGN, Minneapolis, MN, *pg.* 171
Querceto, Jill - Creative - INNOVAIRRE, Cherry Hill, NJ, *pg.* 89
Quevedo, Aldo - Creative, PPOM - RICHARDS/LERMA, Dallas, TX, *pg.* 545
Quigley, Ryan - Creative - OGILVY, New York, NY, *pg.* 393
Quinn, Colin - Creative - MERGE, Chicago, IL, *pg.* 113
Quinn, Chava - Creative, Interactive / Digital - BBDO SAN

FRANCISCO, San Francisco, CA, *pg.* 330
Quinn, Jen - Creative - RED HERRING DESIGN, New York, NY, *pg.* 197
Quintal, Nicolas - Creative - RETHINK COMMUNICATIONS, INC., Vancouver, BC, *pg.* 133
Quintana, Juan Jose - Creative - ORCI, Santa Monica, CA, *pg.* 543
Quintiliani, David - Creative - VMLY&R, New York, NY, *pg.* 160
Quish, Tom - Creative - RIGHTPOINT, Oakland, CA, *pg.* 263
Quong, Ed - Creative - LPI GROUP, Calgary, AB, *pg.* 12
Raab, Ryan - Creative - DROGA5, New York, NY, *pg.* 64
Rabdau, James - Creative, PPOM - THE SUMMIT GROUP, Salt Lake City, UT, *pg.* 153
Rabelo, Leo - Creative, Interactive / Digital - TRAINA DESIGN, San Diego, CA, *pg.* 20
Rabinovici, Ester - Creative, PPOM - RABINOVICI & ASSOCIATES, INC., Hallandale Beach, FL, *pg.* 544
Rabot, Peter - Creative, PPOM - MUNN RABOT, New York, NY, *pg.* 448
Rachford, Chuck - Creative - CURRENT, Chicago, IL, *pg.* 594
Raciti, Dario - Creative, Interactive / Digital, Media Department - OMD, New York, NY, *pg.* 498
Rad, Teresa - Creative - TBWA \ CHIAT \ DAY, New York, NY, *pg.* 416
Rad, Julian - Creative - JACK MORTON WORLDWIDE, San Francisco, CA, *pg.* 309
Radatz, Ben - Creative, PPOM - MK12 STUDIOS, Kansas City, MO, *pg.* 191
Rader, Kai - Creative - MONDO ROBOT, Boulder, CO, *pg.* 192
Radtke, Charlie - Creative, PPOM - PHOENIX MARKETING GROUP, INC., Milwaukee, WI, *pg.* 128
Raffaele, Paul - Creative - VIRTUE WORLDWIDE, Brooklyn, NY, *pg.* 159
Raffel, Stuart - Creative - ARNOLD WORLDWIDE, New York, NY, *pg.* 34
Raffloer, Melody - Creative - TANDEM THEORY, Dallas, TX, *pg.* 269
Raftery, Rodney - Creative, Interactive / Digital - DIGITAS, Chicago, IL, *pg.* 227
Ragland, Kevin - Creative - THE MARTIN AGENCY, Richmond, VA, *pg.* 421
Ragland, Will - Creative - MOB SCENE, Los Angeles, CA, *pg.* 563
Raicik, Wayne - Creative - CRONIN, Glastonbury, CT, *pg.* 55
Raidt, Robert - Account Services, Creative, Interactive / Digital - ACCENTURE INTERACTIVE, Chicago, IL, *pg.* 209
Raines, Terence - Creative - IMG LIVE, Atlanta, GA, *pg.* 308
Rains, Jon - Creative, PPOM - RAINS BIRCHARD MARKETING, Portland, OR, *pg.* 641
Rainville, Sonia - Creative - LOTAME, New York, NY, *pg.* 447
Raj, Robin - Creative, PPOM -

1364

AGENCIES — RESPONSIBILITIES INDEX

CITIZEN GROUP, San Francisco, CA, pg. 342
Rakes, Janice - Account Services, Creative, NBC - SOURCE4, Roanoke, VA, pg. 569
Raleigh, Jennifer - Creative - TENTH CROW CREATIVE, Burlington, VT, pg. 201
Ralston, Chris - Creative - CALLAHAN CREEK , Lawrence, KS, pg. 4
Ramirez, Nic - Creative, Operations - CINCO DESIGN, Portland, OR, pg. 177
Ramirez, Rafael - Creative, PPOM - NEWLINK COMMUNICATIONS GROUP, Miami, FL, pg. 632
Ramirez, Marcelo - Creative - JOHANNES LEONARDO, New York, NY, pg. 92
Ramos, Martin - Account Services, Creative - TBWA \ CHIAT \ DAY, Los Angeles, CA, pg. 146
Ramos, Anselmo - Creative, PPOM - GUT MIAMI, Miami, FL, pg. 80
Ramos, Simona - Creative - HEALTHCARE SUCCESS, Irvine, CA, pg. 83
Ramos, Stephanie - Creative - ZAMBEZI, Culver City, CA, pg. 165
Ramos-Wearden, Adriana - Creative - FPO MARKETING, San Antonio, TX, pg. 360
Ramsey, Brad - Creative - THREE ATLANTA, LLC, Atlanta, GA, pg. 155
Ramsey, Alec - Creative, PPOM - 20/20 CREATIVE GROUP, San Luis Obispo, CA, pg. 171
Rand, Matt - Creative - ARCHER MALMO, Memphis, TN, pg. 32
Randall, Jesse - Creative, NBC, PPOM - RANDALL BRANDING AGENCY, Richmond, VA, pg. 16
Randall, Doug - Creative - CRAMER, Norwood, MA, pg. 6
Randle, John - Creative - RATTLEBACK, INC., Columbus, OH, pg. 262
Rane, Robbie - Creative - WIEDEN + KENNEDY, Portland, OR, pg. 430
Ranew, Bob - Creative - CLEAN, Raleigh, NC, pg. 5
Rangel, Carlos - Creative - GOODBY, SILVERSTEIN & PARTNERS, San Francisco, CA, pg. 77
Rankin, Mark - Creative - LAMAR GRAPHICS, Baton Rouge, LA, pg. 553
Raoust, Olivier - Account Planner, Creative, NBC, PPOM - RAOUST + PARTNERS, Hampton, VA, pg. 403
Rapoport, Lena - Creative - HARVEY AGENCY, Sparks, MD, pg. 681
Rapoza, Marc David - Creative - THE BOSTON GROUP, Boston, MA, pg. 418
Rappaport, Jason - Creative - 180LA, Los Angeles, CA, pg. 23
Rasak, Charlie - Creative, PPOM - CREATIVE RESOURCES GROUP, INC., Plymouth, MA, pg. 55
Rasak, Caleb - Creative, PPM - CREATIVE RESOURCES GROUP, INC., Plymouth, MA, pg. 55
Rasche, Holden - Creative - TBWA \ CHIAT \ DAY, New York, NY, pg. 416

Rask, Eleanor - Creative - GOODBY, SILVERSTEIN & PARTNERS, San Francisco, CA, pg. 77
Raso, Mike - Account Services, Creative, Management - DON SCHAAF & FRIENDS, INC., Annapolis, MD, pg. 180
Raso, Michael - Creative - MCGARRYBOWEN, New York, NY, pg. 109
Rassman, John - Creative, PPOM - RASSMAN DESIGN, Denver, CO, pg. 196
Rast, Anne - Creative - ADWORKSHOP & INPHORM, Lake Placid, NY, pg. 323
Raszka, Brian - Creative - ESTIPONA GROUP, Reno, NV, pg. 69
Rathbone, Shon - Creative - 3HEADED MONSTER, Dallas, TX, pg. 23
Ratner, Brian - Creative, Interactive / Digital - MMB, Boston, MA, pg. 116
Raval, Shashank - Creative - R/GA, New York, NY, pg. 260
Rawlings, Andrea - Creative, Interactive / Digital - PIER 3 ENTERTAINMENT, Redondo Beach, CA, pg. 298
Rawls, Tim - Creative, Interactive / Digital - O'KEEFE REINHARD & PAUL, Chicago, IL, pg. 392
Ray, Scott - Creative, PPOM - PETERSON RAY & COMPANY , Dallas, TX, pg. 127
Ray, Carroll - Account Planner, Creative, PPOM - TR DESIGN, INC., North Andover, MA, pg. 202
Ray, Mark - Creative, PPOM - NORTH, Portland, OR, pg. 121
Ray, Bradley - Creative - MARTINO-WHITE, Atlanta, GA, pg. 106
Ray, Sayan - Creative - CONCENTRIC HEALTH EXPERIENCE, New York, NY, pg. 52
Rayburn, Bob - Creative - INNOCEAN USA, Huntington Beach, CA, pg. 479
Rayfield, Dan - Creative - PARADOWSKI CREATIVE, Saint Louis, MO, pg. 125
Raymer, Lori - Account Services, Creative - CERADINI BRAND DESIGN, Brooklyn, NY, pg. 177
Raymond, Christopher - Account Services, Creative, Interactive / Digital - SCHUBERT COMMUNICATIONS. INC., Downingtown, PA, pg. 139
Reaume, Dan - Account Services, Creative, Management, NBC, PPOM - MINDSHARE, Miami, FL, pg. 495
Rebilas, Brenda - Creative - OGILVY COMMONHEALTH WORLDWIDE, Parsippany, NJ, pg. 122
Red, Steve - Creative, PPOM - RED TETTEMER O'CONNELL + PARTNERS, Philadelphia, PA, pg. 404
Redwood, Geoff - Creative - JAN KELLEY MARKETING, Burlington, ON, pg. 10
Reeb, Sacha - Creative, PPOM - MANIFEST, Chicago, IL, pg. 248
Reebie, Chris - Creative, Research - EMPOWER, Chicago, IL, pg. 355
Reed, Rob - Creative, PPOM - ONE TRICK PONY, Hammonton, NJ, pg. 15
Reed, Aaron - Creative - GOCONVERGENCE, Orlando, FL, pg. 364

Reed, Ray - Creative - THE BUNTIN GROUP, Nashville, TN, pg. 148
Reed, Lance - Creative, PPOM - STERLING-RICE GROUP, Boulder, CO, pg. 413
Reed, Jonathan - Creative - WILDFIRE, Winston Salem, NC, pg. 162
Reed, James - Creative - DECCA DESIGN, San Jose, CA, pg. 349
Reed, Taylor - Creative - CREATIVE JUICE, Atlanta, GA, pg. 54
Reedy, Kelly - Creative, PPOM - LRXD, Denver, CO, pg. 101
Reedy, Scott - Creative - 72ANDSUNNY, Playa Vista, CA, pg. 23
Reedy, Jamie - Creative - LRXD, Denver, CO, pg. 101
Reeser, Courtney - Creative, PPOM - BRAND ZOO INC., San Francisco, CA, pg. 42
Reeves, Adam - Creative, Management - 215 MCCANN, San Francisco, CA, pg. 319
Reff, Amy - Creative - BRITTON MARKETING & DESIGN GROUP, Fort Wayne, IN, pg. 4
Regan, Molly - Creative, PPOM - LOGICA DESIGN, Providence, RI, pg. 190
Reger, Dave - Creative - MCGARRYBOWEN, Chicago, IL, pg. 110
Reggars, Nick - Creative, Management, Media Department, NBC - GOODBY, SILVERSTEIN & PARTNERS, San Francisco, CA, pg. 77
Register, David - Creative - MMB, Boston, MA, pg. 116
Reid, Tennille - Creative - ADSTRATEGIES, INC., Easton, MD, pg. 323
Reid, Kevin - Creative - THE RICHARDS GROUP, INC., Dallas, TX, pg. 422
Reid, Driscoll - Creative - SID LEE, Culver City, CA, pg. 141
Reid, John - Creative, PPOM - MCCANN HEALTH NEW YORK, New York, NY, pg. 108
Reid, John - Creative, PPOM - EVB, Oakland, CA, pg. 233
Reid, Nik - Creative - ADHOME CREATIVE, London, ON, pg. 27
Reidmiller, Stephen - Creative - M&C SAATCHI LA, Santa Monica, CA, pg. 482
Reiland, Brett - Creative - LOVE ADVERTISING, Houston, TX, pg. 101
Reilly, Rob - Creative, PPOM - MCCANN NEW YORK, New York, NY, pg. 108
Reimherr, Andrew - Account Services, Creative - MOROCH PARTNERS, Dallas, TX, pg. 389
Reinard, Nicole - Creative - CROWLEY WEBB & ASSOCIATES, Buffalo, NY, pg. 55
Reinhard, Matt - Creative, PPOM - O'KEEFE REINHARD & PAUL, Chicago, IL, pg. 392
Reinhard, Chris - Creative - THINK MOTIVE, Denver, CO, pg. 154
Reir, Scott - Creative - KINETIK COMMUNICATIONS GRAPHICS,

RESPONSIBILITIES INDEX

AGENCIES

Washington, DC, *pg.* 189
Reisinger, Phil - Creative - PLANIT, Baltimore, MD, *pg.* 397
Rello, Jessica - Creative - BBDO WORLDWIDE, New York, NY, *pg.* 331
Remer, Dave - Creative, PPOM - REMER, INC., Seattle, WA, *pg.* 405
Remias, Lee - Creative - MCGARRYBOWEN, Chicago, IL, *pg.* 110
Remmele, Erica - Creative, PPM - ANY_, New York, NY, *pg.* 1
Rener, Zach - Creative - GREATEST COMMON FACTORY, Austin, TX, *pg.* 365
Renfroe, Katheryn - Creative - DIMASSIMO GOLDSTEIN, New York, NY, *pg.* 351
Renner, Paul - Creative, Management - PUBLICIS NORTH AMERICA, New York, NY, *pg.* 399
Rentzel, Justin - Creative - RED TETTEMER O'CONNELL + PARTNERS, Philadelphia, PA, *pg.* 404
Reponen, Erik - Account Services, Creative, Interactive / Digital - THE GEORGE P. JOHNSON COMPANY, Torrance, CA, *pg.* 316
Reposa, Jason - Creative, Management, PPOM - AD;60, Brooklyn, NY, *pg.* 210
Repp, Adam - Creative - FCB CHICAGO, Chicago, IL, *pg.* 71
Resella, Robin - Creative - BIG BLOCK, El Segundo, CA, *pg.* 217
Resende, Nathalia - Creative - BBDO MINNEAPOLIS, Minneapolis, MN, *pg.* 330
Reslen, Christian - Creative - MACIAS CREATIVE, Miami, FL, *pg.* 543
Reste, Silvan - Creative - SID LEE, Montreal, QC, *pg.* 140
Retzer, Rebecca - Creative - DBA MARKETING COMMUNICATIONS, Delafield, WI, *pg.* 349
Reusch, Madeline - Creative - LEO BURNETT WORLDWIDE, Chicago, IL, *pg.* 98
Revere, Amanda - Creative, Interactive / Digital, Management, Media Department, PPM - TBWA \ CHIAT \ DAY, New York, NY, *pg.* 416
Rexroth, Trish - Creative - ON BOARD EXPERIENTIAL MARKETING, Sausalito, CA, *pg.* 313
Reyes, Jose - Creative, PPOM - PWC DIGITAL SERVICES, Hallandale Beach, FL, *pg.* 260
Reyna-Neel, Cristina - Creative - DELL BLUE, Round Rock, TX, *pg.* 60
Reynolds, Terence - Creative - THE RICHARDS GROUP, INC., Dallas, TX, *pg.* 422
Reynolds, Brendan - Creative, Interactive / Digital, NBC, PPOM - MOMENT, New York, NY, *pg.* 192
Reynolds, Bee - Creative - EP+CO., Greenville, SC, *pg.* 356
Reynolds Broughton, Sherri - Creative - MGH ADVERTISING, Owings Mills, MD, *pg.* 387
Reynoso, Joe - Creative - INNOCEAN USA, Huntington Beach, CA, *pg.* 479
Rezabek, Nicholas - Creative - PUBLICIS NORTH AMERICA, New York, NY, *pg.* 399

Rhee, Elton - Creative - ELEPHANT, Brooklyn, NY, *pg.* 181
Rhine, TJ - Creative, PPOM - GREENHOUSE PARTNERS, Boulder, CO, *pg.* 8
Rhoads, Loren - Creative, PPOM - THE RHOADS GROUP, Tampa, FL, *pg.* 152
Rhodes, Frannie - Account Services, Creative - TBWA \ CHIAT \ DAY, New York, NY, *pg.* 416
Rhodes, Alex - Creative - DUFT WATTERSON, Boise, ID, *pg.* 353
Rhone, Deondrae - Creative, Interactive / Digital, Operations - THESIS, Portland, OR, *pg.* 270
Riazi, Behzad - Creative, PPOM - NOVA ADVERTISING, Fairfax, VA, *pg.* 392
Ribaudo, Ron - Creative - MONARCH COMMUNICATIONS, INC., Millburn, NJ, *pg.* 117
Ribeiro, Marcos - Creative, Management - THE GEORGE P. JOHNSON COMPANY, New York, NY, *pg.* 316
Ricci, Katharine - Creative, Interactive / Digital, Media Department, NBC, Social Media - OMD, New York, NY, *pg.* 498
Ricci, Luke - Creative, PPM - BULLITT, Los Angeles, CA, *pg.* 561
Ricci, Kassandra - Creative - HEMSWORTH COMMUNICATIONS, Fort Lauderdale, FL, *pg.* 613
Ricci, Pete - Creative, Interactive / Digital - EVR ADVERTISING, Manchester, NH, *pg.* 69
Ricciardi, Nicole - Creative - LUME CREATIVE, Hoboken, NJ, *pg.* 101
Ricciardi, Jim - Creative - DIGITAS, Chicago, IL, *pg.* 227
Riccio, Ryan - Creative, PPOM - CHARLIE COMPANY CORP., Culver City, CA, *pg.* 177
Rice, Bob - Creative - AGENCY UNDERGROUND, Minneapolis, MN, *pg.* 1
Rice, Alex - Creative - TDA_BOULDER, Boulder, CO, *pg.* 147
Rice, Matt - Creative, Operations - AYZENBERG GROUP, INC., Pasadena, CA, *pg.* 2
Rich, Chip - Creative - CAMPBELL EWALD NEW YORK, New York, NY, *pg.* 47
Rich, Jordan - Creative - THE MANY, Pacific Palisades, CA, *pg.* 151
Rich, Brodie - Creative - MERGE, Boston, MA, *pg.* 113
Rich, Lisa - Creative - OUTDOOR NATION, Signal Mountain, TN, *pg.* 554
Richard, Matt - Creative, Interactive / Digital - SECOND STORY INTERACTIVE, Portland, OR, *pg.* 265
Richard, Jonathan - Creative - TRAMPOLINE, Halifax, NS, *pg.* 20
Richards, Grant - Creative, PPOM - CHEMISTRY CLUB, San Francisco, CA, *pg.* 50
Richards, Julie - Creative, Media Department, PPM - THE RICHARDS GROUP, INC., Dallas, TX, *pg.* 422
Richards, Tracy - Creative,

Operations - COLLE MCVOY, Minneapolis, MN, *pg.* 343
Richards, Wes - Creative - DEARDORFF ASSOCIATES, INC., Philadelphi, PA, *pg.* 60
Richardson, Aaron - Creative - BLUECADET INTERACTIVE, Philadelphia, PA, *pg.* 218
Richie, Thomas - Creative - TOM, DICK & HARRY CREATIVE, Chicago, IL, *pg.* 426
Richman, Jonathan - Creative - THE MARTIN AGENCY, Richmond, VA, *pg.* 421
Richter, Felix - Creative - DROGA5, New York, NY, *pg.* 64
Ricque, Carlos - Creative - DIGITAS, San Francisco, CA, *pg.* 227
Riddell, Libby - Creative - FITCH, Columbus, OH, *pg.* 183
Riddle, Todd - Creative, NBC, PPOM - COMMONWEALTH // MCCANN, Detroit, MI, *pg.* 52
Ridgeway, Adam - Creative - MONO, Minneapolis, MN, *pg.* 117
Ridley, Lynn - Creative - JAN KELLEY MARKETING, Burlington, ON, *pg.* 10
Riehl, Johner - Creative - WONACOTT COMMUNICATIONS, LLC, Sherman Oaks, CA, *pg.* 663
Rieke, Sarah - Creative - SHOPTOLOGY, Fayetteville, AR, *pg.* 682
Riemer, Brian - Creative, Interactive / Digital - UNIVERSAL MCCANN, New York, NY, *pg.* 521
Rier, Amanda - Creative - CAREY O'DONNELL PUBLIC RELATIONS GROUP, West Palm Beach, FL, *pg.* 588
Riezebeek, Alex - Creative - MEKANISM, New York, NY, *pg.* 113
Rifkin, Jeff - Creative - WE ARE ALEXANDER, St. Louis, MO, *pg.* 429
Rigby, Mike - Creative - R/GA, New York, NY, *pg.* 260
Rigg, Myles - Creative - MADE MOVEMENT, Boulder, CO, *pg.* 103
Riggall, Kitsie - Creative - CORPORATE REPORTS, INC., Atlanta, GA, *pg.* 53
Riggins, Brooks - Creative - SAATCHI & SAATCHI, New York, NY, *pg.* 136
Riippi, Joseph - Creative - FCB HEALTH, New York, NY, *pg.* 72
Riley, Rick - Creative, PPOM - PARTNERS RILEY LTD., Cleveland, OH, *pg.* 125
Riley, Erinn - Creative, PPM - ROMANELLI COMMUNICATIONS, Clinton, NY, *pg.* 134
Riley, Sean - Creative - THE MARTIN AGENCY, Richmond, VA, *pg.* 421
Riley, Harriet - Creative, Interactive / Digital - NEMO DESIGN, Portland, OR, *pg.* 193
Riley, Brittany - Creative - CHEMISTRY ATLANTA, Atlanta, GA, *pg.* 50
Riley Roper, Marissa - Creative, Management, Media Department, Social Media - FABCOM, Scottsdale, AZ, *pg.* 357

AGENCIES — RESPONSIBILITIES INDEX

Ringstaff, Beverly - Account Services, Creative - CONVERSION INTERACTIVE AGENCY, Brentwood, TN, pg. 222

Rink Crowley, Jaclyn - Creative - WIEDEN + KENNEDY, New York, NY, pg. 432

Ripley, Squirrel - Account Services, Creative, Media Department, PPM - DARK HORSE MEDIA, Tucson, AZ, pg. 464

Ripley, Gabe - Creative - JEBCOMMERCE, Coeur d'Alene, ID, pg. 91

Ripple, Kevin - Creative, PPOM - JUMP COMPANY, Saint Louis, MO, pg. 378

Riss, Micha - Creative, PPOM - FLYING MACHINE, New York, NY, pg. 74

Risser, John - Creative - MERING, Sacramento, CA, pg. 114

Ritchie, Brian - Creative - SPACE150, Minneapolis, MN, pg. 266

Ritter, Brian - Account Services, Creative - WIEDEN + KENNEDY, New York, NY, pg. 432

Rivard, Katie - Creative - PUBLICIS.SAPIENT, Chicago, IL, pg. 259

Rivera, Victor - Creative, PPOM - AGENDA NYC, New York, NY, pg. 29

Rivera, Pamela - Account Services, Creative, Interactive / Digital - MCGARRYBOWEN, San Francisco, CA, pg. 385

Rivera, Brittany - Creative - ARGONAUT, INC., San Francisco, CA, pg. 33

Rivers, Robert - Creative, Interactive / Digital, Media Department - HYPE CREATIVE PARTNERS, Marina Del Rey, CA, pg. 88

Rizuto, Rafael - Creative, PPOM - TBD, San Francisco, CA, pg. 146

Rizzi, Keith - Creative, PPOM - RIZCO DESIGN, Spring Lake, NJ, pg. 197

Rizzo, Annie - Creative - LPK, Cincinnati, OH, pg. 12

Roa, Victor - Creative, NBC - VENABLES BELL & PARTNERS, San Francisco, CA, pg. 158

Roach, J.R - Creative - HILL HOLLIDAY, New York, NY, pg. 85

Robb, Chris - Creative, NBC, PPOM - PUSH, Orlando, FL, pg. 401

Roberts, Curtis - Creative, PPOM - FD2S, Austin, TX, pg. 183

Roberts, Tim - Creative, PPOM - FRANKLIN STREET MARKETING & ADVERTISING, Richmond, VA, pg. 360

Roberts, Dave - Creative - GREENHAUS, San Diego, CA, pg. 365

Roberts, John - Creative - WRAY WARD, Charlotte, NC, pg. 433

Roberts, Gina - Creative - THE RICHARDS GROUP, INC., Dallas, TX, pg. 422

Roberts, Sarah - Creative - IRONCLAD MARKETING, Fargo, ND, pg. 90

Roberts, Meg - Creative, NBC - 22SQUARED INC., Tampa, FL, pg. 319

Roberts, Jeff - Account Services, Creative - AUGUSTINE, Roseville, CA, pg. 328

Roberts, Courtney - Creative - LITTLEFIELD BRAND DEVELOPMENT, Tulsa, OK, pg. 12

Roberts, Erica - Creative - PUBLICIS NORTH AMERICA, New York, NY, pg. 399

Roberts, Jason - Creative - 22SQUARED INC., Tampa, FL, pg. 319

Roberts, Krista - Creative - QUINLAN & CO., Buffalo, NY, pg. 402

Roberts, Fran - Creative - TROLLBACK & COMPANY, New York, NY, pg. 203

Robertson, Scott - Creative, PPOM - ROBERTSON+PARTNERS, Las Vegas, NV, pg. 407

Robertson, Megan - Creative - DAGGER, Atlanta, GA, pg. 224

Robichaud, Marc - Creative, PPOM - TRIOMPHE MARKETING & COMMUNICATION, Quebec City, QC, pg. 156

Robinson, Laura - Creative - POWER, Louisville, KY, pg. 398

Robinson, Rick - Account Services, Creative, Media Department, Operations, PPOM - BILLUPS, INC, Los Angeles, CA, pg. 550

Robinson, Doug - Creative, PPOM - DOUG&PARTNERS, Toronto, ON, pg. 353

Robinson, Jaime - Account Services, Creative, Management - JOAN, New York, NY, pg. 92

Robinson, James - Creative, PPOM - MOMENTUM WORLDWIDE, New York, NY, pg. 117

Rocco, Mike - Creative - LITTLEFIELD BRAND DEVELOPMENT, Tulsa, OK, pg. 12

Roch von Rochsburg, Eric - Creative - BOONEOAKLEY, Charlotte, NC, pg. 41

Rocha, Ivan - Creative, Interactive / Digital - MOXIE SOZO, Boulder, CO, pg. 192

Roche, Kaitlyn - Account Planner, Creative, Media Department, NBC - GIANT SPOON, LLC, New York, NY, pg. 363

Rochon, Brandon - Creative, PPOM - KASTNER, Los Angeles, CA, pg. 94

Rochon, Patrick - Creative - LG2, Montreal, QC, pg. 380

Rock, Michael - Creative, PPOM - 2X4, INC., New York, NY, pg. 171

Rockett, Marie - Creative - ALLEN & GERRITSEN, Boston, MA, pg. 29

Rockwell, Sarah - Creative, PPOM - CHECKMARK COMMUNICATIONS, Saint Louis, MO, pg. 49

Rodgers, Ross - Creative, PPOM - RADONICRODGERS COMMUNICATIONS, INC., Toronto, ON, pg. 402

Rodman, Sean - Creative - HART, Toledo, OH, pg. 82

Rodocker, Andrew - Creative - BRADLEY AND MONTGOMERY, Indianapolis, IN, pg. 336

Rodriguez, Jesus - Creative - GRUPO UNO INTERNATIONAL, Coral Gables, FL, pg. 79

Rodriguez, Adrian - Creative - IMAGE MASTERS, Merced, CA, pg. 89

Rodriguez, Steve - Account Services, Creative - EP+CO., New York, NY, pg. 356

Rodriguez, Jose Oscar - Creative - BRANDSTAR, Deerfield Beach, FL, pg. 337

Rodriguez, Carmen - Account Services, Creative, PPOM - GUT MIAMI, Miami, FL, pg. 80

Rodriguez, Daniel - Creative - MCCANN NEW YORK, New York, NY, pg. 108

Rodriguez, Misa - Creative - METHOD, INC., New York, NY, pg. 191

Rodriguez, Arielle - Creative, PPM - LAIRD + PARTNERS, New York, NY, pg. 96

Rodriguez, Johnny - Creative - 42 ENTERTAINMENT, LLC, Burbank, CA, pg. 297

Roe, Mike - Creative - PUBLICIS.SAPIENT, New York, NY, pg. 258

Roe, Shauna - Creative - LEO BURNETT TORONTO, Toronto, ON, pg. 97

Roer, Lynn - Creative, Operations, PPOM - OGILVY, New York, NY, pg. 393

Roeraade, Paul - Creative, PPOM - CLOUDBERRY CREATIVE, INC., New York, NY, pg. 221

Rogala, James - Creative - STRAWBERRYFROG, New York, NY, pg. 414

Roger, Allison - Creative - SID LEE, Seattle, WA, pg. 140

Roger, Gabriela - Creative - THE COMMUNITY, Miami Beach, FL, pg. 545

Rogers, Mike - Creative, PPOM - MADANDWALL, New York, NY, pg. 102

Rogers, Dana - Creative - THE COMMUNICATIONS GROUP, Little Rock, AR, pg. 149

Rogers, Clark - Creative - VAYNERMEDIA, New York, NY, pg. 689

Rogers, Laura - Creative - CAMPBELL EWALD, Detroit, MI, pg. 46

Rogers, Katie - Account Services, Creative - JUMPCREW, Nashville, TN, pg. 93

Rogers, Craig - Creative - VAULT COMMUNICATIONS, INC., Plymouth Meeting, PA, pg. 658

Rogers, Leia - Creative - RETHINK COMMUNICATIONS, INC., Toronto, ON, pg. 133

Rogers-Goode, Tanner - Creative - VMLY&R, Seattle, WA, pg. 275

Roher, Melanie - Creative, PPOM - ROHER / SPRAGUE PARTNERS, Irvington, NY, pg. 408

Rohner, Trent - Creative - VIRTUE WORLDWIDE, Brooklyn, NY, pg. 159

Rohrer, Jason - Creative, Management - 3, Albuquerque, NM, pg. 23

Rojas, Gretel - Creative - PIL CREATIVE GROUP, Coral Gables, FL, pg. 128

Rokus, Monica - Creative - BRECKENRIDGE DESIGN GROUP,

1367

RESPONSIBILITIES INDEX — AGENCIES

Washington, DC, *pg.* 175
Rolfe, Tiffany - Creative, PPOM - R/GA, New York, NY, *pg.* 260
Rolle, Andre - Creative - MDB COMMUNICATIONS, INC., Washington, DC, *pg.* 111
Roller, Mark - Creative, PPOM - ASCEDIA, Milwaukee, WI, *pg.* 672
Rolling, Brian - Creative, NBC, PPOM - SRW, Chicago, IL, *pg.* 143
Rollins, Matt - Creative - ADRENALINE, INC., Atlanta, GA, *pg.* 172
Roman, Benton - Creative, Interactive / Digital, PPM - JOHANNES LEONARDO, New York, NY, *pg.* 92
Roman, Dannia - Account Services, Creative - THRIVEHIVE, Las Vegas, NV, *pg.* 271
Romanenghi, Stephen - Creative - STERN ADVERTISING, INC., Cleveland, OH, *pg.* 413
Romano, Adam - Creative - JAM3, Toronto, ON, *pg.* 243
Romans, Alex - Creative - WIEDEN + KENNEDY, Portland, OR, *pg.* 430
Romariz Maasri, Natasha - Creative - THE&PARTNERSHIP, New York, NY, *pg.* 426
Rome, Toni - Creative - GRA INTERACTIVE, Boise, ID, *pg.* 237
Romero, Adan - Creative - RAUXA, New York, NY, *pg.* 291
Romero, Stephanie - Creative - DELL BLUE, Round Rock, TX, *pg.* 60
Ronk, Dirk - Creative - ANDERSON MARKETING GROUP, San Antonio, TX, *pg.* 31
Ronquillo, Mark - Creative - PUBLICIS NORTH AMERICA, New York, NY, *pg.* 399
Rooke, Bruce - Account Planner, Account Services, Creative, Management - FINGERPAINT MARKETING, Saratoga Springs, NY, *pg.* 358
Rosa Borges, Leonardo - Creative - SAATCHI & SAATCHI LOS ANGELES, Torrance, CA, *pg.* 137
Rose, Leigh Anne - Creative - ARCHER MALMO, Memphis, TN, *pg.* 32
Rose, Keith - Creative, PPM - THE VARIABLE, Winston-Salem, NC, *pg.* 153
Rose, Andy - Creative, Interactive / Digital, Media Department - PARTNERS + NAPIER, Rochester, NY, *pg.* 125
Rose, Matt - Creative - MARLIN NETWORK, Springfield, MO, *pg.* 105
Rose, Kailee - Creative - ZELLER MARKETING & DESIGN, East Dundee, IL, *pg.* 205
Rosell, Sofia - Creative - GUT MIAMI, Miami, FL, *pg.* 80
Rosen, Emily - Creative - BBH, West Hollywood, CA, *pg.* 37
Rosen, Jimmy - Creative - WORKINPROGRESS, Boulder, CO, *pg.* 163
Rosen, Deb - Creative, PPM - WIEDEN + KENNEDY, New York, NY, *pg.* 432
Rosenbaum, Britt - Creative, PPM - CARL BLOOM ASSOCIATES, White Plains, NY, *pg.* 281
Rosenberg, Louis - Creative, PPOM - MITCHELL ASSOCIATES, INC., Wilmington, DE, *pg.* 191
Rosenberg, David - Creative, PPOM - BENSIMON BYRNE, Toronto, ON, *pg.* 38
Rosenberg, Lisa - Creative, Management, NBC, PPOM - ALLISON+PARTNERS, New York, NY, *pg.* 576
Rosenberg, Robin - Creative, Operations - WIEDEN + KENNEDY, Portland, OR, *pg.* 430
Rosenblat, Josh - Creative - VAYNERMEDIA, New York, NY, *pg.* 689
Rosenbloom, Betsy - Creative, Media Department - MEDIAHUB LOS ANGELES, El Segundo, CA, *pg.* 112
Rosene, James - Creative, PPOM - ERASERFARM, Tampa, FL, *pg.* 357
Rosenkrans, Brian - Creative - THE WATSONS, New York, NY, *pg.* 154
Rosenoff, Julie - Creative - HAVAS MEDIA GROUP, New York, NY, *pg.* 468
Rosica, Mark - Creative, PPOM - GKV, Baltimore, MD, *pg.* 364
Rospotynski, Kim - Creative - ARRAY CREATIVE, Akron, OH, *pg.* 173
Ross, Marshall - Creative, PPOM - CRAMER-KRASSELT, Chicago, IL, *pg.* 53
Ross, Pete - Creative - GREY CANADA, Toronto, ON, *pg.* 365
Ross, Anna - Account Planner, Account Services, Creative, Media Department - VMLY&R, New York, NY, *pg.* 160
Ross, Mike - Creative - RIESTER, Park City, UT, *pg.* 406
Ross, Stephen - Creative - ACCESS TCA, INC., Whitinsville, MA, *pg.* 210
Ross, David - Creative, Media Department - OGILVY, New York, NY, *pg.* 393
Ross, Tony - Creative, Operations - ALOYSIUS BUTLER & CLARK, Wilmington, DE, *pg.* 30
Ross, Shawna - Account Planner, Account Services, Creative, PPOM - MCGARRYBOWEN, Chicago, IL, *pg.* 110
Ross, Gene - Creative - UENO, San Francisco, CA, *pg.* 273
Ross, Jesse - Creative - HABERMAN, Minneapolis, MN, *pg.* 369
Rossetto, Denise - Creative, NBC, PPOM - BBDO CANADA, Toronto, ON, *pg.* 330
Rossiter, Laura - Creative, Interactive / Digital, Media Department - UPWARD BRAND INTERACTIONS, Dayton, OH, *pg.* 158
Roszkowski, Leah - Creative - MIRUM AGENCY, Chicago, IL, *pg.* 681
Roth, Brad - Creative, PPOM - KNOWN, Los Angeles, CA, *pg.* 298
Roth, Justin - Creative - GREY GROUP, New York, NY, *pg.* 365
Roth, Will - Creative - VITRO AGENCY, San Diego, CA, *pg.* 159
Rothbard, Cynthia - Creative - FCB HEALTH, New York, NY, *pg.* 72
Rothberg, Seth - Creative, Interactive / Digital - HAVAS HEALTH & YOU, New York, NY, *pg.* 82
Rothman, Jason - Creative - HUB STRATEGY & COMMUNICATION, San Francisco, CA, *pg.* 9
Rotter, Steve - Creative, PPOM - ROTTER CREATIVE GROUP, Huntington, NY, *pg.* 507
Roufa, Michelle - Creative - MCGARRYBOWEN, New York, NY, *pg.* 109
Rouleau, Rene - Creative - BIMM DIRECT & DIGITAL, Toronto, ON, *pg.* 280
Roussel, Ingrid - Creative - LG2, Montreal, QC, *pg.* 380
Routdhome, Imanol - Account Planner, Creative, NBC, Operations - 160OVER90, New York, NY, *pg.* 301
Routhier, Mel - Creative - DDB CHICAGO, Chicago, IL, *pg.* 59
Roux, Yves - Creative - FAME, Minneapolis, MN, *pg.* 70
Rovira, Raul - Creative - C-COM GROUP, INC., Miami, FL, *pg.* 587
Rowan, Greg - Creative, PPOM - TEAK, San Francisco, CA, *pg.* 19
Rowan, Peggy - Account Planner, Creative - MATRIX MEDIA SERVICES, Columbus, OH, *pg.* 554
Rowe, Ben - Creative, PPOM - SCORR MARKETING, Kearney, NE, *pg.* 409
Rowean, Matthew - Creative, NBC, PPOM - MATTE PROJECTS, New York, NY, *pg.* 107
Rowland, Anna - Creative - HEAT, San Francisco, CA, *pg.* 84
Rowles, Bryan - Creative, PPOM - 72ANDSUNNY, Playa Vista, CA, *pg.* 23
Rowson, Chris - Creative - TBWA \ CHIAT \ DAY, New York, NY, *pg.* 416
Roy, Gene - Creative - RON FOTH ADVERTISING, Columbus, OH, *pg.* 134
Royce, Kirtie - Creative - INFINITY DIRECT, Plymouth, MN, *pg.* 286
Royce, Ginna - Creative, PPOM - BLAINETURNER ADVERTISING, Morgantown, WV, *pg.* 584
Royster, Cheree - Creative - SANDS, COSTNER & ASSOCIATES, Tacoma, WA, *pg.* 138
Rozier, Dan - Creative - LAUNDRY SERVICE, Brooklyn, NY, *pg.* 287
Ruark, Ryan - Creative - ARC WORLDWIDE, Chicago, IL, *pg.* 327
Rubbelke, Kelsey - Creative - ON BOARD EXPERIENTIAL MARKETING, Sausalito, CA, *pg.* 313
Ruben, Justin - Creative - THE&PARTNERSHIP, New York, NY, *pg.* 426
Rubiera, Karina - Creative - LINCOLN DIGITAL GROUP, West Palm Beach, FL, *pg.* 246
Rubin, Paul - Account Services, Creative - ACTIVA PR, San Francisco, CA, *pg.* 575
Rubin, Dan - Creative, NBC - THE FOUNDRY @ MEREDITH CORP, New York, NY, *pg.* 150
Rubin, Jeff - Creative - RESULTS ADVERTISING, Hasbrouck Heights, NJ, *pg.* 405
Rubin, Adam - Account Services, Creative - 72ANDSUNNY, Brooklyn, NY, *pg.* 24

AGENCIES

RESPONSIBILITIES INDEX

Rubino, Paul - Creative - GEOMETRY, New York, NY, pg. 362

Rubinstein, Joel - Creative - DENTINO MARKETING, Princeton, NJ, pg. 281

Rubinstein, Dean - Creative - TBWA/MEDIA ARTS LAB, Los Angeles, CA, pg. 147

Ruby, Jonathan - Creative - MULLENLOWE U.S. BOSTON, Boston, MA, pg. 389

Rucker, Chad - Creative - JACKSON MARKETING GROUP, Simpsonville, SC, pg. 188

Rudduck, Heath - Creative, PPOM - PADILLA, New York, NY, pg. 635

Rudie, Nick - Creative - SIXSPEED, Minneapolis, MN, pg. 198

Rudnick, Chris - Creative - TBWA\WORLDHEALTH, Chicago, IL, pg. 147

Rudy, Shaun - Account Services, Creative, Human Resources, Interactive / Digital, Management, Media Department, NBC - STARCOM WORLDWIDE, Chicago, IL, pg. 513

Rudzinski, Rick - Creative - CAMERON ADVERTISING, Hauppauge, NY, pg. 339

Rueckert, Jason - Creative - RUECKERT ADVERTISING, Albany, NY, pg. 136

Ruehlman, Mike - Creative - FRCH DESIGN WORLDWIDE, Cincinnati, OH, pg. 184

Rufino, Kenny - Creative - REPEQUITY, Washington, DC, pg. 263

Ruiz, Rudy - Creative, PPOM - INTERLEX COMMUNICATIONS, San Antonio, TX, pg. 541

Ruiz, Heather - Creative, PPOM - INTERLEX COMMUNICATIONS, San Antonio, TX, pg. 541

Ruiz, Frank - Creative - MJR CREATIVE GROUP, Fresno, CA, pg. 14

Runco, Patrick - Creative - LIQUID ADVERTISING, INC., El Segundo, CA, pg. 100

Rundgren, Derek - Creative - PUBLICIS HAWKEYE, Dallas, TX, pg. 399

Runge, Clint - Creative, Management, PPOM - ARCHRIVAL, INC., Lincoln, NE, pg. 1

Russell, Anthony - Creative, PPOM - RUSSELL DESIGN, New York, NY, pg. 197

Russell, Jay - Creative, PPOM - GSD&M, Austin, TX, pg. 79

Russie, Rick - Creative, Interactive / Digital - E10, Minneapolis, MN, pg. 353

Russo, Robert - Creative - VDA PRODUCTIONS, Somerville, MA, pg. 317

Russo, Rich - Creative, PPOM - ARNOLD WORLDWIDE, Boston, MA, pg. 33

Russo, Rocky - Creative, PPOM - CERBERUS, New Orleans, LA, pg. 341

Russo, Margaret - Creative - GREY MIDWEST, Cincinnati, OH, pg. 366

Russo, Giorgio - Creative, PPOM - POTENZA INC, Lafayette, LA, pg. 398

Russo, Giancarlo - Creative - PINTA USA, LLC, Coral Gables, FL, pg. 397

Rust, Marc - Creative - BOSTON INTERACTIVE, Charlestown, MA, pg. 218

Rutan, Samantha - Creative, NBC - MAINGATE, INC., Indianapolis, IN, pg. 310

Ruth, Adam - Creative - OXFORD COMMUNICATIONS, Lambertville, NJ, pg. 395

Ruthazer, Alan - Creative, PPOM - LIGHTNING JAR, New York, NY, pg. 246

Rutherford, Kirsten - Creative - TEAM ONE, Los Angeles, CA, pg. 417

Rutledge, Zak - Creative - 3, Albuquerque, NM, pg. 23

Rutstein, Ashley - Creative - LRXD, Denver, CO, pg. 101

Rutter, Steve - Creative - BBDO SAN FRANCISCO, San Francisco, CA, pg. 330

Ruzin, Amanda - Creative, Media Department - BOUNTEOUS, Chicago, IL, pg. 218

Ryan, Andrew - Creative, NBC - HCA MINDBOX, Windsor, ON, pg. 83

Ryan, Ben - Creative - MILLER AD AGENCY, Dallas, TX, pg. 115

Ryan, Spencer - Creative - VAULT49, New York, NY, pg. 203

Ryan, Mary - Creative - JACKRABBIT DESIGN, Milton, MA, pg. 188

Ryan, Maria - Creative - THE CASTLE GROUP, INC., Boston, MA, pg. 652

Ryan Baker, Christopher - Creative - CAYENNE CREATIVE, Birmingham, AL, pg. 49

Ryan Bower, Marshall - Creative - CHANDELIER CREATIVE, New York, NY, pg. 49

Ryder, Heather - Creative - WIEDEN + KENNEDY, Portland, OR, pg. 430

Rypkema, Jared - Creative - ON IDEAS, Jacksonville, FL, pg. 394

Ryther, Andrew - Creative, PPM - HAMBLY & WOOLLEY, INC., Toronto, ON, pg. 185

Saari, Steve - Creative - LAWLER BALLARD VAN DURAND, Atlanta, GA, pg. 97

Sabarese, Ted - Creative, Management - MARINA MAHER COMMUNICATIONS, New York, NY, pg. 625

Sabean, Sandy - Creative, PPOM - WOMENKIND, New York, NY, pg. 162

Sabic, Adnan - Creative, PPOM - OSBORN & BARR COMMUNICATIONS, Saint Louis, MO, pg. 395

Sabioni, Riccardo - Creative - ZIMMERMAN ADVERTISING, Fort Lauderdale, FL, pg. 437

Sabo, Lisa - Creative - SIMONS / MICHELSON / ZIEVE, INC., Troy, MI, pg. 142

Sabo, Adrienne - Creative - PRODIGAL MEDIA COMPANY, Boardman, OH, pg. 15

Sabran, Barbara - Creative, PPOM - LODICO & COMPANY, Carlisle, MA, pg. 381

Sacherman, Luke - Creative - WIEDEN + KENNEDY, New York, NY, pg. 432

Sachs, Josh - Creative - KETCHUM, New York, NY, pg. 542

Sachs, Cary - Creative, Management, PPM - MOB SCENE, Los Angeles, CA, pg. 563

Sachse, Kim - Creative, PPOM - MOXE, Winter Park, FL, pg. 628

Sacktor, Rose - Creative - WIEDEN + KENNEDY, New York, NY, pg. 432

Sadcopen, Alpha - Creative - TEAM 201, Chicago, IL, pg. 269

Saffian Gould, Rachel - Creative - FREEWHEEL, New York, NY, pg. 465

Sagar, Marcus - Creative - LEO BURNETT TORONTO, Toronto, ON, pg. 97

Sagcan, Faruk - Creative - DIVISION OF LABOR, Sausalito, CA, pg. 63

Sage, Steve - Creative - THE MARTIN AGENCY, Richmond, VA, pg. 421

Saginor, Andrew - Creative - CO-COMMUNICATIONS INC. , White Plains, NY, pg. 685

Saia, Michael - Creative, PPM, PPOM - JUMP, New York, NY, pg. 188

Sakharet, Iti - Creative, PPOM - DEEPEND NEW YORK, New York, NY, pg. 224

Saklas, Andrew - Creative - LANMARK360, West Long Branch, NJ, pg. 379

Salazar, Dahlia - Creative, PPOM - SAVAGE DESIGN GROUP, Houston, TX, pg. 198

Saldanha, Fred - Creative - ARNOLD WORLDWIDE, Boston, MA, pg. 33

Saldarriaga, Suhey - Creative - CONILL ADVERTISING, INC., El Segundo, CA, pg. 538

Salem, Ed - Creative - SWANSON RUSSELL, Omaha, NE, pg. 415

Salema, Ricardo - Account Services, Creative, Management, NBC, PPOM - ISOBAR US, New York, NY, pg. 242

Saliba, Kristina - Creative - MULLENLOWE U.S. BOSTON, Boston, MA, pg. 389

Salim, Joaquin - Creative - BBDO WORLDWIDE, New York, NY, pg. 331

Salinas, George - Creative - ADCETERA, Houston, TX, pg. 27

Salmonsen, Christian - Creative - MEDIA LOGIC, Albany, NY, pg. 288

Salomon, Dee - Creative, Media Department, NBC, PPOM - MEDIALINK, New York, NY, pg. 386

Salvador, Fernando - Creative - GOODBY, SILVERSTEIN & PARTNERS, San Francisco, CA, pg. 77

Salzano, Samantha - Creative - DIGITAS, Atlanta, GA, pg. 228

Samanka, Kelley - Creative - CAMPBELL EWALD NEW YORK, New York, NY, pg. 47

Samartan, Phil - Creative - SAATCHI & SAATCHI LOS ANGELES, Torrance, CA, pg. 137

Sammarco, Damion - Creative - TAXI, New York, NY, pg. 146

Sammy, Ryan - Creative - FRACTL, Delray Beach, FL, pg. 686

Samocha, Lori - Creative - SPRINGBOX, Austin, TX, pg. 266

RESPONSIBILITIES INDEX — AGENCIES

Sampedro, Laura - Creative - ANOMALY, New York, NY, *pg.* 325
Samper, Julian - Creative - TINSLEY ADVERTISING, Miami, FL, *pg.* 155
Sample, Matt - Creative, PPOM - HI5.AGENCY, Burbank, CA, *pg.* 239
Sampogna, Anthony - Creative - WONDERSAUCE, New York, NY, *pg.* 205
Sampson, Shellie - Creative, Media Department, Social Media - VAYNERMEDIA, New York, NY, *pg.* 689
Samson, Jeff - Creative - ROKKAN, LLC, New York, NY, *pg.* 264
Samson, Jim - Creative - THE DRUCKER GROUP, Chicago, IL, *pg.* 150
Samuels, Yann - Account Services, Creative - WIEDEN + KENNEDY, New York, NY, *pg.* 432
San Jose, George - Creative, PPOM - THE SAN JOSE GROUP LTD., Chicago, IL, *pg.* 546
San Jose, Gabriel - Creative - MCCANN NEW YORK, New York, NY, *pg.* 108
San Martin, Scott - Creative, PPM - REINGOLD, Alexandria, VA, *pg.* 405
San Miguel, Javier - Creative - SENSIS AGENCY, Los Angeles, CA, *pg.* 545
Sanborn, Jeff - Creative - CHAPTER & VERSE, Spokane, WA, *pg.* 341
Sanborn, Dolly - Creative - APPLETON CREATIVE, Orlando, FL, *pg.* 32
Sanchez, Roehl - Creative, PPOM - BIMM DIRECT & DIGITAL, Toronto, ON, *pg.* 280
Sanchez, Mayi - Creative - METRICS MARKETING, Atlanta, GA, *pg.* 114
Sanchez, Guigo - Creative - THIRD EAR, Austin, TX, *pg.* 546
Sanchez, Uriel - Creative - OGILVY, Coral Gables, FL, *pg.* 393
Sanchez, Matt - Creative - DIGITAL RELATIVITY, Fayetteville, WV, *pg.* 226
Sand, Jessica - Creative - SUN & MOON MARKETING COMMUNICATIONS, INC., New York, NY, *pg.* 415
Sander, Leigh - Creative, PPOM - COMMERCE HOUSE, Dallas, TX, *pg.* 52
Sanders, Daniel - Creative - 22SQUARED INC., Atlanta, GA, *pg.* 319
Sanderson, Brian - Account Services, Creative - OLMSTED ASSOCIATES, Flint, MI, *pg.* 193
Sands, Will - Creative - 180LA, Los Angeles, CA, *pg.* 23
Sandstrom, Steve - Creative, PPOM - SANDSTROM PARTNERS, Portland, OR, *pg.* 198
Sandy, Mark - Creative - LEO BURNETT WORLDWIDE, Chicago, IL, *pg.* 98
Saneshige, Norio - Account Services, Creative - WRL ADVERTISING, Canton, OH, *pg.* 163
Sanfillippo, Aaron - Creative - TWO BY FOUR COMMUNICATIONS, LTD., Chicago, IL, *pg.* 157
Sang, Gordy - Creative, Management - LEO BURNETT WORLDWIDE, Chicago, IL, *pg.* 98

Sangdee, Nok - Creative - FCB CHICAGO, Chicago, IL, *pg.* 71
Sangiovanni, Gisele - Creative, PPOM - MUTS & JOY, INC., New York, NY, *pg.* 192
Sanicola, Fred - Creative - SPARK44, New York, NY, *pg.* 411
Sankey, Gary - Creative - EYETHINK, Powell, OH, *pg.* 182
Santana, Joe - Creative - MKTX, Hillsboro, OR, *pg.* 116
Santana, Javier - Creative, PPOM - LAUNCH INTERACTIVE, LLC, Atlanta, GA, *pg.* 245
Santana, Facundo - Creative - DIGITAL AUTHORITY PARTNERS, Chicago, IL, *pg.* 225
Sante, Erica - Creative, Interactive / Digital, NBC - R2INTEGRATED, Baltimore, MD, *pg.* 261
Santiago, Jennifer - Creative, Interactive / Digital, Media Department, PPM - GEOMETRY, New York, NY, *pg.* 362
Santiago, Karen - Creative, PPM - ADDISON, New York, NY, *pg.* 171
Santiago, Juan - Creative - TEN35, Chicago, IL, *pg.* 147
Santilli, Dino - Creative - IDEAOLOGY ADVERTISING, Marina Del Rey, CA, *pg.* 88
Santone, Marcello - Creative - IDEA ENGINEERING, INC., Santa Barbara, CA, *pg.* 88
Santoro, Jonathan - Creative - VIRTUE WORLDWIDE, Brooklyn, NY, *pg.* 159
Santos, Vivian - Creative, PPOM - VSBROOKS, Coral Gables, FL, *pg.* 429
Santos, Danny - Account Services, Creative - STEIN IAS, New York, NY, *pg.* 267
Santos, Manny - Creative - DEVITO/VERDI, New York, NY, *pg.* 62
Santos, Ricky - Creative - ADELSBERGER MARKETING, Jackson, TN, *pg.* 322
Sanzen, Michael - Creative, PPOM - CONCENTRIC HEALTH EXPERIENCE, New York, NY, *pg.* 52
Saoyen, Kat - Creative - 160OVER90, Philadelphia, PA, *pg.* 1
Sapienza, Alaina - Creative, Interactive / Digital, Social Media - BRUNNER, Pittsburgh, PA, *pg.* 44
Sardesai, Amol - Creative - PENNEBAKER, LMC, Houston, TX, *pg.* 194
Sarkis, Gustavo - Account Services, Creative, Interactive / Digital - CONILL ADVERTISING, INC., El Segundo, CA, *pg.* 538
Sarlin, Asher - Creative - DOUBLESPACE, New York, NY, *pg.* 180
Sarmiento, Eduardo - Creative - BRUNET-GARCIA ADVERTISING, INC., Jacksonville, FL, *pg.* 44
Sarmiento, Ciro - Creative, PPOM - DIESTE, Dallas, TX, *pg.* 539
Sarmiento, Diego - Creative - ZAMBEZI, Culver City, CA, *pg.* 165
Sarosi, Mark - Creative - ANOMALY, New York, NY, *pg.* 325

Sato, Hana - Creative, Social Media - HUDSON ROUGE, New York, NY, *pg.* 371
Satterwhite, Nicole - Creative - WILLOUGHBY DESIGN GROUP, Kansas City, MO, *pg.* 205
Saucedo, Guille - Creative - LEGION ADVERTISING, Irving, TX, *pg.* 542
Sauchak, Kristin - Creative - THE OUTCAST AGENCY, San Francisco, CA, *pg.* 654
Sauder, Andy - Creative - ZELLER MARKETING & DESIGN, East Dundee, IL, *pg.* 205
Sauer, Drake - Creative - SCORR MARKETING, Kearney, NE, *pg.* 409
Saunders, Gary - Creative, PPOM - SAUNDERS OUTDOOR ADVERTISING, Ogden, UT, *pg.* 557
Saunders, Gwen - Creative, Interactive / Digital, Media Department - ABZ CREATIVE PARTNERS, Charlotte, NC, *pg.* 171
Saunders, Rosswell - Creative - DDB NEW YORK, New York, NY, *pg.* 59
Sausville, Teresa - Creative - CHECKMARK COMMUNICATIONS, Saint Louis, MO, *pg.* 49
Saute, Maxime - Creative - RETHINK COMMUNICATIONS, INC., Vancouver, BC, *pg.* 133
Sauve, Francois - Creative - LG2, Montreal, QC, *pg.* 380
Savage, Matt - Creative - THE BOSTON GROUP, Boston, MA, *pg.* 418
Savion, Ronnie - Creative, PPOM - ELIAS SAVION ADVERTISING, Pittsburgh, PA, *pg.* 68
Sawitoski, Eric - Creative, Interactive / Digital - LEGACY MARKETING PARTNERS, Chicago, IL, *pg.* 310
Sayn-Wittgenstein, Peter - Creative - MIRUM AGENCY, San Diego, CA, *pg.* 251
Saywa, Alvin - Creative - JACK MORTON WORLDWIDE, San Francisco, CA, *pg.* 309
Saywitz, Robert - Creative - EMOTIVE BRAND, Oakland, CA, *pg.* 181
Scala, Irene - Creative - SPARK451, INC., Westbury, NY, *pg.* 411
Scamihorn, Aaron - Creative - BORSHOFF, Indianapolis, IN, *pg.* 585
Scanlon, Michael - Creative - CHANDELIER CREATIVE, New York, NY, *pg.* 49
Scannello, Joanne - Creative, Management - DEUTSCH, INC., New York, NY, *pg.* 349
Scapes, John - Creative - 6AM MARKETING, Madison, WI, *pg.* 1
Scardino, Mike - Creative, PPOM - BARNHARDT DAY & HINES, Concord, NC, *pg.* 36
Scarpatti, Rebecca - Creative, Media Department - DALTON + ANODE, Nashville, TN, *pg.* 348
Scarsella, James - Creative - THE MARS AGENCY, Southfield, MI, *pg.* 683
Scelzo, Julie - Creative - MCGARRYBOWEN, New York, NY, *pg.* 109
Schacherer, Mike - Creative -

AGENCIES

RESPONSIBILITIES INDEX

LITTLE & COMPANY , Minneapolis, MN, *pg.* 12

Schafer, Eric - Account Services, Creative - MIRUM AGENCY, Minneapolis, MN, *pg.* 251

Schafer, Dave - Account Services, Creative - BUSINESSONLINE, San Diego, CA, *pg.* 672

Schapiro, Rob - Creative - BRUNNER, Pittsburgh, PA, *pg.* 44

Schatz, Mike - Creative - BLUE SKY , Atlanta, GA, *pg.* 40

Schatz, Jamie - Creative - MIDAN MARKETING, Mooresville, NC, *pg.* 13

Schearer, Cory - Account Services, Creative, NBC - EP+CO., Greenville, SC, *pg.* 356

Scheer, Judy - Creative - YES DESIGN GROUP, Los Angeles, CA, *pg.* 21

Scheib, Lauren - Creative - WARSCHAWSKI PUBLIC RELATIONS, Baltimore, MD, *pg.* 659

Scheid, Cynthia - Creative, Operations - STEIN IAS, New York, NY, *pg.* 267

Schenning, Sue - Creative - RINCK ADVERTISING, Lewiston, ME, *pg.* 407

Schepleng, Dan - Creative, PPOM - KAPOWZA, Baltimore, MD, *pg.* 94

Scher, Paula - Account Planner, Creative, NBC, PPOM - PENTAGRAM, New York, NY, *pg.* 194

Scherbring, A. J. - Creative, Interactive / Digital - PERISCOPE, Minneapolis, MN, *pg.* 127

Scherer, Tom - Creative, PPOM - HYDROGEN, Seattle, WA, *pg.* 87

Scherk, Dan - Creative, PPOM - TRACTION CREATIVE COMMUNICATIONS, Vancouver, BC, *pg.* 202

Scherzer, Robert - Account Services, Creative, Interactive / Digital - DNA SEATTLE, Seattle, WA, *pg.* 180

Scheumann, Matthew - Creative - THE VIA AGENCY, Portland, ME, *pg.* 154

Scheyer, Brian - Creative, PPOM - MORTAR ADVERTISING, San Francisco, CA, *pg.* 117

Schiappacasse, Mario - Creative - JELLYFISH U.S., Baltimore, MD, *pg.* 243

Schifanella, Tom - Creative - SHEPHERD AGENCY, Jacksonville, FL, *pg.* 410

Schiff, Dave - Creative, PPOM - MADE MOVEMENT, Boulder, CO, *pg.* 103

Schiff, Anna - Creative - INNOVATIVE ADVERTISING, Mandeville, LA, *pg.* 375

Schiller, Chuck - Creative, PPOM - THE RICHARDS GROUP, INC., Dallas, TX, *pg.* 422

Schirer, Dustin - Creative, PPM - BARKLEY, Kansas City, MO, *pg.* 329

Schlegel, Jill - Creative - THE MARS AGENCY, Bentonville, AR, *pg.* 683

Schlesinger, Craig - Creative - ANOMALY, New York, NY, *pg.* 325

Schloss, Niki - Account Services, Creative - J3, New York, NY, *pg.* 480

Schlossberg, Jason - Creative, Management, PPOM - HUGE, INC., Brooklyn, NY, *pg.* 239

Schluender, Christian - Creative - HUEMEN DESIGN, Stamford, CT, *pg.* 14

Schmidt, Angela - Creative - MOVEO INTEGRATED BRANDING, Chicago, IL, *pg.* 14

Schmiedeskamp, Micah - Creative - CULTIVATOR ADVERTISING & DESIGN, Denver, CO, *pg.* 178

Schmitt, Gabriel - Creative, PPOM - FCB NEW YORK, New York, NY, *pg.* 357

Schmitt, Kevin - Creative, Interactive / Digital - EFX MEDIA, Arlington, VA, *pg.* 562

Schmitt, Garrick - Creative - ESSENCE, San Francisco, CA, *pg.* 232

Schmitz, Peter - Creative - SIGNATURE COMMUNICATIONS, Philadelphia, PA, *pg.* 410

Schneider, Mark - Creative - STUDIONORTH, North Chicago, IL, *pg.* 18

Schneider, Andy - Creative - RASSMAN DESIGN, Denver, CO, *pg.* 196

Schneider, Scott - Creative, Interactive / Digital, NBC, PPOM - PRAYTELL, Brooklyn, NY, *pg.* 258

Schneider, Martin - Creative - SEITER & MILLER ADVERTISING, New York, NY, *pg.* 139

Schneider, Scott - Creative - COSSETTE MEDIA, Vancouver, BC, *pg.* 345

Schneidmuller, Lauren - Creative, Media Department - PUBLICIS NORTH AMERICA, New York, NY, *pg.* 399

Schnelle, Keiko - Creative, NBC - CASHMERE AGENCY, Los Angeles, CA, *pg.* 48

Schnellmann, Joe - Creative - CREATIVE ENERGY, INC., Johnson City, TN, *pg.* 346

Schnitzler, Adam - Creative, PPOM - THE S3 AGENCY, Boonton, NJ, *pg.* 424

Schock, Rylie - Creative - INCEPTION MARKETING, San Francisco, CA, *pg.* 374

Schoen, Lisa - Creative, NBC - LAKE GROUP MEDIA, INC., Armonk, NY, *pg.* 287

Schoenberg, Jonathan - Creative, PPOM - TDA_BOULDER, Boulder, CO, *pg.* 147

Schofield, Chip - Creative - RED TETTEMER O'CONNELL + PARTNERS, Philadelphia, PA, *pg.* 404

Scholler, Stephen - Creative - ZIZZO GROUP ADVERTISING & PUBLIC RELATIONS, Milwaukee, WI, *pg.* 437

Scholz, Ronny - Creative, Interactive / Digital - ARCHER MALMO, Memphis, TN, *pg.* 32

Schombs, Wayne - Creative - WILEN MEDIA CORPORATION, Melville, NY, *pg.* 432

Schooler, Josh - Creative - THE RAMEY AGENCY, Jackson, MS, *pg.* 422

Schoonover, Randall - Creative, PPOM - THE GREAT SOCIETY, Portland, OR, *pg.* 150

Schott, Tami - Creative, Interactive / Digital, NBC - G3 GROUP, Baltimore, MD, *pg.* 673

Schrack, Stacy - Creative - SHOPTOLOGY, Plano, TX, *pg.* 682

Schrader, Mike - Creative - TCAA, Cincinnati, OH, *pg.* 147

Schragger, Jason - Creative, PPOM - SAATCHI & SAATCHI LOS ANGELES, Torrance, CA, *pg.* 137

Schreiber, Curtis - Creative, Management, PPOM - VSA PARTNERS, INC. , Chicago, IL, *pg.* 204

Schreiber, Michael - Creative, PPOM - DDB HEALTH, New York, NY, *pg.* 59

Schreyer, Lorraine - Creative, Media Department - RPA, Santa Monica, CA, *pg.* 134

Schriver, Philip - Creative - ZLR IGNITION, Des Moines, IA, *pg.* 437

Schroeder, Sloan - Creative, PPM - CRISPIN PORTER + BOGUSKY, Boulder, CO, *pg.* 346

Schroeder, Jordan - Creative - WIEDEN + KENNEDY, Portland, OR, *pg.* 430

Schroeter, Dan - Creative - ASHER AGENCY, Fort Wayne, IN, *pg.* 327

Schubert, Michael - Creative, PPOM - RUDER FINN, INC., New York, NY, *pg.* 645

Schuller, Tom - Creative - IMMOTION STUDIOS, Fort Worth, TX, *pg.* 89

Schulman, Alan - Creative, PPOM - DELOITTE DIGITAL, Seattle, WA, *pg.* 224

Schulson, Lora - Creative, Media Department, PPM - 72ANDSUNNY, Brooklyn, NY, *pg.* 24

Schultz, Brad - Creative, PPOM - MASON MARKETING, Penfield, NY, *pg.* 106

Schultz, Katie - Creative, PPM - BULLDOG DRUMMOND, San Diego, CA, *pg.* 338

Schumacher, Dug - Creative - THE SUNFLOWER GROUP, Lenexa, KS, *pg.* 317

Schutz, Dave - Creative - MODERN CLIMATE, Minneapolis, MN, *pg.* 388

Schwanz, Kristen - Creative - LEO BURNETT WORLDWIDE, Chicago, IL, *pg.* 98

Schwarberg, Carter - Creative - CSM SPORT & ENTERTAINMENT, New York, NY, *pg.* 347

Schwartz, Rob - Creative, PPOM - TBWA \ CHIAT \ DAY, New York, NY, *pg.* 416

Schwartz, Debbie - Creative - SRC ADVERTISING, West Hollywood, CA, *pg.* 200

Schwartz, Aaron - Creative, PPOM - HOOK, Ann Arbor, MI, *pg.* 239

Schwarz, David - Creative, PPOM - HUSH STUDIOS, INC., Brooklyn, NY, *pg.* 186

Schwarzberg, Marc - Creative - DAVID&GOLIATH, El Segundo, CA, *pg.* 57

Schweiger, Jeff - Creative, Management, PPOM - ALISON GROUP, North Miami Beach, FL, *pg.* 681

Schwieger, Eric - Creative - LEO BURNETT WORLDWIDE, Chicago, IL, *pg.* 98

1371

RESPONSIBILITIES INDEX — AGENCIES

Schwinder, Meredith - Creative - BROWNSTEIN GROUP, INC., Philadelphia, PA, pg. 44
Scialo, Kristen - Creative - THE RICHARDS GROUP, INC., Dallas, TX, pg. 422
Sciancalepore, Jim - Creative - MEDIA LOGIC, Albany, NY, pg. 288
Sciandra, Stephanie - Account Planner, Creative - SITUATION INTERACTIVE, New York, NY, pg. 265
Sciarrotta, Joe - Creative, PPOM - OGILVY, Chicago, IL, pg. 393
Sciolla, Angelina - Creative - BENCHWORKS, Philadelphia, PA, pg. 333
Scott, David - Analytics, Creative - KANTAR MILLWARD BROWN, Toronto, ON, pg. 446
Scott, Lisa - Creative, PPOM - ONEMAGNIFY, Wilmington, DE, pg. 123
Scott, Kate - Account Planner, Account Services, Creative, NBC, Operations - BULLISH INC, New York, NY, pg. 45
Scott, Dave - Creative - LO:LA, El Segundo, CA, pg. 101
Scott, Leslie - Creative, Interactive / Digital - EP+CO., Greenville, SC, pg. 356
Scott, Korry - Creative - UENO, San Francisco, CA, pg. 273
Scott, Dave - Creative - NATREL COMMUNICATIONS, Parsippany, NJ, pg. 120
Scott, Kirsti - Creative - SCOTT DESIGN INC, Capitola, CA, pg. 198
Scotting, Andrea - Creative, PPOM - OGILVYONE WORLDWIDE, New York, NY, pg. 255
Scrase, Bertie - Creative - WIEDEN + KENNEDY, Portland, OR, pg. 430
Scullion, Brendan - Creative - ANOMALY, Toronto, ON, pg. 326
Sea, Kira - Creative - SIEGEL & GALE, New York, NY, pg. 17
Seaman, Keith - Creative - PAVONE MARKETING GROUP, Harrisburg, PA, pg. 396
Seamark, Morgan - Account Services, Creative, Management - HAVAS NEW YORK, New York, NY, pg. 369
Seastrom, Gary - Creative - AYZENBERG GROUP, INC., Pasadena, CA, pg. 2
Seaton, Corey - Creative - BURRELL COMMUNICATIONS GROUP, INC. , Chicago, IL, pg. 45
Sebanc, Tom - Creative - CARMICHAEL LYNCH, Minneapolis, MN, pg. 47
Sebastian, Tom - Creative, Operations, PPOM - THE STORY LAB, Santa Monica, CA, pg. 153
Sebastian, Roni - Creative - 160OVER90, Los Angeles, CA, pg. 301
Seder, Craig - Creative - SMITH BROTHERS AGENCY, LP, Pittsburgh, PA, pg. 410
Sedlak, Aaron - Creative - ANCHOR WORLDWIDE, New York, NY, pg. 31
Seeds, Meredith - Creative - FRCH DESIGN WORLDWIDE, Cincinnati, OH, pg. 184
Segri, Rafael - Creative - OGILVY PUBLIC RELATIONS, New York, NY, pg. 633
Segura, David - Creative - THE COMMUNITY, Miami Beach, FL, pg. 545
Segura, Seth - Creative - BIGEYE AGENCY, Orlando, FL, pg. 3
Seibold, Jeremy - Creative - TDA_BOULDER, Boulder, CO, pg. 147
Seidel, Patrick - Creative - OGILVY, Chicago, IL, pg. 393
Seidle, Elizabeth - Creative - GRANT DESIGN COLLABORATIVE, Canton, GA, pg. 185
Seidle, Kurt - Creative - GRANT DESIGN COLLABORATIVE, Canton, GA, pg. 185
Seimetz, Diane - Creative, PPOM - LAUNCH AGENCY, Dallas, TX, pg. 97
Seits, Angela - Creative, Social Media - PMG, Fort Worth, TX, pg. 257
Seitz, Adam - Creative - VMLY&R, Kansas City, MO, pg. 274
Seitzberg, Beth - Creative - D.TRIO MARKETING GROUP, Minneapolis, MN, pg. 348
Seki, Anri - Creative - SHARP COMMUNICATIONS, INC., New York, NY, pg. 140
Sekin, Chris - Creative, PPOM - JOHNSON & SEKIN, Dallas, TX, pg. 10
Seklir, Caroline - Account Services, Creative - YARD, New York, NY, pg. 435
Selbert, Cliff - Creative, PPOM - SELBERT PERKINS DESIGN COLLABORATIVE, Arlington, MA, pg. 198
Seldin, Benjamin - Creative - DIGITAS, Boston, MA, pg. 226
Self, Nancy - Creative - FREED ADVERTISING, Sugar Land, TX, pg. 360
Selikow, Colin - Creative - DDB CHICAGO, Chicago, IL, pg. 59
Sellers, Nicholas - Creative - 160OVER90, Santa Monica, CA, pg. 207
Sellmeyer, Marty - Creative - BRIGHTON AGENCY, INC., Saint Louis, MO, pg. 337
Semple, Tim - Creative - WIEDEN + KENNEDY, Portland, OR, pg. 430
Sena, Pete - Creative, PPOM - DIGITAL SURGEONS, LLC, New Haven, CT, pg. 226
Senica, Andy - Creative - MCS ADVERTISING, Peru, IL, pg. 111
Senn, Marty - Creative, PPOM - CARMICHAEL LYNCH, Minneapolis, MN, pg. 47
Senske, Brent - Creative - THE WEIDERT GROUP, Appleton, WI, pg. 425
Seow, Roy - Creative - SAESHE ADVERTISING, Los Angeles, CA, pg. 137
Sepulveda, Carlos - Creative - APOLLO INTERACTIVE, El Segundo, CA, pg. 214
Serafini, Daisy - Creative - ELEVEN, INC., San Francisco, CA, pg. 67
Serbalik, Jacina - Creative - ADVANTAGE INTERNATIONAL, Stamford, CT, pg. 301
Serowoky, Alexandra - Creative - INVNT, New York, NY, pg. 90
Serra, RaeAnn - Creative, PPM - COLANGELO & PARTNERS, New York, NY, pg. 591
Serrano, Chris - Creative - LUCKY GENERALS, New York, NY, pg. 101
Serrin, Lindell - Creative - DNA SEATTLE, Seattle, WA, pg. 180
Seshadri, Vignesh - Creative - DROGA5, New York, NY, pg. 64
Sessa, Stefania - Creative - PEOPLE IDEAS & CULTURE, Brooklyn, NY, pg. 194
Settle, Chris - Account Services, Creative - DESTINATION MARKETING, Mountlake Terrace, WA, pg. 349
Severs, Jason - Creative, PPOM - DROGA5, New York, NY, pg. 64
Sexton, Kristy - Creative, PPOM - ADCETERA, Houston, TX, pg. 27
Sexton, Charley - Creative - MOXLEY CARMICHAEL, Knoxville, TN, pg. 629
Seymour, Scott - Creative, PPOM - BFG COMMUNICATIONS, Bluffton, SC, pg. 333
Seymour, Justin - Creative - AMALGAM, Los Angeles, CA, pg. 324
Seymour-Anderson, Aaron - Account Planner, Creative, Media Department - AKQA, Portland, OR, pg. 212
Shaeffer, Kim - Creative, PPOM - DESIGNTHIS!, Napa, CA, pg. 179
Shafer, Ross - Creative - LODGE DESIGN CO., Indianapolis, IN, pg. 190
Shaffer, Elizabeth - Creative - DIO, York, PA, pg. 62
Shaffer, Galen - Creative - BLAINETURNER ADVERTISING, Morgantown, WV, pg. 584
Shafrath, Paige - Creative, PPOM - THE BUNTIN GROUP, Nashville, TN, pg. 148
Shah, Puja - Creative - COLLE MCVOY, Minneapolis, MN, pg. 343
Shah, Atit - Creative, PPOM - DIGITAS, New York, NY, pg. 226
Shah, Vidhi - Creative - HUGE, INC., Brooklyn, NY, pg. 239
Shahabuddin, Samira - Account Planner, Account Services, Creative, Media Department - TBWA \ CHIAT \ DAY, Los Angeles, CA, pg. 146
Shahian, Lauren - Creative - R\WEST, Portland, OR, pg. 136
Shaikh, Waseem - Creative - MCCANN CANADA, Toronto, ON, pg. 384
Shakarian, Alisa - Creative - CAMBRIDGE BIOMARKETING, Cambridge, MA, pg. 46
Shaker, Daniel - Creative - SHAKER RECRUITMENT ADVERTISING & COMMUNICATIONS, Oak Park, IL, pg. 667
Shakham, Asaf - Creative - PATH INTERACTIVE, INC., New York, NY, pg. 256
Shamese, Ayanna - Creative - BURRELL COMMUNICATIONS GROUP, INC. , Chicago, IL, pg. 45

AGENCIES
RESPONSIBILITIES INDEX

Shamlian, Fred - Creative, PPOM - SHAMLIAN ADVERTISING, Media, PA, pg. 140
Shamloo, Mathew - Creative - NEBO AGENCY, LLC, Atlanta, GA, pg. 253
Shamon, Pete - Creative - HILL HOLLIDAY, Boston, MA, pg. 85
Shane, Michael - Creative - CODE AND THEORY, New York, NY, pg. 221
Shang, Kelsey - Creative - INTERESTING DEVELOPMENT, New York, NY, pg. 90
Shank, Mark - Creative, Management, Media Department - THE MARTIN AGENCY, Richmond, VA, pg. 421
Shank, Tara - Creative - ARRAY CREATIVE, Akron, OH, pg. 173
Shapiro, Debra - Creative - MASSMEDIA, INC., Newton, MA, pg. 483
Shapiro, Neil - Creative - TRIBAL WORLDWIDE - VANCOUVER, Vancouver, BC, pg. 272
Shapiro, Matt - Creative - THE REPUBLIK, Durham, NC, pg. 152
Sharadin, Scott - Creative - MILLER DESIGNWORKS, Phoenixville, PA, pg. 191
Sharer, Tom - Creative, PPM - MANZELLA MARKETING GROUP, Bowmansville, NY, pg. 383
Sharma, Suzie - Creative - SAATCHI & SAATCHI LOS ANGELES, Torrance, CA, pg. 137
Sharp, Sarah - Creative - MOTHER NY, New York, NY, pg. 118
Sharp Fera, Matthew - Creative - MCGARRYBOWEN, Chicago, IL, pg. 110
Sharrow-Blaum, Christian - Account Services, Creative, Promotions - LYONS CONSULTING GROUP, Chicago, IL, pg. 247
Shaw, Erin - Account Services, Creative, NBC - DEUTSCH, INC., Los Angeles, CA, pg. 350
Shaw, David - Account Planner, Account Services, Administrative, Creative, Finance, Management - THE&PARTNERSHIP, New York, NY, pg. 426
Shea, Emily - Creative - STEPHAN & BRADY, INC., Madison, WI, pg. 412
Shea, Brendan - Creative - WALKER SANDS COMMUNICATIONS, Chicago, IL, pg. 659
Shearer, Chad - Creative, Operations, PPOM - CAREN WEST PR, Atlanta, GA, pg. 588
Shearer, Norm - Creative, PPOM - CACTUS MARKETING COMMUNICATIONS, Denver, CO, pg. 339
Shearer, Andria - Creative, Promotions - WALMART MEDIA GROUP, San Bruno, CA, pg. 684
Shearin, Dan - Creative - YOUNG & LARAMORE, Indianapolis, IN, pg. 164
Sheehan, Lauren - Creative, Management, PPOM - MERGE, Chicago, IL, pg. 113
Sheehan, Casey - Account Services, Creative, Management, PPOM - WORK & CO, Brooklyn, NY, pg. 276
Sheehan, Emily - Creative - MOTHER NY, New York, NY, pg. 118

Sheen, Mike - Creative - COATES KOKES, INC., Portland, OR, pg. 51
Sheinberg, Scott - Creative, PPOM - 22SQUARED INC., Tampa, FL, pg. 319
Shelford, Don - Creative - SWIFT, Portland, OR, pg. 145
Shelman, Seth - Creative - WIEDEN + KENNEDY, Portland, OR, pg. 430
Shelton, Samuel - Creative, PPOM - KINETIK COMMUNICATIONS GRAPHICS, Washington, DC, pg. 189
Shelton, Anne - Creative, Management - SIGNATURE AGENCY, Wake Forest, NC, pg. 141
Shelton, Josh - Creative - WORKINPROGRESS, Boulder, CO, pg. 163
Shelton, Brandon - Creative - WOODRUFF, Columbia, MO, pg. 163
Shelton-Murphy, Kris - Creative - BANOWETZ + COMPANY, INC., Dallas, TX, pg. 36
Shembeda, Brian - Creative - LEO BURNETT WORLDWIDE, Chicago, IL, pg. 98
Shepard, Robert - Creative, PPOM - KOOPMAN OSTBO INC., Portland, OR, pg. 378
Shepard, Brooke - Creative, Management - WEBER SHANDWICK, Seattle, WA, pg. 660
Shephard, Debbie - Creative - SNAVELY & ASSOCIATES, State College, PA, pg. 199
Shepherd, Sam - Creative - 360I, LLC, New York, NY, pg. 320
Shepherd, Amanda - Creative - NORTH CHARLES STREET DESIGN ORGANIZATION, Baltimore, MD, pg. 193
Shepherd, Graham - Creative - DIGITAS, Atlanta, GA, pg. 228
Sheppard, Dan - Creative, PPOM - SLN, INC., Providence, RI, pg. 677
Sheppard, Brian - Creative - SAATCHI & SAATCHI CANADA, Toronto, ON, pg. 136
Sheridan, Tim - Creative - LIVE MARKETING, Evanston, IL, pg. 310
Sherman, Derek - Creative - THE ESCAPE POD, Chicago, IL, pg. 150
Sherman, Matt - Creative - ZAMBEZI, Culver City, CA, pg. 165
Sherman, Regina - Creative - IMC / IRVINE MARKETING COMMUNICATIONS, Holmdel, NJ, pg. 89
Sherrill, Asa - Creative - MACQUARIUM, INC., Atlanta, GA, pg. 247
Shervin, Craig - Creative - GOODBY, SILVERSTEIN & PARTNERS, San Francisco, CA, pg. 77
Sherwell, Brian - Creative - DIGITAS, Atlanta, GA, pg. 228
Sherwood, Dave - Creative - CREATIVE MARKETING ALLIANCE, Princeton Junction, NJ, pg. 54
Sherwood, Bradley - Creative, PPOM - MIGHTY 8TH MEDIA, Buford, GA, pg. 115
Sherwood, Matthew - Creative - PATIENTS & PURPOSE, New York, NY, pg. 126
Shifflett, Owen - Creative - VIGET LABS, Falls Church, VA, pg. 274

Shill, Jeff - Creative - BRUNNER, Pittsburgh, PA, pg. 44
Shimmel, Kari - Creative, Interactive / Digital, Management, Media Department, NBC, PPOM - CAMPBELL EWALD, Detroit, MI, pg. 46
Shin, Helen - Creative - SAATCHI & SAATCHI, New York, NY, pg. 136
Shinehoft, Debbie - Creative - DDB CANADA, Edmonton, AB, pg. 59
Shing, Patrick - Creative - RETHINK COMMUNICATIONS, INC., Toronto, ON, pg. 133
Shintaku, Mussashi - Creative - DIGITAS, Atlanta, GA, pg. 228
Shipley, Mark - Creative, PPOM - SMITH & JONES, Troy, NY, pg. 143
Shipman, Shawn - Creative - LIGHTHOUSE, INC., Marietta, GA, pg. 11
Shipp, Jason - Creative - CITRUS ADVERTISING, Dallas, TX, pg. 50
Shirdan, Gabrielle - Creative - UNIVERSAL MCCANN, New York, NY, pg. 521
Shirk, Sue - Creative - THINK TANK COMMUNICATIONS, Johns Creek, GA, pg. 656
Shirley, Roger - Creative, PPM - MCNEELY PIGOTT & FOX PUBLIC RELATIONS, Nashville, TN, pg. 626
Shoaf, Temma - Creative, Media Department - WIEDEN + KENNEDY, New York, NY, pg. 432
Shoesmith, Jo - Account Services, Creative, Management, PPOM - CAMPBELL EWALD, Detroit, MI, pg. 46
Shoman, Jess - Creative - ANNEX EXPERIENCE, Chicago, IL, pg. 31
Shore, Kenny - Creative - GEARY INTERACTIVE, Las Vegas, NV, pg. 76
Short, Patrick - Creative - MOWER, Charlotte, NC, pg. 628
Short, Karen - Creative - DROGA5, New York, NY, pg. 64
Short, Ron - Creative - QUAKER CITY MERCANTILE, Philadelphia, PA, pg. 131
Shotwell, Jeff - Creative, PPOM - IMAGINE IT! MEDIA, INC., Palm Springs, CA, pg. 477
Shourie, Rishi - Creative, PPOM - CHARACTER, San Francisco, CA, pg. 5
Shukert, Ariel - Creative - RPA, Santa Monica, CA, pg. 134
Shulda, Corey - Creative - TROZZOLO COMMUNICATIONS GROUP, Kansas City, MO, pg. 657
Shulhafer, Alex - Creative - MCKINNEY NEW YORK, New York, NY, pg. 111
Shulow, Allison - Creative - STONEARCH CREATIVE, Minneapolis, MN, pg. 144
Shymko, Scott - Creative - CLEAN SHEET COMMUNICATIONS, Toronto, ON, pg. 342
Sia, Vince - Creative - MARKETSMITH, INC, Cedar Knolls, NJ, pg. 483
Siciliano, Italo - Creative - TRACK DDB, Toronto, ON, pg. 293
Sicklinger, Philip - Creative - BBDO WORLDWIDE, New York, NY, pg.

1373

RESPONSIBILITIES INDEX — AGENCIES

331
Sicko, Matt - Creative - LANETERRALEVER, Phoenix, AZ, pg. 245
Sidhu, Resh - Creative - AKQA, New York, NY, pg. 212
Sidoti, Pat - Creative - FALLON WORLDWIDE, Minneapolis, MN, pg. 70
Siedband, Brian - Creative - LEO BURNETT WORLDWIDE, Chicago, IL, pg. 98
Siegel, Jeff - Creative - ZAMBEZI, Culver City, CA, pg. 165
Siegel, Peter - Creative - PACIFIC COMMUNICATIONS, Irvine, CA, pg. 124
Siegel, Hunter - Creative - POP2LIFE, New York, NY, pg. 195
Siegel, Jason - Creative, PPOM - BLUETEXT, Washington, DC, pg. 40
Siegers, Michael - Creative - ZULU ALPHA KILO, Toronto, ON, pg. 165
Sierra, Elvis - Creative - THE MANY, Pacific Palisades, CA, pg. 151
Siers, Steve - Account Services, Creative - CALLAN ADVERTISING COMPANY, Burbank, CA, pg. 457
Siff, Katie - Creative - PRAYTELL, Brooklyn, NY, pg. 258
Siltanen, Rob - Creative, PPOM - SILTANEN & PARTNERS ADVERTISING, El Segundo, CA, pg. 410
Siltanen, Chelsey - Analytics, Creative, Interactive / Digital - SILTANEN & PARTNERS ADVERTISING, El Segundo, CA, pg. 410
Silva, Chris - Creative - WUNDERMAN HEALTH, New York, NY, pg. 164
Silver, Eric - Creative, PPOM - MCCANN NEW YORK, New York, NY, pg. 108
Silver, Steve - Creative - BADER RUTTER & ASSOCIATES, INC., Milwaukee, WI, pg. 328
Silverman, Scott - Creative - SUN & MOON MARKETING COMMUNICATIONS, INC., New York, NY, pg. 415
Silverman, Jamie - Creative - BERLIN CAMERON, New York, NY, pg. 38
Silverstein, Rich - Creative, PPOM - GOODBY, SILVERSTEIN & PARTNERS, San Francisco, CA, pg. 77
Silvestri, Phil - Creative, PPOM - HAVAS TONIC, New York, NY, pg. 285
Silvestri, Rebecca - Creative, Research - PLANO PROFILE, Plano, TX, pg. 195
Silvia, Michael - Creative - DUFFY & SHANLEY, INC., Providence, RI, pg. 66
Simas, Paulo - Creative, PPOM - W2O, San Francisco, CA, pg. 659
Simchak, Paula - Creative - VMLY&R, Austin, TX, pg. 429
Simmerman, Melissa - Creative - KREBER, Columbus, OH, pg. 379
Simmons, Alyssa - Creative - 3HEADED MONSTER, Dallas, TX, pg. 23
Simoes, Darren - Creative - THE JAMES AGENCY (TJA), Scottsdale, AZ, pg. 151
Simon, Andrew - Creative, PPOM - EDELMAN , Toronto, ON, pg. 601

Simon, Mark - Creative, PPOM - THE YAFFE GROUP, Southfield, MI, pg. 154
Simon, Dave - Creative - ROSENBERG ADVERTISING, Lakewood, OH, pg. 134
Simon, Jane - Creative - SIMON + ASSOCIATES ADVERTISING, Los Angeles, CA, pg. 142
Simon, Paul - Creative - LIQUID AGENCY, INC., San Jose, CA, pg. 12
Simon, Eve - Creative - BEACONFIRE REDENGINE, Arlington, VA, pg. 216
Simoncic, Steve - Creative, PPOM - JACOBSON ROST, Chicago, IL, pg. 376
Simonian, Ashod - Creative - NORTH, Portland, OR, pg. 121
Simpson, Matthew - Creative - WIEDEN + KENNEDY, New York, NY, pg. 432
Simpson, Jeff - Creative - ARRIVALS + DEPARTURES, Toronto, ON, pg. 34
Sinclair, Lianne - Account Services, Creative - ENERGY BBDO, INC., Chicago, IL, pg. 355
Singles, Alan - Creative, NBC - JAFFE PR, Washington, DC, pg. 616
Singletary, Lane - Creative - S&A COMMUNICATIONS, Cary, NC, pg. 645
Singleton, Heidi - Creative, PPOM - NEW HONOR SOCIETY, Saint Louis, MO, pg. 391
Sinko, Donna - Creative, Interactive / Digital, PPM - STIEGLER, WELLS, BRUNSWICK & ROTH, INC., Bethlehem, PA, pg. 413
Siolka, Taylor - Creative - R\WEST, Portland, OR, pg. 136
Sittig, Richard - Creative, PPOM - SECRET WEAPON MARKETING, Los Angeles, CA, pg. 139
Sitzman, Micah - Creative - BORSHOFF, Indianapolis, IN, pg. 585
Skaggs, Jonina - Creative, PPOM - SKAGGS, New York, NY, pg. 199
Skaggs, Bradley - Creative, PPOM - SKAGGS, New York, NY, pg. 199
Skaggs, Stephanie - Creative - SPRINGBOX, Austin, TX, pg. 266
Skalecki, Adam - Creative - CRISPIN PORTER + BOGUSKY, Boulder, CO, pg. 346
Skelly, Megan - Creative, PPOM - EDELMAN, New York, NY, pg. 599
Skibiak, Matt - Creative - WIEDEN + KENNEDY, Portland, OR, pg. 430
Skinner, Mark - Creative - MEDIAPLUS ADVERTISING, Ottawa, ON, pg. 386
Skonieczny, Molly - Creative - TOLLESON DESIGN, San Francisco, CA, pg. 202
Skuraton, Tammy - Creative, Human Resources - MULLENLOWE U.S. BOSTON, Boston, MA, pg. 389
Slagle, Matt - Creative - GOLIN, Dallas, TX, pg. 609
Slaker, Victoria - Creative - AMMUNITION, LLC, San Francisco, CA, pg. 172
Slater, Mark J. - Creative - CRAMER, Norwood, MA, pg. 6
Slaymaker, Kathy - Creative, Media Department - ADFINITY MARKETING GROUP, Cedar Rapids, IA, pg. 27

Sleightholm, Lindsay - Creative - 3H COMMUNICATIONS, INC., Oakville, ON, pg. 321
Slezak, Jeannie - Creative, Media Department, PPOM - FCB CHICAGO, Chicago, IL, pg. 71
Sloan, Renee - Account Planner, Account Services, Creative, Public Relations - MILLENNIUM 3 MANAGEMENT, Philadelphia, PA, pg. 543
Sloan, Chris - Creative, PPOM - 2C MEDIA, INC., Miami, FL, pg. 561
Sloan, Mark - Creative, Management - MOTHER NY, New York, NY, pg. 118
Sloboda, Gary - Creative, PPOM - BANDY CARROLL HELLIGE , Louisville, KY, pg. 36
Slosberg, Rob - Creative - DEVITO/VERDI, New York, NY, pg. 62
Slothower, Andy - Creative, PPOM - SPYGLASS CREATIVE, Minneapolis, MN, pg. 200
Sluyk, Kristin - Account Services, Creative, Interactive / Digital, Public Relations - DECKER ROYAL AGENCY, New York, NY, pg. 596
Smack, Jeff - Creative, Interactive / Digital, Media Department, NBC - YEBO, Richmond, VA, pg. 164
Small, Megan - Creative - RON FOTH ADVERTISING, Columbus, OH, pg. 134
Small, Amy - Creative - MEDIA CAUSE, Atlanta, GA, pg. 249
Smart, Dwain - Creative - HANNA & ASSOCIATES , Coeur d'Alene, ID, pg. 81
Smichowski, Caitlin - Creative - THE TOMBRAS GROUP, Knoxville, TN, pg. 424
Smiertka, David - Creative - SPARKS, Philadelphia, PA, pg. 315
Smiles, Andrew - Creative, PPOM - TANK DESIGN, Cambridge, MA, pg. 201
Smiling, Ray - Creative - JOHANNES LEONARDO, New York, NY, pg. 92
Smith, Lindsey - Creative, PPOM - SMITH BROTHERS AGENCY, LP, Pittsburgh, PA, pg. 410
Smith, Bronson - Creative, PPOM - SMITH BROTHERS AGENCY, LP, Pittsburgh, PA, pg. 410
Smith, Buck - Creative, Management - FLEISHMANHILLARD, Saint Louis, MO, pg. 604
Smith, Chris - Creative - THE RICHARDS GROUP, INC., Dallas, TX, pg. 422
Smith, Jason - Creative, Operations - DOTCMS, Miami, FL, pg. 230
Smith, Jason - Creative, PPOM - POCKET HERCULES, Minneapolis, MN, pg. 398
Smith, Patrick - Creative - DOSSIER CREATIVE, Vancouver, BC, pg. 180
Smith, Grant - Creative, PPOM - YAMAMOTO, Minneapolis, MN, pg. 435
Smith, Ty - Creative - AMPM, INC. , Midland, MI, pg. 325
Smith, James - Creative, Media Department - POTTS MARKETING GROUP , Anniston, AL, pg. 398
Smith, Mike - Creative, NBC, PPOM - MONTNER & ASSOCIATES, Westport, CT,

1374

AGENCIES

RESPONSIBILITIES INDEX

pg. 628
Smith, Chris - Account Planner, Creative, Media Department, NBC, PPOM - THE MARKETING ARM, Dallas, TX, pg. 316
Smith, Steve - Creative - BRANDEQUITY INTERNATIONAL, Newton, MA, pg. 175
Smith, Maria - Creative, PPOM - M&C SAATCHI LA, Santa Monica, CA, pg. 482
Smith, Alan - Creative, PPOM - TRINITY BRAND GROUP, Berkeley, CA, pg. 202
Smith, David - Creative, NBC - PUBLITEK NORTH AMERICA, Portland, OR, pg. 401
Smith, Josh - Creative - COMPADRE, Los Angeles, CA, pg. 221
Smith, Christopher - Creative, NBC - SCREENVISION, New York, NY, pg. 557
Smith, Jennifer - Creative - THE INTEGER GROUP, Lakewood, CO, pg. 682
Smith, Rachel - Creative - TPN, Dallas, TX, pg. 683
Smith, Collin - Creative - VENABLES BELL & PARTNERS, San Francisco, CA, pg. 158
Smith, Tiffany - Creative - ZENITH MEDIA, New York, NY, pg. 529
Smith, Matt - Creative, NBC, PPOM - MAXAUDIENCE, Carlsbad, CA, pg. 248
Smith, Tiffany - Creative - DAVID&GOLIATH, El Segundo, CA, pg. 57
Smith, Samantha - Creative - BVK, Milwaukee, WI, pg. 339
Smith, Justin - Creative - BARKLEY, Kansas City, MO, pg. 329
Smith, Scott - Creative - LEO BURNETT WORLDWIDE, Chicago, IL, pg. 98
Smith, Jen - Creative - T3, Austin, TX, pg. 268
Smith, Kara - Creative - WENDT, Great Falls, MT, pg. 430
Smith, Donna - Creative, Operations - 22SQUARED INC., Atlanta, GA, pg. 319
Smith, Jimmy - Creative, PPOM - AMUSEMENT PARK, Santa Ana, CA, pg. 325
Smith, Sequel - Creative - AMUSEMENT PARK, Santa Ana, CA, pg. 325
Smith, Kimberly - Creative - THE LOOMIS AGENCY, Dallas, TX, pg. 151
Smith, Greg - Creative - FERGUSON ADVERTISING, INC., Fort Wayne, IN, pg. 73
Smith, Kelly - Creative - GILBREATH COMMUNICATIONS, INC., Houston, TX, pg. 541
Smith, Stacey - Creative - DROGA5, New York, NY, pg. 64
Smith, Marin - Creative - SHIFTOLOGY COMMUNICATION, Springfield, OH, pg. 647
Smith, JP - Creative, PPM - PARTNERS + NAPIER, Rochester, NY, pg. 125
Smith, Matthew - Creative -

DIMASSIMO GOLDSTEIN, New York, NY, pg. 351
Smith DiNapoli, Rhonda - Creative, Management, PPOM - WORDS AND PICTURES CREATIVE SERVICE, INC., Park Ridge, NJ, pg. 276
Smith-Hawkins, Geriease - Account Services, Creative, Media Department - BRIGHT MOMENTS PUBLIC RELATIONS, New Orleans, LA, pg. 586
Smits, Ashley - Account Services, Creative - MARKETING BY DESIGN, INC., Beverly, MA, pg. 190
Smits, Rick - Creative - FD2S, Austin, TX, pg. 183
Smolan, Leslie - Creative, PPOM - CARBONE SMOLAN AGENCY, New York, NY, pg. 176
Sneeden, Patrick - Creative - DIMASSIMO GOLDSTEIN, New York, NY, pg. 351
Snider, Brian - Creative, PPOM - THE GRI MARKETING GROUP, INC., Shelton, CT, pg. 270
Snider, John - Account Planner, Account Services, Creative - DIGITAS, Detroit, MI, pg. 229
Snodgrass, Ross - Creative - THE INTEGER GROUP, Lakewood, CO, pg. 682
Snyder, Jeff - Creative, PPOM - INSPIRA MARKETING GROUP, Norwalk, CT, pg. 308
Snyder, Dave - Creative, PPOM - FIRSTBORN, New York, NY, pg. 234
Snyder, Dillon - Creative - THE INTEGER GROUP, Lakewood, CO, pg. 682
Snyder, Ryan - Creative - WIEDEN + KENNEDY, Portland, OR, pg. 430
Soames, David - Creative, Management - THE SHOP AGENCY, Richardson, TX, pg. 153
Soane, Cameron - Creative - WIEDEN + KENNEDY, Portland, OR, pg. 430
Sobba, Kristen - Creative - J. SCHMID & ASSOCIATES, Mission, KS, pg. 286
Sobers, Scott - Creative, NBC, PPOM - LISTRAK, Lititz, PA, pg. 246
Sobie, Alex - Creative - PRR, Seattle, WA, pg. 399
Sohaili, Sam - Creative, PPOM - DMA UNITED, New York, NY, pg. 63
Sohmer, Ryan - Creative, Media Department - BLIND FERRET, Montreal, QC, pg. 217
Sohn, Lois - Creative - JIM RICCA & ASSOCIATES, Reston, VA, pg. 92
Soifer, Barbara - Account Services, Creative, Public Relations - THE SOLUTIONS GROUP, INC., Warren, NJ, pg. 153
Sojka, Chris - Creative, PPOM - MADWELL, Brooklyn, NY, pg. 13
Sokolow, Jay - Account Services, Creative, Management - THE TOMBRAS GROUP, Knoxville, TN, pg. 424
Sokolowski, Mariana - Creative - THE COMMUNITY, Miami Beach, FL, pg. 545
Sokolowski, Casey - Creative - CLARITYQUEST, Groton, CT, pg. 50
Solberg, Scott - Creative -

EVENTIVE MARKETING, New York, NY, pg. 305
Soler, Verner - Creative - SAATCHI & SAATCHI LOS ANGELES, Torrance, CA, pg. 137
Sollisch, Jim - Creative, PPOM - MARCUS THOMAS, Cleveland, OH, pg. 104
Soluri, Julie - Creative - ZAMBEZI, Culver City, CA, pg. 165
Sommer, Matthew - Account Services, Creative - BROLIK PRODUCTIONS, Philadelphia, PA, pg. 561
Sonderup, Nick - Creative - PEREIRA & O'DELL, New York, NY, pg. 257
Sone, Ron - Creative - SCHAFER CONDON CARTER, Chicago, IL, pg. 138
Sonia, Scott - Creative - MAD*POW, Portsmouth, NH, pg. 247
Sorah, Mark - Creative - YECK BROTHERS COMPANY, Dayton, OH, pg. 294
Sorah, Cliff - Creative - THE MARTIN AGENCY, Richmond, VA, pg. 421
Soren, Liam - Creative - DONER, Southfield, MI, pg. 63
Sorensen, Eric - Creative - SOLVE, Minneapolis, MN, pg. 17
Sorenson, Scott - Creative - STRUCK, Salt Lake City, UT, pg. 144
Sorgen, Dan - Creative - SAATCHI & SAATCHI LOS ANGELES, Torrance, CA, pg. 137
Sormani, Hora - Creative - BBH, New York, NY, pg. 37
Sorrell, Matt - Creative - WIEDEN + KENNEDY, Portland, OR, pg. 430
Sorrells, Shawn - Account Services, Creative - COLES MARKETING COMMUNICATIONS, Indianapolis, IN, pg. 591
Sorto, Chris - Creative - ENVISIONIT MEDIA, INC., Chicago, IL, pg. 231
Sorvino, Carl - Creative - MWWPR, New York, NY, pg. 631
Soto, Amilynn - Account Services, Creative - THE COMMUNITY, Miami Beach, FL, pg. 545
Souder, Kirk - Creative, PPOM - ENSO, Santa Monica, CA, pg. 68
Soukup, Karin - Account Services, Creative, NBC, PPOM - COLLINS:, New York, NY, pg. 177
Soukup, Kerri - Creative - LEO BURNETT WORLDWIDE, Chicago, IL, pg. 98
Soulek, Sam - Creative, Media Department - 10 THOUSAND DESIGN, Minneapolis, MN, pg. 171
Souza, Roseanne - Creative, Management - THE SOUZA AGENCY, Annapolis, MD, pg. 424
Sovonick, Doug - Creative, PPOM - DESKEY INTEGRATED BRANDING, Cincinnati, OH, pg. 7
Soyars, Michelle - Account Planner, Creative - VELA, Winston-Salem, NC, pg. 428
Spacil, Paula - Creative, Operations - BARKLEY, Kansas City, MO, pg. 329
Spadavecchia, Dino - Creative -

1375

RESPONSIBILITIES INDEX — AGENCIES

GALLEGOS UNITED, Huntington Beach, CA, *pg.* 75
Spahr, Jay - Creative - BBDO WORLDWIDE, New York, NY, *pg.* 331
Spakowski, Mike - Creative, PPOM - ATOMICDUST, St. Louis, MO, *pg.* 214
Spangler, Andrew - Creative, PPOM - NO|INC, Baltimore, MD, *pg.* 254
Sparks, Michael - Creative - THE INTEGER GROUP - DALLAS, Dallas, TX, *pg.* 570
Sparrow, Jordan - Creative - LEO BURNETT WORLDWIDE, Chicago, IL, *pg.* 98
Speck, Kathy - Creative - COMMONWEALTH // MCCANN, Detroit, MI, *pg.* 52
Spector, Barry - Creative - SPECTOR PUBLIC RELATIONS, New York, NY, *pg.* 649
Speech, Jeff - Creative, PPOM - CORE CREATIVE, Milwaukee, WI, *pg.* 344
Speer, Amanda - Creative - MEKANISM, New York, NY, *pg.* 113
Speight, Diane - Creative - MORTON, VARDEMAN & CARLSON, Gainesville, GA, *pg.* 389
Speirs, Jean - Creative - ATLANTICA CONTENT STUDIOS, Toronto, ON, *pg.* 35
Spelliscy, Ryan - Creative, PPOM - JULIET, Toronto, ON, *pg.* 11
Spellman, Kate - Creative, NBC, PPOM - QUESTEX, Washington, DC, *pg.* 449
Spellman, Tim - Creative - MOD WORLDWIDE, Philadelphia, PA, *pg.* 192
Speltz, Michael - Creative, Management - APPLETON CREATIVE, Orlando, FL, *pg.* 32
Spencer, Jeff - Creative - GOLDSTEIN GROUP COMMUNICATIONS, INC., Solon, OH, *pg.* 365
Spencer, Jeanne - Creative - IDEA ENGINEERING, INC., Santa Barbara, CA, *pg.* 88
Spencer, Scott - Creative - POWELL CREATIVE, Nashville, TN, *pg.* 258
Spencer, Hunter - Creative - OTTO DESIGN & MARKETING, Norfolk, VA, *pg.* 124
Spencer, Nicolas - Creative, PPM - THE LAUNCHPAD GROUP, Jenkintown, PA, *pg.* 546
Spencer, Ryan - Creative - Y MEDIA LABS, Redwood City, CA, *pg.* 205
Spencer, Anne - Creative, Interactive / Digital - BAYCREATIVE, San Francisco, CA, *pg.* 215
Sperb, Nando - Creative - GOODBY, SILVERSTEIN & PARTNERS, San Francisco, CA, *pg.* 77
Sperling, Jason - Creative, PPOM - RPA, Santa Monica, CA, *pg.* 134
Spicer, Aki - Account Planner, Account Services, Creative, Interactive / Digital, Management, Media Department - LEO BURNETT WORLDWIDE, Chicago, IL, *pg.* 98
Spieles, Victor - Creative - SIMONS / MICHELSON / ZIEVE, INC., Troy, MI, *pg.* 142
Spier, Marco - Creative, PPOM - PSYOP, New York, NY, *pg.* 196
Spier, Travis - Creative - MCKINNEY, West Hollywood, CA, *pg.* 111
Spiker, Wes - Creative, PPOM - SPIKER COMMUNICATIONS, Missoula, MT, *pg.* 17
Spink, Bill - Creative, PPOM - DMW WORLDWIDE, LLC, Chesterbrook, PA, *pg.* 282
Spinks, Jeremy - Creative, Media Department, NBC - BOWSTERN, Tallahassee, FL, *pg.* 336
Spitzer, Douglas - Creative, PPOM - CATCH NEW YORK, New York, NY, *pg.* 340
Spivak, Ron - Creative - MILTON SAMUELS ADVERTISING & PUBLIC RELATIONS, New York, NY, *pg.* 387
Spliethoff, Sarah - Creative - AGENCYEA, Chicago, IL, *pg.* 302
Spraglin, Jasmine - Creative - DAVID&GOLIATH, El Segundo, CA, *pg.* 57
Sprecher, Tyler - Creative, NBC, PPOM - LOVE & COMPANY, Frederick, MD, *pg.* 101
Springer, Teri - Creative - COHN MARKETING, INC., Denver, CO, *pg.* 51
Springer Page, Ellen - Creative - EP+CO., Greenville, SC, *pg.* 356
Sprungle, Alexander - Creative - POINT TO POINT, Cleveland, OH, *pg.* 129
Squadrito, Anne - Creative - OGILVY COMMONHEALTH WORLDWIDE, Parsipanny, NJ, *pg.* 122
Sree, Kash - Creative - GYRO NY, New York, NY, *pg.* 369
St. Clair, Lindsay - Creative - RED ANTLER, Brooklyn, NY, *pg.* 16
St. John, Adam - Creative - COLLE MCVOY, Minneapolis, MN, *pg.* 343
St. Mars, Jeff - Creative - THIS IS RED, Munhall, PA, *pg.* 271
Staaf, Martin - Creative - BBDO WORLDWIDE, New York, NY, *pg.* 331
Staal, Nick - Creative - UPSHIFT CREATIVE GROUP, Chicago, IL, *pg.* 21
Staas, David - Creative, NBC, PPOM - NINTHDECIMAL, San Francisco, CA, *pg.* 534
Stack, Courtney - Account Services, Creative - KARBO COMMUNICATIONS, San Francisco, CA, *pg.* 618
Stacy, Joel - Creative - MONO, Minneapolis, MN, *pg.* 117
Stadilus, Hope - Creative - PEREIRA & O'DELL, San Francisco, CA, *pg.* 256
Staebler, Bruce - Creative, PPOM - SIGNATURE ADVERTISING, Milldale, CT, *pg.* 17
Stafford, Matthew - Creative, Interactive / Digital - MEKANISM, San Francisco, CA, *pg.* 112
Stafford, Ryan - Creative - 22SQUARED INC., Atlanta, GA, *pg.* 319
Stafford, Jerry - Creative - PURE BRAND COMMUNICATIONS, Denver, CO, *pg.* 130
Stair, Trev - Creative - STACKPOLE & PARTNERS, Newbury Port, MA, *pg.* 412
Stakem, Michael - Account Services, Creative - CREATING RESULTS, Woodbridge, VA, *pg.* 346
Stakgold, Alissa - Creative, PPOM - QUIGLEY-SIMPSON, Los Angeles, CA, *pg.* 544
Staley, Deanne - Account Services, Creative, PPM - KREBER, Columbus, OH, *pg.* 379
Stalker, Dana - Creative - SWIFT, Portland, OR, *pg.* 145
Stallman, Jim - Creative - LEO BURNETT WORLDWIDE, Chicago, IL, *pg.* 98
Stallman, Dave - Creative - CANNONBALL AGENCY, Saint Louis, MO, *pg.* 5
Stallsmith, Michael - Account Services, Creative - THEORY HOUSE : THE AGENCY BUILT FOR RETAIL, Charlotte, NC, *pg.* 683
Stamp, Dwight - Creative - INTEGRITY, Saint Louis, MO, *pg.* 90
Stamp, Jeff - Creative, Interactive / Digital, PPOM - GREY GROUP, New York, NY, *pg.* 365
Stanajic, Cyril - Creative - MA3 AGENCY, New York, NY, *pg.* 190
Standley, Rod - Creative - MCDANIELS MARKETING & COMMUNICATIONS, Pekin, IL, *pg.* 109
Standley, Rick - Creative - CRAMER-KRASSELT, Chicago, IL, *pg.* 53
Stanford, Kirk - Creative, PPOM - GRAVITY DESIGN, INC., Seattle, WA, *pg.* 185
Stanley, Jay - Creative - STONE WARD ADVERTISING, Little Rock, AR, *pg.* 413
Stanley, Summer - Creative - CREATIVE ENERGY, INC., Johnson City, TN, *pg.* 346
Stanley, Nina - Creative, PPOM - MOD WORLDWIDE, Philadelphia, PA, *pg.* 192
Stanton, David - Creative - WILLIAMSRANDALL MARKETING COMMUNICATIONS, Indianapolis, IN, *pg.* 433
Staples, Chris - Creative, PPOM - RETHINK COMMUNICATIONS, INC., Vancouver, BC, *pg.* 133
Staples, Joe - Creative - MOTHER, Los Angeles, CA, *pg.* 118
Stapleton, John - Creative, PPOM - 22SQUARED INC., Atlanta, GA, *pg.* 319
Starkey, Bill - Creative - QUENCH, Harrisburg, PA, *pg.* 131
Starkman, Aaron - Creative, PPOM - RETHINK COMMUNICATIONS, INC., Toronto, ON, *pg.* 133
Starnes, Mallory - Creative, Interactive / Digital, Management - UNION, Charlotte, NC, *pg.* 273
Stassen, Anna - Creative, Management - DDB CHICAGO, Chicago, IL, *pg.* 59
Statman, Matt - Creative, PPOM - THINK MOTIVE, Denver, CO, *pg.* 154

AGENCIES — RESPONSIBILITIES INDEX

Stauch, Chris - Creative - DELOITTE DIGITAL, Seattle, WA, *pg.* 224
Steckel, Brian - Creative, PPM - FCB CHICAGO, Chicago, IL, *pg.* 71
Steel, Wade - Creative, Interactive / Digital - ARTMIL GRAPHIC DESIGN, Kennewick, WA, *pg.* 173
Steele, Ben - Creative - GRIP LIMITED, Toronto, ON, *pg.* 78
Steele, Mike - Creative - VITALINK COMMUNICATIONS, Raleigh, NC, *pg.* 159
Steele, Lorien - Creative - SPARKLOFT MEDIA, Portland, OR, *pg.* 688
Steele, Kevin - Creative - WIEDEN + KENNEDY, Portland, OR, *pg.* 430
Stees, Mike - Creative, PPOM - MASS COMMUNICATIONS, Oakland, CA, *pg.* 190
Stefanik, Brian - Creative - BOELTER & LINCOLN, INC., Milwaukee, WI, *pg.* 41
Steffes, Kelsey - Creative - LRXD, Denver, CO, *pg.* 101
Steiger, Chelsea - Creative - FF CREATIVE, Los Angeles, CA, *pg.* 234
Steiger, Leslie - Creative - POSTERSCOPE U.S.A., New York, NY, *pg.* 556
Steimel, Keith - Creative, PPOM - CORNERSTONE STRATEGIC BRANDING, INC., New York, NY, *pg.* 178
Stein, Randy - Creative, PPOM - GRIP LIMITED, Toronto, ON, *pg.* 78
Stein, Colin - Creative - FACT & FICTION, Boulder, CO, *pg.* 70
Stein, Deborah - Creative - LEVY MG, Pittsburgh, PA, *pg.* 245
Steinbach, Avi - Creative - TBWA \ CHIAT \ DAY, New York, NY, *pg.* 416
Steinberg, Neal - Creative, PPOM - KAPOW, INC., Santa Monica, CA, *pg.* 188
Steinberg, Hannah - Creative - TURNER DUCKWORTH, San Francisco, CA, *pg.* 203
Steiner, Leif - Creative, PPOM - MOXIE SOZO, Boulder, CO, *pg.* 192
Steinfeld, Aaron - Creative - PROSEK PARTNERS, Fairfield, CT, *pg.* 639
Steinhardt, John - Creative - O2KL, New York, NY, *pg.* 121
Steinman, Josh - Account Services, Creative - BBDO WORLDWIDE, New York, NY, *pg.* 331
Steinwald, Matt - Creative - ENGINE, New York, NY, *pg.* 231
Stella, Reid - Creative - WOODRUFF, Columbia, MO, *pg.* 163
Stelmaszek, Michael - Creative - MEDIA ASSEMBLY, Southfield, MI, *pg.* 385
Stenander, Corinne - Creative - GARRISON HUGHES, Pittsburgh, PA, *pg.* 75
Steneri Morrow, Nicole - Creative - GOMEDIA, Hartford, CT, *pg.* 77
Stengle, Jon - Creative - CMD, Portland, OR, *pg.* 51
Stephan, Ben - Creative - BEMARKETING SOLUTIONS, Blue Bell, PA, *pg.* 216

Stephens, Tara - Creative, NBC - SAATCHI & SAATCHI LOS ANGELES, Torrance, CA, *pg.* 137
Stephens, Brittney - Account Services, Creative - GODO DISCOVERY COMPANY, Dallas, TX, *pg.* 77
Stephenson, Ben - Creative - SPEAR MARKETING GROUP, Walnut Creek, CA, *pg.* 411
Stephenson, Aaron - Creative - VAULT49, New York, NY, *pg.* 203
Stephenson, Chena - Creative - 72ANDSUNNY, Brooklyn, NY, *pg.* 24
Sterling, Bill - Creative, Media Department, PPOM - MOTIV, Boston, MA, *pg.* 192
Sterling, Ken - Creative, NBC, PPOM - BIGSPEAK SPEAKERS BUREAU, Santa Barbara, CA, *pg.* 302
Stern, Brian - Creative - DESIGN 446, Manasquan, NJ, *pg.* 61
Stern, Tony - Creative, PPOM - 9THWONDER, Playa Vista, CA, *pg.* 453
Stern, Tony - Creative - 9THWONDER AGENCY, Houston, TX, *pg.* 453
Stern, Marina - Creative - THE COMMUNITY, Miami Beach, FL, *pg.* 545
Stern, Robyn - Creative - SAATCHI & SAATCHI LOS ANGELES, Torrance, CA, *pg.* 137
Sternlicht, Aaron - Creative, PPM, PPOM - MODOP, Los Angeles, CA, *pg.* 251
Stevanov, David - Creative - R/GA, New York, NY, *pg.* 260
Stevens, Erin - Creative - SWIFT, Portland, OR, *pg.* 145
Stevens, Austyn - Creative - SIEGEL & GALE, New York, NY, *pg.* 17
Stevens, Kelly - Account Services, Creative, NBC, PPOM - THE&PARTNERSHIP, New York, NY, *pg.* 426
Stevens, Jennifer - Creative - MAPR, Boulder, CO, *pg.* 624
Stewart, Rob - Creative, PPOM - FORGE WORLDWIDE, Boston, MA, *pg.* 183
Stewart, David - Creative, Interactive / Digital - KARSH & HAGAN, Denver, CO, *pg.* 94
Stewart, Rafe - Creative - FLYING HORSE COMMUNICATION, Bozeman, MT, *pg.* 359
Stewart, Raleigh - Creative - HERZOG & COMPANY, North Hollywood, CA, *pg.* 298
Stewart, Lauren - Creative - TEN PEAKS MEDIA, Boerne, TX, *pg.* 269
Stille, Lori - Creative - OMNI ADVERTISING, Boca Raton, FL, *pg.* 394
Stillion, Danny - Creative, PPOM - IDEO, Palo Alto, CA, *pg.* 187
Stiltner, Mark - Creative - KARSH & HAGAN, Denver, CO, *pg.* 94
Stine, Eric - Creative - LODGE DESIGN CO., Indianapolis, IN, *pg.* 190
Stinsmuehlen, Jason - Creative - TEAM ONE, Los Angeles, CA, *pg.* 417
Stinson, Max - Creative - WIEDEN + KENNEDY, Portland, OR, *pg.* 430
Stinson, Michael - Creative, PPOM - RAMP CREATIVE, Los Angeles, CA, *pg.* 196
Stipp, Bill - Creative - ALLYN MEDIA, Dallas, TX, *pg.* 577
Stocker, Jeff - Creative, PPOM - THE MARS AGENCY, Southfield, MI, *pg.* 683
Stocker, Steve - Creative, PPOM - AFFIRM AGENCY, Pewaukee, WI, *pg.* 323
Stockton, Adam - Creative - THE MARTIN AGENCY, Richmond, VA, *pg.* 421
Stockton, Shayla - Account Services, Creative - SFW AGENCY, Greensboro, NC, *pg.* 16
Stockton, Chad - Creative - HIRSHORN ZUCKERMAN DESIGN GROUP, Rockville, MD, *pg.* 371
Stoeckle, Joan - Creative - ARTEFACT, Seattle, WA, *pg.* 173
Stoecklein, Teddy - Creative - THE VIA AGENCY, Portland, ME, *pg.* 154
Stokely, Bryan - Creative - BBDO WORLDWIDE, New York, NY, *pg.* 331
Stokes, Casey - Creative - BAILEY LAUERMAN, Omaha, NE, *pg.* 35
Stokes, Heather - Creative, Interactive / Digital - ZYNC COMMUNICATIONS INC., Toronto, ON, *pg.* 22
Stokes, Nick - Creative - WIEDEN + KENNEDY, Portland, OR, *pg.* 430
Stolarz, Leigh - Creative - 360I, LLC, New York, NY, *pg.* 320
Stollberg, Jessica - Creative - TURNER PUBLIC RELATIONS, Denver, CO, *pg.* 657
Stommel, Mike - Creative, PPOM - LUCKY BREAK PUBLIC RELATIONS, Los Angeles, CA, *pg.* 623
Stone, Larry - Creative, PPOM - STONE WARD ADVERTISING, Little Rock, AR, *pg.* 413
Stone, Jimmie - Creative, PPOM - EDELMAN, New York, NY, *pg.* 599
Stone, Steve - Creative, PPOM - HEAT, San Francisco, CA, *pg.* 84
Stone, Geoff - Creative - BIG RIVER, Richmond, VA, *pg.* 3
Stone, Deirdre - Creative, Interactive / Digital - MCGARRYBOWEN, New York, NY, *pg.* 109
Stone, Dave - Creative - THE RICHARDS GROUP, INC., Dallas, TX, *pg.* 422
Stone, Zack - Account Services, Creative - FCB HEALTH, New York, NY, *pg.* 72
Stone, Haley - Creative - COMMONWEALTH // MCCANN, Detroit, MI, *pg.* 52
Stoneman, Wally - Account Services, Creative - MOWER, Atlanta, GA, *pg.* 389
Stoopack, Michael - Account Services, Creative - R/GA, New York, NY, *pg.* 260
Stopforth, David - Creative, Media Department - INITIATIVE, New York, NY, *pg.* 477
Stopper, Mike - Creative, Promotions - JOHNSON & SEKIN, Dallas, TX, *pg.* 10

RESPONSIBILITIES INDEX — AGENCIES

Storkamp, Kelsey - Creative - MIRUM AGENCY, Minneapolis, MN, pg. 251
Stormer, Lyndsey - Creative - THE COMMUNITY, Miami Beach, FL, pg. 545
Story, Geoff - Creative - TOKY BRANDING + DESIGN, Saint Louis, MO, pg. 202
Stotts, Ryan - Creative - LEO BURNETT WORLDWIDE, Chicago, IL, pg. 98
Stout, Georgie - Creative, PPOM - 2X4, INC., New York, NY, pg. 171
Stout, Craig - Creative, PPOM - PROPHET, Chicago, IL, pg. 15
Stoutenborough, Tara - Creative, PPOM - STRATEGIES , Tustin, CA, pg. 414
Stoway, Chad - Creative - WOODRUFF, Columbia, MO, pg. 163
Stowell, David - Creative - MARKETING BY DESIGN, INC., Beverly, MA, pg. 190
Strahl, Jeff - Creative - CACTUS MARKETING COMMUNICATIONS, Denver, CO, pg. 339
Stranberg, Alyse - Creative - ORANGE LABEL ART & ADVERTISING, Newport Beach, CA, pg. 395
Stransky, Frank - Creative - ROME & COMPANY, Chicago, IL, pg. 134
Strasser, Dan - Creative - BENSIMON BYRNE, Toronto, ON, pg. 38
Strathy, Diane - Creative, PPM - 3RD THIRD MARKETING, Seattle, WA, pg. 279
Strauss, Lane - Creative - FALLS COMMUNICATIONS, Cleveland, OH, pg. 357
Strauss, Wendy - Creative - WE'RE MAGNETIC, New York, NY, pg. 318
Straznickas, Michael - Creative - MCGARRYBOWEN, Chicago, IL, pg. 110
Street, Garrett - Creative - MBB AGENCY, Leawood, KS, pg. 107
Streufert, Josh - Creative, PPOM - STRUM, Seattle, WA, pg. 18
Strickland, Scott - Creative - SAATCHI & SAATCHI X, Springdale, AR, pg. 682
Strickler, Jennifer - Creative - WESTMORELAND FLINT, Duluth, MN, pg. 161
Stricklin, Marc - Creative - BLR FURTHER, Birmingham, AL, pg. 334
Stringer, Sarah - Creative, Operations, PPOM - JULIET, Toronto, ON, pg. 11
Stringham, Thomas - Creative, PPOM - HOT TOMALI COMMUNICATIONS, INC., Vancouver, BC, pg. 371
Strobbe, Melvin - Creative - GEOMETRY, Akron, OH, pg. 362
Strobin, Alexis - Creative - RALPH, California, CA, pg. 262
Strohmeyer, Chris - Creative - BROADHEAD, Minneapolis, MN, pg. 337
Stroot, Nathan - Creative - THE MANY, Pacific Palisades, CA, pg. 151
Strotman, Rebekah - Account Services, Creative - CNX, New York, NY, pg. 51
Strydom, Tinus - Creative, NBC, PPOM - EMPOWER, Cincinnati, OH, pg. 354

Stuart, Crystalyn - Creative, Management, PPOM - IMRE, New York, NY, pg. 374
Stuart, Donna - Creative, Media Department - DRIVE BRAND STUDIO, North Conway, NH, pg. 64
Stubbs, Colleen - Creative - ALTMAN-HALL ASSOCIATES, Erie, PA, pg. 30
Stuckey, Chad - Creative, PPOM - BRAND INNOVATION GROUP, Fort Wayne, IN, pg. 336
Stude, Robert - Creative - STUDE-BECKER ADVERTISING, Saint Paul, MN, pg. 18
Studio, Brainstorm - Creative - BRAINSTORM STUDIO, Melville, NY, pg. 672
Sturges, Steve - Creative, PPOM - VI MARKETING & BRANDING, Oklahoma City, OK, pg. 428
Sturm, Brad - Account Services, Creative - STUDIO BLUE, Chicago, IL, pg. 200
Sturrus, Angela - Creative - HOOK, Ann Arbor, MI, pg. 239
Styler, David - Creative - THE RICHARDS GROUP, INC., Dallas, TX, pg. 422
Suarez, David - Creative - GOODBY, SILVERSTEIN & PARTNERS, San Francisco, CA, pg. 77
Suchy, Randy - Account Services, Creative - CANNELLA RESPONSE TELEVISION, Burlington, WI, pg. 281
Suess, Martina - Creative, Media Department, Public Relations - WPP GROUP, INC., New York, NY, pg. 433
Sugar, Hailey - Creative, Public Relations - CHIZCOMM, North York, ON, pg. 50
Sugerman, Jessica - Creative - BARRETTSF, San Francisco, CA, pg. 36
Sugiuchi, Scott - Creative, PPOM - EXIT 10 ADVERTISING, Baltimore, MD, pg. 233
Suhr, Jay - Creative, NBC, PPOM - T3, Austin, TX, pg. 268
Sukle, Mike - Creative, PPOM - SUKLE ADVERTISING & DESIGN, Denver, CO, pg. 145
Sulecki, Jim - Creative, Interactive / Digital, Media Department, PPM - MEISTER INTERACTIVE, Willoughby, OH, pg. 250
Sulit, Dennis - Creative - ARC WORLDWIDE, Chicago, IL, pg. 327
Sullens, Kristopher - Creative - J. W. MORTON & ASSOCIATES , Cedar Rapids, IA, pg. 91
Sullivan, Robin - Creative - ENLIGHTEN, Bowling Green, KY, pg. 68
Sullivan, Matt - Creative - MARC USA, Chicago, IL, pg. 104
Sullivan, Craig - Creative - TIZIANI WHITMYRE, Sharon, MA, pg. 155
Sullivan, Adam - Creative - BALZAC COMMUNICATIONS & MARKETING, Napa, CA, pg. 580

Sullivan, Laura - Creative - BRIGHTWAVE MARKETING, INC., Atlanta, GA, pg. 219
Sulpizi, Joseph - Creative, PPOM - THE BRAND FACTORY, Toronto, ON, pg. 19
Summers, Jessica - Creative - ORGANIC, INC., San Francisco, CA, pg. 255
Sundby, Joe - Creative, PPOM - ROUNDHOUSE - PORTLAND, Portland, OR, pg. 408
Sung, Augustus - Creative - R/GA, New York, NY, pg. 260
Sung, Angela - Creative - ARRIVALS + DEPARTURES, Toronto, ON, pg. 34
Sunol, Alvar - Creative, PPOM - ALMA, Coconut Grove, FL, pg. 537
Supple, Jack - Creative, PPOM - POCKET HERCULES, Minneapolis, MN, pg. 398
Sussman, Todd - Creative - DERSE, INC., North Las Vegas, NV, pg. 304
Sutcliffe, Kelsey - Creative, Interactive / Digital - ARCHETYPE, San Francisco, CA, pg. 33
Sutherland, Jenny - Analytics, Creative - VISITURE, Charleston, SC, pg. 678
Sutherland, Steve - Creative, PPM - PERISCOPE, Minneapolis, MN, pg. 127
Sutomo, Budi - Creative - MALONEY STRATEGIC COMMUNICATIONS , Dallas, TX, pg. 103
Sutorius, Kit - Creative, PPOM - AVOCET COMMUNICATIONS, Longmont, CO, pg. 328
Sutt, Amanda - Creative, Interactive / Digital, PPOM - ROCK, PAPER, SCISSORS, LLC, Lawrenceville, GA, pg. 197
Sutter, Joe - Creative, PPOM - GMR MARKETING, New Berlin, WI, pg. 306
Sutter, Mick - Creative - HUGE, INC., Brooklyn, NY, pg. 239
Sutton, Justin - Creative, Management - BARKLEY, Kansas City, MO, pg. 329
Suva, Adrian - Creative, Interactive / Digital - MCCANN CANADA, Calgary, AB, pg. 384
Svoboda, Sam - Creative, Media Department, Operations, Public Relations - 3POINTS COMMUNICATIONS, Chicago, IL, pg. 573
Swago, Lauren - Creative - SOCIALDEVIANT, LLC, Chicago, IL, pg. 688
Swain, Amy - Account Services, Creative - MEDIA ASSEMBLY, Southfield, MI, pg. 385
Swaine, Dave - Creative, Interactive / Digital, PPOM - KUHL SWAINE, Saint Louis, MO, pg. 11
Swajeski, David - Creative, PPOM - LOCATION 8, Wilmington, DE, pg. 101
Swan, Jordan - Account Services, Creative - FLINT & STEEL, New York, NY, pg. 74
Swanker, Heather - Creative - FLIGHT PATH CREATIVE, Traverse City, MI, pg. 74
Swanson, Craig - Creative - TONIQ, LLC, New York, NY, pg. 20

AGENCIES

RESPONSIBILITIES INDEX

Swanson, John - Creative - MAY ADVERTISING & DESIGN, INC., Minneapolis, MN, *pg.* 107
Swanson, Chris - Creative - EDELMAN, Los Angeles, CA, *pg.* 601
Swanson, Jim - Creative, PPOM - PERFORMANCE MARKETING, West Des Moines, IA, *pg.* 126
Swanson, Andy - Creative - BOILING POINT MEDIA, Oklahoma City, OK, *pg.* 439
Swanston, Bill - Creative, PPOM - FREDERICK SWANSTON, Alpharetta, GA, *pg.* 360
Sweeney, James - Creative, PPOM - GAIN, Richmond, VA, *pg.* 284
Sweeney, Bridget - Creative - EPSILON, Chicago, IL, *pg.* 283
Sweet, Jeff - Creative - DAVIS ADVERTISING, Worcester, MA, *pg.* 58
Swetnam, Hal - Account Planner, Creative, PPOM - GRAFIK MARKETING COMMUNICATIONS, Alexandria, VA, *pg.* 185
Swierczynski, Jana - Creative, Interactive / Digital, PPM - CRITICAL MASS, INC., New York, NY, *pg.* 223
Sygar, Dan - Creative - PERICH ADVERTISING, Ann Arbor, MI, *pg.* 126
Sykes, Camille - Creative - LG2, Montreal, QC, *pg.* 380
Sylvan, Matt - Creative - VLADIMIR JONES, Colorado Springs, CO, *pg.* 429
Szadkowski, Chris - Creative - EVB, Oakland, CA, *pg.* 233
Szajgin, Adam - Creative - 72ANDSUNNY, Playa Vista, CA, *pg.* 23
Szala, Joseph - Creative, PPOM - VIGOR , Atlanta, GA, *pg.* 21
Szczepanik, Mark - Creative - ADCOM COMMUNICATIONS, INC., Cleveland, OH, *pg.* 210
Szewczyk, Tod - Account Services, Creative, Management, Operations - LEO BURNETT WORLDWIDE, Chicago, IL, *pg.* 98
Szostak, Roman - Account Services, Creative - MYRIAD MARKETING, INC., Toronto, ON, *pg.* 168
Szwanek, Rod - Creative, Interactive / Digital, Media Department, PPM - RCG ADVERTISING AND MEDIA, Omaha, NE, *pg.* 403
Szymanski, Jakub - Creative - BBDO SAN FRANCISCO, San Francisco, CA, *pg.* 330
Szynal, Derek - Creative - WIEDEN + KENNEDY, Portland, OR, *pg.* 430
Tabery, Kiyo - Creative - ETHOS MARKETING & DESIGN, Westbrook, ME, *pg.* 182
Tack, Sara - Creative - BURST MARKETING, Troy, NY, *pg.* 338
Tackett, Tina - Creative - THE LOOMIS AGENCY, Dallas, TX, *pg.* 151
Tadgell, Nicole - Creative - DAVIS ADVERTISING, Worcester, MA, *pg.* 58
Tadlock, Steve - Creative - BRODERICK ADVERTISING, Jackson, MS, *pg.* 43
Taflinger, Neal - Creative, Interactive / Digital - BORSHOFF, Indianapolis, IN, *pg.* 585
Tagliasacchi, Alicia - Creative, Interactive / Digital - WE ARE ROYALE, Los Angeles, CA, *pg.* 205
Tainsh, Jessica - Creative - FIRSTBORN, New York, NY, *pg.* 234
Tait, Orion - Creative, PPOM - BUCK, Los Angeles, CA, *pg.* 176
Takahashi, Akira - Creative - AKQA, San Francisco, CA, *pg.* 211
Talbot, Matt - Creative - WORKINPROGRESS, Boulder, CO, *pg.* 163
Talbott, Joe - Creative, PPOM - VIVA CREATIVE, Rockville, MD, *pg.* 160
Talerico, James - Creative, PPOM - HEARTBEAT IDEAS, New York, NY, *pg.* 238
Talick, Carrie - Creative - INNOCEAN USA, Huntington Beach, CA, *pg.* 479
Talley, Meggan - Creative, NBC - GREEN OLIVE MEDIA, LLC, Atlanta, GA, *pg.* 610
Tam, Simon - Creative - NICE & COMPANY, San Francisco, CA, *pg.* 391
Tam, Raymond - Creative - L3 ADVERTISING INC., New York, NY, *pg.* 542
Tamares, JoAn - Creative - COOK & SCHMID, San Diego, CA, *pg.* 593
Tamayo, Pamela - Creative - FLUID, INC., New York, NY, *pg.* 235
Tamayo, Andy - Creative - DAVID, Miami, FL, *pg.* 57
Tamburino, John - Creative - TRENCHLESS MARKETING, Flagstaff, AZ, *pg.* 427
Tamura, Shelby - Creative - DDB CHICAGO, Chicago, IL, *pg.* 59
Tan, Lisha - Creative - THE MILL, Los Angeles, CA, *pg.* 563
Tan, Karen - Creative - VERMILION DESIGN, Boulder, CO, *pg.* 204
Tanasy, Jasmine - Account Planner, Account Services, Creative - LANDOR, New York, NY, *pg.* 11
Tang, Shane - Creative - THE JAMES AGENCY (TJA), Scottsdale, AZ, *pg.* 151
Tang, Michelle - Creative - WEBER SHANDWICK, San Francisco, CA, *pg.* 662
Tarry, Rob - Creative - RETHINK COMMUNICATIONS, INC., Vancouver, BC, *pg.* 133
Tat, Vy - Creative - KPS3 MARKETING AND COMMUNICATIONS, Reno, NV, *pg.* 378
Taub, David - Creative, Management, PPOM - R2INTEGRATED, Baltimore, MD, *pg.* 261
Taub, Elliot - Creative - HAVAS HEALTH & YOU, New York, NY, *pg.* 82
Taunton, Tiffany - Creative - ECHO DELTA, Winter Haven, FL, *pg.* 353
Tauro Jr., Nick - Creative - RK VENTURE, Albuquerque, NM, *pg.* 197
Tavarez, Michael - Creative - GENTLEMAN SCHOLAR, Los Angeles, CA, *pg.* 562
Tavrides, Heath - Creative - PREACHER, Austin, TX, *pg.* 129

Tax Wille, Kathleen - Creative - FCB CHICAGO, Chicago, IL, *pg.* 71
Taylor, Glenn - Creative, PPOM - MLT CREATIVE, Tucker, GA, *pg.* 116
Taylor, Aaron - Creative, PPOM - HINGE, Reston, VA, *pg.* 370
Taylor, Claire - Creative - CARPENTER GROUP, New York, NY, *pg.* 48
Taylor, Dan - Account Services, Creative, PPOM - TAYLOR DESIGN, Stamford, CT, *pg.* 201
Taylor, Robb - Creative, PPOM - JEKYLL AND HYDE, Redford, MI, *pg.* 92
Taylor, T. - Creative, PPOM - THE CREATIVE ALLIANCE, Lafayette, CO, *pg.* 653
Taylor, Brent - Creative - KEMP ADVERTISING + MARKETING, High Point, NC, *pg.* 378
Taylor, Todd - Creative - RED TETTEMER O'CONNELL + PARTNERS, Philadelphia, PA, *pg.* 404
Taylor, Liz - Creative, Interactive / Digital, PPOM, Social Media - LEO BURNETT WORLDWIDE, Chicago, IL, *pg.* 98
Taylor, Bradley - Creative - TEN35, Chicago, IL, *pg.* 147
Taylor, Dustin - Creative, Management - THE SHOP AGENCY, Richardson, TX, *pg.* 153
Taylor, Kyle - Creative, NBC, PPOM - FACT & FICTION, Boulder, CO, *pg.* 70
Taylor, Mark - Creative, PPOM - MERING, Sacramento, CA, *pg.* 114
Taylor, Lee - Creative - CURIOSITY ADVERTISING, Cincinnati, OH, *pg.* 223
Taylor, Natalie - Creative - LEO BURNETT WORLDWIDE, Chicago, IL, *pg.* 98
Taylor, Kevin - Creative - 22SQUARED INC., Tampa, FL, *pg.* 319
Taylor, Theodore - Creative - THE BRICK FACTORY, Washington, DC, *pg.* 269
Taylor, Matt - Creative - UNION, Charlotte, NC, *pg.* 273
Taylor, Chris - Creative, Interactive / Digital - CONVERSANT, LLC, Chicago, IL, *pg.* 222
Taylor, Georgia - Creative - DAVID, Miami, FL, *pg.* 57
Teachey, Kayleigh - Creative - CRAFTED, Charlotte, NC, *pg.* 178
Teague, Tennille - Creative, Interactive / Digital, Media Department, PPM - YARD, New York, NY, *pg.* 435
Tecchio, Vinney - Account Services, Creative, Management, NBC - DEUTSCH, INC., New York, NY, *pg.* 349
Tedeschi, Paul - Creative - DECKER, Glastonbury, CT, *pg.* 60
Tedlock, Ethan - Creative - VMLY&R, Kansas City, MO, *pg.* 274
Teevens, Kevin - Creative - HUDSON ROUGE, Dearborn, MI, *pg.* 372
Teixeira, Nuno - Creative - TBWA \ CHIAT \ DAY, New York, NY, *pg.* 416

1379

RESPONSIBILITIES INDEX — AGENCIES

Teixeira, Fabricio - Creative - WORK & CO, Brooklyn, NY, pg. 276
Tell, Michele - Creative, PPOM - PREFERRED PUBLIC RELATIONS & MARKETING, Las Vegas, NV, pg. 638
Telmer, Mindy - Creative - RAUXA, New York, NY, pg. 291
Templeton, Cameron - Creative - MOMENTUM WORLDWIDE, Atlanta, GA, pg. 117
Tentler, Leslie - Creative, PPM - CARABINER COMMUNICATIONS INC., Lilburn, GA, pg. 588
Tepperman, Paul - Creative, PPOM - TR DESIGN, INC., North Andover, MA, pg. 202
Terchek, Tim - Creative, PPOM - THE DRUCKER GROUP, Chicago, IL, pg. 150
Terlizzi, Jessica - Creative - MCGARRYBOWEN, New York, NY, pg. 109
Terlizzi, Robert - Creative - HAVAS MEDIA GROUP, New York, NY, pg. 468
Terman, Jennifer - Creative, Promotions, Public Relations - DRS & ASSOCIATES, North Hollywood, CA, pg. 598
Ternblom, Simona - Creative - CRITICAL MASS, INC., New York, NY, pg. 223
Terry, Dave - Creative - MAY ADVERTISING & DESIGN, INC., Minneapolis, MN, pg. 107
Terry, Matthew - Creative - VMLY&R, New York, NY, pg. 160
Terry, Rich - Creative - SHERRY MATTHEWS ADVOCACY MARKETING, Austin, TX, pg. 140
Terwilliger, Jodi - Creative - BUCK, Los Angeles, CA, pg. 176
Terzis, Kimberley - Creative - SIMPLE TRUTH, Chicago, IL, pg. 198
Teska, Jamie - Creative - HUGHES DESIGN GROUP, South Norwalk, CT, pg. 186
Tetreault, Adam - Creative - WIEDEN + KENNEDY, Portland, OR, pg. 430
Thain, Dan - Creative - BLUE STATE DIGITAL, New York, NY, pg. 335
Thal, Charlotte - Creative, Media Department - FEATURE ADVERTISING, Chesterfield, MO, pg. 673
Thaman, Michael - Creative - MILLER BROOKS, INC. , Zionsville, IN, pg. 191
Thawani, Rohit - Creative, Interactive / Digital - TBWA/MEDIA ARTS LAB, Los Angeles, CA, pg. 147
Theinpeng, Arm - Creative - ARC WORLDWIDE, Chicago, IL, pg. 327
Theodore, Halley - Account Services, Creative - NEMO DESIGN, Portland, OR, pg. 193
Theriot, Tabor - Creative, Interactive / Digital, Media Department - ENGINE, New York, NY, pg. 231
Theroux, Justin - Creative - FRIENDS & NEIGHBORS, Minneapolis, MN, pg. 7
Theuma, Corel - Creative - STRAWBERRYFROG, New York, NY, pg. 414
Theurer, Sara - Analytics, Creative - SIGNAL THEORY, Kansas City, MO, pg. 141
Thiel, Paul - Creative - AVATAR LABS, Encino, CA, pg. 214
Thieman, Andy - Creative - WEBER SHANDWICK, Minneapolis, MN, pg. 660
Thiessen, Samantha - Creative - ARC WORLDWIDE, Chicago, IL, pg. 327
Thiot, Pierce - Creative - TBWA/MEDIA ARTS LAB, Los Angeles, CA, pg. 147
Thiry, Julien - Creative - DENTSUBOS INC., Montreal, QC, pg. 61
Thode, Glenn - Creative - GARTNER, INC., Stamford, CT, pg. 236
Thoelke, Eric - Creative, PPOM - TOKY BRANDING + DESIGN, Saint Louis, MO, pg. 202
Thomas, Steve - Creative, PPOM - STEPHEN THOMAS, Toronto, ON, pg. 412
Thomas, Jennifer - Creative - CAMPBELL EWALD, Detroit, MI, pg. 46
Thomas, Hana - Account Services, Creative - MCCANN NEW YORK, New York, NY, pg. 108
Thomas, Terry - Account Planner, Account Services, Creative - DANIEL BRIAN ADVERTISING, Rochester, MI, pg. 348
Thomas, Grant - Creative - WIEDEN + KENNEDY, Portland, OR, pg. 430
Thomas, Gary - Creative - NICE SHOES, New York, NY, pg. 193
Thomas, Monique - Creative - MORSEKODE, Minneapolis, MN, pg. 14
Thomas, Tim - Creative - LEO BURNETT DETROIT, Troy, MI, pg. 97
Thomas, Scott - Creative - THE BOSTON GROUP, Boston, MA, pg. 418
Thomas, Brittany - Creative - THE SHIPYARD, Columbus, OH, pg. 270
Thomas, Jasper - Creative - GOLIN, Los Angeles, CA, pg. 609
Thomas, Annick - Creative - RED ANTLER, Brooklyn, NY, pg. 16
Thomas, Zach - Creative - AOR, INC., Denver, CO, pg. 32
Thomas, David - Creative - EDELMAN, Chicago, IL, pg. 353
Thomas, Keith - Creative - ENERGY BBDO, INC., Chicago, IL, pg. 355
Thomason, Keith - Creative - THE TOMBRAS GROUP, Knoxville, TN, pg. 424
Thompson, Bob - Creative, Management - PORCARO COMMUNICATIONS, Anchorage, AK, pg. 398
Thompson, Carol - Creative, PPOM - AD CETERA, INC., Addison, TX, pg. 26
Thompson, Steve - Creative - RED TETTEMER O'CONNELL + PARTNERS, Philadelphia, PA, pg. 404
Thompson, Nate - Creative, Interactive / Digital - RATIO INTERACTIVE, Seattle, WA, pg. 262
Thompson, Trent - Creative - NO FIXED ADDRESS INC., Toronto, ON, pg. 120
Thompson, Devin - Creative - INSTRUMENT, Portland, OR, pg. 242
Thompson, William - Creative, Interactive / Digital - 9THWONDER AGENCY, Houston, TX, pg. 453
Thompson, Evan - Creative - VSA PARTNERS, INC. , Chicago, IL, pg. 204
Thompson, Martin - Account Services, Creative - ABEL COMMUNICATIONS, Baltimore, MD, pg. 574
Thongton, Nickie - Creative - MCCANN NEW YORK, New York, NY, pg. 108
Thorburn, Bill - Creative, PPOM - THE THORBURN GROUP, Minneapolis, MN, pg. 20
Thornburg, Brent - Creative - KNOWN, Los Angeles, CA, pg. 298
Thorne, Rich - Creative - CAMBRIDGE BIOMARKETING, Cambridge, MA, pg. 46
Thornton, Aaron - Creative - THE RICHARDS GROUP, INC., Dallas, TX, pg. 422
Thornton, Nathan - Creative - OLOGIE, Columbus, OH, pg. 122
Thorp, Jon - Creative, Public Relations - PROMERSBERGER COMPANY, Fargo, ND, pg. 638
Thrap, Trevor - Creative - SANDSTROM PARTNERS, Portland, OR, pg. 198
Thrun, Rick - Creative, PPOM - PROPELLER, Milwaukee, WI, pg. 130
Thur, Adam - Creative - UNION CREATIVE, Toronto, ON, pg. 273
Thurau, Jeff - Creative - IMPRESSIONS, Mineola, NY, pg. 89
Thurman, T.J. - Creative - MONIGLE ASSOCIATES, INC., Denver, CO, pg. 14
Tiehen, Susan - Creative - JNA ADVERTISING, Overland Park, KS, pg. 92
Tieman, Jake - Creative - BULLISH INC, New York, NY, pg. 45
Tiemann, Frauke - Creative - DAVID&GOLIATH, El Segundo, CA, pg. 57
Tierney, Katelyn - Creative - BVK, Milwaukee, WI, pg. 339
Tijerina, Chelsea - Creative - 180LA, Los Angeles, CA, pg. 23
Till, Spencer - Creative, PPOM - LEWIS COMMUNICATIONS, Birmingham, AL, pg. 100
Till, Brit - Creative - THEBLOC, New York, NY, pg. 154
Timmerman, Rachel - Creative - RED TETTEMER O'CONNELL + PARTNERS, Philadelphia, PA, pg. 404
Timmermeyer, Douglas - Creative, NBC - HERRING DESIGN STUDIO, Houston, TX, pg. 186
Timms, Judy - Creative - PUBLICIS TORONTO, Toronto, ON, pg. 639
Ting, Richard - Creative, Media Department, PPOM - R/GA, New York, NY, pg. 260
Tinsley, Maggie - Creative, Interactive / Digital - GEOMETRY, Chicago, IL, pg. 363
Tirado, Laura - Creative - GENUINE INTERACTIVE, Boston, MA, pg. 237
Tischler, Melissa - Account Services, Creative, Management, NBC

AGENCIES

RESPONSIBILITIES INDEX

- LIPPINCOTT, New York, NY, *pg.* 189
Tisser, Jason - Creative - CAMPBELL EWALD, West Hollywood, CA, *pg.* 47
Tittel, Mike - Creative - GYRO, Cincinnati, OH, *pg.* 368
Titus, Jim - Creative - BRABENDERCOX, Pittsburgh, PA, *pg.* 336
Titus, Tracy - Creative, PPOM - PAGE DESIGN GROUP, Sacramento, CA, *pg.* 194
Tobin, Patrick - Creative - FCB HEALTH, New York, NY, *pg.* 72
Tocmacov, Alin - Creative, PPOM - C&G PARTNERS, LLC, New York, NY, *pg.* 176
Todai, Amin - Creative, PPOM - ONEMETHOD INC., Toronto, ON, *pg.* 123
Todd, Kayla - Creative - MRM//MCCANN, Birmingham, MI, *pg.* 252
Todd, Leilanni - Creative - DROGA5, New York, NY, *pg.* 64
Toepper, Dave - Creative - ARTBOX CREATIVE STUDIOS, Rogers, MN, *pg.* 173
Toffoli, Chris - Creative - DDB SAN FRANCISCO, San Francisco, CA, *pg.* 60
Tolbert, Ben - Creative - TBWA \ CHIAT \ DAY, Los Angeles, CA, *pg.* 146
Toledo, Javier - Creative - MCCANN NEW YORK, New York, NY, *pg.* 108
Tolep, Don - Creative, NBC - OGK CREATIVE, Del Ray Beach, FL, *pg.* 14
Tolleson, Steve - Creative, PPOM - TOLLESON DESIGN, San Francisco, CA, *pg.* 202
Tolley, Geoff - Creative, PPOM - CHEMISTRY COMMUNICATIONS INC., Pittsburgh, PA, *pg.* 50
Tolley, Joe - Creative - LUQUIRE GEORGE ANDREWS, INC., Charlotte, NC, *pg.* 382
Tomala, Rebecca - Creative - MATRIX PARTNERS, LTD., Chicago, IL, *pg.* 107
Tomes, Dustin - Creative - DROGA5, New York, NY, *pg.* 64
Tomlin, Jessica - Creative - BLACKDOG ADVERTISING, Miami, FL, *pg.* 40
Tomlin, Karen - Creative - DIMASSIMO GOLDSTEIN, New York, NY, *pg.* 351
Tomlinson, Jared - Creative, PPOM - STANDARD BLACK, Los Angeles, CA, *pg.* 144
Tone, Tim - Creative - THE RICHARDS GROUP, INC., Dallas, TX, *pg.* 422
Tone, Ketura - Account Services, Creative - QUAKER CITY MERCANTILE, Philadelphia, PA, *pg.* 131
Tong, Mabel - Creative, Interactive / Digital - MANHATTAN MARKETING ENSEMBLE, New York, NY, *pg.* 382
Tontz, Timothy - Creative - TBWA \ CHIAT \ DAY, New York, NY, *pg.* 416
Toohey, Joe - Creative, PPOM - 2E CREATIVE, Saint Louis, MO, *pg.* 23
Topa, Susan - Creative - PARK OUTDOOR ADVERTISING, Utica, NY, *pg.* 555
Toro, Vanessa - Creative - DIGITAS, Atlanta, GA, *pg.* 228
Torphy, Shannon - Creative - AOR, INC., Denver, CO, *pg.* 32
Torre, Zachery - Creative - DID AGENCY, Ambler, PA, *pg.* 62
Torres, Roy - Creative - HUGE, INC., Atlanta, GA, *pg.* 240
Torres, Manuel - Creative - ENERGY BBDO, INC., Chicago, IL, *pg.* 355
Torres, Juan - Creative - BLUE C ADVERTISING, Costa Mesa, CA, *pg.* 334
Torstenbo, Craig - Creative - MASTERWORKS, Poulsbo, WA, *pg.* 687
Tosi, Kevin - Creative - BBH, West Hollywood, CA, *pg.* 37
Toth, Jim - Account Services, Creative, PPOM - VSA PARTNERS, INC., Chicago, IL, *pg.* 204
Toth, Steve - Creative - STEVENS STRATEGIC COMMUNICATIONS, INC., Westlake, OH, *pg.* 413
Tournat, Charlie - Creative - PRESTON KELLY, Minneapolis, MN, *pg.* 129
Toussaint, Alea - Creative - MONO, Minneapolis, MN, *pg.* 117
Tovi, Aaron - Creative - VIGOR , Atlanta, GA, *pg.* 21
Towler, John - Creative - THE ZIMMERMAN AGENCY, Tallahassee, FL, *pg.* 426
Townsend, Andrew - Creative, PPOM - KRACOE SZYKULA & TOWNSEND INC. , Troy, MI, *pg.* 96
Townsend, Paul - Creative, Interactive / Digital, Media Department - SMASHING IDEAS, Seattle, WA, *pg.* 266
Townsend, Jared - Creative, Interactive / Digital, Media Department - ROCKET55, Minneapolis, MN, *pg.* 264
Tracy, Marianne - Creative, Operations, PPM - THE GEORGE P. JOHNSON COMPANY, San Carlos, CA, *pg.* 316
Trahar, John - Creative, PPOM - GREATEST COMMON FACTORY, Austin, TX, *pg.* 365
Tran, John Paul - Creative, NBC, PPOM - TRIPTENT, New York, NY, *pg.* 156
Tran, Long - Creative - TVGLA, Los Angeles, CA, *pg.* 273
Tran, Connie - Creative - PHILOSOPHY COMMUNICATION, Denver, CO, *pg.* 636
Trani, JorDana - Account Services, Creative, Management, Public Relations, Social Media - DEVRIES GLOBAL, New York, NY, *pg.* 596
Travis, Magdalena - Creative - FORCE MAJURE DESIGN INC., Brooklyn, NY, *pg.* 183
Travisano, Vincent - Creative - PURERED, Princeton, NJ, *pg.* 130
Treacy, Jack - Creative - COLLE MCVOY, Minneapolis, MN, *pg.* 343
Tremblay, Louis-Philippe - Account Services, Creative, Media Department - PUBLICIS NORTH AMERICA, New York, NY, *pg.* 399
Trentham, Colleen - Creative - ON BOARD EXPERIENTIAL MARKETING, Sausalito, CA, *pg.* 313
Trepal, Judy - Creative, PPOM - ETHOS MARKETING & DESIGN, Westbrook, ME, *pg.* 182
Tresidder, Melissa - Creative - PRESTON KELLY, Minneapolis, MN, *pg.* 129
Tresider, Jeff - Creative - BROADHEAD, Minneapolis, MN, *pg.* 337
Tressel, Peter - Creative, Interactive / Digital - PRESTON KELLY, Minneapolis, MN, *pg.* 129
Treyer-Evans, Toby - Creative - DROGA5, New York, NY, *pg.* 64
Tri, Michael - Creative - ELEVATE, Chicago, IL, *pg.* 230
Tribble, Erika - Creative - FITZCO, Atlanta, GA, *pg.* 73
Tribe, Norm - Creative, Interactive / Digital, PPOM - GEARSHIFT ADVERTISING, Costa Mesa, CA, *pg.* 76
Trierweiler, Spencer - Creative - THINK MOTIVE, Denver, CO, *pg.* 154
Trimino, Anthony - Creative, PPOM - TRAFFIK ADVERTISING, Irvine, CA, *pg.* 156
Trinidad, Megan - Creative - R/GA, Austin, TX, *pg.* 261
Tripodi, Kevin - Creative - MOWER, Syracuse, NY, *pg.* 118
Trochimiuk, Aleksandra - Creative - COLANGELO & PARTNERS, New York, NY, *pg.* 591
Trojanowski, Joel - Creative - ARMSTRONG PARTNERSHIP LIMITED, Toronto, ON, *pg.* 565
Trojanowski, Jason - Creative, Interactive / Digital - EVOKE HEALTH, New York, NY, *pg.* 69
Trollback, Jakob - Creative, PPOM - TROLLBACK & COMPANY, New York, NY, *pg.* 203
Trompeter, Anne - Creative, PPOM - LIVE MARKETING, Evanston, IL, *pg.* 310
Troncoso, Alfredo - Creative - KANTAR TNS, Chicago, IL, *pg.* 446
Trondle, Jayme - Creative - NIMBUS, Louisville, KY, *pg.* 391
Troop, Nick - Creative - PREACHER, Austin, TX, *pg.* 129
Troutt, Jeremy - Creative - TRAFFIK ADVERTISING, Irvine, CA, *pg.* 156
Truitt, Heather - Creative - FURIA RUBEL COMMUNICATIONS, INC., Doylestown, PA, *pg.* 607
Trumble, James - Account Planner, Account Services, Creative, Management, Media Department, NBC, Operations - ORGANIC, INC., Troy, MI, *pg.* 256
Truong, Jenny - Creative - STEIN IAS, New York, NY, *pg.* 267
Trygg, Toby - Creative - OGILVY HEALTH, New York, NY, *pg.* 122
Tsai Petrenka, Grace - Creative - WIEDEN + KENNEDY, Portland, OR, *pg.* 430
Tsang, Tina - Creative - IPROSPECT, Fort Worth, TX, *pg.* 674
Tsiboulski, Cyril - Creative, PPOM

RESPONSIBILITIES INDEX — AGENCIES

- CLOUDRED, Brooklyn, NY, pg. 221
Tsoi, Jensen - Creative - DYVERSITY COMMUNICATIONS, Markham, ON, pg. 66
Tucci, Mark - Creative, PPOM - TUCCI CREATIVE, Tucson, AZ, pg. 157
Tucker, Deborah - Creative - COLINKURTIS ADVERTISING & DESIGN, Rockford, IL, pg. 177
Tucker, Angus - Creative, PPOM - JOHN ST., Toronto, ON, pg. 93
Tucker, Todd - Creative - THE RICHARDS GROUP, INC., Dallas, TX, pg. 422
Tucker, Michelle - Creative - EDELMAN, Chicago, IL, pg. 353
Tudor, Destiny - Creative - VELOCITY OMC, New York, NY, pg. 158
Tull, Kim - Creative - GODFREY, Lancaster, PA, pg. 8
Tulley, Vincent - Creative - DEVITO/VERDI, New York, NY, pg. 62
Tullos, Shea - Creative - CACTUS MARKETING COMMUNICATIONS, Denver, CO, pg. 339
Tuluy, Turan - Creative - ANOMALY, New York, NY, pg. 325
Tung, Sherman - Creative - TIME ADVERTISING, Millbrae, CA, pg. 155
Tung, Mina - Account Services, Creative - UNDERTONE, New York, NY, pg. 273
Turk, Barnett - Creative - PURDIE ROGERS, INC., Seattle, WA, pg. 130
Turkel, Bruce - Creative, PPOM - TURKEL, Coconut Grove, FL, pg. 157
Turken, Patricia - Creative - MUNN RABOT, New York, NY, pg. 448
Turnbull, Susan - Creative - HOT PINK, INC., Rapid City, SD, pg. 87
Turner, Russell - Creative - FALL ADVERTISING, Santee, CA, pg. 70
Turner, Sarah - Creative - E. W. BULLOCK ASSOCIATES, Pensacola, FL, pg. 66
Turner, Chris - Creative, PPOM - OGILVY, Chicago, IL, pg. 393
Turner, Ron - Creative, NBC - ALISON SOUTH MARKETING GROUP, Aiken, SC, pg. 29
Turner, Jeremy - Creative - RED ANTLER, Brooklyn, NY, pg. 16
Turner, Kevin - Creative - FUNWORKS, Oakland, CA, pg. 75
Turner, Jason - Creative - WIEDEN + KENNEDY, Portland, OR, pg. 430
Turner, Sam - Creative - MILLER-REID, Chattanooga, TN, pg. 115
Turpin, Michelle - Creative - EP+CO., Greenville, SC, pg. 356
Tuttle, Kari - Creative - BLIND SOCIETY, Scottsdale, AZ, pg. 40
Tuzson, Andrew - Creative - FIRESPRING, Lincoln, NE, pg. 358
Tveit, Mary - Creative, PPOM - SOL DESIGN COMPANY, Atlanta, GA, pg. 199
Tweddell, Zachery - Account Services, Creative, NBC - BAYARD ADVERTISING AGENCY, INC., New York, NY, pg. 37
Twigger, Gavin - Creative - JAVELIN AGENCY, Irving, TX, pg. 286
Twitchell, Bryce - Creative - SCOTT PEYRON & ASSOCIATES, INC., Boise, ID, pg. 688
Twomey, John - Creative - CAMERON ADVERTISING, Hauppauge, NY, pg. 339
Tyma, Braeden - Creative - SCORR MARKETING, Kearney, NE, pg. 409
Tyner, Troy - Creative, PPOM - MITRE AGENCY, Greensboro, NC, pg. 191
Tynski, Kristin - Creative, PPOM - FRACTL, Delray Beach, FL, pg. 686
Tyree, Alex - Account Services, Creative - SPIKE DDB, Brooklyn, NY, pg. 143
Ubeda, Amanda - Creative - ARNOLD WORLDWIDE, New York, NY, pg. 34
Uhelski, Sara - Creative - TBD, San Francisco, CA, pg. 146
Ulla, Jorge - Creative, PPOM - D. EXPOSITO & PARTNERS, New York, NY, pg. 539
Ullman, Jake - Account Services, Creative - ARGONAUT, INC., San Francisco, CA, pg. 33
Ulloa, Renee - Creative - DARK HORSE MEDIA, Tucson, AZ, pg. 464
Ume, Chike - Creative - ESSENCE, San Francisco, CA, pg. 232
Umlauf, Simon - Creative, PPM - MOUNTAIN VIEW GROUP, Atlanta, GA, pg. 389
Un, Milton - Creative - CARMICHAEL LYNCH, Minneapolis, MN, pg. 47
Unflat, Brian - Creative - CMD, Portland, OR, pg. 51
Unger, Mark - Creative, PPOM - PUSH, Orlando, FL, pg. 401
Unger, Peter - Creative - VAYNERMEDIA, New York, NY, pg. 689
Ungvarsky, Drew - Creative, PPOM - GROW INTERACTIVE, Norfolk, VA, pg. 237
Upham, Gary - Creative - SHIFT, Greenville, SC, pg. 17
Uriarte, Melanie - Creative - REAGAN OUTDOOR ADVERTISING, Salt Lake City, UT, pg. 557
Uriarte, Luisa - Creative, Management, PPOM - MADDOCK DOUGLAS, Elmhurst, IL, pg. 102
Uribe, Jessica - Account Services, Creative, Media Department - DAILEY & ASSOCIATES, West Hollywood, CA, pg. 56
Utzinger, Rick - Creative - FALLON WORLDWIDE, Minneapolis, MN, pg. 70
Uy, Bernard - Creative, PPOM - WALL TO WALL STUDIOS, Pittsburgh, PA, pg. 204
Vacca, Peter - Creative - CARDINAL COMMUNICATIONS USA, New York, NY, pg. 47
Vaccarino, Tim - Creative - MULLENLOWE U.S. BOSTON, Boston, MA, pg. 389
Vadnais, Adam - Creative, Interactive / Digital, Social Media - MOB SCENE, Los Angeles, CA, pg. 563
Vague, Dana - Creative - CAYENNE CREATIVE, Birmingham, AL, pg. 49
Vahidi, Saeid - Creative, Interactive / Digital, NBC - 72ANDSUNNY, Brooklyn, NY, pg. 24
Val, Gabriel - Creative, Interactive / Digital, NBC - JELLYVISION LAB, Chicago, IL, pg. 377
Valadez, Oved - Creative, NBC, PPOM - INDUSTRY, Portland, OR, pg. 187
Valencius, Chris - Account Planner, Account Services, Creative - ARNOLD WORLDWIDE, Boston, MA, pg. 33
Valero, Ricard - Creative - OGILVY, New York, NY, pg. 393
Valle, Peter - Creative - ALLEN & GERRITSEN, Boston, MA, pg. 29
Valley, Adam - Creative - THE MANY, Pacific Palisades, CA, pg. 151
Vallin, Arthur - Creative - HARLEY & CO, New York, NY, pg. 9
Valusek, Kathy - Creative - MUNROE CREATIVE PARTNERS, Philadelphia, PA, pg. 192
Valvano, Greg - Creative - CRAFTED, Charlotte, NC, pg. 178
Vamosy, Michael - Creative, PPOM - KNOWN, Los Angeles, CA, pg. 298
Van, Shirley - Creative, Operations - INDUSTRY, Portland, OR, pg. 187
Van Andel, Doug - Creative - BLUE CHIP MARKETING & COMMUNICATIONS, Northbrook, IL, pg. 334
van Dam, Daan - Creative - R/GA, Portland, OR, pg. 261
van den Driesen, Scot - Creative - VENABLES BELL & PARTNERS, San Francisco, CA, pg. 158
van der Does, Anne - Account Services, Creative, PPOM - A.D. LUBOW, New York, NY, pg. 25
van der Merwe, Riaad - Creative - AKQA, Portland, OR, pg. 212
Van Dyk, Sean - Creative - FOLKLORE DIGITAL, Minneapolis, MN, pg. 235
Van Dyke, Nathan - Creative - DERSE, INC., Milwaukee, WI, pg. 304
Van Dzura, Gary - Creative, Interactive / Digital - WIEDEN + KENNEDY, New York, NY, pg. 432
Van Fossen, Eric - Creative - DENMARK - THE AGENCY, Sandy Springs, GA, pg. 61
van Ginkel, Dirk - Creative - JAM3, Toronto, ON, pg. 243
van Leeuwen, Matthijs - Creative - MOTHER NY, New York, NY, pg. 118
Van Rensburg, Lauren - Creative - REED EXHIBITION COMPANY, Norwalk, CT, pg. 314
Van Slyke, Billie - Account Services, Creative, Management - LOVE ADVERTISING, Houston, TX, pg. 101
Van Someren, Lisa - Creative, NBC, PPM - CACTUS MARKETING COMMUNICATIONS, Denver, CO, pg. 339
Van Swearingen, Jody - Creative - ABELSON-TAYLOR, Chicago, IL, pg. 25
Vance, John - Creative, PPOM - LEVINE & ASSOCIATES, INC., Washington, DC, pg. 11
Vance, Joe - Creative - MEDIAURA, Jefferson, IN, pg. 250
Vancil, Ryan - Creative - BASIC, San Diego, CA, pg. 215
Vandeputte, Brian - Creative - R/GA, San Francisco, CA, pg. 261

AGENCIES — RESPONSIBILITIES INDEX

Vanderkleed, Chris - Creative - EP+CO., Greenville, SC, pg. 356

Vandeven, Debbi - Creative, PPOM - VMLY&R, Kansas City, MO, pg. 274

Vanhecke, Drew - Creative - BUSINESSONLINE, San Diego, CA, pg. 672

Vannucci, Denise - Creative - BLUE PLATE MEDIA SERVICES, Summit, NJ, pg. 456

Vasques, Chris - Creative, Social Media - AKQA, San Francisco, CA, pg. 211

Vaughan, Brian - Creative - SHADOW PUBLIC RELATIONS, New York, NY, pg. 646

Vaughn, Roger - Creative, PPOM - THE JOHNSON GROUP, Chattanooga, TN, pg. 420

Vaughn, Erik - Creative, PPOM - LOCATION 8, Wilmington, DE, pg. 101

Vawter, David - Creative, PPOM - DOEANDERSON ADVERTISING, Louisville, KY, pg. 352

Vazza, Heather - Creative - CRISPIN PORTER + BOGUSKY, Boulder, CO, pg. 346

Veasey, Bob - Creative - LEO BURNETT DETROIT, Troy, MI, pg. 97

Vecchio, Angela - Creative - GNF MARKETING, Armonk, NY, pg. 364

Veet, Daniel - Creative, Interactive / Digital, Media Department, PPM - VAYNERMEDIA, New York, NY, pg. 689

Veiga, Tony - Creative - WUNDERMAN THOMPSON, Miami, FL, pg. 547

Velarde, Javier - Creative, NBC, PPM, PPOM - TRITON PRODUCTIONS, Miami Beach, FL, pg. 317

Velazquez, Vivian - Account Services, Creative - NORTON CREATIVE, Houston, TX, pg. 121

Velez, Joel - Account Services, Creative - (ADD)VENTURES, Providence, RI, pg. 207

Veltre, Ashley - Creative - TBWA \ CHIAT \ DAY, New York, NY, pg. 416

Venables, Paul - Creative, PPOM - VENABLES BELL & PARTNERS, San Francisco, CA, pg. 158

Venables, Mike - Creative, Management - HEARTS & SCIENCE, New York, NY, pg. 471

Venegas, Daniel - Creative - EPIC SIGNAL, New York, NY, pg. 685

Venn, Andrew - Account Services, Analytics, Creative, Interactive / Digital, NBC - AGILITEE SOLUTIONS, INC., Londonderry, NH, pg. 172

Venorsky, Jamie - Creative, PPOM - MARCUS THOMAS, Cleveland, OH, pg. 104

Vera, Claudio - Creative - CONILL ADVERTISING, INC., El Segundo, CA, pg. 538

Verge, Anthony - Creative - LG2, Montreal, QC, pg. 380

Verly, Chad - Creative - CRAMER-KRASSELT, Milwaukee, WI, pg. 54

Vermeren, Chris - Creative, Interactive / Digital - MONCUR ASSOCIATES, Southfield, MI, pg. 251

Vernetti, Nicholas - Creative - DIXON SCHWABL ADVERTISING, Victor, NY, pg. 351

Vernon, Garrett - Creative - LEO BURNETT WORLDWIDE, Chicago, IL, pg. 98

Veron, Sebastian - Creative - RED FUSE COMMUNICATIONS, New York, NY, pg. 404

Verona, Andre - Creative, Interactive / Digital, Media Department, PPM - PERCEPTIV, Los Angeles, CA, pg. 396

Verrier, Monique - Account Services, Creative - ELEVEN, INC., San Francisco, CA, pg. 67

Vervroegen, Erik - Creative - TBWA \ CHIAT \ DAY, New York, NY, pg. 416

Vest, Cody - Creative - VEST ADVERTISING, Louisville, KY, pg. 159

Vetrone, Lisa - Creative - COLANGELO & PARTNERS, New York, NY, pg. 591

Via, Justin - Creative - PUBLICIS NORTH AMERICA, New York, NY, pg. 399

Viccars, Anthony - Account Services, Creative - TBWA \ CHIAT \ DAY, New York, NY, pg. 416

Vicente Simoes, Luiz - Creative - LAPIZ, Chicago, IL, pg. 542

Vidika, Colin - Account Services, Creative - BBDO WEST, Los Angeles, CA, pg. 331

Vieira, Wayne - Creative, Interactive / Digital, NBC - (ADD)VENTURES, Providence, RI, pg. 207

Viens, Dan - Creative - WIEDEN + KENNEDY, Portland, OR, pg. 430

Vigneault, Kevin - Creative, Interactive / Digital - VIGET LABS, Falls Church, VA, pg. 274

Villacarillo, Ron - Creative - YEBO, Richmond, VA, pg. 164

Villalpando, Isaac - Creative - CULTURESPAN MARKETING, El Paso, TX, pg. 594

Villalva, Nicholas - Creative - WINGARD CREATIVE, Jacksonville, FL, pg. 162

Villany, Jennifer - Account Services, Creative, Interactive / Digital, Management, Media Department - ISOBAR US, New York, NY, pg. 242

Villavicencio, Samantha - Creative, Social Media - ORCI, Santa Monica, CA, pg. 543

Villet, Trevor - Creative - PLANIT, Baltimore, MD, pg. 397

Vilnius, Erik - Creative - WILSON CREATIVE GROUP, INC., Naples, FL, pg. 162

Vincent, Courtney - Creative - PETERSON MILLA HOOKS, Minneapolis, MN, pg. 127

Vincent, Brent - Creative - DAVIS HARRISON DION ADVERTISING, Chicago, IL, pg. 348

Vinh, Hung - Creative, PPOM - ENERGY BBDO, INC., Chicago, IL, pg. 355

Vinick, Jeff - Creative - DEUTSCH, INC., New York, NY, pg. 349

Vining, Lance - Creative - BBDO WORLDWIDE, New York, NY, pg. 331

Vio, Pablo - Creative - JAM3, Toronto, ON, pg. 243

Viola, Kellie - Creative - BBR CREATIVE, Lafayette, LA, pg. 174

Vior, Ricardo - Creative - THE COMMUNITY, Miami Beach, FL, pg. 545

Virgen, Merrel - Creative, PPOM - VIRGEN ADVERTISING, Henderson, NV, pg. 159

Visaya, Francis - Creative, Interactive / Digital - MAGNET MEDIA, INC., New York, NY, pg. 247

Visconte, Michael - Creative, PPOM - FCEDGE, INC., Port St. Lucie, FL, pg. 7

Vismara, Davide - Creative - TEAM ONE, Los Angeles, CA, pg. 417

Vissat, Dave - Creative - BRUNNER, Pittsburgh, PA, pg. 44

Vitorovich, Johnny - Creative, PPOM - GRAFIK MARKETING COMMUNICATIONS, Alexandria, VA, pg. 185

Vitrano, Robbie - Creative, PPOM - TRUMPET ADVERTISING, New Orleans, LA, pg. 157

Vitro, John - Creative, PPOM - VITRO AGENCY, San Diego, CA, pg. 159

Vitrone, Scott - Creative, PPOM - FIG, New York, NY, pg. 73

Vizek, Josh - Creative - ABELSON-TAYLOR, Chicago, IL, pg. 25

Vizzacco, Joshua - Creative - AGILITEE SOLUTIONS, INC., Londonderry, NH, pg. 172

Voege, Scott - Account Services, Creative, Management - EP+CO., Greenville, SC, pg. 356

Voehringer, Mark - Creative - BBDO WORLDWIDE, New York, NY, pg. 331

Vogel, Jon - Creative - MEDIA BRIDGE ADVERTISING, Minneapolis, MN, pg. 484

Vogelman, Drew - Creative, PPM - EDELMAN, New York, NY, pg. 599

Vogler, Carrie - Account Services, Analytics, Creative - HUGE, INC., Atlanta, GA, pg. 240

Vogt, Kelly - Account Services, Creative, Management, Media Department - CRAMER-KRASSELT, Milwaukee, WI, pg. 54

Vohlidka, Adam - Creative - HAVAS WORLDWIDE CHICAGO, Chicago, IL, pg. 82

Vojta, Daniela - Creative - BBDO WORLDWIDE, New York, NY, pg. 331

Volansky, Jamie - Creative - MINT ADVERTISING, Clinton, NJ, pg. 115

Volker, David - Creative - LPK, Cincinnati, OH, pg. 12

Volkman, Bob - Creative, PPOM - TOM, DICK & HARRY CREATIVE, Chicago, IL, pg. 426

Vollendorf, Jessica - Creative - NEMO DESIGN, Portland, OR, pg. 193

Vollman, Michael - Creative - KUHL SWAINE, Saint Louis, MO, pg. 11

Volonte, Vanessa - Creative -

RESPONSIBILITIES INDEX — AGENCIES

INNOCEAN USA, Huntington Beach, CA, *pg.* 479
Volpe, Brendon - Account Services, Creative, Interactive / Digital - CNX, New York, NY, *pg.* 51
Volz Bongar, Tina - Creative, NBC, PPOM - BONGARBIZ, Peekskill, NY, *pg.* 302
Von der Kret, Gina - Creative - LJG PARTNERS, San Diego, CA, *pg.* 189
von Ende, Chris - Creative - LEO BURNETT WORLDWIDE, Chicago, IL, *pg.* 98
Von Ohlen, Adam - Creative - TWO BY FOUR COMMUNICATIONS, LTD., Chicago, IL, *pg.* 157
von Thelen, Katherine - Creative - ORANGEROC, Honolulu, HI, *pg.* 395
Vontayes, Rahshawn - Account Services, Creative, Media Department - ADAMS OUTDOOR ADVERTISING, Charlotte, NC, *pg.* 549
Vos, Jack - Creative - RHEA & KAISER MARKETING, Naperville, IL, *pg.* 406
Voskanian, Andrea - Creative - PETROL, Burbank, CA, *pg.* 127
Voth, Jon - Creative - PERISCOPE, Minneapolis, MN, *pg.* 127
Vradiy, Olia - Creative - ARTIME GROUP, Pasadena, CA, *pg.* 34
Vranich, Tom - Account Services, Creative - MARKETING WORKS, York, PA, *pg.* 105
Vu, Dolly - Creative - DIGITAS, San Francisco, CA, *pg.* 227
Wachs, Michael - Creative, PPOM - GYK ANTLER, Manchester, NH, *pg.* 368
Wade, Jessica - Creative - ELEMENT PRODUCTIONS, Boston, MA, *pg.* 562
Wadia, Kate - Creative, NBC, PPOM - MRS & MR, New York, NY, *pg.* 192
Wadlinger, Becca - Creative - WIEDEN + KENNEDY, Portland, OR, *pg.* 430
Waernes, Jens - Creative - GOODBY, SILVERSTEIN & PARTNERS, San Francisco, CA, *pg.* 77
Wagener, Jeff - Creative - QUESTUS, San Francisco, CA, *pg.* 260
Wages, Bob - Creative, PPOM - WAGES DESIGN, INC., Atlanta, GA, *pg.* 204
Wages, Byron - Creative - BARRETTSF, San Francisco, CA, *pg.* 36
Waggoner, Kevin - Account Services, Creative - BROTHERS & CO., Tulsa, OK, *pg.* 43
Wagman, Ryan - Creative, NBC, PPOM - 160OVER90, New York, NY, *pg.* 301
Wagner, Dean - Creative - 54 BRANDS, Charlotte, NC, *pg.* 321
Wagner, Jon - Creative, PPOM - OGILVY, New York, NY, *pg.* 393
Wagner, Adam - Creative - THE MANY, Pacific Palisades, CA, *pg.* 151
Waid, Denise - Creative, PPOM - STEEL DIGITAL STUDIOS, Austin, TX, *pg.* 200
Waishampayan, Amol - Creative, Interactive / Digital, NBC - STREAM COMPANIES, Malvern, PA, *pg.* 415
Wajdowicz, Jurek - Creative, PPOM - EMERSON, WAJDOWICZ STUDIOS, INC.,

New York, NY, *pg.* 181
Wakefield, Nick - Creative, PPM - MOB SCENE, Los Angeles, CA, *pg.* 563
Wakeman, Matthew - Creative - ELEVEN, INC., San Francisco, CA, *pg.* 67
Walcott, Elizabeth - Creative - JELLYFISH U.S., Baltimore, MD, *pg.* 243
Waldau, Griffin - Creative - VMLY&R, Seattle, WA, *pg.* 275
Walden, Clint - Creative, PPOM - MINDGRUVE, San Diego, CA, *pg.* 534
Walden-Morden, Jessica - Creative - BARKLEY, Kansas City, MO, *pg.* 329
Walderich, Lori - Creative, PPOM - IDEASTUDIO, Tulsa, OK, *pg.* 10
Waldner, Bill - Creative, Management, PPOM - DAILEY & ASSOCIATES, West Hollywood, CA, *pg.* 56
Waldrop Miles, Amy - Account Services, Creative, DELL BLUE, Round Rock, TX, *pg.* 60
Walker, Tim - Creative, NBC, PPOM - DOXA TOTAL DESIGN STRATEGY, INC., Fayetteville, AR, *pg.* 180
Walker, Dennis - Creative - THE RICHARDS GROUP, INC., Dallas, TX, *pg.* 422
Walker, John - Creative, PPOM - CDHM ADVERTISING, INC., Stamford, CT, *pg.* 49
Walker, Bob - Creative - CURIOSITY ADVERTISING, Cincinnati, OH, *pg.* 223
Walker, Joel - Creative - BLUE CHIP MARKETING & COMMUNICATIONS, Northbrook, IL, *pg.* 334
Walker, Nara - Creative - TRAILER PARK, Hollywood, CA, *pg.* 299
Walker, Jen - Creative - ZELLER MARKETING & DESIGN, East Dundee, IL, *pg.* 205
Walker, Matt - Creative - JPR COMMUNICATIONS, Woodland Hills, CA, *pg.* 618
Walker, Riley - Creative - CODE AND THEORY, New York, NY, *pg.* 221
Walker, John - Creative - BROADHEAD, Minneapolis, MN, *pg.* 337
Walker, Adrian - Creative - ANTHOLOGY MARKETING GROUP, Honolulu, HI, *pg.* 326
Walker, Matt - Creative - WHITE64, Tysons, VA, *pg.* 430
Wall, Chad - Creative - MOWER, Atlanta, GA, *pg.* 389
Wallace, Bruce - Creative, PPM - STONE WARD ADVERTISING, Little Rock, AR, *pg.* 413
Wallace, Drew - Creative - THINK MOTIVE, Denver, CO, *pg.* 154
Wallace, Rich - Creative, PPOM - OGILVY, New York, NY, *pg.* 393
Wallace, Scot - Creative - PUSH 7, Pittsburgh, PA, *pg.* 131
Wallace, Giles - Creative - BRANDHIVE, Salt Lake City, UT, *pg.* 336
Wallace, Kellie - Creative - 23K STUDIOS, Wayne, PA, *pg.* 23
Wallach, Eric - Creative, Management, Media Department -

SPARK FOUNDRY, New York, NY, *pg.* 508
Wallenfang, Ansel - Creative - WIEDEN + KENNEDY, Portland, OR, *pg.* 430
Wallis, Sam - Creative - BAILEY BRAND CONSULTING, Plymouth Meeting, PA, *pg.* 2
Wallman, Andy - Creative, PPOM - KNUPP & WATSON & WALLMAN, Madison, WI, *pg.* 378
Walls, Marco - Creative - GYRO, Cincinnati, OH, *pg.* 368
Walls, Marco - Creative - GYRO NY, New York, NY, *pg.* 369
Wallwork, Jack - Creative - WALLWORK CURRY MCKENNA, Charlestown, MA, *pg.* 161
Walpert, Jarrod - Account Services, Creative, PPOM - HAVAS FORMULA, New York, NY, *pg.* 612
Walsh, Joe - Creative, PPOM - GREENFIELD / BELSER LTD., Washington, DC, *pg.* 185
Walsh, Kimberley - Creative, PPOM - TARGETBASE MARKETING, Irving, TX, *pg.* 292
Walsh, Meghan - Account Planner, Creative, Finance, Media Department - HEARTS & SCIENCE, New York, NY, *pg.* 471
Walsh, Jen - Creative, Interactive / Digital - TALLWAVE, Scottsdale, AZ, *pg.* 268
Walsh, Jordan - Account Services, Creative, Interactive / Digital, Public Relations - COLLING MEDIA, Scottsdale, AZ, *pg.* 51
Walsh, Michael - Creative - DIGITAS, Chicago, IL, *pg.* 227
Walsh, Brandi - Creative - DECIBEL BLUE, Scottsdale, AZ, *pg.* 595
Walsh, Danny - Creative - COLLE MCVOY, Minneapolis, MN, *pg.* 343
Walter, Ellie - Creative - PERFORMANCE MARKETING, West Des Moines, IA, *pg.* 126
Walters, Chris - Creative - WRAY WARD, Charlotte, NC, *pg.* 433
Walters, Mark - Creative - JAN KELLEY MARKETING, Burlington, ON, *pg.* 10
Walters, Kristen - Creative - LEO BURNETT WORLDWIDE, Chicago, IL, *pg.* 98
Walters, Kate - Account Planner, Account Services, Creative, Media Department, Social Media - MCGARRYBOWEN, San Francisco, CA, *pg.* 385
Walz, Denise - Creative, Media Department, PPOM - PRR, Seattle, WA, *pg.* 399
Wan, Maria - Creative - DROGA5, New York, NY, *pg.* 64
Wang, Jenny - Creative - CLEAR, New York, NY, *pg.* 51
Wang, Jennifer - Creative - PUBLICIS NORTH AMERICA, New York, NY, *pg.* 399
Warchol, Robert - Creative - PARTNERS + NAPIER, Rochester, NY, *pg.* 125
Ward, Peggy - Account Services,

AGENCIES
RESPONSIBILITIES INDEX

Creative - DDB CHICAGO, Chicago, IL, *pg.* 59
Ward, Cliff - Creative, Interactive / Digital, PPOM - ORANGE142, Austin, TX, *pg.* 255
Ward, Lanny - Creative - COMMIT AGENCY, Chandler, AZ, *pg.* 343
Ward, Mike - Creative - LEO BURNETT WORLDWIDE, Chicago, IL, *pg.* 98
Ward, Bradley - Creative - LUQUIRE GEORGE ANDREWS, INC., Charlotte, NC, *pg.* 382
Ward, Zack - Creative - JOHNSON & SEKIN, Dallas, TX, *pg.* 10
Warkentien, Kelly - Creative - SID LEE, Culver City, CA, *pg.* 141
Warman, Jeff - Creative, PPOM - CURIOSITY ADVERTISING, Cincinnati, OH, *pg.* 223
Warn, Anthony - Creative - DESIGN 446, Manasquan, NJ, *pg.* 61
Warneke, Joel - Creative, PPOM - MATTER CREATIVE GROUP, Cincinnati, OH, *pg.* 107
Warner, Korryn - Creative - TINSLEY ADVERTISING, Miami, FL, *pg.* 155
Warren, David - Creative, PPOM - TANK DESIGN, Cambridge, MA, *pg.* 201
Warren, Vinny - Creative, PPOM - THE ESCAPE POD, Chicago, IL, *pg.* 150
Warren, Blair - Creative - WIEDEN + KENNEDY, New York, NY, *pg.* 432
Warren, Carrie - Creative - HUMANAUT, Chattanooga, TN, *pg.* 87
Warren-Gilmore, Octavia - Creative, PPOM - CREATIVE JUICE, Atlanta, GA, *pg.* 54
Warszawski, Martin - Creative - SWIFT, Portland, OR, *pg.* 145
Washburn, Kristyn - Creative - WUNDERMAN THOMPSON, Irvine, CA, *pg.* 435
Washburn, Tim - Creative, PPOM - NOMADIC AGENCY, Scottsdale, AZ, *pg.* 121
Washington, Cornelius - Creative - SOCIALLYIN, Birmingham, AL, *pg.* 688
Washlesky, Mike - Creative - THE RICHARDS GROUP, INC., Dallas, TX, *pg.* 422
Wasilewski, Michael - Creative, PPOM - FRANK COLLECTIVE, Brooklyn, NY, *pg.* 75
Wassell, David - Creative, PPOM - MGH ADVERTISING, Owings Mills, MD, *pg.* 387
Wasser, Merrill - Creative - ATLANTIC 57, Washington, DC, *pg.* 2
Wasserman, Berk - Creative - BARKLEY, Kansas City, MO, *pg.* 329
Wassom, Jeremiah - Creative - DEUTSCH, INC., Los Angeles, CA, *pg.* 350
Wasson, Laura - Creative - MADWELL, Brooklyn, NY, *pg.* 13
Wasyluk, Tanya - Creative - MULLENLOWE U.S. BOSTON, Boston, MA, *pg.* 389
Waszkelewicz, Brett - Creative, PPOM - WONDERSAUCE, New York, NY, *pg.* 205
Watkins, Jillian - Creative - TERRI & SANDY, New York, NY, *pg.* 147

Watkins, Kevin - Creative - JOHANNES LEONARDO, New York, NY, *pg.* 92
Watlington, Charles - Creative - JOHANNES LEONARDO, New York, NY, *pg.* 92
Watson, Mark - Creative - WONGDOODY, Seattle, WA, *pg.* 162
Watson, Brian - Account Services, Creative - CACTUS MARKETING COMMUNICATIONS, Denver, CO, *pg.* 339
Watson, Emily - Creative, Media Department - BALDWIN&, Raleigh, NC, *pg.* 35
Watson, Holly - Creative - SPRINKLR, New York, NY, *pg.* 688
Watson, Monkey - Creative - WONGDOODY, Seattle, WA, *pg.* 162
Watt, Jonathan - Account Planner, Account Services, Creative - BOWSTERN, Tallahassee, FL, *pg.* 336
Watts, David - Creative - AVENIR BOLD, Raleigh, NC, *pg.* 328
Watts, Brent - Creative - STRUCK, Salt Lake City, UT, *pg.* 144
Watts, Keslie - Creative - DRAFTLINE, New York, NY, *pg.* 353
Waxenblatt, Nicole - Creative - MRY, New York, NY, *pg.* 252
Wayner, Taras - Creative, NBC, PPOM - WUNDERMAN THOMPSON, New York, NY, *pg.* 434
Weaver, Don - Creative - PLAN B, Chicago, IL, *pg.* 397
Weaver, Fred - Creative, PPOM - TANK DESIGN, Cambridge, MA, *pg.* 201
Weaver, Tim - Account Services, Creative - AGILITEE SOLUTIONS, INC., Londonderry, NH, *pg.* 172
Webb, Mary - Creative, Management - HAVAS EDGE, Carlsbad, CA, *pg.* 285
Webb, Mary - Creative, Management - HAVAS EDGE, Carlsbad, CA, *pg.* 285
Webb, Reuben - Creative, PPOM - STEIN IAS, New York, NY, *pg.* 267
Webber, Melissa - Creative, PPOM - WILLIAMS MCBRIDE GROUP, Lexington, KY, *pg.* 205
Webden, Chris - Creative, Media Department, PPM - DDB CANADA, Toronto, ON, *pg.* 224
Weber, Neal - Creative - WE ARE ALEXANDER, St. Louis, MO, *pg.* 429
Weber, Erik - Creative - SPARKS, Philadelphia, PA, *pg.* 315
Weber, Lucas - Creative - WRAY WARD, Charlotte, NC, *pg.* 433
Weber, Jeffrey - Creative - TEAM EPIPHANY, New York, NY, *pg.* 652
Weber, Joe - Creative - BISIG IMPACT GROUP, Louisville, KY, *pg.* 583
Webre, Charles - Creative - SHERRY MATTHEWS ADVOCACY MARKETING, Austin, TX, *pg.* 140
Webster, Karen - Creative, PPOM - BRICKHOUSE DESIGN, Jasper, GA, *pg.* 4
Webster, James - Creative, PPOM - HIGH SYNERGY LLC, Winston-Salem, NC, *pg.* 9
Webster, Deacon - Creative, PPOM - WALRUS, New York, NY, *pg.* 161
Webster, Tom - Creative, PPOM -

HELO, Marina Del Rey, CA, *pg.* 307
Wee Pang, Kong - Creative - ARCHER MALMO, Memphis, TN, *pg.* 32
Weed, Mike - Creative - SPAWN, Anchorage, AK, *pg.* 648
Wegener, Mike - Creative - MCGARRYBOWEN, Chicago, IL, *pg.* 110
Wehrkamp, Monte - Creative - ASPEN MARKETING SERVICES, West Chicago, IL, *pg.* 280
Wei, Tony - Creative, Interactive / Digital - CRAMER-KRASSELT, Chicago, IL, *pg.* 53
Weichel, David - Account Services, Creative - CPC STRATEGY, San Diego, CA, *pg.* 672
Weidner, Jenna - Creative - 93 OCTANE, Richmond, VA, *pg.* 279
Weimann, Denise - Creative, Media Department, PPOM - WAVEMAKER, New York, NY, *pg.* 526
Weinbach, Daniel - Account Services, Creative, PPOM - THE WEINBACH GROUP, INC., Miami, FL, *pg.* 425
Weingard, Tom - Creative - MCCANN NEW YORK, New York, NY, *pg.* 108
Weinstein, Ecole - Creative - FCB CHICAGO, Chicago, IL, *pg.* 71
Weinstein, Evan - Creative - SFW AGENCY, Greensboro, NC, *pg.* 16
Weinstock, Elias - Creative, PPOM - CASANOVA//MCCANN, Costa Mesa, CA, *pg.* 538
Weinstock, David - Creative, PPOM - DECODED ADVERTISING, New York, NY, *pg.* 60
Weinstock, David - Creative, PPOM - RFBINDER PARTNERS, INC., New York, NY, *pg.* 642
Weintraub, Rob - Creative, PPOM - INTEGRITY, Saint Louis, MO, *pg.* 90
Weir, Alex - Creative - WIER / STEWART, Augusta, GA, *pg.* 162
Weis, Kristian - Account Planner, Creative - DG COMMUNICATIONS GROUP, Delray Beach, FL, *pg.* 351
Weis, Natalie - Creative - DOEANDERSON ADVERTISING, Louisville, KY, *pg.* 352
Weisberg, Eric - Creative, PPOM - DONER, Southfield, MI, *pg.* 63
Weisenstein Ribotsky, Dorene - Creative, PPOM - BRANDKARMA, LLC, Laguna Beach, CA, *pg.* 42
Weisinger, Sandra - Creative - EL AUTOBUS, Miami, FL, *pg.* 67
Weiss, Ari - Creative, PPOM - DDB NEW YORK, New York, NY, *pg.* 59
Weiss, Christopher - Creative - THREAD CONNECTED CONTENT, Minneapolis, MN, *pg.* 202
Weist, Dave - Creative - MULLENLOWE U.S. BOSTON, Boston, MA, *pg.* 389
Weitz, Carter - Creative, PPOM - BAILEY LAUERMAN, Omaha, NE, *pg.* 35
Welch, Jessica - Creative - BIGSPEAK SPEAKERS BUREAU, Santa Barbara, CA, *pg.* 302
Welles, Jack - Creative - WIEDEN + KENNEDY, Portland, OR, *pg.* 430
Wellfare, Judy - Creative - PLUS, New York, NY, *pg.* 128
Wells, Ali - Creative, PPOM -

1385

RESPONSIBILITIES INDEX — AGENCIES

VESTED, New York, NY, *pg.* 658
Wells, Valerie - Creative - LG2, Montreal, QC, *pg.* 380
Welsch, Mike - Creative, PPOM - BARRETT AND WELSH, Toronto, ON, *pg.* 36
Welsh, Kevin - Creative, Interactive / Digital, PPOM - ANTICS DIGITAL MARKETING, San Carlos, CA, *pg.* 214
Welsh, Jeff - Creative, Interactive / Digital, PPOM - GA CREATIVE, Bellevue, WA, *pg.* 361
Wenholz, Sushil - Creative - CUSTOMER COMMUNICATIONS GROUP, Lakewood, CO, *pg.* 167
Wente, Mike - Creative, NBC, PPOM - MCGARRYBOWEN, San Francisco, CA, *pg.* 385
Werbaneth, Bill - Creative - BEACON HEALTHCARE COMMUNICATIONS, Bedminster, NJ, *pg.* 38
Werbler, Elisa - Creative - RED ANTLER, Brooklyn, NY, *pg.* 16
Werner, Larkin - Creative, PPOM - WALL TO WALL STUDIOS, Pittsburgh, PA, *pg.* 204
Werner, Erika - Account Services, Creative - RED DOOR INTERACTIVE, San Diego, CA, *pg.* 404
Wertz, Michael - Creative, PPOM - APPLE BOX STUDIOS, Pittsburgh, PA, *pg.* 32
Wesoloski, Suzanne - Creative - D | FAB DESIGN, Madison Heights, MI, *pg.* 178
Wessinger, Derek - Creative - OVE DESIGN & COMMUNICATIONS LIMITED, Toronto, ON, *pg.* 193
Wesson, Marcus - Creative, PPOM - DAILEY & ASSOCIATES, West Hollywood, CA, *pg.* 56
West, Liz - Creative - COMMUNICATION SOLUTIONS GROUP, Jenkintown, PA, *pg.* 592
West, Charlotte - Creative - COMPADRE, Los Angeles, CA, *pg.* 221
Westberg, George - Creative, Interactive / Digital, Media Department - FLEISHMANHILLARD, New York, NY, *pg.* 605
Westbrook, Tripp - Creative, PPOM - FIREHOUSE, INC., Dallas, TX, *pg.* 358
Westerholt, Jack - Creative - THE RICHARDS GROUP, INC., Dallas, TX, *pg.* 422
Westlake, Curt - Account Services, Creative - INFINITY MARKETING, Greenville, SC, *pg.* 374
Weston, Mike - Creative - DOM360, Greenville, SC, *pg.* 230
Weston, Dan - Creative - KNOCK, INC., Minneapolis, MN, *pg.* 95
Westre, Susan - Creative - OGILVY, New York, NY, *pg.* 393
Westrom, Jeff - Account Services, Creative, PPOM - J. W. MORTON & ASSOCIATES, Cedar Rapids, IA, *pg.* 91
Wetmore, Alexandra - Creative - LUMENTUS, New York, NY, *pg.* 624
Wetzel, Andrew - Creative - CARMICHAEL LYNCH, Minneapolis, MN, *pg.* 47
Wetzel, Kris - Creative - VISITURE, Charleston, SC, *pg.* 678
Wey, Jessica - Creative, Management - FCB HEALTH, New York, NY, *pg.* 72
Weyer, Jacy - Creative - INDUSTRY, Portland, OR, *pg.* 187
Whaites, Chris - Creative - HEARTBEAT IDEAS, New York, NY, *pg.* 238
Whalen, Christina - Creative - BBDO SAN FRANCISCO, San Francisco, CA, *pg.* 330
Whalley, Chris - Creative - WIEDEN + KENNEDY, New York, NY, *pg.* 432
Wheeler, Brian - Creative - M BOOTH & ASSOCIATES, INC., New York, NY, *pg.* 624
Wheeler, Amy - Creative - WIEDEN + KENNEDY, New York, NY, *pg.* 432
Whelan, Michael - Creative - CAMP + KING, San Francisco, CA, *pg.* 46
Whibbs, Bob - Creative - FOXX ADVERTISING & DESIGN, Toronto, ON, *pg.* 184
Whigham, Claire - Creative, PPOM - MCGARRAH JESSEE, Austin, TX, *pg.* 384
Whipple, Scott - Creative - DUNCAN CHANNON, San Francisco, CA, *pg.* 66
White, Cindy - Creative, PPOM - PARKERWHITE, Encinitas, CA, *pg.* 194
White, Anne - Creative - FOUNDRY, Reno, NV, *pg.* 75
White, Clint - Creative, PPOM - WIT MEDIA, New York, NY, *pg.* 162
White, Jason - Creative, PPOM - LEVIATHAN, Chicago, IL, *pg.* 189
White, Marcus - Creative - GROW INTERACTIVE, Norfolk, VA, *pg.* 237
White, Lexi - Creative - BARKLEY, Kansas City, MO, *pg.* 329
White, Max - Creative - CLM MARKETING & ADVERTISING, Boise, ID, *pg.* 342
White, Jim - Creative, Interactive / Digital - DDB CHICAGO, Chicago, IL, *pg.* 59
Whitehead, Jason - Creative - TEAM ONE, Los Angeles, CA, *pg.* 417
Whiteside, Tony - Creative - OGILVY, New York, NY, *pg.* 393
Whiting, Brent - Creative - PRANA MARKETING & MEDIA RELATIONS, Englewood Cliffs, NJ, *pg.* 506
Whitman, Russ - Creative, Interactive / Digital - RATIO INTERACTIVE, Seattle, WA, *pg.* 262
Whitmore, Chuck - Creative, PPOM - OXFORD COMMUNICATIONS, Lambertville, NJ, *pg.* 395
Whitney-Smith, Lynn - Creative - EVOK ADVERTISING, Heathrow, FL, *pg.* 69
Wiberg, Kate - Creative, Operations - YARD, New York, NY, *pg.* 435
Wick, Benjamin - Creative - EPIC CREATIVE, West Bend, WI, *pg.* 7
Wicklund, Brian - Creative, PPOM - X3 CREATIVE, Smyrna, GA, *pg.* 205
Wiedensmith, Peter - Creative, PPM - WIEDEN + KENNEDY, Portland, OR, *pg.* 430
Wiederin, Alex - Creative - BUERO NEW YORK, New York, NY, *pg.* 176
Wiegand, Sheila - Creative, PPM - ZENITH MEDIA, New York, NY, *pg.* 529
Wielgus, George - Creative - MATRIX PARTNERS, LTD., Chicago, IL, *pg.* 107
Wier, Alex - Creative, PPOM - WIER / STEWART, Augusta, GA, *pg.* 205
Wieronski, Garrett - Creative - MONDO ROBOT, Boulder, CO, *pg.* 192
Wiese, Brad - Creative - G.F. ADVERTISING, Mitchell, SD, *pg.* 75
Wiest, Steve - Creative, PPOM - AXIS41, Salt Lake City, UT, *pg.* 215
Wiest, Dave - Creative - RED TETTEMER O'CONNELL + PARTNERS, Philadelphia, PA, *pg.* 404
Wigglesworth, Nathan - Creative - WIEDEN + KENNEDY, New York, NY, *pg.* 432
Wigle, Carlos - Creative - MCCANN NEW YORK, New York, NY, *pg.* 108
Wilber, Cassidy - Creative, Media Department, NBC - GOODBY, SILVERSTEIN & PARTNERS, San Francisco, CA, *pg.* 77
Wilburn, Brian - Creative - GCG MARKETING, Fort Worth, TX, *pg.* 362
Wilchek, Ariel - Creative - ON BOARD EXPERIENTIAL MARKETING, Sausalito, CA, *pg.* 313
Wildasin, Keith - Creative - BPG ADVERTISING, West Hollywood, CA, *pg.* 42
Wilder, Brad - Creative - GLYPHIX, West Hills, CA, *pg.* 76
Wilder, Tom - Creative - COLLINS:, New York, NY, *pg.* 177
Wildermuth, Joan - Creative, PPOM - JUICE PHARMA WORLDWIDE, New York, NY, *pg.* 93
Wilds, Nathan - Creative, PPOM - CLEAR RIVER ADVERTISING & MARKETING, Midland, MI, *pg.* 177
Wiles, Ford - Creative, PPOM - BIG COMMUNICATIONS, INC., Birmingham, AL, *pg.* 39
Wilgus, David - Creative, PPOM - LAUNCH AGENCY, Dallas, TX, *pg.* 97
Wilkes, Kit - Creative, PPM - MEDIAMONKS, Venice, CA, *pg.* 249
Wilkie, Rob - Creative - PUSHTWENTYTWO, Bringham Farms, MI, *pg.* 401
Wilkos, Dan - Account Planner, Account Services, Creative, NBC - MCCANN NEW YORK, New York, NY, *pg.* 108
Will, Matt - Creative - GLOW, New York, NY, *pg.* 237
Willaby, Brooke - Creative, Promotions - PUSH DIGITAL, Columbia, SC, *pg.* 640
Willhoft, Gene - Creative, Media Department, NBC, PPOM - ABSOLUTE MEDIA INC., Stamford, CT, *pg.* 453
Williams, Carol - Creative, PPOM - CAROL H. WILLIAMS ADVERTISING, Oakland, CA, *pg.* 48
Williams, Rebecca - Creative - BURRELL COMMUNICATIONS GROUP, INC., Chicago, IL, *pg.* 45
Williams, Richard - Creative - ARCHER MALMO, Memphis, TN, *pg.* 32

AGENCIES

RESPONSIBILITIES INDEX

Williams, Amy - Creative, PPM - BROTHERS & CO., Tulsa, OK, pg. 43
Williams, Lewis - Creative, PPOM - BURRELL COMMUNICATIONS GROUP, INC., Chicago, IL, pg. 45
Williams, Trevor - Creative, PPOM - YOUNG & LARAMORE, Indianapolis, IN, pg. 164
Williams, Barb - Creative - TRACK DDB, Toronto, ON, pg. 293
Williams, Steve - Creative - DNA SEATTLE, Seattle, WA, pg. 180
Williams, Ben - Creative - R/GA, New York, NY, pg. 260
Williams, Neel - Creative - THE MARTIN AGENCY, Richmond, VA, pg. 421
Williams, Kirk - Creative - RPA, Santa Monica, CA, pg. 134
Williams, Marian - Creative - O'KEEFE REINHARD & PAUL, Chicago, IL, pg. 392
Williams, Hannah - Creative - FITZCO, Atlanta, GA, pg. 73
Williams, Desmond - Creative - AFG&, New York, NY, pg. 28
Williams, Dan - Creative - TRICOMB2B, Dayton, OH, pg. 427
Williams, Emily - Creative - THE MX GROUP, Burr Ridge, IL, pg. 422
Williams, Noah - Creative - THE TOMBRAS GROUP, Atlanta, GA, pg. 153
Williams, Scott - Creative - DERSE, INC., Coppell, TX, pg. 304
Williams, Slylar - Creative - EP+CO., Greenville, SC, pg. 356
Williams, Justin - Creative, Media Department - DENTSU X, New York, NY, pg. 61
Williams, Ward - Creative - 160OVER90, New York, NY, pg. 301
Williams, Suzanne - Creative - JENNINGS & COMPANY, Chapel Hill, NC, pg. 92
Williams, Wes - Creative - THE RAMEY AGENCY, Jackson, MS, pg. 422
Williams, Rebecca - Creative - TURNER DUCKWORTH, San Francisco, CA, pg. 203
Williams, Jeff - Creative - WIEDEN + KENNEDY, Portland, OR, pg. 430
Williams, Chris - Creative - WRAY WARD, Charlotte, NC, pg. 433
Williams, Peter - Creative - THE GEORGE P. JOHNSON COMPANY, New York, NY, pg. 316
Williams, Sarah - Creative - BEARDWOOD & CO, New York, NY, pg. 174
Williams, Todd - Creative - NDP, Richmond, VA, pg. 390
Williams, Tynesha - Creative - CASHMERE AGENCY, Los Angeles, CA, pg. 48
Williamson, Con - Account Services, Creative, PPOM - EP+CO., Greenville, SC, pg. 356
Williamson, Matt - Creative - LEO BURNETT TORONTO, Toronto, ON, pg. 97
Willis, Steve - Creative - ARNOLD WORLDWIDE, New York, NY, pg. 34
Willis, Katie - Creative - WIEDEN + KENNEDY, Portland, OR, pg. 430

Willoughby, Ann - Creative, PPOM - WILLOUGHBY DESIGN GROUP, Kansas City, MO, pg. 205
Willoughby, Dan - Creative - MAXWELL & MILLER MARKETING COMMUNICATIONS, Kalamazoo, MI, pg. 384
Willy, Scott - Creative, PPOM - 360 GROUP, Indianapolis, IN, pg. 23
Wilmer, Donald - Creative - MOD WORLDWIDE, Philadelphia, PA, pg. 192
Wilson, Tom - Creative - BLAKESLEE, Baltimore, MD, pg. 40
Wilson, Matthew - Creative, PPOM - KNOODLE SHOP, Phoenix, AZ, pg. 95
Wilson, Jennifer - Account Services, Creative, Management - VMLY&R, Austin, TX, pg. 429
Wilson, Mark - Creative - CRAMER, Norwood, MA, pg. 6
Wilson, Michael - Creative - TREKK, Rockford, IL, pg. 156
Wilson, Adam - Creative, NBC, PPOM - D/CAL, Detroit, MI, pg. 56
Wilson, Will - Creative - GEOMETRY, Chicago, IL, pg. 363
Wilson, Banks - Creative, Management, PPOM - UNION, Charlotte, NC, pg. 273
Wilson, Mike - Creative - RON FOTH ADVERTISING, Columbus, OH, pg. 134
Wilson, Steffany - Creative - ROKKAN, LLC, New York, NY, pg. 264
Wilson, Lizzie - Creative - MCCANN NEW YORK, New York, NY, pg. 108
Wimer, Laurie - Creative - MEKANISM, San Francisco, CA, pg. 112
Winchester, Bill - Creative, PPOM - LINDSAY, STONE & BRIGGS, Madison, WI, pg. 100
Winfield, Sherman - Creative - FITZCO, Atlanta, GA, pg. 73
Winfield, Patrick - Creative - XENOPSI, New York, NY, pg. 164
Winfree, Blake - Creative - HAVAS WORLDWIDE CHICAGO, Chicago, IL, pg. 82
Wingard, David - Creative, PPOM - WINGARD CREATIVE, Jacksonville, FL, pg. 162
Wingate, Curtis - Creative - ABEL NYC, New York, NY, pg. 25
Winker, Erin - Creative - JACK MORTON WORLDWIDE, Boston, MA, pg. 309
Winston, Michael - Creative - TURNER DUCKWORTH, San Francisco, CA, pg. 203
Winter, Bob - Creative, Management, PPOM - LEO BURNETT DETROIT, Troy, MI, pg. 97
Winterhalter, Megan - Creative - CARMICHAEL LYNCH, Minneapolis, MN, pg. 47
Winward, Lisa - Creative - KELSH WILSON DESIGN, Bala Cynwyd, PA, pg. 188
Wire, Chris - Creative, PPOM - REAL ART DESIGN GROUP, Dayton, OH, pg. 197
Wirt, Tom - Creative - JNA ADVERTISING, Overland Park, KS, pg. 92

Wirth, Hillary - Creative, Interactive / Digital, Media Department - NOBLE PEOPLE, New York, NY, pg. 120
Wiscomb, Abby - Creative - HAVAS WORLDWIDE CHICAGO, Chicago, IL, pg. 82
Wisely, Jonathan - Creative, Interactive / Digital - KETCHUM, Raleigh, NC, pg. 378
Wiseman, Wendy - Creative, PPOM - ZAISS & COMPANY, Omaha, NE, pg. 165
Wisham, Steve - Creative - DUARTE, Sunnyvale, CA, pg. 180
Wissa, Sandra - Creative, Interactive / Digital, Media Department - UNIVERSAL MCCANN, Los Angeles, CA, pg. 524
Witherspoon, Chrystine - Creative, PPOM - VSA PARTNERS, INC., Chicago, IL, pg. 204
Witherspoon, Josh - Creative, PPOM - VSA PARTNERS, INC., Chicago, IL, pg. 204
Witt, Cody - Creative - ZAMBEZI, Culver City, CA, pg. 165
Witter, Vanessa - Creative - WONGDOODY, Culver City, CA, pg. 433
Wittes Schlack, Julie - Creative, Research - C SPACE, Boston, MA, pg. 443
Wittmark, Hanna - Creative, Interactive / Digital - GOODBY, SILVERSTEIN & PARTNERS, San Francisco, CA, pg. 77
Wittnebel, Gina - Creative - BVK, Milwaukee, WI, pg. 339
Witzke, Amber - Creative - MERING, Sacramento, CA, pg. 114
Wodrich, Jody - Creative, PPM - THE SHEPPARD GROUP, Glendale, CA, pg. 424
Wohl, Adam - Creative, PPOM - STERLING-RICE GROUP, Boulder, CO, pg. 413
Wojan, Kate - Creative - DONER, Southfield, MI, pg. 63
Wojdyla, Cindy - Creative - THE PEPPER GROUP, Palatine, IL, pg. 202
Wolan, Ben - Creative - DDB SAN FRANCISCO, San Francisco, CA, pg. 60
Wolanske, Jon - Creative - GOODBY, SILVERSTEIN & PARTNERS, San Francisco, CA, pg. 77
Wolch, Anthony - Creative - BEYOND MARKETING GROUP, Toronto, ON, pg. 685
Wold, Steven - Creative, PPOM - JIGSAW, LLC, Milwaukee, WI, pg. 377
Wolf, Keith - Creative, PPOM - MODERN CLIMATE, Minneapolis, MN, pg. 388
Wolfarth, John - Creative - MULLENLOWE U.S. BOSTON, Boston, MA, pg. 389
Wolfberg, Steve - Creative, NBC, PPOM - CRONIN, Glastonbury, CT, pg. 55
Wolfe, Tim - Creative - 72ANDSUNNY, Playa Vista, CA, pg. 23
Wolfe, Dennis - Creative - 22SQUARED INC., Tampa, FL, pg. 319

RESPONSIBILITIES INDEX — AGENCIES

Wolfe, Kiri - Creative - DIMASSIMO GOLDSTEIN, New York, NY, *pg.* 351
Wolinsky, Adam - Creative - VENABLES BELL & PARTNERS, San Francisco, CA, *pg.* 158
Wolk, Michael - Creative, PPOM - MICHAEL WOLK DESIGN ASSOCIATES, Miami, FL, *pg.* 191
Wollenberg, Fred - Creative - THE BERGMAN GROUP, INC, Richmond, VA, *pg.* 148
Woloshun, Ron - Creative - CREATIVE B'STRO, New York, NY, *pg.* 222
Wolters, Stacy - Creative, PPOM - VODORI, Chicago, IL, *pg.* 275
Woltz DuBois, Erin - Creative - NORTON CREATIVE, Houston, TX, *pg.* 121
Wolverton, Barry - Creative, Media Department - ARCHER MALMO, Memphis, TN, *pg.* 32
Wong, Tracy - Creative, PPOM - WONGDOODY, Seattle, WA, *pg.* 162
Wong, Sonny - Creative, PPOM - HAMAZAKI WONG MARKETING GROUP, Vancouver, BC, *pg.* 81
Wong, Clif - Creative - PACIFIC COMMUNICATIONS, Irvine, CA, *pg.* 124
Wong, Brooke - Creative - RPA, Santa Monica, CA, *pg.* 134
Wong, Michael - Creative - HAMAZAKI WONG MARKETING GROUP, Vancouver, BC, *pg.* 81
Wong, Craig - Creative - DROGA5, New York, NY, *pg.* 64
Wood, Barton - Creative, PPOM - FIREFLY CREATIVE SERVICES, Atlanta, GA, *pg.* 73
Wood, Preston - Creative, PPOM - LOVE COMMUNICATIONS, Salt Lake City, UT, *pg.* 101
Wood, Tim - Creative - THE RICHARDS GROUP, INC., Dallas, TX, *pg.* 422
Wood, Jim - Creative, Management, PPOM - ANALOGFOLK, New York, NY, *pg.* 439
Wood, Michael - Creative - THE GEORGE P. JOHNSON COMPANY, Boston, MA, *pg.* 316
Wood, Ashley - Creative, PPM - BUTLER, SHINE, STERN & PARTNERS, Sausalito, CA, *pg.* 45
Wood, Tara - Account Services, Creative - LITZKY PUBLIC RELATIONS, Hoboken, NJ, *pg.* 623
Wood, Deborah - Creative - BROGAN & PARTNERS, Birmingham, MI, *pg.* 538
Wood, Joshua - Creative - GRETEMAN GROUP, Wichita, KS, *pg.* 8
Wood, Greg - Creative - BACKBAY COMMUNICATIONS, Boston, MA, *pg.* 579
Woodbury, Juan - Creative, PPM - LEO BURNETT WORLDWIDE, Chicago, IL, *pg.* 98
Woodbury, David - Creative - ANOMALY, New York, NY, *pg.* 325
Woodington, Steve - Creative - VANTAGEPOINT, INC., Greenville, SC, *pg.* 428
Woodley, Neil - Creative - BOND BRAND LOYALTY, Mississauga, ON, *pg.* 280
Woods, Rhea - Creative, Interactive / Digital, Promotions, Social Media - PRAYTELL, Brooklyn, NY, *pg.* 258
Woods, Tanya - Creative - 360I, LLC, New York, NY, *pg.* 320
Woodson, Brittany - Creative - DESIGN AT WORK CREATIVE SERVICES, Houston, TX, *pg.* 179
Woodward, Katie - Creative, Interactive / Digital, NBC - ACCELERATION PARTNERS, Needham, MA, *pg.* 25
Woodward, Rohan - Creative - HERO DIGITAL, San Francisco, CA, *pg.* 238
Woodward, Paris - Creative, Media Department - 42 ENTERTAINMENT, LLC, Burbank, CA, *pg.* 297
Woolfson, Aaron - Creative - ARRIVALS + DEPARTURES, Toronto, ON, *pg.* 34
Woolhouse, Matt - Creative - TRAKTEK PARTNERS, Needham, MA, *pg.* 271
Woolley, Barb - Creative, PPOM - HAMBLY & WOOLLEY, INC., Toronto, ON, *pg.* 185
Wooster, Chris - Creative, Interactive / Digital - T3, Austin, TX, *pg.* 268
Wootten, Nicholas - Creative, Management, NBC - BILLUPS, INC, Los Angeles, CA, *pg.* 550
Word, Linda - Creative, PPOM - STURGES & WORD, Kansas City, MO, *pg.* 200
Worley, Lauren - Creative, Promotions, Public Relations - MANIFOLD, San Francisco, CA, *pg.* 104
Woronko, Stefan - Creative - NICE SHOES, New York, NY, *pg.* 193
Worple, Doug - Creative, PPOM - PROXIMITY WORLDWIDE, Cincinnati, OH, *pg.* 258
Worthington, Sara - Creative - HUGE, INC., Brooklyn, NY, *pg.* 239
Worthy, Cecily - Creative - THE LOOMIS AGENCY, Dallas, TX, *pg.* 151
Wray, Brendan - Creative - MBB AGENCY, Leawood, KS, *pg.* 107
Wrenn, Rebecca - Creative - SWEENEY PUBLIC RELATIONS, Cleveland, OH, *pg.* 651
Wright, Neil - Creative - SPIRAL DESIGN STUDIO, LLC, Cohoes, NY, *pg.* 199
Wright, Stephen - Creative - HUDSON ROUGE, New York, NY, *pg.* 371
Wright, Sam - Creative - MOTHER NY, New York, NY, *pg.* 118
Wu, Mike - Creative - AXIOM, Houston, TX, *pg.* 174
Wu, Kylie - Creative, NBC - THE MANY, Pacific Palisades, CA, *pg.* 151
Wudrick, Connor - Creative - TBWA \ CHIAT \ DAY, Los Angeles, CA, *pg.* 146
Wuensch, Mary - Creative - DEUTSCH, INC., Los Angeles, CA, *pg.* 350
Wulfsohn, Jason - Creative, PPOM - AUDIENCEX, Marina Del Rey, CA, *pg.* 35
Wynne, Maureen - Creative - SUPERFLY, New York, NY, *pg.* 315
Wyse, Murray - Creative - R/GA, Austin, TX, *pg.* 261
Wyville, Jon - Creative - GOODBY, SILVERSTEIN & PARTNERS, San Francisco, CA, *pg.* 77
Xenopoulos, Jason - Creative, NBC, PPOM - VMLY&R, New York, NY, *pg.* 160
Xenopoulos, Jason - Creative, PPOM - VMLY&R, Kansas City, MO, *pg.* 274
Xin, Jennifer - Creative - FIRSTBORN, New York, NY, *pg.* 234
Xoinis, Christine - Creative, PPOM - ETHOS CREATIVE, Burlington, NC, *pg.* 69
Yaeger, Mark - Creative, PPOM - DKY INTEGRATED MARKETING COMMUNICATIONS, Minneapolis, MN, *pg.* 352
Yagi, Ritsuko - Creative - TAMOTSU YAGI DESIGN, Venice, CA, *pg.* 201
Yaklich, Cindi - Creative, NBC, PPOM - EPICENTER CREATIVE, Boulder, CO, *pg.* 68
Yalla, Pavani - Creative - SECOND STORY INTERACTIVE, Portland, OR, *pg.* 265
Yamada, Daniel - Creative - A.D.K., Los Angeles, CA, *pg.* 321
Yamashiro, Andy - Creative - 88 BRAND PARTNERS, Chicago, IL, *pg.* 171
Yamashita, Akiko - Creative - VT PRO DESIGN, Los Angeles, CA, *pg.* 564
Yan, Jessica - Creative - MOTHER NY, New York, NY, *pg.* 118
Yang, Angela - Creative, Media Department - T3, Austin, TX, *pg.* 268
Yang, David - Creative, PPOM - TOM, DICK & HARRY CREATIVE, Chicago, IL, *pg.* 426
Yang, Drake - Creative - SQUEAKY WHEEL MEDIA, New York, NY, *pg.* 267
Yankowich, Dane - Creative - DIGITAS, Atlanta, GA, *pg.* 228
Yanoscik, Andrew - Account Services, Creative, NBC - BASIC, San Diego, CA, *pg.* 215
Yanovski, Rachel - Creative - 160OVER90, Santa Monica, CA, *pg.* 207
Yant, Jocelyn Marie - Creative, NBC - CREATIVE CIRCLE, New York, NY, *pg.* 667
Yates, Courtney - Creative, Social Media - MATTE PROJECTS, New York, NY, *pg.* 107
Yau, Randy - Creative - TOLLESON DESIGN, San Francisco, CA, *pg.* 202
Yavasile, Nicole - Account Services, Creative - B/HI, INC. - LA, Los Angeles, CA, *pg.* 579
Ybarra, Jessie - Creative, Media Department - 215 MCCANN, San Francisco, CA, *pg.* 319
Yeager, Eric - Creative - BAILEY BRAND CONSULTING, Plymouth Meeting, PA, *pg.* 2
Yeakel, Gina - Creative, Media Department - HARMELIN MEDIA, Bala Cynwyd, PA, *pg.* 467
Yeary, Phillip - Creative - BOUVIER KELLY, INC. , Greensboro, NC, *pg.*

AGENCIES

RESPONSIBILITIES INDEX

41
Yechout, Mark - Creative, Interactive / Digital - WORDS AT WORK, Minneapolis, MN, *pg.* 163
Yee, Steve - Creative - DAVID&GOLIATH, El Segundo, CA, *pg.* 57
Yee, Allen - Creative, PPOM - CLOUDRED, Brooklyn, NY, *pg.* 221
Yell, Anthony - Creative, PPOM - PUBLICIS.SAPIENT, New York, NY, *pg.* 258
Yeomans, David - Creative, PPM - DRAFTLINE, New York, NY, *pg.* 353
Yeranosyan, Suzie - Creative - RPA, Santa Monica, CA, *pg.* 134
Yergeau, Richard - Creative, PPM - BLEUBLANCROUGE, Montreal, QC, *pg.* 40
Yerichev, Vladimir - Creative - ZETA INTERACTIVE, New York, NY, *pg.* 277
Yerks, Dustin - Creative - 10 THOUSAND DESIGN, Minneapolis, MN, *pg.* 171
Yetman, Lyle - Creative - MCKINNEY, Durham, NC, *pg.* 111
Yih, Joy - Creative - EVOKE HEALTH, New York, NY, *pg.* 69
Yoder, Mike - Creative - CD&M COMMUNICATIONS, Portland, ME, *pg.* 49
Yohnka, Eric - Creative - HAVAS WORLDWIDE CHICAGO, Chicago, IL, *pg.* 82
Yokogawa, Jon - Account Services, Creative, NBC - INTERTREND COMMUNICATIONS, INC., Long Beach, CA, *pg.* 541
Yokota, Kim - Creative - SHIKATANI LACROIX BRANDESIGN, INC., Toronto, ON, *pg.* 198
Yontz, Robin - Creative - TRONE BRAND ENERGY, INC., High Point, NC, *pg.* 427
Yoo, Enza - Account Services, Creative - JUMPCREW, Nashville, TN, *pg.* 93
Yoon, Jenny - Creative - SPARKS, Philadelphia, PA, *pg.* 315
Yoon, Jennifer - Creative - DROGA5, New York, NY, *pg.* 64
Yoon, Mark - Creative - DROGA5, New York, NY, *pg.* 64
Yoshitome, Yukari - Creative - 3H COMMUNICATIONS, INC., Oakville, ON, *pg.* 321
Young, Mimi - Creative, Interactive / Digital - BEHAVIOR, LLC, New York, NY, *pg.* 216
Young, Carrie - Account Services, Creative, NBC, Public Relations - PADILLA, Minneapolis, MN, *pg.* 635
Young, Lindsay - Account Services, Creative, Media Department, NBC - MEDIA ASSEMBLY, Southfield, MI, *pg.* 385
Young, Shaun - Creative - H&L PARTNERS, Saint Louis, MO, *pg.* 80
Young, Susan - Creative - BBDO WORLDWIDE, New York, NY, *pg.* 331
Young, Avery - Creative - DDB NEW YORK, New York, NY, *pg.* 59
Young, Cameron - Creative - MARICICH HEALTHCARE COMMUNICATIONS, Irvine, CA, *pg.* 105
Younger, Amanda - Creative - VENABLES BELL & PARTNERS, San Francisco, CA, *pg.* 158
Youngren, Soren - Creative - MCGARRYBOWEN, New York, NY, *pg.* 109
Yu, Christina - Creative, Management - RETHINK COMMUNICATIONS, INC., Toronto, ON, *pg.* 133
Yu, Allen - Creative - MUH-TAY-ZIK / HOF-FER, San Francisco, CA, *pg.* 119
Yu, Caprice - Creative - MCCANN NEW YORK, New York, NY, *pg.* 108
Yuen, Aok - Creative, PPOM - A PARTNERSHIP, INC., New York, NY, *pg.* 537
Yuen, Marcus - Creative - 72ANDSUNNY, Playa Vista, CA, *pg.* 23
Yun, Sun - Creative, Interactive / Digital - GRAFIK MARKETING COMMUNICATIONS, Alexandria, VA, *pg.* 185
Yurko, Emily - Creative, Interactive / Digital - SAATCHI & SAATCHI LOS ANGELES, Torrance, CA, *pg.* 137
Yuzwa, Michael - Creative, Interactive / Digital - IBM IX, Columbus, OH, *pg.* 240
Zaas, Wendy - Creative, Interactive / Digital, NBC - DKC PUBLIC RELATIONS, West Hollywood, CA, *pg.* 597
Zaborowski, Russ - Creative - SUCCESS COMMUNICATIONS GROUP, Parsipanny, NJ, *pg.* 415
Zaech, Juri - Creative - 72ANDSUNNY, Playa Vista, CA, *pg.* 23
Zaffarano, John - Creative, Interactive / Digital, PPM, PPOM - MOB SCENE, Los Angeles, CA, *pg.* 563
Zakim, Andrew - Account Planner, Account Services, Creative, Media Department - TBWA/MEDIA ARTS LAB, Los Angeles, CA, *pg.* 147
Zakovich, Ken - Creative - WESTMORELAND FLINT, Duluth, MN, *pg.* 161
Zale, Emily - Account Services, Creative - TBWA \ CHIAT \ DAY, New York, NY, *pg.* 416
Zaleski, Lauren - Creative - CRITICAL MASS, INC., Chicago, IL, *pg.* 223
Zamba, Dave - Creative - PROSEK PARTNERS, Fairfield, CT, *pg.* 639
Zambotti, Dave - Creative, PPOM - ZAMBOO, Los Angeles, CA, *pg.* 165
Zamiar, Alex - Creative - THE MARTIN AGENCY, Richmond, VA, *pg.* 421
Zamlong, William - Creative - SOURCE COMMUNICATIONS, Hackensack, NJ, *pg.* 315
Zamprogno, Jean - Creative - DAVID, Miami, FL, *pg.* 57
Zaner, Douglas - Creative - PUBLICIS NORTH AMERICA, New York, NY, *pg.* 399
Zapata, Gustavo - Creative - DIESTE, Dallas, TX, *pg.* 539
Zatler, Oleg - Creative - BPG ADVERTISING, West Hollywood, CA, *pg.* 42
Zaucha, Barbara - Analytics, Creative, Interactive / Digital, Media Department, Research - STARCOM WORLDWIDE, Chicago, IL, *pg.* 513
Zavala, Matt - Creative - EDELMAN, New York, NY, *pg.* 599
Zawadowski, Cass - Creative - BLAST RADIUS, Toronto, ON, *pg.* 217
Zeh Peacock, Amanda - Creative - LEWIS COMMUNICATIONS , Mobile, AL, *pg.* 100
Zeinier, Ted - Creative - MOJAVE ADVERTISING, Mountaintop, PA, *pg.* 192
Zeiris, Victor - Creative - DDB NEW YORK, New York, NY, *pg.* 59
Zelcs, Martins - Creative - BBDO WORLDWIDE, New York, NY, *pg.* 331
Zell-Groner, Evyn - Account Services, Creative, Management - BBDO SAN FRANCISCO, San Francisco, CA, *pg.* 330
Zelley, Matthew - Creative - DP+, Farmington Hills, MI, *pg.* 353
Zentil, Jaimes - Creative - COSSETTE MEDIA, Toronto, ON, *pg.* 345
Zerger, Todd - Creative - PUBLICIS.SAPIENT, San Francisco, CA, *pg.* 259
Zertuche, Marina - Creative, Operations - INDUSTRY, Portland, OR, *pg.* 187
Zettel, Kelly - Creative - LEO BURNETT TORONTO, Toronto, ON, *pg.* 97
Zhang, James - Creative - WALMART MEDIA GROUP, San Bruno, CA, *pg.* 684
Zhang, YanYan - Creative, PPOM - VSA PARTNERS, INC. , Chicago, IL, *pg.* 204
Zhang, Jean - Creative - RISE INTERACTIVE, Chicago, IL, *pg.* 264
Ziaja, Todd - Creative - DELOITTE DIGITAL, New York, NY, *pg.* 225
Zidek, Alayna - Creative - STERLING-RICE GROUP, Boulder, CO, *pg.* 413
Ziegler, Sierra - Creative - DIMASSIMO GOLDSTEIN, New York, NY, *pg.* 351
Ziehm, Jason - Creative - DIGITAS, Chicago, IL, *pg.* 227
Ziemba, Jason - Creative - KLUNK & MILLAN ADVERTISING, Allentown, PA, *pg.* 95
Zier, Kevin - Creative - EDELMAN, Washington, DC, *pg.* 600
Zimmerman, Julia - Creative, Promotions, Public Relations, Social Media - LYONS CONSULTING GROUP, Chicago, IL, *pg.* 247
Zimmerman, Erik - Creative - UNDERTONE, New York, NY, *pg.* 273
Zimmerman, Andrew - Creative - SJI ASSOCIATES, New York, NY, *pg.* 142
Zimroth, Aaron - Creative - THE COMMUNITY, Miami Beach, FL, *pg.* 545
Zink, Jenna - Creative - 360I, LLC, New York, NY, *pg.* 320

RESPONSIBILITIES INDEX

AGENCIES

Ziomek, Christine - Creative - CARYL COMMUNICATIONS, INC., Paramus, NJ, *pg.* 589
Zita, Sandy - Creative, PPOM - FIELD DAY, Toronto, ON, *pg.* 358
Zito Jr., Vincent - Creative - TANEN DIRECTED ADVERTISING, Norwalk, CT, *pg.* 416
Zlatkin, Jesse - Creative - AIM PRODUCTIONS, Astoria, NY, *pg.* 453
Znidarsic, John - Creative - ADCOM COMMUNICATIONS, INC., Cleveland, OH, *pg.* 210
Zoelle, Bill - Creative, PPOM - ENVANO, INC., Green Bay, WI, *pg.*
Zollo, Lauren - Creative - DID AGENCY, Ambler, PA, *pg.* 62
Zonta, Marko - Creative, PPOM - ZYNC COMMUNICATIONS INC., Toronto, ON, *pg.* 22
Zorad, Anne-Marie - Creative, PPM - DIESTE, Dallas, TX, *pg.* 539
Zuckerman, Karen - Creative, PPOM - HIRSHORN ZUCKERMAN DESIGN GROUP, Rockville, MD, *pg.* 371
Zuidema, Joanna - Creative - SCHERMER, Minneapolis, MN, *pg.* 16
Zunda, Charles - Creative, PPOM - ZUNDA GROUP, South Norwalk, CT, *pg.* 205
Zuniga, Armando - Creative - DIGITAS, San Francisco, CA, *pg.* 227
Zunkley, Eric - Creative - DEUTSCH, INC., Los Angeles, CA, *pg.* 350
Zuwiala-Rogers, Emily - Creative - BAILEY BRAND CONSULTING, Plymouth Meeting, PA, *pg.* 2
Zwieg, Justin - Creative - BOLIN MARKETING, Minneapolis, MN, *pg.* 41
Zywicki, Ron - Account Services, Creative - DAVID JAMES GROUP, Oakbrook Terrace, IL, *pg.* 348

Digital / Interactive

Abanilla, Bradley - Interactive / Digital, Media Department - APOGEE RESULTS, Austin, TX, *pg.* 672
Abate, Matthew - Creative, Interactive / Digital - HAVAS HEALTH & YOU, New York, NY, *pg.* 82
Abayasekara, Lindsay - Interactive / Digital, Media Department - PAVONE MARKETING GROUP, Harrisburg, PA, *pg.* 396
Abbate, Jo-Ann - Interactive / Digital - COLANGELO SYNERGY MARKETING, INC., Darien, CT, *pg.* 566
Abbate, Johnny - Interactive / Digital - JIGSAW, LLC, Milwaukee, WI, *pg.* 377
Abbatiello, Andrea - Interactive / Digital, Media Department - SPARK FOUNDRY, New York, NY, *pg.* 508
Abbott, Spencer - Account Services, Creative, Interactive / Digital - ALL POINTS PUBLIC RELATIONS, Deerfield, IL, *pg.* 576
Abbracciamento, Monica - Account Services, Interactive / Digital - TEAM ONE, Dallas, TX, *pg.* 418

Abdelhamid, Sarah - Account Services, Interactive / Digital - INITIATIVE, New York, NY, *pg.* 477
Abdullah, Atiq - Interactive / Digital - AKQA, Washington, DC, *pg.* 212
Abendroth, Rosemary - Interactive / Digital, NBC, Public Relations - MCGARRYBOWEN, San Francisco, CA, *pg.* 385
Aberi, Ashley - Interactive / Digital, Media Department, Programmatic - MINDSHARE, New York, NY, *pg.* 491
Abrahamian, Armen - Interactive / Digital - HEARST AUTOS, San Francisco, CA, *pg.* 238
Abrahams, Andrew - Account Services, Interactive / Digital - OVERDRIVE INTERACTIVE, Allston, MA, *pg.* 256
Abrahams, Sam - Interactive / Digital, Media Department, Social Media - LAUNDRY SERVICE, Brooklyn, NY, *pg.* 287
Abrams, Sam - Interactive / Digital, Media Department - KELLY, SCOTT & MADISON, INC., Chicago, IL, *pg.* 482
Abrams, Scott - Administrative, Interactive / Digital - CARAT, New York, NY, *pg.* 459
Abreu, Miosotis - Interactive / Digital, Media Department - HAVAS MEDIA GROUP, Boston, MA, *pg.* 470
Abubaker, Shereen - Interactive / Digital, Social Media - PHD USA, New York, NY, *pg.* 505
Abuella, Eman - Interactive / Digital, Media Department - ALLSCOPE MEDIA, New York, NY, *pg.* 454
Acevedo, Karen - Interactive / Digital, Media Department, Research - REPUBLICA HAVAS, Miami, FL, *pg.* 545
Aceves, Alberto - Interactive / Digital, Media Department, Programmatic - AKQA, San Francisco, CA, *pg.* 211
Acker, Kate - Account Services, Interactive / Digital, Public Relations - THINK MOTIVE, Denver, CO, *pg.* 154
Acosta, Estefania - Interactive / Digital - OGILVY, Coral Gables, FL, *pg.* 393
Acosta, Samuel - Interactive / Digital, Media Department - SPARK FOUNDRY, New York, NY, *pg.* 508
Acosta, Jose - Interactive / Digital, PPM - MONO, Minneapolis, MN, *pg.* 117
Acquaotta, Robert - Interactive / Digital - ACTIVE INTERNATIONAL, Pearl River, NY, *pg.* 439
Acquistapace, Kyle - Account Planner, Account Services, Interactive / Digital, Media Department, PPOM, Public Relations - TEAM ONE, Los Angeles, CA, *pg.* 417
Acree, Carla - Interactive / Digital, Media Department -

FOUNDRY, Reno, NV, *pg.* 75
Aczon, Ashley - Interactive / Digital, Media Department - PALISADES MEDIA GROUP, INC., Santa Monica, CA, *pg.* 124
Adams, Jonathan - Interactive / Digital, Management, Media Department, PPOM - WAVEMAKER, New York, NY, *pg.* 526
Adams, Bill - Creative, Interactive / Digital - POTTS MARKETING GROUP, Anniston, AL, *pg.* 398
Adams, Tom - Interactive / Digital - SQAD, INC., Tarrytown, NY, *pg.* 513
Adams, Amy - Interactive / Digital, Management, Media Department - STARCOM WORLDWIDE, Chicago, IL, *pg.* 513
Adams, Mason - Account Services, Interactive / Digital, Social Media - SPRINGBOX, Austin, TX, *pg.* 266
Adams, Travis - Interactive / Digital, Media Department - HARMELIN MEDIA, Bala Cynwyd, PA, *pg.* 467
Adams, Erica - Interactive / Digital, Media Department - PUBLICIS HEALTH MEDIA, Philadelphia, PA, *pg.* 506
Adams, Benjamin - Interactive / Digital, Media Department - CLM MARKETING & ADVERTISING, Boise, ID, *pg.* 342
Adams, Nathan - Analytics, Interactive / Digital - DKC PUBLIC RELATIONS, New York, NY, *pg.* 597
Adams, Rob - Interactive / Digital - DROGA5, New York, NY, *pg.* 64
Adams, Meredith - Interactive / Digital, Media Department - THE VARIABLE, Winston-Salem, NC, *pg.* 153
Adams, Alister - Interactive / Digital, Media Department - PUBLICIS TORONTO, Toronto, ON, *pg.* 639
Adams, Michelle - Interactive / Digital - CANVAS WORLDWIDE, Playa Vista, CA, *pg.* 458
Adelsberger, Renae - Interactive / Digital - ADELSBERGER MARKETING, Jackson, TN, *pg.* 322
Adkins, Donny - Interactive / Digital, Media Department - FRED AGENCY, Atlanta, GA, *pg.* 360
Afzal, David - Account Services, Interactive / Digital, Management - REPRISE DIGITAL, New York, NY, *pg.* 676
Agar, Jason - Interactive / Digital, PPM - COLOUR, Halifax, NS, *pg.* 343
Agbaere, Anthony - Interactive / Digital, Media Department, NBC - SPARK FOUNDRY, Chicago, IL, *pg.* 510
Agganis, Steve - Interactive / Digital, PPOM - MINDSTREAM INTERACTIVE, Columbus, OH, *pg.* 250
Aggazio, Augie - Interactive / Digital - PIPITONE GROUP, Pittsburgh, PA, *pg.* 195
Aglar, David - Interactive / Digital, Management, Media

1390

AGENCIES — RESPONSIBILITIES INDEX

Department, NBC, Social Media - WEBER SHANDWICK, New York, NY, pg. 660

Agnew, Michelle - Account Services, Interactive / Digital, Management - SAATCHI & SAATCHI DALLAS, Dallas, TX, pg. 136

Agostinelli, Dan - Interactive / Digital, Media Department - KLUNK & MILLAN ADVERTISING, Allentown, PA, pg. 95

Agrawal, Shalini - Interactive / Digital, Media Department - 360I, LLC, New York, NY, pg. 320

Agresta, Stephanie - Account Services, Interactive / Digital, Management, Media Department, NBC - DIGENNARO COMMUNICATIONS, New York, NY, pg. 597

Agugliaro, Marisa - Interactive / Digital, Social Media - THE SUNFLOWER GROUP, New York, NY, pg. 317

Aguiar, Rachel - Interactive / Digital, NBC, Public Relations - RESOLUTION MEDIA, Chicago, IL, pg. 676

Aguilar, Sage - Interactive / Digital - CARAT, New York, NY, pg. 459

Aguirre, Mario - Account Services, Interactive / Digital, Media Department - DIGITAS, New York, NY, pg. 226

Ahluwalia, Anisha - Interactive / Digital - WEBER SHANDWICK, New York, NY, pg. 660

Ahmad, Sabeen - Interactive / Digital, Media Department, Operations - PUBLICIS NORTH AMERICA, New York, NY, pg. 399

Ahmad, Zaman - Interactive / Digital, Media Department - RESHIFT MEDIA, Toronto, ON, pg. 687

Ahmed, Azher - Interactive / Digital, PPOM - DDB CHICAGO, Chicago, IL, pg. 59

Aime, Hannah - Interactive / Digital, NBC, Social Media - ACUMIUM, LLC, Madison, WI, pg. 210

Aitken, Brian - Administrative, Analytics, Interactive / Digital, Media Department, Social Media - JPL, Harrisburg, PA, pg. 378

Aiu, Cashman - Account Planner, Interactive / Digital, Media Department - HORIZON MEDIA, INC., New York, NY, pg. 474

Akao, Sayo - Interactive / Digital, Social Media - COMMIT AGENCY, Chandler, AZ, pg. 343

Akay, Dilara - Interactive / Digital, Media Department - HAVAS MEDIA GROUP, New York, NY, pg. 468

Akhbari, James - Account Services, Interactive / Digital, Management, Media Department - HAVAS HEALTH & YOU, New York, NY, pg. 82

Albaitis, Aris - Creative, Interactive / Digital - DG COMMUNICATIONS GROUP, Delray Beach, FL, pg. 351

Albanese, Katia - Interactive / Digital, NBC - CONCEPTS, INC., Bethesda, MD, pg. 592

Albano, James - Interactive / Digital, Media Department, NBC - ZENITH MEDIA, New York, NY, pg. 529

Albano, Gina - Interactive / Digital, Promotions - INITIATIVE, New York, NY, pg. 477

Alberts, Brendan - Interactive / Digital - 360I, LLC, New York, NY, pg. 320

Alberty, Matthew - Interactive / Digital, Management - ADCETERA, Houston, TX, pg. 27

Albujar, Jonathan - Interactive / Digital, Media Department, Programmatic - THE MEDIA KITCHEN, New York, NY, pg. 519

Alcazar, Carlos - Account Services, Creative, Interactive / Digital, Management, NBC, Operations, PPOM - CULTURE ONE WORLD, Washington, DC, pg. 539

Alderman, Sara - Interactive / Digital, Media Department - IPROSPECT, Fort Worth, TX, pg. 674

Aldrich, Doug - Interactive / Digital - JAGGED PEAK, Cincinnati, OH, pg. 91

Alessandra, Jessica - Account Planner, Interactive / Digital, Media Department - PPM - HAVAS MEDIA GROUP, New York, NY, pg. 468

Alex, Max - Creative, Interactive / Digital, Media Department, PPM - MAGNET MEDIA, INC., New York, NY, pg. 247

Alexander, Nathan - Interactive / Digital, Media Department - RPA, Santa Monica, CA, pg. 134

Alexander, James - Interactive / Digital, PPOM - SHIFT DIGITAL, Birmingham, MI, pg. 265

Alexander, Timothy - Interactive / Digital, Operations - MDG ADVERTISING, Boca Raton, FL, pg. 484

Alexander, Alan - Interactive / Digital, NBC - MARKSTEIN, Birmingham, AL, pg. 625

Alexander, Amy - Interactive / Digital, Media Department - WAVEMAKER, New York, NY, pg. 526

Alexander, Bryan - Interactive / Digital, PPM - SAATCHI & SAATCHI X, Springdale, AR, pg. 682

Alhart, Jon - Interactive / Digital, Media Department, NBC, Social Media - DIXON SCHWABL ADVERTISING, Victor, NY, pg. 351

Ali, Ashraf - Interactive / Digital - IPROSPECT, New York, NY, pg. 674

Alicea, Linda - Interactive / Digital, Media Department, Programmatic - VARICK MEDIA MANAGEMENT, New York, NY, pg. 274

Allan, Tina - Interactive / Digital, Management - BBDO WORLDWIDE, New York, NY, pg. 331

Alleger, Gregory - Interactive / Digital, Media Department - BRANDED ENTERTAINMENT NETWORK, INC., Sherman Oaks, CA, pg. 297

Allen, Vaughn - Account Planner, Account Services, Interactive /

Digital, Management, NBC - BARKLEY BOULDER, Boulder, CO, pg. 36

Allen, Justin - Creative, Interactive / Digital - INNIS MAGGIORE GROUP, Canton, OH, pg. 375

Allen, Sydney - Interactive / Digital, Media Department - STARCOM WORLDWIDE, Chicago, IL, pg. 513

Allen, Tim - Interactive / Digital, Media Department - TRAFFIC DIGITAL AGENCY, Clawson, MI, pg. 271

Allen, Courtney - Interactive / Digital, NBC - ROGERS & COWAN/PMK*BNC, Los Angeles, CA, pg. 643

Allison, Lisa - Interactive / Digital, Management, Media Department, PPM - BLUE 449, Seattle, WA, pg. 456

Allison Lurie, Shaina - Interactive / Digital, Media Department - BOATHOUSE GROUP, INC., Waltham, MA, pg. 40

Alosco, Annalisa - Interactive / Digital, Media Department - 360I, LLC, New York, NY, pg. 320

Alozy, Stephane - Interactive / Digital, NBC - COSSETTE MEDIA, Montreal, QC, pg. 345

Alperin, Brad - Interactive / Digital, Media Department, NBC - DENTSU AEGIS NETWORK, New York, NY, pg. 61

Alter, Kylee - Interactive / Digital, Media Department - EMPOWER, Cincinnati, OH, pg. 354

Altland, Jason - Interactive / Digital - GAVIN ADVERTISING, York, PA, pg.

Altobar, Sheriah - Interactive / Digital - ISADORA AGENCY, Manhattan Beach, CA, pg. 91

Altshuler, Kathryn - Interactive / Digital, Media Department, Programmatic - THE TOMBRAS GROUP, Knoxville, TN, pg. 424

Altuner, Ebru - Interactive / Digital, Media Department - INITIATIVE, Los Angeles, CA, pg. 478

Alvarenga, Elba - Account Planner, Account Services, Interactive / Digital, Media Department, NBC, Public Relations - EDELMAN, New York, NY, pg. 599

Alvarez, Gene - Interactive / Digital, Management, NBC - GARTNER, INC., Stamford, CT, pg. 236

Alvarez, Alexandria - Interactive / Digital, Media Department - STARCOM WORLDWIDE, Chicago, IL, pg. 513

Alvaro, David - Account Services, Interactive / Digital, NBC - SUPERFLY, New York, NY, pg. 315

Alvaro, Mariana - Interactive / Digital - GMR MARKETING SAN FRANCISCO, San Francisco, CA, pg. 307

Aly, Sherif - Interactive / Digital, Media Department - DIGITAS, Chicago, IL, pg. 227

Amack, Nate - Creative, Interactive / Digital, PPOM - BLUE BEAR CREATIVE, Denver, CO, pg. 40

1391

RESPONSIBILITIES INDEX — AGENCIES

Ambrose, Louis - Interactive / Digital, Media Department - MINDSHARE, New York, NY, pg. 491

Ambrose, Laura - Creative, Interactive / Digital - WORK & CO, Brooklyn, NY, pg. 276

Amchin, Jana - Interactive / Digital, Social Media - DEFINITION 6, New York, NY, pg. 224

Amdemichael, Semhar - Account Services, Interactive / Digital, Media Department, Programmatic - MEDIA ASSEMBLY, New York, NY, pg. 484

Amend, Myke - Interactive / Digital - LOHRE & ASSOCIATES, INC., Cincinnati, OH, pg. 381

Ames, Jon - Finance, Interactive / Digital, Media Department - THE&PARTNERSHIP, New York, NY, pg. 426

Amico, Danielle - Interactive / Digital - BBDO WORLDWIDE, New York, NY, pg. 331

Amico, Nick - Interactive / Digital, Media Department, Programmatic - SPARK FOUNDRY, New York, NY, pg. 508

Amodeo, Lou - Interactive / Digital, Media Department - RISE INTERACTIVE, Chicago, IL, pg. 264

Amoroso, John - Interactive / Digital, Programmatic - THE TRADE DESK, Ventura, CA, pg. 519

Amos, Kevin - Analytics, Interactive / Digital, Media Department, NBC, Research - BRUNNER, Pittsburgh, PA, pg. 44

An, Kevin - Interactive / Digital, Media Department - HEARTS & SCIENCE, New York, NY, pg. 471

Anapol, Michele - Interactive / Digital, NBC - RED BANYAN, Deerfield Beach, FL, pg. 641

Ancy, Lauren - Creative, Interactive / Digital - HYFN, Los Angeles, CA, pg. 240

Anders, Faith - Interactive / Digital, Media Department - OMD, Chicago, IL, pg. 500

Andersen, Christian - Interactive / Digital, Media Department - GOCONVERGENCE, Orlando, FL, pg. 364

Anderson, Keith - Creative, Interactive / Digital, PPOM - OGILVY, New York, NY, pg. 393

Anderson, Aaron - Interactive / Digital, Media Department, NBC - CANVAS WORLDWIDE, Playa Vista, CA, pg. 458

Anderson, Lauren - Interactive / Digital, Media Department - SKAR ADVERTISING, Omaha, NE, pg. 265

Anderson, Dianne - Interactive / Digital, Media Department - OVATIVE GROUP, Minneapolis, MN, pg. 256

Anderson, Ariel - Interactive / Digital, Media Department - STARCOM WORLDWIDE, Chicago, IL, pg. 513

Anderson, Diana - Interactive / Digital, Management, Media Department - CARAT, New York, NY, pg. 459

Anderson, Keith - Analytics,

Interactive / Digital, Research - PROFITERO, Boston, MA, pg. 682

Anderson, Emily - Account Services, Interactive / Digital, Media Department - HEARTS & SCIENCE, New York, NY, pg. 471

Anderson, Tim - Account Services, Interactive / Digital, Media Department - AMOBEE, INC., New York, NY, pg. 30

Anderson, Tachelle - Interactive / Digital, Media Department - MOXIE, Atlanta, GA, pg. 251

Anderson, Megan - Interactive / Digital, NBC - RESHIFT MEDIA, Toronto, ON, pg. 687

Anderson, Ewan - Interactive / Digital, PPM - TBWA \ CHIAT \ DAY, Los Angeles, CA, pg. 146

Anderson, David - Creative, Interactive / Digital - CHEMISTRY ATLANTA, Atlanta, GA, pg. 50

Anderson-Brooke, Lee - Interactive / Digital - WEBER SHANDWICK, San Francisco, CA, pg. 662

Andrade, Nuno - Interactive / Digital, Media Department, NBC - KOEPPEL DIRECT, Dallas, TX, pg. 287

Andraos, Melissa - Interactive / Digital, Media Department - RPA, Santa Monica, CA, pg. 134

Andreev, Andrian - Interactive / Digital, Media Department - LUXE COLLECTIVE GROUP, New York, NY, pg. 102

Andreus, Rachel - Account Planner, Interactive / Digital - HORIZON MEDIA, INC., New York, NY, pg. 474

Andrew, Christopher - Account Services, Interactive / Digital, Media Department - MEDIACOM, New York, NY, pg. 487

Andrews, Connie - Account Services, Creative, Interactive / Digital - THE RICHARDS GROUP, INC., Dallas, TX, pg. 422

Andrews, Paul - Interactive / Digital - ZAG INTERACTIVE, Glastonbury, CT, pg. 277

Andrist, Ryan - Account Services, Interactive / Digital - THE INTEGER GROUP, Lakewood, CO, pg. 682

Andry, Anthony - Interactive / Digital, NBC, Social Media - ASV INC., Torrance, CA, pg. 302

Angeles, Danielle - Interactive / Digital, Media Department, Research - MINDSHARE, New York, NY, pg. 491

Ann Habbe, Cheryl - Interactive / Digital, PPOM - STEEL DIGITAL STUDIOS, Austin, TX, pg. 200

Annati, Mark - Interactive / Digital - EXTREME REACH, INC., Needham, MA, pg. 552

Anne Bishop, Leigh - Interactive / Digital, Management - BRANDEXTRACT, LLC, Houston, TX, pg. 4

Ansari, Sana - Interactive / Digital, Media Department - 3Q DIGITAL, San Mateo, CA, pg. 671

Antaki, Eric - Interactive / Digital, Media Department, Operations - OPENMIND, New York, NY, pg. 503

Antonelli, Jamie - Creative, Interactive / Digital, PPM - CDFB, New York, NY, pg. 561

Antonian, Anie - Interactive / Digital, Media Department - INITIATIVE, Los Angeles, CA, pg. 478

Antuzzi, Karen - Account Planner, Interactive / Digital, Media Department - CARAT, New York, NY, pg. 459

Apatoff, Claire - Account Services, Interactive / Digital - BCV EVOLVE, Chicago, IL, pg. 216

Apitz, Shanna - Account Planner, Interactive / Digital - HUNT ADKINS, Minneapolis, MN, pg. 372

Appel, Samantha - Interactive / Digital, Media Department - ZENITH MEDIA, New York, NY, pg. 529

Appelwick, Lauren - Interactive / Digital, Media Department - DIGITAS, New York, NY, pg. 226

Appenzoller, Erin - Account Services, Interactive / Digital, Media Department, Social Media - CRISPIN PORTER + BOGUSKY, Boulder, CO, pg. 346

Appiah, Kobby - Creative, Interactive / Digital - KNOCK, INC., Minneapolis, MN, pg. 95

Appleton Zubarik, Sarah - Interactive / Digital, Media Department, Social Media - IMAGE MAKERS ADVERTISING, INC., Brookfield, WI, pg. 88

Appolonia, Breana - Interactive / Digital, Media Department - MEDIAHUB BOSTON, Boston, MA, pg. 489

Aquadro, Courtney - Interactive / Digital, Media Department - UNIVERSAL MCCANN, New York, NY, pg. 521

Araneta, Fides - Interactive / Digital, Media Department - STARCOM WORLDWIDE, Chicago, IL, pg. 513

Archer, Josh - Analytics, Interactive / Digital - WUNDERMAN THOMPSON, New York, NY, pg. 434

Arden, Mike - Interactive / Digital - OMD, New York, NY, pg. 498

Arena, Ashley - Interactive / Digital - PHD USA, New York, NY, pg. 505

Arita, Marci - Account Planner, Account Services, Interactive / Digital, Media Department, NBC - HEARTS & SCIENCE, New York, NY, pg. 471

Arlin, Rachel - Interactive / Digital, Media Department - WAVEMAKER, New York, NY, pg. 526

Armano, David - Interactive / Digital - EDELMAN, Chicago, IL, pg. 353

Armistead, Stacy - Account Planner, Account Services, Interactive / Digital, Public Relations - MINDSHARE, Atlanta, GA, pg. 493

Armitage, Victoria - Interactive / Digital, Media Department - MEDIACOM, New York, NY, pg. 487

Armstrong, Bridgette - Interactive

AGENCIES

RESPONSIBILITIES INDEX

/ Digital, Media Department - HAWORTH MARKETING & MEDIA, Minneapolis, MN, *pg.* 470

Armstrong, Alyssa - Interactive / Digital - NEBO AGENCY, LLC, Atlanta, GA, *pg.* 253

Arnett, Melanee - Interactive / Digital, Media Department - THE LAVIDGE COMPANY, Phoenix, AZ, *pg.* 420

Arnold, Dana - Interactive / Digital, NBC, Public Relations, Social Media - HIEBING, Madison, WI, *pg.* 85

Arnold, Ben - Interactive / Digital, Management, Media Department, PPOM - WE ARE SOCIAL, New York, NY, *pg.* 690

Arnott, Anna - Interactive / Digital - CALDWELL VANRIPER, Indianapolis, IN, *pg.* 46

Arone, Ashley - Interactive / Digital - JUMPCREW, Nashville, TN, *pg.* 93

Arrighi, Chris - Interactive / Digital, Media Department, NBC - DEVITO/VERDI, New York, NY, *pg.* 62

Arthur, Debbie - Creative, Interactive / Digital - KANEEN ADVERTISING & PUBLIC RELATIONS, INC., Tucson, AZ, *pg.* 618

Arthur, Anna - Account Services, Interactive / Digital - WPROMOTE, Melville, NY, *pg.* 678

Asaro, Daniela - Interactive / Digital, PPM - VIRTUE WORLDWIDE, Brooklyn, NY, *pg.* 159

Ascencio, Genevieve - Interactive / Digital, Public Relations - GOLIN, Miami, FL, *pg.* 609

Ascher, Alexis - Interactive / Digital, Media Department - MEDIAHUB LOS ANGELES, El Segundo, CA, *pg.* 112

Aslam, Kamran - Interactive / Digital, Management - FCB HEALTH, New York, NY, *pg.* 72

Assenza, Michael - Account Services, Interactive / Digital - ZENITH MEDIA, New York, NY, *pg.* 529

Assenza, Kayla - Interactive / Digital, Media Department - HARMELIN MEDIA, Bala Cynwyd, PA, *pg.* 467

Athens, Chris - Interactive / Digital, Media Department - OMD WEST, Los Angeles, CA, *pg.* 502

Atkins, Erica - Interactive / Digital, Media Department, PPOM - WAVEMAKER, New York, NY, *pg.* 526

Atkins, English - Interactive / Digital, Media Department, NBC - ALETHEIA MARKETING & MEDIA, Dallas, TX, *pg.* 454

Atkinson, Scott - Interactive / Digital, Media Department - TCAA, Cincinnati, OH, *pg.* 147

Atkinson, Craig - Account Services, Interactive / Digital, NBC, Operations, PPOM - TINUITI, New York, NY, *pg.* 678

Atkinson, Cliff - Interactive / Digital, Media Department - RPA, Santa Monica, CA, *pg.* 134

Atkinson, Joe - Interactive / Digital, PPOM - PWC DIGITAL SERVICES, Hallandale Beach, FL, *pg.* 260

Atwater, Brad - Interactive / Digital - RHYTHM, Irvine, CA, *pg.* 263

Aubrey, Michael - Interactive / Digital, Operations - ORGANIC, INC., New York, NY, *pg.* 256

Auerbach-Rodriguez, Joanna - Interactive / Digital, Media Department - M/SIX, New York, NY, *pg.* 482

Auger, Rob - Interactive / Digital, Media Department - DIGITAS, Boston, MA, *pg.* 226

Aukstuolis, Algis - Interactive / Digital, Media Department - THE OHLMANN GROUP, Dayton, OH, *pg.* 422

Ausford, Mike - Interactive / Digital, NBC - TOPDRAW, Edmonton, AB, *pg.* 678

Austin, Jennifer - Interactive / Digital, Media Department - ZIMMERMAN ADVERTISING, Fort Lauderdale, FL, *pg.* 437

Austin, Jared - Interactive / Digital, Management, Social Media - THE FERRARO GROUP, Las Vegas, NV, *pg.* 653

Austin, Haley - Interactive / Digital, Media Department - GS&F, Nashville, TN, *pg.* 367

Avera, Mark - Interactive / Digital, Media Department, Operations - PORTER NOVELLI, Atlanta, GA, *pg.* 637

Aviles, Liz - Interactive / Digital, Management, NBC - UPSHOT, Chicago, IL, *pg.* 157

Avram, Maggie - Interactive / Digital, NBC, Social Media - LAUGHLIN CONSTABLE, INC., Chicago, IL, *pg.* 380

Avramenko, Rae - Creative, Interactive / Digital - CATALYSIS, Seattle, WA, *pg.* 340

Axelrod, Caren - Interactive / Digital, Social Media - RESOLUTION MEDIA, New York, NY, *pg.* 263

Axmacher, Meryl - Account Services, Interactive / Digital, Media Department, NBC - SPARK451, INC., Westbury, NY, *pg.* 411

Ayala, Lester - Interactive / Digital, Media Department, PPM - CRONIN, Glastonbury, CT, *pg.* 55

Ayala, Wendy - Interactive / Digital, Media Department - MINDSHARE, New York, NY, *pg.* 491

Baarson, Vince - Interactive / Digital - AKOS, Phoenix, AZ, *pg.* 324

Baba, Sena - Interactive / Digital, Media Department - INITIATIVE, New York, NY, *pg.* 477

Babcock, Kristin - Account Planner, Account Services, Interactive / Digital, Media Department, Social Media - CRAMER-KRASSELT, Chicago, IL, *pg.* 53

Babik, Drew - Interactive / Digital, Operations - TRAFFIC DIGITAL AGENCY, Clawson, MI, *pg.* 271

Babineau, Brian - Creative, Interactive / Digital, Media Department, NBC, PPOM, Social Media - ALLEN & GERRITSEN, Boston, MA, *pg.* 29

Baca, Felix - Interactive / Digital - 97TH FLOOR, Lehi, UT, *pg.* 209

Baccus, Ashley - Interactive / Digital, Media Department - RPA, Santa Monica, CA, *pg.* 134

Bachman, Sarah - Interactive / Digital, Media Department - HORIZON MEDIA, INC., Los Angeles, CA, *pg.* 473

Bachynski, Nathan - Interactive / Digital, NBC - ALLEBACH COMMUNICATIONS, Souderton, PA, *pg.* 29

Backs, Claire - Account Services, Interactive / Digital - TAYLOR WEST ADVERTISING, INC., San Antonio, TX, *pg.* 416

Bacon, Thomas - Interactive / Digital, PPOM - WORKHORSE MARKETING, Austin, TX, *pg.* 433

Bader, Jane - Interactive / Digital, Media Department, Programmatic - HEARTS & SCIENCE, New York, NY, *pg.* 471

Badwan, Ayman - Interactive / Digital - WALKER SANDS COMMUNICATIONS, Chicago, IL, *pg.* 659

Bagdasarian, Steve - Interactive / Digital, Management, Media Department - PCH / MEDIA, Portland, ME, *pg.* 534

Baggett, Jacy - Interactive / Digital - LEWIS COMMUNICATIONS, Nashville, TN, *pg.* 100

Bagley, Caitlin - Interactive / Digital, NBC - ALL POINTS DIGITAL, Norwalk, CT, *pg.* 671

Bagli, Megan - Interactive / Digital, Media Department, Social Media - ELEVATION MARKETING, Richmond, VA, *pg.* 67

Baglione, Marissa - Interactive / Digital, Media Department - SPARK FOUNDRY, New York, NY, *pg.* 508

Baharvar, Samantha - Account Planner, Interactive / Digital, Media Department, NBC, Public Relations - DIGITAS, New York, NY, *pg.* 226

Bailer, Sara - Interactive / Digital, Media Department - WAVEMAKER, Chicago, IL, *pg.* 529

Bailey, Jennifer - Interactive / Digital, Promotions - STORY COLLABORATIVE, Fredericksburg, VA, *pg.* 414

Bailey, Caitie - Interactive / Digital, Media Department, Social Media - RED MOON MARKETING, Charlotte, NC, *pg.* 404

Baiocco, Rob - Creative, Interactive / Digital, PPOM - BAM CONNECTION, Brooklyn, NY, *pg.* 2

Baird, Sam - Interactive / Digital, Media Department - UNIVERSAL MCCANN, San Francisco, CA, *pg.* 428

1393

RESPONSIBILITIES INDEX

AGENCIES

Baj, Natalie - Interactive / Digital, Media Department, Social Media - REPUBLICA HAVAS, Miami, FL, pg. 545

Baker, Erica - Account Services, Interactive / Digital - SAATCHI & SAATCHI LOS ANGELES, Torrance, CA, pg. 137

Baker, Marie - Account Services, Interactive / Digital - LITZKY PUBLIC RELATIONS, Hoboken, NJ, pg. 623

Baker, Kristen - Account Services, Interactive / Digital, Management, Media Department, PPOM - REPRISE DIGITAL, New York, NY, pg. 676

Baker, Andrew - Creative, Interactive / Digital - CACTUS MARKETING COMMUNICATIONS, Denver, CO, pg. 339

Baker, Melissa - Interactive / Digital, Media Department, PPOM - UNIVERSAL MCCANN, New York, NY, pg. 521

Baker, John - Interactive / Digital, Media Department, NBC - STARCOM WORLDWIDE, Chicago, IL, pg. 513

Baker, Brandon - Interactive / Digital, Social Media - SPM COMMUNICATIONS, Dallas, TX, pg. 649

Baker, Bill - Interactive / Digital, Media Department - WRAY WARD, Charlotte, NC, pg. 433

Baker, James - Interactive / Digital, PPOM - SEARCH ENGINE OPTIMIZATION, INC., Carlsbad, CA, pg. 677

Baker, Melissa - Account Services, Interactive / Digital, NBC - DESTINATION MARKETING, Mountlake Terrace, WA, pg. 349

Balardi, James - Interactive / Digital, Media Department - CARAT, New York, NY, pg. 459

Baldwin, Eric - Creative, Interactive / Digital - WIEDEN + KENNEDY, Portland, OR, pg. 430

Baldwin, Chamie - Account Planner, Interactive / Digital, NBC, PPOM - BURNS GROUP, New York, NY, pg. 338

Baliber, Michael - Account Planner, Account Services, Interactive / Digital, Media Department - HEALIXGLOBAL, New York, NY, pg. 471

Balkunas, Brian - Interactive / Digital, Media Department - SPARK FOUNDRY, New York, NY, pg. 508

Ball, Kevin - Interactive / Digital, Media Department - ANVIL MEDIA, INC, Portland, OR, pg. 671

Ballard, Joshua - Interactive / Digital, Media Department - KNOODLE SHOP, Phoenix, AZ, pg. 95

Ballew, Matt - Creative, Interactive / Digital - WONGDOODY, Seattle, WA, pg. 162

Baluyot, Gerald - Interactive / Digital, Media Department - DAVIS ELEN ADVERTISING, Los Angeles, CA, pg. 58

Band, Jacob - Interactive / Digital, Media Department - THE MEDIA KITCHEN, New York, NY, pg. 519

Banerji, Trina - Interactive / Digital, Media Department, Programmatic - OMD, New York, NY, pg. 498

Banks, Brian - Interactive / Digital, Media Department - DAVIS ELEN ADVERTISING, Los Angeles, CA, pg. 58

Barbanera, Brittany - Interactive / Digital, Media Department - MEDIACOM, New York, NY, pg. 487

Barbara, Bridget - Interactive / Digital, Media Department - YOUNG & LARAMORE, Indianapolis, IN, pg. 164

Barbee, Brent - Interactive / Digital, Media Department, PPOM - CONQUER MEDIA, Simon's Island, GA, pg. 52

Barber, Kelly - Account Planner, Interactive / Digital - 26 DOT TWO LLC, New York, NY, pg. 453

Barber, Nancy - Interactive / Digital, Media Department - UNIVERSAL MCCANN DETROIT, Birmingham, MI, pg. 524

Barbieri, Matt - Interactive / Digital - STAYINFRONT, Fairfield, NJ, pg. 169

Barbosa, Renato - Account Services, Interactive / Digital - MULLENLOWE U.S. NEW YORK, New York, NY, pg. 496

Barbush, J - Creative, Interactive / Digital, NBC, Social Media - RPA, Santa Monica, CA, pg. 134

Barcia, Mike - Account Services, Interactive / Digital - DAVIDSON BELLUSO, Phoenix, AZ, pg. 179

Bardis, Eleni - Account Services, Interactive / Digital, Media Department, PPOM - MEDIACOM, New York, NY, pg. 487

Bardwell, Ed - Interactive / Digital, PPOM - NIMBLE WORLDWIDE, Dallas, TX, pg. 391

Barek, Rachel - Account Services, Interactive / Digital - AKQA, Washington, DC, pg. 212

Barfell, Kelsey - Interactive / Digital, Media Department - MARKSTEIN, Birmingham, AL, pg. 625

Barillas, Ronald - Interactive / Digital, Media Department - USIM, New York, NY, pg. 525

Barish Blevins, Dani - Account Services, Interactive / Digital - TERRI & SANDY, New York, NY, pg. 147

Barna, Ashley - Interactive / Digital, Media Department - REPEQUITY, Washington, DC, pg. 263

Barnes, Courtney - Interactive / Digital, NBC - EDELMAN, New York, NY, pg. 599

Barocas, Sari - Finance, Interactive / Digital, Media Department - HORIZON MEDIA, INC., New York, NY, pg. 474

Baroff, Jessica - Interactive / Digital, Social Media - POWERPHYL MEDIA SOLUTIONS, New York, NY, pg. 506

Baron, Sam - Interactive / Digital, Media Department - EMPOWER, Chicago, IL, pg. 355

Barone, Joe - Interactive / Digital, NBC, Operations, PPOM - GROUPM, New York, NY, pg. 466

Barone-Donahue, Jennifer - Interactive / Digital, Media Department - JAY ADVERTISING, INC., Rochester, NY, pg. 377

Barr, Ian - Interactive / Digital, Media Department, Social Media - CAMP JEFFERSON, Toronto, ON, pg. 219

Barreras, Desiree - Account Services, Interactive / Digital, Management, Media Department, PPOM - UNIVERSAL MCCANN, New York, NY, pg. 521

Barrett, Leslie - Interactive / Digital, NBC - SERINO COYNE, INC., New York, NY, pg. 299

Barrett, Julia - Interactive / Digital, Media Department - CARAT, Culver City, CA, pg. 459

Barrett, Jim - Interactive / Digital - ENVISIONIT MEDIA, INC., Chicago, IL, pg. 231

Barrette, Stacey - Interactive / Digital - PUBLICIS.SAPIENT, Los Angeles, CA, pg. 259

Barron, Scott - Interactive / Digital, Media Department - CARAT, New York, NY, pg. 459

Barry, Alex - Interactive / Digital, Management, Media Department, Programmatic - HAVAS MEDIA GROUP, Boston, MA, pg. 470

Barsanti, Vincenz - Account Services, Interactive / Digital, Media Department - KENSHOO, San Francisco, CA, pg. 244

Barsky, Dani - Account Planner, Account Services, Interactive / Digital, Media Department - CMI MEDIA, LLC, King of Prussia, PA, pg. 342

Bartel, Jim - Interactive / Digital, Management, PPOM - BONFIRE LABS, San Francisco, CA, pg. 175

Barth, Cristin - Creative, Interactive / Digital, NBC, Social Media - ALLEN & GERRITSEN, Boston, MA, pg. 29

Bartlett, Charlie - Interactive / Digital, Media Department - MEDIACOM, New York, NY, pg. 487

Bartlett, Renata - Account Services, Interactive / Digital - ACUMIUM, LLC, Madison, WI, pg. 210

Bartlett, Brooke - Interactive / Digital - THINK MOTIVE, Denver, CO, pg. 154

Barton, Donna - Interactive / Digital, Media Department - THE JOHNSON GROUP, Chattanooga, TN, pg. 420

Barton, Hailey - Interactive / Digital, Media Department - SERINO COYNE, INC., New York, NY, pg. 299

Bartumioli, Diana - Interactive / Digital, Media Department - MEDIACOM, New York, NY, pg. 487

Bartz, Catherine - Interactive / Digital, NBC - LEWIS COMMUNICATIONS

AGENCIES

RESPONSIBILITIES INDEX

, Mobile, AL, *pg.* 100
Basford, Matt - Interactive / Digital, Management, NBC - BEYOND, New York, NY, *pg.* 217
Basil, Nicholas - Creative, Interactive / Digital, Management - AUSTIN & WILLIAMS ADVERTISING, Hauppauge, NY, *pg.* 328
Baskind, Tori - Account Services, Finance, Interactive / Digital - MEDIA CAUSE, Washington, DC, *pg.* 249
Bassett, Peter - Interactive / Digital, Media Department, PPM - DAVID&GOLIATH, El Segundo, CA, *pg.* 57
Batchelor, Jacqueline - Interactive / Digital, Media Department, Social Media - SPARK FOUNDRY, Seattle, WA, *pg.* 512
Batenhorst, Julia - Account Services, Interactive / Digital, Management - HUGE, INC., Oakland, CA, *pg.* 240
Bates, Sheri - Interactive / Digital, NBC, PPOM - SELBERT PERKINS DESIGN COLLABORATIVE, Arlington, MA, *pg.* 198
Bates, Hallie - Interactive / Digital, Media Department, NBC - MERKLEY + PARTNERS, New York, NY, *pg.* 114
Bates, Bart - Interactive / Digital, NBC - BRIGHTWAVE MARKETING, INC., Atlanta, GA, *pg.* 219
Batheja, Ankit - Account Services, Interactive / Digital - RIGHTPOINT, Boston, MA, *pg.* 263
Batka, Jennifer - Account Planner, Interactive / Digital, Media Department - ESSENCE, Seattle, WA, *pg.* 232
Battle, Nikki - Interactive / Digital - ELEVATION MARKETING, Richmond, VA, *pg.* 67
Battrick, David - Interactive / Digital, Media Department - THE INTEGER GROUP, Lakewood, CO, *pg.* 682
Bauer, Liz - Creative, Interactive / Digital, Media Department - RSD MARKETING, New York, NY, *pg.* 197
Bauer, Dave - Interactive / Digital, Media Department, Operations, Programmatic - CROSSMEDIA, New York, NY, *pg.* 463
Baugham, Leigha - Account Services, Interactive / Digital, Media Department, NBC, Social Media - MRM//MCCANN, New York, NY, *pg.* 289
Baum, Melissa - Interactive / Digital, Media Department, PPM - 360I, LLC, New York, NY, *pg.* 320
Baures, Chad - Interactive / Digital, Media Department, PPOM - FRWD, Minneapolis, MN, *pg.* 235
Bautista, Jed - Creative, Interactive / Digital, Media Department - HEARTS & SCIENCE, New York, NY, *pg.* 471
Bawab, Farah - Interactive / Digital - MAGIC LOGIX, Dallas, TX, *pg.* 382

Baxter, Andrea - Account Planner, Interactive / Digital - GLOBAL STRATEGIES, Bend, OR, *pg.* 673
Bayas, Maria - Account Services, Interactive / Digital - R&J STRATEGIC COMMUNICATIONS, Bridgewater, NJ, *pg.* 640
Baybutt, Jennifer - Interactive / Digital - PADILLA, Richmond, VA, *pg.* 635
Bayer, Matt - Interactive / Digital, Media Department - CROSSMEDIA, Los Angeles, CA, *pg.* 463
Baynham, Maggie - Account Services, Creative, Interactive / Digital, Operations - FORTYFOUR, Atlanta, GA, *pg.* 235
Bayona, Julia - Interactive / Digital, Media Department - NEO MEDIA WORLD, New York, NY, *pg.* 496
Beach, Tim - Interactive / Digital, Media Department - COSSETTE MEDIA, Toronto, ON, *pg.* 345
Beach, Crista - Interactive / Digital, Media Department - MINDSHARE, Playa Vista, CA, *pg.* 495
Beam, Megan - Interactive / Digital, Media Department, Social Media - ADTAXI, Denver, CO, *pg.* 211
Bear, Andrew - Interactive / Digital, NBC, PPM - BRAND VALUE ACCELERATOR, San Diego, CA, *pg.* 42
Beaudet, Kara - Interactive / Digital, Media Department - TINUITI, New York, NY, *pg.* 678
Beauparlant, Dawn - Account Services, Interactive / Digital, PPOM - WE COMMUNICATIONS, Bellevue, WA, *pg.* 660
Beck, Q - Interactive / Digital, NBC - TRUE IMPACT MEDIA, Austin, TX, *pg.* 558
Beck, Jason - Interactive / Digital - TINUITI, Dania Beach, FL, *pg.* 271
Beck, Robb - Analytics, Interactive / Digital, Media Department - HMH, Portland, OR, *pg.* 86
Becker, Brandon - Interactive / Digital, Programmatic - DWA MEDIA, San Francisco, CA, *pg.* 464
Beckerman, Elysha - Interactive / Digital - GIANT SPOON, LLC, Los Angeles, CA, *pg.* 363
Beckett, Jaime - Account Planner, Interactive / Digital, Social Media - OMD, Chicago, IL, *pg.* 500
Beckman, Mitch - Account Services, Interactive / Digital - KEPLER GROUP, New York, NY, *pg.* 244
Becotte, Jeff - Interactive / Digital, Management - ALL STAR INCENTIVE MARKETING, Fiskdale, MA, *pg.* 565
Bedell, Jason - Interactive / Digital, Management - VMLY&R, Kansas City, MO, *pg.* 274
Bedoya, Ana - Interactive / Digital, Media Department - SPARK FOUNDRY, New York, NY, *pg.* 508
Beggs, Amanda - Interactive / Digital, Media Department - WAVEMAKER, New York, NY, *pg.* 526
Beightler, Leslie - Interactive /

Digital, Media Department - JUST MEDIA, INC., Austin, TX, *pg.* 481
Bekerman, Sara - Account Planner, Creative, Interactive / Digital - CODE AND THEORY, New York, NY, *pg.* 221
Bekes, Jef - Creative, Interactive / Digital - HERO DIGITAL, San Francisco, CA, *pg.* 238
Bekessy, Katrina - Interactive / Digital, IT, Management - R/GA, Austin, TX, *pg.* 261
Bekker, Kevin - Interactive / Digital, NBC - ZEHNDER COMMUNICATIONS, INC., New Orleans, LA, *pg.* 436
Belanger, Mark - Interactive / Digital, Media Department, PPOM - FLUID, INC., New York, NY, *pg.* 235
Bell, Rachel - Interactive / Digital, Media Department - BLUE 449, New York, NY, *pg.* 455
Bell, Abby - Interactive / Digital - SIMANTEL GROUP, Peoria, IL, *pg.* 142
Bell, Britany - Interactive / Digital, Media Department - DDM MARKETING & COMMUNICATIONS, Grand Rapids, MI, *pg.* 6
Bellerive, David - Creative, Interactive / Digital, Media Department, PPOM - PHOENIX GROUP, Regina, SK, *pg.* 128
Belletsky, Karen - Interactive / Digital, NBC, PPOM - ADAMS & KNIGHT ADVERTISING, Avon, CT, *pg.* 322
Bellinger, Keith - Interactive / Digital, PPM, Social Media - SAATCHI & SAATCHI LOS ANGELES, Torrance, CA, *pg.* 137
Bellino, Eric - Account Services, Interactive / Digital - MERKLEY + PARTNERS, New York, NY, *pg.* 114
Bellorin, Johanna - Interactive / Digital, Media Department - CARAT, New York, NY, *pg.* 459
Belusko, Ann - Account Services, Interactive / Digital, Media Department - INITIATIVE, Chicago, IL, *pg.* 479
Benaharon, Alexa - Interactive / Digital, Media Department - SPARK FOUNDRY, Chicago, IL, *pg.* 510
Benecke, Rowan - Interactive / Digital, Management, NBC, PPOM - RUDER FINN, INC., New York, NY, *pg.* 645
Benedick, Nicole - Interactive / Digital, Operations - ENERGY BBDO, INC., Chicago, IL, *pg.* 355
Benigno, Peter - Account Planner, Interactive / Digital, Media Department - HEARTS & SCIENCE, New York, NY, *pg.* 471
Benik, Hope - Interactive / Digital, Media Department - PARAGON DIGITAL MARKETING, Keene, NH, *pg.* 675
Benington Hopkins, Mathilde - Interactive / Digital, Media Department - MERKLEY + PARTNERS, New York, NY, *pg.* 114
Benitez, Gabriela - Interactive / Digital, NBC, Research - NET

RESPONSIBILITIES INDEX — AGENCIES

CONVERSION, Orlando, FL, pg. 253
Benka, Matt - Interactive / Digital, Management, NBC, PPOM - SPACE150, Minneapolis, MN, pg. 266
Bennett, Daniel - Account Services, Interactive / Digital, Management, PPOM - GREY GROUP, New York, NY, pg. 365
Bennett, George - Account Planner, Interactive / Digital - DROGA5, New York, NY, pg. 64
Bennett, Lucy - Interactive / Digital, Social Media - BBDO WORLDWIDE, New York, NY, pg. 331
Bennett, Carolee - Interactive / Digital - MEDIA LOGIC, Albany, NY, pg. 288
Benson, Karen - Account Planner, Interactive / Digital, Media Department - DEUTSCH, INC., New York, NY, pg. 349
Benson, Nick - Interactive / Digital, Media Department, Programmatic - THE TRADE DESK, Los Angeles, CA, pg. 519
Bentley, Ashley - Interactive / Digital, Media Department - MARCUS THOMAS, Cleveland, OH, pg. 104
Berbecaru, Oliver - Interactive / Digital, Media Department - UNIVERSAL MCCANN, Los Angeles, CA, pg. 524
Berengut, Izabela - Interactive / Digital - SAATCHI & SAATCHI LOS ANGELES, Torrance, CA, pg. 137
Bereson, Leisha - Interactive / Digital, Media Department, Programmatic - CANVAS WORLDWIDE, Playa Vista, CA, pg. 458
Berg, Jacey - Interactive / Digital, Media Department - HAWORTH MARKETING & MEDIA, Minneapolis, MN, pg. 470
Berg, Taylor - Interactive / Digital - MINDSHARE, Chicago, IL, pg. 494
Berger, Alexander - Interactive / Digital, Operations - THE DESIGNORY, Longbeach, CA, pg. 149
Berger, Allison - Interactive / Digital, NBC - HOTHOUSE, Atlanta, GA, pg. 371
Berger, Lisa - Interactive / Digital, Media Department - WAVEMAKER, New York, NY, pg. 526
Berger, Olivia - Interactive / Digital, Media Department - STARCOM WORLDWIDE, New York, NY, pg. 517
Berger, Johanna - Interactive / Digital, Media Department, Operations - DP+, Farmington Hills, MI, pg. 353
Bergmann, Kristen - Account Planner, Interactive / Digital, Media Department - GTB, Dearborn, MI, pg. 367
Bergmann, Caitlin - Creative, Interactive / Digital, NBC, PPOM - DIGITAS, New York, NY, pg. 226
Beringer, Jeff - Interactive / Digital, Social Media - GOLIN, Dallas, TX, pg. 609
Berkowitz, Ari - Interactive / Digital, Media Department, Social

Media - 360I, LLC, New York, NY, pg. 320
Berman, Darrell - Interactive / Digital, NBC - ADVOCATES FOR HUMAN POTENTIAL, Sudbury, MA, pg. 441
Berman, Josh - Account Services, Interactive / Digital, Management, NBC, PPOM - WAVEMAKER, New York, NY, pg. 526
Berman, Jeremy - Interactive / Digital, Media Department - 360I, LLC, New York, NY, pg. 320
Berman, Bret - Interactive / Digital, PPM - STERLING-RICE GROUP, Boulder, CO, pg. 413
Bermudez, Ana - Account Services, Interactive / Digital, NBC - THE COMMUNITY, Miami Beach, FL, pg. 545
Bermudez, Barbara - Account Services, Interactive / Digital, Media Department - KETCHUM SOUTH, Atlanta, GA, pg. 620
Bernal, Alfredo - Interactive / Digital, PPOM - M BOOTH & ASSOCIATES, INC., New York, NY, pg. 624
Bernard, Brad - Interactive / Digital, Media Department - HARMELIN MEDIA, Bala Cynwyd, PA, pg. 467
Bernard, Lauren - Account Services, Interactive / Digital - MAGNA GLOBAL, New York, NY, pg. 483
Bernardo, Nick - Finance, Interactive / Digital, Media Department, PPM - HORIZON MEDIA, INC., New York, NY, pg. 474
Bernhard, Benjamin - Interactive / Digital - LAUGHLIN CONSTABLE, INC., Chicago, IL, pg. 380
Bernocchi, Lauren - Interactive / Digital, Media Department - WAVEMAKER, New York, NY, pg. 526
Berrios, Manny - Interactive / Digital, PPOM - BRIGHTLINE, New York, NY, pg. 219
Berris, Robert - Account Planner, Interactive / Digital - THREE FIVE TWO, INC., Atlanta, GA, pg. 271
Berry, Adam - Interactive / Digital - WINGARD CREATIVE, Jacksonville, FL, pg. 162
Berzins, Jaclyn - Account Services, Interactive / Digital - MEDIACOM CANADA, Toronto, ON, pg. 489
Berzins, Rachel - Interactive / Digital, Media Department - STARCOM WORLDWIDE, Chicago, IL, pg. 513
Best, Jessica - Analytics, Interactive / Digital, NBC - BARKLEY, Kansas City, MO, pg. 329
Bestard, Blake - Interactive / Digital - THE OUTCAST AGENCY, San Francisco, CA, pg. 654
Betsold, Amanda - Interactive / Digital, Media Department, Programmatic - ICROSSING, New York, NY, pg. 240
Bettiol, Valentina - Interactive / Digital, Media Department, NBC, Social Media - 360I, LLC, New York, NY, pg. 320
Bettwy, Angela - Interactive / Digital, Media Department - REPRISE

DIGITAL, New York, NY, pg. 676
Bevilacqua, Patrick - Account Services, Interactive / Digital, Management, Media Department, Operations, Programmatic - ACTIVISION BLIZZARD MEDIA, New York, NY, pg. 26
Beyrau, Abby - Account Services, Creative, Interactive / Digital - PERFORMICS, Chicago, IL, pg. 676
Bhopalsingh, Derek - Interactive / Digital, PPOM - WAVEMAKER, Toronto, ON, pg. 529
Biagini, Jody - Account Services, Interactive / Digital - CICERON, Minneapolis, MN, pg. 220
Biciocchi, Jim - Interactive / Digital, Media Department - DIGITAS, Boston, MA, pg. 226
Biedermann, Fabian - Interactive / Digital - INNOCEAN USA, Huntington Beach, CA, pg. 479
Bieke, Mackenzii - Interactive / Digital, Media Department - ADTAXI, Denver, CO, pg. 211
Bielski, Janek - Interactive / Digital, Social Media - OMD, New York, NY, pg. 498
Bien, Rachel - Account Planner, Analytics, Interactive / Digital, Media Department - ZENITH MEDIA, New York, NY, pg. 529
Bieschke, Marketa - Interactive / Digital, PPOM - RPA, Santa Monica, CA, pg. 134
Bigley, Eric - Interactive / Digital, Media Department, Social Media - NEO MEDIA WORLD, New York, NY, pg. 496
Bikowski, David - Account Planner, Analytics, Interactive / Digital, Management, Media Department, Research - SYZYGY US, New York, NY, pg. 268
Bilger, Kristen - Account Services, Interactive / Digital, Media Department - FLEISHMANHILLARD, Charlotte, NC, pg. 605
Bille, Scott - Interactive / Digital - ALOYSIUS BUTLER & CLARK, Wilmington, DE, pg. 30
Billups, Alyssa - Interactive / Digital, Social Media - 160OVER90, New York, NY, pg. 301
Bilotta, Elijah - Interactive / Digital, Social Media - 360I, LLC, New York, NY, pg. 320
Binder, Alex - Interactive / Digital, Media Department, NBC, Social Media - DIGITAS, Boston, MA, pg. 226
Binns, Daniel - Interactive / Digital, NBC, Operations - INTERBRAND, New York, NY, pg. 187
Binns, Becky - Interactive / Digital, Media Department - ZIZZO GROUP ADVERTISING & PUBLIC RELATIONS, Milwaukee, WI, pg. 437
Birnbaum, Norma - Account Planner, Interactive / Digital, Management, Media Department - SAATCHI & SAATCHI WELLNESS, New York, NY, pg. 137
Bischoff, Otto - Interactive /

1396

AGENCIES
RESPONSIBILITIES INDEX

Digital, Media Department - GTB, Dallas, TX, *pg.* 80

Bishop, Kyle - Interactive / Digital, Media Department, PPM - BOATHOUSE GROUP, INC., Waltham, MA, *pg.* 40

Bishop, Kevin - Interactive / Digital, PPOM - TARGETBASE MARKETING, Irving, TX, *pg.* 292

Bissuel, Julien - Account Planner, Account Services, Interactive / Digital, NBC - FORSMAN & BODENFORS, Toronto, ON, *pg.* 74

Bithell, Steven - Interactive / Digital, Media Department - DIGITAS, Boston, MA, *pg.* 226

Bivins, Liz - Account Planner, Interactive / Digital, Media Department - ZENITH MEDIA, Atlanta, GA, *pg.* 531

Bivins, Joscelyn - Interactive / Digital, Media Department - M/SIX, New York, NY, *pg.* 482

Bjorgaard, Jessica - Interactive / Digital, NBC, Public Relations, Social Media - INQUEST MARKETING, Kansas City, MO, *pg.* 445

Bjorknas, Peter - Interactive / Digital, PPM - PAPPAS MACDONNELL, INC., Southport, CT, *pg.* 125

Blackmore, Matt - Interactive / Digital, NBC - LOCALBIZNOW, Auburn Hills, MI, *pg.* 675

Blackstone, Tim - Creative, Interactive / Digital - ETHOS MARKETING & DESIGN, Westbrook, ME, *pg.* 182

Blackwelder, Jim - Interactive / Digital, PPOM - ROKKAN, LLC, New York, NY, *pg.* 264

Blake, Megan - Account Services, Interactive / Digital, Management - WONDERSAUCE, New York, NY, *pg.* 205

Blakey, Katie - Interactive / Digital, NBC - WORDBANK LLC, Denver, CO, *pg.* 163

Blanco, Elena - Interactive / Digital, PPOM - BLANCOMEDIA, Hood River, OR, *pg.* 217

Blanco, Daryl - Interactive / Digital, Media Department, Social Media - ZENITH MEDIA, New York, NY, *pg.* 529

Blanco, Antonio - Interactive / Digital, PPOM - BLANCOMEDIA, Hood River, OR, *pg.* 217

Blando, Lauren - Interactive / Digital, Media Department, Social Media - OMD, New York, NY, *pg.* 498

Blankenship, Brian - Creative, Interactive / Digital - BALCOM AGENCY, Fort Worth, TX, *pg.* 329

Blankenship, Carey - Interactive / Digital - LENZ, INC., Decatur, GA, *pg.* 622

Blas, Fabiola - Interactive / Digital, Media Department, Social Media - NMPI, New York, NY, *pg.* 254

Blawie, Gavin - Interactive / Digital, Media Department - MKTG INC, New York, NY, *pg.* 311

Blazzard, Howard - Interactive / Digital - DIGITAS, Boston, MA, *pg.* 226

Bleech, Jeremy - Interactive / Digital, PPOM - SHOPHER MEDIA, Fort Lauderdale, FL, *pg.* 682

Bleser, Elizabeth - Interactive / Digital, Media Department, NBC, PPOM - BLUE CHIP MARKETING & COMMUNICATIONS, Northbrook, IL, *pg.* 334

Bletsch, Erica - Account Services, Interactive / Digital - THE INTEGER GROUP, Lakewood, CO, *pg.* 682

Blevins, Ron - Interactive / Digital, Media Department - MARKETING ARCHITECTS, Minneapolis, MN, *pg.* 288

Blevins, Shae - Interactive / Digital, Media Department - GRETEMAN GROUP, Wichita, KS, *pg.* 8

Blishteyn, Galina - Interactive / Digital, Management, Media Department - UNIVERSAL MCCANN, New York, NY, *pg.* 521

Bliss, Kellie - Account Services, Interactive / Digital, Management, PPOM - MERGE, Chicago, IL, *pg.* 113

Block, Danielle - Account Services, Interactive / Digital, Media Department, Social Media - INTEGRITY, Saint Louis, MO, *pg.* 90

Blockey, Paul - Creative, Interactive / Digital, Research - RAPP WORLDWIDE, Los Angeles, CA, *pg.* 291

Bloemer, Audrey - Interactive / Digital, Media Department - SEER INTERACTIVE, Philadelphia, PA, *pg.* 677

Bloemker, Shannon - Interactive / Digital, Media Department - OMD, Chicago, IL, *pg.* 500

Bloom, Robert - Creative, Interactive / Digital, PPOM - CARL BLOOM ASSOCIATES, White Plains, NY, *pg.* 281

Bloom, Sam - Interactive / Digital, Management, NBC - CAMELOT STRATEGIC MARKETING & MEDIA, Dallas, TX, *pg.* 457

Bloom, Jenna - Account Services, Interactive / Digital, Media Department - ADHAWKS ADVERTISING & PUBLIC RELATIONS, INC., Louisville, KY, *pg.* 27

Blumberg, Stephen - Account Planner, Account Services, Interactive / Digital, Management, Media Department, PPOM - STARCOM WORLDWIDE, New York, NY, *pg.* 517

Bluth, Carly - Interactive / Digital, Media Department - HORIZON MEDIA, INC., New York, NY, *pg.* 474

Blyukher, Anastasiya - Interactive / Digital, Management, Media Department - XAXIS, New York, NY, *pg.* 276

Bobruska, Allison - Interactive / Digital, Media Department - MERKLEY + PARTNERS, New York, NY, *pg.* 114

Bock, Jason - Account Services, Interactive / Digital, Media Department, Operations - OMD ENTERTAINMENT, Burbank, CA, *pg.* 501

Bodenberger, Michael - Interactive / Digital, PPM - RED TETTEMER O'CONNELL + PARTNERS, Philadelphia, PA, *pg.* 404

Bodenburg, Corby - Interactive / Digital, Media Department - SCALES ADVERTISING, Minneapolis, MN, *pg.* 138

Boegel, Patrick - Interactive / Digital, Media Department - MEDIA LOGIC, Albany, NY, *pg.* 288

Boehm, Troy - Interactive / Digital, NBC - DDM MARKETING & COMMUNICATIONS, Grand Rapids, MI, *pg.* 6

Boes, Jennifer - Interactive / Digital, NBC - NANCY MARSHALL COMMUNICATIONS, Augusta, ME, *pg.* 631

Bohler, Caroline - Interactive / Digital, Media Department - KENNEDY COMMUNICATIONS, Madison, WI, *pg.* 482

Bohne, Brian - Account Services, Interactive / Digital, PPM - RIGHTPOINT, Boston, MA, *pg.* 263

Bohrer, Douglas - Account Planner, Interactive / Digital - THINK JAM, West Hollywood, Los Angeles, CA, *pg.* 299

Boilard, Brittany - Interactive / Digital, Media Department - HILL HOLLIDAY, Boston, MA, *pg.* 85

Boldt, Jessica - Account Planner, Account Services, Interactive / Digital, Media Department - HAWORTH MARKETING & MEDIA, Minneapolis, MN, *pg.* 470

Bolliger, Kathi - Interactive / Digital, NBC - SAATCHI & SAATCHI LOS ANGELES, Torrance, CA, *pg.* 137

Bollinger, Karen - Interactive / Digital, Media Department, NBC - BVK, Milwaukee, WI, *pg.* 339

Bollinger, Lianne - Interactive / Digital, Management - BULLY PULPIT INTERACTIVE, Washington, DC, *pg.* 45

Bollinger, Nora - Interactive / Digital - CHARLES RYAN ASSOCIATES, INC., Richmond, VA, *pg.* 589

Bologna, Anne - Interactive / Digital, Management, NBC, PPOM - ICROSSING, New York, NY, *pg.* 240

Bolotin, Carli - Interactive / Digital, Media Department - SPARK FOUNDRY, Chicago, IL, *pg.* 510

Bonacci, Anthony - Interactive / Digital - ADPEARANCE, Portland, OR, *pg.* 671

Bond, Kayla - Account Services, Interactive / Digital, Management - VMLY&R, Frisco, TX, *pg.* 275

Bongiorni, Nicholas - Account Planner, Interactive / Digital, Media Department - HORIZON MEDIA, INC., New York, NY, *pg.* 474

Bonner, Kristy - Interactive / Digital - FOSTER MARKETING COMMUNICATIONS, Lafayette, LA, *pg.* 360

Bonnet, Katharine - Interactive / Digital, Media Department - DUNN&CO, Tampa, FL, *pg.* 353

Bono, Charles - Interactive / Digital, NBC - D50 MEDIA, Chestnut Hill, MA, *pg.* 348

1397

RESPONSIBILITIES INDEX — AGENCIES

Bonovsky, Travis - Interactive / Digital, Media Department - CLEAR CHANNEL OUTDOOR, Minneapolis, MN, pg. 551

Boonstra, Kate - Interactive / Digital, Management - EDELMAN, Chicago, IL, pg. 353

Booth, Christian - Account Services, Interactive / Digital, Media Department - FUNDAMENTAL MEDIA, Boston, MA, pg. 465

Booth Edelman, Jennifer - Interactive / Digital, Media Department, Social Media - ZEHNDER COMMUNICATIONS, INC., New Orleans, LA, pg. 436

Borca, Marian - Interactive / Digital, Management - COSSETTE MEDIA, Montreal, QC, pg. 345

Borchert, Chris - Account Services, Interactive / Digital - DYNAMIC LOGIC, Chicago, IL, pg. 444

Borja, Rick - Creative, Interactive / Digital, Management, PPOM - GO WEST CREATIVE, Nashville, TN, pg. 307

Bork, David - Interactive / Digital, Media Department - ZIMMERMAN ADVERTISING, Fort Lauderdale, FL, pg. 437

Borstad, Whitney - Interactive / Digital - FOLKLORE DIGITAL, Minneapolis, MN, pg. 235

Bortz, Leigh-Ann - Interactive / Digital, Social Media - EMPOWER, Cincinnati, OH, pg. 354

Borzillo, Catie - Interactive / Digital, Media Department - RED TETTEMER O'CONNELL + PARTNERS, Philadelphia, PA, pg. 404

Bos, Stefanie - Interactive / Digital, Social Media - IPROSPECT, New York, NY, pg. 674

Bosch, Tim - Interactive / Digital, Media Department - OMD, New York, NY, pg. 498

Boss, Deanna - Analytics, Interactive / Digital, Public Relations, Research - MACCABEE GROUP PUBLIC RELATIONS, Minneapolis, MN, pg. 624

Bossen, Dana - Account Services, Interactive / Digital, Media Department, Social Media - PADILLA, Minneapolis, MN, pg. 635

Bosson, Bailey - Interactive / Digital, Media Department - MINDSTREAM MEDIA, San Diego, CA, pg. 495

Bostwick, Melanie - Creative, Interactive / Digital - 22SQUARED INC., Atlanta, GA, pg. 319

Botello, Martha - Interactive / Digital - CARDENAS MARKETING NETWORK, Chicago, IL, pg. 303

Bothel, Chris - Account Services, Interactive / Digital, NBC, PPOM - BARON & CO, Bellingham, WA, pg. 580

Bothwell, Eleanor - Account Services, Interactive / Digital - MEDIA EXPERTS, Toronto, ON, pg. 485

Bottin, Devon - Interactive / Digital, Media Department - INITIATIVE, New York, NY, pg. 477

Boucher, Robert - Interactive / Digital, Media Department, PPM - RAPP WORLDWIDE, Los Angeles, CA, pg. 291

Boudart, Beth - Interactive / Digital, Media Department - SPARK FOUNDRY, New York, NY, pg. 508

Boudinot, Kyle - Interactive / Digital - WAVEMAKER, New York, NY, pg. 526

Boulia, Billy - Account Services, Interactive / Digital, Management, Media Department, NBC, Social Media - THE COMMUNITY, Miami Beach, FL, pg. 545

Boullin, Greg - Account Services, Interactive / Digital, Media Department - PUBLICIS.SAPIENT, New York, NY, pg. 258

Boumans, Jos - Interactive / Digital, Operations, Programmatic - SALESFORCE DMP, San Francisco, CA, pg. 409

Boutte, Mark - Account Planner, Interactive / Digital, Media Department - ANDERSON DDB HEALTH & LIFESTYLE, Toronto, ON, pg. 31

Bouvia, Branden - Interactive / Digital, Media Department - WIEDEN + KENNEDY, New York, NY, pg. 432

Bove, Aimee - Interactive / Digital, Media Department - THE LOOMIS AGENCY, Dallas, TX, pg. 151

Boveri, Megan - Interactive / Digital, Media Department - STARCOM WORLDWIDE, Chicago, IL, pg. 513

Bowdon, Ben - Account Services, Interactive / Digital, Media Department - BLUE WHEEL MEDIA, Birmingham, MI, pg. 335

Bowe, John - Interactive / Digital - BLUE 449, New York, NY, pg. 455

Bowen, Wiley - Creative, Interactive / Digital - BLUE STATE DIGITAL, New York, NY, pg. 335

Bowers, Catlin - Account Planner, Account Services, Interactive / Digital, Media Department - INITIATIVE, New York, NY, pg. 477

Bowhay, Brooke - Interactive / Digital, Media Department - CARAT, Culver City, CA, pg. 459

Bowles, Ashley - Interactive / Digital, Media Department, PPM - 360I, LLC, New York, NY, pg. 320

Bowser, Jordan - Interactive / Digital, Media Department - TARGET MEDIA USA, Harrisburg, PA, pg. 518

Boyd, Laurel - Interactive / Digital, Media Department - MEDIAHUB BOSTON, Boston, MA, pg. 489

Boyd, Jen - Account Planner, Interactive / Digital - ACUMIUM, LLC, Madison, WI, pg. 210

Boyd, Bruce - Interactive / Digital - MAXAUDIENCE, Carlsbad, CA, pg. 248

Boyle, Hugh - Interactive / Digital, PPOM - TRACYLOCKE, Irving, TX, pg. 683

Bracken-Thompson, Elizabeth - Interactive / Digital, Management, PPOM, Public Relations - THOMPSON & BENDER, Briarcliff Manor, NY, pg. 656

Brackett, Dan - Interactive / Digital - EXTREME REACH, INC., Needham, MA, pg. 552

Bracknell, Keith - Interactive / Digital - PETERSON MILLA HOOKS, Minneapolis, MN, pg. 127

Braddock, Serina - Interactive / Digital, Media Department, Research - BLUE 449, Seattle, WA, pg. 456

Bradley, Jon - Interactive / Digital, NBC - RAPP WORLDWIDE, Los Angeles, CA, pg. 291

Bradley, Andra - Interactive / Digital, Media Department - MBUY, Chicago, IL, pg. 484

Bradley, Nicole - Interactive / Digital - MOXIE, Atlanta, GA, pg. 251

Braggs, Taja - Account Planner, Interactive / Digital, Media Department - ESSENCE, Minneapolis, MN, pg. 233

Braithwaite, Amar - Interactive / Digital, Social Media - TINUITI, New York, NY, pg. 678

Brake, Susan - Account Planner, Interactive / Digital, Operations - DEVELOPMENT COUNSELLORS INTERNATIONAL, LTD., New York, NY, pg. 596

Branagan, Johanna - Interactive / Digital, Media Department - MEDIACOM, New York, NY, pg. 487

Brand, Laura - Account Planner, Interactive / Digital, NBC, Social Media - VMLY&R, Kansas City, MO, pg. 274

Brandon, Jordan - Interactive / Digital, NBC - 97TH FLOOR, Lehi, UT, pg. 209

Brandow, Stephen - Interactive / Digital, Media Department, NBC, Social Media - MEDIAHUB NEW YORK, New York, NY, pg. 249

Brandt, Jason - Interactive / Digital - GREY MIDWEST, Cincinnati, OH, pg. 366

Branigan, Lisa - Interactive / Digital, Media Department - ZIMMERMAN ADVERTISING, Fort Lauderdale, FL, pg. 437

Brannin, Robin - Interactive / Digital - FAMILY FEATURES, Mission, KS, pg. 297

Brasseale, Sam - Interactive / Digital - CAYENNE CREATIVE, Birmingham, AL, pg. 49

Braud, Jeremy - Interactive / Digital, Media Department - PETERMAYER, New Orleans, LA, pg. 127

Brauer, Nick - Analytics, Interactive / Digital, Programmatic - DIGITAS, Chicago, IL, pg. 227

Braun, Scott - Interactive / Digital - MUDD ADVERTISING, Cedar Falls, IA, pg. 119

Breakey, Julia - Creative, Interactive / Digital - YOUNG & LARAMORE, Indianapolis, IN, pg. 164

Breen, Sean - Interactive / Digital, PPOM - AGENCYQ,

AGENCIES
RESPONSIBILITIES INDEX

Washington, DC, pg. 211
Breen, Kerry - Creative,
    Interactive / Digital - ASSOCIATION
    OF NATIONAL ADVERTISERS, New York,
    NY, pg. 442
Breen, Erin - Interactive /
    Digital, Media Department - SPARK
    FOUNDRY, New York, NY, pg. 508
Breen, Michael - Account Services,
    Interactive / Digital, Media
    Department - GEOMETRY, New York,
    NY, pg. 362
Breen, Carolyn - Interactive /
    Digital, Media Department - HORIZON
    MEDIA, INC., New York, NY, pg. 474
Breidenbach, Megan - Interactive /
    Digital, Media Department - KELLY,
    SCOTT & MADISON, INC., Chicago, IL,
    pg. 482
Bremer, Marla - Account Planner,
    Interactive / Digital, Media
    Department - ESSENCE, New York, NY,
    pg. 232
Brennan, Maureen - Interactive /
    Digital, Public Relations, Social
    Media - THE MOTION AGENCY, Chicago,
    IL, pg. 270
Brennan, Robert - Interactive /
    Digital, Media Department - HORIZON
    MEDIA, INC., New York, NY, pg. 474
Breno, Bob - Creative, Interactive
    / Digital - ANDREA OBSTON MARKETING
    COMMUNICATIONS, Bloomfield, CT,
    pg. 31
Brent, Greg - Interactive /
    Digital, Management - RAPP
    WORLDWIDE, Irving, TX, pg. 291
Breton, Ana - Account Services,
    Interactive / Digital - FIRSTBORN,
    New York, NY, pg. 234
Bretschger, Christopher - Account
    Planner, Analytics, Interactive /
    Digital - IMW AGENCY, Costa Mesa,
    CA, pg. 374
Bretz, Pete - Interactive /
    Digital, Operations - ALLIED PIXEL,
    Media, PA, pg. 561
Brewer, Joe - Interactive /
    Digital, Operations, PPOM - KATZ
    MEDIA GROUP, INC., New York, NY,
    pg. 481
Brewer, Keith - Interactive /
    Digital, Media Department - HORIZON
    MEDIA, INC., New York, NY, pg. 474
Brewster, John - Interactive /
    Digital, Media Department - SHERRY
    MATTHEWS ADVOCACY MARKETING,
    Austin, TX, pg. 140
Bridenstine, Elizabeth - Account
    Services, Interactive / Digital,
    Media Department - OMD, Chicago,
    IL, pg. 500
Bridges, John - Interactive /
    Digital, NBC - MADDEN MEDIA,
    Tucson, AZ, pg. 247
Brienza, Paul - Interactive /
    Digital, PPOM - LAUGHLIN CONSTABLE,
    INC., Milwaukee, WI, pg. 379
Briese, Tracy - Interactive /
    Digital, Media Department -
    LINNIHAN FOY ADVERTISING,
    Minneapolis, MN, pg. 100
Briggs, Michael - Interactive /
    Digital, Media Department, NBC,

PPOM - PARAGON DIGITAL MARKETING,
    Keene, NH, pg. 675
Briggs, Brooke - Interactive /
    Digital - RHYTHM, Irvine, CA, pg.
    263
Bright, Jeanne - Interactive /
    Digital, Media Department, NBC,
    Social Media - ESSENCE, New York,
    NY, pg. 232
Brill, Kathryn - Interactive /
    Digital, Media Department, Social
    Media - BOOMM MARKETING &
    COMMUNICATIONS, La Grange, IL,
    pg. 218
Brillanti, Laura - Creative,
    Interactive / Digital - HAVAS NEW
    YORK, New York, NY, pg. 369
Briscoe, Katie - Account Services,
    Interactive / Digital - MMGY
    GLOBAL, Kansas City, MO, pg. 388
Brito, Odalice - Finance,
    Interactive / Digital, Management -
    MINDSHARE, New York, NY, pg. 491
Brito, Kristen - Interactive /
    Digital, Media Department -
    MEDIACOM, New York, NY, pg. 487
Britton, Lance - Interactive /
    Digital, Media Department,
    Operations - CONVERSION INTERACTIVE
    AGENCY, Brentwood, TN, pg. 222
Brizzolara, Regina - Interactive /
    Digital, Media Department, PPOM -
    EP+CO., Greenville, SC, pg. 356
Broad, Tara - Interactive /
    Digital, Media Department - HORIZON
    MEDIA, INC., New York, NY, pg. 474
Broad, Marc - Interactive / Digital
    - RESPONSE MARKETING, New Haven,
    CT, pg. 133
Broberg, Scott - Interactive /
    Digital, PPOM - FAST HORSE,
    Minneapolis, MN, pg. 603
Brock, Julia - Interactive /
    Digital, Media Department -
    HABERMAN, Minneapolis, MN, pg. 369
Brock, Liz - Analytics, Interactive
    / Digital, Media Department, NBC,
    Social Media - STARCOM WORLDWIDE,
    Detroit, MI, pg. 517
Brock, Todd - Account Planner,
    Interactive / Digital - GLOBAL
    STRATEGIES, Bend, OR, pg. 673
Brock, Daniel - Account Services,
    Interactive / Digital, Public
    Relations, Social Media -
    RAWLE-MURDY ASSOCIATES, Charleston,
    SC, pg. 403
Brock, Nicholas - Creative,
    Interactive / Digital, Media
    Department - WISER STRATEGIES,
    Lexington, KY, pg. 663
Brocker, Ginny - Interactive /
    Digital, Public Relations, Social
    Media - HIEBING, Madison, WI, pg.
    85
Broderick, Niamh - Interactive /
    Digital, Media Department -
    WAVEMAKER, New York, NY, pg. 526
Broderick, Amanda - Account
    Services, Interactive / Digital,
    PPOM, Public Relations, Social
    Media - HIEBING, Madison, WI, pg.
    85
Brodrecht, Robert - Interactive /

Digital, Operations - BIG
    COMMUNICATIONS, INC., Birmingham,
    AL, pg. 39
Brodwater, Tim - Interactive /
    Digital, Media Department -
    HARMELIN MEDIA, Bala Cynwyd, PA,
    pg. 467
Brooking, Paul - Interactive /
    Digital - VESTCOM, Earth City, MO,
    pg. 571
Brooks, Darci - Interactive /
    Digital - WE COMMUNICATIONS,
    Bellevue, WA, pg. 660
Brooks, Jessica - Interactive /
    Digital, PPM - DIGITAS, Detroit,
    MI, pg. 229
Brooks, Heidi - Interactive /
    Digital, NBC - ANSIRA, Saint Louis,
    MO, pg. 280
Brooks, Niyah - Account Services,
    Interactive / Digital - FINN
    PARTNERS, Washington, DC, pg. 603
Brooks, David - Interactive /
    Digital, Social Media - RUDER FINN,
    INC., New York, NY, pg. 645
Brooks, Leslie - Account Services,
    Interactive / Digital - HEALTHCARE
    SUCCESS, Irvine, CA, pg. 83
Brooks-George, Kelly - Interactive
    / Digital, Media Department -
    BRANDSTAR, Deerfield Beach, FL,
    pg. 337
Brown, Shaun - Interactive /
    Digital, NBC - MOMENTUM WORLDWIDE,
    Atlanta, GA, pg. 117
Brown, Bethany - Account Services,
    Creative, Interactive / Digital -
    L.E.T. GROUP, INC., Tequesta, FL,
    pg. 245
Brown, Daniel - Creative,
    Interactive / Digital - 22SQUARED
    INC., Atlanta, GA, pg. 319
Brown, Matt - Account Services,
    Interactive / Digital - WALKER
    SANDS COMMUNICATIONS, Chicago, IL,
    pg. 659
Brown, Brian - Account Services,
    Interactive / Digital - JAGGED
    PEAK, Cincinnati, OH, pg. 91
Brown, Hillary - Interactive /
    Digital, Media Department -
    MINDSHARE, New York, NY, pg. 491
Brown, Mary - Interactive /
    Digital, Media Department -
    CALDWELL VANRIPER, Indianapolis,
    IN, pg. 46
Brown, Stefanie - Account Services,
    Interactive / Digital, Social Media
    - BANIK COMMUNICATIONS, Great
    Falls, MT, pg. 580
Brown, Kevin - Interactive /
    Digital, Media Department - CARAT,
    Detroit, MI, pg. 461
Browne, Garrett - Interactive /
    Digital, Media Department - RAIN,
    Portland, OR, pg. 402
Browne, Justin - Interactive /
    Digital, Media Department -
    UNIVERSAL MCCANN, New York, NY,
    pg. 521
Brownell, Sheridan - Interactive /
    Digital, Media Department -
    INITIATIVE, San Diego, CA, pg. 479
Browning, Bess - Interactive /

RESPONSIBILITIES INDEX — AGENCIES

Digital, Media Department - YOUNG & LARAMORE, Indianapolis, IN, *pg.* 164

Browning, Rob - Interactive / Digital, Media Department - ASCEDIA, Milwaukee, WI, *pg.* 672

Bruckstein, Michael - Account Planner, Interactive / Digital, Media Department - NEO MEDIA WORLD, New York, NY, *pg.* 496

Brunell, Melody - Interactive / Digital, Social Media - RHYTHMONE, Burlington, MA, *pg.* 263

Brusco, Dan - Interactive / Digital - SANDELMAN & ASSOCIATES, Irving, TX, *pg.* 449

Bruster, Garrett - Interactive / Digital, NBC, Social Media - THE RICHARDS GROUP, INC., Dallas, TX, *pg.* 422

Bub, Burgess - Interactive / Digital, Media Department - NOBLE PEOPLE, New York, NY, *pg.* 120

Buchheim, Dennis - Interactive / Digital, Management - INTERACTIVE ADVERTISING BUREAU, New York, NY, *pg.* 90

Buckholz, Matthew - Account Services, Interactive / Digital, Media Department - HORIZON MEDIA, INC., New York, NY, *pg.* 474

Buckland, Tim - Interactive / Digital, Media Department - INITIATIVE, New York, NY, *pg.* 477

Buckley, Bill - Interactive / Digital, NBC - AYZENBERG GROUP, INC., Pasadena, CA, *pg.* 2

Bucu Gittings, Chrissy - Account Services, Creative, Interactive / Digital, Management, Media Department, NBC - UNIVERSAL MCCANN, New York, NY, *pg.* 521

Budinich, Janet - Interactive / Digital, Media Department - ID MEDIA, New York, NY, *pg.* 477

Bueckman, Daniel - Interactive / Digital, Media Department - HEARTS & SCIENCE, New York, NY, *pg.* 471

Bufalino, Maria - Creative, Interactive / Digital, Media Department, Social Media - STARCOM WORLDWIDE, Chicago, IL, *pg.* 513

Bugg, Rosalyn - Interactive / Digital, PPM - RPA, Santa Monica, CA, *pg.* 134

Buhl, Heidi - Interactive / Digital, NBC - CLOSED LOOP MARKETING, Roseville, CA, *pg.* 672

Buller, Corey - Account Services, Interactive / Digital, Media Department - HARMELIN MEDIA, Bala Cynwyd, PA, *pg.* 467

Bullock, Benjamin - Interactive / Digital - SIMPLE MACHINES MARKETING, Chicago, IL, *pg.*

Bunch, Kyle - Interactive / Digital - R/GA, New York, NY, *pg.* 260

Bundle, Raheim - Interactive / Digital, NBC - HEALTHCARE SUCCESS, Irvine, CA, *pg.* 83

Bunker, Susanna - Interactive / Digital, Media Department - EXL MEDIA, Incline Village, NV, *pg.* 465

Burbach, Kevin - Interactive / Digital - PRESTON KELLY, Minneapolis, MN, *pg.* 129

Burch, Taylor - Interactive / Digital, Media Department - DOEANDERSON ADVERTISING, Louisville, KY, *pg.* 352

Burch, Michael - Account Planner, Interactive / Digital, Public Relations - ANOMALY, New York, NY, *pg.* 325

Burchell, Patrick - Interactive / Digital, PPM - DELOITTE DIGITAL, Seattle, WA, *pg.* 224

Burdett, Helen - Interactive / Digital, Media Department - SAATCHI & SAATCHI LOS ANGELES, Torrance, CA, *pg.* 137

Burdick, Cory - Account Planner, Interactive / Digital, Media Department - THE MEDIA KITCHEN, New York, NY, *pg.* 519

Burge, Eric - Interactive / Digital, Media Department - SPARK FOUNDRY, New York, NY, *pg.* 508

Burger, Paul - Creative, Interactive / Digital - TRILIX MARKETING GROUP, INC., Des Moines, IA, *pg.* 427

Burger, Andy - Interactive / Digital, NBC - IDEOCLICK, Seattle, WA, *pg.* 241

Burgess-Smith, Rebekah - Interactive / Digital, Media Department - MWWPR, New York, NY, *pg.* 631

Burkarth, Matt - Interactive / Digital, Media Department - WEB TALENT MARKETING, Lancaster, PA, *pg.* 276

Burkat, Randall - Interactive / Digital, Media Department - THE MEDIA KITCHEN, New York, NY, *pg.* 519

Burke, Tim - Interactive / Digital, Social Media - EICOFF, Chicago, IL, *pg.* 282

Burkman, Noel - Interactive / Digital - RISE INTERACTIVE, Chicago, IL, *pg.* 264

Burlingame, Jonah - Interactive / Digital, Media Department, PPOM - EXTRACTABLE, INC., San Francisco, CA, *pg.* 233

Burmaster, Nikki - Account Planner, Interactive / Digital, Media Department - KARSH & HAGAN, Denver, CO, *pg.* 94

Burnett, Steven - Interactive / Digital - MBB AGENCY, Leawood, KS, *pg.* 107

Burns, Roger - Interactive / Digital, NBC - HOORAY AGENCY, Irvine, CA, *pg.* 239

Burns, Ashley - Interactive / Digital - UNIVERSAL MCCANN, New York, NY, *pg.* 521

Burns, James - Interactive / Digital - THE MARTIN AGENCY, Richmond, VA, *pg.* 421

Burns, Ben - Interactive / Digital - BLIND, Santa Monica, CA, *pg.* 175

Burns, Jackie - Interactive / Digital - SYSTEMS & MARKETING SOLUTIONS, Grover Beach, CA, *pg.* 268

Burstein, Nathan - Interactive / Digital, Media Department - MINDSHARE, Chicago, IL, *pg.* 494

Burton, Winston - Interactive / Digital - ACRONYM MEDIA, New York, NY, *pg.* 671

Burton, Ainsley - Interactive / Digital, Media Department - WAVEMAKER, New York, NY, *pg.* 526

Burton, Scott - Interactive / Digital, PPOM - HYFN, Los Angeles, CA, *pg.* 240

Burtoni, Joseph - Account Services, Interactive / Digital, Media Department, Social Media - PUBLICIS.SAPIENT, Birmingham, MI, *pg.* 260

Busch, Morgan - Interactive / Digital, Media Department, Social Media - DEUTSCH, INC., New York, NY, *pg.* 349

Bushkar, Jesse - Interactive / Digital, Social Media - BFG COMMUNICATIONS, Bluffton, SC, *pg.* 333

Bushner, Caleb - Interactive / Digital, Media Department - MISSION NORTH, San Francisco, CA, *pg.* 627

Busk, Kristin - Interactive / Digital, Media Department, Social Media - THE MANY, Pacific Palisades, CA, *pg.* 151

Bustios, Andrea - Interactive / Digital, Media Department - ZIMMERMAN ADVERTISING, Fort Lauderdale, FL, *pg.* 437

Butcher, Danielle - Interactive / Digital, Social Media - AGENCY 720, Detroit, MI, *pg.* 323

Butler, Austin - Interactive / Digital, Media Department - ZIMMERMAN ADVERTISING, Fort Lauderdale, FL, *pg.* 437

Butler, Cathy - Account Planner, Account Services, Interactive / Digital, Management, NBC, Operations, PPOM - ORGANIC, INC., New York, NY, *pg.* 256

Butler, Hasting - Interactive / Digital, Media Department - MEDIACOM, New York, NY, *pg.* 487

Butler, Cecilia - Interactive / Digital, Media Department, Programmatic - HAVAS MEDIA GROUP, Chicago, IL, *pg.* 469

Butters, Keith - Interactive / Digital, NBC, PPOM - FORSMAN & BODENFORS, New York, NY, *pg.* 74

Byers, Brooks - Interactive / Digital - 4FRONT, Dallas, TX, *pg.* 208

Byrn, Coleen - Interactive / Digital - DOEANDERSON ADVERTISING, Louisville, KY, *pg.* 352

Byrne, Kelly - Interactive / Digital, Media Department, Social Media - CRITICAL MASS, INC., Chicago, IL, *pg.* 223

Byroads, Lindsey - Account Services, Interactive / Digital, Media Department - R2INTEGRATED, Baltimore, MD, *pg.* 261

Cabansag, Vincent - Interactive / Digital - CLOCKWORK ACTIVE MEDIA,

1400

AGENCIES — RESPONSIBILITIES INDEX

Minneapolis, MN, pg. 221
Cabatu, Claire - Interactive / Digital, Social Media - DUNCAN CHANNON, San Francisco, CA, pg. 66
Cacace, Stephen - Interactive / Digital, Media Department, Social Media - HORIZON MEDIA, INC., New York, NY, pg. 474
Cadet, Talia - Interactive / Digital, Social Media - BANNER PUBLIC AFFAIRS, Washington, DC, pg. 580
Cady, Ware - Interactive / Digital, Media Department - MOBEXT, New York, NY, pg. 534
Cahill, Adam - Interactive / Digital, Media Department, Operations, PPOM - DIGILANT, Boston, MA, pg. 464
Cahill, Sarah - Interactive / Digital, Management, Media Department - UNIVERSAL MCCANN, New York, NY, pg. 521
Cahn, Kevin - Account Services, Interactive / Digital, Media Department - KEPLER GROUP, New York, NY, pg. 244
Cai, Carol - Account Planner, Account Services, Interactive / Digital, Media Department, NBC - MEDIAHUB BOSTON, Boston, MA, pg. 489
Cain, Jenny - Interactive / Digital, Media Department - DIGITAS, Chicago, IL, pg. 227
Cain, Rachel - Interactive / Digital, Social Media - BAILEY LAUERMAN, Omaha, NE, pg. 35
Cain, Jennifer - Interactive / Digital, Media Department - DIGITAS, San Francisco, CA, pg. 227
Cajindos, Joseph - Interactive / Digital, Media Department, Social Media - IPROSPECT, Boston, MA, pg. 674
Calabrese, Joe - Interactive / Digital, Management, PPM - DEUTSCH, INC., New York, NY, pg. 349
Calcagno, Chad - Creative, Interactive / Digital, PPM - DEEPLOCAL, Sharpburgs, PA, pg. 349
Calderon, Dov - Interactive / Digital, NBC - CONVERGEDIRECT, New York, NY, pg. 462
Calderon, Molly - Interactive / Digital, Media Department - EMPOWER, Cincinnati, OH, pg. 354
Calderone, Joe - Interactive / Digital, Media Department - FINN PARTNERS, Chicago, IL, pg. 604
Caldwell, Jeff - Interactive / Digital, Media Department, Social Media - LESSING-FLYNN ADVERTISING CO., Des Moines, IA, pg. 99
Cales, Alfonso - Interactive / Digital, Media Department - TEAM ONE, New York, NY, pg. 418
Calkins, Griffin - Interactive / Digital, Media Department - OMD, New York, NY, pg. 498
Callaghan, Cathryn - Account Planner, Account Services, Interactive / Digital, Media Department - HEARTS & SCIENCE, New York, NY, pg. 471

Callahan, Craig - Interactive / Digital - SCREENVISION, New York, NY, pg. 557
Callahan, Candace - Interactive / Digital, Media Department - RPA, Santa Monica, CA, pg. 134
Callahan, Melanie - Account Services, Creative, Interactive / Digital - CARMICHAEL LYNCH, Minneapolis, MN, pg. 47
Callif, Dustin - Interactive / Digital, PPOM - TOOL OF NORTH AMERICA, Santa Monica, CA, pg. 564
Calton, Arthur - Interactive / Digital, NBC - REFUEL AGENCY, New York, NY, pg. 507
Calvert, Katie - Interactive / Digital, Media Department - CARAT, Atlanta, GA, pg. 459
Camacho, Kevin - Interactive / Digital, Media Department - MINDSHARE, New York, NY, pg. 491
Camargo, Ed - Interactive / Digital, Management, Media Department, Public Relations - NMPI, New York, NY, pg. 254
Cameron, Shane - Interactive / Digital, Management, NBC, PPOM - OMD CANADA, Toronto, ON, pg. 501
Camp, Sarah - Interactive / Digital, NBC - LOVE & COMPANY, Frederick, MD, pg. 101
Campbell, Jeff - Interactive / Digital, Management, Media Department, NBC, Programmatic, Social Media - RESOLUTION MEDIA, Chicago, IL, pg. 676
Campbell, Doug - Interactive / Digital, Social Media - COLLING MEDIA, Scottsdale, AZ, pg. 51
Campbell, Tanis - Interactive / Digital - ESTEY-HOOVER ADVERTISING & PUBLIC RELATIONS, Newport Beach, CA, pg. 69
Campbell, Erin - Interactive / Digital, Media Department - SAATCHI & SAATCHI X, Springdale, AR, pg. 682
Campe, Cathleen - Interactive / Digital, Media Department, Operations, PPOM - RPA, Santa Monica, CA, pg. 134
Campos, Robert - Interactive / Digital, Media Department, Programmatic - OMD, New York, NY, pg. 498
Campos, Darlene - Interactive / Digital, Media Department - FORMATIVE, Seattle, WA, pg. 235
Canada, Olivia - Account Planner, Interactive / Digital, Media Department - HAVAS MEDIA GROUP, Boston, MA, pg. 470
Canale, Courtney - Interactive / Digital - SIEGEL & GALE, New York, NY, pg. 17
Candelario, Jennifer - Interactive / Digital, PPOM - DROGA5, New York, NY, pg. 64
Canel, Katie - Interactive / Digital, Media Department, NBC - THE SHIPYARD, Columbus, OH, pg. 270
Cangelosi, Jayme - Interactive /

Digital, Media Department - CARAT, New York, NY, pg. 459
Cann, Jay - Interactive / Digital, PPOM - MACQUARIUM, INC., Atlanta, GA, pg. 247
Cannon, Dave - Creative, Interactive / Digital - MOVEO INTEGRATED BRANDING, Chicago, IL, pg. 14
Cannon, Austin - Interactive / Digital - MARIS, WEST & BAKER, Jackson, MS, pg. 383
Canonico, Nicole - Interactive / Digital - WAVEMAKER, New York, NY, pg. 526
Cantu, Joseph - Interactive / Digital - EDELMAN, New York, NY, pg. 599
Cantwell, Teresa - Interactive / Digital, Management, Media Department - GEN.VIDEO, New York, NY, pg. 236
Capozzi, Nicole - Interactive / Digital, Media Department - WAVEMAKER, New York, NY, pg. 526
Cappellino, Nicole - Interactive / Digital, Media Department - BLUE 449, Dallas, TX, pg. 456
Carangelo, Nicole - Interactive / Digital, Media Department - MEDIACOM, New York, NY, pg. 487
Carbone, Steve - Interactive / Digital, PPOM - MEDIACOM, New York, NY, pg. 487
Carcamo, Andres - Interactive / Digital, Media Department - MEDIACOM, New York, NY, pg. 487
Carcara, Stephanie - Interactive / Digital, Social Media - RPA, Santa Monica, CA, pg. 134
Card, Montanna - Account Services, Interactive / Digital - THINK MOTIVE, Denver, CO, pg. 154
Cardenas, Alexandra - Interactive / Digital - CARDENAS MARKETING NETWORK, Chicago, IL, pg. 303
Cardoso, Nick - Interactive / Digital, Media Department, Operations, Research - MEDIACOM, Playa Vista, CA, pg. 486
Carelli, Randy - Account Services, Interactive / Digital - STARCOM WORLDWIDE, Toronto, ON, pg. 517
Carheden, Bonnie - Interactive / Digital, PPM - KARSH & HAGAN, Denver, CO, pg. 94
Carley, Brian - Creative, Interactive / Digital, PPOM - ROKKAN, LLC, New York, NY, pg. 264
Carlin, Brent - Interactive / Digital - MARKHAM & STEIN, Miami, FL, pg. 105
Carlino, Paola - Interactive / Digital, Media Department - E&M MEDIA GROUP, Jericho, NY, pg. 282
Carlson, Andrew - Account Services, Creative, Interactive / Digital, PPOM - ORGANIC, INC., New York, NY, pg. 256
Carlson, Samantha - Interactive / Digital, Media Department - GOLIN, Chicago, IL, pg. 609
Carlson, Laura - Interactive / Digital - RIESTER, Park City, UT,

RESPONSIBILITIES INDEX — AGENCIES

pg. 406
Carlton, Scott - Creative, Interactive / Digital - SAATCHI & SAATCHI WELLNESS, New York, NY, pg. 137
Carlton, Nora - Account Services, Interactive / Digital - MSLGROUP, New York, NY, pg. 629
Carmack, Jon - Interactive / Digital, Operations - THE BUNTIN GROUP, Nashville, TN, pg. 148
Carmines, Taylor - Interactive / Digital, NBC - WHEELHOUSE DIGITAL MARKETING GROUP, Seattle, WA, pg. 678
Carmona, Anthony - Interactive / Digital, NBC - CODE FOUR, Huntington Beach, CA, pg. 343
Carpenter, Jonathan - Creative, Interactive / Digital, Media Department, PPOM - DVL SEIGENTHALER, Nashville, TN, pg. 599
Carpenter, Mark - Account Services, Interactive / Digital, Management, Media Department, PPOM - NO FIXED ADDRESS INC., Toronto, ON, pg. 120
Carpenter, Kasey - Interactive / Digital, Media Department - MEDIACOM, New York, NY, pg. 487
Carpentier, Caitlyn - Interactive / Digital, Media Department - WAVEMAKER, New York, NY, pg. 526
Carpinelli, Al - Account Services, Interactive / Digital - LOGIC SOLUTIONS, INC., Ann Arbor, MI, pg. 247
Carrasco, Jason - Interactive / Digital, Media Department - GUPTA MEDIA, Boston, MA, pg. 237
Carrie, Kendra - Interactive / Digital - BLIND FERRET, Montreal, QC, pg. 217
Carrillo-Harry, Joni - Interactive / Digital, Media Department - RICHTER7, Salt Lake City, UT, pg. 197
Carroll, Patrick - Interactive / Digital, NBC, PPOM - NUTRACLICK, Boston, MA, pg. 255
Carroll, Alicia - Analytics, Interactive / Digital, Media Department, NBC, Social Media - ANNALECT GROUP, New York, NY, pg. 213
Carroll, Devin - Interactive / Digital, Media Department - UNIVERSAL MCCANN, New York, NY, pg. 521
Carroll, Delaney - Account Services, Interactive / Digital, Social Media - WILSON CREATIVE GROUP, INC., Naples, FL, pg. 162
Carson, Carly - Interactive / Digital, Social Media - PMG, Fort Worth, TX, pg. 257
Carter, Charlotte - Interactive / Digital, Media Department, NBC - SLINGSHOT, LLC, Dallas, TX, pg. 265
Cartwright, Michael - Interactive / Digital, NBC - PUBLICIS NORTH AMERICA, New York, NY, pg. 399
Caruso, Brittany - Interactive / Digital, Social Media - MINDSHARE,

New York, NY, pg. 491
Caruso, Jonathan - Analytics, Interactive / Digital - BUYER ADVERTISING, INC., Newton, MA, pg. 338
Carvalho, Matt - Interactive / Digital - CHARACTER, San Francisco, CA, pg. 5
Carver, Nathan - Interactive / Digital, Media Department, PPOM - DENTSU AEGIS NETWORK, New York, NY, pg. 61
Casagrande, Corinne - Account Services, Interactive / Digital - BROADBEAM MEDIA, New York, NY, pg. 456
Casanova, Antonio - Interactive / Digital, Media Department - STARCOM WORLDWIDE, Chicago, IL, pg. 513
Casar, Brielle - Interactive / Digital, Media Department - MEDIACOM, New York, NY, pg. 487
Casas, Caroline - Interactive / Digital - MULLENLOWE U.S. BOSTON, Boston, MA, pg. 389
Case, Melanie - Interactive / Digital, NBC, PPM, Social Media - CONILL ADVERTISING, INC., El Segundo, CA, pg. 538
Casey, Sloane - Interactive / Digital, Media Department - INITIATIVE, New York, NY, pg. 477
Casillas, Robert - Creative, Interactive / Digital - DAVID&GOLIATH, El Segundo, CA, pg. 57
Cason, Wesley - Account Services, Interactive / Digital, Media Department - AKQA, San Francisco, CA, pg. 211
Casper, Christian - Interactive / Digital - KIDZSMART CONCEPTS, Vancouver, BC, pg. 188
Casserly, Robert - Interactive / Digital, Management, PPOM - AGENCY UNDERGROUND, Minneapolis, MN, pg. 1
Cassetta, Miro - Interactive / Digital, Social Media - T3, Austin, TX, pg. 268
Castaneda, Flor - Creative, Interactive / Digital - CASANOVA//MCCANN, Costa Mesa, CA, pg. 538
Castellano, Christian - Account Planner, Interactive / Digital - SULLIVAN, New York, NY, pg. 18
Castillo, Miranda - Interactive / Digital, Media Department - MRM//MCCANN, Birmingham, MI, pg. 252
Castillo, Jessica - Interactive / Digital, Media Department - LOVE ADVERTISING, Houston, TX, pg. 101
Castle, Don - Interactive / Digital, Promotions - INFOGROUP, New York, NY, pg. 286
Caston, Melissa - Interactive / Digital - HARTE HANKS, INC., Austin, TX, pg. 284
Castro, Steve - Interactive / Digital - EGC MEDIA GROUP, INC., Melville, NY, pg. 354
Catalano, Andrew - Interactive / Digital, Media Department, PPOM -

AUSTIN & WILLIAMS ADVERTISING, Hauppauge, NY, pg. 328
Catanzaro, Victoria - Interactive / Digital, Media Department - BLUE 449, New York, NY, pg. 455
Caughey, Wells - Interactive / Digital - SECOND STORY INTERACTIVE, Portland, OR, pg. 265
Cavallaro, Nicole - Account Services, Interactive / Digital, Media Department, PPOM - WAVEMAKER, New York, NY, pg. 526
Cavness, Barbara - Interactive / Digital, PPOM - (UN)COMMON LOGIC, Austin, TX, pg. 671
Cawood, Steve - Interactive / Digital, NBC - TRIAD RETAIL MEDIA, Rogers, AR, pg. 272
Cazier, Clay - Interactive / Digital, Media Department - FORWARDPMX, New York, NY, pg. 360
Cearley, Mike - Interactive / Digital, Management, Social Media - FLEISHMANHILLARD, Dallas, TX, pg. 605
Cebeci, Selin - Interactive / Digital, Media Department, NBC - MEDIACOM, New York, NY, pg. 487
Cecil, Natalee - Interactive / Digital, Media Department - PMG, Fort Worth, TX, pg. 257
Celizic, Zachary - Interactive / Digital, Programmatic - DIGITAS, New York, NY, pg. 226
Celli, Jennifer - Interactive / Digital, Media Department - MEDIAHUB BOSTON, Boston, MA, pg. 489
Cervantes, Michael - Interactive / Digital, Media Department - AI MEDIA GROUP, LLC, New York, NY, pg. 211
Cervera, Tina - Creative, Interactive / Digital, PPOM - LIPPE TAYLOR, New York, NY, pg. 623
Cervoni, Michael - Interactive / Digital - MRM//MCCANN, New York, NY, pg. 289
Cetz, Jesse - Interactive / Digital - ADPEARANCE, Portland, OR, pg. 671
Cevalte, Vincent - Interactive / Digital, Media Department - OMD WEST, Los Angeles, CA, pg. 502
Cha, Michael - Analytics, Interactive / Digital, NBC - HORIZON MEDIA, INC., New York, NY, pg. 474
Cha, Jessica - Interactive / Digital, Media Department, NBC, Social Media - OMD, New York, NY, pg. 498
Chacon, Isaac - Interactive / Digital, Media Department - CERTAINSOURCE, Fairfield, CT, pg. 672
Chacon, Brian - Interactive / Digital, Management - MOB SCENE, Los Angeles, CA, pg. 563
Chadha, Anika - Interactive / Digital - PUBLICIS.SAPIENT, Toronto, ON, pg. 260
Chaffin, Jimmy - Interactive / Digital, Media Department, PPOM - DVL SEIGENTHALER, Nashville, TN,

1402

AGENCIES — RESPONSIBILITIES INDEX

pg. 599
Chaisson, Evan - Account Planner, Interactive / Digital, NBC, Social Media - 3 BIRDS MARKETING, Chapel Hill, NC, *pg.* 207
Chait, Allison - Account Services, Interactive / Digital, Management - HUGE, INC., Atlanta, GA, *pg.* 240
Chakravorti, Mimi - Account Planner, Interactive / Digital, Management, Media Department - LANDOR, San Francisco, CA, *pg.* 11
Chamberlin, Andrea - Interactive / Digital, Media Department, Public Relations, Research - MADDEN MEDIA, Tucson, AZ, *pg.* 247
Champoux, Holly - Interactive / Digital, NBC, Operations, Programmatic - CARAT, Detroit, MI, *pg.* 461
Chan, John - Interactive / Digital - ISM, INC., Bethesda, MD, *pg.* 168
Chan, Ryan - Account Services, Interactive / Digital, Media Department - GENERATOR MEDIA + ANALYTICS, New York, NY, *pg.* 466
Chan, Kevin - Creative, Interactive / Digital - BARBARIAN, New York, NY, *pg.* 215
Chan, Jennifer - Interactive / Digital, Media Department - HORIZON MEDIA, INC., Los Angeles, CA, *pg.* 473
Chan, Kevin - Interactive / Digital - UNITED ENTERTAINMENT GROUP, New York, NY, *pg.* 299
Chandramohan, Dhanya - Finance, Interactive / Digital, Media Department - OMD, New York, NY, *pg.* 498
Chang, Iris - Interactive / Digital, Media Department, PPM - STARCOM WORLDWIDE, Chicago, IL, *pg.* 513
Chang, Angela - Analytics, Interactive / Digital - GOLIN, Chicago, IL, *pg.* 609
Chantres, Melisa - Interactive / Digital, Media Department, PPOM, Programmatic - EVERETT CLAY ASSOCIATES, INC., Miami, FL, *pg.* 602
Chapa, Evelia - Interactive / Digital, Media Department - IPROSPECT, Fort Worth, TX, *pg.* 674
Chapin, Scott - Analytics, Creative, Interactive / Digital - MARCUS THOMAS, Cleveland, OH, *pg.* 104
Chapman, Lisa - Account Services, Interactive / Digital - BCW CHICAGO, Chicago, IL, *pg.* 581
Chappell, Jake - Interactive / Digital - MARTIN ADVERTISING, Birmingham, AL, *pg.* 106
Chappo, Derek - Account Services, Interactive / Digital, Management - WEBER SHANDWICK, Birmingham, MI, *pg.* 662
Charles, Danny - Interactive / Digital, Media Department - HAWORTH MARKETING & MEDIA, Minneapolis, MN, *pg.* 470
Chase, Crystal - Account Services,

Interactive / Digital, Social Media - AKA NYC, New York, NY, *pg.* 324
Chasin, Jamie - Interactive / Digital, Media Department - INITIATIVE, New York, NY, *pg.* 477
Chastain, David - Interactive / Digital, NBC - CONVERSANT, LLC, Atlanta, GA, *pg.* 533
Chatelain, Olivier - Account Planner, Interactive / Digital - IPROSPECT, Montreal, QC, *pg.* 674
Chattong, Julie - Interactive / Digital, PPM - INNOCEAN USA, Huntington Beach, CA, *pg.* 479
Chaudhry, Mackenzie - Interactive / Digital, Media Department - ZIMMERMAN ADVERTISING, Fort Lauderdale, FL, *pg.* 437
Chavez, Samantha - Interactive / Digital, Media Department - OMD WEST, Los Angeles, CA, *pg.* 502
Chavkin, Arielle - Interactive / Digital, Media Department - GREATER THAN ONE, New York, NY, *pg.* 8
Chawla, Amit - Interactive / Digital - PUBLICIS.SAPIENT, New York, NY, *pg.* 258
Cheek, Zachary - Interactive / Digital - THE ESCAPE POD, Chicago, IL, *pg.* 150
Chen, Michael - Analytics, Interactive / Digital, Media Department - CANVAS WORLDWIDE, Playa Vista, CA, *pg.* 458
Chen, Hsiao-Yu - Creative, Interactive / Digital - ANIDEN INTERACTIVE, Mountain View, CA, *pg.* 213
Chen, Muzel - Interactive / Digital, Media Department - STAMATS COMMUNICATIONS, Cedar Rapids, IA, *pg.* 412
Chen, Bryan - Creative, Interactive / Digital - TOLLESON DESIGN, San Francisco, CA, *pg.* 202
Cheng, Tiffany - Interactive / Digital, Media Department - ZENITH MEDIA, New York, NY, *pg.* 529
Cheng, Tiffany - Account Planner, Account Services, Interactive / Digital, Media Department - PALISADES MEDIA GROUP, INC., New York, NY, *pg.* 124
Cheng, Courtney - Interactive / Digital, Media Department - INITIATIVE, Los Angeles, CA, *pg.* 478
Cheng, Danielle - Interactive / Digital, Media Department - NEO MEDIA WORLD, New York, NY, *pg.* 496
Cheng, Erica - Interactive / Digital - EDELMAN, Seattle, WA, *pg.* 601
Cheronis, Amy - Account Services, Interactive / Digital, Management, Media Department, PPOM, Public Relations - MSLGROUP, Chicago, IL, *pg.* 629
Cherry, Renee - Interactive / Digital, Media Department - EMPOWER, Cincinnati, OH, *pg.* 354
Chesler, Isadora - Interactive / Digital, PPM - RPA, Santa Monica, CA, *pg.* 134

Chesley, Jennifer - Interactive / Digital, Media Department - DIGITAL OPERATIVE, INC., San Diego, CA, *pg.* 225
Chestnut, Brad - Interactive / Digital, Media Department - STARCOM WORLDWIDE, North Hollywood, CA, *pg.* 516
Cheung, Ivy - Interactive / Digital, Media Department - UNIVERSAL MCCANN, New York, NY, *pg.* 521
Chevallier, Frank - Interactive / Digital, NBC - LIVEWORLD, San Jose, CA, *pg.* 246
Chi, Lisa - Interactive / Digital, Media Department - CROSSMEDIA, New York, NY, *pg.* 463
Chiavone, Laura - Account Planner, Interactive / Digital, Management, NBC, Social Media - SPARKS & HONEY, New York, NY, *pg.* 450
Chickering, Kelsey - Account Planner, Interactive / Digital, Media Department - HAVAS MEDIA GROUP, Boston, MA, *pg.* 470
Chien, David - Account Services, Interactive / Digital - ANIDEN INTERACTIVE, Mountain View, CA, *pg.* 213
Chikunov, Denis - Interactive / Digital, Media Department, Research, Social Media - IPG MEDIABRANDS, New York, NY, *pg.* 480
Chiles, Audra - Interactive / Digital - MARKSTEIN, Birmingham, AL, *pg.* 625
Chinetti, Tracie - Interactive / Digital, Media Department, PPM - FUSEIDEAS, LLC, Winchester, MA, *pg.* 306
Ching, Jesse - Analytics, Interactive / Digital, Media Department - BLANKET MARKETING GROUP, Sacramento, CA, *pg.* 217
Chiricotti, Kelly - Interactive / Digital, Media Department, Programmatic - SPARK FOUNDRY, Chicago, IL, *pg.* 510
Chisenall, Joe - Interactive / Digital - LEWIS COMMUNICATIONS, Nashville, TN, *pg.* 100
Chishti, Daanish - Account Services, Interactive / Digital, Media Department, NBC, Social Media - MINDSHARE, Chicago, IL, *pg.* 494
Chiu, Jerry - Interactive / Digital, Media Department, Social Media - MEDIACOM, Playa Vista, CA, *pg.* 486
Cho, Stacey - Interactive / Digital, Media Department - TEAM ONE, Los Angeles, CA, *pg.* 417
Choi, Brent - Creative, Interactive / Digital, PPOM - DDB CANADA, Toronto, ON, *pg.* 224
Choi, Bert - Interactive / Digital, Media Department - RPA, Santa Monica, CA, *pg.* 134
Choi, Ina - Interactive / Digital, Media Department, PPM - R/GA, New York, NY, *pg.* 260
Choi, Steven - Interactive / Digital, Media Department - CARAT,

1403

RESPONSIBILITIES INDEX — AGENCIES

Culver City, CA, pg. 459
Choi, Sharon - Interactive / Digital, Media Department - MINDSHARE, Atlanta, GA, pg. 493
Choi, Julian - Account Services, Interactive / Digital, Management, Media Department - WEBER SHANDWICK, New York, NY, pg. 660
Choi, Michelle - Interactive / Digital, Management - ANALOGFOLK, New York, NY, pg. 439
Chong, Danica - Account Services, Interactive / Digital, Media Department - UNIVERSAL MCCANN, New York, NY, pg. 521
Chopek, Chris - Account Services, Interactive / Digital, Management, Operations - EDELMAN, Washington, DC, pg. 600
Chopra, Lalit - Interactive / Digital, NBC - MOVEABLE INK, New York, NY, pg. 251
Chou, Kevin - Interactive / Digital, Media Department - DIGITAS, San Francisco, CA, pg. 227
Chowdhury, Shamsul - Interactive / Digital, Media Department, NBC, Promotions, Social Media - JELLYFISH U.S., Baltimore, MD, pg. 243
Choy, Allison - Account Services, Interactive / Digital, Management - EDELMAN, Seattle, WA, pg. 601
Chriss, Libby - Creative, Interactive / Digital - INITIATE-IT LLC, Richmond, VA, pg. 375
Christ, Courtney - Interactive / Digital, Media Department - MINDSHARE, Chicago, IL, pg. 494
Christenson, Danielle - Interactive / Digital, Media Department - NOBLE STUDIOS, Reno, NV, pg. 254
Christian, Jeff - Interactive / Digital, Media Department, Social Media - MINDSHARE, New York, NY, pg. 491
Christiansen, Sarah - Interactive / Digital, NBC - NEBO AGENCY, LLC, Atlanta, GA, pg. 253
Christy, Nick - Interactive / Digital - R2INTEGRATED, Baltimore, MD, pg. 261
Chun, Nicole - Interactive / Digital, Media Department - 360I, LLC, New York, NY, pg. 320
Chung, Yin - Account Planner, Interactive / Digital, Media Department, NBC - BBDO WORLDWIDE, New York, NY, pg. 331
Chung, Gary - Interactive / Digital - RAUXA, Costa Mesa, CA, pg. 291
Chupp, Bryan - Interactive / Digital, NBC - DIGITAS HEALTH LIFEBRANDS, New York, NY, pg. 229
Chylla, Loren - Interactive / Digital, Media Department - ADCOM COMMUNICATIONS, INC., Cleveland, OH, pg. 210
Ciaffone, Danielle - Interactive / Digital, Media Department - GTB, Dearborn, MI, pg. 367
Cialfi, Lisa - Interactive / Digital, Media Department - HORIZON MEDIA, INC., New York, NY, pg. 474

Ciamillo, Jamie - Interactive / Digital, Media Department - RED FUSE COMMUNICATIONS, New York, NY, pg. 404
Ciarleglio, Jodi - Finance, Interactive / Digital, Operations, PPM - CRONIN, Glastonbury, CT, pg. 55
Ciccone, Debra - Interactive / Digital - GTB, Dearborn, MI, pg. 367
Cichowski, Katie - Interactive / Digital, Media Department, NBC - HARRISON MEDIA, Harrison Township, MI, pg. 468
Ciesol, Miranda - Interactive / Digital, Media Department - SPARK FOUNDRY, Chicago, IL, pg. 510
Cilmi, Lori - Interactive / Digital, Media Department - UNIVERSAL MCCANN, New York, NY, pg. 521
Cimeno, Olivia - Interactive / Digital, Media Department, Social Media - GYK ANTLER, Manchester, NH, pg. 368
Cimicata, Rob - Interactive / Digital - MIRUM AGENCY, Toronto, ON, pg. 251
Cioto, Jennifer - Interactive / Digital, Media Department - HILL HOLLIDAY, Boston, MA, pg. 85
Cipolla, Leslie - Account Services, Interactive / Digital - AIGNER/PRENSKY MARKETING GROUP, Watertown, MA, pg. 324
Cipressi, Lauren - Interactive / Digital, Media Department - MEDIAHUB BOSTON, Boston, MA, pg. 489
Circe, Brett - Interactive / Digital, PPOM - STARMARK INTERNATIONAL, INC., Fort Lauderdale, FL, pg. 412
Circosta, Jared - Interactive / Digital, NBC, PPOM - AMALGAM, Los Angeles, CA, pg. 324
Civetti, Kealin - Interactive / Digital, Media Department - NEO MEDIA WORLD, New York, NY, pg. 496
Civitano, Alyson - Interactive / Digital, Media Department, PPM - HEARTS & SCIENCE, New York, NY, pg. 471
Clancy, Paul - Interactive / Digital, Media Department - DANIEL BRIAN ADVERTISING, Rochester, MI, pg. 348
Clark, Amy - Account Planner, Interactive / Digital, Media Department - THE MEDIA KITCHEN, New York, NY, pg. 519
Clark, Ebony - Interactive / Digital, Media Department - CARAT, Detroit, MI, pg. 461
Clark, Melissa - Interactive / Digital, Media Department - HUDSON ROUGE, New York, NY, pg. 371
Clark, Julia - Interactive / Digital, Operations - ANOMALY, New York, NY, pg. 325
Clark, Katie - Interactive / Digital, Media Department, NBC, Operations - IDEO, Palo Alto, CA,

pg. 187
Clark, Brandon - Interactive / Digital, Media Department - THE MEDIA KITCHEN, New York, NY, pg. 519
Clark, Daniel - Interactive / Digital, Media Department - HEARTS & SCIENCE, New York, NY, pg. 471
Clark, Madeline - Interactive / Digital, Media Department - TRUEPOINT COMMUNICATIONS, Dallas, TX, pg. 657
Clarke, David - Interactive / Digital, NBC, PPOM - PWC DIGITAL SERVICES, Hallandale Beach, FL, pg. 260
Clarke, Catrina - Interactive / Digital, Media Department - CARAT, New York, NY, pg. 459
Clarke, Emmy - Interactive / Digital, Media Department, Social Media - GOOD APPLE DIGITAL, New York, NY, pg. 466
Clausen, Ian - Account Services, Interactive / Digital - RATIONAL INTERACTION, Seattle, WA, pg. 262
Claybrook, Lisa - Account Planner, Account Services, Interactive / Digital - DASH TWO, Nashville, TN, pg. 551
Clayman, Ellie - Interactive / Digital, Media Department - 22SQUARED INC., Tampa, FL, pg. 319
Clayton, Will - Interactive / Digital - WILAND DIRECT, Niwot, CO, pg. 294
Clayton, Andrew - Interactive / Digital, Media Department, NBC - WIEDEN + KENNEDY, Portland, OR, pg. 430
Claywell, Zach - Interactive / Digital - ALLIANCE SALES & MARKETING, Charlotte, NC, pg. 30
Cleere, William - Interactive / Digital, NBC - CLOSED LOOP MARKETING, Roseville, CA, pg. 672
Clemensen, Cyrus - Interactive / Digital, Management - SYNECHRON, New York, NY, pg. 268
Clements, Amanda - Interactive / Digital - LATCHA+ASSOCIATES, Farmington Hills, MI, pg. 168
Clevenger, Amy - Interactive / Digital, Media Department - HITCHCOCK FLEMING & ASSOCIATES, INC., Akron, OH, pg. 86
Cleworth, Megan - Interactive / Digital, Media Department - SFW AGENCY, Greensboro, NC, pg. 16
Clifford, Rod - Creative, Interactive / Digital - WALSH BRANDING, Tulsa, OK, pg. 204
Clune, Kendra - Interactive / Digital, Media Department - KROGER MEDIA SERVICES, Portland, OR, pg. 96
Cobb, Larry - Interactive / Digital, NBC, Research - SHEPHERD AGENCY, Jacksonville, FL, pg. 410
Cobb, Lucas - Analytics, Interactive / Digital, Management - MMGY GLOBAL, Kansas City, MO, pg. 388
Cocco, Bryan - Creative,

1404

AGENCIES

RESPONSIBILITIES INDEX

Interactive / Digital - COLANGELO SYNERGY MARKETING, INC., Darien, CT, *pg.* 566

Cochran, Elizabeth - Interactive / Digital, Media Department - LEWIS MEDIA PARTNERS, Richmond, VA, *pg.* 482

Cockrell, Jeremy - Interactive / Digital - RODGERS TOWNSEND, LLC, Saint Louis, MO, *pg.* 407

Coe, Kevin - Interactive / Digital, PPOM - THE MX GROUP, Burr Ridge, IL, *pg.* 422

Coen, April - Analytics, Interactive / Digital, Media Department, NBC, Research - HEARTS & SCIENCE, Los Angeles, CA, *pg.* 473

Coen, Joel - Interactive / Digital, PPOM - COMMIT AGENCY, Chandler, AZ, *pg.* 343

Cofer, Clark - Interactive / Digital, Media Department - DROGA5, New York, NY, *pg.* 64

Coffey, Jeff - Interactive / Digital - CRC MARKETING SOLUTIONS, Eden Prairie, MN, *pg.* 345

Coffey, Nicole - Interactive / Digital, Media Department - BUTLER / TILL, Rochester, NY, *pg.* 457

Cohen, Yale - Interactive / Digital, Management, Media Department - PUBLICIS NORTH AMERICA, New York, NY, *pg.* 399

Cohen, Danielle - Account Services, Interactive / Digital, Media Department - OMD, New York, NY, *pg.* 498

Cohen, Adam - Account Services, Interactive / Digital, Management, Media Department - HAVAS MEDIA GROUP, New York, NY, *pg.* 468

Cohen, Mackenzie - Interactive / Digital, Media Department, Research - OMD, New York, NY, *pg.* 498

Cohen, Ran - Interactive / Digital, Programmatic - UNDERTONE, New York, NY, *pg.* 273

Cohen, Ryan - Account Services, Interactive / Digital - TEAM ONE, Dallas, TX, *pg.* 418

Cohen, Andrew - Interactive / Digital, Social Media - MOOSYLVANIA, Saint Louis, MO, *pg.* 568

Coker, Emma - Interactive / Digital, Media Department - FIREHOUSE, INC., Dallas, TX, *pg.* 358

Colborn, Chris - Creative, Interactive / Digital, Management, PPOM - LIPPINCOTT, New York, NY, *pg.* 189

Colcord, Alexander - Interactive / Digital, Media Department, PPOM - MINDSHARE, New York, NY, *pg.* 491

Cole, Liz - Interactive / Digital, Media Department, Social Media - DIGITAS, San Francisco, CA, *pg.* 227

Colegrove, Sue - Interactive / Digital, NBC - ZIZZO GROUP ADVERTISING & PUBLIC RELATIONS, Milwaukee, WI, *pg.* 437

Coleman, Brooke - Interactive / Digital - PROPAC, Plano, TX, *pg.* 682

Coles, Ashley - Interactive / Digital, Media Department - JAN KELLEY MARKETING, Burlington, ON, *pg.* 10

Coli, Taylor - Interactive / Digital, Media Department - HILL HOLLIDAY, Boston, MA, *pg.* 85

Coller, Alexis - Account Services, Interactive / Digital, NBC - RPA, Santa Monica, CA, *pg.* 134

Collett, Smith - Interactive / Digital, Media Department - WAVEMAKER, New York, NY, *pg.* 526

Collins, Dan - Account Planner, Account Services, Interactive / Digital, Media Department, Research - GKV, Baltimore, MD, *pg.* 364

Collins, Marcus - Interactive / Digital, Management, NBC, PPOM, Social Media - DONER, Southfield, MI, *pg.* 63

Collins, Morgan - Interactive / Digital, NBC - MEDIACOM, New York, NY, *pg.* 487

Collins, Caroline - Account Services, Interactive / Digital, Social Media - AYZENBERG GROUP, INC., Pasadena, CA, *pg.* 2

Collins, David - Interactive / Digital, PPOM - INNIS MAGGIORE GROUP, Canton, OH, *pg.* 375

Collins, Christa - Interactive / Digital, Media Department - BERRY NETWORK, Dayton, OH, *pg.* 295

Collins, Michael - Interactive / Digital, Social Media - JPL, Harrisburg, PA, *pg.* 378

Coltharp, Chayce - Interactive / Digital, Media Department - SPARK FOUNDRY, Chicago, IL, *pg.* 510

Colton, Adaline - Interactive / Digital - BRANDSTYLE COMMUNICATIONS, New York, NY, *pg.* 585

Comack, Jason - Interactive / Digital - IPROSPECT, New York, NY, *pg.* 674

Comack, John - Interactive / Digital - STARCOM WORLDWIDE, New York, NY, *pg.* 517

Combs, Andrew - Interactive / Digital, Media Department, Social Media - 26 DOT TWO LLC, New York, NY, *pg.* 453

Comerford, Katie - Interactive / Digital, Media Department - HORIZON MEDIA, INC., New York, NY, *pg.* 474

Comito, Liano - Interactive / Digital, Media Department, Social Media - 360I, LLC, New York, NY, *pg.* 320

Compagnone, Karianne - Interactive / Digital, Media Department - MEDIACOM, New York, NY, *pg.* 487

Comparetto, Valerie - Interactive / Digital, Media Department, Social Media - GROUPM, New York, NY, *pg.* 466

Compoc, Marten - Interactive / Digital, PPOM - PARTY LAND, Marina Del Rey, CA, *pg.* 125

Compton, Courtney - Interactive / Digital, Programmatic - NAS RECRUITMENT COMMUNICATIONS, Cleveland, OH, *pg.* 667

Conant, Teresa - Interactive / Digital, Media Department - NORBELLA, Boston, MA, *pg.* 497

Condon, Colleen - Interactive / Digital, Management - JAY ADVERTISING, INC., Rochester, NY, *pg.* 377

Conlow, Mike - Interactive / Digital - BLUE STATE DIGITAL, Washington, DC, *pg.* 335

Connell, Jacqueline - Interactive / Digital, Media Department - MINDSHARE, New York, NY, *pg.* 491

Connell, James - Analytics, Interactive / Digital, Media Department - PATH INTERACTIVE, INC., New York, NY, *pg.* 256

Connell, Elizabeth - Account Services, Interactive / Digital - BARTON COTTON, Baltimore, MD, *pg.* 37

Connelly, Kathryn - Interactive / Digital, Media Department, Research - OVATIVE GROUP, Minneapolis, MN, *pg.* 256

Conner, Addie - Interactive / Digital, NBC, PPOM - DECODED ADVERTISING, New York, NY, *pg.* 60

Connolly, Matthew - Interactive / Digital, Media Department - VAYNERMEDIA, New York, NY, *pg.* 689

Connors, Matthew - Interactive / Digital, Media Department - HAWORTH MARKETING & MEDIA, Minneapolis, MN, *pg.* 470

Conrad, Rebecca - Interactive / Digital, Media Department - M/SIX, New York, NY, *pg.* 482

Conron, Michelle - Interactive / Digital, Media Department, Operations - CASHMAN & ASSOCIATES, Philadelphia, PA, *pg.* 589

Considine, Sinead - Interactive / Digital, Media Department, Social Media - NMPI, New York, NY, *pg.* 254

Constantin, Corina - Analytics, Creative, Interactive / Digital - THE&PARTNERSHIP, New York, NY, *pg.* 426

Convery, Kristin - Interactive / Digital, Media Department - PASKILL, STAPLETON & LORD, Glenside, PA, *pg.* 256

Conway, Leif - Account Services, Interactive / Digital - 3Q DIGITAL, Chicago, IL, *pg.* 208

Cook, Clifton - Interactive / Digital, Management, PPM - VESTCOM, Little Rock, AR, *pg.* 571

Cook, Casie - Account Services, Interactive / Digital, Media Department - COLLE MCVOY, Minneapolis, MN, *pg.* 343

Cook, Kyle - Interactive / Digital, Media Department - UNIVERSAL MEDIA, INC., Mechanicsburg, PA, *pg.* 525

Cook, Gary - Interactive / Digital, Media Department, Programmatic - CROSSMEDIA, Philadelphia, PA, *pg.* 463

Cook, Kandi - Analytics, Interactive / Digital - ARCHER

RESPONSIBILITIES INDEX   AGENCIES

MALMO, Memphis, TN, pg. 32
Cook, Lauren - Interactive / Digital, Media Department, Social Media - GROUNDFLOOR MEDIA, Denver, CO, pg. 611
Cook, Christine - Interactive / Digital, Operations - CARAT, New York, NY, pg. 459
Cooke, Chris - Interactive / Digital, Media Department - BCF, Virginia Beach, VA, pg. 581
Cooks, Josh - Account Services, Interactive / Digital - BERLINROSEN, New York, NY, pg. 583
Cooley, James - Interactive / Digital, Media Department, PPOM - MINDSHARE, New York, NY, pg. 491
Coon, Hannah - Interactive / Digital, Media Department, Social Media - THE RICHARDS GROUP, INC., Dallas, TX, pg. 422
Cooney, Tom - Interactive / Digital, PPOM - MEDPOINT COMMUNICATIONS, Evanston, IL, pg. 288
Cooney, Maggie - Interactive / Digital, Media Department, Social Media - DIGITAS, San Francisco, CA, pg. 227
Cooper, Marc - Interactive / Digital, PPOM - JUNCTION59, Toronto, ON, pg. 378
Cooper, Meredith - Interactive / Digital, Media Department - MCGARRAH JESSEE, Austin, TX, pg. 384
Cooper, Ben - Account Services, Interactive / Digital, Management, Media Department - CAMELOT STRATEGIC MARKETING & MEDIA, Dallas, TX, pg. 457
Cooper, Bradley - Interactive / Digital - RTI RESEARCH, Norwalk, CT, pg. 449
Cooper, Kasey - Interactive / Digital, Media Department, Social Media - HARMELIN MEDIA, Bala Cynwyd, PA, pg. 467
Cooper, Ragen - Interactive / Digital, Social Media - BLUE WHEEL MEDIA, Birmingham, MI, pg. 335
Copacia, Leia - Account Services, Interactive / Digital, Media Department - EPSILON, San Francisco, CA, pg. 283
Copeland, Aaron - Creative, Interactive / Digital - IMM, Boulder, CO, pg. 373
Coppola, Steve - Interactive / Digital, Management - FLEISHMANHILLARD HIGHROAD, Ottawa, ON, pg. 606
Corak, Mike - Interactive / Digital, Management, Media Department - DAC GROUP, Louisville, KY, pg. 223
Corbetta, Lindsey - Account Services, Interactive / Digital, Media Department - MEDIA STORM, New York, NY, pg. 486
Corcoran, Sean - Interactive / Digital, Management, Media Department, NBC, PPOM - MEDIAHUB BOSTON, Boston, MA, pg. 489

Cordero, Joanna - Interactive / Digital, Media Department - RPA, Santa Monica, CA, pg. 134
Cordes Radke, Elle - Interactive / Digital, NBC, Social Media - STARCOM WORLDWIDE, Chicago, IL, pg. 513
Cordingley, Elizabeth - Creative, Interactive / Digital - DEUTSCH, INC., Los Angeles, CA, pg. 350
Cordova, Laia - Interactive / Digital, Media Department - JUST MEDIA, INC., Emeryville, CA, pg. 481
Cords, Audrey - Interactive / Digital, Social Media - MINDSHARE, Chicago, IL, pg. 494
Coreas, Andrea - Interactive / Digital, Media Department, Social Media - HEARTS & SCIENCE, Los Angeles, CA, pg. 473
Corley, Chris - Creative, Interactive / Digital - VMLY&R, Kansas City, MO, pg. 274
Corneil, Matthew - Interactive / Digital, Media Department - R&R PARTNERS, Las Vegas, NV, pg. 131
Coronges, Nick - Interactive / Digital, PPOM - R/GA, New York, NY, pg. 260
Corr, Connor - Interactive / Digital, Media Department - WIEDEN + KENNEDY, New York, NY, pg. 432
Corray, Jeremy - Interactive / Digital, PPM - COOLFIRE STUDIOS, Saint Louis, MO, pg. 561
Corredor Rocci, Krystle - Interactive / Digital, Media Department, NBC - PUBLICIS NORTH AMERICA, New York, NY, pg. 399
Correnti, Laura - Account Services, Interactive / Digital, Media Department, PPOM - GIANT SPOON, LLC, New York, NY, pg. 363
Corriveau, Kenneth - Interactive / Digital, PPOM - OMD, New York, NY, pg. 498
Corsaro, Dennis - Interactive / Digital, Social Media - METIA, Bellevue, WA, pg. 250
Cortinhal, Stephanie - Account Services, Interactive / Digital, Media Department - BIG SPACESHIP, Brooklyn, NY, pg. 455
Cortizo-Burgess, Pele - Account Planner, Interactive / Digital, Management, Media Department, NBC, PPOM - INITIATIVE, New York, NY, pg. 477
Cortopassi, Sarah - Interactive / Digital - CHECKMARK COMMUNICATIONS, Saint Louis, MO, pg. 49
Corwin, Harrison - Interactive / Digital - MASS APPEAL, New York, NY, pg. 562
Cory, Vicky - Account Services, Interactive / Digital - INTOUCH SOLUTIONS, INC., Overland Park, KS, pg. 242
Costa, Mark - Interactive / Digital, PPOM - JCDECAUX NORTH AMERICA, New York, NY, pg. 553
Costales, Tisha - Account Services, Interactive / Digital, Management -

M8, Miami, FL, pg. 542
Costello, Sara - Interactive / Digital - SIMPLE MACHINES MARKETING, Chicago, IL, pg.
Cote, Ryan - Interactive / Digital, NBC - THE BALLANTINE CORPORATION, Fairfield, NJ, pg. 293
Cote, Scott - Account Services, Interactive / Digital, Operations - THE BALLANTINE CORPORATION, Fairfield, NJ, pg. 293
Cotter, Christine - Account Services, Interactive / Digital, Social Media - MIRUM AGENCY, Chicago, IL, pg. 681
Cotter, Meagan - Interactive / Digital - SPARK44, New York, NY, pg. 411
Courtney, Anne Marie - Interactive / Digital, Media Department, PPM - HAVAS MEDIA GROUP, New York, NY, pg. 468
Cousineau, Collin - Interactive / Digital, Media Department, Programmatic, Social Media - PHD CHICAGO, Chicago, IL, pg. 504
Cowart, Casey - Interactive / Digital, Media Department - ST. JOHN & PARTNERS ADVERTISING & PUBLIC RELATIONS, Jacksonville, FL, pg. 412
Cox, Lindsey - Interactive / Digital, Media Department - STARCOM WORLDWIDE, Chicago, IL, pg. 513
Cox, Neil - Interactive / Digital, PPM - PADILLA, Richmond, VA, pg. 635
Cox, Jeremy - Interactive / Digital - MCGARRAH JESSEE, Austin, TX, pg. 384
Cox, Kara - Interactive / Digital - TRICOMB2B, Dayton, OH, pg. 427
Cox, Greg - Interactive / Digital, Management, PPOM - EXPERTVOICE, Salt Lake City, UT, pg. 233
Coyne, Courtney - Interactive / Digital, PPM - MULLENLOWE U.S. BOSTON, Boston, MA, pg. 389
Craft, Taylor - Interactive / Digital, Social Media - BARKLEY, Kansas City, MO, pg. 329
Craig, Chelsea - Interactive / Digital, Media Department - JAN KELLEY MARKETING, Burlington, ON, pg. 10
Cramb, Lisa - Account Services, Interactive / Digital, NBC - MONTAGNE COMMUNICATIONS, Manchester, NH, pg. 389
Cramm, Brady - Interactive / Digital - DIRECTIVE CONSULTING, Irvine, CA, pg. 63
Cranor, Luke - Interactive / Digital, Media Department - INITIATIVE, New York, NY, pg. 477
Craven, Ryan - Interactive / Digital, Media Department, NBC, Public Relations - WIEDEN + KENNEDY, Portland, OR, pg. 430
Crawford, Damien - Interactive / Digital, Media Department, NBC - UNIVERSAL MCCANN DETROIT, Birmingham, MI, pg. 524
Crawford, Callie - Interactive /

1406

AGENCIES

RESPONSIBILITIES INDEX

Digital, NBC, Social Media - FOUNDRY, Reno, NV, *pg.* 75
Crawford, TJ - Account Planner, Analytics, Interactive / Digital, Media Department, NBC - MARC USA, Pittsburgh, PA, *pg.* 104
Crawford, Hillary - Interactive / Digital, PPM - 160VER90, Philadelphia, PA, *pg.* 1
Crean, Lucy - Interactive / Digital, Media Department - MINDSHARE, Toronto, ON, *pg.* 495
Creaney, Erin - Account Planner, Account Services, Interactive / Digital - IRIS, Chicago, IL, *pg.* 376
Cree, Cliff - Interactive / Digital, PPOM - HORIZON MEDIA, INC., New York, NY, *pg.* 474
Creel, Lauren - Interactive / Digital, Media Department - RAWLE-MURDY ASSOCIATES, Charleston, SC, *pg.* 403
Crescini, Dino - Interactive / Digital, Media Department - SPARK FOUNDRY, New York, NY, *pg.* 508
Crichton, Jason - Interactive / Digital - ELEVATE, Chicago, IL, *pg.* 230
Crider, Hailey - Interactive / Digital, NBC, Research - DEFERO, Phoenix, AZ, *pg.* 224
Crifo, Jacquelyn - Interactive / Digital - IPROSPECT, Boston, MA, *pg.* 674
Crigger, Matthew - Interactive / Digital, Media Department - PHIRE GROUP, Ann Arbor, MI, *pg.* 397
Critch-Gilfillan, Pauline - Creative, Interactive / Digital, Media Department - MOSAIC NORTH AMERICA, Chicago, IL, *pg.* 312
Crivelli, Annemarie - Interactive / Digital, Media Department, NBC, PPM - CAMBRIDGE BIOMARKETING, Cambridge, MA, *pg.* 46
Croake, Kevin - Interactive / Digital - JACKRABBIT DESIGN, Milton, MA, *pg.* 188
Crockett, Chris - Interactive / Digital, Media Department - SAATCHI & SAATCHI LOS ANGELES, Torrance, CA, *pg.* 137
Cromer, Joe - Account Services, Interactive / Digital - DEG DIGITAL, Overland Park, KS, *pg.* 224
Cronin, Kate - Account Services, Interactive / Digital, Public Relations, Social Media - OGILVY PUBLIC RELATIONS, New York, NY, *pg.* 633
Cronin, Amy - Analytics, Interactive / Digital, Management, Research - THE MARS AGENCY, Southfield, MI, *pg.* 683
Cronin, Tasha - Interactive / Digital, PPM - DROGA5, New York, NY, *pg.* 64
Cronin, Maureen - Interactive / Digital, NBC - 4FRONT, Chicago, IL, *pg.* 208
Crooms, Travis - Interactive / Digital, Media Department - ZENITH MEDIA, New York, NY, *pg.* 529

Croonquist, Jenna - Interactive / Digital, Media Department - CARAT, New York, NY, *pg.* 459
Crosby, JR - Account Planner, Account Services, Interactive / Digital, Management - XAXIS, New York, NY, *pg.* 276
Cross, Janine - Interactive / Digital, Media Department - HARMELIN MEDIA, Bala Cynwyd, PA, *pg.* 467
Cross, Nicole - Interactive / Digital, NBC - GENERATOR MEDIA + ANALYTICS, New York, NY, *pg.* 466
Cross, Elizabeth - Interactive / Digital, Media Department, Programmatic - MINDSHARE, Chicago, IL, *pg.* 494
Crouch, Charleston - Interactive / Digital, PPM - 22SQUARED INC., Atlanta, GA, *pg.* 319
Crowder, Clint - Account Services, Creative, Interactive / Digital, PPM - MOROCH PARTNERS, Dallas, TX, *pg.* 389
Crowder, Megan - Account Services, Interactive / Digital, Social Media - NANCY MARSHALL COMMUNICATIONS, Augusta, ME, *pg.* 631
Crowley, Hannah - Interactive / Digital, Media Department - CRISPIN PORTER + BOGUSKY, Boulder, CO, *pg.* 346
Crum, Ava - Interactive / Digital, Media Department - ESSENCE, Los Angeles, CA, *pg.* 233
Cruz, Humberto - Interactive / Digital, Media Department - HAVAS MEDIA GROUP, Miami, FL, *pg.* 470
Cruz, Kristie - Account Services, Analytics, Interactive / Digital, Media Department - HEARTS & SCIENCE, New York, NY, *pg.* 471
Cua, Lizbeth - Interactive / Digital, Operations - SAATCHI & SAATCHI LOS ANGELES, Torrance, CA, *pg.* 137
Cucuzza, Kathryn - Interactive / Digital, Media Department - MEDIAHUB NEW YORK, New York, NY, *pg.* 249
Cuddy, Kristen - Interactive / Digital, Management - INFOGROUP, New York, NY, *pg.* 286
Cuevas, Beatriz - Analytics, Interactive / Digital, Media Department, NBC, Research - DIGITAS, New York, NY, *pg.* 226
Culbertson, Samantha - Account Services, Analytics, Interactive / Digital, Operations - RESOLUTION MEDIA, Chicago, IL, *pg.* 676
Culliton, Jeff - Interactive / Digital - ADCOM COMMUNICATIONS, INC., Cleveland, OH, *pg.* 210
Culp, Emily - Account Planner, Interactive / Digital, Media Department - ESSENCE, Minneapolis, MN, *pg.* 233
Cumming, John - Interactive / Digital - SECRET LOCATION, Toronto, ON, *pg.* 563
Cunningham, Gary - Account Services, Creative, Interactive /

Digital - AFG&, New York, NY, *pg.* 28
Cunningham, Emma - Account Services, Creative, Interactive / Digital, Media Department - WUNDERMAN THOMPSON, Toronto, ON, *pg.* 435
Cuomo, Taylor - Interactive / Digital, Media Department - OMD, New York, NY, *pg.* 498
Cupee, Janice - Interactive / Digital, Media Department - BEEBY CLARK+MEYLER, Stamford, CT, *pg.* 333
Curran, Kerry - Interactive / Digital, NBC - CATALYST DIGITAL, Boston, MA, *pg.* 220
Currie, Lauren - Interactive / Digital, Media Department - INITIATIVE, Los Angeles, CA, *pg.* 478
Curtis, Scott - Interactive / Digital - MINDSTREAM INTERACTIVE, Columbus, OH, *pg.* 250
Curtis, Courtney - Interactive / Digital, Media Department - REPRISE DIGITAL, New York, NY, *pg.* 676
Curtis, Stevee - Account Services, Interactive / Digital, Social Media - GS&F, Nashville, TN, *pg.* 367
Curto, Vin - Interactive / Digital, Media Department - JUMP 450 MEDIA, New York, NY, *pg.* 481
Cusack DeFelice, Cameron - Interactive / Digital, Media Department - HARMELIN MEDIA, Bala Cynwyd, PA, *pg.* 467
Cutrone, Judi - Interactive / Digital, NBC, Social Media - THE VIA AGENCY, Portland, ME, *pg.* 154
Cyr, Danielle - Interactive / Digital, NBC - CO-COMMUNICATIONS, INC., Farmington, CT, *pg.* 591
Cyrus, Zachary - Account Services, Interactive / Digital - SAATCHI & SAATCHI, New York, NY, *pg.* 136
D'Altorio, Darren - Interactive / Digital, Social Media - WPROMOTE, El Segundo, CA, *pg.* 678
D'Amato, Jessica - Account Services, Interactive / Digital - SAGEPATH, INC., Atlanta, GA, *pg.* 409
D'Amore, Vanessa - Creative, Interactive / Digital, Operations - CONVERSANT, LLC, Chicago, IL, *pg.* 222
D'Antonio, Alec - Interactive / Digital, Media Department - SPARK FOUNDRY, Seattle, WA, *pg.* 512
D'Imperio, Anthony - Interactive / Digital, NBC - LISTRAK, Lititz, PA, *pg.* 246
Dade, Stephanie - Account Services, Interactive / Digital - BRANDED ENTERTAINMENT NETWORK, INC., Sherman Oaks, CA, *pg.* 297
Dahir, Angela - Interactive / Digital, Media Department - MINDSHARE, New York, NY, *pg.* 491
Dahl, Kody - Interactive / Digital - WHITEBOARD.IS, Chattanooga, TN, *pg.* 430
Dahlgren, Scott - Interactive / Digital, Media Department - PRESTON

RESPONSIBILITIES INDEX — AGENCIES

KELLY, Minneapolis, MN, pg. 129
Dahlman, Ian - Analytics, Interactive / Digital - GYRO, Cincinnati, OH, pg. 368
Dahlquist, Jordan - Interactive / Digital, Social Media - BASTION ELEVATE, Irvine, CA, pg. 580
Dahmes, Josh - Interactive / Digital, NBC, Operations - BLUESPIRE INC., Minneapolis, MN, pg. 335
Dai, Anna - Interactive / Digital, Media Department - OMD CANADA, Toronto, ON, pg. 501
Dailey, Elissa - Account Planner, Account Services, Interactive / Digital, Media Department - RAIN, New York, NY, pg. 262
Dale, Alan - Interactive / Digital, PPOM - EXPERT MARKETING, Los Angeles, CA, pg. 69
Dale, Garrett - Interactive / Digital, Management, PPOM - KEPLER GROUP, New York, NY, pg. 244
Dale, Marilyn - Creative, Interactive / Digital - SUNSTAR STRATEGIC, Alexandria, VA, pg. 651
Daley, Tim - Interactive / Digital, NBC - HORIZON MEDIA, INC., New York, NY, pg. 474
Dallas, Sabrina - Interactive / Digital, Media Department - WAVEMAKER, New York, NY, pg. 526
Dalton, Courtney - Interactive / Digital, Media Department - HEARTS & SCIENCE, New York, NY, pg. 471
Daly, Scott - Interactive / Digital, Media Department - 360I, LLC, New York, NY, pg. 320
Daly, Keelan - Interactive / Digital, Media Department - STARCOM WORLDWIDE, New York, NY, pg. 517
Dambach, Justin - Interactive / Digital, NBC - VERT MOBILE LLC, Atlanta, GA, pg. 274
Dan, Shannon - Interactive / Digital, Media Department - INTERSPORT, Chicago, IL, pg. 308
Daniele, April - Interactive / Digital, Media Department - KELLY, SCOTT & MADISON, INC., Chicago, IL, pg. 482
Daniels, Monica - Interactive / Digital, PPM - PURE GROWTH, New York, NY, pg. 507
Danilova, Aina - Interactive / Digital, NBC - DEFINITION 6, Atlanta, GA, pg. 224
Danis, Amanda - Interactive / Digital, Media Department, Operations - CARAT, New York, NY, pg. 459
Danko, Adam - Interactive / Digital, Media Department, Social Media - WAVEMAKER, New York, NY, pg. 526
Danko, Christina - Interactive / Digital, NBC - ROC NATION, New York, NY, pg. 298
Dantus, Freddie - Account Services, Interactive / Digital, Media Department, PPM - UNIVERSAL MCCANN, New York, NY, pg. 521
Danziger, David - Interactive / Digital, NBC - THE TRADE DESK, Ventura, CA, pg. 519
Dao, Daniel - Creative, Interactive / Digital, Media Department - HAVAS SPORTS & ENTERTAINMENT, Atlanta, GA, pg. 370
Dario, Anthony - Finance, Interactive / Digital, Media Department - HORIZON MEDIA, INC., New York, NY, pg. 474
Darley, Brian - Interactive / Digital, Media Department, PPM - ACKERMAN MCQUEEN, INC., Dallas, TX, pg. 26
Darwish, Amy - Interactive / Digital, Media Department, Operations - RESOLUTION MEDIA, New York, NY, pg. 263
Daulton, Scott - Interactive / Digital, Media Department, Research, Social Media - THE INTEGER GROUP - DALLAS, Dallas, TX, pg. 570
Dauphinais, Nina - Interactive / Digital - INITIATIVE, Los Angeles, CA, pg. 478
Dautrich, Kate - Creative, Interactive / Digital - BERNHARDT FUDYMA DESIGN GROUP, New York, NY, pg. 174
Davidson, Andrew - Interactive / Digital, Management, PPOM - MINDSHARE, New York, NY, pg. 491
Davidson, Mackenzie - Interactive / Digital, Media Department, NBC, Social Media - MMGY GLOBAL, Kansas City, MO, pg. 388
Davidson, Mike - Interactive / Digital, Management, PPM - LEO BURNETT WORLDWIDE, Chicago, IL, pg. 98
Davie, Will - Account Planner, Interactive / Digital - DROGA5, New York, NY, pg. 64
Davies, Evan - Interactive / Digital, PPOM - THE ACTIVE NETWORK, Dallas, TX, pg. 570
Davies, Harrison - Interactive / Digital - ZETA INTERACTIVE, New York, NY, pg. 277
Davies, DeAnna - Interactive / Digital, Media Department - STARCOM WORLDWIDE, North Hollywood, CA, pg. 516
Davies, Tess - Interactive / Digital, Media Department - MEDIACOM, New York, NY, pg. 487
Davies, Holly - Interactive / Digital - MEDIA BRIDGE ADVERTISING, Minneapolis, MN, pg. 484
Davis, Robert - Account Planner, Interactive / Digital, NBC - PJA ADVERTISING + MARKETING, Cambridge, MA, pg. 397
Davis, Jourdan - Interactive / Digital, Media Department, Social Media - REPRISE DIGITAL, New York, NY, pg. 676
Davis, Jacob - Interactive / Digital, NBC, Research - 360I, LLC, New York, NY, pg. 320
Davis, Mike - Interactive / Digital, Media Department - BUTLER / TILL, Rochester, NY, pg. 457
Davis, Valerie - Account Services, Interactive / Digital, Media Department, NBC - FORWARDPMX, New York, NY, pg. 360
Davis, Becks - Interactive / Digital, Media Department - GTB, Dearborn, MI, pg. 367
Davis, Andrew - Interactive / Digital, Media Department - EP+CO., New York, NY, pg. 356
Davis, Phil - Interactive / Digital, NBC, Social Media - CICERON, Minneapolis, MN, pg. 220
Davis, Madeleine - Interactive / Digital, NBC, Social Media - IPROSPECT, Fort Worth, TX, pg. 674
Davis, Robert - Interactive / Digital, NBC, Social Media - OGILVYONE WORLDWIDE, New York, NY, pg. 255
Davis, Mike - Interactive / Digital, Programmatic - THE TRADE DESK, Boulder, CO, pg. 520
Davis, Trevor - Account Services, Interactive / Digital, Media Department, Public Relations, Social Media - EDELMAN, New York, NY, pg. 599
Davis, Ron - Interactive / Digital - FIREWOOD, San Francisco, CA, pg. 283
Davis, Dax - Interactive / Digital, Media Department - IMAGINUITY INTERACTIVE, INC., Dallas, TX, pg. 241
Davis, Philip - Interactive / Digital, Media Department, Social Media - CICERON, Minneapolis, MN, pg. 220
Davis, Chris - Account Services, Interactive / Digital - BIGWING, Oklahoma City, OK, pg. 217
Davtian, Anush - Creative, Interactive / Digital - FINN PARTNERS, New York, NY, pg. 603
Dawkins, Parisse - Interactive / Digital - DKC PUBLIC RELATIONS, New York, NY, pg. 597
Day, Farley - Account Services, Interactive / Digital, Management, NBC - THE BOHAN AGENCY, Nashville, TN, pg. 418
Day, Scott - Interactive / Digital, Management, Media Department - AKQA, San Francisco, CA, pg. 211
de la Noval, Maria Elena - Interactive / Digital, PPM - FLUENT360, Chicago, IL, pg. 540
de Lange, Dick - Account Planner, Interactive / Digital - HUGE, INC., Brooklyn, NY, pg. 239
de Lathouder, Yancy - Interactive / Digital - TRILIX MARKETING GROUP, INC., Des Moines, IA, pg. 427
De los Rios, Nora - Interactive / Digital, Media Department, NBC - THE RICHARDS GROUP, INC., Dallas, TX, pg. 422
de Vlaming, Lauren - Interactive / Digital, Social Media - EDELMAN, Washington, DC, pg. 600
Dean, Courtney - Interactive / Digital, Social Media - HAVAS MEDIA GROUP, New York, NY, pg. 468

AGENCIES
RESPONSIBILITIES INDEX

Dean, Lori - Interactive / Digital, Media Department - LODESTAR MARKETING GROUP, Mountlake Terrace, WA, pg. 381

Debacker, Kaitlin - Interactive / Digital, NBC - ANNALECT GROUP, New York, NY, pg. 213

deBeer, Cara - Interactive / Digital, Media Department - CATALYST DIGITAL, Boston, MA, pg. 220

DeBiase, Judy - Creative, Interactive / Digital - SMM ADVERTISING, Smithtown, NY, pg. 199

DeBlois, Roxy - Account Services, Interactive / Digital - BLUESPIRE MARKETING, West Hartford, CT, pg. 40

DeBow, Brant - Interactive / Digital, PPOM - BITE INTERACTIVE, Los Angeles, CA, pg. 533

DeCherney, Constance - Account Planner, Account Services, Interactive / Digital - TDA_BOULDER, Boulder, CO, pg. 147

DeCicco, Brian - Account Services, Interactive / Digital, Management, PPOM - MINDSHARE, Chicago, IL, pg. 494

Decker, Eric - Interactive / Digital - FIRSTBORN, New York, NY, pg. 234

Decker, Jona - Interactive / Digital, Media Department - ACUMIUM, LLC, Madison, WI, pg. 210

DeCoite, Ernie - Interactive / Digital, Media Department - BECKER MEDIA, Oakland, CA, pg. 38

Decoteau, Phil - Interactive / Digital, Media Department - NORBELLA, Boston, MA, pg. 497

DeGiorgio, Michael - Interactive / Digital, Media Department - CARAT, New York, NY, pg. 459

DeHart, David - Interactive / Digital, Operations - ADTAXI, Denver, CO, pg. 211

Dehner, Dan - Account Services, Interactive / Digital, Media Department, PPOM - CHEMISTRY COMMUNICATIONS INC., Pittsburgh, PA, pg. 50

Deickmann, Melissa - Interactive / Digital, Media Department - PUBLICIS NORTH AMERICA, New York, NY, pg. 399

Deimling, Wesley - Interactive / Digital, PPM - MALKA, Jersey City, NJ, pg. 562

Dekker, Sandri - Interactive / Digital, PPM - J.T. MEGA, INC., Minneapolis, MN, pg. 91

Del Mul, Carole - Interactive / Digital, PPM - OGILVY PUBLIC RELATIONS, New York, NY, pg. 633

Del Rossi, Jamie - Interactive / Digital, NBC - IX.CO, New York, NY, pg. 243

Del Vecchio, Felicia - Interactive / Digital, Media Department - DAC GROUP, Louisville, KY, pg. 223

Delamarter, Andrew - Interactive / Digital, Media Department - HUGE, INC., Brooklyn, NY, pg. 239

Delango, Isabel - Interactive / Digital, Media Department - TOUCHPOINT INTEGRATED COMMUNICATIONS, Darien, CT, pg. 520

Deleon, Corbin - Interactive / Digital, Media Department - SPARK FOUNDRY, New York, NY, pg. 508

DeLeon Jr, Peter - Interactive / Digital, Operations - ZENITH MEDIA, New York, NY, pg. 529

Deley, Ashley - Analytics, Interactive / Digital, Media Department, NBC, Research - AXIS41, Salt Lake City, UT, pg. 215

Delfino, Matthew - Interactive / Digital - KNOCK, INC., Minneapolis, MN, pg. 95

Deliote, Marcus - Interactive / Digital - CRISPIN PORTER + BOGUSKY, Boulder, CO, pg. 346

DeLonge, Tracy - Interactive / Digital, Media Department - POSTERSCOPE U.S.A., Detroit, MI, pg. 556

DelQuadro, Andrew - Interactive / Digital - MAYOSEITZ MEDIA, Blue Bell, PA, pg. 483

DeMar, David - Analytics, Interactive / Digital, Social Media - COLLING MEDIA, Scottsdale, AZ, pg. 51

DeMarco, Teresa - Interactive / Digital, Media Department - STARCOM WORLDWIDE, North Hollywood, CA, pg. 516

Dementiev, Maria - Interactive / Digital, Media Department, Programmatic - SPARK FOUNDRY, New York, NY, pg. 508

DeMiero, W. Joe - Interactive / Digital, Management, PPOM - PUBLICIS HAWKEYE, Dallas, TX, pg. 399

DeMilner, Joe - Interactive / Digital - MRM//MCCANN, Birmingham, MI, pg. 252

DeMong, Abby - Finance, Interactive / Digital, Media Department - SPARK FOUNDRY, Chicago, IL, pg. 510

Demonteiro, Lance - Interactive / Digital, Media Department - MEDIA ASSEMBLY, New York, NY, pg. 484

Denman, James - Interactive / Digital - YARD, New York, NY, pg. 435

Dennehy, Mike - Interactive / Digital - ACKERMAN MCQUEEN, INC., Oklahoma City, OK, pg. 26

Dennis, Alex - Interactive / Digital, Media Department - GARAGE TEAM MAZDA, Costa Mesa, CA, pg. 465

Dennis, Wah-De - Interactive / Digital, Social Media - IPROSPECT, New York, NY, pg. 674

Dennis, William - Interactive / Digital, NBC - SPARK FOUNDRY, Chicago, IL, pg. 510

Denson, Tad - Interactive / Digital, NBC, PPOM - DOGWOOD PRODUCTIONS, INC., Mobile, AL, pg. 230

DePalma, Erica - Interactive / Digital, NBC - MEDIA HORIZONS, INC., Norwalk, CT, pg. 288

DePew, Jeff - Interactive / Digital, Media Department - MERING, Sacramento, CA, pg. 114

Deputato, Rachel - Account Planner, Interactive / Digital, Media Department - MEDIACOM, New York, NY, pg. 487

Deringer, Adam - Interactive / Digital, NBC, PPOM - BROWNSTEIN GROUP, INC., Philadelphia, PA, pg. 44

DeRiso, Daniel - Interactive / Digital, Media Department - INITIATIVE, New York, NY, pg. 477

Derrow, Ryan - Interactive / Digital, Media Department - EMPOWER, Cincinnati, OH, pg. 354

DeSalvio, Margaret - Interactive / Digital, Media Department, PPM - HORIZON MEDIA, INC., New York, NY, pg. 474

Desaraju, Subu - Interactive / Digital, NBC - MRM//MCCANN, Birmingham, MI, pg. 252

DeSena, Bryan - Account Services, Interactive / Digital, Media Department, NBC, Social Media - SAATCHI & SAATCHI DALLAS, Dallas, TX, pg. 136

Desimone, Katie - Account Services, Interactive / Digital, Media Department - BARBARIAN, New York, NY, pg. 215

DeSimone, Daniel - Interactive / Digital, Media Department - UNIVERSAL MCCANN, New York, NY, pg. 521

DeSimone, David - Interactive / Digital, Media Department - VARICK MEDIA MANAGEMENT, New York, NY, pg. 274

DeSutter, Jennifer - Interactive / Digital, Media Department - EMPOWER, Cincinnati, OH, pg. 354

Devaney, Jill - Interactive / Digital, Media Department - STARCOM WORLDWIDE, Chicago, IL, pg. 513

Devine, Arelis - Interactive / Digital, NBC - WPROMOTE, Dallas, TX, pg. 679

Devine, Rich - Account Services, Interactive / Digital - EMPOWER, Cincinnati, OH, pg. 354

Dey, Joydeep - Account Planner, Interactive / Digital, Management, Media Department, Operations, PPOM - MARINA MAHER COMMUNICATIONS, New York, NY, pg. 625

Dheiman, Vishal - Interactive / Digital, Media Department, NBC, PPOM - BBDO WORLDWIDE, New York, NY, pg. 331

Dhiman, Tarun - Creative, Interactive / Digital - ROGERS & COWAN/PMK*BNC, Los Angeles, CA, pg. 643

Dhuey, Samuel - Account Services, Interactive / Digital, Media Department - KENSHOO, San Francisco, CA, pg. 244

Diallo, Mohammed - Interactive / Digital, Media Department, Programmatic - UNIVERSAL MCCANN, New York, NY, pg. 521

1409

RESPONSIBILITIES INDEX — AGENCIES

Diamond, Howard - Account Planner, Interactive / Digital, NBC, PPOM - RISE INTERACTIVE, Chicago, IL, pg. 264

Diamond, Hayley - Account Planner, Interactive / Digital, Media Department, NBC - SPARK FOUNDRY, New York, NY, pg. 508

Dias, Nadalie - Interactive / Digital - HEARTS & SCIENCE, New York, NY, pg. 471

Diaz, Ricardo - Interactive / Digital - OMELET, Culver City, CA, pg. 122

Diaz, Jarod - Interactive / Digital, Media Department - BALDWIN&, Raleigh, NC, pg. 35

Diaz de Leon, Michael - Interactive / Digital, Media Department, Social Media - THE RICHARDS GROUP, INC., Dallas, TX, pg. 422

DiBella, RJ - Interactive / Digital, NBC - DIGITAS, Atlanta, GA, pg. 228

DiCamillo, Dave - Interactive / Digital, Operations, PPOM - CODE AND THEORY, New York, NY, pg. 221

Dick, Brad - Interactive / Digital, Media Department, Social Media - HAWORTH MARKETING & MEDIA, Minneapolis, MN, pg. 470

Dickerson, Quinton - Interactive / Digital, Management, Media Department - FRONTIER STRATEGIES, INC., Ridgeland, MS, pg. 465

Dickerson Stewart, Ronnie - Interactive / Digital, Media Department - DIGITAS, Chicago, IL, pg. 227

Dickson, Ross - Interactive / Digital - DIGITAL KITCHEN, Chicago, IL, pg. 225

Dickson, Elaine - Interactive / Digital, Media Department, Social Media - HUGE, INC., Toronto, ON, pg. 240

Didwall, Paul - Account Services, Interactive / Digital, Media Department, Social Media - MGH ADVERTISING, Owings Mills, MD, pg. 387

Diebel, Jessa - Interactive / Digital - PRESTON KELLY, Minneapolis, MN, pg. 129

Diebel, Scott - Account Services, Interactive / Digital, Media Department - BFO, Chicago, IL, pg. 217

Diedrick, Brian - Interactive / Digital, NBC - WINGMAN MEDIA, Westlake Village, CA, pg. 529

Diem, Chris - Interactive / Digital - VISIBILITY AND CONVERSIONS, Murrells Inlet, SC, pg. 159

Dietz, Ryan - Account Services, Analytics, Interactive / Digital, Media Department, Research - STARCOM WORLDWIDE, Chicago, IL, pg. 513

DiFeo, Brian - Interactive / Digital, Social Media - MWWPR, New York, NY, pg. 631

Diggens, Grace - Interactive / Digital, PPM - FAKE LOVE, Brooklyn, NY, pg. 183

DiGiuseppe, Daniel - Account Planner, Interactive / Digital, Media Department - UNIVERSAL MCCANN, New York, NY, pg. 521

DiIorio, Kristina - Interactive / Digital, Media Department - UNIVERSAL MCCANN, New York, NY, pg. 521

DiLeone, Steven - Interactive / Digital, Media Department - ZENITH MEDIA, New York, NY, pg. 529

Dilks, Caitlin - Interactive / Digital, Media Department - DEUTSCH, INC., New York, NY, pg. 349

Dillon, Maxine - Interactive / Digital, Media Department - SPARK FOUNDRY, New York, NY, pg. 508

Dillon, Claire - Interactive / Digital, Media Department - MOXIE, Atlanta, GA, pg. 251

DiMarco, Stephen - Interactive / Digital, NBC, PPOM - WPP KANTAR MEDIA, Boston, MA, pg. 451

Dimarino, Danielle - Account Services, Interactive / Digital - DIGITAS, New York, NY, pg. 226

DiNapoli, Anne - Interactive / Digital, Media Department, NBC, Social Media - 22SQUARED INC., Tampa, FL, pg. 319

DiNaro, Joy - Interactive / Digital, Social Media - AMENDOLA COMMUNICATIONS, Scottsdale, AZ, pg. 577

Dindiyal, Raysha - Account Planner, Interactive / Digital, Media Department, NBC - BLUE 449, New York, NY, pg. 455

Dineen, Kyle - Interactive / Digital, Social Media - CASHMERE AGENCY, Los Angeles, CA, pg. 48

Dingman, Jennifer - Interactive / Digital, Media Department - CURRENT, Chicago, IL, pg. 594

Dinkel, Brandon - Interactive / Digital - BLR FURTHER, Nashville, TN, pg. 334

DiNorcia, Cara - Interactive / Digital, Management, PPOM - ELEPHANT, Brooklyn, NY, pg. 181

Dinsdale, Andrew - Interactive / Digital, Media Department - DELOITTE DIGITAL, New York, NY, pg. 225

DiNucci, Darcy - Account Services, Creative, Interactive / Digital - AMMUNITION, LLC, San Francisco, CA, pg. 172

Dio, Dante - Interactive / Digital, Social Media - ALETHEIA MARKETING & MEDIA, Dallas, TX, pg. 454

DiPeri, Mick - Interactive / Digital - CARAT, New York, NY, pg. 459

DiPrinzio, Samantha - Interactive / Digital, Media Department - HORIZON MEDIA, INC., New York, NY, pg. 474

Dirks, Taylor - Account Planner, Interactive / Digital, Media Department - PACIFIC COMMUNICATIONS, Irvine, CA, pg. 124

DiSarno, Marisa - Interactive / Digital, Media Department, Public Relations - DIGITAL AUTHORITY PARTNERS, Chicago, IL, pg. 225

Dixon, Bruce - Interactive / Digital, PPOM - EFX MEDIA, Arlington, VA, pg. 562

Dixon, Amanda - Interactive / Digital, Media Department, Social Media - THE RICHARDS GROUP, INC., Dallas, TX, pg. 422

Dixon, Jordan - Interactive / Digital, Media Department, Operations - DIXON SCHWABL ADVERTISING, Victor, NY, pg. 351

Dmytriw, Gordon - Interactive / Digital, Operations, Research - THINK SHIFT, INC., Winnipeg, MB, pg. 270

Doan, Anna - Account Services, Interactive / Digital - VERTIC, New York, NY, pg. 274

Dobbins, Jillian - Interactive / Digital, PPM - TBWA/MEDIA ARTS LAB, Los Angeles, CA, pg. 147

Dobson, Michael - Interactive / Digital, Media Department, Social Media - HORIZON MEDIA, INC., New York, NY, pg. 474

Dockins, Neely - Account Services, Interactive / Digital - EDELMAN, Washington, DC, pg. 600

Dodge, Caroline - Account Planner, Account Services, Interactive / Digital, Media Department - ZENITH MEDIA, Atlanta, GA, pg. 531

Doerr, Randolph - Interactive / Digital, Media Department - HEARTS & SCIENCE, New York, NY, pg. 471

Dohogne, Maeve - Creative, Interactive / Digital, Media Department - HUGHESLEAHYKARLOVIC, Saint Louis, MO, pg. 372

Dolan, Kelly - Account Services, Interactive / Digital, Public Relations - COOPER, Brooklyn, NY, pg. 222

Dolde, Jill - Interactive / Digital, Media Department - THE ATKINS GROUP, San Antonio, TX, pg. 148

Dolezal, Will - Interactive / Digital - MODERN CLIMATE, Minneapolis, MN, pg. 388

Dolunt, Michael - Interactive / Digital, Media Department - MEDIA ASSEMBLY, Century City, CA, pg. 484

Domask, Doreen - Interactive / Digital, Media Department - YPM, Irvine, CA, pg. 679

Donabedian, Katie - Interactive / Digital - WALKER SANDS COMMUNICATIONS, Chicago, IL, pg. 659

Donaghue, Josh - Interactive / Digital, Media Department - BROWN PARKER | DEMARINIS ADVERTISING, Boca Raton, FL, pg. 43

Donahue, Lily - Interactive / Digital, Media Department - HORIZON MEDIA, INC., New York, NY, pg. 474

Donaldson, Amy - Creative, Interactive / Digital, Media Department - M3 AGENCY, Augusta, GA, pg. 102

AGENCIES — RESPONSIBILITIES INDEX

Dondiego, Matthew - Interactive / Digital - BERLINROSEN, New York, NY, pg. 583

Donius, Jonella - Interactive / Digital, PPOM - FLEISHMANHILLARD, Kansas City, MO, pg. 604

Donnelly, Kellye - Interactive / Digital, Social Media - SPARK FOUNDRY, Chicago, IL, pg. 510

Donnelly, Danielle - Account Planner, Interactive / Digital, Media Department, Public Relations - MOXIE, Atlanta, GA, pg. 251

Donnelly, Julie - Account Planner, Interactive / Digital - GLOBAL STRATEGIES, Bend, OR, pg. 673

Dooley, Brian - Interactive / Digital, NBC, PPM - LEO BURNETT DETROIT, Troy, MI, pg. 97

Doran, Kara - Interactive / Digital, Media Department, Social Media - DIGITAS, Chicago, IL, pg. 227

Dorato-Hankins, Daniel - Interactive / Digital, PPOM - VECTOR MEDIA, New York, NY, pg. 558

Doris, John - Account Services, Interactive / Digital, Management, PPM - TBWA \ CHIAT \ DAY, New York, NY, pg. 416

Dorman, Rebecca - Interactive / Digital, Media Department - DUMONT PROJECT, Marina Del Rey, CA, pg. 230

Doro, Monica - Creative, Interactive / Digital, Media Department - ANTHOLOGIE, Milwaukee, WI, pg. 31

Dorros, Noam - Interactive / Digital, Media Department, NBC, Social Media - MINDSHARE, Chicago, IL, pg. 494

Dossett, Mike - Interactive / Digital, NBC - RPA, Santa Monica, CA, pg. 134

Dougherty, Ryan - Interactive / Digital, Media Department - CARAT, Culver City, CA, pg. 459

Douglas, Martha - Interactive / Digital, PPM - CACTUS MARKETING COMMUNICATIONS, Denver, CO, pg. 339

Douress, Joe - Interactive / Digital, Media Department - TINUITI, New York, NY, pg. 678

Dove, Stevie - Interactive / Digital, NBC, Social Media - PUBLICIS.SAPIENT, New York, NY, pg. 258

Dowd, Sara - Interactive / Digital, Media Department - UNIVERSAL MCCANN, New York, NY, pg. 521

Dowdle, Mike - Interactive / Digital, Media Department - SPARK FOUNDRY, Chicago, IL, pg. 510

Dowling, Tara - Interactive / Digital, Media Department, PPM - SPARK FOUNDRY, New York, NY, pg. 508

Doyle, Rick - Interactive / Digital, Media Department - Z MARKETING PARTNERS, Indianapolis, IN, pg. 436

Doyle, Kira - Interactive / Digital, Media Department - R/GA, New York, NY, pg. 260

Doyle, Conor - Interactive / Digital, Management, Media Department - VERITONE ONE, San Diego, CA, pg. 525

Doyle, Kate - Interactive / Digital, NBC - FISHBOWL, Alexandria, VA, pg. 234

Doyle, John - Interactive / Digital, Media Department, NBC - COLLE MCVOY, Minneapolis, MN, pg. 343

Doyle, Craig - Interactive / Digital, NBC, Operations - MAYOSEITZ MEDIA, Blue Bell, PA, pg. 483

Doyle, Kathleen - Interactive / Digital, Media Department - ALOYSIUS BUTLER & CLARK, Wilmington, DE, pg. 30

Doyle, Brooke - Interactive / Digital, Media Department, Social Media - MEDIACOM, Playa Vista, CA, pg. 486

Doyle Barrett, Brittany - Interactive / Digital, Promotions - ZENITH MEDIA, New York, NY, pg. 529

Drabczyk, Andrea - Interactive / Digital, PPM - COHN MARKETING, INC., Denver, CO, pg. 51

Drake, Sheryl - Interactive / Digital - KIMBO DESIGN, Vancouver, BC, pg. 189

Drane, Peg - Creative, Interactive / Digital - M45 MARKETING SERVICES, Freeport, IL, pg. 382

Draper, Kelly - Interactive / Digital, Media Department - ZENITH MEDIA, New York, NY, pg. 529

Dratch, Brian - Interactive / Digital, Social Media - SPOTCO, New York, NY, pg. 143

Drees, Kristopher - Interactive / Digital, Media Department, PPM, Social Media - AGENCY 850, Roswell, GA, pg. 1

Dreibelbis, Aileen - Account Planner, Interactive / Digital, NBC, Social Media - DIGITAS HEALTH LIFEBRANDS, Philadelphia, PA, pg. 229

Drewicz, Alyssa - Analytics, Interactive / Digital, Social Media - INITIATE-IT LLC, Richmond, VA, pg. 375

Dringman, Jessica - Interactive / Digital, NBC - GARRIGAN LYMAN GROUP, Seattle, WA, pg. 236

Drinkwater, Carrie - Account Services, Interactive / Digital, Management, Media Department - MEDIAHUB BOSTON, Boston, MA, pg. 489

Driscoll, Erin - Interactive / Digital, Media Department, NBC - HORIZON MEDIA, INC., New York, NY, pg. 474

Drottar, Casey - Account Services, Interactive / Digital, Media Department - 360I, LLC, Chicago, IL, pg. 208

Druding, Josh - Interactive / Digital, NBC, Social Media - MEKANISM, New York, NY, pg. 113

Dryden, Sarah - Interactive / Digital - PATH INTERACTIVE, INC., New York, NY, pg. 256

DuBan, Nickki - Interactive / Digital, NBC, Operations - CROSSMEDIA, Philadelphia, PA, pg. 463

Dubeauclard, Antoine - Creative, Interactive / Digital, NBC, PPOM - MEDIA GENESIS, INC., Troy, MI, pg. 249

Dubois, Andrew - Interactive / Digital, NBC - PROPHET, Chicago, IL, pg. 15

Dubois, Aaron - Interactive / Digital, PPOM - 9THWONDER, Playa Vista, CA, pg. 453

Dubois, Veronica - Interactive / Digital, Media Department, Social Media - RINCK ADVERTISING, Lewiston, ME, pg. 407

Ducos, Camille - Interactive / Digital, Media Department - MINDSHARE, New York, NY, pg. 491

Ductan, Amos - Interactive / Digital - PUBLICIS.SAPIENT, New York, NY, pg. 258

Dudgeon, Grant - Account Services, Analytics, Interactive / Digital, Research - OMD, Chicago, IL, pg. 500

Dudley, Caitlin - Interactive / Digital, Media Department - HORIZON MEDIA, INC., Los Angeles, CA, pg. 473

Dudley, Jessica - Interactive / Digital, Media Department - THE TOMBRAS GROUP, Knoxville, TN, pg. 424

Duet, Shea - Creative, Interactive / Digital, Operations, PPOM - ZEHNDER COMMUNICATIONS, INC., New Orleans, LA, pg. 436

Duffy, Ryan - Finance, Interactive / Digital, Social Media - SPACE150, New York, NY, pg. 266

Duffy, Trish - Creative, Interactive / Digital, Management - BRUNNER, Pittsburgh, PA, pg. 44

Duggan, Mary Ellen - Interactive / Digital, PPM - BIG FAMILY TABLE, Los Angeles, CA, pg. 39

Dukett, Brianna - Interactive / Digital, Media Department - HAVAS MEDIA GROUP, Boston, MA, pg. 470

Dulac, Marcella - Interactive / Digital, Media Department - FUSION92, Chicago, IL, pg. 235

Dulny, Joseph - Account Services, Analytics, Interactive / Digital, Research - BOOZ ALLEN HAMILTON, McLean, VA, pg. 218

Dumais, Paul - Interactive / Digital, PPOM - WPROMOTE, El Segundo, CA, pg. 678

Dumayne, Madeline - Account Services, Interactive / Digital - LG2, Montreal, QC, pg. 380

Dunaway, Marissa - Interactive / Digital, Media Department, Operations - PCH / MEDIA, Portland, ME, pg. 534

Dunbar, Lee - Account Planner, Interactive / Digital, Media

RESPONSIBILITIES INDEX — AGENCIES

Department - STARCOM WORLDWIDE, Chicago, IL, pg. 513

Dunbar, Jeremy - Interactive / Digital, Social Media - UNIVERSAL MCCANN, Los Angeles, CA, pg. 524

Duncan, Michelle - Account Planner, Account Services, Interactive / Digital - STACKPOLE & PARTNERS, Newbury Port, MA, pg. 412

Duncan, Meaghan - Account Planner, Interactive / Digital, Media Department - CARAT, New York, NY, pg. 459

Duncan, Erin - Interactive / Digital - GOLIN, Dallas, TX, pg. 609

Duncan, Crystal - Interactive / Digital, Media Department, Social Media - EDELMAN, Chicago, IL, pg. 353

Duncan, Jr., Charles - Interactive / Digital - ELEPHANT, Brooklyn, NY, pg. 181

Dunick, Megan - Interactive / Digital, Media Department - THE SHIPYARD, Columbus, OH, pg. 270

Dunlap, Kelsey - Interactive / Digital, Media Department - CLEAR CHANNEL OUTDOOR, Arlington, TX, pg. 550

Dunlap, Connor - Interactive / Digital, Social Media - FIG, New York, NY, pg. 73

Dunn, Mitchell - Account Planner, Creative, Interactive / Digital, Media Department - EMPOWER, Cincinnati, OH, pg. 354

Dunn, Shareen - Account Services, Interactive / Digital - POWER, Louisville, KY, pg. 398

Dunn, Stacey - Account Planner, Account Services, Interactive / Digital, Media Department - DP+, Farmington Hills, MI, pg. 353

Dunn, Meaghan - Analytics, Interactive / Digital - RESHIFT MEDIA, Toronto, ON, pg. 687

Dunn, Tyler - Interactive / Digital - THE MX GROUP, Burr Ridge, IL, pg. 422

Dunnington, Zoe - Interactive / Digital, Media Department - HEAT, San Francisco, CA, pg. 84

Duplechin, John - Interactive / Digital, Media Department - AXIOM, Houston, TX, pg. 174

Durand, Jill - Account Services, Interactive / Digital, NBC - TBWA \ CHIAT \ DAY, Los Angeles, CA, pg. 146

Durante, Frank - Interactive / Digital, Media Department - AUSTIN & WILLIAMS ADVERTISING, Hauppauge, NY, pg. 328

Durazzo, Justin - Creative, Interactive / Digital, PPM - DROGA5, New York, NY, pg. 64

Durbin, Amy - Interactive / Digital, Media Department, NBC - SPARK FOUNDRY, New York, NY, pg. 508

Durkin, Colleen - Interactive / Digital - MEDIA ASSEMBLY, New York, NY, pg. 484

Dusenbery, Alison - Interactive / Digital, Media Department - HORIZON MEDIA, INC., New York, NY, pg. 474

Dutra Curtis, Lisa - Interactive / Digital, Research - (ADD)VENTURES, Providence, RI, pg. 207

Dutton, Gloria - Interactive / Digital, Media Department - LOCATION3 MEDIA, Denver, CO, pg. 246

Duvall, Krystina - Interactive / Digital, Media Department - RAIN, Portland, OR, pg. 402

Duwan, Lauren - Finance, Interactive / Digital, Media Department - ZENITH MEDIA, New York, NY, pg. 529

Dvizac, Rachael - Interactive / Digital, Media Department, NBC - ACTION INTEGRATED MARKETING, Norcross, GA, pg. 322

Dwyer, Amanda - Account Services, Creative, Interactive / Digital, PPM - EP+CO., New York, NY, pg. 356

Dyal, Herman - Creative, Interactive / Digital, PPOM - DYAL AND PARTNERS, Austin, TX, pg. 180

Dyer, Katie - Interactive / Digital - WIEDEN + KENNEDY, Portland, OR, pg. 430

Dyke, Amanda - Interactive / Digital, Media Department - ZENITH MEDIA, New York, NY, pg. 529

Dynes, Gina - Account Planner, Interactive / Digital, Media Department - MINDSHARE, Toronto, ON, pg. 495

D'Asaro, Rob - Interactive / Digital, Media Department - OMD, New York, NY, pg. 498

Earle, Elizabeth - Interactive / Digital, Media Department - WILDFIRE, Winston Salem, NC, pg. 162

Easton, Alexa - Account Services, Interactive / Digital, Media Department - HILL HOLLIDAY, Boston, MA, pg. 85

Eastwood, Michael - Account Planner, Interactive / Digital, Media Department - WAVEMAKER, New York, NY, pg. 526

Ebbecke, Greg - Interactive / Digital, Media Department - HARMELIN MEDIA, Bala Cynwyd, PA, pg. 467

Ebenhoch, Eric - Interactive / Digital, Management, Media Department - CRAMER-KRASSELT, Milwaukee, WI, pg. 54

Eberhart, Susan - Account Planner, Interactive / Digital, Management, NBC, Public Relations - BLUE 449, Dallas, TX, pg. 456

Ebert, Evan - Creative, Interactive / Digital - FANNIT INTERNET MARKETING SERVICES, Everett, WA, pg. 357

Echavez-Taylor, Alexa - Account Services, Interactive / Digital, Media Department - CHILLINGWORTH / RADDING, INC., New York, NY, pg. 342

Echenique, Abby - Interactive /

Digital, Management - EDELMAN, Atlanta, GA, pg. 599

Eckerling, Rachel - Interactive / Digital, Media Department, Programmatic - SPARK FOUNDRY, Chicago, IL, pg. 510

Eckert, Chris - Interactive / Digital, PPOM - G5 SEARCH MARKETING INC., Bend, OR, pg. 673

Eckert, Anisha - Interactive / Digital, Media Department - TECH IMAGE, LTD., Chicago, IL, pg. 652

Eckstein, Mike - Analytics, Interactive / Digital, NBC, Research - DP+, Farmington Hills, MI, pg. 353

Edelman, John - Interactive / Digital, NBC - EDELMAN, Chicago, IL, pg. 353

Edelman, Barry - Interactive / Digital, NBC - GARTNER, INC., Stamford, CT, pg. 236

Eden, Audrey - Interactive / Digital, Management, PPM - JACK MORTON WORLDWIDE, Los Angeles, CA, pg. 309

Edinger, Peter - Interactive / Digital, Media Department - HORIZON MEDIA, INC., New York, NY, pg. 474

Edmonson, Will - Account Services, Interactive / Digital - WPROMOTE, Dallas, TX, pg. 679

Edstrom, Ainsley - Interactive / Digital, Media Department - MINDSHARE, New York, NY, pg. 491

Edward, Tony - Analytics, Interactive / Digital, Media Department - TINUITI, New York, NY, pg. 678

Edwards, Brian - Interactive / Digital - MCKENZIE WORLDWIDE, Lake Oswego, OR, pg. 626

Edwards, Tom - Account Planner, Interactive / Digital, Media Department, PPOM - EPSILON, Irving, TX, pg. 283

Edwards, Adam - Interactive / Digital, Media Department - REPRISE DIGITAL, New York, NY, pg. 676

Edwards, Jessica - Interactive / Digital, Media Department - COX MEDIA, Phoenix, AZ, pg. 463

Edwards, Ryan - Interactive / Digital, Media Department - THE TOMBRAS GROUP, Knoxville, TN, pg. 424

Edwards, Erin - Interactive / Digital - TRUE MEDIA, Columbia, MO, pg. 521

Egan, Molly - Interactive / Digital, PPM - KELLY, SCOTT & MADISON, INC., Chicago, IL, pg. 482

Eggleston, Anna - Interactive / Digital, Media Department, Programmatic - CROSSMEDIA, Philadelphia, PA, pg. 463

Ehart, Josh - Account Services, Interactive / Digital, NBC, PPOM - ENERGY BBDO, INC., Chicago, IL, pg. 355

Ehrgott, Mariah - Interactive / Digital - EVR ADVERTISING, Manchester, NH, pg. 69

Eich, Tom - Interactive / Digital,

AGENCIES — RESPONSIBILITIES INDEX

PPOM - IDEO, New York, NY, *pg.* 187
Eichner, Clay - Account Planner, Account Services, Interactive / Digital, Media Department - OMD ENTERTAINMENT, Burbank, CA, *pg.* 501
Eid, Luke - Creative, Interactive / Digital, PPOM - TBWA \ CHIAT \ DAY, New York, NY, *pg.* 416
Eifert Mayer, Sandy - Account Services, Interactive / Digital, Media Department - CONILL ADVERTISING, INC., El Segundo, CA, *pg.* 538
Eisenberg, Jesse - Account Services, Interactive / Digital, Management, NBC, PPOM - TINUITI, New York, NY, *pg.* 678
Eisenberg, Martina - Interactive / Digital, Media Department - UNIVERSAL MCCANN, New York, NY, *pg.* 521
Eisinger, Kenny - Account Services, Analytics, Interactive / Digital - NET CONVERSION, Orlando, FL, *pg.* 253
Ejaz, Vencilla - Account Services, Interactive / Digital - RESPONSE MEDIA, INC., Norcross, GA, *pg.* 507
Ejigu, Neby - Interactive / Digital, PPOM - FINN PARTNERS, Washington, DC, *pg.* 603
Ekblad, Brett - Creative, Interactive / Digital - TPN, Chicago, IL, *pg.* 571
Ekisheva, Natalia - Analytics, Interactive / Digital, Media Department - 22SQUARED INC., Atlanta, GA, *pg.* 319
Elddine, Dan - Interactive / Digital, Media Department - ESSENCE, San Francisco, CA, *pg.* 232
Elema, Anna - Interactive / Digital, Media Department - EXVERUS MEDIA INC., Los Angeles, CA, *pg.* 465
Elijah, Erin - Interactive / Digital - NEBO AGENCY, LLC, Atlanta, GA, *pg.* 253
Elimeliah, Craig - Account Services, Creative, Interactive / Digital, Management - VMLY&R, New York, NY, *pg.* 160
Elliott, Rayna - Account Planner, Account Services, Interactive / Digital, Media Department - HORIZON MEDIA, INC., New York, NY, *pg.* 474
Elliott, Conor - Interactive / Digital, NBC - HARMELIN MEDIA, Bala Cynwyd, PA, *pg.* 467
Ellis, Alexa - Interactive / Digital, NBC - SWARM, Atlanta, GA, *pg.* 268
Ellis, John - Interactive / Digital, Media Department - BLR FURTHER, Nashville, TN, *pg.* 334
Ellis, Darby - Interactive / Digital, Media Department - ENVISIONIT MEDIA, INC., Chicago, IL, *pg.* 231
Ellison, Justin - Creative, Interactive / Digital - HOLLAND ADVERTISING, Cincinnati, OH, *pg.* 87
Ellsberry, Keenan - Interactive / Digital, Media Department - HUDSON ROUGE, Dearborn, MI, *pg.* 372
Elnar, Rachel - Creative, Interactive / Digital, Media Department, PPOM - RAMP CREATIVE, Los Angeles, CA, *pg.* 196
Elswick, Olivia - Interactive / Digital, Social Media - VISIBILITY AND CONVERSIONS, Murrells Inlet, SC, *pg.* 159
Emerick, Nicole - Interactive / Digital, NBC, Social Media - FCB CHICAGO, Chicago, IL, *pg.* 71
Emmons, Carla - Interactive / Digital - INTERMARKETS, INC., Reston, VA, *pg.* 242
Emory, Meg - Interactive / Digital - FOLKLORE DIGITAL, Minneapolis, MN, *pg.* 235
Endick, Jaime - Interactive / Digital, Social Media - THE NARRATIVE GROUP, Chicago, IL, *pg.* 654
Endlich, Edwin - Account Services, Creative, Interactive / Digital, NBC - MARINA MAHER COMMUNICATIONS, New York, NY, *pg.* 625
Endres, John - Interactive / Digital - SUMNER GROUP, Gastonia, NC, *pg.* 415
Endres, Michael - Interactive / Digital - DELOITTE DIGITAL, New York, NY, *pg.* 225
Eng, Lena - Interactive / Digital, Operations - CRAFT WW, New York, NY, *pg.* 561
Engel, Dustin - Analytics, Interactive / Digital, Management, Media Department, NBC, Operations, Programmatic - PMG, Fort Worth, TX, *pg.* 257
Engellenner, Coleman - Interactive / Digital, Media Department - ZENITH MEDIA, Santa Monica, CA, *pg.* 531
England, Addams - Interactive / Digital - VIZERGY, Jacksonville, FL, *pg.* 274
English, Erin - Interactive / Digital, Media Department - WAVEMAKER, New York, NY, *pg.* 526
English, Michael - Creative, Interactive / Digital - ALOYSIUS BUTLER & CLARK, Wilmington, DE, *pg.* 30
English, Susan - Interactive / Digital, Public Relations, Social Media - GATESMAN, Pittsburgh, PA, *pg.* 361
Englot, Kayla - Interactive / Digital, Media Department - SPARK FOUNDRY, New York, NY, *pg.* 508
Engquist, Amanda - Interactive / Digital, Media Department - CHARLES RYAN ASSOCIATES, INC., Richmond, VA, *pg.* 589
Enright, Lucy - Interactive / Digital, Media Department - INITIATIVE, New York, NY, *pg.* 477
Epp, Peter - Interactive / Digital, NBC - KELLETT COMMUNICATIONS, Yellowknife, NT, *pg.* 94
Epping, Kristina - Interactive / Digital, Media Department - CICERON, Minneapolis, MN, *pg.* 220
Epple, Stephen - Interactive / Digital, Operations - FATHOM, Valley View, OH, *pg.* 673
Epsteen, Jack - Interactive / Digital, PPM - GSD&M, Austin, TX, *pg.* 79
Epstein, Jeremy - Interactive / Digital, Media Department - BARU ADVERTISING, Culver City, CA, *pg.* 538
Erb, Kevin - Account Services, Interactive / Digital, Public Relations, Social Media - FERGUSON ADVERTISING, INC., Fort Wayne, IN, *pg.* 73
Ericksen, Kathryn - Interactive / Digital, Media Department, Operations - STARCOM WORLDWIDE, Chicago, IL, *pg.* 513
Erickson, Jeff - Interactive / Digital, Social Media - THE MARKETING ARM, Dallas, TX, *pg.* 316
Erickson-Reed, Jenny - Interactive / Digital, Media Department - 360I, LLC, Atlanta, GA, *pg.* 207
Eriksine, Erica - Interactive / Digital, Media Department - PARTNERS + NAPIER, Rochester, NY, *pg.* 125
Erny, Garrett - Interactive / Digital - SPEAR MARKETING GROUP, Walnut Creek, CA, *pg.* 411
Escobar, Natalia - Interactive / Digital - TINUITI, Dania Beach, FL, *pg.* 271
Escott, Jaime - Interactive / Digital - BOSTON INTERACTIVE, Charlestown, MA, *pg.* 218
Esfeld, Melany - Interactive / Digital, Management, Media Department, PPM - BARKLEY, Kansas City, MO, *pg.* 329
Eskew, Victoria - Interactive / Digital, Media Department, Promotions, Research - GARTNER, INC., Stamford, CT, *pg.* 236
Eslinger, Patrick - Account Services, Interactive / Digital, Media Department, Operations - SSDM, Troy, MI, *pg.* 412
Espejel, Fernando - Interactive / Digital, PPOM - FCB CHICAGO, Chicago, IL, *pg.* 71
Espinell, Alexis - Interactive / Digital - MEDIA STORM, New York, NY, *pg.* 486
Espinoza, Anthony - Interactive / Digital, NBC - ADVANCE 360, New York, NY, *pg.* 211
Esposito, Eric - Interactive / Digital, PPOM - SILVER TECHNOLOGIES, INC., Manchester, NH, *pg.* 141
Esposito, Jamie - Interactive / Digital - GOMEDIA, Hartford, CT, *pg.* 77
Esposito, Barbara - Account Planner, Interactive / Digital, Media Department, NBC - AUSTIN & WILLIAMS ADVERTISING, Hauppauge, NY, *pg.* 328
Esposito, Michael - Account Planner, Analytics, Interactive / Digital, Programmatic - PHD USA,

1413

RESPONSIBILITIES INDEX   AGENCIES

New York, NY, *pg.* 505
Esterline, Erika - Interactive / Digital, Media Department - THE VARIABLE, Winston-Salem, NC, *pg.* 153
Estes, Stephani - Interactive / Digital, Management, Media Department - CRAMER-KRASSELT, Chicago, IL, *pg.* 53
Estrada, Bob - Account Services, Interactive / Digital, NBC - PHD USA, New York, NY, *pg.* 505
Eun, Jane - Interactive / Digital, Media Department - CARAT, Culver City, CA, *pg.* 459
Evans, Laurie - Interactive / Digital, Media Department, NBC - THE RICHARDS GROUP, INC., Dallas, TX, *pg.* 422
Evans, Tom - Interactive / Digital - CREATIVE SPOT, Columbus, OH, *pg.* 55
Evans, Annabelle - Account Planner, Interactive / Digital - ZENITH MEDIA, New York, NY, *pg.* 529
Evans, Christy - Account Services, Interactive / Digital, Public Relations - MARKSTEIN, Birmingham, AL, *pg.* 625
Evans, Whitney - Interactive / Digital, Media Department - CARAT, Culver City, CA, *pg.* 459
Evans-Pfeifer, Kelly - Account Planner, Interactive / Digital, NBC - GOODBY, SILVERSTEIN & PARTNERS, San Francisco, CA, *pg.* 77
Eve, Noah - Account Planner, Account Services, Analytics, Interactive / Digital, Media Department, Programmatic, Research - HORIZON MEDIA, INC., Los Angeles, CA, *pg.* 473
Eveland, Kevin - Creative, Interactive / Digital - BANIK COMMUNICATIONS, Great Falls, MT, *pg.* 580
Evenson, Ashley - Interactive / Digital, Media Department, Programmatic - CICERON, Minneapolis, MN, *pg.* 220
Everett, Alex - Interactive / Digital, Media Department, NBC - BARKLEY BOULDER, Boulder, CO, *pg.* 36
Everse, Philip - Account Planner, Interactive / Digital, Media Department, Programmatic - STARCOM WORLDWIDE, Chicago, IL, *pg.* 513
Ewing, Jonathan - Account Services, Interactive / Digital - QORVIS COMMUNICATIONS, LLC, Washington, DC, *pg.* 640
Ezell, Madeleine - Interactive / Digital, Media Department - ZENITH MEDIA, New York, NY, *pg.* 529
Fabich, Stef - Interactive / Digital, PPM - FCB TORONTO, Toronto, ON, *pg.* 72
Fagan, Jake - Interactive / Digital, Media Department - LEWIS COMMUNICATIONS, Nashville, TN, *pg.* 100
Fahrland, Bridget - Account Planner, Interactive / Digital -

ASTOUND COMMERCE, San Bruno, CA, *pg.* 214
Fairley, John - Interactive / Digital, Media Department - WALKER SANDS COMMUNICATIONS, Chicago, IL, *pg.* 659
Falcipieri, Christine - Interactive / Digital, Media Department - BUTLER / TILL, Rochester, NY, *pg.* 457
Falcon, Erwin - Interactive / Digital, Media Department, NBC, Social Media - A PARTNERSHIP, INC., New York, NY, *pg.* 537
Falk, Jenna - Interactive / Digital, Media Department - UNIVERSAL MCCANN, New York, NY, *pg.* 521
Falls, Jason - Interactive / Digital, Social Media - CORNETT INTEGRATED MARKETING SOLUTIONS, Lexington, KY, *pg.* 344
Fan, Jonathan - Interactive / Digital, Media Department, NBC - PHD, Los Angeles, CA, *pg.* 504
Fantich, Eric - Creative, Interactive / Digital - FANTICH MEDIA, McAllen, TX, *pg.* 71
Farber, Don - Creative, Interactive / Digital, PPOM - TAG COMMUNICATIONS, INC., Davenport, IA, *pg.* 416
Farber, Leyah - Account Planner, Interactive / Digital, NBC - DESANTIS BREINDEL, New York, NY, *pg.* 349
Farfan, Samantha - Interactive / Digital, Media Department - MINDSHARE, New York, NY, *pg.* 491
Farias, Gabriela - Account Services, Interactive / Digital, Management, NBC - DEUTSCH, INC., Los Angeles, CA, *pg.* 350
Faris, John - Interactive / Digital, Media Department, NBC, PPOM, Social Media - RED DOOR INTERACTIVE, San Diego, CA, *pg.* 404
Farley, Banks - Account Services, Interactive / Digital - PUBLICIS.SAPIENT, New York, NY, *pg.* 258
Farmer, Dana - Interactive / Digital, Media Department - ROCKET55, Minneapolis, MN, *pg.* 264
Farooq, Muhammad - Interactive / Digital, Management - AUSTIN LAWRENCE GROUP, INC., Stamford, CT, *pg.* 328
Farrah, Nikki - Interactive / Digital - PUBLICIS.SAPIENT, Atlanta, GA, *pg.* 259
Farrell, Mary Anne - Account Services, Interactive / Digital, Management - ASSOCIATION OF NATIONAL ADVERTISERS, New York, NY, *pg.* 442
Farrell, Jason - Interactive / Digital, PPOM - USE ALL FIVE, INC., Los Angeles, CA, *pg.* 273
Farrell, Peter - Creative, Interactive / Digital - ACKERMAN MCQUEEN, INC., Oklahoma City, OK, *pg.* 26
Farren, Kristen - Account Planner,

Interactive / Digital, Management, Media Department - LUXE COLLECTIVE GROUP, New York, NY, *pg.* 102
Fasano, Peter - Interactive / Digital, Media Department, PPOM - OGILVYONE WORLDWIDE, New York, NY, *pg.* 255
Faust, Joyclyn - Account Services, Interactive / Digital, Media Department, NBC - HARMELIN MEDIA, Bala Cynwyd, PA, *pg.* 467
Favis, Alexis - Account Services, Interactive / Digital - MADDEN MEDIA, Tucson, AZ, *pg.* 247
Fayer, Madison - Account Services, Interactive / Digital, Media Department - HARTE HANKS, INC., Austin, TX, *pg.* 284
Feather, Brad - Account Planner, Account Services, Interactive / Digital, Media Department - INITIATIVE, New York, NY, *pg.* 477
Federmesser, Jeffrey - Interactive / Digital, Media Department - WAVEMAKER, New York, NY, *pg.* 526
Feeley, Keri - Interactive / Digital, Media Department - UNIVERSAL MCCANN, New York, NY, *pg.* 521
Fegarsky, Michelle - Account Planner, Interactive / Digital, Media Department, NBC - HARMELIN MEDIA, Bala Cynwyd, PA, *pg.* 467
Fegler, Elisa - Account Planner, Account Services, Interactive / Digital, Media Department - HEARTS & SCIENCE, New York, NY, *pg.* 471
Fein, Julie - Interactive / Digital, Media Department - SPARK FOUNDRY, New York, NY, *pg.* 508
Feld, Shanna - Account Planner, Interactive / Digital, Media Department, NBC - SPARK FOUNDRY, New York, NY, *pg.* 508
Felenstein, Adam - Interactive / Digital, Media Department - CANVAS WORLDWIDE, Playa Vista, CA, *pg.* 458
Felgenhauer, Amber - Interactive / Digital - SOCIAL LINK, Nashville, TN, *pg.* 411
Fellenz, Katie - Account Services, Interactive / Digital - NEXTLEFT, San Diego, CA, *pg.* 254
Fellows, Alanda - Creative, Interactive / Digital, PPM - BURNS GROUP, New York, NY, *pg.* 338
Felsten, Kellie - Account Planner, Interactive / Digital, Media Department - 90OCTANE, Denver, CO, *pg.* 209
Fen, Sophia - Analytics, Interactive / Digital - 3Q DIGITAL, San Mateo, CA, *pg.* 671
Fendrick, Allie - Interactive / Digital, Media Department, Social Media - MONO, Minneapolis, MN, *pg.* 117
Feng, Lisa - Interactive / Digital, Media Department, Programmatic - DIGITAS, New York, NY, *pg.* 226
Fenner, Liz - Interactive / Digital, NBC - RIGHT PLACE MEDIA, Lexington, KY, *pg.* 507
Fenner, Dorthea - Interactive /

1414

AGENCIES

RESPONSIBILITIES INDEX

Digital, Media Department, Operations - STARCOM WORLDWIDE, Chicago, IL, pg. 513
Ferguson, Megan - Interactive / Digital, Media Department, NBC, Social Media - JNA ADVERTISING, Overland Park, KS, pg. 92
Ferguson, James - Interactive / Digital, Media Department - ACTIVE INTERNATIONAL, Pearl River, NY, pg. 439
Ferguson, Amanda - Interactive / Digital, PPM - WIER / STEWART, Augusta, GA, pg. 162
Ferguson, Julie - Account Services, Interactive / Digital, NBC, Operations - CARAT, Culver City, CA, pg. 459
Ferlita, Kathleen - Interactive / Digital, Media Department - FKQ ADVERTISING, INC., Clearwater, FL, pg. 359
Fermon, Elizabeth - Interactive / Digital, Media Department - MEDIAHUB BOSTON, Boston, MA, pg. 489
Fernandes, Meryl - Interactive / Digital, Media Department - STARCOM WORLDWIDE, Toronto, ON, pg. 517
Fernandez, Gabriella - Interactive / Digital, Media Department - CARAT, New York, NY, pg. 459
Ferrara, Tom - Creative, Interactive / Digital - COLLE MCVOY, Minneapolis, MN, pg. 343
Ferrara, Jason - Creative, Interactive / Digital - VMLY&R, Frisco, TX, pg. 275
Ferrel, Chris - Account Planner, Interactive / Digital - THE RICHARDS GROUP, INC., Dallas, TX, pg. 422
Ferreyra-Guertin, Valerie - Account Services, Interactive / Digital, Social Media - EDELMAN, New York, NY, pg. 599
Ferrini, Tony - Interactive / Digital - PARTNERSCREATIVE, Missoula, MT, pg. 125
Ferrucci, Michael - Interactive / Digital, Media Department, Social Media - CARAT, New York, NY, pg. 459
Ferrucci, Paige - Interactive / Digital, Media Department - HAVAS MEDIA GROUP, Boston, MA, pg. 470
Ferrugio, Theresa - Interactive / Digital, Media Department - VMLY&R, New York, NY, pg. 160
Few, Delane - Interactive / Digital, Management, Media Department, Promotions - GENESCO SPORTS ENTERPRISES, Dallas, TX, pg. 306
Figallo, Luis - Creative, Interactive / Digital - IMAGINUITY INTERACTIVE, INC., Dallas, TX, pg. 241
Figueroa, Marvin - Interactive / Digital, Media Department - HORIZON MEDIA, INC., New York, NY, pg. 474
Figueroa, Patrick - Creative, Interactive / Digital - FALLON WORLDWIDE, Minneapolis, MN, pg. 70

Figueroa, Jhocelyn - Interactive / Digital, Media Department - MINDSHARE, New York, NY, pg. 491
Filley, Madeline - Analytics, Interactive / Digital - SAATCHI & SAATCHI LOS ANGELES, Torrance, CA, pg. 137
Findley, Kristen - Interactive / Digital, Media Department, Programmatic - CICERON, Minneapolis, MN, pg. 220
Finelli, Karen - Interactive / Digital, Media Department - ZENITH MEDIA, New York, NY, pg. 529
Fink, Hillary - Interactive / Digital, NBC - DROGA5, New York, NY, pg. 64
Fink, Jennifer - Interactive / Digital, Social Media - GLOW, New York, NY, pg. 237
Finkelstein, Stephanie - Interactive / Digital, Media Department - MODCOGROUP, New York, NY, pg. 116
Finkelstein, Aaron - Account Services, Interactive / Digital, Media Department - OMD, New York, NY, pg. 498
Finlayson, Scott - Interactive / Digital - CARDINAL DIGITAL MARKETING, Atlanta, GA, pg. 220
Finn, Rebecca - Interactive / Digital, NBC, Research, Social Media - WE ARE SOCIAL, New York, NY, pg. 690
Finnegan, Chris - Interactive / Digital, Media Department - THE TOMBRAS GROUP, Knoxville, TN, pg. 424
Finnigan, Colleen - Account Planner, Account Services, Interactive / Digital, Media Department - MINDSHARE, New York, NY, pg. 491
Fiorentini, Brenda - Creative, Interactive / Digital - BASELINE DESIGN, INC., New York, NY, pg. 174
Fischer, Steven - Interactive / Digital, Media Department - BADER RUTTER & ASSOCIATES, INC., Milwaukee, WI, pg. 328
Fischer, Katie - Interactive / Digital, Media Department - R&R PARTNERS, Las Vegas, NV, pg. 131
Fischer, Beth - Interactive / Digital, Media Department - ADAMS OUTDOOR ADVERTISING, Madison, WI, pg. 549
Fischer, Brett - Interactive / Digital, Media Department, NBC - NINA HALE CONSULTING, Minneapolis, MN, pg. 675
Fish, Kenneth - Creative, Interactive / Digital - PURERED, Princeton, NJ, pg. 130
Fishback, Andrew - Creative, Interactive / Digital - SWARM, Atlanta, GA, pg. 268
Fisher, Mike - Interactive / Digital, Media Department, NBC - ESSENCE, New York, NY, pg. 232
Fisher, Alex - Interactive / Digital - CHARLES RYAN ASSOCIATES, INC., Richmond, VA, pg. 589

Fisher, Andrew - Interactive / Digital - POINT TO POINT, Cleveland, OH, pg. 129
Fisher, Jesse - Interactive / Digital, Media Department, Programmatic - HORIZON MEDIA, INC., Los Angeles, CA, pg. 473
Fitch, Christopher - Interactive / Digital, Media Department - FORCE MARKETING, Atlanta, GA, pg. 284
Fitkin, Christopher - Interactive / Digital, PPOM - KLIENTBOOST, Costa Mesa, CA, pg. 244
Fitzgerald, Chris - Interactive / Digital, Media Department - WAVEMAKER, New York, NY, pg. 526
Fitzgerald, Alice - Interactive / Digital - GOLIN, Dallas, TX, pg. 609
Fitzgerald, David - Account Services, Interactive / Digital, Management - HUGE, INC., Chicago, IL, pg. 186
Fitzhenry, Jill - Interactive / Digital, Management - VISITURE, Charleston, SC, pg. 678
Fitzpatrick, John - Interactive / Digital, Media Department - PRECISIONEFFECT, Boston, MA, pg. 129
Flaherty, Steve - Interactive / Digital, NBC, Public Relations - INTERSPORT, Chicago, IL, pg. 308
Flanagan, Jennifer - Interactive / Digital, Media Department, Programmatic - ADTAXI, Denver, CO, pg. 211
Flanagan, Tom - Interactive / Digital, Management, NBC, PPOM - BIG BLOCK, El Segundo, CA, pg. 217
Flanagan, Anne Marie - Interactive / Digital, NBC - ANSIRA, Saint Louis, MO, pg. 280
Flanagan, Sean - Interactive / Digital - ADLUCENT, Austin, TX, pg. 671
Fleet, Dave - Interactive / Digital, Management - EDELMAN, Toronto, ON, pg. 601
Fleischman, Matthew - Analytics, Interactive / Digital, PPOM - PUBLICIS NORTH AMERICA, New York, NY, pg. 399
Fleming, Ryan - Creative, Interactive / Digital - ROUNDHOUSE - PORTLAND, Portland, OR, pg. 408
Fletcher, Brian - Interactive / Digital - HUGE, INC., Atlanta, GA, pg. 240
Fleury, Debra - Creative, Interactive / Digital, NBC, PPOM - ALTITUDE, Somerville, MA, pg. 172
Flockencier, Peter - Analytics, Interactive / Digital, NBC, Programmatic - NEO MEDIA WORLD, New York, NY, pg. 496
Flohr, Will - Interactive / Digital, Media Department, NBC - MEDIA ASSEMBLY, New York, NY, pg. 484
Florek, Craig - Account Services, Interactive / Digital, Management - DIGITAS, Detroit, MI, pg. 229
Flynn, Kena - Interactive /

1415

RESPONSIBILITIES INDEX — AGENCIES

Digital, Media Department - OMD WEST, Los Angeles, CA, pg. 502

Flynn, Kacie - Interactive / Digital, Media Department - CARAT, New York, NY, pg. 459

Flynn, Adam - Interactive / Digital, Media Department - DUNCAN CHANNON, San Francisco, CA, pg. 66

Fobare, Maggie - Interactive / Digital, Media Department, Programmatic, Social Media - STARCOM WORLDWIDE, Chicago, IL, pg. 513

Fogarty, Heather - Interactive / Digital, Media Department, NBC - MEDIA HORIZONS, INC., Norwalk, CT, pg. 288

Fogarty, Mary - Account Services, Interactive / Digital - DERSE, INC., Milwaukee, WI, pg. 304

Foley, Michael - Interactive / Digital, Media Department - HEARTS & SCIENCE, New York, NY, pg. 471

Folkmann, Audrey - Interactive / Digital, Media Department - RPA, Santa Monica, CA, pg. 134

Fondren, Neal - Interactive / Digital, Operations - THE TOMBRAS GROUP, Knoxville, TN, pg. 424

Fone, Thomas - Finance, Interactive / Digital - ZENITH MEDIA, New York, NY, pg. 529

Fontana, Ryan - Interactive / Digital - SEER INTERACTIVE, Philadelphia, PA, pg. 677

Fooks, Tameka - Account Services, Analytics, Interactive / Digital, Media Department - 360I, LLC, Atlanta, GA, pg. 207

Foord, Bridgette - Interactive / Digital, Media Department - ZION & ZION, Tempe, AZ, pg. 165

Foote, Andrew - Account Services, Interactive / Digital - EDELMAN, New York, NY, pg. 599

Forastiero, Paula - Interactive / Digital, Social Media - BROWN PARKER | DEMARINIS ADVERTISING, Boca Raton, FL, pg. 43

Ford, Peter - Interactive / Digital, Media Department - SCA PROMOTIONS, INC., Dallas, TX, pg. 569

Ford, Joe - Analytics, Interactive / Digital, PPOM - IMMERSION ACTIVE, INC., Frederick, MD, pg. 241

Ford, Joanna - Interactive / Digital, Public Relations, Social Media - ALOYSIUS BUTLER & CLARK, Wilmington, DE, pg. 30

Ford, Molly - Interactive / Digital - HEINRICH MARKETING, INC., Denver, CO, pg. 84

Ford, Cameron - Interactive / Digital, PPM - ANOMALY, Venice, CA, pg. 326

Foreman, Tom - Account Services, Interactive / Digital, Media Department - STARCOM WORLDWIDE, Chicago, IL, pg. 513

Forero, Daniel - Interactive / Digital, Media Department - ZENITH MEDIA, New York, NY, pg. 529

Forest, Christina - Interactive / Digital, Media Department - COSSETTE MEDIA, Vancouver, BC, pg. 345

Forester, Michael - Interactive / Digital - TRAILER PARK, Hollywood, CA, pg. 299

Forker, Korbi - Account Planner, Interactive / Digital - OMOBONO, Chicago, IL, pg. 687

Fornaro, Marissa - Account Services, Interactive / Digital - NUSTREAM, Allentown, PA, pg. 254

Forstyk, Marisa - Interactive / Digital, Media Department - ADEPT MARKETING, Columbus, OH, pg. 210

Forsyth, Alasdair - Interactive / Digital, Media Department, Programmatic - MINDSHARE, New York, NY, pg. 491

Forsythe, Greg - Account Services, Interactive / Digital - BARKLEY REI, Pittsburgh, PA, pg. 215

Forte, Anthony - Account Services, Interactive / Digital - FORT GROUP, INC., Richfield Park, NJ, pg. 359

Fortune, Bill - Interactive / Digital, Media Department - TOUCHPOINT INTEGRATED COMMUNICATIONS, Darien, CT, pg. 520

Foster, Rachel - Interactive / Digital, Media Department - VERT MOBILE LLC, Atlanta, GA, pg. 274

Foster, Carter - Interactive / Digital, NBC - CALYPSO, Portsmouth, NH, pg. 588

Foulk, Jeff - Account Services, Creative, Interactive / Digital - MATREX EXHIBITS, Addison, IL, pg. 311

Foullon, Arthur - Interactive / Digital, Media Department - RAIN, Portland, OR, pg. 402

Fournier, Alex - Interactive / Digital - TRITON DIGITAL, New York, NY, pg. 272

Foust, Rebecca - Interactive / Digital, Media Department - MINDSHARE, Atlanta, GA, pg. 493

Fox, Danielle - Interactive / Digital, Media Department - BUTLER / TILL, Rochester, NY, pg. 457

Frabotta, Anthony - Account Services, Interactive / Digital, Media Department - OMD, Chicago, IL, pg. 500

Francesco, Nicole - Account Planner, Interactive / Digital, Media Department, NBC - MEDIACOM, New York, NY, pg. 487

Franceski, Nicholas - Interactive / Digital, Media Department - CARAT, New York, NY, pg. 459

Franchell, Tracy - Creative, Interactive / Digital, PPM - PAIGE GROUP, Utica, NY, pg. 396

Francis, Kirya - Interactive / Digital, Media Department, Research - GSD&M, Austin, TX, pg. 79

Franco, Gresia - Interactive / Digital, Media Department - RPA, Santa Monica, CA, pg. 134

Frank, Jordan - Interactive / Digital - SEER INTERACTIVE, Philadelphia, PA, pg. 677

Frank, Melissa - Interactive / Digital, Social Media - WAVEMAKER, New York, NY, pg. 526

Franklin, Chelsea - Account Planner, Account Services, Interactive / Digital, Media Department - SPARK FOUNDRY, Chicago, IL, pg. 510

Frantz, Zachary - Account Planner, Interactive / Digital, Media Department - UNIVERSAL MCCANN, New York, NY, pg. 521

Fraser, Philip - Interactive / Digital, PPOM - APCO WORLDWIDE, Washington, DC, pg. 578

Frasier, Katie - Interactive / Digital, Media Department, Social Media - ARCHER MALMO, Memphis, TN, pg. 32

Frattone, Paris - Interactive / Digital, Media Department - UNIVERSAL MCCANN, New York, NY, pg. 521

Fratzke, Brett - Interactive / Digital, Media Department - SEER INTERACTIVE, Philadelphia, PA, pg. 677

Frechette, Barry - Interactive / Digital, Management, PPM - CONNELLY PARTNERS, Boston, MA, pg. 344

Frechette, Kimberly - Interactive / Digital, Media Department, PPOM - WAVEMAKER, New York, NY, pg. 526

Fredrickson, Mark - Interactive / Digital - CTP, Boston, MA, pg. 347

Freeman, Joseph - Interactive / Digital - ELEVATOR, Carlsbad, CA, pg. 67

Freeman, Julie - Interactive / Digital, NBC, Public Relations, Social Media - MMGY GLOBAL, New York, NY, pg. 388

Freeman, Joelle - Interactive / Digital, Media Department - BUTLER / TILL, Rochester, NY, pg. 457

Freeman, Amanda - Interactive / Digital, Media Department, Programmatic, Social Media - STARCOM WORLDWIDE, Chicago, IL, pg. 513

Freid, Justin - Interactive / Digital, Media Department - CMI MEDIA, LLC, King of Prussia, PA, pg. 342

Freifeld, David - Interactive / Digital, Programmatic, Research - THE TRADE DESK, New York, NY, pg. 520

Fremont, Carl - Interactive / Digital, PPOM - QUIGLEY-SIMPSON, Los Angeles, CA, pg. 544

Frey, Andy - Interactive / Digital, PPOM - ONEMAGNIFY, Detroit, MI, pg. 394

Frey, Jaime - Interactive / Digital, Media Department - TINUITI, New York, NY, pg. 678

Frickey, Emily - Interactive / Digital, Operations - NETWORK AFFILIATES, INC., Lakewood, CO, pg. 391

Fridman, Gela - Interactive / Digital, PPOM - HUGE, INC., Brooklyn, NY, pg. 239

AGENCIES

RESPONSIBILITIES INDEX

Friedlan, Nicole - Interactive / Digital, Media Department - WAVEMAKER, New York, NY, *pg.* 526

Friedman, Mark - Interactive / Digital, Management - GENESYS TELECOMMUNICATIONS LABORATORIES, Daly City, CA, *pg.* 168

Friedman, Jay - Interactive / Digital, Operations, PPOM - CONTROL V EXPOSED, Jenkintown, PA, *pg.* 222

Friedman, Jamie - Account Services, Creative, Interactive / Digital, NBC - WUNDERMAN THOMPSON, Irvine, CA, *pg.* 435

Friedman, Ryan - Account Planner, Interactive / Digital, Media Department - 360I, LLC, Atlanta, GA, *pg.* 207

Friedman, Mike - Interactive / Digital, Media Department - GIANT SPOON, LLC, New York, NY, *pg.* 363

Friedman, Alison - Interactive / Digital, Media Department - ZENITH MEDIA, Santa Monica, CA, *pg.* 531

Frisicchio, Derek - Interactive / Digital, Media Department, Social Media - HARMELIN MEDIA, Bala Cynwyd, PA, *pg.* 467

Fromm, Theresa - Interactive / Digital, Management, Media Department - HEARTS & SCIENCE, New York, NY, *pg.* 471

Fromwiller, Steve - Interactive / Digital - AGENCY 720, Detroit, MI, *pg.* 323

Frost, Logan - Account Services, Interactive / Digital - FITZCO, Atlanta, GA, *pg.* 73

Frucci, Sarah - Creative, Interactive / Digital - YOUNG & LARAMORE, Indianapolis, IN, *pg.* 164

Frumberg, Monique - Interactive / Digital, NBC, Social Media - HUDSON ROUGE, New York, NY, *pg.* 371

Frutoso, Nicole - Account Services, Interactive / Digital - CRONIN, Glastonbury, CT, *pg.* 55

Fry, David - Interactive / Digital, PPOM - FRY COMMUNICATIONS, INC, Mechanicsburg, PA, *pg.* 361

Fuhrman, Nicole - Interactive / Digital, Media Department - MIDNIGHT OIL CREATIVE, Burbank, CA, *pg.* 250

Fullenkamp, Nicole - Interactive / Digital, Media Department - UNIVERSAL MCCANN, Los Angeles, CA, *pg.* 524

Fuller, Cher - Account Planner, Interactive / Digital - THESIS, Portland, OR, *pg.* 270

Fuller, Caroline - Account Services, Interactive / Digital - MCCANN NEW YORK, New York, NY, *pg.* 108

Fuller, Sean - Interactive / Digital - SANDSTORM DESIGN, Chicago, IL, *pg.* 264

Fullerton, Arthur - Interactive / Digital, PPOM - RAUXA, New York, NY, *pg.* 291

Fulton, Kerry - Interactive / Digital, NBC - RIGGS PARTNERS, West Columbia, SC, *pg.* 407

Fung, Rose - Interactive / Digital, Media Department - ZENITH MEDIA, New York, NY, *pg.* 529

Fung, Daniel - Interactive / Digital, Media Department, Research - DIGITAS, New York, NY, *pg.* 226

Fuqua, Bailey - Interactive / Digital, Public Relations, Social Media - MARKSTEIN, Birmingham, AL, *pg.* 625

Furney-howe, Sara - Interactive / Digital - JELLYFISH, San Francisco, CA, *pg.* 243

Futerman, Michelle - Account Planner, Interactive / Digital, Media Department - HORIZON MEDIA, INC., New York, NY, *pg.* 474

Gabela, Marissa - Interactive / Digital, Social Media - DKC PUBLIC RELATIONS, New York, NY, *pg.* 597

Gabelmann, Brad - Account Planner, Account Services, Interactive / Digital - AUDIENCEXPRESS, New York, NY, *pg.* 455

Gacek, Lisa - Account Services, Interactive / Digital - MCCANN CANADA, Calgary, AB, *pg.* 384

Gaddy, Sarah - Account Services, Interactive / Digital, NBC - AKQA, Atlanta, GA, *pg.* 212

Gaddy, Jennifer - Interactive / Digital, NBC, PPOM - RHYTHM COMMUNICATIONS, Atlanta, GA, *pg.* 643

Gadsby, Ian - Interactive / Digital, Media Department - ONESTOP MEDIA GROUP, Toronto, ON, *pg.* 503

Gaffney, C.J. - Account Planner, Interactive / Digital, NBC - PARTNERS + NAPIER, Rochester, NY, *pg.* 125

Gaffney, Garrick - Account Services, Interactive / Digital - HEALTHCARE SUCCESS, Irvine, CA, *pg.* 83

Gaither, Jim - Interactive / Digital, Media Department, NBC, PPOM - THE RICHARDS GROUP, INC., Dallas, TX, *pg.* 422

Galaraga, Daniel - Interactive / Digital, Media Department - GARAGE TEAM MAZDA, Costa Mesa, CA, *pg.* 465

Galego, Megan - Interactive / Digital, Social Media - DIGITAL MARK GROUP, Beaverton, OR, *pg.* 225

Gallacher, Ryan - Creative, Interactive / Digital, Media Department - CONILL ADVERTISING, INC., El Segundo, CA, *pg.* 538

Gallagher, Brendan - Account Planner, Account Services, Interactive / Digital - DIGITAS HEALTH LIFEBRANDS, Philadelphia, PA, *pg.* 229

Gallagher, Brian - Interactive / Digital, Media Department - MEDIACOM, New York, NY, *pg.* 487

Gallardo, Elsa - Account Planner, Account Services, Interactive / Digital, Media Department, NBC, Social Media - ESSENCE, Los Angeles, CA, *pg.* 233

Gallegly, Micahel - Interactive / Digital, NBC - MANIFEST, Chicago, IL, *pg.* 248

Gallegos, Lee - Creative, Interactive / Digital, PPM, Social Media - RK VENTURE, Albuquerque, NM, *pg.* 197

Galles, Tim - Interactive / Digital, PPOM - BARKLEY, Kansas City, MO, *pg.* 329

Gallic, Mary - Interactive / Digital, Media Department - O'HARE & ASSOCIATES, New York, NY, *pg.* 121

Gallinaro, Victoria - Interactive / Digital, Media Department - WAVEMAKER, New York, NY, *pg.* 526

Gallmon, Marquise - Interactive / Digital, Media Department - CARAT, New York, NY, *pg.* 459

Galvin, Abigail - Interactive / Digital, Media Department - SANDSTORM DESIGN, Chicago, IL, *pg.* 264

Gamboa, Sonny - Creative, Interactive / Digital - CRONIN, Glastonbury, CT, *pg.* 55

Gance, Megan - Interactive / Digital, Media Department - HEARTS & SCIENCE, Los Angeles, CA, *pg.* 473

Ganci, Kristen - Creative, Interactive / Digital - CRONIN, Glastonbury, CT, *pg.* 55

Ganim, Cat - Account Services, Creative, Interactive / Digital - AGILITEE SOLUTIONS, INC., Londonderry, NH, *pg.* 172

Ganjei, John - Account Services, Interactive / Digital - QORVIS COMMUNICATIONS, LLC, Washington, DC, *pg.* 640

Ganjuur, Eren - Interactive / Digital, Media Department, Operations - STARCOM WORLDWIDE, Chicago, IL, *pg.* 513

Gannon, Jaclyn - Interactive / Digital - 97TH FLOOR, Lehi, UT, *pg.* 209

Gapinski, Jeff - Interactive / Digital, PPOM - HUEMOR, New York, NY, *pg.* 239

Garamy, Frank - Interactive / Digital, Media Department - GYRO, Denver, CO, *pg.* 368

Garay, Ariana - Interactive / Digital, Media Department - HORIZON MEDIA, INC., New York, NY, *pg.* 474

Garbaccio, Ashley - Interactive / Digital, Media Department - INITIATIVE, New York, NY, *pg.* 477

Garbade, Steven - Interactive / Digital - MANIFEST, Phoenix, AZ, *pg.* 383

Garcia, Jordan - Account Services, Interactive / Digital, NBC - JNA ADVERTISING, Overland Park, KS, *pg.* 92

Garcia, Alex - Interactive / Digital, NBC, Social Media - DELOITTE DIGITAL, Seattle, WA, *pg.* 224

Garcia, Jenna - Account Planner, Creative, Interactive / Digital, Media Department, PPM - ZENITH MEDIA, New York, NY, *pg.* 529

Garcia, Candice - Interactive / Digital, Media Department, Social

1417

RESPONSIBILITIES INDEX — AGENCIES

Media - T3, Austin, TX, *pg.* 268
Garcia-DeJesus, Diana - Finance, Interactive / Digital - STARCOM WORLDWIDE, New York, NY, *pg.* 517
Garcia-Pertusa, Racquel - Interactive / Digital, NBC, Social Media - OGILVY PUBLIC RELATIONS, Washington, DC, *pg.* 634
Gardeazabal, Cristina - Creative, Interactive / Digital, Social Media - MIRUM AGENCY, Toronto, ON, *pg.* 251
Gardiner, Sarah - Interactive / Digital, Media Department, NBC - INSIGHT STRATEGY GROUP, New York, NY, *pg.* 445
Gardinier, Rick - Interactive / Digital, PPOM - BRUNNER, Pittsburgh, PA, *pg.* 44
Gardner, Doug - Interactive / Digital - REINGOLD, Alexandria, VA, *pg.* 405
Gardner, Dan - Interactive / Digital, PPOM - CODE AND THEORY, New York, NY, *pg.* 221
Gardner, Hannah Rose - Interactive / Digital, Media Department, Social Media - MEDIAHUB BOSTON, Boston, MA, *pg.* 489
Garfield, Rachel - Interactive / Digital, Media Department - STARCOM WORLDWIDE, New York, NY, *pg.* 517
Garfield, Kathy - Interactive / Digital, Media Department, NBC, Social Media - INNOCEAN USA, Huntington Beach, CA, *pg.* 479
Garland, Paul - Interactive / Digital, Media Department - VAYNERMEDIA, New York, NY, *pg.* 689
Garofola, Brian - Interactive / Digital, PPOM - VIBES MEDIA, Chicago, IL, *pg.* 535
Garofoli, Stephanie - Interactive / Digital, NBC, Promotions - VIDMOB, New York, NY, *pg.* 690
Garrison, Matt - Interactive / Digital - UPSIDE COLLECTIVE, Albany, NY, *pg.* 428
Garrison, Mike - Account Planner, Analytics, Interactive / Digital - PADILLA, Minneapolis, MN, *pg.* 635
Garrity, Meghan - Interactive / Digital, Media Department - STARCOM WORLDWIDE, Chicago, IL, *pg.* 513
Garstecki, Lauren - Account Services, Interactive / Digital - LAUGHLIN CONSTABLE, INC., Milwaukee, WI, *pg.* 379
Garza, Eric - Account Services, Analytics, Interactive / Digital, Media Department, Research - VMLY&R, Frisco, TX, *pg.* 275
Gasior, Jeff - Interactive / Digital - BORSHOFF, Indianapolis, IN, *pg.* 585
Gaspar, Jose - Interactive / Digital, Media Department - OMD WEST, Los Angeles, CA, *pg.* 502
Gatchel, Lee - Creative, Interactive / Digital - CROSBY MARKETING COMMUNICATIONS, Annapolis, MD, *pg.* 347
Gates, Colleen - Account Planner, Interactive / Digital, Media Department, NBC - MEDIACOM, New York, NY, *pg.* 487
Gatti, Casey - Interactive / Digital - DAVIS & COMPANY, Glen Rock, NJ, *pg.* 595
Gattung, Chelsea - Interactive / Digital, Media Department, NBC, Social Media - MOXIE, Atlanta, GA, *pg.* 251
Gaughan, Erin - Account Services, Interactive / Digital, Media Department - DWA MEDIA, Boston, MA, *pg.* 464
Gaughan, Jaclyn - Interactive / Digital, Media Department - MEDIAHUB BOSTON, Boston, MA, *pg.* 489
Gay, Stephanie - Account Planner, Interactive / Digital, Media Department, PPOM - CROSSMEDIA, New York, NY, *pg.* 463
Gaylord, Jessica - Interactive / Digital, Media Department, Social Media - THE TOMBRAS GROUP, Knoxville, TN, *pg.* 424
Gaylord, Andrew - Account Services, Interactive / Digital - BLUETENT, Carbondale, CO, *pg.* 218
Gbur, Daniel - Creative, Interactive / Digital - BRUNNER, Pittsburgh, PA, *pg.* 44
Ge, Bing - Analytics, Interactive / Digital, Research, Social Media - ZENITH MEDIA, New York, NY, *pg.* 529
Gedney, Kristen - Interactive / Digital, Media Department, NBC - MEDIA ASSEMBLY, New York, NY, *pg.* 484
Gedrich, Noah - Interactive / Digital, PPOM - ZEHNER, Los Angeles, CA, *pg.* 277
Geer, Kelly - Account Planner, Interactive / Digital, Media Department - ESSENCE, New York, NY, *pg.* 232
Geer Petro, Kathleen - Interactive / Digital, Media Department - ZETA INTERACTIVE, New York, NY, *pg.* 277
Geers, Lisa - Interactive / Digital, Media Department - WHITEMYER ADVERTISING, INC., Zoar, OH, *pg.* 161
Geiger, MaryAnne - Interactive / Digital, Management, Media Department - UNIVERSAL MCCANN, New York, NY, *pg.* 521
Geinzer, Paul - Creative, Interactive / Digital - BRADLEY BROWN DESIGN, Carnegie, PA, *pg.* 175
Geiser, Chris - Interactive / Digital, PPOM - GARRIGAN LYMAN GROUP, New York, NY, *pg.* 236
Geisler, Alexandra - Account Services, Interactive / Digital, Media Department, PPOM - MINDSHARE, New York, NY, *pg.* 491
Geist, Brian - Account Planner, Account Services, Interactive / Digital, Management, Media Department - PUBLICIS HEALTH MEDIA, Philadelphia, PA, *pg.* 506
Gelber, Scott - Interactive / Digital, PPOM - MERKLEY + PARTNERS, New York, NY, *pg.* 114
Geller, Mitchell - Interactive / Digital, Media Department, NBC, Social Media - VMLY&R, New York, NY, *pg.* 160
Geller, Max - Interactive / Digital, PPM - HANGARFOUR CREATIVE, Brooklyn, NY, *pg.* 81
Gencur, Stephanie - Interactive / Digital, Media Department - STARCOM WORLDWIDE, Chicago, IL, *pg.* 513
Genovese, Vince - Interactive / Digital, PPM - BUTLER, SHINE, STERN & PARTNERS, Sausalito, CA, *pg.* 45
Genovese, Brie - Interactive / Digital - VAULT COMMUNICATIONS, INC., Plymouth Meeting, PA, *pg.* 658
Gentile, Torre - Interactive / Digital, Media Department - BCW CHICAGO, Chicago, IL, *pg.* 581
George, Heather - Interactive / Digital, NBC - LOVIO-GEORGE, INC., Detroit, MI, *pg.* 101
George, Constance - Account Services, Interactive / Digital, Media Department - HAVAS WORLDWIDE CHICAGO, Chicago, IL, *pg.* 82
George, Colin - Interactive / Digital, NBC, Social Media - BAILEY BRAND CONSULTING, Plymouth Meeting, PA, *pg.* 2
George, Tony - Creative, Interactive / Digital, Operations, PPOM - LRXD, Denver, CO, *pg.* 101
Gerber, Sara - Interactive / Digital - WAVEMAKER, New York, NY, *pg.* 526
Gerdes, Dustin - Account Services, Analytics, Interactive / Digital, Management - RHEA & KAISER MARKETING, Naperville, IL, *pg.* 406
Gerdes, Tim - Interactive / Digital - R&J STRATEGIC COMMUNICATIONS, Bridgewater, NJ, *pg.* 640
German, Greg - Creative, Interactive / Digital - FOCUSED IMAGE, Falls Church, VA, *pg.* 235
German, Daniel - Account Services, Interactive / Digital - BANTON MEDIA, Myrtle Beach, SC, *pg.* 329
Gershon, Emma - Interactive / Digital, Media Department - MINDSHARE, New York, NY, *pg.* 491
Gerson, Eli - Interactive / Digital, PPOM - D & I CREATIVE, Denver, CO, *pg.* 6
Gerstenblatt, Ashley - Interactive / Digital, Media Department - VAYNERMEDIA, New York, NY, *pg.* 689
Gerstmyer, Timothy - Interactive / Digital, PPOM - REFUEL AGENCY, New York, NY, *pg.* 507
Gertler, Amanda - Analytics, Interactive / Digital, Social Media - PUBLICIS.SAPIENT, Boston, MA, *pg.* 259
Gesiorski, Doug - Interactive / Digital, Management, Operations - ADTAXI, Denver, CO, *pg.* 211
Getlen, Melissa - Account Planner, Account Services, Interactive / Digital, Management, Media Department - PHD USA, New York, NY, *pg.* 505
Ghaisar, Negeen - Account Planner,

AGENCIES

RESPONSIBILITIES INDEX

Interactive / Digital, Media Department - BIGBUZZ MARKETING GROUP, New York, NY, pg. 217

Ghali, Mahmoud - Interactive / Digital - RESHIFT MEDIA, Toronto, ON, pg. 687

Ghareb, Mohamed - Interactive / Digital, Media Department, Programmatic - SPARK FOUNDRY, New York, NY, pg. 508

Gharnit, Sara - Interactive / Digital, Social Media - SOCIAL CHAIN, New York, NY, pg. 143

Ghosn, Hannah - Interactive / Digital, Social Media - TRAMPOLINE, Halifax, NS, pg. 20

Giacosa, Lisa - Analytics, Interactive / Digital, Media Department, Research - SPARK FOUNDRY, New York, NY, pg. 508

Giampino, Wayne - Interactive / Digital, Management, Programmatic - 360I, LLC, New York, NY, pg. 320

Giannini, Marisa - Interactive / Digital, Media Department, Social Media - LAUGHLIN CONSTABLE, INC., Chicago, IL, pg. 380

Gibbs, Mackenzie - Interactive / Digital, Media Department - ZENITH MEDIA, Atlanta, GA, pg. 531

Gibbs, Alexandra - Account Planner, Interactive / Digital, Media Department - HORIZON MEDIA, INC., New York, NY, pg. 474

Gibbs, Stephanie - Interactive / Digital, Media Department - SPARK FOUNDRY, Chicago, IL, pg. 510

Gibson, Erin - Interactive / Digital, Media Department - LINNIHAN FOY ADVERTISING, Minneapolis, MN, pg. 100

Gibson, Whitney - Account Services, Interactive / Digital, Media Department, Public Relations, Social Media - TRAFFIKGROUP, Toronto, ON, pg. 426

Giese, Paul - Interactive / Digital - TRACTION CORPORATION, San Francisco, CA, pg. 271

Gil, Chris - Interactive / Digital, Social Media - HAVAS MEDIA GROUP, Boston, MA, pg. 470

Gilbert, John - Creative, Interactive / Digital, PPOM - LRXD, Denver, CO, pg. 101

Gilbert, Lacey - Account Services, Interactive / Digital, Media Department - LEO BURNETT WORLDWIDE, Chicago, IL, pg. 98

Gilbert, Hayley - Interactive / Digital, Media Department, NBC - MEDIAHUB LOS ANGELES, El Segundo, CA, pg. 112

Gilbertsen, Eric - Account Planner, Interactive / Digital - REPEQUITY, Washington, DC, pg. 263

Gilfeather, Lindsay - Interactive / Digital, Media Department - INITIATIVE, New York, NY, pg. 477

Gilham, Cathy - Interactive / Digital, Media Department, NBC, Social Media - BLUE 449, Seattle, WA, pg. 456

Gilhuley, Tom - Account Services,

Interactive / Digital, Media Department - MERRICK TOWLE COMMUNICATIONS, Greenbelt, MD, pg. 114

Gillette, Casie - Interactive / Digital, NBC - KOMARKETING ASSOCIATES, Boston, MA, pg. 675

Gillette, Jeff - Creative, Interactive / Digital - MADWELL, Denver, CO, pg. 103

Gillette, Samantha - Analytics, Interactive / Digital - MEDIACOM, New York, NY, pg. 487

Gilliland, Greg - Interactive / Digital, Media Department - THE CIRLOT AGENCY, INC., Flowood, MS, pg. 149

Gillispie, Zebbie - Creative, Interactive / Digital - SCOUT MARKETING, Atlanta, GA, pg. 139

Gilmore, Alexandra - Interactive / Digital, Media Department - PINCKNEY HUGO GROUP, Syracuse, NY, pg. 128

Gimbel, Allison - Account Planner, Interactive / Digital, Media Department - HORIZON MEDIA, INC., New York, NY, pg. 474

Ginley, Kelly - Interactive / Digital, Media Department - CRAMER-KRASSELT, Chicago, IL, pg. 53

Ginn, Daniel - Interactive / Digital - DIGITAL OPERATIVE, INC., San Diego, CA, pg. 225

Ginnantonio, Daryl - Interactive / Digital, NBC - MINY, New York, NY, pg. 115

Gionfriddo, Michael - Interactive / Digital - AFFECTIVA, INC., Boston, MA, pg. 441

Giordano, Frances - Account Planner, Account Services, Interactive / Digital, Media Department, Programmatic - THE MEDIA KITCHEN, New York, NY, pg. 519

Giraldo, Johana - Interactive / Digital, Media Department - CAMPBELL EWALD, West Hollywood, CA, pg. 47

Gitelman, Regina - Account Services, Interactive / Digital, Media Department - OMD, New York, NY, pg. 498

Gitsis, Alex - Interactive / Digital, NBC - ZETA INTERACTIVE, New York, NY, pg. 277

Gittings, Jon - Account Services, Interactive / Digital, Media Department - ESSENCE, New York, NY, pg. 232

Giuffre, Jolie - Account Services, Interactive / Digital, NBC - ESSENCE, San Francisco, CA, pg. 232

Glaeser, Matthew - Interactive / Digital - PALISADES MEDIA GROUP, INC., Santa Monica, CA, pg. 124

Glaser, Hillary - Interactive / Digital, Media Department - CAMPBELL EWALD, Detroit, MI, pg. 46

Glaum, Colin - Account Services, Interactive / Digital - AFG&, New York, NY, pg. 28

Gleeson, Renny - Account Planner, Interactive / Digital, NBC - WIEDEN + KENNEDY, Portland, OR, pg. 430

Glenn, Oliver - Account Services, Interactive / Digital, Social Media - DDB CHICAGO, Chicago, IL, pg. 59

Glick, Joel - Account Services, Interactive / Digital, PPOM - BUYER ADVERTISING, INC., Newton, MA, pg. 338

Glicksman, David - Interactive / Digital - HORIZON MEDIA, INC., New York, NY, pg. 474

Glose, Sarah - Account Services, Interactive / Digital - FINGERPAINT MARKETING, Saratoga Springs, NY, pg. 358

Glover, Terrence - Account Services, Analytics, Finance, Interactive / Digital - INITIATIVE, Los Angeles, CA, pg. 478

Gochnauer, Grant - Account Services, Interactive / Digital, PPOM - VODORI, Chicago, IL, pg. 275

Godwin, Austin - Interactive / Digital, NBC - NEIGER DESIGN, INC., Evanston, IL, pg. 193

Goebel, Stacy - Interactive / Digital, Media Department, NBC, Social Media - STUDIONORTH, North Chicago, IL, pg. 18

Goecke, Samantha - Interactive / Digital, Media Department - EMPOWER, Cincinnati, OH, pg. 354

Goedeke, Nancy - Creative, Interactive / Digital - HARTE HANKS, INC., San Antonio, TX, pg. 284

Goehring, Theresa - Finance, Interactive / Digital, Media Department - STARCOM WORLDWIDE, New York, NY, pg. 517

Goettelmann, Erin - Interactive / Digital, Social Media - ALL POINTS DIGITAL, Norwalk, CT, pg. 671

Goldberg, Jason - Account Planner, Account Services, Interactive / Digital, NBC, Research - PUBLICIS.SAPIENT, Chicago, IL, pg. 259

Goldblatt, Stephen - Creative, Interactive / Digital, PPOM - PARTNERS IN CRIME, San Francisco, CA, pg. 15

Golden, Dan - Interactive / Digital, PPOM - BFO, Chicago, IL, pg. 217

Goldman Levin, Cynthia - Finance, Interactive / Digital, NBC - MINDSHARE, New York, NY, pg. 491

Goldstein, Marie - Interactive / Digital, Media Department, Social Media - 360I, LLC, New York, NY, pg. 320

Golestani, Devin - Account Planner, Interactive / Digital, Media Department - HEARTS & SCIENCE, New York, NY, pg. 471

Golloher, Lisa - Account Planner, Interactive / Digital - THE MARS AGENCY, Southfield, MI, pg. 683

Gombos, Pat - Interactive / Digital - POSTWORKS, New York, NY, pg. 195

Gomels, Eric - Interactive /

1419

RESPONSIBILITIES INDEX — AGENCIES

Digital, Media Department, PPM, Programmatic - MINDSHARE, New York, NY, pg. 491

Gomez, Jason - Interactive / Digital, Media Department, NBC - INITIATIVE, New York, NY, pg. 477

Gomez, Nathan - Creative, Interactive / Digital - WUNDERMAN THOMPSON, Washington, DC, pg. 434

Gomez, Fatima - Interactive / Digital, Media Department - CROSSMEDIA, New York, NY, pg. 463

Gonnella, Michelle - Interactive / Digital, Media Department, Social Media - CRAMER-KRASSELT, Chicago, IL, pg. 53

Gonzalez, Alejandra - Interactive / Digital, Media Department - STARCOM WORLDWIDE, Chicago, IL, pg. 513

Gonzalez, Maria - Interactive / Digital, Media Department, Social Media - AKQA, San Francisco, CA, pg. 211

Gonzalez, Desi - Interactive / Digital, Management, PPM - THE MILL, New York, NY, pg. 152

Gonzalez Becu, Katlyn - Interactive / Digital, Media Department - YOUNG & LARAMORE, Indianapolis, IN, pg. 164

Gooden, Andre - Interactive / Digital, Media Department - INITIATIVE, New York, NY, pg. 477

Goodenough, Jim - Interactive / Digital, Media Department - WAVEMAKER, New York, NY, pg. 526

Goodman, Ethan - Interactive / Digital, NBC - THE MARS AGENCY, Southfield, MI, pg. 683

Goodman, Mallory - Interactive / Digital, Media Department - HEARTS & SCIENCE, New York, NY, pg. 471

Goodman, Michael - Interactive / Digital - STARCOM WORLDWIDE, Chicago, IL, pg. 513

Goodwin, Amanda - Account Planner, Interactive / Digital, Media Department, NBC - ANSIRA, Addison, TX, pg. 326

Goodwin, Tom - Interactive / Digital, Management, Media Department, NBC - ZENITH MEDIA, New York, NY, pg. 529

Gordon, Ryan - Account Services, Interactive / Digital, Management, Media Department - WALRUS, New York, NY, pg. 161

Gordon, Diana - Interactive / Digital, Management, Media Department, Social Media - MINDSHARE, Chicago, IL, pg. 494

Gordon, Sophia - Interactive / Digital, Media Department, Social Media - HORIZON MEDIA, INC., New York, NY, pg. 474

Gore, Daniel - Interactive / Digital, Media Department, Programmatic - CROSSMEDIA, New York, NY, pg. 463

Goren, Eran - Interactive / Digital, Management, NBC, PPOM, Public Relations - USIM, Los Angeles, CA, pg. 525

Gorges, Ned - Interactive /

Digital, Management - CONTROL V EXPOSED, Jenkintown, PA, pg. 222

Gormann, Alexandra - Interactive / Digital - ZIMMERMAN ADVERTISING, Fort Lauderdale, FL, pg. 437

Goroski, Gerard - Interactive / Digital, Operations, PPOM - VOICE MEDIA GROUP, Phoenix, AZ, pg. 526

Gorrall, Erin - Interactive / Digital - MULLENLOWE U.S. BOSTON, Boston, MA, pg. 389

Gorski, Steven - Account Planner, Interactive / Digital, Media Department, NBC - FORSMAN & BODENFORS, New York, NY, pg. 74

Goss, Jim - Account Planner, Interactive / Digital, Media Department - GTB, Dearborn, MI, pg. 367

Goss, Adrienne - Interactive / Digital, Media Department - CCP DIGITAL, Kansas City, MO, pg. 49

Goswiller, Christina - Interactive / Digital, Social Media - DIGITAS, Chicago, IL, pg. 227

Gott, Ted - Interactive / Digital, Research - LEO BURNETT DETROIT, Troy, MI, pg. 97

Gottlieb, Zach - Interactive / Digital, Media Department, Programmatic - 360I, LLC, New York, NY, pg. 320

Gottschalk, Megan - Interactive / Digital, Media Department - KNOX MARKETING, Akron, OH, pg. 568

Gould, David - Interactive / Digital, Management, Media Department, PPOM - PERFORMICS, Chicago, IL, pg. 676

Gould, Brittany - Interactive / Digital, Media Department, Programmatic - HEARTS & SCIENCE, New York, NY, pg. 471

Grady, Elizabeth - Interactive / Digital, NBC - VERT MOBILE LLC, Atlanta, GA, pg. 274

Graesser, Melissa - Interactive / Digital, Media Department - WAVEMAKER, New York, NY, pg. 526

Graham, Zach - Account Planner, Account Services, Interactive / Digital, Management, Media Department - OMD, Chicago, IL, pg. 500

Graham, Heather - Interactive / Digital, Media Department - BT/A ADVERTISING, Toronto, ON, pg. 44

Graham, Natalie - Interactive / Digital, Management, Media Department, PPOM - BRANDING PLUS MARKETING GROUP, Dallas, TX, pg. 456

Graham, Gina - Interactive / Digital, PPM - THE GATE WORLDWIDE, New York, NY, pg. 419

Graham, Megan - Interactive / Digital, Media Department - CANVAS WORLDWIDE, New York, NY, pg. 458

Graham, Laura - Account Services, Interactive / Digital - THINK MOTIVE, Denver, CO, pg. 154

Grandstrand, Jacqueline - Interactive / Digital, Media Department - MCCANN MINNEAPOLIS,

Minneapolis, MN, pg. 384

Granfield, Jennifer - Account Planner, Interactive / Digital, Management, Media Department - HEARTS & SCIENCE, New York, NY, pg. 471

Grant, Alex - Interactive / Digital - GREY GROUP, New York, NY, pg. 365

Grap, Stephen - Interactive / Digital, Media Department - ESSENCE, New York, NY, pg. 232

Graul, Katherine - Account Planner, Interactive / Digital, Management, NBC, Operations - TRACYLOCKE, Chicago, IL, pg. 426

Grawehr, Miranda - Interactive / Digital, Media Department, NBC - INITIATIVE, New York, NY, pg. 477

Gray, Suzy - Interactive / Digital, Media Department, NBC, Social Media - INTERNET MARKETING NINJAS, Clifton Park, NY, pg. 242

Gray, Mercedes - Account Planner, Interactive / Digital, Media Department - MCGARRAH JESSEE, Austin, TX, pg. 384

Gray, Julia - Interactive / Digital - BLUE 449, New York, NY, pg. 455

Greaney, Patti - Interactive / Digital, Media Department, PPM - GIRALDI MEDIA, New York, NY, pg. 466

Greaves, Gillian - Account Services, Interactive / Digital, Management, Media Department - ICROSSING, New York, NY, pg. 240

Greco, Nicholas - Interactive / Digital, Media Department - TINUITI, New York, NY, pg. 678

Green, Jeff - Account Planner, Creative, Interactive / Digital - WEITZMAN ADVERTISING, INC., Annapolis, MD, pg. 430

Green, Desiree - Account Planner, Account Services, Interactive / Digital, Media Department - GTB, Dearborn, MI, pg. 367

Green, Rich - Interactive / Digital, PPOM - SUGARCRM, Cupertino, CA, pg. 169

Green, Deborah - Account Services, Interactive / Digital, Media Department, Programmatic - HEARTS & SCIENCE, New York, NY, pg. 471

Green, Steve - Interactive / Digital - MBB AGENCY, Leawood, KS, pg. 107

Greenberg, Erica - Interactive / Digital, Media Department - OMD, New York, NY, pg. 498

Greendyk, Jonathan - Interactive / Digital, Media Department - VAYNERMEDIA, New York, NY, pg. 689

Greene, Kayley - Interactive / Digital, Media Department - COMMIT AGENCY, Chandler, AZ, pg. 343

Greenfield, Eden - Account Planner, Interactive / Digital - LUMENTUS, New York, NY, pg. 624

Greenhalge, Emily - Interactive / Digital, Media Department - PGR MEDIA, Boston, MA, pg. 504

Greenhall, Sarah - Interactive / Digital, Media Department - CARAT,

1420

AGENCIES
RESPONSIBILITIES INDEX

New York, NY, pg. 459
Greenhaus, Jackie - Interactive / Digital, Media Department - JL MEDIA, INC., Union, NJ, pg. 481
Greenhouse, Britney - Interactive / Digital, Media Department - HORIZON MEDIA, INC., New York, NY, pg. 474
Greenough, Paul - Interactive / Digital, Operations - GREENOUGH COMMUNICATIONS, Watertown, MA, pg. 610
Greenwood, Jess - Interactive / Digital, NBC, PPOM - R/GA, New York, NY, pg. 260
Griffin, Drew - Interactive / Digital - RAZORFISH HEALTH, Philadelphia, PA, pg. 262
Griffin, Annie - Account Planner, Interactive / Digital, Media Department - PHD CHICAGO, Chicago, IL, pg. 504
Griffin, Nancy - Interactive / Digital, Management, Media Department - STARCOM WORLDWIDE, Chicago, IL, pg. 513
Griffin, Courtney - Interactive / Digital, Media Department - HORIZON MEDIA, INC., New York, NY, pg. 474
Griffin, Ryan - Creative, Interactive / Digital - FANNIT INTERNET MARKETING SERVICES, Everett, WA, pg. 357
Griffin, Matt - Creative, Interactive / Digital, PPOM - VERT MOBILE LLC, Atlanta, GA, pg. 274
Griffiths, Warren - Interactive / Digital, Management, Media Department, PPOM - PUBLICIS NORTH AMERICA, New York, NY, pg. 399
Griffiths, Shauna - Account Services, Interactive / Digital, Management - CSM SPORT & ENTERTAINMENT, New York, NY, pg. 347
Grillo, Lucia - Interactive / Digital, Management, Operations, PPM, PPOM - MCGARRYBOWEN, New York, NY, pg. 109
Grills, Danielle - Interactive / Digital, Media Department - CARAT, Culver City, CA, pg. 459
Grimes, Steve - Account Services, Creative, Interactive / Digital, Media Department, Operations - AKA NYC, New York, NY, pg. 324
Grinavich, Amanda - Account Services, Interactive / Digital, NBC - SHIFT COMMUNICATIONS, LLC, Boston, MA, pg. 647
Griscom, Suzanne - Account Services, Interactive / Digital - DUFFY & SHANLEY, INC., Providence, RI, pg. 66
Grissinger, Scott - Analytics, Interactive / Digital - PUBLICIS HAWKEYE, Charlotte, NC, pg. 399
Groepper, Lindsey - Interactive / Digital, Management, PPOM, Public Relations - BLASTMEDIA, Fishers, IN, pg. 584
Groome, Shattuck - Interactive / Digital, Media Department, PPOM - CAGE POINT, New York, NY, pg. 457
Gropper, Rachel - Interactive /

Digital, Media Department - MEDIACOM, New York, NY, pg. 487
Gross, Leah - Interactive / Digital, Media Department, NBC - NINA HALE CONSULTING, Minneapolis, MN, pg. 675
Grossman, Ben - Account Planner, Interactive / Digital - JACK MORTON WORLDWIDE, New York, NY, pg. 308
Grossman, Sefi - Interactive / Digital, Management - GTB, Dearborn, MI, pg. 367
Grossman, Joel - Interactive / Digital, PPOM - IPROSPECT, New York, NY, pg. 674
Grosso, Nick - Interactive / Digital, Media Department - OMNI ADVERTISING, Boca Raton, FL, pg. 394
Grover, Bailey - Interactive / Digital, Media Department, Social Media - BARKLEY, Kansas City, MO, pg. 329
Gruen, Meredith - Account Services, Interactive / Digital, NBC, Social Media - TEAM ONE, Los Angeles, CA, pg. 417
Gualotuna, Jonathan - Interactive / Digital, Media Department, Programmatic - WPROMOTE, El Segundo, CA, pg. 678
Guarna, Nicolas - Interactive / Digital, Media Department - MEDIACOM, New York, NY, pg. 487
Guberman, Steve - Creative, Interactive / Digital - R&J STRATEGIC COMMUNICATIONS, Bridgewater, NJ, pg. 640
Gubitosi, Louis - Interactive / Digital - THE FOUNDRY @ MEREDITH CORP, New York, NY, pg. 150
Gudgel, Kristina - Creative, Interactive / Digital - KIOSK CREATIVE LLC, Novato, CA, pg. 378
Gudiel, Randy - Interactive / Digital, Media Department - MOTIVATE, INC., San Diego, CA, pg. 543
Gudmundson, Ryan - Interactive / Digital - TAILWIND, Tempe, AZ, pg. 677
Gugilev, Victoria - Interactive / Digital, Media Department - CARAT, New York, NY, pg. 459
Guha, Rohin - Interactive / Digital, Social Media - FLUENT360, Chicago, IL, pg. 540
Guimond, Daniel - Interactive / Digital - BOB COMMUNICATIONS, Montreal, QC, pg. 41
Gullett, Matt - Interactive / Digital, Research - BELLOMY RESEARCH, Winston-Salem, NC, pg. 442
Gunnells, Jon - Account Planner, Interactive / Digital, Social Media - MEDIA ASSEMBLY, Southfield, MI, pg. 385
Gupta, Michiko - Interactive / Digital, Media Department - LIPMAN HEARNE, INC., Chicago, IL, pg. 381
Gurvich, Jenny - Interactive / Digital, Media Department, PPM - DWA MEDIA, Austin, TX, pg. 464

Gustafson, Callen - Account Services, Interactive / Digital - GOODBY, SILVERSTEIN & PARTNERS, San Francisco, CA, pg. 77
Gustman, Caitlin - Creative, Interactive / Digital, Media Department, PPOM - KETCHUM, Chicago, IL, pg. 619
Gutierrez, Giovanny - Interactive / Digital, Media Department - TINSLEY ADVERTISING, Miami, FL, pg. 155
Gutierrez, Stephanie - Interactive / Digital, NBC, Social Media - TRAILER PARK, Hollywood, CA, pg. 299
Gutman, Alan - Interactive / Digital, PPM - ATMOSPHERE PROXIMITY, New York, NY, pg. 214
Gutschow, Uwe - Account Planner, Interactive / Digital - THE MARKETING ARM, Los Angeles, CA, pg. 317
Gutterman, Tracy - Interactive / Digital, Media Department - UNIVERSAL MCCANN, New York, NY, pg. 521
Guy, Carla - Account Services, Human Resources, Interactive / Digital, Management, NBC, Operations, PPOM, Promotions - DAGGER, Atlanta, GA, pg. 224
Guy, Meghan - Account Services, Interactive / Digital, Management - FLEISHMANHILLARD, Raleigh, NC, pg. 606
Gyles, Stephanie - Account Services, Interactive / Digital - ZULU ALPHA KILO, Toronto, ON, pg. 165
Haag, Forrest - Interactive / Digital, NBC - BRANDSTAR, Deerfield Beach, FL, pg. 337
Haber, Nicole - Interactive / Digital, Public Relations - EDELMAN, New York, NY, pg. 599
Hack, Brian - Interactive / Digital, NBC - STEPHAN PARTNERS, INC., New York, NY, pg. 267
Haddad, Youna - Interactive / Digital, Media Department, NBC - CATALYST DIGITAL, Boston, MA, pg. 220
Haddow, Sarah - Account Services, Interactive / Digital, NBC - HORIZON MEDIA, INC., New York, NY, pg. 474
Hadley, Lauren - Analytics, Interactive / Digital, Research - STARCOM WORLDWIDE, Chicago, IL, pg. 513
Hagan, Scott - Interactive / Digital, Media Department - UNIVERSAL MCCANN, New York, NY, pg. 521
Hagan, Mackenzie - Interactive / Digital, PPM - MODERN BRAND COMPANY, Birmingham, AL, pg. 116
Hagan, Jim - Interactive / Digital - NSA MEDIA GROUP, INC., Downers Grove, IL, pg. 497
Hagen, Kent - Account Planner, Interactive / Digital, Media Department - WAVEMAKER, Los Angeles, CA, pg. 528

RESPONSIBILITIES INDEX — AGENCIES

Hager, Heather - Interactive / Digital, Media Department - PROOF ADVERTISING, Austin, TX, pg. 398

Hager, Brittany - Interactive / Digital, PPM - VMLY&R, New York, NY, pg. 160

Haggard, Sydney - Interactive / Digital - YOUNG & LARAMORE, Indianapolis, IN, pg. 164

Haggerty, Phillip - Interactive / Digital, Media Department, Operations - HAWORTH MARKETING & MEDIA, Minneapolis, MN, pg. 470

Hahn, Candice - Interactive / Digital, Management, Media Department, PPOM - R/GA, Austin, TX, pg. 261

Hahnfeldt, Tiffany - Account Services, Interactive / Digital, PPM - 5IVE, Minneapolis, MN, pg. 23

Haidao, Hani - Interactive / Digital, Media Department, Social Media - BRAND VALUE ACCELERATOR, San Diego, CA, pg. 42

Haines, Kurt - Interactive / Digital, NBC, Operations - UNIVERSAL MCCANN DETROIT, Birmingham, MI, pg. 524

Haines, Zak - Interactive / Digital, Media Department - OVATIVE GROUP, Minneapolis, MN, pg. 256

Haines, Nicole - Interactive / Digital, PPM - BASIC, San Diego, CA, pg. 215

Hakimi, Maria - Account Planner, Interactive / Digital, Media Department - RESOLUTION MEDIA, New York, NY, pg. 263

Halamandaris, Lexi - Interactive / Digital, Social Media - JELLYFISH, San Francisco, CA, pg. 243

Haldiman, Jackie - Interactive / Digital, Media Department - MARLIN NETWORK, Springfield, MO, pg. 105

Haley, Briggs - Interactive / Digital, Media Department, Social Media - STARCOM WORLDWIDE, Chicago, IL, pg. 513

Hall, Dan - Interactive / Digital, Media Department - LEVLANE ADVERTISING, Philadelphia, PA, pg. 380

Hall, Andrew - Account Planner, Interactive / Digital, Media Department, NBC - CARAT, New York, NY, pg. 459

Hall, Michelle - Interactive / Digital, Media Department - ZIMMERMAN ADVERTISING, Fort Lauderdale, FL, pg. 437

Hall, Jane - Creative, Interactive / Digital, Media Department - INFINITY MARKETING, Greenville, SC, pg. 374

Hall, Lena - Interactive / Digital, Social Media - WINGARD CREATIVE, Jacksonville, FL, pg. 162

Hall, Brian - Interactive / Digital - LEVERAGE, Tampa, FL, pg. 245

Halliday, Alyssa - Interactive / Digital, Media Department - TRILIA, Boston, MA, pg. 521

Hallman, Justin - Interactive / Digital, Media Department - COMMIT AGENCY, Chandler, AZ, pg. 343

Hallums, Amber - Interactive / Digital, Media Department - WATAUGA GROUP, Orlando, FL, pg. 21

Halperin, Michael - Interactive / Digital - BAYARD ADVERTISING AGENCY, INC., New York, NY, pg. 37

Haltzman, Ashley - Interactive / Digital, Media Department - MINDSHARE, New York, NY, pg. 491

Halvachs, Ken - Interactive / Digital, Social Media - DIGITAS, San Francisco, CA, pg. 227

Hamburger, Gregg - Interactive / Digital, NBC, PPOM - THE MARKETING ARM, Dallas, TX, pg. 316

Hamelin, Ben - Creative, Interactive / Digital, Management - ADWORKSHOP & INPHORM, Lake Placid, NY, pg. 323

Hamilton, Sheila - Interactive / Digital, Management, Media Department - STARCOM WORLDWIDE, Chicago, IL, pg. 513

Hamilton, Jonny - Creative, Interactive / Digital, Social Media - LIGHTBOX OOH VIDEO NETWORK, New York, NY, pg. 553

Hamilton, Susan - Interactive / Digital, Social Media - DESIGNSENSORY, Knoxville, TN, pg. 62

Hammer, Garth - Account Planner, Interactive / Digital, Media Department - PUBLICIS NORTH AMERICA, New York, NY, pg. 399

Hammer, Benedikt - Account Services, Interactive / Digital - LOCATION3 MEDIA, Denver, CO, pg. 246

Hammond, Bob - Analytics, Interactive / Digital, Operations, PPOM - GROUPM, New York, NY, pg. 466

Hammond, Julia - Interactive / Digital, Management, PPOM - HEAT, Chicago, IL, pg. 84

Hammonds, Kelsey - Account Planner, Account Services, Interactive / Digital - PORTER NOVELLI, New York, NY, pg. 637

Han, Cindy - Interactive / Digital, Media Department - MINDSHARE, New York, NY, pg. 491

Hang, Cynthia - Interactive / Digital, Media Department - OMD WEST, Los Angeles, CA, pg. 502

Hanley, John - Account Planner, Account Services, Interactive / Digital, Management, Media Department - UNIVERSAL MCCANN, New York, NY, pg. 521

Hanlon, Evan - Account Planner, Interactive / Digital, Media Department, PPOM - GROUPM, New York, NY, pg. 466

Hanlon, Brittney - Creative, Interactive / Digital - GYRO NY, New York, NY, pg. 369

Hanna, Bill - Interactive / Digital - TUKAIZ, Franklin Park, IL, pg. 427

Hanrahan, Jacqueline - Interactive / Digital, Media Department - DIGITAS, Chicago, IL, pg. 227

Hansen, Alaine - Interactive / Digital, NBC, Social Media - FUSEIDEAS, LLC, Winchester, MA, pg. 306

Hansen, Luke - Interactive / Digital, Research - GLOBAL STRATEGIES, Bend, OR, pg. 673

Hanson, Carly - Interactive / Digital, Media Department, Research - HAWORTH MARKETING & MEDIA, Minneapolis, MN, pg. 470

Hantz, Matt - Interactive / Digital - M BOOTH & ASSOCIATES, INC., New York, NY, pg. 624

Hanu, Catherine - Interactive / Digital, Media Department - STARCOM WORLDWIDE, Chicago, IL, pg. 513

Haque, Mohammad - Analytics, Interactive / Digital, Media Department, Research - MEDIAHUB NEW YORK, New York, NY, pg. 249

Harari, Sandi - Creative, Interactive / Digital - BARKER, New York, NY, pg. 36

Harber, Lauren - Interactive / Digital, Media Department - VERT MOBILE LLC, Atlanta, GA, pg. 274

Harbin, Sarah - Interactive / Digital, Media Department - GTB, Dearborn, MI, pg. 367

Harbour, Candice - Interactive / Digital, PPM - WIEDEN + KENNEDY, Portland, OR, pg. 430

Hardesty, Matt - Account Services, Interactive / Digital, Public Relations - SAATCHI & SAATCHI LOS ANGELES, Torrance, CA, pg. 137

Harding, Scott - Interactive / Digital, NBC - LEARFIELD IMG COLLEGE, Plano, TX, pg. 310

Hargrave, Seth - Interactive / Digital, Media Department, Operations - MEDIA TWO INTERACTIVE, Raleigh, NC, pg. 486

Hargreaves, Bradley - Interactive / Digital, Media Department - ESSENCE, Los Angeles, CA, pg. 233

Haro, Kristen - Interactive / Digital, NBC, Social Media - MERING, Sacramento, CA, pg. 114

Haroutunian, Steve - Creative, Interactive / Digital, PPM - MULLENLOWE U.S. BOSTON, Boston, MA, pg. 389

Harper, Ilene - Account Planner, Account Services, Interactive / Digital, Management, Media Department - TARGETBASE MARKETING, Greensboro, NC, pg. 293

Harper, David - Interactive / Digital, Media Department - BRILLIANT MEDIA STRATEGIES, Anchorage, AK, pg. 43

Harris, Stacey - Interactive / Digital, Management, Media Department - CARAT, Chicago, IL, pg. 461

Harris, Layne - Creative, Interactive / Digital, Management - BIG SPACESHIP, Brooklyn, NY, pg. 455

Harris, David - Interactive / Digital, Media Department, PPM -

AGENCIES

RESPONSIBILITIES INDEX

BRANDMOVERS, INC., Atlanta, GA, pg. 538

Harrison, Caroline - Analytics, Interactive / Digital, Research - DIGITAS HEALTH LIFEBRANDS, New York, NY, pg. 229

Harrison, Christian - Interactive / Digital, Media Department - WAVEMAKER, New York, NY, pg. 526

Harrison, Todd - Interactive / Digital, PPM - RETHINK COMMUNICATIONS, INC., Toronto, ON, pg. 133

Hart, Naomi - Interactive / Digital, NBC - NORTH 6TH AGENCY, New York, NY, pg. 633

Hart, Will - Interactive / Digital - DAVIS AD AGENCY, Virginia Beach, VA, pg. 58

Hartle, Blake - Interactive / Digital, Media Department - OMD, New York, NY, pg. 498

Hartley-Sivie, Blythe - Interactive / Digital, Media Department, NBC - THE RICHARDS GROUP, INC., Dallas, TX, pg. 422

Hartman, Tracy - Interactive / Digital, NBC, Public Relations, Social Media - BRANDIGO, Newburyport, MA, pg. 336

Hartman, Chelsea - Interactive / Digital, NBC, Social Media - GIANT SPOON, LLC, New York, NY, pg. 363

Hartnett, Mike - Interactive / Digital, Media Department - ZEHNDER COMMUNICATIONS, INC., New Orleans, LA, pg. 436

Hartofilis, Nicholas - Interactive / Digital, Media Department, PPM - ZENITH MEDIA, New York, NY, pg. 529

Hartstein, Devon - Account Planner, Account Services, Interactive / Digital, Social Media - WE COMMUNICATIONS, San Francisco, CA, pg. 660

Harvey, Jake - Interactive / Digital, Media Department - CRISPIN PORTER + BOGUSKY, Boulder, CO, pg. 346

Hasan, Soheb - Analytics, Interactive / Digital, Media Department, Research - INITIATIVE, New York, NY, pg. 477

Hasen, Jeff - Interactive / Digital, Media Department, NBC, PPOM - WUNDERMAN THOMPSON SEATTLE, Seattle, WA, pg. 435

Haslbauer, John - Account Services, Interactive / Digital, Media Department - HEARTS & SCIENCE, New York, NY, pg. 471

Haslow, Tom - Account Services, Interactive / Digital, Management, Media Department - INTERESTING DEVELOPMENT, New York, NY, pg. 90

Hass, Erik - Account Services, Interactive / Digital, NBC - GARTNER, INC., Stamford, CT, pg. 236

Hastings, Eric - Interactive / Digital - LOTAME, Columbia, MD, pg. 446

Hatalski, Kara - Account Services, Interactive / Digital, Management,

NBC - NEON, New York, NY, pg. 120

Hatcher, BJ - Account Services, Interactive / Digital, Media Department - SPARK FOUNDRY, New York, NY, pg. 508

Hatfield, Jason - Account Planner, Account Services, Interactive / Digital, Management, Media Department, PPOM - MORRISON, Atlanta, GA, pg. 117

Hatton, Jacquelyn - Interactive / Digital, Media Department - ACTIVE INTERNATIONAL, Pearl River, NY, pg. 439

Hauser, Neil - Creative, Interactive / Digital, PPM - CAMERON ADVERTISING, Hauppauge, NY, pg. 339

Haw, Carly - Account Planner, Interactive / Digital, Media Department - INITIATIVE, Los Angeles, CA, pg. 478

Hawes, Tyler - Interactive / Digital, PPOM - MODE, Charlotte, NC, pg. 251

Hawkins, Leslie - Interactive / Digital, Media Department, Social Media - MEDIAHUB LOS ANGELES, El Segundo, CA, pg. 112

Hawreluk, Lisa - Account Services, Interactive / Digital, NBC - EXCELERATE DIGITAL, Raleigh, NC, pg. 233

Hawthorne, Kara - Account Planner, Interactive / Digital, NBC - SHIFT DIGITAL, Birmingham, MI, pg. 265

Hawthorne, Eleanor - Interactive / Digital, Social Media - THE TOMBRAS GROUP, Knoxville, TN, pg. 424

Hayashi, Dianne - Interactive / Digital, Media Department - AKQA, San Francisco, CA, pg. 211

Hayden, Kasey - Account Services, Interactive / Digital - TRIAD RETAIL MEDIA, New York, NY, pg. 272

Hayes, Billy - Interactive / Digital - THE POINT GROUP, Dallas, TX, pg. 152

Hayes, Jo - Account Services, Analytics, Creative, Interactive / Digital, NBC - R/GA, New York, NY, pg. 260

Hayes, Molly - Interactive / Digital, PPM - AKQA, San Francisco, CA, pg. 211

Hazel, Patrick - Account Planner, Account Services, Interactive / Digital, Media Department - CARAT, New York, NY, pg. 459

Heagle, Brandon - Interactive / Digital, PPOM - STELLA RISING, Westport, CT, pg. 518

Heald, Diana - Interactive / Digital, Social Media - DEUTSCH, INC., New York, NY, pg. 349

Healey, Mark - Interactive / Digital - INVESTIS DIGITAL, Phoenix, AZ, pg. 376

Healy, Mary Kate - Interactive / Digital, Media Department - MINDSHARE, New York, NY, pg. 491

Healy, Sarah - Interactive / Digital, Social Media - TRAMPOLINE, Halifax, NS, pg. 20

Heath, Jana - Account Planner, Interactive / Digital, Media Department - ZENITH MEDIA, New York, NY, pg. 529

Hebert, Megan - Account Planner, Interactive / Digital, Media Department - UNIVERSAL MCCANN DETROIT, Birmingham, MI, pg. 524

Hechanova, Cheryl - Interactive / Digital, Media Department, PPM - STARCOM WORLDWIDE, New York, NY, pg. 517

Hecke, Abby - Interactive / Digital, Social Media - MBB AGENCY, Leawood, KS, pg. 107

Heckman, Jessica - Interactive / Digital - AMP AGENCY, Boston, MA, pg. 297

Heddle, Andy - Interactive / Digital - VMLY&R, Kansas City, MO, pg. 274

Heffinger, Holly - Interactive / Digital, Operations, PPOM, Social Media - OUTCOLD, Chicago, IL, pg. 395

Hefter, Arie - Account Planner, Interactive / Digital, Media Department, NBC - MEDIA ASSEMBLY, New York, NY, pg. 484

Hegstad, Carly - Interactive / Digital, NBC - LAWRENCE & SCHILLER, Sioux Falls, SD, pg. 97

Heid, Pete - Creative, Interactive / Digital - EDELMAN, Atlanta, GA, pg. 599

Heidari, Parisa - Analytics, Interactive / Digital, Media Department, Social Media - CANVAS WORLDWIDE, Playa Vista, CA, pg. 458

Heide, Alexandra - Interactive / Digital, Media Department, Social Media - OMELET, Culver City, CA, pg. 122

Heilpern, Jeremy - Interactive / Digital, PPOM - AMMUNITION, Atlanta, GA, pg. 212

Heilweil, Jason - Account Services, Interactive / Digital, Media Department, Public Relations - NO LIMIT AGENCY, Chicago, IL, pg. 632

Heinemann, Peter - Interactive / Digital - PUBLICIS.SAPIENT, Los Angeles, CA, pg. 259

Heinze, Anne - Interactive / Digital, Media Department - HAWORTH MARKETING & MEDIA, Minneapolis, MN, pg. 470

Heisey, Aj - Interactive / Digital, Media Department - CLARK NIKDEL POWELL, Winter Haven, FL, pg. 342

Heitmann, Chris - Interactive / Digital, NBC, PPOM - MARC USA, Pittsburgh, PA, pg. 104

Heitz, Stephen - Administrative, Interactive / Digital - THE LAVIDGE COMPANY, Phoenix, AZ, pg. 420

Heitzman, Tricia - Account Services, Interactive / Digital - DIGITAS, New York, NY, pg. 226

Heller, Marissa - Interactive / Digital, Media Department - HEARTS & SCIENCE, New York, NY, pg. 471

Heller, Marc - Interactive / Digital, Media Department, NBC,

RESPONSIBILITIES INDEX — AGENCIES

Operations - SPARK FOUNDRY, New York, NY, pg. 508
Hellerich, Dan - Interactive / Digital - GAGE, Minneapolis, MN, pg. 361
Helmstead, Tiare - Account Planner, Interactive / Digital - GLOBAL STRATEGIES, Bend, OR, pg. 673
Helphand, Sam - Creative, Interactive / Digital, PPM - IGNITED, El Segundo, CA, pg. 373
Helscher, Katie - Account Services, Interactive / Digital, Public Relations, Social Media - HIEBING, Madison, WI, pg. 85
Heltne, Ashley - Account Services, Interactive / Digital, Management, NBC - Y MEDIA LABS, Redwood City, CA, pg. 205
Hemmat, Amir - Interactive / Digital, Media Department, Programmatic - UNIVERSAL MCCANN, New York, NY, pg. 521
Heneghan, Emily - Interactive / Digital, Media Department, PPOM - MINDSHARE, Chicago, IL, pg. 494
Heniges, Tatiana - Interactive / Digital, Media Department - R&R PARTNERS, Las Vegas, NV, pg. 131
Henkel, Bill - Interactive / Digital, Media Department - BFW ADVERTISING, Boca Raton, FL, pg. 39
Henley, Ashley - Interactive / Digital, Media Department - THE BRANDON AGENCY, Myrtle Beach, SC, pg. 419
Hennelly, Megan - Interactive / Digital, Media Department - NOBLE PEOPLE, New York, NY, pg. 120
Hennessy, Heather - Interactive / Digital, NBC - FUSE, LLC, Vinooski, VT, pg. 8
Hennessy, Jack - Account Planner, Account Services, Interactive / Digital, Research - WUNDERMAN THOMPSON, Chicago, IL, pg. 434
Hennessy, Kalie - Interactive / Digital, Media Department - EMPOWER, Cincinnati, OH, pg. 354
Henninger, Valerie - Account Planner, Administrative, Interactive / Digital, Media Department - MINDSHARE, Chicago, IL, pg. 494
Henry, Paul - Analytics, Interactive / Digital - GLOBAL STRATEGIES, Bend, OR, pg. 673
Henry, Cassandra - Interactive / Digital, Media Department - ZENITH MEDIA, New York, NY, pg. 529
Hentemann, Gretchen - Account Planner, Account Services, Interactive / Digital, Media Department - GYRO, Chicago, IL, pg. 368
Henthorn, Barry - Interactive / Digital, NBC, PPOM - REELTIME MEDIA, Kenmore, WA, pg. 507
Hepp, Nathan - Creative, Interactive / Digital, Management - EMI STRATEGIC MARKETING, INC., Boston, MA, pg. 68
Herbert, Garry - Interactive / Digital, Media Department - HARMELIN MEDIA, Bala Cynwyd, PA, pg. 467
Herbert, Grace - Analytics, Interactive / Digital, Media Department - UNIVERSAL MCCANN DETROIT, Birmingham, MI, pg. 524
Herges, Annie - Interactive / Digital, Management - NINA HALE CONSULTING, Minneapolis, MN, pg. 675
Hering, Nicole - Account Planner, Account Services, Interactive / Digital, Management, Media Department - CRISPIN PORTER + BOGUSKY, Boulder, CO, pg. 346
Herl, Jennifer - Interactive / Digital, Media Department - STARCOM WORLDWIDE, Chicago, IL, pg. 513
Herman, Adam - Interactive / Digital, Media Department, PPOM - ZIMMERMAN ADVERTISING, Fort Lauderdale, FL, pg. 437
Herman, Adam - Account Services, Interactive / Digital, Management, NBC - CONTROL V EXPOSED, Jenkintown, PA, pg. 222
Herman, Alana - Interactive / Digital, Media Department - WAVEMAKER, New York, NY, pg. 526
Herman, Bonnie - Account Planner, Interactive / Digital - ACCELERATION PARTNERS, Needham, MA, pg. 25
Hernandez, Omara - Interactive / Digital, Management, Media Department - CANVAS WORLDWIDE, Playa Vista, CA, pg. 458
Hernandez, Adrian - Account Services, Interactive / Digital, PPM - GOODBY, SILVERSTEIN & PARTNERS, San Francisco, CA, pg. 77
Hernandez, Stormy - Account Services, Interactive / Digital, Operations - J3, New York, NY, pg. 480
Hernandez, Alan - Interactive / Digital - TINUITI, New York, NY, pg. 678
Hernandez, Carmen - Interactive / Digital, PPOM - KONNECT AGENCY, Los Angeles, CA, pg. 620
Heron, Ashley - Interactive / Digital, Media Department, PPOM - HYFN, Los Angeles, CA, pg. 240
Herr, Daniel - Interactive / Digital - MINDSHARE, Chicago, IL, pg. 494
Herrick, Shawn - Account Services, Interactive / Digital - YOUTECH, Scottsdale, AZ, pg. 436
Herring, Juliana - Interactive / Digital, Media Department - VAYNERMEDIA, New York, NY, pg. 689
Herrnreiter, Pete - Interactive / Digital, NBC - THE MOTION AGENCY, Chicago, IL, pg. 270
Hertzog, Chris - Interactive / Digital, Media Department - BRANDDEFINITION, New York, NY, pg. 4
Heryer, John - Analytics, Interactive / Digital - VMLY&R, Kansas City, MO, pg. 274
Hesse, Sarah - Account Planner, Interactive / Digital, Media Department - GTB, Dearborn, MI, pg. 367
Hessenthaler, Ryan - Interactive / Digital - IPROSPECT, Boston, MA, pg. 674
Hessling, Erin - Interactive / Digital, Media Department, PPM - DIGITAS, Detroit, MI, pg. 229
Hester, Wes - Creative, Interactive / Digital - BANDUJO DONKER & BROTHERS, New York, NY, pg. 36
Hettler, Jennifer - Interactive / Digital, Media Department - ST. JOHN & PARTNERS ADVERTISING & PUBLIC RELATIONS, Jacksonville, FL, pg. 412
Hibbs, Jennifer - Account Services, Interactive / Digital, Management - MARDEN-KANE, INC., Syosset, NY, pg. 568
Hickey, Corey - Interactive / Digital, Media Department - ANSON-STONER, INC., Winter Park, FL, pg. 31
Hickey, Joseph - Analytics, Interactive / Digital - BFG COMMUNICATIONS, Bluffton, SC, pg. 333
Hicks, Tim - Creative, Interactive / Digital, PPM - PROOF ADVERTISING, Austin, TX, pg. 398
Hicks, Samantha - Interactive / Digital, Media Department - VAYNERMEDIA, Sherman Oaks, CA, pg. 689
Hidra, Blerta - Interactive / Digital, Management, Media Department - OMD, New York, NY, pg. 498
Higbee, Sarah - Account Services, Interactive / Digital, Media Department, NBC - EPSILON, New York, NY, pg. 283
Highet Morgan, Emily - Interactive / Digital, Media Department, PPOM - MINDSHARE, New York, NY, pg. 491
Hight, Jonathan - Interactive / Digital, Media Department - MEDIACOM, New York, NY, pg. 487
Hiland, Chris - Account Services, Interactive / Digital, Management, Media Department, NBC - PERISCOPE, Minneapolis, MN, pg. 127
Hilgers, Frank - Interactive / Digital, Management - YOUTECH, Naperville, IL, pg. 436
Hill, King - Interactive / Digital, Media Department - MARCUS THOMAS, Cleveland, OH, pg. 104
Hill, Tim - Interactive / Digital, Management, Media Department - UNIVERSAL MCCANN, New York, NY, pg. 521
Hill, Stephanie - Account Planner, Account Services, Interactive / Digital, Management, Media Department, NBC - CARAT, New York, NY, pg. 459
Hill, Ben - Analytics, Interactive / Digital, NBC - VEST ADVERTISING, Louisville, KY, pg. 159
Hill, Mike - Interactive / Digital, Media Department - MEDIAHUB BOSTON,

AGENCIES

RESPONSIBILITIES INDEX

Boston, MA, *pg.* 489
Hill, Abby - Interactive / Digital, Media Department - MOXIE, Atlanta, GA, *pg.* 251
Hill, Sam - Interactive / Digital, Operations - LOTAME, New York, NY, *pg.* 447
Hill Patterson, Lindsey - Interactive / Digital, Media Department - R&R PARTNERS, Las Vegas, NV, *pg.* 131
Hilpert, Kevin - Interactive / Digital, Media Department - HAWORTH MARKETING & MEDIA, Minneapolis, MN, *pg.* 470
Hilton, Mike - Interactive / Digital - GKV, Baltimore, MD, *pg.* 364
Hilzinger, Glen - Creative, Interactive / Digital - LEO BURNETT DETROIT, Troy, MI, *pg.* 97
Himani, Zaynah - Interactive / Digital, Media Department - HORIZON MEDIA, INC., Los Angeles, CA, *pg.* 473
Hines, Justin - Creative, Interactive / Digital - ADEPT MARKETING, Columbus, OH, *pg.* 210
Hines, Kyle - Interactive / Digital, Media Department - MILLER AD AGENCY, Dallas, TX, *pg.* 115
Hines, Steven - Interactive / Digital, Media Department - THE TOMBRAS GROUP, Knoxville, TN, *pg.* 424
Hines, Lamar - Interactive / Digital, Management, PPOM - BARBARIAN, New York, NY, *pg.* 215
Hinsley, Obele - Account Services, Interactive / Digital, Management - WEBER SHANDWICK, Chicago, IL, *pg.* 661
Hinton, Ian - Account Planner, Interactive / Digital, Media Department - CARAT, New York, NY, *pg.* 459
Hipp, Jennifer - Interactive / Digital, Social Media - THE COMMUNICATIONS GROUP, Little Rock, AR, *pg.* 149
Hirata, Emma - Interactive / Digital, Media Department - CARAT, Culver City, CA, *pg.* 459
Hirby, Ben - Creative, Interactive / Digital, PPOM - PLANET PROPAGANDA, Madison, WI, *pg.* 195
Hirose, Courtney - Interactive / Digital - HORIZON MEDIA, INC., Los Angeles, CA, *pg.* 473
Hirota, David - Account Services, Interactive / Digital - WEBER SHANDWICK, San Francisco, CA, *pg.* 662
Hirschberg, Jessica - Interactive / Digital, Media Department, Social Media - WAVEMAKER, New York, NY, *pg.* 526
Hirschl, Rachel - Interactive / Digital, Media Department - LOCKARD & WECHSLER , Irvington, NY, *pg.* 287
Hittleman, Jason - Human Resources, Interactive / Digital, Programmatic - THE MARS AGENCY, Southfield, MI, *pg.* 683

Hlavach, Pete - Interactive / Digital, Media Department - RHEA & KAISER MARKETING , Naperville, IL, *pg.* 406
Hlubb, Chris - Interactive / Digital - OFFENBERGER & WHITE, INC., Marietta, OH, *pg.* 193
Ho, Chris - Interactive / Digital - CJRW, Little Rock, AR, *pg.* 590
Ho, Anna - Creative, Interactive / Digital, Media Department - SMASHING IDEAS, Seattle, WA, *pg.* 266
Ho, Phong - Interactive / Digital - INSTRUMENT, Portland, OR, *pg.* 242
Hoang, Adriana - Interactive / Digital, Media Department - OMD ENTERTAINMENT, Burbank, CA, *pg.* 501
Hobbs, Brandon - Interactive / Digital, NBC - FITZCO, Atlanta, GA, *pg.* 73
Hobin, Angie - Analytics, Interactive / Digital, Research - GLOBAL STRATEGIES, Bend, OR, *pg.* 673
Hochman, Melissa - Interactive / Digital, Media Department - SAATCHI & SAATCHI , New York, NY, *pg.* 136
Hocking, Ben - Interactive / Digital, Media Department - BFO, Chicago, IL, *pg.* 217
Hodge, Megan - Interactive / Digital, Media Department - CARAT, New York, NY, *pg.* 459
Hoehn, Maija - Account Services, Interactive / Digital, Media Department - BROADHEAD, Minneapolis, MN, *pg.* 337
Hoffend, Emily - Account Planner, Interactive / Digital, Media Department - HAVAS MEDIA GROUP, Boston, MA, *pg.* 470
Hoffman, Laura - Account Planner, Creative, Interactive / Digital, NBC - ZENITH MEDIA, New York, NY, *pg.* 529
Hoffman, Nicole - Interactive / Digital - OMD WEST, Los Angeles, CA, *pg.* 502
Hoffman, Brandon - Interactive / Digital, Media Department - KEA ADVERTISING, Valley Cottage, NY, *pg.* 94
Hoffmann, Eric - Interactive / Digital, Media Department - UNIVERSAL MCCANN, New York, NY, *pg.* 521
Hofilena, Kristine - Interactive / Digital, Media Department - INITIATIVE, Los Angeles, CA, *pg.* 478
Hogan, Kelly - Interactive / Digital, Media Department - IPROSPECT, New York, NY, *pg.* 674
Hogg, Gillian - Interactive / Digital, Media Department - MEDIACOM, New York, NY, *pg.* 487
Hoin, Jake - Account Services, Interactive / Digital - KEPLER GROUP, New York, NY, *pg.* 244
Hoksch, LeAnn - Interactive / Digital, Media Department, NBC - GMR MARKETING, New Berlin, WI, *pg.* 306

Holbrook, Amy - Analytics, Interactive / Digital, Research - GLOBAL STRATEGIES, Bend, OR, *pg.* 673
Holcomb, Patrick - Finance, Interactive / Digital - ADEPT MARKETING, Columbus, OH, *pg.* 210
Holdorf , Mandi - Creative, Interactive / Digital, PPM - 215 MCCANN, San Francisco, CA, *pg.* 319
Holiday, Taylor - Interactive / Digital, Media Department - COMMON THREAD COLLECTIVE, Santa Ana, CA, *pg.* 221
Holland, Brian - Interactive / Digital, Media Department - STARCOM WORLDWIDE, New York, NY, *pg.* 517
Hollar, Candace - Interactive / Digital, Media Department - MEDIAHUB LOS ANGELES, El Segundo, CA, *pg.* 112
Holleman, Chris - Interactive / Digital, Media Department - R + M, Cary, NC, *pg.* 196
Holliday, Nick - Account Services, Interactive / Digital, Management - 22SQUARED INC., Atlanta, GA, *pg.* 319
Holliday, Emily - Interactive / Digital, Media Department, Social Media - CALLAHAN CREEK , Lawrence, KS, *pg.* 4
Holloway, Bonnie - Account Services, Interactive / Digital - ADTAXI, Denver, CO, *pg.* 211
Holman, Jenny - Account Services, Interactive / Digital, Management - CLOCKWORK ACTIVE MEDIA, Minneapolis, MN, *pg.* 221
Holmes, Chris - Interactive / Digital - JAM3, Toronto, ON, *pg.* 243
Holmes, Brenna - Creative, Interactive / Digital, Media Department, Research, Social Media - CHAPMAN CUBINE + HUSSEY, Arlington, VA, *pg.* 281
Holmgren, Jordan - Interactive / Digital, Media Department - CARAT, Detroit, MI, *pg.* 461
Holt, Ryan - Interactive / Digital - FERGUSON ADVERTISING, INC., Fort Wayne, IN, *pg.* 73
Holtman, Rick - Interactive / Digital - FREEWHEEL, New York, NY, *pg.* 465
Holton, Eileen - Account Planner, Account Services, Interactive / Digital, Media Department - OMD, Chicago, IL, *pg.* 500
Holzemer, Lisa - Account Services, Interactive / Digital - CARMICHAEL LYNCH, Minneapolis, MN, *pg.* 47
Hong, Gil - Account Services, Interactive / Digital - SEER INTERACTIVE, Philadelphia, PA, *pg.* 677
Honores, Pamela - Interactive / Digital, Social Media - FIG, New York, NY, *pg.* 73
Hook, Alyssa - Interactive / Digital, Media Department - HORIZON MEDIA, INC., New York, NY, *pg.* 474
Hook, Nate - Interactive / Digital,

1425

RESPONSIBILITIES INDEX — AGENCIES

Operations - CREATIVE ENERGY, INC., Johnson City, TN, *pg.* 346
Hooks, Keisha - Interactive / Digital, Media Department - PUBLICIS NORTH AMERICA, New York, NY, *pg.* 399
Hooper, Michael - Interactive / Digital, Media Department - ORION WORLDWIDE, New York, NY, *pg.* 503
Hoover, Jake - Account Services, Interactive / Digital - ARCALEA LLC, Chicago, IL, *pg.* 672
Hoover, Eric - Interactive / Digital, Media Department - ICROSSING, New York, NY, *pg.* 240
Hope, Valerie - Creative, Interactive / Digital, PPM - WALRUS, New York, NY, *pg.* 161
Hoppe, Meg - Creative, Interactive / Digital - THE WEIDERT GROUP, Appleton, WI, *pg.* 425
Horan, Nick - Interactive / Digital, Social Media - NEVINS & ASSOCIATES CHARTERED, Towson, MD, *pg.* 632
Hordeman, Jessica - Account Services, Interactive / Digital, Social Media - REPRISE DIGITAL, New York, NY, *pg.* 676
Horehled, Tessa - Interactive / Digital, PPM - HILL+KNOWLTON STRATEGIES, New York, NY, *pg.* 613
Horn, Sabrina - Interactive / Digital, NBC, PPOM - FINN PARTNERS, New York, NY, *pg.* 603
Horn, Michael - Interactive / Digital, Management, PPOM - HUGE, INC., Brooklyn, NY, *pg.* 239
Horn, Kathy - Interactive / Digital, Media Department, Social Media - VITALINK COMMUNICATIONS, Raleigh, NC, *pg.* 159
Horn, Justin - Interactive / Digital, Media Department - REFUEL AGENCY, New York, NY, *pg.* 507
Horowitz, Brad - Creative, Interactive / Digital, Management, Media Department, PPOM - ELITE MARKETING GROUP, New York, NY, *pg.* 305
Horowitz, Brooke - Account Planner, Interactive / Digital, Media Department, NBC - PHD USA, New York, NY, *pg.* 505
Horst, Natalia - Interactive / Digital - RISE INTERACTIVE, Chicago, IL, *pg.* 264
Horton, Sam - Interactive / Digital, PPM - X STUDIOS, Winter Park, FL, *pg.* 276
Hotis, Wyatt - Interactive / Digital, Media Department, Programmatic - WAVEMAKER, New York, NY, *pg.* 526
Hotten, Laura - Creative, Interactive / Digital - DEBERRY GROUP, San Antonio, TX, *pg.* 595
Houg, Erin - Interactive / Digital, Media Department - STARCOM WORLDWIDE, Chicago, IL, *pg.* 513
Hougton, Sarah - Interactive / Digital - THE MARKETING ARM, Dallas, TX, *pg.* 316
House, Rebecca - Interactive /

Digital, Media Department - UNIVERSAL MCCANN, New York, NY, *pg.* 521
House, Ray - Interactive / Digital, Media Department - CONNECT AT PUBLICIS MEDIA, Chicago, IL, *pg.* 462
Houston, Jarrett - Interactive / Digital, Media Department - ESSENCE, Los Angeles, CA, *pg.* 233
Howard, Charles - Creative, Interactive / Digital, PPM - INHANCE DIGITAL, Los Angeles, CA, *pg.* 242
Howard, Bradley - Interactive / Digital, Management, Media Department - STARCOM WORLDWIDE, Toronto, ON, *pg.* 517
Howard, Benjamin - Interactive / Digital, Media Department - MINDSHARE, New York, NY, *pg.* 491
Howard, Calep - Interactive / Digital, PPOM - MMGY GLOBAL, Kansas City, MO, *pg.* 388
Howard, Cristina - Interactive / Digital, Media Department - &BARR, Orlando, FL, *pg.* 319
Howard, Rusty - Interactive / Digital, Social Media - THE TOMBRAS GROUP, Knoxville, TN, *pg.* 424
Howd, Madeline - Interactive / Digital, NBC, Social Media - DIGITAS, Chicago, IL, *pg.* 227
Howell, Chris - Interactive / Digital, Media Department, NBC - INITIATIVE, New York, NY, *pg.* 477
Howland, Tom - Interactive / Digital, Media Department - MEDIACOM, New York, NY, *pg.* 487
Howle, Rachel - Interactive / Digital, Media Department - OPTIDGE, Houston, TX, *pg.* 255
Hoyt, Jesse - Interactive / Digital, NBC - CLOSED LOOP MARKETING, Roseville, CA, *pg.* 672
Hsia, Victoria - Account Planner, Account Services, Interactive / Digital - NEXTGUEST DIGITAL, New York, NY, *pg.* 253
Hsu, Daniel - Interactive / Digital, Media Department - THE MEDIA KITCHEN, New York, NY, *pg.* 519
Hsu, Andy - Creative, Interactive / Digital - INNOCEAN USA, Huntington Beach, CA, *pg.* 479
Hu, Charles - Interactive / Digital, PPOM - FORWARDPMX, New York, NY, *pg.* 360
Hu, Tiffany - Interactive / Digital, Media Department - CARAT, Culver City, CA, *pg.* 459
Hu, Ning - Interactive / Digital, PPM - AKQA, Atlanta, GA, *pg.* 212
Hua, Freddie - Interactive / Digital, Media Department - OPENMIND, New York, NY, *pg.* 503
Huang, Raymond - Interactive / Digital, Media Department, Programmatic - OMD, New York, NY, *pg.* 498
Huang, Joyce - Interactive / Digital, Media Department - SPARK FOUNDRY, New York, NY, *pg.* 508

Hubbert, Lisa - Interactive / Digital, PPM - MCGARRYBOWEN, San Francisco, CA, *pg.* 385
Huber, Conner - Account Services, Interactive / Digital, Management, Media Department, NBC, PPOM - MCGARRYBOWEN, New York, NY, *pg.* 109
Hubert, David - Analytics, Interactive / Digital - BLUE CHIP MARKETING & COMMUNICATIONS, Northbrook, IL, *pg.* 334
Hudgins, Matt - Account Services, Creative, Interactive / Digital, Media Department - GOODBY, SILVERSTEIN & PARTNERS, San Francisco, CA, *pg.* 77
Hudson, Ian - Interactive / Digital, Operations - PORTER NOVELLI CANADA, Toronto, ON, *pg.* 638
Hudson, Ashley - Interactive / Digital - THE DESIGNORY, Chicago, IL, *pg.* 269
Hudson, Alex - Interactive / Digital, Media Department - DIGITAS, San Francisco, CA, *pg.* 227
Huerta, Juan - Interactive / Digital, Operations - STARCOM WORLDWIDE, Chicago, IL, *pg.* 513
Huerta, Andrea - Interactive / Digital - ADVERTISEMINT, Hollywood, CA, *pg.* 211
Huff, MacKenzie - Account Services, Interactive / Digital, Media Department, PPM - COPACINO + FUJIKADO, LLC, Seattle, WA, *pg.* 344
Huff, Rachel - Interactive / Digital, NBC - 360PRPLUS, Boston, MA, *pg.* 573
Huffman, Jaclyn - Account Planner, Interactive / Digital, Media Department - GTB, Dearborn, MI, *pg.* 367
Huffman, Rex - Interactive / Digital - CALDWELL VANRIPER, Indianapolis, IN, *pg.* 46
Hughes, Jan - Account Planner, Account Services, Interactive / Digital, Media Department - DAY COMMUNICATIONS GROUP, INC., Toronto, ON, *pg.* 349
Hughes, Brett - Account Services, Analytics, Interactive / Digital - NET CONVERSION, Orlando, FL, *pg.* 253
Huh, Danny - Interactive / Digital - INNOCEAN USA, Huntington Beach, CA, *pg.* 479
Hui, Joseph - Interactive / Digital, Management - MAXIMIZER SOFTWARE, INC., Vancouver, BC, *pg.* 168
Hulbert, Carolyn - Interactive / Digital, Media Department - LUQUIRE GEORGE ANDREWS, INC., Charlotte, NC, *pg.* 382
Hull, Brian - Creative, Interactive / Digital - CLEAR, New York, NY, *pg.* 51
Hull, Kristopher - Interactive / Digital - TNS, Cincinnati, OH, *pg.* 450
Hull, Jeremy - Interactive / Digital, Media Department -

AGENCIES — RESPONSIBILITIES INDEX

IPROSPECT, Fort Worth, TX, *pg.* 674
Humber, Chris - Interactive / Digital, NBC, Programmatic, Social Media - EDELMAN, New York, NY, *pg.* 599
Humes, Russell - Interactive / Digital, Media Department - STARCOM WORLDWIDE, Chicago, IL, *pg.* 513
Humphrey, Kristee - Creative, Interactive / Digital - PROOF ADVERTISING, Austin, TX, *pg.* 398
Hunley, Jennifer - Account Planner, Interactive / Digital, Media Department, NBC - BBDO WORLDWIDE, New York, NY, *pg.* 331
Hunley, Brittany - Interactive / Digital, NBC, Social Media - EP+CO., New York, NY, *pg.* 356
Hunt, Kristin - Interactive / Digital, Media Department - WAVEMAKER, Los Angeles, CA, *pg.* 528
Hunt, Christopher - Account Planner, Interactive / Digital - MINDSTREAM MEDIA GROUP - DALLAS, Dallas, TX, *pg.* 496
Hunt, Averie - Interactive / Digital, Social Media - CHIZCOMM, North York, ON, *pg.* 50
Hunter, Kathleen - Interactive / Digital, Management - ASSOCIATION OF NATIONAL ADVERTISERS, New York, NY, *pg.* 442
Hunter, Mary - Interactive / Digital, Media Department, Social Media - MEDIACOM, Playa Vista, CA, *pg.* 486
Hunter, Ann-Marie - Interactive / Digital, Media Department - BLUE 449, Seattle, WA, *pg.* 456
Hurley, Brian - Interactive / Digital, Media Department - HORIZON MEDIA, INC., New York, NY, *pg.* 474
Hurley Dunn, Caitlin - Interactive / Digital, Media Department, Social Media - DIGITAS, Chicago, IL, *pg.* 227
Hurst, Alexander - Interactive / Digital, Media Department - WAVEMAKER, New York, NY, *pg.* 526
Hussey, Joanna - Account Services, Interactive / Digital - EDELMAN, Chicago, IL, *pg.* 353
Huston, Katherine - Interactive / Digital, Management, Media Department, Social Media - MAROON PR, Columbia, MD, *pg.* 625
Hutchens, Matt - Creative, Interactive / Digital, Media Department - BIGEYE AGENCY, Orlando, FL, *pg.* 3
Hutchings, Caleb - Interactive / Digital, Media Department - MEDIAHUB BOSTON, Boston, MA, *pg.* 489
Hutchison, Jason - Interactive / Digital, PPOM - MARCUS THOMAS, Cleveland, OH, *pg.* 104
Huttner, Shelley - Interactive / Digital, Media Department - TOUCHPOINT INTEGRATED COMMUNICATIONS, Darien, CT, *pg.* 520
Hutton, Lauren - Interactive / Digital - AUDIENCEX, Marina Del Rey, CA, *pg.* 35

Huynh, Danny - Account Planner, Account Services, Interactive / Digital, Management, Media Department, PPOM - UNIVERSAL MCCANN, New York, NY, *pg.* 521
Huynh, Andrew - Account Services, Analytics, Interactive / Digital, Media Department - SAATCHI & SAATCHI LOS ANGELES, Torrance, CA, *pg.* 137
Hwang, Earl - Interactive / Digital, NBC - PMG, Fort Worth, TX, *pg.* 257
Hwang, Kendra - Account Planner, Account Services, Interactive / Digital, Media Department - CAMPBELL EWALD, West Hollywood, CA, *pg.* 47
Hyde, Tom - Interactive / Digital - TBWA \ CHIAT \ DAY, New York, NY, *pg.* 416
Hymen, Alexis - Interactive / Digital, Media Department - ENGINE MEDIA GROUP, New York, NY, *pg.* 465
Hynes, Connor - Interactive / Digital, Media Department - MINDSHARE, Playa Vista, CA, *pg.* 495
Hyte, Bryson - Interactive / Digital, PPOM - REALITY INTERACTIVE, LLC, Middletown, CT, *pg.* 262
Iacopelli, Susan - Account Services, Interactive / Digital - SPARK FOUNDRY, Chicago, IL, *pg.* 510
Igarashi, Jeanette - Interactive / Digital, Media Department - ALWAYS ON COMMUNICATIONS , Pasadena, CA, *pg.* 454
Ignoffo, Lauren - Account Planner, Interactive / Digital, Media Department - MINDSHARE, Chicago, IL, *pg.* 494
Ikegami, Dan - Interactive / Digital, Media Department - MEDIASPOT, INC. , Corona Del Mar, CA, *pg.* 490
Ilardi, Melissa - Interactive / Digital, Media Department - MEDIA TWO INTERACTIVE, Raleigh, NC, *pg.* 486
Imber, Gregory - Interactive / Digital, PPOM - HEALTHCARE CONSULTANCY GROUP, New York, NY, *pg.* 83
Imbergamo, Michaela - Interactive / Digital, Media Department - WAVEMAKER, New York, NY, *pg.* 526
Infanzon, Christopher - Interactive / Digital, Media Department - ESSENCE, New York, NY, *pg.* 232
Infelt, Jim - Interactive / Digital, Media Department, PPOM - AMPERAGE, Cedar Falls, IA, *pg.* 30
Infelt, James - Interactive / Digital, PPOM - AMPERAGE, Cedar Rapids, IA, *pg.* 30
Infosino, Thomas - Interactive / Digital, Media Department - SPARK FOUNDRY, New York, NY, *pg.* 508
Ingenito, Alexandra - Interactive / Digital, Media Department - HORIZON MEDIA, INC., New York, NY, *pg.* 474
Inglis, Harry - Interactive / Digital, Media Department -

PERFORMICS, New York, NY, *pg.* 676
Ingram, Bryan - Interactive / Digital - ANSIRA, Addison, TX, *pg.* 326
Ingram, Sarah - Interactive / Digital, NBC - GOLIN, Los Angeles, CA, *pg.* 609
Inman, Kim - Creative, Interactive / Digital - MATCH ACTION MARKETING GROUP, Boulder, CO, *pg.* 692
Insdorf, Stephanie - Account Planner, Interactive / Digital, Management, Media Department - UNIVERSAL MCCANN, New York, NY, *pg.* 521
Insdorf, Peter - Interactive / Digital, Media Department - STARCOM WORLDWIDE, New York, NY, *pg.* 517
Insinga, Mary - Interactive / Digital - ZENO GROUP, New York, NY, *pg.* 664
Ip, Sunny - Interactive / Digital, Media Department, Social Media - REPRISE DIGITAL, New York, NY, *pg.* 676
Irani, Layla - Interactive / Digital, Media Department - CANVAS WORLDWIDE, Playa Vista, CA, *pg.* 458
Ireland, Jack - Interactive / Digital, Media Department, NBC, Social Media - SYZYGY US, New York, NY, *pg.* 268
Irwin, Todd - Interactive / Digital, Management - ZENO GROUP, Redwood Shores, CA, *pg.* 665
Isaacs, Courtney - Account Planner, Interactive / Digital, Media Department, PPOM - MINDSHARE, Chicago, IL, *pg.* 494
Isenberg, Ryan - Analytics, Interactive / Digital, Programmatic - DIGITAS, New York, NY, *pg.* 226
Isidore, Adam - Creative, Interactive / Digital, PPM - FCB NEW YORK, New York, NY, *pg.* 357
Isroff, Michelle - Creative, Interactive / Digital - BIG RED ROOSTER, Columbus, OH, *pg.* 3
Italia, Mark - Interactive / Digital, Media Department - HORIZON MEDIA, INC., Los Angeles, CA, *pg.* 473
Ivie, Blake - Account Planner, Account Services, Interactive / Digital, Management, Media Department - CARAT, Atlanta, GA, *pg.* 459
Iwata, Erin - Interactive / Digital - HEINRICH MARKETING, INC., Denver, CO, *pg.* 84
Jachles, Melanie - Account Services, Interactive / Digital - EDELMAN, Chicago, IL, *pg.* 353
Jackson, Diane - Interactive / Digital, PPM, PPOM - DDB CHICAGO, Chicago, IL, *pg.* 59
Jackson, Chelsea - Interactive / Digital, Media Department, PPM - ZENITH MEDIA, Atlanta, GA, *pg.* 531
Jackson, Evan - Interactive / Digital, Media Department - STARCOM WORLDWIDE, Chicago, IL, *pg.* 513
Jackson, Paula - Interactive / Digital, Media Department - IVIE &

1427

RESPONSIBILITIES INDEX — AGENCIES

ASSOCIATES, INC., Flower Mound, TX, pg. 91
Jackson, Jon - Creative, Interactive / Digital, PPOM - WORK & CO, Brooklyn, NY, pg. 276
Jackson, Dave - Account Services, Interactive / Digital, NBC, Public Relations - BURRELL COMMUNICATIONS GROUP, INC. , Chicago, IL, pg. 45
Jacobs, Ricky - Interactive / Digital, Management, Media Department, NBC - FCB TORONTO, Toronto, ON, pg. 72
Jacobs, David - Interactive / Digital, Media Department, PPOM, Public Relations - THE TOMBRAS GROUP, Knoxville, TN, pg. 424
Jacobs, Christina - Interactive / Digital, Media Department - AKQA, San Francisco, CA, pg. 211
Jacobsen, Marie - Interactive / Digital - BROADHEAD, Minneapolis, MN, pg. 337
Jacobson, Lauren - Interactive / Digital, Media Department - INITIATIVE, New York, NY, pg. 477
Jacoby, Steve - Account Planner, Interactive / Digital, Media Department - CONVERGEDIRECT, New York, NY, pg. 462
Jaeger, Jonathan - Interactive / Digital, Media Department - ZETA INTERACTIVE, New York, NY, pg. 277
Jaffery, Imran - Account Services, Interactive / Digital, Media Department, NBC - TOUCHPOINT INTEGRATED COMMUNICATIONS, Darien, CT, pg. 520
Jagla, Michelle - Interactive / Digital, Media Department - MEDIACOM, New York, NY, pg. 487
Jahn, Dan - Account Services, Interactive / Digital, Management - CSM SPORT & ENTERTAINMENT, New York, NY, pg. 347
Jahnke, Mollie - Interactive / Digital, NBC - NEBO AGENCY, LLC, Atlanta, GA, pg. 253
Jakubiak, Jason - Creative, Interactive / Digital - THE MARS AGENCY, Southfield, MI, pg. 683
Jakubowski, Ryan - Interactive / Digital, Media Department - ADAMS & KNIGHT ADVERTISING, Avon, CT, pg. 322
Jakubowski, Natasha - Interactive / Digital, NBC, PPOM - ANOMALY, New York, NY, pg. 325
James, Marsha - Interactive / Digital, Media Department - RPA, Santa Monica, CA, pg. 134
James, Neil - Account Services, Interactive / Digital, Media Department - SOLVE, Minneapolis, MN, pg. 17
James, Kyle - Interactive / Digital, Media Department - MEDIAHUB BOSTON, Boston, MA, pg. 489
Jankauskas, Christina - Interactive / Digital, Media Department, PPM - STARCOM WORLDWIDE, Detroit, MI, pg. 517
Janovetz, Jeff - Interactive / Digital, Management - ARCHER MALMO, Memphis, TN, pg. 32
Janz, Jacqueline - Interactive / Digital, NBC, Public Relations - MORTENSON KIM, Milwaukee, WI, pg. 118
Jaquins, Tiffany - Account Planner, Interactive / Digital, Media Department - NOBLE PEOPLE, New York, NY, pg. 120
Jarab, Debbie - Interactive / Digital, Media Department - ADCOM COMMUNICATIONS, INC., Cleveland, OH, pg. 210
Jardim, Ronaldo - Creative, Interactive / Digital, PPOM - PAVONE MARKETING GROUP, Harrisburg, PA, pg. 396
Jarecke, Mark - Interactive / Digital, Management - AREA 17, Brooklyn, NY, pg. 214
Jarmus, Justin - Interactive / Digital, Media Department - HORIZON MEDIA, INC., New York, NY, pg. 474
Jarrell, Ryan - Interactive / Digital - THE KERRY GROUP, Fenton, MO, pg. 316
Jarvis, Johanna - Interactive / Digital, Media Department - SSCG MEDIA GROUP, New York, NY, pg. 513
Jarzab, Barbara - Interactive / Digital, Media Department, Research - COMSCORE, Seattle, WA, pg. 443
Javaid, Hasnain - Account Services, Interactive / Digital - SPARK FOUNDRY, Chicago, IL, pg. 510
Javier, Margaret - Interactive / Digital - PUBLICIS NORTH AMERICA, New York, NY, pg. 399
Jayanath, Ravi - Account Planner, Account Services, Creative, Interactive / Digital, Media Department - BIG FAMILY TABLE, Los Angeles, CA, pg. 39
Jayasinghe, Rukshan - Finance, Interactive / Digital - CANVAS WORLDWIDE, Playa Vista, CA, pg. 458
Jeanbart, Catherine - Interactive / Digital, Media Department - HAVAS MEDIA GROUP, New York, NY, pg. 468
Jebens, Harley - Account Planner, Account Services, Interactive / Digital, Media Department - 22SQUARED INC., Atlanta, GA, pg. 319
Jech, Derek - Interactive / Digital, NBC - DIGITAS, New York, NY, pg. 226
Jeffers, Scott - Interactive / Digital, Media Department, PPM - LUXE COLLECTIVE GROUP, New York, NY, pg. 102
Jencks, Valerie - Interactive / Digital - MIRUM AGENCY, Chicago, IL, pg. 681
Jenders, Dennis - Interactive / Digital, Social Media - GMR MARKETING, New Berlin, WI, pg. 306
Jenevein, Jane - Account Services, Interactive / Digital - BELO + COMPANY, Dallas, TX, pg. 216
Jenkins, Janelica - Interactive / Digital - VISITURE, Charleston, SC, pg. 678

Jennings, Paul - Account Planner, Interactive / Digital, Media Department - CAMPBELL EWALD, West Hollywood, CA, pg. 47
Jensen, Marc - Interactive / Digital, PPOM - SPACE150, Minneapolis, MN, pg. 266
Jensen, Hannah - Interactive / Digital, Media Department - CARAT, New York, NY, pg. 459
Jensen, Laura - Interactive / Digital, Media Department - INITIATIVE, Los Angeles, CA, pg. 478
Jensen, Shannon - Interactive / Digital, Media Department - GSD&M, Austin, TX, pg. 79
Jensen, Andre - Account Planner, Interactive / Digital - GLOBAL STRATEGIES, Bend, OR, pg. 673
Jensen, Timothy - Account Services, Interactive / Digital, PPM - CLIX MARKETING, Louisville, KY, pg. 672
Jergens, Samuel - Interactive / Digital, Media Department - OMD WEST, Los Angeles, CA, pg. 502
Jetwattana, Tony - Interactive / Digital, Media Department - ZENITH MEDIA, New York, NY, pg. 529
Jeudy, Ralph - Account Services, Interactive / Digital - CSM SPORT & ENTERTAINMENT, New York, NY, pg. 347
Jeudy, Caroline - Account Planner, Account Services, Interactive / Digital, Media Department - CARAT, New York, NY, pg. 459
Jim-George, Charlie - Creative, Interactive / Digital, Media Department - HI5.AGENCY, Burbank, CA, pg. 239
Jimenez, Miguel - Account Planner, Interactive / Digital - DASH TWO, Culver City, CA, pg. 551
Jobs, Marvin - Interactive / Digital - 9TH CO., Toronto, ON, pg. 209
John, Benjamin - Interactive / Digital - THUNDER TECH, Cleveland, OH, pg. 426
John, Thomas - Interactive / Digital, NBC - RIGHTPOINT, Oakland, CA, pg. 263
Johns, Greg - Interactive / Digital, Media Department, PPOM - CANVAS WORLDWIDE, Playa Vista, CA, pg. 458
Johnsen, Ben - Interactive / Digital, Media Department, NBC - KIOSK CREATIVE LLC, Novato, CA, pg. 378
Johnson, Ryan - Interactive / Digital, NBC, PPOM - MINDSHARE, Portland, OR, pg. 495
Johnson, Dallas - Interactive / Digital, PPOM - BOKKA GROUP, Denver, CO, pg. 218
Johnson, Lauren - Interactive / Digital, Management, Media Department, NBC - 360I, LLC, Atlanta, GA, pg. 207
Johnson, Greg - Interactive / Digital, Management, NBC, PPOM - MCGARRYBOWEN, San Francisco, CA,

AGENCIES — RESPONSIBILITIES INDEX

pg. 385
Johnson, Erica - Interactive / Digital, Media Department - CARAT, New York, NY, *pg.* 459
Johnson, Shamar - Interactive / Digital, Media Department - WAVEMAKER, Los Angeles, CA, *pg.* 528
Johnson, Marc - Interactive / Digital - APCO WORLDWIDE, New York, NY, *pg.* 578
Johnson, Petra - Account Planner, Interactive / Digital, Media Department - DAILEY & ASSOCIATES, West Hollywood, CA, *pg.* 56
Johnson, Angela - Account Services, Interactive / Digital, NBC - VAYNERMEDIA, New York, NY, *pg.* 689
Johnson, Graham - Account Services, Interactive / Digital, NBC - FCB HEALTH, New York, NY, *pg.* 72
Johnson, Paul - Analytics, Interactive / Digital - ANSIRA, Addison, TX, *pg.* 326
Johnson, Karilyn - Interactive / Digital, Media Department - HAWORTH MARKETING & MEDIA, Minneapolis, MN, *pg.* 470
Johnson, Carolyn - Interactive / Digital, PPM - M:UNITED//MCCANN, New York, NY, *pg.* 102
Johnson, Anne - Interactive / Digital, Media Department - BLUE 449, New York, NY, *pg.* 455
Johnson, Kim - Account Planner, Interactive / Digital - AMPERAGE, Cedar Rapids, IA, *pg.* 30
Johnson, Grace - Account Services, Interactive / Digital - HANLEY WOOD MARKETING, Minneapolis, MN, *pg.* 9
Johnson, Neil - Creative, Interactive / Digital - MASON, INC., Bethany, CT, *pg.* 383
Johnston, Emily - Interactive / Digital, Public Relations - CITIZEN RELATIONS, New York, NY, *pg.* 590
Jonas, Trevor - Interactive / Digital, Media Department - WE COMMUNICATIONS, San Francisco, CA, *pg.* 660
Jones, Amy - Analytics, Interactive / Digital - EDELMAN, Seattle, WA, *pg.* 601
Jones, Ross - Interactive / Digital, NBC - BRAINSELL TECHNOLOGIES, LLC, Topsfield, MA, *pg.* 167
Jones, Stephanie - Account Services, Interactive / Digital, Management, Media Department - INITIATIVE, New York, NY, *pg.* 477
Jones, Samantha - Interactive / Digital, Media Department - TEAM ONE, Los Angeles, CA, *pg.* 417
Jones, Ebony - Interactive / Digital, Media Department - SPARK FOUNDRY, New York, NY, *pg.* 508
Jones, Heather - Interactive / Digital, Media Department - AD PARTNERS, INC., Tampa, FL, *pg.* 26
Jones, Meredith - Interactive / Digital, Media Department - SPARK FOUNDRY, New York, NY, *pg.* 508
Jones, Owen - Account Planner, Account Services, Interactive /

Digital, Media Department - OMD WEST, Los Angeles, CA, *pg.* 502
Jones, Nikki - Account Planner, Analytics, Interactive / Digital, Research - THE INTEGER GROUP - DALLAS, Dallas, TX, *pg.* 570
Jones, Harold - Interactive / Digital, PPOM - WORKINPROGRESS, Boulder, CO, *pg.* 163
Jones, Lauren - Interactive / Digital, Media Department, Promotions - R2INTEGRATED, Baltimore, MD, *pg.* 261
Jones, Emily - Interactive / Digital, Media Department - ZEHNDER COMMUNICATIONS, INC., New Orleans, LA, *pg.* 436
Jones, Katelyn - Account Services, Interactive / Digital - KEPLER GROUP, New York, NY, *pg.* 244
Jones, Julia - Interactive / Digital, Media Department - KPS3 MARKETING AND COMMUNICATIONS, Reno, NV, *pg.* 378
Jones, Kevin - Creative, Interactive / Digital, PPOM - KPS3 MARKETING AND COMMUNICATIONS, Reno, NV, *pg.* 378
Jordan, Joseph - Creative, Interactive / Digital - JK DESIGN, Hillsborough, NJ, *pg.* 481
Jordan, Lane - Creative, Interactive / Digital - PROOF ADVERTISING, Austin, TX, *pg.* 398
Jordan, Megan - Interactive / Digital - PGR MEDIA, Boston, MA, *pg.* 504
Jordao, Gustavo - Interactive / Digital - OGILVY, Coral Gables, FL, *pg.* 393
Jordet, Kristen - Administrative, Interactive / Digital, Media Department - CARAT, Atlanta, GA, *pg.* 459
Jorgensen, Dana - Account Planner, Interactive / Digital - ANTICS DIGITAL MARKETING, San Carlos, CA, *pg.* 214
Joseph, Audra - Interactive / Digital, Research - MOXIE, Pittsburgh, PA, *pg.* 251
Josephson, Lina - Analytics, Interactive / Digital, Media Department, NBC, Research - HAVAS MEDIA GROUP, New York, NY, *pg.* 468
Joshi, Ankit - Account Services, Interactive / Digital, Social Media - TRAFFIK ADVERTISING, Irvine, CA, *pg.* 156
Joshpe, Rachel - Interactive / Digital, Media Department - BUTLER / TILL, Rochester, NY, *pg.* 457
Jourdain, Alexandre - Creative, Interactive / Digital - LG2, Montreal, QC, *pg.* 380
Joyce, Amanda - Interactive / Digital, Media Department - CONNECTION MODEL LLC, Issaquah, WA, *pg.* 344
Joyce, Jen - Interactive / Digital, Social Media - WONGDOODY, Seattle, WA, *pg.* 162
Julewitz, Scott - Interactive / Digital - HAVAS EDGE, Boston, MA,

pg. 284
Juliano, Dana - Account Planner, Account Services, Interactive / Digital, Media Department - VAYNERMEDIA, New York, NY, *pg.* 689
Jungmeyer, Blake - Interactive / Digital, NBC - CZARNOWSKI, Chicago, IL, *pg.* 304
Jungwirth, Mark - Finance, Interactive / Digital, PPOM - FCB CHICAGO, Chicago, IL, *pg.* 71
Juran, Eric - Interactive / Digital, Media Department - PUBLICIS HEALTH MEDIA, Philadelphia, PA, *pg.* 506
Jurga, Patrick - Interactive / Digital, Management - UNIVERSAL MCCANN, Los Angeles, CA, *pg.* 524
Jushkewich, Nick - Interactive / Digital, Media Department - STARCOM WORLDWIDE, Detroit, MI, *pg.* 517
Jussaume, Allan Paul - Interactive / Digital, Social Media - D50 MEDIA, Chestnut Hill, MA, *pg.* 348
Justice, Jim - Account Services, Interactive / Digital - ONE TRICK PONY, Hammonton, NJ, *pg.* 15
Justus, Jessica - Interactive / Digital, Media Department - STRATEGIC MEDIA, INC., Arlington, VA, *pg.* 518
Jwaskiewicz, Adam - Interactive / Digital - PINCKNEY HUGO GROUP, Syracuse, NY, *pg.* 128
Kabir, Romeo - Account Planner, Interactive / Digital, Media Department - NEO MEDIA WORLD, New York, NY, *pg.* 496
Kaczmarerk, Elizabeth - Account Services, Interactive / Digital, Media Department - MINDSHARE, New York, NY, *pg.* 491
Kadish, Sarah - Interactive / Digital, Media Department - J3, New York, NY, *pg.* 480
Kadiu, Ardis - Creative, Interactive / Digital, PPOM - SPARK451, INC., Westbury, NY, *pg.* 411
Kafka, Samantha - Account Services, Interactive / Digital - UNIVERSAL MCCANN, New York, NY, *pg.* 521
Kagan, Jon - Interactive / Digital, Media Department, Programmatic - COGNISCIENT MEDIA/MARC USA, Charlestown, MA, *pg.* 51
Kahle, Julie - Interactive / Digital, Media Department - FREEBAIRN & COMPANY, Atlanta, GA, *pg.* 360
Kahriman, Deniz - Interactive / Digital, Media Department - QUIGLEY-SIMPSON, Los Angeles, CA, *pg.* 544
Kainec, Sean - Interactive / Digital, Media Department - QUATTRO DIRECT, Berwyn, PA, *pg.* 290
Kaiser, Jon - Interactive / Digital, Management, Media Department - HEARTS & SCIENCE, New York, NY, *pg.* 471
Kakadia, Kaushal - Interactive / Digital, PPOM - SOCIALLYIN, Birmingham, AL, *pg.* 688

RESPONSIBILITIES INDEX — AGENCIES

Kakarala, Raghu - Interactive / Digital, Operations, PPOM - FORTYFOUR, Atlanta, GA, *pg.* 235

Kalahar, Pat - Interactive / Digital, Media Department - CAMELOT STRATEGIC MARKETING & MEDIA, Dallas, TX, *pg.* 457

Kalb, Steve - Account Planner, Account Services, Interactive / Digital, Media Department - MEDIAHUB NEW YORK, New York, NY, *pg.* 249

Kalcher, Gernot - Interactive / Digital - FORMATIVE, Seattle, WA, *pg.* 235

Kalliecharan, Nadira - Interactive / Digital, Management - PUBLICIS.SAPIENT, Atlanta, GA, *pg.* 259

Kamara, Salina - Account Services, Interactive / Digital, Media Department - FITZCO, Atlanta, GA, *pg.* 73

Kamm, Morgan - Account Planner, Account Services, Interactive / Digital, Media Department - CARAT, New York, NY, *pg.* 459

Kane, Jonathan - Interactive / Digital - LOVE ADVERTISING, Houston, TX, *pg.* 101

Kang, David - Interactive / Digital - OGILVY PUBLIC RELATIONS, New York, NY, *pg.* 633

Kantor, Rebecca - Interactive / Digital, Media Department - 360I, LLC, Atlanta, GA, *pg.* 207

Kantor, Isabel - Analytics, Creative, Interactive / Digital, Media Department, Operations - ORGANIC, INC., New York, NY, *pg.* 256

Kao, Elaine - Interactive / Digital, Media Department - CMI MEDIA, LLC, King of Prussia, PA, *pg.* 342

Kao, Nini - Creative, Interactive / Digital - MCD PARTNERS, New York, NY, *pg.* 249

Kapczynski, Kerri - Interactive / Digital, Media Department, Research - HARMELIN MEDIA, Bala Cynwyd, PA, *pg.* 467

Kaplan, Adam - Interactive / Digital, Programmatic - BLUE CHIP MARKETING & COMMUNICATIONS, Northbrook, IL, *pg.* 334

Kaplan, Dan - Interactive / Digital, Management, PPM - DEUTSCH, INC., Los Angeles, CA, *pg.* 350

Kaplan, Amanda - Interactive / Digital, Media Department - ESSENCE, New York, NY, *pg.* 232

Kappus, Kathy - Account Services, Analytics, Interactive / Digital, NBC - BLIZZARD INTERNET MARKETING, Glenwood Springs, CO, *pg.* 672

Kapsalis, Sally - Interactive / Digital, PPM - UWG, Brooklyn, NY, *pg.* 546

Kaput, Joseph - Creative, Interactive / Digital - UPSHOT, Chicago, IL, *pg.* 157

Karlberg, Tyler - Account Services, Interactive / Digital, Media Department, Social Media - GRIFFIN ARCHER, Minneapolis, MN, *pg.* 78

Karlenzig, Kurt - Interactive / Digital, Management - THE MARKETING STORE WORLDWIDE, Chicago, IL, *pg.* 421

Karn, Allison - Interactive / Digital, Media Department, PPM - ZENITH MEDIA, New York, NY, *pg.* 529

Karnowski, Jed - Interactive / Digital, Media Department - OGILVY PUBLIC RELATIONS, New York, NY, *pg.* 633

Karode, Gouri - Analytics, Interactive / Digital, Media Department - LODGING INTERACTIVE, Parsippany, NJ, *pg.* 246

Karpowic, Emily - Interactive / Digital, Media Department - MINDSHARE, New York, NY, *pg.* 491

Karwande, Kyle - Account Planner, Interactive / Digital, Media Department - STARCOM WORLDWIDE, Chicago, IL, *pg.* 513

Kasey, Courtney - Interactive / Digital, Media Department - WAVEMAKER, Los Angeles, CA, *pg.* 528

Kashyap, Nisha - Interactive / Digital - SOCIALLYIN, Birmingham, AL, *pg.* 688

Katelman, Steve - Account Planner, Account Services, Interactive / Digital, Management, NBC, Operations - ANNALECT GROUP, New York, NY, *pg.* 213

Kattany, Jesse - Interactive / Digital, Media Department - MINDSHARE, New York, NY, *pg.* 491

Kattreh, Allison - Account Planner, Interactive / Digital - POP-DOT, Madison, WI, *pg.* 257

Katz, Lauren - Interactive / Digital, PPOM - J3, New York, NY, *pg.* 480

Katz, Samantha - Interactive / Digital, Media Department - INITIATIVE, Los Angeles, CA, *pg.* 478

Katz, Stacy - Interactive / Digital, Media Department - JL MEDIA, INC., Union, NJ, *pg.* 481

Katzen, Kaila - Interactive / Digital, Media Department - OMD, New York, NY, *pg.* 498

Kauffman, Brianna - Account Services, Interactive / Digital, Media Department, NBC - TAYLOR, New York, NY, *pg.* 651

Kauffman, Jeff - Interactive / Digital, Media Department, Social Media - THE RICHARDS GROUP, INC., Dallas, TX, *pg.* 422

Kauffman, Naomi - Interactive / Digital, Media Department - HARMELIN MEDIA, Bala Cynwyd, PA, *pg.* 467

Kauffman, Caity - Interactive / Digital, Social Media - 160OVER90, New York, NY, *pg.* 301

Kaufman, Samantha - Interactive / Digital, Media Department - MERKLEY + PARTNERS, New York, NY, *pg.* 114

Kaufman, Greg - Account Planner, Interactive / Digital - RAPP WORLDWIDE, Los Angeles, CA, *pg.* 291

Kaufman, Jake - Interactive / Digital, Media Department - ADEPT MARKETING, Columbus, OH, *pg.* 210

Kaufman, Nicole - Interactive / Digital - REDPEG MARKETING, Alexandria, VA, *pg.* 692

Kaufmann, Drew - Interactive / Digital, Media Department - MEDIASSOCIATES, INC., Sandy Hook, CT, *pg.* 490

Kauppila, Joanna - Interactive / Digital, Media Department - OVATIVE GROUP, Minneapolis, MN, *pg.* 256

Kautz, John - Interactive / Digital, NBC - RAWLE-MURDY ASSOCIATES, Charleston, SC, *pg.* 403

Kawasaki, Elvin - Account Services, Interactive / Digital, Media Department - INITIATIVE, Los Angeles, CA, *pg.* 478

Kazim, Sherine - Creative, Interactive / Digital, NBC - FAIRE, LLC, Washington, DC, *pg.* 357

Kazl, Persephone - Interactive / Digital, Media Department - MEDIAHUB BOSTON, Boston, MA, *pg.* 489

Kean, Jeff - Interactive / Digital, Management - CRAMER-KRASSELT, Chicago, IL, *pg.* 53

Kean, Kelsey - Analytics, Creative, Interactive / Digital, PPM - CURRENT, Chicago, IL, *pg.* 594

Keane, Julia - Creative, Interactive / Digital, PPM - MULLENLOWE U.S. LOS ANGELES, El Segundo, CA, *pg.*

Kear, Sara - Interactive / Digital, Media Department - ADEPT MARKETING, Columbus, OH, *pg.* 210

Keating, Mary - Interactive / Digital, NBC - HILL+KNOWLTON STRATEGIES CANADA, Toronto, ON, *pg.* 613

Keating, Casey - Interactive / Digital, Media Department, Operations - HAWORTH MARKETING & MEDIA, Minneapolis, MN, *pg.* 470

Kedinger, Daniel - Interactive / Digital, Media Department - BBR CREATIVE, Lafayette, LA, *pg.* 174

Keefer, Elizabeth - Interactive / Digital, Media Department, Social Media - TINUITI, New York, NY, *pg.* 678

Keefer, Ryan - Interactive / Digital, Management, Operations - CENTERLINE DIGITAL, Raleigh, NC, *pg.* 220

Keefer, Torin - Interactive / Digital - JPL, Harrisburg, PA, *pg.* 378

Keegan, Gregory - Interactive / Digital, Media Department - PANNOS MARKETING, Manchester, NH, *pg.* 125

Keeling, Scott - Interactive / Digital, Media Department - BIMM DIRECT & DIGITAL, Toronto, ON, *pg.* 280

Keenan, Danielle - Account Services, Interactive / Digital, Media Department, PPM - ENERGY BBDO, INC., Chicago, IL, *pg.* 355

1430

AGENCIES
RESPONSIBILITIES INDEX

Kehoe, Meaghan - Interactive / Digital, Social Media - MIRUM AGENCY, Chicago, IL, pg. 681

Keiserman, Suzanne - Account Planner, Account Services, Interactive / Digital, PPOM - OMD, New York, NY, pg. 498

Keiter, Nicole - Interactive / Digital, Management - UNIVERSAL MCCANN, New York, NY, pg. 521

Keith, Erik - Account Planner, Interactive / Digital, Media Department, PPOM - COMMUNICATIONS STRATEGY GROUP, Denver, CO, pg. 592

Keith, Jason - Analytics, Interactive / Digital, Media Department, Programmatic, Social Media - DIGITAS, Chicago, IL, pg. 227

Keizer, Gabriele - Interactive / Digital, Media Department - PHD USA, New York, NY, pg. 505

Kelleher, Erin - Interactive / Digital, Media Department - DWA MEDIA, San Francisco, CA, pg. 464

Kellum, Court - Interactive / Digital, Social Media - ADVERTISEMINT, Hollywood, CA, pg. 211

Kelly, Kevin - Interactive / Digital, Media Department - KSM SOUTH, Austin, TX, pg. 482

Kelly, Richard - Interactive / Digital, Media Department - HORIZON MEDIA, INC., New York, NY, pg. 474

Kelly, Evan - Account Planner, Interactive / Digital, Media Department - HEARTS & SCIENCE, New York, NY, pg. 471

Kelly, Erin - Interactive / Digital, Management, Media Department - MEDIAHUB BOSTON, Boston, MA, pg. 489

Kelly, Ryan - Interactive / Digital, Media Department, PPOM, Programmatic - WAVEMAKER, New York, NY, pg. 526

Kelly, TJ - Interactive / Digital, Media Department, PPOM - UNIVERSAL MCCANN, New York, NY, pg. 521

Kelly, Ty - Interactive / Digital - GLOBAL STRATEGIES, Bend, OR, pg. 673

Kelly, Laura - Interactive / Digital, Media Department - MEDIAHUB LOS ANGELES, El Segundo, CA, pg. 112

Kelly, Peter - Interactive / Digital, Media Department, Social Media - ESSENCE, New York, NY, pg. 232

Kelly, Christen - Interactive / Digital, Media Department - UNIVERSAL MCCANN, New York, NY, pg. 521

Kelly, Matt - Interactive / Digital, Media Department - BCW CHICAGO, Chicago, IL, pg. 581

Kelly, Jenna - Interactive / Digital, Media Department - HORIZON MEDIA, INC., New York, NY, pg. 474

Kelsen, Jennifer - Interactive / Digital, Media Department - THE OHLMANN GROUP, Dayton, OH, pg. 422

Kemp, Alex - Interactive / Digital, Media Department - CARDINAL DIGITAL MARKETING, Atlanta, GA, pg. 220

Kendall, Chris - Interactive / Digital, PPOM - ENTERMEDIA, Austin, TX, pg. 231

Kennedy, Heath - Creative, Interactive / Digital - BROTHERS & CO., Tulsa, OK, pg. 43

Kennedy, Ann - Analytics, Interactive / Digital, Programmatic - BAZAARVOICE, INC., Austin, TX, pg. 216

Kennedy, Caitlin - Account Services, Interactive / Digital, NBC - BLUE CHIP MARKETING & COMMUNICATIONS, Northbrook, IL, pg. 334

Kennedy, Meghan - Account Planner, Interactive / Digital, Media Department - MEDIA EXPERTS, Toronto, ON, pg. 485

Kennedy, Jess - Interactive / Digital, Media Department - ZLR IGNITION, Des Moines, IA, pg. 437

Kennedy, Maury - Interactive / Digital, Management, Social Media - SFW AGENCY, Greensboro, NC, pg. 16

Kennon, Josh - Interactive / Digital - VISIBILITY AND CONVERSIONS, Murrells Inlet, SC, pg. 159

Kenny, Lori - Interactive / Digital, Media Department - THE SUSSMAN AGENCY, Southfield, MI, pg. 153

Kenyon, John - Interactive / Digital, Media Department - INITIATIVE, New York, NY, pg. 477

Keohane, Chris - Account Services, Interactive / Digital - FUSEIDEAS, LLC, Winchester, MA, pg. 306

Kerch, Jessica - Analytics, Interactive / Digital, Media Department, Programmatic, Social Media - DIGITAS, Boston, MA, pg. 226

Keresztes, Aniko - Interactive / Digital, Media Department - STARCOM WORLDWIDE, New York, NY, pg. 517

Kern, Jennifer - Interactive / Digital, Media Department - CARMICHAEL LYNCH, Minneapolis, MN, pg. 47

Kerns, Rob - Interactive / Digital - WILSON CREATIVE GROUP, INC., Naples, FL, pg. 162

Kersting, Liam - Interactive / Digital, Media Department - SPARK FOUNDRY, New York, NY, pg. 508

Kerwin, Melissa - Interactive / Digital, Social Media - 360I, LLC, Atlanta, GA, pg. 207

Kessler, Julie - Account Planner, Interactive / Digital, Management, Media Department, NBC - CARAT, New York, NY, pg. 459

Ketchell, Kim - Account Planner, Interactive / Digital - SAATCHI & SAATCHI WELLNESS, New York, NY, pg. 137

Kevelson, Austin - Account Planner, Interactive / Digital, Media Department - OMD, New York, NY, pg. 498

Key, Leah - Interactive / Digital, Media Department - THE MARS AGENCY, Southfield, MI, pg. 683

Keyes, Kaela - Finance, Interactive / Digital, Media Department - HAVAS MEDIA GROUP, Boston, MA, pg. 470

Khalil, Adam - Account Services, Interactive / Digital - OMD, New York, NY, pg. 498

Khan, Farris - Account Planner, Account Services, Interactive / Digital, Management, Media Department, Social Media - VMLY&R, Kalamazoo, MI, pg. 274

Khan, Mahmood - Analytics, Interactive / Digital, Media Department - RISDALL MARKETING GROUP, Roseville, MN, pg. 133

Khorana, Vikas - Interactive / Digital, Management, PPOM - NTOOITIVE DIGITAL, Las Vegas, NV, pg. 254

Kidd, David - Interactive / Digital, NBC - STEADYRAIN, St. Louis, MO, pg. 267

Kidger, Shannon - Interactive / Digital, Media Department - HAVAS MEDIA GROUP, Boston, MA, pg. 470

Kief, Christopher - Interactive / Digital, PPOM - 360I, LLC, New York, NY, pg. 320

Kielhofer, Barb - Interactive / Digital, Media Department - SPARK FOUNDRY, Seattle, WA, pg. 512

Kigler, Matt - Interactive / Digital, Media Department - STARCOM WORLDWIDE, New York, NY, pg. 517

Kihlstrom, Greg - Interactive / Digital, PPOM - YES&, Alexandria, VA, pg. 436

Kilkes, Chris - Account Services, Interactive / Digital, Programmatic - KEPLER GROUP, New York, NY, pg. 244

Killary, Kade - Analytics, Interactive / Digital - CROSSMEDIA, Los Angeles, CA, pg. 463

Killelea, Kelly - Interactive / Digital, Operations - KWG ADVERTISING, INC., New York, NY, pg. 96

Killgore, Ian - Interactive / Digital, Media Department - OMD, New York, NY, pg. 498

Kilpatrick, Brian - Interactive / Digital, Media Department - 14TH & BOOM, Chicago, IL, pg. 207

Kim, Chang - Account Services, Interactive / Digital, Management, Media Department, Operations, PPOM - UNIVERSAL MCCANN, New York, NY, pg. 521

Kim, DJ - Interactive / Digital, Media Department - MEDIACOM, New York, NY, pg. 487

Kim, Linda - Interactive / Digital, PPM - RPA, Santa Monica, CA, pg. 134

Kim, Skylar - Interactive / Digital, Media Department, NBC - HORIZON MEDIA, INC., New York, NY, pg. 474

Kim, Kyung - Interactive / Digital,

RESPONSIBILITIES INDEX — AGENCIES

Media Department - HORIZON MEDIA, INC., New York, NY, pg. 474
Kim, Janie - Interactive / Digital, Management, Media Department - WAVEMAKER, Los Angeles, CA, pg. 528
Kim, Patricia - Interactive / Digital, Media Department - SPARK FOUNDRY, New York, NY, pg. 508
Kim, Lois - Interactive / Digital, Media Department - HORIZON MEDIA, INC., Los Angeles, CA, pg. 473
Kim, Rich - Interactive / Digital, Management, Media Department - INITIATIVE, Los Angeles, CA, pg. 478
Kim, Aaron - Interactive / Digital, Media Department - MINDSHARE, New York, NY, pg. 491
Kim, Philip - Creative, Interactive / Digital, Management, Operations - MOMENT, New York, NY, pg. 192
Kim, Joshua - Interactive / Digital, Media Department - HORIZON MEDIA, INC., Los Angeles, CA, pg. 473
Kim, Terry - Interactive / Digital, Media Department - MEDIAHUB LOS ANGELES, El Segundo, CA, pg. 112
Kim, Erica - Account Services, Interactive / Digital, Media Department - INNOCEAN USA, Huntington Beach, CA, pg. 479
Kim, Heeseung - Interactive / Digital, NBC, Social Media - THE FOUNDRY @ MEREDITH CORP, New York, NY, pg. 150
Kim, Angelina - Interactive / Digital, Media Department - MEDIACOM, New York, NY, pg. 487
Kim, Sam - Interactive / Digital - ARTIME GROUP, Pasadena, CA, pg. 34
Kim, Hansoul - Interactive / Digital, Social Media - SAATCHI & SAATCHI LOS ANGELES, Torrance, CA, pg. 137
Kim, Justin - Interactive / Digital - MINDSHARE, New York, NY, pg. 491
Kimball, Chaney - Interactive / Digital - GRETEMAN GROUP, Wichita, KS, pg. 8
Kimberlin, Lauren - Interactive / Digital, NBC, Social Media - BALCOM AGENCY, Fort Worth, TX, pg. 329
Kindred, James - Interactive / Digital, PPOM - SQAD, INC., Tarrytown, NY, pg. 513
King, Miranda - Interactive / Digital, Media Department - LINHART PUBLIC RELATIONS, Denver, CO, pg. 622
Kingkade, Elina - Account Services, Interactive / Digital - BRADO, Irvine, CA, pg. 336
Kingman, Jessica - Interactive / Digital - THE RICHARDS GROUP, INC., Dallas, TX, pg. 422
Kinney, Charissa - Account Services, Interactive / Digital, NBC, Public Relations - 72ANDSUNNY, Playa Vista, CA, pg. 23
Kinross, Kevin - Interactive / Digital - KREBER, Columbus, OH, pg. 379
Kipp, Emmalie - Interactive /

Digital, Media Department, NBC - THE OUTCAST AGENCY, San Francisco, CA, pg. 654
Kipp, Daniel - Account Services, Interactive / Digital - MARCEL DIGITAL, Chicago, IL, pg. 675
Kipreos, Erika - Human Resources, Interactive / Digital, PPOM - DROGA5, New York, NY, pg. 64
Kirk, John - Interactive / Digital, Media Department, Programmatic - 22SQUARED INC., Atlanta, GA, pg. 319
Kirkpatrick, Pamela - Account Planner, Interactive / Digital, Media Department, NBC - THE RICHARDS GROUP, INC., Dallas, TX, pg. 422
Kirtley, Todd - Interactive / Digital, PPOM - VMLY&R, Kansas City, MO, pg. 274
Kitchen, Drew - Interactive / Digital, Media Department, Programmatic - MEDIACOM, New York, NY, pg. 487
Kite, Zachary - Account Services, Interactive / Digital - JAVELIN AGENCY, Irving, TX, pg. 286
Kitts, Holly - Interactive / Digital, Social Media - BLUE WHEEL MEDIA, Birmingham, MI, pg. 335
Klaudt, Caroline - Interactive / Digital, Media Department - UNIVERSAL MCCANN, New York, NY, pg. 521
Klawier, Whitney - Interactive / Digital, Media Department - RAIN, Portland, OR, pg. 402
Klebacha, Mike - Account Services, Interactive / Digital - FAHLGREN MORTINE PUBLIC RELATIONS, Columbus, OH, pg. 70
Klein, Jessica - Account Services, Interactive / Digital, Management, Media Department - REPRISE DIGITAL, New York, NY, pg. 676
Klein, Olivia - Interactive / Digital, Media Department - HARMELIN MEDIA, Bala Cynwyd, PA, pg. 467
Klein, Jeff - Account Services, Interactive / Digital, Media Department - MODCOGROUP, New York, NY, pg. 116
Klein, Heather - Account Services, Interactive / Digital, Management, Media Department - 4FRONT, Dallas, TX, pg. 208
Kleinberg, Howie - Interactive / Digital, Operations, PPOM - GLOW, New York, NY, pg. 237
Klemmer, Clare - Interactive / Digital, Media Department, Operations - VAYNERMEDIA, New York, NY, pg. 689
Klemsz, Justin - Interactive / Digital, Media Department - SWANSON RUSSELL ASSOCIATES, Lincoln, NE, pg. 415
Klimkoski, Tracy - Analytics, Interactive / Digital, Media Department, Research - CRONIN, Glastonbury, CT, pg. 55
Klindt, Max - Interactive /

Digital, Media Department - OMD, Chicago, IL, pg. 500
Kline, Lauranne - Interactive / Digital, Media Department, Promotions - VM1 (ZENITH MEDIA + MOXIE), New York, NY, pg. 526
Klonaris, Diana - Interactive / Digital - MBUY, Chicago, IL, pg. 484
Knapp, Robert - Interactive / Digital, NBC - DIGITAS, New York, NY, pg. 226
Knee, Sara - Account Services, Interactive / Digital, Media Department, NBC - LIPPE TAYLOR, New York, NY, pg. 623
Knight, Jeremiah - Interactive / Digital - M&C SAATCHI LA, Santa Monica, CA, pg. 482
Knight, Eric - Interactive / Digital, Media Department - ZENITH MEDIA, Chicago, IL, pg. 531
Knoblauch, Andrew - Interactive / Digital, Media Department, NBC, Social Media - DIXON SCHWABL ADVERTISING, Victor, NY, pg. 351
Knudsen, Chuck - Interactive / Digital, Media Department - ZENITH MEDIA, New York, NY, pg. 529
Kobe, LJ - Interactive / Digital, Management, Media Department, NBC - HORIZON MEDIA, INC., New York, NY, pg. 474
Koch, Kristin - Interactive / Digital, Management, Media Department, NBC, Operations - MINDSHARE, San Francisco, CA, pg. 495
Koch, Paul - Analytics, Interactive / Digital - VIGET LABS, Falls Church, VA, pg. 274
Koch, AJ - Interactive / Digital - FOLKLORE DIGITAL, Minneapolis, MN, pg. 235
Kocher, Dale - Account Planner, Account Services, Interactive / Digital, Media Department - MARTIN WILLIAMS ADVERTISING, Minneapolis, MN, pg. 106
Kocoloski, Emily - Interactive / Digital, Social Media - FORTYFOUR, Atlanta, GA, pg. 235
Kodish, Bryan - Interactive / Digital, Media Department - ESSENCE, Los Angeles, CA, pg. 233
Koehler, Melissa - Interactive / Digital, Media Department, NBC - FORGE WORLDWIDE, Boston, MA, pg. 183
Koenigs, Joel - Interactive / Digital, PPOM - RISDALL MARKETING GROUP, Roseville, MN, pg. 133
Kogelnik, Elise - Interactive / Digital, Media Department - POINT TO POINT, Cleveland, OH, pg. 129
Koh, Dwayne - Creative, Interactive / Digital - DIGITAS, New York, NY, pg. 226
Kohlhoff, Angela - Interactive / Digital, Media Department - FIG, New York, NY, pg. 73
Kohlmann, Kate - Interactive / Digital, Media Department - WAVEMAKER, New York, NY, pg. 526

1432

AGENCIES
RESPONSIBILITIES INDEX

Koletsky, Rachel - Interactive / Digital, Media Department - ZENITH MEDIA, New York, NY, pg. 529

Kolman, Alicia - Interactive / Digital, Media Department - ZENITH MEDIA, Chicago, IL, pg. 531

Kolpon, Ivy - Account Planner, Interactive / Digital, Media Department - OMD, New York, NY, pg. 498

Komack, Jordyn - Account Services, Interactive / Digital, Media Department - AMOBEE, INC., Redwood City, CA, pg. 213

Konetes, George - Interactive / Digital, Media Department - INFINITY CONCEPTS, Export, PA, pg. 285

Kong, Davi - Interactive / Digital, Media Department - INITIATIVE, Los Angeles, CA, pg. 478

Kong, Serena - Account Planner, Account Services, Interactive / Digital, Media Department - ZENITH MEDIA, New York, NY, pg. 529

Kontizas, Demetrios - Interactive / Digital - MIRUM AGENCY, San Diego, CA, pg. 251

Kontos, Nicholas - Analytics, Interactive / Digital, Programmatic - SPARK FOUNDRY, Chicago, IL, pg. 510

Kopischkie, Pat - Interactive / Digital, Social Media - HOFFMAN YORK, Milwaukee, WI, pg. 371

Kopitko, Jonathan - Account Services, Interactive / Digital, Media Department - PHD USA, New York, NY, pg. 505

Kopp, Jonathan - Interactive / Digital, Media Department, PPOM - GLOVER PARK GROUP, New York, NY, pg. 608

Koppaka, Sia - Interactive / Digital, Media Department - BUTLER / TILL, Rochester, NY, pg. 457

Koppenal, James - Interactive / Digital - SPI GROUP, LLC, Fairfield, NJ, pg. 143

Korenfeld, Oleg - Interactive / Digital, Media Department, PPOM, Programmatic - TROIKA/MISSION GROUP, Los Angeles, CA, pg. 20

Korinis, Alexandra - Interactive / Digital, Media Department - CARAT, New York, NY, pg. 459

Kornegay, Katherine - Account Services, Interactive / Digital - JOHNSON & SEKIN, Dallas, TX, pg. 10

Kornet, Nathan - Account Services, Interactive / Digital - CHIZCOMM, North York, ON, pg. 50

Korsgard, Karen - Account Services, Interactive / Digital, Management, Media Department, Public Relations - ONEFIRE, INC, Peoria, IL, pg. 394

Kosanovich, Marija - Interactive / Digital, Media Department, NBC - A.D.K., Los Angeles, CA, pg. 321

Koscumb, Keira - Interactive / Digital, NBC - WORDWRITE COMMUNICATIONS, Pittsburgh, PA, pg. 663

Koterbay, Kayla - Interactive / Digital, Media Department - MEDIASMITH, INC. , San Francisco, CA, pg. 490

Kothari, Ashna - Interactive / Digital, Media Department - UNIVERSAL MCCANN, New York, NY, pg. 521

Kotick, Michael - Account Planner, Account Services, Interactive / Digital, Media Department, NBC, Public Relations - 360I, LLC, New York, NY, pg. 320

Kotziagkiaouridis, Yannis - Analytics, Interactive / Digital, Management, PPOM - EDELMAN, Dallas, TX, pg. 600

Kovac, Ricky - Interactive / Digital, Promotions, Social Media - MEDIA MATTERS SF, San Francisco, CA, pg. 485

Kowalewski, Milosz - Interactive / Digital, Media Department - WAVEMAKER, New York, NY, pg. 526

Kowan, Joe - Analytics, Interactive / Digital, Programmatic - SPARK FOUNDRY, Chicago, IL, pg. 510

Kozak, Eric - Interactive / Digital, PPM - DUNCAN CHANNON, San Francisco, CA, pg. 66

Kozar, Lauren - Interactive / Digital, Media Department, Social Media - THE RICHARDS GROUP, INC., Dallas, TX, pg. 422

Kozma, Jamie - Account Services, Interactive / Digital, Management, Media Department - UNIVERSAL MCCANN, New York, NY, pg. 521

Kozo, Amber - Account Services, Interactive / Digital, Media Department - INITIATIVE, New York, NY, pg. 477

Kraaijvanger, Arnaud - Analytics, Interactive / Digital, NBC, Operations - GENESYS TELECOMMUNICATIONS LABORATORIES, Daly City, CA, pg. 168

Krajco, Calvin - Interactive / Digital, Media Department - HAWORTH MARKETING & MEDIA, Minneapolis, MN, pg. 470

Krakow, Ben - Analytics, Interactive / Digital, Research - HORIZON MEDIA, INC., New York, NY, pg. 474

Kramer, Brad - Interactive / Digital - CRAMER-KRASSELT , Chicago, IL, pg. 53

Kramer, Allison - Account Planner, Account Services, Creative, Interactive / Digital - ZENO GROUP, Chicago, IL, pg. 664

Kramer, Jade - Analytics, Interactive / Digital - WUNDERMAN THOMPSON, New York, NY, pg. 434

Kramer, Molly - Analytics, Interactive / Digital - UNIVERSAL MCCANN DETROIT, Birmingham, MI, pg. 524

Krammer, Ashley - Interactive / Digital, Programmatic, Social Media - STARCOM WORLDWIDE, Chicago, IL, pg. 513

Kranz, Brooke - Interactive / Digital, Media Department - UNIVERSAL MCCANN, New York, NY, pg. 521

Krapf, Kelsey - Interactive / Digital, Media Department, NBC - REPUTATION INSTITUTE, Boston, MA, pg. 449

Kratkiewicz, Brian - Interactive / Digital, Media Department - CJRW, Little Rock, AR, pg. 590

Kraus, Evan - Interactive / Digital, PPOM - APCO WORLDWIDE, Washington, DC, pg. 578

Krause, Brian - Account Services, Interactive / Digital - MOXIE, Atlanta, GA, pg. 251

Kregel, Jill - Account Services, Interactive / Digital, Media Department, Programmatic, Social Media - STARCOM WORLDWIDE, Detroit, MI, pg. 517

Krejci, David - Interactive / Digital, NBC - WEBER SHANDWICK, Minneapolis, MN, pg. 660

Kreuch, Steven - Interactive / Digital - TBWA \ CHIAT \ DAY, New York, NY, pg. 416

Krieger, Scott - Interactive / Digital - PEOPLE DESIGN, Grand Rapids, MI, pg. 194

Kriese, Tamara - Account Services, Interactive / Digital - GMR MARKETING, New Berlin, WI, pg. 306

Krise, Todd - Interactive / Digital, Media Department - THE VIMARC GROUP INC., Louisville, KY, pg. 425

Krivelin, Remington - Interactive / Digital - MINDSHARE, Chicago, IL, pg. 494

Krol, Maureen - Interactive / Digital, Media Department - STARCOM WORLDWIDE, Chicago, IL, pg. 513

Krucker, Kelsey - Account Services, Interactive / Digital, Management - WALKER SANDS COMMUNICATIONS, Chicago, IL, pg. 659

Krug, Cassidy - Interactive / Digital, Media Department, NBC, Research - REDSCOUT, New York, NY, pg. 16

Krug, Ashley - Account Services, Interactive / Digital - FORTYFOUR, Atlanta, GA, pg. 235

Krukowski, Kristin - Account Planner, Interactive / Digital, Media Department, Research - PHD USA, New York, NY, pg. 505

Krygowska, Barbara - Creative, Interactive / Digital - ALL POINTS PUBLIC RELATIONS, Deerfield, IL, pg. 576

Ku, Vivien - Interactive / Digital, Media Department - AKQA, San Francisco, CA, pg. 211

Ku, Ryan - Interactive / Digital, Management - ELEVEN, INC., San Francisco, CA, pg. 67

Kuefler, John - Account Services, Interactive / Digital - CALLAHAN CREEK , Lawrence, KS, pg. 4

Kuenning, Lisa - Interactive / Digital, Media Department, Social Media - CONNECT AT PUBLICIS MEDIA, Chicago, IL, pg. 462

1433

RESPONSIBILITIES INDEX — AGENCIES

Kuhn, Buddy - Interactive / Digital, PPOM - RESULTS DRIVEN MARKETING, Wichita, KS, *pg.* 291

Kujawa, Stephen - Account Services, Interactive / Digital, NBC - YOUTECH, Naperville, IL, *pg.* 436

Kulaitis, Alexia - Interactive / Digital - CHECKMARK COMMUNICATIONS, Saint Louis, MO, *pg.* 49

Kulp, James - Account Services, Interactive / Digital, Media Department, PPM - PHD USA, New York, NY, *pg.* 505

Kumar, Arun - Interactive / Digital, NBC, PPOM - IPG MEDIABRANDS, New York, NY, *pg.* 480

Kumathe, Vrushali - Interactive / Digital, Media Department, Social Media - CANVAS WORLDWIDE, Playa Vista, CA, *pg.* 458

Kunakhovich, Max - Creative, Interactive / Digital - VMLY&R, Kansas City, MO, *pg.* 274

Kung, Raleigh - Interactive / Digital, Media Department - BURNS360, Dallas, TX, *pg.* 587

Kunkel, Meghan - Interactive / Digital, Media Department - ENVOY, INC., Omaha, NE, *pg.* 356

Kunz, Ben - Account Planner, Interactive / Digital, NBC - MEDIASSOCIATES, INC., Sandy Hook, CT, *pg.* 490

Kunz, Ken - Interactive / Digital - VIBES MEDIA, Chicago, IL, *pg.* 535

Kurash, Lauren - Interactive / Digital, Media Department - KELLY, SCOTT & MADISON, INC., Chicago, IL, *pg.* 482

Kurasz, Margie - Account Services, Interactive / Digital, Media Department - BIOLUMINA, New York, NY, *pg.* 39

Kurilla, Tony - Interactive / Digital - MODEL B, Washington, DC, *pg.* 251

Kurtz, Robert - Account Planner, Interactive / Digital, Media Department - THE RICHARDS GROUP, INC., Dallas, TX, *pg.* 422

Kushari, Shreya - Interactive / Digital, Media Department, NBC - DIGITAS, New York, NY, *pg.* 226

Kushner, Jill - Interactive / Digital - BUYER ADVERTISING, INC., Newton, MA, *pg.* 338

Kushner, Lauren - Interactive / Digital, PPOM - KETTLE, New York, NY, *pg.* 244

Kuslansky, Eli - Interactive / Digital, NBC, PPOM - UNIFIED FIELD, New York, NY, *pg.* 273

Kusmartsev, Eugene - Interactive / Digital, Media Department - ESSENCE, New York, NY, *pg.* 232

Kutcher, Andy - Interactive / Digital - DEVENEY COMMUNICATIONS, New Orleans, LA, *pg.* 596

Kuzov, Candice - Creative, Interactive / Digital - AARS & WELLS, INC., Dallas, TX, *pg.* 321

Kwon, Alice - Account Services, Interactive / Digital, Media Department - OMD, New York, NY, *pg.* 498

La Fond, Andy - Interactive / Digital, Media Department - R/GA, Chicago, IL, *pg.* 261

La Russo, Dan - Interactive / Digital, NBC - OGILVY PUBLIC RELATIONS, San Francisco, CA, *pg.* 634

Labenberg, Christian - Analytics, Interactive / Digital - TINUITI, New York, NY, *pg.* 678

Labovich, Gary - Interactive / Digital, Management - BOOZ ALLEN HAMILTON, McLean, VA, *pg.* 218

Laboy, Pedro - Interactive / Digital, NBC, PPOM - WAVEMAKER, New York, NY, *pg.* 526

Lachance, Troy - Creative, Interactive / Digital, PPOM - BLUECADET INTERACTIVE, Philadelphia, PA, *pg.* 218

Lacharite, Arlene - Interactive / Digital, Operations - EPSILON, Westminster, CO, *pg.* 283

Laciak, Emily - Interactive / Digital, Media Department - ICROSSING, Scottsdale, AZ, *pg.* 241

Lackey, Stephanie - Interactive / Digital, Media Department - MEDIACOM, Chicago, IL, *pg.* 489

Lacour, John - Account Services, Interactive / Digital, NBC, Operations, PPOM - DMN3, Houston, TX, *pg.* 230

Ladd, Carolyn - Account Planner, Interactive / Digital, Media Department - GYRO, Cincinnati, OH, *pg.* 368

Lagrange, Cory - Interactive / Digital, Media Department - BBR CREATIVE, Lafayette, LA, *pg.* 174

LaGreca, Kelly - Interactive / Digital - CARAT, New York, NY, *pg.* 459

Laird, William - Interactive / Digital, Media Department - CARAT, New York, NY, *pg.* 459

Lake, Jared - Interactive / Digital, Media Department - OCEAN MEDIA, INC., Huntington Beach, CA, *pg.* 498

Lake, Tkeyah - Interactive / Digital, Media Department - BANNER PUBLIC AFFAIRS, Washington, DC, *pg.* 580

Laloggia, Daniel - Account Planner, Account Services, Analytics, Interactive / Digital - WALKER SANDS COMMUNICATIONS, Chicago, IL, *pg.* 659

Lam, Willy - Interactive / Digital - 3MARKETEERS ADVERTISING, INC., San Jose, CA, *pg.* 23

Lam, Lindsay - Analytics, Interactive / Digital, Management, Operations, Research - WUNDERMAN THOMPSON, Washington, DC, *pg.* 434

Lam, Brian - Interactive / Digital, Media Department, Programmatic - OPERAM LLC, Los Angeles, CA, *pg.* 255

Lam, Deney - Analytics, Creative, Interactive / Digital - WUNDERMAN THOMPSON, Washington, DC, *pg.* 434

Lamanna, Damien - Interactive / Digital, Media Department - ALETHEIA MARKETING & MEDIA, Dallas, TX, *pg.* 454

LaMarco, Rachel - Account Services, Interactive / Digital - REDSHIFT, Pittsburgh, PA, *pg.* 133

Lamb, Andrea - Interactive / Digital - MINDSHARE, Chicago, IL, *pg.* 494

Lambe, Nicole - Account Planner, Interactive / Digital, Media Department - WAVEMAKER, Toronto, ON, *pg.* 529

Lammert, Paul - Interactive / Digital, Media Department - COLLE MCVOY, Minneapolis, MN, *pg.* 343

LaMontagne, Theresa - Account Services, Interactive / Digital, Research - EDELMAN, New York, NY, *pg.* 599

Lamoreaux, Jason - Interactive / Digital, Media Department, NBC - MAYOSEITZ MEDIA, Blue Bell, PA, *pg.* 483

Lamrock, Mike - Analytics, Interactive / Digital - LEO BURNETT DETROIT, Troy, MI, *pg.* 97

Lamson, Christine - Interactive / Digital, Management, Media Department - MINDSHARE, New York, NY, *pg.* 491

Landahl, Jenna - Account Planner, Account Services, Interactive / Digital, Media Department - BUTLER / TILL, Rochester, NY, *pg.* 457

Landau, Phillip - Interactive / Digital, PPOM - MARKETPLACE, St.Louis, MO, *pg.* 105

Lane, Lindsey - Account Planner, Account Services, Interactive / Digital, Media Department, NBC - INITIATIVE, New York, NY, *pg.* 477

Lane, Michael - Interactive / Digital - THE DESIGNORY, Chicago, IL, *pg.* 269

Lanes, Ken - Account Services, Interactive / Digital, NBC - AGENCY 720, Westlake Village, CA, *pg.* 323

Lang, David - Interactive / Digital, Media Department, PPOM - MINDSHARE, New York, NY, *pg.* 491

Lang, Jenny - Account Services, Interactive / Digital, Management, Media Department - MAGNA GLOBAL, New York, NY, *pg.* 483

Lang, Rick - Interactive / Digital, NBC - APOTHECOM ASSOCIATES, LLC, Yardley, PA, *pg.* 32

Lang, Cecilia - Interactive / Digital, NBC - OUTFRONT MEDIA, New York, NY, *pg.* 554

Lang, Ben - Creative, Interactive / Digital - SPYGLASS CREATIVE, Minneapolis, MN, *pg.* 200

Lang, Elizabeth - Interactive / Digital, Media Department - RISE INTERACTIVE, Chicago, IL, *pg.* 264

Langbein, Becky - Interactive / Digital - STARCOM WORLDWIDE, Chicago, IL, *pg.* 513

Langer, Greg - Interactive / Digital, Media Department, Programmatic - HAVAS MEDIA GROUP,

AGENCIES

RESPONSIBILITIES INDEX

Chicago, IL, *pg.* 469
Langs, Andy - Interactive / Digital, PPOM - MCCANN CANADA, Toronto, ON, *pg.* 384
Langsford, Ryan - Interactive / Digital, Media Department - COSSETTE MEDIA, Toronto, ON, *pg.* 345
Langton-Yanowitz, Reed - Interactive / Digital, PPOM - ROCKET55, Minneapolis, MN, *pg.* 264
Langwell, Jason - Interactive / Digital, Management, Media Department, NBC - INTERSPORT, Chicago, IL, *pg.* 308
Lanivich, Iain - Creative, Interactive / Digital - WEBER SHANDWICK, Birmingham, MI, *pg.* 662
Lanz, Joshua - Account Services, Interactive / Digital - R/GA, New York, NY, *pg.* 260
Lanzi, Amy - Account Services, Interactive / Digital - PUBLICIS NORTH AMERICA, New York, NY, *pg.* 399
Lapinski, Danielle - Interactive / Digital, Media Department - GIOVATTO ADVERTISING, Paramus, NJ, *pg.* 363
LaPlante, Thomas - Interactive / Digital, Operations - AUDIENCEX, Marina Del Rey, CA, *pg.* 35
Lara, Johnny - Interactive / Digital - AKQA, Atlanta, GA, *pg.* 212
Larberg, Dillon - Account Services, Interactive / Digital, Media Department, Social Media - PMG, Fort Worth, TX, *pg.* 257
Lark, Corey - Administrative, Interactive / Digital, Social Media - THE MARKETING ARM, Dallas, TX, *pg.* 316
Larkin, Stephen - Account Services, Interactive / Digital, Management, NBC, PPOM - R/GA, Los Angeles, CA, *pg.* 261
LaRoche, Nadine - Account Services, Interactive / Digital - TRAMPOLINE, Halifax, NS, *pg.* 20
LaRosa, Gabrielle - Interactive / Digital, Media Department - HORIZON MEDIA, INC., New York, NY, *pg.* 474
LaRouere, Christine - Interactive / Digital, Media Department - MEDIACOM, New York, NY, *pg.* 487
Larsen, Madeline - Account Services, Interactive / Digital, Media Department - VMLY&R, Chicago, IL, *pg.* 275
Larsen, Alyssa - Interactive / Digital - MINDSHARE, Chicago, IL, *pg.* 494
Larson, Amy - Interactive / Digital, Media Department - COLLE MCVOY, Minneapolis, MN, *pg.* 343
Larson, Mathew - Interactive / Digital, Media Department, Programmatic - HAWORTH MARKETING & MEDIA, Minneapolis, MN, *pg.* 470
Larson, Bri - Account Services, Interactive / Digital - STRATEGIC AMERICA, West Des Moines, IA, *pg.* 414

LaRue, Lee Anne - Interactive / Digital, Media Department - UNIVERSAL MCCANN, New York, NY, *pg.* 521
Las, Michael - Interactive / Digital, Media Department, NBC - MEDIACOM, New York, NY, *pg.* 487
Lashner, Molly - Interactive / Digital, Media Department - MEDIAHUB NEW YORK, New York, NY, *pg.* 249
Lasky, Marc - Account Planner, Interactive / Digital, Media Department, PPM - PHD USA, New York, NY, *pg.* 505
Lasky, Carolyn - Interactive / Digital - MWWPR, East Rutherford, NJ, *pg.* 630
Lau, Ruby - Interactive / Digital, Media Department, Programmatic - NEO MEDIA WORLD, New York, NY, *pg.* 496
Lau, Jenny - Interactive / Digital - UNIVERSAL MCCANN, New York, NY, *pg.* 521
Lau, Steve - Creative, Interactive / Digital, PPM - RAPP WORLDWIDE, Los Angeles, CA, *pg.* 291
Lauer, Sam - Interactive / Digital, Media Department, Programmatic, Social Media - STARCOM WORLDWIDE, Chicago, IL, *pg.* 513
Laufenberg, Brent - Analytics, Interactive / Digital - RISE INTERACTIVE, Chicago, IL, *pg.* 264
Laufer, Blake - Interactive / Digital, Media Department - INITIATIVE, Los Angeles, CA, *pg.* 478
Laun, Amy - Creative, Interactive / Digital - KIOSK CREATIVE LLC, Novato, CA, *pg.* 378
Lauro, Stephanie - Interactive / Digital, Media Department - ACTIVE INTERNATIONAL, Pearl River, NY, *pg.* 439
LaVardera, Claire - Account Services, Interactive / Digital, Public Relations - TBC, Baltimore, MD, *pg.* 416
Laverty, Jennifer - Interactive / Digital, Media Department - ENVISIONIT MEDIA, INC., Chicago, IL, *pg.* 231
Laverty, Jennifer - Interactive / Digital, Media Department - ENVISIONIT MEDIA, INC., Chicago, IL, *pg.* 231
Lavidor, Evan - Interactive / Digital, Management - MERGE, Boston, MA, *pg.* 113
Lavoie, Renee - Account Services, Interactive / Digital - CENDYN, Boca Raton, FL, *pg.* 220
Lawniczak, Kelsey - Interactive / Digital, Media Department - STARCOM WORLDWIDE, Chicago, IL, *pg.* 513
Lawrence, Rachel - Account Services, Interactive / Digital, Media Department - R2INTEGRATED, Baltimore, MD, *pg.* 261
Lawrence, Cary - Account Services, Interactive / Digital, NBC - SOCIALCODE, Washington, DC, *pg.* 688

Lawrence, Jerry - Interactive / Digital, Media Department, NBC, Social Media - PUBLICIS.SAPIENT, Chicago, IL, *pg.* 259
Lawrence, Cristina - Interactive / Digital, Media Department, Social Media - PUBLICIS.SAPIENT, Chicago, IL, *pg.* 259
Lazarus, Brian - Interactive / Digital, PPOM - MEDIA STAR PROMOTIONS, Hunt Valley, MD, *pg.* 112
Lazaunikas, Andrew - Account Planner, Interactive / Digital - PUBLICIS HEALTH MEDIA, Philadelphia, PA, *pg.* 506
Lazo, Adrian - Interactive / Digital, Management, NBC - CLEARLINK, Salt Lake City, UT, *pg.* 221
Le, Mya - Interactive / Digital, Media Department - RPA, Santa Monica, CA, *pg.* 134
Le, Lilianne - Interactive / Digital, NBC - RESHIFT MEDIA, Toronto, ON, *pg.* 687
Le, Minh - Interactive / Digital, PPOM - DAILEY & ASSOCIATES, West Hollywood, CA, *pg.* 56
Leach, Kelly - Account Planner, Account Services, Interactive / Digital, Management, Media Department - HORIZON MEDIA, INC., New York, NY, *pg.* 474
Leach, Rachel - Interactive / Digital, Media Department - ZENITH MEDIA, Atlanta, GA, *pg.* 531
Leach, Stephanie - Interactive / Digital, PPOM - TALLWAVE, Scottsdale, AZ, *pg.* 268
Leadbeater, Kate - Interactive / Digital - DDB CANADA, Edmonton, AB, *pg.* 59
Leahy, Edward - Interactive / Digital - LOTAME, New York, NY, *pg.* 447
Leal, Rene - Interactive / Digital - CARDENAS MARKETING NETWORK, Chicago, IL, *pg.* 303
Leary, Brett - Interactive / Digital, NBC - DIGITAS, Boston, MA, *pg.* 226
Leavelle, Amanda - Interactive / Digital - THE INTEGER GROUP, Lakewood, CO, *pg.* 682
LeBelle, Shawn - Interactive / Digital, Media Department, NBC - JUNCTION59, Toronto, ON, *pg.* 378
LeBlanc, Kathrine - Creative, Interactive / Digital - THE TRADE DESK, Boulder, CO, *pg.* 520
Leblanc, Conner - Interactive / Digital, NBC - ACTION INTEGRATED MARKETING, Norcross, GA, *pg.* 322
Leder, Eric - Interactive / Digital, Management - FUSION92, Chicago, IL, *pg.* 235
Lederman, Rachel - Interactive / Digital, Media Department - WAVEMAKER, New York, NY, *pg.* 526
Lee, Sang - Interactive / Digital - M+R, Washington, DC, *pg.* 12
Lee, Jason - Interactive / Digital, Media Department, PPOM - HORIZON

1435

RESPONSIBILITIES INDEX — AGENCIES

MEDIA, INC., Los Angeles, CA, pg. 473

Lee, Hwa Shih - Interactive / Digital, Media Department, NBC - PALISADES MEDIA GROUP, INC., Santa Monica, CA, pg. 124

Lee, Carol - Account Services, Interactive / Digital, NBC - LOCATION3 MEDIA, Denver, CO, pg. 246

Lee, John - Analytics, Interactive / Digital, NBC, Research - FLIGHTPATH, New York, NY, pg. 235

Lee, Dale - Account Planner, Account Services, Interactive / Digital, Media Department - MEDIAHUB BOSTON, Boston, MA, pg. 489

Lee, UnSun - Creative, Interactive / Digital - GROUNDTRUTH.COM, New York, NY, pg. 534

Lee, Erica - Interactive / Digital, Media Department - CROSSMEDIA, Los Angeles, CA, pg. 463

Lee, Nicole - Interactive / Digital, Media Department - RECALIBRATE MARKETING COMMUNICATIONS, Costa Mesa, CA, pg. 404

Lee, Christina - Interactive / Digital, Media Department, Programmatic - ESSENCE, San Francisco, CA, pg. 232

Lee, Rich - Interactive / Digital, Media Department - UNIVERSAL MCCANN, New York, NY, pg. 521

Lee, Tiffany - Interactive / Digital, NBC, Programmatic - THE TRADE DESK, San Francisco, CA, pg. 520

Lee, Steve - Interactive / Digital, Media Department - UNIVERSAL MCCANN, San Francisco, CA, pg. 428

Lee, Suzanne - Interactive / Digital - CARAT, Detroit, MI, pg. 461

Lee, Steven - Interactive / Digital, Media Department - WAVEMAKER, New York, NY, pg. 526

Lee, Jackie - Interactive / Digital, Media Department - CANVAS WORLDWIDE, Playa Vista, CA, pg. 458

Lee, Tiffanie - Interactive / Digital, Media Department - SPARK FOUNDRY, El Segundo, CA, pg. 512

Lee, Justin - Account Services, Interactive / Digital, Social Media - COMMIT AGENCY, Chandler, AZ, pg. 343

Lee, Bryan - Interactive / Digital - HEARTS & SCIENCE, Los Angeles, CA, pg. 473

Lee, Anthony - Interactive / Digital - HEARTS & SCIENCE, Los Angeles, CA, pg. 473

Lee, Jeff - Interactive / Digital, Media Department - MARTIN & COMPANY ADVERTISING, Whites Creek, TN, pg. 106

Lee, Tony - Interactive / Digital, Social Media - REPRISE DIGITAL, New York, NY, pg. 676

Leeson, Brock - Interactive / Digital - JUNGLE MEDIA, Toronto, ON, pg. 481

Lefeld, Alex - Interactive / Digital, Media Department - EMPOWER, Cincinnati, OH, pg. 354

Legg, Elena - Interactive / Digital, Media Department - HARMELIN MEDIA, Bala Cynwyd, PA, pg. 467

Legree, Kylie - Interactive / Digital, Media Department - SWANSON RUSSELL ASSOCIATES, Lincoln, NE, pg. 415

Leibler, Shane - Interactive / Digital - ABC CREATIVE GROUP, Syracuse, NY, pg. 322

Leigh Wathne, Meredith - Interactive / Digital, Media Department, Social Media - NINA HALE CONSULTING, Minneapolis, MN, pg. 675

Leighton, Amanda - Interactive / Digital, Media Department - CANVAS WORLDWIDE, New York, NY, pg. 458

Lein, Adam - Creative, Interactive / Digital, Media Department - ROHER / SPRAGUE PARTNERS, Irvington, NY, pg. 408

Leis, Michael - Interactive / Digital, Management, Social Media - DIGITAS HEALTH LIFEBRANDS, Philadelphia, PA, pg. 229

Lem, Elizabeth - Account Planner, Interactive / Digital, Media Department - M/SIX, Toronto, ON, pg. 483

Lemoine, Michelle - Account Services, Interactive / Digital, NBC - MEDIACOM, New York, NY, pg. 487

Lemoine, Samantha - Creative, Interactive / Digital - GUT MIAMI, Miami, FL, pg. 80

Lenig, Andrea - Interactive / Digital, Media Department - CTP, Boston, MA, pg. 347

Lenniger, Shea - Interactive / Digital, Social Media - SID LEE, Culver City, CA, pg. 141

Leo, David - Interactive / Digital - FINN PARTNERS, New York, NY, pg. 603

Leon, Alejandra - Interactive / Digital, Media Department - BROWN PARKER | DEMARINIS ADVERTISING, Boca Raton, FL, pg. 43

Leon, Jim - Interactive / Digital, NBC - CREATIVEONDEMAND, Coconut Grove, FL, pg. 539

Leon, Diego - Interactive / Digital - SYSTEMS & MARKETING SOLUTIONS, Grover Beach, CA, pg. 268

Leonard, Elizabeth - Interactive / Digital, Media Department - STARCOM WORLDWIDE, Chicago, IL, pg. 513

Leonard, Will - Account Planner, Interactive / Digital, NBC - GREY GROUP, New York, NY, pg. 365

Leonas, Melissa - Interactive / Digital - BOOYAH ONLINE ADVERTISING, Denver, CO, pg. 218

Leonidas, Leah - Interactive / Digital, Media Department - HORIZON MEDIA, INC., New York, NY, pg. 474

Lerner, Autumn - Interactive / Digital, NBC, Social Media - WEBER SHANDWICK, Seattle, WA, pg. 660

LeSieur, Tanya - Interactive / Digital, Management, PPOM - MUH-TAY-ZIK / HOF-FER, San Francisco, CA, pg. 119

Lettsome, Tiffany - Interactive / Digital - STARCOM WORLDWIDE, New York, NY, pg. 517

Leung, Shirley - Interactive / Digital, Media Department, NBC, Social Media - HEARTS & SCIENCE, New York, NY, pg. 471

Leva, Chrissy - Analytics, Interactive / Digital, Media Department - MEDIAHUB NEW YORK, New York, NY, pg. 249

Levant, Christina - Interactive / Digital, Media Department - KIOSK CREATIVE LLC, Novato, CA, pg. 378

Leveling, Kerri - Interactive / Digital, Media Department - HEARTS & SCIENCE, New York, NY, pg. 471

Levenson, Adam - Interactive / Digital, PPOM - DIGITAL OPERATIVE, INC., San Diego, CA, pg. 225

Levesque, Jayde - Interactive / Digital, Media Department - MEDIA STORM, Norwalk, CT, pg. 486

Levin, Kevin - Interactive / Digital, Media Department, NBC - MODCOGROUP, New York, NY, pg. 116

Levin, Jason - Analytics, Interactive / Digital, PPOM, Research - WAVEMAKER, New York, NY, pg. 526

Levin, Geri - Interactive / Digital, Media Department - UNIVERSAL MCCANN, New York, NY, pg. 521

Levin, Amy - Analytics, Interactive / Digital - PERFORMICS, Chicago, IL, pg. 676

Levine, Randy - Interactive / Digital, Media Department - SPARK FOUNDRY, New York, NY, pg. 508

Levine, Molly - Interactive / Digital, Media Department - HARMELIN MEDIA, Bala Cynwyd, PA, pg. 467

Levine, Tara - Interactive / Digital, Management, PPOM - HEARTS & SCIENCE, New York, NY, pg. 471

Levine, Zachary - Interactive / Digital, Media Department, Programmatic - HEARTS & SCIENCE, Los Angeles, CA, pg. 473

Levine, Julie - Creative, Interactive / Digital, Media Department - BARKLEY, Kansas City, MO, pg. 329

Levy, Evan - Creative, Interactive / Digital, Management, Operations, PPOM - FITZCO, Atlanta, GA, pg. 73

Levy, Jessie - Account Services, Interactive / Digital, Media Department - ENERGY BBDO, INC., Chicago, IL, pg. 355

Levy, Aaron - Analytics, Interactive / Digital - TINUITI, New York, NY, pg. 678

Levy, Conor - Account Services, Interactive / Digital - KEPLER GROUP, New York, NY, pg. 244

1436

AGENCIES

RESPONSIBILITIES INDEX

Levy, Gregg - Interactive / Digital, PPM - OGILVY PUBLIC RELATIONS, New York, NY, pg. 633

Lewalski, Nathan - Interactive / Digital, Media Department - UNIVERSAL MCCANN DETROIT, Birmingham, MI, pg. 524

Lewis, Gene - Creative, Interactive / Digital, PPOM - DIGITAL PULP, New York, NY, pg. 225

Lewis, Michelle - Interactive / Digital, Media Department - RPA, Santa Monica, CA, pg. 134

Lewis, Angel - Interactive / Digital, NBC, Public Relations, Social Media - BRUNO EVENT TEAM, Birmingham, AL, pg. 303

Lewis, Leslie - Interactive / Digital, Media Department - PARAGON DIGITAL MARKETING, Keene, NH, pg. 675

Lewis, Jamie - Interactive / Digital, Management - CAMPBELL EWALD, Los Angeles, CA, pg. 47

Lewis, Angela - Account Services, Interactive / Digital, Media Department - UNIVERSAL MCCANN DETROIT, Birmingham, MI, pg. 524

Lewis, Kellie - Interactive / Digital, Media Department, Social Media - CARSON STOGA COMMUNICATIONS INC., Schaumberg, IL, pg. 340

Lewis, Jamie - Creative, Interactive / Digital, Media Department - CAMPBELL EWALD, West Hollywood, CA, pg. 47

Lewis, Martin - Account Services, Interactive / Digital, Media Department - TINUITI, New York, NY, pg. 678

Leys, Shauna - Account Planner, Interactive / Digital - MINDSHARE, New York, NY, pg. 491

Leyva, Tomas - Interactive / Digital, Media Department - STARCOM WORLDWIDE, North Hollywood, CA, pg. 516

Li, Jiaqi - Account Planner, Interactive / Digital - DEUTSCH, INC., New York, NY, pg. 349

Li, Panjun - Analytics, Interactive / Digital, NBC - MEDIA STORM, New York, NY, pg. 486

Li, Jon - Interactive / Digital, Media Department, Programmatic - MEDIACOM, New York, NY, pg. 487

Li, Allison - Interactive / Digital, Media Department, Programmatic - STARCOM WORLDWIDE, New York, NY, pg. 517

Liang, Jeff - Interactive / Digital, NBC - MEDIACOM, New York, NY, pg. 487

Liberti, Alexandra - Interactive / Digital, Media Department - MINDSHARE, New York, NY, pg. 491

Licciardi, Carly - Interactive / Digital, Social Media - LODGING INTERACTIVE, Parsippany, NJ, pg. 246

Lieb, Stephen - Interactive / Digital - WAVEMAKER, New York, NY, pg. 526

Liebow, Brad - Interactive /

Digital, Media Department - SPARK FOUNDRY, New York, NY, pg. 508

Lifhits, Greg - Analytics, Interactive / Digital, Media Department - CRONIN, Glastonbury, CT, pg. 55

Lilikas, Epatia - Interactive / Digital, NBC, Social Media - THE FOUNDRY @ MEREDITH CORP, New York, NY, pg. 150

Lilja, Niklas - Interactive / Digital, NBC - ENSO, Santa Monica, CA, pg. 68

Lillo, Angelo - Account Services, Interactive / Digital, Management - WPROMOTE, El Segundo, CA, pg. 678

Lilly, Kristine - Interactive / Digital, Media Department - CONVERSANT, LLC, Atlanta, GA, pg. 533

Lim, Samantha - Interactive / Digital, Media Department - STARCOM WORLDWIDE, North Hollywood, CA, pg. 516

Lim, Charlotte - Interactive / Digital, Management, Media Department - OMD, New York, NY, pg. 498

Lin, George - Interactive / Digital - SPARK FOUNDRY, New York, NY, pg. 508

Lin, Jim - Account Planner, Interactive / Digital, Media Department - KETCHUM WEST, San Francisco, CA, pg. 620

Lin, Tony - Interactive / Digital, Media Department - JCDECAUX NORTH AMERICA, New York, NY, pg. 553

Lin, Helen - Interactive / Digital, PPOM - PUBLICIS NORTH AMERICA, New York, NY, pg. 399

Lin, Alan - Interactive / Digital - OGILVY PUBLIC RELATIONS, New York, NY, pg. 633

Lindgren, Erik - Interactive / Digital, PPOM - 1105 MEDIA, Woodland Hills, CA, pg. 453

Lindsay, Tawnya - Account Planner, Interactive / Digital, Media Department, NBC, Public Relations - VIZEUM, Toronto, ON, pg. 525

Lingard, Meghan - Interactive / Digital, Media Department - NO FIXED ADDRESS INC., Toronto, ON, pg. 120

Linker, Julie - Interactive / Digital, Media Department - HORIZON MEDIA, INC., New York, NY, pg. 474

Linton, Leslie - Account Planner, Interactive / Digital, Media Department - MWWPR, East Rutherford, NJ, pg. 630

Lintz, Brielle - Interactive / Digital, Media Department, Social Media - BROWN PARKER | DEMARINIS ADVERTISING, Boca Raton, FL, pg. 43

Lioi, Olivia - Analytics, Interactive / Digital, Research - RPA, Santa Monica, CA, pg. 134

Lippke, Derek - Interactive / Digital, Media Department - IPROSPECT, New York, NY, pg. 674

Lippman, Rachel - Interactive / Digital, Media Department, PPOM -

MEDIACOM, New York, NY, pg. 487

Lisk, Scott - Interactive / Digital, Media Department - ACTIVE INTERNATIONAL, Pearl River, NY, pg. 439

List, Joseph - Interactive / Digital, Social Media - TPN, Dallas, TX, pg. 683

Lister, Jon - Interactive / Digital, Media Department - TINUITI, New York, NY, pg. 678

Little, Sara - Interactive / Digital - RPA, Santa Monica, CA, pg. 134

Litvinov, Boris - Interactive / Digital, Media Department - DENTSU X, New York, NY, pg. 61

Liu, Lillian - Interactive / Digital, Management - OAKLINS DESILVA+PHILLIPS, New York, NY, pg. 687

Liu, Michael - Account Planner, Interactive / Digital, Media Department - CARAT, New York, NY, pg. 459

Liu, June - Interactive / Digital, Media Department - MEDIA STORM, New York, NY, pg. 486

Livingston, Ashley - Interactive / Digital, NBC - ODEN MARKETING & DESIGN, Memphis, TN, pg. 193

Livsey, AJ - Account Planner, Interactive / Digital, NBC - GOLIN, Chicago, IL, pg. 609

Llorens, Gladimar - Interactive / Digital, Media Department, Programmatic - OMD LATIN AMERICA, Miami, FL, pg. 543

Lloyd, Elizabeth - Interactive / Digital - EDELMAN, New York, NY, pg. 599

Lobring, Dan - Interactive / Digital, NBC, Public Relations - REVOLUTION, Chicago, IL, pg. 406

LoBue, Melanie - Interactive / Digital, Media Department, NBC - REPUTATION INSTITUTE, Boston, MA, pg. 449

Lockwood, Gary - Interactive / Digital, NBC - ST. JOHN & PARTNERS ADVERTISING & PUBLIC RELATIONS, Jacksonville, FL, pg. 412

Lockwood, Sarah - Interactive / Digital, Media Department - HEARTS & SCIENCE, Los Angeles, CA, pg. 473

Lodge, Jack - Account Services, Interactive / Digital - AKQA, Portland, OR, pg. 212

Loffredo, Stephanie - Interactive / Digital, Media Department, Social Media - HUGE, INC., Brooklyn, NY, pg. 239

Logan, Sam - Interactive / Digital, Media Department - BOUVIER KELLY, INC. , Greensboro, NC, pg. 41

Logan, Margaux - Interactive / Digital, NBC - PUBLICIS NORTH AMERICA, New York, NY, pg. 399

Logan, Sean - Interactive / Digital, Media Department, Social Media - LEO BURNETT WORLDWIDE, Chicago, IL, pg. 98

Lohman, Cheyenne - Interactive / Digital, Social Media - THE INTEGER

1437

RESPONSIBILITIES INDEX   AGENCIES

GROUP, Lakewood, CO, pg. 682
Loiacono, Ryan - Interactive / Digital, NBC - CCP DIGITAL, Kansas City, MO, pg. 49
Lok, Jacqy - Interactive / Digital, Social Media - SMUGGLER, New York, NY, pg. 143
Lokey, Anne - Account Services, Interactive / Digital - 360I, LLC, Atlanta, GA, pg. 207
Lombardo, Todd - Account Services, Interactive / Digital, Social Media - THE MANY, Pacific Palisades, CA, pg. 151
Lombardo, Vince - Interactive / Digital - DAVIS HARRISON DION ADVERTISING, Chicago, IL, pg. 348
London, Lindsay - Interactive / Digital, Media Department - SLINGSHOT, LLC, Dallas, TX, pg. 265
London, Jenn - Account Planner, Interactive / Digital, Media Department - EDELMAN, Washington, DC, pg. 600
Longhini, Will - Analytics, Interactive / Digital, Media Department, NBC - PHD CHICAGO, Chicago, IL, pg. 504
Longo, Breanna - Account Services, Interactive / Digital - NIKE COMMUNICATIONS, INC., New York, NY, pg. 632
Longtin, Mandi - Interactive / Digital - CARMICHAEL LYNCH, Minneapolis, MN, pg. 47
Lonnie, Alicia - Interactive / Digital, Media Department, NBC - MINDSHARE, New York, NY, pg. 491
Loomis, Joshua - Interactive / Digital, Media Department - THE TOMBRAS GROUP, Knoxville, TN, pg. 424
Loos, Christopher - Analytics, Interactive / Digital - MEDIACOM, New York, NY, pg. 487
Lopez, Tom - Creative, Interactive / Digital - SANDERS\WINGO, El Paso, TX, pg. 138
Lopez, Dennise - Interactive / Digital, Media Department - MEDIACOM, New York, NY, pg. 487
Lopez, Andrea - Interactive / Digital, Media Department, Programmatic - 4FRONT, Dallas, TX, pg. 208
Lopez, Raphael - Interactive / Digital, Research - HERO DIGITAL, San Francisco, CA, pg. 238
Lopour, Mimi - Interactive / Digital, Media Department - GLOBAL STRATEGIES, Bend, OR, pg. 673
Lora, Carina - Interactive / Digital - ISADORA AGENCY, Manhattan Beach, CA, pg. 91
Lord, Maddison - Account Services, Interactive / Digital - WUNDERMAN HEALTH, New York, NY, pg. 164
Lorenz, Chris - Interactive / Digital, Media Department - HORIZON MEDIA, INC., New York, NY, pg. 474
Lorusso, Monica - Account Services, Interactive / Digital, Management, Media Department - ALLEN & GERRITSEN, Philadelphia, PA, pg. 30

Lostaglio, John - Interactive / Digital, Media Department, Social Media - MIRUM AGENCY, San Diego, CA, pg. 251
Lougheed, Dave - Creative, Interactive / Digital, Media Department - KLICK HEALTH, Toronto, ON, pg. 244
Louis, Javid - Interactive / Digital - DKC PUBLIC RELATIONS, New York, NY, pg. 597
Lounsberry, Valarie - Account Services, Analytics, Interactive / Digital - NET CONVERSION, Orlando, FL, pg. 253
Lovaas, Taylor - Interactive / Digital - PERISCOPE, Minneapolis, MN, pg. 127
Love, Kathy - Interactive / Digital, PPM - MCCANN HEALTH NEW YORK, New York, NY, pg. 108
Low, Brannon - Account Services, Interactive / Digital - PMG, Fort Worth, TX, pg. 257
Lowcock, Joshua - Interactive / Digital, Management, Media Department - UNIVERSAL MCCANN, New York, NY, pg. 521
Lowe, David - Interactive / Digital, Media Department, Research - PRICEWEBER MARKETING COMMUNICATIONS, INC., Louisville, KY, pg. 398
Lowell, John - Interactive / Digital, PPOM - ARC WORLDWIDE, Chicago, IL, pg. 327
Lowery Long, Emily - Account Services, Interactive / Digital, Media Department, Social Media - ARCHER MALMO, Memphis, TN, pg. 32
Lowry, Stacie - Account Services, Interactive / Digital, Operations - TIVOLI PARTNERS, Charlotte, NC, pg. 293
Lozito, Joe - Interactive / Digital, Management - ACCENTURE INTERACTIVE, New York, NY, pg. 209
Lu, Ellen - Interactive / Digital, NBC - WONDERFUL AGENCY, Los Angeles, CA, pg. 162
Lu, Diana - Analytics, Interactive / Digital, Research - SPARK FOUNDRY, New York, NY, pg. 508
Luba, Matt - Analytics, Interactive / Digital, Media Department - BAYARD ADVERTISING AGENCY, INC., New York, NY, pg. 37
Lubar, Ken - Interactive / Digital, PPOM - EMI STRATEGIC MARKETING, INC., Boston, MA, pg. 68
Lubberts, Megan - Creative, Interactive / Digital, Media Department - INITIATIVE, Toronto, ON, pg. 479
Lubin, Cassandre - Account Planner, Account Services, Interactive / Digital, Media Department - MINDSHARE, New York, NY, pg. 491
Luc, Andy - Interactive / Digital - LODESTAR MARKETING GROUP, Mountlake Terrace, WA, pg. 381
Lucey, Caitlin - Interactive / Digital, Social Media - RHYTHMONE, Burlington, MA, pg. 263

Luchinsky, Matthew - Interactive / Digital, Media Department - WAVEMAKER, New York, NY, pg. 526
Luckey, Marquan - Interactive / Digital - BURRELL COMMUNICATIONS GROUP, INC. , Chicago, IL, pg. 45
Luckman, Britani - Interactive / Digital, Media Department - 360I, LLC, New York, NY, pg. 320
Ludwig, Aaron - Interactive / Digital - P11CREATIVE, INC., Newport Beach, CA, pg. 194
Ludwig, Eric - Account Services, Interactive / Digital, Management - REPRISE DIGITAL, New York, NY, pg. 676
Lugo, Shannon - Account Services, Interactive / Digital - GSD&M, Austin, TX, pg. 79
Lui, Stephanie - Account Planner, Interactive / Digital, Media Department, NBC - ZENITH MEDIA, Atlanta, GA, pg. 531
Lukens, Matt - Interactive / Digital - BCM MEDIA, Darien, CT, pg. 455
Lukowiak, Robert - Interactive / Digital - FANG DIGITAL MARKETING, Burbank, CA, pg. 234
Lumerman, Jon - Interactive / Digital - ACTIVE INTERNATIONAL, Pearl River, NY, pg. 439
Lumley, Katie - Interactive / Digital, Media Department - ANSON-STONER, INC., Winter Park, FL, pg. 31
Lundgren, Mike - Account Planner, Interactive / Digital, NBC, Research - VMLY&R, Kansas City, MO, pg. 274
Lundstrom, Matt - Creative, Interactive / Digital - PALISADES MEDIA GROUP, INC., Santa Monica, CA, pg. 124
Lustig, Jacob - Interactive / Digital, Media Department, NBC - KLICK HEALTH, Toronto, ON, pg. 244
Lustina, Tom - Interactive / Digital - IPROSPECT, San Diego, CA, pg. 674
Luther, Scott - Account Planner, Interactive / Digital - THE RICHARDS GROUP, INC., Dallas, TX, pg. 422
Luu, Theresa - Interactive / Digital, Media Department - HORIZON MEDIA, INC., New York, NY, pg. 474
Lylo, Patrick - Interactive / Digital, Media Department, PPOM - MINDSHARE, New York, NY, pg. 491
Lynch, Shawna - Account Services, Interactive / Digital, Management - B/HI, INC. - LA, Los Angeles, CA, pg. 579
Lynch, Nicolette - Interactive / Digital, Media Department - ICROSSING, Scottsdale, AZ, pg. 241
Lynch, Bob - Interactive / Digital, NBC, Public Relations - GTB, Dearborn, MI, pg. 367
Lynn, Randy - Creative, Interactive / Digital, PPOM - MARIS, WEST & BAKER, Jackson, MS, pg. 383
Lyon, Chris - Interactive /

AGENCIES

RESPONSIBILITIES INDEX

Digital, Media Department, Research - HORIZON MEDIA, INC., New York, NY, pg. 474

Lyons, Jennifer - Account Services, Interactive / Digital, Management, PPOM - UNIVERSAL MCCANN, San Francisco, CA, pg. 428

Lyons, Dyana - Interactive / Digital, Management, Media Department, NBC, Public Relations - OMD WEST, Los Angeles, CA, pg. 502

Lyvers, Jared - Interactive / Digital - BLR FURTHER, Birmingham, AL, pg. 334

Ma, Anna - Interactive / Digital, Media Department - WAVEMAKER, Los Angeles, CA, pg. 528

Machard, Caileen - Interactive / Digital - POWERPHYL MEDIA SOLUTIONS, New York, NY, pg. 506

Machen, Lauren - Account Services, Interactive / Digital, NBC, Public Relations - FUSE, LLC, Vinooski, VT, pg. 8

Macias, Mike - Interactive / Digital, Media Department, Social Media - TAYLOR, New York, NY, pg. 651

Mack, Maria - Account Services, Interactive / Digital - REDSHIFT, Pittsburgh, PA, pg. 133

Macke, Patrick - Creative, Interactive / Digital - PACIFIC COMMUNICATIONS, Irvine, CA, pg. 124

Mackenzie, Rebecca - Interactive / Digital, Management, NBC - C SPACE, Boston, MA, pg. 443

Mackenzie, Chris - Interactive / Digital, NBC, Operations - I HEART MEDIA, San Antonio, TX, pg. 552

Macleod, Sam - Account Services, Interactive / Digital, Media Department - NO FIXED ADDRESS INC., Toronto, ON, pg. 120

Macon, Millicent - Interactive / Digital, Media Department - STARCOM WORLDWIDE, New York, NY, pg. 517

MacPhail, Darcy - Interactive / Digital - CLARY FLEMMING & ASSOCIATES, Bedford, NS, pg. 561

Madaras, Claire - Interactive / Digital, Media Department - SPARK FOUNDRY, New York, NY, pg. 508

Madik, Vladimir - Interactive / Digital, Operations - SPARK FOUNDRY, Chicago, IL, pg. 510

Maganja, Laura - Interactive / Digital, Media Department - DENTSUBOS INC., Toronto, ON, pg. 61

Magnotto, Erica - Interactive / Digital, Media Department - R2INTEGRATED, Baltimore, MD, pg. 261

MaGuire, Jaimie - Creative, Interactive / Digital - CLEAR, New York, NY, pg. 51

Mahajan, Ashika - Analytics, Interactive / Digital, Media Department - M/SIX, Toronto, ON, pg. 483

Mahalick, Chloe - Interactive / Digital, Social Media - SOCIALLYIN, Birmingham, AL, pg. 688

Mahar, Jeff - Interactive /

Digital, NBC - CANNONBALL AGENCY, Saint Louis, MO, pg. 5

Maher, Dave - Interactive / Digital, Media Department, NBC, PPOM, Public Relations - ZEHNDER COMMUNICATIONS, INC., New Orleans, LA, pg. 436

Mahomes, Lauren - Account Planner, Interactive / Digital, Media Department, NBC, Social Media - MEDIACOM, Chicago, IL, pg. 489

Mahon, Lisa - Interactive / Digital, Media Department, Programmatic - STARCOM WORLDWIDE, Chicago, IL, pg. 513

Mahon, Kendra - Interactive / Digital, Media Department, NBC - PP+K, Tampa, FL, pg. 129

Mai, Mi - Account Planner, Interactive / Digital, Media Department, NBC - GARAGE TEAM MAZDA, Costa Mesa, CA, pg. 465

Main, Kaitlyn - Analytics, Interactive / Digital, NBC, Research - PHD CHICAGO, Chicago, IL, pg. 504

Main, Andy - Interactive / Digital - DELOITTE DIGITAL, Seattle, WA, pg. 224

Maina, Peris - Interactive / Digital, Media Department, Programmatic - OCEAN MEDIA, INC., Huntington Beach, CA, pg. 498

Mainprize, Janet - Analytics, Interactive / Digital, Media Department, Operations - MINDSHARE, Toronto, ON, pg. 495

Maiorana, Meghan - Interactive / Digital, Media Department - NORBELLA, Boston, MA, pg. 497

Makely, Gordon - Interactive / Digital - MANIFEST, Chicago, IL, pg. 248

Makow, Jordan - Interactive / Digital, PPM - BIG SPACESHIP, Brooklyn, NY, pg. 455

Malabonga, Stephanie - Interactive / Digital, Media Department - 9THWONDER AGENCY, Houston, TX, pg. 453

Malaniuk, Julie - Interactive / Digital, Media Department, Operations - STARCOM WORLDWIDE, Chicago, IL, pg. 513

Maldonado Toomey, Tanya - Account Services, Interactive / Digital, Social Media - CONILL ADVERTISING, INC., El Segundo, CA, pg. 538

Malecha, Justin - Interactive / Digital, Media Department - MEDIA BRIDGE ADVERTISING, Minneapolis, MN, pg. 484

Malek, Anna - Interactive / Digital, Media Department - CARAT, New York, NY, pg. 459

Malek, Maggie - Interactive / Digital, PPOM, Public Relations, Social Media - MMI AGENCY, Houston, TX, pg. 116

Malen, Sabrina - Interactive / Digital, Media Department - UNIVERSAL MCCANN, New York, NY, pg. 521

Maletsky, Jason - Interactive /

Digital, NBC - DAILEY MARKETING GROUP, Rancho Santa Margarita, CA, pg. 57

Malick, Ally - Interactive / Digital - SEER INTERACTIVE, Philadelphia, PA, pg. 677

Malik, Osama - Account Planner, Interactive / Digital, Management, PPOM - BOOZ ALLEN HAMILTON, McLean, VA, pg. 218

Malins, James - Interactive / Digital, Programmatic - AMOBEE, INC., Redwood City, CA, pg. 213

Mallalieu, Josh - Interactive / Digital, Media Department - UNIVERSAL MCCANN, New York, NY, pg. 521

Malley, Rebecca - Account Services, Interactive / Digital - PUBLICIS NORTH AMERICA, New York, NY, pg. 399

Mallin, Noah - Interactive / Digital, Management, Media Department, NBC, PPOM, Social Media - WAVEMAKER, New York, NY, pg. 526

Mallory, Christene - Interactive / Digital, Media Department - SUPPLY MEDIA, Boulder, CO, pg. 145

Malloy, Mark - Account Planner, Interactive / Digital, Media Department, Public Relations - WIEDEN + KENNEDY, New York, NY, pg. 432

Malmad, Jeff - Interactive / Digital, Media Department - MINDSHARE, New York, NY, pg. 491

Malmud, Dan - Interactive / Digital, Media Department - PHD USA, New York, NY, pg. 505

Malo, Kathleen - Interactive / Digital, Media Department, PPM - STARCOM WORLDWIDE, Detroit, MI, pg. 517

Maloney, John - Interactive / Digital - MERGE, Boston, MA, pg. 113

Malordy, Andrew - Interactive / Digital, Media Department - CARAT, New York, NY, pg. 459

Malysiak, John - Interactive / Digital, NBC, Operations, Programmatic, Research, Social Media - PHD CHICAGO, Chicago, IL, pg. 504

Mamey, Jessie - Interactive / Digital, Media Department, Programmatic, Social Media - THE SEARCH AGENCY, Glendale, CA, pg. 677

Manak, Kapil - Interactive / Digital - IX.CO, New York, NY, pg. 243

Mance, Amina - Account Planner, Account Services, Interactive / Digital, Media Department - BURRELL COMMUNICATIONS GROUP, INC., Chicago, IL, pg. 45

Mandel, Haley - Account Planner, Account Services, Interactive / Digital, Media Department - OMD WEST, Los Angeles, CA, pg. 502

Mandino, Sarah - Account Planner, Account Services, Interactive / Digital, Media Department -

1439

RESPONSIBILITIES INDEX — AGENCIES

MEDIAHUB BOSTON, Boston, MA, *pg.* 489
Manfe, Louise - Interactive / Digital, Media Department, NBC - EXPERT MARKETING, Los Angeles, CA, *pg.* 69
Manfredo, Nicholas - Account Services, Interactive / Digital - DAC GROUP, Louisville, KY, *pg.* 223
Manghnani, Sachin - Interactive / Digital - CANVAS WORLDWIDE, New York, NY, *pg.* 458
Manian, Meagan - Interactive / Digital - GLOBAL MEDIA GROUP, Rancho Santa Margarita, CA, *pg.* 76
Manitone, Gary - Interactive / Digital - BUTLER / TILL, Rochester, NY, *pg.* 457
Mann, Jake - Account Planner, Analytics, Interactive / Digital, Media Department, NBC, PPM - ZENITH MEDIA, New York, NY, *pg.* 529
Mann, Neal - Interactive / Digital, NBC - ANOMALY, New York, NY, *pg.* 325
Mann, Molly - Finance, Interactive / Digital, Media Department - OMD, New York, NY, *pg.* 498
Mann, Grayson - Interactive / Digital - TEAM ONE, Dallas, TX, *pg.* 418
Mann, Sargi - Interactive / Digital, Media Department - HAVAS MEDIA GROUP, New York, NY, *pg.* 468
Mansour, Siobhann - Interactive / Digital, Media Department, NBC, PPOM - UNCOMMON, Sacramento, CA, *pg.* 157
Mantlo, Mary-Margaret - Interactive / Digital, Research - STARCOM WORLDWIDE, New York, NY, *pg.* 517
Manuel, Karla - Interactive / Digital - MEDIACOM, New York, NY, *pg.* 487
Mapoy, Noriel - Interactive / Digital, Media Department - CARAT, New York, NY, *pg.* 459
Marc, Daniel - Interactive / Digital, Media Department - ALLSCOPE MEDIA, New York, NY, *pg.* 454
Marcellino, Nico - Creative, Interactive / Digital - A.D. LUBOW, New York, NY, *pg.* 25
Marchand, Nicole - Interactive / Digital - RED SIX MEDIA, Baton Rouge, LA, *pg.* 132
Marchitto, Denise - Interactive / Digital, Media Department, NBC - HEARTS & SCIENCE, New York, NY, *pg.* 471
Marcinuk, John - Interactive / Digital, Public Relations - BLUE FOUNTAIN MEDIA, New York, NY, *pg.* 175
Marcotte, Emma - Interactive / Digital - TRAKTEK PARTNERS, Needham, MA, *pg.* 271
Marcus, Charles - Interactive / Digital - MEDIA BROKERS INTERNATIONAL, Alpharetta, GA, *pg.* 485
Mardahl, Danielle - Account Planner, Account Services,

Interactive / Digital, Media Department - FINN PARTNERS, Chicago, IL, *pg.* 604
Margolin, Mike - Account Services, Interactive / Digital, Management, Media Department, NBC - RPA, Santa Monica, CA, *pg.* 134
Maria, Oscar - Interactive / Digital, Media Department - DIRECTAVENUE, INC., Carlsbad, CA, *pg.* 282
Marina, Michael - Interactive / Digital - AYZENBERG GROUP, INC., Pasadena, CA, *pg.* 2
Marinello, Paul - Interactive / Digital, Public Relations - MSLGROUP, New York, NY, *pg.* 629
Marino, Kelsey - Interactive / Digital, Media Department - STARCOM WORLDWIDE, Chicago, IL, *pg.* 513
Maris, Nick - Interactive / Digital, Media Department - HAVAS MEDIA GROUP, New York, NY, *pg.* 468
Mariscal, Oscar - Interactive / Digital, Media Department - CLM MARKETING & ADVERTISING, Boise, ID, *pg.* 342
Markham, Chris - Interactive / Digital, Media Department - MASON MARKETING, Penfield, NY, *pg.* 106
Marks, Julia - Interactive / Digital, Media Department - GRAHAM GROUP, Lafayette, LA, *pg.* 365
Marks, Carolyn - Interactive / Digital, Media Department - CARAT, Detroit, MI, *pg.* 461
Marks, Takezo - Analytics, Interactive / Digital, NBC - RAIN, Portland, OR, *pg.* 402
Marler, Allen - Interactive / Digital, Media Department, Social Media - CORNETT INTEGRATED MARKETING SOLUTIONS, Lexington, KY, *pg.* 344
Marlin, Daniela - Interactive / Digital - WAVEMAKER, Toronto, ON, *pg.* 529
Marlow, Kristin - Interactive / Digital, Media Department - WEBER SHANDWICK, San Francisco, CA, *pg.* 662
Marmel, Danielle - Interactive / Digital - SHADOW PUBLIC RELATIONS, New York, NY, *pg.* 646
Marmo, Miles - Interactive / Digital, NBC, PPOM - AGENCY SQUID, Minneapolis, MN, *pg.* 441
Marmo, John - Interactive / Digital - SCREENVISION, New York, NY, *pg.* 557
Marquis, Blake - Creative, Interactive / Digital, PPOM - THE MANY, Pacific Palisades, CA, *pg.* 151
Marroquin, Jacquie - Account Services, Interactive / Digital - SAATCHI & SAATCHI LOS ANGELES, Torrance, CA, *pg.* 137
Marsden, Bryan - Interactive / Digital, NBC - TREKK, Rockford, IL, *pg.* 156
Marsey, Dave - Account Planner, Interactive / Digital, Management, Media Department, NBC, PPOM -

ESSENCE, San Francisco, CA, *pg.* 232
Marshall, John - Creative, Interactive / Digital - AGENCY 720, Detroit, MI, *pg.* 323
Marshall, Matt - Account Planner, Interactive / Digital, Media Department, NBC - ESSENCE, New York, NY, *pg.* 232
Marshall, Melissa - Interactive / Digital, Media Department - STARCOM WORLDWIDE, Chicago, IL, *pg.* 513
Marshall, Andrea - Account Services, Interactive / Digital - DIGITAL MARK GROUP, Beaverton, OR, *pg.* 225
Marshall, Justin - Interactive / Digital, Media Department - FORTYFOUR, Atlanta, GA, *pg.* 235
Martello, Brittany - Account Services, Interactive / Digital - SPI GROUP, LLC, Fairfield, NJ, *pg.* 143
Martin, Doug - Interactive / Digital, Management, NBC, PPOM - CONTROL V EXPOSED, Jenkintown, PA, *pg.* 222
Martin, Chad - Interactive / Digital, Media Department, Social Media - VMLY&R, Kansas City, MO, *pg.* 274
Martin, Rebecca - Human Resources, Interactive / Digital - BEEHIVE PR, Saint Paul, MN, *pg.* 582
Martin, Brittany - Interactive / Digital, Media Department - HAVAS MEDIA GROUP, Boston, MA, *pg.* 470
Martin, Malissa - Account Services, Interactive / Digital, Media Department - PUBLICIS.SAPIENT, Birmingham, MI, *pg.* 260
Martin, Nicole - Analytics, Interactive / Digital, Media Department, NBC - PACE COMMUNICATIONS, Greensboro, NC, *pg.* 395
Martin, Rod - Interactive / Digital, Media Department - MCGARRAH JESSEE, Austin, TX, *pg.* 384
Martin, Tawfeeq - Interactive / Digital - THE MILL, Los Angeles, CA, *pg.* 563
Martin, Austin - Interactive / Digital, Media Department, Social Media - BARKLEY, Kansas City, MO, *pg.* 329
Martin, Selva - Interactive / Digital - LYONS & SUCHER ADVERTISING, Arlington, VA, *pg.* 382
Martin, Robert - Interactive / Digital, Media Department - BCW DALLAS, Dallas, TX, *pg.* 581
Martin, Taylor - Interactive / Digital - ESSENCE, Los Angeles, CA, *pg.* 233
Martin, Roy - Interactive / Digital, PPOM - MODOP, Los Angeles, CA, *pg.* 251
Martin, Katie - Account Services, Interactive / Digital, Media Department - A. LARRY ROSS COMMUNICATIONS, Carrollton, TX, *pg.* 574
Martinetti, Jason - Interactive /

1440

AGENCIES

RESPONSIBILITIES INDEX

Digital, Media Department - INITIATIVE, New York, NY, pg. 477
Martino, William - Interactive / Digital, Management, Media Department - WUNDERMAN HEALTH, New York, NY, pg. 164
Martino, Melina - Account Planner, Interactive / Digital, Media Department - UNIVERSAL MCCANN, New York, NY, pg. 521
Martino, Lindsay - Account Services, Interactive / Digital - ADTAXI, Denver, CO, pg. 211
Martori, Brian - Account Services, Interactive / Digital - THE TOMBRAS GROUP, Knoxville, TN, pg. 424
Marzolf, Ted - Creative, Interactive / Digital, Media Department - SPARK FOUNDRY, Chicago, IL, pg. 510
Mascaro, Brianna - Account Services, Creative, Interactive / Digital - HEARTS & SCIENCE, New York, NY, pg. 471
Masen, Kate - Interactive / Digital - STARCOM WORLDWIDE, Detroit, MI, pg. 517
Maser, Anna - Account Planner, Interactive / Digital, Media Department, NBC - CARAT, New York, NY, pg. 459
Masi, Rob - Interactive / Digital - WILEN MEDIA CORPORATION, Melville, NY, pg. 432
Masser, Julie - Interactive / Digital, Media Department, NBC, PPM - 360I, LLC, New York, NY, pg. 320
Mast, Kelsey - Interactive / Digital, Management - AOR, INC., Denver, CO, pg. 32
Masterson, Vera - Account Planner, Analytics, Interactive / Digital, Media Department - VAYNERMEDIA, New York, NY, pg. 689
Masuda, Rai - Interactive / Digital - ACHIEVE, West Palm Beach, FL, pg. 210
Mataraza, John - Account Services, Interactive / Digital, Management, NBC - DIGITAS, Boston, MA, pg. 226
Matero, Max - Interactive / Digital - FLUID, INC., New York, NY, pg. 235
Mathews, Kathryn - Account Planner, Account Services, Interactive / Digital, Media Department, Programmatic - STARCOM WORLDWIDE, Chicago, IL, pg. 513
Mathias, Alex - Interactive / Digital, NBC - ISADORA AGENCY, Manhattan Beach, CA, pg. 91
Matic, Julie - Interactive / Digital, Media Department - DKC PUBLIC RELATIONS, New York, NY, pg. 597
Matio, Kim - Account Planner, Account Services, Interactive / Digital, Media Department - CONVERGEDIRECT, New York, NY, pg. 462
Matson, Maggie - Interactive / Digital, Media Department, Social Media - THE TOMBRAS GROUP, Knoxville, TN, pg. 424

Matsui, Fabio - Creative, Interactive / Digital, PPOM - ACCENTURE INTERACTIVE, El Segundo, CA, pg. 322
Matsunami, Lee - Creative, Interactive / Digital - KOVEL FULLER, Culver City, CA, pg. 96
Matthews, Jennifer - Creative, Interactive / Digital - BALDWIN&, Raleigh, NC, pg. 35
Mattson, Emily - Interactive / Digital, Media Department, Social Media - ESSENCE, Seattle, WA, pg. 232
Matula, Jarad - Interactive / Digital, Social Media - JUST MEDIA, INC., Austin, TX, pg. 481
Maurer, Tony - Interactive / Digital - BADER RUTTER & ASSOCIATES, INC. , Milwaukee, WI, pg. 328
Maxson, Audrey - Account Planner, Interactive / Digital, Media Department - MEDIACOM, New York, NY, pg. 487
Maxwell, Isaiah - Interactive / Digital, Media Department - INITIATIVE, New York, NY, pg. 477
May, Adrienne - Interactive / Digital, Media Department, NBC, Social Media - HEARTS & SCIENCE, Los Angeles, CA, pg. 473
May, Lauren - Interactive / Digital, Media Department, PPM - DEUTSCH, INC., Los Angeles, CA, pg. 350
May, Cassie - Interactive / Digital, NBC - INITIATIVE, Los Angeles, CA, pg. 478
Mayberry, Ryan - Account Planner, Interactive / Digital, Media Department - STARCOM WORLDWIDE, New York, NY, pg. 517
Mayde, Jason - Interactive / Digital - ARCHETYPE, New York, NY, pg. 33
Mayer, Trish - Account Services, Interactive / Digital - 3RD THIRD MARKETING, Seattle, WA, pg. 279
Mayes, Ivan - Interactive / Digital, Management - TRACYLOCKE, Irving, TX, pg. 683
Mayeux, Laurie - Interactive / Digital, Media Department - INNOVATIVE ADVERTISING, Mandeville, LA, pg. 375
Maziarz, Regina - Interactive / Digital - LIPPE TAYLOR, New York, NY, pg. 623
Mazukina, Emma - Interactive / Digital, Media Department - IPROSPECT, Boston, MA, pg. 674
Mazur, Jason - Interactive / Digital, NBC - ALL POINTS DIGITAL, Norwalk, CT, pg. 671
Mazza, Lisa - Interactive / Digital, NBC - MOXE, Winter Park, FL, pg. 628
Mazzoni, Mara - Interactive / Digital, Media Department - WEBER SHANDWICK, Birmingham, MI, pg. 662
McAlearney Pirie, Kelly - Account Planner, Interactive / Digital - EDELMAN, San Francisco, CA, pg. 601

McAloon, Cassidy - Account Services, Interactive / Digital - NO LIMIT AGENCY, Chicago, IL, pg. 632
McAndrew, Shane - Account Services, Interactive / Digital, Management, NBC, PPOM - MINDSHARE, New York, NY, pg. 491
McAndrews, Lauren - Interactive / Digital, NBC - MOBEXT, New York, NY, pg. 534
McAneney, Amanda - Creative, Interactive / Digital, Media Department, NBC - CANVAS WORLDWIDE, Playa Vista, CA, pg. 458
McAneny, Justin - Account Services, Interactive / Digital - M BOOTH & ASSOCIATES, INC. , New York, NY, pg. 624
McArthur, Andrea - Interactive / Digital - DESTINATION MARKETING, Mountlake Terrace, WA, pg. 349
McArthur, Maddie - Account Planner, Analytics, Interactive / Digital, Media Department - AKQA, San Francisco, CA, pg. 211
McAuliffe, Tim - Interactive / Digital, Media Department - OXFORD COMMUNICATIONS, Lambertville, NJ, pg. 395
McCall, Marin - Creative, Interactive / Digital - ALL POINTS PUBLIC RELATIONS, Deerfield, IL, pg. 576
McCallum, Scott - Account Services, Interactive / Digital, NBC, PPOM, Research - GEOMETRY, Chicago, IL, pg. 363
McCarthy, Robert - Interactive / Digital, Media Department - CONNELLY PARTNERS, Boston, MA, pg. 344
McCarthy, Kevin - Account Services, Interactive / Digital, Management, Media Department, PPOM, Research - GROUPM, New York, NY, pg. 466
McCarthy, Julie - Interactive / Digital, Media Department - HORIZON MEDIA, INC., New York, NY, pg. 474
McCarthy, Sarah - Interactive / Digital, Media Department - CARAT, New York, NY, pg. 459
McCauley, Kevin - Interactive / Digital, Media Department - UNIVERSAL MCCANN, New York, NY, pg. 521
McClear, Brian - Interactive / Digital, NBC - ADAMS & KNIGHT ADVERTISING, Avon, CT, pg. 322
McCloskey, Amanda - Interactive / Digital, Media Department - ZENITH MEDIA, New York, NY, pg. 529
McCloud, Randall - Creative, Interactive / Digital, PPM - MMA CREATIVE, Cookeville, TN, pg. 116
McClure, Mike - Creative, Interactive / Digital, NBC - THE YAFFE GROUP, Southfield, MI, pg. 154
McCool, Ashley - Creative, Interactive / Digital, Media Department, Public Relations, Social Media - HITCHCOCK FLEMING & ASSOCIATES, INC. , Akron, OH, pg.

1441

RESPONSIBILITIES INDEX   AGENCIES

86
McCord, Brian - Interactive / Digital, Media Department - RPA, Santa Monica, CA, pg. 134
McCormack, Helen - Interactive / Digital, Media Department - STARCOM WORLDWIDE, Chicago, IL, pg. 513
McCormick, Meghan - Interactive / Digital, Social Media - MADWELL, Brooklyn, NY, pg. 13
McCormick, Amanda - Interactive / Digital, Media Department, NBC, Social Media - REPUTATION INSTITUTE, Boston, MA, pg. 449
McCormick, Mimi - Interactive / Digital, PPM - CRISPIN PORTER + BOGUSKY, Boulder, CO, pg. 346
McCracken, Julie - Account Planner, Account Services, Interactive / Digital, Public Relations - PADILLA, Richmond, VA, pg. 635
McCracken, Lauren - Account Services, Interactive / Digital, Media Department - OMD, Chicago, IL, pg. 500
McCracken, Meredith - Interactive / Digital, Media Department - STARCOM WORLDWIDE, Chicago, IL, pg. 513
McCullars, Brittany - Interactive / Digital - AGENCYEA, Chicago, IL, pg. 302
McCullough, Chelsie - Interactive / Digital, Media Department - VMLY&R, Kansas City, MO, pg. 274
McCullough, Angelene - Interactive / Digital, NBC, Social Media - COTTON & COMPANY, Stuart, FL, pg. 345
McCullough, Ryan - Account Services, Interactive / Digital - BFO, Chicago, IL, pg. 217
McCune, Amber - Interactive / Digital, NBC - EMPOWER, Cincinnati, OH, pg. 354
McCune, Tripp - Interactive / Digital, PPOM - DEUTSCH, INC., New York, NY, pg. 349
McCune, Amber - Interactive / Digital, NBC - EMPOWER, Cincinnati, OH, pg. 354
McCurley, Dan - Interactive / Digital, NBC - MASTERWORKS, Poulsbo, WA, pg. 687
McDaniel, Michael - Interactive / Digital - S&A COMMUNICATIONS, Cary, NC, pg. 645
McDonald, Jim - Interactive / Digital, Operations, PPOM - INVNT, New York, NY, pg. 90
McDonald, Kate - Interactive / Digital, Media Department, Programmatic - MINDSHARE, Chicago, IL, pg. 494
McDonald, Iain - Interactive / Digital, PPM - DEEPLOCAL, Sharpburgs, PA, pg. 349
McDonald, Justin - Interactive / Digital, Media Department - QUESTUS, San Francisco, CA, pg. 260
McDonnell, Kevin - Interactive / Digital, Media Department - 360I, LLC, New York, NY, pg. 320
McDonnell, Jen - Interactive / Digital, Social Media - RESHIFT

MEDIA, Toronto, ON, pg. 687
McDowell, Felicia - Account Services, Interactive / Digital - STARCOM WORLDWIDE, Chicago, IL, pg. 513
McEachron, Alexandra - Interactive / Digital, PPM - THE DIGITAL HYVE, Syracuse, NY, pg. 269
McElrath, Megan - Account Planner, Interactive / Digital, Media Department - ESSENCE, New York, NY, pg. 232
McFadden, Jessica - Interactive / Digital, Media Department, Programmatic - ESSENCE, New York, NY, pg. 232
McGarr, Sean - Account Planner, Account Services, Interactive / Digital, Media Department, PPOM - WAVEMAKER, New York, NY, pg. 526
McGee, Peter - Interactive / Digital, Media Department - UNIVERSAL MCCANN, New York, NY, pg. 521
McGetrick, Michael - Creative, Interactive / Digital, PPOM - SPARK451, INC., Westbury, NY, pg. 411
McGhee, Veronica - Interactive / Digital - CRAMER-KRASSELT, Chicago, IL, pg. 53
McGinn, Jack - Interactive / Digital, Media Department, Programmatic, Social Media - OMD, Chicago, IL, pg. 500
McGirr, Rachel - Account Services, Interactive / Digital, Media Department, PPOM - UNIVERSAL MCCANN, New York, NY, pg. 521
McGivney, Aine - Interactive / Digital, Social Media - SUNSHINE SACHS, New York, NY, pg. 650
McGough, Clare - Interactive / Digital, Social Media - BBDO WORLDWIDE, New York, NY, pg. 331
McGowan, Jason - Interactive / Digital - BRIGHTLINE, New York, NY, pg. 219
McGrath, Kathy - Interactive / Digital - ACTIVE INTERNATIONAL, Pearl River, NY, pg. 439
McGuire, Allison - Interactive / Digital - HERO DIGITAL, San Francisco, CA, pg. 238
McInnis, Kaitlyn - Interactive / Digital, Media Department - HORIZON MEDIA, INC., New York, NY, pg. 474
McInnis, Alexandra - Interactive / Digital, PPM - HILL HOLLIDAY, Boston, MA, pg. 85
McIntosh, Michelle - Account Services, Interactive / Digital, Management, Media Department - MERING, Sacramento, CA, pg. 114
McIntosh, J. P. - Interactive / Digital, Media Department, PPM - BARKLEY, Kansas City, MO, pg. 329
McKee, Gerard - Account Planner, Account Services, Interactive / Digital, Management, Media Department - CROSSMEDIA, Philadelphia, PA, pg. 463
McKee, Kacie - Interactive / Digital - WAVEMAKER, New York, NY,

pg. 526
McKenna, Taylor - Interactive / Digital, Media Department - CARAT, Detroit, MI, pg. 461
McKenna, Katie - Creative, Interactive / Digital, Social Media - MULLENLOWE U.S. NEW YORK, New York, NY, pg. 496
McKenzie, Joy - Account Services, Interactive / Digital, NBC, Research - DROGA5, New York, NY, pg. 64
McKinley, Delphine - Interactive / Digital, Management, Media Department, Public Relations - DROGA5, New York, NY, pg. 64
McKinley, Jared - Interactive / Digital, Media Department, Programmatic - THE SHIPYARD, Columbus, OH, pg. 270
McKinney, Andy - Interactive / Digital, Management, NBC - EDELMAN, San Francisco, CA, pg. 601
McKinney, Jeff - Creative, Interactive / Digital - LDWW GROUP, Dallas, TX, pg. 622
McLaughlin, Clayton - Interactive / Digital, Media Department, Programmatic - ICROSSING, Chicago, IL, pg. 241
McLaughlin, Sean - Interactive / Digital, Media Department, Research, Social Media - MINDSHARE, New York, NY, pg. 491
McLean, Donald - Account Planner, Account Services, Interactive / Digital, Media Department, PPM - OMD, New York, NY, pg. 498
McLeod, Tiye - Interactive / Digital, Media Department, NBC - UNIVERSAL MCCANN, New York, NY, pg. 521
McMahon, Ryan - Interactive / Digital, Media Department - MINDSHARE, New York, NY, pg. 491
McManama, Jordan - Interactive / Digital, Media Department - IPROSPECT, Fort Worth, TX, pg. 674
McManimie, Allison - Interactive / Digital, Media Department, Social Media - PUBLICIS HEALTH MEDIA, Philadelphia, PA, pg. 506
McManus, Peter - Account Planner, Interactive / Digital, Media Department - ESSENCE, New York, NY, pg. 232
McManus, Carley - Interactive / Digital, Social Media - THRIVEHIVE, Quincy, MA, pg. 271
McMaster, Karine - Interactive / Digital, Media Department - DENTSU AEGIS NETWORK, New York, NY, pg. 61
McMorran, Ginger - Account Planner, Interactive / Digital, Media Department - RPA, Santa Monica, CA, pg. 134
McMullen, Patrick - Interactive / Digital, NBC, Programmatic - TRICOMB2B, Dayton, OH, pg. 427
McNalley, Devin - Interactive / Digital, Media Department, NBC - AMNET, Detroit, MI, pg. 454
McNally, Christopher - Interactive / Digital, Management, Media

AGENCIES

RESPONSIBILITIES INDEX

Department - ACCENTURE INTERACTIVE, New York, NY, pg. 209

McNamara, Katie - Account Services, Interactive / Digital, Media Department - HORIZON MEDIA, INC., New York, NY, pg. 474

McNamara, Bridget - Interactive / Digital, Media Department, Social Media - 26 DOT TWO LLC, New York, NY, pg. 453

McNamara Pizarek, Christie - Interactive / Digital, Media Department - STARCOM WORLDWIDE, Chicago, IL, pg. 513

McNeely, Brandon - Account Planner, Interactive / Digital, Media Department, Programmatic - SPARK FOUNDRY, Chicago, IL, pg. 510

McNeill, Nick - Analytics, Interactive / Digital - THE BRANDON AGENCY, Myrtle Beach, SC, pg. 419

McNicholas, Ava - Interactive / Digital - STARCOM WORLDWIDE, Chicago, IL, pg. 513

McNider, Mary Tyler - Account Planner, Interactive / Digital, Media Department, NBC - HUDSON ROUGE, New York, NY, pg. 371

McNulty, Kevin - Interactive / Digital, Media Department - STARCOM WORLDWIDE, Chicago, IL, pg. 513

McPherson, Jeff - Interactive / Digital, NBC - SILVER TECHNOLOGIES, INC., Manchester, NH, pg. 141

McPherson, Mary - Interactive / Digital, Media Department, Social Media - PUBLICIS.SAPIENT, Seattle, WA, pg. 259

McTiernan, Casey - Account Services, Interactive / Digital, PPM - MULLENLOWE U.S. BOSTON, Boston, MA, pg. 389

McTigue, Jennifer - Interactive / Digital - M BOOTH & ASSOCIATES, INC. , New York, NY, pg. 624

Mead, Sonya - Creative, Interactive / Digital - ESSENTIAL, Boston, MA, pg. 182

Meaney, Alison - Interactive / Digital, Media Department - UNIVERSAL MCCANN, New York, NY, pg. 521

Means, AndiSue - Account Planner, Interactive / Digital, Media Department - REPRISE DIGITAL, New York, NY, pg. 676

Medina, Melissa - Interactive / Digital, Media Department - UNIVERSAL MCCANN, New York, NY, pg. 521

Medina, Karina - Interactive / Digital, Media Department - HEARTS & SCIENCE, New York, NY, pg. 471

Medina, Brittany - Account Services, Interactive / Digital, Programmatic - ADTAXI, Denver, CO, pg. 211

Meehan, Stephanie - Interactive / Digital, Media Department - PINNACLE ADVERTISING, Schaumburg, IL, pg. 397

Meeker, Dave - Interactive / Digital, Management, NBC, PPOM - ISOBAR US, Boston, MA, pg. 242

Megan, Maureen - Interactive / Digital, Media Department, NBC, Social Media - BRAINS ON FIRE, Greenville, SC, pg. 691

Mehra, Shabnum - Account Planner, Interactive / Digital, Management, Media Department - AKQA, San Francisco, CA, pg. 211

Mehra, Sumit - Interactive / Digital, Management, PPOM - Y MEDIA LABS, Redwood City, CA, pg. 205

Meibach, Jeanette - Interactive / Digital, NBC - LIPPE TAYLOR, New York, NY, pg. 623

Meier, Kathryn - Creative, Interactive / Digital - HEARTS & SCIENCE, New York, NY, pg. 471

Mellier Reagan, Monica - Interactive / Digital, Media Department - TEAM ONE, Los Angeles, CA, pg. 417

Melomo, Peter - Interactive / Digital, Management - YOH, Philadelphia, PA, pg. 277

Melton, Wesley - Interactive / Digital, Management - ARCHER MALMO, Memphis, TN, pg. 32

Melton, Damon - Interactive / Digital - ADPEARANCE, Portland, OR, pg. 671

Menard-Badigian, Renee - Account Planner, Interactive / Digital - MEDIACOM, New York, NY, pg. 487

Menasco, Luke - Account Planner, Interactive / Digital - GLOBAL STRATEGIES, Bend, OR, pg. 673

Menasco, Gail - Interactive / Digital - GLOBAL STRATEGIES, Bend, OR, pg. 673

Mencel, Rebecca - Interactive / Digital, Media Department - THE SAWTOOTH GROUP , Red Bank, NJ, pg. 152

Mendoza, Rolando - Interactive / Digital - ASSOCIATION OF NATIONAL ADVERTISERS, New York, NY, pg. 442

Mendoza, Jenny - Interactive / Digital - MANCUSO MEDIA, Carlsbad, CA, pg. 382

Menendez, Kristina - Account Services, Interactive / Digital, NBC - ZETA INTERACTIVE, New York, NY, pg. 277

Meneses, Derek - Interactive / Digital, Media Department - MEDIACOM CANADA, Toronto, ON, pg. 489

Meng, Brian - Interactive / Digital, Media Department - SPARK FOUNDRY, New York, NY, pg. 508

Menon, Radhika - Account Planner, Interactive / Digital, Media Department - HORIZON MEDIA, INC., New York, NY, pg. 474

Menzie, April - Creative, Interactive / Digital - TSA COMMUNICATIONS, Warsaw, IN, pg. 157

Mercer, Rachel - Account Planner, Interactive / Digital, Management, Media Department - R/GA, New York, NY, pg. 260

Meredith, Callie - Interactive / Digital - ADLUCENT, Austin, TX, pg. 671

Merhar, Brie - Interactive / Digital, NBC - LEADING AUTHORITIES, INC., Washington, DC, pg. 622

Merilatt, Scott - Interactive / Digital, NBC - WHEELHOUSE DIGITAL MARKETING GROUP, Seattle, WA, pg. 678

Merk, Kimberly - Interactive / Digital, Media Department, Social Media - SWANSON RUSSELL ASSOCIATES, Lincoln, NE, pg. 415

Merlino, Vinny - Interactive / Digital, Media Department - UNIVERSAL MCCANN, New York, NY, pg. 521

Merlotti, Christine - Interactive / Digital, Media Department - CARAT, Detroit, MI, pg. 461

Merola, Lisa - Account Services, Interactive / Digital, Media Department, NBC, Social Media - WAVEMAKER, San Francisco, CA, pg. 528

Merolle, Christopher - Analytics, Interactive / Digital, Media Department, NBC, Research - HAVAS MEDIA GROUP, New York, NY, pg. 468

Mertz, Angela - Interactive / Digital, NBC, Social Media - EGC MEDIA GROUP, INC., Melville, NY, pg. 354

Messier, Nicole - Creative, Interactive / Digital - HUSH STUDIOS, INC., Brooklyn, NY, pg. 186

Messner, Victoria - Creative, Interactive / Digital - CMM, New York, NY, pg. 591

Metante, Larry - Interactive / Digital, Media Department - DANIEL BRIAN ADVERTISING, Rochester, MI, pg. 348

Metovic, Sami - Interactive / Digital, Media Department - KELLY, SCOTT & MADISON, INC., Chicago, IL, pg. 482

Metzger, Jennifer - Interactive / Digital, Media Department - INITIATIVE, New York, NY, pg. 477

Metzger, Allison - Interactive / Digital, Media Department - MERKLE, King of Prussia, PA, pg. 114

Meyer, Rachel - Interactive / Digital, Media Department - SPARK FOUNDRY, New York, NY, pg. 508

Meyer, Erica - Interactive / Digital, Media Department - WAVEMAKER, New York, NY, pg. 526

Meyer, Luke - Creative, Interactive / Digital - YOUNG & LARAMORE, Indianapolis, IN, pg. 164

Michaels, Benjamin - Account Services, Interactive / Digital, Media Department - FCB NEW YORK, New York, NY, pg. 357

Middleton, Tom - Interactive / Digital, PPOM - K/P CORPORATION, San Leandro, CA, pg. 286

Middleton, Collin - Interactive / Digital, Media Department - THE MORAN GROUP, Baton Rouge, LA, pg. 152

Middleton, Janis - Account Services, Interactive / Digital,

RESPONSIBILITIES INDEX
AGENCIES

Media Department, NBC, Social Media
- 22SQUARED INC., Atlanta, GA,
pg. 319
Miele, Lauren - Interactive /
Digital, Media Department -
TINUITI, New York, NY, *pg.* 678
Miglin, Dave - Account Planner,
Interactive / Digital, NBC -
STRATEGIC AMERICA, West Des Moines,
IA, *pg.* 414
Migliozzi, Joe - Interactive /
Digital, Media Department -
MINDSHARE, New York, NY, *pg.* 491
Mihalek, David - Interactive /
Digital, Media Department, NBC -
UNIVERSAL MCCANN DETROIT,
Birmingham, MI, *pg.* 524
Mikulich, Katya - Interactive /
Digital, Media Department - OMD,
New York, NY, *pg.* 498
Milan, Stan - Interactive /
Digital, NBC - LEVERAGE MARKETING,
LLC, Austin, TX, *pg.* 675
Miles, Melissa - Account Services,
Interactive / Digital - VISITURE,
Charleston, SC, *pg.* 678
Miley, Derek - Interactive /
Digital, Media Department -
ESSENCE, Los Angeles, CA, *pg.* 233
Miljan, Elizabeth - Interactive /
Digital - MANCUSO MEDIA, Carlsbad,
CA, *pg.* 382
Milk, Chris - Interactive / Digital
- RADICAL MEDIA, Santa Monica, CA,
pg. 196
Millan, Jeanette - Account
Services, Interactive / Digital,
Management, Media Department -
SPARK FOUNDRY, New York, NY, *pg.*
508
Millas, Sergio - Account Services,
Interactive / Digital, Media
Department - HALLPASS MEDIA, Costa
Mesa, CA, *pg.* 81
Miller, Jason - Creative,
Interactive / Digital - MATMON.COM,
Little Rock, AR, *pg.* 248
Miller, Terry - Interactive /
Digital, Research - QUANTUM MARKET
RESEARCH, INC., Oakland, CA, *pg.*
449
Miller, Kaylyn - Interactive /
Digital, Media Department, NBC,
PPOM, Social Media - WAVEMAKER, New
York, NY, *pg.* 526
Miller, Elizabeth - Interactive /
Digital, Media Department - ZENITH
MEDIA, New York, NY, *pg.* 529
Miller, Julia - Interactive /
Digital, NBC - THE MARS AGENCY,
Southfield, MI, *pg.* 683
Miller, Shannon - Interactive /
Digital, Media Department - WE ARE
ALEXANDER, St. Louis, MO, *pg.* 429
Miller, Crawford - Interactive /
Digital, Management, Media
Department - MARTIN ADVERTISING,
Birmingham, AL, *pg.* 106
Miller, Amanda - Interactive /
Digital, Media Department - SPARK
FOUNDRY, Chicago, IL, *pg.* 510
Miller, Daniel - Interactive /
Digital, Management, Media
Department, NBC, PPM - EP+CO., New

York, NY, *pg.* 356
Miller, Evan - Interactive /
Digital - 97TH FLOOR, Lehi, UT,
pg. 209
Miller, Anne - Interactive /
Digital, Social Media - WALKER
SANDS COMMUNICATIONS, Chicago, IL,
pg. 659
Miller Chin, Lara - Interactive /
Digital, Management, Media
Department, PPOM - J3, New York,
NY, *pg.* 480
Millman, Jaime - Interactive /
Digital, Media Department - SPARK
FOUNDRY, New York, NY, *pg.* 508
Mills, Rebecca - Account Planner,
Account Services, Interactive /
Digital, Media Department, NBC -
UNIVERSAL MCCANN, New York, NY,
pg. 521
Mills, Aaron - Interactive /
Digital, Operations - NTOOITIVE
DIGITAL, Las Vegas, NV, *pg.* 254
Milne, Cam - Interactive / Digital,
Management, Operations - ONESTOP
MEDIA GROUP, Toronto, ON, *pg.* 503
Milnor, Doug - Interactive /
Digital, NBC - CONNECTION MODEL
LLC, Issaquah, WA, *pg.* 344
Milone, Simona - Account Planner,
Account Services, Interactive /
Digital, Management, Media
Department, PPOM - WAVEMAKER, New
York, NY, *pg.* 526
Mindel, Seth - Account Services,
Interactive / Digital, Media
Department - GRAVITY.LABS, Chicago,
IL, *pg.* 365
Minicucci, Mark - Creative,
Interactive / Digital, PPOM - MODEL
B, Washington, DC, *pg.* 251
Minifee, Marcus - Account Services,
Interactive / Digital, Management -
UNIVERSAL MCCANN, New York, NY,
pg. 521
Mininger, John - Interactive /
Digital, Media Department, PPM -
JACKSON MARKETING GROUP,
Simpsonville, SC, *pg.* 188
Minsky, April - Interactive /
Digital, Media Department - HORIZON
MEDIA, INC., Los Angeles, CA, *pg.*
473
Miranda, Maria - Interactive /
Digital, Media Department - E&M
MEDIA GROUP, Jericho, NY, *pg.* 282
Miranda, Enrique - Interactive /
Digital, PPM - HAVAS MEDIA GROUP,
Miami, FL, *pg.* 470
Mirmelstein, Ian - Interactive /
Digital, NBC - LIGHTBOX OOH VIDEO
NETWORK, New York, NY, *pg.* 553
Mirsky, Israel - Account Services,
Interactive / Digital, Media
Department, PR Management - OMD,
New York, NY, *pg.* 498
Mirto, Bryon - Account Planner,
Account Services, Interactive /
Digital, Management, Media
Department, NBC - DIGITAS, New
York, NY, *pg.* 226
Miser, Paul - Account Services,
Interactive / Digital, Media
Department, PPOM - CHINATOWN

BUREAU, New York, NY, *pg.* 220
Mishra, Prakash - Interactive /
Digital, PPOM - WYNG, New York, NY,
pg. 276
Misner, David - Interactive /
Digital, Media Department - RPA,
Santa Monica, CA, *pg.* 134
Missirian, Sela - Account Planner,
Account Services, Interactive /
Digital, Media Department, NBC,
Social Media - BROWN BAG MARKETING,
Atlanta, GA, *pg.* 338
Mistry, Sapna - Interactive /
Digital, Media Department - RPA,
Santa Monica, CA, *pg.* 134
Mistry, Sharda - Interactive /
Digital, Operations - SAATCHI &
SAATCHI LOS ANGELES, Torrance, CA,
pg. 137
Mitchell, Melissa - Interactive /
Digital, Media Department - STARCOM
WORLDWIDE, Chicago, IL, *pg.* 513
Mitchell, Laura - Interactive /
Digital, NBC - LAWRENCE & SCHILLER,
Sioux Falls, SD, *pg.* 97
Mitchell, Caitlin - Interactive /
Digital, NBC - THE RICHARDS GROUP,
INC., Dallas, TX, *pg.* 422
Mitchell, Oliver - Account
Services, Interactive / Digital -
BRANDMOVERS, INC., Atlanta, GA,
pg. 538
Mitchell, Laura - Interactive /
Digital - GLOBAL STRATEGIES, Bend,
OR, *pg.* 673
Mitchell, David - Interactive /
Digital, PPOM - VMLY&R, Kansas
City, MO, *pg.* 274
Mitchell Price, Kelley - Creative,
Interactive / Digital - T3,
Atlanta, GA, *pg.* 416
Mitton, Jason - Interactive /
Digital, Media Department, PPM -
MARCUS THOMAS, Cleveland, OH, *pg.*
104
Mizell, Amber - Interactive /
Digital, Media Department - WE
COMMUNICATIONS, Bellevue, WA, *pg.*
660
Mizera, Nick - Analytics,
Interactive / Digital, Media
Department, Research - WUNDERMAN
THOMPSON, Chicago, IL, *pg.* 434
Modafferi, Dana - Account Planner,
Interactive / Digital, Media
Department, PPOM - UNIVERSAL
MCCANN, New York, NY, *pg.* 521
Modi, Rooju - Interactive /
Digital, Promotions - INITIATIVE,
Los Angeles, CA, *pg.* 478
Moe, Eric - Interactive / Digital,
PPOM - WIDEORBIT, San Francisco,
CA, *pg.* 276
Moet, DuQuan - Interactive /
Digital, Operations - SPARK
FOUNDRY, Chicago, IL, *pg.* 510
Mojahed, Michael - Interactive /
Digital, Media Department - AMP
AGENCY, Boston, MA, *pg.* 297
Molato, Alma - Interactive /
Digital, Media Department -
MEDIACOM, New York, NY, *pg.* 487
Molen, Miranda - Interactive /
Digital, Management, Media

AGENCIES   RESPONSIBILITIES INDEX

Department - AKQA, San Francisco, CA, *pg.* 211

Molina, Edgar - Account Services, Interactive / Digital - INNOCEAN USA, Huntington Beach, CA, *pg.* 479

Molina, Jonathan - Interactive / Digital, Media Department, NBC, Social Media - M/SIX, New York, NY, *pg.* 482

Molina, Jackie - Interactive / Digital, Media Department - OMD, Chicago, IL, *pg.* 500

Molina, Melissa - Interactive / Digital, Media Department - THE MEDIA KITCHEN, New York, NY, *pg.* 519

Molinaro, Suzanne - Interactive / Digital, Management, PPM - FCB HEALTH, New York, NY, *pg.* 72

Mollen, Nicole - Account Services, Interactive / Digital, Management, Media Department - SPARK FOUNDRY, New York, NY, *pg.* 508

Molnick, Sara - Account Services, Interactive / Digital - PATH INTERACTIVE, INC., New York, NY, *pg.* 256

Monaco, Alex - Account Services, Interactive / Digital, Media Department - 360I, LLC, New York, NY, *pg.* 320

Monaco, Mark - Interactive / Digital, NBC - ON BOARD EXPERIENTIAL MARKETING, Sausalito, CA, *pg.* 313

Monforton, Dana - Account Services, Interactive / Digital - HUDSON ROUGE, Dearborn, MI, *pg.* 372

Montalvo, Teddy - Interactive / Digital, Media Department, NBC - HORIZON MEDIA, INC., New York, NY, *pg.* 474

Montalvo, Lawrence - Interactive / Digital, Media Department - MEDIACOM, New York, NY, *pg.* 487

Montemarano, Andrew - Account Planner, Interactive / Digital, Media Department - INITIATIVE, Los Angeles, CA, *pg.* 478

Montgomery, John - Interactive / Digital, NBC, Operations - GROUPM, New York, NY, *pg.* 466

Montgomery, Suzanne - Account Services, Interactive / Digital - B-REEL, Brooklyn, NY, *pg.* 215

Moo, Candy - Interactive / Digital, Social Media - MOB SCENE, Los Angeles, CA, *pg.* 563

Moodie, Wendy - Interactive / Digital, Operations, PPM, PPOM - PARADIGM SHIFT WORLDWIDE, INC., Northridge, CA, *pg.* 313

Moody, Chelsea - Account Planner, Account Services, Interactive / Digital, Media Department - CARAT, Culver City, CA, *pg.* 459

Moon, Kevin - Account Planner, Interactive / Digital, Media Department - HEARTS & SCIENCE, New York, NY, *pg.* 471

Mooney, John - Interactive / Digital, Media Department - SIGNATURE MARKETING SOLUTIONS, Memphis, TN, *pg.* 141

Mooradian, Michael - Interactive / Digital, Media Department - UNIVERSAL MCCANN DETROIT, Birmingham, MI, *pg.* 524

Moore, John - Interactive / Digital, Management, Media Department - ZENO GROUP, Redwood Shores, CA, *pg.* 665

Moore, Karelia Jo - Creative, Interactive / Digital - HUGE, INC., Washington, DC, *pg.* 240

Moore, Tyler - Account Services, Interactive / Digital, NBC - THE ESCAPE POD, Chicago, IL, *pg.* 150

Moore, Tavia - Interactive / Digital, NBC, Social Media - HUDSON ROUGE, New York, NY, *pg.* 371

Moore, Kelli - Account Services, Administrative, Interactive / Digital - THE RICHARDS GROUP, INC., Dallas, TX, *pg.* 422

Moore Nobis, Susan - Interactive / Digital, Media Department - CAMELOT STRATEGIC MARKETING & MEDIA, Dallas, TX, *pg.* 457

Mordarski, Matt - Interactive / Digital, Media Department - PERICH ADVERTISING, Ann Arbor, MI, *pg.* 126

Moreau, Kimanh - Account Services, Interactive / Digital - GREENRUBINO, Seattle, WA, *pg.* 365

Moreira, George - Account Services, Creative, Interactive / Digital, Social Media - ACCENTURE INTERACTIVE, Chicago, IL, *pg.* 209

Morelli, Joseph - Account Services, Interactive / Digital - CRONIN, Glastonbury, CT, *pg.* 55

Moreno, Luisa - Account Planner, Interactive / Digital, NBC - ROC NATION, New York, NY, *pg.* 298

Moreno, Annette - Interactive / Digital, Media Department - MEDIACOM, New York, NY, *pg.* 487

Moreno, Chris - Interactive / Digital, Media Department - INVESTIS DIGITAL, Phoenix, AZ, *pg.* 376

Morgado, Thadeu - Creative, Interactive / Digital, PPOM - WORK & CO, Brooklyn, NY, *pg.* 276

Morgan, Taylor - Account Planner, Account Services, Interactive / Digital, Media Department - MEDIACOM, Ann Arbor, MI, *pg.* 249

Morgan, Jennifer - Finance, Interactive / Digital - MINDSHARE, New York, NY, *pg.* 491

Morgan, Sean - Interactive / Digital, Social Media - OUT THERE ADVERTISING, Duluth, MN, *pg.* 395

Morganteen, Allison - Interactive / Digital, Media Department, NBC, Operations - WAVEMAKER, New York, NY, *pg.* 526

Morgenstern, Jon - Interactive / Digital, Media Department - VAYNERMEDIA, New York, NY, *pg.* 689

Morgulis, Shlomo - Account Services, Interactive / Digital - ANTENNA GROUP, INC., Hackensack, NJ, *pg.* 578

Moribe, May - Account Planner, Interactive / Digital - GREY GROUP, New York, NY, *pg.* 365

Morin, Caitlin - Interactive / Digital, Operations - MINDSTREAM MEDIA GROUP - DALLAS, Dallas, TX, *pg.* 496

Morin, Steve - Interactive / Digital, Media Department - M/SIX, New York, NY, *pg.* 482

Morin, Doug - Interactive / Digital, Media Department - RINCK ADVERTISING, Lewiston, ME, *pg.* 407

Moriwaki, Lisa - Interactive / Digital, Media Department - MEDIA STORM, Los Angeles, CA, *pg.* 486

Mormile, Christine - Account Planner, Interactive / Digital, Media Department - CMI MEDIA, LLC, King of Prussia, PA, *pg.* 342

Morresi, Max - Creative, Interactive / Digital - NORTHLIGHT ADVERTISING, INC., Chester Springs, PA, *pg.* 121

Morris, Mona - Interactive / Digital, NBC - FALLON WORLDWIDE, Minneapolis, MN, *pg.* 70

Morris, Samantha - Interactive / Digital, Media Department - EMPOWER, Cincinnati, OH, *pg.* 354

Morris, Keith - Interactive / Digital - HUGE, INC., Atlanta, GA, *pg.* 240

Morris, Matthew - Interactive / Digital - PROOF ADVERTISING, Austin, TX, *pg.* 398

Morris, Randi - Interactive / Digital - SMS MARKETING SERVICES, Hasbrouck Heights, NJ, *pg.* 292

Morris, Jeremy - Interactive / Digital - SWARM, Atlanta, GA, *pg.* 268

Morrison, Langdon - Interactive / Digital, Media Department - CARAT, Atlanta, GA, *pg.* 459

Morrison, Zach - Interactive / Digital, NBC, PPOM - TINUITI, Dania Beach, FL, *pg.* 271

Morrison, Kate - Interactive / Digital, PPM - 72ANDSUNNY, Playa Vista, CA, *pg.* 23

Morrone, Gina - Account Planner, Account Services, Interactive / Digital, Media Department, NBC, PPM - INITIATIVE, New York, NY, *pg.* 477

Morrow, Cody - Interactive / Digital, Programmatic - ZIMMERMAN ADVERTISING, Fort Lauderdale, FL, *pg.* 437

Morton, Rosalie - Account Services, Interactive / Digital, Social Media - PADILLA, Richmond, VA, *pg.* 635

Morton, Rod - Interactive / Digital - SPARKS, Philadelphia, PA, *pg.* 315

Mosack, Nathan - Account Planner, Account Services, Interactive / Digital, Media Department - OMD, Chicago, IL, *pg.* 500

Moses, Dan - Creative, Interactive / Digital, NBC - ZONION CREATIVE GROUP, Bend, OR, *pg.* 21

Moskowitz, Ed - Account Services, Interactive / Digital, NBC - MULTIMEDIA SOLUTIONS, INC., Edgewater, NJ, *pg.* 252

Mosquera, Veronica - Interactive /

1445

RESPONSIBILITIES INDEX　　　　　　　　　　　　　　　　　　　　　　　　　　　　　　　　　　AGENCIES

Digital, Media Department - SPARK FOUNDRY, Chicago, IL, *pg.* 510
Motl, Lauren - Creative, Interactive / Digital, Management - ELEVATED THIRD, Denver, CO, *pg.* 230
Mountz, Alyssa - Interactive / Digital, Social Media - BLUE WHEEL MEDIA, Birmingham, MI, *pg.* 335
Movido, Mike - Interactive / Digital, Programmatic - SPARK FOUNDRY, Chicago, IL, *pg.* 510
Mowery, William - Interactive / Digital - BAYARD ADVERTISING AGENCY, INC., New York, NY, *pg.* 37
Moxon, Brock - Account Planner, Interactive / Digital, Media Department, NBC, Research - CANVAS WORLDWIDE, Playa Vista, CA, *pg.* 458
Moy, Steven - Interactive / Digital, PPOM - BARBARIAN, New York, NY, *pg.* 215
Moyer, Tom - Creative, Interactive / Digital - MASON MARKETING, Penfield, NY, *pg.* 106
Moyer, Danielle - Creative, Interactive / Digital - NMPI, New York, NY, *pg.* 254
Moynihan, Madison - Interactive / Digital, Media Department, Social Media - CORNETT INTEGRATED MARKETING SOLUTIONS, Lexington, KY, *pg.* 344
Mozer, Kate - Account Planner, Interactive / Digital, Media Department - GTB, Dearborn, MI, *pg.* 367
Muaturana, Sally - Interactive / Digital - SPARKS, Philadelphia, PA, *pg.* 315
Mudra, Matt - Interactive / Digital, Media Department - SCHERMER, Minneapolis, MN, *pg.* 16
Muehl, Alex - Interactive / Digital, NBC - JELLYVISION LAB, Chicago, IL, *pg.* 377
Muellenbach, Chris - Account Services, Interactive / Digital, Management - DELOITTE DIGITAL, New York, NY, *pg.* 225
Muellenberg, Courtney - Interactive / Digital, Media Department, Social Media - IPROSPECT, New York, NY, *pg.* 674
Mueller, Shawn - Interactive / Digital, Media Department - UNIVERSAL MCCANN DETROIT, Birmingham, MI, *pg.* 524
Muhammad II, Abdul - Interactive / Digital, PPOM - RBB COMMUNICATIONS, Miami, FL, *pg.* 641
Muhlrad, Yael - Interactive / Digital, Media Department - DENTSU X, New York, NY, *pg.* 61
Mui, Ingrid - Interactive / Digital, Media Department, Social Media - EDELMAN, Seattle, WA, *pg.* 601
Mukherjee, Shouvick - Interactive / Digital - AMOBEE, INC., Redwood City, CA, *pg.* 213
Mulderink, Matthew - Analytics, Interactive / Digital, Management, Media Department, NBC, Research, Social Media - CONNECT AT PUBLICIS

MEDIA, Chicago, IL, *pg.* 462
Mule, Christine - Interactive / Digital, Media Department - MINDSHARE, New York, NY, *pg.* 491
Mulhern, Alexa - Interactive / Digital, Media Department - WAVEMAKER, New York, NY, *pg.* 526
Mulhern, Andrew - Account Planner, Interactive / Digital, PPOM - MEDIACOM, New York, NY, *pg.* 487
Mull, Andrea - Account Services, Interactive / Digital, Media Department - MINDSHARE, Playa Vista, CA, *pg.* 495
Mullarney, Ian - Interactive / Digital, PPM - 6AM MARKETING, Madison, WI, *pg.* 1
Mullen, Laura - Interactive / Digital, Media Department - OMD WEST, Los Angeles, CA, *pg.* 502
Mullig, Monty - Interactive / Digital, PPOM - CSE, INC., Atlanta, GA, *pg.* 6
Mullins, Chris - Interactive / Digital - DRAGON ARMY, Atlanta, GA, *pg.* 533
Munera, Michelle - Interactive / Digital, Media Department, Social Media - DEUTSCH, INC., New York, NY, *pg.* 349
Munford, Lina - Creative, Interactive / Digital, Media Department - 3RD THIRD MARKETING, Seattle, WA, *pg.* 279
Mungan, Matt - Interactive / Digital - DSC ADVERTISING, Philadelphia, PA, *pg.* 66
Munoz, Andrea - Interactive / Digital, Media Department, Social Media - HORIZON MEDIA, INC., Los Angeles, CA, *pg.* 473
Munsch, Paul - Interactive / Digital, Management - EPSILON , New York, NY, *pg.* 283
Munsen, Kristine - Interactive / Digital, Media Department, NBC, PPOM - HEARTS & SCIENCE, New York, NY, *pg.* 471
Murali, Sara - Interactive / Digital, Media Department - OGILVY PUBLIC RELATIONS, New York, NY, *pg.* 633
Mure, Amanda - Account Planner, Account Services, Interactive / Digital - MEDIACOM, New York, NY, *pg.* 487
Murphy, Amy - Interactive / Digital, Media Department - DOGWOOD PRODUCTIONS, INC., Mobile, AL, *pg.* 230
Murphy, Kevin - Analytics, Interactive / Digital, Media Department - CMD, Portland, OR, *pg.* 51
Murphy, Liz - Account Services, Interactive / Digital, Management, Media Department, PPOM - BEACONFIRE REDENGINE, Arlington, VA, *pg.* 216
Murphy, Aaron - Creative, Interactive / Digital - HAGER SHARP, INC., Washington, DC, *pg.* 81
Murphy, Lauren - Account Services, Interactive / Digital, Media Department - UNIVERSAL MCCANN, New

York, NY, *pg.* 521
Murphy, Tim - Account Planner, Interactive / Digital - ENTERCOM COMMUNICATIONS CORP., Bala Cynwyd, PA, *pg.* 551
Murphy, Jennifer - Account Services, Creative, Interactive / Digital, Media Department, NBC, Social Media - PUBLICIS.SAPIENT, Birmingham, MI, *pg.* 260
Murphy, Shanti - Account Planner, Interactive / Digital - GLOBAL STRATEGIES, Bend, OR, *pg.* 673
Murphy, Steve - Interactive / Digital, PPOM - 3CINTERACTIVE, Boca Raton, FL, *pg.* 533
Murphy, Heather - Interactive / Digital, Media Department, Social Media - NINA HALE CONSULTING, Minneapolis, MN, *pg.* 675
Murray, Nellie - Account Planner, Interactive / Digital, Media Department - CARMICHAEL LYNCH, Minneapolis, MN, *pg.* 47
Murray, Tyler - Account Planner, Interactive / Digital, Media Department, PPOM - GEOMETRY, Chicago, IL, *pg.* 363
Murray, Kallan - Interactive / Digital, Media Department - HORIZON MEDIA, INC., New York, NY, *pg.* 474
Murray, Chris - Creative, Interactive / Digital, NBC, PPOM, Public Relations - BOYD TAMNEY CROSS, Wayne, PA, *pg.* 42
Murtha, Rebecca - Interactive / Digital, Media Department - SPARK FOUNDRY, New York, NY, *pg.* 508
Muscolino, Karen - Interactive / Digital, Media Department - STARCOM WORLDWIDE, Chicago, IL, *pg.* 513
Muse, Wynn - Interactive / Digital - MOXIE, Atlanta, GA, *pg.* 251
Muse, Heather - Interactive / Digital, Media Department, NBC - VAYNERMEDIA, New York, NY, *pg.* 689
Muse, Amanda - Creative, Interactive / Digital - ADTAXI, Denver, CO, *pg.* 211
Musi, George - Analytics, Interactive / Digital, Management, Media Department, Research - BLUE 449, New York, NY, *pg.* 455
Mussey, Hannah - Account Services, Creative, Interactive / Digital, Media Department - DEPARTURE, San Diego, CA, *pg.* 61
Mustafa, Alyssa - Interactive / Digital, Media Department - ZENITH MEDIA, New York, NY, *pg.* 529
Muszynski, John - Account Services, Finance, Interactive / Digital, PPOM - SPARK FOUNDRY, Chicago, IL, *pg.* 510
Muthya, Sukumar - Interactive / Digital, NBC - ANSIRA, Addison, TX, *pg.* 326
Mycka, Yuliya - Interactive / Digital - PRESTON KELLY, Minneapolis, MN, *pg.* 129
Myers, Kara - Interactive / Digital, Media Department - STARCOM WORLDWIDE, Chicago, IL, *pg.* 513
Myers, Trent - Interactive /

AGENCIES

RESPONSIBILITIES INDEX

Digital - WE'RE MAGNETIC, New York, NY, *pg.* 318

Myers, Garrett - Account Planner, Interactive / Digital, Media Department - CARAT, Culver City, CA, *pg.* 459

Mysel, Sue - Interactive / Digital, NBC - CENTRA360, Westbury, NY, *pg.* 49

Nadeau, Liane - Interactive / Digital, Media Department, Programmatic - DIGITAS, Boston, MA, *pg.* 226

Naden, Tracy - Interactive / Digital, PPOM - LIPPE TAYLOR, New York, NY, *pg.* 623

Naegeli, Jennifer - Interactive / Digital, Media Department - TINUITI, New York, NY, *pg.* 678

Nagata, Taryn - Account Planner, Account Services, Interactive / Digital, Media Department - QUIGLEY-SIMPSON, Los Angeles, CA, *pg.* 544

Nagel, Becky - Interactive / Digital - 1105 MEDIA, Woodland Hills, CA, *pg.* 453

Naguib, Diana - Account Services, Interactive / Digital, Management, Media Department - MEDIALINK, New York, NY, *pg.* 386

Nagy, Bryan - Interactive / Digital, Media Department, Programmatic - SPARK FOUNDRY, Chicago, IL, *pg.* 510

Najdovski, Lindsey - Interactive / Digital, PPM - DEUTSCH, INC., Los Angeles, CA, *pg.* 350

Nakamura, Kele - Interactive / Digital, PPOM - ENGINE DIGITAL, Vancouver, BC, *pg.* 231

Nakar, Ori - Interactive / Digital, PPOM - TELESCOPE, Los Angeles, CA, *pg.* 269

Nance, Santia - Account Planner, Interactive / Digital, Media Department - THE MARTIN AGENCY, Richmond, VA, *pg.* 421

Nardone, Giuseppe - Analytics, Interactive / Digital - LOSASSO INTEGRATED MARKETING, Chicago, IL, *pg.* 381

Nash, Spencer - Interactive / Digital, Media Department - DAC GROUP, Louisville, KY, *pg.* 223

Natelson, Jenny - Interactive / Digital - GREY GROUP, New York, NY, *pg.* 365

Naylon, Jenna - Interactive / Digital, Media Department - USIM, Los Angeles, CA, *pg.* 525

Neal, Blair - Interactive / Digital - FAKE LOVE, Brooklyn, NY, *pg.* 183

Neary, Nikki - Interactive / Digital, Media Department - HORIZON MEDIA, INC., New York, NY, *pg.* 474

Neary, Lindsey - Interactive / Digital, Media Department - EDELMAN, Washington, DC, *pg.* 600

Nebel, Rose - Interactive / Digital, Media Department - EMPOWER, Chicago, IL, *pg.* 355

Neel, Ashley - Interactive / Digital, Media Department - EMPOWER, Cincinnati, OH, *pg.* 354

Neff, Christopher - Creative, Interactive / Digital - THE COMMUNITY, Miami Beach, FL, *pg.* 545

Nefs Leistikow, Laura - Account Services, Interactive / Digital, Management, NBC - HABERMAN, Minneapolis, MN, *pg.* 369

Negrini, Patrick - Interactive / Digital, NBC - COMMCREATIVE, Framingham, MA, *pg.* 343

Nelson, Jonathan - Interactive / Digital, PPOM - OMD SAN FRANCISCO, San Francisco, CA, *pg.* 501

Nelson, Pamela - Account Services, Analytics, Interactive / Digital - WPROMOTE, Melville, NY, *pg.* 678

Nelson, Alicia - Account Services, Interactive / Digital, Media Department, Programmatic - USIM, Los Angeles, CA, *pg.* 525

Nelson, Andy - Interactive / Digital, NBC, PPM, Social Media - CONILL ADVERTISING, INC., El Segundo, CA, *pg.* 538

Nelson, Jade - Account Planner, Account Services, Interactive / Digital, Media Department - OMD, New York, NY, *pg.* 498

Nelson, Lindsey - Account Services, Interactive / Digital - OMD, Chicago, IL, *pg.* 500

Nelson, Mark - Interactive / Digital - KIOSK CREATIVE LLC, Novato, CA, *pg.* 378

Nelson, Blake - Interactive / Digital, Social Media - HAVAS MEDIA GROUP, Boston, MA, *pg.* 470

Nelson, Samara - Account Services, Interactive / Digital, Media Department, NBC, Social Media - HEARTS & SCIENCE, New York, NY, *pg.* 471

Nelson, Emily - Account Services, Interactive / Digital, Media Department, Social Media - MOROCH PARTNERS, Dallas, TX, *pg.* 389

Nelson, Jayna - Interactive / Digital, Social Media - IPROSPECT, New York, NY, *pg.* 674

Nelson, Caro - Interactive / Digital, Media Department - HARMELIN MEDIA, Bala Cynwyd, PA, *pg.* 467

Nelson, Michael - Creative, Interactive / Digital, Media Department - GASLIGHT CREATIVE, St. Cloud, MN, *pg.* 361

Nennig, Karen - Interactive / Digital, Media Department - BVK, Milwaukee, WI, *pg.* 339

Neopolitan, Nicole - Account Services, Interactive / Digital - MULLENLOWE U.S. LOS ANGELES, El Segundo, CA, *pg.*

Nepali, Sonya - Interactive / Digital, Media Department - SINGLE GRAIN, Los Angeles, CA, *pg.* 265

Nespoli, Matthew - Interactive / Digital, Media Department - PARTNERS + NAPIER, Rochester, NY, *pg.* 125

Nester, Mark - Interactive / Digital, Media Department -

MEDIACOM, New York, NY, *pg.* 487

Nestle, Sean - Interactive / Digital, Operations - GYRO, Cincinnati, OH, *pg.* 368

Netland, Emma - Account Services, Interactive / Digital - BEYOND, San Francisco, CA, *pg.* 216

Nettelfield, Joanna - Account Planner, Account Services, Interactive / Digital - MWWPR, East Rutherford, NJ, *pg.* 630

Neubeck, Nicolas - Creative, Interactive / Digital - HEARST MAGAZINES DIGITAL MEDIA, New York, NY, *pg.* 238

Neufeld, Victoria - Account Services, Interactive / Digital, NBC - EDELMAN, Toronto, ON, *pg.* 601

Neuhaus, Tashia - Creative, Interactive / Digital, PPM - ARGONAUT, INC., San Francisco, CA, *pg.* 33

Neujahr, Dana - Account Services, Creative, Interactive / Digital, Management, Media Department - SOMETHING MASSIVE, Los Angeles, CA, *pg.* 266

Neuman, David - Account Services, Interactive / Digital, NBC, Social Media - RHYTHMONE, Burlington, MA, *pg.* 263

Nevins, Nick - Account Planner, Analytics, Interactive / Digital, Media Department - PHD USA, New York, NY, *pg.* 505

Nevruzian, Simone - Interactive / Digital, Media Department, Programmatic - HEARTS & SCIENCE, New York, NY, *pg.* 471

Nevulis, Mary Beth - Interactive / Digital - TECH IMAGE, LTD., Chicago, IL, *pg.* 652

Newell, Aaron - Creative, Interactive / Digital - INQUEST MARKETING, Kansas City, MO, *pg.* 445

Newell, Ashton - Interactive / Digital, NBC, Public Relations - DIRECTIVE CONSULTING, Irvine, CA, *pg.* 63

Newkirk, Drake - Creative, Interactive / Digital - LEVLANE ADVERTISING, Philadelphia, PA, *pg.* 380

Newman, Kristen - Interactive / Digital, Media Department - OMD, New York, NY, *pg.* 498

Newman, Rachel - Interactive / Digital, Media Department - SPECTRUM SCIENCE COMMUNICATIONS, Washington, DC, *pg.* 649

Newman, Kate - Interactive / Digital, Media Department, Social Media - DIGITAS, San Francisco, CA, *pg.* 227

Newman, Barbie - Interactive / Digital, Media Department - DIGITAL OPERATIVE, INC., San Diego, CA, *pg.* 225

Newton, David - Creative, Interactive / Digital, Media Department - GUMGUM, Santa Monica, CA, *pg.* 80

Newton, Seth - Interactive /

1447

RESPONSIBILITIES INDEX — AGENCIES

Digital, Promotions - VISITURE, Charleston, SC, pg. 678

Ng, Dan - Account Planner, Interactive / Digital, Media Department, PPOM - DROGA5, New York, NY, pg. 64

Ng, Eric - Interactive / Digital - PARKERWHITE, Encinitas, CA, pg. 194

Nguyen, Thanh - Creative, Interactive / Digital, Media Department - KIMBO DESIGN, Vancouver, BC, pg. 189

Nguyen, Trac - Interactive / Digital, Media Department, PPM - PUBLICIS NORTH AMERICA, New York, NY, pg. 399

Nguyen, Tien - Interactive / Digital, PPOM - CPC STRATEGY, San Diego, CA, pg. 672

Nguyen, Mike - Interactive / Digital - ACTON INTERNATIONAL, LTD., Lincoln, NE, pg. 279

Nguyen, Kathy P. - Interactive / Digital, Media Department - ZENITH MEDIA, Santa Monica, CA, pg. 531

Nhieu, Vivian - Interactive / Digital, Media Department - CANVAS WORLDWIDE, Playa Vista, CA, pg. 458

Niblock, Jackie - Interactive / Digital, NBC - LEWIS MEDIA PARTNERS, Richmond, VA, pg. 482

Nicholas, John - Interactive / Digital, Media Department - THE ZIMMERMAN AGENCY, Tallahassee, FL, pg. 426

Nicholas, Michael - Interactive / Digital, PPOM - MEDIA ASSEMBLY, New York, NY, pg. 484

Nichols, Evan - Interactive / Digital, Media Department, NBC - MEDIASSOCIATES, INC., Sandy Hook, CT, pg. 490

Nichols, Alix - Creative, Interactive / Digital - COLLE MCVOY, Minneapolis, MN, pg. 343

Nicoll, Bryan - Interactive / Digital - MORTON, VARDEMAN & CARLSON, Gainesville, GA, pg. 389

Nicolls, Charles - Interactive / Digital, Media Department - RAIN, Portland, OR, pg. 402

Niemiec, Gina - Interactive / Digital, Media Department - HILL HOLLIDAY, Boston, MA, pg. 85

Niffin, Nicole - Account Services, Interactive / Digital, Media Department - CARAT, Detroit, MI, pg. 461

Niford, Jeff - Interactive / Digital - ASPECT RATIO, Los Angeles, CA, pg. 35

Nijjar, Nirmal - Account Services, Interactive / Digital, Media Department - ESSENCE, New York, NY, pg. 232

Nikolewski, Mark - Interactive / Digital - BOATHOUSE GROUP, INC., Waltham, MA, pg. 40

Nnadi, Michael - Creative, Interactive / Digital - TEAM ONE, Los Angeles, CA, pg. 417

Nocket, Dan - Interactive / Digital - BAILEY BRAND CONSULTING, Plymouth Meeting, PA, pg. 2

Nolan, Joseph - Interactive / Digital, Media Department - CROSSMEDIA, New York, NY, pg. 463

Noll, Matthew - Interactive / Digital, Media Department - EMC OUTDOOR, Newtown Square, PA, pg. 551

Noohi, Alicia - Interactive / Digital - WPROMOTE, Dallas, TX, pg. 679

Noone, Carrie - Interactive / Digital, Media Department - SPARK FOUNDRY, Chicago, IL, pg. 510

Noren, Zachary - Interactive / Digital, Media Department - SPARK FOUNDRY, Chicago, IL, pg. 510

Norgard, Mike - Interactive / Digital, Social Media - DDB CHICAGO, Chicago, IL, pg. 59

Norman, Brett - Interactive / Digital, Media Department, NBC - GTB, Dearborn, MI, pg. 367

Norris, Matthew - Interactive / Digital, NBC - CAMELOT STRATEGIC MARKETING & MEDIA, Dallas, TX, pg. 457

Norris, Brittany - Interactive / Digital - ADJECTIVE & CO., Jacksonville Beach, FL, pg. 27

Norsen, Karl - Interactive / Digital - EDELMAN, Seattle, WA, pg. 601

Norstrom, Eric - Interactive / Digital, Operations - MDG ADVERTISING, Boca Raton, FL, pg. 484

Northrup, Marie - Interactive / Digital, Media Department - BOOYAH ONLINE ADVERTISING, Denver, CO, pg. 218

Nossem, Kelly - Interactive / Digital, Media Department - STARCOM WORLDWIDE, Chicago, IL, pg. 513

Novak, Rocky - Interactive / Digital, Management, PPOM - FALLON WORLDWIDE, Minneapolis, MN, pg. 70

Novak, Brianne - Interactive / Digital, Social Media - DDM MARKETING & COMMUNICATIONS, Grand Rapids, MI, pg. 6

Novick, Sophie - Interactive / Digital, Social Media - WIEDEN + KENNEDY, New York, NY, pg. 432

Nowak, Stephanie - Interactive / Digital, Media Department - BLUE CHIP MARKETING & COMMUNICATIONS, Northbrook, IL, pg. 334

Nowak, Abigail - Account Services, Interactive / Digital, Media Department, Social Media - MGH ADVERTISING, Owings Mills, MD, pg. 387

Nowels, Eric - Interactive / Digital - MOXIE SOZO, Boulder, CO, pg. 192

Noyes, Chase - Account Services, Interactive / Digital - EDELMAN, Washington, DC, pg. 600

Nuccio, Dawn - Analytics, Interactive / Digital - DUMONT PROJECT, Marina Del Rey, CA, pg. 230

Nurnberger, Timothy - Interactive / Digital, PPOM - CAMPAIGN SOLUTIONS, Alexandria, VA, pg. 219

Nutt, Michael - Interactive / Digital, PPOM - MOVEABLE INK, New York, NY, pg. 251

Nylander, Kelly - Interactive / Digital, Social Media - EVR ADVERTISING, Manchester, NH, pg. 69

O'Brien, Megan - Interactive / Digital, Media Department - MEDIACOM, New York, NY, pg. 487

O'Connor, Michael - Finance, Interactive / Digital, Media Department - HORIZON MEDIA, INC., New York, NY, pg. 474

O'Connor, Ashley - Interactive / Digital, NBC - ARGYLE COMMUNICATIONS, Toronto, ON, pg. 578

O'Connor, Evan - Account Services, Interactive / Digital - CARMICHAEL LYNCH, Minneapolis, MN, pg. 47

O'Day Thayer, Kelly - Interactive / Digital, Media Department - STARCOM WORLDWIDE, Chicago, IL, pg. 513

O'Donnell, Patricia - Interactive / Digital, Media Department - PHD USA, New York, NY, pg. 505

O'Flaherty, Rory - Account Services, Interactive / Digital, Management, Media Department - MEKANISM, New York, NY, pg. 113

O'Grady, Shey - Interactive / Digital - PGR MEDIA, Boston, MA, pg. 504

O'Harran, Brody - Interactive / Digital, Management, NBC - CONTROL V EXPOSED, Jenkintown, PA, pg. 222

O'Malley, Lauren - Interactive / Digital, PPM - SWANSON RUSSELL ASSOCIATES, Lincoln, NE, pg. 415

O'Neill, James - Interactive / Digital, Management, Media Department, NBC - MEDIA ALLEGORY, New York, NY, pg. 484

O'Neill, Liam - Interactive / Digital, Media Department - ZENITH MEDIA, New York, NY, pg. 529

O'Shea, Megan - Interactive / Digital, Media Department - SPARK FOUNDRY, New York, NY, pg. 508

O'Shea, Allie - Account Planner, Analytics, Interactive / Digital, NBC - PUBLICIS NORTH AMERICA, New York, NY, pg. 399

Oakley, Husani - Interactive / Digital, Management - DEUTSCH, INC., New York, NY, pg. 349

Oatman, Emily - Interactive / Digital, Media Department - SWANSON RUSSELL, Omaha, NE, pg. 415

Oberg, Whitney - Interactive / Digital - SRW, Chicago, IL, pg. 143

Obra Le, Connie - Interactive / Digital, Media Department - XENOPSI, New York, NY, pg. 164

Obradovich, Piper - Interactive / Digital, Media Department, NBC - DMA UNITED, New York, NY, pg. 63

Ocenas, Jennafer - Interactive / Digital, Media Department, Operations - STARCOM WORLDWIDE, Chicago, IL, pg. 513

Ochnio, Benjamin J. - Interactive / Digital - BLUE 449, New York, NY,

1448

AGENCIES

RESPONSIBILITIES INDEX

pg. 455
Odell, Alex - Creative, Interactive / Digital - DECKER DESIGN INC., New York, NY, pg. 179
Oden, Jeanne - Interactive / Digital - ACKERMAN MCQUEEN, INC., Oklahoma City, OK, pg. 26
Oei, Jonathan - Interactive / Digital - FIREWOOD, San Francisco, CA, pg. 283
Oganesyan, Alex - Interactive / Digital, Media Department - MINDSHARE, New York, NY, pg. 491
Ogonowski, Monica - Interactive / Digital, Media Department - WAVEMAKER, New York, NY, pg. 526
Oh, Richard - Interactive / Digital - STARCOM WORLDWIDE, New York, NY, pg. 517
Oksuz, Asena - Interactive / Digital, Media Department - HORIZON MEDIA, INC., New York, NY, pg. 474
Okumura, James - Creative, Interactive / Digital - HELO, Marina Del Rey, CA, pg. 307
Olbur, Rachel - Interactive / Digital, Media Department - R&R PARTNERS, Las Vegas, NV, pg. 131
Oldham, Lindsey - Account Planner, Interactive / Digital, Media Department - HAWTHORNE ADVERTISING, Fairfield, IA, pg. 285
Olen, Sadie - Account Services, Interactive / Digital, Media Department, NBC - AMOBEE, INC., Chicago, IL, pg. 213
Oliveira, Monica - Interactive / Digital, Media Department - HORIZON MEDIA, INC., New York, NY, pg. 474
Olivier, Ludovic - Interactive / Digital, PPOM - VISION7 INTERNATIONAL, Quebec City, QC, pg. 429
Olivieri, Kevin - Interactive / Digital, PPOM - ALLEN & GERRITSEN, Boston, MA, pg. 29
Olsen, Cael - Interactive / Digital - NEBO AGENCY, LLC, Atlanta, GA, pg. 253
Olson, Brian - Interactive / Digital, NBC, PPOM - INQUEST MARKETING, Kansas City, MO, pg. 445
Olson, Derek - Creative, Interactive / Digital, Media Department - TDG COMMUNICATIONS, Deadwood, SD, pg. 417
Olson, Ryan - Account Services, Interactive / Digital, Media Department - COLLE MCVOY, Minneapolis, MN, pg. 343
Olson, Cara - Interactive / Digital, NBC - DEG DIGITAL, Overland Park, KS, pg. 224
Olson, Emily - Interactive / Digital, Media Department - CENTRO, Denver, CO, pg. 220
Omeltchenko, Nicholas - Interactive / Digital, Media Department - MEDIACOM, New York, NY, pg. 487
Opdyke, Michelle - Interactive / Digital, Media Department - MEDIACOM, New York, NY, pg. 487
Orabona, Jerry - Interactive / Digital - HERO DIGITAL, San Francisco, CA, pg. 238

Oram, Marshall - Interactive / Digital, Media Department - MILLER DESIGNWORKS, Phoenixville, PA, pg. 191
Orbin, Danielle - Interactive / Digital, Media Department, Operations - SPARK FOUNDRY, Chicago, IL, pg. 510
Orenstein, Matthew - Interactive / Digital, Media Department, Programmatic - THE MEDIA KITCHEN, New York, NY, pg. 519
Ori, Caitlin - Interactive / Digital, Media Department - MINDSHARE, Chicago, IL, pg. 494
Orkin, Justin - Interactive / Digital, Management, NBC - CONTROL V EXPOSED, Jenkintown, PA, pg. 222
Orlando, Gabrielle - Interactive / Digital, Media Department, Programmatic - 360I, LLC, Atlanta, GA, pg. 207
Orleman, James - Interactive / Digital - SPECIALISTS MARKETING SERVICES, INC. , Hasbrouck Heights, NJ, pg. 292
Ormerod, Andrew - Creative, Interactive / Digital - ELLIANCE, Pittsburgh, PA, pg. 231
Orr, Bill - Interactive / Digital, Management, NBC, Public Relations - DKC PUBLIC RELATIONS, West Hollywood, CA, pg. 597
Orr, Daniel - Interactive / Digital, Media Department, Programmatic - WAVEMAKER, New York, NY, pg. 526
Ortega, Pablo - Interactive / Digital, Media Department, Social Media - CASEY & SAYRE, INC., Malibu, CA, pg. 589
Ortega, Jonathan - Interactive / Digital, Social Media - ACENTO ADVERTISING, INC., Santa Monica, CA, pg. 25
Osborne, Reginald - Account Services, Interactive / Digital, Management, Media Department - WALTON ISAACSON, New York, NY, pg. 547
Osborne, Charles - Interactive / Digital, PPOM - WATAUGA GROUP, Orlando, FL, pg. 21
Osborne, Paige - Interactive / Digital, Media Department - NOBLE PEOPLE, New York, NY, pg. 120
Osenga, Greg - Interactive / Digital - PUBLICIS HAWKEYE, Charlotte, NC, pg. 399
Oskan, Arthur - Creative, Interactive / Digital, PPM - FIELD DAY, Toronto, ON, pg. 358
Oslin, Cory - Interactive / Digital, Media Department - RE:GROUP, INC., Ann Arbor, MI, pg. 403
Ossa, Juliana - Interactive / Digital - UNIVERSAL MCCANN, Los Angeles, CA, pg. 524
Ostarello, Alicia - Interactive / Digital, Media Department - UNIVERSAL MCCANN, San Francisco, CA, pg. 428

Ostler, James - Interactive / Digital, Media Department, Programmatic - OMD, Chicago, IL, pg. 500
Otey, James - Analytics, Creative, Interactive / Digital - AGILITEE SOLUTIONS, INC., Londonderry, NH, pg. 172
Ottaviano, Jessica - Interactive / Digital, Media Department - GYK ANTLER, Manchester, NH, pg. 368
Ottelin, Courtney - Interactive / Digital, NBC - LUQUIRE GEORGE ANDREWS, INC., Charlotte, NC, pg. 382
Ottolino, Marina - Interactive / Digital, Media Department - STARCOM WORLDWIDE, Chicago, IL, pg. 513
Otzenberger, Brett - Interactive / Digital, PPOM - MIRUM AGENCY, Minneapolis, MN, pg. 251
Oumedian, Cassie - Interactive / Digital, Media Department, Programmatic, Social Media - HANAPIN MARKETING, Bloomington, IN, pg. 237
Overby, Theresa - Interactive / Digital, NBC, Social Media - MILES MEDIA GROUP, LLP, Sarasota, FL, pg. 387
Overley, Jerod - Analytics, Interactive / Digital - VMLY&R, Kansas City, MO, pg. 274
Owen, Hayley - Interactive / Digital, Media Department - DEUTSCH, INC., Los Angeles, CA, pg. 350
Owens, Tiffany - Interactive / Digital, Media Department - NORTH 6TH AGENCY, New York, NY, pg. 633
Owens, Ryan - Interactive / Digital, Media Department - TRACTORBEAM, Dallas, TX, pg. 156
Ozkan, Mary - Interactive / Digital, Media Department - ABSOLUTE MEDIA INC., Stamford, CT, pg. 453
Ozkardesler, Ugur - Creative, Interactive / Digital - YES&, Alexandria, VA, pg. 436
O'Brien, Chris - Account Services, Interactive / Digital, Management, Media Department, NBC - OMD, Chicago, IL, pg. 500
Paccione, Danielle - Interactive / Digital, Media Department - UNIVERSAL MCCANN, New York, NY, pg. 521
Pace, Dominick - Account Services, Interactive / Digital, Media Department, PPOM - MINDSHARE, New York, NY, pg. 491
Pacelli, Hilary - Interactive / Digital, Media Department - CANVAS WORLDWIDE, New York, NY, pg. 458
Pacheco, Juan - Analytics, Interactive / Digital, Media Department - MEKANISM, New York, NY, pg. 113
Paciulli, Alaina - Interactive / Digital, Media Department, NBC - DCX GROWTH ACCELERATOR, Brooklyn, NY, pg. 58
Paddock, Craig - Interactive /

1449

RESPONSIBILITIES INDEX — AGENCIES

Digital, NBC - MMGY GLOBAL, Kansas City, MO, pg. 388

Padellaro, Liza - Account Services, Interactive / Digital - EDELMAN, New York, NY, pg. 599

Paganelli Schwartz, Jennifer - Interactive / Digital, Social Media - W2O, San Francisco, CA, pg. 659

Pahilajani, Ravi - Interactive / Digital, Media Department - SPARK FOUNDRY, New York, NY, pg. 508

Pai, Megha - Interactive / Digital, NBC - WORDWRITE COMMUNICATIONS, Pittsburgh, PA, pg. 663

Pak, Daniel - Interactive / Digital - 360I, LLC, Atlanta, GA, pg. 207

Palacios, Claude - Interactive / Digital, Media Department, NBC, Social Media - SPARK FOUNDRY, Chicago, IL, pg. 510

Palau, Daniel - Interactive / Digital, Management, Social Media - LAUNDRY SERVICE, Brooklyn, NY, pg. 287

Palepu, Anuradha - Interactive / Digital, Media Department - MRM//MCCANN, Birmingham, MI, pg. 252

Palese, Toni - Interactive / Digital, Media Department - SOME CONNECT, Chicago, IL, pg. 677

Palmacci, Siena - Interactive / Digital, PPM - TBWA \ CHIAT \ DAY, Los Angeles, CA, pg. 146

Palmer, Kristin - Account Services, Interactive / Digital, PPM - CLIX MARKETING, Louisville, KY, pg. 672

Panciera, Natalie - Interactive / Digital, Media Department - INTERMARK GROUP, INC., Birmingham, AL, pg. 375

Pandit, Shwetha - Interactive / Digital, Media Department - FIREWOOD, San Francisco, CA, pg. 283

Pandit, Shardool - Creative, Interactive / Digital, Media Department - MAGNANI CONTINUUM MARKETING, Chicago, IL, pg. 103

Pane, Carly - Account Services, Interactive / Digital, Media Department - INITIATIVE, New York, NY, pg. 477

Panfel, Marissa - Interactive / Digital, Media Department - HORIZON MEDIA, INC., New York, NY, pg. 474

Panjwani, Sachin - Account Planner, Account Services, Interactive / Digital, Media Department, NBC - ORGANIC, INC., San Francisco, CA, pg. 255

Panknin, Marjorie - Account Planner, Interactive / Digital, Media Department, Social Media - WAVEMAKER, Los Angeles, CA, pg. 528

Pankratz, Eric - Account Planner, Interactive / Digital - NOVUS MEDIA, INC., Plymouth, MN, pg. 497

Pannebaker, Courtney - Interactive / Digital, NBC, Social Media - SOURCELINK, LLC, Greenville, SC, pg. 292

Pannu, Sabina - Interactive / Digital, Media Department - SINGLE GRAIN, Los Angeles, CA, pg. 265

Pantano, Talia - Interactive / Digital, Media Department - MINDSHARE, New York, NY, pg. 491

Panunzio, Kimberly - Creative, Interactive / Digital, PPM - HERZOG & COMPANY, North Hollywood, CA, pg. 298

Paolozzi, Vincent - Interactive / Digital, Management, Media Department - MAGNA GLOBAL, New York, NY, pg. 483

Papa, Alyssa - Interactive / Digital, Media Department - SPARK FOUNDRY, New York, NY, pg. 508

Papagiannis, Nicholas - Interactive / Digital, Media Department - CRAMER-KRASSELT, Chicago, IL, pg. 53

Papp, Terri - Interactive / Digital, Media Department - ZIMMERMAN ADVERTISING, Fort Lauderdale, FL, pg. 437

Pappalardo, Ryan - Interactive / Digital, Media Department - OMD, New York, NY, pg. 498

Paquet, Charissa - Interactive / Digital, Media Department - REPRISE DIGITAL, New York, NY, pg. 676

Paradis, Lauren - Interactive / Digital, Media Department - MEDIAHUB BOSTON, Boston, MA, pg. 489

Paradis, Julie - Interactive / Digital, Media Department - INITIATIVE, New York, NY, pg. 477

Paradise, Charlene - Account Services, Interactive / Digital - EMI STRATEGIC MARKETING, INC., Boston, MA, pg. 68

Parikh, Mita - Interactive / Digital, Media Department - ZENITH MEDIA, Santa Monica, CA, pg. 531

Parish, Geoff - Interactive / Digital - MYTHIC, Charlotte, NC, pg. 119

Parisi, Samantha - Interactive / Digital, NBC, Social Media - GIOVATTO ADVERTISING, Paramus, NJ, pg. 363

Parisot, Pierre - Interactive / Digital - GIANT SPOON, LLC, Los Angeles, CA, pg. 363

Park, Yuna - Account Services, Interactive / Digital, Management, Media Department, NBC - FORSMAN & BODENFORS, New York, NY, pg. 74

Park, Chayoung - Interactive / Digital - AFG&, New York, NY, pg. 28

Parker, Tom - Creative, Interactive / Digital, PPOM - EDELMAN, San Francisco, CA, pg. 601

Parker, Amanda - Account Services, Interactive / Digital - PMG, Fort Worth, TX, pg. 257

Parker, Sonya - Interactive / Digital, PPM - GROW INTERACTIVE, Norfolk, VA, pg. 237

Parker, Forrest - Interactive / Digital, Operations - ADSUPPLY, INC., Culver City, CA, pg. 211

Parker, Sarah - Interactive / Digital, Media Department - INITIATIVE, New York, NY, pg. 477

Parker, Kevin - Account Services, Interactive / Digital - 3Q DIGITAL, Chicago, IL, pg. 208

Parker, Ryan - Creative, Interactive / Digital - PARKERWHITE, Encinitas, CA, pg. 194

Parks, Lesley - Account Services, Interactive / Digital, Media Department, NBC, Public Relations, Social Media - TBWA \ CHIAT \ DAY, New York, NY, pg. 416

Parmann, Andy - Account Services, Interactive / Digital, Social Media - EPIC CREATIVE, West Bend, WI, pg. 7

Parson, Jeff - Creative, Interactive / Digital - THE BUNTIN GROUP, Nashville, TN, pg. 148

Parsons, Alexa - Account Services, Analytics, Interactive / Digital - NET CONVERSION, Orlando, FL, pg. 253

Parten, Bryce - Interactive / Digital, Media Department - IPROSPECT, Fort Worth, TX, pg. 674

Partridge, Cameron - Interactive / Digital - BRANDED ENTERTAINMENT NETWORK, INC., Sherman Oaks, CA, pg. 297

Pasch, Sara - Creative, Interactive / Digital - BLUECADET INTERACTIVE, Philadelphia, PA, pg. 218

Paskalev, Krasen - Account Services, Interactive / Digital, Management - ADASTRA CORPORATION, Markham, ON, pg. 167

Pasqual-Kwan, Christopher - Interactive / Digital, Media Department - ZENITH MEDIA, New York, NY, pg. 529

Pasquale, Brandon - Interactive / Digital, Media Department - WAVEMAKER, New York, NY, pg. 526

Pasque, Nicole - Interactive / Digital, NBC - MCCANN WORLDGROUP, Birmingham, MI, pg. 109

Pasquinelli, Olivia - Account Services, Interactive / Digital, Social Media - GEOMETRY, New York, NY, pg. 362

Passarelli, Gianna - Interactive / Digital, Media Department - BLUE 449, Seattle, WA, pg. 456

Passaro, Bianca - Account Planner, Account Services, Interactive / Digital, Media Department, NBC - UNIVERSAL MCCANN, New York, NY, pg. 521

Passmore, Akilah - Creative, Interactive / Digital - BIG FAMILY TABLE, Los Angeles, CA, pg. 39

Passmore, Jeff - Interactive / Digital - THIRD WAVE DIGITAL, Macon, GA, pg. 270

Passo, Brad - Interactive / Digital, Media Department - STARCOM WORLDWIDE, Chicago, IL, pg. 513

Pastyrnak, Eileen - Interactive / Digital, Media Department - OMD, New York, NY, pg. 498

Patel, Bhavesh - Interactive / Digital - THE WEINSTEIN ORGANIZATION, INC., Chicago, IL,

AGENCIES / RESPONSIBILITIES INDEX

Patel, Anjali - Account Planner, Interactive / Digital, Media Department, NBC - WIEDEN + KENNEDY, New York, NY, *pg.* 432

Patel, Nikin - Account Planner, Account Services, Interactive / Digital - WAVEMAKER, New York, NY, *pg.* 526

Patrick, Erica - Interactive / Digital, Management, Media Department, NBC, Social Media - MEDIAHUB BOSTON, Boston, MA, *pg.* 489

Patterson, Ed - Interactive / Digital - FAHLGREN MORTINE PUBLIC RELATIONS, Columbus, OH, *pg.* 70

Patterson, Diana - Interactive / Digital, Media Department - EMPOWER, Chicago, IL, *pg.* 355

Patton, Rob - Interactive / Digital, Promotions - INFOGROUP, New York, NY, *pg.* 286

Paulic, Sarah - Interactive / Digital, Media Department - UNIVERSAL MCCANN, New York, NY, *pg.* 521

Paulucci, Francesca - Interactive / Digital, Media Department - HORIZON MEDIA, INC., New York, NY, *pg.* 474

Pavesic, Nicole - Interactive / Digital, Media Department, Programmatic - STARCOM WORLDWIDE, Chicago, IL, *pg.* 513

Pavia, Mark - Interactive / Digital, Management, Media Department - STARCOM WORLDWIDE, Chicago, IL, *pg.* 513

Pavoggi, Nikki - Interactive / Digital, Media Department - SPARK FOUNDRY, New York, NY, *pg.* 508

Payne, Regine - Account Services, Finance, Interactive / Digital - EARTHBOUND BRANDS, New York, NY, *pg.* 7

Peach, Kate - Account Services, Interactive / Digital, PPM - FINN PARTNERS, San Francisco, CA, *pg.* 603

Peachey, Jeanmarie - Interactive / Digital, Media Department - PHD USA, New York, NY, *pg.* 505

Pearce, Elizabeth - Account Services, Creative, Interactive / Digital - HAVAS WORLDWIDE CHICAGO, Chicago, IL, *pg.* 82

Pearlman, Jared - Creative, Interactive / Digital, Media Department, NBC - UNITED ENTERTAINMENT GROUP, New York, NY, *pg.* 299

Pearlman, Andrew - Interactive / Digital - ACTIVE INTERNATIONAL, Pearl River, NY, *pg.* 439

Pearlstein, Sarah - Interactive / Digital - YOUTECH, Scottsdale, AZ, *pg.* 436

Pearsall, Robert - Interactive / Digital, Management, Media Department, NBC - HAVAS MEDIA GROUP, New York, NY, *pg.* 468

Pearson, Scott - Interactive / Digital, Management - THREE DEEP MARKETING, Saint Paul, MN, *pg.* 678

Peat, Brandon - Creative, Interactive / Digital - ASHER AGENCY, Fort Wayne, IN, *pg.* 327

Pecci, Rob - Interactive / Digital, Media Department - HORIZON MEDIA, INC., New York, NY, *pg.* 474

Pece, Lisa - Account Services, Interactive / Digital, Media Department - SPARK FOUNDRY, New York, NY, *pg.* 508

Pedersen, Erika - Interactive / Digital, NBC - WPROMOTE, Dallas, TX, *pg.* 679

Pederson, Amanda - Interactive / Digital, Media Department - HAWORTH MARKETING & MEDIA, Minneapolis, MN, *pg.* 470

Pedraza, Linda - Account Services, Interactive / Digital - WPROMOTE, Dallas, TX, *pg.* 679

Pehlman, Derek - Interactive / Digital, Media Department - CROSSMEDIA, Philadelphia, PA, *pg.* 463

Pelay, Carlos - Analytics, Interactive / Digital - EXCELERATE DIGITAL, Raleigh, NC, *pg.* 233

Pelletier, Sarah - Interactive / Digital, Media Department - MEDIAHUB BOSTON, Boston, MA, *pg.* 489

Pelley, Stephanie - Interactive / Digital, Media Department - TRAMPOLINE, Halifax, NS, *pg.* 20

Pellicano, Vittoria - Interactive / Digital, Media Department - MINDSHARE, New York, NY, *pg.* 491

Pelta, Emily - Interactive / Digital, Media Department - MEDIA ASSEMBLY, Century City, CA, *pg.* 484

Penland, Courtney - Interactive / Digital - 4FRONT, Dallas, TX, *pg.* 208

Pennell, Lisa - Interactive / Digital, Media Department - MGH ADVERTISING, Owings Mills, MD, *pg.* 387

Penney, John W. - Creative, Interactive / Digital, PPOM - BLACKDOG ADVERTISING, Miami, FL, *pg.* 40

Penuela, Tania - Interactive / Digital, Media Department - INITIATIVE, Los Angeles, CA, *pg.* 478

Pepito, Tammy - Interactive / Digital, Media Department, Social Media - PUBLICIS.SAPIENT, Chicago, IL, *pg.* 259

Perdue, Andy - Creative, Interactive / Digital - EMFLUENCE, LLC, Kansas City, MO, *pg.* 231

Perera, Dimitri - Account Services, Interactive / Digital, Management, NBC - COPACINO + FUJIKADO, LLC, Seattle, WA, *pg.* 344

Perez, Francisco - Interactive / Digital, NBC, Operations - YESCO OUTDOOR MEDIA, Las Vegas, NV, *pg.* 559

Perez, Aaron - Account Planner, Interactive / Digital - GLOW, New York, NY, *pg.* 237

Perez, Noe - Creative, Interactive / Digital - TKO ADVERTISING, Austin, TX, *pg.* 155

Perez-Muniz, Manuela - Interactive / Digital, Operations - STARCOM WORLDWIDE, New York, NY, *pg.* 517

Perk, Leslie - Interactive / Digital, Media Department, PPM - CRITICAL MASS, INC., Chicago, IL, *pg.* 223

Perkal, Mitch - Interactive / Digital, Media Department - RISE INTERACTIVE, Chicago, IL, *pg.* 264

Perkel, Alan - Interactive / Digital, PPOM - RIESTER, Phoenix, AZ, *pg.* 406

Perlman, Steve - Account Services, Creative, Interactive / Digital, Social Media - THE MARKETING STORE WORLDWIDE, Chicago, IL, *pg.* 421

Perone, Lauren - Interactive / Digital - INITIATIVE, New York, NY, *pg.* 477

Perrigo, Nichola - Interactive / Digital, NBC - RPA, Santa Monica, CA, *pg.* 134

Perriguey, Mark - Analytics, Creative, Interactive / Digital - ASEN MARKETING & ADVERTISING, INC., Knoxville, TN, *pg.* 327

Perry, Chris - Interactive / Digital, PPOM - WEBER SHANDWICK, New York, NY, *pg.* 660

Perry, Brooks - Interactive / Digital, NBC - RPA, Santa Monica, CA, *pg.* 134

Perry, Lester - Account Services, Interactive / Digital - INNOCEAN USA, Huntington Beach, CA, *pg.* 479

Perry, Ariel - Interactive / Digital, PPM - CTP, Boston, MA, *pg.* 347

Perry, Collin - Account Planner, Account Services, Interactive / Digital - JANUARY DIGITAL, New York, NY, *pg.* 243

Persson, Henrik - Interactive / Digital - YOUNG & LARAMORE, Indianapolis, IN, *pg.* 164

Pertuz, Kelley - Interactive / Digital, Media Department, Social Media - HORIZON MEDIA, INC., New York, NY, *pg.* 474

Perz, Jay - Account Services, Interactive / Digital, Social Media - MINDSHARE, Chicago, IL, *pg.* 494

Peters, Danielle - Interactive / Digital, NBC - MINDSTREAM MEDIA GROUP - DALLAS, Dallas, TX, *pg.* 496

Peters, Erica - Interactive / Digital, Media Department, NBC - HEARTS & SCIENCE, New York, NY, *pg.* 471

Peters, Bethany - Analytics, Interactive / Digital - RAPPORT OUTDOOR WORLDWIDE, Chicago, IL, *pg.* 556

Petersen, Dan - Interactive / Digital, PPOM - LOCALBIZNOW, Auburn Hills, MI, *pg.* 675

Petersen, Kathleen - Interactive / Digital, Media Department - NINA HALE CONSULTING, Minneapolis, MN, *pg.* 675

Petersen, William - Interactive /

1451

RESPONSIBILITIES INDEX — AGENCIES

Digital, Media Department, Social Media - CASHMERE AGENCY, Los Angeles, CA, *pg.* 48

Peterson, Carl - Interactive / Digital, Media Department - PETERSON RAY & COMPANY, Dallas, TX, *pg.* 127

Peterson, Annaliese - Account Services, Interactive / Digital, Media Department - CARAT, Detroit, MI, *pg.* 461

Peterson, Tyler - Interactive / Digital, PPOM - KETTLE, New York, NY, *pg.* 244

Peterson, Kelley - Interactive / Digital, Media Department - SPARK FOUNDRY, New York, NY, *pg.* 508

Peterson, Christine - Interactive / Digital, Media Department, PPOM - MINDSHARE, New York, NY, *pg.* 491

Peterson Mauro, Andrea - Interactive / Digital, NBC, PPOM - MAURONEWMEDIA, New York, NY, *pg.* 190

Petrillo, Jake - Interactive / Digital, Media Department - SPARK FOUNDRY, Chicago, IL, *pg.* 510

Petty, John - Interactive / Digital, Media Department, NBC, Social Media - WIEDEN + KENNEDY, New York, NY, *pg.* 432

Pezone, Kimberly - Account Services, Interactive / Digital, Media Department, NBC - DIGITAS, Boston, MA, *pg.* 226

Pezzino, Karina - Account Services, Interactive / Digital - US MEDIA CONSULTING, Miami, FL, *pg.* 546

Pflederer, Erika - Account Services, Interactive / Digital, Management, Media Department, PPM, PPOM - FCB CHICAGO, Chicago, IL, *pg.* 71

Pfluger, Matt - Account Services, Interactive / Digital - THE GARFIELD GROUP, Philadelphia, PA, *pg.* 419

Phalod, Priyanka - Interactive / Digital, Media Department, Promotions - ICROSSING, New York, NY, *pg.* 240

Pham, Thuy - Account Planner, Account Services, Interactive / Digital, Media Department - INITIATIVE, New York, NY, *pg.* 477

Pham, Kim - Account Planner, Interactive / Digital - DASH TWO, Culver City, CA, *pg.* 551

Phelps, Christina - Interactive / Digital, Media Department - SPARK FOUNDRY, Chicago, IL, *pg.* 510

Philips, Joshua - Interactive / Digital, NBC - MADDOCK DOUGLAS, Elmhurst, IL, *pg.* 102

Phillips, Jodi - Account Services, Interactive / Digital, Management, Media Department, NBC, Research, Social Media - MOXIE, Atlanta, GA, *pg.* 251

Phillips, Lindsey - Interactive / Digital, Media Department, PPOM - ZENITH MEDIA, Atlanta, GA, *pg.* 531

Phillips, Bethany - Interactive / Digital, NBC - DENNY MOUNTAIN MEDIA, Seattle, WA, *pg.* 225

Phinney, Kristy - Account Services, Interactive / Digital, Social Media - RINCK ADVERTISING, Lewiston, ME, *pg.* 407

Phua, Melody - Interactive / Digital, Media Department - PHD CHICAGO, Chicago, IL, *pg.* 504

Picardi, Jessica - Interactive / Digital, Social Media - DAVIS AD AGENCY, Virginia Beach, VA, *pg.* 58

Picaro, Tara - Interactive / Digital - JUMPCREW, Nashville, TN, *pg.* 93

Pickens, Ashley - Account Services, Interactive / Digital, Media Department - INITIATIVE, New York, NY, *pg.* 477

Pickles, Dave - Interactive / Digital - THE TRADE DESK, Ventura, CA, *pg.* 519

Pieper, Kyle - Interactive / Digital, Media Department - GSD&M, Austin, TX, *pg.* 79

Piepgras, Sara - Creative, Interactive / Digital, NBC - THE THORBURN GROUP, Minneapolis, MN, *pg.* 20

Pierce, Michael - Creative, Interactive / Digital, Media Department, PPOM - ODNEY ADVERTISING AGENCY, Bismarck, ND, *pg.* 392

Pierce, Alex - Creative, Interactive / Digital - PUBLICIS HAWKEYE, Dallas, TX, *pg.* 399

Piering, Nicole - Interactive / Digital, NBC - SPARK451, INC., Westbury, NY, *pg.* 411

Pierre, Michael - Account Planner, Interactive / Digital, Management, Media Department - BEACON MEDIA, Mahwah, NJ, *pg.* 216

Pierre, Laurent - Interactive / Digital, PPOM - CODE AND THEORY, New York, NY, *pg.* 221

Pierscieniewski, Alexis - Interactive / Digital, Media Department - GEOMETRY, Akron, OH, *pg.* 362

Pierson, Christopher - Interactive / Digital - PIERSON GRANT PUBLIC RELATIONS, Fort Lauderdale, FL, *pg.* 636

Pignataro, Alicia - Finance, Interactive / Digital - HORIZON MEDIA, INC., New York, NY, *pg.* 474

Pike, Josh - Interactive / Digital - AMP AGENCY, Boston, MA, *pg.* 297

Pike, Michelle - Account Services, Interactive / Digital, Media Department - JEKYLL AND HYDE, Redford, MI, *pg.* 92

Pilkin, Caitlin - Account Services, Interactive / Digital - ZETA INTERACTIVE, New York, NY, *pg.* 277

Piluso, Steven - Interactive / Digital, NBC - MEDIA STORM, New York, NY, *pg.* 486

Pinchevsky, Avital - Creative, Interactive / Digital - FCB CHICAGO, Chicago, IL, *pg.* 71

Pinckney, Lesley - Interactive / Digital, Media Department, Research - GMR MARKETING CHICAGO, Chicago, IL, *pg.* 307

Pine, Sarah - Account Planner, Interactive / Digital, Media Department, Social Media - GLOW, New York, NY, *pg.* 237

Pineda, Yael - Account Services, Interactive / Digital, Management, Media Department - UNIVERSAL MCCANN, New York, NY, *pg.* 521

Pinero, Nelson - Interactive / Digital, Media Department, PPOM - GROUPM, New York, NY, *pg.* 466

Pinkerton, Caleb - Account Services, Interactive / Digital, Media Department, NBC - KSM SOUTH, Austin, TX, *pg.* 482

Pinkham, Jeremy - Interactive / Digital - LOTAME, Columbia, MD, *pg.* 446

Pino, Clara - Interactive / Digital, Media Department, Social Media - MAROON PR, Columbia, MD, *pg.* 625

Pino, Charlie - Interactive / Digital - CMM, New York, NY, *pg.* 591

Pintor, Mariano - Account Services, Interactive / Digital - MCCANN NEW YORK, New York, NY, *pg.* 108

Pinzon, Sebastian - Interactive / Digital, Media Department, NBC - STARCOM WORLDWIDE, New York, NY, *pg.* 517

Pipkins, Connor - Interactive / Digital, Media Department - LEWIS COMMUNICATIONS, Mobile, AL, *pg.* 100

Pirkovic, Saso - Interactive / Digital, Media Department - INITIATIVE, New York, NY, *pg.* 477

Piskopanis, Frank - Interactive / Digital, Research - DOREMUS & COMPANY, New York, NY, *pg.* 64

Pisula, Mike - Interactive / Digital, NBC - XAXIS, New York, NY, *pg.* 276

Pita, Damjan - Creative, Interactive / Digital - BBDO WORLDWIDE, New York, NY, *pg.* 331

Pitcheralle, Ryan - Creative, Interactive / Digital - ACRONYM MEDIA, New York, NY, *pg.* 671

Pittman, Jessica - Interactive / Digital, Media Department, Social Media - IPROSPECT, Fort Worth, TX, *pg.* 674

Pitts, Allison - Account Planner, Interactive / Digital - HORIZON MEDIA, INC., New York, NY, *pg.* 474

Placona, Lindsay - Interactive / Digital, Management, Media Department - INITIATIVE, New York, NY, *pg.* 477

Plaisance, Anna - Interactive / Digital, Media Department, Social Media - PETERMAYER, New Orleans, LA, *pg.* 127

Plaizier, Thomas - Interactive / Digital - 97TH FLOOR, Lehi, UT, *pg.* 209

Planas, Gabriel - Interactive / Digital - SOURCELINK, LLC, Greenville, SC, *pg.* 292

AGENCIES
RESPONSIBILITIES INDEX

Plonchak, Ali - Account Planner, Interactive / Digital - CROSSMEDIA, New York, NY, pg. 463

Plottner, Kevin - Creative, Interactive / Digital - CHASE COMMUNICATIONS, San Francisco, CA, pg. 590

Plumb, Laura - Interactive / Digital, Media Department - LESSING-FLYNN ADVERTISING CO., Des Moines, IA, pg. 99

Plunkett, Oliver - Interactive / Digital, Media Department - DEUTSCH, INC., New York, NY, pg. 349

Plunkett, Nicole - Account Planner, Interactive / Digital, Media Department - LOVE ADVERTISING, Houston, TX, pg. 101

Pluth, Kate - Interactive / Digital, Social Media - METIA, Bellevue, WA, pg. 250

Podesta, Juan - Interactive / Digital - IPROSPECT, New York, NY, pg. 674

Poer, Brent - Account Planner, Account Services, Creative, Interactive / Digital, Management, Media Department, NBC, PPOM - ZENITH MEDIA, New York, NY, pg. 529

Poerio, Michael - Interactive / Digital, Media Department - RED FUSE COMMUNICATIONS, New York, NY, pg. 404

Poff, Ron - Interactive / Digital, Social Media - THE PRIME FACTORY, Blacksburg, VA, pg. 422

Pogue, Lauren - Interactive / Digital, Media Department, Social Media - UNIVERSAL MCCANN DETROIT, Birmingham, MI, pg. 524

Poh, Kathryn - Interactive / Digital, Media Department, Social Media - PHD, San Francisco, CA, pg. 504

Polanco, Alex - Creative, Interactive / Digital - SEQUEL STUDIO, New York, NY, pg. 16

Polci, Charlotte - Interactive / Digital - IPROSPECT, Boston, MA, pg. 674

Polich, Sarah - Interactive / Digital, Media Department, PPM - ZENITH MEDIA, New York, NY, pg. 529

Polizzi, Christina - Analytics, Interactive / Digital, NBC, Research - ACCELERATION PARTNERS, Needham, MA, pg. 25

Pollack, Jessie - Interactive / Digital, Media Department, NBC - HORIZON MEDIA, INC., New York, NY, pg. 474

Pollio, Emily - Interactive / Digital, Social Media - DESIGN 446, Manasquan, NJ, pg. 61

Pologruto, Carina - Analytics, Interactive / Digital, Operations, PPOM - MARKETSMITH, INC, Cedar Knolls, NJ, pg. 483

Poluha, Sarah - Interactive / Digital, NBC - CARMICHAEL LYNCH, Minneapolis, MN, pg. 47

Pomerance, Alison - Interactive / Digital, Media Department - OMD, Chicago, IL, pg. 500

Pomerantz, Amanda - Interactive / Digital, Media Department - ZENITH MEDIA, New York, NY, pg. 529

Pomeroy, Miles - Interactive / Digital - PRR, Seattle, WA, pg. 399

Ponce, Ana - Interactive / Digital, PPM - RPA, Santa Monica, CA, pg. 134

Ponce De Leon, Alondra - Interactive / Digital - 97TH FLOOR, Lehi, UT, pg. 209

Pontes, Al - Interactive / Digital - FIREWOOD, San Francisco, CA, pg. 283

Poolat, Joshua - Interactive / Digital, Media Department - HEALIXGLOBAL, New York, NY, pg. 471

Pope, Chris - Interactive / Digital, Media Department - HAWORTH MARKETING & MEDIA, Minneapolis, MN, pg. 470

Pope, Shelby - Interactive / Digital - THE MARTIN AGENCY, Richmond, VA, pg. 421

Popkin, Bryan - Account Planner, Interactive / Digital, Media Department - ICROSSING, New York, NY, pg. 240

Porath, Matt - Account Planner, Interactive / Digital, NBC - GTB, Dearborn, MI, pg. 367

Porcelli, Julia - Interactive / Digital, Media Department, Social Media - PHD USA, New York, NY, pg. 505

Porell, Jeff - Account Services, Interactive / Digital, Media Department - GROUNDTRUTH.COM, New York, NY, pg. 534

Porretti, Scott - Interactive / Digital, Management, NBC - KATZ MEDIA GROUP, INC., New York, NY, pg. 481

Portela, Jenna - Account Services, Interactive / Digital, NBC - JONES KNOWLES RITCHIE, New York, NY, pg. 11

Portela, Carolina - Interactive / Digital, Media Department - UNIVERSAL MCCANN, New York, NY, pg. 521

Porter, Emily - Interactive / Digital, PPOM - HAVAS FORMULA, San Diego, CA, pg. 612

Porter, Megan - Interactive / Digital, Media Department - ENVISIONIT MEDIA, INC., Chicago, IL, pg. 231

Posen, Michelle - Interactive / Digital, Media Department - HORIZON MEDIA, INC., New York, NY, pg. 474

Potter, Donnie - Interactive / Digital - DKY INTEGRATED MARKETING COMMUNICATIONS, Minneapolis, MN, pg. 352

Potthast, Emily - Creative, Interactive / Digital - JIM RICCA & ASSOCIATES, Reston, VA, pg. 92

Poulton, Simon - Account Services, Analytics, Interactive / Digital - WPROMOTE, El Segundo, CA, pg. 678

Powell, Dave - Interactive / Digital, NBC - BELIEF AGENCY, Seattle, WA, pg. 38

Powell, Brandon - Interactive / Digital, Media Department - HANSON DODGE, INC., Milwaukee, WI, pg. 185

Power, Davin - Interactive / Digital, Management, Media Department, PPOM - GRAVITY.LABS, Chicago, IL, pg. 365

Power, Colin - Interactive / Digital, Media Department - M5 MARKETING COMMUNICATIONS, Saint John's, NL, pg. 102

Powl, Andrew - Interactive / Digital, Media Department, Programmatic - OMD, New York, NY, pg. 498

Powlison, Jennifer - Interactive / Digital, NBC, Social Media - THE FOUNDRY @ MEREDITH CORP, New York, NY, pg. 150

Poyer, James - Analytics, Interactive / Digital - TEAM VELOCITY MARKETING, Herndon, VA, pg. 418

Prada, Natasha - Interactive / Digital, Media Department - STARCOM WORLDWIDE, New York, NY, pg. 517

Prashad, Kiran - Interactive / Digital, Operations, PPOM - DAC GROUP, Toronto, ON, pg. 224

Prashad, Bhavin - Interactive / Digital, Media Department - DAC GROUP, Toronto, ON, pg. 224

Pratt, Tim - Creative, Interactive / Digital - THREE FIVE TWO, INC., Newberry, FL, pg. 271

Pratt, Marcus - Analytics, Interactive / Digital, Research - MEDIASMITH, INC., San Francisco, CA, pg. 490

Pray, Jeffrey - Interactive / Digital, Media Department - STARCOM WORLDWIDE, North Hollywood, CA, pg. 516

Preate, Allison - Interactive / Digital, Media Department, PPOM - HEARTS & SCIENCE, New York, NY, pg. 471

Predmore, Amy - Interactive / Digital, PPOM - DESIGNTHIS!, Napa, CA, pg. 179

Prescher, Christopher - Interactive / Digital, PPOM - 50,000 FEET, INC., Chicago, IL, pg. 171

Prescott, Drew - Interactive / Digital - CUTWATER, San Francisco, CA, pg. 56

Presseau, Erin - Interactive / Digital, Media Department - SILVER TECHNOLOGIES, INC., Manchester, NH, pg. 141

Presson, Michael - Interactive / Digital - WEBER SHANDWICK, New York, NY, pg. 660

Presto, Christine - Interactive / Digital, PPM - IRIS, New York, NY, pg. 376

Pretto, Alexandra - Account Services, Interactive / Digital, Media Department - YESLER, Seattle, WA, pg. 436

Prevost, Emily - Account Services, Interactive / Digital, Media Department - XENOPSI, New York, NY,

RESPONSIBILITIES INDEX
AGENCIES

pg. 164
Preziosa, Gina - Interactive / Digital, Media Department - THE BOSTON GROUP, Boston, MA, pg. 418
Price, James - Analytics, Interactive / Digital, PPOM, Programmatic, Research - OUTFRONT MEDIA, New York, NY, pg. 554
Price, Lauren - Account Services, Interactive / Digital - FLEISHMANHILLARD, Boston, MA, pg. 605
Prince, Sarah - Interactive / Digital, Media Department - PHD USA, New York, NY, pg. 505
Pring, Evan - Interactive / Digital, Media Department - J3, New York, NY, pg. 480
Prinzivalli, Mike - Account Services, Interactive / Digital, Media Department - HEARTS & SCIENCE, New York, NY, pg. 471
Pritchard, Tom - Account Planner, Interactive / Digital - GLOBAL STRATEGIES, Bend, OR, pg. 673
Proctor, Adam - Interactive / Digital, Programmatic - PHD USA, New York, NY, pg. 505
Prom, Oscar - Creative, Interactive / Digital - DEEPLOCAL, Sharpsburgs, PA, pg. 349
Proulx, Mike - Interactive / Digital, Media Department - TRILIA, Boston, MA, pg. 521
Proulx, Mike - Interactive / Digital, Management, PPOM - HILL HOLLIDAY, Boston, MA, pg. 85
Pryhuber, Jeff - Interactive / Digital, PPOM - INXPO, Chicago, IL, pg. 308
Pryor, Allyson - Interactive / Digital, NBC, Promotions, Social Media - THE LANE COMMUNICATIONS GROUP, New York, NY, pg. 654
Prysock, Maria - Account Services, Interactive / Digital, Media Department, Public Relations, Social Media - CRAMER-KRASSELT, Chicago, IL, pg. 53
Prystajko, Jeff - Creative, Interactive / Digital - ACCESSO, Lake Mary, FL, pg. 210
Przybylinski, Shoshana - Interactive / Digital, Media Department - PGR MEDIA, Boston, MA, pg. 504
Pscheid, Julian - Interactive / Digital, Operations, PPOM - EMERGE INTERACTIVE, Portland, OR, pg. 231
Puccetti, Perry - Account Services, Interactive / Digital, Management, NBC - VMLY&R, Kansas City, MO, pg. 274
Puchalsky, Adam - Interactive / Digital, Social Media - WAVEMAKER, New York, NY, pg. 526
Puetz, Emily - Interactive / Digital, Media Department - HAWORTH MARKETING & MEDIA, Minneapolis, MN, pg. 470
Pugliano, Monica - Interactive / Digital, Media Department - INNOCEAN USA, Huntington Beach, CA, pg. 479

Pujadas, Esty - Interactive / Digital - KETCHUM, New York, NY, pg. 542
Puleo, Lucas - Interactive / Digital, Media Department - UNIVERSAL MCCANN, New York, NY, pg. 521
Pulijal, Gautham - Interactive / Digital, Social Media - REPRISE DIGITAL, New York, NY, pg. 676
Puma, Frank - Interactive / Digital, Management, Media Department, PPOM - MINDSHARE, New York, NY, pg. 491
Punwani, Nick - Interactive / Digital, Media Department - MINDSHARE, New York, NY, pg. 491
Purcaro, Nicholas - Interactive / Digital, Media Department - NEO MEDIA WORLD, New York, NY, pg. 496
Purdy, Maclaine - Interactive / Digital, Media Department - STARCOM WORLDWIDE, Chicago, IL, pg. 513
Puschak, Danielle - Creative, Interactive / Digital - THE TRADE DESK, Boulder, CO, pg. 520
Putnam, Jen - Creative, Interactive / Digital, PPOM - ALLEN & GERRITSEN, Boston, MA, pg. 29
Pyatt, Krystal - Account Services, Interactive / Digital, Public Relations, Social Media - THE FERRARO GROUP, Las Vegas, NV, pg. 653
Pyles, Lisa - Interactive / Digital, Management, Media Department - HORIZON MEDIA, INC., New York, NY, pg. 474
Pyron, Jennifer - Interactive / Digital - MIGHTY & TRUE, Austin, TX, pg. 250
Qu, Tina - Interactive / Digital - M/SIX, New York, NY, pg. 482
Quaglieri, Barbara - Account Services, Interactive / Digital - ALTITUDE MARKETING, Emmaus, PA, pg. 30
Quick, Julie - Account Planner, Analytics, Interactive / Digital - SHOPTOLOGY, Plano, TX, pg. 682
Quigley, Kate - Account Services, Interactive / Digital, Management, Operations - RIGHTPOINT, Boston, MA, pg. 263
Quinn, Sean - Interactive / Digital, NBC - AKQA, San Francisco, CA, pg. 211
Quinn, Chava - Creative, Interactive / Digital - BBDO SAN FRANCISCO, San Francisco, CA, pg. 330
Quinn, Ann - Interactive / Digital, Media Department - PUBLICIS NORTH AMERICA, New York, NY, pg. 399
Quiqney, Patrick - Account Planner, Interactive / Digital - TIGRIS SPONSORSHIP & MARKETING, Littleton, CO, pg. 317
Qureshi, Samina - Interactive / Digital, Media Department - E&M MEDIA GROUP, Jericho, NY, pg. 282
Rabelo, Leo - Creative, Interactive / Digital - TRAINA DESIGN, San Diego, CA, pg. 20

Raboy, Doug - Account Services, Interactive / Digital, Media Department, PPOM - PEOPLE IDEAS & CULTURE, Brooklyn, NY, pg. 194
Raciti, Dario - Creative, Interactive / Digital, Media Department - OMD, New York, NY, pg. 498
Raciti, Dario - Interactive / Digital, Media Department - OMD WEST, Los Angeles, CA, pg. 502
Radcliffe, Chris - Interactive / Digital, PPOM - HABANERO, Vancouver, BC, pg. 237
Raddock, Stephanie - Interactive / Digital, Media Department, Social Media - T3, Austin, TX, pg. 268
Radich, Chris - Interactive / Digital, Media Department - THE SEARCH AGENCY, Glendale, CA, pg. 677
Radzinski, Jeff - Interactive / Digital, Media Department - HARRISON MEDIA, Harrison Township, MI, pg. 468
Raftery, Rodney - Creative, Interactive / Digital - DIGITAS, Chicago, IL, pg. 227
Ragland, Chelsea - Interactive / Digital - ORANGE LABEL ART & ADVERTISING, Newport Beach, CA, pg. 395
Rahmel, David - Interactive / Digital, Research - THE SEARCH AGENCY, Glendale, CA, pg. 677
Raidt, Robert - Account Services, Creative, Interactive / Digital - ACCENTURE INTERACTIVE, Chicago, IL, pg. 209
Railing, Courtney - Account Services, Interactive / Digital, NBC - COMMCREATIVE, Framingham, MA, pg. 343
Raino, Meg - Interactive / Digital - ALL POINTS DIGITAL, Norwalk, CT, pg. 671
Raith, Dorian - Interactive / Digital, Media Department - RPA, Santa Monica, CA, pg. 134
Rake, Brian - Finance, Interactive / Digital, Media Department - PHD USA, New York, NY, pg. 505
Rakoczy, Kristen - Interactive / Digital, Media Department - ALL POINTS DIGITAL, Norwalk, CT, pg. 671
Raley, Dave - Account Planner, Analytics, Interactive / Digital, NBC, Research - MASTERWORKS, Poulsbo, WA, pg. 687
Rallo, Kim - Interactive / Digital, Media Department - SPARK FOUNDRY, New York, NY, pg. 508
Ram-Singh, Brionne - Interactive / Digital, Media Department - MEDIA STORM, Norwalk, CT, pg. 486
Ramachandran, Ram - Interactive / Digital, NBC, Operations, PPOM - CLARABRIDGE, INC., Reston, VA, pg. 167
Ramaska, Lauren - Interactive / Digital, Media Department, PPOM - MEDIA PLUS, INC., Seattle, WA, pg. 486

1454

AGENCIES
RESPONSIBILITIES INDEX

Ramchandar, Neethu - Account Planner, Interactive / Digital, Media Department, NBC - HORIZON MEDIA, INC., New York, NY, *pg.* 474

Rameriz, Gabriel - Interactive / Digital, Media Department - THE GARY GROUP, Santa Monica, CA, *pg.* 150

Ramesh, Bharad - Interactive / Digital - PHD USA, New York, NY, *pg.* 505

Rampersaud, Madhavi - Interactive / Digital, Media Department - MINDSHARE, New York, NY, *pg.* 491

Rangel, Josh - Interactive / Digital, Media Department - GOLIN, Chicago, IL, *pg.* 609

Rankin, Sarah - Interactive / Digital, Media Department - DEUTSCH, INC., New York, NY, *pg.* 349

Rano, Brianna - Interactive / Digital - MCCANN NEW YORK, New York, NY, *pg.* 108

Rappo, Amy - Interactive / Digital, Management, Media Department, NBC - STARCOM WORLDWIDE, New York, NY, *pg.* 517

Rapport, Kelley - Analytics, Interactive / Digital, Programmatic - DIGITAS, Boston, MA, *pg.* 226

Rasch, Bryan - Interactive / Digital, PPOM - GMR MARKETING, New Berlin, WI, *pg.* 306

Rashed, Stephanie - Interactive / Digital, Media Department - UNIVERSAL MCCANN DETROIT, Birmingham, MI, *pg.* 524

Raskin, Jillian - Interactive / Digital, NBC - BRANDED ENTERTAINMENT NETWORK, INC., Sherman Oaks, CA, *pg.* 297

Rassel Cambaliza, Ianne - Account Planner, Interactive / Digital, Media Department - HORIZON MEDIA, INC., New York, NY, *pg.* 474

Rathbone, Tod - Account Planner, Interactive / Digital, Management - WONGDOODY, New York, NY, *pg.* 433

Ratner, Brian - Creative, Interactive / Digital - MMB, Boston, MA, *pg.* 116

Ratner, Ilana - Interactive / Digital, Media Department - CARAT, New York, NY, *pg.* 459

Rau, Troy - Interactive / Digital, Media Department - MINDSHARE, Chicago, IL, *pg.* 494

Raubolt, Amy - Interactive / Digital, Media Department - CARAT, Detroit, MI, *pg.* 461

Rauch, Jaime - Account Planner, Account Services, Interactive / Digital, Media Department, NBC, PPOM - OPENMIND, New York, NY, *pg.* 503

Rawlings, Andrea - Creative, Interactive / Digital - PIER 3 ENTERTAINMENT, Redondo Beach, CA, *pg.* 298

Rawls, Tim - Creative, Interactive / Digital - O'KEEFE REINHARD & PAUL, Chicago, IL, *pg.* 392

Ray, Lily - Interactive / Digital, Media Department - PATH INTERACTIVE, INC., New York, NY, *pg.* 256

Ray, Sujon - Interactive / Digital - CARAT, Culver City, CA, *pg.* 459

Ray, Parker - Interactive / Digital, PPOM - MWWPR, New York, NY, *pg.* 631

Raychev, Dimo - Interactive / Digital - LOSASSO INTEGRATED MARKETING, Chicago, IL, *pg.* 381

Raymond, Christopher - Account Services, Creative, Interactive / Digital - SCHUBERT COMMUNICATIONS, INC., Downingtown, PA, *pg.* 139

Raymond, Anne - Interactive / Digital, Media Department - FRWD, Minneapolis, MN, *pg.* 235

Raymond, Kelly - Interactive / Digital, Media Department - WAVEMAKER, New York, NY, *pg.* 526

Rea-Bain, Crissy - Account Services, Interactive / Digital, Media Department, NBC - PHD USA, New York, NY, *pg.* 505

Read, Jenny - Account Services, Interactive / Digital, Media Department, Operations, PPM - SAATCHI & SAATCHI, New York, NY, *pg.* 136

Reagan Reichmann, Cavan - Interactive / Digital, Media Department, NBC, Social Media - CARMICHAEL LYNCH, Minneapolis, MN, *pg.* 47

Reale, Mark - Interactive / Digital, PPM, Research - SYMBILITY INTERSECT, Toronto, ON, *pg.* 268

Rebeiro, Steve - Interactive / Digital, Social Media - XENOPSI, New York, NY, *pg.* 164

Rebelo, Lyndsey - Interactive / Digital, Media Department - WAVEMAKER, Toronto, ON, *pg.* 529

Red, Meredith - Interactive / Digital, Media Department - CASEY & SAYRE, INC., Malibu, CA, *pg.* 589

Reddington, Alicia - Account Planner, Interactive / Digital, Media Department, NBC - 360I, LLC, New York, NY, *pg.* 320

Reddy, Michael - Account Planner, Account Services, Interactive / Digital, Media Department, NBC - CODE AND THEORY, New York, NY, *pg.* 221

Reddy, Nitika - Interactive / Digital, Media Department, Programmatic - MINDSHARE, Chicago, IL, *pg.* 494

Redmond, Jason - Interactive / Digital, Operations - MCMILLAN, Ottawa, ON, *pg.* 484

Reece, Jennifer - Account Services, Interactive / Digital, Media Department - GARAGE TEAM MAZDA, Costa Mesa, CA, *pg.* 465

Reed, Bennie - Account Planner, Interactive / Digital - THE RICHARDS GROUP, INC., Dallas, TX, *pg.* 422

Reedman, Katy - Interactive / Digital, Media Department - HARMELIN MEDIA, Bala Cynwyd, PA, *pg.* 467

Reese, Jennifer - Interactive / Digital, Media Department - OMD, Chicago, IL, *pg.* 500

Reeves, Lauren - Interactive / Digital, Media Department - UNIVERSAL MCCANN, San Francisco, CA, *pg.* 428

Regan, Steven - Interactive / Digital, Media Department - 22SQUARED INC., Tampa, FL, *pg.* 319

Regen, Laura - Analytics, Interactive / Digital, Research - WAVEMAKER, New York, NY, *pg.* 526

Regenstreich, Kimberly - Interactive / Digital, Media Department - HORIZON MEDIA, INC., New York, NY, *pg.* 474

Rego, Salonie - Interactive / Digital, Media Department - HORIZON MEDIA, INC., New York, NY, *pg.* 474

Reich, Jakob - Account Services, Interactive / Digital - MEDIACOM, New York, NY, *pg.* 487

Reichert, Tyler - Interactive / Digital, Media Department - CANVAS WORLDWIDE, New York, NY, *pg.* 458

Reicherter, Barry - Analytics, Interactive / Digital, PPOM, Research - WIDMEYER COMMUNICATIONS, Washington, DC, *pg.* 662

Reid, Tara - Interactive / Digital - HAVAS FORMULA, San Diego, CA, *pg.* 612

Reid, Madeline - Account Services, Interactive / Digital - NIKE COMMUNICATIONS, INC., New York, NY, *pg.* 632

Reifel, Emma - Analytics, Interactive / Digital, Media Department - LYONS CONSULTING GROUP, Chicago, IL, *pg.* 247

Reigart, Richardson - Account Services, Interactive / Digital, Management, Media Department, Operations - BLUE 449, Seattle, WA, *pg.* 456

Reilly, Hope - Interactive / Digital, Media Department, NBC, Public Relations, Social Media - SOUTHWEST STRATEGIES, LLC, San Diego, CA, *pg.* 411

Reincke, Nicole - Account Services, Interactive / Digital - PUBLICIS.SAPIENT, Birmingham, MI, *pg.* 260

Reineke, Patrick - Interactive / Digital - ABILITY COMMERCE, Delray Beach, FL, *pg.* 209

Reinstein, Joe - Account Planner, Account Services, Interactive / Digital, Media Department, NBC - PERFORMICS, Chicago, IL, *pg.* 676

Reisinger, Jill - Interactive / Digital, Media Department, Programmatic - NEO MEDIA WORLD, New York, NY, *pg.* 496

Reiss, Rachel - Account Planner, Account Services, Interactive / Digital, Media Department - DENTSU X, New York, NY, *pg.* 61

Reissfelder, Hayley - Account Services, Interactive / Digital - CERCONE BROWN COMPANY, Boston, MA,

RESPONSIBILITIES INDEX — AGENCIES

pg. 341
Reiter, Zoe - Interactive / Digital, Media Department, Social Media - PHD USA, New York, NY, pg. 505
Remillard, Ashlyn - Interactive / Digital, Media Department, NBC, Social Media - MOXIE, Atlanta, GA, pg. 251
Renesto, Denise - Account Planner, Interactive / Digital, Media Department - EXVERUS MEDIA INC., Los Angeles, CA, pg. 465
Renfeld, Derek - Interactive / Digital, Media Department, Research - AKPD MESSAGE AND MEDIA, Chicago, IL, pg. 454
Renner, Megan - Interactive / Digital, Media Department - CASHMAN & ASSOCIATES, Philadelphia, PA, pg. 589
Renwick, Kate - Interactive / Digital, Media Department, Promotions - MINDSHARE, Chicago, IL, pg. 494
Reponen, Erik - Account Services, Creative, Interactive / Digital - THE GEORGE P. JOHNSON COMPANY, Torrance, CA, pg. 316
Requidan, Erik - Interactive / Digital, NBC, Programmatic - INTERMARKETS, INC., Reston, VA, pg. 242
Retzke, Autumn - Account Planner, Interactive / Digital, Media Department - VM1 (ZENITH MEDIA + MOXIE), New York, NY, pg. 526
Reveille, Alison - Interactive / Digital, Media Department - STARCOM WORLDWIDE, Chicago, IL, pg. 513
Revere, Amanda - Creative, Interactive / Digital, Management, Media Department, PPM - TBWA \ CHIAT \ DAY, New York, NY, pg. 416
Reyes-Cuni, Belkys - Interactive / Digital - LAKE GROUP MEDIA, INC., Armonk, NY, pg. 287
Reynolds, Brendan - Creative, Interactive / Digital, NBC, PPOM - MOMENT, New York, NY, pg. 192
Reynolds, Wil - Interactive / Digital, NBC, PPOM - SEER INTERACTIVE, Philadelphia, PA, pg. 677
Reynolds, Juliette - Interactive / Digital, Media Department - ON IDEAS, Sarasota, FL, pg. 634
Rhodes, Michelle - Account Services, Interactive / Digital - ADLUCENT, Austin, TX, pg. 671
Rhone, Deondrae - Creative, Interactive / Digital, Operations - THESIS, Portland, OR, pg. 270
Rhude, Melissa - Account Services, Interactive / Digital, Media Department, NBC - OMD WEST, Los Angeles, CA, pg. 502
Riccaldo, Casey - Interactive / Digital, Media Department - ACTIVE INTERNATIONAL, Pearl River, NY, pg. 439
Ricci, Katharine - Creative, Interactive / Digital, Media Department, NBC, Social Media -

OMD, New York, NY, pg. 498
Ricci, Pete - Creative, Interactive / Digital - EVR ADVERTISING, Manchester, NH, pg. 69
Riccitelli, Christina - Interactive / Digital, Programmatic - OPAD MEDIA SOLUTIONS, LLC, New York, NY, pg. 503
Riccomini, Bob - Interactive / Digital, PPOM - WHIPSAW, INC., San Jose, CA, pg. 205
Rice, Bill - Interactive / Digital, Media Department, NBC - RIGHT PLACE MEDIA, Lexington, KY, pg. 507
Rich, John - Interactive / Digital, Media Department - MOXIE, Atlanta, GA, pg. 251
Rich, Kaitlyn - Interactive / Digital, Media Department - MINDSHARE, New York, NY, pg. 491
Rich, Matthew - Interactive / Digital, Management, Media Department, NBC - DIGITAL IMPULSE, Watertown, MA, pg. 225
Richard, Matt - Creative, Interactive / Digital - SECOND STORY INTERACTIVE, Portland, OR, pg. 265
Richards, Erin - Account Services, Interactive / Digital, Media Department, Programmatic - NINETY9X, New York, NY, pg. 254
Richardson, Kristen - Account Services, Interactive / Digital, Media Department - 360I, LLC, Atlanta, GA, pg. 207
Richardson-Owen, Paul - Interactive / Digital, Management, Media Department - OMD WEST, Los Angeles, CA, pg. 502
Richarz, Kendall - Interactive / Digital - ADPEARANCE, Portland, OR, pg. 671
Riches, Brianne - Interactive / Digital, Social Media - VMLY&R, New York, NY, pg. 160
Richman, Amanda - Interactive / Digital, PPOM - WAVEMAKER, New York, NY, pg. 526
Richman, Caroline - Interactive / Digital, Media Department - DIGITAS, Boston, MA, pg. 226
Richter, Alex - Interactive / Digital, NBC - CAMELOT STRATEGIC MARKETING & MEDIA, Dallas, TX, pg. 457
Richter, Connor - Interactive / Digital, Media Department, Social Media - RPA, Santa Monica, CA, pg. 134
Richter, Larry - Interactive / Digital, Media Department - THE ZIMMERMAN AGENCY, Tallahassee, FL, pg. 426
Rickett, Dave - Account Planner, Interactive / Digital, Management - IFTHEN DIGITAL, Atlanta, GA, pg. 241
Ricks, Grace - Interactive / Digital, NBC - ECKEL & VAUGHAN, Raleigh, NC, pg. 599
Riddle, Dustin - Interactive / Digital - ONE & ALL, Atlanta, GA, pg. 289

Riddle, Robin - Account Services, Interactive / Digital, NBC, Social Media - THE FOUNDRY @ MEREDITH CORP, New York, NY, pg. 150
Ridge, Steve - Interactive / Digital, Media Department, PPOM - MAGID, Minneapolis, MN, pg. 447
Rie, Katie - Account Services, Interactive / Digital - ZENO GROUP, New York, NY, pg. 664
Riegel, Maria - Interactive / Digital, Media Department - HORIZON MEDIA, INC., New York, NY, pg. 474
Riemer, Brian - Creative, Interactive / Digital - UNIVERSAL MCCANN, New York, NY, pg. 521
Ries, Kaitie - Interactive / Digital - PERCEPTURE, Rashberg, NJ, pg. 636
Riley, Meghan - Interactive / Digital, Management, Media Department, Social Media - MULLENLOWE U.S. NEW YORK, New York, NY, pg. 496
Riley, Blair - Account Services, Interactive / Digital - PORTER NOVELLI, Atlanta, GA, pg. 637
Riley, Harriet - Creative, Interactive / Digital - NEMO DESIGN, Portland, OR, pg. 193
Ring, Stephanie - Account Services, Interactive / Digital - ENVISIONIT MEDIA, INC., Chicago, IL, pg. 231
Rios, Kathleen - Account Services, Interactive / Digital, Media Department - ZENITH MEDIA, New York, NY, pg. 529
Rios, Albert - Account Planner, Account Services, Interactive / Digital, Media Department - PALISADES MEDIA GROUP, INC., Santa Monica, CA, pg. 124
Rippentrop, Michelle - Account Services, Interactive / Digital - THE EVOKE GROUP, Columbia, MO, pg. 270
Ritchie, Kimberly - Interactive / Digital, Media Department, Social Media - MGH ADVERTISING, Owings Mills, MD, pg. 387
Ritzi, Bobby - Interactive / Digital, Media Department - FAHLGREN MORTINE PUBLIC RELATIONS, Columbus, OH, pg. 70
Rivera, Ricardo - Interactive / Digital, Media Department - OMD, New York, NY, pg. 498
Rivera, Frances - Account Services, Interactive / Digital, Management - FLUID, INC., New York, NY, pg. 235
Rivera, Pamela - Account Services, Creative, Interactive / Digital - MCGARRYBOWEN, San Francisco, CA, pg. 385
Rivera, Michael - Interactive / Digital, NBC, Social Media - THE FOUNDRY @ MEREDITH CORP, New York, NY, pg. 150
Rivera, Luis - Interactive / Digital - AGENCY 850, Roswell, GA, pg. 1
Rivers, Robert - Creative, Interactive / Digital, Media Department - HYPE CREATIVE

AGENCIES
RESPONSIBILITIES INDEX

PARTNERS, Marina Del Rey, CA, *pg.* 88

Robarts, Sarah - Interactive / Digital, Media Department, PPOM - BALLANTINES PUBLIC RELATIONS, West Hollywood, CA, *pg.* 580

Robbins, Andy - Interactive / Digital, Operations, PPOM - BPG ADVERTISING, West Hollywood, CA, *pg.* 42

Robbins, Richard - Interactive / Digital, PPM - BARKLEY, Kansas City, MO, *pg.* 329

Roberge, Daniel - Interactive / Digital - VALTECH, Ottawa, ON, *pg.* 273

Robers, Bradley - Interactive / Digital, Media Department - UPSHOT, Chicago, IL, *pg.* 157

Roberson, Rebekah - Account Services, Interactive / Digital - R\WEST, Portland, OR, *pg.* 136

Roberts, Adam - Interactive / Digital, Media Department - HEARTS & SCIENCE, New York, NY, *pg.* 471

Roberts, Katie - Interactive / Digital, Media Department - DIGITAS, Boston, MA, *pg.* 226

Roberts, Amanda - Interactive / Digital, Media Department, NBC - KEARNS & WEST, INC, Washington, DC, *pg.* 619

Roberts, Brian - Interactive / Digital, Media Department - MEDIACROSS, INC., Saint Louis, MO, *pg.* 112

Robertson, Sara - Interactive / Digital, Management, NBC - XAXIS, New York, NY, *pg.* 276

Robertson, Anwar - Interactive / Digital - REVOLUTION, Chicago, IL, *pg.* 406

Robillard, Bailey - Interactive / Digital - THE MARKETING ARM, Dallas, TX, *pg.* 316

Robin, Alexis - Interactive / Digital, PPOM - LG2, Montreal, QC, *pg.* 380

Robinette, Mara - Interactive / Digital - SMARTER SEARCHES, Knoxville, TN, *pg.* 410

Robinson, Aaron - Interactive / Digital, PPOM - IDEALAUNCH, Boston, MA, *pg.* 673

Robinson, Madelaine - Account Planner, Interactive / Digital, Media Department, NBC - DUNCAN CHANNON, San Francisco, CA, *pg.* 66

Robinson, Meghan - Interactive / Digital - CUNEO ADVERTISING, Bloomington, MN, *pg.* 56

Robison, Naomi - Interactive / Digital - PROPAC, Plano, TX, *pg.* 682

Robson, Seth - Interactive / Digital - MOD OP, New York, NY, *pg.* 116

Robyck, Alexandra - Interactive / Digital, Media Department - DWA MEDIA, Boston, MA, *pg.* 464

Rocha, LisaAnn - Interactive / Digital, Media Department - STARCOM WORLDWIDE, Detroit, MI, *pg.* 517

Rocha, Ivan - Creative, Interactive / Digital - MOXIE SOZO, Boulder, CO, *pg.* 192

Rochelle, Brandon - Interactive / Digital, PPOM - DESIGNSENSORY, Knoxville, TN, *pg.* 62

Rockvoan, Jennifer - Interactive / Digital, NBC, PPM - PETERMAYER, New Orleans, LA, *pg.* 127

Rockwell, Scott - Interactive / Digital, Media Department - PURDIE ROGERS, INC., Seattle, WA, *pg.* 130

Rockwell, Lauren - Interactive / Digital - COGNISCIENT MEDIA/MARC USA, Charlestown, MA, *pg.* 51

Rodkey, Katelyn - Interactive / Digital, Media Department - UNIVERSAL MCCANN, New York, NY, *pg.* 521

Rodney, Nicole - Interactive / Digital, Media Department - HEARTS & SCIENCE, New York, NY, *pg.* 471

Rodriguez, Steven - Account Planner, Interactive / Digital, Management, Media Department - SPARK FOUNDRY, New York, NY, *pg.* 508

Rodriguez, Jennifer - Interactive / Digital, Media Department - SPARK FOUNDRY, New York, NY, *pg.* 508

Rodriguez, Elissa - Account Planner, Account Services, Interactive / Digital, Media Department - MINDSHARE, New York, NY, *pg.* 491

Rodriguez, Olivia - Account Services, Interactive / Digital - DIESTE, Dallas, TX, *pg.* 539

Rodriguez, Pedro - Account Planner, Interactive / Digital, NBC, Social Media - HORIZON MEDIA, INC., New York, NY, *pg.* 474

Rodriguez, Jonathan - Interactive / Digital, Media Department - CARAT, New York, NY, *pg.* 459

Rodriguez, Brittany - Interactive / Digital, Media Department, Programmatic - HAWORTH MARKETING & MEDIA, Minneapolis, MN, *pg.* 470

Rodriguez, Jose - Interactive / Digital - LEVERAGE, Tampa, FL, *pg.* 245

Rodriguez, Melissa - Interactive / Digital, NBC - DEBERRY GROUP, San Antonio, TX, *pg.* 595

Roduit, Carly - Interactive / Digital, Media Department - ID MEDIA, New York, NY, *pg.* 477

Roeling, Marge - Interactive / Digital, Social Media - MARKSTEIN, Birmingham, AL, *pg.* 625

Rogers, Mallory - Interactive / Digital, Media Department - MEDIA ASSEMBLY, New York, NY, *pg.* 484

Rogers, Jeramey - Interactive / Digital, Media Department - INITIATIVE, New York, NY, *pg.* 477

Rogers, Cheryl - Interactive / Digital - MEDIA WORKS, LTD., Baltimore, MD, *pg.* 486

Rogowski, Brittney - Interactive / Digital, Media Department, Social Media - HAWORTH MARKETING & MEDIA, Minneapolis, MN, *pg.* 470

Rogstad, Erik - Interactive / Digital, Management - AKQA, Washington, DC, *pg.* 212

Rohman, Ken - Interactive / Digital, PPOM - ARCHER MALMO, Memphis, TN, *pg.* 32

Rolfs, Beth - Account Planner, Interactive / Digital, Research - GREY GROUP, New York, NY, *pg.* 365

Rollheiser, Brittany - Interactive / Digital, Media Department - MINDSHARE, Chicago, IL, *pg.* 494

Rollins, Caitlin - Interactive / Digital, Management, Media Department - NEO MEDIA WORLD, New York, NY, *pg.* 496

Rom, Christopher - Interactive / Digital, Media Department - SPARK FOUNDRY, New York, NY, *pg.* 508

Roman, Benton - Creative, Interactive / Digital, PPM - JOHANNES LEONARDO, New York, NY, *pg.* 92

Roman, Megan - Interactive / Digital, Media Department - ARC WORLDWIDE, Chicago, IL, *pg.* 327

Romano, Alexis - Interactive / Digital, Media Department - TINUITI, New York, NY, *pg.* 678

Romero, Neky - Interactive / Digital, Media Department - WAVEMAKER, New York, NY, *pg.* 526

Romero, Amanda - Finance, Interactive / Digital, Media Department, Operations - HORIZON MEDIA, INC., New York, NY, *pg.* 474

Romero, Ray - Interactive / Digital, PPOM - M/SIX, New York, NY, *pg.* 482

Romero-Gastelum, Melody - Interactive / Digital, Media Department - CONILL ADVERTISING, INC., El Segundo, CA, *pg.* 538

Ronis, Jared - Interactive / Digital, Media Department - 360I, LLC, Atlanta, GA, *pg.* 207

Rooke, Joanne - Interactive / Digital, Social Media - TARGETBASE MARKETING, Irving, TX, *pg.* 292

Rooks, Morgan - Interactive / Digital, Operations - ADCOM COMMUNICATIONS, INC., Cleveland, OH, *pg.* 210

Rooney, Colleen - Interactive / Digital, Media Department, Social Media - 360I, LLC, New York, NY, *pg.* 320

Rooney, Alexandra - Interactive / Digital, Media Department - HORIZON MEDIA, INC., New York, NY, *pg.* 474

Roop, Steve - Interactive / Digital - LITTLEFIELD BRAND DEVELOPMENT, Tulsa, OK, *pg.* 12

Root, Celeste - Interactive / Digital, Media Department - NDP, Richmond, VA, *pg.* 390

Root, Nathaniel - Account Services, Interactive / Digital, Media Department, NBC - ESSENCE, New York, NY, *pg.* 232

Rosa, Kyle - Interactive / Digital, Media Department, NBC - INITIATIVE, New York, NY, *pg.* 477

Rosamond, Ben - Interactive / Digital, Research - SIMPLEVIEW,

1457

RESPONSIBILITIES INDEX — AGENCIES

INC., Tucson, AZ, *pg.* 168
Rosario-Stanley, Serena - Account Planner, Interactive / Digital, Management - NEON, New York, NY, *pg.* 120
Rosati, Phil - Interactive / Digital, Media Department - YESCO OUTDOOR MEDIA, Las Vegas, NV, *pg.* 559
Rose, Andy - Creative, Interactive / Digital, Media Department - PARTNERS + NAPIER, Rochester, NY, *pg.* 125
Rose, Mike - Interactive / Digital, Media Department - THE WOO AGENCY, Culver City, CA, *pg.* 425
Rose, James - Interactive / Digital - MEDIA ASSEMBLY, New York, NY, *pg.* 484
Rose, Valerie - Interactive / Digital, Media Department - INTOUCH SOLUTIONS, INC., Chicago, IL, *pg.* 242
Rose, Claire - Interactive / Digital, Public Relations - ZENITH MEDIA, New York, NY, *pg.* 529
Rosen, Jennifer - Interactive / Digital, Media Department - SPARK FOUNDRY, New York, NY, *pg.* 508
Rosen, Jason - Interactive / Digital - ADPEARANCE, Portland, OR, *pg.* 671
Rosenberg, Jeremy - Interactive / Digital, Management, Media Department - ALLISON+PARTNERS, New York, NY, *pg.* 576
Rosenberg, Carley - Interactive / Digital, Media Department - WAVEMAKER, Los Angeles, CA, *pg.* 528
Rosenhouse, Brad - Interactive / Digital, Programmatic - PUBLICIS HEALTH, New York, NY, *pg.* 639
Rosenthal, Lindsey - Account Services, Interactive / Digital - VELOCITY OMC, New York, NY, *pg.* 158
Rosenthal, Christian - Interactive / Digital - ZYNC COMMUNICATIONS INC., Toronto, ON, *pg.* 22
Rosenzweig, Kate - Interactive / Digital, PPM - WONDERSAUCE, New York, NY, *pg.* 205
Rosin, Ilana - Interactive / Digital, Media Department, Social Media - OMD, Chicago, IL, *pg.* 500
Rossiter, Laura - Creative, Interactive / Digital, Media Department - UPWARD BRAND INTERACTIONS, Dayton, OH, *pg.* 158
Rosti, Ray - Interactive / Digital, Media Department - PUBLICIS HEALTH MEDIA, Philadelphia, PA, *pg.* 506
Rotering, Henry - Interactive / Digital - ZEHNDER COMMUNICATIONS, INC., New Orleans, LA, *pg.* 436
Roth, David - Interactive / Digital, Media Department - STARCOM WORLDWIDE, North Hollywood, CA, *pg.* 516
Roth, Snake - Interactive / Digital, PPM - MARC USA, Pittsburgh, PA, *pg.* 104
Roth, Olivia - Interactive / Digital, Media Department - CAMPBELL EWALD, Detroit, MI, *pg.* 46

Rothberg, Seth - Creative, Interactive / Digital - HAVAS HEALTH & YOU, New York, NY, *pg.* 82
Rothberg, Molly - Interactive / Digital, Media Department - BLUE 449, New York, NY, *pg.* 455
Rothe, Robert - Interactive / Digital, PPOM - ASSOCIATION OF NATIONAL ADVERTISERS, New York, NY, *pg.* 442
Rothlein, Jeff - Account Services, Interactive / Digital, Media Department - LUMENCY INC., New York, NY, *pg.* 310
Rotter, Austin - Interactive / Digital, Public Relations - 5W PUBLIC RELATIONS, New York, NY, *pg.* 574
Roussel, Reed - Interactive / Digital - MCGARRYBOWEN, Chicago, IL, *pg.* 110
Rousselet, Kendra - Account Planner, Interactive / Digital, Media Department - HORIZON MEDIA, INC., Los Angeles, CA, *pg.* 473
Roussos, Jason - Interactive / Digital, Media Department - ADLUCENT, Austin, TX, *pg.* 671
Roy, Tristan - Interactive / Digital, Operations, PPOM - EDELMAN, Chicago, IL, *pg.* 353
Rozen, Douglas - Interactive / Digital, Media Department, NBC, PPOM - 360I, LLC, New York, NY, *pg.* 320
Rozmus, Gregory - Interactive / Digital, Social Media - HORIZON MEDIA, INC., New York, NY, *pg.* 474
Rozzi, Alexandra - Interactive / Digital, Media Department - SPARK FOUNDRY, New York, NY, *pg.* 508
Rozzi, Brianna - Interactive / Digital, Programmatic - MEDIACOM, New York, NY, *pg.* 487
Rubel, Steve - Interactive / Digital, NBC, Research - EDELMAN, New York, NY, *pg.* 599
Rubin, Maxwell - Interactive / Digital, Media Department - UNIVERSAL MCCANN, New York, NY, *pg.* 521
Rubinsky, Brittany - Account Planner, Account Services, Interactive / Digital, Media Department - MEDIACOM, New York, NY, *pg.* 487
Ruchlewicz, Sam - Analytics, Interactive / Digital, Media Department - WARSCHAWSKI PUBLIC RELATIONS, Baltimore, MD, *pg.* 659
Ruchniewicz, Kaitlin - Interactive / Digital, Media Department - NSA MEDIA GROUP, INC., Downers Grove, IL, *pg.* 497
Rudenstein, Jared - Interactive / Digital, PPOM - HARMELIN MEDIA, Bala Cynwyd, PA, *pg.* 467
Rudy, Shaun - Account Services, Creative, Human Resources, Interactive / Digital, Management, Media Department, NBC - STARCOM WORLDWIDE, Chicago, IL, *pg.* 513
Ruegger, Andrew - Analytics, Interactive / Digital, PPOM -

GROUPM, New York, NY, *pg.* 466
Ruhl, Danielle - Account Planner, Account Services, Interactive / Digital, Media Department - STARCOM WORLDWIDE, Chicago, IL, *pg.* 513
Ruiz, Diana - Interactive / Digital, Social Media - SID LEE, Culver City, CA, *pg.* 141
Rumack, Elaine - Account Planner, Interactive / Digital, Management, Media Department, PPOM - WAVEMAKER, Los Angeles, CA, *pg.* 528
Rumstein, Perri - Interactive / Digital, Media Department - HEALIXGLOBAL, New York, NY, *pg.* 471
Rusinko, Natalie - Interactive / Digital, Media Department - HORIZON MEDIA, INC., Los Angeles, CA, *pg.* 473
Russack, Evan - Account Planner, Account Services, Interactive / Digital, PPOM - WORKINPROGRESS, Boulder, CO, *pg.* 163
Russell, Maureen - Interactive / Digital - HAVAS TONIC, New York, NY, *pg.* 285
Russell, Claire - Analytics, Interactive / Digital, Media Department, Programmatic, Social Media - FITZCO, Atlanta, GA, *pg.* 73
Russell-Curry, Keddy - Interactive / Digital, Media Department - DIGITAL OPERATIVE, INC., San Diego, CA, *pg.* 225
Russie, Rick - Creative, Interactive / Digital - E10, Minneapolis, MN, *pg.* 353
Rutherfurd, Ed - Interactive / Digital, Media Department - MAXAUDIENCE, Carlsbad, CA, *pg.* 248
Rutledge, Tevin - Interactive / Digital, Media Department, Social Media - WAVEMAKER, Los Angeles, CA, *pg.* 528
Ruud, Amy - Interactive / Digital, PPM - TVGLA, Los Angeles, CA, *pg.* 273
Ruziza, Yves - Interactive / Digital - MEDIAHUB NEW YORK, New York, NY, *pg.* 249
Ryback, Brian - Account Services, Interactive / Digital - ENVISIONIT MEDIA, INC., Chicago, IL, *pg.* 231
Ryu, Natalie - Interactive / Digital, Media Department - SPARK FOUNDRY, New York, NY, *pg.* 508
Rzepka, Phil - Interactive / Digital, Management, Media Department - CARAT, Detroit, MI, *pg.* 461
Saake, Rick - Interactive / Digital, Media Department - NOBLE STUDIOS, Reno, NV, *pg.* 254
Sachs, Alyx - Interactive / Digital, NBC - MDG ADVERTISING, Boca Raton, FL, *pg.* 484
Sacks, Brian - Interactive / Digital, Media Department - CARAT, New York, NY, *pg.* 459
Sadler, Jody - Account Planner, Interactive / Digital, Media Department - ZIMMERMAN ADVERTISING, Fort Lauderdale, FL, *pg.* 437
Safechuck, James - Interactive /

Digital, Operations - AVATAR LABS, Encino, CA, pg. 214
Saferstein, Rachel - Interactive / Digital, Media Department - STARCOM WORLDWIDE, Chicago, IL, pg. 513
Sager, Ethan - Account Planner, Interactive / Digital - MINDSHARE, Toronto, ON, pg. 495
Sagraves, Will - Interactive / Digital - BIGWING, Oklahoma City, OK, pg. 217
Sahyoun, Jenna - Interactive / Digital, Media Department, Programmatic - CANVAS WORLDWIDE, Playa Vista, CA, pg. 458
Sailam, Krish - Interactive / Digital, Media Department, Programmatic - DWA MEDIA, San Francisco, CA, pg. 464
Saiyanthan, Abi - Account Services, Interactive / Digital, NBC - ANDERSON DDB HEALTH & LIFESTYLE, Toronto, ON, pg. 31
Sakas, Megan - Interactive / Digital - PICO DIGITAL MARKETING, Aurora, CO, pg. 257
Salayon, Daina - Interactive / Digital, Media Department - GTB, Dearborn, MI, pg. 367
Salazar, Veronica - Interactive / Digital, Media Department - HEARTS & SCIENCE, New York, NY, pg. 471
Saldanha, Mallory - Interactive / Digital, Media Department - RAIN, Portland, OR, pg. 402
Salmon, Douglas - Interactive / Digital, Media Department - DIGITAS, Boston, MA, pg. 226
Salus, Barry - Interactive / Digital, Media Department, NBC, Social Media - 22SQUARED INC., Tampa, FL, pg. 319
Salvati, Sarah - Interactive / Digital, Media Department, PPOM - WAVEMAKER, New York, NY, pg. 526
Salvati, Joe - Interactive / Digital - CARAT, New York, NY, pg. 459
Salvatierra, Lizzie - Interactive / Digital, Media Department - INNOCEAN USA, Huntington Beach, CA, pg. 479
Samari, Shir - Interactive / Digital, Media Department, Social Media - MEDIA ASSEMBLY, New York, NY, pg. 484
Sammartino, Ryan - Interactive / Digital, Social Media - IPROSPECT, New York, NY, pg. 674
Samms, Renee - Interactive / Digital - KNOWN, Los Angeles, CA, pg. 298
Sampson, Chris - Interactive / Digital, Management - SUPERFLY, New York, NY, pg. 315
Samuel, Christi - Interactive / Digital, Media Department - WAVEMAKER, New York, NY, pg. 526
Sanchez, Isabella - Interactive / Digital, Media Department - ZUBI ADVERTISING, Coral Gables, FL, pg. 165
Sanchez, Jason - Interactive / Digital, Media Department - HEARTS & SCIENCE, Los Angeles, CA, pg. 473

Sanders, Drew - Interactive / Digital - GMR MARKETING, New Berlin, WI, pg. 306
Sanders, Nichelle - Account Services, Administrative, Interactive / Digital - FCB NEW YORK, New York, NY, pg. 357
Sanderson, Kristine - Human Resources, Interactive / Digital - ANITHING IS POSSIBLE RECRUITING, Toronto, ON, pg. 667
Sandoval, Andrew - Interactive / Digital, Media Department, NBC, Programmatic - THE MEDIA KITCHEN, New York, NY, pg. 519
Sandoval, Rodolfo - Interactive / Digital, Media Department, PPOM - MEDIACOM, New York, NY, pg. 487
Sands, Kelly Jo - Interactive / Digital, NBC - ANSIRA, Addison, TX, pg. 326
Sanfilippo, Cara - Interactive / Digital, Media Department, NBC - EDELMAN, New York, NY, pg. 599
Sanghera, Paramjeet - Interactive / Digital, PPOM - JELLYFISH U.S., Baltimore, MD, pg. 243
Sangiovanni, Rafael - Interactive / Digital, NBC, PPM, Social Media - RBB COMMUNICATIONS, Miami, FL, pg. 641
Sannazzaro, Lisa - Account Planner, Account Services, Interactive / Digital, Media Department, Operations, PPOM, Social Media - REPRISE DIGITAL, New York, NY, pg. 676
Sano, Joe - Interactive / Digital, Operations - MINDSTREAM INTERACTIVE, Columbus, OH, pg. 250
Sanseri, Frank - Interactive / Digital - SIGMA MARKETING INSIGHTS, Rochester, NY, pg. 450
Santa Cruz, Vanessa - Account Services, Interactive / Digital - WMX, Miami, FL, pg. 276
Santalucia, Amanda - Interactive / Digital, PPM - SUPERHEROES NEW YORK, Brooklyn, NY, pg. 145
Santare, Rachel - Interactive / Digital, Media Department - PGR MEDIA, Boston, MA, pg. 504
Santarelli, Jen - Account Services, Interactive / Digital, Media Department - BOUNTEOUS, Chicago, IL, pg. 218
Sante, Erica - Creative, Interactive / Digital, NBC - R2INTEGRATED, Baltimore, MD, pg. 261
Santiago, Jennifer - Creative, Interactive / Digital, Media Department, PPM - GEOMETRY, New York, NY, pg. 362
Santiago-Poventud, Lorraine - Account Services, Interactive / Digital, NBC - WPROMOTE, Dallas, TX, pg. 679
Santibanez, Abel - Interactive / Digital, Media Department - QUIGLEY-SIMPSON, Los Angeles, CA, pg. 544
Santorum, Joanna - Interactive /

Digital, Media Department - HEARTS & SCIENCE, Los Angeles, CA, pg. 473
Santos, Mariana - Interactive / Digital, Media Department, NBC - HEARTS & SCIENCE, New York, NY, pg. 471
Sapienza, Alaina - Creative, Interactive / Digital, Social Media - BRUNNER, Pittsburgh, PA, pg. 44
Saremi, Atash Tara - Interactive / Digital, NBC, Promotions - SAATCHI & SAATCHI LOS ANGELES, Torrance, CA, pg. 137
Sarkis, Gustavo - Account Services, Creative, Interactive / Digital - CONILL ADVERTISING, INC., El Segundo, CA, pg. 538
Sarmast, Joellen - Interactive / Digital, Media Department - BURNS MARKETING, Loveland, CO, pg. 219
Sarmiento, Andrew - Interactive / Digital, Media Department - MEDIA ASSEMBLY, Southfield, MI, pg. 385
Sarro, Adriana - Account Planner, Interactive / Digital, Media Department - CARAT, New York, NY, pg. 459
Sarto, Darrin - Account Services, Interactive / Digital - REVOLUTION MEDIA, Woodland Hills, CA, pg. 507
Sarver, Christina - Interactive / Digital, Media Department - WAVEMAKER, New York, NY, pg. 526
Sass, Sabrina - Interactive / Digital, Management, Media Department, PPOM - WAVEMAKER, New York, NY, pg. 526
Sasser-Bracone, Annmarie - Interactive / Digital, Media Department - CARAT, New York, NY, pg. 459
Sather, Steven - Interactive / Digital, Management, NBC - PORTENT, Seattle, WA, pg. 676
Sauer, Kevin - Account Services, Interactive / Digital, Media Department - VM1 (ZENITH MEDIA + MOXIE), New York, NY, pg. 526
Saunders, Gwen - Creative, Interactive / Digital, Media Department - ABZ CREATIVE PARTNERS, Charlotte, NC, pg. 171
Saunders, Rob - Interactive / Digital, NBC - SAUNDERS OUTDOOR ADVERTISING, Ogden, UT, pg. 557
Savalia, Digant - Interactive / Digital, Media Department - THE SEARCH AGENCY, Glendale, CA, pg. 677
Savela, Kelly - Interactive / Digital, Social Media - CAMPBELL EWALD, Detroit, MI, pg. 46
Savidge, Alexandra - Interactive / Digital, Media Department - DIGITAL AUTHORITY PARTNERS, Chicago, IL, pg. 225
Saville, Shelby - Interactive / Digital, Management, PPOM - SPARK FOUNDRY, Chicago, IL, pg. 510
Savin, Danielle - Interactive / Digital, Promotions - LYONS CONSULTING GROUP, Chicago, IL, pg. 247
Savitt, Scott - Interactive /

RESPONSIBILITIES INDEX — AGENCIES

Digital, PPOM - CONNELLY PARTNERS, Boston, MA, pg. 344
Savitz, Caryn - Account Planner, Interactive / Digital, Media Department - VAYNERMEDIA, New York, NY, pg. 689
Sawitoski, Eric - Creative, Interactive / Digital - LEGACY MARKETING PARTNERS, Chicago, IL, pg. 310
Sawrie, Ryan - Interactive / Digital, Social Media - CSM SPORTS & ENTERTAINMENT, Indianapolis, IN, pg. 55
Sayegh, Daniela - Account Services, Interactive / Digital - MINDSHARE, Miami, FL, pg. 495
Saylor, Jamie - Interactive / Digital, Media Department - MINDSHARE, Chicago, IL, pg. 494
Scafidi, Dana - Interactive / Digital, Media Department - OMD, New York, NY, pg. 498
Scalzo, Margaret - Interactive / Digital, Media Department, PPM - INITIATIVE, New York, NY, pg. 477
Scanlon, Erin - Account Services, Interactive / Digital, Media Department - CARAT, New York, NY, pg. 459
Scanlon, Tara - Interactive / Digital, Media Department - 360I, LLC, New York, NY, pg. 320
Scannell, Kevin - Interactive / Digital, Media Department - ACART COMMUNICATIONS, INC., Ottawa, ON, pg. 322
Scannell, Mike - Interactive / Digital, PPOM - AGENCY CREATIVE, Dallas, TX, pg. 29
Scarlino, Melissa - Interactive / Digital, Media Department, NBC, Research - UNIVERSAL MCCANN, New York, NY, pg. 521
Scarola, Anthony - Interactive / Digital, Management, Media Department - VAYNERMEDIA, New York, NY, pg. 689
Scartz, Joe - Account Services, Interactive / Digital, NBC - TPN, Chicago, IL, pg. 571
Schaaf, Molly - Interactive / Digital, PPM - WORKINPROGRESS, Boulder, CO, pg. 163
Schaeffer, Daniel - Interactive / Digital, Media Department - SWELLSHARK, New York, NY, pg. 518
Schafer, Dave - Interactive / Digital, PPM - ABELSON-TAYLOR, Chicago, IL, pg. 25
Schafer, Stephanie - Interactive / Digital, Media Department - WAVEMAKER, New York, NY, pg. 526
Schallert, Heather - Interactive / Digital - PICO DIGITAL MARKETING, Aurora, CO, pg. 257
Scharf, Kathi - Interactive / Digital, Operations - IMMERSION ACTIVE, INC., Frederick, MD, pg. 241
Scharf, Alisa - Interactive / Digital, Media Department - SEER INTERACTIVE, Philadelphia, PA, pg. 677

Schauer, Jenny - Interactive / Digital, Media Department - DIGITAS, Chicago, IL, pg. 227
Scheets, Stacy - Interactive / Digital, Media Department - SPARK FOUNDRY, Chicago, IL, pg. 510
Scheideler, Pam - Interactive / Digital, PPOM - DEUTSCH, INC., Los Angeles, CA, pg. 350
Schellenbach, Lisa - Interactive / Digital, Media Department - FRASER COMMUNICATIONS, Los Angeles, CA, pg. 540
Schenk, Nick - Interactive / Digital, Media Department - JUST MEDIA, INC., Austin, TX, pg. 481
Scherbring, A. J. - Creative, Interactive / Digital - PERISCOPE, Minneapolis, MN, pg. 127
Scherr, Traci - Account Services, Interactive / Digital, Public Relations, Social Media - ARKETI GROUP, Atlanta, GA, pg. 578
Scherrer, Jack - Account Services, Interactive / Digital - BLUETENT, Carbondale, CO, pg. 218
Scherzer, Robert - Account Services, Creative, Interactive / Digital - DNA SEATTLE, Seattle, WA, pg. 180
Schiazza, Brian - Interactive / Digital - SPARK44, New York, NY, pg. 411
Schiekofer, Susan - Interactive / Digital, Media Department, PPOM - GROUPM, New York, NY, pg. 466
Schiff, Brooke - Analytics, Interactive / Digital, Media Department, Social Media - HAVAS MEDIA GROUP, New York, NY, pg. 468
Schiff, Carly - Account Services, Interactive / Digital - BROGAN & PARTNERS, Birmingham, MI, pg. 538
Schiffman, Graham - Account Services, Interactive / Digital, Media Department, Social Media - MEDIACOM, New York, NY, pg. 487
Schleicher, Kylie - Interactive / Digital, Management - VMLY&R, Kansas City, MO, pg. 274
Schlissel, Erin - Account Services, Interactive / Digital, Media Department - OBSERVATORY MARKETING, Los Angeles, CA, pg. 122
Schlossberg, Matt - Account Services, Interactive / Digital - AMENDOLA COMMUNICATIONS, Scottsdale, AZ, pg. 577
Schlueter, Paul - Interactive / Digital, Media Department - FLYNN WRIGHT, INC., Des Moines, IA, pg. 359
Schlueter, Brennen - Interactive / Digital, Media Department, NBC - LAUNDRY SERVICE, Brooklyn, NY, pg. 287
Schmale, Anglea - Account Planner, Interactive / Digital, Media Department - FLYNN, Pittsford, NY, pg. 74
Schmidt, Carly - Interactive / Digital - NOISE DIGITAL, Vancouver, BC, pg. 254
Schmitt, Erik - Interactive /

Digital, NBC, Social Media - AYZENBERG GROUP, INC., Pasadena, CA, pg. 2
Schmitt, Kevin - Creative, Interactive / Digital - EFX MEDIA, Arlington, VA, pg. 562
Schmuck, Jennifer - Interactive / Digital, Media Department - HAWORTH MARKETING & MEDIA, Minneapolis, MN, pg. 470
Schneck, Pamela - Analytics, Interactive / Digital, Media Department - AUSTIN & WILLIAMS ADVERTISING, Hauppauge, NY, pg. 328
Schneid, Corey - Interactive / Digital, Media Department - CARAT, New York, NY, pg. 459
Schneider, Scott - Creative, Interactive / Digital, NBC, PPOM - PRAYTELL, Brooklyn, NY, pg. 258
Schneider, Nicole - Interactive / Digital, Media Department - MINDSHARE, Chicago, IL, pg. 494
Schneider, Matt - Interactive / Digital, Media Department - WAVEMAKER, Los Angeles, CA, pg. 528
Schneider, Mara - Interactive / Digital - SPARK FOUNDRY, New York, NY, pg. 508
Schneller, Jennifer - Account Services, Interactive / Digital - EMPOWER, Cincinnati, OH, pg. 354
Schoeffler, Nathan - Interactive / Digital, Media Department - VAYNERMEDIA, New York, NY, pg. 689
Scholla, David - Interactive / Digital, Media Department - VAYNERMEDIA, New York, NY, pg. 689
Scholler, Susan - Interactive / Digital, Media Department - ICROSSING, Scottsdale, AZ, pg. 241
Scholz, Ronny - Creative, Interactive / Digital - ARCHER MALMO, Memphis, TN, pg. 32
Schook, Sheila - Interactive / Digital - MCGARRYBOWEN, Chicago, IL, pg. 110
Schott, Tami - Creative, Interactive / Digital, NBC - G3 GROUP, Baltimore, MD, pg. 673
Schradin, Ryan - Interactive / Digital, Media Department - STRATEGIC COMMUNICATIONS GROUP, INC., McLean, VA, pg. 688
Schreiber, Carly - Interactive / Digital - SPARK FOUNDRY, New York, NY, pg. 508
Schrieber, Alex - Account Services, Interactive / Digital, NBC, Social Media - RESOLUTION MEDIA, Chicago, IL, pg. 676
Schroeder, Scott - Interactive / Digital, Media Department, PPM - GTB, Dearborn, MI, pg. 367
Schroeder, Dave - Interactive / Digital - ANSIRA, Dallas, TX, pg. 1
Schroeder, Kari - Interactive / Digital, Media Department - ANVIL MEDIA, INC, Portland, OR, pg. 671
Schroeder, Kevin - Interactive / Digital, Media Department - NEBO AGENCY, LLC, Atlanta, GA, pg. 253
Schroetter, Tara - Account Services, Interactive / Digital -

AGENCIES
RESPONSIBILITIES INDEX

ROGERS & COWAN/PMK*BNC, Los Angeles, CA, pg. 643
Schubert, Lindsay - Interactive / Digital, Media Department, NBC - SSCG MEDIA GROUP, New York, NY, pg. 513
Schuller, Megan - Account Planner, Interactive / Digital, Media Department - HAWORTH MARKETING & MEDIA, Minneapolis, MN, pg. 470
Schulte, Ann - Interactive / Digital, Media Department, Programmatic - MEDIAHUB LOS ANGELES, El Segundo, CA, pg. 112
Schultz, Craig - Account Planner, Interactive / Digital, Media Department - INNOCEAN USA, Huntington Beach, CA, pg. 479
Schultz, Josh - Interactive / Digital, Media Department - NOBLE PEOPLE, New York, NY, pg. 120
Schultz, Molly - Interactive / Digital, Media Department - UNIVERSAL MCCANN, New York, NY, pg. 521
Schultz, Jessica - Interactive / Digital, Media Department - MMGY GLOBAL, Kansas City, MO, pg. 388
Schum, Meghan - Interactive / Digital, Media Department - MEDIACOM, New York, NY, pg. 487
Schumer, Melissa - Interactive / Digital, Media Department, PPOM - ROGERS & COWAN/PMK*BNC, Los Angeles, CA, pg. 643
Schuster, Ryan - Account Services, Interactive / Digital, Media Department - CARAT, Chicago, IL, pg. 461
Schuster, Jordan - Interactive / Digital, Media Department, Social Media - COLLING MEDIA, Scottsdale, AZ, pg. 51
Schuyler, Amy - Account Planner, Analytics, Interactive / Digital, Social Media - HUDSON ROUGE, Dearborn, MI, pg. 372
Schwandt, Ben - Analytics, Interactive / Digital, Media Department, Research - GTB, Dearborn, MI, pg. 367
Schwarten, Geoff - Interactive / Digital, Media Department, NBC - IDEO, Palo Alto, CA, pg. 187
Schwartz, Kayla - Interactive / Digital, Media Department - HORIZON MEDIA, INC., New York, NY, pg. 474
Schwartz, Joe - Interactive / Digital - BEYOND SPOTS & DOTS INC., Pittsburgh, PA, pg. 333
Schwartz, Evan - Interactive / Digital, Media Department - OMD, New York, NY, pg. 498
Schwertzel, Eric - Interactive / Digital - DELOITTE DIGITAL, New York, NY, pg. 225
Schwitters, Derek - Interactive / Digital, PPOM - LODESTAR MARKETING GROUP, Mountlake Terrace, WA, pg. 381
Sciamarelli, Joseph - Finance, Interactive / Digital, Media Department - UNIVERSAL MCCANN, New York, NY, pg. 521

Scordo, Alicia - Interactive / Digital, Media Department - CARAT, New York, NY, pg. 459
Scott, Tom - Account Planner, Interactive / Digital, Media Department, NBC - SAATCHI & SAATCHI LOS ANGELES, Torrance, CA, pg. 137
Scott, Courtney - Account Planner, Interactive / Digital, Media Department - HUGE, INC., Brooklyn, NY, pg. 239
Scott, Russ - Interactive / Digital, Media Department - CARAT, Detroit, MI, pg. 461
Scott, Lauren - Account Planner, Interactive / Digital, Media Department - WAVEMAKER, Los Angeles, CA, pg. 528
Scott, Leslie - Creative, Interactive / Digital - EP+CO., Greenville, SC, pg. 356
Scott, Maura - Account Services, Interactive / Digital, Media Department, Promotions - INITIATIVE, Chicago, IL, pg. 479
Scott, Bill - Interactive / Digital, Management - VIBES MEDIA, Chicago, IL, pg. 535
Scott, Erin - Interactive / Digital, Social Media - PURERED, Princeton, NJ, pg. 130
Scribner, Shannon - Account Services, Interactive / Digital, Media Department, Social Media - BARKLEY, Kansas City, MO, pg. 329
Scruggs, Emily - Interactive / Digital, Media Department, Social Media - PROOF ADVERTISING, Austin, TX, pg. 398
Scuglik, Cody - Interactive / Digital, Programmatic, Social Media - STARCOM WORLDWIDE, Chicago, IL, pg. 513
Seaman, Caitlin - Analytics, Interactive / Digital - PURERED, Princeton, NJ, pg. 130
Searcy, Zach - Interactive / Digital, Media Department - CAYENNE CREATIVE, Birmingham, AL, pg. 49
Sears, John - Interactive / Digital, Media Department - IMMERSION ACTIVE, INC., Frederick, MD, pg. 241
Sebolao, Alexandra - Interactive / Digital, Media Department - STARCOM WORLDWIDE, New York, NY, pg. 517
Sederbaum, David - Account Services, Interactive / Digital, Media Department - CARAT, New York, NY, pg. 459
See, Amanda - Interactive / Digital, NBC - THE SWEET SHOP, Hollywood, CA, pg. 564
Seeberg, Laura - Interactive / Digital - SPARK FOUNDRY, Chicago, IL, pg. 510
Seelye, James - Account Planner, Account Services, Interactive / Digital, Media Department - ESSENCE, New York, NY, pg. 232
Segur, Jessica - Interactive / Digital, NBC - DESTINATION MARKETING, Mountlake Terrace, WA, pg. 349

Segura, Mariana - Interactive / Digital, NBC, Social Media - LATIN WE, South Miami, FL, pg. 298
Sehgal, Ajai - Account Services, Interactive / Digital, PPOM - EAGLEVIEW TECHNOLOGIES, INC., Bothell, WA, pg. 230
Seidelman, Eric - Interactive / Digital, Management, Media Department, PPOM - QUINSTREET, INC., Foster City, CA, pg. 290
Seidelman, Fred - Interactive / Digital, PPOM - MRM//MCCANN, Birmingham, MI, pg. 252
Seidner, Matthew - Account Services, Interactive / Digital, Social Media - RESOLUTION MEDIA, New York, NY, pg. 263
Seifried, Lauren - Interactive / Digital, NBC - WPROMOTE, Dallas, TX, pg. 679
Sekhri, Anmol - Interactive / Digital - M BOOTH & ASSOCIATES, INC., New York, NY, pg. 624
Sekse Lutz, Erika - Interactive / Digital, Media Department - CARAT, New York, NY, pg. 459
Sellens, Kristin - Account Planner, Interactive / Digital, Media Department - POSTERSCOPE U.S.A., Culver City, CA, pg. 556
Seltzer, Jamie - Account Services, Interactive / Digital, Management, Media Department - HAVAS MEDIA GROUP, New York, NY, pg. 468
Semenza, Elena - Interactive / Digital, Media Department - CARAT, New York, NY, pg. 459
Semerdjian, Annie - Interactive / Digital, Media Department - MILNER BUTCHER MEDIA GROUP, Los Angeles, CA, pg. 491
Semones, Jeff - Interactive / Digital, Social Media - MEDIACOM, New York, NY, pg. 487
Senio, Chris - Interactive / Digital, Media Department - ZENITH MEDIA, New York, NY, pg. 529
Senke, Christine - Interactive / Digital, Media Department, Social Media - BROWN PARKER | DEMARINIS ADVERTISING, Boca Raton, FL, pg. 43
Seo, Brian - Interactive / Digital, Social Media - BLACK BEAR DESIGN GROUP, Chamblee, GA, pg. 175
Seow, Bertrand - Interactive / Digital, PPOM - RATESPECIAL INTERACTIVE LLC, Paasadena, CA, pg. 262
Serafino, Paula - Interactive / Digital, Media Department - GYK ANTLER, Manchester, NH, pg. 368
Sergi, Alyssa - Interactive / Digital, Media Department - WAVEMAKER, New York, NY, pg. 526
Serio, Janine - Account Services, Interactive / Digital, Media Department, NBC - MEDIACOM, New York, NY, pg. 487
Seroka, John - Interactive / Digital, Media Department, PPOM - SEROKA BRAND DEVELOPMENT, Brookfield, WI, pg. 646
Serrano, Brittany - Interactive /

RESPONSIBILITIES INDEX — AGENCIES

Digital, Media Department - IPROSPECT, Fort Worth, TX, *pg.* 674

Serrato, Andrew - Interactive / Digital, PPM - TBWA \ CHIAT \ DAY, Los Angeles, CA, *pg.* 146

Sexauer, Laura - Account Planner, Interactive / Digital, Media Department - SPARK FOUNDRY, Chicago, IL, *pg.* 510

Shadowens, Ashley - Interactive / Digital, Public Relations, Social Media - FIREHOUSE, INC., Dallas, TX, *pg.* 358

Shah, Stacy - Interactive / Digital, Media Department - STARCOM WORLDWIDE, North Hollywood, CA, *pg.* 516

Shah, Ameet - Interactive / Digital, NBC - PROHASKA CONSULTING, New York, NY, *pg.* 130

Shah, Vivek - Interactive / Digital, Media Department - WAVEMAKER, New York, NY, *pg.* 526

Shahab, Mariam - Interactive / Digital - GOLIN, Dallas, TX, *pg.* 609

Shaini, Beth - Interactive / Digital, Media Department - MERING, Sacramento, CA, *pg.* 114

Shalkoski, Joe - Interactive / Digital, Media Department - DIGITAS, Boston, MA, *pg.* 226

Shames, Steve - Account Planner, Interactive / Digital, PPOM - PUBLICIS NORTH AMERICA, New York, NY, *pg.* 399

Shammas, Madaline - Account Services, Interactive / Digital - FOCUS USA, Paramus, NJ, *pg.* 284

Shane, Raquel - Interactive / Digital, Media Department - STARCOM WORLDWIDE, Chicago, IL, *pg.* 513

Shank, Fred - Account Services, Interactive / Digital, Management, NBC - PORTER NOVELLI, Seattle, WA, *pg.* 637

Shankar, Arun - Account Services, Interactive / Digital - EPSILON, San Francisco, CA, *pg.* 283

Shannon, Taylor - Interactive / Digital, Media Department, NBC - RESOLUTION MEDIA, New York, NY, *pg.* 263

Shaouli, Chloe - Account Planner, Interactive / Digital, Media Department - INITIATIVE, Los Angeles, CA, *pg.* 478

Shapiro, Neil - Interactive / Digital, NBC - CAPTIVATE NETWORK, INC., New York, NY, *pg.* 550

Shapiro, Nikki - Account Planner, Account Services, Interactive / Digital, Media Department - UNIVERSAL MCCANN, San Francisco, CA, *pg.* 428

Shapiro, Andrew - Interactive / Digital, Media Department, Social Media - POWERPHYL MEDIA SOLUTIONS, New York, NY, *pg.* 506

Shapiro, Jillian - Interactive / Digital - WONGDOODY, Seattle, WA, *pg.* 162

Shapiro, Adam - Interactive / Digital - SARD VERBINNEN, New York,

NY, *pg.* 646

Shaps, Jana - Interactive / Digital, NBC - KONNECT AGENCY, Los Angeles, CA, *pg.* 620

Sharetts, Andrew - Interactive / Digital, Social Media - PUBLICIS.SAPIENT, New York, NY, *pg.* 258

Sharp, Donna - Interactive / Digital, Management, Media Department - MEDIALINK, New York, NY, *pg.* 386

Sharp, Matthew - Interactive / Digital, PPOM - ADVANCE 360, Grand Rapids, MI, *pg.* 211

Sharp, Kathleen - Interactive / Digital, Media Department - LEWIS COMMUNICATIONS, Birmingham, AL, *pg.* 100

Shaub, Zach - Interactive / Digital, Media Department - HEARTS & SCIENCE, New York, NY, *pg.* 471

Shaul, Victoria - Interactive / Digital, Media Department, NBC, PPM - MAGNA GLOBAL, New York, NY, *pg.* 483

Shaw, David - Interactive / Digital, NBC - IBM IX, Columbus, OH, *pg.* 240

Shawn, Stephanie - Interactive / Digital - CULTIVATOR ADVERTISING & DESIGN, Denver, CO, *pg.* 178

Shay, Chancelor - Interactive / Digital, Public Relations - WRIGHT ON COMMUNICATIONS, La Jolla, CA, *pg.* 663

Sheaffer, Kimberly - Interactive / Digital, Media Department - STARCOM WORLDWIDE, Chicago, IL, *pg.* 513

Shee, Tiffany - Interactive / Digital, Media Department - ZENITH MEDIA, New York, NY, *pg.* 529

Sheehan, Riley - Interactive / Digital, PPOM - MERGE, Chicago, IL, *pg.* 113

Sheehan, Inga - Interactive / Digital, Media Department - CONNECT AT PUBLICIS MEDIA, Chicago, IL, *pg.* 462

Sheehan, Meg - Account Services, Analytics, Interactive / Digital - PATTERN, New York, NY, *pg.* 126

Sheets, Mastery - Interactive / Digital - KLUNDTHOSMER DESIGN, Spokane, WA, *pg.* 244

Sheets, Micah - Interactive / Digital - KLUNDTHOSMER DESIGN, Spokane, WA, *pg.* 244

Shehata, Marc - Interactive / Digital, Media Department - UNIVERSAL MCCANN, New York, NY, *pg.* 521

Sheinbaum, Pete - Interactive / Digital, Media Department, NBC - ACTIVE INTEREST MEDIA, Boulder, CO, *pg.* 561

Sheldon, Sarah - Interactive / Digital, Operations - NDP, Richmond, VA, *pg.* 390

Shelly, Peter - Interactive / Digital - HUEMOR, New York, NY, *pg.* 239

Shen, Christine - Account Planner, Interactive / Digital, Media

Department, NBC, Research, Social Media - MEDIA ASSEMBLY, New York, NY, *pg.* 484

Shenk, Annie - Interactive / Digital, Media Department, Social Media - MOXIE, Atlanta, GA, *pg.* 251

Shepard, Breanna - Interactive / Digital, NBC - BRANDED ENTERTAINMENT NETWORK, INC., Sherman Oaks, CA, *pg.* 297

Sheppard, Travis - Interactive / Digital, NBC - PWC DIGITAL SERVICES, Hallandale Beach, FL, *pg.* 260

Sheridan, Jamie - Interactive / Digital, Media Department - PHD CHICAGO, Chicago, IL, *pg.* 504

Sheridan, Chris - Interactive / Digital, Media Department - SPARK FOUNDRY, New York, NY, *pg.* 508

Sherman, Kevin - Interactive / Digital - BLUE CHIP MARKETING & COMMUNICATIONS, Northbrook, IL, *pg.* 334

Sherman, Ashleigh - Interactive / Digital, Social Media - DARBY COMMUNICATIONS, Asheville, NC, *pg.* 595

Sherrill, Kate - Interactive / Digital, Media Department - DIGITAS, Boston, MA, *pg.* 226

Shih, Janet - Account Services, Interactive / Digital, Media Department - DEUTSCH, INC., Los Angeles, CA, *pg.* 350

Shilling, Brian - Interactive / Digital, NBC - CLARITYQUEST, Groton, CT, *pg.* 50

Shilney, Christopher - Interactive / Digital, NBC - WALKER SANDS COMMUNICATIONS, Chicago, IL, *pg.* 659

Shimmel, Kari - Creative, Interactive / Digital, Management, Media Department, NBC, PPOM - CAMPBELL EWALD, Detroit, MI, *pg.* 46

Shin, Rachel - Account Services, Interactive / Digital, Public Relations, Social Media - BCW AUSTIN, Austin, TX, *pg.* 581

Shitole, Priyanka - Account Services, Interactive / Digital - WORDS AND PICTURES CREATIVE SERVICE, INC., Park Ridge, NJ, *pg.* 276

Shively, Amber - Account Planner, Account Services, Interactive / Digital, Media Department - KROGER MEDIA SERVICES, Portland, OR, *pg.* 96

Shlissel, Evan - Interactive / Digital, Media Department - HAVAS MEDIA GROUP, New York, NY, *pg.* 468

Shnayder, Steven - Interactive / Digital, Media Department - GENERATOR MEDIA + ANALYTICS, New York, NY, *pg.* 466

Shockley, Tony - Interactive / Digital, Management - ZAG INTERACTIVE, Glastonbury, CT, *pg.* 277

Shoemaker, Stephen - Interactive / Digital, Media Department - M/SIX, New York, NY, *pg.* 482

AGENCIES — RESPONSIBILITIES INDEX

Shoenthal, Amy - Interactive / Digital, Media Department - M BOOTH & ASSOCIATES, INC., New York, NY, pg. 624

Shorr, Brad - Interactive / Digital, NBC - STRAIGHT NORTH, LLC, Downers Grove, IL, pg. 267

Short, Ryan - Account Services, Interactive / Digital, Management, Media Department - INITIATIVE, Chicago, IL, pg. 479

Shoukas, Dean - Interactive / Digital, Media Department, PPM - SAATCHI & SAATCHI, New York, NY, pg. 136

Shoukas, Dean - Interactive / Digital - CHIZCOMM, North York, ON, pg. 50

Shreefter, Mariel - Interactive / Digital, Media Department - SPARK FOUNDRY, New York, NY, pg. 508

Shudak, Stacey - Interactive / Digital, Media Department - MEDIASPOT, INC., Corona Del Mar, CA, pg. 490

Shulman, Tori - Interactive / Digital, Media Department, Programmatic - DIGITAS, Boston, MA, pg. 226

Shuman, Donovan - Interactive / Digital, Media Department - NEBO AGENCY, LLC, Atlanta, GA, pg. 253

Shupp, Aaron - Interactive / Digital - 23K STUDIOS, Wayne, PA, pg. 23

Shust, Dan - Interactive / Digital, PPOM - IBM IX, Columbus, OH, pg. 240

Siddall, Kira - Interactive / Digital, NBC, Social Media - SIDDALL, Richmond, VA, pg. 141

Sidley, Katelyn - Analytics, Interactive / Digital, Media Department, NBC - SEER INTERACTIVE, Philadelphia, PA, pg. 677

Siebold, Susy - Interactive / Digital, Media Department - MEDIASMITH, INC., San Francisco, CA, pg. 490

Siegel, Noah - Interactive / Digital, Media Department - WAVEMAKER, New York, NY, pg. 526

Siemienski, John - Interactive / Digital, Media Department - QUATTRO DIRECT, Berwyn, PA, pg. 290

Sifantus, Nigel - Interactive / Digital, Social Media - MINDSHARE, Playa Vista, CA, pg. 495

Sigrest, Amy - Interactive / Digital, PPOM - MAPR, Boulder, CO, pg. 624

Siltanen, Chelsey - Analytics, Creative, Interactive / Digital - SILTANEN & PARTNERS ADVERTISING, El Segundo, CA, pg. 410

Silvagni, Natalie - Interactive / Digital, Media Department - QUIGLEY-SIMPSON, Los Angeles, CA, pg. 544

Silveira, Julie - Interactive / Digital, Media Department, Research - OMD WEST, Los Angeles, CA, pg. 502

Silver, Ashley - Interactive /

Digital, Media Department - OMD, New York, NY, pg. 498

Silver, Dan - Interactive / Digital, NBC - GROUNDTRUTH.COM, New York, NY, pg. 534

Silverton, Ezra - Interactive / Digital, NBC, Operations, PPOM - 9TH CO., Toronto, ON, pg. 209

Silvestre, Franchesca - Finance, Interactive / Digital, Media Department - HEARTS & SCIENCE, New York, NY, pg. 471

Silvestri, Michael - Interactive / Digital, Media Department - SPARK FOUNDRY, New York, NY, pg. 508

Simmons, Shanell - Interactive / Digital, Media Department - WAVEMAKER, New York, NY, pg. 526

Simmons, Sarah - Interactive / Digital, Media Department - WAVEMAKER, New York, NY, pg. 526

Simoes, Megan - Interactive / Digital - THE JAMES AGENCY (TJA), Scottsdale, AZ, pg. 151

Simon Andry, Katherine - Account Services, Interactive / Digital, Media Department - ZEHNDER COMMUNICATIONS, INC., New Orleans, LA, pg. 436

Simonds, Colin - Interactive / Digital - TEAM ONE, Los Angeles, CA, pg. 417

Simoneschi, Paul - Interactive / Digital - CODE AND THEORY, New York, NY, pg. 221

Simonian, Maya - Interactive / Digital, Media Department - TOUCHPOINT INTEGRATED COMMUNICATIONS, Darien, CT, pg. 520

Simonian, Ian - Interactive / Digital, Media Department, PPM - WESTON | MASON, Marina Del Rey, CA, pg. 430

Simpson, Bill - Interactive / Digital, PPOM - SIMPLEVIEW, INC., Tucson, AZ, pg. 168

Simpson, Lowell - Interactive / Digital, Management, PPOM - OUTFRONT MEDIA, New York, NY, pg. 554

Simpson, Thomas - Interactive / Digital, Media Department, Operations - MINDSHARE, New York, NY, pg. 491

Simpson, Jordyn - Interactive / Digital, Media Department - MINDSHARE, New York, NY, pg. 491

Singel, Chris - Interactive / Digital - CULL GROUP, Grand Rapids, MI, pg. 56

Singer, Aldo - Interactive / Digital, Media Department, NBC, Social Media - HAVAS MEDIA GROUP, New York, NY, pg. 468

Singh, Ravi - Account Services, Interactive / Digital - FCB TORONTO, Toronto, ON, pg. 72

Singh, Jasvindarjit - Interactive / Digital, PPOM - DEG DIGITAL, Overland Park, KS, pg. 224

Singh, Navneet - Interactive / Digital, Media Department, Programmatic - HORIZON MEDIA, INC., New York, NY, pg. 474

Sinha, Roslyn - Interactive / Digital, Social Media - MILLER AD AGENCY, Dallas, TX, pg. 115

Sinitean, Sarah - Interactive / Digital, Media Department, Programmatic, Social Media - STARCOM WORLDWIDE, Chicago, IL, pg. 513

Sinko, Donna - Creative, Interactive / Digital, PPM - STIEGLER, WELLS, BRUNSWICK & ROTH, INC., Bethlehem, PA, pg. 413

Sirhal, Sabrina - Interactive / Digital - INNOCEAN USA, Huntington Beach, CA, pg. 479

Siripong, Jennifer - Interactive / Digital, Media Department, Research - NO FIXED ADDRESS INC., Toronto, ON, pg. 120

Sirko, Regina - Account Services, Interactive / Digital - HEALTHCARE SUCCESS, Irvine, CA, pg. 83

Sirotnik, Andrew - Interactive / Digital, PPOM - ASTOUND COMMERCE, San Bruno, CA, pg. 214

Sitzmann, Dale - Analytics, Interactive / Digital, Programmatic - THE TRADE DESK, Boulder, CO, pg. 520

Siu, Maggie - Account Services, Interactive / Digital, Media Department - MINDSHARE, Atlanta, GA, pg. 493

Sizemore, Kim - Interactive / Digital, Media Department - WIEDEN + KENNEDY, Portland, OR, pg. 430

Sizemore, Stefanie - Interactive / Digital, Media Department - THE SEARCH AGENCY, Glendale, CA, pg. 677

Skaats, Jeanine - Finance, Interactive / Digital, Media Department - SPARK FOUNDRY, New York, NY, pg. 508

Skeete, Nia - Interactive / Digital, Media Department - ZENITH MEDIA, Atlanta, GA, pg. 531

Skellett, Sherri - Account Services, Interactive / Digital, Media Department - THE MARTIN AGENCY, Richmond, VA, pg. 421

Skjold, Ann Marie - Interactive / Digital, Media Department - MINDSHARE, New York, NY, pg. 491

Sklad, Amanda - Interactive / Digital, NBC, Social Media - EDELMAN, San Francisco, CA, pg. 601

Sklar, Erica - Interactive / Digital - ZENITH MEDIA, New York, NY, pg. 529

Skobac, Kevin - Account Planner, Interactive / Digital, Media Department, NBC, Social Media - SS+K, New York, NY, pg. 144

Skorin, Emily - Interactive / Digital, Media Department, Programmatic - MINDSHARE, Chicago, IL, pg. 494

Slackman, Shari - Interactive / Digital, Media Department - GENERATOR MEDIA + ANALYTICS, New York, NY, pg. 466

Sladowski, Lynn - Interactive / Digital, NBC, PPOM, Social Media -

RESPONSIBILITIES INDEX — AGENCIES

WAVEMAKER, New York, NY, *pg.* 526
Slate, Alanna - Account Planner, Interactive / Digital, Media Department, NBC - INITIATIVE, New York, NY, *pg.* 477
Slater, Summer - Interactive / Digital, Media Department, PPOM - DNA SEATTLE, Seattle, WA, *pg.* 180
Slattery, Ashley - Interactive / Digital, Media Department - MINDSHARE, New York, NY, *pg.* 491
Sloan, Phil - Account Services, Interactive / Digital, Media Department, NBC - CANVAS WORLDWIDE, New York, NY, *pg.* 458
Sluyk, Kristin - Account Services, Creative, Interactive / Digital, Public Relations - DECKER ROYAL AGENCY, New York, NY, *pg.* 596
Smack, Jeff - Creative, Interactive / Digital, Media Department, NBC - YEBO, Richmond, VA, *pg.* 164
Smart, Rob - Interactive / Digital, Media Department, PPM - BRIGHTON AGENCY, INC., Saint Louis, MO, *pg.* 337
Smith, Zach - Interactive / Digital, Media Department - POWERPHYL MEDIA SOLUTIONS, New York, NY, *pg.* 506
Smith, Kirk - Account Planner, Interactive / Digital, Management, Media Department - UNIVERSAL MCCANN DETROIT, Birmingham, MI, *pg.* 524
Smith, Ryan - Account Planner, Interactive / Digital - PLANIT, Baltimore, MD, *pg.* 397
Smith, Greg - Interactive / Digital, Management, NBC - EMI STRATEGIC MARKETING, INC., Boston, MA, *pg.* 68
Smith, Dustin - Interactive / Digital, Media Department, Social Media - CARMICHAEL LYNCH, Minneapolis, MN, *pg.* 47
Smith, Allie - Interactive / Digital, Media Department - SPARK FOUNDRY, Chicago, IL, *pg.* 510
Smith, Lauren - Account Services, Interactive / Digital, NBC, Public Relations, Social Media - HIEBING, Madison, WI, *pg.* 85
Smith, Peter - Interactive / Digital, Media Department, NBC, Social Media - GMR MARKETING, New Berlin, WI, *pg.* 306
Smith, Gretchen - Account Services, Interactive / Digital, Media Department - OMD, New York, NY, *pg.* 498
Smith, Duane - Interactive / Digital, Media Department - 22SQUARED INC., Atlanta, GA, *pg.* 319
Smith, Dexter - Interactive / Digital, Media Department - STARCOM WORLDWIDE, Chicago, IL, *pg.* 513
Smith, Garrott - Interactive / Digital, NBC, Public Relations, Social Media - ACCENTURE INTERACTIVE, Arlington, VA, *pg.* 322
Smith, Craig - Interactive / Digital, PPOM - CRAFT WW, New York, NY, *pg.* 561

Smith, Douglas - Interactive / Digital - AKQA , Washington, DC, *pg.* 212
Smith, Emily - Interactive / Digital, Media Department, Programmatic, Social Media - DIGITAS, Boston, MA, *pg.* 226
Smith, Katy - Interactive / Digital, Media Department - CSM SPORTS & ENTERTAINMENT, Indianapolis, IN, *pg.* 55
Smith, Kristen - Interactive / Digital, Media Department, Social Media - CROSSMEDIA, New York, NY, *pg.* 463
Smith, Marc - Interactive / Digital, Media Department, Programmatic - CROSSMEDIA, Philadelphia, PA, *pg.* 463
Smith, Halley - Interactive / Digital, Media Department - YOUNG & LARAMORE, Indianapolis, IN, *pg.* 164
Smith, Blair - Interactive / Digital, Media Department - ESSENCE, New York, NY, *pg.* 232
Smith, Sydney - Interactive / Digital, NBC - SHINE UNITED, Madison, WI, *pg.* 140
Smith, Ebony - Interactive / Digital - THREESIXTYEIGHT, Baton Rouge, LA, *pg.* 271
Smith, Ben - Interactive / Digital, Media Department, Social Media - CALLAHAN CREEK , Lawrence, KS, *pg.* 4
Smith, Jill - Interactive / Digital, Media Department - INSIGHT MARKETING DESIGN, Sioux Falls, SD, *pg.* 89
Smith, Tucker - Interactive / Digital - WPROMOTE, Dallas, TX, *pg.* 679
Smith, Marilyn Anne - Account Planner, Account Services, Interactive / Digital, Media Department - ZENITH MEDIA, New York, NY, *pg.* 529
Smithgall, Jonathan - Interactive / Digital, Media Department - LOVE COMMUNICATIONS, Salt Lake City, UT, *pg.* 101
Smythe, Nandi - Interactive / Digital, NBC, Social Media - UWG, Brooklyn, NY, *pg.* 546
Snell, Elizabeth - Interactive / Digital, Social Media - MARCH COMMUNICATIONS, Boston, MA, *pg.* 625
Snowden Coles, Ashley - Account Planner, Account Services, Interactive / Digital, NBC - STARCOM WORLDWIDE, Toronto, ON, *pg.* 517
Snyder, Brian - Interactive / Digital, Operations - WORKTANK, Seattle, WA, *pg.* 21
Snyder, Brian - Interactive / Digital - GOLIN, Chicago, IL, *pg.* 609
Snyder, Jason - Interactive / Digital, PPOM - MOMENTUM WORLDWIDE, New York, NY, *pg.* 117
Snyder, Natalie - Interactive / Digital, PPM - GYRO, Chicago, IL, *pg.* 368

Snyder, Allie - Interactive / Digital, Media Department - EMPOWER, Cincinnati, OH, *pg.* 354
So, Anthony - Account Services, Administrative, Interactive / Digital, Management, NBC, Operations, Social Media - RPA, Atlanta, GA, *pg.* 135
So, Michael - Account Planner, Interactive / Digital, Media Department, Public Relations - WAVEMAKER, Toronto, ON, *pg.* 529
Sobczak, Christina - Interactive / Digital - IPROSPECT, Fort Worth, TX, *pg.* 674
Sobieszczyk, Timothy - Interactive / Digital, Media Department - STARCOM WORLDWIDE, Chicago, IL, *pg.* 513
Sobol, Aaron - Interactive / Digital, Media Department, PPOM - UNIVERSAL MCCANN, New York, NY, *pg.* 521
Soffer, Ben - Interactive / Digital, Media Department, Social Media - MARINA MAHER COMMUNICATIONS, New York, NY, *pg.* 625
Sohn, Ian - Account Services, Interactive / Digital, Management, NBC, PPOM - WUNDERMAN THOMPSON, Chicago, IL, *pg.* 434
Soler, J.B. - Interactive / Digital, NBC - ADDISON, New York, NY, *pg.* 171
Solinski, Patrick - Interactive / Digital, Media Department - MINDSHARE, New York, NY, *pg.* 491
Solitare, Dan - Interactive / Digital - TURTLEDOVE CLEMENS, INC., Portland, OR, *pg.* 427
Solomon, Howard - Interactive / Digital, Management, NBC, PPOM - FINN PARTNERS, San Francisco, CA, *pg.* 603
Solomon, Victoria - Interactive / Digital, Media Department, PPOM - WAVEMAKER, New York, NY, *pg.* 526
Solu, Cameron - Interactive / Digital, Media Department - JEKYLL AND HYDE, Redford, MI, *pg.* 92
Son, Catherine - Account Planner, Interactive / Digital, Media Department, Operations - CARAT, New York, NY, *pg.* 459
Son, Trang - Interactive / Digital - MINDSHARE, New York, NY, *pg.* 491
Song, April - Interactive / Digital, Media Department - GROUPM, New York, NY, *pg.* 466
Soon, Faye - Account Planner, Account Services, Interactive / Digital, Media Department - CARAT, New York, NY, *pg.* 459
Sorensen, Kelly - Account Planner, Account Services, Interactive / Digital, Media Department - STARCOM WORLDWIDE, North Hollywood, CA, *pg.* 516
Sorrentino, Neil - Interactive / Digital, Media Department, Promotions - HEARTS & SCIENCE, New York, NY, *pg.* 471
Sotelo, Michael - Interactive /

AGENCIES

RESPONSIBILITIES INDEX

Digital - ALMA, Coconut Grove, FL, *pg.* 537

Soto, Daiana - Account Services, Interactive / Digital - SPARK FOUNDRY, Chicago, IL, *pg.* 510

Sotolongo, Kristina - Interactive / Digital - LRXD, Denver, CO, *pg.* 101

Soulies, Casey - Interactive / Digital, Media Department - MERING, Sacramento, CA, *pg.* 114

Spainhour, Marissa - Account Services, Interactive / Digital, Media Department - STERLING-RICE GROUP, Boulder, CO, *pg.* 413

Spalding, Amy - Interactive / Digital, Media Department - CALLAN ADVERTISING COMPANY, Burbank, CA, *pg.* 457

Speagle, Kristen - Account Services, Interactive / Digital, Media Department, Operations - BRIGHTWAVE MARKETING, INC., Atlanta, GA, *pg.* 219

Spelbrink, Stephanie - Interactive / Digital, Media Department - CARAT, New York, NY, *pg.* 459

Spence, Shannon - Interactive / Digital, Media Department - ZIMMERMAN ADVERTISING, Fort Lauderdale, FL, *pg.* 437

Spence, Hunter - Interactive / Digital, Operations - SECOND STORY INTERACTIVE, Portland, OR, *pg.* 265

Spencer, Ron - Interactive / Digital, Media Department, PPM - RICOCHET PARTNERS, Portland, OR, *pg.* 406

Spencer, Brandon - Account Services, Interactive / Digital - CKR INTERACTIVE, INC., Campbell, CA, *pg.* 220

Spencer, Danielle - Interactive / Digital, NBC, Social Media - A2G, Los Angeles, CA, *pg.* 691

Spencer, Jesse - Interactive / Digital, Media Department, Social Media - LEO BURNETT DETROIT, Troy, MI, *pg.* 97

Spencer, Anne - Creative, Interactive / Digital - BAYCREATIVE, San Francisco, CA, *pg.* 215

Sperla, Jacob - Interactive / Digital, Media Department, Public Relations - GOODBY, SILVERSTEIN & PARTNERS, San Francisco, CA, *pg.* 77

Sperry, Mark - Account Services, Interactive / Digital, Media Department - OMD, New York, NY, *pg.* 498

Sperzel, Josef - Interactive / Digital, Media Department - HORIZON MEDIA, INC., New York, NY, *pg.* 474

Spicer, Aki - Account Planner, Account Services, Creative, Interactive / Digital, Management, Media Department - LEO BURNETT WORLDWIDE, Chicago, IL, *pg.* 98

Spiegelman, Rachel - Interactive / Digital, NBC, PPOM - LIEBERMAN RESEARCH WORLDWIDE, Los Angeles, CA, *pg.* 446

Spitz, Meredith - Interactive / Digital, Media Department, NBC - 360I, LLC, Chicago, IL, *pg.* 208

Spoden Kiss, Anne - Interactive / Digital, Media Department - TAG COMMUNICATIONS, INC., Davenport, IA, *pg.* 416

Spofford, Grant - Interactive / Digital - ACKERMAN MCQUEEN, INC., Dallas, TX, *pg.* 26

Spong, Christopher - Interactive / Digital, Media Department, NBC - NINA HALE CONSULTING, Minneapolis, MN, *pg.* 675

Sporkin, Danielle - Account Services, Interactive / Digital, Media Department - OMD, New York, NY, *pg.* 498

Spreer, Megan - Interactive / Digital, Media Department, Social Media - CALLAHAN CREEK, Lawrence, KS, *pg.* 4

Sraj, Michael - Interactive / Digital - LEVERAGE, Tampa, FL, *pg.* 245

St. Clair, Will - Interactive / Digital, Management, PPM - FCB CHICAGO, Chicago, IL, *pg.* 71

St. Fleur, Melissa - Account Services, Interactive / Digital, Media Department - VMLY&R, New York, NY, *pg.* 160

St. Germain, Ken - Interactive / Digital, Operations - WUNDERMAN THOMPSON, Toronto, ON, *pg.* 435

Stack, Doyle - Interactive / Digital, Media Department - SPARK FOUNDRY, Chicago, IL, *pg.* 510

Stafford, Matthew - Creative, Interactive / Digital - MEKANISM, San Francisco, CA, *pg.* 112

Stafford, Ty - Interactive / Digital - OMELET, Culver City, CA, *pg.* 122

Stagliano, Michael - Interactive / Digital, Media Department - STARCOM WORLDWIDE, Chicago, IL, *pg.* 513

Stahl, Eric - Interactive / Digital, Media Department, NBC - GARTNER, INC., Stamford, CT, *pg.* 236

Stahlecker, Nicole - Account Planner, Account Services, Interactive / Digital, Media Department - PAPPAS GROUP, Arlington, VA, *pg.* 396

Stahler, Rachel - Interactive / Digital, PPOM - SYNEOS HEALTH COMMUNICATIONS, Somerset, NJ, *pg.* 169

Stalder, Morgan - Interactive / Digital, Media Department - HORIZON MEDIA, INC., New York, NY, *pg.* 474

Stamp, Jeff - Creative, Interactive / Digital, PPOM - GREY GROUP, New York, NY, *pg.* 365

Stancil, Anthony - Human Resources, Interactive / Digital, Media Department - CROSSMEDIA, New York, NY, *pg.* 463

Stapleton, Ellie - Interactive / Digital - MINDSHARE, Chicago, IL, *pg.* 494

Stark, Alyson - Account Planner, Interactive / Digital, Media Department - STARCOM WORLDWIDE, Chicago, IL, *pg.* 513

Stark, Jessica - Interactive / Digital, Media Department - THE INTEGER GROUP - DALLAS, Dallas, TX, *pg.* 570

Starks, Rory - Account Planner, Interactive / Digital, NBC - MASTERWORKS, Poulsbo, WA, *pg.* 687

Starnes, Mallory - Creative, Interactive / Digital, Management - UNION, Charlotte, NC, *pg.* 273

Starr, Lisa - Account Services, Interactive / Digital, Media Department, NBC - ASHER AGENCY, Fort Wayne, IN, *pg.* 327

Starr, Rachel - Interactive / Digital, Media Department, NBC - CARAT, New York, NY, *pg.* 459

Staton, Dana - Interactive / Digital, Media Department - STARCOM WORLDWIDE, Chicago, IL, *pg.* 513

Stauffer, Justin - Interactive / Digital, Management, Programmatic - DMW WORLDWIDE, LLC, Chesterbrook, PA, *pg.* 282

Stauffer, Haley - Interactive / Digital, Media Department - NEBO AGENCY, LLC, Atlanta, GA, *pg.* 253

Stavrou, Harry - Interactive / Digital, Media Department - HCB HEALTH, Austin, TX, *pg.* 83

Steadman, Jack - Interactive / Digital, PPOM - BLUE STATE DIGITAL, New York, NY, *pg.* 335

Stebbins, Charity - Interactive / Digital, Media Department, NBC - CONDUCTOR, New York, NY, *pg.* 672

Stecker, Trisha - Interactive / Digital, Media Department - R&R PARTNERS, Las Vegas, NV, *pg.* 131

Steed, Valdez - Account Planner, Interactive / Digital, Media Department - PHD USA, New York, NY, *pg.* 505

Steel, Wade - Creative, Interactive / Digital - ARTMIL GRAPHIC DESIGN, Kennewick, WA, *pg.* 173

Steele, Sydney - Interactive / Digital - EDELMAN, Seattle, WA, *pg.* 601

Steever, Sara - Account Services, Interactive / Digital - PAULSEN MARKETING COMMUNICATIONS, Sioux Falls, SD, *pg.* 126

Stefanowicz, Marianne - Interactive / Digital, NBC, PPOM, Public Relations - TBWA/MEDIA ARTS LAB, Los Angeles, CA, *pg.* 147

Stein, Gary - Account Services, Analytics, Interactive / Digital, Management, Media Department, NBC, PPOM, Research - DUNCAN CHANNON, San Francisco, CA, *pg.* 66

Stein, Serge - Interactive / Digital, NBC - INFUSE CREATIVE, Santa Monica, CA, *pg.* 673

Stein, Cindy - Interactive / Digital, Management, Media Department - 360I, LLC, Atlanta, GA, *pg.* 207

Stein, Danielle - Account Services, Analytics, Interactive / Digital, Public Relations - EDELMAN, New York, NY, *pg.* 599

RESPONSIBILITIES INDEX AGENCIES

Stein, Dana - Account Services, Interactive / Digital - HL GROUP, New York, NY, pg. 614

Steinbach, Matt - Account Planner, Interactive / Digital, Media Department - WAVEMAKER, Los Angeles, CA, pg. 528

Steiner, Michael - Analytics, Interactive / Digital - HARRISON & STAR, INC., New York, NY, pg. 9

Steiniger, Matt - Account Services, Interactive / Digital - ISOBAR US, New York, NY, pg. 242

Stenberg, Edie - Interactive / Digital, Media Department, Social Media - GRIFFIN ARCHER, Minneapolis, MN, pg. 78

Stephan, Cris - Interactive / Digital, Media Department, Social Media - SPARK FOUNDRY, Chicago, IL, pg. 510

Stephan Hardin, Annabel - Interactive / Digital, Social Media - LDWW GROUP, Dallas, TX, pg. 622

Stephen, Terra - Interactive / Digital, PPM - DENTSUBOS INC., Toronto, ON, pg. 61

Stephens, Kimberly - Account Services, Interactive / Digital - FORSMAN & BODENFORS, New York, NY, pg. 74

Stetson, Brian - Interactive / Digital, PPM, PPOM - RENEGADE COMMUNICATIONS, Hunt Valley, MD, pg. 405

Stevens, Doug - Interactive / Digital, Media Department, PPM - FLYNN WRIGHT, INC., Des Moines, IA, pg. 359

Stevens, Carly - Interactive / Digital, Media Department - ZIMMERMAN ADVERTISING, Fort Lauderdale, FL, pg. 437

Stewart, David - Creative, Interactive / Digital - KARSH & HAGAN, Denver, CO, pg. 94

Stewart, Maggie - Interactive / Digital, Media Department - STARCOM WORLDWIDE, Chicago, IL, pg. 513

Stewart, Stacey - Interactive / Digital, Management, Media Department - UNIVERSAL MCCANN, New York, NY, pg. 521

Stewart, Kristian - Analytics, Interactive / Digital, Research - TEN35, Chicago, IL, pg. 147

Stewart, Patrick - Account Planner, Interactive / Digital, Media Department - CANVAS WORLDWIDE, Playa Vista, CA, pg. 458

Stewart, Richard - Interactive / Digital, PPM - ORCI, Santa Monica, CA, pg. 543

Stiel, Allison - Interactive / Digital, Management, Media Department, NBC, Social Media - ZEHNDER COMMUNICATIONS, INC., New Orleans, LA, pg. 436

Stielper, Chris - Interactive / Digital - MILLENNIUM MARKETING SOLUTIONS, Annapolis Junction, MD, pg. 13

Stiles, Tom - Interactive / Digital, Media Department - TEAM ONE, Los Angeles, CA, pg. 417

Stiles, Charmon - Interactive / Digital - GATE 6, Scottsdale, AZ, pg. 236

Stillwell, Melissa - Interactive / Digital, Management, NBC - UBM, Duluth, MN, pg. 521

Stingl, Laura - Account Planner, Interactive / Digital, Media Department, Programmatic - BVK, Milwaukee, WI, pg. 339

Stoecker, Tim - Interactive / Digital, Media Department - SIGNAL THEORY, Kansas City, MO, pg. 141

Stoeckle, Nicholas - Interactive / Digital, NBC, Social Media - PP+K, Tampa, FL, pg. 129

Stoer, Ryan - Interactive / Digital, Media Department - KELLY, SCOTT & MADISON, INC., Chicago, IL, pg. 482

Stoffel, Joe - Interactive / Digital, Media Department - MARCEL DIGITAL, Chicago, IL, pg. 675

Stokes, Heather - Creative, Interactive / Digital - ZYNC COMMUNICATIONS INC., Toronto, ON, pg. 22

Stokey, Diana - Interactive / Digital - MEDIA MONITORS, LLC, White Plains, NY, pg. 249

Stolarz, Ariana - Account Planner, Interactive / Digital, Management, Media Department, PPOM - MRM//MCCANN, New York, NY, pg. 289

Stoller, Alex - Interactive / Digital, Media Department - HAVAS MEDIA GROUP, Boston, MA, pg. 470

Stone, Deirdre - Creative, Interactive / Digital - MCGARRYBOWEN, New York, NY, pg. 109

Stone, Alex - Account Planner, Interactive / Digital, Media Department - HORIZON MEDIA, INC., New York, NY, pg. 474

Stone, Dylan - Account Services, Interactive / Digital - WILLOW MARKETING, Indianapolis, IN, pg. 433

Stoopler, Jesse - Account Services, Interactive / Digital, Media Department - MOMENTUM WORLDWIDE, New York, NY, pg. 117

Stopulos, Stephanie - Interactive / Digital, Management, Media Department - STARCOM WORLDWIDE, North Hollywood, CA, pg. 516

Storey, Wendy - Interactive / Digital, Media Department - WRAY WARD, Charlotte, NC, pg. 433

Stramara, Laken - Account Planner, Interactive / Digital, Media Department - THE RICHARDS GROUP, INC., Dallas, TX, pg. 422

Strashnov, Katherine - Interactive / Digital, Media Department - HEARTS & SCIENCE, Los Angeles, CA, pg. 473

Strathmann, Katy - Interactive / Digital, Media Department - DIGITAS, Chicago, IL, pg. 227

Strauss, Karen - Interactive / Digital, PPOM - KETCHUM, New York, NY, pg. 542

Strauss, Tyler - Interactive / Digital - MINDSHARE, Chicago, IL, pg. 494

Streck, Miriam - Interactive / Digital, Operations - DELL BLUE, Round Rock, TX, pg. 60

Strickland, Ericka - Interactive / Digital, Media Department, NBC - OVATIVE GROUP, Minneapolis, MN, pg. 256

Striegle, Derek - Interactive / Digital - 4FRONT, Chicago, IL, pg. 208

Strollo, Thomas - Interactive / Digital, Management, PPOM - CDFB, New York, NY, pg. 561

Strong, Warren - Interactive / Digital, PPOM - YESCO OUTDOOR MEDIA, Salt Lake City, UT, pg. 559

Strope, John - Interactive / Digital, NBC - DOGWOOD PRODUCTIONS, INC., Mobile, AL, pg. 230

Struiksma, Danika - Account Services, Interactive / Digital, NBC - XAXIS, Toronto, ON, pg. 277

Struthers, Maclean - Interactive / Digital, Media Department - APCO WORLDWIDE, Washington, DC, pg. 578

Stuck, Randy - Interactive / Digital, Media Department - HOORAY AGENCY, Irvine, CA, pg. 239

Stumpo, Kerri - Interactive / Digital, Media Department - OMD, Chicago, IL, pg. 500

Styer, Alex - Account Services, Interactive / Digital, Media Department - BELLEVUE COMMUNICATIONS, Philadelphia, PA, pg. 582

Su, Fion - Account Services, Analytics, Interactive / Digital, Research - GROUPM, New York, NY, pg. 466

Su, Vera - Account Planner, Interactive / Digital, Media Department - CARAT, New York, NY, pg. 459

Sugarman, Brandon - Account Planner, Account Services, Interactive / Digital - DUNCAN CHANNON, San Francisco, CA, pg. 66

Sugarman, Zack - Interactive / Digital - WASSERMAN MEDIA GROUP, Carlsbad, CA, pg. 317

Suh, Chan - Interactive / Digital, PPOM - PROPHET, New York, NY, pg. 15

Suk, Juli - Human Resources, Interactive / Digital, Media Department - UNIVERSAL MCCANN, Los Angeles, CA, pg. 524

Sulecki, Jim - Creative, Interactive / Digital, Media Department, PPM - MEISTER INTERACTIVE, Willoughby, OH, pg. 250

Sullivan, Katie - Interactive / Digital, Media Department - INITIATIVE, New York, NY, pg. 477

Sullivan, Chris - Interactive / Digital, Media Department - WIEDEN + KENNEDY, Portland, OR, pg. 430

Sullivan, Christopher - Account Services, Interactive / Digital -

AGENCIES RESPONSIBILITIES INDEX

TIZIANI WHITMYRE, Sharon, MA, *pg.* 155

Summy, Katie - Account Services, Interactive / Digital, Management - ENERGY BBDO, INC., Chicago, IL, *pg.* 355

Sumner, Amanda - Account Services, Analytics, Interactive / Digital - NET CONVERSION, Orlando, FL, *pg.* 253

Sumner, Ashley - Interactive / Digital, Media Department, Social Media - IPROSPECT, Fort Worth, TX, *pg.* 674

Sun, Adelina - Interactive / Digital, Social Media - THE RICHARDS GROUP, INC., Dallas, TX, *pg.* 422

Sundin, Glenn - Account Services, Interactive / Digital - MOTIV, Boston, MA, *pg.* 192

Sunshine, Anna - Account Services, Interactive / Digital, Media Department, NBC - OXFORD ROAD, Sherman Oaks, CA, *pg.* 503

Suos, Josh - Interactive / Digital, Media Department - MINDSHARE, New York, NY, *pg.* 491

Suozzi, Charlotte - Interactive / Digital, Media Department - HAVAS MEDIA GROUP, New York, NY, *pg.* 468

Super, Jennifer - Interactive / Digital, Media Department - SPARK FOUNDRY, New York, NY, *pg.* 508

Suskin, Andrew - Interactive / Digital, Media Department - HAVAS MEDIA GROUP, Boston, MA, *pg.* 470

Sussman, Todd - Account Planner, Account Services, Interactive / Digital, Management - FCB NEW YORK, New York, NY, *pg.* 357

Sustello, CJ - Interactive / Digital, Social Media - GENTLEMAN SCHOLAR, Los Angeles, CA, *pg.* 562

Sutcliffe, Kelsey - Creative, Interactive / Digital - ARCHETYPE, San Francisco, CA, *pg.* 33

Suter, Janice - Interactive / Digital, NBC, Social Media - GSD&M, Austin, TX, *pg.* 79

Sutherland, Cara - Interactive / Digital, Social Media - TRAMPOLINE, Halifax, NS, *pg.* 20

Sutt, Amanda - Creative, Interactive / Digital, PPOM - ROCK, PAPER, SCISSORS, LLC, Lawrenceville, GA, *pg.* 197

Suttle, Michelle - Interactive / Digital, NBC - VMLY&R, Atlanta, GA, *pg.* 274

Sutton, Paul - Interactive / Digital, PPM, PPOM - CIRCUS MAXIMUS, New York, NY, *pg.* 50

Sutton, Jeremy - Interactive / Digital, PPOM - TRAFFIC DIGITAL AGENCY, Clawson, MI, *pg.* 271

Sutton, Caustin - Interactive / Digital, Management, Social Media - BANTON MEDIA, Myrtle Beach, SC, *pg.* 329

Suva, Adrian - Creative, Interactive / Digital - MCCANN CANADA, Calgary, AB, *pg.* 384

Swaine, Dave - Creative, Interactive / Digital, PPOM - KUHL SWAINE, Saint Louis, MO, *pg.* 11

Swales, Will - Account Planner, Interactive / Digital - GLOBAL STRATEGIES, Bend, OR, *pg.* 673

Swaney, Joel - Analytics, Interactive / Digital, Media Department - NINA HALE CONSULTING, Minneapolis, MN, *pg.* 675

Swanson, Grieg - Interactive / Digital, Media Department - UNIVERSAL MCCANN, New York, NY, *pg.* 521

Swanson, Katelyn - Interactive / Digital, Media Department - MINDSHARE, New York, NY, *pg.* 491

Swanson, Cassie - Interactive / Digital - ENVISIONIT MEDIA, INC., Chicago, IL, *pg.* 231

Swanston, Tiffini - Interactive / Digital, Public Relations - FCB HEALTH, New York, NY, *pg.* 72

Swayne, Jack - Account Services, Interactive / Digital, Media Department - IPROSPECT, New York, NY, *pg.* 674

Sweeney, Tyler - Interactive / Digital, Media Department - RPA, Santa Monica, CA, *pg.* 134

Sweeney, Hannah - Interactive / Digital, Media Department - HORIZON MEDIA, INC., New York, NY, *pg.* 474

Sweeney, Meghan - Interactive / Digital, Media Department - HORIZON MEDIA, INC., New York, NY, *pg.* 474

Sweeney, Brooke - Interactive / Digital, Media Department - UNIVERSAL MCCANN, New York, NY, *pg.* 521

Sweere, Melissa - Interactive / Digital - SRW, Chicago, IL, *pg.* 143

Swierczynski, Jana - Creative, Interactive / Digital, PPM - CRITICAL MASS, INC., New York, NY, *pg.* 223

Swift, Bill - Interactive / Digital, PPOM - BRIERLEY & PARTNERS, Plano, TX, *pg.* 167

Swift, Brooke - Interactive / Digital, Media Department - OMD, New York, NY, *pg.* 498

Swiontek, Elizabeth - Interactive / Digital, Social Media - SAATCHI & SAATCHI DALLAS, Dallas, TX, *pg.* 136

Swiryn, Laurie - Interactive / Digital - CUESTA TECHNOLOGIES, LLC, El Granada, CA, *pg.* 223

Swofford, Chad - Interactive / Digital, Media Department - RAYCOM SPORTS, Charlotte, NC, *pg.* 314

Sylvester, Jill - Interactive / Digital, Media Department, Operations, PPOM - SPARK FOUNDRY, Chicago, IL, *pg.* 510

Symonds, Scott - Interactive / Digital, Management, Media Department, Research - AKQA, San Francisco, CA, *pg.* 211

Szwanek, Rod - Creative, Interactive / Digital, Media Department, PPM - RCG ADVERTISING AND MEDIA, Omaha, NE, *pg.* 403

Tabolt, Mallory - Account Services, Interactive / Digital, NBC - SIGMA MARKETING INSIGHTS, Rochester, NY, *pg.* 450

Tadikonda, Madhavi - Interactive / Digital, Media Department - CANVAS WORLDWIDE, New York, NY, *pg.* 458

Taee, Georgina - Account Services, Interactive / Digital, Media Department, NBC - VAYNERMEDIA, New York, NY, *pg.* 689

Taflinger, Neal - Creative, Interactive / Digital - BORSHOFF, Indianapolis, IN, *pg.* 585

Taggert, Kristen - Interactive / Digital, Social Media - BRUNNER, Pittsburgh, PA, *pg.* 44

Tagle, Aris - Analytics, Interactive / Digital, Media Department, Social Media - TEAM ONE, Los Angeles, CA, *pg.* 417

Tagliasacchi, Alicia - Creative, Interactive / Digital - WE ARE ROYALE, Los Angeles, CA, *pg.* 205

Tahan, Julie - Interactive / Digital, Media Department, Social Media - ZENO GROUP, New York, NY, *pg.* 664

Tak, Esther - Account Services, Interactive / Digital, Media Department - ACTIVE INTERNATIONAL, Pearl River, NY, *pg.* 439

Talaba, Pete - Account Planner, Interactive / Digital, Media Department, Research - OMELET, Culver City, CA, *pg.* 122

Talbot, Amanda - Interactive / Digital - PROPAC, Plano, TX, *pg.* 682

Talbot, Eddie - Interactive / Digital, PPM - BBR CREATIVE, Lafayette, LA, *pg.* 174

Tan, Jeff - Interactive / Digital, Management, Media Department, NBC, Operations - DENTSU AEGIS NETWORK, New York, NY, *pg.* 61

Tang, Eric - Interactive / Digital - PORTER NOVELLI CANADA, Toronto, ON, *pg.* 638

Tang, Jerry - Interactive / Digital, Programmatic - THE TRADE DESK, Boulder, CO, *pg.* 520

Tang, Justina - Interactive / Digital, Media Department - MINDSHARE, New York, NY, *pg.* 491

Tanner, Sean - Account Services, Interactive / Digital, Management, Media Department, PPM - ADAM&EVE DDB, New York, NY, *pg.* 26

Tanton, Tyler - Interactive / Digital, Media Department - JUST MEDIA, INC., Austin, TX, *pg.* 481

Tapfar, Brian - Interactive / Digital, Media Department, Social Media - DIGITAS, New York, NY, *pg.* 226

Tarayre, Guillaume - Interactive / Digital, Management - JCDECAUX NORTH AMERICA, New York, NY, *pg.* 553

Tarone, James - Finance, Interactive / Digital, Media Department - HORIZON MEDIA, INC., New York, NY, *pg.* 474

Tarpey, Kevin - Interactive / Digital, Media Department - MEDIA

RESPONSIBILITIES INDEX — AGENCIES

ASSEMBLY, New York, NY, pg. 484
Tate, Jeremy - Interactive / Digital, Management, Media Department - DWA MEDIA, Boston, MA, pg. 464
Tateishi, Hiromi - Interactive / Digital, Media Department, Social Media - REPRISE DIGITAL, New York, NY, pg. 676
Tatgenhorst, Lindsey - Account Planner, Account Services, Interactive / Digital, Management - FITZCO, Atlanta, GA, pg. 73
Tatlow, Jonathan - Interactive / Digital, Management, NBC - DIGITAS, Boston, MA, pg. 226
Tato, Mercedes - Interactive / Digital, NBC - EPSILON , New York, NY, pg. 283
Taubes, Jennifer - Interactive / Digital, Media Department - UNIVERSAL MCCANN, New York, NY, pg. 521
Taukule, Mariya - Interactive / Digital, Media Department - WAVEMAKER, New York, NY, pg. 526
Tawakali, Mona - Interactive / Digital, Programmatic - RECRUITICS, Lafayette, CA, pg. 404
Tay, Earn - Account Planner, Account Services, Interactive / Digital - RESOLUTION MEDIA, New York, NY, pg. 263
Taylor, Shannon - Interactive / Digital, Media Department - SPARK FOUNDRY, New York, NY, pg. 508
Taylor, Kieley - Interactive / Digital, Management, Research, Social Media - GROUPM, New York, NY, pg. 466
Taylor, Nick - Interactive / Digital, Operations, PPOM - LIPPE TAYLOR, New York, NY, pg. 623
Taylor, Forest - Account Services, Interactive / Digital, Media Department, Research - WEBER SHANDWICK, Minneapolis, MN, pg. 660
Taylor, Liz - Creative, Interactive / Digital, PPOM, Social Media - LEO BURNETT WORLDWIDE, Chicago, IL, pg. 98
Taylor, Melissa - Account Planner, Interactive / Digital - TAYLOR , New York, NY, pg. 651
Taylor, Caroline - Interactive / Digital - CAYENNE CREATIVE, Birmingham, AL, pg. 49
Taylor, Amy - Interactive / Digital, Media Department, Social Media - BRAINS ON FIRE, Greenville, SC, pg. 691
Taylor, Eena - Interactive / Digital - HIEBING, Madison, WI, pg. 85
Taylor, Eric - Interactive / Digital, Media Department - BLUETENT, Carbondale, CO, pg. 218
Taylor, Chris - Creative, Interactive / Digital - CONVERSANT, LLC, Chicago, IL, pg. 222
Taylor, Bray - Interactive / Digital - MIGHTY & TRUE, Austin, TX, pg. 250
Teague, Tennille - Creative, Interactive / Digital, Media Department, PPM - YARD, New York, NY, pg. 435
Tedesco, Greg - Interactive / Digital, Media Department - ZENO GROUP, New York, NY, pg. 664
Teeple, Kevin - Interactive / Digital, Media Department - GTB, Dearborn, MI, pg. 367
Teigen, Terry - Interactive / Digital, Media Department - SPARK FOUNDRY, Seattle, WA, pg. 512
Tejada, Juan - Interactive / Digital, Media Department - AUSTIN & WILLIAMS ADVERTISING, Hauppauge, NY, pg. 328
Telian, Adam - Interactive / Digital, Media Department - MEDIAHUB BOSTON, Boston, MA, pg. 489
Telkamp, Kevin - Interactive / Digital, Media Department, Programmatic - OCEAN MEDIA, INC., Huntington Beach, CA, pg. 498
Tell, Jason - Interactive / Digital, PPOM - MODERN CLIMATE, Minneapolis, MN, pg. 388
Temby, Dan - Interactive / Digital - DAC GROUP, Toronto, ON, pg. 224
Tench, Donald - Interactive / Digital, Media Department, PPM - DEUTSCH, INC., Los Angeles, CA, pg. 350
Tenenbaum, Lexi - Interactive / Digital, Media Department - NINA HALE CONSULTING, Minneapolis, MN, pg. 675
Teng, Ryan - Interactive / Digital, Media Department - OMD WEST, Los Angeles, CA, pg. 502
Tennenbaum, Jason - Interactive / Digital, Media Department - INITIATIVE, Los Angeles, CA, pg. 478
Tenuta, Angela - Account Services, Interactive / Digital - INTOUCH SOLUTIONS, INC., Chicago, IL, pg. 242
Terbil, Kelsey - Account Services, Interactive / Digital, NBC - RDW GROUP , Providence, RI, pg. 403
Terrell, Nancy - Account Services, Interactive / Digital, NBC, PPOM - CITRUS ADVERTISING, Dallas, TX, pg. 50
Terry, Shayne - Interactive / Digital, Social Media - TREKK, Rockford, IL, pg. 156
Teske, Amy - Interactive / Digital, Media Department, Social Media - MERKLEY + PARTNERS, New York, NY, pg. 114
Tetuan, Lauren - Interactive / Digital, Media Department - DEUTSCH, INC., Los Angeles, CA, pg. 350
Tetzloff, Sara - Account Services, Interactive / Digital, NBC, Public Relations, Social Media - HIEBING, Madison, WI, pg. 85
Thacker, Fred - Interactive / Digital - OSBORN & BARR COMMUNICATIONS, Saint Louis, MO, pg. 395
Thai, Richard - Interactive / Digital, Media Department - RPA, Santa Monica, CA, pg. 134
Thai, Victor - Interactive / Digital - SPARK FOUNDRY, New York, NY, pg. 508
Thawani, Rohit - Creative, Interactive / Digital - TBWA/MEDIA ARTS LAB, Los Angeles, CA, pg. 147
Theis, Erin - Interactive / Digital, Media Department - WILLIAMS RANDALL, Indianapolis, IN, pg. 432
Theisen, Nicholas - Interactive / Digital - WALTON ISAACSON CA, Culver City, CA, pg. 547
Theisen, Matt - Interactive / Digital, Media Department - TBWA \ CHIAT \ DAY, Los Angeles, CA, pg. 146
Theobald, Kate - Interactive / Digital, Media Department, Social Media - THE TOMBRAS GROUP, Knoxville, TN, pg. 424
Theraube, Ariel - Interactive / Digital - DEUTSCH, INC., Los Angeles, CA, pg. 350
Theriot, Tabor - Creative, Interactive / Digital, Media Department - ENGINE, New York, NY, pg. 231
Thibodeau, Jeff - Interactive / Digital - STARCOM WORLDWIDE, Toronto, ON, pg. 517
Thide, Gregory - Account Services, Interactive / Digital, Media Department - AMOBEE, INC., New York, NY, pg. 30
Thiele, Traecy - Interactive / Digital, NBC - ZENO GROUP, Chicago, IL, pg. 664
Thielman, Scott - Interactive / Digital, PPOM - PRODUCT CREATION STUDIO, Seattle, WA, pg. 563
Thill, Blair - Interactive / Digital, NBC, Social Media - THE FOUNDRY @ MEREDITH CORP, New York, NY, pg. 150
Thom, Kelley - Account Services, Interactive / Digital - BFO, Chicago, IL, pg. 217
Thomas, Ben - Account Services, Interactive / Digital, Media Department - THE BUNTIN GROUP, Nashville, TN, pg. 148
Thomas, John - Interactive / Digital, Media Department - MEDIA STORM, Norwalk, CT, pg. 486
Thomas, Dana - Interactive / Digital, Media Department - INITIATIVE, Los Angeles, CA, pg. 478
Thomas, Michael - Account Services, Interactive / Digital, Management, PPOM - ESSENCE, Los Angeles, CA, pg. 233
Thomas, Stuart - Interactive / Digital, Media Department - ALOYSIUS BUTLER & CLARK, Wilmington, DE, pg. 30
Thomas, John - Interactive / Digital, Media Department - MEDIA STORM, New York, NY, pg. 486
Thomas, Dana - Interactive /

AGENCIES   RESPONSIBILITIES INDEX

Digital, Media Department, Social Media - HMH, Charlotte, NC, pg. 86
Thomas, Kenya - Interactive / Digital, Social Media - COLANGELO & PARTNERS, New York, NY, pg. 591
Thompson, Jonathan - Interactive / Digital - LOVE ADVERTISING, Houston, TX, pg. 101
Thompson, Adrian - Interactive / Digital - ELEVATION WEB, Washington, DC, pg. 540
Thompson, Jeremy - Interactive / Digital, Media Department, PPOM - ROBERTSON+PARTNERS, Las Vegas, NV, pg. 407
Thompson, Dustin - Interactive / Digital, NBC, Social Media - CALDWELL VANRIPER, Indianapolis, IN, pg. 46
Thompson, Sunni - Interactive / Digital, NBC - WUNDERMAN THOMPSON ATLANTA, Atlanta, GA, pg. 435
Thompson, Nate - Creative, Interactive / Digital - RATIO INTERACTIVE, Seattle, WA, pg. 262
Thompson, Meg - Account Planner, Interactive / Digital - GLOBAL STRATEGIES, Bend, OR, pg. 673
Thompson, Akeem - Interactive / Digital, Social Media - REPRISE DIGITAL, New York, NY, pg. 676
Thompson, Albert - Interactive / Digital - WALTON ISAACSON, New York, NY, pg. 547
Thompson, Jarrell - Interactive / Digital - ZENITH MEDIA, New York, NY, pg. 529
Thompson, William - Creative, Interactive / Digital - 9THWONDER AGENCY, Houston, TX, pg. 453
Thompson, Michael - Interactive / Digital, Media Department - SAXTON HORNE, Sandy, UT, pg. 138
Thompson, Monica C. - Interactive / Digital, Media Department - NOBLE STUDIOS, Reno, NV, pg. 254
Thompson, Brennen - Interactive / Digital, Programmatic - XAXIS, Los Angeles, CA, pg. 276
Thomson, Georgina - Account Planner, Account Services, Interactive / Digital, Media Department, Programmatic, Research - OMD, Chicago, IL, pg. 500
Thomson, Stacy - Interactive / Digital - SCRUM50, South Norwalk, CT, pg. 409
Thorn, Brian - Interactive / Digital, Media Department - INITIATIVE, Los Angeles, CA, pg. 478
Thorn, Bobbie - Account Planner, Account Services, Interactive / Digital, NBC - INITIATIVE, New York, NY, pg. 477
Thorne, Chris - Interactive / Digital, PPOM, Programmatic - THE TRADE DESK, Boulder, CO, pg. 520
Thurston, Elisse - Interactive / Digital, NBC - DEPARTURE, San Diego, CA, pg. 61
Tichy, Sandra - Account Services, Interactive / Digital, Media Department, Operations - EDELMAN,

New York, NY, pg. 599
Timlin, Patrick - Interactive / Digital, Media Department - WAVEMAKER, New York, NY, pg. 526
Timms, Meagan - Interactive / Digital, Management, Public Relations - EDELMAN, Los Angeles, CA, pg. 601
Timofeev, Steve - Interactive / Digital, Operations - MADISON AVENUE MARKETING GROUP, Toledo, OH, pg. 287
Tinsley, Maggie - Creative, Interactive / Digital - GEOMETRY, Chicago, IL, pg. 363
Tirone, Michael - Account Services, Interactive / Digital - WEBER SHANDWICK, Baltimore, MD, pg. 661
Titelius, Jeff - Interactive / Digital, Media Department - STARMARK INTERNATIONAL, INC., Fort Lauderdale, FL, pg. 412
Titsworth, Joshua - Interactive / Digital, Media Department - VIZION INTERACTIVE, Irving, TX, pg. 678
Tiwari, Shruti - Account Planner, Interactive / Digital, Media Department - OGILVY, New York, NY, pg. 393
Tkachenko, Lana - Interactive / Digital, Social Media - 360PRPLUS, Boston, MA, pg. 573
Toback, Gabrielle - Interactive / Digital, Media Department - NMPI, New York, NY, pg. 254
Tobias, Emily - Interactive / Digital, Media Department, Social Media - OMD, New York, NY, pg. 498
Tobias, Sierra - Interactive / Digital, Management, Media Department - ZENITH MEDIA, New York, NY, pg. 529
Tobin, Tracey - Account Services, Interactive / Digital, Management - PUBLICIS TORONTO, Toronto, ON, pg. 639
Todd, Caitlyn - Interactive / Digital, NBC - WPROMOTE, Dallas, TX, pg. 679
Tolentino, Brittany - Interactive / Digital, Media Department - INITIATIVE, Los Angeles, CA, pg. 478
Tolle, Jeff - Account Services, Interactive / Digital, Management - BROTHERS & CO., Tulsa, OK, pg. 43
Tomassen, Lisa - Interactive / Digital, Management, Media Department, NBC, Public Relations - EXPONENT PR, Minneapolis, MN, pg. 602
Tomaszewski, Jessica - Account Services, Analytics, Interactive / Digital, Media Department, NBC, Research - MEDIAHUB NEW YORK, New York, NY, pg. 249
Tomaszewski, Chris - Interactive / Digital, Media Department - AUSTIN & WILLIAMS ADVERTISING, Hauppauge, NY, pg. 328
Tomazin, Monica - Interactive / Digital, Media Department - DAILEY & ASSOCIATES, West Hollywood, CA, pg. 56

Tomlin, Kaylin - Interactive / Digital, Media Department - 360I, LLC, Atlanta, GA, pg. 207
Tompkins, Lacey - Interactive / Digital, Media Department - IPROSPECT, New York, NY, pg. 674
Tong, Mabel - Creative, Interactive / Digital - MANHATTAN MARKETING ENSEMBLE, New York, NY, pg. 382
Toole, Christa - Analytics, Interactive / Digital, NBC, Research - GREATER THAN ONE, New York, NY, pg. 8
Toplitt, Dan - Analytics, Interactive / Digital, Research - REPRISE DIGITAL, New York, NY, pg. 676
Torcasi, Alexandra - Interactive / Digital, NBC - HORIZON MEDIA, INC., New York, NY, pg. 474
Torchiana, Ashleigh - Interactive / Digital, Media Department - MISSION MEDIA, LLC, Baltimore, MD, pg. 115
Torrente, Andres - Interactive / Digital, Media Department - HEARTS & SCIENCE, Los Angeles, CA, pg. 473
Torres, Maurice - Interactive / Digital - GLOBAL MEDIA GROUP, Rancho Santa Margarita, CA, pg. 76
Torres, Cristina - Interactive / Digital, Media Department - STARCOM WORLDWIDE, Chicago, IL, pg. 513
Torres, Matt - Interactive / Digital, Media Department, PPOM - TAYLOR & POND INTERACTIVE, San Diego, CA, pg. 269
Torres, Peter - Interactive / Digital, NBC - ROSS MEDIA, Woodstock, GA, pg. 676
Torrijos, Francheska - Interactive / Digital, Media Department - GARAGE TEAM MAZDA, Costa Mesa, CA, pg. 465
Torsiello, Kat - Account Planner, Interactive / Digital, Media Department - ESSENCE, Minneapolis, MN, pg. 233
Totade, Tejas - Interactive / Digital, Programmatic - RUDER FINN, INC., New York, NY, pg. 645
Totaram, Simone - Interactive / Digital - MEDIA ASSEMBLY, New York, NY, pg. 484
Totten, Ajayne - Interactive / Digital, Media Department - OGILVY PUBLIC RELATIONS, New York, NY, pg. 633
Towning, Gary - Account Services, Interactive / Digital - TRONE BRAND ENERGY, INC., High Point, NC, pg. 427
Townsend, Paul - Creative, Interactive / Digital, Media Department - SMASHING IDEAS, Seattle, WA, pg. 266
Townsend, Jared - Creative, Interactive / Digital, Media Department - ROCKET55, Minneapolis, MN, pg. 264
Townsley, Katie - Analytics, Interactive / Digital, Research - ACCENTURE INTERACTIVE, Arlington, VA, pg. 322
Trach, Lauren - Interactive /

RESPONSIBILITIES INDEX — AGENCIES

Digital, Media Department - MEDIACOM, Chicago, IL, *pg.* 489

Trainer, Rachel - Interactive / Digital, NBC - BAILEY BRAND CONSULTING, Plymouth Meeting, PA, *pg.* 2

Trainer, Tyler - Interactive / Digital, Social Media - 10FOLD, San Francisco, CA, *pg.* 573

Tran, Terence - Account Planner, Interactive / Digital, NBC, Research - DIGITAS, Boston, MA, *pg.* 226

Tran, Kim - Account Planner, Interactive / Digital - DASH TWO, Culver City, CA, *pg.* 551

Tran, Amelia - Interactive / Digital, Media Department, Social Media - MEDIACOM, New York, NY, *pg.* 487

Trapasso, Angela - Interactive / Digital, Media Department - INKHOUSE PUBLIC RELATIONS, Waltham, MA, *pg.* 615

Traver, Eric - Account Services, Interactive / Digital, Media Department - MEDIAHUB WINSTON SALEM, Winston-Salem, NC, *pg.* 386

Traversi, Amanda - Interactive / Digital, Media Department, PPM - GSD&M, Austin, TX, *pg.* 79

Travis, Nicole - Interactive / Digital, Media Department - STARCOM WORLDWIDE, Chicago, IL, *pg.* 513

Treanor, Kevin - Interactive / Digital, Management, Media Department, NBC - GTB, Dearborn, MI, *pg.* 367

Treat, Colin - Interactive / Digital - YOUTECH, Scottsdale, AZ, *pg.* 436

Tree, Brendan - Interactive / Digital, Social Media - HEARTS & SCIENCE, Los Angeles, CA, *pg.* 473

Trejo, Alexander - Interactive / Digital - LEVERAGE, Tampa, FL, *pg.* 245

Trem, Wendy - Account Services, Interactive / Digital, Management - FALLS COMMUNICATIONS, Cleveland, OH, *pg.* 357

Tressel, Peter - Creative, Interactive / Digital - PRESTON KELLY, Minneapolis, MN, *pg.* 129

Trevino, Nickolaus - Interactive / Digital, Media Department, NBC, Social Media - FEARLESS MEDIA, New York, NY, *pg.* 673

Trevisani, Jonathan - Interactive / Digital, Operations - PLAYWIRE MEDIA, Deerfield Beach, FL, *pg.* 257

Trezek, Morgan - Interactive / Digital - MINDSHARE, Playa Vista, CA, *pg.* 495

Tribble, Amber - Account Services, Interactive / Digital - WONGDOODY, Seattle, WA, *pg.* 162

Tribe, Norm - Creative, Interactive / Digital, PPOM - GEARSHIFT ADVERTISING, Costa Mesa, CA, *pg.* 76

Triplett, Travis - Account Services, Interactive / Digital - ADK GROUP, Louisville, KY, *pg.* 210

Tripodi, Michael - Finance, Interactive / Digital, Media Department - HORIZON MEDIA, INC., New York, NY, *pg.* 474

Tripodi, Maggie - Interactive / Digital - THE DIGITAL HYVE, Syracuse, NY, *pg.* 269

Trissel, Adam - Interactive / Digital - HERO DIGITAL, San Francisco, CA, *pg.* 238

Trivunovic, Kara - Interactive / Digital, NBC - EPSILON, Chicago, IL, *pg.* 283

Troche, Mason - Interactive / Digital, Social Media - SPARK44, New York, NY, *pg.* 411

Trojanowski, Jason - Creative, Interactive / Digital - EVOKE HEALTH, New York, NY, *pg.* 69

Tromba, Kathryn - Interactive / Digital - DUNN&CO, Tampa, FL, *pg.* 353

Trudeau, Colette - Interactive / Digital, Media Department - SPARK FOUNDRY, Chicago, IL, *pg.* 510

Trudell, John - Interactive / Digital, Media Department - DP+, Farmington Hills, MI, *pg.* 353

Truman, Ken - Analytics, Interactive / Digital, Media Department, Research - MEDTHINK COMMUNICATIONS, Cary, NC, *pg.* 112

Truss, Brian - Account Planner, Account Services, Interactive / Digital, Management - PUBLICIS NORTH AMERICA, New York, NY, *pg.* 399

Tse, Joyce - Interactive / Digital, Media Department - PHD USA, New York, NY, *pg.* 505

Tuchalski, Lauren - Interactive / Digital, PPOM - MINDSHARE, New York, NY, *pg.* 491

Tuchman, Shirin - Interactive / Digital, Media Department - UNIVERSAL MCCANN, New York, NY, *pg.* 521

Tucker, Allyson - Account Services, Interactive / Digital, Media Department - UNIVERSAL MCCANN, New York, NY, *pg.* 521

Tung, Tiffany - Interactive / Digital, Media Department - TINUITI, New York, NY, *pg.* 678

Tupper, Karlyn - Interactive / Digital, Media Department - USIM, New York, NY, *pg.* 525

Turcot, Jay - Interactive / Digital - AFFECTIVA, INC., Boston, MA, *pg.* 441

Turlej, Melissa - Interactive / Digital, Management, Media Department - EDELMAN , Toronto, ON, *pg.* 601

Turner, Brett - Interactive / Digital, Media Department - GODAT DESIGN, Tucson, AZ, *pg.* 185

Turner, David - Interactive / Digital - TURNSTILE, INC., Dallas, TX, *pg.* 427

Turner, Jacquelyn - Interactive / Digital, NBC, Social Media - CHEMISTRY ATLANTA, Atlanta, GA, *pg.* 50

Turner, Ian - Interactive / Digital, Media Department - PHD USA, New York, NY, *pg.* 505

Turner, Sophie - Account Planner, Account Services, Interactive / Digital, Media Department - MEDIAHUB LOS ANGELES, El Segundo, CA, *pg.* 112

Twersky, Elizabeth - Interactive / Digital, Media Department - HORIZON MEDIA, INC., New York, NY, *pg.* 474

Tykal, Erica - Account Services, Interactive / Digital - CARDINAL DIGITAL MARKETING, Atlanta, GA, *pg.* 220

Tyler Williamson, John - Interactive / Digital, Media Department - THE BRANDON AGENCY, Myrtle Beach, SC, *pg.* 419

Tyree, Sarah - Interactive / Digital, Media Department - CARAT, New York, NY, *pg.* 459

Tyrrell, Katelyn - Interactive / Digital, Media Department, PPOM - J3, New York, NY, *pg.* 480

Tysell, Monica - Interactive / Digital, Media Department, NBC, PPOM - DONER, Southfield, MI, *pg.* 63

Tyson, Alena R. - Interactive / Digital, Media Department - THIRD WAVE DIGITAL , Macon, GA, *pg.* 270

Udler, Francis - Interactive / Digital, Media Department - WAVEMAKER, New York, NY, *pg.* 526

Uhlan, Lauren - Interactive / Digital, Media Department - WAVEMAKER, New York, NY, *pg.* 526

Ulrich, Bryan - Interactive / Digital - CARAT, New York, NY, *pg.* 459

Umbro, Matthew - Interactive / Digital, Media Department, Research - HANAPIN MARKETING, Bloomington, IN, *pg.* 237

Umholtz, Anna - Interactive / Digital, Operations - CRAMER-KRASSELT , Chicago, IL, *pg.* 53

Unger, Ryan - Interactive / Digital, PPOM - PUNCHKICK INTERACTIVE, Chicago, IL, *pg.* 534

Unruh, Todd - Account Services, Interactive / Digital, Management, Research - MINDSTREAM MEDIA GROUP - DALLAS, Dallas, TX, *pg.* 496

Upah, Megan - Interactive / Digital, Media Department - CARAT, New York, NY, *pg.* 459

Upton, Laurel - Interactive / Digital, Media Department - HEARTS & SCIENCE, New York, NY, *pg.* 471

Urruchua, Arantza - Account Services, Interactive / Digital - VMLY&R, New York, NY, *pg.* 160

Ursino, Mark - Interactive / Digital, Operations - RIGHTPOINT, Boston, MA, *pg.* 263

Uzer, Met - Interactive / Digital - VMLY&R, Atlanta, GA, *pg.* 274

Vaccarella, Lisa - Interactive / Digital, Media Department - KWG ADVERTISING, INC., New York, NY, *pg.* 96

Vacchiano, Callie - Interactive /

AGENCIES

RESPONSIBILITIES INDEX

Digital - WAVEMAKER, New York, NY, pg. 526
Vadhar, Eric - Account Services, Interactive / Digital, Media Department - ZENITH MEDIA, New York, NY, pg. 529
Vadnais, Adam - Creative, Interactive / Digital, Social Media - MOB SCENE, Los Angeles, CA, pg. 563
Vahidi, Saeid - Creative, Interactive / Digital, NBC - 72ANDSUNNY, Brooklyn, NY, pg. 24
Vahlkamp, Alie - Account Planner, Interactive / Digital, Media Department - ICON MEDIA DIRECT, Sherman Oaks, CA, pg. 476
Vakos, Geordan - Account Services, Human Resources, Interactive / Digital, Media Department - CARMICHAEL LYNCH, Minneapolis, MN, pg. 47
Val, Gabriel - Creative, Interactive / Digital, NBC - JELLYVISION LAB, Chicago, IL, pg. 377
Valdes, Robert - Interactive / Digital, PPM, PPOM - FIG, New York, NY, pg. 73
Valencia, Johanna - Account Planner, Interactive / Digital, Media Department - CARAT, New York, NY, pg. 459
Valencia, Cristobal - Interactive / Digital, Media Department, Social Media - INITIATIVE, New York, NY, pg. 477
Valentin, Mike - Interactive / Digital, Media Department, PPOM - CARAT, New York, NY, pg. 459
Valenzuela, Christina - Interactive / Digital, Media Department, NBC - NOBLE PEOPLE, New York, NY, pg. 120
Valeri, Brad - Account Planner, Analytics, Interactive / Digital, Media Department, NBC - HEARTS & SCIENCE, New York, NY, pg. 471
Valle, Daniel - Interactive / Digital, Media Department, NBC - LEVERAGE MARKETING, LLC, Austin, TX, pg. 675
Valles, Elizabeth - Interactive / Digital, Media Department - CASEY & SAYRE, INC., Malibu, CA, pg. 589
Van Alstin, Chad - Interactive / Digital - AMENDOLA COMMUNICATIONS, Scottsdale, AZ, pg. 577
Van Auken, Cory - Interactive / Digital - DARBY COMMUNICATIONS, Asheville, NC, pg. 595
Van Buskirk, Maria - Interactive / Digital, Media Department - WAVEMAKER, New York, NY, pg. 526
Van Dzura, Matt - Interactive / Digital, Media Department, PPM - R/GA, New York, NY, pg. 260
Van Dzura, Gary - Creative, Interactive / Digital - WIEDEN + KENNEDY, New York, NY, pg. 432
Van Horn, Alexandra - Interactive / Digital, Media Department - PHD USA, New York, NY, pg. 505
Van Hoven, Alfred - Account Planner, Interactive / Digital,

Management - CAMELOT STRATEGIC MARKETING & MEDIA, Dallas, TX, pg. 457
Van Kort, Elizabeth Ann - Interactive / Digital, Media Department - TRUE MEDIA, Columbia, MO, pg. 521
Van Ort, Katelyn - Account Services, Interactive / Digital, Media Department - OMD, New York, NY, pg. 498
Van Os, Erik - Account Services, Interactive / Digital, Media Department - HEARTS & SCIENCE, New York, NY, pg. 471
van Steenburgh, Richard - Interactive / Digital, Management - DEUTSCH, INC., New York, NY, pg. 349
Vanausdeln, Mike - Account Planner, Interactive / Digital, NBC - STEALING SHARE, Greensboro, NC, pg. 18
Vance, Liz - Account Services, Interactive / Digital - IPROSPECT, Fort Worth, TX, pg. 674
Vance, Chris - Interactive / Digital, Media Department - STARCOM WORLDWIDE, Chicago, IL, pg. 513
Vanderveen, Mandi - Interactive / Digital, Media Department, Operations, Research - DIGITAS, Chicago, IL, pg. 227
VanDeventer, Brendan - Interactive / Digital, Media Department - INITIATIVE, New York, NY, pg. 477
Vanga, Ed - Interactive / Digital - PUBLICIS.SAPIENT, New York, NY, pg. 258
VanHeirseele, Sarah - Administrative, Interactive / Digital, NBC, Operations - BLUE CHIP MARKETING & COMMUNICATIONS, Northbrook, IL, pg. 334
Vanoer, Carolyn - Interactive / Digital, Media Department - STARCOM WORLDWIDE, Chicago, IL, pg. 513
VanValkenburgh, Kevin - Interactive / Digital, Management, Media Department, PPOM - THE TOMBRAS GROUP, Knoxville, TN, pg. 424
Vardaro, Valerie - Account Services, Interactive / Digital, PPM - OGILVY PUBLIC RELATIONS, Washington, DC, pg. 634
Varela, Ximena - Account Services, Interactive / Digital - WAVEMAKER, Miami, FL, pg. 528
Varela, Matthew - Interactive / Digital, Media Department - PHD USA, New York, NY, pg. 505
Vargas, Bryan - Finance, Interactive / Digital, Media Department - HEARTS & SCIENCE, New York, NY, pg. 471
Vargas, Bridget - Account Planner, Interactive / Digital, Media Department - WAVEMAKER, Los Angeles, CA, pg. 528
Varghese, Gregory - Interactive / Digital - AKQA, New York, NY, pg. 212
Varias, Laarni - Account Services, Interactive / Digital, Media

Department, PPOM - WAVEMAKER, New York, NY, pg. 526
Vaughan, Allison - Interactive / Digital, Media Department - THE TOMBRAS GROUP, Knoxville, TN, pg. 424
Veet, Daniel - Creative, Interactive / Digital, Media Department, PPM - VAYNERMEDIA, New York, NY, pg. 689
Velez, Wilmarie - Account Services, Interactive / Digital, Social Media - NOBOX, Miami, FL, pg. 254
Velez, Raymond - Interactive / Digital, PPOM - PUBLICIS.SAPIENT, Seattle, WA, pg. 259
Velliquette, Jason - Interactive / Digital, Media Department - PUBLICIS NORTH AMERICA, New York, NY, pg. 399
Vendetti, Neil - Finance, Interactive / Digital, PPOM - ZENITH MEDIA, New York, NY, pg. 529
Venn, Andrew - Account Services, Analytics, Creative, Interactive / Digital, NBC - AGILITEE SOLUTIONS, INC., Londonderry, NH, pg. 172
Vera, Jessica - Interactive / Digital, Media Department - ACTIVE INTERNATIONAL, Pearl River, NY, pg. 439
Verigan, Chet - Interactive / Digital - AMMUNITION, Atlanta, GA, pg. 212
Verille, Kristen - Interactive / Digital, Media Department - HAVAS MEDIA GROUP, Boston, MA, pg. 470
Vermeren, Chris - Creative, Interactive / Digital - MONCUR ASSOCIATES, Southfield, MI, pg. 251
Verona, Andre - Creative, Interactive / Digital, Media Department, PPM - PERCEPTIV, Los Angeles, CA, pg. 396
Verrill, Benjamin - Interactive / Digital, Media Department, NBC, Social Media - MEDIAHUB BOSTON, Boston, MA, pg. 489
Verschuren, Ian - Interactive / Digital, PPOM - MARCUS THOMAS, Cleveland, OH, pg. 104
Vetrano, Rich - Interactive / Digital, Media Department - CORE CREATIVE, Milwaukee, WI, pg. 344
Vickery, Jenn - Interactive / Digital - NEBO AGENCY, LLC, Atlanta, GA, pg. 253
Vidler, Laura - Interactive / Digital, Media Department - CARAT, New York, NY, pg. 459
Viedma, Daniel - Interactive / Digital - FIRSTBORN, New York, NY, pg. 234
Vieira, Wayne - Creative, Interactive / Digital, NBC - (ADD)VENTURES, Providence, RI, pg. 207
Vieregge, Dale - Account Services, Interactive / Digital - APCO WORLDWIDE, Washington, DC, pg. 578
Vigneault, Kevin - Creative, Interactive / Digital - VIGET LABS, Falls Church, VA, pg. 274
Vill, Aaron - Interactive / Digital

RESPONSIBILITIES INDEX — AGENCIES

- BPG ADVERTISING, West Hollywood, CA, *pg.* 42
Villany, Jennifer - Account Services, Creative, Interactive / Digital, Management, Media Department - ISOBAR US, New York, NY, *pg.* 242
Villarosa, Lisa - Interactive / Digital - EDELMAN, San Francisco, CA, *pg.* 601
Villiott, Brent - Interactive / Digital, Media Department, Social Media - CPC STRATEGY, San Diego, CA, *pg.* 672
Vincent, Ashley - Interactive / Digital, Media Department - INITIATIVE, New York, NY, *pg.* 477
Vinyard O'Melia, Abby - Interactive / Digital - NIKE COMMUNICATIONS, INC., New York, NY, *pg.* 632
Vipond, Devon - Interactive / Digital - CITIZEN RELATIONS, Toronto, ON, *pg.* 590
Virdo, Rosella - Interactive / Digital, Media Department, NBC, Social Media - LODGING INTERACTIVE, Parsippany, NJ, *pg.* 246
Visaya, Francis - Creative, Interactive / Digital - MAGNET MEDIA, INC., New York, NY, *pg.* 247
Vitale, Kim - Interactive / Digital, Management, Media Department - MEDIA STORM, Los Angeles, CA, *pg.* 486
Vitale, Eve - Interactive / Digital, Media Department - HARMELIN MEDIA, Bala Cynwyd, PA, *pg.* 467
Vitale, Stefanie - Interactive / Digital, Social Media - 360I, LLC, New York, NY, *pg.* 320
Viti, Susan - Interactive / Digital, Management, Media Department, PPOM - INITIATIVE, Chicago, IL, *pg.* 479
Viti, Julia - Interactive / Digital, Media Department, NBC - MEDIACOM, New York, NY, *pg.* 487
Vitogiannes, Danielle - Interactive / Digital - CELTIC MARKETING, INC., Morton Grove, IL, *pg.* 341
Vitti, Vince - Account Services, Interactive / Digital, NBC - INFINITEE COMMUNICATIONS, INC., Atlanta, GA, *pg.* 374
Vitturi-Lochra, Jan - Account Services, Interactive / Digital, Management, Media Department - THE SHIPYARD, Columbus, OH, *pg.* 270
Viveiros, Brandon - Interactive / Digital, Media Department - SAATCHI & SAATCHI X, Springdale, AR, *pg.* 682
Vivolo, Joe - Interactive / Digital, NBC, PPOM - KOMARKETING ASSOCIATES, Boston, MA, *pg.* 675
Vivona, Tricia - Interactive / Digital, Media Department - INTOUCH SOLUTIONS, INC., Overland Park, KS, *pg.* 242
Vizethann, Marjorie - Account Planner, Account Services, Interactive / Digital, Management, Media Department - 360I, LLC,

Atlanta, GA, *pg.* 207
Vogan, Cory - Interactive / Digital, Media Department - DONER CX, Warrendale, PA, *pg.* 282
Vogel, Randy - Account Planner, Interactive / Digital, Media Department, Operations - ANDERSON DDB HEALTH & LIFESTYLE, Toronto, ON, *pg.* 31
Volaric, Josephina - Interactive / Digital, Media Department - M&C SAATCHI PERFORMANCE, New York, NY, *pg.* 247
Volk, Josh - Interactive / Digital, NBC - ROCKET55, Minneapolis, MN, *pg.* 264
Volohov, Anna - Interactive / Digital, Media Department, NBC - MEDIACOM, New York, NY, *pg.* 487
Voloshin, Helen - Interactive / Digital, Media Department, Social Media - DIGITAS, Boston, MA, *pg.* 226
Volpe, Brendon - Account Services, Creative, Interactive / Digital - CNX, New York, NY, *pg.* 51
Vona, Meredith - Interactive / Digital, Media Department - COOPER-SMITH ADVERTISING, Stamford, CT, *pg.* 462
Vu, Jonathan - Interactive / Digital, Management, Media Department, Research - INITIATIVE, New York, NY, *pg.* 477
Vucelic, Katherine - Interactive / Digital, Media Department - STARCOM WORLDWIDE, Chicago, IL, *pg.* 513
Wade, Emily - Account Services, Interactive / Digital - MARCEL DIGITAL, Chicago, IL, *pg.* 675
Wagner, Mitchell - Interactive / Digital, NBC - IRONCLAD MARKETING, Fargo, ND, *pg.* 90
Waishampayan, Amol - Creative, Interactive / Digital, NBC - STREAM COMPANIES, Malvern, PA, *pg.* 415
Wait, Janel - Interactive / Digital, NBC - GLYNNDEVINS MARKETING, Kansas City, MO, *pg.* 364
Waite, Jonathan - Interactive / Digital, Media Department - DIRECT AGENTS, INC., New York, NY, *pg.* 229
Wakabayashi, Dennis - Interactive / Digital, NBC - THE INTEGER GROUP - DALLAS, Dallas, TX, *pg.* 570
Walden, Zach - Interactive / Digital, Media Department, Operations, Programmatic - OMD WEST, Los Angeles, CA, *pg.* 502
Walian, Kayla - Interactive / Digital - ESSENCE, Los Angeles, CA, *pg.* 233
Walker, Tommy - Interactive / Digital, Media Department, PPM - STONE WARD ADVERTISING, Little Rock, AR, *pg.* 413
Walker, Bradley - Account Services, Interactive / Digital, Media Department - 1000HEADS, New York, NY, *pg.* 691
Walker, Nikki - Interactive / Digital, Media Department - CARAT, Detroit, MI, *pg.* 461
Walker, Greg - Interactive /

Digital - STARCOM WORLDWIDE, Chicago, IL, *pg.* 513
Walker, Jordan - Interactive / Digital - GRETEMAN GROUP, Wichita, KS, *pg.* 8
Walker, Caleb - Account Services, Interactive / Digital - ELEVATION MARKETING, Richmond, VA, *pg.* 67
Walker-Kulp, Stephanie - Interactive / Digital, Media Department, PPM - MINDSHARE, New York, NY, *pg.* 491
Walla, Jack - Interactive / Digital - MINDSHARE, New York, NY, *pg.* 491
Wallace, Michael - Interactive / Digital, NBC, Research - DIGITAS, Atlanta, GA, *pg.* 228
Wallis, Bob - Interactive / Digital, PPOM - VESTCOM, Little Rock, AR, *pg.* 571
Walsh, Maggie - Account Services, Interactive / Digital, Social Media - 360I, LLC, New York, NY, *pg.* 320
Walsh, Jen - Creative, Interactive / Digital - TALLWAVE, Scottsdale, AZ, *pg.* 268
Walsh, Chris - Interactive / Digital, Media Department - ESSENCE, New York, NY, *pg.* 232
Walsh, Jordan - Account Services, Creative, Interactive / Digital, Public Relations - COLLING MEDIA, Scottsdale, AZ, *pg.* 51
Walsh, Jennifer - Account Services, Interactive / Digital - DAC GROUP, Louisville, KY, *pg.* 223
Walters, Mia - Interactive / Digital, Media Department, Programmatic - CRONIN, Glastonbury, CT, *pg.* 55
Walther, Nicole - Interactive / Digital, Media Department, Programmatic - EMPOWER, Cincinnati, OH, *pg.* 354
Walton, Kory - Interactive / Digital - BERRY NETWORK, Dayton, OH, *pg.* 295
Wanczyk, Stephen - Interactive / Digital, Media Department, Social Media - REPEQUITY, Washington, DC, *pg.* 263
Wang, Jessica - Interactive / Digital, Media Department, PPOM - UNIVERSAL MCCANN, New York, NY, *pg.* 521
Wang, Julie - Finance, Interactive / Digital - GROUNDTRUTH.COM, San Francisco, CA, *pg.* 534
Wang, Jasmine - Interactive / Digital, Media Department, Programmatic, Social Media - NOBLE PEOPLE, New York, NY, *pg.* 120
Wang, Yujing - Interactive / Digital, Media Department - EPIC CREATIVE, West Bend, WI, *pg.* 7
Wanger, Sarah - Interactive / Digital, Media Department, Social Media - 360I, LLC, New York, NY, *pg.* 320
Wankoff, Rachel - Account Services, Interactive / Digital, Media Department - PHD, San Francisco, CA, *pg.* 504
Want, Hannah - Interactive /

1472

AGENCIES
RESPONSIBILITIES INDEX

Digital, Media Department - SPARK FOUNDRY, El Segundo, CA, pg. 512

Wantuch, Filip - Interactive / Digital - DENTSUBOS INC., Toronto, ON, pg. 61

Warack, Haley - Account Planner, Interactive / Digital - CONVERGE CONSULTING, Cedar Rapids, IA, pg. 222

Warburton, Catherine - Interactive / Digital, NBC, PPOM - MEDIA ASSEMBLY, New York, NY, pg. 484

Ward, Tim - Account Services, Interactive / Digital, NBC, Social Media - H+A INTERNATIONAL, INC., Santa Ynez, CA, pg. 611

Ward, Cliff - Creative, Interactive / Digital, PPOM - ORANGE142, Austin, TX, pg. 255

Ward, Abigail - Interactive / Digital, Management - WUNDERMAN THOMPSON, Chicago, IL, pg. 434

Ward, Mercedes - Account Services, Interactive / Digital - MARCEL DIGITAL, Chicago, IL, pg. 675

Warfield, Mariana - Interactive / Digital, Media Department - HORIZON MEDIA, INC., Los Angeles, CA, pg. 473

Warlick, Dennis - Interactive / Digital - DEUTSCH, INC., New York, NY, pg. 349

Warner, Kallana - Account Services, Interactive / Digital, Media Department - UNIVERSAL MCCANN, New York, NY, pg. 521

Warner, Lindsey - Interactive / Digital, Media Department - YOUNG & LARAMORE, Indianapolis, IN, pg. 164

Warner, Hayden - Account Planner, Account Services, Interactive / Digital - DASH TWO, Nashville, TN, pg. 551

Warner, Josh - Interactive / Digital - MINDSHARE, New York, NY, pg. 491

Warren, James - Interactive / Digital - MCD PARTNERS, New York, NY, pg. 249

Warren, Jena - Account Services, Interactive / Digital, NBC - THE SIMON GROUP, INC., Sellersville, PA, pg. 153

Warren, Stacey - Interactive / Digital, Media Department - VISITURE, Charleston, SC, pg. 678

Warthe, Stephanie - Interactive / Digital - CRITICAL MASS, INC., Calgary, AB, pg. 223

Warwick, Clayton - Interactive / Digital - WORDBANK LLC, Denver, CO, pg. 163

Warwick, Mike - Interactive / Digital, Research, Social Media - UNIVERSAL MCCANN DETROIT, Birmingham, MI, pg. 524

Waterman, Steven - Interactive / Digital, Media Department - ZIMMERMAN ADVERTISING, Fort Lauderdale, FL, pg. 437

Waterman, David - Interactive / Digital, Media Department - THE SEARCH AGENCY, Glendale, CA, pg. 677

Watkins, Ina - Account Planner, Interactive / Digital, Management, Media Department - MEDIAHUB LOS ANGELES, El Segundo, CA, pg. 112

Watkins, Maddie - Interactive / Digital, Media Department, Operations - STARCOM WORLDWIDE, Chicago, IL, pg. 513

Watkins, Brandi - Interactive / Digital, Media Department - ZENITH MEDIA, Atlanta, GA, pg. 531

Watkins, Robin - Account Services, Interactive / Digital, NBC - TEAM ONE, Los Angeles, CA, pg. 417

Watkins, Nick - Account Services, Interactive / Digital - ADK GROUP, Louisville, KY, pg. 210

Watson, Jenna - Interactive / Digital, Media Department - DAC GROUP, Louisville, KY, pg. 223

Watts, Nick - Interactive / Digital, PPOM, Social Media - HOOK, Ann Arbor, MI, pg. 239

Watts, Chris - Interactive / Digital, PPOM - HOOK, Ann Arbor, MI, pg. 239

Waugh, Rema - Account Services, Interactive / Digital, Management, Media Department, PPOM - UNIVERSAL MCCANN DETROIT, Birmingham, MI, pg. 524

Wayland, Ellen - Interactive / Digital, Media Department - CMI MEDIA, LLC, King of Prussia, PA, pg. 342

Weaton, Jeff - Interactive / Digital, Media Department - SPARK FOUNDRY, New York, NY, pg. 508

Weaver, Kent - Interactive / Digital, Media Department - STARCOM WORLDWIDE, Chicago, IL, pg. 513

Weaver, Courtney - Interactive / Digital, Media Department - BURRELL COMMUNICATIONS GROUP, INC., Chicago, IL, pg. 45

Weaver, Lucas - Interactive / Digital, Social Media - PRESTON KELLY, Minneapolis, MN, pg. 129

Webb, Mariya - Interactive / Digital, Media Department - MEDIACOM, New York, NY, pg. 487

Weber, Andy - Interactive / Digital, NBC - DESIGNVOX, East Grand Rapids, MI, pg. 179

Webster, Justin - Account Planner, Interactive / Digital, Media Department - HAVAS MEDIA GROUP, New York, NY, pg. 468

Webster, Nicole - Interactive / Digital, Media Department - CARAT, New York, NY, pg. 459

Webster, Elizabeth - Interactive / Digital, NBC - COX MEDIA, Phoenix, AZ, pg. 463

Weeks, Beth - Interactive / Digital, Media Department - DIGITAS, Chicago, IL, pg. 227

Weeks, Kelly - Interactive / Digital, Media Department - ADLUCENT, Austin, TX, pg. 671

Wegert, Karel - Interactive / Digital, Media Department - MEDIA EXPERTS, Montreal, QC, pg. 485

Wei, Tony - Creative, Interactive /

Digital - CRAMER-KRASSELT, Chicago, IL, pg. 53

Weichselbaum, Charles - Interactive / Digital, Media Department, Social Media - EPIC SIGNAL, New York, NY, pg. 685

Weigle, Brad - Interactive / Digital - DRAKE COOPER, Boise, ID, pg. 64

Weil, Bob - Interactive / Digital, NBC - INTERCOMMUNICATIONS, INC., Newport Beach, CA, pg. 375

Weimer, Mitchell - Interactive / Digital, NBC - PWC, Seattle, WA, pg. 260

Weinberg, Nathan - Interactive / Digital, Media Department - MEDIACOM, New York, NY, pg. 487

Weiner, Ken - Interactive / Digital, PPOM - GUMGUM, Santa Monica, CA, pg. 80

Weinraub, Olga - Interactive / Digital, Media Department - GARAGE TEAM MAZDA, Costa Mesa, CA, pg. 465

Weinstein, Sharon - Interactive / Digital, Media Department - ZENITH MEDIA, Atlanta, GA, pg. 531

Weintraub, Mark - Account Services, Interactive / Digital, Media Department - HUGE, INC., Brooklyn, NY, pg. 239

Weir, Greg - Analytics, Interactive / Digital, NBC, PPOM, Research - BRANDEXTRACT, LLC, Houston, TX, pg. 4

Weis, Suzanne - Interactive / Digital, Media Department, PPOM - MINDSHARE, New York, NY, pg. 491

Weishaupl, Alex - Interactive / Digital, Management, Media Department - PUBLICIS.SAPIENT, New York, NY, pg. 258

Weiss, Liz - Interactive / Digital, Research - HEARST MAGAZINES DIGITAL MEDIA, New York, NY, pg. 238

Weiss, Stephanie - Interactive / Digital, NBC - NEIGER DESIGN, INC., Evanston, IL, pg. 193

Wekselblatt, Hailey - Interactive / Digital, Media Department - CARAT, New York, NY, pg. 459

Wellman, Mateo - Interactive / Digital - LUQUIRE GEORGE ANDREWS, INC., Charlotte, NC, pg. 382

Wells, Jeremy - Interactive / Digital, PPOM - LONGITUDE, Springfield, MO, pg. 12

Welsh, Kevin - Creative, Interactive / Digital, PPOM - ANTICS DIGITAL MARKETING, San Carlos, CA, pg. 214

Welsh, Jeff - Creative, Interactive / Digital, PPOM - GA CREATIVE, Bellevue, WA, pg. 361

Wendel, Natalie - Interactive / Digital - HOT DISH ADVERTISING, Minneapolis, MN, pg. 87

Wengert, Emily - Interactive / Digital - HUGE, INC., Brooklyn, NY, pg. 239

Wensman, Scott - Interactive / Digital, Management, Media Department - MINDSHARE, Atlanta, GA, pg. 493

RESPONSIBILITIES INDEX — AGENCIES

Wentz, Andy - Account Planner, Interactive / Digital, Social Media - TURNER PUBLIC RELATIONS, New York, NY, pg. 657

Wesolowski, Kay - Interactive / Digital, Management, Media Department - KELLY, SCOTT & MADISON, INC., Chicago, IL, pg. 482

Wesolowski, Meaghan - Interactive / Digital, Media Department - BMG, St. Charles, MO, pg. 335

West, Bob - Interactive / Digital, NBC - MEISTER INTERACTIVE, Willoughby, OH, pg. 250

Westberg, George - Creative, Interactive / Digital, Media Department - FLEISHMANHILLARD, New York, NY, pg. 605

Westbrook, Greg - Interactive / Digital, Social Media - HARMON GROUP, Nashville, TN, pg. 82

Westfield, Andreas - Interactive / Digital, Media Department - SPARK FOUNDRY, Chicago, IL, pg. 510

Westin, Alexis - Interactive / Digital, Media Department - MEDIAHUB LOS ANGELES, El Segundo, CA, pg. 112

Wetherbee, Roy - Interactive / Digital - MERGE, Boston, MA, pg. 113

Wetmore, Kelly - Interactive / Digital, Media Department - INITIATIVE, Los Angeles, CA, pg. 478

Wetwiski, Nicole - Interactive / Digital, Media Department - INNOVATIVE ADVERTISING, Mandeville, LA, pg. 375

Wexler Orpaz, Tracey - Interactive / Digital, Media Department, PPOM - 360I, LLC, New York, NY, pg. 320

Whalen, Julia - Finance, Interactive / Digital, Media Department - HEARTS & SCIENCE, New York, NY, pg. 471

Wharton, Lauren - Interactive / Digital, Media Department - FORTYFOUR, Atlanta, GA, pg. 235

Wheeler, Mary - Interactive / Digital, Social Media - WOODRUFF, Columbia, MO, pg. 163

Whetter, Lori - Interactive / Digital, PPM - SIGNAL THEORY, Kansas City, MO, pg. 141

Whicker, Jarred - Interactive / Digital - ADPEARANCE, Portland, OR, pg. 671

Whisenant, Alison - Account Services, Interactive / Digital, Media Department, NBC, Social Media - MULLENLOWE U.S. BOSTON, Boston, MA, pg. 389

Whitaker, Gino - Interactive / Digital - PRESSLEY JOHNSON DESIGN, Chicago, IL, pg. 195

Whitaker, Matt - Account Planner, Interactive / Digital - THE RICHARDS GROUP, INC., Dallas, TX, pg. 422

Whitaker, Jamie - Account Planner, Interactive / Digital, Media Department - DASH TWO, Culver City, CA, pg. 551

Whitaker, Josh - Interactive / Digital, PPOM - THE LOOMIS AGENCY, Dallas, TX, pg. 151

Whitcomb, Sarah - Interactive / Digital, Management - SCHERMER, Minneapolis, MN, pg. 16

White, Brenda - Interactive / Digital, Media Department, PPM - STARCOM WORLDWIDE, Chicago, IL, pg. 513

White, Tim - Interactive / Digital - KELLIHER SAMETS VOLK, Burlington, VT, pg. 94

White, Autumn - Interactive / Digital, Management, Media Department, Research - HORIZON MEDIA, INC., Los Angeles, CA, pg. 473

White, Kiley - Account Services, Interactive / Digital, NBC - THE RICHARDS GROUP, INC., Dallas, TX, pg. 422

White, Amanda - Account Planner, Interactive / Digital, Media Department - HAWORTH MARKETING & MEDIA, Minneapolis, MN, pg. 470

White, Jason - Interactive / Digital, Media Department - PMG, Fort Worth, TX, pg. 257

White, Arthur - Interactive / Digital, Media Department - ZOOM MEDIA, Chicago, IL, pg. 559

White, Peter - Account Services, Interactive / Digital, Social Media - ARCHETYPE, New York, NY, pg. 33

White, Melissa - Interactive / Digital, Media Department - JONES HUYETT PARTNERS, Topeka, KS, pg. 93

White, Jon - Interactive / Digital - VLADIMIR JONES, Colorado Springs, CO, pg. 429

White, Jim - Creative, Interactive / Digital - DDB CHICAGO, Chicago, IL, pg. 59

White Jr., David - Interactive / Digital, Media Department, PPM - DENTSU X, New York, NY, pg. 61

Whitehouse, Christy - Account Services, Interactive / Digital, PPOM - THE SUMMIT GROUP, Salt Lake City, UT, pg. 153

Whiting, Mark - Account Services, Interactive / Digital, Media Department - MOTUM B2B, Toronto, ON, pg. 14

Whitman, Russ - Creative, Interactive / Digital - RATIO INTERACTIVE, Seattle, WA, pg. 262

Whitson, Margaret - Interactive / Digital, Social Media - AMPERAGE, Cedar Rapids, IA, pg. 30

Whitt, Jeremy - Interactive / Digital, Management, Media Department - BVK, Milwaukee, WI, pg. 339

Widmann, Jason - Interactive / Digital - STELLAR AGENCY, Torrance, CA, pg. 267

Wieland, Brady - Interactive / Digital, Operations, PPM - BRAND INNOVATION GROUP, Fort Wayne, IN, pg. 336

Wiemer, Ashleigh - Interactive / Digital, Media Department, NBC - INLINE MEDIA, INC., Denver, CO, pg. 479

Wiggins, Jessica - Interactive / Digital, NBC, Social Media - VMLY&R, Kansas City, MO, pg. 274

Wijesekera, Amanda - Interactive / Digital, Social Media - MIRUM AGENCY, Toronto, ON, pg. 251

Wilber Kincaid, Colleen - Interactive / Digital, Media Department, Public Relations - QORVIS COMMUNICATIONS, LLC, Washington, DC, pg. 640

Wilcox, Tyler - Interactive / Digital, PPM - TURNER PUBLIC RELATIONS, Denver, CO, pg. 657

Wilensky, Gila - Interactive / Digital, Media Department, Programmatic - ESSENCE, New York, NY, pg. 232

Wilhite, Michael - Interactive / Digital, NBC - 84.51, Cincinnati, OH, pg. 441

Wilkins, Evan - Interactive / Digital - BLUE 449, New York, NY, pg. 455

Wilkinson, Gavin - Account Services, Interactive / Digital - 4FRONT, Dallas, TX, pg. 208

Will, Sara - Interactive / Digital, Media Department, NBC, Promotions - CLOSED LOOP MARKETING, Roseville, CA, pg. 672

Williams, Donald - Interactive / Digital, PPOM - HORIZON MEDIA, INC., New York, NY, pg. 474

Williams, Stephanie - Account Services, Interactive / Digital, Management, Media Department, NBC - THE RICHARDS GROUP, INC., Dallas, TX, pg. 422

Williams, Bruce - Interactive / Digital - THUNDER TECH, Cleveland, OH, pg. 426

Williams, Yvonne - Interactive / Digital, Management, Media Department - PALISADES MEDIA GROUP, INC., Santa Monica, CA, pg. 124

Williams, Kelly - Interactive / Digital - INTOUCH SOLUTIONS, INC., Chicago, IL, pg. 242

Williams, Christy - Interactive / Digital, Management, NBC - NEBO AGENCY, LLC, Atlanta, GA, pg. 253

Williams, Samantha - Interactive / Digital, Media Department - ZENITH MEDIA, Atlanta, GA, pg. 531

Williams, Joanna - Interactive / Digital, Media Department - TRUE MEDIA, Minneapolis, MN, pg. 521

Williams, Paige - Interactive / Digital - BLUE STATE DIGITAL, Washington, DC, pg. 335

Williams, Whitney - Account Services, Interactive / Digital, Media Department, Social Media - MCKEEMAN COMMUNICATIONS, Raleigh, NC, pg. 626

Williams, Jay - Interactive / Digital - AGENCY WITHIN, Long Island City, NY, pg. 323

Williamson, Janelle - Account Planner, Interactive / Digital, Media Department, NBC, Social Media

AGENCIES / RESPONSIBILITIES INDEX

- DIGITAS, New York, NY, *pg.* 226
Willig, Alex - Interactive / Digital, Media Department - HORIZON MEDIA, INC., New York, NY, *pg.* 474
Willison, Amanda - Interactive / Digital, Media Department - MODCOGROUP, New York, NY, *pg.* 116
Willoughby, Luke - Interactive / Digital, Media Department - PROSEK PARTNERS, New York, NY, *pg.* 639
Wilson, Sarah - Interactive / Digital, Media Department - DWA MEDIA, Boston, MA, *pg.* 464
Wilson, David - Interactive / Digital, PPOM - HOORAY AGENCY, Irvine, CA, *pg.* 239
Wilson, Shade - Interactive / Digital, Media Department - ELEVATION MARKETING, Richmond, VA, *pg.* 67
Wilson, Tommy - Interactive / Digital, PPM - HUMANAUT, Chattanooga, TN, *pg.* 87
Wilson, Madeline - Account Services, Interactive / Digital, Media Department - BERLINROSEN, New York, NY, *pg.* 583
Wilson, Kevin - Interactive / Digital, PPM - CHEMISTRY ATLANTA, Atlanta, GA, *pg.* 50
Wilson, Nathan - Interactive / Digital - ADLUCENT, Austin, TX, *pg.* 671
Wilson, Kelsey - Interactive / Digital, Media Department - THE TOMBRAS GROUP, Knoxville, TN, *pg.* 424
Winchester, Dawn - Interactive / Digital, PPOM - PUBLICIS NORTH AMERICA, New York, NY, *pg.* 399
Winell, Ken - Interactive / Digital, PPOM - GREATER THAN ONE, New York, NY, *pg.* 8
Winer, Rachel - Account Services, Interactive / Digital, Media Department - KETCHUM, Washington, DC, *pg.* 619
Wingfield, Rebecca - Account Services, Analytics, Interactive / Digital, Management, Media Department, Social Media - BRIGHTWAVE MARKETING, INC., Atlanta, GA, *pg.* 219
Winker, Katelyn - Account Services, Interactive / Digital - TAYLOR & POND INTERACTIVE, San Diego, CA, *pg.* 269
Winkler, Ben - Interactive / Digital, PPOM - OMD, New York, NY, *pg.* 498
Winkler, Jordan - Interactive / Digital, Media Department - ZENITH MEDIA, Santa Monica, CA, *pg.* 531
Winkler, Cory - Account Services, Interactive / Digital - 4FRONT, Dallas, TX, *pg.* 208
Winkler, Mara - Interactive / Digital, Media Department - SITUATION INTERACTIVE, New York, NY, *pg.* 265
Winn, Michael D. - Interactive / Digital, PPOM - RB OPPENHEIM ASSOCIATES, Tallahassee, FL, *pg.* 641

Winner, Jaime - Account Services, Interactive / Digital, Operations, Social Media - MCCANN NEW YORK, New York, NY, *pg.* 108
Winston, Rebecca - Account Planner, Interactive / Digital, Media Department, NBC - HORIZON MEDIA, INC., New York, NY, *pg.* 474
Winters, Jennifer - Interactive / Digital - MODE, Charlotte, NC, *pg.* 251
Winters, Mary - Interactive / Digital, PPM - MANIFEST, Phoenix, AZ, *pg.* 383
Wirth, Hillary - Creative, Interactive / Digital, Media Department - NOBLE PEOPLE, New York, NY, *pg.* 120
Wischmann, Talia - Interactive / Digital, NBC, Social Media - HABERMAN, Minneapolis, MN, *pg.* 369
Wisely, Jonathan - Creative, Interactive / Digital - KETCHUM, Raleigh, NC, *pg.* 378
Wissa, Sandra - Creative, Interactive / Digital, Media Department - UNIVERSAL MCCANN, Los Angeles, CA, *pg.* 524
Witmer, Tim - Interactive / Digital, Media Department, NBC - GMR MARKETING, New Berlin, WI, *pg.* 306
Witt, Matthew - Interactive / Digital, Media Department - WAVEMAKER, New York, NY, *pg.* 526
Wittmark, Hanna - Creative, Interactive / Digital - GOODBY, SILVERSTEIN & PARTNERS, San Francisco, CA, *pg.* 77
Woe, Yenny - Interactive / Digital, Media Department - STARCOM WORLDWIDE, North Hollywood, CA, *pg.* 516
Wojcik, Ryan - Account Services, Finance, Interactive / Digital, Media Department - OMD, New York, NY, *pg.* 498
Wojtak, Craig - Interactive / Digital, Media Department - STARCOM WORLDWIDE, Chicago, IL, *pg.* 513
Wolch, Wesley - Account Planner, Interactive / Digital, Management, Media Department, PPOM - COSSETTE MEDIA, Toronto, ON, *pg.* 345
Wolch, Alexandra - Interactive / Digital, Media Department - WAVEMAKER, Toronto, ON, *pg.* 529
Wold, Todd - Interactive / Digital - MKTX, Hillsboro, OR, *pg.* 116
Wolf, Steve - Interactive / Digital, Media Department - CANVAS WORLDWIDE, Playa Vista, CA, *pg.* 458
Wolf, Adam - Interactive / Digital, PPOM - WUNDERMAN THOMPSON SEATTLE, Seattle, WA, *pg.* 435
Wolf, Brandon - Interactive / Digital, Media Department, Operations - DIGITAS, Chicago, IL, *pg.* 227
Wolk, Anna - Interactive / Digital, Programmatic - THE TRADE DESK, New York, NY, *pg.* 520
Wollney, Mark - Interactive / Digital - ASPEN MARKETING SERVICES,

West Chicago, IL, *pg.* 280
Wolter, Malcolm - Interactive / Digital, PPOM - BRANDEXTRACT, LLC, Houston, TX, *pg.* 4
Wong, Frankie - Interactive / Digital, PPOM - BRAND PROTECT, Mississauga, ON, *pg.* 672
Wong, Tonny - Interactive / Digital, PPOM - HACKERAGENCY, Seattle, WA, *pg.* 284
Wong, Hilda - Account Planner, Account Services, Interactive / Digital, NBC - HEARTS & SCIENCE, New York, NY, *pg.* 471
Wong, Phelia - Account Services, Interactive / Digital - DENTSUBOS INC., Toronto, ON, *pg.* 61
Wong, Kris - Account Services, Interactive / Digital - REPRISE DIGITAL, New York, NY, *pg.* 676
Wons, Kyle - Interactive / Digital, Media Department - NORBELLA, Boston, MA, *pg.* 497
Wood, Kristin - Account Services, Interactive / Digital, Media Department, NBC - BADER RUTTER & ASSOCIATES, INC., Milwaukee, WI, *pg.* 328
Wood, Kevin - Interactive / Digital - ZIMMERMAN ADVERTISING, Fort Lauderdale, FL, *pg.* 437
Wood, Andrea - Account Planner, Account Services, Interactive / Digital, Media Department, Operations, PPOM - SANDSTORM DESIGN, Chicago, IL, *pg.* 264
Wood, Ashley - Interactive / Digital, Media Department, NBC, Social Media - OXFORD COMMUNICATIONS, Lambertville, NJ, *pg.* 395
Wood, Rich - Interactive / Digital, Management, NBC - RIGHTPOINT, Oakland, CA, *pg.* 263
Woodard, Jake - Interactive / Digital - KILLER VISUAL STRATEGIES, Seattle, WA, *pg.* 189
Woodman, Nathan - Interactive / Digital, Management, Media Department, PPOM - HAVAS MEDIA GROUP, Boston, MA, *pg.* 470
Woods, Rhea - Creative, Interactive / Digital, Promotions, Social Media - PRAYTELL, Brooklyn, NY, *pg.* 258
Woods, Eddie - Interactive / Digital, Media Department, PPOM - THE RAMEY AGENCY, Jackson, MS, *pg.* 422
Woods, Michael - Interactive / Digital, Media Department - APCO WORLDWIDE, Washington, DC, *pg.* 578
Woodward, Katie - Creative, Interactive / Digital, NBC - ACCELERATION PARTNERS, Needham, MA, *pg.* 25
Woodwort, Abbi - Interactive / Digital - PINNACLE ADVERTISING, Schaumburg, IL, *pg.* 397
Woolery, Amanda - Interactive / Digital, Media Department - AKQA, San Francisco, CA, *pg.* 211
Wooster, Chris - Creative, Interactive / Digital - T3, Austin, TX, *pg.* 268

RESPONSIBILITIES INDEX — AGENCIES

Wooster, Mary - Account Planner, Interactive / Digital - GLOBAL STRATEGIES, Bend, OR, *pg.* 673

Worcester Lanzi, Amy - Interactive / Digital, Management - CONNECT AT PUBLICIS MEDIA, Chicago, IL, *pg.* 462

Worley, Amy - Interactive / Digital, Management, Media Department, PPOM - VMLY&R, Kansas City, MO, *pg.* 274

Wormser, Lauren - Interactive / Digital, NBC, PPOM - MEDIACOM, New York, NY, *pg.* 487

Wright, Wes - Interactive / Digital, Management, Media Department - PUBLICIS HAWKEYE, Dallas, TX, *pg.* 399

Wright, Jennifer - Account Services, Interactive / Digital, NBC, Social Media - GTB, Dearborn, MI, *pg.* 367

Wright, Bill - Interactive / Digital - SMASHING IDEAS, Seattle, WA, *pg.* 266

Wu, Judy - Interactive / Digital, Media Department - SAATCHI & SAATCHI LOS ANGELES, Torrance, CA, *pg.* 137

Wu, Suyun - Account Services, Interactive / Digital, Media Department, PPM - PUBLICIS NORTH AMERICA, New York, NY, *pg.* 399

Wu, Shawn - Interactive / Digital, NBC - GENERATOR MEDIA + ANALYTICS, New York, NY, *pg.* 466

Wu, Xiao - Interactive / Digital, Media Department, Programmatic - HARMELIN MEDIA, Bala Cynwyd, PA, *pg.* 467

Wuetcher, Emily - Interactive / Digital, Media Department - CORNETT INTEGRATED MARKETING SOLUTIONS, Lexington, KY, *pg.* 344

Wunsch, Michael - Interactive / Digital, NBC, PPOM - LEAP, Louisville, KY, *pg.* 245

Wydermyer, Alexis - Interactive / Digital, Media Department - NOBLE PEOPLE, New York, NY, *pg.* 120

Wyler, Shari - Interactive / Digital, Media Department - HEARTS & SCIENCE, New York, NY, *pg.* 471

Wytock, Leesa - Interactive / Digital, Management - SIEGEL & GALE, New York, NY, *pg.* 17

Xie, Anna - Interactive / Digital, Media Department - INTERTREND COMMUNICATIONS, INC., Long Beach, CA, *pg.* 541

Yackey, Yasemin - Interactive / Digital - MINDSTREAM MEDIA, San Diego, CA, *pg.* 495

Yager, Hannah - Interactive / Digital - DOEANDERSON ADVERTISING, Louisville, KY, *pg.* 352

Yamada, Brian - Interactive / Digital - VMLY&R, Kansas City, MO, *pg.* 274

Yamandag, Gokben - Interactive / Digital, PPOM, Research - ARCHER MALMO, Memphis, TN, *pg.* 32

Yang, Nicky - Account Planner, Interactive / Digital, Media Department - CARAT, Culver City, CA, *pg.* 459

Yang, Jason - Interactive / Digital, Media Department - ENERGY BBDO, INC., Chicago, IL, *pg.* 355

Yasser, Ed - Interactive / Digital, Media Department, NBC - LANMARK360, West Long Branch, NJ, *pg.* 379

Yechout, Mark - Creative, Interactive / Digital - WORDS AT WORK, Minneapolis, MN, *pg.* 163

Yeend, David - Account Planner, Interactive / Digital, Management, Media Department, Research - THREE FIVE TWO, INC., Atlanta, GA, *pg.* 271

Yen, Jing - Interactive / Digital, Media Department - ZENITH MEDIA, Santa Monica, CA, *pg.* 531

Yesikov, Alexander - Account Planner, Account Services, Interactive / Digital - BBDO WORLDWIDE, New York, NY, *pg.* 331

Yin, Susan - Interactive / Digital - ROGERS & COWAN/PMK*BNC, Los Angeles, CA, *pg.* 643

Yip, Michael - Interactive / Digital, Media Department - MEDIACOM, Playa Vista, CA, *pg.* 486

Yoder, Mikey - Interactive / Digital, Media Department, Social Media - CROSSMEDIA, New York, NY, *pg.* 463

Yonack, Samuel - Analytics, Interactive / Digital, Media Department - OMD WEST, Los Angeles, CA, *pg.* 502

Yoss, Marissa - Account Services, Interactive / Digital, Management, Media Department - UNIVERSAL MCCANN, New York, NY, *pg.* 521

You, Shawn - Interactive / Digital, Media Department - HEARTS & SCIENCE, New York, NY, *pg.* 471

You, Brian - Interactive / Digital, Programmatic - SPARK FOUNDRY, New York, NY, *pg.* 508

Young, Mimi - Creative, Interactive / Digital - BEHAVIOR, LLC, New York, NY, *pg.* 216

Young, Alicia - Interactive / Digital, NBC, PPOM - FINN PARTNERS, New York, NY, *pg.* 603

Young, Lauren - Account Services, Interactive / Digital, Media Department - AKQA, San Francisco, CA, *pg.* 211

Young, John - Interactive / Digital, NBC - STEELE BRANDING, Pocatello, ID, *pg.* 412

Young, Jamie - Interactive / Digital, Social Media - PUBLICIS.SAPIENT, Los Angeles, CA, *pg.* 259

Young, Catherine - Interactive / Digital, Media Department - SPARK FOUNDRY, New York, NY, *pg.* 508

Young, Katie - Interactive / Digital, PPM - BBDO WORLDWIDE, New York, NY, *pg.* 331

Youngblood, Mariah - Account Planner, Interactive / Digital, Media Department - WAVEMAKER, New York, NY, *pg.* 526

Yu, Todd - Interactive / Digital, Media Department, Programmatic - RAIN, Portland, OR, *pg.* 402

Yuan, Emily - Analytics, Interactive / Digital, Media Department - DIGITAS, Chicago, IL, *pg.* 227

Yumo, Rachael - Interactive / Digital - DIGITAS, Chicago, IL, *pg.* 227

Yun, Sun - Creative, Interactive / Digital - GRAFIK MARKETING COMMUNICATIONS, Alexandria, VA, *pg.* 185

Yund, Patrick - Interactive / Digital - BAYARD ADVERTISING AGENCY, INC., New York, NY, *pg.* 37

Yurchuck, Philip - Interactive / Digital, PPOM - POS OUTDOOR MEDIA, Grapevine, TX, *pg.* 556

Yurko, Emily - Creative, Interactive / Digital - SAATCHI & SAATCHI LOS ANGELES, Torrance, CA, *pg.* 137

Yuskoff, Claudia - Account Planner, Account Services, Interactive / Digital, Management, Media Department, NBC, Social Media - CONILL ADVERTISING, INC., El Segundo, CA, *pg.* 538

Yuzwa, Michael - Creative, Interactive / Digital - IBM IX, Columbus, OH, *pg.* 240

Zaas, Wendy - Creative, Interactive / Digital, NBC - DKC PUBLIC RELATIONS, West Hollywood, CA, *pg.* 597

Zachmeyer, Ed - Interactive / Digital - BAILEY BRAND CONSULTING, Plymouth Meeting, PA, *pg.* 2

Zaffarano, John - Creative, Interactive / Digital, PPM, PPOM - MOB SCENE, Los Angeles, CA, *pg.* 563

Zagalskaya, Tatyana - Interactive / Digital, Media Department - INITIATIVE, New York, NY, *pg.* 477

Zai, Brian - Interactive / Digital, Media Department - HORIZON MEDIA, INC., New York, NY, *pg.* 474

Zaldivar, Olivia - Analytics, Interactive / Digital, Media Department, Research - CONILL ADVERTISING, INC., El Segundo, CA, *pg.* 538

Zambrano, Diego - Interactive / Digital, PPOM - WORK & CO, Brooklyn, NY, *pg.* 276

Zampa, Thomas - Interactive / Digital, Operations - ENERGY BBDO, INC., Chicago, IL, *pg.* 355

Zanardi, Giannina - Interactive / Digital, Media Department - UNIVERSAL MCCANN, Los Angeles, CA, *pg.* 524

Zarski, Chris - Interactive / Digital, NBC, Social Media - CAMELOT STRATEGIC MARKETING & MEDIA, Dallas, TX, *pg.* 457

Zaucha, Barbara - Analytics, Creative, Interactive / Digital, Media Department, Research - STARCOM WORLDWIDE, Chicago, IL, *pg.* 513

Zavala, Maria - Interactive /

AGENCIES — RESPONSIBILITIES INDEX

Digital, Media Department - R/GA, Chicago, IL, *pg.* 261

Zawistowicz, Thomas - Account Services, Interactive / Digital - LEWIS ADVERTISING, INC., Rocky Mount, NC, *pg.* 380

Zazueta, Lucia - Analytics, Interactive / Digital - BCW MIAMI, Miami, FL, *pg.* 581

Zeikel, Katie - Interactive / Digital, Media Department, Social Media - PHD USA, New York, NY, *pg.* 505

Zelenka, Karen - Interactive / Digital, Management, Media Department - BLUE 449, New York, NY, *pg.* 455

Zeleny, Barbara - Interactive / Digital - TRUE MEDIA, Golden Valley, MN, *pg.* 156

Zelisko, Kristina - Account Services, Interactive / Digital - EDELMAN, Atlanta, GA, *pg.* 599

Zent, Amber - Interactive / Digital, NBC, Social Media - MARCUS THOMAS, Cleveland, OH, *pg.* 104

Zeyger, Inna - Interactive / Digital, Media Department - PATH INTERACTIVE, INC., New York, NY, *pg.* 256

Zhang, Felicia - Account Planner, Account Services, Interactive / Digital, Management, Media Department - R/GA, New York, NY, *pg.* 260

Zhang, Mindy - Interactive / Digital, Media Department - STARCOM WORLDWIDE, Chicago, IL, *pg.* 513

Zhang, Gordon - Interactive / Digital, Social Media - RETHINK COMMUNICATIONS, INC., Vancouver, BC, *pg.* 133

Zhao, Millie - Account Planner, Interactive / Digital, Media Department - ZENITH MEDIA, New York, NY, *pg.* 529

Zheng, Krystal - Account Services, Interactive / Digital, Management, Media Department, PPOM - WAVEMAKER, New York, NY, *pg.* 526

Zhou, Melina - Interactive / Digital, Media Department, Social Media - STARCOM WORLDWIDE, New York, NY, *pg.* 517

Zhu, Cooper - Analytics, Interactive / Digital - MEDIACOM, New York, NY, *pg.* 487

Zia, Ryan - Interactive / Digital, Management, Media Department - 360I, LLC, New York, NY, *pg.* 320

Zielie, Sarah - Interactive / Digital, Media Department - SPACE150, Minneapolis, MN, *pg.* 266

Ziemba, Steve - Interactive / Digital, Media Department, Social Media - ENVISIONIT MEDIA, INC., Chicago, IL, *pg.* 231

Zimelman, Jason - Interactive / Digital, Media Department - NEXTLEFT, San Diego, CA, *pg.* 254

Zimkind, Emily - Account Services, Interactive / Digital, Media Department - CARAT, New York, NY, *pg.* 459

Zimmerman, Jamie - Account Planner, Account Services, Interactive / Digital, Media Department - OMD SAN FRANCISCO, San Francisco, CA, *pg.* 501

Zimmerman, Brody - Interactive / Digital, Media Department - PALISADES MEDIA GROUP, INC., Santa Monica, CA, *pg.* 124

Zimmerman, Jami - Interactive / Digital, Media Department - CHAMPION MANAGEMENT GROUP, LLC, Addison, TX, *pg.* 589

Zinn, Katie - Account Services, Interactive / Digital - EDELMAN, Los Angeles, CA, *pg.* 601

Zinn, Dana - Account Services, Interactive / Digital, Social Media - SUNSHINE SACHS, New York, NY, *pg.* 650

Ziobro, Lara - Interactive / Digital, Social Media - WEBER SHANDWICK, New York, NY, *pg.* 660

Zito, Cara - Interactive / Digital, Media Department - CARAT, New York, NY, *pg.* 459

Zlatoper, Michael - Interactive / Digital, Management, Media Department, Operations, PPOM - MEKANISM, San Francisco, CA, *pg.* 112

Zogby, Matthew - Analytics, Interactive / Digital - 360I, LLC, New York, NY, *pg.* 320

Zoltowski, Jill - Interactive / Digital, Media Department - UNIVERSAL MCCANN DETROIT, Birmingham, MI, *pg.* 524

Zonin, Kylie - Interactive / Digital, Media Department - REPRISE DIGITAL, New York, NY, *pg.* 676

Zonta, Kristen - Interactive / Digital - GTB, Dearborn, MI, *pg.* 367

Zorola, Roy - Interactive / Digital, Media Department - KELLY, SCOTT & MADISON, INC., Chicago, IL, *pg.* 482

Zubrow, Katie - Interactive / Digital, Media Department, Social Media - OGILVY, New York, NY, *pg.* 393

Zulch, Rebecca - Interactive / Digital, Media Department - UNIVERSAL MCCANN, New York, NY, *pg.* 521

Zuniga, Jocelyn - Analytics, Interactive / Digital - WAVEMAKER, New York, NY, *pg.* 526

Zverin, Stephanie - Account Services, Interactive / Digital, Management, Media Department - PHD USA, New York, NY, *pg.* 505

Zvonkin, Tanya - Finance, Interactive / Digital, Management, Media Department, PPM - CANVAS WORLDWIDE, New York, NY, *pg.* 458

Finance

Abarca, Maria - Finance - NEWLINK COMMUNICATIONS GROUP, Miami, FL, *pg.* 632

Abiad, Joe - Finance, Operations - PACIFIC COMMUNICATIONS, Irvine, CA, *pg.* 124

Abolt, Craig - Finance, PPOM - INTERSECTION, New York, NY, *pg.* 553

Abraham, Aji - Finance - PHASE 3 MARKETING & COMMUNICATIONS, Atlanta, GA, *pg.* 636

Abreu, Kathy - Finance - ZOZIMUS AGENCY, Boston, MA, *pg.* 665

Acampora, Andrew - Finance, PPOM - SS+K, New York, NY, *pg.* 144

Aguilan, Luis - Finance, Operations - AEFFECT, INC., Deerfield, IL, *pg.* 441

Aguilar, Hector - Finance - SAATCHI & SAATCHI LOS ANGELES, Torrance, CA, *pg.* 137

Ai, Bob - Finance, Management - SOLEBURY TROUT, New York, NY, *pg.* 648

Akridge, Maria - Finance - MASTERMIND MARKETING, Atlanta, GA, *pg.* 248

Albanese, Angie - Finance - BANDY CARROLL HELLIGE, Louisville, KY, *pg.* 36

Alber, Christine - Finance - INTERNET MARKETING NINJAS, Clifton Park, NY, *pg.* 242

Ald, Greg - Account Services, Finance - INTERSECTION, New York, NY, *pg.* 553

Alesi, Norman - Finance, Operations, PPOM - LYONS CONSULTING GROUP, Chicago, IL, *pg.* 247

Alexander, Crystal - Finance - MVP COLLABORATIVE, INC., Madison Heights, MI, *pg.* 312

Allan, David - Finance, Public Relations - KETCHUM, New York, NY, *pg.* 542

Allegrezza, Jason - Finance - REGAN COMMUNICATIONS GROUP, Boston, MA, *pg.* 642

Allmond, Wayne - Finance, PPOM - ASH-ALLMOND ASSOCIATES, Venus, TX, *pg.* 566

Amburgey, Larry - Finance - GUD MARKETING, Lansing, MI, *pg.* 80

Ames, Jon - Finance, Interactive / Digital, Media Department - THE&PARTNERSHIP, New York, NY, *pg.* 426

Amsbry, Mike - Finance, PPOM - FLYING A, Pasadena, CA, *pg.* 359

Andrew, Charles - Finance, PPOM - MADDOCK DOUGLAS, Elmhurst, IL, *pg.* 102

Andrews, Cristin - Finance - THE JAMES AGENCY (TJA), Scottsdale, AZ, *pg.* 151

Andrews, Michael - Finance, PPOM - MISSION NORTH, San Francisco, CA, *pg.* 627

Anfinson, James - Finance, PPOM - ZLR IGNITION, Des Moines, IA, *pg.* 437

Angelastro, Philip - Finance, PPOM - OMNICOM GROUP, New York, NY, *pg.* 123

Angst, Mary - Finance, PPOM - STONY POINT COMMUNICATIONS, INC.,

RESPONSIBILITIES INDEX

AGENCIES

Haslett, MI, pg. 650
Antinora, Michelle - Finance - BLUE C ADVERTISING, Costa Mesa, CA, pg. 334
Appelbaum, Wendy - Administrative, Finance, PPOM - BOELTER & LINCOLN, INC., Milwaukee, WI, pg. 41
Arco, Chris - Finance - MSLGROUP, New York, NY, pg. 629
Arena, Gary - Finance, PPOM - C SPACE, Boston, MA, pg. 443
Argieard, Terri - Account Services, Finance, Management - THE EHRHARDT GROUP, INC., New Orleans, LA, pg. 653
Arnholt, John - Finance - ZUBI ADVERTISING, Coral Gables, FL, pg. 165
Arnold Naugle, Meg - Finance - ARROWHEAD PROMOTIONS & FULFILLMENT CO., INC., Grand Rapids, MN, pg. 566
Ashcraft, Heidi - Account Services, Finance, PPOM - ASHCRAFT DESIGN, Torrance, CA, pg. 173
Atanda, Danielle - Finance, Management, Media Department - OMD, Chicago, IL, pg. 500
Audet, Louise - Administrative, Finance, PPOM - TAM TAM \ TBWA, Montreal, QC, pg. 416
Auger, Jari - Finance, Operations, PPOM - CAMPBELL EWALD, Detroit, MI, pg. 46
Augustine, Gina - Administrative, Finance, Human Resources - MINDS ON, INC., Lewis Center, OH, pg. 250
Baehr, Sarah - Account Planner, Finance, Management, PPOM - HORIZON MEDIA, INC., New York, NY, pg. 474
Bailey, Tamara - Finance, PPOM - RICHARD HARRISON BAILEY AGENCY, Indianapolis, IN, pg. 291
Baker, Hayley - Finance, PPOM - NOBLE MARKETING GROUP, North Orlando, FL, pg. 569
Baker, Lance - Finance - CLEAN, Raleigh, NC, pg. 5
Baldridge, Emily - Finance - SPURRIER GROUP, Richmond, VA, pg. 513
Ball, Mardi - Account Services, Finance - HMH, Portland, OR, pg. 86
Banda Ludden, Jennifer - Finance, PPOM - THE 360 AGENCY, Los Angeles, CA, pg. 418
Banks, Brian - Finance - PIERPONT COMMUNICATIONS, INC., Houston, TX, pg. 636
Baranowski, Chris - Finance - THE MARS AGENCY, Southfield, MI, pg. 683
Bardetti, Renzo - Finance, Operations, PPOM - BRODEUR PARTNERS, Boston, MA, pg. 586
Barker, Elizabeth - Finance - KCSA STRATEGIC COMMUNICATIONS, New York, NY, pg. 619
Barlog, Tim - Finance - DIGITAS, San Francisco, CA, pg. 227
Barnes, Alyson - Account Planner, Finance, Management - KETCHUM WEST, San Francisco, CA, pg. 620
Barnes, Beverly - Finance, Human Resources, NBC, PPOM - SGW INTEGRATED MARKETING, Montville, NJ, pg. 410
Barocas, Sari - Finance, Interactive / Digital, Media Department - HORIZON MEDIA, INC., New York, NY, pg. 474
Barron, David - Finance, Operations, PPOM - MANIFEST, New York, NY, pg. 248
Barsuhn, Rochelle - Finance, PPOM - BARSUHN DESIGN, Minneapolis, MN, pg. 174
Bartoszewicz, Sandra - Finance, PPOM - E. W. BULLOCK ASSOCIATES, Pensacola, FL, pg. 66
Basile, Traci - Administrative, Finance - EASTWEST MARKETING GROUP, New York, NY, pg. 353
Baskind, Tori - Account Services, Finance, Interactive / Digital - MEDIA CAUSE, Washington, DC, pg. 249
Batti, Wendy - Finance, PPOM - JEFFREY-SCOTT ADVERTISING, Fresno, CA, pg. 377
Beach, Guy - Finance, PPOM - IPG MEDIABRANDS, New York, NY, pg. 480
Beck, Brian - Finance, PPOM - GOLIN, Chicago, IL, pg. 609
Behrens, Dustin - Finance - FIRESPRING, Lincoln, NE, pg. 234
Beijor, Donna - Administrative, Finance - MYRON ADVERTISING & DESIGN, Vancouver, BC, pg. 119
Belanger, Martin - Administrative, Finance, PPOM - VISION7 INTERNATIONAL, Quebec City, QC, pg. 429
Bell, Robert - Finance, PPOM - MAINGATE, INC., Indianapolis, IN, pg. 310
Bellinghausen, Jim - Finance, PPOM - VMLY&R, Kansas City, MO, pg. 274
Belvin, Wardaleen - Finance, PPOM - SHERRY MATTHEWS ADVOCACY MARKETING, Austin, TX, pg. 140
Bender, Barry - Finance, NBC, PPOM - THE BENDER GROUP, Upper Montclair, NJ, pg. 652
Bengoa, Valerie - Finance, Operations, PPOM - DDB SAN FRANCISCO, San Francisco, CA, pg. 60
Bennett, Brooke - Finance - GAIN, Richmond, VA, pg. 284
Benson, Laury - Finance, PPOM - MANDALA, Bend, OR, pg. 103
Bentley, Rachel - Finance - ASPECT RATIO, Los Angeles, CA, pg. 35
Berenson, Ryan - Finance - WASSERMAN MEDIA GROUP, Los Angeles, CA, pg. 317
Berger, Rick - Finance - INTERACTIVE ADVERTISING BUREAU, New York, NY, pg. 90
Berghorn, Christine - Account Services, Finance, Media Department, NBC - PERFORMICS, New York, NY, pg. 676
Bernardo, Nick - Finance, Interactive / Digital, Media Department, PPM - HORIZON MEDIA, INC., New York, NY, pg. 474
Bernards, Carrie - Finance - ICON MEDIA DIRECT, Sherman Oaks, CA, pg. 476
Berry, Bill - Finance, NBC, PPOM, Public Relations - BERRY & COMPANY PUBLIC RELATIONS, New York, NY, pg. 583
Bert, Rodney - Finance, PPOM - LISTRAK, Lititz, PA, pg. 246
Best, Kris - Finance - BVK, Milwaukee, WI, pg. 339
Beutel, Johnette - Finance, Operations, PPOM - THE MCCARTHY COMPANIES, Dallas, TX, pg. 151
Beutel, Marjorie - Finance, PPOM - TERRI & SANDY, New York, NY, pg. 147
Bimm, Brian - Finance, PPOM - BIMM DIRECT & DIGITAL, Toronto, ON, pg. 280
Binninger, Anna - Finance - OGILVY PUBLIC RELATIONS, New York, NY, pg. 633
Bittner, Cindy - Finance, PPOM - ODNEY ADVERTISING AGENCY, Bismarck, ND, pg. 392
Bivona, Doug - finance, PPOM - STELLA RISING, Westport, CT, pg. 518
Bjork, Susan - Finance - PRR, Seattle, WA, pg. 399
Blackwell, Gerry - Finance - THE BRICK FACTORY, Washington, DC, pg. 269
Blaha, Joe - Finance, PPOM - MARCUS THOMAS, Cleveland, OH, pg. 104
Blake, Caroline - Finance, PPOM - THREE FIVE TWO, INC., Newberry, FL, pg. 271
Blasco, Tony - Finance, PPOM - ZENO GROUP, Chicago, IL, pg. 664
Blystone, Patty - Finance - RHEA & KAISER MARKETING, Naperville, IL, pg. 406
Boblink, David - Finance, PPOM - INTERSPORT, Chicago, IL, pg. 308
Bohn, Justin - Finance - ANSON-STONER, INC., Winter Park, FL, pg. 31
Bonoff, Donna - Finance - RTI RESEARCH, Norwalk, CT, pg. 449
Booth, Mike - Finance, PPOM - MARIS, WEST & BAKER, Jackson, MS, pg. 383
Bosetti, Maureen - Finance, Media Department - INITIATIVE, New York, NY, pg. 477
Bostic, Tawana - Finance - CARAT, Detroit, MI, pg. 461
Bostrom, Kristine M. - Finance - CRAMER, Norwood, MA, pg. 6
Boyer, Shyla - Finance - RESULTS DRIVEN MARKETING, Wichita, KS, pg. 291
Boyer, Rosy - Finance - BORDERS PERRIN NORRANDER, INC., Portland, OR, pg. 41
Bragas, Chris - Finance, Operations, PPOM - CARPENTER GROUP, New York, NY, pg. 48
Brandow, James - Finance, PPOM - THE HAWTHORN GROUP, Alexandria, VA, pg. 653
Bratton, Mike - Finance, PPOM -

1478

AGENCIES — RESPONSIBILITIES INDEX

BROKAW, INC., Cleveland, OH, *pg.* 43
Bray, Kiah - Finance - LEOPOLD KETEL & PARTNERS, Portland, OR, *pg.* 99
Brazelton, Kyle - Finance - AGENCY 720, Detroit, MI, *pg.* 323
Bremer, Keith - Finance, PPOM - DDB NEW YORK, New York, NY, *pg.* 59
Breslin, Ted - Finance, PPOM - CONVENTURES, INC., Boston, MA, *pg.* 685
Brewster, Lorie - Finance, PPOM - MERING, Sacramento, CA, *pg.* 114
Bridgewater, Debbie - Finance - MINDSTREAM MEDIA GROUP - DALLAS, Dallas, TX, *pg.* 496
Brigham, Tim - Finance, PPOM - DOTCMS, Miami, FL, *pg.* 230
Brito, Odalice - Finance, Interactive / Digital, Management - MINDSHARE, New York, NY, *pg.* 491
Brogan, Marcie - Finance, PPOM - IGNITE SOCIAL MEDIA, Cary, NC, *pg.* 686
Brooks, Stewart - Finance, PPOM - DEFINITION 6, Atlanta, GA, *pg.* 224
Brooks, Peter - Account Planner, Account Services, Finance - MEDIACOM, New York, NY, *pg.* 487
Broviak, Pat - Finance - HIRONS & COMPANY, Indianapolis, IN, *pg.* 86
Brown, Gary - Finance, PPOM - VENABLES BELL & PARTNERS, San Francisco, CA, *pg.* 158
Brown, George - Account Services, Finance, NBC - ACUPOLL RESEARCH, Milford, OH, *pg.* 441
Brown, Carmen - Finance, PPOM - TRIGGER: COMMUNICATIONS & DESIGN, Calgary, AB, *pg.* 427
Brown, Jeb - Finance, PPOM - YES&, Alexandria, VA, *pg.* 436
Brown, Zach - Creative, Finance, Management, Media Department - CRISPIN PORTER + BOGUSKY, Boulder, CO, *pg.* 346
Browne, Kathryn - Finance, PPOM - QUIGLEY-SIMPSON, Los Angeles, CA, *pg.* 544
Bruder, Marlene - Finance, PPOM - LOVIO-GEORGE, INC., Detroit, MI, *pg.* 101
Brukx, Bas - Finance, PPOM - CLARABRIDGE, INC., Reston, VA, *pg.* 167
Brummond, Robert - Finance, Operations, PPOM - SUNSTAR STRATEGIC, Alexandria, VA, *pg.* 651
Buchanan, Annie - Finance, PPOM - BULLDOG DRUMMOND, San Diego, CA, *pg.* 338
Buerkle, Jason - Finance, PPOM - RFBINDER PARTNERS, INC., New York, NY, *pg.* 642
Bukilica, Jana - Finance, PPOM - MJR CREATIVE GROUP, Fresno, CA, *pg.* 14
Bullock, Steve - Finance, PPOM - CERRELL ASSOCIATES, INC., Los Angeles, CA, *pg.* 589
Burfening, Jody - Finance, PPOM, Public Relations - LIPPERT / HEILSHORN & ASSOCIATES, INC., New York, NY, *pg.* 623

Burford, Nancy - Finance, PPOM - BURFORD COMPANY, Richmond, VA, *pg.* 45
Burke, Karen - Finance - THE SIMON GROUP, INC., Sellersville, PA, *pg.* 153
Burklin, Eddie - Finance, PPOM - RED MOON MARKETING, Charlotte, NC, *pg.* 404
Busch, Keith - Finance, PPOM - HITCHCOCK FLEMING & ASSOCIATES, INC., Akron, OH, *pg.* 86
Bush, Nora - Finance, PPOM - SPECIALISTS MARKETING SERVICES, INC., Hasbrouck Heights, NJ, *pg.* 292
Butler, Michael - Finance, PPOM - CREATIVE CHANNEL SERVICES, LLC, Los Angeles, CA, *pg.* 567
Byrd, Nicholas - Finance, PPOM - ESSENCE, San Francisco, CA, *pg.* 232
Cabalo, Orlando - Finance, PPOM - BIG IMAGINATION GROUP, Los Angeles, CA, *pg.* 685
Cabanlit, Febie - Finance - JASCULCA / TERMAN & ASSOCIATES, Chicago, IL, *pg.* 616
Cadieux, Andre - Finance - JOURNEY GROUP, Charlottesville, VA, *pg.* 377
Calabria, Christopher - Finance, PPOM - TUKAIZ, Franklin Park, IL, *pg.* 427
Caldwell, Trevor - Finance - MARCHEX, INC., Seattle, WA, *pg.* 675
Callis, Jim - Finance - CALLIS & ASSOCIATES, Sedalia, MO, *pg.* 46
Calvin, Helen - Finance, PPOM - JELLYVISION LAB, Chicago, IL, *pg.* 377
Cameron, Joe - Finance, PPOM - CAMERON ADVERTISING, Hauppauge, NY, *pg.* 339
Campanelli, David - Finance, PPOM - HORIZON MEDIA, INC., New York, NY, *pg.* 474
Campbell, Stewart - Finance, PPOM - TRACYLOCKE, Irving, TX, *pg.* 683
Campbell, Cammilla - Finance, Operations - EGAMI GROUP, New York, NY, *pg.* 539
Campbell, Deidre - Finance, PPOM - EDELMAN, New York, NY, *pg.* 599
Canales, Lynn - Finance - MARKET VISION, INC., San Antonio, TX, *pg.* 568
Cannon, James - Finance, PPOM - BBDO WORLDWIDE, New York, NY, *pg.* 331
Capparella, Lisa - Finance - THE BRANDON AGENCY, Myrtle Beach, SC, *pg.* 419
Carbonneau, Tom - Finance, PPOM - BOLIN MARKETING, Minneapolis, MN, *pg.* 41
Carhart, Ryan - Finance, PPOM - AUDIENCEX, Marina Del Rey, CA, *pg.* 35
Carroll, Christopher - Finance, PPOM - INTERPUBLIC GROUP OF COMPANIES, New York, NY, *pg.* 90
Carson, Marcy - Finance - CSM SPORTS & ENTERTAINMENT, Indianapolis, IN, *pg.* 55
Carter, Pem - Finance - SPURRIER GROUP, Richmond, VA, *pg.* 513

Carver, Deonna - Finance, PPOM - ON IDEAS, Jacksonville, FL, *pg.* 394
Cass, Steven - Finance - RUECKERT ADVERTISING, Albany, NY, *pg.* 136
Cassell, Charley - Finance, PPOM - VIBES MEDIA, Chicago, IL, *pg.* 535
Casson, Linda - Finance, Management, NBC - ARGONAUT, INC., San Francisco, CA, *pg.* 33
Castro, Sergio - Finance, Management - DIGITAS, Atlanta, GA, *pg.* 228
Cavazzini, Frank - Finance, PPOM - VMLY&R, New York, NY, *pg.* 160
Celerier, Eric - Finance - PUBLICIS HEALTH, New York, NY, *pg.* 639
Centron, Maggie - Finance - DAYNERHALL MARKETING & ADVERTISING, Orlando, FL, *pg.* 58
Chaba, Sy - Account Planner, Account Services, Finance, Management, PPOM - KELLY, SCOTT & MADISON, INC., Chicago, IL, *pg.* 482
Chan, Julie - Finance - FORMATIVE, Seattle, WA, *pg.* 235
Chandramohan, Dhanya - Finance, Interactive / Digital, Media Department - OMD, New York, NY, *pg.* 498
Chang, Annie - Finance - SOLEBURY TROUT, New York, NY, *pg.* 648
Chapman, Errol - Finance, PPOM - ENTERPRISE CANADA, Toronto, ON, *pg.* 231
Chapman, Scott - Finance - PARTNERS + NAPIER, Rochester, NY, *pg.* 125
Charlemagne, Lavell - Finance - ANALOGFOLK, New York, NY, *pg.* 439
Charriez, Awilda - Finance, Operations, PPOM - THE GATE WORLDWIDE, New York, NY, *pg.* 419
Chasse, Alicia - Finance - IDEA ENGINEERING, INC., Santa Barbara, CA, *pg.* 88
Chauvin, Jude - Finance, Operations, PPOM - TRUMPET ADVERTISING, New Orleans, LA, *pg.* 157
Chen, Gordon - Finance, Media Department - MEDIACOM, New York, NY, *pg.* 487
Chen, Ye-Ling - Finance - LIGHTBOX OOH VIDEO NETWORK, New York, NY, *pg.* 553
Cherpeski, Pat - Finance, PPOM - INTERCOMMUNICATIONS, INC., Newport Beach, CA, *pg.* 375
Chieffalo, Sal - Finance, PPOM - MEDIASSOCIATES, INC., Sandy Hook, CT, *pg.* 490
Chien, Barbara - Finance - MARDEN-KANE, INC., Syosset, NY, *pg.* 568
Choe, Kyong - Finance, Operations, PPOM - REPEQUITY, Washington, DC, *pg.* 263
Choudhury, Wasim - Finance, PPOM - MCD PARTNERS, New York, NY, *pg.* 249
Chrisman, Dawn - Finance - BAILEY BRAND CONSULTING, Plymouth Meeting, PA, *pg.* 2
Ciarleglio, Jodi - Finance, Interactive / Digital, Operations,

RESPONSIBILITIES INDEX — AGENCIES

PPM - CRONIN, Glastonbury, CT, pg. 55
Cieslak, Lisa - Finance, PPOM - GMR MARKETING, New Berlin, WI, pg. 306
Cinque, Adam - Finance, PPOM - ALLIED INTEGRATED MARKETING, Cambridge, MA, pg. 576
Ciricillo, Shannon - Account Services, Finance, Media Department - PHD USA, New York, NY, pg. 505
Clark, Teresa - Administrative, Finance - EPI - COLORSPACE, Gaithersburg, MD, pg. 181
Clark, Greg - Finance - ANOMALY, Toronto, ON, pg. 326
Clark, Roberta - Finance, PPOM - ESPARZA ADVERTISING, Albuquerque, NM, pg. 68
Clarke, Jennifer - Finance - LIEBERMAN RESEARCH WORLDWIDE, Los Angeles, CA, pg. 446
Clarke, Kim - Finance, PPOM - DIGITAL KITCHEN, Chicago, IL, pg. 225
Clemens, Carri - Finance, PPOM - LINHART PUBLIC RELATIONS, Denver, CO, pg. 622
Clevenger, Penny - Finance, PPOM - JACOBS & CLEVENGER, INC., Chicago, IL, pg. 286
Clippinger, Josie - Finance, PPOM - DMW WORLDWIDE, LLC, Chesterbrook, PA, pg. 282
Colapietro, Peter - Finance - HEARTS & SCIENCE, New York, NY, pg. 471
Colborn, Michael - Finance - S&A COMMUNICATIONS, Cary, NC, pg. 645
Cole, Brenda - Finance, PPOM - MORGAN + COMPANY, New Orleans, LA, pg. 496
Cole, Novena - Finance - HAWTHORNE ADVERTISING, Fairfield, IA, pg. 285
Collar, Kelly - Finance, Media Department - LEWIS COMMUNICATIONS, Birmingham, AL, pg. 100
Collins, Stacy - Finance, PPOM - RPMC, INC., Calabasas, CA, pg. 569
Collins, Nicole - Account Services, Finance, Media Department, PPM - OMD, New York, NY, pg. 498
Colotti, Agostino - Finance, Operations, PPOM - AFG&, New York, NY, pg. 28
Comito, John - Finance, PPOM - YOH, Philadelphia, PA, pg. 277
Commesso, Joe - Account Services, Finance, PPOM - IN PLACE MARKETING, Tampa, FL, pg. 374
Comotto, Mary Anne - Finance, PPOM - PARTNERS FOR INCENTIVES, Cleveland, OH, pg. 569
Comperda, Ken - Finance - OMD, Chicago, IL, pg. 500
Connaughton, Jennifer - Finance, PPOM - INNOVATIVE ADVERTISING, Mandeville, LA, pg. 375
Conner, Ed - Finance, PPOM - GENERAL LEARNING COMMUNICATIONS, Skokie, IL, pg. 466
Connors, Julie - Finance, PPOM - INTERPUBLIC GROUP OF COMPANIES, New York, NY, pg. 90
Connors, Anne-Marie - Finance - THE

SAWTOOTH GROUP, Red Bank, NJ, pg. 152
Conrad, Patti - Finance, PPOM - ZILKER MEDIA, Austin, TX, pg. 665
Cook, Ben - Finance - ELEVEN, INC., San Francisco, CA, pg. 67
Cooley, Debra - Finance, PPOM - POWER, Louisville, KY, pg. 398
Copia, Maggie - Administrative, Finance - THE RENDON GROUP, INC., Washington, DC, pg. 655
Corder, Kim - Finance - REDROC AUSTIN, Austin, TX, pg. 132
Corrigan, Ellen - Finance, PPOM - 3Q DIGITAL, San Mateo, CA, pg. 671
Corson, Sandy - Administrative, Finance - RAWLE-MURDY ASSOCIATES, Charleston, SC, pg. 403
Cortez, Desiree - Finance - DIMASSIMO GOLDSTEIN, New York, NY, pg. 351
Cottongim, Laura - Finance, PPOM - THE LOOMIS AGENCY, Dallas, TX, pg. 151
Council, Kim - Finance, PPOM - LEWIS ADVERTISING, INC., Rocky Mount, NC, pg. 380
Cox, Monica - Finance - THE MARTIN AGENCY, Richmond, VA, pg. 421
Cox, Michael - Finance, PPOM - FUSION MARKETING, St. Louis, MO, pg. 8
Crump, Amy - Finance, PPOM - THE VANDIVER GROUP, INC., Saint Louis, MO, pg. 425
Crutchfield, Karen - Finance - GOOD ADVERTISING, INC., Memphis, TN, pg. 365
Cruver, Tricia - Finance, PPOM - VANTAGEPOINT, INC., Greenville, SC, pg. 428
Cullen, Sean - Finance, PPOM - BMG, St. Charles, MO, pg. 335
Cummings, Gretchen - Finance, Media Department - BUTLER / TILL, Rochester, NY, pg. 457
Curtin, Julie - Finance, NBC, PPOM - DEVELOPMENT COUNSELLORS INTERNATIONAL, LTD., New York, NY, pg. 596
Dahltorp, Tim - Finance, PPOM - CLICKFOX, INC., Atlanta, GA, pg. 167
Dale, Randy - Finance, Operations, PPOM - ANDERSON DIRECT & DIGITAL, Poway, CA, pg. 279
Daly, Paula - Finance, PPOM - ANOMALY, New York, NY, pg. 325
Danziger, Greg - Finance, PPOM - UNITY MARKETING, INC., Stevens, PA, pg. 451
Dario, Anthony - Finance, Interactive / Digital, Media Department - HORIZON MEDIA, INC., New York, NY, pg. 474
Darling, Ted - Account Planner, Finance, NBC - ETHOS MARKETING & DESIGN, Westbrook, ME, pg. 182
Daukss, Regina - Finance, PPOM - SEYFERTH & ASSOCIATES, INC., Grand Rapids, MI, pg. 646
Dausmann, Katie - Finance - GRAY LOON MARKETING GROUP, Evansville, IN, pg. 365

Davey, George - Finance, PPOM - ROBERTSON+PARTNERS, Las Vegas, NV, pg. 407
Davidian, Liza - Account Services, Finance, Media Department - OMD, New York, NY, pg. 498
Davies, Bill - Finance, Operations, PPOM - JACK MORTON WORLDWIDE, Boston, MA, pg. 309
Davies, Brian - Finance, Operations - STARCOM WORLDWIDE, Chicago, IL, pg. 513
Davis, Stacie - Finance, PPOM - DIESTE, Dallas, TX, pg. 539
Davis, Craig M. - Finance, Operations, PPOM, Promotions - CGPR, Marblehead, MA, pg. 589
Davis, John - Finance, Operations - OMD, New York, NY, pg. 498
Davis, Tahnil - Finance - THE TRADE DESK, Ventura, CA, pg. 519
Davis, Cheryl - Finance, PPOM - 22SQUARED INC., Atlanta, GA, pg. 319
Davtyan, Edgar - Finance, PPOM - AYZENBERG GROUP, INC., Pasadena, CA, pg. 2
Day, Michael - Finance, PPOM - MEDIA ASSEMBLY, New York, NY, pg. 484
De Berge, Suzanne - Finance, PPOM - BRC FIELD & FOCUS SERVICES, Phoenix, AZ, pg. 442
de La Garza, Randy - Finance, PPOM - DE LA GARZA PUBLIC RELATIONS, INC., Houston, TX, pg. 595
Deans, Sue - Administrative, Finance, PPOM - WASSERMAN & PARTNERS ADVERTISING, INC., Vancouver, BC, pg. 429
DeJesus, Sylvia - Finance - GREY GROUP, New York, NY, pg. 365
Del Gigante, Joanne - Administrative, Finance - MDG ADVERTISING, Boca Raton, FL, pg. 484
Del Priore, Mark - Finance, PPOM - HARTE HANKS, INC., San Antonio, TX, pg. 284
Del Sarto, Dominique - Administrative, Finance, PPOM - KIRVIN DOAK COMMUNICATIONS, Las Vegas, NV, pg. 620
Delaney-Ellis, Susan - Finance - ROMANELLI COMMUNICATIONS, Clinton, NY, pg. 134
DeLucia, Ariana - Finance, PPOM - AR JAMES MEDIA, Woodbridge, NJ, pg. 549
Dembowski, David - Finance, NBC - IGNITIONONE, New York, NY, pg. 673
DeMong, Abby - Finance, Interactive / Digital, Media Department - SPARK FOUNDRY, Chicago, IL, pg. 510
Demyanyk, Lana - Account Services, Finance - AKRETE, Evanston, IL, pg. 575
Denerstein, Matthew - Finance, Media Department - MINDSHARE, New York, NY, pg. 491
Dennison, Dan - Finance - LINNIHAN FOY ADVERTISING, Minneapolis, MN, pg. 100
DeNyse, Dolly - Finance, NBC, PPOM

1480

AGENCIES
RESPONSIBILITIES INDEX

- WPP KANTAR MEDIA, Boston, MA, *pg.* 451
DeSantis, Debbie - Finance, Management - IGNITE SOCIAL MEDIA, Cary, NC, *pg.* 686
Deutchman, Jeff - Finance, NBC - NEON, New York, NY, *pg.* 120
Diamond, Stuart - Finance, PPOM - GROUPM, New York, NY, *pg.* 466
DiBella, Lisa - Finance - VIEWPOINT CREATIVE, Newton, MA, *pg.* 159
Dick, Sophie - Finance - AKQA, Atlanta, GA, *pg.* 212
Digman, Rachel - Finance - SMITH & JONES, Troy, NY, *pg.* 143
Dillon, John - Administrative, Finance, PPOM - LEE TILFORD AGENCY, Austin, TX, *pg.* 97
DiMaggio, Vincenzo - Finance, PPOM - MDC PARTNERS, INC., New York, NY, *pg.* 385
Dimond, Sue - Finance, PPOM - JORDAN ADVERTISING, Oklahoma City, OK, *pg.* 377
DiMuro, Joe - Finance, NBC, PPOM - BIG BLOCK, El Segundo, CA, *pg.* 217
Discher, Wendy - Finance - PRODUCT CREATION STUDIO, Seattle, WA, *pg.* 563
Disick, Rick - Finance, PPOM - BIG SPACESHIP, Brooklyn, NY, *pg.* 455
Disilvestro, Lou - Finance, PPOM - BURRELL COMMUNICATIONS GROUP, INC., Chicago, IL, *pg.* 45
Dobson, Jay - Finance - HAVAS EDGE, Portland, OR, *pg.* 284
Dolce, Len - Finance, Operations - DIGITAS HEALTH LIFEBRANDS, Philadelphia, PA, *pg.* 229
Domercq, Linda - Finance, Human Resources - BBDO SAN FRANCISCO, San Francisco, CA, *pg.* 330
Donati, Annalisa - Finance, PPOM - CAPTIVATE NETWORK, INC., Lowell, MA, *pg.* 550
Donovan, John - Finance, PPOM - CMI MEDIA, LLC, King of Prussia, PA, *pg.* 342
Doolittle, John - Finance, PPOM - DIVERSIFIED AGENCY SERVICES, New York, NY, *pg.* 351
Dorr, Lori - Account Services, Finance, Management - INNOCEAN USA, Huntington Beach, CA, *pg.* 479
Drake, Tony - Finance - DALTON + ANODE, Nashville, TN, *pg.* 348
Dreistadt, Susie - Finance, PPOM - INFINITY CONCEPTS, Export, PA, *pg.* 285
Drolec Mikek, Maja - Finance, PPOM - CELTRA, INC., Boston, MA, *pg.* 533
Drucker, Sandra - Finance, PPOM - AUSTIN & WILLIAMS ADVERTISING, Hauppauge, NY, *pg.* 328
Duarte, Mark - Finance, PPOM - DUARTE, Sunnyvale, CA, *pg.* 180
Duckett, Emily - Finance, Operations - HILL, Houston, TX, *pg.* 186
Duffy, Sarah - Finance, Media Department - HORIZON MEDIA, INC., New York, NY, *pg.* 474
Duffy, Ryan - Finance, Interactive / Digital, Social Media - SPACE150, New York, NY, *pg.* 266
Dumer, Tammy - Finance - GRAPEVINE COMMUNICATIONS, Sarasota, FL, *pg.* 78
Durante, Gina - Finance, Human Resources - CSM SPORT & ENTERTAINMENT, New York, NY, *pg.* 347
Dutra, Lilian - Finance - SUBLIME COMMUNICATIONS, Philadelphia, PA, *pg.* 415
Duwan, Lauren - Finance, Interactive / Digital, Media Department - ZENITH MEDIA, New York, NY, *pg.* 529
Dykema, Scot - Finance, PPOM - THE RICHARDS GROUP, INC., Dallas, TX, *pg.* 422
Eardensohn, Todd - Finance - BGR GROUP, Washington, DC, *pg.* 583
Eisendrath, Laurie - Finance, PPOM - ARCHETYPE, San Francisco, CA, *pg.* 33
Empringham, Erica - Account Services, Finance - DOVETAIL COMMUNICATIONS, INC., Richmond Hill, ON, *pg.* 464
Entrup, Tom - Finance, PPOM - DEUTSCH, INC., New York, NY, *pg.* 349
Eppehimer, Ryan - Finance, PPOM - GLOVER PARK GROUP, Washington, DC, *pg.* 608
Erickson, Kelly - Administrative, Finance - SWEENEY PUBLIC RELATIONS, Cleveland, OH, *pg.* 651
Ernst, Kerry - Finance, PPOM - BERLIN CAMERON, New York, NY, *pg.* 38
Eskilson, Kurt - Finance, PPOM - JONES HUYETT PARTNERS, Topeka, KS, *pg.* 93
Esposito, Chris - Finance, PPOM - GREY GROUP, New York, NY, *pg.* 365
Ettlemeyer, Martin - Finance, PPOM - FINN PARTNERS, New York, NY, *pg.* 603
Etzel, Sarah - Finance, NBC, PPOM - CALLAHAN CREEK, Lawrence, KS, *pg.* 4
Evans, Jennifer - Account Services, Finance, Operations - H&L PARTNERS, Atlanta, GA, *pg.* 369
Evans, Milan - Finance - BELO + COMPANY, Dallas, TX, *pg.* 216
Fagan - Miranda, Audrey - Finance, PPOM - MENTUS, San Diego, CA, *pg.* 386
Fala, Steve - Finance, Operations - GOODWIN DESIGN GROUP, Wallingford, PA, *pg.* 185
Fall, Donald - Finance, PPOM - FALL ADVERTISING, Santee, CA, *pg.* 70
Fallon, Patrick - Finance - POSTWORKS, New York, NY, *pg.* 195
Farca, Margareta - Account Services, Finance - UNIVERSAL MCCANN DETROIT, Birmingham, MI, *pg.* 524
Farnsworth, Landon - Finance, PPOM - REAGAN OUTDOOR ADVERTISING, Salt Lake City, UT, *pg.* 557
Farris, Ed - Finance, PPOM - FARRIS MARKETING, Youngstown, OH, *pg.* 357
Fasseel, Maribeth - Finance - THE MARS AGENCY, Southfield, MI, *pg.* 683
Fatsi, Tom - Finance, Operations - THE KARPEL GROUP, New York, NY, *pg.* 299
Federico, Dan - Finance, PPOM - SOCIALCODE, Washington, DC, *pg.* 688
Feetham, Donna - Finance, PPOM - SAMETZ BLACKSTONE ASSOCIATES, Boston, MA, *pg.* 197
Feldman, Larry - Finance, PPOM - LEHIGH MINING & NAVIGATION, Allentown, PA, *pg.* 97
Feliciano, Edwin - Finance, Operations, PPOM - APCO WORLDWIDE, New York, NY, *pg.* 578
Ferderer, Todd - Administrative, Finance - PREMIER PARTNERSHIPS, Santa Monica, CA, *pg.* 314
Feriancek, Mark - Finance, NBC, Operations, PPOM - CARMICHAEL LYNCH, Minneapolis, MN, *pg.* 47
Ferrante, Lucia - Finance, PPOM - ARNOLD WORLDWIDE, Boston, MA, *pg.* 33
Ferreri, Ed - Finance - ADVANTIX DIGITAL, Addison, TX, *pg.* 211
Figueroa, Douglas - Finance - UNIVERSAL MCCANN, New York, NY, *pg.* 521
Finkle, Sheldon - Finance, PPOM - E&M MEDIA GROUP, Jericho, NY, *pg.* 282
Finley, Elyse - Finance - THE&PARTNERSHIP, New York, NY, *pg.* 426
Fiore, Mike - Finance, PPOM - RADICAL MEDIA, New York, NY, *pg.* 196
Fiore, Robert - Finance, Operations, PPOM - PLUSMEDIA, LLC, Danbury, CT, *pg.* 290
Fireman, Gail - Finance, Research - FIREMAN CREATIVE, Pittsburgh, PA, *pg.* 183
Fischer, Jeff - Account Services, Finance, Operations - EP+CO., Greenville, SC, *pg.* 356
Fitzgerald, Tim - Finance, PPOM - FITZGERALD PR INC., Cumming, GA, *pg.* 604
Fleischman, Michael - Finance, PPOM - DIGITAL REMEDY, New York, NY, *pg.* 226
Fleming, Anita - Finance - THE STONE AGENCY, Raleigh, NC, *pg.* 20
Fletcher, John - Finance, PPOM - CROWLEY WEBB & ASSOCIATES, Buffalo, NY, *pg.* 55
Fletcher, Jean - Finance, PPOM - CROWLEY WEBB & ASSOCIATES, Buffalo, NY, *pg.* 55
Fletcher, Jill - Account Services, Finance, PPOM - ADPERIO, Denver, CO, *pg.* 533
Fone, Thomas - Finance, Interactive / Digital - ZENITH MEDIA, New York, NY, *pg.* 529
Fortenberry, Micah - Finance, Operations - STARCOM WORLDWIDE, Chicago, IL, *pg.* 513
Foss, Sarah - Creative, Finance - FREEWHEEL, New York, NY, *pg.* 465

1481

RESPONSIBILITIES INDEX — AGENCIES

Foster, BJ - Finance, PPOM - PRR, Seattle, WA, *pg.* 399
Foulsham, Adam - Finance - WUNDERMAN THOMPSON, New York, NY, *pg.* 434
Fox, Jim - Administrative, Finance - MERCER CREATIVE GROUP, Vancouver, BC, *pg.* 191
Fragos, Vasso - Finance - MEDIA EXPERTS, Montreal, QC, *pg.* 485
Freas, Bridget - Finance - INNERWORKINGS, INC., Chicago, IL, *pg.* 375
Frederick, Rebecca - Finance - CMI MEDIA, LLC, King of Prussia, PA, *pg.* 342
French, Michael - Administrative, Finance - FAMILY FEATURES, Mission, KS, *pg.* 297
Frisbee, Aaron - Finance - BISIG IMPACT GROUP, Louisville, KY, *pg.* 583
Friske, Jason - Finance - UNDERTONE, New York, NY, *pg.* 273
Funsten, David - Finance - SOURCELINK, LLC, Itasca, IL, *pg.* 292
Furiga, Brenda - Finance, PPOM - WORDWRITE COMMUNICATIONS, Pittsburgh, PA, *pg.* 663
Gajjar, Raina - Finance, PPOM - FTI CONSULTING, New York, NY, *pg.* 606
Gall, Ashley - Finance, NBC, PPOM, Promotions - LAURA BURGESS MARKETING, New Bern, NC, *pg.* 622
Gallant, Anita - Account Services, Finance, Media Department, Operations - WAVEMAKER, New York, NY, *pg.* 526
Gallwitz, Jay - Finance, Operations - KWT GLOBAL, New York, NY, *pg.* 621
Galonek, Ann - Finance, PPOM - ALL STAR INCENTIVE MARKETING, Fiskdale, MA, *pg.* 565
Gants, Paola - Finance - HILL+KNOWLTON STRATEGIES, Washington, DC, *pg.* 613
Gapinski, Jill - Account Services, Finance, Human Resources - SCALES ADVERTISING, Minneapolis, MN, *pg.* 138
Garcia, Danielle - Finance, PPOM - TROLLBACK & COMPANY, New York, NY, *pg.* 203
Garcia-DeJesus, Diana - Finance, Interactive / Digital - STARCOM WORLDWIDE, New York, NY, *pg.* 517
Gargulak, Hannah - Finance - R/GA, Chicago, IL, *pg.* 261
Garofalo, Elise - Finance, PPOM - OUTBRAIN, INC., New York, NY, *pg.* 256
Garrison, Lisa - Finance, Operations - JAYMIE SCOTTO & ASSOCIATES, Middlebrook, VA, *pg.* 616
Gasperlin, Bruce - Finance, PPOM - HAWORTH MARKETING & MEDIA, Minneapolis, MN, *pg.* 470
Gauthier, Louise - Finance, PPOM - CARAT, Montreal, QC, *pg.* 461
Gaythwaite, Tami - Finance, Operations, PPOM - CENTERLINE DIGITAL, Raleigh, NC, *pg.* 220

Gee, Justin - Finance, PPOM - LAIRD + PARTNERS, New York, NY, *pg.* 96
Geleto, Birhanie - Finance - DEWEY SQUARE GROUP, Washington, DC, *pg.* 597
Gero, Alex - Finance - BRIGHTLINE, New York, NY, *pg.* 219
Gerson, Daniel - Finance, Operations, PPOM - GROUP TWO ADVERTISING, INC., Philadelphia, PA, *pg.* 78
Ghai, Kiran - Finance, PPOM - KINGSTAR DIRECT, INC., Toronto, ON, *pg.* 562
Gibbons, Ed - Finance, PPOM - BROADSTREET, New York, NY, *pg.* 43
Gilbert, Patti - Finance - PAC / WEST COMMUNICATIONS, Wilsonville, OR, *pg.* 635
Gilbertson, Jim - Finance, PPOM - BLUESPIRE INC., Minneapolis, MN, *pg.* 335
Gilbreath, Wardell - Finance, PPOM - GILBREATH COMMUNICATIONS, INC., Houston, TX, *pg.* 541
Gildea, Patrick - Finance, PPOM - GUMGUM, Santa Monica, CA, *pg.* 80
Gillespie, Marty - Finance, PPOM - CORPORATE MAGIC INC, Richardson, TX, *pg.* 303
Ginsburg, Bob - Finance, PPOM - SPARKS, Philadelphia, PA, *pg.* 315
Giudice, Ron - Finance, Operations - BLUE HERON COMMUNICATIONS, Norman, OK, *pg.* 584
Glover, Terrence - Account Services, Analytics, Finance, Interactive / Digital - INITIATIVE, Los Angeles, CA, *pg.* 478
Goddard, Laura - Finance, PPM, PPOM - TVA MEDIA GROUP, Studio City, CA, *pg.* 293
Goeden, Rebecca - Finance - MEDIA ONE ADVERTISING, Sioux Falls, SD, *pg.* 112
Goehring, Theresa - Finance, Interactive / Digital, Media Department - STARCOM WORLDWIDE, New York, NY, *pg.* 517
Goldburd, Rita - Finance - RYMAX MARKETING SERVICES, Pine Brook, NJ, *pg.* 569
Goldman, Ellen - Finance, Operations, PPOM - SUDLER & HENNESSEY, New York, NY, *pg.* 145
Goldman Levin, Cynthia - Finance, Interactive / Digital, NBC - MINDSHARE, New York, NY, *pg.* 491
Gonsalves, Dolores - Finance, PPOM - STRATEGIS, Boston, MA, *pg.* 414
Gonzales, Dieter - Finance, PPOM - LUXE COLLECTIVE GROUP, New York, NY, *pg.* 102
Gonzales, DeAnna - Finance, Operations - FIFTEEN DEGREES, New York, NY, *pg.* 358
Gonzalez, Mary - Finance, PPOM - GONZALEZ MARKETING, Anchorage, AK, *pg.* 610
Goodmark, Matt - Account Planner, Finance, Media Department - HEARTS & SCIENCE, New York, NY, *pg.* 471
Goodwin, Lynn - Finance, PPOM - CREATIVE MARKETING RESOURCE, INC.,

Chicago, IL, *pg.* 54
Gordon, Bob - Finance, Operations, PPOM - CARYL COMMUNICATIONS, INC., Paramus, NJ, *pg.* 589
Gousset, Paige - Finance - MARIS, WEST & BAKER, Jackson, MS, *pg.* 383
Graber, Scott - Finance, PPOM - KAESER & BLAIR, Batavia, OH, *pg.* 567
Grady, Jamie - Finance - GREY MIDWEST, Cincinnati, OH, *pg.* 366
Graells, Manuela - Finance - ALMA, Coconut Grove, FL, *pg.* 537
Graham, Doug - Finance, PPOM - BIGBUZZ MARKETING GROUP, New York, NY, *pg.* 217
Granberry, Kimberly - Finance, PPOM - PROOF ADVERTISING, Austin, TX, *pg.* 398
Grant, Jill - Finance - MEDIA STORM, New York, NY, *pg.* 486
Graves, Will - Finance, PPOM - MINDSHARE, New York, NY, *pg.* 491
Gray-Kaliski, Kim - Finance, Human Resources - RAZORFISH HEALTH, Chicago, IL, *pg.* 132
Green, John - Finance, NBC, PPOM, Research - CARMICHAEL LYNCH, Minneapolis, MN, *pg.* 47
Greenberg, Joel - Finance - THE / MARKETING / WORKS, Ottawa, ON, *pg.* 19
Greenstein, Gary - Finance, PPOM - VECTOR MEDIA, New York, NY, *pg.* 558
Grenache, Jean-Francois - Finance, PPOM - NEWAD, Montreal, QC, *pg.* 554
Griffeth, Marty - Finance, PPOM - KCD, INC., New York, NY, *pg.* 94
Griffin, Debra - Finance, PPOM - TIERNEY COMMUNICATIONS, Philadelphia, PA, *pg.* 426
Griffin, Josie - Finance, Human Resources - MARRINER MARKETING COMMUNICATIONS, Columbia, MD, *pg.* 105
Griffiths, Chuck - Finance - LUQUIRE GEORGE ANDREWS, INC., Charlotte, NC, *pg.* 382
Grimes, Tracy - Finance - FINCH BRANDS, Philadelphia, PA, *pg.* 7
Grindberg, Karen - Finance, PPOM - FLINT COMMUNICATIONS, INC., Fargo, ND, *pg.* 359
Grob, Tim - Finance - POINT B COMMUNICATIONS, Chicago, IL, *pg.* 128
Grondines, Cindy - Finance - INDUSTRIAL STRENGTH MARKETING, INC., Nashville, TN, *pg.* 686
Groom, Chris - Account Services, Finance - THE ZIMMERMAN AGENCY, Tallahassee, FL, *pg.* 426
Gros, Kim - Finance - THE OHLMANN GROUP, Dayton, OH, *pg.* 422
Gross, Michael - Finance, PPOM - SIEGEL & GALE, New York, NY, *pg.* 17
Grosso, Holly - Administrative, Finance - ALL TERRAIN, Chicago, IL, *pg.* 302
Groszek, Joanna - Finance, PPOM - JOHN ST., Toronto, ON, *pg.* 93
Groth, Kyle - Finance - MAHALO SPIRITS GROUP, Delray Beach, FL, *pg.* 13

AGENCIES

RESPONSIBILITIES INDEX

Gruber, Elinor - Finance - DEWEY SQUARE GROUP, Washington, DC, *pg.* 597

Grudier, Valarie - Finance, Management, Operations - GARD COMMUNICATIONS, Portland, OR, *pg.* 75

Grummett, Mark - Finance, PPOM - HEALTHWISE CREATIVE RESOURCE GROUP, Toronto, ON, *pg.* 83

Guidinger, Casey - Finance, Operations - ALLING HENNING & ASSOCIATES, Vancouver, WA, *pg.* 30

Guillemette, Cynthia - Finance - DENTSUBOS INC., Montreal, QC, *pg.* 61

Gungormez, Allan - Account Services, Finance - HI5.AGENCY, Burbank, CA, *pg.* 239

Guo, Wei - Finance - BENENSON STRATEGY GROUP, New York, NY, *pg.* 333

Gusman, Andy - Finance, PPOM - DON JAGODA ASSOCIATES, Melville, NY, *pg.* 567

Guthrie, J M - Account Services, Finance, Management - AUTHENTIC, Richmond, VA, *pg.* 214

Gwisdala, Kelly - Finance - MARX LAYNE & COMPANY, Farmington Hills, MI, *pg.* 626

Haase, Jason - Analytics, Finance - APOLLO INTERACTIVE, El Segundo, CA, *pg.* 214

Habtu, Siggy - Finance, Operations - AMEREDIA, INC., San Francisco, CA, *pg.* 325

Hackney, Alice - Administrative, Finance - BACKBONE MEDIA, Carbondale, CO, *pg.* 579

Hager, Lorie - Finance, PPOM - WENDT, Great Falls, MT, *pg.* 430

Hakkers, Flavia - Finance, Operations - M8, Miami, FL, *pg.* 542

Halbur, Annette - Finance, Human Resources - TRILIX MARKETING GROUP, INC., Des Moines, IA, *pg.* 427

Hall, Johnathan - Finance, PPOM - DREAMSPAN, Phoenix, AZ, *pg.* 7

Hall, Vicki - Finance - STONE WARD ADVERTISING, Little Rock, AR, *pg.* 413

Hall, Beverly - Finance - THOMA THOMA CREATIVE, Little Rock, AR, *pg.* 155

Halleran, David - Finance, PPOM - PUBLICIS WEST, Seattle, WA, *pg.* 130

Halper, Bryan - Finance, NBC - PROHASKA CONSULTING, New York, NY, *pg.* 130

Hamidi, Natasha - Finance, Human Resources, Operations - MARKETING FACTORY, INC., Venice, CA, *pg.* 383

Hamrahi, Joe - Finance, PPOM - M BOOTH & ASSOCIATES, INC. , New York, NY, *pg.* 624

Hancock, Gigi - Finance, PPOM - DG STUDIOS, Houston, TX, *pg.* 179

Hanke, Jenny - Finance, Human Resources - LP&G, INC., Tucson, AZ, *pg.* 381

Hansen, Kathy - Finance - AZAVAR TECHNOLOGIES CORPORATION, Chicago, IL, *pg.* 215

Hansen, Eric - Finance, Operations, PPOM - REDPEG MARKETING, Alexandria, VA, *pg.* 692

Hara, David - Finance, PPOM - 3H COMMUNICATIONS, INC., Oakville, ON, *pg.* 321

Hardy, Grace - Finance - AKQA , Washington, DC, *pg.* 212

Harker, Alan - Finance, PPOM - VAYNERMEDIA, New York, NY, *pg.* 689

Harmelin, Jon - Finance, PPOM - HARMELIN MEDIA, Bala Cynwyd, PA, *pg.* 467

Harms, Jane - Administrative, Finance, Human Resources - PAULSEN MARKETING COMMUNICATIONS , Sioux Falls, SD, *pg.* 126

Harnisch, Terry - Finance, PPOM - FILTER, Seattle, WA, *pg.* 234

Harrington, Peter - Finance, PPOM - THE SEARCH AGENCY, Glendale, CA, *pg.* 677

Harris, David - Finance, PPOM - SARD VERBINNEN, New York, NY, *pg.* 646

Harrison, Jill - Finance, Management, NBC - NORTH WOODS ADVERTISING, Minneapolis, MN, *pg.* 121

Harrison, Mark - Finance - HARRISON MEDIA, Harrison Township, MI, *pg.* 468

Hart, Carol - Finance, PPOM - MOVE COMMUNICATIONS, Ann Arbor, MI, *pg.* 389

Harvey, Deborah - Finance, PPOM - ADRENALINE, INC., Atlanta, GA, *pg.* 172

Hayden, Danielle - Finance, PPOM - NAS RECRUITMENT COMMUNICATIONS, Cleveland, OH, *pg.* 667

Hayes, Debbie - Finance, Operations - RONALD TRAHAN ASSOCIATES, INC., Medfield, MA, *pg.* 644

Hayes, Peggy - Finance - NEMER, FIEGER & ASSOCIATES, Minneapolis, MN, *pg.* 391

Hazlett, Dale - Finance, PPOM - DEG DIGITAL, Overland Park, KS, *pg.* 224

Healey, Bobby - Finance, PPOM - LOCAL PROJECTS, New York, NY, *pg.* 190

Hebert, Denese - Administrative, Finance - KOVEL FULLER, Culver City, CA, *pg.* 96

Helmer, Bethany - Finance, PPOM - WESTGROUP RESEARCH, Phoenix, AZ, *pg.* 451

Hernandez, Natasha - Administrative, Finance - LAPLACA COHEN ADVERTISING, New York, NY, *pg.* 379

Herrick, Rebecca - Finance, PPOM, Public Relations - LIPPERT / HEILSHORN & ASSOCIATES, INC., San Francisco, CA, *pg.* 623

Hertzberg, Kyle - Account Services, Finance - DIGITAS, New York, NY, *pg.* 226

Higginbotham, Brett - Finance - TALLWAVE, Scottsdale, AZ, *pg.* 268

Highsmith, Rick - Account Services, Finance, PPOM - CLIXO, Denver, CO, *pg.* 221

Hildebrandt, Lisa - Account Services, Finance - UNIVERSAL MCCANN DETROIT, Birmingham, MI, *pg.* 524

Hillier, Ruth - Finance - FUSION MARKETING, St. Louis, MO, *pg.* 8

Himelfarb, Mark - Finance, PPOM - PUBLICIS NORTH AMERICA, New York, NY, *pg.* 399

Hines, Virginia - Finance, Operations, PPOM - PERISCOPE, Minneapolis, MN, *pg.* 127

Hinman, Lisa - Finance, PPOM - BONFIRE LABS, San Francisco, CA, *pg.* 175

Hirshon, Jennifer - Administrative, Finance - DEZENHALL RESOURCES, Washington, DC, *pg.* 597

Hite, Jeff - Finance, PPOM - SHEPHERD AGENCY, Jacksonville, FL, *pg.* 410

Hochhauser, Lauren - Finance, Media Department - HORIZON MEDIA, INC., New York, NY, *pg.* 474

Hoey, Rich - Finance, PPOM - DIRECT ASSOCIATES , Natick, MA, *pg.* 62

Hofford, Pat - Finance, PPOM - SEARCH DISCOVERY, INC., Atlanta, GA, *pg.* 677

Hofmann, Monica - Finance, PPOM - FCB TORONTO, Toronto, ON, *pg.* 72

Hohenstein, Nancy - Finance - STERLING-RICE GROUP, Boulder, CO, *pg.* 413

Holbert, Brent - Finance, PPOM - FAHLGREN MORTINE PUBLIC RELATIONS, Columbus, OH, *pg.* 70

Holcomb, Patrick - Finance, Interactive / Digital - ADEPT MARKETING, Columbus, OH, *pg.* 210

Holman, Stephanie - Finance - OCEAN MEDIA, INC., Huntington Beach, CA, *pg.* 498

Hooper, Debbie - Finance - ASD / SKY, Atlanta, GA, *pg.* 173

Hootman, Tom - Finance, NBC - HANAPIN MARKETING, Bloomington, IN, *pg.* 237

Hoppe, Dennis - Finance, Operations, PPOM - TBWA\WORLDHEALTH, Chicago, IL, *pg.* 147

Hopson, Johnice L. - Finance - THE COMMUNICATIONS GROUP, Little Rock, AR, *pg.* 149

Hormel, Karen - Finance, PPOM - COMMUNICATORS GROUP, Keene, NH, *pg.* 344

Horn, Juliet - Account Services, Finance, Management - DKC PUBLIC RELATIONS, New York, NY, *pg.* 597

Horning, Charlie - Finance - GAGE, Minneapolis, MN, *pg.* 361

Horton, Chantelle - Finance, PPOM - EEI GLOBAL, Rochester Hills, MI, *pg.* 304

Houghton, Traci - Finance - PENNA POWERS BRIAN HAYNES, Salt Lake City, UT, *pg.* 396

Houghton, John - Finance - RTI RESEARCH, Norwalk, CT, *pg.* 449

Houston, David - Finance, PPOM - LIVEWORLD, San Jose, CA, *pg.* 246

Howe, Nora - Finance, PPOM -

1483

RESPONSIBILITIES INDEX — AGENCIES

POTOMAC COMMUNICATIONS GROUP, INC., Washington, DC, *pg.* 638

Howell, Lloyd - Finance, Management, Public Relations - BOOZ ALLEN HAMILTON, McLean, VA, *pg.* 218

Hughes, Mark - Finance, PPOM - BREAKING LIMITS MARKETING, LLC., High Point, NC, *pg.* 303

Hunnewell, Jeremy - Finance, PPOM - ZEHNDER COMMUNICATIONS, INC., New Orleans, LA, *pg.* 436

Hunter, Anne - Creative, Finance, NBC - KANTAR MEDIA, New York, NY, *pg.* 446

Huston, Jim - Account Services, Finance, PPOM - ASPEN MARKETING SERVICES, West Chicago, IL, *pg.* 280

Hyde–Nordloh, Becky - Finance, PPOM - DESKEY INTEGRATED BRANDING, Cincinnati, OH, *pg.* 7

Ilog, Erickson - Finance, Operations, PPOM - ZAMBEZI, Culver City, CA, *pg.* 165

Irvin, Tom - Finance - THE BUNTIN GROUP, Nashville, TN, *pg.* 148

Ivy, Carol - Finance, PPOM - CMS, INC., Los Angeles, CA, *pg.* 303

Izzo, Tony - Finance, PPOM - GIRALDI MEDIA, New York, NY, *pg.* 466

Jackson, Scott - Finance - CLOCKWORK ACTIVE MEDIA, Minneapolis, MN, *pg.* 221

Jackson, Kelly - Finance - FRANKLIN STREET MARKETING & ADVERTISING, Richmond, VA, *pg.* 360

Jacobs, Evan - Finance, PPOM - KAPLOW COMMUNICATIONS, New York, NY, *pg.* 618

Jaklovsky, Jolana - Finance, PPOM - POLAR DESIGN, Charlestown, MA, *pg.* 257

James, Courtney - Finance, Operations - SPARKS GROVE, INC., Atlanta, GA, *pg.* 199

James, Susan - Finance, PPOM - GODWIN GROUP, Jackson, MS, *pg.* 364

Jawski, Greg - Account Services, Finance, Management, Public Relations - PORTER NOVELLI, New York, NY, *pg.* 637

Jayasinghe, Rukshan - Finance, Interactive / Digital - CANVAS WORLDWIDE, Playa Vista, CA, *pg.* 458

Jenkinson, Brian - Finance, PPOM - TMPG MEDIA, White Plains, NY, *pg.* 299

Jennings, Renee - Finance, PPOM - JOAN, New York, NY, *pg.* 92

Jensen, Christopher - Finance, PPOM - PINNACLE EXHIBITS, Hillsboro, OR, *pg.* 556

Jinkiri, Maigari - Finance, NBC, PPOM - EBIQUITY, New York, NY, *pg.* 444

Johnson, Un - Finance - MARKETING GENERAL, INC., Alexandria, VA, *pg.* 288

Johnson, Matt - Account Services, Finance, Management, Media Department, NBC, PPOM - HAYMAKER, Los Angeles, CA, *pg.* 83

Johnson, Daron - Finance, PPOM - BROWN & BIGELOW, St. Paul, MN, *pg.* 566

Johnston, Marc - Finance, PPOM - DIRECTAVENUE, INC., Carlsbad, CA, *pg.* 282

Jones, Bud - Finance, Operations - MIND ACTIVE, St. Louis, MS, *pg.* 675

Jones, Tim - Finance, PPOM - MCKINNEY, Durham, NC, *pg.* 111

Jones, Janine - Finance, PPOM - SKY ADVERTISING, INC., New York, NY, *pg.* 142

Jones, Cassie - Finance - HEALTHSTAR COMMUNICATIONS, Mahwah, NJ, *pg.* 83

Jones, Sara - Finance, PPOM - BBDO ATL, Atlanta, GA, *pg.* 330

Jones, Jennie - Finance, Media Department - BUTLER / TILL, Rochester, NY, *pg.* 457

Jones, Latoria - Finance - QORVIS COMMUNICATIONS, LLC, Washington, DC, *pg.* 640

Judge, Kate - Account Services, Finance, Media Department - ZENITH MEDIA, Chicago, IL, *pg.* 531

Jungwirth, Mark - Finance, Interactive / Digital, PPOM - FCB CHICAGO, Chicago, IL, *pg.* 71

Justice, Renae - Finance, NBC, Operations - THE ADVOCATE AGENCY, Chehalis, WA, *pg.* 148

Kaczmarski, Michael - Finance, PPOM - MAKOVSKY & COMPANY, INC., New York, NY, *pg.* 624

Kain-Cacossa, Marnie - Account Services, Finance, NBC, PPOM - GREY GROUP, New York, NY, *pg.* 365

Kaiser, Brian - Finance, PPOM - WALL TO WALL STUDIOS, Pittsburgh, PA, *pg.* 204

Kane, Sue - Finance - STARMARK INTERNATIONAL, INC., Fort Lauderdale, FL, *pg.* 412

Karnitz, Rhonda - Administrative, Finance, Media Department - SPD&G, Yakima, WA, *pg.* 411

Katz, Minda - Finance, PPOM - OMNI ADVERTISING, Boca Raton, FL, *pg.* 394

Katzen, Ronald - Finance - HORICH HECTOR LEBOW ADVERTISING, Hunt Valley, MD, *pg.* 87

Kaufmann, Ben - Finance, PPOM - MARKETSTAR CORPORATION, Ogden, UT, *pg.* 383

Kaulius, Barbara - Finance, PPOM - JK DESIGN, Hillsborough, NJ, *pg.* 481

Keenan, Lori - Finance - ETHOS MARKETING & DESIGN, Westbrook, ME, *pg.* 182

Keeshan, Harry - Finance, Management, Media Department, PPOM - PHD USA, New York, NY, *pg.* 505

Kelder Plascencia, Christine - Finance - CAMP + KING, San Francisco, CA, *pg.* 46

Kennedy, Laura - Finance - MAIER ADVERTISING, INC., Farmington, CT, *pg.* 103

Keown, Jimmy - Account Planner, Account Services, Finance, Media Department, NBC - BARKLEY, Kansas City, MO, *pg.* 329

Kern, Shane - Finance, PPOM - 3Q DIGITAL, Chicago, IL, *pg.* 208

Kessler, Ben - Finance - 7SUMMITS, Milwaukee, WI, *pg.* 209

Keyes, Kaela - Finance, Interactive / Digital, Media Department - HAVAS MEDIA GROUP, Boston, MA, *pg.* 470

Kides, Judy - Finance, Operations - BIOLUMINA, New York, NY, *pg.* 39

Kielty, Brian - Finance, Operations, PPOM - HEALTHCARE CONSULTANCY GROUP, New York, NY, *pg.* 83

Killian, Mike - Finance, PPOM - COOPER-SMITH ADVERTISING, Toledo, OH, *pg.* 462

King, Lisa - Finance, PPOM - SPAWN, Anchorage, AK, *pg.* 648

King, Scott - Finance, PPOM - KENDAL KING GROUP, Kansas City, MO, *pg.* 188

King, David - Finance, PPOM - ANCHOR MEDIA SERVICES, LLC, New City, NY, *pg.* 454

Kingston, Brian - Finance, PPOM - MODOP, Los Angeles, CA, *pg.* 251

Kislan, Andrea - Administrative, Finance - ASSOCIATION OF NATIONAL ADVERTISERS, New York, NY, *pg.* 442

Klatman, Christine - Finance - STERLING-RICE GROUP, Boulder, CO, *pg.* 413

Klee, Leigh Ann - Finance, Operations, PPOM - PACE COMMUNICATIONS, Greensboro, NC, *pg.* 395

Knight, Kristopher - Finance, PPOM - BOOYAH ONLINE ADVERTISING, Denver, CO, *pg.* 218

Koehler, Trish - Finance, PPOM - INSIGHT MARKETING, LLC, Grafton, WI, *pg.* 616

Koeneman, Claire - Finance, Management, NBC, PPOM - BULLY PULPIT INTERACTIVE, Washington, DC, *pg.* 45

Kokomoor, Lynnette - Finance, Human Resources, PPOM - BANDY CARROLL HELLIGE, Louisville, KY, *pg.* 36

Kopec, Bernadetta - Finance - SPARK FOUNDRY, Chicago, IL, *pg.* 510

Kornett, Dave - Finance, Management, Media Department - OMD, New York, NY, *pg.* 498

Kornyk, Colleen - Finance, Management, PPOM - CRM UNLEASHED, Abbotsford, BC, *pg.* 167

Kortz, Henry - Finance - LOCATION3 MEDIA, Denver, CO, *pg.* 246

Kotin, Meryl - Finance, PPOM - VERTICAL MARKETING NETWORK, Tustin, CA, *pg.* 428

Kowalewski, Cathy - Finance, PPOM - GKV, Baltimore, MD, *pg.* 364

Kraft, Alan - Finance, PPOM - MEDIA HORIZONS, INC., Norwalk, CT, *pg.* 288

Krewson, Brett - Finance - HANSON, INC., Toledo, OH, *pg.* 237

Krieger, Peter - Finance, Operations, PPOM - LIGHTBOX OOH VIDEO NETWORK, New York, NY, *pg.* 553

Kron, Stephen - Finance, PPOM -

AGENCIES — RESPONSIBILITIES INDEX

KREBER, Columbus, OH, *pg.* 379
Kula, Ken - Finance, PPOM - ELEVEN, INC., San Francisco, CA, *pg.* 67
Lamm, Dawn - Finance, PPOM - SPACE150, Minneapolis, MN, *pg.* 266
Landry, Rod - Finance, PPOM - GO! EXPERIENCE DESIGN, New York, NY, *pg.* 307
Lanier, Steve - Finance - HAHN PUBLIC COMMUNICATIONS, Austin, TX, *pg.* 686
Lantz, Rose - Finance, Human Resources, PPOM - WHITE GOOD & COMPANY, INC., Lancaster, PA, *pg.* 430
Lanuto, Frank - Finance, PPOM - MDC PARTNERS, INC., New York, NY, *pg.* 385
Lapitan, Glenda - Finance - LPI GROUP, Calgary, AB, *pg.* 12
Lassen, Donna - Finance, PPOM - THE POINT GROUP, Dallas, TX, *pg.* 152
Laub, Robert - Finance, PPOM - BLUE STATE DIGITAL, New York, NY, *pg.* 335
Laughlin, Chris - Finance, Operations - BAILEY LAUERMAN, Omaha, NE, *pg.* 35
LaVoun, Tara - Administrative, Finance, Operations - PORTER NOVELLI, New York, NY, *pg.* 637
Law, Michael - Finance, PPOM - WAVEMAKER, New York, NY, *pg.* 526
Law-Gisiko, Peter - Finance, PPOM - VMLY&R, New York, NY, *pg.* 160
Lawrence, Jeff - Finance, PPOM - BLR FURTHER, Birmingham, AL, *pg.* 334
Le Bos, Nathalie - Finance, PPOM - PUBLICIS HEALTH, New York, NY, *pg.* 639
Leaumont, Tim - Finance, Management, Operations - NEXT MARKETING, Norcross, GA, *pg.* 312
LeBrun, Jennifer - Account Services, Finance - KIOSK CREATIVE LLC, Novato, CA, *pg.* 378
Ledoux, Brian - Finance, Operations - HEARST AUTOS, San Francisco, CA, *pg.* 238
Lee, Ken - Finance, PPOM - MEDIACOM CANADA, Toronto, ON, *pg.* 489
Lepage, Lise - Administrative, Finance - BLEUBLANCROUGE, Montreal, QC, *pg.* 40
Lerch, Chelsea - Account Planner, Finance - OPAD MEDIA SOLUTIONS, LLC, New York, NY, *pg.* 503
Leshne, Jerry - Finance, Public Relations - INTERPUBLIC GROUP OF COMPANIES, New York, NY, *pg.* 90
Lesjak, Gary - Finance, PPOM - SHAMROCK COMPANIES, INC., Westlake, OH, *pg.* 291
Lettieri, Bob - Finance, PPOM - CELLTRUST CORPORATION, Scottsdale, AZ, *pg.* 533
Levin, Jerry - Finance, PPOM - GLOW, New York, NY, *pg.* 237
Levine, Scott - Finance, PPOM - IGNITIONONE, New York, NY, *pg.* 673
Lewis, Don - Finance, PPOM - SOURCELINK, LLC, Greenville, SC, *pg.* 292

Li, Drea - Finance - DECCA DESIGN, San Jose, CA, *pg.* 349
Liao, Mark - Finance, PPOM - AMOBEE, INC., Redwood City, CA, *pg.* 213
Liebert, Donna - Finance - KELLIHER SAMETS VOLK, Burlington, VT, *pg.* 94
Lindberg, Greg - Finance, PPOM - HOT DISH ADVERTISING, Minneapolis, MN, *pg.* 87
Lindholm, Erik - Finance, PPOM - TARGETBASE MARKETING, Irving, TX, *pg.* 292
Lipchak, Sandra - Finance - SHERRY MATTHEWS ADVOCACY MARKETING, Austin, TX, *pg.* 140
Lipscomb, Lori - Finance - HCB HEALTH, Austin, TX, *pg.* 83
Long, Gary - Finance, PPOM - IVIE & ASSOCIATES, INC., Flower Mound, TX, *pg.* 91
Longval, Brent - Finance, PPOM - MARKETING ARCHITECTS, Minneapolis, MN, *pg.* 288
Lopez Negrete, Cathy - Finance, PPOM - LOPEZ NEGRETE COMMUNICATIONS, INC., Houston, TX, *pg.* 542
Lorfink, Robert - Finance, Operations, PPOM - DIVERSIFIED AGENCY SERVICES, New York, NY, *pg.* 351
Lory, Irene - Finance, Human Resources - CROSS COUNTRY COMPUTER, East Islip, NY, *pg.* 281
Losek, David - Finance, PPOM - CAMPBELL MARKETING AND COMMUNICATIONS, Dearborn, MI, *pg.* 339
Lowe, Justine - Account Services, Finance, Management - WIEDEN + KENNEDY, New York, NY, *pg.* 432
Lowe-Rogstad, David - Finance, NBC, PPOM - OWEN JONES AND PARTNERS, Portland, OR, *pg.* 124
Lowry, Joe - Finance, PPOM - EMPOWER, Cincinnati, OH, *pg.* 354
Lowry, Joseph - Finance, PPOM - EMPOWER, Cincinnati, OH, *pg.* 354
Lucas, Jenn - Finance - BAILEY BRAND CONSULTING, Plymouth Meeting, PA, *pg.* 2
Lucker, Kathy - Finance, PPOM - THE DOLPHIN GROUP, INC., Los Angeles, CA, *pg.* 653
Luginbill, Kim - Finance, PPOM - THE HEAVYWEIGHTS, Indianapolis, IN, *pg.* 420
Luke, Jenni - Finance, PPOM - GLOBAL 5, Longwood, FL, *pg.* 608
Lundberg, Gregory - Finance, Public Relations - OUTFRONT MEDIA, New York, NY, *pg.* 554
Lunsford, Larry - Finance, PPOM - BERNSTEIN-REIN ADVERTISING, INC., Kansas City, MO, *pg.* 39
Lunsford, Casey - Finance, PPOM - TINSLEY ADVERTISING, Miami, FL, *pg.* 155
Lynch, Chris - Finance, PPOM - SPRINKLR, New York, NY, *pg.* 267
Lyttle, David - Finance, PPOM - DIXON SCHWABL ADVERTISING, Victor, NY, *pg.* 351

MacLaren, Laurie - Finance, Operations, PPOM - ANSIRA, Addison, TX, *pg.* 326
Madden, Angela - Finance, PPOM - TRANSMEDIA GROUP, Boca Raton, FL, *pg.* 656
Madson, David - Finance, PPOM - JACKSON MARKETING GROUP, Simpsonville, SC, *pg.* 188
Maher, David - Finance, PPOM - RAIN, Portland, OR, *pg.* 402
Malanga, Vic - Finance, PPOM - EDELMAN, New York, NY, *pg.* 599
Malinowski, Nicole - Finance, PPOM - BECORE, Los Angeles, CA, *pg.* 302
Malkinson, Sabra - Administrative, Finance - ENTERACTIVE SOLUTIONS GROUP, INC., Burbank, CA, *pg.* 567
Maloney, Bob - Finance, PPOM - DEUTSCH, INC., Los Angeles, CA, *pg.* 350
Mancino, Jeff - Finance, PPOM - HEALTHCARE SUCCESS, Irvine, CA, *pg.* 83
Mangano, Frank - Finance, Operations, PPOM - HAVAS NEW YORK, New York, NY, *pg.* 369
Mann, Karon - Administrative, Finance - MANGAN HOLCOMB PARTNERS, Little Rock, AR, *pg.* 103
Mann, Molly - Finance, Interactive / Digital, Media Department - OMD, New York, NY, *pg.* 498
Manning, Cindy - Finance - THE BOHAN AGENCY, Nashville, TN, *pg.* 418
Mansouri, Nancy - Finance, PPOM - H2M, Fargo, ND, *pg.* 81
Mantooth, Jane - Finance - LUCKIE & COMPANY, Birmingham, AL, *pg.* 382
Manzella, Mary - Finance, PPM - THE GEORGE P. JOHNSON COMPANY, Auburn Hills, MI, *pg.* 316
Mapes, Kelly - Finance - RISDALL MARKETING GROUP, Roseville, MN, *pg.* 133
Marin, Leslee - Finance - WILEN MEDIA CORPORATION, Melville, NY, *pg.* 432
Marinescu, Alexandru - Administrative, Finance, PPOM - DECODED ADVERTISING, New York, NY, *pg.* 60
Markoski, Cynthia - Finance, Media Department - 9THWONDER AGENCY, Houston, TX, *pg.* 453
Marlow, Simon - Finance, PPOM - PROPHET, San Francisco, CA, *pg.* 15
Martell, Jorge - Finance - EXTREME REACH, INC., Needham, MA, *pg.* 552
Martin, Greg - Finance - CRAMER, Norwood, MA, *pg.* 6
Martin, Randy - Creative, Finance, PPOM - MARTIN & COMPANY ADVERTISING, Whites Creek, TN, *pg.* 106
Martin, Hugh - Finance, PPOM - ALAN NEWMAN RESEARCH, Richmond, VA, *pg.* 441
Martin, Jeremy - Account Services, Finance, NBC - 3CINTERACTIVE, Boca Raton, FL, *pg.* 533
Martindale, Natasha - Finance, PPOM - FEARLESS MEDIA, New York, NY,

RESPONSIBILITIES INDEX — AGENCIES

pg. 673

Masukawa, Michael - Account Services, Finance, Operations - SECRET LOCATION, Culver City, CA, pg. 563

Matnick, Nancy - Finance, Operations, PPOM - ENDAI WORLDWIDE, New York, NY, pg. 231

Mattina, Chuck - Finance, Operations, PPOM - QUIXOTE GROUP, Greensboro, NC, pg. 402

May, Kate - Administrative, Finance, PPOM - UPSHOT, Chicago, IL, pg. 157

May, Kevin - Finance - THE BUNTIN GROUP, Nashville, TN, pg. 148

Mayberry, Paula - Finance, Human Resources, Operations - SHERRY MATTHEWS ADVOCACY MARKETING, Austin, TX, pg. 140

Mazurek, Cathy - Finance - TIERNEY COMMUNICATIONS, Philadelphia, PA, pg. 426

McCance, Alexis - Finance, Operations, PPOM - HAVAS FORMULA, San Diego, CA, pg. 612

McCarthy, Stephen - Finance, PPOM - GROUNDTRUTH.COM, New York, NY, pg. 534

McCollam, Erin - Finance - MEDIASSOCIATES, INC., Sandy Hook, CT, pg. 490

McConnell, Hugh - Finance, Operations, PPOM - MMGY GLOBAL, Kansas City, MO, pg. 388

Mccreesh, Jeff - Finance, PPOM - MCGARRYBOWEN, Chicago, IL, pg. 110

Mccusker, Lisa - Account Planner, Account Services, Finance - ZENITH MEDIA, New York, NY, pg. 529

McDonough, Tim - Creative, Finance, NBC - BERRY & COMPANY PUBLIC RELATIONS, New York, NY, pg. 583

McElroy, Thomas - Finance, PPOM - BLUE 449, Seattle, WA, pg. 456

McEnaney, Jack - Finance, PPOM - CAMELOT STRATEGIC MARKETING & MEDIA, Dallas, TX, pg. 457

McFarland, Marc - Finance, NBC - ADAMS & KNIGHT ADVERTISING, Avon, CT, pg. 322

McGovern, Valentine - Finance, PPOM - SULLIVAN, New York, NY, pg. 18

McHugh, Brian - Finance, PPOM - MARTIN WILLIAMS ADVERTISING, Minneapolis, MN, pg. 106

McIntosh, Patti - Administrative, Finance - PINCKNEY HUGO GROUP, Syracuse, NY, pg. 128

McKeon, Marissa - Finance - LIPPE TAYLOR, New York, NY, pg. 623

Mckusick, Teri - Finance - GEARY INTERACTIVE, Las Vegas, NV, pg. 76

McLean, Ken - Finance - FISERV, INC., Hazelwood, MO, pg. 283

McMackin, Michael - Finance, Human Resources - RESPONSE MEDIA, INC., Norcross, GA, pg. 507

McMorran, Valerie - Finance, Management - STARCOM WORLDWIDE, Toronto, ON, pg. 517

McNeil, Kim - Finance, Operations, PPOM - LIGHTHOUSE, INC., Marietta, GA, pg. 11

McPherson, Cameron - Finance - SPARKPR, San Francisco, CA, pg. 648

McTigue, John - Finance, PPOM - CHIEF MEDIA, New York, NY, pg. 281

McWhorter, Laura - Finance, PPOM - MCCOMM GROUP, Decatur, AL, pg. 109

Meier, Denny - Finance, Management, PPOM - MBB AGENCY, Leawood, KS, pg. 107

Meisinger, Krista - Finance, PPOM - ANDERSON PARTNERS, Omaha, NE, pg. 31

Meisner, Thomas - Finance, PPOM - 360I, LLC, New York, NY, pg. 320

Melamed, Ryan - Administrative, Finance - DIGITAL OPERATIVE, INC., San Diego, CA, pg. 225

Melvin, Dayna - Finance - MCKEE WALLWORK & COMPANY, Albuquerque, NM, pg. 385

Mercurio, John - Finance, Operations, PPOM - AGENCYSACKS, New York, NY, pg. 29

Meringolo, John - Finance - XAXIS, New York, NY, pg. 276

Metcalfe, Heather - Finance, PPOM - POWER PR, Torrance, CA, pg. 638

Meyer, Hannah - Finance - MATCH ACTION MARKETING GROUP, Boulder, CO, pg. 692

Mihalko, Anna - Finance - THOUGHTFORM DESIGN, Pittsburgh, PA, pg. 202

Miles, Jim - Finance - TRUE MEDIA, Columbia, MO, pg. 521

Miller, Lisa - Finance, PPOM - COLLE MCVOY, Minneapolis, MN, pg. 343

Miller, Doug - Finance, Operations, PPOM - FIREHOUSE, INC., Dallas, TX, pg. 358

Miller, Neil - Finance, Operations, PPOM - FCB NEW YORK, New York, NY, pg. 357

Miller, Nancy - Finance, PPOM - STORANDT PANN MARGOLIS & PARTNERS, LaGrange, IL, pg. 414

Miller, Peter - Finance, PPOM - DIGITAS, Atlanta, GA, pg. 228

Milligan Kline, Kelley - Finance, PPOM - D3 SYSTEMS, McLean, VA, pg. 56

Mills, Eloise - Finance, PPOM - THE WILLIAM MILLS AGENCY, Atlanta, GA, pg. 655

Minassian, Mihran - Finance, Operations - THE BOSTON GROUP, Boston, MA, pg. 418

Minson, Jeff - Finance - ACKERMAN MCQUEEN, INC., Oklahoma City, OK, pg. 26

Miranda, Annette - Finance - THE FOOD GROUP, Tampa, FL, pg. 419

Mitchell, Suzie - Finance, PPOM - MITCHELL RESEARCH, East Lansing, MI, pg. 448

Mitchell, Chad - Finance, PPOM - A. BRIGHT IDEA, Bel Air, MD, pg. 25

Mitchell, Scott - Finance, PPOM - CO:COLLECTIVE, LLC, New York, NY, pg. 5

Moffatt, Keith - Finance - BRANDED ENTERTAINMENT NETWORK, INC., Sherman Oaks, CA, pg. 297

Mok, Clifton - Finance, PPOM - ORION WORLDWIDE, New York, NY, pg. 503

Moldenhauer, Mae - Finance - PYRAMID COMMUNICATIONS, Seattle, WA, pg. 401

Moller, Vivian - Finance, PPOM - HOFFMAN YORK, Milwaukee, WI, pg. 371

Molyneaux, Miles - Finance, PPOM - ROBOTS & PENCILS, Cleveland, OH, pg. 264

Monahan, Bret - Finance - FUSION MARKETING, St. Louis, MO, pg. 8

Moore, Denis - Finance, PPOM - BUTLER, SHINE, STERN & PARTNERS, Sausalito, CA, pg. 45

Morales, Roger - Finance, PPOM - MERKLEY + PARTNERS, New York, NY, pg. 114

Morang, Becky - Finance - ADPERIO, Denver, CO, pg. 533

Morgan, Nigel - Finance, PPOM - VENTURA ASSOCIATES INTL, LLC, New York, NY, pg. 571

Morgan, Rick - Finance, PPOM - TRONE BRAND ENERGY, INC., High Point, NC, pg. 427

Morgan, Jennifer - Finance, Interactive / Digital - MINDSHARE, New York, NY, pg. 491

Morgan, Beth - Finance, PPOM - CLARITY COVERDALE FURY, Minneapolis, MN, pg. 342

Morgan, Phil - Finance, PPOM - STAGE2 MARKETING, Ashburn, VA, pg. 18

Mori, Katie - Finance - 22SQUARED INC., Atlanta, GA, pg. 319

Morrison, Joseph - Finance, PPOM - IWCO DIRECT, Chanhassen, MN, pg. 286

Mozolewski, Chris - Finance, PPOM - DECODED ADVERTISING, New York, NY, pg. 60

Mrakitsch, Cheryl - Finance - RE:GROUP, INC., Ann Arbor, MI, pg. 403

Muir, Petra - Finance - GREY CANADA, Toronto, ON, pg. 365

Mullaly, Jeffery - Finance, PPOM - CRONIN, Glastonbury, CT, pg. 55

Mullinix, Connie - Administrative, Finance - INTOUCH SOLUTIONS, INC., Overland Park, KS, pg. 242

Mundy, Peter - Finance, PPOM - STERLING BRANDS, New York, NY, pg. 18

Munson, Chuck - Finance, Operations, PPOM - MEDIA BUYING SERVICES, INC., Phoenix, AZ, pg. 485

Muszynski, John - Account Services, Finance, Interactive / Digital, PPOM - SPARK FOUNDRY, Chicago, IL, pg. 510

Nabifar, Ahou - Finance, PPOM - WESTON | MASON, Marina Del Rey, CA, pg. 430

Naegele, Ty - Finance - DIESTE, Dallas, TX, pg. 539

Nash, Adrian - Finance, Operations, PPOM - MILNER BUTCHER MEDIA GROUP, Los Angeles, CA, pg. 491

AGENCIES — RESPONSIBILITIES INDEX

Neal, Karen - Administrative, Finance - COOKSEY COMMUNICATIONS, Irving, TX, pg. 593

Neary, Sean - Finance - EDELMAN, Washington, DC, pg. 600

Neblock, Bill - Finance, Operations, PPOM - PHD USA, New York, NY, pg. 505

Negri Marx, Karen - Finance, PPOM - THE MARX GROUP, San Rafael, CA, pg. 421

Nelson, Ann - Administrative, Finance - HOPE-BECKHAM, INC., Atlanta, GA, pg. 614

Nelson, Tonya - Finance - OPAD MEDIA SOLUTIONS, LLC, New York, NY, pg. 503

Nemy, Jeffrey - Finance, PPOM - EVOKE GIANT, San Francisco, CA, pg. 69

Nepo, Carrie - Finance, PPOM - DEVELOPMENT COUNSELLORS INTERNATIONAL, LTD., New York, NY, pg. 596

Neumann, Sharon - Administrative, Finance - AIRFOIL PUBLIC RELATIONS, Royal Oak, MI, pg. 575

Ng, Tommy - Finance, PPOM - ADMERASIA, INC., New York, NY, pg. 537

Nguyen, Lan - Finance, PPOM - RAUXA, Costa Mesa, CA, pg. 291

Nicholson, Ken - Finance, PPOM - JAN KELLEY MARKETING, Burlington, ON, pg. 10

Niedens, Chrissie - Finance - SIMANTEL GROUP, Peoria, IL, pg. 142

Niederriter, Janice - Administrative, Finance - SIMPLE TRUTH, Chicago, IL, pg. 198

Niswender, AnnMarie - Finance - MICROARTS CREATIVE AGENCY, Greenland, NH, pg. 191

Norian, Heather - Finance, Human Resources - SPI GROUP, LLC, Fairfield, NJ, pg. 143

Northern, Steve - Finance, PPOM - SATUIT TECHNOLOGIES, INC., Braintree, MA, pg. 168

Novak, Jeff - Finance - BROADHEAD, Minneapolis, MN, pg. 337

Nozile, Yasmine - Finance - HUGE, INC., Atlanta, GA, pg. 240

Nunes, Virginia - Finance - METIA, Bellevue, WA, pg. 250

Nussbaum, Anna - Finance - ATLANTIC 57, Washington, DC, pg. 2

O'Brien, Mark - Finance, Management, Operations, PPM, PPOM - INTERBRAND, New York, NY, pg. 187

O'Connor, Patrick - Finance, PPOM - STARCOM WORLDWIDE, Chicago, IL, pg. 513

O'Connor, Michael - Finance, Interactive / Digital, Media Department - HORIZON MEDIA, INC., New York, NY, pg. 474

O'Mery, Laura - Finance, Operations - RON FOTH ADVERTISING, Columbus, OH, pg. 134

O'Neill, Denise - Finance - THE PEPPER GROUP, Palatine, IL, pg. 202

O'Rourke, Dennis - Finance, PPOM - GODFREY DADICH, San Francisco, CA,

pg. 364

Oettel, Jessica - Finance - MAC PRESENTS, New York, NY, pg. 298

Oliver, Stephen - Finance - ISAAC REPUTATION GROUP, Toronto, ON, pg. 10

Olvera, Enrique - Finance, Operations - STARCOM WORLDWIDE, Chicago, IL, pg. 513

Orenstein, Steven - Finance, PPOM - WONGDOODY, Culver City, CA, pg. 433

Orfanello, Frank - Finance, PPOM - MMB, Boston, MA, pg. 116

Ornowski, Mark - Finance, PPOM - TRUE SENSE MARKETING, Freedom, PA, pg. 293

Orsini, Maria - Administrative, Finance - CUNDARI INTEGRATED ADVERTISING, Toronto, ON, pg. 347

Ortiz, Laura - Finance - ALMA, Coconut Grove, FL, pg. 537

Overlie, Barbara - Finance, PPOM - 180LA, Los Angeles, CA, pg. 23

Ozdemir, Victoria - Finance - FAHRENHEIT 212, New York, NY, pg. 182

O'Toole, Vinnie - Finance, Operations, PPOM - HORIZON MEDIA, INC., New York, NY, pg. 474

Paige, Gretchen - Finance, PPOM - ESHOTS, INC., Chicago, IL, pg. 305

Palmer, Keri - Finance, PPOM - FITZCO, Atlanta, GA, pg. 73

Palmer, Carrie - Finance, PPOM - WEBER SHANDWICK, Atlanta, GA, pg. 661

Palmer, Melissa - Finance, Operations, PPOM - BUTLER / TILL, Rochester, NY, pg. 457

Palmer, Shannon - Finance, Operations, PPOM - VESTCOM, Little Rock, AR, pg. 571

Palmer, Rebecca - Finance, NBC Operations - INSIDE OUT COMMUNICATIONS, Holiston, MA, pg. 89

Parent, Jeannie - Finance, PPOM - MLIVE MEDIA GROUP, Grand Rapids, MI, pg. 388

Parente, Joe - Finance, PPOM - JUST MEDIA, INC., Emeryville, CA, pg. 481

Parker, Shyrlyn - Finance, Human Resources - LEWIS ADVERTISING INC., Rocky Mount, NC, pg. 380

Passey, Naveen - Finance, Operations, PPOM - DONER, Southfield, MI, pg. 63

Patrick, Bill - Administrative, Finance - LATORRA, PAUL & MCCANN, Syracuse, NY, pg. 379

Pattakos, Nicholas - Finance - LIPPE TAYLOR, New York, NY, pg. 623

Patterson, Amanda - Finance - THE PRICE GROUP INC., Lubbock, TX, pg. 152

Paul, Daniel - Finance, Operations, Public Relations - LAUNCHSQUAD, San Francisco, CA, pg. 621

Payne, Linda - Finance, PPOM - O2 IDEAS, Birmingham, AL, pg. 392

Payne, Ashley - Finance, Media Department - ZENITH MEDIA, New York, NY, pg. 529

Payne, Regine - Account Services, Finance, Interactive / Digital - EARTHBOUND BRANDS, New York, NY, pg. 7

Peary, Stephen - Finance, PPOM - PHIZZLE, INC., San Francisco, CA, pg. 534

Peddie, Colleen - Finance, PPOM - BENSIMON BYRNE, Toronto, ON, pg. 38

Peel, Walter - Finance, PPOM - THE STONE AGENCY, Raleigh, NC, pg. 20

Peery, Spencer - Finance, PPOM - BAILEY LAUERMAN, Omaha, NE, pg. 35

Peet, Leo - Finance - ALMA, Coconut Grove, FL, pg. 537

Peltier, Jeffrey - Finance - CARAT, Toronto, ON, pg. 461

Perez, Janell - Finance - BIG BLOCK, El Segundo, CA, pg. 217

Peters, Karen - Finance, PPOM - COMMUNICATIONS DG4, INC., Montreal, QC, pg. 6

Petersen, Allan - Finance, Operations, PPOM - VERTIC, New York, NY, pg. 274

Petkus, Amy - Finance - AXIOM MARKETING, INC., Libertyville, IL, pg. 566

Petridis, Derek - Finance, PPOM - SHIKATANI LACROIX BRANDESIGN, INC., Toronto, ON, pg. 198

Petro, Carol - Finance, Operations, PPOM - BROWNSTEIN GROUP, INC., Philadelphia, PA, pg. 44

Petty, Erinmarie - Finance - RHEA & KAISER MARKETING, Naperville, IL, pg. 406

Phillips, Darlyn - Finance, PPOM - THE OUTCAST AGENCY, San Francisco, CA, pg. 654

Phipps, Renee - Finance, PPOM - DUNCAN CHANNON, San Francisco, CA, pg. 66

Pierpoint, Christine - Finance - IMRE, Baltimore, MD, pg. 374

Pignataro, Alicia - Finance, Interactive / Digital - HORIZON MEDIA, INC., New York, NY, pg. 474

Pinkin, Steven - Finance - CCG MARKETING SOLUTIONS, West Caldwell, NJ, pg. 341

Pitre, Michael - Finance, PPOM - OMD CANADA, Toronto, ON, pg. 501

Plamann, Dave - Finance, Operations - RILEY HAYES ADVERTISING, INC., Minneapolis, MN, pg. 407

Pollack, Stefan - Finance, PPOM - THE POLLACK PR MARKETING GROUP, Los Angeles, CA, pg. 654

Pollina, Debbie - Finance - CROWLEY WEBB & ASSOCIATES, Buffalo, NY, pg. 55

Portnoy, Patti - Finance - FLEISHMANHILLARD, Kansas City, MO, pg. 604

Posner, Bruce - Finance, PPOM - ISOBAR US, New York, NY, pg. 242

Pospisil, Mike - Finance, Media Department - ALLSCOPE MEDIA, New York, NY, pg. 454

Pothier, Jim - Finance - HERO DIGITAL, San Francisco, CA, pg. 238

Poulin, Bob - Finance, PPOM - AGENCYQ, Washington, DC, pg. 211

RESPONSIBILITIES INDEX — AGENCIES

Poulin, Royal - Finance, PPOM - NATIONAL PUBLIC RELATIONS, Ottawa, ON, *pg.* 631

Powers, Robert - Finance, Media Department, PPOM - EPSILON, Wilton, CT, *pg.* 282

Powills, Sharon - Finance - NO LIMIT AGENCY, Chicago, IL, *pg.* 632

Presotto, Sara - Finance, Operations - BOB'S YOUR UNCLE, Toronto, ON, *pg.* 335

Preston, Susan - Finance, PPOM - PRESTON PRODUCTIONS, INC., Marlborough, MA, *pg.* 314

Preston, Dave - Finance, NBC - (UN)COMMON LOGIC, Austin, TX, *pg.* 671

Price, Dawn - Account Services, Finance, Research - CAMPBELL EWALD, Detroit, MI, *pg.* 46

Price, Pam - Account Services, Finance - THE MARTIN AGENCY, Richmond, VA, *pg.* 421

Primm, Emily - Finance, Management - PRIMM & COMPANY, Norfolk, VA, *pg.* 129

Printz, Olivia - Finance, Operations - RACHEL KAY PUBLIC RELATIONS, Solana Beach, CA, *pg.* 640

Prodonovich, Jasmine - Finance - BALLANTINES PUBLIC RELATIONS, West Hollywood, CA, *pg.* 580

Propst, Patricia - Finance, Operations - WRAY WARD, Charlotte, NC, *pg.* 433

Punter, Clive - Finance, NBC, PPOM - OUTFRONT MEDIA, New York, NY, *pg.* 554

Quillin, Sharry - Finance, PPOM - Q ADVERTISING & PUBLIC RELATIONS, Las Vegas, NV, *pg.* 131

Quilter, Matthew - Finance, PPOM - EAGLEVIEW TECHNOLOGIES, INC., Bothell, WA, *pg.* 230

Radigk, Scott - Finance, Operations - THIRD EAR, Austin, TX, *pg.* 546

Radle, Amanda - Finance, PPOM - MILLER AD AGENCY, Dallas, TX, *pg.* 115

Ragusa, Salvatore - Finance, Media Department - ACTIVE INTERNATIONAL, Pearl River, NY, *pg.* 439

Rake, Brian - Finance, Interactive / Digital, Media Department - PHD USA, New York, NY, *pg.* 505

Ramachandran, Krishnan - Finance, PPOM - IX.CO, New York, NY, *pg.* 243

Ramirez, Edith - Finance - KGBTEXAS COMMUNICATIONS, San Antonio, TX, *pg.* 95

Ramon, Patricia - Finance - PM3, Atlanta, GA, *pg.* 544

Rash, Michelle - Finance - RLF COMMUNICATIONS, Greensboro, NC, *pg.* 643

Rasmussen, John - Finance - PROGREXION, North Salt Lake, UT, *pg.* 449

Rayborn, Rosie - Finance - TOOLHOUSE, INC., Bellingham, WA, *pg.* 155

Rayner, Marcelle - Finance - TWINENGINE, Houston, TX, *pg.* 203

Reed, Dan - Account Services, Finance - MEDIA CAUSE, Washington, DC, *pg.* 249

Reid, Catherine - Finance, PPOM - SERINO COYNE, INC., New York, NY, *pg.* 299

Reilly, Bryan - Finance, PPOM - DIGITAS, Chicago, IL, *pg.* 227

Reissfelder, Andrea - Finance, Human Resources - BOATHOUSE GROUP, INC., Waltham, MA, *pg.* 40

Resk, Patrick - Finance, PPOM - PORTER NOVELLI, New York, NY, *pg.* 637

Restovic, Daphne - Finance, PPOM - SANDERS\WINGO, El Paso, TX, *pg.* 138

Rezza, Vito - Finance, PPOM - JAM3, Toronto, ON, *pg.* 243

Rice, Jeri - Finance - PROOF ADVERTISING, Austin, TX, *pg.* 398

Rich, Terrie - Finance, Operations - DIGITAS, Boston, MA, *pg.* 226

Rich, Kim - Finance, PPOM - BRIGHTHOUSE, LLC, Atlanta, GA, *pg.* 43

Richardson, Paul - Finance - WPP GROUP, INC., New York, NY, *pg.* 433

Richman, Vicki - Finance, Operations, PPOM - HVS AMERICAN HOSPITALITY CO., Tiverton, RI, *pg.* 372

Richter, Terry - Finance, PPOM - UNIFIED RESOURCES, INC., Houston, TX, *pg.* 571

Ries, Rhonda - Finance, PPOM - OSBORN & BARR COMMUNICATIONS, Saint Louis, MO, *pg.* 395

Rioux, Michel - Finance - TRIOMPHE MARKETING & COMMUNICATION, Quebec City, QC, *pg.* 156

Ripepi, Diamora - Finance - ALMA, Coconut Grove, FL, *pg.* 537

Rival, Christine - Administrative, Finance, Human Resources, Operations - EVR ADVERTISING, Manchester, NH, *pg.* 69

Rizzo, Mia - Finance - MMB, Boston, MA, *pg.* 116

Robinson, Tony - Finance, NBC, PPOM - SIGNAL THEORY, Kansas City, MO, *pg.* 141

Rockers, Seth - Finance, PPOM - YAMAMOTO, Minneapolis, MN, *pg.* 435

Rodden, Morgan - Finance - WRAY WARD, Charlotte, NC, *pg.* 433

Roe, Michelle - Finance, Media Department - BUTLER / TILL, Rochester, NY, *pg.* 457

Rogers, John - Finance, PPOM - STONE WARD ADVERTISING, Little Rock, AR, *pg.* 413

Rohlfing, Fred - Finance, PPOM - FLEISHMANHILLARD, Saint Louis, MO, *pg.* 604

Rohrlich, Joe - Account Services, Finance, NBC, PPOM - BAZAARVOICE, INC., Austin, TX, *pg.* 216

Rollins Singer, Sharon - Finance, PPOM - SINGER ASSOCIATES, San Francisco, CA, *pg.* 647

Roman, Jessica - Finance - SPARK FOUNDRY, New York, NY, *pg.* 508

Romero, Amanda - Finance, Interactive / Digital, Media Department, Operations - HORIZON MEDIA, INC., New York, NY, *pg.* 474

Ronat, Bill - Finance, PPOM - BRANDT RONAT & COMPANY, Merrit Island, FL, *pg.* 337

Rongo, Robert - Finance, Management, PPOM - MEDIA DIRECT, INC., Carmel, IN, *pg.* 112

Roscoe, Steve - Finance, PPOM - SASAKI ASSOCIATES, Watertown, MA, *pg.* 198

Rosenbaum, Mark - Finance, PPOM - TRITON DIGITAL, Sherman Oaks, CA, *pg.* 272

Rosenthal, Bill - Account Services, Finance, Operations, PPOM - ROGERS & COWAN/PMK*BNC, Los Angeles, CA, *pg.* 643

Rosiek, Robert - Account Services, Finance - GTB, Dearborn, MI, *pg.* 367

Ross, John - Finance, PPOM - D. EXPOSITO & PARTNERS, New York, NY, *pg.* 539

Ross, Paul - Finance, PPOM - THE TRADE DESK, Ventura, CA, *pg.* 519

Roteman, Dan - Finance, Operations - MUNROE CREATIVE PARTNERS, Philadelphia, PA, *pg.* 192

Rothenberg, Richard - Finance, Operations, PPOM - BRAND THIRTY-THREE, Torrance, CA, *pg.* 3

Rowe, Trudy - Finance, PPOM - VLADIMIR JONES, Colorado Springs, CO, *pg.* 429

Royce, Delbert - Finance - BLAINETURNER ADVERTISING, Morgantown, WV, *pg.* 584

Rubin, Ashley - Finance, Media Department - HAVAS MEDIA GROUP, Chicago, IL, *pg.* 469

Russell, Liz - Finance, Operations - MEDIA HORIZONS, INC., Norwalk, CT, *pg.* 288

Russell, Amy - Finance - ENVISIONIT MEDIA, INC., Chicago, IL, *pg.* 231

Russo, Liz - Finance, PPM - OMD, New York, NY, *pg.* 498

Rutchik, Benjamin - Finance - OPTIMUM SPORTS, New York, NY, *pg.* 394

Ryba, Sue - Finance - OXFORD COMMUNICATIONS, Lambertville, NJ, *pg.* 395

Sachs, Gay - Finance, PPOM - SACHS MEDIA GROUP, Tallahassee, FL, *pg.* 645

Sadeque, Nasima - Finance, PPOM - HACKERAGENCY, Seattle, WA, *pg.* 284

Salazar, Ivan - Finance, PPOM - THE VIA AGENCY, Portland, ME, *pg.* 154

Salguero, Anna - Finance, Media Department, Operations - HEARTS & SCIENCE, New York, NY, *pg.* 471

Salmon, Morgan - Finance - 360PRPLUS, Boston, MA, *pg.* 573

Sanchez, Nemesio - Finance - DELAUNE & ASSOCIATES, Austin, TX, *pg.* 60

Sandberg, David - Finance, PPOM - KANTAR MILLWARD BROWN, Lisle, IL, *pg.* 446

Sande, Sandra - Finance, PPOM - CAMPOS CREATIVE WORKS, Santa

AGENCIES

RESPONSIBILITIES INDEX

Monica, CA, *pg.* 303
Sanders, Mark - Finance, PPOM - GROUPM, New York, NY, *pg.* 466
Sandford, Billy - Finance, PPOM - INTERMARK GROUP, INC., Birmingham, AL, *pg.* 375
Sands, Jennifer - Administrative, Finance, PPOM - SOURCELINK, LLC, Miamisburg, OH, *pg.* 292
Saperstein, Alan - Finance, Operations, PPOM - ONSTREAM MEDIA, Fort Lauderdale, FL, *pg.* 255
Saporito, Robert - Finance, PPOM - OGILVY COMMONHEALTH WORLDWIDE, Parsippany, NJ, *pg.* 122
Sapp, Michael - Finance - BAYSHORE SOLUTIONS, Tampa, FL, *pg.* 216
Sarni, Mark - Finance, PPOM - ZAG INTERACTIVE, Glastonbury, CT, *pg.* 277
Sarubin, Carol - Finance, PPOM - KEENAN-NAGLE ADVERTISING, Allentown, PA, *pg.* 94
Sasada, Megumi - Account Services, Finance - MCCANN NEW YORK, New York, NY, *pg.* 108
Sayliss, Adrian - Finance, PPOM - PUBLICIS NORTH AMERICA, New York, NY, *pg.* 399
Scangamor, Joe - Finance, PPOM - MINDSHARE, New York, NY, *pg.* 491
Scarduzio, Dick - Finance, PPOM - AKCG PUBLIC RELATIONS COUNSELORS, Glassboro, NJ, *pg.* 575
Scharf, Andy - Finance, Management - HILL+KNOWLTON STRATEGIES, New York, NY, *pg.* 613
Schlanger, Rachel - Finance, Media Department - INITIATIVE, New York, NY, *pg.* 477
Schmaeling, Richard - Finance, PPOM - ENTERCOM COMMUNICATIONS CORP., Bala Cynwyd, PA, *pg.* 551
Schmidt, Michelle - Finance, Media Department, NBC - HAWORTH MARKETING & MEDIA, Los Angeles, CA, *pg.* 471
Schneider, Jason - Finance, Management - MEDIACOM, New York, NY, *pg.* 487
Schrader, Brad - Finance, PPOM - YOUNG & LARAMORE, Indianapolis, IN, *pg.* 164
Schraeder, Phil - Finance, Operations, PPOM - GUMGUM, Santa Monica, CA, *pg.* 80
Schreiner, Kathy - Finance, Operations - AMPERAGE, Cedar Falls, IA, *pg.* 30
Schuman, Matt - Finance - UTOPIC, Chicago, IL, *pg.* 428
Schutt, Jeff - Administrative, Finance, Operations - GAGE, Minneapolis, MN, *pg.* 361
Sciamarelli, Joseph - Finance, Interactive / Digital, Media Department - UNIVERSAL MCCANN, New York, NY, *pg.* 521
Sealy, Jim - Finance - LEWIS COMMUNICATIONS , Mobile, AL, *pg.* 100
Seem, David - Finance, PPOM - MILLER ZELL, INC., Atlanta, GA, *pg.* 191
Segel, Scott - Finance - TIZIANI

WHITMYRE, Sharon, MA, *pg.* 155
Seifert, Rome - Finance, PPOM - LAUGHLIN CONSTABLE, INC., Milwaukee, WI, *pg.* 379
Seng, Frank - Finance, PPOM - MUDD ADVERTISING, Cedar Falls, IA, *pg.* 119
Serebin, Dan - Finance, PPOM - DERSE, INC., Milwaukee, WI, *pg.* 304
Sexton, John - Finance, PPOM - ADCETERA, Houston, TX, *pg.* 27
Sexton, Nanci - Finance, Human Resources, PPOM - MARTIN ADVERTISING, Birmingham, AL, *pg.* 106
Sfetcu, Judy - Administrative, Finance, Public Relations - PONDELWILKINSON INC, Woodland Hills, CA, *pg.* 637
Shackley, Maya - Finance, PPOM - DEZENHALL RESOURCES, Washington, DC, *pg.* 597
Shafi, Susan - Finance, PPOM - JUAREZ AND ASSOCIATES, INC., Los Angeles, CA, *pg.* 446
Shah, Chirag - Finance - PUBLICIS.SAPIENT, Boston, MA, *pg.* 259
Shapiro, Maury - Finance, Operations, PPOM - BCW NEW YORK, New York, NY, *pg.* 581
Shapiro, Ryan - Finance - SAPPER CONSULTING, LLC, St. Louis, MO, *pg.* 291
Shatz, Alexander - Finance - VMLY&R, New York, NY, *pg.* 160
Shaw, David - Account Planner, Account Services, Administrative, Creative, Finance, Management - THE&PARTNERSHIP, New York, NY, *pg.* 426
Shellard, Della - Finance - ELEVATOR STRATEGY ADVERTISING & DESIGN, INC., Vancouver, BC, *pg.* 181
Shepard, Janet - Finance, PPOM - HERZOG & COMPANY, North Hollywood, CA, *pg.* 298
Shoan, Michele - Finance - UNIVERSAL MCCANN DETROIT, Birmingham, MI, *pg.* 524
Siemen, Pamela - Finance - EGC MEDIA GROUP, INC., Melville, NY, *pg.* 354
Siets, Marilyn - Finance, PPOM - SACHS MEDIA GROUP, Tallahassee, FL, *pg.* 645
Silberberg, Gail - Finance - TRADE X PARTNERS, New York, NY, *pg.* 156
Silva, Hector - Finance, Operations, PPOM - BAKERY, Austin, TX, *pg.* 215
Silver, Pat - Finance, PPOM - SILVER MARKETING, INC., Bethesda, MD, *pg.* 141
Silveri, Shelly - Finance, Operations - REVOLUTION MEDIA, Woodland Hills, CA, *pg.* 507
Silverman, Bob - Finance, PPOM - VSA PARTNERS, INC. , Chicago, IL, *pg.* 204
Silvestre, Franchesca - Finance, Interactive / Digital, Media Department - HEARTS & SCIENCE, New

York, NY, *pg.* 471
Simmons, George - Account Planner, Finance - THE TRADE DESK, New York, NY, *pg.* 520
Singhal, Raj - Finance, Operations, PPOM - HUGE, INC., Brooklyn, NY, *pg.* 239
Skaats, Jeanine - Finance, Interactive / Digital, Media Department - SPARK FOUNDRY, New York, NY, *pg.* 508
Smith, Doug - Finance, PPOM - GROSSMAN MARKETING GROUP, Somerville, MA, *pg.* 284
Smith, Melisa - Finance - GREATEST COMMON FACTORY, Austin, TX, *pg.* 365
Smith, Sue A. - Finance, PPOM - FUSZION / COLLABORATIVE, Alexandria, VA, *pg.* 184
Smithson, Lisa - Finance, PPOM - SECURITYPOINT MEDIA, Saint Petersburg, FL, *pg.* 557
Snowdon, Wendy - Administrative, Finance - THE NOW GROUP, Vancouver, BC, *pg.* 422
Snyder, Thomas - Finance, Media Department - MEDIACOM, New York, NY, *pg.* 487
So, Monica - Finance - ACTIVE INTERNATIONAL, Pearl River, NY, *pg.* 439
Soder, Mike - Analytics, Finance - EXTREME REACH, INC., Needham, MA, *pg.* 552
Soos, Shirlene - Finance, PPOM - BROGAN TENNYSON GROUP, INC., Dayton, NJ, *pg.* 43
Soudry, Simon - Finance, PPOM - THE GAB GROUP, Boca Raton, FL, *pg.* 653
Souza, Andre - Finance - HUGE, INC., Brooklyn, NY, *pg.* 239
Souza, Kathy - Finance - MOTIVATE, INC., San Diego, CA, *pg.* 543
Speck, Brian - Finance - RISE INTERACTIVE, Chicago, IL, *pg.* 264
Spiecha, Katy - Finance - BOONEOAKLEY, Charlotte, NC, *pg.* 41
Spiegel, Beth - Finance, Media Department - BFO, Chicago, IL, *pg.* 217
Spille, Sherry - Finance - THE RAMEY AGENCY, Jackson, MS, *pg.* 422
Spoto, Glenn - Finance, PPOM - PROHASKA CONSULTING, New York, NY, *pg.* 130
Springer, Mark - Finance - TBWA\WORLDHEALTH, Chicago, IL, *pg.* 147
Sprouse, Michael - Finance - 160OVER90, Philadelphia, PA, *pg.* 1
St. Philip, Carl - Finance, NBC, PPOM - MAHALO SPIRITS GROUP, Delray Beach, FL, *pg.* 13
Stanley, Mary - Administrative, Finance - BIGBUZZ MARKETING GROUP, New York, NY, *pg.* 217
Stanton, Karen - Finance, PPOM - SLINGSHOT, LLC, Dallas, TX, *pg.* 265
Starace, William - Finance, PPOM - MWWPR, New York, NY, *pg.* 631
Staughton, Karen - Finance - ANALOGFOLK, New York, NY, *pg.* 439
Stenclik, Nicole - Account Services, Finance - AKRETE,

1489

RESPONSIBILITIES INDEX

AGENCIES

Evanston, IL, *pg.* 575
Stenlund, Keith - Finance, PPOM - ABELSON-TAYLOR, Chicago, IL, *pg.* 25
Stephenson, Whitney - Finance, PPOM - IGNITED, El Segundo, CA, *pg.* 373
Stern, Jeffrey - Finance - ZETA INTERACTIVE, New York, NY, *pg.* 277
Sternberg, Neil - Finance, PPOM - WAVEMAKER, New York, NY, *pg.* 526
Stevens, Michele - Administrative, Finance, Media Department - HANCOCK ADVERTISING AGENCY, Nacogdoches, TX, *pg.* 81
Stevens, Kathleen - Finance - THE POWELL GROUP, Dallas, TX, *pg.* 655
Stevens, Tammy - Finance - LHWH ADVERTISING & PUBLIC RELATIONS, Myrtle Beach, SC, *pg.* 381
Stoeber, Chris - Finance, PPOM - THE INTEGER GROUP, Lakewood, CO, *pg.* 682
Strassman, Lauren - Finance, Media Department - BUTLER / TILL, Rochester, NY, *pg.* 457
Street, Barney - Finance - GOOD ADVERTISING, INC., Memphis, TN, *pg.* 365
Strickland, Todd - Finance, PPOM - ODEN MARKETING & DESIGN, Memphis, TN, *pg.* 193
Stroman, Bev - Finance - BARNHARDT DAY & HINES, Concord, NC, *pg.* 36
Stroup, Colleen - Finance - RADIX COMMUNICATION, Saint Joseph, MI, *pg.* 132
Sullivan, Catherine - Finance, PPOM - OMNICOM GROUP, New York, NY, *pg.* 123
Sullivan, Laurie - Finance - ST. JOHN & PARTNERS ADVERTISING & PUBLIC RELATIONS, Jacksonville, FL, *pg.* 412
Sullivan, Kristen - Account Services, Finance, NBC - ARNOLD WORLDWIDE, Boston, MA, *pg.* 33
Sumner, Kate - Finance - FULL CONTACT ADVERTISING, Boston, MA, *pg.* 75
Suvanto, Lex - Finance, NBC, Public Relations - EDELMAN, New York, NY, *pg.* 599
Sweeney, Kevin - Finance, PPOM - ALLEN & GERRITSEN, Boston, MA, *pg.* 29
Sweet, Patrick - Finance, PPOM - STEPHENS & ASSOCIATES ADVERTISING, Overland Park, KS, *pg.* 413
Tadross, Ronald - Finance, PPOM - SPARK451, INC., Westbury, NY, *pg.* 411
Takla, Steve - Finance, PPOM - RAPP WORLDWIDE, New York, NY, *pg.* 290
Talley, Deb - Finance, PPOM - PINEROCK, New York, NY, *pg.* 636
Tan, Richard - Finance, Operations, PPOM - FIG, New York, NY, *pg.* 73
Tanner, Robyne - Finance - AMP AGENCY, Boston, MA, *pg.* 297
Tarantino-Gallego, Christine - Finance - L7 CREATIVE COMMUNICATIONS, Carlsbad, CA, *pg.* 245
Taratuta, Alona - Finance, Management - DEBUT GROUP, Toronto, ON, *pg.* 349
Tarone, James - Finance, Interactive / Digital, Media Department - HORIZON MEDIA, INC., New York, NY, *pg.* 474
Tarr, Beth - Finance - FRIENDS & NEIGHBORS, Minneapolis, MN, *pg.* 7
Taylor, Sherry - Finance, PPOM - THE MARKETING WORKSHOP, INC., Norcross, GA, *pg.* 450
Taylor, Prescott - Finance - CAMBRIDGE BIOMARKETING, Cambridge, MA, *pg.* 46
Templeton, Breck - Finance, PPOM - 9THWONDER AGENCY, Houston, TX, *pg.* 453
Thorpe, David - Finance, NBC, Operations, PPOM - INDUSTRY, Portland, OR, *pg.* 187
Tlustosch, Rebecca - Finance, PPOM - MONO, Minneapolis, MN, *pg.* 117
Tobengauz, Steve - Finance, Operations, PPOM - ANNALECT GROUP, New York, NY, *pg.* 213
Tolani, Neelam - Finance - FRASER COMMUNICATIONS, Los Angeles, CA, *pg.* 540
Tolensky, Daniel - Finance, PPOM - ARRIVALS + DEPARTURES, Toronto, ON, *pg.* 34
Tomasella, Brian - Finance - GIOVATTO ADVERTISING, Paramus, NJ, *pg.* 363
Tomasulo, Joseph - Finance, PPOM - R/GA, New York, NY, *pg.* 260
Tomlinson, Robert - Finance, PPOM - ONSTREAM MEDIA, Fort Lauderdale, FL, *pg.* 255
Tomlinson, Brian - Finance, PPOM - RASKY BAERLEIN STRATEGIC COMMUNICATIONS, INC., Boston, MA, *pg.* 641
Torpey, Gary - Finance, PPOM - PAN COMMUNICATIONS, Boston, MA, *pg.* 635
Tousignant, Norm - Finance, PPOM - THE FOOD GROUP, Tampa, FL, *pg.* 419
Trachte, Elizabeth - Finance, Operations - PHOENIX MARKETING INTERNATIONAL, Rhinebeck, NY, *pg.* 448
Tramontana, Anthony - Finance - BARETZ + BRUNELLE, New York, NY, *pg.* 580
Trencher, Lewis - Finance, Operations, PPOM - WUNDERMAN THOMPSON, New York, NY, *pg.* 434
Tripodi, Michael - Finance, Interactive / Digital, Media Department - HORIZON MEDIA, INC., New York, NY, *pg.* 474
Truong, Quinn - Finance - MEDIASPOT, INC., Corona Del Mar, CA, *pg.* 490
Tucker, Dan - Finance, PPOM - MADWELL, Brooklyn, NY, *pg.* 13
Tuel, Matt - Finance, PPOM - PROFITERO, Boston, MA, *pg.* 682
Turman, David - Finance - SPARK FOUNDRY, Chicago, IL, *pg.* 510
Uge, Seda - Finance, Media Department - MINDSHARE, Playa Vista, CA, *pg.* 495
Ulanowski, Betty - Administrative, Finance - LA, INC., Toronto, ON, *pg.* 11
Ulrich, Lisa - Account Services, Finance - UNIVERSAL MCCANN DETROIT, Birmingham, MI, *pg.* 524
Uppal, Baba - Account Services, Finance, Operations - SECRET LOCATION, Culver City, CA, *pg.* 563
Uratsu, David - Finance, PPOM - CHASE DESIGN GROUP, South Pasadena, CA, *pg.* 177
Urciuoli, Janet - Finance - IGNITIONONE, New York, NY, *pg.* 673
Urteaga, Mayra - Finance - INTERLEX COMMUNICATIONS, San Antonio, TX, *pg.* 541
Valderrama, Claudia - Finance, PPOM - WIEDEN + KENNEDY, Portland, OR, *pg.* 430
Valdez, Georgina - Finance - OCEAN MEDIA, INC., Huntington Beach, CA, *pg.* 498
Valentino, Joyce - Finance, PPOM - IDEA ENGINEERING, INC., Santa Barbara, CA, *pg.* 88
Valkov, Ulian - Finance, Management, Operations - GSD&M, Chicago, IL, *pg.* 79
Vargas, Bryan - Finance, Interactive / Digital, Media Department - HEARTS & SCIENCE, New York, NY, *pg.* 471
Vendetti, Neil - Finance, Interactive / Digital, PPOM - ZENITH MEDIA, New York, NY, *pg.* 529
Venegas, Amelia - Finance - MUELLER COMMUNICATIONS, INC., Milwaukee, WI, *pg.* 630
Vilar-Frary, Sofie - Finance - TINSLEY ADVERTISING, Miami, FL, *pg.* 155
Villafane, Gregory - Finance - SPARK FOUNDRY, New York, NY, *pg.* 508
Vogliano, Marie - Finance - GOODMAN MEDIA INTERNATIONAL, INC., New York, NY, *pg.* 610
Wadleigh, Dan - Finance, PPOM - WUNDERMAN HEALTH, New York, NY, *pg.* 164
Wagner, David - Finance - SCHNAKE TURNBO FRANK, INC., Tulsa, OK, *pg.* 646
Wakim, Patricia - Finance - MARC RESEARCH, Irving, TX, *pg.* 447
Walker, Pam - Finance, Human Resources - BRANDINGBUSINESS, Irvine, CA, *pg.* 4
Walkosz, Tomasz - Finance - LEO BURNETT WORLDWIDE, Chicago, IL, *pg.* 98
Wallace, Mark - Finance, Management, Operations - GTB, Dearborn, MI, *pg.* 367
Walsh, Meghan - Account Planner, Creative, Finance, Media Department - HEARTS & SCIENCE, New York, NY, *pg.* 471
Walter, Lynn - Finance - MMG, Rockville, MD, *pg.* 116
Wamble, Jeffrey - Finance - HEARTS & SCIENCE, New York, NY, *pg.* 471
Wang, Julie - Finance, Interactive / Digital - GROUNDTRUTH.COM, San Francisco, CA, *pg.* 534

AGENCIES   RESPONSIBILITIES INDEX

Warner, Shelbi - Finance - GROUNDFLOOR MEDIA, Denver, CO, pg. 611
Warso, David - Finance - KELLY, SCOTT & MADISON, INC., Chicago, IL, pg. 482
Watari, Kayo - Finance - MEDIA ETC., Honolulu, HI, pg. 112
Waterman, Linda - Finance, Human Resources - EXSEL ADVERTISING, Sturbridge, MA, pg. 70
Waters Raynor, Teresa - Finance - RAWLE-MURDY ASSOCIATES, Charleston, SC, pg. 403
Watson, Andy - Finance, PPOM - OGILVY, Toronto, ON, pg. 394
Watson, Stephanie - Account Services, Finance, Media Department - UNIVERSAL MCCANN DETROIT, Birmingham, MI, pg. 524
Watson, Edge - Finance - RAIN 43, Toronto, ON, pg. 262
Watson, Adrienne - Finance - OMD WEST, Los Angeles, CA, pg. 502
Watts, Walter - Finance, PPOM - HAGER SHARP, INC., Washington, DC, pg. 81
Wawak, Seth - Finance - PROED COMMUNICATIONS, Beachwood, OH, pg. 129
Webb, Michael - Finance, PPOM - TEAM ONE, Los Angeles, CA, pg. 417
Webb, Kevin - Finance, PPOM - NORBELLA, Boston, MA, pg. 497
Webster, Donald - Finance, PPOM - MATLOCK ADVERTISING & PUBLIC RELATIONS, Atlanta, GA, pg. 107
Weigel, Gus - Finance, PPOM - WUNDERMAN THOMPSON SEATTLE, Seattle, WA, pg. 435
Weil, Andy - Finance, PPOM - GTB, Dearborn, MI, pg. 367
Weinbach, Elaine - Finance - THE WEINBACH GROUP, INC., Miami, FL, pg. 425
Weiner, Jay - Finance - CSE, INC., Atlanta, GA, pg. 6
Werzinger, David - Finance - SMART DESIGN,. INC, New York, NY, pg. 199
Whalen, Julia - Finance, Interactive / Digital, Media Department - HEARTS & SCIENCE, New York, NY, pg. 471
White, Desiree - Administrative, Finance - WIEDEN + KENNEDY, New York, NY, pg. 432
White, Renee - Administrative, Finance - NEW HONOR SOCIETY, Saint Louis, MO, pg. 391
White, Janet - Finance, PPOM - THE MARTIN AGENCY, Richmond, VA, pg. 421
Whitson, Thomas - Finance - CAPITOL MEDIA SOLUTIONS, Atlanta, GA, pg. 459
Whittington, Nate - Finance, Operations - WHITE64, Tysons, VA, pg. 430
Wichtoski, Alan - Finance, PPOM - A.B. DATA, LTD, Milwaukee, WI, pg. 279
Wicklund, Kristy - Account Services, Finance, PPOM - X3 CREATIVE, Smyrna, GA, pg. 205

Wilcox, Dan - Account Services, Finance - THE RICHARDS GROUP, INC., Dallas, TX, pg. 422
Wilde, Barry - Finance, PPOM - PATTISON OUTDOOR ADVERTISING, Mississagua, ON, pg. 555
Wilhelmy, Bob - Finance, PPOM - MKTG INC, New York, NY, pg. 311
Wilkinson, Laurie - Finance, PPOM - RS & K, Madison, WI, pg. 408
Williams, Sheri - Finance, Human Resources - CONTRAST CREATIVE, Cary, NC, pg. 222
Williams, Lisa - Finance, Operations - TREVELINO / KELLER COMMUNICATIONS GROUP, Atlanta, GA, pg. 656
Williams, Nick - Finance, PPOM - WAVEMAKER, Toronto, ON, pg. 529
Williams, Suzanne - Finance - BRADLEY AND MONTGOMERY, Indianapolis, IN, pg. 336
Wilson, Piper - Account Services, Finance - OTEY WHITE & ASSOCIATES, Baton Rouge, LA, pg. 123
Wilson, Mary Ann - Finance, PPOM - IMRE, Baltimore, MD, pg. 374
Wilson, Cynthia - Finance - DIGITAS, San Francisco, CA, pg. 227
Wilson, Ashley - Finance - TEAM ENTERPRISES, Fort Lauderdale, FL, pg. 316
Wink, Jeff - Finance - BOUNTEOUS, Chicago, IL, pg. 218
Winkler, Bill - Administrative, Finance, PPOM - ACKERMAN MCQUEEN, INC., Oklahoma City, OK, pg. 26
Witherspoon, Cheryl - Finance - JENNINGS & COMPANY, Chapel Hill, NC, pg. 92
Wojcik, Ryan - Account Services, Finance, Interactive / Digital, Media Department - OMD, New York, NY, pg. 498
Wolinetz, Geoff - Account Services, Finance, NBC - FREEWHEEL, New York, NY, pg. 465
Wong, Greg - Finance, PPOM - QUINSTREET, INC., Foster City, CA, pg. 290
Woodland, James - Finance, Operations, PPOM - CMI MEDIA, LLC, King of Prussia, PA, pg. 342
Wotherspoon, Robin - Finance - OUTCROP GROUP, Yellowknife, NT, pg. 124
Wozniak, Beth - Finance - BRANDTRUST, INC., Chicago, IL, pg. 4
Wright, Thomas - Finance, Media Department - PHD USA, New York, NY, pg. 505
Wright, J.R. - Finance, PPOM - LARRY JOHN WRIGHT, INC., Mesa, AZ, pg. 379
Wright, Charlie - Finance - WAVEMAKER, New York, NY, pg. 526
Yahes, Jarrod - Finance, PPOM - ZETA INTERACTIVE, New York, NY, pg. 277
Yamashita, Barbara - Finance, Human Resources - RPMC, INC., Calabasas, CA, pg. 569
Yuen, Kieran - Account Services,

Finance - MEDIACOM, New York, NY, pg. 487
Zelkowitz, Jeffrey - Finance - APCO WORLDWIDE, New York, NY, pg. 578
Zhao, Katie - Finance - GROUNDTRUTH.COM, San Francisco, CA, pg. 534
Zoleta, Grace - Finance - SERINO COYNE, INC., New York, NY, pg. 299
Zuckerman, Jerry - Finance, PPOM - HIRSHORN ZUCKERMAN DESIGN GROUP, Rockville, MD, pg. 371
Zuika, Lee - Finance - MAN MARKETING, Carol Stream, IL, pg. 103
Zuloaga, Brittany - Finance - ORANGE LABEL ART & ADVERTISING, Newport Beach, CA, pg. 395
Zvonkin, Tanya - Finance, Interactive / Digital, Management, Media Department, PPM - CANVAS WORLDWIDE, New York, NY, pg. 458

Human Resources

Adami, Cherie - Human Resources - MEDIA HORIZONS, INC., Norwalk, CT, pg. 288
Adams, Melinda - Human Resources - SCOPPECHIO, Louisville, KY, pg. 409
Adkins, Tim - Human Resources - CAMPBELL MARKETING AND COMMUNICATIONS, Dearborn, MI, pg. 339
Akuamoah, Julianna - Human Resources - ARNOLD WORLDWIDE, Boston, MA, pg. 33
Alcarez, Ted - Human Resources, Operations - FIG, New York, NY, pg. 73
Allen, Amy - Administrative, Human Resources, Management, PPOM - BARKLEY, Kansas City, MO, pg. 329
Alley, Nancy - Human Resources - DEUTSCH, INC., Los Angeles, CA, pg. 350
Alvarez, Nerea - Human Resources - NEWLINK COMMUNICATIONS GROUP, Miami, FL, pg. 632
Amores, Harry - Account Services, Administrative, Human Resources, Management - 9TH CO., Toronto, ON, pg. 209
Anders, Andrea - Human Resources - TUKAIZ, Franklin Park, IL, pg. 427
Anderson, Sara - Human Resources, NBC - EDELMAN, Chicago, IL, pg. 353
Andre, Emmanuel - Human Resources, Management, PPOM - PUBLICIS NORTH AMERICA, New York, NY, pg. 399
Anhorn, Sara - Human Resources - CRITICAL MASS, INC., New York, NY, pg. 223
Ash, Lindsey - Human Resources - PUBLICIS MID AMERICA, Boise, ID, pg. 639
Asprea, Celia - Human Resources - THE BEANSTALK GROUP, New York, NY, pg. 19
Augustine, Cynthia - Human Resources, PPOM - FCB NEW YORK, New York, NY, pg. 357

1491

RESPONSIBILITIES INDEX

AGENCIES

Augustine, Gina - Administrative, Finance, Human Resources - MINDS ON, INC., Lewis Center, OH, pg. 250
Ayres, Sharon - Human Resources - MOOSYLVANIA, Saint Louis, MO, pg. 568
Babb, Maggie - Human Resources, Operations - KNIGHT, Orlando, FL, pg. 95
Bahnmuller, Gabrielle - Human Resources - MATTE PROJECTS, New York, NY, pg. 107
Baker, Caroline - Human Resources - RASKY BAERLEIN STRATEGIC COMMUNICATIONS, INC., Boston, MA, pg. 641
Ball, Whitney - Human Resources - DDB SAN FRANCISCO, San Francisco, CA, pg. 60
Balliet, Genine - Account Services, Human Resources, PPOM - TARGETBASE MARKETING, Irving, TX, pg. 292
Barber, Paul - Human Resources - LISTRAK, Lititz, PA, pg. 246
Barnes, Beverly - Finance, Human Resources, NBC, PPOM - SGW INTEGRATED MARKETING, Montville, NJ, pg. 410
Barootes, Karen - Administrative, Human Resources - GREY CANADA, Toronto, ON, pg. 365
Barros, Liz - Human Resources - PUBLICIS TORONTO, Toronto, ON, pg. 639
Baskel, Jennifer - Human Resources - EDELMAN, Chicago, IL, pg. 353
Bean, Aisha - Human Resources - CASHMERE AGENCY, Los Angeles, CA, pg. 48
Beatty, Megan - Human Resources - TAYLOR, Charlotte, NC, pg. 651
Belcastro, Sara - Human Resources - GOTHAM, INC., New York, NY, pg. 77
Bennetts, Kim - Human Resources, Management - BROWN & BIGELOW, San Diego, CA, pg. 566
Benwitt, Eileen - Human Resources, PPOM - HORIZON MEDIA, INC., New York, NY, pg. 474
Berg, Brian - Human Resources, PPOM - PUBLICIS NORTH AMERICA, New York, NY, pg. 399
Berryhill, Hilary - Human Resources - BRAND VALUE ACCELERATOR, San Diego, CA, pg. 42
Bhansali, Ariti - Human Resources, Media Department - STARCOM WORLDWIDE, Chicago, IL, pg. 513
Bialas, Brandi - Human Resources - THE MARS AGENCY, Southfield, MI, pg. 683
Bibb, Sharon - Human Resources - BLF MARKETING, Clarksville, TN, pg. 334
Biber, Julie - Human Resources - EDELMAN, Chicago, IL, pg. 353
Bicaj, Qendresa - Human Resources, PPOM - MOXIE COMMUNICATIONS GROUP, New York, NY, pg. 628
Bigelow, Vanessa - Human Resources, PPOM - BURNESS COMMUNICATIONS, Bethedsa, MD, pg. 587
Bolint, Amanda - Human Resources - 52 LTD, Portland, OR, pg. 667

Bond, Yvonne - Human Resources, Media Department, PPOM, Public Relations - HAVAS NEW YORK, New York, NY, pg. 369
Bonfilio, Jennifer - Human Resources - TALLWAVE, Scottsdale, AZ, pg. 268
Bradley, Paul - Human Resources - YESCO OUTDOOR MEDIA, Salt Lake City, UT, pg. 559
Breidenbach, Gillian - Human Resources, Public Relations - BELO + COMPANY, Dallas, TX, pg. 216
Brittingham, Holly - Human Resources - FCB NEW YORK, New York, NY, pg. 357
Brockus, Erin - Human Resources - MMGY GLOBAL, Kansas City, MO, pg. 388
Brough, Kelsie - Human Resources - MANIFEST, Saint Louis, MO, pg. 248
Bryan, Susan - Human Resources - STAMP IDEAS GROUP, LLC, Montgomery, AL, pg. 144
Buchanan, Alexis - Human Resources - REDPEG MARKETING, Alexandria, VA, pg. 692
Bull, Linda - Human Resources - JONES HUYETT PARTNERS, Topeka, KS, pg. 93
Burke, Kate - Human Resources - MOD WORLDWIDE, Philadelphia, PA, pg. 192
Burnside, Robert - Human Resources, Operations, PPOM - KETCHUM, New York, NY, pg. 542
Cadmus, Barbara - Human Resources - CCG MARKETING SOLUTIONS, West Caldwell, NJ, pg. 341
Callahan, Deena - Human Resources - MGH ADVERTISING, Owings Mills, MD, pg. 387
Camilleri, Robert - Human Resources, PPOM - PUBLICIS NORTH AMERICA, New York, NY, pg. 399
Canfield, Zach - Human Resources, PPOM - GOODBY, SILVERSTEIN & PARTNERS, San Francisco, CA, pg. 77
Cangemi, Elise - Human Resources, PPOM - GOOD APPLE DIGITAL, New York, NY, pg. 466
Cantrell, Shirie - Human Resources - FORCE MARKETING, Atlanta, GA, pg. 284
Carik, Beth - Human Resources - ABELSON-TAYLOR, Chicago, IL, pg. 25
Carlson, Ben - Human Resources - STROTTMAN INTERNATIONAL, Irvine, CA, pg. 569
Carlucci, Emily - Human Resources - CONE, INC., Boston, MA, pg. 6
Carr, Amy - Human Resources - RED DOOR INTERACTIVE, San Diego, CA, pg. 404
Carreon, Lionel - Creative, Human Resources - TBWA \ CHIAT \ DAY, New York, NY, pg. 416
Carruthers, Anna - Human Resources - SCALES ADVERTISING, Minneapolis, MN, pg. 138
Carter, Katie - Human Resources - EDELMAN, Washington, DC, pg. 600
Casey, Erica - Human Resources - DIGITAS, Boston, MA, pg. 226

Cecere, Tim - Human Resources, PPOM - MINDSHARE, New York, NY, pg. 491
Charles, Taylor - Human Resources, Management - ADPEARANCE, Portland, OR, pg. 671
Chenoweth, Tommy - Human Resources - JANUARY DIGITAL, New York, NY, pg. 243
Cherrier, Jim - Human Resources - PUROHIT NAVIGATION, Chicago, IL, pg. 401
Cheung, Leslie - Human Resources, Media Department, NBC - CARAT, New York, NY, pg. 459
Chiocco, Leslie - Human Resources - OMNICOM GROUP, New York, NY, pg. 123
Chynoweth, Gwen - Human Resources, PPOM - MACCABEE GROUP PUBLIC RELATIONS, Minneapolis, MN, pg. 624
Clarke, Patti - Human Resources, PPOM - HAVAS NEW YORK, New York, NY, pg. 369
Clausen, Christina - Human Resources - DMW WORLDWIDE, LLC, Chesterbrook, PA, pg. 282
Clawson, Amy - Human Resources, Operations - BUTLER, SHINE, STERN & PARTNERS, Sausalito, CA, pg. 45
Coffey, Laura - Administrative, Human Resources - VENUE MARKETING GROUP, North Palm Beach, FL, pg. 158
Connor, Morgan - Human Resources - MARCUS THOMAS, Cleveland, OH, pg. 104
Coppa, Michele - Human Resources - HEALTH4BRANDS CHELSEA, New York, NY, pg. 83
Coufal, Bruce - Human Resources - FIRESPRING, Lincoln, NE, pg. 358
Covert, Gail - Human Resources, Operations - TOUCHSTORM, New York, NY, pg. 570
Creamer, Tonya - Human Resources - EMPOWER, Cincinnati, OH, pg. 354
Currie, Amanda - Human Resources - AMOBEE, INC., Redwood City, CA, pg. 213
Cutone, Chris - Human Resources - DEUTSCH, INC., New York, NY, pg. 349
Cygan, Sarah - Human Resources, PPOM - OLOGIE, Columbus, OH, pg. 122
Cyrol, Tim - Human Resources - THE MANY, Pacific Palisades, CA, pg. 151
Da Prato, Maggie - Human Resources - IPROSPECT, Montreal, QC, pg. 674
Dalton, Natalie - Human Resources - EMPOWER, Cincinnati, OH, pg. 354
Daly, Kate - Human Resources - WAVEMAKER, New York, NY, pg. 526
Davi, Fran - Human Resources - OGILVY HEALTH, New York, NY, pg. 122
Davila, Mily - Account Services, Human Resources - CARAT, Culver City, CA, pg. 459
Del Bene, Pam - Human Resources - CODE AND THEORY, New York, NY, pg. 221
Del Bene, Pamela - Human Resources

1492

AGENCIES

RESPONSIBILITIES INDEX

- CODE AND THEORY, New York, NY, pg. 221
Delfino, Teah - Human Resources, NBC - DENNY MOUNTAIN MEDIA, Seattle, WA, pg. 225
Denford, Anne - Human Resources - IMRE, Baltimore, MD, pg. 374
Desouza, Peter - Human Resources - R/GA, New York, NY, pg. 260
Diaz, Emilia - Human Resources - MCGARRYBOWEN, New York, NY, pg. 109
DiCicco, Elisabeth - Human Resources, Management - DIGITAS HEALTH LIFEBRANDS, New York, NY, pg. 229
DiDonato, Susan - Human Resources, PPOM - OGILVY COMMONHEALTH WORLDWIDE, Parsippany, NJ, pg. 122
Dionne, Robyn - Human Resources, Operations - ETHOS MARKETING & DESIGN, Westbrook, ME, pg. 182
Dobson-Smith, Dan - Human Resources - ESSENCE, San Francisco, CA, pg. 232
Dolan, Amy - Human Resources - EYEVIEW DIGITAL, INC., New York, NY, pg. 233
Domercq, Linda - Finance, Human Resources - BBDO SAN FRANCISCO, San Francisco, CA, pg. 330
Doyle, Robin - Human Resources - CAPTIVATE NETWORK, INC., Lowell, MA, pg. 550
Drury, Cait - Human Resources - TEAM ONE, Los Angeles, CA, pg. 417
Duax, Randy - Human Resources - MDC PARTNERS, INC., New York, NY, pg. 385
Duffy, Karina - Human Resources, PPOM - IGNITIONONE, New York, NY, pg. 673
DuJat, Lisa - Human Resources, PPOM - FCB NEW YORK, New York, NY, pg. 357
Durante, Gina - Finance, Human Resources - CSM SPORT & ENTERTAINMENT, New York, NY, pg. 347
Dusablon, Claudine - Human Resources - MCKINNEY, Durham, NC, pg. 111
Eady, Allie - Human Resources - HUMANAUT, Chattanooga, TN, pg. 87
Edwards, Marlena - Human Resources, PPOM - HUGE, INC., Brooklyn, NY, pg. 239
Eisenhard, Megan - Human Resources, Management - LEARFIELD IMG COLLEGE, Plano, TX, pg. 310
Ellis, Taylor - Human Resources - CRAMER-KRASSELT, Chicago, IL, pg. 53
Fabiano, Lisa - Human Resources, PPOM - GREY GROUP, New York, NY, pg. 365
Falcon, Adriana - Human Resources, Operations - BBDO SAN FRANCISCO, San Francisco, CA, pg. 330
Famiglietti, Elizabeth - Human Resources - PAN COMMUNICATIONS, Boston, MA, pg. 635
Farwell, Joanna - Human Resources - TALLWAVE, Scottsdale, AZ, pg. 268
Ferrell, Tracy - Administrative,

Human Resources - VANGUARD COMMUNICATIONS, Washington, DC, pg. 658
Finn, Beth - Account Services, Human Resources, NBC - RSW/US, Cincinnati, OH, pg. 136
Flaherty, Brandy - Human Resources - WONGDOODY, Seattle, WA, pg. 162
Fleming, Christine - Human Resources - CRAMER, Norwood, MA, pg. 6
Foster, Jamie - Human Resources - THE INTEGER GROUP - DALLAS, Dallas, TX, pg. 570
Fowler, Amanda - Human Resources - THE RICHARDS GROUP, INC., Dallas, TX, pg. 422
Francis, Laurie - Administrative, Human Resources, Operations - FUSE, LLC, Vinooski, VT, pg. 8
Frost Hamburg, Susan - Human Resources - MCCANN NEW YORK, New York, NY, pg. 108
Fryer, Stephanie - Human Resources, Operations - LAUNCHSQUAD, San Francisco, CA, pg. 621
Funti, Stephanie - Human Resources - ZEHNDER COMMUNICATIONS, INC., New Orleans, LA, pg. 436
Gapinski, Jill - Account Services, Finance, Human Resources - SCALES ADVERTISING, Minneapolis, MN, pg. 138
Garcia, Tara - Creative, Human Resources, Operations - VIRTUE WORLDWIDE, Brooklyn, NY, pg. 159
Gardner, Heide - Human Resources, PPOM - INTERPUBLIC GROUP OF COMPANIES, New York, NY, pg. 90
Garrity, Carol - Human Resources, Operations - 360PRPLUS, Boston, MA, pg. 573
Gemignani, Bob - Human Resources, PPOM - HARRISON & STAR, INC., New York, NY, pg. 9
Gergis, Christina - Human Resources - TONGAL, Santa Monica, CA, pg. 20
Gervais, Lupita - Human Resources - ALLIED INTEGRATED MARKETING, Cambridge, MA, pg. 576
Giardina, Quinn - Human Resources - BRIGHTWAVE MARKETING, INC., Atlanta, GA, pg. 219
Gold, Abby - Human Resources, PPOM - WEBER SHANDWICK, New York, NY, pg. 660
Goldhamer, Ricki - Human Resources - HORIZON MEDIA, INC., Los Angeles, CA, pg. 473
Goldstein, Elisha - Creative, Human Resources - ARNOLD WORLDWIDE, Boston, MA, pg. 33
Gonya, Gary - Account Services, Human Resources, Management - LRXD, Denver, CO, pg. 101
Grabell, Allison - Human Resources, Management, Media Department - HORIZON MEDIA, INC., New York, NY, pg. 474
Gray, Eileen - Human Resources, Operations - GRAY & ASSOCIATES DIVERSITY ADVERTISING & PUBLIC RELATIONS, Marietta, GA, pg. 541
Gray-Kaliski, Kim - Finance, Human

Resources - RAZORFISH HEALTH, Chicago, IL, pg. 132
Green, Cora - Human Resources - HOOK, Ann Arbor, MI, pg. 239
Greenwald, Adam - Human Resources, PPOM - DAGGER, Atlanta, GA, pg. 224
Griffin, Josie - Finance, Human Resources - MARRINER MARKETING COMMUNICATIONS, Columbia, MD, pg. 105
Gruber, Elisa - Human Resources, PPOM - DENNY MOUNTAIN MEDIA, Seattle, WA, pg. 225
Guerra, Fiorita - Human Resources - 4SIGHT, INC., New York, NY, pg. 171
Guss, Charlene - Human Resources - BURRELL COMMUNICATIONS GROUP, INC., Chicago, IL, pg. 45
Gutholm, Shelli - Human Resources, Promotions - CRITICAL MASS, INC., New York, NY, pg. 223
Guy, Carla - Account Services, Human Resources, Interactive / Digital, Management, NBC, Operations, PPOM, Promotions - DAGGER, Atlanta, GA, pg. 224
Haaland, Alyssa - Human Resources, Management - WUNDERMAN THOMPSON, New York, NY, pg. 434
Habib, Nina - Human Resources - CIVIC ENTERTAINMENT GROUP, New York, NY, pg. 566
Hagstrom, Sue - Human Resources, Management - COLLE MCVOY, Minneapolis, MN, pg. 343
Halbur, Annette - Finance, Human Resources - TRILIX MARKETING GROUP, INC., Des Moines, IA, pg. 427
Hamidi, Natasha - Finance, Human Resources, Operations - MARKETING FACTORY, INC., Venice, CA, pg. 383
Handel, Judi - Human Resources - MCNEIL, GRAY & RICE, Boston, MA, pg. 627
Hanke, Jenny - Finance, Human Resources - LP&G, INC., Tucson, AZ, pg. 381
Hannam, Angie - Human Resources - R/GA, New York, NY, pg. 260
Harms, Jane - Administrative, Finance, Human Resources - PAULSEN MARKETING COMMUNICATIONS, Sioux Falls, SD, pg. 126
Harris, Lynn - Human Resources - MEDIA ASSEMBLY, New York, NY, pg. 484
Harrison, Judith - Human Resources - WEBER SHANDWICK, New York, NY, pg. 660
Harrison, Diane - Human Resources - CARAT, New York, NY, pg. 459
Harrison, Karen - Human Resources - WUNDERMAN THOMPSON, New York, NY, pg. 434
Hayes, Britt - Creative, Human Resources, Operations - DDB NEW YORK, New York, NY, pg. 59
Heil, Doris - Human Resources - HEILBRICE, Newport Beach, CA, pg. 84
Helminiak, Beth Ann - Account Services, Human Resources, Management - SAATCHI & SAATCHI, New York, NY, pg. 136

1493

RESPONSIBILITIES INDEX — AGENCIES

Hemphill, Amy - Human Resources - JOHNSON-RAUHOFF, INC., Saint Joseph, MI, *pg.* 93

Hendrickx, Laura - Administrative, Human Resources - ARNOLD WORLDWIDE, Boston, MA, *pg.* 33

Hernandez, Mary Ann - Human Resources - ABERNATHY MACGREGOR GROUP, New York, NY, *pg.* 574

Hiefield, Martha - Human Resources, PPOM - WUNDERMAN THOMPSON SEATTLE, Seattle, WA, *pg.* 435

Hiler, Alyssa - Creative, Human Resources, Management, Operations - ARTEFACT, Seattle, WA, *pg.* 173

Hilton, Kelly - Human Resources, NBC, Public Relations - STARTEK, Jeffersonville, IN, *pg.* 168

Hittleman, Jason - Human Resources, Interactive / Digital, Programmatic - THE MARS AGENCY, Southfield, MI, *pg.* 683

Hogan, Linda - Human Resources, PPOM - BADER RUTTER & ASSOCIATES, INC. , Milwaukee, WI, *pg.* 328

Hong, Sherry - Human Resources - TVGLA, Los Angeles, CA, *pg.* 273

Horn, Cathy - Human Resources - ASPEN MARKETING SERVICES, West Chicago, IL, *pg.* 280

Hovekamp, Susan - Human Resources - PRICEWEBER MARKETING COMMUNICATIONS, INC., Louisville, KY, *pg.* 398

Howley, Stephanie - Human Resources, Management - BCW NEW YORK, New York, NY, *pg.* 581

Huang, Ashley - Account Planner, Account Services, Human Resources, Media Department - INITIATIVE, Los Angeles, CA, *pg.* 478

Hudak, Jenny - Human Resources - ANOMALY, New York, NY, *pg.* 325

Huffine, Sandra - Administrative, Human Resources - THE BOHAN AGENCY, Nashville, TN, *pg.* 418

Hunter-Heath, Haley - Human Resources, PPOM - PARTY LAND, Marina Del Rey, CA, *pg.* 125

Hunziker, Cori - Human Resources - MABBLY, Chicago, IL, *pg.* 247

Huzinec, Colette - Human Resources, PPOM - SMITH BUCKLIN CORPORATION, Chicago, IL, *pg.* 314

Iacono, Toni - Human Resources - WUNDERMAN HEALTH, New York, NY, *pg.* 164

Intoppa, Leslie - Human Resources - MMB, Boston, MA, *pg.* 116

Irving, Jay - Human Resources - GELIA WELLS & MOHR, Williamsville, NY, *pg.* 362

Isaac, Percy - Human Resources - MEDIA STAR PROMOTIONS, Hunt Valley, MD, *pg.* 112

Jermier, Wendy - Human Resources - MUDD ADVERTISING, Cedar Falls, IA, *pg.* 119

Jewell, Susanne - Human Resources, Operations - DIO, York, PA, *pg.* 62

Johnston, Julie - Human Resources - GO WEST CREATIVE, Nashville, TN, *pg.* 307

Jones, Elle - Human Resources - FINN PARTNERS, New York, NY, *pg.* 603

Joyce, Erin - Human Resources - DEUTSCH, INC., Los Angeles, CA, *pg.* 350

Kamler-Andriano, Caroline - Human Resources - TRUE MEDIA, Columbia, MO, *pg.* 521

Kaser, Mary - Human Resources - INTRINZIC, INC., Newport, KY, *pg.* 10

Kealey, CJ - Human Resources - MARC USA, Pittsburgh, PA, *pg.* 104

Kettle Larson, Julia - Human Resources - QORVIS COMMUNICATIONS, LLC, Washington, DC, *pg.* 640

Khan, Shazzia - Human Resources, PPOM - HAVAS HEALTH & YOU, New York, NY, *pg.* 82

Kim, Steven - Human Resources - LOTAME, Columbia, MD, *pg.* 446

Kim, Tiffany - Human Resources - AUDIENCEX, Marina Del Rey, CA, *pg.* 35

Kipreos, Erika - Human Resources, Interactive / Digital, PPOM - DROGA5, New York, NY, *pg.* 64

Klein, Lonnie - Human Resources - ADMARKETPLACE, New York, NY, *pg.* 210

Klingler, Malika - Human Resources, PPOM - PRR, Seattle, WA, *pg.* 399

Knese, Suzan - Human Resources - OSBORN & BARR COMMUNICATIONS, Saint Louis, MO, *pg.* 395

Kokomoor, Lynnette - Finance, Human Resources, PPOM - BANDY CARROLL HELLIGE , Louisville, KY, *pg.* 36

Konrad, Lyndsey - Human Resources - HAVAS WORLDWIDE SAN FRANCISCO, San Francisco, CA, *pg.* 370

Krablin, Christina - Human Resources - REPUBLICA HAVAS, Miami, FL, *pg.* 545

Krakowsky, Philippe - Account Planner, Human Resources, Operations, PPOM - INTERPUBLIC GROUP OF COMPANIES, New York, NY, *pg.* 90

Kranich, Robin - Human Resources - GARTNER, INC., Stamford, CT, *pg.* 236

Krebsbach, Mary - Human Resources - NOVUS MEDIA, INC., Plymouth, MN, *pg.* 497

Krisfalusi, Cyndi - Human Resources, Management - EDELMAN, Dallas, TX, *pg.* 600

Kugler, Rafi - Human Resources - BARRETTSF, San Francisco, CA, *pg.* 36

Kukler, Alexandra - Analytics, Human Resources - TINUITI, New York, NY, *pg.* 678

Kunitomo, Mariko - Human Resources - GROUPM, New York, NY, *pg.* 466

Kusumgar, Kavita - Account Planner, Human Resources, Media Department, NBC - CARAT, New York, NY, *pg.* 459

Laban, Katharine - Human Resources, Social Media - CRONIN, Glastonbury, CT, *pg.* 55

Labbe, Marcel - Human Resources - DAC GROUP, Louisville, KY, *pg.* 223

Labonte, Geri - Human Resources, Media Department, Promotions - ALL STAR INCENTIVE MARKETING, Fiskdale, MA, *pg.* 565

Lalchandan, Nisha - Human Resources - KATZ MEDIA GROUP, INC., New York, NY, *pg.* 481

Langroudi, Maryem - Human Resources - YPM, Irvine, CA, *pg.* 679

Lantz, Rose - Finance, Human Resources, PPOM - WHITE GOOD & COMPANY, INC., Lancaster, PA, *pg.* 430

Laskin, Lilian - Human Resources, Operations - DENTSU X, New York, NY, *pg.* 61

Lauer, Allison - Human Resources - BADER RUTTER & ASSOCIATES, INC. , Milwaukee, WI, *pg.* 328

Lenz Vessel, Julie - Human Resources, PPOM - MONO, Minneapolis, MN, *pg.* 117

Lewis, Genny - Human Resources - ELIAS SAVION ADVERTISING, Pittsburgh, PA, *pg.* 68

Libles, Janie - Human Resources, PPOM - WUNDERMAN THOMPSON, Chicago, IL, *pg.* 434

Light, Jillian - Human Resources - SIMANTEL GROUP, Peoria, IL, *pg.* 142

Logue, Nancy - Human Resources - CMI MEDIA, LLC, King of Prussia, PA, *pg.* 342

Lombardo, Rosa - Human Resources - SUDLER & HENNESSEY, New York, NY, *pg.* 145

Lopez, Matthew - Human Resources - SANDERS\WINGO, El Paso, TX, *pg.* 138

Lopez, Robert - Human Resources - OCEAN MEDIA, INC., Huntington Beach, CA, *pg.* 498

Lory, Irene - Finance, Human Resources - CROSS COUNTRY COMPUTER, East Islip, NY, *pg.* 281

Lowell, Bonnie - Human Resources, NBC - PALLEY ADVERTISING & SYNERGY NETWORKS, Worcester, MA, *pg.* 396

Lundberg, Kara - Account Services, Human Resources - RAFFETTO HERMAN STRATEGIC COMMUNICATIONS, Seattle, WA, *pg.* 641

Lynam, Susi - Human Resources, Operations - KIOSK CREATIVE LLC, Novato, CA, *pg.* 378

Madrigal, Ray - Administrative, Human Resources - ZENO GROUP, Chicago, IL, *pg.* 664

Mansfield, Dana - Human Resources, PPOM - MCCANN NEW YORK, New York, NY, *pg.* 108

Manus, Jenn - Human Resources, Operations - PRODUCT CREATION STUDIO, Seattle, WA, *pg.* 563

Marchio, Catherine - Human Resources, Operations - HAWORTH MARKETING & MEDIA, Minneapolis, MN, *pg.* 470

Mars, Sallie - Creative, Human Resources, PPOM - MCCANN NEW YORK, New York, NY, *pg.* 108

Marshall, Darren - Human Resources, PPOM - REVOLUTION, Chicago, IL, *pg.* 406

Martin, Rebecca - Human Resources,

AGENCIES

RESPONSIBILITIES INDEX

Interactive / Digital - BEEHIVE PR, Saint Paul, MN, *pg.* 582
Martin, James - Human Resources - PUNCHKICK INTERACTIVE, Chicago, IL, *pg.* 534
Martinez, Tish - Administrative, Human Resources - OGILVY, New York, NY, *pg.* 393
Martinez, Cristina - Human Resources, PPOM - MEDIACOM, New York, NY, *pg.* 487
Martinez-Noriega, Sarah - Human Resources - DIRECT AGENTS, INC., New York, NY, *pg.* 229
Mason, Thomas - Human Resources - JCDECAUX NORTH AMERICA, New York, NY, *pg.* 553
Mayberry, Paula - Finance, Human Resources, Operations - SHERRY MATTHEWS ADVOCACY MARKETING, Austin, TX, *pg.* 140
McBride, Julie - Human Resources, Public Relations - FALLON WORLDWIDE, Minneapolis, MN, *pg.* 70
McCallum, Matt - Human Resources, Operations - HITCHCOCK FLEMING & ASSOCIATES, INC. , Akron, OH, *pg.* 86
McCarthy, Pamela - Human Resources - PALISADES MEDIA GROUP, INC., Santa Monica, CA, *pg.* 124
McDonough, Jenni - Human Resources - 22SQUARED INC., Atlanta, GA, *pg.* 319
McEntire, Cindy - Human Resources, PPOM - ANSIRA, Addison, TX, *pg.* 326
McGinness Bilotto, Lynn - Human Resources - VECTOR MEDIA, New York, NY, *pg.* 558
McMackin, Michael - Finance, Human Resources - RESPONSE MEDIA, INC., Norcross, GA, *pg.* 507
McVeigh, Tasha - Human Resources, Operations, PPOM - MCGARRYBOWEN, San Francisco, CA, *pg.* 385
Melchin, Barbara - Human Resources - BLANC & OTUS , San Francisco, CA, *pg.* 584
Melville, Doug - Human Resources, PPOM - TBWA \ CHIAT \ DAY, New York, NY, *pg.* 416
Mertzman, Allison - Human Resources, Management, Media Department, NBC, Operations, Public Relations - GROUPM, New York, NY, *pg.* 466
Miller, Eva - Human Resources - THE GEORGE P. JOHNSON COMPANY, Auburn Hills, MI, *pg.* 316
Miller, Amie - Human Resources, PPOM - TBWA \ CHIAT \ DAY, New York, NY, *pg.* 416
Miller, Dave - Human Resources - ARTEFACT, Seattle, WA, *pg.* 173
Mitchell, Tana - Human Resources - APPLE BOX STUDIOS, Pittsburgh, PA, *pg.* 32
Mockus, Kate - Human Resources - THE VIA AGENCY, Portland, ME, *pg.* 154
Monroe, Gina - Human Resources - FUSION MARKETING, St. Louis, MO, *pg.* 8
Monty, Kaye - Human Resources - PORTER NOVELLI, San Francisco, CA, *pg.* 637

Mooney, Kristin - Human Resources, Management, PPOM - GROUPM, New York, NY, *pg.* 466
Morahan, Melissa - Human Resources - 72ANDSUNNY, Brooklyn, NY, *pg.* 24
Moravec, Nicky - Human Resources - CRAMER-KRASSELT , Milwaukee, WI, *pg.* 54
Moushi, Tanya - Human Resources - AKOS, Phoenix, AZ, *pg.* 324
Muncy, Julie - Human Resources - CALDWELL VANRIPER, Indianapolis, IN, *pg.* 46
Murray, Brian - Human Resources - LIKEABLE MEDIA, New York, NY, *pg.* 246
Mutchnick, Kiersten - Human Resources - HOOK, Ann Arbor, MI, *pg.* 239
Myers, Dee - Human Resources - CALLAHAN CREEK , Lawrence, KS, *pg.* 4
Nadgar, Preeti - Account Planner, Human Resources, Media Department, NBC - PHD CHICAGO, Chicago, IL, *pg.* 504
Natividad, Christine - Human Resources - AXICOM, San Francisco, CA, *pg.* 579
Nelson, Shannon - Human Resources - GOLIN, Los Angeles, CA, *pg.* 609
Nguyen Cohen, Lauren - Human Resources - PUBLICIS.SAPIENT, Boston, MA, *pg.* 259
Norian, Heather - Finance, Human Resources - SPI GROUP, LLC, Fairfield, NJ, *pg.* 143
Novak, Shannon - Human Resources - HAVAS NEW YORK, New York, NY, *pg.* 369
Nunez, Christina - Human Resources - DOTCMS, Miami, FL, *pg.* 230
O'Connell, Susan - Human Resources - SIGMA MARKETING INSIGHTS, Rochester, NY, *pg.* 450
O'Connor, Mallory - Human Resources, Operations - HABANERO, Vancouver, BC, *pg.* 237
O'Donnell, Kevin - Human Resources, PPOM - PROPHET, San Francisco, CA, *pg.* 15
O'Hehier, Carol - Human Resources - EDELMAN, New York, NY, *pg.* 599
O'Keefe, Maria - Human Resources, PPOM - EDELMAN, Chicago, IL, *pg.* 353
Office, Peter - Human Resources, Operations, PPOM - MKTG INC, New York, NY, *pg.* 311
Ojeda, Melissa - Human Resources - DAVIS ELEN ADVERTISING, Los Angeles, CA, *pg.* 58
Ormand Cherwin, Gina - Human Resources, PPOM - MWWPR, East Rutherford, NJ, *pg.* 630
Osborne, Deborah - Human Resources - CAMPBELL EWALD, Detroit, MI, *pg.* 46
Papini, Amanda - Human Resources - 360I, LLC, Atlanta, GA, *pg.* 207
Parker, Shyrlyn - Finance, Human Resources - LEWIS ADVERTISING,

INC., Rocky Mount, NC, *pg.* 380
Passick, Terri - Human Resources - HAVAS HEALTH & YOU, New York, NY, *pg.* 82
Patel, Bella - Human Resources - FCB CHICAGO, Chicago, IL, *pg.* 71
Pedro, Donna - Human Resources, NBC, PPOM - OGILVY, New York, NY, *pg.* 393
Pember, Miles - Human Resources - RATIO INTERACTIVE, Seattle, WA, *pg.* 262
Peralta, Sandra - Human Resources - ALLEN & GERRITSEN, Boston, MA, *pg.* 29
Perenic, Molly - Human Resources - MARC USA, Pittsburgh, PA, *pg.* 104
Peters, Bunny - Human Resources - AFG&, New York, NY, *pg.* 28
Peterson, Christofer - Human Resources - HEARTS & SCIENCE, Atlanta, GA, *pg.* 473
Peterson Garnitz, Signe - Human Resources, PPOM - 22SQUARED INC., Atlanta, GA, *pg.* 319
Petralli, Elaine - Human Resources - PROOF ADVERTISING, Austin, TX, *pg.* 398
Phillips, Elyssa - Human Resources, Management, PPOM - FCB NEW YORK, New York, NY, *pg.* 357
Phillips, Christy - Human Resources, PPOM - WILLOWTREE, INC., Charlottesville, VA, *pg.* 535
Pierrard, Sabrina - Human Resources, Media Department - SPARK FOUNDRY, Chicago, IL, *pg.* 510
Pilewski, Jenny - Human Resources - FRENCH / WEST / VAUGHAN , Raleigh, NC, *pg.* 361
Popovici, Ioana - Human Resources - AKOS, Phoenix, AZ, *pg.* 324
Powers, Sandy - Human Resources - (UN)COMMON LOGIC, Austin, TX, *pg.* 671
Prevete, Danielle - Account Planner, Account Services, Human Resources - LANDOR, New York, NY, *pg.* 11
Quackenbush, Melissa - Account Services, Human Resources, PR Management, Public Relations - HILL+KNOWLTON STRATEGIES, Austin, TX, *pg.* 613
Ramp, Katie - Human Resources - MUH-TAY-ZIK / HOF-FER, San Francisco, CA, *pg.* 119
Raymond, Shelley - Human Resources - ANOMALY, Toronto, ON, *pg.* 326
Reaser, Shelly - Human Resources - ANSIRA, Addison, TX, *pg.* 326
Reformado, Jill - Human Resources - LEO BURNETT WORLDWIDE, Chicago, IL, *pg.* 98
Reisdorf, Lauren - Account Services, Human Resources, Operations - BISIG IMPACT GROUP, Louisville, KY, *pg.* 583
Reissfelder, Andrea - Finance, Human Resources - BOATHOUSE GROUP, INC., Waltham, MA, *pg.* 40
Remling, Jennifer - Human Resources, PPOM - ESSENCE, San Francisco, CA, *pg.* 232

RESPONSIBILITIES INDEX — AGENCIES

Renier, Steve - Human Resources - BROADHEAD, Minneapolis, MN, *pg.* 337

Rice, Helen - Human Resources - BENSUSSEN DEUTSCH & ASSOCIATES, Woodinville, WA, *pg.* 566

Richmond, Kate - Human Resources, PPOM - WE COMMUNICATIONS, Bellevue, WA, *pg.* 660

Rival, Christine - Administrative, Finance, Human Resources, Operations - EVR ADVERTISING, Manchester, NH, *pg.* 69

Roenna, Molly - Human Resources - WEBER SHANDWICK, Chicago, IL, *pg.* 661

Romine, Sarah - Human Resources - BOUNTEOUS, Chicago, IL, *pg.* 218

Roncal, Alex - Administrative, Human Resources, Operations - MACHER, Venice, CA, *pg.* 102

Rothschild, Angela - Human Resources - HORIZON MEDIA, INC., New York, NY, *pg.* 474

Rudy, Shaun - Account Services, Creative, Human Resources, Interactive / Digital, Management, Media Department, NBC - STARCOM WORLDWIDE, Chicago, IL, *pg.* 513

Ryan, Rebecca - Human Resources - KEPLER GROUP, New York, NY, *pg.* 244

Saarnio, Susan - Human Resources - NSA MEDIA GROUP, INC., Downers Grove, IL, *pg.* 497

Sabol, Allison - Human Resources - ANOMALY, New York, NY, *pg.* 325

Salgo, Nina - Administrative, Human Resources - COLANGELO & PARTNERS, New York, NY, *pg.* 591

Salins Lopez, Jane - Human Resources - ENGINE MEDIA GROUP, New York, NY, *pg.* 465

Salle, Michelle - Human Resources, PPOM - DENTSU AEGIS NETWORK, New York, NY, *pg.* 61

Sammons, Jill - Human Resources, PPOM - GOODBY, SILVERSTEIN & PARTNERS, San Francisco, CA, *pg.* 77

Samuel, Pamela - Human Resources - SOURCELINK, LLC, Madison, MS, *pg.* 292

Sanders, Caterina - Human Resources, PPOM - HABANERO, Vancouver, BC, *pg.* 237

Sanderson, Kristine - Human Resources, Interactive / Digital - ANITHING IS POSSIBLE RECRUITING, Toronto, ON, *pg.* 667

Santos, David - Human Resources, Management - ICROSSING, New York, NY, *pg.* 240

Saulnier, Anne - Human Resources, Operations - CAMP + KING, San Francisco, CA, *pg.* 46

Sautter, Jeff - Human Resources, Operations - BBDO WORLDWIDE, New York, NY, *pg.* 331

Schaar, Tiffany - Human Resources, Operations - STERLING COMMUNICATIONS, INC. , Los Gatos, CA, *pg.* 650

Schlieder, Laura - Human Resources - MINDSHARE, Chicago, IL, *pg.* 494

Schultz, Natalia - Human Resources, NBC, PPOM - SAATCHI & SAATCHI , New York, NY, *pg.* 136

Sebbag, Micheline - Human Resources - TRITON DIGITAL, New York, NY, *pg.* 272

Sekhar, Sunil - Human Resources, Management - FCB TORONTO, Toronto, ON, *pg.* 72

Semmler, Elizabeth - Human Resources - SOURCELINK, LLC, Greenville, SC, *pg.* 292

Sexton, Nanci - Finance, Human Resources, PPOM - MARTIN ADVERTISING, Birmingham, AL, *pg.* 106

Seymour, Lance - Human Resources, PPOM - CHO / HIGHWATER GROUP, New York, NY, *pg.* 590

Shaw, Edward - Human Resources, Management - YOH, Philadelphia, PA, *pg.* 277

Sherman, Danielle - Human Resources - BARBARIAN, New York, NY, *pg.* 215

Shrake, Debra - Human Resources - AGENCY 720, Detroit, MI, *pg.* 323

Silva, Elisa - Account Planner, Account Services, Human Resources - SS+K, New York, NY, *pg.* 144

Silver, Claude - Human Resources, PPOM - VAYNERMEDIA, New York, NY, *pg.* 689

Silverstein, Amanda - Human Resources - PROSEK PARTNERS, New York, NY, *pg.* 639

Simms, Richard - Human Resources, Management - HORIZON MEDIA, INC., New York, NY, *pg.* 474

Simpson, Sheila - Human Resources - THE ZIMMERMAN AGENCY, Tallahassee, FL, *pg.* 426

Sinclair, Chris - Administrative, Human Resources - PMG, Fort Worth, TX, *pg.* 257

Skidgel, Jennifer - Human Resources, PPOM - LEO BURNETT WORLDWIDE, Chicago, IL, *pg.* 98

Skuraton, Tammy - Creative, Human Resources - MULLENLOWE U.S. BOSTON, Boston, MA, *pg.* 389

Small, Amy - Human Resources - TEAM ONE, Los Angeles, CA, *pg.* 417

Smalls-Landau, Deidre - Human Resources, Management, NBC, PPOM - UNIVERSAL MCCANN, New York, NY, *pg.* 521

Smith, Brian - Human Resources - OCTAGON, Stanford, CT, *pg.* 313

Smith, Billie - Human Resources, PPOM - LEO BURNETT WORLDWIDE, Chicago, IL, *pg.* 98

Sobel, Scott - Human Resources, Operations, Public Relations - KGLOBAL, Washington, DC, *pg.* 620

Sorbera, Linda - Human Resources - MRM//MCCANN, New York, NY, *pg.* 289

Sorbun, Liz-Marie - Human Resources - POINT B COMMUNICATIONS, Chicago, IL, *pg.* 128

Sorrels, Gina - Account Services, Human Resources - BOUNTEOUS, Chicago, IL, *pg.* 218

Spearing, Sarah - Human Resources - GOLIN, Chicago, IL, *pg.* 609

Spurrier, Marian - Human Resources - GYK ANTLER, Manchester, NH, *pg.* 368

Staarmann, Kathy - Human Resources - BRANDIENCE, Cincinnati, OH, *pg.* 42

Stack, Christine - Human Resources - JACK MORTON WORLDWIDE, New York, NY, *pg.* 308

Stancil, Anthony - Human Resources, Interactive / Digital, Media Department - CROSSMEDIA, New York, NY, *pg.* 463

Steele, E'van - Human Resources - ADVANTAGE COMMUNICATIONS, INC., Little Rock, AR, *pg.* 537

Stehlin, Holly - Human Resources - WALKER SANDS COMMUNICATIONS, Chicago, IL, *pg.* 659

Stewart, Molly - Human Resources, Management - LEO BURNETT WORLDWIDE, Chicago, IL, *pg.* 98

Still, Heather - Human Resources, PPOM - PHOENIX MARKETING INTERNATIONAL, Rhinebeck, NY, *pg.* 448

Strait, Kerry - Account Services, Human Resources - SAATCHI & SAATCHI X, Cincinnati, OH, *pg.* 682

Suk, Juli - Human Resources, Interactive / Digital, Media Department - UNIVERSAL MCCANN, Los Angeles, CA, *pg.* 524

Sundquist, Natalie - Human Resources - GOLIN, Chicago, IL, *pg.* 609

Sweeney, Barri - Account Services, Human Resources, NBC - PROPHET, Chicago, IL, *pg.* 15

Swope, Trish - Human Resources - ARCHER MALMO, Memphis, TN, *pg.* 32

Symmonds, Jennifer - Human Resources - CURRENT , Chicago, IL, *pg.* 594

Szul, Brenna - Human Resources - PYXL, Knoxville, TN, *pg.* 131

Tai, Nancy - Human Resources, PPOM - AGENCY 39A, Culver City, CA, *pg.* 172

Teeter, Hilary - Account Services, Human Resources - EDELMAN, Washington, DC, *pg.* 600

Throckmorton, Rob - Human Resources - MARC USA, Pittsburgh, PA, *pg.* 104

Trask, Patricia - Human Resources - PORTER NOVELLI, Seattle, WA, *pg.* 637

Traub, Matthew - Human Resources, Management, PPOM - DKC PUBLIC RELATIONS, New York, NY, *pg.* 597

Tsang, Wendy - Human Resources - LIPPINCOTT, New York, NY, *pg.* 189

Turner, Delayne - Human Resources - LEO BURNETT DETROIT, Troy, MI, *pg.* 97

Twentey, Ruth - Human Resources - DENNY MOUNTAIN MEDIA, Seattle, WA, *pg.* 225

Urdang, Kellie - Human Resources - BRANDED ENTERTAINMENT NETWORK, INC., Sherman Oaks, CA, *pg.* 297

Vaivads, Nora - Human Resources, NBC - TAYLOR DESIGN, Stamford, CT, *pg.* 201

Vakos, Geordan - Account Services, Human Resources, Interactive /

Digital, Media Department - CARMICHAEL LYNCH, Minneapolis, MN, pg. 47

Valentine, Taylor - Human Resources, Operations, PPOM - HORIZON MEDIA, INC., New York, NY, pg. 474

Van Horn, Karen - Human Resources - KIKU OBATA & CO., Saint Louis, MO, pg. 188

Van Ooteghem, Debbie - Human Resources, NBC - FUSION92, Chicago, IL, pg. 235

Vasic, Julie - Human Resources - NO LIMIT AGENCY, Chicago, IL, pg. 632

Villacorte, Emmy - Human Resources - FINN PARTNERS, San Francisco, CA, pg. 603

Villafane, Liza - Human Resources - VAN WAGNER COMMUNICATIONS, New York, NY, pg. 558

Volpe, Lisa - Human Resources - MAYOSEITZ MEDIA, Blue Bell, PA, pg. 483

Wachtfogel, Stacey - Human Resources, PPOM - MAKOVSKY & COMPANY, INC., New York, NY, pg. 624

Wade, Cheryl - Human Resources, Operations - BOOZ ALLEN HAMILTON, McLean, VA, pg. 218

Walker, Pam - Finance, Human Resources - BRANDINGBUSINESS, Irvine, CA, pg. 4

Wambold, Jennifer - Human Resources, PPOM - EXTREME REACH, INC., Needham, MA, pg. 552

Wang, Christine - Human Resources - GREENHOUSE AGENCY, Irvine, CA, pg. 307

Waresmith, Tess - Human Resources, PPOM - ACCELERATION PARTNERS, Needham, MA, pg. 25

Warren, Tiffany - Human Resources, PPOM - OMNICOM GROUP, New York, NY, pg. 123

Washington, Regina - Human Resources - TEAM VELOCITY MARKETING, Herndon, VA, pg. 418

Waterman, Linda - Finance, Human Resources - EXSEL ADVERTISING, Sturbridge, MA, pg. 70

Weeks, Celia - Human Resources - ST. JOHN & PARTNERS ADVERTISING & PUBLIC RELATIONS, Jacksonville, FL, pg. 412

Weyandt, Leah - Human Resources - BOUNTEOUS, Chicago, IL, pg. 218

Williams, Vernon - Account Services, Human Resources, Management - BERNSTEIN-REIN ADVERTISING, INC., Kansas City, MO, pg. 39

Williams, Sheri - Finance, Human Resources - CONTRAST CREATIVE, Cary, NC, pg. 222

Williams, Dawn - Human Resources, PPOM - JOHNSON-RAUHOFF, INC., Saint Joseph, MI, pg. 93

Winstead, Adam - Human Resources - GS&F, Nashville, TN, pg. 367

Wisz, Tom - Administrative, Human Resources - OUTFRONT MEDIA, Phoenix, AZ, pg. 554

Wolfgram, Kelli - Human Resources, Operations - AGENCYEA, Chicago, IL, pg. 302

Wyatt, Carol - Human Resources - CAROL H. WILLIAMS ADVERTISING, Oakland, CA, pg. 48

Yamashita, Barbara - Finance, Human Resources - RPMC, INC., Calabasas, CA, pg. 569

Yanuszewski, Tina - Human Resources - GYK ANTLER, Manchester, NH, pg. 368

Young, Jennifer - Human Resources - RUBENSTEIN ASSOCIATES, New York, NY, pg. 644

Yu, Linda - Human Resources - THE GEORGE P. JOHNSON COMPANY, San Carlos, CA, pg. 316

Zak, Ashley - Account Services, Human Resources, PPOM - EDELMAN, Chicago, IL, pg. 353

Zetrenne, Jean-Rene - Human Resources, PPOM - OGILVY, New York, NY, pg. 393

Management

Abar, Amanda - Management - 360I, LLC, Chicago, IL, pg. 208

Abbruzzese, Adam - Account Services, Management - AKQA, Washington, DC, pg. 212

Abdi, Deika - Account Services, Management - FCB HEALTH, New York, NY, pg. 72

Abel, Marc - Account Services, Management - WEBER SHANDWICK, Saint Louis, MO, pg. 660

Abel, Courtney - Management - BBDO SAN FRANCISCO, San Francisco, CA, pg. 330

Abernethy, Dan - Management, Public Relations - FINSBURY, New York, NY, pg. 604

Abraham, Steven - Management - OMD WEST, Los Angeles, CA, pg. 502

Abrahamson, Tom - Management, PPOM - LIPMAN HEARNE, INC., Chicago, IL, pg. 381

Abram, Dick - Management - EVENTLINK INTERNATIONAL, Dallas, TX, pg. 305

Abrams, Ian - Account Services, Management - GOLIN, Miami, FL, pg. 609

Abramson, Amanda - Management - STARCOM WORLDWIDE, New York, NY, pg. 517

Abusaleh, Abed - Management, Media Department - HAVAS EDGE, Carlsbad, CA, pg. 285

Ackerman, Michael - Management - SILVERLIGHT DIGITAL, New York, NY, pg. 265

Acosta, Liz - Administrative, Management - EMERY GROUP ADVERTISING, El Paso, TX, pg. 68

Adamo, Rose Marie - Management, PPOM - DIMASSIMO GOLDSTEIN, New York, NY, pg. 351

Adams, Jonathan - Interactive / Digital, Management, Media Department, PPOM - WAVEMAKER, New York, NY, pg. 526

Adams, Lisa - Account Services, Management, Media Department - MECHANICA, Newburyport, MA, pg. 13

Adams, Tina-Marie - Management - APCO WORLDWIDE, Chicago, IL, pg. 578

Adams, Deborah - Management, Public Relations - HARBINGER COMMUNICATIONS, INC., Toronto, ON, pg. 611

Adams, Amy - Interactive / Digital, Management, Media Department - STARCOM WORLDWIDE, Chicago, IL, pg. 513

Adams, Meredith - Management - FLEISHMANHILLARD, Dallas, TX, pg. 605

Adams, Price - Management - NUFFER SMITH TUCKER, INC., San Diego, CA, pg. 392

Adamson, Toby - Analytics, Management - PHD USA, New York, NY, pg. 505

Addison, JC - Creative, Management, NBC - MOD OP, New York, NY, pg. 116

Adelman, David - Management - MINDSHARE, Chicago, IL, pg. 494

Adelson, Robyn - Creative, Management, Operations - WEBER SHANDWICK, Toronto, ON, pg. 662

Adkins, Jeff - Account Services, Management - ENERGY BBDO, INC., Chicago, IL, pg. 355

Adler, Scott - Account Services, Management - HILL HOLLIDAY, Boston, MA, pg. 85

Adolfo, Raig - Account Planner, Account Services, Management, Media Department, NBC, Operations, PPOM, Promotions - 360I, LLC, New York, NY, pg. 320

Afflixio, Matthew - Account Services, Management - ACCESS BRAND COMMUNICATIONS, San Francisco, CA, pg. 574

Afzal, David - Account Services, Interactive / Digital, Management - REPRISE DIGITAL, New York, NY, pg. 676

Aglar, David - Interactive / Digital, Management, Media Department, NBC, Social Media - WEBER SHANDWICK, New York, NY, pg. 660

Agnew, Michelle - Account Services, Interactive / Digital, Management - SAATCHI & SAATCHI DALLAS, Dallas, TX, pg. 136

Agresta, Stephanie - Account Services, Interactive / Digital, Management, Media Department, NBC - DIGENNARO COMMUNICATIONS, New York, NY, pg. 597

Aguiar, Debbie - Management, PPOM - EVENTUS MARKETING, Doral, FL, pg. 540

Aguirre, John-Paul - Account Planner, Management, Media Department, PPOM - UNIVERSAL MCCANN, San Francisco, CA, pg. 428

Ahern, Nora - Management, Operations - NOISE DIGITAL,

RESPONSIBILITIES INDEX — AGENCIES

Vancouver, BC, *pg. 254*
Ai, Bob - Finance, Management - SOLEBURY TROUT, New York, NY, *pg. 648*
Aiello, Mike - Management - HORIZON MEDIA, INC., New York, NY, *pg. 474*
Ainsburg, Carol - Management - MEDIA LOGIC, Albany, NY, *pg. 288*
Aja, Norberto - Management - JCIR, New York, NY, *pg. 617*
Akhbari, James - Account Services, Interactive / Digital, Management, Media Department - HAVAS HEALTH & YOU, New York, NY, *pg. 82*
Al-Amir, Nadia - Management, NBC, PPOM - WAGSTAFF WORLDWIDE, Los Angeles, CA, *pg. 659*
Albanese, Paul - Account Planner, Account Services, Management, PPM - DAVID&GOLIATH, El Segundo, CA, *pg. 57*
Albarran, Letty - Creative, Management - HAVAS HEALTH & YOU, New York, NY, *pg. 82*
Alberti, Adam - Management - SINGER ASSOCIATES, San Francisco, CA, *pg. 647*
Alberts, Michael - Management - J.T. MEGA, INC., Minneapolis, MN, *pg. 91*
Alberty, Matthew - Interactive / Digital, Management - ADCETERA, Houston, TX, *pg. 27*
Albinus, Stig - Management - APCO WORLDWIDE, New York, NY, *pg. 578*
Alcazar, Carlos - Account Services, Creative, Interactive / Digital, Management, NBC, Operations, PPOM - CULTURE ONE WORLD, Washington, DC, *pg. 539*
Aldrich, Wendy - Account Services, Management, Media Department, PPOM - UNIVERSAL MCCANN, Los Angeles, CA, *pg. 524*
Aldridge, Mary Ann - Account Services, Management - GARD COMMUNICATIONS, Portland, OR, *pg. 75*
Aleman, Allyson - Management - INSIGHT STRATEGY GROUP, New York, NY, *pg. 445*
Alexander, Tiffany - Account Planner, Account Services, Management - ENERGY BBDO, INC., Chicago, IL, *pg. 355*
Alexander, Andy - Management, NBC, PPM - THE RICHARDS GROUP, INC., Dallas, TX, *pg. 422*
Alexander, Lisa - Account Services, Administrative, Creative, Management, Media Department - ALEXANDER ADVERTISING, INC., Birmingham, AL, *pg. 324*
Alexander, Eric - Management, PPOM - MADANDWALL, New York, NY, *pg. 102*
Alfano-Maidman, Marisa - Account Services, Management - MINDSHARE, New York, NY, *pg. 491*
Alfis, Sally - Management - M BOOTH & ASSOCIATES, INC., New York, NY, *pg. 624*
Alguero, Andre - Management - DELOITTE DIGITAL, Seattle, WA, *pg. 224*

Alison, Tom - Management - VINCODO LLC, Langhorne, PA, *pg. 274*
Allaire, Robert - Management, Media Department, PPOM - UNIVERSAL MCCANN, New York, NY, *pg. 521*
Allan, Tina - Interactive / Digital, Management - BBDO WORLDWIDE, New York, NY, *pg. 331*
Allen, Lucy - Account Planner, Account Services, Management - EDELMAN, San Francisco, CA, *pg. 601*
Allen, Dave - Management, NBC, PPOM - THE RICHARDS GROUP, INC., Dallas, TX, *pg. 422*
Allen, Juliana - Management - MARCH COMMUNICATIONS, Boston, MA, *pg. 625*
Allen, Vaughn - Account Planner, Account Services, Interactive / Digital, Management, NBC - BARKLEY BOULDER, Boulder, CO, *pg. 36*
Allen, Amy - Administrative, Human Resources, Management, PPOM - BARKLEY, Kansas City, MO, *pg. 329*
Allen, Ben - Management, Operations - DCG ONE, Seattle, WA, *pg. 58*
Allen, Marcie - Management, PPOM - MAC PRESENTS, New York, NY, *pg. 298*
Allen, Dave - Management - NORTH, Portland, OR, *pg. 121*
Allen, Seth - Management - DUNN&CO, Tampa, FL, *pg. 353*
Allie, Dillon - Account Planner, Account Services, Management, Media Department - HDMZ, Chicago, IL, *pg. 83*
Allison, Lisa - Interactive / Digital, Management, Media Department, PPM - BLUE 449, Seattle, WA, *pg. 456*
Alman, Lee - Management - EDELMAN, Los Angeles, CA, *pg. 601*
Almonroeder, Kimberly - Account Services, Management - UNIVERSAL MCCANN DETROIT, Birmingham, MI, *pg. 524*
Alpen, Jeff - Account Services, Management, PPOM - SID LEE, New York, NY, *pg. 141*
Alsobrooks, Dave - Management, PPOM - THE PARAGRAPH PROJECT, Durham, NC, *pg. 152*
Altheide, Jeff - Management, PPOM - GIBBS & SOELL, INC., Chicago, IL, *pg. 607*
Altvater, Sadie - Management, NBC - EPSILON, Chicago, IL, *pg. 283*
Alvarez, Frances - Account Services, Management, Media Department - THE BEANSTALK GROUP, Miami, FL, *pg. 19*
Alvarez, Gene - Interactive / Digital, Management, NBC - GARTNER, INC., Stamford, CT, *pg. 236*
Alvarez-Recio, Emilio - Management, Media Department, NBC - VMLY&R, Miami, FL, *pg. 160*
Amann, Josy - Management, PPOM - MEDIA MATTERS SF, San Francisco, CA, *pg. 485*
Amato, Samantha - Management - SANDERSON & ASSOCIATES LTD., Chicago, IL, *pg. 645*
Amatullah-Wali, Zakiyya - Account Services, Management - AMOBEE,

INC., New York, NY, *pg. 30*
Amend, Sakura - Management, PPOM, Public Relations - FINN PARTNERS, New York, NY, *pg. 603*
Amigo, Jeremy - Management, PPM - UNDERTONE, New York, NY, *pg. 273*
Amon, Allison - Management, NBC - BULLITT, Los Angeles, CA, *pg. 561*
Amonette, Jan - Management - CALDWELL VANRIPER, Indianapolis, IN, *pg. 46*
Amores, Harry - Account Services, Administrative, Human Resources, Management - 9TH CO., Toronto, ON, *pg. 209*
Amoroso, Randi - Management - JAN KELLEY MARKETING, Burlington, ON, *pg. 10*
Anagnos, Virginia - Management - GOODMAN MEDIA INTERNATIONAL, INC., New York, NY, *pg. 610*
Andersen, Greg - Management, PPOM - BAILEY LAUERMAN, Omaha, NE, *pg. 35*
Anderson, Francis - Account Services, Management, Media Department - PUBLICIS NORTH AMERICA, New York, NY, *pg. 399*
Anderson, Rich - Account Services, Management, Media Department, PPOM - UNIVERSAL MCCANN, New York, NY, *pg. 521*
Anderson, Tami - Management - GROW MARKETING, San Francisco, CA, *pg. 691*
Anderson, Justin - Account Services, Management - MEDIASSOCIATES, INC., Sandy Hook, CT, *pg. 490*
Anderson, Amy - Management, Media Department - OMD SEATTLE, Seattle, WA, *pg. 502*
Anderson, Suellen - Management, Operations - RAPP WORLDWIDE, Irving, TX, *pg. 291*
Anderson, Michele - Management, NBC, Social Media - OGILVY PUBLIC RELATIONS, Chicago, IL, *pg. 633*
Anderson, Jen - Management - VOX GLOBAL, Washington, DC, *pg. 658*
Anderson, Diana - Interactive / Digital, Management, Media Department - CARAT, New York, NY, *pg. 459*
Anderson, Amy - Management - GLOBAL STRATEGIES, Bend, OR, *pg. 673*
Anderson, Crystal - Account Services, Creative, Management, PPOM - 3HEADED MONSTER, Dallas, TX, *pg. 23*
Anderson, Bill - Management, NBC - BROWN PARKER | DEMARINIS ADVERTISING, Boca Raton, FL, *pg. 43*
Anderson, Ayla - Management - MOORE COMMUNICATIONS GROUP, Tallahassee, FL, *pg. 628*
Anderson, Shannon - Account Services, Management - WS, Calgary, AB, *pg. 164*
Anderson, Brian - Management, NBC - DCG ONE, Seattle, WA, *pg. 58*
Andrae, Garrett - Creative, Management, PPOM - BLD MARKETING, Bethel Park, PA, *pg. 334*
Andre, Emmanuel - Human Resources,

AGENCIES — RESPONSIBILITIES INDEX

Management, PPOM - PUBLICIS NORTH AMERICA, New York, NY, pg. 399
Andrew, Caroline - Account Services, Management - MISSY FARREN & ASSOCIATES, LTD., New York, NY, pg. 627
Andrews, Nancy - Management - ECHO MEDIA GROUP, Tustin, CA, pg. 599
Andrusko, Emil - Management, PPOM - BENCHWORKS, Philadelphia, PA, pg. 333
Angelo, David - Management, PPOM - DAVID&GOLIATH, El Segundo, CA, pg. 57
Angelos, Andy - Analytics, Management, Media Department, Operations, Research - MANIFEST, Chicago, IL, pg. 248
Ankeney, Shane - Account Services, Management, PPOM - HAVAS MEDIA GROUP, New York, NY, pg. 468
Anklow, Liz - Account Services, Management, NBC - DKC PUBLIC RELATIONS, New York, NY, pg. 597
Ann Hagen, Barbara - Management - THE MARS AGENCY, Southfield, MI, pg. 683
Anne Bishop, Leigh - Interactive / Digital, Management - BRANDEXTRACT, LLC, Houston, TX, pg. 4
Antaki, Andrew - Management, Media Department - 360I, LLC, New York, NY, pg. 320
Antal, Jon - Management - OUTFRONT MEDIA, Fairfield, NJ, pg. 555
Anton, Georgine - Account Services, Management, PPOM - ACCENTURE INTERACTIVE, New York, NY, pg. 209
Antonello, John - Management - PHOENIX MARKETING INTERNATIONAL, Branchburg, NJ, pg. 448
Antonopoulos, Maria - Management - PORTER NOVELLI CANADA, Toronto, ON, pg. 638
Antos Smith, Amy - Management - MSLGROUP, New York, NY, pg. 629
Appel, Kevin - Management - STERLING-RICE GROUP, Boulder, CO, pg. 413
Araki, Guto - Creative, Management, PPOM - BIG FAMILY TABLE, Los Angeles, CA, pg. 39
Aralihalli, Dion - Account Services, Management - ANOMALY, Toronto, ON, pg. 326
Arbit, Bruce - Management - A.B. DATA, LTD, Milwaukee, WI, pg. 279
Arcentales, Anita - Account Services, Management, Media Department - BLUE 449, New York, NY, pg. 455
Archambault, Brian - Management, NBC - WUNDERMAN HEALTH - KANSAS CITY, Kansas City, MO, pg. 164
Aresu, Nancy - Account Services, Creative, Management - CRAMER-KRASSELT, New York, NY, pg. 53
Arghiris, Jo - Management, PPM - GENTLEMAN SCHOLAR, Los Angeles, CA, pg. 562
Argieard, Terri - Account Services, Finance, Management - THE EHRHARDT GROUP, INC., New Orleans, LA, pg. 653

Arlene, Jean - Management, Public Relations - A.L.T. LEGAL PROFESSIONALS MARKETING GROUP, Marlton, NJ, pg. 321
Arlett, Neil - Management, NBC, Operations - BFG COMMUNICATIONS, Bluffton, SC, pg. 333
Arlook, Ira - Management, PPOM - FENTON COMMUNICATIONS, Washington, DC, pg. 603
Armitage, Ben - Account Services, Management, Operations - ADAMS OUTDOOR ADVERTISING, North Charleston, SC, pg. 549
Armitstead, Alan - Account Services, Management - IMI INTERNATIONAL, Toronto, ON, pg. 445
Armstrong, Gabriel - Account Services, Management, Media Department - TAG, Thornhill, ON, pg. 145
Armstrong, Rebecca - Account Services, Creative, Management, NBC, PPOM - NORTH, Portland, OR, pg. 121
Arnal, Rebecca - Management - SCHAFER CONDON CARTER, Chicago, IL, pg. 138
Arnold, Cissy - Management - 9THWONDER, Houston, TX, pg. 453
Arnold, Hannah - Account Services, Management, PPOM - LAK PR, New York, NY, pg. 621
Arnold, Jon - Creative, Management - THE BOHAN AGENCY, Nashville, TN, pg. 418
Arnold, Mark - Management - NEON, New York, NY, pg. 120
Arnold, Ben - Interactive / Digital, Management, Media Department, PPOM - WE ARE SOCIAL, New York, NY, pg. 690
Arnold, Benjamin - Management - WE ARE SOCIAL, New York, NY, pg. 690
Arnot, Andrew - Account Services, Management - DEUTSCH, INC., New York, NY, pg. 349
Arons, Susan - Account Services, Management - RUBENSTEIN ASSOCIATES, New York, NY, pg. 644
Arons, Susie - Management, PPOM - 42WEST, New York, NY, pg. 573
Aronson, Stephen - Management, PPOM - IMC / IRVINE MARKETING COMMUNICATIONS, Holmdel, NJ, pg. 89
Aronson, Mark - Management - JOHANNES LEONARDO, New York, NY, pg. 92
Arrieta, Julio - Management, NBC, PPOM - LOPEZ NEGRETE COMMUNICATIONS, INC., Houston, TX, pg. 542
Arseneault, Joceline - Management - HUGE, INC., Brooklyn, NY, pg. 239
Artacho, Andre - Management - TWO NIL, Los Angeles, CA, pg. 521
Ash, Richard - Account Services, Management - ZIMMERMAN ADVERTISING, Fort Lauderdale, FL, pg. 437
Ash, Ron - Account Services, Management, NBC - DERSE, INC., Kennesaw, GA, pg. 304
Ash, Taylor - Management - THE

TRADE DESK, New York, NY, pg. 520
Ashbaugh, Mark - Management - CRITICAL MASS, INC., Toronto, ON, pg. 223
Ashooh, Nicholas - Management, Public Relations - APCO WORLDWIDE, Washington, DC, pg. 578
Ashworth, Kathy - Account Planner, Management - SIDES & ASSOCIATES, Lafayette, LA, pg. 410
Ashworth, Matthew - Management - WE COMMUNICATIONS, Bellevue, WA, pg. 660
Asiri, Sami - Management - ARCHETYPE, San Francisco, CA, pg. 33
Aslam, Kamran - Interactive / Digital, Management - FCB HEALTH, New York, NY, pg. 72
Assemat Tessandier, Greg - Management, PPOM - ELEPHANT, Brooklyn, NY, pg. 181
Astor, Lisa - Management - PAN COMMUNICATIONS, Boston, MA, pg. 635
Astrop, Sarah - Management, Media Department - UNIVERSAL MCCANN, New York, NY, pg. 521
Atanda, Danielle - Finance, Management, Media Department - OMD, Chicago, IL, pg. 500
Atchison, Shane - Management, PPOM - WUNDERMAN THOMPSON SEATTLE, Seattle, WA, pg. 435
Atchison, Chasidy - Management - FIZZ, Decatur, GA, pg. 691
Atkinson, Jennifer - Account Services, Management, PPOM - FLEISHMANHILLARD HIGHROAD, Toronto, ON, pg. 606
Atwood, Melissa - Management, Media Department, PPOM - BACKBONE MEDIA, Carbondale, CO, pg. 579
Atwood, Jason - Management - STARCOM WORLDWIDE, Chicago, IL, pg. 513
Audet, Brad - Management - GARAGE TEAM MAZDA, Costa Mesa, CA, pg. 465
Auer, Lindsay - Management - THE STANDING PARTNERSHIP, Saint Louis, MO, pg. 655
Austin, Jennifer - Management, Media Department, PPOM - ALDEN MARKETING COMMUNICATIONS, San Diego, CA, pg. 324
Austin, Todd - Management, PPOM - ADVENT, Nashville, TN, pg. 301
Austin, Wade - Account Services, Management - CJRW, Little Rock, AR, pg. 590
Austin, Jared - Interactive / Digital, Management, Social Media - THE FERRARO GROUP, Las Vegas, NV, pg. 653
Auxier, Beverly - Management - NOSTRUM, INC., Long Beach, CA, pg. 14
Avery, Amy - Analytics, Management, PPOM, Research - DROGA5, New York, NY, pg. 64
Avila, Rachelle - Account Services, Management, Media Department - MEKANISM, New York, NY, pg. 113
Avila, Paola - Management - STARCOM WORLDWIDE, New York, NY, pg. 517

1499

RESPONSIBILITIES INDEX — AGENCIES

Aviles, Liz - Interactive / Digital, Management, NBC - UPSHOT , Chicago, IL, *pg.* 157

Awad, Garett - Account Services, Management - DEUTSCH, INC., New York, NY, *pg.* 349

Aycock, Rob - Management - LEARFIELD IMG COLLEGE, Plano, TX, *pg.* 310

Aydelotte, Todd - Management, PPOM, Public Relations, Social Media - ALLISON+PARTNERS, New York, NY, *pg.* 576

Azar, Tony - Management, Operations - ALISON GROUP, North Miami Beach, FL, *pg.* 681

Babasa, Cyndi - Management - WALT & COMPANY COMMUNICATIONS, Campbell, CA, *pg.* 659

Baber, Karen - Account Services, Management, Media Department - THE MARTIN AGENCY, Richmond, VA, *pg.* 421

Backer, Doug - Management, PPOM - CPC EXPERIENTIAL, Eagan, MN, *pg.* 303

Backus, Lesley - Account Services, Management, Media Department, PPOM - FLEISHMANHILLARD, Saint Louis, MO, *pg.* 604

Badenoch, Lachlan - Management, Media Department, PPOM - CARMICHAEL LYNCH, Minneapolis, MN, *pg.* 47

Bae, Arlene - Account Services, Management - FCB WEST, San Francisco, CA, *pg.* 72

Baehr, Sarah - Account Planner, Finance, Management, PPOM - HORIZON MEDIA, INC., New York, NY, *pg.* 474

Baehr, Abbie - Management, Media Department - MOMENTUM WORLDWIDE, New York, NY, *pg.* 117

Bagdasarian, Steve - Interactive / Digital, Management, Media Department - PCH / MEDIA, Portland, ME, *pg.* 534

Baghdasarian, Armen - Account Services, Creative, Management - WPROMOTE, El Segundo, CA, *pg.* 678

Bagley-Kane, Lorene - Management - BLAST! PR, Santa Barbara, CA, *pg.* 584

Bagli, Ellie - Management - FREEMAN PUBLIC RELATIONS, Totowa, NJ, *pg.* 606

Bagno, Craig - Account Planner, Account Services, Management - MCCANN NEW YORK, New York, NY, *pg.* 108

Bailey, Tony - Management - DIGITAS, San Francisco, CA, *pg.* 227

Bailey, Cody - Account Planner, Management - BELO + COMPANY, Dallas, TX, *pg.* 216

Bailin, Dan - Account Planner, Account Services, Management - THE VIA AGENCY, Portland, ME, *pg.* 154

Baird, Todd - Account Planner, Management, Media Department - KELLEY HABIB JOHN INTEGRATED MARKETING, Boston, MA, *pg.* 11

Bajuyo, Christine - Management, Media Department - MINDSHARE, Chicago, IL, *pg.* 494

Baker, Craig - Account Services, Management - NOBLE MARKETING GROUP, North Orlando, FL, *pg.* 569

Baker, Kristen - Account Services, Interactive / Digital, Management, Media Department, PPOM - REPRISE DIGITAL, New York, NY, *pg.* 676

Baker, Anne - Management - INKHOUSE PUBLIC RELATIONS, Waltham, MA, *pg.* 615

Baker, Ann Marie - Management - DESIGN 446, Manasquan, NJ, *pg.* 61

Balagot, Paul - Management - PRECISIONEFFECT, Cost Mesa, CA, *pg.* 129

Balcom, Mike - Management - ALL STAR INCENTIVE MARKETING, Fiskdale, MA, *pg.* 565

Baldwin, Dennis - Management, PPOM - THE GRIST, Boston, MA, *pg.* 19

Baldwin, Justin - Management - 4FRONT, Chicago, IL, *pg.* 208

Baldwin-Scarcliss, Alexis - Management, Operations, PPM - MARKET VISION, INC., San Antonio, TX, *pg.* 568

Balicki, Chris - Account Services, Management, Media Department - COMMONWEALTH // MCCANN, Detroit, MI, *pg.* 52

Balins, Ive - Management, Public Relations - CITIZEN RELATIONS, Los Angeles, CA, *pg.* 590

Ball, Sarah - Management - THE GEORGE P. JOHNSON COMPANY, Torrance, CA, *pg.* 316

Ballaine, Caroline - Management, NBC - DNA SEATTLE, Seattle, WA, *pg.* 180

Bamber, Lisa - Management - ARNOLD WORLDWIDE, Boston, MA, *pg.* 33

Bamford, Ellie - Management, Media Department, PPOM - R/GA, New York, NY, *pg.* 260

Banasik, Kirk - Account Services, Management - PIPITONE GROUP, Pittsburgh, PA, *pg.* 195

Banasik, Nancy - Account Planner, Management - PIPITONE GROUP, Pittsburgh, PA, *pg.* 195

Banerjee, Sid - Management, Operations, PPOM - CLARABRIDGE, INC., Reston, VA, *pg.* 167

Banik, Ronda - Management - BANIK COMMUNICATIONS, Great Falls, MT, *pg.* 580

Banisch, Al - Management - MATTSON, Foster City, CA, *pg.* 447

Banister, Diana - Management, PPOM - SHIRLEY & BANISTER PUBLIC AFFAIRS, Alexandria, VA, *pg.* 647

Banks, Gina - Management, NBC - CARAT, Toronto, ON, *pg.* 461

Banks, Buck - Management, PPM - NEWMAN PR, Coconut Grove, FL, *pg.* 632

Banks, Melissa - Administrative, Management - BLR FURTHER, Birmingham, AL, *pg.* 334

Bantle, Kelly - Management - PAC / WEST COMMUNICATIONS, Wilsonville, OR, *pg.* 635

Baraczek, Susan - Account Services, Management - RED TETTEMER O'CONNELL + PARTNERS, Philadelphia, PA, *pg.* 404

Barbash, Greg - Management - STARCOM WORLDWIDE, New York, NY, *pg.* 517

Barber, Dan - Management - FLEISHMANHILLARD, Sacramento, CA, *pg.* 605

Barber, Craig - Management, Media Department - POSTERSCOPE U.S.A., Culver City, CA, *pg.* 556

Barbour, Kristin - Management - CAMP + KING, San Francisco, CA, *pg.* 46

Barden, Adriana - Account Services, Management - CALLAN ADVERTISING COMPANY, New York, NY, *pg.* 457

Baric, Ivana - Management - MARKETING BY DESIGN, INC., Beverly, MA, *pg.* 190

Barin, Jeff - Management, PPOM - LABELLE BARIN ADVERTISING, Saint Louis Park, MN, *pg.* 379

Barker, Ami - Management - DON SCHAAF & FRIENDS, INC., Annapolis, MD, *pg.* 180

Barkett, Matt - Management, NBC - DIX & EATON, Cleveland, OH, *pg.* 351

Barnard, Rebecca - Management, PPOM - OGILVY, New York, NY, *pg.* 393

Barnes, John - Management - BARNES ADVERTISING CORPORATION, Zanesville, OH, *pg.* 549

Barnes, Alyson - Account Planner, Finance, Management - KETCHUM WEST, San Francisco, CA, *pg.* 620

Barnes, Karyl Leigh - Management, PPOM - DEVELOPMENT COUNSELLORS INTERNATIONAL, LTD., New York, NY, *pg.* 596

Barnett, Jason - Management - SINGER ASSOCIATES, San Francisco, CA, *pg.* 647

Barnett, David - Management - THE PRICE GROUP INC., Lubbock, TX, *pg.* 152

Barnhill, Durk - Management, NBC - LANDOR, New York, NY, *pg.* 11

Baron, Ruth - Management - THE POINT GROUP, Dallas, TX, *pg.* 152

Barr, Karyn - Account Services, Management, Operations - ALLISON+PARTNERS, San Francisco, CA, *pg.* 576

Barrena, Montse - Account Services, Management - DEUTSCH, INC., Los Angeles, CA, *pg.* 350

Barreras, Desiree - Account Services, Interactive / Digital, Management, Media Department, PPOM - UNIVERSAL MCCANN, New York, NY, *pg.* 521

Barrett, Leslie - Account Services, Management, PPOM - GOODBY, SILVERSTEIN & PARTNERS, San Francisco, CA, *pg.* 77

Barrie, Neil - Management, Media Department - TWENTY-FIRST CENTURY BRAND, San Francisco, CA, *pg.* 157

Barron, Walt - Account Services, Management, Media Department, PPOM - MCKINNEY, Durham, NC, *pg.* 111

Barrow, Adrian - Account Planner, Account Services, Management, Media

1500

AGENCIES

RESPONSIBILITIES INDEX

Department - R/GA, Los Angeles, CA, pg. 261
Barry, Richard - Management - PUBLIC COMMUNICATIONS, INC., Chicago, IL, pg. 639
Barry, Steve - Management, Operations - MADWELL, Denver, CO, pg. 103
Barry, Alex - Interactive / Digital, Management, Media Department, Programmatic - HAVAS MEDIA GROUP, Boston, MA, pg. 470
Barry, Jennifer - Management - ZAPWATER COMMUNICATIONS, Santa Monica, CA, pg. 664
Barry Jones, Barbara - Management, Media Department, PPM - THE INTEGER GROUP - DALLAS, Dallas, TX, pg. 570
Barry-Ipema, Cathy - Management - EDELMAN, Washington, DC, pg. 600
Barsoumian, Leon - Analytics, Management, Media Department, Research - DIGITAS, Boston, MA, pg. 226
Bartel, Jim - Interactive / Digital, Management, PPOM - BONFIRE LABS, San Francisco, CA, pg. 175
Bartholin, Philippe - Management - GLOBAL COMMUNICATORS, Washington, DC, pg. 608
Bartoli, Caterina - Account Services, Management, Media Department, PPOM - THE MEDIA KITCHEN, New York, NY, pg. 519
Bartolini, Melissa - Management, PPOM - REPUBLICA HAVAS, Miami, FL, pg. 545
Bartsch, Erica - Management - SLOANE & COMPANY, New York, NY, pg. 647
Bartz, Victoria - Management - SIXSPEED, Minneapolis, MN, pg. 198
Barufkin, Phill - Account Services, Management, NBC - BADER RUTTER & ASSOCIATES, INC., Milwaukee, WI, pg. 328
Basford, Matt - Interactive / Digital, Management, NBC - BEYOND, New York, NY, pg. 217
Basil, Nicholas - Creative, Interactive / Digital, Management - AUSTIN & WILLIAMS ADVERTISING, Hauppauge, NY, pg. 328
Basillo, Daina - Account Services, Management, Operations - KOVAK-LIKLY COMMUNICATIONS, Wilton, CT, pg. 620
Baskerville, Lark - Management - RPA, Santa Monica, CA, pg. 134
Baskerville, Jennifer - Management - QORVIS COMMUNICATIONS, LLC, Washington, DC, pg. 640
Baskin, Laurie - Account Services, Management - 360I, LLC, Atlanta, GA, pg. 207
Baskin, Pat - Management - CKC AGENCY, Farmington Hills, MI, pg. 590
Bassett, Bethany - Management - RASKY BAERLEIN STRATEGIC COMMUNICATIONS, INC., Boston, MA, pg. 641
Bassett, Susan - Management - CORPORATE INK PUBLIC RELATIONS,

Boston, MA, pg. 593
Basso, Greg - Management, PPOM - BASSO DESIGN GROUP, Troy, MI, pg. 215
Bataille, Stacy - Management - COYNE PUBLIC RELATIONS, Parsippany, NJ, pg. 593
Batchelor, Ken - Management, Operations - DMI MUSIC & MEDIA SOLUTIONS, Pasadena, CA, pg. 567
Batenhorst, Julia - Account Services, Interactive / Digital, Management - HUGE, INC., Oakland, CA, pg. 240
Bates, Lindy - Account Services, Management - HUGE, INC., Toronto, ON, pg. 240
Battista, Mark - Creative, Management, PPOM - GYK ANTLER, Manchester, NH, pg. 368
Battles, Jacqueline - Management - ZENO GROUP, New York, NY, pg. 664
Baumgarten, Libbey - Management, Public Relations - JENNIFER BETT COMMUNICATIONS, New York, NY, pg. 617
Bayliss, Peggie - Management - ANSIRA, Saint Louis, MO, pg. 280
Bays, Cameron - Management - WE COMMUNICATIONS, Bellevue, WA, pg. 660
Baze, Zachary - Management, NBC, Research - EPSILON, Westminster, CO, pg. 283
Beachy, Laura - Management, PPOM, Public Relations - BEACHY MEDIA, Queens, NY, pg. 216
Beal, Mark - Management, PPOM - TAYLOR, New York, NY, pg. 651
Beal, Jesse - Management - PROGREXION, North Salt Lake, UT, pg. 449
Beale, Nadia - Management - MANNING SELVAGE & LEE, Toronto, ON, pg. 624
Beale, Lee - Analytics, Management, NBC - CROSSMEDIA, New York, NY, pg. 463
Beall, Beth - Management, Media Department - MENTZER MEDIA SERVICES, Towson, MD, pg. 491
Beane, Eric - Analytics, Management - VMLY&R, Kansas City, MO, pg. 274
Beason, Lauren - Account Services, Management, Media Department - BLR FURTHER, Birmingham, AL, pg. 334
Beauchamp, Monique - Account Services, Creative, Management - GUT MIAMI, Miami, FL, pg. 80
Beaulieu, Kristy - Account Services, Management - NEMO DESIGN, Portland, OR, pg. 193
Beaulieu, Kathryne - Management - LG2, Montreal, QC, pg. 380
Bechert, Whitney - Administrative, Management - OCEAN MEDIA, INC., Huntington Beach, CA, pg. 498
Beck, Chris - Management, PPOM - 26 DOT TWO LLC, New York, NY, pg. 453
Becker, Robert - Management, PPOM - BECKER / GUERRY, Middletown, NJ, pg. 38
Becker, Philippe - Creative, Management, PPOM - STERLING BRANDS, New York, NY, pg. 18

Becker, Jessica - Management, PPOM - MANIFEST, New York, NY, pg. 248
Becker, Bob - Management - VAN WAGNER COMMUNICATIONS, New York, NY, pg. 558
Becker, Carrie - Management - EDELMAN, Chicago, IL, pg. 353
Becker, Michael - Management - RIGHTPOINT, Oakland, CA, pg. 263
Beckerman-Terry, Andie - Account Services, Management - HERZOG & COMPANY, North Hollywood, CA, pg. 298
Beckett, Dan - Management - THE&PARTNERSHIP, New York, NY, pg. 426
Beckham, Danielle - Account Services, Management - MBB AGENCY, Leawood, KS, pg. 107
Beckstead, Spencer - Management - SAXTON HORNE, Sandy, UT, pg. 138
Beckwith, Cyndie - Account Services, Management - ACCENTURE INTERACTIVE, El Segundo, CA, pg. 322
Becotte, Jeff - Interactive / Digital, Management - ALL STAR INCENTIVE MARKETING, Fiskdale, MA, pg. 565
Bedell, Jason - Interactive / Digital, Management - VMLY&R, Kansas City, MO, pg. 274
Bedera, Megan - Management, Operations - AMPLIFY RELATIONS, Reno, NV, pg. 577
Beeghly, Barbara - Management - FRCH DESIGN WORLDWIDE, Cincinnati, OH, pg. 184
Beer Levine, Paula - Account Services, Management, PPOM - WALRUS, New York, NY, pg. 161
Behar, Claire - Account Planner, Account Services, Management, NBC - OMNICOM GROUP, New York, NY, pg. 123
Behr, Aaron - Management, PPM - VAYNERMEDIA, New York, NY, pg. 689
Beilke, Dan - Management - JACK MORTON WORLDWIDE, New York, NY, pg. 308
Beirne, Maureen - Management, NBC - CAPTIVATE NETWORK, INC., New York, NY, pg. 550
Bekessy, Katrina - Interactive / Digital, IT, Management - R/GA, Austin, TX, pg. 261
Belizario, Vince - Account Services, Management - JACK MORTON WORLDWIDE, San Francisco, CA, pg. 309
Bell, Gene - Account Services, Management - MILLER ADVERTISING, New York, NY, pg. 115
Bell, Kevin - Management, PPOM - CPC HEALTHCARE COMMUNICATIONS, Toronto, ON, pg. 53
Bell, Tony - Account Services, Management, Media Department - GEOMETRY, Akron, OH, pg. 362
Bell, Nicky - Management - R/GA, Los Angeles, CA, pg. 261
Bell, Brandee - Management - ALL WEB PROMOTIONS, Peru, IL, pg. 172
Bellissimo, Mark - Account

1501

RESPONSIBILITIES INDEX — AGENCIES

Services, Management, NBC, PPOM - J.R. THOMPSON COMPANY, Farmington Hills, MI, *pg.* 376

Bello, Jose - Account Planner, Management - ICON INTERNATIONAL, INC., Greenwich, CT, *pg.* 476

Belmesk, Rafik - Management, Operations - TAXI, Montreal, QC, *pg.* 146

Belsky, Jared - Management, Operations, PPOM - 360I, LLC, Atlanta, GA, *pg.* 207

Beltran, Robert - Management, PPOM - LUMENTUS, New York, NY, *pg.* 624

Benavente, Jeniffer - Account Services, Management - CONVERSANT, LLC, New York, NY, *pg.* 222

Bender, Brett - Account Services, Management, PPOM - RPA, Santa Monica, CA, *pg.* 134

Bender, Gregg - Account Services, Management - OCEAN MEDIA, INC., Huntington Beach, CA, *pg.* 498

Bender, Dean - Management, PPOM, Public Relations - THOMPSON & BENDER, Briarcliff Manor, NY, *pg.* 656

Benecke, Rowan - Interactive / Digital, Management, NBC, PPOM - RUDER FINN, INC., New York, NY, *pg.* 645

Benedicto, Vanessa - Management - ZENITH MEDIA, New York, NY, *pg.* 529

Beniasch, Kelsey - Management - WAGSTAFF WORLDWIDE, Los Angeles, CA, *pg.* 659

Benjamin, Sheryl - Management - LAKE GROUP MEDIA, INC., Armonk, NY, *pg.* 287

Benka, Matt - Interactive / Digital, Management, NBC, PPOM - SPACE150, Minneapolis, MN, *pg.* 266

Bennett, Daniel - Account Services, Interactive / Digital, Management, PPOM - GREY GROUP, New York, NY, *pg.* 365

Bennett, Shalise - Management, Media Department, NBC - CARAT, New York, NY, *pg.* 459

Bennett, Karen - Management - MINDSHARE, New York, NY, *pg.* 491

Bennett, Tim - Management - MARCUS THOMAS, Cleveland, OH, *pg.* 104

Bennett, Matt - Management - ECHOS BRAND COMMUNICATIONS, San Francisco, CA, *pg.* 599

Bennett, Linda - Management - HILL HOLLIDAY, New York, NY, *pg.* 85

Bennetts, Kim - Human Resources, Management - BROWN & BIGELOW, San Diego, CA, *pg.* 566

Benson, Kerry - Analytics, Creative, Management - WPP KANTAR MEDIA, Boston, MA, *pg.* 451

Benson, Matthew - Management, Operations - SARD VERBINNEN, New York, NY, *pg.* 646

Bentley, Mike - Account Planner, Management - GTB, Dearborn, MI, *pg.* 367

Bentley, Karlyn - Management - ANSIRA, Irvine, CA, *pg.* 565

Benzkofer, Marjorie - Management, PPOM - FLEISHMANHILLARD, Chicago, IL, *pg.* 605

Berardo, Tony - Management - LEADING AUTHORITIES, INC., Washington, DC, *pg.* 622

Berdine, Lara - Management - QUINN & COMPANY, New York, NY, *pg.* 640

Berendt, Paul - Account Services, Management - STRATEGIES 360, Seattle, WA, *pg.* 650

Berentson, Ben - Management - CODE AND THEORY, New York, NY, *pg.* 221

Berg, Michelle - Account Services, Management - MKTG, Westport, CT, *pg.* 568

Berg, Don - Creative, Management - MAXMEDIA INC., Atlanta, GA, *pg.* 248

Berg, Jonah - Management, NBC - HAVAS HEALTH & YOU, New York, NY, *pg.* 82

Bergen, Chris - Account Services, Management, NBC - LEO BURNETT WORLDWIDE, Chicago, IL, *pg.* 98

Berger, Cory - Account Planner, Management, NBC, PPOM - GREY GROUP, New York, NY, *pg.* 365

Berger, Elisa - Management, PPOM - CROSS COUNTRY COMPUTER, East Islip, NY, *pg.* 281

Berger, Scott - Account Services, Management, Media Department, PPOM - WINGMAN MEDIA, Westlake Village, CA, *pg.* 529

Berger, Steve - Management - USIM, Los Angeles, CA, *pg.* 525

Berglin, Kiernan - Management, Media Department - UNIVERSAL MCCANN, New York, NY, *pg.* 521

Berk, Rachel - Creative, Management, Media Department, NBC - BLUE 449, New York, NY, *pg.* 455

Berkowitz, William - Management - FTI CONSULTING, New York, NY, *pg.* 606

Berliner, Marc - Account Planner, Management - CONE, INC., Boston, MA, *pg.* 6

Berman, Josh - Account Services, Interactive / Digital, Management, NBC, PPOM - WAVEMAKER, New York, NY, *pg.* 526

Bernat, Denise - Management - EPSILON, Chicago, IL, *pg.* 283

Bernstein, Adam - Management - CHERNOFF NEWMAN, Charlotte, NC, *pg.* 590

Bernstein, Meredith Levy - Management, NBC - HAVAS HEALTH & YOU, New York, NY, *pg.* 82

Bernstein, Jeremy - Creative, Management - EDELMAN, New York, NY, *pg.* 599

Bernstein Luetje, Susan - Management, NBC - BERNSTEIN-REIN ADVERTISING, INC., Kansas City, MO, *pg.* 39

Berris, Robert - Management - THREE FIVE TWO, INC., Newberry, FL, *pg.* 271

Berry, Jake - Management, Media Department - THE MARS AGENCY, Southfield, MI, *pg.* 683

Berry, Courtney - Account Services, Management - BARBARIAN, New York, NY, *pg.* 215

Berry, Jennifer - Management - PUBLICIS.SAPIENT, New York, NY, *pg.* 258

Berry Thompson, Marilyn - Management, PPOM - MWWPR, Washington, DC, *pg.* 631

Berta, Kathy - Management, Public Relations - R STRATEGY GROUP, Cleveland, OH, *pg.* 16

Berwitz, Scott - Management, NBC, Public Relations - MCCANN NEW YORK, New York, NY, *pg.* 108

Besegai, Dave - Management, Media Department - HORIZON MEDIA, INC., New York, NY, *pg.* 474

Beshear, Matthew - Management - APOLLO INTERACTIVE, El Segundo, CA, *pg.* 214

Besse, Tristan - Account Services, Creative, Management - ARGONAUT, INC., San Francisco, CA, *pg.* 33

Best, Kelli - Management, Media Department, Research - CAMPOS INC, Pittsburgh, PA, *pg.* 443

Best, Wayne - Creative, Management, PPOM - VMLY&R, New York, NY, *pg.* 160

Bestard, Nicole - Management - INKHOUSE PUBLIC RELATIONS, Waltham, MA, *pg.* 615

Bettman, Gary - Management, Operations, PPOM - THE MILLER GROUP, Pacific Palisades, CA, *pg.* 421

Bevacqua, Brittany - Management - AFFECT, New York, NY, *pg.* 575

Beverly, Jeff - Account Services, Management, NBC - COMMONWEALTH // MCCANN, Detroit, MI, *pg.* 52

Bevilacqua, Patrick - Account Services, Interactive / Digital, Management, Media Department, Operations, Programmatic - ACTIVISION BLIZZARD MEDIA, New York, NY, *pg.* 26

Bevolo, Chris - Management - REVIVE HEALTH, Minneapolis, MN, *pg.* 133

Bharadwaj, Shiva - Management - PUBLICIS.SAPIENT, Boston, MA, *pg.* 259

Bhushan, Prerna - Management - DUMONT PROJECT, Marina Del Rey, CA, *pg.* 230

Bhutiani, Aleka - Management - PROSEK PARTNERS, New York, NY, *pg.* 639

Bianco, Anthony - Administrative, Management, PPOM - REPUBLICA HAVAS, Miami, FL, *pg.* 545

Bibb, Jeff - Management - BLF MARKETING, Clarksville, TN, *pg.* 334

Bibona, Jeane - Account Services, Management - THE MARTIN AGENCY, Richmond, VA, *pg.* 421

Bieberich, Caiti - Account Services, Management, Public Relations - KETCHUM, Chicago, IL, *pg.* 619

Bieganski, Emily - Management, Media Department - UNIVERSAL MCCANN DETROIT, Birmingham, MI, *pg.* 524

Bienstock, Hal - Management - PROSEK PARTNERS, New York, NY, *pg.* 639

1502

AGENCIES — RESPONSIBILITIES INDEX

Biggin, Mark - Management, NBC - CENTRA360, Westbury, NY, *pg.* 49

Biglione, Shann - Account Planner, Account Services, Management, Media Department - PUBLICIS NORTH AMERICA, New York, NY, *pg.* 399

Bikowski, David - Account Planner, Analytics, Interactive / Digital, Management, Media Department, Research - SYZYGY US, New York, NY, *pg.* 268

Bindra, Dex - Analytics, Management, Media Department - ZETA INTERACTIVE, New York, NY, *pg.* 277

Binney, Tessa - Account Services, Management - PERFORMICS, Chicago, IL, *pg.* 676

Birchard, Matt - Management - RAINS BIRCHARD MARKETING, Portland, OR, *pg.* 641

Birck, Amanda - Management, Media Department - EMPOWER, Cincinnati, OH, *pg.* 354

Birnbaum, Norma - Account Planner, Interactive / Digital, Management, Media Department - SAATCHI & SAATCHI WELLNESS, New York, NY, *pg.* 137

Bishop, Christie - Account Planner, Creative, Management - EDELMAN, Los Angeles, CA, *pg.* 601

Bishop, Lauren - Management - ALISON BROD PUBLIC RELATIONS, New York, NY, *pg.* 576

Bisig, Larry - Administrative, Management, PPOM - BISIG IMPACT GROUP, Louisville, KY, *pg.* 583

Bisono, Sonia - Account Services, Management, Media Department - WIEDEN + KENNEDY, New York, NY, *pg.* 432

Bittman, Benjamin - Management, PPOM - THE COMMUNITY, Miami Beach, FL, *pg.* 545

Bixler, Randy - Account Services, Management - INITIATIVE, San Diego, CA, *pg.* 479

Bixler, Randy - Management, PPOM - INITIATIVE, New York, NY, *pg.* 477

Bjorklund, Cammy - Management - HAVAS MEDIA GROUP, Boston, MA, *pg.* 470

Black, Richard - Account Services, Management - MOMENTUM WORLDWIDE, New York, NY, *pg.* 117

Blacksmith, Josh - Management - FCB CHICAGO, Chicago, IL, *pg.* 71

Blackwell, Lisa - Account Services, Management, PPOM - DANIEL BRIAN ADVERTISING, Rochester, MI, *pg.* 348

Blain, David - Management, PPOM - SAXTON HORNE, Sandy, UT, *pg.* 138

Blair, Bohb - Account Services, Management, Media Department, PPOM - STARCOM WORLDWIDE, Chicago, IL, *pg.* 513

Blair Logan, J. - Management - THE WILLIAM MILLS AGENCY, Atlanta, GA, *pg.* 655

Blais, Alexis - Management - ICR, New York, NY, *pg.* 615

Blake, Megan - Account Services, Interactive / Digital, Management - WONDERSAUCE, New York, NY, *pg.* 205

Blanch, Lindsay - Management - HILL HOLLIDAY, Boston, MA, *pg.* 85

Blanche, Julie - Account Services, Management - DIGITAS, Boston, MA, *pg.* 226

Blatt, Jeb - Account Services, Management - JACK MORTON WORLDWIDE, Boston, MA, *pg.* 309

Blazer, Matthew - Creative, Management, NBC, PPOM - BRANDPIVOT, Cleveland, OH, *pg.* 337

Bleedorn, Gina - Account Services, Management - ADRENALINE, INC., Atlanta, GA, *pg.* 172

Blickstein, Adam - Management - GLOVER PARK GROUP, Washington, DC, *pg.* 608

Blish, Jeffrey - Management - DEUTSCH, INC., Los Angeles, CA, *pg.* 350

Blishteyn, Galina - Interactive / Digital, Management, Media Department - UNIVERSAL MCCANN, New York, NY, *pg.* 521

Bliss, Kellie - Account Services, Interactive / Digital, Management, PPOM - MERGE, Chicago, IL, *pg.* 113

Blitz, Matt - Management, PPM - DDB CHICAGO, Chicago, IL, *pg.* 59

Blodger, Mark - Management, NBC - DDM MARKETING & COMMUNICATIONS, Grand Rapids, MI, *pg.* 6

Bloom, Sam - Interactive / Digital, Management, NBC - CAMELOT STRATEGIC MARKETING & MEDIA, Dallas, TX, *pg.* 457

Bloore Hunt, Karen - Account Services, Management, Media Department, PPOM - UNIVERSAL MCCANN, Los Angeles, CA, *pg.* 524

Blouin, Todd - Management, Operations - GENESCO SPORTS ENTERPRISES, Dallas, TX, *pg.* 306

Blount, Bret - Account Planner, Account Services, Management - EDELMAN, San Francisco, CA, *pg.* 601

Blown, John - Management, PPOM - MAJOR TOM, Vancouver, BC, *pg.* 675

Blum, Bette - Management, Media Department - HUNTER HAMERSMITH, North Miami, FL, *pg.* 87

Blum, Jackie - Management - LAIRD + PARTNERS, New York, NY, *pg.* 96

Blum, Lindsay - Management - VAYNERMEDIA, New York, NY, *pg.* 689

Blumberg, Stephen - Account Planner, Account Services, Interactive / Digital, Management, Media Department, PPOM - STARCOM WORLDWIDE, New York, NY, *pg.* 517

Blyukher, Anastasiya - Interactive / Digital, Management, Media Department - XAXIS, New York, NY, *pg.* 276

Boaz, Josh - Management, PPOM - DIRECT AGENTS, INC., New York, NY, *pg.* 229

Boaz, Dinesh - Management, PPOM - DIRECT AGENTS, INC., New York, NY, *pg.* 229

Bobbins, Bruce - Account Services, Management - DKC PUBLIC RELATIONS, New York, NY, *pg.* 597

Bocage, Linda - Account Services, Management, Media Department - SPARK FOUNDRY, Chicago, IL, *pg.* 510

Boccadoro, Michael - Management, PPOM - WEST COAST ADVISORS, Sacramento, CA, *pg.* 662

Boccio, Mike - Management - SLOANE & COMPANY, New York, NY, *pg.* 647

Bock, Josh - Account Services, Management, Operations - UNIVERSAL MCCANN, New York, NY, *pg.* 521

Boclair, Tammy - Management - ALDAY COMMUNICATIONS, Franklin, TN, *pg.* 576

Bodak, Will - Management - LEO BURNETT TORONTO, Toronto, ON, *pg.* 97

Bodrie, Jerry - Account Services, Management, Operations, PPOM - BALDWIN&, Raleigh, NC, *pg.* 35

Boehm, Courtney - Management, Media Department - UNIVERSAL MCCANN DETROIT, Birmingham, MI, *pg.* 524

Boesen, Maureen - Analytics, Management - MBB AGENCY, Leawood, KS, *pg.* 107

Bogucki, Mary - Account Services, Management - AMERGENT, Peabody, MA, *pg.* 279

Bogusz, Kevin - Account Services, Management - ENERGY BBDO, INC., Chicago, IL, *pg.* 355

Bogusz, Matthew - Management - ZENITH MEDIA, Chicago, IL, *pg.* 531

Bohenek, Peter - Management, PPOM - RHYTHM, Irvine, CA, *pg.* 263

Bohlsen, Vicki - Management, PPOM - BOHLSEN GROUP, Indianapolis, IN, *pg.* 336

Bohoyo, Carmen - Management - KANTAR MEDIA, New York, NY, *pg.* 446

Boisvert, Anna - Management, NBC - ACCESS BRAND COMMUNICATIONS, New York, NY, *pg.* 1

Boisvert, Joseph - Management - DAVIES COMMUNICATIONS, Santa Barbara, CA, *pg.* 595

Bojko, Greg - Management, PPOM - ADSTRATEGIES, INC., Easton, MD, *pg.* 323

Bokalo, Taissa - Management - REFUEL AGENCY, New York, NY, *pg.* 507

Boles, John - Account Services, Management, Media Department - EDELMAN, New York, NY, *pg.* 599

Bollinger, Lianne - Interactive / Digital, Management - BULLY PULPIT INTERACTIVE, Washington, DC, *pg.* 45

Bologna, Anne - Interactive / Digital, Management, NBC, PPOM - ICROSSING, New York, NY, *pg.* 240

Bolt, Peter - Management, PPOM - CAMP JEFFERSON, Toronto, ON, *pg.* 219

Bombeck, Alex - Management, PPOM - SPARKS GROVE, INC., Atlanta, GA, *pg.* 199

Bonach, Eric - Account Services, Management - ABERNATHY MACGREGOR GROUP, New York, NY, *pg.* 574

Bond, Kayla - Account Services, Interactive / Digital, Management - VMLY&R, Frisco, TX, *pg.* 275

Bonham, Mark - Management -

RESPONSIBILITIES INDEX   AGENCIES

STERLING COMMUNICATIONS, INC., Los Gatos, CA, pg. 650
Bonifas, Craig - Management - FRCH DESIGN WORLDWIDE, Cincinnati, OH, pg. 184
Bonker, Don - Management - APCO WORLDWIDE, Washington, DC, pg. 578
Bonkowski, Dana - Account Services, Management, Media Department - STARCOM WORLDWIDE, Chicago, IL, pg. 513
Bonnell, Steve - Account Services, Management - LEO BURNETT WORLDWIDE, Chicago, IL, pg. 98
Bonner, Melinda - Management - 360PRPLUS, Boston, MA, pg. 573
Bonney, Andrea - Account Planner, Account Services, Management - MCGARRYBOWEN, New York, NY, pg. 109
Bonuccelli, Anabela - Management, Operations - HAVAS MEDIA GROUP, Miami, FL, pg. 470
Booker, Stephanie - Management - BECK MEDIA & MARKETING, Atlanta, GA, pg. 582
Boone, Shaina - Analytics, Management, NBC, Research - OMD, Chicago, IL, pg. 500
Boone, Byron - Management, PPOM - HMR DESIGNS, Chicago, IL, pg. 308
Boonstra, Kate - Interactive / Digital, Management - EDELMAN, Chicago, IL, pg. 353
Bora, Pranjal - Analytics, Management - DIGITAL AUTHORITY PARTNERS, Chicago, IL, pg. 225
Borca, Marian - Interactive / Digital, Management - COSSETTE MEDIA, Montreal, QC, pg. 345
Borde, Manuel - Creative, Management - GEOMETRY, New York, NY, pg. 362
Borgdorff, Nick - Management - DERSE, INC., Milwaukee, WI, pg. 304
Borisavljevic, Katie - Management, Media Department, Operations - RPA, Santa Monica, CA, pg. 134
Borisov, Georgi - Management - SWARM, Atlanta, GA, pg. 268
Borja, Rick - Creative, Interactive / Digital, Management, PPOM - GO WEST CREATIVE, Nashville, TN, pg. 307
Borland, Candace - Management, PPOM - ANOMALY, Toronto, ON, pg. 326
Bornhausen, Denise - Account Services, Management, NBC - MORSEKODE, Minneapolis, MN, pg. 14
Boron, Kristopher - Analytics, Management - UPSHOT, Chicago, IL, pg. 157
Borozny, Damon - Management - NEBO AGENCY, LLC, Atlanta, GA, pg. 253
Borsje, Nicole - Management - THE BLUESHIRT GROUP, San Francisco, CA, pg. 652
Bosanko, Jessica - Management - M+R, New York, NY, pg. 12
Bostrom, Matt - Account Services, Management, PPOM - FINN PARTNERS, San Francisco, CA, pg. 603
Boswell, Melissa - Account Services, Management - ADEPT MARKETING, Columbus, OH, pg. 210

Botwinick, Jeremy - Management - KEPLER GROUP, New York, NY, pg. 244
Bouchier, Megan - Management - SARD VERBINNEN & CO, San Francisco, CA, pg. 646
Bougdanos, Debbie - Creative, Management - LEO BURNETT WORLDWIDE, Chicago, IL, pg. 98
Boulia, Billy - Account Services, Interactive / Digital, Management, Media Department, NBC, Social Media - THE COMMUNITY, Miami Beach, FL, pg. 545
Boulos, Kareem - Management, Media Department - MEDIA EXPERTS, Toronto, ON, pg. 485
Bourdon, Bill - Management, PPOM - MISSION NORTH, San Francisco, CA, pg. 627
Bourgeois, Bob - Account Services, Management, NBC, PPOM - MORTENSON KIM, Indianapolis, IN, pg. 118
Bourhis, Carolyne - Account Services, Management - HAVAS MEDIA GROUP, New York, NY, pg. 468
Bowers, Ted - Management - EVENTWORKS, Los Angeles, CA, pg. 305
Bowker, David - Management - PAN COMMUNICATIONS, Boston, MA, pg. 635
Bowles, Jeremy - Account Services, Management, Operations - PUBLICIS NORTH AMERICA, New York, NY, pg. 399
Boxhill, Conroy - Account Services, Management, Operations - PORTER NOVELLI, Atlanta, GA, pg. 637
Boxser, David - Management, NBC, PPOM - CHANDELIER CREATIVE, Los Angeles, CA, pg. 49
Boyd, Brooke - Management, PPOM - HYPE GROUP LLC, Saint Petersburg, FL, pg. 372
Boyd, Bianca - Management - EDELMAN, Chicago, IL, pg. 353
Boyd, Dylan - Management - R/GA, San Francisco, CA, pg. 261
Boyle, Kevin - Account Services, Management, Media Department, PR Management, Public Relations - HEARTS & SCIENCE, New York, NY, pg. 471
Boyle, Anne - Management, Media Department - ROUNDPEG, Silver Spring, MD, pg. 408
Bracken-Thompson, Elizabeth - Interactive / Digital, Management, PPOM, Public Relations - THOMPSON & BENDER, Briarcliff Manor, NY, pg. 656
Brada-Thompson, Kristien - Management - PRIORITY PUBLIC RELATIONS, Santa Monica, CA, pg. 638
Bradbury, Bo - Account Services, Management - GSD&M, Austin, TX, pg. 79
Bradford, Bianca - Account Services, Management - LEO BURNETT WORLDWIDE, Chicago, IL, pg. 98
Bradley, Steve - Management, Operations - RLM PUBLIC RELATIONS, New York, NY, pg. 643
Brandes, Paula - Account Services,

Management - SUBLIME COMMUNICATIONS, Stamford, CT, pg. 415
Brandt, Ryan - Management, NBC - BRANDT RONAT & COMPANY, Merrit Island, FL, pg. 337
Branen, Allison - Account Services, Management - MANIFEST, Chicago, IL, pg. 248
Brankovic, Adnan - Account Planner, Account Services, Management, Media Department - MEDIACOM, New York, NY, pg. 487
Brannock, Janelle - Account Services, Management - COMMIT AGENCY, Chandler, AZ, pg. 343
Brasko, Donna - Account Services, Management - VMLY&R, New York, NY, pg. 160
Bratskeir, Rob - Creative, Management, Public Relations - 360PRPLUS, New York, NY, pg. 573
Brauer, Ashley - Management - GUTHRIE / MAYES & ASSOCIATES, INC., Louisville, KY, pg. 611
Braunmiller, Darryl - Management - CRITICAL MASS, INC., New York, NY, pg. 223
Braykovich, Mark - Management, Public Relations - THE WILBERT GROUP, Atlanta, GA, pg. 655
Breier, Ben - Management, Media Department - CAMPBELL EWALD NEW YORK, New York, NY, pg. 47
Breines, Laura - Account Services, Management, NBC - BIG SPACESHIP, Brooklyn, NY, pg. 455
Bremer, Laura - Management - CITIZEN RELATIONS, New York, NY, pg. 590
Brennan, Nancy - Management, NBC - MSLGROUP, Chicago, IL, pg. 629
Brenner, Arlyn - Account Services, Management - MSW RESEARCH, Westbury, NY, pg. 448
Brent, Greg - Interactive / Digital, Management - RAPP WORLDWIDE, Irving, TX, pg. 291
Brenton, Julia - Management, NBC - BBH, New York, NY, pg. 37
Brescia, Sean - Management - MISSION MEDIA, LLC, Baltimore, MD, pg. 115
Bressau, Nina - Account Services, Management - THE INTEGER GROUP - DALLAS, Dallas, TX, pg. 570
Breton, Caroline - Management, Media Department - MINDSHARE, Toronto, ON, pg. 495
Brewer, Bill - Management - ZLR IGNITION, Des Moines, IA, pg. 437
Bricault, Adam - Account Services, Management - EDELMAN, New York, NY, pg. 599
Brickowski, Kari - Management, Media Department, PPOM - MINDSHARE, New York, NY, pg. 491
Bridges, Kristen - Management - BASCOM COMMUNICATIONS & CONSULTING LLC, Tallahassee, FL, pg. 580
Brien, Kirk - Management - EEI GLOBAL, Rochester Hills, MI, pg. 304
Brigham, Kyle - Account Services,

AGENCIES
RESPONSIBILITIES INDEX

Management - MARCEL DIGITAL, Chicago, IL, *pg.* 675
Bright, Lisa - Creative, Management - FCB CHICAGO, Chicago, IL, *pg.* 71
Brightman, Rose - Management - A. BRIGHT IDEA, Bel Air, MD, *pg.* 25
Brighton, Lynne - Management, NBC - BARE INTERNATIONAL, Fairfax, VA, *pg.* 442
Brinker, Mike - Management, PPOM - DELOITTE DIGITAL, Seattle, WA, *pg.* 224
Brito, Odalice - Finance, Interactive / Digital, Management - MINDSHARE, New York, NY, *pg.* 491
Britton, Kimberley - Account Services, Management - ALLING HENNING & ASSOCIATES, Vancouver, WA, *pg.* 30
Brivic, Molly - Management - BRIVICMEDIA, INC., Houston, TX, *pg.* 456
Brock, Sarah - Account Services, Management, NBC - BROWN PARKER | DEMARINIS ADVERTISING, Boca Raton, FL, *pg.* 43
Broderdorf, Alissa - Management, Media Department - UNIVERSAL MCCANN, Los Angeles, CA, *pg.* 524
Brodkin, Karen - Management, Promotions - 160VER90, Los Angeles, CA, *pg.* 301
Broehl, Josh - Management - BIG RED ROOSTER, Columbus, OH, *pg.* 3
Bronfeld, Rob - Account Services, Management - CATALYST PUBLIC RELATIONS, New York, NY, *pg.* 589
Brooking, Karen - Management - BDE, New York, NY, *pg.* 685
Brooks, Kate - Management, NBC, Public Relations - OGILVY PUBLIC RELATIONS, San Francisco, CA, *pg.* 634
Brooks, Emily - Account Services, Management, NBC - MEDIAHUB BOSTON, Boston, MA, *pg.* 489
Brooks, Alicia - Management - FORCE MARKETING, Atlanta, GA, *pg.* 284
Brorson, Alonna - Management - SPAWN, Anchorage, AK, *pg.* 648
Brose, Suzanne - Management - J PUBLIC RELATIONS, San Diego, CA, *pg.* 616
Brot, David - Account Services, Management - LEO BURNETT WORLDWIDE, Chicago, IL, *pg.* 98
Broten, Chantel - Management, PPOM - JAN KELLEY MARKETING, Burlington, ON, *pg.* 10
Brothers, Jennifer - Management, Operations, PPOM - TWENTY FOUR-SEVEN, INC., Portland, OR, *pg.* 203
Brow, Debbie - Management - THE MATTHEWS GROUP, INC., Bryan, TX, *pg.* 151
Brown, Alan - Management - ACTIVE INTERNATIONAL, Pearl River, NY, *pg.* 439
Brown, Keisha - Management - LAGRANT COMMUNICATIONS, Los Angeles, CA, *pg.* 621
Brown, Betsy - Management - CRAMER-KRASSELT, Milwaukee, WI, *pg.* 54

Brown, Aaron - Management, Public Relations - FAHLGREN MORTINE PUBLIC RELATIONS, Columbus, OH, *pg.* 70
Brown, Howard - Management - LOPEZ NEGRETE COMMUNICATIONS, INC., Houston, TX, *pg.* 542
Brown, David - Management, PPOM - MANIFEST, New York, NY, *pg.* 248
Brown, Antoine - Account Planner, Account Services, Management, Media Department, PPOM - SPARK FOUNDRY, New York, NY, *pg.* 508
Brown, Renee - Account Services, Management - GURU MEDIA SOLUTIONS, San Francisco, CA, *pg.* 80
Brown, Jaimi - Management, Media Department, PPOM - HIEBING, Madison, WI, *pg.* 85
Brown, Mark - Account Services, Management, Media Department - CARAT, Detroit, MI, *pg.* 461
Brown, Sam - Management - TURNER DUCKWORTH, San Francisco, CA, *pg.* 203
Brown, Nadine - Management - PUBLICIS NORTH AMERICA, New York, NY, *pg.* 399
Brown, Cindy - Management - CONKLING FISKUM & MCCORMICK, Portland, OR, *pg.* 592
Brown, Megan - Management - TURNER PUBLIC RELATIONS, New York, NY, *pg.* 657
Brown, Peter - Management - G7 ENTERTAINMENT MARKETING, Nashville, TN, *pg.* 306
Brown, Mark - Management - ADHOME CREATIVE, London, ON, *pg.* 27
Brown, Zach - Creative, Finance, Management, Media Department - CRISPIN PORTER + BOGUSKY, Boulder, CO, *pg.* 346
Browne, Dan - Management - SOURCELINK, LLC, Itasca, IL, *pg.* 292
Browning, Caren - Management, PPOM - KING & COMPANY, New York, NY, *pg.* 620
Broxson, Donnie - Account Planner, Account Services, Management, NBC, PPOM - ACENTO ADVERTISING, INC., Santa Monica, CA, *pg.* 25
Brubaker, Jon - Account Services, Management - COGNITO, New York, NY, *pg.* 591
Bruce, Layne - Management - MISSISSIPPI PRESS SERVICES, Jackson, MS, *pg.* 496
Brugler, Benjamin - Account Services, Management - AKHIA PUBLIC RELATIONS, INC., Hudson, OH, *pg.* 575
Bruinsma, Dan - Management, Media Department - STARCOM WORLDWIDE, Chicago, IL, *pg.* 513
Brungs, Kay - Management - ALLISON+PARTNERS, Chicago, IL, *pg.* 577
Brunner, Ashley - Account Services, Management, Media Department, PPOM - UNIVERSAL MCCANN DETROIT, Birmingham, MI, *pg.* 524
Brusatori, Paul - Account Services,

Management, NBC - INTERMARK GROUP, INC., Birmingham, AL, *pg.* 375
Bryan, Lyn - Management, PPOM - MAJOR TOM, Vancouver, BC, *pg.* 675
Bryan, Liz - Management - SPECTRUM SCIENCE COMMUNICATIONS, Washington, DC, *pg.* 649
Bryant, Steve - Management - PUBLICIS CONSULTANTS | PR, Seattle, WA, *pg.* 639
Bryant, Steve - Management - MSLGROUP, New York, NY, *pg.* 629
Brzozowski, Lyndsey - Management - BASCOM COMMUNICATIONS & CONSULTING LLC, Tallahassee, FL, *pg.* 580
Bucan, Christine - Management, Public Relations - PANTIN / BEBER SILVERSTEIN PUBLIC RELATIONS, Miami, FL, *pg.* 544
Bucci Hulings, Cari - Account Services, Management, NBC, PPOM - MARC USA, Chicago, IL, *pg.* 104
Buchach, Jennifer - Account Services, Management - PHASE 3 MARKETING & COMMUNICATIONS, Atlanta, GA, *pg.* 636
Buchanan, Adam - Account Services, Management - SPEEDMEDIA INC., Venice, CA, *pg.* 266
Buchanan, Emily - Management, NBC - CARMICHAEL LYNCH, Minneapolis, MN, *pg.* 47
Buchheim, Dennis - Interactive / Digital, Management - INTERACTIVE ADVERTISING BUREAU, New York, NY, *pg.* 90
Buck, Samantha - Management, Media Department - OMD, New York, NY, *pg.* 498
Bucu Gittings, Chrissy - Account Services, Creative, Interactive / Digital, Management, Media Department, NBC - UNIVERSAL MCCANN, New York, NY, *pg.* 521
Budin, Jacob - Management - KETTLE, New York, NY, *pg.* 244
Buerger, Lauren - Management, Media Department - SPARK FOUNDRY, New York, NY, *pg.* 508
Bujarski, Cassandra - Management - SARD VERBINNEN & CO, San Francisco, CA, *pg.* 646
Buklarewicz, David - Account Services, Management, Media Department - COGNISCIENT MEDIA/MARC USA, Charlestown, MA, *pg.* 51
Buley, Leah - Management, Research - PUBLICIS.SAPIENT, New York, NY, *pg.* 258
Bunarek, Peter - Management - BBDO ATL, Atlanta, GA, *pg.* 330
Bunce, Emily - Analytics, Management, Research - GIBBS & SOELL, INC., New York, NY, *pg.* 607
Bunnell, Justin - Management - ADSUPPLY, INC., Culver City, CA, *pg.* 211
Burba, Scott - Account Services, Management, NBC - ABEL SOLUTIONS, INC., Alpharetta, GA, *pg.* 209
Burdue, Dawn - Management - RPA, Santa Monica, CA, *pg.* 134
Burgeson, Jill - Management, NBC -

1505

RESPONSIBILITIES INDEX — AGENCIES

ZAMBEZI, Culver City, CA, pg. 165
Burgess, Brian - Management - MSLGROUP, New York, NY, pg. 629
Burgess, Risa - Management - MSLGROUP, New York, NY, pg. 629
Burgi, Michael - Management - DIGENNARO COMMUNICATIONS, New York, NY, pg. 597
Burke, Kristina - Account Services, Management - GYK ANTLER, Manchester, NH, pg. 368
Burkett, Jake - Management - COLUMN FIVE, Brooklyn, NY, pg. 343
Burkhart, Steve - Management - THE HOFFMAN AGENCY, San Jose, CA, pg. 653
Burn, Sam - Management, PPOM - CAYENNE CREATIVE, Birmingham, AL, pg. 49
Burns, Mike - Account Services, Management - HILL HOLLIDAY, Boston, MA, pg. 85
Burns, Hilary - Account Planner, Account Services, Management, Media Department - EMPOWER, Chicago, IL, pg. 355
Burns, Linda - Management - ANNEX EXPERIENCE, Chicago, IL, pg. 31
Burton, Lisa - Management - MEETING EXPECTATIONS, Atlanta, GA, pg. 311
Burton, Kim - Account Services, Management - HB&M SPORTS, Charlotte, NC, pg. 307
Burton, Whitney - Account Services, Management - OGILVY, Chicago, IL, pg. 393
Busa, Dawn - Management - CANVAS WORLDWIDE, Playa Vista, CA, pg. 458
Busch, Tracey - Management - SPACE150, New York, NY, pg. 266
Bush, Lorna - Account Services, Management - FINEMAN PR, San Francisco, CA, pg. 603
Bush, Casey - Management - GLOBAL RESULTS COMMUNICATIONS, Irvine, CA, pg. 608
Buss, Kristen - Account Planner, Analytics, Management, Research - MOSAIC NORTH AMERICA, Chicago, IL, pg. 312
Butcher, Bruce - Analytics, Management, Research - CAMELOT STRATEGIC MARKETING & MEDIA, Dallas, TX, pg. 457
Butcher, Becky - Management - ADAMS OUTDOOR ADVERTISING, Lansing, MI, pg. 549
Butler, Alice - Account Services, Management - MARC RESEARCH, Irving, TX, pg. 447
Butler, John - Management, PPOM - PARTNERS RILEY LTD., Cleveland, OH, pg. 125
Butler, Cathy - Account Planner, Account Services, Interactive / Digital, Management, NBC, Operations, PPOM - ORGANIC, INC., New York, NY, pg. 256
Buttrill, Stephanie - Account Services, Management - KETCHUM, New York, NY, pg. 542
Butts, Amanda - Creative, Management - LEO BURNETT WORLDWIDE, Chicago, IL, pg. 98

Buyer, Chuck - Management, PPOM - BUYER ADVERTISING, INC., Newton, MA, pg. 338
Buzby, David - Management, Public Relations - ASSOCIATION OF NATIONAL ADVERTISERS, Washington, DC, pg. 442
Byrne, Sean - Management - ONE TRICK PONY, Hammonton, NJ, pg. 15
Byrnes, Jennifer - Account Planner, Account Services, Management, Media Department - SPARK FOUNDRY, New York, NY, pg. 508
Byrnes, Jordan - Management - WE COMMUNICATIONS, San Francisco, CA, pg. 660
Byun, Jae-Won - Management, PPOM - PAL8 MEDIA, INC., Santa Barbara, CA, pg. 503
Cabanban, Brian - Management - SPARKS, Philadelphia, PA, pg. 315
Cabaysa, Jerico - Account Services, Management, Media Department - TBWA \ CHIAT \ DAY, Los Angeles, CA, pg. 146
Cabe, Molly - Account Services, Management, Media Department, NBC - HEAT, San Francisco, CA, pg. 84
Cabler, Casey - Management - TRINITY BRAND GROUP, Berkeley, CA, pg. 202
Cadigan, Maggie - Management - THE MANY, Pacific Palisades, CA, pg. 151
Cadman, Mark - Management - BBDO WORLDWIDE, New York, NY, pg. 331
Caglayan, Tugce - Account Services, Management, Media Department - ZENITH MEDIA, New York, NY, pg. 529
Cahill, Jesse - Management, NBC - ESSENCE, New York, NY, pg. 232
Cahill, Sarah - Interactive / Digital, Management, Media Department - UNIVERSAL MCCANN, New York, NY, pg. 521
Caiola, Matthew - Management - 5W PUBLIC RELATIONS, New York, NY, pg. 574
Calabrese, Joseph - Management - FINANCIAL RELATIONS BOARD, New York, NY, pg. 603
Calabrese, Joe - Interactive / Digital, Management, PPM - DEUTSCH, INC., New York, NY, pg. 349
Calamese, Byron - Management, Media Department, PPOM - ZENO GROUP, New York, NY, pg. 664
Caldecutt, Matthew - Management - BLAST! PR, Santa Barbara, CA, pg. 584
Calderone, Jeff - Management, PPOM - ELEVATED THIRD, Denver, CO, pg. 230
Calderone, Rosemary - Account Services, Management - M:UNITED//MCCANN, New York, NY, pg. 102
Calderone, Matt - Account Services, Management - LAUNCHSQUAD, New York, NY, pg. 621
Caldwell, Chris - Account Services, Management - MKTG, Westport, CT, pg. 568
Caldwell, David - Account Services,

Management, PPOM - GTB, Dallas, TX, pg. 80
Caldwell, Chris - Management, PPOM - BRIGGS & CALDWELL, Houston, TX, pg. 456
Caldwell, Emily - Account Services, Management - 360I, LLC, Atlanta, GA, pg. 207
Caleo, Jenny - Management - RHYTHMONE, Burlington, MA, pg. 263
Calingasan, Cherie - Management, PPOM - HORIZON MEDIA, INC., New York, NY, pg. 474
Calkins, Griffin - Management - ZENITH MEDIA, New York, NY, pg. 529
Callahan, Sean - Creative, Management, NBC, PR Management - JACK MORTON WORLDWIDE, Chicago, IL, pg. 309
Callen, Chris - Management - GATESMAN, Pittsburgh, PA, pg. 361
Calzadilla, Cristina - Management - DKC PUBLIC RELATIONS, New York, NY, pg. 597
Camargo, Ed - Interactive / Digital, Management, Media Department, Public Relations - NMPI, New York, NY, pg. 254
Cameron, Shane - Interactive / Digital, Management, NBC, PPOM - OMD CANADA, Toronto, ON, pg. 501
Cameron, Adrienne - Management, Media Department - UNIVERSAL MCCANN DETROIT, Birmingham, MI, pg. 524
Cameron, Melissa - Management - SOUTHWEST STRATEGIES, LLC, San Diego, CA, pg. 411
Cammarata, Frank - Management, NBC - MEDIA MONITORS, LLC, White Plains, NY, pg. 249
Camozzi, DeeDee - Management - SANDERS\WINGO, El Paso, TX, pg. 138
Campagna, Barbara - Management - SIMONS / MICHELSON / ZIEVE, INC., Troy, MI, pg. 142
Campana, Steven - Management - RTI RESEARCH, Norwalk, CT, pg. 449
Campanaro, Jennifer - Management - HEARTBEAT IDEAS, New York, NY, pg. 238
Campbell, Shawn - Account Services, Management - ROSS-CAMPBELL, INC., Sacramento, CA, pg. 644
Campbell, Ian - Management, Operations, PPOM - ABERNATHY MACGREGOR GROUP, Los Angeles, CA, pg. 574
Campbell, Eric - Account Planner, Account Services, Management, NBC, PPOM - VMLY&R, New York, NY, pg. 160
Campbell, Melissa - Account Planner, Account Services, Management, Media Department - SPARK FOUNDRY, New York, NY, pg. 508
Campbell, Alistair - Account Services, Management, NBC, PPOM - THE HYBRID CREATIVE, Santa Rosa, CA, pg. 151
Campbell, Jeff - Interactive / Digital, Management, Media Department, NBC, Programmatic, Social Media - RESOLUTION MEDIA,

AGENCIES — RESPONSIBILITIES INDEX

Chicago, IL, pg. 676
Campbell, Mike - Account Planner, Management - ANDERSON DIRECT & DIGITAL, Poway, CA, pg. 279
Campbell, Doug - Account Services, Management - BRANDSTAR, Deerfield Beach, FL, pg. 337
Campisi, Pete - Management, Operations - WEBER SHANDWICK, New York, NY, pg. 660
Canarelli, Mike - Management, PPOM - WEB TALENT MARKETING, Lancaster, PA, pg. 276
Cancro, Andrea - Account Services, Management, Media Department - J3, New York, NY, pg. 480
Candia, Matias - Account Planner, Account Services, Management, NBC - DAVID, Miami, FL, pg. 57
Canning, Chris - Management, Public Relations - DKC PUBLIC RELATIONS, New York, NY, pg. 597
Cannon, Mary - Management, Media Department - CORINTHIAN MEDIA, INC., New York, NY, pg. 463
Cantwell, Teresa - Interactive / Digital, Management, Media Department - GEN.VIDEO, New York, NY, pg. 236
Canuel, François - Account Planner, Account Services, Management - TAM TAM \ TBWA, Montreal, QC, pg. 416
Capaul, John - Account Planner, Management - FUSION92, Chicago, IL, pg. 235
Caplan, Amy - Management, NBC - NINTHDECIMAL, San Francisco, CA, pg. 534
Capobianco, Fabrizio - Management, PPOM - FUNAMBOL, Foster City, CA, pg. 533
Capozzi, Maruta - Management, NBC - HILL+KNOWLTON STRATEGIES, Chicago, IL, pg. 370
Caracappa, Carol - Management, Media Department - ALLSCOPE MEDIA, New York, NY, pg. 454
Caravello, Paul - Management, NBC - WILEN MEDIA CORPORATION, Melville, NY, pg. 432
Carbone Kraut, Karen - Account Services, Management, Media Department - PUBLICIS NORTH AMERICA, New York, NY, pg. 399
Cardamone, Andrea - Account Services, Management, NBC - PALISADES MEDIA GROUP, INC., New York, NY, pg. 124
Cardelia, Daniele - Management, NBC - COBURN COMMUNICATIONS, New York, NY, pg. 591
Cardenas, Claribel - Management - OGILVY PUBLIC RELATIONS, New York, NY, pg. 633
Carey, Michael - Account Services, Management - RIDDLE & BLOOM, Boston, MA, pg. 133
Carey, Jeremy - Account Services, Management, PPOM - OPTIMUM SPORTS, New York, NY, pg. 394
Carlile, Jennifer - Management - BRIERLEY & PARTNERS, Plano, TX, pg. 167
Carlin, Kristin - Account Services, Management, PPOM - OMD ENTERTAINMENT, Burbank, CA, pg. 501
Carlin, Scott - Management, Media Department - MAGID, Minneapolis, MN, pg. 447
Carlson, Bonnie - Management - AM STRATEGIES, San Diego, CA, pg. 324
Carlson, Katherine - Account Services, Management, Media Department - PULSAR ADVERTISING, Washington, DC, pg. 401
Carlson, Phil - Management - KCSA STRATEGIC COMMUNICATIONS, New York, NY, pg. 619
Carluccio, Clare - Management, Public Relations - KETCHUM, New York, NY, pg. 542
Carmack, Lisa - Management - FRCH DESIGN WORLDWIDE, Cincinnati, OH, pg. 184
Carmichael, Angela - Management, PPOM - FLEISHMANHILLARD HIGHROAD, Toronto, ON, pg. 606
Caron, Guy - Management - BARE INTERNATIONAL, Fairfax, VA, pg. 442
Carozza, Gene - Management - PAN COMMUNICATIONS, Boston, MA, pg. 635
Carpenter, Mary - Account Services, Management, NBC, PPOM - PHD CHICAGO, Chicago, IL, pg. 504
Carpenter, Mark - Account Services, Interactive / Digital, Management, Media Department, PPOM - NO FIXED ADDRESS INC., Toronto, ON, pg. 120
Carr, Katherine - Account Services, Management, NBC - SILVER MARKETING, INC., Bethesda, MD, pg. 141
Carr, Rachel - Management, NBC - DKC PUBLIC RELATIONS, New York, NY, pg. 597
Carr, Steven D. - Management - DRESNER CORPORATE SERVICES, Chicago, IL, pg. 598
Carr, Nigel - Account Planner, Management, NBC, PPOM - THE TOMBRAS GROUP, Knoxville, TN, pg. 424
Carroll, Morgan - Creative, Management, PPOM - DIGITAS, Chicago, IL, pg. 227
Carroll, Jennifer - Account Services, Management, Media Department - WAVEMAKER, New York, NY, pg. 526
Carrow, Matthew - Management - DIGITAS, Atlanta, GA, pg. 228
Carry, Ellen - Account Services, Management - CORINTHIAN MEDIA, INC., New York, NY, pg. 463
Carter, Jay - Analytics, Management - ABELSON-TAYLOR, Chicago, IL, pg. 25
Carter, Mimi - Management - PROOF INC., Toronto, ON, pg. 449
Carter, J.J. - Management, PPOM - FLEISHMANHILLARD, San Francisco, CA, pg. 605
Carter, Dan - Account Services, Management - RACEPOINT GLOBAL, Boston, MA, pg. 640
Carter, John - Management - ARCHETYPE, New York, NY, pg. 33
Carter Jr., Daniel - Management - RACEPOINT GLOBAL, Boston, MA, pg. 640
Cartwright, Tracey - Management, Media Department - OMD SEATTLE, Seattle, WA, pg. 502
Cartwright, Vanessa - Account Services, Management, NBC, PPOM - FLUID, INC., New York, NY, pg. 235
Casella, AJ - Management, Media Department - UNIVERSAL MCCANN, Los Angeles, CA, pg. 524
Casey, Brendan - Management, PPOM - UPSIDE COLLECTIVE, Albany, NY, pg. 428
Casey, Jim - Management - RED ANTLER, Brooklyn, NY, pg. 16
Casserly, Robert - Interactive / Digital, Management, PPOM - AGENCY UNDERGROUND, Minneapolis, MN, pg. 1
Cassidy, Mike - Account Services, Management - MASON MARKETING, Penfield, NY, pg. 106
Cassidy, JD - Management, PPOM - SAATCHI & SAATCHI WELLNESS, New York, NY, pg. 137
Cassidy, Joan - Management - LIEBERMAN RESEARCH WORLDWIDE, Los Angeles, CA, pg. 446
Casson, Linda - Finance, Management, NBC - ARGONAUT, INC., San Francisco, CA, pg. 33
Castelli, Ben - Management - ROOM 214, Boulder, CO, pg. 264
Castelli, Auro Trini - Account Planner, Management - ELEPHANT, Brooklyn, NY, pg. 181
Castleberry, Sue - Management, NBC - MEDIA ASSEMBLY, Southfield, MI, pg. 385
Casto, Chuck - Management - CREATIVE PARTNERS, LLC, Stamford, CT, pg. 346
Castro, Tavo - Account Services, Management, Media Department - HEARTS & SCIENCE, Los Angeles, CA, pg. 473
Castro, Sergio - Finance, Management - DIGITAS, Atlanta, GA, pg. 228
Castro, Josie - Account Services, Management - MCCANN NEW YORK, New York, NY, pg. 108
Catalano, Keith - Management - CLOCKWORK ACTIVE MEDIA, Minneapolis, MN, pg. 221
Catapano, Frank - Management, PPOM - REACH AGENCY, Santa Monica, CA, pg. 196
Cathel, Karen - Creative, Management - DONER, Southfield, MI, pg. 63
Cati, Lena - Account Services, Management - THE EQUITY GROUP, INC., New York, NY, pg. 653
Catucci, Lisa - Management, Media Department - UNIVERSAL MCCANN, New York, NY, pg. 521
Cavadeas, Kacy - Management - MINDSHARE, Chicago, IL, pg. 494
Cavagnaro, Nataly - Account Services, Management, Media Department, PPOM - UNIVERSAL MCCANN, New York, NY, pg. 521
Cavanaugh, Jim - Management - JACK MORTON WORLDWIDE, New York, NY, pg. 308

RESPONSIBILITIES INDEX AGENCIES

Cavanaugh Moyer, Kaitlin - Management - VAULT COMMUNICATIONS, INC., Plymouth Meeting, PA, pg. 658
Cearley, Mike - Interactive / Digital, Management, Social Media - FLEISHMANHILLARD, Dallas, TX, pg. 605
Cence, Daniel - Management - SOLOMON MCCOWN & CO., INC., Boston, MA, pg. 648
Cendra, Silvina - Management, Media Department - GALLEGOS UNITED, Huntington Beach, CA, pg. 75
Centofante, Denise - Management, Media Department - UNIVERSAL MCCANN, New York, NY, pg. 521
Cerda, Lu - Management - NEW TRADITION, New York, NY, pg. 554
Ceresoli, Tony - Management, PPOM - AD PARTNERS, INC., Tampa, FL, pg. 26
Cerulli, Jennifer - Account Services, Management - OGILVY COMMONHEALTH WORLDWIDE, Parsippany, NJ, pg. 122
Cervantes, Patrick H. - Management, Public Relations - PETROL, Burbank, CA, pg. 127
Cesar Celis, Paulo - Management - MINDSHARE, Miami, FL, pg. 495
Chaba, Sy - Account Planner, Account Services, Finance, Management, PPOM - KELLY, SCOTT & MADISON, INC., Chicago, IL, pg. 482
Chacon, Brian - Interactive / Digital, Management - MOB SCENE, Los Angeles, CA, pg. 563
Chait, Allison - Account Services, Interactive / Digital, Management - HUGE, INC., Atlanta, GA, pg. 240
Chakravorti, Mimi - Account Planner, Interactive / Digital, Management, Media Department - LANDOR, San Francisco, CA, pg. 11
Chamberlin, Michael - Management, Media Department, NBC - HUGE, INC., Oakland, CA, pg. 240
Champion, Leigh - Management - OMD ATLANTA, Atlanta, GA, pg. 501
Chandler, Barbara - Account Services, Management - DEUTSCH, INC., New York, NY, pg. 349
Chang, Edward - Account Services, Management - A PARTNERSHIP, INC., New York, NY, pg. 537
Chang, Michael - Account Services, Management, NBC, Operations - WONGDOODY, New York, NY, pg. 433
Chang, David - Management - FANCY PANTS, New York, NY, pg. 233
Chang-Faulk, Rainah - Management, Public Relations - KETCHUM, New York, NY, pg. 542
Channell, Derek - Account Services, Management - DG COMMUNICATIONS GROUP, Delray Beach, FL, pg. 351
Chao, Amber - Management - BRADO, Irvine, CA, pg. 336
Chapin, Kayla - Management - ADPEARANCE, Portland, OR, pg. 671
Chaplick, Marion - Account Services, Management, PPOM - RAZORFISH HEALTH, Philadelphia, PA, pg. 262

Chapman, Lon-Given - Management - CHAPMAN CUBINE & HUSSEY, Arlington, VA, pg. 281
Chapman, David - Management, NBC - OGILVY COMMONHEALTH WORLDWIDE, Parsippany, NJ, pg. 122
Chapman, Joe - Management - QORVIS COMMUNICATIONS, LLC, Washington, DC, pg. 640
Chapman, Marci - Management, PPOM - ZORCH, Chicago, IL, pg. 22
Chappo, Derek - Account Services, Interactive / Digital, Management - WEBER SHANDWICK, Birmingham, MI, pg. 662
Charest, Joe - Management - KATZ & ASSOCIATES, INC., San Diego, CA, pg. 686
Charles, Taylor - Human Resources, Management - ADPEARANCE, Portland, OR, pg. 671
Charpentier, Tina - Management - PADILLA, Minneapolis, MN, pg. 635
Chase, Michael - Management, Media Department, NBC - VENABLES BELL & PARTNERS, San Francisco, CA, pg. 158
Chase, Meredith - Management, PPOM - SWIFT, Portland, OR, pg. 145
Chatterjee, Ashmita - Account Services, Management - RISE INTERACTIVE, Chicago, IL, pg. 264
Chaudhary, Neera - Management - GOLIN, New York, NY, pg. 610
Chaves, Edson - Management - DAGGERWING GROUP, Toronto, ON, pg. 56
Chavez, Tracy - Management, Media Department - STARCOM WORLDWIDE, Chicago, IL, pg. 513
Chavez, Sarah - Management, PPOM - INGENUITY, Mission, KS, pg. 187
Cheek, Jon - Management - SOURCELINK, LLC, Greenville, SC, pg. 292
Chen, Anita - Administrative, Management - A.D.K., Los Angeles, CA, pg. 321
Chen, Jia - Management, Media Department, NBC, PPOM, Public Relations - HAVAS MEDIA GROUP, New York, NY, pg. 468
Chen, Angel - Management - J3, New York, NY, pg. 480
Chen, Diana - Account Services, Management - HILL HOLLIDAY, New York, NY, pg. 85
Cheng, Suzanne - Management - INNOCEAN USA, Huntington Beach, CA, pg. 479
Cheronis, Amy - Account Services, Interactive / Digital, Management, Media Department, PPOM, Public Relations - MSLGROUP, Chicago, IL, pg. 629
Cheronis, Amy - Management - LEO BURNETT WORLDWIDE, Chicago, IL, pg. 98
Cheung, Winnie - Management, NBC - GUMGUM, New York, NY, pg. 467
Chew, Alison - Account Services, Management, NBC - ACCELERATION PARTNERS, Needham, MA, pg. 25
Chiarelli, Rick - Account Services,

Management, NBC, PPOM - GALE, New York, NY, pg. 236
Chiavone, Laura - Account Planner, Interactive / Digital, Management, NBC, Social Media - SPARKS & HONEY, New York, NY, pg. 450
Childs, Claire - Management - THIRD WAVE DIGITAL, Macon, GA, pg. 270
Chinn, Scott - Management, PPM - DROGA5, New York, NY, pg. 64
Chiorando, Rick - Creative, Management, PPOM - AUSTIN & WILLIAMS ADVERTISING, Hauppauge, NY, pg. 328
Cho, Julie - Management, Media Department - UNIVERSAL MCCANN, Los Angeles, CA, pg. 524
Cho, Jonathan - Management, NBC, Operations - ACRONYM MEDIA, New York, NY, pg. 671
Cho, Jennifer - Management - WEBER SHANDWICK, Dallas, TX, pg. 660
Choi, Julian - Account Services, Interactive / Digital, Management, Media Department - WEBER SHANDWICK, New York, NY, pg. 660
Choi, Michelle - Interactive / Digital, Management - ANALOGFOLK, New York, NY, pg. 439
Chopek, Chris - Account Services, Interactive / Digital, Management, Operations - EDELMAN, Washington, DC, pg. 600
Chopra, Rachel - Account Services, Management - THE CDM GROUP, New York, NY, pg. 149
Chow, Lawrence - Management - INNOCEAN USA, Huntington Beach, CA, pg. 479
Choy, Allison - Account Services, Interactive / Digital, Management - EDELMAN, Seattle, WA, pg. 601
Christensen, Karen - Management, NBC - HOSTS NEW ORLEANS, New Orleans, LA, pg. 308
Christian, Melanie - Account Services, Management - HANSON, INC., Toledo, OH, pg. 237
Christiansen, John - Management - SARD VERBINNEN & CO, San Francisco, CA, pg. 646
Christou, Chris - Management, PPOM - BOOZ ALLEN HAMILTON, McLean, VA, pg. 218
Chu, Daniel - Creative, Management - MIDNIGHT OIL CREATIVE, Burbank, CA, pg. 250
Chuku, Yusuf - Account Planner, Management, Operations, PPOM - VMLY&R, New York, NY, pg. 160
Chumley, Pam - Account Services, Management - KELLEN CO., New York, NY, pg. 686
Chun, Jake - Management, Media Department, PPOM - MINDSHARE, New York, NY, pg. 491
Chun, Peter - Management, NBC - VAYNERMEDIA, New York, NY, pg. 689
Chun, Eric - Analytics, Management - FCB CHICAGO, Chicago, IL, pg. 71
Chung, Robin - Management - BCV EVOLVE, Chicago, IL, pg. 216
Chung, Charles - Account Services, Management, Operations, PPM - R/GA,

AGENCIES RESPONSIBILITIES INDEX

Chicago, IL, *pg.* 261
Chung, Frani - Management - M BOOTH & ASSOCIATES, INC. , New York, NY, *pg.* 624
Chung, Vu D. - Management - PROSEK PARTNERS, Fairfield, CT, *pg.* 639
Church, Jeremy - Management, PPOM - WORDWRITE COMMUNICATIONS, Pittsburgh, PA, *pg.* 663
Churchill, Scott - Account Services, Management - WUNDERMAN THOMPSON SEATTLE, Seattle, WA, *pg.* 435
Ciambriello, Alyssa - Account Services, Management - LIPPE TAYLOR, New York, NY, *pg.* 623
Ciampi, Jim - Management - INDEPENDENT GRAPHICS INC., Wyoming, PA, *pg.* 374
Ciaramitaro, Ashlee - Management - HUGE, INC., Brooklyn, NY, *pg.* 239
Ciccone, Jesse - Account Services, Management - MATTER COMMUNICATIONS, INC., Newburyport, MA, *pg.* 626
Ciechanowski, Thad - Management - APPLE BOX STUDIOS, Pittsburgh, PA, *pg.* 32
Cieslak, Jason - Management, NBC, PPOM - SIEGEL & GALE, Los Angeles, CA, *pg.* 17
Cimperman, John - Account Services, Management, PPOM - FUSEIDEAS, LLC, Buffalo, NY, *pg.* 306
Cioffi, Tara - Account Services, Management, Media Department, PPOM - M/SIX, New York, NY, *pg.* 482
Cirelli, Patrick - Management, Media Department - POSTERSCOPE U.S.A., New York, NY, *pg.* 556
Ciriello, Maria - Account Services, Management, NBC - CRONIN, Glastonbury, CT, *pg.* 55
Clark, Betty - Management, PPOM - CP MEDIA SERVICES, INC., Dublin, OH, *pg.* 463
Clark, Scott - Account Services, Management - BLAIR, INC., Rockford, IL, *pg.* 334
Clark, Kelly - Management, PPOM - GROUPM, New York, NY, *pg.* 466
Clark, Danielle - Management, PPOM - EDELMAN, San Francisco, CA, *pg.* 601
Clark, Melissa - Account Planner, Management, Media Department, NBC, Public Relations - THE INTEGER GROUP - DALLAS, Dallas, TX, *pg.* 570
Clark, Allie - Account Services, Management - BLUE SKY , Atlanta, GA, *pg.* 40
Clark, Andrew - Management, Media Department, PPOM - HUMANAUT, Chattanooga, TN, *pg.* 87
Clark, Chris - Management - LEO BURNETT WORLDWIDE, Chicago, IL, *pg.* 98
Clark, Chapin - Management - R/GA, New York, NY, *pg.* 260
Clarke, Jo - Account Planner, Account Services, Management - LANDOR, San Francisco, CA, *pg.* 11
Clarke, Travis - Management - WASSERMAN MEDIA GROUP, Los Angeles, CA, *pg.* 317

Clausen, Greg - Management, Media Department, PPOM - SPARK FOUNDRY, Chicago, IL, *pg.* 510
Claypool, Michael - Management - TBWA \ CHIAT \ DAY, Los Angeles, CA, *pg.* 146
Cleary, Callie - Management - THE CASTLE GROUP, INC., Boston, MA, *pg.* 652
Clemensen, Cyrus - Interactive / Digital, Management - SYNECHRON, New York, NY, *pg.* 268
Clement, Stacey - Management - 360PRPLUS, Boston, MA, *pg.* 573
Cleveland, Beth - Management, NBC, PPOM - PRAYTELL, Brooklyn, NY, *pg.* 258
Cleveland, Diana - Management, NBC - YAH. - YOU ARE HERE, Atlanta, GA, *pg.* 318
Clevenger, John - Management - DENNEEN & COMPANY, Boston, MA, *pg.* 7
Clifton, Kira - Management - STARCOM WORLDWIDE, Chicago, IL, *pg.* 513
Clodfelter, Adrienne - Management - BORSHOFF, Indianapolis, IN, *pg.* 585
Cloessner, Amy - Management - DIRECT IMPACT, Washington, DC, *pg.* 597
Closmore, Elizabeth - Management - SPRINKLR, New York, NY, *pg.* 688
Closs, Tom - Management - HORIZON MEDIA, INC., New York, NY, *pg.* 474
Closs, Dave - Management - ZLOKOWER COMPANY, New York, NY, *pg.* 665
Cloud, Mickey - Account Planner, Account Services, Management - VAYNERMEDIA, Chattanooga, TN, *pg.* 689
Clough, Riely - Management - DROGA5, New York, NY, *pg.* 64
Cloutier, Nancy - Management, Media Department, NBC - ADEPT MARKETING, Columbus, OH, *pg.* 210
Clunie, Lisa - Creative, Management - JOAN, New York, NY, *pg.* 92
Clyne, Karen - Management - MWWPR, Los Angeles, CA, *pg.* 630
Coakley, Cecilia - Management - MWWPR, New York, NY, *pg.* 631
Cobb, Lucas - Analytics, Interactive / Digital, Management - MMGY GLOBAL, Kansas City, MO, *pg.* 388
Cochran, Jordan - Account Planner, Account Services, Management - VMLY&R, Kansas City, MO, *pg.* 274
Cogan, Dana - Management - CARABINER COMMUNICATIONS INC., Lilburn, GA, *pg.* 588
Cohan, Jennifer - Management, PPOM - EDELMAN, New York, NY, *pg.* 599
Cohen, Brad - Management, PPOM - ICR, New York, NY, *pg.* 615
Cohen, Scott - Management - QUATTRO DIRECT, Berwyn, PA, *pg.* 290
Cohen, Yale - Interactive / Digital, Management, Media Department - PUBLICIS NORTH AMERICA, New York, NY, *pg.* 399
Cohen, Jessica - Account Services, Management - ARIA MARKETING, INC.,

Newton, MA, *pg.* 441
Cohen, Adam - Account Services, Interactive / Digital, Management, Media Department - HAVAS MEDIA GROUP, New York, NY, *pg.* 468
Cohen, Doug - Account Services, Management, PPOM - STERN ADVERTISING, INC., Cleveland, OH, *pg.* 413
Cohen, Jay - Account Services, Management - MRM//MCCANN, New York, NY, *pg.* 289
Cohen, Jon - Account Services, Management - FVM STRATEGIC COMMUNICATIONS, Plymouth Meeting, PA, *pg.* 75
Cohen, Abby - Management - THE ROSEN GROUP, New York, NY, *pg.* 655
Cohen, Jon - Management - INNOVATION PROTOCOL, Los Angeles, CA, *pg.* 10
Cohen, Jeff - Management - PUBLICIS NORTH AMERICA, New York, NY, *pg.* 399
Cohen, Ken - Management - THE TOMBRAS GROUP, Knoxville, TN, *pg.* 424
Cohen, Ellen - Account Services, Management - MCGARRYBOWEN, Chicago, IL, *pg.* 110
Cohn, Daniel - Account Planner, Account Services, Management, Media Department - MCCANN NEW YORK, New York, NY, *pg.* 108
Colaiacovo, Anne - Management, NBC, PPOM - ALLISON+PARTNERS, New York, NY, *pg.* 576
Colborn, Chris - Creative, Interactive / Digital, Management, PPOM - LIPPINCOTT, New York, NY, *pg.* 189
Coldagelli, Matt - Management - EDELMAN, Chicago, IL, *pg.* 353
Cole, Andrew - Management - SARD VERBINNEN, New York, NY, *pg.* 646
Cole, Keven - Management - MC2, Lithia Springs, GA, *pg.* 311
Cole, Brittany - Management - SPERO MEDIA, New York, NY, *pg.* 411
Cole, Nadine - Management - COSSETTE MEDIA, Vancouver, BC, *pg.* 345
Cole, Trisha - Management - WAGSTAFF WORLDWIDE, Los Angeles, CA, *pg.* 659
Coleman, Kyong - Account Planner, Account Services, Management, Media Department, PPOM - OMD, New York, NY, *pg.* 498
Coleman, Kristin - Account Services, Management - NOVITA COMMUNICATIONS, New York, NY, *pg.* 392
Coles, Margaret - Analytics, Management, Research - GOODBY, SILVERSTEIN & PARTNERS, San Francisco, CA, *pg.* 77
Collett, Dave - Account Services, Management - WEBER SHANDWICK, Saint Louis, MO, *pg.* 660
Collie, Will - Management - EDELMAN, Los Angeles, CA, *pg.* 601
Collin, Susan - Management - RTI RESEARCH, Norwalk, CT, *pg.* 449

RESPONSIBILITIES INDEX

AGENCIES

Collins, Kevin - Management - MOMENTUM WORLDWIDE, New York, NY, pg. 117
Collins, Caitlin - Management, Media Department - ZENITH MEDIA, New York, NY, pg. 529
Collins, Brett - Account Services, Management, Media Department - GTB, Dearborn, MI, pg. 367
Collins, Marcus - Interactive / Digital, Management, NBC, PPOM, Social Media - DONER, Southfield, MI, pg. 63
Collins, Scott - Management, PPOM - ARIA MARKETING, INC., Newton, MA, pg. 441
Collins, Kristie - Management, Media Department - UNIVERSAL MCCANN, New York, NY, pg. 521
Collins, Michael - Management, PPOM - DDB NEW YORK, New York, NY, pg. 59
Collins, Marty - Management - QUINSTREET, INC., Foster City, CA, pg. 290
Collinson, Sarah - Account Planner, Account Services, Management - JOAN, New York, NY, pg. 92
Colton, Amy - Management - CURRENT, Chicago, IL, pg. 594
Como, John - Account Services, Management - TRUE NORTH INC., New York, NY, pg. 272
Company, Sybil - Management - VMLY&R, Miami, FL, pg. 160
Compton, Matt - Management - BLUE STATE DIGITAL, Washington, DC, pg. 335
Conahan, Megan - Management - DIRECT AGENTS, INC., New York, NY, pg. 229
Condon, Brian - Management, NBC - ALLIANCE FOR AUDITED MEDIA, Arlington Heights, IL, pg. 212
Condon, Colleen - Interactive / Digital, Management - JAY ADVERTISING, INC., Rochester, NY, pg. 377
Condron, Kevin - Management - FTI CONSULTING, New York, NY, pg. 606
Conine, Scott - Management, Operations - RISE INTERACTIVE, Chicago, IL, pg. 264
Connell, Adrienne - Account Services, Management - FLEISHMANHILLARD HIGHROAD, Toronto, ON, pg. 606
Connelly, Andrew - Analytics, Management, NBC - ABERDEEN GROUP, INC., Waltham, MA, pg. 441
Conner Foutch, Andee - Creative, Management, Media Department - CONVEYOR MEDIA, Denver, CO, pg. 462
Connolly, Mike - Management - LAKE GROUP MEDIA, INC., Armonk, NY, pg. 287
Connolly, Scott - Management - CRAMER, Norwood, MA, pg. 6
Connor, Kari - Management, NBC - WONGDOODY, Seattle, WA, pg. 162
Connors, Maggie - Management, NBC - DEUTSCH, INC., New York, NY, pg. 349
Conrad, Craig - Account Planner, Management, NBC, PPOM - DONER, Southfield, MI, pg. 63
Contreras, Rhonda - Management, NBC, PPOM - THE RICHARDS GROUP, INC., Dallas, TX, pg. 422
Contreras, Roberto - Management - 3H COMMUNICATIONS, INC., Oakville, ON, pg. 321
Conway, Maite - Management, NBC, PPOM - WAGSTAFF WORLDWIDE, Los Angeles, CA, pg. 659
Cook, Angie - Account Services, Management, Operations - INITIATIVE, Chicago, IL, pg. 479
Cook, Ellen - Management, PPOM - THE INTEGER GROUP - DALLAS, Dallas, TX, pg. 570
Cook, Clifton - Interactive / Digital, Management, PPM - VESTCOM, Little Rock, AR, pg. 571
Cook, Josh - Management, Media Department, NBC - UNIVERSAL MCCANN, San Francisco, CA, pg. 428
Cook, Tiffany - Account Services, Management, PPOM - WE COMMUNICATIONS, Bellevue, WA, pg. 660
Cook, April - Management - SPAWN, Anchorage, AK, pg. 648
Cook, Martha - Management - THE POINT GROUP, Dallas, TX, pg. 152
Cooke, Brandon - Management, NBC, PPOM - FCB NEW YORK, New York, NY, pg. 357
Coole, Bryan - Management - HUDSON ROUGE, Dearborn, MI, pg. 372
Coon, Meredith - Account Services, Administrative, Management - COBURN COMMUNICATIONS, New York, NY, pg. 591
Cooney, Kara - Account Services, Management, Media Department - ALLSCOPE MEDIA, New York, NY, pg. 454
Cooper, Ross - Management - GNF MARKETING, Armonk, NY, pg. 364
Cooper, Brian - Creative, Management, PPM - HAVAS WORLDWIDE CHICAGO, Chicago, IL, pg. 82
Cooper, Jane - Management, PPOM - COOPER HONG, INC., Saint Charles, IL, pg. 593
Cooper, Ben - Account Services, Interactive / Digital, Management, Media Department - CAMELOT STRATEGIC MARKETING & MEDIA, Dallas, TX, pg. 457
Cooper, Lisa - Management - RTI RESEARCH, Norwalk, CT, pg. 449
Cooper, Shareen - Management - INNOCEAN USA, Huntington Beach, CA, pg. 479
Copenhaver, Andrew - Management, Media Department - UNIVERSAL MCCANN DETROIT, Birmingham, MI, pg. 524
Copin, Chuck - Management - IDEAOLOGY ADVERTISING, Marina Del Rey, CA, pg. 88
Coppola, Steve - Interactive / Digital, Management - FLEISHMANHILLARD HIGHROAD, Ottawa, ON, pg. 606
Corak, Mike - Interactive / Digital, Management, Media Department - DAC GROUP, Louisville, KY, pg. 223
Corbeille, Michael - Creative, Management - SIMONS / MICHELSON / ZIEVE, INC., Troy, MI, pg. 142
Corbett, Jenny - Management - DIGITAS, San Francisco, CA, pg. 227
Corcoran, Sean - Interactive / Digital, Management, Media Department, NBC, PPOM - MEDIAHUB BOSTON, Boston, MA, pg. 489
Corcoran, Michele - Account Services, Creative, Management - PRECISIONEFFECT, Boston, MA, pg. 129
Cordasco, Anna - Management - SARD VERBINNEN, New York, NY, pg. 646
Cordo, Ashley - Account Services, Management - WEBER SHANDWICK, New York, NY, pg. 660
Cornett, Chase - Management, Media Department - VMLY&R, Kansas City, MO, pg. 274
Cornfeldt, Jeremy - Account Services, Management, NBC, PPOM - IPROSPECT, New York, NY, pg. 674
Corns, David - Account Services, Management, NBC, Operations - R/GA, San Francisco, CA, pg. 261
Coronna, Alissa - Account Services, Analytics, Management - LEO BURNETT WORLDWIDE, Chicago, IL, pg. 98
Corr, Joseph - Creative, Management, Media Department - CRISPIN PORTER + BOGUSKY, Boulder, CO, pg. 346
Corsi, Stephen - Management - METHOD COMMUNICATIONS, Salt Lake City, UT, pg. 386
Cortesini, George - Account Services, Management - MASTERMINDS, INC., Egg Harbor Township, NJ, pg. 687
Cortizo-Burgess, Pele - Account Planner, Interactive / Digital, Management, Media Department, NBC, PPOM - INITIATIVE, New York, NY, pg. 477
Coruhlu, Ozgur - Management - YES&, Alexandria, VA, pg. 436
Corvasce, Devon - Management - THE OUTCAST AGENCY, San Francisco, CA, pg. 654
Cosgrove, Mia - Management, NBC - HORIZON MEDIA, INC., New York, NY, pg. 474
Costa, Michelle - Management, PPOM - CLEAR CHANNEL OUTDOOR, Jacksonville, FL, pg. 551
Costa, Shirley - Management, NBC - LEO BURNETT WORLDWIDE, Chicago, IL, pg. 98
Costales, Tisha - Account Services, Interactive / Digital, Management - M8, Miami, FL, pg. 542
Costello, Harry - Account Services, Management, NBC - HILL+KNOWLTON STRATEGIES, Tampa, FL, pg. 613
Costello, Jennifer - Account Services, Creative, Management, Media Department - TBWA \ CHIAT \ DAY, Los Angeles, CA, pg. 146
Costello, Ryan - Management - BLIND FERRET, Montreal, QC, pg. 217

1510

AGENCIES

RESPONSIBILITIES INDEX

Cote, Genevieve - Account Services, Management - LEO BURNETT TORONTO, Toronto, ON, *pg.* 97

Cote, Tom - Account Services, Management - COMMONWEALTH // MCCANN, Detroit, MI, *pg.* 52

Cottrell, Perry - Account Services, Management - DONER, Los Angeles, CA, *pg.* 352

Cowley, Gail - Management, NBC - COWLEY ASSOCIATES, Syracuse, NY, *pg.* 345

Cox, Tom - Management, NBC, PPOM - THE OLIVER GROUP, Louisville, KY, *pg.* 667

Cox, Sally - Account Services, Management, NBC - MCGARRYBOWEN, Chicago, IL, *pg.* 110

Cox, Farrah - Management, Social Media - GOLIN, Dallas, TX, *pg.* 609

Cox, Zach - Management - BUONASERA MEDIA SERVICES, Columbia, SC, *pg.* 457

Cox, Greg - Interactive / Digital, Management, PPOM - EXPERTVOICE, Salt Lake City, UT, *pg.* 233

Cox, Chrissy - Management - DUREE & COMPANY, Fort Lauderdale, FL, *pg.* 598

Cox, Courtney - Management - MOORE COMMUNICATIONS GROUP, Tallahassee, FL, *pg.* 628

Coyle, Bob - Management - LAWLER BALLARD VAN DURAND, Atlanta, GA, *pg.* 97

Coyle, Grant - Management - STEVENS STRATEGIC COMMUNICATIONS, INC., Westlake, OH, *pg.* 413

Coyne, Irene - Account Services, Management - PUBLICIS HEALTH MEDIA, Philadelphia, PA, *pg.* 506

Cozic, Gerri - Account Services, Management - KALLMAN WORLDWIDE , Waldwick, NJ, *pg.* 309

Cozine, Kevin - Management, Media Department, NBC - OCEAN MEDIA, INC., Huntington Beach, CA, *pg.* 498

Crabtree, Stephanie - Account Services, Management - SMITH, Spokane, WA, *pg.* 266

Craig, Russell - Management - FTI CONSULTING, New York, NY, *pg.* 606

Cramer, Wendy - Management - FAHLGREN MORTINE PUBLIC RELATIONS, Columbus, OH, *pg.* 70

Crammond, Dave - Management, NBC, Promotions - WAVEMAKER, Toronto, ON, *pg.* 529

Crandall, Adam - Account Planner, Account Services, Creative, Management - DDB CHICAGO, Chicago, IL, *pg.* 59

Crane, David - Account Services, Management - PETERMAYER, New Orleans, LA, *pg.* 127

Crawford, Kelly - Management, Operations - GO! EXPERIENCE DESIGN, New York, NY, *pg.* 307

Crawford, Robert - Management - BRANDED CITIES, New York, NY, *pg.* 550

Crespo, Chariot - Management, NBC, Promotions - CENTRA360, Westbury, NY, *pg.* 49

Crichton, Sharon - Management, Operations, PPM - JACK MORTON WORLDWIDE, Boston, MA, *pg.* 309

Criscitelli, Matthew - Management, Media Department - ICON INTERNATIONAL, INC., Greenwich, CT, *pg.* 476

Crispo, Jessica - Account Services, Management, PPOM - BIGFISH PR, Boston, MA, *pg.* 685

Cristoforis, Emily - Management - VAULT49, New York, NY, *pg.* 203

Crone, Michael - Account Services, Management - MCCANN WORLDGROUP, Birmingham, MI, *pg.* 109

Cronin, Amy - Analytics, Interactive / Digital, Management, Research - THE MARS AGENCY, Southfield, MI, *pg.* 683

Cronin, Linda - Management - INITIATIVE, New York, NY, *pg.* 477

Cronin, Kevin - Account Services, Management - SPARK FOUNDRY, New York, NY, *pg.* 508

Cronin, George F. - Management - RASKY BAERLEIN STRATEGIC COMMUNICATIONS, INC., Boston, MA, *pg.* 641

Crosby, JR - Account Planner, Account Services, Interactive / Digital, Management - XAXIS, New York, NY, *pg.* 276

Crosby, Leslie - Management, Media Department - INITIATIVE, Los Angeles, CA, *pg.* 478

Cross, Jennifer - Account Services, Management, Media Department - MEDIAHUB WINSTON SALEM, Winston-Salem, NC, *pg.* 386

Cross, Andrew - Management, Public Relations - WALKER SANDS COMMUNICATIONS, Chicago, IL, *pg.* 659

Crossin, Eileen - Management - INTERSECTION, New York, NY, *pg.* 553

Crosslin, Whitney - Management, Promotions - TYSINGER PROMOTIONS, INC., New Bern, NC, *pg.* 571

Crotteau, Jennifer - Management, NBC, Operations - ROUNDHOUSE - PORTLAND, Portland, OR, *pg.* 408

Crotty, Kate - Account Services, Management, NBC, PPM - INVISION COMMUNICATIONS, New York, NY, *pg.* 308

Crowder, Courtney - Management - APCO WORLDWIDE, Raleigh, NC, *pg.*

Crowley, Kara - Management - REGAN COMMUNICATIONS GROUP, Boston, MA, *pg.* 642

Crume, Nancy - Analytics, Management, PPOM - COMMERCE HOUSE, Dallas, TX, *pg.* 52

Cruz-Letelier, Carolina - Account Services, Management, PPOM - MUH-TAY-ZIK / HOF-FER, San Francisco, CA, *pg.* 119

Cubillos, Laura - Management, PPOM - FOODMINDS, LLC, Chicago, IL, *pg.* 606

Cuddihy, Kelly - Account Services, Management, NBC - 54 BRANDS, Charlotte, NC, *pg.* 321

Cuddy, Jordan - Management, PPOM - JAM3, Toronto, ON, *pg.* 243

Cuddy, Kristen - Interactive / Digital, Management - INFOGROUP, New York, NY, *pg.* 286

Cugini, Tom - Management, Media Department - CARAT, New York, NY, *pg.* 459

Cully, Terry - Management - OGILVY HEALTH, Toronto, ON, *pg.* 122

Cumby, Justin - Management - XAXIS, Toronto, ON, *pg.* 277

Cummings, Brett - Account Services, Management - FLEISHMANHILLARD, New York, NY, *pg.* 605

Cummings, Chris - Account Planner, Management, Media Department, PPOM - BUTLER, SHINE, STERN & PARTNERS, Sausalito, CA, *pg.* 45

Cummings Luehrs, Shyloe - Management, NBC - RED MOON MARKETING, Charlotte, NC, *pg.* 404

Cunningham, Jon - Account Planner, Management, Public Relations - WEBER SHANDWICK, New York, NY, *pg.* 660

Curren, Dariel - Management - DEVELOPMENT COUNSELLORS INTERNATIONAL, LTD., New York, NY, *pg.* 596

Currey, Molly - Creative, Management, Public Relations - DKC PUBLIC RELATIONS, New York, NY, *pg.* 597

Curtis, Natalie - Management - KOROBERI NEW WORLD MARKETING, Raleigh, NC, *pg.* 95

Curtis, Kellyn - Management - RED HAVAS, New York, NY, *pg.* 641

Curtis-Neves, Jennifer - Account Services, Management - CONSORTIUM MEDIA SERVICES, Ventura, CA, *pg.* 592

Curtola, Trey - Account Services, Management, PPOM - H&L PARTNERS, Oakland, CA, *pg.* 80

Cusson, Jim - Creative, Management - THEORY HOUSE : THE AGENCY BUILT FOR RETAIL, Charlotte, NC, *pg.* 683

Custodio, Megan - Account Services, Management, PPOM - DITTOE PUBLIC RELATIONS, Indianapolis, IN, *pg.* 597

Cutrone, Cara - Management - LVLY STUDIOS, New York, NY, *pg.* 247

Cuttler, Jennifer - Management - LAKE GROUP MEDIA, INC., Armonk, NY, *pg.* 287

Czekala, Laura - Management, NBC - NCH MARKETING SERVICES, Deerfield, IL, *pg.* 568

Czernichowski, Borys - Management - EVOKE GIANT, San Francisco, CA, *pg.* 69

D'Alonzo, Chris - Management, Media Department, PPOM - MINDSHARE, New York, NY, *pg.* 491

D'Amico, Ronnie - Account Services, Management, Media Department - HERO DIGITAL, San Francisco, CA, *pg.* 238

D'Amico, Steve - Analytics, Management - HAWTHORNE ADVERTISING, Los Angeles, CA, *pg.* 370

D'Anna Kelly, Alyssa - Management -

1511

RESPONSIBILITIES INDEX — AGENCIES

STARCOM WORLDWIDE, Chicago, IL, pg. 513

D'Arcy, Angela - Management - THE OUTCAST AGENCY, San Francisco, CA, pg. 654

D'Auria, Matthew - Management, PPOM - HEALTHCARE CONSULTANCY GROUP, New York, NY, pg. 83

D'Orazio, Flavia - Account Services, Management - MEDIA EXPERTS, Montreal, QC, pg. 485

Dacko, Elizabeth - Management, Operations, Promotions - CRAMER-KRASSELT, Chicago, IL, pg. 53

Dagner, Laura - Management - PUSH, Orlando, FL, pg. 401

Daguanno, Joe - Management, Operations - ADAMS OUTDOOR ADVERTISING, Madison, WI, pg. 549

Dahl, Brian - Management, PPOM - DKY INTEGRATED MARKETING COMMUNICATIONS, Minneapolis, MN, pg. 352

Dahl, Britta - Account Services, Management - VMLY&R, New York, NY, pg. 160

Dailey, Kathleen - Account Planner, Account Services, Management, Media Department - INITIATIVE, Chicago, IL, pg. 479

Dailey, Claire - Account Services, Management, Public Relations - PERISCOPE, Minneapolis, MN, pg. 127

Dalbec, Bill - Management, Public Relations - APCO WORLDWIDE, Washington, DC, pg. 578

Dale, Garrett - Interactive / Digital, Management, PPOM - KEPLER GROUP, New York, NY, pg. 244

Dalesandro, Dani - Account Services, Management, Public Relations - SUNSHINE SACHS, New York, NY, pg. 650

Dalessio, Paul - Management, PPOM - FLEISHMANHILLARD, New York, NY, pg. 605

Daley, Mike - Management - DALEY CONCEPTS, Indianapolis, IN, pg. 348

Dalgliesh, Alex - Management - BRAITHWAITE COMMUNICATIONS, Philadelphia, PA, pg. 585

Daly, Jeremy - Account Planner, Management, Media Department - MEKANISM, San Francisco, CA, pg. 112

Daly, Patrick - Management - DALY GRAY, INC., Herndon, VA, pg. 595

Dambra, Michael - Creative, Management, NBC - STRUCTURAL GRAPHICS, LLC, Essex, CT, pg. 569

Damico, Sam - Management - VOVEO MARKETING GROUP, Malvern, PA, pg. 429

Damm, Donna - Management, Media Department - USIM, New York, NY, pg. 525

Dammrich, Jamie - Account Services, Management - MSLGROUP, Chicago, IL, pg. 629

Damouni, Nadia - Management - PROSEK PARTNERS, New York, NY, pg. 639

Damron-Beene, Angie - Management -

MOSAIC NORTH AMERICA, Irving, TX, pg. 312

Daniels, Amanda - Account Services, Management, Operations - HAVAS SPORTS & ENTERTAINMENT, Atlanta, GA, pg. 370

Danielson, Zack - Management - OUTFRONT MEDIA, Dallas, TX, pg. 555

Danish, Scott - Management - BAYCREATIVE, San Francisco, CA, pg. 215

Danne, Chris - Management, PPOM - THE BLUESHIRT GROUP, San Francisco, CA, pg. 652

Danner, Kirt - Account Services, Management - RPA, Santa Monica, CA, pg. 134

Daraiche, Martin - Management, PPOM - NATIONAL PUBLIC RELATIONS, Quebec City, QC, pg. 632

Darden, Kelly - Management, NBC - INTERMARK GROUP, INC., Birmingham, AL, pg. 375

Darvas, Jaclyn - Management - STARCOM WORLDWIDE, New York, NY, pg. 517

DaSilva, Allison - Management, NBC, Research - CONE, INC., Boston, MA, pg. 6

Dass Sanchez, Rhona - Account Planner, Management, Media Department, Public Relations - PALISADES MEDIA GROUP, INC., Santa Monica, CA, pg. 124

Davachi, Sahar - Management - CPC STRATEGY, San Diego, CA, pg. 672

Davenport, Robin - Creative, Management - SUDLER & HENNESSEY, New York, NY, pg. 145

Davenport, Karah - Management - STRATACOMM, INC., Southfield, MI, pg. 650

Davey, Christopher - Account Services, Analytics, Management, NBC, PPOM - PUBLICIS.SAPIENT, Boston, MA, pg. 259

Davidson, Andrew - Interactive / Digital, Management, PPOM - MINDSHARE, New York, NY, pg. 491

Davidson, Kevin - Management - ZENO GROUP, New York, NY, pg. 664

Davidson, Mike - Interactive / Digital, Management, PPM - LEO BURNETT WORLDWIDE, Chicago, IL, pg. 98

Davidson, Ian - Account Services, Management - VMLY&R, Kansas City, MO, pg. 274

Davidson, Larry - Management - TVGLA, Los Angeles, CA, pg. 273

Davie, Anne - Account Services, Management, Media Department - LOPEZ NEGRETE COMMUNICATIONS, INC., Houston, TX, pg. 542

Davies, Thomas - Management - KEKST & COMPANY, INC., New York, NY, pg. 619

Davies, Lee - Account Services, Management - MAKOVSKY & COMPANY, INC., New York, NY, pg. 624

Davila, Scott - Management - PADILLA, Richmond, VA, pg. 635

Davis, Brantley - Account Services, Management, NBC - DAVIS AD AGENCY,

Washington, DC, pg. 58

Davis, Tom - Management - SUSAN DAVIS INTERNATIONAL, Washington, DC, pg. 651

Davis, Robert - Account Services, Management, Media Department, PPOM - NOVUS MEDIA, INC., Plymouth, MN, pg. 497

Davis, Monica - Management, PPOM - THE DAVIS GROUP, Austin, TX, pg. 519

Davis, Jillian - Account Services, Management, Media Department - BARRETTSF, San Francisco, CA, pg. 36

Davis, Alison - Account Services, Management, Operations - HOOK, Ann Arbor, MI, pg. 239

Davis, Cyndi - Management - JACK MORTON WORLDWIDE, Robbinsville, NJ, pg. 309

Davis, Cyndi - Account Services, Management - JACK MORTON WORLDWIDE, New York, NY, pg. 308

Davis, Lindsay - Account Services, Management - AUXILIARY, Grand Rapids, MI, pg. 173

Davis, Eric - Management - MEISTER INTERACTIVE, Willoughby, OH, pg. 250

Davis, Stewart - Management - AXXIS, Louisville, KY, pg. 302

Davis, Marilyn - Management - RAIN, Portland, OR, pg. 402

Davis, Clint - Management - GRAY LOON MARKETING GROUP, Evansville, IN, pg. 365

Davis-Swing, Larry - Analytics, Management, Research - SPARK FOUNDRY, New York, NY, pg. 508

Davoine, Victor - Account Services, Management - MIRUM AGENCY, Montreal, QC, pg. 251

Dawson, Amy - Account Services, Management - FAHLGREN MORTINE PUBLIC RELATIONS, Columbus, OH, pg. 70

Dawson, Harold - Account Services, Management, Media Department - SPARK FOUNDRY, Chicago, IL, pg. 510

Dawson, Maureen - Account Services, Management, Media Department - HAVAS MEDIA GROUP, Boston, MA, pg. 470

Day, Farley - Account Services, Interactive / Digital, Management, NBC - THE BOHAN AGENCY, Nashville, TN, pg. 418

Day, Scott - Interactive / Digital, Management, Media Department - AKQA, San Francisco, CA, pg. 211

de la Maza, Diego - Management, PPM - DEUTSCH, INC., Los Angeles, CA, pg. 350

de Milly, Michele - Management, NBC - GETO & DE MILLY, INC., New York, NY, pg. 607

de Schweinitz, Anne - Management, PPOM - FLEISHMANHILLARD, New York, NY, pg. 605

de Silva, Lathi - Management - SIGNAL THEORY, Wichita, KS, pg. 141

Deady, Grant - Management, Operations, PPOM - ZENO GROUP,

1512

AGENCIES — RESPONSIBILITIES INDEX

Chicago, IL, pg. 664

DeBellis, Lenore - Management - LAKE GROUP MEDIA, INC., Armonk, NY, pg. 287

DeBoer, Kathryn - Management, PPOM - WESTGROUP RESEARCH, Phoenix, AZ, pg. 451

DeCaro, Peter - Management - FTI CONSULTING, New York, NY, pg. 606

DeCelles, Stephanie - Account Services, Management, PPOM - VMLY&R, Kansas City, MO, pg. 274

DeCesare, Melissa - Management - EDISON MEDIA RESEARCH, Somerville, NJ, pg. 444

DeCicco, Brian - Account Services, Interactive / Digital, Management, PPOM - MINDSHARE, Chicago, IL, pg. 494

DeCou, Niki - Account Planner, Management, Media Department, NBC, PPOM - HORIZON MEDIA, INC., New York, NY, pg. 474

Decoursey, Tara - Management - AFG&, New York, NY, pg. 28

DeFerrari, Bill - Management, NBC - EPSILON, Wakefield, MA, pg. 282

DeJarnatt, Paul - Management, Media Department - PERFORMICS, Chicago, IL, pg. 676

Del Bufalo, Giulio - Management, Media Department - STARCOM WORLDWIDE, New York, NY, pg. 517

Del Homme, Maria - Management, NBC - RPA, Santa Monica, CA, pg. 134

Del Savio, Christy - Management - DAC GROUP, Louisville, KY, pg. 223

Delahaye, Noel - Management, Media Department - UNIVERSAL MCCANN DETROIT, Birmingham, MI, pg. 524

Delarosa, Monique - Account Services, Management - MOXIE, Atlanta, GA, pg. 251

Delfino Seneca, Christine - Account Services, Management - DELFINO MARKETING COMMUNICATIONS, Valhalla, NY, pg. 349

DelleCave, Anthony - Management, PPOM - BAM CONNECTION, Brooklyn, NY, pg. 2

DeLong, Mary - Account Services, Management, NBC - BVK, Milwaukee, WI, pg. 339

DeLuca, Julia - Management - PULSECX, Montgomeryville, PA, pg. 290

Delzell, Matt - Account Services, Management - THE MARKETING ARM, Dallas, TX, pg. 316

DeMarco, Devrie - Management, NBC - MEDIALINK, New York, NY, pg. 386

DeMaso, Suzanne - Account Services, Management, NBC - THE BURNETT COLLECTIVE, New York, NY, pg. 669

DeMaso, Elizabeth - Management, PPOM - TRIPTENT, New York, NY, pg. 156

Dembert, Sarah - Management - IMRE, Baltimore, MD, pg. 374

Dembia, Dennis - Management, NBC, PPOM - ROGERS & COWAN/PMK*BNC, Los Angeles, CA, pg. 643

DeMent, Leslie - Management - TAILWIND, Tempe, AZ, pg. 677

DeMiero, W. Joe - Interactive / Digital, Management, PPOM - PUBLICIS HAWKEYE, Dallas, TX, pg. 399

Demopoulos, Dino - Account Planner, Account Services, Management, Media Department - NO FIXED ADDRESS INC., Toronto, ON, pg. 120

Dempsey, Josh - Management, NBC - CORPORATE REPORTS, INC., Atlanta, GA, pg. 53

Denesuk, Mark - Management, PPOM - COMMERCE HOUSE, Dallas, TX, pg. 52

Dennehy, Ericca - Account Services, Management, NBC - ACUPOLL RESEARCH, Milford, OH, pg. 441

Dennis, Shari - Account Services, Management, NBC - GS&F, Nashville, TN, pg. 367

Densmore, Eric - Account Services, Management - ABELSON-TAYLOR, Chicago, IL, pg. 25

DeOrio, Tamara - Account Services, Creative, Management - ARNOLD WORLDWIDE, Boston, MA, pg. 33

DePlasco, Joe - Account Services, Management, NBC - DKC PUBLIC RELATIONS, New York, NY, pg. 597

Deranieri, Ian - Management - PENNEBAKER, LMC, Houston, TX, pg. 194

Deremer, Gary - Management - FRY COMMUNICATIONS, INC, Mechanicsburg, PA, pg. 361

DeRoller, Julie - Management - PARTNERS + NAPIER, Rochester, NY, pg. 125

Derreaux, Tom - Management, Media Department - PLOWSHARE GROUP, INC., Stamford, CT, pg. 128

Derusha, Jack - Management, Operations - THE GEORGE P. JOHNSON COMPANY, San Carlos, CA, pg. 316

Desai, Swapna - Account Services, Management, NBC - MARTIN WILLIAMS ADVERTISING, Minneapolis, MN, pg. 106

DeSantis, Debbie - Finance, Management - IGNITE SOCIAL MEDIA, Cary, NC, pg. 686

DeSantis, Vickie - Management - STARCOM WORLDWIDE, Chicago, IL, pg. 513

Deschner, John - Account Services, Management, PPOM - CNX, New York, NY, pg. 51

Deshmukh, Archana - Management, Media Department, PPOM - WAVEMAKER, New York, NY, pg. 526

DeSilva, Sue - Creative, Management - DIGITAS, Boston, MA, pg. 226

Desjardins, Martine - Management, PPOM - NEWAD, Montreal, QC, pg. 554

Desjardins, Tony - Management, PPOM - GREY MIDWEST, Cincinnati, OH, pg. 366

Desmond, John - Account Services, Management - TCAA, Cincinnati, OH, pg. 147

Deters, Stephanie - Management - MKTG INC, New York, NY, pg. 311

Dethloff, Clay - Analytics, Management - DECISION ANALYST, INC. , Arlington, TX, pg. 539

Dettman, Caroline - Management, PPOM, Social Media - GOLIN, Chicago, IL, pg. 609

Dettore, Dave - Management, PPOM - BRAND INSTITUTE, INC., Culver City, CA, pg. 3

Deutch, Liz - Account Services, Management - OGILVYONE WORLDWIDE, New York, NY, pg. 255

Deutsch, Adam - Management - DELOITTE DIGITAL, New York, NY, pg. 225

Devincentis, Kelley - Management - SOUTHARD COMMUNICATIONS, New York, NY, pg. 648

DeVito, Amanda - Account Planner, Account Services, Management, NBC - BUTLER / TILL, Rochester, NY, pg. 457

DeVlieger, Jessica - Management, PPOM - C SPACE, Boston, MA, pg. 443

DeVoren, Danielle - Management - KCSA STRATEGIC COMMUNICATIONS, New York, NY, pg. 619

Devron, Jane - Management, PPOM - REPUTATION PARTNERS, Chicago, IL, pg. 642

Dewar, Sharon - Management - PUBLIC COMMUNICATIONS, INC. , Chicago, IL, pg. 639

Dewitte, Lindsay - Account Services, Management, NBC - CROSSROADS, Kansas City, MO, pg. 594

Dey, Joydeep - Account Planner, Interactive / Digital, Management, Media Department, Operations, PPOM - MARINA MAHER COMMUNICATIONS, New York, NY, pg. 625

DeZutter, Laura - Account Services, Management - MCS, INC., Basking Ridge, NJ, pg. 111

Dhar, Ashwani - Management, PPOM - ADLUCENT, Austin, TX, pg. 671

Di Carlo, Betsy - Management, PPOM - TEN, Fort Lauderdale, FL, pg. 269

Di Paola, Matt - Management - HUGE, INC., Toronto, ON, pg. 240

Diamond, Matthew - Account Services, Management, Operations - MOSAIC NORTH AMERICA, Mississauga, ON, pg. 312

Diaz, Elizabeth - Management, NBC - ARMANASCO PUBLIC RELATIONS & MARKETING, Monterey, CA, pg. 578

Diaz, Alina - Management, PPOM - MSLGROUP, New York, NY, pg. 629

Diaz de Villegas, Jorge - Management - FLEISHMANHILLARD, Coral Gables, FL, pg. 605

Dicaire, Vanessa - Management - LG2, Montreal, QC, pg. 380

DiCaprio, Michael - Account Services, Management, NBC - BUTLER / TILL, Rochester, NY, pg. 457

DiCicco, Elisabeth - Human Resources, Management - DIGITAS HEALTH LIFEBRANDS, New York, NY, pg. 229

Dickerson, Quinton - Interactive / Digital, Management, Media Department - FRONTIER STRATEGIES, INC., Ridgeland, MS, pg. 465

Dickson, Glen - Account Planner,

RESPONSIBILITIES INDEX — AGENCIES

Management, Media Department - ZENITH MEDIA, Santa Monica, CA, *pg.* 531

Dickson, Jennifer - Management - VSA PARTNERS, INC., Chicago, IL, *pg.* 204

DiFiore, Alaina - Account Services, Management, Media Department - SPARK FOUNDRY, New York, NY, *pg.* 508

Diggins, Brent - Analytics, Management, PPOM, Public Relations - ALLISON+PARTNERS, Scotsdale, AZ, *pg.* 577

Digles, John - Management, Operations - MWWPR, Chicago, IL, *pg.* 631

Dillon, Laura - Management, Media Department - OMD, Chicago, IL, *pg.* 500

Dillon, Kathryn - Management, Operations - SPARK FOUNDRY, Seattle, WA, *pg.* 512

Dillon Suda, Alanna - Management - MWWPR, East Rutherford, NJ, *pg.* 630

DiMartino, Cheryl - Account Services, Management - PUBLICIS NORTH AMERICA, New York, NY, *pg.* 399

DiMeglio, Joe - Account Services, Management, NBC, PPOM - BBDO WORLDWIDE, New York, NY, *pg.* 331

Dimiziani, Alexandra - Management - TWENTY-FIRST CENTURY BRAND, San Francisco, CA, *pg.* 157

Dinccetin, Haldun - Account Planner, Account Services, Management - FINN PARTNERS, New York, NY, *pg.* 603

Dino, Patricia - Account Services, Management - RPA, Santa Monica, CA, *pg.* 134

DiNorcia, Cara - Interactive / Digital, Management, PPOM - ELEPHANT, Brooklyn, NY, *pg.* 181

Dionne, Nick - Management, NBC, Operations - ADVANCE 360, Grand Rapids, MI, *pg.* 211

Dirstein, Richard - Creative, Management - SHIKATANI LACROIX BRANDESIGN, INC., Toronto, ON, *pg.* 198

Disalvo, Nan - Management - RS & K, Madison, WI, *pg.* 408

Disend, Molly - Management - DIGITAS, Detroit, MI, *pg.* 229

Dithmer Rogers, Jill - Account Planner, Management, PPOM - PROXY SPONSORSHIP, Denver, CO, *pg.* 314

DiTommaso, Dustin - Account Services, Management - MAD*POW, Boston, MA, *pg.* 247

Dixon, Jennifer - Management - STARCOM WORLDWIDE, Chicago, IL, *pg.* 513

Doan, Tino - Management, NBC - ZEHNER, Los Angeles, CA, *pg.* 277

Doan, David - Management - ADRENALINE, INC., Atlanta, GA, *pg.* 172

Dodge, Elissa - Management - QORVIS COMMUNICATIONS, LLC, Washington, DC, *pg.* 640

Dodson, Jeannine - Account Services, Management, Operations - ADAMS OUTDOOR ADVERTISING, Charlotte, NC, *pg.* 549

Dodson, Mike - Administrative, Management - FISHBOWL, Alexandria, VA, *pg.* 234

Doerflein, Lydia - Management, Media Department - HORIZON MEDIA, INC., New York, NY, *pg.* 474

Doering, Matthew - Account Planner, Account Services, Management - GLOBAL GATEWAY ADVISORS, LLC, Brooklyn, NY, *pg.* 608

Dohearty, Kathleen - Management, Media Department - BRANIGAN COMMUNICATIONS, Milwaukee, WI, *pg.* 586

Doherty, Stephanie - Management, NBC - CONE, INC., Boston, MA, *pg.* 6

Dohrmann, John - Management - TEAM ONE, Los Angeles, CA, *pg.* 417

Dolfi-Offutt, Dyan - Management, PPOM, Public Relations - SODA POP PUBLIC RELATIONS LLC, Los Angeles, CA, *pg.* 648

Dolnick, Lori - Account Services, Management - FRANK ADVERTISING, Cranbury, NJ, *pg.* 360

Domville, Lucia - Management - GRAYLING, New York, NY, *pg.* 610

Donahue, Erin - Account Services, Management, NBC - DIGENNARO COMMUNICATIONS, New York, NY, *pg.* 597

Donahue, Jean - Account Services, Management - GREY GROUP, New York, NY, *pg.* 365

Donaldson, Leyna - Management - ZENITH MEDIA, New York, NY, *pg.* 529

Donati, Michele - Management, Media Department - HORIZON MEDIA, INC., New York, NY, *pg.* 474

Dondero, Rob - Account Services, Management - R&R PARTNERS, Las Vegas, NV, *pg.* 131

Doneger, Abbey - Management, PPOM - THE DONEGER GROUP, New York, NY, *pg.* 419

Donohoe, Anne - Account Planner, Management, NBC, Public Relations - KCSA STRATEGIC COMMUNICATIONS, New York, NY, *pg.* 619

Donovan, Sean - Management, NBC, PPOM - THE RICHARDS GROUP, INC., Dallas, TX, *pg.* 422

Donovan, Dave - Management, Public Relations - DKC PUBLIC RELATIONS, New York, NY, *pg.* 597

Dons, Joel - Account Planner, Account Services, Management - TEAM ONE, Dallas, TX, *pg.* 418

Donsky, Doug - Management - FTI CONSULTING, New York, NY, *pg.* 606

Dooley, Michael - Management - SPI GROUP, LLC, Fairfield, NJ, *pg.* 143

Doomany, Alexandra - Account Services, Management, NBC - WIEDEN + KENNEDY, New York, NY, *pg.* 432

Dorin, Jason - Management - CATCH NEW YORK, New York, NY, *pg.* 340

Doris, John - Account Services, Interactive / Digital, Management, PPM - TBWA \ CHIAT \ DAY, New York, NY, *pg.* 416

Dorn, Jonathan - Management, PPOM - ACTIVE INTEREST MEDIA, Boulder, CO, *pg.* 561

Dorr, Lori - Account Services, Finance, Management - INNOCEAN USA, Huntington Beach, CA, *pg.* 479

Dorset, Lauren - Management, Media Department - UNIVERSAL MCCANN DETROIT, Birmingham, MI, *pg.* 524

Doucet-Albert, Lisa - Account Services, Management - REGAN COMMUNICATIONS GROUP, Providence, RI, *pg.* 642

Dougherty, Tom - Management, PPOM - STEALING SHARE, Greensboro, NC, *pg.* 18

Dougherty, Heather - Account Services, Management - KARMA AGENCY, Philadelphia, PA, *pg.* 618

Dougherty, Sean - Management - DUKAS LINDEN PUBLIC RELATIONS, New York, NY, *pg.* 598

Douglas, Wes - Creative, Management, NBC, PPOM - MADDOCK DOUGLAS, Elmhurst, IL, *pg.* 102

Douglas, Brad - Management - DIRECT RESOURCES GROUP, Seattle, WA, *pg.* 281

Douglass, Eric - Account Services, Management - FISHBOWL, Alexandria, VA, *pg.* 234

Dowd, Jen - Account Services, Management - BACKBAY COMMUNICATIONS, Boston, MA, *pg.* 579

Dowd, Elvena - Management, NBC - LEO BURNETT WORLDWIDE, Chicago, IL, *pg.* 98

Dowling, Suze - Management - PATTERN, New York, NY, *pg.* 126

Doyle, Mike - Management, PPOM - KETCHUM, New York, NY, *pg.* 542

Doyle, Conor - Interactive / Digital, Management, Media Department - VERITONE ONE, San Diego, CA, *pg.* 525

Doyle, Darlene - Management - PAN COMMUNICATIONS, Boston, MA, *pg.* 635

Doyle, Courtney - Management, NBC, PPOM - CONNELLY PARTNERS, Boston, MA, *pg.* 344

Doyle, David - Management - MCGARRYBOWEN, New York, NY, *pg.* 109

Drakenberg, Karin - Account Services, Management - STRAWBERRYFROG, New York, NY, *pg.* 414

Draksler Brown, Tracy - Account Services, Management - SANDBOX, Chicago, IL, *pg.* 138

Drakul, Vanya - Management, PPM, PPOM - PIRATE TORONTO, Toronto, ON, *pg.* 195

Drengler, Keri - Management, Media Department - M/SIX, New York, NY, *pg.* 482

Drew, Jeff - Account Services, Management - FAMA PR, INC., Boston, MA, *pg.* 602

Drinkwater, Carrie - Account Services, Interactive / Digital, Management, Media Department - MEDIAHUB BOSTON, Boston, MA, *pg.* 489

Drobick, Jeff - Management, PPOM -

AGENCIES

RESPONSIBILITIES INDEX

TAPJOY, San Francisco, CA, *pg.* 535
Drolshagen, Cara - Account Services, Management - FIG, New York, NY, *pg.* 73
Drouin, Liz - Management - FCB CHICAGO, Chicago, IL, *pg.* 71
Drozd, Ann Marie - Management - BEBER SILVERSTEIN GROUP, Miami, FL, *pg.* 38
Druckenmiller, Eric - Account Services, Management - CHANDELIER CREATIVE, New York, NY, *pg.* 49
Drucker, David - Management, NBC - STRATA, Chicago, IL, *pg.* 267
Drury, Ellen - Management, PPOM - GROUPM, New York, NY, *pg.* 466
Dubi, Carolyn - Creative, Management - INITIATIVE, Los Angeles, CA, *pg.* 478
Dubin, Zachary - Management - PUBLICIS NORTH AMERICA, New York, NY, *pg.* 399
Duda, Michael - Management, PPOM - BULLISH INC, New York, NY, *pg.* 45
Dudzinsky, John - Management - APCO WORLDWIDE, New York, NY, *pg.* 578
Duff, Serena - Management, Media Department - HORIZON MEDIA, INC., Los Angeles, CA, *pg.* 473
Duffy, Paul - Account Services, Management, Operations - NEXT MARKETING, Norcross, GA, *pg.* 312
Duffy, Nicole - Account Services, Management - NEON, New York, NY, *pg.* 120
Duffy, Kimberly - Management, NBC, PPOM - OGILVY, New York, NY, *pg.* 393
Duffy, Trish - Creative, Interactive / Digital, Management - BRUNNER, Pittsburgh, PA, *pg.* 44
Duggan, Bill - Management - ASSOCIATION OF NATIONAL ADVERTISERS, New York, NY, *pg.* 442
Duimstra, Jeremy - Management, NBC - VALTECH, San Diego, CA, *pg.* 273
Duke, Mike - Analytics, Management - WUNDERMAN THOMPSON, Washington, DC, *pg.* 434
Duncan, Mia - Management, Media Department - PALISADES MEDIA GROUP, INC., Santa Monica, CA, *pg.* 124
Duncan, Jane - Account Services, Management - LUQUIRE GEORGE ANDREWS, INC., Charlotte, NC, *pg.* 382
Duncan, Brooke - Account Services, Creative, Management - THE TOMBRAS GROUP, Knoxville, TN, *pg.* 424
Dunham, Jena - Management, Operations, PPOM - BLACK BEAR DESIGN GROUP, Chamblee, GA, *pg.* 175
Dunlop, Trent - Management - MCGARRYBOWEN, New York, NY, *pg.* 109
Dunn, Jackson - Management - FTI CONSULTING, New York, NY, *pg.* 606
Dunn, Craig - Management - 1220 EXHIBITS, INC., Nashville, TN, *pg.* 301
Dunn, Eric - Account Services, Management, Operations - ODYSSEUS ARMS, San Francisco, CA, *pg.* 122
Dunn, Michael - Management - LIKEABLE MEDIA, New York, NY, *pg.* 246

Dunton, Mischa - Management, Operations - BCW LOS ANGELES, Los Angeles, CA, *pg.* 581
Dupis-Mitchell, Hilary - Account Services, Management - PIERCE PROMOTIONS & EVENT MANAGEMENT, Portland, ME, *pg.* 313
Dupuis, Jonathan - Account Planner, Account Services, Management, Media Department, NBC, PPOM - MCGARRYBOWEN, New York, NY, *pg.* 109
Dupuis, Ellie - Management - CREATIVE PRODUCERS GROUP, Saint Louis, MO, *pg.* 303
Durant, Tripp - Account Services, Management - LUCKIE & COMPANY, Birmingham, AL, *pg.* 382
Durham, Tyler - Management, NBC, Operations, PPOM - PROPHET, New York, NY, *pg.* 15
Durocher, Kelle - Account Services, Management - GTB, Dearborn, MI, *pg.* 367
Durr, Kirstie - Management, Media Department - NEVINS & ASSOCIATES CHARTERED, Towson, MD, *pg.* 632
Dutton, Kelly - Management, PPOM - VMC MEDIA, Toronto, ON, *pg.* 526
Dvorak, Mark - Management - GOLIN, Atlanta, GA, *pg.* 609
Dyer, Dave - Management, Media Department, Operations, PPOM - MANIFESTO, Milwaukee, WI, *pg.* 104
Dyer, Tim - Management, Operations, PPOM - MANIFESTO, Milwaukee, WI, *pg.* 104
Dyer, Paul - Management, PPOM - LIPPE TAYLOR, New York, NY, *pg.* 623
Dyer, Janie - Management - HANCOCK ADVERTISING GROUP, INC., Midland, TX, *pg.* 81
Dysard, Terry - Management - CLEAR CHANNEL OUTDOOR, Kingston, NY, *pg.* 551
Eades, David - Management, PPM - LEO BURNETT TORONTO, Toronto, ON, *pg.* 97
Eagen, Sarah - Account Services, Management - DIGITAS, San Francisco, CA, *pg.* 227
Earls, Chris - Management - STONE WARD ADVERTISING, Little Rock, AR, *pg.* 413
Earnest, Susanna - Analytics, Management, Media Department - OMD, Chicago, IL, *pg.* 500
Easo, Ansarie - Management - SPARK FOUNDRY, Chicago, IL, *pg.* 510
Eaton, Cheryl - Management - GURU MEDIA SOLUTIONS, San Francisco, CA, *pg.* 80
Ebenhoch, Eric - Interactive / Digital, Management, Media Department - CRAMER-KRASSELT, Milwaukee, WI, *pg.* 54
Eber, Nick - Management, NBC - IMRE, Baltimore, MD, *pg.* 374
Eberhart, Susan - Account Planner, Interactive / Digital, Management, NBC, Public Relations - BLUE 449, Dallas, TX, *pg.* 456
Eberly, Jon - Management, PPOM - HERO DIGITAL, San Francisco, CA,

pg. 238
Ebert, Andrea - Management, Media Department - UNIVERSAL MCCANN, Los Angeles, CA, *pg.* 524
Ebmeyer, Christopher - Account Services, Management - CROSSMEDIA, Philadelphia, PA, *pg.* 463
Eby, Lavon - Management - SKAR ADVERTISING, Omaha, NE, *pg.* 265
Echegaray, Miguel - Account Services, Management - STELLAR AGENCY, Torrance, CA, *pg.* 267
Echenique, Abby - Interactive / Digital, Management - EDELMAN, Atlanta, GA, *pg.* 599
Echenique, Aileen - Management, NBC - GUT MIAMI, Miami, FL, *pg.* 80
Eckel, Brian - Management, Operations - FISHBOWL, Alexandria, VA, *pg.* 234
Eckert, Carolyn - Account Services, Management - AUSTIN & WILLIAMS ADVERTISING, Hauppauge, NY, *pg.* 328
Eckford, Mandy - Account Services, Management, Operations - FORTNIGHT COLLECTIVE, Boulder, CO, *pg.* 7
Eckrote, Dan - Account Services, Management, Media Department, PPOM - MINDSHARE, New York, NY, *pg.* 491
Eden, Audrey - Interactive / Digital, Management, PPM - JACK MORTON WORLDWIDE, Los Angeles, CA, *pg.* 309
Edgar, Brett - Management - BBH, New York, NY, *pg.* 37
Edge, Justin - Management - GFK, Chicago, IL, *pg.* 444
Edmond, Derek - Management, PPOM - KOMARKETING ASSOCIATES, Boston, MA, *pg.* 675
Edmondson, Chris - Management - VMLY&R, Kansas City, MO, *pg.* 274
Edwards, Greg - Management - UWG, Dearborn, MI, *pg.* 546
Edwards, Thomas - Management - CARAT, Detroit, MI, *pg.* 461
Egan, Tracy - Account Services, Management - MEDIA HORIZONS, INC., Norwalk, CT, *pg.* 288
Ehrhardt, Marc - Account Services, Management - THE EHRHARDT GROUP, INC., New Orleans, LA, *pg.* 653
Eiben, David - Account Services, Management, PPOM - DELL BLUE, Round Rock, TX, *pg.* 60
Eichele, Heather - Account Services, Creative, Management - OH PARTNERS, Phoenix, AZ, *pg.* 122
Einan, Kim - Account Services, Management, Media Department - STARCOM WORLDWIDE, Chicago, IL, *pg.* 513
Einhaus, Rick - Account Services, Management, NBC - HMT ASSOCIATES, INC., Broadview Heights, OH, *pg.* 681
Einhauser, Chris - Account Services, Management, Operations - DAVID&GOLIATH, El Segundo, CA, *pg.* 57
Eisberg Rubin, Melissa - Management - BIZCOM ASSOCIATES, Plano, TX, *pg.* 584
Eisenberg, Jesse - Account

1515

RESPONSIBILITIES INDEX — AGENCIES

Services, Interactive / Digital, Management, NBC, PPOM - TINUITI, New York, NY, pg. 678

Eisenhard, Megan - Human Resources, Management - LEARFIELD IMG COLLEGE, Plano, TX, pg. 310

Eisenhut, Linda - Management - JONES HUYETT PARTNERS, Topeka, KS, pg. 93

Eixman, Vanessa - Management, PR Management, Public Relations - JAYMIE SCOTTO & ASSOCIATES, Middlebrook, VA, pg. 616

Ekstrand, Lauren - Management - HORIZON MEDIA, INC, New York, NY, pg. 474

Eldred, Kelly - Management, Media Department, PPOM - UNIVERSAL MCCANN DETROIT, Birmingham, MI, pg. 524

Eldridge, Sebastian - Creative, Management - ANCHOR WORLDWIDE, New York, NY, pg. 31

Elias, Joanne - Management - LAKE GROUP MEDIA, INC., Armonk, NY, pg. 287

Elimeliah, Craig - Account Services, Creative, Interactive / Digital, Management - VMLY&R, New York, NY, pg. 160

Elkins, Anne - Account Services, Management, Media Department - INITIATIVE, Los Angeles, CA, pg. 478

Elkins, Janet - Management, PPOM - EVENTWORKS, Los Angeles, CA, pg. 305

Ellet, Ted - Account Services, Management, Media Department - INITIATIVE, New York, NY, pg. 477

Elliott, Maren - Management - SWIFT, Portland, OR, pg. 145

Elliott, Carolyn - Management - BOSE PUBLIC AFFAIRS GROUP, LLC, Indianapolis, IN, pg. 585

Elliott Collins, Danielle - Management - PROSEK PARTNERS, New York, NY, pg. 639

Ellis, Brian - Account Services, Management, PPOM - PADILLA, Richmond, VA, pg. 635

Ellovich, Josh - Management - ADVANTAGE INTERNATIONAL, Stamford, CT, pg. 301

Elmowitz, Tina - Account Services, Management, PPOM - RBB COMMUNICATIONS, Miami, FL, pg. 641

Elsbree, Susan - Management - INKHOUSE PUBLIC RELATIONS, Waltham, MA, pg. 615

Elser, James - Management, Operations - DERSE, INC., Waukegan, IL, pg. 304

Emanuel, Shelly - Management, Operations - MARBURY CREATIVE GROUP, Duluth, GA, pg. 104

Emery, Sarah - Management - CIVIC ENTERTAINMENT GROUP, New York, NY, pg. 566

Emery, Grace - Management - MISSION NORTH, San Francisco, CA, pg. 627

Emmens, Steve - Management, PPM, PPOM - JUNIPER PARK\ TBWA, Toronto, ON, pg. 93

Encina, Bryan - Management -

THE1STMOVEMENT, LLC, Pasadena, CA, pg. 270

Engel, Dustin - Analytics, Interactive / Digital, Management, Media Department, NBC, Operations, Programmatic - PMG, Fort Worth, TX, pg. 257

Engel, Courtney - Management, NBC, Public Relations - JONESWORKS, New York, NY, pg. 618

Englander, Adam - Management - ENGLANDER KNABE & ALLEN, Los Angeles, CA, pg. 602

English, Katherine - Account Services, Management, Operations - KEPLER GROUP, New York, NY, pg. 244

Enright, Rob - Account Services, Management, PPOM - THE WARD GROUP, INC - MEDIA STEWARDS, Frisco, TX, pg. 520

Ensley, Mark - Management - GUMGUM, Santa Monica, CA, pg. 80

Entwistle, Julia - Management, Public Relations - EDELMAN, New York, NY, pg. 599

Ephrem, Jobin - Management - RIGHTPOINT, Oakland, CA, pg. 263

Epstein, Matthew - Management - CRISP MEDIA, New York, NY, pg. 533

Erber, Jeremy - Management, NBC - CSM SPORTS & ENTERTAINMENT, New York, NY, pg. 55

Erdman, Michael - Management, Operations - MCCANN NEW YORK, New York, NY, pg. 108

Erdman, Brian - Account Services, Management, Media Department - SAATCHI & SAATCHI X, Cincinnati, OH, pg. 682

Erhard, Anne - Management - EDELMAN, New York, NY, pg. 599

Erich, Steven - Management, NBC, PPOM - ERICH & KALLMAN, San Francisco, CA, pg. 68

Erickson, Caleb - Management - STARCOM WORLDWIDE, Chicago, IL, pg. 513

Escalante, Jason - Management - THE GEORGE P. JOHNSON COMPANY, San Carlos, CA, pg. 316

Escarraman, Iris - Management, Programmatic - WIDEORBIT, San Francisco, CA, pg. 276

Esfeld, Melany - Interactive / Digital, Management, Media Department, PPM - BARKLEY, Kansas City, MO, pg. 329

Esguerra, Lorenz - Account Services, Management, Media Department, NBC - WEBER SHANDWICK, Minneapolis, MN, pg. 660

Espinel, Marie - Management, Public Relations - LAK PR, New York, NY, pg. 621

Estes, Clarence - Management - YOU SQUARED MEDIA, Houston, TX, pg. 436

Estes, Stephani - Interactive / Digital, Management, Media Department - CRAMER-KRASSELT, Chicago, IL, pg. 53

Etherington, Trisha - Account Services, Management - LEVY MG, Pittsburgh, PA, pg. 245

Etling, Donald - Management, PPOM -

FLEISHMANHILLARD, Saint Louis, MO, pg. 604

Evano, Lisa - Management - COUNTERPART, Memphis, TN, pg. 345

Evans, Aaron - Account Services, Management - LOVE COMMUNICATIONS, Salt Lake City, UT, pg. 101

Evans, John - Management, Operations, PPOM - CLOSED LOOP MARKETING, Roseville, CA, pg. 672

Evans, Keith - Management, Media Department - HEARTS & SCIENCE, New York, NY, pg. 471

Evans, Scott - Management - EDELMAN, Toronto, ON, pg. 601

Evia, Lisa - Management, Media Department, PPOM - HAVAS WORLDWIDE CHICAGO, Chicago, IL, pg. 82

Ewald, Tricia - Management - ICF NEXT, Chicago, IL, pg. 614

Fabens, Sam - Management, NBC - VOX GLOBAL, Washington, DC, pg. 658

Fabritius, Rich - Account Services, Management, NBC, Operations, PPOM - VMLY&R, Atlanta, GA, pg. 274

Fagerstrom, Bruce - Account Services, Management, Media Department, NBC, PPOM - COOPER-SMITH ADVERTISING, Stamford, CT, pg. 462

Fagnant, Erin - Account Services, Management - KELLIHER SAMETS VOLK, Burlington, VT, pg. 94

Fahrlander, Julie - Management - IDEA BANK MARKETING, Hastings, NE, pg. 88

Fain, Debbie - Account Planner, Management, PPOM - FAIN & TRIPP, Grayson, GA, pg. 70

Faiwell, Sara - Management, Public Relations - FISHMAN PUBLIC RELATIONS INC., Northbrook, IL, pg. 604

Fajardo, Alvaro - Management - AUDIENCEX, Marina Del Rey, CA, pg. 35

Falconer, Patrick - Management, Media Department, PPOM, Research - UNIVERSAL MCCANN DETROIT, Birmingham, MI, pg. 524

Falk, Matthew - Management - FALK HARRISON, INC., Saint Louis, MO, pg. 183

Faller, Rob - Account Services, Management - FKQ ADVERTISING, INC., Clearwater, FL, pg. 359

Falletich, Diana - Management, Media Department - UNIVERSAL MCCANN DETROIT, Birmingham, MI, pg. 524

Falzarano, Todd - Management - MONDO ROBOT, Boulder, CO, pg. 192

Fang, Wesley - Management, PPOM - ZILKER MEDIA, Austin, TX, pg. 665

Fannon, Diane - Management, NBC, PPOM - THE RICHARDS GROUP, INC., Dallas, TX, pg. 422

Farber-Kolo, Joy - Account Services, Management, PPOM - WEBER SHANDWICK, New York, NY, pg. 660

Farias, Gabriela - Account Services, Interactive / Digital, Management, NBC - DEUTSCH, INC., Los Angeles, CA, pg. 350

Farley, Margaret - Management -

EDELMAN, New York, NY, pg. 599
Farmer, Jack - Management, PPOM - FLEISHMANHILLARD, Saint Louis, MO, pg. 604
Farmer, Michael - Management, Operations - THE INTEGER GROUP - DALLAS, Dallas, TX, pg. 570
Farmer, Justin - Management, NBC - MMGY GLOBAL, Kansas City, MO, pg. 388
Farooq, Muhammad - Interactive / Digital, Management - AUSTIN LAWRENCE GROUP, INC., Stamford, CT, pg. 328
Farquhar, Stephen - Account Planner, Account Services, Management, Media Department, Operations, PPOM - PUBLICIS NORTH AMERICA, New York, NY, pg. 399
Farr Douglas, Olivia - Account Services, Management, Media Department, NBC - PHD USA, New York, NY, pg. 505
Farrar, James - Account Services, Management, Media Department - CONVERSANT, LLC, New York, NY, pg. 222
Farrell, Mary Anne - Account Services, Interactive / Digital, Management - ASSOCIATION OF NATIONAL ADVERTISERS, New York, NY, pg. 442
Farrell, Vin - Management, PPOM - WUNDERMAN THOMPSON, New York, NY, pg. 434
Farrell Conrad, Kristy - Management - STARCOM WORLDWIDE, Chicago, IL, pg. 513
Farren, Kristen - Account Planner, Interactive / Digital, Management, Media Department - LUXE COLLECTIVE GROUP, New York, NY, pg. 102
Farrer, Tim - Management - BRIGHTLINE, New York, NY, pg. 219
Farrington, Regina - Account Services, Management - AUGUST JACKSON, Baltimore, MD, pg. 302
Faske, Steven - Management - HORIZON MEDIA, INC., New York, NY, pg. 474
Faucheux, Ron - Management - QORVIS COMMUNICATIONS, LLC, Washington, DC, pg. 640
Faugno, Jade - Management - INTERMARKET COMMUNICATIONS, New York, NY, pg. 375
Faulkner, Ellen - Management - LEWIS COMMUNICATIONS, Mobile, AL, pg. 100
Faust, Tom - Management - STANTON PUBLIC RELATIONS & MARKETING, New York, NY, pg. 649
Faust, Kristen - Management - PERFORMICS, Chicago, IL, pg. 676
Faust, Danelle - Account Services, Management - ACCENTURE INTERACTIVE, Chicago, IL, pg. 209
Fedyna, Ric - Creative, Management - WS, Calgary, AB, pg. 164
Feeley, Kate - Management, Media Department - SPARK FOUNDRY, Chicago, IL, pg. 510
Feid, Monica - Management, PPOM - BIZCOM ASSOCIATES, Plano, TX, pg. 584
Feig, Monica - Management - BREW MEDIA RELATIONS, New York, NY, pg. 586
Feighan, Sage - Account Services, Management - MINT ADVERTISING, Clinton, NJ, pg. 115
Feldman, Liz - Management, Public Relations - SANDY HILLMAN COMMUNICATIONS, Towson, MD, pg. 645
Feldman, Brian - Management, PPOM, Public Relations - ALLISON+PARTNERS, Atlanta, GA, pg. 577
Feldman, Adrienne - Account Services, Management - RPA, Santa Monica, CA, pg. 134
Feldman, Meredith - Management - A.B. DATA, LTD, Milwaukee, WI, pg. 279
Feldmar, Brad - Management - TRUNGALE, EGAN & ASSOCIATES, Chicago, IL, pg. 203
Felici, Joseph - Management - KEYSTONE OUTDOOR ADVERTISING, Cheltenham, PA, pg. 553
Fellner, Jennifer - Management, Public Relations - ACCESS BRAND COMMUNICATIONS, San Francisco, CA, pg. 574
Feng, Amy - Management - JOELE FRANK, WILKINSON BRIMMER KATCHER, New York, NY, pg. 617
Fenley, Paul - Management, PPOM - K DUNN & ASSOCIATES, Eugene, OR, pg. 93
Fenn, David - Management - WRL ADVERTISING, Canton, OH, pg. 163
Fenstermaker, Grace - Management - QORVIS COMMUNICATIONS, LLC, Washington, DC, pg. 640
Ferdous, Mahmud - Management - SQUEAKY WHEEL MEDIA, New York, NY, pg. 267
Ferguson, Kenny - Account Planner, Management - IFTHEN DIGITAL, Atlanta, GA, pg. 241
Ferguson, Katy - Management, Media Department, NBC, Operations - HORIZON MEDIA, INC., New York, NY, pg. 474
Fern, Sandy - Account Services, Management - RDW GROUP, Providence, RI, pg. 403
Fern, Shannon - Management, NBC, PPOM - COMMUNICATIONS STRATEGY GROUP, Denver, CO, pg. 592
Fernald, Steve - Account Services, Management, Media Department - JACOBSON ROST, Milwaukee, WI, pg. 376
Fernandes, Priscila - Account Services, Management - GREY MIDWEST, Cincinnati, OH, pg. 366
Fernandez, Diego - Management, PPOM - NOBOX, Miami, FL, pg. 254
Fernandez, Christian - Account Services, Management - BRIECHLE-FERNANDEZ MARKETING SERVICES, Eatontown, NJ, pg. 43
Fernandez Parker, Karla - Management - SENSIS AGENCY, Los Angeles, CA, pg. 545
Ferranti, Amy - Account Services, Management, PPOM - HUGE, INC., Chicago, IL, pg. 186
Ferrara, Jeanmarie - Management, Public Relations - WRAGG & CASAS PUBLIC RELATIONS, INC., Miami, FL, pg. 663
Ferreira, John - Management, NBC - FINCH BRANDS, Philadelphia, PA, pg. 7
Ferren, Sherri - Management, NBC - MKTG INC, Culver City, CA, pg. 312
Ferris, George - Account Services, Management, NBC, PPOM - FKQ ADVERTISING, INC., Clearwater, FL, pg. 359
Ferris, Lindsay - Account Services, Management, Media Department, NBC, PPOM - LINDSAY, STONE & BRIGGS, Madison, WI, pg. 100
Festa O'Brien, Nikki - Management - PAN COMMUNICATIONS, Boston, MA, pg. 635
Feuermann, Hernan - Creative, Management - PM3, Atlanta, GA, pg. 544
Feuerstein, Robin - Management - CENTER FOR MARKETING INTELLIGENCE, New York, NY, pg. 443
Few, Delane - Interactive / Digital, Management, Media Department, Promotions - GENESCO SPORTS ENTERPRISES, Dallas, TX, pg. 306
Fidellow, Jenna - Management - HAVAS SPORTS & ENTERTAINMENT, New York, NY, pg. 370
Fielding, Cheryl - Account Services, Management, PPOM - HAVAS HEALTH & YOU, New York, NY, pg. 82
Fields, Stan - Account Planner, Account Services, Management, PPOM - HORIZON MEDIA, INC., New York, NY, pg. 474
Fields, Kate - Management - THE PLATFORM GROUP, El Segundo, CA, pg. 152
Fienman, Jarett - Account Services, Management, Media Department - MINDSHARE, New York, NY, pg. 491
Filandro, Thomas - Management, Public Relations - ICR, New York, NY, pg. 615
Filip, Andre - Management, PPOM - E/LA ADVERTISING, Irvine, CA, pg. 67
Finders, Scott - Management, Public Relations - SAATCHI & SAATCHI LOS ANGELES, Torrance, CA, pg. 137
Findling, Natalie - Management - 22SQUARED INC., Atlanta, GA, pg. 319
Fine Ericson, Sandra - Management, PPOM - RBB COMMUNICATIONS, Miami, FL, pg. 641
Finegan, Michael - Management, Media Department, PPM - PHD USA, New York, NY, pg. 505
Fink, Abbie - Account Planner, Management, NBC - HMA PUBLIC RELATIONS, Phoenix, AZ, pg. 614
Fink, Jamie - Management - INNOCEAN USA, Huntington Beach, CA, pg. 479
Fink, Jason - Management - BUTLER ASSOCIATES PUBLIC RELATIONS, New

RESPONSIBILITIES INDEX — AGENCIES

York, NY, *pg.* 587
Finkelman, Megan - Account Services, Management - MERGE, Chicago, IL, *pg.* 113
Finkelman, Cynthia - Account Services, Management - COLANGELO SYNERGY MARKETING, INC., Darien, CT, *pg.* 566
Finley, Dev - Account Services, Management, NBC - GODFREY DADICH, San Francisco, CA, *pg.* 364
Finn, Mark - Account Services, Management - ABELSON-TAYLOR, Chicago, IL, *pg.* 25
Finney, Katy - Account Services, Management - 22SQUARED INC., Atlanta, GA, *pg.* 319
Fino, Alex - Account Services, Management - FLUENT360, Chicago, IL, *pg.* 540
Fireman, Paul - Management, NBC, PPOM - FIREMAN CREATIVE, Pittsburgh, PA, *pg.* 183
Fischer, Greg - Account Services, Management, NBC - THE MARTIN AGENCY, Richmond, VA, *pg.* 421
Fischer, Agnes - Account Planner, Account Services, Management, NBC, PPOM - THE&PARTNERSHIP, New York, NY, *pg.* 426
Fischer, Tammy - Management - FCBCURE, Parsippany, NJ, *pg.* 73
Fishburn, Meghan - Account Services, Management - AGENCYQ, Washington, DC, *pg.* 211
Fisher, Talya - Management, PPM - VENABLES BELL & PARTNERS, San Francisco, CA, *pg.* 158
Fisher, Amy - Management - PADILLA, Minneapolis, MN, *pg.* 635
Fisher, Hallie - Management - ADCOM COMMUNICATIONS, INC., Cleveland, OH, *pg.* 210
Fishman, David - Account Planner, Management - GLOBAL GATEWAY ADVISORS, LLC, Brooklyn, NY, *pg.* 608
Fite, Vickie - Management - MSLGROUP, Santa Monica, CA, *pg.* 629
Fitterer, Alyssa - Account Services, Management - CRISPIN PORTER + BOGUSKY, Boulder, CO, *pg.* 346
Fitzgerald, Darren - Account Services, Management - NICE & COMPANY, San Francisco, CA, *pg.* 391
Fitzgerald, David - Account Services, Interactive / Digital, Management - HUGE, INC., Chicago, IL, *pg.* 186
Fitzgerald, Chase - Management - ARCHETYPE, San Francisco, CA, *pg.* 33
Fitzgibbon, Chuck - Account Services, Management - WEBER SHANDWICK, Baltimore, MD, *pg.* 661
Fitzhenry, Jill - Interactive / Digital, Management - VISITURE, Charleston, SC, *pg.* 678
Fitzpatrick, Jean - Account Services, Management, NBC - MAGNA GLOBAL, New York, NY, *pg.* 483
Flammini, Bree - Management - FOODMINDS, LLC, Chicago, IL, *pg.* 606

Flanagan, Tom - Interactive / Digital, Management, NBC, PPOM - BIG BLOCK, El Segundo, CA, *pg.* 217
Flanagan, Karen - Management, PPOM - BERLIN CAMERON, New York, NY, *pg.* 38
Flanagan, Michael - Management - THRIVEHIVE, Las Vegas, NV, *pg.* 271
Flanigan, Meegan - Account Planner, Management, Media Department - BLUE 449, Dallas, TX, *pg.* 456
Flanik, Kirsten - Account Services, Management, PPOM - BBDO WORLDWIDE, New York, NY, *pg.* 331
Flannelly, Jami - Management - THE BRANDON AGENCY, Myrtle Beach, SC, *pg.* 419
Flatt, Logan - Management - ANSIRA, Addison, TX, *pg.* 326
Flaxman, Paul - Management - BOSTON RESEARCH GROUP, Hopkinton, MA, *pg.* 442
Fleckenstein, Ross - Account Services, Management - JACK MORTON WORLDWIDE, Detroit, MI, *pg.* 309
Fleet, Dave - Interactive / Digital, Management - EDELMAN, Toronto, ON, *pg.* 601
Fleischer, Michael - Management, PPOM - BCW WASHINGTON DC, Washington, DC, *pg.* 582
Flemming, Scott - Creative, Management - SIGNAL THEORY, Wichita, KS, *pg.* 141
Fletcher, Mish - Account Services, Management, Media Department, NBC, PPOM - ACCENTURE INTERACTIVE, New York, NY, *pg.* 209
Flick, Aaryn - Management - CURRENT , Chicago, IL, *pg.* 594
Flint, Kevin - Management, Media Department - JUST MEDIA, INC., Emeryville, CA, *pg.* 481
Florek, Craig - Account Services, Interactive / Digital, Management - DIGITAS, Detroit, MI, *pg.* 229
Florindi Solan, Marissa - Management - EDELMAN, New York, NY, *pg.* 599
Flory, Harriet - Account Services, Management, Media Department - VAYNERMEDIA, New York, NY, *pg.* 689
Flouch, Christian - Management, NBC - OMNICOM GROUP, New York, NY, *pg.* 123
Flowers, Cynthia - Account Planner, Account Services, Management - FCB HEALTH, New York, NY, *pg.* 72
Flynn, Melissa - Management - HORIZON MEDIA, INC., New York, NY, *pg.* 474
Flynn, Josh - Management - EMPOWER, Cincinnati, OH, *pg.* 354
Flynn, Kevin - Analytics, Management - WUNDERMAN THOMPSON, Toronto, ON, *pg.* 435
Fodo, Melissa - Account Services, Management, Social Media - MCGARRAH JESSEE, Austin, TX, *pg.* 384
Fogaca, Paulo - Management, Operations, PPOM - GUT MIAMI, Miami, FL, *pg.* 80
Foley, Amanda - Management, PPOM - KITEROCKET, Seattle, WA, *pg.* 620
Foley, Tracey - Management, Media Department - PATHWAY GROUP LLC, New York, NY, *pg.* 503
Foley, Cara - Management - ARCHETYPE, Boston, MA, *pg.* 33
Foley, Amanda - Management - SAM BROWN INC., Wayne, PA, *pg.* 645
Folkens, Dave - Management, Public Relations - RISDALL MARKETING GROUP, Roseville, MN, *pg.* 133
Follett, Bud - Account Services, Management - HORIZON MEDIA, INC., New York, NY, *pg.* 474
Fong-Anderson, Annie - Management, Media Department, Operations - HORIZON MEDIA, INC., New York, NY, *pg.* 474
Fonseca, Ana - Management - MARCOM GROUP, INC., Mississauga, ON, *pg.* 311
Fontana, Donna - Account Services, Management, Public Relations - FLEISHMANHILLARD, Detroit, MI, *pg.* 606
Fontana, Jean - Management - ICR, New York, NY, *pg.* 615
Fonte, Annette - Account Services, Management - GEOMETRY, Chicago, IL, *pg.* 363
Fontenot, Nicole - Management, PPOM - 360I, LLC, Atlanta, GA, *pg.* 207
Forbes, Cavol - Management - FLIGHTPATH, New York, NY, *pg.* 235
Ford, David - Management - CLEAR CHANNEL OUTDOOR, Pewaukee, WI, *pg.* 551
Foreman, Scott - Management, NBC, Operations, PPOM - COPACINO + FUJIKADO, LLC, Seattle, WA, *pg.* 344
Forgione, Amanda - Account Services, Management - MORRISON, Atlanta, GA, *pg.* 117
Foristall, Michael - Creative, Management - KNIGHT, Orlando, FL, *pg.* 95
Forman, Laura - Account Services, Management, PPOM - DAVID&GOLIATH, El Segundo, CA, *pg.* 57
Forsman, Zac - Management - ROCKET55, Minneapolis, MN, *pg.* 264
Forster, Georgina - Account Services, Management, NBC - MIRUM AGENCY, New York, NY, *pg.* 251
Fortin, Laura - Management - BOB COMMUNICATIONS, Montreal, QC, *pg.* 41
Fortney, David - Management - DIO, York, PA, *pg.* 62
Fortunate, Robert - Management - OGILVY PUBLIC RELATIONS, New York, NY, *pg.* 633
Fortune, Jamie - Management - MOORE COMMUNICATIONS GROUP, Tallahassee, FL, *pg.* 628
Foster, Brenda - Account Services, Management, Media Department - VANGUARD COMMUNICATIONS, Washington, DC, *pg.* 658
Foster, Chris - Management, NBC, PPOM - BCW WASHINGTON DC, Washington, DC, *pg.* 582
Foster, Rainey - Management, PPOM - LEADING AUTHORITIES, INC.,

AGENCIES

RESPONSIBILITIES INDEX

Washington, DC, pg. 622
Foster, Liz - Management - EDELMAN, San Francisco, CA, pg. 601
Foth, Mike - Account Services, Management - RON FOTH ADVERTISING, Columbus, OH, pg. 134
Fotheringham, Tom - Account Services, Management, Media Department, Programmatic - OMD CANADA, Toronto, ON, pg. 501
Fournier, Penelope - Management, PPOM - LG2, Montreal, QC, pg. 380
Foutz, Kathleen - Management - EVB, Oakland, CA, pg. 233
Fowler, Brandon - Management - MCGARRYBOWEN, New York, NY, pg. 109
Fowler, Howard - Management, NBC - OUTFRONT MEDIA, Kansas City, MO, pg. 555
Fowler, Tony - Management, Operations - GMR MARKETING, New Berlin, WI, pg. 306
Fowler, Sarah - Management - FAMILY FEATURES, Mission, KS, pg. 297
Fox, Molly - Account Services, Management - COMMONWEALTH // MCCANN, Detroit, MI, pg. 52
Fox, Lyndsey - Account Planner, Account Services, Management - ALLEN & GERRITSEN, Philadelphia, PA, pg. 30
Fox, Tom - Management - MANIFEST, Chicago, IL, pg. 248
Fox, James - Management - LUCKY GENERALS, New York, NY, pg. 101
Fox, Jackson - Management - VIGET LABS, Falls Church, VA, pg. 274
Frabotta, David - Management - MEISTER INTERACTIVE, Willoughby, OH, pg. 250
Fracassa, Francesca - Account Services, Management, Media Department - STARCOM WORLDWIDE, Chicago, IL, pg. 513
Fraga, Meighan - Management - EP+CO., Greenville, SC, pg. 356
Fragala, Elizabeth - Management - REGAN COMMUNICATIONS GROUP, Boston, MA, pg. 642
France, Wendy - Management, NBC, Operations - MEDIACOM, New York, NY, pg. 487
Franchino Rusthoven, Hollie - Account Services, Management - STONY POINT COMMUNICATIONS, INC., Haslett, MI, pg. 650
Francis, Kenny - Management, NBC, PPM - SPEEDMEDIA INC., Venice, CA, pg. 266
Francisco, Jeff - Management, NBC - HORIZON MEDIA, INC., New York, NY, pg. 474
Franco, Clara - Account Services, Management, NBC - HAMILTON INK PUBLICITY & MEDIA RELATIONS, Mill Valley, CA, pg. 611
Francomano, Sarah - Management, PPOM - FLEISHMANHILLARD, Boston, MA, pg. 605
Francque, Cathy - Account Services, Management - OGILVY, Chicago, IL, pg. 393
Frank, Mike - Creative, Management - DEUTSCH, INC., Los Angeles, CA,

pg. 350
Franklin, Mason - Account Planner, Management, Media Department, PPOM - UNIVERSAL MCCANN, New York, NY, pg. 521
Franklin, Garrett - Management, Operations - ATMOSPHERE PROXIMITY, New York, NY, pg. 214
Frantz, Fred - Management - GRAGG ADVERTISING, Kansas City, MO, pg. 78
Frantzen, Drew - Management - ALTITUDE MARKETING, Emmaus, PA, pg. 30
Frappier, Matt - Management - BERK COMMUNICATIONS, New York, NY, pg. 583
Fraser, Beau - Management, PPOM - THE GATE WORLDWIDE, New York, NY, pg. 419
Fraser, Brittany - Account Services, Management - ICR, New York, NY, pg. 615
Fraser, James - Account Planner, Account Services, Management, Media Department - MOTHER NY, New York, NY, pg. 118
Fraser, Lee - Administrative, Management, PPOM, Research - DIGITAS HEALTH LIFEBRANDS, New York, NY, pg. 229
Frazee, Carrie - Management - DIGITAS, Chicago, IL, pg. 227
Frazier, Kate - Account Services, Management - VMLY&R, Kansas City, MO, pg. 274
Frazier, Moffat - Account Services, Analytics, Management - HORIZON MEDIA, INC., New York, NY, pg. 474
Frazier, Kathleen - Account Planner, Creative, Management - BARKLEY, Kansas City, MO, pg. 329
Frechette, Barry - Interactive / Digital, Management, PPM - CONNELLY PARTNERS, Boston, MA, pg. 344
Freckmann, John - Account Services, Management - CRAMER-KRASSELT, Milwaukee, WI, pg. 54
Fredericks, Marta - Account Services, Management - DANCIE PERUGINI WARE PUBLIC RELATIONS, South Houston, TX, pg. 595
Fredkin, Kim - Account Services, Management - BBDO SAN FRANCISCO, San Francisco, CA, pg. 330
Freeman, Lauren - Account Services, Management - DIGITAS, Atlanta, GA, pg. 228
Freimanis, Peteris - Management, Media Department - MATCHMG, Chicago, IL, pg. 384
French, Carrie - Management - LAKE GROUP MEDIA, INC., Armonk, NY, pg. 287
French, David - Management - RLF COMMUNICATIONS, Greensboro, NC, pg. 643
Frend, Patrick - Management, PPOM - HERO DIGITAL, San Francisco, CA, pg. 238
Freund, Merrill - Management - BOCA COMMUNICATIONS, San Francisco, CA, pg. 585
Frey, Brendon - Management - ICR,

New York, NY, pg. 615
Freye, Robyn - Management, NBC - MDC PARTNERS, INC., New York, NY, pg. 385
Fricke Kijek, Michelle - Administrative, Management, PPOM - FOODMINDS, LLC, Chicago, IL, pg. 606
Fried, Harriet C. - Account Services, Management - LIPPERT / HEILSHORN & ASSOCIATES, INC.; New York, NY, pg. 623
Friedland, Amy - Account Services, Management - FREEMAN PUBLIC RELATIONS, Totowa, NJ, pg. 606
Friedman, Nancy - Management, Media Department, NBC, PPOM, Public Relations - MMGY NJF, New York, NY, pg. 628
Friedman, Mark - Interactive / Digital, Management - GENESYS TELECOMMUNICATIONS LABORATORIES, Daly City, CA, pg. 168
Friedman, Heidi - Account Services, Management, NBC - DON JAGODA ASSOCIATES, Melville, NY, pg. 567
Friedman, Jocelyn - Management, PPOM - PROOF ADVERTISING, Austin, TX, pg. 398
Friedman, Lauren - Management - STARCOM WORLDWIDE, North Hollywood, CA, pg. 516
Friedman, Scott - Management - WE COMMUNICATIONS, Bellevue, WA, pg. 660
Friedman, Steve - Management, PPOM - ETHOS, PATHOS, LOGOS, LLC, Chicago, IL , pg. 233
Friesen, Brandon - Management, Media Department, PPOM - JUST MEDIA, INC., Emeryville, CA, pg. 481
Friez, Tim - Management - GATESMAN, Pittsburgh, PA, pg. 361
Frisch, Amy - Account Services, Management, Media Department, NBC - SS+K, New York, NY, pg. 144
Frith Hargis, Michelle - Management - COOKSEY COMMUNICATIONS, Irving, TX, pg. 593
Frivold, Owen - Management - HERO DIGITAL, San Francisco, CA, pg. 238
Fromm, Theresa - Interactive / Digital, Management, Media Department - HEARTS & SCIENCE, New York, NY, pg. 471
Fry, Scott - Management, Operations - ONE PR STUDIO, Oakland, CA, pg. 634
Fry, Scott - Management, PPM - ARC WORLDWIDE, Chicago, IL, pg. 327
Fuehrer, Dee - Management - SCORR MARKETING, Kearney, NE, pg. 409
Fujimoto, Tamiko - Account Services, Management, Media Department - MEDIASPOT, INC. , Corona Del Mar, CA, pg. 490
Fulks, Kate - Management - HAVAS HELIA, Baltimore, MD, pg. 238
Fullam, Kate - Management - MKTG INC, Chicago, IL, pg. 312
Fulton, Jesse - Management - AKQA, New York, NY, pg. 212
Fuquea, Ryan - Account Planner,

RESPONSIBILITIES INDEX — AGENCIES

Account Services, Management, Operations - MEDIA CAUSE, Atlanta, GA, *pg.* 249

Furey, Bryan - Management, NBC - SPECTRA, Philadelphia, PA, *pg.* 315

Furrow, Mike - Management, NBC - KAESER & BLAIR, Batavia, OH, *pg.* 567

Furse, Chris - Management, Media Department, NBC - VMLY&R, New York, NY, *pg.* 160

Furutani, Joey - Management - CASHMERE AGENCY, Los Angeles, CA, *pg.* 48

Furze, Elizabeth - Account Services, Administrative, Management - AKA NYC, New York, NY, *pg.* 324

Fuscaldo, Michelle - Management, NBC - MARC USA, Pittsburgh, PA, *pg.* 104

Fusco, Jeff - Management - INDEPENDENT GRAPHICS INC., Wyoming, PA, *pg.* 374

Gaboriau, Jason - Creative, Management, PPOM - DONER, Los Angeles, CA, *pg.* 352

Gabriel Febles, Juan - Management - BLUE 449, Seattle, WA, *pg.* 456

Gaffney, Seth - Account Services, Management - PREACHER, Austin, TX, *pg.* 129

Gagnon, Rich - Management, PPOM - HAVAS MEDIA GROUP, New York, NY, *pg.* 468

Gagnon, Lindsey - Management, Operations - PICTUREU PROMOTIONS, Atlanta, GA, *pg.* 313

Gagnon, Sandra - Account Services, Management - ADWORKSHOP & INPHORM, Lake Placid, NY, *pg.* 323

Gaikowski, Jason - Account Services, Management - VMLY&R, Kansas City, MO, *pg.* 274

Gainey, Betsey - Account Services, Management - CRONIN, Glastonbury, CT, *pg.* 55

Gainor, Brian - Account Planner, Account Services, Management, Media Department, Promotions - 4FRONT, Chicago, IL, *pg.* 208

Galan, Andre - Management - MCGARRYBOWEN, New York, NY, *pg.* 109

Galang, Melanie - Management - MOXIE COMMUNICATIONS GROUP, New York, NY, *pg.* 628

Galardi, Abby - Management, PPOM - DID AGENCY, Ambler, PA, *pg.* 62

Galbraith, Moe - Management - OUTDOOR NATION, Signal Mountain, TN, *pg.* 554

Gale, Cheryl - Management, PPOM - MARCH COMMUNICATIONS, Boston, MA, *pg.* 625

Galietti, Bob - Account Services, Management, Media Department - HAVAS MEDIA GROUP, Boston, MA, *pg.* 470

Gall, Steve - Management - ZIMMERMAN ADVERTISING, Fort Lauderdale, FL, *pg.* 437

Gallagher, Michelle - Management, NBC - JACK MORTON WORLDWIDE, Chicago, IL, *pg.* 309

Gallant, Maggie - Account Services, Management, NBC - SUPERJUICE, Atlanta, GA, *pg.* 651

Gallardo, Anastasia - Account Services, Creative, Management, Media Department - MECHANICA, Newburyport, MA, *pg.* 13

Galler, Molly - Management - LAUNCHSQUAD, San Francisco, CA, *pg.* 621

Galley, Tina - Account Services, Management, NBC - M:UNITED//MCCANN, New York, NY, *pg.* 102

Galliher, Mark - Management, NBC - ASSOCIATION OF NATIONAL ADVERTISERS, New York, NY, *pg.* 442

Galvin, Justina - Management - DIGITAS, Atlanta, GA, *pg.* 228

Gan, Rowena - Management - ATLANTIC LIST COMPANY, Arlington, VA, *pg.* 280

Gant, Elner - Management - WEITZMAN ADVERTISING, INC., Annapolis, MD, *pg.* 430

Garber, Israel - Creative, Management - HAVAS NEW YORK, New York, NY, *pg.* 369

Garcia, Matthew - Account Services, Management, PPOM - ROKKAN, LLC, New York, NY, *pg.* 264

Garcia, Steven - Management - TEAM ONE, Los Angeles, CA, *pg.* 417

Garcia, Pablo - Management - RK VENTURE, Albuquerque, NM, *pg.* 197

Garcia, Angelica - Account Services, Management - ACENTO ADVERTISING, INC., Santa Monica, CA, *pg.* 25

Garcia-Hinkle, Jennifer - Management, PPOM - HMC ADVERTISING, INC., Chula Vista, CA, *pg.* 541

Gardner, Kelly - Management - A.B. DATA, LTD, Milwaukee, WI, *pg.* 279

Garibay, Stacy - Account Services, Management - DAVID&GOLIATH, El Segundo, CA, *pg.* 57

Garlin, Brad - Management, PPOM - JUMPFLY, INC., Elgin, IL, *pg.* 674

Garman, Adam - Management, NBC - HANLON CREATIVE, Kulpsville, PA, *pg.* 81

Garnier, Laurie - Creative, Management - PUBLICIS NORTH AMERICA, New York, NY, *pg.* 399

Garro, Luke - Creative, Management - GYK ANTLER, Manchester, NH, *pg.* 368

Gatsas, Emily - Account Services, Management - ARNOLD WORLDWIDE, Boston, MA, *pg.* 33

Gaughran, Phil - Management, PPOM - MCGARRYBOWEN, New York, NY, *pg.* 109

Gaulke, Ray - Management - FRENCH / BLITZER / SCOTT, New York, NY, *pg.* 361

Gavin, Joe - Management - BCW NEW YORK, New York, NY, *pg.* 581

Gavin, Kristina - Management, Media Department, PPOM - UNIVERSAL MCCANN, New York, NY, *pg.* 521

Gavin, Deborah - Management - TURCHETTE ADVERTISING AGENCY, Fairfield, NJ, *pg.* 157

Gavioli, Lisa - Management - GTB, Dearborn, MI, *pg.* 367

Gawel, Nyla Beth - Management, NBC, PPOM - BOOZ ALLEN HAMILTON, McLean, VA, *pg.* 218

Gay, Timothy - Management - LEVICK STRATEGIC COMMUNICATIONS, Washington, DC, *pg.* 622

Gaydou, Dan - Management - ADVANCE 360, Grand Rapids, MI, *pg.* 211

Gaynor, Daniel - Management - WEBER SHANDWICK, Boston, MA, *pg.* 660

Geadah, Antoine - Account Services, Management - LEO BURNETT WORLDWIDE, Chicago, IL, *pg.* 98

Geary, Brandon - Management, NBC, PPOM - WUNDERMAN THOMPSON SEATTLE, Seattle, WA, *pg.* 435

Geddes, Tamera - Management, PPOM - INTERESTING DEVELOPMENT, New York, NY, *pg.* 90

Geheb, Jeff - Management, PPOM - VMLY&R, Kansas City, MO, *pg.* 274

Geiger, MaryAnne - Interactive / Digital, Management, Media Department - UNIVERSAL MCCANN, New York, NY, *pg.* 521

Geise, Katie - Account Services, Management - ZORCH, Chicago, IL, *pg.* 22

Geisler, Howard - Management, Media Department, NBC, PPOM - OMD, New York, NY, *pg.* 498

Geist, Brian - Account Planner, Account Services, Interactive / Digital, Management, Media Department - PUBLICIS HEALTH MEDIA, Philadelphia, PA, *pg.* 506

Gelade, Jeremy - Creative, Management, Operations - DEUTSCH, INC., New York, NY, *pg.* 349

Geller, Robert - Account Services, Management, PPOM - FUSION PUBLIC RELATIONS, New York, NY, *pg.* 607

Geller, Mike - Management - PROSEK PARTNERS, New York, NY, *pg.* 639

Gemmete, Cindy - Management, Media Department - UNIVERSAL MCCANN DETROIT, Birmingham, MI, *pg.* 524

Gendron, Mary - Management - MOWER, Buffalo, NY, *pg.* 389

Gentner, Ed - Management, Media Department, PPM - ICON INTERNATIONAL, INC., Greenwich, CT, *pg.* 476

George, Allison - Management - ARGYLE COMMUNICATIONS, Toronto, ON, *pg.* 578

George, Paul - Management, PPOM - PORTER NOVELLI, New York, NY, *pg.* 637

George, Matthew - Account Planner, Management, NBC - DEUTSCH, INC., New York, NY, *pg.* 349

George, JoDee - Account Services, Management, PPOM - BADER RUTTER & ASSOCIATES, INC., Milwaukee, WI, *pg.* 328

George, Rich - Management - GOLIN, Los Angeles, CA, *pg.* 609

Georgieff, Erin - Management - CITIZEN RELATIONS, Los Angeles, CA, *pg.* 590

Gerdes, Dustin - Account Services, Analytics, Interactive / Digital,

AGENCIES

RESPONSIBILITIES INDEX

Management - RHEA & KAISER MARKETING , Naperville, IL, *pg.* 406

Gerhart, Adam - Management, PPOM - MINDSHARE, Playa Vista, CA, *pg.* 495

Gerken, Victoria - Management - EDELMAN, Los Angeles, CA, *pg.* 601

Gerritson, AJ - Management, PPOM - ZOZIMUS AGENCY, Boston, MA, *pg.* 665

Gertz, Mal - Management - JOHANNES LEONARDO, New York, NY, *pg.* 92

Gerwen, Jennifer - Account Services, Management, PPOM - CAVALRY, Chicago, IL, *pg.* 48

Gesiorski, Doug - Interactive / Digital, Management, Operations - ADTAXI, Denver, CO, *pg.* 211

Getlen, Melissa - Account Planner, Account Services, Interactive / Digital, Management, Media Department - PHD USA, New York, NY, *pg.* 505

Gewartowski, Katy - Account Services, Management - STARMARK INTERNATIONAL, INC., Fort Lauderdale, FL, *pg.* 412

Ghize, Leslie - Management - THE DONEGER GROUP, New York, NY, *pg.* 419

Giacobbe, Joseph - Management - PALLEY ADVERTISING & SYNERGY NETWORKS, Worcester, MA, *pg.* 396

Giampietro, Susan - Management - SPECIALISTS MARKETING SERVICES, INC. , Hasbrouck Heights, NJ, *pg.* 292

Giampino, Wayne - Interactive / Digital, Management, Programmatic - 360I, LLC, New York, NY, *pg.* 320

Giannone, Dot - Account Services, Management - VMLY&R, New York, NY, *pg.* 160

Gibbs, Shannon - Management - OGILVY PUBLIC RELATIONS, Denver, CO, *pg.* 633

Gibson, John - Account Services, Management - THE WOO AGENCY, Culver City, CA, *pg.* 425

Gibson, Caroline - Account Services, Management, PPOM - PROSEK PARTNERS, New York, NY, *pg.* 639

Giger, Mike - Account Services, Management, NBC - FCB WEST, San Francisco, CA, *pg.* 72

Giguere, Sandra - Management - VISION7 INTERNATIONAL, Quebec City, QC, *pg.* 429

Gilbert, Dixie - Management, NBC, PPOM - THE JOHNSON GROUP, Chattanooga, TN, *pg.* 420

Gilbert Rotman, Michele - Management - PUBLICIS NORTH AMERICA, New York, NY, *pg.* 399

Gilbertson, David - Management, NBC - COMMUNICATIONS LINKS, Scottsdale, AZ, *pg.* 592

Gilbertson, Brooke - Account Services, Management, Media Department, Operations - STARCOM WORLDWIDE, Chicago, IL, *pg.* 513

Gilding, Emma - Management, Media Department - WUNDERMAN THOMPSON, New York, NY, *pg.* 434

Giles, Sara - Management - VAYNERMEDIA, New York, NY, *pg.* 689

Gilford, Casey - Account Planner, Account Services, Management - LEO BURNETT WORLDWIDE, Chicago, IL, *pg.* 98

Gilleo, Leslie - Management, Media Department - TRILIA , Boston, MA, *pg.* 521

Gillissie, Michael - Management, NBC, Operations - GRASSROOTS ADVERTISING, INC. , Toronto, ON, *pg.* 691

Gilman, Brett - Management, NBC - ACCENTURE INTERACTIVE, New York, NY, *pg.* 209

Gilpatrick, Brian - Account Services, Management - THE BOHAN AGENCY, Nashville, TN, *pg.* 418

Ginsberg, Brad - Management, NBC, Public Relations - GLOBAL COMMUNICATION WORKS, Houston, TX, *pg.* 608

Ginsberg, Suzy - Management, PPOM - GLOBAL COMMUNICATION WORKS, Houston, TX, *pg.* 608

Gioffre, Jennifer - Management - GEOMETRY, New York, NY, *pg.* 362

Giordano, Emily - Account Services, Management - GREY GROUP, New York, NY, *pg.* 365

Giraldi, Bob - Management - GIRALDI MEDIA, New York, NY, *pg.* 466

Gisler, David - Creative, Management, PPOM - WORDS AND PICTURES CREATIVE SERVICE, INC., Park Ridge, NJ, *pg.* 276

Gitelson, Josh - Management - RFBINDER PARTNERS, INC., Needham, MA, *pg.* 642

Gitomer, Evan - Management - VAN WAGNER COMMUNICATIONS, New York, NY, *pg.* 558

Gittlin, Grant - Management, NBC, PPOM - MEDIALINK, New York, NY, *pg.* 386

Giudice, Heather - Management, NBC - HORIZON MEDIA, INC., New York, NY, *pg.* 474

Giuggio, Michael - Account Planner, Account Services, Management, Media Department, NBC - 360I, LLC, New York, NY, *pg.* 320

Giuliano, Adrian - Account Services, Management, Media Department, PPOM - STARCOM WORLDWIDE, Chicago, IL, *pg.* 513

Givens, Patrick - Management - VAYNERMEDIA, New York, NY, *pg.* 689

Gladitsch, Melinda - Creative, Management, Research - PUBLICIS HAWKEYE, Dallas, TX, *pg.* 399

Gladney, Patrick - Management, PPOM, Research - FLEISHMANHILLARD HIGHROAD, Toronto, ON, *pg.* 606

Gladstone, Ben - Account Services, Management - DDB CHICAGO, Chicago, IL, *pg.* 59

Glasgow, Nancy - Account Services, Management - BITNER HENNESSY, Orlando, FL, *pg.* 685

Glass, Matthew - Management - ALLIED EXPERIENTIAL, New York, NY, *pg.* 691

Glazer, Robert - Management, NBC, PPOM - ACCELERATION PARTNERS, Needham, MA, *pg.* 25

Gleason, Brian - Management, Media Department, NBC, PPOM - GROUPM, New York, NY, *pg.* 466

Gleason, Jerry - Account Services, Management - WEBER SHANDWICK, Chicago, IL, *pg.* 661

Glick, Jackie - Management - MWWPR, New York, NY, *pg.* 631

Glover, Tim - Account Services, Management - EMPOWER, Cincinnati, OH, *pg.* 354

Glunk, Michael - Account Planner, Account Services, Management, Media Department - THE INTEGER GROUP, Lakewood, CO, *pg.* 682

Goczal, Marek - Management - SOURCELINK, LLC, Itasca, IL, *pg.* 292

Goda, Paul - Account Services, Management - GODA ADVERTISING, Inverness, IL, *pg.* 364

Godbout, Matt - Account Services, Management - CSM SPORTS & ENTERTAINMENT, Indianapolis, IN, *pg.* 55

Goddard, Stacia - Account Planner, Management, NBC - EPSILON , New York, NY, *pg.* 283

Godsey, John - Creative, Management, NBC, PPOM - VMLY&R, New York, NY, *pg.* 160

Goff, Ginny - Management - CUNEO ADVERTISING, Bloomington, MN, *pg.* 56

Gogan-Tilstone, Ellie - Account Planner, Account Services, Management - MULLENLOWE U.S. BOSTON, Boston, MA, *pg.* 389

Gogarty, John - Account Planner, Management - COYNE PUBLIC RELATIONS, Parsippany, NJ, *pg.* 593

Goger Eun, Jennifer - Account Services, Management - MYRIAD TRAVEL MARKETING, Los Angeles, CA, *pg.* 390

Gold, Alyssa - Management, Public Relations - ICF NEXT, New York, NY, *pg.* 615

Gold, Natasha - Account Planner, Account Services, Management - UNIVERSAL MCCANN, New York, NY, *pg.* 521

Goldberg, Katie - Management - EDELMAN, Seattle, WA, *pg.* 601

Goldberg, Brian - Account Services, Management - APCO WORLDWIDE, New York, NY, *pg.* 578

Goldberg, Jon - Management - KCSA STRATEGIC COMMUNICATIONS, New York, NY, *pg.* 619

Goldberg, Scott - Management - SOUTHARD COMMUNICATIONS, New York, NY, *pg.* 648

Goldberg, Amanda - Management - BIG SPACESHIP, Brooklyn, NY, *pg.* 455

Goldenberg, Barton - Management, PPOM - ISM, INC., Bethesda, MD, *pg.* 168

Goldfarb, Sandra - Management, NBC - RASKY BAERLEIN STRATEGIC COMMUNICATIONS, INC., Boston, MA, *pg.* 641

Goldman, Jeff - Account Services,

1521

RESPONSIBILITIES INDEX AGENCIES

Management - BELLOMY RESEARCH, Winston-Salem, NC, pg. 442
Goldman, Jim - Management, Public Relations - ZENO GROUP, Redwood Shores, CA, pg. 665
Goldman, Perry - Management, Public Relations - MONTIETH & COMPANY, New York, NY, pg. 628
Goldstein, Sheryl - Management, Media Department - INTERACTIVE ADVERTISING BUREAU, New York, NY, pg. 90
Goldstein, Julie - Account Services, Management, Media Department - CARAT, New York, NY, pg. 459
Goldstein, Kymn - Account Services, Management, NBC - ALLIED INTEGRATED MARKETING, Hollywood, CA, pg. 576
Golin, Alison - Management - RISE INTERACTIVE, Chicago, IL, pg. 264
Golio, Vic - Management, PPOM - CHIEF MEDIA, New York, NY, pg. 281
Gollinger, Stacy - Management, Media Department - CSM SPORT & ENTERTAINMENT, New York, NY, pg. 347
Golodetz, Kim - Management, PPOM - LIPPERT / HEILSHORN & ASSOCIATES, INC., New York, NY, pg. 623
Gomez, Joel - Account Services, Management - REPRISE DIGITAL, New York, NY, pg. 676
Goncalves, Don - Account Services, Management - TIZIANI WHITMYRE, Sharon, MA, pg. 155
Gonda, Daniel - Account Services, Management - DROGA5, New York, NY, pg. 64
Gonnella, Lindsey - Account Services, Management - WUNDERMAN THOMPSON, New York, NY, pg. 434
Gonsar, Brian - Management, PPM - HILL HOLLIDAY, Boston, MA, pg. 85
Gonsorcik, Tomas - Account Services, Analytics, Management, PPOM - VMLY&R, New York, NY, pg. 160
Gonya, Gary - Account Services, Human Resources, Management - LRXD, Denver, CO, pg. 101
Gonzaga, Sheila - Management - MARATHON COMMUNICATIONS INC., Los Angeles, CA, pg. 625
Gonzales, Danielle - Management, Operations, PPOM - STARCOM WORLDWIDE, Chicago, IL, pg. 513
Gonzales, Dennis - Management, Operations, PPOM - RED DOOR INTERACTIVE, San Diego, CA, pg. 404
Gonzalez, Mona - Management - PEREIRA & O'DELL, New York, NY, pg. 257
Gonzalez, Desi - Interactive / Digital, Management, PPM - THE MILL, New York, NY, pg. 152
Goodell, Susan - Management, Public Relations - MWWPR, Chicago, IL, pg. 631
Goodman, Deb - Account Services, Management - HORIZON MEDIA, INC., New York, NY, pg. 474
Goodman, Caleb - Account Services, Management, PPOM - RETHINK COMMUNICATIONS, INC., Toronto, ON, pg. 133
Goodman, Jonathan - Management - THE STARR CONSPIRACY, Fort Worth, TX, pg. 20
Goodspeed, Bill - Creative, Management, NBC, PPOM - WE ARE ALEXANDER, St. Louis, MO, pg. 429
Goodspeed, Meredith - Management - FCB CHICAGO, Chicago, IL, pg. 71
Goodwin, Tom - Interactive / Digital, Management, Media Department, NBC - ZENITH MEDIA, New York, NY, pg. 529
Goonan, Christine - Account Services, Management, NBC - THE SUNFLOWER GROUP, New York, NY, pg. 317
Gorab, Jim - Management - TURCHETTE ADVERTISING AGENCY, Fairfield, NJ, pg. 157
Gorder, Jeffrey - Account Services, Management, NBC - MONO, Minneapolis, MN, pg. 117
Gordon, Ryan - Account Services, Interactive / Digital, Management, Media Department - WALRUS, New York, NY, pg. 161
Gordon, Jim - Account Services, Management - VIZEUM CANADA, INC., Vancouver, BC, pg. 526
Gordon, Marni - Management - ASSOCIATION OF NATIONAL ADVERTISERS, New York, NY, pg. 442
Gordon, Diana - Interactive / Digital, Management, Media Department, Social Media - MINDSHARE, Chicago, IL, pg. 494
Gordon, Gabe - Management, PPOM - REACH AGENCY, Santa Monica, CA, pg. 196
Gore, Heather - Management - SPARKPR, San Francisco, CA, pg. 648
Goren, Eran - Interactive / Digital, Management, NBC, PPOM, Public Relations - USIM, Los Angeles, CA, pg. 525
Gorges, Ned - Interactive / Digital, Management - CONTROL V EXPOSED, Jenkintown, PA, pg. 222
Gorin, Lindsay - Account Planner, Management, PPOM - MINDSHARE, New York, NY, pg. 491
Gorman, Ed - Account Services, Management, PPOM - CARAT, New York, NY, pg. 459
Gorman, Dana - Account Services, Management - ABERNATHY MACGREGOR GROUP, New York, NY, pg. 574
Gormley, Shannon - Management - MERRICK TOWLE COMMUNICATIONS, Greenbelt, MD, pg. 114
Gosbee, Jeremy - Management - EDELMAN, Washington, DC, pg. 600
Gostyla, Margie - Account Services, Management - REYNOLDS & ASSOCIATES, El Segundo, CA, pg. 406
Gougat, Ludovic - Management - RAPP WORLDWIDE, San Francisco, CA, pg. 291
Gould, Chris - Management - HARBINGER COMMUNICATIONS, INC., Toronto, ON, pg. 611
Gould, David - Interactive /
Digital, Management, Media Department, PPOM - PERFORMICS, Chicago, IL, pg. 676
Gould, Nick - Management - COOPER, Brooklyn, NY, pg. 222
Goyal, Bharat - Management - ZETA INTERACTIVE, New York, NY, pg. 277
Grabek, Liz - Account Services, Management - SPACE150, Minneapolis, MN, pg. 266
Grabell, Allison - Human Resources, Management, Media Department - HORIZON MEDIA, INC., New York, NY, pg. 474
Grabert, David - Management, NBC, PPOM, Public Relations - GROUPM, New York, NY, pg. 466
Grabois, Joel - Account Planner, Account Services, Management, Media Department, PPOM - BLUE ONION, Lakewood, CO, pg. 218
Grady, Kevin - Account Services, Creative, Management - FCB CHICAGO, Chicago, IL, pg. 71
Graham, Tom - Account Services, Management - GODA ADVERTISING, Inverness, IL, pg. 364
Graham, Candace - Management, Operations - PETERMAYER, New Orleans, LA, pg. 127
Graham, Denise - Management - ON IDEAS, Jacksonville, FL, pg. 394
Graham, Zach - Account Planner, Account Services, Interactive / Digital, Management, Media Department - OMD, Chicago, IL, pg. 500
Graham, Melissa - Account Services, Management - WEBER SHANDWICK, Toronto, ON, pg. 662
Graham, Jeff - Account Services, Management - BARKLEY BOULDER, Boulder, CO, pg. 36
Graham, Natalie - Interactive / Digital, Management, Media Department, PPOM - BRANDING PLUS MARKETING GROUP, Dallas, TX, pg. 456
Graham Hood, Heather - Management - TREVELINO / KELLER COMMUNICATIONS GROUP, Atlanta, GA, pg. 656
Grajek, Mary Ann - Management, Operations, PPOM - MEDIA PLUS, INC., Seattle, WA, pg. 486
Grams, Colleen - Administrative, Management, Public Relations - BADER RUTTER & ASSOCIATES, INC., Milwaukee, WI, pg. 328
Gramstrup, Jared - Management, Operations - SHERWOOD OUTDOOR, INC., New York, NY, pg. 557
Gramuglia, John - Management - BML PUBLIC RELATIONS, Florham Park, NJ, pg. 584
Granados, Joe - Management, PPM - PETROL, Burbank, CA, pg. 127
Granfield, Jennifer - Account Planner, Interactive / Digital, Management, Media Department - HEARTS & SCIENCE, New York, NY, pg. 471
Granholm, Sheri - Management - MOVEO INTEGRATED BRANDING, Chicago, IL, pg. 14

AGENCIES

RESPONSIBILITIES INDEX

Grannis, Emily - Management, Public Relations - BANNER PUBLIC AFFAIRS, Washington, DC, pg. 580

Granozio, Jennifer - Management, NBC - ALLIED EXPERIENTIAL, New York, NY, pg. 691

Grant, Rick - Management - CHANNEL COMMUNICATIONS, Towson, MD, pg. 341

Grant, Lindsay - Account Services, Management, Media Department, NBC - BUTLER, SHINE, STERN & PARTNERS, Sausalito, CA, pg. 45

Grant, Denny - Management, NBC - LEO BURNETT WORLDWIDE, Chicago, IL, pg. 98

Grant, David - Management - FTI CONSULTING, New York, NY, pg. 606

Grant, Robin - Management - WE ARE SOCIAL, New York, NY, pg. 690

Granz, Alisa - Management, NBC, Promotions - ROGERS & COWAN/PMK*BNC, Los Angeles, CA, pg. 643

Grasso, Alexandra - Management, Media Department - CONVERGEDIRECT, New York, NY, pg. 462

Graul, Katherine - Account Planner, Interactive / Digital, Management, NBC, Operations - TRACYLOCKE, Chicago, IL, pg. 426

Graves, Adam - Account Services, Management, NBC - DEUTSCH, INC., Los Angeles, CA, pg. 350

Graves, Kelly - Management, Media Department, NBC, PPOM - FCB CHICAGO, Chicago, IL, pg. 71

Graves, Trevor - Management, PPOM - NEMO DESIGN, Portland, OR, pg. 193

Gray, Glenn - Management - BUFFALO.AGENCY, Reston, VA, pg. 587

Gray Jr., Gerald - Management - G+G ADVERTISING, Billings, MT, pg. 540

Greany, Christine - Management - THE BLUESHIRT GROUP, San Francisco, CA, pg. 652

Great, Frances - Management - BBH, West Hollywood, CA, pg. 37

Greaves, Gillian - Account Services, Interactive / Digital, Management, Media Department - ICROSSING, New York, NY, pg. 240

Green, Larry - Management - ANN GREEN COMMUNICATIONS INC., South Charleston, WV, pg. 577

Green, Brad - Management, Operations - THE INTEGER GROUP, Lakewood, CO, pg. 682

Green, Eric - Account Services, Creative, Management, Media Department - PUBLICIS NORTH AMERICA, New York, NY, pg. 399

Green, Danette - Account Services, Management - TURCHETTE ADVERTISING AGENCY, Fairfield, NJ, pg. 157

Green, Eric - Management - BWR PUBLIC RELATIONS, Beverly Hills, CA, pg. 587

Greenawalt, Heather - Management - EMPOWER, Cincinnati, OH, pg. 354

Greenberg, Rick - Account Services, Management, PPOM - KEPLER GROUP, New York, NY, pg. 244

Greenberg, Rayna - Management, Public Relations - ALISON BROD PUBLIC RELATIONS, New York, NY, pg. 576

Greenblatt, Melanie - Account Services, Management - OGILVY, New York, NY, pg. 393

Greene, Donna - Account Services, Management - STORANDT PANN MARGOLIS & PARTNERS, LaGrange, IL, pg. 414

Greene, Lucie - Management - WUNDERMAN THOMPSON, New York, NY, pg. 434

Greengrass, Marc - Account Services, Management, Operations, PPOM - FLINT & STEEL, New York, NY, pg. 74

Greenheck, Abigail - Management - BEEHIVE PR, Saint Paul, MN, pg. 582

Greenhill, Valerie - Management, NBC, PPOM - EDLEADER21, Tucson, AZ, pg. 601

Greenhouse, Jamie - Management, Public Relations - DKC PUBLIC RELATIONS, New York, NY, pg. 597

Greenspan, Sarah - Account Services, Management - STARCOM WORLDWIDE, Chicago, IL, pg. 513

Greenway, Katie - Management - GLOVER PARK GROUP, Washington, DC, pg. 608

Gregory, Josh - Management - FRONTIER STRATEGIES, INC., Ridgeland, MS, pg. 465

Gregory, Carol - Account Services, Management, Operations - ELEVATION MARKETING, Richmond, VA, pg. 67

Gretchell, Peter - Management, NBC - EDULENCE INTERACTIVE, New York, NY, pg. 230

Gribin, Jamie - Management - DIGITAS, San Francisco, CA, pg. 227

Grice, Ashley - Management, PPOM - BRIGHTHOUSE, LLC, Atlanta, GA, pg. 43

Grieder, Logan - Account Planner, Management - BERNSTEIN-REIN ADVERTISING, INC., Kansas City, MO, pg. 39

Grieves, Mark - Creative, Management - FAHLGREN MORTINE PUBLIC RELATIONS, Cleveland, OH, pg. 602

Griffin, NaShonna - Account Services, Management - O'KEEFE REINHARD & PAUL, Chicago, IL, pg. 392

Griffin, Nancy - Interactive / Digital, Management, Media Department - STARCOM WORLDWIDE, Chicago, IL, pg. 513

Griffin, Justine - Management - RASKY BAERLEIN STRATEGIC COMMUNICATIONS, INC., Boston, MA, pg. 641

Griffith, David - Management, Public Relations - BUFFALO.AGENCY, Reston, VA, pg. 587

Griffiths, Warren - Interactive / Digital, Management, Media Department, PPOM - PUBLICIS NORTH AMERICA, New York, NY, pg. 399

Griffiths, Shauna - Account Services, Interactive / Digital, Management - CSM SPORT & ENTERTAINMENT, New York, NY, pg. 347

Griggs, Kristi - Management, Operations, PPOM - SHIFT NOW, Greensboro, NC, pg. 140

Grillo, Lucia - Interactive / Digital, Management, Operations, PPM, PPOM - MCGARRYBOWEN, New York, NY, pg. 109

Grim, Jamie - Management, Media Department - HARMELIN MEDIA, Bala Cynwyd, PA, pg. 467

Groepper, Lindsey - Interactive / Digital, Management, PPOM, Public Relations - BLASTMEDIA, Fishers, IN, pg. 584

Grogan, Stacy - Management, NBC - WIEDEN + KENNEDY, Portland, OR, pg. 430

Grogan, Ryan - Management, Media Department - BLUE 449, New York, NY, pg. 455

Gross, Mark - Creative, Management, PPM - HIGHDIVE, Chicago, IL, pg. 85

Gross, Kevin - Management - CULINARY SALES SUPPORT, INC., Chicago, IL, pg. 347

Gross, Joshua - Management, Public Relations - GLOVER PARK GROUP, Washington, DC, pg. 608

Gross, Raphael - Management - ICR, New York, NY, pg. 615

Grossman, Jed - Creative, Management - ARTS & LETTERS, Richmond, VA, pg. 34

Grossman, Sefi - Interactive / Digital, Management - GTB, Dearborn, MI, pg. 367

Grossman, Victoria - Management - PUBLICIS NORTH AMERICA, New York, NY, pg. 399

Grudier, Valarie - Finance, Management, Operations - GARD COMMUNICATIONS, Portland, OR, pg. 75

Grugle, Seth - Management, Public Relations - ICR, New York, NY, pg. 615

Grzywacz, Andrew - Management - MARCH COMMUNICATIONS, Boston, MA, pg. 625

Guang, Wade - Management - INTERTREND COMMUNICATIONS, INC., Long Beach, CA, pg. 541

Guarino, Joe - Account Services, Management - KETCHUM, New York, NY, pg. 542

Guarino, Michael - Management, PPOM - FCB HEALTH, New York, NY, pg. 72

Guerrero, Sue - Account Services, Management, Operations - STEIN IAS, New York, NY, pg. 267

Guerrero, Armando - Account Services, Management - NTOOITIVE DIGITAL, Las Vegas, NV, pg. 254

Guerrier, Agathe - Account Planner, Management, Operations, PPOM - TBWA \ CHIAT \ DAY, Los Angeles, CA, pg. 146

Gugliotti, Joe - Management, PPOM - WORX BRANDING & ADVERTISING, Prospect, CT, pg. 163

Guillama-Rodriguez, Arminda - Account Services, Management, Media Department - HORIZON MEDIA, INC.,

1523

RESPONSIBILITIES INDEX — AGENCIES

New York, NY, pg. 474
Guillemette, Elise - Management - BLEUBLANCROUGE, Montreal, QC, pg. 40
Guilmette, Lesley - Management, PPOM - ALDEN MARKETING COMMUNICATIONS, San Diego, CA, pg. 324
Guimarin, Victoria - Management - UPRAISE MARKETING & PUBLIC RELATIONS, San Francisco, CA, pg. 657
Gulledge, Grant - Management, PPOM - ACQUIRE, Raleigh, NC, pg. 1
Gullixson, Jay - Creative, Management, PPM - HIEBING, Madison, WI, pg. 85
Gunderman, Jeff - Account Services, Management - EYE MEDIA, New York, NY, pg. 552
Gunderson, Kelsey - Account Services, Management - WALKER SANDS COMMUNICATIONS, Chicago, IL, pg. 659
Gunter, Bret - Management - SAGEPATH, INC., Atlanta, GA, pg. 409
Gupta, Manik - Management - QUINSTREET, INC., Foster City, CA, pg. 290
Guthrie, J M - Account Services, Finance, Management - AUTHENTIC, Richmond, VA, pg. 214
Guy, Carla - Account Services, Human Resources, Interactive / Digital, Management, NBC, Operations, PPOM, Promotions - DAGGER, Atlanta, GA, pg. 224
Guy, Meghan - Account Services, Interactive / Digital, Management - FLEISHMANHILLARD, Raleigh, NC, pg. 606
Guyton, Lori - Account Services, Management - CROSBY-VOLMER, Washington, DC, pg. 594
Haaland, Alyssa - Human Resources, Management - WUNDERMAN THOMPSON, New York, NY, pg. 434
Haarlow, Kristin - Management, Media Department, Operations - SPARK FOUNDRY, El Segundo, CA, pg. 512
Haase, David - Management, NBC, PPOM - TRIAD RETAIL MEDIA, St. Petersburg, FL, pg. 272
Habeck, Robert - Account Services, Management, Media Department, PPOM - OMD, New York, NY, pg. 498
Haberman, Colleen - Management - ORANGE LABEL ART & ADVERTISING, Newport Beach, CA, pg. 395
Hacohen, Nancy - Management - TOOL OF NORTH AMERICA, Santa Monica, CA, pg. 564
Haddad, Eric - Account Services, Management - THE MARS AGENCY, Southfield, MI, pg. 683
Haddad, Najla - Account Services, Management - VMLY&R, New York, NY, pg. 160
Hadden, Utahna - Account Services, Management - AM STRATEGIES, San Diego, CA, pg. 324
Hadler, Phil - Management, PPOM - HADLER PUBLIC RELATIONS, INC., Glendale, CA, pg. 611
Hagan, Emily - Account Services, Management, Media Department - CTI MEDIA, Atlanta, GA, pg. 464
Hagel, Lexi - Management - MODERN CLIMATE, Minneapolis, MN, pg. 388
Haggerty, Chris - Management - VMLY&R, Kansas City, MO, pg. 274
Haggerty, Carolyn - Management, NBC - EDULENCE INTERACTIVE, New York, NY, pg. 230
Haggerty, Kristin - Management - STARCOM WORLDWIDE, Detroit, MI, pg. 517
Hagopian, Monette - Management, PPOM - HAVAS WORLDWIDE SAN FRANCISCO, San Francisco, CA, pg. 370
Hagstrom, Sue - Human Resources, Management - COLLE MCVOY, Minneapolis, MN, pg. 343
Hague, Megan - Account Services, Management - TRACYLOCKE, Chicago, IL, pg. 426
Hahn, David - Account Services, Management, PPOM - MEDIA CONNECT, New York, NY, pg. 485
Hahn, Candice - Interactive / Digital, Management, Media Department, PPOM - R/GA, Austin, TX, pg. 261
Hahn, Trenton - Management - BOSE PUBLIC AFFAIRS GROUP, LLC, Indianapolis, IN, pg. 585
Haidinger, Tom - Account Services, Management - ADVANTAGE INTERNATIONAL, Stamford, CT, pg. 301
Hajimomen, Matthew - Account Services, Management - INNOCEAN USA, Huntington Beach, CA, pg. 479
Hakes, Megan - Management, PPOM - REPUTATION PARTNERS, Chicago, IL, pg. 642
Halberg, Clarice - Account Services, Management - J.T. MEGA, INC., Minneapolis, MN, pg. 91
Hale, Nina - Management, PPOM - NINA HALE CONSULTING, Minneapolis, MN, pg. 675
Hale, Shana - Creative, Management - THE TRADE DESK, New York, NY, pg. 520
Haley, Brian - Management - ULTIMATE PARKING, Boston, MA, pg. 294
Haley, Bill - Management, PPOM - ALLIED PIXEL, Media, PA, pg. 561
Hall, Chris - Management, PPOM - PUBLICIS.SAPIENT, Atlanta, GA, pg. 259
Hall, David - Management, NBC, PPOM - THE RICHARDS GROUP, INC., Dallas, TX, pg. 422
Hall, Gloria - Management, PPOM - OGILVY, New York, NY, pg. 393
Hall, Laurie - Management - BLACK ROCK MARKETING GROUP, Toronto, ON, pg. 39
Hall, Christina - Account Services, Management - INITIATIVE, San Diego, CA, pg. 479
Hall, Sarah - Account Planner, Account Services, Management - FCB HEALTH, New York, NY, pg. 72
Hall, Shelley - Management, NBC - THIRD EAR, Austin, TX, pg. 546
Hall, Katy - Management, Operations - DIGITAS, Chicago, IL, pg. 227
Hall, Elizabeth - Account Services, Management - IRIS ATLANTA, Atlanta, GA, pg. 90
Hall, Jen - Management - DRIVE BRAND STUDIO, North Conway, NH, pg. 64
Hall, Pamela - Management - BRAINSTORM MEDIA, Columbus, OH, pg. 175
Hall, Joy - Management, Media Department - MORVIL ADVERTISING & DESIGN GROUP, Wilmington, NC, pg. 14
Hall, Albert - Management, Operations, PPOM - HALLPASS MEDIA, Costa Mesa, CA, pg. 81
Hallberg, Clarice - Management - J.T. MEGA, INC., Minneapolis, MN, pg. 91
Haller, Chris - Account Services, Management, PPOM - OBATA DESIGN, INC., Saint Louis, MO, pg. 193
Hallman, Karis - Management, PPM - THE ADAMS GROUP, Columbia, SC, pg. 418
Halter, Sean - Management, PPOM - CONNECTIVITY STRATEGY, Tampa, FL, pg. 462
Hamagami, John - Management, PPOM - HAMAGAMI/CARROLL, INC., Los Angeles, CA, pg. 185
Hamann, Rick - Creative, Management - LEO BURNETT WORLDWIDE, Chicago, IL, pg. 98
Hamelin, Ben - Creative, Interactive / Digital, Management - ADWORKSHOP & INPHORM, Lake Placid, NY, pg. 323
Hamilton, Sheila - Interactive / Digital, Management, Media Department - STARCOM WORLDWIDE, Chicago, IL, pg. 513
Hamilton, Alycia - Account Services, Management - DIGITAS, Chicago, IL, pg. 227
Hammes, Gwen - Account Services, Management - FCB CHICAGO, Chicago, IL, pg. 71
Hammill, Kristin - Account Services, Management - HAVAS MEDIA GROUP, New York, NY, pg. 468
Hammond, Julia - Interactive / Digital, Management, PPOM - HEAT, Chicago, IL, pg. 84
Hampton, Sarah - Management, Operations, PPM - R2INTEGRATED, Baltimore, MD, pg. 261
Hand, Derek - Management - CANVAS WORLDWIDE, Playa Vista, CA, pg. 458
Handelman, David - Management - HAVAS MEDIA GROUP, Chicago, IL, pg. 469
Handy, Peter - Management, PPOM - ADVANTIX DIGITAL, Addison, TX, pg. 211
Hanley, Jennifer - Account Services, Management, PPM, PPOM - IBM IX, Columbus, OH, pg. 240

AGENCIES

RESPONSIBILITIES INDEX

Hanley, Chris - Account Services, Management - CRAMER-KRASSELT, Chicago, IL, *pg.* 53

Hanley, John - Account Planner, Account Services, Interactive / Digital, Management, Media Department - UNIVERSAL MCCANN, New York, NY, *pg.* 521

Hanley, Maureen - Management - ETHOS MARKETING & DESIGN, Westbrook, ME, *pg.* 182

Hanlon, Janet - Management - HANLON CREATIVE, Kulpsville, PA, *pg.* 81

Hanna, Brad - Account Services, Management - BARKLEY, Kansas City, MO, *pg.* 329

Hanna, Amy - Management - BORSHOFF, Indianapolis, IN, *pg.* 585

Hannan, Robert - Management, Operations - CARAT, New York, NY, *pg.* 459

Hansen, Mark - Account Services, Management, PPOM - DDB CHICAGO, Chicago, IL, *pg.* 59

Hanson, Karissa - Management, PPOM, Public Relations - PHOENIX GROUP, Regina, SK, *pg.* 128

Hanson, Sara - Account Services, Management - MOXIE SOZO, Boulder, CO, *pg.* 192

Hanson, Leanne - Management - PADILLA, Minneapolis, MN, *pg.* 635

Hanson, Kimberly - Management - NIKE COMMUNICATIONS, INC., New York, NY, *pg.* 632

Harasyn, Maggie - Account Services, Management, NBC, PPM - WIEDEN + KENNEDY, Portland, OR, *pg.* 430

Hardekopf, Tyler - Management, Operations - TRUE NORTH CUSTOM PUBLISHING, LLC, Chattanooga, TN, *pg.* 564

Harder, Chris - Management - STARCOM WORLDWIDE, North Hollywood, CA, *pg.* 516

Hardin, Sue - Management - YECK BROTHERS COMPANY, Dayton, OH, *pg.* 294

Harding, Shawn - Management - INFINITY DIRECT, Plymouth, MN, *pg.* 286

Harkai, Marissa - Account Services, Management - THE BUNTIN GROUP, Nashville, TN, *pg.* 148

Harlacher, Jennifer - Account Planner, Management - HARMELIN MEDIA, Bala Cynwyd, PA, *pg.* 467

Harmeyer, Zach - Management - STARCOM WORLDWIDE, Chicago, IL, *pg.* 513

Harmon, Jenifer - Account Services, Management - ST. JOHN & PARTNERS ADVERTISING & PUBLIC RELATIONS, Jacksonville, FL, *pg.* 412

Harness, Trey - Account Services, Management, PPOM - CURIOSITY ADVERTISING, Cincinnati, OH, *pg.* 223

Harouche, Jeffrey - Management - WPROMOTE, Melville, NY, *pg.* 678

Harper, Susan - Management, Media Department, PPM - LEWIS ADVERTISING, INC., Rocky Mount, NC, *pg.* 380

Harper, Marty - Account Planner, Management - LEO BURNETT WORLDWIDE, Chicago, IL, *pg.* 98

Harper, Whitney - Account Services, Management - UPSHOT, Chicago, IL, *pg.* 157

Harper, Ilene - Account Planner, Account Services, Interactive / Digital, Management, Media Department - TARGETBASE MARKETING, Greensboro, NC, *pg.* 293

Harper, Matt - Management - THE MARKETING PRACTICE, Seattle, WA, *pg.* 169

Harrell, Jackson - Management - ALLISON+PARTNERS, Dallas, TX, *pg.* 577

Harris, Randi - Management - MUSTANG MARKETING, Thousand Oaks, CA, *pg.* 390

Harris, Bethany - Account Services, Analytics, Management, NBC, Research - ACTIVE INTERNATIONAL, Pearl River, NY, *pg.* 439

Harris, Stacey - Interactive / Digital, Management, Media Department - CARAT, Chicago, IL, *pg.* 461

Harris, Layne - Creative, Interactive / Digital, Management - BIG SPACESHIP, Brooklyn, NY, *pg.* 455

Harrison, Jill - Finance, Management, NBC - NORTH WOODS ADVERTISING, Minneapolis, MN, *pg.* 121

Harrison, Greg - Management - STARCOM WORLDWIDE, Chicago, IL, *pg.* 513

Harrison, Ed - Management - INKHOUSE PUBLIC RELATIONS, Waltham, MA, *pg.* 615

Harrison, Carol - Management - GLOBAL GATEWAY ADVISORS, LLC, Brooklyn, NY, *pg.* 608

Harte, Jimmy - Management - RED MOON MARKETING, Charlotte, NC, *pg.* 404

Hartley, Jessica - Account Services, Management - INSTRUMENT, Portland, OR, *pg.* 242

Hartman, Glenn - Management - ACCENTURE INTERACTIVE, New York, NY, *pg.* 209

Harvey, Erin - Account Services, Management, Media Department - PUBLICIS HEALTH, New York, NY, *pg.* 639

Harvey, Roger - Management, PPOM, Public Relations - BOSE PUBLIC AFFAIRS GROUP, LLC, Indianapolis, IN, *pg.* 585

Haslow, Tom - Account Services, Interactive / Digital, Management, Media Department - INTERESTING DEVELOPMENT, New York, NY, *pg.* 90

Hatalski, Kara - Account Services, Interactive / Digital, Management, NBC - NEON, New York, NY, *pg.* 120

Hatfield, Jason - Account Planner, Account Services, Interactive / Digital, Management, Media Department, PPOM - MORRISON, Atlanta, GA, *pg.* 117

Hathaway, Boyd - Management - LOCATION3 MEDIA, Denver, CO, *pg.* 246

Hathaway, Amanda - Management - WAGSTAFF WORLDWIDE, New York, NY, *pg.* 659

Hauman, Scott - Account Services, Management, Media Department - THE INTEGER GROUP - DALLAS, Dallas, TX, *pg.* 570

Hauser, Paul - Management, Research - VMLY&R, Kansas City, MO, *pg.* 274

Hauserman, Philip - Management - THE CASTLE GROUP, INC., Boston, MA, *pg.* 652

Hausman, Eric - Management - CARMICHAEL LYNCH, Minneapolis, MN, *pg.* 47

Havenner, Mark - Management, NBC, Operations - THE POLLACK PR MARKETING GROUP, Los Angeles, CA, *pg.* 654

Havrilla, Scot - Account Services, Management - FCB CHICAGO, Chicago, IL, *pg.* 71

Hawkes, Joanna - Account Planner, Management, Media Department, NBC - 360I, LLC, New York, NY, *pg.* 320

Hawkey, Tim - Creative, Management - AREA 23, New York, NY, *pg.* 33

Hawxhurst, George - Management - ZENITH MEDIA, New York, NY, *pg.* 529

Hayden, Beth - Management, Media Department - SWELL, LLC, Philadelphia, PA, *pg.* 145

Hayden, Flossie - Management - DEARING GROUP, West Lafayette, IN, *pg.* 60

Hayes, Nicole - Management, Media Department - STARCOM WORLDWIDE, Chicago, IL, *pg.* 513

Hayes, Bruce - Account Services, Management, Public Relations - EDELMAN, New York, NY, *pg.* 599

Hayes, Gina - Management - EDELMAN, Chicago, IL, *pg.* 353

Haygood, Olga - Management, Operations - JWT INSIDE, Washington, DC, *pg.* 667

Hayman, Erica - Account Services, Management - SOURCE COMMUNICATIONS, Hackensack, NJ, *pg.* 315

Haynes, Cindy - Management, NBC, PPOM - ERASERFARM, Tampa, FL, *pg.* 357

Hays, Ethan - Management - VISION7 INTERNATIONAL, New York, NY, *pg.* 429

Hays, Laurie - Management - EDELMAN, New York, NY, *pg.* 599

Hazlin, Mark - Management - XENOPHON STRATEGIES, INC., Washington, DC, *pg.* 664

Heady, Jen - Management - GREENOUGH COMMUNICATIONS, Watertown, MA, *pg.* 610

Heald, Richard - Management, NBC - MERGE, Boston, MA, *pg.* 113

Healy, Lisa - Account Services, Management, PPOM - DAAKE DESIGN CENTER, Omaha, NE, *pg.* 178

Heaney, Michael - Management - SPECIALISTS MARKETING SERVICES, INC., Hasbrouck Heights, NJ, *pg.*

1525

RESPONSIBILITIES INDEX

AGENCIES

292
Heathman, Lisa - Management, PPOM - LANE PR, Portland, OR, pg. 621
Hecht, Jonathan - Management - DROGA5, New York, NY, pg. 64
Hedditch, Lianne - Management - HERON AGENCY, Chicago, IL, pg. 613
Hederman, Beth - Account Planner, Management, Media Department - INITIATIVE, New York, NY, pg. 477
Hegarty, Sharon - Management, PPOM - STRATACOMM, INC., Southfield, MI, pg. 650
Heider, Kelley - Management, Social Media - SSPR, Colorado Springs, CO, pg. 649
Heilbron, Maura - Management - ARGONAUT, INC., San Francisco, CA, pg. 33
Heilman, Jennifer - Management - STRATACOMM, INC., Washington, DC, pg. 650
Heiman, Lee - Management, PPOM - TRACK MARKETING GROUP, New York, NY, pg. 156
Heimlich, David - Management - CROSSMEDIA, Los Angeles, CA, pg. 463
Heiner, Bo - Account Services, Management, NBC - OCTAGON, Atlanta, GA, pg. 313
Heitman, Kaya - Management, Media Department, NBC, PPOM, Public Relations - WAVEMAKER, New York, NY, pg. 526
Heitzman, Jim - Management - CELTIC MARKETING, INC., Morton Grove, IL, pg. 341
Hell, Lori - Management - MANDALA, Bend, OR, pg. 103
Helland, Leif - Management - MPRM PUBLIC RELATIONS, Los Angeles, CA, pg. 629
Helminiak, Beth Ann - Account Services, Human Resources, Management - SAATCHI & SAATCHI, New York, NY, pg. 136
Helms, Tyler - Account Services, Management - DEUTSCH, INC., New York, NY, pg. 349
Heltne, Ashley - Account Services, Interactive / Digital, Management, NBC - Y MEDIA LABS, Redwood City, CA, pg. 205
Henderson, Teresa - Account Services, Management, Operations - BCW DALLAS, Dallas, TX, pg. 581
Henderson, Eric - Account Services, Management, NBC, PPOM, Public Relations - METEORITE PR, Boulder, CO, pg. 627
Henderson, Trace - Management - SMUGGLER, New York, NY, pg. 143
Hendon, Kara - Management - FLEISHMANHILLARD, Kansas City, MO, pg. 604
Hendricks, Aniqua - Account Planner, Account Services, Management - HEARTS & SCIENCE, Atlanta, GA, pg. 473
Hendrickson, Jared - Management - DAC GROUP, Louisville, KY, pg. 223
Hendrickson, Maggie - Management - WILLOW MARKETING, Indianapolis, IN, pg. 433

Hendrie, Alex - Management - ENTERACTIVE SOLUTIONS GROUP, INC., Burbank, CA, pg. 567
Hendry, Tom - Management - MKTG, Westport, CT, pg. 568
Hennessy, Blair - Management - ABERNATHY MACGREGOR GROUP, New York, NY, pg. 574
Henninger, Robert - Management - MERRICK TOWLE COMMUNICATIONS, Greenbelt, MD, pg. 114
Henrichs, Jessica - Account Services, Management - COLLE MCVOY, Minneapolis, MN, pg. 343
Hepp, Nathan - Creative, Interactive / Digital, Management - EMI STRATEGIC MARKETING, INC., Boston, MA, pg. 68
Herbst, Bill - Management - SEYFERTH & ASSOCIATES, INC., Grand Rapids, MI, pg. 646
Herder, Caryn - Account Planner, Account Services, Management, Operations - CMD, Portland, OR, pg. 51
Herford, West - Management, PPOM - ON IDEAS, Jacksonville, FL, pg. 394
Herges, Annie - Interactive / Digital, Management - NINA HALE CONSULTING, Minneapolis, MN, pg. 675
Hering, James - Management, NBC, PPOM - THE RICHARDS GROUP, INC., Dallas, TX, pg. 422
Hering, Nicole - Account Planner, Account Services, Interactive / Digital, Management, Media Department - CRISPIN PORTER + BOGUSKY, Boulder, CO, pg. 346
Herman, Adam - Account Services, Interactive / Digital, Management, NBC - CONTROL V EXPOSED, Jenkintown, PA, pg. 222
Herman, Erica - Account Services, Management - CRAMER-KRASSELT, New York, NY, pg. 53
Hermanson, Jenny - Account Services, Management - OMD, New York, NY, pg. 498
Hernandez, Omara - Interactive / Digital, Management, Media Department - CANVAS WORLDWIDE, Playa Vista, CA, pg. 458
Hernandez, Daniella - Account Planner, Account Services, Management, Media Department - HEARTS & SCIENCE, New York, NY, pg. 471
Heroux, Daryl - Management, Media Department - CARAT, Toronto, ON, pg. 461
Herr, Nate - Management, PPOM - GENOME, New York, NY, pg. 236
Herrick, Rick - Management, PPOM - SALT BRANDING, San Francisco, CA, pg. 16
Herrick, David - Management - WONGDOODY, Seattle, WA, pg. 162
Herring, David - Account Services, Management - PUBLICIS.SAPIENT, Boston, MA, pg. 259
Hershkowitz, Brittany - Management - BCW LOS ANGELES, Los Angeles, CA,

pg. 581
Herskind, Erik - Account Services, Creative, Management - GODO DISCOVERY COMPANY, Dallas, TX, pg. 77
Hertenstein, Eric - Account Services, Management - HILL HOLLIDAY, Boston, MA, pg. 85
Hesketh, Jamie - Management - OCEAN MEDIA, INC., Huntington Beach, CA, pg. 498
Hess, Jennifer - Account Services, Management - DENTSU AEGIS NETWORK, New York, NY, pg. 61
Hession, Jack - Management, Public Relations - MADISON GOVERNMENT AFFAIRS, Washington, DC, pg. 624
Hession, Audra - Management, PPOM - GIBBS & SOELL, INC., New York, NY, pg. 607
Hettel, Keri - Account Services, Analytics, Management - RAZORFISH HEALTH, Philadelphia, PA, pg. 262
Heubeck, Hanly - Management - WARSCHAWSKI PUBLIC RELATIONS, Baltimore, MD, pg. 659
Heun, Diane - Management, NBC - CRITICAL MASS, INC., Chicago, IL, pg. 223
Heydt, Sara - Management, Media Department - STARCOM WORLDWIDE, New York, NY, pg. 517
Hibbs, Jennifer - Account Services, Interactive / Digital, Management - MARDEN-KANE, INC., Syosset, NY, pg. 568
Hickey, Jim - Account Services, Management - COMMUNICATORS GROUP, Keene, NH, pg. 344
Hicks, Wayne - Account Services, Management - GLYNNDEVINS, Richmond, VA, pg. 364
Hicks, Cindy - Account Services, Management - MCGARRYBOWEN, Chicago, IL, pg. 110
Hider, Mark - Management - PUBLICIS NORTH AMERICA, New York, NY, pg. 399
Hides, Greg - Account Services, Management, PPM - GEOMETRY, Chicago, IL, pg. 363
Hidra, Blerta - Interactive / Digital, Management, Media Department - OMD, New York, NY, pg. 498
Higbee, Stacy - Account Planner, Management, Media Department, PPOM - WAVEMAKER, New York, NY, pg. 526
Higgins, Kelly - Account Services, Management - DOREMUS & COMPANY, New York, NY, pg. 64
High, Liz - Management - METIA, Bellevue, WA, pg. 250
Hiland, Chris - Account Services, Interactive / Digital, Management, Media Department, NBC - PERISCOPE, Minneapolis, MN, pg. 127
Hiler, Alyssa - Creative, Human Resources, Management, Operations - ARTEFACT, Seattle, WA, pg. 173
Hilgers, Frank - Interactive / Digital, Management - YOUTECH, Naperville, IL, pg. 436
Hilgert, Christine - Management -

AGENCIES — RESPONSIBILITIES INDEX

MEETING EXPECTATIONS, Atlanta, GA, pg. 311
Hilinski, Eileen - Management, PPOM - THE GRI MARKETING GROUP, INC., Shelton, CT, pg. 270
Hilkemeier, Kami - Management - THE GEORGE P. JOHNSON COMPANY, New York, NY, pg. 316
Hill, Tim - Interactive / Digital, Management, Media Department - UNIVERSAL MCCANN, New York, NY, pg. 521
Hill, Shayne - Account Services, Management, NBC - PATTISON OUTDOOR ADVERTISING, Mississauga, ON, pg. 555
Hill, Nikki - Account Planner, Management, Media Department - LAUGHLIN CONSTABLE, INC., Chicago, IL, pg. 380
Hill, Stephanie - Account Planner, Account Services, Interactive / Digital, Management, Media Department, NBC - CARAT, New York, NY, pg. 459
Hill, Christopher - Account Services, Management - GYRO, Chicago, IL, pg. 368
Hill, Rhea - Management, NBC, Operations - 72ANDSUNNY, Playa Vista, CA, pg. 23
Hill, Melissa - Account Services, Creative, Management - MEKANISM, New York, NY, pg. 113
Hill, Kerry - Management, PPM - FCB CHICAGO, Chicago, IL, pg. 71
Hillebrand, Linda - Management - VAYNERMEDIA, New York, NY, pg. 689
Hills, Taylor - Creative, Management - DIGITAS HEALTH LIFEBRANDS, New York, NY, pg. 229
Hilton, Scott - Management - ADRENALINE, INC., Atlanta, GA, pg. 172
Hinckley, Amanda - Management - CITIZEN RELATIONS, New York, NY, pg. 590
Hines, Carrie - Account Services, Management - GSD&M, Austin, TX, pg. 79
Hines, Lamar - Interactive / Digital, Management, PPOM - BARBARIAN, New York, NY, pg. 215
Hines-Bollinger, Alaine - Account Services, Management - BARNHARDT DAY & HINES, Concord, NC, pg. 36
Hinkaty, Chris - Management - ANOMALY, New York, NY, pg. 325
Hinsley, Obele - Account Services, Interactive / Digital, Management - WEBER SHANDWICK, Chicago, IL, pg. 661
Hint, Heather - Management - MONO, Minneapolis, MN, pg. 117
Hirst, Doug - Management, Media Department - OMD CANADA, Toronto, ON, pg. 501
Histand, Jeff - Management, PPOM - RECKNER, Chalfont, PA, pg. 449
Ho, Humphrey - Management, PPOM - HYLINK, Santa Monica, CA, pg. 240
Hoak, Katie - Management, NBC - ARTS & LETTERS, Richmond, VA, pg. 34

Hobbins, Teddy - Account Services, Creative, Management - BOATBURNER, St Paul, MN, pg. 40
Hobley, Tony - Account Services, Management - SPARK44, New York, NY, pg. 411
Hobson, Lori - Management - WONDERFUL AGENCY, Los Angeles, CA, pg. 162
Hodgdon, Melissa - Management, Media Department - MOXIE, Atlanta, GA, pg. 251
Hodges, Jenny - Administrative, Management - KUHLMANN LEAVITT, Saint Louis, MO, pg. 189
Hodgkin, Kelsey - Account Planner, Account Services, Management, Media Department, Research - DEUTSCH, INC., Los Angeles, CA, pg. 350
Hoefer, Karen - Management - DERSE, INC., North Las Vegas, NV, pg. 304
Hoerner, Sara - Management - 9THWONDER, Playa Vista, CA, pg. 453
Hoff, Eliot - Management - APCO WORLDWIDE, New York, NY, pg. 578
Hoffman, Chris - Account Services, Management - THE BALLANTINE CORPORATION, Fairfield, NJ, pg. 293
Hoffman, Jeff - Management, NBC, PPOM - HAVAS HEALTH & YOU, New York, NY, pg. 82
Hogan, Michele - Management - MODERN CLIMATE, Minneapolis, MN, pg. 388
Hoglund, Andy - Management - RASKY BAERLEIN STRATEGIC COMMUNICATIONS, INC., Boston, MA, pg. 641
Hohman, Jennifer - Account Services, Management, NBC, PPOM - FCB NEW YORK, New York, NY, pg. 357
Holbrook, Natalie - Account Services, Management, Media Department - INITIATIVE, Los Angeles, CA, pg. 478
Holbrook, Katelyn - Management - VERSION 2 COMMUNICATIONS, Boston, MA, pg. 658
Holbrook, Kawika - Management - STERLING COMMUNICATIONS, INC., Los Gatos, CA, pg. 650
Holcombe, Brian - Management, Media Department, PPOM, Public Relations - RYGR, Carbondale, CO, pg. 409
Holden, Robert - Account Services, Management - STATESIDE ASSOCIATES, Arlington, VA, pg. 649
Holden, Jill - Management, Media Department - GUD MARKETING, Lansing, MI, pg. 80
Holland, Sean - Management - MADWELL, Brooklyn, NY, pg. 13
Hollander, Gail - Account Services, Management, NBC, Operations - PUBLICIS NORTH AMERICA, New York, NY, pg. 399
Hollander, Elissa - Management - MKTG INC, New York, NY, pg. 311
Holleran, Jimmy - Management - REACH AGENCY, Santa Monica, CA, pg. 196
Holliday, Nick - Account Services, Interactive / Digital, Management - 22SQUARED INC., Atlanta, GA, pg. 319

Hollock, Brian - Management, Media Department - MINDSHARE, Chicago, IL, pg. 494
Holly, Aubree - Management - WEBER SHANDWICK, San Francisco, CA, pg. 662
Holman, Jenny - Account Services, Interactive / Digital, Management - CLOCKWORK ACTIVE MEDIA, Minneapolis, MN, pg. 221
Holt, Emily - Management - PAN COMMUNICATIONS, Boston, MA, pg. 635
Holtkamp, Robert - Account Services, Management, Media Department - INITIATIVE, Los Angeles, CA, pg. 478
Holtzman, Mike - Management, PPOM - BROWN LLOYD JAMES, New York, NY, pg. 587
Honegger, Ricardo - Management, PPOM - DAVID, Miami, FL, pg. 57
Honey, Kevin - Account Services, Management - SAATCHI & SAATCHI, New York, NY, pg. 136
Hong, Jully - Management - DIGITAS, Atlanta, GA, pg. 228
Hood, Laurel - Management - WEBER SHANDWICK, Minneapolis, MN, pg. 660
Hoopes, Chris - Management - CROSSMEDIA, New York, NY, pg. 463
Hoopes, Robert - Management, PPOM - VOX GLOBAL, Washington, DC, pg. 658
Hopkins, Scott - Management - ANDERSON DIRECT & DIGITAL, Poway, CA, pg. 279
Horn, Juliet - Account Services, Finance, Management - DKC PUBLIC RELATIONS, New York, NY, pg. 597
Horn, Michael - Interactive / Digital, Management, PPOM - HUGE, INC., Brooklyn, NY, pg. 239
Horn, Michelle - Management - EDELMAN, Los Angeles, CA, pg. 601
Horn, Carlos - Management - YESLER, Seattle, WA, pg. 436
Horn, Elizabeth - Analytics, Management - DECISION ANALYST, INC., Arlington, TX, pg. 539
Horner, Bryan - Management - EDELMAN, Chicago, IL, pg. 353
Horowitz, Brad - Creative, Interactive / Digital, Management, Media Department, PPOM - ELITE MARKETING GROUP, New York, NY, pg. 305
Horowitz, Brittany - Management, Media Department - EDELMAN, New York, NY, pg. 599
Horowitz, Gail - Management - ZLOKOWER COMPANY, New York, NY, pg. 665
Horsburgh, Neysa - Account Services, Management - PSYOP, Venice, CA, pg. 196
Horstman, Leta - Management - GRAY LOON MARKETING GROUP, Evansville, IN, pg. 365
Horton, Terry - Management - HEARTS & SCIENCE, New York, NY, pg. 471
Horton, Rob - Account Services, Management - WRAY WARD, Charlotte, NC, pg. 433
Horwitz, Thomas E. - Account

1527

RESPONSIBILITIES INDEX — AGENCIES

Services, Management, PPOM - FRCH DESIGN WORLDWIDE, Cincinnati, OH, *pg.* 184

HoSang, Judith - Management - DEVRIES GLOBAL, New York, NY, *pg.* 596

Hoshino Quigley, Kei - Management - LAUNCHSQUAD, San Francisco, CA, *pg.* 621

Houghton, Kate - Management, Media Department, NBC - OMNICOM GROUP, New York, NY, *pg.* 123

Houghton, Sharon - Management - ACTIVE INTEREST MEDIA, Boulder, CO, *pg.* 561

Houk, Holly - Management - MIRESBALL, San Diego, CA, *pg.* 14

Houston, Kelly - Management - RACEPOINT GLOBAL, Boston, MA, *pg.* 640

Hovanessian, Dina - Account Services, Management - MCCANN NEW YORK, New York, NY, *pg.* 108

Howard, Tonie - Account Services, Management - ONE & ALL, Atlanta, GA, *pg.* 289

Howard, Jan - Management, Public Relations - STRONGPOINT, Tucson, AZ, *pg.* 650

Howard, Bradley - Interactive / Digital, Management, Media Department - STARCOM WORLDWIDE, Toronto, ON, *pg.* 517

Howard, Kevin - Account Services, Management, Media Department - HORIZON MEDIA, INC., New York, NY, *pg.* 474

Howard, John - Management, NBC - JACK MORTON WORLDWIDE, Detroit, MI, *pg.* 309

Howard, Beth - Management - NIMBUS, Louisville, KY, *pg.* 391

Howard, Stephanie - Management - SPARK FOUNDRY, Chicago, IL, *pg.* 510

Howe, Savannah - Management - STARCOM WORLDWIDE, Chicago, IL, *pg.* 513

Howell, Lloyd - Finance, Management, Public Relations - BOOZ ALLEN HAMILTON, McLean, VA, *pg.* 218

Howell, Anne - Account Planner, Management - ONEMAGNIFY, Detroit, MI, *pg.* 394

Howle, Jeff - Management, NBC - EP+CO., Greenville, SC, *pg.* 356

Howley, Stephanie - Human Resources, Management - BCW NEW YORK, New York, NY, *pg.* 581

Hoy, Greg - Account Services, Management - HELMS WORKSHOP, Austin, TX, *pg.* 9

Hoyer, Monica - Management - LEVELWING MEDIA, LLC, Mt Pleasant, SC, *pg.* 245

Hroncich, JT - Management - CAPITOL MEDIA SOLUTIONS, Atlanta, GA, *pg.* 459

Hrstic, Karen - Account Services, Management - CARAT, Toronto, ON, *pg.* 461

Hruska, Jen - Account Services, Management - CRISPIN PORTER + BOGUSKY, Boulder, CO, *pg.* 346

Hsieh, Elaine - Creative, Management, Operations, Public Relations - 52 LTD, Portland, OR, *pg.* 667

Hsu, Teresa - Management, Media Department - HORIZON MEDIA, INC., New York, NY, *pg.* 474

Hu, Sophie - Management - ESSENCE, New York, NY, *pg.* 232

Huban, Ryan - Management, NBC - WORDS AND PICTURES CREATIVE SERVICE, INC., Park Ridge, NJ, *pg.* 276

Hubbard, Dave - Account Services, Management - SWIFT, Portland, OR, *pg.* 145

Huber, Matt - Account Services, Management - PERISCOPE, Minneapolis, MN, *pg.* 127

Huber, Conner - Account Services, Interactive / Digital, Management, Media Department, NBC, PPOM - MCGARRYBOWEN, New York, NY, *pg.* 109

Hudes, Michael - Management, PPOM - FIREFLY, San Francisco, CA, *pg.* 552

Hudson, Tim - Management, PPOM - BELMONT ICEHOUSE, Dallas, TX, *pg.* 333

Huehnergarth, David - Account Services, Management - LEVLANE ADVERTISING, Philadelphia, PA, *pg.* 380

Huerta-Margotta, Ed - Management, Operations, Public Relations - CARMICHAEL LYNCH, Minneapolis, MN, *pg.* 47

Huffman, Erika - Management - SCHNAKE TURNBO FRANK, INC., Tulsa, OK, *pg.* 646

Huffman, Ashlee - Management, Operations - CSM SPORTS & ENTERTAINMENT, Indianapolis, IN, *pg.* 55

Huggett, Paula - Account Services, Management - BOKKA GROUP, Denver, CO, *pg.* 218

Hughes, Ed - Account Planner, Account Services, Management, Media Department - MINDSHARE, New York, NY, *pg.* 491

Hughes, Brian - Analytics, Management, Research - MAGNA GLOBAL, New York, NY, *pg.* 483

Hughes, Lisa - Account Services, Management - MCKINNEY, Durham, NC, *pg.* 111

Hughes, David - Account Services, Creative, Management, Operations - CALLEN, Austin, TX, *pg.* 46

Hughes, Jack - Management - TDG COMMUNICATIONS, Deadwood, SD, *pg.* 417

Hui, Joseph - Interactive / Digital, Management - MAXIMIZER SOFTWARE, INC., Vancouver, BC, *pg.* 168

Humbert, Melissa - Account Services, Management, Operations - BURNS MARKETING, Loveland, CO, *pg.* 219

Hummitzsch, Elizabeth - Account Services, Management - MUELLER COMMUNICATIONS, INC., Milwaukee, WI, *pg.* 630

Huni, Nathalie - Creative, Management - DIGITAS, New York, NY, *pg.* 226

Hunter, Kathleen - Interactive / Digital, Management - ASSOCIATION OF NATIONAL ADVERTISERS, New York, NY, *pg.* 442

Huppe, Marie-Christine - Management - LG2, Montreal, QC, *pg.* 380

Hurley, Tim - Management - MATTER COMMUNICATIONS, INC., Newburyport, MA, *pg.* 626

Hurry, Susan - Management - MARC RESEARCH, Irving, TX, *pg.* 447

Huston, Katherine - Interactive / Digital, Management, Media Department, Social Media - MAROON PR, Columbia, MD, *pg.* 625

Huston, Kimberly - Management - PADILLA, Minneapolis, MN, *pg.* 635

Huston, Debi - Management - MERING, Sacramento, CA, *pg.* 114

Hutchins, Tim - Management - WE'RE MAGNETIC, New York, NY, *pg.* 318

Hutchison, Ian - Management, Operations - PAVONE MARKETING GROUP, Harrisburg, PA, *pg.* 396

Hutto, Shannon - Management, PPOM - MISSION NORTH, San Francisco, CA, *pg.* 627

Huynh, Danny - Account Planner, Account Services, Interactive / Digital, Management, Media Department, PPOM - UNIVERSAL MCCANN, New York, NY, *pg.* 521

Hyams Romoff, Audrey - Account Services, Management - OVERCAT COMMUNICATIONS, Toronto, ON, *pg.* 634

Hyatt, Olivia - Account Services, Management - BUONASERA MEDIA SERVICES, Columbia, SC, *pg.* 457

Hyde, Justin - Management - EDELMAN, Washington, DC, *pg.* 600

Hyett, Chad - Management - MCS, INC., Basking Ridge, NJ, *pg.* 111

Hyman, Kristine - Account Services, Management - HANAPIN MARKETING, Bloomington, IN, *pg.* 237

Ignacio-Mesa, Jessica - Account Services, Management - SAATCHI & SAATCHI LOS ANGELES, Torrance, CA, *pg.* 137

Ilacqua, Jackie - Management - IPSOS HEALTHCARE, Mahwah, NJ, *pg.* 446

Iliffe, Matthew - Management, PPOM - BEYOND, San Francisco, CA, *pg.* 216

Infante, Adriana - Management - FLEISHMANHILLARD, Coral Gables, FL, *pg.* 605

Ing, Bill - Management, Media Department, PPM - SAATCHI & SAATCHI CANADA, Toronto, ON, *pg.* 136

Ingram, Tamara - Account Services, Management, Media Department, PPOM - WUNDERMAN THOMPSON, New York, NY, *pg.* 434

Insdorf, Stephanie - Account Planner, Interactive / Digital, Management, Media Department - UNIVERSAL MCCANN, New York, NY, *pg.* 521

Ippolito, Marc - Management, PPOM -

1528

AGENCIES — RESPONSIBILITIES INDEX

BURNS ENTERTAINMENT & SPORTS MARKETING, INC., Evanston, IL, pg. 303

Ippolito, Mari - Management - CERAMI WORLDWIDE COMMUNICATIONS, INC., Fairfield, NJ, pg. 49

Ireland, Robert - Creative, Management, PPOM - SHARP COMMUNICATIONS, INC., New York, NY, pg. 140

Irfan, Shaharyar - Account Services, Administrative, Management, Operations - AV COMMUNICATIONS, Toronto, ON, pg. 35

Irwin, Todd - Interactive / Digital, Management - ZENO GROUP, Redwood Shores, CA, pg. 665

Isaac, Andrea - Administrative, Management, Media Department, NBC, PPOM - HAVAS MEDIA GROUP, Miami, FL, pg. 470

Isaacs, Zach - Management, Media Department - STARCOM WORLDWIDE, Chicago, IL, pg. 513

Isaacson, Cory - Management, PPOM - WALTON ISAACSON, Chicago, IL, pg. 547

Isaf, John - Management, PPOM - FLEISHMANHILLARD, Boston, MA, pg. 605

Isenberg, Susan - Management, PPOM - EDELMAN, New York, NY, pg. 599

Israel, Brian - Management - BEEHIVE PR, Saint Paul, MN, pg. 582

Ivers, Daniel - Management - ANTENNA GROUP, INC., Hackensack, NJ, pg. 578

Ives, Michael - Creative, Management - ACKERMAN MCQUEEN, INC., Oklahoma City, OK, pg. 26

Ivie, Blake - Account Planner, Account Services, Interactive / Digital, Management, Media Department - CARAT, Atlanta, GA, pg. 459

Ivie, Kay - Management - IVIE & ASSOCIATES, INC., Flower Mound, TX, pg. 91

Ivy, Lisa - Account Services, Management - LEO BURNETT WORLDWIDE, Chicago, IL, pg. 98

Izquierdo, Pablo - Management, PPOM - ELEVATION, LTD, Washington, DC, pg. 540

Jack-Preisman, Julie - Management - APCO WORLDWIDE, New York, NY, pg. 578

Jackson, Matt - Management, PPOM - LAMBERT EDWARDS & ASSOCIATES INC., Grand Rapids, MI, pg. 621

Jackson, Hannah - Account Services, Management - SCHNAKE TURNBO FRANK, INC., Tulsa, OK, pg. 646

Jackson, Andrea - Management - WAGSTAFF WORLDWIDE, Los Angeles, CA, pg. 659

Jackson-Richter, Katie - Account Services, Management - CUNEO ADVERTISING, Bloomington, MN, pg. 56

Jacob, Alexandra - Management, Media Department, PPOM - SPARK FOUNDRY, El Segundo, CA, pg. 512

Jacob, Brooke - Management - STARCOM WORLDWIDE, Chicago, IL, pg. 513

Jacobs, Gunnar - Management - MONIGLE ASSOCIATES, INC., Denver, CO, pg. 14

Jacobs, Ricky - Interactive / Digital, Management, Media Department, NBC - FCB TORONTO, Toronto, ON, pg. 72

Jacobs, Jeremy - Management - ABERNATHY MACGREGOR GROUP, New York, NY, pg. 574

Jacobs, Martin - Management - PUBLICIS.SAPIENT, Chicago, IL, pg. 259

Jacobson, Gina - Management, Media Department - STARCOM WORLDWIDE, Chicago, IL, pg. 513

Jacobus, Christine - Management - REPUBLICA HAVAS, Miami, FL, pg. 545

Jaffe, Dan - Management, Public Relations - ASSOCIATION OF NATIONAL ADVERTISERS, Washington, DC, pg. 442

Jaffe, Erin - Management - NIKE COMMUNICATIONS, INC., New York, NY, pg. 632

Jago, Tom - Management - THE WARD GROUP, Woburn, MA, pg. 520

Jahn, Dan - Account Services, Interactive / Digital, Management - CSM SPORT & ENTERTAINMENT, New York, NY, pg. 347

Jaklovsky, Jozef - Management, PPOM - POLAR DESIGN, Charlestown, MA, pg. 257

Jakubas, Jess - Management, Media Department - SPARK FOUNDRY, New York, NY, pg. 508

James, Greg - Account Planner, Management, Media Department, NBC, PPOM - HAVAS MEDIA GROUP, New York, NY, pg. 468

Janaczek, Jillian - Management, Operations, PPOM - BCW NEW YORK, New York, NY, pg. 581

Janese, Chris - Account Services, Management - GAIL & RICE, Farmington Hills, MI, pg. 306

Jang, Jema - Management, Media Department - SPARK FOUNDRY, New York, NY, pg. 508

Janiszewski, Ryan - Management - OLOGIE, Columbus, OH, pg. 122

Jannotti, Carlo - Management - FORWARD BRANDING, Webster, NY, pg. 184

Janovetz, Jeff - Interactive / Digital, Management - ARCHER MALMO, Memphis, TN, pg. 32

Jarblum, Meredith - Management - W2O, San Francisco, CA, pg. 659

Jardine, John - Account Services, Management - WIEDEN + KENNEDY, New York, NY, pg. 432

Jarecke, Mark - Interactive / Digital, Management - AREA 17, Brooklyn, NY, pg. 214

Jaros, Chelsea - Account Services, Management, Media Department - UNIVERSAL MCCANN DETROIT, Birmingham, MI, pg. 524

Jarvis, Matt - Management, PPOM - 72ANDSUNNY, Playa Vista, CA, pg. 23

Jashinski, June - Account Services, Management - RPA, Santa Monica, CA, pg. 134

Jawski, Greg - Account Services, Finance, Management, Public Relations - PORTER NOVELLI, New York, NY, pg. 637

Jay, Stephen - Account Planner, Management, Media Department - BIG RED ROOSTER, Columbus, OH, pg. 3

Jay, Stefanie - Management - WALMART MEDIA GROUP, San Bruno, CA, pg. 684

Jayawardena, Sonali - Account Services, Management - FLEISHMANHILLARD, Washington, DC, pg. 605

Jedras, Emmy - Account Planner, Management, Media Department - DESANTIS BREINDEL, New York, NY, pg. 349

Jeffers, Kate - Management, PPOM - VENABLES BELL & PARTNERS, San Francisco, CA, pg. 158

Jefferson, Simon - Management, PPOM - AKQA, San Francisco, CA, pg. 211

Jefferson, Kimberly - Management - BLASTMEDIA, Fishers, IN, pg. 584

Jeffries, Ian - Management - EDELMAN, Seattle, WA, pg. 601

Jenkins, Elizabeth - Account Services, Management - FORGE WORLDWIDE, Boston, MA, pg. 183

Jenkins, Matt - Management - DEPARTMENT ZERO, Kansas City, MO, pg. 691

Jennissen, Joy - Account Planner, Account Services, Management - HILL+KNOWLTON STRATEGIES CANADA, Vancouver, BC, pg. 613

Jenny, Andrea - Management, Media Department - UNIVERSAL MCCANN, New York, NY, pg. 521

Jernigan, Callie - Management, NBC - BCW AUSTIN, Austin, TX, pg. 581

Jeroslow, Hava M. - Management - WE COMMUNICATIONS, Bellevue, WA, pg. 660

Jimenez, Matthew - Management - STARCOM WORLDWIDE, New York, NY, pg. 517

Jin Nishino, Chiaki - Management - PROPHET, Richmond, VA, pg. 15

Johnson, Steve - Account Planner, Management, Operations - ROEDER-JOHNSON CORPORATION, Redwood City, CA, pg. 643

Johnson, Steve - Account Services, Management - SWANSON RUSSELL, Omaha, NE, pg. 415

Johnson, Jasper - Management, PPOM - CLEAR CHANNEL OUTDOOR, Miami, FL, pg. 551

Johnson, George - Account Services, Management - RAYCOM SPORTS, Charlotte, NC, pg. 314

Johnson, Kelly - Account Services, Management, PPOM - 215 MCCANN, San Francisco, CA, pg. 319

Johnson, Nicole - Account Services, Management - MEDIA LOGIC, Albany, NY, pg. 288

Johnson, Sam - Management, Media Department - LRXD, Denver, CO,

1529

RESPONSIBILITIES INDEX — AGENCIES

pg. 101
Johnson, Angela - Account Services, Management, PPOM - DENTSU AEGIS NETWORK, New York, NY, pg. 61
Johnson, Lauren - Interactive / Digital, Management, Media Department, NBC - 360I, LLC, Atlanta, GA, pg. 207
Johnson, Greg - Interactive / Digital, Management, NBC, PPOM - MCGARRYBOWEN, San Francisco, CA, pg. 385
Johnson, Neil - Account Services, Creative, Management - FLEISHMANHILLARD HIGHROAD, Toronto, ON, pg. 606
Johnson, Nick - Account Planner, Management, NBC - SCOPPECHIO, Louisville, KY, pg. 409
Johnson, Matt - Account Services, Finance, Management, Media Department, NBC, PPOM - HAYMAKER, Los Angeles, CA, pg. 83
Johnson, Katarina - Account Services, Management, Research - ESCALENT, Atlanta, GA, pg. 444
Johnson, Kim - Management - HERO MARKETING, San Francisco, CA, pg. 370
Johnson, David - Management, PPOM - COOLFIRE STUDIOS, Saint Louis, MO, pg. 561
Johnson, Geri - Management - SSPR, Colorado Springs, CO, pg. 649
Johnson, Stefanie - Account Services, Creative, Management - VELOCITY OMC, New York, NY, pg. 158
Johnson, Erica - Management - THE OUTCAST AGENCY, San Francisco, CA, pg. 654
Johnson, Vicki - Management - SACHS MEDIA GROUP, Tallahassee, FL, pg. 645
Johnson, Catherine - Management - PROSEK PARTNERS, Fairfield, CT, pg. 639
Johnston, Barbara - Management - ACKERMAN MCQUEEN, INC., Oklahoma City, OK, pg. 26
Joiner, Erich - Management, PPOM - TOOL OF NORTH AMERICA, Santa Monica, CA, pg. 564
Jollie, Tom - Management, NBC - PADILLA, Minneapolis, MN, pg. 635
Jones, Deborah - Account Services, Management, Public Relations - STRATEGIES, Tustin, CA, pg. 414
Jones, Scott - Management - IMAGINE IT! MEDIA, INC., Palm Springs, CA, pg. 477
Jones, Stephen - Account Services, Management - GOLIN, Los Angeles, CA, pg. 609
Jones, Sherri - Account Services, Management, NBC - PHASE 3 MARKETING & COMMUNICATIONS, Atlanta, GA, pg. 636
Jones, Patty - Account Services, Management - TRIBAL WORLDWIDE - VANCOUVER, Vancouver, BC, pg. 272
Jones, Stephanie - Account Services, Interactive / Digital, Management, Media Department - INITIATIVE, New York, NY, pg. 477

Jones, Davis - Management, Media Department, PPOM - THE MANY, Pacific Palisades, CA, pg. 151
Jones, Gareth - Management, PPOM - WUNDERMAN THOMPSON SEATTLE, Seattle, WA, pg. 435
Jones, Rob - Management - ALLIANCE GROUP LTD, Richmond, VA, pg. 576
Jones, Dee Dee - Account Services, Management, Operations - ESSENCE, Seattle, WA, pg. 232
Jones, Brooke - Management, Media Department - TURTLEDOVE CLEMENS, INC., Portland, OR, pg. 427
Jones, Taydra - Management - TRACYLOCKE, Irving, TX, pg. 683
Jones, Dan - Account Services, Management - ENDEAVOR - CHICAGO, Chicago, IL, pg. 297
Jones, Troy - Management - THIRD WAVE DIGITAL, Macon, GA, pg. 270
Jones, Tim - Creative, Management - MCCANN HEALTH NEW YORK, New York, NY, pg. 108
Jorishie, Andy - Account Planner, Account Services, Management, NBC - BRIGHT RED\TBWA, Tallahassee, FL, pg. 337
Joseph D'Alonzo, Julie - Management - STARCOM WORLDWIDE, New York, NY, pg. 517
Jost, Amy - Management, Media Department, Operations - OMD, New York, NY, pg. 498
Joyer, Jay - Management - ZENO GROUP, Santa Monica, CA, pg. 665
Joyner, Phillip - Administrative, Management, Media Department - GSD&M, Austin, TX, pg. 79
Juarez, Vincent - Management, Media Department, PPOM - AYZENBERG GROUP, INC., Pasadena, CA, pg. 2
Juergens, Doris - Management, PPOM - NATIONAL PUBLIC RELATIONS, Quebec City, QC, pg. 632
Jukes, Eddiemae - Management - TRIPLEPOINT, San Francisco, CA, pg. 656
Juneau, Madeline - Analytics, Management - UNIVERSAL MCCANN DETROIT, Birmingham, MI, pg. 524
Juneau, Todd - Management, PPOM - DIGITAL ADDIX, San Diego, CA, pg. 225
Junger, Amy - Account Services, Management - PUBLICIS.SAPIENT, New York, NY, pg. 258
Jurga, Patrick - Interactive / Digital, Management - UNIVERSAL MCCANN, Los Angeles, CA, pg. 524
Kable, Enslow - Account Services, Management - ACCENTURE INTERACTIVE, New York, NY, pg. 209
Kadet, Allegra - Management, Operations, PPOM - NEO MEDIA WORLD, New York, NY, pg. 496
Kafie, Aldo - Account Planner, Account Services, Management - OCTAGON, Stanford, CT, pg. 313
Kager, Karen - Account Services, Management, Media Department, NBC - BHW1 ADVERTISING, Spokane, WA, pg. 3
Kahl, Graham - Account Services,

Management - WS, Calgary, AB, pg. 164
Kain, Samantha - Management - PAUL WILMOT COMMUNICATIONS, New York, NY, pg. 636
Kaiser, Jon - Interactive / Digital, Management, Media Department - HEARTS & SCIENCE, New York, NY, pg. 471
Kaiser, Tim - Management, Operations - MARTIN ADVERTISING, Birmingham, AL, pg. 106
Kaiser, Charles - Management - EDELMAN, Chicago, IL, pg. 353
Kakoullis, Adrienne - Management, Operations - HOLMES CREATIVE COMMUNICATIONS, Toronto, ON, pg. 614
Kal Hagan, Bradley - Account Services, Management - CAMRON, New York, NY, pg. 588
Kalfas, Tracy - Management, Media Department, PPM - INITIATIVE, Chicago, IL, pg. 479
Kalisher, Hardy - Management - PARALLEL PATH, Boulder, CO, pg. 256
Kalliecharan, Nadira - Interactive / Digital, Management - PUBLICIS.SAPIENT, Atlanta, GA, pg. 259
Kallish, Allison - Management, Media Department - MAGNA GLOBAL, New York, NY, pg. 483
Kalt, Dick - Management - CRN INTERNATIONAL, INC., Hamden, CT, pg. 463
Kamarasheva, Mina - Management, Media Department, PPM, Promotions - HORIZON MEDIA, INC., Los Angeles, CA, pg. 473
Kamienski, Jennifer - Account Services, Management - COYNE PUBLIC RELATIONS, Parsippany, NJ, pg. 593
Kanagasabapathy, Kumar - Account Services, Management - INITIATIVE, Los Angeles, CA, pg. 478
Kane, John - Management, Operations, PPOM - MEDTHINK COMMUNICATIONS, Cary, NC, pg. 112
Kanegai, Vanessa - Management - WAGSTAFF WORLDWIDE, Los Angeles, CA, pg. 659
Kang, Peter - Account Services, Creative, Management - ACCENTURE INTERACTIVE, El Segundo, CA, pg. 322
Kangpan, Nathaniel - Analytics, Management - KEPLER GROUP, New York, NY, pg. 244
Kantner, Kellie - Management, Operations - EMPOWER, Cincinnati, OH, pg. 354
Kantrowitz, Eva - Account Planner, Account Services, Management, PPOM - HORIZON MEDIA, INC., New York, NY, pg. 474
Kaplan, Nicole - Management, Media Department - MOMENTUM WORLDWIDE, New York, NY, pg. 117
Kaplan, Michael - Account Services, Management - GEOMETRY, New York, NY, pg. 362
Kaplan, Dan - Interactive / Digital, Management, PPM - DEUTSCH,

1530

AGENCIES

RESPONSIBILITIES INDEX

INC., Los Angeles, CA, *pg.* 350
Kaplan, Stephanie - Account Services, Management, Media Department - DIGITAS, San Francisco, CA, *pg.* 227
Kaplan, Wendy - Management, PPM - DROGA5, New York, NY, *pg.* 64
Kapp, Denny - Management - FRY COMMUNICATIONS, INC, Mechanicsburg, PA, *pg.* 361
Karagueuzian, Saro - Management - SECRET WEAPON MARKETING, Los Angeles, CA, *pg.* 139
Karambis, Scott - Account Planner, Account Services, Management, NBC, PR Management, Research - ARNOLD WORLDWIDE, Boston, MA, *pg.* 33
Karayeanes, Jennifer - Management, Media Department - SPARK FOUNDRY, New York, NY, *pg.* 508
Karlenzig, Kurt - Interactive / Digital, Management - THE MARKETING STORE WORLDWIDE, Chicago, IL, *pg.* 421
Karlyn, Wendy - Management - RIGHTPOINT, Boston, MA, *pg.* 263
Karo, Monica - Account Services, Analytics, Management, PPOM - OMD, New York, NY, *pg.* 498
Karpati, Kat - Account Services, Management - HATCH DESIGN, San Francisco, CA, *pg.* 186
Kary, Jillian - Management - JOELE FRANK, WILKINSON BRIMMER KATCHER, New York, NY, *pg.* 617
Kaskel, Richard - Management, PPOM - ADFIRE HEALTH, Stamford, CT, *pg.* 27
Katelman, Steve - Account Planner, Account Services, Interactive / Digital, Management, NBC, Operations - ANNALECT GROUP, New York, NY, *pg.* 213
Katinsky, Mike - Management, Operations - HOTHOUSE, Atlanta, GA, *pg.* 371
Kato, Wanda - Account Services, Management, Media Department, PPOM - HORIZON MEDIA, INC., Los Angeles, CA, *pg.* 473
Katz, Rich - Management - BUFFALO.AGENCY, Reston, VA, *pg.* 587
Kauffman, Sarah - Account Services, Management, Operations - ATTENTION, New York, NY, *pg.* 685
Kaufman, Dan - Account Services, Management, PPOM - WIDMEYER COMMUNICATIONS, Washington, DC, *pg.* 662
Kaufman, Stacey - Management - LOCKARD & WECHSLER, Irvington, NY, *pg.* 287
Kaufman, Allan - Management - FTI CONSULTING, New York, NY, *pg.* 606
Kaufman, Lauren - Management - MMGY GLOBAL, New York, NY, *pg.* 388
Kaulback, Victoria - Account Services, Management - BBDO WORLDWIDE, New York, NY, *pg.* 331
Kavanagh, Laura - Account Planner, Management, Media Department - MEDIAHUB NEW YORK, New York, NY, *pg.* 249
Kavich, Sarah - Account Services, Management - KANTAR TNS, Chicago, IL, *pg.* 446
Kavjian, Amanda - Account Services, Management - DWA MEDIA, Boston, MA, *pg.* 464
Kaydo, Damon - Account Services, Management - MEDIACOM, Chicago, IL, *pg.* 489
Kaye, Andrea - Account Services, Management, PPM - MCCANN NEW YORK, New York, NY, *pg.* 108
Kaye, Lora - Analytics, Management - ICROSSING, New York, NY, *pg.* 240
Kazan, Michael - Management, Media Department - VERSO ADVERTISING, New York, NY, *pg.* 159
Kazenelson Deane, Deborah - Management - EDELMAN, Los Angeles, CA, *pg.* 601
Keady, Michelle - Account Services, Management - HAVAS MEDIA GROUP, Chicago, IL, *pg.* 469
Kean, Jeff - Interactive / Digital, Management - CRAMER-KRASSELT, Chicago, IL, *pg.* 53
Kearney, Kerry - Management, Media Department - HORIZON MEDIA, INC., New York, NY, *pg.* 474
Keathley, Sean - Management, PPOM - ADRENALINE, INC., Atlanta, GA, *pg.* 172
Keefer, Ryan - Interactive / Digital, Management, Operations - CENTERLINE DIGITAL, Raleigh, NC, *pg.* 220
Keegan, Andrew - Management - TEAM ONE, Los Angeles, CA, *pg.* 417
Keenan, Joe - Management, NBC - IMRE, Los Angeles, CA, *pg.* 374
Keeshan, Harry - Finance, Management, Media Department, PPOM - PHD USA, New York, NY, *pg.* 505
Keetle, Ashley - Account Services, Management - 360I, LLC, Atlanta, GA, *pg.* 207
Keezer, Nate - Management - A. BRIGHT IDEA, Bel Air, MD, *pg.* 25
Kefer, Ryan - Management, Media Department - SPARK FOUNDRY, New York, NY, *pg.* 508
Kehler, Katie - Management - ZEHNDER COMMUNICATIONS, INC., New Orleans, LA, *pg.* 436
Keiffer, Ryan - Management, Operations, PPOM - A-TRAIN MARKETING COMMUNICATIONS, Fort Collins, CO, *pg.* 321
Keigwin, Adam - Management - MERCURY PUBLIC AFFAIRS, Washington, DC, *pg.* 386
Keilty, Gary - Management - FTI CONSULTING, New York, NY, *pg.* 606
Keiter, Nicole - Interactive / Digital, Management - UNIVERSAL MCCANN, New York, NY, *pg.* 521
Keith, Amy - Management, Operations - MEDIA LOGIC, Albany, NY, *pg.* 288
Kelleher, David - Management, Media Department - THE BUNTIN GROUP, Nashville, TN, *pg.* 148
Keller, Susannah - Account Services, Management - BBDO WORLDWIDE, New York, NY, *pg.* 331
Keller, Melissa - Management, Media Department - BROADBEAM MEDIA, New York, NY, *pg.* 456
Keller, Grant - Management - MSLGROUP, Chicago, IL, *pg.* 629
Kelley, Troy - Account Services, Management - DEUTSCH, INC., Los Angeles, CA, *pg.* 350
Kelley, Gregory - Management - FEINSTEIN KEAN HEALTHCARE, Cambridge, MA, *pg.* 603
Kelly, Liz - Account Planner, Account Services, Management, Media Department - USIM, Los Angeles, CA, *pg.* 525
Kelly, Jill - Management, Media Department, NBC, PPOM, PR Management, Public Relations - GROUPM, New York, NY, *pg.* 466
Kelly, Erin - Interactive / Digital, Management, Media Department - MEDIAHUB BOSTON, Boston, MA, *pg.* 489
Kelly, Joe - Account Services, Management - VANGUARD COMMUNICATIONS, Washington, DC, *pg.* 658
Kelly, Tom - Management - OMOBONO, Chicago, IL, *pg.* 687
Kelly, Caitlin - Account Services, Management - ALISON BROD PUBLIC RELATIONS, New York, NY, *pg.* 576
Kelly, Amanda - Account Services, Creative, Management - DIGITAS, New York, NY, *pg.* 226
Kelly, David - Management, Media Department - BVK, Milwaukee, WI, *pg.* 339
Kelly, Michelle - Management - THE ZIMMERMAN AGENCY, Tallahassee, FL, *pg.* 426
Kelly-Landberg, Katie - Management - PERISCOPE, Minneapolis, MN, *pg.* 127
Kemmer, Kim - Management - FLINT COMMUNICATIONS, INC., Fargo, ND, *pg.* 359
Kemmit, Laurie - Management - SPECTRA, Philadelphia, PA, *pg.* 315
Kemp, Carl - Management, Operations - KROGER MEDIA SERVICES, Portland, OR, *pg.* 96
Kemp, Bryan - Account Services, Management, Media Department, NBC - THE BUNTIN GROUP, Nashville, TN, *pg.* 148
Kempf, Pat - Management, PPOM - MOROCH PARTNERS, Dallas, TX, *pg.* 389
Kendrick, Meredith - Management - THE WOO AGENCY, Culver City, CA, *pg.* 425
Kenealy, Katy - Management, Public Relations - METHOD COMMUNICATIONS, Salt Lake City, UT, *pg.* 386
Kennedy, Hugh - Account Planner, Management, PPOM - PJA ADVERTISING + MARKETING, Cambridge, MA, *pg.* 397
Kennedy, Kevin - Management, PPOM, Public Relations - CAMPBELL MARKETING AND COMMUNICATIONS, Dearborn, MI, *pg.* 339
Kennedy, Stephanie - Management, Public Relations - SHOPPR, New York, NY, *pg.* 647

RESPONSIBILITIES INDEX — AGENCIES

Kennedy, Shane - Management, PPOM - BREWCO MARKETING, Central City, KY, pg. 303

Kennedy, Amanda - Account Services, Management - HAHN PUBLIC COMMUNICATIONS, Austin, TX, pg. 686

Kennedy, Maury - Interactive / Digital, Management, Social Media - SFW AGENCY, Greensboro, NC, pg. 16

Kenny, Julie - Management, Media Department, PPOM - CROSSMEDIA, New York, NY, pg. 463

Kenny, Kate - Management - BCW NEW YORK, New York, NY, pg. 581

Kent, Harvey - Account Planner, Account Services, Management - STRATA, Chicago, IL, pg. 267

Kent, Gina - Management - VAULT COMMUNICATIONS, INC., Plymouth Meeting, PA, pg. 658

Kenworthy, Howard - Management - BROGAN TENNYSON GROUP, INC., Dayton, NJ, pg. 43

Kerans, Kate - Account Services, Management - DDB CHICAGO, Chicago, IL, pg. 59

Kern, Heinz - Management - TAMAR PRODUCTIONS, Chicago, IL, pg. 316

Kernahan, Heather - Management - HOTWIRE PR, San Francisco, CA, pg. 614

Kernan, Ed - Management, Media Department - OMD WEST, Los Angeles, CA, pg. 502

Kerner, Kevin - Management, PPOM - MIGHTY & TRUE, Austin, TX, pg. 250

Kerns, Steve - Management - WE COMMUNICATIONS, San Francisco, CA, pg. 660

Kerr Redniss, Andrea - Management, Media Department - MEDIALINK, New York, NY, pg. 386

Kershaw, Noah - Analytics, Management - KEPLER GROUP, New York, NY, pg. 244

Kertis, Stephen - Creative, Management, NBC - KERTIS CREATIVE, Louisville, KY, pg. 95

Kerwin, Jessica - Management - PUBLICIS NORTH AMERICA, New York, NY, pg. 399

Kesselhaut, Leighsa - Account Services, Management - PIMS, New York, NY, pg. 128

Kessler, Monica - Management - OVE DESIGN & COMMUNICATIONS LIMITED, Toronto, ON, pg. 193

Kessler, Julie - Account Planner, Interactive / Digital, Management, Media Department, NBC - CARAT, New York, NY, pg. 459

Ketter, Rich - Management - EDELMAN, Chicago, IL, pg. 353

Khalid, Aryana - Management - GLOVER PARK GROUP, Washington, DC, pg. 608

Khan, Asif - Account Planner, Analytics, Management, Media Department - ATTENTION, New York, NY, pg. 685

Khan, Farris - Account Planner, Account Services, Interactive / Digital, Management, Media Department, Social Media - VMLY&R,

Kalamazoo, MI, pg. 274

Khemlani, Dhiren - Account Services, Management - FORSMAN & BODENFORS, New York, NY, pg. 74

Khorana, Vikas - Interactive / Digital, Management, PPOM - NTOOITIVE DIGITAL, Las Vegas, NV, pg. 254

Kidd, Carter - Management, Operations - CAMPAIGN SOLUTIONS, Alexandria, VA, pg. 219

Kiefer, Scott - Management - THE OLIVER GROUP, Louisville, KY, pg. 667

Kieltyka, Zachary - Management - FCB CHICAGO, Chicago, IL, pg. 71

Kiely, Michelle - Account Services, Management - M:UNITED//MCCANN, New York, NY, pg. 102

Kiernan, Brendan - Management - HELO, Marina Del Rey, CA, pg. 307

Kiernan, Bruce - Account Services, Management, NBC - REPRISE DIGITAL, New York, NY, pg. 676

Kilcoyne, Aaron - Management, PPOM - GREGORY WELTEROTH ADVERTISING, Montoursville, PA, pg. 466

Kiley, Mike - Management, Media Department, PPOM - MEDIADEX LLC, Cincinnati, OH, pg. 489

Kilimnik, David - Management - HERO DIGITAL, San Francisco, CA, pg. 238

Kim, Chang - Account Services, Interactive / Digital, Management, Media Department, Operations, PPOM - UNIVERSAL MCCANN, New York, NY, pg. 521

Kim, Clara - Management - DEUTSCH, INC., New York, NY, pg. 349

Kim, Janie - Interactive / Digital, Management, Media Department - WAVEMAKER, Los Angeles, CA, pg. 528

Kim, Rich - Interactive / Digital, Management, Media Department - INITIATIVE, Los Angeles, CA, pg. 478

Kim, Jin - Management, PPOM - CREATIVE DIGITAL AGENCY, San Ramon, CA, pg. 222

Kim, Philip - Creative, Interactive / Digital, Management, Operations - MOMENT, New York, NY, pg. 192

Kim, Moon - Management - M BOOTH & ASSOCIATES, INC., New York, NY, pg. 624

Kim, Hansol - Management - FTI CONSULTING, New York, NY, pg. 606

Kim, Artur - Management - NEBO AGENCY, LLC, Atlanta, GA, pg. 253

Kinch, Melissa - Account Planner, Management, PPOM - KETCHUM, Los Angeles, CA, pg. 619

King, Marianne - Management, Media Department - MEDIAHUB WINSTON SALEM, Winston-Salem, NC, pg. 386

King, Jacqueline - Account Services, Management - AMOBEE, INC., Chicago, IL, pg. 213

King, Kristen - Account Services, Management - FIG, New York, NY, pg. 73

King, Kathleen - Account Services, Management - YOH, Philadelphia, PA, pg. 277

King, Clay - Management - 22SQUARED INC., Atlanta, GA, pg. 319

King, Ally - Management - ZENITH MEDIA, New York, NY, pg. 529

King, Andrew - Management - GLOVER PARK GROUP, Washington, DC, pg. 608

Kingsbury, Dondi - Management, NBC - O'BRIEN MARKETING, Newport Beach, CA, pg. 498

Kington, Scott - Management, Media Department - WOODRUFF, Columbia, MO, pg. 163

Kinisky, Thomas - Management - SPARK FOUNDRY, Chicago, IL, pg. 510

Kinsch, Renee - Account Services, Management, Media Department - HAVAS MEDIA GROUP, New York, NY, pg. 468

Kirk, Tom - Account Services, Management - RPA, Santa Monica, CA, pg. 134

Kirk, Tiffany - Management, Media Department - HORIZON MEDIA, INC., Los Angeles, CA, pg. 473

Kirk, Jeff - Management - MVP COLLABORATIVE, INC., Madison Heights, MI, pg. 312

Kirkham, Rebecca - Management - LOVELL COMMUNICATIONS, INC., Nashville, TN, pg. 623

Kirkland, Hal - Management, Operations - TOOL OF NORTH AMERICA, Santa Monica, CA, pg. 564

Kirsch, Karl - Management - MEETING EXPECTATIONS, Atlanta, GA, pg. 311

Kislevitz, Maximilian - Account Services, Management, NBC - TOOL OF NORTH AMERICA, Santa Monica, CA, pg. 564

Kiss, Patrick - Management, PPOM - BUTLER, SHINE, STERN & PARTNERS, Sausalito, CA, pg. 45

Kiss, Katie - Account Services, Management - NSA MEDIA GROUP, INC., Downers Grove, IL, pg. 497

Kistler, Nick - Management - LEARFIELD IMG COLLEGE, Plano, TX, pg. 310

Kittridge, Barbara - Management, NBC - HAVAS MEDIA GROUP, New York, NY, pg. 468

Kjartansson, Stefan - Creative, Management - IFTHEN DIGITAL, Atlanta, GA, pg. 241

Klaus, Peter - Management - FLEISHMANHILLARD, Washington, DC, pg. 605

Klear, Cheryl - Management, Media Department, PPM - HARMELIN MEDIA, Bala Cynwyd, PA, pg. 467

Kleidon, Rose - Management, PPOM - KLEIDON AND ASSOCIATES, Akron, OH, pg. 95

Klein, Jeff - Management - DKC PUBLIC RELATIONS, New York, NY, pg. 597

Klein, Paul - Management - HAVAS TONIC, New York, NY, pg. 285

Klein, John - Creative, Management, NBC - NINTHDECIMAL, San Francisco, CA, pg. 534

Klein, Jessica - Account Services, Interactive / Digital, Management, Media Department - REPRISE DIGITAL,

AGENCIES — RESPONSIBILITIES INDEX

New York, NY, *pg.* 676
Klein, Matthew - Management, NBC - ELITE MARKETING GROUP, New York, NY, *pg.* 305
Klein, Jeremy - Management, NBC - ZETA INTERACTIVE, New York, NY, *pg.* 277
Klein, Heather - Account Services, Interactive / Digital, Management, Media Department - 4FRONT, Dallas, TX, *pg.* 208
Klein, Steven - Management - SIMONS / MICHELSON / ZIEVE, INC., Troy, MI, *pg.* 142
Kline, Kathy - Management, Media Department - STARCOM WORLDWIDE, Chicago, IL, *pg.* 513
Klupe, Christina - Management - ANSIRA, Saint Louis, MO, *pg.* 280
Knapp, Steve - Management - NORTON OUTDOOR ADVERTISING, Cincinnati, OH, *pg.* 554
Knapp, Sharon - Management, Media Department, PPM - UNIVERSAL MCCANN DETROIT, Birmingham, MI, *pg.* 524
Knappenberger, Chad - Management, Media Department - MINDSHARE, Chicago, IL, *pg.* 494
Knecht, Karla - Account Services, Management, Media Department, PPOM - STARCOM WORLDWIDE, Chicago, IL, *pg.* 513
Knight, Kristin - Management - PROOF ADVERTISING, Austin, TX, *pg.* 398
Knight, Robin - Account Services, Management - EP+CO., New York, NY, *pg.* 356
Knopf, Michael - Management, Media Department - UNIVERSAL MCCANN, New York, NY, *pg.* 521
Knoth, Audrey - Account Services, Management - GOLDMAN & ASSOCIATES, Norfolk, VA, *pg.* 608
Knott, Kim - Management - STARCOM WORLDWIDE, Detroit, MI, *pg.* 517
Knudson, Kathy - Management - THE LAVIDGE COMPANY, Phoenix, AZ, *pg.* 420
Knuth, Matthew - Management, NBC - SERUM AGENCY, Seattle, WA, *pg.* 508
Knuti, Matthew - Management, Operations - FUZZ PRODUCTIONS, Brooklyn, NY, *pg.* 236
Ko, Brian - Account Services, Management, PPOM - AUDIENCEX, Marina Del Rey, CA, *pg.* 35
Kobe, LJ - Interactive / Digital, Management, Media Department, NBC - HORIZON MEDIA, INC., New York, NY, *pg.* 474
Kobe, Kristine - Account Services, Management - HEAT, Chicago, IL, *pg.* 84
Koch, Kristin - Interactive / Digital, Management, Media Department, NBC, Operations - MINDSHARE, San Francisco, CA, *pg.* 495
Koch, Cassie - Management - FRCH DESIGN WORLDWIDE, Cincinnati, OH, *pg.* 184
Kocheilas, Antonis - Account Services, Management - OGILVY, New York, NY, *pg.* 393

Kodak, Stacey - Management - JCDECAUX NORTH AMERICA, New York, NY, *pg.* 553
Kodner, Emily - Management - SANDSTORM DESIGN, Chicago, IL, *pg.* 264
Koelemij, Olivier - Management, PPOM - MEDIAMONKS, Venice, CA, *pg.* 249
Koeneman, Claire - Finance, Management, NBC, PPOM - BULLY PULPIT INTERACTIVE, Washington, DC, *pg.* 45
Koenig, Lance - Management - THE MARTIN AGENCY, Richmond, VA, *pg.* 421
Koenigsberg, Bill - Management, PPOM - HORIZON MEDIA, INC., New York, NY, *pg.* 474
Koepke, Carol - Account Services, Management - ZIMMERMAN ADVERTISING, Fort Lauderdale, FL, *pg.* 437
Kogler, Angela - Account Services, Management - MCCANN HEALTH NEW YORK, New York, NY, *pg.* 108
Kohen, Daniele - Management, PPOM - MINDSHARE, Playa Vista, CA, *pg.* 495
Kohlhepp, Courtney - Management, Operations - TNS, Cincinnati, OH, *pg.* 450
Kohnstamm, Josh - Management - BROADHEAD, Minneapolis, MN, *pg.* 337
Kojcsich, Kendra - Management - PORTER NOVELLI, Washington, DC, *pg.* 637
Kokoris, Jim - Management, PPOM - L.C. WILLIAMS & ASSOCIATES, INC., Chicago, IL, *pg.* 621
Kolandra, Udayan - Account Planner, Account Services, Management - UPSHOT, Chicago, IL, *pg.* 157
Kolhagen, Kelly - Management - MSL DETROIT, Troy, MI, *pg.* 629
Kolinsky, Jason - Account Services, Management - M:UNITED//MCCANN, New York, NY, *pg.* 102
Kollas, Spencer - Analytics, Management - BRIGHTWAVE MARKETING, INC., Atlanta, GA, *pg.* 219
Kolodij, Cat - Account Services, Management, Operations, PPOM - FALLS COMMUNICATIONS, Cleveland, OH, *pg.* 357
Kolthoff, Lori - Management - FRCH DESIGN WORLDWIDE, Cincinnati, OH, *pg.* 184
Konopasek, Scott - Management, Media Department - NOBLE PEOPLE, New York, NY, *pg.* 120
Koo, Jeff - Management - SPARKPR, San Francisco, CA, *pg.* 648
Koopman, Meghan - Account Services, Management, Media Department - HAVAS MEDIA GROUP, New York, NY, *pg.* 468
Kopp Hudon, Dana - Management - M BOOTH & ASSOCIATES, INC., New York, NY, *pg.* 624
Kopp Johnson, Lisa - Management, NBC - AMOBEE, INC., Chicago, IL, *pg.* 213
Koppelman, David - Management - MACDONALD MEDIA, LLC, New York, NY,

pg. 553
Korian, Steve - Creative, Management - IOMEDIA, INC., New York, NY, *pg.* 90
Korian, Steven - Management - IOMEDIA, INC., New York, NY, *pg.* 90
Korn, Danielle - Management - MCCANN NEW YORK, New York, NY, *pg.* 108
Kornett, Dave - Finance, Management, Media Department - OMD, New York, NY, *pg.* 498
Kornyk, Colleen - Finance, Management, PPOM - CRM UNLEASHED, Abbotsford, BC, *pg.* 167
Korsgard, Karen - Account Services, Interactive / Digital, Management, Media Department, Public Relations - ONEFIRE, INC, Peoria, IL, *pg.* 394
Kosnik, Timothy - Account Services, Management - FCB CHICAGO, Chicago, IL, *pg.* 71
Kostainsek, Michael - Management - DWA MEDIA, San Francisco, CA, *pg.* 464
Kotova, Anya - Management - ZENO GROUP, Chicago, IL, *pg.* 664
Kotziagkiaouridis, Yannis - Analytics, Interactive / Digital, Management, PPOM - EDELMAN, Dallas, TX, *pg.* 600
Kouvaras, Ariel - Management - SLOANE & COMPANY, New York, NY, *pg.* 647
Kouwe, Zach - Management, NBC - DUKAS LINDEN PUBLIC RELATIONS, New York, NY, *pg.* 598
Kovacs, Matt - Management, NBC, PPOM - BLAZE, Santa Monica, CA, *pg.* 584
Koval, Katie - Management, Media Department - STARCOM WORLDWIDE, New York, NY, *pg.* 517
Kovalcik, Laura - Account Services, Management, Media Department - CARAT, Detroit, MI, *pg.* 461
Kovan, Andy - Account Planner, Account Services, Management - THE BRANDON AGENCY, Myrtle Beach, SC, *pg.* 419
Kovitz, Lisa - Account Services, Management - EDELMAN, New York, NY, *pg.* 599
Kowalski, Bradley - Account Services, Management, Media Department - HAVAS WORLDWIDE TORONTO, Toronto, ON, *pg.* 83
Koyen, Neena - Account Services, Management, Media Department - UNIVERSAL MCCANN, New York, NY, *pg.* 521
Kozachik, Lindsay - Management - THE MARS AGENCY, Southfield, MI, *pg.* 683
Kozma, Jamie - Account Services, Interactive / Digital, Management, Media Department - UNIVERSAL MCCANN, New York, NY, *pg.* 521
Kraeuter, Chris - Management - ARCHETYPE, San Francisco, CA, *pg.* 33
Krakower, Gary - Account Services, Management - 160OVER90, Los Angeles, CA, *pg.* 301

RESPONSIBILITIES INDEX — AGENCIES

Kramer, Jaclyn - Management - MEDIACOM, New York, NY, *pg.* 487

Kramer, Shepard - Management - ASSOCIATION OF NATIONAL ADVERTISERS, New York, NY, *pg.* 442

Krankowski, Thomas - Management, Media Department - UNIVERSAL MCCANN, New York, NY, *pg.* 521

Krato, Elizabeth - Management, Operations - JACK MORTON WORLDWIDE, Detroit, MI, *pg.* 309

Kraus, Andrew - Account Services, Management - EPOCH 5 PUBLIC RELATIONS, Huntington, NY, *pg.* 602

Kraus, Kyle - Management - THE FOOD GROUP, Tampa, FL, *pg.* 419

Krause, Frederick - Management - AFA KRAUSE, Sandy, UT, *pg.* 28

Krause, Colleen - Management - THE LANE COMMUNICATIONS GROUP, New York, NY, *pg.* 654

Kravetz, Julie - Account Planner, Account Services, Management - DEUTSCH, INC., New York, NY, *pg.* 349

Kravitz, Susan - Management - NOVUS MEDIA, INC., Plymouth, MN, *pg.* 497

Kreikemeier, Tracy - Account Services, Management - THRULINE MARKETING, Lenexa, KS, *pg.* 155

Krensky, Andrew - Account Services, Management, NBC, PPOM - OMELET, Culver City, CA, *pg.* 122

Kress, Kimberly - Management, NBC - MCCANN NEW YORK, New York, NY, *pg.* 108

Krinsky, Nicki - Management - SAATCHI & SAATCHI LOS ANGELES, Torrance, CA, *pg.* 137

Krisfalusi, Cyndi - Human Resources, Management - EDELMAN, Dallas, TX, *pg.* 600

Krongold, Jaclyn - Account Services, Management - DEUTSCH, INC., New York, NY, *pg.* 349

Kropp, Matt - Account Services, Management - CARAT, Chicago, IL, *pg.* 461

Krucker, Kelsey - Account Services, Interactive / Digital, Management - WALKER SANDS COMMUNICATIONS, Chicago, IL, *pg.* 659

Krueger, Brian - Management, PPM - BVK, Milwaukee, WI, *pg.* 339

Krull, Stewart - Creative, Management - ATMOSPHERE PROXIMITY, New York, NY, *pg.* 214

Krumsick, Cristina - Management - BALTZ & COMPANY, New York, NY, *pg.* 580

Krutchik, Larry - Account Services, Management, NBC - HILL+KNOWLTON STRATEGIES, Los Angeles, CA, *pg.* 613

Krzastek, Marcus - Management, PPOM - VAYNERMEDIA, New York, NY, *pg.* 689

Ku, Ryan - Interactive / Digital, Management - ELEVEN, INC., San Francisco, CA, *pg.* 67

Kubanka, Stefanie - Account Services, Management, Media Department, NBC - HAVAS MEDIA GROUP, New York, NY, *pg.* 468

Kubert, Elizabeth - Creative, Management - VAYNERMEDIA, New York, NY, *pg.* 689

Kuehn, Rob - Account Services, Management - MARTIN RETAIL GROUP, Alpharetta, GA, *pg.* 106

Kugler, Bill - Management - PRX, INC., San Jose, CA, *pg.* 639

Kuhns, Lori - Management - NAVIGATORS LLC, Washington, DC, *pg.* 632

Kulesza, Jackie - Management, Media Department - STARCOM WORLDWIDE, Chicago, IL, *pg.* 513

Kumar, Arun - Management, Research - HERO DIGITAL, San Francisco, CA, *pg.* 238

Kuminski, Tara - Management, Media Department - POSTERSCOPE U.S.A., New York, NY, *pg.* 556

Kuperschmid, Peter - Management - BROADCAST TIME, INC. , Lido Beach, NY, *pg.* 457

Kupfer, Andrea - Management - ACTIVE INTEREST MEDIA, Boulder, CO, *pg.* 561

Kurasz, Hanna - Management - MARSTON WEBB INTERNATIONAL , New York, NY, *pg.* 626

Kurfirst, Lauren - Management - DIGITAS, Atlanta, GA, *pg.* 228

Kurien, Philip - Management - THE FAMILY ROOM, Norwalk, CT, *pg.* 450

Kurtz, Allison - Account Services, Management - L.C. WILLIAMS & ASSOCIATES, INC, Chicago, IL, *pg.* 621

Kutnick, Dale - Account Services, Management - GARTNER, INC., Stamford, CT, *pg.* 236

Kuznicki, Amy - Management - PUBLICIS NORTH AMERICA, New York, NY, *pg.* 399

LaBelle, William - Management, PPOM - LABELLE BARIN ADVERTISING, Saint Louis Park, MN, *pg.* 379

Labossiere, Regine - Management - GOODMAN MEDIA INTERNATIONAL, INC., New York, NY, *pg.* 610

Labovich, Gary - Interactive / Digital, Management - BOOZ ALLEN HAMILTON, McLean, VA, *pg.* 218

Lacher, Jane - Account Planner, Account Services, Management - ZENITH MEDIA, New York, NY, *pg.* 529

Lackie, Matthew - Management, PPOM - GOLIN, San Francisco, CA, *pg.* 609

Lacle, Sabrina - Management - NEWLINK COMMUNICATIONS GROUP, Miami, FL, *pg.* 632

Lacy, Shawn - Management - BISCUIT FILMWORKS, Los Angeles, CA, *pg.* 561

Ladd, Shelby - Management - SPOTCO, New York, NY, *pg.* 143

Ladd, Joe - Account Services, Management - MRY, New York, NY, *pg.* 252

Ladman, Mike - Management - DROGA5, New York, NY, *pg.* 64

Lafond, Dave - Creative, Management, Media Department, PPOM, Public Relations - NO FIXED ADDRESS INC., Toronto, ON, *pg.* 120

Lafontaine, Sandra - Management - INNOVACOM MARKETING & COMMUNICATIONS, Gatineau, QC, *pg.* 375

Lafranz, Lauren - Creative, Management, Operations - VMLY&R, New York, NY, *pg.* 160

Lagace, Renee - Management, PPOM - HEALTHWISE CREATIVE RESOURCE GROUP, Toronto, ON, *pg.* 83

Lageson, Ernie - Creative, Management, PPOM - HAVAS WORLDWIDE SAN FRANCISCO, San Francisco, CA, *pg.* 370

Lahucik, Cary - Management, Operations - POINT B COMMUNICATIONS, Chicago, IL, *pg.* 128

Lainio, Caroline - Management - WEBER SHANDWICK, Chicago, IL, *pg.* 661

Laird, Randall - Management, NBC - ANCHOR MEDIA SERVICES, LLC, New City, NY, *pg.* 454

Lake, Jennifer - Management, Public Relations - ZAPWATER COMMUNICATIONS, Chicago, IL, *pg.* 664

Lake, Jeff - Management, PPOM - PUNCH COMMUNICATIONS, Toronto, ON, *pg.* 640

Lalli, Mary - Management - WESTPORT ENTERTAINMENT ASSOCIATES, Sedona, AZ, *pg.* 668

Lam, Lindsay - Analytics, Interactive / Digital, Management, Operations, Research - WUNDERMAN THOMPSON, Washington, DC, *pg.* 434

Lam, Jed - Account Services, Management, NBC - EDELMAN, Chicago, IL, *pg.* 353

Lam, Ting - Management - PUBLICIS NORTH AMERICA, New York, NY, *pg.* 399

Lamb, Kevin - Management - COYNE PUBLIC RELATIONS, Parsippany, NJ, *pg.* 593

Lamb, Tom - Management - CAPGEMINI, Wayne, PA, *pg.* 219

Lammer, Ellie - Management, PPM - SUB ROSA, New York, NY, *pg.* 200

LaMontagne MacGillivray, Lisa - Management - MARLO MARKETING COMMUNICATIONS, Boston, MA, *pg.* 383

Lamson, Christine - Interactive / Digital, Management, Media Department - MINDSHARE, New York, NY, *pg.* 491

Lande, Miguel - Management - NEWLINK COMMUNICATIONS GROUP, Miami, FL, *pg.* 632

Lander, Michael - Management - ELEVATED THIRD, Denver, CO, *pg.* 230

Landicho, Stephanie - Account Services, Management, Media Department - MEDIACOM CANADA, Toronto, ON, *pg.* 489

Lando, Nicole - Management, Public Relations - ALISON BROD PUBLIC RELATIONS, New York, NY, *pg.* 576

Lane, Jordan - Account Services, Management - BENSIMON BYRNE, Toronto, ON, *pg.* 38

Lang, Jenny - Account Services, Interactive / Digital, Management,

AGENCIES
RESPONSIBILITIES INDEX

Media Department - MAGNA GLOBAL, New York, NY, pg. 483
Lang, Jenny - Account Services, Management, NBC - REAL WORLD, INC., Scottsdale, AZ, pg. 403
Lange, Jonathan - Account Planner, Account Services, Management - CAMPBELL EWALD NEW YORK, New York, NY, pg. 47
Lange, Colin - Account Planner, Account Services, Management - LANDOR, New York, NY, pg. 11
Langeland, Dawn - Management - GOLIN, New York, NY, pg. 610
Langlitz, Daniel - Account Planner, Account Services, Management - STRAWBERRYFROG, New York, NY, pg. 414
Langwell, Jason - Interactive / Digital, Management, Media Department, NBC - INTERSPORT, Chicago, IL, pg. 308
Langworthy, Kim - Management - TRINITY BRAND GROUP, Berkeley, CA, pg. 202
Lanier, Isadora - Management - METRICS MARKETING, Atlanta, GA, pg. 114
Lannino, Larry - Management - BEACON HEALTHCARE COMMUNICATIONS, Bedminster, NJ, pg. 38
Larkin, Stephen - Account Services, Interactive / Digital, Management, NBC, PPOM - R/GA, Los Angeles, CA, pg. 261
Larsen, Walt - Account Services, Management - SCALES ADVERTISING, Minneapolis, MN, pg. 138
Larson, Lindsay - Management - DAC GROUP, Louisville, KY, pg. 223
Laryea, Chris - Account Services, Management, Media Department - THE VIA AGENCY, Portland, ME, pg. 154
Laschever, Ann-Rebecca - Account Services, Management, NBC - GEOFFREY WEILL ASSOCIATES, INC., New York, NY, pg. 607
Lathrop, Brent - Management - INDUSTRIAL STRENGTH MARKETING, INC., Nashville, TN, pg. 686
Latobesi, Joe - Management - MONTANA STEELE ADVERTISING, Toronto, ON, pg. 117
Lau, Jamie - Management - TEAM ONE, Los Angeles, CA, pg. 417
Lau, Raymond - Management - DIGITAS, Atlanta, GA, pg. 228
Laubscher, Howard - Account Planner, Management, NBC, Research - BARKLEY, Kansas City, MO, pg. 329
Lauer, Dawn - Management - MWWPR, New York, NY, pg. 631
Laughlin, Amy - Account Services, Management - DAVID&GOLIATH, El Segundo, CA, pg. 57
Lauper, Jordan - Account Services, Management - STARCOM WORLDWIDE, Toronto, ON, pg. 517
Laurence, Tori - Management - BT/A ADVERTISING, Toronto, ON, pg. 44
Laurens, Rob - Management, Operations, Research - BBK WORLDWIDE, Needham, MA, pg. 37
Lavecchia, Renee - Account Services, Management, PPOM - VMLY&R, Miami, FL, pg. 160
Lavidor, Evan - Interactive / Digital, Management - MERGE, Boston, MA, pg. 113
LaVoie, Mark J. - Management - PROSEK PARTNERS, New York, NY, pg. 639
Lavrenz, Grete - Management - CARMICHAEL LYNCH, Minneapolis, MN, pg. 47
Lawler, Megan - Account Services, Management, Programmatic, Social Media - PHD CHICAGO, Chicago, IL, pg. 504
Lawless, Lisa - Management, Media Department - FUSION MARKETING, St. Louis, MO, pg. 8
Lawrence, Garrett - Account Services, Management - DOREMUS & COMPANY, San Francisco, CA, pg. 64
Lawrence, Mike - Management, NBC, PPOM, Public Relations, Social Media - CONE, INC., Boston, MA, pg. 6
Lawrence, Carmen - Management, NBC - THE AXIS AGENCY, Century City, CA, pg. 545
Lawrence, Virginia - Management - BALLANTINES PUBLIC RELATIONS, West Hollywood, CA, pg. 580
Laws, Catherine - Account Services, Management - THE WILLIAM MILLS AGENCY, Atlanta, GA, pg. 655
Lawshe, Jeff - Management, Operations - CCG MARKETING SOLUTIONS, West Caldwell, NJ, pg. 341
Lawson, Colleen - Account Services, Management - PERFORMICS, New York, NY, pg. 676
Lawson, James - Account Services, Management, Media Department - BROTHERS & CO., Tulsa, OK, pg. 43
Lawwill, Bradley - Management - PIERCE PROMOTIONS & EVENT MANAGEMENT, Portland, ME, pg. 313
Lazenby, Johnny - Management - MAHALO SPIRITS GROUP, Delray Beach, FL, pg. 13
Lazo, Adrian - Interactive / Digital, Management, NBC - CLEARLINK, Salt Lake City, UT, pg. 221
Le Blanc, Karyn - Management - STRATACOMM, INC., Washington, DC, pg. 650
Lea, Janet - Management - SHERRY MATTHEWS ADVOCACY MARKETING, Austin, TX, pg. 140
Leach, Kelly - Account Planner, Account Services, Interactive / Digital, Management, Media Department - HORIZON MEDIA, INC., New York, NY, pg. 474
Leahy, Jennifer - Management - DRAGON ARMY, Atlanta, GA, pg. 533
Leahy, Leeann - Management, PPOM - THE VIA AGENCY, Portland, ME, pg. 154
Leaumont, Tim - Finance, Management, Operations - NEXT MARKETING, Norcross, GA, pg. 312
Leaventon, Adam - Analytics, Management - RED TETTEMER O'CONNELL + PARTNERS, Philadelphia, PA, pg. 404
LeBeau, Michael - Management, PPOM - SCRUM50, South Norwalk, CT, pg. 409
Leblanc, Remi - Management - BBR CREATIVE, Lafayette, LA, pg. 174
Lebron, Lillian - Account Services, Management, NBC - BEACON MEDIA, Mahwah, NJ, pg. 216
Lecceadone, Tyler - Account Services, Management, PPOM - SEYFERTH & ASSOCIATES, INC., Grand Rapids, MI, pg. 646
LeCompte, Jenni - Management - GLOVER PARK GROUP, Washington, DC, pg. 608
Leder, Eric - Interactive / Digital, Management - FUSION92, Chicago, IL, pg. 235
Ledford, Chris - Account Services, Management - OXFORD COMMUNICATIONS, Lambertville, NJ, pg. 395
Lee, Julie - Management, Media Department - WAVEMAKER, Chicago, IL, pg. 529
Lee, Bruce - Account Services, Management, Media Department, NBC - UNIVERSAL MCCANN, New York, NY, pg. 521
Lee, Jonathan - Account Planner, Account Services, Management, NBC, Operations, PPOM - GREY GROUP, New York, NY, pg. 365
Lee, Phillip - Account Planner, Account Services, Management, Media Department - THE RICHARDS GROUP, INC., Dallas, TX, pg. 422
Lee, James - Creative, Management - MILLER AD AGENCY, Dallas, TX, pg. 115
Lee, Priscilla - Account Services, Management, Operations - REBEL VENTURES INC., Los Angeles, CA, pg. 262
Lee, Amy - Management - WOLFF OLINS, New York, NY, pg. 21
Lee, Hope - Management - THE WOO AGENCY, Culver City, CA, pg. 425
Lee, John - Management - GOODMAN MEDIA INTERNATIONAL, INC., New York, NY, pg. 610
Lee, Eugene - Management - CMI MEDIA, LLC, King of Prussia, PA, pg. 342
Lee, Jocelyn - Management - DELOITTE DIGITAL, New York, NY, pg. 225
Lee Sherrill, Christina - Management, Operations - SILTANEN & PARTNERS ADVERTISING, El Segundo, CA, pg. 410
Lefferts, Jon - Management, Media Department, PPOM - UNIVERSAL MCCANN, New York, NY, pg. 521
Leftwich, Joel - Management - GLOVER PARK GROUP, Washington, DC, pg. 608
Leger, Chris - Account Services, Management - DWA MEDIA, Austin, TX, pg. 464
Legere, Olivia - Account Services, Management - JONES KNOWLES RITCHIE,

1535

RESPONSIBILITIES INDEX — AGENCIES

New York, NY, *pg.* 11
Lehmann, Chris - Management - LANDOR, San Francisco, CA, *pg.* 11
Lehr, Ryan - Creative, Management - DEUTSCH, INC., Los Angeles, CA, *pg.* 350
Leibowitz, Zach - Management - DUKAS LINDEN PUBLIC RELATIONS, New York, NY, *pg.* 598
Leipold, Kerry - Management - PARK OUTDOOR ADVERTISING, Elmira, NY, *pg.* 555
Leis, Michael - Interactive / Digital, Management, Social Media - DIGITAS HEALTH LIFEBRANDS, Philadelphia, PA, *pg.* 229
Leitch, Danielle - Management, PPOM - MOREVISIBILITY, Boca Raton, FL, *pg.* 675
Leitman, Bob - Management - TOLUNA, Wilton, CT, *pg.* 450
Lelait, Guillaume - Management, PPOM - FETCH, San Francisco, CA, *pg.* 533
Lemaire, Cyril - Management - TRAKTEK PARTNERS, Needham, MA, *pg.* 271
Lembo, Christine - Management - HORIZON MEDIA, INC., New York, NY, *pg.* 474
Lempert, Pete - Management, NBC, PPOM - THE RICHARDS GROUP, INC., Dallas, TX, *pg.* 422
Lemus, Monique - Management, Media Department - THE MEDIA KITCHEN, New York, NY, *pg.* 519
Lennon, Sue - Management - TRILLIUM CORPORATE COMMUNICATIONS, INC., Toronto, ON, *pg.* 656
Lenore, Rachel - Management, NBC - FLEISHMANHILLARD, New York, NY, *pg.* 605
Lenss, Mark - Management - MARKETINGLAB, Minneapolis, MN, *pg.* 568
Leon, George - Account Services, Management, PPOM - HAWTHORNE ADVERTISING, Los Angeles, CA, *pg.* 370
Leonard, Julia - Creative, Management - HAGGMAN, Gloucester, MA, *pg.* 81
Leonard, Jennifer - Management - HAWORTH MARKETING & MEDIA, Minneapolis, MN, *pg.* 470
Leonard, Randi - Management - SPARK FOUNDRY, Chicago, IL, *pg.* 510
Leonard, Nadine - Account Planner, Management - HEARTBEAT IDEAS, New York, NY, *pg.* 238
Leonardo, Michelle - Account Services, Management, PPOM - HORIZON MEDIA, INC., New York, NY, *pg.* 474
Leong, Grace - Management, PPOM - HUNTER PUBLIC RELATIONS, New York, NY, *pg.* 614
Lersch, Dale - Account Services, Management - METRIXLAB, Farmington, CT, *pg.* 447
Leshaw, Eve - Management, Media Department - UNIVERSAL MCCANN, New York, NY, *pg.* 521
LeSieur, Tanya - Interactive /

Digital, Management, PPOM - MUH-TAY-ZIK / HOF-FER, San Francisco, CA, *pg.* 119
Leslie, Grant - Management - GLOVER PARK GROUP, Washington, DC, *pg.* 608
Lessens, Eric - Account Services, Management, NBC - FCB CHICAGO, Chicago, IL, *pg.* 71
Lestan, Jake - Account Services, Management - DDB CHICAGO, Chicago, IL, *pg.* 59
LeTourneau, Linda - Account Services, Management - HAUGAARD CREATIVE GROUP, Chicago, IL, *pg.* 186
Lett, Kacie - Account Services, Management - THREE FIVE TWO, INC., Atlanta, GA, *pg.* 271
Lev, Zach - Account Planner, Account Services, Creative, Management, NBC - BULLISH INC, New York, NY, *pg.* 45
Levenberg, Ruth - Account Planner, Management, Media Department, NBC - CARAT, New York, NY, *pg.* 459
Leventhal, Marcia - Account Services, Management - SKY ADVERTISING, INC., New York, NY, *pg.* 142
Leveque, Imir - Management, Media Department - THESEUS COMMUNICATIONS, New York, NY, *pg.* 520
Levey, Alexandra - Management, Media Department - UNIVERSAL MCCANN, New York, NY, *pg.* 521
Levi, Darlene - Management - AD PARTNERS, INC., Tampa, FL, *pg.* 26
Levine, Elaine - Account Services, Management - HAVAS MEDIA GROUP, New York, NY, *pg.* 468
Levine, Tara - Interactive / Digital, Management, PPOM - HEARTS & SCIENCE, New York, NY, *pg.* 471
Levings, Mandy - Management, PPOM - FLEISHMANHILLARD, Kansas City, MO, *pg.* 604
Levinson, Matt - Management - O'CONNELL & GOLDBERG, Hollywood, FL, *pg.* 633
Levis, Aymee - Management - CREATIVE RESOURCES GROUP, INC., Plymouth, MA, *pg.* 55
Levitt, Gary - Management - SEQUOIA PRODUCTIONS, Los Angeles, CA, *pg.* 314
Levy, Evan - Creative, Interactive / Digital, Management, Operations, PPOM - FITZCO, Atlanta, GA, *pg.* 73
Levy, Warren - Management, NBC - SHOW & TELL PRODUCTIONS, INC., New York, NY, *pg.* 557
Lewis, Bryan - Management, PPOM - FUSIONARY MEDIA, INC. , Grand Rapids, MI, *pg.* 236
Lewis, Judy - Account Services, Management, PPOM - STRATEGIC OBJECTIVES, Toronto, ON, *pg.* 650
Lewis, Jonathan - Account Planner, Account Services, Management, PPOM - MCKEE WALLWORK & COMPANY, Albuquerque, NM, *pg.* 385
Lewis, Bob - Management - CAMPBELL MARKETING AND COMMUNICATIONS,

Dearborn, MI, *pg.* 339
Lewis, Julia - Management - PERRY COMMUNICATIONS GROUP, Sacramento, CA, *pg.* 636
Lewis, Aurelia - Management, PPOM - LEWIS MEDIA PARTNERS, Richmond, VA, *pg.* 482
Lewis, Cara - Account Services, Management, Media Department - DENTSU AEGIS NETWORK, New York, NY, *pg.* 61
Lewis, Ben - Management, Operations - MC2, Lithia Springs, GA, *pg.* 311
Lewis, John - Management - ZETA INTERACTIVE, New York, NY, *pg.* 277
Lewis, Jamie - Interactive / Digital, Management - CAMPBELL EWALD, Los Angeles, CA, *pg.* 47
Lewis, Eric - Management - DERSE, INC., Coppell, TX, *pg.* 304
Lewis, Stacy - Management - MURPHY O'BRIEN, INC., Los Angeles, CA, *pg.* 630
Lewis, Paul - Management, PPM - VALTECH, New York, NY, *pg.* 273
Lieberson, Dave - Management - FINN PARTNERS, New York, NY, *pg.* 603
Liebman, Lisa - Management - AUSTIN & WILLIAMS ADVERTISING, Hauppauge, NY, *pg.* 328
Lied, Rose - Account Planner, Account Services, Management - BRUNNER, Pittsburgh, PA, *pg.* 44
Likes, Andrew - Management - THE VANDIVER GROUP, INC., Saint Louis, MO, *pg.* 425
Lillo, Angelo - Account Services, Interactive / Digital, Management - WPROMOTE, El Segundo, CA, *pg.* 678
Lilly, Kevin - Account Planner, Account Services, Management - LEO BURNETT WORLDWIDE, Chicago, IL, *pg.* 98
Lilly, Ryan - Management - MATTER COMMUNICATIONS, INC., Newburyport, MA, *pg.* 626
Lim, Charlotte - Interactive / Digital, Management, Media Department - OMD, New York, NY, *pg.* 498
Lim, Paul J. - Management - BACKBAY COMMUNICATIONS, Boston, MA, *pg.* 579
Lindberg, Matt - Management - ICR, New York, NY, *pg.* 615
Lindberg, Jessica - Management - SPEAKERBOX COMMUNICATIONS, Vienna, VA, *pg.* 649
Lindgren, Jens - Management - BUCK, Los Angeles, CA, *pg.* 176
Lindner, Luca - Account Services, Management, PPOM - MCCANN NEW YORK, New York, NY, *pg.* 108
Lindquist, Christine - Management - FCB CHICAGO, Chicago, IL, *pg.* 71
Lineberry, Ryan - Management - WRAY WARD, Charlotte, NC, *pg.* 433
Lingel, Kurt - Management, PPOM - CELTIC ADVERTISING, Milwaukee, WI, *pg.* 341
Linsanta, Ellen - Management, PPOM - RMI MARKETING & ADVERTISING, Emerson, NJ, *pg.* 407
Lipkin, Holly - Management - RPA, Santa Monica, CA, *pg.* 134

AGENCIES

RESPONSIBILITIES INDEX

Lipner, Ian - Management - LEVICK STRATEGIC COMMUNICATIONS, Washington, DC, *pg.* 622

Lippincott, Pamela - Management - SPECTRUM SCIENCE COMMUNICATIONS, Washington, DC, *pg.* 649

Liscinsky, Debra - Management - RTI RESEARCH, Norwalk, CT, *pg.* 449

Lishnevsky, Michael - Management, Operations - IX.CO, New York, NY, *pg.* 243

Lister, Chip - Management, Operations - RADIUS GLOBAL MARKET RESEARCH, New York, NY, *pg.* 449

Lister, Doug - Management - REAGAN OUTDOOR ADVERTISING, Austin, TX, *pg.* 557

Little, Tracy - Management, NBC - FCB TORONTO, Toronto, ON, *pg.* 72

Littman, Diana - Account Services, Management, NBC, PPOM - MSLGROUP, New York, NY, *pg.* 629

Liu, Lillian - Interactive / Digital, Management - OAKLINS DESILVA+PHILLIPS, New York, NY, *pg.* 687

Livingston, Lauren - Management - AREA 23, New York, NY, *pg.* 33

Livingston, Jorie - Management - FCB CHICAGO, Chicago, IL, *pg.* 71

Lloyd Smith, David - Management, PPOM - PENNA POWERS BRIAN HAYNES, Salt Lake City, UT, *pg.* 396

Lobo, Alexander - Management - THE RUTH GROUP, New York, NY, *pg.* 655

Locastro, Sara - Management - SPARK FOUNDRY, Chicago, IL, *pg.* 510

Lockwood, David - Management - MINTEL, Chicago, IL, *pg.* 447

Loeffler, Chris - Account Services, Management, PPOM - DIGITAS, Chicago, IL, *pg.* 227

Loftus, Cathy - Management - DOUGLAS DISPLAYS, Charlotte, NC, *pg.* 551

Logullo, Raphaela - Account Services, Management, Media Department - HAVAS MEDIA GROUP, New York, NY, *pg.* 468

Lombard, John - Management - MEDIAWORX, Shelton, CT, *pg.* 490

Lombardi, Eric - Management - ELEVEN, INC., San Francisco, CA, *pg.* 67

Lombardo, Jessica - Account Services, Management - THE CONCEPT FARM, Long Island City, NY, *pg.* 269

Long, Lauren - Management, Public Relations - ICF NEXT, Chicago, IL, *pg.* 614

Long, Micky - Management - ARKETI GROUP, Atlanta, GA, *pg.* 578

Long, Courtney - Management - MMGY NJF, New York, NY, *pg.* 628

Longo, Debbie - Account Services, Management, NBC - ABILITY COMMERCE, Delray Beach, FL, *pg.* 209

Lonigro, Darren - Account Services, Management, Media Department - UNIVERSAL MCCANN, New York, NY, *pg.* 521

Loonam, John - Management - FRANK COLLECTIVE, Brooklyn, NY, *pg.* 75

Lopez, Teresa - Account Services, Management - THE INTEGER GROUP, Lakewood, CO, *pg.* 682

Lopez, Patrick - Account Planner, Account Services, Analytics, Management, PPOM, Research - INTERBRAND, New York, NY, *pg.* 187

Lopez-Baranello, Mitsy - Management, Media Department - HUGE, INC., Brooklyn, NY, *pg.* 239

LoPiccolo, Maria - Account Services, Management - FURMAN FEINER ADVERTISING, Englewood Cliffs, NJ, *pg.* 667

Lorenz, Trenton - Management - STARCOM WORLDWIDE, Chicago, IL, *pg.* 513

Lorusso, Monica - Account Services, Interactive / Digital, Management, Media Department - ALLEN & GERRITSEN, Philadelphia, PA, *pg.* 30

Lose, Alex - Account Services, Management, PPM - TRIPTENT, New York, NY, *pg.* 156

Loube, Brian - Management, PPOM - DIGITAL PULP, New York, NY, *pg.* 225

Loube, Robyn - Management - SENSIS AGENCY, Los Angeles, CA, *pg.* 545

Loughran, Amanda - Account Services, Creative, Management - SID LEE, Toronto, ON, *pg.* 141

Lovaglio, Amelia - Management - NIKE COMMUNICATIONS, INC., New York, NY, *pg.* 632

Love, David - Management, Operations - CROSS COUNTRY COMPUTER, East Islip, NY, *pg.* 281

Lovelace, Diana - Creative, Management, PPM - DEUTSER, Houston, TX, *pg.* 443

Loveman, Courtney - Account Services, Management - CRISPIN PORTER + BOGUSKY, Boulder, CO, *pg.* 346

Lowcock, Joshua - Interactive / Digital, Management, Media Department - UNIVERSAL MCCANN, New York, NY, *pg.* 521

Lowe, Doug - Management, PPM - COSSETTE MEDIA, Toronto, ON, *pg.* 345

Lowe, Justine - Account Services, Finance, Management - WIEDEN + KENNEDY, New York, NY, *pg.* 432

Lowe, Fran - Management - 10FOLD, San Francisco, CA, *pg.* 573

Lower, Matt - Management - SUB ROSA, New York, NY, *pg.* 200

Lowery, Darlene - Management - GREGORY WELTEROTH ADVERTISING, Montoursville, PA, *pg.* 466

Lowman LaBadie, Nancy - Account Services, Management - MARINA MAHER COMMUNICATIONS, New York, NY, *pg.* 625

Lowry, Gray - Management, Media Department - MILES PARTNERSHIP, Sarasota, FL, *pg.* 250

Lowry, Monica - Management - FRCH DESIGN WORLDWIDE, Cincinnati, OH, *pg.* 184

Lozito, Joe - Interactive / Digital, Management - ACCENTURE INTERACTIVE, New York, NY, *pg.* 209

Lu, Felicia - Management - NIKE COMMUNICATIONS, INC., New York, NY, *pg.* 632

Lubin, Steve - Management, NBC, Operations - MARKETING ARCHITECTS, Minneapolis, MN, *pg.* 288

Lubot, Rebecca - Management - CN COMMUNICATIONS INTERNATIONAL, INC., Chatham, NJ, *pg.* 591

Lucarelli, Francesco - Management - HCB HEALTH, Austin, TX, *pg.* 83

Lucas, James - Management, PPOM - ABERNATHY MACGREGOR GROUP, Los Angeles, CA, *pg.* 574

Lucas, Jeff - Management, PPOM - TRACTION CREATIVE COMMUNICATIONS, Vancouver, BC, *pg.* 202

Luce, Ken - Management - LDWW GROUP, Dallas, TX, *pg.* 622

Lucoff, Jordan - Management, NBC - ADDED VALUE, New York, NY, *pg.* 441

Luczynski, Sofia - Management - TURNER DUCKWORTH, San Francisco, CA, *pg.* 203

Ludwig, Eric - Account Services, Interactive / Digital, Management - REPRISE DIGITAL, New York, NY, *pg.* 676

Ludwig, Amanda - Account Services, Management, Media Department - SPARK FOUNDRY, Chicago, IL, *pg.* 510

Ludwig, Jason - Management - GRAY LOON MARKETING GROUP, Evansville, IN, *pg.* 365

Lugo, Rob - Management - DROGA5, New York, NY, *pg.* 64

Luistro, Nicole - Management - SPARK, Tampa, FL, *pg.* 17

Lukoff Sobel, Jennifer - Management - PUBLICIS NORTH AMERICA, New York, NY, *pg.* 399

Luks, Samantha - Management, Research - YOUGOV, Palo Alto, CA, *pg.* 451

Lumish, Perri - Management - BLUE 449, New York, NY, *pg.* 455

Lund, Hilary - Account Services, Management - COLLE MCVOY, Minneapolis, MN, *pg.* 343

Lundberg, Ali - Management, Public Relations - J PUBLIC RELATIONS, New York, NY, *pg.* 616

Lundeen, Jon - Account Services, Management - BEALS CUNNINGHAM STRATEGIC SERVICES, Oklahoma City, OK, *pg.* 332

Lunna, Rebecca - Management - CARMICHAEL LYNCH, Minneapolis, MN, *pg.* 47

Lunt, Jack - Management - PERISCOPE, Minneapolis, MN, *pg.* 127

Lupke, Nicole - Management - GREY CANADA, Toronto, ON, *pg.* 365

Luquire, Brooks - Account Services, Management - LUQUIRE GEORGE ANDREWS, INC., Charlotte, NC, *pg.* 382

Luskin, Christi - Account Services, Management, NBC - THE BANTAM GROUP, Atlanta, GA, *pg.* 450

Lusky, Brad - Management - WASSERMAN MEDIA GROUP, Carlsbad, CA, *pg.* 317

Luster, Kourtney - Management - MEKANISM, San Francisco, CA, *pg.*

RESPONSIBILITIES INDEX / AGENCIES

Lustig, Megan - Management - SPECTRUM SCIENCE COMMUNICATIONS, Washington, DC, pg. 649
Lutchko, Greg - Management, NBC - ORSI PUBLIC RELATIONS, Los Angeles, CA, pg. 634
Luther, Aimee - Management - FORTNIGHT COLLECTIVE, Boulder, CO, pg. 7
Luttenberger, David - Management - MINTEL, Chicago, IL, pg. 447
Lutz, Teresa - Account Services, Management, NBC - WIEDEN + KENNEDY, Portland, OR, pg. 430
Lutzow, Scott - Management - ACCENTURE INTERACTIVE, Chicago, IL, pg. 209
Lux, Brent - Management, NBC - SPARK FOUNDRY, Chicago, IL, pg. 510
Lybrand, Steve - Management, Operations - CAMELOT STRATEGIC MARKETING & MEDIA, Dallas, TX, pg. 457
Lyke, Rick - Management - MOWER, Charlotte, NC, pg. 628
Lyman, Carm - Management - THE LYMAN AGENCY, Napa, CA, pg. 654
Lyman, Chris - Management - THE LYMAN AGENCY, Napa, CA, pg. 654
Lynch, Shawna - Account Services, Interactive / Digital, Management - B/HI, INC. - LA, Los Angeles, CA, pg. 579
Lynch, Steve - Management, Media Department, Social Media - MONO, Minneapolis, MN, pg. 117
Lynch, Laila - Account Services, Management - AKQA, Washington, DC, pg. 212
Lynch, Erinn - Management - BLAZE, Santa Monica, CA, pg. 584
Lynch, Katie - Management - CRAMER, Norwood, MA, pg. 6
Lynch, Ryan - Management - BEARDWOOD & CO, New York, NY, pg. 174
Lynn, Bridget - Management, Media Department - MEDIA ASSEMBLY, Southfield, MI, pg. 385
Lyon, Jonathan - Management, NBC - HUNTER PUBLIC RELATIONS, New York, NY, pg. 614
Lyon, Brooke - Management, Media Department - UNIVERSAL MCCANN, New York, NY, pg. 521
Lyon, Blake - Management - RED ANTLER, Brooklyn, NY, pg. 16
Lyons, Jennifer - Account Services, Interactive / Digital, Management, PPOM - UNIVERSAL MCCANN, San Francisco, CA, pg. 428
Lyons, Dyana - Interactive / Digital, Management, Media Department, NBC, Public Relations - OMD WEST, Los Angeles, CA, pg. 502
Lyons, Susie - Account Planner, Account Services, Management, Media Department, Operations - VIRTUE WORLDWIDE, Brooklyn, NY, pg. 159
Lyons, Christie - Management - GSD&M, Austin, TX, pg. 79
Lyons, Maile - Management - WE COMMUNICATIONS, San Francisco, CA, pg. 660
Lyrette, Kristine - Management, PPOM - ZENITH MEDIA CANADA, Montreal, QC, pg. 531
Lysaught, Geoffrey - Management - THE BUNTIN GROUP, Nashville, TN, pg. 148
Ma, Annie - Account Services, Management - PUBLICIS.SAPIENT, New York, NY, pg. 258
MacCurtain, Jim - Management, PPOM - VECTOR MEDIA, New York, NY, pg. 558
MacDonald, Donna - Management, NBC - DOVETAIL, Saint Louis, MO, pg. 64
MacDonald, Suzanne - Account Services, Management - THE INTEGER GROUP, Lakewood, CO, pg. 682
MacDonald, Lorri - Management - FORSMAN & BODENFORS, Toronto, ON, pg. 74
MacDonald, Kelli - Management, PPOM - CO:COLLECTIVE, LLC, New York, NY, pg. 5
Mace, Stephanie - Account Planner, Account Services, Management, NBC - MRM//MCCANN, San Francisco, CA, pg. 289
Macey, Karin - Management - PENNEBAKER, LMC, Houston, TX, pg. 194
MacFadyen, Ken - Management - BACKBAY COMMUNICATIONS, Boston, MA, pg. 579
MacGregor, Jessica - Account Services, Management - FAMA PR, INC., Boston, MA, pg. 602
Macias, Alex - Management, Operations, PPOM - MACIAS CREATIVE, Miami, FL, pg. 543
Mackenzie, Rebecca - Interactive / Digital, Management, NBC - C SPACE, Boston, MA, pg. 443
Mackenzie, Romaine - Management - FCB CHICAGO, Chicago, IL, pg. 71
Macleod, Scott - Account Planner, Management, Research - THE VIA AGENCY, Portland, ME, pg. 154
MacManus, Liam - Account Services, Administrative, Management, PPOM - MINDSHARE, Portland, OR, pg. 495
MacNevin, Kate - Management, Operations, PPOM - MRM//MCCANN, New York, NY, pg. 289
Madden, Brian - Account Services, Management, NBC - HEARST MAGAZINES DIGITAL MEDIA, New York, NY, pg. 238
Maddock, Christopher - Management - AKQA, Portland, OR, pg. 212
Madyda, Stan - Account Services, Management - ESTEE MARKETING GROUP, Rye Brook, NY, pg. 283
Maeda, John - Management, PPOM - PUBLICIS.SAPIENT, Boston, MA, pg. 259
Maex, Dimitri - Management, PPOM - REPRISE DIGITAL, New York, NY, pg. 676
Maggs, Jeffrey - Account Services, Management - BRUNNER, Atlanta, GA, pg. 44
Maginnis, Mike - Management, NBC - VALTECH, San Diego, CA, pg. 273

Magley, Jennifer - Account Services, Management - CSM SPORTS & ENTERTAINMENT, Indianapolis, IN, pg. 55
Magnuson, Erik - Management, Media Department - VMLY&R, Seattle, WA, pg. 275
Maguire, Amy - Account Services, Management - HAVAS MEDIA GROUP, Boston, MA, pg. 470
Maher, Rachel - Management - MURPHY O'BRIEN, INC., Los Angeles, CA, pg. 630
Mahfood, Rene - Management, Media Department - BACKUS TURNER INTERNATIONAL, Lighthouse Point, FL, pg. 35
Mahnke, Mike - Management, PPOM - ROUNDHOUSE MARKETING & PROMOTIONS, Verona, WI, pg. 408
Mahony, Diane - Management - BRUCE MAU DESIGN, Toronto, ON, pg. 176
Mahunik, Faon - Management, Media Department, Research - HAVAS MEDIA GROUP, New York, NY, pg. 468
Maicon, Lee - Account Planner, Management, PPOM - MCCANN NEW YORK, New York, NY, pg. 108
Maisonpierre, Martin - Management - HAYTER COMMUNICATIONS, Seattle, WA, pg. 612
Maitra, Seb - Analytics, Management, Media Department, Operations, PPOM - NORBELLA, Boston, MA, pg. 497
Major, Bill - Management, Operations, PPOM - GREATER THAN ONE, New York, NY, pg. 8
Malachowski, Jim - Management, PPOM - RDW GROUP , Providence, RI, pg. 403
Maldonado, Jeff - Management - KWT GLOBAL, New York, NY, pg. 621
Maleckas, Valerie - Management, Media Department - UNIVERSAL MCCANN, New York, NY, pg. 521
Maleeny, Tim - Account Planner, Account Services, Management, Media Department, NBC, Operations, PPOM - HAVAS NEW YORK, New York, NY, pg. 369
Malhotra, Sonia - Account Planner, Management, Media Department - CARAT, Chicago, IL, pg. 461
Malik, Osama - Account Planner, Interactive / Digital, Management, PPOM - BOOZ ALLEN HAMILTON, McLean, VA, pg. 218
Mallach, Jeff - Management - A.B. DATA, LTD, Milwaukee, WI, pg. 279
Mallaley, Chrystiane - Management - NATIONAL PUBLIC RELATIONS, Ottawa, ON, pg. 631
Mallin, Noah - Interactive / Digital, Management, Media Department, NBC, PPOM, Social Media - WAVEMAKER, New York, NY, pg. 526
Malone, Cindy - Management - MADDOCK DOUGLAS, Elmhurst, IL, pg. 102
Malts, Feliks - Management, Research - 3Q DIGITAL, San Mateo, CA, pg. 671
Mamer DeVastey, Heidi - Management,

1538

AGENCIES

RESPONSIBILITIES INDEX

Media Department - CITIZEN RELATIONS, Toronto, ON, pg. 590

Mamnoon, Kabeer - Management - READY STATE, San Francisco, CA, pg. 132

Mamorsky, Alexandra - Account Services, Creative, Management - CODE AND THEORY, New York, NY, pg. 221

Manber, Susan - Account Planner, Management, NBC, PPOM - DIGITAS HEALTH LIFEBRANDS, New York, NY, pg. 229

Manboadh, Annmarie - Management, Media Department - GROUPM, New York, NY, pg. 466

Mandrell, Staci - Management - BIG RED ROOSTER, Columbus, OH, pg. 3

Mangiola, Alex - Management - PILOT PMR, Toronto, ON, pg. 636

Maniscalco, Pete - Management, Promotions - ALLIED INTEGRATED MARKETING, Saint Louis, MO, pg. 324

Manley, Gavin - Management, NBC - COOLGRAYSEVEN, New York, NY, pg. 53

Manlove, Gina - Management - JOHN MANLOVE ADVERTISING, Houston, TX, pg. 93

Mann, Rebecca - Management, Media Department - SPARK FOUNDRY, Atlanta, GA, pg. 512

Manning, Amy - Management, Operations - DAC GROUP, Louisville, KY, pg. 223

Mannion, Martin - Account Services, Management - DEUTSCH, INC., New York, NY, pg. 349

Mannone, Sarah - Management - TREKK, Rockford, IL, pg. 156

Manzer, Gayle - Management - IPROSPECT, New York, NY, pg. 674

Marangos, Alkis - Management, NBC, PPOM - DGS MARKETING ENGINEERS, Fishers, IN, pg. 351

Marchesi, Stephanie - Management, NBC, PPOM, Public Relations - WE COMMUNICATIONS, Bellevue, WA, pg. 660

Marchessault, Philippe - Management, Operations - NEWAD, Montreal, QC, pg. 554

Marciano, Andre - Management, Media Department, PPOM - PERFORMICS, Chicago, IL, pg. 676

Marcus, Matt - Creative, Management, PPOM - LEO BURNETT WORLDWIDE, Chicago, IL, pg. 98

Mares, Christine - Management - REVOLUTION MEDIA, Woodland Hills, CA, pg. 507

Margolin, Mike - Account Services, Interactive / Digital, Management, Media Department, NBC - RPA, Santa Monica, CA, pg. 134

Margolis, Elyse - Management - W2O, San Francisco, CA, pg. 659

Marino, Jaclyn - Account Planner, Account Services, Management, Media Department - SPARK FOUNDRY, New York, NY, pg. 508

Marino, Eric - Management - HORIZON MEDIA, INC., New York, NY, pg. 474

Marioni, Scott - Management, NBC, PPOM - R&J STRATEGIC COMMUNICATIONS, Bridgewater, NJ, pg. 640

Markewicz, Bruce - Management - BEACON HEALTHCARE COMMUNICATIONS, Bedminster, NJ, pg. 38

Markfield, Barbara - Account Services, Management, NBC - ASSOCIATION OF NATIONAL ADVERTISERS, New York, NY, pg. 442

Markham, Stacy - Management - CANVAS WORLDWIDE, New York, NY, pg. 458

Marko, David - Account Services, Analytics, Management - ACUMEN SOLUTIONS, McLean, VA, pg. 167

Markowski, Tim - Management, Programmatic - THE TRADE DESK, San Francisco, CA, pg. 520

Marks, Tom - Management, PPOM - LEVERAGE MARKETING GROUP, Newtown, CT, pg. 99

Markstein, Eileen - Account Services, Management - MARKSTEIN, Birmingham, AL, pg. 625

Marlin, Blair - Management - WASSERMAN MEDIA GROUP, Carlsbad, CA, pg. 317

Maroney, Jennifer - Account Services, Management - FCB HEALTH, New York, NY, pg. 72

Marquardt, Renee - Account Services, Management - REPRISE DIGITAL, New York, NY, pg. 676

Marquess, Claire - Account Services, Management, Media Department - FORTNIGHT COLLECTIVE, Boulder, CO, pg. 7

Marquez, Larissa - Management - GRETEL, New York, NY, pg. 78

Marr, Brian - Management, PPOM - SMASHING IDEAS, Seattle, WA, pg. 266

Marra, Meg - Management - BORSHOFF, Indianapolis, IN, pg. 585

Marrus, Cristina - Management, Media Department - HORIZON MEDIA, INC., New York, NY, pg. 474

Marsey, Dave - Account Planner, Interactive / Digital, Management, Media Department, NBC, PPOM - ESSENCE, San Francisco, CA, pg. 232

Marshall, Justin - Management, PPOM - WUNDERMAN THOMPSON SEATTLE, Seattle, WA, pg. 435

Marshall, Kate - Account Services, Management - DAY COMMUNICATIONS GROUP, INC., Toronto, ON, pg. 349

Marshall Moody, Andrea - Management, PPOM - FLEISHMANHILLARD, Raleigh, NC, pg. 606

Marshman, Steve - Management - WASSERMAN MEDIA GROUP, Los Angeles, CA, pg. 317

Marsili, Julie - Account Planner, Account Services, Management, Media Department - UNIVERSAL MCCANN DETROIT, Birmingham, MI, pg. 524

Martelli, Ally - Management - 160OVER90, Philadelphia, PA, pg. 1

Martin, Linda - Account Services, Management, PPOM - PORTER NOVELLI, Los Angeles, CA, pg. 637

Martin, Robert - Management, PPOM - MM2 PUBLIC RELATIONS, Dallas, TX, pg. 627

Martin, T. J. - Account Services, Management, NBC - CRAMER, Norwood, MA, pg. 6

Martin, Doug - Interactive / Digital, Management, NBC, PPOM - CONTROL V EXPOSED, Jenkintown, PA, pg. 222

Martin, Tyler - Account Services, Management - H&L PARTNERS, Saint Louis, MO, pg. 80

Martin, Michael - Account Services, Management, NBC, PPOM - CODE AND THEORY, New York, NY, pg. 221

Martin, Katey - Management, Media Department - ENERGY BBDO, INC., Chicago, IL, pg. 355

Martin, Cheryl - Creative, Management, NBC - HUNTSINGER & JEFFER, INC., Richmond, VA, pg. 285

Martin, Belinda - Management, Public Relations - BCW NEW YORK, New York, NY, pg. 581

Martin, Fabrice - Management, PPOM - CLARABRIDGE, INC., Reston, VA, pg. 167

Martin, Marnie - Account Services, Management - ELEVATION MARKETING, Richmond, VA, pg. 67

Martin, Nia - Account Services, Management, Media Department - INITIATIVE, New York, NY, pg. 477

Martin, Allison - Account Services, Management - XENOPSI, New York, NY, pg. 164

Martin, Chris - Management - KINZIEGREEN MARKETING GROUP, Wausau, WI, pg. 95

Martin, Dan - Management - PAN COMMUNICATIONS, Boston, MA, pg. 635

Martin, Holly - Management - ETHOS MARKETING & DESIGN, Westbrook, ME, pg. 182

Martin, Craig - Management - ADCOM COMMUNICATIONS, INC., Cleveland, OH, pg. 210

Martin, Justin - Management - HUSH STUDIOS, INC., Brooklyn, NY, pg. 186

Martinez, Cristina - Management - DLC INTEGRATED MARKETING, Coral Gables, FL, pg. 63

Martinez, Art - Management - OUTFRONT MEDIA, Atlanta, GA, pg. 555

Martinez, Mabel - Account Planner, Account Services, Management - GOLIN, Chicago, IL, pg. 609

Martino, William - Interactive / Digital, Management, Media Department - WUNDERMAN HEALTH, New York, NY, pg. 164

Martinson, Jonah - Management, Media Department - DIGITAS HEALTH LIFEBRANDS, Philadelphia, PA, pg. 229

Martorana, Guita - Management - OXFORD COMMUNICATIONS, Lambertville, NJ, pg. 395

Mascatello, John - Management - WASSERMAN MEDIA GROUP, Los Angeles, CA, pg. 317

Masse, Emilie - Management - LG2,

RESPONSIBILITIES INDEX — AGENCIES

Montreal, QC, pg. 380
Mast, Kelsey - Interactive / Digital, Management - AOR, INC., Denver, CO, pg. 32
Mata Crane, Chloe - Management - BALTZ & COMPANY, New York, NY, pg. 580
Mataraza, John - Account Services, Interactive / Digital, Management, NBC - DIGITAS, Boston, MA, pg. 226
Matfus, Kristie - Management - VAYNERMEDIA, New York, NY, pg. 689
Mathews, Heather - Account Services, Management - RAPP WORLDWIDE, Irving, TX, pg. 291
Mathews, Alice - Management - THE TOMBRAS GROUP, Knoxville, TN, pg. 424
Mathura, Cayal - Management, NBC - MEDIAMONKS, New York, NY, pg. 249
Matluck, John - Management, NBC - ICON INTERNATIONAL, INC., Greenwich, CT, pg. 476
Matsubara, Ross - Management - NIKE COMMUNICATIONS, INC., New York, NY, pg. 632
Matta, Ana Maria - Account Planner, Account Services, Management, Media Department, Research - LAPIZ, Chicago, IL, pg. 542
Mattei, Rich - Management - INDEPENDENT GRAPHICS INC., Wyoming, PA, pg. 374
Mattis, Bill - Account Planner, Management - MCKINNEY, Durham, NC, pg. 111
Mattox, Matt - Account Services, Management - THE MARTIN AGENCY, Richmond, VA, pg. 421
Maulhardt, Lisa - Management - SYPARTNERS, San Francisco, CA, pg. 18
Maultasch, Jayme - Account Services, Management - DEUTSCH, INC., New York, NY, pg. 349
Mawhinney, Karen - Management - EP+CO., Greenville, SC, pg. 356
Maxon, Brad - Management - MARTIN RETAIL GROUP, Westlake Village, CA, pg. 106
Maxwell, Chad - Account Services, Management, Research - KELLY, SCOTT & MADISON, INC., Chicago, IL, pg. 482
Maxwell, Richard - Account Services, Management - PAVLOV, Fort Worth, TX, pg. 126
May, Marci - Account Services, Management - JASCULCA / TERMAN & ASSOCIATES, Chicago, IL, pg. 616
May, Jerry - Account Services, Management - BLR FURTHER, Nashville, TN, pg. 334
May, Carina - Management - SMITH & HARROFF, Alexandria, VA, pg. 647
Mayer, Lynn - Account Planner, Account Services, Management - VIZEUM, Toronto, ON, pg. 525
Mayer, Lauren - Account Services, Management - AKQA, Atlanta, GA, pg. 212
Mayerle, Erika - Account Services, Management - PRESTON KELLY, Minneapolis, MN, pg. 129

Mayes, Ivan - Interactive / Digital, Management - TRACYLOCKE, Irving, TX, pg. 683
Mayfield, Jim - Creative, Management - BRIGHTON AGENCY, INC., Saint Louis, MO, pg. 337
Mayfield, Bernadette - Account Services, Management - GAP COMMUNICATIONS GROUP, INC., Cleveland, OH, pg. 540
Mayhew, Karen - Account Services, Management, NBC - INFOGROUP MEDIA SOLUTIONS, New York, NY, pg. 286
Mayhew, Mike - Account Services, Management, NBC - INFOGROUP MEDIA SOLUTIONS, New York, NY, pg. 286
Maylander, Heather - Management - LAKE GROUP MEDIA, INC., Armonk, NY, pg. 287
Mayo, Ray - Management, Media Department - MAYOSEITZ MEDIA, Blue Bell, PA, pg. 483
Mayo, Nicole - Account Planner, Account Services, Management - WEBER SHANDWICK, New York, NY, pg. 660
Mayone, Catherine - Management - PUBLICIS HEALTH, New York, NY, pg. 639
Mazey, Kendra - Management, Media Department, PPOM - MEDIA ASSEMBLY, Southfield, MI, pg. 385
Mazza, Mary - Account Services, Management - HAVAS HEALTH & YOU, New York, NY, pg. 82
Mazzola, Jaimie - Management - GTB, Dearborn, MI, pg. 367
Mazzone, Adrienne - Management, PPOM - TRANSMEDIA GROUP, Boca Raton, FL, pg. 656
McAlister, Tom - Management - BECK MEDIA & MARKETING, Santa Monica, CA, pg. 582
McAndrew, Shane - Account Services, Interactive / Digital, Management, NBC, PPOM - MINDSHARE, New York, NY, pg. 491
McArthur, Ryan - Management - USIM, Los Angeles, CA, pg. 525
McAteer, Jennifer - Management, NBC, PPOM - MINDSHARE, New York, NY, pg. 491
McAuliffe, Catrina - Account Planner, Account Services, Management, Media Department - MARKETING ARCHITECTS, Minneapolis, MN, pg. 288
McAvoy, Maria - Management - GTB, Dearborn, MI, pg. 367
McBride, Sean - Creative, Management - ARNOLD WORLDWIDE, Boston, MA, pg. 33
McCabe, Matt - Management - STARCOM WORLDWIDE, Chicago, IL, pg. 513
McCabe, Carissa - Management - GROUNDFLOOR MEDIA, Denver, CO, pg. 611
McCall, Shellie - Management - DUNCAN MCCALL, Pensacola, FL, pg. 353
McCallum, Brian - Account Services, Management - DIGITAS, Detroit, MI, pg. 229
McCammon, Joy - Management - RAIN,

Portland, OR, pg. 402
McCarten, Kelly - Management, NBC - MOSAIC NORTH AMERICA, Mississauga, ON, pg. 312
McCarter, John - Management, NBC - SAATCHI & SAATCHI CANADA, Toronto, ON, pg. 136
McCarthy, Leigh - Account Services, Management - DEUTSCH, INC., Los Angeles, CA, pg. 350
McCarthy, John - Management, NBC, PPOM - DDB SAN FRANCISCO, San Francisco, CA, pg. 60
McCarthy, Alison - Account Services, Management - THE BOSTON GROUP, Boston, MA, pg. 418
McCarthy, Kevin - Account Services, Interactive / Digital, Management, Media Department, PPOM, Research - GROUPM, New York, NY, pg. 466
McCarthy, Katerina - Management - ORGANIC, INC., New York, NY, pg. 256
McCarthy, Jane - Account Services, Management - DAILEY & ASSOCIATES, West Hollywood, CA, pg. 56
McClelland, Misi - Analytics, Management, Operations, Social Media - IGNITE SOCIAL MEDIA, Cary, NC, pg. 686
McCord, Lester - Account Services, Management - RAIN, Portland, OR, pg. 402
McCoy, Betty Pat - Management, Media Department - GSD&M, Chicago, IL, pg. 79
McCracken, Sean - Creative, Management - BOXCAR CREATIVE, Dallas, TX, pg. 219
McCrimmon, Charles - Account Planner, Management - MATRIX MEDIA SERVICES, Columbus, OH, pg. 554
McCullough, Laura - Account Services, Management, PPOM - OGILVY, Chicago, IL, pg. 393
McCullough, Kemit - Account Services, Management, Operations - WONDERFUL AGENCY, Los Angeles, CA, pg. 162
McCullough, Dana - Account Services, Management - MCCANN NEW YORK, New York, NY, pg. 108
McCullough, Stephanie - Management - PUBLICIS NORTH AMERICA, New York, NY, pg. 399
McDaniel, Rex - Management, Operations, PPOM - PREMIER EVENT SERVICES, Steamboat Springs, CO, pg. 314
McDaniel, Shannon - Management - BRAND RESOURCES GROUP, Alexandria, VA, pg. 3
McDermott, Ted - Management, PPM - MARKETING ALTERNATIVES, INC., Chesterfield, MO, pg. 105
McDevitt, Nicole - Management - FRCH DESIGN WORLDWIDE, Cincinnati, OH, pg. 184
McDonald, Marty - Account Services, Management, Public Relations - FAHLGREN MORTINE PUBLIC RELATIONS, Columbus, OH, pg. 70
McDonald, Sean - Management, Media Department, PPOM - RETHINK

1540

AGENCIES

COMMUNICATIONS, INC., Toronto, ON, pg. 133

McDonough, Kristen - Management, Public Relations - ASSOCIATION OF NATIONAL ADVERTISERS, New York, NY, pg. 442

McDowell, Jenny - Account Services, Management - PUBLIC WORKS, Minneapolis, MN, pg. 130

McDowell, Kay - Management, Media Department - MITCHELL, Fayetteville, AR, pg. 627

McEvenue, Chris - Management, PPOM - CPC HEALTHCARE COMMUNICATIONS, Toronto, ON, pg. 53

McFadden, Mike - Creative, Management - OGILVY, Denver, CO, pg. 255

McFerran, Molly - Account Services, Management - WEBER SHANDWICK, Chicago, IL, pg. 661

McGee, Caitlin - Management - MPRM PUBLIC RELATIONS, Los Angeles, CA, pg. 629

McGhee, Tahira - Management, Media Department - R/GA, New York, NY, pg. 260

McGinley, Meg - Management, Media Department - WUNDERMAN THOMPSON, New York, NY, pg. 434

Mcginn, John - Management - SOUTH, Charleston, SC, pg.

McGirk, Kristen - Account Services, Management - ABELSON-TAYLOR, Chicago, IL, pg. 25

McGlynn, Joe - Management, PPOM - WUNDERMAN HEALTH, New York, NY, pg. 164

McGonnigal, Ian - Account Services, Management, Operations - CRAMER, Norwood, MA, pg. 6

McGough, Rebecca - Management - M&C SAATCHI LA, Santa Monica, CA, pg. 482

McGovern, Sean - Management - MCFADDEN GAVENDER ADVERTISING, INC., Tucsan, AZ, pg. 109

McGrath, Jill - Management - CORPORATE INK PUBLIC RELATIONS, Boston, MA, pg. 593

McGregor, Rod - Management, Operations, PPOM - CROWL, MONTGOMERY & CLARK, INC., North Canton, OH, pg. 347

McGuire, Rich - Management - MAGID, Sherman Oaks, CA, pg. 103

McGuire, Kathy - Management - COSSETTE MEDIA, Toronto, ON, pg. 345

McGuire Silvent, Jennifer - Management - MCS, INC., Basking Ridge, NJ, pg. 111

McIntire, Alex - Management - VANTAGEPOINT, INC., Greenville, SC, pg. 428

McIntosh, Martin - Account Services, Management - THOMAS COMMUNICATIONS, LLC, Mission Viejo, CA, pg. 656

McIntosh, Michelle - Account Services, Interactive / Digital, Management, Media Department - MERING, Sacramento, CA, pg. 114

McIntosh, Keri - Management - THE CASTLE GROUP, INC., Boston, MA, pg. 652

McKasty, Michaelangelo - Management - ELEPHANT, Brooklyn, NY, pg. 181

McKay, Tim - Account Planner, Account Services, Management - MEDIA PARTNERS, INC., Raleigh, NC, pg. 486

McKee, Chris - Account Services, Creative, Management, NBC, PPOM - FLINT & STEEL, New York, NY, pg. 74

McKee, Gerard - Account Planner, Account Services, Interactive / Digital, Management, Media Department - CROSSMEDIA, Philadelphia, PA, pg. 463

McKeegan, John - Management - HENRY & GERMANN PUBLIC AFFAIRS, LLC, Yardley, PA, pg. 613

Mckenzie, Matt - Management, PPOM - INTERMARK GROUP, INC., Birmingham, AL, pg. 375

McKenzie, David - Account Services, Management - BBDO WEST, Los Angeles, CA, pg. 331

McKeon, Justin - Management - WRAY WARD, Charlotte, NC, pg. 433

McKernan, Bob - Management, PPOM - BLUE ADVERTISING, Washington, DC, pg. 40

McKinley, Delphine - Interactive / Digital, Management, Media Department, Public Relations - DROGA5, New York, NY, pg. 64

McKinney, Andy - Interactive / Digital, Management, NBC - EDELMAN, San Francisco, CA, pg. 601

McKnight, Chelsey - Account Services, Management - ACKERMAN MCQUEEN, INC., Oklahoma City, OK, pg. 26

McLaren, Jean - Management, NBC, PPOM - MARC USA, Chicago, IL, pg. 104

McLaughlin, Kathy - Account Services, Management, Media Department - MEDIASPOT, INC., Corona Del Mar, CA, pg. 490

McLaughlin, Tom - Management - LUKAS PARTNERS, Omaha, NE, pg. 623

McLaughlin, Chris - Management, Media Department - UNIVERSAL MCCANN DETROIT, Birmingham, MI, pg. 524

McMahon, John - Creative, Management, PPOM - ART MACHINE, Hollywood, CA, pg. 34

McMahon, Francis - Management, Operations - ADVOCACY SOLUTIONS, LLC, Providence, RI, pg. 575

McManimie, Alison - Management, Media Department - PUBLICIS HEALTH, New York, NY, pg. 639

McMorran, Valerie - Finance, Management - STARCOM WORLDWIDE, Toronto, ON, pg. 517

McMullan, Michael - Management - BERNS COMMUNICATIONS GROUP, New York, NY, pg. 583

McMurray, Scott - Account Services, Management - MEISTER INTERACTIVE, Willoughby, OH, pg. 250

McNab, Todd - Account Services, Management - ASPEN MARKETING SERVICES, West Chicago, IL, pg. 280

RESPONSIBILITIES INDEX

McNally, Christopher - Interactive / Digital, Management, Media Department - ACCENTURE INTERACTIVE, New York, NY, pg. 209

McNamara, Kelly - Management - FISHMAN PUBLIC RELATIONS INC., Northbrook, IL, pg. 604

McNaney, Bob - Management - PADILLA, Minneapolis, MN, pg. 635

McNaughton, Cameron - Management - MULLENLOWE U.S. LOS ANGELES, El Segundo, CA, pg.

McNeil, Fraser - Account Planner, Account Services, Management, Media Department, Operations, Research - THE STORY LAB, Santa Monica, CA, pg. 153

McPherson, Diane - Management - PIERCE-COTE ADVERTISING, Osterville, MA, pg. 397

McQuibban, Alanna - Management - ATLANTICA CONTENT STUDIOS, Toronto, ON, pg. 35

McVeigh, Michael - Management - FORWARDPMX, New York, NY, pg. 360

McWilliams, Danielle - Management - NOVITA COMMUNICATIONS, New York, NY, pg. 392

Meacham, Kim - Account Services, Management - BARKER, New York, NY, pg. 36

Measer, David - Account Planner, Account Services, Management, Media Department - RPA, Santa Monica, CA, pg. 134

Medico, Lenny - Account Services, Management - LAKE GROUP MEDIA, INC., Armonk, NY, pg. 287

Meeker, Dave - Interactive / Digital, Management, NBC, PPOM - ISOBAR US, Boston, MA, pg. 242

Meers, Sam - Management - BARKLEY, Kansas City, MO, pg. 329

Meffert, Amanda - Management - BLENDERBOX, Brooklyn, NY, pg. 175

Mehaffey, Erin - Management - EP+CO., Greenville, SC, pg. 356

Mehra, Shabnum - Account Planner, Interactive / Digital, Management, Media Department - AKQA, San Francisco, CA, pg. 211

Mehra, Sumit - Interactive / Digital, Management, PPOM - Y MEDIA LABS, Redwood City, CA, pg. 205

Meier, Denny - Finance, Management, PPOM - MBB AGENCY, Leawood, KS, pg. 107

Meier, Melinda - Management, PPOM, Public Relations - FUEL MARKETING, Salt Lake City, UT, pg. 361

Meisel, Jared - Management, Operations - THEORY HOUSE : THE AGENCY BUILT FOR RETAIL, Charlotte, NC, pg. 683

Meissner, Tom - Management, PPOM - SEDONA GOLF & TRAVEL PRODUCTS, Tempe, AZ, pg. 569

Mejia, Molly - Account Services, Management - RPA, Santa Monica, CA, pg. 134

Melcher, Kurt - Management - INTERSPORT, Chicago, IL, pg. 308

Melchionda, Jill - Management, PPOM - APRIL SIX, San Francisco, CA,

1541

RESPONSIBILITIES INDEX — AGENCIES

pg. 280
Melecio, Jamie - Management - MEDIA STORM, Norwalk, CT, pg. 486
Melofchik, Audrey - Account Services, Management, PPOM - DDB NEW YORK, New York, NY, pg. 59
Melomo, Peter - Interactive / Digital, Management - YOH, Philadelphia, PA, pg. 277
Meloy, Holly - Management, NBC - GEOMETRY, New York, NY, pg. 362
Melton, Wesley - Interactive / Digital, Management - ARCHER MALMO, Memphis, TN, pg. 32
Membrillo, Alex - Management - CARDINAL DIGITAL MARKETING, Atlanta, GA, pg. 220
Mendez, Ronald - Management, Media Department - MEDIACOM, New York, NY, pg. 487
Mendez, Daniel - Account Services, Management, NBC - MEDIACOM, Playa Vista, CA, pg. 486
Mendez, Peter - Management - CRAFTED, Charlotte, NC, pg. 178
Mendolera-Schamann, Matt - Management - MATTER COMMUNICATIONS, INC., Newburyport, MA, pg. 626
Mendoza, Bo - Management - THE GEORGE P. JOHNSON COMPANY, San Carlos, CA, pg. 316
Menges, Christine - Management - PENNA POWERS BRIAN HAYNES, Salt Lake City, UT, pg. 396
Mentler, Michael - Management - MENTLER & COMPANY, Addison, TX, pg. 113
Meranus, Leah - Management, Media Department, NBC, PPOM - 360I, LLC, New York, NY, pg. 320
Mercer, Rachel - Account Planner, Interactive / Digital, Management, Media Department - R/GA, New York, NY, pg. 260
Merchant, Amy - Management - HAVAS WORLDWIDE CHICAGO, Chicago, IL, pg. 82
Merino, Steve - Creative, Management, PPOM - ALOYSIUS BUTLER & CLARK, Wilmington, DE, pg. 30
Merk, Michael - Management, PPOM, Public Relations - DESIGNVOX, East Grand Rapids, MI, pg. 179
Merkel, Bobbi - Management, Media Department, Operations - TPN, Dallas, TX, pg. 683
Merrell, Jared - Management - OPTIMUM SPORTS, New York, NY, pg. 394
Merrill, Brian - Management - FAMA PR, INC., Boston, MA, pg. 602
Mertzman, Allison - Human Resources, Management, Media Department, NBC, Operations, Public Relations - GROUPM, New York, NY, pg. 466
Meschi, Rich - Management - WILEN MEDIA CORPORATION, Melville, NY, pg. 432
Meskauskas, James - Management - ACTIVE INTERNATIONAL, Pearl River, NY, pg. 439
Messenger Heilbronner, Jennifer - Management - METROPOLITAN GROUP, Portland, OR, pg. 387
Messina, Lauren - Account Services, Management - SAATCHI & SAATCHI LOS ANGELES, Torrance, CA, pg. 137
Messing, Neil - Account Services, Management - OPTIMUM SPORTS, New York, NY, pg. 394
Metcalf, Erin - Account Services, Creative, Management - BARBARIAN, New York, NY, pg. 215
Metler, Cynthia - Management, PPOM - MEDIA SOLUTIONS, Sacramento, CA, pg. 486
Metzger, Rob - Account Services, Management - CARAT, Toronto, ON, pg. 461
Metzger, Scott - Management - MARTIN ADVERTISING, Birmingham, AL, pg. 106
Meyer, Andrew - Creative, Management - CRAMER-KRASSELT, Chicago, IL, pg. 53
Meyer, Jennifer - Management, Public Relations - JENNIFER BETT COMMUNICATIONS, New York, NY, pg. 617
Miaritis, Nick - Management - VAYNERMEDIA, New York, NY, pg. 689
Micarelli, Angel - Account Services, Management - CRAMER, Norwood, MA, pg. 6
Michael, Dennis - Management - INQUEST MARKETING, Kansas City, MO, pg. 445
Michael, Tom - Account Planner, Account Services, Management - JACK MORTON WORLDWIDE, San Francisco, CA, pg. 309
Michael Kerr, Scott - Account Services, Management - INVNT, New York, NY, pg. 90
Michalak, Erin - Account Services, Management - GODFREY, Lancaster, PA, pg. 8
Michalek, Don - Management - DCI-ARTFORM, Milwaukee, WI, pg. 349
Micham, Kate - Account Services, Management - MODE, Charlotte, NC, pg. 251
Micheletti, Randy - Account Services, Management - GEILE/LEON MARKETING COMMUNICATIONS, Saint Louis, MO, pg. 362
Middleton, Glen - Management - CHANGEUP, Cincinnati, OH, pg. 5
Milanowski, Jim - Management - CZARNOWSKI, Austell, GA, pg. 304
Milian, Francisco - Management, Media Department, NBC - GTB, Dearborn, MI, pg. 367
Milkovich, Kaitlin - Management - EPSILON, Chicago, IL, pg. 283
Millan, Jeanette - Account Services, Interactive / Digital, Management, Media Department - SPARK FOUNDRY, New York, NY, pg. 508
Millar, Tim - Account Services, Creative, Management - BBDO SAN FRANCISCO, San Francisco, CA, pg. 330
Miller, Larry - Management, PPOM - CORINTHIAN MEDIA, INC., New York, NY, pg. 463
Miller, Jeremy - Management, Public Relations - MCCANN WORLDGROUP, Birmingham, MI, pg. 109
Miller, Jodi - Creative, Management, PPM - GEOMETRY, Chicago, IL, pg. 363
Miller, Gabriel - Management, PPOM - LANDOR, New York, NY, pg. 11
Miller, Teri - Account Services, Management, NBC, Operations, PPOM - 72ANDSUNNY, Playa Vista, CA, pg. 23
Miller, Chuck - Management, Public Relations - BOSTON RESEARCH GROUP, Hopkinton, MA, pg. 442
Miller, Liz - Management - GLOBAL FLUENCY, San Jose, CA, pg. 608
Miller, Vince - Management - DDI MEDIA, Saint Louis, MO, pg. 551
Miller, Jason - Account Services, Management - THE PIVOT GROUP, Washington, DC, pg. 293
Miller, Kristen - Creative, Management - DIGITAS, Chicago, IL, pg. 227
Miller, Marci - Account Services, Management - THE COMMUNITY, Miami Beach, FL, pg. 545
Miller, Matt - Creative, Management - BBDO SAN FRANCISCO, San Francisco, CA, pg. 330
Miller, Mardene - Account Planner, Account Services, Management, PPOM - NEON, New York, NY, pg. 120
Miller, Crawford - Interactive / Digital, Management, Media Department - MARTIN ADVERTISING, Birmingham, AL, pg. 106
Miller, Daniel - Interactive / Digital, Management, Media Department, NBC, PPM - EP+CO., New York, NY, pg. 356
Miller, Brooke - Management, NBC - FCB NEW YORK, New York, NY, pg. 357
Miller, Katie - Account Services, Management, NBC, PPOM - ARGONAUT, INC., San Francisco, CA, pg. 33
Miller, Richard - Management - YESLER, Seattle, WA, pg. 436
Miller, Dean - Management - KEA ADVERTISING, Valley Cottage, NY, pg. 94
Miller, Teri - Management - MUH-TAY-ZIK / HOF-FER, San Francisco, CA, pg. 119
Miller, Jacqueline - Management - CK ADVERTISING, Lakewood, CO, pg. 220
Miller, Susan - Management - MARKETING RESOURCES, Oak Park, IL, pg. 568
Miller Chin, Lara - Interactive / Digital, Management, Media Department, PPOM - J3, New York, NY, pg. 480
Miller Jr., Don - Account Services, Management, Media Department, NBC - UNIVERSAL MCCANN DETROIT, Birmingham, MI, pg. 524
Millett, Andrea - Management, Operations, PPOM - HAVAS MEDIA GROUP, New York, NY, pg. 468
Millett, Laura - Management - MURPHY O'BRIEN, INC., Los Angeles, CA, pg. 630

AGENCIES RESPONSIBILITIES INDEX

Milliman, Heather - Management - ADRENALINE, INC., Atlanta, GA, pg. 172

Millon, Craig - Management, PPOM - JACK MORTON WORLDWIDE, Boston, MA, pg. 309

Mills, Sean - Account Planner, Account Services, Management, PPOM - ARCHETYPE, San Francisco, CA, pg. 33

Mills, Olita - Management - LAFORCE, New York, NY, pg. 621

Milne, Cam - Interactive / Digital, Management, Operations - ONESTOP MEDIA GROUP, Toronto, ON, pg. 503

Milone, Simona - Account Planner, Account Services, Interactive / Digital, Management, Media Department, PPOM - WAVEMAKER, New York, NY, pg. 526

Miner, Jason - Management - GLOVER PARK GROUP, Washington, DC, pg. 608

Minervino, Becky - Management, Media Department, NBC, PPOM - MERGE, Boston, MA, pg. 113

Mingasson, Matthieu - Management - CODE AND THEORY, New York, NY, pg. 221

Minifee, Marcus - Account Services, Interactive / Digital, Management - UNIVERSAL MCCANN, New York, NY, pg. 521

Minne, Erin R. - Management - STARCOM WORLDWIDE, Chicago, IL, pg. 513

Mintz, Hanne - Management, PPOM - PARAGON LANGUAGE SERVICES, Los Angeles, CA, pg. 544

Mintz, Marina - Management, PPOM - PARAGON LANGUAGE SERVICES, Los Angeles, CA, pg. 544

Mintz, Rich - Management - BLUE STATE DIGITAL, Washington, DC, pg. 335

Miranda, Marvin - Account Services, Management - DROGA5, New York, NY, pg. 64

Miranda O'Donnell, Stephanie - Account Services, Management, NBC - ANOMALY, New York, NY, pg. 325

Mireau, Jess - Account Services, Management - MADWELL, Brooklyn, NY, pg. 13

Miro, Pablo - Account Services, Management, NBC - ZUBI ADVERTISING, Coral Gables, FL, pg. 165

Mirshak, Michelle - Management - SPARK FOUNDRY, Chicago, IL, pg. 510

Mirsky, Jon - Management - MDC PARTNERS, INC., New York, NY, pg. 385

Mirto, Bryon - Account Planner, Account Services, Interactive / Digital, Management, Media Department, NBC - DIGITAS, New York, NY, pg. 226

Misener, Jim - Management, NBC, PPOM - 50,000 FEET, INC., Chicago, IL, pg. 171

Mish, Michael - Management, NBC - AMP AGENCY, Boston, MA, pg. 297

Misher, Stacy - Account Services, Management - HAVAS MEDIA GROUP, New York, NY, pg. 468

Mishkin, Gregory - Account Services, Management, Research - ESCALENT, Atlanta, GA, pg. 444

Miskie, Scott - Management, PPOM - WUNDERMAN THOMPSON, Toronto, ON, pg. 435

Mitchell, John - Management, Media Department - CAM MEDIA, INC., Wakefield, MA, pg. 457

Mitchell, Mary - Management - CAMPBELL MARKETING AND COMMUNICATIONS, Dearborn, MI, pg. 339

Mitchell, Alexander - Account Services, Management - VOX GLOBAL, Washington, DC, pg. 658

Mitchell, Seth - Account Planner, Account Services, Management, Media Department - 9THWONDER, Dallas, TX, pg. 321

Mitchum, Liz - Account Services, Management, Operations - ADAMS OUTDOOR ADVERTISING, Florence, SC, pg. 549

Mitton-Rivas, Kersten - Management, PPOM - DONER CX, Norwalk, CT, pg. 352

Mitz, Dan - Management, Media Department - SPARK FOUNDRY, Chicago, IL, pg. 510

Miville, Isabelle - Management - LG2, Montreal, QC, pg. 380

Mladenoff, Mandy - Management - MATTER COMMUNICATIONS, INC., Newburyport, MA, pg. 626

Mlynowski, Este - Management - CANVAS WORLDWIDE, Playa Vista, CA, pg. 458

Moaney, Gail - Management, PPOM - FINN PARTNERS, New York, NY, pg. 603

Moczydlowsky, Denise - Account Services, Management - GTB, Dearborn, MI, pg. 367

Modrow, Nadia - Management - SAGEPATH, INC., Atlanta, GA, pg. 409

Moehlenkamp, Kevin - Management - GARRAND MOEHLENKAMP, Portland, ME, pg. 75

Moffat, Ryan - Management, NBC - ADTAXI, Denver, CO, pg. 211

Moffett, Judi - Management - ETHOS MARKETING & DESIGN, Westbrook, ME, pg. 182

Mogan, Brooke - Management, Public Relations - ALISON BROD PUBLIC RELATIONS, New York, NY, pg. 576

Moggs, Howard - Management, NBC - TRAILER PARK, Hollywood, CA, pg. 299

Moh, Etosha - Management - THE CONSULTANCY PR, Los Angeles, CA, pg. 653

Mohr, Ashley - Account Planner, Account Services, Management, Media Department - ZENITH MEDIA, Santa Monica, CA, pg. 531

Molen, Miranda - Interactive / Digital, Management, Media Department - AKQA, San Francisco, CA, pg. 211

Molenda, Kasia - Account Services, Management - 72ANDSUNNY, Playa Vista, CA, pg. 23

Molinaro, Suzanne - Interactive / Digital, Management, PPM - FCB HEALTH, New York, NY, pg. 72

Mollen, Nicole - Account Services, Interactive / Digital, Management, Media Department - SPARK FOUNDRY, New York, NY, pg. 508

Mollett Shea, Andrea - Management - THE STANDING PARTNERSHIP, Saint Louis, MO, pg. 655

Molloy, Doug - Management, NBC, Public Relations - HUDSON ROUGE, Dearborn, MI, pg. 372

Molnar, Mike - Management, PPOM - GLOW, New York, NY, pg. 237

Monarko, Dan - Analytics, Management - SMITH BROTHERS AGENCY, LP, Pittsburgh, PA, pg. 410

Mondshein, Greg - Management, NBC, PPOM - SOURCECODE COMMUNICATIONS, New York, NY, pg. 648

Monger, Alex - Account Services, Management - BBH, New York, NY, pg. 37

Monian, Eric - Management - AMOBEE, INC., Redwood City, CA, pg. 213

Monroe, Jodi - Management, Media Department - CROSSMEDIA, New York, NY, pg. 463

Monroe, Loren - Management, Public Relations - BGR GROUP, Washington, DC, pg. 583

Monroy, Carmen - Management, Promotions - DIRECTOHISPANIC, LLC, North Hollywood, CA, pg. 681

Monte, Michelle - Account Services, Management - THE CDM GROUP, New York, NY, pg. 149

Monteiro, Trevor - Management, Media Department - THE RICHARDS GROUP, INC., Dallas, TX, pg. 422

Montemarano, Tania - Account Services, Management - BBDO CANADA, Toronto, ON, pg. 330

Montenegro, Mauricio - Management, NBC - HAVAS MEDIA GROUP, Miami, FL, pg. 470

Montero, Luis - Management, PPOM - THE COMMUNITY, Miami Beach, FL, pg. 545

Montes, Ashley - Management, Media Department - HUGE, INC., Brooklyn, NY, pg. 239

Montgomery, Melanie - Account Services, Management - ACKERMAN MCQUEEN, INC., Oklahoma City, OK, pg. 26

Montgomery, Tim - Account Services, Management - COOPER HONG, INC., Saint Charles, IL, pg. 593

Moon, Belinda - Management, Media Department - WAVEMAKER, New York, NY, pg. 526

Moon, Jacob - Management, PPOM, Public Relations - METHOD COMMUNICATIONS, Salt Lake City, UT, pg. 386

Mooney, Steve - Management - JACK MORTON WORLDWIDE, Boston, MA, pg. 309

Mooney, Kristin - Human Resources, Management, PPOM - GROUPM, New York, NY, pg. 466

1543

RESPONSIBILITIES INDEX — AGENCIES

Moore, John - Interactive / Digital, Management, Media Department - ZENO GROUP, Redwood Shores, CA, *pg.* 665
Moore, Perry - Management, NBC - ONE & ALL, Atlanta, GA, *pg.* 289
Moore, John - Management, Media Department, NBC, PPOM - MEDIAHUB BOSTON, Boston, MA, *pg.* 489
Moore, Luke - Management, Media Department, Operations - CUNDARI INTEGRATED ADVERTISING, Toronto, ON, *pg.* 347
Moore, Scott - Account Services, Management, Media Department - AKA NYC, New York, NY, *pg.* 324
Moore-Lewy, Justin - Management, PPOM - HELO, Marina Del Rey, CA, *pg.* 307
Moore-Serlin, Annie - Management, PPOM - MINDSHARE, New York, NY, *pg.* 491
Moote, Mandey - Management - QUARRY INTEGRATED COMMUNICATIONS, Saint Jacobs, ON, *pg.* 402
Moran, Jeffrey - Management - KETCHUM, New York, NY, *pg.* 542
Moran, Joe - Management - FORT GROUP, INC., Richfield Park, NJ, *pg.* 359
Moran, Sr., Jim - Management - THE MORAN GROUP, Baton Rouge, LA, *pg.* 152
Morand, Robert - Management - GWP BRAND ENGINEERING, Toronto, ON, *pg.* 9
Morano, Matt - Management, NBC - YAMAMOTO, Chicago, IL, *pg.* 435
Morato, Vanessa - Management - GERSHONI, San Francisco, CA, *pg.* 76
Mordock, Geoff - Management, PPOM - FLEISHMANHILLARD WEST COAST, Los Angeles, CA, *pg.* 606
Morgan, Lance - Account Planner, Management, Public Relations - POWELL TATE, Washington, DC, *pg.* 638
Morgan, Laura - Management - HILL+KNOWLTON STRATEGIES, New York, NY, *pg.* 613
Morgan, Lianne - Management - ACCENTURE INTERACTIVE, El Segundo, CA, *pg.* 322
Morimoto, Cari - Management, Media Department - MEDIASMITH, INC., San Francisco, CA, *pg.* 490
Moroney, Michael - Management, PPOM - VSA PARTNERS, INC., New York, NY, *pg.* 204
Morra, Erin - Account Services, Management - HARBINGER COMMUNICATIONS, INC., Toronto, ON, *pg.* 611
Morra, Alison - Management, Operations - INKHOUSE PUBLIC RELATIONS, Waltham, MA, *pg.* 615
Morral, Tim - Management, Media Department, Public Relations - WALKER SANDS COMMUNICATIONS, Chicago, IL, *pg.* 659
Morris, Isaac - Account Services, Management, PPOM - THESIS, Portland, OR, *pg.* 270
Morrison, Steve - Account Services, Management - ASHER AGENCY, Charleston, WV, *pg.* 327
Morrison, Alex - Account Planner, Management, NBC, Operations, PPOM - GREY WEST, San Francisco, CA, *pg.* 367
Morrison, Katie - Account Services, Management - CONE, INC., Boston, MA, *pg.* 6
Morrison, Jeff - Account Services, Management - GREGORY WELTEROTH ADVERTISING, Montoursville, PA, *pg.* 466
Morse, Skip - Management - MURPHY & COMPANY, Greenwich, CT, *pg.* 630
Morse, Heather - Management - PERISCOPE, Minneapolis, MN, *pg.* 127
Morton, Corinne - Creative, Management, PPOM - SYNTAX COMMUNICATION GROUP, Farmingville, NY, *pg.* 651
Moser, Erik - Management, Operations - EDELMAN, Portland, OR, *pg.* 600
Moskowitz, Stacy - Account Services, Management - PADILLA, New York, NY, *pg.* 635
Moss, David - Account Services, Management, NBC - LEO BURNETT TORONTO, Toronto, ON, *pg.* 97
Moss, Tara - Management - R/GA, Portland, OR, *pg.* 261
Motl, Lauren - Creative, Interactive / Digital, Management - ELEVATED THIRD, Denver, CO, *pg.* 230
Mouleart, Nicco - Account Services, Management, NBC - VERTICAL MARKETING NETWORK, Tustin, CA, *pg.* 428
Mountain, Leah - Management - MBB AGENCY, Leawood, KS, *pg.* 107
Mountjoy, Jim - Creative, Management - BOONEOAKLEY, Charlotte, NC, *pg.* 41
Mudd, Garrett - Account Services, Management - REVOLUTION, Chicago, IL, *pg.* 406
Muellenbach, Chris - Account Services, Interactive / Digital, Management - DELOITTE DIGITAL, New York, NY, *pg.* 225
Mueller, Stephanie - Management, PPOM - BERLINROSEN, Washington, DC, *pg.* 583
Muilenburg, Matt - Account Services, Management - MARCHEX, INC., Seattle, WA, *pg.* 675
Mukherjee, Shreya - Management, Media Department - DEUTSCH, INC., New York, NY, *pg.* 349
Mulderink, Matthew - Analytics, Interactive / Digital, Management, Media Department, NBC, Research, Social Media - CONNECT AT PUBLICIS MEDIA, Chicago, IL, *pg.* 462
Mules, Rich - Account Services, Management - CRAMER-KRASSELT, Chicago, IL, *pg.* 53
Mulhern, Mark - Account Services, Creative, Management, PPOM - DDB CHICAGO, Chicago, IL, *pg.* 59
Mullen, Matt - Account Planner, Account Services, Management, Media Department - MULLENLOWE U.S. BOSTON, Boston, MA, *pg.* 389
Muller, Mike - Account Services, Management, NBC - STEVENS ADVERTISING, Grand Rapids, MI, *pg.* 413
Muller, Edmund - Management, Media Department, PPOM - WAVEMAKER, New York, NY, *pg.* 526
Muller, Stephen - Management - BLUE STATE DIGITAL, New York, NY, *pg.* 335
Mulligan, Sheila - Management - EDELMAN, Chicago, IL, *pg.* 353
Mullinax, Dick - Management, PPOM - FLEISHMANHILLARD, Dallas, TX, *pg.* 605
Mullins, Perdy - Management - THE VIA AGENCY, Portland, ME, *pg.* 154
Mullis, Melinda - Management, PPOM - ORANGEROC, Honolulu, HI, *pg.* 395
Mulroney, Shawn - Account Services, Management - HAVAS MEDIA GROUP, Chicago, IL, *pg.* 469
Mulvihill, Mike - Account Services, Management - PADILLA, Richmond, VA, *pg.* 635
Munilla, Amanda - Management - WOLFF OLINS, New York, NY, *pg.* 21
Munjal, Sonali - Management - SPI GROUP, LLC, Fairfield, NJ, *pg.* 143
Munk, Curtis - Account Planner, Management, PPOM - GEOMETRY, Chicago, IL, *pg.* 363
Munoz, Gus - Management, PPOM - DECO PRODUCTIONS, Miami, FL, *pg.* 304
Munoz, Rene - Account Services, Management - HAVAS MEDIA GROUP, New York, NY, *pg.* 468
Munsch, Paul - Interactive / Digital, Management - EPSILON, New York, NY, *pg.* 283
Muredda, Mario - Management, PPOM - HARRISON & STAR, INC., New York, NY, *pg.* 9
Murphy, David - Management, PPOM - GTB, Dearborn, MI, *pg.* 367
Murphy, Mike - Account Services, Management - MTI, Wyoming, MI, *pg.* 118
Murphy, Sean - Account Services, Management, NBC, PPOM - PACE COMMUNICATIONS, Greensboro, NC, *pg.* 395
Murphy, Brandon - Account Planner, Account Services, Management, NBC, PPOM - 22SQUARED INC., Atlanta, GA, *pg.* 319
Murphy, Brian - Management - COYNE PUBLIC RELATIONS, Parsippany, NJ, *pg.* 593
Murphy, Kaitlyn - Account Services, Management - HAVAS MEDIA GROUP, Chicago, IL, *pg.* 469
Murphy, Colm - Account Planner, Management, NBC, PPOM - THE&PARTNERSHIP, New York, NY, *pg.* 426
Murphy, Liz - Account Services, Interactive / Digital, Management, Media Department, PPOM - BEACONFIRE REDENGINE, Arlington, VA, *pg.* 216
Murphy, Lisa - Account Services, Management - HAVAS TONIC, New York,

AGENCIES   RESPONSIBILITIES INDEX

NY, *pg.* 285
Murphy, Mike - Management - HIRONS & COMPANY, Indianapolis, IN, *pg.* 86
Murphy, Daniel - Administrative, Management, Public Relations - BGR GROUP, Washington, DC, *pg.* 583
Murray, Dave - Account Services, Management - GLOBAL FLUENCY, San Jose, CA, *pg.* 608
Murray, Shawn - Management - THE BRANDON AGENCY, Myrtle Beach, SC, *pg.* 419
Musi, George - Analytics, Interactive / Digital, Management, Media Department, Research - BLUE 449, New York, NY, *pg.* 455
Musiker, Melissa - Management, Public Relations - APCO WORLDWIDE, Washington, DC, *pg.* 578
Muzumdar, Kunal - Management, PPOM - ANALOGFOLK, New York, NY, *pg.* 439
Myers, Eric - Management, PPOM - BELO + COMPANY, Dallas, TX, *pg.* 216
Myers, Adele - Creative, Management - HORIZON MEDIA, INC., New York, NY, *pg.* 474
Mylan, Mark - Account Services, Management, NBC, PPOM - CARAT, New York, NY, *pg.* 459
Mylett, Jennifer - Account Services, Management - HILL+KNOWLTON STRATEGIES, New York, NY, *pg.* 613
Mynes, Sammy - Management - ANSIRA, Irvine, CA, *pg.* 565
Myszkowski, Marie - Management, Operations - SPARK FOUNDRY, Chicago, IL, *pg.* 510
Nabors, Nancy - Account Services, Management, NBC - BHW1 ADVERTISING, Spokane, WA, *pg.* 3
Nacier, Rodny - Management - ICR, New York, NY, *pg.* 615
Naegelen, Romain - Account Services, Management, NBC, PPOM - MOTHER, Los Angeles, CA, *pg.* 118
Nagel, Anna Beth - Account Services, Administrative, Management, Media Department, Operations - WIEDEN + KENNEDY, New York, NY, *pg.* 432
Naguib, Diana - Account Services, Interactive / Digital, Management, Media Department - MEDIALINK, New York, NY, *pg.* 386
Naik, Ankur - Account Planner, Account Services, Management, NBC, Operations - BBMG, Brooklyn, NY, *pg.* 2
Nairn, Rachel - Account Services, Management - BBDO WEST, Los Angeles, CA, *pg.* 331
Nam, Elliot - Management - DIGITAS, San Francisco, CA, *pg.* 227
Nance, Carter - Account Services, Management, NBC, PPOM - BBDO SAN FRANCISCO, San Francisco, CA, *pg.* 330
Nanus, Deb - Account Services, Management, Media Department - INITIATIVE, New York, NY, *pg.* 477
Napolitano, Jim - Management - ORGANIC, INC., Troy, MI, *pg.* 256
Nardo, Chris - Management - THE RUTH GROUP, New York, NY, *pg.* 655

Nartey-Koram, Docia - Management - AKQA, Portland, OR, *pg.* 212
Naseemuddeen, Thas - Management, Media Department, PPOM - OMELET, Culver City, CA, *pg.* 122
Nathans, Sally - Account Services, Creative, Management - BBDO WORLDWIDE, New York, NY, *pg.* 331
Natkins, Sarah - Management, Operations - CAMRON , New York, NY, *pg.* 588
Naughton, Tom - Account Planner, Management, Media Department, NBC - PEREIRA & O'DELL, New York, NY, *pg.* 257
Naughton, Tara - Management - MWWPR, East Rutherford, NJ, *pg.* 630
Navarro, Vicente - Account Services, Management, NBC - AC&M GROUP, Charlotte, NC, *pg.* 537
Neal, Greg - Management, PPM - Media Department, PPM - THE MARKETING ARM, Dallas, TX, *pg.* 316
Neale-May, Donovan - Management, PPOM - CHIEF MARKETING OFFICER COUNCIL, San Jose, CA, *pg.* 50
Nefs Leistikow, Laura - Account Services, Interactive / Digital, Management, NBC - HABERMAN, Minneapolis, MN, *pg.* 369
Negron, Cynthia - Management, Operations - EDELMAN, Atlanta, GA, *pg.* 599
Nelson, Lori - Account Services, Management, NBC - BURNS ENTERTAINMENT & SPORTS MARKETING, INC., Evanston, IL, *pg.* 303
Nelson, Gregg - Creative, Management - ARNOLD WORLDWIDE, Boston, MA, *pg.* 33
Nelson, Kevin - Management, Operations - M:UNITED//MCCANN, New York, NY, *pg.* 102
Nelson, Mike - Management, NBC - OUTFRONT MEDIA, Atlanta, GA, *pg.* 555
Nemrava, Maureen - Management - KIDZSMART CONCEPTS, Vancouver, BC, *pg.* 188
Nerlich, Stephanie - Management, NBC, PPOM - HAVAS NEW YORK, New York, NY, *pg.* 369
Nettles, Susan - Account Services, Management, NBC - R + M, Cary, NC, *pg.* 196
Neujahr, Dana - Account Services, Creative, Interactive / Digital, Management, Media Department - SOMETHING MASSIVE, Los Angeles, CA, *pg.* 266
Neumann, Jennifer - Management - FCB CHICAGO, Chicago, IL, *pg.* 71
Nevolo, Mike - Management, NBC - DIAMOND COMMUNICATIONS SOLUTIONS, Carol Stream, IL, *pg.* 281
Newberg, Amanda - Management, NBC - WAVEMAKER, New York, NY, *pg.* 526
Newbold, Alan - Account Services, Management, Media Department - BROADHEAD, Minneapolis, MN, *pg.* 337
Newell, Marc - Account Services, Administrative, Management - ARCOS COMMUNICATIONS, New York, NY, *pg.* 537

Newman, Andy - Account Services, Management - NEWMAN PR, Coconut Grove, FL, *pg.* 632
Newman, Anne - Management - WPP GROUP, INC., New York, NY, *pg.* 433
Newman, Bruce - Account Planner, Account Services, Management - E&M MEDIA GROUP, Jericho, NY, *pg.* 282
Newton, Jaime - Management - TONGAL, Santa Monica, CA, *pg.* 20
Nezirevic, Admira - Account Services, Management - OVE DESIGN & COMMUNICATIONS LIMITED, Toronto, ON, *pg.* 193
Ng, Doug - Management, Media Department, NBC, PPOM - WAVEMAKER, New York, NY, *pg.* 526
Ng, Melissa - Account Services, Management - ELEPHANT, Brooklyn, NY, *pg.* 181
Ng Pack, Nick - Management, NBC, PPOM - MVNP, Honolulu, HI, *pg.* 119
Nguy, Lily - Management, Media Department - MEDIACOM, New York, NY, *pg.* 487
Nguyen, Van - Management, Media Department - ARTIME GROUP, Pasadena, CA, *pg.* 34
Nguyen, Jennifer - Management, Public Relations - CITIZEN RELATIONS, Los Angeles, CA, *pg.* 590
Nicastro, Jeanne - Creative, Management, PPM - R/GA, Los Angeles, CA, *pg.* 261
Nichols, Brent - Creative, Management, PPOM - INVENTA, Vancouver, BC, *pg.* 10
Nichols, Aaron - Management, Media Department, NBC - HEARST AUTOS, San Francisco, CA, *pg.* 238
Nichols, Nancy Rabstejnek - Management, Public Relations - WEBER SHANDWICK, New York, NY, *pg.* 660
Nichols, Liz - Management - VSA PARTNERS, INC. , Chicago, IL, *pg.* 204
Nichols, Lisa - Management - INNOCEAN USA, Huntington Beach, CA, *pg.* 479
Niclosi, Tina - Management, PPOM - ODEN MARKETING & DESIGN, Memphis, TN, *pg.* 193
Nicnick, James - Management - KEENAN-NAGLE ADVERTISING, Allentown, PA, *pg.* 94
Nicosia, Sarah - Account Services, Management - DAVIS AD AGENCY, Virginia Beach, VA, *pg.* 58
Nieves, Charles - Account Services, Management - LEARFIELD IMG COLLEGE, Plano, TX, *pg.* 310
Nigro, Beth - Account Services, Management, NBC - MOXIE, Pittsburgh, PA, *pg.* 251
Nikitaidis, Carla M. - Management - THE OUTCAST AGENCY, San Francisco, CA, *pg.* 654
Nikulin, Tadas - Creative, Management, PPOM - AD:60, Brooklyn, NY, *pg.* 210
Nilsson, Bruce - Creative, Management, PPOM - DAVIDSON

RESPONSIBILITIES INDEX — AGENCIES

BELLUSO, Phoenix, AZ, pg. 179

Nion, Francois - Management - JCDECAUX NORTH AMERICA, New York, NY, pg. 553

Nippes, Ken - Management, Media Department - HORIZON MEDIA, INC., New York, NY, pg. 474

Nirsimloo, Andrea - Management - M&C SAATCHI PERFORMANCE, New York, NY, pg. 247

Nisanyan, Allen - Account Services, Management, Media Department - HAVAS MEDIA GROUP, New York, NY, pg. 468

Nishiyama, Robert - Management, Media Department - CARAT, New York, NY, pg. 459

Nixon, Amy - Account Services, Management, NBC - MARC USA, Chicago, IL, pg. 104

Njos, Jon - Management, Media Department - GREENRUBINO, Seattle, WA, pg. 365

Noel, Andrew - Account Services, Management - GALE, New York, NY, pg. 236

Noguera, Carolina - Management - ARCHETYPE, San Francisco, CA, pg. 33

Nolan, Tara - Management, Media Department, NBC - MERKLEY + PARTNERS, New York, NY, pg. 114

Nolden, Jennifer - Account Services, Creative, Management - DDB CHICAGO, Chicago, IL, pg. 59

Nonas, Barbara - Management - DIGITAS, New York, NY, pg. 226

Noone, Tom - Account Services, Management, PPOM - ASSOCIATED DESIGN SERVICE, Palos Hills, IL, pg. 173

Norby, Mark - Management, Operations - LIVE MARKETING, Evanston, IL, pg. 310

Norris, John - Management - NORRIS & COMPANY, Stoughton, MA, pg. 391

Nortman, Michael - Account Services, Management, NBC - THE RICHARDS GROUP, INC., Dallas, TX, pg. 422

Norton, Mike - Management - NORTON OUTDOOR ADVERTISING, Cincinnati, OH, pg. 554

Norton, Sydney - Account Services, Management - THE MARTIN AGENCY, Richmond, VA, pg. 421

Novak, Steve - Account Services, Management - NOVAK-BIRCH, Baltimore, MD, pg. 448

Novak, Rocky - Interactive / Digital, Management, PPOM - FALLON WORLDWIDE, Minneapolis, MN, pg. 70

Novak, Casey - Account Services, Management - NEXTLEFT, San Diego, CA, pg. 254

Novoa, Isabel - Management - STARCOM WORLDWIDE, Chicago, IL, pg. 513

Nunes, Phil - Account Services, Management, NBC - BACKBAY COMMUNICATIONS, Boston, MA, pg. 579

Nunez, Antonio - Account Services, Management - WUNDERMAN THOMPSON, Miami, FL, pg. 547

Nutt Bello, Lauren - Account Services, Management, PPOM - READY SET ROCKET, New York, NY, pg. 262

Nygren, Anthony - Management - EMI STRATEGIC MARKETING, INC., Boston, MA, pg. 68

Nyhan, Samantha - Management, PPOM - MRM//MCCANN, Salt Lake City, UT, pg. 118

O'Brien, Brett - Management - MURPHY O'BRIEN, INC., Los Angeles, CA, pg. 630

O'Brien, Mark - Finance, Management, Operations, PPM, PPOM - INTERBRAND, New York, NY, pg. 187

O'Brien, Cullen - Management, Operations - 7SUMMITS, Milwaukee, WI, pg. 209

O'Brien, Larry - Management, Public Relations - BADER RUTTER & ASSOCIATES, INC., Milwaukee, WI, pg. 328

O'Brien, Kassandra - Management - CHIZCOMM, North York, ON, pg. 50

O'Brien, Jaime-Lyn - Management - CROSSMEDIA, Los Angeles, CA, pg. 463

O'Callaghan, Jessica - Management, NBC - DEVRIES GLOBAL, New York, NY, pg. 596

O'Callaghan, Julie - Management - BEUERMAN MILLER FITZGERALD, New Orleans, LA, pg. 39

O'Connell, Daniel - Management, NBC - BRANDDEFINITION, New York, NY, pg. 4

O'Connor, Erin - Account Services, Management, Media Department - BENSIMON BYRNE, Toronto, ON, pg. 38

O'Connor, Brittney - Management - STARCOM WORLDWIDE, Chicago, IL, pg. 513

O'Connor, Timothy - Management - DELOITTE DIGITAL, New York, NY, pg. 225

O'Day, Anne - Account Services, Management - DAVID JAMES GROUP, Oakbrook Terrace, IL, pg. 348

O'Driscoll, Sarah - Account Services, Management - FAHLGREN MORTINE PUBLIC RELATIONS, Columbus, OH, pg. 70

O'Flaherty, Rory - Account Services, Interactive / Digital, Management, Media Department - MEKANISM, New York, NY, pg. 113

O'Gorman, Matt - Management - UNANIMOUS, Lincoln, NE, pg. 203

O'Hara, Rosie - Management - MILLER BROOKS, INC., Zionsville, IN, pg. 191

O'Harran, Brody - Interactive / Digital, Management, NBC - CONTROL V EXPOSED, Jenkintown, PA, pg. 222

O'Keefe, Meghan - Management - STARCOM WORLDWIDE, Chicago, IL, pg. 513

O'Keeffe, Tim - Management, NBC, Operations - FLEISHMANHILLARD, San Francisco, CA, pg. 605

O'Leary, Kerry - Management - MODERN CLIMATE, Minneapolis, MN, pg. 388

O'Loughlin, Greg - Management, Media Department, Operations, PPOM - SWELL, LLC, Philadelphia, PA, pg. 145

O'Mahoney, Alyson - Management - RLA COLLECTIVE, Pleasantville, NY, pg. 643

O'Mahony, Dan - Management - INKHOUSE PUBLIC RELATIONS, Waltham, MA, pg. 615

O'Neill, Maggie - Management, Media Department, PPOM - PEPPERCOMM, INC., New York, NY, pg. 687

O'Neill, James - Interactive / Digital, Management, Media Department, NBC - MEDIA ALLEGORY, New York, NY, pg. 484

O'Neill, Paul - Management, Operations - ELEPHANT, Brooklyn, NY, pg. 181

O'Shea, Lauren - Management - REGAN COMMUNICATIONS GROUP, Boston, MA, pg. 642

O'Sullivan, Sean - Account Services, Management, NBC - CARAT, New York, NY, pg. 459

Oak, Janet - Management, NBC - IPSOS, Norwalk, CT, pg. 445

Oakley, Husani - Interactive / Digital, Management - DEUTSCH, INC., New York, NY, pg. 349

Oates, Kevin - Management, PPOM - KETCHUM, Los Angeles, CA, pg. 619

Oberg, Kristin - Management - FCB CHICAGO, Chicago, IL, pg. 71

Oberman, Brett - Management, Public Relations - KEITH SHERMAN & ASSOCIATES, INC., New York, NY, pg. 686

Oberman, Ellen - Account Services, Management, NBC - MCGARRYBOWEN, Chicago, IL, pg. 110

Ocasio, Denise - Account Services, Management, Media Department - MINDSHARE, New York, NY, pg. 491

Ogburn, Becky - Management - MCKEEMAN COMMUNICATIONS, Raleigh, NC, pg. 626

Ogden, Amy - Management - J PUBLIC RELATIONS, San Diego, CA, pg. 616

Okun, Josh - Management, NBC, Operations - 9THWONDER AGENCY, Houston, TX, pg. 453

Olander, Madlene - Management, Media Department, PPM - RIGHTPOINT, Boston, MA, pg. 263

Oliva, Tami - Account Services, Management - BBDO ATL, Atlanta, GA, pg. 330

Olper, Leo - Management, NBC, PPOM - THIRD EAR, Austin, TX, pg. 546

Olsen, Liza - Management - APCO WORLDWIDE, New York, NY, pg. 578

Olson, Don - Management - FILTER, Seattle, WA, pg. 234

Opara, Eddie - Management - PENTAGRAM, New York, NY, pg. 194

Openysheva, Alice - Management - HOT TOMALI COMMUNICATIONS, INC., Vancouver, BC, pg. 371

Oppenheimer, Alexandra - Management - POLLOCK COMMUNICATIONS, INC., New York, NY, pg. 637

Oram, Clint - Management, PPOM - SUGARCRM, Cupertino, CA, pg. 169

AGENCIES

RESPONSIBILITIES INDEX

Orgel, Amy - Account Services, Management - 72ANDSUNNY, Brooklyn, NY, pg. 24

Orkin, Jessica - Management, NBC, PPOM - SYPARTNERS, New York, NY, pg. 18

Orkin, Justin - Interactive / Digital, Management, NBC - CONTROL V EXPOSED, Jenkintown, PA, pg. 222

Orloff, Kate - Management - STARCOM WORLDWIDE, Chicago, IL, pg. 513

Orlowsky, Keith - Account Services, Management - DIGITAS, Boston, MA, pg. 226

Ormasen, Dag - Management - PUBLICIS NORTH AMERICA, New York, NY, pg. 399

Orr, Bill - Interactive / Digital, Management, NBC, Public Relations - DKC PUBLIC RELATIONS, West Hollywood, CA, pg. 597

Orsatti, Brandan - Management - BCW NEW YORK, New York, NY, pg. 581

Ortega, Jorge - Management, Public Relations - EDELMAN, Dallas, TX, pg. 600

Orvik, Tracy - Management - MEDIASMITH, INC. , San Francisco, CA, pg. 490

Osborn, Tony - Management - MSLGROUP, New York, NY, pg. 629

Osborne, Julie - Account Services, Management - STEVENS STRATEGIC COMMUNICATIONS, INC., Westlake, OH, pg. 413

Osborne, Reginald - Account Services, Interactive / Digital, Management, Media Department - WALTON ISAACSON, New York, NY, pg. 547

Osher, Erin - Management - PORTER NOVELLI, Seattle, WA, pg. 637

Osiecki, Noelle - Management, Public Relations - GOLIN, New York, NY, pg. 610

Osmond, Bob - Account Services, Management - ACCESS BRAND COMMUNICATIONS, New York, NY, pg. 1

Ostedt, Will - Management - THE POLLACK PR MARKETING GROUP, Los Angeles, CA, pg. 654

Oswald, Glenn - Management - MARX LAYNE & COMPANY, Farmington Hills, MI, pg. 626

Ott, Adam - Management - DELOITTE DIGITAL, Seattle, WA, pg. 224

Oudin, Pauline - Management, PPOM - GRADIENT EXPERIENTIAL LLC, New York, NY, pg. 78

Ouf, Gigi - Management - THE NARRATIVE GROUP, Los Angeles, CA, pg. 654

Owen, Chris - Management - HORIZON MEDIA, INC., New York, NY, pg. 474

Owen, Amie - Account Services, Management, Media Department - UNIVERSAL MCCANN, New York, NY, pg. 521

Owen, Daniel - Management - DIRECT AGENTS, INC., New York, NY, pg. 229

Owens, Mark - Account Planner, Management, PPOM - ROGERS & COWAN/PMK*BNC, Los Angeles, CA, pg. 643

Owens, Taryn - Management, Public Relations - DKC PUBLIC RELATIONS, West Hollywood, CA, pg. 597

Oxland, Randy - Management, Media Department - UNIVERSAL MCCANN, New York, NY, pg. 521

Oxler, Jilian - Account Services, Management - OGILVY, Chicago, IL, pg. 393

Ozawa, Kimi - Management - MURPHY O'BRIEN, INC., Los Angeles, CA, pg. 630

Ozcelik, Gizem - Management - MMGY NJF, New York, NY, pg. 628

Ozikizler, John - Management, PPOM - LMA, Toronto, ON, pg. 623

O'Brien, Chris - Account Services, Interactive / Digital, Management, Media Department, NBC - OMD, Chicago, IL, pg. 500

O'Donnell, Ed - Management, Media Department - SUNDIN ASSOCIATES, Natick, MA, pg. 415

O'Malley, Shannon - Management, Media Department - OGILVY COMMONHEALTH WORLDWIDE, Parsippany, NJ, pg. 122

O'Toole, Sean - Management, PPOM - TEAM ENTERPRISES, Fort Lauderdale, FL, pg. 316

Page, Stephanie - Account Services, Management - BBDO CANADA, Toronto, ON, pg. 330

Page, Scott - Account Services, Management - GSW WORLDWIDE / GSW, FUELED BY BLUE DIESEL, Westerville, OH, pg. 80

Pagis, Rebekah - Account Services, Management - MULLENLOWE U.S. NEW YORK, New York, NY, pg. 496

Pai, Ambika - Management, PPOM - MEKANISM, New York, NY, pg. 113

Pal, Felicity - Management - EVOKE GIANT, San Francisco, CA, pg. 69

Palau, Daniel - Interactive / Digital, Management, Social Media - LAUNDRY SERVICE, Brooklyn, NY, pg. 287

Palazzo-Hart, Melissa - Management, PPOM - SID LEE, Culver City, CA, pg. 141

Paley, Jon - Creative, Management, PPOM - THE VAULT, New York, NY, pg. 154

Palisi, Michael - Management - VAN WAGNER COMMUNICATIONS, New York, NY, pg. 558

Pallack, Sarah - Management - BPCM, New York, NY, pg. 585

Palma, Gabriela - Management - MARKETLOGIC, Miami, FL, pg. 383

Palmer, Jordan - Management - COMMON THREAD COLLECTIVE, Santa Ana, CA, pg. 221

Palmer, Jeanette - Management - NAIL COMMUNICATIONS, Providence, RI, pg. 14

Palmer, Scott - Management - CRAMER, Norwood, MA, pg. 6

Palumbo, Jim - Management - NBC - KUHL SWAINE, Saint Louis, MO, pg. 11

Paluszek, Michael - Management - DKC PUBLIC RELATIONS, New York, NY, pg. 597

Paluta, Roman - Management, Media Department, NBC - SOLVE, Minneapolis, MN, pg. 17

Palutis, Kari - Account Planner, Account Services, Management - SANDBOX, Kansas City, MO, pg. 409

Panacchia, Donna - Management - AGENCYEA, Chicago, IL, pg. 302

Pancheri, Kay - Account Services, Management - MULLENLOWE U.S. BOSTON, Boston, MA, pg. 389

Pandya, Anand - Account Planner, Management, Media Department - VM1 (ZENITH MEDIA + MOXIE), New York, NY, pg. 526

Pang, Michael - Management - ELEPHANT SKIN, Los Angeles, CA, pg. 181

Paolozzi, Vincent - Interactive / Digital, Management, Media Department - MAGNA GLOBAL, New York, NY, pg. 483

Pappalardo, Andrew - Management, Media Department, NBC - MEDIACOM, New York, NY, pg. 487

Paragamian, David - Management - RAZORFISH HEALTH, Philadelphia, PA, pg. 262

Pardo, Leslie - Account Services, Management - MARX LAYNE & COMPANY, Farmington Hills, MI, pg. 626

Pardo, Ralph - Management, Media Department, PPOM - HEARTS & SCIENCE, New York, NY, pg. 471

Paredes, Dennis - Management - WMX, Miami, FL, pg. 276

Parente, Angela - Management - SPI GROUP, LLC, Fairfield, NJ, pg. 143

Paris, Todd - Management - DELOITTE DIGITAL, Seattle, WA, pg. 224

Parisi, Molly - Account Services, Management - ISOBAR US, Boston, MA, pg. 242

Park, Yuna - Account Services, Interactive / Digital, Management, Media Department, NBC - FORSMAN & BODENFORS, New York, NY, pg. 74

Parker, Chris - Management, Operations, PPOM - SCRUM50, South Norwalk, CT, pg. 409

Parker, Jennifer - Management - MELT, LLC, Atlanta, GA, pg. 311

Parker, Lisa - Account Services, Management, NBC - 9THWONDER AGENCY, Houston, TX, pg. 453

Parker, Anna - Management, Media Department, PPOM - HAVAS WORLDWIDE CHICAGO, Chicago, IL, pg. 82

Parker, Beth - Account Services, Management, PPOM - VOX GLOBAL , Washington, DC, pg. 658

Parker, Wendy - Account Services, Management - MYTHIC, Charlotte, NC, pg. 119

Parker, Lauren - Management - FRAZIERHEIBY, Columbus, OH, pg. 75

Parker, Jackie - Management - ARKETI GROUP, Atlanta, GA, pg. 578

Parker, Nick - Management, Public Relations - AGENDA, Albuquerque, NM, pg. 575

Parker, Whitney - Management - FAMA PR, INC, Boston, MA, pg. 602

RESPONSIBILITIES INDEX

AGENCIES

Parkinson, Jon - Account Services, Management - GSW WORLDWIDE, New York, NY, pg. 79

Parks, Jason - Account Services, Management - BARKLEY, Kansas City, MO, pg. 329

Parks, Kenneth - Creative, Management, NBC, PPOM - HERO DIGITAL, San Francisco, CA, pg. 238

Parra, Armand - Account Services, Management, Media Department, Research - THE INTEGER GROUP, Lakewood, CO, pg. 682

Parro, Dave - Account Services, Management, Operations - WALKER SANDS COMMUNICATIONS, Chicago, IL, pg. 659

Parry, Stephanie - Management, Media Department - MINDSHARE, New York, NY, pg. 491

Parry, Brandon - Account Services, Management - JUST MEDIA, INC., Emeryville, CA, pg. 481

Parseghian, Stacia - Account Services, Management - BBDO WEST, Los Angeles, CA, pg. 331

Parsia, Hedyeh - Management, PPOM - PSFK, New York, NY, pg. 440

Parsons, Ryan - Account Services, Management - BUFFALO.AGENCY, Reston, VA, pg. 587

Paskalev, Krasen - Account Services, Interactive / Digital, Management - ADASTRA CORPORATION, Markham, ON, pg. 167

Passaretti, Gregory - Management, NBC, PPOM - BGB NEW YORK, New York, NY, pg. 583

Pate, Josh - Management, PPM - IMG LIVE, Atlanta, GA, pg. 308

Patel, Zarna - Management - MONTIETH & COMPANY, New York, NY, pg. 628

Patilis, George - Account Services, Management - TPG REWARDS, INC., New York, NY, pg. 570

Patrick, Erica - Interactive / Digital, Management, Media Department, NBC, Social Media - MEDIAHUB BOSTON, Boston, MA, pg. 489

Patrick, Tory - Management - UPROAR, Orlando, FL, pg. 657

Pattani, Tracey - Account Planner, Account Services, Management, NBC - DIGITAS, San Francisco, CA, pg. 227

Patterson, Dede - Account Services, Management - MKTG, Westport, CT, pg. 568

Patterson, James - Account Services, Management, NBC - BURRELL COMMUNICATIONS GROUP, INC. , Chicago, IL, pg. 45

Paul, Elizabeth - Account Planner, Account Services, Management, Media Department, Operations, PPOM - THE MARTIN AGENCY, Richmond, VA, pg. 421

Paulina, Kristin - Management - SAM BROWN INC., Wayne, PA, pg. 645

Paulius, Linas - Account Services, Management, Media Department - OMD, Chicago, IL, pg. 500

Pavia, Mark - Interactive / Digital, Management, Media Department - STARCOM WORLDWIDE, Chicago, IL, pg. 513

Payette, Karine - Management - LG2, Montreal, QC, pg. 380

Payne, Michael - Management - SMITH BUCKLIN CORPORATION, Washington, DC, pg. 315

Payne, Pam - Analytics, Management, Media Department - ROBERTSON+PARTNERS, Las Vegas, NV, pg. 407

Payne, Nick - Management - ZEHNDER COMMUNICATIONS, INC., New Orleans, LA, pg. 436

Peal, Ryan - Management - EDELMAN, Los Angeles, CA, pg. 601

Pear, Bonni - Management, NBC, PPOM - THE MOTION AGENCY, Chicago, IL, pg. 270

Pearce, Ashley - Management - DANCIE PERUGINI WARE PUBLIC RELATIONS, South Houston, TX, pg. 595

Pearsall, Robert - Interactive / Digital, Management, Media Department, NBC - HAVAS MEDIA GROUP, New York, NY, pg. 468

Pearson, C.B. - Management - M+R, Missoula, MT, pg. 12

Pearson, Scott - Interactive / Digital, Management - THREE DEEP MARKETING, Saint Paul, MN, pg. 678

Pearson, Darby - Management - SPECTRUM SCIENCE COMMUNICATIONS, Washington, DC, pg. 649

Pearson, Claire - Account Services, Management - DIGITAS, New York, NY, pg. 226

Pedalino, Anthony - Management, Media Department - GIANT SPOON, LLC, New York, NY, pg. 363

Pedicone, Kristina - Creative, Management - BLENDERBOX, Brooklyn, NY, pg. 175

Pedrazzini, Tisha - Administrative, Management - THE INTEGER GROUP, Lakewood, CO, pg. 682

Pehush, Kristin - Management - LIPPE TAYLOR, New York, NY, pg. 623

Peigh, Terry - Management - INTERPUBLIC GROUP OF COMPANIES, New York, NY, pg. 90

Pelayo, David - Management, Operations - THE REGAN GROUP, Los Angeles, CA, pg. 570

Peleuses, Tucker - Account Planner, Management, Media Department - VERITONE ONE, San Diego, CA, pg. 525

Peleusus, Zeus - Management, PPOM - VERITONE ONE, San Diego, CA, pg. 525

Pender, Dave - Management - PAVONE MARKETING GROUP, Harrisburg, PA, pg. 396

Penn, Mark - Management, NBC, PPOM - MDC PARTNERS, INC., New York, NY, pg. 385

Pensabene, James - Management, Media Department - ZENITH MEDIA, New York, NY, pg. 529

Pensavalle, Mark - Management, Operations, PPM - STARLIGHT RUNNER ENTERTAINMENT, INC., New York, NY, pg. 569

Pensinger, Matt - Management, NBC - JACK MORTON WORLDWIDE, Chicago, IL, pg. 309

Pereira, Nelson - Management, Operations - PUBLICIS.SAPIENT, Toronto, ON, pg. 260

Perera, Dimitri - Account Services, Interactive / Digital, Management, NBC - COPACINO + FUJIKADO, LLC, Seattle, WA, pg. 344

Perhach, Mary - Account Services, Management, Media Department - SWELLSHARK, New York, NY, pg. 518

Perich, Shirley - Management - PERICH ADVERTISING, Ann Arbor, MI, pg. 126

Perkins, Chris - Management, NBC, PPOM - BERNSTEIN-REIN ADVERTISING, INC., Kansas City, MO, pg. 39

Pernikar, Carol - Account Planner, Management, PPOM - TRACYLOCKE, Chicago, IL, pg. 426

Perpall, Beth - Management, Operations - WAGES DESIGN, INC., Atlanta, GA, pg. 204

Perrine, Dean - Account Services, Management - JAYMIE SCOTTO & ASSOCIATES, Middlebrook, VA, pg. 616

Perrone, Marissa - Management, Media Department - UNIVERSAL MCCANN, New York, NY, pg. 521

Perry, Tyler - Management, PPOM - MISSION NORTH, San Francisco, CA, pg. 627

Pesavento, Juliana - Management - WAGSTAFF WORLDWIDE, New York, NY, pg. 659

Pesce, Vanessa - Management - SHOPPR, New York, NY, pg. 647

Peskin, Jackie - Account Services, Management - COYNE PUBLIC RELATIONS, Parsippany, NJ, pg. 593

Pessagno, Francis - Management, PPOM - SPARK FOUNDRY, New York, NY, pg. 508

Pessaro, Phillip - Creative, Management, Media Department - MRY, New York, NY, pg. 252

Peters, Marya - Account Services, Management - ALLIED TOURING, Chicago, IL, pg. 324

Peters, Sean - Account Services, Management, PPOM - ZENITH MEDIA, New York, NY, pg. 529

Peters, Kristen - Account Services, Management - CONVERSANT, LLC, Atlanta, GA, pg. 533

Peters, Amy - Account Services, Management - DIGITAS HEALTH LIFEBRANDS, Philadelphia, PA, pg. 229

Peters, Ken - Management - ARCHETYPE, Boston, MA, pg. 33

Petersen, Jill - Account Services, Management - MCCANN NEW YORK, New York, NY, pg. 108

Peterson, Melissa - Account Services, Management - OGILVY, New York, NY, pg. 393

Peterson, Jen - Account Planner, Account Services, Management, PPOM

1548

AGENCIES — RESPONSIBILITIES INDEX

- MCCANN NEW YORK, New York, NY, *pg.* 108
Peterson, Ann - Management - MARLO MARKETING COMMUNICATIONS, Boston, MA, *pg.* 383
Pethkongkathon, Krit - Account Services, Analytics, Management, NBC - HORIZON MEDIA, INC., New York, NY, *pg.* 474
Petralia, Richard - Management - EAST BANK COMMUNICATIONS, Portland, OR, *pg.* 353
Petreikis, Rosemary - Account Services, Management, NBC - BAYARD ADVERTISING AGENCY, INC., New York, NY, *pg.* 37
Petrie Fagan, Jodi - Management - MARCH COMMUNICATIONS, Boston, MA, *pg.* 625
Petry, Sharon - Management, PPOM - VISION CREATIVE GROUP, Morris Plains, NJ, *pg.* 204
Pettit, Bryan - Account Services, Management - ADRENALINE, INC., Atlanta, GA, *pg.* 172
Pflederer, Erika - Account Services, Interactive / Digital, Management, Media Department, PPM, PPOM - FCB CHICAGO, Chicago, IL, *pg.* 71
Pfund, Stephanie - Management, NBC - WE ARE ALEXANDER, St. Louis, MO, *pg.* 429
Phalen, Brendon - Management, PPOM - BGB NEW YORK, New York, NY, *pg.* 583
Pham, Paul Cuong - Management, Media Department - STARCOM WORLDWIDE, Chicago, IL, *pg.* 513
Pharr, Matthew - Management - ACCENTURE INTERACTIVE, Culver City, CA, *pg.* 209
Phelan, Jessica - Management, PPOM - VAULT COMMUNICATIONS, INC., Plymouth Meeting, PA, *pg.* 658
Phelps, Geoffrey - Management - COYNE PUBLIC RELATIONS, Parsippany, NJ, *pg.* 593
Philips, Carolyn - Account Services, Management - EP+CO., Greenville, SC, *pg.* 356
Phillips, Jodi - Account Services, Interactive / Digital, Management, Media Department, NBC, Research, Social Media - MOXIE, Atlanta, GA, *pg.* 251
Phillips, Elyssa - Human Resources, Management, PPOM - FCB NEW YORK, New York, NY, *pg.* 357
Phillips, Meghan - Management, Public Relations - GOLIN, Chicago, IL, *pg.* 609
Phillips, Ben - Account Planner, Account Services, Management - MEKANISM, New York, NY, *pg.* 113
Phillips, Rob - Management - WPROMOTE, Dallas, TX, *pg.* 679
Phillis, Paula - Administrative, Management - HMH, Portland, OR, *pg.* 86
Philpott, Carrie - Account Services, Management - WUNDERMAN THOMPSON ATLANTA, Atlanta, GA, *pg.* 435

Piacenza, Dante - Management, PPM - MCGARRYBOWEN, New York, NY, *pg.* 109
Picard, Soche - Management, PPOM - ARC WORLDWIDE, Chicago, IL, *pg.* 327
Picasso, Lisa - Management - LAUNCHSQUAD, San Francisco, CA, *pg.* 621
Pickett, Tram - Management - BERLIN SIGN COMPANY, INC., Venice, FL, *pg.* 549
Pickett, Catherine - Management, PPOM - BERLIN SIGN COMPANY, INC., Venice, FL, *pg.* 549
Pickett, Jeff - Management - DUPUIS, Ventura, CA, *pg.* 180
Pickler, Nedra - Management - GLOVER PARK GROUP, Washington, DC, *pg.* 608
Piechura, Tom - Management - 42WEST, New York, NY, *pg.* 573
Pierce, Cary - Creative, Management - FCB CHICAGO, Chicago, IL, *pg.* 71
Pierce, Bill - Management - APCO WORLDWIDE, Washington, DC, *pg.* 578
Pierce, Jeff - Management - OUTFRONT MEDIA, Saint Louis, MO, *pg.* 555
Pierce, JT - Account Services, Management - ARGONAUT, INC., San Francisco, CA, *pg.* 33
Pierce, Daniel - Management, PPOM - UNIVERSAL MCCANN, Los Angeles, CA, *pg.* 524
Pierce Strickler, Lyn - Account Services, Management - HARMELIN MEDIA, Bala Cynwyd, PA, *pg.* 467
Pierre, Michael - Account Planner, Interactive / Digital, Management, Media Department - BEACON MEDIA, Mahwah, NJ, *pg.* 216
Piester, John - Management, Media Department, PPOM - REDPEG MARKETING, Alexandria, VA, *pg.* 692
Pietraszek, Laura - Management - EDELMAN, Chicago, IL, *pg.* 353
Piken, Lucas - Management - PUBLICIS NORTH AMERICA, New York, NY, *pg.* 399
Piliguian, Lisa - Account Services, Management - BBDO WORLDWIDE, New York, NY, *pg.* 331
Pilling, Michelle - Management, PPM - BENSIMON BYRNE, Toronto, ON, *pg.* 38
Pilon, Julie - Management, Public Relations - LG2, Montreal, QC, *pg.* 380
Pilon, Julie - Account Planner, Management - AREA 23, New York, NY, *pg.* 33
Pineda, Yael - Account Services, Interactive / Digital, Management, Media Department - UNIVERSAL MCCANN, New York, NY, *pg.* 521
Pineiro, Christine - Account Planner, Management, Media Department - CARAT, New York, NY, *pg.* 459
Pinsky, Jeff - Management - EPROMOS PROMOTIONAL PRODUCTS, New York, NY, *pg.* 567
Pinto, Erica - Account Services, Management - MINDSTREAM MEDIA, San Diego, CA, *pg.* 495

Pinto, Reema - Management, Operations - METHOD, INC., New York, NY, *pg.* 191
Pipitone, Corinne - Management - CMM, New York, NY, *pg.* 591
Pirello, Cari - Management, NBC, PPOM - THE MARKETING WORKSHOP, INC., Norcross, GA, *pg.* 450
Pis-Dudot, Maria - Management, Public Relations - NEWLINK COMMUNICATIONS GROUP, Miami, FL, *pg.* 632
Pitre, David - Management, PPOM - DAVIS & COMPANY, Glen Rock, NJ, *pg.* 595
Pittman, Diane - Creative, Management - DEUTSER, Houston, TX, *pg.* 443
Pittman, Michelle - Management, PPOM - JENNIFER CONNELLY PUBLIC RELATIONS, New York, NY, *pg.* 617
Pittman, Christy - Management - WELZ & WEISEL COMMUNICATIONS, McLean, VA, *pg.* 662
Placona, Lindsay - Interactive / Digital, Management, Media Department - INITIATIVE, New York, NY, *pg.* 477
Planchard, Cathy - Management, PPOM - ALLISON+PARTNERS, Scottsdale, AZ, *pg.* 577
Platt, Linda - Management, Media Department - MEDIA ASSEMBLY, New York, NY, *pg.* 484
Platt, Hallie - Account Planner, Management, Media Department - SPARK FOUNDRY, New York, NY, *pg.* 508
Ploquin, Pauline - Management, PPOM - STRUCK, Salt Lake City, UT, *pg.* 144
Pluchino, David - Management - PHOENIX MARKETING INTERNATIONAL, Branchburg, NJ, *pg.* 448
Pocock, Amari - Account Planner, Management, Media Department - ESSENCE, New York, NY, *pg.* 232
Poer, Brent - Account Planner, Account Services, Creative, Interactive / Digital, Management, Media Department, NBC, PPOM - ZENITH MEDIA, New York, NY, *pg.* 529
Pogrensky, Eugene - Management - ADSERVICES, INC., Hollywood, FL, *pg.* 27
Poirier, Jennifer - Account Planner, Account Services, Creative, Management - GENUINE INTERACTIVE, Boston, MA, *pg.* 237
Pokraka, Erika - Account Services, Management - HAVAS WORLDWIDE CHICAGO, Chicago, IL, *pg.* 82
Policastro, Cheryl - Management, Media Department - TPN, New York, NY, *pg.* 571
Polini, Carina - Management - WIEDEN + KENNEDY, New York, NY, *pg.* 432
Poluikis, Mary - Management - CAMBRIDGE BIOMARKETING, Cambridge, MA, *pg.* 46
Poole, Shayne - Management, Operations - BRAUN RESEARCH, INC., Princeton, NJ, *pg.* 442

RESPONSIBILITIES INDEX — AGENCIES

Pooley, Dan - Management, PPOM, Public Relations - FINN PARTNERS, Chicago, IL, pg. 604

Pop, Emma - Analytics, Management, Media Department, Research - STARCOM WORLDWIDE, Chicago, IL, pg. 513

Popper, Kirstin - Management - MATLOCK ADVERTISING & PUBLIC RELATIONS, Atlanta, GA, pg. 107

Porcaro, Bob - Account Services, Management - GRP MEDIA, INC., Chicago, IL, pg. 467

Porretti, Scott - Interactive / Digital, Management, NBC - KATZ MEDIA GROUP, INC., New York, NY, pg. 481

Portanova, Tara - Management - 42WEST, New York, NY, pg. 573

Portella, Chris - Account Services, Management, Media Department - UNIVERSAL MCCANN, San Francisco, CA, pg. 428

Porter, Ginger - Account Services, Management, PPOM, Public Relations - GOLIN, Chicago, IL, pg. 609

Porter, Dulani - Account Services, Management - SPARK, Tampa, FL, pg. 17

Porter, Seow Leng - Management - MEDIACOM, Playa Vista, CA, pg. 486

Porter, Marjorie - Account Services, Creative, Management, NBC - PUBLICIS NORTH AMERICA, New York, NY, pg. 399

Porter, Martin - Account Services, Management, Media Department, NBC - POSTERSCOPE U.S.A., New York, NY, pg. 556

Portugal, Jeff - Account Services, Management - ENDEAVOR - CHICAGO, Chicago, IL, pg. 297

Posey, Caty - Management - BLASTI PR, Santa Barbara, CA, pg. 584

Post, Jessica - Account Planner, Management, Media Department, Programmatic - VMLY&R, New York, NY, pg. 160

Posta, Tom - Management, Operations, PPOM - BADER RUTTER & ASSOCIATES, INC., Milwaukee, WI, pg. 328

Posta, John - Management, Operations - MIDNIGHT OIL CREATIVE, Burbank, CA, pg. 250

Potaniec, Debbie - Management - IMAGINUITY INTERACTIVE, INC., Dallas, TX, pg. 241

Potash, Robin - Management - BERLIN CAMERON, New York, NY, pg. 38

Poteet, Paul - Management - GLOVER PARK GROUP, Washington, DC, pg. 608

Potter, Christine - Management, Media Department - J3, New York, NY, pg. 480

Powell, Tamalyn - Account Services, Management - BVK, Milwaukee, WI, pg. 339

Powell, Jazz - Account Services, Management - BULLISH INC, New York, NY, pg. 45

Powell, Zeilend - Management - DELOITTE DIGITAL, New York, NY, pg. 225

Powelson, Susanne - Management - LOVELL COMMUNICATIONS, INC., Nashville, TN, pg. 623

Power, Davin - Interactive / Digital, Management, Media Department, PPOM - GRAVITY.LABS, Chicago, IL, pg. 365

Powers, E.J. - Management, PPOM - MONTAGNE COMMUNICATIONS, Manchester, NH, pg. 389

Prado, Eric - Account Services, Management - GRAVITY.LABS, Chicago, IL, pg. 365

Pratt, AJ - Management, PPOM - LAUNCHFIRE, INC., Ottawa, ON, pg. 568

Pray, Andy - Management, PPOM - PRAYTELL, Brooklyn, NY, pg. 258

Preece, Cathy - Account Services, Management - ADAMS UNLIMITED, New York, NY, pg. 575

Prejza, Paul - Management, PPOM - SUSSMAN / PREJZA & CO., INC., Los Angeles, CA, pg. 200

Prendergast, Anna - Account Planner, Management, Media Department - INITIATIVE, Los Angeles, CA, pg. 478

Prensky, Janet - Management, PPOM - AIGNER/PRENSKY MARKETING GROUP, Watertown, MA, pg. 324

Presser, Bret - Management, Research - BRUNO & RIDGWAY RESEARCH ASSOCIATES, Lawrenceville, NJ, pg. 442

Price, Mary - Management, Media Department, NBC, PPOM - THE RICHARDS GROUP, INC., Dallas, TX, pg. 422

Price, Natalie - Management - ALLISON+PARTNERS, Seattle, WA, pg. 576

Price, Michael - Account Services, Management, NBC - MYRIAD TRAVEL MARKETING, Los Angeles, CA, pg. 390

Price, Becky - Management - MSL DETROIT, Troy, MI, pg. 629

Primm, Emily - Finance, Management - PRIMM & COMPANY, Norfolk, VA, pg. 129

Prince, Ted - Management - NEUSTAR, INC., Sterling, VA, pg. 289

Pritchett, Zac - Management, NBC, PPOM - THE RICHARDS GROUP, INC., Dallas, TX, pg. 422

Prochnow, Alexis - Management, PPOM - BEDFORD ADVERTISING, INC., Carrollton, TX, pg. 38

Prodoehl, Jason - Management - ARCHETYPE, San Francisco, CA, pg. 33

Prohaska, Jason - Management, Operations, PPOM - MEDIAMONKS, New York, NY, pg. 249

Prosek, Jennifer - Management, PPOM - PROSEK PARTNERS, New York, NY, pg. 639

Proulx, Mike - Interactive / Digital, Management, PPOM - HILL HOLLIDAY, Boston, MA, pg. 85

Provost, Paul - Management, NBC, PPOM - 6P MARKETING, Winnipeg, MB, pg. 1

Prow, Bob - Creative, Management - OBATA DESIGN, INC., Saint Louis, MO, pg. 193

Prowda, Bob - Account Services, Management, NBC - ILIUM ASSOCIATES, INC., Bellevue, WA, pg. 88

Pruden, Ricci - Account Services, Management - DAVIS ELEN ADVERTISING, Los Angeles, CA, pg. 58

Pruett, Randy E. - Management - COOKSEY COMMUNICATIONS, Irving, TX, pg. 593

Pruitt, Charles - Management - A.B. DATA, LTD, Milwaukee, WI, pg. 279

Prunty, Brad - Management - RUSSO PARTNERS, LLC, New York, NY, pg. 136

Prus, Beth - Account Services, Management - MYTHIC, Charlotte, NC, pg. 119

Pryor, Diane - Management - ADAMS OUTDOOR ADVERTISING, Lansing, MI, pg. 549

Psaroudis, Yiannis - Management - PUBLICIS.SAPIENT, New York, NY, pg. 258

Ptasienski, Melissa - Management, NBC - ACCENTURE INTERACTIVE, Chicago, IL, pg. 209

Puc, Veronica - Management - PPM - LEO BURNETT WORLDWIDE, Chicago, IL, pg. 98

Puccetti, Perry - Account Services, Interactive / Digital, Management, NBC - VMLY&R, Kansas City, MO, pg. 274

Pugh, Meredith - Account Services, Management, NBC, PPOM - CENTRON, New York, NY, pg. 49

Puls, Mary - Management - CREATIVE B'STRO, New York, NY, pg. 222

Pultorak, Christopher - Account Services, Management - DDB CHICAGO, Chicago, IL, pg. 59

Puma, Frank - Interactive / Digital, Management, Media Department, PPOM - MINDSHARE, New York, NY, pg. 491

Purdue, Matt - Management, Research - PEPPERCOMM, INC., New York, NY, pg. 687

Pyles, Lisa - Interactive / Digital, Management, Media Department - HORIZON MEDIA, INC., New York, NY, pg. 474

Quader, Jenn - Account Services, Management - BROWER GROUP, Newport Beach, CA, pg. 586

Quaid, Harry - Management - REALTYADS, Chicago, IL, pg. 132

Quattrone, Joe - Management - VAYNERMEDIA, New York, NY, pg. 689

Quay, Andrew - Account Services, Management - DEUTSCH, INC., New York, NY, pg. 349

Queisser, Brad - Management - BOSE PUBLIC AFFAIRS GROUP, LLC, Indianapolis, IN, pg. 585

Quenville, Jennifer - Account Planner, Account Services, Management, Media Department - THE MARS AGENCY, Southfield, MI, pg. 683

Quenzel, Erik - Management -

AGENCIES

RESPONSIBILITIES INDEX

VIEWPOINT CREATIVE, Newton, MA, pg. 159

Quiat, Danielle - Management, Media Department, NBC - OMD WEST, Los Angeles, CA, pg. 502

Quigley, Kevin - Account Services, Management - SWITCH, Saint Louis, MO, pg. 145

Quigley, Kate - Account Services, Interactive / Digital, Management, Operations - RIGHTPOINT, Boston, MA, pg. 263

Quinlan, Peggy - Account Services, Management - MEDPOINT COMMUNICATIONS, Evanston, IL, pg. 288

Quinn, Dennis - Management, NBC, PPOM - ACTIVE INTERNATIONAL, Pearl River, NY, pg. 439

Quintana, Erin - Account Services, Management, Media Department, PPOM - J3, New York, NY, pg. 480

Quirk, Mary Ellen - Management - LAKE GROUP MEDIA, INC., Armonk, NY, pg. 287

Quiroz, George - Account Services, Management, NBC - DAVID, Miami, FL, pg. 57

Raaf, Rich - Management, NBC - KATZ MEDIA GROUP, INC., New York, NY, pg. 481

Rabinowitz, Kelly - Account Services, Management - SCOUT MARKETING, Atlanta, GA, pg. 139

Radia, Saneel - Management, NBC, PPOM - R/GA, New York, NY, pg. 260

Radke, Kyle - Management, NBC - THE JONES AGENCY, Palm Springs, CA, pg. 420

Radomsky, Janice - Account Services, Management, Media Department - BARBARIAN, New York, NY, pg. 215

Raetsch, Mike - Management, Operations - ALLEN & GERRITSEN, Philadelphia, PA, pg. 30

Rafferty, Atalanta - Management, Operations, PPOM - RFBINDER PARTNERS, INC., New York, NY, pg. 642

Ragone, Regina - Management - COACTION PUBLIC RELATIONS, New York, NY, pg. 591

Ragsdale, Erin B. - Management - ALLYN MEDIA, Dallas, TX, pg. 577

Rahamim, Norah - Management - GALE, New York, NY, pg. 236

Rahmeyer, Joe - Management - THE FERRARO GROUP, Las Vegas, NV, pg. 653

Raidt, Donna - Account Planner, Management, Media Department, PPOM - WAVEMAKER, New York, NY, pg. 526

Rainney, Dave - Management - J.R. THOMPSON COMPANY, Farmington Hills, MI, pg. 91

Raiz, Gregory - Management, PPOM - RIGHTPOINT, Boston, MA, pg. 263

Raj, Suresh - Management, NBC, PPOM - VISION7 INTERNATIONAL, New York, NY, pg. 429

Raleigh, Emma - Management - ZENITH MEDIA, Chicago, IL, pg. 531

Ramirez, Tiffany - Management, Media Department, Operations, PPM - PUBLICIS.SAPIENT, Coconut Grove, FL, pg. 259

Ramirez Swierk, Liane - Management - GOODMAN MEDIA INTERNATIONAL, INC., New York, NY, pg. 610

Ramsay, Sally - Management - PIERPONT COMMUNICATIONS, INC., Houston, TX, pg. 636

Randolph, Leslie - Management - WINGER MARKETING, Chicago, IL, pg. 663

Ranshaw, Michael - Account Services, Management - APOLLO INTERACTIVE, El Segundo, CA, pg. 214

Ransome, Rick - Management - PUBLICIS NORTH AMERICA, New York, NY, pg. 399

Rao, Chandani - Account Services, Management - OGILVY COMMONHEALTH WORLDWIDE, Parsippany, NJ, pg. 122

Rao, Sudhi - Management - FTI CONSULTING, New York, NY, pg. 606

Rappo, Amy - Interactive / Digital, Management, Media Department, NBC - STARCOM WORLDWIDE, New York, NY, pg. 517

Raptis, Costa - Management, NBC - MOXIE SOZO, Boulder, CO, pg. 192

Rasmussen, Dan - Account Services, Management - LINNIHAN FOY ADVERTISING, Minneapolis, MN, pg. 100

Rasnick, Steve - Management, NBC - UPP ENTERTAINMENT MARKETING, Burbank, CA, pg. 300

Raso, Mike - Account Services, Creative, Management - DON SCHAAF & FRIENDS, INC., Annapolis, MD, pg. 180

Rathbone, Tod - Account Planner, Interactive / Digital, Management - WONGDOODY, New York, NY, pg. 433

Ratliff, Joshua - Account Services, Management, Media Department - PUBLICIS.SAPIENT, El Segundo, CA, pg. 260

Rattner, Adam - Management, NBC - STARCOM WORLDWIDE, Chicago, IL, pg. 513

Rauch, Jennifer - Management, PPOM - FCB HEALTH, New York, NY, pg. 72

Rauss, Josie - Account Services, Management - HUGE, INC., Atlanta, GA, pg. 240

Ravailhe, Peter - Management, Operations, PPOM - MOTHER NY, New York, NY, pg. 118

Ravensbergen, Karen - Management - CARYL COMMUNICATIONS, INC., Paramus, NJ, pg. 589

Raymond, Bill - Management, PPOM - CANNELLA RESPONSE TELEVISION, Los Angeles, CA, pg. 457

Rayner, Matt - Management, PPOM - STARCOM WORLDWIDE, New York, NY, pg. 517

Ready, Melissa - Management, Media Department - USIM, Los Angeles, CA, pg. 525

Reagan, Michelle - Account Services, Management - WEBER SHANDWICK, Toronto, ON, pg. 662

Reagan, Courtney - Management, Operations - EDELMAN, New York, NY, pg. 599

Reaume, Dan - Account Services, Creative, Management, NBC, PPOM - MINDSHARE, Miami, FL, pg. 495

Recalde, Andres - Account Services, Management, Media Department - RPA, Santa Monica, CA, pg. 134

Rechtsteiner, Kate - Account Services, Management - EMPOWER, Cincinnati, OH, pg. 354

Reckman, Christie - Account Services, Management - BURKE, INC., Cincinnati, OH, pg. 442

Recknagel, Kirsten - Management - LRWMOTIVEQUEST, Chicago, IL, pg. 447

Reckner, Peter - Management - RECKNER, Chalfont, PA, pg. 449

Reddy, Swaroop - Account Services, Management - PUBLICIS.SAPIENT, New York, NY, pg. 258

Reder, Mark - Account Services, Management, PPOM - FLEISHMANHILLARD HIGHROAD, Vancouver, BC, pg. 606

Redington, Sue - Account Services, Management, NBC - FCB WEST, San Francisco, CA, pg. 72

Redmond, Alexis - Account Planner, Account Services, Management, Public Relations - EDELMAN, Toronto, ON, pg. 601

Rednor, Jordan - Management - DECODED ADVERTISING, New York, NY, pg. 60

Reed, Shawn - Management, NBC - TRUE SENSE MARKETING, Freedom, PA, pg. 293

Reeder, Kate - Account Planner, Management, Media Department - VIRTUE WORLDWIDE, Brooklyn, NY, pg. 159

Rees, Brian - Management, Public Relations - WEST COAST ADVISORS, Sacramento, CA, pg. 662

Reeves, Kristin - Management - BLANC & OTUS, San Francisco, CA, pg. 584

Reeves, Adam - Creative, Management - 215 MCCANN, San Francisco, CA, pg. 319

Reggars, Nick - Creative, Management, Media Department, NBC - GOODBY, SILVERSTEIN & PARTNERS, San Francisco, CA, pg. 77

Reichenberg, Shari - Management - RAPP WORLDWIDE, New York, NY, pg. 290

Reid, Al - Management, Operations - SAATCHI & SAATCHI DALLAS, Dallas, TX, pg. 136

Reid, Brian - Management, Public Relations - W2O, New York, NY, pg. 659

Reigart, Richardson - Account Services, Interactive / Digital, Management, Media Department, Operations - BLUE 449, Seattle, WA, pg. 456

Reighard, Alan - Management, PPOM - LOVE COMMUNICATIONS, Salt Lake City, UT, pg. 101

Reilly, Greg - Account Services,

1551

RESPONSIBILITIES INDEX — AGENCIES

Management, NBC, PPOM - PUBLICIS HEALTH, New York, NY, pg. 639
Reilly, Jim - Account Services, Management - KOVEL FULLER, Culver City, CA, pg. 96
Reilly, Paul - Account Services, Management - BBDO CANADA, Toronto, ON, pg. 330
Reilly, John - Management, Media Department - ROGERS & COWAN/PMK*BNC, New York, NY, pg. 644
Reilly, Nevin - Management - SLOANE & COMPANY, New York, NY, pg. 647
Reilly, Jill - Management - DENTERLEIN, Boston, MA, pg. 596
Reily, Jon - Management - PUBLICIS.SAPIENT, Chicago, IL, pg. 259
Reincke, Emma - Management - SPARK FOUNDRY, Chicago, IL, pg. 510
Reinecke, Wallace - Management - IDEA ENGINEERING, INC., Santa Barbara, CA, pg. 88
Reinhardt, Janet - Management - SLOANE & COMPANY, New York, NY, pg. 647
Reisch, Eric - Account Services, Management - WPROMOTE, Melville, NY, pg. 678
Reiser, Mike - Management - RAZORFISH HEALTH, Philadelphia, PA, pg. 262
Reiter, Susan - Management, Operations, PPOM - THE FRANK AGENCY, INC., Overland Park, KS, pg. 150
Remeikis, Carol - Management - NORTH CHARLES STREET DESIGN ORGANIZATION, Baltimore, MD, pg. 193
Renbarger, Sam - Account Services, Management, NBC - DDB SAN FRANCISCO, San Francisco, CA, pg. 60
Rene, Dan - Management - LEVICK STRATEGIC COMMUNICATIONS, Washington, DC, pg. 622
Renier, Mark - Management - LINK MEDIA OUTDOOR, Roswell, GA, pg. 553
Renner, Paul - Creative, Management - PUBLICIS NORTH AMERICA, New York, NY, pg. 399
Rentschler, Peter - Management, PPOM - GTB, Dearborn, MI, pg. 367
Renusch, Pam - Account Services, Management - SIMONS / MICHELSON / ZIEVE, INC., Troy, MI, pg. 142
Renwick, Victoria - Account Services, Management, Public Relations - 360PRPLUS, Boston, MA, pg. 573
Repasky, Ellen - Account Services, Management - DALTON AGENCY, Atlanta, GA, pg. 57
Repka-Geller, Victoria - Account Services, Management, NBC, Operations, PPOM - DIGITAL PULP, New York, NY, pg. 225
Repósa, Jason - Creative, Management, PPOM - AD:60, Brooklyn, NY, pg. 210
Resau, Thomas - Management - WELZ & WEISEL COMMUNICATIONS, McLean, VA, pg. 662

Rettig, Elyse - Management, Operations - PUBLICIS HEALTH MEDIA, Philadelphia, PA, pg. 506
Revere, Amanda - Creative, Interactive / Digital, Management, Media Department, PPM - TBWA \ CHIAT \ DAY, New York, NY, pg. 416
Reyes, Nancy - Account Services, Management, NBC, PPOM - TBWA \ CHIAT \ DAY, New York, NY, pg. 416
Rhodes, Jimmy - Management - TARGETBASE MARKETING, Greensboro, NC, pg. 293
Ribeiro, Marcos - Creative, Management - THE GEORGE P. JOHNSON COMPANY, New York, NY, pg. 316
Riccio, Janet - Management, Operations - OMNICOM GROUP, New York, NY, pg. 123
Rice, Thomas - Management, NBC, PPOM - MERRITT GROUP PUBLIC RELATIONS, McLean, VA, pg. 627
Rich, Eric - Management, PPOM - ARRAY CREATIVE, Akron, OH, pg. 173
Rich, Matthew - Interactive / Digital, Management, Media Department, NBC - DIGITAL IMPULSE, Watertown, MA, pg. 225
Richards, Ben - Account Planner, Management, Operations, PPOM - OGILVY, New York, NY, pg. 393
Richards, Jessica - Account Services, Management, Media Department - HAVAS MEDIA GROUP, New York, NY, pg. 468
Richards, Freddie - Management, Media Department, PPM - MARTIN WILLIAMS ADVERTISING, Minneapolis, MN, pg. 106
Richards, Stu - Management - XAXIS, Los Angeles, CA, pg. 276
Richards, Chad - Management, Media Department, Social Media - FIREBELLY MARKETING, Indianapolis, IN, pg. 685
Richardson, Dan - Management, Media Department, PPOM - MINDSHARE, Chicago, IL, pg. 494
Richardson, Kate - Management, Media Department - SPARK FOUNDRY, New York, NY, pg. 508
Richardson, Jillyn - Account Services, Management, Media Department, NBC - HORIZON MEDIA, INC., New York, NY, pg. 474
Richardson, John - Management - SQUIRES & COMPANY, Dallas, TX, pg. 200
Richardson-Owen, Paul - Interactive / Digital, Management, Media Department - OMD WEST, Los Angeles, CA, pg. 502
Richer, Stacey - Management, NBC - DIGITAS, Chicago, IL, pg. 227
Richey, Kevin - Account Planner, Management, Media Department - DDB CHICAGO, Chicago, IL, pg. 59
Richter, Kathy - Management, Media Department, NBC, PPOM - WAVEMAKER, New York, NY, pg. 526
Richter-Levy, Stacey L. - Management - PUBLICIS HEALTH, New York, NY, pg. 639

Rickett, Dave - Account Planner, Interactive / Digital, Management - IFTHEN DIGITAL, Atlanta, GA, pg. 241
Riddell, Adam - Management - IPROSPECT, Fort Worth, TX, pg. 674
Rideout, Dustin - Account Services, Management, PPOM - JUNIPER PARK\TBWA, Toronto, ON, pg. 93
Riede, Heather - Management - DERSE, INC., North Las Vegas, NV, pg. 304
Ries, Laura - Account Services, Management, Media Department, NBC - FIG, New York, NY, pg. 73
Riess, James - Management, Research - HELLOWORLD, New York, NY, pg. 567
Rigby, Jonathan - Management, Media Department, PPOM - REPRISE DIGITAL, New York, NY, pg. 676
Riley, Megan - Account Services, Management - HORIZON MEDIA, INC., New York, NY, pg. 474
Riley, Meghan - Interactive / Digital, Management, Media Department, Social Media - MULLENLOWE U.S. NEW YORK, New York, NY, pg. 496
Riley, Laura - Management, NBC - BBIG COMMUNICATIONS, Coronado, CA, pg. 216
Riley, Darren - Management - ACTIVE INTERNATIONAL, Pearl River, NY, pg. 439
Riley Roper, Marissa - Creative, Management, Media Department, Social Media - FABCOM, Scottsdale, AZ, pg. 357
Rinaldi, Frank - Account Services, Management, NBC - CRONIN, Glastonbury, CT, pg. 55
Ringelstetter, Lisa - Account Services, Management - BFG COMMUNICATIONS, Bluffton, SC, pg. 333
Ringler, Todd - Management, Media Department - EDELMAN, New York, NY, pg. 599
Rink, Amy - Management - FRCH DESIGN WORLDWIDE, Cincinnati, OH, pg. 184
Rink, Rob - Management - FRCH DESIGN WORLDWIDE, Cincinnati, OH, pg. 184
Rink, Scott - Management - FRCH DESIGN WORLDWIDE, Cincinnati, OH, pg. 184
Ritondo, Amanda - Account Services, Management, Operations - ZENITH MEDIA, New York, NY, pg. 529
Ritter, Ryan - Management, Media Department - WILLOWTREE, INC., Charlottesville, VA, pg. 535
Rivera, Frances - Account Services, Interactive / Digital, Management - FLUID, INC., New York, NY, pg. 235
Rivietz, Lauren - Management, NBC - ZENO GROUP, Toronto, ON, pg. 665
Rix, Crystal - Management, NBC, PPM, PPOM - BBDO WORLDWIDE, New York, NY, pg. 331
Roady, David - Management - FTI CONSULTING, New York, NY, pg. 606
Robb, Bill - Management, NBC, PPOM

1552

AGENCIES
RESPONSIBILITIES INDEX

- THE HENDERSON ROBB GROUP, Toronto, ON, *pg.* 151
Roberts, Jessica - Management, Media Department - ANSON-STONER, INC., Winter Park, FL, *pg.* 31
Roberts, Elizabeth - Management - KETCHUM SOUTH, Dallas, TX, *pg.* 620
Roberts, Kristen - Account Services, Management - BRANDTAILERS, Irvine, CA, *pg.* 43
Roberts, Elizabeth - Management, NBC, Operations - C SPACE, Boston, MA, *pg.* 443
Roberts, Brennen - Management - IRIS, Chicago, IL, *pg.* 376
Roberts, Angela - Management - BORSHOFF, Indianapolis, IN, *pg.* 585
Roberts, Dixie - Management - DKC PUBLIC RELATIONS, New York, NY, *pg.* 597
Roberts, Angela - Account Services, Management - ADAMS OUTDOOR ADVERTISING, Charlotte, NC, *pg.* 549
Robertson, Sarah - Account Services, Management, Media Department - INITIATIVE, Los Angeles, CA, *pg.* 478
Robertson, Sara - Interactive / Digital, Management, NBC - XAXIS, New York, NY, *pg.* 276
Robertson, Charlotte - Management - R/GA, Austin, TX, *pg.* 261
Robillard, Nichole - Account Services, Management - TEAM ENTERPRISES, Fort Lauderdale, FL, *pg.* 316
Robinson, Julie - Account Services, Management, Operations, PPOM - TROZZOLO COMMUNICATIONS GROUP, Kansas City, MO, *pg.* 657
Robinson, Joe - Management - LAKE GROUP MEDIA, INC., Armonk, NY, *pg.* 287
Robinson, Danny - Account Services, Management, PPOM - THE MARTIN AGENCY, Richmond, VA, *pg.* 421
Robinson, Jaime - Account Services, Creative, Management - JOAN, New York, NY, *pg.* 92
Robinson, Elizabeth - Management - HEALTHCARE CONSULTANCY GROUP, New York, NY, *pg.* 83
Robinson, Josh - Management - MY FRIEND'S NEPHEW, Atlanta, GA, *pg.* 119
Robinson, Kelly - Management - ARGYLE COMMUNICATIONS, Toronto, ON, *pg.* 578
Robinson, Lori - Management - MWWPR, New York, NY, *pg.* 631
Robles, Rosheila - Management - DUNCAN CHANNON, San Francisco, CA, *pg.* 66
Roca, Jorge - Management - MEDIACOM, New York, NY, *pg.* 487
Rocco, Barbara - Management, Media Department, PPOM - UNIVERSAL MCCANN DETROIT, Birmingham, MI, *pg.* 524
Rockman, Jason - Account Services, Management, PPOM - DEFINITION 6, Atlanta, GA, *pg.* 224
Rodarmel, Joshua - Management - COMMON THREAD COLLECTIVE, Santa Ana, CA, *pg.* 221

Rodas, Lauren - Management, Media Department - SPARK FOUNDRY, Chicago, IL, *pg.* 510
Roder, Sheri - Management, NBC, PPOM - HORIZON MEDIA, INC., New York, NY, *pg.* 474
Rodgers Houston, Nicole - Management - BARETZ + BRUNELLE, New York, NY, *pg.* 580
Rodriguez, Rita - Management - OMNICOM GROUP, New York, NY, *pg.* 123
Rodriguez, Steven - Account Planner, Interactive / Digital, Management, Media Department - SPARK FOUNDRY, New York, NY, *pg.* 508
Rodriguez, Jessica - Management, PPOM - WAGSTAFF WORLDWIDE, New York, NY, *pg.* 659
Rodriguez, Kyle - Account Services, Management - BBDO SAN FRANCISCO, San Francisco, CA, *pg.* 330
Rodriguez, Hector - Management, PPOM - ACTIVE INTERNATIONAL, Pearl River, NY, *pg.* 439
Rodriguez, Rudy - Management - STARCOM WORLDWIDE, Chicago, IL, *pg.* 513
Roe, Adam - Management, Operations, PPOM - FORTYFOUR, Atlanta, GA, *pg.* 235
Roebuck, Paul - Account Services, Management, NBC - BBDO WORLDWIDE, New York, NY, *pg.* 331
Roemer, Tim - Management, Public Relations - APCO WORLDWIDE, Washington, DC, *pg.* 578
Roepke, Maria - Management - GSD&M, Austin, TX, *pg.* 79
Roffo, Joanna - Management, Public Relations - REGAN COMMUNICATIONS GROUP, Boston, MA, *pg.* 642
Rogers, Stephanie - Analytics, Management - MERGE, Boston, MA, *pg.* 113
Rogstad, Erik - Interactive / Digital, Management - AKQA, Washington, DC, *pg.* 212
Rohin, Ian - Account Services, Management, NBC - UNIVERSAL MCCANN, New York, NY, *pg.* 521
Rohn, Donn - Management - TEAM ONE, Los Angeles, CA, *pg.* 417
Rohrer, Scott - Management, Media Department - SPARK FOUNDRY, New York, NY, *pg.* 508
Rohrer, Jason - Creative, Management - 3, Albuquerque, NM, *pg.* 23
Rok, Charly - Management - EDELMAN, New York, NY, *pg.* 599
Rolf, Lisa - Management, PPM - AKQA, Atlanta, GA, *pg.* 212
Rolke, Jonathan - Management - FRCH DESIGN WORLDWIDE, Cincinnati, OH, *pg.* 184
Rollins, Caitlin - Interactive / Digital, Management, Media Department - NEO MEDIA WORLD, New York, NY, *pg.* 496
Roman, Stacy - Management, Public Relations - FACTORY PR, New York, NY, *pg.* 602

Romanelli-Hapanowicz, Beth - Management - ROMANELLI COMMUNICATIONS, Clinton, NY, *pg.* 134
Romeniuk, Kyle - Management - CLARK & HUOT, Winnipeg, MB, *pg.* 342
Romero, Andrea - Management - THE ROSS GROUP, Los Angeles, CA, *pg.* 570
Romph, Jeffrey - Account Services, Management, NBC - ROMPH & POU AGENCY, Shreveport, LA, *pg.* 408
Ronan, Mark - Management, Research - EMI STRATEGIC MARKETING, INC., Boston, MA, *pg.* 68
Roney, Patrick - Management - KANTAR TNS, Chicago, IL, *pg.* 446
Rongo, Robert - Finance, Management, PPOM - MEDIA DIRECT, INC., Carmel, IN, *pg.* 112
Ronshaugen, Eric - Management - THINK MOTIVE, Denver, CO, *pg.* 154
Rookaird, Taylor - Management - LESSING-FLYNN ADVERTISING CO., Des Moines, IA, *pg.* 99
Rooke, Bruce - Account Planner, Account Services, Creative, Management - FINGERPAINT MARKETING, Saratoga Springs, NY, *pg.* 358
Rosa, Marie - Account Services, Management - ADAMS UNLIMITED, New York, NY, *pg.* 575
Rosanova, Sarah - Management - ZENO GROUP, Chicago, IL, *pg.* 664
Rosario-Stanley, Serena - Account Planner, Interactive / Digital, Management - NEON, New York, NY, *pg.* 120
Roscoe, Sandra - Management, NBC - PLUSMEDIA, LLC, Danbury, CT, *pg.* 290
Rose, Sheila - Management, Media Department, PPOM - FLEISHMANHILLARD, New York, NY, *pg.* 605
Rose, Michael - Management, PPOM - MOTHER NY, New York, NY, *pg.* 118
Roseblade, Char - Account Services, Management, Media Department - SPACE150, Minneapolis, MN, *pg.* 266
Rosen, Melanie - Management - BROOKS-ROSE MARKETING RESEARCH, INC., New York, NY, *pg.* 442
Rosen, Eric - Management - ENLIGHTEN, Bowling Green, KY, *pg.* 68
Rosenbaum, Dave - Account Services, Management - HAVAS MEDIA GROUP, New York, NY, *pg.* 468
Rosenbaum, Jill - Account Planner, Management, Media Department - MEDIA STORM, Los Angeles, CA, *pg.* 486
Rosenberg, Lisa - Creative, Management, NBC, PPOM - ALLISON+PARTNERS, New York, NY, *pg.* 576
Rosenberg, Jeremy - Interactive / Digital, Management, Media Department - ALLISON+PARTNERS, New York, NY, *pg.* 576
Rosenblatt, Anna - Account Services, Management, Media Department, NBC - MEDIACOM, New

1553

RESPONSIBILITIES INDEX — AGENCIES

York, NY, *pg.* 487
Rosenblatt, Rachel - Management, Public Relations - FTI CONSULTING, New York, NY, *pg.* 606
Rosenblum, Joshua - Management, NBC, PPM - RUNNING SUBWAY, New York, NY, *pg.* 563
Rosenthal, Shannon - Management, Operations - NEIMAND COLLABORATIVE, Washington, DC, *pg.* 391
Rosenthal, Ed - Management, NBC - GENERATOR MEDIA + ANALYTICS, New York, NY, *pg.* 466
Rosevear, Brian - Management, Media Department, NBC - EDELMAN , Toronto, ON, *pg.* 601
Rosner, Linda - Management - ARTISANS PUBLIC RELATIONS, Los Angeles, CA, *pg.* 578
Rosowski, Anthony - Management - SIGNATURE COMMUNICATIONS, Philadelphia, PA, *pg.* 410
Ross, Betsy - Account Planner, Account Services, Management - O'KEEFE REINHARD & PAUL, Chicago, IL, *pg.* 392
Ross, Jessica - Account Services, Management - UNIVERSAL MCCANN DETROIT, Birmingham, MI, *pg.* 524
Rossell, Tony - Management, NBC - MARKETING GENERAL, INC., Alexandria, VA, *pg.* 288
Rossi, Mike - Account Services, Management, NBC - THE GEORGE P. JOHNSON COMPANY, Torrance, CA, *pg.* 316
Rossi, Laurel - Account Planner, Account Services, Management, NBC, PPOM - ORGANIC, INC., New York, NY, *pg.* 256
Roth, Shannon - Account Planner, Account Services, Management, Media Department - MINDSHARE, Chicago, IL, *pg.* 494
Roth, Lee - Management - PICO PLUS, Santa Monica, CA, *pg.* 397
Rothblatt, Sheri - Account Planner, Account Services, Management, Media Department - PATHWAY GROUP LLC, New York, NY, *pg.* 503
Rotondi, Lindsay - Management - REGAN COMMUNICATIONS GROUP, Boston, MA, *pg.* 642
Rouillard, Peter - Management, PPOM - EPIC SEARCH PARTNERS, Kennebunk, ME, *pg.* 673
Rouillard, Jennifer - Management, PPOM - EPIC SEARCH PARTNERS, Kennebunk, ME, *pg.* 673
Rowland, Malauri - Management - CARAT, Detroit, MI, *pg.* 461
Rowley, Patrick - Account Services, Management, Media Department - MCGARRYBOWEN, New York, NY, *pg.* 109
Rowley, Michelle - Management, Media Department, NBC - DEUTSCH, INC., New York, NY, *pg.* 349
Rowlison, Christopher - Management, PPOM - LIQUID AGENCY, INC., San Jose, CA, *pg.* 12
Roy, Valerie - Management - THE BRANDON AGENCY, Myrtle Beach, SC, *pg.* 419
Rozek, Michael - Management - EVENTAGE EVENT PRODUCTION, South Orange, NJ, *pg.* 305
Rozelle, Brandon - Management, Media Department - RIGHTPOINT, Oakland, CA, *pg.* 263
Rozycki Jr, Thomas J. - Management - PROSEK PARTNERS, New York, NY, *pg.* 639
Rubenstein, Amie - Management, Public Relations - THE HATCH AGENCY, San Francisco, CA, *pg.* 653
Rubin, Danny - Management - RUBIN COMMUNICATIONS GROUP, Virginia Beach, VA, *pg.* 644
Rubin, Ilana - Management - JENNIFER BETT COMMUNICATIONS, New York, NY, *pg.* 617
Rubino, Jim - Account Services, Management - PHD USA, New York, NY, *pg.* 505
Rubinson, Lori - Account Planner, Management, Operations, PPOM - LIPPE TAYLOR, New York, NY, *pg.* 623
Rudawsky, Gil - Management - GROUNDFLOOR MEDIA, Denver, CO, *pg.* 611
Ruddy, Kathy - Account Services, Management, NBC - EXSEL ADVERTISING, Sturbridge, MA, *pg.* 70
Rudy, Shaun - Account Services, Creative, Human Resources, Interactive / Digital, Management, Media Department, NBC - STARCOM WORLDWIDE, Chicago, IL, *pg.* 513
Ruecke-Caudell, Jennifer - Account Services, Management - ONEMAGNIFY, Detroit, MI, *pg.* 394
Ruest, Pete - Account Services, Management, Media Department - ENERGY BBDO, INC., Chicago, IL, *pg.* 355
Ruhanen, Troy - Management, PPOM - TBWA \ CHIAT \ DAY, New York, NY, *pg.* 416
Ruia, Andy - Account Planner, Management, PPOM - HORIZON MEDIA, INC., New York, NY, *pg.* 474
Ruiz, Joanna - Account Services, Management, NBC - BBDO WORLDWIDE, New York, NY, *pg.* 331
Ruiz-Rogers, Lisa - Management - ROX UNITED, Huntington Beach, CA, *pg.* 644
Rumack, Elaine - Account Planner, Interactive / Digital, Management, Media Department, PPOM - WAVEMAKER, Los Angeles, CA, *pg.* 528
Rumer, Wendy - Management, Media Department - HARMELIN MEDIA, Bala Cynwyd, PA, *pg.* 467
Runge, Clint - Creative, Management, PPOM - ARCHRIVAL, INC., Lincoln, NE, *pg.* 1
Ruschman, Kelly - Account Services, Management - OMNIVORE, Milwaukee, WI, *pg.* 123
Rush, Mike - Account Services, Management - 360PRPLUS, Boston, MA, *pg.* 573
Rushton, Danial - Management - PUBLICIS NORTH AMERICA, New York, NY, *pg.* 399
Russell, Mike - Management - CREATIVE RESPONSE CONCEPTS, Alexandria, VA, *pg.* 593
Russell, Scott - Account Planner, Account Services, Management, PPOM - UNIVERSAL MCCANN DETROIT, Birmingham, MI, *pg.* 524
Russo, Robin - Management - RLA COLLECTIVE, Pleasantville, NY, *pg.* 643
Russo, Lauren - Management, NBC, Promotions - HORIZON MEDIA, INC., New York, NY, *pg.* 474
Ruthven, Wyeth - Management - MSLGROUP, New York, NY, *pg.* 629
Ruys, Anathea - Management, Media Department - CARAT, Culver City, CA, *pg.* 459
Ryan, Shannon - Management - VALTECH, Ottawa, ON, *pg.* 273
Ryan, Gigi - Account Services, Management - METRIXLAB, Farmington, CT, *pg.* 447
Ryan, Kate - Management, Public Relations - DIFFUSION PR, New York, NY, *pg.* 597
Ryan, Alex - Management, Media Department - UNIVERSAL MCCANN, New York, NY, *pg.* 521
Ryan, Tricia - Account Services, Management - BML PUBLIC RELATIONS, Florham Park, NJ, *pg.* 584
Ryan, David - Management - EDELMAN, Chicago, IL, *pg.* 353
Ryerson, Molly - Management - DIGITAS, San Francisco, CA, *pg.* 227
Rygol, Pete - Management, NBC - KAESER & BLAIR, Batavia, OH, *pg.* 567
Rzasa, Ed - Account Services, Management, PPOM - STERLING-RICE GROUP, Boulder, CO, *pg.* 413
Rzepka, Phil - Interactive / Digital, Management, Media Department - CARAT, Detroit, MI, *pg.* 461
Rzeznik, Aleks - Account Services, Management - DAVID&GOLIATH, El Segundo, CA, *pg.* 57
Saalfrank, David - Management, NBC - EVENTIVE MARKETING, New York, NY, *pg.* 305
Saar, Kaitlyn - Management, Media Department - ZENITH MEDIA, New York, NY, *pg.* 529
Sabarese, Ted - Creative, Management - MARINA MAHER COMMUNICATIONS, New York, NY, *pg.* 625
Sabol, Kristen - Account Services, Management - THE MARS AGENCY, Southfield, MI, *pg.* 683
Sachs, Eleanor - Management, Public Relations - HFS COMMUNICATIONS, West Granby, CT, *pg.* 567
Sachs, Cary - Creative, Management, PPM - MOB SCENE, Los Angeles, CA, *pg.* 563
Sackin, Samantha - Management - CANVAS BLUE, Los Angeles, CA, *pg.* 47
Saegebrecht, Allison - Management, Media Department - RHEA & KAISER MARKETING , Naperville, IL, *pg.* 406
Saenz, Guillermo - Account Services, Management, NBC - THE

AGENCIES

RESPONSIBILITIES INDEX

INTEGER GROUP - DALLAS, Dallas, TX, pg. 570
Sage, Kacie - Account Services, Management - UNIVERSAL MCCANN, Los Angeles, CA, pg. 524
Sage, Jesse - Account Services, Management - FLUID, INC., New York, NY, pg. 235
Saint-Amand, Clauderic - Management - BOB COMMUNICATIONS, Montreal, QC, pg. 41
Sairam, Shobha - Account Planner, Account Services, Management, NBC, PPOM - THE COMMUNITY, Miami Beach, FL, pg. 545
Saiz, Sara - Management - TURKEL, Coconut Grove, FL, pg. 157
Salamida, Sam - Management - PARK OUTDOOR ADVERTISING, Binghamton, NY, pg. 555
Salazar, Michelle - Management - SUASION COMMUNICATIONS GROUP, Somerpoint, NJ, pg. 415
Salazar Roca, Denisse - Management, Media Department - OMD LATIN AMERICA, Miami, FL, pg. 543
Salema, Ricardo - Account Services, Creative, Management, NBC, PPOM - ISOBAR US, New York, NY, pg. 242
Salerno, Anthony - Management, Media Department - HORIZON MEDIA, INC., New York, NY, pg. 474
Salgado, Katreena - Management - IMPRENTA COMMUNICATIONS GROUP, Los Angeles, CA, pg. 89
Salkin, Heather - Management, PPM - RAPP WORLDWIDE, New York, NY, pg. 290
Salles, Luiz - Account Planner, Management, Media Department - ORCI, Santa Monica, CA, pg. 543
Salmon, Mike - Management - MAGID, Sherman Oaks, CA, pg. 103
Salome, Meghan - Management, Public Relations - ASSOCIATION OF NATIONAL ADVERTISERS, Washington, DC, pg. 442
Saltzman, Eliott - Account Services, Management, NBC, PPOM - ADDISON, New York, NY, pg. 171
Salvo, Mike - Account Planner, Management, Media Department - PHD, San Francisco, CA, pg. 504
Salzman, Michael - Management, NBC - ADMARKETPLACE, New York, NY, pg. 210
Sampogna, Nicholas - Account Services, Management, NBC - EDELMAN, New York, NY, pg. 599
Sampogna, Marc - Management - CANOPY BRAND GROUP, New York, NY, pg. 340
Sampson, Chris - Interactive / Digital, Management - SUPERFLY, New York, NY, pg. 315
Samuelian, Albert - Management - OMD WEST, Los Angeles, CA, pg. 502
Samuelson, Stuart - Management - TURTLEDOVE CLEMENS, INC., Portland, OR, pg. 427
Sandberg, Greg - Management - TEAM ONE, Los Angeles, CA, pg. 417
Sanders, Beth - Management, Media Department - SUPPLY MEDIA, Boulder, CO, pg. 145
Sandler, Alexis - Management - PUBLICIS NORTH AMERICA, New York, NY, pg. 399
Sandmann, Deanna - Analytics, Management, Research - 1000HEADS, New York, NY, pg. 691
Sanfilippo, Jessica - Account Services, Management, Media Department - 360I, LLC, New York, NY, pg. 320
Sang, Gordy - Creative, Management - LEO BURNETT WORLDWIDE, Chicago, IL, pg. 98
Sann, Tom - Management, PPM - WONDERFUL AGENCY, Los Angeles, CA, pg. 162
Santaniello, Dave - Management, NBC - UNITED ENTERTAINMENT GROUP, New York, NY, pg. 299
Santiago, Orlando - Account Services, Management - VENTURA ASSOCIATES INTL, LLC, New York, NY, pg. 571
Santiago, Santi - Management - ANSIRA, Saint Louis, MO, pg. 280
Santonocito, Dan - Management, PPOM - BASSO DESIGN GROUP, Troy, MI, pg. 215
Santora, Jim - Account Services, Management - BBDO WORLDWIDE, New York, NY, pg. 331
Santos, David - Human Resources, Management - ICROSSING, New York, NY, pg. 240
Santos, Moey - Account Planner, Account Services, Management, Media Department - UNIVERSAL MCCANN, New York, NY, pg. 521
Sarasola, Eddie - Management, PPOM - NATCOM MARKETING COMMUNICATIONS, Miami, FL, pg. 390
Sarault, Stacy - Management - BORSHOFF, Indianapolis, IN, pg. 585
Sass, Sabrina - Interactive / Digital, Management, Media Department, PPOM - WAVEMAKER, New York, NY, pg. 526
Sather, Steven - Interactive / Digital, Management, NBC - PORTENT, Seattle, WA, pg. 676
Sauer, Kevin - Account Planner, Management, Media Department - ZENITH MEDIA, New York, NY, pg. 529
Saunders, Ryan - Management - SAUNDERS OUTDOOR ADVERTISING, Ogden, UT, pg. 557
Saunders, Shealin - Management, Media Department - UNIVERSAL MCCANN DETROIT, Birmingham, MI, pg. 524
Savard, Michele - Management, NBC - CARAT, Toronto, ON, pg. 461
Savignano, Fae - Management - MARDEN-KANE, INC., Syosset, NY, pg. 568
Saville, Shelby - Interactive / Digital, Management, PPOM - SPARK FOUNDRY, Chicago, IL, pg. 510
Savino, Jennifer - Management, PPOM - KNUPP & WATSON & WALLMAN, Madison, WI, pg. 378
Savio, Christa - Management - DUNN&CO, Tampa, FL, pg. 353
Sawai, Kyle - Management, NBC, PPOM - THE RICHARDS GROUP, INC., Dallas, TX, pg. 422
Sawyer, Crystal - Management - H&L PARTNERS, Oakland, CA, pg. 80
Sayles, Carina - Management, PPOM - SAYLES & WINNIKOFF COMMUNICATIONS, New York, NY, pg. 646
Saylor, Lana - Account Services, Management, NBC - THE INTEGER GROUP - DALLAS, Dallas, TX, pg. 570
Sbarra, Sandy - Management - SCOTWORK, Bedminster, NJ, pg. 291
Scalise, Ronda - Account Services, Management - AISLE ROCKET, Chicago, IL, pg. 681
Scalisi, Lindsay - Management - ACCESS BRAND COMMUNICATIONS, San Francisco, CA, pg. 574
Scannello, Joanne - Creative, Management - DEUTSCH, INC., New York, NY, pg. 349
Scarinzi, Chip - Management, Public Relations - KETCHUM WEST, San Francisco, CA, pg. 620
Scarola, Anthony - Interactive / Digital, Management, Media Department - VAYNERMEDIA, New York, NY, pg. 689
Scazafave, Mark - Account Services, Management - IPSOS HEALTHCARE, Mahwah, NJ, pg. 446
Schaaf, Matt - Management - DON SCHAAF & FRIENDS, INC., Annapolis, MD, pg. 180
Schaal, Lindsay - Account Planner, Account Services, Management - CONVERSANT, LLC, Chicago, IL, pg. 222
Schadt, Brian - Management, NBC, PPOM - THE RICHARDS GROUP, INC., Dallas, TX, pg. 422
Schafer, Henry - Management, Research - MARKETING EVALUATIONS, INC., Manhasset, NY, pg. 447
Schafer, Michelle - Management - MERRITT GROUP PUBLIC RELATIONS, McLean, VA, pg. 627
Schaffer, Brian - Management - PROSEK PARTNERS, New York, NY, pg. 639
Schaffer, Mike - Management - EDELMAN, Seattle, WA, pg. 601
Scharf, Andy - Finance, Management - HILL+KNOWLTON STRATEGIES, New York, NY, pg. 613
Schepisi, Alissa - Management - EDELMAN, Chicago, IL, pg. 353
Scher, Kevin - Account Services, Management - MCCANN NEW YORK, New York, NY, pg. 108
Scherer, Dan - Management, PPOM - OUTFRONT MEDIA, Denver, CO, pg. 555
Schettino, Frank - Management - PUBLICIS.SAPIENT, Boston, MA, pg. 259
Schieber, Beth - Account Services, Management, NBC - GSW WORLDWIDE / GSW, FUELED BY BLUE DIESEL, Westerville, OH, pg. 80
Schiff, Brad - Management - PIERCE-COTE ADVERTISING, Osterville, MA, pg. 397
Schiller, Scott - Management, NBC, PPOM - ENGINE MEDIA GROUP, New

RESPONSIBILITIES INDEX — AGENCIES

York, NY, pg. 465
Schimpf, Nanette - Management - MOORE COMMUNICATIONS GROUP, Tallahassee, FL, pg. 628
Schinder, Amanda - Management - BALTZ & COMPANY, New York, NY, pg. 580
Schiro, Julie - Account Services, Management, Media Department - SPARK FOUNDRY, New York, NY, pg. 508
Schittone, Nick - Management, NBC - HOTHOUSE, Atlanta, GA, pg. 371
Schlehuber, Marcia - Management - INFINITEE COMMUNICATIONS, INC., Atlanta, GA, pg. 374
Schleicher, Kylie - Interactive / Digital, Management - VMLY&R, Kansas City, MO, pg. 274
Schlenker, Thomas - Management - INTERLEX COMMUNICATIONS, San Antonio, TX, pg. 541
Schlesinger, Stacey - Management, Promotions - HORIZON MEDIA, INC., New York, NY, pg. 474
Schlossberg, Jason - Creative, Management, PPOM - HUGE, INC., Brooklyn, NY, pg. 239
Schmale, Mitchell - Management, Operations, PPOM - NEVINS & ASSOCIATES CHARTERED, Towson, MD, pg. 632
Schmid, Sally - Management, Media Department - OMD CANADA, Toronto, ON, pg. 501
Schmid, Caroline - Account Services, Management - MCKEEMAN COMMUNICATIONS, Raleigh, NC, pg. 626
Schmid, Kendra - Management - WILLOWTREE, INC., Charlottesville, VA, pg. 535
Schmidt, Linda - Account Services, Management, NBC - KANTAR, Atlanta, GA, pg. 446
Schmidt, Paul - Account Services, Management, NBC - MARKETING ARCHITECTS, Minneapolis, MN, pg. 288
Schmidt, Lindsey - Management - MCGARRYBOWEN, New York, NY, pg. 109
Schmidt, Jessica - Management, Operations - BROWN PARKER | DEMARINIS ADVERTISING, Boca Raton, FL, pg. 43
Schmidt, Brianna - Management - MUNROE CREATIVE PARTNERS, Philadelphia, PA, pg. 192
Schnackenberg, Ron - Management, NBC, Programmatic - QUINSTREET, INC., Foster City, CA, pg. 290
Schneider, Kurt - Account Services, Management, NBC, PPM - UNIVERSAL MCCANN DETROIT, Birmingham, MI, pg. 524
Schneider, Alex - Management, Operations - THE TRADE DESK, Ventura, CA, pg. 519
Schneider, Brian - Management, PPOM - UNCONQUERED, Baltimore, MD, pg. 203
Schneider, Jason - Finance, Management - MEDIACOM, New York, NY, pg. 487

Schneider, David - Management, NBC - DATA DECISIONS GROUP, Chapel Hill, NC, pg. 443
Schneider-Sutcliffe, Jill - Management, Operations - ZIMMERMAN ADVERTISING, Fort Lauderdale, FL, pg. 437
Schneiderman, Larry - Management, Media Department - CORINTHIAN MEDIA, INC., New York, NY, pg. 463
Schneidman, Michael - Management - EPSILON, Wilton, CT, pg. 282
Schnitzer, Darin - Management - INNOCEAN USA, Huntington Beach, CA, pg. 479
Schoeff, Christine - Management - VIBES MEDIA, Chicago, IL, pg. 535
Schoen, Katie - Management - LAWRENCE PR, Lake Oswego, OR, pg. 622
Schoenberg, Eric - Management, Operations - EDELMAN, New York, NY, pg. 599
Schotter, Sara - Management - GRAY LOON MARKETING GROUP, Evansville, IN, pg. 365
Schrauth, Elisia - Management - DRAKE COOPER, Boise, ID, pg. 64
Schreiber, Curtis - Creative, Management, PPOM - VSA PARTNERS, INC. , Chicago, IL, pg. 204
Schreiber, Diane - Management - SPARKPR, San Francisco, CA, pg. 648
Schreiner, Roberta - Account Services, Management - SKY ADVERTISING, INC., New York, NY, pg. 142
Schrey, Lauren - Management - STARCOM WORLDWIDE, Chicago, IL, pg. 513
Schroeder, Mike - Management - LAUNCHSQUAD, New York, NY, pg. 621
Schroeder, Katie - Management - 42WEST, New York, NY, pg. 573
Schubin, Jon - Management - COGNITO, New York, NY, pg. 591
Schueller, Dana - Management, NBC - STARCOM WORLDWIDE, Chicago, IL, pg. 513
Schueneman, Meredith - Management, Operations, Research - INXPO, Chicago, IL, pg. 308
Schuetz, Wendy - Account Services, Management, NBC - BROGAN TENNYSON GROUP, INC., Dayton, NJ, pg. 43
Schulte, Alison - Account Planner, Account Services, Management, NBC - CRAMER-KRASSELT , Chicago, IL, pg. 53
Schulte, Nick - Management - CRISPIN PORTER + BOGUSKY, Boulder, CO, pg. 346
Schultz, Greg - Management, PPM - THE SWEET SHOP, Hollywood, CA, pg. 564
Schultz, Jon - Management - TPN, Chicago, IL, pg. 571
Schulzinger, Martha - Management - ICROSSING, Scottsdale, AZ, pg. 241
Schumacher, Betsi - Account Services, Management - 3RD COAST PR, Chicago, IL, pg. 573
Schunk, Andre - Management - OCTAGON, Stanford, CT, pg. 313

Schwab, David - Management, NBC - OCTAGON, McLean, VA, pg. 313
Schwarz, David - Management - SUPERJUICE, Atlanta, GA, pg. 651
Schweiger, Jeff - Creative, Management, PPOM - ALISON GROUP, North Miami Beach, FL, pg. 681
Schwenz, Mitchell - Management - B-REEL, Brooklyn, NY, pg. 215
Scianna, Darcie - Account Services, Management, Operations - ENERGY BBDO, INC., Chicago, IL, pg. 355
Sciarra, Jen - Management - MISSION NORTH, San Francisco, CA, pg. 627
Scibelli, Gail - Management - FAMA PR, INC., Boston, MA, pg. 602
Scirocco, Christopher - Management, Operations - ASSOCIATION OF NATIONAL ADVERTISERS, New York, NY, pg. 442
Scopellito, Tony - Management - TERRI & SANDY, New York, NY, pg. 147
Scordato, Elizabeth - Account Services, Management - STRAWBERRYFROG, New York, NY, pg. 414
Scorpio, Dan - Management, Public Relations - ABERNATHY MACGREGOR GROUP, New York, NY, pg. 574
Scott, Shelly-Ann - Account Services, Management - JUNIPER PARK\ TBWA, Toronto, ON, pg. 93
Scott, Jennifer - Management - OGILVY PUBLIC RELATIONS, New York, NY, pg. 633
Scott, Edward - Management, NBC, PPOM - JACK MORTON WORLDWIDE, San Francisco, CA, pg. 309
Scott, Gerges - Management - AGENDA, Albuquerque, NM, pg. 575
Scott, Bill - Interactive / Digital, Management - VIBES MEDIA, Chicago, IL, pg. 535
Scott, Jared - Management - QUENCH, Harrisburg, PA, pg. 131
Scrim, David - Account Services, Management, Media Department - CONVERSANT, LLC, Chicago, IL, pg. 222
Scruggs, Gary - Account Services, Analytics, Management, Media Department - JELLYFISH U.S., Baltimore, MD, pg. 243
Scutellaro, Steve - Account Services, Management - ENGINE, New York, NY, pg. 231
Seamark, Morgan - Account Services, Creative, Management - HAVAS NEW YORK, New York, NY, pg. 369
Seawright, Shany - Management - STRATEGIC COMMUNICATIONS GROUP, INC., McLean, VA, pg. 688
Sebag, Sandrine - Management - REGAN COMMUNICATIONS GROUP, Providence, RI, pg. 642
Sedlarcik, Peter - Analytics, Management, PPOM, Research - HAVAS MEDIA GROUP, New York, NY, pg. 468
Seeloff, Peggy - Management - MARDEN-KANE, INC., Syosset, NY, pg. 568
Segal, Jieun - Management - MAJOR TOM, Vancouver, BC, pg. 675

1556

AGENCIES

RESPONSIBILITIES INDEX

Segalini, Christa - Management - ANTENNA GROUP, INC., Hackensack, NJ, *pg.* 578

Segall, Peter - Management - EDELMAN, Washington, DC, *pg.* 600

Seggel, Ryan - Management - BLUE STATE DIGITAL, New York, NY, *pg.* 335

Sehmi, Rajan - Management - OMD, New York, NY, *pg.* 498

Seickel, Jennifer - Management, PPOM - BILLUPS, INC, New York, NY, *pg.* 550

Seidelman, Eric - Interactive / Digital, Management, Media Department, PPOM - QUINSTREET, INC., Foster City, CA, *pg.* 290

Seidman, Rob - Management - GLOVER PARK GROUP, Washington, DC, *pg.* 608

Seiler Bovell, Carly - Management - EVENTAGE EVENT PRODUCTION, South Orange, NJ, *pg.* 305

Seitz, Jon - Management - MAYOSEITZ MEDIA, Blue Bell, PA, *pg.* 483

Sekhar, Sunil - Human Resources, Management - FCB TORONTO, Toronto, ON, *pg.* 72

Sells, Kass - Management, PPOM - WE COMMUNICATIONS, Bellevue, WA, *pg.* 660

Sellyn, Miles - Management - MAJOR TOM, Vancouver, BC, *pg.* 675

Seltzer, Jamie - Account Services, Interactive / Digital, Management, Media Department - HAVAS MEDIA GROUP, New York, NY, *pg.* 468

Senra-James, Fernando - Management - MOORE COMMUNICATIONS GROUP, Tallahassee, FL, *pg.* 628

Senter, Lauren - Management, NBC - ZORCH, Chicago, IL, *pg.* 22

Sentucq, Olivier - Management - OGILVY, New York, NY, *pg.* 393

Sepulveda, Lisa - Management, NBC, PPOM - EDELMAN, New York, NY, *pg.* 599

Serilla, Paul - Account Services, Management, Operations - CRITICAL MASS, INC., Chicago, IL, *pg.* 223

Serino, Chris - Management, NBC - VECTOR MEDIA, New York, NY, *pg.* 558

Seth, Amit - Analytics, Management, Research - GROUPM, New York, NY, *pg.* 466

Sevening, Kelsey - Management - AMOBEE, INC., Chicago, IL, *pg.* 213

Severson, Erin - Management - EDELMAN, Los Angeles, CA, *pg.* 601

Sewell, Tom - Account Services, Management, NBC, Operations, PPOM - DCX GROWTH ACCELERATOR, Brooklyn, NY, *pg.* 58

Seymour, Scott - Management - OCTAGON, Stanford, CT, *pg.* 313

Seymour, Sloan - Management, NBC - FORWARDPMX, New York, NY, *pg.* 360

Shafer, Kat - Account Services, Management - EP+CO., New York, NY, *pg.* 356

Shaffer, Iris - Management - APCO WORLDWIDE, Chicago, IL, *pg.* 578

Shah, Shazeen - Management - FINN PARTNERS, Los Angeles, CA, *pg.* 604

Shahady, Emily - Management - LEO BURNETT DETROIT, Troy, MI, *pg.* 97

Shalgian, Graham - Management - RASKY BAERLEIN STRATEGIC COMMUNICATIONS, INC., Boston, MA, *pg.* 641

Shamah, Ronald - Account Services, Management, NBC, PPOM - PUBLICIS.SAPIENT, New York, NY, *pg.* 258

Shames, Yocasta - Management - EDELMAN, New York, NY, *pg.* 599

Shanaberger, Kerry - Management - COLANGELO & PARTNERS, New York, NY, *pg.* 591

Shank, Fred - Account Services, Interactive / Digital, Management, NBC - PORTER NOVELLI, Seattle, WA, *pg.* 637

Shank, Mark - Creative, Management, Media Department - THE MARTIN AGENCY, Richmond, VA, *pg.* 421

Shannon, Cathy - Account Services, Management - RADICAL MEDIA, New York, NY, *pg.* 196

Shapiro, Melissa - Management, Media Department - BLUE 449, New York, NY, *pg.* 455

Shapiro, Rebecca - Management - SHORE FIRE MEDIA, Brooklyn, NY, *pg.* 647

Shaprio, Jared - Management - THE TAG EXPERIENCE, Miami, FL, *pg.* 688

Sharma, Kamakshi - Management, Media Department - HORIZON MEDIA, INC., New York, NY, *pg.* 474

Sharma, Breea - Management, Media Department - TRAVEL SPIKE, Atlanta, GA, *pg.* 272

Sharp, Donna - Interactive / Digital, Management, Media Department - MEDIALINK, New York, NY, *pg.* 386

Shaw, Edward - Human Resources, Management - YOH, Philadelphia, PA, *pg.* 277

Shaw, Kara - Management, NBC - CALDWELL VANRIPER, Indianapolis, IN, *pg.* 46

Shaw, David - Account Planner, Account Services, Administrative, Creative, Finance, Management - THE&PARTNERSHIP, New York, NY, *pg.* 426

Shaw, Roberta - Management - DENTERLEIN, Boston, MA, *pg.* 596

Shea, Elana - Account Services, Management - BBDO SAN FRANCISCO, San Francisco, CA, *pg.* 330

Shea, Jason - Management - MEDIA ONE ADVERTISING, Sioux Falls, SD, *pg.* 112

Sheehan, Christine - Account Services, Management, Media Department - MEDIA ASSEMBLY, New York, NY, *pg.* 484

Sheehan, Lauren - Creative, Management, PPOM - MERGE, Chicago, IL, *pg.* 113

Sheehan, Catherine - Account Services, Management, NBC - ARNOLD WORLDWIDE, Boston, MA, *pg.* 33

Sheehan, Casey - Account Services, Creative, Management, PPOM - WORK & CO, Brooklyn, NY, *pg.* 276

Sheehan, Diana - Account Services, Management - KANTAR TNS, Chicago, IL, *pg.* 446

Sheffield, Ted - Management - BRANDED ENTERTAINMENT NETWORK, INC., Sherman Oaks, CA, *pg.* 297

Shelly, Stacey - Account Planner, Management, Media Department, Operations - ZENITH MEDIA, New York, NY, *pg.* 529

Shelton, Anne - Creative, Management - SIGNATURE AGENCY, Wake Forest, NC, *pg.* 141

Shepard, Brooke - Creative, Management - WEBER SHANDWICK, Seattle, WA, *pg.* 660

Shepard, Dori - Management - VREELAND MARKETING, Yarmouth, ME, *pg.* 161

Shepheard, Rachel - Account Services, Management - LAUNCHSQUAD, San Francisco, CA, *pg.* 621

Shepherd, Annette - Management - THE BRANDON AGENCY, Myrtle Beach, SC, *pg.* 419

Sheridan, Virginia - Management - FINN PARTNERS, New York, NY, *pg.* 603

Sheridan, Julie - Account Services, Management - CRAMER-KRASSELT, Chicago, IL, *pg.* 53

Sherrell, Rcb - Management, NBC - SPARKS GROVE, INC., Atlanta, GA, *pg.* 199

Sherron, Bob - Management - HUGHESLEAHYKARLOVIC, Saint Louis, MO, *pg.* 372

Sherry, Patrick - Management, NBC - GS&F, Nashville, TN, *pg.* 367

Shields, Marilyn - Management - NOVA CREATIVE GROUP, INC., Dayton, OH, *pg.* 193

Shields, Regan - Management - R2INTEGRATED, Baltimore, MD, *pg.* 261

Shifman, Jennifer - Management - THE GEORGE P. JOHNSON COMPANY, New York, NY, *pg.* 316

Shilale, Dave - Management, PPOM - VIEWPOINT CREATIVE, Newton, MA, *pg.* 159

Shimmel, Kari - Creative, Interactive / Digital, Management, Media Department, NBC, PPOM - CAMPBELL EWALD, Detroit, MI, *pg.* 46

Shipley, Amy - Management, PPOM - STERLING-RICE GROUP, Boulder, CO, *pg.* 413

Shmarak, Michael - Account Services, Management - DIGITAS, Chicago, IL, *pg.* 227

Shockley, Marisa - Account Services, Management - BBDO WORLDWIDE, New York, NY, *pg.* 331

Shockley, Tony - Interactive / Digital, Management - ZAG INTERACTIVE, Glastonbury, CT, *pg.* 277

Shoesmith, Jo - Account Services, Creative, Management, PPOM - CAMPBELL EWALD, Detroit, MI, *pg.* 46

Shoope, Carla - Account Services, Management - GTB, Dallas, TX, *pg.* 80

RESPONSIBILITIES INDEX — AGENCIES

Short, Ryan - Account Services, Interactive / Digital, Management, Media Department - INITIATIVE, Chicago, IL, pg. 479

Shovlin, Francis - Management - SEER INTERACTIVE, Philadelphia, PA, pg. 677

Shrader, Ralph - Management, PPOM - BOOZ ALLEN HAMILTON, McLean, VA, pg. 218

Shrader, Dana - Account Services, Management, Media Department, PPOM - UNIVERSAL MCCANN DETROIT, Birmingham, MI, pg. 524

Shreve, Kim - Management, Operations - AMPM, INC. , Midland, MI, pg. 325

Shroff, Shahnaz - Account Services, Management - BBDO WORLDWIDE, New York, NY, pg. 331

Shu-wei Chen, Diana - Account Services, Management, Media Department - TBWA\WORLDHEALTH, New York, NY, pg. 147

Shulman, David - Management, PPOM - OGILVY, New York, NY, pg. 393

Shumchenia, Greg - Account Services, Management, Media Department - MCGARRYBOWEN, San Francisco, CA, pg. 385

Shuster, Elayne - Account Planner, Management, PPOM - M-STREET CREATIVE, Freehold, NJ, pg. 190

Shutt, Evin - Management, Operations, PPOM - 72ANDSUNNY, Playa Vista, CA, pg. 23

Siano, Greg - Account Services, Management, Media Department, PPOM - CROSSMEDIA, New York, NY, pg. 463

Sickler, Eric - Account Services, Management - THE THORBURN GROUP, Minneapolis, MN, pg. 20

Siebenman, Laura - Management - LEO BURNETT WORLDWIDE, Chicago, IL, pg. 98

Sieger, Randy - Management - FORCE MARKETING, Atlanta, GA, pg. 284

Sieminski, Jim - Account Services, Management - RPA, Santa Monica, CA, pg. 134

Siemon, Danielle - Account Services, Management - ZENO GROUP, Redwood Shores, CA, pg. 665

Sigmon, Tyler - Account Services, Management - RED MOON MARKETING, Charlotte, NC, pg. 404

Signer, William - Management, PPOM - CARMEN GROUP, Washington, DC, pg. 588

Silagy, Ron - Management - AGENCY 720, Alpharetta, GA, pg. 323

Silberman, Eric - Management, NBC - TRUE NORTH CUSTOM PUBLISHING, LLC, Chattanooga, TN, pg. 564

Sileo, Michele - Management, NBC, PPOM - ELEVEN, INC., San Francisco, CA, pg. 67

Silimeo, Debra - Account Services, Management - HAGER SHARP, INC., Washington, DC, pg. 81

Silva, Tracy - Management, PPM - (ADD)VENTURES, Providence, RI, pg. 207

Silverman, Paul - Account Services, Management - TEAM ONE, Dallas, TX, pg. 418

Silverman, Jack - Account Services, Management - BOLIN MARKETING, Minneapolis, MN, pg. 41

Simko, Tim - Account Services, Management, Media Department - ARENA MEDIA, New York, NY, pg. 454

Simmonds, Mallory - Management - KEPLER GROUP, New York, NY, pg. 244

Simmons, Victoria - Account Services, Management - BVK, Milwaukee, WI, pg. 339

Simms, Richard - Human Resources, Management - HORIZON MEDIA, INC., New York, NY, pg. 474

Simon, Julianna - Account Planner, Management, Operations - CALLEN, Austin, TX, pg. 46

Simonton, Mark - Management, Operations - CHEMISTRY ATLANTA, Atlanta, GA, pg. 50

Simpson, Scott - Account Planner, Management - HILL HOLLIDAY, Boston, MA, pg. 85

Simpson, Kelly - Account Services, Management, Media Department - FITZCO, Atlanta, GA, pg. 73

Simpson, Lowell - Interactive / Digital, Management, PPOM - OUTFRONT MEDIA, New York, NY, pg. 554

Simpson, Julian - Management - BEYOND, New York, NY, pg. 217

Sincaglia, Matt - Account Planner, Analytics, Management, Media Department, NBC - REDPEG MARKETING, Alexandria, VA, pg. 692

Sinclair, Jaclyn - Management, Media Department - SPARK FOUNDRY, Chicago, IL, pg. 510

Sindoni, Vilma - Management - FURMAN FEINER ADVERTISING, Englewood Cliffs, NJ, pg. 667

Singer, Lloyd - Account Services, Management - EPOCH 5 PUBLIC RELATIONS, Huntington, NY, pg. 602

Singleterry, Suzanne - Account Services, Management - JONES PUBLIC RELATIONS, INC. , Oklahoma City, OK, pg. 617

Sinkford, Billy - Management - ECHOS BRAND COMMUNICATIONS, San Francisco, CA, pg. 599

Sinko, Carol - Management - PUBLICIS NORTH AMERICA, New York, NY, pg. 399

Sipes, Laura - Management, Media Department - GENESCO SPORTS ENTERPRISES, Dallas, TX, pg. 306

Sirkin, Kate - Management, Research - STARCOM WORLDWIDE, Chicago, IL, pg. 513

Sisa Thompson, Verena - Account Planner, Account Services, Management, PPOM - CONILL ADVERTISING, INC., El Segundo, CA, pg. 538

Sitta, Jay - Management - OUTFRONT MEDIA, Houston, TX, pg. 555

Sixt, Kasey - Management - CKR INTERACTIVE, INC., Campbell, CA, pg. 220

Skandalis, Mike - Management, Media Department - MGH ADVERTISING , Owings Mills, MD, pg. 387

Skelly, Carolina - Management - HAVIT, Arlington, VA, pg. 83

Skillman, Gavin - Management - LAUNCHSQUAD, New York, NY, pg. 621

Skop, Brandon - Management - PADILLA, New York, NY, pg. 635

Slater, Scott - Management, Media Department - HAWORTH MARKETING & MEDIA, Minneapolis, MN, pg. 470

Slater, Vivian - Management - ECHO MEDIA GROUP, Tustin, CA, pg. 599

Slauson, Ellen - Account Services, Management - UPSHOT , Chicago, IL, pg. 157

Sloan, Mark - Creative, Management - MOTHER NY, New York, NY, pg. 118

Sloman, Cara - Management, Public Relations - NADEL PHELAN, INC., Santa Cruz, CA, pg. 631

Smalls-Landau, Deidre - Human Resources, Management, NBC, PPOM - UNIVERSAL MCCANN, New York, NY, pg. 521

Smedley, Matt - Account Services, Management - EDELMAN, Portland, OR, pg. 600

Smith, Buck - Creative, Management - FLEISHMANHILLARD, Saint Louis, MO, pg. 604

Smith, Sean - Management, NBC, Public Relations - PORTER NOVELLI, New York, NY, pg. 637

Smith, Brad - Management, PPM - COLLE MCVOY, Minneapolis, MN, pg. 343

Smith, Aaron - Management, Operations - DIGITAS, Detroit, MI, pg. 229

Smith, Patrick - Management, NBC - BADER RUTTER & ASSOCIATES, INC. , Milwaukee, WI, pg. 328

Smith, Larry - Management, NBC - LEVICK STRATEGIC COMMUNICATIONS, Washington, DC, pg. 622

Smith, Mark - Management - JPR COMMUNICATIONS, Woodland Hills, CA, pg. 618

Smith, Kirk - Account Planner, Interactive / Digital, Management, Media Department - UNIVERSAL MCCANN DETROIT, Birmingham, MI, pg. 524

Smith, Denise - Management, Media Department - UNIVERSAL MCCANN DETROIT, Birmingham, MI, pg. 524

Smith, Sherry - Management, PPOM - TRIAD RETAIL MEDIA, St. Petersburg, FL, pg. 272

Smith, Duncan - Account Services, Management, NBC, Operations - VIZEUM, New York, NY, pg. 526

Smith, Greg - Interactive / Digital, Management, NBC - EMI STRATEGIC MARKETING, INC., Boston, MA, pg. 68

Smith, Natalie - Account Services, Management - PADILLA, Richmond, VA, pg. 635

Smith, Kerry - Account Services, Management - NSA MEDIA GROUP, INC., Downers Grove, IL, pg. 497

Smith, Brian - Management - OGILVY, New York, NY, pg. 393

1558

AGENCIES　　RESPONSIBILITIES INDEX

Smith, Harlen - Account Services, Management - VIZEUM, New York, NY, *pg.* 526

Smith, Jack - Management, PPOM - GROUPM, New York, NY, *pg.* 466

Smith, Cindy - Management - BROWN & BIGELOW, St. Paul, MN, *pg.* 566

Smith, Tom - Management - MCGARRYBOWEN, Chicago, IL, *pg.* 110

Smith, Sam - Management - BEYOND, San Francisco, CA, *pg.* 216

Smith, Jarrett - Management, Media Department - ECHO DELTA, Winter Haven, FL, *pg.* 353

Smith, Ryan - Account Services, Management - FCB HEALTH, New York, NY, *pg.* 72

Smith, Ali - Management, Research - LEWIS COMMUNICATIONS, Birmingham, AL, *pg.* 100

Smith, Jaime - Management - GREGORY WELTEROTH ADVERTISING, Montoursville, PA, *pg.* 466

Smith, Julieta - Account Planner, Management - HAVAS HEALTH & YOU, New York, NY, *pg.* 82

Smith, Steve - Management, NBC, PPOM - THE STARR CONSPIRACY, Fort Worth, TX, *pg.* 20

Smith Barnum, Sarah - Management - GRAY LOON MARKETING GROUP, Evansville, IN, *pg.* 365

Smith DiNapoli, Rhonda - Creative, Management, PPOM - WORDS AND PICTURES CREATIVE SERVICE, INC., Park Ridge, NJ, *pg.* 276

Smolin, Philip - Account Planner, Management, Media Department, NBC, PPOM - AMOBEE, INC., Redwood City, CA, *pg.* 213

Snavely, Meredith - Account Planner, Account Services, Management, Media Department - CAMPBELL EWALD, West Hollywood, CA, *pg.* 47

Snell, Stephanie - Management - PUBLICIS NORTH AMERICA, New York, NY, *pg.* 399

Snelling, Amy - Management - ALLEN & GERRITSEN, Boston, MA, *pg.* 29

Snitzer, Tina - Management, Media Department - CORINTHIAN MEDIA, INC., New York, NY, *pg.* 463

Snyder, Rochelle - Management - ZENO GROUP, New York, NY, *pg.* 664

Snyder, Andrea - Management - WPROMOTE, Melville, NY, *pg.* 678

So, Anthony - Account Services, Administrative, Interactive / Digital, Management, NBC, Operations, Social Media - RPA, Atlanta, GA, *pg.* 135

Soames, David - Creative, Management - THE SHOP AGENCY, Richardson, TX, *pg.* 153

Soares, Tammy - Management, PPOM - ACCENTURE INTERACTIVE, El Segundo, CA, *pg.* 322

Sochowski Hefner, Brittney - Management - EDELMAN, Los Angeles, CA, *pg.* 601

Sofer, Craig - Account Services, Management - DENTSU AEGIS NETWORK, New York, NY, *pg.* 61

Soghier, Shereen - Management - QORVIS COMMUNICATIONS, LLC, Washington, DC, *pg.* 640

Sohn, Ian - Account Services, Interactive / Digital, Management, NBC, PPOM - WUNDERMAN THOMPSON, Chicago, IL, *pg.* 434

Sokolow, Jay - Account Services, Creative, Management - THE TOMBRAS GROUP, Knoxville, TN, *pg.* 424

Soljacich, Keith - Management - DIGITAS, San Francisco, CA, *pg.* 227

Sollenberger, Glenn - Management - FRY COMMUNICATIONS, INC, Mechanicsburg, PA, *pg.* 361

Solmssen, Andrew - Account Services, Management, PPOM - WUNDERMAN THOMPSON, Irvine, CA, *pg.* 435

Solomon, Howard - Interactive / Digital, Management, NBC, PPOM - FINN PARTNERS, San Francisco, CA, *pg.* 603

Solomon, Mike - Account Services, Management - OMD, Chicago, IL, *pg.* 500

Solomon, Eleanor - Account Services, Management - MCGARRYBOWEN, New York, NY, *pg.* 109

Solomon, Scott - Management - SHARON MERRILL ASSOCIATES, INC., Boston, MA, *pg.* 646

Sonenclar, Ken - Management - OAKLINS DESILVA+PHILLIPS, New York, NY, *pg.* 687

Song, Mimi - Account Planner, Management, Media Department, NBC, PPOM - HUDSON ROUGE, New York, NY, *pg.* 371

Song, Justine - Account Planner, Account Services, Management - HIRSHORN ZUCKERMAN DESIGN GROUP, Rockville, MD, *pg.* 371

Song, Sandy - Account Services, Management, NBC, PPM - 180LA, Los Angeles, CA, *pg.* 23

Sonner, Rob - Management - TROIKA/MISSION GROUP, Los Angeles, CA, *pg.* 20

Sonnhalter, Matt - Management - SONNHALTER, Cleveland, OH, *pg.* 411

Soroczak, Gerry - Management, Research - GARRIGAN LYMAN GROUP, Seattle, WA, *pg.* 236

Sosnow, Elizabeth - Management, Media Department, PPOM, Public Relations - BLISS INTEGRATED COMMUNICATIONS, New York, NY, *pg.* 584

Sous, Justin - Management - KEPLER GROUP, New York, NY, *pg.* 244

Souza, Roseanne - Creative, Management - THE SOUZA AGENCY, Annapolis, MD, *pg.* 424

Sowa, Jody - Management - THE NARRATIVE GROUP, Los Angeles, CA, *pg.* 654

Sowden, James - Management, Operations, PPOM - TBWA\CHIAT\DAY, New York, NY, *pg.* 416

Spain, Betsy - Management - PUBLICIS.SAPIENT, Atlanta, GA, *pg.* 259

Spangenberg, Karl - Account Services, Management, Media Department - MEDIALINK, New York, NY, *pg.* 386

Spaulding, Katy - Management, Media Department, Operations - ALLISON+PARTNERS, Portland, OR, *pg.* 577

Speer, Randy - Management - FRY COMMUNICATIONS, INC, Mechanicsburg, PA, *pg.* 361

Speltz, Michael - Creative, Management - APPLETON CREATIVE, Orlando, FL, *pg.* 32

Spence, Sarah - Management, PPOM - NARRATIVE, Toronto, ON, *pg.* 631

Spero, Harry - Management - APEL, INC., New York, NY, *pg.* 302

Spicer, Aki - Account Planner, Account Services, Creative, Interactive / Digital, Management, Media Department - LEO BURNETT WORLDWIDE, Chicago, IL, *pg.* 98

Spiegel, Andrea - Account Services, Management, PPOM - VSA PARTNERS, INC., New York, NY, *pg.* 204

Spiegel, Emily - Management - MKTG, Westport, CT, *pg.* 568

Spielvogel, Seth - Management, Media Department, Operations - MINDSHARE, New York, NY, *pg.* 491

Spiess, Aaron - Management, PPOM - BIG RED ROOSTER, Columbus, OH, *pg.* 3

Spitz, Sarah - Management - MISSION NORTH, San Francisco, CA, *pg.* 627

Spiwack, David - Management - JMW CONSULTANTS, INC., Stamford, CT, *pg.* 10

Sponaski, Ania - Account Services, Management, NBC - GMR MARKETING, Toronto, ON, *pg.* 307

Sporn, Benjamin - Account Services, Management, Media Department - JUMP 450 MEDIA, New York, NY, *pg.* 481

Sprehe, Katie - Management, Research - APCO WORLDWIDE, Washington, DC, *pg.* 578

Spring, Justin - Account Planner, Management, PPOM - ADEPT MARKETING, Columbus, OH, *pg.* 210

Spring, Katie - Management - EDELMAN, Chicago, IL, *pg.* 353

Springer, Holly - Account Services, Management - LEO BURNETT WORLDWIDE, Chicago, IL, *pg.* 98

Springer, Laura - Management, PPOM - THE MEDIA KITCHEN, New York, NY, *pg.* 519

Squires, Cherie - Management - SCORR MARKETING, Kearney, NE, *pg.* 409

St. Clair, Will - Interactive / Digital, Management, PPM - FCB CHICAGO, Chicago, IL, *pg.* 71

St. Martin, David - Management - AGENCYEA, Chicago, IL, *pg.* 302

Stack, Tracey - Management - MEDIA BROKERS INTERNATIONAL, Alpharetta, GA, *pg.* 485

Stanley, Sonja - Management, Operations - MOXIE, Atlanta, GA, *pg.* 251

Stanley, Melissa - Management - MORVIL ADVERTISING & DESIGN GROUP,

1559

RESPONSIBILITIES INDEX — AGENCIES

Wilmington, NC, pg. 14
Stapleton, James - Management - FRCH DESIGN WORLDWIDE, Cincinnati, OH, pg. 184
Stapleton, Cortney - Management, Operations, PPOM - BLISS INTEGRATED COMMUNICATIONS, New York, NY, pg. 584
Starcevich, Lauren - Management, Media Department - MINDSHARE, Chicago, IL, pg. 494
Stark, Doug - Management - ACCENTURE INTERACTIVE, New York, NY, pg. 209
Stark, Samantha - Management, Public Relations - 160OVER90, New York, NY, pg. 301
Starke, Caroline - Management - APCO WORLDWIDE, New York, NY, pg. 578
Starkey-Posey, Yvonne - Account Planner, Account Services, Management, Media Department - GREY MIDWEST, Cincinnati, OH, pg. 366
Starkman, Farrah - Account Planner, Account Services, Management, NBC - HORIZON MEDIA, INC., New York, NY, pg. 474
Starnes, Mallory - Creative, Interactive / Digital, Management - UNION, Charlotte, NC, pg. 273
Starr, Janelle - Management, Media Department, PPOM - HEARTBEAT IDEAS, El Segundo, CA, pg. 238
Starr, Stephanie - Management, Media Department - MEDIACOM, New York, NY, pg. 487
Starr, Bret - Management, PPOM - THE STARR CONSPIRACY, Fort Worth, TX, pg. 20
Starr Castillo, Nicole - Account Services, Management - WORDHAMPTON PUBLIC RELATIONS, East Hampton, NY, pg. 663
Starsia, Phyllis - Management, Operations, PPOM - POWERPHYL MEDIA SOLUTIONS, New York, NY, pg. 506
Staryak, Lisa - Management - VECTOR MEDIA, New York, NY, pg. 558
Stassen, Anna - Creative, Management - DDB CHICAGO, Chicago, IL, pg. 59
Stauffer, Justin - Interactive / Digital, Management, Programmatic - DMW WORLDWIDE, LLC, Chesterbrook, PA, pg. 282
Stearns, Lisa - Management - HUBBELL GROUP, INC., Quincy, MA, pg. 614
Steblai, Diana - Management, Media Department - UNIVERSAL MCCANN, New York, NY, pg. 521
Steeble, Diana - Management - PRR, Seattle, WA, pg. 399
Steed, Christina - Management, NBC - FLOWERS COMMUNICATIONS GROUP, Chicago, IL, pg. 606
Steele, Gumala - Account Services, Management - STARCOM WORLDWIDE, Chicago, IL, pg. 513
Steele, Laurie - Account Services, Management, Media Department - BURNS MARKETING, Loveland, CO, pg. 219

Stefanelli, Romie - Account Planner, Account Services, Management - YES&, Alexandria, VA, pg. 436
Stefaniuk, Susan - Account Services, Management - OGILVY, Chicago, IL, pg. 393
Stegall, Allen - Management, PPOM - SCOUT MARKETING, Atlanta, GA, pg. 139
Stehley, Isabelle - Management - SILTANEN & PARTNERS ADVERTISING, El Segundo, CA, pg. 410
Stein, Pete - Management, NBC, Operations, PPOM - HUGE, INC., Brooklyn, NY, pg. 239
Stein, Stan - Account Services, Management, NBC - WEBER SHANDWICK, Birmingham, MI, pg. 662
Stein, Gary - Account Services, Analytics, Interactive / Digital, Management, Media Department, NBC, PPOM, Research - DUNCAN CHANNON, San Francisco, CA, pg. 66
Stein, Monica - Account Services, Management - GUMGUM, New York, NY, pg. 467
Stein, Cindy - Interactive / Digital, Management, Media Department - 360I, LLC, Atlanta, GA, pg. 207
Stein, Christian - Management - TBWA \ CHIAT \ DAY, Los Angeles, CA, pg. 146
Steinberg, Adam - Management - UNIVERSAL MCCANN, New York, NY, pg. 521
Steinfelder, Justin - Management - VECTOR MEDIA, New York, NY, pg. 558
Steinhorn, Lauren - Management - EDELMAN, New York, NY, pg. 599
Steininger, Julie - Management, PPOM - THE STANDING PARTNERSHIP, Saint Louis, MO, pg. 655
Steinreich, Ariella - Management - STEINREICH COMMUNICATIONS, Hackensack, NJ, pg. 650
Stellmach, Robyn - Management - STARCOM WORLDWIDE, Chicago, IL, pg. 513
Steltenpohl, Jon - Account Services, Management - GMR MARKETING, New Berlin, WI, pg. 306
Steltz, Kevin - Account Planner, Account Services, Management - BVK, Milwaukee, WI, pg. 339
Stembridge, Derrick - Management - ECHOS BRAND COMMUNICATIONS, San Francisco, CA, pg. 599
Stemm, Jason - Account Services, Management, Media Department - PADILLA, New York, NY, pg. 635
Stempky, Chris - Management - FAIRE, LLC, Washington, DC, pg. 357
Stenger, Griffin - Management, NBC - THE CONCEPT FARM, Long Island City, NY, pg. 269
Stephen, Kevin - Management, Media Department, PPM - LEO BURNETT TORONTO, Toronto, ON, pg. 97
Stephenson, Sue - Management, Operations - WUNDERMAN THOMPSON, Toronto, ON, pg. 435
Stern, David - Management - SUNWEST

COMMUNICATIONS, Dallas, TX, pg. 651
Stern, Brian - Account Planner, Management, Media Department - THE MEDIA KITCHEN, New York, NY, pg. 519
Stern, Jonathan - Management - BCW MIAMI, Miami, FL, pg. 581
Steuer, Howard - Management - MEDIA BROKERS INTERNATIONAL, Alpharetta, GA, pg. 485
Stevens, Julie - Management - FRY COMMUNICATIONS, INC, Mechanicsburg, PA, pg. 361
Stevenson, Guy - Management, PPOM - OGILVY, Toronto, ON, pg. 394
Stevenson, Tiasha - Account Services, Management - MSLGROUP, Chicago, IL; pg. 629
Stevenson, Julianne - Management - FISHMAN PUBLIC RELATIONS INC., Northbrook, IL, pg. 604
Stewart, Molly - Human Resources, Management - LEO BURNETT WORLDWIDE, Chicago, IL, pg. 98
Stewart, Stacey - Interactive / Digital, Management, Media Department - UNIVERSAL MCCANN, New York, NY, pg. 521
Stewart, Sarah - Management - REGAN COMMUNICATIONS GROUP, Boston, MA, pg. 642
Stich-Mills, Kelli - Account Services, Management - FEREN COMMUNICATIONS, New York, NY, pg. 603
Stiedaman, Jerry - Account Planner, Account Services, Management - VSA PARTNERS, INC. , Chicago, IL, pg. 204
Stiegemeyer, Larson - Account Services, Management - BERNSTEIN-REIN ADVERTISING, INC., Kansas City, MO, pg. 39
Stiel, Allison - Interactive / Digital, Management, Media Department, NBC, Social Media - ZEHNDER COMMUNICATIONS, INC., New Orleans, LA, pg. 436
Stier, Larry - Management, NBC - NORTON OUTDOOR ADVERTISING, Cincinnati, OH, pg. 554
Stiles, Teresa - Management, NBC - NUFFER SMITH TUCKER, INC., San Diego, CA, pg. 392
Stillwell, Melissa - Interactive / Digital, Management, NBC - UBM, Duluth, MN, pg. 521
Stimmel, Jon - Management - UNIVERSAL MCCANN, New York, NY, pg. 521
Stimpson, Phil - Management, NBC - OUTFRONT MEDIA, New York, NY, pg. 554
Stirrup, Charlotte - Management - EP+CO., Greenville, SC, pg. 356
Stivaletti, Kathy - Management - LAKE GROUP MEDIA, INC., Armonk, NY, pg. 287
Stockman, Samantha - Account Services, Management, Media Department - THE MEDIA KITCHEN, New York, NY, pg. 519
Stoelting, Chelsea - Account Services, Management - RETHINK

AGENCIES
RESPONSIBILITIES INDEX

COMMUNICATIONS, INC., Vancouver, BC, *pg.* 133

Stoiber, Vicki - Account Planner, Management - M-STREET CREATIVE, Freehold, NJ, *pg.* 190

Stokes, Daniel - Account Services, Management - JSTOKES, Walnut Creek, CA, *pg.* 378

Stokes, Casey - Management - ELEVATION MARKETING, Richmond, VA, *pg.* 67

Stolarz, Ariana - Account Planner, Interactive / Digital, Management, Media Department, PPOM - MRM//MCCANN, New York, NY, *pg.* 289

Stolte, Milla - Management - SMITH BROTHERS AGENCY, LP, Pittsburgh, PA, *pg.* 410

Stone, Michael - Management, NBC, PPOM - WPROMOTE, El Segundo, CA, *pg.* 678

Stone, Andrea - Management - BRANDJUICE, Denver, CO, *pg.* 336

Stone, Mallory - Management, Media Department - EDELMAN, Atlanta, GA, *pg.* 599

Stone Grusin, Jessica - Management - POINT B COMMUNICATIONS, Chicago, IL, *pg.* 128

Stonecypher, Liz - Management - GRACE OUTDOOR ADVERTISING, Columbia, SC, *pg.* 552

Stopulos, Stephanie - Interactive / Digital, Management, Media Department - STARCOM WORLDWIDE, North Hollywood, CA, *pg.* 516

Storinge, A.J. - Management, Media Department, Operations, PPOM - HEARTS & SCIENCE, New York, NY, *pg.* 471

Story, Jeremy - Management - WEBER SHANDWICK, Denver, CO, *pg.* 662

Story, Jeremy - Management - GROUNDFLOOR MEDIA, Denver, CO, *pg.* 611

Stotts, Dana - Account Planner, Management, NBC, Promotions - ARC WORLDWIDE, Chicago, IL, *pg.* 327

Stoudemire, Sonya - Management - MLT CREATIVE, Tucker, GA, *pg.* 116

Stout, Jane - Account Services, Management - COOKERLY PUBLIC RELATIONS INC., Atlanta, GA, *pg.* 593

Stout, Jahnae - Management, Media Department - GCG MARKETING, Fort Worth, TX, *pg.* 362

Stratton, Darilyn - Management - STARCOM WORLDWIDE, New York, NY, *pg.* 517

Strauss Mortenson, Staci - Management - ICR, New York, NY, *pg.* 615

Strausser, Bob - Account Services, Management - THE INTEGER GROUP, Lakewood, CO, *pg.* 682

Strayhan, Kristin - Account Services, Management - TPN, Dallas, TX, *pg.* 683

Streeb, Tim - Account Services, Management, Public Relations - ICR, New York, NY, *pg.* 615

Streiff, Leyland - Management - HEAT, New York, NY, *pg.* 370

Strickland, Garianna - Management - GTB, Charlotte, NC, *pg.* 368

Stroh, Lisa - Account Services, Management - CAMPBELL EWALD NEW YORK, New York, NY, *pg.* 47

Strohl, Chad - Management, NBC, PPOM - THE RICHARDS GROUP, INC., Dallas, TX, *pg.* 422

Strollo, Thomas - Interactive / Digital, Management, PPOM - CDFB, New York, NY, *pg.* 561

Strong, Rose - Management - FURIA RUBEL COMMUNICATIONS, INC., Doylestown, PA, *pg.* 607

Strubhar, Keith - Account Services, Management - MSLGROUP, New York, NY, *pg.* 629

Stuart, Scott - Account Services, Management - 22SQUARED INC., Tampa, FL, *pg.* 319

Stuart, Crystalyn - Creative, Management, PPOM - IMRE, New York, NY, *pg.* 374

Stuart, Chris - Management - VSA PARTNERS, INC. , Chicago, IL, *pg.* 204

Suarez, Sabrina - Management - ECHO MEDIA GROUP, Tustin, CA, *pg.* 599

Suarez, Ulissa - Management, Media Department - HAVAS MEDIA GROUP, New York, NY, *pg.* 468

Sudit, Katerina - Management, Media Department, NBC, PPOM - HILL HOLLIDAY, New York, NY, *pg.* 85

Suganuma, Angela - Management - R&R PARTNERS, Las Vegas, NV, *pg.* 131

Sugarman, Molly - Management, Media Department - HORIZON MEDIA, INC., New York, NY, *pg.* 474

Suggett, Shannon - Management - CITIZEN RELATIONS, New York, NY, *pg.* 590

Sui, Ian - Management - HADLER PUBLIC RELATIONS, INC., Glendale, CA, *pg.* 611

Sukalski, Alyse - Management - CAMBRIDGE BIOMARKETING, Cambridge, MA, *pg.* 46

Suky, Scott - Management, PPOM - UNIVERSAL MCCANN, New York, NY, *pg.* 521

Sullivan, Kelly - Management, NBC - WEBER SHANDWICK, New York, NY, *pg.* 660

Sullivan, Catherine - Account Services, Management, NBC, Public Relations - BCW NEW YORK, New York, NY, *pg.* 581

Sullivan, Pam - Account Services, Management, Media Department - ESSENCE, San Francisco, CA, *pg.* 232

Sullivan, Shannon - Account Services, Management - MOD OP, Dallas, TX, *pg.* 388

Sullivan, Patrick - Management - MARTIN RETAIL GROUP, New York, NY, *pg.* 106

Sullivan, Matt - Management - PADILLA, Minneapolis, MN, *pg.* 635

Sullivan, Susan - Management - SHERRY MATTHEWS ADVOCACY MARKETING, Austin, TX, *pg.* 140

Sullivan, Brian M. - Management - FRCH DESIGN WORLDWIDE, Cincinnati, OH, *pg.* 184

Sultan, Greg - Account Planner, Management, NBC - CUSTOMER COMMUNICATIONS GROUP, Lakewood, CO, *pg.* 167

Summers, Cameron - Management, NBC, PPOM, PR Management - WEBER SHANDWICK, Toronto, ON, *pg.* 662

Summerville, Geoffrey - Account Services, Management, Media Department - HAVAS MEDIA GROUP, New York, NY, *pg.* 468

Summy, Katie - Account Services, Interactive / Digital, Management - ENERGY BBDO, INC., Chicago, IL, *pg.* 355

Summy, Hank - Management, NBC, PPOM - CAPGEMINI, Wayne, PA, *pg.* 219

Sumner, Rob - Management, NBC - AGENCY 720, Irving, TX, *pg.* 323

Sundberg, Amalia - Management - CITIZEN GROUP, San Francisco, CA, *pg.* 342

Sundell, Karen - Management - ROGERS & COWAN/PMK*BNC, Los Angeles, CA, *pg.* 643

Sundet, Mike - Management - MOMENTUM WORLDWIDE, Saint Louis, MO, *pg.* 568

Suppes, Eric - Management, PPOM - UNIVERSAL MCCANN DETROIT, Birmingham, MI, *pg.* 524

Surphlis, Nancy - Management, Media Department, NBC - OMD CANADA, Toronto, ON, *pg.* 501

Sussman, Todd - Account Planner, Account Services, Interactive / Digital, Management - FCB NEW YORK, New York, NY, *pg.* 357

Sutherland, Adryanna - Management, PPOM - GYRO, Cincinnati, OH, *pg.* 368

Sutherland, Glenn - Account Services, Management - GTB, Dearborn, MI, *pg.* 367

Sutterfield, Jason - Management - GROW INTERACTIVE, Norfolk, VA, *pg.* 237

Sutton, Justin - Creative, Management - BARKLEY, Kansas City, MO, *pg.* 329

Sutton, Caustin - Interactive / Digital, Management, Social Media - BANTON MEDIA, Myrtle Beach, SC, *pg.* 329

Suzor Dunning, Margaret - Management, Operations, PPOM - FINN PARTNERS, Washington, DC, *pg.* 603

Swadia, Sandeep - Account Planner, Management, PPOM - THE TRADE DESK, New York, NY, *pg.* 520

Swain, Richard - Management, Media Department - HUGE, INC., Brooklyn, NY, *pg.* 239

Swan, Glen - Management - IPROSPECT, New York, NY, *pg.* 674

Swank, Andrew - Account Services, Management - CRAMER-KRASSELT, New York, NY, *pg.* 53

Swanson, Rachel - Management - FRENCH / WEST / VAUGHAN , Raleigh, NC, *pg.* 361

Swanson, Justin - Management - BOSE PUBLIC AFFAIRS GROUP, LLC,

1561

RESPONSIBILITIES INDEX — AGENCIES

Indianapolis, IN, *pg.* 585
Swartz, Lauren - Account Services, Management - M BOOTH & ASSOCIATES, INC. , New York, NY, *pg.* 624
Sweeney, Leilani - Management - ZENO GROUP, Chicago, IL, *pg.* 664
Sweeney, Justine - Management, Media Department - ZENITH MEDIA, New York, NY, *pg.* 529
Sweeney, Margy - Account Services, Management, NBC, PPOM - AKRETE, Evanston, IL, *pg.* 575
Swiderski, Evelyn - Management - DADDI BRAND COMMUNICATIONS, New York, NY, *pg.* 595
Swies, Tim - Account Services, Management - ZUBI ADVERTISING, Coral Gables, FL, *pg.* 165
Swigert, Micah - Management - RIGHTPOINT, Oakland, CA, *pg.* 263
Swingle, Juli - Account Services, Management - ACCENTURE INTERACTIVE, El Segundo, CA, *pg.* 322
Swiryn, Monty - Management, PPOM - CUESTA TECHNOLOGIES, LLC, El Granada, CA, *pg.* 223
Syme, Michelle - Management - NBC - PLUSMEDIA, LLC, Danbury, CT, *pg.* 290
Symmes, Laura - Management - CANVAS WORLDWIDE, Playa Vista, CA, *pg.* 458
Symonds, Scott - Interactive / Digital, Management, Media Department, Research - AKQA, San Francisco, CA, *pg.* 211
Szatmary, Jason - Account Services, Management - HUGE, INC., Brooklyn, NY, *pg.* 239
Szczes, Laura - Account Services, Management - AD MARK SERVICES, Seattle, WA, *pg.* 441
Szewczyk, Tod - Account Services, Creative, Management, Operations - LEO BURNETT WORLDWIDE, Chicago, IL, *pg.* 98
Szymanski, Kevin - Management - INTERMEDIA ADVERTISING, Woodland Hills, CA, *pg.* 375
Tack, Sara - Management - BURST MARKETING, Troy, NY, *pg.* 338
Tagliaferri, Ed - Account Services, Management - DKC PUBLIC RELATIONS, New York, NY, *pg.* 597
Talbot, Martin - Management, NBC - COSSETTE MEDIA, Montreal, QC, *pg.* 345
Talerico, Anna - Account Services, Management, PPOM - ION INTERACTIVE, INC., Boca Raton, FL, *pg.* 242
Tan, Jeff - Interactive / Digital, Management, Media Department, NBC, Operations - DENTSU AEGIS NETWORK, New York, NY, *pg.* 61
Tang, Michelle - Management, NBC, PPOM - DIGITAS, New York, NY, *pg.* 226
Tang, Eric - Management - PORTER NOVELLI CANADA, Montreal, QC, *pg.* 638
Tangen, Julie - Management - OFFLEASH, San Mateo, CA, *pg.* 633
Tangney, Scott - Management - ICR, New York, NY, *pg.* 615
Tangsrud, Brittany - Management -

CRISPIN PORTER + BOGUSKY, Boulder, CO, *pg.* 346
Tanner, Sean - Account Services, Interactive / Digital, Management, Media Department, PPM - ADAM&EVE DDB, New York, NY, *pg.* 26
Tanzillo, Kevin - Management - DUX PUBLIC RELATIONS, Canton, TX, *pg.* 599
Tao, Joe - Account Services, Management, PPOM - ROKKAN, LLC, New York, NY, *pg.* 264
Tapazoglou, Sara - Account Services, Management, Media Department - UNIVERSAL MCCANN DETROIT, Birmingham, MI, *pg.* 524
Taqi, Tahira - Account Services, Management - SCHNAKE TURNBO FRANK, INC., Tulsa, OK, *pg.* 646
Tarantino, Briana - Management - TOLLESON DESIGN, San Francisco, CA, *pg.* 202
Taratuta, Claudio - Management, NBC, PPOM - PRAYTELL, Brooklyn, NY, *pg.* 258
Taratuta, Alona - Finance, Management - DEBUT GROUP, Toronto, ON, *pg.* 349
Tarayre, Guillaume - Interactive / Digital, Management - JCDECAUX NORTH AMERICA, New York, NY, *pg.* 553
Tarbell, Carey - Management, PPOM - VOX GLOBAL , Washington, DC, *pg.* 658
Tardibuono, Joe - Management - SCS HEALTHCARE MARKETING, INC., Mahwah, NJ, *pg.* 139
Taris, Maria - Account Services, Administrative, Management - DEUTSCH, INC., New York, NY, *pg.* 349
Tarquinio, Regina - Management, Media Department, NBC - PGR MEDIA, Boston, MA, *pg.* 504
Tarwater, Troy - Management, Operations - BBDO WORLDWIDE, New York, NY, *pg.* 331
Tarzian, Charlie - Management, NBC, Operations - ABERDEEN GROUP, INC., Waltham, MA, *pg.* 441
Tate, Jeremy - Interactive / Digital, Management, Media Department - DWA MEDIA, Boston, MA, *pg.* 464
Tate, Philip - Management - LUQUIRE GEORGE ANDREWS, INC., Charlotte, NC, *pg.* 382
Tatge, Mike - Management, PPOM - JUMPFLY, INC., Elgin, IL, *pg.* 674
Tatgenhorst, Lindsey - Account Planner, Account Services, Interactive / Digital, Management - FITZCO, Atlanta, GA, *pg.* 73
Tatlow, Jonathan - Interactive / Digital, Management, NBC - DIGITAS, Boston, MA, *pg.* 226
Taub, David - Creative, Management, PPOM - R2INTEGRATED, Baltimore, MD, *pg.* 261
Taub, Kyla - Account Services, Management - FORSMAN & BODENFORS, New York, NY, *pg.* 74
Tauber, Ben - Account Services,

Management, NBC, PPOM - GREY GROUP, New York, NY, *pg.* 365
Tauber, Jessica - Account Services, Management - WPROMOTE, El Segundo, CA, *pg.* 678
Tauberman, Richard - Account Services, Management - MWWPR, Washington, DC, *pg.* 631
Taverna, Matthew - Management, Media Department - HORIZON MEDIA, INC., New York, NY, *pg.* 474
Taylor, Gerald - Management - LIPPE TAYLOR, New York, NY, *pg.* 623
Taylor, Kieley - Interactive / Digital, Management, Research, Social Media - GROUPM, New York, NY, *pg.* 466
Taylor, Kingsley - Account Services, Management, NBC - DIGITAS, San Francisco, CA, *pg.* 227
Taylor, Kami - Account Services, Management - OCTAGON, Charlotte, NC, *pg.* 313
Taylor, Dustin - Creative, Management - THE SHOP AGENCY, Richardson, TX, *pg.* 153
Taylor, Chree - Management - MCGARRYBOWEN, New York, NY, *pg.* 109
Taylor, Fitzhugh - Management - ICR, New York, NY, *pg.* 615
Taylor, Deon - Management - 88 BRAND PARTNERS, Chicago, IL, *pg.* 171
Taylor, Jay - Management, PPOM - LEVERAGE, Tampa, FL, *pg.* 245
Tecchio, Vinney - Account Services, Creative, Management, NBC - DEUTSCH, INC., New York, NY, *pg.* 349
Tedesco, Paul - Management - TRACK DDB, Toronto, ON, *pg.* 293
Tedstrom, John L. - Analytics, Management - PUBLICIS HAWKEYE, Dallas, TX, *pg.* 399
Teeple, Phil - Management, NBC, Promotions - SAATCHI & SAATCHI DALLAS, Dallas, TX, *pg.* 136
Tegethoff, Scott - Account Services, Management, PPOM - TBWA \ CHIAT \ DAY, New York, NY, *pg.* 416
Teixeira, Josh - Account Planner, Account Services, Management - DEUTSCH, INC., Los Angeles, CA, *pg.* 350
Teklemariam, Hibre - Account Services, Management - SUNSTAR STRATEGIC, Alexandria, VA, *pg.* 651
Teklits, Joe - Management - ICR, New York, NY, *pg.* 615
Telesz, Julie - Account Services, Management - FALLS COMMUNICATIONS, Cleveland, OH, *pg.* 357
Temple, Richard - Account Services, Management - MCNALLY TEMPLE & ASSOCIATES, INC., Sacramento, CA, *pg.* 626
Templeman, Sue - Management, Media Department - GODWIN GROUP, Jackson, MS, *pg.* 364
Templin, Todd - Account Services, Management - BOARDROOM COMMUNICATIONS, Fort Lauderdale, FL, *pg.* 584
Tendler, Lindsay - Management,

1562

AGENCIES — RESPONSIBILITIES INDEX

Promotions - HORIZON MEDIA, INC., New York, NY, pg. 474

Tenicki, Samantha - Management, Media Department - STARCOM WORLDWIDE, Chicago, IL, pg. 513

Tepper, Matt - Management, Media Department, PPOM - WUNDERMAN HEALTH, New York, NY, pg. 164

Terluk, Paz - Management - MARKETLOGIC, Miami, FL, pg. 383

Terrazas, Dawn - Management, NBC - AFG&, New York, NY, pg. 28

Terry, Mike - Management, NBC - ANVIL MEDIA, INC, Portland, OR, pg. 671

Tesi, Ray - Management - WORLDATA, Boca Raton, FL, pg. 294

Tessmann, Marcy - Management, NBC, PPOM - CHARLESTON|ORWIG, INC., Hartland, WI, pg. 341

Thach, Louise - Account Services, Management - FLEISHMANHILLARD, New York, NY, pg. 605

Thackray, Jim - Management - RS & K, Madison, WI, pg. 408

Theo, Melinda - Account Planner, Account Services, Analytics, Management, NBC, Operations - AMOBEE, INC., New York, NY, pg. 30

Theriault, Angela - Account Services, Management - BVK, Milwaukee, WI, pg. 339

Thiagarajan, Aarti - Account Services, Management - MOTHER NY, New York, NY, pg. 118

Thomas, Martin - Management, PPOM - ALWAYS ON COMMUNICATIONS, Pasadena, CA, pg. 454

Thomas, Michelle - Management - SPARK FOUNDRY, Chicago, IL, pg. 510

Thomas, Theresa - Management, Media Department - CARAT, Detroit, MI, pg. 461

Thomas, Michael - Account Services, Interactive / Digital, Management, PPOM - ESSENCE, Los Angeles, CA, pg. 233

Thomas, Sean - Management, NBC - JUMP 450 MEDIA, New York, NY, pg. 481

Thomas, Kacie - Management - WE COMMUNICATIONS, San Francisco, CA, pg. 660

Thomas, Kirsten - Management - THE RUTH GROUP, New York, NY, pg. 655

Thomas, Amy - Management - THIRD WAVE DIGITAL, Macon, GA, pg. 270

Thomason, Beau - Management, NBC, Operations - 72ANDSUNNY, Playa Vista, CA, pg. 23

Thompkins, Marcella - Account Services, Management - MCCUE PUBLIC RELATIONS, Burbank, CA, pg. 626

Thompson, Mike - Account Services, Management - CREATIVE RESPONSE CONCEPTS, Alexandria, VA, pg. 593

Thompson, Bob - Creative, Management - PORCARO COMMUNICATIONS, Anchorage, AK, pg. 398

Thompson, Geoffrey - Management, PPOM, Public Relations - THOMPSON & BENDER, Briarcliff Manor, NY, pg. 656

Thompson, Brad - Management, Media Department, PPOM - UNIVERSAL MCCANN DETROIT, Birmingham, MI, pg. 524

Thompson, Elizabeth - Account Planner, Account Services, Management - R/GA, Austin, TX, pg. 261

Thompson, Beth - Account Services, Management - GATESMAN, Pittsburgh, PA, pg. 361

Thompson Grillo, Kimberly - Account Services, Management - SPARK FOUNDRY, New York, NY, pg. 508

Thornbrough, Matt - Management, Media Department, PPOM - HEALIXGLOBAL, New York, NY, pg. 471

Thorne, Geoff - Management - DIGITAS HEALTH LIFEBRANDS, Philadelphia, PA, pg. 229

Thorpe, Jennifer - Account Planner, Management, Operations - JELLYFISH U.S., Baltimore, MD, pg. 243

Thum, David - Management - THE OUTCAST AGENCY, San Francisco, CA, pg. 654

Tice, Kimberly - Account Services, Management - GSD&M, Austin, TX, pg. 79

Tice, Laura - Management - WRAY WARD, Charlotte, NC, pg. 433

Tierney, Josh - Account Planner, Management - WE ARE BMF, New York, NY, pg. 318

Tighe, Dan - Account Services, Management - INITIATIVE, New York, NY, pg. 477

Timmerman, Andrea - Account Services, Management, NBC - FORWARDPMX, Minneapolis, MN, pg. 360

Timms, Meagan - Interactive / Digital, Management, Public Relations - EDELMAN, Los Angeles, CA, pg. 601

Tischler, Melissa - Account Services, Creative, Management, NBC - LIPPINCOTT, New York, NY, pg. 189

Tobias, Sierra - Interactive / Digital, Management, Media Department - ZENITH MEDIA, New York, NY, pg. 529

Tobin, Tracey - Account Services, Interactive / Digital, Management - PUBLICIS TORONTO, Toronto, ON, pg. 639

Toledano, Baruch - Management - CONDUCTOR, New York, NY, pg. 672

Tolkacz, Frank - Management, NBC - SQUARE 2 MARKETING, INC., Conshohocken, PA, pg. 143

Tolkin, Danielle - Account Services, Management, Media Department - AFG&, New York, NY, pg. 28

Tolle, Jeff - Account Services, Interactive / Digital, Management - BROTHERS & CO., Tulsa, OK, pg. 43

Toltzman, Leslie - Account Planner, Management - UNIVERSAL MCCANN DETROIT, Birmingham, MI, pg. 524

Tomasi, Edward - Management - BIG BLOCK, El Segundo, CA, pg. 217

Tomassen, Lisa - Interactive / Digital, Management, Media Department, NBC, Public Relations - EXPONENT PR, Minneapolis, MN, pg. 602

Tombras, Charlie - Management, PPOM - THE TOMBRAS GROUP, Knoxville, TN, pg. 424

Tombras, Dooley - Account Services, Management - THE TOMBRAS GROUP, Knoxville, TN, pg. 424

Tompkins, Stephen - Management - HEARTS & SCIENCE, New York, NY, pg. 471

Tomsen, Karissa - Management, Operations - INTERTWINE INTERACTIVE, Omaha, NE, pg. 242

Tonetti, Emma - Management - ANOMALY, New York, NY, pg. 325

Tong, Su - Management, PPOM - HYLINK, Santa Monica, CA, pg. 240

Toomey, Keri - Account Services, Management - BLISS INTEGRATED COMMUNICATIONS, New York, NY, pg. 584

Torode, Jennifer - Account Services, Management - CHEN PR, INC., Boston, MA, pg. 590

Torongo, Bob - Management - GFK, Chicago, IL, pg. 444

Torrents, Liz - Account Planner, Account Services, Management, Media Department - ZIMMERMAN ADVERTISING, Fort Lauderdale, FL, pg. 437

Torres, Nicole - Management, Media Department, PPM - HAVAS MEDIA GROUP, New York, NY, pg. 468

Torres, Cristina - Account Services, Management, Media Department, NBC - MEDIAMONKS, Venice, CA, pg. 249

Torrez, Liz - Management - HILL+KNOWLTON STRATEGIES, Chicago, IL, pg. 370

Tortorella, Nancy - Account Services, Management, PPOM - WAVEMAKER, New York, NY, pg. 526

Toscano, Malory - Account Services, Management - BARKLEY BOULDER, Boulder, CO, pg. 36

Toth, Emma - Management - TAXI, Montreal, QC, pg. 146

Toussaint, Genevieve - Management - STARCOM WORLDWIDE, Chicago, IL, pg. 513

Tracy, Emily - Management - PROSEK PARTNERS, New York, NY, pg. 639

Traeger, Paul - Account Planner, Analytics, Management - HAVAS MEDIA GROUP, Chicago, IL, pg. 469

Tramontano, Pamela - Account Services, Management - ICON INTERNATIONAL, INC., Greenwich, CT, pg. 476

Tran, Cindy M. - Management - PICO PLUS, Santa Monica, CA, pg. 397

Trani, JorDana - Account Services, Creative, Management, Public Relations, Social Media - DEVRIES GLOBAL, New York, NY, pg. 596

Trapani, Lisa - Management - ROSECOMM, Hoboken, NJ, pg. 644

Traub, Matthew - Human Resources, Management, PPOM - DKC PUBLIC RELATIONS, New York, NY, pg. 597

Trauernicht, Cheryl - Management -

RESPONSIBILITIES INDEX / AGENCIES

PUBLICIS NORTH AMERICA, New York, NY, pg. 399
Trayner, Graeme - Management - GLOVER PARK GROUP, Washington, DC, pg. 608
Treanor, Kevin - Interactive / Digital, Management, Media Department, NBC - GTB, Dearborn, MI, pg. 367
Treff, Michael - Management, PPOM - CODE AND THEORY, New York, NY, pg. 221
Treleaven, Cheryl - Account Services, Management, PPOM - COMBLU, Chicago, IL, pg. 691
Trem, Wendy - Account Services, Interactive / Digital, Management - FALLS COMMUNICATIONS, Cleveland, OH, pg. 357
Trent, Nancy - Management, PPOM - TRENT & COMPANY, INC., New York, NY, pg. 656
Troast, Jennifer - Account Services, Management - NEON, New York, NY, pg. 120
Trocchio, Matt - Management - WE COMMUNICATIONS, Austin, TX, pg. 660
Trombley, Victoria - Account Services, Management, Media Department - ZENITH MEDIA, Atlanta, GA, pg. 531
Tron, Sylvain - Management - MCKINNEY, West Hollywood, CA, pg. 111
Troskosky, Craig - Management - EDELMAN, New York, NY, pg. 599
Tross, Marissa - Account Planner, Management, Media Department - MINDSHARE, Chicago, IL, pg. 494
Trotta, Matt - Management - PLAYBUZZ, New York, NY, pg. 128
Troubh, Natalie - Account Services, Management, Operations - BADGER & WINTERS, New York, NY, pg. 174
Truffen, Sandi - Account Services, Management - BENSIMON BYRNE, Toronto, ON, pg. 38
Trumble, James - Account Planner, Account Services, Creative, Management, Media Department, NBC, Operations - ORGANIC, INC., Troy, MI, pg. 256
Truss, Brian - Account Planner, Account Services, Interactive / Digital, Management - PUBLICIS NORTH AMERICA, New York, NY, pg. 399
Truttmann, Jayson - Management, Media Department, NBC - PERISCOPE, Minneapolis, MN, pg. 127
Tseng, Tina - Management - ACTIVISION BLIZZARD MEDIA, New York, NY, pg. 26
Tuchler, Andrew - Management, PPOM - ULTIMATE PARKING, Boston, MA, pg. 294
Tucker, Kristina - Management - IFUEL, New York, NY, pg. 88
Tucker, Lauren - Management, Media Department, PPOM - MERGE, Chicago, IL, pg. 113
Tully, Austen - Account Services, Management - 22SQUARED INC., Atlanta, GA, pg. 319

Tupper, Shelley - Management - PINEROCK, New York, NY, pg. 636
Turkington, Eric - Account Services, Management - RAIN, New York, NY, pg. 262
Turlej, Melissa - Interactive / Digital, Management, Media Department - EDELMAN, Toronto, ON, pg. 601
Turner, Brian - Management, PPOM - SHERWOOD OUTDOOR, INC., New York, NY, pg. 557
Turner, Gene - Management, NBC, PPOM - HORIZON MEDIA, INC., New York, NY, pg. 474
Turpin, Tim - Management - SPARKPR, San Francisco, CA, pg. 648
Tuttle, John - Management - HABERMAN, Minneapolis, MN, pg. 369
Twardowski, Jeremy - Management - THE GEORGE P. JOHNSON COMPANY, Torrance, CA, pg. 316
Tybus, Drew - Account Services, Management - EVINS COMMUNICATIONS, LTD., New York, NY, pg. 602
Tyldesley, Marci - Management - REGAN COMMUNICATIONS GROUP, Providence, RI, pg. 642
Tyler, Lisa - Management, Operations - BULLDOG DRUMMOND, San Diego, CA, pg. 338
Tyler, Lindsay - Management, PPM - FCB CHICAGO, Chicago, IL, pg. 71
Tylka, Courtney - Account Services, Management, Media Department - DEUTSCH, INC., Los Angeles, CA, pg. 350
Tyll, Kristin - Management, PPOM - STRATACOMM, INC., Southfield, MI, pg. 650
Tynski, Dan - Management - FRACTL, Delray Beach, FL, pg. 686
Tysarczyk, Aimee - Account Services, Management, Public Relations - BRIAN COMMUNICATIONS, Conshohocken, PA, pg. 586
Tyson, Alyssa - Management, Media Department - PAN COMMUNICATIONS, Boston, MA, pg. 635
Ulman, Bonnie - Management - M BOOTH & ASSOCIATES, INC., New York, NY, pg. 624
Ulrich, Marla - Management, PPM - BBDO ATL, Atlanta, GA, pg. 330
Umbach, Mark - Management - MWWPR, East Rutherford, NJ, pg. 630
Unruh, Todd - Account Services, Interactive / Digital, Management, Research - MINDSTREAM MEDIA GROUP - DALLAS, Dallas, TX, pg. 496
Upchurch, Alan - Management - MARX LAYNE & COMPANY, Farmington Hills, MI, pg. 626
Updike, James - Management - THE GEORGE P. JOHNSON COMPANY, Torrance, CA, pg. 316
Upham, Nowell - Management, Promotions - THE MARKETING ARM, Dallas, TX, pg. 316
Uriarte, Luisa - Creative, Management, PPOM - MADDOCK DOUGLAS, Elmhurst, IL, pg. 102
Urice, Chad - Account Planner, Analytics, Management - MEDIA

STORM, Norwalk, CT, pg. 486
Usseglio, Melissa - Management - RTI RESEARCH, Norwalk, CT, pg. 449
Utterson, Nicole - Management, Media Department - INITIATIVE, Los Angeles, CA, pg. 478
Uttley, Mark - Management, Media Department - AKQA, San Francisco, CA, pg. 211
Uva, JC - Account Services, Management, Media Department - MEDIALINK, New York, NY, pg. 386
Vaccaro, Jacqueline - Management, PPOM - ESSENCE, New York, NY, pg. 232
Valcich, Ray - Management, NBC - CROSSMEDIA, New York, NY, pg. 463
Vale-Brennan, Vilma - Management, Media Department, PPOM - INITIATIVE, New York, NY, pg. 477
Valenti, Michael - Management - 1105 MEDIA, Woodland Hills, CA, pg. 453
Valentine, Lisa - Management, Media Department - UNIVERSAL MCCANN, New York, NY, pg. 521
Valentine, Liz - Management, PPOM - WUNDERMAN THOMPSON, Irvine, CA, pg. 435
Valentine, Jennifer - Management - FCB HEALTH, New York, NY, pg. 72
Valkov, Ulian - Finance, Management, Operations - GSD&M, Chicago, IL, pg. 79
Valone, Kyle - Account Planner, Account Services, Management, Media Department - OMD WEST, Los Angeles, CA, pg. 502
van Becelaere, Charlie - Management, Media Department, PPOM, Research - UNIVERSAL MCCANN DETROIT, Birmingham, MI, pg. 524
van Bergen, Karen - Administrative, Management, PPOM - OMNICOM GROUP, New York, NY, pg. 123
Van Dongen, Ryan - Account Services, Management - INITIATIVE, Toronto, ON, pg. 479
Van Erum, Nicolas - Management - SID LEE, Culver City, CA, pg. 141
Van Hoven, Alfred - Account Planner, Interactive / Digital, Management - CAMELOT STRATEGIC MARKETING & MEDIA, Dallas, TX, pg. 457
Van Pelt, Ryan - Account Services, Management, NBC - SANDBOX, Chicago, IL, pg. 138
Van Slyke, Billie - Account Services, Creative, Management - LOVE ADVERTISING, Houston, TX, pg. 101
van Steenburgh, Richard - Interactive / Digital, Management - DEUTSCH, INC., New York, NY, pg. 349
van Vorstenbosch, Pieter - Management - NIKE COMMUNICATIONS, INC., New York, NY, pg. 632
Vanderbrook, Leslie - Management - SOCIALCODE, Washington, DC, pg. 688
VanderHaar, Star - Management - ARKETI GROUP, Atlanta, GA, pg. 578
VanderLinden, Stephanie -

1564

AGENCIES
RESPONSIBILITIES INDEX

Management, NBC, PPOM - THE RICHARDS GROUP, INC., Dallas, TX, pg. 422

Vandermause, Craig - Management, NBC - GMR MARKETING, New Berlin, WI, pg. 306

Vangelakos, Phil - Management - PUSH DIGITAL, Columbia, SC, pg. 640

VanGorden, Rob - Management, NBC, PPOM - THE RICHARDS GROUP, INC., Dallas, TX, pg. 422

VanValkenburgh, Kevin - Interactive / Digital, Management, Media Department, PPOM - THE TOMBRAS GROUP, Knoxville, TN, pg. 424

Varroney, Shannon - Account Services, Management - GOLIN, Washinton, DC, pg. 609

Vartan, Brent - Management, NBC, PPOM - BULLISH INC, New York, NY, pg. 45

Vasan, Rema - Account Services, Management, Public Relations - MARINA MAHER COMMUNICATIONS, New York, NY, pg. 625

Vater, Dave - Account Services, Management - CTP, Boston, MA, pg. 347

Vaughan, Kennedy - Management - WRAY WARD, Charlotte, NC, pg. 433

Vax, Ingrid - Management, NBC, PPOM - WHITE64, Tysons, VA, pg. 430

Vazquez, Emmie - Management - CREATIVEONDEMAND, Coconut Grove, FL, pg. 539

Velez-Couto, Maite - Account Services, Management - RBB COMMUNICATIONS, Miami, FL, pg. 641

Venables, Mike - Creative, Management - HEARTS & SCIENCE, New York, NY, pg. 471

Venhaus, Charles - Account Planner, Account Services, Management, Media Department - HEARTS & SCIENCE, New York, NY, pg. 471

Vennari, Janet - Management - EVOKE GIANT, San Francisco, CA, pg. 69

Veres, Effie - Management - FTI CONSULTING, New York, NY, pg. 606

Vergano, Luca - Account Planner, Account Services, Management, Operations - ELEPHANT, Brooklyn, NY, pg. 181

Vermillion, Rob - Account Services, Management - MOXIE SOZO, Boulder, CO, pg. 192

Vesprini, Bradley - Management - RIGHTPOINT, Oakland, CA, pg. 263

Vespucci, Anthony - Account Planner, Account Services, Management - STELLA RISING, New York, NY, pg. 267

Vianello, Jennifer - Management - PUBLICIS NORTH AMERICA, New York, NY, pg. 399

Viega, Rachel - Account Planner, Account Services, Management - MOVING IMAGE & CONTENT, New York, NY, pg. 251

Vigna, Mark - Account Services, Management - CHEMISTRY COMMUNICATIONS INC., Pittsburgh, PA, pg. 50

Vigorito, Becka - Account Services,

Management, PPOM - VMLY&R, New York, NY, pg. 160

Villamar, Giovanni - Management - ANOMALY, New York, NY, pg. 325

Villanueva, Christine - Account Planner, Account Services, Administrative, Analytics, Management, Media Department, PPOM, Research - WALTON ISAACSON, New York, NY, pg. 547

Villany, Jennifer - Account Services, Creative, Interactive / Digital, Management, Media Department - ISOBAR US, New York, NY, pg. 242

Villarreal, Teresa - Management - NEWLINK COMMUNICATIONS GROUP, Miami, FL, pg. 632

Villing, Jeannine - Account Services, Management, NBC - VILLING & CO., South Bend, IN, pg. 429

Vincent, Jessica - Account Services, Management - CORNETT INTEGRATED MARKETING SOLUTIONS, Lexington, KY, pg. 344

Vistad, Kjell - Management - ONE PR STUDIO, Oakland, CA, pg. 634

Vitale, Kim - Interactive / Digital, Management, Media Department - MEDIA STORM, Los Angeles, CA, pg. 486

Viti, Susan - Interactive / Digital, Management, Media Department, PPOM - INITIATIVE, Chicago, IL, pg. 479

Vitturi-Lochra, Jan - Account Services, Interactive / Digital, Management, Media Department - THE SHIPYARD, Columbus, OH, pg. 270

Vizethann, Marjorie - Account Planner, Account Services, Interactive / Digital, Management, Media Department - 360I, LLC, Atlanta, GA, pg. 207

Voege, Scott - Account Services, Creative, Management - EP+CO., Greenville, SC, pg. 356

Vogel, Erin - Management - SPARK FOUNDRY, Chicago, IL, pg. 510

Vogt, Justin - Account Services, Management, NBC - FUSEIDEAS, LLC, Winchester, MA, pg. 306

Vogt, Kelly - Account Services, Creative, Management, Media Department - CRAMER-KRASSELT, Milwaukee, WI, pg. 54

Vollmer, Kayla M. - Management - SPARK FOUNDRY, New York, NY, pg. 508

Volosin, Kelley - Management - ZENITH MEDIA, New York, NY, pg. 529

von Czoernig, Elissa - Account Services, Management, PPOM - PROOF ADVERTISING, Austin, TX, pg. 398

Von Hassel, Shannon - Account Services, Management, Media Department - INITIATIVE, New York, NY, pg. 477

Von Sadovszky, Mia - Management, Media Department - RPA, Santa Monica, CA, pg. 134

Vondran, Kathleen - Management - TAG COMMUNICATIONS, INC., Davenport, IA, pg. 416

Vosloo, Paul - Account Services, Management - FLEISHMANHILLARD, New York, NY, pg. 605

Vranicar, Andrew - Management - PHENOMENON, Los Angeles, CA, pg. 439

Vredenburgh, Cynthia - Account Services, Management - WUNDERMAN HEALTH, New York, NY, pg. 164

Vu, Jonathan - Interactive / Digital, Management, Media Department, Research - INITIATIVE, New York, NY, pg. 477

Wachs, Lindsay - Management - PUBLICIS.SAPIENT, Atlanta, GA, pg. 259

Wade, Shali - Management, Media Department, NBC - VMLY&R, Kansas City, MO, pg. 274

Wadia, Daniel - Management, NBC, PPOM - MRS & MR, New York, NY, pg. 192

Wadler, Ame - Management - ZENO GROUP, New York, NY, pg. 664

Waetzman, Melissa - Management - RTI RESEARCH, Norwalk, CT, pg. 449

Wagner, Joe - Account Services, Management, Public Relations - FENTON COMMUNICATIONS, Washington, DC, pg. 603

Wagner, Samantha - Account Services, Management - WIEDEN + KENNEDY, New York, NY, pg. 432

Wagner, Tiffany - Management - CIVIC ENTERTAINMENT GROUP, New York, NY, pg. 566

Wagner, Amanda - Management - CURIOSITY ADVERTISING, Cincinnati, OH, pg. 223

Waknitz, Tom - Management - ALL COVERED, Roseville, MN, pg. 212

Walden, Becky - Account Planner, Account Services, Management, Media Department - STARCOM WORLDWIDE, Chicago, IL, pg. 513

Walderich, Jeff - Management, NBC, PPOM - IDEASTUDIO, Tulsa, OK, pg. 10

Waldheim, Alyssa - Management - BLUE STATE DIGITAL, Washington, DC, pg. 335

Waldner, Bill - Creative, Management, PPOM - DAILEY & ASSOCIATES, West Hollywood, CA, pg. 56

Waldow, Sofia - Account Planner, Account Services, Management, NBC - CARAT, New York, NY, pg. 459

Walker, Steven - Management, PPOM - FLEISHMANHILLARD, Kansas City, MO, pg. 604

Walker, Rosie - Management, NBC - PRIMACY, Farmington, CT, pg. 258

Walker, Jennifer - Account Services, Management - BRAVE PUBLIC RELATIONS, Atlanta, GA, pg. 586

Walker, Jessica - Management, NBC - THE RICHARDS GROUP, INC., Dallas, TX, pg. 422

Walker, Jill - Account Services, Management - WUNDERMAN HEALTH, New York, NY, pg. 164

Walker, Kandy - Management, Media Department - COSSETTE MEDIA,

1565

RESPONSIBILITIES INDEX — AGENCIES

Toronto, ON, pg. 345
Walker, Wayne - Management, PPOM - BRANDING PLUS MARKETING GROUP, Dallas, TX, pg. 456
Walker, Carolyn - Management, PPOM - RESPONSE MARKETING, New Haven, CT, pg. 133
Walker, Nicole - Account Services, Management - AMPERSAND AGENCY, Austin, TX, pg. 31
Walker, Kerry - Management - THE OUTCAST AGENCY, San Francisco, CA, pg. 654
Walker, Jee Nah - Management - KAPLOW COMMUNICATIONS, New York, NY, pg. 618
Walker, Brian - Management - GROW INTERACTIVE, Norfolk, VA, pg. 237
Wallace, Bronwyn - Management - HILL+KNOWLTON STRATEGIES, Houston, TX, pg. 613
Wallace, Mark - Finance, Management, Operations - GTB, Dearborn, MI, pg. 367
Wallace, Circe - Management - WASSERMAN MEDIA GROUP, Los Angeles, CA, pg. 317
Wallach, Eric - Creative, Management, Media Department - SPARK FOUNDRY, New York, NY, pg. 508
Wallen, Michael - Management, PPOM - OMELET, Culver City, CA, pg. 122
Wallrapp, Chris - Account Services, Management, NBC, PPOM - HILL HOLLIDAY, Boston, MA, pg. 85
Walsh, Monica - Management - ZENO GROUP, Redwood Shores, CA, pg. 665
Walsh, Gretchen - Account Services, Management - MCKINNEY, Durham, NC, pg. 111
Walsh, Tina - Management, Media Department - TONGAL, Santa Monica, CA, pg. 20
Walsh, Kim - Management, Media Department - BBDO MINNEAPOLIS, Minneapolis, MN, pg. 330
Walsh, Dianna - Management - RASKY BAERLEIN STRATEGIC COMMUNICATIONS, INC., Boston, MA, pg. 641
Walsh, Tom - Management - ZETA INTERACTIVE, New York, NY, pg. 277
Walter, Andrew - Management, Operations - AKQA, San Francisco, CA, pg. 211
Walter, Jeff - Account Planner, Account Services, Management - RHEA & KAISER MARKETING, Naperville, IL, pg. 406
Walter, Peggy - Account Services, Management - LEO BURNETT WORLDWIDE, Chicago, IL, pg. 98
Walters, Lauren - Management - FLEISHMANHILLARD, Dallas, TX, pg. 605
Walters, Ashley - Management, PPOM - CURIOSITY ADVERTISING, Cincinnati, OH, pg. 223
Walton, Aaron - Management, PPOM - WALTON ISAACSON CA, Culver City, CA, pg. 547
Walton, Colby - Account Services, Management, Media Department - COOKSEY COMMUNICATIONS, Irving, TX, pg. 593

Walton, Jennifer - Management, Media Department, Operations - STARCOM WORLDWIDE, Detroit, MI, pg. 517
Waltz, Dawn - Management - ICF NEXT, Minneapolis, MN, pg. 372
Waltz, Lindsey - Management - THE BRANDON AGENCY, Myrtle Beach, SC, pg. 419
Ward, Kif - Account Services, Management, Media Department - STARCOM WORLDWIDE, Chicago, IL, pg. 513
Ward, Michael - Management, PPOM, Public Relations - M+R, New York, NY, pg. 12
Ward, Abigail - Interactive / Digital, Management - WUNDERMAN THOMPSON, Chicago, IL, pg. 434
Ware, La Tanya - Account Planner, Account Services, Management - 72ANDSUNNY, Playa Vista, CA, pg. 23
Waring, Lawson - Account Services, Management - EDELMAN, New York, NY, pg. 599
Warner, Debbie - Management - WPP KANTAR MEDIA, New York, NY, pg. 163
Warner, Harry - Management - FRY COMMUNICATIONS, INC, Mechanicsburg, PA, pg. 361
Warner, Emily - Management - MURPHY O'BRIEN, INC., Los Angeles, CA, pg. 630
Warner, Megan - Management - TURNER PUBLIC RELATIONS, New York, NY, pg. 657
Warwick, Stacey - Management - INTERSPORT, Chicago, IL, pg. 308
Warwinsky, Rich - Management - PINEROCK, New York, NY, pg. 636
Washington, Lourdes - Account Services, Management - ACENTO ADVERTISING, INC., Santa Monica, CA, pg. 25
Watkins, Anita - Management, Research - KANTAR, Atlanta, GA, pg. 446
Watkins, Ina - Account Planner, Interactive / Digital, Management, Media Department - MEDIAHUB LOS ANGELES, El Segundo, CA, pg. 112
Watson, Drew - Account Planner, Account Services, Management, Media Department, NBC - MEDIAHUB BOSTON, Boston, MA, pg. 489
Watson, Daniel - Management - GLOVER PARK GROUP, Washington, DC, pg. 608
Wattie, Lauren - Management - VAULT COMMUNICATIONS, INC., Plymouth Meeting, PA, pg. 658
Watts, Jade - Management - MEDIAHUB BOSTON, Boston, MA, pg. 489
Watts, Kate - Management, NBC, Operations, PPOM - ATLANTIC 57, Washington, DC, pg. 2
Waugh, Rema - Account Services, Interactive / Digital, Management, Media Department, PPOM - UNIVERSAL MCCANN DETROIT, Birmingham, MI, pg. 524
Waxler, Debbie - Management, Media Department, PPM - MEDIA ASSEMBLY,

New York, NY, pg. 484
Weaver, Mike - Account Services, Management - BRIGHTWAVE MARKETING, INC., Atlanta, GA, pg. 219
Webb, Kip - Account Services, Management, PPOM - WEBB/MASON, Hunt Valley, MD, pg. 294
Webb, Mary - Creative, Management - HAVAS EDGE, Carlsbad, CA, pg. 285
Webb, Mary - Creative, Management - HAVAS EDGE, Carlsbad, CA, pg. 285
Weber, Annie - Management, Operations, Public Relations, Research - GFK, Chicago, IL, pg. 444
Weber, Mike - Management - FRY COMMUNICATIONS, INC, Mechanicsburg, PA, pg. 361
Weberman, Holly - Management - J.R. THOMPSON COMPANY, Farmington Hills, MI, pg. 91
Webster, Frances - Management, PPOM - WALRUS, New York, NY, pg. 161
Wee, Yao - Management - DIGITAL AUTHORITY PARTNERS, Chicago, IL, pg. 225
Weeks, Diane - Management, NBC, PPOM - HEARTS & SCIENCE, New York, NY, pg. 471
Wehrle, Drew - Management - MSLGROUP, New York, NY, pg. 629
Weil, Karen - Management - IWCO DIRECT, Chanhassen, MN, pg. 286
Weil, Courtney - Account Services, Management - SUBLIME COMMUNICATIONS, Stamford, CT, pg. 415
Weiler, Adam - Management, Research - SPARK FOUNDRY, Chicago, IL, pg. 510
Weinberg, Erin - Management, NBC, PPOM - 360PRPLUS, New York, NY, pg. 573
Weinberg, Mallory - Account Services, Management - FINSBURY, New York, NY, pg. 604
Weiner, Ami - Account Services, Management - BBDO ATL, Atlanta, GA, pg. 330
Weinrebe, Jim - Account Services, Management - MSLGROUP, Boston, MA, pg. 629
Weinsoff, Tina - Account Services, Management, Media Department - TEAM ONE, Los Angeles, CA, pg. 417
Weinstein, Stephen - Account Services, Management - HOTHOUSE, Atlanta, GA, pg. 371
Weinstein, Rich - Account Services, Management - ARTS & LETTERS, Richmond, VA, pg. 34
Weiser, Rebecca - Management - MOXIE COMMUNICATIONS GROUP, New York, NY, pg. 628
Weishaupl, Alex - Interactive / Digital, Management, Media Department - PUBLICIS.SAPIENT, New York, NY, pg. 258
Weismann, Ted - Management - FAMA PR, INC., Boston, MA, pg. 602
Weiss, Kathy - Account Services, Management, NBC - BLASS COMMUNICATIONS, Old Chatham, NY, pg. 584

AGENCIES — RESPONSIBILITIES INDEX

Weiss, Matt - Management, NBC, PPOM - HUGE, INC., Brooklyn, NY, pg. 239
Weiss, Jon - Management - ADAMS OUTDOOR ADVERTISING, Florence, SC, pg. 549
Weiss, Jennifer - Management, Media Department - MEDIAHUB BOSTON, Boston, MA, pg. 489
Weiss, Ashley - Management, Operations - RAPPORT OUTDOOR WORLDWIDE, New York, NY, pg. 556
Weissglass, Josh - Management - THE VAULT, New York, NY, pg. 154
Weissman, Candice - Account Services, Management - INK & ROSES, New York, NY, pg. 615
Welch, Michael - Account Services, Management, Media Department, Operations - SCOPPECHIO, Louisville, KY, pg. 409
Welch, Renee - Account Planner, Management - DAVID&GOLIATH, El Segundo, CA, pg. 57
Welch, Bob - Account Services, Management, Media Department - 84.51, Cincinnati, OH, pg. 441
Welch, Derek - Management, Media Department - ALLEN & GERRITSEN, Boston, MA, pg. 29
Weld-Brown, Christian - Management - MBB AGENCY, Leawood, KS, pg. 107
Welker, Allison - Management - EDGE MARKETING, Stamford, CT, pg. 681
Wellins, Alex - Management, PPOM - THE BLUESHIRT GROUP, San Francisco, CA, pg. 652
Wells, Michael - Management, NBC - OUTFRONT MEDIA, Chicago, IL, pg. 554
Wells, John - Account Services, Management, Media Department, NBC - RAPP WORLDWIDE, Los Angeles, CA, pg. 291
Wells, Ashley - Account Services, Management, NBC - PEREIRA & O'DELL, San Francisco, CA, pg. 256
Wells, Scott - Analytics, Management, Research - WAVEMAKER, New York, NY, pg. 526
Wells, Rachel - Management - THE REPUBLIK, Durham, NC, pg. 152
Welsh, Erin - Account Services, Management - ENERGY BBDO, INC., Chicago, IL, pg. 355
Welty, Patrick - Management, Media Department, Operations - AMOBEE, INC., Redwood City, CA, pg. 213
Wengrover, Carly - Management - HAVAS MEDIA GROUP, New York, NY, pg. 468
Wensman, Scott - Interactive / Digital, Management, Media Department - MINDSHARE, Atlanta, GA, pg. 493
Werbylo, Jeffrey - Account Services, Management - MCCANN HEALTH NEW YORK, New York, NY, pg. 108
Wertz, Kevin - Management, Media Department, PPOM - CAMPBELL EWALD, Detroit, MI, pg. 46
Weseloh, Liam - Management, NBC - SPECTRA, Philadelphia, PA, pg. 315
Wesolowski, Kay - Interactive / Digital, Management, Media Department - KELLY, SCOTT & MADISON, INC., Chicago, IL, pg. 482
West, Erica - Management, NBC - ANDREA OBSTON MARKETING COMMUNICATIONS, Bloomfield, CT, pg. 31
West, Jocelyn - Account Services, Management - AKQA, San Francisco, CA, pg. 211
Westall, Chris - Account Planner, Account Services, Management, Media Department - BOUNTEOUS, Chicago, IL, pg. 218
Weston, Kristie - Account Services, Management, NBC - VENABLES BELL & PARTNERS, San Francisco, CA, pg. 158
Weston, Don - Management - DERSE, INC., Milwaukee, WI, pg. 304
Wetmore, Jim - Management - WEBER SHANDWICK, Los Angeles, CA, pg. 662
Wey, Jessica - Creative, Management - FCB HEALTH, New York, NY, pg. 72
Whalen, Rich - Management - DELOITTE DIGITAL, New York, NY, pg. 225
Whaley, Erik - Account Services, Management, Operations, PPOM - LOCATION3 MEDIA, Denver, CO, pg. 246
Whaley, Mike - Management, NBC - VMLY&R, Kansas City, MO, pg. 274
Wheeler, Allisyn - Management, Operations - BARKLEY, Kansas City, MO, pg. 329
Wheeler, Dj - Management - RATIONAL INTERACTION, Seattle, WA, pg. 262
Whetsel, Rick - Management - G7 ENTERTAINMENT MARKETING, Nashville, TN, pg. 306
Whitcomb, Sarah - Interactive / Digital, Management - SCHERMER, Minneapolis, MN, pg. 16
White, Jim - Management, PPOM - CARROLL WHITE ADVERTISING, Atlanta, GA, pg. 340
White, Henry - Management, Operations, PPOM - SHARPLEFT, INC., New York, NY, pg. 299
White, Autumn - Interactive / Digital, Management, Media Department, Research - HORIZON MEDIA, INC., Los Angeles, CA, pg. 473
White, Michael - Account Services, Management - VMLY&R, San Francisco, CA, pg. 160
White, Nulty - Account Services, Management - ELMWOOD, New York, NY, pg. 181
White, Ben - Management, NBC - FUSEPROJECT, INC., San Francisco, CA, pg. 184
White, Amy - Management - FIG, New York, NY, pg. 73
White-Charles, Aimee - Management - EDELMAN, New York, NY, pg. 599
Whited, Christine - Account Services, Management, Media Department, PPOM - PHD USA, New York, NY, pg. 505
Whitford, Jade - Management - TEAM ONE, Los Angeles, CA, pg. 417
Whitt, Jeremy - Interactive / Digital, Management, Media Department - BVK, Milwaukee, WI, pg. 339
Whitticom, Jon - Management, PPOM - FREEWHEEL, New York, NY, pg. 465
Whittlesey, Judy - Management - SUSAN DAVIS INTERNATIONAL, Washington, DC, pg. 651
Whitwell, Fletcher - Management - R&R PARTNERS, Las Vegas, NV, pg. 131
Wiedemann, Monica - Account Services, Management, Media Department - PHD USA, New York, NY, pg. 505
Wiener, Ashley - Management - OMD, Chicago, IL, pg. 500
Wieringo, Suzanne - Account Services, Management, NBC - THE MARTIN AGENCY, Richmond, VA, pg. 421
Wigginton, Josh - Management - INTEROP TECHNOLOGIES, Fort Myers, FL, pg. 534
Wigler, Lori - Account Services, Management, NBC - HORIZON MEDIA, INC., New York, NY, pg. 474
Wildrick, Meg - Management, Operations, PPOM - BLISS INTEGRATED COMMUNICATIONS, New York, NY, pg. 584
Wilen, Corey - Management - WILEN MEDIA CORPORATION, Melville, NY, pg. 432
Wiley, Katie - Management - BLUE STATE DIGITAL, Washington, DC, pg. 335
Wiley-Rapoport, Caryn - Account Planner, Account Services, Analytics, Management, Research - HORIZON MEDIA, INC., Los Angeles, CA, pg. 473
Wiliamson, Kelly - Management - APCO WORLDWIDE, Raleigh, NC, pg. 578
Wilie, Kim - Management - WITHERSPOON MARKETING COMMUNICATIONS, Fort Worth, TX, pg. 663
Wilkerson, Todd - Management, PPOM - BREWCO MARKETING, Central City, KY, pg. 303
Wilkinson, Daniel - Management - JELLYFISH U.S., Baltimore, MD, pg. 243
Wilkinson, Doug - Management - BUCK, Los Angeles, CA, pg. 176
Williams, Jennifer - Management, PPOM - ADSERTS, Brookfield, WI, pg. 27
Williams, Vernon - Account Services, Human Resources, Management - BERNSTEIN-REIN ADVERTISING, INC., Kansas City, MO, pg. 39
Williams, Jennifer - Account Services, Management, PPOM - THE WATSONS, New York, NY, pg. 154
Williams, Kelly - Management - THE WILLIAM MILLS AGENCY, Atlanta, GA, pg. 655
Williams, Charlie - Management - STOREBOARD MEDIA LLC, New York, NY,

RESPONSIBILITIES INDEX — AGENCIES

pg. 557
Williams, Joan - Account Services, Management - KALLMAN WORLDWIDE, Waldwick, NJ, pg. 309
Williams, Stephanie - Account Services, Interactive / Digital, Management, Media Department, NBC - THE RICHARDS GROUP, INC., Dallas, TX, pg. 422
Williams, Richard - Management, PPOM - WITZ COMMUNICATIONS, INC., Raleigh, NC, pg. 663
Williams, Yvonne - Interactive / Digital, Management, Media Department - PALISADES MEDIA GROUP, INC., Santa Monica, CA, pg. 124
Williams, Tiffany - Account Services, Management - CRAMER-KRASSELT, Chicago, IL, pg. 53
Williams, Jonathan - Account Services, Management - PUSH DIGITAL, Columbia, SC, pg. 640
Williams, Kevin - Management, Promotions - NEXT MARKETING, Norcross, GA, pg. 312
Williams, Brad - Analytics, Management, Research - ZENITH MEDIA, New York, NY, pg. 529
Williams, Lynnette - Management - EDELMAN, Washington, DC, pg. 600
Williams, Judd - Management - YESCO OUTDOOR MEDIA, Las Vegas, NV, pg. 559
Williams, Christy - Interactive / Digital, Management, NBC - NEBO AGENCY, LLC, Atlanta, GA, pg. 253
Williams, Tom - Management, Media Department - UNIVERSAL MCCANN, Los Angeles, CA, pg. 524
Williams, Ansley - Account Services, Management, Media Department, Social Media - OGILVY, New York, NY, pg. 393
Williams, Scott - Management - INQUEST MARKETING, Kansas City, MO, pg. 445
Williamson, Sean - Account Services, Management - CARAT, New York, NY, pg. 459
Williamson, Christine - Management, Public Relations - GREENOUGH COMMUNICATIONS, Watertown, MA, pg. 610
Williamson, Andrea - Management - EDELMAN, Chicago, IL, pg. 353
Willis, Holly - Account Services, Management - THE ESCAPE POD, Chicago, IL, pg. 150
Willis, Ryan - Management - ACKERMANN PUBLIC RELATIONS, Knoxville, TN, pg. 574
Willome, Patrick - Analytics, Management, Media Department, Research - BUTLER / TILL, Rochester, NY, pg. 457
Wills, David - Account Services, Management - MEDIA PROFILE, Toronto, ON, pg. 627
Wills, Benson - Management - MAXIMUM DESIGN & ADVERTISING, INC, Wilmington, NC, pg. 107
Willumson, Rebecca - Management, NBC - QUESTEX, Washington, DC,

pg. 449
Wilson, Chris - Account Services, Management - WUNDERMAN THOMPSON ATLANTA, Atlanta, GA, pg. 435
Wilson, Ken - Management - LEWIS COMMUNICATIONS, Nashville, TN, pg. 100
Wilson, Christine - Management, Media Department - OMD CANADA, Toronto, ON, pg. 501
Wilson, Ellen - Account Services, Management, PPOM - BURNESS COMMUNICATIONS, Bethedsa, MD, pg. 587
Wilson, Jennifer - Account Services, Creative, Management - VMLY&R, Austin, TX, pg. 429
Wilson, Tierney - Management - JANUARY DIGITAL, New York, NY, pg. 243
Wilson, Banks - Creative, Management, PPOM - UNION, Charlotte, NC, pg. 273
Wilson, Jacqueline - Management - STRATACOMM, INC., Washington, DC, pg. 650
Wilson, Marcia - Management - STRATACOMM, INC., Washington, DC, pg. 650
Wilson, Joy - Management - RISE INTERACTIVE, Chicago, IL, pg. 264
Wilson-Sawyer, Emily - Account Services, Management - ALLISON+PARTNERS, Los Angeles, CA, pg. 576
Winberg, Anna - Management, PPM - MARTIN WILLIAMS ADVERTISING, Minneapolis, MN, pg. 106
Winck, Emily - Management - NEBO AGENCY, LLC, Atlanta, GA, pg. 253
Winer, Rachel - Account Services, Management, NBC, PPOM - EDELMAN, Chicago, IL, pg. 353
Wines, Caleb - Account Services, Management, Media Department - CANVAS WORLDWIDE, Playa Vista, CA, pg. 458
Wingfield, Rebecca - Account Services, Analytics, Interactive / Digital, Management, Media Department, Social Media - BRIGHTWAVE MARKETING, INC., Atlanta, GA, pg. 219
Winick, Leila - Management, Media Department, PPOM - USIM, Los Angeles, CA, pg. 525
Winick, T. J. - Management - SOLOMON MCCOWN & CO., INC., Boston, MA, pg. 648
Winkelman, Suzanne - Management - HAVAS TONIC, New York, NY, pg. 285
Winkler, Lindsey - Management - KRUPP KOMMUNICATIONS, New York, NY, pg. 686
Winn, Jay - Account Services, Management, Media Department - OGILVY, New York, NY, pg. 393
Winnie, Karla - Management, NBC - THE WINNIE GROUP, Springfield, MO, pg. 425
Winnikoff, Alan - Management, PPOM - SAYLES & WINNIKOFF COMMUNICATIONS, New York, NY, pg. 646

Winston, Kate - Analytics, Management, NBC - ENVISIONIT MEDIA, INC., Chicago, IL, pg. 231
Wint, Andrew - Management - EVOKE GIANT, San Francisco, CA, pg. 69
Winter, Bob - Creative, Management, PPOM - LEO BURNETT DETROIT, Troy, MI, pg. 97
Winter, Cody - Management - VMLY&R, Seattle, WA, pg. 275
Winterton, Caroline - Management, PPOM - DIGITAS, New York, NY, pg. 226
Wirht, Blake - Account Services, Management - HUGE, INC., Brooklyn, NY, pg. 239
Wise, Christine - Account Planner, Management, PPOM, Research - DNA SEATTLE, Seattle, WA, pg. 180
Wisner, Amy - Management, Media Department - MEDIA WORKS, LTD., Baltimore, MD, pg. 486
Wisniewski, Jillian - Account Services, Management - MCGARRYBOWEN, New York, NY, pg. 109
Witover, Nicole - Account Services, Management, Media Department - MCCANN NEW YORK, New York, NY, pg. 108
Witt, Paul - Management - MAD MEN MARKETING, Jacksonville, FL, pg. 102
Wiza, Jennifer - Management, Media Department - RPM ADVERTISING, Chicago, IL, pg. 408
Woehrmann, Matt - Account Services, Management, PPOM - FITZCO, Atlanta, GA, pg. 73
Woelfel, Scott - Management, NBC - IFTHEN DIGITAL, Atlanta, GA, pg. 241
Wolch, Wesley - Account Planner, Interactive / Digital, Management, Media Department, PPOM - COSSETTE MEDIA, Toronto, ON, pg. 345
Wolf, Julie - Management, NBC - GUMGUM, New York, NY, pg. 467
Wolfe, Lauren - Management - AKQA, Washington, DC, pg. 212
Wolfe, Nora - Management, Media Department - UNIVERSAL MCCANN, New York, NY, pg. 521
Wolff, Ariane - Management - WARNER COMMUNICATIONS, Boston, MA, pg. 659
Wolleon, Lisa - Management - COYNE PUBLIC RELATIONS, Parsippany, NJ, pg. 593
Wong, Michelle - Account Services, Management, PPOM - DAILEY & ASSOCIATES, West Hollywood, CA, pg. 56
Wong, Steven - Account Services, Management - READY STATE, San Francisco, CA, pg. 132
Wong, Louisa - Management, Media Department - CARAT, New York, NY, pg. 459
Wong, William - Management - HAMAZAKI WONG MARKETING GROUP, Vancouver, BC, pg. 81
Wood, Trevor - Management - THE WOOD AGENCY, San Antonio, TX, pg. 154
Wood, Dave - Account Services,

AGENCIES

RESPONSIBILITIES INDEX

Management - OUTFRONT MEDIA, Phoenix, AZ, pg. 554
Wood, Jim - Creative, Management, PPOM - ANALOGFOLK, New York, NY, pg. 439
Wood, Rich - Interactive / Digital, Management, NBC - RIGHTPOINT, Oakland, CA, pg. 263
Wood, Melanie - Management, PPM - CHARACTER, San Francisco, CA, pg. 5
Woodbury, John - Management, Media Department - REPRISE DIGITAL, New York, NY, pg. 676
Woodcock, Jim - Account Services, Management, NBC - FLEISHMANHILLARD, Saint Louis, MO, pg. 604
Woodley, Adam - Management - 1000HEADS, New York, NY, pg. 691
Woodman, Nathan - Interactive / Digital, Management, Media Department, PPOM - HAVAS MEDIA GROUP, Boston, MA, pg. 470
Woodruff, Carolyn - Management - LAKE GROUP MEDIA, INC., Armonk, NY, pg. 287
Woods, Randy - Account Services, Management, NBC, Operations - VALTECH, Ottawa, ON, pg. 273
Woodson, Laura - Account Services, Management, Media Department - UNIVERSAL MCCANN, New York, NY, pg. 521
Woodward, Kelly - Management, Operations, PPOM - HUNTSINGER & JEFFER, INC., Richmond, VA, pg. 285
Woodward, Merritt - Management - WALT & COMPANY COMMUNICATIONS, Campbell, CA, pg. 659
Wool, Matthew - Management, PPOM - ACCELERATION PARTNERS, Needham, MA, pg. 25
Wootten, Nicholas - Creative, Management, NBC - BILLUPS, INC, Los Angeles, CA, pg. 550
Worcester Lanzi, Amy - Interactive / Digital, Management - CONNECT AT PUBLICIS MEDIA, Chicago, IL, pg. 462
Worley, Amy - Interactive / Digital, Management, Media Department, PPOM - VMLY&R, Kansas City, MO, pg. 274
Worley, Scott - Management - BELMONT ICEHOUSE, Dallas, TX, pg. 333
Woxland, Kristin - Account Services, Management - 10 THOUSAND DESIGN, Minneapolis, MN, pg. 171
Wraspir, Stephen - Management, Media Department - SILVERLIGHT DIGITAL, New York, NY, pg. 265
Wright, Wes - Interactive / Digital, Management, Media Department - PUBLICIS HAWKEYE, Dallas, TX, pg. 399
Wright, Austin - Account Planner, Account Services, Management - ANSIRA, Addison, TX, pg. 326
Wright, Beverly - Account Services, Management - ABELSON-TAYLOR, Chicago, IL, pg. 25
Wright, Nancy - Management - BLUE ADVERTISING, Washington, DC, pg. 40
Wright, Sherman - Management, Operations, PPOM - TEN35, Chicago, IL, pg. 147
Wright, Grant - Management, PPOM - WRIGHT ON COMMUNICATIONS, La Jolla, CA, pg. 663
Wright, Travis - Management, NBC - CCP DIGITAL, Kansas City, MO, pg. 49
Wroe, Justin - Management - UNIVERSAL MCCANN, New York, NY, pg. 521
Wujastyk, Donna - Management - HOWELL LIBERATORE & WICKHAM, INC., Elmira, NY, pg. 371
Wulf, Kelsey - Account Services, Management, Media Department - UNIVERSAL MCCANN DETROIT, Birmingham, MI, pg. 524
Wyllie, Michael - Management, Media Department - BLUE 449, New York, NY, pg. 455
Wynschenk, Andrew - Management, Operations, Programmatic - EYEVIEW DIGITAL, INC., New York, NY, pg. 233
Wytock, Leesa - Interactive / Digital, Management - SIEGEL & GALE, New York, NY, pg. 17
Xie, Angel - Account Services, Management, Public Relations - R/GA, Portland, OR, pg. 261
Yaciuk, Gail - Administrative, Management - OMNI ADVERTISING, Boca Raton, FL, pg. 394
Yada, Darren - Management - RETHINK COMMUNICATIONS, INC., Vancouver, BC, pg. 133
Yagecic, Peter - Management - SITUATION INTERACTIVE, New York, NY, pg. 265
Yallouz, Natalie - Management - MPRM PUBLIC RELATIONS, Los Angeles, CA, pg. 629
Yamamoto, Deanne - Account Services, Management, PPOM - GOLIN, Los Angeles, CA, pg. 609
Yancey, Warren - Management - STARCOM WORLDWIDE, Chicago, IL, pg. 513
Yanez, Anne Marie - Management, NBC - ZENITH MEDIA, Santa Monica, CA, pg. 531
Yang, Christopher - Management - CUNDARI INTEGRATED ADVERTISING, Toronto, ON, pg. 347
Yannello, Sue - Management, Public Relations - 919 MARKETING, Holly Springs, NC, pg. 574
Yaralian, Eileen - Account Services, Management - DDB HEALTH, New York, NY, pg. 59
Yeager, Mark - Management, Media Department - HORIZON MEDIA, INC., New York, NY, pg. 474
Yee, Robert - Management - ZENITH MEDIA, New York, NY, pg. 529
Yeend, David - Account Planner, Interactive / Digital, Management, Media Department, Research - THREE FIVE TWO, INC., Atlanta, GA, pg. 271
Yeh, Terry - Management - FRY COMMUNICATIONS, INC. Mechanicsburg, PA, pg. 361
Yelverton, Marinda - Management, Public Relations, Social Media - 360I, LLC, Atlanta, GA, pg. 207
Yeomans, Joel - Management - STARCOM WORLDWIDE, Chicago, IL, pg. 513
Yerman, Todd - Management, NBC - CAMPBELL EWALD, Detroit, MI, pg. 46
Yoburn, Josh - Management, Media Department - EVOKE GIANT, San Francisco, CA, pg. 69
Yonchev, Oliver - Management - SOCIAL CHAIN, New York, NY, pg. 143
Yorker, Janelle - Management - CAMBRIDGE BIOMARKETING, Cambridge, MA, pg. 46
Yormark, Michael - Account Services, Management, NBC, PPOM - ROC NATION, New York, NY, pg. 298
Yoshimoto, Katelyn - Management - JASCULCA / TERMAN & ASSOCIATES, Chicago, IL, pg. 616
Yoss, Marissa - Account Services, Interactive / Digital, Management, Media Department - UNIVERSAL MCCANN, New York, NY, pg. 521
Young, Gregory - Management, Media Department - WEBER SHANDWICK, Baltimore, MD, pg. 661
Young, Laurie - Management, PPOM - OGILVY, Toronto, ON, pg. 394
Young, Tom - Management, PPOM - WUNDERMAN DATA PRODUCTS, Houston, TX, pg. 451
Young, Paul - Management - YESCO OUTDOOR MEDIA, Salt Lake City, UT, pg. 559
Young, Ryan - Account Services, Management - SPARK FOUNDRY, Seattle, WA, pg. 512
Young, Joe - Account Services, Management, NBC - ALLEN & GERRITSEN, Philadelphia, PA, pg. 30
Young, Joshua - Management, Operations - YESCO OUTDOOR MEDIA, Salt Lake City, UT, pg. 559
Young, Michelle - Management, NBC - DELOITTE DIGITAL, New York, NY, pg. 225
Young, Scott - Management - WMX, Miami, FL, pg. 276
Youngberg, Ken - Management - LPI GROUP, Calgary, AB, pg. 12
Younglincoln, Tracy - Management - MOXIE, Atlanta, GA, pg. 251
Youngren, John - Account Services, Management - LOVE COMMUNICATIONS, Salt Lake City, UT, pg. 101
Yozzo, John - Management - FTI CONSULTING, New York, NY, pg. 606
Yu, Christina - Creative, Management - RETHINK COMMUNICATIONS, INC., Toronto, ON, pg. 133
Yu, Yun - Management - LIPPE TAYLOR, New York, NY, pg. 623
Yu-Kinsey, Dianne - Management, Media Department, PPM - COSSETTE MEDIA, Toronto, ON, pg. 345
Yuen, Linda - Management - LEO BURNETT WORLDWIDE, Chicago, IL, pg. 98
Yuile, Catherine - Analytics, Management - EDELMAN, Toronto, ON,

RESPONSIBILITIES INDEX — AGENCIES

pg. 601
Yung, Troy - Management, PPOM - 6DEGREES, Toronto, ON, *pg.* 321
Yuskoff, Claudia - Account Planner, Account Services, Interactive / Digital, Management, Media Department, NBC, Social Media - CONILL ADVERTISING, INC., El Segundo, CA, *pg.* 538
Yuson, Jon - Account Services, Management, Media Department - CROSSMEDIA, New York, NY, *pg.* 463
Zabriskie, Michele - Management - ZABRISKIE & ASSOCIATES, Salt Lake City, UT, *pg.* 664
Zacchei, Dan - Management - SLOANE & COMPANY, New York, NY, *pg.* 647
Zach, Tracy - Management - MODERN CLIMATE, Minneapolis, MN, *pg.* 388
Zack, Barbara - Analytics, Management - CARAT, New York, NY, *pg.* 459
Zadeh, Roxana - Account Services, Management - JANUARY DIGITAL, New York, NY, *pg.* 243
Zadeh, Abdi - Management - SENSIS AGENCY, Los Angeles, CA, *pg.* 545
Zaminasli, Taji - Management, PPOM - MEDIA MATTERS SF, San Francisco, CA, *pg.* 485
Zammit, Serena - Management - IRIS ATLANTA, Atlanta, GA, *pg.* 90
Zapata, Andres - Account Planner, Management, NBC, PPOM - IDFIVE, Baltimore, MD, *pg.* 373
Zartman, Wayne - Account Services, Management, Media Department - AD CETERA, INC., Addison, TX, *pg.* 26
Zea, Cesar - Management, Media Department - KANTAR MILLWARD BROWN, Toronto, ON, *pg.* 446
Zeff, Alyssa - Management - DAVIS & COMPANY, Glen Rock, NJ, *pg.* 595
Zehmer, Megan - Management - 42WEST, Los Angeles, CA, *pg.* 573
Zeiher, Tanya - Management - EVOK ADVERTISING, Heathrow, FL, *pg.* 69
Zeldes, Rich - Management, NBC - STELLA RISING, Westport, CT, *pg.* 518
Zelenka, Karen - Interactive / Digital, Management, Media Department - BLUE 449, New York, NY, *pg.* 455
Zell-Groner, Evyn - Account Services, Creative, Management - BBDO SAN FRANCISCO, San Francisco, CA, *pg.* 330
Zeltser, Irina - Management, NBC - TALON OUTDOOR, New York, NY, *pg.* 558
Zeman, Paul - Analytics, Management, NBC - PHOENIX MARKETING INTERNATIONAL, Rhinebeck, NY, *pg.* 449
Zeman, Maggie - Management - DOUBLE-FORTE, San Francisco, CA, *pg.* 230
Zhang, Felicia - Account Planner, Account Services, Interactive / Digital, Management, Media Department - R/GA, New York, NY, *pg.* 260
Zheng, Krystal - Account Services, Interactive / Digital, Management, Media Department, PPOM - WAVEMAKER, New York, NY, *pg.* 526
Zia, Ryan - Interactive / Digital, Management, Media Department - 360I, LLC, New York, NY, *pg.* 320
Zia Butt, Sidra - Management, Social Media - DOREMUS & COMPANY, San Francisco, CA, *pg.* 64
Zibell, Robert - Management - GIGASAVVY, Irvine, CA, *pg.* 237
Ziegler, Andy - Management, Research - WUNDERMAN DATA PRODUCTS, Houston, TX, *pg.* 451
Zieman, Bret - Management - GSD&M, Austin, TX, *pg.* 79
Ziesemer, Eilleen - Management - MSLGROUP, Chicago, IL, *pg.* 629
Zilka, Jeff - Management - EDELMAN, Chicago, IL, *pg.* 353
Zimmer, Leah - Account Services, Management, Media Department, Social Media - GREY MIDWEST, Cincinnati, OH, *pg.* 366
Zimmerman, Curtis - Management, PPOM - BRIGHT RED\TBWA, Tallahassee, FL, *pg.* 337
Zimpfer, Jennifer - Management - CROWLEY WEBB & ASSOCIATES, Buffalo, NY, *pg.* 55
Zipin, Melissa - Management, Operations, PPOM - FLEISHMANHILLARD, Boston, MA, *pg.* 605
Ziskind, Cory - Management - ICR, New York, NY, *pg.* 615
Zlatoper, Michael - Interactive / Digital, Management, Media Department, Operations, PPOM - MEKANISM, San Francisco, CA, *pg.* 112
Zone, Lisa - Management - DIX & EATON, Cleveland, OH, *pg.* 351
Zorn, Jessica - Management - PUBLICIS.SAPIENT, New York, NY, *pg.* 258
Zucker, Bill - Account Services, Management, Public Relations - KETCHUM, Chicago, IL, *pg.* 619
Zuurbier, Rob - Management - SUPERHEROES NEW YORK, Brooklyn, NY, *pg.* 145
Zverin, Stephanie - Account Services, Interactive / Digital, Management, Media Department - PHD USA, New York, NY, *pg.* 505
Zvonkin, Tanya - Finance, Interactive / Digital, Management, Media Department, PPM - CANVAS WORLDWIDE, New York, NY, *pg.* 458
Zwerdling, Hilary - Management - M+R, Washington, DC, *pg.* 12
Zwicker Baumgarten, Tara - Management - STERN STRATEGY GROUP, Iselin, NJ, *pg.* 650

Media

Aavik, Elana - Media Department - MINDSHARE, Chicago, IL, *pg.* 494
Abanilla, Bradley - Interactive / Digital, Media Department - APOGEE RESULTS, Austin, TX, *pg.* 672
Abasta, Bernadette - Media Department - MEDIA DESIGN GROUP, LLC, Los Angeles, CA, *pg.* 485
Abate, Elizabeth - Media Department - MARCUS THOMAS, Cleveland, OH, *pg.* 104
Abayasekara, Lindsay - Interactive / Digital, Media Department - PAVONE MARKETING GROUP, Harrisburg, PA, *pg.* 396
Abbate, Rachel - Media Department - OMD, New York, NY, *pg.* 498
Abbatiello, Andrea - Interactive / Digital, Media Department - SPARK FOUNDRY, New York, NY, *pg.* 508
Abbott, Jeff - Media Department - CHEMISTRY ATLANTA, Atlanta, GA, *pg.* 50
Abdalla, Christina - Media Department - STARCOM WORLDWIDE, North Hollywood, CA, *pg.* 516
Abell, Angela - Media Department - GREGORY WELTEROTH ADVERTISING, Montoursville, PA, *pg.* 466
Aberi, Ashley - Interactive / Digital, Media Department, Programmatic - MINDSHARE, New York, NY, *pg.* 491
Abinader, Betty - Media Department - SPRINKLR, New York, NY, *pg.* 688
Abrahams, Sam - Interactive / Digital, Media Department, Social Media - LAUNDRY SERVICE, Brooklyn, NY, *pg.* 287
Abramo, Kristen - Account Services, Media Department - HAVAS MEDIA GROUP, Boston, MA, *pg.* 470
Abrams, Sam - Interactive / Digital, Media Department - KELLY, SCOTT & MADISON, INC., Chicago, IL, *pg.* 482
Abreu, Adams - Media Department, Research, Social Media - VIZEUM, New York, NY, *pg.* 526
Abreu, Miosotis - Interactive / Digital, Media Department - HAVAS MEDIA GROUP, Boston, MA, *pg.* 470
Absalom, Emily - Account Services, Media Department - TEAM ONE, New York, NY, *pg.* 418
Abt, Ben - Media Department - MEDIAHUB LOS ANGELES, El Segundo, CA, *pg.* 112
Abuella, Eman - Interactive / Digital, Media Department - ALLSCOPE MEDIA, New York, NY, *pg.* 454
Abusaleh, Abed - Management, Media Department - HAVAS EDGE, Carlsbad, CA, *pg.* 285
Accardo, Diana - Media Department, NBC, Promotions - CANVAS WORLDWIDE, Playa Vista, CA, *pg.* 458
Accatino, Anthony - Media Department, NBC - SMS MARKETING SERVICES, Hasbrouck Heights, NJ, *pg.* 292
Acevedo, Karen - Interactive / Digital, Media Department, Research - REPUBLICA HAVAS, Miami, FL, *pg.* 545
Aceves, Alberto - Interactive / Digital, Media Department,

AGENCIES

RESPONSIBILITIES INDEX

Programmatic - AKQA, San Francisco, CA, pg. 211
Acheson, Joel - Media Department, PPOM - THE SHIPYARD, Columbus, OH, pg. 270
Ackerman, Karley - Account Services, Media Department - CAPTIVATE NETWORK, INC., New York, NY, pg. 550
Ackerman, Kate - Media Department - BACKBONE MEDIA, Carbondale, CO, pg. 579
Acosta, Katie - Account Planner, Media Department, NBC - BBH, West Hollywood, CA, pg. 37
Acosta, Samuel - Interactive / Digital, Media Department - SPARK FOUNDRY, New York, NY, pg. 508
Acquantita, Frank - Media Department - AVENIR BOLD, Raleigh, NC, pg. 328
Acquistapace, Kyle - Account Planner, Account Services, Interactive / Digital, Media Department, PPOM, Public Relations - TEAM ONE, Los Angeles, CA, pg. 417
Acree, Carla - Interactive / Digital, Media Department - FOUNDRY, Reno, NV, pg. 75
Acuff, Courtney Jane - Media Department - ANSIRA, Saint Louis, MO, pg. 280
Acuff, Erin - Media Department - INSIGHT CREATIVE GROUP, Oklahoma City, OK, pg. 89
Aczon, Ashley - Interactive / Digital, Media Department - PALISADES MEDIA GROUP, INC., Santa Monica, CA, pg. 124
Adach, Andrew - Media Department - CARAT, Atlanta, GA, pg. 459
Adair, Erin - Media Department - STYLE ADVERTISING, Birmingham, AL, pg. 415
Adams, Jonathan - Interactive / Digital, Management, Media Department, PPOM - WAVEMAKER, New York, NY, pg. 526
Adams, Lisa - Account Services, Management, Media Department - MECHANICA, Newburyport, MA, pg. 13
Adams, Amy - Interactive / Digital, Management, Media Department - STARCOM WORLDWIDE, Chicago, IL, pg. 513
Adams, Travis - Interactive / Digital, Media Department - HARMELIN MEDIA, Bala Cynwyd, PA, pg. 467
Adams, Erica - Interactive / Digital, Media Department - PUBLICIS HEALTH MEDIA, Philadelphia, PA, pg. 506
Adams, Danielle - Account Planner, Media Department - HORIZON MEDIA, INC., New York, NY, pg. 474
Adams, Benjamin - Interactive / Digital, Media Department - CLM MARKETING & ADVERTISING, Boise, ID, pg. 342
Adams, Meredith - Interactive / Digital, Media Department - THE VARIABLE, Winston-Salem, NC, pg. 153

Adams, Cliff - Account Planner, Media Department - TEAM ONE, Dallas, TX, pg. 418
Adams, Alister - Interactive / Digital, Media Department - PUBLICIS TORONTO, Toronto, ON, pg. 639
Adams, Josh - Media Department - DUNN&CO, Tampa, FL, pg. 353
Adamski, Mark - Media Department - ESHOTS, INC., Chicago, IL, pg. 305
Adelman, Judy - Media Department - LANMARK360, West Long Branch, NJ, pg. 379
Adeyemo, Adebayo - Media Department - VAYNERMEDIA, New York, NY, pg. 689
Adkins, Donny - Interactive / Digital, Media Department - FRED AGENCY, Atlanta, GA, pg. 360
Adkisson, Nathan - Creative, Media Department - LOCAL PROJECTS, New York, NY, pg. 190
Adler, Ross - Media Department, NBC, Operations - CAGE POINT, New York, NY, pg. 457
Adler, Susannah - Account Services, Creative, Media Department - BOCA COMMUNICATIONS, San Francisco, CA, pg. 585
Adler Kerekes, Joy - Account Services, Creative, Media Department - MOTHER NY, New York, NY, pg. 118
Adolfo, Raig - Account Planner, Account Services, Management, Media Department, NBC, Operations, PPOM, Promotions - 360I, LLC, New York, NY, pg. 320
Adzentovich, Nancy - Media Department, NBC, Social Media - CANVAS WORLDWIDE, Playa Vista, CA, pg. 458
Agbaere, Anthony - Interactive / Digital, Media Department, NBC - SPARK FOUNDRY, Chicago, IL, pg. 510
Agee, Ryan - Media Department - MINDSHARE, Chicago, IL, pg. 494
Aglar, David - Interactive / Digital, Management, Media Department, NBC, Social Media - WEBER SHANDWICK, New York, NY, pg. 660
Agostinelli, Dan - Interactive / Digital, Media Department - KLUNK & MILLAN ADVERTISING, Allentown, PA, pg. 95
Agrawal, Shalini - Interactive / Digital, Media Department - 360I, LLC, New York, NY, pg. 320
Agresta, Stephanie - Account Services, Interactive / Digital, Management, Media Department, NBC - DIGENNARO COMMUNICATIONS, New York, NY, pg. 597
Aguilar, Vanesa - Media Department - BLUE 449, New York, NY, pg. 455
Aguilar, Carolina - Account Planner, Account Services, Media Department - OMD SAN FRANCISCO, San Francisco, CA, pg. 501
Aguinaldo, Daryll - Media Department - ICON MEDIA DIRECT,

Sherman Oaks, CA, pg. 476
Aguinaldo, Darwin - Media Department - KOEPPEL DIRECT, Dallas, TX, pg. 287
Aguirre, Mario - Account Services, Interactive / Digital, Media Department - DIGITAS, New York, NY, pg. 226
Aguirre, John-Paul - Account Planner, Management, Media Department, PPOM - UNIVERSAL MCCANN, San Francisco, CA, pg. 428
Agunobi, Gordon - Media Department - OMD, Chicago, IL, pg. 500
Agurto, Monica - Media Department - VSBROOKS, Coral Gables, FL, pg. 429
Ahearn, Shannon - Account Services, Media Department - OMD, New York, NY, pg. 498
Ahmad, Sabeen - Interactive / Digital, Media Department, Operations - PUBLICIS NORTH AMERICA, New York, NY, pg. 399
Ahmad, Tahir - Account Planner, Media Department - LEO BURNETT TORONTO, Toronto, ON, pg. 97
Ahmad, Zaman - Interactive / Digital, Media Department - RESHIFT MEDIA, Toronto, ON, pg. 687
Ahmed, Aleda - Creative, Media Department - MARKETING GENERAL, INC., Alexandria, VA, pg. 288
Ahmed, Jan - Media Department - SPARK FOUNDRY, New York, NY, pg. 508
Ahn, Rose - Media Department - PUBLICIS NORTH AMERICA, New York, NY, pg. 399
Ahumada, Katherine - Media Department - OMD, New York, NY, pg. 498
Ailts, Lauren - Account Planner, Media Department - CARAT, New York, NY, pg. 459
Aitken, Brian - Administrative, Analytics, Interactive / Digital, Media Department, Social Media - JPL, Harrisburg, PA, pg. 378
Aiu, Cashman - Account Planner, Interactive / Digital, Media Department - HORIZON MEDIA, INC., New York, NY, pg. 474
Ajlouny, Robert - Media Department, Operations - GTB, Dearborn, MI, pg. 367
Akay, Dilara - Interactive / Digital, Media Department - HAVAS MEDIA GROUP, New York, NY, pg. 468
Akers, Thomas - Media Department - HEALIXGLOBAL, New York, NY, pg. 471
Akhbari, James - Account Services, Interactive / Digital, Management, Media Department - HAVAS HEALTH & YOU, New York, NY, pg. 82
Akong, Antoinette - Media Department - ZENITH MEDIA, New York, NY, pg. 529
Alanis, Rod - Account Services, Media Department - DENTSU X, New York, NY, pg. 61
Alavi, Jeremiah - Media Department - INITIATIVE, Los Angeles, CA, pg. 478
Albanese, Garrett - Media

1571

RESPONSIBILITIES INDEX — AGENCIES

Department - TRIAD RETAIL MEDIA, St. Petersburg, FL, *pg.* 272

Albano, James - Interactive / Digital, Media Department, NBC - ZENITH MEDIA, New York, NY, *pg.* 529

Albano, Rose - Media Department - GROUPM, New York, NY, *pg.* 466

Alber-Glanstaetten, Virginia - Account Planner, Media Department - MRY, New York, NY, *pg.* 252

Alber-Glanstaetten, Virginia - Media Department - MOXIE, Atlanta, GA, *pg.* 251

Albers, Shelby - Analytics, Media Department, Operations - UNIVERSAL MCCANN DETROIT, Birmingham, MI, *pg.* 524

Alberts, Brendan - Media Department - 360I, LLC, Chicago, IL, *pg.* 208

Albrecht, Kevin - Media Department - BARRETTSF, San Francisco, CA, *pg.* 36

Albright Rinaldi, Elizabeth - Media Department - HORIZON MEDIA, INC., New York, NY, *pg.* 474

Albujar, Jonathan - Interactive / Digital, Media Department, Programmatic - THE MEDIA KITCHEN, New York, NY, *pg.* 519

Alcock, Caroline - Media Department - KELLY, SCOTT & MADISON, INC., Chicago, IL, *pg.* 482

Alcordo, Bethany - Account Planner, Account Services, Media Department, Social Media - SWELLSHARK, New York, NY, *pg.* 518

Alderman, Sara - Interactive / Digital, Media Department - IPROSPECT, Fort Worth, TX, *pg.* 674

Aldrich, Wendy - Account Services, Management, Media Department, PPOM - UNIVERSAL MCCANN, Los Angeles, CA, *pg.* 524

Aldrich, Danielle - Media Department - CRISPIN PORTER + BOGUSKY, Boulder, CO, *pg.* 346

Aldridge, Jared - Account Services, Media Department - WAVEMAKER, Toronto, ON, *pg.* 529

Alegria, Abraham - Media Department - MEDIASMITH, INC., San Francisco, CA, *pg.* 490

Aleksic, Nadya - Media Department - OMD WEST, Los Angeles, CA, *pg.* 502

Alers, Ian - Account Planner, Account Services, Media Department - HORIZON MEDIA, INC., New York, NY, *pg.* 474

Alessandra, Jessica - Account Planner, Interactive / Digital, Media Department, PPM - HAVAS MEDIA GROUP, New York, NY, *pg.* 468

Alex, Max - Creative, Interactive / Digital, Media Department, PPM - MAGNET MEDIA, INC., New York, NY, *pg.* 247

Alexa, Leilani - Media Department - GLOVER PARK GROUP, Washington, DC, *pg.* 608

Alexander, Nathan - Interactive / Digital, Media Department - RPA, Santa Monica, CA, *pg.* 134

Alexander, Julia - Media Department - WAVEMAKER, Chicago, IL, *pg.* 529

Alexander, Lisa - Account Services, Administrative, Creative, Management, Media Department - ALEXANDER ADVERTISING, INC., Birmingham, AL, *pg.* 324

Alexander, Brett - Creative, Media Department, PPM - THE MARTIN AGENCY, Richmond, VA, *pg.* 421

Alexander, Amy - Interactive / Digital, Media Department - WAVEMAKER, New York, NY, *pg.* 526

Alfredson, Austin - Media Department - ALLEN & GERRITSEN, Boston, MA, *pg.* 29

Alhart, Jon - Interactive / Digital, Media Department, NBC, Social Media - DIXON SCHWABL ADVERTISING, Victor, NY, *pg.* 351

Ali, Kazim - Media Department - FORMATIVE, Seattle, WA, *pg.* 235

Ali, Melissa - Media Department - POSTERSCOPE U.S.A., New York, NY, *pg.* 556

Alicea, Linda - Interactive / Digital, Media Department, Programmatic - VARICK MEDIA MANAGEMENT, New York, NY, *pg.* 274

Alie, Marilyn - Account Services, Media Department - TOUCHE!, Montreal, QC, *pg.* 520

Aling, Sharon - Media Department - STARCOM WORLDWIDE, Chicago, IL, *pg.* 513

Alkonis, Jennifer - Media Department - RPA, Atlanta, GA, *pg.* 135

Allaire, Robert - Management, Media Department, PPOM - UNIVERSAL MCCANN, New York, NY, *pg.* 521

Allam, Hayley - Media Department, Operations - MINDSHARE, San Francisco, CA, *pg.* 495

Alleger, Gregory - Interactive / Digital, Media Department - BRANDED ENTERTAINMENT NETWORK, INC., Sherman Oaks, CA, *pg.* 297

Allen, Cristi - Media Department, NBC - DECISION ANALYST, INC., Arlington, TX, *pg.* 539

Allen, Kyle - Media Department, PPOM, Research - 9THWONDER AGENCY, Houston, TX, *pg.* 453

Allen, Sydney - Interactive / Digital, Media Department - STARCOM WORLDWIDE, Chicago, IL, *pg.* 513

Allen, Noelle - Media Department - HARMELIN MEDIA, Bala Cynwyd, PA, *pg.* 467

Allen, Josh - Creative, Media Department, NBC - CALLAN ADVERTISING COMPANY, Burbank, CA, *pg.* 457

Allen, Tim - Interactive / Digital, Media Department - TRAFFIC DIGITAL AGENCY, Clawson, MI, *pg.* 271

Allen, Paula - Media Department - BRUCE CLAY, INC., Simi Valley, CA, *pg.* 672

Allen, Heather - Media Department, NBC - BELLE COMMUNICATION, Columbus, OH, *pg.* 582

Allende, Davelle - Media Department, NBC - OXFORD COMMUNICATIONS, Lambertville, NJ, *pg.* 395

Alles, Lina - Account Planner, Account Services, Media Department, PPOM, Programmatic - MINDSHARE, Toronto, ON, *pg.* 495

Alles, A.J. - Media Department - CARAT, Detroit, MI, *pg.* 461

Allex, Smita - Account Services, Media Department, NBC, PPOM - PUBLICIS.SAPIENT, Atlanta, GA, *pg.* 259

Allie, Dillon - Account Planner, Account Services, Management, Media Department - HDMZ, Chicago, IL, *pg.* 83

Alliott, Sarah Jane - Account Services, Media Department - HAVAS MEDIA GROUP, New York, NY, *pg.* 468

Allison, Lisa - Interactive / Digital, Management, Media Department, PPM - BLUE 449, Seattle, WA, *pg.* 456

Allison, Regan - Media Department - TRILIA, Boston, MA, *pg.* 521

Allison Lurie, Shaina - Interactive / Digital, Media Department - BOATHOUSE GROUP, INC., Waltham, MA, *pg.* 40

Almada, Daniel - Account Services, Media Department - M8, Miami, FL, *pg.* 542

Almirall, Nat - Media Department, Social Media - LOGICAL MEDIA GROUP, Chicago, IL, *pg.* 247

Alon, Patricia - Media Department - MEDIACOM, New York, NY, *pg.* 487

Alosco, Annalisa - Interactive / Digital, Media Department - 360I, LLC, New York, NY, *pg.* 320

Alperin, Brad - Interactive / Digital, Media Department, NBC - DENTSU AEGIS NETWORK, New York, NY, *pg.* 61

Alphonso, Kevin - Media Department, Social Media - 360I, LLC, Chicago, IL, *pg.* 208

Alsobrook, Brian - Media Department - NEBO AGENCY, LLC, Atlanta, GA, *pg.* 253

Alston, Elliot - Media Department, Social Media - MINDSHARE, New York, NY, *pg.* 491

Alter, Kylee - Interactive / Digital, Media Department - EMPOWER, Cincinnati, OH, *pg.* 354

Altizer, Allie - Media Department - USIM, Los Angeles, CA, *pg.* 525

Altshuler, Kathryn - Interactive / Digital, Media Department, Programmatic - THE TOMBRAS GROUP, Knoxville, TN, *pg.* 424

Altuner, Ebru - Interactive / Digital, Media Department - INITIATIVE, Los Angeles, CA, *pg.* 478

Alvarenga, Elba - Account Planner, Account Services, Interactive / Digital, Media Department, NBC, Public Relations - EDELMAN, New York, NY, *pg.* 599

Alvarez, Frances - Account Services, Management, Media Department - THE BEANSTALK GROUP, Miami, FL, *pg.* 19

AGENCIES

RESPONSIBILITIES INDEX

Alvarez, Alexandria - Interactive / Digital, Media Department - STARCOM WORLDWIDE, Chicago, IL, *pg.* 513

Alvarez, Denise - Account Services, Media Department - HAVAS MEDIA GROUP, Chicago, IL, *pg.* 469

Alvarez-Recio, Emilio - Management, Media Department, NBC - VMLY&R, Miami, FL, *pg.* 160

Aly, Sherif - Interactive / Digital, Media Department - DIGITAS, Chicago, IL, *pg.* 227

Amabile, Alyssa - Media Department - SPARK FOUNDRY, New York, NY, *pg.* 508

Amabile, Tia - Media Department - SPARK FOUNDRY, New York, NY, *pg.* 508

Amador, Jorge - Media Department - DWA MEDIA, Austin, TX, *pg.* 464

Amalfitano, Tara - Media Department - OMD, New York, NY, *pg.* 498

Aman, Lauren - Account Planner, Media Department, NBC - SPARK FOUNDRY, New York, NY, *pg.* 508

Ambrose, Louis - Interactive / Digital, Media Department - MINDSHARE, New York, NY, *pg.* 491

Ambrosino, Michael - Media Department - MEDIACOM, New York, NY, *pg.* 487

Amdemichael, Semhar - Account Services, Interactive / Digital, Media Department, Programmatic - MEDIA ASSEMBLY, New York, NY, *pg.* 484

Ames, Jon - Finance, Interactive / Digital, Media Department - THE&PARTNERSHIP, New York, NY, *pg.* 426

Amico, Nick - Interactive / Digital, Media Department, Programmatic - SPARK FOUNDRY, New York, NY, *pg.* 508

Amling, Jeffrey - Media Department, PPOM - FTI CONSULTING, New York, NY, *pg.* 606

Amodeo, Lou - Interactive / Digital, Media Department - RISE INTERACTIVE, Chicago, IL, *pg.* 264

Amos, Kevin - Analytics, Interactive / Digital, Media Department, NBC, Research - BRUNNER, Pittsburgh, PA, *pg.* 44

Amoyaw, Joana - Media Department - UNIVERSAL MCCANN, New York, NY, *pg.* 521

Amper, Ellyn - Account Services, Media Department - CANVAS WORLDWIDE, New York, NY, *pg.* 458

Amstutz, Elizabeth - Account Planner, Media Department - KELLY, SCOTT & MADISON, INC., Chicago, IL, *pg.* 482

An, Alice - Media Department - CROSSMEDIA, Los Angeles, CA, *pg.* 463

An, Kevin - Interactive / Digital, Media Department - HEARTS & SCIENCE, New York, NY, *pg.* 471

Anderle, Elke - Account Planner, Media Department - ENERGY BBDO, INC., Chicago, IL, *pg.* 355

Anders, Faith - Interactive / Digital, Media Department - OMD, Chicago, IL, *pg.* 500

Andersen, Christian - Interactive / Digital, Media Department - GOCONVERGENCE, Orlando, FL, *pg.* 364

Anderson, Mark - Media Department - LATORRA, PAUL & MCCANN, Syracuse, NY, *pg.* 379

Anderson, Pete - Media Department, PPM - PB&, Seattle, WA, *pg.* 126

Anderson, Alice - Media Department - GEARY INTERACTIVE, Las Vegas, NV, *pg.* 76

Anderson, Francis - Account Services, Management, Media Department - PUBLICIS NORTH AMERICA, New York, NY, *pg.* 399

Anderson, Christi - Account Services, Creative, Media Department - CANNELLA RESPONSE TELEVISION, Burlington, WI, *pg.* 281

Anderson, Stacy - Account Planner, Media Department - EMPOWER, Cincinnati, OH, *pg.* 354

Anderson, Rich - Account Services, Management, Media Department, PPOM - UNIVERSAL MCCANN, New York, NY, *pg.* 521

Anderson, Kim - Media Department - HILTON & MYERS ADVERTISING, Tucson, AZ, *pg.* 86

Anderson, Aaron - Interactive / Digital, Media Department, NBC - CANVAS WORLDWIDE, Playa Vista, CA, *pg.* 458

Anderson, Lauren - Interactive / Digital, Media Department - SKAR ADVERTISING, Omaha, NE, *pg.* 265

Anderson, Amy - Management, Media Department - OMD SEATTLE, Seattle, WA, *pg.* 502

Anderson, Dianne - Interactive / Digital, Media Department - OVATIVE GROUP, Minneapolis, MN, *pg.* 256

Anderson, Ariel - Interactive / Digital, Media Department - STARCOM WORLDWIDE, Chicago, IL, *pg.* 513

Anderson, Diana - Interactive / Digital, Management, Media Department - CARAT, New York, NY, *pg.* 459

Anderson, Katie - Media Department - THE RICHARDS GROUP, INC., Dallas, TX, *pg.* 422

Anderson, Emily - Media Department - CARMICHAEL LYNCH, Minneapolis, MN, *pg.* 47

Anderson, Emily - Account Services, Interactive / Digital, Media Department - HEARTS & SCIENCE, New York, NY, *pg.* 471

Anderson, Tim - Account Services, Interactive / Digital, Media Department - AMOBEE, INC., New York, NY, *pg.* 30

Anderson, Kate - Media Department, NBC, Social Media - CRONIN, Glastonbury, CT, *pg.* 55

Anderson, Tachelle - Interactive / Digital, Media Department - MOXIE, Atlanta, GA, *pg.* 251

Anderson, Sarah - Media Department - CURRENT LIFESTYLE MARKETING, New York, NY, *pg.* 594

Anderson, Vaitari - Media Department - R&R PARTNERS, Las Vegas, NV, *pg.* 131

Anderson, Maddie - Media Department - THE VARIABLE, Winston-Salem, NC, *pg.* 153

Anderson, Ross - Media Department, PPOM - DOUBLESPACE, New York, NY, *pg.* 180

Anderson, Kierston - Media Department - BROLIK PRODUCTIONS, Philadelphia, PA, *pg.* 561

Anderson, Matthew - Media Department, PPOM - HAVAS FORMULATIN, New York, NY, *pg.* 612

Anderson, Zachary - Account Planner, Media Department - CARAT, Culver City, CA, *pg.* 459

Andrade, Nuno - Interactive / Digital, Media Department, NBC - KOEPPEL DIRECT, Dallas, TX, *pg.* 287

Andraos, Melissa - Interactive / Digital, Media Department - RPA, Santa Monica, CA, *pg.* 134

Andreev, Andrian - Interactive / Digital, Media Department - LUXE COLLECTIVE GROUP, New York, NY, *pg.* 102

Andres, Anthony - Account Services, Media Department - GELIA WELLS & MOHR, Williamsville, NY, *pg.* 362

Andres, Kelly - Media Department, Social Media - FIREBELLY MARKETING, Indianapolis, IN, *pg.* 685

Andrew, Christopher - Account Services, Interactive / Digital, Media Department - MEDIACOM, New York, NY, *pg.* 487

Andrew, Danielle - Media Department, Social Media - TINUITI, Dania Beach, FL, *pg.* 271

Andrews, Xica - Media Department - STARCOM WORLDWIDE, New York, NY, *pg.* 517

Andrews, Chris - Account Planner, Media Department, NBC - GENERATOR MEDIA + ANALYTICS, New York, NY, *pg.* 466

Andrews-Rangel, Keisha - Media Department, NBC - SANDERS\WINGO, El Paso, TX, *pg.* 138

Andrus, Blair - Media Department - SPARK FOUNDRY, Chicago, IL, *pg.* 510

Andrusz, Katherine - Analytics, Media Department, Social Media - STARCOM WORLDWIDE, Detroit, MI, *pg.* 517

Anfang, Kayla - Media Department, NBC - HEARTS & SCIENCE, Los Angeles, CA, *pg.* 473

Angel, Rachael - Media Department - SCOPPECHIO, Louisville, KY, *pg.* 409

Angeles, Danielle - Interactive / Digital, Media Department, Research - MINDSHARE, New York, NY, *pg.* 491

Angelini, Lauren - Media Department - MAYOSEITZ MEDIA, Blue Bell, PA, *pg.* 483

Angell, Betty - Media Department - BURGESS ADVERTISING & ASSOCIATES, INC., Falmouth, ME, *pg.* 338

Angelos, Andy - Analytics, Management, Media Department, Operations, Research - MANIFEST,

RESPONSIBILITIES INDEX — AGENCIES

Chicago, IL, *pg.* 248
Angelovich, Michael - Account Planner, Media Department, PPOM - ZIMMERMAN ADVERTISING, Fort Lauderdale, FL, *pg.* 437
Angland, Greg - Media Department - NORBELLA, Boston, MA, *pg.* 497
Angst, Katherine - Media Department - UNIVERSAL MCCANN, New York, NY, *pg.* 521
Anjum, Oshin - Account Planner, Account Services, Media Department, NBC - GTB, Dallas, TX, *pg.* 80
Ann Hernandez, Jessica - Media Department - WALKER ADVERTISING, INC., Torrance, CA, *pg.* 546
Ansari, Sana - Interactive / Digital, Media Department - 3Q DIGITAL, San Mateo, CA, *pg.* 671
Ansell, Dan - Account Planner, Media Department - AKQA, New York, NY, *pg.* 212
Antaki, Andrew - Management, Media Department - 360I, LLC, New York, NY, *pg.* 320
Antaki, Eric - Interactive / Digital, Media Department, Operations - OPENMIND, New York, NY, *pg.* 503
Antonian, Anie - Interactive / Digital, Media Department - INITIATIVE, Los Angeles, CA, *pg.* 478
Antonini, Ann - Account Services, Creative, Media Department, NBC - DONER, Los Angeles, CA, *pg.* 352
Antonio, Carlo - Account Planner, Media Department - INTERTREND COMMUNICATIONS, Plano, TX, *pg.* 541
Antuzzi, Karen - Account Planner, Interactive / Digital, Media Department - CARAT, New York, NY, *pg.* 459
Anzaldua, Athena - Media Department - BRIGGS & CALDWELL, Houston, TX, *pg.* 456
Apjohn, Allan - Media Department - MEDIAHUB BOSTON, Boston, MA, *pg.* 489
Apley, Mitch - Media Department, PPM - ABELSON-TAYLOR, Chicago, IL, *pg.* 25
Apostle, Chris - Media Department, PPOM - ICROSSING, New York, NY, *pg.* 240
Appel, Samantha - Interactive / Digital, Media Department - ZENITH MEDIA, New York, NY, *pg.* 529
Appelwick, Lauren - Interactive / Digital, Media Department - DIGITAS, New York, NY, *pg.* 226
Appenzoller, Erin - Account Services, Interactive / Digital, Media Department, Social Media - CRISPIN PORTER + BOGUSKY, Boulder, CO, *pg.* 346
Appleton Zubarik, Sarah - Interactive / Digital, Media Department, Social Media - IMAGE MAKERS ADVERTISING, INC., Brookfield, WI, *pg.* 88
Appolonia, Breana - Interactive / Digital, Media Department - MEDIAHUB BOSTON, Boston, MA, *pg.* 489

Aquadro, Courtney - Interactive / Digital, Media Department - UNIVERSAL MCCANN, New York, NY, *pg.* 521
Aquila, James - Media Department - HEARTS & SCIENCE, New York, NY, *pg.* 471
Aquilino, Jackie - Media Department - RJW MEDIA, Pittsburgh, PA, *pg.* 507
Aquino, Yolanda - Media Department - GSD&M, Austin, TX, *pg.* 79
Arahan, Darienne - Media Department - SPARK FOUNDRY, New York, NY, *pg.* 508
Araneta, Fides - Interactive / Digital, Media Department - STARCOM WORLDWIDE, Chicago, IL, *pg.* 513
Arbuckle, Joseph - Media Department - 360I, LLC, Atlanta, GA, *pg.* 207
Arcentales, Anita - Account Services, Management, Media Department - BLUE 449, New York, NY, *pg.* 455
Archer, Denise - Media Department - HAILEY SAULT, Duluth, MN, *pg.* 81
Archer, Allison - Media Department - ASHER MEDIA, Addison, TX, *pg.* 455
Arcos, Donette - Media Department - PEAK BIETY, INC., Tampa, FL, *pg.* 126
Ardia, Lisa - Account Services, Media Department - RINCK ADVERTISING, Lewiston, ME, *pg.* 407
Ardila, Maria Camila - Media Department - H&L PARTNERS, Atlanta, GA, *pg.* 369
Arens O'Halloran, Christine - Analytics, Media Department - CRONIN, Glastonbury, CT, *pg.* 55
Arensberg, Dave - Media Department - MERLINO MEDIA GROUP, Seattle, WA, *pg.* 491
Arent Schank, Lindsey - Media Department - ARCHETYPE, Los Angeles, CA, *pg.* 33
Arias Duval, Mariana - Account Planner, Account Services, Media Department - WMX, Miami, FL, *pg.* 276
Arita, Marci - Account Planner, Account Services, Interactive / Digital, Media Department, NBC - HEARTS & SCIENCE, New York, NY, *pg.* 471
Ariza, Carlos - Media Department - DAILEY & ASSOCIATES, West Hollywood, CA, *pg.* 56
Arlin, Rachel - Interactive / Digital, Media Department - WAVEMAKER, New York, NY, *pg.* 526
Armando, Sam - Media Department - STARCOM WORLDWIDE, Chicago, IL, *pg.* 513
Armelino, Anne - Media Department - MINT ADVERTISING, Clinton, NJ, *pg.* 115
Armitage, Victoria - Interactive / Digital, Media Department - MEDIACOM, New York, NY, *pg.* 487
Armstrong, Gabriel - Account Services, Management, Media Department - TAG, Thornhill, ON,

pg. 145
Armstrong, Bridgette - Interactive / Digital, Media Department - HAWORTH MARKETING & MEDIA, Minneapolis, MN, *pg.* 470
Arnaldo, Monica - Media Department - CATALYST MARKETING COMPANY, Fresno, CA, *pg.* 5
Arnason, Alex - Account Services, Media Department - OVATIVE GROUP, Minneapolis, MN, *pg.* 256
Arnegger, Adam - Media Department - MERKLEY + PARTNERS, New York, NY, *pg.* 114
Arner, Angie - Media Department, NBC - 360I, LLC, New York, NY, *pg.* 320
Arnett, Melanee - Interactive / Digital, Media Department - THE LAVIDGE COMPANY, Phoenix, AZ, *pg.* 420
Arney, Lauren - Account Services, Media Department - PP+K, Tampa, FL, *pg.* 129
Arning, Kristine - Media Department - MINDSTREAM MEDIA GROUP - DALLAS, Dallas, TX, *pg.* 496
Arnold, Theresa - Media Department - SPARK FOUNDRY, Chicago, IL, *pg.* 510
Arnold, Ben - Interactive / Digital, Management, Media Department, PPOM - WE ARE SOCIAL, New York, NY, *pg.* 690
Arnold, Morgan - Media Department - AGENCY CREATIVE, Dallas, TX, *pg.* 29
Aronin, Caitlin - Media Department, Social Media - ADPEARANCE, Portland, OR, *pg.* 671
Aronovitch, Steven - Media Department, PPOM - THE TURN LAB INC., Toronto, ON, *pg.* 425
Arrighi, Chris - Interactive / Digital, Media Department, NBC - DEVITO/VERDI, New York, NY, *pg.* 62
Artaserse, Theresa - Media Department - INNOCEAN USA, Huntington Beach, CA, *pg.* 479
Artemas, Katie - Media Department, Research - STARCOM WORLDWIDE, North Hollywood, CA, *pg.* 516
Arthur, Jill - Media Department - GRP MEDIA, INC., Chicago, IL, *pg.* 467
Arum, Marla - Media Department - OPAD MEDIA SOLUTIONS, LLC, New York, NY, *pg.* 503
Arvizu, Jamie - Media Department, Research - MINDSHARE, Chicago, IL, *pg.* 494
Asaro, Pat - Media Department - SID PATERSON ADVERTISING, New York, NY, *pg.* 141
Asch Schalik, Alana - Account Services, Media Department - CARAT, New York, NY, *pg.* 459
Ascher, Alexis - Interactive / Digital, Media Department - MEDIAHUB LOS ANGELES, El Segundo, CA, *pg.* 112
Asensio, Alex - Media Department - SPARK FOUNDRY, Chicago, IL, *pg.* 510
Ashbaugh, Michael - Media Department, Programmatic - STARCOM

AGENCIES — RESPONSIBILITIES INDEX

WORLDWIDE, Detroit, MI, *pg.* 517

Ashe, Martha - Media Department - MINDSHARE, New York, NY, *pg.* 491

Ashe-Law, Shannon - Media Department - JAYMIE SCOTTO & ASSOCIATES, Middlebrook, VA, *pg.* 616

Ashenfelter, Lynne - Media Department - PHD USA, New York, NY, *pg.* 505

Asher, Mariah - Media Department - SPARK FOUNDRY, Chicago, IL, *pg.* 510

Asher, Jill - Media Department - CASHMAN & ASSOCIATES, Philadelphia, PA, *pg.* 589

Ashkin, Cari - Media Department - A. BRIGHT IDEA, Bel Air, MD, *pg.* 25

Ashworth, Karen - Media Department - YEBO, Richmond, VA, *pg.* 164

Assadi, Susan - Media Department, PPOM - GITENSTEIN & ASSADI PUBLIC RELATIONS, Scottsdale, AZ, *pg.* 607

Assadi, Sami - Media Department - GITENSTEIN & ASSADI PUBLIC RELATIONS, Scottsdale, AZ, *pg.* 607

Assalley, Andria - Media Department - HAVAS WORLDWIDE CHICAGO, Chicago, IL, *pg.* 82

Assenza, Kayla - Interactive / Digital, Media Department - HARMELIN MEDIA, Bala Cynwyd, PA, *pg.* 467

Assing, Rebecca - Media Department, Public Relations - KOVERT CREATIVE, New York, NY, *pg.* 96

Assman, Jessica - Media Department - HAWORTH MARKETING & MEDIA, Minneapolis, MN, *pg.* 470

Astrop, Sarah - Management, Media Department - UNIVERSAL MCCANN, New York, NY, *pg.* 521

Atabay, Nicole - Account Planner, Account Services, Media Department - ZENITH MEDIA, Atlanta, GA, *pg.* 531

Atanda, Danielle - Finance, Management, Media Department - OMD, Chicago, IL, *pg.* 500

Athens, Chris - Interactive / Digital, Media Department - OMD WEST, Los Angeles, CA, *pg.* 502

Atherton, James - Account Services, Media Department, PPOM - RED FUSE COMMUNICATIONS, New York, NY, *pg.* 404

Ativie, Caroline - Media Department - STARCOM WORLDWIDE, Chicago, IL, *pg.* 513

Atkins, Erica - Interactive / Digital, Media Department, PPOM - WAVEMAKER, New York, NY, *pg.* 526

Atkins, English - Interactive / Digital, Media Department, NBC - ALETHEIA MARKETING & MEDIA, Dallas, TX, *pg.* 454

Atkinson, Scott - Interactive / Digital, Media Department - TCAA, Cincinnati, OH, *pg.* 147

Atkinson, Pam - Account Planner, Media Department - CROSBY MARKETING COMMUNICATIONS, Annapolis, MD, *pg.* 347

Atkinson, Cliff - Interactive / Digital, Media Department - RPA, Santa Monica, CA, *pg.* 134

Atkinson, Craig - Media Department - THE RICHARDS GROUP, INC., Dallas, TX, *pg.* 422

Attwood, Neeti - Media Department - EVB, Oakland, CA, *pg.* 233

Atwood, Melissa - Management, Media Department, PPOM - BACKBONE MEDIA, Carbondale, CO, *pg.* 579

Au, Michelle - Media Department - 360I, LLC, New York, NY, *pg.* 320

Aubin, Chris - Account Services, Media Department, NBC - STARCOM WORLDWIDE, Chicago, IL, *pg.* 513

Aubrey, Luke - Media Department, Social Media - BEEBY CLARK+MEYLER, Stamford, CT, *pg.* 333

Auerbach-Rodriguez, Joanna - Interactive / Digital, Media Department - M/SIX, New York, NY, *pg.* 482

Auger, Rob - Interactive / Digital, Media Department - DIGITAS, Boston, MA, *pg.* 226

Augugliaro, Sophia - Media Department - MEDIACOM, New York, NY, *pg.* 487

Augustine, Stuart - Media Department, NBC - MEDIACOM, New York, NY, *pg.* 487

Augustoni, Linda - Media Department - KEA ADVERTISING, Valley Cottage, NY, *pg.* 94

Aukstuolis, Algis - Interactive / Digital, Media Department - THE OHLMANN GROUP, Dayton, OH, *pg.* 422

Austin, Jennifer - Management, Media Department, PPOM - ALDEN MARKETING COMMUNICATIONS, San Diego, CA, *pg.* 324

Austin, Eddie - Media Department - INNOCEAN USA, Huntington Beach, CA, *pg.* 479

Austin, Jennifer - Interactive / Digital, Media Department - ZIMMERMAN ADVERTISING, Fort Lauderdale, FL, *pg.* 437

Austin, Haley - Interactive / Digital, Media Department - GS&F, Nashville, TN, *pg.* 367

Avdalli, Aurora - Media Department, Operations - MEDIACOM, New York, NY, *pg.* 487

Avera, Mark - Interactive / Digital, Media Department, Operations - PORTER NOVELLI, Atlanta, GA, *pg.* 637

Averback, Karintha - Account Services, Media Department - PHD, San Francisco, CA, *pg.* 504

Averback, Rebecca - Media Department - MEDIAHUB BOSTON, Boston, MA, *pg.* 489

Avery, David - Media Department - THE TOMBRAS GROUP, Knoxville, TN, *pg.* 424

Avila, Rachelle - Account Services, Management, Media Department - MEKANISM, New York, NY, *pg.* 113

Axmacher, Meryl - Account Services, Interactive / Digital, Media Department, NBC - SPARK451, INC., Westbury, NY, *pg.* 411

Ayala, Lester - Interactive / Digital, Media Department, PPM - CRONIN, Glastonbury, CT, *pg.* 55

Ayala, Wendy - Interactive / Digital, Media Department - MINDSHARE, New York, NY, *pg.* 491

Ayala, Jeanean - Media Department - THE AXIS AGENCY, Century City, CA, *pg.* 545

Aybar, Alex - Media Department - 360I, LLC, New York, NY, *pg.* 320

Ayer, Vicky - Media Department - RINCK ADVERTISING, Lewiston, ME, *pg.* 407

Azor, Joyce - Media Department, Operations - FCB NEW YORK, New York, NY, *pg.* 357

Azzolini, Jennifer - Media Department - MINDSHARE, New York, NY, *pg.* 491

Baalson, Julianna - Media Department - CARMICHAEL LYNCH, Minneapolis, MN, *pg.* 47

Baba, Sena - Interactive / Digital, Media Department - INITIATIVE, New York, NY, *pg.* 477

Baban, Jenny - Media Department - CMI MEDIA, LLC, King of Prussia, PA, *pg.* 342

Babazadeh, Matthew - Account Planner, Account Services, Creative, Media Department - DDB CHICAGO, Chicago, IL, *pg.* 59

Babb, Gina - Account Planner, Media Department - SPARK FOUNDRY, Chicago, IL, *pg.* 510

Babcock, Kristin - Account Planner, Account Services, Interactive / Digital, Media Department, Social Media - CRAMER-KRASSELT, Chicago, IL, *pg.* 53

Baber, Karen - Account Services, Management, Media Department - THE MARTIN AGENCY, Richmond, VA, *pg.* 421

Babik, Allison - Media Department - PHD USA, New York, NY, *pg.* 505

Babineau, Brian - Creative, Interactive / Digital, Media Department, NBC, PPOM, Social Media - ALLEN & GERRITSEN, Boston, MA, *pg.* 29

Babooram, Nashira - Media Department - SPARK, Tampa, FL, *pg.* 17

Baboulas, Natalie - Media Department - DIGITAS, Chicago, IL, *pg.* 227

Baca, Dominique - Media Department - MINDSHARE, New York, NY, *pg.* 491

Bacco, Laura - Media Department - REPRISE DIGITAL, New York, NY, *pg.* 676

Baccus, Ashley - Interactive / Digital, Media Department - RPA, Santa Monica, CA, *pg.* 134

Bachman, Sarah - Interactive / Digital, Media Department - HORIZON MEDIA, INC., Los Angeles, CA, *pg.* 473

Bachmann, Matt - Media Department - TRAINA DESIGN, San Diego, CA, *pg.* 20

Backe, Phil - Media Department, PPOM - HOFFMAN YORK, Milwaukee, WI,

1575

RESPONSIBILITIES INDEX — AGENCIES

pg. 371
Backenstose, Brad - Account Services, Media Department, NBC - WAVEMAKER, New York, NY, pg. 526
Backus, Lesley - Account Services, Management, Media Department, PPOM - FLEISHMANHILLARD, Saint Louis, MO, pg. 604
Badenoch, Lachlan - Management, Media Department, PPOM - CARMICHAEL LYNCH, Minneapolis, MN, pg. 47
Bader, Jane - Interactive / Digital, Media Department, Programmatic - HEARTS & SCIENCE, New York, NY, pg. 471
Baehr, Abbie - Management, Media Department - MOMENTUM WORLDWIDE, New York, NY, pg. 117
Baer, Emma - Media Department - SPARK FOUNDRY, Chicago, IL, pg. 510
Bagdasarian, Steve - Interactive / Digital, Management, Media Department - PCH / MEDIA, Portland, ME, pg. 534
Baggio, Lisa - Media Department - EXL MEDIA, Incline Village, NV, pg. 465
Bagli, Megan - Interactive / Digital, Media Department, Social Media - ELEVATION MARKETING, Richmond, VA, pg. 67
Baglione, Marissa - Interactive / Digital, Media Department - SPARK FOUNDRY, New York, NY, pg. 508
Baharvar, Samantha - Account Planner, Interactive / Digital, Media Department, NBC, Public Relations - DIGITAS, New York, NY, pg. 226
Bahcall, Jamie - Media Department - SPARK FOUNDRY, Chicago, IL, pg. 510
Bahena, Claudia - Media Department - CRAMER-KRASSELT, Chicago, IL, pg. 53
Bahlmann, Ashley - Account Services, Media Department - CRAMER-KRASSELT, Chicago, IL, pg. 53
Baig, Aeysha - Media Department - STARCOM WORLDWIDE, North Hollywood, CA, pg. 516
Bailer, Sara - Interactive / Digital, Media Department - WAVEMAKER, Chicago, IL, pg. 529
Bailes, Jeff - Account Services, Media Department - ICON MEDIA DIRECT, Sherman Oaks, CA, pg. 476
Bailey, Caleb - Media Department - STRATEGIC AMERICA, West Des Moines, IA, pg. 414
Bailey, Heidi - Analytics, Media Department - THE INTEGER GROUP - DALLAS, Dallas, TX, pg. 570
Bailey, Jason - Media Department - MEDIASSOCIATES, INC., Sandy Hook, CT, pg. 490
Bailey, Amanda - Media Department - MGH ADVERTISING, Owings Mills, MD, pg. 387
Bailey, Heather - Media Department - THE COMMUNICATIONS GROUP, Little Rock, AR, pg. 149
Bailey, Caitie - Interactive / Digital, Media Department, Social Media - RED MOON MARKETING, Charlotte, NC, pg. 404
Baine, Emily - Media Department - BCF, Virginia Beach, VA, pg. 581
Baio, Chris - Account Services, Media Department - WHITEMYER ADVERTISING, INC., Zoar, OH, pg. 161
Baird, Todd - Account Planner, Management, Media Department - KELLEY HABIB JOHN INTEGRATED MARKETING, Boston, MA, pg. 11
Baird, Sam - Interactive / Digital, Media Department - UNIVERSAL MCCANN, San Francisco, CA, pg. 428
Baj, Natalie - Interactive / Digital, Media Department, Social Media - REPUBLICA HAVAS, Miami, FL, pg. 545
Bajuyo, Christine - Management, Media Department - MINDSHARE, Chicago, IL, pg. 494
Bakarich, Mary - Media Department - JOHANNES LEONARDO, New York, NY, pg. 92
Baker, Kristen - Account Services, Interactive / Digital, Management, Media Department, PPOM - REPRISE DIGITAL, New York, NY, pg. 676
Baker, Casey - Media Department - NEW & IMPROVED MEDIA, El Segundo, CA, pg. 497
Baker, Joann - Media Department - NBC, PPM - MCGARRYBOWEN, Chicago, IL, pg. 110
Baker, Melissa - Interactive / Digital, Media Department, PPOM - UNIVERSAL MCCANN, New York, NY, pg. 521
Baker, John - Interactive / Digital, Media Department, NBC - STARCOM WORLDWIDE, Chicago, IL, pg. 513
Baker, Coleen - Media Department - HAVAS MEDIA GROUP, Boston, MA, pg. 470
Baker, Santana - Media Department - ESSENCE, Minneapolis, MN, pg. 233
Baker, Kagan - Media Department - THE RICHARDS GROUP, INC., Dallas, TX, pg. 422
Baker, Chris - Media Department, PPOM - ADK GROUP, Boston, MA, pg. 210
Baker, Emily - Media Department - SPARK FOUNDRY, New York, NY, pg. 508
Baker, Bill - Interactive / Digital, Media Department - WRAY WARD, Charlotte, NC, pg. 433
Bakewell, Melissa - Media Department - CARMICHAEL LYNCH, Minneapolis, MN, pg. 47
Balardi, James - Interactive / Digital, Media Department - CARAT, New York, NY, pg. 459
Balcita, Joel - Media Department - OUTDOOR MEDIA GROUP, Jersey City, NJ, pg. 554
Baldauf, Kathy - Media Department - BRUNNER, Pittsburgh, PA, pg. 44
Baldessarre, Christine - Account Planner, Account Services, Media Department, NBC - MINDSHARE, New York, NY, pg. 491
Baldwin, Lindsay - Media Department, PPM - 22SQUARED INC., Tampa, FL, pg. 319
Baldwin, Suzanne - Account Planner, Media Department - DELL BLUE, Round Rock, TX, pg. 60
Baldwin, Jennifer - Account Planner, Media Department - PUBLICIS NORTH AMERICA, New York, NY, pg. 399
Baldwin, Cory - Media Department - OMD, Chicago, IL, pg. 500
Baldwin, Camille - Account Services, Creative, Media Department - PATTERN, New York, NY, pg. 126
Baliban, Keiren - Media Department - SPARK FOUNDRY, Chicago, IL, pg. 510
Baliber, Michael - Account Planner, Account Services, Interactive / Digital, Media Department - HEALIXGLOBAL, New York, NY, pg. 471
Balicki, Chris - Account Services, Management, Media Department - COMMONWEALTH // MCCANN, Detroit, MI, pg. 52
Balkunas, Brian - Interactive / Digital, Media Department - SPARK FOUNDRY, New York, NY, pg. 508
Ball, Kevin - Interactive / Digital, Media Department - ANVIL MEDIA, INC, Portland, OR, pg. 671
Ballard, Caroline - Media Department - STARCOM WORLDWIDE, Chicago, IL, pg. 513
Ballard, Joshua - Interactive / Digital, Media Department - KNOODLE SHOP, Phoenix, AZ, pg. 95
Balser, Blake - Media Department, NBC - THE RICHARDS GROUP, INC., Dallas, TX, pg. 422
Baluyot, Gerald - Interactive / Digital, Media Department - DAVIS ELEN ADVERTISING, Los Angeles, CA, pg. 58
Bamford, Ellie - Management, Media Department, PPOM - R/GA, New York, NY, pg. 260
Banbury, Stephen - Media Department - EMOTIVE BRAND, Oakland, CA, pg. 181
Bancroft, Diane - Media Department - STRATEGIC MEDIA, INC., Arlington, VA, pg. 518
Band, Jacob - Interactive / Digital, Media Department - THE MEDIA KITCHEN, New York, NY, pg. 519
Bandy, Megan - Account Planner, Account Services, Media Department, NBC - MINDSHARE, Chicago, IL, pg. 494
Banerji, Trina - Interactive / Digital, Media Department, Programmatic - OMD, New York, NY, pg. 498
Banis, Jessica - Media Department, PPM - CREATIVE RESOURCES GROUP, INC., Plymouth, MA, pg. 55
Banks, Allyson - Account Planner, Media Department - OMD CANADA, Toronto, ON, pg. 501

1576

AGENCIES
RESPONSIBILITIES INDEX

Banks, Brian - Interactive / Digital, Media Department - DAVIS ELEN ADVERTISING, Los Angeles, CA, pg. 58

Banks, Joey - Media Department - RIGHT PLACE MEDIA, Lexington, KY, pg. 507

Bannon, Megan - Account Planner, Account Services, Media Department - LEO BURNETT WORLDWIDE, Chicago, IL, pg. 98

Banos-Karzian, Isabel - Media Department - OMD WEST, Los Angeles, CA, pg. 502

Banowsky, Caitlyn - Analytics, Media Department - THE RICHARDS GROUP, INC., Dallas, TX, pg. 422

Barasch, Jane - Account Planner, Media Department, PPOM - WAVEMAKER, New York, NY, pg. 526

Barbanera, Brittany - Interactive / Digital, Media Department - MEDIACOM, New York, NY, pg. 487

Barbara, Bridget - Interactive / Digital, Media Department - YOUNG & LARAMORE, Indianapolis, IN, pg. 164

Barbatelli, Victoria - Media Department, NBC - GOODBY, SILVERSTEIN & PARTNERS, San Francisco, CA, pg. 77

Barbeau, Maggie - Media Department - CARAT, Chicago, IL, pg. 461

Barbeau, Maggie - Media Department - CARAT, Chicago, IL, pg. 461

Barbee, Brent - Interactive / Digital, Media Department, PPOM - CONQUER MEDIA, Simon's Island, GA, pg. 52

Barber, Jennifer - Media Department - MONAHAN MEDIA, Clarkston, MI, pg. 496

Barber, Craig - Management, Media Department - POSTERSCOPE U.S.A., Culver City, CA, pg. 556

Barber, Nancy - Interactive / Digital, Media Department - UNIVERSAL MCCANN DETROIT, Birmingham, MI, pg. 524

Barbour, Christi - Account Services, Media Department - LEWIS MEDIA PARTNERS, Richmond, VA, pg. 482

Barbour, Lyn - Media Department - RIGGS PARTNERS, West Columbia, SC, pg. 407

Barden, Jay - Media Department - JUST MEDIA, INC., Emeryville, CA, pg. 481

Bardis, Eleni - Account Services, Interactive / Digital, Media Department, PPOM - MEDIACOM, New York, NY, pg. 487

Bareng, Jonathan - Media Department - PALISADES MEDIA GROUP, INC., Santa Monica, CA, pg. 124

Barfell, Kelsey - Interactive / Digital, Media Department - MARKSTEIN, Birmingham, AL, pg. 625

Baril, Amy - Account Services, Creative, Media Department - NDP, Richmond, VA, pg. 390

Barillas, Ronald - Interactive / Digital, Media Department - USIM, New York, NY, pg. 525

Barker, Devyn - Account Services, Media Department, Public Relations - DECKER ROYAL AGENCY, New York, NY, pg. 596

Barker, Bradley - Media Department - CARAT, Atlanta, GA, pg. 459

Barlow, Carrie Ann - Media Department - THE NOW GROUP, Vancouver, BC, pg. 422

Barlow, Sadie - Account Services, Media Department - COGNISCIENT MEDIA/MARC USA, Charlestown, MA, pg. 51

Barna, Ashley - Interactive / Digital, Media Department - REPEQUITY, Washington, DC, pg. 263

Barnard, Janet - Account Services, Media Department - OMD, New York, NY, pg. 498

Barnes, Brittany - Media Department, NBC - THE RICHARDS GROUP, INC., Dallas, TX, pg. 422

Barnes, Jency - Media Department - DIGITAS, Chicago, IL, pg. 227

Barnett, Gabby - Media Department - MUDD ADVERTISING, Cedar Falls, IA, pg. 119

Barnum, Kalyn - Account Services, Media Department - COMMONWEALTH // MCCANN, Detroit, MI, pg. 52

Barocas, Sari - Finance, Interactive / Digital, Media Department - HORIZON MEDIA, INC., New York, NY, pg. 474

Baron, Sam - Interactive / Digital, Media Department - EMPOWER, Chicago, IL, pg. 355

Baron, Stefani - Media Department, Social Media - LAUNDRY SERVICE, Brooklyn, NY, pg. 287

Barone, Olivia - Account Planner, Account Services, Media Department - SWELLSHARK, New York, NY, pg. 518

Barone-Donahue, Jennifer - Interactive / Digital, Media Department - JAY ADVERTISING, INC., Rochester, NY, pg. 377

Baronofsky, Gary - Media Department - DKC PUBLIC RELATIONS, New York, NY, pg. 597

Barr, Ian - Interactive / Digital, Media Department, Social Media - CAMP JEFFERSON, Toronto, ON, pg. 219

Barre, Vita - Media Department - CJRW, Little Rock, AR, pg. 590

Barrera, Jackie - Media Department - ASHER MEDIA, Addison, TX, pg. 455

Barreras, Desiree - Account Services, Interactive / Digital, Management, Media Department, PPOM - UNIVERSAL MCCANN, New York, NY, pg. 521

Barrett, Mike - Media Department, NBC, PPOM, Public Relations - HEAT, San Francisco, CA, pg. 84

Barrett, Julia - Interactive / Digital, Media Department - CARAT, Culver City, CA, pg. 459

Barrett, Erica - Media Department - SPARK FOUNDRY, Chicago, IL, pg. 510

Barrie, Neil - Management, Media Department - TWENTY-FIRST CENTURY BRAND, San Francisco, CA, pg. 157

Barriero, Kristina - Media Department - DWA MEDIA, San Francisco, CA, pg. 464

Barron, Walt - Account Services, Management, Media Department, PPOM - MCKINNEY, Durham, NC, pg. 111

Barron, Scott - Interactive / Digital, Media Department - CARAT, New York, NY, pg. 459

Barron, Courtney - Media Department - MINDSHARE, New York, NY, pg. 491

Barrow, Adrian - Account Planner, Account Services, Management, Media Department - R/GA, Los Angeles, CA, pg. 261

Barrow, Alecia - Media Department - 22SQUARED INC., Atlanta, GA, pg. 319

Barry, Alex - Interactive / Digital, Management, Media Department, Programmatic - HAVAS MEDIA GROUP, Boston, MA, pg. 470

Barry, Julie - Media Department - CMI MEDIA, LLC, King of Prussia, PA, pg. 342

Barry Jones, Barbara - Management, Media Department, PPM - THE INTEGER GROUP - DALLAS, Dallas, TX, pg. 570

Barsanti, Vincenz - Account Services, Interactive / Digital, Media Department - KENSHOO, San Francisco, CA, pg. 244

Barsky, Dani - Account Planner, Account Services, Interactive / Digital, Media Department - CMI MEDIA, LLC, King of Prussia, PA, pg. 342

Barsoumian, Leon - Analytics, Management, Media Department, Research - DIGITAS, Boston, MA, pg. 226

Bartek, Lizzie - Account Planner, Media Department, NBC - CRAMER-KRASSELT, Chicago, IL, pg. 53

Bartel, Matt - Media Department - UNIVERSAL MCCANN, Los Angeles, CA, pg. 524

Bartholomew, Tom - Account Services, Media Department - ICON INTERNATIONAL, INC., Greenwich, CT, pg. 476

Bartholomew, Betsy - Media Department - INTEGRITY, Saint Louis, MO, pg. 90

Bartholomew, Alexandra - Media Department - ALLEN & GERRITSEN, Boston, MA, pg. 29

Bartlett, Charlie - Interactive / Digital, Media Department - MEDIACOM, New York, NY, pg. 487

Bartoli, Caterina - Account Services, Management, Media Department, PPOM - THE MEDIA KITCHEN, New York, NY, pg. 519

Barton, Donna - Interactive / Digital, Media Department - THE JOHNSON GROUP, Chattanooga, TN, pg. 420

Barton, Hailey - Interactive / Digital, Media Department - SERINO COYNE, INC., New York, NY, pg. 299

Bartos, Lainey - Media Department - VIZEUM, New York, NY, pg. 526

RESPONSIBILITIES INDEX AGENCIES

Bartucci-Ware, Jessica - Media Department - SPARK FOUNDRY, Chicago, IL, pg. 510

Bartuch, Karen - Media Department, Research - SANDSTORM DESIGN, Chicago, IL, pg. 264

Bartumioli, Diana - Interactive / Digital, Media Department - MEDIACOM, New York, NY, pg. 487

Barwa, Josh - Media Department, NBC - BFO, Chicago, IL, pg. 217

Barwick, Alex - Media Department, NBC, Public Relations - WIEDEN + KENNEDY, Portland, OR, pg. 430

Barzilay, Daphna - Media Department, NBC - BRANDMAN AGENCY, New York, NY, pg. 585

Baseford, Samantha - Media Department - RPA, Santa Monica, CA, pg. 134

Basham, Debbie - Media Department - MEDIAHUB WINSTON SALEM, Winston-Salem, NC, pg. 386

Bashford Jackson, Brandi - Media Department - O'BRIEN ET AL. ADVERTISING, Virginia Beach, VA, pg. 392

Basil, Justine - Media Department - 72ANDSUNNY, Brooklyn, NY, pg. 24

Basile, Meghan - Media Department - BADER RUTTER & ASSOCIATES, INC. , Milwaukee, WI, pg. 328

Bassett, Peter - Interactive / Digital, Media Department, PPM - DAVID&GOLIATH, El Segundo, CA, pg. 57

Bast, Sarah - Account Services, Media Department - PUBLICIS HEALTH MEDIA, Philadelphia, PA, pg. 506

Basta, Amy - Analytics, Media Department - PLANIT, Baltimore, MD, pg. 397

Batac, Colleen - Account Planner, Account Services, Media Department - UNIVERSAL MCCANN, San Francisco, CA, pg. 428

Batchelor, Jacqueline - Interactive / Digital, Media Department, Social Media - SPARK FOUNDRY, Seattle, WA, pg. 512

Batchler, Katy - Account Services, Media Department - EMPOWER, Cincinnati, OH, pg. 354

Bateast, Rachel - Media Department - THE MARS AGENCY, Southfield, MI, pg. 683

Bates, Hallie - Interactive / Digital, Media Department, NBC - MERKLEY + PARTNERS, New York, NY, pg. 114

Bates, Gabriella - Media Department, NBC - MEDIACOM, New York, NY, pg. 487

Bates, Courtney - Media Department - NEBO AGENCY, LLC, Atlanta, GA, pg. 253

Bathe, Emily - Media Department - FRWD, Minneapolis, MN, pg. 235

Batka, Jennifer - Account Planner, Interactive / Digital, Media Department - ESSENCE, Seattle, WA, pg. 232

Battaglia, Alanna - Account Planner, Account Services, Media Department - MINDSHARE, New York, NY, pg. 491

Batterson, Steve - Account Planner, Media Department, NBC - SIMPLE TRUTH, Chicago, IL, pg. 198

Battrick, David - Interactive / Digital, Media Department - THE INTEGER GROUP, Lakewood, CO, pg. 682

Bauer, Bob - Media Department - MARC USA, Pittsburgh, PA, pg. 104

Bauer, Liz - Creative, Interactive / Digital, Media Department - RSD MARKETING, New York, NY, pg. 197

Bauer, Carly - Media Department - DALTON AGENCY, Jacksonville, FL, pg. 348

Bauer, Kimberly - Analytics, Media Department - AKQA, San Francisco, CA, pg. 211

Bauer, Dave - Interactive / Digital, Media Department, Operations, Programmatic - CROSSMEDIA, New York, NY, pg. 463

Bauer, Lauri - Media Department - MEDIAHUB WINSTON SALEM, Winston-Salem, NC, pg. 386

Bauer, Samuel - Media Department - BURRELL COMMUNICATIONS GROUP, INC. , Chicago, IL, pg. 45

Baugham, Leigha - Account Services, Interactive / Digital, Media Department, NBC, Social Media - MRM//MCCANN, New York, NY, pg. 289

Baum, Melissa - Interactive / Digital, Media Department, PPM - 360I, LLC, New York, NY, pg. 320

Baum, Harris - Media Department, NBC - R/GA, New York, NY, pg. 260

Baum, Rebecca - Account Services, Media Department - OCEAN MEDIA, INC., Huntington Beach, CA, pg. 498

Baum, Jessica - Media Department - TRACTION CORPORATION, San Francisco, CA, pg. 271

Bauman, Marty - Media Department, NBC, PPOM - CLASSIC COMMUNICATIONS, Foxboro, MA, pg. 591

Baumgartner, Keith - Media Department - CONNECT AT PUBLICIS MEDIA, Chicago, IL, pg. 462

Baures, Chad - Interactive / Digital, Media Department, PPOM - FRWD, Minneapolis, MN, pg. 235

Bautista, Jed - Creative, Interactive / Digital, Media Department - HEARTS & SCIENCE, New York, NY, pg. 471

Baxter, Mat - Media Department, PPOM - INITIATIVE, New York, NY, pg. 477

Bayaca, Chris - Media Department - PETROL, Burbank, CA, pg. 127

Bayer, Matt - Interactive / Digital, Media Department - CROSSMEDIA, Los Angeles, CA, pg. 463

Bayer, Jesse - Account Planner, Media Department - DDB CHICAGO, Chicago, IL, pg. 59

Baylis, Ashley - Media Department - INITIATIVE, New York, NY, pg. 477

Bayona, Julia - Interactive / Digital, Media Department - NEO MEDIA WORLD, New York, NY, pg. 496

Bazluke, Paula - Media Department, PPOM - HMC 2, Richmond, VT, pg. 371

Beach, Tim - Interactive / Digital, Media Department - COSSETTE MEDIA, Toronto, ON, pg. 345

Beach, Crista - Interactive / Digital, Media Department - MINDSHARE, Playa Vista, CA, pg. 495

Beacher, Seth - Account Planner, Account Services, Media Department - DENTSU X, New York, NY, pg. 61

Beall, Beth - Management, Media Department - MENTZER MEDIA SERVICES, Towson, MD, pg. 491

Beam, Megan - Interactive / Digital, Media Department, Social Media - ADTAXI, Denver, CO, pg. 211

Beardsley-Wildeman, Ellen - Media Department - THE KARMA GROUP, Green Bay, WI, pg. 420

Beasley, Courtney - Media Department - WALKER SANDS COMMUNICATIONS, Chicago, IL, pg. 659

Beason, Lauren - Account Services, Management, Media Department - BLR FURTHER, Birmingham, AL, pg. 334

Beatus, Skylar - Media Department - ABELSON-TAYLOR, Chicago, IL, pg. 25

Beaudet, Kara - Interactive / Digital, Media Department - TINUITI, New York, NY, pg. 678

Beaudouin, Tate - Media Department - MEDIAHUB BOSTON, Boston, MA, pg. 489

Beaulieu, Dominique - Media Department - TAM TAM \ TBWA, Montreal, QC, pg. 416

Beck, Jacob - Media Department, Programmatic - DWA MEDIA, Boston, MA, pg. 464

Beck, Robb - Analytics, Interactive / Digital, Media Department - HMH, Portland, OR, pg. 86

Becker, Don - Media Department, NBC, PPOM - DBA MARKETING COMMUNICATIONS, Delafield, WI, pg. 349

Becker, Adine - Creative, Media Department - LEO BURNETT WORLDWIDE, Chicago, IL, pg. 98

Becker, Diana - Account Services, Media Department - CARAT, New York, NY, pg. 459

Becker, Christopher - Account Services, Media Department - JUST MEDIA, INC., Emeryville, CA, pg. 481

Beckman, Eva - Media Department - HAWORTH MARKETING & MEDIA, Minneapolis, MN, pg. 470

Bedford, Liz - Media Department - CRISPIN PORTER + BOGUSKY, Boulder, CO, pg. 346

Bedoya, Ana - Interactive / Digital, Media Department - SPARK FOUNDRY, New York, NY, pg. 508

Beecher, Lori - Media Department - KETCHUM, New York, NY, pg. 542

Beggs, Amanda - Interactive / Digital, Media Department - WAVEMAKER, New York, NY, pg. 526

Behlen, Carla - Media Department,

AGENCIES
RESPONSIBILITIES INDEX

NBC - THE RICHARDS GROUP, INC., Dallas, TX, pg. 422
Behrens, Kathy - Media Department - FCB CHICAGO, Chicago, IL, pg. 71
Beightler, Leslie - Interactive / Digital, Media Department - JUST MEDIA, INC., Austin, TX, pg. 481
Belanger, Mark - Interactive / Digital, Media Department, PPOM - FLUID, INC., New York, NY, pg. 235
Belanger, Dana - Media Department, Research - STARCOM WORLDWIDE, Chicago, IL, pg. 513
Belisle, Lindsay - Account Services, Media Department, NBC - OMD, New York, NY, pg. 498
Bell, Emily - Media Department - 360I, LLC, New York, NY, pg. 320
Bell, Rachel - Interactive / Digital, Media Department - BLUE 449, New York, NY, pg. 455
Bell, Tony - Account Services, Management, Media Department - GEOMETRY, Akron, OH, pg. 362
Bell, Jana - Media Department - MARIS, WEST & BAKER, Jackson, MS, pg. 383
Bell, Mariann - Media Department - UNIVERSAL MCCANN DETROIT, Birmingham, MI, pg. 524
Bell, Britany - Interactive / Digital, Media Department - DDM MARKETING & COMMUNICATIONS, Grand Rapids, MI, pg. 6
Bellerive, David - Creative, Interactive / Digital, Media Department, PPOM - PHOENIX GROUP, Regina, SK, pg. 128
Bellis, Elizabeth - Media Department - FRY COMMUNICATIONS, INC, Mechanicsburg, PA, pg. 361
Bello, Kara - Media Department, PPM - MEKANISM, San Francisco, CA, pg. 112
Bellorin, Johanna - Interactive / Digital, Media Department - CARAT, New York, NY, pg. 459
Belusko, Ann - Account Services, Interactive / Digital, Media Department - INITIATIVE, Chicago, IL, pg. 479
Ben-Zvi, Sarah - Media Department - WAVEMAKER, New York, NY, pg. 526
Benacci, Carolyn - Media Department - STARCOM WORLDWIDE, Chicago, IL, pg. 513
Benadi, Lisa - Media Department, PPM - MEDIAHUB LOS ANGELES, El Segundo, CA, pg. 112
Benaharon, Alexa - Interactive / Digital, Media Department - SPARK FOUNDRY, Chicago, IL, pg. 510
Benazet, Katherine - Media Department - INFOGROUP, New York, NY, pg. 286
Benedict, Lindsay - Account Planner, Media Department, NBC - SPARK FOUNDRY, Chicago, IL, pg. 510
Benigni, Danielle - Media Department - TOUCHPOINT INTEGRATED COMMUNICATIONS, Darien, CT, pg. 520
Benigno, Lisa - Media Department - OMD, New York, NY, pg. 498
Benigno, Peter - Account Planner,

Interactive / Digital, Media Department - HEARTS & SCIENCE, New York, NY, pg. 471
Benik, Hope - Interactive / Digital, Media Department - PARAGON DIGITAL MARKETING, Keene, NH, pg. 675
Benington Hopkins, Mathilde - Interactive / Digital, Media Department - MERKLEY + PARTNERS, New York, NY, pg. 114
Benitez, Rebecca - Media Department - VSBROOKS, Coral Gables, FL, pg. 429
Benitez, Gabriela - Media Department - THE COMMUNITY, Miami Beach, FL, pg. 545
Benjamin, Bennecia - Media Department, PPM - GROUPM, New York, NY, pg. 466
Benjamin, Malorie - Media Department - QUINLAN & CO., Buffalo, NY, pg. 402
Benmergui, Avery - Media Department - MEDIA DIMENSIONS LIMITED, Toronto, ON, pg. 485
Bennett, Pam - Media Department - WENDT, Great Falls, MT, pg. 430
Bennett, Shalise - Management, Media Department, NBC - CARAT, New York, NY, pg. 459
Bennett, Ellen - Media Department, NBC - ACTIVE INTERNATIONAL, Pearl River, NY, pg. 439
Bennett, Tessa - Media Department - TRACYLOCKE, Irving, TX, pg. 683
Bennett, Brianna - Media Department - FLYNN, Pittsford, NY, pg. 74
Bennett, Ed - Creative, Media Department, PPOM - 10 THOUSAND DESIGN, Minneapolis, MN, pg. 171
Benson, Karen - Account Planner, Interactive / Digital, Media Department - DEUTSCH, INC., New York, NY, pg. 349
Benson, Hillary - Media Department - LAUGHLIN CONSTABLE, INC., Chicago, IL, pg. 380
Benson, Nick - Interactive / Digital, Media Department, Programmatic - THE TRADE DESK, Los Angeles, CA, pg. 519
Benson, Becky - Media Department - THE BUNTIN GROUP, Nashville, TN, pg. 148
Bentley, Ashley - Interactive / Digital, Media Department - MARCUS THOMAS, Cleveland, OH, pg. 104
Bentley, Jacob - Media Department - OMD, Chicago, IL, pg. 500
Bentz, Pam - Account Services, Media Department, NBC, PPOM - MILNER BUTCHER MEDIA GROUP, Los Angeles, CA, pg. 491
Bentz, Liz - Media Department - BVK, Milwaukee, WI, pg. 339
Beran, Kegan - Media Department, PPOM - FLEXPOINT MEDIA, Arlington, VA, pg. 74
Berbecaru, Oliver - Interactive / Digital, Media Department - UNIVERSAL MCCANN, Los Angeles, CA, pg. 524
Bereson, Leisha - Interactive /

Digital, Media Department, Programmatic - CANVAS WORLDWIDE, Playa Vista, CA, pg. 458
Berg, Jacey - Interactive / Digital, Media Department - HAWORTH MARKETING & MEDIA, Minneapolis, MN, pg. 470
Berg, Allyson - Media Department - THE GAB GROUP, Boca Raton, FL, pg. 653
Bergam, Clair - Media Department - THE MEDIA KITCHEN, New York, NY, pg. 519
Berger, Scott - Account Services, Management, Media Department, PPOM - WINGMAN MEDIA, Westlake Village, CA, pg. 529
Berger, Jared - Account Services, Media Department - ANSIRA, Addison, TX, pg. 326
Berger, Tara - Media Department - SPARK FOUNDRY, Chicago, IL, pg. 510
Berger, Jordan - Account Services, Media Department - MCCANN NEW YORK, New York, NY, pg. 108
Berger, Lisa - Interactive / Digital, Media Department - WAVEMAKER, New York, NY, pg. 526
Berger, Olivia - Interactive / Digital, Media Department - STARCOM WORLDWIDE, New York, NY, pg. 517
Berger, Johanna - Interactive / Digital, Media Department, Operations - DP+, Farmington Hills, MI, pg. 353
Berghorn, Christine - Account Services, Finance, Media Department, NBC - PERFORMICS, New York, NY, pg. 676
Berghoudian, Chris - Account Services, Media Department - MARTIN RETAIL GROUP, Westlake Village, CA, pg. 106
Berglin, Kiernan - Management, Media Department - UNIVERSAL MCCANN, New York, NY, pg. 521
Bergman, Christina - Media Department - CARAT, Chicago, IL, pg. 461
Bergmann, Kristen - Account Planner, Interactive / Digital, Media Department - GTB, Dearborn, MI, pg. 367
Bergmann, Charles - Media Department, PPOM - MINDSHARE, New York, NY, pg. 491
Berk, Rachel - Creative, Management, Media Department, NBC - BLUE 449, New York, NY, pg. 455
Berkel, Paula - Media Department - AMP AGENCY, Boston, MA, pg. 297
Berkowitz, Ari - Interactive / Digital, Media Department, Social Media - 360I, LLC, New York, NY, pg. 320
Berman, Alison - Media Department - GIANT SPOON, LLC, Los Angeles, CA, pg. 363
Berman, Jeremy - Interactive / Digital, Media Department - 360I, LLC, New York, NY, pg. 320
Berman, Aviva - Media Department - SPARK FOUNDRY, New York, NY, pg. 508

RESPONSIBILITIES INDEX

AGENCIES

Berman, Judi - Media Department - NSA MEDIA GROUP, INC., Downers Grove, IL, *pg.* 497

Bermudez, Barbara - Account Services, Interactive / Digital, Media Department - KETCHUM SOUTH, Atlanta, GA, *pg.* 620

Bernal, Camille - Media Department - THE RICHARDS GROUP, INC., Dallas, TX, *pg.* 422

Bernard, Nicole - Media Department - MINDSHARE, Chicago, IL, *pg.* 494

Bernard, Brad - Interactive / Digital, Media Department - HARMELIN MEDIA, Bala Cynwyd, PA, *pg.* 467

Bernardo, Nick - Finance, Interactive / Digital, Media Department, PPM - HORIZON MEDIA, INC., New York, NY, *pg.* 474

Bernethy, Erin - Account Services, Media Department - GSD&M, Chicago, IL, *pg.* 79

Bernier, Nathalie - Media Department - COSSETTE MEDIA, Quebec City, QC, *pg.* 345

Berning, Jenna - Account Planner, Media Department - BIG YAM, Scottsdale, AZ, *pg.* 583

Bernocchi, Lauren - Interactive / Digital, Media Department - WAVEMAKER, New York, NY, *pg.* 526

Bernot, Ashley - Media Department - INITIATIVE, New York, NY, *pg.* 477

Bernstein, Lauren - Account Services, Media Department - STELLA RISING, Westport, CT, *pg.* 518

Berresse, Jessica - Account Planner, Media Department, NBC - CARAT, Atlanta, GA, *pg.* 459

Berrin, Nicole - Account Planner, Account Services, Media Department - OMD, New York, NY, *pg.* 498

Berrio, Angela - Media Department - HAVAS MEDIA GROUP, New York, NY, *pg.* 468

Berrios, Vanessa - Account Services, Media Department - OPTIMUM SPORTS, New York, NY, *pg.* 394

Berry, Jake - Management, Media Department - THE MARS AGENCY, Southfield, MI, *pg.* 683

Berry, Marie - Media Department, PPOM - CHINATOWN BUREAU, New York, NY, *pg.* 220

Bertiglia, Kelsey - Media Department, Programmatic - AKQA, San Francisco, CA, *pg.* 211

Berzins, Rachel - Interactive / Digital, Media Department - STARCOM WORLDWIDE, Chicago, IL, *pg.* 513

Berzins, Tija - Media Department - 360I, LLC, Chicago, IL, *pg.* 208

Besegai, Dave - Management, Media Department - HORIZON MEDIA, INC., New York, NY, *pg.* 474

Besse, Allison - Media Department - ZENITH MEDIA, New York, NY, *pg.* 529

Bessette, Casey - Media Department, NBC - SAGE MEDIA PLANNING & PLACEMENT, INC., Washington, DC, *pg.* 508

Best, Kelli - Management, Media Department, Research - CAMPOS INC, Pittsburgh, PA, *pg.* 443

Betancur, Melissa - Account Services, Media Department, PPM - DEUTSCH, INC., New York, NY, *pg.* 349

Bethea, Brandon - Analytics, Media Department - NEO MEDIA WORLD, New York, NY, *pg.* 496

Betsanes, Elizabeth - Media Department - PHD CHICAGO, Chicago, IL, *pg.* 504

Betsold, Amanda - Interactive / Digital, Media Department, Programmatic - ICROSSING, New York, NY, *pg.* 240

Bettinger, Morgan - Media Department, NBC - HORIZON MEDIA, INC., New York, NY, *pg.* 474

Bettiol, Valentina - Interactive / Digital, Media Department, NBC, Social Media - 360I, LLC, New York, NY, *pg.* 320

Bettwy, Angela - Interactive / Digital, Media Department - REPRISE DIGITAL, New York, NY, *pg.* 676

Beugelsdijk, Stephanie - Media Department - ASHER MEDIA, Addison, TX, *pg.* 455

Beurskens, Stuart - Media Department - SPARK FOUNDRY, Chicago, IL, *pg.* 510

Bevan, Shawn - Media Department - INITIATIVE, Los Angeles, CA, *pg.* 478

Bevans, Kaitlin - Account Services, Media Department, Programmatic - THE MEDIA KITCHEN, New York, NY, *pg.* 519

Bevilacqua, Patrick - Account Services, Interactive / Digital, Management, Media Department, Operations, Programmatic - ACTIVISION BLIZZARD MEDIA, New York, NY, *pg.* 26

Bevins, Tanya - Account Planner, Account Services, Media Department, NBC, Operations - MINDSHARE, New York, NY, *pg.* 491

Bevis, Jake - Media Department - DNA SEATTLE, Seattle, WA, *pg.* 180

Bey, Jacqueline - Account Planner, Media Department - SPARK FOUNDRY, New York, NY, *pg.* 508

Bhansali, Ariti - Human Resources, Media Department - STARCOM WORLDWIDE, Chicago, IL, *pg.* 513

Bhatia, Shaan - Media Department - MEDIACOM, Playa Vista, CA, *pg.* 486

Bhimavarapu, Sindhuri - Media Department - OMD, New York, NY, *pg.* 498

Bi, Yukun - Account Planner, Media Department - HYLINK, Santa Monica, CA, *pg.* 240

Bianca, Aimee - Media Department, PPOM, Public Relations - YC MEDIA, New York, NY, *pg.* 664

Biancalani, Brandon - Media Department - MODIFLY INC., San Marcos, CA, *pg.* 687

Biciocchi, Jim - Interactive / Digital, Media Department - DIGITAS, Boston, MA, *pg.* 226

Bickers, Anna - Media Department - DALTON + ANODE, Nashville, TN, *pg.* 348

Bickford, Aisha - Account Services, Media Department, Operations - UNIVERSAL MCCANN, New York, NY, *pg.* 521

Bideaux, Douglas - Account Services, Media Department - INTERSECTION, New York, NY, *pg.* 553

Bidlack, Linda - Media Department, PPOM - BIDLACK CREATIVE GROUP, Ann Arbor, MI, *pg.* 39

Bidwell, Christy - Account Planner, Media Department - HAWORTH MARKETING & MEDIA, Minneapolis, MN, *pg.* 470

Bieber, Jeffrey - Media Department, NBC - ADHAWKS ADVERTISING & PUBLIC RELATIONS, INC., Louisville, KY, *pg.* 27

Bieganski, Emily - Management, Media Department - UNIVERSAL MCCANN DETROIT, Birmingham, MI, *pg.* 524

Bieke, Mackenzii - Interactive / Digital, Media Department - ADTAXI, Denver, CO, *pg.* 211

Biel, Gina - Media Department - BADER RUTTER & ASSOCIATES, INC., Milwaukee, WI, *pg.* 328

Bien, Rachel - Account Planner, Analytics, Interactive / Digital, Media Department - ZENITH MEDIA, New York, NY, *pg.* 529

Bienenfeld, Joel - Media Department, PPM - SIMONS / MICHELSON / ZIEVE, INC., Troy, MI, *pg.* 142

Biggs, Chad - Media Department, PPOM - RED SKY PUBLIC RELATIONS, Boise, ID, *pg.* 642

Bigley, Eric - Interactive / Digital, Media Department, Social Media - NEO MEDIA WORLD, New York, NY, *pg.* 496

Biglione, Shann - Account Planner, Account Services, Management, Media Department - PUBLICIS NORTH AMERICA, New York, NY, *pg.* 399

Bikowski, David - Account Planner, Analytics, Interactive / Digital, Management, Media Department, Research - SYZYGY US, New York, NY, *pg.* 268

Bilger, Kristen - Account Services, Interactive / Digital, Media Department - FLEISHMANHILLARD, Charlotte, NC, *pg.* 605

Billones, Chanelle - Account Planner, Media Department - TEAM ONE, Dallas, TX, *pg.* 418

Bills, Caren - Media Department, PPM - CREATIVE SERVICES, High Point, NC, *pg.* 594

Bilotta, Elizabeth - Media Department - CROSSMEDIA, New York, NY, *pg.* 463

Binder, Alex - Interactive / Digital, Media Department, NBC, Social Media - DIGITAS, Boston, MA, *pg.* 226

Bindra, Dex - Analytics, Management, Media Department - ZETA INTERACTIVE, New York, NY, *pg.* 277

1580

AGENCIES

RESPONSIBILITIES INDEX

Bingemann, Pip - Media Department - CUTWATER, San Francisco, CA, pg. 56

Bingham, Kyle - Media Department - EPIQ SYSTEMS, Beaverton, OR, pg. 232

Bingham, Amanda - Account Services, Analytics, Media Department, NBC - PROJECT X, New York, NY, pg. 556

Binns, Becky - Interactive / Digital, Media Department - ZIZZO GROUP ADVERTISING & PUBLIC RELATIONS, Milwaukee, WI, pg. 437

Bintrim, Duncan - Media Department - BAYARD ADVERTISING AGENCY, INC., New York, NY, pg. 37

Birck, Amanda - Management, Media Department - EMPOWER, Cincinnati, OH, pg. 354

Bird, Jillian - Media Department, NBC - HORIZON MEDIA, INC., New York, NY, pg. 474

Birdoff, Matthew - Media Department - SJI ASSOCIATES, New York, NY, pg. 142

Birk, Jessica - Account Planner, Media Department - ID MEDIA, New York, NY, pg. 477

Birkel, Katie - Media Department, NBC - HUGE, INC., Brooklyn, NY, pg. 239

Birkholz, Jessica - Media Department - MEDIA BRIDGE ADVERTISING, Minneapolis, MN, pg. 484

Birnbaum, Norma - Account Planner, Interactive / Digital, Management, Media Department - SAATCHI & SAATCHI WELLNESS, New York, NY, pg. 137

Bischoff, Otto - Interactive / Digital, Media Department - GTB, Dallas, TX, pg. 80

Bishara, Kareem - Account Planner, Media Department - UNIVERSAL MCCANN, New York, NY, pg. 521

Bishop, Kelli - Media Department - TIMBERLAKE MEDIA SERVICES, INC., Naperville, IL, pg. 520

Bishop, Kyle - Interactive / Digital, Media Department, PPM - BOATHOUSE GROUP, INC., Waltham, MA, pg. 40

Bishop, Greg - Account Services, Media Department - 360I, LLC, Atlanta, GA, pg. 207

Bishop, Denise - Media Department - GRAHAM GROUP, Lafayette, LA, pg. 365

Bishop, Evann - Media Department - CONQUER MEDIA, Simon's Island, GA, pg. 52

Bishop, Alexis - Media Department - OPENMIND, New York, NY, pg. 503

Bishop, Erin - Media Department, Research - AMPERAGE, Cedar Rapids, IA, pg. 30

Bisignano, Samantha - Account Services, Media Department - POSTERSCOPE U.S.A., New York, NY, pg. 556

Bisono, Sonia - Account Services, Management, Media Department - WIEDEN + KENNEDY, New York, NY, pg. 432

Bithell, Steven - Interactive / Digital, Media Department - DIGITAS, Boston, MA, pg. 226

Bivens, Meredith - Media Department - GSD&M, Chicago, IL, pg. 79

Bivins, Liz - Account Planner, Interactive / Digital, Media Department - ZENITH MEDIA, Atlanta, GA, pg. 531

Bivins, Joscelyn - Interactive / Digital, Media Department - M/SIX, New York, NY, pg. 482

Bizon, Cecilia - Media Department - STARCOM WORLDWIDE, Chicago, IL, pg. 513

Bjorklund, Jennifer - Media Department - HAVAS MEDIA GROUP, New York, NY, pg. 468

Black, Taylor - Account Services, Media Department - EXTRAORDINARY EVENTS, Sherman Oaks, CA, pg. 305

Black, Philip - Account Services, Media Department, NBC - GYRO, Chicago, IL, pg. 368

Black, Courtney - Media Department - CONQUER MEDIA, Simon's Island, GA, pg. 52

Blair, Bohb - Account Services, Management, Media Department, PPOM - STARCOM WORLDWIDE, Chicago, IL, pg. 513

Blair Pluem, Shannon - Account Services, Media Department, PPOM - INITIATIVE, Toronto, ON, pg. 479

Blanco, Daryl - Interactive / Digital, Media Department, Social Media - ZENITH MEDIA, New York, NY, pg. 529

Bland, Thy Ta - Media Department - MEDIA ASSEMBLY, Southfield, MI, pg. 385

Blando, Lauren - Interactive / Digital, Media Department, Social Media - OMD, New York, NY, pg. 498

Blaney, Dan - Media Department, PPOM - BBDO WORLDWIDE, New York, NY, pg. 331

Blankenship, Angela - Media Department - SPARK FOUNDRY, Seattle, WA, pg. 512

Blankenship, Mark - Creative, Media Department - AKA NYC, New York, NY, pg. 324

Blankfein, Eric - Media Department, PPOM, Public Relations - HORIZON MEDIA, INC., New York, NY, pg. 474

Blas, Fabiola - Interactive / Digital, Media Department, Social Media - NMPI, New York, NY, pg. 254

Blawie, Gavin - Interactive / Digital, Media Department - MKTG INC, New York, NY, pg. 311

Bleier, Karen - Media Department - MDG ADVERTISING, Boca Raton, FL, pg. 484

Bleser, Elizabeth - Interactive / Digital, Media Department, NBC, PPOM - BLUE CHIP MARKETING & COMMUNICATIONS, Northbrook, IL, pg. 334

Bleser, Hillary - Media Department - CROSSMEDIA, New York, NY, pg. 463

Bleuer, Leah Dorothy - Media Department - CROWLEY WEBB & ASSOCIATES, Buffalo, NY, pg. 55

Blevins, Ron - Interactive / Digital, Media Department - MARKETING ARCHITECTS, Minneapolis, MN, pg. 288

Blevins, Lisa - Media Department - HAWORTH MARKETING & MEDIA, Minneapolis, MN, pg. 470

Blevins, Shae - Interactive / Digital, Media Department - GRETEMAN GROUP, Wichita, KS, pg. 8

Blishteyn, Galina - Interactive / Digital, Management, Media Department - UNIVERSAL MCCANN, New York, NY, pg. 521

Block, Danielle - Account Services, Interactive / Digital, Media Department, Social Media - INTEGRITY, Saint Louis, MO, pg. 90

Bloemer, Audrey - Interactive / Digital, Media Department - SEER INTERACTIVE, Philadelphia, PA, pg. 677

Bloemker, Shannon - Interactive / Digital, Media Department - OMD, Chicago, IL, pg. 500

Blom, Mike - Media Department - COMPASS COMMUNICATIONS, Halifax, NS, pg. 52

Blond, Stephanie - Media Department - WEBER SHANDWICK, New York, NY, pg. 660

Blood, Michelle - Account Planner, Account Services, Media Department - AMBASSADOR ADVERTISING, Irvine, CA, pg. 324

Bloom, Jenna - Account Services, Interactive / Digital, Media Department - ADHAWKS ADVERTISING & PUBLIC RELATIONS, INC., Louisville, KY, pg. 27

Bloomer, Jen - Creative, Media Department - MAROON PR, Columbia, MD, pg. 625

Bloore Hunt, Karen - Account Services, Management, Media Department, PPOM - UNIVERSAL MCCANN, Los Angeles, CA, pg. 524

Blount, Courtney - Account Services, Media Department - THE MEDIA KITCHEN, New York, NY, pg. 519

Blum, Bette - Management, Media Department - HUNTER HAMERSMITH, North Miami, FL, pg. 87

Bluman, Alexander - Media Department, NBC - HUGE, INC., Brooklyn, NY, pg. 239

Blumberg, Stephen - Account Planner, Account Services, Interactive / Digital, Management, Media Department, PPOM - STARCOM WORLDWIDE, New York, NY, pg. 517

Blumenkron, Natasha - Media Department, Social Media - TINUITI, Dania Beach, FL, pg. 271

Blumenthal, AJ - Media Department, NBC - WIEDEN + KENNEDY, Portland, OR, pg. 430

Blumenthal, Sue - Media Department - KELLY, SCOTT & MADISON, INC., Chicago, IL, pg. 482

Blunt, Kailey - Media Department - STARCOM WORLDWIDE, Chicago, IL,

1581

RESPONSIBILITIES INDEX

AGENCIES

Bluth, Carly - Interactive / Digital, Media Department - HORIZON MEDIA, INC., New York, NY, *pg.* 474

Blyukher, Anastasiya - Interactive / Digital, Management, Media Department - XAXIS, New York, NY, *pg.* 276

Boardman, Katie - Media Department - CHEMISTRY COMMUNICATIONS INC., Pittsburgh, PA, *pg.* 50

Bobbe, Emily - Media Department - BORDERS PERRIN NORRANDER, INC., Portland, OR, *pg.* 41

Bobbs, Sydney - Media Department - MATRIX MEDIA SERVICES, Columbus, OH, *pg.* 554

Bobruska, Allison - Interactive / Digital, Media Department - MERKLEY + PARTNERS, New York, NY, *pg.* 114

Bocage, Linda - Account Services, Management, Media Department - SPARK FOUNDRY, Chicago, IL, *pg.* 510

Bock, Jason - Account Services, Interactive / Digital, Media Department, Operations - OMD ENTERTAINMENT, Burbank, CA, *pg.* 501

Boddy, Mandy - Account Services, Media Department, NBC - MOTHER NY, New York, NY, *pg.* 118

Boden, Lisa - Media Department - STRATEGIC AMERICA, West Des Moines, IA, *pg.* 414

Bodenburg, Corby - Interactive / Digital, Media Department - SCALES ADVERTISING, Minneapolis, MN, *pg.* 138

Bodogh, Beatrice - Media Department, PPM - BBDO CANADA, Toronto, ON, *pg.* 330

Boegel, Patrick - Interactive / Digital, Media Department - MEDIA LOGIC, Albany, NY, *pg.* 288

Boehm, Courtney - Management, Media Department - UNIVERSAL MCCANN DETROIT, Birmingham, MI, *pg.* 524

Boeldt, Sharon - Media Department, PPOM - HOFFMAN YORK, Milwaukee, WI, *pg.* 371

Boera, Catherine - Account Planner, Media Department, NBC - ACTIVE INTERNATIONAL, Pearl River, NY, *pg.* 439

Bofferding, Sidne - Media Department, NBC - GASLIGHT CREATIVE, St. Cloud, MN, *pg.* 361

Bogart, Colleen - Media Department - FLYNN, Pittsford, NY, *pg.* 74

Bogdanski, Justin - Account Planner, Account Services, Media Department - CROSSMEDIA, New York, NY, *pg.* 463

Bogin, Liora - Media Department, Social Media - ESSENCE, New York, NY, *pg.* 232

Bogus, Samantha - Media Department - CMI MEDIA, LLC, King of Prussia, PA, *pg.* 342

Bohl, Lauren - Media Department - HEARTS & SCIENCE, New York, NY, *pg.* 471

Bohler, Caroline - Interactive / Digital, Media Department - KENNEDY COMMUNICATIONS, Madison, WI, *pg.* 482

Bohrer, Jason - Media Department - NORTHERN LIGHTS DIRECT, Chicago, IL, *pg.* 289

Bohringer, Olivia - Media Department - BARKLEY, Kansas City, MO, *pg.* 329

Boilard, Brittany - Interactive / Digital, Media Department - HILL HOLLIDAY, Boston, MA, *pg.* 85

Bolazina, Jenna - Media Department - 360I, LLC, Chicago, IL, *pg.* 208

Boldt, Jessica - Account Planner, Account Services, Interactive / Digital, Media Department - HAWORTH MARKETING & MEDIA, Minneapolis, MN, *pg.* 470

Bole, Katlin - Media Department - VSA PARTNERS, INC., Chicago, IL, *pg.* 204

Boles, Rick - Media Department, Operations - PRIMEDIA, Warwick, RI, *pg.* 506

Boles, John - Account Services, Management, Media Department - EDELMAN, New York, NY, *pg.* 599

Boles-Marshall, Brianne - Media Department - STARCOM WORLDWIDE, Chicago, IL, *pg.* 513

Bollinger, Karen - Interactive / Digital, Media Department, NBC - BVK, Milwaukee, WI, *pg.* 339

Bollman, Jennifer - Media Department - CRISPIN PORTER + BOGUSKY, Boulder, CO, *pg.* 346

Bolognese, Alison - Media Department - HARMELIN MEDIA, Bala Cynwyd, PA, *pg.* 467

Bolotin, Carli - Interactive / Digital, Media Department - SPARK FOUNDRY, Chicago, IL, *pg.* 510

Bompastore, Angela - Media Department - PLUSMEDIA, LLC, Danbury, CT, *pg.* 290

Bond, Yvonne - Human Resources, Media Department, PPOM, Public Relations - HAVAS NEW YORK, New York, NY, *pg.* 369

Bond, Samantha - Account Services, Media Department, NBC, Promotions - MKTG INC, New York, NY, *pg.* 311

Bond, Michael - Media Department - BLATTEL COMMUNICATIONS, San Francisco, CA, *pg.* 584

Bond, Allan - Media Department - PEDICAB OUTDOOR, Boston, MA, *pg.* 556

Bond, Samantha - Media Department - MKTG, Westport, CT, *pg.* 568

Bone, Katie - Account Services, Media Department - NOVITA COMMUNICATIONS, New York, NY, *pg.* 392

Bongiorni, Nicholas - Account Planner, Interactive / Digital, Media Department - HORIZON MEDIA, INC., New York, NY, *pg.* 474

Bonilla-Flores, Carly - Media Department - H&L PARTNERS, Oakland, CA, *pg.* 80

Bonkowski, Dana - Account Services, Management, Media Department - STARCOM WORLDWIDE, Chicago, IL, *pg.* 513

Bonnel, Sam - Media Department - HORIZON MEDIA, INC., New York, NY, *pg.* 474

Bonnem, Brooke - Media Department - KSM SOUTH, Austin, TX, *pg.* 482

Bonner, Valerie - Media Department - FCB CHICAGO, Chicago, IL, *pg.* 71

Bonner, Brittany - Account Planner, Media Department - TEAM ONE, Dallas, TX, *pg.* 418

Bonner, Scott - Media Department - STARCOM WORLDWIDE, Chicago, IL, *pg.* 513

Bonnet, Katharine - Interactive / Digital, Media Department - DUNN&CO, Tampa, FL, *pg.* 353

Bonovsky, Travis - Interactive / Digital, Media Department - CLEAR CHANNEL OUTDOOR, Minneapolis, MN, *pg.* 551

Booker, Debbie - Media Department - WATAUGA GROUP, Orlando, FL, *pg.* 21

Booth, Andrew - Media Department - THE FRANK AGENCY, INC., Overland Park, KS, *pg.* 150

Booth, Christian - Account Services, Interactive / Digital, Media Department - FUNDAMENTAL MEDIA, Boston, MA, *pg.* 465

Booth Edelman, Jennifer - Interactive / Digital, Media Department, Social Media - ZEHNDER COMMUNICATIONS, INC., New Orleans, LA, *pg.* 436

Borawski, Erin - Media Department - BULLDOG DRUMMOND, San Diego, CA, *pg.* 338

Borchard, Matthew - Account Planner, Media Department - NOBLE PEOPLE, New York, NY, *pg.* 120

Borgella, Candice - Account Planner, Media Department - WAVEMAKER, Los Angeles, CA, *pg.* 528

Borges, Raquel - Account Planner, Account Services, Media Department - HEARTS & SCIENCE, New York, NY, *pg.* 471

Borgia, Julianna - Media Department - DIGITAS HEALTH LIFEBRANDS, Philadelphia, PA, *pg.* 229

Borisavljevic, Katie - Management, Media Department, Operations - RPA, Santa Monica, CA, *pg.* 134

Bork, David - Interactive / Digital, Media Department - ZIMMERMAN ADVERTISING, Fort Lauderdale, FL, *pg.* 437

Borkenhagen, Lynn - Media Department - HIEBING, Madison, WI, *pg.* 85

Borkowski, Erin - Media Department - TBC, Baltimore, MD, *pg.* 416

Borkowski, Summer - Media Department - 14TH & BOOM, Chicago, IL, *pg.* 207

Borman, Dee Dee - Media Department - TEAM ONE, Los Angeles, CA, *pg.* 417

Bornmann, Dave - Media Department, PPOM - NAYLOR ASSOCIATION SOLUTIONS, Gainesville, FL, *pg.* 120

Borrelli, Amanda - Media Department - MEDIASMITH, INC., San Francisco, CA, *pg.* 490

AGENCIES

RESPONSIBILITIES INDEX

Borselli, Marissa - Media Department - MEDIAHUB BOSTON, Boston, MA, *pg.* 489

Borzillo, Catie - Interactive / Digital, Media Department - RED TETTEMER O'CONNELL + PARTNERS, Philadelphia, PA, *pg.* 404

Bosch, Tim - Interactive / Digital, Media Department - OMD, New York, NY, *pg.* 498

Bosch, Dave - Media Department, Operations - ZENITH MEDIA, Santa Monica, CA, *pg.* 531

Bosetti, Maureen - Finance, Media Department - INITIATIVE, New York, NY, *pg.* 477

Bossen, Dana - Account Services, Interactive / Digital, Media Department, Social Media - PADILLA, Minneapolis, MN, *pg.* 635

Bosson, Bailey - Interactive / Digital, Media Department - MINDSTREAM MEDIA, San Diego, CA, *pg.* 495

Bostick, Brittany - Media Department - THE TOMBRAS GROUP, Knoxville, TN, *pg.* 424

Boston, Churita - Media Department, PPM - PHD, Los Angeles, CA, *pg.* 504

Boswell, Patrice - Media Department, NBC - VENABLES BELL & PARTNERS, San Francisco, CA, *pg.* 158

Bosworth, Gail - Media Department - THE BOSWORTH GROUP, Charleston, SC, *pg.* 148

Botich, Joe - Media Department - THE BUNTIN GROUP, Nashville, TN, *pg.* 148

Botkin, David - Media Department - ZENITH MEDIA, New York, NY, *pg.* 529

Botnen, Joanna - Media Department, PPM - HAWORTH MARKETING & MEDIA, Minneapolis, MN, *pg.* 470

Botta, Lisa - Media Department - OMD, Chicago, IL, *pg.* 500

Bottin, Devon - Interactive / Digital, Media Department - INITIATIVE, New York, NY, *pg.* 477

Boucher, Robert - Interactive / Digital, Media Department, PPM - RAPP WORLDWIDE, Los Angeles, CA, *pg.* 291

Boucher, Katie - Media Department - DERSE, INC., Milwaukee, WI, *pg.* 304

Boudart, Beth - Interactive / Digital, Media Department - SPARK FOUNDRY, New York, NY, *pg.* 508

Boulia, Billy - Account Services, Interactive / Digital, Management, Media Department, NBC, Social Media - THE COMMUNITY, Miami Beach, FL, *pg.* 545

Boullin, Greg - Account Services, Interactive / Digital, Media Department - PUBLICIS.SAPIENT, New York, NY, *pg.* 258

Boulos, Kareem - Management, Media Department - MEDIA EXPERTS, Toronto, ON, *pg.* 485

Bouma, Melissa - Analytics, Media Department, NBC - MANIFEST, Phoenix, AZ, *pg.* 383

Bourdel, Emeline - Media Department - NOISE DIGITAL, Vancouver, BC, *pg.* 254

Bousquet, Stephanie - Account Planner, Media Department - GOODBY, SILVERSTEIN & PARTNERS, San Francisco, CA, *pg.* 77

Boutte, Mark - Account Planner, Interactive / Digital, Media Department - ANDERSON DDB HEALTH & LIFESTYLE, Toronto, ON, *pg.* 31

Bouvia, Branden - Interactive / Digital, Media Department - WIEDEN + KENNEDY, New York, NY, *pg.* 432

Bouvier, Jessica - Account Planner, Account Services, Media Department - BEARDWOOD & CO, New York, NY, *pg.* 174

Bove, Aimee - Interactive / Digital, Media Department - THE LOOMIS AGENCY, Dallas, TX, *pg.* 151

Boveri, Megan - Interactive / Digital, Media Department - STARCOM WORLDWIDE, Chicago, IL, *pg.* 513

Bowdon, Ben - Account Services, Interactive / Digital, Media Department - BLUE WHEEL MEDIA, Birmingham, MI, *pg.* 335

Bowe, Darcy - Media Department - STARCOM WORLDWIDE, Chicago, IL, *pg.* 513

Bowe, Tim - Media Department - MODCOGROUP, New York, NY, *pg.* 116

Bowen, Angela - Media Department, PPM - NICE SHOES, New York, NY, *pg.* 193

Bowen, Ashley - Media Department - 160OVER90, Los Angeles, CA, *pg.* 301

Bower, Jennifer - Media Department - PAL8 MEDIA, INC., Santa Barbara, CA, *pg.* 503

Bowers, Kaylea - Account Services, Media Department, Research - PORTER NOVELLI, Atlanta, GA, *pg.* 637

Bowers, Catlin - Account Planner, Account Services, Interactive / Digital, Media Department - INITIATIVE, New York, NY, *pg.* 477

Bowers-Odom, Aliciana - Media Department - RESOLUTE DIGITAL, LLC, New York, NY, *pg.* 263

Bowhay, Brooke - Interactive / Digital, Media Department - CARAT, Culver City, CA, *pg.* 459

Bowie, Jenn - Media Department - BARLOW MEDIA, North Vancouver, BC, *pg.* 455

Bowles, Ashley - Interactive / Digital, Media Department, PPM - 360I, LLC, New York, NY, *pg.* 320

Bowman, Melissa - Media Department - SCOPPECHIO, Louisville, KY, *pg.* 409

Bowman, Michelle - Media Department - OKD MARKETING GROUP, Burlington, ON, *pg.* 394

Bowman, Stephanie - Media Department - SPARK FOUNDRY, Chicago, IL, *pg.* 510

Bowman, Julianna - Account Planner, Media Department, NBC, Public Relations - HEARTS & SCIENCE, Atlanta, GA, *pg.* 473

Bowman, Laura - Media Department, Programmatic - PMG, Fort Worth, TX, *pg.* 257

Bowser, Jordan - Interactive / Digital, Media Department - TARGET MEDIA USA, Harrisburg, PA, *pg.* 518

Boy, Jayce - Media Department - SPARK FOUNDRY, Chicago, IL, *pg.* 510

Boyd, Jarryd - Account Planner, Account Services, Media Department, Social Media - PRAYTELL, Brooklyn, NY, *pg.* 258

Boyd, Laurel - Interactive / Digital, Media Department - MEDIAHUB BOSTON, Boston, MA, *pg.* 489

Boyd, Amanda - Media Department - OMNI ADVERTISING, Boca Raton, FL, *pg.* 394

Boyd, Jeffrey - Media Department - HORIZON MEDIA, INC., Los Angeles, CA, *pg.* 473

Boyd, David - Media Department - CHECKMARK COMMUNICATIONS, Saint Louis, MO, *pg.* 49

Boyd, Alicia - Media Department - VISTRA COMMUNICATIONS, LLC, Lutz, FL, *pg.* 658

Boykin, Lynne - Account Services, Media Department, PPM - THE BRANDON AGENCY, Myrtle Beach, SC, *pg.* 419

Boyle, Kevin - Account Services, Management, Media Department, PR Management, Public Relations - HEARTS & SCIENCE, New York, NY, *pg.* 471

Boyle, Anne - Management, Media Department - ROUNDPEG, Silver Spring, MD, *pg.* 408

Boyle, Kelly - Media Department - OMD, Chicago, IL, *pg.* 500

Boynton, Caroline - Account Planner, Media Department - GSD&M, Austin, TX, *pg.* 79

Bozeman, Cristen - Media Department - STAMP IDEAS GROUP, LLC, Montgomery, AL, *pg.* 144

Braddock, Serina - Interactive / Digital, Media Department, Research - BLUE 449, Seattle, WA, *pg.* 456

Bradley, Andra - Interactive / Digital, Media Department - MBUY, Chicago, IL, *pg.* 484

Bradley, Justin - Account Planner, Media Department - WIEDEN + KENNEDY, Portland, OR, *pg.* 430

Bradley, Mallory - Media Department - THE BUNTIN GROUP, Nashville, TN, *pg.* 148

Bradshaw, Melanie - Account Services, Media Department - MEDIA COUNSELORS, LLC, Miami, FL, *pg.* 485

Bradshaw, Sam - Media Department - WAVEMAKER, Los Angeles, CA, *pg.* 528

Brady, Janelle - Account Planner, Media Department - MAYOSEITZ MEDIA, Blue Bell, PA, *pg.* 483

Brady, Heather - Media Department - GODFREY DADICH, San Francisco, CA, *pg.* 364

Brady-Joyner, Phillip - Media Department - GSD&M, Austin, TX, *pg.* 79

Braggs, Taja - Account Planner, Interactive / Digital, Media Department - ESSENCE, Minneapolis,

1583

RESPONSIBILITIES INDEX

AGENCIES

MN, pg. 233
Braley, Samantha - Media Department - SPARK FOUNDRY, Chicago, IL, pg. 510
Branagan, Johanna - Interactive / Digital, Media Department - MEDIACOM, New York, NY, pg. 487
Branch, Greg - Media Department - AMPM, INC. , Midland, MI, pg. 325
Brand, Kortney - Account Planner, Account Services, Media Department - FIG, New York, NY, pg. 73
Brandaw, Hillary - Media Department - MEDIAHUB LOS ANGELES, El Segundo, CA, pg. 112
Brandell, Amanda - Account Planner, Media Department - MEDIACOM, New York, NY, pg. 487
Brandes, Laura - Media Department - RAPPORT OUTDOOR WORLDWIDE, Los Angeles, CA, pg. 557
Brandewie, Matt - Media Department, Social Media - STARCOM WORLDWIDE, Chicago, IL, pg. 513
Brandon, Andrea - Account Services, Creative, Media Department, NBC - MINDSTREAM MEDIA, Peoria, IL, pg. 250
Brandon, Darby - Media Department, Social Media - RESOLUTION MEDIA, New York, NY, pg. 263
Brandon, Gary - Media Department - LEWIS COMMUNICATIONS, Birmingham, AL, pg. 100
Brandow, Stephen - Interactive / Digital, Media Department, NBC, Social Media - MEDIAHUB NEW YORK, New York, NY, pg. 249
Brands, Alex - Account Planner, Account Services, Creative, Media Department - PATTERN, New York, NY, pg. 126
Brandus, Grace - Media Department - PHD USA, New York, NY, pg. 505
Branigan, Lisa - Interactive / Digital, Media Department - ZIMMERMAN ADVERTISING, Fort Lauderdale, FL, pg. 437
Branigan, Sarah - Media Department - GOMEDIA, Hartford, CT, pg. 77
Brankovic, Adnan - Account Planner, Account Services, Management, Media Department - MEDIACOM, New York, NY, pg. 487
Brannan, Alex - Media Department - NEW TRADITION, New York, NY, pg. 554
Brassine, Bill - Media Department - BRANDIENCE, Cincinnati, OH, pg. 42
Brathwaite, Casey - Media Department - PALISADES MEDIA GROUP, INC., Santa Monica, CA, pg. 124
Braud, Jeremy - Interactive / Digital, Media Department - PETERMAYER, New Orleans, LA, pg. 127
Brauer, Amanda - Media Department - SLINGSHOT, LLC, Dallas, TX, pg. 265
Brauneisen, Alicia - Media Department - CAMERON ADVERTISING, Hauppauge, NY, pg. 339
Braunius, Hanna - Media Department - OMD, Chicago, IL, pg. 500
Braunstein, Alexandra - Media Department - BRIGHTWAVE MARKETING, INC., Atlanta, GA, pg. 219
Bravo, Luis - Media Department - OMD, New York, NY, pg. 498
Braxton, Reatha - Media Department - MEDIAWORX, Shelton, CT, pg. 490
Brazzale, Jacquelyn - Account Services, Media Department - 3RD COAST PR, Chicago, IL, pg. 573
Breen, Erin - Interactive / Digital, Media Department - SPARK FOUNDRY, New York, NY, pg. 508
Breen, Michael - Account Services, Interactive / Digital, Media Department - GEOMETRY, New York, NY, pg. 362
Breen, Carolyn - Interactive / Digital, Media Department - HORIZON MEDIA, INC., New York, NY, pg. 474
Breidenbach, Megan - Interactive / Digital, Media Department - KELLY, SCOTT & MADISON, INC., Chicago, IL, pg. 482
Breier, Ben - Management, Media Department - CAMPBELL EWALD NEW YORK, New York, NY, pg. 47
Brelsford, Dawn - Account Services, Media Department, PPOM - INNOVAIRRE, Cherry Hill, NJ, pg. 89
Bremer, Ann - Media Department - INLINE MEDIA, INC. , Denver, CO, pg. 479
Bremer, Marla - Account Planner, Interactive / Digital, Media Department - ESSENCE, New York, NY, pg. 232
Bremer, Devon - Account Planner, Media Department - R/GA, New York, NY, pg. 260
Brenden, Tim - Media Department - MUDD ADVERTISING, Cedar Falls, IA, pg. 119
Brennan, Brian - Media Department, Operations - PINNACLE ADVERTISING, Schaumburg, IL, pg. 397
Brennan, Robert - Interactive / Digital, Media Department - HORIZON MEDIA, INC., New York, NY, pg. 474
Brenner, Pardis - Media Department, PPOM - MEDIACOM, New York, NY, pg. 487
Brensilber, Jordan - Media Department - HEALIXGLOBAL, New York, NY, pg. 471
Brent, Shannon - Media Department - RED FUSE COMMUNICATIONS, New York, NY, pg. 404
Breton, Caroline - Management, Media Department - MINDSHARE, Toronto, ON, pg. 495
Bretz, Kimberly - Media Department - STARCOM WORLDWIDE, North Hollywood, CA, pg. 516
Breuer, Alexandra - Media Department - CANVAS WORLDWIDE, New York, NY, pg. 458
Brewer, Keith - Interactive / Digital, Media Department - HORIZON MEDIA, INC., New York, NY, pg. 474
Brewin, Bayard - Media Department - SAGE COMMUNICATIONS, LLC, McLean, VA, pg. 409
Brewster, John - Interactive / Digital, Media Department - SHERRY MATTHEWS ADVOCACY MARKETING, Austin, TX, pg. 140
Brick, Patty - Account Planner, Account Services, Media Department, PPOM - KELLY, SCOTT & MADISON, INC., Chicago, IL, pg. 482
Brickman, Allison - Media Department - INITIATIVE, New York, NY, pg. 477
Brickowski, Kari - Management, Media Department, PPOM - MINDSHARE, New York, NY, pg. 491
Briddock, Rich - Analytics, Media Department - CARDINAL DIGITAL MARKETING, Atlanta, GA, pg. 220
Bridenstine, Elizabeth - Account Services, Interactive / Digital, Media Department - OMD, Chicago, IL, pg. 500
Bridges, Megan - Media Department - MEDIACOM, New York, NY, pg. 487
Bridgland, Christopher - Media Department - LEO BURNETT WORLDWIDE, Chicago, IL, pg. 98
Briese, Tracy - Interactive / Digital, Media Department - LINNIHAN FOY ADVERTISING, Minneapolis, MN, pg. 100
Briggs, Walter - Creative, Media Department, NBC, PPOM - CD&M COMMUNICATIONS, Portland, ME, pg. 49
Briggs, Michael - Interactive / Digital, Media Department, NBC, PPOM - PARAGON DIGITAL MARKETING, Keene, NH, pg. 675
Briggs, Nicole - Media Department - UNIVERSAL MCCANN, New York, NY, pg. 521
Bright, Jeanne - Interactive / Digital, Media Department, NBC, Social Media - ESSENCE, New York, NY, pg. 232
Bright, Brittany - Media Department, Public Relations, Social Media - MITCHELL, Fayetteville, AR, pg. 627
Brihn, Jesse - Media Department, PPM - DROGA5, New York, NY, pg. 64
Brill, Kathryn - Interactive / Digital, Media Department, Social Media - BOOMM MARKETING & COMMUNICATIONS, La Grange, IL, pg. 218
Brill-Torrez, Kari - Media Department - RIESTER, Phoenix, AZ, pg. 406
Brindza, Isa - Media Department - MINDSHARE, Chicago, IL, pg. 494
Brito, Ariel - Account Planner, Media Department, NBC - HORIZON MEDIA, INC., Los Angeles, CA, pg. 473
Brito, Kristen - Interactive / Digital, Media Department - MEDIACOM, New York, NY, pg. 487
Brittenham, Rachel - Media Department - THE LOOMIS AGENCY, Dallas, TX, pg. 151
Britton, Lance - Interactive / Digital, Media Department, Operations - CONVERSION INTERACTIVE AGENCY, Brentwood, TN, pg. 222
Brizzolara, Regina - Interactive /

AGENCIES

RESPONSIBILITIES INDEX

Broad, Tara - Interactive / Digital, Media Department, PPM - EP+CO., Greenville, SC, pg. 356

Broad, Tara - Interactive / Digital, Media Department - HORIZON MEDIA, INC., New York, NY, pg. 474

Brock, Susan - Media Department - UNDERSCORE MARKETING, LLC, New York, NY, pg. 521

Brock, Julia - Interactive / Digital, Media Department - HABERMAN, Minneapolis, MN, pg. 369

Brock, Kala - Media Department - NEXTMEDIA, INC., Dallas, TX, pg. 497

Brock, Liz - Analytics, Interactive / Digital, Media Department, NBC, Social Media - STARCOM WORLDWIDE, Detroit, MI, pg. 517

Brock, Nicholas - Creative, Interactive / Digital, Media Department - WISER STRATEGIES, Lexington, KY, pg. 663

Brockley, Marshall - Account Planner, Media Department - MEDIACOM, New York, NY, pg. 487

Brockman, Susanne - Media Department - FALLS COMMUNICATIONS, Cleveland, OH, pg. 357

Broderdorf, Alissa - Management, Media Department - UNIVERSAL MCCANN, Los Angeles, CA, pg. 524

Broderick, Tracy - Media Department, PPOM - KARSH & HAGAN, Denver, CO, pg. 94

Broderick, Niamh - Interactive / Digital, Media Department - WAVEMAKER, New York, NY, pg. 526

Broderick, Kendal - Media Department - PHD CHICAGO, Chicago, IL, pg. 504

Brodwater, Tim - Interactive / Digital, Media Department - HARMELIN MEDIA, Bala Cynwyd, PA, pg. 467

Brogan, Kathi - Media Department - PINCKNEY HUGO GROUP, Syracuse, NY, pg. 128

Brogren, Candace - Media Department - OMD, New York, NY, pg. 498

Bromfield, Denise - Media Department - SPARK FOUNDRY, Chicago, IL, pg. 510

Bronstein, Morgan - Media Department, Programmatic - HAVAS MEDIA GROUP, Boston, MA, pg. 470

Brook, Devin - Media Department, PPOM - BRAND NEW SCHOOL EAST, New York, NY, pg. 175

Brooks, Paula - Media Department - JL MEDIA, INC., Union, NJ, pg. 481

Brooks, Jacob - Media Department - TEAM ONE, Los Angeles, CA, pg. 417

Brooks, Alyson - Media Department - ZENITH MEDIA, New York, NY, pg. 529

Brooks-George, Kelly - Interactive / Digital, Media Department - BRANDSTAR, Deerfield Beach, FL, pg. 337

Broomes, Kevin - Media Department - VAYNERMEDIA, New York, NY, pg. 689

Bross, Jon - Media Department - VLADIMIR JONES, Colorado Springs, CO, pg. 429

Brotherson, Jaclyn - Analytics, Media Department - HAVAS MEDIA GROUP, New York, NY, pg. 468

Brothwell, Veronica - Account Planner, Account Services, Media Department - INITIATIVE, Los Angeles, CA, pg. 478

Brown, Karen - Account Services, Media Department - GROUP NINE, Louisville, KY, pg. 78

Brown, Mary Margaret - Media Department - LEWIS COMMUNICATIONS, Birmingham, AL, pg. 100

Brown, Jill - Media Department - ASHER AGENCY, Fort Wayne, IN, pg. 327

Brown, Lindsay - Media Department - BACKBONE MEDIA, Carbondale, CO, pg. 579

Brown, Antoine - Account Planner, Account Services, Management, Media Department, PPOM - SPARK FOUNDRY, New York, NY, pg. 508

Brown, Elizabeth - Account Planner, Media Department - ENERGY BBDO, INC., Chicago, IL, pg. 355

Brown, Linda - Media Department - HCB HEALTH, Austin, TX, pg. 83

Brown, Katelyn - Account Services, Media Department - OMD, New York, NY, pg. 498

Brown, Lindsay - Media Department - SPARK FOUNDRY, New York, NY, pg. 508

Brown, Jaimi - Management, Media Department, PPOM - HIEBING, Madison, WI, pg. 85

Brown, Hillary - Interactive / Digital, Media Department - MINDSHARE, New York, NY, pg. 491

Brown, Heather - Media Department - UNIVERSAL MCCANN, New York, NY, pg. 521

Brown, Mary - Interactive / Digital, Media Department - CALDWELL VANRIPER, Indianapolis, IN, pg. 46

Brown, Stephanie - Media Department, Social Media - OGILVY, New York, NY, pg. 393

Brown, Mark - Account Services, Management, Media Department - CARAT, Detroit, MI, pg. 461

Brown, Becky - Media Department - 360I, LLC, Chicago, IL, pg. 208

Brown, Parker - Media Department, Social Media - TINUITI, Dania Beach, FL, pg. 271

Brown, Ashley - Account Planner, Account Services, Media Department - KROGER MEDIA SERVICES, Portland, OR, pg. 96

Brown, Kaylee - Media Department - DP+, Farmington Hills, MI, pg. 353

Brown, Kevin - Interactive / Digital, Media Department - CARAT, Detroit, MI, pg. 461

Brown, Zach - Creative, Finance, Management, Media Department - CRISPIN PORTER + BOGUSKY, Boulder, CO, pg. 346

Brown-Robinson, Veronica - Media Department - HORIZON MEDIA, INC., Los Angeles, CA, pg. 473

Browne, Claire - Media Department, Research - RPA, Santa Monica, CA, pg. 134

Browne, Garrett - Interactive / Digital, Media Department - RAIN, Portland, OR, pg. 402

Browne, Justin - Interactive / Digital, Media Department - UNIVERSAL MCCANN, New York, NY, pg. 521

Brownell, Sheridan - Interactive / Digital, Media Department - INITIATIVE, San Diego, CA, pg. 479

Browning, Casey - Media Department - HUDSON ROUGE, New York, NY, pg. 371

Browning, Bess - Interactive / Digital, Media Department - YOUNG & LARAMORE, Indianapolis, IN, pg. 164

Browning, Brit - Account Planner, Media Department - BBDO WORLDWIDE, New York, NY, pg. 331

Browning, Rob - Interactive / Digital, Media Department - ASCEDIA, Milwaukee, WI, pg. 672

Brubeck, Rachel - Media Department - CRAMER-KRASSELT, Milwaukee, WI, pg. 54

Bruce, David - Account Planner, Account Services, Media Department - MEDIAHUB BOSTON, Boston, MA, pg. 489

Bruce, Heather - Media Department - DUNN&CO, Tampa, FL, pg. 353

Bruckstein, Michael - Account Planner, Interactive / Digital, Media Department - NEO MEDIA WORLD, New York, NY, pg. 496

Bruemmer, Cindy - Media Department - TRACYLOCKE, Irving, TX, pg. 683

Bruinsma, Dan - Management, Media Department - STARCOM WORLDWIDE, Chicago, IL, pg. 513

Brumfield, Holly - Media Department, PPM - OIA / MARKETING, Dayton, OH, pg. 122

Brundage, Douglas - Media Department - TEAM EPIPHANY, New York, NY, pg. 652

Brunn, Andy - Media Department - CLARITY COVERDALE FURY, Minneapolis, MN, pg. 342

Brunner, Ashley - Account Services, Management, Media Department, PPOM - UNIVERSAL MCCANN DETROIT, Birmingham, MI, pg. 524

Brunner, Leticia - Media Department - REYNOLDS & ASSOCIATES, El Segundo, CA, pg. 406

Brunning, Alyssa - Account Services, Media Department - MAD MEN MARKETING, Jacksonville, FL, pg. 102

Bruno, Nicole - Media Department - 22SQUARED INC., Tampa, FL, pg. 319

Bruno, Liz - Media Department - FRWD, Minneapolis, MN, pg. 235

Bryant, Laura - Media Department - MANDALA, Bend, OR, pg. 103

Bryant, Jon - Account Planner, Media Department - MAYOSEITZ MEDIA, Blue Bell, PA, pg. 483

Bryant, Eric - Media Department - CARAT, Atlanta, GA, pg. 459

Bryant, Taylor - Media Department,

RESPONSIBILITIES INDEX AGENCIES

PPOM - MYTHIC, Charlotte, NC, pg. 119
Bub, Burgess - Interactive / Digital, Media Department - NOBLE PEOPLE, New York, NY, pg. 120
Bucey, Rachel - Media Department - WPROMOTE, El Segundo, CA, pg. 678
Buchanan, Ali - Media Department - THE TOMBRAS GROUP, Knoxville, TN, pg. 424
Buchele, Mark - Media Department - GRAGG ADVERTISING, Kansas City, MO, pg. 78
Buck, Brian - Account Planner, Media Department, PPOM, Research - SCOTWORK, Bedminster, NJ, pg. 291
Buck, Samantha - Management, Media Department - OMD, New York, NY, pg. 498
Buckholz, Matthew - Account Services, Interactive / Digital, Media Department - HORIZON MEDIA, INC., New York, NY, pg. 474
Buckland, Tim - Interactive / Digital, Media Department - INITIATIVE, New York, NY, pg. 477
Bucu Gittings, Chrissy - Account Services, Creative, Interactive / Digital, Management, Media Department, NBC - UNIVERSAL MCCANN, New York, NY, pg. 521
Buder, Erika - Media Department - TBWA \ CHIAT \ DAY, Los Angeles, CA, pg. 146
Budi, Marina - Media Department - GEOMETRY, Akron, OH, pg. 362
Budinich, Janet - Interactive / Digital, Media Department - ID MEDIA, New York, NY, pg. 477
Buechler, Chad - Creative, Media Department, PPM - ANDERSON DDB HEALTH & LIFESTYLE, Toronto, ON, pg. 31
Bueckman, Daniel - Interactive / Digital, Media Department - HEARTS & SCIENCE, New York, NY, pg. 471
Bueno, Adriana - Media Department - AVALANCHE MEDIA GROUP, Austin, TX, pg. 455
Buerger, Lauren - Management, Media Department - SPARK FOUNDRY, New York, NY, pg. 508
Bufalino, Maria - Creative, Interactive / Digital, Media Department, Social Media - STARCOM WORLDWIDE, Chicago, IL, pg. 513
Buklarewicz, David - Account Services, Management, Media Department - COGNISCIENT MEDIA/MARC USA, Charlestown, MA, pg. 51
Bukovics, Andrew - Account Planner, Account Services, Media Department - AMOBEE, INC., Redwood City, CA, pg. 213
Bukovinsky, Shannon - Media Department - R&R PARTNERS, Salt Lake City, UT, pg. 132
Bullard-Britt, Edith - Media Department - YES&, Alexandria, VA, pg. 436
Bullen, Kaitlyn - Account Planner, Media Department - STARCOM WORLDWIDE, Toronto, ON, pg. 517
Buller, Corey - Account Services,

Interactive / Digital, Media Department - HARMELIN MEDIA, Bala Cynwyd, PA, pg. 467
Bullock, Steve - Account Planner, Analytics, Media Department, NBC, Research - BERNSTEIN-REIN ADVERTISING, INC., Kansas City, MO, pg. 39
Bullock, Kallie - Media Department - WIEDEN + KENNEDY, Portland, OR, pg. 430
Bumbaca, Josie - Media Department - HAVAS MEDIA GROUP, Toronto, ON, pg. 470
Bunce, Juliana - Account Planner, Media Department - OMD WEST, Los Angeles, CA, pg. 502
Bundy, Kacey - Media Department, PPM - THE BUNTIN GROUP, Nashville, TN, pg. 148
Bunker, Susanna - Interactive / Digital, Media Department - EXL MEDIA, Incline Village, NV, pg. 465
Buonomo, Ginamarie - Media Department - JL MEDIA, INC., Union, NJ, pg. 481
Buoye, Connor - Account Services, Media Department - CARAT, New York, NY, pg. 459
Burch, Howe - Media Department, NBC - TBC, Baltimore, MD, pg. 416
Burch, Taylor - Interactive / Digital, Media Department - DOEANDERSON ADVERTISING , Louisville, KY, pg. 352
Burcham, Heather - Media Department, Operations, PPOM - BANIK COMMUNICATIONS, Great Falls, MT, pg. 580
Burden, David - Media Department - 160OVER90, Philadelphia, PA, pg. 1
Burdett, Helen - Interactive / Digital, Media Department - SAATCHI & SAATCHI LOS ANGELES, Torrance, CA, pg. 137
Burdick, Cory - Account Planner, Interactive / Digital, Media Department - THE MEDIA KITCHEN, New York, NY, pg. 519
Burdick, Catherine - Media Department - VLADIMIR JONES, Colorado Springs, CO, pg. 429
Burdin, Michelle - Media Department - 360I, LLC, New York, NY, pg. 320
Burdue, Dawn - Management, Media Department - RPA, Santa Monica, CA, pg. 134
Burge, Eric - Interactive / Digital, Media Department - SPARK FOUNDRY, New York, NY, pg. 508
Burgeson, Betsy - Media Department, NBC, Public Relations - CARMICHAEL LYNCH, Minneapolis, MN, pg. 47
Burgess-Smith, Rebekah - Interactive / Digital, Media Department - MWWPR, New York, NY, pg. 631
Burka, James - Media Department, NBC, Programmatic - AMOBEE, INC., New York, NY, pg. 30
Burkarth, Matt - Interactive / Digital, Media Department - WEB TALENT MARKETING, Lancaster, PA, pg. 276

Burkat, Randall - Interactive / Digital, Media Department - THE MEDIA KITCHEN, New York, NY, pg. 519
Burke, Janet - Media Department - NEWTON MEDIA, Chesapeake, VA, pg. 497
Burke, Meghan - Media Department - COATES KOKES, INC., Portland, OR, pg. 51
Burke, Elizabeth - Account Planner, Media Department - ESSENCE, New York, NY, pg. 232
Burke, Melissa - Media Department - OMD, New York, NY, pg. 498
Burke, Katerina - Media Department - ZENITH MEDIA, Chicago, IL, pg. 531
Burke, Emily - Account Services, Media Department - BBR CREATIVE, Lafayette, LA, pg. 174
Burlingame, Jonah - Interactive / Digital, Media Department, PPOM - EXTRACTABLE, INC., San Francisco, CA, pg. 233
Burmaster, Nikki - Account Planner, Interactive / Digital, Media Department - KARSH & HAGAN, Denver, CO, pg. 94
Burmeister, Claus - Account Planner, Media Department, Research - WAVEMAKER, Toronto, ON, pg. 529
Burns, Hilary - Account Planner, Account Services, Management, Media Department - EMPOWER, Chicago, IL, pg. 355
Burns, Kris - Media Department - IDEAS THAT KICK, Minneapolis, MN, pg. 186
Burns, Chelsea - Media Department - THREE FIVE TWO, INC., Newberry, FL, pg. 271
Burns, Julia - Account Planner, Media Department - HAVAS MEDIA GROUP, Boston, MA, pg. 470
Burr, Derek - Media Department, Operations, PPM - NEW HONOR SOCIETY, Saint Louis, MO, pg. 391
Burrows, Jenny - Media Department, Research - ZENITH MEDIA, Santa Monica, CA, pg. 531
Burrows, Gabrielle - Account Services, Media Department - COMMONWEALTH // MCCANN, Detroit, MI, pg. 52
Burrus, Zach - Media Department - RASKY BAERLEIN STRATEGIC COMMUNICATIONS, INC., Boston, MA, pg. 641
Burruss, Jefferson - Media Department, PPM - GSD&M, Austin, TX, pg. 79
Burstein, Seth - Media Department - SWELLSHARK, New York, NY, pg. 518
Burstein, Nathan - Interactive / Digital, Media Department - MINDSHARE, Chicago, IL, pg. 494
Burton, Benji - Account Services, Media Department, PPOM - THE OSTLER GROUP, Sandy, UT, pg. 422
Burton, Ainsley - Interactive / Digital, Media Department - WAVEMAKER, New York, NY, pg. 526
Burtoni, Joseph - Account Services,

1586

AGENCIES
RESPONSIBILITIES INDEX

Interactive / Digital, Media Department, Social Media - PUBLICIS.SAPIENT, Birmingham, MI, pg. 260
Burzynski, Maureen - Media Department - DEUTSCH, INC., New York, NY, pg. 349
Busch, Morgan - Interactive / Digital, Media Department, Social Media - DEUTSCH, INC., New York, NY, pg. 349
Buscone, Lauren - Media Department - MEDIAHUB BOSTON, Boston, MA, pg. 489
Bush, Jessica - Media Department - PROOF ADVERTISING, Austin, TX, pg. 398
Bushner, Caleb - Interactive / Digital, Media Department - MISSION NORTH, San Francisco, CA, pg. 627
Busk, Kristin - Interactive / Digital, Media Department, Social Media - THE MANY, Pacific Palisades, CA, pg. 151
Busman, Lisa - Media Department - MEDIA BROKERS INTERNATIONAL, Alpharetta, GA, pg. 485
Bustios, Andrea - Interactive / Digital, Media Department - ZIMMERMAN ADVERTISING, Fort Lauderdale, FL, pg. 437
Buterin, Mark - Account Services, Media Department - AMPLIFIED DIGITAL AGENCY, Saint Louis, MO, pg. 213
Butler, Diane - Administrative, Media Department - ROBERTSON & MARKOWITZ ADVERTISING & PUBLIC RELATIONS, INC., Savannah, GA, pg. 643
Butler, Austin - Interactive / Digital, Media Department - ZIMMERMAN ADVERTISING, Fort Lauderdale, FL, pg. 437
Butler, Hasting - Interactive / Digital, Media Department - MEDIACOM, New York, NY, pg. 487
Butler, Cecilia - Interactive / Digital, Media Department, Programmatic - HAVAS MEDIA GROUP, Chicago, IL, pg. 469
Butler, Sarah - Media Department - SPARK FOUNDRY, New York, NY, pg. 508
Butler, Samantha - Media Department - STONE WARD ADVERTISING, Little Rock, AR, pg. 413
Butler, Danny - Account Services, Media Department - HEARTS & SCIENCE, New York, NY, pg. 471
Buttron, Jami - Media Department - STARCOM WORLDWIDE, Chicago, IL, pg. 513
Buturla, Sara - Account Planner, Account Services, Media Department - SPARK FOUNDRY, New York, NY, pg. 508
Butzen Dougherty, Jennyfer - Account Planner, Account Services, Media Department - LKH&S, Chicago, IL, pg. 381
Buzin, Cassidy - Creative, Media Department - ENERGY BBDO, INC., Chicago, IL, pg. 355

Buzzelli, Joe - Account Services, Creative, Media Department - SPARK FOUNDRY, Chicago, IL, pg. 510
Byerman, Mikalee - Media Department - ESTIPONA GROUP, Reno, NV, pg. 69
Byfield, Kathryn - Account Services, Administrative, Media Department - ADHOME CREATIVE, London, ON, pg. 27
Byrne, Kevin - Analytics, Media Department, Research - SPARK FOUNDRY, Chicago, IL, pg. 510
Byrne, Katey - Media Department - MEDIA BROKERS INTERNATIONAL, Alpharetta, GA, pg. 485
Byrne, Kelly - Interactive / Digital, Media Department, Social Media - CRITICAL MASS, INC., Chicago, IL, pg. 223
Byrne, David - Media Department - HIEBING, Madison, WI, pg. 85
Byrnes, Jennifer - Account Planner, Account Services, Management, Media Department - SPARK FOUNDRY, New York, NY, pg. 508
Byrnes, Marykate - Account Services, Media Department - VMLY&R, New York, NY, pg. 160
Byroads, Lindsey - Account Services, Interactive / Digital, Media Department - R2INTEGRATED, Baltimore, MD, pg. 261
Bzowski, Mike - Creative, Media Department - JAN KELLEY MARKETING, Burlington, ON, pg. 10
Cabale, Alex - Media Department - WIEDEN + KENNEDY, Portland, OR, pg. 430
Cabaysa, Jerico - Account Services, Management, Media Department - TBWA \ CHIAT \ DAY, Los Angeles, CA, pg. 146
Cabe, Molly - Account Services, Management, Media Department, NBC - HEAT, San Francisco, CA, pg. 84
Cabral, Melissa - Account Planner, Account Services, Creative, Media Department - THE MANY, Pacific Palisades, CA, pg. 151
Cacace, Stephen - Interactive / Digital, Media Department, Social Media - HORIZON MEDIA, INC., New York, NY, pg. 474
Cacayuran, Brittany - Media Department - OCEAN MEDIA, INC., Huntington Beach, CA, pg. 498
Cacciato, Rich - Media Department - MEDIA ASSEMBLY, New York, NY, pg. 484
Caceres, Renee - Media Department - WALMART MEDIA GROUP, San Bruno, CA, pg. 684
Cacioppo, Chris - Account Planner, Account Services, Media Department - MINDSHARE, New York, NY, pg. 491
Cadena, Fernando - Media Department, NBC - MEDIACOM, New York, NY, pg. 487
Cady, Ware - Interactive / Digital, Media Department - MOBEXT, New York, NY, pg. 534
Cady, Angela - Media Department, PPOM - FRWD, Minneapolis, MN, pg. 235

Cafiero, Nick - Media Department - MEDIACOM, New York, NY, pg. 487
Cagan, Allison - Media Department - STARCOM WORLDWIDE, New York, NY, pg. 517
Caglayan, Tugce - Account Services, Management, Media Department - ZENITH MEDIA, New York, NY, pg. 529
Cagle, Cristen - Media Department - 360I, LLC, Atlanta, GA, pg. 207
Cahill, Adam - Interactive / Digital, Media Department, Operations, PPOM - DIGILANT, Boston, MA, pg. 464
Cahill, Claudia - Media Department, PPOM - OMD WEST, Los Angeles, CA, pg. 502
Cahill, Sarah - Interactive / Digital, Management, Media Department - UNIVERSAL MCCANN, New York, NY, pg. 521
Cahill, Jennifer - Media Department - MEDIAHUB LOS ANGELES, El Segundo, CA, pg. 112
Cahill, Kelly - Account Services, Media Department, Public Relations - MGH ADVERTISING, Owings Mills, MD, pg. 387
Cahn, Kevin - Account Services, Interactive / Digital, Media Department - KEPLER GROUP, New York, NY, pg. 244
Cai, Carol - Account Planner, Account Services, Interactive / Digital, Media Department, NBC - MEDIAHUB BOSTON, Boston, MA, pg. 489
Cain, Yvonne - Media Department - MEDIAHUB BOSTON, Boston, MA, pg. 489
Cain, Rosaria - Media Department, PPOM - KNOODLE SHOP, Phoenix, AZ, pg. 95
Cain, Jenny - Interactive / Digital, Media Department - DIGITAS, Chicago, IL, pg. 227
Cain, Jennifer - Interactive / Digital, Media Department - DIGITAS, San Francisco, CA, pg. 227
Cajindos, Joseph - Interactive / Digital, Media Department, Social Media - IPROSPECT, Boston, MA, pg. 674
Calamese, Byron - Management, Media Department, PPOM - ZENO GROUP, New York, NY, pg. 664
Caldera, Paul - Media Department - BEACON MEDIA, Mahwah, NJ, pg. 216
Calderon, Adrian - Media Department - THIRD EAR, Austin, TX, pg. 546
Calderon, Kenia - Media Department, PPOM - SILTANEN & PARTNERS ADVERTISING, El Segundo, CA, pg. 410
Calderon, Molly - Interactive / Digital, Media Department - EMPOWER, Cincinnati, OH, pg. 354
Calderone, Joe - Interactive / Digital, Media Department - FINN PARTNERS, Chicago, IL, pg. 604
Calderwood, Stephanie - Media Department - BILLUPS WORLDWIDE, Lake Oswego, OR, pg. 550
Caldwell, Jeff - Interactive /

RESPONSIBILITIES INDEX — AGENCIES

Digital, Media Department, Social Media - LESSING-FLYNN ADVERTISING CO., Des Moines, IA, pg. 99

Caldwell, Ashton - Media Department - RON FOTH ADVERTISING, Columbus, OH, pg. 134

Cales, Alfonso - Interactive / Digital, Media Department - TEAM ONE, New York, NY, pg. 418

Calix, Hector - Media Department - WAVEMAKER, New York, NY, pg. 526

Calkins, David - Media Department, NBC - SPARK FOUNDRY, Chicago, IL, pg. 510

Calkins, Griffin - Interactive / Digital, Media Department - OMD, New York, NY, pg. 498

Callaghan, Cathryn - Account Planner, Account Services, Interactive / Digital, Media Department - HEARTS & SCIENCE, New York, NY, pg. 471

Callahan, Jennifer - Account Services, Media Department - DWA MEDIA, Boston, MA, pg. 464

Callahan, Colleen - Account Services, Media Department - PUBLICIS.SAPIENT, Birmingham, MI, pg. 260

Callahan, Candace - Interactive / Digital, Media Department - RPA, Santa Monica, CA, pg. 134

Callan, Gina - Media Department - MARKETSMITH, INC, Cedar Knolls, NJ, pg. 483

Callender, Hunter - Media Department - UNIVERSAL MCCANN DETROIT, Birmingham, MI, pg. 524

Calles, Nadia - Media Department - OMD ATLANTA, Atlanta, GA, pg. 501

Callies, Kelley - Media Department, PPM - GTB, Dearborn, MI, pg. 367

Calogera, Danielle - Account Services, Media Department, NBC - 360I, LLC, New York, NY, pg. 320

Calvert, Katie - Interactive / Digital, Media Department - CARAT, Atlanta, GA, pg. 459

Camacho, Kevin - Interactive / Digital, Media Department - MINDSHARE, New York, NY, pg. 491

Camargo, Ed - Interactive / Digital, Management, Media Department, Public Relations - NMPI, New York, NY, pg. 254

Camberos, Francisco - Creative, Media Department - TVGLA, Los Angeles, CA, pg. 273

Cameron, Adrienne - Management, Media Department - UNIVERSAL MCCANN DETROIT, Birmingham, MI, pg. 524

Cameron, Madison - Account Planner, Media Department - GOODBY, SILVERSTEIN & PARTNERS, San Francisco, CA, pg. 77

Cameron, Terri - Media Department - JAN KELLEY MARKETING, Burlington, ON, pg. 10

Camilli, Kendra - Media Department - BLUE 449, Dallas, TX, pg. 456

Cammisa, Anna - Media Department, NBC - CMI MEDIA, LLC, King of Prussia, PA, pg. 342

Camp, Jeanie - Media Department - MILLER-REID, Chattanooga, TN, pg. 115

Campbell, Marianne - Media Department - MCLAUGHLIN & ASSOCIATES, Blauvelt, NY, pg. 447

Campbell, Melissa - Account Planner, Account Services, Management, Media Department - SPARK FOUNDRY, New York, NY, pg. 508

Campbell, Samantha - Media Department - KROGER MEDIA SERVICES, Portland, OR, pg. 96

Campbell, Elizabeth - Media Department - CARAT, Detroit, MI, pg. 461

Campbell, Jeff - Interactive / Digital, Management, Media Department, NBC, Programmatic, Social Media - RESOLUTION MEDIA, Chicago, IL, pg. 676

Campbell, Matt - Media Department - SPARK FOUNDRY, Chicago, IL, pg. 510

Campbell, Erin - Interactive / Digital, Media Department - SAATCHI & SAATCHI X, Springdale, AR, pg. 682

Campbell, Karissa - Account Services, Media Department - JAYMIE SCOTTO & ASSOCIATES, Middlebrook, VA, pg. 616

Campbell, Kelli - Account Planner, Account Services, Media Department - OMD SAN FRANCISCO, San Francisco, CA, pg. 501

Campbell, Tanae - Media Department - CAGE POINT, New York, NY, pg. 457

Campe, Cathleen - Interactive / Digital, Media Department, Operations, PPOM - RPA, Santa Monica, CA, pg. 134

Campolmi, Lisa - Media Department, Research - VERDIN, San Luis Obispo, CA, pg. 21

Campos, Robert - Interactive / Digital, Media Department, Programmatic - OMD, New York, NY, pg. 498

Campos, Christian - Media Department - MEDIACOM, New York, NY, pg. 487

Campos, Kailey - Media Department - ZAMBEZI, Culver City, CA, pg. 165

Campos, Darlene - Interactive / Digital, Media Department - FORMATIVE, Seattle, WA, pg. 235

Canada, Olivia - Account Planner, Interactive / Digital, Media Department - HAVAS MEDIA GROUP, Boston, MA, pg. 470

Cancro, Andrea - Account Services, Management, Media Department - J3, New York, NY, pg. 480

Cane-Zaske, Kelly - Media Department, PPOM - GASLIGHT CREATIVE, St. Cloud, MN, pg. 361

Canel, Katie - Interactive / Digital, Media Department, NBC - THE SHIPYARD, Columbus, OH, pg. 270

Cangelosi, Jayme - Interactive / Digital, Media Department - CARAT, New York, NY, pg. 459

Canning, Bailey - Media Department - RED FUSE COMMUNICATIONS, New York, NY, pg. 404

Cannon, Mary - Management, Media Department - CORINTHIAN MEDIA, INC., New York, NY, pg. 463

Cannon, Alexandra - Media Department - MINDSHARE, New York, NY, pg. 491

Cantilo, Joy - Media Department - MEDIA BROKERS INTERNATIONAL, Alpharetta, GA, pg. 485

Cantrell, Steve - Account Services, Media Department - BALCOM AGENCY, Fort Worth, TX, pg. 329

Cantu-Fernandez, Cristina - Media Department - BRIVICMEDIA, INC., Houston, TX, pg. 456

Cantwell, Teresa - Interactive / Digital, Management, Media Department - GEN.VIDEO, New York, NY, pg. 236

Cantwell, Sean - Media Department - HAVAS MEDIA GROUP, New York, NY, pg. 468

Capodilupo, Andrea - Media Department - HAWKINS INTERNATIONAL PUBLIC RELATIONS, New York, NY, pg. 612

Capozzi, Nicole - Interactive / Digital, Media Department - WAVEMAKER, New York, NY, pg. 526

Cappellino, Nicole - Interactive / Digital, Media Department - BLUE 449, Dallas, TX, pg. 456

Cappiello, Giuliana - Account Planner, Account Services, Media Department - MINDSHARE, New York, NY, pg. 491

Capreol, Gary - Analytics, Media Department, Research - CRONIN, Glastonbury, CT, pg. 55

Caprio, Tommasina - Media Department - NOVUS MEDIA, INC., Plymouth, MN, pg. 497

Caracappa, Carol - Management, Media Department - ALLSCOPE MEDIA, New York, NY, pg. 454

Carafa, Michael - Media Department - SPARK FOUNDRY, New York, NY, pg. 508

Carangelo, Nicole - Interactive / Digital, Media Department - MEDIACOM, New York, NY, pg. 487

Caravello, Dena - Account Services, Media Department - CARAT, New York, NY, pg. 459

Carbone Kraut, Karen - Account Services, Management, Media Department - PUBLICIS NORTH AMERICA, New York, NY, pg. 399

Carcamo, Andres - Interactive / Digital, Media Department - MEDIACOM, New York, NY, pg. 487

Cardenas, Alexy - Media Department - WATAUGA GROUP, Orlando, FL, pg. 21

Cardinal, Michelle - Media Department, PPOM - RAIN, Portland, OR, pg. 402

Cardona, Karyn - Media Department - CK ADVERTISING, Lakewood, CO, pg. 220

Cardoso, Nick - Interactive / Digital, Media Department, Operations, Research - MEDIACOM,

AGENCIES
RESPONSIBILITIES INDEX

Playa Vista, CA, *pg.* 486
Carey, Jackie - Account Planner, Account Services, Media Department - ZENITH MEDIA, New York, NY, *pg.* 529
Carey, Rachel - Media Department - MEDIAHUB BOSTON, Boston, MA, *pg.* 489
Caridine, Kiara - Media Department - CRAMER-KRASSELT, Chicago, IL, *pg.* 53
Carlaw, Jon - Media Department - DAVID, Miami, FL, *pg.* 57
Carleo, Chris - Media Department - MINDSHARE, New York, NY, *pg.* 491
Carlier, Taylor - Media Department, Social Media - FIREBELLY MARKETING, Indianapolis, IN, *pg.* 685
Carlin, Katy - Media Department - STARCOM WORLDWIDE, Chicago, IL, *pg.* 513
Carlin, Scott - Management, Media Department - MAGID, Minneapolis, MN, *pg.* 447
Carlino, Paola - Interactive / Digital, Media Department - E&M MEDIA GROUP, Jericho, NY, *pg.* 282
Carlson, Steve - Media Department - SPARK FOUNDRY, Chicago, IL, *pg.* 510
Carlson, Emily - Media Department - MARTIN WILLIAMS ADVERTISING, Minneapolis, MN, *pg.* 106
Carlson, Samantha - Interactive / Digital, Media Department - GOLIN, Chicago, IL, *pg.* 609
Carlson, Gretta - Account Planner, Media Department, NBC - CARAT, New York, NY, *pg.* 459
Carlson, Katherine - Account Services, Management, Media Department - PULSAR ADVERTISING, Washington, DC, *pg.* 401
Carlson, Kate - Media Department, Social Media - HAWORTH MARKETING & MEDIA, Minneapolis, MN, *pg.* 470
Carlson, Kathleen - Media Department - CUNEO ADVERTISING, Bloomington, MN, *pg.* 56
Carmichael, Mackenzie - Media Department - THE RICHARDS GROUP, INC., Dallas, TX, *pg.* 422
Carmona, Jessica - Account Planner, Media Department, NBC - NORBELLA, Boston, MA, *pg.* 497
Caro, Juan - Media Department - MINDSHARE, New York, NY, *pg.* 491
Carpenter, Jonathan - Creative, Interactive / Digital, Media Department, PPOM - DVL SEIGENTHALER, Nashville, TN, *pg.* 599
Carpenter, Chris - Media Department - 360I, LLC, Atlanta, GA, *pg.* 207
Carpenter, Mark - Account Services, Interactive / Digital, Management, Media Department, PPOM - NO FIXED ADDRESS INC., Toronto, ON, *pg.* 120
Carpenter, Michelle - Media Department - 360I, LLC, New York, NY, *pg.* 320
Carpenter, Kasey - Interactive / Digital, Media Department - MEDIACOM, New York, NY, *pg.* 487
Carpenter, Tayler - Media Department - BLUE WHEEL MEDIA, Birmingham, MI, *pg.* 335
Carpenter, Rebecca - Media Department - STARCOM WORLDWIDE, Chicago, IL, *pg.* 513
Carpentier, Caitlyn - Interactive / Digital, Media Department - WAVEMAKER, New York, NY, *pg.* 526
Carpiniello, Amy - Media Department - MEDIA ASSEMBLY, New York, NY, *pg.* 484
Carr, Thomas - Account Services, Media Department - POSTERSCOPE U.S.A., New York, NY, *pg.* 556
Carr, Alex - Media Department - SPRING STUDIOS, New York, NY, *pg.* 563
Carr, Maddi - Media Department - SPARK FOUNDRY, Chicago, IL, *pg.* 510
Carr, Lucy - Account Planner, Media Department - MERKLEY + PARTNERS, New York, NY, *pg.* 114
Carrasco, Jason - Interactive / Digital, Media Department - GUPTA MEDIA, Boston, MA, *pg.* 237
Carrel, Becky - Creative, Media Department, PPM - GSD&M, Austin, TX, *pg.* 79
Carrillo-Harry, Joni - Interactive / Digital, Media Department - RICHTER7, Salt Lake City, UT, *pg.* 197
Carroll, Jennifer - Account Services, Management, Media Department - WAVEMAKER, New York, NY, *pg.* 526
Carroll, Julie - Account Planner, Account Services, Media Department - LIGHTNING ORCHARD, Brooklyn, NY, *pg.* 11
Carroll, Jessica - Media Department - CROWLEY WEBB & ASSOCIATES, Buffalo, NY, *pg.* 55
Carroll, Alicia - Analytics, Interactive / Digital, Media Department, NBC, Social Media - ANNALECT GROUP, New York, NY, *pg.* 213
Carroll, Devin - Interactive / Digital, Media Department - UNIVERSAL MCCANN, New York, NY, *pg.* 521
Carrozza, Sheryl - Account Services, Media Department - HAVAS MEDIA GROUP, New York, NY, *pg.* 468
Carter, Charlotte - Interactive / Digital, Media Department, NBC - SLINGSHOT, LLC, Dallas, TX, *pg.* 265
Carter, Lori - Media Department - MEDIA PARTNERS, INC., Raleigh, NC, *pg.* 486
Carter, Megan - Account Planner, Account Services, Analytics, Media Department, NBC - MINDSHARE, New York, NY, *pg.* 491
Carter, Jennifer - Media Department - LEWIS COMMUNICATIONS, Birmingham, AL, *pg.* 100
Cartwright, Tracey - Management, Media Department - OMD SEATTLE, Seattle, WA, *pg.* 502
Cartwright, Daniel - Media Department - MODCOGROUP, New York, NY, *pg.* 116
Cartwright, Jennifer - Media Department - ZENITH MEDIA, Chicago, IL, *pg.* 531
Carvalho, Irene - Media Department - CAREY O'DONNELL PUBLIC RELATIONS GROUP, West Palm Beach, FL, *pg.* 588
Carver, Tom - Media Department - WRK ADVERTISING, Toledo, OH, *pg.* 163
Carver, Ken - Media Department - CAMPBELL EWALD, Detroit, MI, *pg.* 46
Carver, Nathan - Interactive / Digital, Media Department, PPOM - DENTSU AEGIS NETWORK, New York, NY, *pg.* 61
Carver, Allie - Media Department - WAVEMAKER, New York, NY, *pg.* 526
Casabielle, Krysten - Account Services, Media Department - PINTA USA, LLC, Coral Gables, FL, *pg.* 397
Casagrande, Samantha - Media Department - WIEDEN + KENNEDY, New York, NY, *pg.* 432
Casanova, Antonio - Interactive / Digital, Media Department - STARCOM WORLDWIDE, Chicago, IL, *pg.* 513
Casar, Brielle - Interactive / Digital, Media Department - MEDIACOM, New York, NY, *pg.* 487
Casarez, Nereida - Media Department - WALKER ADVERTISING, INC., Torrance, CA, *pg.* 546
Case, Ashley - Analytics, Media Department - HAVAS MEDIA GROUP, New York, NY, *pg.* 468
Casella, AJ - Management, Media Department - UNIVERSAL MCCANN, Los Angeles, CA, *pg.* 524
Casey, Susan - Media Department - DEVANEY & ASSOCIATES, Owings Mills, MD, *pg.* 351
Casey, Cristi - Media Department - UNIVERSAL MEDIA, INC., Mechanicsburg, PA, *pg.* 525
Casey, John - Media Department, Public Relations - PUBLICIS.SAPIENT, New York, NY, *pg.* 258
Casey, Sloane - Interactive / Digital, Media Department - INITIATIVE, New York, NY, *pg.* 477
Casey, Tara - Media Department - STARCOM WORLDWIDE, Chicago, IL, *pg.* 513
Cash, Jackie - Media Department - CARAT, New York, NY, *pg.* 459
Cashen, Dennis - Media Department - MGH ADVERTISING, Owings Mills, MD, *pg.* 387
Cashen, Matthew - Media Department - STARCOM WORLDWIDE, Chicago, IL, *pg.* 513
Cashman, Sara - Media Department - INITIATIVE, New York, NY, *pg.* 477
Casiano, Ashley - Media Department - RPA, Santa Monica, CA, *pg.* 134
Cason, Wesley - Account Services, Interactive / Digital, Media Department - AKQA, San Francisco, CA, *pg.* 211
Cassese, Adria - Media Department - THE VARIABLE, Winston-Salem, NC, *pg.* 153
Cassiday, Grant - Media Department

RESPONSIBILITIES INDEX — AGENCIES

- RHEA & KAISER MARKETING, Naperville, IL, *pg.* 406
Cassidy, Colbie - Account Planner, Media Department - MEDIAHUB NEW YORK, New York, NY, *pg.* 249
Cassorla, Lori - Account Planner, Media Department, Operations - MEDIAHUB BOSTON, Boston, MA, *pg.* 489
Castellani, Meredith - Media Department - NOBLE PEOPLE, New York, NY, *pg.* 120
Castellano, Andria - Creative, Media Department - PURE GROWTH, New York, NY, *pg.* 507
Castellanos, John - Media Department - STARCOM WORLDWIDE, Chicago, IL, *pg.* 513
Castellanos, Misty - Media Department - MINDSTREAM MEDIA GROUP - DALLAS, Dallas, TX, *pg.* 496
Castellini, Stacey - Account Services, Media Department - EMPOWER, Cincinnati, OH, *pg.* 354
Castillo, Joe - Media Department - UNIVERSAL MCCANN, New York, NY, *pg.* 521
Castillo, Miranda - Interactive / Digital, Media Department - MRM//MCCANN, Birmingham, MI, *pg.* 252
Castillo, Jessica - Interactive / Digital, Media Department - LOVE ADVERTISING, Houston, TX, *pg.* 101
Castillo, Katie - Media Department - GOLIN, Washington, DC, *pg.* 609
Castillo, Andrew - Media Department - HAWKE MEDIA, Los Angeles, CA, *pg.* 370
Castle, Amy - Media Department - DANIEL BRIAN ADVERTISING, Rochester, MI, *pg.* 348
Castro, Tavo - Account Services, Management, Media Department - HEARTS & SCIENCE, Los Angeles, CA, *pg.* 473
Catalano, Michael - Account Services, Media Department, Research - R&R PARTNERS, Las Vegas, NV, *pg.* 131
Catalano, Andrew - Interactive / Digital, Media Department, PPOM - AUSTIN & WILLIAMS ADVERTISING, Hauppauge, NY, *pg.* 328
Catanzaro, Victoria - Interactive / Digital, Media Department - BLUE 449, New York, NY, *pg.* 455
Cathey, Marva - Media Department - CAMELOT STRATEGIC MARKETING & MEDIA, Dallas, TX, *pg.* 457
Catterson-Iaboni, Amy - Media Department - CHIEF MEDIA, New York, NY, *pg.* 281
Catucci, Lisa - Management, Media Department - UNIVERSAL MCCANN, New York, NY, *pg.* 521
Cauich, Nancy - Media Department, PPM - INITIATIVE, Los Angeles, CA, *pg.* 478
Cauller, Kelli - Media Department - STARCOM WORLDWIDE, North Hollywood, CA, *pg.* 516
Cavagnaro, Nataly - Account Services, Management, Media Department, PPOM - UNIVERSAL MCCANN, New York, NY, *pg.* 521
Cavalieri, Gina - Media Department - WAVEMAKER, New York, NY, *pg.* 526
Cavallaro, Nicole - Account Services, Interactive / Digital, Media Department, PPOM - WAVEMAKER, New York, NY, *pg.* 526
Cavender, Erin - Media Department - KROGER MEDIA SERVICES, Portland, OR, *pg.* 96
Cavey, Raleigh - Media Department, Social Media - EMPOWER, Cincinnati, OH, *pg.* 354
Cazier, Clay - Interactive / Digital, Media Department - FORWARDPMX, New York, NY, *pg.* 360
Cebeci, Selin - Interactive / Digital, Media Department, NBC - MEDIACOM, New York, NY, *pg.* 487
Cecchini, Lisa - Analytics, Media Department - SITUATION INTERACTIVE, New York, NY, *pg.* 265
Cecil, Natalee - Interactive / Digital, Media Department - PMG, Fort Worth, TX, *pg.* 257
Ceglarski, Sarah - Media Department, NBC, PPM, PPOM - OMELET, Culver City, CA, *pg.* 122
Cella, Chris - Media Department, PPM - DAGGER, Atlanta, GA, *pg.* 224
Celli, Jennifer - Interactive / Digital, Media Department - MEDIAHUB BOSTON, Boston, MA, *pg.* 489
Cendra, Silvina - Management, Media Department - GALLEGOS UNITED, Huntington Beach, CA, *pg.* 75
Centofante, Nick - Media Department - VMLY&R, New York, NY, *pg.* 160
Centofante, Denise - Management, Media Department - UNIVERSAL MCCANN, New York, NY, *pg.* 521
Cerrato, Janet - Media Department - 14TH & BOOM, Chicago, IL, *pg.* 207
Cervantes, Carlos - Media Department - DENTSU X, New York, NY, *pg.* 61
Cervantes, Michael - Interactive / Digital, Media Department - AI MEDIA GROUP, LLC, New York, NY, *pg.* 211
Cestaro, Nicole - Media Department - TEAM ONE, Los Angeles, CA, *pg.* 417
Cevalte, Vincent - Interactive / Digital, Media Department - OMD WEST, Los Angeles, CA, *pg.* 502
Cha, Jessica - Interactive / Digital, Media Department, NBC, Social Media - OMD, New York, NY, *pg.* 498
Chacon, Isaac - Interactive / Digital, Media Department - CERTAINSOURCE, Fairfield, CT, *pg.* 672
Chaffin, Jimmy - Interactive / Digital, Media Department, PPOM - DVL SEIGENTHALER, Nashville, TN, *pg.* 599
Chai, Meei - Media Department - WAVEMAKER, New York, NY, *pg.* 526
Chakrabarty, Lily - Account Planner, Account Services, Media Department - STARCOM WORLDWIDE, New York, NY, *pg.* 517
Chakravorti, Mimi - Account Planner, Interactive / Digital, Management, Media Department - LANDOR, San Francisco, CA, *pg.* 11
Chamberlin, Matt - Media Department, PPOM - MINDSHARE, Atlanta, GA, *pg.* 493
Chamberlin, Michael - Management, Media Department, NBC - HUGE, INC., Oakland, CA, *pg.* 240
Chamberlin, Andrea - Interactive / Digital, Media Department, Public Relations, Research - MADDEN MEDIA, Tucson, AZ, *pg.* 247
Chamberlin, Chris - Media Department - TEAM ONE, Dallas, TX, *pg.* 418
Chambers, Sherri - Account Services, Media Department, NBC, PPOM - 360I, LLC, New York, NY, *pg.* 320
Chambers, Kaci - Media Department - SPARK FOUNDRY, Chicago, IL, *pg.* 510
Chambers, Yohannes - Media Department - DIGITAS, Boston, MA, *pg.* 226
Chambers, Mary - Media Department - PHD CHICAGO, Chicago, IL, *pg.* 504
Chan, Alex - Account Services, Media Department - INITIATIVE, New York, NY, *pg.* 477
Chan, Allison - Media Department - 22SQUARED INC., Tampa, FL, *pg.* 319
Chan, Ryan - Account Services, Interactive / Digital, Media Department - GENERATOR MEDIA + ANALYTICS, New York, NY, *pg.* 466
Chan, Minette - Account Services, Media Department - ZEHNDER COMMUNICATIONS, INC., Baton Rouge, LA, *pg.* 437
Chan, Jennifer - Interactive / Digital, Media Department - HORIZON MEDIA, INC., Los Angeles, CA, *pg.* 473
Chan, Brandon - Media Department - OMD, New York, NY, *pg.* 498
Chandramohan, Dhanya - Finance, Interactive / Digital, Media Department - OMD, New York, NY, *pg.* 498
Chang, Iris - Interactive / Digital, Media Department, PPM - STARCOM WORLDWIDE, Chicago, IL, *pg.* 513
Chang, Clara - Media Department - UNIVERSAL MCCANN, San Francisco, CA, *pg.* 428
Chang, Sarah - Media Department, PPOM - MINDSHARE, New York, NY, *pg.* 491
Chang, Jennie - Analytics, Media Department - CANVAS WORLDWIDE, Playa Vista, CA, *pg.* 458
Chang, Cindy - Media Department - SPARK FOUNDRY, El Segundo, CA, *pg.* 512
Chang, Karol - Media Department - GREY GROUP, New York, NY, *pg.* 365
Chanin, Eric - Media Department - CARAT, New York, NY, *pg.* 459
Chanter, James - Media Department -

AGENCIES

RESPONSIBILITIES INDEX

M/SIX, New York, NY, *pg.* 482

Chantres, Melisa - Interactive / Digital, Media Department, PPOM, Programmatic - EVERETT CLAY ASSOCIATES, INC., Miami, FL, *pg.* 602

Chao, Tim - Media Department - HEARTS & SCIENCE, Los Angeles, CA, *pg.* 473

Chao, Liping - Account Planner, Account Services, Media Department - MEDIACOM, New York, NY, *pg.* 487

Chapa, Evelia - Interactive / Digital, Media Department - IPROSPECT, Fort Worth, TX, *pg.* 674

Chapin, Sarah - Media Department - EXPLORE COMMUNICATIONS, Denver, CO, *pg.* 465

Chaplin, Lauren - Media Department - HORIZON MEDIA, INC., New York, NY, *pg.* 474

Chapman, John - Media Department, NBC - COX MEDIA, Phoenix, AZ, *pg.* 463

Chapman, Melanie - Media Department - MARTIN RETAIL GROUP, Alpharetta, GA, *pg.* 106

Charanza, Jenny - Account Services, Media Department - MIGHTY & TRUE, Austin, TX, *pg.* 250

Charbonnet, Donny - Account Services, Media Department - DIANE ALLEN & ASSOCIATES, Baton Rouge, LA, *pg.* 597

Charles, Danny - Interactive / Digital, Media Department - HAWORTH MARKETING & MEDIA, Minneapolis, MN, *pg.* 470

Chase, Carrie - Account Services, Media Department - STARCOM WORLDWIDE, Chicago, IL, *pg.* 513

Chase, Michael - Management, Media Department, NBC - VENABLES BELL & PARTNERS, San Francisco, CA, *pg.* 158

Chase, Justin - Media Department - INTOUCH SOLUTIONS, INC., Overland Park, KS, *pg.* 242

Chasin, Jamie - Interactive / Digital, Media Department - INITIATIVE, New York, NY, *pg.* 477

Chason, Gregory - Media Department - BLOOM ADS, INC., Woodland Hills, CA, *pg.* 334

Chau, Kristina - Account Services, Media Department, Operations - STARCOM WORLDWIDE, New York, NY, *pg.* 517

Chaudhry, Mackenzie - Interactive / Digital, Media Department - ZIMMERMAN ADVERTISING, Fort Lauderdale, FL, *pg.* 437

Chavez, Tracy - Management, Media Department - STARCOM WORLDWIDE, Chicago, IL, *pg.* 513

Chavez, Samantha - Interactive / Digital, Media Department - OMD WEST, Los Angeles, CA, *pg.* 502

Chavkin, Arielle - Interactive / Digital, Media Department - GREATER THAN ONE, New York, NY, *pg.* 8

Chedester, Mitchell - Media Department - MEDIA PARTNERS WORLDWIDE, Long Beach, CA, *pg.* 485

Chen, Susan - Account Services, Media Department - PHD, San Francisco, CA, *pg.* 504

Chen, Michael - Analytics, Interactive / Digital, Media Department - CANVAS WORLDWIDE, Playa Vista, CA, *pg.* 458

Chen, Jia - Management, Media Department, NBC, PPOM, Public Relations - HAVAS MEDIA GROUP, New York, NY, *pg.* 468

Chen, Joannie - Media Department - SPARK FOUNDRY, El Segundo, CA, *pg.* 512

Chen, Christine - Account Planner, Account Services, Creative, Media Department, PPOM - INITIATIVE, New York, NY, *pg.* 477

Chen, Christine - Media Department, Programmatic - MINDSHARE, Chicago, IL, *pg.* 494

Chen, Cathy - Media Department, PPM - PHD USA, New York, NY, *pg.* 505

Chen, Erica - Account Services, Media Department - ESSENCE, New York, NY, *pg.* 232

Chen, Ivan - Media Department, NBC - MINDSHARE, New York, NY, *pg.* 491

Chen, Yufan - Media Department, NBC, Research - MINDSHARE, New York, NY, *pg.* 491

Chen, Gordon - Finance, Media Department - MEDIACOM, New York, NY, *pg.* 487

Chen, Muzel - Interactive / Digital, Media Department - STAMATS COMMUNICATIONS, Cedar Rapids, IA, *pg.* 412

Chen, Tiffany - Media Department - SPARK FOUNDRY, Chicago, IL, *pg.* 510

Chen, Yang - Media Department, NBC - HYLINK, Santa Monica, CA, *pg.* 240

Cheng, Tiffany - Interactive / Digital, Media Department - ZENITH MEDIA, New York, NY, *pg.* 529

Cheng, Tiffany - Account Planner, Account Services, Interactive / Digital, Media Department - PALISADES MEDIA GROUP, INC., New York, NY, *pg.* 124

Cheng, Courtney - Interactive / Digital, Media Department - INITIATIVE, Los Angeles, CA, *pg.* 478

Cheng, Danielle - Interactive / Digital, Media Department - NEO MEDIA WORLD, New York, NY, *pg.* 496

Cheng, Anthony - Media Department - STARCOM WORLDWIDE, New York, NY, *pg.* 517

Cheri, Jaclyn - Media Department - BLUE 449, New York, NY, *pg.* 455

Chernick, Randi - Account Planner, Account Services, Media Department, PPOM - MINDSHARE, New York, NY, *pg.* 491

Cheronis, Amy - Account Services, Interactive / Digital, Management, Media Department, PPOM, Public Relations - MSLGROUP, Chicago, IL, *pg.* 629

Cherry, Renee - Interactive / Digital, Media Department - EMPOWER, Cincinnati, OH, *pg.* 354

Cherry, Zantoria - Media Department - STARCOM WORLDWIDE, Chicago, IL, *pg.* 513

Chesley, Jennifer - Interactive / Digital, Media Department - DIGITAL OPERATIVE, INC., San Diego, CA, *pg.* 225

Chesterman, Christine - Media Department - ACTIVE INTERNATIONAL, Pearl River, NY, *pg.* 439

Chestnut, Brad - Interactive / Digital, Media Department - STARCOM WORLDWIDE, North Hollywood, CA, *pg.* 516

Cheung, Leslie - Human Resources, Media Department, NBC - CARAT, New York, NY, *pg.* 459

Cheung, Ivy - Interactive / Digital, Media Department - UNIVERSAL MCCANN, New York, NY, *pg.* 521

Cheung, Kai - Account Services, Media Department, NBC - OMD, New York, NY, *pg.* 498

Chi, Lisa - Interactive / Digital, Media Department - CROSSMEDIA, New York, NY, *pg.* 463

Chi, Karen - Media Department - SPARK FOUNDRY, El Segundo, CA, *pg.* 512

Chiarotto, Lorena - Media Department - MINDSHARE, Toronto, ON, *pg.* 495

Chickering, Kelsey - Account Planner, Interactive / Digital, Media Department - HAVAS MEDIA GROUP, Boston, MA, *pg.* 470

Chikunov, Denis - Interactive / Digital, Media Department, Research, Social Media - IPG MEDIABRANDS, New York, NY, *pg.* 480

Childers, Justin - Media Department - HANNA & ASSOCIATES, Coeur d'Alene, ID, *pg.* 81

Chilver, Bobby - Account Services, Media Department - WALKER SANDS COMMUNICATIONS, Chicago, IL, *pg.* 659

Chin, Christina - Account Planner, Media Department - KWG ADVERTISING, INC., New York, NY, *pg.* 96

Chin, Anthony - Account Planner, Account Services, Media Department - UNIVERSAL MCCANN, New York, NY, *pg.* 521

Chin, Winnie - Media Department - SPARK FOUNDRY, New York, NY, *pg.* 508

Chinetti, Tracie - Interactive / Digital, Media Department, PPM - FUSEIDEAS, LLC, Winchester, MA, *pg.* 306

Ching, Jesse - Analytics, Interactive / Digital, Media Department - BLANKET MARKETING GROUP, Sacramento, CA, *pg.* 217

Ching, Lisa - Media Department - OLOMANA LOOMIS ISC, Honolulu, HI, *pg.* 394

Chiocchi, Roger - Media Department - SIGNATURE ADVERTISING, Milldale, CT, *pg.* 17

Chiou, Harmony - Account Services, Creative, Media Department -

RESPONSIBILITIES INDEX — AGENCIES

ENVISIONIT MEDIA, INC., Chicago, IL, pg. 231

Chirasello, Ariana - Media Department - BLUE 449, New York, NY, pg. 455

Chiricotti, Kelly - Interactive / Digital, Media Department, Programmatic - SPARK FOUNDRY, Chicago, IL, pg. 510

Chisholm, Molly - Account Planner, Account Services, Creative, Media Department - ARNOLD WORLDWIDE, Boston, MA, pg. 33

Chishti, Daanish - Account Services, Interactive / Digital, Media Department, NBC, Social Media - MINDSHARE, Chicago, IL, pg. 494

Chiu, Jerry - Interactive / Digital, Media Department, Social Media - MEDIACOM, Playa Vista, CA, pg. 486

Cho, Julie - Management, Media Department - UNIVERSAL MCCANN, Los Angeles, CA, pg. 524

Cho, Stacey - Interactive / Digital, Media Department - TEAM ONE, Los Angeles, CA, pg. 417

Choate, Emily - Media Department - MBB AGENCY, Leawood, KS, pg. 107

Chodosh, Saja - Media Department - EMOTIVE BRAND, Oakland, CA, pg. 181

Choi, Bert - Interactive / Digital, Media Department - RPA, Santa Monica, CA, pg. 134

Choi, Ina - Interactive / Digital, Media Department, PPM - R/GA, New York, NY, pg. 260

Choi, Steven - Interactive / Digital, Media Department - CARAT, Culver City, CA, pg. 459

Choi, Sharon - Interactive / Digital, Media Department - MINDSHARE, Atlanta, GA, pg. 493

Choi, Julian - Account Services, Interactive / Digital, Management, Media Department - WEBER SHANDWICK, New York, NY, pg. 660

Choi, Gloria - Account Planner, Media Department - FCB HEALTH, New York, NY, pg. 72

Choi, Matthew - Account Services, Media Department - JOHANNES LEONARDO, New York, NY, pg. 92

Choi, Kristen - Media Department - HEALIXGLOBAL, New York, NY, pg. 471

Choi, Vicky - Media Department - ZENITH MEDIA, Santa Monica, CA, pg. 531

Choi, Timothy - Media Department - DIGITAS, San Francisco, CA, pg. 227

Chong, Philip - Account Planner, Account Services, Media Department - ZENITH MEDIA, New York, NY, pg. 529

Chong, Michelle - Account Services, Media Department - FITZCO, Atlanta, GA, pg. 73

Chong, Genevieve - Media Department - MEDIA STORM, Los Angeles, CA, pg. 486

Chong, Danica - Account Services, Interactive / Digital, Media Department - UNIVERSAL MCCANN, New York, NY, pg. 521

Chong, Michelle - Media Department - CANVAS WORLDWIDE, New York, NY, pg. 458

Choske, Tom - Media Department - STARCOM WORLDWIDE, Detroit, MI, pg. 517

Chou, Carolyn - Media Department - 26 DOT TWO LLC, New York, NY, pg. 453

Chou, Jason - Media Department, Operations, Research - DIGITAS, Boston, MA, pg. 226

Chou, Kevin - Interactive / Digital, Media Department - DIGITAS, San Francisco, CA, pg. 227

Chowdhury, Shamsul - Interactive / Digital, Media Department, NBC, Promotions, Social Media - JELLYFISH U.S., Baltimore, MD, pg. 243

Chozen, Katie - Media Department - HAWORTH MARKETING & MEDIA, Minneapolis, MN, pg. 470

Christ, Matthew - Media Department - CHAPPELLROBERTS, Tampa, FL, pg. 341

Christ, Courtney - Interactive / Digital, Media Department - MINDSHARE, Chicago, IL, pg. 494

Christensen, Beckie - Media Department, PPM - HOFFMAN YORK, Milwaukee, WI, pg. 371

Christenson, Danielle - Interactive / Digital, Media Department - NOBLE STUDIOS, Reno, NV, pg. 254

Christian, Jeff - Interactive / Digital, Media Department, Social Media - MINDSHARE, New York, NY, pg. 491

Christiano, Tara - Account Services, Media Department - MBT MARKETING, Portland, OR, pg. 108

Christie, Kyle - Account Planner, Media Department, NBC - CARAT, New York, NY, pg. 459

Christman, Jennifer - Account Services, Media Department, Operations - AD RESULTS MEDIA, Houston, TX, pg. 279

Christopher, Sloan - Account Services, Media Department - MERKLEY + PARTNERS, New York, NY, pg. 114

Chriswick, David - Media Department - DIGITAS, San Francisco, CA, pg. 227

Chu, Tiffany - Media Department - MCGARRYBOWEN, San Francisco, CA, pg. 385

Chu, Livia - Account Services, Media Department, Operations - DWA MEDIA, San Francisco, CA, pg. 464

Chu, Rebecca - Media Department - SAATCHI & SAATCHI LOS ANGELES, Torrance, CA, pg. 137

Chun, Jake - Management, Media Department, PPOM - MINDSHARE, New York, NY, pg. 491

Chun, Nicole - Interactive / Digital, Media Department - 360I, LLC, New York, NY, pg. 320

Chun, Justin - Media Department - OMD WEST, Los Angeles, CA, pg. 502

Chung, Yin - Account Planner, Interactive / Digital, Media Department, NBC - BBDO WORLDWIDE, New York, NY, pg. 331

Chung, Vanessa - Media Department - SPARK FOUNDRY, El Segundo, CA, pg. 512

Chung, Mindy - Media Department - MINDSHARE, New York, NY, pg. 491

Chylla, Loren - Interactive / Digital, Media Department - ADCOM COMMUNICATIONS, INC., Cleveland, OH, pg. 210

Ciaffone, Danielle - Interactive / Digital, Media Department - GTB, Dearborn, MI, pg. 367

Cialfi, Lisa - Interactive / Digital, Media Department - HORIZON MEDIA, INC., New York, NY, pg. 474

Ciamillo, Jamie - Interactive / Digital, Media Department - RED FUSE COMMUNICATIONS, New York, NY, pg. 404

Ciancetta, Jon - Media Department - CARAT, New York, NY, pg. 459

Cianciosi, Gary - Media Department - TRUE MEDIA, Columbia, MO, pg. 521

Ciccione, Alison - Media Department - SPARK FOUNDRY, Chicago, IL, pg. 510

Ciccone, Susan - Media Department - 42WEST, Los Angeles, CA, pg. 573

Ciccotelli, Nadia - Account Planner, Media Department, NBC - PMG, Fort Worth, TX, pg. 257

Cicerelli, Christi - Media Department - CANVAS WORLDWIDE, Playa Vista, CA, pg. 458

Cichowski, Katie - Interactive / Digital, Media Department, NBC - HARRISON MEDIA, Harrison Township, MI, pg. 468

Ciesol, Miranda - Interactive / Digital, Media Department - SPARK FOUNDRY, Chicago, IL, pg. 510

Cifuentes, Jenny - Media Department - ZENITH MEDIA, New York, NY, pg. 529

Ciko, Marissa - Media Department, Social Media - 360I, LLC, Chicago, IL, pg. 208

Cilibrasi, Samantha - Account Planner, Account Services, Media Department, Social Media - HEARTS & SCIENCE, New York, NY, pg. 471

Cilmi, Lori - Interactive / Digital, Media Department - UNIVERSAL MCCANN, New York, NY, pg. 521

Cimeno, Olivia - Interactive / Digital, Media Department, Social Media - GYK ANTLER, Manchester, NH, pg. 368

Cimino, Donna - Account Planner, Media Department - SPARK FOUNDRY, Chicago, IL, pg. 510

Cioffi, Tara - Account Services, Management, Media Department, PPOM - M/SIX, New York, NY, pg. 482

Cioppa, Retha - Account Services, Media Department - GSD&M, Austin, TX, pg. 79

Cioto, Jennifer - Interactive / Digital, Media Department - HILL HOLLIDAY, Boston, MA, pg. 85

AGENCIES
RESPONSIBILITIES INDEX

Cipollina, Brian - Media Department - HORIZON MEDIA, INC., New York, NY, pg. 474

Cipressi, Lauren - Interactive / Digital, Media Department - MEDIAHUB BOSTON, Boston, MA, pg. 489

Cipriati, Valerie - Account Planner, Media Department - KWG ADVERTISING, INC., New York, NY, pg. 96

Cirelli, Patrick - Management, Media Department - POSTERSCOPE U.S.A., New York, NY, pg. 556

Ciricillo, Shannon - Account Services, Finance, Media Department - PHD USA, New York, NY, pg. 505

Cirone, Amanda - Account Planner, Account Services, Media Department, PPM - SPARK FOUNDRY, New York, NY, pg. 508

Cisowski, Steve - Media Department, Social Media - CROSSMEDIA, Philadelphia, PA, pg. 463

Civetti, Kealin - Interactive / Digital, Media Department - NEO MEDIA WORLD, New York, NY, pg. 496

Civitano, Alyson - Interactive / Digital, Media Department, PPM - HEARTS & SCIENCE, New York, NY, pg. 471

Clancy, Paul - Interactive / Digital, Media Department - DANIEL BRIAN ADVERTISING, Rochester, MI, pg. 348

Clar, Nicholas - Media Department - SPARK FOUNDRY, New York, NY, pg. 508

Clark, Amy - Account Planner, Interactive / Digital, Media Department - THE MEDIA KITCHEN, New York, NY, pg. 519

Clark, Melissa - Account Planner, Management, Media Department, NBC, Public Relations - THE INTEGER GROUP - DALLAS, Dallas, TX, pg. 570

Clark, Ebony - Interactive / Digital, Media Department - CARAT, Detroit, MI, pg. 461

Clark, Carolyn - Account Services, Media Department - TRACYLOCKE, Wilton, CT, pg. 684

Clark, Melissa - Interactive / Digital, Media Department - HUDSON ROUGE, New York, NY, pg. 371

Clark, Andrew - Management, Media Department, PPOM - HUMANAUT, Chattanooga, TN, pg. 87

Clark, Katie - Interactive / Digital, Media Department, NBC, Operations - IDEO, Palo Alto, CA, pg. 187

Clark, Brandon - Interactive / Digital, Media Department - THE MEDIA KITCHEN, New York, NY, pg. 519

Clark, Marie-Louise - Media Department, NBC, Public Relations - ACTIVA PR, San Francisco, CA, pg. 575

Clark, Daniel - Interactive / Digital, Media Department - HEARTS & SCIENCE, New York, NY, pg. 471

Clark, Madeline - Interactive / Digital, Media Department - TRUEPOINT COMMUNICATIONS, Dallas, TX, pg. 657

Clark, Ben - Media Department - ENVISIONIT MEDIA, INC., Chicago, IL, pg. 231

Clarke, Lindsay - Media Department - STARCOM WORLDWIDE, Chicago, IL, pg. 513

Clarke, Catrina - Interactive / Digital, Media Department - CARAT, New York, NY, pg. 459

Clarke, Emmy - Interactive / Digital, Media Department, Social Media - GOOD APPLE DIGITAL, New York, NY, pg. 466

Clarke, Courtney - Account Planner, Account Services, Media Department - PUBLICIS.SAPIENT, New York, NY, pg. 258

Class, Julia - Media Department - SPARK FOUNDRY, Chicago, IL, pg. 510

Clausen, Greg - Management, Media Department, PPOM - SPARK FOUNDRY, Chicago, IL, pg. 510

Clay, Matthew - Account Planner, Media Department - WEBER SHANDWICK, Chicago, IL, pg. 661

Clayman, Ellie - Interactive / Digital, Media Department - 22SQUARED INC., Tampa, FL, pg. 319

Clayton, Andrew - Interactive / Digital, Media Department, NBC - WIEDEN + KENNEDY, Portland, OR, pg. 430

Cleage, Mary Jane - Account Services, Media Department - BIG COMMUNICATIONS, INC., Birmingham, AL, pg. 39

Cleary, Erin - Account Planner, Media Department - STARCOM WORLDWIDE, Chicago, IL, pg. 513

Clement, Shelby - Media Department - MINDSTREAM MEDIA GROUP - DALLAS, Dallas, TX, pg. 496

Clevenger, Amy - Interactive / Digital, Media Department - HITCHCOCK FLEMING & ASSOCIATES, INC., Akron, OH, pg. 86

Cleworth, Megan - Interactive / Digital, Media Department - SFW AGENCY, Greensboro, NC, pg. 16

Cliff, Caroline - Media Department - STARCOM WORLDWIDE, Chicago, IL, pg. 513

Clifford, Kristin - Media Department, PPOM - MEDIA CONNECT, New York, NY, pg. 485

Close, Steve - Media Department - DALTON AGENCY, Atlanta, GA, pg. 57

Clough, Beth - Media Department - SPARK FOUNDRY, Chicago, IL, pg. 510

Cloutier, Nancy - Management, Media Department, NBC - ADEPT MARKETING, Columbus, OH, pg. 210

Clune, Kendra - Interactive / Digital, Media Department - KROGER MEDIA SERVICES, Portland, OR, pg. 96

Coan, Jessie - Media Department - ABERDEEN GROUP, INC., Waltham, MA, pg. 441

Coan, Tessa - Media Department - AGENCYEA, Chicago, IL, pg. 302

Coast, Michele - Media Department - CANNELLA RESPONSE TELEVISION, Los Angeles, CA, pg. 457

Coates, Erica - Creative, Media Department - MOCEAN, Los Angeles, CA, pg. 298

Cobb, Kristina - Account Planner, Media Department, Programmatic - AMOBEE, INC., Chicago, IL, pg. 213

Cobb-Stuart, Renee - Media Department - MORGAN + COMPANY, New Orleans, LA, pg. 496

Cobian, Marisa - Media Department - ZENITH MEDIA, New York, NY, pg. 529

Cochin, Stephanie - Media Department - STARCOM WORLDWIDE, Chicago, IL, pg. 513

Cochran, Zach - Media Department - DOOR NUMBER 3, Austin, TX, pg. 64

Cochran, Douglas - Media Department - 360I, LLC, Atlanta, GA, pg. 207

Cochran, Elizabeth - Interactive / Digital, Media Department - LEWIS MEDIA PARTNERS, Richmond, VA, pg. 482

Codalata, Jonny - Account Services, Creative, Media Department - CSM SPORTS & ENTERTAINMENT, Indianapolis, IN, pg. 55

Cody, Patti - Media Department - CMD, Portland, OR, pg. 51

Coen, April - Analytics, Interactive / Digital, Media Department, NBC, Research - HEARTS & SCIENCE, Los Angeles, CA, pg. 473

Cofer, Clark - Interactive / Digital, Media Department - DROGA5, New York, NY, pg. 64

Coffey, Karen - Media Department - CAMELOT STRATEGIC MARKETING & MEDIA, Dallas, TX, pg. 457

Coffey, Nicole - Interactive / Digital, Media Department - BUTLER / TILL, Rochester, NY, pg. 457

Coffin, Justin - Interactive / Digital - KETCHUM, Raleigh, NC, pg. 378

Coffin, Caroline - Media Department - STARCOM WORLDWIDE, Chicago, IL, pg. 513

Cofsky, Scott - Media Department - HEALIXGLOBAL, New York, NY, pg. 471

Cogo, Monica - Media Department - CANVAS WORLDWIDE, New York, NY, pg. 458

Cohen, Lisa - Account Planner, Media Department, PPM - WILSON MEDIA GROUP, Key West, FL, pg. 529

Cohen, Ryan - Account Services, Media Department - MILLER ADVERTISING AGENCY, INC., New York, NY, pg. 115

Cohen, Robin - Account Planner, Account Services, Media Department - RAIN, Westchester, PA, pg. 402

Cohen, Yale - Interactive / Digital, Management, Media Department - PUBLICIS NORTH AMERICA, New York, NY, pg. 399

Cohen, Stefani - Media Department - HAVAS MEDIA GROUP, New York, NY, pg. 468

Cohen, Danielle - Account Services, Interactive / Digital, Media Department - OMD, New York, NY,

RESPONSIBILITIES INDEX AGENCIES

pg. 498
Cohen, Adam - Account Services, Interactive / Digital, Management, Media Department - HAVAS MEDIA GROUP, New York, NY, pg. 468
Cohen, Maris - Account Planner, Account Services, Media Department, NBC - OMD, New York, NY, pg. 498
Cohen, Alyssa - Media Department - R&R PARTNERS, Las Vegas, NV, pg. 131
Cohen, Chuck - Media Department - ANTHOLOGY MARKETING GROUP, Honolulu, HI, pg. 326
Cohen, Mackenzie - Interactive / Digital, Media Department, Research - OMD, New York, NY, pg. 498
Cohen, Talia - Media Department - CASHMAN & KATZ INTEGRATED COMMUNICATIONS, Glastonbury, CT, pg. 340
Cohen, Martha - Account Planner, Account Services, Media Department - AUTHENTIC, Richmond, VA, pg. 214
Cohen, Daniel - Administrative, Media Department, Operations, PPOM - OCTAGON, New York, NY, pg. 313
Cohn, Daniel - Account Planner, Account Services, Management, Media Department - MCCANN NEW YORK, New York, NY, pg. 108
Cohun, Curtis - Media Department - CANVAS WORLDWIDE, Playa Vista, CA, pg. 458
Coker, Emma - Interactive / Digital, Media Department - FIREHOUSE, INC., Dallas, TX, pg. 358
Colameta, Ray - Media Department, Operations - DIGITAS, Chicago, IL, pg. 227
Colangelo, Melissa - Media Department, Public Relations - ALLIED INTEGRATED MARKETING, New York, NY, pg. 324
Colcord, Alexander - Interactive / Digital, Media Department, PPOM - MINDSHARE, New York, NY, pg. 491
Cole, Amye - Media Department - BILLUPS WORLDWIDE, Lake Oswego, OR, pg. 550
Cole, Liz - Interactive / Digital, Media Department, Social Media - DIGITAS, San Francisco, CA, pg. 227
Cole, Eric - Media Department - ACTIVE INTERNATIONAL, Pearl River, NY, pg. 439
Cole, Erin - Media Department - FIVEFIFTY, Denver, CO, pg. 235
Coleman, Dave - Account Planner, Account Services, Media Department - OCEAN MEDIA, INC., Huntington Beach, CA, pg. 498
Coleman, Kyong - Account Planner, Account Services, Management, Media Department, PPOM - OMD, New York, NY, pg. 498
Coleman, Andriena - Media Department - HEARTS & SCIENCE, Atlanta, GA, pg. 473
Coleman, Greg - Account Services, Media Department - POV SPORTS MARKETING, Wayne, PA, pg. 314
Coles, Ashley - Interactive /

Digital, Media Department - JAN KELLEY MARKETING, Burlington, ON, pg. 10
Coli, Taylor - Interactive / Digital, Media Department - HILL HOLLIDAY, Boston, MA, pg. 85
Collado, Vanessa - Media Department, Social Media - ESSENCE, New York, NY, pg. 232
Collar, Kelly - Finance, Media Department - LEWIS COMMUNICATIONS, Birmingham, AL, pg. 100
Collett, Smith - Interactive / Digital, Media Department - WAVEMAKER, New York, NY, pg. 526
Collier, Lauren - Media Department - FINCH BRANDS, Philadelphia, PA, pg. 7
Collins, Dan - Account Planner, Account Services, Interactive / Digital, Media Department, Research - GKV, Baltimore, MD, pg. 364
Collins, Nicole - Account Services, Finance, Media Department, PPM - OMD, New York, NY, pg. 498
Collins, Caitlin - Management, Media Department - ZENITH MEDIA, New York, NY, pg. 529
Collins, Brett - Account Services, Management, Media Department - GTB, Dearborn, MI, pg. 367
Collins, Wetherly - Account Planner, Media Department - CARAT, New York, NY, pg. 459
Collins, Andrew - Media Department - HORIZON MEDIA, INC., New York, NY, pg. 474
Collins, Kristie - Management, Media Department - UNIVERSAL MCCANN, New York, NY, pg. 521
Collins, Ryan - Media Department - UNIVERSAL WILDE, Westwood, MA, pg. 428
Collins, Laurel - Account Services, Creative, Media Department - OH PARTNERS, Phoenix, AZ, pg. 122
Collins, Karl - Media Department - WIEDEN + KENNEDY, Portland, OR, pg. 430
Collins, Mike - Media Department - ETHOS MARKETING & DESIGN, Westbrook, ME, pg. 182
Collins, Adam - Media Department - COSSETTE MEDIA, Vancouver, BC, pg. 345
Collins, Christa - Interactive / Digital, Media Department - BERRY NETWORK, Dayton, OH, pg. 295
Colloredo, Elizabeth - Media Department - CARAT, Atlanta, GA, pg. 459
Colman, Carly - Account Planner, Account Services, Media Department - VIZEUM, New York, NY, pg. 526
Colon, Jasmine - Media Department - BEACON MEDIA, Mahwah, NJ, pg. 216
Colonna, Kristen - Account Services, Media Department, Operations, PPOM - OMD, New York, NY, pg. 498
Colovin, Stewart - Creative, Media Department - MMGY GLOBAL, Kansas City, MO, pg. 388
Coltharp, Chayce - Interactive /

Digital, Media Department - SPARK FOUNDRY, Chicago, IL, pg. 510
Colvin, Liana - Media Department - MBB AGENCY, Leawood, KS, pg. 107
Colwell, Ashley - Account Planner, Account Services, Media Department, PPOM - MINDSHARE, New York, NY, pg. 491
Combs, Amanda - Media Department - CREATING RESULTS, Woodbridge, VA, pg. 346
Combs, Andrew - Interactive / Digital, Media Department, Social Media - 26 DOT TWO LLC, New York, NY, pg. 453
Comer, Clorissa - Media Department - SPARK FOUNDRY, Chicago, IL, pg. 510
Comerford, Katie - Interactive / Digital, Media Department - HORIZON MEDIA, INC., New York, NY, pg. 474
Comito, Liano - Interactive / Digital, Media Department, Social Media - 360I, LLC, New York, NY, pg. 320
Como, Alexandra - Account Planner, Account Services, Media Department - HAVAS MEDIA GROUP, New York, NY, pg. 468
Compagnone, Karianne - Interactive / Digital, Media Department - MEDIACOM, New York, NY, pg. 487
Comparetto, Valerie - Interactive / Digital, Media Department, Social Media - GROUPM, New York, NY, pg. 466
Compton, Annie - Media Department - MINDSHARE, New York, NY, pg. 491
Conant, Teresa - Interactive / Digital, Media Department - NORBELLA, Boston, MA, pg. 497
Conger, Kelli - Media Department - FLYNN WRIGHT, INC., Des Moines, IA, pg. 359
Conlin, Kelly - Analytics, Media Department - VMLY&R, New York, NY, pg. 160
Conlon, Amanda - Media Department - JWT INSIDE, Washington, DC, pg. 667
Connell, Jennifer - Account Services, Media Department - MEDIASPOT, INC. , Corona Del Mar, CA, pg. 490
Connell, Jacqueline - Interactive / Digital, Media Department - MINDSHARE, New York, NY, pg. 491
Connell, James - Analytics, Interactive / Digital, Media Department - PATH INTERACTIVE, INC., New York, NY, pg. 256
Connelly, Helene - Account Services, Media Department - SILVERLIGHT DIGITAL, New York, NY, pg. 265
Connelly, Kathryn - Interactive / Digital, Media Department, Research - OVATIVE GROUP, Minneapolis, MN, pg. 256
Connelly, Sean - Media Department - MKTG INC, New York, NY, pg. 311
Connelly, Lucas - Account Planner, Account Services, Media Department - CARAT, Culver City, CA, pg. 459
Conner Foutch, Andee - Creative,

AGENCIES
RESPONSIBILITIES INDEX

Management, Media Department - CONVEYOR MEDIA, Denver, CO, *pg.* 462

Connolly, Matthew - Interactive / Digital, Media Department - VAYNERMEDIA, New York, NY, *pg.* 689

Connolly, Eric - Account Services, Media Department - MECHANICA, Newburyport, MA, *pg.* 13

Connors, Matthew - Interactive / Digital, Media Department - HAWORTH MARKETING & MEDIA, Minneapolis, MN, *pg.* 470

Conrad, Rebecca - Interactive / Digital, Media Department - M/SIX, New York, NY, *pg.* 482

Conron, Michelle - Interactive / Digital, Media Department, Operations - CASHMAN & ASSOCIATES, Philadelphia, PA, *pg.* 589

Consaga, Melissa - Media Department, Operations - DAC GROUP, Louisville, KY, *pg.* 223

Considine, Sinead - Interactive / Digital, Media Department, Social Media - NMPI, New York, NY, *pg.* 254

Constable, Shannon - Media Department - EMPOWER, Cincinnati, OH, *pg.* 354

Constan, Sandy - Media Department - CARAT, Culver City, CA, *pg.* 459

Constanza, Tiffany - Account Services, Media Department - AD RESULTS MEDIA, Houston, TX, *pg.* 279

Convery, Kristin - Interactive / Digital, Media Department - PASKILL, STAPLETON & LORD, Glenside, PA, *pg.* 256

Convery, Nicole - Media Department - MAYOSEITZ MEDIA, Blue Bell, PA, *pg.* 483

Cook, Casie - Account Services, Interactive / Digital, Media Department - COLLE MCVOY, Minneapolis, MN, *pg.* 343

Cook, Kyle - Interactive / Digital, Media Department - UNIVERSAL MEDIA, INC., Mechanicsburg, PA, *pg.* 525

Cook, Ryan - Media Department, Operations - MINDSHARE, Chicago, IL, *pg.* 494

Cook, Josh - Management, Media Department, NBC - UNIVERSAL MCCANN, San Francisco, CA, *pg.* 428

Cook, Karen - Media Department - SPARK FOUNDRY, Atlanta, GA, *pg.* 512

Cook, Gary - Interactive / Digital, Media Department, Programmatic - CROSSMEDIA, Philadelphia, PA, *pg.* 463

Cook, Natalie - Media Department, Operations - OLOMANA LOOMIS ISC, Honolulu, HI, *pg.* 394

Cook, Lauren - Interactive / Digital, Media Department, Social Media - GROUNDFLOOR MEDIA, Denver, CO, *pg.* 611

Cooke, Chris - Interactive / Digital, Media Department - BCF, Virginia Beach, VA, *pg.* 581

Cooke, Mary - Media Department - CROWLEY WEBB & ASSOCIATES, Buffalo, NY, *pg.* 55

Cooley, James - Interactive / Digital, Media Department, PPOM - MINDSHARE, New York, NY, *pg.* 491

Cooley, Burton - Media Department - HAWORTH MARKETING & MEDIA, Minneapolis, MN, *pg.* 470

Coon, Hannah - Interactive / Digital, Media Department, Social Media - THE RICHARDS GROUP, INC., Dallas, TX, *pg.* 422

Cooney, Kara - Account Services, Management, Media Department - ALLSCOPE MEDIA, New York, NY, *pg.* 454

Cooney, Kim - Media Department - MINDSHARE, New York, NY, *pg.* 491

Cooney, Carrie - Media Department - JUST MEDIA, INC., Emeryville, CA, *pg.* 481

Cooney, Maggie - Interactive / Digital, Media Department, Social Media - DIGITAS, San Francisco, CA, *pg.* 227

Cooper, Alyssa - Account Planner, Media Department, NBC - CARAT, New York, NY, *pg.* 459

Cooper, Meredith - Interactive / Digital, Media Department - MCGARRAH JESSEE, Austin, TX, *pg.* 384

Cooper, Kyle - Media Department - CMI MEDIA, LLC, King of Prussia, PA, *pg.* 342

Cooper, Jason - Account Services, Media Department - VMLY&R, Kansas City, MO, *pg.* 274

Cooper, Ben - Account Services, Interactive / Digital, Management, Media Department - CAMELOT STRATEGIC MARKETING & MEDIA, Dallas, TX, *pg.* 457

Cooper, Kasey - Interactive / Digital, Media Department, Social Media - HARMELIN MEDIA, Bala Cynwyd, PA, *pg.* 467

Cooper, Sheri - Media Department - AMBASSADOR ADVERTISING, Irvine, CA, *pg.* 324

Copacia, Leia - Account Services, Interactive / Digital, Media Department - EPSILON, San Francisco, CA, *pg.* 283

Copeland, Patty - Media Department - ICON INTERNATIONAL, INC., Greenwich, CT, *pg.* 476

Copenhaver, Andrew - Management, Media Department - UNIVERSAL MCCANN DETROIT, Birmingham, MI, *pg.* 524

Copertino, Giuseppe - Media Department - SPARK FOUNDRY, El Segundo, CA, *pg.* 512

Corak, Mike - Interactive / Digital, Management, Media Department - DAC GROUP, Louisville, KY, *pg.* 223

Corbetta, Lindsey - Account Services, Interactive / Digital, Media Department - MEDIA STORM, New York, NY, *pg.* 486

Corcoran, Sean - Interactive / Digital, Management, Media Department, NBC, PPOM - MEDIAHUB BOSTON, Boston, MA, *pg.* 489

Cordero, Joanna - Interactive / Digital, Media Department - RPA, Santa Monica, CA, *pg.* 134

Cordola, Kristen - Media Department - MINDSHARE, New York, NY, *pg.* 491

Cordova, Karlo - Media Department, NBC, PR Management, Public Relations - WIEDEN + KENNEDY, New York, NY, *pg.* 432

Cordova, Laia - Interactive / Digital, Media Department - JUST MEDIA, INC., Emeryville, CA, *pg.* 481

Coreas, Andrea - Interactive / Digital, Media Department, Social Media - HEARTS & SCIENCE, Los Angeles, CA, *pg.* 473

Corken, Cammy - Media Department - THE LAVIDGE COMPANY, Phoenix, AZ, *pg.* 420

Corley, Sheila - Account Services, Media Department - THE LEE GROUP, Houston, TX, *pg.* 420

Corley, Holly - Media Department - 360I, LLC, Atlanta, GA, *pg.* 207

Corn, Joanna - Account Planner, Account Services, Media Department, NBC - OMD, New York, NY, *pg.* 498

Corn, Linnea - Media Department - HEARTS & SCIENCE, Atlanta, GA, *pg.* 473

Corneil, Matthew - Interactive / Digital, Media Department - R&R PARTNERS, Las Vegas, NV, *pg.* 131

Cornelius, Vicki - Media Department - CAMELOT STRATEGIC MARKETING & MEDIA, Dallas, TX, *pg.* 457

Cornett, Chase - Management, Media Department - VMLY&R, Kansas City, MO, *pg.* 274

Cornette, Kristi - Media Department - ADWERKS, INC., Sioux Falls, SD, *pg.* 28

Corr, Joseph - Creative, Management, Media Department - CRISPIN PORTER + BOGUSKY, Boulder, CO, *pg.* 346

Corr, Connor - Interactive / Digital, Media Department - WIEDEN + KENNEDY, New York, NY, *pg.* 432

Corrado, Christopher - Media Department - CONNELLY PARTNERS, Boston, MA, *pg.* 344

Correa, Susana - Media Department - OMD, New York, NY, *pg.* 498

Corredor Rocci, Krystle - Interactive / Digital, Media Department, NBC - PUBLICIS NORTH AMERICA, New York, NY, *pg.* 399

Correia, Victor - Media Department - WAVEMAKER, Toronto, ON, *pg.* 529

Correnti, Laura - Account Services, Interactive / Digital, Media Department, PPOM - GIANT SPOON, LLC, New York, NY, *pg.* 363

Corrigan, Tucker - Account Services, Media Department - HALLPASS MEDIA, Costa Mesa, CA, *pg.* 81

Cortinhal, Stephanie - Account Services, Interactive / Digital, Media Department - BIG SPACESHIP, Brooklyn, NY, *pg.* 455

Cortizo-Burgess, Pele - Account Planner, Interactive / Digital, Management, Media Department, NBC, PPOM - INITIATIVE, New York, NY,

1595

RESPONSIBILITIES INDEX — AGENCIES

pg. 477
Corvallis, Jordan - Media Department - INITIATIVE, Chicago, IL, *pg.* 479
Coryell, Jeffrey - Media Department - RAPP WORLDWIDE, Los Angeles, CA, *pg.* 291
Cossio, Mimi - Media Department, PPM - ALMA, Coconut Grove, FL, *pg.* 537
Costa, Jamie - Media Department - OMD WEST, Los Angeles, CA, *pg.* 502
Costantino, Carly - Media Department - PUBLICIS.SAPIENT, New York, NY, *pg.* 258
Costanzo, Cassandra - Account Services, Media Department - MARC USA, Pittsburgh, PA, *pg.* 104
Costanzo, Rachel - Media Department - RAIN, Portland, OR, *pg.* 402
Costello, Lynn - Media Department - OH PARTNERS, Phoenix, AZ, *pg.* 122
Costello, Jennifer - Account Services, Creative, Management, Media Department - TBWA \ CHIAT \ DAY, Los Angeles, CA, *pg.* 146
Cote, Matt - Creative, Media Department - EICOFF, Chicago, IL, *pg.* 282
Cotruvo, Meagan - Media Department - MEKANISM, San Francisco, CA, *pg.* 112
Cotta, Haylee - Media Department - POSTERSCOPE U.S.A., New York, NY, *pg.* 556
Cotten, Steve - Media Department - STARCOM WORLDWIDE, Toronto, ON, *pg.* 517
Cotter, Kathleen - Media Department - STARCOM WORLDWIDE, Chicago, IL, *pg.* 513
Cotton, April - Media Department - SPERO MEDIA, New York, NY, *pg.* 411
Cottrell, Natasha - Media Department - WALZ TETRICK ADVERTISING, Mission, KS, *pg.* 429
Coulombe, Kassandra - Media Department - BOSTON INTERACTIVE, Charlestown, MA, *pg.* 218
Coulson, Mike - Media Department - LEO BURNETT TORONTO, Toronto, ON, *pg.* 97
Coulter Overman, Amy - Media Department - CANVAS WORLDWIDE, Playa Vista, CA, *pg.* 458
Courtemanche, Karine - Media Department, PPOM - TOUCHE!, Montreal, QC, *pg.* 520
Courtney, Anne Marie - Interactive / Digital, Media Department, PPM - HAVAS MEDIA GROUP, New York, NY, *pg.* 468
Coury, Maryanne - Media Department - THE JONES AGENCY, Palm Springs, CA, *pg.* 420
Cousineau, Collin - Interactive / Digital, Media Department, Programmatic, Social Media - PHD CHICAGO, Chicago, IL, *pg.* 504
Cousino, Alexandra - Media Department - MOXIE, Atlanta, GA, *pg.* 251
Cousins, Hannah - Media Department - RED SIX MEDIA, Baton Rouge, LA,

pg. 132
Coutinho, Helene - Media Department - PINTA USA, LLC, Coral Gables, FL, *pg.* 397
Couture, Ben - Media Department, Programmatic - STARCOM WORLDWIDE, Detroit, MI, *pg.* 517
Covent, Rebecca - Account Planner, Media Department - STARCOM WORLDWIDE, Chicago, IL, *pg.* 513
Cowart, Casey - Interactive / Digital, Media Department - ST. JOHN & PARTNERS ADVERTISING & PUBLIC RELATIONS, Jacksonville, FL, *pg.* 412
Cowell, Asha - Account Planner, Media Department - CARAT, Culver City, CA, *pg.* 459
Cowley, Kiley - Media Department, Social Media - MINDSTREAM MEDIA GROUP - DALLAS, Dallas, TX, *pg.* 496
Cowley, Samantha - Media Department - GSD&M, Austin, TX, *pg.* 79
Cowser, Don - Media Department - ICON MEDIA DIRECT, Sherman Oaks, CA, *pg.* 476
Cox, Robin - Media Department - THE WARD GROUP, INC - MEDIA STEWARDS, Frisco, TX, *pg.* 520
Cox, Lindsey - Interactive / Digital, Media Department - STARCOM WORLDWIDE, Chicago, IL, *pg.* 513
Cox, Daniel - Media Department - HARMELIN MEDIA, Bala Cynwyd, PA, *pg.* 467
Cox, Alison - Media Department - TRAVEL SPIKE, Atlanta, GA, *pg.* 272
Coyle, Walter - Media Department, PPOM - LUXE COLLECTIVE GROUP, New York, NY, *pg.* 102
Coyle, Katie - Media Department - STARCOM WORLDWIDE, Chicago, IL, *pg.* 513
Coyne, Kathy - Media Department - HARMELIN MEDIA, Bala Cynwyd, PA, *pg.* 467
Coyne, Claudette - Media Department - RDW GROUP, Providence, RI, *pg.* 403
Cozine, Kevin - Management, Media Department, NBC - OCEAN MEDIA, INC;, Huntington Beach, CA, *pg.* 498
Crabill, Jennifer - Media Department - SPARK FOUNDRY, New York, NY, *pg.* 508
Crable, Jan - Media Department - BIG RIVER, Richmond, VA, *pg.* 3
Craig, Anne - Analytics, Media Department - PLUSMEDIA, LLC, Danbury, CT, *pg.* 290
Craig, Aimee - Media Department - SPARK FOUNDRY, Chicago, IL, *pg.* 510
Craig, Chelsea - Interactive / Digital, Media Department - JAN KELLEY MARKETING, Burlington, ON, *pg.* 10
Cramer, Erika - Account Planner, Media Department, NBC - GENERATOR MEDIA + ANALYTICS, New York, NY, *pg.* 466
Cramer, Malia - Media Department - DRAKE COOPER, Boise, ID, *pg.* 64
Crane, Monica - Media Department - HARMELIN MEDIA, Bala Cynwyd, PA,

pg. 467
Craney, Jake - Account Services, Media Department - T3, Atlanta, GA, *pg.* 416
Cranor, Luke - Interactive / Digital, Media Department - INITIATIVE, New York, NY, *pg.* 477
Cranswick, Marisa - Account Planner, Account Services, Media Department - KROGER MEDIA SERVICES, Portland, OR, *pg.* 96
Craven, Ryan - Interactive / Digital, Media Department, NBC, Public Relations - WIEDEN + KENNEDY, Portland, OR, *pg.* 430
Crawford, Elizabeth - Account Planner, Media Department - MINDSHARE, Chicago, IL, *pg.* 494
Crawford, Courtenay - Media Department, PPM - CMI MEDIA, LLC, King of Prussia, PA, *pg.* 342
Crawford, Damien - Interactive / Digital, Media Department, NBC - UNIVERSAL MCCANN DETROIT, Birmingham, MI, *pg.* 524
Crawford, TJ - Account Planner, Analytics, Interactive / Digital, Media Department, NBC - MARC USA, Pittsburgh, PA, *pg.* 104
Crawford, Renee - Account Services, Media Department - TRUE MEDIA, Minneapolis, MN, *pg.* 521
Crean, Lucy - Interactive / Digital, Media Department - MINDSHARE, Toronto, ON, *pg.* 495
Creechan, David - Media Department, Promotions - 160OVER90, Los Angeles, CA, *pg.* 301
Creegan, Jennifer - Media Department, NBC - BCM MEDIA, Darien, CT, *pg.* 455
Creel, Lauren - Interactive / Digital, Media Department - RAWLE-MURDY ASSOCIATES, Charleston, SC, *pg.* 403
Cremin, Tim - Media Department, PPM - WINNERCOMM, Tulsa, OK, *pg.* 564
Crescini, Dino - Interactive / Digital, Media Department - SPARK FOUNDRY, New York, NY, *pg.* 508
Crigger, Matthew - Interactive / Digital, Media Department - PHIRE GROUP, Ann Arbor, MI, *pg.* 397
Criscitelli, Matthew - Management, Media Department - ICON INTERNATIONAL, INC., Greenwich, CT, *pg.* 476
Critch-Gilfillan, Pauline - Creative, Interactive / Digital, Media Department - MOSAIC NORTH AMERICA, Chicago, IL, *pg.* 312
Crivelli, Annemarie - Interactive / Digital, Media Department, NBC, PPM - CAMBRIDGE BIOMARKETING, Cambridge, MA, *pg.* 46
Crociata, Anna - Media Department - HART, Toledo, OH, *pg.* 82
Crockett, Chris - Interactive / Digital, Media Department - SAATCHI & SAATCHI LOS ANGELES, Torrance, CA, *pg.* 137
Croddy, Jason - Account Planner, Media Department - CANVAS WORLDWIDE, Playa Vista, CA, *pg.* 458

AGENCIES
RESPONSIBILITIES INDEX

Croke, Megan - Media Department - RED FUSE COMMUNICATIONS, New York, NY, pg. 404
Crooms, Travis - Interactive / Digital, Media Department - ZENITH MEDIA, New York, NY, pg. 529
Croonquist, Jenna - Interactive / Digital, Media Department - CARAT, New York, NY, pg. 459
Cropp, Michele - Media Department - TRUE MEDIA, Columbia, MO, pg. 521
Crosby, Leslie - Management, Media Department - INITIATIVE, Los Angeles, CA, pg. 478
Cross, Jennifer - Account Services, Management, Media Department - MEDIAHUB WINSTON SALEM, Winston-Salem, NC, pg. 386
Cross, Janine - Interactive / Digital, Media Department - HARMELIN MEDIA, Bala Cynwyd, PA, pg. 467
Cross, Elizabeth - Interactive / Digital, Media Department, Programmatic - MINDSHARE, Chicago, IL, pg. 494
Croutier, Matthew - Account Services, Media Department - ICON INTERNATIONAL, INC., Greenwich, CT, pg. 476
Crowell, Geoff - Media Department, PPOM, Programmatic - DIGITAS, New York, NY, pg. 226
Crowley, Jim - Media Department - CROWLEY WEBB & ASSOCIATES, Buffalo, NY, pg. 55
Crowley, Laurie - Media Department - CANVAS WORLDWIDE, New York, NY, pg. 458
Crowley, Hannah - Interactive / Digital, Media Department - CRISPIN PORTER + BOGUSKY, Boulder, CO, pg. 346
Crowley, Jessica - Media Department - CMI MEDIA, LLC, King of Prussia, PA, pg. 342
Crozier, Gerry - Media Department - J. GOTTHEIL MARKETING COMMUNICATIONS, INC., Toronto, ON, pg. 376
Crum, Ava - Interactive / Digital, Media Department - ESSENCE, Los Angeles, CA, pg. 233
Cruz, Lina - Account Services, Media Department - GRUPO UNO INTERNATIONAL, Coral Gables, FL, pg. 79
Cruz, Humberto - Interactive / Digital, Media Department - HAVAS MEDIA GROUP, Miami, FL, pg. 470
Cruz, Kristie - Account Services, Analytics, Interactive / Digital, Media Department - HEARTS & SCIENCE, New York, NY, pg. 471
Cruz, Antonio - Media Department - HEARTS & SCIENCE, Los Angeles, CA, pg. 473
Cruz, Michelle - Media Department - PLUSMEDIA, LLC, Danbury, CT, pg. 290
Cruz, Jaime - Media Department, Programmatic - GP GENERATE, LLC, Los Angeles, CA, pg. 541
Cucuzza, Kathryn - Interactive /

Digital, Media Department - MEDIAHUB NEW YORK, New York, NY, pg. 249
Cuervo, Rebecca - Media Department - ANTHONY BARADAT & ASSOCIATES, Miami, FL, pg. 537
Cuevas, Beatriz - Analytics, Interactive / Digital, Media Department, NBC, Research - DIGITAS, New York, NY, pg. 226
Cugini, Tom - Management, Media Department - CARAT, New York, NY, pg. 459
Culjak, Brandon - Media Department - BLOOM ADS, INC., Woodland Hills, CA, pg. 334
Cullen, Daria - Media Department - ETHOS MARKETING & DESIGN, Westbrook, ME, pg. 182
Cullen, Sharon - Media Department - OMD, New York, NY, pg. 498
Culley, Patrick - Media Department - UNIVERSAL MCCANN, New York, NY, pg. 521
Culp, Emily - Account Planner, Interactive / Digital, Media Department - ESSENCE, Minneapolis, MN, pg. 233
Cummings, Carol - Media Department - MEDIA EXPERTS, Toronto, ON, pg. 485
Cummings, Gretchen - Finance, Media Department - BUTLER / TILL, Rochester, NY, pg. 457
Cummings, Chris - Account Planner, Management, Media Department, PPOM - BUTLER, SHINE, STERN & PARTNERS, Sausalito, CA, pg. 45
Cummins, Mariel - Media Department - MINDSHARE, Chicago, IL, pg. 494
Cunha, Fred - Media Department, PPM - EXTREME REACH, INC., Needham, MA, pg. 552
Cunnie, Mairin - Media Department - MMSI, Warwick, RI, pg. 496
Cunningham, Sarah - Account Services, Media Department, NBC, PPOM - TPN, Chicago, IL, pg. 571
Cunningham, Tara - Account Services, Media Department - MINDSHARE, Chicago, IL, pg. 494
Cunningham, Emma - Account Services, Creative, Interactive / Digital, Media Department - WUNDERMAN THOMPSON, Toronto, ON, pg. 435
Cunningham, Susan - Media Department, Promotions - PLANO PROFILE, Plano, TX, pg. 195
Cunningham, Pat - Media Department - CROSSMEDIA, Philadelphia, PA, pg. 463
Cunningham, Sinead - Media Department - LANETERRALEVER, Phoenix, AZ, pg. 245
Cuomo, Taylor - Interactive / Digital, Media Department - OMD, New York, NY, pg. 498
Cupee, Janice - Interactive / Digital, Media Department - BEEBY CLARK+MEYLER, Stamford, CT, pg. 333
Cupolo, Ryan - Media Department - INITIATIVE, New York, NY, pg. 477
Curasi, Rachel - Media Department -

R2INTEGRATED, Baltimore, MD, pg. 261
Curless, Jennifer - Media Department, Programmatic - DIGITAL ADDIX, San Diego, CA, pg. 225
Curp, Brian - Media Department - BROADSTREET, New York, NY, pg. 43
Curran, Tiffany - Media Department, PPOM - PRIMM & COMPANY, Norfolk, VA, pg. 129
Curran, Megan - Account Planner, Media Department - MEDIA STORM, New York, NY, pg. 486
Currie, Lauren - Interactive / Digital, Media Department - INITIATIVE, Los Angeles, CA, pg. 478
Currie, Jill - Media Department - BUTLER / TILL, Rochester, NY, pg. 457
Currie, Brittany - Media Department - VISITURE, Charleston, SC, pg. 678
Curtis, Carole - Account Services, Media Department - STRATEGIC AMERICA, West Des Moines, IA, pg. 414
Curtis, Janie - Media Department - SPARK FOUNDRY, New York, NY, pg. 508
Curtis, Courtney - Interactive / Digital, Media Department - REPRISE DIGITAL, New York, NY, pg. 676
Curto, Vin - Interactive / Digital, Media Department - JUMP 450 MEDIA, New York, NY, pg. 481
Cusack DeFelice, Cameron - Interactive / Digital, Media Department - HARMELIN MEDIA, Bala Cynwyd, PA, pg. 467
Cushing, Rachel - Media Department - LENZ, INC., Decatur, GA, pg. 622
Cusick, Mary - Account Services, Media Department, NBC - CRITICAL MASS, INC., Chicago, IL, pg. 223
Cutitta, Genna - Media Department - DWA MEDIA, Boston, MA, pg. 464
Cutler, Brad - Media Department - UNIVERSAL MCCANN, New York, NY, pg. 521
Cutts, Laurie - Media Department, NBC - ACCELERATION PARTNERS, Needham, MA, pg. 25
Cwayna, Katie - Media Department - ZENO GROUP, Chicago, IL, pg. 664
Cygan, Taylor - Media Department - TECH IMAGE, LTD., Chicago, IL, pg. 652
Czarniecki, Dayna - Media Department, Operations - LEO BURNETT DETROIT, Troy, MI, pg. 97
Czarnota, Amy - Media Department - MEDIAHUB BOSTON, Boston, MA, pg. 489
D'Agostino, Nicole - Media Department - PLUSMEDIA, LLC, Danbury, CT, pg. 290
D'Alonzo, Chris - Management, Media Department, PPOM - MINDSHARE, New York, NY, pg. 491
D'Amico, Amaya - Account Planner, Media Department - SAATCHI & SAATCHI LOS ANGELES, Torrance, CA, pg. 137
D'Amico, Ronnie - Account Services,

RESPONSIBILITIES INDEX — AGENCIES

Management, Media Department - HERO DIGITAL, San Francisco, CA, pg. 238
D'Antonio, Alec - Interactive / Digital, Media Department - SPARK FOUNDRY, Seattle, WA, pg. 512
D'Aquila, Jackie - Account Planner, Media Department - MEDIACOM, New York, NY, pg. 487
D'Arpino, Dylan - Media Department - WAVEMAKER, New York, NY, pg. 526
D'Auria, Daniel - Media Department - OMD, New York, NY, pg. 498
Dack, Jeff - Media Department, Operations, PPOM - WUNDERMAN THOMPSON, Toronto, ON, pg. 435
DaCosta, Stephanie - Media Department - REPUBLICA HAVAS, Miami, FL, pg. 545
Daddio, Kelsey - Media Department - MDB COMMUNICATIONS, INC., Washington, DC, pg. 111
Dadlani, Jasmine - Account Planner, Account Services, Media Department, NBC - MCKINNEY NEW YORK, New York, NY, pg. 111
Daghir, Josh - Media Department - R/GA, New York, NY, pg. 260
Dagleish, Carissa - Media Department, Social Media - GOLIN, Dallas, TX, pg. 609
Dahir, Angela - Interactive / Digital, Media Department - MINDSHARE, New York, NY, pg. 491
Dahlgren, Scott - Interactive / Digital, Media Department - PRESTON KELLY, Minneapolis, MN, pg. 129
Dahman, Leen - Account Services, Media Department - MARKHAM & STEIN, Miami, FL, pg. 105
Dai, Anna - Interactive / Digital, Media Department - OMD CANADA, Toronto, ON, pg. 501
Dailey, Kathleen - Account Planner, Account Services, Management, Media Department - INITIATIVE, Chicago, IL, pg. 479
Dailey, Elissa - Account Planner, Account Services, Interactive / Digital, Media Department - RAIN, New York, NY, pg. 262
Dailey, Meghan - Media Department - BLUE 449, New York, NY, pg. 455
Daiya, Raj - Account Services, Analytics, Media Department, NBC - OMD, New York, NY, pg. 498
Dale, Richard - Account Planner, Media Department, PPOM - FLEISHMANHILLARD, New York, NY, pg. 605
Dalgarno, James - Account Planner, Account Services, Media Department - KROGER MEDIA SERVICES, Portland, OR, pg. 96
Dallas, Sabrina - Interactive / Digital, Media Department - WAVEMAKER, New York, NY, pg. 526
Dalton, Paul - Media Department, NBC, PPOM - DIGITAS, New York, NY, pg. 226
Dalton, Emily - Media Department - WIEDEN + KENNEDY, Portland, OR, pg. 430
Dalton, Courtney - Interactive / Digital, Media Department - HEARTS

& SCIENCE, New York, NY, pg. 471
Daly, Scott - Interactive / Digital, Media Department - 360I, LLC, New York, NY, pg. 320
Daly, Jeremy - Account Planner, Management, Media Department - MEKANISM, San Francisco, CA, pg. 112
Daly, Keelan - Interactive / Digital, Media Department - STARCOM WORLDWIDE, New York, NY, pg. 517
Daly, Virginia - Account Services, Media Department - TRADE X PARTNERS, New York, NY, pg. 156
Daly, Matthew - Media Department - SPARK FOUNDRY, New York, NY, pg. 508
Dambrot, Noreen - Media Department - ACTIVE INTERNATIONAL, Pearl River, NY, pg. 439
Damino, Alexis - Media Department - UNIVERSAL MCCANN DETROIT, Birmingham, MI, pg. 524
Damiri, John A. - Media Department - GROUP TWO ADVERTISING, INC., Philadelphia, PA, pg. 78
Damm, Donna - Management, Media Department - USIM, New York, NY, pg. 525
Damo, Grace - Media Department - GIANT SPOON, LLC, Los Angeles, CA, pg. 363
DaMommio, Luke - Media Department, PPM - THE RICHARDS GROUP, INC., Dallas, TX, pg. 422
Dan, Shannon - Interactive / Digital, Media Department - INTERSPORT, Chicago, IL, pg. 308
Dan, Barry - Media Department - NOBLE PEOPLE, New York, NY, pg. 120
Daniel, Jeff - Analytics, Media Department, Research - UPSHOT, Chicago, IL, pg. 157
Daniele, April - Interactive / Digital, Media Department - KELLY, SCOTT & MADISON, INC., Chicago, IL, pg. 482
Daniels, Gwen - Media Department, NBC - STARCOM WORLDWIDE, Chicago, IL, pg. 513
Danis, Amanda - Interactive / Digital, Media Department, Operations - CARAT, New York, NY, pg. 459
Danko, Adam - Interactive / Digital, Media Department, Social Media - WAVEMAKER, New York, NY, pg. 526
Dantus, Freddie - Account Services, Interactive / Digital, Media Department, PPM - UNIVERSAL MCCANN, New York, NY, pg. 521
Danzis, Alan - Media Department, Public Relations - MSLGROUP, New York, NY, pg. 629
Dao, Daniel - Creative, Interactive / Digital, Media Department - HAVAS SPORTS & ENTERTAINMENT, Atlanta, GA, pg. 370
Dargad, Ankit - Media Department - MEKANISM, New York, NY, pg. 113
Dario, Anthony - Finance, Interactive / Digital, Media Department - HORIZON MEDIA, INC.,

New York, NY, pg. 474
Darley, Brian - Interactive / Digital, Media Department, PPM - ACKERMAN MCQUEEN, INC., Dallas, TX, pg. 26
Darling, Tom - Account Services, Media Department, PPOM - DAYNERHALL MARKETING & ADVERTISING, Orlando, FL, pg. 58
Darling, Jamie - Creative, Media Department - HEARTS & SCIENCE, New York, NY, pg. 471
Darnell, Adrienne - Creative, Media Department - 360I, LLC, New York, NY, pg. 320
Dartt, Kayleigh - Media Department, NBC - MEDIACOM, New York, NY, pg. 487
Darwish, Amy - Interactive / Digital, Media Department, Operations - RESOLUTION MEDIA, New York, NY, pg. 263
Das, Uttara - Creative, Media Department, NBC - INITIATIVE, Toronto, ON, pg. 479
Dasher, Sarah - Media Department - STARCOM WORLDWIDE, Chicago, IL, pg. 513
Dasnanjali, Chalita - Media Department - IGNITED, El Segundo, CA, pg. 373
Dass Sanchez, Rhona - Account Planner, Management, Media Department, Public Relations - PALISADES MEDIA GROUP, INC., Santa Monica, CA, pg. 124
Daudenarde, Eric - Media Department - NICE & COMPANY, San Francisco, CA, pg. 391
Daulton, Scott - Interactive / Digital, Media Department, Research, Social Media - THE INTEGER GROUP - DALLAS, Dallas, TX, pg. 570
Davidian, Liza - Account Services, Finance, Media Department - OMD, New York, NY, pg. 498
Davidson, Mackenzie - Interactive / Digital, Media Department, NBC, Social Media - MMGY GLOBAL, Kansas City, MO, pg. 388
Davie, Anne - Account Services, Management, Media Department - LOPEZ NEGRETE COMMUNICATIONS, INC., Houston, TX, pg. 542
Davies, DeAnna - Interactive / Digital, Media Department - STARCOM WORLDWIDE, North Hollywood, CA, pg. 516
Davies, Nichole - Account Planner, Analytics, Media Department, PPOM - WUNDERMAN HEALTH, New York, NY, pg. 164
Davies, Tess - Interactive / Digital, Media Department - MEDIACOM, New York, NY, pg. 487
Davis, Jedd - Media Department, Operations, PPOM - PUBLICIS HEALTH MEDIA, Philadelphia, PA, pg. 506
Davis, John - Media Department - HOFFMAN IMC, Jacksonville, FL, pg. 86
Davis, Carrie - Account Services, Media Department - OMD WEST, Los

AGENCIES
RESPONSIBILITIES INDEX

Angeles, CA, pg. 502
Davis, Robert - Account Services, Management, Media Department, PPOM - NOVUS MEDIA, INC., Plymouth, MN, pg. 497
Davis, Tori - Media Department - NEW & IMPROVED MEDIA, El Segundo, CA, pg. 497
Davis, Lisa - Analytics, Media Department - OMD, Chicago, IL, pg. 500
Davis, Jourdan - Interactive / Digital, Media Department, Social Media - REPRISE DIGITAL, New York, NY, pg. 676
Davis, Jillian - Account Services, Management, Media Department - BARRETTSF, San Francisco, CA, pg. 36
Davis, Mike - Interactive / Digital, Media Department - BUTLER / TILL, Rochester, NY, pg. 457
Davis, Valerie - Account Services, Interactive / Digital, Media Department, NBC - FORWARDPMX, New York, NY, pg. 360
Davis, Becks - Interactive / Digital, Media Department - GTB, Dearborn, MI, pg. 367
Davis, Andrew - Interactive / Digital, Media Department - EP+CO., New York, NY, pg. 356
Davis, Carol - Media Department - SPURRIER GROUP, Richmond, VA, pg. 513
Davis, Janetta - Media Department, Social Media - 360I, LLC, Atlanta, GA, pg. 207
Davis, Jeremy - Media Department - TBWA \ CHIAT \ DAY, Los Angeles, CA, pg. 146
Davis, Jedd - Media Department - PEDICAB OUTDOOR, Boston, MA, pg. 556
Davis, Trevor - Account Services, Interactive / Digital, Media Department, Public Relations, Social Media - EDELMAN, New York, NY, pg. 599
Davis, Lindsey - Media Department - OMD WEST, Los Angeles, CA, pg. 502
Davis, Nikki - Account Services, Media Department - OMD, New York, NY, pg. 498
Davis, Ashley - Media Department - CROSSMEDIA, Philadelphia, PA, pg. 463
Davis, Chelsea - Media Department - CROSSMEDIA, Philadelphia, PA, pg. 463
Davis, Sara - Media Department - WAVEMAKER, Los Angeles, CA, pg. 528
Davis, Hannah - Media Department - HEALIXGLOBAL, New York, NY, pg. 471
Davis, Marisa - Media Department - WAVEMAKER, New York, NY, pg. 526
Davis, Dax - Interactive / Digital, Media Department - IMAGINUITY INTERACTIVE, INC., Dallas, TX, pg. 241
Davis, Philip - Interactive / Digital, Media Department, Social Media - CICERON, Minneapolis, MN, pg. 220

Davis, Megan - Media Department - WORKHORSE MARKETING, Austin, TX, pg. 433
Davis Matkovic, Jessica - Media Department - BARU ADVERTISING, Culver City, CA, pg. 538
Davoud, Christina - Media Department - ZENITH MEDIA, Santa Monica, CA, pg. 531
Dawson, Harold - Account Services, Management, Media Department - SPARK FOUNDRY, Chicago, IL, pg. 510
Dawson, Lori - Media Department - BURFORD COMPANY, Richmond, VA, pg. 45
Dawson, Jessica - Account Services, Media Department, Social Media - ADVANTIX DIGITAL, Addison, TX, pg. 211
Dawson, Maureen - Account Services, Management, Media Department - HAVAS MEDIA GROUP, Boston, MA, pg. 470
Day, Scott - Interactive / Digital, Management, Media Department - AKQA, San Francisco, CA, pg. 211
Day, Tasha - Media Department - STARCOM WORLDWIDE, North Hollywood, CA, pg. 516
Day, Dace - Media Department - BILLUPS WORLDWIDE, Lake Oswego, OR, pg. 550
Day, Joseph - Creative, Media Department, NBC, Social Media - GREY GROUP, New York, NY, pg. 365
Dazevedo, Catherine - Media Department - THE FOOD GROUP, Tampa, FL, pg. 419
de Affonseca, Jonas - Media Department - VAYNERMEDIA, New York, NY, pg. 689
de Gourville, Lauren - Media Department - THE WILLIAM MILLS AGENCY, Atlanta, GA, pg. 655
De Guzman, Brent - Media Department - ADQUADRANT, Costa Mesa, CA, pg. 211
de Lara, Gabbie - Media Department - SUB ROSA, New York, NY, pg. 200
De los Rios, Nora - Interactive / Digital, Media Department, NBC - THE RICHARDS GROUP, INC., Dallas, TX, pg. 422
De Luca, Mark - Media Department - ABEL NYC, New York, NY, pg. 25
de Monet, Philip - Media Department, Programmatic - THE TRADE DESK, San Francisco, CA, pg. 520
De Rond, Jasmin - Media Department - INITIATIVE, San Diego, CA, pg. 479
Deady, Cullen - Media Department - STARCOM WORLDWIDE, Chicago, IL, pg. 513
DeAlmo, Sidney - Media Department, NBC - MEDIACOM, New York, NY, pg. 487
Dean, Lori - Interactive / Digital, Media Department - LODESTAR MARKETING GROUP, Mountlake Terrace, WA, pg. 381
Dean, Charles - Media Department - REELTIME MEDIA, Kenmore, WA, pg. 507

DeAndrea, Melody - Account Planner, Media Department - STARCOM WORLDWIDE, New York, NY, pg. 517
Deang, Mellisa - Media Department - R&R PARTNERS, Las Vegas, NV, pg. 131
Deangelis, Steve - Media Department, PPOM - REBUILD, Detroit, MI, pg. 403
Deavers, Brian - Media Department - CRAMER-KRASSELT, Chicago, IL, pg. 53
deBeer, Cara - Interactive / Digital, Media Department - CATALYST DIGITAL, Boston, MA, pg. 220
DeBisschop, Reme - Media Department - WIEDEN + KENNEDY, Portland, OR, pg. 430
Dec, Alison - Media Department - STARCOM WORLDWIDE, Chicago, IL, pg. 513
DeCamp, LaShena - Account Services, Media Department - MEDIACOM, New York, NY, pg. 487
DeChene, Maggie - Media Department - PHD CHICAGO, Chicago, IL, pg. 504
Decker, Kaitlyn - Account Planner, Media Department - MEDIAHUB LOS ANGELES, El Segundo, CA, pg. 112
Decker, Jona - Interactive / Digital, Media Department - ACUMIUM, LLC, Madison, WI, pg. 210
Decker, Tracy - Media Department - SPARK FOUNDRY, Chicago, IL, pg. 510
DeCoite, Ernie - Interactive / Digital, Media Department - BECKER MEDIA, Oakland, CA, pg. 38
DeCosmo, Mike - Media Department - STARCOM WORLDWIDE, Chicago, IL, pg. 513
Decoteau, Phil - Interactive / Digital, Media Department - NORBELLA, Boston, MA, pg. 497
DeCou, Niki - Account Planner, Management, Media Department, NBC, PPOM - HORIZON MEDIA, INC., New York, NY, pg. 474
Dedona, Julia - Media Department, NBC - VENABLES BELL & PARTNERS, San Francisco, CA, pg. 158
Deedler, Amber - Media Department - SSDM, Troy, MI, pg. 412
Deely, John - Account Services, Creative, Media Department, Social Media - PATIENTS & PURPOSE, New York, NY, pg. 126
Deevy, Samantha - Account Planner, Media Department, NBC - DROGA5, New York, NY, pg. 64
Default, Rick - Media Department - STERN ADVERTISING, INC., Cleveland, OH, pg. 413
DeFranco, Corey - Media Department - VAYNERMEDIA, New York, NY, pg. 689
DeFruscio, Erik - Media Department - NOBLE PEOPLE, New York, NY, pg. 120
DeGennaro, JoAnna - Media Department - INCREMENTAL MEDIA, Bellmore, NY, pg. 477
Degens, Susan - Media Department -

RESPONSIBILITIES INDEX　　　　　　　　　　　　　　　　　　　　　　　　　　AGENCIES

HART, Toledo, OH, *pg.* 82
DeGiorgio, Michael - Interactive / Digital, Media Department - CARAT, New York, NY, *pg.* 459
DeGroot, Laura - Media Department - SOULSIGHT, Chicago, IL, *pg.* 199
DeGuilio, Chris - Media Department - CARAT, Detroit, MI, *pg.* 461
DeHaven, Philip - Account Planner, Media Department - ZENITH MEDIA, New York, NY, *pg.* 529
Deheza, Jessica - Account Planner, Media Department - PP+K, Tampa, FL, *pg.* 129
Dehner, Dan - Account Services, Interactive / Digital, Media Department, PPOM - CHEMISTRY COMMUNICATIONS INC., Pittsburgh, PA, *pg.* 50
Deickmann, Melissa - Interactive / Digital, Media Department - PUBLICIS NORTH AMERICA, New York, NY, *pg.* 399
Deininger, Bob - Media Department - NORBELLA, Boston, MA, *pg.* 497
DeJarnatt, Paul - Management, Media Department - PERFORMICS, Chicago, IL, *pg.* 676
Dekanchuk, Megan - Account Planner, Media Department - ESSENCE, New York, NY, *pg.* 232
Del Bufalo, Giulio - Management, Media Department - STARCOM WORLDWIDE, New York, NY, *pg.* 517
Del Vecchio, Felicia - Interactive / Digital, Media Department - DAC GROUP, Louisville, KY, *pg.* 223
Delagrave, Pierre - Media Department, PPOM - COSSETTE MEDIA, Quebec City, QC, *pg.* 345
Delahaye, Noel - Management, Media Department - UNIVERSAL MCCANN DETROIT, Birmingham, MI, *pg.* 524
Delamarter, Andrew - Interactive / Digital, Media Department - HUGE, INC., Brooklyn, NY, *pg.* 239
Delaney, Katie - Account Planner, Account Services, Media Department - MEDIAHUB BOSTON, Boston, MA, *pg.* 489
Delango, Isabel - Interactive / Digital, Media Department - TOUCHPOINT INTEGRATED COMMUNICATIONS, Darien, CT, *pg.* 520
Delano, Mary - Media Department, PPOM - MOOSYLVANIA, Saint Louis, MO, *pg.* 568
Delbridge, Andrew - Account Planner, Media Department, PPOM - GALLEGOS UNITED, Huntington Beach, CA, *pg.* 75
DeLeo, Lindsey - Account Planner, Media Department, NBC - HORIZON MEDIA, INC., New York, NY, *pg.* 474
Deleon, Mandy - Account Services, Media Department - FREED ADVERTISING, Sugar Land, TX, *pg.* 360
Deleon, Corbin - Interactive / Digital, Media Department - SPARK FOUNDRY, New York, NY, *pg.* 508
Deley, Ashley - Analytics, Interactive / Digital, Media Department, NBC, Research - AXIS41,

Salt Lake City, UT, *pg.* 215
Delia, Nick - Media Department - OMD SAN FRANCISCO, San Francisco, CA, *pg.* 501
Delich, Katie - Media Department - THE JOHNSON GROUP, Chattanooga, TN, *pg.* 420
DeLisle, Etienne - Media Department - STARCOM WORLDWIDE, New York, NY, *pg.* 517
Dell Dudenhoeffer, Lisa - Media Department - TRUE MEDIA, Columbia, MO, *pg.* 521
Dellacato, Melissa - Account Planner, Media Department - MEDIACOM, New York, NY, *pg.* 487
Dellentash, Michael - Media Department - UNIVERSAL MCCANN, New York, NY, *pg.* 521
DeLonge, Tracy - Interactive / Digital, Media Department - POSTERSCOPE U.S.A., Detroit, MI, *pg.* 556
DeLuca, Peter - Account Services, Media Department, NBC - HORIZON MEDIA, INC., New York, NY, *pg.* 474
DeMallie, Amy - Media Department - CANVAS WORLDWIDE, Playa Vista, CA, *pg.* 458
DeMarco, Teresa - Interactive / Digital, Media Department - STARCOM WORLDWIDE, North Hollywood, CA, *pg.* 516
DeMasi, Gabrielle - Media Department - HORIZON MEDIA, INC., New York, NY, *pg.* 474
DeMent, Cary - Media Department - STARCOM WORLDWIDE, Chicago, IL, *pg.* 513
Dementiev, Maria - Interactive / Digital, Media Department, Programmatic - SPARK FOUNDRY, New York, NY, *pg.* 508
Dementyeva, Irina - Media Department, NBC - OMD, New York, NY, *pg.* 498
Demers, Alexandra - Media Department - GOLIN, Chicago, IL, *pg.* 609
DeMong, Abby - Finance, Interactive / Digital, Media Department - SPARK FOUNDRY, Chicago, IL, *pg.* 510
Demonteiro, Lance - Interactive / Digital, Media Department - MEDIA ASSEMBLY, New York, NY, *pg.* 484
Demopoulos, Dino - Account Planner, Account Services, Management, Media Department - NO FIXED ADDRESS INC., Toronto, ON, *pg.* 120
DeMund, Kira - Account Planner, Account Services, Media Department - HEARTS & SCIENCE, Atlanta, GA, *pg.* 473
DeNatale, Charles - Media Department - HEALTHCARE SUCCESS, Irvine, CA, *pg.* 83
Denerstein, Matthew - Finance, Media Department - MINDSHARE, New York, NY, *pg.* 491
DeNichilo, Alysha - Media Department - UNIVERSAL MCCANN, New York, NY, *pg.* 521
Denihan, Brendan - Media Department - HAVAS MEDIA GROUP, New York, NY,

pg. 468
Dennis, Brett - Media Department, NBC, PPOM - CONILL ADVERTISING, INC., El Segundo, CA, *pg.* 538
Dennis, Alex - Interactive / Digital, Media Department - GARAGE TEAM MAZDA, Costa Mesa, CA, *pg.* 465
Dennis, Kyle - Media Department - MAYOSEITZ MEDIA, Blue Bell, PA, *pg.* 483
DePaola, Nikki - Account Planner, Media Department - LIQUID ADVERTISING, INC., El Segundo, CA, *pg.* 100
DePersio, Gerard - Creative, Media Department - CARAT, New York, NY, *pg.* 459
DePew, Jeff - Interactive / Digital, Media Department - MERING, Sacramento, CA, *pg.* 114
Depinet, Jennifer - Media Department - GSD&M, Austin, TX, *pg.* 79
DePlautt, Elizabeth - Account Planner, Media Department - PHD USA, New York, NY, *pg.* 505
DePrisco, Kristin - Media Department - SPARK FOUNDRY, New York, NY, *pg.* 508
Deputato, Rachel - Account Planner, Interactive / Digital, Media Department - MEDIACOM, New York, NY, *pg.* 487
DeRango, Robert - Media Department - ENVISIONIT MEDIA, INC., Chicago, IL, *pg.* 231
DeRe, Liz - Media Department - SPARK FOUNDRY, Chicago, IL, *pg.* 510
DeRiso, Daniel - Interactive / Digital, Media Department - INITIATIVE, New York, NY, *pg.* 477
Derreaux, Tom - Management, Media Department - PLOWSHARE GROUP, INC., Stamford, CT, *pg.* 128
Derringer, Leigh Ann - Account Planner, Media Department, NBC, Public Relations - RJW MEDIA, Pittsburgh, PA, *pg.* 507
Derrow, Ryan - Interactive / Digital, Media Department - EMPOWER, Cincinnati, OH, *pg.* 354
Desai, Nikita - Media Department - MOXIE, Atlanta, GA, *pg.* 251
Desai, Chinar - Media Department - SPARK FOUNDRY, Chicago, IL, *pg.* 510
DeSalvio, Margaret - Interactive / Digital, Media Department, PPM - HORIZON MEDIA, INC., New York, NY, *pg.* 474
DeSangro, Alyssa - Media Department - THE MANY, Pacific Palisades, CA, *pg.* 151
Desautels, Audrey - Media Department - MEDIA EXPERTS, Montreal, QC, *pg.* 485
DeSena, Bryan - Account Services, Interactive / Digital, Media Department, NBC, Social Media - SAATCHI & SAATCHI DALLAS, Dallas, TX, *pg.* 136
DeSena, Robert - Media Department, PPOM - THE&PARTNERSHIP, New York, NY, *pg.* 426
DeShantz, Emily - Media Department

AGENCIES
RESPONSIBILITIES INDEX

- BRUNNER, Pittsburgh, PA, pg. 44
Deshmukh, Archana - Management, Media Department, PPOM - WAVEMAKER, New York, NY, pg. 526
Desimone, Katie - Account Services, Interactive / Digital, Media Department - BARBARIAN, New York, NY, pg. 215
DeSimone, Daniel - Interactive / Digital, Media Department - UNIVERSAL MCCANN, New York, NY, pg. 521
DeSimone, David - Interactive / Digital, Media Department - VARICK MEDIA MANAGEMENT, New York, NY, pg. 274
Desmet, Brianna - Media Department - R2INTEGRATED, Baltimore, MD, pg. 261
Desmond, Caroline - Account Planner, Media Department - NORTH, Portland, OR, pg. 121
DeSutter, Jennifer - Interactive / Digital, Media Department - EMPOWER, Cincinnati, OH, pg. 354
Detchev, Colleen - Creative, Media Department - UPSHOT, Chicago, IL, pg. 157
Dettloff, Catherine - Media Department - MARKETING ARCHITECTS, Minneapolis, MN, pg. 288
Devaney, Jill - Interactive / Digital, Media Department - STARCOM WORLDWIDE, Chicago, IL, pg. 513
DeVera, Teresa - Media Department - POSTERSCOPE U.S.A., New York, NY, pg. 556
Devine, Jessica - Media Department - FORMATIVE, Seattle, WA, pg. 235
Devine, Julia - Media Department - BRUNNER, Pittsburgh, PA, pg. 44
Devlin, Matt - Media Department, NBC - PHD CANADA, Toronto, ON, pg. 504
Devries, Diane - Media Department - COSSETTE MEDIA, Toronto, ON, pg. 345
Dey, Joydeep - Account Planner, Interactive / Digital, Management, Media Department, Operations, PPOM - MARINA MAHER COMMUNICATIONS, New York, NY, pg. 625
DeZarlo, Matthew - Media Department, NBC - MEDIACOM, New York, NY, pg. 487
Dezenski, Lauren - Media Department - UNIVERSAL MCCANN DETROIT, Birmingham, MI, pg. 524
Dheiman, Vishal - Interactive / Digital, Media Department, NBC, PPM - BBDO WORLDWIDE, New York, NY, pg. 331
Dhuey, Samuel - Account Services, Interactive / Digital, Media Department - KENSHOO, San Francisco, CA, pg. 244
Diallo, Mohammed - Interactive / Digital, Media Department, Programmatic - UNIVERSAL MCCANN, New York, NY, pg. 521
Diamond, Justin - Media Department, Operations - INTERSPORT, Chicago, IL, pg. 308
Diamond, Hayley - Account Planner, Interactive / Digital, Media Department, NBC - SPARK FOUNDRY, New York, NY, pg. 508

Diana, Caroline - Account Planner, Account Services, Media Department - INITIATIVE, New York, NY, pg. 477
Diard, Leslie - Account Planner, Media Department, NBC - DUNCAN CHANNON, San Francisco, CA, pg. 66
Diaz, Fernando - Account Services, Media Department, Public Relations - THE INTEGER GROUP, Lakewood, CO, pg. 682
Diaz, Abe - Media Department - RPA, Santa Monica, CA, pg. 134
Diaz, Jarod - Interactive / Digital, Media Department - BALDWIN&, Raleigh, NC, pg. 35
Diaz, Charlotte - Media Department - CRITICAL MASS, INC., New York, NY, pg. 223
Diaz, Anthony - Media Department, Operations - HEARTS & SCIENCE, New York, NY, pg. 471
Diaz, Abigail - Media Department - INITIATIVE, Los Angeles, CA, pg. 478
Diaz, Sofia - Media Department - OMD, New York, NY, pg. 498
Diaz, Gloryanna - Account Services, Media Department - WAVEMAKER, New York, NY, pg. 526
Diaz, Lorena - Account Planner, Account Services, Media Department - INITIATIVE, New York, NY, pg. 477
Diaz de Leon, Michael - Interactive / Digital, Media Department, Social Media - THE RICHARDS GROUP, INC., Dallas, TX, pg. 422
DiCicco, Stephanie - Media Department - HAVAS MEDIA GROUP, Boston, MA, pg. 470
Dick, Brad - Interactive / Digital, Media Department, Social Media - HAWORTH MARKETING & MEDIA, Minneapolis, MN, pg. 470
Dickens, Rob - Account Planner, Media Department, NBC - MEDIACOM, New York, NY, pg. 487
Dickensheets, Caty - Media Department - INKHOUSE PUBLIC RELATIONS, San Francisco, CA, pg. 616
Dickerson, Quinton - Interactive / Digital, Management, Media Department - FRONTIER STRATEGIES, INC., Ridgeland, MS, pg. 465
Dickerson Stewart, Ronnie - Interactive / Digital, Media Department - DIGITAS, Chicago, IL, pg. 227
Dickert, Trey - Media Department, Research - MEDIA TWO INTERACTIVE, Raleigh, NC, pg. 486
Dickinson, Amy Lynne - Media Department - RIGHT PLACE MEDIA, Lexington, KY, pg. 507
Dickson, Glen - Account Planner, Management, Media Department - ZENITH MEDIA, Santa Monica, CA, pg. 531
Dickson, Brittany - Media Department, NBC - RHYTHMONE, Burlington, MA, pg. 263

Dickson, Elaine - Interactive / Digital, Media Department, Social Media - HUGE, INC., Toronto, ON, pg. 240
Dickson, Devon - Media Department - TBWA \ CHIAT \ DAY, Los Angeles, CA, pg. 146
DiCredico, Lea - Media Department - LEWIS MEDIA PARTNERS, Richmond, VA, pg. 482
Didwall, Paul - Account Services, Interactive / Digital, Media Department, Social Media - MGH ADVERTISING, Owings Mills, MD, pg. 387
Diebel, Scott - Account Services, Interactive / Digital, Media Department - BFO, Chicago, IL, pg. 217
Diehl, Berna - Media Department, Public Relations - JPA HEALTH COMMUNICATIONS, Washington, DC, pg. 618
Dierwa, Kristin - Account Planner, Account Services, Media Department - SPARK FOUNDRY, Chicago, IL, pg. 510
Dietz, Ryan - Account Services, Analytics, Interactive / Digital, Media Department, Research - STARCOM WORLDWIDE, Chicago, IL, pg. 513
Dietz, Kayla - Media Department - THE RICHARDS GROUP, INC., Dallas, TX, pg. 422
Dietz, Michelle - Media Department - EMPOWER, Cincinnati, OH, pg. 354
Dietz, John - Account Services, Media Department - RED FUSE COMMUNICATIONS, New York, NY, pg. 404
Diffenbach, Julie - Media Department - DIGITAS, New York, NY, pg. 226
DiFiore, Alaina - Account Services, Management, Media Department - SPARK FOUNDRY, New York, NY, pg. 508
Difoglio, Joe - Account Services, Media Department - CARAT, New York, NY, pg. 459
DiGiovanni, Robert - Account Services, Media Department, Operations, PPOM - PHD USA, New York, NY, pg. 505
DiGiovanni, Joseph - Media Department - ZENITH MEDIA, Santa Monica, CA, pg. 531
DiGiuseppe, Daniel - Account Planner, Interactive / Digital, Media Department - UNIVERSAL MCCANN, New York, NY, pg. 521
DiIorio, Kristina - Interactive / Digital, Media Department - UNIVERSAL MCCANN, New York, NY, pg. 521
DiLeone, Steven - Interactive / Digital, Media Department - ZENITH MEDIA, New York, NY, pg. 529
Diles, Elizabeth - Media Department - KIOSK CREATIVE LLC, Novato, CA, pg. 378
Dileso, Desiree - Media Department - PGR MEDIA, Boston, MA, pg. 504

RESPONSIBILITIES INDEX — AGENCIES

Dilks, Caitlin - Interactive / Digital, Media Department - DEUTSCH, INC., New York, NY, pg. 349

Dille, Melinda - Media Department - CAWOOD, Eugene, OR, pg. 340

Dille, Jason - Media Department - CHEMISTRY COMMUNICATIONS INC., Pittsburgh, PA, pg. 50

Dillon, Laura - Management, Media Department - OMD, Chicago, IL, pg. 500

Dillon, Ashley - Account Services, Media Department, Promotions - SFW AGENCY, Greensboro, NC, pg. 16

Dillon, Jenny - Media Department, NBC - THE RICHARDS GROUP, INC., Dallas, TX, pg. 422

Dillon, Maxine - Interactive / Digital, Media Department - SPARK FOUNDRY, New York, NY, pg. 508

Dillon, Claire - Interactive / Digital, Media Department - MOXIE, Atlanta, GA, pg. 251

DiMaggio Coyle, Nina - Media Department - STARCOM WORLDWIDE, Chicago, IL, pg. 513

DiMarco, Thalia - Media Department - ID MEDIA, New York, NY, pg. 477

DiMartino, Andrew - Account Services, Media Department - SAATCHI & SAATCHI, New York, NY, pg. 136

DiMartino, Jessica - Media Department - RASKY BAERLEIN STRATEGIC COMMUNICATIONS, INC., Boston, MA, pg. 641

Dimen, Rob - Account Services, Media Department - PUBLICIS.SAPIENT, New York, NY, pg. 258

Dimes, Corianda - Account Planner, Account Services, Media Department - TBWA \ CHIAT \ DAY, Los Angeles, CA, pg. 146

Dimesa, Minnie - Media Department, NBC - ICON MEDIA DIRECT, Sherman Oaks, CA, pg. 476

Dimitri, Brendan - Media Department - HEARTS & SCIENCE, New York, NY, pg. 471

DiNapoli, Anne - Interactive / Digital, Media Department, NBC, Social Media - 22SQUARED INC., Tampa, FL, pg. 319

Dindial, Krystle - Media Department - WAVEMAKER, New York, NY, pg. 526

Dindiyal, Raysha - Account Planner, Interactive / Digital, Media Department, NBC - BLUE 449, New York, NY, pg. 455

Dingman, Jennifer - Interactive / Digital, Media Department - CURRENT, Chicago, IL, pg. 594

Dino, Carrie - Media Department - MEKANISM, New York, NY, pg. 113

Dinor, Monique - Media Department - LIPPE TAYLOR, New York, NY, pg. 623

Dinsdale, Andrew - Interactive / Digital, Media Department - DELOITTE DIGITAL, New York, NY, pg. 225

DiPisa, Christin - Media Department - PGR MEDIA, New York, NY, pg. 504

DiPrinzio, Samantha - Interactive / Digital, Media Department - HORIZON MEDIA, INC., New York, NY, pg. 474

Dirks, Taylor - Account Planner, Interactive / Digital, Media Department - PACIFIC COMMUNICATIONS, Irvine, CA, pg. 124

DiSarno, Marisa - Interactive / Digital, Media Department, Public Relations - DIGITAL AUTHORITY PARTNERS, Chicago, IL, pg. 225

DiTomasso, Sam - Media Department, Research - HARMELIN MEDIA, Bala Cynwyd, PA, pg. 467

Dittrich, Katrina - Account Planner, Media Department - CONVERSANT, LLC, Chicago, IL, pg. 222

Ditty, Jennifer - Media Department - THE SUMMIT GROUP, Salt Lake City, UT, pg. 153

Ditzian, Eric - Media Department - ANCHOR WORLDWIDE, New York, NY, pg. 31

Dixon, Amanda - Interactive / Digital, Media Department, Social Media - THE RICHARDS GROUP, INC., Dallas, TX, pg. 422

Dixon, Jordan - Interactive / Digital, Media Department, Operations - DIXON SCHWABL ADVERTISING, Victor, NY, pg. 351

Djigo, Aita - Account Planner, Media Department, NBC - HORIZON MEDIA, INC., New York, NY, pg. 474

Djuanda, Susana - Account Services, Media Department - J. BRENLIN DESIGN, INC., Norco, CA, pg. 188

Do, Tiffany - Account Planner, Media Department - VMLY&R, New York, NY, pg. 160

Doane, Taylor - Media Department - 22SQUARED INC., Atlanta, GA, pg. 319

Dobbins, Ashley - Media Department - SPARK FOUNDRY, Chicago, IL, pg. 510

Dobratz, Niki - Creative, Media Department, NBC, PPOM, Promotions - FALLON WORLDWIDE, Minneapolis, MN, pg. 70

Dobrinski, Amy - Media Department - PROOF ADVERTISING, Austin, TX, pg. 398

Dobson, Katherine - Media Department - MEDIAHUB BOSTON, Boston, MA, pg. 489

Dobson, Michael - Interactive / Digital, Media Department, Social Media - HORIZON MEDIA, INC., New York, NY, pg. 474

Dod, Ronald - Media Department, PPOM - VISITURE, Charleston, SC, pg. 678

Dodds, Anne - Media Department, NBC - BRANDTHROPOLOGY INC., Burlington, VT, pg. 4

Dodge, Caroline - Account Planner, Account Services, Interactive / Digital, Media Department - ZENITH MEDIA, Atlanta, GA, pg. 531

Dodge, Shondra - Media Department - HORIZON MEDIA, INC., Los Angeles, CA, pg. 473

Doerflein, Lydia - Management, Media Department - HORIZON MEDIA, INC., New York, NY, pg. 474

Doerfler, Kristofer - Media Department - CARAT, New York, NY, pg. 459

Doerr, Randolph - Interactive / Digital, Media Department - HEARTS & SCIENCE, New York, NY, pg. 471

Doggett, Jaclyne - Media Department - DWA MEDIA, Boston, MA, pg. 464

Doggett, Liesle - Media Department - DRAKE COOPER, Boise, ID, pg. 64

Dohearty, Kathleen - Management, Media Department - BRANIGAN COMMUNICATIONS, Milwaukee, WI, pg. 586

Doherty, Bethany - Account Services, Creative, Media Department, NBC - HORIZON MEDIA, INC., Los Angeles, CA, pg. 473

Doherty, Megan - Account Services, Creative, Media Department, PPM - INITIATIVE, New York, NY, pg. 477

Doherty, James - Account Services, Media Department - OMD, New York, NY, pg. 498

Dohogne, Maeve - Creative, Interactive / Digital, Media Department - HUGHESLEAHYKARLOVIC, Saint Louis, MO, pg. 372

Dolan, Jennifer - Account Services, Media Department - CROSSMEDIA, Philadelphia, PA, pg. 463

Dolan, Kristen - Media Department, Social Media - ZENITH MEDIA, New York, NY, pg. 529

Dolan, Piper - Media Department, Operations - OGILVY, Chicago, IL, pg. 393

Dolar, Charles - Media Department, Public Relations - DNA SEATTLE, Seattle, WA, pg. 180

Dolce, Alana - Media Department, NBC - MEDIACOM, New York, NY, pg. 487

Dold, Emily - Media Department - HOFFMAN YORK, Milwaukee, WI, pg. 371

Dolde, Jill - Interactive / Digital, Media Department - THE ATKINS GROUP, San Antonio, TX, pg. 148

Dolson, Joshua - Media Department - STARCOM WORLDWIDE, Chicago, IL, pg. 513

Dolt, Vadim - Media Department, PPOM - RIGHTPOINT, Boston, MA, pg. 263

Dolunt, Michael - Interactive / Digital, Media Department - MEDIA ASSEMBLY, Century City, CA, pg. 484

Domagala, Dan - Media Department, NBC - DKY INTEGRATED MARKETING COMMUNICATIONS, Minneapolis, MN, pg. 352

Domask, Doreen - Interactive / Digital, Media Department - YPM, Irvine, CA, pg. 679

Dombreval, Julie - Media Department - OGILVY PUBLIC RELATIONS, New York, NY, pg. 633

Domenick, Anthony - Media Department - 360I, LLC, New York,

AGENCIES — RESPONSIBILITIES INDEX

NY, *pg.* 320
Domeyer, Rachel - Media Department - SPARK FOUNDRY, Chicago, IL, *pg.* 510
Domich, Jeanine - Media Department, PPOM - DOM CAMERA & COMPANY, LLC, New York, NY, *pg.* 464
Domin, Christopher - Media Department - DIGITAS, Atlanta, GA, *pg.* 228
Donaghue, Josh - Interactive / Digital, Media Department - BROWN PARKER | DEMARINIS ADVERTISING, Boca Raton, FL, *pg.* 43
Donahue, Annelise - Media Department, NBC - PHD USA, New York, NY, *pg.* 505
Donahue, Lily - Interactive / Digital, Media Department - HORIZON MEDIA, INC., New York, NY, *pg.* 474
Donaldson, Amy - Creative, Interactive / Digital, Media Department - M3 AGENCY, Augusta, GA, *pg.* 102
Donaldson, Tayler - Media Department - MBB AGENCY, Leawood, KS, *pg.* 107
Donatelli, Tom - Media Department - CALLAN ADVERTISING COMPANY, Burbank, CA, *pg.* 457
Donati, Michele - Management, Media Department - HORIZON MEDIA, INC., New York, NY, *pg.* 474
Donato, Heidi - Media Department, Public Relations - BCW NEW YORK, New York, NY, *pg.* 581
Donnellon, Ryanne - Media Department - DIGITAS, Chicago, IL, *pg.* 227
Donnelly, Danielle - Account Planner, Interactive / Digital, Media Department, Public Relations - MOXIE, Atlanta, GA, *pg.* 251
Donner, James - Media Department - DECODED ADVERTISING, New York, NY, *pg.* 60
Donofrio, Danielle - Media Department - INCREMENTAL MEDIA, Bellmore, NY, *pg.* 477
Donovan, Sara-Beth - Media Department - MINTZ & HOKE, Avon, CT, *pg.* 387
Donovan, Carlyn - Media Department - FALLON WORLDWIDE, Minneapolis, MN, *pg.* 70
Donovan, Elly - Media Department - HAWORTH MARKETING & MEDIA, Minneapolis, MN, *pg.* 470
Doolittle, Sean - Media Department - AKA NYC, New York, NY, *pg.* 324
Dorado, Christina - Account Planner, Media Department - MEDIA STORM, New York, NY, *pg.* 486
Doran, Seagren - Media Department - WEBER SHANDWICK, New York, NY, *pg.* 660
Doran, Kara - Interactive / Digital, Media Department, Social Media - DIGITAS, Chicago, IL, *pg.* 227
Dore, Vanessa - Account Services, Media Department - MARKHAM & STEIN, Miami, FL, *pg.* 105
Doria, Michelle - Media Department - PHD USA, New York, NY, *pg.* 505
Dorman, Rebecca - Interactive / Digital, Media Department - DUMONT PROJECT, Marina Del Rey, CA, *pg.* 230
Doro, Monica - Creative, Interactive / Digital, Media Department - ANTHOLOGIE, Milwaukee, WI, *pg.* 31
Dorroh, Meaghan - Media Department - AVALANCHE MEDIA GROUP, Austin, TX, *pg.* 455
Dorros, Noam - Interactive / Digital, Media Department, NBC, Social Media - MINDSHARE, Chicago, IL, *pg.* 494
Dorset, Paul - Media Department - CARAT, Detroit, MI, *pg.* 461
Dorset, Lauren - Management, Media Department - UNIVERSAL MCCANN DETROIT, Birmingham, MI, *pg.* 524
Doshi, Ayesha - Account Services, Media Department - PHD, Los Angeles, CA, *pg.* 504
Doss, Kathryn - Account Planner, Account Services, Media Department - CARAT, Atlanta, GA, *pg.* 459
Doss, Lucy - Account Planner, Media Department - HAWORTH MARKETING & MEDIA, Los Angeles, CA, *pg.* 471
Douaire, Kevin - Media Department, NBC - OMD, Chicago, IL, *pg.* 500
Dougherty, Ryan - Interactive / Digital, Media Department - CARAT, Culver City, CA, *pg.* 459
Douglas, Debbie - Media Department - THE MARTIN AGENCY, Richmond, VA, *pg.* 421
Douglas, Caressa - Account Services, Media Department - BRANDED ENTERTAINMENT NETWORK, INC., Sherman Oaks, CA, *pg.* 297
Douress, Joe - Interactive / Digital, Media Department - TINUITI, New York, NY, *pg.* 678
Douriet, Lucy - Media Department - CULTURE ONE WORLD, Washington, DC, *pg.* 539
Dousias, Dakota - Analytics, Media Department - OMD, Chicago, IL, *pg.* 500
Dowd, Sara - Interactive / Digital, Media Department - UNIVERSAL MCCANN, New York, NY, *pg.* 521
Dowdell, Kim - Media Department - COOPER-SMITH ADVERTISING, Toledo, OH, *pg.* 462
Dowdle, Mike - Interactive / Digital, Media Department - SPARK FOUNDRY, Chicago, IL, *pg.* 510
Dowe, Charles - Account Planner, Media Department, NBC - MEDIACOM, New York, NY, *pg.* 487
Dowling, Tara - Interactive / Digital, Media Department, PPM - SPARK FOUNDRY, New York, NY, *pg.* 508
Dowling, Mackenzie - Media Department - CUTWATER, San Francisco, CA, *pg.* 56
Downes, Emery - Account Planner, Media Department - PHD USA, New York, NY, *pg.* 505
Downie, Jason - Media Department, PPOM - LOTAME, Columbia, MD, *pg.* 446
Doyle, Rick - Interactive / Digital, Media Department - Z MARKETING PARTNERS, Indianapolis, IN, *pg.* 436
Doyle, Kira - Interactive / Digital, Media Department - R/GA, New York, NY, *pg.* 260
Doyle, Conor - Interactive / Digital, Management, Media Department - VERITONE ONE, San Diego, CA, *pg.* 525
Doyle, John - Interactive / Digital, Media Department, NBC - COLLE MCVOY, Minneapolis, MN, *pg.* 343
Doyle, Kathleen - Interactive / Digital, Media Department - ALOYSIUS BUTLER & CLARK, Wilmington, DE, *pg.* 30
Doyle, Mark - Media Department, PPOM - FORMATIVE, Seattle, WA, *pg.* 235
Doyle, Brooke - Interactive / Digital, Media Department, Social Media - MEDIACOM, Playa Vista, CA, *pg.* 486
Drake, Kelley - Media Department - XAXIS, New York, NY, *pg.* 276
Drankwalter, Mike - Media Department, NBC - GFK MRI, New York, NY, *pg.* 445
Draper, Kelly - Interactive / Digital, Media Department - ZENITH MEDIA, New York, NY, *pg.* 529
Drees, Kristopher - Interactive / Digital, Media Department, PPM, Social Media - AGENCY 850, Roswell, GA, *pg.* 1
Dreihaup, Alyssa - Media Department - DIGITAL RELATIVITY, Fayetteville, WV, *pg.* 226
Drengler, Keri - Management, Media Department - M/SIX, New York, NY, *pg.* 482
Dressler, Rick - Media Department - LIQUID ADVERTISING, INC., El Segundo, CA, *pg.* 100
Drinkwater, Carrie - Account Services, Interactive / Digital, Management, Media Department - MEDIAHUB BOSTON, Boston, MA, *pg.* 489
Driscoll, Erin - Interactive / Digital, Media Department, NBC - HORIZON MEDIA, INC., New York, NY, *pg.* 474
Droke, Katlyn - Account Planner, Account Services, Media Department - AUTHENTIC, Richmond, VA, *pg.* 214
Drottar, Casey - Account Services, Interactive / Digital, Media Department - 360I, LLC, Chicago, IL, *pg.* 208
Drouin, Madeleine - Media Department - HAVAS MEDIA GROUP, Boston, MA, *pg.* 470
Drozen, Zoe - Account Planner, Media Department - STARCOM WORLDWIDE, North Hollywood, CA, *pg.* 516
Drozynski, Carolyn - Media Department - BOOYAH ONLINE

RESPONSIBILITIES INDEX — AGENCIES

ADVERTISING, Denver, CO, *pg.* 218
Drucker, Amanda - Media Department - SPARK FOUNDRY, Chicago, IL, *pg.* 510
Drucker, Samantha - Media Department - 360I, LLC, New York, NY, *pg.* 320
Duane, Laura - Account Planner, Account Services, Media Department - ZIMMERMAN ADVERTISING, Fort Lauderdale, FL, *pg.* 437
Dube, Sara - Account Services, Media Department - SPARK FOUNDRY, Atlanta, GA, *pg.* 512
Dube, Jessica - Media Department - HCB HEALTH, Austin, TX, *pg.* 83
Dubi, Carolyn - Media Department, NBC - INITIATIVE, New York, NY, *pg.* 477
Dubin, Miriam - Media Department - OXFORD COMMUNICATIONS, Lambertville, NJ, *pg.* 395
Dubina, Nicole - Media Department - MOVEO INTEGRATED BRANDING, Chicago, IL, *pg.* 14
Dubina, Nicole - Media Department - STARCOM WORLDWIDE, Chicago, IL, *pg.* 513
Dubois, Veronica - Interactive / Digital, Media Department, Social Media - RINCK ADVERTISING, Lewiston, ME, *pg.* 407
Dubose, Sade - Media Department - STARCOM WORLDWIDE, Chicago, IL, *pg.* 513
Ducos, Camille - Interactive / Digital, Media Department - MINDSHARE, New York, NY, *pg.* 491
Dudek, Karen - Media Department - CAPSTONE MEDIA, Brecksville, OH, *pg.* 459
Dudelson, Bob - Media Department, NBC - LEVERAGE AGENCY, New York, NY, *pg.* 298
Dudgeon, Tom - Media Department, PPOM - E3 MARKETING, New Albany, IN, *pg.* 67
Dudley, Caitlin - Interactive / Digital, Media Department - HORIZON MEDIA, INC., Los Angeles, CA, *pg.* 473
Dudley, Jessica - Interactive / Digital, Media Department - THE TOMBRAS GROUP, Knoxville, TN, *pg.* 424
Dudzik, Michael - Media Department - STARCOM WORLDWIDE, Chicago, IL, *pg.* 513
Duer, Cathy - Media Department - HANNA & ASSOCIATES , Coeur d'Alene, ID, *pg.* 81
Duerrschmid, Lara - Analytics, Media Department, Research - CROSSMEDIA, New York, NY, *pg.* 463
Duff, Serena - Management, Media Department - HORIZON MEDIA, INC., Los Angeles, CA, *pg.* 473
Duffy, Sarah - Finance, Media Department - HORIZON MEDIA, INC., New York, NY, *pg.* 474
Dukes, Christy - Account Services, Media Department - UNION, Charlotte, NC, *pg.* 273
Dukes, Shane - Media Department -

ESSENCE, New York, NY, *pg.* 232
Dukett, Brianna - Interactive / Digital, Media Department - HAVAS MEDIA GROUP, Boston, MA, *pg.* 470
Dulac, Marcella - Interactive / Digital, Media Department - FUSION92, Chicago, IL, *pg.* 235
Dulla, Lindsey - Media Department - SPARK FOUNDRY, Chicago, IL, *pg.* 510
Dulny, Pamela - Account Planner, Account Services, Media Department - MINDSHARE, New York, NY, *pg.* 491
Dumicic, Jasna - Media Department - STARCOM WORLDWIDE, New York, NY, *pg.* 517
Dunaway, Marissa - Interactive / Digital, Media Department, Operations - PCH / MEDIA, Portland, ME, *pg.* 534
Dunay, Brian - Media Department - MEISTER INTERACTIVE, Willoughby, OH, *pg.* 250
Dunbar, Lee - Account Planner, Interactive / Digital, Media Department - STARCOM WORLDWIDE, Chicago, IL, *pg.* 513
Dunbar, Alissa - Media Department - PETERMAYER, New Orleans, LA, *pg.* 127
Duncan, Amanda - Media Department - HEARTS & SCIENCE, New York, NY, *pg.* 471
Duncan, Mia - Management, Media Department - PALISADES MEDIA GROUP, INC., Santa Monica, CA, *pg.* 124
Duncan, Meaghan - Account Planner, Interactive / Digital, Media Department - CARAT, New York, NY, *pg.* 459
Duncan, Toiia - Media Department - IGNITE SOCIAL MEDIA, Cary, NC, *pg.* 686
Duncan, Megan - Creative, Media Department - TRAINA DESIGN, San Diego, CA, *pg.* 20
Duncan, Crystal - Interactive / Digital, Media Department, Social Media - EDELMAN, Chicago, IL, *pg.* 353
Dunick, Megan - Interactive / Digital, Media Department - THE SHIPYARD, Columbus, OH, *pg.* 270
Dunlap, Kristyn - Account Services, Media Department - M&C SAATCHI LA, Santa Monica, CA, *pg.* 482
Dunlap, Kelsey - Interactive / Digital, Media Department - CLEAR CHANNEL OUTDOOR, Arlington, TX, *pg.* 550
Dunlap, Lisha - Media Department - INSIGHT CREATIVE GROUP, Oklahoma City, OK, *pg.* 89
Dunlap, Kirk - Media Department - HEARTS & SCIENCE, New York, NY, *pg.* 471
Dunn, Mitchell - Account Planner, Creative, Interactive / Digital, Media Department - EMPOWER, Cincinnati, OH, *pg.* 354
Dunn, Stacey - Account Planner, Account Services, Interactive / Digital, Media Department - DP+, Farmington Hills, MI, *pg.* 353
Dunning-Peterson, Amanda - Media

Department - RCG ADVERTISING AND MEDIA, Omaha, NE, *pg.* 403
Dunnington, Zoe - Interactive / Digital, Media Department - HEAT, San Francisco, CA, *pg.* 84
Duong, Khang - Media Department - DIMASSIMO GOLDSTEIN, New York, NY, *pg.* 351
Dupart, Ann - Media Department, NBC - GTB, Dearborn, MI, *pg.* 367
Dupaul-Vogelsang, Cindy - Media Department - ODNEY ADVERTISING AGENCY, Bismarck, ND, *pg.* 392
Duplechin, John - Interactive / Digital, Media Department - AXIOM, Houston, TX, *pg.* 174
Dupont, Rebecca - Media Department, Public Relations - VALTECH, New York, NY, *pg.* 273
Dupuis, Jonathan - Account Planner, Account Services, Management, Media Department, NBC, PPOM - MCGARRYBOWEN, New York, NY, *pg.* 109
Duque, Jay - Media Department - OMD, Chicago, IL, *pg.* 500
Duran, Dave - Media Department, Operations - KWG ADVERTISING, INC., New York, NY, *pg.* 96
Durante, Frank - Interactive / Digital, Media Department - AUSTIN & WILLIAMS ADVERTISING, Hauppauge, NY, *pg.* 328
Duray, Andrea - Media Department, PPOM - SPARK FOUNDRY, New York, NY, *pg.* 508
Durbin, Amy - Interactive / Digital, Media Department, NBC - SPARK FOUNDRY, New York, NY, *pg.* 508
Durfee Davis, Melissa - Media Department - GREENRUBINO, Seattle, WA, *pg.* 365
Durisin, Steve - Media Department - HAVAS MEDIA GROUP, New York, NY, *pg.* 468
Durkin, Caroline - Media Department - PHD CHICAGO, Chicago, IL, *pg.* 504
Durling, Ryan - Media Department - RAKA CREATIVE, Portsmouth, NH, *pg.* 402
Durr, Kirstie - Management, Media Department - NEVINS & ASSOCIATES CHARTERED, Towson, MD, *pg.* 632
Durrant, Bill - Media Department - EXVERUS MEDIA INC., Los Angeles, CA, *pg.* 465
Durso, Debbie - Media Department - INNOVATIVE TRAVEL MARKETING, Parsippany, NJ, *pg.* 480
Dusenbery, Alison - Interactive / Digital, Media Department - HORIZON MEDIA, INC., New York, NY, *pg.* 474
Dutchik, Lauren - Account Services, Media Department - CAMPBELL EWALD, Detroit, MI, *pg.* 46
Dutton, Gloria - Interactive / Digital, Media Department - LOCATION3 MEDIA, Denver, CO, *pg.* 246
Duvall, Jonathan - Media Department, Public Relations - KEF MEDIA ASSOCIATES, INC., Smyrna, GA, *pg.* 619
Duvall, Krystina - Interactive /

AGENCIES

RESPONSIBILITIES INDEX

Digital, Media Department - RAIN, Portland, OR, pg. 402
Duwan, Lauren - Finance, Interactive / Digital, Media Department - ZENITH MEDIA, New York, NY, pg. 529
Dvizac, Rachael - Interactive / Digital, Media Department, NBC - ACTION INTEGRATED MARKETING, Norcross, GA, pg. 322
Dvorak, Dorcas - Media Department - STARCOM WORLDWIDE, Chicago, IL, pg. 513
Dvorin, Jana - Media Department - GOMEDIA, Hartford, CT, pg. 77
Dwyer, Michael - Media Department - DWA MEDIA, Austin, TX, pg. 464
Dwyer, Kristin - Media Department - EDELMAN, New York, NY, pg. 599
Dye, Katie - Media Department, NBC - HORIZON MEDIA, INC., New York, NY, pg. 474
Dyer, Dave - Management, Media Department, Operations, PPOM - MANIFESTO, Milwaukee, WI, pg. 104
Dyer, Jennifer - Media Department - AGENCY 720, Westlake Village, CA, pg. 323
Dyke, Amanda - Interactive / Digital, Media Department - ZENITH MEDIA, New York, NY, pg. 529
Dynes, Gina - Account Planner, Interactive / Digital, Media Department - MINDSHARE, Toronto, ON, pg. 495
D'Acierno, John - Media Department - GSD&M, Austin, TX, pg. 79
D'Asaro, Rob - Interactive / Digital, Media Department - OMD, New York, NY, pg. 498
Earle, Elizabeth - Interactive / Digital, Media Department - WILDFIRE, Winston Salem, NC, pg. 162
Early, Kristina - Media Department - BRIGGS & CALDWELL, Houston, TX, pg. 456
Early, Matthew - Media Department - MARKETING RESOURCES, Oak Park, IL, pg. 568
Early, Katrina - Media Department - WRIGHT ON COMMUNICATIONS, La Jolla, CA, pg. 663
Earnest, Susanna - Analytics, Management, Media Department - OMD, Chicago, IL, pg. 500
Eash, Allison - Media Department - IDEAMILL, Pittsburgh, PA, pg. 88
Easton, Alexa - Account Services, Interactive / Digital, Media Department - HILL HOLLIDAY, Boston, MA, pg. 85
Eastwood, Michael - Account Planner, Interactive / Digital, Media Department - WAVEMAKER, New York, NY, pg. 526
Ebbecke, Greg - Interactive / Digital, Media Department - HARMELIN MEDIA, Bala Cynwyd, PA, pg. 467
Ebenhoch, Eric - Interactive / Digital, Management, Media Department - CRAMER-KRASSELT, Milwaukee, WI, pg. 54

Ebert, Andrea - Management, Media Department - UNIVERSAL MCCANN, Los Angeles, CA, pg. 524
Echavez-Taylor, Alexa - Account Services, Interactive / Digital, Media Department - CHILLINGWORTH / RADDING, INC., New York, NY, pg. 342
Echevarria, Paz - Media Department, PPOM - POLVORA ADVERTISING, Boston, MA, pg. 544
Eckel, Corin - Media Department - HORIZON MEDIA, INC., New York, NY, pg. 474
Eckerling, Rachel - Interactive / Digital, Media Department, Programmatic - SPARK FOUNDRY, Chicago, IL, pg. 510
Eckert, Anisha - Interactive / Digital, Media Department - TECH IMAGE, LTD., Chicago, IL, pg. 652
Eckrote, Dan - Account Services, Management, Media Department, PPOM - MINDSHARE, New York, NY, pg. 491
Econ, Heather - Account Services, Media Department, PPM - HAVAS MEDIA GROUP, Chicago, IL, pg. 469
Eda, Kayla - Media Department - INITIATIVE, New York, NY, pg. 477
Edelman, Ann - Media Department, Public Relations - ZEHNDER COMMUNICATIONS, INC., Baton Rouge, LA, pg. 437
Edge, Devin - Media Department - HORIZON MEDIA, INC., New York, NY, pg. 474
Edinger, Peter - Interactive / Digital, Media Department - HORIZON MEDIA, INC., New York, NY, pg. 474
Edison, Barry - Media Department, PPOM - HIEBING, Madison, WI, pg. 85
Edmonds, Kate - Media Department - PUBLICIS HEALTH MEDIA, Philadelphia, PA, pg. 506
Edstrom, Ainsley - Interactive / Digital, Media Department - MINDSHARE, New York, NY, pg. 491
Edward, Tony - Analytics, Interactive / Digital, Media Department - TINUITI, New York, NY, pg. 678
Edwards, Donna - Media Department - MEDIA STORM, Norwalk, CT, pg. 486
Edwards, Melanie - Media Department - BERLINE, Royal Oak, MI, pg. 39
Edwards, Tom - Account Planner, Interactive / Digital, Media Department, PPOM - EPSILON, Irving, TX, pg. 283
Edwards, Adam - Interactive / Digital, Media Department - REPRISE DIGITAL, New York, NY, pg. 676
Edwards, Jessica - Interactive / Digital, Media Department - COX MEDIA, Phoenix, AZ, pg. 463
Edwards, Bobby - Media Department - GIANT SPOON, LLC, New York, NY, pg. 363
Edwards, Ryan - Interactive / Digital, Media Department - THE TOMBRAS GROUP, Knoxville, TN, pg. 424
Edwards, Emily - Account Services, Creative, Media Department -

CRISPIN PORTER + BOGUSKY, Boulder, CO, pg. 346
Effenson, Elyse - Media Department - BUYER ADVERTISING, INC., Newton, MA, pg. 338
Effman, Samantha - Media Department - WAVEMAKER, New York, NY, pg. 526
Efromovich, Faran - Media Department - POSTERSCOPE U.S.A., New York, NY, pg. 556
Egan, Karen - Media Department - RAIN, Portland, OR, pg. 402
Eggan, Claudia - Media Department - HAWORTH MARKETING & MEDIA, Los Angeles, CA, pg. 471
Eggleston, Anna - Interactive / Digital, Media Department, Programmatic - CROSSMEDIA, Philadelphia, PA, pg. 463
Ehlen, Andy - Account Planner, Media Department - GRADY BRITTON ADVERTISING, Portland, OR, pg. 78
Ehresman, Kathleen - Media Department, PPM, PPOM - GROUPM, New York, NY, pg. 466
Ehrhart, Allison - Account Planner, Media Department - ZENITH MEDIA, New York, NY, pg. 529
Ehui, Stephanie - Media Department - WIEDEN + KENNEDY, Portland, OR, pg. 430
Ehven, Gilad - Analytics, Media Department, Research - FIREMAN CREATIVE, Pittsburgh, PA, pg. 183
Eichner, Clay - Account Planner, Account Services, Interactive / Digital, Media Department - OMD ENTERTAINMENT, Burbank, CA, pg. 501
Eifert Mayer, Sandy - Account Services, Interactive / Digital, Media Department - CONILL ADVERTISING, INC., El Segundo, CA, pg. 538
Einan, Kim - Account Services, Management, Media Department - STARCOM WORLDWIDE, Chicago, IL, pg. 513
Einhorn, Ashley - Account Services, Media Department - VAYNERMEDIA, New York, NY, pg. 689
Eisen, Audrey - Media Department - CAPITOL MEDIA SOLUTIONS, Atlanta, GA, pg. 459
Eisenberg, Stephanie - Media Department, NBC - HORIZON MEDIA, INC., New York, NY, pg. 474
Eisenberg, Martina - Interactive / Digital, Media Department - UNIVERSAL MCCANN, New York, NY, pg. 521
Ekisheva, Natalia - Analytics, Interactive / Digital, Media Department - 22SQUARED INC., Atlanta, GA, pg. 319
Ekola, Rey - Media Department - MEDIASPACE SOLUTIONS, Minnetonka, MN, pg. 490
Elamin, Tamara - Account Planner, Account Services, Media Department - HEARTS & SCIENCE, Atlanta, GA, pg. 473
Elddine, Dan - Interactive / Digital, Media Department - ESSENCE, San Francisco, CA, pg. 232

1605

RESPONSIBILITIES INDEX

AGENCIES

Eldred, Sean - Account Services, Media Department - USIM, New York, NY, pg. 525

Eldred, Kelly - Management, Media Department, PPOM - UNIVERSAL MCCANN DETROIT, Birmingham, MI, pg. 524

Elegant, Melissa - Media Department - STARCOM WORLDWIDE, Chicago, IL, pg. 513

Elema, Anna - Interactive / Digital, Media Department - EXVERUS MEDIA INC., Los Angeles, CA, pg. 465

Elfstrom, Suzanne - Media Department, Public Relations - PARTNERSCREATIVE, Missoula, MT, pg. 125

Eliaser, Augusta - Media Department - STARCOM WORLDWIDE, Chicago, IL, pg. 513

Eliason, Mary - Media Department - WIEDEN + KENNEDY, Portland, OR, pg. 430

Elkins, Anne - Account Services, Management, Media Department - INITIATIVE, Los Angeles, CA, pg. 478

Ellefson, Kelsey - Account Planner, Account Services, Media Department - DDB NEW YORK, New York, NY, pg. 59

Ellenbogen, Marcy - Media Department - THE GARY GROUP, Santa Monica, CA, pg. 150

Ellet, Ted - Account Services, Management, Media Department - INITIATIVE, New York, NY, pg. 477

Elliot, Jackie - Account Planner, Media Department - RAPPORT OUTDOOR WORLDWIDE, New York, NY, pg. 556

Elliott, Rayna - Account Planner, Account Services, Interactive / Digital, Media Department - HORIZON MEDIA, INC., New York, NY, pg. 474

Elliott, Fraser - Media Department - LANETERRALEVER, Phoenix, AZ, pg. 245

Elliott, Aubri - Media Department - THE RICHARDS GROUP, INC., Dallas, TX, pg. 422

Elliott, Lauren - Account Services, Media Department - MCCANN NEW YORK, New York, NY, pg. 108

Ellis, Chevaun - Media Department - TEAM ONE, New York, NY, pg. 418

Ellis, Jon - Creative, Media Department, PPM - DDB CHICAGO, Chicago, IL, pg. 59

Ellis, Anna - Media Department - UNIVERSAL MCCANN, New York, NY, pg. 521

Ellis, John - Interactive / Digital, Media Department - BLR FURTHER, Nashville, TN, pg. 334

Ellis, Darby - Interactive / Digital, Media Department - ENVISIONIT MEDIA, INC., Chicago, IL, pg. 231

Ellman, Dennis - Media Department, PPOM - BECK ELLMAN HEALD, La Jolla, CA, pg. 582

Ellman, Jennie - Media Department - SPARK FOUNDRY, Chicago, IL, pg. 510

Ellsberry, Keenan - Interactive / Digital, Media Department - HUDSON ROUGE, Dearborn, MI, pg. 372

Elmendorf, Lisa - Media Department - EMPOWER, Cincinnati, OH, pg. 354

Elnar, Rachel - Creative, Interactive / Digital, Media Department, PPOM - RAMP CREATIVE, Los Angeles, CA, pg. 196

Elvira, Daniella - Media Department - NOBLE PEOPLE, New York, NY, pg. 120

Elwarner, Brian - Media Department - GTB, Dearborn, MI, pg. 367

Elwell, Conner - Account Planner, Account Services, Media Department - HORIZON MEDIA, INC., New York, NY, pg. 474

Embry Selig, Jane - Media Department - CJRW, Little Rock, AR, pg. 590

Emerson, BeLinda - Media Department - SAXTON HORNE, Sandy, UT, pg. 138

Emerson, Sarah - Media Department, Social Media - 10FOLD, Austin, TX, pg. 573

Emery, Mariel - Account Planner, Media Department - HORIZON MEDIA, INC., New York, NY, pg. 474

Emoff, Katherine - Media Department - MODCOGROUP, New York, NY, pg. 116

Enders, Jennifer - Media Department - PHD CHICAGO, Chicago, IL, pg. 504

Eng, Katie - Account Services, Media Department - PACO COLLECTIVE, Chicago, IL, pg. 544

Eng, Jessica - Media Department - WAVEMAKER, Chicago, IL, pg. 529

Eng, Dennis - Media Department - DID AGENCY, Ambler, PA, pg. 62

Engel, Dustin - Analytics, Interactive / Digital, Management, Media Department, NBC, Operations, Programmatic - PMG, Fort Worth, TX, pg. 257

Engel, Amy - Account Planner, Media Department - SPARK FOUNDRY, Chicago, IL, pg. 510

Engellenner, Coleman - Interactive / Digital, Media Department - ZENITH MEDIA, Santa Monica, CA, pg. 531

Enger, Mandi - Media Department - R&R PARTNERS, Las Vegas, NV, pg. 131

Engert, Alexa - Media Department - MEDIACOM, New York, NY, pg. 487

Engholm, Danielle - Media Department - PADILLA, Minneapolis, MN, pg. 635

Engle, Samantha - Media Department - THE GEORGE P. JOHNSON COMPANY, Boston, MA, pg. 316

Engleman, John - Media Department - MITCHELL, Fayetteville, AR, pg. 627

English, Jonna - Media Department - ADSTRATEGIES, INC., Easton, MD, pg. 323

English, Erin - Interactive / Digital, Media Department - WAVEMAKER, New York, NY, pg. 526

English, Joel - Media Department, PPOM - BVK, Milwaukee, WI, pg. 339

Englot, Kayla - Interactive / Digital, Media Department - SPARK FOUNDRY, New York, NY, pg. 508

Engquist, Amanda - Interactive / Digital, Media Department - CHARLES RYAN ASSOCIATES, INC., Richmond, VA, pg. 589

Ennis, Lisa - Media Department - WENSTROM COMMUNICATIONS, INC., Clearwater, FL, pg. 529

Ennis, Eric - Media Department - ASHLEY ADVERTISING AGENCY, Eagleville, PA, pg. 34

Enright, Lucy - Interactive / Digital, Media Department - INITIATIVE, New York, NY, pg. 477

Enright, Sharon - Account Services, Media Department - OMD WEST, Los Angeles, CA, pg. 502

Enright, Chelsea - Media Department - THE WARD GROUP, INC - MEDIA STEWARDS, Frisco, TX, pg. 520

Ephrom, Amanda - Media Department - SAATCHI & SAATCHI LOS ANGELES, Torrance, CA, pg. 137

Epping, Kristina - Interactive / Digital, Media Department - CICERON, Minneapolis, MN, pg. 220

Epstein, Michael - Account Services, Media Department, PPOM - CARAT, New York, NY, pg. 459

Epstein, Jeremy - Interactive / Digital, Media Department - BARU ADVERTISING, Culver City, CA, pg. 538

Epstein, Amanda - Media Department - UNIVERSAL MCCANN, New York, NY, pg. 521

Epstein, Diane - Account Planner, Media Department - MCGARRYBOWEN, New York, NY, pg. 109

Erdman, Brian - Account Services, Management, Media Department - SAATCHI & SAATCHI X, Cincinnati, OH, pg. 682

Ericksen, Kathryn - Interactive / Digital, Media Department, Operations - STARCOM WORLDWIDE, Chicago, IL, pg. 513

Erickson, Katelyn - Account Services, Creative, Media Department - SPARK FOUNDRY, Chicago, IL, pg. 510

Erickson-Reed, Jenny - Interactive / Digital, Media Department - 360I, LLC, Atlanta, GA, pg. 207

Ericson, Vaughn - Media Department - BERNSTEIN-REIN ADVERTISING, INC., Kansas City, MO, pg. 39

Ericson, Brian - Media Department - PHD USA, New York, NY, pg. 505

Ericson, Jianna - Media Department - HAVAS MEDIA GROUP, New York, NY, pg. 468

Eriksine, Erica - Interactive / Digital, Media Department - PARTNERS + NAPIER, Rochester, NY, pg. 125

Erman, Yanina - Media Department - GEOMETRY, New York, NY, pg. 362

Ernst, Mike - Media Department - GS&F, Nashville, TN, pg. 367

Ernst, Laura - Media Department - UNIVERSAL MCCANN, New York, NY, pg. 521

Errichiello, Christine - Media

1606

AGENCIES

RESPONSIBILITIES INDEX

Department - ICON INTERNATIONAL, INC., Greenwich, CT, pg. 476
Ervolina, Elizabeth - Account Planner, Account Services, Creative, Media Department - ABBEY MECCA & COMPANY, Buffalo, NY, pg. 321
Escamilla, Sofia - Media Department - ACENTO ADVERTISING, INC., Santa Monica, CA, pg. 25
Escribano, Gonzalo - Media Department - HAVAS MEDIA GROUP, New York, NY, pg. 468
Esfeld, Melany - Interactive / Digital, Management, Media Department, PPM - BARKLEY, Kansas City, MO, pg. 329
Esguerra, Lorenz - Account Services, Management, Media Department, NBC - WEBER SHANDWICK, Minneapolis, MN, pg. 660
Eskew, Victoria - Interactive / Digital, Media Department, Promotions, Research - GARTNER, INC., Stamford, CT, pg. 236
Eslinger, Patrick - Account Services, Interactive / Digital, Media Department, Operations - SSDM, Troy, MI, pg. 412
Esposito, Barbara - Account Planner, Interactive / Digital, Media Department, NBC - AUSTIN & WILLIAMS ADVERTISING, Hauppauge, NY, pg. 328
Esposito, Frank - Media Department, Social Media - XENOPSI, New York, NY, pg. 164
Esquivel, Jasmin - Account Services, Media Department - DEUTSCH, INC., Los Angeles, CA, pg. 350
Essling, Alexandra - Media Department - HAWORTH MARKETING & MEDIA, Minneapolis, MN, pg. 470
Estep, Scott - Media Department - STEELE+, Alpharetta, GA, pg. 412
Esterline, Erika - Interactive / Digital, Media Department - THE VARIABLE, Winston-Salem, NC, pg. 153
Estes, Stephani - Interactive / Digital, Management, Media Department - CRAMER-KRASSELT, Chicago, IL, pg. 53
Estrada, Jose - Media Department, Programmatic - PHD USA, New York, NY, pg. 505
Ethington, Celeste - Account Services, Media Department - HEALTHCARE SUCCESS, Irvine, CA, pg. 83
Eule, Michelle - Media Department, NBC, Research - KANTAR MEDIA, New York, NY, pg. 446
Eun, Jane - Interactive / Digital, Media Department - CARAT, Culver City, CA, pg. 459
Evans, Lila - Media Department - CVA ADVERTISING & MARKETING, INC., Odessa, TX, pg. 56
Evans, Chris - Media Department - R&R PARTNERS, Las Vegas, NV, pg. 131
Evans, Julie - Media Department -

MCCANN CANADA, Calgary, AB, pg. 384
Evans, Laurie - Interactive / Digital, Media Department, NBC - THE RICHARDS GROUP, INC., Dallas, TX, pg. 422
Evans, Keith - Management, Media Department - HEARTS & SCIENCE, New York, NY, pg. 471
Evans, Whitney - Interactive / Digital, Media Department - CARAT, Culver City, CA, pg. 459
Evans, Cailey - Media Department - TCA, Jacksonville, FL, pg. 147
Evans, Madison - Media Department - STARCOM WORLDWIDE, New York, NY, pg. 517
Eve, Noah - Account Planner, Account Services, Analytics, Interactive / Digital, Media Department, Programmatic, Research - HORIZON MEDIA, INC., Los Angeles, CA, pg. 473
Evenson, Ashley - Interactive / Digital, Media Department, Programmatic - CICERON, Minneapolis, MN, pg. 220
Everett, Alex - Interactive / Digital, Media Department, NBC - BARKLEY BOULDER, Boulder, CO, pg. 36
Evers, Jerry - Media Department - INITIATIVE, Chicago, IL, pg. 479
Everse, Philip - Account Planner, Interactive / Digital, Media Department, Programmatic - STARCOM WORLDWIDE, Chicago, IL, pg. 513
Evia, Lisa - Management, Media Department, PPOM - HAVAS WORLDWIDE CHICAGO, Chicago, IL, pg. 82
Ewing, Christie - Media Department - PHD CHICAGO, Chicago, IL, pg. 504
Expose, Keiara - Account Planner, Media Department - WAVEMAKER, Chicago, IL, pg. 529
Ezell, Madeleine - Interactive / Digital, Media Department - ZENITH MEDIA, New York, NY, pg. 529
Faber, Trevor - Account Services, Media Department, NBC - CANVAS WORLDWIDE, Playa Vista, CA, pg. 458
Fagan, Jake - Interactive / Digital, Media Department - LEWIS COMMUNICATIONS, Nashville, TN, pg. 100
Fagerstrom, Bruce - Account Services, Management, Media Department, NBC, PPOM - COOPER-SMITH ADVERTISING, Stamford, CT, pg. 462
Fagioli, Steve - Account Planner, Media Department - ARENA MEDIA, New York, NY, pg. 454
Fagnano, Steve - Media Department - GREGORY WELTEROTH ADVERTISING, Montoursville, PA, pg. 466
Faifer, Davina - Media Department - MEDIACOM, New York, NY, pg. 487
Fairley, John - Interactive / Digital, Media Department - WALKER SANDS COMMUNICATIONS, Chicago, IL, pg. 659
Fairman, Joyce - Media Department - USIM, Los Angeles, CA, pg. 525
Falabella, Michael - Account

Planner, Account Services, Media Department, PPOM - MINDSHARE, New York, NY, pg. 491
Falcipieri, Christine - Interactive / Digital, Media Department - BUTLER / TILL, Rochester, NY, pg. 457
Falco, Michelle - Media Department, PPM - OMD, New York, NY, pg. 498
Falcon, Erwin - Interactive / Digital, Media Department, NBC, Social Media - A PARTNERSHIP, INC., New York, NY, pg. 537
Falconer, Patrick - Management, Media Department, PPOM, Research - UNIVERSAL MCCANN DETROIT, Birmingham, MI, pg. 524
Falconio, Lyn - Media Department, PPOM - PUBLICIS HEALTH, New York, NY, pg. 639
Falgoust, Lindsay - Media Department - SASSO, Baton Rouge, LA, pg. 138
Falk, Jenna - Interactive / Digital, Media Department - UNIVERSAL MCCANN, New York, NY, pg. 521
Falletich, Diana - Management, Media Department - UNIVERSAL MCCANN DETROIT, Birmingham, MI, pg. 524
Fan, Jonathan - Interactive / Digital, Media Department, NBC - PHD, Los Angeles, CA, pg. 504
Fan, Stephen - Media Department, NBC - OMD, New York, NY, pg. 498
Fang, Yuyu - Media Department, PPOM, Programmatic - RED FUSE COMMUNICATIONS, New York, NY, pg. 404
Farahani, Tara - Media Department - CARAT, New York, NY, pg. 459
Farewell, Robin - Media Department, PPOM - MOWER, Syracuse, NY, pg. 118
Farfan, Samantha - Interactive / Digital, Media Department - MINDSHARE, New York, NY, pg. 491
Farhang, Mani - Media Department - HUGE, INC., Brooklyn, NY, pg. 239
Faris, John - Interactive / Digital, Media Department, NBC, PPOM, Social Media - RED DOOR INTERACTIVE, San Diego, CA, pg. 404
Farkas, Anett - Analytics, Media Department - CROSSMEDIA, New York, NY, pg. 463
Farley, Claire - Media Department, Operations - PCH / MEDIA, Portland, ME, pg. 534
Farley, Kandace - Media Department - BLUE 449, Seattle, WA, pg. 456
Farmer, Tiffany - Media Department, PPM - ENCYCLOMEDIA ATLANTA, INC., Atlanta, GA, pg. 465
Farmer, Dana - Interactive / Digital, Media Department - ROCKET55, Minneapolis, MN, pg. 264
Farmer, Hannah - Media Department, Programmatic - GOOD APPLE DIGITAL, New York, NY, pg. 466
Farnam, Sarah - Media Department - BLUE 449, San Francisco, CA, pg. 456
Farnoush, David - Media Department, Programmatic, Research - HARMELIN

RESPONSIBILITIES INDEX

AGENCIES

MEDIA, Bala Cynwyd, PA, *pg.* 467
Farquhar, Stephen - Account Planner, Account Services, Management, Media Department, Operations, PPOM - PUBLICIS NORTH AMERICA, New York, NY, *pg.* 399
Farr, Annie - Media Department - 22SQUARED INC., Tampa, FL, *pg.* 319
Farr Douglas, Olivia - Account Services, Management, Media Department, NBC - PHD USA, New York, NY, *pg.* 505
Farrar, James - Account Services, Management, Media Department - CONVERSANT, LLC, New York, NY, *pg.* 222
Farrar, Jade - Account Planner, Media Department - 360I, LLC, New York, NY, *pg.* 320
Farrell, Christian - Media Department - ZENITH MEDIA, New York, NY, *pg.* 529
Farrell, Makeda - Media Department - &BARR, Orlando, FL, *pg.* 319
Farrell, Chris - Media Department, NBC - LEVERAGE AGENCY, New York, NY, *pg.* 298
Farren, Kristen - Account Planner, Interactive / Digital, Management, Media Department - LUXE COLLECTIVE GROUP, New York, NY, *pg.* 102
Fasano, Peter - Interactive / Digital, Media Department, PPOM - OGILVYONE WORLDWIDE, New York, NY, *pg.* 255
Faselt, Robert - Media Department - VAYNERMEDIA, New York, NY, *pg.* 689
Fassacesia, Andrea - Media Department - WEBER SHANDWICK, New York, NY, *pg.* 660
Fast, Evan - Media Department - JAJO, INC., Wichita, KS, *pg.* 91
Fatima, Laraib - Media Department - ICROSSING, Chicago, IL, *pg.* 241
Faulkner, Lorita - Media Department - MARTIN ADVERTISING, Birmingham, AL, *pg.* 106
Fauser, Drew - Media Department, PPM - GROUPM, New York, NY, *pg.* 466
Fauss, Dylan - Media Department - BBH, New York, NY, *pg.* 37
Faust, Joyclyn - Account Services, Interactive / Digital, Media Department, NBC - HARMELIN MEDIA, Bala Cynwyd, PA, *pg.* 467
Fava, Emily - Media Department - HARMELIN MEDIA, Bala Cynwyd, PA, *pg.* 467
Fayer, Madison - Account Services, Interactive / Digital, Media Department - HARTE HANKS, INC., Austin, TX, *pg.* 284
Fayngor, Stephanie - Media Department - HUGE, INC., Brooklyn, NY, *pg.* 239
Fazal, Saleema - Media Department - HERO DIGITAL, San Francisco, CA, *pg.* 238
Fazio, Amanda - Media Department - STARCOM WORLDWIDE, Chicago, IL, *pg.* 513
Fearing, Cara - Media Department - HILL HOLLIDAY, Boston, MA, *pg.* 85
Feather, Brad - Account Planner,

Account Services, Interactive / Digital, Media Department - INITIATIVE, New York, NY, *pg.* 477
Feazell, Haley - Media Department - MINDGRUVE, San Diego, CA, *pg.* 534
Federici, Mary - Media Department - MEDIA EXPERTS, Montreal, QC, *pg.* 485
Federmesser, Jeffrey - Interactive / Digital, Media Department - WAVEMAKER, New York, NY, *pg.* 526
Fedick, Deanna - Media Department - CMI MEDIA, LLC, King of Prussia, PA, *pg.* 342
Feeley, Kate - Management, Media Department - SPARK FOUNDRY, Chicago, IL, *pg.* 510
Feeley, Keri - Interactive / Digital, Media Department - UNIVERSAL MCCANN, New York, NY, *pg.* 521
Fegarsky, Michelle - Account Planner, Interactive / Digital, Media Department, NBC - HARMELIN MEDIA, Bala Cynwyd, PA, *pg.* 467
Fegler, Elisa - Account Planner, Account Services, Interactive / Digital, Media Department - HEARTS & SCIENCE, New York, NY, *pg.* 471
Fein, Julie - Interactive / Digital, Media Department - SPARK FOUNDRY, New York, NY, *pg.* 508
Feld, Shanna - Account Planner, Interactive / Digital, Media Department, NBC - SPARK FOUNDRY, New York, NY, *pg.* 508
Feld, AJ - Media Department - MCCANN NEW YORK, New York, NY, *pg.* 108
Feldman, Gary - Account Planner, Media Department - ZENITH MEDIA, New York, NY, *pg.* 529
Feldman, Nina - Media Department - TCAA, Dedham, MA, *pg.* 519
Feldman, Mike - Media Department, NBC - 360I, LLC, Atlanta, GA, *pg.* 207
Feldman, Robin - Media Department - PHD USA, New York, NY, *pg.* 505
Felenstein, Adam - Interactive / Digital, Media Department - CANVAS WORLDWIDE, Playa Vista, CA, *pg.* 458
Felice, Lauren - Media Department - MINDSHARE, New York, NY, *pg.* 491
Feliu, Amanda - Creative, Media Department - SPI GROUP, LLC, Fairfield, NJ, *pg.* 143
Felix, Odette - Media Department, Public Relations - DARK HORSE MEDIA, Tucson, AZ, *pg.* 464
Feliz, Jimmy - Account Planner, Media Department - SPARK FOUNDRY, New York, NY, *pg.* 508
Felsten, Kellie - Account Planner, Interactive / Digital, Media Department - 90OCTANE, Denver, CO, *pg.* 209
Felter, Jenn - Media Department - PHD USA, New York, NY, *pg.* 505
Femminello, Lauren - Administrative, Media Department - CARAT, New York, NY, *pg.* 459
Fenderson, Jeremy - Media Department - ADQUADRANT, Costa

Mesa, CA, *pg.* 211
Fendrick, Allie - Interactive / Digital, Media Department, Social Media - MONO, Minneapolis, MN, *pg.* 117
Feng, Amy - Account Planner, Media Department - POSTERSCOPE U.S.A., New York, NY, *pg.* 556
Feng, Lisa - Interactive / Digital, Media Department, Programmatic - DIGITAS, New York, NY, *pg.* 226
Fenner, Dorthea - Interactive / Digital, Media Department, Operations - STARCOM WORLDWIDE, Chicago, IL, *pg.* 513
Fenske, Jacqueline - Media Department - HEALIXGLOBAL, New York, NY, *pg.* 471
Fenton, Patrick - Media Department - JUST MEDIA, INC., Emeryville, CA, *pg.* 481
Feola, Andrew - Media Department, NBC - MEDIACOM, New York, NY, *pg.* 487
Ferber, Amanda - Account Services, Media Department - 22SQUARED INC., Atlanta, GA, *pg.* 319
Ferguson, Katy - Management, Media Department, NBC, Operations - HORIZON MEDIA, INC., New York, NY, *pg.* 474
Ferguson, Matthew - Analytics, Media Department, NBC, Research - OCTAGON, Stanford, CT, *pg.* 313
Ferguson, Megan - Interactive / Digital, Media Department, NBC, Social Media - JNA ADVERTISING, Overland Park, KS, *pg.* 92
Ferguson, James - Interactive / Digital, Media Department - ACTIVE INTERNATIONAL, Pearl River, NY, *pg.* 439
Ferguson, Claudia - Media Department - HAVAS MEDIA GROUP, Chicago, IL, *pg.* 469
Ferlita, Kathleen - Interactive / Digital, Media Department - FKQ ADVERTISING, INC., Clearwater, FL, *pg.* 359
Fermon, Elizabeth - Interactive / Digital, Media Department - MEDIAHUB BOSTON, Boston, MA, *pg.* 489
Fernald, Steve - Account Services, Management, Media Department - JACOBSON ROST, Milwaukee, WI, *pg.* 376
Fernandes, Meryl - Interactive / Digital, Media Department - STARCOM WORLDWIDE, Toronto, ON, *pg.* 517
Fernandez, Norma - Media Department - CASANOVA//MCCANN, Costa Mesa, CA, *pg.* 538
Fernandez, Tristan - Account Services, Media Department - MARKHAM & STEIN, Miami, FL, *pg.* 105
Fernandez, Terra - Media Department - CANVAS WORLDWIDE, Playa Vista, CA, *pg.* 458
Fernandez, Gabriella - Interactive / Digital, Media Department - CARAT, New York, NY, *pg.* 459
Fernandez, Gonzalo - Media Department - ARENA MEDIA, New York,

AGENCIES — RESPONSIBILITIES INDEX

NY, *pg.* 454
Ferragano, Lisa - Media Department - AKQA, San Francisco, CA, *pg.* 211
Ferrandini, Mark - Media Department - HILL HOLLIDAY, Boston, MA, *pg.* 85
Ferranti, Vanessa - Media Department, PPM - ZENITH MEDIA, New York, NY, *pg.* 529
Ferrari, Adam - Creative, Media Department - GMMB, Washington, DC, *pg.* 364
Ferrari, Evan - Media Department - SAATCHI & SAATCHI LOS ANGELES, Torrance, CA, *pg.* 137
Ferrier, Kendra - Media Department - NOVUS MEDIA, INC., Plymouth, MN, *pg.* 497
Ferrill, Lark - Media Department - OMD, New York, NY, *pg.* 498
Ferris, Lindsay - Account Services, Management, Media Department, NBC, PPOM - LINDSAY, STONE & BRIGGS, Madison, WI, *pg.* 100
Ferris-Tillman, Julie - Media Department - BADER RUTTER & ASSOCIATES, INC. , Milwaukee, WI, *pg.* 328
Ferro, Christian - Media Department - POSTERSCOPE U.S.A., New York, NY, *pg.* 556
Ferro, David - Media Department - SPARK FOUNDRY, Chicago, IL, *pg.* 510
Ferrone, Jill - Media Department - DIDIT.COM, Melville, NY, *pg.* 673
Ferrucci, Michael - Interactive / Digital, Media Department, Social Media - CARAT, New York, NY, *pg.* 459
Ferrucci, Paige - Interactive / Digital, Media Department - HAVAS MEDIA GROUP, Boston, MA, *pg.* 470
Ferruggiari, Cristina - Media Department - HAVAS MEDIA GROUP, New York, NY, *pg.* 468
Ferrugio, Theresa - Interactive / Digital, Media Department - VMLY&R, New York, NY, *pg.* 160
Feuer, Sharon - Account Services, Media Department - ZIMMERMAN ADVERTISING, Fort Lauderdale, FL, *pg.* 437
Few, Delane - Interactive / Digital, Management, Media Department, Promotions - GENESCO SPORTS ENTERPRISES, Dallas, TX, *pg.* 306
Fiala, Kate - Media Department, Programmatic - CRAMER-KRASSELT , Chicago, IL, *pg.* 53
Ficke, MaryAlice - Media Department - KELLY, SCOTT & MADISON, INC., Chicago, IL, *pg.* 482
Fiedel, Anne - Media Department, NBC - ZOOM MEDIA, Chicago, IL, *pg.* 559
Field, Debbie - Media Department - LIFEBRANDS, Wayne, PA, *pg.* 287
Fields, Michael - Account Services, Media Department - MINDSHARE, Portland, OR, *pg.* 495
Fienman, Jarett - Account Services, Management, Media Department - MINDSHARE, New York, NY, *pg.* 491
Fierman, Ashley - Account Services, Media Department - BALLANTINES PUBLIC RELATIONS, West Hollywood, CA, *pg.* 580
Fifield, Frederick - Media Department - SPARK FOUNDRY, Chicago, IL, *pg.* 510
Figueroa, Marvin - Interactive / Digital, Media Department - HORIZON MEDIA, INC., New York, NY, *pg.* 474
Figueroa, Sarah - Media Department, NBC - THE DAVIS GROUP, Austin, TX, *pg.* 519
Figueroa, Jhocelyn - Interactive / Digital, Media Department - MINDSHARE, New York, NY, *pg.* 491
Figueroa, Karli - Account Services, Creative, Media Department - MOXIE, Atlanta, GA, *pg.* 251
Filhiol, Tierra - Media Department - CREATIVE JUICE, Atlanta, GA, *pg.* 54
Filipi, Amy - Media Department, Public Relations - ARCHRIVAL, INC., Lincoln, NE, *pg.* 1
Filippazzo-Murphy, Alice - Media Department, Research - AIM PRODUCTIONS, Astoria, NY, *pg.* 453
Filippi, Jordana - Account Planner, Media Department - WAVEMAKER, New York, NY, *pg.* 526
Filipson, Svetlana - Analytics, Media Department - TRILIA , Boston, MA, *pg.* 521
Findlay, Elizabeth - Account Services, Media Department - AKA NYC, New York, NY, *pg.* 324
Findley, Kristen - Interactive / Digital, Media Department, Programmatic - CICERON, Minneapolis, MN, *pg.* 220
Fine, Jennifer - Account Services, Media Department - 360I, LLC, Atlanta, GA, *pg.* 207
Fine, Jon - Media Department - ICON MEDIA DIRECT, Sherman Oaks, CA, *pg.* 476
Finegan, Michael - Management, Media Department, PPM - PHD USA, New York, NY, *pg.* 505
Finelli, Karen - Interactive / Digital, Media Department - ZENITH MEDIA, New York, NY, *pg.* 529
Fingerman, Andrew - Media Department, NBC - MRY, New York, NY, *pg.* 252
Finkelstein, Stephanie - Interactive / Digital, Media Department - MODCOGROUP, New York, NY, *pg.* 116
Finkelstein, Aaron - Account Services, Interactive / Digital, Media Department - OMD, New York, NY, *pg.* 498
Finley, Alison - Media Department, PPOM - WAVEMAKER, San Francisco, CA, *pg.* 528
Finn, Caitlin - Media Department - DIGITAS, Chicago, IL, *pg.* 227
Finnegan, Chris - Interactive / Digital, Media Department - THE TOMBRAS GROUP, Knoxville, TN, *pg.* 424
Finney, Harrison - Media Department - SOURCELINK, LLC, Greenville, SC, *pg.* 292
Finnie, Chris - Media Department - DWA MEDIA, San Francisco, CA, *pg.* 464
Finnigan, Colleen - Account Planner, Account Services, Interactive / Digital, Media Department - MINDSHARE, New York, NY, *pg.* 491
Fiorita, Grant - Media Department - CRAMER-KRASSELT , Milwaukee, WI, *pg.* 54
Firalio, Margaret - Media Department - EICOFF, Chicago, IL, *pg.* 282
Fischer, Steven - Interactive / Digital, Media Department - BADER RUTTER & ASSOCIATES, INC. , Milwaukee, WI, *pg.* 328
Fischer, Katie - Interactive / Digital, Media Department - R&R PARTNERS, Las Vegas, NV, *pg.* 131
Fischer, Jane - Media Department - IMAGE MAKERS ADVERTISING, INC., Brookfield, WI, *pg.* 88
Fischer, Kelly - Media Department - DENTSU X, New York, NY, *pg.* 61
Fischer, Beth - Interactive / Digital, Media Department - ADAMS OUTDOOR ADVERTISING, Madison, WI, *pg.* 549
Fischer, Brett - Interactive / Digital, Media Department, NBC - NINA HALE CONSULTING, Minneapolis, MN, *pg.* 675
Fischetti, Samantha - Media Department - 360I, LLC, New York, NY, *pg.* 320
Fisher, Brian - Media Department - WONDERFUL AGENCY, Los Angeles, CA, *pg.* 162
Fisher, Michael - Media Department, Public Relations - O'REILLY PUBLIC RELATIONS, Riverside, CA, *pg.* 687
Fisher, Kelly - Account Planner, Account Services, Media Department - 360I, LLC, New York, NY, *pg.* 320
Fisher, Mike - Interactive / Digital, Media Department, NBC - ESSENCE, New York, NY, *pg.* 232
Fisher, Jeffrey - Account Services, Media Department - HEARTS & SCIENCE, Los Angeles, CA, *pg.* 473
Fisher, Shillie - Media Department - PERISCOPE, Minneapolis, MN, *pg.* 127
Fisher, Rachel - Media Department - STARCOM WORLDWIDE, New York, NY, *pg.* 517
Fisher, Jesse - Interactive / Digital, Media Department, Programmatic - HORIZON MEDIA, INC., Los Angeles, CA, *pg.* 473
Fister, Pam - Media Department - THE OHLMANN GROUP, Dayton, OH, *pg.* 422
Fitch, Christopher - Interactive / Digital, Media Department - FORCE MARKETING, Atlanta, GA, *pg.* 284
Fitzgerald, Tamra - Media Department, NBC, PPOM - VENUE MARKETING GROUP, North Palm Beach, FL, *pg.* 158
Fitzgerald, Chris - Interactive /

RESPONSIBILITIES INDEX — AGENCIES

Digital, Media Department - WAVEMAKER, New York, NY, pg. 526

Fitzgibbons, Ankur - Media Department - UNIVERSAL MCCANN, New York, NY, pg. 521

Fitzgibbons, Molly - Media Department - 360I, LLC, Chicago, IL, pg. 208

Fitzhenry, Bradley - Media Department - MJR CREATIVE GROUP, Fresno, CA, pg. 14

Fitzpatrick, John - Interactive / Digital, Media Department - PRECISIONEFFECT, Boston, MA, pg. 129

Fix, Kelly - Account Planner, Account Services, Media Department - HAWORTH MARKETING & MEDIA, Minneapolis, MN, pg. 470

Flaherty, Lisa - Media Department - MARC USA, Pittsburgh, PA, pg. 104

Flaherty, Brynn - Media Department - BLUETENT, Carbondale, CO, pg. 218

Flanagan, Jennifer - Interactive / Digital, Media Department, Programmatic - ADTAXI, Denver, CO, pg. 211

Flanigan, Meegan - Account Planner, Management, Media Department - BLUE 449, Dallas, TX, pg. 456

Flannery, Clare - Media Department, Public Relations - MDB COMMUNICATIONS, INC., Washington, DC, pg. 111

Flannery, Grant - Account Planner, Media Department - MCGARRYBOWEN, New York, NY, pg. 109

Fleischut, Maddyson - Media Department - DIGITAS HEALTH LIFEBRANDS, Philadelphia, PA, pg. 229

Fleishman, Kimmy - Media Department - SPARK FOUNDRY, Chicago, IL, pg. 510

Fleming, Peyton - Media Department - INITIATIVE, New York, NY, pg. 477

Fleming, Lindsey - Media Department - ZENITH MEDIA, New York, NY, pg. 529

Fletcher, Mish - Account Services, Management, Media Department, NBC, PPOM - ACCENTURE INTERACTIVE, New York, NY, pg. 209

Flink, Peter - Account Services, Media Department - WUNDERMAN HEALTH, New York, NY, pg. 164

Flint, Kevin - Management, Media Department - JUST MEDIA, INC., Emeryville, CA, pg. 481

Flohr, Will - Interactive / Digital, Media Department, NBC - MEDIA ASSEMBLY, New York, NY, pg. 484

Florea, Ted - Account Planner, Media Department, NBC, PPOM - FORSMAN & BODENFORS, New York, NY, pg. 74

Flores, Kelli - Media Department - 104 WEST PARTNERS, Denver, CO, pg. 573

Florin, Teresa - Media Department - OMD, New York, NY, pg. 498

Florio, Paul - Media Department, NBC - ICON INTERNATIONAL, INC.,
Greenwich, CT, pg. 476

Florio, Anabelle - Media Department - SPARK FOUNDRY, New York, NY, pg. 508

Flory, Harriet - Account Services, Management, Media Department - VAYNERMEDIA, New York, NY, pg. 689

Flower, Elizabeth - Account Planner, Media Department - MINDSTREAM MEDIA GROUP - DALLAS, Dallas, TX, pg. 496

Fluker, Danielle - Account Planner, Media Department, NBC - BLUE 449, New York, NY, pg. 455

Flynn, Scott - Account Planner, Media Department, NBC - HORIZON MEDIA, INC., New York, NY, pg. 474

Flynn, Kena - Interactive / Digital, Media Department - OMD WEST, Los Angeles, CA, pg. 502

Flynn, Kacie - Interactive / Digital, Media Department - CARAT, New York, NY, pg. 459

Flynn, Madeline - Media Department - SPARK FOUNDRY, Chicago, IL, pg. 510

Flynn, Kathryn - Media Department - 360I, LLC, Chicago, IL, pg. 208

Flynn, Caitlin - Media Department - DENTSU AEGIS NETWORK, New York, NY, pg. 61

Flynn, Adam - Interactive / Digital, Media Department - DUNCAN CHANNON, San Francisco, CA, pg. 66

Fobare, Maggie - Interactive / Digital, Media Department, Programmatic, Social Media - STARCOM WORLDWIDE, Chicago, IL, pg. 513

Fogarty, Heather - Interactive / Digital, Media Department, NBC - MEDIA HORIZONS, INC., Norwalk, CT, pg. 288

Fogarty Acropolis, Maggie - Media Department - HARMELIN MEDIA, Bala Cynwyd, PA, pg. 467

Fogel, Adrian - Media Department - HAVAS MEDIA GROUP, Chicago, IL, pg. 469

Foley, Michael - Interactive / Digital, Media Department - HEARTS & SCIENCE, New York, NY, pg. 471

Foley, Tracey - Management, Media Department - PATHWAY GROUP LLC, New York, NY, pg. 503

Foley, Matthew - Media Department - HAVAS MEDIA GROUP, Boston, MA, pg. 470

Foley, Jessica - Media Department - HEALIXGLOBAL, New York, NY, pg. 471

Foley, Nick - Media Department, NBC - OMD, Chicago, IL, pg. 500

Folkmann, Audrey - Interactive / Digital, Media Department - RPA, Santa Monica, CA, pg. 134

Folz, Jack - Media Department, Programmatic - BAYARD ADVERTISING AGENCY, INC., New York, NY, pg. 37

Fonda, Briana - Media Department - COLLE MCVOY, Minneapolis, MN, pg. 343

Fong, Ann - Media Department - MEDIAHUB NEW YORK, New York, NY, pg. 249

Fong-Anderson, Annie - Management, Media Department, Operations - HORIZON MEDIA, INC., New York, NY, pg. 474

Fonstein, Adriann - Media Department - DIGITAS, Boston, MA, pg. 226

Fontaine, Lindsay - Media Department - INTERMEDIA ADVERTISING, Woodland Hills, CA, pg. 376

Fooks, Tameka - Account Services, Analytics, Interactive / Digital, Media Department - 360I, LLC, Atlanta, GA, pg. 207

Foord, Bridgette - Interactive / Digital, Media Department - ZION & ZION, Tempe, AZ, pg. 165

Foote, Betsy - Media Department - GEOMETRY, Akron, OH, pg. 362

Foote, Melissa - Media Department - THE BOSTON GROUP, Boston, MA, pg. 418

Forbes, Khaile - Media Department - WAVEMAKER, New York, NY, pg. 526

Ford, Kathryn - Account Services, Media Department, PPOM - MEDIACOM, Chicago, IL, pg. 489

Ford, Peter - Interactive / Digital, Media Department - SCA PROMOTIONS, INC., Dallas, TX, pg. 569

Ford, Tara - Media Department - KSM SOUTH, Austin, TX, pg. 482

Ford, Sara - Media Department - STARCOM WORLDWIDE, New York, NY, pg. 517

Ford, Lee - Account Planner, Account Services, Media Department - WIEDEN + KENNEDY, New York, NY, pg. 432

Ford, John - Account Services, Media Department - BARETZ + BRUNELLE, New York, NY, pg. 580

Foreman, Tom - Account Services, Interactive / Digital, Media Department - STARCOM WORLDWIDE, Chicago, IL, pg. 513

Forero, Daniel - Interactive / Digital, Media Department - ZENITH MEDIA, New York, NY, pg. 529

Forest, Christina - Media Department - COSSETTE MEDIA, Montreal, QC, pg. 345

Forest, Christina - Interactive / Digital, Media Department - COSSETTE MEDIA, Vancouver, BC, pg. 345

Forgo, Sonja - Account Services, Media Department, NBC - MEDIACOM, New York, NY, pg. 487

Forman, Dave - Account Planner, Account Services, Media Department, NBC - HORIZON MEDIA, INC., New York, NY, pg. 474

Formeca, William C. - Media Department - CONILL ADVERTISING, INC., El Segundo, CA, pg. 538

Formenti, Christine - Media Department - CRAMER-KRASSELT, Chicago, IL, pg. 53

Formica, Prima - Media Department, PPM - CARAT, New York, NY, pg. 459

Forrester, Kimberly - Media

AGENCIES

RESPONSIBILITIES INDEX

Department - OMD, New York, NY, pg. 498
Forstot, Joshua - Media Department - TACO TRUCK CREATIVE, Carlsbad, CA, pg. 145
Forstyk, Marisa - Interactive / Digital, Media Department - ADEPT MARKETING, Columbus, OH, pg. 210
Forsyth, Alasdair - Interactive / Digital, Media Department, Programmatic - MINDSHARE, New York, NY, pg. 491
Forsythe, Adam - Media Department - SCOPPECHIO, Louisville, KY, pg. 409
Fortune, Jennifer - Media Department - FIFTEEN , Buffalo, NY, pg. 358
Fortune, Bill - Interactive / Digital, Media Department - TOUCHPOINT INTEGRATED COMMUNICATIONS, Darien, CT, pg. 520
Fortune, Jeffrey - Media Department - BURRELL COMMUNICATIONS GROUP, INC. , Chicago, IL, pg. 45
Fosco, Nicole - Media Department - STARCOM WORLDWIDE, Chicago, IL, pg. 513
Foss, Kristen - Media Department - TEAM ONE, Los Angeles, CA, pg. 417
Foster, Brenda - Account Services, Management, Media Department - VANGUARD COMMUNICATIONS, Washington, DC, pg. 658
Foster, Rebecca - Media Department - TEAM ONE, Los Angeles, CA, pg. 417
Foster, Rachel - Interactive / Digital, Media Department - VERT MOBILE LLC, Atlanta, GA, pg. 274
Foster, Kim - Account Services, Analytics, Media Department - AUTHENTIC, Richmond, VA, pg. 214
Fotheringham, Tom - Account Services, Management, Media Department, Programmatic - OMD CANADA, Toronto, ON, pg. 501
Fougerousse, Megan - Media Department - MINDSHARE, Chicago, IL, pg. 494
Foullon, Arthur - Interactive / Digital, Media Department - RAIN, Portland, OR, pg. 402
Foulques, Luisa - Media Department - HAVAS MEDIA GROUP, Miami, FL, pg. 470
Fournier, Servane - Account Planner, Media Department - MEDIACOM, New York, NY, pg. 487
Foust, Rebecca - Interactive / Digital, Media Department - MINDSHARE, Atlanta, GA, pg. 493
Fowler, Russ - Media Department - DERSE, INC., Milwaukee, WI, pg. 304
Fowler, Caroline - Account Services, Media Department - SPARK FOUNDRY, Atlanta, GA, pg. 512
Fowler, David - Media Department - HEALIXGLOBAL, New York, NY, pg. 471
Fowler, Christina - Account Planner, Account Services, Media Department - STARCOM WORLDWIDE, Chicago, IL, pg. 513
Fox, Sandra - Account Services, Media Department - SAATCHI & SAATCHI LOS ANGELES, Torrance, CA, pg. 137
Fox, Keri - Account Services, Media Department - WAVEMAKER, New York, NY, pg. 526
Fox, Hayley - Account Services, Media Department - CROSSMEDIA, New York, NY, pg. 463
Fox, Bob - Media Department, NBC - INCREMENTAL MEDIA, Bellmore, NY, pg. 477
Fox, Danielle - Interactive / Digital, Media Department - BUTLER / TILL, Rochester, NY, pg. 457
Fox, Kelli - Media Department - HARMELIN MEDIA, Bala Cynwyd, PA, pg. 467
Fox, Kyle - Media Department - SPOTCO, New York, NY, pg. 143
Fox, Katie - Media Department - VELOCITY OMC, New York, NY, pg. 158
Fox, Sandy - Account Planner, Account Services, Media Department - INITIATIVE, Chicago, IL, pg. 479
Foy, Heather - Media Department - INITIATIVE, Chicago, IL, pg. 479
Frabotta, Anthony - Account Services, Interactive / Digital, Media Department - OMD, Chicago, IL, pg. 500
Fracassa, Francesca - Account Services, Management, Media Department - STARCOM WORLDWIDE, Chicago, IL, pg. 513
Fradette, Debbie - Media Department - RON FOTH ADVERTISING, Columbus, OH, pg. 134
Fraker, Lynn - Media Department - THE LOOMIS AGENCY, Dallas, TX, pg. 151
Francesco, Nicole - Account Planner, Interactive / Digital, Media Department, NBC - MEDIACOM, New York, NY, pg. 487
Franceski, Nicholas - Interactive / Digital, Media Department - CARAT, New York, NY, pg. 459
Francis, Kirya - Interactive / Digital, Media Department, Research - GSD&M, Austin, TX, pg. 79
Francis, Heather - Media Department - DANIEL BRIAN ADVERTISING, Rochester, MI, pg. 348
Francisco, Julianne - Media Department - MEDIACOM, New York, NY, pg. 487
Franco, Rayna - Media Department - PHD USA, New York, NY, pg. 505
Franco, Gresia - Interactive / Digital, Media Department - RPA, Santa Monica, CA, pg. 134
Franco, Nuria - Media Department - GTB, Dallas, TX, pg. 80
Francois, Aaron - Account Planner, Media Department, NBC - MEDIACOM, New York, NY, pg. 487
Frank, Peter - Media Department, PPM - SPORTVISION, Fremont, CA, pg. 266
Frank, Scott - Media Department - DP+, Farmington Hills, MI, pg. 353
Franke, Daniel - Media Department - TEAM ONE, New York, NY, pg. 418
Frankel, Linda - Media Department - SOURCE COMMUNICATIONS, Hackensack, NJ, pg. 315
Franklin, Mason - Account Planner, Management, Media Department, PPOM - UNIVERSAL MCCANN, New York, NY, pg. 521
Franklin, Keeley - Account Services, Creative, Media Department, PPM - GLOVER PARK GROUP, New York, NY, pg. 608
Franklin, Chelsea - Account Planner, Account Services, Interactive / Digital, Media Department - SPARK FOUNDRY, Chicago, IL, pg. 510
Franks, Sarah - Media Department - THE RICHARDS GROUP, INC., Dallas, TX, pg. 422
Franks, Liz - Media Department, Operations, PPOM - INITIATIVE, Los Angeles, CA, pg. 478
Frantz, Zachary - Account Planner, Interactive / Digital, Media Department - UNIVERSAL MCCANN, New York, NY, pg. 521
Fraser, Alex - Analytics, Media Department - PRIMACY, Farmington, CT, pg. 258
Fraser, James - Account Planner, Account Services, Management, Media Department - MOTHER NY, New York, NY, pg. 118
Fraser, Patrick - Media Department - MEDIACOM, New York, NY, pg. 487
Fraser, Pete - Account Services, Media Department - R/GA, New York, NY, pg. 260
Frasier, Katie - Interactive / Digital, Media Department, Social Media - ARCHER MALMO, Memphis, TN, pg. 32
Frattone, Paris - Interactive / Digital, Media Department - UNIVERSAL MCCANN, New York, NY, pg. 521
Fratzke, Brett - Interactive / Digital, Media Department - SEER INTERACTIVE, Philadelphia, PA, pg. 677
Frazer, Devon - Media Department - 360I, LLC, Chicago, IL, pg. 208
Frechette, Kimberly - Interactive / Digital, Media Department, PPOM - WAVEMAKER, New York, NY, pg. 526
Frederick, Rebecca - Media Department, PPOM - OGILVY COMMONHEALTH WORLDWIDE, Parsippany, NJ, pg. 122
Freely, Jessica - Account Services, Media Department - POSTERSCOPE U.S.A., New York, NY, pg. 556
Freeman, Zachary - Account Planner, Media Department - MINDSHARE, New York, NY, pg. 491
Freeman, Cristina - Media Department, Operations - PMG, Fort Worth, TX, pg. 257
Freeman, Joelle - Interactive / Digital, Media Department - BUTLER / TILL, Rochester, NY, pg. 457
Freeman, Amanda - Interactive / Digital, Media Department, Programmatic, Social Media - STARCOM WORLDWIDE, Chicago, IL,

1611

RESPONSIBILITIES INDEX — AGENCIES

pg. 513

Freeman, Jeremy - Analytics, Media Department, Public Relations - FALLS COMMUNICATIONS, Cleveland, OH, *pg.* 357

Freer, Kaitlin - Media Department - CARAT, Detroit, MI, *pg.* 461

Freer, Ashley - Account Services, Media Department, Research - BALCOM AGENCY, Fort Worth, TX, *pg.* 329

Freid, Justin - Interactive / Digital, Media Department - CMI MEDIA, LLC, King of Prussia, PA, *pg.* 342

Freilich, Deb - Media Department - COHEN GROUP, Houston, TX, *pg.* 51

Freimanis, Peteris - Management, Media Department - MATCHMG, Chicago, IL, *pg.* 384

Freisner, Randy - Media Department, Operations - THE MARTIN AGENCY, Richmond, VA, *pg.* 421

Freitag, Kianna - Media Department - UNIVERSAL MCCANN, New York, NY, *pg.* 521

Freitas, Chelsea - Analytics, Media Department, Research - UNIVERSAL MCCANN, New York, NY, *pg.* 521

Freund, Inez - Media Department - THE PORTFOLIO MARKETING GROUP, New York, NY, *pg.* 422

Frevert, Lea - Media Department - JAJO, INC., Wichita, KS, *pg.* 91

Frey, Tami - Account Services, Media Department - MEDIA WORKS, LTD., Baltimore, MD, *pg.* 486

Frey, Jaime - Interactive / Digital, Media Department - TINUITI, New York, NY, *pg.* 678

Frickey, Debbie - Account Services, Media Department - VLADIMIR JONES, Colorado Springs, CO, *pg.* 429

Fried, Hilary - Media Department - MINDSHARE, New York, NY, *pg.* 491

Fried, Kyle - Media Department, NBC - MEDIACOM, New York, NY, *pg.* 487

Friedenberg, Dylan - Media Department - OMD, New York, NY, *pg.* 498

Friedlan, Nicole - Interactive / Digital, Media Department - WAVEMAKER, New York, NY, *pg.* 526

Friedman, Nancy - Management, Media Department, NBC, PPOM, Public Relations - MMGY NJF, New York, NY, *pg.* 628

Friedman, Ryan - Account Planner, Interactive / Digital, Media Department - 360I, LLC, Atlanta, GA, *pg.* 207

Friedman, Mike - Interactive / Digital, Media Department - GIANT SPOON, LLC, New York, NY, *pg.* 363

Friedman, Alison - Interactive / Digital, Media Department - ZENITH MEDIA, Santa Monica, CA, *pg.* 531

Friedman, Nicole-Juliet - Media Department - FIG, New York, NY, *pg.* 73

Friedricks, James - Media Department - CANVAS WORLDWIDE, Playa Vista, CA, *pg.* 458

Fries, Tara - Media Department - MINDSHARE, New York, NY, *pg.* 491

Fries, David - Media Department - PUBLICIS HEALTH, New York, NY, *pg.* 639

Friesen, Brandon - Management, Media Department, PPOM - JUST MEDIA, INC., Emeryville, CA, *pg.* 481

Frisch, Amy - Account Services, Management, Media Department, NBC - SS+K, New York, NY, *pg.* 144

Frisicchio, Derek - Interactive / Digital, Media Department, Social Media - HARMELIN MEDIA, Bala Cynwyd, PA, *pg.* 467

Fritsch, Brandi - Account Services, Media Department - TEAM ENTERPRISES, Fort Lauderdale, FL, *pg.* 316

Friz, Dave - Media Department - TACO TRUCK CREATIVE, Carlsbad, CA, *pg.* 145

Frizzera, John - Media Department - IDFIVE, Baltimore, MD, *pg.* 373

Fromm, Theresa - Interactive / Digital, Management, Media Department - HEARTS & SCIENCE, New York, NY, *pg.* 471

Fronapfel, Laura - Account Services, Media Department - OMD, Chicago, IL, *pg.* 500

Frost, Amiee - Media Department - KELLIHER SAMETS VOLK, Burlington, VT, *pg.* 94

Frost, Zach - Media Department - THE BUNTIN GROUP, Nashville, TN, *pg.* 148

Frost, Michele - Media Department - PAN COMMUNICATIONS, Boston, MA, *pg.* 635

Frumkin, Amy - Media Department - STARCOM WORLDWIDE, Chicago, IL, *pg.* 513

Fuhrman, Nicole - Interactive / Digital, Media Department - MIDNIGHT OIL CREATIVE, Burbank, CA, *pg.* 250

Fujimoto, Tamiko - Account Services, Management, Media Department - MEDIASPOT, INC., Corona Del Mar, CA, *pg.* 490

Fulcher, Leslie - Media Department - HUGHESLEAHYKARLOVIC, Saint Louis, MO, *pg.* 372

Fullenkamp, Nicole - Interactive / Digital, Media Department - UNIVERSAL MCCANN, Los Angeles, CA, *pg.* 524

Fuller, Kate - Creative, Media Department - THE RICHARDS GROUP, INC., Dallas, TX, *pg.* 422

Fuller, Dustin - Media Department - DRAKE COOPER, Boise, ID, *pg.* 64

Fuller, Chase - Media Department, NBC - RIGHT PLACE MEDIA, Lexington, KY, *pg.* 507

Fuller, Rachel - Media Department - 360I, LLC, Chicago, IL, *pg.* 208

Funderburk, Lora - Media Department - AVALANCHE MEDIA GROUP, Austin, TX, *pg.* 455

Fung, Rose - Interactive / Digital, Media Department - ZENITH MEDIA, New York, NY, *pg.* 529

Fung, Daniel - Interactive / Digital, Media Department, Research - DIGITAS, New York, NY, *pg.* 226

Fuoco, Caitlyn - Media Department - MINDSHARE, New York, NY, *pg.* 491

Furgerson, Valerie - Media Department - GSD&M, Austin, TX, *pg.* 79

Furnish, Kathy - Media Department - BANDY CARROLL HELLIGE, Louisville, KY, *pg.* 36

Furse, Chris - Management, Media Department, NBC - VMLY&R, New York, NY, *pg.* 160

Fuss, Robbie - Media Department - 360I, LLC, Chicago, IL, *pg.* 208

Futerman, Michelle - Account Planner, Interactive / Digital, Media Department - HORIZON MEDIA, INC., New York, NY, *pg.* 474

Futterweit, Alexa - Media Department - STARCOM WORLDWIDE, Chicago, IL, *pg.* 513

Gabaldon, Manu - Media Department, Social Media - BIG COMMUNICATIONS, INC., Birmingham, AL, *pg.* 39

Gabriel, Maureen - Media Department, NBC - CANNELLA RESPONSE TELEVISION, Burlington, WI, *pg.* 281

Gacioch, Joe - Media Department - CRAMER-KRASSELT, Milwaukee, WI, *pg.* 54

Gadd, Jonathan - Account Planner, Account Services, Media Department, NBC - MULLENLOWE U.S. BOSTON, Boston, MA, *pg.* 389

Gadino, Angela - Media Department - ZENITH MEDIA, New York, NY, *pg.* 529

Gadsby, Michael - Media Department, PPOM - O3 WORLD, Philadelphia, PA, *pg.* 14

Gadsby, Ian - Interactive / Digital, Media Department - ONESTOP MEDIA GROUP, Toronto, ON, *pg.* 503

Gaerke Cox, Gina - Media Department - STARCOM WORLDWIDE, Chicago, IL, *pg.* 513

Gaffney, Cheryl - Account Services, Media Department - FORREST & BLAKE, INC., Clark, NJ, *pg.* 540

Gage, Andrew - Media Department - CMI MEDIA, LLC, King of Prussia, PA, *pg.* 342

Gagne, Jeff - Media Department - HAVAS MEDIA GROUP, Boston, MA, *pg.* 470

Gainor, Brian - Account Planner, Account Services, Management, Media Department, Promotions - 4FRONT, Chicago, IL, *pg.* 208

Gaither, Jim - Interactive / Digital, Media Department, NBC, PPOM - THE RICHARDS GROUP, INC., Dallas, TX, *pg.* 422

Galante, Nicholas - Media Department, Programmatic - DIRECT AGENTS, INC., New York, NY, *pg.* 229

Galaraga, Daniel - Interactive / Digital, Media Department - GARAGE TEAM MAZDA, Costa Mesa, CA, *pg.* 465

Galatro, Gianina - Media Department - WAVEMAKER, New York, NY, *pg.* 526

Galer, Jennifer - Media Department - ZIMMERMAN ADVERTISING, Fort Lauderdale, FL, *pg.* 437

AGENCIES

RESPONSIBILITIES INDEX

Galietti, Bob - Account Services, Management, Media Department - HAVAS MEDIA GROUP, Boston, MA, pg. 470

Galkin, Michael - Media Department, NBC - BRANDED CITIES, New York, NY, pg. 550

Gallacher, Ryan - Creative, Interactive / Digital, Media Department - CONILL ADVERTISING, INC., El Segundo, CA, pg. 538

Gallagher, Brian - Interactive / Digital, Media Department - MEDIACOM, New York, NY, pg. 487

Gallagher, Daniel - Media Department - OMD, New York, NY, pg. 498

Gallagher, Jim - Media Department - LAKE GROUP MEDIA, INC., Armonk, NY, pg. 287

Gallagher, Kathryn - Media Department - SPARK FOUNDRY, Chicago, IL, pg. 510

Gallant, Nicole - Account Services, Media Department, NBC - CROSSMEDIA, Los Angeles, CA, pg. 463

Gallant, Anita - Account Services, Finance, Media Department, Operations - WAVEMAKER, New York, NY, pg. 526

Gallardo, Elsa - Account Planner, Account Services, Interactive / Digital, Media Department, NBC, Social Media - ESSENCE, Los Angeles, CA, pg. 233

Gallardo, Anastasia - Account Services, Creative, Management, Media Department - MECHANICA, Newburyport, MA, pg. 13

Gallegos, Gabe - Media Department - SUNNY505, Albuquerque, NM, pg. 415

Gallerini, Roger - Account Services, Media Department - DP+, Farmington Hills, MI, pg. 353

Gallic, Mary - Interactive / Digital, Media Department - O'HARE & ASSOCIATES, New York, NY, pg. 121

Galligan, Sherry - Media Department, NBC - THE MARS AGENCY, Southfield, MI, pg. 683

Gallinaro, Victoria - Interactive / Digital, Media Department - WAVEMAKER, New York, NY, pg. 526

Gallmon, Marquise - Interactive / Digital, Media Department - CARAT, New York, NY, pg. 459

Galoforo, Jessica - Media Department - HAVAS MEDIA GROUP, New York, NY, pg. 468

Galvin, Abigail - Interactive / Digital, Media Department - SANDSTORM DESIGN, Chicago, IL, pg. 264

Gan, Hay Liong - Media Department, PPOM - GP GENERATE, LLC, Los Angeles, CA, pg. 541

Gance, Megan - Interactive / Digital, Media Department - HEARTS & SCIENCE, Los Angeles, CA, pg. 473

Ganjuur, Eren - Interactive / Digital, Media Department, Operations - STARCOM WORLDWIDE, Chicago, IL, pg. 513

Gannon, Shayna - Media Department - HARMELIN MEDIA, Bala Cynwyd, PA, pg. 467

Gantner, Mindy - Media Department - EXPLORE COMMUNICATIONS, Denver, CO, pg. 465

Gantz, Mike - Account Planner, Account Services, Media Department - CARAT, Chicago, IL, pg. 461

Ganzer, James - Media Department, NBC - ADCOM COMMUNICATIONS, INC., Cleveland, OH, pg. 210

Gaona, Daniel - Media Department - VITRO AGENCY, San Diego, CA, pg. 159

Garagozzo, Katie - Media Department - MISSION NORTH, San Francisco, CA, pg. 627

Garamy, Frank - Interactive / Digital, Media Department - GYRO, Denver, CO, pg. 368

Garay, Ariana - Interactive / Digital, Media Department - HORIZON MEDIA, INC., New York, NY, pg. 474

Garbaccio, Ashley - Interactive / Digital, Media Department - INITIATIVE, New York, NY, pg. 477

Garbiso, Zach - Account Planner, Account Services, Media Department - OMD, New York, NY, pg. 498

Garbolino, Faith - Media Department, NBC - JCDECAUX NORTH AMERICA, New York, NY, pg. 553

Garces, Felipe - Account Planner, Media Department, NBC - RICHARDS CARLBERG, Dallas, TX, pg. 406

Garcia, Crystal - Media Department - MARTIN ADVERTISING, Birmingham, AL, pg. 106

Garcia, Jenna - Account Planner, Creative, Interactive / Digital, Media Department, PPM - ZENITH MEDIA, New York, NY, pg. 529

Garcia, Lisa - Account Planner, Account Services, Media Department, NBC - CENTRO, Denver, CO, pg. 220

Garcia, Nicole - Media Department - 22SQUARED INC., Tampa, FL, pg. 319

Garcia, Catherine - Account Services, Media Department - TABOOLA, New York, NY, pg. 268

Garcia, Candice - Interactive / Digital, Media Department, Social Media - T3, Austin, TX, pg. 268

Garcia, Lew - Media Department - USIM, Los Angeles, CA, pg. 525

Garcia, Robert - Account Planner, Account Services, Media Department - CARAT, New York, NY, pg. 459

Garcia-Sotak, Julie - Media Department - GMR MARKETING CHICAGO, Chicago, IL, pg. 307

Gardiner, Sarah - Interactive / Digital, Media Department, NBC - INSIGHT STRATEGY GROUP, New York, NY, pg. 445

Gardini, Joanna - Media Department - ACTIVE INTERNATIONAL, Pearl River, NY, pg. 439

Gardner, Hannah Rose - Interactive / Digital, Media Department, Social Media - MEDIAHUB BOSTON, Boston, MA, pg. 489

Garfield, Rachel - Interactive / Digital, Media Department - STARCOM WORLDWIDE, New York, NY, pg. 517

Garfield, Kathy - Interactive / Digital, Media Department, NBC, Social Media - INNOCEAN USA, Huntington Beach, CA, pg. 479

Garland, Ryan - Media Department - MOWER, Syracuse, NY, pg. 118

Garland, Paul - Interactive / Digital, Media Department - VAYNERMEDIA, New York, NY, pg. 689

Garner, Devin - Media Department - CANVAS WORLDWIDE, New York, NY, pg. 458

Garnier, Ashley - Media Department - HAVAS MEDIA GROUP, New York, NY, pg. 468

Garrant, Jeffrey - Media Department - PUBLICIS NORTH AMERICA, New York, NY, pg. 399

Garrett, Jessica - Media Department - MARTIN WILLIAMS ADVERTISING, Minneapolis, MN, pg. 106

Garrido, Luis - Account Planner, Media Department - MCCANN MINNEAPOLIS, Minneapolis, MN, pg. 384

Garriss, Shelley - Media Department - SHIFT NOW, Greensboro, NC, pg. 140

Garrity, Meghan - Interactive / Digital, Media Department - STARCOM WORLDWIDE, Chicago, IL, pg. 513

Garrous, Cassie - Media Department - HARMELIN MEDIA, Bala Cynwyd, PA, pg. 467

Garti, Talia - Media Department - POSTERSCOPE U.S.A., New York, NY, pg. 556

Garvey, Maria - Media Department - DELFINO MARKETING COMMUNICATIONS, Valhalla, NY, pg. 349

Garvey, Kurt - Account Planner, Media Department, NBC - PHD, San Francisco, CA, pg. 504

Garvey, Zachary - Media Department - CRAMER-KRASSELT, Chicago, IL, pg. 53

Garvin, Justin - Media Department - RISE INTERACTIVE, Chicago, IL, pg. 264

Garza, Eric - Account Services, Analytics, Interactive / Digital, Media Department, Research - VMLY&R, Frisco, TX, pg. 275

Garza, Oscar - Media Department, Programmatic - ESSENCE, San Francisco, CA, pg. 232

Garzon, Roxane - Media Department - CASANOVA//MCCANN, Costa Mesa, CA, pg. 538

Gascon, Drew - Media Department - BLUE 449, Seattle, WA, pg. 456

Gaspar, Jose - Interactive / Digital, Media Department - OMD WEST, Los Angeles, CA, pg. 502

Gassert, Scott - Media Department - DIESTE, Dallas, TX, pg. 539

Gastelum, Laura - Media Department - MEDIA BUYING SERVICES, INC., Phoenix, AZ, pg. 485

Gaswick, Grace - Media Department - SPARK FOUNDRY, Chicago, IL, pg. 510

Gately, Geraldine - Media Department - MUNN RABOT, New York,

1613

RESPONSIBILITIES INDEX — AGENCIES

NY, *pg.* 448
Gaterman, Scott - Account Services, Media Department - FUSION MARKETING, St. Louis, MO, *pg.* 8
Gates, Colleen - Account Planner, Interactive / Digital, Media Department, NBC - MEDIACOM, New York, NY, *pg.* 487
Gattung, Chelsea - Interactive / Digital, Media Department, NBC, Social Media - MOXIE, Atlanta, GA, *pg.* 251
Gattuso, Aileen - Media Department - STARCOM WORLDWIDE, Chicago, IL, *pg.* 513
Gaughan, Erin - Account Services, Interactive / Digital, Media Department - DWA MEDIA, Boston, MA, *pg.* 464
Gaughan, Jaclyn - Interactive / Digital, Media Department - MEDIAHUB BOSTON, Boston, MA, *pg.* 489
Gautam, Kaveri - Media Department - DROGA5, New York, NY, *pg.* 64
Gavin, Kristina - Management, Media Department, PPOM - UNIVERSAL MCCANN, New York, NY, *pg.* 521
Gavin, Megan - Media Department, NBC - HANSON DODGE, INC., Milwaukee, WI, *pg.* 185
Gavin, Jack - Media Department - CARAT, Chicago, IL, *pg.* 461
Gavin, Sean - Media Department - HEARTS & SCIENCE, New York, NY, *pg.* 471
Gawrych, Nicole - Account Services, Media Department - HORIZON MEDIA, INC., New York, NY, *pg.* 474
Gay, Stephanie - Account Planner, Interactive / Digital, Media Department, PPOM - CROSSMEDIA, New York, NY, *pg.* 463
Gayford, Shelley - Media Department - ZENITH MEDIA, New York, NY, *pg.* 529
Gaylord, Jessica - Interactive / Digital, Media Department, Social Media - THE TOMBRAS GROUP, Knoxville, TN, *pg.* 424
Gearhart, Jason - Account Services, Media Department - WONGDOODY, Seattle, WA, *pg.* 162
Gearino, Laura - Media Department - MCKINNEY, Durham, NC, *pg.* 111
Geary, Sara - Media Department - R&R PARTNERS, Las Vegas, NV, *pg.* 131
Gedney, Kristen - Interactive / Digital, Media Department, NBC - MEDIA ASSEMBLY, New York, NY, *pg.* 484
Geer, Kelly - Account Planner, Interactive / Digital, Media Department - ESSENCE, New York, NY, *pg.* 232
Geer Petro, Kathleen - Interactive / Digital, Media Department - ZETA INTERACTIVE, New York, NY, *pg.* 277
Geers, Lisa - Interactive / Digital, Media Department - WHITEMYER ADVERTISING, INC., Zoar, OH, *pg.* 161
Gehring, Alicia - Media Department

- WHITE64, Tysons, VA, *pg.* 430
Geib, Ashley - Media Department - SPARK FOUNDRY, Chicago, IL, *pg.* 510
Geiger, MaryAnne - Interactive / Digital, Management, Media Department - UNIVERSAL MCCANN, New York, NY, *pg.* 521
Geiger, James - Media Department - MINDSHARE, Chicago, IL, *pg.* 494
Geiger, Emily - Account Services, Creative, Media Department, Promotions - CONSTELLATION AGENCY, New York, NY, *pg.* 221
Geisler, Howard - Management, Media Department, NBC, PPOM - OMD, New York, NY, *pg.* 498
Geisler, Alexandra - Account Services, Interactive / Digital, Media Department, PPOM - MINDSHARE, New York, NY, *pg.* 491
Geisler, Annie - Account Planner, Media Department - BLUE 449, Dallas, TX, *pg.* 456
Geissler, Lisa - Media Department - MINTZ & HOKE, Avon, CT, *pg.* 387
Geist, Brian - Account Planner, Account Services, Interactive / Digital, Management, Media Department - PUBLICIS HEALTH MEDIA, Philadelphia, PA, *pg.* 506
Geistfeld, Amanda - Media Department - NOVUS MEDIA, INC., Plymouth, MN, *pg.* 497
Geldert, Natalee - Media Department, NBC - PMG, Fort Worth, TX, *pg.* 257
Geller, Mitchell - Interactive / Digital, Media Department, NBC, Social Media - VMLY&R, New York, NY, *pg.* 160
Geller, Glenn - Media Department - PROPAC, Plano, TX, *pg.* 682
Gemmete, Cindy - Management, Media Department - UNIVERSAL MCCANN DETROIT, Birmingham, MI, *pg.* 524
Gencorelli, Robert - Account Planner, Media Department - HORIZON MEDIA, INC., New York, NY, *pg.* 474
Gencur, Stephanie - Interactive / Digital, Media Department - STARCOM WORLDWIDE, Chicago, IL, *pg.* 513
Gendreau, Denis - Account Services, Analytics, Media Department - ADAMS & KNIGHT ADVERTISING, Avon, CT, *pg.* 322
Gendron, Jacques - Media Department, PPOM - GENDRON COMMUNICATIONS, Laval, QC, *pg.* 362
Genevich, Michael - Creative, Media Department - GTB, Dearborn, MI, *pg.* 367
Gennaria, Jerry - Account Planner, Account Services, Analytics, Media Department, Research - TOKY BRANDING + DESIGN, Saint Louis, MO, *pg.* 202
Genoa, Randi - Account Planner, Account Services, Media Department - HORIZON MEDIA, INC., New York, NY, *pg.* 474
Gentile, Anthony - Media Department - STARCOM WORLDWIDE, Chicago, IL, *pg.* 513
Gentile, Torre - Interactive /

Digital, Media Department - BCW CHICAGO, Chicago, IL, *pg.* 581
Gentner, Ed - Management, Media Department, PPM - ICON INTERNATIONAL, INC., Greenwich, CT, *pg.* 476
Gentoso, Brian - Media Department - POSTERSCOPE U.S.A., New York, NY, *pg.* 556
Geoffroy, Lauren - Media Department - THIRD EAR, Austin, TX, *pg.* 546
George, Constance - Account Services, Interactive / Digital, Media Department - HAVAS WORLDWIDE CHICAGO, Chicago, IL, *pg.* 82
Georgette, Christopher - Media Department, PPOM - GROUPM, New York, NY, *pg.* 466
Geraci, Chris - Media Department, PPM, PPOM - OMD, New York, NY, *pg.* 498
Gerardin, Nicole - Media Department - DECCA DESIGN, San Jose, CA, *pg.* 349
Gerber, Adam - Media Department, PPOM - ESSENCE, New York, NY, *pg.* 232
Gerber, Adam - Account Services, Creative, Media Department, Promotions - CONSTELLATION AGENCY, New York, NY, *pg.* 221
Gerding, Ryan - Account Services, Media Department - INK, INC., Overland Park, MO, *pg.* 615
Gering, Sean - Account Planner, Media Department - PHD USA, New York, NY, *pg.* 505
Gerringer, Kaitlin - Media Department - HAVAS MEDIA GROUP, New York, NY, *pg.* 468
Gershman, Jason - Media Department - STARCOM WORLDWIDE, Chicago, IL, *pg.* 513
Gershon, Emma - Interactive / Digital, Media Department - MINDSHARE, New York, NY, *pg.* 491
Gerstenblatt, Ashley - Interactive / Digital, Media Department - VAYNERMEDIA, New York, NY, *pg.* 689
Gerstin, Michelle - Analytics, Media Department, Operations - HAVAS WORLDWIDE CHICAGO, Chicago, IL, *pg.* 82
Getlen, Melissa - Account Planner, Account Services, Interactive / Digital, Management, Media Department - PHD USA, New York, NY, *pg.* 505
Gettleman, Hannah - Media Department - GOLIN, Chicago, IL, *pg.* 609
Getz Bifano, Katie - Media Department - IPROSPECT, Boston, MA, *pg.* 674
Ghaisar, Negeen - Account Planner, Interactive / Digital, Media Department - BIGBUZZ MARKETING GROUP, New York, NY, *pg.* 217
Ghareb, Mohamed - Interactive / Digital, Media Department, Programmatic - SPARK FOUNDRY, New York, NY, *pg.* 508
Ghublikian, John - Account Planner, Media Department - HORIZON MEDIA,

AGENCIES — RESPONSIBILITIES INDEX

INC., New York, NY, pg. 474
Giacosa, Lisa - Analytics, Interactive / Digital, Media Department, Research - SPARK FOUNDRY, New York, NY, pg. 508
Giaimo, Olivia - Media Department - RED FUSE COMMUNICATIONS, New York, NY, pg. 404
Giancini, Erin - Account Planner, Account Services, Media Department, Programmatic - AMNET, New York, NY, pg. 454
Giang, Sandy - Media Department, NBC - INITIATIVE, Los Angeles, CA, pg. 478
Giannattasio, Wendy - Media Department - NOVUS MEDIA, INC., Plymouth, MN, pg. 497
Giannini, Marisa - Interactive / Digital, Media Department, Social Media - LAUGHLIN CONSTABLE, INC., Chicago, IL, pg. 380
Gibbs, Mackenzie - Interactive / Digital, Media Department - ZENITH MEDIA, Atlanta, GA, pg. 531
Gibbs, Alexandra - Account Planner, Interactive / Digital, Media Department - HORIZON MEDIA, INC., New York, NY, pg. 474
Gibbs, Stephanie - Interactive / Digital, Media Department - SPARK FOUNDRY, Chicago, IL, pg. 510
Gibney, Tom - Media Department, NBC, PPM - THE BUNTIN GROUP, Nashville, TN, pg. 148
Gibson, Greg - Media Department - THE RICHARDS GROUP, INC., Dallas, TX, pg. 422
Gibson, Elyse - Administrative, Media Department - MINDSTREAM MEDIA GROUP - DALLAS, Dallas, TX, pg. 496
Gibson, Erin - Interactive / Digital, Media Department - LINNIHAN FOY ADVERTISING, Minneapolis, MN, pg. 100
Gibson, Whitney - Account Services, Interactive / Digital, Media Department, Public Relations, Social Media - TRAFFIKGROUP, Toronto, ON, pg. 426
Gibson, Paige - Account Planner, Media Department - HEARTS & SCIENCE, Atlanta, GA, pg. 473
Gibson, Zach - Media Department - PAVONE MARKETING GROUP, Harrisburg, PA, pg. 396
Gibson, Alexandria - Account Planner, Account Services, Media Department - CAMPBELL EWALD NEW YORK, New York, NY, pg. 47
Gibson, Melissa - Media Department - ACCESS, Roanoke, VA, pg. 322
Giglio, Nicole - Media Department - BLUE 449, New York, NY, pg. 455
Giguère, Richard - Account Planner, Analytics, Media Department - MEDIACOM, Montreal, QC, pg. 489
Gilbert, Lacey - Account Services, Interactive / Digital, Media Department - LEO BURNETT WORLDWIDE, Chicago, IL, pg. 98
Gilbert, Colleen - Media Department - PUBLICIS.SAPIENT, New York, NY, pg. 258

Gilbert, Cara - Media Department - HORIZON MEDIA, INC., New York, NY, pg. 474
Gilbert, Hayley - Interactive / Digital, Media Department, NBC - MEDIAHUB LOS ANGELES, El Segundo, CA, pg. 112
Gilbert, Jack - Media Department - SPARK FOUNDRY, Chicago, IL, pg. 510
Gilbertson, Brooke - Account Services, Management, Media Department, Operations - STARCOM WORLDWIDE, Chicago, IL, pg. 513
Gilding, Emma - Management, Media Department - WUNDERMAN THOMPSON, New York, NY, pg. 434
Giles, Helen - Creative, Media Department, PPM - CAMPBELL EWALD, Detroit, MI, pg. 46
Gilfeather, Lindsay - Interactive / Digital, Media Department - INITIATIVE, New York, NY, pg. 477
Gilham, Cathy - Interactive / Digital, Media Department, NBC, Social Media - BLUE 449, Seattle, WA, pg. 456
Gilham, Catherine - Media Department - SPARK FOUNDRY, Chicago, IL, pg. 510
Gilhuley, Tom - Account Services, Interactive / Digital, Media Department - MERRICK TOWLE COMMUNICATIONS, Greenbelt, MD, pg. 114
Gill, Jared - Media Department - COSSETTE MEDIA, Vancouver, BC, pg. 345
Gillen, Kelsey - Account Services, Creative, Media Department - HAVAS NEW YORK, New York, NY, pg. 369
Gilleo, Leslie - Management, Media Department - TRILIA, Boston, MA, pg. 521
Gillespie, Liz - Account Services, Media Department - HUDSON ROUGE, Dearborn, MI, pg. 372
Gilligan, Erin - Media Department - OMD, New York, NY, pg. 498
Gilligan, Anna - Media Department - T3, Austin, TX, pg. 268
Gilliland, Greg - Interactive / Digital, Media Department - THE CIRLOT AGENCY, INC., Flowood, MS, pg. 149
Gilman, Michelle - Media Department - PHD USA, New York, NY, pg. 505
Gilmore, Alexandra - Interactive / Digital, Media Department - PINCKNEY HUGO GROUP, Syracuse, NY, pg. 128
Gilpatrick, Ryan - Media Department - OMD, New York, NY, pg. 498
Gilpin, Sean - Media Department - INNOCEAN USA, Huntington Beach, CA, pg. 479
Gimbel, Allison - Account Planner, Interactive / Digital, Media Department - HORIZON MEDIA, INC., New York, NY, pg. 474
Gimenez, Kathy - Media Department - CANVAS WORLDWIDE, Playa Vista, CA, pg. 458
Gin, Anna - Media Department - STARCOM WORLDWIDE, New York, NY,

pg. 517
Gines, Allan - Account Services, Media Department - HORIZON MEDIA, INC., Los Angeles, CA, pg. 473
Gingold, Jason - Media Department - SID LEE, Seattle, WA, pg. 140
Ginley, Kelly - Interactive / Digital, Media Department - CRAMER-KRASSELT, Chicago, IL, pg. 53
Ginsbarg, Jackie - Media Department, NBC - OCEAN MEDIA, INC., Huntington Beach, CA, pg. 498
Giordano, Frances - Account Planner, Account Services, Interactive / Digital, Media Department, Programmatic - THE MEDIA KITCHEN, New York, NY, pg. 519
Giordano, Erin - Account Services, Media Department - JL MEDIA, INC., Union, NJ, pg. 481
Giordano, Francesca - Media Department, NBC - J3, New York, NY, pg. 480
Giovino, Sarah - Account Services, Media Department, Social Media - T3, Atlanta, GA, pg. 416
Giraldo, Johana - Interactive / Digital, Media Department - CAMPBELL EWALD, West Hollywood, CA, pg. 47
Giraldo, Fabio - Analytics, Media Department - MINDSHARE, New York, NY, pg. 491
Girard, Laura - Media Department - ANDERSON ADVERTISING, Scottsdale, AZ, pg. 325
Gitau, Erin - Account Planner, Media Department - HUGHESLEAHYKARLOVIC, Saint Louis, MO, pg. 372
Gitelman, Regina - Account Services, Interactive / Digital, Media Department - OMD, New York, NY, pg. 498
Gitles, Jami - Media Department - CANVAS WORLDWIDE, New York, NY, pg. 458
Gittings, Jon - Account Services, Interactive / Digital, Media Department - ESSENCE, New York, NY, pg. 232
Gitto, Michele - Media Department - ZENITH MEDIA, New York, NY, pg. 529
Giuggio, Michael - Account Planner, Account Services, Management, Media Department, NBC - 360I, LLC, New York, NY, pg. 320
Giuliano, Adrian - Account Services, Management, Media Department, PPOM - STARCOM WORLDWIDE, Chicago, IL, pg. 513
Gjerstad, Marianne - Account Services, Media Department, NBC, Social Media - BARKLEY, Kansas City, MO, pg. 329
Gladden, Melissa - Account Services, Media Department - HEARTS & SCIENCE, New York, NY, pg. 471
Glaisyer, Katie - Media Department - MERLINO MEDIA GROUP, Seattle, WA, pg. 491
Glascock, Haleigh - Media

RESPONSIBILITIES INDEX — AGENCIES

Department - DWA MEDIA, Austin, TX, pg. 464

Glaser, Dana - Account Planner, Media Department - KETCHUM, New York, NY, pg. 542

Glaser, Hillary - Interactive / Digital, Media Department - CAMPBELL EWALD, Detroit, MI, pg. 46

Glasgow, Bobby - Analytics, Media Department - 360I, LLC, Chicago, IL, pg. 208

Glauberson, Mark - Media Department - DIRECT AGENTS, INC., New York, NY, pg. 229

Gleason, Brian - Management, Media Department, NBC, PPOM - GROUPM, New York, NY, pg. 466

Gleason, Julianne - Media Department - EICOFF, Chicago, IL, pg. 282

Glickman, Misha - Media Department - HEALIXGLOBAL, New York, NY, pg. 471

Glovin, Martin - Media Department, PPOM - MARDEN-KANE, INC., Syosset, NY, pg. 568

Glunk, Michael - Account Planner, Account Services, Management, Media Department - THE INTEGER GROUP, Lakewood, CO, pg. 682

Glure, Maureen - Account Planner, Media Department - STARCOM WORLDWIDE, Chicago, IL, pg. 513

Go, Jeanette - Media Department - SPARK FOUNDRY, Chicago, IL, pg. 510

Gocaj, Mia - Account Planner, Media Department - GTB, Dearborn, MI, pg. 367

Goch, Angela - Media Department - DID AGENCY, Ambler, PA, pg. 62

Gochtovtt, Tessa - Account Services, Media Department - ASHER AGENCY, Fort Wayne, IN, pg. 327

Goddard, Jerel - Account Planner, Media Department - PHD USA, New York, NY, pg. 505

Godfrey, Natalie - Account Planner, Media Department - TRIBAL WORLDWIDE - VANCOUVER, Vancouver, BC, pg. 272

Godfrey, Soren - Media Department, Social Media - INITIATIVE, New York, NY, pg. 477

Godinez, Nathan - Account Services, Media Department - THE RICHARDS GROUP, INC., Dallas, TX, pg. 422

Goebel, Stacy - Interactive / Digital, Media Department, NBC, Social Media - STUDIONORTH, North Chicago, IL, pg. 18

Goecke, Samantha - Interactive / Digital, Media Department - EMPOWER, Cincinnati, OH, pg. 354

Goehring, Theresa - Finance, Interactive / Digital, Media Department - STARCOM WORLDWIDE, New York, NY, pg. 517

Goethals, Kyle - Media Department - MEKANISM, New York, NY, pg. 113

Goetz, Harold - Account Planner, Media Department, Research - HEALIXGLOBAL, New York, NY, pg. 471

Goetz, David - Media Department - MARTIN ADVERTISING, Birmingham, AL, pg. 106

Goewey, Heather - Media Department, PPOM - ESROCK PARTNERS, Burr Ridge, IL, pg. 69

Gogley, Ben - Media Department - INNOCEAN USA, Huntington Beach, CA, pg. 479

Gogolin, Brian - Media Department, NBC - INDIGO STUDIOS, Atlanta, GA, pg. 187

Goiz, Maximiliano - Media Department - STARCOM WORLDWIDE, New York, NY, pg. 517

Gold, Billie - Media Department, Research - CARAT, New York, NY, pg. 459

Goldberg, Don - Media Department, PPOM - BLUETEXT, Washington, DC, pg. 40

Goldberg, Jacqueline - Account Planner, Media Department - KLICK HEALTH, Toronto, ON, pg. 244

Goldberg, Eric - Media Department - ZENITH MEDIA, New York, NY, pg. 529

Golden, Paul - Media Department - JACOBSEYE, Atlanta, GA, pg. 243

Goldenberg, Kelly - Media Department - RED TETTEMER O'CONNELL + PARTNERS, Philadelphia, PA, pg. 404

Goldman, Jonathan - Account Planner, Media Department, NBC - HORIZON MEDIA, INC., New York, NY, pg. 474

Goldman, Allison - Media Department - STARCOM WORLDWIDE, North Hollywood, CA, pg. 516

Goldsmith, Noah - Media Department - OMD ENTERTAINMENT, Burbank, CA, pg. 501

Goldstein, Frann - Media Department - MRM//MCCANN, Princeton, NJ, pg. 252

Goldstein, Sheryl - Management, Media Department - INTERACTIVE ADVERTISING BUREAU, New York, NY, pg. 90

Goldstein, Julie - Account Services, Management, Media Department - CARAT, New York, NY, pg. 459

Goldstein, Brian - Media Department, NBC, Public Relations - WIEDEN + KENNEDY, Portland, OR, pg. 430

Goldstein, Kim - Account Services, Media Department - HAVAS MEDIA GROUP, New York, NY, pg. 468

Goldstein, Rachel - Media Department - CASANOVA//MCCANN, Costa Mesa, CA, pg. 538

Goldstein, Helen - Media Department - STARCOM WORLDWIDE, Chicago, IL, pg. 513

Goldstein, Jerry - Media Department - THE WILLIAM MILLS AGENCY, Atlanta, GA, pg. 655

Goldstein, Marie - Interactive / Digital, Media Department, Social Media - 360I, LLC, New York, NY, pg. 320

Goldstein, Brittany-Lee - Account Services, Media Department - SPARK FOUNDRY, New York, NY, pg. 508

Golestani, Devin - Account Planner, Interactive / Digital, Media Department - HEARTS & SCIENCE, New York, NY, pg. 471

Goliszewski, Stefanie - Account Services, Media Department - PUBLICIS.SAPIENT, Chicago, IL, pg. 259

Gollinger, Stacy - Management, Media Department - CSM SPORT & ENTERTAINMENT, New York, NY, pg. 347

Gomels, Eric - Interactive / Digital, Media Department, PPM, Programmatic - MINDSHARE, New York, NY, pg. 491

Gomez, Jason - Interactive / Digital, Media Department, NBC - INITIATIVE, New York, NY, pg. 477

Gomez, Fatima - Interactive / Digital, Media Department - CROSSMEDIA, New York, NY, pg. 463

Gomez, Arielle - Media Department - PUBLICIS HEALTH, New York, NY, pg. 639

Gomez, Ricardo - Media Department - HORIZON MEDIA, INC., New York, NY, pg. 474

Gonczy, Kristie - Media Department - NOVUS MEDIA, INC., Plymouth, MN, pg. 497

Gonnella, Michelle - Interactive / Digital, Media Department, Social Media - CRAMER-KRASSELT, Chicago, IL, pg. 53

Gonsalez, Chanel - Media Department - STARCOM WORLDWIDE, New York, NY, pg. 517

Gonzales, Lindsey - Media Department - ZEHNDER COMMUNICATIONS, INC., New Orleans, LA, pg. 436

Gonzales, Jade - Media Department, Operations - HORIZON MEDIA, INC., New York, NY, pg. 474

Gonzales, Mitchell - Media Department - OCEAN MEDIA, INC., Huntington Beach, CA, pg. 498

Gonzales, Pam - Media Department - WALKER ADVERTISING, INC., Torrance, CA, pg. 546

Gonzalez, Javier - Media Department, NBC, PPM - THORNBERG & FORESTER, New York, NY, pg. 564

Gonzalez, Alejandra - Interactive / Digital, Media Department - STARCOM WORLDWIDE, Chicago, IL, pg. 513

Gonzalez, Yamy - Media Department - 22SQUARED INC., Tampa, FL, pg. 319

Gonzalez, Vicky - Media Department, PPM - EP+CO., New York, NY, pg. 356

Gonzalez, Abigail - Account Planner, Media Department - CARAT, New York, NY, pg. 459

Gonzalez, Maria - Interactive / Digital, Media Department, Social Media - AKQA, San Francisco, CA, pg. 211

Gonzalez Becu, Katlyn - Interactive / Digital, Media Department - YOUNG & LARAMORE, Indianapolis, IN, pg. 164

Good, Lauren - Account Planner, Media Department - MINDSHARE, Chicago, IL, pg. 494

AGENCIES — RESPONSIBILITIES INDEX

Goode, Reese - Media Department - THE JOHNSON GROUP, Chattanooga, TN, pg. 420

Gooden, Andre - Interactive / Digital, Media Department - INITIATIVE, New York, NY, pg. 477

Goodenough, Jim - Interactive / Digital, Media Department - WAVEMAKER, New York, NY, pg. 526

Goodman, Allison - Account Planner, Media Department, NBC - UNIVERSAL MCCANN, New York, NY, pg. 521

Goodman, Mallory - Interactive / Digital, Media Department - HEARTS & SCIENCE, New York, NY, pg. 471

Goodman, Scott - Account Services, Media Department - MEDIALINK, New York, NY, pg. 386

Goodman, Katy - Media Department - SLINGSHOT, LLC, Dallas, TX, pg. 265

Goodmark, Matt - Account Planner, Finance, Media Department - HEARTS & SCIENCE, New York, NY, pg. 471

Goodspeed, Neil - Media Department - CARMICHAEL LYNCH, Minneapolis, MN, pg. 47

Goodwin, Amanda - Account Planner, Interactive / Digital, Media Department, NBC - ANSIRA, Addison, TX, pg. 326

Goodwin, Tom - Interactive / Digital, Management, Media Department, NBC - ZENITH MEDIA, New York, NY, pg. 529

Goodyear, Susan - Media Department, NBC - PEP, Cincinnati, OH, pg. 569

Gopalan, Pushpa - Media Department - LEO BURNETT WORLDWIDE, Chicago, IL, pg. 98

Gordon, Ryan - Account Services, Interactive / Digital, Management, Media Department - WALRUS, New York, NY, pg. 161

Gordon, Alexandra - Account Services, Media Department - MEDIAHUB BOSTON, Boston, MA, pg. 489

Gordon, Brian - Account Planner, Account Services, Media Department - INTERMARK GROUP, INC., Birmingham, AL, pg. 375

Gordon, Cory - Media Department - POWERPHYL MEDIA SOLUTIONS, New York, NY, pg. 506

Gordon, Diana - Interactive / Digital, Management, Media Department, Social Media - MINDSHARE, Chicago, IL, pg. 494

Gordon, Brett - Media Department, NBC - MADDEN MEDIA, Tucson, AZ, pg. 247

Gordon, Sophia - Interactive / Digital, Media Department, Social Media - HORIZON MEDIA, INC., New York, NY, pg. 474

Gordon, Andrea - Account Services, Media Department - REMER, INC., Seattle, WA, pg. 405

Gordon, Shawn - Media Department - LUQUIRE GEORGE ANDREWS, INC., Charlotte, NC, pg. 382

Gordon Lynch, Shari - Account Services, Media Department - CANVAS WORLDWIDE, Playa Vista, CA, pg. 458

Gordon O'Connor, Libbi - Media Department - GRP MEDIA, INC., Chicago, IL, pg. 467

Gore, Daniel - Interactive / Digital, Media Department, Programmatic - CROSSMEDIA, New York, NY, pg. 463

Gore, Elizabeth - Account Services, Media Department - OPAD MEDIA SOLUTIONS, LLC, New York, NY, pg. 503

Gorman, Cort - Media Department, NBC, PPOM - THE RICHARDS GROUP, INC., Dallas, TX, pg. 422

Gorman, Joanna - Media Department - VERITONE ONE, San Diego, CA, pg. 525

Gormley, Kathleen - Media Department - THE MEDIA KITCHEN, New York, NY, pg. 519

Gorruso, Taylor - Account Planner, Media Department - MEDIACOM, New York, NY, pg. 487

Gorski, Steven - Account Planner, Interactive / Digital, Media Department, NBC - FORSMAN & BODENFORS, New York, NY, pg. 74

Goss, Jim - Account Planner, Interactive / Digital, Media Department - GTB, Dearborn, MI, pg. 367

Goss, Connor - Media Department - 360I, LLC, Chicago, IL, pg. 208

Goss, Adrienne - Interactive / Digital, Media Department - CCP DIGITAL, Kansas City, MO, pg. 49

Gottig, Yamila - Media Department - M8, Miami, FL, pg. 542

Gottlieb, Zach - Interactive / Digital, Media Department, Programmatic - 360I, LLC, New York, NY, pg. 320

Gottschalk, Megan - Interactive / Digital, Media Department - KNOX MARKETING, Akron, OH, pg. 568

Goulart, Joseph - Account Services, Media Department - GIANT SPOON, LLC, New York, NY, pg. 363

Gould, David - Interactive / Digital, Management, Media Department, PPOM - PERFORMICS, Chicago, IL, pg. 676

Gould, Brittany - Interactive / Digital, Media Department, Programmatic - HEARTS & SCIENCE, New York, NY, pg. 471

Gozdecki, Morgan - Media Department - MEDIACOM, Chicago, IL, pg. 489

Grabel, Andrew - Media Department, PPOM - MINDSHARE, New York, NY, pg. 491

Grabell, Allison - Human Resources, Management, Media Department - HORIZON MEDIA, INC., New York, NY, pg. 474

Grabois, Joel - Account Planner, Account Services, Management, Media Department, PPOM - BLUE ONION, Lakewood, CO, pg. 218

Graesser, Melissa - Interactive / Digital, Media Department - WAVEMAKER, New York, NY, pg. 526

Graf, Karen - Media Department - HAVAS MEDIA GROUP, Boston, MA, pg. 470

Graff, Colby - Media Department - PROPAC, Plano, TX, pg. 682

Graff, Robert - Media Department, NBC - WASSERMAN MEDIA GROUP, Carlsbad, CA, pg. 317

Graham, Zach - Account Planner, Account Services, Interactive / Digital, Management, Media Department - OMD, Chicago, IL, pg. 500

Graham, Pablo - Account Services, Media Department - SPARK FOUNDRY, New York, NY, pg. 508

Graham, Heather - Interactive / Digital, Media Department - BT/A ADVERTISING, Toronto, ON, pg. 44

Graham, Natalie - Interactive / Digital, Management, Media Department, PPOM - BRANDING PLUS MARKETING GROUP, Dallas, TX, pg. 456

Graham, Emily - Account Services, Media Department - WIEDEN + KENNEDY, Portland, OR, pg. 430

Graham, Megan - Interactive / Digital, Media Department - CANVAS WORLDWIDE, New York, NY, pg. 458

Graham, Molly - Media Department - STARCOM WORLDWIDE, Chicago, IL, pg. 513

Graham, Jodi - Media Department - ACTIVE INTERNATIONAL, Pearl River, NY, pg. 439

Grandinett, Amber - Media Department - CARAT, Detroit, MI, pg. 461

Grandstrand, Jacqueline - Interactive / Digital, Media Department - MCCANN MINNEAPOLIS, Minneapolis, MN, pg. 384

Granfield, Jennifer - Account Planner, Interactive / Digital, Management, Media Department - HEARTS & SCIENCE, New York, NY, pg. 471

Granger, Newman - Account Services, Creative, Media Department - WIEDEN + KENNEDY, New York, NY, pg. 432

Granito, Lynn - Account Services, Media Department - BERRY & COMPANY PUBLIC RELATIONS, New York, NY, pg. 583

Grano, Jackie - Media Department - MEDIAHUB WINSTON SALEM, Winston-Salem, NC, pg. 386

Grant, Courtney - Account Services, Media Department - REPRISE DIGITAL, New York, NY, pg. 676

Grant, Lindsay - Account Services, Management, Media Department, NBC - BUTLER, SHINE, STERN & PARTNERS, Sausalito, CA, pg. 45

Grant, Ami - Media Department - THE SEARCH AGENCY, Glendale, CA, pg. 677

Grap, Stephen - Interactive / Digital, Media Department - ESSENCE, New York, NY, pg. 232

Grasso, Luana - Media Department - UNIVERSAL MCCANN, New York, NY, pg. 521

Grasso, Alexandra - Management, Media Department - CONVERGEDIRECT,

RESPONSIBILITIES INDEX — AGENCIES

New York, NY, *pg.* 462
Gratz, Leigh - Media Department - STARCOM WORLDWIDE, Chicago, IL, *pg.* 513
Graves, Kelly - Management, Media Department, NBC, PPOM - FCB CHICAGO, Chicago, IL, *pg.* 71
Graves, Pallavi - Media Department - HAVAS MEDIA GROUP, Boston, MA, *pg.* 470
Gravzy, Jaclyn - Media Department - TEAM ARROW PARTNERS - GROUPM, Minneapolis, MN, *pg.* 519
Grawehr, Miranda - Interactive / Digital, Media Department, NBC - INITIATIVE, New York, NY, *pg.* 477
Gray, Melissa - Media Department - MGH ADVERTISING, Owings Mills, MD, *pg.* 387
Gray, Suzy - Interactive / Digital, Media Department, NBC, Social Media - INTERNET MARKETING NINJAS, Clifton Park, NY, *pg.* 242
Gray, Tara - Media Department - WE ARE ALEXANDER, St. Louis, MO, *pg.* 429
Gray, Mercedes - Account Planner, Interactive / Digital, Media Department - MCGARRAH JESSEE, Austin, TX, *pg.* 384
Gray, Emily - Media Department - DRAKE COOPER, Boise, ID, *pg.* 64
Grayovski, Ashley - Media Department, NBC - HORIZON MEDIA, INC., New York, NY, *pg.* 474
Grayson, Krystal - Media Department - PROOF ADVERTISING, Austin, TX, *pg.* 398
Greaney, Patti - Interactive / Digital, Media Department, PPM - GIRALDI MEDIA, New York, NY, *pg.* 466
Greaves, Gillian - Account Services, Interactive / Digital, Management, Media Department - ICROSSING, New York, NY, *pg.* 240
Greco, Lauren - Media Department - BLUE 449, New York, NY, *pg.* 455
Greco, Nicholas - Interactive / Digital, Media Department - TINUITI, New York, NY, *pg.* 678
Green, Cynthia - Analytics, Media Department - ROMPH & POU AGENCY, Shreveport, LA, *pg.* 408
Green, Desiree - Account Planner, Account Services, Interactive / Digital, Media Department - GTB, Dearborn, MI, *pg.* 367
Green, Eric - Account Services, Creative, Management, Media Department - PUBLICIS NORTH AMERICA, New York, NY, *pg.* 399
Green, Chris - Media Department - TBWA \ CHIAT \ DAY, New York, NY, *pg.* 416
Green, Deborah - Account Services, Interactive / Digital, Media Department, Programmatic - HEARTS & SCIENCE, New York, NY, *pg.* 471
Green, Alyx - Media Department, Programmatic - 360I, LLC, New York, NY, *pg.* 320
Green, Shannon - Media Department - FORWARDPMX, New York, NY, *pg.* 360

Greenberg, Paul - Account Planner, Media Department, NBC, PPOM - MILTON SAMUELS ADVERTISING & PUBLIC RELATIONS, New York, NY, *pg.* 387
Greenberg, Erica - Interactive / Digital, Media Department - OMD, New York, NY, *pg.* 498
Greenberg Gochman, Roberta - Media Department - BECKER MEDIA, Oakland, CA, *pg.* 38
Greenblatt, Lindsey - Media Department, Social Media - THE INTEGER GROUP, Lakewood, CO, *pg.* 682
Greendyk, Jonathan - Interactive / Digital, Media Department - VAYNERMEDIA, New York, NY, *pg.* 689
Greene, Jared - Media Department - MINDSHARE, Chicago, IL, *pg.* 494
Greene, Shelby - Media Department - THE BRANDON AGENCY, Myrtle Beach, SC, *pg.* 419
Greene, Alexa - Account Planner, Media Department - INITIATIVE, New York, NY, *pg.* 477
Greene, Kayley - Interactive / Digital, Media Department - COMMIT AGENCY, Chandler, AZ, *pg.* 343
Greener, Guy - Media Department - UNIVERSAL MCCANN, New York, NY, *pg.* 521
Greenfield, Cassandra - Creative, Media Department - LATITUDE, Dallas, TX, *pg.* 379
Greenhalge, Emily - Interactive / Digital, Media Department - PGR MEDIA, Boston, MA, *pg.* 504
Greenhall, Sarah - Interactive / Digital, Media Department - CARAT, New York, NY, *pg.* 459
Greenhaus, Jackie - Interactive / Digital, Media Department - JL MEDIA, INC., Union, NJ, *pg.* 481
Greenhouse, Britney - Interactive / Digital, Media Department - HORIZON MEDIA, INC., New York, NY, *pg.* 474
Greensweig, Mara - Media Department - WONDERFUL AGENCY, Los Angeles, CA, *pg.* 162
Greenwald, Steven - Media Department - HEINRICH MARKETING, INC., Denver, CO, *pg.* 84
Greer, Ryan - Account Planner, Account Services, Media Department - AKA NYC, New York, NY, *pg.* 324
Grego, Jennifer - Media Department - INCREMENTAL MEDIA, Bellmore, NY, *pg.* 477
Gregoire, Mathieu - Media Department - PROOF ADVERTISING, Austin, TX, *pg.* 398
Greif, Arel - Media Department - OMD, New York, NY, *pg.* 498
Greis, Katharine - Media Department, Operations - PUBLICIS NORTH AMERICA, New York, NY, *pg.* 399
Gremminger, Julie - Media Department - MOROCH PARTNERS, Dallas, TX, *pg.* 389
Grenning, Janice - Account Services, Media Department - WS, Calgary, AB, *pg.* 164
Gresh, Nicole - Media Department,

Public Relations - M BOOTH & ASSOCIATES, INC., New York, NY, *pg.* 624
Greve, Mel - Media Department, PPM - KELLY, SCOTT & MADISON, INC., Chicago, IL, *pg.* 482
Gribbon, Brian - Media Department - OPTIMUM SPORTS, New York, NY, *pg.* 394
Grice, Alison - Media Department - ABSOLUTE MEDIA INC., Stamford, CT, *pg.* 453
Grider, Gaye - Media Department - INSIGHT MARKETING DESIGN, Sioux Falls, SD, *pg.* 89
Grieco, Alana - Media Department - ALLSCOPE MEDIA, New York, NY, *pg.* 454
Griffin, Sarah - Media Department, PPM - CULTURESPAN MARKETING, El Paso, TX, *pg.* 594
Griffin, Betsey - Media Department - THE LAVIDGE COMPANY, Phoenix, AZ, *pg.* 420
Griffin, Megan - Media Department - LOVE COMMUNICATIONS, Salt Lake City, UT, *pg.* 101
Griffin, Annie - Account Planner, Interactive / Digital, Media Department - PHD CHICAGO, Chicago, IL, *pg.* 504
Griffin, Nancy - Interactive / Digital, Management, Media Department - STARCOM WORLDWIDE, Chicago, IL, *pg.* 513
Griffin, Courtney - Interactive / Digital, Media Department - HORIZON MEDIA, INC., New York, NY, *pg.* 474
Griffin Curtis, Lauren - Media Department - STONE WARD ADVERTISING, Little Rock, AR, *pg.* 413
Griffith, Heath - Media Department - THE RICHARDS GROUP, INC., Dallas, TX, *pg.* 422
Griffith, Shanee - Account Planner, Media Department - HORIZON MEDIA, INC., New York, NY, *pg.* 474
Griffiths, Warren - Interactive / Digital, Management, Media Department, PPOM - PUBLICIS NORTH AMERICA, New York, NY, *pg.* 399
Grigson, Danna - Media Department - THE BUNTIN GROUP, Nashville, TN, *pg.* 148
Grills, Danielle - Interactive / Digital, Media Department - CARAT, Culver City, CA, *pg.* 459
Grim, Jamie - Management, Media Department - HARMELIN MEDIA, Bala Cynwyd, PA, *pg.* 467
Grimes, Steve - Account Services, Creative, Interactive / Digital, Media Department, Operations - AKA NYC, New York, NY, *pg.* 324
Grimes, Teri - Media Department - SPARK FOUNDRY, Chicago, IL, *pg.* 510
Grimm, Julia - Account Services, Media Department - STARCOM WORLDWIDE, Chicago, IL, *pg.* 513
Grina, Michael - Media Department - RECALIBRATE MARKETING COMMUNICATIONS, Costa Mesa, CA, *pg.* 404

AGENCIES

RESPONSIBILITIES INDEX

Griner, Jason - Account Services, Media Department - DIRECT RESULTS, Venice, CA, pg. 63

Grinnell, Katherine - Account Planner, Media Department - 26 DOT TWO LLC, New York, NY, pg. 453

Gripp, Kelley - Media Department - AGENCYEA, Chicago, IL, pg. 302

Grissom, Katie - Media Department - GEOMETRY, Akron, OH, pg. 362

Gritzmacher, Anne - Media Department - PALISADES MEDIA GROUP, INC., Santa Monica, CA, pg. 124

Grockau, Sandy - Administrative, Media Department - GTB, Dearborn, MI, pg. 367

Grogan, Ryan - Management, Media Department - BLUE 449, New York, NY, pg. 455

Groll, Aviva - Account Services, Media Department, PPOM - OGILVY, Toronto, ON, pg. 394

Groome, Shattuck - Interactive / Digital, Media Department, PPOM - CAGE POINT, New York, NY, pg. 457

Groome, Kirby - Media Department, NBC - THE BRANDON AGENCY, Myrtle Beach, SC, pg. 419

Gropper, Rachel - Interactive / Digital, Media Department - MEDIACOM, New York, NY, pg. 487

Gross, Leah - Interactive / Digital, Media Department, NBC - NINA HALE CONSULTING, Minneapolis, MN, pg. 675

Gross, Ryan - Media Department - MERKLEY + PARTNERS, New York, NY, pg. 114

Grossman, Gary - Media Department, PPM - MERKLEY + PARTNERS, New York, NY, pg. 114

Grossman, Alex - Media Department - MERKLEY + PARTNERS, New York, NY, pg. 114

Grosso, Nick - Interactive / Digital, Media Department - OMNI ADVERTISING, Boca Raton, FL, pg. 394

Grotenhuis, Eric - Media Department, PPOM - PAGE DESIGN GROUP, Sacramento, CA, pg. 194

Groux-Hux, Michelle - Media Department - 22SQUARED INC., Tampa, FL, pg. 319

Grover, Bailey - Interactive / Digital, Media Department, Social Media - BARKLEY, Kansas City, MO, pg. 329

Grow, Michael - Media Department - PHD, Los Angeles, CA, pg. 504

Grubbe, Zoe - Media Department, PPM - DDB CHICAGO, Chicago, IL, pg. 59

Grubbs Neal, Melissa - Media Department, Operations - AMPLIFIED DIGITAL AGENCY, Saint Louis, MO, pg. 213

Grumet, Doug - Media Department - AMP AGENCY, Boston, MA, pg. 297

Grumm, Nyssa - Account Services, Media Department - STARCOM WORLDWIDE, Detroit, MI, pg. 517

Grzyb, Leah - Account Planner, Media Department - INITIATIVE, Chicago, IL, pg. 479

Gschwend, Katie - Media Department - CONVEYOR MEDIA, Denver, CO, pg. 462

Gualotuna, Jonathan - Interactive / Digital, Media Department, Programmatic - WPROMOTE, El Segundo, CA, pg. 678

Guan, Chris - Media Department - MEDIACOM, New York, NY, pg. 487

Guanga, Brayan - Media Department - VAYNERMEDIA, New York, NY, pg. 689

Guarna, Nicolas - Interactive / Digital, Media Department - MEDIACOM, New York, NY, pg. 487

Gudiel, Randy - Interactive / Digital, Media Department - MOTIVATE, INC., San Diego, CA, pg. 543

Guerriero, Frank - Media Department - RAPPORT OUTDOOR WORLDWIDE, New York, NY, pg. 556

Gugilev, Victoria - Interactive / Digital, Media Department - CARAT, New York, NY, pg. 459

Guhanick, Lisa - Media Department, NBC - ASSOCIATION OF NATIONAL ADVERTISERS, New York, NY, pg. 442

Guida, David - Media Department, Operations, PPM - G-NET MEDIA, Los Angeles, CA, pg. 236

Guida, Alyssa - Media Department - INITIATIVE, New York, NY, pg. 477

Guillama-Rodriguez, Arminda - Account Services, Management, Media Department - HORIZON MEDIA, INC., New York, NY, pg. 474

Guin, Benoit - Media Department, PPOM - AMELIE COMPANY, Denver, CO, pg. 325

Guinness, Shaunagh - Media Department - KATZ MEDIA GROUP, INC., New York, NY, pg. 481

Gulla, Hannah - Account Planner, Account Services, Media Department, NBC - MULLENLOWE U.S. LOS ANGELES, El Segundo, CA, pg.

Gunderson, Jennifer - Media Department - OCEAN MEDIA, INC., Huntington Beach, CA, pg. 498

Gundy, Mikael - Media Department - ENTERCOM COMMUNICATIONS CORP., Bala Cynwyd, PA, pg. 551

Gunning, Kate - Account Planner, Media Department - R/GA, Austin, TX, pg. 261

Gupta, Michiko - Interactive / Digital, Media Department - LIPMAN HEARNE, INC. , Chicago, IL, pg. 381

Gupta, Prakarsh - Media Department, NBC - PHD CHICAGO, Chicago, IL, pg. 504

Gurgainus, Katherine - Media Department, NBC - WIEDEN + KENNEDY, Portland, OR, pg. 430

Gurvich, Jenny - Interactive / Digital, Media Department, PPM - DWA MEDIA, Austin, TX, pg. 464

Gustafson, Amy - Media Department - RJW MEDIA, Pittsburgh, PA, pg. 507

Gustman, Caitlin - Creative, Interactive / Digital, Media Department, PPOM - KETCHUM, Chicago, IL, pg. 619

Guthrie, Emily - Media Department -

GYRO, Cincinnati, OH, pg. 368

Gutierrez, Giovanny - Interactive / Digital, Media Department - TINSLEY ADVERTISING, Miami, FL, pg. 155

Gutierrez, Mindy - Media Department, PPM - SANDERS\WINGO, El Paso, TX, pg. 138

Gutierrez, Laura - Media Department - WAVEMAKER, Los Angeles, CA, pg. 528

Gutkowski, Jennifer - Account Planner, Account Services, Media Department - WATAUGA GROUP, Orlando, FL, pg. 21

Gutterman, Tracy - Interactive / Digital, Media Department - UNIVERSAL MCCANN, New York, NY, pg. 521

Gwynn, Anne - Account Services, Media Department - 22SQUARED INC., Tampa, FL, pg. 319

Gyllen, Dana - Media Department, PPM - BILLUPS WORLDWIDE, Lake Oswego, OR, pg. 550

Haarlow, Kristin - Management, Media Department, Operations - SPARK FOUNDRY, El Segundo, CA, pg. 512

Haas, Julia - Media Department - DERSE, INC., Milwaukee, WI, pg. 304

Haase, Jenn - Media Department, PPOM - MINDSHARE, Chicago, IL, pg. 494

Habeck, Robert - Account Services, Management, Media Department, PPOM - OMD, New York, NY, pg. 498

Haberman, David - Analytics, Media Department - CROSSMEDIA, New York, NY, pg. 463

Hable, Andrea - Account Planner, Media Department - UNIVERSAL MCCANN DETROIT, Birmingham, MI, pg. 524

Hacker, Lori Anne - Media Department, PPM - PHD, Los Angeles, CA, pg. 504

Haddad, Youna - Interactive / Digital, Media Department, NBC - CATALYST DIGITAL, Boston, MA, pg. 220

Hadley, Hannah - Account Services, Media Department - GOODBY, SILVERSTEIN & PARTNERS, San Francisco, CA, pg. 77

Hagan, Emily - Account Services, Management, Media Department - CTI MEDIA , Atlanta, GA, pg. 464

Hagan, Scott - Interactive / Digital, Media Department - UNIVERSAL MCCANN, New York, NY, pg. 521

Hage, Justin - Media Department - RON FOTH ADVERTISING, Columbus, OH, pg. 134

Hagen, Kent - Account Planner, Interactive / Digital, Media Department - WAVEMAKER, Los Angeles, CA, pg. 528

Hager, Heather - Interactive / Digital, Media Department - PROOF ADVERTISING, Austin, TX, pg. 398

Hagg, Alex - Media Department - THE BRANDON AGENCY, Myrtle Beach, SC, pg. 419

Haggard, Cathy - Media Department -

1619

RESPONSIBILITIES INDEX

AGENCIES

THE RICHARDS GROUP, INC., Dallas, TX, *pg.* 422

Haggerty, Phillip - Interactive / Digital, Media Department, Operations - HAWORTH MARKETING & MEDIA, Minneapolis, MN, *pg.* 470

Hahn, Dennis - Account Planner, Media Department, PPOM - LIQUID AGENCY, INC., San Jose, CA, *pg.* 12

Hahn, Candice - Interactive / Digital, Management, Media Department, PPOM - R/GA, Austin, TX, *pg.* 261

Hahn, Haley - Account Planner, Media Department - PHD CHICAGO, Chicago, IL, *pg.* 504

Hahn, Amber - Media Department - OGILVY PUBLIC RELATIONS, New York, NY, *pg.* 633

Haidao, Hani - Interactive / Digital, Media Department, Social Media - BRAND VALUE ACCELERATOR, San Diego, CA, *pg.* 42

Hain, Lindsay - Media Department - HORIZON MEDIA, INC., Los Angeles, CA, *pg.* 473

Haines, Zak - Interactive / Digital, Media Department - OVATIVE GROUP, Minneapolis, MN, *pg.* 256

Haines, Eileen - Media Department - SCHUBERT COMMUNICATIONS, INC., Downingtown, PA, *pg.* 139

Hainline, Scott - Media Department, PPM - HILL HOLLIDAY, Boston, MA, *pg.* 85

Hair, Kirsten - Account Planner, Media Department - STARCOM WORLDWIDE, Chicago, IL, *pg.* 513

Hajko-Macchia, Nicole - Media Department - INCREMENTAL MEDIA, Bellmore, NY, *pg.* 477

Hakimi, Maria - Account Planner, Interactive / Digital, Media Department - RESOLUTION MEDIA, New York, NY, *pg.* 263

Haldiman, Jackie - Interactive / Digital, Media Department - MARLIN NETWORK, Springfield, MO, *pg.* 105

Hale, Sam - Media Department - BACKBONE MEDIA, Carbondale, CO, *pg.* 579

Halebian, Samantha - Media Department - CARAT, New York, NY, *pg.* 459

Haley, Briggs - Interactive / Digital, Media Department, Social Media - STARCOM WORLDWIDE, Chicago, IL, *pg.* 513

Halivopoulos, Lori - Media Department, NBC - GFK, New York, NY, *pg.* 444

Hall, Dan - Interactive / Digital, Media Department - LEVLANE ADVERTISING, Philadelphia, PA, *pg.* 380

Hall, Gaela Renee - Media Department, NBC - THE BARBER SHOP MARKETING, Addison, TX, *pg.* 148

Hall, Samantha - Media Department - MAYOSEITZ MEDIA, Blue Bell, PA, *pg.* 483

Hall, Alexander - Account Planner, Media Department, NBC - HORIZON MEDIA, INC., New York, NY, *pg.* 474

Hall, Andrew - Account Planner, Interactive / Digital, Media Department, NBC - CARAT, New York, NY, *pg.* 459

Hall, Michelle - Interactive / Digital, Media Department - ZIMMERMAN ADVERTISING, Fort Lauderdale, FL, *pg.* 437

Hall, Jaymie - Media Department - 360I, LLC, New York, NY, *pg.* 320

Hall, Jane - Creative, Interactive / Digital, Media Department - INFINITY MARKETING, Greenville, SC, *pg.* 374

Hall, Amanda - Media Department - THE RAMEY AGENCY, Jackson, MS, *pg.* 422

Hall, Joy - Management, Media Department - MORVIL ADVERTISING & DESIGN GROUP, Wilmington, NC, *pg.* 14

Haller, Dan - Media Department - HEARTBEAT IDEAS, New York, NY, *pg.* 238

Hallerberg, Alex - Media Department, Operations, Programmatic - KELLY, SCOTT & MADISON, INC., Chicago, IL, *pg.* 482

Hallgren, Anne - Media Department - HAWORTH MARKETING & MEDIA, Los Angeles, CA, *pg.* 471

Halliday, Alyssa - Interactive / Digital, Media Department - TRILIA, Boston, MA, *pg.* 521

Hallman, Justin - Interactive / Digital, Media Department - COMMIT AGENCY, Chandler, AZ, *pg.* 343

Hallums, Amber - Interactive / Digital, Media Department - WATAUGA GROUP, Orlando, FL, *pg.* 21

Halpern, Katie - Account Planner, Media Department, NBC - CAVALRY, Chicago, IL, *pg.* 48

Halpert, Mark - Media Department, PPM - POSTERSCOPE U.S.A., New York, NY, *pg.* 556

Halpert, Jack - Account Planner, Account Services, Media Department - GP GENERATE, LLC, Los Angeles, CA, *pg.* 541

Halphen, Stephanie - Account Services, Media Department, NBC - VAYNERMEDIA, New York, NY, *pg.* 689

Halpin, Jamey - Media Department - CARAT, Atlanta, GA, *pg.* 459

Halpin, Bonnie - Media Department - CANVAS WORLDWIDE, New York, NY, *pg.* 458

Halprin, Marisa - Account Planner, Account Services, Media Department - MEDIAHUB NEW YORK, New York, NY, *pg.* 249

Haltzman, Ashley - Interactive / Digital, Media Department - MINDSHARE, New York, NY, *pg.* 491

Halvorsen, Ashley - Analytics, Media Department - HORIZON MEDIA, INC., New York, NY, *pg.* 474

Hamaoui, Bert - Media Department - OMD WEST, Los Angeles, CA, *pg.* 502

Hamburg, Perry - Account Services, Analytics, Media Department - HEARTS & SCIENCE, New York, NY, *pg.* 471

Hamer, Beth - Media Department - MARKSTEIN, Birmingham, AL, *pg.* 625

Hamill, Joseph - Media Department - INITIATIVE, New York, NY, *pg.* 477

Hamill, Emily - Media Department - GATESMAN, Pittsburgh, PA, *pg.* 361

Hamilton, Debbie - Media Department - TEXAS CREATIVE, San Antonio, TX, *pg.* 201

Hamilton, Sheila - Interactive / Digital, Management, Media Department - STARCOM WORLDWIDE, Chicago, IL, *pg.* 513

Hamilton, Alana - Account Planner, Media Department, NBC - CARAT, Toronto, ON, *pg.* 461

Hamilton, Lisa - Media Department - MARTIN ADVERTISING, Birmingham, AL, *pg.* 106

Hamilton, Sharia - Media Department - WALTON ISAACSON CA, Culver City, CA, *pg.* 547

Hamlin, David - Account Planner, Media Department - CAMELOT STRATEGIC MARKETING & MEDIA, Dallas, TX, *pg.* 457

Hammel, Tom - Media Department - WPROMOTE, El Segundo, CA, *pg.* 678

Hammer, Garth - Account Planner, Interactive / Digital, Media Department - PUBLICIS NORTH AMERICA, New York, NY, *pg.* 399

Hammer, Kristin - Account Planner, Media Department - SPARK FOUNDRY, New York, NY, *pg.* 508

Hammon, Shelly - Media Department - TIERNEY COMMUNICATIONS, Philadelphia, PA, *pg.* 426

Han, Nanah - Media Department, Social Media - STARCOM WORLDWIDE, North Hollywood, CA, *pg.* 516

Han, Cindy - Interactive / Digital, Media Department - MINDSHARE, New York, NY, *pg.* 491

Hanan, Amy - Account Services, Analytics, Media Department, NBC - BARETZ + BRUNELLE, New York, NY, *pg.* 580

Hancock, Janet - Media Department - ANDERSON MARKETING GROUP, San Antonio, TX, *pg.* 31

Hancock, Nicola - Media Department - TRAMPOLINE, Halifax, NS, *pg.* 20

Hancock, Jessie - Media Department - MARTIN ADVERTISING, Birmingham, AL, *pg.* 106

Handelman, Lauren - Media Department - SPARK FOUNDRY, Chicago, IL, *pg.* 510

Handerhan, Megan - Media Department - MEDIAHUB WINSTON SALEM, Winston-Salem, NC, *pg.* 386

Handler, Hanna - Media Department - PHD CHICAGO, Chicago, IL, *pg.* 504

Handley, Melissa - Account Services, Media Department - UNIVERSAL MCCANN, Los Angeles, CA, *pg.* 524

Handly, Joe - Media Department - RDW GROUP, Providence, RI, *pg.* 403

Handrich, Catherine - Media Department, Social Media - PHD USA, New York, NY, *pg.* 505

Hanford, Diana - Account Services,

AGENCIES RESPONSIBILITIES INDEX

Media Department - PIERSON GRANT PUBLIC RELATIONS, Fort Lauderdale, FL, pg. 636

Hang, Cynthia - Interactive / Digital, Media Department - OMD WEST, Los Angeles, CA, pg. 502

Hanger, Hilary - Media Department - TEAM ONE, Dallas, TX, pg. 418

Hanko, Lauren - Media Department - HARMELIN MEDIA, Bala Cynwyd, PA, pg. 467

Hanley, Stacia - Media Department - MCGARRYBOWEN, San Francisco, CA, pg. 385

Hanley, John - Account Planner, Account Services, Interactive / Digital, Management, Media Department - UNIVERSAL MCCANN, New York, NY, pg. 521

Hanley, Mary - Media Department - INITIATIVE, New York, NY, pg. 477

Hanlon, Brenda - Media Department - HORICH HECTOR LEBOW ADVERTISING, Hunt Valley, MD, pg. 87

Hanlon, Evan - Account Planner, Interactive / Digital, Media Department, PPOM - GROUPM, New York, NY, pg. 466

Hanna, Jeff - Media Department - HANNA & ASSOCIATES, Coeur d'Alene, ID, pg. 81

Hanna, Lizzy - Account Services, Media Department - ENGINE MEDIA GROUP, New York, NY, pg. 465

Hannan, Andie - Media Department - SPARK FOUNDRY, Chicago, IL, pg. 510

Hannigan, Jacqui - Media Department - RP3 AGENCY, Bethesda, MD, pg. 408

Hannon, Kate - Media Department - BIG COMMUNICATIONS, INC., Birmingham, AL, pg. 39

Hanrahan, Jacqueline - Interactive / Digital, Media Department - DIGITAS, Chicago, IL, pg. 227

Hanratty, Darcie - Account Services, Media Department - SPD&G, Yakima, WA, pg. 411

Hans, Kanisha - Media Department, Social Media - CROSSMEDIA, Philadelphia, PA, pg. 463

Hansen, Andrew - Media Department - CMI MEDIA, LLC, King of Prussia, PA, pg. 342

Hansen, Summer - Media Department - BVK, Milwaukee, WI, pg. 339

Hansen, Ann - Media Department - DDM MARKETING & COMMUNICATIONS, Grand Rapids, MI, pg. 6

Hanser, Ron - Media Department, NBC, PPOM - HANSER & ASSOCIATES, West Des Moines, IA, pg. 611

Hansler, Lynn - Media Department - SPARK FOUNDRY, Chicago, IL, pg. 510

Hanson, Courtney - Account Planner, Account Services, Media Department - TEAM ONE, Dallas, TX, pg. 418

Hanson, Carly - Interactive / Digital, Media Department, Research - HAWORTH MARKETING & MEDIA, Minneapolis, MN, pg. 470

Hanson, Andi - Account Planner, Media Department - VALASSIS, Livonia, MI, pg. 294

Hanson, Chrissie - Account Planner,

Media Department, NBC - OMD WEST, Los Angeles, CA, pg. 502

Hanu, Catherine - Interactive / Digital, Media Department - STARCOM WORLDWIDE, Chicago, IL, pg. 513

Haque, Mohammad - Analytics, Interactive / Digital, Media Department, Research - MEDIAHUB NEW YORK, New York, NY, pg. 249

Hara, Miriam - Creative, Media Department, PPOM - 3H COMMUNICATIONS, INC., Oakville, ON, pg. 321

Harber, Lauren - Interactive / Digital, Media Department - VERT MOBILE LLC, Atlanta, GA, pg. 274

Harbert, Jeff - Media Department - SPARK FOUNDRY, Chicago, IL, pg. 510

Harbin, Sarah - Interactive / Digital, Media Department - GTB, Dearborn, MI, pg. 367

Hardatt, Devina - Account Services, Media Department - 215 MCCANN, San Francisco, CA, pg. 319

Harden, John - Account Planner, Media Department, Operations - DENTSU AEGIS NETWORK, New York, NY, pg. 61

Hardy, Josh - Account Planner, Account Services, Media Department, Operations - NOBLE PEOPLE, New York, NY, pg. 120

Hardy, Garrett - Account Services, Media Department - THE RICHARDS GROUP, INC., Dallas, TX, pg. 422

Hardy, Kallie - Account Services, Media Department, Public Relations - FUEL MARKETING, Salt Lake City, UT, pg. 361

Hargett, Linda - Media Department - RIGGS PARTNERS, West Columbia, SC, pg. 407

Hargrave, Seth - Interactive / Digital, Media Department, Operations - MEDIA TWO INTERACTIVE, Raleigh, NC, pg. 486

Hargreaves, Bradley - Interactive / Digital, Media Department - ESSENCE, Los Angeles, CA, pg. 233

Hariton, Kate - Media Department - BEEBY CLARK+MEYLER, Stamford, CT, pg. 333

Harker, Katie - Media Department - CACTUS MARKETING COMMUNICATIONS, Denver, CO, pg. 339

Harlan, Jennifer - Media Department - OH PARTNERS, Phoenix, AZ, pg. 122

Harman, Alyssa - Media Department - OCEAN MEDIA, INC., Huntington Beach, CA, pg. 498

Harmon, Jen - Media Department - ID MEDIA, New York, NY, pg. 477

Harper, Susan - Management, Media Department, PPM - LEWIS ADVERTISING, INC., Rocky Mount, NC, pg. 380

Harper, Ilene - Account Planner, Account Services, Interactive / Digital, Management, Media Department - TARGETBASE MARKETING, Greensboro, NC, pg. 293

Harper, Oliver - Media Department - MBUY, Chicago, IL, pg. 484

Harper, Moira - Media Department -

CMI MEDIA, LLC, King of Prussia, PA, pg. 342

Harper, David - Interactive / Digital, Media Department - BRILLIANT MEDIA STRATEGIES, Anchorage, AK, pg. 43

Harpham, Rachel - Media Department - SITUATION INTERACTIVE, New York, NY, pg. 265

Harpur, John - Media Department - YELLOW SUBMARINE MARKETING COMMUNICATIONS, Pittsburgh, PA, pg. 164

Harrington, Tim - Media Department - OMD SEATTLE, Seattle, WA, pg. 502

Harrington, Kathryn - Account Services, Media Department - INITIATIVE, New York, NY, pg. 477

Harris, Tammy - Account Planner, Account Services, Media Department - NDP, Richmond, VA, pg. 390

Harris, Ashlee - Account Services, Media Department - CORNETT INTEGRATED MARKETING SOLUTIONS, Lexington, KY, pg. 344

Harris, Stacey - Interactive / Digital, Management, Media Department - CARAT, Chicago, IL, pg. 461

Harris, David - Interactive / Digital, Media Department, PPM - BRANDMOVERS, INC., Atlanta, GA, pg. 538

Harris, Kristi - Media Department - SPARK FOUNDRY, Chicago, IL, pg. 510

Harris, Michael - Analytics, Media Department - MOOSYLVANIA, Saint Louis, MO, pg. 568

Harris, Kurtis - Creative, Media Department - SPARK FOUNDRY, Seattle, WA, pg. 512

Harris, Samantha - Media Department - SPARK FOUNDRY, New York, NY, pg. 508

Harris, Natalie - Media Department - HEALIXGLOBAL, New York, NY, pg. 471

Harris, Jake - Media Department, Programmatic - 360I, LLC, New York, NY, pg. 320

Harris, Terri - Media Department - GREGORY WELTEROTH ADVERTISING, Montoursville, PA, pg. 466

Harris, Chris - Creative, Media Department - GOCONVERGENCE, Orlando, FL, pg. 364

Harris, Liz - Media Department, Public Relations - MODERN BRAND COMPANY, Birmingham, AL, pg. 116

Harris, Heather - Account Planner, Media Department - HAVAS MEDIA GROUP, New York, NY, pg. 468

Harrison, Amy - Account Planner, Media Department - UNIVERSAL MCCANN DETROIT, Birmingham, MI, pg. 524

Harrison, Nadia - Account Planner, Media Department, PPOM - WAVEMAKER, New York, NY, pg. 526

Harrison, Christian - Interactive / Digital, Media Department - WAVEMAKER, New York, NY, pg. 526

Harrison, Jeffrey - Account Planner, Media Department - MEDIACOM, Playa Vista, CA, pg. 486

1621

RESPONSIBILITIES INDEX — AGENCIES

Harrison, Sarah - Media Department - BLUE 449, New York, NY, pg. 455
Harry, Kirsten - Media Department - MERKLEY + PARTNERS, New York, NY, pg. 114
Hart, Don - Account Services, Media Department, NBC, PPOM - MOVE COMMUNICATIONS, Ann Arbor, MI, pg. 389
Hart, William - Account Planner, Media Department - WAVEMAKER, Toronto, ON, pg. 529
Hart, Ashley - Account Services - MINDSHARE, New York, NY, pg. 491
Hartford, Shelagh - Media Department - FCB TORONTO, Toronto, ON, pg. 72
Hartle, Blake - Interactive / Digital, Media Department - OMD, New York, NY, pg. 498
Hartley, Emily - Media Department - YOUNG & LARAMORE, Indianapolis, IN, pg. 164
Hartley, Elizabeth - Account Planner, Media Department, NBC - DROGA5, New York, NY, pg. 64
Hartley-Sivie, Blythe - Interactive / Digital, Media Department, NBC - THE RICHARDS GROUP, INC., Dallas, TX, pg. 422
Hartman, Lindsey - Media Department - GOLIN, Chicago, IL, pg. 609
Hartman, Lindsey - Media Department - GOLIN, Chicago, IL, pg. 609
Hartnett, Mike - Interactive / Digital, Media Department - ZEHNDER COMMUNICATIONS, INC., New Orleans, LA, pg. 436
Hartofilis, Nicholas - Interactive / Digital, Media Department, PPM - ZENITH MEDIA, New York, NY, pg. 529
Hartwig-Smith, Janie - Media Department - NSA MEDIA GROUP, INC., Downers Grove, IL, pg. 497
Harvey, Erin - Account Services, Management, Media Department - PUBLICIS HEALTH, New York, NY, pg. 639
Harvey, Angela - Media Department - TRAFFIKGROUP, Toronto, ON, pg. 426
Harvey, Jake - Interactive / Digital, Media Department - CRISPIN PORTER + BOGUSKY, Boulder, CO, pg. 346
Harwood, Sarah - Media Department - QUARRY INTEGRATED COMMUNICATIONS, Saint Jacobs, ON, pg. 402
Hasan, Soheb - Analytics, Interactive / Digital, Media Department, Research - INITIATIVE, New York, NY, pg. 477
Hasen, Jeff - Interactive / Digital, Media Department, NBC, PPOM - WUNDERMAN THOMPSON SEATTLE, Seattle, WA, pg. 435
Haskins, Lauren - Media Department, Programmatic - THE RICHARDS GROUP, INC., Dallas, TX, pg. 422
Haslbauer, John - Account Services, Interactive / Digital, Media Department - HEARTS & SCIENCE, New York, NY, pg. 471
Haslow, Tom - Account Services, Interactive / Digital, Management,
Media Department - INTERESTING DEVELOPMENT, New York, NY, pg. 90
Hastings, Becky - Account Services, Media Department - CONWAY MARKETING COMMUNICATIONS, Knoxville, TN, pg. 53
Hatch, Zoe - Account Planner, Media Department - UNIVERSAL MCCANN, San Francisco, CA, pg. 428
Hatcher, Ron - Media Department, PPOM - DARLING AGENCY, New York, NY, pg. 57
Hatcher, BJ - Account Services, Interactive / Digital, Media Department - SPARK FOUNDRY, New York, NY, pg. 508
Hatchuel, Yann - Media Department - BERLINROSEN, New York, NY, pg. 583
Hatfield, Jason - Account Planner, Account Services, Interactive / Digital, Management, Media Department, PPOM - MORRISON, Atlanta, GA, pg. 117
Hathaway, Kali - Media Department, NBC - STARCOM WORLDWIDE, North Hollywood, CA, pg. 516
Hattle, Emily - Account Planner, Media Department, NBC - CARAT, New York, NY, pg. 459
Hatton, Jacquelyn - Interactive / Digital, Media Department - ACTIVE INTERNATIONAL, Pearl River, NY, pg. 439
Hattori, Annika - Media Department - SPARK FOUNDRY, El Segundo, CA, pg. 512
Haufler, Beth - Media Department - STREAM COMPANIES, Malvern, PA, pg. 415
Haugen, Sean - Media Department, Operations - MARKETING ARCHITECTS, Minneapolis, MN, pg. 288
Hauman, Scott - Account Services, Management, Media Department - THE INTEGER GROUP - DALLAS, Dallas, TX, pg. 570
Haupt, Melissa - Media Department - BACKBONE MEDIA, Carbondale, CO, pg. 579
Hauptman, Christian - Media Department - NSA MEDIA GROUP, INC., Downers Grove, IL, pg. 497
Hauser, Erin - Media Department, PPOM - EMICO MEDIA, Denver, CO, pg. 465
Hauser, Eric - Media Department - BCF, Virginia Beach, VA, pg. 581
Hausman, Jenn - Media Department - HMH, Charlotte, NC, pg. 86
Havertape, Leanne - Media Department - HIEBING, Madison, WI, pg. 85
Haw, Carly - Account Planner, Interactive / Digital, Media Department - INITIATIVE, Los Angeles, CA, pg. 478
Hawing, Thomas - Media Department - OMD, New York, NY, pg. 498
Hawkes, Joanna - Account Planner, Management, Media Department, NBC - 360I, LLC, New York, NY, pg. 320
Hawking, Jeremy - Media Department - ENERGY BBDO, INC., Chicago, IL, pg. 355
Hawkins, Lisa - Media Department - ARCHER MALMO, Memphis, TN, pg. 32
Hawkins, Leslie - Interactive / Digital, Media Department, Social Media - MEDIAHUB LOS ANGELES, El Segundo, CA, pg. 112
Hawthorne, Chris - Media Department - BALCOM AGENCY, Fort Worth, TX, pg. 329
Hay, Steve - Account Services, Media Department - SMITH BROTHERS AGENCY, LP, Pittsburgh, PA, pg. 410
Hayashi, Dianne - Interactive / Digital, Media Department - AKQA, San Francisco, CA, pg. 211
Hayden, Beth - Management, Media Department - SWELL, LLC, Philadelphia, PA, pg. 145
Hayden, Patrick - Media Department, Social Media - TINUITI, Dania Beach, FL, pg. 271
Hayes, Nicole - Management, Media Department - STARCOM WORLDWIDE, Chicago, IL, pg. 513
Hayes, April - Media Department, NBC - SWITCH, Saint Louis, MO, pg. 145
Hayne, Spencer - Media Department - THE TRADE DESK, Chicago, IL, pg. 519
Hazel, Patrick - Account Planner, Account Services, Interactive / Digital, Media Department - CARAT, New York, NY, pg. 459
Healy, Mary Kate - Interactive / Digital, Media Department - MINDSHARE, New York, NY, pg. 491
Healy, Jane - Media Department - UNIVERSAL MCCANN, Toronto, ON, pg. 524
Heape, Laura - Media Department - YOUNG & LARAMORE, Indianapolis, IN, pg. 164
Heard, Liz - Account Services, Media Department, Research - DAGGER, Atlanta, GA, pg. 224
Heath, Juli - Media Department - NEMER, FIEGER & ASSOCIATES, Minneapolis, MN, pg. 391
Heath, Andy - Account Planner, Media Department, NBC - MINDSHARE, New York, NY, pg. 491
Heath, Jana - Account Planner, Interactive / Digital, Media Department - ZENITH MEDIA, New York, NY, pg. 529
Heathco, Saya - Account Planner, Media Department - 22SQUARED INC., Tampa, FL, pg. 319
Heathcote, Derek - Media Department - MINDSHARE, Playa Vista, CA, pg. 495
Hebert, Monica - Media Department - BBR CREATIVE, Lafayette, LA, pg. 174
Hebert, Megan - Account Planner, Interactive / Digital, Media Department - UNIVERSAL MCCANN DETROIT, Birmingham, MI, pg. 524
Hechanova, Cheryl - Interactive / Digital, Media Department, PPM - STARCOM WORLDWIDE, New York, NY, pg. 517
Hecht, Julia - Media Department -

AGENCIES

RESPONSIBILITIES INDEX

MARKETSMITH, INC, Cedar Knolls, NJ, pg. 483

Heck, Taylor - Media Department - OMD, Chicago, IL, pg. 500

Heckelman, Emily - Account Services, Creative, Media Department - SPARK FOUNDRY, Chicago, IL, pg. 510

Hederman, Beth - Account Planner, Management, Media Department - INITIATIVE, New York, NY, pg. 477

Hedlund, Anna - Media Department - STERLING-RICE GROUP, Boulder, CO, pg. 413

Heffel, Kim - Analytics, Media Department, Research - CARAT, Detroit, MI, pg. 461

Heffner, Rick - Account Services, Media Department - CAIN & CO., Rockford, IL, pg. 588

Heflin, Mike - Media Department - CANNELLA RESPONSE TELEVISION, Burlington, WI, pg. 281

Hefter, Arie - Account Planner, Interactive / Digital, Media Department, NBC - MEDIA ASSEMBLY, New York, NY, pg. 484

Hegeman, Sarah - Media Department, PPM - AKPD MESSAGE AND MEDIA, Chicago, IL, pg. 454

Heidari, Parisa - Analytics, Interactive / Digital, Media Department, Social Media - CANVAS WORLDWIDE, Playa Vista, CA, pg. 458

Heide, Alexandra - Interactive / Digital, Media Department, Social Media - OMELET, Culver City, CA, pg. 122

Heilweil, Jason - Account Services, Interactive / Digital, Media Department, Public Relations - NO LIMIT AGENCY, Chicago, IL, pg. 632

Heindel, Meghan - Media Department - AD RESULTS MEDIA, Houston, TX, pg. 279

Heine, Christopher - Media Department - MISSION NORTH, San Francisco, CA, pg. 627

Heinze, Anne - Interactive / Digital, Media Department - HAWORTH MARKETING & MEDIA, Minneapolis, MN, pg. 470

Heise, Cristina - Media Department - GYRO, Cincinnati, OH, pg. 368

Heisey, Aj - Interactive / Digital, Media Department - CLARK NIKDEL POWELL, Winter Haven, FL, pg. 342

Heithaus, Paul - Analytics, Media Department - UNIVERSAL MCCANN, New York, NY, pg. 521

Heitman, Kaya - Management, Media Department, NBC, PPOM, Public Relations - WAVEMAKER, New York, NY, pg. 526

Helford, Glenn - Account Services, Media Department - GROUPM, New York, NY, pg. 466

Hellbusch, Steven - Analytics, Media Department - MINDGRUVE, San Diego, CA, pg. 534

Heller, Kimberly - Media Department - MERKLEY + PARTNERS, New York, NY, pg. 114

Heller, Marissa - Interactive / Digital, Media Department - HEARTS & SCIENCE, New York, NY, pg. 471

Heller, Gabe - Media Department - OMD, Chicago, IL, pg. 500

Heller, Paige - Media Department - CARAT, New York, NY, pg. 459

Heller, Marc - Interactive / Digital, Media Department, NBC, Operations - SPARK FOUNDRY, New York, NY, pg. 508

Hellrung, Amanda - Account Planner, Account Services, Media Department - ZENITH MEDIA, New York, NY, pg. 529

Helmer, Mariah - Media Department - GLOBAL MEDIA GROUP, Rancho Santa Margarita, CA, pg. 76

Helminger, Laura - Media Department - OMNIVORE, Milwaukee, WI, pg. 123

Hemmat, Amir - Interactive / Digital, Media Department, Programmatic - UNIVERSAL MCCANN, New York, NY, pg. 521

Hemond, Tina - Media Department - ACCESS TO MEDIA, Chicopee, MA, pg. 453

Henderson, Frank - Account Services, Media Department - CROSSMEDIA, New York, NY, pg. 463

Henderson, Lisa - Media Department - MILNER BUTCHER MEDIA GROUP, Los Angeles, CA, pg. 491

Hendricks, Brian - Account Planner, Account Services, Media Department, PPM - WAVEMAKER, Los Angeles, CA, pg. 528

Hendrix, Holly - Media Department - TRAVELCLICK, INC., New York, NY, pg. 272

Hendrix, Chris - Media Department - HORIZON MEDIA, INC., New York, NY, pg. 474

Heneghan, Emily - Interactive / Digital, Media Department, PPOM - MINDSHARE, Chicago, IL, pg. 494

Hengel, Elena - Media Department - MARKETING ARCHITECTS, Minneapolis, MN, pg. 288

Heniges, Tatiana - Interactive / Digital, Media Department - R&R PARTNERS, Las Vegas, NV, pg. 131

Henke, Maddie - Media Department, NBC - MONO, Minneapolis, MN, pg. 117

Henkel, Bill - Interactive / Digital, Media Department - BFW ADVERTISING, Boca Raton, FL, pg. 39

Henley, Ashley - Interactive / Digital, Media Department - THE BRANDON AGENCY, Myrtle Beach, SC, pg. 419

Henne, Sidney - Media Department, NBC, Operations - 72ANDSUNNY, Brooklyn, NY, pg. 24

Hennelly, Megan - Interactive / Digital, Media Department - NOBLE PEOPLE, New York, NY, pg. 120

Hennessy, Julianna - Media Department, Programmatic - CROSSMEDIA, New York, NY, pg. 463

Hennessy, Kalie - Interactive / Digital, Media Department - EMPOWER, Cincinnati, OH, pg. 354

Hennigan, Kaitlyn - Media Department - USIM, New York, NY, pg. 525

Henning Reed, Christine - Media Department - 360I, LLC, Atlanta, GA, pg. 207

Henninger, Valerie - Account Planner, Administrative, Interactive / Digital, Media Department - MINDSHARE, Chicago, IL, pg. 494

Henricks, Chelsea - Media Department, Social Media - ENERGY BBDO, INC., Chicago, IL, pg. 355

Henry, Heather - Media Department, Operations - DANIEL BRIAN ADVERTISING, Rochester, MI, pg. 348

Henry, Ashli - Media Department - ICF NEXT, Minneapolis, MN, pg. 372

Henry, Cassandra - Interactive / Digital, Media Department - ZENITH MEDIA, New York, NY, pg. 529

Hentemann, Gretchen - Account Planner, Account Services, Interactive / Digital, Media Department - GYRO, Chicago, IL, pg. 368

Hentze, Lisa - Account Planner, Media Department - OUTDOOR MEDIA GROUP, Jersey City, NJ, pg. 554

Henzie, Maygan - Media Department - CMI MEDIA, LLC, King of Prussia, PA, pg. 342

Herbert, Garry - Interactive / Digital, Media Department - HARMELIN MEDIA, Bala Cynwyd, PA, pg. 467

Herbert, Grace - Analytics, Interactive / Digital, Media Department - UNIVERSAL MCCANN DETROIT, Birmingham, MI, pg. 524

Herdman, Lisa - Media Department, PPM - RPA, Santa Monica, CA, pg. 134

Hergott, Chris - Media Department - SIXSPEED, Minneapolis, MN, pg. 198

Hering, Nicole - Account Planner, Account Services, Interactive / Digital, Management, Media Department - CRISPIN PORTER + BOGUSKY, Boulder, CO, pg. 346

Hering, Alex - Account Planner, Media Department - WIEDEN + KENNEDY, Portland, OR, pg. 430

Herink, Ashley - Media Department - COLLE MCVOY, Minneapolis, MN, pg. 343

Herl, Jennifer - Interactive / Digital, Media Department - STARCOM WORLDWIDE, Chicago, IL, pg. 513

Herman, Adam - Interactive / Digital, Media Department, PPOM - ZIMMERMAN ADVERTISING, Fort Lauderdale, FL, pg. 437

Herman, Alana - Interactive / Digital, Media Department - WAVEMAKER, New York, NY, pg. 526

Hernandez, Omara - Interactive / Digital, Management, Media Department - CANVAS WORLDWIDE, Playa Vista, CA, pg. 458

Hernandez, Angelique - Media Department - ZENITH MEDIA, New York, NY, pg. 529

Hernandez, Lidia - Media Department

RESPONSIBILITIES INDEX   AGENCIES

- OCEAN MEDIA, INC., Huntington Beach, CA, *pg.* 498
Hernandez, Daniella - Account Planner, Account Services, Management, Media Department - HEARTS & SCIENCE, New York, NY, *pg.* 471
Hernandez, Billy - Media Department - ZENITH MEDIA, Santa Monica, CA, *pg.* 531
Hernandez, Stephanie - Media Department - CARAT, Detroit, MI, *pg.* 461
Herndon, Amber - Media Department - ADK GROUP, Louisville, KY, *pg.* 210
Heron, Ashley - Interactive / Digital, Media Department, PPOM - HYFN, Los Angeles, CA, *pg.* 240
Heroux, Daryl - Management, Media Department - CARAT, Toronto, ON, *pg.* 461
Herrera, Amanda - Media Department - TRILIA , Boston, MA, *pg.* 521
Herrera, Luz - Media Department - CARDENAS MARKETING NETWORK, Chicago, IL, *pg.* 303
Herrera, Andrew - Account Planner, Account Services, Media Department, Public Relations - PRAYTELL, Brooklyn, NY, *pg.* 258
Herring, Juliana - Interactive / Digital, Media Department - VAYNERMEDIA, New York, NY, *pg.* 689
Herrmann, JM - Media Department - GIANT SPOON, LLC, Los Angeles, CA, *pg.* 363
Herrtage, Dallia - Account Services, Media Department - WAVEMAKER, New York, NY, *pg.* 526
Hersey, Joncarl - Media Department, Operations - WALRUS, New York, NY, *pg.* 161
Hershberger, Michelle - Media Department - BERNSTEIN-REIN ADVERTISING, INC., Kansas City, MO, *pg.* 39
Hertz, Meredith - Media Department - INITIATIVE, New York, NY, *pg.* 477
Hertz, Ashley - Media Department - ORION WORLDWIDE, New York, NY, *pg.* 503
Hertzog, Chris - Interactive / Digital, Media Department - BRANDDEFINITION, New York, NY, *pg.* 4
Hescott, Erin - Media Department - CARAT, Chicago, IL, *pg.* 461
Hespos, Tom - Media Department, PPOM - UNDERSCORE MARKETING, LLC, New York, NY, *pg.* 521
Hess, Scott - Media Department, PPOM - SPARK FOUNDRY, Chicago, IL, *pg.* 510
Hess, Brielyn - Media Department - BARKLEY, Kansas City, MO, *pg.* 329
Hesse, Sarah - Account Planner, Interactive / Digital, Media Department - GTB, Dearborn, MI, *pg.* 367
Hesser, Denise - Media Department - AMPERAGE, Cedar Rapids, IA, *pg.* 30
Hessling, Erin - Interactive / Digital, Media Department, PPM - DIGITAS, Detroit, MI, *pg.* 229

Hester, Amy - Account Services, Media Department - BURKHOLDER FLINT ASSOCIATES, Columbus, OH, *pg.* 338
Hettler, Jennifer - Interactive / Digital, Media Department - ST. JOHN & PARTNERS ADVERTISING & PUBLIC RELATIONS, Jacksonville, FL, *pg.* 412
Heydt, Sara - Management, Media Department - STARCOM WORLDWIDE, New York, NY, *pg.* 517
Hibbard, Kirsten - Media Department - HAWORTH MARKETING & MEDIA, Minneapolis, MN, *pg.* 470
Hibbert, Ann - Account Planner, Media Department - GENERATOR MEDIA + ANALYTICS, New York, NY, *pg.* 466
Hickey, Corey - Interactive / Digital, Media Department - ANSON-STONER, INC., Winter Park, FL, *pg.* 31
Hicks, Alisha - Media Department - PGR MEDIA, Boston, MA, *pg.* 504
Hicks, Samantha - Interactive / Digital, Media Department - VAYNERMEDIA, Sherman Oaks, CA, *pg.* 689
Hidra, Blerta - Interactive / Digital, Management, Media Department - OMD, New York, NY, *pg.* 498
Higbee, Stacy - Account Planner, Management, Media Department, PPOM - WAVEMAKER, New York, NY, *pg.* 526
Higbee, Sarah - Account Services, Interactive / Digital, Media Department, NBC - EPSILON , New York, NY, *pg.* 283
Higgins, Vanessa - Account Planner, Media Department - MEDIAHUB BOSTON, Boston, MA, *pg.* 489
Higgins, Michelle - Account Services, Media Department - OMD, New York, NY, *pg.* 498
Highet Morgan, Emily - Interactive / Digital, Media Department, PPOM - MINDSHARE, New York, NY, *pg.* 491
Hight, Jonathan - Interactive / Digital, Media Department - MEDIACOM, New York, NY, *pg.* 487
Higley, Laura - Account Planner, Account Services, Media Department - MINDSHARE, New York, NY, *pg.* 491
Hikiji, Carolyn - Media Department - STRATEGIC AMERICA, West Des Moines, IA, *pg.* 414
Hiland, Chris - Account Services, Interactive / Digital, Management, Media Department, NBC - PERISCOPE, Minneapolis, MN, *pg.* 127
Hildenbrand, Brian - Media Department - R\WEST, Portland, OR, *pg.* 136
Hile, Angela - Account Services, Media Department - 97 DEGREES WEST, Austin, TX, *pg.* 24
Hilgendorf, Josh - Media Department - KELLY, SCOTT & MADISON, INC., Chicago, IL, *pg.* 482
Hill, King - Interactive / Digital, Media Department - MARCUS THOMAS, Cleveland, OH, *pg.* 104
Hill, Jennifer - Media Department - THE RICHARDS GROUP, INC., Dallas,

TX, *pg.* 422
Hill, Tim - Interactive / Digital, Management, Media Department - UNIVERSAL MCCANN, New York, NY, *pg.* 521
Hill, Nikki - Account Planner, Management, Media Department - LAUGHLIN CONSTABLE, INC., Chicago, IL, *pg.* 380
Hill, Stephanie - Account Planner, Account Services, Interactive / Digital, Management, Media Department, NBC - CARAT, New York, NY, *pg.* 459
Hill, Mike - Interactive / Digital, Media Department - MEDIAHUB BOSTON, Boston, MA, *pg.* 489
Hill, Dawn - Media Department - MEDIA BROKERS INTERNATIONAL, Alpharetta, GA, *pg.* 485
Hill, Zachary - Account Services, Media Department, NBC - BATTERY, Hollywood, CA, *pg.* 330
Hill, Melissa - Account Services, Media Department - MOROCH PARTNERS, Dallas, TX, *pg.* 389
Hill, Stewart - Media Department - EVOK ADVERTISING, Heathrow, FL, *pg.* 69
Hill, Abby - Interactive / Digital, Media Department - MOXIE, Atlanta, GA, *pg.* 251
Hill, Corey - Media Department - SCHAFER CONDON CARTER, Chicago, IL, *pg.* 138
Hill, Amy - Analytics, Media Department - AGENTI MEDIA SERVICES, Plymouth, MN, *pg.* 453
Hill, Josean - Media Department - CRAMER-KRASSELT , Chicago, IL, *pg.* 53
Hill, James - Media Department - AVALANCHE MEDIA GROUP, Austin, TX, *pg.* 455
Hill, Steve - Media Department - R2INTEGRATED, Baltimore, MD, *pg.* 261
Hill Patterson, Lindsey - Interactive / Digital, Media Department - R&R PARTNERS, Las Vegas, NV, *pg.* 131
Hill-Saadan, Teresa - Media Department - GSD&M, Chicago, IL, *pg.* 79
Hill-Young, Renee - Account Services, Media Department, PPOM - QUIGLEY-SIMPSON, Los Angeles, CA, *pg.* 544
Hillman, Rhys - Account Planner, Media Department - TBWA \ CHIAT \ DAY, Los Angeles, CA, *pg.* 146
Hillman, Anne - Media Department - CKR INTERACTIVE, INC., Campbell, CA, *pg.* 220
Hills, Justin - Media Department, NBC - AYZENBERG GROUP, INC., Pasadena, CA, *pg.* 2
Hilpert, Kevin - Interactive / Digital, Media Department - HAWORTH MARKETING & MEDIA, Minneapolis, MN, *pg.* 470
Himani, Zaynah - Interactive / Digital, Media Department - HORIZON MEDIA, INC., Los Angeles, CA, *pg.*

1624

AGENCIES

RESPONSIBILITIES INDEX

473
Hinchcliffe, Christian - Media Department, PPOM - THE&PARTNERSHIP, New York, NY, *pg.* 426
Hiner, John - Media Department - MLIVE MEDIA GROUP, Grand Rapids, MI, *pg.* 388
Hines, Kyle - Interactive / Digital, Media Department - MILLER AD AGENCY, Dallas, TX, *pg.* 115
Hines, Steven - Interactive / Digital, Media Department - THE TOMBRAS GROUP, Knoxville, TN, *pg.* 424
Hinger, Matt - Media Department - UNIVERSAL MCCANN, New York, NY, *pg.* 521
Hingley, Charlotte - Media Department - DEUTSCH, INC., Los Angeles, CA, *pg.* 350
Hinton, Ian - Account Planner, Interactive / Digital, Media Department - CARAT, New York, NY, *pg.* 459
Hinton, Kate - Media Department - EMICO MEDIA, Denver, CO, *pg.* 465
Hirani, Krim - Media Department - SWARM, Atlanta, GA, *pg.* 268
Hirata, Emma - Interactive / Digital, Media Department - CARAT, Culver City, CA, *pg.* 459
Hirsch, Barbara - Account Planner, Media Department - MRM//MCCANN, Salt Lake City, UT, *pg.* 118
Hirsch, Jenna - Media Department - NEO MEDIA WORLD, New York, NY, *pg.* 496
Hirschberg, Jessica - Interactive / Digital, Media Department, Social Media - WAVEMAKER, New York, NY, *pg.* 526
Hirschl, Rachel - Interactive / Digital, Media Department - LOCKARD & WECHSLER, Irvington, NY, *pg.* 287
Hirsh, Matthew - Account Services, Media Department - MINDSHARE, Chicago, IL, *pg.* 494
Hirst, Doug - Management, Media Department - OMD CANADA, Toronto, ON, *pg.* 501
Hixon, Steve - Account Services, Media Department - MIDAN MARKETING, Chicago, IL, *pg.* 13
Hlavach, Pete - Interactive / Digital, Media Department - RHEA & KAISER MARKETING, Naperville, IL, *pg.* 406
Ho, Bonnie - Media Department - TIME ADVERTISING, Millbrae, CA, *pg.* 155
Ho, Michelle - Media Department - TRUE MEDIA, Calgary, AB, *pg.* 427
Ho, Anna - Creative, Interactive / Digital, Media Department - SMASHING IDEAS, Seattle, WA, *pg.* 266
Ho, Justin - Media Department - M/SIX, New York, NY, *pg.* 482
Ho, Cindy - Media Department - MEDIACOM, New York, NY, *pg.* 487
Hoang, Adriana - Interactive / Digital, Media Department - OMD ENTERTAINMENT, Burbank, CA, *pg.* 501
Hobart, Susan - Media Department -

FLYNN WRIGHT, INC., Des Moines, IA, *pg.* 359
Hoch, Melissa - Account Planner, Media Department - BRITTON MARKETING & DESIGN GROUP, Fort Wayne, IN, *pg.* 4
Hochhauser, Lauren - Finance, Media Department - HORIZON MEDIA, INC., New York, NY, *pg.* 474
Hochman, Melissa - Interactive / Digital, Media Department - SAATCHI & SAATCHI, New York, NY, *pg.* 136
Hochman, Ambyr - Media Department - HIRSHORN ZUCKERMAN DESIGN GROUP, Rockville, MD, *pg.* 371
Hochstein, Tia - Media Department - HUGHESLEAHYKARLOVIC, Saint Louis, MO, *pg.* 372
Hocking, Ben - Interactive / Digital, Media Department - BFO, Chicago, IL, *pg.* 217
Hodgdon, Melissa - Management, Media Department - MOXIE, Atlanta, GA, *pg.* 251
Hodge, Megan - Interactive / Digital, Media Department - CARAT, New York, NY, *pg.* 459
Hodge, Donna - Media Department - BURRELL COMMUNICATIONS GROUP, INC., Chicago, IL, *pg.* 45
Hodges, Matthew - Account Services, Media Department - OMD, New York, NY, *pg.* 498
Hodges, Liberty - Media Department, NBC - FROST & SULLIVAN, San Antonio, TX, *pg.* 444
Hodgkin, Kelsey - Account Planner, Account Services, Management, Media Department, Research - DEUTSCH, INC., Los Angeles, CA, *pg.* 350
Hoehn, Maija - Account Services, Interactive / Digital, Media Department - BROADHEAD, Minneapolis, MN, *pg.* 337
Hoelscher, Ashley - Account Planner, Account Services, Media Department - MEDIAHUB NEW YORK, New York, NY, *pg.* 249
Hoerr, Taylor - Analytics, Media Department - MEDIAHUB WINSTON SALEM, Winston-Salem, NC, *pg.* 386
Hoffend, Emily - Account Planner, Interactive / Digital, Media Department - HAVAS MEDIA GROUP, Boston, MA, *pg.* 470
Hoffman, Brittany - Account Services, Media Department - UNIVERSAL MCCANN, Los Angeles, CA, *pg.* 524
Hoffman, Grant - Media Department - RIGHT PLACE MEDIA, Lexington, KY, *pg.* 507
Hoffman, Sarah - Media Department - T3, Austin, TX, *pg.* 268
Hoffman, Brandon - Interactive / Digital, Media Department - KEA ADVERTISING, Valley Cottage, NY, *pg.* 94
Hoffmann, Eric - Interactive / Digital, Media Department - UNIVERSAL MCCANN, New York, NY, *pg.* 521
Hofherr, Matt - Account Planner, Media Department, PPOM -

MUH-TAY-ZIK / HOF-FER, San Francisco, CA, *pg.* 119
Hofherr, Peyton - Media Department - KELLY, SCOTT & MADISON, INC., Chicago, IL, *pg.* 482
Hofilena, Kristine - Interactive / Digital, Media Department - INITIATIVE, Los Angeles, CA, *pg.* 478
Hogan, Mark - Media Department - HARMELIN MEDIA, Bala Cynwyd, PA, *pg.* 467
Hogan, Kelly - Media Department - BFO, Chicago, IL, *pg.* 217
Hogan, Kelly - Interactive / Digital, Media Department - IPROSPECT, New York, NY, *pg.* 674
Hogan, Ashley - Media Department - CARAT, New York, NY, *pg.* 459
Hogan, Sean - Media Department - 360I, LLC, Chicago, IL, *pg.* 208
Hogan, Paris - Media Department - STERLING-RICE GROUP, Boulder, CO, *pg.* 413
Hogan, Erin - Account Planner, Account Services, Media Department - HEARTS & SCIENCE, Atlanta, GA, *pg.* 473
Hogfoss, Katie - Media Department - ODNEY ADVERTISING AGENCY, Bismarck, ND, *pg.* 392
Hogg, Gillian - Interactive / Digital, Media Department - MEDIACOM, New York, NY, *pg.* 487
Hohe, Mariann - Media Department - SCHERMER, Minneapolis, MN, *pg.* 16
Hohman, Deborah - Account Services, Media Department, PPM - MEDIASPOT, INC., Corona Del Mar, CA, *pg.* 490
Hokanson, Susan - Media Department - OSBORN & BARR COMMUNICATIONS, Saint Louis, MO, *pg.* 395
Hoksch, LeAnn - Interactive / Digital, Media Department, NBC - GMR MARKETING, New Berlin, WI, *pg.* 306
Holbrook, Natalie - Account Services, Management, Media Department - INITIATIVE, Los Angeles, CA, *pg.* 478
Holbrook, Hunter - Media Department - MEKANISM, New York, NY, *pg.* 113
Holcombe, Brian - Management, Media Department, PPOM, Public Relations - RYGR, Carbondale, CO, *pg.* 409
Holden, Jill - Management, Media Department - GUD MARKETING, Lansing, MI, *pg.* 80
Holden, James - Account Services, Media Department - ACTIVE INTERNATIONAL, Pearl River, NY, *pg.* 439
Holiday, Taylor - Interactive / Digital, Media Department - COMMON THREAD COLLECTIVE, Santa Ana, CA, *pg.* 221
Holl, Sara - Media Department - GSD&M, Austin, TX, *pg.* 79
Holland, Mark - Media Department, PPOM - HOLLAND ADVERTISING, Cincinnati, OH, *pg.* 87
Holland, Brian - Interactive / Digital, Media Department - STARCOM WORLDWIDE, New York, NY, *pg.* 517

1625

RESPONSIBILITIES INDEX — AGENCIES

Hollander, April - Media Department - BROADHEAD, Minneapolis, MN, *pg.* 337

Hollar, Candace - Interactive / Digital, Media Department - MEDIAHUB LOS ANGELES, El Segundo, CA, *pg.* 112

Holleman, Chris - Interactive / Digital, Media Department - R + M, Cary, NC, *pg.* 196

Holleman, Kim - Media Department - PROMOTIONAL IMAGES, INC., New Iberia, LA, *pg.* 569

Holler, Troy - Media Department - 360I, LLC, Chicago, IL, *pg.* 208

Holley, Kelly - Account Services, Media Department - FALLON WORLDWIDE, Minneapolis, MN, *pg.* 70

Holliday, Emily - Interactive / Digital, Media Department, Social Media - CALLAHAN CREEK , Lawrence, KS, *pg.* 4

Holliday, Farris - Media Department - THE MARKETING PRACTICE, Seattle, WA, *pg.* 169

Hollins, Sheila - Media Department - SMY MEDIA, INC., Chicago, IL, *pg.* 508

Hollock, Brian - Management, Media Department - MINDSHARE, Chicago, IL, *pg.* 494

Holm, Melissa - Media Department - MARKETSMITH, INC, Cedar Knolls, NJ, *pg.* 483

Holman, Molly - Media Department - BRODEUR PARTNERS, New York, NY, *pg.* 586

Holmes, Brenna - Creative, Interactive / Digital, Media Department, Research, Social Media - CHAPMAN CUBINE + HUSSEY, Arlington, VA, *pg.* 281

Holmgren, Jordan - Interactive / Digital, Media Department - CARAT, Detroit, MI, *pg.* 461

Holmgren, Lisa - Media Department - MARCUS THOMAS, Cleveland, OH, *pg.* 104

Holmquist, Michael - Media Department - STARCOM WORLDWIDE, North Hollywood, CA, *pg.* 516

Holmstedt, Kendra - Media Department - GTB, Dearborn, MI, *pg.* 367

Holstein, Valerie - Media Department - TBC, Baltimore, MD, *pg.* 416

Holt Brummelkamp, Alison - Media Department - GOLIN, Los Angeles, CA, *pg.* 609

Holtkamp, Robert - Account Services, Management, Media Department - INITIATIVE, Los Angeles, CA, *pg.* 478

Holton, Eileen - Account Planner, Account Services, Interactive / Digital, Media Department - OMD, Chicago, IL, *pg.* 500

Holton, Anthony - Media Department - WIEDEN + KENNEDY, Portland, OR, *pg.* 430

Holzbauer, Erin - Media Department, PPOM - HIEBING, Madison, WI, *pg.* 85

Holzman, Stephanie - Media Department - RUNYON SALTZMAN EINHORN, Sacramento, CA, *pg.* 645

Honey, Desiree - Media Department - UNIVERSAL MCCANN, New York, NY, *pg.* 521

Honeycutt, Justin - Media Department - MINDSTREAM MEDIA GROUP - DALLAS, Dallas, TX, *pg.* 496

Honeycutt, Whitney - Media Department - BROWN PARKER | DEMARINIS ADVERTISING, Boca Raton, FL, *pg.* 43

Hong, Iris - Creative, Media Department - FIREWOOD, San Francisco, CA, *pg.* 283

Hood, Pam - Media Department, PPM - FITZCO, Atlanta, GA, *pg.* 73

Hook, Alyssa - Interactive / Digital, Media Department - HORIZON MEDIA, INC., New York, NY, *pg.* 474

Hooker, Andrew - Media Department - PHD USA, New York, NY, *pg.* 505

Hooks, Keisha - Interactive / Digital, Media Department - PUBLICIS NORTH AMERICA, New York, NY, *pg.* 399

Hooper, Michael - Interactive / Digital, Media Department - ORION WORLDWIDE, New York, NY, *pg.* 503

Hoopes, Chris - Media Department - HAVAS MEDIA GROUP, New York, NY, *pg.* 468

Hoover, Eric - Interactive / Digital, Media Department - ICROSSING, New York, NY, *pg.* 240

Hoover, Jacqueline - Media Department - STARCOM WORLDWIDE, Chicago, IL, *pg.* 513

Hopper, Kristin - Media Department - MEDIA ASSEMBLY, Southfield, MI, *pg.* 385

Horak, Markus - Account Services, Creative, Media Department - ACCENTURE INTERACTIVE, New York, NY, *pg.* 209

Horn, Kathy - Interactive / Digital, Media Department, Social Media - VITALINK COMMUNICATIONS, Raleigh, NC, *pg.* 159

Horn, Justin - Interactive / Digital, Media Department - REFUEL AGENCY, New York, NY, *pg.* 507

Horner, James - Media Department, PPM, PPOM - GOODBY, SILVERSTEIN & PARTNERS, San Francisco, CA, *pg.* 77

Horner, Jane - Media Department, NBC - DCI-ARTFORM, Milwaukee, WI, *pg.* 349

Horner, Tom - Media Department, PPOM - BEACON MEDIA, Mahwah, NJ, *pg.* 216

Horowitz, Robert - Media Department - HUNTER HAMERSMITH, North Miami, FL, *pg.* 87

Horowitz, Brad - Creative, Interactive / Digital, Management, Media Department, PPOM - ELITE MARKETING GROUP, New York, NY, *pg.* 305

Horowitz, Brooke - Account Planner, Interactive / Digital, Media Department, NBC - PHD USA, New York, NY, *pg.* 505

Horowitz, Brittany - Management, Media Department - EDELMAN, New York, NY, *pg.* 599

Horton, Sue - Media Department - ALTMAN-HALL ASSOCIATES, Erie, PA, *pg.* 30

Horton, Mary - Media Department - ICON INTERNATIONAL, INC., Greenwich, CT, *pg.* 476

Horton, Matt - Media Department, NBC - PUBLICIS NORTH AMERICA, New York, NY, *pg.* 399

Horvath, Theresa - Media Department, Operations - STARCOM WORLDWIDE, Detroit, MI, *pg.* 517

Horwitz, Julia - Account Planner, Media Department - MEDIA STORM, New York, NY, *pg.* 486

Hoskins, Diana - Media Department - SPARK FOUNDRY, Chicago, IL, *pg.* 510

Hotchkiss, Colleen - Account Planner, Account Services, Media Department - ZENITH MEDIA, New York, NY, *pg.* 529

Hotis, Wyatt - Interactive / Digital, Media Department, Programmatic - WAVEMAKER, New York, NY, *pg.* 526

Houg, Erin - Interactive / Digital, Media Department - STARCOM WORLDWIDE, Chicago, IL, *pg.* 513

Houghton, Kate - Management, Media Department, NBC - OMNICOM GROUP, New York, NY, *pg.* 123

House, Rebecca - Interactive / Digital, Media Department - UNIVERSAL MCCANN, New York, NY, *pg.* 521

House, Ray - Interactive / Digital, Media Department - CONNECT AT PUBLICIS MEDIA, Chicago, IL, *pg.* 462

Housley, Jocabed - Media Department - REDPEG MARKETING, Alexandria, VA, *pg.* 692

Houston, Jarrett - Interactive / Digital, Media Department - ESSENCE, Los Angeles, CA, *pg.* 233

Hoven, Mary - Media Department, Research - STARCOM WORLDWIDE, Chicago, IL, *pg.* 513

Howard, Bradley - Interactive / Digital, Management, Media Department - STARCOM WORLDWIDE, Toronto, ON, *pg.* 517

Howard, Benjamin - Interactive / Digital, Media Department - MINDSHARE, New York, NY, *pg.* 491

Howard, Kevin - Account Services, Management, Media Department - HORIZON MEDIA, INC., New York, NY, *pg.* 474

Howard, Cristina - Interactive / Digital, Media Department - &BARR, Orlando, FL, *pg.* 319

Howard, Kelly - Account Services, Media Department - WAVEMAKER, New York, NY, *pg.* 526

Howard, Amy - Account Planner, Media Department - GARRIGAN LYMAN GROUP, Seattle, WA, *pg.* 236

Howard, Nick - Media Department - GSD&M, Austin, TX, *pg.* 79

Howard, Emma - Media Department - CMI MEDIA, LLC, King of Prussia,

AGENCIES RESPONSIBILITIES INDEX

PA, pg. 342
Howard, Kerry - Account Planner, Media Department - KELLY, SCOTT & MADISON, INC., Chicago, IL, pg. 482
Howarth, Sarah - Account Services, Media Department - VMC MEDIA, Toronto, ON, pg. 526
Howatt, Heather - Account Services, Media Department, NBC, PPOM - RESULTS MARKETING & ADVERTISING, Charlottetown, PE, pg. 405
Howe, Melanie - Media Department - KIOSK CREATIVE LLC, Novato, CA, pg. 378
Howe, Eliot - Media Department - SPARK FOUNDRY, Chicago, IL, pg. 510
Howell, Chris - Interactive / Digital, Media Department, NBC - INITIATIVE, New York, NY, pg. 477
Howell, Perry - Media Department - HEARTS & SCIENCE, New York, NY, pg. 471
Howell, Karen - Media Department - AVENIR BOLD, Raleigh, NC, pg. 328
Howland, Tom - Interactive / Digital, Media Department - MEDIACOM, New York, NY, pg. 487
Howle, Rachel - Interactive / Digital, Media Department - OPTIDGE, Houston, TX, pg. 255
Hoyos, Jaquie - Media Department - THE RICHARDS GROUP, INC., Dallas, TX, pg. 422
Hoyt, Karen - Media Department - HEARTS & SCIENCE, Atlanta, GA, pg. 473
Hsu, Teresa - Management, Media Department - HORIZON MEDIA, INC., New York, NY, pg. 474
Hsu, Daniel - Interactive / Digital, Media Department - THE MEDIA KITCHEN, New York, NY, pg. 519
Hsu, Danny - Media Department - MEDIACOM, New York, NY, pg. 487
Hu, Tiffany - Interactive / Digital, Media Department - CARAT, Culver City, CA, pg. 459
Hua, Freddie - Interactive / Digital, Media Department - OPENMIND, New York, NY, pg. 503
Huang, Doris - Media Department - ADMERASIA, INC., New York, NY, pg. 537
Huang, Raymond - Interactive / Digital, Media Department, Programmatic - OMD, New York, NY, pg. 498
Huang, Ashley - Account Planner, Account Services, Human Resources, Media Department - INITIATIVE, Los Angeles, CA, pg. 478
Huang, Joyce - Interactive / Digital, Media Department - SPARK FOUNDRY, New York, NY, pg. 508
Hubbard, Lisa - Media Department - CACTUS MARKETING COMMUNICATIONS, Denver, CO, pg. 339
Huber, Conner - Account Services, Interactive / Digital, Management, Media Department, NBC, PPOM - MCGARRYBOWEN, New York, NY, pg. 109
Huck, Jenn - Account Planner, Media Department, NBC, Programmatic - OMD

ENTERTAINMENT, Burbank, CA, pg. 501
Huckabay, Cheryl - Media Department, NBC, PPOM - THE RICHARDS GROUP, INC., Dallas, TX, pg. 422
Huddins, Matt - Account Services, Creative, Interactive / Digital, Media Department - GOODBY, SILVERSTEIN & PARTNERS, San Francisco, CA, pg. 77
Hudock, Jaclyn - Media Department - ALLSCOPE MEDIA, New York, NY, pg. 454
Hudson, Janice - Media Department, Research - CAMELOT STRATEGIC MARKETING & MEDIA, Dallas, TX, pg. 457
Hudson, Michelle - Account Planner, Media Department - MINDSTREAM MEDIA GROUP - DALLAS, Dallas, TX, pg. 496
Hudson, Alex - Interactive / Digital, Media Department - DIGITAS, San Francisco, CA, pg. 227
Huebner, Lisa - Media Department - BOELTER & LINCOLN, INC., Milwaukee, WI, pg. 41
Huff, MacKenzie - Account Services, Interactive / Digital, Media Department, PPM - COPACINO + FUJIKADO, LLC, Seattle, WA, pg. 344
Huffman, Jaclyn - Account Planner, Interactive / Digital, Media Department - GTB, Dearborn, MI, pg. 367
Huffman, Craig - Media Department - CSM SPORTS & ENTERTAINMENT, Indianapolis, IN, pg. 55
Huggins, Jeff - Media Department, Operations - INTOUCH SOLUTIONS, INC., Overland Park, KS, pg. 242
Hughes, Ed - Account Planner, Account Services, Management, Media Department - MINDSHARE, New York, NY, pg. 491
Hughes, Jeff - Media Department - STARCOM WORLDWIDE, Chicago, IL, pg. 513
Hughes, Kimberly - Media Department - TRILIA, Boston, MA, pg. 521
Hughes, Jennifer - Media Department - DIANE ALLEN & ASSOCIATES, Baton Rouge, LA, pg. 597
Hughes, Jan - Account Planner, Account Services, Interactive / Digital, Media Department - DAY COMMUNICATIONS GROUP, INC., Toronto, ON, pg. 349
Hughes, Darby - Media Department - QUENCH, Harrisburg, PA, pg. 131
Hughes, Vanessa - Account Planner, Account Services, Media Department - MEDIAHUB LOS ANGELES, El Segundo, CA, pg. 112
Hughes, Alli - Media Department, NBC - DERSE, INC., Milwaukee, WI, pg. 304
Hughes, Shannon - Media Department - LESSING-FLYNN ADVERTISING CO., Des Moines, IA, pg. 99
Hughes, Ashley - Media Department - RLA COLLECTIVE, Pleasantville, NY, pg. 643
Hughes, Tonja - Media Department - VERTICAL MARKETING NETWORK, Tustin,

CA, pg. 428
Hulbert, Carolyn - Interactive / Digital, Media Department - LUQUIRE GEORGE ANDREWS, INC., Charlotte, NC, pg. 382
Hull, Jeremy - Interactive / Digital, Media Department - IPROSPECT, Fort Worth, TX, pg. 674
Hum, William - Account Services, Creative, Media Department, Promotions - CONSTELLATION AGENCY, New York, NY, pg. 221
Humbert, Cindy - Media Department - IDEAOLOGY ADVERTISING, Marina Del Rey, CA, pg. 88
Humes, Russell - Interactive / Digital, Media Department - STARCOM WORLDWIDE, Chicago, IL, pg. 513
Humes, Michelle - Media Department - UNDERSCORE MARKETING, LLC, New York, NY, pg. 521
Hunley, Jennifer - Account Planner, Interactive / Digital, Media Department, NBC - BBDO WORLDWIDE, New York, NY, pg. 331
Hunsicker, Steve - Account Services, Media Department - INITIATIVE, New York, NY, pg. 477
Hunt, Kristin - Interactive / Digital, Media Department - WAVEMAKER, Los Angeles, CA, pg. 528
Hunt, John - Media Department, PPM - BONFIRE LABS, San Francisco, CA, pg. 175
Hunt, Sarah - Media Department - STARCOM WORLDWIDE, Chicago, IL, pg. 513
Hunt, John - Media Department - OMD, New York, NY, pg. 498
Hunt, Alexander - Media Department - CROSSMEDIA, Philadelphia, PA, pg. 463
Hunter, Gabriela - Media Department - WAVEMAKER, New York, NY, pg. 526
Hunter, Mary - Interactive / Digital, Media Department, Social Media - MEDIACOM, Playa Vista, CA, pg. 486
Hunter, Ann-Marie - Interactive / Digital, Media Department - BLUE 449, Seattle, WA, pg. 456
Hupp, Chelsea - Media Department - GRP MEDIA, INC., Chicago, IL, pg. 467
Hurd, Lindsay - Account Planner, Media Department - CARAT, New York, NY, pg. 459
Huria, Sheena - Media Department - 360I, LLC, New York, NY, pg. 320
Hurley, Kathy - Media Department, PPM - THE INTEGER GROUP - DALLAS, Dallas, TX, pg. 570
Hurley, Kevin - Media Department - AMP AGENCY, Boston, MA, pg. 297
Hurley, Brian - Interactive / Digital, Media Department - HORIZON MEDIA, INC., New York, NY, pg. 474
Hurley, Patrick - Media Department - MODERN CLIMATE, Minneapolis, MN, pg. 388
Hurley Dunn, Caitlin - Interactive / Digital, Media Department, Social Media - DIGITAS, Chicago, IL, pg. 227

RESPONSIBILITIES INDEX

AGENCIES

Hurst, Alexander - Interactive / Digital, Media Department - WAVEMAKER, New York, NY, *pg.* 526
Hurt, Mike - Media Department - RHEA & KAISER MARKETING , Naperville, IL, *pg.* 406
Hurwitz, Thomas - Account Planner, Media Department - PALISADES MEDIA GROUP, INC., Santa Monica, CA, *pg.* 124
Huston, Katherine - Interactive / Digital, Management, Media Department, Social Media - MAROON PR, Columbia, MD, *pg.* 625
Huston-Lyons, Aleigh - Account Services, Media Department - MOMENTUM WORLDWIDE, New York, NY, *pg.* 117
Hutchens, Matt - Creative, Interactive / Digital, Media Department - BIGEYE AGENCY, Orlando, FL, *pg.* 3
Hutchings, Ashley - Media Department - KELLY, SCOTT & MADISON, INC., Chicago, IL, *pg.* 482
Hutchings, Caleb - Interactive / Digital, Media Department - MEDIAHUB BOSTON, Boston, MA, *pg.* 489
Hutchinson, Taylor - Media Department - THE MEDIA KITCHEN, New York, NY, *pg.* 519
Huth, Adrian - Media Department - MINDSTREAM MEDIA, San Diego, CA, *pg.* 495
Hutson, Ally - Media Department - CCMEDIA, Reno, NV, *pg.* 49
Huttner, Shelley - Interactive / Digital, Media Department - TOUCHPOINT INTEGRATED COMMUNICATIONS, Darien, CT, *pg.* 520
Huynh, Danny - Account Planner, Account Services, Interactive / Digital, Management, Media Department, PPOM - UNIVERSAL MCCANN, New York, NY, *pg.* 521
Huynh, Andrew - Account Services, Analytics, Interactive / Digital, Media Department - SAATCHI & SAATCHI LOS ANGELES, Torrance, CA, *pg.* 137
Huynh, Nancy - Analytics, Media Department - DIGITAL AUTHORITY PARTNERS, Chicago, IL, *pg.* 225
Huynh, Alexandra - Media Department - SPARK FOUNDRY, El Segundo, CA, *pg.* 512
Hwang, Kendra - Account Planner, Account Services, Interactive / Digital, Media Department - CAMPBELL EWALD, West Hollywood, CA, *pg.* 47
Hwang, Lillian - Media Department - SPARK FOUNDRY, El Segundo, CA, *pg.* 512
Hwang, Marlyn - Media Department, NBC - GP GENERATE, LLC, Los Angeles, CA, *pg.* 541
Hyden, Deb - Media Department - CREATIVE COMMUNICATIONS CONSULTANTS, INC., Minneapolis, MN, *pg.* 346
Hyland, Macy - Account Planner, Account Services, Media Department, Social Media - FIREMAN CREATIVE, Pittsburgh, PA, *pg.* 183
Hyler, Buzz - Media Department - ZENITH MEDIA, Chicago, IL, *pg.* 531
Hymanson, Megan - Media Department - OCEAN MEDIA, INC., Huntington Beach, CA, *pg.* 498
Hymen, Alexis - Interactive / Digital, Media Department - ENGINE MEDIA GROUP, New York, NY, *pg.* 465
Hyndman, Mark - Media Department, PPM - OMD CANADA, Toronto, ON, *pg.* 501
Hynes, Connor - Interactive / Digital, Media Department - MINDSHARE, Playa Vista, CA, *pg.* 495
Hynkemeier Olesen, Simon - Media Department - POSTERSCOPE U.S.A., New York, NY, *pg.* 556
Hyslip, Jennifer - Media Department - MEDIAHUB BOSTON, Boston, MA, *pg.* 489
Iadanza, Clare - Account Planner, Media Department, NBC - HORIZON MEDIA, INC., New York, NY, *pg.* 474
Iarossi, Jennifer - Media Department - INITIATIVE, New York, NY, *pg.* 477
Iasilli, Melinda - Account Planner, Account Services, Media Department - OMD, New York, NY, *pg.* 498
Ibabao, Malaya - Media Department - DWA MEDIA, San Francisco, CA, *pg.* 464
Ibrahim, Roslyna - Media Department - SPARK FOUNDRY, Chicago, IL, *pg.* 510
Icaza, Tiffany - Media Department - PHD USA, New York, NY, *pg.* 505
Igarashi, Jeanette - Interactive / Digital, Media Department - ALWAYS ON COMMUNICATIONS , Pasadena, CA, *pg.* 454
Ignoffo, Lauren - Account Planner, Interactive / Digital, Media Department - MINDSHARE, Chicago, IL, *pg.* 494
Ikeda, Mindi - Account Planner, Media Department - ESSENCE, New York, NY, *pg.* 232
Ikegami, Dan - Interactive / Digital, Media Department - MEDIASPOT, INC. , Corona Del Mar, CA, *pg.* 490
Ikpe, Jillian - Media Department - ZENITH MEDIA, New York, NY, *pg.* 529
Ilan-Weber, Danielle - Media Department - ADQUADRANT, Costa Mesa, CA, *pg.* 211
Ilardi, Melissa - Interactive / Digital, Media Department - MEDIA TWO INTERACTIVE, Raleigh, NC, *pg.* 486
Illescas, Jessica - Media Department - WAVEMAKER, Los Angeles, CA, *pg.* 528
Imbergamo, Michaela - Interactive / Digital, Media Department - WAVEMAKER, New York, NY, *pg.* 526
Infante, Gabrielle - Media Department - CMI MEDIA, LLC, King of Prussia, PA, *pg.* 342
Infanzon, Christopher - Interactive / Digital, Media Department - ESSENCE, New York, NY, *pg.* 232
Infelt, Jim - Interactive / Digital, Media Department, PPOM - AMPERAGE, Cedar Falls, IA, *pg.* 30
Inferri, Robert - Media Department - OMD, New York, NY, *pg.* 498
Infosino, Thomas - Interactive / Digital, Media Department - SPARK FOUNDRY, New York, NY, *pg.* 508
Ing, Bill - Management, Media Department, PPM - SAATCHI & SAATCHI CANADA, Toronto, ON, *pg.* 136
Ingenito, Alexandra - Interactive / Digital, Media Department - HORIZON MEDIA, INC., New York, NY, *pg.* 474
Inglis, Harry - Interactive / Digital, Media Department - PERFORMICS, New York, NY, *pg.* 676
Ingold, Madison - Account Planner, Account Services, Media Department - SPARK FOUNDRY, Chicago, IL, *pg.* 510
Ingram, Tamara - Account Services, Management, Media Department, PPOM - WUNDERMAN THOMPSON, New York, NY, *pg.* 434
Injac, Aleksandra - Media Department, PPOM, Programmatic - MINDSHARE, Chicago, IL, *pg.* 494
Insdorf, Stephanie - Account Planner, Interactive / Digital, Management, Media Department - UNIVERSAL MCCANN, New York, NY, *pg.* 521
Insdorf, Peter - Interactive / Digital, Media Department - STARCOM WORLDWIDE, New York, NY, *pg.* 517
Insler, Abraham - Media Department, Programmatic - MEDIACOM, New York, NY, *pg.* 487
Ip, Sunny - Interactive / Digital, Media Department, Social Media - REPRISE DIGITAL, New York, NY, *pg.* 676
Iqbal, Rehan - Media Department - TRUE NORTH INC., New York, NY, *pg.* 272
Iraheta, Claudia - Media Department - THE RICHARDS GROUP, INC., Dallas, TX, *pg.* 422
Irani, Layla - Interactive / Digital, Media Department - CANVAS WORLDWIDE, Playa Vista, CA, *pg.* 458
Ireland, Jack - Interactive / Digital, Media Department, NBC, Social Media - SYZYGY US, New York, NY, *pg.* 268
Irizarry, Jonathan - Account Planner, Account Services, Media Department, Social Media - WIEDEN + KENNEDY, New York, NY, *pg.* 432
Irvin, Michelle - Media Department - STRATEGIC MEDIA, INC., Arlington, VA, *pg.* 518
Irwin, Debbie - Account Planner, Media Department, PPM - WAVEMAKER, Toronto, ON, *pg.* 529
Isaac, Andrea - Administrative, Management, Media Department, NBC, PPOM - HAVAS MEDIA GROUP, Miami, FL, *pg.* 470
Isaac, Spencer - Media Department - SAATCHI & SAATCHI LOS ANGELES, Torrance, CA, *pg.* 137

AGENCIES RESPONSIBILITIES INDEX

Isaacs, Courtney - Account Planner, Interactive / Digital, Media Department, PPOM - MINDSHARE, Chicago, IL, pg. 494

Isaacs, Zach - Management, Media Department - STARCOM WORLDWIDE, Chicago, IL, pg. 513

Iser, Lauren - Media Department, PPM - MILNER BUTCHER MEDIA GROUP, Los Angeles, CA, pg. 491

Iseral, April - Media Department, NBC - THE RICHARDS GROUP, INC., Dallas, TX, pg. 422

Ishigo, Kelsey - Media Department - SPARK FOUNDRY, El Segundo, CA, pg. 512

Israel, Gail - Account Services, Media Department - MEDIASPOT, INC. , Corona Del Mar, CA, pg. 490

Israel, Sarah - Media Department - BOOYAH ONLINE ADVERTISING, Denver, CO, pg. 218

Italia, Mark - Interactive / Digital, Media Department - HORIZON MEDIA, INC., Los Angeles, CA, pg. 473

Iverson, Teaghan - Media Department - BARLOW MEDIA, North Vancouver, BC, pg. 455

Ives, Brittany - Media Department - ZENITH MEDIA, New York, NY, pg. 529

Ivie, Blake - Account Planner, Account Services, Interactive / Digital, Management, Media Department - CARAT, Atlanta, GA, pg. 459

Jablon, Dan - Media Department, NBC - MEDIACOM, New York, NY, pg. 487

Jackson, Paul - Media Department, PPOM - MARKETING ARCHITECTS, Minneapolis, MN, pg. 288

Jackson, Jeremy - Account Planner, Media Department - 360I, LLC, Chicago, IL, pg. 208

Jackson, Chelsea - Interactive / Digital, Media Department, PPM - ZENITH MEDIA, Atlanta, GA, pg. 531

Jackson, Gaye - Media Department, PPOM - ESSENCE, New York, NY, pg. 232

Jackson, Kyle - Media Department, NBC, Programmatic - PERFORMICS, Chicago, IL, pg. 676

Jackson, Evan - Interactive / Digital, Media Department - STARCOM WORLDWIDE, Chicago, IL, pg. 513

Jackson, Paula - Interactive / Digital, Media Department - IVIE & ASSOCIATES, INC., Flower Mound, TX, pg. 91

Jackson, Robert - Account Planner, Account Services, Media Department - UNIVERSAL MCCANN, New York, NY, pg. 521

Jackson, Ashley - Media Department - THE BUNTIN GROUP, Nashville, TN, pg. 148

Jackson, Connor - Media Department - BACKBONE MEDIA, Carbondale, CO, pg. 579

Jackson, Steven - Media Department, Public Relations - DUNCAN CHANNON, San Francisco, CA, pg. 66

Jackson, Angela - Media Department - A.B. DATA, LTD, Milwaukee, WI, pg. 279

Jackson, Lee Ann - Account Planner, Account Services, Media Department, Social Media - AMBASSADOR ADVERTISING, Irvine, CA, pg. 324

Jacob, Alexandra - Management, Media Department, PPOM - SPARK FOUNDRY, El Segundo, CA, pg. 512

Jacob, Mike - Account Services, Media Department - COOPER-SMITH ADVERTISING, Toledo, OH, pg. 462

Jacobs, Rick - Account Planner, Media Department, PPOM - MONIGLE ASSOCIATES, INC., Denver, CO, pg. 14

Jacobs, Letitia - Account Services, Media Department, PPM - ARTS & LETTERS, Richmond, VA, pg. 34

Jacobs, Ricky - Interactive / Digital, Management, Media Department, NBC - FCB TORONTO, Toronto, ON, pg. 72

Jacobs, David - Interactive / Digital, Media Department, PPOM, Public Relations - THE TOMBRAS GROUP, Knoxville, TN, pg. 424

Jacobs, Jeremy - Media Department - ASHER AGENCY, Fort Wayne, IN, pg. 327

Jacobs, Leigh - Account Planner, Media Department, NBC - GENERATOR MEDIA + ANALYTICS, New York, NY, pg. 466

Jacobs, Courtney - Account Services, Media Department - MEDIAHUB WINSTON SALEM, Winston-Salem, NC, pg. 386

Jacobs, Christina - Interactive / Digital, Media Department - AKQA, San Francisco, CA, pg. 211

Jacobson, Gina - Management, Media Department - STARCOM WORLDWIDE, Chicago, IL, pg. 513

Jacobson, Lauren - Interactive / Digital, Media Department - INITIATIVE, New York, NY, pg. 477

Jacobson, Emily - Account Planner, Account Services, Media Department - STARCOM WORLDWIDE, Chicago, IL, pg. 513

Jacobus, Leslie - Media Department, Operations, PPOM - ALLSCOPE MEDIA, New York, NY, pg. 454

Jacoby, Steve - Account Planner, Interactive / Digital, Media Department - CONVERGEDIRECT, New York, NY, pg. 462

Jaeger, Jonathan - Interactive / Digital, Media Department - ZETA INTERACTIVE, New York, NY, pg. 277

Jaeger, Brian - Media Department, Public Relations - NO LIMIT AGENCY, Chicago, IL, pg. 632

Jaffee, Nate - Media Department - PRAYTELL, Brooklyn, NY, pg. 258

Jaffery, Imran - Account Services, Interactive / Digital, Media Department, NBC - TOUCHPOINT INTEGRATED COMMUNICATIONS, Darien, CT, pg. 520

Jagla, Michelle - Interactive / Digital, Media Department - MEDIACOM, New York, NY, pg. 487

Jahn, Jason - Account Services, Media Department - HEARTS & SCIENCE, New York, NY, pg. 471

Jahng, Justin - Account Services, Media Department - PRAYTELL, Brooklyn, NY, pg. 258

Jairath, Akash - Analytics, Media Department, PPOM, Research - DENTSU AEGIS NETWORK, New York, NY, pg. 61

Jakubas, Jess - Management, Media Department - SPARK FOUNDRY, New York, NY, pg. 508

Jakubowski, Ryan - Interactive / Digital, Media Department - ADAMS & KNIGHT ADVERTISING, Avon, CT, pg. 322

Jales, Catarina - Media Department - WAVEMAKER, New York, NY, pg. 526

Jalloh, Mohamed - Media Department - ZENITH MEDIA, New York, NY, pg. 529

Jalosky, Alissa - Media Department - SPARK FOUNDRY, Chicago, IL, pg. 510

Jamal, Avi - Media Department, NBC - SITO, Jersey City, NJ, pg. 535

James, Aimee - Media Department - NEWTON MEDIA, Chesapeake, VA, pg. 497

James, Greg - Account Planner, Management, Media Department, NBC, PPOM - HAVAS MEDIA GROUP, New York, NY, pg. 468

James, Christen - Creative, Media Department, PPM - MCGARRYBOWEN, Chicago, IL, pg. 110

James, Marsha - Interactive / Digital, Media Department - RPA, Santa Monica, CA, pg. 134

James, Neil - Account Services, Interactive / Digital, Media Department - SOLVE, Minneapolis, MN, pg. 17

James, Kyle - Interactive / Digital, Media Department - MEDIAHUB BOSTON, Boston, MA, pg. 489

Jamot, Elisabeth - Media Department - SID LEE, Montreal, QC, pg. 140

Jan, Caroline - Media Department - OCEAN MEDIA, INC., Huntington Beach, CA, pg. 498

Janas Doughty, Sarah - Media Department - HAVAS MEDIA GROUP, Boston, MA, pg. 470

Jang, Jema - Management, Media Department - SPARK FOUNDRY, New York, NY, pg. 508

Jankauskas, Christina - Interactive / Digital, Media Department, PPM - STARCOM WORLDWIDE, Detroit, MI, pg. 517

Jankowski, Kathryn - Media Department - CARAT, New York, NY, pg. 459

Jansen, Krista - Media Department - MEDIA STORM, New York, NY, pg. 486

Janssen-Egan, Amanda - Media Department - JIGSAW, LLC, Milwaukee, WI, pg. 377

Japhe, Tom - Media Department - EMC OUTDOOR, Newtown Square, PA, pg. 551

Jaquins, Tiffany - Account Planner,

RESPONSIBILITIES INDEX — AGENCIES

Interactive / Digital, Media Department - NOBLE PEOPLE, New York, NY, pg. 120

Jarab, Debbie - Interactive / Digital, Media Department - ADCOM COMMUNICATIONS, INC., Cleveland, OH, pg. 210

Jaramillo, Patrick - Media Department - INITIATIVE, New York, NY, pg. 477

Jaris, Katherine - Media Department - OGILVY PUBLIC RELATIONS, New York, NY, pg. 633

Jarmus, Justin - Interactive / Digital, Media Department - HORIZON MEDIA, INC., New York, NY, pg. 474

Jarog, Jon - Media Department - STARCOM WORLDWIDE, Chicago, IL, pg. 513

Jaros, Chelsea - Account Services, Management, Media Department - UNIVERSAL MCCANN DETROIT, Birmingham, MI, pg. 524

Jaroscak, Amie - Media Department - HAWORTH MARKETING & MEDIA, Minneapolis, MN, pg. 470

Jarvis, Gabrielle - Media Department, NBC - UNIVERSAL MCCANN DETROIT, Birmingham, MI, pg. 524

Jarvis, Johanna - Interactive / Digital, Media Department - SSCG MEDIA GROUP, New York, NY, pg. 513

Jarvis, Alexandra - Media Department - CMI MEDIA, LLC, King of Prussia, PA, pg. 342

Jarzab, Barbara - Interactive / Digital, Media Department, Research - COMSCORE, Seattle, WA, pg. 443

Jason, Lauren - Media Department - STARCOM WORLDWIDE, Chicago, IL, pg. 513

Jason, Amanda - Media Department - REACH AGENCY, Santa Monica, CA, pg. 196

Jasper, Tracie - Media Department - SPARK FOUNDRY, Chicago, IL, pg. 510

Jay, Stephen - Account Planner, Management, Media Department - BIG RED ROOSTER, Columbus, OH, pg. 3

Jayanath, Ravi - Account Planner, Account Services, Creative, Interactive / Digital, Media Department - BIG FAMILY TABLE, Los Angeles, CA, pg. 39

Jean, Karen - Account Planner, Account Services, Media Department, PPM - DAVID&GOLIATH, El Segundo, CA, pg. 57

Jeanbart, Catherine - Interactive / Digital, Media Department - HAVAS MEDIA GROUP, New York, NY, pg. 468

Jebens, Harley - Account Planner, Account Services, Interactive / Digital, Media Department - 22SQUARED INC., Atlanta, GA, pg. 319

Jeckell, Deyna - Media Department - NOBLE PEOPLE, New York, NY, pg. 120

Jedras, Emmy - Account Planner, Management, Media Department - DESANTIS BREINDEL, New York, NY, pg. 349

Jeffers, Scott - Interactive / Digital, Media Department, PPM - LUXE COLLECTIVE GROUP, New York, NY, pg. 102

Jefferson, Kaitlin - Account Planner, Media Department - MEDIACOM, New York, NY, pg. 487

Jefferson, Linda - Media Department - BURRELL COMMUNICATIONS GROUP, INC. , Chicago, IL, pg. 45

Jeffries, Scott - Media Department, NBC - STEPHEN THOMAS, Toronto, ON, pg. 412

Jellinek, Kara - Media Department - HORIZON MEDIA, INC., New York, NY, pg. 474

Jenkins, Rachel - Media Department - KELLY, SCOTT & MADISON, INC., Chicago, IL, pg. 482

Jenney, Caitlin - Media Department, NBC - GROUNDFLOOR MEDIA, Denver, CO, pg. 611

Jennings, Paul - Account Planner, Interactive / Digital, Media Department - CAMPBELL EWALD, West Hollywood, CA, pg. 47

Jennings, Jeanne - Media Department - MCCANN HEALTH NEW YORK, New York, NY, pg. 108

Jennings, Rachel - Media Department - TRUE MEDIA, Columbia, MO, pg. 521

Jennings, Nicole - Media Department - FORWARDPMX, New York, NY, pg. 360

Jennings, Kate - Media Department, Public Relations, Social Media - VEST ADVERTISING, Louisville, KY, pg. 159

Jenny, Andrea - Management, Media Department - UNIVERSAL MCCANN, New York, NY, pg. 521

Jensen, Erick - Media Department - COLLE MCVOY, Minneapolis, MN, pg. 343

Jensen, Hannah - Interactive / Digital, Media Department - CARAT, New York, NY, pg. 459

Jensen, Laura - Interactive / Digital, Media Department - INITIATIVE, Los Angeles, CA, pg. 478

Jensen, Shannon - Interactive / Digital, Media Department - GSD&M, Austin, TX, pg. 79

Jerath, Shreya - Account Planner, Media Department, Social Media - DIGITAS, San Francisco, CA, pg. 227

Jergens, Samuel - Interactive / Digital, Media Department - OMD WEST, Los Angeles, CA, pg. 502

Jester, Daniel - Media Department - GMMB, Washington, DC, pg. 364

Jetwattana, Tony - Interactive / Digital, Media Department - ZENITH MEDIA, New York, NY, pg. 529

Jeudy, Caroline - Account Planner, Account Services, Interactive / Digital, Media Department - CARAT, New York, NY, pg. 459

Jewell, Alicia - Media Department - HORIZON MEDIA, INC., Los Angeles, CA, pg. 473

Jim-George, Charlie - Creative, Interactive / Digital, Media Department - HI5.AGENCY, Burbank, CA, pg. 239

Jimenez, Matthew - Media Department - STARCOM WORLDWIDE, North Hollywood, CA, pg. 516

Jimenez, Eveliza - Media Department - CANVAS WORLDWIDE, Playa Vista, CA, pg. 458

Jin, Shiloh - Media Department - STARCOM WORLDWIDE, North Hollywood, CA, pg. 516

Jo Folkers-Whitesell, Kelli - Media Department - AMPERAGE, Cedar Falls, IA, pg. 30

Johannemann, Ben - Media Department - MCGARRYBOWEN, New York, NY, pg. 109

Johanson, Brianne - Media Department - MARLO MARKETING COMMUNICATIONS, Boston, MA, pg. 383

John-Stillwell, Jessica - Media Department - LARRY JOHN WRIGHT, INC., Mesa, AZ, pg. 379

Johns, Taylor - Media Department - CARAT, New York, NY, pg. 459

Johns, Greg - Interactive / Digital, Media Department, PPOM - CANVAS WORLDWIDE, Playa Vista, CA, pg. 458

Johnsen, Ben - Interactive / Digital, Media Department, NBC - KIOSK CREATIVE LLC, Novato, CA, pg. 378

Johnson, Peter - Account Services, Media Department - COMMUNICATORS GROUP, Keene, NH, pg. 344

Johnson, Devin - Media Department - RIGHT PLACE MEDIA, Lexington, KY, pg. 507

Johnson, Katie - Account Services, Media Department - FRENCH / WEST / VAUGHAN , Raleigh, NC, pg. 361

Johnson, Sam - Management, Media Department - LRXD, Denver, CO, pg. 101

Johnson, Tom - Account Planner, Media Department - HAWORTH MARKETING & MEDIA, Minneapolis, MN, pg. 470

Johnson, Shanae - Media Department, NBC - HEARTS & SCIENCE, Los Angeles, CA, pg. 473

Johnson, Allen - Media Department - NOMAD EVENT SERVICES, Alexandria, VA, pg. 312

Johnson, Isaac - Media Department, NBC, Operations - GTB, Dearborn, MI, pg. 367

Johnson, Chip - Media Department - STARCOM WORLDWIDE, New York, NY, pg. 517

Johnson, Kristin - Media Department - SPARK FOUNDRY, Chicago, IL, pg. 510

Johnson, Lisa - Media Department, NBC - WIEDEN + KENNEDY, Portland, OR, pg. 430

Johnson, Lauren - Interactive / Digital, Management, Media Department, NBC - 360I, LLC, Atlanta, GA, pg. 207

Johnson, Sara - Media Department - PETERMAYER, New Orleans, LA, pg. 127

Johnson, Erica - Interactive / Digital, Media Department - CARAT, New York, NY, pg. 459

1630

AGENCIES

RESPONSIBILITIES INDEX

Johnson, Shamar - Interactive / Digital, Media Department - WAVEMAKER, Los Angeles, CA, pg. 528

Johnson, Matt - Account Services, Finance, Management, Media Department, NBC, PPOM - HAYMAKER, Los Angeles, CA, pg. 83

Johnson, Peter - Account Planner, Media Department - MINDSHARE, Chicago, IL, pg. 494

Johnson, Petra - Account Planner, Interactive / Digital, Media Department - DAILEY & ASSOCIATES, West Hollywood, CA, pg. 56

Johnson, Linds - Media Department - HEINRICH MARKETING, INC., Denver, CO, pg. 84

Johnson, Ryan - Account Services, Media Department, NBC - RPA, Santa Monica, CA, pg. 134

Johnson, Rosanne - Account Services, Media Department - VMLY&R, New York, NY, pg. 160

Johnson, Hannah - Media Department - MARTIN WILLIAMS ADVERTISING, Minneapolis, MN, pg. 106

Johnson, Byron - Media Department - WILLIAMS WHITTLE, Alexandria, VA, pg. 432

Johnson, Karilyn - Interactive / Digital, Media Department - HAWORTH MARKETING & MEDIA, Minneapolis, MN, pg. 470

Johnson, David - Media Department - CONSTELLATION AGENCY, New York, NY, pg. 221

Johnson, Nick - Account Planner, Media Department - HOFFMAN YORK, Milwaukee, WI, pg. 371

Johnson, Jacob - Media Department - STARCOM WORLDWIDE, Chicago, IL, pg. 513

Johnson, Cat - Media Department - SPARK FOUNDRY, Chicago, IL, pg. 510

Johnson, Anne - Interactive / Digital, Media Department - BLUE 449, New York, NY, pg. 455

Johnson, Lauren - Media Department, Social Media - FIREBELLY MARKETING, Indianapolis, IN, pg. 685

Johnson, Jessica - Media Department - DESIGNSENSORY, Knoxville, TN, pg. 62

Johnson, Melanie - Media Department - TCA, Jacksonville, FL, pg. 147

Johnson, Danielle - Media Department - EDELMAN, Atlanta, GA, pg. 599

Johnson, Jessica - Media Department - GASLIGHT CREATIVE, St. Cloud, MN, pg. 361

Johnston, Doug - Media Department - POSTERSCOPE U.S.A., Detroit, MI, pg. 556

Jolley, Kate - Media Department - BRUNET-GARCIA ADVERTISING, INC., Jacksonville, FL, pg. 44

Jonas, Trevor - Interactive / Digital, Media Department - WE COMMUNICATIONS, San Francisco, CA, pg. 660

Jones, Megan - Account Services, Media Department - DIGITAS, Boston, MA, pg. 226

Jones, Kirstin - Account Planner, Media Department - LANETERRALEVER, Phoenix, AZ, pg. 245

Jones, Robin - Media Department - OMD ATLANTA, Atlanta, GA, pg. 501

Jones, Andy - Account Planner, Account Services, Media Department - OGILVY, New York, NY, pg. 393

Jones, Stephanie - Account Services, Interactive / Digital, Management, Media Department - INITIATIVE, New York, NY, pg. 477

Jones, Samantha - Interactive / Digital, Media Department - TEAM ONE, Los Angeles, CA, pg. 417

Jones, Ebony - Interactive / Digital, Media Department - SPARK FOUNDRY, New York, NY, pg. 508

Jones, Heather - Interactive / Digital, Media Department - AD PARTNERS, INC., Tampa, FL, pg. 26

Jones, Meredith - Interactive / Digital, Media Department - SPARK FOUNDRY, New York, NY, pg. 508

Jones, Jennie - Finance, Media Department - BUTLER / TILL, Rochester, NY, pg. 457

Jones, Owen - Account Planner, Account Services, Interactive / Digital, Media Department - OMD WEST, Los Angeles, CA, pg. 502

Jones, Alyssa - Account Services, Media Department, Operations, PPM - BECORE, Los Angeles, CA, pg. 302

Jones, Davis - Management, Media Department, PPOM - THE MANY, Pacific Palisades, CA, pg. 151

Jones, Daniel - Media Department - DEUTSCH, INC., New York, NY, pg. 349

Jones, Brooke - Management, Media Department - TURTLEDOVE CLEMENS, INC., Portland, OR, pg. 427

Jones, Lauren - Interactive / Digital, Media Department, Promotions - R2INTEGRATED, Baltimore, MD, pg. 261

Jones, Emily - Interactive / Digital, Media Department - ZEHNDER COMMUNICATIONS, INC., New Orleans, LA, pg. 436

Jones, Sydney - Media Department - SPARK FOUNDRY, Chicago, IL, pg. 510

Jones, Jennifer - Media Department - FITZCO, Atlanta, GA, pg. 73

Jones, Cyndal - Media Department - EMPOWER, Cincinnati, OH, pg. 354

Jones, Julia - Interactive / Digital, Media Department - KPS3 MARKETING AND COMMUNICATIONS, Reno, NV, pg. 378

Jones, Tim - Media Department - 72ANDSUNNY, Brooklyn, NY, pg. 24

Jopling, Lauren - Media Department - MINDSHARE, Atlanta, GA, pg. 493

Jordan, Jamison - Media Department - PHD CHICAGO, Chicago, IL, pg. 504

Jordan, Katie - Media Department - CRAMER-KRASSELT, Chicago, IL, pg. 53

Jordet, Kristen - Administrative, Interactive / Digital, Media Department - CARAT, Atlanta, GA, pg. 459

Joseph, Jerry - Account Services, Media Department, NBC - MEDIACOM, New York, NY, pg. 487

Joseph, Alison - Analytics, Media Department - HORIZON MEDIA, INC., New York, NY, pg. 474

Joseph, Lindsay - Media Department - MILNER BUTCHER MEDIA GROUP, Los Angeles, CA, pg. 491

Joseph, Caroline - Media Department - CARAT, Detroit, MI, pg. 461

Joseph, Mac - Media Department - PAUL WERTH ASSOCIATES, INC., Columbus, OH, pg. 635

Josephson, Lina - Analytics, Interactive / Digital, Media Department, NBC, Research - HAVAS MEDIA GROUP, New York, NY, pg. 468

Josephson, Paolina - Analytics, Media Department - HAVAS MEDIA GROUP, New York, NY, pg. 468

Joshpe, Rachel - Interactive / Digital, Media Department - BUTLER / TILL, Rochester, NY, pg. 457

Jost, Amy - Management, Media Department, Operations - OMD, New York, NY, pg. 498

Joyce, Kevin - Media Department - LIQUID ADVERTISING, INC., El Segundo, CA, pg. 100

Joyce, Danielle - Media Department, PPM - CADENT NETWORK, Philadelphia, PA, pg. 280

Joyce, Amanda - Interactive / Digital, Media Department - CONNECTION MODEL LLC, Issaquah, WA, pg. 344

Joyner, Phillip - Administrative, Management, Media Department - GSD&M, Austin, TX, pg. 79

Juarez, Vincent - Management, Media Department, PPOM - AYZENBERG GROUP, INC., Pasadena, CA, pg. 2

Judge, Kate - Account Services, Finance, Media Department - ZENITH MEDIA, Chicago, IL, pg. 531

Juliano, Dana - Account Planner, Account Services, Interactive / Digital, Media Department - VAYNERMEDIA, New York, NY, pg. 689

Julson, Lynette - Media Department - ODNEY ADVERTISING AGENCY, Bismarck, ND, pg. 392

Jungblut, Joan - Media Department - R&R PARTNERS, Las Vegas, NV, pg. 131

Juraco, Morgan - Media Department - STARCOM WORLDWIDE, New York, NY, pg. 517

Juran, Eric - Interactive / Digital, Media Department - PUBLICIS HEALTH MEDIA, Philadelphia, PA, pg. 506

Jurasic, Patrick - Account Planner, Account Services, Media Department, Public Relations - DENTSU X, New York, NY, pg. 61

Jurgensen, Brad - Account Planner, Media Department - PERICH ADVERTISING, Ann Arbor, MI, pg. 126

Jurisz, Dani - Media Department - PADILLA, Minneapolis, MN, pg. 635

Jurkiewicz, Ilyana - Media Department - PHD USA, New York, NY,

1631

RESPONSIBILITIES INDEX — AGENCIES

pg. 505
Jurkovic, Joseph - Media Department - MODCOGROUP, New York, NY, pg. 116
Jushkewich, Nick - Interactive / Digital, Media Department - STARCOM WORLDWIDE, Detroit, MI, pg. 517
Justice, Jennica - Media Department - 90OCTANE, Denver, CO, pg. 209
Justus, Jessica - Interactive / Digital, Media Department - STRATEGIC MEDIA, INC., Arlington, VA, pg. 518
Juszkiewicz, Kristi - Administrative, Media Department - BANTON MEDIA, Myrtle Beach, SC, pg. 329
Kabir, Romeo - Account Planner, Interactive / Digital, Media Department - NEO MEDIA WORLD, New York, NY, pg. 496
Kachner, Kristina - Media Department - CAMPBELL EWALD, Detroit, MI, pg. 46
Kacmarcik, Kara - Account Services, Media Department - BLUETENT, Carbondale, CO, pg. 218
Kaczmarerk, Elizabeth - Account Services, Interactive / Digital, Media Department - MINDSHARE, New York, NY, pg. 491
Kadimik, Natashia - Media Department, PPOM - MINDSHARE, New York, NY, pg. 491
Kadish, Sarah - Interactive / Digital, Media Department - J3, New York, NY, pg. 480
Kaduc, Sarah - Account Planner, Account Services, Media Department - WAVEMAKER, New York, NY, pg. 526
Kady, Amanda - Media Department - CARAT, Detroit, MI, pg. 461
Kaehler, Tiffany - Media Department - CMI MEDIA, LLC, King of Prussia, PA, pg. 342
Kaemmer, Allison - Media Department, PPOM - UNIVERSAL MCCANN, San Francisco, CA, pg. 428
Kagan, Charlotte - Media Department - UNIVERSAL MCCANN, San Francisco, CA, pg. 428
Kagan, Jon - Interactive / Digital, Media Department, Programmatic - COGNISCIENT MEDIA/MARC USA, Charlestown, MA, pg. 51
Kager, Karen - Account Services, Management, Media Department, NBC - BHW1 ADVERTISING, Spokane, WA, pg. 3
Kahle, Julie - Interactive / Digital, Media Department - FREEBAIRN & COMPANY, Atlanta, GA, pg. 360
Kahn, Linda - Media Department - THE OHLMANN GROUP, Dayton, OH, pg. 422
Kahn, Michael - Media Department - THE MEDIA KITCHEN, New York, NY, pg. 519
Kahriman, Deniz - Interactive / Digital, Media Department - QUIGLEY-SIMPSON, Los Angeles, CA, pg. 544
Kaimal, Tara - Media Department - WIEDEN + KENNEDY, New York, NY,

pg. 432
Kainec, Sean - Interactive / Digital, Media Department - QUATTRO DIRECT, Berwyn, PA, pg. 290
Kaiser, Jon - Interactive / Digital, Management, Media Department - HEARTS & SCIENCE, New York, NY, pg. 471
Kalahar, Stephanie - Media Department - RPA, Irving, TX, pg. 135
Kalahar, Pat - Interactive / Digital, Media Department - CAMELOT STRATEGIC MARKETING & MEDIA, Dallas, TX, pg. 457
Kalambalikis, Effie - Media Department - MINDSHARE, Toronto, ON, pg. 495
Kalb, Steve - Account Planner, Account Services, Interactive / Digital, Media Department - MEDIAHUB NEW YORK, New York, NY, pg. 249
Kalfas, Tracy - Management, Media Department, PPM - INITIATIVE, Chicago, IL, pg. 479
Kalfus, Maxwell - Media Department - VAYNERMEDIA, New York, NY, pg. 689
Kalinchok, Christina - Media Department - CARAT, New York, NY, pg. 459
Kallish, Allison - Management, Media Department - MAGNA GLOBAL, New York, NY, pg. 483
Kalmbach, Elizabeth - Media Department - KELLY, SCOTT & MADISON, INC., Chicago, IL, pg. 482
Kalub, Sean - Account Services, Media Department - HAVAS EDGE, Carlsbad, CA, pg. 285
Kamara, Salina - Account Services, Interactive / Digital, Media Department - FITZCO, Atlanta, GA, pg. 73
Kamarasheva, Mina - Management, Media Department, PPM, Promotions - HORIZON MEDIA, INC., Los Angeles, CA, pg. 473
Kamm, Morgan - Account Planner, Account Services, Interactive / Digital, Media Department - CARAT, New York, NY, pg. 459
Kamovitch, Sara - Media Department - CARAT, New York, NY, pg. 459
Kamrowski, Shuko - Account Services, Analytics, Media Department - WAVEMAKER, New York, NY, pg. 526
Kancharla, Vijay - Media Department, PPOM - BRIGHTCOM, Los Angeles, CA, pg. 219
Kandel, Marissa - Media Department - KETCHUM SOUTH, Atlanta, GA, pg. 620
Kanefsky, Jason - Account Services, Media Department, PPOM, Research - HAVAS MEDIA GROUP, New York, NY, pg. 468
Kang, Hyomin - Media Department - OGILVY PUBLIC RELATIONS, New York, NY, pg. 633
Kang, Harry - Account Planner, Account Services, Media Department

- AAAZA, Los Angeles, CA, pg. 537
Kanga, Natasha - Account Planner, Account Services, Media Department, NBC - KINETIC WORLDWIDE, New York, NY, pg. 553
Kantor, Rebecca - Interactive / Digital, Media Department - 360I, LLC, Atlanta, GA, pg. 207
Kantor, Isabel - Analytics, Creative, Interactive / Digital, Media Department, Operations - ORGANIC, INC., New York, NY, pg. 256
Kao, Elaine - Interactive / Digital, Media Department - CMI MEDIA, LLC, King of Prussia, PA, pg. 342
Kapczynski, Kerri - Interactive / Digital, Media Department, Research - HARMELIN MEDIA, Bala Cynwyd, PA, pg. 467
Kaplan, Nicole - Management, Media Department - MOMENTUM WORLDWIDE, New York, NY, pg. 117
Kaplan, Lisa - Account Services, Media Department, PPOM - GROUPM, New York, NY, pg. 466
Kaplan, Judy - Media Department - MEDIA COUNSELORS, LLC, Miami, FL, pg. 485
Kaplan, Stephanie - Account Services, Management, Media Department - DIGITAS, San Francisco, CA, pg. 227
Kaplan, Amanda - Interactive / Digital, Media Department - ESSENCE, New York, NY, pg. 232
Kaplowitz, Alexis - Media Department - WAVEMAKER, New York, NY, pg. 526
Kapraun, Carrie - Media Department - STARCOM WORLDWIDE, Chicago, IL, pg. 513
Kapsales, Amanda - Media Department - DIGITAS HEALTH LIFEBRANDS, Philadelphia, PA, pg. 229
Karabuykov, Stacy - Media Department - ICON MEDIA DIRECT, Sherman Oaks, CA, pg. 476
Karam, Tara - Account Services, Creative, Media Department, NBC - HEARTS & SCIENCE, New York, NY, pg. 471
Karamourtopoulos, Michael - Media Department - OMD ENTERTAINMENT, Burbank, CA, pg. 501
Karayeanes, Jennifer - Management, Media Department - SPARK FOUNDRY, New York, NY, pg. 508
Karelson, Alana - Media Department - MINDSHARE, Toronto, ON, pg. 495
Karim-Kincey, Ashley - Media Department - CONQUER MEDIA, Simon's Island, GA, pg. 52
Karlberg, Tyler - Account Services, Interactive / Digital, Media Department, Social Media - GRIFFIN ARCHER, Minneapolis, MN, pg. 78
Karn, Allison - Interactive / Digital, Media Department, PPM - ZENITH MEDIA, New York, NY, pg. 529
Karner-Johnson, Christine - Media Department - FKQ ADVERTISING, INC., Clearwater, FL, pg. 359

AGENCIES — RESPONSIBILITIES INDEX

Karnitz, Rhonda - Administrative, Finance, Media Department - SPD&G, Yakima, WA, *pg.* 411

Karnowski, Jed - Interactive / Digital, Media Department - OGILVY PUBLIC RELATIONS, New York, NY, *pg.* 633

Karode, Gouri - Analytics, Interactive / Digital, Media Department - LODGING INTERACTIVE, Parsippany, NJ, *pg.* 246

Karp, Samuel - Media Department - SPARK FOUNDRY, Chicago, IL, *pg.* 510

Karpel, Lenny - Account Planner, Account Services, Creative, Media Department, NBC - PEREIRA & O'DELL, San Francisco, CA, *pg.* 256

Karpowic, Emily - Interactive / Digital, Media Department - MINDSHARE, New York, NY, *pg.* 491

Karr, Allison - Media Department - OGILVYONE WORLDWIDE, New York, NY, *pg.* 255

Karsten, Hillary - Account Services, Media Department, Operations, Public Relations - RUBENSTEIN ASSOCIATES, New York, NY, *pg.* 644

Karwande, Kyle - Account Planner, Interactive / Digital, Media Department - STARCOM WORLDWIDE, Chicago, IL, *pg.* 513

Kasey, Courtney - Interactive / Digital, Media Department - WAVEMAKER, Los Angeles, CA, *pg.* 528

Kashima, Tricia - Media Department - RIESTER, Phoenix, AZ, *pg.* 406

Kasi, Amanda - Media Department, NBC - HORIZON MEDIA, INC., New York, NY, *pg.* 474

Kasparian, Nairi - Account Planner, Media Department, NBC - CARAT, New York, NY, *pg.* 459

Kasper, Adam - Media Department, PPOM - IPROSPECT, Boston, MA, *pg.* 674

Kast, Shannon - Media Department - HAWORTH MARKETING & MEDIA, Minneapolis, MN, *pg.* 470

Kastan, Jenna - Media Department - METHOD COMMUNICATIONS, Salt Lake City, UT, *pg.* 386

Kastenholz, Ashley - Account Planner, Account Services, Media Department - SPARK FOUNDRY, Chicago, IL, *pg.* 510

Katcher, Sarah - Media Department - CRAMER-KRASSELT, Chicago, IL, *pg.* 53

Katherine Rordam, Mary - Account Services, Media Department, Social Media - 22SQUARED INC., Atlanta, GA, *pg.* 319

Kato, Wanda - Account Services, Management, Media Department, PPOM - HORIZON MEDIA, INC., Los Angeles, CA, *pg.* 473

Kato, Meagan - Account Planner, Media Department - MONO, Minneapolis, MN, *pg.* 117

Katsifis, Vasiliki - Media Department - MAYOSEITZ MEDIA, Blue Bell, PA, *pg.* 483

Kattany, Jesse - Interactive /
Digital, Media Department - MINDSHARE, New York, NY, *pg.* 491

Katula, Sue - Media Department - STONEARCH CREATIVE, Minneapolis, MN, *pg.* 144

Katz, Philip - Media Department, Operations - DOREMUS & COMPANY, New York, NY, *pg.* 64

Katz, Samantha - Interactive / Digital, Media Department - INITIATIVE, Los Angeles, CA, *pg.* 478

Katz, Stacy - Interactive / Digital, Media Department - JL MEDIA, INC., Union, NJ, *pg.* 481

Katz Samuels, Cora - Media Department - ZENITH MEDIA, New York, NY, *pg.* 529

Katz- Smolenske, Lily - Media Department - EVANSHARDY + YOUNG, Santa Barbara, CA, *pg.* 69

Katzen, Kaila - Interactive / Digital, Media Department - OMD, New York, NY, *pg.* 498

Kauffman, Brianna - Account Services, Interactive / Digital, Media Department, NBC - TAYLOR, New York, NY, *pg.* 651

Kauffman, Jeff - Interactive / Digital, Media Department, Social Media - THE RICHARDS GROUP, INC., Dallas, TX, *pg.* 422

Kauffman, Naomi - Interactive / Digital, Media Department - HARMELIN MEDIA, Bala Cynwyd, PA, *pg.* 467

Kaufman, Samantha - Interactive / Digital, Media Department - MERKLEY + PARTNERS, New York, NY, *pg.* 114

Kaufman, Dana - Media Department - OPENMIND, New York, NY, *pg.* 503

Kaufman, Jake - Interactive / Digital, Media Department - ADEPT MARKETING, Columbus, OH, *pg.* 210

Kaufmann, Drew - Interactive / Digital, Media Department - MEDIASSOCIATES, INC., Sandy Hook, CT, *pg.* 490

Kauppila, Joanna - Interactive / Digital, Media Department - OVATIVE GROUP, Minneapolis, MN, *pg.* 256

Kavanagh, Kathleen - Account Planner, Media Department - KELLIHER SAMETS VOLK, Burlington, VT, *pg.* 94

Kavanagh, Laura - Account Planner, Management, Media Department - MEDIAHUB NEW YORK, New York, NY, *pg.* 249

Kavanaugh, Leslie - Media Department - YOUNG & LARAMORE, Indianapolis, IN, *pg.* 164

Kaw, Pooja - Media Department - SPARK FOUNDRY, Chicago, IL, *pg.* 510

Kawasaki, Elvin - Account Services, Interactive / Digital, Media Department - INITIATIVE, Los Angeles, CA, *pg.* 478

Kazan, Michael - Management, Media Department - VERSO ADVERTISING, New York, NY, *pg.* 159

Kazl, Persephone - Interactive / Digital, Media Department - MEDIAHUB BOSTON, Boston, MA, *pg.* 489

Kazl, Persephone - Media Department - MEDIAHUB NEW YORK, New York, NY, *pg.* 249

Kazlauskas, Chris - Media Department - MANSI MEDIA, Harrisburg, PA, *pg.* 104

Keane, Robert - Media Department - JENNIFER CONNELLY PUBLIC RELATIONS, New York, NY, *pg.* 617

Keane, Katie - Media Department - R2INTEGRATED, Baltimore, MD, *pg.* 261

Kear, Sara - Interactive / Digital, Media Department - ADEPT MARKETING, Columbus, OH, *pg.* 210

Kearney, Kerry - Management, Media Department - HORIZON MEDIA, INC., New York, NY, *pg.* 474

Kearney, Colin - Media Department - HEARTS & SCIENCE, New York, NY, *pg.* 471

Keating, Casey - Interactive / Digital, Media Department, Operations - HAWORTH MARKETING & MEDIA, Minneapolis, MN, *pg.* 470

Keck, Matt - Media Department, Social Media - VMLY&R, Kansas City, MO, *pg.* 274

Kedinger, Daniel - Interactive / Digital, Media Department - BBR CREATIVE, Lafayette, LA, *pg.* 174

Keefer, Elizabeth - Interactive / Digital, Media Department, Social Media - TINUITI, New York, NY, *pg.* 678

Keegan, Gregory - Interactive / Digital, Media Department - PANNOS MARKETING, Manchester, NH, *pg.* 125

Keeler, Ashley - Media Department - WIEDEN + KENNEDY, New York, NY, *pg.* 432

Keeling, Scott - Interactive / Digital, Media Department - BIMM DIRECT & DIGITAL, Toronto, ON, *pg.* 280

Keenan, Catherine - Media Department - NEO MEDIA WORLD, New York, NY, *pg.* 496

Keenan, Danielle - Account Services, Interactive / Digital, Media Department, PPM - ENERGY BBDO, INC., Chicago, IL, *pg.* 355

Keenan, John - Analytics, Media Department - PERISCOPE, Minneapolis, MN, *pg.* 127

Kees, Teresa - Media Department - OCEAN MEDIA, INC., Huntington Beach, CA, *pg.* 498

Keeshan, Harry - Finance, Management, Media Department, PPOM - PHD USA, New York, NY, *pg.* 505

Kefer, Ryan - Management, Media Department - SPARK FOUNDRY, New York, NY, *pg.* 508

Kehler, Jennifer - Media Department - QUENCH, Harrisburg, PA, *pg.* 131

Kehn, Daniel - Media Department - CREATIVE COMMUNICATION ASSOCIATES, Troy, NY, *pg.* 54

Kehoe, Peter - Media Department - HARP INTERACTIVE, Lombard, IL, *pg.* 238

Keidan, Nikki - Media Department,

RESPONSIBILITIES INDEX — AGENCIES

Operations - DIGITAS, Chicago, IL, pg. 227
Keil, Stephanie - Media Department - MARTIN WILLIAMS ADVERTISING, Minneapolis, MN, pg. 106
Keiler, Cammy - Account Services, Media Department - HAVAS MEDIA GROUP, Boston, MA, pg. 470
Keith, Erik - Account Planner, Interactive / Digital, Media Department, PPOM - COMMUNICATIONS STRATEGY GROUP, Denver, CO, pg. 592
Keith, Jason - Analytics, Interactive / Digital, Media Department, Programmatic, Social Media - DIGITAS, Chicago, IL, pg. 227
Keith, Melissa - Media Department - ABBEY MECCA & COMPANY, Buffalo, NY, pg. 321
Keizer, Gabriele - Interactive / Digital, Media Department - PHD USA, New York, NY, pg. 505
Kelce, Anna - Account Planner, Media Department - STARCOM WORLDWIDE, New York, NY, pg. 517
Kelchner, Tara - Media Department - 22SQUARED INC., Tampa, FL, pg. 319
Kellan, Erin - Media Department - STARCOM WORLDWIDE, Chicago, IL, pg. 513
Kelleher, Erin - Interactive / Digital, Media Department - DWA MEDIA, San Francisco, CA, pg. 464
Kelleher, David - Management, Media Department - THE BUNTIN GROUP, Nashville, TN, pg. 148
Keller, Mara - Media Department, Social Media - FALLON WORLDWIDE, Minneapolis, MN, pg. 70
Keller, Melissa - Management, Media Department - BROADBEAM MEDIA, New York, NY, pg. 456
Keller, Liz - Analytics, Media Department - WEBER SHANDWICK, San Francisco, CA, pg. 662
Kelley, Mike - Account Planner, Account Services, Media Department - THE MARTIN AGENCY, Richmond, VA, pg. 421
Kelley, Erin - Media Department - PHD CHICAGO, Chicago, IL, pg. 504
Kelley, Kelley - Media Department - TRACYLOCKE, Irving, TX, pg. 683
Kelley, Kristin - Media Department, Public Relations, Social Media - GOLIN, Chicago, IL, pg. 609
Kelley, Jay - Media Department - BRANDMUSCLE, Cleveland, OH, pg. 337
Kellner, Scott - Media Department, NBC, PPOM - THE GEORGE P. JOHNSON COMPANY, San Carlos, CA, pg. 316
Kellogg, Katie - Media Department, NBC - PLOWSHARE GROUP, INC., Stamford, CT, pg. 128
Kelly, Kevin - Interactive / Digital, Media Department - KSM SOUTH, Austin, TX, pg. 482
Kelly, Richard - Interactive / Digital, Media Department - HORIZON MEDIA, INC., New York, NY, pg. 474
Kelly, Garrett - Media Department - SPARK FOUNDRY, Chicago, IL, pg. 510
Kelly, Liz - Account Planner,

Account Services, Management, Media Department - USIM, Los Angeles, CA, pg. 525
Kelly, Evan - Account Planner, Interactive / Digital, Media Department - HEARTS & SCIENCE, New York, NY, pg. 471
Kelly, Jill - Management, Media Department, NBC, PPOM, PR Management, Public Relations - GROUPM, New York, NY, pg. 466
Kelly, Erin - Interactive / Digital, Management, Media Department - MEDIAHUB BOSTON, Boston, MA, pg. 489
Kelly, Paul - Account Planner, Account Services, Media Department - UNIVERSAL MCCANN, New York, NY, pg. 521
Kelly, Harriott - Media Department - UNIVERSAL MCCANN, New York, NY, pg. 521
Kelly, Ryan - Interactive / Digital, Media Department, PPOM, Programmatic - WAVEMAKER, New York, NY, pg. 526
Kelly, Kristen - Media Department - MODCOGROUP, New York, NY, pg. 116
Kelly, TJ - Interactive / Digital, Media Department, PPOM - UNIVERSAL MCCANN, New York, NY, pg. 521
Kelly, Blaire - Account Services, Media Department - CARAT, New York, NY, pg. 459
Kelly, Laura - Interactive / Digital, Media Department - MEDIAHUB LOS ANGELES, El Segundo, CA, pg. 112
Kelly, Peter - Interactive / Digital, Media Department, Social Media - ESSENCE, New York, NY, pg. 232
Kelly, Christen - Interactive / Digital, Media Department - UNIVERSAL MCCANN, New York, NY, pg. 521
Kelly, Renee - Media Department - WILLIAMS WHITTLE, Alexandria, VA, pg. 432
Kelly, Matt - Interactive / Digital, Media Department - BCW CHICAGO, Chicago, IL, pg. 581
Kelly, Jenna - Interactive / Digital, Media Department - HORIZON MEDIA, INC., New York, NY, pg. 474
Kelly, Marie - Media Department - GREY GROUP, New York, NY, pg. 365
Kelly, Lawson - Media Department - POSTERSCOPE U.S.A., Culver City, CA, pg. 556
Kelly, David - Management, Media Department - BVK, Milwaukee, WI, pg. 339
Kelsen, Jennifer - Interactive / Digital, Media Department - THE OHLMANN GROUP, Dayton, OH, pg. 422
Kelson, Chelsea - Media Department - INITIATIVE, Los Angeles, CA, pg. 478
Kemp, Denna - Media Department - KEMP ADVERTISING + MARKETING, High Point, NC, pg. 378
Kemp, Bryan - Account Services, Management, Media Department, NBC -

THE BUNTIN GROUP, Nashville, TN, pg. 148
Kemp, Alex - Interactive / Digital, Media Department - CARDINAL DIGITAL MARKETING, Atlanta, GA, pg. 220
Kemper, Jill - Media Department, PPOM - MCKENZIE WAGNER, INC., Champaign, IL, pg. 111
Kennedy, Brendan - Media Department - MOWER, Albany, NY, pg. 628
Kennedy, Meghan - Account Planner, Interactive / Digital, Media Department - MEDIA EXPERTS, Toronto, ON, pg. 485
Kennedy, Patricia - Media Department - ZENITH MEDIA, Santa Monica, CA, pg. 531
Kennedy, Jess - Interactive / Digital, Media Department - ZLR IGNITION, Des Moines, IA, pg. 437
Kennedy, Nina - Media Department - CROSSMEDIA, Philadelphia, PA, pg. 463
Kennedy, Kristie - Media Department - LEWIS ADVERTISING, INC., Rocky Mount, NC, pg. 380
Kennedy Hunter, Colleen - Media Department - AMELIE COMPANY, Denver, CO, pg. 325
Kenney, Debbie - Media Department - POWERPHYL MEDIA SOLUTIONS, New York, NY, pg. 506
Kenney, Nora - Media Department - CASHMAN & ASSOCIATES, Philadelphia, PA, pg. 589
Kenny, Lori - Interactive / Digital, Media Department - THE SUSSMAN AGENCY, Southfield, MI, pg. 153
Kenny, Victoria - Analytics, Media Department - CAMPBELL EWALD, Detroit, MI, pg. 46
Kenny, Julie - Management, Media Department, PPOM - CROSSMEDIA, New York, NY, pg. 463
Kenny, Katherine - Account Planner, Media Department - CARAT, New York, NY, pg. 459
Kent, Kelly - Media Department - RUNYON SALTZMAN EINHORN, Sacramento, CA, pg. 645
Kenyon, John - Interactive / Digital, Media Department - INITIATIVE, New York, NY, pg. 477
Keogh, Devin - Account Planner, Account Services, Media Department - MINDSHARE, New York, NY, pg. 491
Keown, Jimmy - Account Planner, Account Services, Finance, Media Department, NBC - BARKLEY, Kansas City, MO, pg. 329
Kerch, Jessica - Analytics, Interactive / Digital, Media Department, Programmatic, Social Media - DIGITAS, Boston, MA, pg. 226
Keresztes, Aniko - Interactive / Digital, Media Department - STARCOM WORLDWIDE, New York, NY, pg. 517
Kerlick, Alexander - Media Department - RODGERS TOWNSEND, LLC, Saint Louis, MO, pg. 407
Kern, Jennifer - Interactive / Digital, Media Department -

AGENCIES | RESPONSIBILITIES INDEX

CARMICHAEL LYNCH, Minneapolis, MN, *pg.* 47
Kernan, Ed - Management, Media Department - OMD WEST, Los Angeles, CA, *pg.* 502
Kerper Dornheim, Tiffany - Media Department - HARMELIN MEDIA, Bala Cynwyd, PA, *pg.* 467
Kerr Redniss, Andrea - Management, Media Department - MEDIALINK, New York, NY, *pg.* 386
Kerrin, Chris - Account Services, Media Department, Social Media - MEDIACOM, New York, NY, *pg.* 487
Kersting, Liam - Interactive / Digital, Media Department - SPARK FOUNDRY, New York, NY, *pg.* 508
Kerszko, Jill - Media Department - SPARK FOUNDRY, New York, NY, *pg.* 508
Kesser, Mary Rose - Media Department - MEDIAHUB NEW YORK, New York, NY, *pg.* 249
Kessler, Patti - Media Department - RS & K, Madison, WI, *pg.* 408
Kessler, Julie - Account Planner, Interactive / Digital, Management, Media Department, NBC - CARAT, New York, NY, *pg.* 459
Kesten, Amanda - Media Department - MINDSHARE, Chicago, IL, *pg.* 494
Kester, Katie - Media Department - REVOLUTION, Chicago, IL, *pg.* 406
Keszei, Matthew - Account Services, Media Department - THE MOTION AGENCY, Chicago, IL, *pg.* 270
Ketchiff, Nancy - Account Services, Media Department, PPOM - CHARLES BEARDSLEY ADVERTISING, Avon, CT, *pg.* 49
Ketchum, Taylor - Media Department, Public Relations, Social Media - JONES PUBLIC RELATIONS, INC., Oklahoma City, OK, *pg.* 617
Kettering, Paola - Media Department - DIRECTAVENUE, INC., Carlsbad, CA, *pg.* 282
Kevelson, Austin - Account Planner, Interactive / Digital, Media Department - OMD, New York, NY, *pg.* 498
Key, Michele - Media Department - UNIVERSAL MCCANN, New York, NY, *pg.* 521
Key, Leah - Interactive / Digital, Media Department - THE MARS AGENCY, Southfield, MI, *pg.* 683
Keyes, Kaela - Finance, Interactive / Digital, Media Department - HAVAS MEDIA GROUP, Boston, MA, *pg.* 470
Khajooei-Kermani, Natasha - Media Department - PHD USA, New York, NY, *pg.* 505
Khan, Sabena - Account Planner, Account Services, Media Department - MINDSHARE, New York, NY, *pg.* 491
Khan, Asif - Account Planner, Analytics, Management, Media Department - ATTENTION, New York, NY, *pg.* 685
Khan, Farris - Account Planner, Account Services, Interactive / Digital, Management, Media Department, Social Media - VMLY&R,
Kalamazoo, MI, *pg.* 274
Khan, Mahmood - Analytics, Interactive / Digital, Media Department - RISDALL MARKETING GROUP, Roseville, MN, *pg.* 133
Khan-Irani, Sherene - Media Department - STARMARK INTERNATIONAL, INC., Fort Lauderdale, FL, *pg.* 412
Khemani, Karina - Media Department, Social Media - 360I, LLC, New York, NY, *pg.* 320
Khoo, Jamie - Analytics, Media Department, NBC, Research - MINDSHARE, New York, NY, *pg.* 491
Khuchua, Gosha - Media Department - FETCH, Los Angeles, CA, *pg.* 533
Khurana, Arjun - Media Department - 360I, LLC, Chicago, IL, *pg.* 208
Kiddy, Janet - Media Department - BLUE 449, New York, NY, *pg.* 455
Kidger, Shannon - Interactive / Digital, Media Department - HAVAS MEDIA GROUP, Boston, MA, *pg.* 470
Kielhofer, Barb - Interactive / Digital, Media Department - SPARK FOUNDRY, Seattle, WA, *pg.* 512
Kieser, Brian - Media Department - PERISCOPE, Minneapolis, MN, *pg.* 127
Kigler, Matt - Interactive / Digital, Media Department - STARCOM WORLDWIDE, New York, NY, *pg.* 517
Kilbride, Cristin - Account Planner, Account Services, Media Department - OMD, New York, NY, *pg.* 498
Kiley, Mike - Management, Media Department, PPOM - MEDIADEX LLC, Cincinnati, OH, *pg.* 489
Killeen, Katherine - Analytics, Media Department - HAVAS MEDIA GROUP, New York, NY, *pg.* 468
Killgore, Ian - Interactive / Digital, Media Department - OMD, New York, NY, *pg.* 498
Killion, Ashley - Media Department - CARAT, Culver City, CA, *pg.* 459
Killoren, Emily - Media Department - EDELMAN, Chicago, IL, *pg.* 353
Kilman, Lisa - Media Department - OMD WEST, Los Angeles, CA, *pg.* 502
Kilpatrick, Brian - Interactive / Digital, Media Department - 14TH & BOOM, Chicago, IL, *pg.* 207
Kim, Pearl - Account Planner, Media Department - ICON MEDIA DIRECT, Sherman Oaks, CA, *pg.* 476
Kim, Chang - Account Services, Interactive / Digital, Management, Media Department, Operations, PPOM - UNIVERSAL MCCANN, New York, NY, *pg.* 521
Kim, Dong - Media Department - GOODBY, SILVERSTEIN & PARTNERS, San Francisco, CA, *pg.* 77
Kim, Mary - Media Department - ASHER MEDIA, Addison, TX, *pg.* 455
Kim, DJ - Interactive / Digital, Media Department - MEDIACOM, New York, NY, *pg.* 487
Kim, Skylar - Interactive / Digital, Media Department, NBC - HORIZON MEDIA, INC., New York, NY, *pg.* 474
Kim, Kyung - Interactive / Digital, Media Department - HORIZON MEDIA, INC., New York, NY, *pg.* 474
Kim, JuHee - Media Department - VAYNERMEDIA, Sherman Oaks, CA, *pg.* 689
Kim, Brian - Media Department - SPARK FOUNDRY, Chicago, IL, *pg.* 510
Kim, Janie - Interactive / Digital, Management, Media Department - WAVEMAKER, Los Angeles, CA, *pg.* 528
Kim, Patricia - Interactive / Digital, Media Department - SPARK FOUNDRY, New York, NY, *pg.* 508
Kim, Ji - Account Services, Media Department - PHD USA, New York, NY, *pg.* 505
Kim, Lois - Interactive / Digital, Media Department - HORIZON MEDIA, INC., Los Angeles, CA, *pg.* 473
Kim, John - Account Planner, Media Department, NBC - HORIZON MEDIA, INC., New York, NY, *pg.* 474
Kim, Rich - Interactive / Digital, Management, Media Department - INITIATIVE, Los Angeles, CA, *pg.* 478
Kim, Aaron - Interactive / Digital, Media Department - MINDSHARE, New York, NY, *pg.* 491
Kim, Joshua - Interactive / Digital, Media Department - HORIZON MEDIA, INC., Los Angeles, CA, *pg.* 473
Kim, Manuel - Media Department - UNIVERSAL MCCANN, New York, NY, *pg.* 521
Kim, Soyoung - Media Department - BILLUPS, INC, Los Angeles, CA, *pg.* 550
Kim, Terry - Interactive / Digital, Media Department - MEDIAHUB LOS ANGELES, El Segundo, CA, *pg.* 112
Kim, Erica - Account Services, Interactive / Digital, Media Department - INNOCEAN USA, Huntington Beach, CA, *pg.* 479
Kim, Kelly - Media Department, Operations, Promotions - 360I, LLC, Los Angeles, CA, *pg.* 208
Kim, Julius - Media Department - HEARTS & SCIENCE, Los Angeles, CA, *pg.* 473
Kim, Angelina - Interactive / Digital, Media Department - MEDIACOM, New York, NY, *pg.* 487
Kim, Matthew - Account Services, Media Department - NOM, Los Angeles, CA, *pg.* 121
Kim, Suhyun - Media Department - STARCOM WORLDWIDE, Chicago, IL, *pg.* 513
Kim, W. Rose - Media Department - 360I, LLC, New York, NY, *pg.* 320
Kimble, Victor - Media Department - PERISCOPE, Minneapolis, MN, *pg.* 127
Kimbrough, Mylan - Media Department - STARCOM WORLDWIDE, Chicago, IL, *pg.* 513
Kimura, Lori - Media Department - MVNP, Honolulu, HI, *pg.* 119
Kindle, Kathleen - Account Services, Media Department, NBC - SAATCHI & SAATCHI LOS ANGELES,

RESPONSIBILITIES INDEX — AGENCIES

Torrance, CA, pg. 137
King, Marianne - Management, Media Department - MEDIAHUB WINSTON SALEM, Winston-Salem, NC, pg. 386
King, Chloe - Media Department - THIRD EAR, Austin, TX, pg. 546
King, Shayla - Media Department - CARAT, Detroit, MI, pg. 461
King, Adrienne - Media Department - WARREN DOUGLAS ADVERTISING, Fort Worth, TX, pg. 161
King, Amy - Media Department, NBC - GFK MRI, New York, NY, pg. 445
King, Krystina - Media Department - PHD, San Francisco, CA, pg. 504
King, Elaine - Media Department - KROGER MEDIA SERVICES, Portland, OR, pg. 96
King, Miranda - Interactive / Digital, Media Department - LINHART PUBLIC RELATIONS, Denver, CO, pg. 622
King, Cassidy - Media Department - MARTIN ADVERTISING, Birmingham, AL, pg. 106
King, Randy - Account Planner, Media Department - EDELMAN, Dallas, TX, pg. 600
King, Derek - Account Planner, Media Department - MINDSTREAM MEDIA GROUP - DALLAS, Dallas, TX, pg. 496
Kingery, Jacqueline - Media Department, NBC - EMPOWER, Cincinnati, OH, pg. 354
Kingston, Nicole - Media Department - KWG ADVERTISING, INC., New York, NY, pg. 96
Kington, Scott - Management, Media Department - WOODRUFF, Columbia, MO, pg. 163
Kinkopf, Jeffrey - Media Department, NBC - THE RICHARDS GROUP, INC., Dallas, TX, pg. 422
Kinney, Kristin - Media Department - STERLING-RICE GROUP, Boulder, CO, pg. 413
Kinsch, Renee - Account Services, Management, Media Department - HAVAS MEDIA GROUP, New York, NY, pg. 468
Kinsella, Rachel - Media Department - THE RICHARDS GROUP, INC., Dallas, TX, pg. 422
Kipp, Emmalie - Interactive / Digital, Media Department, NBC - THE OUTCAST AGENCY, San Francisco, CA, pg. 654
Kirby, Aileen - Account Planner, Analytics, Media Department, Research - LUXE COLLECTIVE GROUP, New York, NY, pg. 102
Kirby, Ben - Media Department - MAXAUDIENCE, Carlsbad, CA, pg. 248
Kirk, Barbara - Media Department - E3 MARKETING, New Albany, IN, pg. 67
Kirk, Tiffany - Management, Media Department - HORIZON MEDIA, INC., Los Angeles, CA, pg. 473
Kirk, John - Interactive / Digital, Media Department, Programmatic - 22SQUARED INC., Atlanta, GA, pg. 319
Kirk, Carrie - Media Department - CROSSMEDIA, Philadelphia, PA, pg. 463
Kirkman, Ron - Media Department, NBC - GTB, Dearborn, MI, pg. 367
Kirkpatrick, Pamela - Account Planner, Interactive / Digital, Media Department, NBC - THE RICHARDS GROUP, INC., Dallas, TX, pg. 422
Kirkpatrick, Alex - Media Department - 360I, LLC, Atlanta, GA, pg. 207
Kirsch, Nichole - Media Department, PPOM - TEAM ONE, Dallas, TX, pg. 418
Kirsche, Eric - Media Department - MINDSHARE, Atlanta, GA, pg. 493
Kirsche, Alison - Media Department - UNIVERSAL MCCANN, New York, NY, pg. 521
Kirwin, Bobby - Media Department - SERINO COYNE, INC., New York, NY, pg. 299
Kishner, Annis - Account Planner, Media Department, Public Relations - ALLIED INTEGRATED MARKETING, Hollywood, CA, pg. 576
Kitchen, Drew - Interactive / Digital, Media Department, Programmatic - MEDIACOM, New York, NY, pg. 487
Klaffenboeck, Kristina - Media Department - STARCOM WORLDWIDE, New York, NY, pg. 517
Klarfeld, Emily - Account Planner, Media Department, NBC - HORIZON MEDIA, INC., New York, NY, pg. 474
Klaudt, Caroline - Interactive / Digital, Media Department - UNIVERSAL MCCANN, New York, NY, pg. 521
Klaus, Cameron - Media Department - HEARTS & SCIENCE, New York, NY, pg. 471
Klawier, Whitney - Interactive / Digital, Media Department - RAIN, Portland, OR, pg. 402
Klear, Cheryl - Management, Media Department, PPM - HARMELIN MEDIA, Bala Cynwyd, PA, pg. 467
Klein, Amy - Media Department - SIMONS / MICHELSON / ZIEVE, INC., Troy, MI, pg. 142
Klein, Karon - Media Department - NEXTMEDIA, INC., Dallas, TX, pg. 497
Klein, Jessica - Account Services, Interactive / Digital, Management, Media Department - REPRISE DIGITAL, New York, NY, pg. 676
Klein, Amanda - Media Department - SPARK FOUNDRY, Chicago, IL, pg. 510
Klein, Olivia - Interactive / Digital, Media Department - HARMELIN MEDIA, Bala Cynwyd, PA, pg. 467
Klein, Jeff - Account Services, Interactive / Digital, Media Department - MODCOGROUP, New York, NY, pg. 116
Klein, Heather - Account Services, Interactive / Digital, Management, Media Department - 4FRONT, Dallas, TX, pg. 208
Klein, Samantha - Media Department - GOLIN, Chicago, IL, pg. 609
Klein, Crystal - Media Department - MEDIA BRIDGE ADVERTISING, Minneapolis, MN, pg. 484
Klein Schafran, Karen - Media Department - ICON INTERNATIONAL, INC., Greenwich, CT, pg. 476
Kleinman, Lisa - Media Department, PPM - HILL HOLLIDAY, New York, NY, pg. 85
Klemmer, Clare - Interactive / Digital, Media Department, Operations - VAYNERMEDIA, New York, NY, pg. 689
Klemsz, Justin - Interactive / Digital, Media Department - SWANSON RUSSELL ASSOCIATES, Lincoln, NE, pg. 415
Klemt, Danielle - Account Planner, Account Services, Media Department - MINDSHARE, New York, NY, pg. 491
Klett, Ashley - Account Planner, Media Department, Public Relations - 360I, LLC, New York, NY, pg. 320
Kleyweg, Laura - Media Department - SPARK FOUNDRY, Chicago, IL, pg. 510
Kligman, Robert - Media Department - USIM, New York, NY, pg. 525
Klimkoski, Tracy - Analytics, Interactive / Digital, Media Department, Research - CRONIN, Glastonbury, CT, pg. 55
Klindt, Max - Interactive / Digital, Media Department - OMD, Chicago, IL, pg. 500
Kline, Kathy - Management, Media Department - STARCOM WORLDWIDE, Chicago, IL, pg. 513
Kline, Gina - Media Department - FKQ ADVERTISING, INC., Clearwater, FL, pg. 359
Kline, Lauranne - Interactive / Digital, Media Department, Promotions - VM1 (ZENITH MEDIA + MOXIE), New York, NY, pg. 526
Kline, Rebecca - Account Planner, Account Services, Media Department, NBC - CANVAS WORLDWIDE, Playa Vista, CA, pg. 458
Klingher, Natalie - Media Department - INITIATIVE, New York, NY, pg. 477
Kloman, Melissa - Media Department - HUGE, INC., Brooklyn, NY, pg. 239
Klotz, Jessica - Media Department - CARAT, New York, NY, pg. 459
Klugherz, Wendy - Account Services, Media Department - TOUCHPOINT INTEGRATED COMMUNICATIONS, Darien, CT, pg. 520
Knapp, Steve - Account Planner, Media Department, NBC - COLLE MCVOY, Minneapolis, MN, pg. 343
Knapp, Sharon - Management, Media Department, PPM - UNIVERSAL MCCANN DETROIT, Birmingham, MI, pg. 524
Knapp, Sarah - Media Department - SPURRIER GROUP, Richmond, VA, pg. 513
Knappenberger, Chad - Management, Media Department - MINDSHARE, Chicago, IL, pg. 494
Knecht, Karla - Account Services,

1636

AGENCIES — RESPONSIBILITIES INDEX

Management, Media Department, PPOM - STARCOM WORLDWIDE, Chicago, IL, pg. 513

Knechtel, Christine - Creative, Media Department, NBC - INITIATIVE, Toronto, ON, pg. 479

Knee, Sara - Account Services, Interactive / Digital, Media Department, NBC - LIPPE TAYLOR, New York, NY, pg. 623

Knegt, Alex - Media Department - BEYOND MARKETING GROUP, Toronto, ON, pg. 685

Knight, Sylvia - Media Department - MINDSHARE, New York, NY, pg. 491

Knight, Eric - Interactive / Digital, Media Department - ZENITH MEDIA, Chicago, IL, pg. 531

Knight Biery, Beth - Media Department - STARCOM WORLDWIDE, Chicago, IL, pg. 513

Knoblauch, Andrew - Interactive / Digital, Media Department, NBC, Social Media - DIXON SCHWABL ADVERTISING, Victor, NY, pg. 351

Knobloch, Brett - Media Department, NBC, PPOM - J.G. SULLIVAN INTERACTIVE, INC., Rolling Meadows, IL, pg. 243

Knopf, Michael - Management, Media Department - UNIVERSAL MCCANN, New York, NY, pg. 521

Knorr, Alexandra - Media Department - ID MEDIA, New York, NY, pg. 477

Knudsen, Chuck - Interactive / Digital, Media Department - ZENITH MEDIA, New York, NY, pg. 529

Knytych, Alissa - Media Department - PINNACLE ADVERTISING, Schaumburg, IL, pg. 397

Kobe, LJ - Interactive / Digital, Management, Media Department, NBC - HORIZON MEDIA, INC., New York, NY, pg. 474

Kobzev, Anaka - Media Department, NBC, Public Relations - TBWA \ CHIAT \ DAY, New York, NY, pg. 416

Koch, Kristin - Interactive / Digital, Management, Media Department, NBC, Operations - MINDSHARE, San Francisco, CA, pg. 495

Koch, Spencer - Media Department - MINDSHARE, Chicago, IL, pg. 494

Koch, Kaleigh - Account Planner, Media Department - OMD CANADA, Toronto, ON, pg. 501

Kochan, Tracy - Account Services, Media Department - BOATHOUSE GROUP, INC., Waltham, MA, pg. 40

Kocher, Dale - Account Planner, Account Services, Interactive / Digital, Media Department - MARTIN WILLIAMS ADVERTISING, Minneapolis, MN, pg. 106

Kochis, Matthew - Account Services, Media Department, Public Relations - EDELMAN, Chicago, IL, pg. 353

Kodish, Bryan - Interactive / Digital, Media Department - ESSENCE, Los Angeles, CA, pg. 233

Koehler, Jim - Media Department, PPOM - ARMADA MEDICAL MARKETING, Arvada, CO, pg. 578

Koehler, Melissa - Interactive / Digital, Media Department, NBC - FORGE WORLDWIDE, Boston, MA, pg. 183

Koehnen, Chad - Account Planner, Media Department, Operations - FALLON WORLDWIDE, Minneapolis, MN, pg. 70

Koeneke, Tracy - Media Department - BOZELL, Omaha, NE, pg. 42

Koenig, Chelsie - Media Department - STARCOM WORLDWIDE, Chicago, IL, pg. 513

Koepke, Lori - Media Department - FIRESPRING, Lincoln, NE, pg. 358

Koepke, Mariel - Media Department - UPSHOT, Chicago, IL, pg. 157

Koffer, Danielle - Media Department, PPOM - MINDSHARE, New York, NY, pg. 491

Kogelnik, Elise - Interactive / Digital, Media Department - POINT TO POINT, Cleveland, OH, pg. 129

Kogut, Jason - Account Planner, Media Department - EMPOWER, Chicago, IL, pg. 355

Kogut, Mariana - Media Department - ACTIVE INTERNATIONAL, Pearl River, NY, pg. 439

Kohl, Sharon - Media Department - WONDERFUL AGENCY, Los Angeles, CA, pg. 162

Kohl, Lauren - Media Department - INITIATIVE, New York, NY, pg. 477

Kohler, Kristen - Media Department - CMI MEDIA, LLC, King of Prussia, PA, pg. 342

Kohlhoff, Angela - Interactive / Digital, Media Department - FIG, New York, NY, pg. 73

Kohlmann, Kate - Interactive / Digital, Media Department - WAVEMAKER, New York, NY, pg. 526

Kolakowski, Alyssa - Media Department, PPM - GROUPM, New York, NY, pg. 466

Kolber, Allison - Media Department - 360I, LLC, Atlanta, GA, pg. 207

Koletsky, Rachel - Interactive / Digital, Media Department - ZENITH MEDIA, New York, NY, pg. 529

Kollappallil, Laura - Media Department, PPM - MEDIA ASSEMBLY, New York, NY, pg. 484

Kolman, Hilary - Account Services, Analytics, Media Department, Research - DIGITAS, New York, NY, pg. 226

Kolman, Alicia - Interactive / Digital, Media Department - ZENITH MEDIA, Chicago, IL, pg. 531

Kolpon, Ivy - Account Planner, Interactive / Digital, Media Department - OMD, New York, NY, pg. 498

Komack, Jordyn - Account Services, Interactive / Digital, Media Department - AMOBEE, INC., Redwood City, CA, pg. 213

Koman, Liz - Media Department, PPOM - MANIFEST, New York, NY, pg. 248

Konetes, George - Interactive / Digital, Media Department - INFINITY CONCEPTS, Export, PA, pg. 285

Kong, Davi - Interactive / Digital, Media Department - INITIATIVE, Los Angeles, CA, pg. 478

Kong, Serena - Account Planner, Account Services, Interactive / Digital, Media Department - ZENITH MEDIA, New York, NY, pg. 529

Konis, Kelly - Media Department - CITIZEN GROUP, San Francisco, CA, pg. 342

Konopasek, Scott - Management, Media Department - NOBLE PEOPLE, New York, NY, pg. 120

Koopman, Meghan - Account Services, Management, Media Department - HAVAS MEDIA GROUP, New York, NY, pg. 468

Kopco, Tracy - Analytics, Media Department, Research - 160OVER90, Philadelphia, PA, pg. 1

Kopczynska, Olga - Media Department - OMD, Chicago, IL, pg. 500

Kopervas, Gary - Media Department - 20NINE DESIGN STUDIOS, Conshohocken, PA, pg. 171

Kopidlansky, Denise - Media Department - THE KARMA GROUP, Green Bay, WI, pg. 420

Kopitko, Jonathan - Account Services, Interactive / Digital, Media Department - PHD USA, New York, NY, pg. 505

Kopp, Jonathan - Interactive / Digital, Media Department, PPOM - GLOVER PARK GROUP, New York, NY, pg. 608

Kopp, Emily - Media Department - MOROCH PARTNERS, Dallas, TX, pg. 389

Koppaka, Sia - Interactive / Digital, Media Department - BUTLER / TILL, Rochester, NY, pg. 457

Korduplewski, Bill - Media Department - STARCOM WORLDWIDE, North Hollywood, CA, pg. 516

Korenfeld, Oleg - Interactive / Digital, Media Department, PPOM, Programmatic - TROIKA/MISSION GROUP, Los Angeles, CA, pg. 20

Korinek, Amy - Media Department - SPARK FOUNDRY, Chicago, IL, pg. 510

Korinis, Alexandra - Interactive / Digital, Media Department - CARAT, New York, NY, pg. 459

Korman, Paul - Media Department - MILLER BROOKS, INC., Zionsville, IN, pg. 191

Korman, Ben - Account Services, Media Department - PIPITONE GROUP, Pittsburgh, PA, pg. 195

Kornett, Dave - Finance, Management, Media Department - OMD, New York, NY, pg. 498

Korsgard, Karen - Account Services, Interactive / Digital, Management, Media Department, Public Relations - ONEFIRE, INC, Peoria, IL, pg. 394

Kortes, Heather - Media Department - STARCOM WORLDWIDE, Detroit, MI, pg. 517

Kortmann, Shannon - Account Planner, Media Department - MEDIACOM, New York, NY, pg. 487

1637

RESPONSIBILITIES INDEX — AGENCIES

Kortvelesy, Kaitlynn - Media Department - BLUE 449, New York, NY, *pg.* 455
Kosanovich, Marija - Interactive / Digital, Media Department, NBC - A.D.K., Los Angeles, CA, *pg.* 321
Kosel, Garrett - Media Department - MINDSTREAM MEDIA GROUP - DALLAS, Dallas, TX, *pg.* 496
Kostenko, Lucas - Media Department - REELTIME MEDIA, Kenmore, WA, *pg.* 507
Koterbay, Kayla - Interactive / Digital, Media Department - MEDIASMITH, INC., San Francisco, CA, *pg.* 490
Kothari, Ashna - Interactive / Digital, Media Department - UNIVERSAL MCCANN, New York, NY, *pg.* 521
Kotick, Michael - Account Planner, Account Services, Interactive / Digital, Media Department, NBC, Public Relations - 360I, LLC, New York, NY, *pg.* 320
Kotsbak, Katie - Media Department - GOOD APPLE DIGITAL, New York, NY, *pg.* 466
Kotys, Alex - Media Department - ICON INTERNATIONAL, INC., Greenwich, CT, *pg.* 476
Koumourdas, Amalia - Media Department - PHD USA, New York, NY, *pg.* 505
Koutoulakis, Dan - Media Department - LEO BURNETT TORONTO, Toronto, ON, *pg.* 97
Koutris Neamonitis, Victoria - Account Planner, Account Services, Media Department - OPTIMUM SPORTS, New York, NY, *pg.* 394
Kovacs, David J. - Media Department - RIESTER, Park City, UT, *pg.* 406
Koval, Katie - Management, Media Department - STARCOM WORLDWIDE, New York, NY, *pg.* 517
Kovalcik, Robert - Account Services, Media Department - THE MEDIA KITCHEN, New York, NY, *pg.* 519
Kovalcik, Laura - Account Services, Management, Media Department - CARAT, Detroit, MI, *pg.* 461
Kovatch, Morgan - Media Department - RAIN, Westchester, PA, *pg.* 402
Kovler, Eden - Account Planner, Media Department - UNIVERSAL MCCANN, San Francisco, CA, *pg.* 428
Kowalczyk, Jake - Account Services, Media Department - MCS ADVERTISING, Peru, IL, *pg.* 111
Kowalewski, Milosz - Interactive / Digital, Media Department - WAVEMAKER, New York, NY, *pg.* 526
Kowalinski, Natalie - Media Department - HEALIXGLOBAL, New York, NY, *pg.* 471
Kowalski, Bradley - Account Services, Management, Media Department - HAVAS WORLDWIDE TORONTO, Toronto, ON, *pg.* 83
Kowalski, Laura - Account Planner, Creative, Media Department - SOULSIGHT, Chicago, IL, *pg.* 199

Kowalski, Adrienne - Media Department - KARMA AGENCY, Philadelphia, PA, *pg.* 618
Kowitt, Jason - Media Department - MINDSHARE, Chicago, IL, *pg.* 494
Koyen, Neena - Account Services, Management, Media Department - UNIVERSAL MCCANN, New York, NY, *pg.* 521
Kozar, Lauren - Interactive / Digital, Media Department, Social Media - THE RICHARDS GROUP, INC., Dallas, TX, *pg.* 422
Koziarski, Anthony - Media Department, PPOM - PHD USA, New York, NY, *pg.* 505
Koziel, Laura - Media Department, NBC - SCHAFER CONDON CARTER, Chicago, IL, *pg.* 138
Kozlowska, Kasia - Media Department - BLUE 449, New York, NY, *pg.* 455
Kozma, Jamie - Account Services, Interactive / Digital, Management, Media Department - UNIVERSAL MCCANN, New York, NY, *pg.* 521
Kozo, Amber - Account Services, Interactive / Digital, Media Department - INITIATIVE, New York, NY, *pg.* 477
Kraft, Denise - Media Department, NBC - ST&P COMMUNICATIONS, INC., Fairlawn, OH, *pg.* 412
Kraft, Terri - Media Department - MATRIX MEDIA SERVICES, Columbus, OH, *pg.* 554
Krain, Laura - Media Department - SPARK FOUNDRY, Chicago, IL, *pg.* 510
Krainak, Andy - Media Department, NBC - VAYNERMEDIA, Chattanooga, TN, *pg.* 689
Krajco, Calvin - Interactive / Digital, Media Department - HAWORTH MARKETING & MEDIA, Minneapolis, MN, *pg.* 470
Krajsa, Natalie - Media Department - FORWARDPMX, New York, NY, *pg.* 360
Kram, Eda - Media Department, Public Relations - LUBICOM MARKETING CONSULTING, Brooklyn, NY, *pg.* 381
Kramer, Danielle - Media Department - CMI MEDIA, LLC, King of Prussia, PA, *pg.* 342
Kramer, Andrea - Media Department - ZENITH MEDIA, Santa Monica, CA, *pg.* 531
Kramer, Jason - Media Department, Operations - QUESTUS, San Francisco, CA, *pg.* 260
Krankowski, Thomas - Management, Media Department - UNIVERSAL MCCANN, New York, NY, *pg.* 521
Krantzler, Leah - Account Planner, Media Department - STARCOM WORLDWIDE, Chicago, IL, *pg.* 513
Kranz, Brooke - Interactive / Digital, Media Department - UNIVERSAL MCCANN, New York, NY, *pg.* 521
Krapf, Kelsey - Interactive / Digital, Media Department, NBC - REPUTATION INSTITUTE, Boston, MA, *pg.* 449
Krason, Michael - Media Department

- MARCEL DIGITAL, Chicago, IL, *pg.* 675
Kratkiewicz, Brian - Interactive / Digital, Media Department - CJRW, Little Rock, AR, *pg.* 590
Kratochvil, Joe - Media Department - SPARK FOUNDRY, New York, NY, *pg.* 508
Kraupa, Stefanie - Media Department - ELEVATOR STRATEGY ADVERTISING & DESIGN, INC., Vancouver, BC, *pg.* 181
Kraus, Domenica - Media Department - STELLA RISING, Westport, CT, *pg.* 518
Kravitz, Amanda - Account Planner, Media Department - SPARK FOUNDRY, New York, NY, *pg.* 508
Krebs, Dylan - Media Department, Social Media - TINUITI, Dania Beach, FL, *pg.* 271
Krediet, Caroline - Account Services, Media Department, PPOM - FIG, New York, NY, *pg.* 73
Kregel, Jill - Account Services, Interactive / Digital, Media Department, Programmatic, Social Media - STARCOM WORLDWIDE, Detroit, MI, *pg.* 517
Kresnicka, Rob - Media Department, Programmatic - OMD, Chicago, IL, *pg.* 500
Kreutzer, Janice - Account Services, Media Department - BISIG IMPACT GROUP, Louisville, KY, *pg.* 583
Krick, Brian - Account Planner, Media Department - ESSENCE, New York, NY, *pg.* 232
Krinsky, Lori - Media Department - CTI MEDIA, Atlanta, GA, *pg.* 464
Krise, Todd - Interactive / Digital, Media Department - THE VIMARC GROUP INC., Louisville, KY, *pg.* 425
Kritzler, Natalie - Media Department - SPARK FOUNDRY, Chicago, IL, *pg.* 510
Krochak, Daylyn - Analytics, Media Department - HAWTHORNE ADVERTISING, Fairfield, IA, *pg.* 285
Krogstad, Laura - Media Department - STEPHAN & BRADY, INC., Madison, WI, *pg.* 412
Krol, Maureen - Interactive / Digital, Media Department - STARCOM WORLDWIDE, Chicago, IL, *pg.* 513
Kronforst, Colin - Media Department - SPARK FOUNDRY, Chicago, IL, *pg.* 510
Kronheimer, George - Media Department, NBC - GFK MRI, New York, NY, *pg.* 445
Kroon, Marcus - Media Department - DEUTSCH, INC., Los Angeles, CA, *pg.* 350
Krueger, Mary - Media Department - PHD CHICAGO, Chicago, IL, *pg.* 504
Krug, Cassidy - Interactive / Digital, Media Department, NBC, Research - REDSCOUT, New York, NY, *pg.* 16
Kruger, Carol - Media Department, Public Relations - WENDT, Great

AGENCIES

RESPONSIBILITIES INDEX

Falls, MT, *pg.* 430
Kruger, Kim - Media Department, PPOM - HIGH TIDE CREATIVE, Bridgeton, NC, *pg.* 85
Krukowski, Kristin - Account Planner, Interactive / Digital, Media Department, Research - PHD USA, New York, NY, *pg.* 505
Krulich, Tracy - Media Department - CARMICHAEL LYNCH, Minneapolis, MN, *pg.* 47
Krull, Sophie - Media Department - AMNET, Fort Worth, TX, *pg.* 454
Kruse, Scott - Media Department, PPM, PPOM - GROUPM, New York, NY, *pg.* 466
Kruse, Heather - Media Department - HAWORTH MARKETING & MEDIA, Minneapolis, MN, *pg.* 470
Ku, Vivien - Interactive / Digital, Media Department - AKQA, San Francisco, CA, *pg.* 211
Kubanka, Stefanie - Account Services, Management, Media Department, NBC - HAVAS MEDIA GROUP, New York, NY, *pg.* 468
Kudelka, Kaysee - Media Department - STARCOM WORLDWIDE, Chicago, IL, *pg.* 513
Kuehn, Jordan - Media Department - SPARK FOUNDRY, Chicago, IL, *pg.* 510
Kuennen, Alexis - Media Department - NEO MEDIA WORLD, New York, NY, *pg.* 496
Kuenning, Lisa - Interactive / Digital, Media Department, Social Media - CONNECT AT PUBLICIS MEDIA, Chicago, IL, *pg.* 462
Kuhn, Kamden - Media Department - DUNN&CO, Tampa, FL, *pg.* 353
Kulesza, Jackie - Management, Media Department - STARCOM WORLDWIDE, Chicago, IL, *pg.* 513
Kuljak, Natasa - Account Services, Media Department - HORIZON MEDIA, INC., New York, NY, *pg.* 474
Kulkarni, Shivani - Account Services, Media Department, PPOM - UNIVERSAL MCCANN, New York, NY, *pg.* 521
Kulp, James - Account Services, Interactive / Digital, Media Department, PPM - PHD USA, New York, NY, *pg.* 505
Kulpinski, Alex - Analytics, Media Department - TAILWIND, Tempe, AZ, *pg.* 677
Kumathe, Vrushali - Interactive / Digital, Media Department, Social Media - CANVAS WORLDWIDE, Playa Vista, CA, *pg.* 458
Kumbalek, Kaitlin - Media Department - PHD USA, New York, NY, *pg.* 505
Kuminski, Tara - Management, Media Department - POSTERSCOPE U.S.A., New York, NY, *pg.* 556
Kundu, Liz - Media Department - BRABENDERCOX, Pittsburgh, PA, *pg.* 336
Kung, Jennifer - Media Department - BIG SPACESHIP, Brooklyn, NY, *pg.* 455
Kung, Raleigh - Interactive /

Digital, Media Department - BURNS360, Dallas, TX, *pg.* 587
Kunkel, Matt - Media Department - M8, Miami, FL, *pg.* 542
Kunkel, Meghan - Interactive / Digital, Media Department - ENVOY, INC., Omaha, NE, *pg.* 356
Kunselman, Corinne - Media Department - GARRISON HUGHES, Pittsburgh, PA, *pg.* 75
Kuperschmid, Bruce - Media Department, PPOM - BROADCAST TIME, INC. , Lido Beach, NY, *pg.* 457
Kuptz, Ainsley - Media Department - ANCHOR WORLDWIDE, New York, NY, *pg.* 31
Kurash, Lauren - Interactive / Digital, Media Department - KELLY, SCOTT & MADISON, INC., Chicago, IL, *pg.* 482
Kurasz, Margie - Account Services, Interactive / Digital, Media Department - BIOLUMINA, New York, NY, *pg.* 39
Kurata, Kevyn - Media Department - STARCOM WORLDWIDE, New York, NY, *pg.* 517
Kuriakose, Maryann - Media Department - STARCOM WORLDWIDE, New York, NY, *pg.* 517
Kurian, Ron - Account Planner, Media Department - NEO MEDIA WORLD, New York, NY, *pg.* 496
Kurtz, Robert - Account Planner, Interactive / Digital, Media Department - THE RICHARDS GROUP, INC., Dallas, TX, *pg.* 422
Kurtz, Kristina - Media Department, Operations - STARCOM WORLDWIDE, Detroit, MI, *pg.* 517
Kushari, Shreya - Interactive / Digital, Media Department, NBC - DIGITAS, New York, NY, *pg.* 226
Kushner, Scott - Account Planner, Account Services, Media Department - ICON INTERNATIONAL, INC., Greenwich, CT, *pg.* 476
Kusmartsev, Eugene - Interactive / Digital, Media Department - ESSENCE, New York, NY, *pg.* 232
Kusumgar, Kavita - Account Planner, Human Resources, Media Department, NBC - CARAT, New York, NY, *pg.* 459
Kutner, Dave - Creative, Media Department - INITIATIVE, Toronto, ON, *pg.* 479
Kutner, Craig - Media Department - HAVAS MEDIA GROUP, New York, NY, *pg.* 468
Kvasnicka, Aubrey - Media Department - LINNIHAN FOY ADVERTISING, Minneapolis, MN, *pg.* 100
Kwak, Christine - Media Department - GSD&M, Austin, TX, *pg.* 79
Kwok, Jennifer - Account Services, Media Department - ESSENCE, San Francisco, CA, *pg.* 232
Kwon, Alice - Account Services, Interactive / Digital, Media Department - OMD, New York, NY, *pg.* 498
Kwong, Beverly - Media Department - MEDIAHUB BOSTON, Boston, MA, *pg.*

489
Kwong, Leila - Account Services, Media Department - ID MEDIA, Los Angeles, CA, *pg.* 477
La Fond, Andy - Interactive / Digital, Media Department - R/GA, Chicago, IL, *pg.* 261
La Nier, Kennedy - Account Planner, Account Services, Media Department - WIEDEN + KENNEDY, Portland, OR, *pg.* 430
Labonte, Geri - Human Resources, Media Department, Promotions - ALL STAR INCENTIVE MARKETING, Fiskdale, MA, *pg.* 565
LaBovick, Jamie - Media Department - HORIZON MEDIA, INC., New York, NY, *pg.* 474
Laciak, Emily - Interactive / Digital, Media Department - ICROSSING, Scottsdale, AZ, *pg.* 241
Lackey, Stephanie - Interactive / Digital, Media Department - MEDIACOM, Chicago, IL, *pg.* 489
Lackey, Kelly - Media Department - RED DELUXE, Memphis, TN, *pg.* 507
Lackie, Bridget - Media Department - 360I, LLC, Chicago, IL, *pg.* 208
Ladd, Carolyn - Account Planner, Interactive / Digital, Media Department - GYRO, Cincinnati, OH, *pg.* 368
Ladig, Emily - Media Department - BARKLEY, Kansas City, MO, *pg.* 329
Ladines, Edward - Media Department - PHD USA, New York, NY, *pg.* 505
Ladis, Erica - Media Department - CHIEF MEDIA , New York, NY, *pg.* 281
Laemers, Tina - Media Department - FORWARDPMX, New York, NY, *pg.* 360
Lafata, Nina - Media Department - UNIVERSAL MCCANN DETROIT, Birmingham, MI, *pg.* 524
LaFlamme, Kevin - Media Department - UNIVERSAL MCCANN DETROIT, Birmingham, MI, *pg.* 524
LaFleche, Natalie - Media Department - ACART COMMUNICATIONS, INC., Ottawa, ON, *pg.* 322
Lafond, Dave - Creative, Management, Media Department, PPOM, Public Relations - NO FIXED ADDRESS INC., Toronto, ON, *pg.* 120
Lagedrost, Julia - Media Department - STARCOM WORLDWIDE, Chicago, IL, *pg.* 513
Lager, James - Media Department - COLLE MCVOY, Minneapolis, MN, *pg.* 343
Lago, Nereyda - Media Department - BKV, Miami, FL, *pg.* 334
Lagrange, Cory - Interactive / Digital, Media Department - BBR CREATIVE, Lafayette, LA, *pg.* 174
Lai, Suzanne - Account Planner, Account Services, Media Department - HEARTS & SCIENCE, Atlanta, GA, *pg.* 473
Laible, Melissa - Media Department - MINDSHARE, New York, NY, *pg.* 491
Laing, Bobby - Account Planner, Analytics, Media Department - MINDSHARE, Chicago, IL, *pg.* 494
Laird, Beth - Media Department -

RESPONSIBILITIES INDEX — AGENCIES

PORCARO COMMUNICATIONS, Anchorage, AK, pg. 398
Laird, William - Interactive / Digital, Media Department - CARAT, New York, NY, pg. 459
Laird, Tatyana - Media Department - BLUE 449, Seattle, WA, pg. 456
Lake, Jared - Interactive / Digital, Media Department - OCEAN MEDIA, INC., Huntington Beach, CA, pg. 498
Lake, Tkeyah - Interactive / Digital, Media Department - BANNER PUBLIC AFFAIRS, Washington, DC, pg. 580
Lake, Annie - Media Department - BLUE BEAR CREATIVE, Denver, CO, pg. 40
Lake, Ally - Media Department - CARAT, Detroit, MI, pg. 461
Lakhani, Hemali - Media Department - HEALIXGLOBAL, New York, NY, pg. 471
Lakich, Jessica - Media Department - TOWER MEDIA ADVERTISING, INC., Chicago, IL, pg. 293
Lakkur, Vinu - Analytics, Media Department - WIEDEN + KENNEDY, Portland, OR, pg. 430
Lal, Savita - Account Planner, Account Services, Media Department, NBC - CANVAS WORLDWIDE, Playa Vista, CA, pg. 458
Lam, Brian - Interactive / Digital, Media Department, Programmatic - OPERAM LLC, Los Angeles, CA, pg. 255
Lam, Anna - Account Planner, Media Department - MEDIACOM, New York, NY, pg. 487
Lam, Stephanie - Media Department - BLUE 449, New York, NY, pg. 455
Lamanna, Damien - Interactive / Digital, Media Department - ALETHEIA MARKETING & MEDIA, Dallas, TX, pg. 454
Lamar, Andrew - Media Department - DONER, Southfield, MI, pg. 63
Lambe, Nicole - Account Planner, Interactive / Digital, Media Department - WAVEMAKER, Toronto, ON, pg. 529
Lambert, Andrew - Media Department - MINDSTREAM MEDIA GROUP - DALLAS, Dallas, TX, pg. 496
Lambert, Lorne - Media Department - PLATINUM MARKETING GROUP, Cincinnati, OH, pg. 506
Lambert, Kendal - Media Department - INITIATIVE, New York, NY, pg. 477
Lambert, Ashleigh - Media Department, Operations - BEACONFIRE REDENGINE, Arlington, VA, pg. 216
LaMendola, Bradley - Media Department - DIGITAS, New York, NY, pg. 226
Lammela, Ryan - Media Department - BUTLER / TILL, Rochester, NY, pg. 457
Lammert, Paul - Interactive / Digital, Media Department - COLLE MCVOY, Minneapolis, MN, pg. 343
Lamoreaux, Jason - Interactive / Digital, Media Department, NBC -

MAYOSEITZ MEDIA, Blue Bell, PA, pg. 483
Lampert, Steve - Media Department, NBC - LEO BURNETT DETROIT, Troy, MI, pg. 97
Lampman, Robb - Media Department - PROOF ADVERTISING, Austin, TX, pg. 398
Lampoutis, Lorraine - Media Department - SPARK FOUNDRY, New York, NY, pg. 508
Lamson, Christine - Interactive / Digital, Management, Media Department - MINDSHARE, New York, NY, pg. 491
Lamson, Anna - Media Department - GP GENERATE, LLC, Los Angeles, CA, pg. 541
Lance, Danielle - Account Planner, Account Services, Media Department - INITIATIVE, Los Angeles, CA, pg. 478
Landahl, Jenna - Account Planner, Account Services, Interactive / Digital, Media Department - BUTLER / TILL, Rochester, NY, pg. 457
Landers, Jamie - Media Department - ACTION INTEGRATED MARKETING, Norcross, GA, pg. 322
Landesman, Nicole - Account Services, Media Department, NBC - BBDO WORLDWIDE, New York, NY, pg. 331
Landgraf, Kirk - Media Department, PPOM - UNIVERSAL MCCANN, San Francisco, CA, pg. 428
Landicho, Stephanie - Account Services, Management, Media Department - MEDIACOM CANADA, Toronto, ON, pg. 489
Landolt, Hannah - Media Department - OMD, Chicago, IL, pg. 500
Landon, Simon - Media Department - GOLIN, Chicago, IL, pg. 609
Lane, Lindsey - Account Planner, Account Services, Interactive / Digital, Media Department, NBC - INITIATIVE, New York, NY, pg. 477
Lang, David - Interactive / Digital, Media Department, PPOM - MINDSHARE, New York, NY, pg. 491
Lang, Jenny - Account Services, Interactive / Digital, Management, Media Department - MAGNA GLOBAL, New York, NY, pg. 483
Lang, Heather - Media Department - EICOFF, Chicago, IL, pg. 282
Lang, Krista - Analytics, Media Department - 22SQUARED INC., Atlanta, GA, pg. 319
Lang, Jennifer - Media Department - INITIATIVE, New York, NY, pg. 477
Lang, Stuart - Media Department - MILLER AD AGENCY, Dallas, TX, pg. 115
Lang, Silvy - Media Department - MEDIA LOGIC, Albany, NY, pg. 288
Lang, Elizabeth - Interactive / Digital, Media Department - RISE INTERACTIVE, Chicago, IL, pg. 264
Langathianos, Chris - Media Department - BRANDIGO, Newburyport, MA, pg. 336
Langdon, Kevin - Media Department -

UNIVERSAL MCCANN, San Francisco, CA, pg. 428
Lange, Kelly - Media Department - 360I, LLC, Atlanta, GA, pg. 207
Langer, Greg - Interactive / Digital, Media Department, Programmatic - HAVAS MEDIA GROUP, Chicago, IL, pg. 469
Langsford, Ryan - Interactive / Digital, Media Department - COSSETTE MEDIA, Toronto, ON, pg. 345
Langus, Brian - Media Department - HAVAS MEDIA GROUP, New York, NY, pg. 468
Langwell, Jason - Interactive / Digital, Management, Media Department, NBC - INTERSPORT, Chicago, IL, pg. 308
Lanyon, James - Media Department - T3, Austin, TX, pg. 268
Lanzetta, Nika - Media Department - CMI MEDIA, LLC, King of Prussia, PA, pg. 342
Lapertosa, Maria - Media Department - CLINICAL TRIAL MEDIA, Hauppauge, NY, pg. 667
Lapins, Parker - Media Department - MINDSHARE, Chicago, IL, pg. 494
Lapinski, Danielle - Interactive / Digital, Media Department - GIOVATTO ADVERTISING, Paramus, NJ, pg. 363
LaPointe, Michelle - Media Department - MINTZ & HOKE, Avon, CT, pg. 387
Lapp, Victoria - Media Department - JUNGLE MEDIA, Toronto, ON, pg. 481
Larberg, Dillon - Account Services, Interactive / Digital, Media Department, Social Media - PMG, Fort Worth, TX, pg. 257
Larizadeh, Alexandra - Media Department, NBC - CARAT, New York, NY, pg. 459
Larkin, McKenzie - Media Department - PGR MEDIA, Boston, MA, pg. 504
Larkins, Leslie - Media Department - ASHER AGENCY, Fort Wayne, IN, pg. 327
LaRoche, Madison - Media Department - BCW AUSTIN, Austin, TX, pg. 581
Laroche, Shelly - Account Services, Media Department - THE RICHARDS GROUP, INC., Dallas, TX, pg. 422
LaRock, Marta - Account Planner, Media Department, PPOM - RED FUSE COMMUNICATIONS, New York, NY, pg. 404
LaRosa, Nicholas - Account Services, Media Department, NBC, Operations - MAYOSEITZ MEDIA, Blue Bell, PA, pg. 483
LaRosa, Gabrielle - Interactive / Digital, Media Department - HORIZON MEDIA, INC., New York, NY, pg. 474
Larouche, Christine - Media Department - LG2, Montreal, QC, pg. 380
LaRouere, Christine - Interactive / Digital, Media Department - MEDIACOM, New York, NY, pg. 487
Larsen, Madeline - Account Services, Interactive / Digital,

1640

AGENCIES — RESPONSIBILITIES INDEX

Media Department - VMLY&R, Chicago, IL, pg. 275
Larsen, Jennifer - Account Services, Creative, Media Department, PPM - KORN HYNES ADVERTISING, Morristown, NJ, pg. 95
Larson, Fred - Media Department, PPOM - TWENTYSIX2 MARKETING, Atlanta, GA, pg. 678
Larson, Amy - Interactive / Digital, Media Department - COLLE MCVOY, Minneapolis, MN, pg. 343
Larson, Aubrey - Account Services, Media Department, NBC - TBWA \ CHIAT \ DAY, Los Angeles, CA, pg. 146
Larson, Mathew - Interactive / Digital, Media Department, Programmatic - HAWORTH MARKETING & MEDIA, Minneapolis, MN, pg. 470
Larson, Joanne - Media Department - PAL8 MEDIA, INC., Santa Barbara, CA, pg. 503
LaRue, Lee Anne - Interactive / Digital, Media Department - UNIVERSAL MCCANN, New York, NY, pg. 521
Laryea, Chris - Account Services, Management, Media Department - THE VIA AGENCY, Portland, ME, pg. 154
Las, Michael - Interactive / Digital, Media Department, NBC - MEDIACOM, New York, NY, pg. 487
Lashner, Molly - Interactive / Digital, Media Department - MEDIAHUB NEW YORK, New York, NY, pg. 249
Lasky, Marc - Account Planner, Interactive / Digital, Media Department, PPM - PHD USA, New York, NY, pg. 505
Lasner, Meredith - Account Planner, Media Department, NBC, Public Relations - CARAT, New York, NY, pg. 459
Lasser, Micci - Media Department - DP+, Farmington Hills, MI, pg. 353
Lasser, Anamika - Creative, Media Department - RIGHTPOINT, Oakland, CA, pg. 263
Lastra, Diego - Media Department - DIESTE, Dallas, TX, pg. 539
Lau, Teresa - Media Department - AKQA, San Francisco, CA, pg. 211
Lau, Ruby - Interactive / Digital, Media Department, Programmatic - NEO MEDIA WORLD, New York, NY, pg. 496
Lau, Erika - Media Department, Social Media - HORIZON MEDIA, INC., New York, NY, pg. 474
Lau, Andy - Media Department - MINDSTREAM MEDIA, San Diego, CA, pg. 495
Lau, Albert - Analytics, Media Department - ANNALECT GROUP, New York, NY, pg. 213
Laub, Dave - Account Planner, Media Department, NBC - HORIZON MEDIA, INC., New York, NY, pg. 474
Laudenslager, Megan - Media Department - SPARK FOUNDRY, Chicago, IL, pg. 510
Lauer, Sam - Interactive / Digital,

Media Department, Programmatic, Social Media - STARCOM WORLDWIDE, Chicago, IL, pg. 513
Laufer, Blake - Interactive / Digital, Media Department - INITIATIVE, Los Angeles, CA, pg. 478
Laugal, Katherine - Media Department - CARAT, Chicago, IL, pg. 461
Laurello, Jess - Media Department, Social Media - GEOMETRY, Akron, OH, pg. 362
Lauro, Stephanie - Interactive / Digital, Media Department - ACTIVE INTERNATIONAL, Pearl River, NY, pg. 439
Laursen, Kristin - Media Department - NEMER, FIEGER & ASSOCIATES, Minneapolis, MN, pg. 391
Lauten, Jamie - Media Department - SPARK FOUNDRY, Chicago, IL, pg. 510
Laverty, Jennifer - Interactive / Digital, Media Department - ENVISIONIT MEDIA, INC., Chicago, IL, pg. 231
Laverty, Jennifer - Interactive / Digital, Media Department - ENVISIONIT MEDIA, INC., Chicago, IL, pg. 231
Lavi, Daniella - Media Department - PALISADES MEDIA GROUP, INC., Santa Monica, CA, pg. 124
Law, Elisabeth - Media Department, NBC - READE COMMUNICATIONS, Riverside, RI, pg. 641
Law, Kaitlin - Account Services, Media Department - MEDIAHUB BOSTON, Boston, MA, pg. 489
Lawal, Elizabeth - Media Department, PPOM - KELLY, SCOTT & MADISON, INC., Chicago, IL, pg. 482
Lawdahl, Chelsea - Media Department - INFINITY MARKETING, Greenville, SC, pg. 374
Lawless, Matthew - Account Planner, Account Services, Media Department, NBC - OMD ENTERTAINMENT, Burbank, CA, pg. 501
Lawless, Lisa - Management, Media Department - FUSION MARKETING, St. Louis, MO, pg. 8
Lawless, Taylor - Media Department - GRAPEVINE COMMUNICATIONS, Sarasota, FL, pg. 78
Lawniczak, Kelsey - Interactive / Digital, Media Department - STARCOM WORLDWIDE, Chicago, IL, pg. 513
Lawrence, Christopher - Account Services, Media Department - THE INTEGER GROUP, Lakewood, CO, pg. 682
Lawrence, Tamera - Account Planner, Account Services, Media Department - ARCHER MALMO, Memphis, TN, pg. 32
Lawrence, Rachel - Account Services, Interactive / Digital, Media Department - R2INTEGRATED, Baltimore, MD, pg. 261
Lawrence, Marsha - Media Department - NOVUS MEDIA, INC., Plymouth, MN, pg. 497
Lawrence, Jerry - Interactive / Digital, Media Department, NBC,

Social Media - PUBLICIS.SAPIENT, Chicago, IL, pg. 259
Lawrence, Cristina - Interactive / Digital, Media Department, Social Media - PUBLICIS.SAPIENT, Chicago, IL, pg. 259
Lawson, Paige - Media Department - SLINGSHOT, LLC, Dallas, TX, pg. 265
Lawson, James - Account Services, Management, Media Department - BROTHERS & CO., Tulsa, OK, pg. 43
Layton, Eric - Media Department - CARAT, New York, NY, pg. 459
Le, Mya - Interactive / Digital, Media Department - RPA, Santa Monica, CA, pg. 134
Le, David - Media Department, Operations - MARKETSMITH, INC, Cedar Knolls, NJ, pg. 483
Leach, Kelly - Account Planner, Account Services, Interactive / Digital, Management, Media Department - HORIZON MEDIA, INC., New York, NY, pg. 474
Leach, Rachel - Interactive / Digital, Media Department - ZENITH MEDIA, Atlanta, GA, pg. 531
Leahy, Colleen - Account Planner, Media Department, NBC - DIGITAS, Boston, MA, pg. 226
Leary, Drea - Account Services, Media Department - FUEL MARKETING, Salt Lake City, UT, pg. 361
Leathersich, Maggie - Media Department, Programmatic - BUTLER / TILL, Rochester, NY, pg. 457
LeBelle, Shawn - Interactive / Digital, Media Department, NBC - JUNCTION59, Toronto, ON, pg. 378
LeBlanc, Taylor - Media Department - DIANE ALLEN & ASSOCIATES, Baton Rouge, LA, pg. 597
Lebron, Peter - Media Department - HEARTS & SCIENCE, New York, NY, pg. 471
Lech, Allyson - Account Planner, Media Department - OMD, New York, NY, pg. 498
Leckstrom, Jennifer - Account Services, Media Department, Public Relations - ROSECOMM, Hoboken, NJ, pg. 644
Leddy, Colleen - Account Planner, Media Department, NBC, PPOM - DROGA5, New York, NY, pg. 64
Lederman, Rachel - Interactive / Digital, Media Department - WAVEMAKER, New York, NY, pg. 526
Lee, Laura - Media Department - JACKSON SPALDING INC., Atlanta, GA, pg. 376
Lee, Jason - Interactive / Digital, Media Department, PPOM - HORIZON MEDIA, INC., Los Angeles, CA, pg. 473
Lee, Julie - Management, Media Department - WAVEMAKER, Chicago, IL, pg. 529
Lee, Nelson - Media Department - TRACTION CREATIVE COMMUNICATIONS, Vancouver, BC, pg. 202
Lee, Raymond - Account Planner, Media Department, Operations - HORIZON MEDIA, INC., New York, NY,

RESPONSIBILITIES INDEX — AGENCIES

pg. 474
Lee, Bruce - Account Services, Management, Media Department, NBC - UNIVERSAL MCCANN, New York, NY, pg. 521
Lee, Ellen - Media Department - PETROL, Burbank, CA, pg. 127
Lee, Hwa Shih - Interactive / Digital, Media Department, NBC - PALISADES MEDIA GROUP, INC., Santa Monica, CA, pg. 124
Lee, Heather - Media Department - TDA_BOULDER, Boulder, CO, pg. 147
Lee, Dale - Account Planner, Account Services, Interactive / Digital, Media Department - MEDIAHUB BOSTON, Boston, MA, pg. 489
Lee, Jessica - Media Department - 22SQUARED INC., Tampa, FL, pg. 319
Lee, Mandy - Media Department - FIRMIDABLE, New Orleans, LA, pg. 73
Lee, Kendell - Media Department - HOFFMAN YORK, Milwaukee, WI, pg. 371
Lee, Harold - Account Planner, Account Services, Media Department, NBC, Operations - PUBLICIS.SAPIENT, New York, NY, pg. 258
Lee, David - Account Services, Media Department, Programmatic - THE RICHARDS GROUP, INC., Dallas, TX, pg. 422
Lee, Erica - Interactive / Digital, Media Department - CROSSMEDIA, Los Angeles, CA, pg. 463
Lee, Nicole - Interactive / Digital, Media Department - RECALIBRATE MARKETING COMMUNICATIONS, Costa Mesa, CA, pg. 404
Lee, Nicole - Account Services, Media Department, Operations - PUBLICIS NORTH AMERICA, New York, NY, pg. 399
Lee, Christina - Interactive / Digital, Media Department, Programmatic - ESSENCE, San Francisco, CA, pg. 232
Lee, Rich - Interactive / Digital, Media Department - UNIVERSAL MCCANN, New York, NY, pg. 521
Lee, Steve - Interactive / Digital, Media Department - UNIVERSAL MCCANN, San Francisco, CA, pg. 428
Lee, Rose - Media Department - INITIATIVE, Toronto, ON, pg. 479
Lee, Phillip - Account Planner, Account Services, Management, Media Department - THE RICHARDS GROUP, INC., Dallas, TX, pg. 422
Lee, Brooke - Media Department - HORIZON MEDIA, INC., New York, NY, pg. 474
Lee, Cyndi - Media Department - SPECIALISTS MARKETING SERVICES, INC., Hasbrouck Heights, NJ, pg. 292
Lee, Cherish - Media Department - DROGA5, New York, NY, pg. 64
Lee, Kristie - Account Planner, Media Department, NBC - BBDO SAN FRANCISCO, San Francisco, CA, pg. 330

Lee, Derek - Media Department - WAVEMAKER, New York, NY, pg. 526
Lee, Steven - Interactive / Digital, Media Department - WAVEMAKER, New York, NY, pg. 526
Lee, Jackie - Interactive / Digital, Media Department - CANVAS WORLDWIDE, Playa Vista, CA, pg. 458
Lee, Jaimie - Media Department - UNIVERSAL MCCANN, New York, NY, pg. 521
Lee, Tiffanie - Interactive / Digital, Media Department - SPARK FOUNDRY, El Segundo, CA, pg. 512
Lee, Haemin - Media Department - OMD ATLANTA, Atlanta, GA, pg. 501
Lee, Abigail - Media Department - INITIATIVE, Los Angeles, CA, pg. 478
Lee, Jeff - Interactive / Digital, Media Department - MARTIN & COMPANY ADVERTISING, Whites Creek, TN, pg. 106
Lee, Kabrina - Account Planner, Account Services, Media Department - CARAT, New York, NY, pg. 459
Lee, Justin - Account Services, Media Department - OMD, New York, NY, pg. 498
Leese, Paul - Media Department, NBC - KEENAN-NAGLE ADVERTISING, Allentown, PA, pg. 94
Lefeld, Alex - Interactive / Digital, Media Department - EMPOWER, Cincinnati, OH, pg. 354
LeFevre, Heather - Media Department - RPA, Santa Monica, CA, pg. 134
Lefferts, Jon - Management, Media Department, PPOM - UNIVERSAL MCCANN, New York, NY, pg. 521
Lefkowitz, Mark - Media Department - FURMAN ROTH ADVERTISING, New York, NY, pg. 361
Legg, Elena - Interactive / Digital, Media Department - HARMELIN MEDIA, Bala Cynwyd, PA, pg. 467
Legg, Charlie - Media Department - 22SQUARED INC., Atlanta, GA, pg. 319
Legree, Kylie - Interactive / Digital, Media Department - SWANSON RUSSELL ASSOCIATES, Lincoln, NE, pg. 415
Lehmann, Lindsey - Account Services, Media Department - UNIVERSAL MCCANN, New York, NY, pg. 521
Lehrman, Ross - Media Department - IGNITIONONE, New York, NY, pg. 673
Leigh Wathne, Meredith - Interactive / Digital, Media Department, Social Media - NINA HALE CONSULTING, Minneapolis, MN, pg. 675
Leighton, Amanda - Interactive / Digital, Media Department - CANVAS WORLDWIDE, New York, NY, pg. 458
Lein, Adam - Creative, Interactive / Digital, Media Department - ROHER / SPRAGUE PARTNERS, Irvington, NY, pg. 408
Leitch, Lauren - Media Department - MASCOLA GROUP, New Haven, CT, pg. 106

Lem, Elizabeth - Account Planner, Interactive / Digital, Media Department - M/SIX, Toronto, ON, pg. 483
Lemus, Monique - Management, Media Department - THE MEDIA KITCHEN, New York, NY, pg. 519
Lendt, Steve - Analytics, Media Department - MOTUM B2B, Toronto, ON, pg. 14
Lenhart, Alicia - Media Department - ADCOM COMMUNICATIONS, INC., Cleveland, OH, pg. 210
Lenig, Andrea - Interactive / Digital, Media Department - CTP, Boston, MA, pg. 347
Lenius, Kathy - Media Department - MUDD ADVERTISING, Cedar Falls, IA, pg. 119
Lennon, Sara - Media Department - VLADIMIR JONES, Colorado Springs, CO, pg. 429
Lentz, Michael - Media Department, PPOM - VERT MOBILE LLC, Atlanta, GA, pg. 274
Lentz, Whitney - Media Department - MOXIE, Atlanta, GA, pg. 251
Leoercher, Deborah - Media Department, NBC, PPOM - ANOROC AGENCY, INC., Raleigh, NC, pg. 326
Leon, Alejandra - Interactive / Digital, Media Department - BROWN PARKER | DEMARINIS ADVERTISING, Boca Raton, FL, pg. 43
Leon, Joseph - Media Department, PPOM - VISION7 INTERNATIONAL, Quebec City, QC, pg. 429
Leonard, Elizabeth - Interactive / Digital, Media Department - STARCOM WORLDWIDE, Chicago, IL, pg. 513
Leonard, Laura - Account Services, Media Department - PHD CANADA, Toronto, ON, pg. 504
Leonard, Camblin - Media Department - INITIATIVE, New York, NY, pg. 477
Leonard, Katherine - Account Planner, Account Services, Media Department - TOKY BRANDING + DESIGN, Saint Louis, MO, pg. 202
Leone, Dario - Account Planner, Media Department - MERGE, Boston, MA, pg. 113
Leong, Joanne - Account Planner, Media Department, NBC - CARAT, New York, NY, pg. 459
Leonidas, Leah - Interactive / Digital, Media Department - HORIZON MEDIA, INC., New York, NY, pg. 474
Lepore, Tony - Media Department - SHAKER RECRUITMENT ADVERTISING & COMMUNICATIONS, Oak Park, IL, pg. 667
Lerdall, Stephanie - Media Department, Public Relations - MORNINGSTAR COMMUNICATIONS, Overland Park, KS, pg. 628
Lerner, Sarah - Media Department - ASHER MEDIA, Addison, TX, pg. 455
LeSaffre, Travis - Media Department - ALL POINTS DIGITAL, Norwalk, CT, pg. 671
Leshaw, Eve - Management, Media Department - UNIVERSAL MCCANN, New

AGENCIES

RESPONSIBILITIES INDEX

York, NY, *pg.* 521
Leto, Jen - Account Services, Media Department - STRATEGIC AMERICA, West Des Moines, IA, *pg.* 414
Lettieri, James - Media Department, NBC - MINDSHARE, New York, NY, *pg.* 491
Leung, Anna - Media Department - ZENITH MEDIA, New York, NY, *pg.* 529
Leung, Shirley - Interactive / Digital, Media Department, NBC, Social Media - HEARTS & SCIENCE, New York, NY, *pg.* 471
Leus, Kasia - Media Department - STARCOM WORLDWIDE, Chicago, IL, *pg.* 513
Lev, Samantha - Media Department - OMD, Chicago, IL, *pg.* 500
Leva, Chrissy - Analytics, Interactive / Digital, Media Department - MEDIAHUB NEW YORK, New York, NY, *pg.* 249
Levant, Christina - Interactive / Digital, Media Department - KIOSK CREATIVE LLC, Novato, CA, *pg.* 378
Levato, Levi - Media Department - HORIZON MEDIA, INC., Los Angeles, CA, *pg.* 473
Leveling, Kerri - Interactive / Digital, Media Department - HEARTS & SCIENCE, New York, NY, *pg.* 471
Levenberg, Ruth - Account Planner, Management, Media Department, NBC - CARAT, New York, NY, *pg.* 459
Leventhal, Tanner - Account Planner, Account Services, Media Department - MINDSHARE, New York, NY, *pg.* 491
Leveque, Imir - Management, Media Department - THESEUS COMMUNICATIONS, New York, NY, 520
Levesque, Jayde - Interactive / Digital, Media Department - MEDIA STORM, Norwalk, CT, *pg.* 486
Levey, Alexandra - Management, Media Department - UNIVERSAL MCCANN, New York, NY, *pg.* 521
Levin, Kevin - Interactive / Digital, Media Department, NBC - MODCOGROUP, New York, NY, *pg.* 116
Levin, Julie - Media Department, PPM - HEARTS & SCIENCE, New York, NY, *pg.* 471
Levin, Geri - Interactive / Digital, Media Department - UNIVERSAL MCCANN, New York, NY, *pg.* 521
Levine, Janet - Account Planner, Media Department - MINDSHARE, New York, NY, *pg.* 491
Levine, Randy - Interactive / Digital, Media Department - SPARK FOUNDRY, New York, NY, *pg.* 508
Levine, Molly - Interactive / Digital, Media Department - HARMELIN MEDIA, Bala Cynwyd, PA, *pg.* 467
Levine, Samantha - Media Department - CROSSMEDIA, New York, NY, *pg.* 463
Levine, Zachary - Interactive / Digital, Media Department, Programmatic - HEARTS & SCIENCE, Los Angeles, CA, *pg.* 473

Levine, Kelly - Media Department - JWT INSIDE, Atlanta, GA, *pg.* 667
Levine, Corey - Media Department - OMD WEST, Los Angeles, CA, *pg.* 502
Levine, Julie - Creative, Interactive / Digital, Media Department - BARKLEY, Kansas City, MO, *pg.* 329
Levins, Michelle - Media Department - THE MCCARTHY COMPANIES, Dallas, TX, *pg.* 151
Levinson, Jordan - Media Department - STARCOM WORLDWIDE, Chicago, IL, *pg.* 513
Levinson, Lindsie - Media Department, NBC - VENABLES BELL & PARTNERS, San Francisco, CA, *pg.* 158
Levinthal, Julie - Account Services, Media Department - JACK MORTON WORLDWIDE, New York, NY, *pg.* 308
Levitt, Barry - Media Department - INCREMENTAL MEDIA, Bellmore, NY, *pg.* 477
LeVonne, Stephanie - Account Services, Analytics, Media Department - TINUITI, New York, NY, *pg.* 678
Levy, Amanda - Media Department, NBC, PPOM - CRITICAL MASS, INC., Chicago, IL, *pg.* 223
Levy, Jessie - Account Services, Interactive / Digital, Media Department - ENERGY BBDO, INC., Chicago, IL, *pg.* 355
Levy, Suzana - Media Department - CARAT, Montreal, QC, *pg.* 461
Levy, Casandra - Media Department - HEARTS & SCIENCE, New York, NY, *pg.* 471
Lewalski, Nathan - Interactive / Digital, Media Department - UNIVERSAL MCCANN DETROIT, Birmingham, MI, *pg.* 524
Lewark, Laura - Media Department - WALMART MEDIA GROUP, San Bruno, CA, *pg.* 684
Lewin, Toni - Media Department - BCW CHICAGO, Chicago, IL, *pg.* 581
Lewis, Tripp - Account Services, Media Department, NBC - LEWIS COMMUNICATIONS, Mobile, AL, *pg.* 100
Lewis, Lee - Media Department - LEWIS ADVERTISING, INC., Rocky Mount, NC, *pg.* 380
Lewis, Brandy - Media Department - PALISADES MEDIA GROUP, INC., Santa Monica, CA, *pg.* 124
Lewis, Mike - Account Services, Media Department - KELLY, SCOTT & MADISON, INC., Chicago, IL, *pg.* 482
Lewis, Sue - Media Department, PPOM - 3, Albuquerque, NM, *pg.* 23
Lewis, Brian - Media Department, Public Relations - MARATHON COMMUNICATIONS INC. , Los Angeles, CA, *pg.* 625
Lewis, Michelle - Interactive / Digital, Media Department - RPA, Santa Monica, CA, *pg.* 134
Lewis, Jennifer - Media Department - STARCOM WORLDWIDE, North

Hollywood, CA, *pg.* 516
Lewis, Cara - Account Services, Management, Media Department - DENTSU AEGIS NETWORK, New York, NY, *pg.* 61
Lewis, Leslie - Interactive / Digital, Media Department - PARAGON DIGITAL MARKETING, Keene, NH, *pg.* 675
Lewis, Aaron - Media Department - CAM MEDIA, INC., Wakefield, MA, *pg.* 457
Lewis, Angela - Account Services, Interactive / Digital, Media Department - UNIVERSAL MCCANN DETROIT, Birmingham, MI, *pg.* 524
Lewis, Kellie - Interactive / Digital, Media Department, Social Media - CARSON STOGA COMMUNICATIONS INC., Schaumberg, IL, *pg.* 340
Lewis, Patrick - Media Department - MOWER, Buffalo, NY, *pg.* 389
Lewis, Elizabeth - Media Department - PHD CHICAGO, Chicago, IL, *pg.* 504
Lewis, Sara - Media Department - CONQUER MEDIA, Simon's Island, GA, *pg.* 52
Lewis, Reilly - Account Planner, Media Department - VAYNERMEDIA, New York, NY, *pg.* 689
Lewis, Jamie - Creative, Interactive / Digital, Media Department - CAMPBELL EWALD, West Hollywood, CA, *pg.* 47
Lewis, Ashley - Account Planner, Account Services, Media Department - FARM, Lancaster, NY, *pg.* 357
Lewis, Martin - Account Services, Interactive / Digital, Media Department - TINUITI, New York, NY, *pg.* 678
Lewis Turbyfill, Brita - Media Department, PPOM - GRAY LOON MARKETING GROUP, Evansville, IN, *pg.* 365
Leyva, Tomas - Interactive / Digital, Media Department - STARCOM WORLDWIDE, North Hollywood, CA, *pg.* 516
Li, Alisa - Account Planner, Account Services, Media Department - KELLY, SCOTT & MADISON, INC., Chicago, IL, *pg.* 482
Li, Corina - Account Planner, Media Department, NBC - CARAT, New York, NY, *pg.* 459
Li, Emily - Media Department - OMD, New York, NY, *pg.* 498
Li, Jon - Interactive / Digital, Media Department, Programmatic - MEDIACOM, New York, NY, *pg.* 487
Li, Melanie - Media Department, Programmatic - JELLYFISH, San Francisco, CA, *pg.* 243
Li, Allison - Interactive / Digital, Media Department, Programmatic - STARCOM WORLDWIDE, New York, NY, *pg.* 517
Li, Jay - Media Department - WAVEMAKER, New York, NY, *pg.* 526
Lian, Anita - Media Department - PHD, Los Angeles, CA, *pg.* 504
Lianopoulos, Evan - Media Department - WIEDEN + KENNEDY,

1643

RESPONSIBILITIES INDEX

AGENCIES

Portland, OR, pg. 430
Liao, Andrea - Account Planner, Media Department - RPA, Santa Monica, CA, pg. 134
Liberti, Alexandra - Interactive / Digital, Media Department - MINDSHARE, New York, NY, pg. 491
Licciardello, Alexa - Media Department - OCEAN MEDIA, INC., Huntington Beach, CA, pg. 498
Liddell, Jessica - Media Department - ICR, New York, NY, pg. 615
Liddle, Jennifer - Media Department - OMD, New York, NY, pg. 498
Liebow, Brad - Interactive / Digital, Media Department - SPARK FOUNDRY, New York, NY, pg. 508
Lienemann, Rachel - Media Department - MEDIACOM, Chicago, IL, pg. 489
Lietz, Tom - Creative, Media Department, PPOM - MESSAGE MAKERS, Lansing, MI, pg. 627
Lifhits, Greg - Analytics, Interactive / Digital, Media Department - CRONIN, Glastonbury, CT, pg. 55
Lightell, Camille - Account Planner, Media Department, NBC - WAVEMAKER, New York, NY, pg. 526
Lillard, Belinda - Media Department - VMLY&R, Kansas City, MO, pg. 274
Lilly, Kristine - Interactive / Digital, Media Department - CONVERSANT, LLC, Atlanta, GA, pg. 533
Lim, Samantha - Interactive / Digital, Media Department - STARCOM WORLDWIDE, North Hollywood, CA, pg. 516
Lim, Charlotte - Interactive / Digital, Management, Media Department - OMD, New York, NY, pg. 498
Lima, Paulo - Account Services, Media Department, NBC, PPOM - LAGRANT COMMUNICATIONS, Los Angeles, CA, pg. 621
Limmer, Lesley - Media Department - ID MEDIA, New York, NY, pg. 477
Lin, Helen - Media Department - AKQA, San Francisco, CA, pg. 211
Lin, Jim - Account Planner, Interactive / Digital, Media Department - KETCHUM WEST, San Francisco, CA, pg. 620
Lin, Tina - Media Department, PPM - SPARK FOUNDRY, New York, NY, pg. 508
Lin, Tony - Interactive / Digital, Media Department - JCDECAUX NORTH AMERICA, New York, NY, pg. 553
Lin, Denny - Media Department, Social Media - TINUITI, New York, NY, pg. 678
Lin, Ken - Media Department - SPARK FOUNDRY, Chicago, IL, pg. 510
Linares, Oscar - Creative, Media Department - PIL CREATIVE GROUP, Coral Gables, FL, pg. 128
Lindblade, Andy - Account Services, Media Department - WIEDEN + KENNEDY, Portland, OR, pg. 430
Lindsay, Elaine - Account Planner, Media Department - OMD CANADA, Toronto, ON, pg. 501
Lindsay, Tawnya - Account Planner, Interactive / Digital, Media Department, NBC, Public Relations - VIZEUM, Toronto, ON, pg. 525
Lindsay, Carrie - Account Services, Media Department - INITIATIVE, New York, NY, pg. 477
Lingard, Meghan - Interactive / Digital, Media Department - NO FIXED ADDRESS INC., Toronto, ON, pg. 120
Lingenfelter, Alicia - Media Department - MEDIA ASSEMBLY, Southfield, MI, pg. 385
Link, Patrick - Media Department - WAVEMAKER, New York, NY, pg. 526
Link, Thomas - Media Department, NBC - ZOOM MEDIA, New York, NY, pg. 559
Link, Lisa - Media Department - DAAKE DESIGN CENTER, Omaha, NE, pg. 178
Linker, Julie - Interactive / Digital, Media Department - HORIZON MEDIA, INC., New York, NY, pg. 474
Linkins, Aric - Account Services, Media Department, Public Relations - OUTBRAIN, INC., New York, NY, pg. 256
Linsey, Lauren - Media Department - BILLUPS, INC, Atlanta, GA, pg. 550
Linton, Leslie - Account Planner, Interactive / Digital, Media Department - MWWPR, East Rutherford, NJ, pg. 630
Lintz, Brielle - Interactive / Digital, Media Department, Social Media - BROWN PARKER | DEMARINIS ADVERTISING, Boca Raton, FL, pg. 43
Lione, Tess - Media Department - NOBLE PEOPLE, New York, NY, pg. 120
Lipp, Sophia - Media Department - MEDIAHUB BOSTON, Boston, MA, pg. 489
Lippa, Tim - Media Department - FORWARDPMX, New York, NY, pg. 360
Lippincott, Kathy - Media Department, PPM - SAATCHI & SAATCHI LOS ANGELES, Torrance, CA, pg. 137
Lippke, Derek - Interactive / Digital, Media Department - IPROSPECT, New York, NY, pg. 674
Lippman, Rachel - Interactive / Digital, Media Department, PPOM - MEDIACOM, New York, NY, pg. 487
Lippman, Jordan - Media Department - FREED ADVERTISING, Sugar Land, TX, pg. 360
Lipschitz, Brooke - Media Department - OMD, New York, NY, pg. 498
Liput, Annette - Media Department - SPARK FOUNDRY, Chicago, IL, pg. 510
Lirtsman, Alex - Media Department, PPOM - READY SET ROCKET, New York, NY, pg. 262
Lisk, Scott - Interactive / Digital, Media Department - ACTIVE INTERNATIONAL, Pearl River, NY, pg. 439
Liss, Stephanie - Media Department - CANVAS WORLDWIDE, Playa Vista, CA, pg. 458
Lister, Jon - Interactive / Digital, Media Department - TINUITI, New York, NY, pg. 678
Little, Chessie - Media Department - THAYER MEDIA, Denver, CO, pg. 519
Little, Emily - Creative, Media Department, Social Media - MULLENLOWE U.S. LOS ANGELES, El Segundo, CA, pg. 471
Little, Jay - Media Department - HAWORTH MARKETING & MEDIA, Los Angeles, CA, pg. 471
Litvinov, Boris - Interactive / Digital, Media Department - DENTSU X, New York, NY, pg. 61
Liu, Michael - Account Planner, Interactive / Digital, Media Department - CARAT, New York, NY, pg. 459
Liu, June - Interactive / Digital, Media Department - MEDIA STORM, New York, NY, pg. 486
Liu, Katelyn - Media Department - CROSSMEDIA, Los Angeles, CA, pg. 463
Liu, Jenny - Media Department - MADWELL, Brooklyn, NY, pg. 13
Livingston, Michelle - Media Department - THE CALIBER GROUP, Tucson, AZ, pg. 19
Llana, Dan - Account Planner, Media Department, NBC - THE MCCARTHY COMPANIES, Dallas, TX, pg. 151
Llorens, Gladimar - Interactive / Digital, Media Department, Programmatic - OMD LATIN AMERICA, Miami, FL, pg. 543
Lo, Tiffany - Media Department - THE&PARTNERSHIP, New York, NY, pg. 426
Lobosco, Stevie - Media Department - RIESTER, Phoenix, AZ, pg. 406
Lobsinger, Brian - Media Department - A. BRIGHT IDEA, Bel Air, MD, pg. 25
LoBue, Melanie - Interactive / Digital, Media Department, NBC - REPUTATION INSTITUTE, Boston, MA, pg. 449
Lockett, Kelly - Media Department - STARCOM WORLDWIDE, North Hollywood, CA, pg. 516
Lockhart, Paige - Account Services, Media Department - HORIZON MEDIA, INC., Los Angeles, CA, pg. 473
Lockwood, Sarah - Interactive / Digital, Media Department - HEARTS & SCIENCE, Los Angeles, CA, pg. 473
Loconsole, Kim - Media Department, Programmatic - MINDSHARE, Chicago, IL, pg. 494
Lodder, Jason - Account Services, Media Department - CARAT, Toronto, ON, pg. 461
Loehr, Michelle - Media Department - H&L PARTNERS, Saint Louis, MO, pg. 80
Loesby, Bryan - Media Department - OMD WEST, Los Angeles, CA, pg. 502
Lofaro, Peter - Account Services, Media Department - UNIVERSAL MCCANN, New York, NY, pg. 521
Loffredo, Stephanie - Interactive /

AGENCIES

RESPONSIBILITIES INDEX

Digital, Media Department, Social Media - HUGE, INC., Brooklyn, NY, *pg.* 239

Lofgren, Brooke - Media Department - PERFORMANCE MARKETING, West Des Moines, IA, *pg.* 126

Loft, Kelly - Media Department - VITRO AGENCY, San Diego, CA, *pg.* 159

Loftis, Steve - Media Department - INSIGHT CREATIVE GROUP, Oklahoma City, OK, *pg.* 89

Lofton, Jillian - Account Planner, Media Department - HAWORTH MARKETING & MEDIA, Los Angeles, CA, *pg.* 471

Logan, Sam - Interactive / Digital, Media Department - BOUVIER KELLY, INC. , Greensboro, NC, *pg.* 41

Logan, Sean - Interactive / Digital, Media Department, Social Media - LEO BURNETT WORLDWIDE, Chicago, IL, *pg.* 98

Logullo, Raphaela - Account Services, Management, Media Department - HAVAS MEDIA GROUP, New York, NY, *pg.* 468

Lohrenz, Sarah - Media Department - OMD, New York, NY, *pg.* 498

Lok, Daisy - Account Services, Media Department - MEDIASPOT, INC. , Corona Del Mar, CA, *pg.* 490

LoManto Aurichio, Lisa - Media Department, PPOM - BSY ASSOCIATES, Holmdel, NJ, *pg.* 4

Lomax, Deborah - Media Department, Promotions - SPECIALIZED MEDIA SERVICES, Charlotte, NC, *pg.* 513

Lombardi, Amanda - Account Services, Media Department - MEDIACOM, Chicago, IL, *pg.* 489

Lombardo-Negron, Gina - Media Department - HAWTHORNE ADVERTISING, Fairfield, IA, *pg.* 285

London, Lindsay - Interactive / Digital, Media Department - SLINGSHOT, LLC, Dallas, TX, *pg.* 265

London, Katie - Media Department - MEDIA STORM, New York, NY, *pg.* 486

London, Jenn - Account Planner, Interactive / Digital, Media Department - EDELMAN, Washington, DC, *pg.* 600

Long, Lisa - Media Department - NEW DAY MARKETING, Santa Barbara, CA, *pg.* 497

Long, Hollie - Media Department - MILLER BROOKS, INC. , Zionsville, IN, *pg.* 191

Long, Katherine - Account Services, Media Department - MINDSHARE, New York, NY, *pg.* 491

Longhini, Will - Analytics, Interactive / Digital, Media Department, NBC - PHD CHICAGO, Chicago, IL, *pg.* 504

Longhitano, Lisa - Media Department - OMD, New York, NY, *pg.* 498

Longman, Hannah - Account Services, Media Department - ACCESS BRAND COMMUNICATIONS, New York, NY, *pg.* 1

Lonigro, Darren - Account Services, Management, Media Department - UNIVERSAL MCCANN, New York, NY,

pg. 521

Lonnie, Alicia - Interactive / Digital, Media Department, NBC - MINDSHARE, New York, NY, *pg.* 491

Loomis, Joshua - Interactive / Digital, Media Department - THE TOMBRAS GROUP, Knoxville, TN, *pg.* 424

Loong, Josephine - Account Planner, Account Services, Media Department - SPARK FOUNDRY, Chicago, IL, *pg.* 510

Looze, Cathy - Media Department - AFFIRM AGENCY, Pewaukee, WI, *pg.* 323

Lopatin, Annie - Media Department - SPARK FOUNDRY, Chicago, IL, *pg.* 510

Lopez, Elizabeth - Media Department - MEDIACOM CANADA, Toronto, ON, *pg.* 489

Lopez, Dennise - Interactive / Digital, Media Department - MEDIACOM, New York, NY, *pg.* 487

Lopez, Andrea - Interactive / Digital, Media Department, Programmatic - 4FRONT, Dallas, TX, *pg.* 208

Lopez, Natasha - Media Department - 360I, LLC, New York, NY, *pg.* 320

Lopez, Nicholas - Media Department - CONSTELLATION AGENCY, New York, NY, *pg.* 221

Lopez, Anthony - Media Department - SINGLE GRAIN, Los Angeles, CA, *pg.* 265

Lopez, Fausto - Media Department - WAVEMAKER, New York, NY, *pg.* 526

Lopez-Baranello, Mitsy - Management, Media Department - HUGE, INC., Brooklyn, NY, *pg.* 239

LoPiccolo, Brian - Analytics, Media Department - MCKINNEY, Durham, NC, *pg.* 111

Lopour, Mimi - Interactive / Digital, Media Department - GLOBAL STRATEGIES, Bend, OR, *pg.* 673

Lorch, Giovanna - Account Planner, Media Department - MEDIA STORM, Norwalk, CT, *pg.* 486

Lorden, Jim - Account Planner, Media Department - CAMPBELL EWALD, Los Angeles, CA, *pg.* 47

Lorensen, Amy - Media Department - EMPOWER, Cincinnati, OH, *pg.* 354

Lorenz, Chris - Interactive / Digital, Media Department - HORIZON MEDIA, INC., New York, NY, *pg.* 474

Lorusso, Monica - Account Services, Interactive / Digital, Management, Media Department - ALLEN & GERRITSEN, Philadelphia, PA, *pg.* 30

Loscher, Kelly - Media Department - STARCOM WORLDWIDE, Chicago, IL, *pg.* 513

Lostaglio, John - Interactive / Digital, Media Department, Social Media - MIRUM AGENCY, San Diego, CA, *pg.* 251

Lougheed, Dave - Creative, Interactive / Digital, Media Department - KLICK HEALTH, Toronto, ON, *pg.* 244

Louis, Jordan - Media Department, Social Media - TINUITI, Dania

Beach, FL, *pg.* 271

Louria, Lynn - Creative, Media Department, PPM - THE RICHARDS GROUP, INC., Dallas, TX, *pg.* 422

Louro, Amanda - Media Department - UNIVERSAL MCCANN, New York, NY, *pg.* 521

Love, John - Media Department - IDFIVE, Baltimore, MD, *pg.* 373

Lovelace, Racheal - Creative, Media Department - MP MEDIA & PROMOTIONS, Knoxville, TN, *pg.* 252

Lovstrom, Steven - Media Department - CARAT, Atlanta, GA, *pg.* 459

Low, Julie - Media Department - RON FOTH ADVERTISING, Columbus, OH, *pg.* 134

Lowcock, Joshua - Interactive / Digital, Management, Media Department - UNIVERSAL MCCANN, New York, NY, *pg.* 521

Lowden, Sarah - Media Department - BENSIMON BYRNE, Toronto, ON, *pg.* 38

Lowe, Jamie - Media Department, NBC, PPOM - INTERSECTION, New York, NY, *pg.* 553

Lowe, David - Interactive / Digital, Media Department, Research - PRICEWEBER MARKETING COMMUNICATIONS, INC., Louisville, KY, *pg.* 398

Lowenstein, Rachel - Account Services, Media Department - MINDSHARE, New York, NY, *pg.* 491

Lowery, Chris - Media Department, NBC, PPOM - CHASE DESIGN GROUP, South Pasadena, CA, *pg.* 177

Lowery, Shannon - Media Department - SPARK FOUNDRY, Chicago, IL, *pg.* 510

Lowery Long, Emily - Account Services, Interactive / Digital, Media Department, Social Media - ARCHER MALMO, Memphis, TN, *pg.* 32

Lowry, Gray - Management, Media Department - MILES PARTNERSHIP, Sarasota, FL, *pg.* 250

Loyola, Laurie - Account Services, Media Department, PPOM - GROUPM, New York, NY, *pg.* 466

Lozada, Giselle - Media Department - BKV, Miami, FL, *pg.* 334

Lozano, RJ - Media Department, Programmatic - JELLYFISH, San Francisco, CA, *pg.* 243

Lozen, Michel - Media Department - MCGARRAH JESSEE, Austin, TX, *pg.* 384

Lu, Chloe - Media Department, Programmatic - TRILIA , Boston, MA, *pg.* 521

Lu, Jane - Media Department - INITIATIVE, Los Angeles, CA, *pg.* 478

Lu, Brian - Account Services, Media Department - PUBLICIS.SAPIENT, New York, NY, *pg.* 258

Luba, Matt - Analytics, Interactive / Digital, Media Department - BAYARD ADVERTISING AGENCY, INC., New York, NY, *pg.* 37

Lubberts, Megan - Creative, Interactive / Digital, Media Department - INITIATIVE, Toronto,

1645

RESPONSIBILITIES INDEX — AGENCIES

ON, pg. 479

Lubenow, Lindsey - Media Department - COMMIT AGENCY, Chandler, AZ, pg. 343

Lubin, Cassandre - Account Planner, Account Services, Interactive / Digital, Media Department - MINDSHARE, New York, NY, pg. 491

Lublin, Jenna - Account Services, Media Department - STARCOM WORLDWIDE, Chicago, IL, pg. 513

Lubniewski, Stephanie - Media Department - SPARK FOUNDRY, Chicago, IL, pg. 510

Luca, Razvan - Account Planner, Media Department - TRAMPOLINE, Halifax, NS, pg. 20

Lucaccioni, Lauren - Media Department - CRAMER-KRASSELT, Chicago, IL, pg. 53

Lucas, Sue - Media Department - ENGEL O'NEILL ADVERTISING, Erie, PA, pg. 68

Lucas, Germaine - Media Department - CARAT, Atlanta, GA, pg. 459

Lucero, Justin - Media Department - OMD, New York, NY, pg. 498

Luchini, Angelica - Account Services, Media Department - 72ANDSUNNY, Playa Vista, CA, pg. 23

Luchini, Samuel - Creative, Media Department - FCB CHICAGO, Chicago, IL, pg. 71

Luchinsky, Matthew - Interactive / Digital, Media Department - WAVEMAKER, New York, NY, pg. 526

Luckman, Britani - Interactive / Digital, Media Department - 360I, LLC, New York, NY, pg. 320

Luczak, Colleen - Account Planner, Media Department - MINDSHARE, Chicago, IL, pg. 494

Ludwick, Bryan - Media Department - HUNTER HAMERSMITH, North Miami, FL, pg. 87

Ludwig, Amanda - Account Services, Management, Media Department - SPARK FOUNDRY, Chicago, IL, pg. 510

Luft, Jordy - Media Department - PETERMAYER, New Orleans, LA, pg. 127

Lugo, Amarilis - MEDIA Department - INITIATIVE, New York, NY, pg. 477

Lui, Stephanie - Account Planner, Interactive / Digital, Media Department, NBC - ZENITH MEDIA, Atlanta, GA, pg. 531

Luisi, Diane - Media Department - ACTIVE INTERNATIONAL, Pearl River, NY, pg. 439

Luk, Justin - Media Department - MCCANN NEW YORK, New York, NY, pg. 108

Lumley, Katie - Interactive / Digital, Media Department - ANSON-STONER, INC., Winter Park, FL, pg. 31

Lund, Claire - Media Department - THE MARKETING PRACTICE, Seattle, WA, pg. 169

Lunde, Erik - Media Department - SPARK FOUNDRY, Chicago, IL, pg. 510

Lundin, Kate - Media Department - ZEHNDER COMMUNICATIONS, INC., New Orleans, LA, pg. 436

Lundstrum, Liz - Media Department - KIRVIN DOAK COMMUNICATIONS, Las Vegas, NV, pg. 620

Luo, Jenny - Account Planner, Account Services, Media Department, NBC - INITIATIVE, New York, NY, pg. 477

Luong, Tiffany - Account Services, Media Department - FALLON WORLDWIDE, Minneapolis, MN, pg. 70

Lustig, Jacob - Interactive / Digital, Media Department, NBC - KLICK HEALTH, Toronto, ON, pg. 244

Luu, Theresa - Interactive / Digital, Media Department - HORIZON MEDIA, INC., New York, NY, pg. 474

Ly, Stephanie - Media Department - CANNELLA RESPONSE TELEVISION, Los Angeles, CA, pg. 457

Lyde, Faith - Media Department - HEARTS & SCIENCE, New York, NY, pg. 471

Lydon, Madelyn - Account Services, Creative, Media Department - OH PARTNERS, Phoenix, AZ, pg. 122

Lylo, Patrick - Interactive / Digital, Media Department, PPOM - MINDSHARE, New York, NY, pg. 491

Lynch, Steve - Management, Media Department, Social Media - MONO, Minneapolis, MN, pg. 117

Lynch, Nicolette - Interactive / Digital, Media Department - ICROSSING, Scottsdale, AZ, pg. 241

Lynch, Glenda - Media Department - STRATEGIC AMERICA, West Des Moines, IA, pg. 414

Lynch, Brian - Media Department - OMD ENTERTAINMENT, Burbank, CA, pg. 501

Lynch, Steven - Media Department - MINDSHARE, New York, NY, pg. 491

Lynch, Brianna - Media Department - MEDIA ASSEMBLY, New York, NY, pg. 484

Lynett Howes, Luke - Account Services, Media Department - ACTIVE INTERNATIONAL, Pearl River, NY, pg. 439

Lynn, Bridget - Management, Media Department - MEDIA ASSEMBLY, Southfield, MI, pg. 385

Lynn, Chrissy - Media Department, Operations - BRUNNER, Pittsburgh, PA, pg. 44

Lyon, Chris - Interactive / Digital, Media Department, Research - HORIZON MEDIA, INC., New York, NY, pg. 474

Lyon, Brooke - Management, Media Department - UNIVERSAL MCCANN, New York, NY, pg. 521

Lyon Eisen, Melanie - Account Services, Media Department - PUBLICIS NORTH AMERICA, New York, NY, pg. 399

Lyons, Dyana - Interactive / Digital, Management, Media Department, NBC, Public Relations - OMD WEST, Los Angeles, CA, pg. 502

Lyons, Monica - Media Department - BRANDTAILERS, Irvine, CA, pg. 43

Lyons, Theresa - Account Planner, Account Services, Media Department, Research - THE MARS AGENCY, Southfield, MI, pg. 683

Lyons, Susie - Account Planner, Account Services, Management, Media Department, Operations - VIRTUE WORLDWIDE, Brooklyn, NY, pg. 159

Lysak, Hannah - Media Department - THE BOSTON GROUP, Boston, MA, pg. 418

Ma, Anna - Interactive / Digital, Media Department - WAVEMAKER, Los Angeles, CA, pg. 528

Ma, Christina - Account Planner, Media Department - HORIZON MEDIA, INC., New York, NY, pg. 474

Ma, Stephanie - Account Planner, Account Services, Media Department - HEARTS & SCIENCE, New York, NY, pg. 471

Mabuni, Lauren - Media Department - TEAM ONE, Los Angeles, CA, pg. 417

MacArthur, Amber - Media Department, PPOM - KONNEKT DIGITAL ENGAGEMENT, Halifax, NS, pg. 245

MacDonald, Christine - Media Department - CASHMAN & KATZ INTEGRATED COMMUNICATIONS, Glastonbury, CT, pg. 340

MacDonald Gough, Whitney - Account Services, Media Department - BCW SAN FRANCISCO, San Francisco, CA, pg. 582

Maceda, Joe - Account Planner, Account Services, Media Department, PPOM - MINDSHARE, New York, NY, pg. 491

Macfaddin, Jessica - Media Department - SWELLSHARK, New York, NY, pg. 518

Macfarland, Deaglan - Media Department - STRAWBERRYFROG, New York, NY, pg. 414

Macht, Lauren - Media Department - STARCOM WORLDWIDE, North Hollywood, CA, pg. 516

Machuca, Claudia - Media Department - ICON MEDIA DIRECT, Sherman Oaks, CA, pg. 476

Macias, Mike - Interactive / Digital, Media Department, Social Media - TAYLOR, New York, NY, pg. 651

Mack, Stephenie - Media Department - EICOFF, Chicago, IL, pg. 282

Mack, Liz - Media Department - STARCOM WORLDWIDE, Chicago, IL, pg. 513

Mackey, Riley - Media Department - TEAM ONE, Los Angeles, CA, pg. 417

Mackin, Conner - Media Department - ZENITH MEDIA, Santa Monica, CA, pg. 531

Mackley, Crysta - Account Services, Media Department - CANVAS WORLDWIDE, Playa Vista, CA, pg. 458

Macleod, Sam - Account Services, Interactive / Digital, Media Department - NO FIXED ADDRESS INC., Toronto, ON, pg. 120

MacMaster, Scott - Account Planner, Media Department - TBWA \ CHIAT \ DAY, Los Angeles, CA, pg. 146

Macmillan-Butler, Alexa - Media

1646

AGENCIES
RESPONSIBILITIES INDEX

Department - BALCOM AGENCY, Fort Worth, TX, *pg.* 329
Macon, Millicent - Interactive / Digital, Media Department - STARCOM WORLDWIDE, New York, NY, *pg.* 517
Macon, Millicent - Media Department - STARCOM WORLDWIDE, Chicago, IL, *pg.* 513
MacPhee, Cory - Media Department - MINDSHARE, Toronto, ON, *pg.* 495
Madanick, Karen - Media Department - ANSON-STONER, INC., Winter Park, FL, *pg.* 31
Madaras, Claire - Interactive / Digital, Media Department - SPARK FOUNDRY, New York, NY, *pg.* 508
Madden, Melissa - Account Services, Media Department - NOM, Los Angeles, CA, *pg.* 121
Maddox, Brian - Media Department, Public Relations - FTI CONSULTING, New York, NY, *pg.* 606
Mader, John - Media Department - WRAY WARD, Charlotte, NC, *pg.* 433
Madera, Robert - Media Department - STARCOM WORLDWIDE, Chicago, IL, *pg.* 513
Madigan, Laurie - Media Department - MARTIN ADVERTISING, Birmingham, AL, *pg.* 106
Madison, Jacob - Account Planner, Account Services, Media Department - EMPOWER, Chicago, IL, *pg.* 355
Madjidi, Navid - Account Services, Creative, Media Department - ACCENTURE INTERACTIVE, El Segundo, CA, *pg.* 322
Madore, Suzanne K. - Media Department - ETHOS MARKETING & DESIGN, Westbrook, ME, *pg.* 182
Madsen, Mariah - Media Department - FLINT COMMUNICATIONS, INC., Fargo, ND, *pg.* 359
Madsen, Matisse - Media Department - EDELMAN, Seattle, WA, *pg.* 601
Maffei, Tony - Media Department - SOURCE COMMUNICATIONS, Hackensack, NJ, *pg.* 315
Maganja, Laura - Interactive / Digital, Media Department - DENTSUBOS INC., Toronto, ON, *pg.* 61
Magary, Jim - Media Department - HOLLAND - MARK, Boston, MA, *pg.* 87
Magee, Bailey - Media Department - HEARTS & SCIENCE, Atlanta, GA, *pg.* 473
Maggio, Grace - Media Department - MEDIAHUB BOSTON, Boston, MA, *pg.* 489
Magiera, Maribeth - Media Department, Promotions - MINTZ & HOKE, Avon, CT, *pg.* 387
Maglio, Joe - Media Department, PPOM - MCKINNEY NEW YORK, New York, NY, *pg.* 111
Magnotto, Erica - Interactive / Digital, Media Department - R2INTEGRATED, Baltimore, MD, *pg.* 261
Magnuson, Erik - Management, Media Department - VMLY&R, Seattle, WA, *pg.* 275
Magruder, Allie - Media Department, NBC - HORIZON MEDIA, INC., New

York, NY, *pg.* 474
Maguire, Colleen - Media Department - GRP MEDIA, INC., Chicago, IL, *pg.* 467
Maguire, Phyllis - Media Department - CAM MEDIA, INC., Wakefield, MA, *pg.* 457
Mahajan, Ashika - Analytics, Interactive / Digital, Media Department - M/SIX, Toronto, ON, *pg.* 483
Maher, Dave - Interactive / Digital, Media Department, NBC, PPOM, Public Relations - ZEHNDER COMMUNICATIONS, INC., New Orleans, LA, *pg.* 436
Maher, Brielle - Media Department, Social Media - STARCOM WORLDWIDE, Chicago, IL, *pg.* 513
Mahfood, Rene - Management, Media Department - BACKUS TURNER INTERNATIONAL, Lighthouse Point, FL, *pg.* 35
Mahomes, Lauren - Account Planner, Interactive / Digital, Media Department, NBC, Social Media - MEDIACOM, Chicago, IL, *pg.* 489
Mahon, Erika - Media Department - 360I, LLC, Chicago, IL, *pg.* 208
Mahon, Lisa - Interactive / Digital, Media Department, Programmatic - STARCOM WORLDWIDE, Chicago, IL, *pg.* 513
Mahon, Kendra - Interactive / Digital, Media Department, NBC - PP+K, Tampa, FL, *pg.* 129
Mahoney, Sean - Media Department - DIGITAS, Atlanta, GA, *pg.* 228
Mahunik, Faon - Management, Media Department, Research - HAVAS MEDIA GROUP, New York, NY, *pg.* 468
Mai, Mi - Account Planner, Interactive / Digital, Media Department, NBC - GARAGE TEAM MAZDA, Costa Mesa, CA, *pg.* 465
Mai, Alison - Media Department - OMD ATLANTA, Atlanta, GA, *pg.* 501
Maier, Andy - Media Department - BELIEF AGENCY, Seattle, WA, *pg.* 38
Mailhiot, Renee - Media Department, Public Relations - EDELMAN, Chicago, IL, *pg.* 353
Mailloux, Carolyn - Media Department - WATAUGA GROUP, Orlando, FL, *pg.* 21
Maiman, Marc - Media Department - MILNER BUTCHER MEDIA GROUP, Los Angeles, CA, *pg.* 491
Maina, Peris - Interactive / Digital, Media Department, Programmatic - OCEAN MEDIA, INC., Huntington Beach, CA, *pg.* 498
Mainprize, Janet - Analytics, Interactive / Digital, Media Department, Operations - MINDSHARE, Toronto, ON, *pg.* 495
Mainzer, Jacob - Media Department - SPARK FOUNDRY, El Segundo, CA, *pg.* 512
Maiorana, Meghan - Interactive / Digital, Media Department - NORBELLA, Boston, MA, *pg.* 497
Maiorano, Thomas - Account Services, Media Department - CARAT,

New York, NY, *pg.* 459
Maitra, Seb - Analytics, Management, Media Department, Operations, PPOM - NORBELLA, Boston, MA, *pg.* 497
Majchrowicz, Megan - Media Department - ID MEDIA, Chicago, IL, *pg.* 477
Majestic, Chris - Media Department - MEDIADEX LLC, Cincinnati, OH, *pg.* 489
Major, Victor - Media Department - BACKBONE MEDIA, Carbondale, CO, *pg.* 579
Majowka, William - Media Department - OMD, New York, NY, *pg.* 498
Makarewicz-Liszka, Sylwia - Media Department - STARCOM WORLDWIDE, Chicago, IL, *pg.* 513
Malabonga, Stephanie - Interactive / Digital, Media Department - 9THWONDER AGENCY, Houston, TX, *pg.* 453
Malandruccolo, John - Media Department, Operations - STARCOM WORLDWIDE, Chicago, IL, *pg.* 513
Malaniuk, Julie - Interactive / Digital, Media Department, Operations - STARCOM WORLDWIDE, Chicago, IL, *pg.* 513
Malecha, Justin - Interactive / Digital, Media Department - MEDIA BRIDGE ADVERTISING, Minneapolis, MN, *pg.* 484
Maleckas, Valerie - Management, Media Department - UNIVERSAL MCCANN, New York, NY, *pg.* 521
Maleeny, Tim - Account Planner, Account Services, Management, Media Department, NBC, Operations, PPOM - HAVAS NEW YORK, New York, NY, *pg.* 369
Malek, Anna - Interactive / Digital, Media Department - CARAT, New York, NY, *pg.* 459
Malen, Sabrina - Interactive / Digital, Media Department - UNIVERSAL MCCANN, New York, NY, *pg.* 521
Malena, Kelvin - Media Department - LIQUID ADVERTISING, INC., El Segundo, CA, *pg.* 100
Malewitz, Brenda - Media Department - NOVUS MEDIA, INC., Plymouth, MN, *pg.* 497
Malhotra, Sonia - Account Planner, Management, Media Department - CARAT, Chicago, IL, *pg.* 461
Malhotra, Bobby - Media Department - PUBLICIS TORONTO, Toronto, ON, *pg.* 639
Malinowski, Mike - Media Department - HORIZON MEDIA, INC., New York, NY, *pg.* 474
Mallalieu, Josh - Interactive / Digital, Media Department - UNIVERSAL MCCANN, New York, NY, *pg.* 521
Mallen, Kat - Media Department - HORIZON MEDIA, INC., New York, NY, *pg.* 474
Mallerdino, Alyssa - Media Department - STARCOM WORLDWIDE, Chicago, IL, *pg.* 513

RESPONSIBILITIES INDEX — AGENCIES

Malles Ward, Phoebe - Media Department, Public Relations - LIPPE TAYLOR, New York, NY, pg. 623
Malli, Megan - Account Planner, Account Services, Media Department - HUGE, INC., Washington, DC, pg. 240
Mallin, Noah - Interactive / Digital, Management, Media Department, NBC, PPOM, Social Media - WAVEMAKER, New York, NY, pg. 526
Mallory, Christene - Interactive / Digital, Media Department - SUPPLY MEDIA, Boulder, CO, pg. 145
Malloy, Marc - Administrative, Media Department - R&R PARTNERS, Las Vegas, NV, pg. 131
Malloy, Mark - Account Planner, Interactive / Digital, Media Department, Public Relations - WIEDEN + KENNEDY, New York, NY, pg. 432
Malloy, Brea - Account Planner, Media Department, NBC - SIMPLE TRUTH, Chicago, IL, pg. 198
Malloy, Andrew - Media Department - LEO BURNETT WORLDWIDE, Chicago, IL, pg. 98
Malm-Hallqvist, Lotta - Media Department, PPOM - MDC PARTNERS, INC., New York, NY, pg. 385
Malmad, Jeff - Interactive / Digital, Media Department - MINDSHARE, New York, NY, pg. 491
Malmud, Dan - Interactive / Digital, Media Department - PHD USA, New York, NY, pg. 505
Malo, Kathleen - Interactive / Digital, Media Department, PPM - STARCOM WORLDWIDE, Detroit, MI, pg. 517
Malone, Emily - Media Department - PHD USA, New York, NY, pg. 505
Malone, Kyle - Media Department - 160OVER90, Philadelphia, PA, pg. 1
Malone, Janel - Media Department - SPARK FOUNDRY, Chicago, IL, pg. 510
Maloney, Caitlin - Creative, Media Department, NBC - SUPERFLY, New York, NY, pg. 315
Maloney, Katie - Media Department - MBB AGENCY, Leawood, KS, pg. 107
Maloney, Kevin - Media Department - PAC / WEST COMMUNICATIONS, Wilsonville, OR, pg. 635
Malordy, Andrew - Interactive / Digital, Media Department - CARAT, New York, NY, pg. 459
Mamer DeVastey, Heidi - Management, Media Department - CITIZEN RELATIONS, Toronto, ON, pg. 590
Mamey, Jessie - Interactive / Digital, Media Department, Programmatic, Social Media - THE SEARCH AGENCY, Glendale, CA, pg. 677
Manago, Greg - Media Department, PPM - MINDSHARE, New York, NY, pg. 491
Manalili, Erick - Media Department - HORIZON MEDIA, INC., Los Angeles, CA, pg. 473
Manas, George - Media Department, NBC, PPOM - OMD, New York, NY,

pg. 498
Manboadh, Annmarie - Management, Media Department - GROUPM, New York, NY, pg. 466
Mance, Amina - Account Planner, Account Services, Interactive / Digital, Media Department - BURRELL COMMUNICATIONS GROUP, INC., Chicago, IL, pg. 45
Mancini, Angela - Media Department - DID AGENCY, Ambler, PA, pg. 62
Mancusi, Peter - Media Department, NBC, Public Relations - WEBER SHANDWICK, Boston, MA, pg. 660
Mancuso, Kelly - Media Department - NEBO AGENCY, LLC, Atlanta, GA, pg. 253
Mandarino, Adam - Media Department, Programmatic - SPARK FOUNDRY, New York, NY, pg. 508
Mandel, Haley - Account Planner, Account Services, Interactive / Digital, Media Department - OMD WEST, Los Angeles, CA, pg. 502
Mandel, Karen - Account Planner, Media Department - MEDIACOM, New York, NY, pg. 487
Mandell, Joshua - Account Planner, Account Services, Media Department - INITIATIVE, New York, NY, pg. 477
Mandino, Sarah - Account Planner, Account Services, Interactive / Digital, Media Department - MEDIAHUB BOSTON, Boston, MA, pg. 489
Mandragouras, Julie - Media Department - COGNISCIENT MEDIA/MARC USA, Charlestown, MA, pg. 51
Manfe, Louise - Interactive / Digital, Media Department, NBC - EXPERT MARKETING, Los Angeles, CA, pg. 69
Mangiarulo, Maria - Media Department - GLOBAL MEDIA GROUP, Rancho Santa Margarita, CA, pg. 76
Maniaci, Nicole - Media Department - MINDSHARE, New York, NY, pg. 491
Manise, Steven - Media Department - GMLV, Newark, NJ, pg. 466
Manke, Darrin - Media Department - FARM DESIGN INCORPORATED, Hollis, NH, pg. 71
Manley, John - Media Department - GEOMETRY, Chicago, IL, pg. 363
Mann, Rebecca - Management, Media Department - SPARK FOUNDRY, Atlanta, GA, pg. 512
Mann, Jake - Account Planner, Analytics, Interactive / Digital, Media Department, NBC, PPM - ZENITH MEDIA, New York, NY, pg. 529
Mann, Natalie - Media Department - ASHER AGENCY, Fort Wayne, IN, pg. 327
Mann, Justin - Media Department, NBC - SPARK FOUNDRY, New York, NY, pg. 508
Mann, Molly - Finance, Interactive / Digital, Media Department - OMD, New York, NY, pg. 498
Mann, Michelle - Media Department - FANTICH MEDIA, McAllen, TX, pg. 71
Mann, Sargi - Interactive / Digital, Media Department - HAVAS

MEDIA GROUP, New York, NY, pg. 468
Mann-Jensen, Judy - Media Department - NONBOX, Portland, OR, pg. 121
Manning, Matt - Media Department - MKTG INC, New York, NY, pg. 311
Mannino, Kaitlynn - Media Department - PUBLICIS HEALTH, New York, NY, pg. 639
Mannion, Lynn - Media Department - ALETHEIA MARKETING & MEDIA, Dallas, TX, pg. 454
Manocchio, Jennifer - Account Services, Media Department - SWEENEY PUBLIC RELATIONS, Cleveland, OH, pg. 651
Manohar, Saira - Account Services, Analytics, Media Department - IPROSPECT, Fort Worth, TX, pg. 674
Manrique, Carolina - Media Department - WMX, Miami, FL, pg. 276
Mansell, Elizabeth - Account Planner, Media Department - HEALIXGLOBAL, New York, NY, pg. 471
Mansfield, Rebecca - Media Department, Programmatic - SPARK FOUNDRY, New York, NY, pg. 508
Manson, Rory - Media Department - SPARK FOUNDRY, Chicago, IL, pg. 510
Mansour, Siobhann - Interactive / Digital, Media Department, NBC, PPOM - UNCOMMON, Sacramento, CA, pg. 157
Mantor, Tammy - Media Department - WILLIAMS RANDALL, Indianapolis, IN, pg. 432
Mapoy, Noriel - Interactive / Digital, Media Department - CARAT, New York, NY, pg. 459
Maranell, Kayla - Media Department - STELLAR MARKETING, Excelsior, MN, pg. 518
Marc, Daniel - Interactive / Digital, Media Department - ALLSCOPE MEDIA, New York, NY, pg. 454
Marcantonio, Joel - Media Department - LIFEBRANDS, Wayne, PA, pg. 287
Marcello, Ashley - Media Department - CMI MEDIA, LLC, King of Prussia, PA, pg. 342
Marchitto, Denise - Interactive / Digital, Media Department, NBC - HEARTS & SCIENCE, New York, NY, pg. 471
Marciano, Andre - Management, Media Department, PPOM - PERFORMICS, Chicago, IL, pg. 676
Marcy, Michael - Account Planner, Media Department - MINDSHARE, Toronto, ON, pg. 495
Mardahl, Danielle - Account Planner, Account Services, Interactive / Digital, Media Department - FINN PARTNERS, Chicago, IL, pg. 604
Marder, Andrea - Account Planner, Media Department - MEDIASSOCIATES, INC., Sandy Hook, CT, pg. 490
Marek, Carolyn - Account Services, Media Department - INTERCOMMUNICATIONS, INC., Newport

1648

AGENCIES
RESPONSIBILITIES INDEX

Beach, CA, *pg.* 375
Margolies, Michael - Media Department - STARCOM WORLDWIDE, New York, NY, *pg.* 517
Margolin, Mike - Account Services, Interactive / Digital, Management, Media Department, NBC - RPA, Santa Monica, CA, *pg.* 134
Margolis, Judy - Media Department - AD PLACE, Addison, TX, *pg.* 26
Maria, Oscar - Interactive / Digital, Media Department - DIRECTAVENUE, INC., Carlsbad, CA, *pg.* 282
Maricich, Margie - Account Services, Media Department, Public Relations - KELLY, SCOTT & MADISON, INC., Chicago, IL, *pg.* 482
Marie Zollo, Anne - Media Department - (ADD)VENTURES, Providence, RI, *pg.* 207
Marino, Jaclyn - Account Planner, Account Services, Management, Media Department - SPARK FOUNDRY, New York, NY, *pg.* 508
Marino, Kelsey - Interactive / Digital, Media Department - STARCOM WORLDWIDE, Chicago, IL, *pg.* 513
Marino, Elizabeth - Media Department - STARCOM WORLDWIDE, Chicago, IL, *pg.* 513
Marion, Samantha - Media Department - UNION CREATIVE, Toronto, ON, *pg.* 273
Maris, Nick - Interactive / Digital, Media Department - HAVAS MEDIA GROUP, New York, NY, *pg.* 468
Mariscal, Seth - Media Department - GODFREY, Lancaster, PA, *pg.* 8
Mariscal, Oscar - Interactive / Digital, Media Department - CLM MARKETING & ADVERTISING, Boise, ID, *pg.* 342
Markaverich, Lauren - Media Department - MCGARRAH JESSEE, Austin, TX, *pg.* 384
Markey, Sara - Account Planner, Account Services, Media Department, PPM - STARCOM WORLDWIDE, Chicago, IL, *pg.* 513
Markham, Chris - Interactive / Digital, Media Department - MASON MARKETING, Penfield, NY, *pg.* 106
Markman, Marilyn - Account Services, Media Department - CO:COLLECTIVE, LLC, New York, NY, *pg.* 5
Markoski, Cynthia - Finance, Media Department - 9THWONDER AGENCY, Houston, TX, *pg.* 453
Markowitz, Daniel - Account Services, Media Department - MINDSHARE, New York, NY, *pg.* 491
Marks, Julia - Interactive / Digital, Media Department - GRAHAM GROUP, Lafayette, LA, *pg.* 365
Marks, Carolyn - Interactive / Digital, Media Department - CARAT, Detroit, MI, *pg.* 461
Marler, Allen - Interactive / Digital, Media Department, Social Media - CORNETT INTEGRATED MARKETING SOLUTIONS, Lexington, KY, *pg.* 344

Marlin, Robby - Account Services, Media Department - LAPLACA COHEN ADVERTISING, New York, NY, *pg.* 379
Marlow, Myles - Media Department, PPOM - FINN PARTNERS, Washington, DC, *pg.* 603
Marlow, Kristin - Interactive / Digital, Media Department - WEBER SHANDWICK, San Francisco, CA, *pg.* 662
Marold, Robert - Media Department, NBC - ASSOCIATION OF NATIONAL ADVERTISERS, New York, NY, *pg.* 442
Marquardt, Audrey - Media Department, PPM - INITIATIVE, New York, NY, *pg.* 477
Marquess, Claire - Account Services, Management, Media Department - FORTNIGHT COLLECTIVE, Boulder, CO, *pg.* 7
Marquez, Antonio - Media Department - BARKLEY, Kansas City, MO, *pg.* 329
Marquis, Oliver - Media Department, Research - UNIVERSAL MCCANN, New York, NY, *pg.* 521
Marr, Ellen - Media Department - SPARK FOUNDRY, Chicago, IL, *pg.* 510
Marren, Sarah - Media Department - STARCOM WORLDWIDE, Chicago, IL, *pg.* 513
Marrero, Victor - Account Services, Media Department - ZENITH MEDIA, New York, NY, *pg.* 529
Marrese, Brendan - Media Department - MEDIAHUB BOSTON, Boston, MA, *pg.* 489
Marrone, Ben - Creative, Media Department - BOCA COMMUNICATIONS, San Francisco, CA, *pg.* 585
Marrus, Cristina - Management, Media Department - HORIZON MEDIA, INC., New York, NY, *pg.* 474
Mars, Dunia - Media Department - FRENCH / BLITZER / SCOTT, New York, NY, *pg.* 361
Marsey, Dave - Account Planner, Interactive / Digital, Management, Media Department, NBC, PPOM - ESSENCE, San Francisco, CA, *pg.* 232
Marsh, Rachel - Media Department - SPARK FOUNDRY, El Segundo, CA, *pg.* 512
Marsh, Hailey - Media Department - SAATCHI & SAATCHI LOS ANGELES, Torrance, CA, *pg.* 137
Marshall, John - Media Department - DJ CASE & ASSOCIATES, Mishawaka, IN, *pg.* 597
Marshall, Matt - Account Planner, Interactive / Digital, Media Department, NBC - ESSENCE, New York, NY, *pg.* 232
Marshall, Melissa - Interactive / Digital, Media Department - STARCOM WORLDWIDE, Chicago, IL, *pg.* 513
Marshall, Brandon - Media Department - HAVAS MEDIA GROUP, Boston, MA, *pg.* 470
Marshall, Kate - Media Department - HAVAS MEDIA GROUP, New York, NY, *pg.* 468
Marshall, Justin - Interactive / Digital, Media Department - FORTYFOUR, Atlanta, GA, *pg.* 235

Marshall Godlewski, Leslie - Media Department - MBB AGENCY, Leawood, KS, *pg.* 107
Marsili, Julie - Account Planner, Account Services, Management, Media Department - UNIVERSAL MCCANN DETROIT, Birmingham, MI, *pg.* 524
Marsolek, Megan - Media Department, PPM - FALLON WORLDWIDE, Minneapolis, MN, *pg.* 70
Martay, Christa - Account Services, Media Department - OMD, Chicago, IL, *pg.* 500
Marticorena, Angela - Media Department - THE RICHARDS GROUP, INC., Dallas, TX, *pg.* 422
Martin, Chad - Interactive / Digital, Media Department, Social Media - VMLY&R, Kansas City, MO, *pg.* 274
Martin, Raechel - Media Department, NBC - CARAT, Detroit, MI, *pg.* 461
Martin, Jenny - Media Department - COSSETTE MEDIA, Toronto, ON, *pg.* 345
Martin, Katey - Management, Media Department - ENERGY BBDO, INC., Chicago, IL, *pg.* 355
Martin, Brittany - Interactive / Digital, Media Department - HAVAS MEDIA GROUP, Boston, MA, *pg.* 470
Martin, Malissa - Account Services, Interactive / Digital, Media Department - PUBLICIS.SAPIENT, Birmingham, MI, *pg.* 260
Martin, Dena - Media Department - PUBLICIS.SAPIENT, Atlanta, GA, *pg.* 259
Martin, Sara - Media Department - THE INTEGER GROUP - DALLAS, Dallas, TX, *pg.* 570
Martin, Nicole - Analytics, Interactive / Digital, Media Department, NBC - PACE COMMUNICATIONS, Greensboro, NC, *pg.* 395
Martin, Rod - Interactive / Digital, Media Department - MCGARRAH JESSEE, Austin, TX, *pg.* 384
Martin, Samantha - Account Services, Media Department, PPM, Research - USIM, Los Angeles, CA, *pg.* 525
Martin, Maite - Media Department - RPA, Santa Monica, CA, *pg.* 134
Martin, Austin - Interactive / Digital, Media Department, Social Media - BARKLEY, Kansas City, MO, *pg.* 329
Martin, Robert - Interactive / Digital, Media Department - BCW DALLAS, Dallas, TX, *pg.* 581
Martin, Katelynn - Media Department - MOROCH PARTNERS, Dallas, TX, *pg.* 389
Martin, Nia - Account Services, Management, Media Department - INITIATIVE, New York, NY, *pg.* 477
Martin, Zachary - Media Department - ESSENCE, Minneapolis, MN, *pg.* 233
Martin, Anthony - Media Department - PUBLICIS NORTH AMERICA, New York, NY, *pg.* 399

1649

RESPONSIBILITIES INDEX — AGENCIES

Martin, Erin - Media Department - THREE FIVE TWO, INC., Newberry, FL, pg. 271
Martin, Adeline - Media Department - GYRO NY, New York, NY, pg. 369
Martin, Katie - Account Services, Interactive / Digital, Media Department - A. LARRY ROSS COMMUNICATIONS, Carrollton, TX, pg. 574
Martinelli, Nicole - Account Planner, Account Services, Media Department - VM1 (ZENITH MEDIA + MOXIE), New York, NY, pg. 526
Martinetti, Jason - Interactive / Digital, Media Department - INITIATIVE, New York, NY, pg. 477
Martinez, Jennifer - Media Department - EXL MEDIA, Incline Village, NV, pg. 465
Martinez, Latisha - Media Department, PPM - INITIATIVE, New York, NY, pg. 477
Martinez, Brenda - Account Services, Media Department - ARC WORLDWIDE, Chicago, IL, pg. 327
Martinez, Stephanie - Media Department - SPARK FOUNDRY, Chicago, IL, pg. 510
Martinez, Alana - Media Department - STARCOM WORLDWIDE, Chicago, IL, pg. 513
Martinez, Megan - Media Department - IVIE & ASSOCIATES, INC., Flower Mound, TX, pg. 91
Martino, William - Interactive / Digital, Management, Media Department - WUNDERMAN HEALTH, New York, NY, pg. 164
Martino, Melina - Account Planner, Interactive / Digital, Media Department - UNIVERSAL MCCANN, New York, NY, pg. 521
Martins, Victoria - Media Department - ZENITH MEDIA, New York, NY, pg. 529
Martinson, Jonah - Management, Media Department - DIGITAS HEALTH LIFEBRANDS, Philadelphia, PA, pg. 229
Marts, Robert - Media Department, Research - CROSSROADS, Kansas City, MO, pg. 594
Maruscak, Ethan - Account Services, Analytics, Media Department - FORWARDPMX, New York, NY, pg. 360
Marvel, Brett - Media Department - CMI MEDIA, LLC, King of Prussia, PA, pg. 342
Marx, Laura - Media Department, NBC, PPOM - PROPELLER, Milwaukee, WI, pg. 130
Maryott, Kirstie - Media Department - WIEDEN + KENNEDY, New York, NY, pg. 432
Marzolf, Ted - Creative, Interactive / Digital, Media Department - SPARK FOUNDRY, Chicago, IL, pg. 510
Maschmeyer, Nick - Media Department - DROGA5, New York, NY, pg. 64
Maser, Anna - Account Planner, Interactive / Digital, Media Department, NBC - CARAT, New York, NY, pg. 459

Mason, Amy - Creative, Media Department, Social Media - WEBER SHANDWICK, Atlanta, GA, pg. 661
Mason, Mikayla - Media Department - UNIVERSAL MCCANN, New York, NY, pg. 521
Mason, Halle - Media Department - CARMICHAEL LYNCH, Minneapolis, MN, pg. 47
Masser, Julie - Interactive / Digital, Media Department, NBC, PPM - 360I, LLC, New York, NY, pg. 320
Masterson, Vera - Account Planner, Analytics, Interactive / Digital, Media Department - VAYNERMEDIA, New York, NY, pg. 689
Mastony, Colleen - Media Department - JASCULCA / TERMAN & ASSOCIATES, Chicago, IL, pg. 616
Mastropiero, Analeigh - Media Department - CROSSMEDIA, Los Angeles, CA, pg. 463
Masucci, Mollie - Media Department - UNIVERSAL MCCANN, New York, NY, pg. 521
Mata, Chris - Media Department - CROSSMEDIA, New York, NY, pg. 463
Mataseje, Dwayne - Media Department - OMD CANADA, Toronto, ON, pg. 501
Mather, Linda - Media Department - RUECKERT ADVERTISING, Albany, NY, pg. 136
Mathew, Ben - Media Department - HORIZON MEDIA, INC., New York, NY, pg. 474
Mathews, Kathryn - Account Planner, Account Services, Interactive / Digital, Media Department, Programmatic - STARCOM WORLDWIDE, Chicago, IL, pg. 513
Mathias, Lucy - Account Services, Media Department - NOVITA COMMUNICATIONS, New York, NY, pg. 392
Mathis, Mark - Creative, Media Department, PPOM - AMPERAGE, Cedar Rapids, IA, pg. 30
Mathis, Jennifer - Media Department - CRAMER-KRASSELT , Chicago, IL, pg. 53
Mathson, Zach - Media Department - VAYNERMEDIA, New York, NY, pg. 689
Matic, Julie - Interactive / Digital, Media Department - DKC PUBLIC RELATIONS, New York, NY, pg. 597
Matio, Kim - Account Planner, Account Services, Interactive / Digital, Media Department - CONVERGEDIRECT, New York, NY, pg. 462
Matranga, Lauren - Media Department - CARAT, New York, NY, pg. 459
Matson, Laura Beth - Account Services, Creative, Media Department - BROTHERS & CO., Tulsa, OK, pg. 43
Matson, Maggie - Interactive / Digital, Media Department, Social Media - THE TOMBRAS GROUP, Knoxville, TN, pg. 424
Matta, Ana Maria - Account Planner, Account Services, Management, Media Department, Research - LAPIZ, Chicago, IL, pg. 542

Matthew, Molly - Creative, Media Department - MKTG INC, Chicago, IL, pg. 312
Matthews, Erin - Media Department - ZEHNDER COMMUNICATIONS, INC., New Orleans, LA, pg. 436
Matthews, Martha - Account Planner, Media Department - CARAT, Atlanta, GA, pg. 459
Matthews, Tori - Media Department - 72ANDSUNNY, Brooklyn, NY, pg. 24
Mattingly, Beverly - Account Services, Media Department - ARCHER MALMO, Memphis, TN, pg. 32
Mattson, Emily - Interactive / Digital, Media Department, Social Media - ESSENCE, Seattle, WA, pg. 232
Matyas, Kelly - Media Department - STARCOM WORLDWIDE, Chicago, IL, pg. 513
Mauceri, Ashley - Media Department - MAYOSEITZ MEDIA, Blue Bell, PA, pg. 483
Mauge, Lydia - Media Department - E&M MEDIA GROUP, Jericho, NY, pg. 282
Maune, LaNor - Account Services, Media Department, NBC - PRX, INC., San Jose, CA, pg. 639
Mauro, Patrick - Media Department - WIEDEN + KENNEDY, New York, NY, pg. 432
Mavis, Madison - Creative, Media Department - VAYNERMEDIA, New York, NY, pg. 689
Mavreas, Alicia - Media Department - STARCOM WORLDWIDE, Toronto, ON, pg. 517
Maxson, Audrey - Account Planner, Interactive / Digital, Media Department - MEDIACOM, New York, NY, pg. 487
Maxwell, Isaiah - Interactive / Digital, Media Department - INITIATIVE, New York, NY, pg. 477
Maxwell, Dessiah - Media Department, Operations - TBWA \ CHIAT \ DAY, Los Angeles, CA, pg. 146
Maxwell, Stephanie - Media Department - PERFORMANCE MARKETING, West Des Moines, IA, pg. 126
May, Colin - Media Department, Operations - MEDIASPACE SOLUTIONS, Minnetonka, MN, pg. 490
May, Adrienne - Interactive / Digital, Media Department, NBC, Social Media - HEARTS & SCIENCE, Los Angeles, CA, pg. 473
May, Lauren - Interactive / Digital, Media Department, PPM - DEUTSCH, INC., Los Angeles, CA, pg. 350
May, Erica - Media Department - 22SQUARED INC., Atlanta, GA, pg. 319
May, Alan - Media Department - JUST MEDIA, INC., Emeryville, CA, pg. 481
May, Robert - Analytics, Media Department - 360I, LLC, Los

Angeles, CA, *pg.* 208
Mayberry, Ryan - Account Planner, Interactive / Digital, Media Department - STARCOM WORLDWIDE, New York, NY, *pg.* 517
Mayer, Matt - Media Department - NCOMPASS INTERNATIONAL, West Hollywood, CA, *pg.* 390
Mayeux, Laurie - Interactive / Digital, Media Department - INNOVATIVE ADVERTISING, Mandeville, LA, *pg.* 375
Mayo, Ray - Management, Media Department - MAYOSEITZ MEDIA, Blue Bell, PA, *pg.* 483
Maze, Michael - Media Department, NBC - CANVAS WORLDWIDE, New York, NY, *pg.* 458
Mazey, Kendra - Management, Media Department, PPOM - MEDIA ASSEMBLY, Southfield, MI, *pg.* 385
Mazo-Colligan, Allison - Media Department - OUTDOOR MEDIA GROUP, Jersey City, NJ, *pg.* 554
Mazukina, Emma - Interactive / Digital, Media Department - IPROSPECT, Boston, MA, *pg.* 674
Mazurek, Denise - Media Department - RHEA & KAISER MARKETING , Naperville, IL, *pg.* 406
Mazzamuto, Kristina - Media Department - UNIVERSAL MCCANN, New York, NY, *pg.* 521
Mazzarisi, Lisa - Account Planner, Account Services, Media Department - SQAD, INC., Tarrytown, NY, *pg.* 513
Mazzoni, Mara - Interactive / Digital, Media Department - WEBER SHANDWICK, Birmingham, MI, *pg.* 662
McAfee, Katie - Account Services, Media Department - THE BUNTIN GROUP, Nashville, TN, *pg.* 148
McAlary, Mickey - Media Department - NOBLE PEOPLE, New York, NY, *pg.* 120
McAleese, Teresa - Media Department - ALOYSIUS BUTLER & CLARK, Wilmington, DE, *pg.* 30
McAneney, Amanda - Creative, Interactive / Digital, Media Department, NBC - CANVAS WORLDWIDE, Playa Vista, CA, *pg.* 458
McArthur, Maddie - Account Planner, Analytics, Interactive / Digital, Media Department - AKQA, San Francisco, CA, *pg.* 211
McArthur, Cynthia - Media Department - SPARKS, Philadelphia, PA, *pg.* 315
McAtee, Brett - Media Department - MMGY GLOBAL, Kansas City, MO, *pg.* 388
McAuliffe, Catrina - Account Planner, Account Services, Management, Media Department - MARKETING ARCHITECTS, Minneapolis, MN, *pg.* 288
McAuliffe, Tim - Interactive / Digital, Media Department - OXFORD COMMUNICATIONS, Lambertville, NJ, *pg.* 395
McBride, Mary - Media Department - MRM//MCCANN, Salt Lake City, UT, *pg.* 118
McBroom, Meredith - Account Planner, Account Services, Media Department - THIRD EAR, Austin, TX, *pg.* 546
McCabe, Kyle - Media Department - PHD, San Francisco, CA, *pg.* 504
McCain, Michelle - Media Department - THE RICHARDS GROUP, INC., Dallas, TX, *pg.* 422
McCann, Tara - Media Department - WIEDEN + KENNEDY, New York, NY, *pg.* 432
McCanna, Kelly - Media Department - GTB, Dearborn, MI, *pg.* 367
McCarrick, Edward - Account Services, Media Department, NBC - ICON INTERNATIONAL, INC., Greenwich, CT, *pg.* 476
McCarthy, Lynette - Media Department - MINTZ & HOKE, Avon, CT, *pg.* 387
McCarthy, Robert - Interactive / Digital, Media Department - CONNELLY PARTNERS, Boston, MA, *pg.* 344
McCarthy, Blake - Media Department - TDA_BOULDER, Boulder, CO, *pg.* 147
McCarthy, Jared - Account Planner, Account Services, Media Department - ESSENCE, New York, NY, *pg.* 232
McCarthy, Kevin - Account Services, Interactive / Digital, Management, Media Department, PPOM, Research - GROUPM, New York, NY, *pg.* 466
McCarthy, Molly - Media Department, PPM - RAPPORT OUTDOOR WORLDWIDE, New York, NY, *pg.* 556
McCarthy, Julie - Interactive / Digital, Media Department - HORIZON MEDIA, INC., New York, NY, *pg.* 474
McCarthy, Sarah - Interactive / Digital, Media Department - CARAT, New York, NY, *pg.* 459
McCarthy, Jennifer - Media Department - HEALIXGLOBAL, New York, NY, *pg.* 471
McCarthy, Alisa - Media Department - THE INFINITE AGENCY, Dallas, TX, *pg.* 151
McCary, Matt - Account Planner, Media Department, NBC - BLUE 449, Dallas, TX, *pg.* 456
McCaughrin, Brooke - Account Planner, Media Department - STARCOM WORLDWIDE, Chicago, IL, *pg.* 513
McCauley, Kevin - Interactive / Digital, Media Department - UNIVERSAL MCCANN, New York, NY, *pg.* 521
McClain, Amy - Media Department - BEEBY CLARK+MEYLER, Stamford, CT, *pg.* 333
McClellan, Susan - Media Department - EMPOWER, Cincinnati, OH, *pg.* 354
McClelland, Doug - Media Department - WAVEMAKER, New York, NY, *pg.* 526
McCloskey, Amanda - Interactive / Digital, Media Department - ZENITH MEDIA, New York, NY, *pg.* 529
McClure, Laurie - Media Department - STARCOM WORLDWIDE, North Hollywood, CA, *pg.* 516
McClure, Travis - Account Services, Media Department - ZIMMERMAN ADVERTISING, Fort Lauderdale, FL, *pg.* 437
McCool, Ashley - Creative, Interactive / Digital, Media Department, Public Relations, Social Media - HITCHCOCK FLEMING & ASSOCIATES, INC. , Akron, OH, *pg.* 86
McCord, Brian - Interactive / Digital, Media Department - RPA, Santa Monica, CA, *pg.* 134
McCormack, Helen - Interactive / Digital, Media Department - STARCOM WORLDWIDE, Chicago, IL, *pg.* 513
McCormack, Timothy - Analytics, Media Department - BIGEYE AGENCY, Orlando, FL, *pg.* 3
McCormick, Jody - Account Services, Media Department - KINZIEGREEN MARKETING GROUP, Wausau, WI, *pg.* 95
McCormick, Emily - Account Planner, Media Department, NBC - DUNCAN CHANNON, San Francisco, CA, *pg.* 66
McCormick, Sean - Media Department - HARMELIN MEDIA, Bala Cynwyd, PA, *pg.* 467
McCormick, Amanda - Interactive / Digital, Media Department, NBC, Social Media - REPUTATION INSTITUTE, Boston, MA, *pg.* 449
McCoy, Betty Pat - Management, Media Department - GSD&M, Chicago, IL, *pg.* 79
McCoy, Kelsey - Media Department, NBC - HEARTS & SCIENCE, New York, NY, *pg.* 471
McCracken, Lauren - Account Services, Interactive / Digital, Media Department - OMD, Chicago, IL, *pg.* 500
McCracken, Meredith - Interactive / Digital, Media Department - STARCOM WORLDWIDE, Chicago, IL, *pg.* 513
McCraw Bigelow, Courtney - Media Department - EDELMAN, New York, NY, *pg.* 599
McCray, Julia - Media Department - CURIOSITY ADVERTISING, Cincinnati, OH, *pg.* 223
Mccree, Justice - Media Department - THE MANY, Pacific Palisades, CA, *pg.* 151
McCulley, Bridget - Creative, Media Department - THE BOHAN AGENCY, Nashville, TN, *pg.* 418
McCulloch, Michael - Media Department - MBB AGENCY, Leawood, KS, *pg.* 107
McCullough, Chelsie - Interactive / Digital, Media Department - VMLY&R, Kansas City, MO, *pg.* 274
McCurnin, Nicole - Media Department - HAVAS MEDIA GROUP, New York, NY, *pg.* 468
McCurry, Megan - Media Department - DIGITAS, Chicago, IL, *pg.* 227
McDaniel, Caitlin - Media Department, Social Media - T3, Austin, TX, *pg.* 268
McDaniel, Mary - Media Department - CICERON, Minneapolis, MN, *pg.* 220
McDermott, Amy - Media Department - 360I, LLC, Atlanta, GA, *pg.* 207

RESPONSIBILITIES INDEX   AGENCIES

McDermott, Jonathan - Media Department - SPARK FOUNDRY, Chicago, IL, pg. 510
McDermott, Rose - Media Department - DID AGENCY, Ambler, PA, pg. 62
McDonagh, Megan - Media Department - STARCOM WORLDWIDE, Chicago, IL, pg. 513
McDonagh, Sarah - Media Department - 360I, LLC, Atlanta, GA, pg. 207
McDonald, Leslie - Media Department, Operations - WHEELER ADVERTISING, INC., Arlington, TX, pg. 430
McDonald, Paul - Media Department - INFINITY CONCEPTS, Export, PA, pg. 285
McDonald, Kate - Interactive / Digital, Media Department, Programmatic - MINDSHARE, Chicago, IL, pg. 494
McDonald, Justin - Interactive / Digital, Media Department - QUESTUS, San Francisco, CA, pg. 260
McDonald, Sean - Management, Media Department, PPOM - RETHINK COMMUNICATIONS, INC., Toronto, ON, pg. 133
McDonnell, Kevin - Interactive / Digital, Media Department - 360I, LLC, New York, NY, pg. 320
McDonnell, Kelly - Account Planner, Media Department - ESSENCE, New York, NY, pg. 232
McDougal, Connor - Account Services, Creative, Media Department - INITIATIVE, Chicago, IL, pg. 479
McDowell, Craig - Media Department - CRISPIN PORTER + BOGUSKY, Boulder, CO, pg. 346
McDowell, Kay - Management, Media Department - MITCHELL, Fayetteville, AR, pg. 627
McElrath, Megan - Account Planner, Interactive / Digital, Media Department - ESSENCE, New York, NY, pg. 232
McElroy, Laurey - Account Services, Media Department - BARNHARDT DAY & HINES, Concord, NC, pg. 36
McElroy, Taylor - Media Department - HORIZON MEDIA, INC., New York, NY, pg. 474
McEwan, Amy - Account Planner, Account Services, Media Department - 72ANDSUNNY, Playa Vista, CA, pg. 23
McFadden, Kelly - Media Department - CMI MEDIA, LLC, King of Prussia, PA, pg. 342
McFadden, Jessica - Interactive / Digital, Media Department, Programmatic - ESSENCE, New York, NY, pg. 232
McFarlane, Jennifer - Media Department - HARMELIN MEDIA, Bala Cynwyd, PA, pg. 467
McGannon, Dagmar - Media Department - MARCUS THOMAS, Cleveland, OH, pg. 104
McGarr, Sean - Account Planner, Account Services, Interactive / Digital, Media Department, PPOM -

WAVEMAKER, New York, NY, pg. 526
McGarvey, Caitlin - Media Department - HAVAS MEDIA GROUP, New York, NY, pg. 468
McGee, Sara - Media Department - STARCOM WORLDWIDE, Chicago, IL, pg. 513
McGee, Aizya - Media Department - PROOF ADVERTISING, Austin, TX, pg. 398
McGee, Peter - Interactive / Digital, Media Department - UNIVERSAL MCCANN, New York, NY, pg. 521
McGee, Leah - Media Department - FCB CHICAGO, Chicago, IL, pg. 71
McGehee, Lauren - Media Department - TRACTION CORPORATION, San Francisco, CA, pg. 271
McGhee, Tahira - Management, Media Department - R/GA, New York, NY, pg. 260
McGillick, Daniel - Media Department - MERCURY MEDIA, King of Prussia, PA, pg. 288
McGinley, Meg - Management, Media Department - WUNDERMAN THOMPSON, New York, NY, pg. 434
McGinn, Jack - Interactive / Digital, Media Department, Programmatic, Social Media - OMD, Chicago, IL, pg. 500
McGinnis, Kendra - Media Department - MARKETING ARCHITECTS, Minneapolis, MN, pg. 288
McGirr, Rachel - Account Services, Interactive / Digital, Media Department, PPOM - UNIVERSAL MCCANN, New York, NY, pg. 521
McGlasson, Travis - Media Department - SIMANTEL GROUP, Peoria, IL, pg. 142
McGoldrick, Megan - Analytics, Media Department, Research - DIGITAS, Boston, MA, pg. 226
McGorray, Seamus - Account Services, Media Department - MINDSHARE, New York, NY, pg. 491
McGougan, Lindsey - Media Department - MEDIACOM, New York, NY, pg. 487
McGovern, Maeve - Media Department, NBC - RESOLUTION MEDIA, Chicago, IL, pg. 676
McGowan, Kelsey - Media Department - PRIME TIME MARKETING, Glenview, IL, pg. 506
McGowan, Kelly - Media Department - MEDIAHUB BOSTON, Boston, MA, pg. 489
McGowan, Briana - Account Services, Media Department, NBC - FISHBOWL, Alexandria, VA, pg. 234
McGrath, Terry - Media Department, NBC, PPOM - T1 MEDIA, LCC, Weston, MA, pg. 518
McGrath, Caitlin - Media Department - OMD, New York, NY, pg. 498
McGraw, Jonathan - Media Department - BLUE WHEEL MEDIA, Birmingham, MI, pg. 335
McGregor, Katie - Media Department - HEARTS & SCIENCE, Los Angeles, CA, pg. 473

McGurn, Jessica - Media Department - ADRENALIN, INC., Denver, CO, pg. 1
McHale, Tim - Media Department - MADISON AVENUE SOCIAL, New York, NY, pg. 103
McHugh, James - Media Department, PPOM - GIGANTE VAZ PARTNERS, New York, NY, pg. 363
McIlwain, Katherine - Media Department - VSA PARTNERS, INC., Chicago, IL, pg. 204
Mcilwee, Andi - Account Planner, Media Department - PERFORMANCE MARKETING, West Des Moines, IA, pg. 126
McInerney, Brendan - Media Department - TALLWAVE, Scottsdale, AZ, pg. 268
McInnis, Kaitlyn - Interactive / Digital, Media Department - HORIZON MEDIA, INC., New York, NY, pg. 474
McIntosh, Michelle - Account Services, Interactive / Digital, Management, Media Department - MERING, Sacramento, CA, pg. 114
McIntosh, J. P. - Interactive / Digital, Media Department, PPM - BARKLEY, Kansas City, MO, pg. 329
McIntyre, Allison - Media Department - POWERPHYL MEDIA SOLUTIONS, New York, NY, pg. 506
McKee, Gerard - Account Planner, Account Services, Interactive / Digital, Management, Media Department - CROSSMEDIA, Philadelphia, PA, pg. 463
McKenna, Caroline - Media Department - HAVAS MEDIA GROUP, Boston, MA, pg. 470
McKenna, Taylor - Interactive / Digital, Media Department - CARAT, Detroit, MI, pg. 461
McKeon, Jayson - Media Department - SAATCHI & SAATCHI LOS ANGELES, Torrance, CA, pg. 137
McKinley, Delphine - Interactive / Digital, Management, Media Department, Public Relations - DROGA5, New York, NY, pg. 64
McKinley, Jared - Interactive / Digital, Media Department, Programmatic - THE SHIPYARD, Columbus, OH, pg. 270
McKinzie, Terri - Media Department - STARCOM WORLDWIDE, Chicago, IL, pg. 513
McKnight, Ellen - Media Department - SEITER & MILLER ADVERTISING, New York, NY, pg. 139
McLaughlin, Kathy - Account Services, Management, Media Department - MEDIASPOT, INC. , Corona Del Mar, CA, pg. 490
McLaughlin, Clayton - Interactive / Digital, Media Department, Programmatic - ICROSSING, Chicago, IL, pg. 241
McLaughlin, Kelsey - Media Department - NORBELLA, Boston, MA, pg. 497
McLaughlin, Sean - Interactive / Digital, Media Department, Research, Social Media - MINDSHARE,

1652

New York, NY, pg. 491
McLaughlin, Chris - Management, Media Department - UNIVERSAL MCCANN DETROIT, Birmingham, MI, pg. 524
McLean, Donald - Account Planner, Account Services, Interactive / Digital, Media Department, PPM - OMD, New York, NY, pg. 498
McLees, Morgan - Account Services, Creative, Media Department, Social Media - THE TOMBRAS GROUP, Knoxville, TN, pg. 424
McLeish, Merle - Media Department - WENDT, Great Falls, MT, pg. 430
McLeod, Tiye - Interactive / Digital, Media Department, NBC - UNIVERSAL MCCANN, New York, NY, pg. 521
McMahon, Samantha - Media Department - MINDSHARE, New York, NY, pg. 491
McMahon, Christopher - Account Planner, Account Services, Media Department - NOM, Los Angeles, CA, pg. 121
McMahon, Robert - Account Services, Media Department - FEARLESS AGENCY, New York, NY, pg. 73
McMahon, Patrick - Media Department - 360I, LLC, Chicago, IL, pg. 208
McMahon, Ryan - Interactive / Digital, Media Department - MINDSHARE, New York, NY, pg. 491
McManama, Jordan - Interactive / Digital, Media Department - IPROSPECT, Fort Worth, TX, pg. 674
McManimie, Alison - Management, Media Department - PUBLICIS HEALTH, New York, NY, pg. 639
McManimie, Allison - Interactive / Digital, Media Department, Social Media - PUBLICIS HEALTH MEDIA, Philadelphia, PA, pg. 506
McManus, Allison - Media Department - OMD, New York, NY, pg. 498
McManus, Amie - Media Department - OMD, New York, NY, pg. 498
McManus, Peter - Account Planner, Interactive / Digital, Media Department - ESSENCE, New York, NY, pg. 232
McMaster, Karine - Interactive / Digital, Media Department - DENTSU AEGIS NETWORK, New York, NY, pg. 61
McMillen, Lynne - Media Department - PETERMAYER, New Orleans, LA, pg. 127
McMillen, Dan - Media Department - NL PARTNERS, Cape Elizabeth, ME, pg. 391
McMinn, Victoria - Account Services, Media Department - ACTIVE INTERNATIONAL, Pearl River, NY, pg. 439
McMorran, Ginger - Account Planner, Interactive / Digital, Media Department - RPA, Santa Monica, CA, pg. 134
McMullen, Tracy - Media Department, PPOM - MINDSHARE, New York, NY, pg. 491
McMullen, Susan - Media Department, PPM - CHEVALIER ADVERTISING, INC., Lake Oswego, OR, pg. 342

McMurray, Kaleigh - Media Department - AKQA, San Francisco, CA, pg. 211
McNair, April - Media Department - CARAT, Atlanta, GA, pg. 459
McNalley, Devin - Interactive / Digital, Media Department, NBC - AMNET, Detroit, MI, pg. 454
McNally, Christopher - Interactive / Digital, Management, Media Department - ACCENTURE INTERACTIVE, New York, NY, pg. 209
McNally, Kerry - Media Department - THE MARTIN AGENCY, Richmond, VA, pg. 421
McNamara, Katie - Account Services, Interactive / Digital, Media Department - HORIZON MEDIA, INC., New York, NY, pg. 474
McNamara, Bridget - Interactive / Digital, Media Department, Social Media - 26 DOT TWO LLC, New York, NY, pg. 453
McNamara Pizarek, Christie - Interactive / Digital, Media Department - STARCOM WORLDWIDE, Chicago, IL, pg. 513
McNamee, Blaise - Media Department - XENOPSI, New York, NY, pg. 164
McNaughton, Steve - Media Department, PPM - OMD, New York, NY, pg. 498
McNeely, Brandon - Account Planner, Interactive / Digital, Media Department, Programmatic - SPARK FOUNDRY, Chicago, IL, pg. 510
McNees, Andrew - Media Department - SPARK FOUNDRY, Chicago, IL, pg. 510
McNeil, Fraser - Account Planner, Account Services, Management, Media Department, Operations, Research - THE STORY LAB, Santa Monica, CA, pg. 153
McNeil, Kaitlin - Media Department - TOUCHPOINT INTEGRATED COMMUNICATIONS, Darien, CT, pg. 520
McNicholas, Adam - Account Planner, Media Department - ESSENCE, New York, NY, pg. 232
McNider, Mary Tyler - Account Planner, Interactive / Digital, Media Department, NBC - HUDSON ROUGE, New York, NY, pg. 371
McNiff, Kyle - Media Department - CARAT, New York, NY, pg. 459
McNulty, Laura - Media Department - OMD SAN FRANCISCO, San Francisco, CA, pg. 501
McNulty, Kevin - Interactive / Digital, Media Department - STARCOM WORLDWIDE, Chicago, IL, pg. 513
McNulty, Adam - Account Planner, Account Services, Media Department - HAVAS MEDIA GROUP, New York, NY, pg. 468
McNulty, Alex - Media Department - ZENITH MEDIA, New York, NY, pg. 529
McNutt, Lauren - Media Department - EMPOWER, Cincinnati, OH, pg. 354
McPherson, Mary - Interactive / Digital, Media Department, Social Media - PUBLICIS.SAPIENT, Seattle, WA, pg. 259
McQueary, Marina - Media Department

- ASHER AGENCY, Fort Wayne, IN, pg. 327
McQuillen, Bill - Media Department, Public Relations - BCW WASHINGTON DC, Washington, DC, pg. 582
McRoberts, Walt - Media Department - RICHTER7, Salt Lake City, UT, pg. 197
McTaggart, Kari - Media Department - MINDSHARE, Chicago, IL, pg. 494
McTavish, Heather - Account Services, Creative, Media Department - VIRTUE WORLDWIDE, Brooklyn, NY, pg. 159
McWhorter, Alex - Media Department - HEARTS & SCIENCE, Atlanta, GA, pg. 473
Mead, Kimberly - Account Planner, Media Department - HEALIXGLOBAL, New York, NY, pg. 471
Meade, Kristen - Account Services, Creative, Media Department - PREACHER, Austin, TX, pg. 129
Meadows III, Ernest - Media Department - UNIVERSAL MCCANN, New York, NY, pg. 521
Meagher, Danielle - Media Department - SPARK FOUNDRY, Chicago, IL, pg. 510
Mealy, Phil - Media Department, Operations - TERRY L. BUTZ CREATIVE INCORPORATED, Waterloo, IA, pg. 148
Meaney, Alison - Interactive / Digital, Media Department - UNIVERSAL MCCANN, New York, NY, pg. 521
Means, AndiSue - Account Planner, Interactive / Digital, Media Department - REPRISE DIGITAL, New York, NY, pg. 676
Measer, David - Account Planner, Account Services, Management, Media Department - RPA, Santa Monica, CA, pg. 134
Meberg, Allie - Media Department - OMD SAN FRANCISCO, San Francisco, CA, pg. 501
Meder, Mary - Media Department, PPOM - HARMELIN MEDIA, Bala Cynwyd, PA, pg. 467
Medina, Melissa - Interactive / Digital, Media Department - UNIVERSAL MCCANN, New York, NY, pg. 521
Medina, Karina - Interactive / Digital, Media Department - HEARTS & SCIENCE, New York, NY, pg. 471
Meehan, Alyssa - Media Department - UNIVERSAL MCCANN, New York, NY, pg. 521
Meehan, Stephanie - Interactive / Digital, Media Department - PINNACLE ADVERTISING, Schaumburg, IL, pg. 397
Meehan, Lauren - Media Department - RED TETTEMER O'CONNELL + PARTNERS, Philadelphia, PA, pg. 404
Meek, Emily - Media Department - MARTIN ADVERTISING, Birmingham, AL, pg. 106
Meenan, Colleen - Media Department - STARCOM WORLDWIDE, Chicago, IL, pg. 513
Mefferd, Charley - Account

RESPONSIBILITIES INDEX

AGENCIES

Services, Media Department, NBC - AMBASSADOR ADVERTISING, Irvine, CA, pg. 324

Megahey, Claire - Media Department - UNIVERSAL MCCANN, Toronto, ON, pg. 524

Megan, Maureen - Interactive / Digital, Media Department, NBC, Social Media - BRAINS ON FIRE, Greenville, SC, pg. 691

Meger, Cheryl - Media Department - CALDER BATEMAN COMMUNICATIONS, Edmonton, AB, pg. 339

Mehra, Shabnum - Account Planner, Interactive / Digital, Management, Media Department - AKQA, San Francisco, CA, pg. 211

Mei, Felicia - Media Department - BLUE 449, San Francisco, CA, pg. 456

Meier, Kelsey - Media Department - CARAT, Detroit, MI, pg. 461

Meier, Emily - Media Department, Public Relations - MGH ADVERTISING, Owings Mills, MD, pg. 387

Meier, Rhonda - Media Department - TRUE MEDIA, Columbia, MO, pg. 521

Meier, Melissa - Media Department - WIEDEN + KENNEDY, Portland, OR, pg. 430

Meisenheimer, Craig - Media Department - EICOFF, Chicago, IL, pg. 282

Meisner, Kerry - Media Department, Social Media - HYFN, Los Angeles, CA, pg. 240

Mellier Reagan, Monica - Interactive / Digital, Media Department - TEAM ONE, Los Angeles, CA, pg. 417

Mellish, Tamera - Account Planner, Account Services, Media Department - MINDSHARE, New York, NY, pg. 491

Mello, Lydia - Media Department - TIZIANI WHITMYRE, Sharon, MA, pg. 155

Melnick, Ethan - Media Department, Operations - UNIVERSAL MCCANN, San Francisco, CA, pg. 428

Melone, Carol - Account Planner, Media Department, PPOM - MINDSHARE, New York, NY, pg. 491

Melone, John - Media Department, Operations - STARCOM WORLDWIDE, Chicago, IL, pg. 513

Mencel, Rebecca - Interactive / Digital, Media Department - THE SAWTOOTH GROUP, Red Bank, NJ, pg. 152

Mende, Barbara - Media Department - VMLY&R, Atlanta, GA, pg. 274

Mendez, Ronald - Management, Media Department - MEDIACOM, New York, NY, pg. 487

Mendoza, Donellyn - Media Department - GARAGE TEAM MAZDA, Costa Mesa, CA, pg. 465

Mendoza, Ruby - Media Department - STARCOM WORLDWIDE, New York, NY, pg. 517

Meneses, Derek - Interactive / Digital, Media Department - MEDIACOM CANADA, Toronto, ON, pg. 489

Meng, Brian - Interactive / Digital, Media Department - SPARK FOUNDRY, New York, NY, pg. 508

Menkov, David - Account Services, Media Department - ZENITH MEDIA, New York, NY, pg. 529

Menon, Radhika - Account Planner, Interactive / Digital, Media Department - HORIZON MEDIA, INC., New York, NY, pg. 474

Menousek, Jon - Media Department - SAXTON HORNE, Sandy, UT, pg. 138

Menzies, Cara - Media Department - STARCOM WORLDWIDE, Chicago, IL, pg. 513

Meore, Patricia - Creative, Media Department, NBC - INITIATIVE, New York, NY, pg. 477

Meranus, Leah - Management, Media Department, NBC, PPOM - 360I, LLC, New York, NY, pg. 320

Mercado, Denise - Account Planner, Media Department - BILLUPS, INC, Los Angeles, CA, pg. 550

Mercer, Rachel - Account Planner, Interactive / Digital, Management, Media Department - R/GA, New York, NY, pg. 260

Meredith, Marissa - Media Department - PLUSMEDIA, LLC, Danbury, CT, pg. 290

Mergen, John - Media Department - MERING, Sacramento, CA, pg. 114

Mergenthaler, Christie - Media Department - UNIVERSAL MCCANN, New York, NY, pg. 521

Mericka, Lindsey - Media Department - BOOYAH ONLINE ADVERTISING, Denver, CO, pg. 218

Merk, Kimberly - Interactive / Digital, Media Department, Social Media - SWANSON RUSSELL ASSOCIATES, Lincoln, NE, pg. 415

Merkel, Bobbi - Management, Media Department, Operations - TPN, Dallas, TX, pg. 683

Merkel, Kelly - Account Services, Media Department, PPM, Programmatic - CONVERSANT, LLC, Chicago, IL, pg. 222

Merlino, Vinny - Interactive / Digital, Media Department - UNIVERSAL MCCANN, New York, NY, pg. 521

Merlotti, Christine - Interactive / Digital, Media Department - CARAT, Detroit, MI, pg. 461

Merola, Lisa - Account Services, Interactive / Digital, Media Department, NBC, Social Media - WAVEMAKER, San Francisco, CA, pg. 528

Merolle, Christopher - Analytics, Interactive / Digital, Media Department, NBC, Research - HAVAS MEDIA GROUP, New York, NY, pg. 468

Merrifield, Christine - Media Department - EBIQUITY, New York, NY, pg. 444

Merriman, Jenny - Account Planner, Media Department - MARC USA, Pittsburgh, PA, pg. 104

Mertzman, Allison - Human Resources, Management, Media Department, NBC, Operations, Public Relations - GROUPM, New York, NY, pg. 466

Mesih, Danielle - Media Department - CARAT, Toronto, ON, pg. 461

Mesrobian, Claire - Account Planner, Account Services, Media Department, NBC - MINDSHARE, Chicago, IL, pg. 494

Metante, Larry - Interactive / Digital, Media Department - DANIEL BRIAN ADVERTISING, Rochester, MI, pg. 348

Metcalf, Dustin - Media Department - ACTIVE INTERNATIONAL, Pearl River, NY, pg. 439

Metcalfe, Dave - Media Department, NBC, Operations - UNIVERSAL MCCANN DETROIT, Birmingham, MI, pg. 524

Metcalfe, Bobby - Media Department - HAVAS MEDIA GROUP, Boston, MA, pg. 470

Metovic, Sami - Interactive / Digital, Media Department - KELLY, SCOTT & MADISON, INC., Chicago, IL, pg. 482

Metzgar, Natalie - Media Department - HAVAS MEDIA GROUP, Boston, MA, pg. 470

Metzger, Jennifer - Interactive / Digital, Media Department - INITIATIVE, New York, NY, pg. 477

Metzger, Allison - Interactive / Digital, Media Department - MERKLE, King of Prussia, PA, pg. 114

Metzger, Lisa - Media Department - AVOCET COMMUNICATIONS, Longmont, CO, pg. 328

Mevorah, Jennifer - Media Department - HAVAS MEDIA GROUP, Chicago, IL, pg. 469

Meyer, Teresa - Account Planner, Media Department - QUISENBERRY, Spokane, WA, pg. 131

Meyer, Amanda - Media Department - PHD USA, New York, NY, pg. 505

Meyer, Rachel - Interactive / Digital, Media Department - SPARK FOUNDRY, New York, NY, pg. 508

Meyer, Cassie - Media Department - FRWD, Minneapolis, MN, pg. 235

Meyer, Erica - Interactive / Digital, Media Department - WAVEMAKER, New York, NY, pg. 526

Meyer, Samantha - Media Department - 360I, LLC, New York, NY, pg. 320

Meyer, Greg - Account Services, Media Department, Social Media - HYFN, Los Angeles, CA, pg. 240

Meyers, Tara - Media Department, PPM - SIXSPEED, Minneapolis, MN, pg. 198

Meyers, Amy - Media Department - APPLE BOX STUDIOS, Pittsburgh, PA, pg. 32

Meyers, Mitch - Media Department - BLACKDOG ADVERTISING, Miami, FL, pg. 40

Meyler, Stuart - Media Department, PPOM - BEEBY CLARK+MEYLER, Stamford, CT, pg. 333

Mezrow, Julie - Media Department, Operations - CMI MEDIA, LLC, King of Prussia, PA, pg. 342

1654

AGENCIES
RESPONSIBILITIES INDEX

Mezzanotte, Kate - Media Department, Programmatic - JELLYFISH, San Francisco, CA, *pg.* 243

Mezzetta, Jillian - Account Planner, Account Services, Media Department - MINDSHARE, New York, NY, *pg.* 491

Mianti, Michael - Media Department, Social Media - ESSENCE, New York, NY, *pg.* 232

Micchelli Tullin, Maria - Media Department - HORIZON MEDIA, INC., New York, NY, *pg.* 474

Michael, Christopher - Account Planner, Account Services, Media Department - INITIATIVE, New York, NY, *pg.* 477

Michaels, Benjamin - Account Services, Interactive / Digital, Media Department - FCB NEW YORK, New York, NY, *pg.* 357

Michaelson, Ginny - Media Department - REAL WORLD, INC., Scottsdale, AZ, *pg.* 403

Michaelson, Dan - Media Department - HAWORTH MARKETING & MEDIA, Minneapolis, MN, *pg.* 470

Michaloutsos, Ariana - Media Department - HEARTS & SCIENCE, New York, NY, *pg.* 471

Michalowski, Janet - Media Department - STARCOM WORLDWIDE, North Hollywood, CA, *pg.* 516

Micheels, Lia - Media Department - DIGITAS, San Francisco, CA, *pg.* 227

Micheletti, Marissa - Media Department - OMD, New York, NY, *pg.* 498

Michelson, Barbara - Media Department, PPM - DEVITO/VERDI, New York, NY, *pg.* 62

Micklo, Kevin - Account Planner, Media Department - PINNACLE ADVERTISING, Schaumburg, IL, *pg.* 397

Micks, Emily - Analytics, Media Department, Programmatic - UNIVERSAL MCCANN, Toronto, ON, *pg.* 524

Middleton, Collin - Interactive / Digital, Media Department - THE MORAN GROUP, Baton Rouge, LA, *pg.* 152

Middleton, Janis - Account Services, Interactive / Digital, Media Department, NBC, Social Media - 22SQUARED INC., Atlanta, GA, *pg.* 319

Middo, Erinn - Media Department - DEUTSCH, INC., Los Angeles, CA, *pg.* 350

Miele, Lauren - Interactive / Digital, Media Department - TINUITI, New York, NY, *pg.* 678

Mierzwinski, Danuta - Media Department - OGILVY MONTREAL, Montreal, QC, *pg.* 394

Miesen, Kaitlin - Media Department, Social Media - HAWORTH MARKETING & MEDIA, Minneapolis, MN, *pg.* 470

Miesfeld Smith, Nicole - Media Department, NBC - VENABLES BELL & PARTNERS, San Francisco, CA, *pg.* 158

Migliacci, Hector - Media Department - AFG&, New York, NY, *pg.* 28

Migliozzi, Joe - Interactive / Digital, Media Department - MINDSHARE, New York, NY, *pg.* 491

Mihalek, David - Interactive / Digital, Media Department, NBC - UNIVERSAL MCCANN DETROIT, Birmingham, MI, *pg.* 524

Mihanovic, Erin - Media Department - MCGARRAH JESSEE, Austin, TX, *pg.* 384

Mihill, Kristy - Media Department - ADWORKSHOP & INPHORM, Lake Placid, NY, *pg.* 323

Mikoli, Scott - Account Services, Media Department, NBC - CONVERSANT, LLC, Westlake Village, CA, *pg.* 222

Mikulich, Katya - Interactive / Digital, Media Department - OMD, New York, NY, *pg.* 498

Milazzo, Tony - Media Department - OMD, Chicago, IL, *pg.* 500

Milazzo, Tonya - Account Services, Media Department - TUCCI CREATIVE, Tucson, AZ, *pg.* 157

Milbert, Maya - Media Department - KWG ADVERTISING, INC., New York, NY, *pg.* 96

Miles, Troy - Media Department - CMI MEDIA, LLC, King of Prussia, PA, *pg.* 342

Miles, Michelle - Media Department - CICERON, Minneapolis, MN, *pg.* 220

Miley, Derek - Interactive / Digital, Media Department - ESSENCE, Los Angeles, CA, *pg.* 233

Milian, Francisco - Management, Media Department, NBC - GTB, Dearborn, MI, *pg.* 367

Miliauskas, Andrea - Account Planner, Media Department - MINDSHARE, Toronto, ON, *pg.* 495

Milici, Elaina - Media Department - MEDIA STORM, New York, NY, *pg.* 486

Milito, Nicoletta - Media Department - CRITICAL MASS, INC., Chicago, IL, *pg.* 223

Millan, Jeanette - Account Services, Interactive / Digital, Management, Media Department - SPARK FOUNDRY, New York, NY, *pg.* 508

Millan, Jenna - Media Department - UNIVERSAL MCCANN, San Francisco, CA, *pg.* 428

Millas, Sergio - Account Services, Interactive / Digital, Media Department - HALLPASS MEDIA, Costa Mesa, CA, *pg.* 81

Miller, Marcy - Media Department - RHEA & KAISER MARKETING, Naperville, IL, *pg.* 406

Miller, Mark - Account Planner, Account Services, Media Department, PPM - NORTON AGENCY, Chicago, IL, *pg.* 391

Miller, Jeff - Media Department, PPM - UNIFIED FIELD, New York, NY, *pg.* 273

Miller, Mark - Media Department - ANSIRA, Dallas, TX, *pg.* 1

Miller, Kari - Account Services, Media Department - BLOOM ADS, INC., Woodland Hills, CA, *pg.* 334

Miller, Amanda - Account Planner, Media Department - PALISADES MEDIA GROUP, INC., New York, NY, *pg.* 124

Miller, Kaylyn - Interactive / Digital, Media Department, NBC, PPOM, Social Media - WAVEMAKER, New York, NY, *pg.* 526

Miller, Elizabeth - Interactive / Digital, Media Department - ZENITH MEDIA, New York, NY, *pg.* 529

Miller, Allison - Account Services, Media Department - BARKLEY, Kansas City, MO, *pg.* 329

Miller, Shannon - Interactive / Digital, Media Department - WE ARE ALEXANDER, St. Louis, MO, *pg.* 429

Miller, LaDonna - Account Planner, Media Department, NBC - THE RICHARDS GROUP, INC., Dallas, TX, *pg.* 422

Miller, Crawford - Interactive / Digital, Management, Media Department - MARTIN ADVERTISING, Birmingham, AL, *pg.* 106

Miller, Amanda - Interactive / Digital, Media Department - SPARK FOUNDRY, Chicago, IL, *pg.* 510

Miller, Charisse - Account Services, Media Department - ICON MEDIA DIRECT, Sherman Oaks, CA, *pg.* 476

Miller, Daniel - Interactive / Digital, Management, Media Department, NBC, PPM - EP+CO., New York, NY, *pg.* 356

Miller, Liza - Creative, Media Department - THE MARTIN AGENCY, Richmond, VA, *pg.* 421

Miller, Anita - Media Department - RJW MEDIA, Pittsburgh, PA, *pg.* 507

Miller, Jackie - Account Services, Media Department, Public Relations - GOLIN, New York, NY, *pg.* 610

Miller, Shane - Media Department - MEDIA BROKERS INTERNATIONAL, Alpharetta, GA, *pg.* 485

Miller, Bobby - Account Planner, Media Department - FIG, New York, NY, *pg.* 73

Miller, April - Media Department - TIERNEY COMMUNICATIONS, Philadelphia, PA, *pg.* 426

Miller, Catie - Account Planner, Media Department, NBC - SUB ROSA, New York, NY, *pg.* 200

Miller, Andrew - Media Department, NBC - CMI MEDIA, LLC, King of Prussia, PA, *pg.* 342

Miller, Josh - Media Department - 360I, LLC, Atlanta, GA, *pg.* 207

Miller, Jordan - Account Planner, Account Services, Media Department - MEDIACOM, Chicago, IL, *pg.* 489

Miller, Megan - Media Department - HAWORTH MARKETING & MEDIA, Minneapolis, MN, *pg.* 470

Miller, Allyson - Media Department - ZENITH MEDIA, New York, NY, *pg.* 529

Miller, Michelle - Media Department - SPARK FOUNDRY, Chicago, IL, *pg.*

1655

RESPONSIBILITIES INDEX — AGENCIES

510
Miller, Eddie - Account Services, Media Department - BIG SKY COMMUNICATIONS, San Jose, CA, pg. 583
Miller, Max - Creative, Media Department, Social Media - HALLPASS MEDIA, Costa Mesa, CA, pg. 81
Miller Chin, Lara - Interactive / Digital, Management, Media Department, PPOM - J3, New York, NY, pg. 480
Miller Jr., Don - Account Services, Management, Media Department, NBC - UNIVERSAL MCCANN DETROIT, Birmingham, MI, pg. 524
Millerd, Rylee - Account Services, Media Department, PPM - WIEDEN + KENNEDY, New York, NY, pg. 432
Millette, Erica - Media Department - (ADD)VENTURES, Providence, RI, pg. 207
Millman, Jaime - Interactive / Digital, Media Department - SPARK FOUNDRY, New York, NY, pg. 508
Mills, Jamarr - Account Planner, Media Department - ESSENCE, New York, NY, pg. 232
Mills, Rebecca - Account Planner, Account Services, Interactive / Digital, Media Department, NBC - UNIVERSAL MCCANN, New York, NY, pg. 521
Mills, Bryan - Media Department - MEDIACOM, New York, NY, pg. 487
Mills, Sean - Media Department - ZENITH MEDIA, New York, NY, pg. 529
Mills, Elinor - Media Department - MISSION NORTH, San Francisco, CA, pg. 627
Millstein, Ben - Media Department - LOCAL PROJECTS, New York, NY, pg. 190
Milne, Stephanie - Media Department - HEALIXGLOBAL, New York, NY, pg. 471
Milner, Mariel - Media Department - DROGA5, New York, NY, pg. 64
Milnikel, Haylee - Media Department, Programmatic - DIGITAS, San Francisco, CA, pg. 227
Milone, Simona - Account Planner, Account Services, Interactive / Digital, Management, Media Department, PPOM - WAVEMAKER, New York, NY, pg. 526
Miltenberg, Alex - Media Department - BLUE 449, New York, NY, pg. 455
Milton, Trevis - Account Services, Media Department - STARCOM WORLDWIDE, North Hollywood, CA, pg. 516
Minarik, Aubrey - Account Planner, Media Department - MEDIACOM, New York, NY, pg. 487
Minchew, Julie - Media Department - HUGE, INC., Atlanta, GA, pg. 240
Mindel, Seth - Account Services, Interactive / Digital, Media Department - GRAVITY.LABS, Chicago, IL, pg. 365
Minerley, Glenn - Account Services, Media Department - MOMENTUM WORLDWIDE, New York, NY, pg. 117

Minervino, Becky - Management, Media Department, NBC, PPOM - MERGE, Boston, MA, pg. 113
Mininger, John - Interactive / Digital, Media Department, PPM - JACKSON MARKETING GROUP, Simpsonville, SC, pg. 188
Minnella, Joe - Media Department - GTB, Dearborn, MI, pg. 367
Minnich, Amanda - Media Department - 9THWONDER AGENCY, Houston, TX, pg. 453
Minor, Scott - Account Services, Media Department - HEARTS & SCIENCE, New York, NY, pg. 471
Minor, Maureen - Media Department - GTB, Dearborn, MI, pg. 367
Minsky, April - Interactive / Digital, Media Department - HORIZON MEDIA, INC., Los Angeles, CA, pg. 473
Minton, Amber - Media Department - BEALS CUNNINGHAM STRATEGIC SERVICES, Oklahoma City, OK, pg. 332
Mintz, Michelle - Media Department - WAVEMAKER, New York, NY, pg. 526
Miranda, Maria - Interactive / Digital, Media Department - E&M MEDIA GROUP, Jericho, NY, pg. 282
Mires, Bridget - Media Department - SIDES & ASSOCIATES, Lafayette, LA, pg. 410
Mirocha, Ashley - Media Department - HAWORTH MARKETING & MEDIA, Minneapolis, MN, pg. 470
Mirsky, Israel - Account Services, Interactive / Digital, Media Department, PR Management - OMD, New York, NY, pg. 498
Mirto, Bryon - Account Planner, Account Services, Interactive / Digital, Management, Media Department, NBC - DIGITAS, New York, NY, pg. 226
Misbrener, Thom - Media Department, PPOM - ANTHONY THOMAS ADVERTISING, Akron, OH, pg. 32
Miser, Paul - Account Services, Interactive / Digital, Media Department, PPOM - CHINATOWN BUREAU, New York, NY, pg. 220
Misiewicz, Emily - Account Planner, Account Services, Media Department - MEDIAHUB BOSTON, Boston, MA, pg. 489
Misner, David - Interactive / Digital, Media Department - RPA, Santa Monica, CA, pg. 134
Missirian, Sela - Account Planner, Account Services, Interactive / Digital, Media Department, NBC, Social Media - BROWN BAG MARKETING, Atlanta, GA, pg. 338
Mistry, Sapna - Interactive / Digital, Media Department - RPA, Santa Monica, CA, pg. 134
Mitchell, Andrea - Media Department - BORDERS PERRIN NORRANDER, INC., Portland, OR, pg. 41
Mitchell, Melissa - Interactive / Digital, Media Department - STARCOM WORLDWIDE, Chicago, IL, pg. 513
Mitchell, John - Management, Media Department - CAM MEDIA, INC., Wakefield, MA, pg. 457
Mitchell, Jeremy - Account Services, Media Department, NBC - MATRIX MEDIA SERVICES, Columbus, OH, pg. 554
Mitchell, Seth - Account Planner, Account Services, Management, Media Department - 9THWONDER, Dallas, TX, pg. 321
Mitolinski, Marijana - Media Department - WAVEMAKER, Toronto, ON, pg. 529
Mitton, Jason - Interactive / Digital, Media Department, PPM - MARCUS THOMAS, Cleveland, OH, pg. 104
Mitz, Dan - Management, Media Department - SPARK FOUNDRY, Chicago, IL, pg. 510
Mizell, Amber - Interactive / Digital, Media Department - WE COMMUNICATIONS, Bellevue, WA, pg. 660
Mizera, Nick - Analytics, Interactive / Digital, Media Department, Research - WUNDERMAN THOMPSON, Chicago, IL, pg. 434
Mizrahi, Amanda - Media Department, Social Media - EDELMAN, Seattle, WA, pg. 601
Mlachak, Nick - Media Department - MEISTER INTERACTIVE, Willoughby, OH, pg. 250
Moats, Sherry - Media Department - THE BRANDON AGENCY, Myrtle Beach, SC, pg. 419
Mobley, Stephanie - Media Department - MINDSHARE, New York, NY, pg. 491
Modafferi, Dana - Account Planner, Interactive / Digital, Media Department, PPOM - UNIVERSAL MCCANN, New York, NY, pg. 521
Modersohn, Melissa - Media Department - THE RICHARDS GROUP, INC., Dallas, TX, pg. 422
Moe, Colleen - Media Department - HAWORTH MARKETING & MEDIA, Minneapolis, MN, pg. 470
Moffitt, Grant - Media Department - ZENITH MEDIA, New York, NY, pg. 529
Mohan, Adam - Media Department - BLUE 449, New York, NY, pg. 455
Mohino, Clara - Media Department - AFG&, New York, NY, pg. 28
Mohoney, Megan - Media Department - GOLIN, Chicago, IL, pg. 609
Mohr, Ashley - Account Planner, Account Services, Management, Media Department - ZENITH MEDIA, Santa Monica, CA, pg. 531
Mohr, Molly - Media Department - 72ANDSUNNY, Playa Vista, CA, pg. 23
Mojahed, Michael - Interactive / Digital, Media Department - AMP AGENCY, Boston, MA, pg. 297
Molato, Alma - Interactive / Digital, Media Department - MEDIACOM, New York, NY, pg. 487
Molen, Miranda - Interactive / Digital, Management, Media Department - AKQA, San Francisco, CA, pg. 211

Moler, Bryan - Account Services, Media Department - STARCOM WORLDWIDE, Detroit, MI, pg. 517
Molina, Jonathan - Interactive / Digital, Media Department, NBC, Social Media - M/SIX, New York, NY, pg. 482
Molina, Jackie - Interactive / Digital, Media Department - OMD, Chicago, IL, pg. 500
Molina, Cassidy - Account Planner, Media Department - HEALIXGLOBAL, New York, NY, pg. 471
Molina, Melissa - Interactive / Digital, Media Department - THE MEDIA KITCHEN, New York, NY, pg. 519
Mollen, Nicole - Account Services, Interactive / Digital, Management, Media Department - SPARK FOUNDRY, New York, NY, pg. 508
Mollet, Amanda - Media Department - SPARK FOUNDRY, Chicago, IL, pg. 510
Monaco, Alex - Account Services, Interactive / Digital, Media Department - 360I, LLC, New York, NY, pg. 320
Monaghan, Pam - Media Department - OMD, Chicago, IL, pg. 500
Monaghan, Kate - Media Department, PPM - HORIZON MEDIA, INC., New York, NY, pg. 474
Monahan, Linda - Media Department, PPOM - MONAHAN MEDIA, Clarkston, MI, pg. 496
Monastero, Enza - Media Department - WAVEMAKER, New York, NY, pg. 526
Monastersky, Jill - Account Planner, Media Department - BLOOM ADS, INC., Woodland Hills, CA, pg. 334
Moncus, Kaitlin - Account Planner, Media Department - CAPITOL MEDIA SOLUTIONS, Atlanta, GA, pg. 459
Monderine, James - Account Planner, Media Department - HAWORTH MARKETING & MEDIA, Minneapolis, MN, pg. 470
Monich, Amanda - Media Department - ZENITH MEDIA, Atlanta, GA, pg. 531
Monick, Gina - Media Department, NBC - ABIGAIL KIRSCH, Stamford, CT, pg. 301
Monnett, Jessica - Media Department - BARKLEY, Kansas City, MO, pg. 329
Monroe, Jodi - Management, Media Department - CROSSMEDIA, New York, NY, pg. 463
Monroe, Meredith - Account Planner, Account Services, Media Department - CARAT, New York, NY, pg. 459
Montag, Jill - Media Department, PPM - MCCANN MINNEAPOLIS, Minneapolis, MN, pg. 384
Montagna, Alyssa - Media Department - HEALIXGLOBAL, New York, NY, pg. 471
Montalvo, Teddy - Interactive / Digital, Media Department, NBC - HORIZON MEDIA, INC., New York, NY, pg. 474
Montalvo, Lawrence - Interactive / Digital, Media Department - MEDIACOM, New York, NY, pg. 487

Montanez, Francesca - Media Department - HORIZON MEDIA, INC., New York, NY, pg. 474
Monte, Jeanette - Account Services, Media Department, PPM - WILEN MEDIA CORPORATION, Melville, NY, pg. 432
Monteiro, Trevor - Management, Media Department - THE RICHARDS GROUP, INC., Dallas, TX, pg. 422
Montemarano, Andrew - Account Planner, Interactive / Digital, Media Department - INITIATIVE, Los Angeles, CA, pg. 478
Montenegro, Carolina - Media Department - INNOCEAN USA, Huntington Beach, CA, pg. 479
Montes, Ashley - Management, Media Department - HUGE, INC., Brooklyn, NY, pg. 239
Montner, Debra - Account Services, Media Department, PPOM, Public Relations - MONTNER & ASSOCIATES, Westport, CT, pg. 628
Moody, Chelsea - Account Planner, Account Services, Interactive / Digital, Media Department - CARAT, Culver City, CA, pg. 459
Moomaw, Bailey - Media Department - HAWORTH MARKETING & MEDIA, Minneapolis, MN, pg. 470
Moon, Belinda - Management, Media Department - WAVEMAKER, New York, NY, pg. 526
Moon, Kevin - Account Planner, Interactive / Digital, Media Department - HEARTS & SCIENCE, New York, NY, pg. 471
Moon, Kelly - Media Department - BLUE 449, Seattle, WA, pg. 456
Mooney, John - Interactive / Digital, Media Department - SIGNATURE MARKETING SOLUTIONS, Memphis, TN, pg. 141
Mooradian, Michael - Interactive / Digital, Media Department - UNIVERSAL MCCANN DETROIT, Birmingham, MI, pg. 524
Moore, John - Interactive / Digital, Management, Media Department - ZENO GROUP, Redwood Shores, CA, pg. 665
Moore, John - Management, Media Department, NBC, PPOM - MEDIAHUB BOSTON, Boston, MA, pg. 489
Moore, Kerry - Media Department - COLLE MCVOY, Minneapolis, MN, pg. 343
Moore, David - Media Department - HARMELIN MEDIA, Bala Cynwyd, PA, pg. 467
Moore, Crystal - Media Department - WIEDEN + KENNEDY, New York, NY, pg. 432
Moore, Luke - Management, Media Department, Operations - CUNDARI INTEGRATED ADVERTISING, Toronto, ON, pg. 347
Moore, Kendra - Account Planner, Media Department, NBC - BLUE 449, Dallas, TX, pg. 456
Moore, Angelina - Media Department, PPM - HORIZON MEDIA, INC., New York, NY, pg. 474
Moore, Claire - Media Department -

UNIVERSAL MCCANN, New York, NY, pg. 521
Moore, Patrick - Media Department - HAVAS MEDIA GROUP, Boston, MA, pg. 470
Moore, William - Media Department - BURRELL COMMUNICATIONS GROUP, INC., Chicago, IL, pg. 45
Moore, Dena - Creative, Media Department - TBWA \ CHIAT \ DAY, Los Angeles, CA, pg. 146
Moore, Zach - Account Planner, Account Services, Media Department - STARCOM WORLDWIDE, Chicago, IL, pg. 513
Moore, Amy - Media Department - SOURCELINK, LLC, Greenville, SC, pg. 292
Moore, Scott - Account Services, Management, Media Department - AKA NYC, New York, NY, pg. 324
Moore Nobis, Susan - Interactive / Digital, Media Department - CAMELOT STRATEGIC MARKETING & MEDIA, Dallas, TX, pg. 457
Moorehead, Lauren - Media Department - CONQUER MEDIA, Simon's Island, GA, pg. 52
Moorman, Lauren - Media Department, Public Relations - NO LIMIT AGENCY, Chicago, IL, pg. 632
Mora, Andrea N. - Media Department - OCEAN MEDIA, INC., Huntington Beach, CA, pg. 498
Morales, Sonia - Media Department - STARCOM WORLDWIDE, Chicago, IL, pg. 513
Morales, Edwina - Media Department, NBC - HORIZON MEDIA, INC., New York, NY, pg. 474
Moran, Amanda - Media Department - STREAM COMPANIES, Malvern, PA, pg. 415
Moran, Caroline - Media Department, NBC - VENABLES BELL & PARTNERS, San Francisco, CA, pg. 158
Morandi, Carina - Media Department - ICED MEDIA, New York, NY, pg. 240
Mordarski, Matt - Interactive / Digital, Media Department - PERICH ADVERTISING, Ann Arbor, MI, pg. 126
Morel, Renelly - Media Department, Social Media - ESSENCE, New York, NY, pg. 232
Morella-Olson, Melinda - Media Department - IMAGINASIUM, Green Bay, WI, pg. 89
Morello, Susanne - Media Department - ACTIVE INTERNATIONAL, Pearl River, NY, pg. 439
Moreno, Cheri - Media Department - MEDIA BUYING SERVICES, INC., Phoenix, AZ, pg. 485
Moreno, David - Account Planner, Media Department - VMLY&R, Atlanta, GA, pg. 274
Moreno, Annette - Interactive / Digital, Media Department - MEDIACOM, New York, NY, pg. 487
Moreno, Chris - Interactive / Digital, Media Department - INVESTIS DIGITAL, Phoenix, AZ, pg. 376
Moreton, Lance - Media Department -

RESPONSIBILITIES INDEX

AGENCIES

MEDIA DIMENSIONS LIMITED, Toronto, ON, *pg.* 485

Morgan, Taylor - Account Planner, Account Services, Interactive / Digital, Media Department - MEDIACOM, Ann Arbor, MI, *pg.* 249

Morgan, Sarah - Account Planner, Media Department - MEDIAHUB BOSTON, Boston, MA, *pg.* 489

Morgan, Catherine - Media Department - MOXIE, Atlanta, GA, *pg.* 251

Morganteen, Allison - Interactive / Digital, Media Department, NBC, Operations - WAVEMAKER, New York, NY, *pg.* 526

Morgenstern, Jon - Interactive / Digital, Media Department - VAYNERMEDIA, New York, NY, *pg.* 689

Morimoto, Cari - Management, Media Department - MEDIASMITH, INC., San Francisco, CA, *pg.* 490

Morin, Courtney - Media Department - VAYNERMEDIA, New York, NY, *pg.* 689

Morin, Steve - Interactive / Digital, Media Department - M/SIX, New York, NY, *pg.* 482

Morin, Doug - Interactive / Digital, Media Department - RINCK ADVERTISING, Lewiston, ME, *pg.* 407

Moriwaki, Lisa - Interactive / Digital, Media Department - MEDIA STORM, Los Angeles, CA, *pg.* 486

Mormak, Elizabeth - Media Department - ZENITH MEDIA, New York, NY, *pg.* 529

Mormile, Christine - Account Planner, Interactive / Digital, Media Department - CMI MEDIA, LLC, King of Prussia, PA, *pg.* 342

Moron, Erica - Account Services, Media Department - ALLSCOPE MEDIA, New York, NY, *pg.* 454

Moroney, Melissa - Media Department, PPM - MOSAIC NORTH AMERICA, Mississauga, ON, *pg.* 312

Morral, Tim - Management, Media Department, Public Relations - WALKER SANDS COMMUNICATIONS, Chicago, IL, *pg.* 659

Morris, Brent - Account Services, Media Department, PPOM - NDP, Richmond, VA, *pg.* 390

Morris, Melba - Media Department - WALZ TETRICK ADVERTISING, Mission, KS, *pg.* 429

Morris, Ben - Account Services, Media Department - MQ&C ADVERTISING, INC., Austin, TX, *pg.* 389

Morris, Nicole - Account Services, Media Department - RECRUITICS, Lafayette, CA, *pg.* 404

Morris, John Michael - Media Department - LEWIS COMMUNICATIONS, Mobile, AL, *pg.* 100

Morris, Samantha - Interactive / Digital, Media Department - EMPOWER, Cincinnati, OH, *pg.* 354

Morris, Sarah - Media Department - PP+K, Tampa, FL, *pg.* 129

Morrison, Langdon - Interactive / Digital, Media Department - CARAT, Atlanta, GA, *pg.* 459

Morrison, Shelley - Account Services, Media Department - YESLER, Seattle, WA, *pg.* 436

Morrison, Kelly - Media Department - CMI MEDIA, LLC, King of Prussia, PA, *pg.* 342

Morrison, Michael - Media Department, Social Media - ESSENCE, New York, NY, *pg.* 232

Morrissey, David - Account Planner, Account Services, Media Department, NBC - CAMP + KING, San Francisco, CA, *pg.* 46

Morrone, Gina - Account Planner, Account Services, Interactive / Digital, Media Department, NBC, PPM - INITIATIVE, New York, NY, *pg.* 477

Morse, Ted - Account Services, Media Department - FORTNIGHT COLLECTIVE, Boulder, CO, *pg.* 7

Morse, Elizabeth - Account Planner, Account Services, Media Department - MEDIAHUB BOSTON, Boston, MA, *pg.* 489

Morse, Chris - Account Services, Media Department, NBC - M&C SAATCHI PERFORMANCE, New York, NY, *pg.* 247

Morvan, Shevaun - Media Department - BLUE 449, New York, NY, *pg.* 455

Mosack, Nathan - Account Planner, Account Services, Interactive / Digital, Media Department - OMD, Chicago, IL, *pg.* 500

Moscatello, Mariel - Media Department - INITIATIVE, New York, NY, *pg.* 477

Moschberger, Mollie - Account Services, Media Department, PPM - SPARK FOUNDRY, New York, NY, *pg.* 508

Moschella, Jessica - Media Department - EDELMAN, New York, NY, *pg.* 599

Moskowitz, Megan - Account Planner, Media Department - MINDSHARE, New York, NY, *pg.* 491

Mosley, Brittany - Media Department - INITIATIVE, Los Angeles, CA, *pg.* 478

Mosquera, Veronica - Interactive / Digital, Media Department - SPARK FOUNDRY, Chicago, IL, *pg.* 510

Moss, Kristi - Media Department - PAULSEN MARKETING COMMUNICATIONS, Sioux Falls, SD, *pg.* 126

Mottau, Ben - Media Department, Programmatic - THE TRADE DESK, San Francisco, CA, *pg.* 520

Moucka, Melissa - Media Department - SPARK FOUNDRY, Chicago, IL, *pg.* 510

Mount, Lisa - Media Department - LIFEBRANDS, Wayne, PA, *pg.* 287

Moxon, Brock - Account Planner, Interactive / Digital, Media Department, NBC, Research - CANVAS WORLDWIDE, Playa Vista, CA, *pg.* 458

Moylan, Danielle - Analytics, Media Department - 360I, LLC, New York, NY, *pg.* 320

Moynihan, Madison - Interactive / Digital, Media Department, Social Media - CORNETT INTEGRATED MARKETING SOLUTIONS, Lexington, KY, *pg.* 344

Mozer, Kate - Account Planner, Interactive / Digital, Media Department - GTB, Dearborn, MI, *pg.* 367

Mudra, Matt - Interactive / Digital, Media Department - SCHERMER, Minneapolis, MN, *pg.* 16

Muellenberg, Courtney - Interactive / Digital, Media Department, Social Media - IPROSPECT, New York, NY, *pg.* 674

Mueller, Shawn - Interactive / Digital, Media Department - UNIVERSAL MCCANN DETROIT, Birmingham, MI, *pg.* 524

Mueller, Kristin - Media Department - HIEBING, Madison, WI, *pg.* 85

Mueller, Erin - Media Department - FORCE MARKETING, Atlanta, GA, *pg.* 284

Mueller, Benita - Media Department - HORIZON MEDIA, INC., New York, NY, *pg.* 474

Muench, Susan - Media Department - PINCKNEY HUGO GROUP, Syracuse, NY, *pg.* 128

Muetterties, Megan - Account Planner, Media Department - GOLIN, Los Angeles, CA, *pg.* 609

Muhlrad, Yael - Interactive / Digital, Media Department - DENTSU X, New York, NY, *pg.* 61

Mui, Ingrid - Interactive / Digital, Media Department, Social Media - EDELMAN, Seattle, WA, *pg.* 601

Mujdrica, Samantha - Media Department - UNIVERSAL MCCANN, Toronto, ON, *pg.* 524

Mukherjee, Michelle - Media Department - DWA MEDIA, San Francisco, CA, *pg.* 464

Mukherjee, Shreya - Management, Media Department - DEUTSCH, INC., New York, NY, *pg.* 349

Mukherji, Nayantara - Media Department - OGILVY PUBLIC RELATIONS, New York, NY, *pg.* 633

Mulderink, Matthew - Analytics, Interactive / Digital, Management, Media Department, NBC, Research, Social Media - CONNECT AT PUBLICIS MEDIA, Chicago, IL, *pg.* 462

Muldoon, Regina - Media Department - HARMELIN MEDIA, Bala Cynwyd, PA, *pg.* 467

Muldrow, Kimber - Media Department - INITIATIVE, Los Angeles, CA, *pg.* 478

Mule, Christine - Interactive / Digital, Media Department - MINDSHARE, New York, NY, *pg.* 491

Mulhern, Alexa - Interactive / Digital, Media Department - WAVEMAKER, New York, NY, *pg.* 526

Mull, Andrea - Account Services, Interactive / Digital, Media Department - MINDSHARE, Playa Vista, CA, *pg.* 495

Mullan, Grace - Media Department - HAVAS MEDIA GROUP, Boston, MA, *pg.* 470

AGENCIES
RESPONSIBILITIES INDEX

Mullany, James - Media Department - BEEBY CLARK+MEYLER, Stamford, CT, pg. 333

Mullen, Mark - Account Planner, Media Department - THE GEORGE P. JOHNSON COMPANY, San Carlos, CA, pg. 316

Mullen, Don - Media Department - J.T. MEGA, INC., Minneapolis, MN, pg. 91

Mullen, Laura - Interactive / Digital, Media Department - OMD WEST, Los Angeles, CA, pg. 502

Mullen, Matt - Account Planner, Account Services, Management, Media Department - MULLENLOWE U.S. BOSTON, Boston, MA, pg. 389

Mullen, Lisa - Media Department - VERDE BRAND COMMUNICATIONS, Durango, CO, pg. 658

Muller, Edmund - Management, Media Department, PPOM - WAVEMAKER, New York, NY, pg. 526

Muller, Kelly - Media Department - WIEDEN + KENNEDY, Portland, OR, pg. 430

Mulligan, Kelly - Media Department - DIGITAS, San Francisco, CA, pg. 227

Mullin, Ian - Account Services, Media Department - HAVAS MEDIA GROUP, New York, NY, pg. 468

Mullin, Samantha - Media Department - STARCOM WORLDWIDE, New York, NY, pg. 517

Mullins, Anna - Media Department - HAWORTH MARKETING & MEDIA, Minneapolis, MN, pg. 470

Mulryan, Ellen - Media Department - STARCOM WORLDWIDE, Chicago, IL, pg. 513

Mulvany, Ann - Media Department, Operations - FRAZIERHEIBY, Columbus, OH, pg. 75

Mulvey, Emily - Account Planner, Account Services, Media Department - DROGA5, New York, NY, pg. 64

Mulvihill, John - Media Department, NBC - VMLY&R, Kansas City, MO, pg. 274

Mumaw, Helen - Media Department - THE OHLMANN GROUP, Dayton, OH, pg. 422

Muncie, David - Media Department, Programmatic - 9THWONDER, Playa Vista, CA, pg. 453

Munera, Michelle - Interactive / Digital, Media Department, Social Media - DEUTSCH, INC., New York, NY, pg. 349

Munford, Lina - Creative, Interactive / Digital, Media Department - 3RD THIRD MARKETING, Seattle, WA, pg. 279

Munnelly, Donna - Media Department, PPM - CGT MARKETING, LLC, Amityville, NY, pg. 49

Munoz, Rafael - Media Department, Operations - PHD CHICAGO, Chicago, IL, pg. 504

Munoz, Ellie - Media Department - LOCATION3 MEDIA, Denver, CO, pg. 246

Munoz, Andrea - Interactive / Digital, Media Department, Social Media - HORIZON MEDIA, INC., Los Angeles, CA, pg. 473

Munoz, Gabrielle - Account Planner, Account Services, Media Department - MEDIACOM, New York, NY, pg. 487

Munsen, Kristine - Interactive / Digital, Media Department, NBC, PPOM - HEARTS & SCIENCE, New York, NY, pg. 471

Munsey, Karem - Media Department - IGT MEDIA HOLDINGS, Miami, FL, pg. 477

Muoio, Sandra - Account Planner, Media Department, NBC, PPOM - WAVEMAKER, New York, NY, pg. 526

Murach, Ryan - Media Department - STARCOM WORLDWIDE, Chicago, IL, pg. 513

Murai, Rosabel - Account Services, Media Department - OMD WEST, Los Angeles, CA, pg. 502

Murali, Sara - Interactive / Digital, Media Department - OGILVY PUBLIC RELATIONS, New York, NY, pg. 633

Murawsky, Mandy - Media Department - STARCOM WORLDWIDE, New York, NY, pg. 517

Murchison, Annie - Media Department - DWA MEDIA, Austin, TX, pg. 464

Murdoch, Douglas - Media Department - CANNONBALL AGENCY, Saint Louis, MO, pg. 5

Murph, Glynn - Account Planner, Media Department, NBC - ROC NATION, New York, NY, pg. 298

Murphy, Amy - Interactive / Digital, Media Department - DOGWOOD PRODUCTIONS, INC., Mobile, AL, pg. 230

Murphy, Kevin - Analytics, Interactive / Digital, Media Department - CMD, Portland, OR, pg. 51

Murphy, Liz - Account Services, Interactive / Digital, Management, Media Department, PPOM - BEACONFIRE REDENGINE, Arlington, VA, pg. 216

Murphy, Tonya - Media Department - COPACINO + FUJIKADO, LLC, Seattle, WA, pg. 344

Murphy, Lauren - Account Services, Interactive / Digital, Media Department - UNIVERSAL MCCANN, New York, NY, pg. 521

Murphy, Karen - Media Department, NBC - FVM STRATEGIC COMMUNICATIONS, Plymouth Meeting, PA, pg. 75

Murphy, Patrick - Media Department - OFF MADISON AVENUE, Phoenix, AZ, pg. 392

Murphy, Melissa - Account Planner, Account Services, Media Department - MINDSHARE, New York, NY, pg. 491

Murphy, Jennifer - Account Services, Creative, Interactive / Digital, Media Department, NBC, Social Media - PUBLICIS.SAPIENT, Birmingham, MI, pg. 260

Murphy, Sarah - Account Planner, Media Department - VAYNERMEDIA, New York, NY, pg. 689

Murphy, Jessica - Account Services, Media Department - SPARK FOUNDRY, Chicago, IL, pg. 510

Murphy, Heather - Interactive / Digital, Media Department, Social Media - NINA HALE CONSULTING, Minneapolis, MN, pg. 675

Murphy, Brendan - Media Department - DIRECTAVENUE, INC., Carlsbad, CA, pg. 282

Murphy, Callie - Media Department - BVK, Milwaukee, WI, pg. 339

Murphy, Colin - Media Department - CARMICHAEL LYNCH, Minneapolis, MN, pg. 47

Murphy, Megan - Account Planner, Account Services, Media Department - MEDIACOM, New York, NY, pg. 487

Murphy, Corinne - Account Services, Media Department - UNIVERSAL MCCANN, New York, NY, pg. 521

Murphy, Morgan - Media Department - HAVAS MEDIA GROUP, New York, NY, pg. 468

Murphy, Amanda - Media Department - R&R PARTNERS, Las Vegas, NV, pg. 131

Murray, Paul - Media Department - DP+, Farmington Hills, MI, pg. 353

Murray, Nellie - Account Planner, Interactive / Digital, Media Department - CARMICHAEL LYNCH, Minneapolis, MN, pg. 47

Murray, Tyler - Account Planner, Interactive / Digital, Media Department, PPOM - GEOMETRY, Chicago, IL, pg. 363

Murray, Kevin - Account Planner, Media Department - MCKINNEY, Durham, NC, pg. 111

Murray, Kallan - Interactive / Digital, Media Department - HORIZON MEDIA, INC., New York, NY, pg. 474

Murray, Denise - Account Services, Media Department - ACTIVE INTERNATIONAL, Pearl River, NY, pg. 439

Murtha, Rebecca - Interactive / Digital, Media Department - SPARK FOUNDRY, New York, NY, pg. 508

Murtos, Annette - Media Department - HENKE & ASSOCIATES, INC., Cedarburg, WI, pg. 370

Musa, Laura - Media Department - ADLUCENT, Austin, TX, pg. 671

Musachia, Danielle - Media Department - MINDSHARE, Chicago, IL, pg. 494

Musar, Megan - Media Department - THE RICHARDS GROUP, INC., Dallas, TX, pg. 422

Musca, Tikal - Media Department - THE COMMUNITY, Miami Beach, FL, pg. 545

Muscolino, Karen - Interactive / Digital, Media Department - STARCOM WORLDWIDE, Chicago, IL, pg. 513

Muse, Heather - Interactive / Digital, Media Department, NBC - VAYNERMEDIA, New York, NY, pg. 689

Musi, George - Analytics, Interactive / Digital, Management, Media Department, Research - BLUE 449, New York, NY, pg. 455

Musser, Emmie - Media Department -

RESPONSIBILITIES INDEX

AGENCIES

GUD MARKETING, Lansing, MI, pg. 80
Mussey, Hannah - Account Services, Creative, Interactive / Digital, Media Department - DEPARTURE, San Diego, CA, pg. 61
Mustafa, Alyssa - Interactive / Digital, Media Department - ZENITH MEDIA, New York, NY, pg. 529
Muth, Grace - Account Planner, Account Services, Media Department - HORIZON MEDIA, INC., Los Angeles, CA, pg. 473
Mutschler, Maddison - Media Department - MINDSHARE, Chicago, IL, pg. 494
Myers, Dan - Media Department - 360 GROUP, Indianapolis, IN, pg. 23
Myers, Kara - Interactive / Digital, Media Department - STARCOM WORLDWIDE, Chicago, IL, pg. 513
Myers, Laura - Media Department - MINDSHARE, New York, NY, pg. 491
Myers, Garrett - Account Planner, Interactive / Digital, Media Department - CARAT, Culver City, CA, pg. 459
Myers, Laura - Media Department - IMAGINASIUM, Green Bay, WI, pg. 89
Myers, Sally - Media Department - STARCOM WORLDWIDE, Chicago, IL, pg. 513
Myles, Andrea - Media Department - CARAT, Atlanta, GA, pg. 459
Nabel, Jesse - Media Department, Operations - XAXIS, Los Angeles, CA, pg. 276
Nadeau, Liane - Interactive / Digital, Media Department, Programmatic - DIGITAS, Boston, MA, pg. 226
Nadel, Matt - Media Department - DIRECTAVENUE, INC., Carlsbad, CA, pg. 282
Nadgar, Preeti - Account Planner, Human Resources, Media Department, NBC - PHD CHICAGO, Chicago, IL, pg. 504
Nadler, Charles - Media Department - SIMPLE MACHINES MARKETING, Chicago, IL, pg.
Naegeli, Jennifer - Interactive / Digital, Media Department - TINUITI, New York, NY, pg. 678
Nagata, Taryn - Account Planner, Account Services, Interactive / Digital, Media Department - QUIGLEY-SIMPSON, Los Angeles, CA, pg. 544
Nagel, Anna Beth - Account Services, Administrative, Management, Media Department, Operations - WIEDEN + KENNEDY, New York, NY, pg. 432
Naguib, Diana - Account Services, Interactive / Digital, Management, Media Department - MEDIALINK, New York, NY, pg. 386
Nagy, Colin - Account Planner, Media Department - FF CREATIVE, New York, NY, pg. 234
Nagy, Bryan - Interactive / Digital, Media Department, Programmatic - SPARK FOUNDRY, Chicago, IL, pg. 510

Najera, Jazmin - Media Department - MCKEE WALLWORK & COMPANY, Albuquerque, NM, pg. 385
Nalecz, Matthew - Media Department - SPARK FOUNDRY, Chicago, IL, pg. 510
Nall, Tyler - Media Department - PUBLICIS HEALTH MEDIA, Philadelphia, PA, pg. 506
Namey, Matthew - Media Department, Social Media - ON IDEAS, Jacksonville, FL, pg. 394
Nance, Santia - Account Planner, Interactive / Digital, Media Department - THE MARTIN AGENCY, Richmond, VA, pg. 421
Nanus, Deb - Account Services, Management, Media Department - INITIATIVE, New York, NY, pg. 477
Narasimhan, Avin - Account Planner, Media Department, NBC - PHD USA, New York, NY, pg. 505
Narcisse-Williams, Ayanna - Account Services, Media Department - BBDO ATL, Atlanta, GA, pg. 330
Narine, Vidhi - Media Department - SPARK FOUNDRY, New York, NY, pg. 508
Naseemuddeen, Thas - Management, Media Department, PPOM - OMELET, Culver City, CA, pg. 122
Nash, Cameron - Media Department - MEDIACOM, Playa Vista, CA, pg. 486
Nash, Spencer - Interactive / Digital, Media Department - DAC GROUP, Louisville, KY, pg. 223
Nathanson, Alex - Media Department - CROSSMEDIA, New York, NY, pg. 463
Natividad, Marifie - Media Department, Research - OCEAN MEDIA, INC., Huntington Beach, CA, pg. 498
Natoli, Mike - Media Department - PLUSMEDIA, LLC, Danbury, CT, pg. 290
Naughton, Tom - Account Planner, Management, Media Department, NBC - PEREIRA & O'DELL, New York, NY, pg. 257
Navalinski, Molly - Media Department - GOODBY, SILVERSTEIN & PARTNERS, San Francisco, CA, pg. 77
Navarro, Carlos - Media Department - CAMPBELL EWALD, West Hollywood, CA, pg. 47
Naylon, Jenna - Interactive / Digital, Media Department - USIM, Los Angeles, CA, pg. 525
Nayyar, Rukmani - Media Department - CROSSMEDIA, New York, NY, pg. 463
Neal, Greg - Management, Media Department, PPM - THE MARKETING ARM, Dallas, TX, pg. 316
Neal, Erin - Media Department - GYRO, Chicago, IL, pg. 368
Neal, Dakota - Media Department - YOUNG & LARAMORE, Indianapolis, IN, pg. 164
Neale, Kristen - Analytics, Media Department, NBC, Research - TRIAD RETAIL MEDIA, St. Petersburg, FL, pg. 272
Neale, Andrea - Account Services, Media Department - UNIVERSAL MCCANN, Toronto, ON, pg. 524

Neary, Nikki - Interactive / Digital, Media Department - HORIZON MEDIA, INC., New York, NY, pg. 474
Neary, Lindsey - Interactive / Digital, Media Department - EDELMAN, Washington, DC, pg. 600
Nebel, Rose - Interactive / Digital, Media Department - EMPOWER, Chicago, IL, pg. 355
Necklaus, Meaghan - Media Department - OMD WEST, Los Angeles, CA, pg. 502
Ned, Jim - Media Department - HEXNET DIGITAL MARKETING, Wall, NJ, pg. 239
Neel, Ashley - Interactive / Digital, Media Department - EMPOWER, Cincinnati, OH, pg. 354
Neelon, Caitlin - Media Department - GOODBY, SILVERSTEIN & PARTNERS, San Francisco, CA, pg. 77
Neikirk, Susie - Media Department - 360I, LLC, New York, NY, pg. 320
Neilson, David - Media Department - PROOF ADVERTISING, Austin, TX, pg. 398
Nelson, Frances - Media Department - DAVENPORT MOORHEAD & REDSPARK, INC., Montgomery, AL, pg. 57
Nelson, Alicia - Account Services, Interactive / Digital, Media Department, Programmatic - USIM, Los Angeles, CA, pg. 525
Nelson, Jack - Media Department, PPM - PUBLICIS.SAPIENT, Birmingham, MI, pg. 260
Nelson, Jade - Account Planner, Account Services, Interactive / Digital, Media Department - OMD, New York, NY, pg. 498
Nelson, Melanie - Account Planner, Media Department, NBC - THE MEDIA KITCHEN, New York, NY, pg. 519
Nelson, Samara - Account Services, Interactive / Digital, Media Department, NBC, Social Media - HEARTS & SCIENCE, New York, NY, pg. 471
Nelson, Emily - Account Services, Interactive / Digital, Media Department, Social Media - MOROCH PARTNERS, Dallas, TX, pg. 389
Nelson, Caro - Interactive / Digital, Media Department - HARMELIN MEDIA, Bala Cynwyd, PA, pg. 467
Nelson, Alex - Account Planner, Account Services, Media Department - HAWORTH MARKETING & MEDIA, Minneapolis, MN, pg. 470
Nelson, Michael - Creative, Interactive / Digital, Media Department - GASLIGHT CREATIVE, St. Cloud, MN, pg. 361
Nennig, Karen - Interactive / Digital, Media Department - BVK, Milwaukee, WI, pg. 339
Nepali, Sonya - Interactive / Digital, Media Department - SINGLE GRAIN, Los Angeles, CA, pg. 265
Neppl, Natalie - Media Department - JNA ADVERTISING, Overland Park, KS, pg. 92
Nespoli, Matthew - Interactive /

AGENCIES

RESPONSIBILITIES INDEX

Digital, Media Department - PARTNERS + NAPIER, Rochester, NY, pg. 125

Nester, Mark - Interactive / Digital, Media Department - MEDIACOM, New York, NY, pg. 487

Nesterenko, Igor - Media Department - DENTSUBOS INC., Toronto, ON, pg. 61

Nestoras, Athena - Media Department - CARAT, Culver City, CA, pg. 459

Nettey, Joslyn - Media Department - STARCOM WORLDWIDE, Chicago, IL, pg. 513

Neugebauer, Jonathan - Media Department - VLADIMIR JONES, Colorado Springs, CO, pg. 429

Neujahr, Dana - Account Services, Creative, Interactive / Digital, Management, Media Department - SOMETHING MASSIVE, Los Angeles, CA, pg. 268

Neveil, Irene - Account Planner, Media Department - HARMELIN MEDIA, Bala Cynwyd, PA, pg. 467

Nevins, Nick - Account Planner, Analytics, Interactive / Digital, Media Department - PHD USA, New York, NY, pg. 505

Nevruzian, Simone - Interactive / Digital, Media Department, Programmatic - HEARTS & SCIENCE, New York, NY, pg. 471

Newbold, Alan - Account Services, Management, Media Department - BROADHEAD, Minneapolis, MN, pg. 337

Newell, Ryan - Media Department - BRAINSTORM MEDIA, Columbus, OH, pg. 175

Newman, Montrew - Account Services, Media Department - NOVUS MEDIA, INC. , Chicago, IL, pg. 497

Newman, Kristen - Interactive / Digital, Media Department - OMD, New York, NY, pg. 498

Newman, Rachel - Interactive / Digital, Media Department - SPECTRUM SCIENCE COMMUNICATIONS, Washington, DC, pg. 649

Newman, Jordan - Media Department - LEWIS COMMUNICATIONS , Mobile, AL, pg. 100

Newman, Kate - Interactive / Digital, Media Department, Social Media - DIGITAS, San Francisco, CA, pg. 227

Newman, Barbie - Interactive / Digital, Media Department - DIGITAL OPERATIVE, INC., San Diego, CA, pg. 225

Newton, David - Creative, Interactive / Digital, Media Department - GUMGUM, Santa Monica, CA, pg. 80

Newton, Jamie - Media Department - HANAPIN MARKETING, Bloomington, IN, pg. 237

Ng, Dan - Account Planner, Interactive / Digital, Media Department, PPOM - DROGA5, New York, NY, pg. 64

Ng, Elaine - Media Department - DAILEY & ASSOCIATES, West Hollywood, CA, pg. 56

Ng, Doug - Management, Media Department, NBC, PPOM - WAVEMAKER, New York, NY, pg. 526

Ng, Eric - Account Planner, Media Department - DIGITAS, New York, NY, pg. 226

Ngai, Devon - Account Planner, Media Department, NBC - CARAT, New York, NY, pg. 459

Nguy, Lily - Management, Media Department - MEDIACOM, New York, NY, pg. 487

Nguyen, Thanh - Creative, Interactive / Digital, Media Department - KIMBO DESIGN, Vancouver, BC, pg. 189

Nguyen, Trac - Interactive / Digital, Media Department, PPM - PUBLICIS NORTH AMERICA, New York, NY, pg. 399

Nguyen, Van - Management, Media Department - ARTIME GROUP, Pasadena, CA, pg. 34

Nguyen, Tien - Media Department, Operations - GSD&M, Austin, TX, pg. 79

Nguyen, Christine - Account Planner, Media Department - HUGE, INC., Brooklyn, NY, pg. 239

Nguyen, Trang - Media Department - PAL8 MEDIA, INC., Santa Barbara, CA, pg. 503

Nguyen, Michael - Media Department - WALMART MEDIA GROUP, San Bruno, CA, pg. 684

Nguyen, Ann - Media Department - RAIN, Portland, OR, pg. 402

Nguyen, Phung - Account Planner, Account Services, Media Department - MINDSHARE, New York, NY, pg. 491

Nguyen, Kathy P. - Interactive / Digital, Media Department - ZENITH MEDIA, Santa Monica, CA, pg. 531

Nguyen, Hillary - Media Department - ACTIVE INTERNATIONAL, Pearl River, NY, pg. 439

Nguyen Crettenand, Lien - Account Planner, Account Services, Media Department - INNOCEAN USA, Huntington Beach, CA, pg. 479

Nhieu, Vivian - Interactive / Digital, Media Department - CANVAS WORLDWIDE, Playa Vista, CA, pg. 458

Niccolai, James - Media Department - MISSION NORTH, San Francisco, CA, pg. 627

Nicholas, John - Interactive / Digital, Media Department - THE ZIMMERMAN AGENCY, Tallahassee, FL, pg. 426

Nichols, Aaron - Management, Media Department, NBC - HEARST AUTOS, San Francisco, CA, pg. 238

Nichols, Evan - Interactive / Digital, Media Department, NBC - MEDIASSOCIATES, INC., Sandy Hook, CT, pg. 490

Nichols Calabro, Lisa - Media Department, PPOM - BLOOM ADS, INC., Woodland Hills, CA, pg. 334

Nickels, Todd - Account Services, Media Department, Public Relations - 42WEST, New York, NY, pg. 573

Nickerson, Jill - Account Services, Media Department - HORIZON MEDIA, INC., New York, NY, pg. 474

Nicoara, Monica - Analytics, Media Department, Research - SPARK FOUNDRY, Chicago, IL, pg. 510

Nicolai, Kristen - Media Department - SPARK FOUNDRY, Chicago, IL, pg. 510

Nicole Hernandez, Lisa - Media Department - STARCOM WORLDWIDE, Chicago, IL, pg. 513

Nicolls, Charles - Interactive / Digital, Media Department - RAIN, Portland, OR, pg. 402

Nieber, Sharon - Media Department - SPARK FOUNDRY, Chicago, IL, pg. 510

Nieder, Jonathan - Account Planner, Account Services, Media Department, Social Media - OMD WEST, Los Angeles, CA, pg. 502

Niedosik, Jordan - Media Department - HEALIXGLOBAL, New York, NY, pg. 471

Nielsen, Erin - Media Department - PHD CHICAGO, Chicago, IL, pg. 504

Nielsen, Julie - Media Department - BILLUPS WORLDWIDE, Lake Oswego, OR, pg. 550

Nielsen, Lisa - Account Services, Media Department, Public Relations - HEINZEROTH MARKETING GROUP, Rockford, IL, pg. 84

Nielson, Julie - Media Department - SWANSON RUSSELL ASSOCIATES, Lincoln, NE, pg. 415

Niemiec, Gina - Interactive / Digital, Media Department - HILL HOLLIDAY, Boston, MA, pg. 85

Niffin, Nicole - Account Services, Interactive / Digital, Media Department - CARAT, Detroit, MI, pg. 461

Nigam, Ankita - Account Planner, Media Department, NBC - OMD, New York, NY, pg. 498

Nijjar, Nirmal - Account Services, Interactive / Digital, Media Department - ESSENCE, New York, NY, pg. 232

Nikiforov, Orlin - Account Services, Media Department - OMD ENTERTAINMENT, Burbank, CA, pg. 501

Nikitsina, Maryia - Account Planner, Media Department - INITIATIVE, New York, NY, pg. 477

Nikles, Dennis - Analytics, Media Department - &BARR, Orlando, FL, pg. 319

Nilsen, Ben - Account Planner, Media Department, NBC - DROGA5, New York, NY, pg. 64

Nimock, David - Account Services, Media Department - STEALTH CREATIVE, St. Louis, MO, pg. 144

Niparko, Dustin - Media Department - MINDSHARE, New York, NY, pg. 491

Nippes, Ken - Management, Media Department - HORIZON MEDIA, INC., New York, NY, pg. 474

Nisanyan, Allen - Account Services, Management, Media Department - HAVAS MEDIA GROUP, New York, NY, pg. 468

Nishihara, Yukako - Media

1661

RESPONSIBILITIES INDEX — AGENCIES

Department - THE BRICK FACTORY, Washington, DC, *pg.* 269

Nishiyama, Robert - Management, Media Department - CARAT, New York, NY, *pg.* 459

Nisperos, Esmeralda - Media Department - CONILL ADVERTISING, INC., El Segundo, CA, *pg.* 538

Nissen, Kate - Media Department - MEDIA STORM, New York, NY, *pg.* 486

Nix, Laura - Account Planner, Media Department - EMPOWER, Cincinnati, OH, *pg.* 354

Njos, Jon - Management, Media Department - GREENRUBINO, Seattle, WA, *pg.* 365

Noble, Katrina - Media Department - BOLCHALK FREY MARKETING, Tucson, AZ, *pg.* 41

Noble, Susan - Media Department, PPOM - MINDSHARE, Chicago, IL, *pg.* 494

Nolan, Mary - Media Department - DUNCAN MCCALL, Pensacola, FL, *pg.* 353

Nolan, Tara - Management, Media Department, NBC - MERKLEY + PARTNERS, New York, NY, *pg.* 114

Nolan, Joseph - Interactive / Digital, Media Department - CROSSMEDIA, New York, NY, *pg.* 463

Nolan, Irissa - Media Department - OMD, Chicago, IL, *pg.* 500

Nolen, Alison - Media Department, NBC - SPARK FOUNDRY, New York, NY, *pg.* 508

Noll, Matthew - Interactive / Digital, Media Department - EMC OUTDOOR, Newtown Square, PA, *pg.* 551

Noonan, Molly - Media Department - HAVAS MEDIA GROUP, Boston, MA, *pg.* 470

Noone, Carrie - Interactive / Digital, Media Department - SPARK FOUNDRY, Chicago, IL, *pg.* 510

Noone, Tim - Media Department - IGNITIONONE, New York, NY, *pg.* 673

Norambuena, Paola - Media Department, PPOM - INTERBRAND, New York, NY, *pg.* 187

Norberg, Elli - Account Planner, Media Department, NBC - BLUE 449, San Francisco, CA, *pg.* 456

Nordin, Melissa - Media Department - BLUE SKY, Atlanta, GA, *pg.* 40

Noren, Zachary - Interactive / Digital, Media Department - SPARK FOUNDRY, Chicago, IL, *pg.* 510

Norford, Kathy - Media Department - SPAWN, Anchorage, AK, *pg.* 648

Norman, Brett - Interactive / Digital, Media Department, NBC - GTB, Dearborn, MI, *pg.* 367

Norman, Lucia - Media Department - HARMELIN MEDIA, Bala Cynwyd, PA, *pg.* 467

Norman, Camille - Media Department - ERIC ROB & ISAAC, Little Rock, AR, *pg.* 68

Norris, Lee - Media Department - ADCOM COMMUNICATIONS, INC., Cleveland, OH, *pg.* 210

Norris, Debbie - Media Department - HIRSHORN ZUCKERMAN DESIGN GROUP, Rockville, MD, *pg.* 371

Northrup, Marie - Interactive / Digital, Media Department - BOOYAH ONLINE ADVERTISING, Denver, CO, *pg.* 218

Norton, Andrew - Media Department - MEDIA ASSEMBLY, New York, NY, *pg.* 484

Nossem, Kelly - Interactive / Digital, Media Department - STARCOM WORLDWIDE, Chicago, IL, *pg.* 513

Noto, Christine - Account Services, Media Department - PHD USA, New York, NY, *pg.* 505

Novak, Cecilia - Media Department - THE ATKINS GROUP, San Antonio, TX, *pg.* 148

Novak, John - Media Department - POINT B COMMUNICATIONS, Chicago, IL, *pg.* 128

Novello, Thomas - Media Department - UNIVERSAL MCCANN, New York, NY, *pg.* 521

Novoa, Adriana - Media Department - COSSETTE MEDIA, Montreal, QC, *pg.* 345

Nowak, Bree - Media Department - SPARK FOUNDRY, Chicago, IL, *pg.* 510

Nowak, Anthony - Media Department - M/SIX, Toronto, ON, *pg.* 483

Nowak, Stephanie - Interactive / Digital, Media Department - BLUE CHIP MARKETING & COMMUNICATIONS, Northbrook, IL, *pg.* 334

Nowak, Abigail - Account Services, Interactive / Digital, Media Department, Social Media - MGH ADVERTISING, Owings Mills, MD, *pg.* 387

Nowicki, Kelilyn - Media Department - SPARK FOUNDRY, Chicago, IL, *pg.* 510

Nowicki, Hannah - Media Department - STARCOM WORLDWIDE, Chicago, IL, *pg.* 513

Noxon, Margaret - Media Department - OMD ATLANTA, Atlanta, GA, *pg.* 501

Nuckols, Kristin - Account Services, Media Department - IMAGINUITY, Dallas, TX, *pg.* 373

Nunez, Lindsey - Media Department - STARCOM WORLDWIDE, Chicago, IL, *pg.* 513

Nunez, Stephanie - Account Planner, Account Services, Media Department - STARCOM WORLDWIDE, Chicago, IL, *pg.* 513

Nunziata, Camille - Media Department - OMD, New York, NY, *pg.* 498

Nurrie, Ruth - Media Department - MAXWELL & MILLER MARKETING COMMUNICATIONS, Kalamazoo, MI, *pg.* 384

Nusinow, Michael - Media Department, PPM - PREMIER ENTERTAINMENT SERVICES, North Hollywood, CA, *pg.* 298

Nyen, Amanda - Media Department - FORTY TWO EIGHTY NINE, Rockton, IL, *pg.* 359

O'Bannon, Mackenzie - Media Department, Promotions - KELLY, SCOTT & MADISON, INC., Chicago, IL, *pg.* 482

O'Brien, Nina - Media Department - BADER RUTTER & ASSOCIATES, INC., Milwaukee, WI, *pg.* 328

O'Brien, Chloe - Media Department - MINDSHARE, New York, NY, *pg.* 491

O'Brien, Sarah - Account Planner, Media Department - OPENMIND, New York, NY, *pg.* 503

O'Brien, Megan - Interactive / Digital, Media Department - MEDIACOM, New York, NY, *pg.* 487

O'Brien, Robyn - Media Department - PUBLICIS HEALTH MEDIA, Philadelphia, PA, *pg.* 506

O'Connor, Michael - Finance, Interactive / Digital, Media Department - HORIZON MEDIA, INC., New York, NY, *pg.* 474

O'Connor, Jennifer - Account Services, Media Department - BOATHOUSE GROUP, INC., Waltham, MA, *pg.* 40

O'Connor, Candice - Media Department - 9THWONDER AGENCY, Houston, TX, *pg.* 453

O'Connor, Erin - Account Services, Management, Media Department - BENSIMON BYRNE, Toronto, ON, *pg.* 38

O'Connor, Rita - Media Department - AUSTIN & WILLIAMS ADVERTISING, Hauppauge, NY, *pg.* 328

O'Day Thayer, Kelly - Interactive / Digital, Media Department - STARCOM WORLDWIDE, Chicago, IL, *pg.* 513

O'Donnell, Patricia - Interactive / Digital, Media Department - PHD USA, New York, NY, *pg.* 505

O'Donnell, Katie - Media Department - PALISADES MEDIA GROUP, INC., Santa Monica, CA, *pg.* 124

O'Donnell, Jennifer - Media Department - KLUNK & MILLAN ADVERTISING, Allentown, PA, *pg.* 95

O'Donnell, Lauren - Media Department - HARMELIN MEDIA, Bala Cynwyd, PA, *pg.* 467

O'Donnell, Audrey - Media Department - CARAT, New York, NY, *pg.* 459

O'Flaherty, Rory - Account Services, Interactive / Digital, Management, Media Department - MEKANISM, New York, NY, *pg.* 113

O'Grady, Sarah - Account Services, Media Department - RPA, Atlanta, GA, *pg.* 135

O'Grady, Ryan - Account Planner, Media Department, NBC - CARAT, New York, NY, *pg.* 459

O'Hare, Tracy - Media Department - IDFIVE, Baltimore, MD, *pg.* 373

O'Harra, Jennifer - Account Services, Media Department, PPOM - MINOR O'HARRA ADVERTISING, Reno, NV, *pg.* 387

O'Keefe, Aileen - Account Services, Media Department - OUTDOOR MEDIA GROUP, Jersey City, NJ, *pg.* 554

O'Loughlin, Greg - Management, Media Department, Operations, PPOM - SWELL, LLC, Philadelphia, PA, *pg.* 145

AGENCIES — RESPONSIBILITIES INDEX

O'Malley, Tim - Media Department - HARMELIN MEDIA, Bala Cynwyd, PA, pg. 467

O'Neil, Meghan - Media Department - HARMELIN MEDIA, Bala Cynwyd, PA, pg. 467

O'Neil Raposo, Eilly - Media Department - ESSENCE, Los Angeles, CA, pg. 233

O'Neill, Maggie - Management, Media Department, PPOM - PEPPERCOMM, INC., New York, NY, pg. 687

O'Neill, James - Interactive / Digital, Management, Media Department, NBC - MEDIA ALLEGORY, New York, NY, pg. 484

O'Neill, Bob - Media Department - ACTIVE INTERNATIONAL, Pearl River, NY, pg. 439

O'Neill, Liam - Interactive / Digital, Media Department - ZENITH MEDIA, New York, NY, pg. 529

O'Reilly, Nancy - Media Department - INFOGROUP MEDIA SOLUTIONS, New York, NY, pg. 286

O'Rourke, Helen - Account Services, Media Department, Social Media - AUSTIN & WILLIAMS ADVERTISING, Hauppauge, NY, pg. 328

O'Rourke, Allison - Media Department - SPARK FOUNDRY, Chicago, IL, pg. 510

O'Shaughnessy, Karen - Media Department - SAGE COMMUNICATIONS, LLC, McLean, VA, pg. 409

O'Shea, Megan - Interactive / Digital, Media Department - SPARK FOUNDRY, New York, NY, pg. 508

Oakes, Beth - Account Services, Media Department - ICON INTERNATIONAL, INC., Greenwich, CT, pg. 476

Oakes, Morgan - Media Department - MARCEL DIGITAL, Chicago, IL, pg. 675

Oakley, Christine - Media Department - OCEAN MEDIA, INC., Huntington Beach, CA, pg. 498

Oates, Bob - Media Department - MEDIA DIMENSIONS LIMITED, Toronto, ON, pg. 485

Oatman, Emily - Interactive / Digital, Media Department - SWANSON RUSSELL, Omaha, NE, pg. 415

Oberg, Taylor - Media Department - AD RESULTS MEDIA, Houston, TX, pg. 279

Oberlander, Lauren - Media Department - NOBLE PEOPLE, New York, NY, pg. 120

Oberlander, Amy - Account Planner, Account Services, Media Department - OMD ENTERTAINMENT, Burbank, CA, pg. 501

Oberzan, Kaylee - Media Department - MMGY GLOBAL, Kansas City, MO, pg. 388

Obra Le, Connie - Interactive / Digital, Media Department - XENOPSI, New York, NY, pg. 164

Obradovich, Piper - Interactive / Digital, Media Department, NBC - DMA UNITED, New York, NY, pg. 63

Obrist, Jessica - Account Services, Creative, Media Department, PPM - WONGDOODY, Seattle, WA, pg. 162

Ocasio, Denise - Account Services, Management, Media Department - MINDSHARE, New York, NY, pg. 491

Occhipinti, Ashley - Account Planner, Account Services, Media Department - MEDIACOM, New York, NY, pg. 487

Ocenas, Jennafer - Interactive / Digital, Media Department, Operations - STARCOM WORLDWIDE, Chicago, IL, pg. 513

OConnor, Kelly - Media Department, Operations - BOILING POINT MEDIA, Oklahoma City, OK, pg. 439

Oddo, Leslie - Media Department, NBC - PUBLICIS NORTH AMERICA, New York, NY, pg. 399

Odendahl, Hayley - Media Department, Operations - SPARK FOUNDRY, Chicago, IL, pg. 510

Odom, Kim - Media Department - TRUE MEDIA, Columbia, MO, pg. 521

Oemke, Kate - Media Department - ECHO MEDIA SOLUTIONS, Smyrna, GA, pg. 282

Ofelia, Audrey - Media Department - OCEAN MEDIA, INC., Huntington Beach, CA, pg. 498

Oganesyan, Alex - Interactive / Digital, Media Department - MINDSHARE, New York, NY, pg. 491

Ogle, Jammie - Account Planner, Media Department - OMD CANADA, Toronto, ON, pg. 501

Ogle, Alex - Media Department - PARADOWSKI CREATIVE, Saint Louis, MO, pg. 125

Ogonowski, Monica - Interactive / Digital, Media Department - WAVEMAKER, New York, NY, pg. 526

Ogurick, Michael - Account Planner, Media Department, NBC - SPARK FOUNDRY, New York, NY, pg. 508

Oh, Catherine - Account Services, Media Department - MINDSHARE, New York, NY, pg. 491

Okeowo, Toluwalope - Account Services, Media Department - CROSSMEDIA, New York, NY, pg. 463

Oksuz, Asena - Interactive / Digital, Media Department - HORIZON MEDIA, INC., New York, NY, pg. 474

Olander, Madlene - Management, Media Department, PPM - RIGHTPOINT, Boston, MA, pg. 263

Olbrich, Courtney - Media Department - THE BRANDON AGENCY, Myrtle Beach, SC, pg. 419

Olbur, Rachel - Interactive / Digital, Media Department - R&R PARTNERS, Las Vegas, NV, pg. 131

Oldaker, Kathy - Media Department - GATESMAN, Pittsburgh, PA, pg. 361

Oldham, Lindsey - Account Planner, Interactive / Digital, Media Department - HAWTHORNE ADVERTISING, Fairfield, IA, pg. 285

Olen, Sadie - Account Services, Interactive / Digital, Media Department, NBC - AMOBEE, INC., Chicago, IL, pg. 213

Oliveira, Monica - Interactive / Digital, Media Department - HORIZON MEDIA, INC., New York, NY, pg. 474

Oliveto, Laura - Media Department, Public Relations - SSDM, Troy, MI, pg. 412

Olmstead, Melissa - Media Department - 360I, LLC, Atlanta, GA, pg. 207

Olsen, Katie - Creative, Media Department, Operations - CHANDELIER CREATIVE, New York, NY, pg. 49

Olson, Kirk - Analytics, Media Department - HORIZON MEDIA, INC., New York, NY, pg. 474

Olson, Derek - Creative, Interactive / Digital, Media Department - TDG COMMUNICATIONS, Deadwood, SD, pg. 417

Olson, Ryan - Account Services, Interactive / Digital, Media Department - COLLE MCVOY, Minneapolis, MN, pg. 343

Olson, Tom - Account Planner, Account Services, Media Department, Public Relations - BCW NEW YORK, New York, NY, pg. 581

Olson, Chad - Media Department, NBC, Promotions - NEMER, FIEGER & ASSOCIATES, Minneapolis, MN, pg. 391

Olson, Jordan - Account Services, Media Department, Programmatic - CONVERSANT, LLC, Chicago, IL, pg. 222

Olson, Larisa - Account Services, Media Department, Promotions - THRIVEHIVE, Quincy, MA, pg. 271

Olson, Emily - Interactive / Digital, Media Department - CENTRO, Denver, CO, pg. 220

Olszewski, Caroline - Account Services, Media Department - RED FUSE COMMUNICATIONS, New York, NY, pg. 404

Oltmanns, Alexander - Account Services, Media Department - PIPITONE GROUP, Pittsburgh, PA, pg. 195

Omeltchenko, Nicholas - Interactive / Digital, Media Department - MEDIACOM, New York, NY, pg. 487

ONeil, Travis - Creative, Media Department, Operations - GUMGUM, Santa Monica, CA, pg. 80

Ooms, Rachel - Account Planner, Media Department - HEARTS & SCIENCE, Atlanta, GA, pg. 473

Opdyke, Michelle - Interactive / Digital, Media Department - MEDIACOM, New York, NY, pg. 487

Oporta, Katherine - Account Services, Media Department - PUBLICIS.SAPIENT, Coconut Grove, FL, pg. 259

Oporto, Tara - Media Department - MEDIA BROKERS INTERNATIONAL, Alpharetta, GA, pg. 485

Oppenheimer, Adam - Media Department - 360I, LLC, Atlanta, GA, pg. 207

Opperman, Kelsey - Media Department - CARAT, New York, NY, pg. 459

Oram, Marshall - Interactive / Digital, Media Department - MILLER

1663

RESPONSIBILITIES INDEX — AGENCIES

DESIGNWORKS, Phoenixville, PA, pg. 191

Orbin, Danielle - Interactive / Digital, Media Department, Operations - SPARK FOUNDRY, Chicago, IL, pg. 510

Ordonez, Anabel - Media Department - CONILL ADVERTISING, INC., El Segundo, CA, pg. 538

Orenstein, Matthew - Interactive / Digital, Media Department, Programmatic - THE MEDIA KITCHEN, New York, NY, pg. 519

Ori, Caitlin - Interactive / Digital, Media Department - MINDSHARE, Chicago, IL, pg. 494

Orlando, Gabrielle - Interactive / Digital, Media Department, Programmatic - 360I, LLC, Atlanta, GA, pg. 207

Orochena, Emmanuel - Media Department - SPARK FOUNDRY, Chicago, IL, pg. 510

Orr, Daniel - Interactive / Digital, Media Department, Programmatic - WAVEMAKER, New York, NY, pg. 526

Orr, Alex - Media Department - KROGER MEDIA SERVICES, Portland, OR, pg. 96

Ortega, Pablo - Interactive / Digital, Media Department, Social Media - CASEY & SAYRE, INC., Malibu, CA, pg. 589

Ortega, Danielle - Media Department - STARCOM WORLDWIDE, Chicago, IL, pg. 513

Ortega-Endahl, Hans - Media Department - EMERGENT DIGITAL, San Diego, CA, pg. 231

Ortiz, Ludwig - Account Services, Media Department, NBC - THE COMMUNITY, Miami Beach, FL, pg. 545

Ortiz, Maria - Media Department - ZIMMERMAN ADVERTISING, Fort Lauderdale, FL, pg. 437

Ortiz, Adrian - Account Planner, Account Services, Media Department - 360I, LLC, Los Angeles, CA, pg. 208

Osborne, Leslie - Media Department, PPOM - WATAUGA GROUP, Orlando, FL, pg. 21

Osborne, Reginald - Account Services, Interactive / Digital, Management, Media Department - WALTON ISAACSON, New York, NY, pg. 547

Osborne, Paige - Interactive / Digital, Media Department - NOBLE PEOPLE, New York, NY, pg. 120

Osborne, Allison - Media Department - SPARK FOUNDRY, Chicago, IL, pg. 510

Osburn, Heather - Media Department - OUTFRONT MEDIA, Orlando, FL, pg. 555

Osegi, Andrew - Media Department, Social Media - DWA MEDIA, Austin, TX, pg. 464

Osgood, Eric - Media Department - HACKERAGENCY, Seattle, WA, pg. 284

Osio, Katrina - Account Services, Media Department, NBC - DUMONT PROJECT, Marina Del Rey, CA, pg. 230

Oslin, Cory - Interactive / Digital, Media Department - RE:GROUP, INC., Ann Arbor, MI, pg. 403

Osmolinski, Laura - Media Department - QUENCH, Harrisburg, PA, pg. 131

Ostarello, Alicia - Interactive / Digital, Media Department - UNIVERSAL MCCANN, San Francisco, CA, pg. 428

Osterhoff, Meredith - Media Department, NBC - VENABLES BELL & PARTNERS, San Francisco, CA, pg. 158

Ostler, James - Interactive / Digital, Media Department, Programmatic - OMD, Chicago, IL, pg. 500

Oswald, Kelly - Media Department - STARCOM WORLDWIDE, Chicago, IL, pg. 513

Otero, Ana - Account Planner, Media Department - MEDIA ASSEMBLY, Century City, CA, pg. 484

Otranto, AJ - Media Department - BLUE 449, New York, NY, pg. 455

Ottaviano, Jessica - Interactive / Digital, Media Department - GYK ANTLER, Manchester, NH, pg. 368

Otto, Tristan - Media Department - CHEMISTRY ATLANTA, Atlanta, GA, pg. 50

Ottolino, Marina - Interactive / Digital, Media Department - STARCOM WORLDWIDE, Chicago, IL, pg. 513

Ottomanelli, Christina - Media Department - MINDSHARE, New York, NY, pg. 491

Oumedian, Cassie - Interactive / Digital, Media Department, Programmatic, Social Media - HANAPIN MARKETING, Bloomington, IN, pg. 237

Ousset, Margaret A. - Media Department - OUSSET AGENCY, Spring Branch, TX, pg. 395

Ovalles, Christina - Media Department, Operations - HEARTS & SCIENCE, New York, NY, pg. 471

Overby, Jim - Creative, Media Department, PPM - DIANE ALLEN & ASSOCIATES, Baton Rouge, LA, pg. 597

Overesch, Blair - Media Department - WALZ TETRICK ADVERTISING, Mission, KS, pg. 429

Owen, Hayley - Interactive / Digital, Media Department - DEUTSCH, INC., Los Angeles, CA, pg. 350

Owen, Amie - Account Services, Management, Media Department - UNIVERSAL MCCANN, New York, NY, pg. 521

Owen, Carly - Media Department - IRIS, New York, NY, pg. 376

Owens, Tiffany - Interactive / Digital, Media Department - NORTH 6TH AGENCY, New York, NY, pg. 633

Owens, Ryan - Interactive / Digital, Media Department - TRACTORBEAM, Dallas, TX, pg. 156

Oxland, Randy - Management, Media Department - UNIVERSAL MCCANN, New York, NY, pg. 521

Ozimek, Jamie - Media Department - AKQA, San Francisco, CA, pg. 211

Ozkan, Mary - Interactive / Digital, Media Department - ABSOLUTE MEDIA INC., Stamford, CT, pg. 453

O'Brien, Chris - Account Services, Interactive / Digital, Management, Media Department, NBC - OMD, Chicago, IL, pg. 500

O'Donnell, Ed - Management, Media Department - SUNDIN ASSOCIATES, Natick, MA, pg. 415

O'Hara, Marissa - Media Department - SIGNATURE COMMUNICATIONS, Philadelphia, PA, pg. 410

O'Malley, Shannon - Management, Media Department - OGILVY COMMONWEALTH WORLDWIDE, Parsippany, NJ, pg. 122

Paccione, Danielle - Interactive / Digital, Media Department - UNIVERSAL MCCANN, New York, NY, pg. 521

Pace, Dominick - Account Services, Interactive / Digital, Media Department, PPOM - MINDSHARE, New York, NY, pg. 491

Pace, Elle - Account Services, Media Department - MCGARRAH JESSEE, Austin, TX, pg. 384

Pace Donovan, Elizabeth - Media Department - UENO, San Francisco, CA, pg. 273

Pacelli, Hilary - Interactive / Digital, Media Department - CANVAS WORLDWIDE, New York, NY, pg. 458

Pacheco, Juan - Analytics, Interactive / Digital, Media Department - MEKANISM, New York, NY, pg. 113

Pacheco, Jessica - Media Department - HORIZON MEDIA, INC., New York, NY, pg. 474

Paciulli, Alaina - Interactive / Digital, Media Department, NBC - DCX GROWTH ACCELERATOR, Brooklyn, NY, pg. 58

Padden, Julie - Media Department - MEDIA WORKS, LTD., Baltimore, MD, pg. 486

Padgett, Stephanie - Media Department - TRUE MEDIA, Columbia, MO, pg. 521

Padilla-Ravega, Derek - Account Services, Media Department - OMD ENTERTAINMENT, Burbank, CA, pg. 501

Paez, Stephen - Media Department - SPARK FOUNDRY, Chicago, IL, pg. 510

Page, Alexa - Media Department - SPARK FOUNDRY, New York, NY, pg. 508

Pagliara, Meagan - Account Planner, Account Services, Media Department - CARMICHAEL LYNCH, Minneapolis, MN, pg. 47

Pagliuca, Megan - Account Planner, Account Services, Analytics, Media Department, PPOM, Programmatic - HEARTS & SCIENCE, New York, NY,

1664

AGENCIES
RESPONSIBILITIES INDEX

pg. 471
Pahilajani, Ravi - Interactive / Digital, Media Department - SPARK FOUNDRY, New York, NY, pg. 508
Pajakowski, Chris - Media Department, PPOM - BURKHART ADVERTISING, South Bend, IN, pg. 550
Pajic, Alexandra - Media Department, Operations - WAVEMAKER, Toronto, ON, pg. 529
Palacios, Claude - Interactive / Digital, Media Department, NBC, Social Media - SPARK FOUNDRY, Chicago, IL, pg. 510
Palacios, Marcos - Media Department - WIEDEN + KENNEDY, Portland, OR, pg. 430
Palafox, Megan - Media Department - STARCOM WORLDWIDE, Chicago, IL, pg. 513
Palagonia, Kristine - Account Planner, Account Services, Media Department - MINDSHARE, New York, NY, pg. 491
Palencia, Michael - Media Department - TBWA\WORLDHEALTH, Chicago, IL, pg. 147
Palepu, Anuradha - Interactive / Digital, Media Department - MRM//MCCANN, Birmingham, MI, pg. 252
Palermo, Anthony - Media Department - ZENITH MEDIA, New York, NY, pg. 529
Palese, Toni - Interactive / Digital, Media Department - SOME CONNECT, Chicago, IL, pg. 677
Palmer, Suzanne - Media Department - THE BUNTIN GROUP, Nashville, TN, pg. 148
Palmer, Christine - Media Department - PLUSMEDIA, LLC, Danbury, CT, pg. 290
Palmeri, Chris - Account Services, Media Department - BUTLER / TILL, Rochester, NY, pg. 457
Palomino, Lauren - Media Department - STARCOM WORLDWIDE, Chicago, IL, pg. 513
Palomo, Jasmin - Account Planner, Media Department - SANDERS\WINGO, El Paso, TX, pg. 138
Palts, Saskia - Account Services, Media Department - MEDIA COUNSELORS, LLC, Miami, FL, pg. 485
Palumbo, Cody - Media Department - UNIVERSAL MCCANN, New York, NY, pg. 521
Paluta, Roman - Management, Media Department, NBC - SOLVE, Minneapolis, MN, pg. 17
Pamoukian, Franchesca - Media Department - SPARK FOUNDRY, El Segundo, CA, pg. 512
Panaram, Niri - Media Department - MEDIACOM CANADA, Toronto, ON, pg. 489
Panawek, Steve - Account Planner, Media Department, Operations - BBDO WORLDWIDE, New York, NY, pg. 331
Panciera, Natalie - Interactive / Digital, Media Department - INTERMARK GROUP, INC., Birmingham,

AL, pg. 375
Pandit, Shwetha - Interactive / Digital, Media Department - FIREWOOD, San Francisco, CA, pg. 283
Pandit, Shardool - Creative, Interactive / Digital, Media Department - MAGNANI CONTINUUM MARKETING, Chicago, IL, pg. 103
Pandya, Anand - Account Planner, Management, Media Department - VM1 (ZENITH MEDIA + MOXIE), New York, NY, pg. 526
Pane, Carly - Account Services, Interactive / Digital, Media Department - INITIATIVE, New York, NY, pg. 477
Panepinto, Jackie - Media Department - PUBLICIS NORTH AMERICA, New York, NY, pg. 399
Panfel, Marissa - Interactive / Digital, Media Department - HORIZON MEDIA, INC., New York, NY, pg. 474
Panico, Alyce - Media Department, NBC, PPOM - LUXE COLLECTIVE GROUP, New York, NY, pg. 102
Panjwani, Sachin - Account Planner, Account Services, Interactive / Digital, Media Department, NBC - ORGANIC, INC., San Francisco, CA, pg. 255
Panknin, Marjorie - Account Planner, Interactive / Digital, Media Department, Social Media - WAVEMAKER, Los Angeles, CA, pg. 528
Pankratz, Kristen - Account Planner, Media Department - THE RICHARDS GROUP, INC., Dallas, TX, pg. 422
Pannier, Beth - Media Department - RON FOTH ADVERTISING, Columbus, OH, pg. 134
Pannu, Sabina - Interactive / Digital, Media Department - SINGLE GRAIN, Los Angeles, CA, pg. 265
Panozzo, Karen - Media Department - RAZORFISH HEALTH, Chicago, IL, pg. 132
Pantano, Talia - Interactive / Digital, Media Department - MINDSHARE, New York, NY, pg. 491
Pantelias, Christina - Account Planner, Media Department - RP3 AGENCY, Bethesda, MD, pg. 408
Pantlind, John - Media Department - HDMZ, Chicago, IL, pg. 83
Paolozzi, Vincent - Interactive / Digital, Management, Media Department - MAGNA GLOBAL, New York, NY, pg. 483
Papa, Alyssa - Interactive / Digital, Media Department - SPARK FOUNDRY, New York, NY, pg. 508
Papagiannis, Nicholas - Interactive / Digital, Media Department - CRAMER-KRASSELT , Chicago, IL, pg. 53
Papayanopoulos, Jennifer - Account Services, Media Department - WAVEMAKER, New York, NY, pg. 526
Pape, Amanda - Account Services, Media Department, PPM - ICON INTERNATIONAL, INC., Greenwich, CT, pg. 476

Papp, Mary - Account Services, Media Department - HAWTHORNE ADVERTISING, Fairfield, IA, pg. 285
Papp, Heather - Media Department - MEDIA BUYING SERVICES, INC., Phoenix, AZ, pg. 485
Papp, Terri - Interactive / Digital, Media Department - ZIMMERMAN ADVERTISING, Fort Lauderdale, FL, pg. 437
Pappalardo, Andrew - Management, Media Department, NBC - MEDIACOM, New York, NY, pg. 487
Pappalardo, Ryan - Interactive / Digital, Media Department - OMD, New York, NY, pg. 498
Pappas, Lauren - Media Department - LMO ADVERTISING, Arlington, VA, pg. 100
Papulino, Adriana - Media Department, PPOM - MEDIACOM, New York, NY, pg. 487
Paquet, Charissa - Interactive / Digital, Media Department - REPRISE DIGITAL, New York, NY, pg. 676
Paquette, Phil - Media Department - FCB CHICAGO, Chicago, IL, pg. 71
Paradis, Lauren - Interactive / Digital, Media Department - MEDIAHUB BOSTON, Boston, MA, pg. 489
Paradis, Julie - Interactive / Digital, Media Department - INITIATIVE, New York, NY, pg. 477
Parco, Lauren - Account Services, Media Department - CARAT, New York, NY, pg. 459
Pardee, Sharon - Account Planner, Account Services, Media Department, PPOM - WAVEMAKER, Los Angeles, CA, pg. 528
Pardini, Colette - Account Services, Media Department - INITIATIVE, Los Angeles, CA, pg. 478
Pardo, Ralph - Management, Media Department, PPOM - HEARTS & SCIENCE, New York, NY, pg. 471
Pardo, Roberto - Account Planner, Media Department - JUNGLE MEDIA, Toronto, ON, pg. 481
Pardun, Lauren - Account Planner, Account Services, Media Department - OMD, Chicago, IL, pg. 500
Pardy, Marc - Media Department - 72ANDSUNNY, Playa Vista, CA, pg. 23
Parel, Andrea - Media Department - VALASSIS, Livonia, MI, pg. 294
Parent, Mike - Media Department, Operations - MBUY, Chicago, IL, pg. 484
Parikh, Mita - Interactive / Digital, Media Department - ZENITH MEDIA, Santa Monica, CA, pg. 531
Parisi, Daniella - Media Department - MINDSHARE, New York, NY, pg. 491
Park, Michele - Media Department - STARCOM WORLDWIDE, Chicago, IL, pg. 513
Park, Yuna - Account Services, Interactive / Digital, Management, Media Department, NBC - FORSMAN & BODENFORS, New York, NY, pg. 74
Park, Will - Account Services,

RESPONSIBILITIES INDEX — AGENCIES

Media Department - BRANDED ENTERTAINMENT NETWORK, INC., Sherman Oaks, CA, *pg.* 297

Park, Melanie - Account Planner, Media Department - ADCOM COMMUNICATIONS, INC., Cleveland, OH, *pg.* 210

Park, Minyoung - Media Department - AFG&, New York, NY, *pg.* 28

Park, Heather - Account Planner, Media Department - MEDIACOM, New York, NY, *pg.* 487

Park, Mary - Account Planner, Media Department - POSTERSCOPE U.S.A., Culver City, CA, *pg.* 556

Park, Michael - Media Department - OMD WEST, Los Angeles, CA, *pg.* 502

Park, Jennifer - Media Department - PHD, Los Angeles, CA, *pg.* 504

Parke, Mariana - Media Department, Public Relations - HAVAS WORLDWIDE CHICAGO, Chicago, IL, *pg.* 82

Parker, Cristina - Media Department - RAPPORT OUTDOOR WORLDWIDE, Los Angeles, CA, *pg.* 557

Parker, Anna - Management, Media Department, PPOM - HAVAS WORLDWIDE CHICAGO, Chicago, IL, *pg.* 82

Parker, Danielle - Media Department - STARCOM WORLDWIDE, Chicago, IL, *pg.* 513

Parker, Lora - Media Department - PMG, Fort Worth, TX, *pg.* 257

Parker, Sarah - Interactive / Digital, Media Department - INITIATIVE, New York, NY, *pg.* 477

Parker, Heather - Media Department - MOXIE, Atlanta, GA, *pg.* 251

Parker, Brett - Media Department - STONE WARD ADVERTISING, Little Rock, AR, *pg.* 413

Parker, Mandy - Media Department - ZENITH MEDIA, Atlanta, GA, *pg.* 531

Parker, Gabrielle - Media Department - HUGE, INC., Brooklyn, NY, *pg.* 239

Parks, Lesley - Account Services, Interactive / Digital, Media Department, NBC, Public Relations, Social Media - TBWA \ CHIAT \ DAY, New York, NY, *pg.* 416

Parodi, Carolyn - Account Services, Media Department - OMD SAN FRANCISCO, San Francisco, CA, *pg.* 501

Parra, Armand - Account Services, Management, Media Department, Research - THE INTEGER GROUP, Lakewood, CO, *pg.* 682

Parry, Stephanie - Management, Media Department - MINDSHARE, New York, NY, *pg.* 491

Parten, Bryce - Interactive / Digital, Media Department - IPROSPECT, Fort Worth, TX, *pg.* 674

Pashtriku, Ermira - Media Department - OMD, New York, NY, *pg.* 498

Pasqual-Kwan, Christopher - Interactive / Digital, Media Department - ZENITH MEDIA, New York, NY, *pg.* 529

Pasquale, Brandon - Interactive / Digital, Media Department - WAVEMAKER, New York, NY, *pg.* 526

Pasquinucci, Rob - Media Department - INTRINZIC, INC., Newport, KY, *pg.* 10

Pass, Vikki - Media Department - CATALYST MARKETING COMPANY, Fresno, CA, *pg.* 5

Passarelli, Gianna - Interactive / Digital, Media Department - BLUE 449, Seattle, WA, *pg.* 456

Passaro, Bianca - Account Planner, Account Services, Interactive / Digital, Media Department, NBC - UNIVERSAL MCCANN, New York, NY, *pg.* 521

Passen, Andra - Media Department - TEAM ONE, Dallas, TX, *pg.* 418

Passo, Brad - Interactive / Digital, Media Department - STARCOM WORLDWIDE, Chicago, IL, *pg.* 513

Pastor, Monica - Media Department, NBC - DENTSU AEGIS NETWORK, New York, NY, *pg.* 61

Pastuch, Justin - Media Department - MEDIACOM, New York, NY, *pg.* 487

Pastyrnak, Eileen - Interactive / Digital, Media Department - OMD, New York, NY, *pg.* 498

Patel, Seema - Account Planner, Account Services, Media Department - HAVAS MEDIA GROUP, Miami, FL, *pg.* 470

Patel, Anjali - Account Planner, Interactive / Digital, Media Department, NBC - WIEDEN + KENNEDY, New York, NY, *pg.* 432

Patel, Anjali - Media Department, NBC - WIEDEN + KENNEDY, Portland, OR, *pg.* 430

Patel, Krishna - Media Department - MINDSHARE, New York, NY, *pg.* 491

Patel, Shreena - Account Services, Media Department - BADGER & WINTERS, New York, NY, *pg.* 174

Paton, Karen - Media Department - DANA COMMUNICATIONS, Hopewell, NJ, *pg.* 57

Patrick, Erica - Interactive / Digital, Management, Media Department, NBC, Social Media - MEDIAHUB BOSTON, Boston, MA, *pg.* 489

Patrick, Briana - Media Department - GOODBY, SILVERSTEIN & PARTNERS, San Francisco, CA, *pg.* 77

Patronelli, Alexander - Media Department - WAVEMAKER, New York, NY, *pg.* 526

Patterson, Diana - Interactive / Digital, Media Department - EMPOWER, Chicago, IL, *pg.* 355

Patterson, Kate - Account Planner, Media Department, Promotions - HORIZON MEDIA, INC., New York, NY, *pg.* 474

Patti, Biagio - Media Department - CROWLEY WEBB & ASSOCIATES, Buffalo, NY, *pg.* 55

Patton, Alana - Media Department - MMGY GLOBAL, Kansas City, MO, *pg.* 388

Paul, Elizabeth - Account Planner, Account Services, Management, Media Department, Operations, PPOM - THE MARTIN AGENCY, Richmond, VA, *pg.* 421

Paulic, Sarah - Interactive / Digital, Media Department - UNIVERSAL MCCANN, New York, NY, *pg.* 521

Paulius, Linas - Account Services, Management, Media Department - OMD, Chicago, IL, *pg.* 500

Paulson, Bridgette - Media Department - FOUNDRY, Reno, NV, *pg.* 75

Paulucci, Francesca - Interactive / Digital, Media Department - HORIZON MEDIA, INC., New York, NY, *pg.* 474

Pauss, Kristi - Media Department - MEYOCKS GROUP, West Des Moines, IA, *pg.* 387

Pavesic, Nicole - Interactive / Digital, Media Department, Programmatic - STARCOM WORLDWIDE, Chicago, IL, *pg.* 513

Pavia, Mark - Interactive / Digital, Management, Media Department - STARCOM WORLDWIDE, Chicago, IL, *pg.* 513

Pavlik, Jessica - Media Department - PUBLICIS HEALTH MEDIA, Philadelphia, PA, *pg.* 506

Pavoggi, Nikki - Interactive / Digital, Media Department - SPARK FOUNDRY, New York, NY, *pg.* 508

Payne, Pam - Analytics, Management, Media Department - ROBERTSON+PARTNERS, Las Vegas, NV, *pg.* 407

Payne, Ashley - Finance, Media Department - ZENITH MEDIA, New York, NY, *pg.* 529

Payne, Alex - Media Department - OMD, Chicago, IL, *pg.* 500

Payne, Barry - Media Department - USIM, Los Angeles, CA, *pg.* 525

Payton, Terinda - Media Department - HATCH ADVERTISING, Spokane Valley, WA, *pg.* 82

Paz, Jorge - Media Department - SPARK FOUNDRY, El Segundo, CA, *pg.* 512

Paz Riesgo, Sabrina - Media Department - ALMA, Coconut Grove, FL, *pg.* 537

Pazos, Ximena - Media Department - HISPANIC GROUP, Miami, FL, *pg.* 371

Peabody, Jennifer - Account Services, Media Department - HAVAS EDGE, Carlsbad, CA, *pg.* 285

Peachey, Jeanmarie - Interactive / Digital, Media Department - PHD USA, New York, NY, *pg.* 505

Pearlman, Jared - Creative, Interactive / Digital, Media Department, NBC - UNITED ENTERTAINMENT GROUP, New York, NY, *pg.* 299

Pearsall, Robert - Interactive / Digital, Management, Media Department, NBC - HAVAS MEDIA GROUP, New York, NY, *pg.* 468

Pecci, Rob - Interactive / Digital, Media Department - HORIZON MEDIA, INC., New York, NY, *pg.* 474

Pece, Lisa - Account Services, Interactive / Digital, Media

AGENCIES
RESPONSIBILITIES INDEX

Department - SPARK FOUNDRY, New York, NY, pg. 508

Pechiney, Catie - Media Department - SPARK FOUNDRY, Chicago, IL, pg. 510

Peck, Susan - Media Department, PPOM - STERLING-RICE GROUP, Boulder, CO, pg. 413

Pecka, Rachael - Media Department - EXPLORE COMMUNICATIONS, Denver, CO, pg. 465

Pedalino, Anthony - Management, Media Department - GIANT SPOON, LLC, New York, NY, pg. 363

Pedersen, Gary - Media Department - OUTDOOR MEDIA GROUP, Jersey City, NJ, pg. 554

Pedersen, Elizabeth - Media Department - OMD, Chicago, IL, pg. 500

Pedersen, Kody - Media Department - LOCATION3 MEDIA, Denver, CO, pg. 246

Pederson, Amanda - Interactive / Digital, Media Department - HAWORTH MARKETING & MEDIA, Minneapolis, MN, pg. 470

Peebles Rimkus, Ann - Media Department - THE POINT GROUP, Dallas, TX, pg. 152

Peet, Steve - Media Department - 54 BRANDS, Charlotte, NC, pg. 321

Pehl-Matthews, Emily - Media Department - EICOFF, Chicago, IL, pg. 282

Pehlman, Derek - Interactive / Digital, Media Department - CROSSMEDIA, Philadelphia, PA, pg. 463

Peirce, Terri - Media Department - SIMONS / MICHELSON / ZIEVE, INC., Troy, MI, pg. 142

Peiser, Joe - Media Department - PHD, San Francisco, CA, pg. 504

Peleuses, Tucker - Account Planner, Management, Media Department - VERITONE ONE, San Diego, CA, pg. 525

Pelham, Hailey - Media Department - THE RICHARDS GROUP, INC., Dallas, TX, pg. 422

Pellegrini, Charlotte - Media Department - MINDSHARE, Chicago, IL, pg. 494

Pelletier, Sarah - Interactive / Digital, Media Department - MEDIAHUB BOSTON, Boston, MA, pg. 489

Pelley, Stephanie - Interactive / Digital, Media Department - TRAMPOLINE, Halifax, NS, pg. 20

Pellicano, Vittoria - Interactive / Digital, Media Department - MINDSHARE, New York, NY, pg. 491

Pelta, Emily - Interactive / Digital, Media Department - MEDIA ASSEMBLY, Century City, CA, pg. 484

Peltekian, Lisa - Analytics, Media Department - STARCOM WORLDWIDE, Chicago, IL, pg. 513

Pembleton, Gloria - Media Department - GELIA WELLS & MOHR, Williamsville, NY, pg. 362

Pence, Steven - Media Department -

THE INTEGER GROUP - DALLAS, Dallas, TX, pg. 570

Penn, Victoria - Media Department - BEBER SILVERSTEIN GROUP, Miami, FL, pg. 38

Penn, Timothy - Media Department - OMD, New York, NY, pg. 498

Penn, Vicki - Media Department - PANTIN / BEBER SILVERSTEIN PUBLIC RELATIONS, Miami, FL, pg. 544

Pennell, Lisa - Interactive / Digital, Media Department - MGH ADVERTISING, Owings Mills, MD, pg. 387

Pennington, Emily - Media Department - MBUY, Chicago, IL, pg. 484

Penny, Emilie - Account Services, Media Department - CMI MEDIA, LLC, King of Prussia, PA, pg. 342

Pensabene, James - Management, Media Department - ZENITH MEDIA, New York, NY, pg. 529

Pentecost, Swayze - Media Department - THE RAMEY AGENCY, Jackson, MS, pg. 422

Penuela, Tania - Interactive / Digital, Media Department - INITIATIVE, Los Angeles, CA, pg. 478

Pepito, Tammy - Interactive / Digital, Media Department, Social Media - PUBLICIS.SAPIENT, Chicago, IL, pg. 259

Peralta, Huascar - Analytics, Media Department, Operations, Research - UNIVERSAL MCCANN DETROIT, Birmingham, MI, pg. 524

Percy-Dove, Anna - Media Department, NBC - FCB/SIX, Toronto, ON, pg. 358

Pereira, Santiago - Account Services, Media Department - MARKETLOGIC, Miami, FL, pg. 383

Peretz, Rebecca - Media Department - HEALIXGLOBAL, New York, NY, pg. 471

Perez, Katrina - Media Department - INITIATIVE, Los Angeles, CA, pg. 478

Perez, Michael - Media Department - MARKHAM & STEIN, Miami, FL, pg. 105

Perez, Samantha - Account Services, Media Department - UNIVERSAL MCCANN, New York, NY, pg. 521

Perez, Bridget - Account Services, Media Department - PHINNEY / BISCHOFF DESIGN HOUSE, Seattle, WA, pg. 194

Perez, Delia - Media Department - THE SEARCH AGENCY, Glendale, CA, pg. 677

Perez, Danielle - Media Department - R\WEST, Portland, OR, pg. 136

Perez, Jennifer - Media Department - AMBASSADOR ADVERTISING, Irvine, CA, pg. 324

Perhach, Mary - Account Services, Management, Media Department - SWELLSHARK, New York, NY, pg. 518

Perk, Leslie - Interactive / Digital, Media Department, PPM - CRITICAL MASS, INC., Chicago, IL, pg. 223

Perkal, Mitch - Interactive / Digital, Media Department - RISE INTERACTIVE, Chicago, IL, pg. 264

Perl, Stacey - Media Department - BLUE CHIP MARKETING & COMMUNICATIONS, Northbrook, IL, pg. 334

Permuy, Gillian - Account Services, Media Department - 22SQUARED INC., Tampa, FL, pg. 319

Perreira, Ben - Account Services, Media Department, Operations - CNX, New York, NY, pg. 51

Perrine, Ann - Media Department, PPOM - THE ATKINS GROUP, San Antonio, TX, pg. 148

Perrone, Marissa - Management, Media Department - UNIVERSAL MCCANN, New York, NY, pg. 521

Persaud, Ryan - Account Planner, Media Department, NBC - CARAT, New York, NY, pg. 459

Perseke, Brad - Media Department, PPOM - GMMB, Washington, DC, pg. 364

Persson, Kris - Media Department - OMD ENTERTAINMENT, Burbank, CA, pg. 501

Pertuz, Kelley - Interactive / Digital, Media Department, Social Media - HORIZON MEDIA, INC., New York, NY, pg. 474

Perushek, Ethan - Media Department - MONO, Minneapolis, MN, pg. 117

Pessaro, Phillip - Creative, Management, Media Department - MRY, New York, NY, pg. 252

Pestun, Natalie - Media Department - CAGE POINT, New York, NY, pg. 457

Peterman, Jeff - Media Department - JEKYLL AND HYDE, Redford, MI, pg. 92

Peterman, Elizabeth - Account Services, Media Department - 360I, LLC, Chicago, IL, pg. 208

Peterman, Elizabeth - Media Department - 360I, LLC, New York, NY, pg. 320

Petermann, Claire - Media Department - MATRIX MEDIA SERVICES, Columbus, OH, pg. 554

Peters, James - Account Planner, Media Department - KETCHUM SOUTH, Dallas, TX, pg. 620

Peters, Erin - Media Department - KELLY, SCOTT & MADISON, INC., Chicago, IL, pg. 482

Peters, Erica - Interactive / Digital, Media Department, NBC - HEARTS & SCIENCE, New York, NY, pg. 471

Peters, Heather - Media Department - SPARK FOUNDRY, Chicago, IL, pg. 510

Peters, Briana - Account Services, Media Department - OMD ENTERTAINMENT, Burbank, CA, pg. 501

Peters, Brett - Media Department - GTB, Dallas, TX, pg. 80

Peters, Tammy - Media Department, Public Relations - BALLANTINES PUBLIC RELATIONS, West Hollywood, CA, pg. 580

Petersen, Brian - Analytics, Media

RESPONSIBILITIES INDEX — AGENCIES

Department, NBC - ANNALECT GROUP, New York, NY, *pg.* 213
Petersen, Kathleen - Interactive / Digital, Media Department - NINA HALE CONSULTING, Minneapolis, MN, *pg.* 675
Petersen, William - Interactive / Digital, Media Department, Social Media - CASHMERE AGENCY, Los Angeles, CA, *pg.* 48
Petersen, Amy - Media Department - SAATCHI & SAATCHI LOS ANGELES, Torrance, CA, *pg.* 137
Peterson, Roger - Account Services, Media Department - HEINZEROTH MARKETING GROUP, Rockford, IL, *pg.* 84
Peterson, Carl - Interactive / Digital, Media Department - PETERSON RAY & COMPANY, Dallas, TX, *pg.* 127
Peterson, Annaliese - Account Services, Interactive / Digital, Media Department - CARAT, Detroit, MI, *pg.* 461
Peterson, Kelley - Interactive / Digital, Media Department - SPARK FOUNDRY, New York, NY, *pg.* 508
Peterson, Christine - Interactive / Digital, Media Department, PPOM - MINDSHARE, New York, NY, *pg.* 491
Peterson, Anna - Media Department - COLLE MCVOY, Minneapolis, MN, *pg.* 343
Petrillo, Jake - Interactive / Digital, Media Department - SPARK FOUNDRY, Chicago, IL, *pg.* 510
Pettenati, Olivia - Account Planner, Media Department - MEDIAHUB BOSTON, Boston, MA, *pg.* 489
Pettinelli, Christian - Media Department - CMI MEDIA, LLC, King of Prussia, PA, *pg.* 342
Petty, John - Interactive / Digital, Media Department, NBC, Social Media - WIEDEN + KENNEDY, New York, NY, *pg.* 432
Pezone, Kimberly - Account Services, Interactive / Digital, Media Department, NBC - DIGITAS, Boston, MA, *pg.* 226
Pfeiffer, Margaret - Media Department - 22SQUARED INC., Tampa, FL, *pg.* 319
Pfeil, Tom - Analytics, Media Department - STARCOM WORLDWIDE, Chicago, IL, *pg.* 513
Pflederer, Erika - Account Services, Interactive / Digital, Management, Media Department, PPM, PPOM - FCB CHICAGO, Chicago, IL, *pg.* 71
Phalod, Priyanka - Interactive / Digital, Media Department, Promotions - ICROSSING, New York, NY, *pg.* 240
Pham, Thuy - Account Planner, Account Services, Interactive / Digital, Media Department - INITIATIVE, New York, NY, *pg.* 477
Pham, Paul Cuong - Management, Media Department - STARCOM WORLDWIDE, Chicago, IL, *pg.* 513

Phelan, Michael - Media Department, NBC - DMA UNITED, New York, NY, *pg.* 63
Phelps, Elizabeth - Account Planner, Account Services, Media Department - PP+K, Tampa, FL, *pg.* 129
Phelps, Christina - Interactive / Digital, Media Department - SPARK FOUNDRY, Chicago, IL, *pg.* 510
Philbin, Andrea - Media Department - CROSSMEDIA, New York, NY, *pg.* 463
Philips, Allison - Creative, Media Department - IGOE CREATIVE, Greenville, NC, *pg.* 373
Phillipi, Kristin - Media Department - MINDSHARE, Playa Vista, CA, *pg.* 495
Phillips, Nick - Media Department - MOXIE, Atlanta, GA, *pg.* 251
Phillips, Jodi - Account Services, Interactive / Digital, Management, Media Department, NBC, Research, Social Media - MOXIE, Atlanta, GA, *pg.* 251
Phillips, Lindsey - Interactive / Digital, Media Department, PPOM - ZENITH MEDIA, Atlanta, GA, *pg.* 531
Phipps, Josh - Media Department - THE RICHARDS GROUP, INC., Dallas, TX, *pg.* 422
Phipps, Will - Account Services, Media Department - ALLEN & GERRITSEN, Boston, MA, *pg.* 29
Pho, Amy - Media Department - OCEAN MEDIA, INC., Huntington Beach, CA, *pg.* 498
Phua, Melody - Interactive / Digital, Media Department - PHD CHICAGO, Chicago, IL, *pg.* 504
Piacente, Franca - Media Department, PPM - LEO BURNETT TORONTO, Toronto, ON, *pg.* 97
Piazza, Monica - Account Planner, Media Department - 22SQUARED INC., Tampa, FL, *pg.* 319
Pickens, Judy - Media Department - SWANSON RUSSELL, Omaha, NE, *pg.* 415
Pickens, Ashley - Account Services, Interactive / Digital, Media Department - INITIATIVE, New York, NY, *pg.* 477
Pico, Josh - Media Department - DIRECTAVENUE, INC., Carlsbad, CA, *pg.* 282
Pidliskey, Dana - Analytics, Media Department - ZENITH MEDIA, New York, NY, *pg.* 529
Piecora, Candice - Media Department - HEALIXGLOBAL, New York, NY, *pg.* 471
Piedra, Sandy - Media Department - KINER COMMUNICATIONS, Palm Desert, CA, *pg.* 95
Pieper, Kyle - Interactive / Digital, Media Department - GSD&M, Austin, TX, *pg.* 79
Pieper, Jordan - Media Department, PPM - HAWORTH MARKETING & MEDIA, Minneapolis, MN, *pg.* 470
Pierce, Michael - Creative, Interactive / Digital, Media Department, PPOM - ODNEY ADVERTISING AGENCY, Bismarck, ND,

pg. 392
Pierce, Adam - Media Department - CARAT, Detroit, MI, *pg.* 461
Pierce, Will - Media Department - CASANOVA//MCCANN, Costa Mesa, CA, *pg.* 538
Pierce, Brook - Creative, Media Department - SCORR MARKETING, Kearney, NE, *pg.* 409
Pierpont, David - Media Department, Social Media - ANSIRA, Dallas, TX, *pg.* 1
Pierrard, Sabrina - Human Resources, Media Department - SPARK FOUNDRY, Chicago, IL, *pg.* 510
Pierre, Michael - Account Planner, Interactive / Digital, Management, Media Department - BEACON MEDIA, Mahwah, NJ, *pg.* 216
Pierscieniewski, Alexis - Interactive / Digital, Media Department - GEOMETRY, Akron, OH, *pg.* 362
Piester, John - Management, Media Department, PPOM - REDPEG MARKETING, Alexandria, VA, *pg.* 692
Pietila, Christie - Media Department - WAVEMAKER, New York, NY, *pg.* 526
Piggott, Dave - Media Department - SPARK FOUNDRY, Seattle, WA, *pg.* 512
Pigrom, Selena - Media Department - TBC, Baltimore, MD, *pg.* 416
Pike, Michelle - Account Services, Interactive / Digital, Media Department - JEKYLL AND HYDE, Redford, MI, *pg.* 92
Pilitsis, Georgena - Media Department - PHD USA, New York, NY, *pg.* 505
Pinckney, Lesley - Interactive / Digital, Media Department, Research - GMR MARKETING CHICAGO, Chicago, IL, *pg.* 307
Pine, Sarah - Account Planner, Interactive / Digital, Media Department, Social Media - GLOW, New York, NY, *pg.* 237
Pineda, Yael - Account Services, Interactive / Digital, Management, Media Department - UNIVERSAL MCCANN, New York, NY, *pg.* 521
Pineiro, Christine - Account Planner, Management, Media Department - CARAT, New York, NY, *pg.* 459
Pinero, Nelson - Interactive / Digital, Media Department, PPOM - GROUPM, New York, NY, *pg.* 466
Pinho, Alessandra - Account Services, Media Department - PUBLICIS NORTH AMERICA, New York, NY, *pg.* 399
Pinilla, Julian - Account Services, Media Department - WEBER SHANDWICK, New York, NY, *pg.* 660
Pinkerton, Caleb - Account Services, Interactive / Digital, Media Department, NBC - KSM SOUTH, Austin, TX, *pg.* 482
Pinkston, Roberta - Media Department - STAMP IDEAS GROUP, LLC, Montgomery, AL, *pg.* 144
Pinkus, Gregory - Account Services,

AGENCIES — RESPONSIBILITIES INDEX

Media Department - PUBLICIS NORTH AMERICA, New York, NY, *pg.* 399

Pino, Clara - Interactive / Digital, Media Department, Social Media - MAROON PR, Columbia, MD, *pg.* 625

Pino, Jennifer - Media Department - RISE INTERACTIVE, Chicago, IL, *pg.* 264

Pins, Brianne - Media Department, Public Relations, Social Media - CASHMERE AGENCY, Los Angeles, CA, *pg.* 48

Pinto, Marla - Media Department, PPOM - RDW GROUP, Providence, RI, *pg.* 403

Pinto, Nick - Media Department - BACKBONE MEDIA, Carbondale, CO, *pg.* 579

Pinzon, Vanessa - Media Department - CASANOVA//MCCANN, Costa Mesa, CA, *pg.* 538

Pinzon, Sebastian - Interactive / Digital, Media Department, NBC - STARCOM WORLDWIDE, New York, NY, *pg.* 517

Pipkin, Patricia - Media Department, PPOM - DCA / DCPR, Jackson, TN, *pg.* 58

Pipkin, Kia - Media Department - PMG, Fort Worth, TX, *pg.* 257

Pipkins, Connor - Interactive / Digital, Media Department - LEWIS COMMUNICATIONS, Mobile, AL, *pg.* 100

Pirkovic, Saso - Interactive / Digital, Media Department - INITIATIVE, New York, NY, *pg.* 477

Pirog, Tom - Media Department - BILLUPS, INC, New York, NY, *pg.* 550

Piscopo, Gerald - Account Services, Media Department - SPARK FOUNDRY, Chicago, IL, *pg.* 510

Pitcher, Justin - Media Department, NBC - VENABLES BELL & PARTNERS, San Francisco, CA, *pg.* 158

Pitt, Andeen - Media Department, NBC, PPOM - WASSERMAN & PARTNERS ADVERTISING, INC., Vancouver, BC, *pg.* 429

Pittman, Jessica - Interactive / Digital, Media Department, Social Media - IPROSPECT, Fort Worth, TX, *pg.* 674

Pitts, Jessica - Media Department - INTERSECT MEDIA SOLUTIONS, Lake Mary, FL, *pg.* 480

Pizzimenti, Katie - Media Department - MEDIA ASSEMBLY, Southfield, MI, *pg.* 385

Pizzitola, Megan - Account Planner, Account Services, Media Department - PHD USA, New York, NY, *pg.* 505

Pizzulli, Donatella - Media Department - MINDSHARE, Chicago, IL, *pg.* 494

Placona, Lindsay - Interactive / Digital, Management, Media Department - INITIATIVE, New York, NY, *pg.* 477

Plaisance, Anna - Interactive / Digital, Media Department, Social Media - PETERMAYER, New Orleans, LA, *pg.* 127

Platt, Linda - Management, Media Department - MEDIA ASSEMBLY, New York, NY, *pg.* 484

Platt, Hallie - Account Planner, Management, Media Department - SPARK FOUNDRY, New York, NY, *pg.* 508

Plaut, Daniel - Account Services, Media Department - BLUE 449, New York, NY, *pg.* 455

Pliego, Jacqueline - Media Department - RPA, Santa Monica, CA, *pg.* 134

Plumb, Laura - Interactive / Digital, Media Department - LESSING-FLYNN ADVERTISING CO., Des Moines, IA, *pg.* 99

Plunkett, Oliver - Interactive / Digital, Media Department - DEUTSCH, INC., New York, NY, *pg.* 349

Plunkett, Nicole - Account Planner, Interactive / Digital, Media Department - LOVE ADVERTISING, Houston, TX, *pg.* 101

Pober, Russell - Media Department - POSTERSCOPE U.S.A., New York, NY, *pg.* 556

Pocci, Mike - Media Department - HITCHCOCK FLEMING & ASSOCIATES, INC., Akron, OH, *pg.* 86

Pocock, Amari - Account Planner, Management, Media Department - ESSENCE, New York, NY, *pg.* 232

Poe, Brian - Media Department - MEDIASSOCIATES, INC., Sandy Hook, CT, *pg.* 490

Poer, Brent - Account Planner, Account Services, Creative, Interactive / Digital, Management, Media Department, NBC, PPOM - ZENITH MEDIA, New York, NY, *pg.* 529

Poerio, Michael - Interactive / Digital, Media Department - RED FUSE COMMUNICATIONS, New York, NY, *pg.* 404

Pogue, Lauren - Interactive / Digital, Media Department, Social Media - UNIVERSAL MCCANN DETROIT, Birmingham, MI, *pg.* 524

Poh, Kathryn - Interactive / Digital, Media Department, Social Media - PHD, San Francisco, CA, *pg.* 504

Poh, Jim - Media Department, NBC - INTERMARK GROUP, INC., Birmingham, AL, *pg.* 375

Pohlman, Andrea - Media Department - STARCOM WORLDWIDE, Chicago, IL, *pg.* 513

Pohorylo, Alison - Account Services, Media Department - MEDIACOM, New York, NY, *pg.* 487

Polanco, Louis - Media Department - VAYNERMEDIA, New York, NY, *pg.* 689

Policastro, Cheryl - Management, Media Department - TPN, New York, NY, *pg.* 571

Polich, Sarah - Interactive / Digital, Media Department, PPM - ZENITH MEDIA, New York, NY, *pg.* 529

Polin, Marisa - Media Department - CROSSMEDIA, Los Angeles, CA, *pg.* 463

Pollack, Jessie - Interactive / Digital, Media Department, NBC - HORIZON MEDIA, INC., New York, NY, *pg.* 474

Pollard, Megan - Media Department - STARCOM WORLDWIDE, Chicago, IL, *pg.* 513

Pollard, Jennifer - Media Department - VERITONE ONE, San Diego, CA, *pg.* 525

Pollock, Louise - Media Department, PPOM - POLLOCK COMMUNICATIONS, INC., New York, NY, *pg.* 637

Pollock, Kevin - Media Department - ASHLEY ADVERTISING AGENCY, Eagleville, PA, *pg.* 34

Poluch, Julia - Media Department - RAIN, Westchester, PA, *pg.* 402

Pomaro, Greg - Media Department - MEDIASMITH, INC., San Francisco, CA, *pg.* 490

Pomerance, Alison - Interactive / Digital, Media Department - OMD, Chicago, IL, *pg.* 500

Pomerantz, Amanda - Interactive / Digital, Media Department - ZENITH MEDIA, New York, NY, *pg.* 529

Pond, Cayla - Account Planner, Media Department, NBC - CARAT, New York, NY, *pg.* 459

Pons, Gianpaulo - Account Planner, Media Department - GIANT SPOON, LLC, New York, NY, *pg.* 363

Pontillo, Maria - Account Services, Media Department - ACCENTURE INTERACTIVE, Chicago, IL, *pg.* 209

Poolat, Joshua - Interactive / Digital, Media Department - HEALIXGLOBAL, New York, NY, *pg.* 471

Poon, Ashley - Account Planner, Media Department - ESSENCE, New York, NY, *pg.* 232

Pop, Emma - Analytics, Management, Media Department, Research - STARCOM WORLDWIDE, Chicago, IL, *pg.* 513

Popa, Isabella - Media Department - HORIZON MEDIA, INC., New York, NY, *pg.* 474

Pope, Chris - Interactive / Digital, Media Department - HAWORTH MARKETING & MEDIA, Minneapolis, MN, *pg.* 470

Popkin, Bryan - Account Planner, Interactive / Digital, Media Department - ICROSSING, New York, NY, *pg.* 240

Poplawski, Lauren - Media Department - MINDSHARE, New York, NY, *pg.* 491

Porcelli, Julia - Interactive / Digital, Media Department, Social Media - PHD USA, New York, NY, *pg.* 505

Porciello, Tori - Media Department - WAVEMAKER, New York, NY, *pg.* 526

Porell, Jeff - Account Services, Interactive / Digital, Media Department - GROUNDTRUTH.COM, New York, NY, *pg.* 534

Porolniczak, Theresa - Media Department - STARCOM WORLDWIDE, Detroit, MI, *pg.* 517

Porrello, Brianna - Account

RESPONSIBILITIES INDEX

AGENCIES

Planner, Media Department - TEAM ONE, Dallas, TX, *pg.* 418
Portela, Carolina - Interactive / Digital, Media Department - UNIVERSAL MCCANN, New York, NY, *pg.* 521
Portella, Chris - Account Services, Management, Media Department - UNIVERSAL MCCANN, San Francisco, CA, *pg.* 428
Porter, Harry - Media Department, PPOM - T1 MEDIA, LCC, Weston, MA, *pg.* 518
Porter, Martin - Account Services, Management, Media Department, NBC - POSTERSCOPE U.S.A., New York, NY, *pg.* 556
Porter, Katie - Account Planner, Account Services, Media Department - HEARTS & SCIENCE, New York, NY, *pg.* 471
Porter, Megan - Interactive / Digital, Media Department - ENVISIONIT MEDIA, INC., Chicago, IL, *pg.* 231
Posen, Michelle - Interactive / Digital, Media Department - HORIZON MEDIA, INC., New York, NY, *pg.* 474
Posey, Kathy - Media Department - FALLS COMMUNICATIONS, Cleveland, OH, *pg.* 357
Pospesel, Allison - Media Department - OMD, Chicago, IL, *pg.* 500
Pospichel, Mason - Media Department - OMD, Chicago, IL, *pg.* 500
Pospisil, Mike - Finance, Media Department - ALLSCOPE MEDIA, New York, NY, *pg.* 454
Poss, Christine - Media Department - THE BUNTIN GROUP, Nashville, TN, *pg.* 148
Post, Jessica - Account Planner, Management, Media Department, Programmatic - VMLY&R, New York, NY, *pg.* 160
Post, Joseph - Media Department - CMI MEDIA, LLC, King of Prussia, PA, *pg.* 342
Postal, Carly - Media Department - ZENITH MEDIA, New York, NY, *pg.* 529
Potosyan, Sona - Account Planner, Media Department - J3, New York, NY, *pg.* 480
Potter, Trina - Media Department - SPARK FOUNDRY, Chicago, IL, *pg.* 510
Potter, Christine - Management, Media Department - J3, New York, NY, *pg.* 480
Potter, Kevin - Media Department, NBC - CARAT, New York, NY, *pg.* 459
Potts, John - Media Department - THE RICHARDS GROUP, INC., Dallas, TX, *pg.* 422
Potts, Kelly - Media Department - OMD WEST, Los Angeles, CA, *pg.* 502
Pounders, Jayme - Media Department - NOBLE PEOPLE, New York, NY, *pg.* 120
Powell, Matt - Media Department, PPOM - MOROCH PARTNERS, Dallas, TX, *pg.* 389
Powell, Suzanne - Media Department - DIRECTAVENUE, INC., Carlsbad, CA, *pg.* 282

Powell, Brandon - Interactive / Digital, Media Department - HANSON DODGE, INC., Milwaukee, WI, *pg.* 185
Power, Davin - Interactive / Digital, Management, Media Department, PPOM - GRAVITY.LABS, Chicago, IL, *pg.* 365
Power, Colin - Interactive / Digital, Media Department - M5 MARKETING COMMUNICATIONS, Saint John's, NL, *pg.* 102
Powers, Laura - Account Planner, Media Department - MINDSHARE, New York, NY, *pg.* 491
Powers, Robert - Finance, Media Department, PPOM - EPSILON, Wilton, CT, *pg.* 282
Powers, Alexandra - Media Department - DIGITAS, San Francisco, CA, *pg.* 227
Powers, Carolyn - Media Department - RAIN, Westchester, PA, *pg.* 402
Powl, Andrew - Interactive / Digital, Media Department, Programmatic - OMD, New York, NY, *pg.* 498
Pozucek, Scott - Media Department, NBC, Operations - MEDIAWORX, Shelton, CT, *pg.* 490
Pozzobon, Omar - Account Planner, Media Department - WAVEMAKER, Toronto, ON, *pg.* 529
Prada, Natasha - Interactive / Digital, Media Department - STARCOM WORLDWIDE, New York, NY, *pg.* 517
Prann, Lucie - Account Planner, Media Department - THE RICHARDS GROUP, INC., Dallas, TX, *pg.* 422
Prashad, Bhavin - Interactive / Digital, Media Department - DAC GROUP, Toronto, ON, *pg.* 224
Pratt, Holly - Media Department - STRATEGIC AMERICA, West Des Moines, IA, *pg.* 414
Pratt, Steve - Account Services, Media Department - BRENER ZWIKEL & ASSOCIATES, Reseda, CA, *pg.* 586
Pratt, Austin - Media Department - BARKLEY, Kansas City, MO, *pg.* 329
Pratt, Caroline - Account Planner, Account Services, Media Department - HEARTS & SCIENCE, New York, NY, *pg.* 471
Pray, Jeffrey - Interactive / Digital, Media Department - STARCOM WORLDWIDE, North Hollywood, CA, *pg.* 516
Preate, Allison - Interactive / Digital, Media Department, PPOM - HEARTS & SCIENCE, New York, NY, *pg.* 471
Prendergast, Anna - Account Planner, Management, Media Department - INITIATIVE, Los Angeles, CA, *pg.* 478
Prentis, Kate - Account Planner, Media Department, NBC - SPARK FOUNDRY, New York, NY, *pg.* 508
Presnail, Kimberly - Account Services, Media Department - ACTIVE INTERNATIONAL, Pearl River, NY, *pg.* 439
Press, Courtney - Media Department,

PPM - GROUPM, New York, NY, *pg.* 466
Presseau, Erin - Interactive / Digital, Media Department - SILVER TECHNOLOGIES, INC., Manchester, NH, *pg.* 141
Preston, Claudia - Media Department - THE COMMUNITY, Miami Beach, FL, *pg.* 545
Pretto, Alexandra - Account Services, Interactive / Digital, Media Department - YESLER, Seattle, WA, *pg.* 436
Prevo, Jake - Media Department - CROSSMEDIA, New York, NY, *pg.* 463
Prevost, Emily - Account Services, Interactive / Digital, Media Department - XENOPSI, New York, NY, *pg.* 164
Prewett, Janice - Media Department, NBC - THE RICHARDS GROUP, INC., Dallas, TX, *pg.* 422
Preziosa, Gina - Interactive / Digital, Media Department - THE BOSTON GROUP, Boston, MA, *pg.* 418
Prial, Sue - Media Department - DOM CAMERA & COMPANY, LLC, New York, NY, *pg.* 464
Price, Ann - Media Department, NBC - OMD, New York, NY, *pg.* 498
Price, Mary - Management, Media Department, NBC, PPOM - THE RICHARDS GROUP, INC., Dallas, TX, *pg.* 422
Price, Darcey - Media Department - CAPPELLI MILES, Lake Oswego, OR, *pg.* 47
Price, April - Media Department - OCEAN MEDIA, INC., Huntington Beach, CA, *pg.* 498
Price, Tony - Media Department, Operations - BRILLMEDIA.CO, Los Angeles, CA, *pg.* 43
Price, Kirsten - Media Department, Programmatic - WAVEMAKER, Los Angeles, CA, *pg.* 528
Priest, Amanda - Media Department, PPM - ALEXANDER ADVERTISING, INC., Birmingham, AL, *pg.* 324
Priester, Sherri - Media Department - OTTO DESIGN & MARKETING, Norfolk, VA, *pg.* 124
Prieto, Amy - Media Department - THIRD EAR, Austin, TX, *pg.* 546
Prince, Sarah - Media Department - GRADY BRITTON ADVERTISING, Portland, OR, *pg.* 78
Prince, Sarah - Interactive / Digital, Media Department - PHD USA, New York, NY, *pg.* 505
Pring, Evan - Interactive / Digital, Media Department - J3, New York, NY, *pg.* 480
Prinzivalli, Mike - Account Services, Interactive / Digital, Media Department - HEARTS & SCIENCE, New York, NY, *pg.* 471
Prior, Audrey - Media Department - THE FOOD GROUP, Tampa, FL, *pg.* 419
Prior, Karin - Account Planner, Media Department, PPOM - WAVEMAKER, New York, NY, *pg.* 526
Proctor, Crevante - Account Services, Media Department - THE NARRATIVE GROUP, Los Angeles, CA,

1670

AGENCIES

RESPONSIBILITIES INDEX

pg. 654
Pron, Regina - Media Department - CACTUS MARKETING COMMUNICATIONS, Denver, CO, pg. 339
Proulx, Mike - Interactive / Digital, Media Department - TRILIA, Boston, MA, pg. 521
Prouty, Courtney - Account Services, Media Department - M3 AGENCY, Augusta, GA, pg. 102
Prudhomme, Terence - Media Department - WAVEMAKER, New York, NY, pg. 526
Pruginic, Srdjana - Media Department - WAVEMAKER, Toronto, ON, pg. 529
Prysock, Maria - Account Services, Interactive / Digital, Media Department, Public Relations, Social Media - CRAMER-KRASSELT, Chicago, IL, pg. 53
Przybylinski, Shoshana - Interactive / Digital, Media Department - PGR MEDIA, Boston, MA, pg. 504
Psaty, Kyle - Media Department - BRAND NETWORKS, INC., Boston, MA, pg. 219
Puetz, Emily - Interactive / Digital, Media Department - HAWORTH MARKETING & MEDIA, Minneapolis, MN, pg. 470
Pugh, Jason - Account Planner, Media Department, NBC - BLUE 449, Dallas, TX, pg. 456
Pugliano, Monica - Interactive / Digital, Media Department - INNOCEAN USA, Huntington Beach, CA, pg. 479
Pugliese, GianMarco - Media Department - ZENITH MEDIA, New York, NY, pg. 529
Puglisi, Chelsey - Account Planner, Account Services, Media Department - MEDIAHUB BOSTON, Boston, MA, pg. 489
Pugongan, Geraldine - Account Planner, Media Department, PPOM - MINDSHARE, Playa Vista, CA, pg. 495
Puleo, Lucas - Interactive / Digital, Media Department - UNIVERSAL MCCANN, New York, NY, pg. 521
Pullaro, Jenna - Media Department - LANDERS & PARTNERS, Clearwater, FL, pg. 379
Pulman, Alecia - Media Department, Public Relations - ICR, New York, NY, pg. 615
Pulver, Trevor - Media Department - THE RICHARDS GROUP, INC., Dallas, TX, pg. 422
Puma, Frank - Interactive / Digital, Management, Media Department, PPOM - MINDSHARE, New York, NY, pg. 491
Punwani, Nick - Interactive / Digital, Media Department - MINDSHARE, New York, NY, pg. 491
Pupshis, Jennifer - Account Services, Media Department - MEDIA WORKS, LTD., Baltimore, MD, pg. 486
Purcaro, Nicholas - Interactive / Digital, Media Department - NEO

MEDIA WORLD, New York, NY, pg. 496
Purcell, Karen - Media Department, Operations - SHERRY MATTHEWS ADVOCACY MARKETING, Austin, TX, pg. 140
Purcell, Elaine - Account Planner, Account Services, Media Department - HAVAS NEW YORK, New York, NY, pg. 369
Purdy, Maclaine - Interactive / Digital, Media Department - STARCOM WORLDWIDE, Chicago, IL, pg. 513
Purtell, Gerry - Account Planner, Account Services, Media Department, NBC - TRADE X PARTNERS, New York, NY, pg. 156
Puzak, Candice - Media Department - BRUNNER, Atlanta, GA, pg. 44
Pyle, Kip - Media Department, PPM - FKQ ADVERTISING, INC., Clearwater, FL, pg. 359
Pyles, Lisa - Interactive / Digital, Management, Media Department - HORIZON MEDIA, INC., New York, NY, pg. 474
Pytko, Steve - Media Department, PPM - SAATCHI & SAATCHI WELLNESS, New York, NY, pg. 137
Qualls, Lee Ann - Media Department - ALOYSIUS BUTLER & CLARK, Wilmington, DE, pg. 30
Queamante, David - Media Department, NBC - UNIVERSAL MCCANN DETROIT, Birmingham, MI, pg. 524
Queiroz, Rodolfo - Account Planner, Media Department - DASH TWO, Culver City, CA, pg. 551
Quentzel, Evan - Media Department, Programmatic - SPARK FOUNDRY, Chicago, IL, pg. 510
Quenville, Jennifer - Account Planner, Account Services, Management, Media Department - THE MARS AGENCY, Southfield, MI, pg. 683
Quiambao, Ellaine C. - Media Department, PPM - THE NOW GROUP, Vancouver, BC, pg. 422
Quiat, Danielle - Management, Media Department, NBC - OMD WEST, Los Angeles, CA, pg. 502
Quigley, Brett - Media Department - HARMELIN MEDIA, Bala Cynwyd, PA, pg. 467
Quinlan, Rachel - Media Department - FALLON WORLDWIDE, Minneapolis, MN, pg. 70
Quinley, Michelle - Media Department - UNIVERSAL MCCANN DETROIT, Birmingham, MI, pg. 524
Quinn, Alene - Media Department - STARCOM WORLDWIDE, Chicago, IL, pg. 513
Quinn, Michele - Media Department - THE TOMBRAS GROUP, Knoxville, TN, pg. 424
Quinn, Shannon - Media Department - YOUNG & LARAMORE, Indianapolis, IN, pg. 164
Quinn, Maura - Media Department - OGILVY, Chicago, IL, pg. 393
Quinn, Haley - Media Department - CMI MEDIA, LLC, King of Prussia, PA, pg. 342

Quinn, Ann - Interactive / Digital, Media Department - PUBLICIS NORTH AMERICA, New York, NY, pg. 399
Quinn, Elizabeth - Media Department - SPARK FOUNDRY, Chicago, IL, pg. 510
Quinn, Alene - Media Department - STARCOM WORLDWIDE, New York, NY, pg. 517
Quinn, Sean - Media Department - AMP AGENCY, Boston, MA, pg. 297
Quintana, Erin - Account Services, Management, Media Department, PPOM - J3, New York, NY, pg. 480
Quintana, Shannon - Media Department - VERITONE ONE, San Diego, CA, pg. 525
Quirk, Meredith - Media Department, Social Media - HAVAS MEDIA GROUP, Boston, MA, pg. 470
Quisenberry, Lisa - Media Department - LEWIS MEDIA PARTNERS, Richmond, VA, pg. 482
Quisenberry, Morgan - Media Department - STARCOM WORLDWIDE, North Hollywood, CA, pg. 516
Qureshi, Samina - Interactive / Digital, Media Department - E&M MEDIA GROUP, Jericho, NY, pg. 282
Raab, Mollie - Media Department - STARCOM WORLDWIDE, Chicago, IL, pg. 513
Rabe, Lauren - Media Department - ZENITH MEDIA, Chicago, IL, pg. 531
Rabi, Tamara - Account Services, Media Department - INITIATIVE, New York, NY, pg. 477
Rabia, Sarah - Media Department - TBWA \ CHIAT \ DAY, Los Angeles, CA, pg. 146
Rabideau, Gregory - Media Department - SPARK FOUNDRY, New York, NY, pg. 508
Rabiee, Shaydah - Media Department - BIG COMMUNICATIONS, INC., Birmingham, AL, pg. 39
Raboy, Doug - Account Services, Interactive / Digital, Media Department, PPOM - PEOPLE IDEAS & CULTURE, Brooklyn, NY, pg. 194
Racioppo, Toni - Media Department - XENOPSI, New York, NY, pg. 164
Raciti, Dario - Creative, Interactive / Digital, Media Department - OMD, New York, NY, pg. 498
Raciti, Dario - Interactive / Digital, Media Department - OMD WEST, Los Angeles, CA, pg. 502
Raddish, Colleen - Account Services, Media Department - INFERNO, LLC, Memphis, TN, pg. 374
Raddock, Stephanie - Interactive / Digital, Media Department, Social Media - T3, Austin, TX, pg. 268
Radich, Chris - Interactive / Digital, Media Department - THE SEARCH AGENCY, Glendale, CA, pg. 677
Radico, Justin - Media Department - BLUE 449, New York, NY, pg. 455
Radomsky, Janice - Account Services, Management, Media Department - BARBARIAN, New York,

1671

RESPONSIBILITIES INDEX — AGENCIES

NY, pg. 215

Radosavlyev, Rhonda - Media Department - SIMANTEL GROUP, Peoria, IL, pg. 142

Radzinski, Jeff - Interactive / Digital, Media Department - HARRISON MEDIA, Harrison Township, MI, pg. 468

Rafalski, Jessica - Media Department - STARCOM WORLDWIDE, Chicago, IL, pg. 513

Raffanello, Michele - Media Department - CATALYST MARKETING COMPANY, Fresno, CA, pg. 5

Rafferty, Kaitlyn - Media Department - CMI MEDIA, LLC, King of Prussia, PA, pg. 342

Raftery, Emma - Account Planner, Account Services, Media Department - INITIATIVE, New York, NY, pg. 477

Ragusa, Salvatore - Finance, Media Department - ACTIVE INTERNATIONAL, Pearl River, NY, pg. 439

Ragusa, Jessica - Account Services, Media Department, NBC - WIT MEDIA, New York, NY, pg. 162

Rahe, Penny - Media Department - THE BOHAN AGENCY, Nashville, TN, pg. 418

Rahlfs, Lauren - Account Services, Media Department - PHD, San Francisco, CA, pg. 504

Raidt, Donna - Account Planner, Management, Media Department, PPOM - WAVEMAKER, New York, NY, pg. 526

Rainbow, Michelle - Account Services, Media Department - RESPONSE MEDIA, INC., Norcross, GA, pg. 507

Raine, Andrew - Media Department - JOHANNES LEONARDO, New York, NY, pg. 92

Rainforth, Alexa - Media Department - STARCOM WORLDWIDE, Chicago, IL, pg. 513

Raiola, Alyssa - Media Department - SPACE150, Minneapolis, MN, pg. 266

Raiten, Justin - Account Planner, Media Department - MRM//MCCANN, Princeton, NJ, pg. 252

Raith, Dorian - Interactive / Digital, Media Department - RPA, Santa Monica, CA, pg. 134

Rake, Brian - Finance, Interactive / Digital, Media Department - PHD USA, New York, NY, pg. 505

Rakoczy, Kristen - Interactive / Digital, Media Department - ALL POINTS DIGITAL, Norwalk, CT, pg. 671

Raleigh, Colleen - Account Services, Media Department - LEO BURNETT WORLDWIDE, Chicago, IL, pg. 98

Rallo, Kim - Interactive / Digital, Media Department - SPARK FOUNDRY, New York, NY, pg. 508

Ram-Singh, Brionne - Interactive / Digital, Media Department - MEDIA STORM, Norwalk, CT, pg. 486

Ramaska, Lauren - Interactive / Digital, Media Department, PPOM - MEDIA PLUS, INC., Seattle, WA, pg. 486

Ramchandar, Neethu - Account Planner, Interactive / Digital, Media Department, NBC - HORIZON MEDIA, INC., New York, NY, pg. 474

Rameriz, Gabriel - Interactive / Digital, Media Department - THE GARY GROUP, Santa Monica, CA, pg. 150

Ramirez, Tiffany - Management, Media Department, Operations, PPM - PUBLICIS.SAPIENT, Coconut Grove, FL, pg. 259

Ramirez, Felicia - Media Department - MINDSHARE, New York, NY, pg. 491

Ramirez, Katherine - Media Department - ZENITH MEDIA, New York, NY, pg. 529

Ramirez, Dixie - Media Department - STARCOM WORLDWIDE, North Hollywood, CA, pg. 516

Ramirez, Michael - Media Department - H&L PARTNERS, Oakland, CA, pg. 80

Ramirez, Dixie - Media Department - STARCOM WORLDWIDE, New York, NY, pg. 517

Ramirez, Carlos - Media Department - RAINDROP AGENCY INC, San Diego, CA, pg. 196

Ramos, Sandra - Media Department - CASANOVA//MCCANN, Costa Mesa, CA, pg. 538

Ramos, Nancy - Account Services, Media Department - INITIATIVE, Los Angeles, CA, pg. 478

Rampersaud, Madhavi - Interactive / Digital, Media Department - MINDSHARE, New York, NY, pg. 491

Ramsey, Madison - Media Department - HEALIXGLOBAL, New York, NY, pg. 471

Randazzo, Dominick - Media Department - TRILIA, Boston, MA, pg. 521

Rangel, Josh - Interactive / Digital, Media Department - GOLIN, Chicago, IL, pg. 609

Ranieri, Linda - Media Department - TEAM ONE, New York, NY, pg. 418

Rankel, Daniel - Media Department - CARAT, New York, NY, pg. 459

Rankin, Sarah - Interactive / Digital, Media Department - DEUTSCH, INC., New York, NY, pg. 349

Raper, Vicki - Media Department - LEWIS ADVERTISING, INC., Rocky Mount, NC, pg. 380

Rappe, Mathew - Media Department, PPOM - GROUPM, New York, NY, pg. 466

Rappo, Amy - Interactive / Digital, Management, Media Department, NBC - STARCOM WORLDWIDE, New York, NY, pg. 517

Rapps, Allison - Media Department - INITIATIVE, New York, NY, pg. 477

Rasak, Dawn - Media Department, PPOM - CREATIVE RESOURCES GROUP, INC., Plymouth, MA, pg. 55

Rasgorshek, Alison - Media Department - RCG ADVERTISING AND MEDIA, Omaha, NE, pg. 403

Rasgorshek, Kristine - Media Department - R&R PARTNERS, Las Vegas, NV, pg. 131

Rashed, Stephanie - Interactive / Digital, Media Department - UNIVERSAL MCCANN DETROIT, Birmingham, MI, pg. 524

Rasmussen, Bri - Media Department, Programmatic - GOOD APPLE DIGITAL, New York, NY, pg. 466

Rasmussen, Adam - Media Department - RPM ADVERTISING, Chicago, IL, pg. 408

Rassel Cambaliza, Ianne - Account Planner, Interactive / Digital, Media Department - HORIZON MEDIA, INC., New York, NY, pg. 474

Rath, Debbie - Account Planner, Media Department, Operations - ASSOCIATION OF NATIONAL ADVERTISERS, New York, NY, pg. 442

Rathbone, Vanessa - Account Services, Media Department - VERMILION DESIGN, Boulder, CO, pg. 204

Rathke, Kelli - Media Department - CRAMER-KRASSELT, Milwaukee, WI, pg. 54

Ratliff, Joshua - Account Services, Management, Media Department - PUBLICIS.SAPIENT, El Segundo, CA, pg. 260

Ratner, Ilana - Interactive / Digital, Media Department - CARAT, New York, NY, pg. 459

Rattray, Laurian - Account Planner, Media Department - WAVEMAKER, New York, NY, pg. 526

Rau, Troy - Interactive / Digital, Media Department - MINDSHARE, Chicago, IL, pg. 494

Raubolt, Amy - Interactive / Digital, Media Department - CARAT, Detroit, MI, pg. 461

Rauch, Jaime - Account Planner, Account Services, Interactive / Digital, Media Department, NBC, PPOM - OPENMIND, New York, NY, pg. 503

Rawat, Pankaj - Media Department - MCGARRYBOWEN, New York, NY, pg. 109

Rawlins, Morgan - Media Department - ZENITH MEDIA, New York, NY, pg. 529

Rawson, Jamie - Media Department - BVK, Milwaukee, WI, pg. 339

Ray, Doug - Media Department, Operations, PPOM - DENTSU AEGIS NETWORK, New York, NY, pg. 61

Ray, Sarah - Media Department - CRAMER-KRASSELT, Chicago, IL, pg. 53

Ray, Lily - Interactive / Digital, Media Department - PATH INTERACTIVE, INC., New York, NY, pg. 256

Rayfield, Ashley - Media Department - MINDSHARE, Chicago, IL, pg. 494

Raymond, Anne - Interactive / Digital, Media Department - FRWD, Minneapolis, MN, pg. 235

Raymond, Kelly - Interactive / Digital, Media Department - WAVEMAKER, New York, NY, pg. 526

Raymundo, Laurie - Media Department - IVIE & ASSOCIATES, INC., Flower

1672

AGENCIES

RESPONSIBILITIES INDEX

Mound, TX, pg. 91
Raynak, Alison - Media Department - BORDERS PERRIN NORRANDER, INC., Portland, OR, pg. 41
Rayos, Freddy - Media Department, Programmatic - OCEAN MEDIA, INC., Huntington Beach, CA, pg. 498
Rea, Molly - Media Department - STARCOM WORLDWIDE, Chicago, IL, pg. 513
Rea, Dave - Account Services, Media Department, NBC - 360I, LLC, Los Angeles, CA, pg. 208
Rea-Bain, Crissy - Account Services, Interactive / Digital, Media Department, NBC - PHD USA, New York, NY, pg. 505
Read, Jenny - Account Services, Interactive / Digital, Media Department, Operations, PPM - SAATCHI & SAATCHI, New York, NY, pg. 136
Ready, Melissa - Management, Media Department - USIM, Los Angeles, CA, pg. 525
Ready, Joy - Media Department - DWA MEDIA, Boston, MA, pg. 464
Reagan Reichmann, Cavan - Interactive / Digital, Media Department, NBC, Social Media - CARMICHAEL LYNCH, Minneapolis, MN, pg. 47
Reardon, Colleen - Media Department - OMD, Chicago, IL, pg. 500
Rebelo, Lyndsey - Interactive / Digital, Media Department - WAVEMAKER, Toronto, ON, pg. 529
Recalde, Andres - Account Services, Management, Media Department - RPA, Santa Monica, CA, pg. 134
Records, Julie - Media Department, PPOM - FASONE PARTNERS, INC., Kansas City, MO, pg. 357
Red, Meredith - Interactive / Digital, Media Department - CASEY & SAYRE, INC., Malibu, CA, pg. 589
Redd, Shaun - Media Department - SPARK FOUNDRY, Chicago, IL, pg. 510
Reddick, Rhonda - Media Department, Public Relations - ANDROVETT LEGAL MEDIA & MARKETING, Dallas, TX, pg. 577
Reddington, Alicia - Account Planner, Interactive / Digital, Media Department, NBC - 360I, LLC, New York, NY, pg. 320
Reddy, Michael - Account Planner, Account Services, Interactive / Digital, Media Department, NBC - CODE AND THEORY, New York, NY, pg. 221
Reddy, Aditi - Media Department, NBC - VENABLES BELL & PARTNERS, San Francisco, CA, pg. 158
Reddy, Nitika - Interactive / Digital, Media Department, Programmatic - MINDSHARE, Chicago, IL, pg. 494
Redfield, Deborah - Media Department - THE TOMBRAS GROUP, Knoxville, TN, pg. 424
Reece, Jennifer - Account Services, Interactive / Digital, Media Department - GARAGE TEAM MAZDA,

Costa Mesa, CA, pg. 465
Reed, Shenan - Account Services, Media Department, PPOM - VM1 (ZENITH MEDIA + MOXIE), New York, NY, pg. 526
Reed, Jessica - Media Department - ELEVATION, LTD, Washington, DC, pg. 540
Reed, Mary Kate - Media Department - PRICEWEBER MARKETING COMMUNICATIONS, INC., Louisville, KY, pg. 398
Reed, Liz - Media Department - STARCOM WORLDWIDE, Chicago, IL, pg. 513
Reed, Dave - Media Department - CARAT, Detroit, MI, pg. 461
Reeder, Kate - Account Planner, Management, Media Department - VIRTUE WORLDWIDE, Brooklyn, NY, pg. 159
Reedman, Katy - Interactive / Digital, Media Department - HARMELIN MEDIA, Bala Cynwyd, PA, pg. 467
Reefe, Lisa - Account Planner, Media Department, NBC - (ADD)VENTURES, Providence, RI, pg. 207
Rees, Michael - Media Department, Research - UNIVERSAL MCCANN, New York, NY, pg. 521
Reese, Jennifer - Interactive / Digital, Media Department - OMD, Chicago, IL, pg. 500
Reese, Amanda - Media Department - NMPI, New York, NY, pg. 254
Reeves, Lauren - Interactive / Digital, Media Department - UNIVERSAL MCCANN, San Francisco, CA, pg. 428
Regan, Kristin - Account Services, Media Department - ZIMMERMAN ADVERTISING, Fort Lauderdale, FL, pg. 437
Regan, Steven - Interactive / Digital, Media Department - 22SQUARED INC., Tampa, FL, pg. 319
Regan, Lauren - Account Services, Media Department - OLOMANA LOOMIS ISC, Honolulu, HI, pg. 394
Rege, Kunal - Account Planner, Media Department - OMD, New York, NY, pg. 498
Regenold, Ryan - Media Department - MUDD ADVERTISING, Cedar Falls, IA, pg. 119
Regenstreich, Kimberly - Interactive / Digital, Media Department - HORIZON MEDIA, INC., New York, NY, pg. 474
Reggars, Nick - Creative, Management, Media Department, NBC - GOODBY, SILVERSTEIN & PARTNERS, San Francisco, CA, pg. 77
Rego, Salonie - Interactive / Digital, Media Department - HORIZON MEDIA, INC., New York, NY, pg. 474
Reich, Molly - Media Department - WAVEMAKER, New York, NY, pg. 526
Reichert, Tyler - Interactive / Digital, Media Department - CANVAS WORLDWIDE, New York, NY, pg. 458
Reid, Sharon - Media Department -

FLYING A , Pasadena, CA, pg. 359
Reid, Amelia - Media Department - LOGICAL MEDIA GROUP, Chicago, IL, pg. 247
Reidy, Beth - Media Department - MEDIACOM, New York, NY, pg. 487
Reifel, Emma - Analytics, Interactive / Digital, Media Department - LYONS CONSULTING GROUP, Chicago, IL, pg. 247
Reifenberg, Jenny - Media Department, PPOM - STARCOM WORLDWIDE, Chicago, IL, pg. 513
Reigart, Richardson - Account Services, Interactive / Digital, Management, Media Department, Operations - BLUE 449, Seattle, WA, pg. 456
Reile, Kristina - Account Services, Media Department - JUST MEDIA, INC., Emeryville, CA, pg. 481
Reilley, Catherine - Media Department - DWA MEDIA, Boston, MA, pg. 464
Reilly, Jessica - Media Department - INITIATIVE, New York, NY, pg. 477
Reilly, Glynnis - Media Department - HORIZON MEDIA, INC., New York, NY, pg. 474
Reilly, Hope - Interactive / Digital, Media Department, NBC, Public Relations, Social Media - SOUTHWEST STRATEGIES, LLC, San Diego, CA, pg. 411
Reilly, Mike - Media Department - MEDIASSOCIATES, INC., Sandy Hook, CT, pg. 490
Reilly, John - Management, Media Department - ROGERS & COWAN/PMK*BNC, New York, NY, pg. 644
Reilly, Carlin - Account Services, Analytics, Media Department, Research - MEDIAHUB BOSTON, Boston, MA, pg. 489
Reinecke, Tom - Media Department - TRUE NORTH INC., New York, NY, pg. 272
Reiner, Nikki - Account Services, Media Department - KINETIC WORLDWIDE, New York, NY, pg. 553
Reinhard, Jennifer - Media Department - KETCHUM WEST, San Francisco, CA, pg. 620
Reinhardt, Andrea - Media Department - INITIATIVE, New York, NY, pg. 477
Reinheimer-Mercer, Helen - Media Department - JORDAN ADVERTISING, Oklahoma City, OK, pg. 377
Reini, Leah - Account Services, Media Department, PPOM - ESSENCE, Minneapolis, MN, pg. 233
Reininga, Pete - Media Department - THE SUNFLOWER GROUP, Lenexa, KS, pg. 317
Reinstein, Joe - Account Planner, Account Services, Interactive / Digital, Media Department, NBC - PERFORMICS, Chicago, IL, pg. 676
Reisinger, Jill - Interactive / Digital, Media Department, Programmatic - NEO MEDIA WORLD, New York, NY, pg. 496

1673

RESPONSIBILITIES INDEX — AGENCIES

Reiss, Rachel - Account Planner, Account Services, Interactive / Digital, Media Department - DENTSU X, New York, NY, pg. 61
Reiter, Zoe - Interactive / Digital, Media Department, Social Media - PHD USA, New York, NY, pg. 505
Reizovic, Rich - Media Department - JL MEDIA, INC., Union, NJ, pg. 481
Rembish, Terrie - Media Department - NFM+DYMUN, Pittsburgh, PA, pg. 120
Remeto, Mandy - Media Department - MARC USA, Pittsburgh, PA, pg. 104
Remillard, Ashlyn - Interactive / Digital, Media Department, NBC, Social Media - MOXIE, Atlanta, GA, pg. 251
Remley, Stephanie - Media Department - SOLVE, Minneapolis, MN, pg. 17
Renesto, Denise - Account Planner, Interactive / Digital, Media Department - EXVERUS MEDIA INC., Los Angeles, CA, pg. 465
Renfeld, Derek - Interactive / Digital, Media Department, Research - AKPD MESSAGE AND MEDIA, Chicago, IL, pg. 454
Renfrew, Danielle - Account Services, Media Department - TEAM ENTERPRISES, Fort Lauderdale, FL, pg. 316
Renjilian, Rachel - Media Department, NBC - STARCOM WORLDWIDE, Detroit, MI, pg. 517
Renne, Matthew - Account Services, Media Department - TBWA \ CHIAT \ DAY, New York, NY, pg. 416
Renner, Debbie - Media Department, PPOM - SSCG MEDIA GROUP, New York, NY, pg. 513
Renner, Brad - Media Department - 360I, LLC, Atlanta, GA, pg. 207
Renner, Megan - Interactive / Digital, Media Department - CASHMAN & ASSOCIATES, Philadelphia, PA, pg. 589
Renshaw, Shawn - Media Department - ZIMMERMAN ADVERTISING, Fort Lauderdale, FL, pg. 437
Renuart, Nicole - Account Planner, Account Services, Media Department - PHD USA, New York, NY, pg. 505
Renwick, Kate - Interactive / Digital, Media Department, Promotions - MINDSHARE, Chicago, IL, pg. 494
Renwick, Kevin - Media Department - MODCOGROUP, New York, NY, pg. 116
Renzelmann, Brooke - Media Department - LOCATION3 MEDIA, Denver, CO, pg. 246
Repin, Stacy - Account Services, Media Department - BILLUPS WORLDWIDE, Lake Oswego, OR, pg. 550
Repp, Violet - Account Services, Media Department - JUST MEDIA, INC., Emeryville, CA, pg. 481
Resnick, Brittany - Account Planner, Media Department - 160OVER90, Philadelphia, PA, pg. 1
Resnick, Danielle - Analytics, Media Department - PHD CHICAGO, Chicago, IL, pg. 504
Retzke, Autumn - Account Planner, Interactive / Digital, Media Department - VM1 (ZENITH MEDIA + MOXIE), New York, NY, pg. 526
Retzke, Autumn - Media Department - ZENITH MEDIA, New York, NY, pg. 529
Reuschle, Carole - Media Department - MDB COMMUNICATIONS, INC., Washington, DC, pg. 111
Reveille, Alison - Interactive / Digital, Media Department - STARCOM WORLDWIDE, Chicago, IL, pg. 513
Revell, Nancy - Media Department - WATAUGA GROUP, Orlando, FL, pg. 21
Revere, Amanda - Creative, Interactive / Digital, Management, Media Department, PPM - TBWA \ CHIAT \ DAY, New York, NY, pg. 416
Reyes, Aileen - Media Department, PPM - OCEAN MEDIA, INC., Huntington Beach, CA, pg. 498
Reynolds, Lisa - Media Department - HARMELIN MEDIA, Bala Cynwyd, PA, pg. 467
Reynolds, Juliette - Interactive / Digital, Media Department - ON IDEAS, Sarasota, FL, pg. 634
Reynolds, Stephen - Account Planner, Account Services, Media Department, Social Media - BUFFALO.AGENCY, Reston, VA, pg. 587
Reynolds, Nikki - Media Department - DRAKE COOPER, Boise, ID, pg. 64
Reynolds, Taylor - Account Planner, Account Services, Media Department - AKQA, San Francisco, CA, pg. 211
Reynoso, Sophia - Account Services, Media Department, NBC - MEDIACOM, New York, NY, pg. 487
Rezmovic-Cohen, Susan - Media Department - OUTDOOR MEDIA GROUP, Jersey City, NJ, pg. 554
Rhea, Russ - Account Services, Media Department, Public Relations - HAHN PUBLIC COMMUNICATIONS, Austin, TX, pg. 686
Rheault, Ben - Media Department - STRATEGIC MEDIA, INC., Arlington, VA, pg. 518
Rho, Michelle - Account Planner, Account Services, Media Department - HEARTS & SCIENCE, Los Angeles, CA, pg. 473
Rhode, Andy - Media Department - FALLON WORLDWIDE, Minneapolis, MN, pg. 70
Rhodes, Riley - Media Department - POSTERSCOPE U.S.A., New York, NY, pg. 556
Rhude, Melissa - Account Services, Interactive / Digital, Media Department, NBC - OMD WEST, Los Angeles, CA, pg. 502
Rhule, Nathan - Media Department - THE TOMBRAS GROUP, Knoxville, TN, pg. 424
Riback Levy, Jaclyn - Account Services, Media Department - JAYMIE SCOTTO & ASSOCIATES, Middlebrook, VA, pg. 616
Riccaldo, Casey - Interactive / Digital, Media Department - ACTIVE INTERNATIONAL, Pearl River, NY, pg. 439
Ricci, Katharine - Creative, Interactive / Digital, Media Department, NBC, Social Media - OMD, New York, NY, pg. 498
Ricci, Alissa - Media Department - JACKSON MARKETING GROUP, Simpsonville, SC, pg. 188
Rice, Bill - Interactive / Digital, Media Department, NBC - RIGHT PLACE MEDIA, Lexington, KY, pg. 507
Rice, Kelsy - Media Department - ZENITH MEDIA, New York, NY, pg. 529
Rich, John - Interactive / Digital, Media Department - MOXIE, Atlanta, GA, pg. 251
Rich, Kaitlyn - Interactive / Digital, Media Department - MINDSHARE, New York, NY, pg. 491
Rich, Matthew - Interactive / Digital, Management, Media Department, NBC - DIGITAL IMPULSE, Watertown, MA, pg. 225
Richard, Brad - Media Department - DIANE ALLEN & ASSOCIATES, Baton Rouge, LA, pg. 597
Richard, Melanie - Media Department - EVR ADVERTISING, Manchester, NH, pg. 69
Richards, Lori - Account Services, Media Department - MERING, Sacramento, CA, pg. 114
Richards, Erin - Media Department - MEDIA STORM, New York, NY, pg. 486
Richards, Jessica - Account Services, Management, Media Department - HAVAS MEDIA GROUP, New York, NY, pg. 468
Richards, Erin - Account Services, Interactive / Digital, Media Department, Programmatic - NINETY9X, New York, NY, pg. 254
Richards, Julie - Creative, Media Department, PPM - THE RICHARDS GROUP, INC., Dallas, TX, pg. 422
Richards, Nicole - Media Department - GOODBY, SILVERSTEIN & PARTNERS, San Francisco, CA, pg. 77
Richards, Freddie - Management, Media Department, PPM - MARTIN WILLIAMS ADVERTISING, Minneapolis, MN, pg. 106
Richards, Tian - Media Department - MERKLEY + PARTNERS, New York, NY, pg. 114
Richards, Chad - Management, Media Department, Social Media - FIREBELLY MARKETING, Indianapolis, IN, pg. 685
Richards, Hannah - Media Department - ETHOS MARKETING & DESIGN, Westbrook, ME, pg. 182
Richardson, Dan - Management, Media Department, PPOM - MINDSHARE, Chicago, IL, pg. 494
Richardson, Kristen - Account Services, Interactive / Digital, Media Department - 360I, LLC, Atlanta, GA, pg. 207
Richardson, Kate - Management, Media Department - SPARK FOUNDRY, New York, NY, pg. 508
Richardson, John-James - Account

AGENCIES / RESPONSIBILITIES INDEX

Services, Media Department, Public Relations - MEKANISM, Seattle, WA, pg. 113

Richardson, Jillyn - Account Services, Management, Media Department, NBC - HORIZON MEDIA, INC., New York, NY, pg. 474

Richardson, Jordan - Media Department - DIGITAS, San Francisco, CA, pg. 227

Richardson-Owen, Paul - Interactive / Digital, Management, Media Department - OMD WEST, Los Angeles, CA, pg. 502

Richert, Ryan - Media Department, Public Relations - GOLIN, Chicago, IL, pg. 609

Richey, Kevin - Account Planner, Management, Media Department - DDB CHICAGO, Chicago, IL, pg. 59

Richling, Kate - Media Department, NBC - MEDIAMONKS, New York, NY, pg. 249

Richman, Caroline - Interactive / Digital, Media Department - DIGITAS, Boston, MA, pg. 226

Richmond, Kiara - Media Department - IDFIVE, Baltimore, MD, pg. 373

Richmond-Basedow, Sarah - Account Planner, Media Department - CORE CREATIVE, Milwaukee, WI, pg. 344

Richter, Kathy - Management, Media Department, NBC, PPOM - WAVEMAKER, New York, NY, pg. 526

Richter, Marty - Media Department, Public Relations - FLEISHMANHILLARD, Saint Louis, MO, pg. 604

Richter, Connor - Interactive / Digital, Media Department, Social Media - RPA, Santa Monica, CA, pg. 134

Richter, Larry - Interactive / Digital, Media Department - THE ZIMMERMAN AGENCY, Tallahassee, FL, pg. 426

Rida, Hayet - Media Department, Social Media - FCB CHICAGO, Chicago, IL, pg. 71

Riddle, Joye - Account Services, Media Department - THE TOMBRAS GROUP, Knoxville, TN, pg. 424

Ridge, Steve - Interactive / Digital, Media Department, PPOM - MAGID, Minneapolis, MN, pg. 447

Riediger, Stefanie - Account Services, Media Department - MARCUS THOMAS, Cleveland, OH, pg. 104

Riedler, Britt - Media Department - STARCOM WORLDWIDE, North Hollywood, CA, pg. 516

Riegel, Cecilia - Media Department - CALLAHAN CREEK, Lawrence, KS, pg. 4

Riegel, Maria - Interactive / Digital, Media Department - HORIZON MEDIA, INC., New York, NY, pg. 474

Ries, Laura - Account Services, Management, Media Department, NBC - FIG, New York, NY, pg. 73

Rifkin, Wade - Media Department, Programmatic - CLEAR CHANNEL OUTDOOR, New York, NY, pg. 550

Rigali, Michael - Media Department - SPARK FOUNDRY, Chicago, IL, pg. 510

Rigby, Fiona - Media Department - MERCER CREATIVE GROUP, Vancouver, BC, pg. 191

Rigby, Jonathan - Management, Media Department, PPOM - REPRISE DIGITAL, New York, NY, pg. 676

Riley, Meghan - Interactive / Digital, Management, Media Department, Social Media - MULLENLOWE U.S. NEW YORK, New York, NY, pg. 496

Riley, Claire - Account Services, Media Department - AMOBEE, INC., Chicago, IL, pg. 213

Riley Roper, Marissa - Creative, Management, Media Department, Social Media - FABCOM, Scottsdale, AZ, pg. 357

Rimsky, Margaret - Media Department - OGILVY, New York, NY, pg. 393

Rinas, Laura - Media Department - LEO BURNETT WORLDWIDE, Chicago, IL, pg. 98

Rinck, Mariah - Media Department - RINCK ADVERTISING, Lewiston, ME, pg. 407

Ringgold, Blair - Media Department - WIEDEN + KENNEDY, Portland, OR, pg. 430

Ringler, Todd - Management, Media Department - EDELMAN, New York, NY, pg. 599

Ringler, Alana - Media Department - HAVAS MEDIA GROUP, New York, NY, pg. 468

Rink, Jodie - Media Department - 360I, LLC, Los Angeles, CA, pg. 208

Rios, Kathleen - Account Services, Interactive / Digital, Media Department - ZENITH MEDIA, New York, NY, pg. 529

Rios, Albert - Account Planner, Account Services, Interactive / Digital, Media Department - PALISADES MEDIA GROUP, INC., Santa Monica, CA, pg. 124

Ripken, Anita - Media Department - HAWORTH MARKETING & MEDIA, Minneapolis, MN, pg. 470

Ripley, Squirrel - Account Services, Creative, Media Department, PPM - DARK HORSE MEDIA, Tucson, AZ, pg. 464

Risi, Jennifer - Media Department, PPOM, Public Relations - OGILVY PUBLIC RELATIONS, New York, NY, pg. 633

Ritchie, Mark - Media Department - BT/A ADVERTISING, Toronto, ON, pg. 44

Ritchie, Kimberly - Interactive / Digital, Media Department, Social Media - MGH ADVERTISING, Owings Mills, MD, pg. 387

Ritorto, Enzo - Media Department, NBC - CARAT, New York, NY, pg. 459

Ritter, Ryan - Management, Media Department - WILLOWTREE, INC., Charlottesville, VA, pg. 535

Ritzi, Bobby - Interactive / Digital, Media Department - FAHLGREN MORTINE PUBLIC RELATIONS, Columbus, OH, pg. 70

Ritzi, Evelyn - Media Department - THE OHLMANN GROUP, Dayton, OH, pg. 422

Rivard, Diane - Media Department - STEVENS ADVERTISING, Grand Rapids, MI, pg. 413

Rivas, Consuelo - Media Department - SPARK FOUNDRY, Seattle, WA, pg. 512

Rivera, Ricardo - Interactive / Digital, Media Department - OMD, New York, NY, pg. 498

Rivera, Beverly - Account Services, Media Department - MEDIACOM, Playa Vista, CA, pg. 486

Rivera, Tony - Account Services, Media Department, NBC, Operations - SOLVE, Minneapolis, MN, pg. 17

Rivera, Erika - Media Department - THE COMMUNITY, Miami Beach, FL, pg. 545

Rivera, Angelica - Media Department, Programmatic - MEDIAHUB LOS ANGELES, El Segundo, CA, pg. 112

Rivers, Jasmin - Media Department - BURRELL COMMUNICATIONS GROUP, INC., Chicago, IL, pg. 45

Rivers, Robert - Creative, Interactive / Digital, Media Department - HYPE CREATIVE PARTNERS, Marina Del Rey, CA, pg. 88

Rizen, Abby - Media Department - VAULT COMMUNICATIONS, INC., Plymouth Meeting, PA, pg. 658

Rizo, Jessica - Account Planner, Media Department - M8, Miami, FL, pg. 542

Rizza, Mary - Media Department - CALEXIS ADVERTISING & MARKETING COUNSEL, Toronto, ON, pg. 339

Rizzi, Kathryn - Media Department - WAVEMAKER, New York, NY, pg. 526

Rizzuto, Francesca - Media Department, PPM - OMD, New York, NY, pg. 498

Robarts, Sarah - Interactive / Digital, Media Department, PPOM - BALLANTINES PUBLIC RELATIONS, West Hollywood, CA, pg. 580

Robers, Bradley - Interactive / Digital, Media Department - UPSHOT, Chicago, IL, pg. 157

Roberston, Melanie - Media Department - DANIEL BRIAN ADVERTISING, Rochester, MI, pg. 348

Roberts, Jessica - Management, Media Department - ANSON-STONER, INC., Winter Park, FL, pg. 31

Roberts, Adam - Interactive / Digital, Media Department - HEARTS & SCIENCE, New York, NY, pg. 471

Roberts, Michelle - Account Planner, Account Services, Media Department - IA COLLABORATIVE, Chicago, IL, pg. 186

Roberts, Brittany - Account Services, Media Department, NBC - TEAM ONE, Dallas, TX, pg. 418

Roberts, Jennifer - Media Department - MEDIAHUB WINSTON SALEM, Winston-Salem, NC, pg. 386

1675

RESPONSIBILITIES INDEX — AGENCIES

Roberts, Katie - Interactive /
Digital, Media Department -
DIGITAS, Boston, MA, pg. 226
Roberts, Aimee - Account Planner,
Media Department, NBC - R&R
PARTNERS, Las Vegas, NV, pg. 131
Roberts, Chloe - Media Department -
INITIATIVE, New York, NY, pg. 477
Roberts, Mike - Media Department -
TICOMIX, Loves Park, IL, pg. 169
Roberts, Jacqlyn - Media Department
- POSTERSCOPE U.S.A., New York, NY,
pg. 556
Roberts, Amanda - Interactive /
Digital, Media Department, NBC -
KEARNS & WEST, INC, Washington, DC,
pg. 619
Roberts, Brian - Interactive /
Digital, Media Department -
MEDIACROSS, INC., Saint Louis, MO,
pg. 112
Robertson, Sarah - Account
Services, Management, Media
Department - INITIATIVE, Los
Angeles, CA, pg. 478
Robertson, Becky - Media
Department, PPOM - BROGAN &
PARTNERS, Birmingham, MI, pg. 538
Robertson, Paige - Media Department
- CAMP + KING, San Francisco, CA,
pg. 46
Robinson, Rick - Account Services,
Creative, Media Department,
Operations, PPOM - BILLUPS, INC,
Los Angeles, CA, pg. 550
Robinson, Dan - Media Department -
GKV, Baltimore, MD, pg. 364
Robinson, Lori - Media Department -
YOUNG COMPANY, Laguna Beach, CA,
pg. 165
Robinson, Kelley - Media Department
- BRIVICMEDIA, INC., Houston, TX,
pg. 456
Robinson, Madelaine - Account
Planner, Interactive / Digital,
Media Department, NBC - DUNCAN
CHANNON, San Francisco, CA, pg. 66
Robinson, Amy - Media Department,
Operations - PMG, Fort Worth, TX,
pg. 257
Robinson, Kaila - Account Planner,
Media Department - PB&, Seattle,
WA, pg. 126
Robinson, Siobhan - Media
Department - DIGITAS, San
Francisco, CA, pg. 227
Robinson, Mina - Account Planner,
Media Department - MEDIACOM, New
York, NY, pg. 487
Robinson, Sheena - Media Department
- MARTIN RETAIL GROUP, Alpharetta,
GA, pg. 106
Robinson, Henry - Media Department
- IMM, Boulder, CO, pg. 373
Robinson, Lillian - Media
Department - STERLING-RICE GROUP,
Boulder, CO, pg. 413
Robison, Rachel - Media Department
- LIPPINCOTT, New York, NY, pg. 189
Robson, Colleen - Media Department,
Operations - STARCOM WORLDWIDE,
Chicago, IL, pg. 513
Robson, Kate - Account Services,
Media Department - BLUETENT,
Carbondale, CO, pg. 218
Roby, Grant - Media Department -
RON FOTH ADVERTISING, Columbus, OH,
pg. 134
Robyck, Alexandra - Interactive /
Digital, Media Department - DWA
MEDIA, Boston, MA, pg. 464
Rocco, Barbara - Management, Media
Department, PPOM - UNIVERSAL MCCANN
DETROIT, Birmingham, MI, pg. 524
Rocha, LisaAnn - Interactive /
Digital, Media Department - STARCOM
WORLDWIDE, Detroit, MI, pg. 517
Rocha, Natalia - Account Planner,
Media Department, NBC - HORIZON
MEDIA, INC., New York, NY, pg. 474
Roche, Kaitlyn - Account Planner,
Creative, Media Department, NBC -
GIANT SPOON, LLC, New York, NY,
pg. 363
Roche, Richard - Media Department -
EDELMAN, Chicago, IL, pg. 353
Rochlitz, Sharon - Media Department
- STARCOM WORLDWIDE, Chicago, IL,
pg. 513
Rock, Rachael - Media Department -
ICON MEDIA DIRECT, Sherman Oaks,
CA, pg. 476
Rockafellow, Meghan - Media
Department - MAYOSEITZ MEDIA, Blue
Bell, PA, pg. 483
Rockland, Alana - Media Department
- W2O, San Francisco, CA, pg. 659
Rocklin, Nathalie - Media
Department - CAMPBELL EWALD, West
Hollywood, CA, pg. 47
Rockwell, Scott - Interactive /
Digital, Media Department - PURDIE
ROGERS, INC., Seattle, WA, pg. 130
Roda, Ria - Media Department -
WAVEMAKER, Toronto, ON, pg. 529
Rodas, Lauren - Management, Media
Department - SPARK FOUNDRY,
Chicago, IL, pg. 510
Rodas, Michael - Media Department -
HEARTBEAT IDEAS, New York, NY,
pg. 238
Roderick, Kelly - Media Department
- SPARK FOUNDRY, Chicago, IL, pg.
510
Rodi, Bill - Account Services,
Media Department - MOSAIC NORTH
AMERICA, Chicago, IL, pg. 312
Rodibaugh, Christy - Media
Department - MARC USA, Pittsburgh,
PA, pg. 104
Rodkey, Katelyn - Interactive /
Digital, Media Department -
UNIVERSAL MCCANN, New York, NY,
pg. 521
Rodney, Nicole - Interactive /
Digital, Media Department - HEARTS
& SCIENCE, New York, NY, pg. 471
Rodriguez, Steven - Account
Planner, Interactive / Digital,
Management, Media Department -
SPARK FOUNDRY, New York, NY, pg.
508
Rodriguez, Viviana - Media
Department - UNIVERSAL MCCANN, New
York, NY, pg. 521
Rodriguez, Rebecka - Media
Department, NBC, Operations - ICON
MEDIA DIRECT, Sherman Oaks, CA,
pg. 476
Rodriguez, Jennifer - Interactive /
Digital, Media Department - SPARK
FOUNDRY, New York, NY, pg. 508
Rodriguez, Elissa - Account
Planner, Account Services,
Interactive / Digital, Media
Department - MINDSHARE, New York,
NY, pg. 491
Rodriguez, Gabriela - Media
Department - PHD CHICAGO, Chicago,
IL, pg. 504
Rodriguez, Roberto - Media
Department - PROOF ADVERTISING,
Austin, TX, pg. 398
Rodriguez, Jorrell - Account
Services, Media Department - JUST
MEDIA, INC., Austin, TX, pg. 481
Rodriguez, Jonathan - Interactive /
Digital, Media Department - CARAT,
New York, NY, pg. 459
Rodriguez, Brittany - Interactive /
Digital, Media Department,
Programmatic - HAWORTH MARKETING &
MEDIA, Minneapolis, MN, pg. 470
Rodriguez, Lisette - Media
Department - WORKHORSE MARKETING,
Austin, TX, pg. 433
Rodriguez, Sandy - Media Department
- SPARK FOUNDRY, New York, NY,
pg. 508
Rodriquez, Edwin - Media Department
- GIANT SPOON, LLC, New York, NY,
pg. 363
Roduit, Carly - Interactive /
Digital, Media Department - ID
MEDIA, New York, NY, pg. 477
Roe, Michelle - Finance, Media
Department - BUTLER / TILL,
Rochester, NY, pg. 457
Roelofs, Johnny - Media Department
- JOHANNES LEONARDO, New York, NY,
pg. 92
Roeschke, Lauren - Media Department
- CARAT, Detroit, MI, pg. 461
Roffers, Vincent - Account
Services, Media Department -
SUPERUNION, New York, NY, pg. 18
Roffis, Jill - Media Department,
PPM - PHD, Los Angeles, CA, pg. 504
Rogers, Kim - Media Department -
HELLMAN ASSOCIATES, INC., Waterloo,
IA, pg. 84
Rogers, Mandy - Media Department -
BADER RUTTER & ASSOCIATES, INC.,
Milwaukee, WI, pg. 328
Rogers, Mallory - Interactive /
Digital, Media Department - MEDIA
ASSEMBLY, New York, NY, pg. 484
Rogers, Susan - Media Department -
ARCHER MALMO, Memphis, TN, pg. 32
Rogers, Jeramey - Interactive /
Digital, Media Department -
INITIATIVE, New York, NY, pg. 477
Rogers, Jenna - Media Department -
CURRENT360, Louisville, KY, pg. 56
Rogers, Emma - Media Department -
MEDIACOM, Playa Vista, CA, pg. 486
Rogers, Jackie - Media Department -
ESSENCE, San Francisco, CA, pg. 232
Rogowski, Brittney - Interactive /
Digital, Media Department, Social
Media - HAWORTH MARKETING & MEDIA,
Minneapolis, MN, pg. 470

AGENCIES

RESPONSIBILITIES INDEX

Rohrer, Scott - Management, Media Department - SPARK FOUNDRY, New York, NY, pg. 508

Rohrer, Deveny - Account Services, Media Department - MEDIACOM, Playa Vista, CA, pg. 486

Rojas, Randy - Media Department - HEALIXGLOBAL, New York, NY, pg. 471

Rokas, Allie - Media Department - MOROCH PARTNERS, Dallas, TX, pg. 389

Rola, Alexa - Media Department - DIGITAS HEALTH LIFEBRANDS, Philadelphia, PA, pg. 229

Roldan, Catalina - Media Department - SPARK FOUNDRY, Chicago, IL, pg. 510

Rollheiser, Brittany - Interactive / Digital, Media Department - MINDSHARE, Chicago, IL, pg. 494

Rolli, Daniel - Media Department, PPM - ZENITH MEDIA, New York, NY, pg. 529

Rollins, Caitlin - Interactive / Digital, Management, Media Department - NEO MEDIA WORLD, New York, NY, pg. 496

Rollins, Jackie - Media Department - MEDIAHUB BOSTON, Boston, MA, pg. 489

Rom, Christopher - Interactive / Digital, Media Department - SPARK FOUNDRY, New York, NY, pg. 508

Roman, Megan - Interactive / Digital, Media Department - ARC WORLDWIDE, Chicago, IL, pg. 327

Roman, Rachel - Media Department - UNIVERSAL MCCANN, New York, NY, pg. 521

Roman-Torres, Harry - Account Services, Media Department, NBC - DROGA5, New York, NY, pg. 64

Romann, William - Account Services, Media Department - OMD, Chicago, IL, pg. 500

Romano, Alexis - Interactive / Digital, Media Department - TINUITI, New York, NY, pg. 678

Romano, Kate - Media Department - CRAMER, Norwood, MA, pg. 6

Rombro, Robin - Media Department - GKV, Baltimore, MD, pg. 364

Romero, Neky - Interactive / Digital, Media Department - WAVEMAKER, New York, NY, pg. 526

Romero, Amanda - Finance, Interactive / Digital, Media Department, Operations - HORIZON MEDIA, INC., New York, NY, pg. 474

Romero, Amy - Media Department, PPOM - CREATIVEDRIVE, New York, NY, pg. 346

Romero-Gastelum, Melody - Interactive / Digital, Media Department - CONILL ADVERTISING, INC., El Segundo, CA, pg. 538

Ronis, Jared - Interactive / Digital, Media Department - 360I, LLC, Atlanta, GA, pg. 207

Rooney, Colleen - Interactive / Digital, Media Department, Social Media - 360I, LLC, New York, NY, pg. 320

Rooney, Alexandra - Interactive /

Digital, Media Department - HORIZON MEDIA, INC., New York, NY, pg. 474

Root, Celeste - Interactive / Digital, Media Department - NDP, Richmond, VA, pg. 390

Root, Nathaniel - Account Services, Interactive / Digital, Media Department, NBC - ESSENCE, New York, NY, pg. 232

Rosa, Alejandra - Media Department - STARCOM WORLDWIDE, Chicago, IL, pg. 513

Rosa, Kyle - Interactive / Digital, Media Department, NBC - INITIATIVE, New York, NY, pg. 477

Rosa, Adam - Analytics, Media Department - DIGITAL AUTHORITY PARTNERS, Chicago, IL, pg. 225

Rosas, Lisa - Account Services, Media Department - NETWORK AFFILIATES, INC., Lakewood, CO, pg. 391

Rosati, Phil - Interactive / Digital, Media Department - YESCO OUTDOOR MEDIA, Las Vegas, NV, pg. 559

Rose, Adam - Media Department - MNA|BAX, New Milford, CT, pg. 192

Rose, Andy - Creative, Interactive / Digital, Media Department - PARTNERS + NAPIER, Rochester, NY, pg. 125

Rose, Lauren - Media Department - HYDROGEN, Seattle, WA, pg. 87

Rose, Mike - Interactive / Digital, Media Department - THE WOO AGENCY, Culver City, CA, pg. 425

Rose, Sam - Media Department - HORIZON MEDIA, INC., New York, NY, pg. 474

Rose, Valerie - Interactive / Digital, Media Department - INTOUCH SOLUTIONS, INC., Chicago, IL, pg. 242

Rose, Sheila - Management, Media Department, PPOM - FLEISHMANHILLARD, New York, NY, pg. 605

Roseblade, Char - Account Services, Management, Media Department - SPACE150, Minneapolis, MN, pg. 266

Roseboro, Jasmine - Media Department - UNIVERSAL MCCANN, New York, NY, pg. 521

Rosen, Jennifer - Media Department - MEDIA PARTNERS, INC., Raleigh, NC, pg. 486

Rosen, Jennifer - Interactive / Digital, Media Department - SPARK FOUNDRY, New York, NY, pg. 508

Rosen, Audra - Media Department - STARCOM WORLDWIDE, Chicago, IL, pg. 513

Rosen, Nicole - Media Department, Public Relations - HEALIXGLOBAL, New York, NY, pg. 471

Rosen, Rebecca - Account Planner, Account Services, Media Department - CARAT, New York, NY, pg. 459

Rosenbaum, Jill - Account Planner, Management, Media Department - MEDIA STORM, Los Angeles, CA, pg. 486

Rosenberg, Jeremy - Interactive /

Digital, Management, Media Department - ALLISON+PARTNERS, New York, NY, pg. 576

Rosenberg, Carley - Interactive / Digital, Media Department - WAVEMAKER, Los Angeles, CA, pg. 528

Rosenberg, Amy - Media Department, Public Relations - HILL+KNOWLTON STRATEGIES, New York, NY, pg. 613

Rosenberg, Sherri - Media Department - BLUE CHIP MARKETING & COMMUNICATIONS, Northbrook, IL, pg. 334

Rosenberg, Elizabeth - Media Department - 72ANDSUNNY, Playa Vista, CA, pg. 23

Rosenberg, Alexa - Account Services, Media Department, Public Relations - AGENCY H5, Chicago, IL, pg. 575

Rosenblatt, Anna - Account Services, Management, Media Department, NBC - MEDIACOM, New York, NY, pg. 487

Rosenbloom, Betsy - Creative, Media Department - MEDIAHUB LOS ANGELES, El Segundo, CA, pg. 112

Rosenblum, Jeremy - Media Department, NBC - OMD, New York, NY, pg. 498

Rosenfeld, Molly - Media Department - STARCOM WORLDWIDE, Chicago, IL, pg. 513

Rosenquist, Grant - Account Planner, Media Department, Research - INTERMEDIA ADVERTISING, Woodland Hills, CA, pg. 376

Rosenstein, Phyllis - Media Department - MEDIASSOCIATES, INC., Sandy Hook, CT, pg. 490

Rosenstein, Loni - Media Department - ZENITH MEDIA, New York, NY, pg. 529

Rosenthal, Jessica - Media Department - MAYOSEITZ MEDIA, Blue Bell, PA, pg. 483

Rosevear, Brian - Management, Media Department, NBC - EDELMAN, Toronto, ON, pg. 601

Rosin, Ryan - Media Department - MARKETING ARCHITECTS, Minneapolis, MN, pg. 288

Rosin, Ilana - Interactive / Digital, Media Department, Social Media - OMD, Chicago, IL, pg. 500

Rosner, Pat - Analytics, Media Department, Research - PARADOWSKI CREATIVE, Saint Louis, MO, pg. 125

Ross, Sean - Media Department, NBC - EDISON MEDIA RESEARCH, Somerville, NJ, pg. 444

Ross, Kerry - Media Department - STARCOM WORLDWIDE, Chicago, IL, pg. 513

Ross, Anna - Account Planner, Account Services, Creative, Media Department - VMLY&R, New York, NY, pg. 160

Ross, Adria - Media Department - UNIVERSAL MCCANN DETROIT, Birmingham, MI, pg. 524

Ross, David - Creative, Media Department - OGILVY, New York, NY, pg. 393

RESPONSIBILITIES INDEX — AGENCIES

Ross, Candace - Media Department - CALLAN ADVERTISING COMPANY, Burbank, CA, *pg.* 457

Ross, Jonathan - Media Department - UNIVERSAL MCCANN, Toronto, ON, *pg.* 524

Ross, David - Media Department - MDC PARTNERS, INC., New York, NY, *pg.* 385

Ross, Sam - Media Department - BOOYAH ONLINE ADVERTISING, Denver, CO, *pg.* 218

Ross, Kelly - Media Department - MEDIAHUB LOS ANGELES, El Segundo, CA, *pg.* 112

Rossetti, Elyssa - Media Department - STARCOM WORLDWIDE, Chicago, IL, *pg.* 513

Rossetti, Gabrielle - Media Department - HAVAS MEDIA GROUP, Boston, MA, *pg.* 470

Rossiter, Laura - Creative, Interactive / Digital, Media Department - UPWARD BRAND INTERACTIONS, Dayton, OH, *pg.* 158

Rosti, Ray - Interactive / Digital, Media Department - PUBLICIS HEALTH MEDIA, Philadelphia, PA, *pg.* 506

Rosvoglou, Kosta - Media Department - UNIVERSAL MCCANN, New York, NY, *pg.* 521

Roth, Shannon - Account Planner, Account Services, Management, Media Department - MINDSHARE, Chicago, IL, *pg.* 494

Roth, Ric - Media Department, PPOM - IGT MEDIA HOLDINGS, Miami, FL, *pg.* 477

Roth, Dorian - Media Department - WAVEMAKER, New York, NY, *pg.* 526

Roth, David - Interactive / Digital, Media Department - STARCOM WORLDWIDE, North Hollywood, CA, *pg.* 516

Roth, Olivia - Interactive / Digital, Media Department - CAMPBELL EWALD, Detroit, MI, *pg.* 46

Roth, Dave - Media Department - DIGITAS, Atlanta, GA, *pg.* 228

Rothberg, Molly - Interactive / Digital, Media Department - BLUE 449, New York, NY, *pg.* 455

Rothblatt, Sheri - Account Planner, Account Services, Management, Media Department - PATHWAY GROUP LLC, New York, NY, *pg.* 503

Rothenberg, Madeline - Media Department - DIGITAS, San Francisco, CA, *pg.* 227

Rothlein, Jeff - Account Services, Interactive / Digital, Media Department - LUMENCY INC., New York, NY, *pg.* 310

Rothschild, Sarah - Media Department - M/SIX, New York, NY, *pg.* 482

Rotti, Leah - Media Department - SAATCHI & SAATCHI LOS ANGELES, Torrance, CA, *pg.* 137

Rountree, Don - Media Department, PPOM - ROUNTREE GROUP, INC., Milton, GA, *pg.* 644

Rousselet, Kendra - Account Planner, Interactive / Digital,

Media Department - HORIZON MEDIA, INC., Los Angeles, CA, *pg.* 473

Roussos, Jason - Interactive / Digital, Media Department - ADLUCENT, Austin, TX, *pg.* 671

Rovelo, Paola - Account Planner, Account Services, Media Department, NBC, PPOM - MINDSHARE, Chicago, IL, *pg.* 494

Rovito, Dana - Account Services, Media Department, Public Relations - TURCHETTE ADVERTISING AGENCY, Fairfield, NJ, *pg.* 157

Row, Larry - Media Department - RON FOTH ADVERTISING, Columbus, OH, *pg.* 134

Rowe, David - Media Department - DOREMUS & COMPANY, San Francisco, CA, *pg.* 64

Rowe, Carlene - Media Department - CONILL ADVERTISING, INC., El Segundo, CA, *pg.* 538

Rowe, Bryan - Media Department - CORNETT INTEGRATED MARKETING SOLUTIONS, Lexington, KY, *pg.* 344

Rowley, Patrick - Account Services, Management, Media Department - MCGARRYBOWEN, New York, NY, *pg.* 109

Rowley, Michelle - Management, Media Department, NBC - DEUTSCH, INC., New York, NY, *pg.* 349

Roy, Claudia - Media Department, PPM, PPOM - SID LEE, Montreal, QC, *pg.* 140

Roy, Sujoy - Media Department - HEALIXGLOBAL, New York, NY, *pg.* 471

Roy, Karyne - Media Department - UNIVERSAL MCCANN, New York, NY, *pg.* 521

Roy Gaughran, Kathy - Media Department - HEALTHCARE SUCCESS, Irvine, CA, *pg.* 83

Royston, Alex - Media Department - ZENITH MEDIA, New York, NY, *pg.* 529

Rozelle, Brandon - Management, Media Department - RIGHTPOINT, Oakland, CA, *pg.* 263

Rozen, Douglas - Interactive / Digital, Media Department, NBC, PPOM - 360I, LLC, New York, NY, *pg.* 320

Rozkowski, Carl - Analytics, Media Department - JEKYLL AND HYDE, Redford, MI, *pg.* 92

Rozzi, Alexandra - Interactive / Digital, Media Department - SPARK FOUNDRY, New York, NY, *pg.* 508

Rubijevsky, Katrina - Media Department - CANVAS WORLDWIDE, New York, NY, *pg.* 458

Rubin, Rachel - Media Department - CALLAHAN CREEK, Lawrence, KS, *pg.* 4

Rubin, Jamie - Account Services, Media Department - CAMPBELL EWALD NEW YORK, New York, NY, *pg.* 47

Rubin, Ashley - Finance, Media Department - HAVAS MEDIA GROUP, Chicago, IL, *pg.* 469

Rubin, Maxwell - Interactive / Digital, Media Department - UNIVERSAL MCCANN, New York, NY, *pg.* 521

Rubinsky, David - Media Department

- MEDIA STORM, New York, NY, *pg.* 486

Rubinsky, Brittany - Account Planner, Account Services, Interactive / Digital, Media Department - MEDIACOM, New York, NY, *pg.* 487

Rubinstein, Jamie - Account Planner, Media Department - SPARK FOUNDRY, Chicago, IL, *pg.* 510

Rubio, Viviana - Media Department - OMD WEST, Los Angeles, CA, *pg.* 502

Ruchlewicz, Sam - Analytics, Interactive / Digital, Media Department - WARSCHAWSKI PUBLIC RELATIONS, Baltimore, MD, *pg.* 659

Ruchniewicz, Kaitlin - Interactive / Digital, Media Department - NSA MEDIA GROUP, INC., Downers Grove, IL, *pg.* 497

Ruddy, Autumn - Account Planner, Media Department - HAWORTH MARKETING & MEDIA, Minneapolis, MN, *pg.* 470

Rudolph, Lynda - Media Department - ALOYSIUS BUTLER & CLARK, Wilmington, DE, *pg.* 30

Rudy, Shaun - Account Services, Creative, Human Resources, Interactive / Digital, Management, Media Department, NBC - STARCOM WORLDWIDE, Chicago, IL, *pg.* 513

Ruemelin, Alicia - Media Department - SIMANTEL GROUP, Peoria, IL, *pg.* 142

Ruesga, Javier - Media Department - 9THWONDER AGENCY, Houston, TX, *pg.* 453

Ruest, Pete - Account Services, Management, Media Department - ENERGY BBDO, INC., Chicago, IL, *pg.* 355

Ruhl, Danielle - Account Planner, Account Services, Interactive / Digital, Media Department - STARCOM WORLDWIDE, Chicago, IL, *pg.* 513

Rulapaugh, Karen - Media Department - R&R PARTNERS, Phoenix, AZ, *pg.* 132

Rumack, Elaine - Account Planner, Interactive / Digital, Management, Media Department, PPOM - WAVEMAKER, Los Angeles, CA, *pg.* 528

Rumer, Wendy - Management, Media Department - HARMELIN MEDIA, Bala Cynwyd, PA, *pg.* 467

Rumstein, Perri - Interactive / Digital, Media Department - HEALIXGLOBAL, New York, NY, *pg.* 471

Runk, Beth - Media Department - PLUSMEDIA, LLC, Danbury, CT, *pg.* 290

Rupert, Susan - Media Department - RAIN, Portland, OR, *pg.* 402

Rupert, Kristin - Media Department - SOULSIGHT, Chicago, IL, *pg.* 199

Ruppel, David - Account Planner, Media Department, NBC - UNDERSCORE MARKETING, LLC, New York, NY, *pg.* 521

Rusas, Danielle - Media Department - CARAT, Detroit, MI, *pg.* 461

Rusinko, Natalie - Interactive / Digital, Media Department - HORIZON

1678

AGENCIES

RESPONSIBILITIES INDEX

MEDIA, INC., Los Angeles, CA, *pg.* 473
Russ, Kyle - Media Department - BLUE 449, Dallas, TX, *pg.* 456
Russel, Emily - Account Services, Media Department - CROSSMEDIA, New York, NY, *pg.* 463
Russell, Kirsten - Media Department - HORIZON MEDIA, INC., New York, NY, *pg.* 474
Russell, Claire - Analytics, Interactive / Digital, Media Department, Programmatic, Social Media - FITZCO, Atlanta, GA, *pg.* 73
Russell, Mac - Account Services, Media Department - BBDO WEST, Los Angeles, CA, *pg.* 331
Russell, Matt - Media Department - HUNT ADKINS, Minneapolis, MN, *pg.* 372
Russell, Dave - Media Department - HCB HEALTH, Austin, TX, *pg.* 83
Russell, Brian - Media Department - THREE FIVE TWO, INC., Newberry, FL, *pg.* 271
Russell Clem, Mandie - Media Department, Research - NICE & COMPANY, San Francisco, CA, *pg.* 391
Russell-Curry, Keddy - Interactive / Digital, Media Department - DIGITAL OPERATIVE, INC., San Diego, CA, *pg.* 225
Russo, Rich - Account Services, Media Department - JL MEDIA, INC., Union, NJ, *pg.* 481
Russo, Dave - Media Department - ICON INTERNATIONAL, INC., Greenwich, CT, *pg.* 476
Russo, Dana - Media Department - MINDSHARE, New York, NY, *pg.* 491
Rutherford, Marissa - Media Department, PPOM - MINDSHARE, Chicago, IL, *pg.* 494
Rutherford, Ed - Interactive / Digital, Media Department - MAXAUDIENCE, Carlsbad, CA, *pg.* 248
Rutledge, Amy - Media Department - MINDSHARE, Chicago, IL, *pg.* 494
Rutledge, Tevin - Interactive / Digital, Media Department, Social Media - WAVEMAKER, Los Angeles, CA, *pg.* 528
Rutter, Mark - Media Department - HORIZON MEDIA, INC., New York, NY, *pg.* 474
Ruwe, Beth - Media Department - PERFORMICS, Chicago, IL, *pg.* 676
Ruys, Anathea - Management, Media Department - CARAT, Culver City, CA, *pg.* 459
Ruzin, Amanda - Creative, Media Department - BOUNTEOUS, Chicago, IL, *pg.* 218
Ryan, Kelly - Media Department - SPARK FOUNDRY, Chicago, IL, *pg.* 510
Ryan, Sean - Media Department - SPARK FOUNDRY, Chicago, IL, *pg.* 510
Ryan, Sean - Media Department, Public Relations - THE HODGES PARTNERSHIP, Richmond, VA, *pg.* 653
Ryan, Alex - Management, Media Department - UNIVERSAL MCCANN, New York, NY, *pg.* 521
Ryan, Lizzy - Media Department -

CUTWATER, San Francisco, CA, *pg.* 56
Ryan, Dan - Media Department, NBC - ADVANCE 360, New York, NY, *pg.* 211
Ryan, Colleen - Media Department - COLLE MCVOY, Minneapolis, MN, *pg.* 343
Rye, Brad - Media Department, NBC, PPOM, Public Relations - MOWER, Albany, NY, *pg.* 628
Ryu, Natalie - Interactive / Digital, Media Department - SPARK FOUNDRY, New York, NY, *pg.* 508
Rzepka, Phil - Interactive / Digital, Management, Media Department - CARAT, Detroit, MI, *pg.* 461
Saake, Rick - Interactive / Digital, Media Department - NOBLE STUDIOS, Reno, NV, *pg.* 254
Saar, Kaitlyn - Management, Media Department - ZENITH MEDIA, New York, NY, *pg.* 529
Saathoff, Tracy - Media Department, NBC - LAWRENCE & SCHILLER, Sioux Falls, SD, *pg.* 97
Sabala, Aubrey - Media Department, Research - 360I, LLC, Atlanta, GA, *pg.* 207
Sackett, Marcy - Media Department - MEDIA STORM, New York, NY, *pg.* 486
Sacks, Brian - Interactive / Digital, Media Department - CARAT, New York, NY, *pg.* 459
Sacks, Rebecca - Account Planner, Media Department - DALTON AGENCY, Jacksonville, FL, *pg.* 348
Saddler, Jared - Media Department - 360I, LLC, Atlanta, GA, *pg.* 207
Sadler, Jody - Account Planner, Interactive / Digital, Media Department - ZIMMERMAN ADVERTISING, Fort Lauderdale, FL, *pg.* 437
Saegebrecht, Allison - Management, Media Department - RHEA & KAISER MARKETING, Naperville, IL, *pg.* 406
Saez, Kelvin - Media Department - PLUSMEDIA, LLC, Danbury, CT, *pg.* 290
Saferstein, Rachel - Interactive / Digital, Media Department - STARCOM WORLDWIDE, Chicago, IL, *pg.* 513
Saffren, Deanne - Media Department - NCOMPASS INTERNATIONAL, West Hollywood, CA, *pg.* 390
Sager, Lauren - Account Services, Media Department - AMOBEE, INC., Chicago, IL, *pg.* 213
Saggiomo, Annette - Media Department - FINCH BRANDS, Philadelphia, PA, *pg.* 7
Sahu, Shuman - Media Department - NINA HALE CONSULTING, Minneapolis, MN, *pg.* 675
Sahyoun, Jenna - Interactive / Digital, Media Department, Programmatic - CANVAS WORLDWIDE, Playa Vista, CA, *pg.* 458
Saieh, Tasha - Account Planner, Media Department - MINDSHARE, Chicago, IL, *pg.* 494
Sailam, Krish - Interactive / Digital, Media Department, Programmatic - DWA MEDIA, San Francisco, CA, *pg.* 464

Saini, Mary - Media Department - CSM SPORT & ENTERTAINMENT, New York, NY, *pg.* 347
Saitman, Shani - Media Department - OCEAN MEDIA, INC., Huntington Beach, CA, *pg.* 498
Sakla, Elisabeth - Account Services, Media Department - CENTRO, Denver, CO, *pg.* 220
Salafia, Paul - Account Planner, Account Services, Media Department, PPOM - ADVERTISING MANAGEMENT SERVICES, INC., Andover, MA, *pg.* 28
Salaman, Ben - Media Department - PB&, Seattle, WA, *pg.* 126
Salamanca, Jacqueline - Media Department - STARCOM WORLDWIDE, Chicago, IL, *pg.* 513
Salamone, John - Account Planner, Account Services, Media Department - HEARTS & SCIENCE, New York, NY, *pg.* 471
Salayon, Daina - Interactive / Digital, Media Department - GTB, Dearborn, MI, *pg.* 367
Salazar, Luis - Account Services, Media Department - ICON INTERNATIONAL, INC., Greenwich, CT, *pg.* 476
Salazar, Gabriela - Media Department - PAL8 MEDIA, INC., Santa Barbara, CA, *pg.* 503
Salazar, Justin - Media Department - LOCATION3 MEDIA, Denver, CO, *pg.* 246
Salazar, Veronica - Interactive / Digital, Media Department - HEARTS & SCIENCE, New York, NY, *pg.* 471
Salazar Roca, Denisse - Management, Media Department - OMD LATIN AMERICA, Miami, FL, *pg.* 543
Saldanha, Mallory - Interactive / Digital, Media Department - RAIN, Portland, OR, *pg.* 402
Salerno, Anthony - Management, Media Department - HORIZON MEDIA, INC., New York, NY, *pg.* 474
Salgado, Sheny - Media Department - STARCOM WORLDWIDE, Chicago, IL, *pg.* 513
Salguero, Anna - Finance, Media Department, Operations - HEARTS & SCIENCE, New York, NY, *pg.* 471
Sall, Adama - Media Department - MEKANISM, New York, NY, *pg.* 113
Salles, Luiz - Account Planner, Management, Media Department - ORCI, Santa Monica, CA, *pg.* 543
Salman, Paul - Account Services, Media Department - PHD USA, New York, NY, *pg.* 505
Salmon, Douglas - Interactive / Digital, Media Department - DIGITAS, Boston, MA, *pg.* 226
Salo, Doug - Media Department - PHD CHICAGO, Chicago, IL, *pg.* 504
Salomon, Dee - Creative, Media Department, NBC, PPOM - MEDIALINK, New York, NY, *pg.* 386
Salus, Barry - Interactive / Digital, Media Department, NBC, Social Media - 22SQUARED INC., Tampa, FL, *pg.* 319
Salvati, Sarah - Interactive /

1679

RESPONSIBILITIES INDEX   AGENCIES

Digital, Media Department, PPOM - WAVEMAKER, New York, NY, pg. 526
Salvatierra, Lizzie - Interactive / Digital, Media Department - INNOCEAN USA, Huntington Beach, CA, pg. 479
Salvatore, Nicholas - Media Department, Programmatic - PUBLICIS HEALTH MEDIA, Philadelphia, PA, pg. 506
Salviato, Mimi - Media Department - ACTIVE INTERNATIONAL, Pearl River, NY, pg. 439
Salvo, Mike - Account Planner, Management, Media Department - PHD, San Francisco, CA, pg. 504
Salzgeber, Jeff - Media Department - SNACKBOX LLC, Austin, TX, pg. 648
Sam, Dora - Media Department - USIM, Los Angeles, CA, pg. 525
Samari, Shir - Interactive / Digital, Media Department, Social Media - MEDIA ASSEMBLY, New York, NY, pg. 484
Sammons, Michael - Media Department - EMPOWER, Cincinnati, OH, pg. 354
Sammons, John - Media Department - ALOYSIUS BUTLER & CLARK, Wilmington, DE, pg. 30
Sampson, Avery - Media Department - WAVEMAKER, New York, NY, pg. 526
Sampson, Brooke - Media Department - STARCOM WORLDWIDE, Chicago, IL, pg. 513
Sampson, Shellie - Creative, Media Department, Social Media - VAYNERMEDIA, New York, NY, pg. 689
Samson, Natalie - Media Department, Programmatic - HAVAS MEDIA GROUP, Chicago, IL, pg. 469
Samuel, Christi - Interactive / Digital, Media Department - WAVEMAKER, New York, NY, pg. 526
Samways, Victoria - Media Department - MAJOR TOM, Vancouver, BC, pg. 675
Sanchez, Isabella - Interactive / Digital, Media Department - ZUBI ADVERTISING, Coral Gables, FL, pg. 165
Sanchez, Steve - Media Department - CANNELLA RESPONSE TELEVISION, Los Angeles, CA, pg. 457
Sanchez, Victor - Account Services, Media Department - ZETA INTERACTIVE, New York, NY, pg. 277
Sanchez, Myranne - Account Planner, Media Department - CARAT, New York, NY, pg. 459
Sanchez, Jason - Interactive / Digital, Media Department - HEARTS & SCIENCE, Los Angeles, CA, pg. 473
Sanders, Beth - Management, Media Department - SUPPLY MEDIA, Boulder, CO, pg. 145
Sanders, Mathew - Media Department, Programmatic - STARCOM WORLDWIDE, New York, NY, pg. 517
Sanders, Cindy - Media Department - RHEA & KAISER MARKETING, Naperville, IL, pg. 406
Sanders, Lauren - Media Department - MOROCH PARTNERS, Dallas, TX, pg. 389

Sanderson, James - Media Department - HORIZON MEDIA, INC., Los Angeles, CA, pg. 473
Sandhu, Sabrina - Account Planner, Media Department - INITIATIVE, Toronto, ON, pg. 479
Sandmann, David - Media Department - STELLAR MARKETING, Excelsior, MN, pg. 518
Sandoval, Jackie - Account Planner, Media Department, NBC - CARAT, New York, NY, pg. 459
Sandoval, Andrew - Interactive / Digital, Media Department, NBC, Programmatic - THE MEDIA KITCHEN, New York, NY, pg. 519
Sandoval, Rodolfo - Interactive / Digital, Media Department, PPOM - MEDIACOM, New York, NY, pg. 487
Sandoz, Natalie - Media Department, NBC - POTENZA INC, Lafayette, LA, pg. 398
Sandquist, Karen - Media Department - HAVAS MEDIA GROUP, Chicago, IL, pg. 469
Sandroff, Haley - Media Department - SPARK FOUNDRY, Chicago, IL, pg. 510
Sands, Mallory - Media Department, NBC - OMD WEST, Los Angeles, CA, pg. 502
Sandstrom, Jim - Media Department - RISDALL MARKETING GROUP, Roseville, MN, pg. 133
Sanfilippo, Cara - Interactive / Digital, Media Department, NBC - EDELMAN, New York, NY, pg. 599
Sanfilippo, Jessica - Account Services, Management, Media Department - 360I, LLC, New York, NY, pg. 320
Sangidorj, Darren - Account Services, Analytics, Media Department - MINDSHARE, New York, NY, pg. 491
Sannazzaro, Lisa - Account Planner, Account Services, Interactive / Digital, Media Department, Operations, PPOM, Social Media - REPRISE DIGITAL, New York, NY, pg. 676
Santana, Nadine - Media Department, NBC - CAMELOT STRATEGIC MARKETING & MEDIA, Dallas, TX, pg. 457
Santana, Bianca - Media Department - HAVAS MEDIA GROUP, New York, NY, pg. 468
Santare, Rachel - Interactive / Digital, Media Department - PGR MEDIA, Boston, MA, pg. 504
Santare, Bill - Media Department, Programmatic - HAVAS MEDIA GROUP, Boston, MA, pg. 470
Santarelli, Jen - Account Services, Interactive / Digital, Media Department - BOUNTEOUS, Chicago, IL, pg. 218
Santiago, Melanie - Media Department - 360I, LLC, Atlanta, GA, pg. 207
Santiago, Jennifer - Creative, Interactive / Digital, Media Department, PPM - GEOMETRY, New York, NY, pg. 362

Santiago, Karin - Account Planner, Media Department - BBDO WORLDWIDE, New York, NY, pg. 331
Santibanez, Abel - Interactive / Digital, Media Department - QUIGLEY-SIMPSON, Los Angeles, CA, pg. 544
Santilli, Olivia - Media Department - CUMMINS&PARTNERS, New York, NY, pg. 347
Santorum, Joanna - Interactive / Digital, Media Department - HEARTS & SCIENCE, Los Angeles, CA, pg. 473
Santos, Dennis - Media Department - PGR MEDIA, New York, NY, pg. 504
Santos, Jennifer - Media Department - MEDIACOM, Playa Vista, CA, pg. 486
Santos, Mariana - Interactive / Digital, Media Department, NBC - HEARTS & SCIENCE, New York, NY, pg. 471
Santos, Moey - Account Planner, Account Services, Management, Media Department - UNIVERSAL MCCANN, New York, NY, pg. 521
Santos, Charline - Media Department - WALTON ISAACSON, Chicago, IL, pg. 547
Santowski, Leah - Media Department - UNIVERSAL MCCANN DETROIT, Birmingham, MI, pg. 524
Saraceno, Frank - Account Planner, Media Department - HAVAS MEDIA GROUP, New York, NY, pg. 468
Sargeon, Kristen - Media Department - STARCOM WORLDWIDE, Chicago, IL, pg. 513
Sarkisian, Taline - Media Department - STARCOM WORLDWIDE, North Hollywood, CA, pg. 516
Sarlo, Debbie - Media Department - LUMENTUS, New York, NY, pg. 624
Sarmast, Joellen - Interactive / Digital, Media Department - BURNS MARKETING, Loveland, CO, pg. 219
Sarmiento, Andrew - Interactive / Digital, Media Department - MEDIA ASSEMBLY, Southfield, MI, pg. 385
Sarna, Allison - Media Department - THE GEORGE P. JOHNSON COMPANY, Boston, MA, pg. 316
Sarraga, Nikki - Media Department - OMD, New York, NY, pg. 498
Sarro, Adriana - Account Planner, Interactive / Digital, Media Department - CARAT, New York, NY, pg. 459
Sarver, Christina - Interactive / Digital, Media Department - WAVEMAKER, New York, NY, pg. 526
Sass, Sabrina - Interactive / Digital, Management, Media Department, PPOM - WAVEMAKER, New York, NY, pg. 526
Sasser-Bracone, Annmarie - Interactive / Digital, Media Department - CARAT, New York, NY, pg. 459
Sato, Skye - Media Department - ZENITH MEDIA, New York, NY, pg. 529
Satterfield, Pam - Media Department - MARTIN ADVERTISING, Birmingham, AL, pg. 106

AGENCIES

RESPONSIBILITIES INDEX

Sauer, Kevin - Account Services, Interactive / Digital, Media Department - VM1 (ZENITH MEDIA + MOXIE), New York, NY, pg. 526

Sauer, Kevin - Account Planner, Management, Media Department - ZENITH MEDIA, New York, NY, pg. 529

Saulsberry, Krystal - Media Department - STARCOM WORLDWIDE, Chicago, IL, pg. 513

Saunders, Beth - Media Department - LEWIS MEDIA PARTNERS, Richmond, VA, pg. 482

Saunders, Gwen - Creative, Interactive / Digital, Media Department - ABZ CREATIVE PARTNERS, Charlotte, NC, pg. 171

Saunders, Shealin - Management, Media Department - UNIVERSAL MCCANN DETROIT, Birmingham, MI, pg. 524

Sausen, Andrea - Administrative, Media Department - CRAMER-KRASSELT, Chicago, IL, pg. 53

Savage, Ann - Media Department, PPOM - PATHOS, West Palm Beach, FL, pg. 396

Savage, Riley - Account Planner, Account Services, Media Department - UNIVERSAL MCCANN, New York, NY, pg. 521

Savaiano, Paul - Media Department - WALRUS, New York, NY, pg. 161

Savalia, Digant - Interactive / Digital, Media Department - THE SEARCH AGENCY, Glendale, CA, pg. 677

Savidge, Alexandra - Interactive / Digital, Media Department - DIGITAL AUTHORITY PARTNERS, Chicago, IL, pg. 225

Savini, Jessie - Account Services, Media Department - BILLUPS, INC, Atlanta, GA, pg. 550

Savitz, Caryn - Account Planner, Interactive / Digital, Media Department - VAYNERMEDIA, New York, NY, pg. 689

Savoia, Patrick - Media Department - BLUE STATE DIGITAL, New York, NY, pg. 335

Sawhney, Neil - Media Department - WIEDEN + KENNEDY, New York, NY, pg. 432

Sax, Jill - Media Department - HORIZON MEDIA, INC., Los Angeles, CA, pg. 473

Sax, David - Media Department - DRA STRATEGIC COMMUNICATIONS, Phoenix, AZ, pg. 598

Saxer, Christy - Media Department - BRIGGS & CALDWELL, Houston, TX, pg. 456

Saylor, Jamie - Interactive / Digital, Media Department - MINDSHARE, Chicago, IL, pg. 494

Sayre, Brooke - Media Department - STARCOM WORLDWIDE, Chicago, IL, pg. 513

Scafidi, Dana - Interactive / Digital, Media Department - OMD, New York, NY, pg. 498

Scagnelli, Kara - Media Department - DIGITAS, Atlanta, GA, pg. 228

Scally, Meegan - Account Planner, Account Services, Media Department - SPARK FOUNDRY, New York, NY, pg. 508

Scalzo, Margaret - Interactive / Digital, Media Department, PPM - INITIATIVE, New York, NY, pg. 477

Scampoli, Rosalia - Media Department - MARKETCOM PR, Westin, CT, pg. 625

Scanlon, Erin - Account Services, Interactive / Digital, Media Department - CARAT, New York, NY, pg. 459

Scanlon, Tara - Interactive / Digital, Media Department - 360I, LLC, New York, NY, pg. 320

Scannell, Kevin - Interactive / Digital, Media Department - ACART COMMUNICATIONS, INC., Ottawa, ON, pg. 322

Scarlino, Melissa - Interactive / Digital, Media Department, NBC, Research - UNIVERSAL MCCANN, New York, NY, pg. 521

Scarola, Anthony - Interactive / Digital, Management, Media Department - VAYNERMEDIA, New York, NY, pg. 689

Scarpa, Gabrielle - Media Department - UNIVERSAL MCCANN, New York, NY, pg. 521

Scarpatti, Rebecca - Creative, Media Department - DALTON + ANODE, Nashville, TN, pg. 348

Schaaf, Jimmy - Account Planner, Account Services, Media Department - CANVAS WORLDWIDE, New York, NY, pg. 458

Schachman, Karyn - Account Services, Media Department - SOURCE COMMUNICATIONS, Hackensack, NJ, pg. 315

Schaeffer, Mark - Media Department, NBC - H&L PARTNERS, Saint Louis, MO, pg. 80

Schaeffer, Daniel - Interactive / Digital, Media Department - SWELLSHARK, New York, NY, pg. 518

Schaeffer, Matt - Media Department - HARMELIN MEDIA, Bala Cynwyd, PA, pg. 467

Schafer, Stephanie - Interactive / Digital, Media Department - WAVEMAKER, New York, NY, pg. 526

Schaffer, Katherine - Account Planner, Account Services, Analytics, Media Department, NBC, Research - OMD, Chicago, IL, pg. 500

Schaffer, Elizabeth - Media Department - 360I, LLC, Atlanta, GA, pg. 207

Schakola, Brandon - Media Department - THE SEARCH AGENCY, Glendale, CA, pg. 677

Scharf, Alisa - Interactive / Digital, Media Department - SEER INTERACTIVE, Philadelphia, PA, pg. 677

Schatz, Shauna - Media Department - INTERMARKETS, INC., Reston, VA, pg. 242

Schauer, Jenny - Interactive / Digital, Media Department - DIGITAS, Chicago, IL, pg. 227

Schaus, Chris - Media Department - EICOFF, Chicago, IL, pg. 282

Schechter, Moshe - Media Department - ZENITH MEDIA, New York, NY, pg. 529

Schecter, Janice - Media Department - HARMELIN MEDIA, Bala Cynwyd, PA, pg. 467

Scheel, Jennifer - Media Department, Programmatic - AMNET, Detroit, MI, pg. 454

Scheer, Jennie - Media Department - PHD USA, New York, NY, pg. 505

Scheets, Stacy - Interactive / Digital, Media Department - SPARK FOUNDRY, Chicago, IL, pg. 510

Schellenbach, Lisa - Interactive / Digital, Media Department - FRASER COMMUNICATIONS, Los Angeles, CA, pg. 540

Schenk, Nick - Interactive / Digital, Media Department - JUST MEDIA, INC., Austin, TX, pg. 481

Scher, Julie - Media Department - TEAM ONE, Los Angeles, CA, pg. 417

Scheve, Kristin - Media Department - DIGITAS, San Francisco, CA, pg. 227

Schiano, Michelle - Media Department - PUBLICIS NORTH AMERICA, New York, NY, pg. 399

Schiavelli, Olivia - Account Services, Media Department - HORIZON MEDIA, INC., Los Angeles, CA, pg. 473

Schiavone, Anthony - Account Planner, Account Services, Media Department - MINDSHARE, New York, NY, pg. 491

Schiekofer, Susan - Interactive / Digital, Media Department, PPOM - GROUPM, New York, NY, pg. 466

Schiff, Brooke - Analytics, Interactive / Digital, Media Department, Social Media - HAVAS MEDIA GROUP, New York, NY, pg. 468

Schiffman, Graham - Account Services, Interactive / Digital, Media Department, Social Media - MEDIACOM, New York, NY, pg. 487

Schillinger, Alex - Media Department - PHIRE GROUP, Ann Arbor, MI, pg. 397

Schilperoort, Reid - Media Department, NBC - WIEDEN + KENNEDY, Portland, OR, pg. 430

Schiro, Julie - Account Services, Management, Media Department - SPARK FOUNDRY, New York, NY, pg. 508

Schirripa, Lauren - Account Planner, Account Services, Media Department - EDELMAN, Chicago, IL, pg. 353

Schlanger, Rachel - Finance, Media Department - INITIATIVE, New York, NY, pg. 477

Schleyer, Jonathan - Media Department - AFG&, New York, NY, pg. 28

Schlissel, Erin - Account Services, Interactive / Digital, Media Department - OBSERVATORY MARKETING,

1681

RESPONSIBILITIES INDEX — AGENCIES

Los Angeles, CA, pg. 122

Schluep, Brian - Media Department - YOUNG & LARAMORE, Indianapolis, IN, pg. 164

Schlueter, Paul - Interactive / Digital, Media Department - FLYNN WRIGHT, INC., Des Moines, IA, pg. 359

Schlueter, Brennen - Interactive / Digital, Media Department, NBC - LAUNDRY SERVICE, Brooklyn, NY, pg. 287

Schmale, Anglea - Account Planner, Interactive / Digital, Media Department - FLYNN, Pittsford, NY, pg. 74

Schmid, Sally - Management, Media Department - OMD CANADA, Toronto, ON, pg. 501

Schmidt, Clayton - Account Planner, Media Department, NBC - REPRISE DIGITAL, New York, NY, pg. 676

Schmidt, Sarah - Media Department - BVK, Milwaukee, WI, pg. 339

Schmidt, Anna - Media Department - OMD, Chicago, IL, pg. 500

Schmidt, Michelle - Finance, Media Department, NBC - HAWORTH MARKETING & MEDIA, Los Angeles, CA, pg. 471

Schmidt, Eddie - Media Department, Social Media - ESSENCE, New York, NY, pg. 232

Schmidt, Sarah - Media Department - AARS & WELLS, INC., Dallas, TX, pg. 321

Schmiedeskamp, Jamie - Media Department - HAVAS MEDIA GROUP, Chicago, IL, pg. 469

Schmitt, Jen - Media Department - SMM ADVERTISING, Smithtown, NY, pg. 199

Schmitt, Ashley - Account Services, Media Department - FLEISHMANHILLARD, New York, NY, pg. 605

Schmuck, Jennifer - Interactive / Digital, Media Department - HAWORTH MARKETING & MEDIA, Minneapolis, MN, pg. 470

Schnaufer, Ian - Analytics, Media Department - CRONIN, Glastonbury, CT, pg. 55

Schnebel, Doug - Account Planner, Media Department - PHD USA, New York, NY, pg. 505

Schneberger, Jennifer - Media Department - WATAUGA GROUP, Orlando, FL, pg. 21

Schneck, Pamela - Analytics, Interactive / Digital, Media Department - AUSTIN & WILLIAMS ADVERTISING, Hauppauge, NY, pg. 328

Schneid, Corey - Interactive / Digital, Media Department - CARAT, New York, NY, pg. 459

Schneider, Stacey - Media Department - HELEN THOMPSON MEDIA, San Antonio, TX, pg. 473

Schneider, Katie - Administrative, Media Department - STARCOM WORLDWIDE, Chicago, IL, pg. 513

Schneider, Nicole - Interactive / Digital, Media Department - MINDSHARE, Chicago, IL, pg. 494

Schneider, Andrew - Media Department - STARCOM WORLDWIDE, Chicago, IL, pg. 513

Schneider, Sara - Media Department - GTB, Dearborn, MI, pg. 367

Schneider, Matt - Interactive / Digital, Media Department - WAVEMAKER, Los Angeles, CA, pg. 528

Schneider, Scott - Media Department - PHD USA, New York, NY, pg. 505

Schneiderman, Larry - Management, Media Department - CORINTHIAN MEDIA, INC., New York, NY, pg. 463

Schneidmuller, Lauren - Creative, Media Department - PUBLICIS NORTH AMERICA, New York, NY, pg. 399

Schnitzlein, Brooke - Media Department - 360I, LLC, Chicago, IL, pg. 208

Schnorbus, Claudia - Media Department - HORIZON MEDIA, INC., New York, NY, pg. 474

Schober, Gregory - Media Department - REFUEL AGENCY, Monmouth Junction, NJ, pg. 405

Schobert, Peggy - Media Department, Operations, Public Relations - KLEIDON AND ASSOCIATES, Akron, OH, pg. 95

Schock, Erich - Media Department, Public Relations - GTB, Dearborn, MI, pg. 367

Schoeffler, Nathan - Interactive / Digital, Media Department - VAYNERMEDIA, New York, NY, pg. 689

Schoenfeld, Kevin - Media Department - CROSSMEDIA, New York, NY, pg. 463

Scholla, David - Interactive / Digital, Media Department - VAYNERMEDIA, New York, NY, pg. 689

Scholler, Susan - Interactive / Digital, Media Department - ICROSSING, Scottsdale, AZ, pg. 241

Schommer-Klein, Debra - Media Department - AKPD MESSAGE AND MEDIA, Chicago, IL, pg. 454

Schons, Matthew - Media Department - HAWORTH MARKETING & MEDIA, Minneapolis, MN, pg. 470

Schorr, Susan - Media Department - ADSTRATEGIES, INC., Easton, MD, pg. 323

Schorsch, Shannon - Media Department - THE INTEGER GROUP, Lakewood, CO, pg. 682

Schott, Jillian - Media Department - HORIZON MEDIA, INC., New York, NY, pg. 474

Schradin, Ryan - Interactive / Digital, Media Department - STRATEGIC COMMUNICATIONS GROUP, INC., McLean, VA, pg. 688

Schreiber, Jordannah - Account Planner, Media Department - SPARK FOUNDRY, New York, NY, pg. 508

Schrenk, Christina - Media Department - QUIGLEY-SIMPSON, Los Angeles, CA, pg. 544

Schreyer, Lorraine - Creative, Media Department - RPA, Santa Monica, CA, pg. 134

Schroeder, Jillian - Account Planner, Account Services, Media Department, PPOM - MINDSHARE, New York, NY, pg. 491

Schroeder, Scott - Interactive / Digital, Media Department, PPM - GTB, Dearborn, MI, pg. 367

Schroeder, Kari - Interactive / Digital, Media Department - ANVIL MEDIA, INC, Portland, OR, pg. 671

Schroeder, Kevin - Interactive / Digital, Media Department - NEBO AGENCY, LLC, Atlanta, GA, pg. 253

Schubert, Lindsay - Interactive / Digital, Media Department, NBC - SSCG MEDIA GROUP, New York, NY, pg. 513

Schuchard, Stephanie - Media Department - CARAT, Detroit, MI, pg. 461

Schuele, Elizabeth - Media Department - STARCOM WORLDWIDE, Chicago, IL, pg. 513

Schuller, Megan - Account Planner, Interactive / Digital, Media Department - HAWORTH MARKETING & MEDIA, Minneapolis, MN, pg. 470

Schulman, Stephanie - Media Department - INCREMENTAL MEDIA, Bellmore, NY, pg. 477

Schulson, Lora - Creative, Media Department, PPM - 72ANDSUNNY, Brooklyn, NY, pg. 24

Schulte, Erica - Media Department - HAWORTH MARKETING & MEDIA, Minneapolis, MN, pg. 470

Schulte, Allison - Media Department, NBC - AMNET, New York, NY, pg. 454

Schulte, Ann - Interactive / Digital, Media Department, Programmatic - MEDIAHUB LOS ANGELES, El Segundo, CA, pg. 112

Schultheis, McKenzie - Media Department - MEDIAHUB BOSTON, Boston, MA, pg. 489

Schulties, Jennifer - Account Services, Media Department - FORWARDPMX, New York, NY, pg. 360

Schultz, Craig - Account Planner, Interactive / Digital, Media Department - INNOCEAN USA, Huntington Beach, CA, pg. 479

Schultz, Michelle - Media Department - HAWORTH MARKETING & MEDIA, Los Angeles, CA, pg. 471

Schultz, Josh - Interactive / Digital, Media Department - NOBLE PEOPLE, New York, NY, pg. 120

Schultz, Molly - Interactive / Digital, Media Department - UNIVERSAL MCCANN, New York, NY, pg. 521

Schultz, Jessica - Interactive / Digital, Media Department - MMGY GLOBAL, Kansas City, MO, pg. 388

Schulz, Ben - Media Department - NOVUS MEDIA, INC., Plymouth, MN, pg. 497

Schum, Meghan - Interactive / Digital, Media Department - MEDIACOM, New York, NY, pg. 487

Schumacher, Susan - Media Department - REAL INTEGRATED, Troy, MI, pg. 403

Schumer, Melissa - Interactive /

AGENCIES

RESPONSIBILITIES INDEX

Digital, Media Department, PPOM - ROGERS & COWAN/PMK*BNC, Los Angeles, CA, pg. 643

Schumer, Lindsey - Media Department - REVOLUTION, Chicago, IL, pg. 406

Schuster, Ryan - Account Services, Interactive / Digital, Media Department - CARAT, Chicago, IL, pg. 461

Schuster, Catherine - Media Department - MINDSHARE, Chicago, IL, pg. 494

Schuster, Jordan - Interactive / Digital, Media Department, Social Media - COLLING MEDIA, Scottsdale, AZ, pg. 51

Schuster, Jaimee - Account Services, Media Department - UNDERTONE, New York, NY, pg. 273

Schuster, Johnathan - Account Planner, Media Department - CLARITY COVERDALE FURY, Minneapolis, MN, pg. 342

Schutte, Laurie - Media Department - DP+, Farmington Hills, MI, pg. 353

Schwach, Leo - Media Department - THE VIA AGENCY, Portland, ME, pg. 154

Schwandt, Ben - Analytics, Interactive / Digital, Media Department, Research - GTB, Dearborn, MI, pg. 367

Schwarten, Geoff - Interactive / Digital, Media Department, NBC - IDEO , Palo Alto, CA, pg. 187

Schwartz, Adam - Media Department - HORIZON MEDIA, INC., New York, NY, pg. 474

Schwartz, Scott - Account Services, Media Department, NBC, Operations, PPOM, Public Relations - OMD, New York, NY, pg. 498

Schwartz, Kayla - Interactive / Digital, Media Department - HORIZON MEDIA, INC., New York, NY, pg. 474

Schwartz, Evan - Interactive / Digital, Media Department - OMD, New York, NY, pg. 498

Schwartz, Katelyn - Media Department, NBC, Social Media - KLUNK & MILLAN ADVERTISING, Allentown, PA, pg. 95

Schwartz, Jessica - Account Services, Analytics, Media Department - PHD USA, New York, NY, pg. 505

Schwartz, Nicole - Account Planner, Account Services, Media Department - INITIATIVE, New York, NY, pg. 477

Schwarz, Tracey - Media Department - STRATEGIC AMERICA, West Des Moines, IA, pg. 414

Schwarz, Craig - Media Department - HAVAS EDGE, Carlsbad, CA, pg. 285

Schweber, Rhonda - Media Department - H&L PARTNERS, Atlanta, GA, pg. 369

Schweighoffer, Eric - Media Department - CASHMAN & KATZ INTEGRATED COMMUNICATIONS, Glastonbury, CT, pg. 340

Schweitzer, Kurt - Media Department - MINDSTREAM MEDIA GROUP - DALLAS, Dallas, TX, pg. 496

Sciamarelli, Joseph - Finance, Interactive / Digital, Media Department - UNIVERSAL MCCANN, New York, NY, pg. 521

Sciupider, Agata - Account Planner, Media Department - SPARK FOUNDRY, Chicago, IL, pg. 510

Scocchio, Vincenzo - Media Department, Research - OMD WEST, Los Angeles, CA, pg. 502

Scopinich, Emily - Account Services, Media Department - POSTERSCOPE U.S.A., New York, NY, pg. 556

Scordo, Alicia - Interactive / Digital, Media Department - CARAT, New York, NY, pg. 459

Scott, Melissa - Media Department - NEO MEDIA WORLD, New York, NY, pg. 496

Scott, Adam - Media Department - D50 MEDIA, Chestnut Hill, MA, pg. 348

Scott, Tom - Account Planner, Interactive / Digital, Media Department, NBC - SAATCHI & SAATCHI LOS ANGELES, Torrance, CA, pg. 137

Scott, Trystin - Media Department, Programmatic - STARCOM WORLDWIDE, Chicago, IL, pg. 513

Scott, Courtney - Account Planner, Interactive / Digital, Media Department - HUGE, INC., Brooklyn, NY, pg. 239

Scott, Russ - Interactive / Digital, Media Department - CARAT, Detroit, MI, pg. 461

Scott, Destinee - Account Planner, Media Department, NBC - WIEDEN + KENNEDY, Portland, OR, pg. 430

Scott, Lauren - Account Planner, Interactive / Digital, Media Department - WAVEMAKER, Los Angeles, CA, pg. 528

Scott, Gail - Media Department - USIM, New York, NY, pg. 525

Scott, Allison - Media Department - FUSION92, Chicago, IL, pg. 235

Scott, Maura - Account Services, Interactive / Digital, Media Department, Promotions - INITIATIVE, Chicago, IL, pg. 479

Scourby, Tiffany - Media Department - HUGE, INC., Washington, DC, pg. 240

Scribner, Jason - Media Department - MILNER BUTCHER MEDIA GROUP, Los Angeles, CA, pg. 491

Scribner, Shannon - Account Services, Interactive / Digital, Media Department, Social Media - BARKLEY, Kansas City, MO, pg. 329

Scribner, Kerry - Media Department - DID AGENCY, Ambler, PA, pg. 62

Scrim, David - Account Services, Management, Media Department - CONVERSANT, LLC, Chicago, IL, pg. 222

Scrivano, Katie - Media Department - EDELMAN, Chicago, IL, pg. 353

Scruggs, Emily - Interactive / Digital, Media Department, Social Media - PROOF ADVERTISING, Austin, TX, pg. 398

Scruggs, Gary - Account Services, Analytics, Management, Media Department - JELLYFISH U.S., Baltimore, MD, pg. 243

Scuglik, Jessica - Media Department - STARCOM WORLDWIDE, Chicago, IL, pg. 513

Seabright, Melissa - Media Department - DIGITAS HEALTH LIFEBRANDS, Philadelphia, PA, pg. 229

Seale, Donna - Media Department - THE VIMARC GROUP INC., Louisville, KY, pg. 425

Seaman, Jennifer - Media Department, NBC - LOONEY ADVERTISING, Montclair, NJ, pg. 101

Searcy, Zach - Interactive / Digital, Media Department - CAYENNE CREATIVE, Birmingham, AL, pg. 49

Sears, John - Interactive / Digital, Media Department - IMMERSION ACTIVE, INC., Frederick, MD, pg. 241

Sebolao, Alexandra - Interactive / Digital, Media Department - STARCOM WORLDWIDE, New York, NY, pg. 517

Seckinger, Ted - Media Department - MEDIA BROKERS INTERNATIONAL, Alpharetta, GA, pg. 485

Seddon, Joanna - Account Services, Media Department, NBC, PPOM - OGILVYONE WORLDWIDE, New York, NY, pg. 255

Sederbaum, David - Account Services, Interactive / Digital, Media Department - CARAT, New York, NY, pg. 459

Sederbaum, Dave - Media Department - DENTSU AEGIS NETWORK, New York, NY, pg. 61

Seecharan, Yasmin - Media Department - OGILVY PUBLIC RELATIONS, New York, NY, pg. 633

Seeger, Cory - Media Department - STARCOM WORLDWIDE, Chicago, IL, pg. 513

Seely, Landon - Account Planner, Media Department - SPARK FOUNDRY, Chicago, IL, pg. 510

Seelye, James - Account Planner, Account Services, Interactive / Digital, Media Department - ESSENCE, New York, NY, pg. 232

Segal, Heather - Account Services, Media Department, Research - ZULU ALPHA KILO, Toronto, ON, pg. 165

Segal, Asaf - Media Department - 360I, LLC, Chicago, IL, pg. 208

Seidelman, Eric - Interactive / Digital, Management, Media Department, PPOM - QUINSTREET, INC., Foster City, CA, pg. 290

Seidenberg, Zach - Account Services, Media Department - STRAUSS MEDIA STRATEGIES, INC., Washington, DC, pg. 518

Seidler, Sarah - Media Department - BVK, Milwaukee, WI, pg. 339

Seigel, Geoff - Media Department - THE COLLECTIVE BRANDSACTIONAL MARKETING, INC. , Toronto, ON, pg. 149

1683

RESPONSIBILITIES INDEX — AGENCIES

Seitz, Will - Media Department - HORIZON MEDIA, INC., Los Angeles, CA, *pg.* 473

Sekse Lutz, Erika - Interactive / Digital, Media Department - CARAT, New York, NY, *pg.* 459

Selby, Michele - Media Department, PPOM - MEDIA WORKS, LTD., Baltimore, MD, *pg.* 486

Seleski, Maura - Media Department - STARCOM WORLDWIDE, Chicago, IL, *pg.* 513

Selig, Marcia - Media Department, Operations - CRAMER-KRASSELT, Chicago, IL, *pg.* 53

Sellars, Betsy - Media Department - IMM, Boulder, CO, *pg.* 373

Sellens, Kristin - Account Planner, Interactive / Digital, Media Department - POSTERSCOPE U.S.A., Culver City, CA, *pg.* 556

Selner, Shelby - Media Department - THE BRANDON AGENCY, Myrtle Beach, SC, *pg.* 419

Seltzer, Jamie - Account Services, Interactive / Digital, Management, Media Department - HAVAS MEDIA GROUP, New York, NY, *pg.* 468

Selvaratnam, Kannan - Account Services, Media Department - RESOLUTION MEDIA, New York, NY, *pg.* 263

Seman, Micac - Media Department - IMAGINUITY, Dallas, TX, *pg.* 373

Seman, Barbara - Media Department - THE MARS AGENCY, Southfield, MI, *pg.* 683

Semenza, Elena - Interactive / Digital, Media Department - CARAT, New York, NY, *pg.* 459

Semerdjian, Annie - Interactive / Digital, Media Department - MILNER BUTCHER MEDIA GROUP, Los Angeles, CA, *pg.* 491

Seminara, Jennifer - Media Department - VLADIMIR JONES, Colorado Springs, CO, *pg.* 429

Sen, Deepa - Media Department - DROGA5, New York, NY, *pg.* 64

Sener, Elizabeth - Media Department - DWA MEDIA, Austin, TX, *pg.* 464

Senio, Chris - Interactive / Digital, Media Department - ZENITH MEDIA, New York, NY, *pg.* 529

Senke, Christine - Interactive / Digital, Media Department, Social Media - BROWN PARKER | DEMARINIS ADVERTISING, Boca Raton, FL, *pg.* 43

Sephel, Erin - Media Department - REDPEPPER, Nashville, TN, *pg.* 405

Septer, Brandy - Media Department - HAWTHORNE ADVERTISING, Fairfield, IA, *pg.* 285

Sepuca, Arianna - Media Department - TOUCHPOINT INTEGRATED COMMUNICATIONS, Darien, CT, *pg.* 520

Serafino, Paula - Interactive / Digital, Media Department - GYK ANTLER, Manchester, NH, *pg.* 368

Sergent, Shelley - Media Department - YEBO, Richmond, VA, *pg.* 164

Sergi, Alyssa - Interactive / Digital, Media Department - WAVEMAKER, New York, NY, *pg.* 526

Serio, Janine - Account Services, Interactive / Digital, Media Department, NBC - MEDIACOM, New York, NY, *pg.* 487

Seroka, John - Interactive / Digital, Media Department, PPOM - SEROKA BRAND DEVELOPMENT, Brookfield, WI, *pg.* 646

Serrahsu, Tracy - Media Department - WALMART MEDIA GROUP, San Bruno, CA, *pg.* 684

Serrano, Rosa - Media Department - FREED ADVERTISING, Sugar Land, TX, *pg.* 360

Serrano, Brittany - Interactive / Digital, Media Department - IPROSPECT, Fort Worth, TX, *pg.* 674

Serrao, Aaron - Media Department, NBC - HEARST AUTOS, San Francisco, CA, *pg.* 238

Session, Miki - Media Department - POWERPHYL MEDIA SOLUTIONS, New York, NY, *pg.* 506

Sesto, Brianna - Media Department, NBC, PPOM - WAVEMAKER, New York, NY, *pg.* 526

Setlak, Tracy - Media Department - PHD CHICAGO, Chicago, IL, *pg.* 504

Setzer, Molly - Media Department - INSIGHT CREATIVE, INC., Green Bay, WI, *pg.* 89

Sever, Jennifer - Account Planner, Media Department - WAVEMAKER, Chicago, IL, *pg.* 529

Sexauer, Laura - Account Planner, Interactive / Digital, Media Department - SPARK FOUNDRY, Chicago, IL, *pg.* 510

Seymour-Anderson, Aaron - Account Planner, Creative, Media Department - AKQA, Portland, OR, *pg.* 212

Shadley, Luke - Media Department - SPARK FOUNDRY, Chicago, IL, *pg.* 510

Shadoff, Thomas - Media Department - BENSIMON BYRNE, Toronto, ON, *pg.* 38

Shafer, Kimberly - Media Department, PPM - MINDSTREAM MEDIA GROUP - DALLAS, Dallas, TX, *pg.* 496

Shaffer, Steve - Media Department - JCF MARKETING, Mentor, OH, *pg.* 91

Shaffner, Cathy - Account Planner, Account Services, Media Department, NBC - EMPOWER, Cincinnati, OH, *pg.* 354

Shah, Stacy - Interactive / Digital, Media Department - STARCOM WORLDWIDE, North Hollywood, CA, *pg.* 516

Shah, Winter - Media Department - OMD SAN FRANCISCO, San Francisco, CA, *pg.* 501

Shah, Alka - Media Department, PPOM, Programmatic - GROUPM, New York, NY, *pg.* 466

Shah, Anar - Media Department - LAUNDRY SERVICE, Brooklyn, NY, *pg.* 287

Shah, Vivek - Interactive / Digital, Media Department - WAVEMAKER, New York, NY, *pg.* 526

Shahabuddin, Samira - Account Planner, Account Services, Creative, Media Department - TBWA \ CHIAT \ DAY, Los Angeles, CA, *pg.* 146

Shaheed, Nya - Account Planner, Media Department, NBC - CANVAS WORLDWIDE, Playa Vista, CA, *pg.* 458

Shaini, Beth - Interactive / Digital, Media Department - MERING, Sacramento, CA, *pg.* 114

Shake, Christine - Media Department - MGH ADVERTISING, Owings Mills, MD, *pg.* 387

Shakeel, Khawar - Analytics, Media Department, NBC - SPARK FOUNDRY, New York, NY, *pg.* 508

Shalkoski, Joe - Interactive / Digital, Media Department - DIGITAS, Boston, MA, *pg.* 226

Shane, Raquel - Interactive / Digital, Media Department - STARCOM WORLDWIDE, Chicago, IL, *pg.* 513

Shank, Mark - Creative, Management, Media Department - THE MARTIN AGENCY, Richmond, VA, *pg.* 421

Shanley, Kevin - Media Department - LAUGHLIN CONSTABLE, INC., Chicago, IL, *pg.* 380

Shannon, Taylor - Interactive / Digital, Media Department, NBC - RESOLUTION MEDIA, New York, NY, *pg.* 263

Shaouli, Chloe - Account Planner, Interactive / Digital, Media Department - INITIATIVE, Los Angeles, CA, *pg.* 478

Shapiro, Melissa - Management, Media Department - BLUE 449, New York, NY, *pg.* 455

Shapiro, Robyn - Media Department - WINGMAN MEDIA, Westlake Village, CA, *pg.* 529

Shapiro, Nikki - Account Planner, Account Services, Interactive / Digital, Media Department - UNIVERSAL MCCANN, San Francisco, CA, *pg.* 428

Shapiro, Andrew - Interactive / Digital, Media Department, Social Media - POWERPHYL MEDIA SOLUTIONS, New York, NY, *pg.* 506

Shapka, Kathy - Media Department - DDB CANADA, Edmonton, AB, *pg.* 59

Sharkey, Kristen - Media Department - STARCOM WORLDWIDE, Chicago, IL, *pg.* 513

Sharma, Kamakshi - Management, Media Department - HORIZON MEDIA, INC., New York, NY, *pg.* 474

Sharma, Breea - Management, Media Department - TRAVEL SPIKE, Atlanta, GA, *pg.* 272

Sharon, Rebecca - Media Department - NOBLE PEOPLE, New York, NY, *pg.* 120

Sharp, Donna - Interactive / Digital, Management, Media Department - MEDIALINK, New York, NY, *pg.* 386

Sharp, Karen - Account Services, Media Department - BUTLER / TILL, Rochester, NY, *pg.* 457

Sharp, Kathleen - Interactive / Digital, Media Department - LEWIS COMMUNICATIONS, Birmingham, AL, *pg.* 100

1684

AGENCIES

RESPONSIBILITIES INDEX

Sharpe, Pam - Media Department, Operations, PPOM - THE PRICE GROUP INC., Lubbock, TX, pg. 152

Shaub, Zach - Interactive / Digital, Media Department - HEARTS & SCIENCE, New York, NY, pg. 471

Shaul, Victoria - Interactive / Digital, Media Department, NBC, PPM - MAGNA GLOBAL, New York, NY, pg. 483

Shaw, Ryan - Media Department - ICROSSING, Chicago, IL, pg. 241

Shaw, Jordan - Account Services, Media Department - CARAT, Detroit, MI, pg. 461

Shaw, Adam - Media Department - BMG, St. Charles, MO, pg. 335

Shea, Courtney - Media Department - HARMELIN MEDIA, Bala Cynwyd, PA, pg. 467

Sheaffer, Kimberly - Interactive / Digital, Media Department - STARCOM WORLDWIDE, Chicago, IL, pg. 513

Shee, Tiffany - Interactive / Digital, Media Department - ZENITH MEDIA, New York, NY, pg. 529

Sheehan, Christine - Account Services, Management, Media Department - MEDIA ASSEMBLY, New York, NY, pg. 484

Sheehan, Inga - Interactive / Digital, Media Department - CONNECT AT PUBLICIS MEDIA, Chicago, IL, pg. 462

Sheeran, Jenna - Media Department - DIGITAS, Chicago, IL, pg. 227

Sheeran, Katie - Account Services, Media Department - OGILVY, Chicago, IL, pg. 393

Sheffield, Harrison - Media Department - EDELMAN, Atlanta, GA, pg. 599

Shehata, Marc - Interactive / Digital, Media Department - UNIVERSAL MCCANN, New York, NY, pg. 521

Sheinbaum, Pete - Interactive / Digital, Media Department, NBC - ACTIVE INTEREST MEDIA, Boulder, CO, pg. 561

Sheldon, Mattie - Media Department - STARCOM WORLDWIDE, Chicago, IL, pg. 513

Shelhamer, Kebra - Media Department, Public Relations - ROOT3 GROWTH MARKETING, Chicago, IL, pg. 408

Shell, Farr - Media Department - MARTIN ADVERTISING, Birmingham, AL, pg. 106

Shelly, Stacey - Account Planner, Management, Media Department, Operations - ZENITH MEDIA, New York, NY, pg. 529

Shelton, Jeffrey - Media Department - SPARK FOUNDRY, New York, NY, pg. 508

Shen, Christine - Account Planner, Interactive / Digital, Media Department, NBC, Research, Social Media - MEDIA ASSEMBLY, New York, NY, pg. 484

Sheniak, Daniel - Media Department - WIEDEN + KENNEDY, Portland, OR, pg. 430

Shenk, Annie - Interactive / Digital, Media Department, Social Media - MOXIE, Atlanta, GA, pg. 251

Shenouda, Rania - Account Services, Media Department, NBC - CONVERSANT, LLC, Westlake Village, CA, pg. 222

Shepard, Jessica - Media Department, PPM - RPA, Santa Monica, CA, pg. 134

Sheppard, Natalie - Account Services, Media Department - INITIATIVE, New York, NY, pg. 477

Sherer, Lynne - Media Department - LARRY JOHN WRIGHT, INC., Mesa, AZ, pg. 379

Sheridan, Karen - Media Department, PPOM - SMY MEDIA, INC., Chicago, IL, pg. 508

Sheridan, Jamie - Interactive / Digital, Media Department - PHD CHICAGO, Chicago, IL, pg. 504

Sheridan, Chris - Interactive / Digital, Media Department - SPARK FOUNDRY, New York, NY, pg. 508

Sheridan, Erika - Media Department - SCHAFER CONDON CARTER, Chicago, IL, pg. 138

Sherman, Lee - Media Department, PPOM - FORMATIVE, Seattle, WA, pg. 235

Sherman, Elise - Media Department - WAVEMAKER, New York, NY, pg. 526

Sherman, Katie - Media Department - CRISPIN PORTER + BOGUSKY, Boulder, CO, pg. 346

Shermulis Johnson, Laura - Media Department - STARCOM WORLDWIDE, Chicago, IL, pg. 513

Sherrill, Anna - Media Department - THE TOMBRAS GROUP, Atlanta, GA, pg. 153

Sherrill, Kate - Interactive / Digital, Media Department - DIGITAS, Boston, MA, pg. 226

Shewell, Meredith - Media Department - PAVONE MARKETING GROUP, Harrisburg, PA, pg. 396

Shief, Janice - Media Department - LFO'CONNELL, Islip, NY, pg. 380

Shields, Chrissy - Media Department - PAIGE GROUP, Utica, NY, pg. 396

Shiff, Julian - Media Department - ABEL NYC, New York, NY, pg. 25

Shih, Janet - Account Services, Interactive / Digital, Media Department - DEUTSCH, INC., Los Angeles, CA, pg. 350

Shih, Tammy - Account Planner, Media Department - POSTERSCOPE U.S.A., Culver City, CA, pg. 556

Shilgalis, Erin - Media Department - SHERRY MATTHEWS ADVOCACY MARKETING, Austin, TX, pg. 140

Shill, Taylor - Account Planner, Account Services, Media Department - MINDSHARE, New York, NY, pg. 491

Shim, Peter - Media Department - OMD, New York, NY, pg. 498

Shimasaki, Robert - Media Department, NBC - MEDIA ASSEMBLY, New York, NY, pg. 484

Shimmel, Kari - Creative, Interactive / Digital, Management, Media Department, NBC, PPOM - CAMPBELL EWALD, Detroit, MI, pg. 46

Shin, Roserry - Media Department - STARCOM WORLDWIDE, Chicago, IL, pg. 513

Shiner, Meredith - Media Department - GOLIN, Chicago, IL, pg. 609

Shirey, Kaila - Media Department - SWANSON RUSSELL, Omaha, NE, pg. 415

Shishkoff, Gabrielle - Account Planner, Account Services, Media Department - STARCOM WORLDWIDE, Chicago, IL, pg. 513

Shiue, Laura - Media Department, NBC - LEVEL, Minneapolis, MN, pg. 99

Shively, Amber - Account Planner, Account Services, Interactive / Digital, Media Department - KROGER MEDIA SERVICES, Portland, OR, pg. 96

Shlissel, Evan - Interactive / Digital, Media Department - HAVAS MEDIA GROUP, New York, NY, pg. 468

Shnayder, Steven - Interactive / Digital, Media Department - GENERATOR MEDIA + ANALYTICS, New York, NY, pg. 466

Shoaf, Temma - Creative, Media Department - WIEDEN + KENNEDY, New York, NY, pg. 432

Shoemaker, Stephen - Interactive / Digital, Media Department - M/SIX, New York, NY, pg. 482

Shoenthal, Amy - Interactive / Digital, Media Department - M BOOTH & ASSOCIATES, INC., New York, NY, pg. 624

Short, Ryan - Account Services, Interactive / Digital, Management, Media Department - INITIATIVE, Chicago, IL, pg. 479

Shorter, Janet - Media Department - IMS MEDIA SOLUTIONS, New York, NY, pg. 241

Shoukas, Dean - Interactive / Digital, Media Department, PPM - SAATCHI & SAATCHI, New York, NY, pg. 136

Shrader, Dana - Account Services, Management, Media Department, PPOM - UNIVERSAL MCCANN DETROIT, Birmingham, MI, pg. 524

Shreefter, Mariel - Interactive / Digital, Media Department - SPARK FOUNDRY, New York, NY, pg. 508

Shron, Barrie - Media Department - WAVEMAKER, New York, NY, pg. 526

Shtrahman, Lana - Media Department - MINDSHARE, New York, NY, pg. 491

Shu-wei Chen, Diana - Account Services, Management, Media Department - TBWA\WORLDHEALTH, New York, NY, pg. 147

Shudak, Stacey - Interactive / Digital, Media Department - MEDIASPOT, INC., Corona Del Mar, CA, pg. 490

Shue, Jason - Media Department, Programmatic - THE TRADE DESK, Los Angeles, CA, pg. 519

Shuey, Ashley - Media Department - ALOYSIUS BUTLER & CLARK, Wilmington, DE, pg. 30

1685

RESPONSIBILITIES INDEX — AGENCIES

Shuey, Monica - Media Department - JAJO, INC., Wichita, KS, *pg.* 91

Shulman, Tori - Interactive / Digital, Media Department, Programmatic - DIGITAS, Boston, MA, *pg.* 226

Shuman, Donovan - Interactive / Digital, Media Department - NEBO AGENCY, LLC, Atlanta, GA, *pg.* 253

Shumchenia, Greg - Account Services, Management, Media Department - MCGARRYBOWEN, San Francisco, CA, *pg.* 385

Shuster, Karen - Media Department - DUFFY & SHANLEY, INC., Providence, RI, *pg.* 66

Siano, Greg - Account Services, Management, Media Department, PPOM - CROSSMEDIA, New York, NY, *pg.* 463

Sibille, PJ - Media Department - 360I, LLC, New York, NY, *pg.* 320

Siciliano, Rhona - Media Department - TURCHETTE ADVERTISING AGENCY, Fairfield, NJ, *pg.* 157

Siciliano, Jim - Media Department - THE YAFFE GROUP, Southfield, MI, *pg.* 154

Sidley, Katelyn - Analytics, Interactive / Digital, Media Department, NBC - SEER INTERACTIVE, Philadelphia, PA, *pg.* 677

Siebert, Anne - Media Department - STARCOM WORLDWIDE, Chicago, IL, *pg.* 513

Siebold, Susy - Interactive / Digital, Media Department - MEDIASMITH, INC., San Francisco, CA, *pg.* 490

Siegan, Jon - Media Department - STARCOM WORLDWIDE, Chicago, IL, *pg.* 513

Siegel, Noah - Interactive / Digital, Media Department - WAVEMAKER, New York, NY, *pg.* 526

Siegel, Bethany - Account Services - DERSE, INC., Milwaukee, WI, *pg.* 304

Sieler, Michele - Media Department, PPOM - COUDAL PARTNERS, Chicago, IL, *pg.* 53

Siemienski, John - Interactive / Digital, Media Department - QUATTRO DIRECT, Berwyn, PA, *pg.* 290

Sikorski, Kristen - Media Department - VMLY&R, Kansas City, MO, *pg.* 274

Silberstein, Lee - Media Department, NBC, Public Relations - MARINO ORGANIZATION, INC., New York, NY, *pg.* 625

Silha, Diane - Media Department - TIMBERLAKE MEDIA SERVICES, INC., Naperville, IL, *pg.* 520

Silvagni, Natalie - Interactive / Digital, Media Department - QUIGLEY-SIMPSON, Los Angeles, CA, *pg.* 544

Silveira, Julie - Interactive / Digital, Media Department, Research - OMD WEST, Los Angeles, CA, *pg.* 502

Silver, Ashley - Interactive / Digital, Media Department - OMD, New York, NY, *pg.* 498

Silver, Robert - Media Department - PUBLICIS.SAPIENT, New York, NY, *pg.* 258

Silver, David - Media Department, PPOM - REFUEL AGENCY, New York, NY, *pg.* 507

Silverman, Lisa - Account Planner, Account Services, Media Department - SILVERMAN GROUP, New Haven, CT, *pg.* 410

Silverman, Carly - Media Department - MEDIACOM, New York, NY, *pg.* 487

Silverman, Anna - Media Department, PPM - GROUPM, New York, NY, *pg.* 466

Silverman, Rachel - Account Services, Media Department - FCB HEALTH, New York, NY, *pg.* 72

Silverman, Courtney - Media Department - SPARK FOUNDRY, Chicago, IL, *pg.* 510

Silvestre, Franchesca - Finance, Interactive / Digital, Media Department - HEARTS & SCIENCE, New York, NY, *pg.* 471

Silvestri, Michael - Interactive / Digital, Media Department - SPARK FOUNDRY, New York, NY, *pg.* 508

Simko, Tim - Account Services, Management, Media Department - ARENA MEDIA, New York, NY, *pg.* 454

Simmons, Shanell - Interactive / Digital, Media Department - WAVEMAKER, New York, NY, *pg.* 526

Simmons, Sarah - Interactive / Digital, Media Department - WAVEMAKER, New York, NY, *pg.* 526

Simms, Wendy - Media Department - MARRINER MARKETING COMMUNICATIONS, Columbia, MD, *pg.* 105

Simon, Cheryl - Media Department - KELLY, SCOTT & MADISON, INC., Chicago, IL, *pg.* 482

Simon, Justin - Media Department - ZENITH MEDIA, New York, NY, *pg.* 529

Simon Andry, Katherine - Account Services, Interactive / Digital, Media Department - ZEHNDER COMMUNICATIONS, INC., New Orleans, LA, *pg.* 436

Simone, Nicole - Media Department - HEALIXGLOBAL, New York, NY, *pg.* 471

Simonetta, Lindsay - Media Department - STARCOM WORLDWIDE, Chicago, IL, *pg.* 513

Simonian, Maya - Interactive / Digital, Media Department - TOUCHPOINT INTEGRATED COMMUNICATIONS, Darien, CT, *pg.* 520

Simonian, Ian - Interactive / Digital, Media Department, PPM - WESTON | MASON, Marina Del Rey, CA, *pg.* 430

Simonson, Tess - Account Planner, Media Department - MINDSHARE, New York, NY, *pg.* 491

Simpson, Jamie - Media Department - YOUNG & LARAMORE, Indianapolis, IN, *pg.* 164

Simpson, Kelly - Account Services, Management, Media Department - FITZCO, Atlanta, GA, *pg.* 73

Simpson, Sarah - Media Department - OMD, Chicago, IL, *pg.* 500

Simpson, Cory - Account Planner, Media Department - FALLON WORLDWIDE, Minneapolis, MN, *pg.* 70

Simpson, Thomas - Interactive / Digital, Media Department, Operations - MINDSHARE, New York, NY, *pg.* 491

Simpson, Whitney - Media Department - SPARK FOUNDRY, Chicago, IL, *pg.* 510

Simpson, Jordyn - Interactive / Digital, Media Department - MINDSHARE, New York, NY, *pg.* 491

Simpson, Clinton - Media Department, PPOM - DIGITAS, New York, NY, *pg.* 226

Sims, Brent - Account Planner, Media Department, NBC, PPOM - ROCKIT SCIENCE AGENCY, Baton Rouge, LA, *pg.* 16

Sims, Lindsey - Media Department - MADWELL, Brooklyn, NY, *pg.* 13

Sincaglia, Matt - Account Planner, Analytics, Management, Media Department, NBC - REDPEG MARKETING, Alexandria, VA, *pg.* 692

Sinclair, Jaclyn - Management, Media Department - SPARK FOUNDRY, Chicago, IL, *pg.* 510

Singer, Aldo - Interactive / Digital, Media Department, NBC, Social Media - HAVAS MEDIA GROUP, New York, NY, *pg.* 468

Singh, Navneet - Interactive / Digital, Media Department, Programmatic - HORIZON MEDIA, INC., New York, NY, *pg.* 474

Singh, Bani - Account Planner, Account Services, Media Department - PHD CHICAGO, Chicago, IL, *pg.* 504

Singh, Bhawan - Media Department - VAYNERMEDIA, New York, NY, *pg.* 689

Singleton, Dana - Account Planner, Media Department - VM1 (ZENITH MEDIA + MOXIE), New York, NY, *pg.* 526

Singleton, Dana - Media Department - ZENITH MEDIA, New York, NY, *pg.* 529

Sinha, Soumya - Media Department, NBC, Research - OMD, New York, NY, *pg.* 498

Sinitean, Sarah - Interactive / Digital, Media Department, Programmatic, Social Media - STARCOM WORLDWIDE, Chicago, IL, *pg.* 513

Siodlarz, Ashlee - Account Planner, Media Department, Operations - TEAM ARROW PARTNERS - GROUPM, Minneapolis, MN, *pg.* 519

Sipes, Laura - Management, Media Department - GENESCO SPORTS ENTERPRISES, Dallas, TX, *pg.* 306

Siripong, Jennifer - Interactive / Digital, Media Department, Research - NO FIXED ADDRESS INC., Toronto, ON, *pg.* 120

Sisti, Kara - Account Services, Media Department - C2C OUTDOOR, New York, NY, *pg.* 550

Siu, Wilson - Analytics, Media Department - MEDIAHUB BOSTON, Boston, MA, *pg.* 489

Siu, Maggie - Account Services,

AGENCIES

RESPONSIBILITIES INDEX

Interactive / Digital, Media Department - MINDSHARE, Atlanta, GA, *pg.* 493

Sizemore, Kim - Interactive / Digital, Media Department - WIEDEN + KENNEDY, Portland, OR, *pg.* 430

Sizemore, Stefanie - Interactive / Digital, Media Department - THE SEARCH AGENCY, Glendale, CA, *pg.* 677

Skaats, Jeanine - Finance, Interactive / Digital, Media Department - SPARK FOUNDRY, New York, NY, *pg.* 508

Skandalis, Mike - Management, Media Department - MGH ADVERTISING, Owings Mills, MD, *pg.* 387

Skeadas, Mariana - Media Department - NOBLE PEOPLE, New York, NY, *pg.* 120

Skeete, Nia - Interactive / Digital, Media Department - ZENITH MEDIA, Atlanta, GA, *pg.* 531

Skellett, Sherri - Account Services, Interactive / Digital, Media Department - THE MARTIN AGENCY, Richmond, VA, *pg.* 421

Skelly, Meaghan - Media Department - MINDSHARE, New York, NY, *pg.* 491

Skiles, Jane - Media Department - THE RICHARDS GROUP, INC., Dallas, TX, *pg.* 422

Skinner, Susana - Media Department - GSD&M, Austin, TX, *pg.* 79

Skjold, Ann Marie - Interactive / Digital, Media Department - MINDSHARE, New York, NY, *pg.* 491

Skobac, Kevin - Account Planner, Interactive / Digital, Media Department, NBC, Social Media - SS+K, New York, NY, *pg.* 144

Skorin, Emily - Interactive / Digital, Media Department, Programmatic - MINDSHARE, Chicago, IL, *pg.* 494

Skrove, Kristin - Media Department - HAWORTH MARKETING & MEDIA, Minneapolis, MN, *pg.* 470

Skrtich, Brandi - Media Department - R&R PARTNERS, Las Vegas, NV, *pg.* 131

Skundrich, Jenny - Account Services, Media Department - RECRUITICS, Lafayette, CA, *pg.* 404

Skwiersky, Roni - Media Department - GSD&M, Austin, TX, *pg.* 79

Slackman, Shari - Interactive / Digital, Media Department - GENERATOR MEDIA + ANALYTICS, New York, NY, *pg.* 466

Sladack, David - Account Services, Media Department, PPOM - BLD MARKETING, Bethel Park, PA, *pg.* 334

Slate, Alanna - Account Planner, Interactive / Digital, Media Department, NBC - INITIATIVE, New York, NY, *pg.* 477

Slater, Scott - Management, Media Department - HAWORTH MARKETING & MEDIA, Minneapolis, MN, *pg.* 470

Slater, Summer - Interactive / Digital, Media Department, PPOM - DNA SEATTLE, Seattle, WA, *pg.* 180

Slattery, Ashley - Interactive / Digital, Media Department - MINDSHARE, New York, NY, *pg.* 491

Slattery, Taylor - Media Department - STARCOM WORLDWIDE, Chicago, IL, *pg.* 513

Slattery-Gaston, Brian - Media Department - RIPPLE STREET, Irvington, NY, *pg.* 687

Slaymaker, Kathy - Creative, Media Department - ADFINITY MARKETING GROUP, Cedar Rapids, IA, *pg.* 27

Slezak, Jeannie - Creative, Media Department, PPOM - FCB CHICAGO, Chicago, IL, *pg.* 71

Slinko, Madeline - Account Planner, Media Department, NBC - HORIZON MEDIA, INC., New York, NY, *pg.* 474

Sloan, Phil - Account Services, Interactive / Digital, Media Department, NBC - CANVAS WORLDWIDE, New York, NY, *pg.* 458

Sloan, Ariane - Media Department - FINN PARTNERS, New York, NY, *pg.* 603

Slocum, Allison - Account Planner, Media Department - THE MARTIN AGENCY, Richmond, VA, *pg.* 421

Slominski, Jason - Media Department - HEALIXGLOBAL, New York, NY, *pg.* 471

Slovitt, Lee - Media Department - HEARTBEAT IDEAS, New York, NY, *pg.* 238

Smack, Jeff - Creative, Interactive / Digital, Media Department, NBC - YEBO, Richmond, VA, *pg.* 164

Smart, Rob - Interactive / Digital, Media Department, PPM - BRIGHTON AGENCY, INC., Saint Louis, MO, *pg.* 337

Smart Mannetti, Lauren - Media Department - BRUNNER, Pittsburgh, PA, *pg.* 44

Smiley, Shannon - Account Planner, Media Department, NBC - ENERGY BBDO, INC., Chicago, IL, *pg.* 355

Smith, Kristen - Media Department - THE IMAGINATION COMPANY, Bethel, VT, *pg.* 201

Smith, Pat - Media Department - HERCKY, PASQUA, HERMAN, INC., Roselle Park, NJ, *pg.* 84

Smith, Zach - Interactive / Digital, Media Department - POWERPHYL MEDIA SOLUTIONS, New York, NY, *pg.* 506

Smith, James - Creative, Media Department - POTTS MARKETING GROUP, Anniston, AL, *pg.* 398

Smith, Chris - Account Planner, Creative, Media Department, NBC, PPOM - THE MARKETING ARM, Dallas, TX, *pg.* 316

Smith, Kirk - Account Planner, Interactive / Digital, Management, Media Department - UNIVERSAL MCCANN DETROIT, Birmingham, MI, *pg.* 524

Smith, Denise - Account Services, Media Department - UNIVERSAL MCCANN DETROIT, Birmingham, MI, *pg.* 524

Smith, Ryan - Media Department - PHD USA, New York, NY, *pg.* 505

Smith, Dustin - Interactive / Digital, Media Department, Social Media - CARMICHAEL LYNCH, Minneapolis, MN, *pg.* 47

Smith, Keisha - Media Department - 22SQUARED INC., Atlanta, GA, *pg.* 319

Smith, Allie - Interactive / Digital, Media Department - SPARK FOUNDRY, Chicago, IL, *pg.* 510

Smith, Jennifer - Media Department - TRACYLOCKE, Irving, TX, *pg.* 683

Smith, Lindsay - Media Department, Social Media - VENTURE COMMUNICATIONS, LTD., Calgary, AB, *pg.* 158

Smith, Ashley - Media Department - NOVUS MEDIA, INC., Plymouth, MN, *pg.* 497

Smith, Peter - Interactive / Digital, Media Department, NBC, Social Media - GMR MARKETING, New Berlin, WI, *pg.* 306

Smith, Jill - Media Department - DRAKE COOPER, Boise, ID, *pg.* 64

Smith, Gretchen - Account Services, Interactive / Digital, Media Department - OMD, New York, NY, *pg.* 498

Smith, Duane - Interactive / Digital, Media Department - 22SQUARED INC., Atlanta, GA, *pg.* 319

Smith, Dexter - Interactive / Digital, Media Department - STARCOM WORLDWIDE, Chicago, IL, *pg.* 513

Smith, Merry Michael - Media Department - BIG COMMUNICATIONS, INC., Birmingham, AL, *pg.* 39

Smith, Zach - Account Planner, Media Department, NBC - MEDIACOM, New York, NY, *pg.* 487

Smith, Cassie - Media Department - BULLY PULPIT INTERACTIVE, Washington, DC, *pg.* 45

Smith, Nicholas - Media Department - HORIZON MEDIA, INC., New York, NY, *pg.* 474

Smith, Devin - Media Department - GSD&M, Austin, TX, *pg.* 79

Smith, Emily - Interactive / Digital, Media Department, Programmatic, Social Media - DIGITAS, Boston, MA, *pg.* 226

Smith, Katy - Interactive / Digital, Media Department - CSM SPORTS & ENTERTAINMENT, Indianapolis, IN, *pg.* 55

Smith, Brooke - Media Department - CLM MARKETING & ADVERTISING, Boise, ID, *pg.* 342

Smith, Kristen - Interactive / Digital, Media Department, Social Media - CROSSMEDIA, New York, NY, *pg.* 463

Smith, Marc - Interactive / Digital, Media Department, Programmatic - CROSSMEDIA, Philadelphia, PA, *pg.* 463

Smith, Tara - Media Department - HAVAS MEDIA GROUP, New York, NY, *pg.* 468

Smith, Halley - Interactive / Digital, Media Department - YOUNG & LARAMORE, Indianapolis, IN, *pg.* 164

Smith, Timothy - Media Department,

1687

RESPONSIBILITIES INDEX

AGENCIES

Public Relations - IPNY, New York, NY, *pg.* 90

Smith, Blair - Interactive / Digital, Media Department - ESSENCE, New York, NY, *pg.* 232

Smith, Jarrett - Management, Media Department - ECHO DELTA, Winter Haven, FL, *pg.* 353

Smith, Kristine - Media Department - DEBERRY GROUP, San Antonio, TX, *pg.* 595

Smith, Daniel - Media Department - OPENMIND, New York, NY, *pg.* 503

Smith, Amanda - Media Department, Public Relations, Social Media - BENEDICT ADVERTISING, Daytona Beach, FL, *pg.* 38

Smith, Ben - Interactive / Digital, Media Department, Social Media - CALLAHAN CREEK , Lawrence, KS, *pg.* 4

Smith, Shannon - Media Department, Social Media - 360I, LLC, New York, NY, *pg.* 320

Smith, Alyssa - Account Services, Media Department - NEMER, FIEGER & ASSOCIATES, Minneapolis, MN, *pg.* 391

Smith, Sadie - Account Services, Media Department - WARNER COMMUNICATIONS, Boston, MA, *pg.* 659

Smith, Jill - Interactive / Digital, Media Department - INSIGHT MARKETING DESIGN, Sioux Falls, SD, *pg.* 89

Smith, Marilyn Anne - Account Planner, Account Services, Interactive / Digital, Media Department - ZENITH MEDIA, New York, NY, *pg.* 529

Smith, Leslie - Account Planner, Account Services, Media Department - OMD SAN FRANCISCO, San Francisco, CA, *pg.* 501

Smith, Dailon - Media Department - ALETHEIA MARKETING & MEDIA, Dallas, TX, *pg.* 454

Smith-Hawkins, Geriease - Account Services, Creative, Media Department - BRIGHT MOMENTS PUBLIC RELATIONS, New Orleans, LA, *pg.* 586

Smithgall, Jonathan - Interactive / Digital, Media Department - LOVE COMMUNICATIONS, Salt Lake City, UT, *pg.* 101

Smithson, Lyndale - Media Department - CAYENNE CREATIVE, Birmingham, AL, *pg.* 49

Smola, Kellyn - Media Department - BUTLER / TILL, Rochester, NY, *pg.* 457

Smolin, Philip - Account Planner, Management, Media Department, NBC, PPOM - AMOBEE, INC., Redwood City, CA, *pg.* 213

Smoller, Jessica - Account Services, Media Department - PUBLICIS.SAPIENT, Coconut Grove, FL, *pg.* 259

Smull, Andia - Media Department - DOUBLESPACE, New York, NY, *pg.* 180

Smyth, Mary Frances - Media Department - MEDIA ASSEMBLY, Southfield, MI, *pg.* 385

Smyth, Shelby - Media Department - DWA MEDIA, Boston, MA, *pg.* 464

Snavely, Meredith - Account Planner, Account Services, Management, Media Department - CAMPBELL EWALD, West Hollywood, CA, *pg.* 47

Snelling, Cassandra - Media Department - LANETERRALEVER, Phoenix, AZ, *pg.* 245

Snitkovsky, Masha - Account Services, Media Department, Public Relations, Social Media - MARINA MAHER COMMUNICATIONS, New York, NY, *pg.* 625

Snitzer, Tina - Management, Media Department - CORINTHIAN MEDIA, INC., New York, NY, *pg.* 463

Snively, Jenn - Media Department - (ADD)VENTURES, Providence, RI, *pg.* 207

Snyder, Tracy - Account Planner, Media Department - WAVEMAKER, New York, NY, *pg.* 526

Snyder, Thomas - Finance, Media Department - MEDIACOM, New York, NY, *pg.* 487

Snyder, Megan - Media Department - WEB TALENT MARKETING, Lancaster, PA, *pg.* 276

Snyder, Allie - Interactive / Digital, Media Department - EMPOWER, Cincinnati, OH, *pg.* 354

Snyder, Ryan - Media Department - SPARK FOUNDRY, New York, NY, *pg.* 508

So, Michael - Account Planner, Interactive / Digital, Media Department, Public Relations - WAVEMAKER, Toronto, ON, *pg.* 529

Sobel, Ashley - Media Department - THE MEDIA KITCHEN, New York, NY, *pg.* 519

Sobieszczyk, Timothy - Interactive / Digital, Media Department - STARCOM WORLDWIDE, Chicago, IL, *pg.* 513

Sobol, Aaron - Interactive / Digital, Media Department, PPOM - UNIVERSAL MCCANN, New York, NY, *pg.* 521

Soby, Kelsey - Media Department - PERISCOPE, Minneapolis, MN, *pg.* 127

Socha, Colleen - Media Department - UNIVERSAL MCCANN DETROIT, Birmingham, MI, *pg.* 524

Socolow, Julie - Media Department - HEALIXGLOBAL, New York, NY, *pg.* 471

Soeder, Robert - Media Department - ZENITH MEDIA, Chicago, IL, *pg.* 531

Soffer, Ben - Interactive / Digital, Media Department, Social Media - MARINA MAHER COMMUNICATIONS, New York, NY, *pg.* 625

Sohan, Tina - Media Department - UNIVERSAL MCCANN, New York, NY, *pg.* 521

Sohmer, Ryan - Creative, Media Department - BLIND FERRET, Montreal, QC, *pg.* 217

Soileau, Jamie - Account Planner, Media Department - THE RICHARDS GROUP, INC., Dallas, TX, *pg.* 422

Sokolewicz, Darcy - Media Department, NBC, PPOM - CREATIVE COMMUNICATION ASSOCIATES, Troy, NY, *pg.* 54

Sokoly, Alyson - Media Department - UNIVERSAL MCCANN DETROIT, Birmingham, MI, *pg.* 524

Solano, Bill - Account Planner, Media Department - CARAT, New York, NY, *pg.* 459

Solinski, Patrick - Interactive / Digital, Media Department - MINDSHARE, New York, NY, *pg.* 491

Solis, Jared - Media Department - THE WOOD AGENCY, San Antonio, TX, *pg.* 154

Solomon, Victoria - Interactive / Digital, Media Department, PPOM - WAVEMAKER, New York, NY, *pg.* 526

Solomon, Elissa - Media Department, NBC - SCHIEFER CHOPSHOP, Irvine, CA, *pg.* 508

Solomons, Paul - Account Planner, Media Department, NBC - CHAMPION MANAGEMENT GROUP, LLC, Addison, TX, *pg.* 589

Solu, Cameron - Interactive / Digital, Media Department - JEKYLL AND HYDE, Redford, MI, *pg.* 92

Somera, Jo-Anne - Media Department, NBC - LAUNDRY SERVICE, Brooklyn, NY, *pg.* 287

Somerville, Whitney - Account Services, Media Department - FRAZIERHEIBY, Columbus, OH, *pg.* 75

Sommers, Todd - Media Department - ALLISON+PARTNERS, Scotsdale, AZ, *pg.* 577

Somoza, Sofia - Media Department - 72ANDSUNNY, Playa Vista, CA, *pg.* 23

Somsen Diem, Kara - Account Services, Media Department - RECRUITICS, Lafayette, CA, *pg.* 404

Son, Catherine - Account Planner, Interactive / Digital, Media Department, Operations - CARAT, New York, NY, *pg.* 459

Sones, Stephanie - Account Services, Media Department - IMRE, Los Angeles, CA, *pg.* 374

Song, Mimi - Account Planner, Management, Media Department, NBC, PPOM - HUDSON ROUGE, New York, NY, *pg.* 371

Song, April - Interactive / Digital, Media Department - GROUPM, New York, NY, *pg.* 466

Sonnenschein, Ned - Account Planner, Media Department - DROGA5, New York, NY, *pg.* 64

Soon, Faye - Account Planner, Account Services, Interactive / Digital, Media Department - CARAT, New York, NY, *pg.* 459

Sorcan, Kathy - Media Department - PLATYPUS ADVERTISING & DESIGN , Pewaukee, WI, *pg.* 397

Sorensen, Kelly - Account Planner, Account Services, Interactive / Digital, Media Department - STARCOM WORLDWIDE, North Hollywood, CA, *pg.* 516

Sorensen, Krissy - Media Department - MARTIN WILLIAMS ADVERTISING,

AGENCIES

RESPONSIBILITIES INDEX

Minneapolis, MN, *pg.* 106
Soriano, Joe - Media Department - GRP MEDIA, INC., Chicago, IL, *pg.* 467
Sorin, Jenna - Media Department - STARCOM WORLDWIDE, Chicago, IL, *pg.* 513
Sorkin, Lane - Media Department - CAMPBELL EWALD NEW YORK, New York, NY, *pg.* 47
Sorrentino, Neil - Interactive / Digital, Media Department, Promotions - HEARTS & SCIENCE, New York, NY, *pg.* 471
Sosa, Diana - Media Department - OCEAN MEDIA, INC., Huntington Beach, CA, *pg.* 498
Sosa, Emerson - Account Planner, Media Department - MEDIACOM, New York, NY, *pg.* 487
Sosnow, Elizabeth - Management, Media Department, PPOM, Public Relations - BLISS INTEGRATED COMMUNICATIONS, New York, NY, *pg.* 584
Sostrin, Adam - Media Department - SPARK FOUNDRY, El Segundo, CA, *pg.* 512
Soto, Kelley - Media Department - INITIATIVE, New York, NY, *pg.* 477
Sotsky, Alexis - Media Department - MEDIACOM, New York, NY, *pg.* 487
Sottolano, Christina - Media Department - UNDERSCORE MARKETING, LLC, New York, NY, *pg.* 521
Soudek, Charlotte - Media Department - PHD CHICAGO, Chicago, IL, *pg.* 504
Soulek, Sam - Creative, Media Department - 10 THOUSAND DESIGN, Minneapolis, MN, *pg.* 171
Souleles, Candace - Media Department - MANCUSO MEDIA, Carlsbad, CA, *pg.* 382
Soulies, Casey - Interactive / Digital, Media Department - MERING, Sacramento, CA, *pg.* 114
Soulsby, Liz - Media Department - GEOMETRY, Akron, OH, *pg.* 362
Southard, Vicki - Media Department - TVA MEDIA GROUP, Studio City, CA, *pg.* 293
Southworth, Julia - Media Department - BLUETENT, Carbondale, CO, *pg.* 218
Spadaro, Lou - Analytics, Media Department - STARCOM WORLDWIDE, New York, NY, *pg.* 517
Spainhour, Marissa - Account Services, Interactive / Digital, Media Department - STERLING-RICE GROUP, Boulder, CO, *pg.* 413
Spalding, Amy - Interactive / Digital, Media Department - CALLAN ADVERTISING COMPANY, Burbank, CA, *pg.* 457
Spangenberg, Karl - Account Services, Management, Media Department - MEDIALINK, New York, NY, *pg.* 386
Spaniardi, Amy - Media Department - DWA MEDIA, San Francisco, CA, *pg.* 464
Sparrer, John - Media Department - CARAT, Detroit, MI, *pg.* 461
Spaseff, Alexandra - Media Department - MINDSHARE, New York, NY, *pg.* 491
Spatz, Shannon - Media Department - ICROSSING, Chicago, IL, *pg.* 241
Spaulding, Katy - Management, Media Department, Operations - ALLISON+PARTNERS, Portland, OR, *pg.* 577
Speagle, Kristen - Account Services, Interactive / Digital, Media Department, Operations - BRIGHTWAVE MARKETING, INC., Atlanta, GA, *pg.* 219
Speaks, Aaron - Media Department - THE TOMBRAS GROUP, Knoxville, TN, *pg.* 424
Spector, Evan - Media Department, PPOM - MINDSHARE, New York, NY, *pg.* 491
Spector, Phillip - Account Planner, Account Services, Media Department - MEDIAHUB BOSTON, Boston, MA, *pg.* 489
Speed, Tyler - Media Department - SPARK FOUNDRY, Chicago, IL, *pg.* 510
Speers, Brandon - Media Department - 360I, LLC, Atlanta, GA, *pg.* 207
Spelbrink, Stephanie - Interactive / Digital, Media Department - CARAT, New York, NY, *pg.* 459
Spence, Shannon - Interactive / Digital, Media Department - ZIMMERMAN ADVERTISING, Fort Lauderdale, FL, *pg.* 437
Spencer, Ron - Interactive / Digital, Media Department, PPM - RICOCHET PARTNERS, Portland, OR, *pg.* 406
Spencer, Jesse - Interactive / Digital, Media Department, Social Media - LEO BURNETT DETROIT, Troy, MI, *pg.* 97
Sperin, Skylar - Media Department - 360I, LLC, Atlanta, GA, *pg.* 207
Sperla, Jacob - Interactive / Digital, Media Department, Public Relations - GOODBY, SILVERSTEIN & PARTNERS, San Francisco, CA, *pg.* 77
Sperling, Tyler - Media Department - OMD, New York, NY, *pg.* 498
Sperry, Mark - Account Services, Interactive / Digital, Media Department - OMD, New York, NY, *pg.* 498
Sperzel, Josef - Interactive / Digital, Media Department - HORIZON MEDIA, INC., New York, NY, *pg.* 474
Sperzel, Casey - Media Department - SWIFT, Portland, OR, *pg.* 145
Spicer, Aki - Account Planner, Account Services, Creative, Interactive / Digital, Management, Media Department - LEO BURNETT WORLDWIDE, Chicago, IL, *pg.* 98
Spicer, Stephanie - Media Department - LUQUIRE GEORGE ANDREWS, INC., Charlotte, NC, *pg.* 382
Spiegel, Beth - Finance, Media Department - BFO, Chicago, IL, *pg.* 217
Spiegel, Gregg - Media Department - SOURCE COMMUNICATIONS, Hackensack, NJ, *pg.* 315
Spiegelman, Josh - Account Services, Media Department, PPOM - MINDSHARE, New York, NY, *pg.* 491
Spielman, Rachel - Media Department - RUDER FINN, INC., New York, NY, *pg.* 645
Spielvogel, Seth - Management, Media Department, Operations - MINDSHARE, New York, NY, *pg.* 491
Spinks, Jeremy - Creative, Media Department, NBC - BOWSTERN, Tallahassee, FL, *pg.* 336
Spire, Jennifer - Account Services, Media Department, PPOM - PRESTON KELLY, Minneapolis, MN, *pg.* 129
Spitaleri, Matthew - Media Department - WAVEMAKER, New York, NY, *pg.* 526
Spitz, Meredith - Interactive / Digital, Media Department, NBC - 360I, LLC, Chicago, IL, *pg.* 208
Spoden Kiss, Anne - Interactive / Digital, Media Department - TAG COMMUNICATIONS, INC., Davenport, IA, *pg.* 416
Spong, Christopher - Interactive / Digital, Media Department, NBC - NINA HALE CONSULTING, Minneapolis, MN, *pg.* 675
Sporkin, Danielle - Account Services, Interactive / Digital, Media Department - OMD, New York, NY, *pg.* 498
Sporn, Benjamin - Account Services, Management, Media Department - JUMP 450 MEDIA, New York, NY, *pg.* 481
Spoto, Erica - Media Department - MINDSHARE, New York, NY, *pg.* 491
Sprague, Abigail - Media Department - MEDIACOM, New York, NY, *pg.* 487
Sprague, Jill - Media Department - IDFIVE, Baltimore, MD, *pg.* 373
Spreer, Megan - Interactive / Digital, Media Department, Social Media - CALLAHAN CREEK, Lawrence, KS, *pg.* 4
Spurlock, Emily - Media Department, Promotions - IGNITE SOCIAL MEDIA, Cary, NC, *pg.* 686
Spurway-Griffin, Sarah - Media Department - D50 MEDIA, Chestnut Hill, MA, *pg.* 348
Squires, Maggie - Media Department - MOXIE COMMUNICATIONS GROUP, New York, NY, *pg.* 628
St John, Theodore - Account Services, Media Department - OMD, New York, NY, *pg.* 498
St. Fleur, Melissa - Account Services, Interactive / Digital, Media Department - VMLY&R, New York, NY, *pg.* 160
Stabler, Elizabeth - Media Department - THE RICHARDS GROUP, INC., Dallas, TX, *pg.* 422
Stabler, Zach - Media Department, Social Media - BIGWING, Oklahoma City, OK, *pg.* 217
Stack, Doyle - Interactive / Digital, Media Department - SPARK FOUNDRY, Chicago, IL, *pg.* 510
Stacy, Marina - Media Department,

RESPONSIBILITIES INDEX — AGENCIES

NBC - MEDIA BROKERS INTERNATIONAL, Alpharetta, GA, *pg.* 485

Stadnyk, Erica - Media Department - TOUCHPOINT INTEGRATED COMMUNICATIONS, Darien, CT, *pg.* 520

Staffon, Haley - Media Department - MARTIN WILLIAMS ADVERTISING, Minneapolis, MN, *pg.* 106

Stagliano, Michael - Interactive / Digital, Media Department - STARCOM WORLDWIDE, Chicago, IL, *pg.* 513

Stagner, Michael - Analytics, Media Department - THE RICHARDS GROUP, INC., Dallas, TX, *pg.* 422

Stahl, Eric - Interactive / Digital, Media Department, NBC - GARTNER, INC., Stamford, CT, *pg.* 236

Stahlecker, Nicole - Account Planner, Account Services, Interactive / Digital, Media Department - PAPPAS GROUP, Arlington, VA, *pg.* 396

Staires, Julie - Media Department - THE RAMEY AGENCY, Jackson, MS, *pg.* 422

Stalder, Morgan - Interactive / Digital, Media Department - HORIZON MEDIA, INC., New York, NY, *pg.* 474

Stamell, Asher - Media Department - MEKANISM, New York, NY, *pg.* 113

Stanback, Sydney - Media Department - PHD USA, New York, NY, *pg.* 505

Stancil, Anthony - Human Resources, Interactive / Digital, Media Department - CROSSMEDIA, New York, NY, *pg.* 463

Stanczak, Stephanie - Media Department - OCEAN MEDIA, INC., Huntington Beach, CA, *pg.* 498

Standley, Morgan - Media Department - STARCOM WORLDWIDE, Chicago, IL, *pg.* 513

Stanislovaitis, Mindy - Media Department - ESSENCE, Seattle, WA, *pg.* 232

Stanley, Jessica - Media Department - UNIVERSAL MCCANN DETROIT, Birmingham, MI, *pg.* 524

Stanley, Sarah - Media Department - UNIVERSAL MCCANN, New York, NY, *pg.* 521

Stansfield, Caitlin - Media Department - BRIVICMEDIA, INC., Houston, TX, *pg.* 456

Stanton, Bill - Media Department - STARCOM WORLDWIDE, Chicago, IL, *pg.* 513

Stanton, Jenna - Media Department - ID MEDIA, New York, NY, *pg.* 477

Stanton, Jack - Media Department - ZENITH MEDIA, New York, NY, *pg.* 529

Staples, Marisa - Account Planner, Account Services, Media Department, NBC - VAYNERMEDIA, Sherman Oaks, CA, *pg.* 689

Stapleton, Sean - Media Department, NBC - MEDIACOM, New York, NY, *pg.* 487

Starcevich, Lauren - Management, Media Department - MINDSHARE, Chicago, IL, *pg.* 494

Stark, Pamela - Account Services, Media Department, PPOM - ADFINITY MARKETING GROUP, Cedar Rapids, IA, *pg.* 27

Stark, Betsy - Account Planner, Media Department, NBC, Public Relations - OGILVY PUBLIC RELATIONS, New York, NY, *pg.* 633

Stark, Jaclyn - Media Department - DIGITAS HEALTH LIFEBRANDS, Philadelphia, PA, *pg.* 229

Stark, Alyson - Account Planner, Interactive / Digital, Media Department - STARCOM WORLDWIDE, Chicago, IL, *pg.* 513

Stark, Jessica - Interactive / Digital, Media Department - THE INTEGER GROUP - DALLAS, Dallas, TX, *pg.* 570

Starkey-Posey, Yvonne - Account Planner, Account Services, Management, Media Department - GREY MIDWEST, Cincinnati, OH, *pg.* 366

Starr, Janelle - Management, Media Department, PPOM - HEARTBEAT IDEAS, El Segundo, CA, *pg.* 238

Starr, Lisa - Account Services, Interactive / Digital, Media Department, NBC - ASHER AGENCY, Fort Wayne, IN, *pg.* 327

Starr, Rachel - Interactive / Digital, Media Department, NBC - CARAT, New York, NY, *pg.* 459

Starr, Stephanie - Management, Media Department - MEDIACOM, New York, NY, *pg.* 487

Starrantino, Liana - Media Department - DIMASSIMO GOLDSTEIN, New York, NY, *pg.* 351

Stasiak, Bret - Account Planner, Account Services, Media Department - BVK, Milwaukee, WI, *pg.* 339

Staton, Dana - Interactive / Digital, Media Department - STARCOM WORLDWIDE, Chicago, IL, *pg.* 513

Stauffer, Haley - Interactive / Digital, Media Department - NEBO AGENCY, LLC, Atlanta, GA, *pg.* 253

Stauffer, Heather - Account Services, Media Department - ADPERIO, Denver, CO, *pg.* 533

Stauss, Brian - Media Department - DAVIS AD AGENCY, Virginia Beach, VA, *pg.* 58

Stavrou, Harry - Interactive / Digital, Media Department - HCB HEALTH, Austin, TX, *pg.* 83

Stebbins, Charity - Interactive / Digital, Media Department, NBC - CONDUCTOR, New York, NY, *pg.* 672

Steblai, Diana - Management, Media Department - UNIVERSAL MCCANN, New York, NY, *pg.* 521

Stebner, Beth - Account Planner, Account Services, Media Department - PHD CHICAGO, Chicago, IL, *pg.* 504

Stecker, Samantha - Account Planner, Media Department, Programmatic - OCEAN MEDIA, INC., Huntington Beach, CA, *pg.* 498

Stecker, Trisha - Interactive / Digital, Media Department - R&R PARTNERS, Las Vegas, NV, *pg.* 131

Stedman, Lauren - Media Department - PUBLICIS HEALTH MEDIA, Philadelphia, PA, *pg.* 506

Steed, Valdez - Account Planner, Interactive / Digital, Media Department - PHD USA, New York, NY, *pg.* 505

Steel, Phoebe - Media Department - HAVAS MEDIA GROUP, New York, NY, *pg.* 468

Steele, Laurie - Account Services, Management, Media Department - BURNS MARKETING, Loveland, CO, *pg.* 219

Steephen, Anushka - Media Department - UNIVERSAL MCCANN, New York, NY, *pg.* 521

Steer, Scott - Media Department - THE MILLER GROUP, Pacific Palisades, CA, *pg.* 421

Stegmann, Jack - Media Department - OMD, Chicago, IL, *pg.* 500

Stein, Gail - Account Services, Analytics, Media Department, NBC - HEARTS & SCIENCE, New York, NY, *pg.* 471

Stein, Craig - Account Planner, Media Department - ESSENCE, New York, NY, *pg.* 232

Stein, Gary - Account Services, Analytics, Interactive / Digital, Management, Media Department, NBC, PPOM, Research - DUNCAN CHANNON, San Francisco, CA, *pg.* 66

Stein, Cindy - Interactive / Digital, Management, Media Department - 360I, LLC, Atlanta, GA, *pg.* 207

Stein, Alex - Media Department - TOUCHPOINT INTEGRATED COMMUNICATIONS, Darien, CT, *pg.* 520

Stein, Chelsea - Media Department - MINDSHARE, Chicago, IL, *pg.* 494

Steinauer, Shelby - Media Department - RAIN, Portland, OR, *pg.* 402

Steinbach, Matt - Account Planner, Interactive / Digital, Media Department - WAVEMAKER, Los Angeles, CA, *pg.* 528

Steinberg, Jill - Account Planner, Account Services, Media Department - OMD SAN FRANCISCO, San Francisco, CA, *pg.* 501

Steiner, Nancy - Media Department - DIANE ALLEN & ASSOCIATES, Baton Rouge, LA, *pg.* 597

Steiner, Selena - Media Department - MEDIA ASSEMBLY, New York, NY, *pg.* 484

Steinke, Bill - Media Department - MMGY GLOBAL, Kansas City, MO, *pg.* 388

Steinson, Lisa - Media Department - MYRON ADVERTISING & DESIGN, Vancouver, BC, *pg.* 119

Stella, Christine - Media Department - THE RICHARDS GROUP, INC., Dallas, TX, *pg.* 422

Stelma, Joe - Media Department - MAD MEN MARKETING, Jacksonville, FL, *pg.* 102

Stemm, Jason - Account Services, Management, Media Department - PADILLA, New York, NY, *pg.* 635

Stempin, Kathy - Media Department - EXL MEDIA, Incline Village, NV,

AGENCIES

RESPONSIBILITIES INDEX

pg. 465
Stenberg, Edie - Interactive / Digital, Media Department, Social Media - GRIFFIN ARCHER, Minneapolis, MN, *pg.* 78
Stengel, Mary W. - Media Department - REGAN COMMUNICATIONS GROUP, Boston, MA, *pg.* 642
Stephan, Cris - Interactive / Digital, Media Department, Social Media - SPARK FOUNDRY, Chicago, IL, *pg.* 510
Stephen, Kevin - Management, Media Department, PPM - LEO BURNETT TORONTO, Toronto, ON, *pg.* 97
Stephens, Devon - Account Planner, Media Department, NBC - WAVEMAKER, Toronto, ON, *pg.* 529
Stephens, Jordan - Media Department - BARKLEY, Kansas City, MO, *pg.* 329
Stephens, Emma - Media Department - OMD, New York, NY, *pg.* 498
Stephens, Tanner - Media Department, Social Media - TINUITI, Dania Beach, FL, *pg.* 271
Stephenson, Jennifer - Media Department - VARALLO PUBLIC RELATIONS, Nashville, TN, *pg.* 658
Sterling, Bill - Creative, Media Department, PPOM - MOTIV, Boston, MA, *pg.* 192
Sterling, Sandra - Media Department - BEACON MEDIA, Mahwah, NJ, *pg.* 216
Sterling, Mikaela - Media Department - SAATCHI & SAATCHI LOS ANGELES, Torrance, CA, *pg.* 137
Stern, Allen - Media Department - AKQA, San Francisco, CA, *pg.* 211
Stern, Brian - Account Planner, Management, Media Department - THE MEDIA KITCHEN, New York, NY, *pg.* 519
Stern, Stacey - Media Department - KWG ADVERTISING, INC., New York, NY, *pg.* 96
Stern, Sam - Account Planner, Account Services, Media Department - MEDIAHUB BOSTON, Boston, MA, *pg.* 489
Stern, Kelly - Media Department - BEEBY CLARK+MEYLER, Stamford, CT, *pg.* 333
Stetler, Kelly - Media Department - SPARK FOUNDRY, Chicago, IL, *pg.* 510
Steuer, Melissa - Media Department - 360I, LLC, Atlanta, GA, *pg.* 207
Stevens, Michele - Administrative, Finance, Media Department - HANCOCK ADVERTISING AGENCY, Nacogdoches, TX, *pg.* 81
Stevens, Mark - Media Department - AM STRATEGIES, San Diego, CA, *pg.* 324
Stevens, Doug - Interactive / Digital, Media Department, PPM - FLYNN WRIGHT, INC., Des Moines, IA, *pg.* 359
Stevens, Stephanie - Media Department, Programmatic - THE MEDIA KITCHEN, New York, NY, *pg.* 519
Stevens, Meghan - Media Department - D. EXPOSITO & PARTNERS, New York, NY, *pg.* 539

Stevens, Carly - Interactive / Digital, Media Department - ZIMMERMAN ADVERTISING, Fort Lauderdale, FL, *pg.* 437
Stewart, Megan - Media Department - GSD&M, Austin, TX, *pg.* 79
Stewart, Maggie - Interactive / Digital, Media Department - STARCOM WORLDWIDE, Chicago, IL, *pg.* 513
Stewart, Cheryl - Media Department - MEDIA STORM, New York, NY, *pg.* 486
Stewart, Stacey - Interactive / Digital, Management, Media Department - UNIVERSAL MCCANN, New York, NY, *pg.* 521
Stewart, Patrick - Account Planner, Interactive / Digital, Media Department - CANVAS WORLDWIDE, Playa Vista, CA, *pg.* 458
Stewart, Hayley - Media Department - SPARK FOUNDRY, Chicago, IL, *pg.* 510
Stiel, Allison - Interactive / Digital, Management, Media Department, NBC, Social Media - ZEHNDER COMMUNICATIONS, INC., New Orleans, LA, *pg.* 436
Stielglitz, Devon - Account Services, Media Department, NBC - TRADE X PARTNERS, New York, NY, *pg.* 156
Stikeleather, Michelle - Media Department - INFINITY MARKETING, Greenville, SC, *pg.* 374
Stiker, Matt - Media Department - GARRAND MOEHLENKAMP, Portland, ME, *pg.* 75
Stiles, Tom - Interactive / Digital, Media Department - TEAM ONE, Los Angeles, CA, *pg.* 417
Stilwell, Erika - Media Department - TEN ADAMS MARKETING & ADVERTISING, Evansville, IN, *pg.* 147
Stingl, Laura - Account Planner, Interactive / Digital, Media Department, Programmatic - BVK, Milwaukee, WI, *pg.* 339
Stinnett, Wiley - Account Planner, Media Department - DOUGLAS SHAW & ASSOCIATES, Naperville, IL, *pg.* 598
Stinson-Ross, Michelle - Media Department, Operations - APOGEE RESULTS, Austin, TX, *pg.* 672
Stipeche, Cynthia - Media Department - BRANDEXTRACT, LLC, Houston, TX, *pg.* 4
Stipp, Les - Media Department - GSD&M, Chicago, IL, *pg.* 79
Stirling, Beth - Account Planner, Media Department - MERKLEY + PARTNERS, New York, NY, *pg.* 114
Stites, Brooke - Account Services, Media Department, NBC - WIEDEN + KENNEDY, Portland, OR, *pg.* 430
Stizmann, Ryan - Media Department - CONNECT AT PUBLICIS MEDIA, Chicago, IL, *pg.* 462
Stob, David - Media Department - SCHIFINO LEE ADVERTISING, Tampa, FL, *pg.* 139
Stocker, Leslie - Media Department

- SPAWN, Anchorage, AK, *pg.* 648
Stockman, Samantha - Account Services, Management, Media Department - THE MEDIA KITCHEN, New York, NY, *pg.* 519
Stoddard, Christina - Media Department - BBDO WORLDWIDE, New York, NY, *pg.* 331
Stoecker, Tim - Interactive / Digital, Media Department - SIGNAL THEORY, Kansas City, MO, *pg.* 141
Stoelk, Lauren - Media Department, Programmatic - CARMICHAEL LYNCH, Minneapolis, MN, *pg.* 47
Stoer, Ryan - Interactive / Digital, Media Department - KELLY, SCOTT & MADISON, INC., Chicago, IL, *pg.* 482
Stoffel, Joe - Interactive / Digital, Media Department - MARCEL DIGITAL, Chicago, IL, *pg.* 675
Stoffel, Julie - Media Department - BMG, St. Charles, MO, *pg.* 335
Stoga, Susan - Account Planner, Account Services, Media Department, PPOM, Public Relations - CARSON STOGA COMMUNICATIONS INC., Schaumberg, IL, *pg.* 340
Stogner, Sean - Account Planner, Media Department, NBC - PHD USA, New York, NY, *pg.* 505
Stojicevic, Dusan - Media Department - OMD, New York, NY, *pg.* 498
Stoker, Steven - Media Department - BACKBONE MEDIA, Carbondale, CO, *pg.* 579
Stokes, Elliott - Media Department - LAPLACA COHEN ADVERTISING, New York, NY, *pg.* 379
Stokes, Elizabeth - Media Department - INNOVATIVE ADVERTISING, Mandeville, LA, *pg.* 375
Stolarz, Ariana - Account Planner, Interactive / Digital, Management, Media Department, PPOM - MRM//MCCANN, New York, NY, *pg.* 289
Stoliker, Kris - Media Department - MARTIN RETAIL GROUP, Detroit, MI, *pg.* 106
Stoller, Alex - Interactive / Digital, Media Department - HAVAS MEDIA GROUP, Boston, MA, *pg.* 470
Stone, Alex - Account Planner, Interactive / Digital, Media Department - HORIZON MEDIA, INC., New York, NY, *pg.* 474
Stone, Michaela - Media Department - DIXON SCHWABL ADVERTISING, Victor, NY, *pg.* 351
Stone, Ashley - Media Department - UNIVERSAL MCCANN, New York, NY, *pg.* 521
Stone, Mallory - Management, Media Department - EDELMAN, Atlanta, GA, *pg.* 599
Stoner, Brad - Media Department - INITIATIVE, Los Angeles, CA, *pg.* 478
Stoner, Ryan - Media Department - PHENOMENON, Los Angeles, CA, *pg.* 439
Stoopler, Jesse - Account Services,

1691

Interactive / Digital, Media Department - MOMENTUM WORLDWIDE, New York, NY, pg. 117

Stopforth, David - Creative, Media Department - INITIATIVE, New York, NY, pg. 477

Stopulos, Stephanie - Interactive / Digital, Management, Media Department - STARCOM WORLDWIDE, North Hollywood, CA, pg. 516

Storer, Julie - Media Department, PPOM - DELOITTE DIGITAL, Seattle, WA, pg. 224

Storey, Wendy - Interactive / Digital, Media Department - WRAY WARD, Charlotte, NC, pg. 433

Storinge, A.J. - Management, Media Department, Operations, PPOM - HEARTS & SCIENCE, New York, NY, pg. 471

Storm, Megan - Media Department - BAILEY LAUERMAN, Omaha, NE, pg. 35

Stormont, Lisa - Account Planner, Media Department - MAYOSEITZ MEDIA, Blue Bell, PA, pg. 483

Story, Carol - Media Department - BVK, Milwaukee, WI, pg. 339

Stout, Jahnae - Management, Media Department - GCG MARKETING, Fort Worth, TX, pg. 362

Stoven, Stephanie - Media Department - CATALYST MARKETING COMPANY, Fresno, CA, pg. 5

Stover, Stephanie - Media Department - GRETEMAN GROUP, Wichita, KS, pg. 8

Stowe, Halsey - Account Planner, Media Department - EDELMAN, New York, NY, pg. 599

Stowers, Tori - Media Department - LEWIS MEDIA PARTNERS, Richmond, VA, pg. 482

Stox, Cassie - Media Department - MEDTHINK COMMUNICATIONS, Cary, NC, pg. 112

Straka, Chris - Media Department - RON FOTH ADVERTISING, Columbus, OH, pg. 134

Straker, Laronn - Account Planner, Media Department - UWG, Brooklyn, NY, pg. 546

Stramara, Laken - Account Planner, Interactive / Digital, Media Department - THE RICHARDS GROUP, INC., Dallas, TX, pg. 422

Strange, Meg - Media Department - GEILE/LEON MARKETING COMMUNICATIONS, Saint Louis, MO, pg. 362

Strapp, Alyce - Media Department - QUESTUS, San Francisco, CA, pg. 260

Strashnov, Katherine - Interactive / Digital, Media Department - HEARTS & SCIENCE, Los Angeles, CA, pg. 473

Strassman, Lauren - Finance, Media Department - BUTLER / TILL, Rochester, NY, pg. 457

Strathmann, Katy - Interactive / Digital, Media Department - DIGITAS, Chicago, IL, pg. 227

Stratton, Darilyn - Account Planner, Media Department - STARCOM WORLDWIDE, North Hollywood, CA, pg. 516

Strauss, Richard - Media Department, NBC, PPOM - STRAUSS MEDIA STRATEGIES, INC., Washington, DC, pg. 518

Strawn, Joey - Media Department - INDUSTRIAL STRENGTH MARKETING, INC., Nashville, TN, pg. 686

Strayer, Zack - Media Department - MEDIA BROKERS INTERNATIONAL, Alpharetta, GA, pg. 485

Strecker, Laura - Account Services, Media Department - FASONE PARTNERS, INC., Kansas City, MO, pg. 357

Streett, Maureen - Media Department - PUBLICIS.SAPIENT, Atlanta, GA, pg. 259

Streuli, Molly - Media Department - LEOPOLD KETEL & PARTNERS, Portland, OR, pg. 99

Strey, Andrea - Media Department - MINDSHARE, Chicago, IL, pg. 494

Strickland, Jason - Media Department, NBC - WIEDEN + KENNEDY, Portland, OR, pg. 430

Strickland, Ericka - Interactive / Digital, Media Department, NBC - OVATIVE GROUP, Minneapolis, MN, pg. 256

Strickland, Christopher - Account Services, Media Department - OCEAN MEDIA, INC., Huntington Beach, CA, pg. 498

Strietelmeier, Matthew - Media Department - STELLA RISING, Westport, CT, pg. 518

Strife, Chelsey - Media Department - THE BRANDON AGENCY, Myrtle Beach, SC, pg. 419

Stril, Lindsay - Media Department - VOXUS PR, Tacoma, WA, pg. 658

Strodl, Kelly - Media Department, PPM - TEAM 201, Chicago, IL, pg. 269

Stroh, Katrina - Account Planner, Media Department - MEDIA PLUS, INC., Seattle, WA, pg. 486

Strohs, Kendall - Media Department, Social Media - THE RICHARDS GROUP, INC., Dallas, TX, pg. 422

Stronach, Ashley - Media Department - RAIN, Portland, OR, pg. 402

Strout, Aaron - Media Department, NBC - W2O, San Francisco, CA, pg. 659

Strubel, Jonathan - Media Department - EVOK ADVERTISING, Heathrow, FL, pg. 69

Struthers, Maclean - Interactive / Digital, Media Department - APCO WORLDWIDE, Washington, DC, pg. 578

Stryk, Courtney - Media Department - FORWARDPMX, Minneapolis, MN, pg. 360

Stryker, Marc - Media Department - PENNA POWERS BRIAN HAYNES, Salt Lake City, UT, pg. 396

Stuart, Billy - Media Department - NATIONAL BOSTON, Brookline, MA, pg. 253

Stuart, Donna - Creative, Media Department - DRIVE BRAND STUDIO, North Conway, NH, pg. 64

Stuchbury, Tim - Media Department - MEDIACOM, New York, NY, pg. 487

Stuck, Randy - Interactive / Digital, Media Department - HOORAY AGENCY, Irvine, CA, pg. 239

Stumpo, Kerri - Interactive / Digital, Media Department - OMD, Chicago, IL, pg. 500

Stumvoll, Diana - Media Department - CONILL ADVERTISING, INC., El Segundo, CA, pg. 538

Sturgill, Abby - Media Department - HAVAS MEDIA GROUP, Chicago, IL, pg. 469

Sturm, Melonie - Media Department - WATAUGA GROUP, Orlando, FL, pg. 21

Stutler, Pam - Media Department - MOROCH PARTNERS, Dallas, TX, pg. 389

Styer, Alex - Account Services, Interactive / Digital, Media Department - BELLEVUE COMMUNICATIONS, Philadelphia, PA, pg. 582

Su, Vera - Account Planner, Interactive / Digital, Media Department - CARAT, New York, NY, pg. 459

Suarez, Ulissa - Management, Media Department - HAVAS MEDIA GROUP, New York, NY, pg. 468

Suarez, Morgan - Media Department - 22SQUARED INC., Tampa, FL, pg. 319

Suchin, Benjamin - Account Planner, Media Department - MEDIACOM, Playa Vista, CA, pg. 486

Sud, Priyanka - Account Planner, Media Department - WAVEMAKER, San Francisco, CA, pg. 528

Sudit, Katerina - Management, Media Department, NBC, PPOM - HILL HOLLIDAY, New York, NY, pg. 85

Suess, Martina - Creative, Media Department, Public Relations - WPP GROUP, INC., New York, NY, pg. 433

Sugarman, Molly - Management, Media Department - HORIZON MEDIA, INC., New York, NY, pg. 474

Suh, Peter - Media Department - PHD USA, New York, NY, pg. 505

Suhajda, Jackie - Media Department - SPARK FOUNDRY, Chicago, IL, pg. 510

Suk, Juli - Human Resources, Interactive / Digital, Media Department - UNIVERSAL MCCANN, Los Angeles, CA, pg. 524

Sulecki, Jim - Creative, Interactive / Digital, Media Department, PPM - MEISTER INTERACTIVE, Willoughby, OH, pg. 250

Sullivan, Christopher - Media Department - PRINCETON PARTNERS, INC., Princeton, NJ, pg. 398

Sullivan, Pam - Account Services, Management, Media Department - ESSENCE, San Francisco, CA, pg. 232

Sullivan, Katie - Interactive / Digital, Media Department - INITIATIVE, New York, NY, pg. 477

Sullivan, Chris - Interactive / Digital, Media Department - WIEDEN + KENNEDY, Portland, OR, pg. 430

Sullivan, Brian - Media Department,

AGENCIES — RESPONSIBILITIES INDEX

NBC - MEDIACOM, New York, NY, pg. 487

Sullivan, Claire - Media Department - CONNELLY PARTNERS, Boston, MA, pg. 344

Sullivan, Bonnie - Account Planner, Media Department - SPARK FOUNDRY, New York, NY, pg. 508

Sullivan, Brittany - Account Planner, Media Department - GOLIN, Chicago, IL, pg. 609

Sullivan, Michelle - Media Department - OCEAN MEDIA, INC., Huntington Beach, CA, pg. 498

Sullivan, Conor - Media Department - MINDSHARE, Chicago, IL, pg. 494

Sullivan, Caroline - Media Department - POSTERSCOPE U.S.A., New York, NY, pg. 556

Sullivan, Colleen - Media Department - SPARK44, New York, NY, pg. 411

Sullivan Odenbach, Melissa - Media Department - STARCOM WORLDWIDE, Chicago, IL, pg. 513

Sultan, Ruby - Media Department - PHD USA, New York, NY, pg. 505

Sumlin, Andy - Media Department - BURKE COMMUNICATIONS, Charlotte, NC, pg. 176

Summers, Maggie - Media Department - 360I, LLC, Chicago, IL, pg. 208

Summerville, Geoffrey - Account Services, Management, Media Department - HAVAS MEDIA GROUP, New York, NY, pg. 468

Sumner, Ashley - Interactive / Digital, Media Department, Social Media - IPROSPECT, Fort Worth, TX, pg. 674

Sumoski, Dawn - Media Department - OMD, Chicago, IL, pg. 500

Sun, Ronnie - Media Department - ABELSON-TAYLOR, Chicago, IL, pg. 25

Sun, Jenny - Media Department, Programmatic - NEO MEDIA WORLD, New York, NY, pg. 496

Sun, Gianni - Media Department - PHD USA, New York, NY, pg. 505

Sun, Angela - Media Department, NBC - HUGE, INC., Brooklyn, NY, pg. 239

Sundberg, Kristi - Media Department - OMD, Chicago, IL, pg. 500

Sundeen, Jenna - Account Planner, Media Department - HAWORTH MARKETING & MEDIA, Minneapolis, MN, pg. 470

Sunshine, Anna - Account Services, Interactive / Digital, Media Department, NBC - OXFORD ROAD, Sherman Oaks, CA, pg. 503

Suos, Josh - Interactive / Digital, Media Department - MINDSHARE, New York, NY, pg. 491

Suozzi, Charlotte - Interactive / Digital, Media Department - HAVAS MEDIA GROUP, New York, NY, pg. 468

Super, Jennifer - Interactive / Digital, Media Department - SPARK FOUNDRY, New York, NY, pg. 508

Superina, Laura - Media Department - UNIVERSAL MCCANN, New York, NY, pg. 521

Sura, Carolyn - Media Department - LOCKARD & WECHSLER, Irvington, NY, pg. 287

Suri, Natasha - Account Planner, Media Department, Social Media - PROOF ADVERTISING, Austin, TX, pg. 398

Surphlis, Nancy - Management, Media Department, NBC - OMD CANADA, Toronto, ON, pg. 501

Susick, Lindsey - Account Services, Media Department - HAVAS MEDIA GROUP, Chicago, IL, pg. 469

Suskin, Andrew - Interactive / Digital, Media Department - HAVAS MEDIA GROUP, Boston, MA, pg. 470

Sussman, Scott - Media Department - TINSLEY ADVERTISING, Miami, FL, pg. 155

Sussman, Sam - Media Department - STARCOM WORLDWIDE, Chicago, IL, pg. 513

Sussman, Jodi - Media Department - DIGITAS, Atlanta, GA, pg. 228

Sutantio, Samantha - Account Planner, Media Department, NBC - DROGA5, New York, NY, pg. 64

Sutch, Linda - Media Department - ETHOS MARKETING & DESIGN, Westbrook, ME, pg. 182

Sutherland, Erica - Media Department, Public Relations - COXRASMUSSEN & COMPANY, Eureka, CA, pg. 345

Suttmann, Karin - Media Department - JL MEDIA, INC., Union, NJ, pg. 481

Sutton, Steve - Media Department, NBC, Operations - CRISP MEDIA, New York, NY, pg. 533

Sutton, Erin - Account Services, Media Department, NBC - THE RICHARDS GROUP, INC., Dallas, TX, pg. 422

Sutton, Whitney - Media Department, PPM - THE BUNTIN GROUP, Nashville, TN, pg. 148

Sutton, Katy - Media Department - DICOM, INC., Saint Louis, MO, pg. 464

Sutton, Scott - Media Department - HEARTS & SCIENCE, New York, NY, pg. 471

Sutton, Anna - Media Department - 360I, LLC, Chicago, IL, pg. 208

Svagdis, Ashley - Media Department - SPARK FOUNDRY, Atlanta, GA, pg. 512

Svoboda, Sam - Creative, Media Department, Operations, Public Relations - 3POINTS COMMUNICATIONS, Chicago, IL, pg. 573

Swain, Jessie - Media Department - OGILVY PUBLIC RELATIONS, New York, NY, pg. 633

Swain, Richard - Management, Media Department - HUGE, INC., Brooklyn, NY, pg. 239

Swaney, Joel - Analytics, Interactive / Digital, Media Department - NINA HALE CONSULTING, Minneapolis, MN, pg. 675

Swanson, Roe - Media Department - AFFIRM AGENCY, Pewaukee, WI, pg. 323

Swanson, Sara - Media Department - PHD, San Francisco, CA, pg. 504

Swanson, Grieg - Interactive / Digital, Media Department - UNIVERSAL MCCANN, New York, NY, pg. 521

Swanson, Katelyn - Interactive / Digital, Media Department - MINDSHARE, New York, NY, pg. 491

Swanson, Caitlin - Media Department - HAWORTH MARKETING & MEDIA, Minneapolis, MN, pg. 470

Swarens, Heather - Account Services, Media Department, NBC - CONVERSANT, LLC, Westlake Village, CA, pg. 222

Swartz, Robert - Account Planner, Account Services, Media Department - MEDIACOM, New York, NY, pg. 487

Swartz, Ausyn - Media Department - CMI MEDIA, LLC, King of Prussia, PA, pg. 342

Swayne, Jack - Account Services, Interactive / Digital, Media Department - IPROSPECT, New York, NY, pg. 674

Sweeney, Tony - Media Department - LEVLANE ADVERTISING, Philadelphia, PA, pg. 380

Sweeney, Tyler - Interactive / Digital, Media Department - RPA, Santa Monica, CA, pg. 134

Sweeney, Hannah - Interactive / Digital, Media Department - HORIZON MEDIA, INC., New York, NY, pg. 474

Sweeney, Meghan - Interactive / Digital, Media Department - HORIZON MEDIA, INC., New York, NY, pg. 474

Sweeney, Brooke - Interactive / Digital, Media Department - UNIVERSAL MCCANN, New York, NY, pg. 521

Sweeney, Nick - Media Department - UNIVERSAL MCCANN, Los Angeles, CA, pg. 524

Sweeney, Justine - Management, Media Department - ZENITH MEDIA, New York, NY, pg. 529

Swender, Natalie - Media Department - MINDSHARE, Chicago, IL, pg. 494

Swepston, Becky - Media Department - EXPLORE COMMUNICATIONS, Denver, CO, pg. 465

Swift, Christina - Media Department - CARAT, New York, NY, pg. 459

Swift, Brooke - Interactive / Digital, Media Department - OMD, New York, NY, pg. 498

Swiggum, Theresa - Media Department - NINA HALE CONSULTING, Minneapolis, MN, pg. 675

Swofford, Chad - Interactive / Digital, Media Department - RAYCOM SPORTS, Charlotte, NC, pg. 314

Syatt, David - Media Department, Public Relations - SSA PUBLIC RELATIONS, Calabasas, CA, pg. 649

Sylla, Kim - Media Department - NSA MEDIA GROUP, INC., Downers Grove, IL, pg. 497

Sylvester, Jill - Interactive / Digital, Media Department, Operations, PPOM - SPARK FOUNDRY, Chicago, IL, pg. 510

RESPONSIBILITIES INDEX — AGENCIES

Symonds, Scott - Interactive / Digital, Management, Media Department, Research - AKQA, San Francisco, CA, *pg.* 211

Sytsma, Mark - Media Department - HUGE, INC., Brooklyn, NY, *pg.* 239

Szajkovics, Katie - Media Department - OMD, New York, NY, *pg.* 498

Sze, Tony - Media Department - CROSSMEDIA, New York, NY, *pg.* 463

Szerejko, Agatha - Account Planner, Account Services, Media Department - GOOD APPLE DIGITAL, New York, NY, *pg.* 466

Szwanek, Rod - Creative, Interactive / Digital, Media Department, PPM - RCG ADVERTISING AND MEDIA, Omaha, NE, *pg.* 403

Szyskowski, Linda - Media Department, NBC, PPOM - CREATIVE OXYGEN LLC, Sylvania, OH, *pg.* 178

Tacconelli, Angelica - Media Department - GP GENERATE, LLC, Los Angeles, CA, *pg.* 541

Tadeo, Angie - Account Planner, Media Department - FUSEPROJECT, INC., San Francisco, CA, *pg.* 184

Tadikonda, Madhavi - Interactive / Digital, Media Department - CANVAS WORLDWIDE, New York, NY, *pg.* 458

Taee, Georgina - Account Services, Interactive / Digital, Media Department, NBC - VAYNERMEDIA, New York, NY, *pg.* 689

Taflinger, Pat - Media Department - BLUE CHIP MARKETING & COMMUNICATIONS, Northbrook, IL, *pg.* 334

Tafur, Ivan - Media Department - BRUNNER, Atlanta, GA, *pg.* 44

Tagle, Aris - Analytics, Interactive / Digital, Media Department, Social Media - TEAM ONE, Los Angeles, CA, *pg.* 417

Tagtow, Andrea - Media Department - MEYOCKS GROUP, West Des Moines, IA, *pg.* 387

Tahan, Julie - Interactive / Digital, Media Department, Social Media - ZENO GROUP, New York, NY, *pg.* 664

Tahy, Andrew - Media Department - MEDIA ASSEMBLY, Southfield, MI, *pg.* 385

Tait, Samuel - Media Department - DENTSU AEGIS NETWORK, New York, NY, *pg.* 61

Tak, Esther - Account Services, Interactive / Digital, Media Department - ACTIVE INTERNATIONAL, Pearl River, NY, *pg.* 439

Takacs, Katie - Media Department - SOCIAL MEDIA LINK, New York, NY, *pg.* 266

Taki, Shelina - Media Department - THIRD EAR, Austin, TX, *pg.* 546

Talaba, Pete - Account Planner, Interactive / Digital, Media Department, Research - OMELET, Culver City, CA, *pg.* 122

Talam, Jenny - Account Planner, Media Department - GARAGE TEAM MAZDA, Costa Mesa, CA, *pg.* 465

Talreja, Prerna - Media Department - CROSSMEDIA, New York, NY, *pg.* 463

Tambling, Caroline - Media Department - THE MANY, Pacific Palisades, CA, *pg.* 151

Tamm, Lauren - Media Department - SPARK FOUNDRY, Chicago, IL, *pg.* 510

Tan, Tess - Media Department - SAESHE ADVERTISING, Los Angeles, CA, *pg.* 137

Tan, Jeff - Interactive / Digital, Management, Media Department, NBC, Operations - DENTSU AEGIS NETWORK, New York, NY, *pg.* 61

Tanaka, Michelle - Media Department - DIGITAS, San Francisco, CA, *pg.* 227

Tandon, Vikalp - Media Department - ISOBAR US, Boston, MA, *pg.* 242

Tang, Justina - Interactive / Digital, Media Department - MINDSHARE, New York, NY, *pg.* 491

Tang, Carole - Media Department - OLOMANA LOOMIS ISC, Honolulu, HI, *pg.* 394

Tankai, Jennie - Media Department - BRAND THIRTY-THREE, Torrance, CA, *pg.* 3

Tanner, Terry - Media Department, PPOM - MINDSTREAM MEDIA, Peoria, IL, *pg.* 250

Tanner, Becky - Media Department - AD PARTNERS, INC., Tampa, FL, *pg.* 26

Tanner, Ross - Account Planner, Account Services, Media Department, NBC - DEARING GROUP, West Lafayette, IN, *pg.* 60

Tanner, Sean - Account Services, Interactive / Digital, Management, Media Department, PPM - ADAM&EVE DDB, New York, NY, *pg.* 26

Tanoury, Carson - Media Department - THE RICHARDS GROUP, INC., Dallas, TX, *pg.* 422

Tanski, Keith - Media Department - T3, Austin, TX, *pg.* 268

Tanton, Tyler - Interactive / Digital, Media Department - JUST MEDIA, INC, Austin, TX, *pg.* 481

Tapazoglou, Sara - Account Services, Management, Media Department - UNIVERSAL MCCANN DETROIT, Birmingham, MI, *pg.* 524

Tapfar, Brian - Interactive / Digital, Media Department, Social Media - DIGITAS, New York, NY, *pg.* 226

Tapolczai, Les - Account Planner, Account Services, Media Department - JOHN ST., Toronto, ON, *pg.* 93

Tarby, Alissa - Media Department - OCEAN MEDIA, INC., Huntington Beach, CA, *pg.* 498

Tardiff, Emilie - Media Department - BULLY PULPIT INTERACTIVE, Washington, DC, *pg.* 45

Tarlecki, Michele - Media Department - HARMELIN MEDIA, Bala Cynwyd, PA, *pg.* 467

Tarone, James - Finance, Interactive / Digital, Media Department - HORIZON MEDIA, INC., New York, NY, *pg.* 474

Tarpey, Kevin - Interactive / Digital, Media Department - MEDIA ASSEMBLY, New York, NY, *pg.* 484

Tarquinio, Regina - Management, Media Department, NBC - PGR MEDIA, Boston, MA, *pg.* 504

Tarquino, Jeannette - Media Department - THE MARCUS GROUP, INC., Fairfield, NJ, *pg.* 654

Tarver, Derrick - Media Department, Social Media - 360I, LLC, Atlanta, GA, *pg.* 207

Tasch, Christina - Media Department - ACTIVE INTERNATIONAL, Pearl River, NY, *pg.* 439

Tasik, Michael - Media Department - THE MEDIA KITCHEN, New York, NY, *pg.* 519

Tate, Jeremy - Interactive / Digital, Management, Media Department - DWA MEDIA, Boston, MA, *pg.* 464

Tate, Danielle - Media Department - PUBLICIS HEALTH MEDIA, Philadelphia, PA, *pg.* 506

Tate, Alexandra - Account Services, Media Department, Programmatic - OMD, New York, NY, *pg.* 498

Tateishi, Hiromi - Interactive / Digital, Media Department, Social Media - REPRISE DIGITAL, New York, NY, *pg.* 676

Tateosian, Karla - Account Services, Media Department - HAVAS EDGE, Boston, MA, *pg.* 284

Tatge, Sue - Media Department - WRAY WARD, Charlotte, NC, *pg.* 433

Tatge, Lynn - Account Planner, Media Department - SPARK FOUNDRY, Chicago, IL, *pg.* 510

Tatro, Nicole - Media Department - 360I, LLC, Atlanta, GA, *pg.* 207

Taubes, Jennifer - Interactive / Digital, Media Department - UNIVERSAL MCCANN, New York, NY, *pg.* 521

Taukule, Mariya - Interactive / Digital, Media Department - WAVEMAKER, New York, NY, *pg.* 526

Taukus, Matt - Media Department, PPM - ZENITH MEDIA, New York, NY, *pg.* 529

Taverna, Matthew - Management, Media Department - HORIZON MEDIA, INC., New York, NY, *pg.* 474

Taylor, Heather - Media Department - THREE ATLANTA, LLC, Atlanta, GA, *pg.* 155

Taylor, Shannon - Interactive / Digital, Media Department - SPARK FOUNDRY, New York, NY, *pg.* 508

Taylor, Forest - Account Services, Interactive / Digital, Media Department, Research - WEBER SHANDWICK, Minneapolis, MN, *pg.* 660

Taylor, Heather - Media Department - DESTINATION MARKETING, Mountlake Terrace, WA, *pg.* 349

Taylor, Lea - Media Department - PUBLICIS.SAPIENT, Los Angeles, CA, *pg.* 259

Taylor, Sheridan - Account Planner, Media Department, NBC - CANVAS WORLDWIDE, Playa Vista, CA, *pg.* 458

AGENCIES

RESPONSIBILITIES INDEX

Taylor, Jacqueline - Media Department - DID AGENCY, Ambler, PA, pg. 62

Taylor, Alexandra - Media Department - HILL+KNOWLTON STRATEGIES, Los Angeles, CA, pg. 613

Taylor, Amy - Interactive / Digital, Media Department, Social Media - BRAINS ON FIRE, Greenville, SC, pg. 691

Taylor, Morgan - Media Department - STARCOM WORLDWIDE, Chicago, IL, pg. 513

Taylor, Sara - Media Department - ALLIED EXPERIENTIAL, New York, NY, pg. 691

Taylor, Eric - Interactive / Digital, Media Department - BLUETENT, Carbondale, CO, pg. 218

Teach, Lindsey - Media Department - MOXIE, Atlanta, GA, pg. 251

Teachout, Sarah - Media Department - SPARK FOUNDRY, New York, NY, pg. 508

Teague, Lauren - Media Department - CONVINCE & CONVERT, Bloomington, IN, pg. 222

Teague, Tennille - Creative, Interactive / Digital, Media Department, PPM - YARD, New York, NY, pg. 435

Tebbe, Christina - Media Department - BROGAN & PARTNERS, Birmingham, MI, pg. 538

Tedesco, Michael - Media Department - WAVEMAKER, New York, NY, pg. 526

Tedesco, Greg - Interactive / Digital, Media Department - ZENO GROUP, New York, NY, pg. 664

Teeple, Kevin - Interactive / Digital, Media Department - GTB, Dearborn, MI, pg. 367

Teeters, Nicole - Media Department - SRW, Chicago, IL, pg. 143

Teherani-Ami, Lawrence - Media Department - WIEDEN + KENNEDY, Portland, OR, pg. 430

Teigen, Terry - Interactive / Digital, Media Department - SPARK FOUNDRY, Seattle, WA, pg. 512

Teirstein, Chatty - Account Planner, Media Department - PLUSMEDIA, LLC, Danbury, CT, pg. 290

Teisch, Scott - Media Department - THE BUNTIN GROUP, Nashville, TN, pg. 148

Tejada, Juan - Interactive / Digital, Media Department - AUSTIN & WILLIAMS ADVERTISING, Hauppauge, NY, pg. 328

Telian, Adam - Interactive / Digital, Media Department - MEDIAHUB BOSTON, Boston, MA, pg. 489

Telkamp, Kevin - Interactive / Digital, Media Department, Programmatic - OCEAN MEDIA, INC., Huntington Beach, CA, pg. 498

Tellier, Amanda - Media Department - WIEDEN + KENNEDY, New York, NY, pg. 432

Templeman, Sue - Management, Media Department - GODWIN GROUP, Jackson, MS, pg. 364

Templeton, Gary - Media Department - 22SQUARED INC., Atlanta, GA, pg. 319

Tench, Donald - Interactive / Digital, Media Department, PPM - DEUTSCH, INC., Los Angeles, CA, pg. 350

Tenenbaum, Lexi - Interactive / Digital, Media Department - NINA HALE CONSULTING, Minneapolis, MN, pg. 675

Teng, Ryan - Interactive / Digital, Media Department - OMD WEST, Los Angeles, CA, pg. 502

Teng, Grace - Analytics, Media Department - ZAMBEZI, Culver City, CA, pg. 165

Tenicki, Samantha - Management, Media Department - STARCOM WORLDWIDE, Chicago, IL, pg. 513

Tennenbaum, Jason - Interactive / Digital, Media Department - INITIATIVE, Los Angeles, CA, pg. 478

Tennyson-McGuire, Mary - Account Planner, Account Services, Media Department - SPARK FOUNDRY, New York, NY, pg. 508

Tenzeldam, Ryan - Media Department - WIEDEN + KENNEDY, Portland, OR, pg. 430

Teplitzky, Whitney - Media Department - KELLY, SCOTT & MADISON, INC., Chicago, IL, pg. 482

Tepper, Matt - Management, Media Department, PPOM - WUNDERMAN HEALTH, New York, NY, pg. 164

Teravainen, Britt - Media Department - BOATHOUSE GROUP, INC., Waltham, MA, pg. 40

Terpstra, Ashley - Media Department - NINA HALE CONSULTING, Minneapolis, MN, pg. 675

Terrana, John - Media Department - VAYNERMEDIA, New York, NY, pg. 689

Terrono, Alex - Media Department - VAYNERMEDIA, New York, NY, pg. 689

Terry, Erica - Media Department - BURRELL COMMUNICATIONS GROUP, INC., Chicago, IL, pg. 45

Terry, Emmarose - Media Department - R&R PARTNERS, Las Vegas, NV, pg. 131

Terry, Aryn - Account Planner, Account Services, Media Department - INITIATIVE, Chicago, IL, pg. 479

Terry, Bradley - Media Department - EMICO MEDIA, Denver, CO, pg. 465

Terry, April - Media Department - INTERMARK GROUP, INC., Birmingham, AL, pg. 375

Teske, Amy - Interactive / Digital, Media Department, Social Media - MERKLEY + PARTNERS, New York, NY, pg. 114

Teske, Katherine - Media Department - SOULSIGHT, Chicago, IL, pg. 199

Tesoro, Cristian - Account Services, Media Department - UNIVERSAL MCCANN, Toronto, ON, pg. 524

Tetidrick, Kathleen - Media Department - AD PARTNERS, INC., Tampa, FL, pg. 26

Tetuan, Lauren - Interactive / Digital, Media Department - DEUTSCH, INC., Los Angeles, CA, pg. 350

Tewell, Jordan - Media Department - 10FOLD, Austin, TX, pg. 573

Thai, Richard - Interactive / Digital, Media Department - RPA, Santa Monica, CA, pg. 134

Thal, Charlotte - Creative, Media Department - FEATURE ADVERTISING, Chesterfield, MO, pg. 673

Thaler, Ben - Media Department - DAVIS ADVERTISING, Worcester, MA, pg. 58

Tharnstrom, Brenna - Media Department - BBDO WORLDWIDE, New York, NY, pg. 331

Theilken, Stacy - Account Services, Media Department - IPROSPECT, Fort Worth, TX, pg. 674

Theis, Erin - Interactive / Digital, Media Department - WILLIAMS RANDALL, Indianapolis, IN, pg. 432

Theisen, Matt - Interactive / Digital, Media Department - TBWA \ CHIAT \ DAY, Los Angeles, CA, pg. 146

Theiss, Briana - Administrative, Media Department - MINDSTREAM MEDIA GROUP - DALLAS, Dallas, TX, pg. 496

Theissen, Tony - Media Department - CAREY O'DONNELL PUBLIC RELATIONS GROUP, West Palm Beach, FL, pg. 588

Theobald, Marisa - Media Department - BLUE 449, New York, NY, pg. 455

Theobald, Kate - Interactive / Digital, Media Department, Social Media - THE TOMBRAS GROUP, Knoxville, TN, pg. 424

Theodore, Marla - Media Department - DIGITAS, New York, NY, pg. 226

Theriault, Sue - Media Department, Research - HAMBRICK & ASSOCIATES, Orland Park, IL, pg. 467

Theriot, Tabor - Creative, Interactive / Digital, Media Department - ENGINE, New York, NY, pg. 231

Therrien, Amelie - Account Planner, Media Department - MEDIACOM, Montreal, QC, pg. 489

Thi, Stephen - Media Department - IGNITED, El Segundo, CA, pg. 373

Thibodeau, Matt - Media Department - CARAT, Detroit, MI, pg. 461

Thide, Gregory - Account Services, Interactive / Digital, Media Department - AMOBEE, INC., New York, NY, pg. 30

Thill, Erica - Media Department - NOBLE PEOPLE, New York, NY, pg. 120

Thimme, Andrew - Media Department - NEUSTAR, INC., Sterling, VA, pg. 289

Thomas, Natalie - Media Department - DIANE ALLEN & ASSOCIATES, Baton Rouge, LA, pg. 597

Thomas, Theresa - Management, Media Department - CARAT, Detroit, MI, pg. 461

RESPONSIBILITIES INDEX — AGENCIES

Thomas, Charlie - Media Department, NBC - CAMELOT STRATEGIC MARKETING & MEDIA, Dallas, TX, pg. 457

Thomas, Ben - Account Services, Interactive / Digital, Media Department - THE BUNTIN GROUP, Nashville, TN, pg. 148

Thomas, John - Interactive / Digital, Media Department - MEDIA STORM, Norwalk, CT, pg. 486

Thomas, Trevor - Account Planner, Media Department - JOHN ST., Toronto, ON, pg. 93

Thomas, Dana - Interactive / Digital, Media Department - INITIATIVE, Los Angeles, CA, pg. 478

Thomas, Stuart - Interactive / Digital, Media Department - ALOYSIUS BUTLER & CLARK, Wilmington, DE, pg. 30

Thomas, John - Interactive / Digital, Media Department - MEDIA STORM, New York, NY, pg. 486

Thomas, Jonathan - Media Department - WIEDEN + KENNEDY, Portland, OR, pg. 430

Thomas, Jody - Media Department - WONGDOODY, Culver City, CA, pg. 433

Thomas, Melissa - Media Department - 360I, LLC, New York, NY, pg. 320

Thomas, Kristen - Media Department - PROOF ADVERTISING, Austin, TX, pg. 398

Thomas, Beverly - Account Services, Media Department - BALDWIN & OBENAUF, INC., Somerville, NJ, pg. 329

Thomas, Dana - Interactive / Digital, Media Department, Social Media - HMH, Charlotte, NC, pg. 86

Thomason, Anne - Media Department - CANVAS WORLDWIDE, Playa Vista, CA, pg. 458

Thompson, Maryann - Media Department - MEDIA ASSEMBLY, New York, NY, pg. 484

Thompson, Eden - Account Planner, Media Department, NBC - CARMICHAEL LYNCH, Minneapolis, MN, pg. 47

Thompson, Jeff - Media Department - NEW DAY MARKETING, Santa Barbara, CA, pg. 497

Thompson, Helen - Account Planner, PPOM - HELEN THOMPSON MEDIA, San Antonio, TX, pg. 473

Thompson, Brandon - Media Department, PPOM - HELEN THOMPSON MEDIA, San Antonio, TX, pg. 473

Thompson, Jeremy - Interactive / Digital, Media Department, PPOM - ROBERTSON+PARTNERS, Las Vegas, NV, pg. 407

Thompson, Lesley - Media Department - BOUVIER KELLY, INC., Greensboro, NC, pg. 41

Thompson, Dwayne - Media Department - HORIZON MEDIA, INC., New York, NY, pg. 474

Thompson, Ana - Media Department - MINDSHARE, New York, NY, pg. 491

Thompson, Sarah - Media Department, PPOM - MINDSHARE, Toronto, ON, pg. 495

Thompson, Brad - Management, Media Department, PPOM - UNIVERSAL MCCANN DETROIT, Birmingham, MI, pg. 524

Thompson, Brady - Media Department - BLUE 449, Seattle, WA, pg. 456

Thompson, Michael - Interactive / Digital, Media Department - SAXTON HORNE, Sandy, UT, pg. 138

Thompson, Jonathan - Media Department - FORCE MARKETING, Atlanta, GA, pg. 284

Thompson, Monica C. - Interactive / Digital, Media Department - NOBLE STUDIOS, Reno, NV, pg. 254

Thompson Rowan, Cortney - Account Planner, Media Department - ALTITUDE, Somerville, MA, pg. 172

Thomson, Georgina - Account Planner, Account Services, Interactive / Digital, Media Department, Programmatic, Research - OMD, Chicago, IL, pg. 500

Thorn, Brian - Interactive / Digital, Media Department - INITIATIVE, Los Angeles, CA, pg. 478

Thornbrough, Matt - Management, Media Department, PPOM - HEALIXGLOBAL, New York, NY, pg. 471

Thorndyke, Matthew - Media Department - STARCOM WORLDWIDE, Chicago, IL, pg. 513

Thornton, Scott - Media Department - TEAM ONE, Los Angeles, CA, pg. 417

Thorpe, Molly - Media Department - HABERMAN, Minneapolis, MN, pg. 369

Thrash, Elizabeth - Media Department - ZENITH MEDIA, Santa Monica, CA, pg. 531

Thube, Sayli - Account Planner, Media Department - ESSENCE, New York, NY, pg. 232

Tibbitts, Maggie - Account Services, Media Department, PPM - OMD, New York, NY, pg. 498

Tichy, Sandra - Account Services, Interactive / Digital, Media Department, Operations - EDELMAN, New York, NY, pg. 599

Tiedje, Garth - Media Department - HORIZON MEDIA, INC., New York, NY, pg. 474

Tierney, Allison - Media Department - MEDIAHUB BOSTON, Boston, MA, pg. 489

Timins, Justin - Media Department - HARMELIN MEDIA, Bala Cynwyd, PA, pg. 467

Timlin, Patrick - Interactive / Digital, Media Department - WAVEMAKER, New York, NY, pg. 526

Timmer, Emilie - Media Department - BRADSHAW ADVERTISING, Portland, OR, pg. 42

Timmis, Elizabeth - Media Department - STELLA RISING, Westport, CT, pg. 518

Timmreck, Brian - Media Department - SPARK FOUNDRY, Chicago, IL, pg. 510

Ting, Richard - Creative, Media Department, PPOM - R/GA, New York, NY, pg. 260

Ting, Rebecca - Account Planner, Media Department, Research - OMD SAN FRANCISCO, San Francisco, CA, pg. 501

Tinkham, Chris - Media Department - DEVITO/VERDI, New York, NY, pg. 62

Tinsley, Jamie - Media Department, Public Relations - HILL+KNOWLTON STRATEGIES, Houston, TX, pg. 613

Titelius, Jeff - Interactive / Digital, Media Department - STARMARK INTERNATIONAL, INC., Fort Lauderdale, FL, pg. 412

Titsworth, Joshua - Interactive / Digital, Media Department - VIZION INTERACTIVE, Irving, TX, pg. 678

Tiwari, Shruti - Account Planner, Interactive / Digital, Media Department - OGILVY, New York, NY, pg. 393

Tiz, Carrie - Media Department - CRAMER-KRASSELT, Chicago, IL, pg. 53

Tkach, Dmitry - Media Department - UNIVERSAL MCCANN, New York, NY, pg. 521

Tlachac, Kristy - Media Department - ZIZZO GROUP ADVERTISING & PUBLIC RELATIONS, Milwaukee, WI, pg. 437

Toback, Gabrielle - Interactive / Digital, Media Department - NMPI, New York, NY, pg. 254

Tobias, Emily - Interactive / Digital, Media Department, Social Media - OMD, New York, NY, pg. 498

Tobias, Sierra - Interactive / Digital, Management, Media Department - ZENITH MEDIA, New York, NY, pg. 529

Tod, Holliston - Media Department - MEDIACOM, New York, NY, pg. 487

Todd, Tara - Analytics, Media Department - DIGITAS, Chicago, IL, pg. 227

Toepper, Eric - Media Department - STARCOM WORLDWIDE, Chicago, IL, pg. 513

Toivola, Don - Media Department - COLLING MEDIA, Scottsdale, AZ, pg. 51

Tokioka, Karly - Media Department - WEBER SHANDWICK, San Francisco, CA, pg. 662

Tokuhiro, Lanna - Account Planner, Media Department, NBC - ARNOLD WORLDWIDE, Boston, MA, pg. 33

Tolentino, Brittany - Interactive / Digital, Media Department - INITIATIVE, Los Angeles, CA, pg. 478

Tolkin, Danielle - Account Services, Management, Media Department - AFG&, New York, NY, pg. 28

Tollefson, Liv - Account Services, Media Department - LINNIHAN FOY ADVERTISING, Minneapolis, MN, pg. 100

Toller, Michele - Media Department, NBC - EMPOWER, Cincinnati, OH, pg. 354

Tom, Nicole - Media Department - WALMART MEDIA GROUP, San Bruno, CA, pg. 684

AGENCIES

RESPONSIBILITIES INDEX

Tomalavage, Sarah - Media Department - CMI MEDIA, LLC, King of Prussia, PA, pg. 342

Tomase, Mary - Media Department - GRP MEDIA, INC., Chicago, IL, pg. 467

Tomasek, Samantha - Media Department - MEDIACOM, Chicago, IL, pg. 489

Tomasiewicz, Patrick - Media Department, Operations - WIEDEN + KENNEDY, New York, NY, pg. 432

Tomassen, Lisa - Interactive / Digital, Management, Media Department, NBC, Public Relations - EXPONENT PR, Minneapolis, MN, pg. 602

Tomaszewski, Jessica - Account Services, Analytics, Interactive / Digital, Media Department, NBC, Research - MEDIAHUB NEW YORK, New York, NY, pg. 249

Tomaszewski, Chris - Interactive / Digital, Media Department - AUSTIN & WILLIAMS ADVERTISING, Hauppauge, NY, pg. 328

Tomazin, Monica - Interactive / Digital, Media Department - DAILEY & ASSOCIATES, West Hollywood, CA, pg. 56

Tomkins, Julia - Account Services, Media Department - RUBENSTEIN ASSOCIATES, New York, NY, pg. 644

Tomlin, Kaylin - Interactive / Digital, Media Department - 360I, LLC, Atlanta, GA, pg. 207

Tompkins, Lacey - Interactive / Digital, Media Department - IPROSPECT, New York, NY, pg. 674

Tong, Jimmy - Media Department - OMD WEST, Los Angeles, CA, pg. 502

Tonya, Gomas - Account Services, Media Department - DL MEDIA INC., Nixa, MO, pg. 63

Toohey, Jennifer - Account Services, Media Department - 72ANDSUNNY, Playa Vista, CA, pg. 23

Tooley, Michael - Media Department - 360I, LLC, Atlanta, GA, pg. 207

Topete, JonCarlo - Media Department - OMD ENTERTAINMENT, Burbank, CA, pg. 501

Torchiana, Ashleigh - Interactive / Digital, Media Department - MISSION MEDIA, LLC, Baltimore, MD, pg. 115

Torrente, Andres - Interactive / Digital, Media Department - HEARTS & SCIENCE, Los Angeles, CA, pg. 473

Torrents, Liz - Account Planner, Account Services, Management, Media Department - ZIMMERMAN ADVERTISING, Fort Lauderdale, FL, pg. 437

Torres, Cristina - Interactive / Digital, Media Department - STARCOM WORLDWIDE, Chicago, IL, pg. 513

Torres, Nicole - Account Planner, Account Services, Media Department - UNIVERSAL MCCANN, New York, NY, pg. 521

Torres, Nicole - Management, Media Department, PPM - HAVAS MEDIA GROUP, New York, NY, pg. 468

Torres, Cristina - Account Services, Management, Media Department, NBC - MEDIAMONKS, Venice, CA, pg. 249

Torres, Matt - Interactive / Digital, Media Department, PPM - TAYLOR & POND INTERACTIVE, San Diego, CA, pg. 269

Torres, Christina - Account Services, Media Department, NBC - LAUNDRY SERVICE, Brooklyn, NY, pg. 287

Torres, Sandra - Media Department - JL MEDIA, INC., Union, NJ, pg. 481

Torrijos, Francheska - Interactive / Digital, Media Department - GARAGE TEAM MAZDA, Costa Mesa, CA, pg. 465

Torsiello, Kat - Account Planner, Interactive / Digital, Media Department - ESSENCE, Minneapolis, MN, pg. 233

Toscano, Chris - Media Department - EDELMAN, Washington, DC, pg. 600

Toscano, Melinda - Media Department - SPARK FOUNDRY, Chicago, IL, pg. 510

Toso, Kim - Media Department - STARCOM WORLDWIDE, Chicago, IL, pg. 513

Toss, Phyllis - Media Department, PPOM - WAVEMAKER, New York, NY, pg. 526

Totin, Lauren - Media Department, Operations - TEKNICKS, Point Pleasant Beach, NJ, pg. 677

Totten, Ajayne - Interactive / Digital, Media Department - OGILVY PUBLIC RELATIONS, New York, NY, pg. 633

Tountas, Alexandra - Media Department - HAVAS MEDIA GROUP, Chicago, IL, pg. 469

Tous, Katia - Media Department - HERNANDEZ & GARCIA, LLC, Lincolnwood, IL, pg. 84

Townsend, Matthew - Account Planner, Account Services, Media Department - HORIZON MEDIA, INC., New York, NY, pg. 474

Townsend, Vicki - Media Department - RED CHALK STUDIOS, Virginia Beach, VA, pg. 404

Townsend, Paul - Creative, Interactive / Digital, Media Department - SMASHING IDEAS, Seattle, WA, pg. 266

Townsend, Jared - Creative, Interactive / Digital, Media Department - ROCKET55, Minneapolis, MN, pg. 264

Trach, Lauren - Interactive / Digital, Media Department - MEDIACOM, Chicago, IL, pg. 489

Trager, Emma - Media Department - TWO BY FOUR COMMUNICATIONS, LTD., Chicago, IL, pg. 157

Tramonte, Jessica - Account Services, Media Department - EMPOWER, Cincinnati, OH, pg. 354

Tran, Caroline - Media Department - WAVEMAKER, New York, NY, pg. 526

Tran, Jonathan - Media Department, NBC - FCB/SIX, Toronto, ON, pg. 358

Tran, Kelli - Account Planner, Media Department - DWA MEDIA, San Francisco, CA, pg. 464

Tran, Amelia - Interactive / Digital, Media Department, Social Media - MEDIACOM, New York, NY, pg. 487

Tran, Ly - Media Department, PPOM - PROOF ADVERTISING, Austin, TX, pg. 398

Tran-Canonigo, Tracy - Account Services, Media Department, NBC - DUMONT PROJECT, Marina Del Rey, CA, pg. 230

Tran-Vu, Anthony - Account Services, Media Department, Programmatic - CARMICHAEL LYNCH, Minneapolis, MN, pg. 47

Trapasso, Angela - Interactive / Digital, Media Department - INKHOUSE PUBLIC RELATIONS, Waltham, MA, pg. 615

Trapp, Alima - Account Services, Media Department, Research - DONER, Southfield, MI, pg. 63

Trapp, Will - Media Department - SAATCHI & SAATCHI X, Springdale, AR, pg. 682

Traver, Eric - Account Services, Interactive / Digital, Media Department - MEDIAHUB WINSTON SALEM, Winston-Salem, NC, pg. 386

Traversi, Amanda - Interactive / Digital, Media Department, PPM - GSD&M, Austin, TX, pg. 79

Travis, Nicole - Interactive / Digital, Media Department - STARCOM WORLDWIDE, Chicago, IL, pg. 513

Travis, Patty - Media Department - 5METACOM, Indianapolis, IN, pg. 208

Traylor, Brianna - Media Department - MEDIAHUB BOSTON, Boston, MA, pg. 489

Treacy-Schell, Nancy - Media Department - 9THWONDER, Dallas, TX, pg. 321

Treadway, Teresa - Media Department, PPOM - CREATIVE ENERGY, INC., Johnson City, TN, pg. 346

Treanor, Kevin - Interactive / Digital, Management, Media Department, NBC - GTB, Dearborn, MI, pg. 367

Trechock, Alexa - Media Department - HAVAS MEDIA GROUP, New York, NY, pg. 468

Treiber, Ross - Media Department - STARCOM WORLDWIDE, Chicago, IL, pg. 513

Tremblay, Louis-Philippe - Account Services, Creative, Media Department - PUBLICIS NORTH AMERICA, New York, NY, pg. 399

Treston, Dave - Account Planner, Media Department - KELLIHER SAMETS VOLK, Burlington, VT, pg. 94

Trevino, Nickolaus - Interactive / Digital, Media Department, NBC, Social Media - FEARLESS MEDIA, New York, NY, pg. 673

Trevino, Sylvia - Media Department - ANDERSON MARKETING GROUP, San Antonio, TX, pg. 31

Trevizo, Ben - Media Department, NBC - USIM, New York, NY, pg. 525

Triglia, Amanda - Media Department

RESPONSIBILITIES INDEX — AGENCIES

- GIANT SPOON, LLC, New York, NY, *pg.* 363
Tringali, Cara - Media Department - OPTIMUM SPORTS, New York, NY, *pg.* 394
Triolo, Jack - Media Department, Operations - INITIATIVE, New York, NY, *pg.* 477
Tripeau, Chloe - Analytics, Media Department, Research - STARCOM WORLDWIDE, New York, NY, *pg.* 517
Tripodi, Michael - Finance, Interactive / Digital, Media Department - HORIZON MEDIA, INC., New York, NY, *pg.* 474
Tritle, Kaylee - Media Department - LESSING-FLYNN ADVERTISING CO. , Des Moines, IA, *pg.* 99
Trivelli, Lynne - Media Department - STERN ADVERTISING, INC., Cleveland, OH, *pg.* 413
Trombley, Victoria - Account Services, Management, Media Department - ZENITH MEDIA, Atlanta, GA, *pg.* 531
Troost, Ashley - Media Department - 160VER90, Philadelphia, PA, *pg.* 1
Tross, Marissa - Account Planner, Management, Media Department - MINDSHARE, Chicago, IL, *pg.* 494
Trouten, Katie - Media Department - HAWORTH MARKETING & MEDIA, Minneapolis, MN, *pg.* 470
Truax, Jana - Media Department - CMI MEDIA, LLC, King of Prussia, PA, *pg.* 342
Trudeau, Colette - Interactive / Digital, Media Department - SPARK FOUNDRY, Chicago, IL, *pg.* 510
Trudell, John - Interactive / Digital, Media Department - DP+, Farmington Hills, MI, *pg.* 353
Trujillo-Kalianis, Shelly - Account Planner, Media Department - BAKER STREET ADVERTISING, San Francisco, CA, *pg.* 329
Truman, Ken - Analytics, Interactive / Digital, Media Department, Research - MEDTHINK COMMUNICATIONS, Cary, NC, *pg.* 112
Trumble, James - Account Planner, Account Services, Creative, Management, Media Department, NBC, Operations - ORGANIC, INC., Troy, MI, *pg.* 256
Truttmann, Jayson - Management, Media Department, NBC - PERISCOPE, Minneapolis, MN, *pg.* 127
Tsai, Austin - Media Department - TEAM ONE, Los Angeles, CA, *pg.* 417
Tsang, Jen-Jen - Media Department, NBC - INITIATIVE, Los Angeles, CA, *pg.* 478
Tschida, Jeannette - Media Department - KRUSKOPF & COMPANY, Minneapolis, MN, *pg.* 96
Tse, Joyce - Interactive / Digital, Media Department - PHD USA, New York, NY, *pg.* 505
Tshing, Karrmen - Media Department - PAL8 MEDIA, INC., Santa Barbara, CA, *pg.* 503
Tsipis, Igor - Media Department, Programmatic - OMD WEST, Los Angeles, CA, *pg.* 502
Tsue, Ed - Account Planner, Media Department, PPOM - STARCOM WORLDWIDE, New York, NY, *pg.* 517
Tuchalski, Brian - Account Planner, Media Department - ZENITH MEDIA, New York, NY, *pg.* 529
Tuchman, Shirin - Interactive / Digital, Media Department - UNIVERSAL MCCANN, New York, NY, *pg.* 521
Tucker, Leslie - Media Department - THE RICHARDS GROUP, INC., Dallas, TX, *pg.* 422
Tucker, Allyson - Account Services, Interactive / Digital, Media Department - UNIVERSAL MCCANN, New York, NY, *pg.* 521
Tucker, Lauren - Management, Media Department, PPOM - MERGE, Chicago, IL, *pg.* 113
Tucker, Jenny - Media Department - INITIATIVE, New York, NY, *pg.* 477
Tuff, Christopher - Media Department, NBC - 22SQUARED INC., Atlanta, GA, *pg.* 319
Tugentman, Michelle - Media Department - ZENITH MEDIA, New York, NY, *pg.* 529
Tuleya, Chris - Media Department - UNDERSCORE MARKETING, LLC, New York, NY, *pg.* 521
Tulipana, Cheryl - Media Department - SIGNAL THEORY, Kansas City, MO, *pg.* 141
Tumblety, Brielle - Media Department - OMD, New York, NY, *pg.* 498
Tuncok Fischer, Nukte - Media Department - HAVAS MEDIA GROUP, New York, NY, *pg.* 468
Tung, Tiffany - Interactive / Digital, Media Department - TINUITI, New York, NY, *pg.* 678
Tupper, Emily - Media Department - GTB, Dearborn, MI, *pg.* 367
Tupper, Karlyn - Interactive / Digital, Media Department - USIM, New York, NY, *pg.* 525
Turlej, Melissa - Interactive / Digital, Management, Media Department - EDELMAN , Toronto, ON, *pg.* 601
Turman, Kimberly - Account Services, Media Department, NBC, Social Media - CHAMPION MANAGEMENT GROUP, LLC, Addison, TX, *pg.* 589
Turman, Sabrina - Analytics, Media Department - TEAM 201, Chicago, IL, *pg.* 269
Turnbull, Chris - Media Department - TRUE MEDIA, Calgary, AB, *pg.* 427
Turnbull, Karl - Account Planner, Media Department, PPOM - CAVALRY, Chicago, IL, *pg.* 48
Turner, Mark - Account Planner, Media Department, PPOM - SAATCHI & SAATCHI LOS ANGELES, Torrance, CA, *pg.* 137
Turner, Brett - Interactive / Digital, Media Department - GODAT DESIGN, Tucson, AZ, *pg.* 185
Turner, Lauren - Account Services, Media Department - OMD WEST, Los Angeles, CA, *pg.* 502
Turner, Tom - Media Department - ACTIVE INTERNATIONAL, Pearl River, NY, *pg.* 439
Turner, Emily - Media Department - CARAT, Chicago, IL, *pg.* 461
Turner, Charmaine - Media Department - MEDIA EXPERTS, Toronto, ON, *pg.* 485
Turner, Amy - Media Department, PPM - PHD USA, New York, NY, *pg.* 505
Turner, Ian - Interactive / Digital, Media Department - PHD USA, New York, NY, *pg.* 505
Turner, Jasmine - Media Department - TRILIA , Boston, MA, *pg.* 521
Turner, Sophie - Account Planner, Account Services, Interactive / Digital, Media Department - MEDIAHUB LOS ANGELES, El Segundo, CA, *pg.* 112
Turton, Penny - Media Department - MINTZ & HOKE, Avon, CT, *pg.* 387
Tusalem, Stephanie - Media Department - MANIFEST, Phoenix, AZ, *pg.* 383
Twersky, Elizabeth - Interactive / Digital, Media Department - HORIZON MEDIA, INC., New York, NY, *pg.* 474
Tyler, Marnie - Account Services, Media Department - SPARK FOUNDRY, Atlanta, GA, *pg.* 512
Tyler Williamson, John - Interactive / Digital, Media Department - THE BRANDON AGENCY, Myrtle Beach, SC, *pg.* 419
Tylka, Courtney - Account Services, Management, Media Department - DEUTSCH, INC., Los Angeles, CA, *pg.* 350
Tyree, Sarah - Interactive / Digital, Media Department - CARAT, New York, NY, *pg.* 459
Tyrol, Julianne - Media Department - DIGITAS, Atlanta, GA, *pg.* 228
Tyrrell, Denise - Account Services, Media Department - FREED ADVERTISING, Sugar Land, TX, *pg.* 360
Tyrrell, Mary - Account Planner, Media Department - MAYOSEITZ MEDIA, Blue Bell, PA, *pg.* 483
Tyrrell, Katelyn - Interactive / Digital, Media Department, PPOM - J3, New York, NY, *pg.* 480
Tysell, Monica - Interactive / Digital, Media Department, NBC, PPOM - DONER, Southfield, MI, *pg.* 63
Tyson, Alyssa - Management, Media Department - PAN COMMUNICATIONS, Boston, MA, *pg.* 635
Tyson, Alena R. - Interactive / Digital, Media Department - THIRD WAVE DIGITAL , Macon, GA, *pg.* 270
Ubovich, Megan - Media Department - MEKANISM, San Francisco, CA, *pg.* 112
Udler, Francis - Interactive / Digital, Media Department - WAVEMAKER, New York, NY, *pg.* 526
Uge, Seda - Finance, Media Department - MINDSHARE, Playa Vista, CA, *pg.* 495

AGENCIES

RESPONSIBILITIES INDEX

Uhalde, Gina - Media Department - AKQA, San Francisco, CA, pg. 211

Uhlan, Lauren - Interactive / Digital, Media Department - WAVEMAKER, New York, NY, pg. 526

Ulrich, Joel - Account Planner, Media Department - BRUNNER, Pittsburgh, PA, pg. 44

Umans, Jamie - Account Planner, Media Department, NBC, PPOM - MEDIACOM, New York, NY, pg. 487

Umbro, Matthew - Interactive / Digital, Media Department, Research - HANAPIN MARKETING, Bloomington, IN, pg. 237

Ung, Sie - Media Department - QUIGLEY-SIMPSON, Los Angeles, CA, pg. 544

Unger, Alexander - Media Department - THE RICHARDS GROUP, INC., Dallas, TX, pg. 422

Unkles, Timothy - Media Department - TRILIA, Boston, MA, pg. 521

Unkraut, Katie - Media Department - EMPOWER, Cincinnati, OH, pg. 354

Upah, Megan - Interactive / Digital, Media Department - CARAT, New York, NY, pg. 459

Upton, Laurel - Interactive / Digital, Media Department - HEARTS & SCIENCE, New York, NY, pg. 471

Urban, Rachel - Media Department - HEARTS & SCIENCE, Atlanta, GA, pg. 473

Urce, Shannon - Media Department - ZENITH MEDIA, New York, NY, pg. 529

Uribe, Jessica - Account Services, Creative, Media Department - DAILEY & ASSOCIATES, West Hollywood, CA, pg. 56

Utterson, Nicole - Management, Media Department - INITIATIVE, Los Angeles, CA, pg. 478

Uttley, Mark - Management, Media Department - AKQA, San Francisco, CA, pg. 211

Uva, JC - Account Services, Management, Media Department - MEDIALINK, New York, NY, pg. 386

Vacca, Lindsay - Media Department - STARCOM WORLDWIDE, New York, NY, pg. 517

Vaccarella, Lisa - Interactive / Digital, Media Department - KWG ADVERTISING, INC., New York, NY, pg. 96

Vaccaro, Lisa - Media Department - LUXE COLLECTIVE GROUP, New York, NY, pg. 102

Vaccaro, Chris - Account Planner, Account Services, Media Department, PPOM - MINDSHARE, New York, NY, pg. 491

Vaccaro, Amy Lynne - Account Planner, Media Department - CARAT, New York, NY, pg. 459

Vaccaro, Alexandra - Media Department - MINDSHARE, New York, NY, pg. 491

Vaccaro, John - Account Services, Media Department - MEDIACOM CANADA, Toronto, ON, pg. 489

Vadhar, Eric - Account Services, Interactive / Digital, Media Department - ZENITH MEDIA, New York, NY, pg. 529

Vagra, Kyle - Account Planner, Media Department - ZENITH MEDIA, New York, NY, pg. 529

Vahlkamp, Alie - Account Planner, Interactive / Digital, Media Department - ICON MEDIA DIRECT, Sherman Oaks, CA, pg. 476

Vakos, Geordan - Account Services, Human Resources, Interactive / Digital, Media Department - CARMICHAEL LYNCH, Minneapolis, MN, pg. 47

Valdez, Roxana - Media Department, PPM - PALISADES MEDIA GROUP, INC., Santa Monica, CA, pg. 124

Vale-Brennan, Vilma - Management, Media Department, PPOM - INITIATIVE, New York, NY, pg. 477

Valencia, Johanna - Account Planner, Interactive / Digital, Media Department - CARAT, New York, NY, pg. 459

Valencia, Cristobal - Interactive / Digital, Media Department, Social Media - INITIATIVE, New York, NY, pg. 477

Valente, Megan - Media Department - 22SQUARED INC., Tampa, FL, pg. 319

Valente, Kristen - Media Department - HAVAS MEDIA GROUP, Boston, MA, pg. 470

Valenti, Pamela - Media Department, PPOM - MEDIACOM, New York, NY, pg. 487

Valentin, Mike - Interactive / Digital, Media Department, PPOM - CARAT, New York, NY, pg. 459

Valentine, Lisa - Management, Media Department - UNIVERSAL MCCANN, New York, NY, pg. 521

Valentine, Kalen - Media Department - WORKHORSE MARKETING, Austin, TX, pg. 433

Valenza, Giana - Media Department - ZENITH MEDIA, New York, NY, pg. 529

Valenzuela, Christina - Interactive / Digital, Media Department, NBC - NOBLE PEOPLE, New York, NY, pg. 120

Valeri, Brad - Account Planner, Analytics, Interactive / Digital, Media Department, NBC - HEARTS & SCIENCE, New York, NY, pg. 471

Vallante, Nick - Media Department - MEDIAHUB BOSTON, Boston, MA, pg. 489

Valle, Daniel - Interactive / Digital, Media Department, NBC - LEVERAGE MARKETING, LLC, Austin, TX, pg. 675

Valle, Katalina - Analytics, Media Department - PHD CHICAGO, Chicago, IL, pg. 504

Valles, Elizabeth - Interactive / Digital, Media Department - CASEY & SAYRE, INC., Malibu, CA, pg. 589

Valone, Kyle - Account Planner, Account Services, Management, Media Department - OMD WEST, Los Angeles, CA, pg. 502

Valorz, Nate - Media Department - UNIVERSAL MCCANN, New York, NY, pg. 521

van Becelaere, Charlie - Management, Media Department, PPOM, Research - UNIVERSAL MCCANN DETROIT, Birmingham, MI, pg. 524

Van Buskirk, Maria - Interactive / Digital, Media Department - WAVEMAKER, New York, NY, pg. 526

Van De Walle, Mary - Media Department - UPSHOT, Chicago, IL, pg. 157

van den Heuvel, Eric - Media Department - THE GATE WORLDWIDE, New York, NY, pg. 419

Van Deursen, Jeff - Media Department - RIGHT PLACE MEDIA, Lexington, KY, pg. 507

Van Dyke, Melinda - Media Department, PPM - SPARK FOUNDRY, Chicago, IL, pg. 510

Van Dzura, Matt - Interactive / Digital, Media Department, PPM - R/GA, New York, NY, pg. 260

Van Gurp, Kathleen - Media Department - MEDIAHUB WINSTON SALEM, Winston-Salem, NC, pg. 386

Van Hall, Alayna - Media Department, Public Relations - EDELMAN, Chicago, IL, pg. 353

Van Horn, Alexandra - Interactive / Digital, Media Department - PHD USA, New York, NY, pg. 505

Van Kort, Elizabeth Ann - Interactive / Digital, Media Department - TRUE MEDIA, Columbia, MO, pg. 521

Van Kuren, Laurie - Account Services, Media Department - RIGER MARKETING COMMUNICATIONS, Binghamton, NY, pg. 407

Van Meter, Libby - Media Department - MODCOGROUP, New York, NY, pg. 116

Van Ort, Katelyn - Account Services, Interactive / Digital, Media Department - OMD, New York, NY, pg. 498

Van Os, Erik - Account Services, Interactive / Digital, Media Department - HEARTS & SCIENCE, New York, NY, pg. 471

Van Putten, Hans - Media Department, PPM - INTERKOM CREATIVE MARKETING, Burlington, ON, pg. 168

Van Raalte, Ferris - Media Department - MINDSHARE, New York, NY, pg. 491

Van Remortel, Andy - Media Department - INSIGHT CREATIVE, INC., Green Bay, WI, pg. 89

Van Sickle, Leigha - Media Department - THE RICHARDS GROUP, INC., Dallas, TX, pg. 422

Van Wormer, Emily - Account Planner, Media Department, NBC - HORIZON MEDIA, INC., New York, NY, pg. 474

Vananzo, Maura - Media Department - HORIZON MEDIA, INC., New York, NY, pg. 474

Vance, Chris - Interactive / Digital, Media Department - STARCOM WORLDWIDE, Chicago, IL, pg. 513

Vanderhoef Banks, Carole - Account Planner, Media Department, Research - SHEPHERD AGENCY, Jacksonville,

1699

RESPONSIBILITIES INDEX — AGENCIES

FL, pg. 410
VanderMarliere, Gina - Media Department - CARAT, Detroit, MI, pg. 461
Vandermyde, Adam - Media Department, Operations - ANSIRA, Addison, TX, pg. 326
Vanderveen, Mandi - Interactive / Digital, Media Department, Operations, Research - DIGITAS, Chicago, IL, pg. 227
VanDeventer, Brendan - Interactive / Digital, Media Department - INITIATIVE, New York, NY, pg. 477
Vanoer, Carolyn - Interactive / Digital, Media Department - STARCOM WORLDWIDE, Chicago, IL, pg. 513
VanValkenburgh, Kevin - Interactive / Digital, Management, Media Department, PPOM - THE TOMBRAS GROUP, Knoxville, TN, pg. 424
VanWilder, Jennifer - Media Department - FIREHOUSE, INC., Dallas, TX, pg. 358
Varela, Matthew - Interactive / Digital, Media Department - PHD USA, New York, NY, pg. 505
Vargas, Malinda - Media Department - ALWAYS ON COMMUNICATIONS, Pasadena, CA, pg. 454
Vargas, Bryan - Finance, Interactive / Digital, Media Department - HEARTS & SCIENCE, New York, NY, pg. 471
Vargas, Amanda - Account Planner, Account Services, Media Department - ZENITH MEDIA, New York, NY, pg. 529
Vargas, Bridget - Account Planner, Interactive / Digital, Media Department - WAVEMAKER, Los Angeles, CA, pg. 528
Vargas, Will - Account Planner, Account Services, Media Department - PP+K, Tampa, FL, pg. 129
Varias, Laarni - Account Services, Interactive / Digital, Media Department, PPOM - WAVEMAKER, New York, NY, pg. 526
Varvis, Dolly - Media Department - MANCUSO MEDIA, Carlsbad, CA, pg. 382
Vasan, Rachita - Media Department - LEO BURNETT WORLDWIDE, Chicago, IL, pg. 98
Vasquez, Mariana - Media Department, Programmatic - MEDIACOM, New York, NY, pg. 487
Vassallo, Jessica - Media Department - OMD, New York, NY, pg. 498
Vaughan, Margot - Media Department - DIMASSIMO GOLDSTEIN, New York, NY, pg. 351
Vaughan, Allison - Interactive / Digital, Media Department - THE TOMBRAS GROUP, Knoxville, TN, pg. 424
Vaughn, Ivy - Media Department - KARSH & HAGAN, Denver, CO, pg. 94
Vaughn, Luke - Media Department - BLUESPACE CREATIVE, Denison, IA, pg. 3
Veale, Grace - Media Department -

CONNECT AT PUBLICIS MEDIA, Chicago, IL, pg. 462
Veet, Daniel - Creative, Interactive / Digital, Media Department, PPM - VAYNERMEDIA, New York, NY, pg. 689
Vega, Richard - Media Department - PUBLICIS HEALTH MEDIA, Philadelphia, PA, pg. 506
Vela, Krystal - Media Department - TEXAS CREATIVE, San Antonio, TX, pg. 201
Velichansky, Andrew - Media Department, NBC - CONNELLY PARTNERS, Boston, MA, pg. 344
Velliquette, Jason - Interactive / Digital, Media Department - PUBLICIS NORTH AMERICA, New York, NY, pg. 399
Venard, Jessica - Media Department - SPARK FOUNDRY, Chicago, IL, pg. 510
Venhaus, Charles - Account Planner, Account Services, Management, Media Department - HEARTS & SCIENCE, New York, NY, pg. 471
Venn, Paul - Media Department, PPOM - HUDSON ROUGE, New York, NY, pg. 371
Vennell, Jaimie - Media Department - LEVLANE ADVERTISING, Philadelphia, PA, pg. 380
Ventrella, Tyler - Media Department - 90OCTANE, Denver, CO, pg. 209
Vera, Jessica - Interactive / Digital, Media Department - ACTIVE INTERNATIONAL, Pearl River, NY, pg. 439
Verbeke, Stephanie - Media Department - SPARK FOUNDRY, Chicago, IL, pg. 510
Verdino, Andrew - Media Department, NBC - OMD, New York, NY, pg. 498
Verhulst, Julie - Media Department - CICERON, Minneapolis, MN, pg. 220
Verille, Kristen - Interactive / Digital, Media Department - HAVAS MEDIA GROUP, Boston, MA, pg. 470
Verma, Shalini - Account Planner, Account Services, Media Department - MEDIAHUB NEW YORK, New York, NY, pg. 249
Vernola, Nick - Account Planner, Media Department - PHD USA, New York, NY, pg. 505
Verona, Andre - Creative, Interactive / Digital, Media Department, PPM - PERCEPTIV, Los Angeles, CA, pg. 396
Verost, Nichole - Account Planner, Account Services, Media Department - PHD USA, New York, NY, pg. 505
Verrill, Benjamin - Interactive / Digital, Media Department, NBC, Social Media - MEDIAHUB BOSTON, Boston, MA, pg. 489
Verrini, Dario - Media Department - HELO, Marina Del Rey, CA, pg. 307
Vestergaard, Nicole - Media Department - CALDER BATEMAN COMMUNICATIONS, Edmonton, AB, pg. 339
Vetrano, Rich - Interactive / Digital, Media Department - CORE

CREATIVE, Milwaukee, WI, pg. 344
Vicario, Rachel - Account Services, Media Department - RESOLUTION MEDIA, New York, NY, pg. 263
Vichiola, Steve - Account Services, Media Department - TOUCHPOINT INTEGRATED COMMUNICATIONS, Darien, CT, pg. 520
Vicknair, Alexis - Media Department, PPM - PETERMAYER, New Orleans, LA, pg. 127
Vider, Jeffrey - Media Department, NBC - BLUE 449, New York, NY, pg. 455
Vidler, Laura - Interactive / Digital, Media Department - CARAT, New York, NY, pg. 459
Vidler, Kim - Media Department - KROGER MEDIA SERVICES, Portland, OR, pg. 96
Vieira, Mia - Media Department - LOVE ADVERTISING, Houston, TX, pg. 101
Vigen, Catie - Media Department - PUBLICIS.SAPIENT, Seattle, WA, pg. 259
Viger, Dale - Account Services, Media Department - JUST MEDIA, INC., Emeryville, CA, pg. 481
Vigilia, Lorraine - Media Department - INITIATIVE, New York, NY, pg. 477
Vigliotti, Lisa - Media Department - ITM NEWSPAPER MEDIA PLANNING & BUYING, Parsippany, NJ, pg. 480
Vigue, Danielle - Account Planner, Media Department - ESSENCE, New York, NY, pg. 232
Villa, Daniel - Media Department - HAVAS MEDIA GROUP, Chicago, IL, pg. 469
Villafane, Thomas - Media Department - CARAT, New York, NY, pg. 459
Villalobos, Katrina - Media Department - STARCOM WORLDWIDE, North Hollywood, CA, pg. 516
Villalta, Shannon - Media Department - RPA, Santa Monica, CA, pg. 134
Villanueva, Christine - Account Planner, Account Services, Administrative, Analytics, Management, Media Department, PPOM, Research - WALTON ISAACSON, New York, NY, pg. 547
Villanueva, Tim - Media Department - FETCH, San Francisco, CA, pg. 533
Villanueva, Heather - Media Department - R\WEST, Portland, OR, pg. 136
Villany, Jennifer - Account Services, Creative, Interactive / Digital, Management, Media Department - ISOBAR US, New York, NY, pg. 242
Villarreal, Myrna - Media Department - STARCOM WORLDWIDE, Chicago, IL, pg. 513
Villegas, Eduardo - Media Department - INITIATIVE, Los Angeles, CA, pg. 478
Villiott, Brent - Interactive / Digital, Media Department, Social

AGENCIES
RESPONSIBILITIES INDEX

Media - CPC STRATEGY, San Diego, CA, *pg.* 672

Viloria, Christian - Media Department - ESSENCE, Minneapolis, MN, *pg.* 233

Vincent, Rachel - Media Department - MEDIA PARTNERS, INC., Raleigh, NC, *pg.* 486

Vincent, Ashley - Interactive / Digital, Media Department - INITIATIVE, New York, NY, *pg.* 477

Vincent, Daniel - Media Department - INITIATIVE, New York, NY, *pg.* 477

Vinci, Alex - Media Department, Operations, PPOM - MINDSHARE, New York, NY, *pg.* 491

Viola, Jeremy - Account Planner, Account Services, Media Department - PALISADES MEDIA GROUP, INC., Santa Monica, CA, *pg.* 124

Virdo, Rosella - Interactive / Digital, Media Department, NBC, Social Media - LODGING INTERACTIVE, Parsippany, NJ, *pg.* 246

Virk, Harleen - Media Department - BARLOW MEDIA, North Vancouver, BC, *pg.* 455

Visage, Renee - Media Department, Public Relations - KELLY, SCOTT & MADISON, INC., Chicago, IL, *pg.* 482

Viselli, Lisa - Media Department - ESCALENT, Little Rock, AR, *pg.* 444

Visich, Benjamin - Media Department - PUBLICIS HEALTH MEDIA, Philadelphia, PA, *pg.* 506

Vitale, Kim - Interactive / Digital, Management, Media Department - MEDIA STORM, Los Angeles, CA, *pg.* 486

Vitale, Eve - Interactive / Digital, Media Department - HARMELIN MEDIA, Bala Cynwyd, PA, *pg.* 467

Viti, Susan - Interactive / Digital, Management, Media Department, PPOM - INITIATIVE, Chicago, IL, *pg.* 479

Viti, Julia - Interactive / Digital, Media Department, NBC - MEDIACOM, New York, NY, *pg.* 487

Viti, Susan - Media Department - SPARK FOUNDRY, Chicago, IL, *pg.* 510

Vitrano, Amanda - Media Department, Social Media - HAVAS MEDIA GROUP, Chicago, IL, *pg.* 469

Vitturi-Lochra, Jan - Account Services, Interactive / Digital, Management, Media Department - THE SHIPYARD, Columbus, OH, *pg.* 270

Viveiros, Brandon - Interactive / Digital, Media Department - SAATCHI & SAATCHI X, Springdale, AR, *pg.* 682

Vivona, Tricia - Interactive / Digital, Media Department - INTOUCH SOLUTIONS, INC., Overland Park, KS, *pg.* 242

Vizethann, Marjorie - Account Planner, Account Services, Interactive / Digital, Management, Media Department - 360I, LLC, Atlanta, GA, *pg.* 207

Vogan, Cory - Interactive / Digital, Media Department - DONER CX, Warrendale, PA, *pg.* 282

Vogel, Randy - Account Planner, Interactive / Digital, Media Department, Operations - ANDERSON DDB HEALTH & LIFESTYLE, Toronto, ON, *pg.* 31

Vogelzang, Courtney - Account Planner, Account Services, Media Department - J3, New York, NY, *pg.* 480

Vogt, Kelly - Account Services, Creative, Management, Media Department - CRAMER-KRASSELT, Milwaukee, WI, *pg.* 54

Volaric, Josephina - Interactive / Digital, Media Department - M&C SAATCHI PERFORMANCE, New York, NY, *pg.* 247

Vollet, Amy - Media Department - THE INTEGER GROUP - DALLAS, Dallas, TX, *pg.* 570

Vollmers, Angie - Media Department - OH PARTNERS, Phoenix, AZ, *pg.* 122

Volohov, Anna - Interactive / Digital, Media Department, NBC - MEDIACOM, New York, NY, *pg.* 487

Voloshin, Helen - Interactive / Digital, Media Department, Social Media - DIGITAS, Boston, MA, *pg.* 226

Von Hassel, Shannon - Account Services, Management, Media Department - INITIATIVE, New York, NY, *pg.* 477

Von Sadovszky, Mia - Management, Media Department - RPA, Santa Monica, CA, *pg.* 134

Vona, Alyssa - Media Department - OMD, New York, NY, *pg.* 498

Vona, Meredith - Interactive / Digital, Media Department - COOPER-SMITH ADVERTISING, Stamford, CT, *pg.* 462

Vontayes, Rahshawn - Account Services, Creative, Media Department - ADAMS OUTDOOR ADVERTISING, Charlotte, NC, *pg.* 549

Voorhies, Dock - Media Department - STARCOM WORLDWIDE, Chicago, IL, *pg.* 513

Vosa, Ricardo - Media Department - SPARK FOUNDRY, New York, NY, *pg.* 508

Voss, Teresa - Media Department - UNIVERSAL MCCANN DETROIT, Birmingham, MI, *pg.* 524

Voth, Gretchen - Account Planner, Media Department - LUQUIRE GEORGE ANDREWS, INC., Charlotte, NC, *pg.* 382

Vu, Jonathan - Interactive / Digital, Management, Media Department, Research - INITIATIVE, New York, NY, *pg.* 477

Vucelic, Katherine - Interactive / Digital, Media Department - STARCOM WORLDWIDE, Chicago, IL, *pg.* 513

Wachter, Marissa - Media Department - THE RICHARDS GROUP, INC., Dallas, TX, *pg.* 422

Wacksman, Barry - Media Department, NBC, PPOM - R/GA, New York, NY, *pg.* 260

Wade, Shali - Management, Media Department, NBC - VMLY&R, Kansas City, MO, *pg.* 274

Wade, Tyla - Account Planner, Media Department - HUDSON ROUGE, New York, NY, *pg.* 371

Wade, Nadia - Account Services, Analytics, Media Department, NBC - OMD WEST, Los Angeles, CA, *pg.* 502

Waghorn, Matthew - Media Department - HUGE, INC., Brooklyn, NY, *pg.* 239

Wagner, John - Account Services, Media Department - PHD USA, New York, NY, *pg.* 505

Wagner, Lindsay - Account Planner, Media Department, NBC - HEARTS & SCIENCE, New York, NY, *pg.* 471

Wagner, Sarah - Media Department - STARCOM WORLDWIDE, Chicago, IL, *pg.* 513

Wagner, Laurie - Media Department - MEDIACOM, New York, NY, *pg.* 487

Wagner, Melissa - Media Department - CMI MEDIA, LLC, King of Prussia, PA, *pg.* 342

Wagner, Charles - Media Department - TINUITI, New York, NY, *pg.* 678

Wahnschaffe, Krystle - Media Department - THE RICHARDS GROUP, INC., Dallas, TX, *pg.* 422

Waite, Jonathan - Interactive / Digital, Media Department - DIRECT AGENTS, INC., New York, NY, *pg.* 229

Waite, Yvette - Media Department - SANDERS\WINGO, El Paso, TX, *pg.* 138

Wald, Jessica - Media Department - ZENITH MEDIA, New York, NY, *pg.* 529

Wald, Janet - Media Department - UNIVERSAL MCCANN DETROIT, Birmingham, MI, *pg.* 524

Walden, Becky - Account Planner, Account Services, Management, Media Department - STARCOM WORLDWIDE, Chicago, IL, *pg.* 513

Walden, Zach - Interactive / Digital, Media Department, Operations, Programmatic - OMD WEST, Los Angeles, CA, *pg.* 502

Walker, Tommy - Interactive / Digital, Media Department, PPM - STONE WARD ADVERTISING, Little Rock, AR, *pg.* 413

Walker, Steve - Media Department - SAATCHI & SAATCHI CANADA, Toronto, ON, *pg.* 136

Walker, Kandy - Management, Media Department - COSSETTE MEDIA, Toronto, ON, *pg.* 345

Walker, Bradley - Account Services, Interactive / Digital, Media Department - 1000HEADS, New York, NY, *pg.* 691

Walker, Scott - Media Department - ZENITH MEDIA, New York, NY, *pg.* 529

Walker, Nikki - Interactive / Digital, Media Department - CARAT, Detroit, MI, *pg.* 461

Walker, Jennifer - Account Planner, Media Department - SPURRIER GROUP, Richmond, VA, *pg.* 513

Walker, Lauren - Media Department - CRISPIN PORTER + BOGUSKY, Boulder, CO, *pg.* 346

Walker, Nadia - Media Department, Public Relations - IDEO, Palo

RESPONSIBILITIES INDEX — AGENCIES

Alto, CA, pg. 187
Walker, Ryan - Media Department - SPARK FOUNDRY, New York, NY, pg. 508
Walker, Marianella - Analytics, Media Department - RPA, Santa Monica, CA, pg. 134
Walker, Sarah - Media Department - 360I, LLC, New York, NY, pg. 320
Walker, Spice - Media Department - 360I, LLC, New York, NY, pg. 320
Walker, Adam - Media Department - PLUSMEDIA, LLC, Danbury, CT, pg. 290
Walker, Maria - Analytics, Media Department - DRAKE COOPER, Boise, ID, pg. 64
Walker, Allie - Media Department - R/GA, New York, NY, pg. 260
Walker-Kulp, Stephanie - Interactive / Digital, Media Department, PPM - MINDSHARE, New York, NY, pg. 491
Wall, Michelle - Media Department - MEADSDURKET, San Diego, CA, pg. 112
Wallace, Bridgit - Media Department - NOVUS MEDIA, INC., Plymouth, MN, pg. 497
Wallace, Katrina - Media Department - MCKINNEY, Durham, NC, pg. 111
Wallace, Graham - Media Department - WIEDEN + KENNEDY, Portland, OR, pg. 430
Wallace, Lauren - Media Department, Social Media - CROSSMEDIA, Philadelphia, PA, pg. 463
Wallace, Kaitlyn - Account Planner, Media Department - THE BUNTIN GROUP, Nashville, TN, pg. 148
Wallace, Stephanie - Media Department - NEBO AGENCY, LLC, Atlanta, GA, pg. 253
Wallace, Annabelle - Media Department - SPARK FOUNDRY, Chicago, IL, pg. 510
Wallach, Eric - Creative, Management, Media Department - SPARK FOUNDRY, New York, NY, pg. 508
Waller, Ashley - Media Department - STARCOM WORLDWIDE, Chicago, IL, pg. 513
Walling, Liza - Media Department - HARMELIN MEDIA, Bala Cynwyd, PA, pg. 467
Wallnut, Elyse - Account Planner, Account Services, Media Department - MEDIA CAUSE, Washington, DC, pg. 249
Wallwork, Pat - Media Department, PPOM - MCKEE WALLWORK & COMPANY, Albuquerque, NM, pg. 385
Walmsley, Graham - Account Services, Media Department - UNIVERSAL MCCANN, Toronto, ON, pg. 524
Walsh, Mariana - Media Department, NBC - CAGE POINT, New York, NY, pg. 457
Walsh, Caitlin - Account Planner, Media Department - MAYOSEITZ MEDIA, Blue Bell, PA, pg. 483
Walsh, Meghan - Account Planner, Creative, Finance, Media Department - HEARTS & SCIENCE, New York, NY, pg. 471
Walsh, Laura - Media Department - CLINICAL TRIAL MEDIA, Hauppauge, NY, pg. 667
Walsh, Tina - Management, Media Department - TONGAL, Santa Monica, CA, pg. 20
Walsh, Michelle - Media Department - INNOVATIVE TRAVEL MARKETING, Parsippany, NJ, pg. 480
Walsh, Emily - Media Department - CROSSMEDIA, Philadelphia, PA, pg. 463
Walsh, Koko - Media Department - STARCOM WORLDWIDE, North Hollywood, CA, pg. 516
Walsh, Chris - Interactive / Digital, Media Department - ESSENCE, New York, NY, pg. 232
Walsh, Kim - Management, Media Department - BBDO MINNEAPOLIS, Minneapolis, MN, pg. 330
Walsh, Patrick - Media Department - KROGER MEDIA SERVICES, Portland, OR, pg. 96
Walsh, Sean - Account Services, Media Department - VAYNERMEDIA, New York, NY, pg. 689
Walshe, Tonya - Media Department - RAIN, Portland, OR, pg. 402
Walters, Mia - Interactive / Digital, Media Department, Programmatic - CRONIN, Glastonbury, CT, pg. 55
Walters, Kate - Account Planner, Account Services, Creative, Media Department, Social Media - MCGARRYBOWEN, San Francisco, CA, pg. 385
Walthall, Tom - Media Department - DOEANDERSON ADVERTISING, Louisville, KY, pg. 352
Walther, Nicole - Interactive / Digital, Media Department, Programmatic - EMPOWER, Cincinnati, OH, pg. 354
Walton, Colby - Account Services, Management, Media Department - COOKSEY COMMUNICATIONS, Irving, TX, pg. 593
Walton, Jennifer - Management, Media Department, Operations - STARCOM WORLDWIDE, Detroit, MI, pg. 517
Walton, Ginny - Media Department - GRETEMAN GROUP, Wichita, KS, pg. 8
Walz, Kimberly - Media Department - CARAT, Detroit, MI, pg. 461
Walz, Denise - Creative, Media Department, PPOM - PRR, Seattle, WA, pg. 399
Wan, Bonnie - Account Planner, Media Department, NBC, PPOM - GOODBY, SILVERSTEIN & PARTNERS, San Francisco, CA, pg. 77
Wanczyk, Stephen - Interactive / Digital, Media Department, Social Media - REPEQUITY, Washington, DC, pg. 263
Wang, Jessica - Interactive / Digital, Media Department, PPOM - UNIVERSAL MCCANN, New York, NY, pg. 521
Wang, Fer - Account Planner, Media Department - LIKEABLE MEDIA, New York, NY, pg. 246
Wang, Yan - Account Planner, Media Department, NBC, Public Relations - DROGA5, New York, NY, pg. 64
Wang, Jasmine - Interactive / Digital, Media Department, Programmatic, Social Media - NOBLE PEOPLE, New York, NY, pg. 120
Wang, Mandy - Media Department - GSD&M, Austin, TX, pg. 79
Wang, Zhou - Media Department - WAVEMAKER, New York, NY, pg. 526
Wang, Yujing - Interactive / Digital, Media Department - EPIC CREATIVE, West Bend, WI, pg. 7
Wanger, Sarah - Interactive / Digital, Media Department, Social Media - 360I, LLC, New York, NY, pg. 320
Wankoff, Rachel - Account Services, Interactive / Digital, Media Department - PHD, San Francisco, CA, pg. 504
Wannermeyer, Lauren - Media Department - BIG SPACESHIP, Brooklyn, NY, pg. 455
Want, Hannah - Interactive / Digital, Media Department - SPARK FOUNDRY, El Segundo, CA, pg. 512
Ward, Kif - Account Services, Management, Media Department - STARCOM WORLDWIDE, Chicago, IL, pg. 513
Ward, Ryan - Account Planner, Media Department - MINDSTREAM MEDIA GROUP - DALLAS, Dallas, TX, pg. 496
Ward, Dan - Media Department - STARCOM WORLDWIDE, Chicago, IL, pg. 513
Ward, Allison - Media Department - 360I, LLC, Atlanta, GA, pg. 207
Ward, Haley - Account Planner, Media Department - HORIZON MEDIA, INC., New York, NY, pg. 474
Ward, McCall - Media Department - INITIATIVE, New York, NY, pg. 477
Warfield, Megan - Account Planner, Media Department, PPOM - WAVEMAKER, New York, NY, pg. 526
Warfield, Mariana - Interactive / Digital, Media Department - HORIZON MEDIA, INC., Los Angeles, CA, pg. 473
Warholak, Marley - Account Planner, Account Services, Media Department - KROGER MEDIA SERVICES, Portland, OR, pg. 96
Warin, Mike - Media Department - SAGEPATH, INC., Atlanta, GA, pg. 409
Warnatsch, Nicole - Media Department, Operations - CARAT, Detroit, MI, pg. 461
Warner, Kallana - Account Services, Interactive / Digital, Media Department - UNIVERSAL MCCANN, New York, NY, pg. 521
Warner, Missy - Media Department - STARCOM WORLDWIDE, Chicago, IL, pg. 513
Warner, Ryan - Media Department, NBC - 72ANDSUNNY, Playa Vista, CA,

AGENCIES — RESPONSIBILITIES INDEX

Warner, Lindsey - Interactive / Digital, Media Department - YOUNG & LARAMORE, Indianapolis, IN, *pg.* 164

Warning, Sara - Media Department - OMD, Chicago, IL, *pg.* 500

Warren, Brenda - Media Department - SWANSON RUSSELL ASSOCIATES, Lincoln, NE, *pg.* 415

Warren, Scott - Media Department - CALLAN ADVERTISING COMPANY, New York, NY, *pg.* 457

Warren, Lindsey - Media Department - DIGITAS, Boston, MA, *pg.* 226

Warren, Gail - Media Department - METRICS MARKETING, Atlanta, GA, *pg.* 114

Warren, Stacey - Interactive / Digital, Media Department - VISITURE, Charleston, SC, *pg.* 678

Warren, Lydia - Account Planner, Account Services, Media Department - UNIVERSAL MCCANN, San Francisco, CA, *pg.* 428

Washington, Stephen - Media Department - OMD ATLANTA, Atlanta, GA, *pg.* 501

Wasinger, Kristi - Media Department, NBC - SIGNAL THEORY, Kansas City, MO, *pg.* 141

Wasylow, Damion - Media Department - THREE FIVE TWO, INC., Newberry, FL, *pg.* 271

Waterman, Steven - Interactive / Digital, Media Department - ZIMMERMAN ADVERTISING, Fort Lauderdale, FL, *pg.* 437

Waterman, David - Interactive / Digital, Media Department - THE SEARCH AGENCY, Glendale, CA, *pg.* 677

Waters, Janet - Media Department - SAATCHI & SAATCHI LOS ANGELES, Torrance, CA, *pg.* 137

Watkins, Pam - Account Planner, Media Department, NBC - MOD OP, Dallas, TX, *pg.* 388

Watkins, Ina - Account Planner, Interactive / Digital, Management, Media Department - MEDIAHUB LOS ANGELES, El Segundo, CA, *pg.* 112

Watkins, Maddie - Interactive / Digital, Media Department, Operations - STARCOM WORLDWIDE, Chicago, IL, *pg.* 513

Watkins, Brandi - Interactive / Digital, Media Department - ZENITH MEDIA, Atlanta, GA, *pg.* 531

Watkins, Jarrod - Media Department - MATRIX MEDIA SERVICES, Columbus, OH, *pg.* 554

Watkins, Tricia - Media Department - LEWIS MEDIA PARTNERS, Richmond, VA, *pg.* 482

Watry, Callie - Account Planner, Media Department - SHINE UNITED, Madison, WI, *pg.* 140

Watson, James - Media Department, PPOM - HANSON WATSON ASSOCIATES, Moline, IL, *pg.* 81

Watson, Heather - Media Department - EMPOWER, Cincinnati, OH, *pg.* 354

Watson, Michelle - Media Department - THAYER MEDIA, Denver, CO, *pg.* 519

Watson, Drew - Account Planner, Account Services, Management, Media Department, NBC - MEDIAHUB BOSTON, Boston, MA, *pg.* 489

Watson, Adowa - Media Department, Operations - STARCOM WORLDWIDE, Detroit, MI, *pg.* 517

Watson, Caroline - Media Department, PPOM - EMICO MEDIA, Denver, CO, *pg.* 465

Watson, Stephanie - Account Services, Finance, Media Department - UNIVERSAL MCCANN DETROIT, Birmingham, MI, *pg.* 524

Watson, Grant - Account Services, Media Department, NBC - PREACHER, Austin, TX, *pg.* 129

Watson, Katie - Media Department - SPARK FOUNDRY, Chicago, IL, *pg.* 510

Watson, Emily - Creative, Media Department - BALDWIN&, Raleigh, NC, *pg.* 35

Watson, Holly - Media Department, PPM - INNOVATIVE ADVERTISING, Mandeville, LA, *pg.* 375

Watson, Ali - Media Department, Social Media - COLLING MEDIA, Scottsdale, AZ, *pg.* 51

Watson, Jenna - Interactive / Digital, Media Department - DAC GROUP, Louisville, KY, *pg.* 223

Watson, Brett - Account Services, Media Department - BFO, Chicago, IL, *pg.* 217

Watson, Jr., Joseph - Media Department, Programmatic - M/SIX, New York, NY, *pg.* 482

Wattigney Smith, Tanya - Account Services, Media Department, Programmatic - CONVERSANT, LLC, Chicago, IL, *pg.* 222

Watts, Diana - Media Department - PAL8 MEDIA, INC., Santa Barbara, CA, *pg.* 503

Watts, Vanessa - Media Department - LAUGHLIN CONSTABLE, INC., Milwaukee, WI, *pg.* 379

Waugh, Rema - Account Services, Interactive / Digital, Management, Media Department, PPOM - UNIVERSAL MCCANN DETROIT, Birmingham, MI, *pg.* 524

Waxler, Debbie - Management, Media Department, PPM - MEDIA ASSEMBLY, New York, NY, *pg.* 484

Way, Taylor - Account Services, Media Department - DIMASSIMO GOLDSTEIN, New York, NY, *pg.* 351

Wayland, Ellen - Interactive / Digital, Media Department - CMI MEDIA, LLC, King of Prussia, PA, *pg.* 342

Wayland, Jonathan - Media Department - RED FROG EVENTS, LLC, Chicago, IL, *pg.* 314

Wazir, Shak - Media Department - REVOLUTION, Chicago, IL, *pg.* 406

Weag, Alexandra - Media Department - CMI MEDIA, LLC, King of Prussia, PA, *pg.* 342

Weasel, Megan - Media Department - STARCOM WORLDWIDE, Chicago, IL, *pg.* 513

Weaton, Jeff - Interactive / Digital, Media Department - SPARK FOUNDRY, New York, NY, *pg.* 508

Weaver, Wendy - Media Department - WILLIAMS WHITTLE, Alexandria, VA, *pg.* 432

Weaver, Kent - Interactive / Digital, Media Department - STARCOM WORLDWIDE, Chicago, IL, *pg.* 513

Weaver, Courtney - Interactive / Digital, Media Department - BURRELL COMMUNICATIONS GROUP, INC., Chicago, IL, *pg.* 45

Weaver, Lisa - Media Department - GS&F, Nashville, TN, *pg.* 367

Weaver, Stephanie - Media Department - RICHARDS CARLBERG, Dallas, TX, *pg.* 406

Webb, Elizabeth - Media Department - TOTALCOM, Huntsville, AL, *pg.* 156

Webb, Jennifer - Account Services, Media Department, Operations - COLTRIN & ASSOCIATES, New York, NY, *pg.* 592

Webb, Mariya - Interactive / Digital, Media Department - MEDIACOM, New York, NY, *pg.* 487

Webb, Jamie - Media Department - HARMELIN MEDIA, Bala Cynwyd, PA, *pg.* 467

Webb, Amanda - Media Department - DWA MEDIA, Austin, TX, *pg.* 464

Webden, Chris - Creative, Media Department, PPM - DDB CANADA, Toronto, ON, *pg.* 224

Weber, Sharon - Media Department - MITCHELL, Fayetteville, AR, *pg.* 627

Weber, Keri - Media Department, NBC - THE RICHARDS GROUP, INC., Dallas, TX, *pg.* 422

Weber, Nikole - Account Planner, Media Department - UNIVERSAL MCCANN, Los Angeles, CA, *pg.* 524

Weber, Alexander - Account Services, Media Department - VAYNERMEDIA, New York, NY, *pg.* 689

Weber, Brianna - Media Department - SPARK FOUNDRY, Chicago, IL, *pg.* 510

Weber, Paige - Media Department, NBC - WIEDEN + KENNEDY, Portland, OR, *pg.* 430

Webley, Dawn - Analytics, Media Department - OH PARTNERS, Phoenix, AZ, *pg.* 122

Webster, Justin - Account Planner, Interactive / Digital, Media Department - HAVAS MEDIA GROUP, New York, NY, *pg.* 468

Webster, Nicole - Interactive / Digital, Media Department - CARAT, New York, NY, *pg.* 459

Webster, Bobby - Account Services, Media Department - UNION, Charlotte, NC, *pg.* 273

Weedon, Amy - Media Department - MERRICK TOWLE COMMUNICATIONS, Greenbelt, MD, *pg.* 114

Weeks, Jenna - Media Department - WAVEMAKER, Chicago, IL, *pg.* 529

Weeks, Beth - Interactive / Digital, Media Department - DIGITAS, Chicago, IL, *pg.* 227

Weeks, Kelly - Interactive / Digital, Media Department - ADLUCENT, Austin, TX, *pg.* 671

RESPONSIBILITIES INDEX — AGENCIES

Wegert, Karel - Interactive / Digital, Media Department - MEDIA EXPERTS, Montreal, QC, pg. 485
Wei, Jason - Media Department - VAYNERMEDIA, New York, NY, pg. 689
Weichselbaum, Charles - Interactive / Digital, Media Department, Social Media - EPIC SIGNAL, New York, NY, pg. 685
Weil, Gabrielle - Media Department - HORIZON MEDIA, INC., New York, NY, pg. 474
Weiland, Bobbie - Media Department - STARCOM WORLDWIDE, North Hollywood, CA, pg. 516
Weill, John - Media Department - STARCOM WORLDWIDE, Chicago, IL, pg. 513
Weimann, Denise - Creative, Media Department, PPOM - WAVEMAKER, New York, NY, pg. 526
Weinberg, Nathan - Interactive / Digital, Media Department - MEDIACOM, New York, NY, pg. 487
Weinberger, Andi - Media Department - PP+K, Tampa, FL, pg. 129
Weiner, Ashley - Media Department - SPARK FOUNDRY, Chicago, IL, pg. 510
Weiner, Rachel - Media Department - CARAT, New York, NY, pg. 459
Weiner, Allison - Media Department - MMSI, Warwick, RI, pg. 496
Weingarten, Uri - Media Department - RED TETTEMER O'CONNELL + PARTNERS, Philadelphia, PA, pg. 404
Weinraub, Olga - Interactive / Digital, Media Department - GARAGE TEAM MAZDA, Costa Mesa, CA, pg. 465
Weinsoff, Tina - Account Services, Management, Media Department - TEAM ONE, Los Angeles, CA, pg. 417
Weinstein, Sharon - Interactive / Digital, Media Department - ZENITH MEDIA, Atlanta, GA, pg. 531
Weinstein, Richard - Media Department, PPOM - CONNELLY PARTNERS, Boston, MA, pg. 344
Weinstein, Hilary - Media Department - LOCKARD & WECHSLER, Irvington, NY, pg. 287
Weinstein, Brad - Account Planner, Media Department, NBC, Operations - PHD USA, New York, NY, pg. 505
Weinstein, Brittany - Media Department - MINDSHARE, New York, NY, pg. 491
Weinstein, Ashley - Account Planner, Account Services, Media Department - INITIATIVE, New York, NY, pg. 477
Weinstein, Jenna - Media Department - PAVONE MARKETING GROUP, Harrisburg, PA, pg. 396
Weintraub, Mark - Account Services, Interactive / Digital, Media Department - HUGE, INC., Brooklyn, NY, pg. 239
Weipz, John - Media Department, Promotions - REFUEL AGENCY, Monmouth Junction, NJ, pg. 405
Weis, Suzanne - Interactive / Digital, Media Department, PPOM - MINDSHARE, New York, NY, pg. 491
Weisfelner, David - Account Services, Media Department - OMD, New York, NY, pg. 498
Weishaupl, Alex - Interactive / Digital, Management, Media Department - PUBLICIS.SAPIENT, New York, NY, pg. 258
Weisman, Danny - Media Department - NOBLE PEOPLE, New York, NY, pg. 120
Weiss, Jessica - Media Department - GROUPM, New York, NY, pg. 466
Weiss, Gwyn - Account Planner, Account Services, Media Department, NBC - MKTG INC, New York, NY, pg. 311
Weiss, Jennifer - Management, Media Department - MEDIAHUB BOSTON, Boston, MA, pg. 489
Weiss, Jessica - Account Planner, Media Department - CARAT, Detroit, MI, pg. 461
Weiss, Patty - Media Department - BVK, Milwaukee, WI, pg. 339
Wekselblatt, Hailey - Interactive / Digital, Media Department - CARAT, New York, NY, pg. 459
Welch, Jack - Media Department - BRAINS ON FIRE, Greenville, SC, pg. 691
Welch, Michael - Account Services, Management, Media Department, Operations - SCOPPECHIO, Louisville, KY, pg. 409
Welch, Bob - Account Services, Management, Media Department - 84.51, Cincinnati, OH, pg. 441
Welch, Kelly - Media Department - BCF, Virginia Beach, VA, pg. 581
Welch, McKenzie - Account Planner, Account Services, Media Department, Social Media - BFG COMMUNICATIONS, Atlanta, GA, pg. 333
Welch, Derek - Management, Media Department - ALLEN & GERRITSEN, Boston, MA, pg. 29
Wellhausen, Sandra - Account Services, Media Department - WRIGHT ON COMMUNICATIONS, La Jolla, CA, pg. 663
Wells, John - Account Services, Management, Media Department, NBC - RAPP WORLDWIDE, Los Angeles, CA, pg. 291
Wells, Sandra - Media Department - TOUCHE!, Montreal, QC, pg. 520
Wells, Cynthia - Media Department - THE TOMBRAS GROUP, Knoxville, TN, pg. 424
Wells, Kathrine - Media Department - SOURCELINK, LLC, Itasca, IL, pg. 292
Welty, Patrick - Management, Media Department, Operations - AMOBEE, INC., Redwood City, CA, pg. 213
Wemyss, Cameron - Media Department - DWA MEDIA, Boston, MA, pg. 464
Wendel, Erin - Media Department, Programmatic - BUTLER / TILL, Rochester, NY, pg. 457
Wendling, Steve - Media Department - THE MEDIA KITCHEN, New York, NY, pg. 519
Weninger, Pete - Media Department - BVK, Milwaukee, WI, pg. 339
Wennerholm, Heather - Media Department - ACTIVE INTERNATIONAL, Pearl River, NY, pg. 439
Wensman, Scott - Interactive / Digital, Management, Media Department - MINDSHARE, Atlanta, GA, pg. 493
Wentlent, Matt - Media Department - SPARK FOUNDRY, Atlanta, GA, pg. 512
Wermuth, Michael - Media Department - DMW WORLDWIDE, LLC, Chesterbrook, PA, pg. 282
Wertz, Kevin - Management, Media Department, PPOM - CAMPBELL EWALD, Detroit, MI, pg. 46
Wesche, Brian - Analytics, Media Department - HEARTS & SCIENCE, New York, NY, pg. 471
Wescott, Emery - Account Planner, Account Services, Media Department - CANVAS WORLDWIDE, Playa Vista, CA, pg. 458
Wesley, Chauncey - Media Department, PPOM - UNIVERSAL MCCANN, New York, NY, pg. 521
Wesley, Thembi - Media Department - TEAM EPIPHANY, New York, NY, pg. 652
Wesolowski, Kay - Interactive / Digital, Management, Media Department - KELLY, SCOTT & MADISON, INC., Chicago, IL, pg. 482
Wesolowski, Meaghan - Interactive / Digital, Media Department - BMG, St. Charles, MO, pg. 335
Wessling, Nadine - Media Department - TRUE MEDIA, Columbia, MO, pg. 521
West, Bethany - Media Department - THE MANAHAN GROUP, Charleston, WV, pg. 19
West, Owen - Media Department - OCEAN MEDIA, INC., Huntington Beach, CA, pg. 498
West, Ellie - Media Department - HIRSHORN ZUCKERMAN DESIGN GROUP, Rockville, MD, pg. 371
Westall, Chris - Account Planner, Account Services, Management, Media Department - BOUNTEOUS, Chicago, IL, pg. 218
Westberg, George - Creative, Interactive / Digital, Media Department - FLEISHMANHILLARD, New York, NY, pg. 605
Westerkon, Samuel - Analytics, Media Department, NBC - MINDSHARE, New York, NY, pg. 491
Westerman, Scott - Media Department - CARMICHAEL LYNCH, Minneapolis, MN, pg. 47
Westfield, Andreas - Interactive / Digital, Media Department - SPARK FOUNDRY, Chicago, IL, pg. 510
Westin, Alexis - Interactive / Digital, Media Department - MEDIAHUB LOS ANGELES, El Segundo, CA, pg. 112
Westlund, Jaime - Media Department - CARMICHAEL LYNCH, Minneapolis, MN, pg. 47
Westman, Karl - Media Department - OGILVY, New York, NY, pg. 393
Wetmore, Kelly - Interactive / Digital, Media Department - INITIATIVE, Los Angeles, CA, pg.

1704

AGENCIES — RESPONSIBILITIES INDEX

478
Wettersten, Ryan - Media Department - CRAMER-KRASSELT, Chicago, IL, *pg.* 53
Wetwiski, Nicole - Interactive / Digital, Media Department - INNOVATIVE ADVERTISING, Mandeville, LA, *pg.* 375
Wetzel, Thomas - Media Department - MMSI, Warwick, RI, *pg.* 496
Wexler Orpaz, Tracey - Interactive / Digital, Media Department, PPOM - 360I, LLC, New York, NY, *pg.* 320
Whalen, Lisa - Account Planner, Media Department - UNIVERSAL MCCANN DETROIT, Birmingham, MI, *pg.* 524
Whalen, Julia - Finance, Interactive / Digital, Media Department - HEARTS & SCIENCE, New York, NY, *pg.* 471
Whang, Jeff - Account Planner, Media Department - WUNDERMAN THOMPSON SEATTLE, Seattle, WA, *pg.* 435
Wharton, Lauren - Interactive / Digital, Media Department - FORTYFOUR, Atlanta, GA, *pg.* 235
Wheeler, Kelly - Media Department - MEDIA SOLUTIONS, Sacramento, CA, *pg.* 486
Whelan, Lexi - Account Planner, Account Services, Analytics, Media Department - MEKANISM, San Francisco, CA, *pg.* 112
Whelan, Kirsty - Media Department - IMRE, Baltimore, MD, *pg.* 374
Whisel, Stacy - Media Department, PPOM, Research - GODFREY, Lancaster, PA, *pg.* 8
Whisenant, Alison - Account Services, Interactive / Digital, Media Department, NBC, Social Media - MULLENLOWE U.S. BOSTON, Boston, MA, *pg.* 389
Whisler, Kyle A. - Media Department - TARGET MEDIA USA, Harrisburg, PA, *pg.* 518
Whitaker, Jamie - Account Planner, Interactive / Digital, Media Department - DASH TWO, Culver City, CA, *pg.* 551
Whitcomb, Melissa - Media Department - MERKLEY + PARTNERS, New York, NY, *pg.* 114
White, Brenda - Interactive / Digital, Media Department, PPM - STARCOM WORLDWIDE, Chicago, IL, *pg.* 513
White, Desmond - Media Department - NOMAD EVENT SERVICES, Alexandria, VA, *pg.* 312
White, Kevin - Media Department - ONE & ALL AGENCY, Pasadena, CA, *pg.* 289
White, Mary - Media Department - MARCUS THOMAS, Cleveland, OH, *pg.* 104
White, Alana - Media Department - GIANT SPOON, LLC, Los Angeles, CA, *pg.* 363
White, Autumn - Interactive / Digital, Management, Media Department, Research - HORIZON MEDIA, INC., Los Angeles, CA, *pg.*

473
White, Amy - Analytics, Media Department, Promotions - R2INTEGRATED, Baltimore, MD, *pg.* 261
White, Amanda - Account Planner, Interactive / Digital, Media Department - HAWORTH MARKETING & MEDIA, Minneapolis, MN, *pg.* 470
White, Jason - Interactive / Digital, Media Department - PMG, Fort Worth, TX, *pg.* 257
White, Lesley - Account Planner, Media Department - CONNECT AT PUBLICIS MEDIA, Chicago, IL, *pg.* 462
White, Arthur - Interactive / Digital, Media Department - ZOOM MEDIA, Chicago, IL, *pg.* 559
White, Bryan - Media Department - MEDIA STORM, Norwalk, CT, *pg.* 486
White, Jillian - Media Department - THE SUMMIT GROUP, Salt Lake City, UT, *pg.* 153
White, Erika - Media Department, NBC - PHD USA, New York, NY, *pg.* 505
White, Melissa - Interactive / Digital, Media Department - JONES HUYETT PARTNERS, Topeka, KS, *pg.* 93
White, Greg - Media Department - 72ANDSUNNY, Playa Vista, CA, *pg.* 23
White Jr., David - Interactive / Digital, Media Department, PPM - DENTSU X, New York, NY, *pg.* 61
Whited, Christine - Account Services, Management, Media Department, PPOM - PHD USA, New York, NY, *pg.* 505
Whitfield, Mark - Media Department - 9THWONDER, Houston, TX, *pg.* 453
Whitfield, Julie - Media Department - OMD ATLANTA, Atlanta, GA, *pg.* 501
Whiting, Mark - Account Services, Interactive / Digital, Media Department - MOTUM B2B, Toronto, ON, *pg.* 14
Whiting, Julie - Media Department - DIGITAS, Chicago, IL, *pg.* 227
Whitlock, Tanya - Media Department - CJRW NORTHWEST, Springdale, AR, *pg.* 566
Whitney, Robin - Media Department, PPOM - WHITNEY ADVERTISING & DESIGN, Park City, UT, *pg.* 430
Whitney, Janet - Media Department - 360I, LLC, Atlanta, GA, *pg.* 207
Whitney, Terry - Media Department - STARCOM WORLDWIDE, Chicago, IL, *pg.* 513
Whitt, Jeremy - Interactive / Digital, Management, Media Department - BVK, Milwaukee, WI, *pg.* 339
Whittaker, Drew - Media Department - BERNSTEIN-REIN ADVERTISING, INC., Kansas City, MO, *pg.* 39
Whittington, James - Media Department, PPM - WONGDOODY, Seattle, WA, *pg.* 162
Whyte, David - Media Department - QUARRY INTEGRATED COMMUNICATIONS, Saint Jacobs, ON, *pg.* 402
Wiecek, Brittany - Media Department

- GLOBAL MEDIA GROUP, Rancho Santa Margarita, CA, *pg.* 76
Wieczorek, Jill - Account Planner, Media Department - NOBLE STUDIOS, Reno, NV, *pg.* 254
Wiedemann, Monica - Account Services, Management, Media Department - PHD USA, New York, NY, *pg.* 505
Wiemer, Ashleigh - Interactive / Digital, Media Department, NBC - INLINE MEDIA, INC., Denver, CO, *pg.* 479
Wiener, Rick - Media Department - ALLEBACH COMMUNICATIONS, Souderton, PA, *pg.* 29
Wiethorn, Bree - Media Department - DIGITAS, San Francisco, CA, *pg.* 227
Wigle, Kay - Media Department - SWANSON RUSSELL ASSOCIATES, Lincoln, NE, *pg.* 415
Wilber, Cassidy - Creative, Media Department, NBC - GOODBY, SILVERSTEIN & PARTNERS, San Francisco, CA, *pg.* 77
Wilber Kincaid, Colleen - Interactive / Digital, Media Department, Public Relations - QORVIS COMMUNICATIONS, LLC, Washington, DC, *pg.* 640
Wilensky, Gila - Interactive / Digital, Media Department, Programmatic - ESSENCE, New York, NY, *pg.* 232
Wiles, Ilana - Account Services, Media Department - WRAY WARD, Charlotte, NC, *pg.* 433
Wilhelm, Anna - Media Department, NBC - HORIZON MEDIA, INC., New York, NY, *pg.* 474
Wilkins, Scott - Media Department - MEDIAHUB WINSTON SALEM, Winston-Salem, NC, *pg.* 386
Wilkinson, Carrie - Media Department, Public Relations - KANEEN ADVERTISING & PUBLIC RELATIONS, INC., Tucson, AZ, *pg.* 618
Wilkinson, Mandy - Media Department - STONE WARD ADVERTISING, Little Rock, AR, *pg.* 413
Will, Sara - Interactive / Digital, Media Department, NBC, Promotions - CLOSED LOOP MARKETING, Roseville, CA, *pg.* 672
Willhoft, Gene - Creative, Media Department, NBC, PPOM - ABSOLUTE MEDIA INC., Stamford, CT, *pg.* 453
Williams, Greg - Media Department, PPOM - BACKBONE MEDIA, Carbondale, CO, *pg.* 579
Williams, Charlene - Media Department, PPOM, Public Relations - NANCY MARSHALL COMMUNICATIONS, Augusta, ME, *pg.* 631
Williams, Stephanie - Account Services, Interactive / Digital, Management, Media Department, NBC - THE RICHARDS GROUP, INC., Dallas, TX, *pg.* 422
Williams, Yvonne - Interactive / Digital, Management, Media Department - PALISADES MEDIA GROUP, INC., Santa Monica, CA, *pg.* 124

RESPONSIBILITIES INDEX AGENCIES

Williams, Kevin - Account Services, Media Department - GIANT PROPELLER, Burbank, CA, pg. 76
Williams, Lindsay - Analytics, Media Department, Research - ROKKAN, LLC, New York, NY, pg. 264
Williams, Ashley - Media Department - TRACYLOCKE, Irving, TX, pg. 683
Williams, Gwendolyn - Account Planner, Media Department, NBC - THE RICHARDS GROUP, INC., Dallas, TX, pg. 422
Williams, Kali - Media Department - DOREMUS & COMPANY, New York, NY, pg. 64
Williams, Bruce - Media Department - 360I, LLC, Chicago, IL, pg. 208
Williams, Shawndia - Media Department - HAVAS MEDIA GROUP, Chicago, IL, pg. 469
Williams, Jenny - Media Department, PPOM - WATAUGA GROUP, Orlando, FL, pg. 21
Williams, Samantha - Interactive / Digital, Media Department - ZENITH MEDIA, Atlanta, GA, pg. 531
Williams, Christopher - Media Department - OMD, New York, NY, pg. 498
Williams, Tom - Management, Media Department - UNIVERSAL MCCANN, Los Angeles, CA, pg. 524
Williams, Blake - Media Department - THE SHIPYARD, Columbus, OH, pg. 270
Williams, Joanna - Interactive / Digital, Media Department - TRUE MEDIA, Minneapolis, MN, pg. 521
Williams, Kimani - Media Department - 360I, LLC, Chicago, IL, pg. 208
Williams, Ariel - Media Department - PP+K, Tampa, FL, pg. 129
Williams, Justin - Creative, Media Department - DENTSU X, New York, NY, pg. 61
Williams, Bill - Media Department - THE MILLER GROUP, Pacific Palisades, CA, pg. 421
Williams, Ansley - Account Services, Management, Media Department, Social Media - OGILVY, New York, NY, pg. 393
Williams, Denise - Media Department - WILLIAMS / CRAWFORD & ASSOCIATES, Fort Smith, AR, pg. 162
Williams, Amy - Media Department - FURIA RUBEL COMMUNICATIONS, INC., Doylestown, PA, pg. 607
Williams, Whitney - Account Services, Interactive / Digital, Media Department, Social Media - MCKEEMAN COMMUNICATIONS, Raleigh, NC, pg. 626
Williams, Danielle - Media Department - TEAM VELOCITY MARKETING, Herndon, VA, pg. 418
Williams, Marissa - Media Department, Social Media - ESSENCE, New York, NY, pg. 232
Williamson, Tim - Media Department - COOPER-SMITH ADVERTISING, Stamford, CT, pg. 462
Williamson, Janelle - Account Planner, Interactive / Digital,

Media Department, NBC, Social Media - DIGITAS, New York, NY, pg. 226
Willig, Alex - Interactive / Digital, Media Department - HORIZON MEDIA, INC., New York, NY, pg. 474
Willig, Cameron - Media Department - AKQA, San Francisco, CA, pg. 211
Willis, Harriette - Media Department - OMD, New York, NY, pg. 498
Willis, Emma - Media Department - DID AGENCY, Ambler, PA, pg. 62
Willis, Margaret - Media Department - CJRW NORTHWEST, Springdale, AR, pg. 566
Willison, Amanda - Interactive / Digital, Media Department - MODCOGROUP, New York, NY, pg. 116
Willome, Patrick - Analytics, Management, Media Department, Research - BUTLER / TILL, Rochester, NY, pg. 457
Willoughby, Luke - Interactive / Digital, Media Department - PROSEK PARTNERS, New York, NY, pg. 639
Wilmarth, Amanda - Media Department - PANNOS MARKETING, Manchester, NH, pg. 125
Wilson, Sherri - Media Department - JONES HUYETT PARTNERS, Topeka, KS, pg. 93
Wilson, Christine - Management, Media Department - OMD CANADA, Toronto, ON, pg. 501
Wilson, Karen - Media Department - MEDIAHUB WINSTON SALEM, Winston-Salem, NC, pg. 386
Wilson, Matt - Media Department, Promotions - MEDIAHUB LOS ANGELES, El Segundo, CA, pg. 112
Wilson, Sarah - Interactive / Digital, Media Department - DWA MEDIA, Boston, MA, pg. 464
Wilson, Terri - Media Department - 22SQUARED INC., Tampa, FL, pg. 319
Wilson, Shade - Interactive / Digital, Media Department - ELEVATION MARKETING, Richmond, VA, pg. 67
Wilson, Madeline - Account Services, Interactive / Digital, Media Department - BERLINROSEN, New York, NY, pg. 583
Wilson, Taylor - Media Department - CONQUER MEDIA, Simon's Island, GA, pg. 52
Wilson, Kent - Media Department - TEC DIRECT MEDIA, INC., Chicago, IL, pg. 519
Wilson, David - Media Department, PPOM - UNITED LANDMARK ASSOCIATES, Tampa, FL, pg. 157
Wilson, Adam - Media Department - DP+, Farmington Hills, MI, pg. 353
Wilson, Kelsey - Interactive / Digital, Media Department - THE TOMBRAS GROUP, Knoxville, TN, pg. 424
Wilson, Dale - Analytics, Media Department - ADQUADRANT, Costa Mesa, CA, pg. 211
Winburne, Emma - Media Department - POSTERSCOPE U.S.A., New York, NY, pg. 556

Winchell, John - Media Department - UNIVERSAL MCCANN, New York, NY, pg. 521
Windheuser, Beth - Account Planner, Account Services, Media Department - 215 MCCANN, San Francisco, CA, pg. 319
Windhorst, Katie - Media Department, NBC - OTT COMMUNICATIONS, INC., Louisville, KY, pg. 395
Windle, Alyssa - Media Department - CARAT, New York, NY, pg. 459
Winebaum, Tess - Media Department - BACKBONE MEDIA, Carbondale, CO, pg. 579
Wineholt, Anne - Media Department - MARRINER MARKETING COMMUNICATIONS, Columbia, MD, pg. 105
Wineland, Layne - Media Department - DWA MEDIA, Austin, TX, pg. 464
Winer, Rachel - Account Services, Interactive / Digital, Media Department - KETCHUM, Washington, DC, pg. 619
Wines, Brad - Account Services, Media Department, NBC, PPOM - RHODES STAFFORD WINES, CREATIVE, Dallas, TX, pg. 406
Wines, Caleb - Account Services, Management, Media Department - CANVAS WORLDWIDE, Playa Vista, CA, pg. 458
Winfrey, Aubry - Account Services, Media Department - NEWTON MEDIA, Chesapeake, VA, pg. 497
Wing, Matthew - Media Department - INITIATIVE, New York, NY, pg. 477
Wingfield, Rebecca - Account Services, Analytics, Interactive / Digital, Management, Media Department, Social Media - BRIGHTWAVE MARKETING, INC., Atlanta, GA, pg. 219
Winick, Leila - Management, Media Department, PPOM - USIM, Los Angeles, CA, pg. 525
Winkel, Ashley - Account Planner, Account Services, Media Department - CROSSMEDIA, New York, NY, pg. 463
Winkelman, Phil - Account Services, Media Department, NBC - MINTEL, Chicago, IL, pg. 447
Winkler, Jordan - Interactive / Digital, Media Department - ZENITH MEDIA, Santa Monica, CA, pg. 531
Winkler, Steve - Media Department, PPM - 2E CREATIVE, Saint Louis, MO, pg. 23
Winkler, Mara - Interactive / Digital, Media Department - SITUATION INTERACTIVE, New York, NY, pg. 265
Winn, Jay - Account Services, Management, Media Department - OGILVY, New York, NY, pg. 393
Winston, Rebecca - Account Planner, Interactive / Digital, Media Department, NBC - HORIZON MEDIA, INC., New York, NY, pg. 474
Winter, Stephanie - Media Department - MORTENSON KIM, Milwaukee, WI, pg. 118
Wintrob, Michael - Account Planner,

1706

AGENCIES   RESPONSIBILITIES INDEX

Media Department - LPK, Cincinnati, OH, *pg.* 12
Wirth, Marnie - Analytics, Media Department - HAWORTH MARKETING & MEDIA, Minneapolis, MN, *pg.* 470
Wirth, Hillary - Creative, Interactive / Digital, Media Department - NOBLE PEOPLE, New York, NY, *pg.* 120
Wirth, Sarah - Media Department, Public Relations - MORNINGSTAR COMMUNICATIONS, Overland Park, KS, *pg.* 628
Wise, Delane - Media Department - DOEANDERSON ADVERTISING, Louisville, KY, *pg.* 352
Wise, Kat - Account Services, Media Department - MERGE, Chicago, IL, *pg.* 113
Wise, Blythe - Media Department - PROOF ADVERTISING, Austin, TX, *pg.* 398
Wiseman, Will - Media Department, PPOM - PHD USA, New York, NY, *pg.* 505
Wisner, Amy - Management, Media Department - MEDIA WORKS, LTD., Baltimore, MD, *pg.* 486
Wissa, Sandra - Creative, Interactive / Digital, Media Department - UNIVERSAL MCCANN, Los Angeles, CA, *pg.* 524
Witmer, Tim - Interactive / Digital, Media Department, NBC - GMR MARKETING, New Berlin, WI, *pg.* 306
Witover, Nicole - Account Services, Management, Media Department - MCCANN NEW YORK, New York, NY, *pg.* 108
Witt, Brittany - Account Services, Media Department - CROSSMEDIA, New York, NY, *pg.* 463
Witt, Matthew - Interactive / Digital, Media Department - WAVEMAKER, New York, NY, *pg.* 526
Wittchen, Alexandra - Media Department - 160OVER90, Philadelphia, PA, *pg.* 1
Witter, Bob - Account Services, Media Department - OBSERVATORY MARKETING, Los Angeles, CA, *pg.* 122
Wiza, Jennifer - Management, Media Department - RPM ADVERTISING, Chicago, IL, *pg.* 408
Wodnick, Mandy - Media Department - LOCATION3 MEDIA, Denver, CO, *pg.* 246
Woe, Yenny - Interactive / Digital, Media Department - STARCOM WORLDWIDE, North Hollywood, CA, *pg.* 516
Woerz, Craig - Media Department, PPOM - MEDIA STORM, Norwalk, CT, *pg.* 486
Wojcik, Ryan - Account Services, Finance, Interactive / Digital, Media Department - OMD, New York, NY, *pg.* 498
Wojtak, Craig - Interactive / Digital, Media Department - STARCOM WORLDWIDE, Chicago, IL, *pg.* 513
Wolch, Wesley - Account Planner, Interactive / Digital, Management,

Media Department, PPOM - COSSETTE MEDIA, Toronto, ON, *pg.* 345
Wolch, Alexandra - Interactive / Digital, Media Department - WAVEMAKER, Toronto, ON, *pg.* 529
Wolf, Melissa - Media Department - MINDSTREAM MEDIA GROUP - DALLAS, Dallas, TX, *pg.* 496
Wolf, Steve - Interactive / Digital, Media Department - CANVAS WORLDWIDE, Playa Vista, CA, *pg.* 458
Wolf, Allison - Account Services, Media Department - MINDSHARE, New York, NY, *pg.* 491
Wolf, Brandon - Interactive / Digital, Media Department, Operations - DIGITAS, Chicago, IL, *pg.* 227
Wolf, Kirsten - Media Department - STARCOM WORLDWIDE, North Hollywood, CA, *pg.* 516
Wolfe, Nora - Management, Media Department - UNIVERSAL MCCANN, New York, NY, *pg.* 521
Wolfer, Tricia - Media Department - EMPOWER, Cincinnati, OH, *pg.* 354
Wolff, Frances - Media Department - PINNACLE ADVERTISING, Schaumburg, IL, *pg.* 397
Wolfson, Rachael - Media Department - HAVAS MEDIA GROUP, Boston, MA, *pg.* 470
Wolk, Ali - Media Department, Research - CMI MEDIA, LLC, King of Prussia, PA, *pg.* 342
Wollenstein, Carlos - Media Department - DIESTE, Dallas, TX, *pg.* 539
Wollet, Natalie - Media Department, PPOM - TCA, Jacksonville, FL, *pg.* 147
Wolloch, Julia - Media Department - STARCOM WORLDWIDE, Chicago, IL, *pg.* 513
Wolverton, Barry - Creative, Media Department - ARCHER MALMO, Memphis, TN, *pg.* 32
Wong, Anita - Media Department, Public Relations - STRATEGICAMPERSAND, Toronto, ON, *pg.* 414
Wong, Maisie - Account Services, Media Department - POSTERSCOPE U.S.A., New York, NY, *pg.* 556
Wong, Marisa - Account Planner, Media Department - ESSENCE, New York, NY, *pg.* 232
Wong, Kelly - Media Department - USIM, New York, NY, *pg.* 525
Wong, Erin - Account Planner, Media Department - DDB CHICAGO, Chicago, IL, *pg.* 59
Wong, Vanessa - Media Department - UNIVERSAL MCCANN, New York, NY, *pg.* 521
Wong, Samantha - Media Department - MEDIACOM, New York, NY, *pg.* 487
Wong, Elaine - Account Planner, Account Services, Media Department - FCB NEW YORK, New York, NY, *pg.* 357
Wong, Cecilia - Account Planner, Media Department - WEBER SHANDWICK, Chicago, IL, *pg.* 661

Wong, Louisa - Management, Media Department - CARAT, New York, NY, *pg.* 459
Wong, Helena - Media Department - MOXIE, Atlanta, GA, *pg.* 251
Wong, Youngju - Account Services, Media Department - MINDSHARE, New York, NY, *pg.* 491
Wong, Joys - Media Department - INTERTREND COMMUNICATIONS, INC., Long Beach, CA, *pg.* 541
Wong, Justin - Media Department - QUARRY INTEGRATED COMMUNICATIONS, Saint Jacobs, ON, *pg.* 402
Wong, Lawrence - Media Department - INITIATIVE, New York, NY, *pg.* 477
Wons, Kyle - Interactive / Digital, Media Department - NORBELLA, Boston, MA, *pg.* 497
Woo, Blake - Media Department - STARCOM WORLDWIDE, New York, NY, *pg.* 517
Woo, Sally - Media Department - WAVEMAKER, Los Angeles, CA, *pg.* 528
Wood, Holly - Media Department - SCOPPECHIO, Louisville, KY, *pg.* 409
Wood, Carlton - Account Services, Media Department - LEWIS COMMUNICATIONS, Birmingham, AL, *pg.* 100
Wood, Jessica - Media Department - THE WOOD AGENCY, San Antonio, TX, *pg.* 154
Wood, Kristin - Account Services, Interactive / Digital, Media Department, NBC - BADER RUTTER & ASSOCIATES, INC., Milwaukee, WI, *pg.* 328
Wood, Andrea - Account Planner, Account Services, Interactive / Digital, Media Department, Operations, PPOM - SANDSTORM DESIGN, Chicago, IL, *pg.* 264
Wood, Ashley - Interactive / Digital, Media Department, NBC, Social Media - OXFORD COMMUNICATIONS, Lambertville, NJ, *pg.* 395
Wood, Ryan - Media Department - HARMELIN MEDIA, Bala Cynwyd, PA, *pg.* 467
Woodbury, Becki - Media Department - CLM MARKETING & ADVERTISING, Boise, ID, *pg.* 342
Woodbury, John - Management, Media Department - REPRISE DIGITAL, New York, NY, *pg.* 676
Woodhull, Bailey - Account Planner, Media Department, NBC - HILL HOLLIDAY, Boston, MA, *pg.* 85
Woodman, Nathan - Interactive / Digital, Management, Media Department, PPOM - HAVAS MEDIA GROUP, Boston, MA, *pg.* 470
Woodroof, Maggie - Media Department - BIG COMMUNICATIONS, INC., Birmingham, AL, *pg.* 39
Woodrow, Deena - Media Department - GTB, Dearborn, MI, *pg.* 367
Woods, Eddie - Interactive / Digital, Media Department, PPOM - THE RAMEY AGENCY, Jackson, MS, *pg.* 422
Woods, Stephanie - Media Department

RESPONSIBILITIES INDEX — AGENCIES

- STARCOM WORLDWIDE, Chicago, IL, pg. 513
Woods, Michael - Interactive / Digital, Media Department - APCO WORLDWIDE, Washington, DC, pg. 578
Woodson, Laura - Account Services, Management, Media Department - UNIVERSAL MCCANN, New York, NY, pg. 521
Woodward, Eleanor - Media Department - WIER / STEWART, Augusta, GA, pg. 162
Woodward, Paris - Creative, Media Department - 42 ENTERTAINMENT, LLC, Burbank, CA, pg. 297
Woolery, Amanda - Interactive / Digital, Media Department - AKQA, San Francisco, CA, pg. 211
Woolridge, Carrie - Media Department - DAVIS AD AGENCY, Virginia Beach, VA, pg. 58
Wootton, Mary Ann - Media Department - THE OHLMANN GROUP, Dayton, OH, pg. 422
Worcester, Anna - Media Department - MERKLEY + PARTNERS, New York, NY, pg. 114
Worden, Kim - Media Department - TEXAS CREATIVE, San Antonio, TX, pg. 201
Worley, Amy - Interactive / Digital, Management, Media Department, PPOM - VMLY&R, Kansas City, MO, pg. 274
Worrall, Jeffrey - Media Department - CANVAS WORLDWIDE, Playa Vista, CA, pg. 458
Worrilow, Elizabeth - Account Planner, Account Services, Media Department - MEDIAHUB BOSTON, Boston, MA, pg. 489
Worthen, Laura - Account Services, Media Department - THE OSTLER GROUP, Sandy, UT, pg. 422
Worthington, Katherine - Media Department - CARAT, New York, NY, pg. 459
Wraspir, Stephen - Management, Media Department - SILVERLIGHT DIGITAL, New York, NY, pg. 265
Wright, Wes - Interactive / Digital, Management, Media Department - PUBLICIS HAWKEYE, Dallas, TX, pg. 399
Wright, Thomas - Finance, Media Department - PHD USA, New York, NY, pg. 505
Wright, Ellen - Media Department - BERLINE, Royal Oak, MI, pg. 39
Wright, Jim - Account Planner, Media Department, NBC, PPOM - PULSAR ADVERTISING, Washington, DC, pg. 401
Wright, Celine - Media Department - BACKBONE MEDIA, Carbondale, CO, pg. 579
Wright, Elise - Media Department - MINDSHARE, New York, NY, pg. 491
Wright, Allison - Media Department - OMD, Chicago, IL, pg. 500
Wright, Karissa - Media Department - ESSENCE, Los Angeles, CA, pg. 233
Wright, Christy - Media Department - TRUE MEDIA, Columbia, MO, pg. 521

Wroblewski, Caitlin - Media Department, NBC - INITIATIVE, New York, NY, pg. 477
Wu, Julia - Media Department - VENABLES BELL & PARTNERS, San Francisco, CA, pg. 158
Wu, Judy - Interactive / Digital, Media Department - SAATCHI & SAATCHI LOS ANGELES, Torrance, CA, pg. 137
Wu, Suyun - Account Services, Interactive / Digital, Media Department, PPM - PUBLICIS NORTH AMERICA, New York, NY, pg. 399
Wu, Connie - Media Department - WAVEMAKER, New York, NY, pg. 526
Wu, Xiao - Interactive / Digital, Media Department, Programmatic - HARMELIN MEDIA, Bala Cynwyd, PA, pg. 467
Wu, Stephanie - Media Department - UNIVERSAL MCCANN, New York, NY, pg. 521
Wu, Corinna - Media Department - XEVO, Bellevue, WA, pg. 535
Wuetcher, Emily - Interactive / Digital, Media Department - CORNETT INTEGRATED MARKETING SOLUTIONS, Lexington, KY, pg. 344
Wulf, Kelsey - Account Services, Management, Media Department - UNIVERSAL MCCANN DETROIT, Birmingham, MI, pg. 524
Wurm, Jessica - Media Department - MEDIACOM, New York, NY, pg. 487
Wurthmann, Lauren - Media Department - HORIZON MEDIA, INC., New York, NY, pg. 474
Wusthoff, Laura - Media Department - BRAND VALUE ACCELERATOR, San Diego, CA, pg. 42
Wyatt, Tina - Analytics, Media Department - WIEDEN + KENNEDY, New York, NY, pg. 432
Wydermyer, Alexis - Interactive / Digital, Media Department - NOBLE PEOPLE, New York, NY, pg. 120
Wyler, Shari - Interactive / Digital, Media Department - HEARTS & SCIENCE, New York, NY, pg. 471
Wyllie, Michael - Management, Media Department - BLUE 449, New York, NY, pg. 455
Xia, Jason - Media Department - INTERTREND COMMUNICATIONS, Plano, TX, pg. 541
Xie, Anna - Interactive / Digital, Media Department - INTERTREND COMMUNICATIONS, INC., Long Beach, CA, pg. 541
Yablonski, Michael - Account Planner, Media Department - MINDSHARE, New York, NY, pg. 491
Yackow, Fara - Media Department - ZENITH MEDIA, New York, NY, pg. 529
Yajko, Glenn - Media Department - BAKER STREET ADVERTISING, San Francisco, CA, pg. 329
Yakowenko, Samantha - Media Department, NBC - DESIGNSENSORY, Knoxville, TN, pg. 62
Yambor, Scott - Media Department - SERINO COYNE, INC., New York, NY, pg. 299

Yang, Angela - Creative, Media Department - T3, Austin, TX, pg. 268
Yang, Nicky - Account Planner, Interactive / Digital, Media Department - CARAT, Culver City, CA, pg. 459
Yang, Sean - Analytics, Media Department, NBC - OMD WEST, Los Angeles, CA, pg. 502
Yang, Jason - Interactive / Digital, Media Department - ENERGY BBDO, INC., Chicago, IL, pg. 355
Yang, Mason - Media Department - INNOCEAN USA, Huntington Beach, CA, pg. 479
Yang, Ruth - Account Services, Analytics, Media Department, Research - ZENITH MEDIA, New York, NY, pg. 529
Yansick, Adam - Account Planner, Analytics, Media Department, Public Relations - MAYOSEITZ MEDIA, Blue Bell, PA, pg. 483
Yarbrough, Alli - Media Department - PROOF ADVERTISING, Austin, TX, pg. 398
Yashayeva, Rina - Media Department - STELLA RISING, Westport, CT, pg. 518
Yasser, Ed - Interactive / Digital, Media Department, NBC - LANMARK360, West Long Branch, NJ, pg. 379
Yawger, Brittnee - Media Department - KELLY, SCOTT & MADISON, INC., Chicago, IL, pg. 482
Ybarra, Jessie - Creative, Media Department - 215 MCCANN, San Francisco, CA, pg. 319
Ye, Kimberly - Account Planner, Media Department - 9THWONDER, Playa Vista, CA, pg. 453
Yeager, Mark - Management, Media Department - HORIZON MEDIA, INC., New York, NY, pg. 474
Yeakel, Gina - Creative, Media Department - HARMELIN MEDIA, Bala Cynwyd, PA, pg. 467
Yeend, David - Account Planner, Interactive / Digital, Management, Media Department, Research - THREE FIVE TWO, INC., Atlanta, GA, pg. 271
Yen, Jing - Interactive / Digital, Media Department - ZENITH MEDIA, Santa Monica, CA, pg. 531
Yergler, Jonathan - Analytics, Media Department, Research - SPARK FOUNDRY, New York, NY, pg. 508
Yesvetz, Kat - Media Department - KLUNK & MILLAN ADVERTISING, Allentown, PA, pg. 95
Yetra, Lauren - Media Department - MEDIAHUB BOSTON, Boston, MA, pg. 489
Yeung, Evelyn - Media Department - WAVEMAKER, New York, NY, pg. 526
Yi, Sun - Media Department - COPACINO + FUJIKADO, LLC, Seattle, WA, pg. 344
Yi, Scott - Analytics, Media Department, NBC - HAVAS MEDIA GROUP, Chicago, IL, pg. 469
Yikiel, Aiz - Media Department -

AGENCIES — RESPONSIBILITIES INDEX

MERKLEY + PARTNERS, New York, NY, *pg.* 114

Yin, Eric - Media Department - DECODED ADVERTISING, New York, NY, *pg.* 60

Yip, Michael - Interactive / Digital, Media Department - MEDIACOM, Playa Vista, CA, *pg.* 486

Yiu, Christian - Account Planner, Media Department - TEAM ONE, New York, NY, *pg.* 418

Ylanan, Antonio - Media Department - CANVAS WORLDWIDE, New York, NY, *pg.* 458

Yoburn, Josh - Management, Media Department - EVOKE GIANT, San Francisco, CA, *pg.* 69

Yoder, Mikey - Interactive / Digital, Media Department, Social Media - CROSSMEDIA, New York, NY, *pg.* 463

Yonack, Samuel - Analytics, Interactive / Digital, Media Department - OMD WEST, Los Angeles, CA, *pg.* 502

Yonemura, Myra - Media Department - PAL8 MEDIA, INC., Santa Barbara, CA, *pg.* 503

Yong, Will - Media Department - UNIVERSAL MCCANN, San Francisco, CA, *pg.* 428

Yongue, Olivia - Account Services, Media Department - RECRUITICS, Lafayette, CA, *pg.* 404

Yoo, Roy - Media Department - CROSSMEDIA, New York, NY, *pg.* 463

Yoon, Jane - Media Department - STARCOM WORLDWIDE, North Hollywood, CA, *pg.* 516

Yordanova, Kalina - Media Department, Programmatic - SPARK FOUNDRY, New York, NY, *pg.* 508

York, Kelly - Media Department, Social Media - TINUITI, New York, NY, *pg.* 678

Yoselevitz, Lindsey - Media Department, NBC, PPOM - WAVEMAKER, New York, NY, *pg.* 526

Yoss, Marissa - Account Services, Interactive / Digital, Management, Media Department - UNIVERSAL MCCANN, New York, NY, *pg.* 521

You, Shawn - Interactive / Digital, Media Department - HEARTS & SCIENCE, New York, NY, *pg.* 471

Young, Mark - Media Department - THE BUNTIN GROUP, Nashville, TN, *pg.* 148

Young, Gregory - Management, Media Department - WEBER SHANDWICK, Baltimore, MD, *pg.* 661

Young, Debbie - Media Department - 3H COMMUNICATIONS, INC., Oakville, ON, *pg.* 321

Young, Kelly - Account Services, Analytics, Media Department, NBC - CANVAS WORLDWIDE, Playa Vista, CA, *pg.* 458

Young, Wes - Account Planner, Media Department, NBC - WIEDEN + KENNEDY, New York, NY, *pg.* 432

Young, Jason - Media Department, NBC, PPOM - CRISP MEDIA, New York, NY, *pg.* 533

Young, Lauren - Account Services, Interactive / Digital, Media Department - AKQA, San Francisco, CA, *pg.* 211

Young, Lindsay - Account Services, Creative, Media Department, NBC - MEDIA ASSEMBLY, Southfield, MI, *pg.* 385

Young, Olivia - Media Department - NOBLE PEOPLE, New York, NY, *pg.* 120

Young, Kira - Media Department - PUBLICIS HEALTH MEDIA, Philadelphia, PA, *pg.* 506

Young, Lauren - Account Planner, Media Department - MOROCH PARTNERS, Dallas, TX, *pg.* 389

Young, Julia - Media Department - ICR, New York, NY, *pg.* 615

Young, Dawn - Media Department - INITIATIVE, New York, NY, *pg.* 477

Young, Linda - Media Department - A.B. DATA, LTD, Milwaukee, WI, *pg.* 279

Young, Catherine - Interactive / Digital, Media Department - SPARK FOUNDRY, New York, NY, *pg.* 508

Youngblood, Mariah - Account Planner, Interactive / Digital, Media Department - WAVEMAKER, New York, NY, *pg.* 526

Yount, Brian - Media Department - NUSTREAM, Allentown, PA, *pg.* 254

Youtz, Brad - Media Department - HARMELIN MEDIA, Bala Cynwyd, PA, *pg.* 467

Yu, Jingyi - Media Department - NORTHERN LIGHTS DIRECT, Toronto, ON, *pg.* 289

Yu, Todd - Interactive / Digital, Media Department, Programmatic - RAIN, Portland, OR, *pg.* 402

Yu, Ben - Media Department - SINGLE GRAIN, Los Angeles, CA, *pg.* 265

Yu-Kinsey, Dianne - Management, Media Department, PPM - COSSETTE MEDIA, Toronto, ON, *pg.* 345

Yuan, Emily - Analytics, Interactive / Digital, Media Department - DIGITAS, Chicago, IL, *pg.* 227

Yudin, Michael - Analytics, Media Department, Operations, Research - ADMARKETPLACE, New York, NY, *pg.* 210

Yuen, Annie - Media Department - WIEDEN + KENNEDY, Portland, OR, *pg.* 430

Yun, Sunny - Media Department - REVOLUTION MEDIA, Woodland Hills, CA, *pg.* 507

Yuskoff, Claudia - Account Planner, Account Services, Interactive / Digital, Management, Media Department, NBC, Social Media - CONILL ADVERTISING, INC., El Segundo, CA, *pg.* 538

Yuson, Jon - Account Services, Management, Media Department - CROSSMEDIA, New York, NY, *pg.* 463

Yuzeitis, Chris - Media Department - POINT B COMMUNICATIONS, Chicago, IL, *pg.* 128

Zagalskaya, Tatyana - Interactive / Digital, Media Department - INITIATIVE, New York, NY, *pg.* 477

Zagarzazu, Yun - Media Department - CARMICHAEL LYNCH, Minneapolis, MN, *pg.* 47

Zahka, Alex - Media Department - SPARK FOUNDRY, Chicago, IL, *pg.* 510

Zai, Brian - Interactive / Digital, Media Department - HORIZON MEDIA, INC., New York, NY, *pg.* 474

Zakim, Andrew - Account Planner, Account Services, Creative, Media Department - TBWA/MEDIA ARTS LAB, Los Angeles, CA, *pg.* 147

Zaldivar, Olivia - Analytics, Interactive / Digital, Media Department, Research - CONILL ADVERTISING, INC., El Segundo, CA, *pg.* 538

Zaldivar, Natalia - Media Department - SPARK FOUNDRY, Chicago, IL, *pg.* 510

Zalensky, Lori - Media Department - HAWTHORNE ADVERTISING, Fairfield, IA, *pg.* 285

Zalewski, Laura - Media Department - MINDSHARE, Chicago, IL, *pg.* 494

Zampino, Bryan - Media Department - PHD USA, New York, NY, *pg.* 505

Zanardi, Giannina - Interactive / Digital, Media Department - UNIVERSAL MCCANN, Los Angeles, CA, *pg.* 524

Zander, Meredith - Media Department - FALLON WORLDWIDE, Minneapolis, MN, *pg.* 70

Zapletal, David - Media Department, PPOM - DIGITAL REMEDY, New York, NY, *pg.* 226

Zappolo, Len - Media Department - DMW WORLDWIDE, LLC, Chesterbrook, PA, *pg.* 282

Zarecki, Alison - Account Services, Media Department - INITIATIVE, New York, NY, *pg.* 477

Zartman, Wayne - Account Services, Management, Media Department - AD CETERA, INC., Addison, TX, *pg.* 26

Zator, Elizabeth - Media Department - ZETA INTERACTIVE, New York, NY, *pg.* 277

Zaucha, Barbara - Analytics, Creative, Interactive / Digital, Media Department, Research - STARCOM WORLDWIDE, Chicago, IL, *pg.* 513

Zavala, Maria - Interactive / Digital, Media Department - R/GA, Chicago, IL, *pg.* 261

Zavala, Gerardo - Media Department - SPARK FOUNDRY, Chicago, IL, *pg.* 510

Zayas, Iris - Media Department - OMNI ADVERTISING, Boca Raton, FL, *pg.* 394

Zbikowski, Kathryn - Media Department - DELOITTE DIGITAL, New York, NY, *pg.* 225

Zea, Cesar - Management, Media Department - KANTAR MILLWARD BROWN, Toronto, ON, *pg.* 446

Zeikel, Katie - Interactive / Digital, Media Department, Social Media - PHD USA, New York, NY, *pg.* 505

RESPONSIBILITIES INDEX — AGENCIES

Zeitner, Beth - Media Department, Research - NSA MEDIA GROUP, INC., Downers Grove, IL, *pg.* 497
Zelenka, Karen - Interactive / Digital, Management, Media Department - BLUE 449, New York, NY, *pg.* 455
Zellmann, Caitlin - Media Department, PPM - HAWORTH MARKETING & MEDIA, Minneapolis, MN, *pg.* 470
Zeoli, Jess - Media Department - HORIZON MEDIA, INC., New York, NY, *pg.* 474
Zeyger, Inna - Interactive / Digital, Media Department - PATH INTERACTIVE, INC., New York, NY, *pg.* 256
Zhai, Joyce - Media Department - STARCOM WORLDWIDE, Chicago, IL, *pg.* 513
Zhang, Felicia - Account Planner, Account Services, Interactive / Digital, Management, Media Department - R/GA, New York, NY, *pg.* 260
Zhang, David - Media Department - VAYNERMEDIA, New York, NY, *pg.* 689
Zhang, Mindy - Interactive / Digital, Media Department - STARCOM WORLDWIDE, Chicago, IL, *pg.* 513
Zhang, Vivian - Media Department - WIEDEN + KENNEDY, Portland, OR, *pg.* 430
Zhao, Millie - Account Planner, Interactive / Digital, Media Department - ZENITH MEDIA, New York, NY, *pg.* 529
Zhen, Alina - Media Department - MEKANISM, New York, NY, *pg.* 113
Zheng, Krystal - Account Services, Interactive / Digital, Management, Media Department, PPOM - WAVEMAKER, New York, NY, *pg.* 526
Zheng, Sharon - Media Department - OMD, New York, NY, *pg.* 498
Zhiss, Pete - Account Services, Media Department - USIM, New York, NY, *pg.* 525
Zhong, Sheryl - Account Services, Media Department, PPOM - WAVEMAKER, San Francisco, CA, *pg.* 528
Zhou, Alicia - Media Department - STARCOM WORLDWIDE, North Hollywood, CA, *pg.* 516
Zhou, Melina - Interactive / Digital, Media Department, Social Media - STARCOM WORLDWIDE, New York, NY, *pg.* 517
Zhu, Lily - Media Department - MEDIACOM, New York, NY, *pg.* 487
Zia, Ryan - Interactive / Digital, Management, Media Department - 360I, LLC, New York, NY, *pg.* 320
Zid, Susan - Media Department, PPM - TEN35, Chicago, IL, *pg.* 147
Zielie, Sarah - Interactive / Digital, Media Department - SPACE150, Minneapolis, MN, *pg.* 266
Zielinski, Corinne - Media Department - COYNE ADVERTISING & PUBLIC RELATIONS, Presto, PA, *pg.* 345
Zielke, Cory - Media Department, Public Relations - GOLIN, Chicago, IL, *pg.* 609
Ziemba, Steve - Interactive / Digital, Media Department, Social Media - ENVISIONIT MEDIA, INC., Chicago, IL, *pg.* 231
Zimelman, Jason - Interactive / Digital, Media Department - NEXTLEFT, San Diego, CA, *pg.* 254
Zimkind, Emily - Account Services, Interactive / Digital, Media Department - CARAT, New York, NY, *pg.* 459
Zimmer, Robyn - Media Department - STERLING-RICE GROUP, Boulder, CO, *pg.* 413
Zimmer, Leah - Account Services, Management, Media Department, Social Media - GREY MIDWEST, Cincinnati, OH, *pg.* 366
Zimmerman, Jennifer - Account Planner, Media Department, NBC, PPOM - MCGARRYBOWEN, New York, NY, *pg.* 109
Zimmerman, Jamie - Account Planner, Account Services, Interactive / Digital, Media Department - OMD SAN FRANCISCO, San Francisco, CA, *pg.* 501
Zimmerman, Brody - Interactive / Digital, Media Department - PALISADES MEDIA GROUP, INC., Santa Monica, CA, *pg.* 124
Zimmerman, Jami - Interactive / Digital, Media Department - CHAMPION MANAGEMENT GROUP, LLC, Addison, TX, *pg.* 589
Zimmerman, Molly - Account Services, Media Department - UNIVERSAL MCCANN, New York, NY, *pg.* 521
Zimmerman, Teegan - Media Department - MARKETING ARCHITECTS, Minneapolis, MN, *pg.* 288
Zimmerman, Natalie - Media Department - SPARK FOUNDRY, New York, NY, *pg.* 508
Zimostrad, Sarah - Media Department - OMD WEST, Los Angeles, CA, *pg.* 502
Zinkel, Daniel - Analytics, Media Department - STARCOM WORLDWIDE, Chicago, IL, *pg.* 513
Zion, Laurette - Account Services, Media Department - HEARTS & SCIENCE, New York, NY, *pg.* 471
Zirkle, Susan - Media Department - THE MARTIN AGENCY, Richmond, VA, *pg.* 421
Zisa, Joseph - Media Department - WIEDEN + KENNEDY, New York, NY, *pg.* 432
Zitella, Lisa - Media Department, PPM - MCGARRYBOWEN, Chicago, IL, *pg.* 110
Zito, Billie - Account Planner, Account Services, Media Department - INITIATIVE, New York, NY, *pg.* 477
Zito, Cara - Interactive / Digital, Media Department - CARAT, New York, NY, *pg.* 459
Zlatoper, Michael - Interactive / Digital, Management, Media Department, Operations, PPOM - MEKANISM, San Francisco, CA, *pg.* 112
Zlotnick, Lisa - Media Department - GOLIN, Los Angeles, CA, *pg.* 609
Zoller, Frank - Account Services, Media Department, NBC, PPOM - MEDIACOM, New York, NY, *pg.* 487
Zoltowski, Jill - Interactive / Digital, Media Department - UNIVERSAL MCCANN DETROIT, Birmingham, MI, *pg.* 524
Zonia, Theresa - Account Services, Media Department, NBC - TIERNEY COMMUNICATIONS, Philadelphia, PA, *pg.* 426
Zonin, Kylie - Interactive / Digital, Media Department - REPRISE DIGITAL, New York, NY, *pg.* 676
Zorola, Roy - Interactive / Digital, Media Department - KELLY, SCOTT & MADISON, INC., Chicago, IL, *pg.* 482
Zubieta, Sabrina - Media Department - HORIZON MEDIA, INC., Los Angeles, CA, *pg.* 473
Zubrow, Katie - Interactive / Digital, Media Department, Social Media - OGILVY, New York, NY, *pg.* 393
Zulch, Rebecca - Interactive / Digital, Media Department - UNIVERSAL MCCANN, New York, NY, *pg.* 521
Zuleger, Mary - Account Services, Media Department - WIEDEN + KENNEDY, Portland, OR, *pg.* 430
Zuncic, Eric - Account Planner, Media Department, PPOM - DDB CHICAGO, Chicago, IL, *pg.* 59
Zurliene, Maggie - Media Department - STARCOM WORLDWIDE, Chicago, IL, *pg.* 513
Zverin, Stephanie - Account Services, Interactive / Digital, Management, Media Department - PHD USA, New York, NY, *pg.* 505
Zvonkin, Tanya - Finance, Interactive / Digital, Management, Media Department, PPM - CANVAS WORLDWIDE, New York, NY, *pg.* 458
Zweig, Caylie - Media Department - OMD WEST, Los Angeles, CA, *pg.* 502
Zwerin, Amanda - Account Services, Media Department - UNION, Charlotte, NC, *pg.* 273
Zwizanski, Kate - Media Department - CMI MEDIA, LLC, King of Prussia, PA, *pg.* 342

New Business

Abate, Michelle - Account Services, NBC - MARKETSMITH, INC, Cedar Knolls, NJ, *pg.* 483
Abbate, Jason - NBC, Public Relations - STEIN IAS, New York, NY, *pg.* 267
Abbot, Dana - NBC, PPOM, Promotions - KAPLOW COMMUNICATIONS, New York, NY, *pg.* 618
Abbott, Brad - Analytics, NBC - RESHIFT MEDIA, Toronto, ON, *pg.* 687
Abbrecht, Michael - NBC, PPOM -

AGENCIES

RESPONSIBILITIES INDEX

9THWONDER AGENCY, Houston, TX, *pg.* 453
Abendroth, Rosemary - Interactive / Digital, NBC, Public Relations - MCGARRYBOWEN, San Francisco, CA, *pg.* 385
Abergel, Debbie - NBC, PPOM - JACK NADEL, INC., Los Angeles, CA, *pg.* 567
Abernathy, James - NBC, PPOM - ABERNATHY MACGREGOR GROUP, New York, NY, *pg.* 574
Ableman, Karen - NBC, PPOM - RONIN ADVERTISING GROUP, LLC, Coral Gables, FL, *pg.* 134
Abramovitz, Susan - NBC, PPOM - IDEOPIA, Cincinnati, OH, *pg.* 88
Abramson, Cyndi - NBC - TMPG MEDIA, White Plains, NY, *pg.* 299
Abramson, Will - NBC, PPOM - YOURS TRULY, Los Angeles, CA, *pg.* 300
Accardo, Diana - Media Department, NBC, Promotions - CANVAS WORLDWIDE, Playa Vista, CA, *pg.* 458
Accatino, Anthony - Media Department, NBC - SMS MARKETING SERVICES, Hasbrouck Heights, NJ, *pg.* 292
Ackerman, Joe - NBC - MARKETING ARCHITECTS, Minneapolis, MN, *pg.* 288
Acosta, Katie - Account Planner, Media Department, NBC - BBH, West Hollywood, CA, *pg.* 37
Acuna, Gabriel - NBC - CULTURESPAN MARKETING, El Paso, TX, *pg.* 594
Adamle, Mark - NBC - INTERSPORT, Chicago, IL, *pg.* 308
Adams, Linda - NBC, PPOM - AIM RESEARCH, El Paso, TX, *pg.* 441
Adams, Patrick - NBC - SECRET WEAPON MARKETING, Los Angeles, CA, *pg.* 139
Adams, Brett - NBC, PPOM - TRILIX MARKETING GROUP, INC., Des Moines, IA, *pg.* 427
Adams, Megan - NBC, Public Relations - SUPERFLY, New York, NY, *pg.* 315
Adams, Luke - NBC - AMOBEE, INC., Redwood City, CA, *pg.* 213
Adams, Brooke - NBC - PUBLICIS NORTH AMERICA, New York, NY, *pg.* 399
Adamus, Eric - Account Planner, NBC - HORIZON MEDIA, INC., New York, NY, *pg.* 474
Addison, JC - Creative, Management, NBC - MOD OP, New York, NY, *pg.* 116
Adelsberger, Kevin - NBC, PPOM - ADELSBERGER MARKETING, Jackson, TN, *pg.* 322
Adler, Ross - Media Department, NBC, Operations - CAGE POINT, New York, NY, *pg.* 457
Adler, Sara - Account Services, NBC - THE TRADE DESK, Ventura, CA, *pg.* 519
Adler, Marissa - NBC - VELOCITY OMC, New York, NY, *pg.* 158
Adler, Nicholas - NBC - CASHMERE AGENCY, Los Angeles, CA, *pg.* 48
Adolfo, Raig - Account Planner, Account Services, Management, Media Department, NBC, Operations, PPOM, Promotions - 360I, LLC, New York, NY, *pg.* 320
Adonis, Shawnette - NBC - GENERATOR MEDIA + ANALYTICS, New York, NY, *pg.* 466
Aduba, Chioma - NBC - MCCANN NEW YORK, New York, NY, *pg.* 108
Adzentoivich, Nancy - Media Department, NBC, Social Media - CANVAS WORLDWIDE, Playa Vista, CA, *pg.* 458
Aebersold, Amy - NBC, PPOM - MEDIAURA, Jefferson, IN, *pg.* 250
Aebersold, Andrew - NBC, PPOM - MEDIAURA, Jefferson, IN, *pg.* 250
Agbaere, Anthony - Interactive / Digital, Media Department, NBC - SPARK FOUNDRY, Chicago, IL, *pg.* 510
Aglar, David - Interactive / Digital, Management, Media Department, NBC, Social Media - WEBER SHANDWICK, New York, NY, *pg.* 660
Agresta, Stephanie - Account Services, Interactive / Digital, Management, Media Department, NBC - DIGENNARO COMMUNICATIONS, New York, NY, *pg.* 597
Aguiar, Rachel - Interactive / Digital, NBC, Public Relations - RESOLUTION MEDIA, Chicago, IL, *pg.* 676
Aguirre Jr., Benjamin - NBC - STARCOM WORLDWIDE, Chicago, IL, *pg.* 513
Ahearn, Greg - NBC, PPOM - DAVIS ELEN ADVERTISING, Los Angeles, CA, *pg.* 58
Ahle, Diane - Account Services, NBC - LINETT & HARRISON, Montville, NJ, *pg.* 100
Ahmed, Imran - Account Services, NBC - PHD USA, New York, NY, *pg.* 505
Aiello, Kimberly - Account Planner, NBC - HORIZON MEDIA, INC., New York, NY, *pg.* 474
Aime, Hannah - Interactive / Digital, NBC, Social Media - ACUMIUM, LLC, Madison, WI, *pg.* 210
Aiuto, Stephanie - NBC - MINDSHARE, New York, NY, *pg.* 491
Al-Amir, Nadia - Management, NBC, PPOM - WAGSTAFF WORLDWIDE, Los Angeles, CA, *pg.* 659
Alatorre, Sean - Creative, NBC, PPOM - NEURON SYNDICATE, Santa Monica, CA, *pg.* 120
Alba, Lori - NBC - BRANDMUSCLE, Cleveland, OH, *pg.* 337
Albanese, Katia - Interactive / Digital, NBC - CONCEPTS, INC., Bethesda, MD, *pg.* 592
Albano, James - Interactive / Digital, Media Department, NBC - ZENITH MEDIA, New York, NY, *pg.* 529
Albert, Josh - NBC - GODFREY, Lancaster, PA, *pg.* 8
Albert, John - Account Services, NBC, PPOM - HERRMANN ADVERTISING DESIGN, Annapolis, MD, *pg.* 186
Alberti, Bill - Account Planner, NBC, Operations - C SPACE, Boston, MA, *pg.* 443
Alcazar, Carlos - Account Services, Creative, Interactive / Digital, Management, NBC, Operations, PPOM - CULTURE ONE WORLD, Washington, DC, *pg.* 539
Alcone, Matt - NBC, PPOM - ALCONE MARKETING GROUP, Irvine, CA, *pg.* 565
Alday, Mike - NBC, PPOM - ALDAY COMMUNICATIONS, Franklin, TN, *pg.* 576
Alderson, Molly - NBC - DNA SEATTLE, Seattle, WA, *pg.* 180
Alexander, Andy - Management, NBC, PPM - THE RICHARDS GROUP, INC., Dallas, TX, *pg.* 422
Alexander, Alan - Interactive / Digital, NBC - MARKSTEIN, Birmingham, AL, *pg.* 625
Alfieri, Paul - Creative, NBC, PPOM - CADENT NETWORK, Philadelphia, PA, *pg.* 280
Alhart, Jon - Interactive / Digital, Media Department, NBC, Social Media - DIXON SCHWABL ADVERTISING, Victor, NY, *pg.* 351
Alison, Dashiell - Account Services, NBC - COLLINS:, New York, NY, *pg.* 177
Alito, Laura - Account Services, NBC - KETCHUM, New York, NY, *pg.* 542
Allebach, Tammy - NBC - ALLEBACH COMMUNICATIONS, Souderton, PA, *pg.* 29
Allen, Deni - NBC - MANIFEST, Saint Louis, MO, *pg.* 248
Allen, Cristi - Media Department, NBC - DECISION ANALYST, INC., Arlington, TX, *pg.* 539
Allen, Diane - NBC, PPOM - DIANE ALLEN & ASSOCIATES, Baton Rouge, LA, *pg.* 597
Allen, Dave - Management, NBC, PPOM - THE RICHARDS GROUP, INC., Dallas, TX, *pg.* 422
Allen, Brandi - Creative, NBC - CLEAR CHANNEL OUTDOOR, Jacksonville, FL, *pg.* 551
Allen, Vaughn - Account Planner, Account Services, Interactive / Digital, Management, NBC - BARKLEY BOULDER, Boulder, CO, *pg.* 36
Allen, Josh - Creative, NBC - LOCATION3 MEDIA, Denver, CO, *pg.* 246
Allen, Josh - Creative, Media Department, NBC - CALLAN ADVERTISING COMPANY, Burbank, CA, *pg.* 457
Allen, James - Account Planner, NBC - CARAT, New York, NY, *pg.* 459
Allen, Courtney - Interactive / Digital, NBC - ROGERS & COWAN/PMK*BNC, Los Angeles, CA, *pg.* 643
Allen, Heather - Media Department, NBC - BELLE COMMUNICATION, Columbus, OH, *pg.* 582
Allen, Zach - NBC - SAPPER CONSULTING, LLC, St. Louis, MO, *pg.* 291
Allende, Davelle - Media

RESPONSIBILITIES INDEX AGENCIES

Department, NBC - OXFORD COMMUNICATIONS, Lambertville, NJ, pg. 395
Alles, Ward - NBC, PPOM - CORE CREATIVE, Milwaukee, WI, pg. 344
Allex, Smita - Account Services, Media Department, NBC, PPOM - PUBLICIS.SAPIENT, Atlanta, GA, pg. 259
Allison, Ben - Account Services, NBC - TEAM ONE, Dallas, TX, pg. 418
Allspaugh, Hugh - Account Planner, NBC, PPOM - VSA PARTNERS, INC., Chicago, IL, pg. 204
Almeida, Adriano - Creative, NBC - KUBIK, Mississauga, ON, pg. 309
Almeida, Kevin - Creative, NBC - CREATIVE DIGITAL AGENCY, San Ramon, CA, pg. 222
Alonzo, Michelle - NBC, PPOM - KINETIC CHANNEL MARKETING, Fort Wayne, IN, pg. 95
Alozy, Stephane - Interactive / Digital, NBC - COSSETTE MEDIA, Montreal, QC, pg. 345
Alperin, Brad - Interactive / Digital, Media Department, NBC - DENTSU AEGIS NETWORK, New York, NY, pg. 61
Alpern, Rick - Account Services, NBC, PPOM - SINGLE SOURCE M.A.P., INC., Danvers, MA, pg. 142
Altenberg, Les - Account Services, NBC, PPOM - A.L.T. LEGAL PROFESSIONALS MARKETING GROUP, Marlton, NJ, pg. 321
Altenbern, Chase - NBC - ZETA INTERACTIVE, New York, NY, pg. 277
Altman, Kristin - Account Planner, Account Services, NBC - MOSES, INC., Phoenix, AZ, pg. 118
Altvater, Sadie - Management, NBC - EPSILON, Chicago, IL, pg. 283
Alvarenga, Elba - Account Planner, Account Services, Interactive / Digital, Media Department, NBC, Public Relations - EDELMAN, New York, NY, pg. 599
Alvarez, Gene - Interactive / Digital, Management, NBC - GARTNER, INC., Stamford, CT, pg. 236
Alvarez-Recio, Emilio - Management, Media Department, NBC - VMLY&R, Miami, FL, pg. 160
Alvaro, David - Account Services, Interactive / Digital, NBC - SUPERFLY, New York, NY, pg. 315
Alvey, Mala - NBC, PPOM - PROXY SPONSORSHIP, Denver, CO, pg. 314
Alvey, Will - NBC - HARGROVE INC., Lanham, MD, pg. 307
Aman, Lauren - Account Planner, Media Department, NBC - SPARK FOUNDRY, New York, NY, pg. 508
Amaro, David - NBC - INTERNATIONAL DIRECT RESPONSE, INC., Berwyn, PA, pg. 286
Amaya, Avery - NBC - WEBLINC, LLC, Philadelphia, PA, pg. 276
Amdor, Tawnya - NBC, PPOM - LISTRAK, Lititz, PA, pg. 246
Amir, Ruth - NBC - SILTANEN & PARTNERS ADVERTISING, El Segundo, CA, pg. 410

Amon, Allison - Management, NBC - BULLITT, Los Angeles, CA, pg. 561
Amor, Maria - Account Services, NBC - HAVAS FORMULATIN, New York, NY, pg. 612
Amos, Kevin - Analytics, Interactive / Digital, Media Department, NBC, Research - BRUNNER, Pittsburgh, PA, pg. 44
Amray, Muhammad - Analytics, NBC - JAVELIN AGENCY, Irving, TX, pg. 286
Amrhein, Theresa - NBC - MEDIACOM, New York, NY, pg. 487
Amschler, Carla - NBC - RODGERS TOWNSEND, LLC, Saint Louis, MO, pg. 407
Amundson, Dylan - Creative, NBC - DRAKE COOPER, Boise, ID, pg. 64
Anapol, Michele - Interactive / Digital, NBC - RED BANYAN, Deerfield Beach, FL, pg. 641
Anaya, Jennifer - NBC - INGRAM MICRO, INC., Irvine, CA, pg. 242
Ancillotti, Mike - Account Services, NBC, PPOM - LATORRA, PAUL & MCCANN, Syracuse, NY, pg. 379
Andal, Ryan - NBC, PPOM - SECRET LOCATION, Toronto, ON, pg. 563
Andell, Bethany - Account Planner, NBC, PPOM - SAVAGE DESIGN GROUP, Houston, TX, pg. 198
Anders, David - NBC - JAVELIN AGENCY, Irving, TX, pg. 286
Anderson, Jan-Eric - NBC, PPOM - CALLAHAN CREEK, Lawrence, KS, pg. 4
Anderson, Phil - NBC, PPOM - NAVIGATORS LLC, Washington, DC, pg. 632
Anderson, Aaron - Interactive / Digital, Media Department, NBC - CANVAS WORLDWIDE, Playa Vista, CA, pg. 458
Anderson, Greg - Account Services, NBC - XAXIS, New York, NY, pg. 276
Anderson, Michele - Management, NBC, Social Media - OGILVY PUBLIC RELATIONS, Chicago, IL, pg. 633
Anderson, Samara - NBC - REDPEPPER, Nashville, TN, pg. 405
Anderson, Janet - NBC - TEAM ONE, Los Angeles, CA, pg. 417
Anderson, Sara - Human Resources, NBC - EDELMAN, Chicago, IL, pg. 353
Anderson, Kate - Media Department, NBC, Social Media - CRONIN, Glastonbury, CT, pg. 55
Anderson, Bill - Management, NBC - BROWN PARKER | DEMARINIS ADVERTISING, Boca Raton, FL, pg. 43
Anderson, Demar - NBC - ALLISON+PARTNERS, Chicago, IL, pg. 577
Anderson, Megan - Interactive / Digital, NBC - RESHIFT MEDIA, Toronto, ON, pg. 687
Anderson, Scott - NBC, PPOM - ALLIANCE SALES & MARKETING, Charlotte, NC, pg. 30
Anderson, Pete - NBC - PROJECT X, New York, NY, pg. 556
Anderson, Brian - Management, NBC - DCG ONE, Seattle, WA, pg. 58
Andrade, Nuno - Interactive /

Digital, Media Department, NBC - KOEPPEL DIRECT, Dallas, TX, pg. 287
Andraos, Patricia - NBC - DEBUT GROUP, Toronto, ON, pg. 349
Andreani, Daniel - Creative, NBC, PPOM - DO NOT DISTURB, San Diego, CA, pg. 63
Andrews, Doug - NBC, PPOM - LAM ANDREWS, Nashville, TN, pg. 379
Andrews, Simon - Administrative, NBC, PPOM - GRAPHIC SOLUTIONS, LTD., San Diego, CA, pg. 185
Andrews, Maureen - NBC - ADVISION OUTDOOR, Tucson, AZ, pg. 549
Andrews, Karen - NBC, PPOM - KASSING ANDREWS ADVERTISING, Salt Lake City, UT, pg. 94
Andrews, Chris - Account Planner, Media Department, NBC - GENERATOR MEDIA + ANALYTICS, New York, NY, pg. 466
Andrews, Katie - NBC, Operations - FORTNIGHT COLLECTIVE, Boulder, CO, pg. 7
Andrews, Greg - NBC - LISTRAK, Lititz, PA, pg. 246
Andrews-Rangel, Keisha - Media Department, NBC - SANDERS\WINGO, El Paso, TX, pg. 138
Andry, Anthony - Interactive / Digital, NBC, Social Media - ASV INC., Torrance, CA, pg. 302
Anfang, Kayla - Media Department, NBC - HEARTS & SCIENCE, Los Angeles, CA, pg. 473
Angel, Steve - NBC - CTP, Boston, MA, pg. 347
Angowitz, Hope - NBC - THE BEANSTALK GROUP, New York, NY, pg. 19
Anhorn, Jenifer - NBC - PERISCOPE, Minneapolis, MN, pg. 127
Anjum, Oshin - Account Planner, Account Services, Media Department, NBC - GTB, Dallas, TX, pg. 80
Anklow, Liz - Account Services, Management, NBC - DKC PUBLIC RELATIONS, New York, NY, pg. 597
Anson, Andy - NBC, PPOM - ANSON-STONER, INC., Winter Park, FL, pg. 31
Anthony, Greg - NBC - REFUEL AGENCY, Santa Barbara, CA, pg. 507
Antonini, Ann - Account Services, Creative, Media Department, NBC - DONER, Los Angeles, CA, pg. 352
Appelbaum, Ricky - NBC - NET CONVERSION, Orlando, FL, pg. 253
Aquino, Steve - NBC - GIOVATTO ADVERTISING, Paramus, NJ, pg. 363
Aragon, Michelle - NBC - MAGNA GLOBAL, New York, NY, pg. 483
Arakelian, Christine - Account Planner, NBC - WOLFF OLINS, New York, NY, pg. 21
Aratari, Kevin - NBC - TROIKA/MISSION GROUP, Los Angeles, CA, pg. 20
Arbadji, Ken - NBC - STAYINFRONT, Fairfield, NJ, pg. 169
Arcabascio, Nina - NBC - SPROUTLOUD MEDIA NETWORKS, Sunrise, FL, pg. 17
Archambault, Brian - Management, NBC - WUNDERMAN HEALTH - KANSAS

1712

AGENCIES

RESPONSIBILITIES INDEX

CITY, Kansas City, MO, *pg.* 164
Archer, Justin - NBC - MOXIE, Atlanta, GA, *pg.* 251
Arellano, Jenny - NBC - ARTICULATE SOLUTIONS, Gilroy, CA, *pg.* 34
Areyan, Damian - NBC - TEAM ONE, Los Angeles, CA, *pg.* 417
Arguimbau, Terra - Creative, NBC - VAYNERMEDIA, New York, NY, *pg.* 689
Arita, Marci - Account Planner, Account Services, Interactive / Digital, Media Department, NBC - HEARTS & SCIENCE, New York, NY, *pg.* 471
Arkell, Chris - Account Services, NBC, Operations - PINNACLE ADVERTISING, Schaumburg, IL, *pg.* 397
Arlander, Henry - NBC - PEREIRA & O'DELL, San Francisco, CA, *pg.* 256
Arlett, Neil - Management, NBC, Operations - BFG COMMUNICATIONS, Bluffton, SC, *pg.* 333
Arman, Shane - NBC - BURNS ENTERTAINMENT & SPORTS MARKETING, INC., Evanston, IL, *pg.* 303
Armstrong, Rebecca - Account Services, Creative, Management, NBC, PPOM - NORTH, Portland, OR, *pg.* 121
Armstrong, Leigh - NBC - LEO BURNETT WORLDWIDE, Chicago, IL, *pg.* 98
Armstrong, Jessica - NBC - BRANDED ENTERTAINMENT NETWORK, INC., Sherman Oaks, CA, *pg.* 297
Armstrong, Sarah - NBC - CARAT, Toronto, ON, *pg.* 461
Arner, Angie - Media Department, NBC - 360I, LLC, New York, NY, *pg.* 320
Arnold, David - NBC, PPOM - THE PARTNERSHIP, INC., Atlanta, GA, *pg.* 270
Arnold, Andy - Account Services, NBC, PPOM - ANSIRA, Irvine, CA, *pg.* 565
Arnold, Dana - Interactive / Digital, NBC, Public Relations, Social Media - HIEBING, Madison, WI, *pg.* 85
Arntfield, Andrew - Creative, NBC, PPOM - FIELD DAY, Toronto, ON, *pg.* 358
Aronson, Danit - Account Services, NBC, PPOM - CSM SPORT & ENTERTAINMENT, New York, NY, *pg.* 347
Aronson, Ian - Account Services, NBC - COLLINS:, New York, NY, *pg.* 177
Arostegui, Zachary - Account Planner, NBC - WALKER SANDS COMMUNICATIONS, Chicago, IL, *pg.* 659
Arreaga, Liz - NBC, PPOM - MERCURY MAMBO, Austin, TX, *pg.* 543
Arrieta, Julio - Management, NBC, PPOM - LOPEZ NEGRETE COMMUNICATIONS, INC., Houston, TX, *pg.* 542
Arrighi, Chris - Interactive / Digital, Media Department, NBC - DEVITO/VERDI, New York, NY, *pg.* 62

Arteaga, Shirley - NBC - INGRAM MICRO, INC., Irvine, CA, *pg.* 242
Artz, Jerry - NBC - OUTFRONT MEDIA, Fairfield, NJ, *pg.* 555
Asahl, Amy - NBC, Promotions - ANSIRA, Saint Louis, MO, *pg.* 280
Asaro, Katja - NBC, PPOM - HENRY V EVENTS, Portland, OR, *pg.* 307
Ash, Ron - Account Services, Management, NBC - DERSE, INC., Kennesaw, GA, *pg.* 304
Ashburn, Jennifer - Account Services, NBC - VDA PRODUCTIONS, Somerville, MA, *pg.* 317
Ashcraft, Daniel - Creative, NBC, PPOM - ASHCRAFT DESIGN, Torrance, CA, *pg.* 173
Asher, Kalyn - NBC, PPOM - ASHER MEDIA, Addison, TX, *pg.* 455
Ashmore, Robin - Account Services, NBC, PPOM - AMELIE COMPANY, Denver, CO, *pg.* 325
Ashton, Hillary - NBC - PEREIRA & O'DELL, San Francisco, CA, *pg.* 256
Ashwell, Justin - NBC, PPOM - THE PRIME FACTORY, Blacksburg, VA, *pg.* 422
Asselin, Elizabeth - Account Services, NBC - FORSMAN & BODENFORS, New York, NY, *pg.* 74
Atilano, Bryce - Creative, NBC - FANNIT INTERNET MARKETING SERVICES, Everett, WA, *pg.* 357
Atkins, English - Interactive / Digital, Media Department, NBC - ALETHEIA MARKETING & MEDIA, Dallas, TX, *pg.* 454
Atkinson, Craig - Account Services, Interactive / Digital, NBC, Operations, PPOM - TINUITI, New York, NY, *pg.* 678
Aubin, Chris - Account Services, Media Department, NBC - STARCOM WORLDWIDE, Chicago, IL, *pg.* 513
Auerbach, Andrew - NBC - ACCESS SPORTS MEDIA, New York, NY, *pg.* 549
Augello, James - NBC - TABOOLA, New York, NY, *pg.* 268
Augustine, Stuart - Media Department, NBC - MEDIACOM, New York, NY, *pg.* 487
Augustyniak, Kaitlyn - NBC - FARM, Lancaster, NY, *pg.* 357
Ausford, Mike - Interactive / Digital, NBC - TOPDRAW, Edmonton, AB, *pg.* 678
Austin, Avelyn - NBC - REPEQUITY, Washington, DC, *pg.* 263
Autry, Stephanie - Account Services, NBC - BESON 4 MEDIA GROUP, Jacksonville, FL, *pg.* 3
Aviles, Liz - Interactive / Digital, Management, NBC - UPSHOT, Chicago, IL, *pg.* 157
Avram, Maggie - Interactive / Digital, NBC, Social Media - LAUGHLIN CONSTABLE, INC., Chicago, IL, *pg.* 380
Axmacher, Meryl - Account Services, Interactive / Digital, Media Department, NBC - SPARK451, INC., Westbury, NY, *pg.* 411
Axtell, Karen - Account Planner, NBC, PPOM - GA CREATIVE, Bellevue,

WA, *pg.* 361
Ayel, Laure - NBC - HAVAS NEW YORK, New York, NY, *pg.* 369
Azarloza, Armando - Account Services, NBC, PPOM - THE AXIS AGENCY, Century City, CA, *pg.* 545
Azevedo, Karina - Account Planner, NBC - BIG FAMILY TABLE, Los Angeles, CA, *pg.* 39
Azzarone, Stephanie - NBC, PPOM - CHILD'S PLAY COMMUNICATIONS, New York, NY, *pg.* 590
Babbit Bodner, Jennifer - NBC, PPOM - BABBIT BODNER, Atlanta, GA, *pg.* 579
Babcock, John - Account Services, NBC - RHYTHMONE, Burlington, MA, *pg.* 263
Babineau, Brian - Creative, Interactive / Digital, Media Department, NBC, PPOM, Social Media - ALLEN & GERRITSEN, Boston, MA, *pg.* 29
Bachmann, Mark - NBC, PPOM - MARCUS THOMAS, Cleveland, OH, *pg.* 104
Bachynski, Nathan - Interactive / Digital, NBC - ALLEBACH COMMUNICATIONS, Souderton, PA, *pg.* 29
Backenstose, Brad - Account Services, Media Department, NBC - WAVEMAKER, New York, NY, *pg.* 526
Bacon, Dallas - NBC - SCORR MARKETING, Kearney, NE, *pg.* 409
Badger, McKenzie - Account Services, NBC - MEKANISM, New York, NY, *pg.* 113
Badhorn-Hall, Michelle - Account Services, NBC - MEDIA PARTNERS, INC., Raleigh, NC, *pg.* 486
Baer, Kimberly - NBC, PPOM - KIMBERLY BAER DESIGN ASSOCIATES, Santa Monica, CA, *pg.* 189
Baer, Ian - Account Services, NBC, PPOM - RAUXA, New York, NY, *pg.* 291
Baer, Brad - Creative, NBC - BLUECADET INTERACTIVE, Philadelphia, PA, *pg.* 218
Baesman, Rod - NBC, PPOM - BAESMAN, Columbus, OH, *pg.* 167
Bagapor O'Harrow, Tina - NBC, PPOM - THE AD STORE, Washington, DC, *pg.* 148
Bagg, Gerald - NBC, PPOM - QUIGLEY-SIMPSON, Los Angeles, CA, *pg.* 544
Bagley, Caitlin - Interactive / Digital, NBC - ALL POINTS DIGITAL, Norwalk, CT, *pg.* 671
Baglivo, John - NBC, PPOM - PROPHET, Chicago, IL, *pg.* 15
Baharvar, Samantha - Account Planner, Interactive / Digital, Media Department, NBC, Public Relations - DIGITAS, New York, NY, *pg.* 226
Bahr, Michael - Analytics, NBC - PHIRE GROUP, Ann Arbor, MI, *pg.* 397
Bailey, Christopher - NBC, PPOM - BAILEY BRAND CONSULTING, Plymouth Meeting, PA, *pg.* 2
Bailey, Andrew - Account Services, NBC, PPOM - THE&PARTNERSHIP, New York, NY, *pg.* 426

RESPONSIBILITIES INDEX — AGENCIES

Bailey, Kenetta - NBC - CLEAR CHANNEL OUTDOOR, New York, NY, *pg.* 550

Bain, Sean - Account Services, NBC - NAS RECRUITMENT COMMUNICATIONS, Troy, IL, *pg.* 667

Bainbridge, Mike - Account Services, NBC - STERLING BRANDS, New York, NY, *pg.* 18

Bainer, Jordan - NBC - MIRUM AGENCY, Minneapolis, MN, *pg.* 251

Baird, Kathy - Creative, NBC, Social Media - OGILVY PUBLIC RELATIONS, Washington, DC, *pg.* 634

Bajoris, Alex - NBC - WORKHORSE MARKETING, Austin, TX, *pg.* 433

Baker, Bill - NBC, Operations, PPOM - THE LACEK GROUP, Minneapolis, MN, *pg.* 270

Baker, John - Account Planner, NBC - THE RICHARDS GROUP, INC., Dallas, TX, *pg.* 422

Baker, Shannon - NBC, PPOM - GATESMAN, Pittsburgh, PA, *pg.* 361

Baker, Kari - Account Services, NBC - PHIZZLE, INC., San Francisco, CA, *pg.* 534

Baker, Joann - Media Department, NBC, PPM - MCGARRYBOWEN, Chicago, IL, *pg.* 110

Baker, John - Interactive / Digital, Media Department, NBC - STARCOM WORLDWIDE, Chicago, IL, *pg.* 513

Baker, Jana - Account Services, NBC - MARCHEX, INC., Seattle, WA, *pg.* 675

Baker, Melissa - Account Services, Interactive / Digital, NBC - DESTINATION MARKETING, Mountlake Terrace, WA, *pg.* 349

Baker-Asiddao, Jennifer - NBC, Public Relations - GOLIN, Los Angeles, CA, *pg.* 609

Balagno, Kyle - NBC, PPOM - MYRON ADVERTISING & DESIGN, Vancouver, BC, *pg.* 119

Balanov, Danielle - Account Services, NBC - ARNOLD WORLDWIDE, Boston, MA, *pg.* 33

Balcom, Stuart - NBC, PPOM - BALCOM AGENCY, Fort Worth, TX, *pg.* 329

Balcom, Kathy - NBC - STEVENSON ADVERTISING, Lynnwood, WA, *pg.* 144

Baldauf, Mark - Account Services, NBC, PPOM - CATALYST ADVERTISING, Pittsburgh, PA, *pg.* 48

Baldessarre, Christine - Account Planner, Account Services, Media Department, NBC - MINDSHARE, New York, NY, *pg.* 491

Baldez, Christie - Account Services, NBC - THE BARBER SHOP MARKETING, Addison, TX, *pg.* 148

Baldwin, Chamie - Account Planner, Interactive / Digital, NBC, PPOM - BURNS GROUP, New York, NY, *pg.* 338

Ballaine, Caroline - Management, NBC - DNA SEATTLE, Seattle, WA, *pg.* 180

Ballard, Nadia - NBC - NET CONVERSION, Orlando, FL, *pg.* 253

Ballenger, Travis - Account Services, NBC - TRUE MEDIA, Columbia, MO, *pg.* 521

Balliett, Amy - NBC, PPOM - KILLER VISUAL STRATEGIES, Seattle, WA, *pg.* 189

Ballou Calhoun, Katie - NBC, PPOM - CALHOUN & COMPANY COMMUNICATIONS, San Francisco, CA, *pg.* 588

Balow, Erin - NBC, Public Relations - FAHLGREN MORTINE PUBLIC RELATIONS, Columbus, OH, *pg.* 70

Balser, Blake - Media Department, NBC - THE RICHARDS GROUP, INC., Dallas, TX, *pg.* 422

Bandy, Susan - NBC, PPOM - BANDY CARROLL HELLIGE, Louisville, KY, *pg.* 36

Bandy, Megan - Account Planner, Account Services, Media Department, NBC - MINDSHARE, Chicago, IL, *pg.* 494

Bandy, Bree - NBC, Operations - IGNITED, El Segundo, CA, *pg.* 373

Banghart, Katie - Account Services, NBC - SAATCHI & SAATCHI LOS ANGELES, Torrance, CA, *pg.* 137

Banker, Brett - NBC - ANOMALY, New York, NY, *pg.* 325

Banks, Gina - Management, NBC - CARAT, Toronto, ON, *pg.* 461

Bannasch, J.J. - NBC - BRAND VALUE ACCELERATOR, San Diego, CA, *pg.* 42

Banowetz, Leon - NBC, PPOM - BANOWETZ + COMPANY, INC., Dallas, TX, *pg.* 36

Banzon, Jose - NBC, PPOM - WHITE64, Tysons, VA, *pg.* 430

Baradat, Tony - Creative, NBC, PPOM - ANTHONY BARADAT & ASSOCIATES, Miami, FL, *pg.* 537

Barbatelli, Victoria - Media Department, NBC - GOODBY, SILVERSTEIN & PARTNERS, San Francisco, CA, *pg.* 77

Barber, Peter - Account Planner, Account Services, NBC - LIPMAN HEARNE, INC., Chicago, IL, *pg.* 381

Barbera, William - NBC - VAN WAGNER SPORTS GROUP, New York, NY, *pg.* 558

Barbieri, Ken - NBC - SOCIALCODE, Washington, DC, *pg.* 688

Barbush, J - Creative, Interactive / Digital, NBC, Social Media - RPA, Santa Monica, CA, *pg.* 134

Barbuto, Gabrielle - NBC - PEREIRA & O'DELL, New York, NY, *pg.* 257

Bare, Wade - Account Services, NBC - MERING, Sacramento, CA, *pg.* 114

Barich, Kyle - Account Services, NBC, PPOM - THE CDM GROUP, New York, NY, *pg.* 149

Barker, John - Creative, NBC, PPOM - BARKER, New York, NY, *pg.* 36

Barkett, Matt - Management, NBC - DIX & EATON, Cleveland, OH, *pg.* 351

Barnard, Amy - Account Services, NBC - MOMENTUM WORLDWIDE, Chicago, IL, *pg.* 117

Barnes, Courtney - Interactive / Digital, NBC - EDELMAN, New York, NY, *pg.* 599

Barnes, Brittany - Media Department, NBC - THE RICHARDS GROUP, INC., Dallas, TX, *pg.* 422

Barnes, Beverly - Finance, Human Resources, NBC, PPOM - SGW INTEGRATED MARKETING, Montville, NJ, *pg.* 410

Barnett, Sharon - NBC - CREATIVE ENERGY, INC., Johnson City, TN, *pg.* 346

Barnett, Kirk - NBC - COMMUNICORP, INC., Columbus, GA, *pg.* 52

Barney, Shelley - Creative, NBC - PLATINUM MARKETING GROUP, Cincinnati, OH, *pg.* 506

Barnhart, Thomas - NBC - BRIGHTWAVE MARKETING, INC., Atlanta, GA, *pg.* 219

Barnhill, Durk - Management, NBC - LANDOR, New York, NY, *pg.* 11

Baron, Peter - NBC, PPOM - CARABINER COMMUNICATIONS INC., Lilburn, GA, *pg.* 588

Barone, Joe - Interactive / Digital, NBC, Operations, PPOM - GROUPM, New York, NY, *pg.* 466

Barr, David - NBC, PPOM - LYONS CONSULTING GROUP, Chicago, IL, *pg.* 247

Barr, Rahel - Account Services, NBC - MATMON.COM, Little Rock, AR, *pg.* 248

Barreira, Teresa - Analytics, Creative, NBC, PPOM - PUBLICIS.SAPIENT, Boston, MA, *pg.* 259

Barrett, Mike - Media Department, NBC, PPOM, Public Relations - HEAT, San Francisco, CA, *pg.* 84

Barrett, Leslie - Interactive / Digital, NBC - SERINO COYNE, INC., New York, NY, *pg.* 299

Barrie, Bob - Creative, NBC, PPOM - RISE AND SHINE AND PARTNERS, Minneapolis, MN, *pg.* 134

Barritt, Tom - NBC, PPOM, Public Relations - KETCHUM, New York, NY, *pg.* 542

Barron, Kate - Account Services, NBC - MOMENTUM WORLDWIDE, Chicago, IL, *pg.* 117

Bartecki, Holly - Creative, NBC - JASCULCA / TERMAN & ASSOCIATES, Chicago, IL, *pg.* 616

Bartek, Lizzie - Account Planner, Media Department, NBC - CRAMER-KRASSELT, Chicago, IL, *pg.* 53

Barth, Cristin - Creative, Interactive / Digital, NBC, Social Media - ALLEN & GERRITSEN, Boston, MA, *pg.* 29

Bartolo, Don - NBC, PPOM - DB&M MEDIA, Costa Mesa, CA, *pg.* 349

Barton, Kurtis - NBC - VOICE MEDIA GROUP, Phoenix, AZ, *pg.* 526

Bartorillo, John - NBC, PPOM - MASLOW LUMIA BARTORILLO ADVERTISING, Wilkes-Barre, PA, *pg.* 106

Bartow, Kate - Account Services, NBC, Promotions - TEAM ONE, New York, NY, *pg.* 418

Bartyzel, Sean - NBC - KOEPPEL DIRECT, Dallas, TX, *pg.* 287

Bartz, Catherine - Interactive / Digital, NBC - LEWIS COMMUNICATIONS, Mobile, AL, *pg.* 100

1714

AGENCIES

RESPONSIBILITIES INDEX

Barufkin, Phill - Account Services, Management, NBC - BADER RUTTER & ASSOCIATES, INC. , Milwaukee, WI, *pg.* 328

Barwa, Josh - Media Department, NBC - BFO, Chicago, IL, *pg.* 217

Barwick, Alex - Media Department, NBC, Public Relations - WIEDEN + KENNEDY, Portland, OR, *pg.* 430

Barzilay, Daphna - Media Department, NBC - BRANDMAN AGENCY, New York, NY, *pg.* 585

Bascom, Sarah - NBC, PPOM - BASCOM COMMUNICATIONS & CONSULTING LLC, Tallahassee, FL, *pg.* 580

Basford, Matt - Interactive / Digital, Management, NBC - BEYOND, New York, NY, *pg.* 217

Batalis, Chris - NBC, PPOM - HEPTAGON, INC., South Bend, IN, *pg.* 84

Batalis, Tim - NBC - HEPTAGON, INC., South Bend, IN, *pg.* 84

Bate, Kevin - NBC - SIMPLEVIEW, INC., Tucson, AZ, *pg.* 168

Bateman, Nicole - NBC - THE BOHAN AGENCY, Nashville, TN, *pg.* 418

Bates, Sheri - Interactive / Digital, NBC, PPOM - SELBERT PERKINS DESIGN COLLABORATIVE, Arlington, MA, *pg.* 198

Bates, Hallie - Interactive / Digital, Media Department, NBC - MERKLEY + PARTNERS, New York, NY, *pg.* 114

Bates, Gabriella - Media Department, NBC - MEDIACOM, New York, NY, *pg.* 487

Bates, Bart - Interactive / Digital, NBC - BRIGHTWAVE MARKETING, INC., Atlanta, GA, *pg.* 219

Bath, Gurjit - NBC - ACTIVE INTERNATIONAL, Pearl River, NY, *pg.* 439

Batliner, Julie - NBC, PPM, PPOM, Public Relations - CARMICHAEL LYNCH, Minneapolis, MN, *pg.* 47

Batterson, Steve - Account Planner, Media Department, NBC - SIMPLE TRUTH, Chicago, IL, *pg.* 198

Batuszkin, Margaret - NBC, Public Relations - COWAN & COMPANY COMMUNICATIONS, Toronto, ON, *pg.* 593

Bauer, Mollie - NBC, Public Relations - FRASER COMMUNICATIONS, Los Angeles, CA, *pg.* 540

Baugham, Leigha - Account Services, Interactive / Digital, Media Department, NBC, Social Media - MRM//MCCANN, New York, NY, *pg.* 289

Baughan, Peter - NBC, Public Relations - FOODMIX MARKETING COMMUNICATIONS, Elmhurst, IL, *pg.* 359

Baughman, Terry - NBC - LATITUDE, Dallas, TX, *pg.* 379

Baum, Harris - Media Department, NBC - R/GA, New York, NY, *pg.* 260

Bauman, Marty - Media Department, NBC, PPOM - CLASSIC COMMUNICATIONS, Foxboro, MA, *pg.* 591

Baumann, Cindy - Account Services, NBC - AMPERAGE, Cedar Rapids, IA, *pg.* 30

Baumgartner, Beth - Account Services, NBC - MEDIA ASSEMBLY, Southfield, MI, *pg.* 385

Bausman, Becky - NBC - DUARTE, Sunnyvale, CA, *pg.* 180

Baxter, Ann - NBC - YAMAMOTO, Minneapolis, MN, *pg.* 435

Baxter, Steve - Account Services, NBC - OVATIVE GROUP, Minneapolis, MN, *pg.* 256

Bayan, Andrew - NBC - NCH MARKETING SERVICES, Deerfield, IL, *pg.* 568

Baze, Zachary - Management, NBC, Research - EPSILON, Westminster, CO, *pg.* 283

Beach, Julie - NBC, Public Relations - M45 MARKETING SERVICES, Freeport, IL, *pg.* 382

Beach, Lauren - NBC - GYK ANTLER, Manchester, NH, *pg.* 368

Beach-Catton, Leslie - Account Services, NBC - DERSE, INC., Kennesaw, GA, *pg.* 304

Beale, Lee - Analytics, Management, NBC - CROSSMEDIA, New York, NY, *pg.* 463

Beaman, Larry - NBC - EDELMAN, Chicago, IL, *pg.* 353

Bean, Doug - NBC, PPOM - MOWER, Buffalo, NY, *pg.* 389

Bear, Andrew - Interactive / Digital, NBC, PPM - BRAND VALUE ACCELERATOR, San Diego, CA, *pg.* 42

Beaton Eidsvold, Jami - NBC, PPOM - SMARTY SOCIAL MEDIA, Santa Ana, CA, *pg.* 688

Becher, Holly - NBC - COOPER-SMITH ADVERTISING, Toledo, OH, *pg.* 462

Beck, Jeff - Account Planner, NBC - ANOMALY, New York, NY, *pg.* 325

Beck, Q - Interactive / Digital, NBC - TRUE IMPACT MEDIA, Austin, TX, *pg.* 558

Beck, Jennie - NBC - AR JAMES MEDIA, Woodbridge, NJ, *pg.* 549

Beck-Allen, Claudia - NBC - HARTE HANKS, INC., Austin, TX, *pg.* 284

Becker, Don - Media Department, NBC, PPOM - DBA MARKETING COMMUNICATIONS, Delafield, WI, *pg.* 349

Becker, Nancy - NBC, PPOM - 15 MINUTES, Conshohocken, PA, *pg.* 301

Becker, David - NBC, PPOM - BLUE PLATE MEDIA SERVICES, Summit, NJ, *pg.* 456

Becker, Stuart - NBC - BLIND FERRET, Montreal, QC, *pg.* 217

Beeler, Chuck - NBC, Public Relations - MOWER, Syracuse, NY, *pg.* 118

Beere, Derek - Account Planner, Account Services, NBC - MASON, INC. , Bethany, CT, *pg.* 383

Beesley, Nancy - NBC, PPOM - HCB HEALTH, Austin, TX, *pg.* 83

Begal, Andy - Account Services, NBC - TONGAL, Santa Monica, CA, *pg.* 20

Begler, Arnie - Account Planner, NBC, PPOM - PIPITONE GROUP, Pittsburgh, PA, *pg.* 195

Behan, Mark - NBC, PPOM - BEHAN COMMUNICATIONS, INC., Glens Falls, NY, *pg.* 582

Behar, Claire - Account Planner, Account Services, Management, NBC - OMNICOM GROUP, New York, NY, *pg.* 123

Behlen, Carla - Media Department, NBC - THE RICHARDS GROUP, INC., Dallas, TX, *pg.* 422

Behnen, Paul - Creative, NBC, PPOM - CALLAHAN CREEK , Lawrence, KS, *pg.* 4

Behr, Julie - NBC - PADILLA, Minneapolis, MN, *pg.* 635

Beier, Joe - NBC - GFK, New York, NY, *pg.* 444

Beirne, Maureen - Management, NBC - CAPTIVATE NETWORK, INC., New York, NY, *pg.* 550

Bekker, Kevin - Interactive / Digital, NBC - ZEHNDER COMMUNICATIONS, INC., New Orleans, LA, *pg.* 436

Belfast, Ashley - Account Services, NBC - BENSIMON BYRNE, Toronto, ON, *pg.* 38

Belisle, Lindsay - Account Services, Media Department, NBC - OMD, New York, NY, *pg.* 498

Bell, Angela - NBC, Public Relations - GRAVINA SMITH & MATTE, INC., Fort Myers, FL, *pg.* 610

Bell, Timothy - NBC - WIEDEN + KENNEDY, Portland, OR, *pg.* 430

Belletsky, Karen - Interactive / Digital, NBC, PPOM - ADAMS & KNIGHT ADVERTISING, Avon, CT, *pg.* 322

Belli, Melinda - NBC - PEDICAB OUTDOOR, Boston, MA, *pg.* 556

Bellini, Jr., Dante - Account Services, NBC, PPOM - RDW GROUP , Providence, RI, *pg.* 403

Bellissimo, Mark - Account Services, Management, NBC, PPOM - J.R. THOMPSON COMPANY, Farmington Hills, MI, *pg.* 376

Bellmont, Jen - Account Services, NBC - BELLMONT PARTNERS PUBLIC RELATIONS, Minneapolis, MN, *pg.* 582

Belmares, Andria - NBC - BARKLEY, Kansas City, MO, *pg.* 329

Belsky, Bob - NBC, PPOM - ALLIANCE SALES & MARKETING, Charlotte, NC, *pg.* 30

Belyea, Dave - Creative, NBC, PPOM - JACKRABBIT DESIGN, Milton, MA, *pg.* 188

Bench, II, Thad - NBC - BENCHWORKS, Chestertown, MD, *pg.* 333

Bencivenga, Dominic - NBC, PPOM - ACTIVE INTERNATIONAL, Pearl River, NY, *pg.* 439

Bender, Dean - NBC, PPOM - B/HI, INC. - LA, Los Angeles, CA, *pg.* 579

Bender, Scott - NBC - PROHASKA CONSULTING, New York, NY, *pg.* 130

Bender, Barry - Finance, NBC, PPOM - THE BENDER GROUP, Upper Montclair, NJ, *pg.* 652

Bender, Theresa - NBC, Public Relations - VOVEO MARKETING GROUP , Malvern, PA, *pg.* 429

Benecke, Rowan - Interactive / Digital, Management, NBC, PPOM -

Responsibilities Index

1715

RESPONSIBILITIES INDEX — AGENCIES

RUDER FINN, INC., New York, NY, *pg.* 645
Benedict, Lindsay - Account Planner, Media Department, NBC - SPARK FOUNDRY, Chicago, IL, *pg.* 510
Benenson, Joel - Account Services, NBC, PPOM, Public Relations - BENENSON STRATEGY GROUP, New York, NY, *pg.* 333
Benfield, Ron - Creative, NBC, PPOM - ACORN WOODS COMMUNICATIONS, Huntington Beach, CA, *pg.* 322
Benitez, Gabriela - Interactive / Digital, NBC, Research - NET CONVERSION, Orlando, FL, *pg.* 253
Benjamin, Adrian - NBC - IX.CO, New York, NY, *pg.* 243
Benka, Matt - Interactive / Digital, Management, NBC, PPOM - SPACE150, Minneapolis, MN, *pg.* 266
Bennett, Crystal - NBC, PPOM - LITTLE BIG BRANDS, White Plains, NY, *pg.* 12
Bennett, Shalise - Management, Media Department, NBC - CARAT, New York, NY, *pg.* 459
Bennett, Ellen - Media Department, NBC - ACTIVE INTERNATIONAL, Pearl River, NY, *pg.* 439
Bennett, Chapin - NBC - DIGITAL IMPULSE, Watertown, MA, *pg.* 225
Bennett, Raven - NBC, Social Media - 22SQUARED INC., Atlanta, GA, *pg.* 319
Bennett, Michael - NBC - CENDYN, Boca Raton, FL, *pg.* 220
Benson, Genevieve - NBC - MILES BRANDNA, Englewood, CO, *pg.* 13
Benton, Joshua - NBC, PPOM - ANDCULTURE, Harrisburg, PA, *pg.* 213
Benton, Lauren - NBC, Operations - FORCE MARKETING, Atlanta, GA, *pg.* 284
Benton, Matt - NBC, PPM - TRENCHLESS MARKETING, Flagstaff, AZ, *pg.* 427
Bentz, Pam - Account Services, Media Department, NBC, PPOM - MILNER BUTCHER MEDIA GROUP, Los Angeles, CA, *pg.* 491
Beran, Mark - NBC, PPOM - ENCOMPASS MEDIA GROUP, Long Island City, NY, *pg.* 465
Beresford-Hill, Chris - Creative, NBC, PPOM - TBWA \ CHIAT \ DAY, New York, NY, *pg.* 416
Beretz, Dini - NBC - AMOBEE, INC., Redwood City, CA, *pg.* 213
Berg, Bob - NBC, PPOM, Public Relations - VANDYKE-HORN, Detroit, MI, *pg.* 658
Berg, Jonah - Management, NBC - HAVAS HEALTH & YOU, New York, NY, *pg.* 82
Bergen, Chris - Account Services, Management, NBC - LEO BURNETT WORLDWIDE, Chicago, IL, *pg.* 98
Berger, Cory - Account Planner, Management, NBC, PPOM - GREY GROUP, New York, NY, *pg.* 365
Berger, Allison - Interactive / Digital, NBC - HOTHOUSE, Atlanta, GA, *pg.* 371
Berghorn, Christine - Account Services, Finance, Media Department, NBC - PERFORMICS, New York, NY, *pg.* 676
Bergmann, Caitlin - Creative, Interactive / Digital, NBC, PPOM - DIGITAS, New York, NY, *pg.* 226
Bergmann, Dave - Creative, NBC - HEARTS & SCIENCE, New York, NY, *pg.* 471
Berjis, Afsaneh - NBC, PPOM - MADISON MEDIA GROUP, New York, NY, *pg.* 562
Berk, Rachel - Creative, Management, Media Department, NBC - BLUE 449, New York, NY, *pg.* 455
Berline, Jim - NBC, PPOM - BERLINE, Royal Oak, MI, *pg.* 39
Berliner, Danny - NBC - DIVERSIFIED AGENCY SERVICES, New York, NY, *pg.* 351
Berman, Darrell - Interactive / Digital, NBC - ADVOCATES FOR HUMAN POTENTIAL, Sudbury, MA, *pg.* 441
Berman, Josh - Account Services, Interactive / Digital, Management, NBC, PPOM - WAVEMAKER, New York, NY, *pg.* 526
Berman, Annie - Account Services, Analytics, NBC - VAYNERMEDIA, New York, NY, *pg.* 689
Bermar, Amy - NBC, PPOM - CORPORATE INK PUBLIC RELATIONS, Boston, MA, *pg.* 593
Bermudez, Ana - Account Services, Interactive / Digital, NBC - THE COMMUNITY, Miami Beach, FL, *pg.* 545
Bernardino, David - NBC, PPOM, Research - AMMUNITION, Atlanta, GA, *pg.* 212
Bernardo, Fabiano - NBC - US MEDIA CONSULTING, Miami, FL, *pg.* 546
Bernardoni, Michael - Account Services, NBC - MEDIA ASSEMBLY, Century City, CA, *pg.* 484
Berney, Tim - Account Planner, NBC, PPOM - VI MARKETING & BRANDING, Oklahoma City, OK, *pg.* 428
Bernier Baer, Amelia - NBC - PUNCHKICK INTERACTIVE, Chicago, IL, *pg.* 534
Bernstein, Meredith Levy - Management, NBC - HAVAS HEALTH & YOU, New York, NY, *pg.* 82
Bernstein, Randy - NBC, PPOM - PREMIER PARTNERSHIPS, Santa Monica, CA, *pg.* 314
Bernstein, Valerie - NBC - EDGE MARKETING, Stamford, CT, *pg.* 681
Bernstein, Valerie - NBC - IN CONNECTED MARKETING, Stamford, CT, *pg.* 681
Bernstein Derevensky, Jen - NBC, PPOM - REN BEANIE, Lake Worth, FL, *pg.* 642
Bernstein Luetje, Susan - Management, NBC - BERNSTEIN-REIN ADVERTISING, INC., Kansas City, MO, *pg.* 39
Berresse, Jessica - Account Planner, Media Department, NBC - CARAT, Atlanta, GA, *pg.* 459
Berry, Bill - Finance, NBC, PPOM, Public Relations - BERRY & COMPANY PUBLIC RELATIONS, New York, NY, *pg.* 583
Bershad, Ashleen - NBC - AFFECTIVA, INC., Boston, MA, *pg.* 441
Berwitz, Scott - Management, NBC, Public Relations - MCCANN NEW YORK, New York, NY, *pg.* 108
Beshara, Lisa - Account Services, NBC - J3, New York, NY, *pg.* 480
Beson, AJ - Account Services, NBC, PPOM - BESON 4 MEDIA GROUP, Jacksonville, FL, *pg.* 3
Bessette, Casey - Media Department, NBC - SAGE MEDIA PLANNING & PLACEMENT, INC., Washington, DC, *pg.* 508
Best, Ellen - NBC, PPOM - EIRE DIRECT MARKETING, INC., Chicago, IL, *pg.* 282
Best, Jessica - Analytics, Interactive / Digital, NBC - BARKLEY, Kansas City, MO, *pg.* 329
Bettinger, Morgan - Media Department, NBC - HORIZON MEDIA, INC., New York, NY, *pg.* 474
Bettini, Vallerie - Account Services, NBC - ARNOLD WORLDWIDE, Boston, MA, *pg.* 33
Bettiol, Valentina - Interactive / Digital, Media Department, NBC, Social Media - 360I, LLC, New York, NY, *pg.* 320
Beugen, Shel - NBC, PPOM - CRESTA CREATIVE, Chicago, IL, *pg.* 594
Beutel, Kerry - NBC, Operations, PPOM - WHITE64, Tysons, VA, *pg.* 430
Beverly, Jeff - Account Services, Management, NBC - COMMONWEALTH // MCCANN, Detroit, MI, *pg.* 52
Bevins, Tanya - Account Planner, Account Services, Media Department, NBC, Operations - MINDSHARE, New York, NY, *pg.* 491
Beyt, Jeremy - NBC, PPOM - THREESIXTYEIGHT, Baton Rouge, LA, *pg.* 271
Bhatti, Hemash - Analytics, NBC, Research - PUBLICIS.SAPIENT, Toronto, ON, *pg.* 260
Bianchi, Jim - NBC, PPOM - BIANCHI PUBLIC RELATIONS, INC., Troy, MI, *pg.* 583
Bickart, Aaron - NBC, Operations - TEAM VELOCITY MARKETING, Herndon, VA, *pg.* 418
Bickelmann, Danielle - NBC - GOLIN, Dallas, TX, *pg.* 609
Bieber, Jeffrey - Media Department, NBC - ADHAWKS ADVERTISING & PUBLIC RELATIONS, INC., Louisville, KY, *pg.* 27
Bielby, Lesley - Account Planner, Account Services, NBC, PPOM - HILL HOLLIDAY, Boston, MA, *pg.* 85
Bielefeldt, Shawn - Account Services, NBC, PPOM - FOLKLORE DIGITAL, Minneapolis, MN, *pg.* 235
Bielenberg, Tracy - NBC - KELLY, SCOTT & MADISON, INC., Chicago, IL, *pg.* 482
Bierut, Michael - Account Services, Creative, NBC, PPOM - PENTAGRAM, New York, NY, *pg.* 194
Biggin, Mark - Management, NBC - CENTRA360, Westbury, NY, *pg.* 49

AGENCIES
RESPONSIBILITIES INDEX

Bila, Courtney - Account Services, NBC - QUENCH, Harrisburg, PA, pg. 131

Bills, Ann - Account Services, NBC - THE RICHARDS GROUP, INC., Dallas, TX, pg. 422

Bilow, Norm - NBC - THE ESCAPE POD, Chicago, IL, pg. 150

Binder, Alex - Interactive / Digital, Media Department, NBC, Social Media - DIGITAS, Boston, MA, pg. 226

Bingham, Amanda - Account Services, Analytics, Media Department, NBC - PROJECT X, New York, NY, pg. 556

Binns, Daniel - Interactive / Digital, NBC, Operations - INTERBRAND, New York, NY, pg. 187

Biondi, Carrie - Account Services, NBC - LAWRENCE & SCHILLER, Sioux Falls, SD, pg. 97

Bird, Scott - NBC - MOXLEY CARMICHAEL, Knoxville, TN, pg. 629

Bird, Jillian - Media Department, NBC - HORIZON MEDIA, INC., New York, NY, pg. 474

Bird, Jon - NBC, PPOM - VMLY&R, New York, NY, pg. 160

Bird, Sarah - NBC - RINCK ADVERTISING, Lewiston, ME, pg. 407

Birkel, Katie - Media Department, NBC - HUGE, INC., Brooklyn, NY, pg. 239

Birrell, Kate - Account Services, NBC, Operations - CLEAR CHANNEL OUTDOOR, New York, NY, pg. 550

Bishop, Martin - Account Planner, Account Services, NBC - LIVEWORLD, San Jose, CA, pg. 246

Bishop, Elise - NBC, Public Relations - GROUNDFLOOR MEDIA, Denver, CO, pg. 611

Bissell, Janice - Account Services, NBC - TENET PARTNERS, New York, NY, pg. 450

Bissuel, Julien - Account Planner, Account Services, Interactive / Digital, NBC - FORSMAN & BODENFORS, Toronto, ON, pg. 74

Bistrong, Allison - Creative, NBC - PUBLICIS.SAPIENT, Coconut Grove, FL, pg. 259

Bittle, Joanna - Account Services, NBC - COMMCREATIVE, Framingham, MA, pg. 343

Bjorgaard, Jessica - Interactive / Digital, NBC, Public Relations, Social Media - INQUEST MARKETING, Kansas City, MO, pg. 445

Bjorlin, Brent - NBC - INFINITY DIRECT, Plymouth, MN, pg. 286

Black, David - NBC, Research - PASKILL, STAPLETON & LORD, Glenside, PA, pg. 256

Black, Aaron - Account Planner, NBC - HORIZON MEDIA, INC., New York, NY, pg. 474

Black, Philip - Account Services, Media Department, NBC - GYRO, Chicago, IL, pg. 368

Black, Kate - Account Services, NBC - MOVEMENT STRATEGY, New York, NY, pg. 687

Black, Jeff - NBC - NECTAR COMMUNICATIONS, Seattle, WA, pg. 632

Blackaby Forsterer, Lissa - NBC - OWEN JONES AND PARTNERS, Portland, OR, pg. 124

Blackburn, Wendy - NBC, Public Relations - INTOUCH SOLUTIONS, INC., Overland Park, KS, pg. 242

Blacker, Mike - Account Services, NBC - THE TRADE DESK, Ventura, CA, pg. 519

Blackmore, Matt - Interactive / Digital, NBC - LOCALBIZNOW, Auburn Hills, MI, pg. 675

Blair, Alexander - NBC - MABBLY, Chicago, IL, pg. 247

Blake, Anna - Account Planner, NBC - SUPERFLY, New York, NY, pg. 315

Blakey, Katie - Interactive / Digital, NBC - WORDBANK LLC, Denver, CO, pg. 163

Blanchette, Jill - NBC, Public Relations - R&R PARTNERS, Las Vegas, NV, pg. 131

Blauvelt, Laraine - NBC, PPOM - SMITH DESIGN, Morristown, NJ, pg. 199

Blazer, Matthew - Creative, Management, NBC, PPOM - BRANDPIVOT, Cleveland, OH, pg. 337

Bleser, Elizabeth - Interactive / Digital, Media Department, NBC, PPOM - BLUE CHIP MARKETING & COMMUNICATIONS, Northbrook, IL, pg. 334

Block, Alex - Account Planner, Account Services, Analytics, NBC, Operations, Research - GROUPM, New York, NY, pg. 466

Blodger, Mark - Management, NBC - DDM MARKETING & COMMUNICATIONS, Grand Rapids, MI, pg. 6

Bloom, Carl - NBC, PPOM - CARL BLOOM ASSOCIATES, White Plains, NY, pg. 281

Bloom, Sam - Interactive / Digital, Management, NBC - CAMELOT STRATEGIC MARKETING & MEDIA, Dallas, TX, pg. 457

Bloom, Jack - NBC - SID PATERSON ADVERTISING, New York, NY, pg. 141

Bloom, Beth - Account Services, NBC - KREBER, Columbus, OH, pg. 379

Blount, Andrea - NBC - MOORE COMMUNICATIONS GROUP, Tallahassee, FL, pg. 628

Bluhm, Molly - NBC - ALLEN & GERRITSEN, Boston, MA, pg. 29

Blum, Robin - Account Services, NBC - SQAD, INC., Tarrytown, NY, pg. 513

Bluman, Alexander - Media Department, NBC - HUGE, INC., Brooklyn, NY, pg. 239

Blumenthal, AJ - Media Department, NBC - WIEDEN + KENNEDY, Portland, OR, pg. 430

Boal, Jeff - Account Services, NBC, PPOM - PLOWSHARE GROUP, INC., Stamford, CT, pg. 128

Boasberg, Jules - Account Services, NBC, PPOM - BERNSTEIN-REIN ADVERTISING, INC., Kansas City, MO, pg. 39

Bobenmoyer, Brad - Account Planner, Account Services, NBC - YOUNG & LARAMORE, Indianapolis, IN, pg. 164

Boccolini, Samantha - NBC - HEARTS & SCIENCE, New York, NY, pg. 471

Bockting, Teri - Account Planner, Account Services, NBC, PPOM - BLIND SOCIETY, Scottsdale, AZ, pg. 40

Boddy, Mandy - Account Services, Media Department, NBC - MOTHER NY, New York, NY, pg. 118

Boeh, Dean - NBC - LEARFIELD SPORTS, Louisville, KY, pg. 310

Boehm, Troy - Interactive / Digital, NBC - DDM MARKETING & COMMUNICATIONS, Grand Rapids, MI, pg. 6

Boera, Catherine - Account Planner, Media Department, NBC - ACTIVE INTERNATIONAL, Pearl River, NY, pg. 439

Boes, Jennifer - Interactive / Digital, NBC - NANCY MARSHALL COMMUNICATIONS, Augusta, ME, pg. 631

Bofferding, Sidne - Media Department, NBC - GASLIGHT CREATIVE, St. Cloud, MN, pg. 361

Bogner, Tom - Account Services, NBC - LEO BURNETT DETROIT, Troy, MI, pg. 97

Bogue, Margot - Account Planner, NBC - CRAMER-KRASSELT, Chicago, IL, pg. 53

Bogus, Tim - NBC, PPM - MOSAIC NORTH AMERICA, New York, NY, pg. 312

Bohn, Stephanie - NBC, PPOM - VIDMOB, New York, NY, pg. 690

Bohn, Ryan - NBC - TRUE IMPACT MEDIA, Austin, TX, pg. 558

Bohrer, Stacy - NBC - THE TRADE DESK, Chicago, IL, pg. 519

Boisvert, Anna - Management, NBC - ACCESS BRAND COMMUNICATIONS, New York, NY, pg. 1

Boitel, Darlene - NBC - MICHAEL WOLK DESIGN ASSOCIATES, Miami, FL, pg. 191

Boiter, Jamey - Creative, NBC - BOLT, Charlotte, NC, pg. 3

Bokshan, Amanda - NBC - BBIG COMMUNICATIONS, Coronado, CA, pg. 216

Boles, Rob - NBC, PPOM, Social Media - FLEISHMANHILLARD, Dallas, TX, pg. 605

Bolin, Todd - NBC, PPOM - BOLIN MARKETING, Minneapolis, MN, pg. 41

Boling, Jan - Account Services, NBC - BOLING ASSOCIATES, Fresno, CA, pg. 41

Bolivar, Renzo - NBC - LOPEZ NEGRETE COMMUNICATIONS, INC., Houston, TX, pg. 542

Bollenbach, Chad - Creative, NBC, PPOM - SHINE UNITED, Madison, WI, pg. 140

Bolliger, Kathi - Interactive / Digital, NBC - SAATCHI & SAATCHI LOS ANGELES, Torrance, CA, pg. 137

Bollinger, Karen - Interactive / Digital, Media Department, NBC - BVK, Milwaukee, WI, pg. 339

1717

RESPONSIBILITIES INDEX — AGENCIES

Bologna, Anne - Interactive / Digital, Management, NBC, PPOM - ICROSSING, New York, NY, pg. 240
Bolton, Lee - Account Services, NBC - OUTFRONT MEDIA, Atlanta, GA, pg. 555
Bonaccio, Mary - Account Services, NBC - THE VERDI GROUP, INC., Pittsford, NY, pg. 293
Bonadio, Franco - Creative, NBC, PPOM - C SPACE, Boston, MA, pg. 443
Bonanni, Mark - NBC - OUTFRONT MEDIA, Pompano Beach, FL, pg. 555
Bonaquist, Robyn - NBC, PPOM - B2 ADVERTISING, Naples, FL, pg. 35
Bond, Simon - NBC, PPOM - INTERPUBLIC GROUP OF COMPANIES, New York, NY, pg. 90
Bond, Samantha - Account Services, Media Department, NBC, Promotions - MKTG INC, New York, NY, pg. 311
Boneno, Jennifer - Account Services, NBC - ZEHNDER COMMUNICATIONS, INC., Baton Rouge, LA, pg. 437
Bonetti, Kathleen - NBC - RX EDGE MEDIA NETWORK, East Dundee, IL, pg. 557
Boney, Stacie - Account Services, NBC, PPOM, Public Relations - HANSON DODGE, INC., Milwaukee, WI, pg. 185
Bonilla, Juan - Account Services, NBC, PPOM - WALTON ISAACSON CA, Culver City, CA, pg. 547
Bonito, Nicole - NBC, PPOM - BEAR IN THE HALL, New York, NY, pg. 2
Bono, Charles - Interactive / Digital, NBC - D50 MEDIA, Chestnut Hill, MA, pg. 348
Bonthuys, Sean - Account Services, NBC - ELEPHANT, Brooklyn, NY, pg. 181
Boone, Shaina - Analytics, Management, NBC, Research - OMD, Chicago, IL, pg. 500
Boor, Julie - NBC - SPOTCO, New York, NY, pg. 143
Boosalis, Peter - NBC, PPOM - PERISCOPE, Minneapolis, MN, pg. 127
Borg, Dan - NBC - PATTISON OUTDOOR ADVERTISING, Mississagua, ON, pg. 555
Borges, Christian - NBC - TRUE X MEDIA, Los Angeles, CA, pg. 317
Bornhausen, Denise - Account Services, Management, NBC - MORSEKODE, Minneapolis, MN, pg. 14
Borrego, Christina - NBC, Public Relations - RIESTER, Phoenix, AZ, pg. 406
Bort, Travis - Account Services, NBC, PPOM - ABC CREATIVE GROUP, Syracuse, NY, pg. 322
Bort, Dan - NBC - BIG SPACESHIP, Brooklyn, NY, pg. 455
Bosc, Joyce - NBC, PPOM - BOSCOBEL MARKETING COMMUNICATIONS, Silver Spring, MD, pg. 336
Bose, Anita - NBC - W2O, San Francisco, CA, pg. 659
Boswell, Patrice - Media Department, NBC - VENABLES BELL & PARTNERS, San Francisco, CA, pg. 158

Bosworth, Kent - NBC, PPOM - THE BOSWORTH GROUP, Charleston, SC, pg. 148
Bothel, Chris - Account Services, Interactive / Digital, NBC, PPOM - BARON & CO, Bellingham, WA, pg. 580
Boubol, Scott - NBC, PPOM - SIMBOL, Park City, UT, pg. 647
Boulia, Billy - Account Services, Interactive / Digital, Management, Media Department, NBC, Social Media - THE COMMUNITY, Miami Beach, FL, pg. 545
Bouma, Melissa - Analytics, Media Department, NBC - MANIFEST, Phoenix, AZ, pg. 383
Bourgeois, Bob - Account Services, Management, NBC, PPOM - MORTENSON KIM, Indianapolis, IN, pg. 118
Bourke, Elizabeth - Account Services, NBC - R/GA, New York, NY, pg. 260
Bowen, Megan - Account Services, NBC - 72ANDSUNNY, Brooklyn, NY, pg. 24
Bowen Cook, Ashley - Creative, NBC - GRETEMAN GROUP, Wichita, KS, pg. 8
Bower, Jessica - NBC - GARTNER, INC., Stamford, CT, pg. 236
Bowman, Julianna - Account Planner, Media Department, NBC, Public Relations - HEARTS & SCIENCE, Atlanta, GA, pg. 473
Boxberger, Theresa - NBC, Social Media - L7 CREATIVE COMMUNICATIONS, Carlsbad, CA, pg. 245
Boxser, David - Management, NBC, PPOM - CHANDELIER CREATIVE, Los Angeles, CA, pg. 49
Boyarsky, Anna - Account Planner, NBC - CHARACTER, San Francisco, CA, pg. 5
Boyd, Pam - NBC, PPOM - THOMAS BOYD COMMUNICATIONS, Morristown, NJ, pg. 656
Boyd, Elaina - NBC - MITCHELL ASSOCIATES, INC., Wilmington, DE, pg. 191
Boyd, Brittany - NBC - SOURCELINK, LLC, Greenville, SC, pg. 292
Boyington, Matthew - NBC - CLEAR CHANNEL OUTDOOR, New York, NY, pg. 550
Bozyk, Trevor - NBC, PPOM - UNIVERSAL MCCANN, New York, NY, pg. 521
Braceros, Ren - NBC - GOLIN, Chicago, IL, pg. 609
Brackman, Jake - NBC - LEVERAGE AGENCY, New York, NY, pg. 298
Bradley, Jon - Interactive / Digital, NBC - RAPP WORLDWIDE, Los Angeles, CA, pg. 291
Brady, Anne - NBC - WPROMOTE, El Segundo, CA, pg. 678
Brady, Paul - NBC, PPOM - CARVE COMMUNICATIONS, Austin, TX, pg. 588
Brady, Donald - NBC, PPOM - DELOITTE DIGITAL, Seattle, WA, pg. 224
Brammer, Tim - NBC, PPOM - THE FOUNDRY AGENCY, Atlanta, GA, pg. 270

Brand, Scott - NBC, PPOM - CARGO LLC, Greenville, SC, pg. 47
Brand, Laura - Account Planner, Interactive / Digital, NBC, Social Media - VMLY&R, Kansas City, MO, pg. 274
Brandner, Kimberly - NBC, PPOM - BRANDNER COMMUNICATIONS, INC., Federal Way, WA, pg. 42
Brandon, Andrea - Account Services, Creative, Media Department, NBC - MINDSTREAM MEDIA, Peoria, IL, pg. 250
Brandon, Jordan - Interactive / Digital, NBC - 97TH FLOOR, Lehi, UT, pg. 209
Brandow, Stephen - Interactive / Digital, Media Department, NBC, Social Media - MEDIAHUB NEW YORK, New York, NY, pg. 249
Brandt, Ryan - Creative, Management, NBC - BRANDT RONAT & COMPANY, Merrit Island, FL, pg. 337
Braner, Kenneth - Account Services, NBC - COMMUNICORP, INC., Columbus, GA, pg. 52
Brannan, Mallory - Account Services, NBC - ARNOLD WORLDWIDE, Boston, MA, pg. 33
Brannon, Jim - NBC - RAYCOM SPORTS, Charlotte, NC, pg. 314
Brantley, Anna - NBC, PPOM - ANALYTICS-IQ, INC., Atlanta, GA, pg. 279
Brashears, David - NBC - CREATIVE ENERGY, INC., Johnson City, TN, pg. 346
Braue, Mike - Account Services, NBC - INNOCEAN USA, Huntington Beach, CA, pg. 479
Braun, Anna - NBC - J.T. MEGA, INC., Minneapolis, MN, pg. 91
Bray, Lindsey - Account Services, Creative, NBC - ALTITUDE MARKETING, Emmaus, PA, pg. 30
Braziel, Lisa - Account Planner, NBC - IGNITE SOCIAL MEDIA, Cary, NC, pg. 686
Breen, John - Account Services, Analytics, NBC - RED PEAK GROUP, New York, NY, pg. 132
Breines, Laura - Account Services, Management, NBC - BIG SPACESHIP, Brooklyn, NY, pg. 455
Brener, Steve - NBC, PPOM - BRENER ZWIKEL & ASSOCIATES, Reseda, CA, pg. 586
Brennan, Nancy - Management, NBC - MSLGROUP, Chicago, IL, pg. 629
Brennan, Ashley - Account Services, NBC - NEW TRADITION, New York, NY, pg. 554
Brenner, Rebekah - Creative, NBC, Promotions - THE TRADE DESK, Los Angeles, CA, pg. 519
Brenton, Julia - Management, NBC - BBH, New York, NY, pg. 37
Brereton, Kelly - Account Services, NBC - SAGEPATH, INC., Atlanta, GA, pg. 409
Breslin, Dana - Creative, NBC - ART 270, INC., Jenkintown, PA, pg. 173
Bresnahan, Todd - Creative, NBC,

AGENCIES

RESPONSIBILITIES INDEX

PPOM - DAVIDSON BELLUSO, Phoenix, AZ, pg. 179
Bretschger, Peter - NBC, PPOM - IMW AGENCY, Costa Mesa, CA, pg. 374
Brewer, Jessica - Account Services, NBC - 72ANDSUNNY, Playa Vista, CA, pg. 23
Bridges, Holly - Account Services, NBC - SPROUTLOUD MEDIA NETWORKS, Sunrise, FL, pg. 17
Bridges, John - Interactive / Digital, NBC - MADDEN MEDIA, Tucson, AZ, pg. 247
Bridle, Christopher - NBC, Operations, Public Relations - R/GA, San Francisco, CA, pg. 261
Brielmann, Eric - NBC, PPOM - JOELE FRANK, WILKINSON BRIMMER KATCHER, New York, NY, pg. 617
Brien, Jennifer - Account Services, NBC - RATIONAL INTERACTION, Seattle, WA, pg. 262
Briggs, Walter - Creative, Media Department, NBC, PPOM - CD&M COMMUNICATIONS, Portland, ME, pg. 49
Briggs, Michael - Interactive / Digital, Media Department, NBC, PPOM - PARAGON DIGITAL MARKETING, Keene, NH, pg. 675
Briggs, Daphne - NBC - PROPAGANDA ENTERTAINMENT MARKETING, Culver City, CA, pg. 298
Bright, Jeanne - Interactive / Digital, Media Department, NBC, Social Media - ESSENCE, New York, NY, pg. 232
Brightman, T.J. - Account Services, NBC, PPOM - A. BRIGHT IDEA, Bel Air, MD, pg. 25
Brighton, Lynne - Management, NBC - BARE INTERNATIONAL, Fairfax, VA, pg. 442
Brigman, Brian - NBC - ACTIVE INTEREST MEDIA, Boulder, CO, pg. 561
Brinker, Lynne - NBC, PPOM - HOT IN THE KITCHEN, St. Louis, MO, pg. 9
Brinkley, Jaylon - NBC, Public Relations - FROST & SULLIVAN, San Antonio, TX, pg. 444
Bristow, Kate - NBC, PPOM - M&C SAATCHI LA, Santa Monica, CA, pg. 482
Brito, Ariel - Account Planner, Media Department, NBC - HORIZON MEDIA, INC., Los Angeles, CA, pg. 473
Brito, Allison - NBC, Operations - WONDERSAUCE, New York, NY, pg. 205
Brivic, Allen - NBC, PPOM - BRIVICMEDIA, INC., Houston, TX, pg. 456
Brock, Liz - Analytics, Interactive / Digital, Media Department, NBC, Social Media - STARCOM WORLDWIDE, Detroit, MI, pg. 517
Brock, Sarah - Account Services, Management, NBC - BROWN PARKER | DEMARINIS ADVERTISING, Boca Raton, FL, pg. 43
Broderick, John - NBC, PPOM - BRODERICK ADVERTISING, Jackson, MS, pg. 43

Broderick Jr., Roy - NBC, PPOM - AUTHENTIQUE AGENCY, Atlanta, GA, pg. 538
Broitman, Craig - NBC, Operations, PPOM - KATZ MEDIA GROUP, INC., New York, NY, pg. 481
Bromberg, Hilary - NBC, PPOM - EGG, Vachon, WA, pg. 7
Broniecki, Kathy - NBC, PPOM - ENVOY, INC., Omaha, NE, pg. 356
Brooke, Drew - NBC - VINCODO LLC, Langhorne, PA, pg. 274
Brooks, Diana - Account Services, NBC, PPOM - VSBROOKS, Coral Gables, FL, pg. 429
Brooks, Kate - Management, NBC, Public Relations - OGILVY PUBLIC RELATIONS, San Francisco, CA, pg. 634
Brooks, Judy - NBC - CAMELOT STRATEGIC MARKETING & MEDIA, Dallas, TX, pg. 457
Brooks, Emily - Account Services, Management, NBC - MEDIAHUB BOSTON, Boston, MA, pg. 489
Brooks, Heidi - Interactive / Digital, NBC - ANSIRA, Saint Louis, MO, pg. 280
Brooks, Jennifer - Creative, NBC, PPOM - GERSON LEHRMAN GROUP, New York, NY, pg. 168
Brophy, Laura - Account Services, NBC - MARKETCOM PR, Westin, CT, pg. 625
Brosterhous, Erin - NBC, PPOM - INSIDE/OUT COMMUNICATIONS, Steamboat Springs, CO, pg. 616
Brower, Jenny - NBC, PPOM - MINDPOWER, INC., Atlanta, GA, pg. 115
Brower, Kara - NBC, PPOM - SOLVE, Minneapolis, MN, pg. 17
Brown, Keith - NBC - LISTRAK, Lititz, PA, pg. 246
Brown, Daphne - NBC - FINISHED ART, INC., Atlanta, GA, pg. 183
Brown, Brian - NBC, PPOM - INGREDIENT, Minneapolis, MN, pg. 10
Brown, George - Account Services, Finance, NBC - ACUPOLL RESEARCH, Milford, OH, pg. 441
Brown, Traci - Account Planner, NBC - HORIZON MEDIA, INC., Los Angeles, CA, pg. 473
Brown, Shaun - Interactive / Digital, NBC - MOMENTUM WORLDWIDE, Atlanta, GA, pg. 117
Brown, Melanee - Account Planner, NBC - BRANDHIVE, Salt Lake City, UT, pg. 336
Brown, Charlie - NBC - NCH MARKETING SERVICES, Deerfield, IL, pg. 568
Brown, Emily - Account Planner, NBC - MCCANN NEW YORK, New York, NY, pg. 108
Brown, Dave - Account Services, NBC - GARAGE TEAM MAZDA, Costa Mesa, CA, pg. 465
Brown, Nathan - NBC - GROW INTERACTIVE, Norfolk, VA, pg. 237
Brown, Paul - Account Services, NBC - DUARTE, Sunnyvale, CA, pg. 180
Brown, Lisa - NBC, PPOM - ACTIVE

INTERNATIONAL, Pearl River, NY, pg. 439
Brown, Greg - NBC, Social Media - FLEISHMANHILLARD, Dallas, TX, pg. 605
Brown, Michelle - NBC - ZAG INTERACTIVE, Glastonbury, CT, pg. 277
Brown, Valicia - NBC, PPM - PUBLICIS NORTH AMERICA, New York, NY, pg. 399
Brown, Leta - NBC - PARTNERSCREATIVE, Missoula, MT, pg. 125
Brown, Chris - NBC - DESIGN-CENTRAL, Columbus, OH, pg. 179
Browne, Susan - NBC, PPOM - DOVETAIL COMMUNICATIONS, INC., Richmond Hill, ON, pg. 464
Browne, Kimberly - NBC - KATZ MEDIA GROUP, INC., New York, NY, pg. 481
Broxson, Donnie - Account Planner, Account Services, Management, NBC, PPOM - ACENTO ADVERTISING, INC., Santa Monica, CA, pg. 25
Brubaker, John - Account Services, NBC - MARKETING DIRECTIONS, INC., Cleveland, OH, pg. 105
Brucato, Lauren - Account Services, NBC - ORGANIC, INC., New York, NY, pg. 256
Bruce, Andrew - NBC, PPOM - PUBLICIS NORTH AMERICA, New York, NY, pg. 399
Bruch, Matt - NBC - PCH / MEDIA, Portland, ME, pg. 534
Bruck, Fred - Account Services, NBC, PPOM - HARQUIN, New Rochelle, NY, pg. 82
Brunner, Robert - NBC, PPOM - AMMUNITION, LLC, San Francisco, CA, pg. 172
Bruns, Mike - NBC - ADAMS OUTDOOR ADVERTISING, North Charleston, SC, pg. 549
Brusatori, Paul - Account Services, Management, NBC - INTERMARK GROUP, INC., Birmingham, AL, pg. 375
Bruster, Garrett - Interactive / Digital, NBC, Social Media - THE RICHARDS GROUP, INC., Dallas, TX, pg. 422
Bryan, Martin - Account Services, NBC - J3, New York, NY, pg. 480
Bryan, Stuart - NBC, Public Relations - ROC NATION, New York, NY, pg. 298
Bryson, Evan - Account Planner, Creative, NBC - WE ARE BMF, New York, NY, pg. 318
Bubel, Kevin - Account Services, NBC - BCW WASHINGTON DC, Washington, DC, pg. 582
Bubula, Mark - NBC, PPOM - FRIENDS & NEIGHBORS, Minneapolis, MN, pg. 7
Bucci Hulings, Cari - Account Services, Management, NBC, PPOM - MARC USA, Chicago, IL, pg. 104
Buchanan, Anne - NBC, PPOM - BUCHANAN PUBLIC RELATIONS, Bryn Mawr, PA, pg. 587
Buchanan, Emily - Management, NBC - CARMICHAEL LYNCH, Minneapolis, MN,

RESPONSIBILITIES INDEX
AGENCIES

pg. 47
Buchmeyer, Jon Paul - NBC - M BOOTH & ASSOCIATES, INC., New York, NY, *pg.* 624
Buckley, Bill - Interactive / Digital, NBC - AYZENBERG GROUP, INC., Pasadena, CA, *pg.* 2
Buckley, Linda - NBC, PPOM - KEF MEDIA ASSOCIATES, INC., Smyrna, GA, *pg.* 619
Buckley, Jerry - Account Planner, Account Services, NBC - EMC OUTDOOR, Newtown Square, PA, *pg.* 551
Bucu Gittings, Chrissy - Account Services, Creative, Interactive / Digital, Management, Media Department, NBC - UNIVERSAL MCCANN, New York, NY, *pg.* 521
Budler, Koula - NBC, Public Relations - WARREN DOUGLAS ADVERTISING, Fort Worth, TX, *pg.* 161
Buerger, Kevin - Account Services, NBC, Programmatic - JELLYFISH U.S., Baltimore, MD, *pg.* 243
Buffo, Doug - Account Services, NBC - LEO BURNETT WORLDWIDE, Chicago, IL, *pg.* 98
Bugda, Garrett - NBC - PWC DIGITAL SERVICES, Hallandale Beach, FL, *pg.* 260
Buhl, Heidi - Interactive / Digital, NBC - CLOSED LOOP MARKETING, Roseville, CA, *pg.* 672
Bukowski, Jessica - Account Planner, Account Services, NBC - SIGNAL THEORY, Kansas City, MO, *pg.* 141
Bulchandani, Devika - NBC, PPOM - MCCANN NEW YORK, New York, NY, *pg.* 108
Bulla, Britt - NBC - SIEGEL & GALE, New York, NY, *pg.* 17
Bullock, Ellis - NBC, PPOM - E. W. BULLOCK ASSOCIATES, Pensacola, FL, *pg.* 66
Bullock, Steve - Account Planner, Analytics, Media Department, NBC, Research - BERNSTEIN-REIN ADVERTISING, INC., Kansas City, MO, *pg.* 39
Bunce, Kristina - NBC - BUYER ADVERTISING, INC., Newton, MA, *pg.* 338
Bundle, Raheim - Interactive / Digital, NBC - HEALTHCARE SUCCESS, Irvine, CA, *pg.* 83
Bunn, Mary Lou - NBC - TBWA \ CHIAT \ DAY, Los Angeles, CA, *pg.* 146
Buntemeyer, Krystle - NBC, PPOM - SCORR MARKETING, Kearney, NE, *pg.* 409
Buntin, Brent - Account Planner, NBC - CODE AND THEORY, New York, NY, *pg.* 221
Buntje, Grant - Account Services, NBC, PPOM - FOLKLORE DIGITAL, Minneapolis, MN, *pg.* 235
Burak, Dan - NBC, PPOM - STERLING-RICE GROUP, Boulder, CO, *pg.* 413
Burba, Scott - Account Services, Management, NBC - ABEL SOLUTIONS,

INC., Alpharetta, GA, *pg.* 209
Burch, Howe - Media Department, NBC - TBC, Baltimore, MD, *pg.* 416
Burdette, Karen - Account Services, NBC, PPOM - BURDETTE I KETCHUM, Jacksonville, FL, *pg.* 587
Burdette, Lauren - Account Services, NBC, Public Relations - BANDY CARROLL HELLIGE , Louisville, KY, *pg.* 36
Burg, Eric - NBC, PPOM - APPLE ROCK ADVERTISING & DISPLAY, Greensboro, NC, *pg.* 565
Burger, Michael - NBC - UNIFLEX, INC., Happauge, NY, *pg.* 558
Burger, Lauren - NBC, Social Media - THE FOUNDRY @ MEREDITH CORP, New York, NY, *pg.* 150
Burger, Andy - Interactive / Digital, NBC - IDEOCLICK, Seattle, WA, *pg.* 241
Burgeson, Betsy - Media Department, NBC, Public Relations - CARMICHAEL LYNCH, Minneapolis, MN, *pg.* 47
Burgeson, Jill - Management, NBC - ZAMBEZI, Culver City, CA, *pg.* 165
Burgess, Laura - NBC, PPOM - LAURA BURGESS MARKETING, New Bern, NC, *pg.* 622
Burgess, Eric - NBC, PPOM - LAURA BURGESS MARKETING, New Bern, NC, *pg.* 622
Burka, James - Media Department, NBC, Programmatic - AMOBEE, INC., New York, NY, *pg.* 30
Burke, Melissa - NBC - BDS MARKETING, INC., Irvine, CA, *pg.* 566
Burke, Mary - Account Services, NBC, PPM - CHIEF, Washington, DC, *pg.* 590
Burkhart, Erin - NBC - BURKHART MARKETING ASSOCIATES, INC., Indianapolis, IN, *pg.* 338
Burlingame, Colby - Account Services, NBC - ANOMALY, New York, NY, *pg.* 325
Burman-Loffredo, Tony - NBC - TBWA \ CHIAT \ DAY, Los Angeles, CA, *pg.* 146
Burnette, Kelly - Account Services, NBC - MAXIMUM DESIGN & ADVERTISING, INC, Wilmington, NC, *pg.* 107
Burns, Kate - NBC, PPOM - LEADING AUTHORITIES, INC., Washington, DC, *pg.* 622
Burns, Roger - Interactive / Digital, NBC - HOORAY AGENCY, Irvine, CA, *pg.* 239
Burns, Thomas - NBC - THE DONEGER GROUP, New York, NY, *pg.* 419
Burroughs, Will - Account Planner, NBC - BIG FAMILY TABLE, Los Angeles, CA, *pg.* 39
Burton, Stephanie - NBC - CORE CREATIVE, Milwaukee, WI, *pg.* 344
Burton, Ella - Account Services, NBC - BCW NEW YORK, New York, NY, *pg.* 581
Burwell, Lisa Marie - NBC, PPOM - CORNERSTONE MARKETING & ADVERTISING, Santa Rosa Beach, FL, *pg.* 53
Busch, Dara - NBC - 5W PUBLIC

RELATIONS, New York, NY, *pg.* 574
Bush, Meghan - Account Services, Creative, NBC - METHOD, INC., New York, NY, *pg.* 191
Bushee, Richard - NBC, PPOM - MSP, Freedom, PA, *pg.* 289
Butcher, Matt - Account Planner, NBC - THE RICHARDS GROUP, INC., Dallas, TX, *pg.* 422
Butler, Lauren - Account Services, NBC - KETCHUM SOUTH, Dallas, TX, *pg.* 620
Butler, Katherine - Account Services, NBC - RED FUSE COMMUNICATIONS, New York, NY, *pg.* 404
Butler, Irina - NBC - ADVERTISE.COM, Sherman Oaks, CA, *pg.* 671
Butler, Gwen - Account Services, NBC - ODNEY ADVERTISING AGENCY, Bismarck, ND, *pg.* 392
Butler, Cathy - Account Planner, Account Services, Interactive / Digital, Management, NBC, Operations, PPOM - ORGANIC, INC., New York, NY, *pg.* 256
Butters, Keith - Interactive / Digital, NBC, PPOM - FORSMAN & BODENFORS, New York, NY, *pg.* 74
Butwinick, Rich - Creative, NBC, PPOM - MARKETINGLAB, Minneapolis, MN, *pg.* 568
Butzko, John - NBC, Public Relations - GRAPEVINE COMMUNICATIONS, Sarasota, FL, *pg.* 78
Byer, Brian - NBC - BLUE FOUNTAIN MEDIA, New York, NY, *pg.* 175
Byers, Kris - NBC, Operations - CACTUS MARKETING COMMUNICATIONS, Denver, CO, *pg.* 339
Byrd, Richard - NBC, PPM - PENNEBAKER, LMC, Houston, TX, *pg.* 194
Byrnes, Mike - NBC - RX EDGE MEDIA NETWORK, East Dundee, IL, *pg.* 557
Caban, Pete - NBC, PPOM - MEKANISM, Seattle, WA, *pg.* 113
Cabe, Molly - Account Services, Management, Media Department, NBC - HEAT, San Francisco, CA, *pg.* 84
Caccavo, Laura - Account Services, NBC - HYFN, Los Angeles, CA, *pg.* 240
Cadena, Fernando - Media Department, NBC - MEDIACOM, New York, NY, *pg.* 487
Cady, Jarrod - NBC - WILLOWTREE, INC., Charlottesville, VA, *pg.* 535
Cahill, Dan - Account Services, NBC - WEBB/MASON, Hunt Valley, MD, *pg.* 294
Cahill, Jesse - Management, NBC - ESSENCE, New York, NY, *pg.* 232
Cahill, Joseph - Account Planner, NBC, PPOM - STRAIGHT NORTH, LLC, Downers Grove, IL, *pg.* 267
Cai, Carol - Account Planner, Account Services, Interactive / Digital, Media Department, NBC - MEDIAHUB BOSTON, Boston, MA, *pg.* 489
Calabria, Kelly - Account Planner,

AGENCIES

RESPONSIBILITIES INDEX

Account Services, NBC - KETCHUM, Raleigh, NC, pg. 378
Calder, Thane - NBC, PPOM - CLOUDRAKER, Montreal, QC, pg. 5
Calderas, Tania - NBC - NUTRACLICK, Boston, MA, pg. 255
Calderon, Dov - Interactive / Digital, NBC - CONVERGEDIRECT, New York, NY, pg. 462
Caldwell, Laura - Account Services, NBC - WIEDEN + KENNEDY, Portland, OR, pg. 430
Calhoun, Cathy - NBC, PPOM - WEBER SHANDWICK, Chicago, IL, pg. 661
Calkins, David - Media Department, NBC - SPARK FOUNDRY, Chicago, IL, pg. 510
Call, Tracy - NBC, PPOM - MEDIA BRIDGE ADVERTISING, Minneapolis, MN, pg. 484
Callahan, Sean - Creative, Management, NBC, PR Management - JACK MORTON WORLDWIDE, Chicago, IL, pg. 309
Callahan, Amy - NBC, PPOM - COLLECTIVE BIAS, LLC, Rogers, AR, pg. 221
Calogera, Danielle - Account Services, Media Department, NBC - 360I, LLC, New York, NY, pg. 320
Calta, Kathy - NBC, PPOM - BARTON COTTON, Baltimore, MD, pg. 37
Calton, Arthur - Interactive / Digital, NBC - REFUEL AGENCY, New York, NY, pg. 507
Calusdian, David - NBC, PPOM - SHARON MERRILL ASSOCIATES, INC., Boston, MA, pg. 646
Calvert, Paige - NBC, Public Relations - DDB CANADA, Vancouver, BC, pg. 58
Calvert, Courtney - Account Services, NBC - MULLENLOWE U.S. BOSTON, Boston, MA, pg. 389
Cambron, Jeff - NBC, PPOM - MUSTACHE, Brooklyn, NY, pg. 252
Cameron, Shane - Interactive / Digital, Management, NBC, PPOM - OMD CANADA, Toronto, ON, pg. 501
Cameron, Doug - Creative, NBC, PPOM - DCX GROWTH ACCELERATOR, Brooklyn, NY, pg. 58
Camilleri, John - NBC - HARMELIN MEDIA, Bala Cynwyd, PA, pg. 467
Cammarata, Frank - Management, NBC - MEDIA MONITORS, LLC, White Plains, NY, pg. 249
Cammisa, Anna - Media Department, NBC - CMI MEDIA, LLC, King of Prussia, PA, pg. 342
Camp, Sarah - Interactive / Digital, NBC - LOVE & COMPANY, Frederick, MD, pg. 101
Campau, Lindsay - NBC - WONGDOODY, Seattle, WA, pg. 162
Campbell, Eric - Account Planner, Account Services, Management, NBC, PPOM - VMLY&R, New York, NY, pg. 160
Campbell, Alistair - Account Services, Management, NBC, PPOM - THE HYBRID CREATIVE, Santa Rosa, CA, pg. 151
Campbell, Jeff - Interactive / Digital, Management, Media Department, NBC, Programmatic, Social Media - RESOLUTION MEDIA, Chicago, IL, pg. 676
Campbell, Jamie - NBC - KITEROCKET, Seattle, WA, pg. 620
Campion, Kirk - NBC, PPM - MCCANN NEW YORK, New York, NY, pg. 108
Campion, Eileen - NBC, PPOM - ROSLAN & CAMPION PUBLIC RELATIONS, LLC, New York, NY, pg. 644
Campione, Bart - NBC, PPOM - THIRD WAVE DIGITAL, Macon, GA, pg. 270
Campione, Michael - NBC - MOMENTUM WORLDWIDE, Chicago, IL, pg. 117
Campisano, Kathleen - Creative, NBC, PPOM - CHIZCOMM, North York, ON, pg. 50
Camuso, Cheryl - NBC - BAILEY BRAND CONSULTING, Plymouth Meeting, PA, pg. 2
Canadeo, Ernest - NBC - EGC MEDIA GROUP, INC., Melville, NY, pg. 354
Cancelosi, Maggie - Account Services, NBC - EDELMAN, New York, NY, pg. 599
Candia, Matias - Account Planner, Account Services, Management, NBC - DAVID, Miami, FL, pg. 57
Candlish, Jennifer - NBC, Public Relations - JAN KELLEY MARKETING, Burlington, ON, pg. 10
Canel, Katie - Interactive / Digital, Media Department, NBC - THE SHIPYARD, Columbus, OH, pg. 270
Caplan, Amy - Management, NBC - NINTHDECIMAL, San Francisco, CA, pg. 534
Capone, Christine - NBC - MKG, New York, NY, pg. 311
Caporino, Jarod - NBC, PPOM - RESOLUTE DIGITAL, LLC, New York, NY, pg. 263
Capozzi, Maruta - Management, NBC - HILL+KNOWLTON STRATEGIES, Chicago, IL, pg. 370
Capper, Peter - NBC, PPOM - BVK, Milwaukee, WI, pg. 339
Caprio, Liz - NBC - OUTFRONT MEDIA, New York, NY, pg. 554
Capuano, Josie - NBC - HUGE, INC., Atlanta, GA, pg. 240
Caputi, Kathleen - Account Services, NBC - EPOCH 5 PUBLIC RELATIONS, Huntington, NY, pg. 602
Caputo, Nicholas - Account Services, NBC - BLUE 449, New York, NY, pg. 455
Caputo Karp, Janet - Account Planner, Account Services, NBC, Social Media - MRY, New York, NY, pg. 252
Caravello, Paul - Management, NBC - WILEN MEDIA CORPORATION, Melville, NY, pg. 432
Cardamone, Andrea - Account Services, Management, NBC - PALISADES MEDIA GROUP, INC., New York, NY, pg. 124
Cardelia, Daniele - Management, NBC - COBURN COMMUNICATIONS, New York, NY, pg. 591
Carfagna, Lisa - NBC - DIRECT RESOURCES GROUP, Seattle, WA, pg. 281
Carino, George - NBC - EPSILON, Wakefield, MA, pg. 282
Carkeet, Bill - NBC, PPOM - ODEN MARKETING & DESIGN, Memphis, TN, pg. 193
Carline, Jackie - NBC, Public Relations - COMMONWEALTH // MCCANN, Detroit, MI, pg. 52
Carliner, Kathy - NBC - ROSICA STRATEGIC PUBLIC RELATIONS, Fair Lawn, NJ, pg. 644
Carlioz, Remi - Creative, NBC, PPOM - BEAUTIFUL DESTINATIONS, New York, NY, pg. 38
Carlisle, Allen - Account Services, NBC, PPOM - ADI MEDIA, San Antonio, TX, pg. 171
Carlson, Mark - Account Planner, NBC, PPOM - LAUGHLIN CONSTABLE, INC., Milwaukee, WI, pg. 379
Carlson, Gretta - Account Planner, Media Department, NBC - CARAT, New York, NY, pg. 459
Carlson, Wayne - Account Services, NBC - BROADHEAD, Minneapolis, MN, pg. 337
Carlton, Dan - Account Planner, NBC - DIVISION OF LABOR, Sausalito, CA, pg. 63
Carmines, Taylor - Interactive / Digital, NBC - WHEELHOUSE DIGITAL MARKETING GROUP, Seattle, WA, pg. 678
Carmona, Jessica - Account Planner, Media Department, NBC - NORBELLA, Boston, MA, pg. 497
Carmona, Anthony - Interactive / Digital, NBC - CODE FOUR, Huntington Beach, CA, pg. 343
Carney, Pat - Creative, NBC, PPM - ARNOLD WORLDWIDE, Boston, MA, pg. 33
Carney-Jones, Denise - NBC - MEDIA LOGIC, Albany, NY, pg. 288
Carnrick, Jessica - NBC, Public Relations - PLUSMEDIA, LLC, Danbury, CT, pg. 290
Carollo, Rose - Account Planner, NBC, PPOM - J3, New York, NY, pg. 480
Carpenter, Lee - NBC, PPOM - CHANGEUP, Cincinnati, OH, pg. 5
Carpenter, Mary - Account Services, Management, NBC, PPOM - PHD CHICAGO, Chicago, IL, pg. 504
Carpenter, Dana - NBC - CORE CREATIVE, Milwaukee, WI, pg. 344
Carpenter, Michele - NBC - PICO PLUS, Santa Monica, CA, pg. 397
Carpenter, David - NBC - CONNECTION MODEL LLC, Issaquah, WA, pg. 344
Carpenter, Andrew - NBC - CHANGEUP, Cincinnati, OH, pg. 5
Carpenter-Ogden, Kristin - NBC, PPOM - VERDE BRAND COMMUNICATIONS, Durango, CO, pg. 658
Carr, Katherine - Account Services, Management, NBC - SILVER MARKETING, INC., Bethesda, MD, pg. 141
Carr, Rachel - Management, NBC - DKC PUBLIC RELATIONS, New York, NY, pg. 597

1721

RESPONSIBILITIES INDEX — AGENCIES

Carr, Cindy - Account Services, NBC - THE MARS AGENCY, Southfield, MI, pg. 683
Carr, Nigel - Account Planner, Management, NBC, PPOM - THE TOMBRAS GROUP, Knoxville, TN, pg. 424
Carr, Briana - NBC - SOURCELINK, LLC, Greenville, SC, pg. 292
Carricato, Aimee - Account Services, NBC - HEARTS & SCIENCE, New York, NY, pg. 471
Carrillo, Warner - NBC - ACCENTURE INTERACTIVE, El Segundo, CA, pg. 322
Carroll, Mark - NBC, PPOM - BANDY CARROLL HELLIGE, Louisville, KY, pg. 36
Carroll, Ron - NBC - PAPPAS MACDONNELL, INC., Southport, CT, pg. 125
Carroll, Patrick - Interactive / Digital, NBC, PPOM - NUTRACLICK, Boston, MA, pg. 255
Carroll, Alicia - Analytics, Interactive / Digital, Media Department, NBC, Social Media - ANNALECT GROUP, New York, NY, pg. 213
Carroll, Thomas - NBC - PUBLICIS NORTH AMERICA, New York, NY, pg. 399
Carter, Bill - NBC, PPOM - FUSE, LLC, Vinooski, VT, pg. 8
Carter, Jed - Creative, NBC, PPOM - MK12 STUDIOS, Kansas City, MO, pg. 191
Carter, Charlotte - Interactive / Digital, Media Department, NBC - SLINGSHOT, LLC, Dallas, TX, pg. 265
Carter, Gillian - Account Services, NBC - BRANDTRUST, INC., Chicago, IL, pg. 4
Carter, Megan - Account Planner, Account Services, Analytics, Media Department, NBC - MINDSHARE, New York, NY, pg. 491
Carter, Amanda - NBC - BCF, Virginia Beach, VA, pg. 581
Carton, Sean - NBC, PPOM - IDFIVE, Baltimore, MD, pg. 373
Cartwright, Vanessa - Account Services, Management, NBC, PPOM - FLUID, INC., New York, NY, pg. 235
Cartwright, Michael - Interactive / Digital, NBC - PUBLICIS NORTH AMERICA, New York, NY, pg. 399
Caruso, Joseph - NBC, Public Relations - GLOVER PARK GROUP, Washington, DC, pg. 608
Carvalho, Mayte - NBC - TBWA \ CHIAT \ DAY, Los Angeles, CA, pg. 146
Cascella, Dana - NBC, PPOM, Public Relations - GROUPM, New York, NY, pg. 466
Case, Dave - NBC, PPOM - DJ CASE & ASSOCIATES, Mishawaka, IN, pg. 597
Case, Melanie - Interactive / Digital, NBC, PPM, Social Media - CONILL ADVERTISING, INC., El Segundo, CA, pg. 538
Casey, Karena - Account Planner, NBC - E10, Minneapolis, MN, pg. 353
Casey, Deb - Account Planner, Account Services, NBC - MILK, South Norwalk, CT, pg. 115
Casey, Dilara - NBC - 30 LINES, Columbus, OH, pg. 207
Casi, John - Account Services, NBC - PRICEWEBER MARKETING COMMUNICATIONS, INC., Louisville, KY, pg. 398
Casiean, Jena - Account Services, NBC - 72ANDSUNNY, Playa Vista, CA, pg. 23
Casolaro, Angela - NBC - ICROSSING, New York, NY, pg. 240
Cassels, David - NBC, PPOM - CCL BRANDING, Winston-Salem, NC, pg. 176
Casserly, Tammy - NBC - ALLEN & GERRITSEN, Boston, MA, pg. 29
Casson, Linda - Finance, Management, NBC - ARGONAUT, INC., San Francisco, CA, pg. 33
Castelli, Nicholas - NBC - MVC AGENCY, Sherman Oaks, CA, pg. 14
Castleberry, Sue - Management, NBC - MEDIA ASSEMBLY, Southfield, MI, pg. 385
Caston, Janice - NBC, Operations - TOLUNA, Wilton, CT, pg. 450
Castro, Carmen - NBC - ROSLOW RESEARCH GROUP, Port Washington, NY, pg. 449
Castro, Jemilly - Account Planner, NBC - ENERGY BBDO, INC., Chicago, IL, pg. 355
Castro, Joe - NBC - ELEVATION MARKETING, Richmond, VA, pg. 67
Caswell, Morgan - NBC - LOCATION3 MEDIA, Denver, CO, pg. 246
Catalani, Rachel - NBC - MDC PARTNERS, INC., New York, NY, pg. 385
Catalina, Michael - NBC - CONVERSANT, LLC, Chicago, IL, pg. 222
Catletti, Sarah - Account Services, NBC - R&R PARTNERS, Las Vegas, NV, pg. 131
Catucci, Deirdre - NBC, PPOM - MADISON AVENUE SOCIAL, New York, NY, pg. 103
Caughell, John - NBC - IBM IX, Columbus, OH, pg. 240
Cavallaro, Rick - NBC, PPOM, Research - SPORTVISION, Fremont, CA, pg. 266
Cavanagh, Samantha - NBC, Public Relations - DROGA5, New York, NY, pg. 64
Cavazos, Susie - NBC - ADCETERA, Houston, TX, pg. 27
Cavolo, Sara - NBC, Operations - MOSAIC NORTH AMERICA, New York, NY, pg. 312
Cawood, Liz - NBC, PPOM - CAWOOD, Eugene, OR, pg. 340
Cawood, Steve - Interactive / Digital, NBC - TRIAD RETAIL MEDIA, Rogers, AR, pg. 272
Caywood, Scott - NBC, PPOM - CCL BRANDING, Winston-Salem, NC, pg. 176
Cebeci, Selin - Interactive / Digital, Media Department, NBC - MEDIACOM, New York, NY, pg. 487
Cecchetto, Cheryl - NBC, PPOM - SEQUOIA PRODUCTIONS, Los Angeles, CA, pg. 314
Cedroni, Kelly - Administrative, NBC - BASSO DESIGN GROUP, Troy, MI, pg. 215
Ceglarski, Sarah - Media Department, NBC, PPM, PPOM - OMELET, Culver City, CA, pg. 122
Celebican, Can - NBC - BRAND INSTITUTE, INC., Miami, FL, pg. 3
Celusniak, Maria - NBC - VOVEO MARKETING GROUP, Malvern, PA, pg. 429
Cerruti, James - Account Planner, NBC, PPOM, Research - TENET PARTNERS, Norwalk, CT, pg. 19
Cesarkas Handelman, Yael - Account Services, Creative, NBC - R/GA, San Francisco, CA, pg. 261
Ceurvorst, Kaileigh - Account Services, Analytics, NBC - CANVAS WORLDWIDE, Playa Vista, CA, pg. 458
Cha, Michael - Analytics, Interactive / Digital, NBC - HORIZON MEDIA, INC., New York, NY, pg. 474
Cha, Jessica - Interactive / Digital, Media Department, NBC, Social Media - OMD, New York, NY, pg. 498
Chabot, Elizabeth - Account Planner, NBC - VMLY&R, New York, NY, pg. 160
Chadwick, Michael - NBC, PPOM - CCM, INC., New York, NY, pg. 341
Chae, Sandra - Account Services, NBC, Public Relations - INITIATIVE, Los Angeles, CA, pg. 478
Chafer, Sarah - NBC - TAPJOY, San Francisco, CA, pg. 535
Chaffiotte, Jules - Account Services, NBC - FF CREATIVE, Los Angeles, CA, pg. 234
Chaisson, Evan - Account Planner, Interactive / Digital, NBC, Social Media - 3 BIRDS MARKETING, Chapel Hill, NC, pg. 207
Challis, Dean - Account Planner, NBC - DROGA5, New York, NY, pg. 64
Chamberlin, Michael - Management, Media Department, NBC - HUGE, INC., Oakland, CA, pg. 240
Chambers, Sherri - Account Services, Media Department, NBC, PPOM - 360I, LLC, New York, NY, pg. 320
Chamlin, Andrew - NBC, PPOM - MCCANN HEALTH NEW YORK, New York, NY, pg. 108
Champagne, Devon - NBC - BLACK BEAR DESIGN GROUP, Chamblee, GA, pg. 175
Champoux, Holly - Interactive / Digital, NBC, Operations, Programmatic - CARAT, Detroit, MI, pg. 461
Chan, Eva - NBC - CARAT, New York, NY, pg. 459
Chang, Michael - Account Services, Management, NBC, Operations - WONGDOODY, New York, NY, pg. 433
Chang, Roger - Account Services, NBC - HEAT, New York, NY, pg. 370
Chanin, Nancy - NBC - DMA UNITED,

AGENCIES — RESPONSIBILITIES INDEX

New York, NY, *pg.* 63
Chankowsky, Allen - Account Services, NBC, PPOM - MBC MARKETING, INC., Toronto, ON, *pg.* 568
Channon, Parker - Creative, NBC, PPOM - DUNCAN CHANNON, San Francisco, CA, *pg.* 66
Chapman, Nathan - NBC, PPOM - FIRMIDABLE, New Orleans, LA, *pg.* 73
Chapman, David - Management, NBC - OGILVY COMMONHEALTH WORLDWIDE, Parsippany, NJ, *pg.* 122
Chapman, John - Media Department, NBC - COX MEDIA, Phoenix, AZ, *pg.* 463
Chapman, Karen - NBC - DAVIDSON BELLUSO, Phoenix, AZ, *pg.* 179
Chapman, Tracy - Account Planner, NBC - TERRI & SANDY, New York, NY, *pg.* 147
Chaput, Rob - NBC, PPOM - LIGHTHOUSE, INC., Marietta, GA, *pg.* 11
Charbeneau, Sakinah - NBC - RESOLUTION MEDIA, Chicago, IL, *pg.* 676
Charron, Kristin - NBC - TRITON DIGITAL, New York, NY, *pg.* 272
Chase, Michael - Management, Media Department, NBC - VENABLES BELL & PARTNERS, San Francisco, CA, *pg.* 158
Chase, Pam - NBC - MOTIV, Boston, MA, *pg.* 192
Chastain, David - Interactive / Digital, NBC - CONVERSANT, LLC, Atlanta, GA, *pg.* 533
Chastain, Zach - Account Services, NBC - MONSTER XP, Altamonte Springs, FL, *pg.* 388
Chastang, Shane - Account Services, NBC - DROGA5, New York, NY, *pg.* 64
Chatfield, Heidi - NBC - ALL STAR INCENTIVE MARKETING, Fiskdale, MA, *pg.* 565
Chaudhri Lenz, Kiran - NBC, Operations - GTB, Dearborn, MI, *pg.* 367
Chaurero, Carola - NBC - ALMA, Coconut Grove, FL, *pg.* 537
Chavoen, Laura - NBC - MCGARRYBOWEN, New York, NY, *pg.* 109
Chen, Jia - Management, Media Department, NBC, PPOM, Public Relations - HAVAS MEDIA GROUP, New York, NY, *pg.* 468
Chen, Elaine - NBC - WPP KANTAR MEDIA, New York, NY, *pg.* 163
Chen, Lindsey - Account Services, NBC, Social Media - CANVAS WORLDWIDE, Playa Vista, CA, *pg.* 458
Chen, Ivan - Media Department, NBC - MINDSHARE, New York, NY, *pg.* 491
Chen, Yufan - Media Department, NBC, Research - MINDSHARE, New York, NY, *pg.* 491
Chen, Pamela - NBC - AKQA, San Francisco, CA, *pg.* 211
Chen, Yang - Media Department, NBC - HYLINK, Santa Monica, CA, *pg.* 240
Cherra, Richard - Analytics, NBC, Operations - MBB AGENCY, Leawood, KS, *pg.* 107

Cheung, Leslie - Human Resources, Media Department, NBC - CARAT, New York, NY, *pg.* 459
Cheung, Winnie - Management, NBC - GUMGUM, New York, NY, *pg.* 467
Cheung, Kai - Account Services, Media Department, NBC - OMD, New York, NY, *pg.* 498
Chevalier, Greg - NBC, PPOM - CHEVALIER ADVERTISING, INC., Lake Oswego, OR, *pg.* 342
Chevallier, Frank - Interactive / Digital, NBC - LIVEWORLD, San Jose, CA, *pg.* 246
Chew, Alison - Account Services, Management, NBC - ACCELERATION PARTNERS, Needham, MA, *pg.* 25
Chi, Soojeong - NBC, Operations - PATTERN, New York, NY, *pg.* 126
Chiam, Valerie - NBC, Operations, PPOM - TEAM EPIPHANY, New York, NY, *pg.* 652
Chiarelli, Rick - Account Services, Management, NBC, PPOM - GALE, New York, NY, *pg.* 236
Chiavone, Laura - Account Planner, Interactive / Digital, Management, NBC, Social Media - SPARKS & HONEY, New York, NY, *pg.* 450
Chicca, Mike - NBC - CLEAR CHANNEL OUTDOOR, Kingston, NY, *pg.* 551
Chichester, Lavall - NBC, PPOM - JUMPCREW, Nashville, TN, *pg.* 93
Chidley, Bill - NBC, PPOM - CHANGEUP, Cincinnati, OH, *pg.* 5
Chin Ullmann, Elena - NBC, Operations, Promotions - MEDIACOM, New York, NY, *pg.* 487
Chipparoni, Guy - NBC, PPOM - RES PUBLICA GROUP, Chicago, IL, *pg.* 642
Chirio, Gino - NBC - MADDOCK DOUGLAS, Elmhurst, IL, *pg.* 102
Chisholm, Cory - Account Services, NBC - WAVEMAKER, Toronto, ON, *pg.* 529
Chishti, Daanish - Account Services, Interactive / Digital, Media Department, NBC, Social Media - MINDSHARE, Chicago, IL, *pg.* 494
Cho, Jonathan - Management, NBC, Operations - ACRONYM MEDIA, New York, NY, *pg.* 671
Choate, Bill - NBC - ASHFORD ADVERTISING AGENCY, Fresno, CA, *pg.* 328
Chodnicki, Chris - NBC, PPOM - R2INTEGRATED, Baltimore, MD, *pg.* 261
Choi, Mary - NBC - WUNDERMAN THOMPSON, New York, NY, *pg.* 434
Chopra, Lalit - Interactive / Digital, NBC - MOVEABLE INK, New York, NY, *pg.* 251
Choquet, Debi - NBC, PPM - ALL STAR INCENTIVE MARKETING, Fiskdale, MA, *pg.* 565
Choudhury, Raj - NBC, PPOM - BRIGHTWAVE MARKETING, INC., Atlanta, GA, *pg.* 219
Chowdhury, Shamsul - Interactive / Digital, Media Department, NBC, Promotions, Social Media - JELLYFISH U.S., Baltimore, MD, *pg.* 243

Chrisom, Kathleen - NBC - CONVENTURES, INC., Boston, MA, *pg.* 685
Christens, Jon - NBC, Public Relations - KELLY, SCOTT & MADISON, INC., Chicago, IL, *pg.* 482
Christensen, Karen - Management, NBC - HOSTS NEW ORLEANS, New Orleans, LA, *pg.* 308
Christensen, TJ - NBC - ACCESSO, Lake Mary, FL, *pg.* 210
Christensen, Scott - NBC - OUTFRONT MEDIA, Los Angeles, CA, *pg.* 554
Christensen, Renee - Account Services, NBC - ACCELERATION PARTNERS, Needham, MA, *pg.* 25
Christiansen, Sarah - Interactive / Digital, NBC - NEBO AGENCY, LLC, Atlanta, GA, *pg.* 253
Christie, Kyle - Account Planner, Media Department, NBC - CARAT, New York, NY, *pg.* 459
Christopherson, Valerie - NBC, PPOM - GLOBAL RESULTS COMMUNICATIONS, Irvine, CA, *pg.* 608
Chun, Peter - Management, NBC - VAYNERMEDIA, New York, NY, *pg.* 689
Chung, Seung - NBC, PPOM - CASHMERE AGENCY, Los Angeles, CA, *pg.* 48
Chung, Yin - Account Planner, Interactive / Digital, Media Department, NBC - BBDO WORLDWIDE, New York, NY, *pg.* 331
Chupp, Bryan - Interactive / Digital, NBC - DIGITAS HEALTH LIFEBRANDS, New York, NY, *pg.* 229
Church, Geno - NBC, PPOM - BRAINS ON FIRE, Greenville, SC, *pg.* 691
Churchill, Barb - NBC - LOUIS & PARTNERS DESIGN, Akron, OH, *pg.* 190
Churchill, Christine - NBC, PPOM - KEYRELEVANCE, Lucas, TX, *pg.* 675
Ciafardini, Tony - NBC, PPOM - TCAA, Dedham, MA, *pg.* 519
Cibran, Daniel - NBC - FIVEHUNDRED DEGREES STUDIO, Miami, FL, *pg.* 74
Ciccotelli, Nadia - Account Planner, Media Department, NBC - PMG, Fort Worth, TX, *pg.* 257
Cicero, Carla - NBC, Operations - THIRD WAVE DIGITAL, Macon, GA, *pg.* 270
Cichocki, Joanna - Account Services, NBC, Promotions - 160OVER90, Los Angeles, CA, *pg.* 301
Cichowski, Katie - Interactive / Digital, Media Department, NBC - HARRISON MEDIA, Harrison Township, MI, *pg.* 468
Cieslak, Jason - Management, NBC, PPOM - SIEGEL & GALE, Los Angeles, CA, *pg.* 17
Cilia, Bob - NBC - JCDECAUX NORTH AMERICA, New York, NY, *pg.* 553
Circosta, Jared - Interactive / Digital, NBC, PPOM - AMALGAM, Los Angeles, CA, *pg.* 324
Ciriello, Maria - Account Services, Management, NBC - CRONIN, Glastonbury, CT, *pg.* 55
Cisero, Claudia - Account Services, NBC - SID LEE, Seattle, WA, *pg.* 140
Citraro, John - NBC - AMERICAN SOLUTIONS, Cleveland, OH, *pg.* 565

1723

RESPONSIBILITIES INDEX — AGENCIES

Civello, Becki - NBC, Operations - IX.CO, New York, NY, pg. 243
Claisse, Zachary - NBC - IGNITIONONE, New York, NY, pg. 673
Claps, Louis - NBC, PPOM - EXCLAIMI, Palatine, IL, pg. 182
Clarity, Elizabeth - Account Services, NBC - BBDO SAN FRANCISCO, San Francisco, CA, pg. 330
Clark, Nancy - NBC, PPOM - DRIVE BRAND STUDIO, North Conway, NH, pg. 64
Clark, Tena - NBC, PPOM - DMI MUSIC & MEDIA SOLUTIONS, Pasadena, CA, pg. 567
Clark, Michael - NBC, PPOM - BEEBY CLARK+MEYLER, Stamford, CT, pg. 333
Clark, Jody - Account Planner, Account Services, NBC - LEXICON BRANDING, INC., Sausalito, CA, pg. 189
Clark, Melissa - Account Planner, Management, Media Department, NBC, Public Relations - THE INTEGER GROUP - DALLAS, Dallas, TX, pg. 570
Clark, Bridget - Account Services, NBC - CREATIVE SOLUTIONS GROUP, Clawson, MI, pg. 303
Clark, Melanie - NBC - ABSTRAKT MARKETING GROUP, Saint Louis, MO, pg. 322
Clark, Marlea - NBC, PPOM - STELLA RISING, Westport, CT, pg. 518
Clark, Katie - Interactive / Digital, Media Department, NBC, Operations - IDEO, Palo Alto, CA, pg. 187
Clark, Marie-Louise - Media Department, NBC, Public Relations - ACTIVA PR, San Francisco, CA, pg. 575
Clark, Victoria - Account Services, NBC - SWEDEN UNLIMITED, New York, NY, pg. 268
Clark, Lexis - NBC - AMOBEE, INC., Chicago, IL, pg. 213
Clarke, Jason - Account Services, NBC - WE COMMUNICATIONS, San Francisco, CA, pg. 660
Clarke, David - Interactive / Digital, NBC, PPOM - PWC DIGITAL SERVICES, Hallandale Beach, FL, pg. 260
Clarke, Brady - Account Services, NBC - MATCH ACTION MARKETING GROUP, Boulder, CO, pg. 692
Clarke, Lindsey - NBC, Promotions - D'ORAZIO & ASSOCIATES, Beverly Hills, CA, pg. 594
Clarke, Samuel - NBC - PETROL, Burbank, CA, pg. 127
Clausing, Jeff - Account Planner, Analytics, NBC - AXIOM MARKETING, INC., Libertyville, IL, pg. 566
Clayman, Larry - Account Planner, Account Services, NBC, PPOM - CLAYMAN & ASSOCIATES, Marietta, OH, pg. 51
Clayton, Andrew - Interactive / Digital, Media Department, NBC - WIEDEN + KENNEDY, Portland, OR, pg. 430
Cleere, William - Interactive / Digital, NBC - CLOSED LOOP MARKETING, Roseville, CA, pg. 672
Clemens, Jay - NBC, PPOM - TURTLEDOVE CLEMENS, INC., Portland, OR, pg. 427
Clementi, Steve - Creative, NBC - JIGSAW, LLC, Milwaukee, WI, pg. 377
Cleveland, Beth - Management, NBC, PPOM - PRAYTELL, Brooklyn, NY, pg. 258
Cleveland, Diana - Management, NBC - YAH. - YOU ARE HERE, Atlanta, GA, pg. 318
Cline, Sarah - NBC - THE FRANK AGENCY, INC., Overland Park, KS, pg. 150
Clinite, Jan - NBC - STEADYRAIN, St. Louis, MO, pg. 267
Cloud, Alena - Account Services, Creative, NBC - WINGER MARKETING, Chicago, IL, pg. 663
Cloutier, Nancy - Management, Media Department, NBC - ADEPT MARKETING, Columbus, OH, pg. 210
Cluet, Romain - Account Services, NBC - DERSE, INC., Waukegan, IL, pg. 304
Cobb, Larry - Interactive / Digital, NBC, Research - SHEPHERD AGENCY, Jacksonville, FL, pg. 410
Cobb, Jim - NBC - BRADO, Irvine, CA, pg. 336
Cobbs, Roxanne - Account Services, NBC - CAMP + KING, San Francisco, CA, pg. 46
Cocker, Christian - Account Planner, NBC - RPA, Santa Monica, CA, pg. 134
Coen, April - Analytics, Interactive / Digital, Media Department, NBC, Research - HEARTS & SCIENCE, Los Angeles, CA, pg. 473
Coffey Clark, Ben - NBC, PPOM - BULLY PULPIT INTERACTIVE, Washington, DC, pg. 45
Coffin, Steve - NBC, PPOM - GBSM, Denver, CO, pg. 607
Coghlan, Matthew - NBC, Public Relations - FLEISHMANHILLARD, New York, NY, pg. 605
Cohan, Cathy - NBC, PPOM - THE BURNETT COLLECTIVE, New York, NY, pg. 669
Cohen, Brian - NBC, PPOM - VISITURE, Charleston, SC, pg. 678
Cohen, Kristin - NBC - SPARKS & HONEY, New York, NY, pg. 450
Cohen, Maris - Account Planner, Account Services, Media Department, NBC - OMD, New York, NY, pg. 498
Cohen, Jeff - NBC, PPOM - EARTHBOUND BRANDS, New York, NY, pg. 7
Cohen, Jordan - NBC, PPOM - NORTH 6TH AGENCY, New York, NY, pg. 633
Cohen, Shanee - NBC, Promotions - IMRE, New York, NY, pg. 374
Cohn, Jeff - NBC, PPOM - COHN MARKETING, INC., Denver, CO, pg. 51
Cohn, Alex - Account Services, NBC, PPOM - ZAMBEZI, Culver City, CA, pg. 165
Colaiacovo, Anne - Management, NBC, PPOM - ALLISON+PARTNERS, New York, NY, pg. 576
Colangelo, Gino - NBC, PPOM - COLANGELO & PARTNERS, New York, NY, pg. 591
Colantropo, Sofia - NBC, PPOM - OMD, New York, NY, pg. 498
Colasuonno, Lou - NBC, Public Relations - FTI CONSULTING, New York, NY, pg. 606
Cole, Jennifer - NBC, Programmatic - PROHASKA CONSULTING, New York, NY, pg. 130
Cole, Mike - NBC - THINK MOTIVE, Denver, CO, pg. 154
Colegrove, Sue - Interactive / Digital, NBC - ZIZZO GROUP ADVERTISING & PUBLIC RELATIONS, Milwaukee, WI, pg. 437
Coleman, Scott - NBC, PPOM - STEELE+, Alpharetta, GA, pg. 412
Coleman, Caroline - NBC, PPM - WUNDERMAN THOMPSON, New York, NY, pg. 434
Coles, Brian - NBC - COLES MARKETING COMMUNICATIONS, Indianapolis, IN, pg. 591
Coletti, Shannon - Account Services, NBC - INTERESTING DEVELOPMENT, New York, NY, pg. 90
Collard, Jeff - NBC, PPOM - EBERLY & COLLARD PUBLIC RELATIONS, Atlanta, GA, pg. 599
Coller, Alexis - Account Services, Interactive / Digital, NBC - RPA, Santa Monica, CA, pg. 134
Colling, Brian - NBC, PPOM - COLLING MEDIA, Scottsdale, AZ, pg. 51
Colling, Peter - NBC, Operations, PPOM - COLLING MEDIA, Scottsdale, AZ, pg. 51
Collins, Erika - NBC - CARMICHAEL LYNCH, Minneapolis, MN, pg. 47
Collins, Marcus - Interactive / Digital, Management, NBC, PPOM, Social Media - DONER, Southfield, MI, pg. 63
Collins, Morgan - Interactive / Digital, NBC - MEDIACOM, New York, NY, pg. 487
Collins, Kyle - NBC - KREBER, Columbus, OH, pg. 379
Collis, Sara - Analytics, NBC, Research - WUNDERMAN THOMPSON, Washington, DC, pg. 434
Collmer, Alex - NBC, PPOM - VIDMOB, New York, NY, pg. 690
Colon, Clark - NBC - FUSE, LLC, Vinooski, VT, pg. 8
Colonero Wolfe, Nora - Account Planner, Account Services, NBC - J3, New York, NY, pg. 480
Comella, Kathie - Account Services, NBC - TRICKEY JENNUS, INC., Tampa, FL, pg. 156
Comer, Lisa - Account Services, NBC - THE CIRLOT AGENCY, INC., Flowood, MS, pg. 149
Comerford, Briana - NBC - HAVAS MEDIA GROUP, New York, NY, pg. 468
Commesso, Barbara - NBC, PPOM - IN PLACE MARKETING, Tampa, FL, pg. 374
Como, Sarah - NBC - GMR MARKETING, New Berlin, WI, pg. 306
Compagnone, Craig - NBC - MMGY

1724

AGENCIES RESPONSIBILITIES INDEX

GLOBAL, Kansas City, MO, pg. 388
Condon, Brian - Management, NBC - ALLIANCE FOR AUDITED MEDIA, Arlington Heights, IL, pg. 212
Condron, Philip - NBC, PPOM - CONDRON MEDIA, Clarks Green, PA, pg. 52
Condron, Madeline - NBC - STARCOM WORLDWIDE, Chicago, IL, pg. 513
Conklin, Jacqueline - Account Planner, NBC - HORIZON MEDIA, INC., New York, NY, pg. 474
Conn, Grad - NBC, PPOM - SPRINKLR, New York, NY, pg. 688
Connally, Jenny - NBC, PPOM - AD PLACE, Addison, TX, pg. 26
Connel, Greg - NBC - PROED COMMUNICATIONS, Beachwood, OH, pg. 129
Connell, Kiki O. - NBC - VREELAND MARKETING, Yarmouth, ME, pg. 161
Connelly, Andrew - Analytics, Management, NBC - ABERDEEN GROUP, INC., Waltham, MA, pg. 441
Conner, Addie - Interactive / Digital, NBC, PPOM - DECODED ADVERTISING, New York, NY, pg. 60
Connor, Kari - Management, NBC - WONGDOODY, Seattle, WA, pg. 162
Connors, Tom - NBC, PPOM - ADWORKSHOP & INPHORM, Lake Placid, NY, pg. 323
Connors, Maggie - Management, NBC - DEUTSCH, INC., New York, NY, pg. 349
Connors, Michael - Account Services, NBC - THE TRADE DESK, Chicago, IL, pg. 519
Conover, Cecelia - NBC, PPOM - CONOVER , San Diego, CA, pg. 178
Conover, Fred - NBC, PPOM - CTP, Boston, MA, pg. 347
Conrad, Craig - Account Planner, Management, NBC, PPOM - DONER, Southfield, MI, pg. 63
Conrado, Thelma - NBC, PPOM - POS OUTDOOR MEDIA, Grapevine, TX, pg. 556
Conroy, C. L. - NBC, PPOM - CONROY / MARTINEZ GROUP, Coral Gables, FL, pg. 592
Consuegra, Vilma - NBC - ACOSTA, INC., Jacksonville, FL, pg. 322
Conte, Rocky - NBC - PARK OUTDOOR ADVERTISING, Binghamton, NY, pg. 555
Conte, Sean - NBC - THE BIONDO GROUP, Stamford, CT, pg. 201
Conte, Chris - Creative, NBC - DALTON AGENCY, Jacksonville, FL, pg. 348
Conti, Kara - NBC - CAPTIVATE NETWORK, INC., Lowell, MA, pg. 550
Contreras, Rhonda - Management, NBC, PPOM - THE RICHARDS GROUP, INC., Dallas, TX, pg. 422
Converse, Tricia - NBC, PPOM - SELBERT PERKINS DESIGN, Playa Del Rey, CA, pg. 198
Conway, Maite - Management, NBC, PPOM - WAGSTAFF WORLDWIDE, Los Angeles, CA, pg. 659
Cook, Tom - Creative, NBC, PPOM - BEAR IN THE HALL, New York, NY, pg. 2
Cook, Harmony - NBC - AIRFOIL PUBLIC RELATIONS, Royal Oak, MI, pg. 575
Cook, Kate - Account Planner, Account Services, NBC - DCG ONE, Seattle, WA, pg. 58
Cook, Josh - Management, Media Department, NBC - UNIVERSAL MCCANN, San Francisco, CA, pg. 428
Cook, Aylin - NBC, Public Relations - SINGLE GRAIN, Los Angeles, CA, pg. 265
Cooke, Brandon - Management, NBC, PPOM - FCB NEW YORK, New York, NY, pg. 357
Cookerly, Carol - NBC, PPOM - COOKERLY PUBLIC RELATIONS INC., Atlanta, GA, pg. 593
Cooksey, Gail - NBC, PPOM - COOKSEY COMMUNICATIONS, Irving, TX, pg. 593
Cooper, Clay - Creative, NBC, PPOM - PLAN B, Chicago, IL, pg. 397
Cooper, Alyssa - Account Planner, Media Department, NBC - CARAT, New York, NY, pg. 459
Cooper, Debbie - NBC - VESTCOM , Earth City, MO, pg. 571
Coors, Erin - Account Services, Administrative, NBC - THE BUNTIN GROUP, Nashville, TN, pg. 148
Copacino, Chris - Account Services, NBC - COPACINO + FUJIKADO, LLC, Seattle, WA, pg. 344
Coraggio, Gary - NBC - TALLWAVE, Scottsdale, AZ, pg. 268
Corbett, Erin - NBC - ALLIED INTEGRATED MARKETING, Hollywood, CA, pg. 576
Corcoran, Sean - Interactive / Digital, Management, Media Department, NBC, PPOM - MEDIAHUB BOSTON, Boston, MA, pg. 489
Cordero, Barrett - NBC, PPOM - BIGSPEAK SPEAKERS BUREAU, Santa Barbara, CA, pg. 302
Cordes Radke, Elle - Interactive / Digital, NBC, Social Media - STARCOM WORLDWIDE, Chicago, IL, pg. 513
Cordova, Karlo - Media Department, NBC, PR Management, Public Relations - WIEDEN + KENNEDY, New York, NY, pg. 432
Corn, Joanna - Account Planner, Account Services, Media Department, NBC - OMD, New York, NY, pg. 498
Cornett, Kip - NBC, PPOM - CORNETT INTEGRATED MARKETING SOLUTIONS, Lexington, KY, pg. 344
Cornfeldt, Jeremy - Account Services, Management, NBC, PPOM - IPROSPECT, New York, NY, pg. 674
Cornielle, Mike - NBC - AIMIA, Minneapolis, MN, pg. 167
Cornine, Liz - NBC - CHANDELIER CREATIVE, Los Angeles, CA, pg. 49
Cornish, Elizabeth - NBC - DIVERSIFIED AGENCY SERVICES, New York, NY, pg. 351
Corns, David - Account Services, Management, NBC, Operations - R/GA, San Francisco, CA, pg. 261
Corredor Rocci, Krystle - Interactive / Digital, Media Department, NBC - PUBLICIS NORTH AMERICA, New York, NY, pg. 399
Corringham, Josh - Account Services, NBC - MAD*POW, Portsmouth, NH, pg. 247
Cortes, David - Account Services, NBC - VAYNERMEDIA, New York, NY, pg. 689
Cortizo-Burgess, Pele - Account Planner, Interactive / Digital, Management, Media Department, NBC, PPOM - INITIATIVE, New York, NY, pg. 477
Cosentino, Robert - NBC - EPSILON, Wakefield, MA, pg. 282
Cosgrove, Mia - Management, NBC - HORIZON MEDIA, INC., New York, NY, pg. 474
Cosme, Roy - NBC, PPOM - ARCOS COMMUNICATIONS, New York, NY, pg. 537
Cospito, Anthony - NBC - MOVING IMAGE & CONTENT, New York, NY, pg. 251
Costa, Stephanie - Account Services, NBC - FAHRENHEIT 212, New York, NY, pg. 182
Costa, Shirley - Management, NBC - LEO BURNETT WORLDWIDE, Chicago, IL, pg. 98
Costello, Harry - Account Services, Management, NBC - HILL+KNOWLTON STRATEGIES, Tampa, FL, pg. 613
Costello, Rachel - Account Services, NBC - TRIAD RETAIL MEDIA, St. Petersburg, FL, pg. 272
Cote, Ryan - Interactive / Digital, NBC - THE BALLANTINE CORPORATION, Fairfield, NJ, pg. 293
Cote, Matt - Account Services, NBC - THE BALLANTINE CORPORATION, Fairfield, NJ, pg. 293
Cotrupe, Courtney - NBC, PPOM - PARTNERS + NAPIER, Rochester, NY, pg. 125
Cottam, Tommy - NBC - PLANET PROPAGANDA, Madison, WI, pg. 195
Cotton, Stephann - NBC, PPOM - COTTON & COMPANY, Stuart, FL, pg. 345
Coudal, Jim - NBC, PPOM - COUDAL PARTNERS, Chicago, IL, pg. 53
Coughlin, Clay - NBC - ESROCK PARTNERS, Burr Ridge, IL, pg. 69
Couillens, Renaud - NBC - JCDECAUX NORTH AMERICA, New York, NY, pg. 553
Count, Janell - NBC - FOERSTEL DESIGN, Boise, ID, pg. 183
Courtney, Cliff - NBC, PPOM - ZIMMERMAN ADVERTISING, Fort Lauderdale, FL, pg. 437
Coutinho, Fernanda - Account Services, NBC - THE BEANSTALK GROUP, Miami, FL, pg. 19
Couvillon, Scott - Account Planner, NBC, PPOM - TRUMPET ADVERTISING, New Orleans, LA, pg. 157
Cowan, Cathy - NBC, PPOM, Public Relations - COWAN & COMPANY COMMUNICATIONS, Toronto, ON, pg. 593
Cowen, Michael - Account Services,

RESPONSIBILITIES INDEX — AGENCIES

NBC, Public Relations - MSLGROUP, Chicago, IL, pg. 629
Cowley, Gail - Management, NBC - COWLEY ASSOCIATES, Syracuse, NY, pg. 345
Cox, Alicia - NBC, PPOM - COXRASMUSSEN & COMPANY, Eureka, CA, pg. 345
Cox, Tom - Management, NBC, PPOM - THE OLIVER GROUP, Louisville, KY, pg. 667
Cox, Sally - Account Services, Management, NBC - MCGARRYBOWEN, Chicago, IL, pg. 110
Cox, Carl - Account Services, NBC - MADDEN MEDIA, Tucson, AZ, pg. 247
Cox, Gail - Account Planner, NBC - AC&M GROUP, Charlotte, NC, pg. 537
Coyne, Nancy - NBC, PPOM - SERINO COYNE, INC., New York, NY, pg. 299
Cozine, Kevin - Management, Media Department, NBC - OCEAN MEDIA, INC., Huntington Beach, CA, pg. 498
Cramb, Lisa - Account Services, Interactive / Digital, NBC - MONTAGNE COMMUNICATIONS, Manchester, NH, pg. 389
Cramer, Erika - Account Planner, Media Department, NBC - GENERATOR MEDIA + ANALYTICS, New York, NY, pg. 466
Crammond, Dave - Management, NBC, Promotions - WAVEMAKER, Toronto, ON, pg. 529
Crampsie, Lauren - NBC, PPOM - OGILVY, New York, NY, pg. 393
Crater, Allen - NBC, PPOM - STEVENS ADVERTISING, Grand Rapids, MI, pg. 413
Craven, Ryan - Interactive / Digital, Media Department, NBC, Public Relations - WIEDEN + KENNEDY, Portland, OR, pg. 430
Crawford, Damien - Interactive / Digital, Media Department, NBC - UNIVERSAL MCCANN DETROIT, Birmingham, MI, pg. 524
Crawford, Callie - Interactive / Digital, NBC, Social Media - FOUNDRY, Reno, NV, pg. 75
Crawford, Katharine - NBC - SCOPPECHIO, Louisville, KY, pg. 409
Crawford, TJ - Account Planner, Analytics, Interactive / Digital, Media Department, NBC - MARC USA, Pittsburgh, PA, pg. 104
Crawley, Bruce - NBC, PPOM - MILLENNIUM 3 MANAGEMENT, Philadelphia, PA, pg. 543
Crean, Bob - Account Services, NBC - MANZELLA MARKETING GROUP, Bowmansville, NY, pg. 383
Creegan, Jennifer - Media Department, NBC - BCM MEDIA, Darien, CT, pg. 455
Creer, Matthew - NBC - INITIATIVE, New York, NY, pg. 477
Cregler, Tony - Account Planner, NBC - LEO BURNETT WORLDWIDE, Chicago, IL, pg. 98
Crerar, Kelly - Account Planner, NBC - IC GROUP, Winnipeg, MB, pg. 567
Crespo, Chariot - Management, NBC, Promotions - CENTRA360, Westbury, NY, pg. 49
Crespo, Claudia - NBC - CREATIVEDRIVE, New York, NY, pg. 346
Crider, Hailey - Interactive / Digital, NBC, Research - DEFERO, Phoenix, AZ, pg. 224
Crider, Amy - Account Services, NBC - ACCELERATION PARTNERS, Needham, MA, pg. 25
Crisan, Jane - NBC, Operations, PPOM - RAIN, Portland, OR, pg. 402
Crisp, Jeremy - NBC, PPOM - NAIL COMMUNICATIONS, Providence, RI, pg. 14
Criswell, Emma - NBC - BALZAC COMMUNICATIONS & MARKETING, Napa, CA, pg. 580
Crivelli, Annemarie - Interactive / Digital, Media Department, NBC, PPM - CAMBRIDGE BIOMARKETING, Cambridge, MA, pg. 46
Crockart, Greg - NBC, PPOM - MIRUM AGENCY, San Diego, CA, pg. 251
Croft, Rob - NBC, PPOM - SWERVE, INC., New York, NY, pg. 200
Croft, Laura - Account Services, NBC - TAYLOR DESIGN, Stamford, CT, pg. 201
Crombie, Chris - Account Services, NBC - RIGHTPOINT, Boston, MA, pg. 263
Cronan, Nick - Creative, NBC, PPOM - BRANCH, San Francisco, CA, pg. 175
Cronin, Jim - NBC, PPOM - BCA MARKETING COMMUNICATIONS, Rye Brook, NY, pg. 332
Cronin, Randy - Account Planner, NBC, PPOM, Research - RED THE AGENCY INC., Edmonton, AB, pg. 405
Cronin, Jay - Account Services, NBC, PPOM - HOTHOUSE, Atlanta, GA, pg. 371
Cronin, Maureen - Interactive / Digital, NBC - 4FRONT, Chicago, IL, pg. 208
Crosby, Ralph - NBC, PPOM - CROSBY MARKETING COMMUNICATIONS, Annapolis, MD, pg. 347
Crosby, Brad - NBC - LITTLEFIELD BRAND DEVELOPMENT, Tulsa, OK, pg. 12
Crosier, Christian - NBC - DIGITAL MARK GROUP, Beaverton, OR, pg. 225
Cross, Allyson - NBC - GCG MARKETING, Fort Worth, TX, pg. 362
Cross, Christy - Account Services, NBC - 22SQUARED INC., Atlanta, GA, pg. 319
Cross, Nicole - Interactive / Digital, NBC - GENERATOR MEDIA + ANALYTICS, New York, NY, pg. 466
Crotteau, Jennifer - Management, NBC, Operations - ROUNDHOUSE - PORTLAND, Portland, OR, pg. 408
Crotty, Kate - Account Services, Management, NBC, PPM - INVISION COMMUNICATIONS, New York, NY, pg. 308
Crotty, Kyle - Account Services, NBC - SPARKS, Philadelphia, PA, pg. 315
Crowley, Jeffery - NBC - HVS AMERICAN HOSPITALITY CO., Tiverton, RI, pg. 372
Crozier, Claire - Account Services, NBC - FUNWORKS, Oakland, CA, pg. 75
Cruikshank, Aileen - Account Planner, Account Services, NBC - WAVEMAKER, Toronto, ON, pg. 529
Crumpton, Megan - NBC - FORCE MARKETING, Atlanta, GA, pg. 284
Crupnick, Lauren - NBC - IX.CO, New York, NY, pg. 243
Crystal, Jim - NBC, PPOM - REVELRY AGENCY, Portland, OR, pg. 406
Cuddihy, Kelly - Account Services, Management, NBC - 54 BRANDS, Charlotte, NC, pg. 321
Cueva, Maricela - NBC - VALENCIA, PEREZ, ECHEVESTE, Los Angeles, CA, pg. 658
Cuevas, Beatriz - Analytics, Interactive / Digital, Media Department, NBC, Research - DIGITAS, New York, NY, pg. 226
Culhane, Patrick - NBC - BRUNNER, Atlanta, GA, pg. 44
Cullinan, Harris - NBC - MINDSHARE, New York, NY, pg. 491
Cullity, Kerri - Account Services, NBC - PUBLICIS.SAPIENT, New York, NY, pg. 258
Culpepper, Wendy - Account Services, NBC, PPOM - KOBIE MARKETING, Saint Petersburg, FL, pg. 287
Culver, Wells - Creative, NBC, PPOM - CULVER BRAND DESIGN, Milwaukee, WI, pg. 178
Cumiskey, Brendan - Account Planner, Account Services, NBC - DALTON AGENCY, Jacksonville, FL, pg. 348
Cummings, Karen - Account Services, NBC - DONER, Cleveland, OH, pg. 352
Cummings Luehrs, Shyloe - Management, NBC - RED MOON MARKETING, Charlotte, NC, pg. 404
Cunning, Jamie - NBC - GFK MRI, Chicago, IL, pg. 445
Cunningham, Kathy - NBC, PPOM - AM STRATEGIES, San Diego, CA, pg. 324
Cunningham, Sarah - Account Services, Media Department, NBC, PPOM - TPN, Chicago, IL, pg. 571
Cunningham, Kimmy - NBC - WIEDEN + KENNEDY, Portland, OR, pg. 430
Curley, Dave - NBC, Public Relations - SANDY HILLMAN COMMUNICATIONS, Towson, MD, pg. 645
Curran, Kerry - Interactive / Digital, NBC - CATALYST DIGITAL, Boston, MA, pg. 220
Curran, Bradley - NBC - QUENCH, Harrisburg, PA, pg. 131
Curtin, Julie - Finance, NBC, PPOM - DEVELOPMENT COUNSELLORS INTERNATIONAL, LTD., New York, NY, pg. 596
Cushing, Kali - Account Services, NBC - PHENOMENON, Los Angeles, CA, pg. 439
Cusick, Mary - Account Services, Media Department, NBC - CRITICAL

1726

AGENCIES — RESPONSIBILITIES INDEX

MASS, INC., Chicago, IL, *pg.* 223
Cusick, Kate - NBC, PPOM - PORTER NOVELLI, New York, NY, *pg.* 637
Cutrone, Judi - Interactive / Digital, NBC, Social Media - THE VIA AGENCY, Portland, ME, *pg.* 154
Cutts, Laurie - Media Department, NBC - ACCELERATION PARTNERS, Needham, MA, *pg.* 25
Cyphers, Dave - NBC, PPOM - THE CYPHERS AGENCY, Crofton, MD, *pg.* 419
Cyphers, Cray - Account Services, NBC - MOWER, Buffalo, NY, *pg.* 389
Cyr, Danielle - Interactive / Digital, NBC - CO-COMMUNICATIONS, INC., Farmington, CT, *pg.* 591
Czekala, Laura - Management, NBC - NCH MARKETING SERVICES, Deerfield, IL, *pg.* 568
Czerwinski, Mike - Analytics, NBC, Research - BVK, Milwaukee, WI, *pg.* 339
D'Amico, Ron - NBC, Public Relations - DIGITAS, San Francisco, CA, *pg.* 227
D'Angelo, Lucas - Account Services, NBC - 360I, LLC, New York, NY, *pg.* 320
D'Angelo, Erin - Account Services, NBC - SAATCHI & SAATCHI LOS ANGELES, Torrance, CA, *pg.* 137
D'Anna, Tori - NBC - NEUSTAR, INC., Sterling, VA, *pg.* 289
D'Antonio, Jackie - Account Planner, NBC - THE STONE AGENCY, Raleigh, NC, *pg.* 20
D'Imperio, Anthony - Interactive / Digital, NBC - LISTRAK, Lititz, PA, *pg.* 246
Dadlani, Jasmine - Account Planner, Account Services, Media Department, NBC - MCKINNEY NEW YORK, New York, NY, *pg.* 111
Daga, Rishi - Account Services, NBC - EAGLEVIEW TECHNOLOGIES, INC., Bothell, WA, *pg.* 230
Dahan, Patrick - NBC - KUBIK, Mississauga, ON, *pg.* 309
Dahmes, Josh - Interactive / Digital, NBC, Operations - BLUESPIRE INC., Minneapolis, MN, *pg.* 335
Daino, Sara - NBC - HEAT, New York, NY, *pg.* 370
Daiya, Raj - Account Services, Analytics, Media Department, NBC - OMD, New York, NY, *pg.* 498
Dakes, Mark - NBC - PREMIER PARTNERSHIPS, New York, NY, *pg.* 314
Daley, Michelle - NBC, PPOM - DALEY CONCEPTS, Indianapolis, IN, *pg.* 348
Daley, Joe - Account Planner, NBC, Operations, PPOM - GSW WORLDWIDE / GSW, FUELED BY BLUE DIESEL, Westerville, OH, *pg.* 80
Daley, Tim - Interactive / Digital, NBC - HORIZON MEDIA, INC., New York, NY, *pg.* 474
Dalton, Paul - Media Department, NBC, PPOM - DIGITAS, New York, NY, *pg.* 226
Dalton McGuinness, Jenny - Account Planner, NBC - TRUMPET ADVERTISING,

New Orleans, LA, *pg.* 157
Damassa, Eric - NBC, PPOM - ANOMALY, New York, NY, *pg.* 325
Dambach, Justin - Interactive / Digital, NBC - VERT MOBILE LLC, Atlanta, GA, *pg.* 274
Dambra, Michael - Creative, Management, NBC - STRUCTURAL GRAPHICS, LLC, Essex, CT, *pg.* 569
Damouzehtash, Safa - NBC, PPOM - NOVA ADVERTISING, Fairfax, VA, *pg.* 392
Dan-Bergman, Nick - NBC - LANETERRALEVER, Phoenix, AZ, *pg.* 245
Dandrea, Toni - NBC - MEDIA BRIDGE ADVERTISING, Minneapolis, MN, *pg.* 484
Daniels, Gwen - Media Department, NBC - STARCOM WORLDWIDE, Chicago, IL, *pg.* 513
Daniels, Kelly - Account Services, NBC - WUNDERMAN THOMPSON SEATTLE, Seattle, WA, *pg.* 435
Danilova, Aina - Interactive / Digital, NBC - DEFINITION 6, Atlanta, GA, *pg.* 224
Danish, Amanda - Account Services, Analytics, NBC - SAATCHI & SAATCHI X, Springdale, AR, *pg.* 682
Danko, Christina - Interactive / Digital, NBC - ROC NATION, New York, NY, *pg.* 298
Danley, JT - NBC - BAM COMMUNICATIONS, San Diego, CA, *pg.* 580
Danziger, David - Interactive / Digital, NBC - THE TRADE DESK, Ventura, CA, *pg.* 519
Danziger Johnson, Molly - Account Planner, Account Services, NBC, PPM - HAYMAKER, Los Angeles, CA, *pg.* 83
Darden, Kelly - Management, NBC - INTERMARK GROUP, INC., Birmingham, AL, *pg.* 375
Darling, Ted - Account Planner, Finance, NBC - ETHOS MARKETING & DESIGN, Westbrook, ME, *pg.* 182
Dartt, Kayleigh - Media Department, NBC - MEDIACOM, New York, NY, *pg.* 487
Das, Uttara - Creative, Media Department, NBC - INITIATIVE, Toronto, ON, *pg.* 479
DaSilva, Allison - Management, NBC, Research - CONE, INC., Boston, MA, *pg.* 6
Dattilo, Peter - NBC, PPOM - DAKOTA GROUP, Ridgefield, CT, *pg.* 348
Daudt, Isabela - Analytics, NBC - AFFECTIVA, INC., Boston, MA, *pg.* 441
Daugherty, Susan - NBC - KIMBERLY BAER DESIGN ASSOCIATES, Santa Monica, CA, *pg.* 189
Davenport, Pres - NBC, Operations - ECKEL & VAUGHAN, Raleigh, NC, *pg.* 599
Davey, Christopher - Account Services, Analytics, Management, NBC, PPOM - PUBLICIS.SAPIENT, Boston, MA, *pg.* 259
Davey, MaryPat - Account Planner, Account Services, NBC - SPEAR

MARKETING GROUP, Walnut Creek, CA, *pg.* 411
David, Haynes - Account Services, NBC - RED ANTLER, Brooklyn, NY, *pg.* 16
Davidson, Jennifer - NBC - LEVELWING MEDIA, LLC, Mt Pleasant, SC, *pg.* 245
Davidson, James - NBC, PPOM, Public Relations - 7SUMMITS, Milwaukee, WI, *pg.* 209
Davidson, Brian - NBC, PPOM - ASSOCIATION OF NATIONAL ADVERTISERS, New York, NY, *pg.* 442
Davidson, Mackenzie - Interactive / Digital, Media Department, NBC, Social Media - MMGY GLOBAL, Kansas City, MO, *pg.* 388
Davidson, Jay - Account Planner, Account Services, NBC - UPSHOT, Chicago, IL, *pg.* 157
Davidson, Howard - NBC, PPOM - CENTRA360, Westbury, NY, *pg.* 49
Davidson, Shannon - NBC - NATIONAL PUBLIC RELATIONS, Toronto, ON, *pg.* 631
Davidson, Margaret - Account Services, NBC - ASHER AGENCY, Fort Wayne, IN, *pg.* 327
Davies, Brian - NBC, PPOM - MOVEO INTEGRATED BRANDING, Chicago, IL, *pg.* 14
Davies, Kelly - NBC - THE TRADE DESK, Los Angeles, CA, *pg.* 519
Davila, Doug - NBC - CBD MARKETING, Chicago, IL, *pg.* 341
Davis, Scott - NBC, PPOM - PROPHET, Chicago, IL, *pg.* 15
Davis, Evan - Account Planner, NBC - ADG CREATIVE, Columbia, MD, *pg.* 323
Davis, Brantley - Account Services, Management, NBC - DAVIS AD AGENCY, Washington, DC, *pg.* 58
Davis, Lori - Creative, NBC, Public Relations - AMPERAGE, Cedar Falls, IA, *pg.* 30
Davis, Ken - NBC - GARTNER, INC., Stamford, CT, *pg.* 236
Davis, Robert - Account Planner, Interactive / Digital, NBC - PJA ADVERTISING + MARKETING, Cambridge, MA, *pg.* 397
Davis, Jacob - Interactive / Digital, NBC, Research - 360I, LLC, New York, NY, *pg.* 320
Davis, Valerie - Account Services, Interactive / Digital, Media Department, NBC - FORWARDPMX, New York, NY, *pg.* 360
Davis, Cynthia - NBC - MERKLEY + PARTNERS, New York, NY, *pg.* 114
Davis, Phil - Interactive / Digital, NBC, Social Media - CICERON, Minneapolis, MN, *pg.* 220
Davis, Madeleine - Interactive / Digital, NBC, Social Media - IPROSPECT, Fort Worth, TX, *pg.* 674
Davis, Robert - Interactive / Digital, NBC, Social Media - OGILVYONE WORLDWIDE, New York, NY, *pg.* 255
Davis, Jonathan - NBC - JCDECAUX NORTH AMERICA, New York, NY, *pg.*

1727

RESPONSIBILITIES INDEX — AGENCIES

553
Davis, Lori - NBC, Operations - BUSINESSONLINE, San Diego, CA, pg. 672
Davis, Victoria - Account Services, NBC - CHAMPION MANAGEMENT GROUP, LLC, Addison, TX, pg. 589
Davison, Brock - Account Services, NBC - KATZ MEDIA GROUP, INC., New York, NY, pg. 481
Day, Farley - Account Services, Interactive / Digital, Management, NBC - THE BOHAN AGENCY, Nashville, TN, pg. 418
Day, Joseph - Creative, Media Department, NBC, Social Media - GREY GROUP, New York, NY, pg. 365
De Flora, Stephanie - Account Planner, NBC - HORIZON MEDIA, INC., New York, NY, pg. 474
De Herrera, Christopher - Creative, NBC - TALLWAVE, Scottsdale, AZ, pg. 268
De La Maza, Mayte - Account Services, NBC - ALMA, Coconut Grove, FL, pg. 537
De La Pena, Margot - NBC, Programmatic - BLUE 449, San Francisco, CA, pg. 456
De Leon, Gabriela - NBC, Public Relations, Social Media - SHADOW PUBLIC RELATIONS, New York, NY, pg. 646
De Leon, Johan - NBC - BAM STRATEGY, Montreal, QC, pg. 215
De los Rios, Nora - Interactive / Digital, Media Department, NBC - THE RICHARDS GROUP, INC., Dallas, TX, pg. 422
de Milly, Michele - Management, NBC - GETO & DE MILLY, INC., New York, NY, pg. 607
De Nysschen, Tiaan - Account Services, NBC - PEREIRA & O'DELL, New York, NY, pg. 257
de Picciotto, Phil - NBC, PPOM - OCTAGON, McLean, VA, pg. 313
DeAbreu, Pedro - NBC - GARTNER, INC., Stamford, CT, pg. 236
DeAlmo, Sidney - Media Department, NBC - MEDIACOM, New York, NY, pg. 487
Deane, Michaela - Account Services, NBC - KIDZSMART CONCEPTS, Vancouver, BC, pg. 188
Dearing, Bob - NBC, PPOM - DEARING GROUP, West Lafayette, IN, pg. 60
Dearing, Kristen - NBC, PPOM - BRIERLEY & PARTNERS, Plano, TX, pg. 167
Debacker, Kaitlin - Interactive / Digital, NBC - ANNALECT GROUP, New York, NY, pg. 213
DeBaere, Allison - Account Services, NBC - ISOBAR US, Boston, MA, pg. 242
DeCato, Heather - NBC - VENTURA ASSOCIATES INTL, LLC, New York, NY, pg. 571
Dechene, Dana - Account Services, NBC - CANVAS WORLDWIDE, Playa Vista, CA, pg. 458
Decker, Hayley - NBC - CHARACTER, San Francisco, CA, pg. 5

DeCou, Niki - Account Planner, Management, Media Department, NBC, PPOM - HORIZON MEDIA, INC., New York, NY, pg. 474
Dederick, Jed - NBC, Programmatic - THE TRADE DESK, New York, NY, pg. 520
Dedona, Julia - Media Department, NBC - VENABLES BELL & PARTNERS, San Francisco, CA, pg. 158
Deevy, Samantha - Account Planner, Media Department, NBC - DROGA5, New York, NY, pg. 64
DeFazio, Anthony - NBC, PPOM - DEFAZIO COMMUNICATIONS, Philadelphia, PA, pg. 596
DeFerrari, Bill - Management, NBC - EPSILON, Wakefield, MA, pg. 282
Defino, Dan - NBC - TUKAIZ, Franklin Park, IL, pg. 427
Defino, Jr., Frank - NBC - TUKAIZ, Franklin Park, IL, pg. 427
DeGrand Fox, Annye - NBC, Promotions - OCTAGON, Rogers, AR, pg. 313
DeHaven, Barbara - NBC - BLOOM ADS, INC., Woodland Hills, CA, pg. 334
Deitz, Addison - Account Services, NBC, Operations - RAPP WORLDWIDE, Irving, TX, pg. 291
Del Fa, Gonzalo - NBC, PPOM - GROUPM, New York, NY, pg. 466
Del Homme, Maria - Management, NBC - RPA, Santa Monica, CA, pg. 134
Del Rosario, Byron - Creative, NBC - VENABLES BELL & PARTNERS, San Francisco, CA, pg. 158
Del Rossi, Jamie - Interactive / Digital, NBC - IX.CO, New York, NY, pg. 243
Delanghe Ewing, Alex - NBC, PPOM, Public Relations - MDC PARTNERS, INC., New York, NY, pg. 385
Delapoer, Jordan - Account Planner, NBC - NORTH, Portland, OR, pg. 121
DeLaSalle, Nicky - NBC - HAVAS EDGE, Carlsbad, CA, pg. 285
Delehanty, Patrick - NBC - MARCEL DIGITAL, Chicago, IL, pg. 675
DeLeo, Lindsey - Account Planner, Media Department, NBC - HORIZON MEDIA, INC., New York, NY, pg. 474
Deley, Ashley - Analytics, Interactive / Digital, Media Department, NBC, Research - AXIS41, Salt Lake City, UT, pg. 215
Delfino, Paul - NBC, PPOM - DELFINO MARKETING COMMUNICATIONS, Valhalla, NY, pg. 349
Delfino, Teah - Human Resources, NBC - DENNY MOUNTAIN MEDIA, Seattle, WA, pg. 225
DelMonte, Megan - NBC - WENSTROM COMMUNICATIONS, INC., Clearwater, FL, pg. 529
DeLong, Mary - Account Services, Management, NBC - BVK, Milwaukee, WI, pg. 339
DeLuca, Steven - NBC, PPOM - HL GROUP, New York, NY, pg. 614
DeLuca, Peter - Account Services, Media Department, NBC - HORIZON MEDIA, INC., New York, NY, pg. 474
Delz, Susan - Account Services, NBC

- ION INTERACTIVE, INC., Boca Raton, FL, pg. 242
Demakis, Chris - NBC - MERGE, Boston, MA, pg. 113
DeMarco, Devrie - Management, NBC - MEDIALINK, New York, NY, pg. 386
DeMaso, Suzanne - Account Services, Management, NBC - THE BURNETT COLLECTIVE, New York, NY, pg. 669
Dembia, Dennis - Management, NBC, PPOM - ROGERS & COWAN/PMK*BNC, Los Angeles, CA, pg. 643
Dembowski, David - Finance, NBC - IGNITIONONE, New York, NY, pg. 673
Dementyeva, Irina - Media Department, NBC - OMD, New York, NY, pg. 498
DeMicco, Jim - NBC, PPOM - SKYELINE STUDIO, LLC, Wolcott, CT, pg. 647
Demko, Caitlin - NBC - ADFIRE HEALTH, Stamford, CT, pg. 27
Dempsey, Josh - Management, NBC - CORPORATE REPORTS, INC., Atlanta, GA, pg. 53
Dempsey, Maureen - NBC, Public Relations - APCO WORLDWIDE, New York, NY, pg. 578
Denberg, Josh - Creative, NBC, PPOM - DIVISION OF LABOR, Sausalito, CA, pg. 63
Dence, Drucilla - NBC, Operations - ONION, INC., Chicago, IL, pg. 394
Denholm, Alex - NBC - HUNT ADKINS, Minneapolis, MN, pg. 372
Dennehy, Ericca - Account Services, Management, NBC - ACUPOLL RESEARCH, Milford, OH, pg. 441
Dennehy, Chris - NBC - HAWORTH MARKETING & MEDIA, Minneapolis, MN, pg. 470
Dennis, Shari - Account Services, Management, NBC - GS&F, Nashville, TN, pg. 367
Dennis, Brett - Media Department, NBC, PPOM - CONILL ADVERTISING, INC., El Segundo, CA, pg. 538
Dennis, Glenn - NBC - JL MEDIA, INC., Union, NJ, pg. 481
Dennis, Maria - NBC - SOURCELINK, LLC, Itasca, IL, pg. 292
Dennis, William - Interactive / Digital, NBC - SPARK FOUNDRY, Chicago, IL, pg. 510
Denny, Chris - NBC, PPOM - THE ENGINE IS RED, Santa Rosa, CA, pg. 150
Densmore, Michael - NBC, PPOM - FORSMAN & BODENFORS, New York, NY, pg. 74
Denson, Tad - Interactive / Digital, NBC, PPOM - DOGWOOD PRODUCTIONS, INC., Mobile, AL, pg. 230
Denson, Jeff - Analytics, NBC - HARMELIN MEDIA, Bala Cynwyd, PA, pg. 467
Dentino, Karl - NBC, PPOM - DENTINO MARKETING, Princeton, NJ, pg. 281
DeNyse, Dolly - Finance, NBC, PPOM - WPP KANTAR MEDIA, Boston, MA, pg. 451
DePalma, Erica - Interactive / Digital, NBC - MEDIA HORIZONS, INC., Norwalk, CT, pg. 288

AGENCIES

RESPONSIBILITIES INDEX

DePaolo, Ashley - NBC, PPOM - COMMCREATIVE, Framingham, MA, pg. 343

DePlasco, Joe - Account Services, Management, NBC - DKC PUBLIC RELATIONS, New York, NY, pg. 597

Deringer, Adam - Interactive / Digital, NBC, PPOM - BROWNSTEIN GROUP, INC., Philadelphia, PA, pg. 44

DeRose, Bryan - Account Services, NBC - CHIEF MARKETING OFFICER COUNCIL, San Jose, CA, pg. 50

Derosier, Daniel - NBC, PPOM - THREE DEEP MARKETING, Saint Paul, MN, pg. 678

Derringer, Leigh Ann - Account Planner, Media Department, NBC, Public Relations - RJW MEDIA, Pittsburgh, PA, pg. 507

Desai, Sameer - Account Services, Analytics, NBC, Research - ONEMAGNIFY, Detroit, MI, pg. 394

Desai, Swapna - Account Services, Management, NBC - MARTIN WILLIAMS ADVERTISING, Minneapolis, MN, pg. 106

Desai, Tejaswita - NBC, PPM - ANOMALY, Toronto, ON, pg. 326

DeSanti, Michael - NBC - STARCOM WORLDWIDE, New York, NY, pg. 517

Desaraju, Subu - Interactive / Digital, NBC - MRM//MCCANN, Birmingham, MI, pg. 252

DeSena, Bryan - Account Services, Interactive / Digital, Media Department, NBC, Social Media - SAATCHI & SAATCHI DALLAS, Dallas, TX, pg. 136

Desveaux, Gord - Account Planner, NBC - ANDERSON DDB HEALTH & LIFESTYLE, Toronto, ON, pg. 31

Deutchman, Jeff - Finance, NBC - NEON, New York, NY, pg. 120

Deutsch, Barry - NBC, PPOM - BENSUSSEN DEUTSCH & ASSOCIATES, Woodinville, WA, pg. 566

Devaney, Diane - Creative, NBC, PPOM - DEVANEY & ASSOCIATES, Owings Mills, MD, pg. 351

DeVaul, Judy - NBC, PPOM - THE ADVOCATE AGENCY, Chehalis, WA, pg. 148

Deveney, Shelly - Account Planner, Account Services, NBC, Operations - CALLAHAN CREEK, Lawrence, KS, pg. 4

Devine, Arelis - Interactive / Digital, NBC - WPROMOTE, Dallas, TX, pg. 679

DeVito, Amanda - Account Planner, Account Services, Management, NBC - BUTLER / TILL, Rochester, NY, pg. 457

Devlin, Carol - NBC - DG STUDIOS, Houston, TX, pg. 179

Devlin, Matt - Media Department, NBC - PHD CANADA, Toronto, ON, pg. 504

Dewitte, Lindsay - Account Services, Management, NBC - CROSSROADS, Kansas City, MO, pg. 594

Dewosky, Derek - NBC - WAVEMAKER, New York, NY, pg. 526

DeZarlo, Matthew - Media Department, NBC - MEDIACOM, New York, NY, pg. 487

Dheiman, Vishal - Interactive / Digital, Media Department, NBC, PPM - BBDO WORLDWIDE, New York, NY, pg. 331

Di Cerbo, Tom - Account Services, NBC, PPOM - SNIPPIES, INC., New York, NY, pg. 450

Di Girolamo, Michael - NBC, PPM, PPOM - HEY WONDERFUL, Los Angeles, CA, pg. 562

Diamond, Howard - Account Planner, Interactive / Digital, NBC, PPOM - RISE INTERACTIVE, Chicago, IL, pg. 264

Diamond, Hayley - Account Planner, Interactive / Digital, Media Department, NBC - SPARK FOUNDRY, New York, NY, pg. 508

Diamond, Mallory - NBC - PARTNERS + NAPIER, Rochester, NY, pg. 125

Diard, Leslie - Account Planner, Media Department, NBC - DUNCAN CHANNON, San Francisco, CA, pg. 66

Diaz, Elizabeth - Management, NBC - ARMANASCO PUBLIC RELATIONS & MARKETING, Monterey, CA, pg. 578

Diaz, Lynda - NBC, Promotions - ASV INC., Torrance, CA, pg. 302

DiBella, RJ - Interactive / Digital, NBC - DIGITAS, Atlanta, GA, pg. 228

Dibenedetto, Nichole - NBC, PPOM - D&D PR, New York, NY, pg. 594

Dibos, Ivan - NBC - HISPANIC GROUP, Miami, FL, pg. 371

DiCaprio, Michael - Account Services, Management, NBC - BUTLER / TILL, Rochester, NY, pg. 457

Dice, Cary - NBC - MOROCH PARTNERS, Dallas, TX, pg. 389

Dick, Roberta - NBC, PPM - DOVETAIL COMMUNICATIONS, INC., Richmond Hill, ON, pg. 464

Dickens, Rob - Account Planner, Media Department, NBC - MEDIACOM, New York, NY, pg. 487

Dickinson, Danielle - NBC - THE CASTLE GROUP, INC., Boston, MA, pg. 652

Dickson, Brittany - Media Department, NBC - RHYTHMONE, Burlington, MA, pg. 263

DiCuollo, John - Account Services, NBC, Public Relations - BACKBONE MEDIA, Carbondale, CO, pg. 579

Diedrick, Brian - Interactive / Digital, NBC - WINGMAN MEDIA, Westlake Village, CA, pg. 529

Diekman, Liz - NBC - THE BUNTIN GROUP, Nashville, TN, pg. 148

Dietrich, Cobey - Creative, NBC, Public Relations - A. BRIGHT IDEA, Bel Air, MD, pg. 25

DiGuido, Al - NBC, PPOM - NORTH 6TH AGENCY, New York, NY, pg. 633

Dillon, Jenny - Media Department, NBC - THE RICHARDS GROUP, INC., Dallas, TX, pg. 422

Dillow, Emily - Account Services, NBC - CAMP + KING, San Francisco, CA, pg. 46

DiLorenzo, Kevin - Account Services, NBC, PPOM - RISE AND SHINE AND PARTNERS, Minneapolis, MN, pg. 134

Diluciano, Aurelio - NBC - KANTAR MILLWARD BROWN, Toronto, ON, pg. 446

DiMarco, Stephen - Interactive / Digital, NBC, PPOM - WPP KANTAR MEDIA, Boston, MA, pg. 451

DiMeglio, Joe - Account Services, Management, NBC, PPOM - BBDO WORLDWIDE, New York, NY, pg. 331

Dimesa, Minnie - Media Department, NBC - ICON MEDIA DIRECT, Sherman Oaks, CA, pg. 476

DiMuro, Joe - Finance, NBC, PPOM - BIG BLOCK, El Segundo, CA, pg. 217

DiNapoli, Anne - Interactive / Digital, Media Department, NBC, Social Media - 22SQUARED INC., Tampa, FL, pg. 319

Dindiyal, Raysha - Account Planner, Interactive / Digital, Media Department, NBC - BLUE 449, New York, NY, pg. 455

Ding, Jessie - Account Planner, Account Services, NBC - HORIZON MEDIA, INC., New York, NY, pg. 474

Ding, Susanna - Account Services, NBC - FF CREATIVE, New York, NY, pg. 234

Dinino, Gregg - NBC, Public Relations - PARTNERS + NAPIER, Rochester, NY, pg. 125

Dionne, Nick - Management, NBC, Operations - ADVANCE 360, Grand Rapids, MI, pg. 211

Diorio, Nichole - NBC, Operations - OPENMIND, New York, NY, pg. 503

DiRado, Steve - Account Planner, Account Services, NBC - PHD USA, New York, NY, pg. 505

Director, Geoffrey - NBC - MANIFEST, New York, NY, pg. 248

Dirksen, Lois - NBC, PPOM - LEVEL, Minneapolis, MN, pg. 99

Ditner, Chris - NBC - KETCHUM SOUTH, Atlanta, GA, pg. 620

Diveley, Dan - NBC - GEILE/LEON MARKETING COMMUNICATIONS, Saint Louis, MO, pg. 362

Dixon, Jeffrey - Account Services, NBC - CANVAS WORLDWIDE, Playa Vista, CA, pg. 458

Dixon, Karrelle - NBC - WIEDEN + KENNEDY, Portland, OR, pg. 430

Dixon, Mark - NBC - NINTHDECIMAL, San Francisco, CA, pg. 534

Dixon, Ana - NBC, PPOM - ARGONAUT, INC., San Francisco, CA, pg. 33

Djigo, Aita - Account Planner, Media Department, NBC - HORIZON MEDIA, INC., New York, NY, pg. 474

Do, Peter - NBC - HEALTHCARE SUCCESS, Irvine, CA, pg. 83

Doan, Tino - Management, NBC - ZEHNER, Los Angeles, CA, pg. 277

Dobarro, Karina - NBC - HORIZON MEDIA, INC., New York, NY, pg. 474

Dobratz, Niki - Creative, Media Department, NBC, PPOM, Promotions - FALLON WORLDWIDE, Minneapolis, MN,

RESPONSIBILITIES INDEX

AGENCIES

pg. 70

Dobson, John - Account Services, Creative, NBC - BARKLEY, Kansas City, MO, *pg.* 329

Doctrow, Steve - NBC, Promotions - ROGERS & COWAN/PMK*BNC, Los Angeles, CA, *pg.* 643

Dodds, Matthew - NBC, PPOM - BRANDTHROPOLOGY INC., Burlington, VT, *pg.* 4

Dodds, Anne - Media Department, NBC - BRANDTHROPOLOGY INC., Burlington, VT, *pg.* 4

Doherty, Stephanie - Management, NBC - CONE, INC., Boston, MA, *pg.* 6

Doherty, Bethany - Account Services, Creative, Media Department, NBC - HORIZON MEDIA, INC., Los Angeles, CA, *pg.* 473

Dolan, Bobby - Account Services, NBC - CLEAR CHANNEL OUTDOOR, Orlando, FL, *pg.* 550

Dolce, Alana - Media Department, NBC - MEDIACOM, New York, NY, *pg.* 487

Domagala, Dan - Media Department, NBC - DKY INTEGRATED MARKETING COMMUNICATIONS, Minneapolis, MN, *pg.* 352

Donahue, Philip - Account Services, NBC - ZOOM MEDIA, Chicago, IL, *pg.* 559

Donahue, Erin - Account Services, Management, NBC - DIGENNARO COMMUNICATIONS, New York, NY, *pg.* 597

Donahue, Annelise - Media Department, NBC - PHD USA, New York, NY, *pg.* 505

Dong, Noelle - NBC - GAS STATION TV, Detroit, MI, *pg.* 552

Donnell, Jason - NBC, Operations - VIDMOB, New York, NY, *pg.* 690

Donnelly, Chris - NBC - ALLEN & GERRITSEN, Boston, MA, *pg.* 29

Donohoe, Anne - Account Planner, Management, NBC, Public Relations - KCSA STRATEGIC COMMUNICATIONS, New York, NY, *pg.* 619

Donovan, Bill - NBC, PPOM - DONOVAN ADVERTISING, Lititz, PA, *pg.* 352

Donovan, Robin - NBC, PPOM - BOZELL, Omaha, NE, *pg.* 42

Donovan, Brian - NBC - ALLEN & GERRITSEN, Boston, MA, *pg.* 29

Donovan, Michael - Creative, NBC, PPM - EDIT1, New York, NY, *pg.* 562

Donovan, Sean - Management, NBC, PPOM - THE RICHARDS GROUP, INC., Dallas, TX, *pg.* 422

Dooley, Brian - Interactive / Digital, NBC, PPM - LEO BURNETT DETROIT, Troy, MI, *pg.* 97

Doomany, Alexandra - Account Services, Management, NBC - WIEDEN + KENNEDY, New York, NY, *pg.* 432

Doran, Megan - NBC, Operations - IOMEDIA, INC., New York, NY, *pg.* 90

Dorgan, Drew - NBC, PPOM - HOWARD MILLER ASSOCIATES, INC., Lancaster, PA, *pg.* 87

Dorko, Melissa - Account Services, NBC, Operations, PPOM - WUNDERMAN THOMPSON, Chicago, IL, *pg.* 434

Dorne, Dalton - Creative, NBC, PPOM - TINUITI, New York, NY, *pg.* 678

Dorros, Noam - Interactive / Digital, Media Department, NBC, Social Media - MINDSHARE, Chicago, IL, *pg.* 494

Doshi, Sanjay - Account Services, NBC - DESANTIS BREINDEL, New York, NY, *pg.* 349

Dossett, Mike - Interactive / Digital, NBC - RPA, Santa Monica, CA, *pg.* 134

Dotterweich, Damian - NBC, Public Relations - 84.51, Cincinnati, OH, *pg.* 441

Douaire, Kevin - Media Department, NBC - OMD, Chicago, IL, *pg.* 500

Douglas, Wes - Creative, Management, NBC, PPOM - MADDOCK DOUGLAS, Elmhurst, IL, *pg.* 102

Douglas, Margaret - NBC - DISTINCTIVE MARKETING, INC., Montclair, NJ, *pg.* 444

Douglass, Craig - Account Services, NBC - DIGITAS HEALTH LIFEBRANDS, Philadelphia, PA, *pg.* 229

Douville, Lynn - NBC, PPOM - THE KARMA GROUP, Green Bay, WI, *pg.* 420

Dove, Stevie - Interactive / Digital, NBC, Social Media - PUBLICIS.SAPIENT, New York, NY, *pg.* 258

Dowd, Elvena - Management, NBC - LEO BURNETT WORLDWIDE, Chicago, IL, *pg.* 98

Dowdall, Sean - NBC, PPOM - LANDIS COMMUNICATIONS INC., San Francisco, CA, *pg.* 621

Dowe, Charles - Account Planner, Media Department, NBC - MEDIACOM, New York, NY, *pg.* 487

Downey, Justin - NBC, PPOM - JDM, Farmers Branch, TX, *pg.* 243

Downing, David - NBC, PPOM - UNITED LANDMARK ASSOCIATES, Tampa, FL, *pg.* 157

Downing, Jill - NBC - SPARK FOUNDRY, Chicago, IL, *pg.* 510

Doyle, Sean - NBC, PPOM - FITZMARTIN, Homewood, AL, *pg.* 359

Doyle, Kate - Interactive / Digital, NBC - FISHBOWL, Alexandria, VA, *pg.* 234

Doyle, John - Interactive / Digital, Media Department, NBC - COLLE MCVOY, Minneapolis, MN, *pg.* 343

Doyle, Zach - NBC, Programmatic - ESSENCE, New York, NY, *pg.* 232

Doyle, Craig - Interactive / Digital, NBC, Operations - MAYOSEITZ MEDIA, Blue Bell, PA, *pg.* 483

Doyle, Courtney - Management, NBC, PPOM - CONNELLY PARTNERS, Boston, MA, *pg.* 344

Doyle, Karlyn - NBC, Operations - POP2LIFE, New York, NY, *pg.* 195

Doyne, Eric - NBC, Public Relations - MANCUSO MEDIA, Carlsbad, CA, *pg.* 382

Dozier, David - NBC, PPOM - THE DOZIER COMPANY, Dallas, TX, *pg.* 419

Drake, John - Account Planner, Account Services, NBC, PPOM - DRAKE COOPER, Boise, ID, *pg.* 64

Drankwalter, Mike - Media Department, NBC - GFK MRI, New York, NY, *pg.* 445

Dreibelbis, Aileen - Account Planner, Interactive / Digital, NBC, Social Media - DIGITAS HEALTH LIFEBRANDS, Philadelphia, PA, *pg.* 229

Dringman, Jessica - Interactive / Digital, NBC - GARRIGAN LYMAN GROUP, Seattle, WA, *pg.* 236

Driscoll, Erin - Interactive / Digital, Media Department, NBC - HORIZON MEDIA, INC., New York, NY, *pg.* 474

Drucker, David - Management, NBC - STRATA, Chicago, IL, *pg.* 267

Druding, Josh - Interactive / Digital, NBC, Social Media - MEKANISM, New York, NY, *pg.* 113

Drummond, Glenn - NBC, PPOM, Research - QUARRY INTEGRATED COMMUNICATIONS, Saint Jacobs, ON, *pg.* 402

Drummond, Anne - Creative, NBC - MLIVE MEDIA GROUP, Grand Rapids, MI, *pg.* 388

Drummond, Carmina - NBC, PPOM - THE MARTIN AGENCY, Richmond, VA, *pg.* 421

du Plessis, Isabelle - NBC, Public Relations - THE MILL, New York, NY, *pg.* 152

DuBan, Nickki - Interactive / Digital, NBC, Operations - CROSSMEDIA, Philadelphia, PA, *pg.* 463

Dube, Marc - NBC, PPOM - ACTIVE BLOGS, Fort Collins, CO, *pg.* 575

Dube, Connor - Account Services, NBC - ACTIVE BLOGS, Fort Collins, CO, *pg.* 575

Dubeauclard, Antoine - Creative, Interactive / Digital, NBC, PPOM - MEDIA GENESIS, INC., Troy, MI, *pg.* 249

Duberia, Zeenat - Account Services, NBC - OMD, New York, NY, *pg.* 498

Dubi, Carolyn - Media Department, NBC - INITIATIVE, New York, NY, *pg.* 477

Dubin, Chelsea - NBC - VMLY&R, New York, NY, *pg.* 160

Dubois, Delphine - NBC, PPOM - HEALTHCARE CONSULTANCY GROUP, New York, NY, *pg.* 83

Dubois, Amanda - NBC - IPROSPECT, Fort Worth, TX, *pg.* 674

Dubois, Andrew - Interactive / Digital, NBC - PROPHET, Chicago, IL, *pg.* 15

Dubreuil, Marc - NBC - FARM DESIGN INCORPORATED, Hollis, NH, *pg.* 71

Ducnuigeen, Marc - NBC, Operations, PPOM - THE INTEGER GROUP, Lakewood, CO, *pg.* 682

Dudelson, Bob - Media Department, NBC - LEVERAGE AGENCY, New York, NY, *pg.* 298

Duff, Jennifer - NBC - CP MEDIA SERVICES, INC., Dublin, OH, *pg.* 463

AGENCIES
RESPONSIBILITIES INDEX

Duffy, Jon - NBC, PPOM - DUFFY & SHANLEY, INC., Providence, RI, pg. 66

Duffy, Kimberly - Management, NBC, PPOM - OGILVY, New York, NY, pg. 393

Duffy, Kaitlin - NBC, Programmatic - THE TRADE DESK, New York, NY, pg. 520

Duffy, Ryan - Creative, NBC - YAH. - YOU ARE HERE, Atlanta, GA, pg. 318

Duimstra, Jeremy - Management, NBC - VALTECH, San Diego, CA, pg. 273

Dumala, Jaime - NBC - TRIAD RETAIL MEDIA, St. Petersburg, FL, pg. 272

Dunaway, Brian - Creative, NBC - VITRO AGENCY, San Diego, CA, pg. 159

Duncan, Jim - NBC - RED MOON MARKETING, Charlotte, NC, pg. 404

Duncan, Jodi - Account Services, NBC, PPOM - FLINT COMMUNICATIONS, INC., Fargo, ND, pg. 359

Dundon, Brian - Account Services, NBC - MARKETVISION RESEARCH, Cincinnati, OH, pg. 447

Dunlap, Lillian - Creative, NBC - LEWIS GLOBAL COMMUNICATIONS, Burlington, MA, pg. 380

Dunleavy, Annie - Creative, NBC - GYRO NY, New York, NY, pg. 369

Dunn, Kathryn - NBC, PPOM - K DUNN & ASSOCIATES, Eugene, OR, pg. 93

Dunn, Kieran - NBC - KELLY, SCOTT & MADISON, INC., Chicago, IL, pg. 482

Dupart, Ann - Media Department, NBC - GTB, Dearborn, MI, pg. 367

Dupee, Steve - NBC, Operations, PPOM - BECORE, Los Angeles, CA, pg. 302

Dupuis, Steven - NBC, PPOM - DUPUIS, Ventura, CA, pg. 180

Dupuis, Jonathan - Account Planner, Account Services, Management, Media Department, NBC, PPOM - MCGARRYBOWEN, New York, NY, pg. 109

Duquette, Bryan - NBC - ANOTHER PLANET ENTERTAINMENT, Berkeley, CA, pg. 565

Durand, Jill - Account Services, Interactive / Digital, NBC - TBWA \ CHIAT \ DAY, Los Angeles, CA, pg. 146

Durbin, Amy - Interactive / Digital, Media Department, NBC - SPARK FOUNDRY, New York, NY, pg. 508

Durborow, Melissa - NBC - FRY COMMUNICATIONS, INC, Mechanicsburg, PA, pg. 361

Durham, Tyler - Management, NBC, Operations, PPOM - PROPHET, New York, NY, pg. 15

Dvizac, Rachael - Interactive / Digital, Media Department, NBC - ACTION INTEGRATED MARKETING, Norcross, GA, pg. 322

Dye, Katie - Media Department, NBC - HORIZON MEDIA, INC., New York, NY, pg. 474

Dziedzic, Sara - NBC, PPOM - ROCKET55, Minneapolis, MN, pg. 264

Earley, Eileen - NBC - MSLGROUP, Chicago, IL, pg. 629

Earls, Kristen - Account Services, NBC, PPOM - WIT MEDIA, New York, NY, pg. 162

Earnest, Bryan - NBC, PPOM - AMPERAGE, Cedar Rapids, IA, pg. 30

Eason, Ben - NBC, Programmatic - CONVERSANT, LLC, Chicago, IL, pg. 222

Easterling, Kate - NBC - ESSENCE, New York, NY, pg. 232

Eaton, Bruce - NBC, PPOM - E10, Minneapolis, MN, pg. 353

Eber, Nick - Management, NBC - IMRE, Baltimore, MD, pg. 374

Eberhart, Susan - Account Planner, Interactive / Digital, Management, NBC, Public Relations - BLUE 449, Dallas, TX, pg. 456

Eberly, Don - NBC, PPOM - EBERLY & COLLARD PUBLIC RELATIONS, Atlanta, GA, pg. 599

Eberly, Toby - NBC - HANLON CREATIVE, Kulpsville, PA, pg. 81

Eboli, Carla - Account Services, NBC, PPOM - ENERGY BBDO, INC., Chicago, IL, pg. 355

Echenique, Aileen - Management, NBC - GUT MIAMI, Miami, FL, pg. 80

Eckhart, Kyle - NBC - RAIN, Portland, OR, pg. 402

Eckstein, Mike - Analytics, Interactive / Digital, NBC, Research - DP+, Farmington Hills, MI, pg. 353

Edelman, John - Interactive / Digital, NBC - EDELMAN, Chicago, IL, pg. 353

Edelman, Barry - Interactive / Digital, NBC - GARTNER, INC., Stamford, CT, pg. 236

Edelstein, Michael - NBC - THE MARKETING STORE WORLDWIDE, Chicago, IL, pg. 421

Eden, Jeff - NBC, PPOM - DEG DIGITAL, Overland Park, KS, pg. 224

Edmonson, Gina - Administrative, NBC, Public Relations - CONVERSION INTERACTIVE AGENCY, Brentwood, TN, pg. 222

Edwards, McGavock - Account Planner, NBC, Public Relations - ECKEL & VAUGHAN, Raleigh, NC, pg. 599

Eeles, Dale - NBC - LAS VEGAS EVENTS, Las Vegas, NV, pg. 310

Egan, Bill - NBC, PPOM - TRUNGALE, EGAN & ASSOCIATES, Chicago, IL, pg. 203

Ehart, Josh - Account Services, Interactive / Digital, NBC, PPOM - ENERGY BBDO, INC., Chicago, IL, pg. 355

Ehler, Dano - NBC, PPOM - DIGITAL MARK GROUP, Beaverton, OR, pg. 225

Ehrhardt, Malcolm - NBC, PPOM - THE EHRHARDT GROUP, INC., New Orleans, LA, pg. 653

Eichinger, Keith - NBC - GELIA WELLS & MOHR, Williamsville, NY, pg. 362

Einhaus, Rick - Account Services, Management, NBC - HMT ASSOCIATES, INC., Broadview Heights, OH, pg. 681

Eisenberg, Dan - NBC - BLUE CHIP MARKETING & COMMUNICATIONS, Northbrook, IL, pg. 334

Eisenberg, Stephanie - Media Department, NBC - HORIZON MEDIA, INC., New York, NY, pg. 474

Eisenberg, Jesse - Account Services, Interactive / Digital, Management, NBC, PPOM - TINUITI, New York, NY, pg. 678

Eisinger, Lindsay - NBC - FINGERPAINT MARKETING, Saratoga Springs, NY, pg. 358

Eitelbach, Andrew - NBC - ASSOCIATION OF NATIONAL ADVERTISERS, New York, NY, pg. 442

Ekelmann, Stephanie - NBC, Operations - REBUILD, Detroit, MI, pg. 403

Elisano, Kristy - NBC, Public Relations - SPARKS, Philadelphia, PA, pg. 315

Elissat, Dean - Account Services, NBC - ENGINE DIGITAL, Vancouver, BC, pg. 231

Elkman Gerson, Mollie - NBC, PPOM - GROUP TWO ADVERTISING, INC., Philadelphia, PA, pg. 78

Ella Mathis, Jo - NBC - 22SQUARED INC., Tampa, FL, pg. 319

Elle, Jodi - NBC, PPOM - MOSES, INC., Phoenix, AZ, pg. 118

Elliot, Jeff - NBC, PPOM - POWER PR, Torrance, CA, pg. 638

Elliott, Conor - Interactive / Digital, NBC - HARMELIN MEDIA, Bala Cynwyd, PA, pg. 467

Elliott, Kevin - NBC, PPOM - CODE FOUR, Huntington Beach, CA, pg. 343

Ellis, Shannon - NBC - HAVAS EDGE, Carlsbad, CA, pg. 285

Ellis, Alexa - Interactive / Digital, NBC - SWARM, Atlanta, GA, pg. 268

Elmore, Peter - Account Services, NBC - THE MARTIN AGENCY, Richmond, VA, pg. 421

Elvove, Roy - NBC, Public Relations - BBDO WORLDWIDE, New York, NY, pg. 331

Elwell, Anne - Account Services, NBC - PACE COMMUNICATIONS, Greensboro, NC, pg. 395

Embry, Brooke - Account Services, NBC, PPM - DUARTE, Sunnyvale, CA, pg. 180

Emerick, Nicole - Interactive / Digital, NBC, Social Media - FCB CHICAGO, Chicago, IL, pg. 71

Emigh, Lisa - NBC, Operations - BRANDMUSCLE, Cleveland, OH, pg. 337

Emmer, Gregg - NBC, PPOM - KAESER & BLAIR, Batavia, OH, pg. 567

Emmert, Kelly - NBC - ICON INTERNATIONAL, INC., Greenwich, CT, pg. 476

Emmons, Amity - Analytics, NBC, Research - CRITICAL MASS, INC., Chicago, IL, pg. 223

Emory-Walker, Patricia - Account Services, NBC - ARCHER MALMO, Memphis, TN, pg. 32

Endlich, Edwin - Account Services,

RESPONSIBILITIES INDEX   AGENCIES

Creative, Interactive / Digital, NBC - MARINA MAHER COMMUNICATIONS, New York, NY, *pg.* 625

Eneix, Keith - NBC, PPOM - FANNIT INTERNET MARKETING SERVICES, Everett, WA, *pg.* 357

Eneix, Neil - NBC, PPOM - FANNIT INTERNET MARKETING SERVICES, Everett, WA, *pg.* 357

Engel, Dustin - Analytics, Interactive / Digital, Management, Media Department, NBC, Operations, Programmatic - PMG, Fort Worth, TX, *pg.* 257

Engel, Courtney - Management, NBC, Public Relations - JONESWORKS, New York, NY, *pg.* 618

Englander, Harvey - NBC, PPOM - ENGLANDER KNABE & ALLEN, Los Angeles, CA, *pg.* 602

Engle, Amberlee - Account Services, NBC - R&R PARTNERS, Las Vegas, NV, *pg.* 131

Engle, Joseph - Account Planner, NBC - CONVERSANT, LLC, Los Angeles, CA, *pg.* 222

Engle, Rebecca - Account Services, NBC - ADMARKETPLACE, New York, NY, *pg.* 210

Enriquez, Sandra - Account Services, NBC - ON BOARD EXPERIENTIAL MARKETING, Sausalito, CA, *pg.* 313

Enslein, Nicole - NBC, PPOM - SUBLIME COMMUNICATIONS, Stamford, CT, *pg.* 415

Epp, Peter - Interactive / Digital, NBC - KELLETT COMMUNICATIONS, Yellowknife, NT, *pg.* 94

Epton, Terrence J. - NBC - HOSTS NEW ORLEANS, New Orleans, LA, *pg.* 308

Erber, Jeremy - Management, NBC - CSM SPORTS & ENTERTAINMENT, New York, NY, *pg.* 55

Erich, Steven - Management, NBC, PPOM - ERICH & KALLMAN, San Francisco, CA, *pg.* 68

Erich, Julie - NBC, Operations - ERICH & KALLMAN, San Francisco, CA, *pg.* 68

Erickson, Kyle - NBC, Public Relations - MARKSTEIN, Birmingham, AL, *pg.* 625

Erickson, Kaitlyn - NBC - BCW CHICAGO, Chicago, IL, *pg.* 581

Erickson, Anne - NBC - AGENTI MEDIA SERVICES, Plymouth, MN, *pg.* 453

Ertel, Mike - NBC - IWCO DIRECT, Chanhassen, MN, *pg.* 286

Esguerra, Lorenz - Account Services, Management, Media Department, NBC - WEBER SHANDWICK, Minneapolis, MN, *pg.* 660

Espinoza, Anthony - Interactive / Digital, NBC - ADVANCE 360, New York, NY, *pg.* 211

Esposito, Barbara - Account Planner, Interactive / Digital, Media Department, NBC - AUSTIN & WILLIAMS ADVERTISING, Hauppauge, NY, *pg.* 328

Esser, Pam - NBC - ESSER DESIGN, INC., Phoenix, AZ, *pg.* 182

Estipona, Edward - NBC, PPOM - ESTIPONA GROUP, Reno, NV, *pg.* 69

Estrada, Bob - Account Services, Interactive / Digital, NBC - PHD USA, New York, NY, *pg.* 505

Etten, Zach - NBC - INVESTIS DIGITAL, Phoenix, AZ, *pg.* 376

Etzel, Sarah - Finance, NBC, PPOM - CALLAHAN CREEK , Lawrence, KS, *pg.* 4

Eule, Michelle - Media Department, NBC, Research - KANTAR MEDIA, New York, NY, *pg.* 446

Evans, Greg - Account Services, NBC - SIMPLEVIEW, INC., Tucson, AZ, *pg.* 168

Evans, Laurie - Interactive / Digital, Media Department, NBC - THE RICHARDS GROUP, INC., Dallas, TX, *pg.* 422

Evans, Amanda - NBC, PPOM - CLOSED LOOP MARKETING, Roseville, CA, *pg.* 672

Evans, Chloe - NBC - DIMASSIMO GOLDSTEIN, New York, NY, *pg.* 351

Evans, Ian - NBC, Research - MINDSHARE, Chicago, IL, *pg.* 494

Evans-Pfeifer, Kelly - Account Planner, Interactive / Digital, NBC - GOODBY, SILVERSTEIN & PARTNERS, San Francisco, CA, *pg.* 77

Everett, Alex - Interactive / Digital, Media Department, NBC - BARKLEY BOULDER, Boulder, CO, *pg.* 36

Evert, Steve - NBC, PPOM - MADISON AVENUE MARKETING GROUP, Toledo, OH, *pg.* 287

Exum, Geoff - Account Planner, NBC - GENERATOR MEDIA + ANALYTICS, New York, NY, *pg.* 466

Faaborg, Sharron - Administrative, NBC - BROWN MILLER COMMUNICATIONS, INC., Martinez, CA, *pg.* 587

Fabbri, David - NBC, PPOM - LOSASSO INTEGRATED MARKETING, Chicago, IL, *pg.* 381

Fabbro, Gabriella - Account Services, NBC - DAVID, Miami, FL, *pg.* 57

Fabens, Sam - Management, NBC - VOX GLOBAL , Washington, DC, *pg.* 658

Faber, Trevor - Account Services, Media Department, NBC - CANVAS WORLDWIDE, Playa Vista, CA, *pg.* 458

Fabritius, Rich - Account Services, Management, NBC, Operations, PPOM - VMLY&R, Atlanta, GA, *pg.* 274

Fagan, John - NBC, Operations - BRAND CONNECTIONS, LLC, New York, NY, *pg.* 336

Fagerstrom, Bruce - Account Services, Management, Media Department, NBC, PPOM - COOPER-SMITH ADVERTISING, Stamford, CT, *pg.* 462

Fahey, Linda - NBC, PPOM - DARK HORSE MEDIA, Tucson, AZ, *pg.* 464

Faktor, Scott - NBC, PPOM - YOH, Philadelphia, PA, *pg.* 277

Falcon, Erwin - Interactive / Digital, Media Department, NBC, Social Media - A PARTNERSHIP, INC., New York, NY, *pg.* 537

Fales, Steve - NBC, PPOM - ADSERVICES, INC., Hollywood, FL, *pg.* 27

Falk, Jon - NBC, PPOM - FALK HARRISON, INC., Saint Louis, MO, *pg.* 183

Fallon, Michelle - NBC - MMSI, Warwick, RI, *pg.* 496

Falt, Peter - Account Planner, NBC - DESIGNWORKS/USA, Newbury Park, CA, *pg.* 179

Familetti, Robert - Account Services, NBC - THE MARKETING ARM, New York, NY, *pg.* 317

Fan, Jonathan - Interactive / Digital, Media Department, NBC - PHD, Los Angeles, CA, *pg.* 504

Fan, Stephen - Media Department, NBC - OMD, New York, NY, *pg.* 498

Fanelli, Duke - NBC, PPOM - ASSOCIATION OF NATIONAL ADVERTISERS, New York, NY, *pg.* 442

Fannon, Diane - Management, NBC, PPOM - THE RICHARDS GROUP, INC., Dallas, TX, *pg.* 422

Fantich, Marc - NBC, PPOM - FANTICH MEDIA, McAllen, TX, *pg.* 71

Fanuele, Michael - NBC, PPOM - MEDIA ASSEMBLY, Southfield, MI, *pg.* 385

Farber, Leyah - Account Planner, Interactive / Digital, NBC - DESANTIS BREINDEL, New York, NY, *pg.* 349

Farber Mormar, Samara - NBC - HUNTER PUBLIC RELATIONS, New York, NY, *pg.* 614

Farias, Gabriela - Account Services, Interactive / Digital, Management, NBC - DEUTSCH, INC., Los Angeles, CA, *pg.* 350

Farinella, Rob - NBC, PPOM - BLUE SKY , Atlanta, GA, *pg.* 40

Faris, John - Interactive / Digital, Media Department, NBC, PPOM, Social Media - RED DOOR INTERACTIVE, San Diego, CA, *pg.* 404

Farkas, Kevin - NBC, Operations, PPOM - ACTIVE INTERNATIONAL, Pearl River, NY, *pg.* 439

Farleo, Don - NBC, PPOM - DON FARLEO AD & DESIGN CO., Saint Cloud, MN, *pg.* 63

Farleo, Diane - Account Services, NBC - DON FARLEO AD & DESIGN CO., Saint Cloud, MN, *pg.* 63

Farley, Nora - Creative, NBC, Operations - WUNDERMAN HEALTH, New York, NY, *pg.* 164

Farmer, Justin - Management, NBC - MMGY GLOBAL, Kansas City, MO, *pg.* 388

Farr Douglas, Olivia - Account Services, Management, Media Department, NBC - PHD USA, New York, NY, *pg.* 505

Farrell, Jamie - NBC - WPROMOTE, El Segundo, CA, *pg.* 678

Farrell, Chris - Media Department, NBC - LEVERAGE AGENCY, New York, NY, *pg.* 298

Farren, Missy - NBC, PPOM - MISSY FARREN & ASSOCIATES, LTD., New York, NY, *pg.* 627

AGENCIES — RESPONSIBILITIES INDEX

Fasano, Frank - NBC, PPOM - CM&N ADVERTISING, Somerville, NJ, pg. 51
Fasola, David - Account Services, NBC - DENTSU AEGIS NETWORK, New York, NY, pg. 61
Fathi, Sandra - NBC, PPOM - AFFECT, New York, NY, pg. 575
Faucette, Tony - Account Services, NBC - KEMP ADVERTISING + MARKETING, High Point, NC, pg. 378
Faulkner, Joyce - Account Services, NBC - FITZCO, Atlanta, GA, pg. 73
Faust, Bill - Account Planner, NBC, PPOM - OLOGIE, Columbus, OH, pg. 122
Faust, Joyclyn - Account Services, Interactive / Digital, Media Department, NBC - HARMELIN MEDIA, Bala Cynwyd, PA, pg. 467
Fausz, Cory - NBC - EXPONATION, Atlanta, GA, pg. 305
Federico, Elizabeth - Account Services, NBC - DROGA5, New York, NY, pg. 64
Federman, Mark - Account Services, NBC - GREENHOUSE AGENCY, Irvine, CA, pg. 307
Fedro, Kerry - NBC - LAGES & ASSOCIATES, Irvine, CA, pg. 621
Feely, Teresa - Account Services, NBC - MAGNETIC, New York, NY, pg. 447
Feely, Anna - NBC - SMS MARKETING SERVICES, Hasbrouck Heights, NJ, pg. 292
Fegarsky, Michelle - Account Planner, Interactive / Digital, Media Department, NBC - HARMELIN MEDIA, Bala Cynwyd, PA, pg. 467
Feinblatt, Jeremie - NBC - MATTE PROJECTS, New York, NY, pg. 107
Feinblum, Brian - NBC, PPOM - MEDIA CONNECT, New York, NY, pg. 485
Feir, Meredith - Account Services, Creative, NBC - VAYNERMEDIA, New York, NY, pg. 689
Felcher, Gail - Account Services, NBC - ARNOLD WORLDWIDE, Boston, MA, pg. 33
Feld, Shanna - Account Planner, Interactive / Digital, Media Department, NBC - SPARK FOUNDRY, New York, NY, pg. 508
Felde, Diana - NBC - PSA CREATIVE COMMUNICATION, Reston, VA, pg. 314
Feldman, Marty - NBC, PPOM - FELDMAN, GRALLA & ROBIN ADVERTISING, Agoura Hills, CA, pg. 358
Feldman, Mike - Media Department, NBC - 360I, LLC, Atlanta, GA, pg. 207
Felenstein, Scott - NBC, PPOM - NATIONAL CINEMEDIA, New York, NY, pg. 119
Felitto, Magan - Account Services, NBC - TEAM ONE, New York, NY, pg. 418
Fellows, Lindsay - Account Services, NBC - GEOMETRY, New York, NY, pg. 362
Fenner, Liz - Interactive / Digital, NBC - RIGHT PLACE MEDIA, Lexington, KY, pg. 507

Fenton, Sunny - NBC - HABERMAN, Minneapolis, MN, pg. 369
Fenton, Amy - Account Services, NBC, PPOM - KANTAR MEDIA, New York, NY, pg. 446
Feola, Andrew - Media Department, NBC - MEDIACOM, New York, NY, pg. 487
Ferber, Scott - NBC, PPOM - AMOBEE, INC., New York, NY, pg. 30
Ferguson, Bill - NBC, PPOM - INC DESIGN, New York, NY, pg. 187
Ferguson, Katy - Management, Media Department, NBC, Operations - HORIZON MEDIA, INC., New York, NY, pg. 474
Ferguson, Seth - NBC, Operations - NEXT MARKETING, Norcross, GA, pg. 312
Ferguson, Matthew - Analytics, Media Department, NBC, Research - OCTAGON, Stanford, CT, pg. 313
Ferguson, Megan - Interactive / Digital, Media Department, NBC, Social Media - JNA ADVERTISING, Overland Park, KS, pg. 92
Ferguson, Julie - Account Services, Interactive / Digital, NBC, Operations - CARAT, Culver City, CA, pg. 459
Feriancek, Mark - Finance, NBC, Operations, PPOM - CARMICHAEL LYNCH, Minneapolis, MN, pg. 47
Fern, Shannon - Management, NBC, PPOM - COMMUNICATIONS STRATEGY GROUP, Denver, CO, pg. 592
Fernandez Parker, Karla - Administrative, NBC - SENSIS, Austin, TX, pg. 139
Ferrari, Stephanie - NBC, PPOM - FRESH COMMUNICATIONS, North Reading, MA, pg. 606
Ferraro, Christina - Account Planner, NBC, Operations - BECK MEDIA & MARKETING, Santa Monica, CA, pg. 582
Ferreira, John - Management, NBC - FINCH BRANDS, Philadelphia, PA, pg. 7
Ferren, Sherri - Management, NBC - MKTG INC, Culver City, CA, pg. 312
Ferris, George - Account Services, Management, NBC, PPOM - FKQ ADVERTISING, INC., Clearwater, FL, pg. 359
Ferris, Lindsay - Account Services, Management, Media Department, NBC, PPOM - LINDSAY, STONE & BRIGGS, Madison, WI, pg. 100
Ferris, Kate - NBC - HILL HOLLIDAY, Boston, MA, pg. 85
Feyrer, John - NBC - OUTFRONT MEDIA, New York, NY, pg. 554
Fiala, Sabra - NBC, Research - STAMATS COMMUNICATIONS, Cedar Rapids, IA, pg. 412
Fiala, James - Account Services, Creative, NBC - PRODUCT VENTURES, Fairfield, CT, pg. 196
Fickert, Kristi - Account Planner, Account Services, NBC - 30 LINES, Columbus, OH, pg. 207
Fiedel, Anne - Media Department, NBC - ZOOM MEDIA, Chicago, IL, pg. 559

Fields, Sara - NBC - MARKET CONNECTIONS, Asheville, NC, pg. 383
Fields, McKenzie - Creative, NBC - REACH AGENCY, Santa Monica, CA, pg. 196
Fierman, Ron - NBC, PPOM - DIGITAL PULP, New York, NY, pg. 225
Figueredo, Peter - NBC, PPOM - HOUSE OF KAIZEN, New York, NY, pg. 239
Figueroa, Sarah - Media Department, NBC - THE DAVIS GROUP, Austin, TX, pg. 519
Figueroa, Robert - Account Services, NBC - NOM, Los Angeles, CA, pg. 121
Filgioun, Clarissa - Account Services, NBC - THE ROBERT GROUP, Los Angeles, CA, pg. 655
Filipowski, Ed - NBC, PPOM - KCD, INC., New York, NY, pg. 94
Fimbres, Jon - NBC, PPOM - SKA DESIGN, South Pasadena, CA, pg. 199
Fimiani, John - NBC, PPOM - UPWARD BRAND INTERACTIONS, Dayton, OH, pg. 158
Fine, Zack - NBC - YELLOW SUBMARINE MARKETING COMMUNICATIONS, Pittsburgh, PA, pg. 164
Fineberg, Debbie - Account Services, NBC - IPSOS, Chicago, IL, pg. 445
Fingerman, Andrew - Media Department, NBC - MRY, New York, NY, pg. 252
Fink, Abbie - Account Planner, Management, NBC - HMA PUBLIC RELATIONS, Phoenix, AZ, pg. 614
Fink, Sarah - NBC - THE BUNTIN GROUP, Nashville, TN, pg. 148
Fink, Hillary - Interactive / Digital, NBC - DROGA5, New York, NY, pg. 64
Finley, Dev - Account Services, Management, NBC - GODFREY DADICH, San Francisco, CA, pg. 364
Finley, Kate - NBC, PPOM - BELLE COMMUNICATION, Columbus, OH, pg. 582
Finn, Lisa - NBC - IMS MEDIA SOLUTIONS, New York, NY, pg. 241
Finn, Rebecca - Interactive / Digital, NBC, Research, Social Media - WE ARE SOCIAL, New York, NY, pg. 690
Finn, Beth - Account Services, Human Resources, NBC - RSW/US, Cincinnati, OH, pg. 136
Finn Holland, Samara - NBC, Social Media - KAPLOW COMMUNICATIONS, New York, NY, pg. 618
Finnerty, Amy Jane - NBC, Public Relations - NATIONAL CINEMEDIA, New York, NY, pg. 119
Fiore, Linda - NBC - CONRIC PR & MARKETING, Fort Meyers, FL, pg. 592
Fiorella, Deb - NBC, PPOM - FRANKE AND FIORELLA, Minneapolis, MN, pg. 184
Fire, Dino - NBC, PPOM, Research - DATA DECISIONS GROUP, Chapel Hill, NC, pg. 443
Fireman, Gaby - NBC - MINTEL,

RESPONSIBILITIES INDEX — AGENCIES

Chicago, IL, *pg.* 447
Fireman, Paul - Management, NBC, PPOM - FIREMAN CREATIVE, Pittsburgh, PA, *pg.* 183
Firestone, Jim - NBC, PPOM, Research - GSD&M, Austin, TX, *pg.* 79
Fischer, Marcus - Account Planner, NBC, PPOM - CARMICHAEL LYNCH, Minneapolis, MN, *pg.* 47
Fischer, Greg - Account Services, Management, NBC - THE MARTIN AGENCY, Richmond, VA, *pg.* 421
Fischer, Vera - NBC, PPOM - 97 DEGREES WEST, Austin, TX, *pg.* 24
Fischer, Agnes - Account Planner, Account Services, Management, NBC, PPOM - THE&PARTNERSHIP, New York, NY, *pg.* 426
Fischer, Brett - Interactive / Digital, Media Department, NBC - NINA HALE CONSULTING, Minneapolis, MN, *pg.* 675
Fischer, Kathryn - NBC - HOOK, Ann Arbor, MI, *pg.* 239
Fisher, Greg - NBC, PPOM - FISHER, Phoenix, AZ, *pg.* 183
Fisher, Mike - Interactive / Digital, Media Department, NBC - ESSENCE, New York, NY, *pg.* 232
Fisher, Elise - Account Planner, NBC - HORIZON MEDIA, INC., New York, NY, *pg.* 474
Fisher, Darren - NBC - INCREMENTAL MEDIA, Bellmore, NY, *pg.* 477
Fisher, Caroline - Creative, NBC - DEEPLOCAL, Sharpburgs, PA, *pg.* 349
Fisher Ruthven, Debra - NBC, Public Relations - GTB, Dearborn, MI, *pg.* 367
Fishman, Glen - Account Planner, NBC, Research - COMMUNITY MARKETING, INC., San Francisco, CA, *pg.* 443
Fittipaldi, Jayson - Creative, NBC, PPOM - NOBOX, Miami, FL, *pg.* 254
Fitzgerald, Tamra - Media Department, NBC, PPOM - VENUE MARKETING GROUP, North Palm Beach, FL, *pg.* 158
FitzGerald, Maura - NBC, PPOM, Public Relations - VERSION 2 COMMUNICATIONS, Boston, MA, *pg.* 658
Fitzgerald, Robert - NBC, Operations, PPOM - EMPOWER, Cincinnati, OH, *pg.* 354
Fitzgerald, Kim - NBC - SMS MARKETING SERVICES, Hasbrouck Heights, NJ, *pg.* 292
Fitzmaurice, Taylor - NBC - MCCANN MINNEAPOLIS, Minneapolis, MN, *pg.* 384
Fitzpatrick, Jean - Account Services, Management, NBC - MAGNA GLOBAL, New York, NY, *pg.* 483
Flaccus, Ben - NBC - EYEVIEW DIGITAL, INC., New York, NY, *pg.* 233
Flaherty, Steve - Interactive / Digital, NBC, Public Relations - INTERSPORT, Chicago, IL, *pg.* 308
Flanagan, Tom - Interactive / Digital, Management, NBC, PPOM - BIG BLOCK, El Segundo, CA, *pg.* 217

Flanagan, Anne Marie - Interactive / Digital, NBC - ANSIRA, Saint Louis, MO, *pg.* 280
Flanders, Darcy Ann - Creative, NBC, PPOM - BASELINE DESIGN, INC., New York, NY, *pg.* 174
Fleishman, Jana - NBC, Public Relations - ROC NATION, New York, NY, *pg.* 298
Fleming, Dana - Creative, NBC - BIG RED ROOSTER, Columbus, OH, *pg.* 3
Fletcher, Mish - Account Services, Management, Media Department, NBC, PPOM - ACCENTURE INTERACTIVE, New York, NY, *pg.* 209
Fleury, Debra - Creative, Interactive / Digital, NBC, PPOM - ALTITUDE, Somerville, MA, *pg.* 172
Flier, Rich - NBC, PPOM - MOTHERSHIP, Los Angeles, CA, *pg.* 563
Flockencier, Peter - Analytics, Interactive / Digital, NBC, Programmatic - NEO MEDIA WORLD, New York, NY, *pg.* 496
Flohr, Will - Interactive / Digital, Media Department, NBC - MEDIA ASSEMBLY, New York, NY, *pg.* 484
Flom, Beth - Analytics, NBC, Operations - TENET PARTNERS, New York, NY, *pg.* 450
Flood, Tom - Account Services, NBC - BILLUPS, INC, New York, NY, *pg.* 550
Florea, Ted - Account Planner, Media Department, NBC, PPOM - FORSMAN & BODENFORS, New York, NY, *pg.* 74
Florin, Dave - NBC, PPOM - HIEBING, Madison, WI, *pg.* 85
Florio, Paul - Media Department, NBC - ICON INTERNATIONAL, INC., Greenwich, CT, *pg.* 476
Flouch, Christian - Management, NBC - OMNICOM GROUP, New York, NY, *pg.* 123
Fluker, Danielle - Account Planner, Media Department, NBC - BLUE 449, New York, NY, *pg.* 455
Flynn, Will - NBC, PPOM - FRANKLIN STREET MARKETING & ADVERTISING, Richmond, VA, *pg.* 360
Flynn, Margaret - NBC, PPOM - BROWN FLYNN COMMUNICATIONS LTD., Cleveland, OH, *pg.* 586
Flynn, Scott - Account Planner, Media Department, NBC - HORIZON MEDIA, INC., New York, NY, *pg.* 474
Flynn, John - NBC - GARTNER, INC., Stamford, CT, *pg.* 236
Flynn, Eileen - NBC - ARCHRIVAL, INC., Lincoln, NE, *pg.* 1
Flynn, III, Tom - NBC - LESSING-FLYNN ADVERTISING CO. , Des Moines, IA, *pg.* 99
Fogarty, Heather - Interactive / Digital, Media Department, NBC - MEDIA HORIZONS, INC., Norwalk, CT, *pg.* 288
Foley, Peter - NBC - RUBENSTEIN ASSOCIATES, New York, NY, *pg.* 644
Foley, Meg - NBC - BBDO ATL, Atlanta, GA, *pg.* 330

Foley, Bill - NBC - CRAMER, Norwood, MA, *pg.* 6
Foley, Nick - Media Department, NBC - OMD, Chicago, IL, *pg.* 500
Foltz, Laura - Account Planner, NBC - CSM SPORTS & ENTERTAINMENT, New York, NY, *pg.* 55
Fong, Polly - NBC - JACK MORTON WORLDWIDE, Los Angeles, CA, *pg.* 309
Forbush, Michael - NBC - XEVO, Bellevue, WA, *pg.* 535
Ford, Jim - NBC - RAYCOM SPORTS, Charlotte, NC, *pg.* 314
Ford, Rusty - NBC - CHAMPION MANAGEMENT GROUP, LLC, Addison, TX, *pg.* 589
Ford, Mathew - NBC - ATMOSPHERE PROXIMITY, New York, NY, *pg.* 214
Foreman, Scott - Management, NBC, Operations, PPOM - COPACINO + FUJIKADO, LLC, Seattle, WA, *pg.* 344
Forgo, Sonja - Account Services, Media Department, NBC - MEDIACOM, New York, NY, *pg.* 487
Forman, Dave - Account Planner, Account Services, Media Department, NBC - HORIZON MEDIA, INC., New York, NY, *pg.* 474
Forster, Georgina - Account Services, Management, NBC - MIRUM AGENCY, New York, NY, *pg.* 251
Fortier, Nelson - Account Services, NBC - CATALYSIS, Seattle, WA, *pg.* 340
Fortier, Nicole - Account Services, Administrative, NBC - ZIMMERMAN ADVERTISING, Fort Lauderdale, FL, *pg.* 437
Fortune, Ainslie - Account Planner, Account Services, NBC - CACTUS MARKETING COMMUNICATIONS, Denver, CO, *pg.* 339
Foster, Chris - Management, NBC, PPOM - BCW WASHINGTON DC, Washington, DC, *pg.* 582
Foster, Carter - Interactive / Digital, NBC - CALYPSO, Portsmouth, NH, *pg.* 588
Fowler, Howard - Management, NBC - OUTFRONT MEDIA, Kansas City, MO, *pg.* 555
Fox, Brian - NBC, Public Relations - ENTERPRISE CANADA, Toronto, ON, *pg.* 231
Fox, Jennifer - Account Planner, NBC - DDB NEW YORK, New York, NY, *pg.* 59
Fox, Jared - Account Planner, NBC - ESSENCE, New York, NY, *pg.* 232
Fox, Bob - Media Department, NBC - INCREMENTAL MEDIA, Bellmore, NY, *pg.* 477
Fox, Nelson - NBC - ROCKET55, Minneapolis, MN, *pg.* 264
Foy, David - NBC, PPOM - JUNCTION59, Toronto, ON, *pg.* 378
France, Wendy - Management, NBC, Operations - MEDIACOM, New York, NY, *pg.* 487
Francesco, Nicole - Account Planner, Interactive / Digital, Media Department, NBC - MEDIACOM, New York, NY, *pg.* 487
Francis, Mary Kay - NBC, PPOM -

1734

AGENCIES

RESPONSIBILITIES INDEX

XPERIENCE COMMUNICATIONS, Dearborn, MI, *pg.* 318
Francis, Kenny - Management, NBC, PPM - SPEEDMEDIA INC., Venice, CA, *pg.* 266
Francisco, Jeff - Management, NBC - HORIZON MEDIA, INC., New York, NY, *pg.* 474
Francisco, Mebrulin - Analytics, NBC, PPOM, Research - GROUPM, New York, NY, *pg.* 466
Franco, Clara - Account Services, Management, NBC - HAMILTON INK PUBLICITY & MEDIA RELATIONS, Mill Valley, CA, *pg.* 611
Franco, David - NBC, PPOM - HEXNET DIGITAL MARKETING, Wall, NJ, *pg.* 239
Francois, Aaron - Account Planner, Media Department, NBC - MEDIACOM, New York, NY, *pg.* 487
Frank, Robert - Account Services, NBC, PPOM - FRANK ADVERTISING, Cranbury, NJ, *pg.* 360
Frank, Belle - Account Planner, NBC - VMLY&R, New York, NY, *pg.* 160
Frank, Steve - NBC, PPOM - THOUGHTFORM DESIGN, Pittsburgh, PA, *pg.* 202
Frank, Cara - NBC - SIMPLEVIEW, INC., Tucson, AZ, *pg.* 168
Frank, Nathan - Creative, NBC, PPOM - INTERESTING DEVELOPMENT, New York, NY, *pg.* 90
Frank, Andrew - NBC - ACTIVE INTERNATIONAL, Pearl River, NY, *pg.* 439
Frank, Aaron - NBC - BRANDED ENTERTAINMENT NETWORK, INC., Sherman Oaks, CA, *pg.* 297
Frank, Alexandra - NBC - ANY_, New York, NY, *pg.* 1
Frankel, Bruno - Analytics, NBC - WIEDEN + KENNEDY, Portland, OR, *pg.* 430
Franklin, Donald - NBC - UNITED ENTERTAINMENT GROUP, New York, NY, *pg.* 299
Franks, Brian - Creative, NBC, PPOM - WHERE EAGLES DARE, Pittsburgh, PA, *pg.* 161
Frantz, Peter - NBC, PPOM - JCF MARKETING, Mentor, OH, *pg.* 91
Fratangelo, Gabrielle - NBC, Public Relations - GIANT SPOON, LLC, New York, NY, *pg.* 363
Frattarole, Annette - NBC - LISTRAK, Lititz, PA, *pg.* 246
Frazier, Doug - Creative, NBC, PPOM - FRAZIERHEIBY, Columbus, OH, *pg.* 75
Fream, Jessie - Account Services, NBC - DERSE, INC., Kennesaw, GA, *pg.* 304
Frederiksen, Tanner - NBC - 97TH FLOOR, Lehi, UT, *pg.* 209
Freebairn, John - NBC, PPOM - FREEBAIRN & COMPANY, Atlanta, GA, *pg.* 360
Freedman, Brian - Account Planner, NBC - ARNOLD WORLDWIDE, Boston, MA, *pg.* 33
Freeman, Julie - Interactive / Digital, NBC, Public Relations,
Social Media - MMGY GLOBAL, New York, NY, *pg.* 388
Frenzel, Clay - NBC - KATZ MEDIA GROUP, Dallas, TX, *pg.* 481
Frey, Paula - Account Services, NBC - GENERAL LEARNING COMMUNICATIONS, Skokie, IL, *pg.* 466
Frey, Sara - NBC - HOOK, Ann Arbor, MI, *pg.* 239
Freye, Robyn - Management, NBC - MDC PARTNERS, INC., New York, NY, *pg.* 385
Freyre, Charlie - Account Services, NBC - DECODED ADVERTISING, New York, NY, *pg.* 60
Frick Laguarda, Alicia - NBC, PPOM - INSIDE OUT COMMUNICATIONS, Holiston, MA, *pg.* 89
Fricke, John - NBC - DERSE, INC., Waukegan, IL, *pg.* 304
Friday, Matthew - Account Services, NBC - FORSMAN & BODENFORS, New York, NY, *pg.* 74
Friday, Katy - NBC, Programmatic - THE TRADE DESK, Chicago, IL, *pg.* 519
Fried, Kyle - Media Department, NBC - MEDIACOM, New York, NY, *pg.* 487
Friedland, Clifford - Account Services, NBC - ONSTREAM MEDIA, Fort Lauderdale, FL, *pg.* 255
Friedman, Nancy - Management, Media Department, NBC, PPOM, Public Relations - MMGY NJF, New York, NY, *pg.* 628
Friedman, Heidi - Account Services, Management, NBC - DON JAGODA ASSOCIATES, Melville, NY, *pg.* 567
Friedman, Hallie - NBC - PROJECT X, New York, NY, *pg.* 556
Friedman, Jamie - Account Services, Creative, Interactive / Digital, NBC - WUNDERMAN THOMPSON, Irvine, CA, *pg.* 435
Friedman, Batya - Account Services, NBC - THE INFINITE AGENCY, Dallas, TX, *pg.* 151
Friedow, Gwen - Account Planner, NBC - SCHAFER CONDON CARTER, Chicago, IL, *pg.* 138
Frisch, Amy - Account Services, Management, Media Department, NBC - SS+K, New York, NY, *pg.* 144
Frisch, Randy - NBC, PPOM - UBERFLIP, Toronto, ON, *pg.* 535
Friskney, Darrin - NBC - WATCHFIRE SIGNS , Danville, IL, *pg.* 559
Frisone, Joe - NBC - 88 BRAND PARTNERS, Chicago, IL, *pg.* 171
Fritts, Shannon - Account Services, NBC - RAYCOM SPORTS, Charlotte, NC, *pg.* 314
Fritts, Dwight - NBC - HELLMAN ASSOCIATES, INC., Waterloo, IA, *pg.* 84
Frommer, Jeff - NBC, PPOM - MALKA, Jersey City, NJ, *pg.* 562
Frost, Susan - Creative, NBC - PHASE 3 MARKETING & COMMUNICATIONS, Atlanta, GA, *pg.* 636
Frost, Rob - Account Services, NBC - MEDIACOM, New York, NY, *pg.* 487
Frouxides, Vivian - NBC, PPOM - ASSOCIATION OF NATIONAL
ADVERTISERS, New York, NY, *pg.* 442
Frumberg, Monique - Interactive / Digital, NBC, Social Media - HUDSON ROUGE, New York, NY, *pg.* 371
Frydenger, Luke - NBC, PPOM - FACT & FICTION, Boulder, CO, *pg.* 70
Fuerst, Dan - Creative, NBC, PPM - EDIT1, New York, NY, *pg.* 562
Fugleberg, Tom - Creative, NBC, PPOM - FRIENDS & NEIGHBORS, Minneapolis, MN, *pg.* 7
Fuller, Nick - NBC, PPOM - MEDIAMONKS, Venice, CA, *pg.* 249
Fuller, Chase - Media Department, NBC - RIGHT PLACE MEDIA, Lexington, KY, *pg.* 507
Fulton, Kerry - Interactive / Digital, NBC - RIGGS PARTNERS, West Columbia, SC, *pg.* 407
Funk, Rich - NBC - EDUVANTIS LLC, Chicago, IL, *pg.* 673
Furbee, Linda - Account Services, NBC - KINER COMMUNICATIONS, Palm Desert, CA, *pg.* 95
Furey, Bryan - Management, NBC - SPECTRA, Philadelphia, PA, *pg.* 315
Furiga, Paul - NBC, PPOM - WORDWRITE COMMUNICATIONS, Pittsburgh, PA, *pg.* 663
Furrow, Mike - Management, NBC - KAESER & BLAIR, Batavia, OH, *pg.* 567
Furse, Chris - Management, Media Department, NBC - VMLY&R, New York, NY, *pg.* 160
Fuscaldo, Michelle - Management, NBC - MARC USA, Pittsburgh, PA, *pg.* 104
Fuscus, David - NBC, PPOM - XENOPHON STRATEGIES, INC., Washington, DC, *pg.* 664
Fusi, Mary Ann - NBC - AFFECTIVA, INC., Boston, MA, *pg.* 441
Gabriel, Maureen - Media Department, NBC - CANNELLA RESPONSE TELEVISION, Burlington, WI, *pg.* 281
Gadd, Jonathan - Account Planner, Account Services, Media Department, NBC - MULLENLOWE U.S. BOSTON, Boston, MA, *pg.* 389
Gaddis, Ben - NBC, PPOM - T3, Austin, TX, *pg.* 268
Gaddis, Annette - NBC - YESCO OUTDOOR MEDIA, Salt Lake City, UT, *pg.* 559
Gaddy, Sarah - Account Services, Interactive / Digital, NBC - AKQA, Atlanta, GA, *pg.* 212
Gaddy, Jennifer - Interactive / Digital, NBC, PPOM - RHYTHM COMMUNICATIONS, Atlanta, GA, *pg.* 643
Gadless, Dawn - NBC, Operations - EMAGINE, Fall River, MA, *pg.* 181
Gaede, Gretchen - NBC, PPOM - A-TRAIN MARKETING COMMUNICATIONS, Fort Collins, CO, *pg.* 321
Gaffaney, Jill - NBC - BRANDED ENTERTAINMENT NETWORK, INC., Sherman Oaks, CA, *pg.* 297
Gaffney, C.J. - Account Planner, Interactive / Digital, NBC - PARTNERS + NAPIER, Rochester, NY, *pg.* 125

RESPONSIBILITIES INDEX — AGENCIES

Gaffney, Laura - NBC - PROHASKA CONSULTING, New York, NY, *pg.* 130
Gage, Rachel - Account Services, NBC - KELLIHER SAMETS VOLK, Burlington, VT, *pg.* 94
Gahan, Brendan - NBC, PPOM - EPIC SIGNAL, New York, NY, *pg.* 685
Gaines, Kelly - NBC - COSTA COMMUNICATIONS GROUP, Winter Park, FL, *pg.* 593
Gaita, Aaron - Account Planner, NBC - 72ANDSUNNY, Brooklyn, NY, *pg.* 24
Gaither, Jim - Interactive / Digital, Media Department, NBC, PPOM - THE RICHARDS GROUP, INC., Dallas, TX, *pg.* 422
Galatis, Jon - Account Planner, Account Services, NBC - MARC USA, Pittsburgh, PA, *pg.* 104
Galbreath, Leslie - NBC, PPOM - DGS MARKETING ENGINEERS, Fishers, IN, *pg.* 351
Galecki, Kate - NBC - SPARK FOUNDRY, Chicago, IL, *pg.* 510
Galkin, Michael - Media Department, NBC - BRANDED CITIES, New York, NY, *pg.* 550
Gall, Ashley - Finance, NBC, PPOM, Promotions - LAURA BURGESS MARKETING, New Bern, NC, *pg.* 622
Gallagher, Ryan - NBC - WIEDEN + KENNEDY, Portland, OR, *pg.* 430
Gallagher, Michelle - Management, NBC - JACK MORTON WORLDWIDE, Chicago, IL, *pg.* 309
Gallagher, Christine - Account Services, NBC - THE TRADE DESK, New York, NY, *pg.* 520
Gallagher, Dan - Account Services, NBC, PPOM - BOOYAH ONLINE ADVERTISING, Denver, CO, *pg.* 218
Gallagher, Kaitlyn - NBC - SOCIALFLY, New York, NY, *pg.* 688
Gallant, Maggie - Account Services, Management, NBC - SUPERJUICE, Atlanta, GA, *pg.* 651
Gallant, Nicole - Account Services, Media Department, NBC - CROSSMEDIA, Los Angeles, CA, *pg.* 463
Gallardo, Elsa - Account Planner, Account Services, Interactive / Digital, Media Department, NBC, Social Media - ESSENCE, Los Angeles, CA, *pg.* 233
Galle, Cari - NBC - TMPG MEDIA, White Plains, NY, *pg.* 299
Gallegly, Micahel - Interactive / Digital, NBC - MANIFEST, Chicago, IL, *pg.* 248
Galley, Tina - Account Services, Management, NBC - M:UNITED//MCCANN, New York, NY, *pg.* 102
Galligan, Sherry - Media Department, NBC - THE MARS AGENCY, Southfield, MI, *pg.* 683
Galliher, Mark - Management, NBC - ASSOCIATION OF NATIONAL ADVERTISERS, New York, NY, *pg.* 442
Galonek, Brian - NBC, PPOM - ALL STAR INCENTIVE MARKETING, Fiskdale, MA, *pg.* 565
Galonek, Gary - NBC - ALL STAR INCENTIVE MARKETING, Fiskdale, MA, *pg.* 565

Galonek, Sr., Ed - NBC, PPOM - ALL STAR INCENTIVE MARKETING, Fiskdale, MA, *pg.* 565
Galvez, Fernando - Account Services, NBC, PPOM - BNMR CREATIVE & ADVERTISING, Miami, FL, *pg.* 335
Gandia, Nestor - NBC - WIEDEN + KENNEDY, Portland, OR, *pg.* 430
Ganswindt, Rebecca - NBC - MCGARRYBOWEN, New York, NY, *pg.* 109
Gant, Shawn - NBC - MEDIA BROKERS INTERNATIONAL, Alpharetta, GA, *pg.* 485
Gant, Shannon - NBC - ABELSON-TAYLOR, Chicago, IL, *pg.* 25
Ganzer, James - Media Department, NBC - ADCOM COMMUNICATIONS, INC., Cleveland, OH, *pg.* 210
Garbarino, Andrew - NBC - SCREENVISION, New York, NY, *pg.* 557
Garber, Joanne - NBC - MCGARRYBOWEN, New York, NY, *pg.* 109
Garbolino, Faith - Media Department, NBC - JCDECAUX NORTH AMERICA, New York, NY, *pg.* 553
Garbowski, Jennifer - NBC - KRUPP KOMMUNICATIONS, New York, NY, *pg.* 686
Garces, Felipe - Account Planner, Media Department, NBC - RICHARDS CARLBERG, Dallas, TX, *pg.* 406
Garcia, Garrett - Account Services, Analytics, NBC, Research - PP+K, Tampa, FL, *pg.* 129
Garcia, Bryan - NBC, PPOM - UPSTREAMERS, Lomita, CA, *pg.* 428
Garcia, Jordan - Account Services, Interactive / Digital, NBC - JNA ADVERTISING, Overland Park, KS, *pg.* 92
Garcia, Juan - NBC - BILLUPS WORLDWIDE, Lake Oswego, OR, *pg.* 550
Garcia, Alex - Interactive / Digital, NBC, Social Media - DELOITTE DIGITAL, Seattle, WA, *pg.* 224
Garcia, Jennifer - NBC - ACCESS BRAND COMMUNICATIONS, San Francisco, CA, *pg.* 574
Garcia, Lisa - Account Planner, Account Services, Media Department, NBC - CENTRO, Denver, CO, *pg.* 220
Garcia, Arielle - NBC, Operations - UNIVERSAL MCCANN, New York, NY, *pg.* 521
Garcia, Jerry - NBC - STORY WORLDWIDE, New York, NY, *pg.* 267
Garcia, Tahir - Account Planner, Creative, NBC - CONVERSANT, LLC, Los Angeles, CA, *pg.* 222
Garcia, Renzo - NBC - SENSIS AGENCY, Los Angeles, CA, *pg.* 545
Garcia, Caitlin - NBC, PPM - PICO DIGITAL MARKETING, Aurora, CO, *pg.* 257
Garcia-Pertusa, Racquel - Interactive / Digital, NBC, Social Media - OGILVY PUBLIC RELATIONS, Washington, DC, *pg.* 634
Gard, Danielle - NBC - 72ANDSUNNY, Playa Vista, CA, *pg.* 23
Gardea, Tony - NBC, PPOM - NEXT LEVEL SPORTS INC., San Juan Capistrano, CA, *pg.* 632

Garden, Andy - NBC, Public Relations - MATTE PROJECTS, New York, NY, *pg.* 107
Gardiner, Sarah - Interactive / Digital, Media Department, NBC - INSIGHT STRATEGY GROUP, New York, NY, *pg.* 445
Gardner, Bo - NBC - LAS VEGAS EVENTS, Las Vegas, NV, *pg.* 310
Gardner-Smith, Austin - NBC - HILL HOLLIDAY, Boston, MA, *pg.* 85
Garfield, Larry - NBC, PPOM - THE GARFIELD GROUP, Philadelphia, PA, *pg.* 419
Garfield, Kathy - Interactive / Digital, Media Department, NBC, Social Media - INNOCEAN USA, Huntington Beach, CA, *pg.* 479
Gargano, Alex - Account Planner, NBC - HORIZON MEDIA, INC., New York, NY, *pg.* 474
Garman, Adam - Management, NBC - HANLON CREATIVE, Kulpsville, PA, *pg.* 81
Garner, Jack - NBC, PPOM - THE RAMEY AGENCY, Jackson, MS, *pg.* 422
Garner, Harley - Creative, NBC - DIGITAS, San Francisco, CA, *pg.* 227
Garnett, Cat - NBC, Research - REDPEPPER, Nashville, TN, *pg.* 405
Garofoli, Stephanie - Interactive / Digital, NBC, Promotions - VIDMOB, New York, NY, *pg.* 690
Garrett, Matt - NBC - SSG / BRANDINTENSE, Archdale, NC, *pg.* 315
Garrison, Bill - Creative, NBC, PPOM - GARRISON HUGHES, Pittsburgh, PA, *pg.* 75
Garritano, Joe - NBC, PPOM - PENN GARRITANO DIRECT RESPONSE MARKETING, Excelsior, MN, *pg.* 290
Gartland, Brian - NBC, Operations - UNITED ENTERTAINMENT GROUP, New York, NY, *pg.* 299
Garvey, Kurt - Account Planner, Media Department, NBC - PHD, San Francisco, CA, *pg.* 504
Garvey, Michelle - NBC - BENCHWORKS, Chestertown, MD, *pg.* 333
Garvey, Claire - NBC - MARC USA, Pittsburgh, PA, *pg.* 104
Garza, Susana - NBC - DUARTE, Sunnyvale, CA, *pg.* 180
Garza, Rose - NBC - YOU SQUARED MEDIA, Houston, TX, *pg.* 436
Gascoigne, Jim - NBC - VMLY&R, Seattle, WA, *pg.* 275
Gaspar, Aaron - Account Services, NBC - SCHIEFER CHOPSHOP, Irvine, CA, *pg.* 508
Gasper, Alexandra - NBC - ADVOCATES FOR HUMAN POTENTIAL, Sudbury, MA, *pg.* 441
Gastgeb, Phyliss - NBC - A TO Z COMMUNICATIONS, Pittsburgh, PA, *pg.* 24
Gates, Cecilia - Creative, NBC, PPOM - GATES, New York, NY, *pg.* 76
Gates, Colleen - Account Planner, Interactive / Digital, Media Department, NBC - MEDIACOM, New York, NY, *pg.* 487
Gates, Desiree - Account Services,

AGENCIES

RESPONSIBILITIES INDEX

NBC - 9THWONDER, Playa Vista, CA, *pg.* 453

Gatti, Tom - NBC, PPOM - BLACK TWIG, LLC, Saint Louis, MO, *pg.* 3

Gattung, Chelsea - Interactive / Digital, Media Department, NBC, Social Media - MOXIE, Atlanta, GA, *pg.* 251

Gauthier, Veronica - Account Services, NBC - ACCELERATION PARTNERS, Needham, MA, *pg.* 25

Gavin, Megan - Media Department, NBC - HANSON DODGE, INC., Milwaukee, WI, *pg.* 185

Gawel, Nyla Beth - Management, NBC, PPOM - BOOZ ALLEN HAMILTON, McLean, VA, *pg.* 218

Gearhart, Lisa - Account Planner, NBC - ST. JOHN & PARTNERS ADVERTISING & PUBLIC RELATIONS, Jacksonville, FL, *pg.* 412

Gearing, Daniel - NBC - BBH, West Hollywood, CA, *pg.* 37

Geary, Brandon - Management, NBC, PPOM - WUNDERMAN THOMPSON SEATTLE, Seattle, WA, *pg.* 435

Gedis, Heidi - NBC - CUNEO ADVERTISING, Bloomington, MN, *pg.* 56

Gedney, Kristen - Interactive / Digital, Media Department, NBC - MEDIA ASSEMBLY, New York, NY, *pg.* 484

Gee, Elizabeth - NBC, Public Relations - HUGHES & STUART, Englewood, CO, *pg.* 686

Geering, Nadine - Creative, NBC - D | FAB DESIGN, Madison Heights, MI, *pg.* 178

Gehrer, Kevin - Administrative, NBC - JAJO, INC., Wichita, KS, *pg.* 91

Gehshan, Virginia - NBC, PPOM - CLOUD GEHSHAN ASSOCIATES, Philadelphia, PA, *pg.* 177

Geisert, Jeff - Account Services, NBC, PPOM - RAUXA, New York, NY, *pg.* 291

Geisler, Howard - Management, Media Department, NBC, PPOM - OMD, New York, NY, *pg.* 498

Geismar, Tom - NBC, PPOM - CHERMAYEFF & GEISMAR STUDIO, New York, NY, *pg.* 177

Geldert, Natalee - Media Department, NBC - PMG, Fort Worth, TX, *pg.* 257

Geller, Mitchell - Interactive / Digital, Media Department, NBC, Social Media - VMLY&R, New York, NY, *pg.* 160

Gennaro, Victoria - NBC - WILEN MEDIA CORPORATION, Melville, NY, *pg.* 432

Gent, Peter - NBC, Programmatic - THE TRADE DESK, Boulder, CO, *pg.* 520

Georgakis, Dimitra - Account Services, NBC - DENTSUBOS INC., Montreal, QC, *pg.* 61

George, Christopher - NBC - BCW CHICAGO, Chicago, IL, *pg.* 581

George, Heather - Interactive / Digital, NBC - LOVIO-GEORGE, INC., Detroit, MI, *pg.* 101

George, Chris - NBC - SIMPLEVIEW, INC., Tucson, AZ, *pg.* 168

George, Jordana - NBC, Public Relations - MASON, INC. , Bethany, CT, *pg.* 383

George, Matthew - Account Planner, Management, NBC - DEUTSCH, INC., New York, NY, *pg.* 349

George, Colin - Interactive / Digital, NBC, Social Media - BAILEY BRAND CONSULTING, Plymouth Meeting, PA, *pg.* 2

George, Genevieve - Account Services, NBC, Operations - R/GA, New York, NY, *pg.* 260

Gerich, Jennifer - NBC, PPOM - CAMPOS CREATIVE WORKS, Santa Monica, CA, *pg.* 303

Gerli, Jake - NBC, Public Relations - INDUSTRIAL STRENGTH MARKETING, INC., Nashville, TN, *pg.* 686

German, Rosly - NBC, Operations - MEDIACOM, New York, NY, *pg.* 487

German, Micah - NBC - YOUTECH, Scottsdale, AZ, *pg.* 436

Gernert, Melea - Creative, NBC, Public Relations - CLARK NIKDEL POWELL, Winter Haven, FL, *pg.* 342

Gerrity, Tom - NBC, PPOM - MERRILL ANDERSON, Stratford, CT, *pg.* 687

Gerson, Mitch - Account Services, NBC - BAYARD ADVERTISING AGENCY, INC., New York, NY, *pg.* 37

Gersten, Stacey - Account Services, NBC - BURNS ENTERTAINMENT & SPORTS MARKETING, INC., Evanston, IL, *pg.* 303

Getler, Taylor - NBC - WORKS DESIGN GROUP, Pennsauken, NJ, *pg.* 21

Geyskens, Philippe - Creative, NBC, Promotions - KANTAR TNS, Chicago, IL, *pg.* 446

Gheen, Linda - Account Services, NBC - SPARKS, Philadelphia, PA, *pg.* 315

Giacalone, Anne - NBC, PPOM - MGT DESIGN, Maplewood, NJ, *pg.* 191

Giacomino, Tim - NBC, Operations - AMOBEE, INC., Redwood City, CA, *pg.* 213

Giambrone, Frank - NBC, PPOM - GAMS COMMUNICATIONS, Chicago, IL, *pg.* 361

Giang, Sandy - Media Department, NBC - INITIATIVE, Los Angeles, CA, *pg.* 478

Giannetti, Lauren - NBC - BRANDSTAR, Deerfield Beach, FL, *pg.* 337

Giarraffa, Sarah - Account Services, NBC, Operations - TBWA \ CHIAT \ DAY, New York, NY, *pg.* 416

Giarraffa, Sarah - NBC - SS+K, New York, NY, *pg.* 144

Gibbs, Nicki - Account Planner, NBC - BEEHIVE PR, Saint Paul, MN, *pg.* 582

Gibbs, George - Creative, NBC - AGENCY 720, Naperville, IL, *pg.* 323

Gibney, Tom - Media Department, NBC, PPM - THE BUNTIN GROUP, Nashville, TN, *pg.* 148

Gibson, Gard - NBC - VMLY&R, Kansas City, MO, *pg.* 274

Gibson, Oliver - NBC - HUDSON ROUGE, New York, NY, *pg.* 371

Gibson, Nico - Creative, NBC - DIGITAL KITCHEN, Chicago, IL, *pg.* 225

Gibson-Thompson, Nage - Account Services, NBC, Operations - VIVO360, Alpharetta, GA, *pg.* 274

Gibson-Thompson, Egan - NBC, PPOM - VIVO360, Alpharetta, GA, *pg.* 274

Giger, Mike - Account Services, Management, NBC - FCB WEST, San Francisco, CA, *pg.* 72

Gilad, Anat - NBC - ACTIVE INTERNATIONAL, Pearl River, NY, *pg.* 439

Gilbert, Hayley - Interactive / Digital, Media Department, NBC - MEDIAHUB LOS ANGELES, El Segundo, CA, *pg.* 112

Gilbert, Dixie - Management, NBC, PPOM - THE JOHNSON GROUP, Chattanooga, TN, *pg.* 420

Gilbert, Justin - NBC - R&R PARTNERS, El Segundo, CA, *pg.* 402

Gilbert, Holly - NBC, PPOM - MITCHELL, Fayetteville, AR, *pg.* 627

Gilbert, Pierre - NBC, PPM - KIDZSMART CONCEPTS, Vancouver, BC, *pg.* 188

Gilbertson, David - Management, NBC - COMMUNICATIONS LINKS, Scottsdale, AZ, *pg.* 592

Gilbertson, Jordan - Account Planner, NBC - BUTLER, SHINE, STERN & PARTNERS, Sausalito, CA, *pg.* 45

Gilboy, John - NBC, PPOM - MITCHELL, Fayetteville, AR, *pg.* 627

Gildenberg, Bryan - NBC, PPOM - WPP KANTAR MEDIA, Boston, MA, *pg.* 451

Giles, Bret - NBC, PPOM - AUGUST UNITED, Tempe, AZ, *pg.* 214

Giles, Andy - NBC - CHARACTER, San Francisco, CA, *pg.* 5

Gilham, Cathy - Interactive / Digital, Media Department, NBC, Social Media - BLUE 449, Seattle, WA, *pg.* 456

Gililland, Ryan - NBC - BREWCO MARKETING, Central City, KY, *pg.* 303

Gillette, Casie - Interactive / Digital, NBC - KOMARKETING ASSOCIATES, Boston, MA, *pg.* 675

Gilligan, Kevin - NBC - STRUCTURAL GRAPHICS, LLC, Essex, CT, *pg.* 569

Gillispie, Justin - NBC - MIGHTY 8TH MEDIA, Buford, GA, *pg.* 115

Gillissie, Michael - Management, NBC, Operations - GRASSROOTS ADVERTISING, INC. , Toronto, ON, *pg.* 691

Gillum, Brad - NBC, PPOM - WILLOW MARKETING, Indianapolis, IN, *pg.* 433

Gilman, Brett - Management, NBC - ACCENTURE INTERACTIVE, New York, NY, *pg.* 209

Gilmer, Monica - NBC - MISSISSIPPI PRESS SERVICES, Jackson, MS, *pg.* 496

Gilmore, Scott - NBC - LUQUIRE GEORGE ANDREWS, INC., Charlotte, NC, *pg.* 382

RESPONSIBILITIES INDEX — AGENCIES

Gilmore, Nicole - NBC - BRAND VALUE ACCELERATOR, San Diego, CA, *pg.* 42

Ginestiere, Patricia - NBC - LEVERAGE AGENCY, New York, NY, *pg.* 298

Ginnantonio, Daryl - Interactive / Digital, NBC - MINY, New York, NY, *pg.* 115

Ginsbarg, Jackie - Media Department, NBC - OCEAN MEDIA, INC., Huntington Beach, CA, *pg.* 498

Ginsberg, Shane - NBC, PPOM - EVB, Oakland, CA, *pg.* 233

Ginsberg, Martha - NBC - PORTER NOVELLI, New York, NY, *pg.* 637

Ginsberg, Brad - Management, NBC, Public Relations - GLOBAL COMMUNICATION WORKS, Houston, TX, *pg.* 608

Ginzburg, Amanda - NBC - CO:COLLECTIVE, LLC, New York, NY, *pg.* 5

Giordano, Louis - NBC - OUTFRONT MEDIA, Orlando, FL, *pg.* 555

Giordano, Francesca - Media Department, NBC - J3, New York, NY, *pg.* 480

Giovatto, Mario - NBC, PPOM - GIOVATTO ADVERTISING, Paramus, NJ, *pg.* 363

Gitsis, Alex - Interactive / Digital, NBC - ZETA INTERACTIVE, New York, NY, *pg.* 277

Gittemeier, Dan - NBC - TIC TOC, Dallas, TX, *pg.* 570

Gittlin, Grant - Management, NBC, PPOM - MEDIALINK, New York, NY, *pg.* 386

Giudice, Gary - NBC, PPOM - BLUE HERON COMMUNICATIONS, Norman, OK, *pg.* 584

Giudice, Heather - Management, NBC - HORIZON MEDIA, INC., New York, NY, *pg.* 474

Giuffre, Jolie - Account Services, Interactive / Digital, NBC - ESSENCE, San Francisco, CA, *pg.* 232

Giuggio, Michael - Account Planner, Account Services, Management, Media Department, NBC - 360I, LLC, New York, NY, *pg.* 320

Gjerstad, Marianne - Account Services, Media Department, NBC, Social Media - BARKLEY, Kansas City, MO, *pg.* 329

Glass, Matt - Account Services, Creative, NBC - ALTMAN-HALL ASSOCIATES, Erie, PA, *pg.* 30

Glass, Kyle - NBC - MARKETING MATTERS, Saint Petersburg, FL, *pg.* 625

Glass Jr., Winston - Account Services, NBC - AVANCE COMMUNICATIONS, INC., Detroit, MI, *pg.* 579

Glasser, Claudia - NBC - JUMP ASSOCIATES, San Mateo, CA, *pg.* 618

Glassman, David - NBC, PPOM - ONSTREAM MEDIA, Fort Lauderdale, FL, *pg.* 255

Glassoff, Sam - Account Planner, Account Services, NBC - HEAT, San Francisco, CA, *pg.* 84

Glazer, Robert - Management, NBC, PPOM - ACCELERATION PARTNERS, Needham, MA, *pg.* 25

Gleason, Brian - Management, Media Department, NBC, PPOM - GROUPM, New York, NY, *pg.* 466

Gleeson, Renny - Account Planner, Interactive / Digital, NBC - WIEDEN + KENNEDY, Portland, OR, *pg.* 430

Glenday, Greg - NBC, PPOM - LIGHTBOX OOH VIDEO NETWORK, New York, NY, *pg.* 553

Gliatta, Dan - NBC, PPOM - CARGO LLC, Greenville, SC, *pg.* 47

Glickman, Mark - NBC, PPOM - PIMS, New York, NY, *pg.* 128

Glicksman, Dan - NBC - COX MEDIA, Phoenix, AZ, *pg.* 463

Globokar, Ginny - NBC - AMERICAN SOLUTIONS, Cleveland, OH, *pg.* 565

Glomski, Price - Account Planner, NBC - PMG, Fort Worth, TX, *pg.* 257

Gluck, Lauren - Account Services, NBC - STANDARD BLACK, Los Angeles, CA, *pg.* 144

Gobel, Jenny - Account Services, NBC - DAVID, Miami, FL, *pg.* 57

Goble, Mark - NBC, Operations, PPOM - SANDBOX, Chicago, IL, *pg.* 138

Goddard, Stacia - Account Planner, Management, NBC - EPSILON , New York, NY, *pg.* 283

Goddard, Stephanie - NBC - SMARTY SOCIAL MEDIA, Santa Ana, CA, *pg.* 688

Godfrey, Patrick - NBC, PPOM - GODFREY DADICH, San Francisco, CA, *pg.* 364

Godsey, John - Creative, Management, NBC, PPOM - VMLY&R, New York, NY, *pg.* 160

Godwin, Austin - Interactive / Digital, NBC - NEIGER DESIGN, INC., Evanston, IL, *pg.* 193

Goebel, Stacy - Interactive / Digital, Media Department, NBC, Social Media - STUDIONORTH, North Chicago, IL, *pg.* 18

Goff, Ryan - NBC, PPOM, Social Media - MGH ADVERTISING , Owings Mills, MD, *pg.* 387

Goggin, Pat - Account Planner, NBC, PPOM - JACOBSON ROST, Chicago, IL, *pg.* 376

Gogolin, Brian - Media Department, NBC - INDIGO STUDIOS, Atlanta, GA, *pg.* 187

Goldberg, Jason - Account Planner, Account Services, Interactive / Digital, NBC, Research - PUBLICIS.SAPIENT, Chicago, IL, *pg.* 259

Goldberg, Melyssa - NBC, Operations - THE TRADE DESK, Chicago, IL, *pg.* 519

Goldberg, Frank - NBC - IGNITIONONE, New York, NY, *pg.* 673

Goldberg, Jason - NBC, PPOM - ENVISIONIT MEDIA, INC., Chicago, IL, *pg.* 231

Goldberg-Dicks, Janie - NBC, PPOM - MARGIE KORSHAK, INC., Chicago, IL, *pg.* 105

Goldblatt, Richard - Account Services, NBC - M BOOTH & ASSOCIATES, INC., New York, NY, *pg.* 624

Goldfarb, Sandra - Management, NBC - RASKY BAERLEIN STRATEGIC COMMUNICATIONS, INC., Boston, MA, *pg.* 641

Goldman, Dean - NBC, PPOM - GOLDMAN & ASSOCIATES, Norfolk, VA, *pg.* 608

Goldman, Stacy - NBC, PPOM - CANNONBALL AGENCY, Saint Louis, MO, *pg.* 5

Goldman, Jonathan - Account Planner, Media Department, NBC - HORIZON MEDIA, INC., New York, NY, *pg.* 474

Goldman Levin, Cynthia - Finance, Interactive / Digital, NBC - MINDSHARE, New York, NY, *pg.* 491

Goldsmith, Scott E. - NBC, PPOM - INTERSECTION, New York, NY, *pg.* 553

Goldstein, Lee - NBC - DIMASSIMO GOLDSTEIN, New York, NY, *pg.* 351

Goldstein, Brian - Media Department, NBC, Public Relations - WIEDEN + KENNEDY, Portland, OR, *pg.* 430

Goldstein, Zvika - Account Services, NBC - KENSHOO, San Francisco, CA, *pg.* 244

Goldstein, Kymn - Account Services, Management, NBC - ALLIED INTEGRATED MARKETING, Hollywood, CA, *pg.* 576

Goldstein, Peter - Account Services, NBC - 215 MCCANN, San Francisco, CA, *pg.* 319

Goldstein, Jake - Account Planner, Account Services, NBC, Operations - CODE AND THEORY, New York, NY, *pg.* 221

Gomez, Jason - Interactive / Digital, Media Department, NBC - INITIATIVE, New York, NY, *pg.* 477

Gong, Frances - NBC - EVERETT CLAY ASSOCIATES, INC., Miami, FL, *pg.* 602

Gonzalez, Gonzalo - NBC, Operations - BKV, Miami, FL, *pg.* 334

Gonzalez, Luis - NBC, PPOM - C-COM GROUP, INC., Miami, FL, *pg.* 587

Gonzalez, Javier - Media Department, NBC, PPM - THORNBERG & FORESTER, New York, NY, *pg.* 564

Gonzalez, Diana - Account Planner, Account Services, NBC - 72ANDSUNNY, Brooklyn, NY, *pg.* 24

Gonzalez, Dena - NBC, PPOM - OMELET, Culver City, CA, *pg.* 122

Goodall, Sonny - NBC, PPOM - LIGHTHOUSE, INC., Marietta, GA, *pg.* 11

Gooding, Susan - Account Services, NBC - AGENCYEA, Chicago, IL, *pg.* 302

Goodman, Ethan - Interactive / Digital, NBC - THE MARS AGENCY, Southfield, MI, *pg.* 683

Goodman, Allison - Account Planner, Media Department, NBC - UNIVERSAL MCCANN, New York, NY, *pg.* 521

Goodman, Chelsea - Account Services, NBC - HAVAS TONIC, New York, NY, *pg.* 285

Goodrich, Lisa - NBC - BRUNET-GARCIA ADVERTISING, INC.,

AGENCIES

RESPONSIBILITIES INDEX

Jacksonville, FL, *pg.* 44
Goodspeed, Bill - Creative, Management, NBC, PPOM - WE ARE ALEXANDER, St. Louis, MO, *pg.* 429
Goodwin, Amanda - Account Planner, Interactive / Digital, Media Department, NBC - ANSIRA, Addison, TX, *pg.* 326
Goodwin, Tom - Interactive / Digital, Management, Media Department, NBC - ZENITH MEDIA, New York, NY, *pg.* 529
Goodyear, Susan - Media Department, NBC - PEP, Cincinnati, OH, *pg.* 569
Goonan, Christine - Account Services, Management, NBC - THE SUNFLOWER GROUP, New York, NY, *pg.* 317
Gorder, Jeffrey - Account Services, Management, NBC - MONO, Minneapolis, MN, *pg.* 117
Gordon, Jamie - Account Planner, NBC - HORIZON MEDIA, INC., New York, NY, *pg.* 474
Gordon, Paul - Account Services, NBC - RYMAX MARKETING SERVICES, Pine Brook, NJ, *pg.* 569
Gordon, Brett - Media Department, NBC - MADDEN MEDIA, Tucson, AZ, *pg.* 247
Gordon, Jonathan - NBC - REALTYADS, Chicago, IL, *pg.* 132
Goren, Mark - NBC, PPOM - POINT TO POINT, Cleveland, OH, *pg.* 129
Goren, Eran - Interactive / Digital, Management, NBC, PPOM, Public Relations - USIM, Los Angeles, CA, *pg.* 525
Gorewitz, Sam - NBC - IGNITE MEDIA SOLUTIONS, McLean, VA, *pg.* 241
Gorman, Cort - Media Department, NBC, PPOM - THE RICHARDS GROUP, INC., Dallas, TX, *pg.* 422
Goronkin, Juliann - NBC - ED LEWI ASSOCIATES, Albany, NY, *pg.* 599
Gorski, Steven - Account Planner, Interactive / Digital, Media Department, NBC - FORSMAN & BODENFORS, New York, NY, *pg.* 74
Gosendi, Heather - NBC, Social Media - DALTON AGENCY, Jacksonville, FL, *pg.* 348
Goslin, Jennifer - NBC - MERGE, Boston, MA, *pg.* 113
Gosselin, Pete - Creative, NBC - HAVAS NEW YORK, New York, NY, *pg.* 369
Gossieaux, Kamran - Account Services, NBC - 72ANDSUNNY, Brooklyn, NY, *pg.* 24
Gough, Patrick - NBC - SIEGEL & GALE, New York, NY, *pg.* 17
Gould, Laura - Account Services, NBC - ZEHNDER COMMUNICATIONS, INC., New Orleans, LA, *pg.* 436
Goumakos, Karen - NBC - REAGAN OUTDOOR ADVERTISING, Austin, TX, *pg.* 557
Goynshor, Jon - Account Services, NBC - GEOMETRY, Chicago, IL, *pg.* 363
Grab, Molly - NBC, Public Relations - VOVEO MARKETING GROUP, Malvern, PA, *pg.* 429

Grabert, David - Management, NBC, PPOM, Public Relations - GROUPM, New York, NY, *pg.* 466
Grace, Mary - NBC - BBIG COMMUNICATIONS, Coronado, CA, *pg.* 216
Grady, Elizabeth - Interactive / Digital, NBC - VERT MOBILE LLC, Atlanta, GA, *pg.* 274
Graff, Robert - Media Department, NBC - WASSERMAN MEDIA GROUP, Carlsbad, CA, *pg.* 317
Graham, Morgan - Account Services, NBC, PPOM, Public Relations - EFM AGENCY, San Diego, CA, *pg.* 67
Graham, John - Account Services, NBC - 72ANDSUNNY, Playa Vista, CA, *pg.* 23
Grand, Tim - Account Services, NBC - STEVENSON ADVERTISING, Lynnwood, WA, *pg.* 144
Granozio, Jennifer - Management, NBC - ALLIED EXPERIENTIAL, New York, NY, *pg.* 691
Grant, Gerry - NBC, PPOM - SMY MEDIA, INC., Chicago, IL, *pg.* 508
Grant, Meghan - Account Planner, Account Services, NBC, Research - PUBLICIS NORTH AMERICA, New York, NY, *pg.* 399
Grant, Lindsay - Account Services, Management, Media Department, NBC - BUTLER, SHINE, STERN & PARTNERS, Sausalito, CA, *pg.* 45
Grant, Denny - Management, NBC - LEO BURNETT WORLDWIDE, Chicago, IL, *pg.* 98
Granz, Alisa - Management, NBC, Promotions - ROGERS & COWAN/PMK*BNC, Los Angeles, CA, *pg.* 643
Grassi, Leon - NBC - THE S3 AGENCY, Boonton, NJ, *pg.* 424
Graul, Katherine - Account Planner, Interactive / Digital, Management, NBC, Operations - TRACYLOCKE, Chicago, IL, *pg.* 426
Graves, Adam - Account Services, Management, NBC - DEUTSCH, INC., Los Angeles, CA, *pg.* 350
Graves, Kelly - Management, Media Department, NBC, PPOM - FCB CHICAGO, Chicago, IL, *pg.* 71
Graves, Jennifer - NBC - ALLISON+PARTNERS, Seattle, WA, *pg.* 576
Gravina, Amy - NBC, PPOM - GRAVINA SMITH & MATTE, INC., Fort Myers, FL, *pg.* 610
Grawehr, Miranda - Interactive / Digital, Media Department, NBC - INITIATIVE, New York, NY, *pg.* 477
Gray, Tracy - NBC, PPOM - GRAY & ASSOCIATES DIVERSITY ADVERTISING & PUBLIC RELATIONS, Marietta, GA, *pg.* 541
Gray, Sue - NBC - PUBLICIS.SAPIENT, Seattle, WA, *pg.* 259
Gray, Mollie - Account Services, NBC - BDS MARKETING, INC., Irvine, CA, *pg.* 566
Gray, Suzy - Interactive / Digital, Media Department, NBC, Social Media - INTERNET MARKETING NINJAS,

Clifton Park, NY, *pg.* 242
Gray, Paxton - NBC, Operations - 97TH FLOOR, Lehi, UT, *pg.* 209
Gray, Kadee - NBC - PRODUCT CREATION STUDIO, Seattle, WA, *pg.* 563
Gray, Gina - NBC - COLLE MCVOY, Minneapolis, MN, *pg.* 343
Gray, Kate - NBC, PPOM - SCOPPECHIO, Louisville, KY, *pg.* 409
Grayovski, Ashley - Media Department, NBC - HORIZON MEDIA, INC., New York, NY, *pg.* 474
Green, David - NBC, PPOM - RESULTS ADVERTISING, Hasbrouck Heights, NJ, *pg.* 405
Green, John - Finance, NBC, PPOM, Research - CARMICHAEL LYNCH, Minneapolis, MN, *pg.* 47
Green, Kristy - NBC - ASTRO STUDIOS, San Francisco, CA, *pg.* 173
Green, Patrick - Account Services, NBC - STRATEGIC AMERICA, West Des Moines, IA, *pg.* 414
Green, Toby - NBC - THE ACTIVE NETWORK, Dallas, TX, *pg.* 570
Greenberg, Paul - Account Planner, Media Department, NBC, PPOM - MILTON SAMUELS ADVERTISING & PUBLIC RELATIONS, New York, NY, *pg.* 387
Greenberg, Bobby - NBC - KOBIE MARKETING, Saint Petersburg, FL, *pg.* 287
Greene, Joy - NBC, PPOM - MUTS & JOY, INC., New York, NY, *pg.* 192
Greene, John - Account Services, NBC, PPOM - TRANSLATION, Brooklyn, NY, *pg.* 299
Greenglass, Cyndi - Analytics, NBC - DIAMOND COMMUNICATIONS SOLUTIONS, Carol Stream, IL, *pg.* 281
Greenhill, Valerie - Management, NBC, PPOM - EDLEADER21, Tucson, AZ, *pg.* 601
Greenwood, Jess - Interactive / Digital, NBC, PPOM - R/GA, New York, NY, *pg.* 260
Greer, Frank - NBC, PPOM - GMMB, Seattle, WA, *pg.* 364
Greer, Debbi - NBC - KIRVIN DOAK COMMUNICATIONS, Las Vegas, NV, *pg.* 620
Gregoire, Jon - NBC - TINUITI, New York, NY, *pg.* 678
Gregory Segovia, Rebecca - Account Planner, NBC - THE PURSUANT GROUP, Dallas, TX, *pg.* 422
Grehan, Mike - NBC, PPOM - ACRONYM MEDIA, New York, NY, *pg.* 671
Grekulak, Jillian - Account Planner, NBC - BUTLER, SHINE, STERN & PARTNERS, Sausalito, CA, *pg.* 45
Gremp, Austin - NBC - THE TRADE DESK, Los Angeles, CA, *pg.* 519
Gretchell, Peter - Management, NBC - EDULENCE INTERACTIVE, New York, NY, *pg.* 230
Grieger, Jennifer - NBC - STARCOM WORLDWIDE, Chicago, IL, *pg.* 513
Griffin, Todd - Account Services, NBC, PPOM - MUSTACHE, Brooklyn, NY, *pg.* 252
Griffin, Leisha - Account Services, NBC - CHAMPION MANAGEMENT GROUP,

1739

RESPONSIBILITIES INDEX — AGENCIES

LLC, Addison, TX, pg. 589
Griffiths, Annie - NBC, PPOM - PHD USA, New York, NY, pg. 505
Griffo, Angela - Account Services, NBC - 10FOLD, San Francisco, CA, pg. 573
Grill, Anne-Marie - NBC, PPOM - REN BEANIE, Lake Worth, FL, pg. 642
Grill, Marc - NBC, PPM, PPOM - O POSITIVE FILMS, New York, NY, pg. 563
Grimes, Betsy - Account Services, NBC, Research - INSIGHT STRATEGY GROUP, New York, NY, pg. 445
Grimes, Emily - NBC - MECHANICA, Newburyport, MA, pg. 13
Grinavich, Amanda - Account Services, Interactive / Digital, NBC - SHIFT COMMUNICATIONS, LLC, Boston, MA, pg. 647
Grinch, Andrew - NBC - WOODRUFF, Columbia, MO, pg. 163
Griswold-Scott, Mary - NBC - EDELMAN, New York, NY, pg. 599
Grogan, Stacy - Management, NBC - WIEDEN + KENNEDY, Portland, OR, pg. 430
Groh, Nick - NBC, PPOM - LINESPACE, Los Angeles, CA, pg. 189
Gronsky, Lisa - NBC - ACTIVE INTERNATIONAL, Pearl River, NY, pg. 439
Groome, Kirby - Media Department, NBC - THE BRANDON AGENCY, Myrtle Beach, SC, pg. 419
Gross, Karen - NBC - SUASION, Dillsburg, PA, pg. 145
Gross, Brooke - Account Services, NBC - MEDIA LOGIC, Albany, NY, pg. 288
Gross, John - NBC - SPARKLOFT MEDIA, Portland, OR, pg. 688
Gross, Leah - Interactive / Digital, Media Department, NBC - NINA HALE CONSULTING, Minneapolis, MN, pg. 675
Grossman, Amy - NBC - GROSSMAN MARKETING GROUP, Somerville, MA, pg. 284
Groth, Stephen - NBC, PPOM - MAHALO SPIRITS GROUP, Delray Beach, FL, pg. 13
Grotheim, Sarah - Account Services, NBC - WEBER SHANDWICK, Minneapolis, MN, pg. 660
Grubert, Danny - NBC - LAKE GROUP MEDIA, INC., Armonk, NY, pg. 287
Grubow, Hannah - NBC - PIPITONE GROUP, Pittsburgh, PA, pg. 195
Grucela, Amy - Account Services, NBC - COMMCREATIVE, Framingham, MA, pg. 343
Grueber, Leigh - NBC - CLOCKWORK ACTIVE MEDIA, Minneapolis, MN, pg. 221
Gruen, Meredith - Account Services, Interactive / Digital, NBC, Social Media - TEAM ONE, Los Angeles, CA, pg. 417
Gruia, Roy - NBC - ANOMALY, Toronto, ON, pg. 326
Grunbaum, Sonia - NBC - ZIMMERMAN ADVERTISING, Fort Lauderdale, FL, pg. 437

Grundyson, Jodi - NBC - KNOCK, INC., Minneapolis, MN, pg. 95
Guerin, Matthew - NBC - VAYNERMEDIA, New York, NY, pg. 689
Guerra, Dana - Account Services, NBC - MITHOFF BURTON PARTNERS, El Paso, TX, pg. 115
Guerrero, Yasmin - Account Services, NBC - BKV, Miami, FL, pg. 334
Guglielmo, Taylor - Account Services, NBC - CHEMISTRY ATLANTA, Atlanta, GA, pg. 50
Guglielmo, Ken - NBC - BAYARD ADVERTISING AGENCY, INC., New York, NY, pg. 37
Guhanick, Lisa - Media Department, NBC - ASSOCIATION OF NATIONAL ADVERTISERS, New York, NY, pg. 442
Guidry, Kayli - NBC - POTENZA INC, Lafayette, LA, pg. 398
Gulla, Hannah - Account Planner, Account Services, Media Department, NBC - MULLENLOWE U.S. LOS ANGELES, El Segundo, CA, pg.
Gullan, Bill - NBC, PPOM - FINCH BRANDS, Philadelphia, PA, pg. 7
Gundrum, Connie - Account Services, NBC, Operations - DOM360, Greenville, SC, pg. 230
Gunn, Nicole - NBC - INCENTIVE SOLUTIONS, Atlanta, GA, pg. 567
Gunning, Paul - NBC, PPOM - DDB CHICAGO, Chicago, IL, pg. 59
Gunter, Michelle - NBC - MARKETSTAR CORPORATION, Ogden, UT, pg. 383
Gunther, Matthew - Account Services, NBC - MEDIACOM, New York, NY, pg. 487
Gupta, Prakarsh - Media Department, NBC - PHD CHICAGO, Chicago, IL, pg. 504
Gurevich, Maxine - Account Planner, NBC, Research - VAYNERMEDIA, New York, NY, pg. 689
Gurgainus, Katherine - Media Department, NBC - WIEDEN + KENNEDY, Portland, OR, pg. 430
Gurvits, Viola - Account Services, NBC - ESSENCE, New York, NY, pg. 232
Gusso, Lexi - NBC - CARMICHAEL LYNCH, Minneapolis, MN, pg. 47
Gustafson, Jeremy - NBC, PPOM - KREBER, Columbus, OH, pg. 379
Gustavo Soares, Andre - NBC - WIEDEN + KENNEDY, Portland, OR, pg. 430
Gutierrez, Jimmy - Account Services, NBC - DEUTSCH, INC., Los Angeles, CA, pg. 350
Gutierrez, Stephanie - Interactive / Digital, NBC, Social Media - TRAILER PARK, Hollywood, CA, pg. 299
Gutt, Loran - NBC, Operations - BAZAARVOICE, INC., Austin, TX, pg. 216
Guy, Tereasa - NBC, PPOM - GRA INTERACTIVE, Boise, ID, pg. 237
Guy, Carla - Account Services, Human Resources, Interactive / Digital, Management, NBC, Operations, PPOM, Promotions -

DAGGER, Atlanta, GA, pg. 224
Guyer, Douglas - NBC, PPOM - INTERNATIONAL DIRECT RESPONSE, INC., Berwyn, PA, pg. 286
Guymon, Elizabeth - NBC, Operations - UTÖKA, Atlanta, GA, pg. 203
Haag, Forrest - Interactive / Digital, NBC - BRANDSTAR, Deerfield Beach, FL, pg. 337
Haase, David - Management, NBC, PPOM - TRIAD RETAIL MEDIA, St. Petersburg, FL, pg. 272
Haber, Gabrielle - NBC, Operations - YESLER, Seattle, WA, pg. 436
Hacias, Greg - NBC, PPOM - NETLINK, Madison Heights, MI, pg. 253
Hack, Brian - Interactive / Digital, NBC - STEPHAN PARTNERS, INC., New York, NY, pg. 267
Hackett, Ian - NBC - HAPI, Phoenix, AZ, pg. 81
Haddad, Youna - Interactive / Digital, Media Department, NBC - CATALYST DIGITAL, Boston, MA, pg. 220
Haddow, Sarah - Account Services, Interactive / Digital, NBC - HORIZON MEDIA, INC., New York, NY, pg. 474
Hadersbeck, Chad - NBC - AMELIE COMPANY, Denver, CO, pg. 325
Hadley, Alyx - NBC - THE RICHARDS GROUP, INC., Dallas, TX, pg. 422
Haenel, Brant - Account Services, NBC, PPOM - MODERN CLIMATE, Minneapolis, MN, pg. 388
Haft, Jeremy - NBC - AMOBEE, INC., New York, NY, pg. 30
Hagel, Cindy - Account Services, NBC - KICKING COW PROMOTIONS, INC., Saint Louis, MO, pg. 309
Haggerty, Carolyn - Management, NBC - EDULENCE INTERACTIVE, New York, NY, pg. 230
Haggman, Emily - Account Services, NBC, PPOM - HAGGMAN, Gloucester, MA, pg. 81
Hagopian, Sarkis - NBC - WEBB/MASON, Hunt Valley, MD, pg. 294
Hahs, Jennifer - Account Planner, Analytics, NBC, Research - ESSENCE, Minneapolis, MN, pg. 233
Haines, Kurt - Interactive / Digital, NBC, Operations - UNIVERSAL MCCANN DETROIT, Birmingham, MI, pg. 524
Halberstadt, David - NBC, PPM - MCCANN NEW YORK, New York, NY, pg. 108
Halcomb, Jeff - NBC, PPOM - ZOOM ADVERTISING, Chicago, IL, pg. 165
Hale, Morgan - Account Services, NBC - CHAMPION MANAGEMENT GROUP, LLC, Addison, TX, pg. 589
Halivopoulos, Lori - Media Department, NBC - GFK, New York, NY, pg. 444
Hall, Stephen - NBC, PPOM - HORIZON MEDIA, INC., New York, NY, pg. 474
Hall, David - Management, NBC, PPOM - THE RICHARDS GROUP, INC., Dallas, TX, pg. 422
Hall, Gaela Renee - Media

1740

AGENCIES

RESPONSIBILITIES INDEX

Department, NBC - THE BARBER SHOP MARKETING, Addison, TX, pg. 148

Hall, Shelley - Management, NBC - THIRD EAR, Austin, TX, pg. 546

Hall, Alexander - Account Planner, Media Department, NBC - HORIZON MEDIA, INC., New York, NY, pg. 474

Hall, Andrew - Account Planner, Interactive / Digital, Media Department, NBC - CARAT, New York, NY, pg. 459

Hall, Simon - Account Services, NBC - 72ANDSUNNY, Playa Vista, CA, pg. 23

Hall, Michele - Account Services, NBC - COOPER-SMITH ADVERTISING, Stamford, CT, pg. 462

Hallert, Chad - NBC - NOBLE STUDIOS, Reno, NV, pg. 254

Halper, Bryan - Finance, NBC - PROHASKA CONSULTING, New York, NY, pg. 130

Halpern, Katie - Account Planner, Media Department, NBC - CAVALRY, Chicago, IL, pg. 48

Halphen, Stephanie - Account Services, Media Department, NBC - VAYNERMEDIA, New York, NY, pg. 689

Halpin, Denise - Account Services, NBC - EMPOWER, Cincinnati, OH, pg. 354

Halsall, Chris - NBC, PPOM - OGILVYONE WORLDWIDE, New York, NY, pg. 255

Halsey, Stephen - NBC, PPOM - GIBBS & SOELL, INC., New York, NY, pg. 607

Hamada, Leslie - NBC - SIGNATURE COMMUNICATIONS, Philadelphia, PA, pg. 410

Hamburger, Gregg - Interactive / Digital, NBC, PPOM - THE MARKETING ARM, Dallas, TX, pg. 316

Hamby, Greg - NBC - SOURCELINK, LLC, Madison, MS, pg. 292

Hamilton, Cyndi - NBC - EPIC OUTDOOR ADVERTISING, Rapid City, SD, pg. 552

Hamilton, Ian - NBC - NONBOX, Portland, OR, pg. 121

Hamilton, Alana - Account Planner, Media Department, NBC - CARAT, Toronto, ON, pg. 461

Hamilton, Joy - Account Services, NBC - COMMUNICORP, INC., Columbus, GA, pg. 52

Hamlin, Tom - NBC, PPOM - CATALYST, INC., Providence, RI, pg. 48

Hamman, Bob - NBC, PPOM - SCA PROMOTIONS, INC., Dallas, TX, pg. 569

Hammelman, Susanne - NBC, PPOM, Public Relations - THE HAWTHORN GROUP, Alexandria, VA, pg. 653

Hammer, Matthew - NBC - LIVEWORLD, San Jose, CA, pg. 246

Hammond, Stephen - NBC, PPOM - LOU HAMMOND GROUP, New York, NY, pg. 381

Hammond, Marian - NBC, PPOM - BRINK COMMUNICATIONS, Portland, OR, pg. 337

Hammond, Jon - Account Services, NBC - 97TH FLOOR, Lehi, UT, pg. 209

Hamrick, David - Account Services, NBC - BOONEOAKLEY, Charlotte, NC, pg. 41

Hanan, Amy - Account Services, Analytics, Media Department, NBC - BARETZ + BRUNELLE, New York, NY, pg. 580

Hancock, Chris - NBC, PPOM - HANCOCK ADVERTISING AGENCY, Nacogdoches, TX, pg. 81

Hancock, Kitt - NBC, PPOM - DAYNERHALL MARKETING & ADVERTISING, Orlando, FL, pg. 58

Hancock, Mark - NBC - AXXIS, Louisville, KY, pg. 302

Hancock, Barrie - Account Services, NBC - FRENCH / WEST / VAUGHAN, Raleigh, NC, pg. 361

Handelman, Dara - NBC, Promotions - PLAYBUZZ, New York, NY, pg. 128

Handler, Christopher - NBC, Social Media - KETCHUM, Washington, DC, pg. 619

Haney, Scott - NBC, PPOM - IDFOUR, Houston, TX, pg. 285

Hang, Sherry - Account Services, Creative, NBC - YECK BROTHERS COMPANY, Dayton, OH, pg. 294

Hanlon, Andrew - NBC, PPOM - HANLON CREATIVE, Kulpsville, PA, pg. 81

Hanna, Dayne - NBC, PPOM - HANNA & ASSOCIATES, Coeur d'Alene, ID, pg. 81

Hannaka Marques, Kelly - NBC - DIMASSIMO GOLDSTEIN, New York, NY, pg. 351

Hansen, Christopher - NBC, PPOM - IGNITIONONE, New York, NY, pg. 673

Hansen, Ken - NBC - A.A. ADVERTISING, London, ON, pg. 565

Hansen, Alaine - Interactive / Digital, NBC, Social Media - FUSEIDEAS, LLC, Winchester, MA, pg. 306

Hansen, Kevin - NBC - DERSE, INC., Milwaukee, WI, pg. 304

Hansen, Christian - Creative, NBC, PPOM - HINT CREATIVE, Salt Lake City, UT, pg. 86

Hanser, Ron - Media Department, NBC, PPOM - HANSER & ASSOCIATES, West Des Moines, IA, pg. 611

Hanson, Scott - NBC, PPOM - HMA PUBLIC RELATIONS, Phoenix, AZ, pg. 614

Hanson, Chrissie - Account Planner, Media Department, NBC - OMD WEST, Los Angeles, CA, pg. 502

Hanson McKean, Hilary - NBC, PPOM - KETCHUM SOUTH, Atlanta, GA, pg. 620

Hanusik, Katie - NBC - SPEAKERBOX COMMUNICATIONS, Vienna, VA, pg. 649

Harasyn, Maggie - Account Services, Management, NBC, PPM - WIEDEN + KENNEDY, Portland, OR, pg. 430

Harding, Scott - Interactive / Digital, NBC - LEARFIELD IMG COLLEGE, Plano, TX, pg. 310

Hardy, Alison - Account Planner, Account Services, NBC - ESSENCE, New York, NY, pg. 232

Harkness, Brian - NBC, Operations - THE BUNTIN GROUP, Nashville, TN, pg. 148

Harknett, Caryn - NBC - SHAMROCK COMPANIES, INC., Westlake, OH, pg. 291

Harless, Beth - NBC - DMI PARTNERS, Philadelphia, PA, pg. 681

Harms, Tamy - NBC, PPOM - MRM//MCCANN, Birmingham, MI, pg. 252

Harnal, Megan - NBC, Social Media - RONI HICKS & ASSOCIATES, INC., San Diego, CA, pg. 644

Harnish, Mark - NBC - LISTRAK, Lititz, PA, pg. 246

Haro, Kristen - Interactive / Digital, NBC, Social Media - MERING, Sacramento, CA, pg. 114

Harper, Matt - NBC, PPOM - HENRY V EVENTS, Portland, OR, pg. 307

Harper, Baron - Account Services, NBC, Programmatic - THE TRADE DESK, New York, NY, pg. 520

Harper, Michael - NBC - WONGDOODY, New York, NY, pg. 433

Harrach, Gabor - Creative, NBC, PPOM - BEAUTIFUL DESTINATIONS, New York, NY, pg. 38

Harrell, Kim - Account Planner, Account Services, NBC - BAYARD ADVERTISING AGENCY, INC., New York, NY, pg. 37

Harriman, Patrick-Robert - Account Planner, Account Services, NBC - BARON & BARON, INC., New York, NY, pg. 36

Harrington, Emily - Account Services, NBC - DIGITAS, Detroit, MI, pg. 229

Harrington, Kelly - NBC - 160OVER90, New York, NY, pg. 301

Harris, Scott - NBC, PPOM - MUSTANG MARKETING, Thousand Oaks, CA, pg. 390

Harris, Sara - NBC, PPOM - QUADRAS INTEGRATED, Atlanta, GA, pg. 196

Harris, Tiffany - NBC, PPOM - FOSTER MARKETING COMMUNICATIONS, Lafayette, LA, pg. 360

Harris, Bethany - Account Services, Analytics, Management, NBC, Research - ACTIVE INTERNATIONAL, Pearl River, NY, pg. 439

Harris, Jim - NBC, PPOM - HARRIS DEVILLE & ASSOCIATES, Baton Rouge, LA, pg. 612

Harris, Catriona - NBC, PPOM - UPROAR, Orlando, FL, pg. 657

Harris, Vita - NBC, PPOM, Research - FCB NEW YORK, New York, NY, pg. 357

Harris, Mike - NBC, Operations, PPOM - UPROAR, Orlando, FL, pg. 657

Harris, Mark - NBC, PPOM - COLD SPARK MEDIA, Pittsburgh, PA, pg. 51

Harris, Christine - NBC - MEDIACOM, New York, NY, pg. 487

Harris, Lindsey - NBC - VALTECH, San Diego, CA, pg. 273

Harris, Elizabeth - Account Planner, NBC, PPOM - ARC WORLDWIDE, Chicago, IL, pg. 327

Harris, Tara - NBC - HEAT, San Francisco, CA, pg. 84

Harris, Thor - NBC, PPOM - PERCEPTURE, Rashberg, NJ, pg. 636

RESPONSIBILITIES INDEX — AGENCIES

Harris, Gabriele - NBC - GRAPEVINE COMMUNICATIONS, Sarasota, FL, pg. 78

Harrison, Sue - NBC, PPOM - DAVIS HARRISON DION ADVERTISING, Chicago, IL, pg. 348

Harrison, Jill - Finance, Management, NBC - NORTH WOODS ADVERTISING, Minneapolis, MN, pg. 121

Harrison, Jason - Account Services, NBC, PPOM - ESSENCE, Minneapolis, MN, pg. 233

Hart, Don - Account Services, Media Department, NBC, PPOM - MOVE COMMUNICATIONS, Ann Arbor, MI, pg. 389

Hart, Helen - NBC - PHASE 3 MARKETING & COMMUNICATIONS, Atlanta, GA, pg. 636

Hart, Naomi - Interactive / Digital, NBC - NORTH 6TH AGENCY, New York, NY, pg. 633

Hartley, Emmy - NBC, PPOM - CORNETT INTEGRATED MARKETING SOLUTIONS, Lexington, KY, pg. 344

Hartley, Elizabeth - Account Planner, Media Department, NBC - DROGA5, New York, NY, pg. 64

Hartley-Sivie, Blythe - Interactive / Digital, Media Department, NBC - THE RICHARDS GROUP, INC., Dallas, TX, pg. 422

Hartman, Tracy - Interactive / Digital, NBC, Public Relations, Social Media - BRANDIGO, Newburyport, MA, pg. 336

Hartman, Chelsea - Interactive / Digital, NBC, Social Media - GIANT SPOON, LLC, New York, NY, pg. 363

Hartman, Katie - Account Services, NBC - COLLE MCVOY, Minneapolis, MN, pg. 343

Hartsock, Eric - NBC, PPOM - EXIT 10 ADVERTISING, Baltimore, MD, pg. 233

Hartwell, Crystal - Account Services, NBC - MWEBB COMMUNICATIONS, Culver City, CA, pg. 630

Harvey, Kathy - NBC, PPOM - HARVEY AGENCY, Sparks, MD, pg. 681

Harwood, Garland - NBC, PPOM, Public Relations - CONFIDANT, Brooklyn, NY, pg. 592

Hasemeyer, Adam - NBC - SPIREMEDIA, INC., Denver, CO, pg. 266

Hasen, Jeff - Interactive / Digital, Media Department, NBC, PPOM - WUNDERMAN THOMPSON SEATTLE, Seattle, WA, pg. 435

Haskel, Debora - NBC - IWCO DIRECT, Chanhassen, MN, pg. 286

Haskell, Jillian - NBC - EXTREME REACH, INC., Needham, MA, pg. 552

Hass, Erik - Account Services, Interactive / Digital, NBC - GARTNER, INC., Stamford, CT, pg. 236

Hastings, Ivy - NBC - FUSIONBOX, Denver, CO, pg. 236

Hastings, AmyBeth - NBC, Public Relations - ARCHER MALMO, Memphis, TN, pg. 32

Hastings, Jonathan - NBC - SENSIS AGENCY, Los Angeles, CA, pg. 545

Hatalski, Kara - Account Services, Interactive / Digital, Management, NBC - NEON, New York, NY, pg. 120

Hatch, Cary - NBC, PPOM - MDB COMMUNICATIONS, INC., Washington, DC, pg. 111

Hatch, Alicia - NBC, PPOM - DELOITTE DIGITAL, Seattle, WA, pg. 224

Hatcher King, Kendra - Account Planner, Account Services, NBC - PUBLICIS.SAPIENT, Atlanta, GA, pg. 259

Hatfield, Izabela - NBC - HOOK, Ann Arbor, MI, pg. 239

Hathaway, Kali - Media Department, NBC - STARCOM WORLDWIDE, North Hollywood, CA, pg. 516

Hathaway, Luke - NBC - AMOBEE, INC., Redwood City, CA, pg. 213

Hatsfield, Sheryl - NBC - KATZ MEDIA GROUP, Dallas, TX, pg. 481

Hattle, Emily - Account Planner, Media Department, NBC - CARAT, New York, NY, pg. 459

Hauge, Brook - Account Services, NBC - HEARTS & SCIENCE, Los Angeles, CA, pg. 473

Haughey, Tammy - NBC - MERING, Sacramento, CA, pg. 114

Haus, Ken - NBC, PPOM - DESIGN CENTER, INC., Saint Paul, MN, pg. 179

Hauser, Julie - NBC, PPOM - HAUSER GROUP PUBLIC RELATIONS, Saint Louis, MO, pg. 612

Hausman, Marc - Account Services, NBC, PPOM - STRATEGIC COMMUNICATIONS GROUP, INC., McLean, VA, pg. 688

Hausman, Benson - NBC - BLUE 449, New York, NY, pg. 455

Havard, Chris - NBC - PURERED, Princeton, NJ, pg. 130

Havenner, Mark - Management, NBC, Operations - THE POLLACK PR MARKETING GROUP, Los Angeles, CA, pg. 654

Haverfield, Teri - NBC, Operations - REMER, INC., Seattle, WA, pg. 405

Hawes, Lisa K. - NBC, Research - STERLING COMMUNICATIONS, INC., Los Gatos, CA, pg. 650

Hawkes, Joanna - Account Planner, Management, Media Department, NBC - 360I, LLC, New York, NY, pg. 320

Hawreluk, Lisa - Account Services, Interactive / Digital, NBC - EXCELERATE DIGITAL, Raleigh, NC, pg. 233

Hawthorne, Kara - Account Planner, Interactive / Digital, NBC - SHIFT DIGITAL, Birmingham, MI, pg. 265

Hay, Diana - NBC - WIEDEN + KENNEDY, Portland, OR, pg. 430

Hayden, Jaime - Creative, NBC, Public Relations - AUGUSTINE, Roseville, CA, pg. 328

Hayes, Jo - Account Services, Analytics, Creative, Interactive / Digital, NBC - R/GA, New York, NY, pg. 260

Hayes, April - Media Department, NBC - SWITCH, Saint Louis, MO, pg. 145

Hayes, David - NBC - THE MARKETING PRACTICE, Seattle, WA, pg. 169

Hayman, Luke - Account Services, Creative, NBC, PPOM - PENTAGRAM, New York, NY, pg. 194

Haynes, Cindy - Management, NBC, PPOM - ERASERFARM, Tampa, FL, pg. 357

Hays, Jaci - NBC, PPOM - REBEL VENTURES INC., Los Angeles, CA, pg. 262

Hayter, Ryan - NBC, PPOM - HAYTER COMMUNICATIONS, Seattle, WA, pg. 612

Hayward, Bill - NBC, Public Relations - MARKETING WORKS, York, PA, pg. 105

Hazlett, Jocelyn - Account Services, NBC - MEDIACOM, New York, NY, pg. 487

Headlee, Jon - NBC, PPOM - TEN ADAMS MARKETING & ADVERTISING, Evansville, IN, pg. 147

Heald, Richard - Management, NBC - MERGE, Boston, MA, pg. 113

Heale, Daniel - Account Services, Creative, NBC, Social Media - WAY TO BLUE, Los Angeles, CA, pg. 275

Heath, Jennifer - NBC - RADICAL MEDIA, Santa Monica, CA, pg. 196

Heath, Andy - Account Planner, Media Department, NBC - MINDSHARE, New York, NY, pg. 491

Heath, Matt - Creative, NBC, PPOM - PARTY LAND, Marina Del Rey, CA, pg. 125

Heaton, Martin - Account Services, NBC - PHENOMENON, Los Angeles, CA, pg. 439

Heaviside, Katherine - NBC, PPOM - EPOCH 5 PUBLIC RELATIONS, Huntington, NY, pg. 602

Hechtkopf, Bram - NBC, PPOM - KOBIE MARKETING, Saint Petersburg, FL, pg. 287

Heckenberger, Annie - NBC, Public Relations - DIGITAS HEALTH LIFEBRANDS, Philadelphia, PA, pg. 229

Heckman, Cathy - NBC - SOURCELINK, LLC, Greenville, SC, pg. 292

Hedgecoth, Mara - NBC, Public Relations - APCO WORLDWIDE, Washington, DC, pg. 578

Hedges, Greg - NBC, Public Relations - RAIN, New York, NY, pg. 262

Heelan, Jodi - NBC - THE VARIABLE, Winston-Salem, NC, pg. 153

Heffernan, Brian - NBC, Promotions - IBM IX, Columbus, OH, pg. 240

Heffner, Rick - Creative, NBC, PPOM - FUSZION / COLLABORATIVE, Alexandria, VA, pg. 184

Hefter, Arie - Account Planner, Interactive / Digital, Media Department, NBC - MEDIA ASSEMBLY, New York, NY, pg. 484

Heger, Todd - Account Services, NBC, PPOM, Programmatic - DIGILANT, Boston, MA, pg. 464

1742

AGENCIES

RESPONSIBILITIES INDEX

Hegstad, Carly - Interactive / Digital, NBC - LAWRENCE & SCHILLER, Sioux Falls, SD, pg. 97
Heile, Chris - NBC, PPOM - INTRINZIC, INC., Newport, KY, pg. 10
Heilshorn, John - NBC, PPOM - LIPPERT / HEILSHORN & ASSOCIATES, INC., New York, NY, pg. 623
Heim, Jason - NBC - CIVIC ENTERTAINMENT GROUP, New York, NY, pg. 566
Heimann, Gail - NBC, PPOM - WEBER SHANDWICK, New York, NY, pg. 660
Heiner, Bo - Account Services, Management, NBC - OCTAGON, Atlanta, GA, pg. 313
Heinzeroth, Loren - NBC, PPOM - HEINZEROTH MARKETING GROUP, Rockford, IL, pg. 84
Heitman, Kaya - Management, Media Department, NBC, PPOM, Public Relations - WAVEMAKER, New York, NY, pg. 526
Heitmann, Chris - Interactive / Digital, NBC, PPOM - MARC USA, Pittsburgh, PA, pg. 104
Held, Becky - NBC - ACUMIUM, LLC, Madison, WI, pg. 210
Heller, Arielle - NBC - MEDIACOM, New York, NY, pg. 487
Heller, Marc - Interactive / Digital, Media Department, NBC, Operations - SPARK FOUNDRY, New York, NY, pg. 508
Hellige, Tim - NBC, PPOM - BANDY CARROLL HELLIGE , Louisville, KY, pg. 36
Hellman, Bob - NBC, PPOM - HELLMAN ASSOCIATES, INC., Waterloo, IA, pg. 84
Heltne, Ashley - Account Services, Interactive / Digital, Management, NBC - Y MEDIA LABS, Redwood City, CA, pg. 205
Hemmers, Isobelle - NBC - THE BOHAN AGENCY, Nashville, TN, pg. 418
Henderson, Burke - NBC - CAPTIVATE NETWORK, INC., New York, NY, pg. 550
Henderson, Naiym - NBC, Operations - MEDIACOM, New York, NY, pg. 487
Henderson, Eric - Account Services, Management, NBC, PPOM, Public Relations - METEORITE PR, Boulder, CO, pg. 627
Hendricks, Geoff - NBC - PINNACLE EXHIBITS , Hillsboro, OR, pg. 556
Henke, Maddie - Media Department, NBC - MONO, Minneapolis, MN, pg. 117
Henkin, Elyce - Account Services, NBC - AKA NYC, New York, NY, pg. 324
Henne, Sidney - Media Department, NBC, Operations - 72ANDSUNNY, Brooklyn, NY, pg. 24
Henneghan, Chris - Account Planner, Account Services, NBC - SCHUBERT COMMUNICATIONS. INC., Downingtown, PA, pg. 139
Hennessey, Kathleen - NBC, PPOM - AXIOM MARKETING COMMUNICATIONS, Bloomington, MN, pg. 579

Hennessy, Heather - Interactive / Digital, NBC - FUSE, LLC, Vinooski, VT, pg. 8
Hennessy, Molly - NBC - FORTNIGHT COLLECTIVE, Boulder, CO, pg. 7
Henning, Amy - Account Services, NBC - MEKANISM, New York, NY, pg. 113
Henry, Megan - Account Planner, Account Services, NBC - RHEA & KAISER MARKETING , Naperville, IL, pg. 406
Henry, Liz - NBC - CO:COLLECTIVE, LLC, New York, NY, pg. 5
Hensarling, Nina - Account Planner, Account Services, NBC - PEREIRA & O'DELL, New York, NY, pg. 257
Hensel, David - NBC - FILTER, Seattle, WA, pg. 234
Hensley, Klaire - NBC - THE RICHARDS GROUP, INC., Dallas, TX, pg. 422
Henthorn, Barry - Interactive / Digital, NBC, PPOM - REELTIME MEDIA, Kenmore, WA, pg. 507
Hercky, Peter - NBC, PPOM - HERCKY, PASQUA, HERMAN, INC., Roselle Park, NJ, pg. 84
Hering, James - Management, NBC, PPOM - THE RICHARDS GROUP, INC., Dallas, TX, pg. 422
Herman, Adam - Account Services, Interactive / Digital, Management, NBC - CONTROL V EXPOSED, Jenkintown, PA, pg. 222
Hermance, Tena - NBC - MEDIA ASSEMBLY, Southfield, MI, pg. 385
Hermann, Kathy - NBC - SMS MARKETING SERVICES, Hasbrouck Heights, NJ, pg. 292
Hermes, Chuck - Account Services, NBC, PPOM - CLOCKWORK ACTIVE MEDIA, Minneapolis, MN, pg. 221
Hernandez, Jorge - NBC - MOMENTUM WORLDWIDE, Atlanta, GA, pg. 117
Hernandez, Danny - NBC, Public Relations - FORSMAN & BODENFORS, New York, NY, pg. 74
Hernandez-Bobrow, Lisa - Account Services, NBC - TRUE IMPACT MEDIA, Austin, TX, pg. 558
Herndon, Claire - Account Services, Creative, NBC - ALTITUDE MARKETING, Emmaus, PA, pg. 30
Herring, Stephen - NBC - HERRING DESIGN STUDIO, Houston, TX, pg. 186
Herrman, Cary - NBC, PPOM - OCEAN BRIDGE MEDIA GROUP, Los Angeles, CA, pg. 498
Herrnreiter, Pete - Interactive / Digital, NBC - THE MOTION AGENCY, Chicago, IL, pg. 270
Herson, Karen - NBC, PPOM - CONCEPTS, INC., Bethesda, MD, pg. 592
Hertenstein, Mark - Account Services, NBC - EPSILON , New York, NY, pg. 283
Hess, Tom - NBC - NORTON OUTDOOR ADVERTISING, Cincinnati, OH, pg. 554
Hess, Casey - Account Services, NBC, PPOM - UPSHOT , Chicago, IL, pg. 157

Hesslein, Jordan - Account Services, NBC - 72ANDSUNNY, Brooklyn, NY, pg. 24
Hester, Charles - NBC - GODBE COMMUNICATIONS, Burlingame, CA, pg. 445
Hetland, Tyler - NBC - ROCKET55, Minneapolis, MN, pg. 264
Heun, Diane - Management, NBC - CRITICAL MASS, INC., Chicago, IL, pg. 223
Hewitt, Ashley - Administrative, NBC - LOVE & COMPANY, Frederick, MD, pg. 101
Hewitt, Hannah - NBC - WIEDEN + KENNEDY, Portland, OR, pg. 430
Hewson, Katie - NBC - THE BUNTIN GROUP, Nashville, TN, pg. 148
Heyward, Emily - NBC, PPOM - RED ANTLER, Brooklyn, NY, pg. 16
Hicks, Sue - NBC - MISSISSIPPI PRESS SERVICES, Jackson, MS, pg. 496
Hiddemen, Pamela - Account Planner, Account Services, NBC, Social Media - KLICK HEALTH, Toronto, ON, pg. 244
Higbee, Sarah - Account Services, Interactive / Digital, Media Department, NBC - EPSILON , New York, NY, pg. 283
Higdon, Mark - NBC - MAINGATE, INC., Indianapolis, IN, pg. 310
Higdon, Brad - NBC, PPOM - ZIMMERMAN ADVERTISING, Fort Lauderdale, FL, pg. 437
Higgins, Patrick - NBC - WILLOWTREE, INC., Charlottesville, VA, pg. 535
Hiland, Chris - Account Services, Interactive / Digital, Management, Media Department, NBC - PERISCOPE, Minneapolis, MN, pg. 127
Hildebolt, Bill - NBC, PPOM, Research - GEN.VIDEO, New York, NY, pg. 236
Hileman, Maria - Creative, NBC - MEDIA BRIDGE ADVERTISING, Minneapolis, MN, pg. 484
Hill, Alison - NBC, PPOM - CURRENT PR, Lake Forest, CA, pg. 594
Hill, Shayne - Account Services, Management, NBC - PATTISON OUTDOOR ADVERTISING, Mississagua, ON, pg. 555
Hill, Scott - NBC - DJG MARKETING, New York, NY, pg. 352
Hill, Stephanie - Account Planner, Account Services, Interactive / Digital, Management, Media Department, NBC - CARAT, New York, NY, pg. 459
Hill, Ben - Analytics, Interactive / Digital, NBC - VEST ADVERTISING, Louisville, KY, pg. 159
Hill, Rhea - Management, NBC, Operations - 72ANDSUNNY, Playa Vista, CA, pg. 23
Hill, Zachary - Account Services, Media Department, NBC - BATTERY, Hollywood, CA, pg. 330
Hill, Alec - Account Planner, Account Services, NBC, Operations - EPSILON , New York, NY, pg. 283

RESPONSIBILITIES INDEX — AGENCIES

Hill, Clifford - NBC - THE HYBRID CREATIVE, Santa Rosa, CA, pg. 151
Hilliard, Maggie - Account Services, NBC, PPOM - MEDIACOM, New York, NY, pg. 487
Hilliard, Melanie - NBC - CLARITYQUEST, Groton, CT, pg. 50
Hills, Justin - Media Department, NBC - AYZENBERG GROUP, INC., Pasadena, CA, pg. 2
Hilton, Jeff - NBC, PPOM - BRANDHIVE, Salt Lake City, UT, pg. 336
Hilton, Kelly - Human Resources, NBC, Public Relations - STARTEK, Jeffersonville, IN, pg. 168
Hiltz, Lori - NBC, PPOM - HAVAS MEDIA GROUP, New York, NY, pg. 468
Himmelrich, Steven - NBC, PPOM - HIMMELRICH INC., Baltimore, MD, pg. 614
Hisamoto, Matt - Account Planner, NBC - WIEDEN + KENNEDY, Portland, OR, pg. 430
Hitch, Emilie - Account Services, NBC, PPOM - BROADHEAD, Minneapolis, MN, pg. 337
Hjelmstad, Clark - NBC - MARKETING ARCHITECTS, Minneapolis, MN, pg. 288
Hoak, Katie - Management, NBC - ARTS & LETTERS, Richmond, VA, pg. 34
Hoar, Brian - NBC, PPOM - R&R PARTNERS, El Segundo, CA, pg. 402
Hobbs, Brandon - Interactive / Digital, NBC - FITZCO, Atlanta, GA, pg. 73
Hocevar, Rachel - Account Services, NBC - BAZAARVOICE, INC., Austin, TX, pg. 216
Hodges, Charlie - NBC - WE ARE ALEXANDER, St. Louis, MO, pg. 429
Hodges, Tori - Account Services, NBC - AKQA , Washington, DC, pg. 212
Hodges, Liberty - Media Department, NBC - FROST & SULLIVAN, San Antonio, TX, pg. 444
Hodkins, Emily - Account Services, NBC, Public Relations - ELEPHANT, Brooklyn, NY, pg. 181
Hodson, Tara - NBC - DIGITAS, Boston, MA, pg. 226
Hodson, Mark - Account Services, NBC - XEVO, Bellevue, WA, pg. 535
Hoff, Matt - NBC - GREGORY WELTEROTH ADVERTISING, Montoursville, PA, pg. 466
Hoffman, Myra - Creative, NBC, PPOM - HIP ADVERTISING, Springfield, IL, pg. 86
Hoffman, Jeff - NBC, PPOM - HOFFMAN IMC, Jacksonville, FL, pg. 86
Hoffman, Jim - NBC, PPOM - OPINION ACCESS CORPORATION, Lake Success, NY, pg. 543
Hoffman, Lance - NBC - OPINION ACCESS CORPORATION, Lake Success, NY, pg. 543
Hoffman, Laura - Account Planner, Creative, Interactive / Digital, NBC - ZENITH MEDIA, New York, NY, pg. 529

Hoffman, Jeff - Account Services, Creative, NBC, PPOM - EP+CO., Greenville, SC, pg. 356
Hoffman, Laura - Account Services, NBC - THE MANY, Pacific Palisades, CA, pg. 151
Hoffman, Cindy - NBC - HUGE, INC., Brooklyn, NY, pg. 239
Hoffman, Jeff - Management, NBC, PPOM - HAVAS HEALTH & YOU, New York, NY, pg. 82
Hohl, Brittany - NBC - BEACH HOUSE PR, Newport Beach, CA, pg. 582
Hohman, Jennifer - Account Services, Management, NBC, PPOM - FCB NEW YORK, New York, NY, pg. 357
Hojem, Kyle - NBC - HEALTHCARE SUCCESS, Irvine, CA, pg. 83
Hoksch, LeAnn - Interactive / Digital, Media Department, NBC - GMR MARKETING, New Berlin, WI, pg. 306
Holiman, Brett - NBC - VESTCOM, Little Rock, AR, pg. 571
Holladay, Jenni - NBC - METHOD COMMUNICATIONS, Salt Lake City, UT, pg. 386
Holland, Bryan - NBC, PPOM - HOLLAND ADVERTISING, Cincinnati, OH, pg. 87
Holland, Karen - Creative, NBC - RICHARDS CARLBERG, Dallas, TX, pg. 406
Holland, Emma - Creative, NBC - THE RICHARDS GROUP, INC., Dallas, TX, pg. 422
Hollander, Bruce - NBC - DON JAGODA ASSOCIATES, Melville, NY, pg. 567
Hollander, Gail - Account Services, Management, NBC, Operations - PUBLICIS NORTH AMERICA, New York, NY, pg. 399
Hollenbeck, Rob - Creative, NBC - THE RICHARDS GROUP, INC., Dallas, TX, pg. 422
Hollerbach, Tom - NBC - MERIT, Harrisburg, PA, pg. 386
Hollingsworth, Denise - Account Planner, NBC - HMH, Portland, OR, pg. 86
Holloway, Robert - Account Planner, Account Services, NBC - CADIENT GROUP, Malvern, PA, pg. 219
Holme, Ed - NBC - BOLT, Charlotte, NC, pg. 3
Holmes, Ryan - NBC, Public Relations, Social Media - PARRIS COMMUNICATIONS, INC., Kansas City, MO, pg. 125
Holmes, Jonathan - NBC, PPOM - MIGHTY 8TH MEDIA, Buford, GA, pg. 115
Holmes, Tom - NBC, PPOM - HMC 2, Richmond, VT, pg. 371
Holsten, Ryan - Account Services, NBC, Operations - HYFN, Los Angeles, CA, pg. 240
Holt, Mark - NBC, PPOM - EVOK ADVERTISING, Heathrow, FL, pg. 69
Holten, Becky - Account Planner, Account Services, NBC - SIXSPEED, Minneapolis, MN, pg. 198
Holwell, Eric - NBC, Operations - BAYARD ADVERTISING AGENCY, INC.,

New York, NY, pg. 37
Holzman, Louis - Account Services, NBC - ALTITUDE MARKETING, Emmaus, PA, pg. 30
Home, Brianna - NBC, PPOM - HANSEN BELYEA, Seattle, WA, pg. 185
Hoo, Melanie - NBC - CMA DESIGN, Houston, TX, pg. 177
Hooge, JD - Creative, NBC, PPOM - INSTRUMENT, Portland, OR, pg. 242
Hooker, Gary - NBC, PPOM - IMAGINUITY INTERACTIVE, INC., Dallas, TX, pg. 241
Hootman, Tom - Finance, NBC - HANAPIN MARKETING, Bloomington, IN, pg. 237
Hopkins, Erin - Account Planner, NBC, PPM - MEDIASPOT, INC. , Corona Del Mar, CA, pg. 490
Hopkins, Jackie - NBC - EDELMAN, Chicago, IL, pg. 353
Hopper, Dawn - Account Services, NBC - MOSAIC NORTH AMERICA, Irving, TX, pg. 312
Horak, Debbie - Account Services, NBC - GUD MARKETING, Lansing, MI, pg. 80
Horine, Joseph - NBC - AUDIENCEX, Marina Del Rey, CA, pg. 35
Hormuth, Mikel - NBC - REVOLUTION, Chicago, IL, pg. 406
Horn, Sabrina - Interactive / Digital, NBC, PPOM - FINN PARTNERS, New York, NY, pg. 603
Horn, Theresa - NBC - SPECIALISTS MARKETING SERVICES, INC. , Hasbrouck Heights, NJ, pg. 292
Horne, Ed - NBC, PPOM - 160OVER90, New York, NY, pg. 301
Horner, Jane - Media Department, NBC - DCI-ARTFORM, Milwaukee, WI, pg. 349
Horowitz, Brooke - Account Planner, Interactive / Digital, Media Department, NBC - PHD USA, New York, NY, pg. 505
Horowitz, Josh - NBC, PPOM - FAKE LOVE, Brooklyn, NY, pg. 183
Horton, Heather - NBC, Operations - RAIN, Portland, OR, pg. 402
Horton, Matt - Media Department, NBC - PUBLICIS NORTH AMERICA, New York, NY, pg. 399
Horwat, Kenny - NBC - AGENCY 39A, Culver City, CA, pg. 172
Hosler, Samantha - Account Services, NBC - AMOBEE, INC., Chicago, IL, pg. 213
Hostenske, Tom - NBC, PPOM - LCI COMMUNICATIONS, INC., Hayes, VA, pg. 97
Hou, Dan - NBC - HUGE, INC., Washington, DC, pg. 240
Houel, Jennifer - Account Services, NBC - IN CONNECTED MARKETING, Stamford, CT, pg. 681
Hough, Dan - NBC, PPOM - ALAN NEWMAN RESEARCH, Richmond, VA, pg. 441
Hough, Hugh - NBC, PPOM - GREEN TEAM ADVERTISING, New York, NY, pg. 8
Houghton, Kate - Management, Media Department, NBC - OMNICOM GROUP,

AGENCIES — RESPONSIBILITIES INDEX

New York, NY, *pg.* 123
Houghton, Adrienne - NBC - GYRO, Chicago, IL, *pg.* 368
Hourihan, Priscila - NBC - THE COMMUNITY, Miami Beach, FL, *pg.* 545
House, Allison - Account Services, NBC - EVENTNETUSA, Fort Lauderdale, FL, *pg.* 305
Houston, Michael - NBC, PPOM - GREY GROUP, New York, NY, *pg.* 365
Houweling, Brittany - Account Services, NBC - ENGINE DIGITAL, Vancouver, BC, *pg.* 231
Hovaness, Ben - NBC - OMNICOM MEDIA GROUP, Los Angeles, CA, *pg.* 503
Hovey, Brooke - NBC - BCW AUSTIN, Austin, TX, *pg.* 581
Howard, Jordanna - NBC - BILLUPS WORLDWIDE, Lake Oswego, OR, *pg.* 550
Howard, Jennifer - Account Services, NBC, Public Relations, Social Media - BANDY CARROLL HELLIGE , Louisville, KY, *pg.* 36
Howard, John - Management, NBC - JACK MORTON WORLDWIDE, Detroit, MI, *pg.* 309
Howard, Natalie - NBC - YESLER, Seattle, WA, *pg.* 436
Howatt, Heather - Account Services, Media Department, NBC, PPOM - RESULTS MARKETING & ADVERTISING, Charlottetown, PE, *pg.* 405
Howd, Madeline - Interactive / Digital, NBC, Social Media - DIGITAS, Chicago, IL, *pg.* 227
Howe, Susan - NBC, PPOM - WEBER SHANDWICK, Chicago, IL, *pg.* 661
Howe, Charles - Account Services, NBC - TRUE MEDIA, Columbia, MO, *pg.* 521
Howe, Craig - NBC, PPOM - REBEL VENTURES INC., Los Angeles, CA, *pg.* 262
Howell, Tim - NBC, PPOM - BINARY PULSE TECHNOLOGY MARKETING, Irvine, CA, *pg.* 39
Howell, Chris - Interactive / Digital, Media Department, NBC - INITIATIVE, New York, NY, *pg.* 477
Howle, Jeff - Management, NBC - EP+CO., Greenville, SC, *pg.* 356
Hoyt, Jesse - Interactive / Digital, NBC - CLOSED LOOP MARKETING, Roseville, CA, *pg.* 672
Huang, Catherine - NBC, Public Relations - GIANT SPOON, LLC, Los Angeles, CA, *pg.* 363
Huban, Ryan - Management, NBC - WORDS AND PICTURES CREATIVE SERVICE, INC., Park Ridge, NJ, *pg.* 276
Hubbard, John - Account Services, NBC - CANVAS WORLDWIDE, Playa Vista, CA, *pg.* 458
Huber, Conner - Account Services, Interactive / Digital, Management, Media Department, NBC, PPOM - MCGARRYBOWEN, New York, NY, *pg.* 109
Huck, Kevin - Account Services, NBC - ASPEN MARKETING SERVICES, West Chicago, IL, *pg.* 280
Huck, Jenn - Account Planner, Media Department, NBC, Programmatic - OMD ENTERTAINMENT, Burbank, CA, *pg.* 501

Huckabay, Cheryl - Media Department, NBC, PPOM - THE RICHARDS GROUP, INC., Dallas, TX, *pg.* 422
Hudgens, Todd - NBC - MIRUM SHOPPER, Rogers, AR, *pg.* 682
Hudson, Raquel - NBC - CAPTIVATE NETWORK, INC., New York, NY, *pg.* 550
Hudson, Gabe - NBC - ZOOM MEDIA, New York, NY, *pg.* 559
Huff, Rachel - Interactive / Digital, NBC - 360PRPLUS, Boston, MA, *pg.* 573
Huggins, Lisa - NBC, PPOM - MOWER, Atlanta, GA, *pg.* 389
Hughes, Barney - Creative, NBC, PPOM - HUGHES DESIGN GROUP, South Norwalk, CT, *pg.* 186
Hughes, Dave - Creative, NBC, PPOM - GARRISON HUGHES, Pittsburgh, PA, *pg.* 75
Hughes, Alli - Media Department, NBC - DERSE, INC., Milwaukee, WI, *pg.* 304
Hughes, Shirley - NBC, PPOM - ROGERS & COWAN/PMK*BNC, Los Angeles, CA, *pg.* 643
Huie, Jackie - NBC, PPOM - JOHNSON-RAUHOFF, INC., Saint Joseph, MI, *pg.* 93
Huling, Josh - Account Services, NBC - CAMPBELL EWALD, Detroit, MI, *pg.* 46
Hull, Molly - NBC - CLARITY COVERDALE FURY, Minneapolis, MN, *pg.* 342
Hulst, Michelle - NBC - ORACLE DATA CLOUD, Broomfield, CO, *pg.* 448
Humber, Chris - Interactive / Digital, NBC, Programmatic, Social Media - EDELMAN, New York, NY, *pg.* 599
Humiston, Rachel - Account Services, NBC - BRANDGENUITY, LLC, New York, NY, *pg.* 4
Hunley, Jennifer - Account Planner, Interactive / Digital, Media Department, NBC - BBDO WORLDWIDE, New York, NY, *pg.* 331
Hunley, Brittany - Interactive / Digital, NBC, Social Media - EP+CO., New York, NY, *pg.* 356
Hunt, Casey - Account Services, NBC - GUMGUM, New York, NY, *pg.* 467
Hunt, Lisa - Account Services, NBC - ACCENTURE INTERACTIVE, Chicago, IL, *pg.* 209
Hunter, Chris - Account Services, NBC - PUBLICIS TORONTO, Toronto, ON, *pg.* 639
Hunter, Anne - Creative, Finance, NBC - KANTAR MEDIA, New York, NY, *pg.* 446
Hurr, Lindsey - Account Planner, Account Services, NBC - IMMOTION STUDIOS, Fort Worth, TX, *pg.* 89
Hurst, Sandy - Account Services, NBC - ACXIOM CORPORATION, Cape Coral, FL, *pg.* 279
Huss, Erica - NBC - THE BUNTIN GROUP, Nashville, TN, *pg.* 148
Huston, Sam - Account Planner, NBC, PPOM - IPROSPECT, San Francisco,

CA, *pg.* 674
Huston, Megan - NBC - DUARTE, Sunnyvale, CA, *pg.* 180
Hutchins, Brittni - Account Services, NBC - 72ANDSUNNY, Brooklyn, NY, *pg.* 24
Huyett, Jake - Account Services, NBC - JONES HUYETT PARTNERS, Topeka, KS, *pg.* 93
Hwang, Earl - Interactive / Digital, NBC - PMG, Fort Worth, TX, *pg.* 257
Hwang, Marlyn - Media Department, NBC - GP GENERATE, LLC, Los Angeles, CA, *pg.* 541
Hwang, Da-In - NBC - ENGAGE MEDIA GROUP, New York, NY, *pg.* 231
Hyde, Bill - Creative, NBC, PPOM - DP+, Farmington Hills, MI, *pg.* 353
Hyland, Nicole - NBC, PPOM - NATREL COMMUNICATIONS, Parsippany, NJ, *pg.* 120
Hyman, Sara - NBC, PPOM - JONES KNOWLES RITCHIE, New York, NY, *pg.* 11
Iadanza, Clare - Account Planner, Media Department, NBC - HORIZON MEDIA, INC., New York, NY, *pg.* 474
Iadevaia, Kim - Account Services, NBC - ZENITH MEDIA, New York, NY, *pg.* 529
Igoe, Dan - NBC, PPOM - PURE BRAND COMMUNICATIONS, Denver, CO, *pg.* 130
Illingworth, Montieth - NBC, PPOM - MONTIETH & COMPANY, New York, NY, *pg.* 628
Ince, Stuart - Account Services, NBC, PPOM - I2I ADVERTISING & MARKETING, Vancouver, BC, *pg.* 88
Ingram, Sarah - Interactive / Digital, NBC - GOLIN, Los Angeles, CA, *pg.* 609
Iovine, Jeremy - NBC - ROSEWOOD CREATIVE, Los Angeles, CA, *pg.* 134
Iovino, Brian - NBC - LISTRAK, Lititz, PA, *pg.* 246
Ireland, Jack - Interactive / Digital, Media Department, NBC, Social Media - SYZYGY US, New York, NY, *pg.* 268
Ireton, Sean - NBC - MORTENSON KIM, Milwaukee, WI, *pg.* 118
Isaac, Andrea - Administrative, Management, Media Department, NBC, PPOM - HAVAS MEDIA GROUP, Miami, FL, *pg.* 470
Iseral, April - Media Department, NBC - THE RICHARDS GROUP, INC., Dallas, TX, *pg.* 422
Isgrigg, Terri - NBC - BANDY CARROLL HELLIGE , Louisville, KY, *pg.* 36
Ishihara, Andrew - Analytics, NBC, Research - BVK, Milwaukee, WI, *pg.* 339
Isner, Alice - NBC, Operations - THE MARTIN AGENCY, Richmond, VA, *pg.* 421
Issaq, Chad - NBC, Promotions - SUPERFLY, New York, NY, *pg.* 315
Ivacheff, Alexandra - NBC - FETCH, San Francisco, CA, *pg.* 533
Iverson, Cameron - NBC, PPOM - I2I ADVERTISING & MARKETING, Vancouver,

RESPONSIBILITIES INDEX AGENCIES

BC, pg. 88
Iwata, Glenn - NBC, PPOM, Research - WESTGROUP RESEARCH, Phoenix, AZ, pg. 451
Iyer, Vandana - NBC - DIGITAS, Atlanta, GA, pg. 228
Izaks, Jamie - NBC, PPOM - ALL POINTS PUBLIC RELATIONS, Deerfield, IL, pg. 576
Jablon, Dan - Media Department, NBC - MEDIACOM, New York, NY, pg. 487
Jablonski, Marc - Account Services, Analytics, NBC - AKA NYC, New York, NY, pg. 324
Jackson, Kyle - Media Department, NBC, Programmatic - PERFORMICS, Chicago, IL, pg. 676
Jackson, Alex - NBC, Public Relations - ZENITH MEDIA, New York, NY, pg. 529
Jackson, Dave - Account Services, Interactive / Digital, NBC, Public Relations - BURRELL COMMUNICATIONS GROUP, INC. , Chicago, IL, pg. 45
Jackson, Cassie - Account Services, NBC - MEKANISM, New York, NY, pg. 113
Jackson, Pryce - NBC - MORRISON, Atlanta, GA, pg. 117
Jackson, Garrett - Account Services, NBC - EPSILON, Chicago, IL, pg. 283
Jacober, Suzanne - Account Planner, Account Services, NBC - MEDIA STORM, New York, NY, pg. 486
Jacobs, Tom - NBC, PPOM - JACOBS AGENCY, INC., Chicago, IL, pg. 10
Jacobs, Mike - NBC, Operations, PPOM - HEMSWORTH COMMUNICATIONS, Fort Lauderdale, FL, pg. 613
Jacobs, Ricky - Interactive / Digital, Management, Media Department, NBC - FCB TORONTO, Toronto, ON, pg. 72
Jacobs, Leigh - Account Planner, Media Department, NBC - GENERATOR MEDIA + ANALYTICS, New York, NY, pg. 466
Jacobs, Samantha - NBC, PPOM - HEMSWORTH COMMUNICATIONS, Fort Lauderdale, FL, pg. 613
Jacobsen, Eric - Account Planner, NBC - HORIZON MEDIA, INC., New York, NY, pg. 474
Jaffe, Steven - NBC, PPOM - JAFFE & PARTNERS, New York, NY, pg. 377
Jaffery, Imran - Account Services, Interactive / Digital, Media Department, NBC - TOUCHPOINT INTEGRATED COMMUNICATIONS, Darien, CT, pg. 520
Jagoda, Don - NBC, PPOM - DON JAGODA ASSOCIATES, Melville, NY, pg. 567
Jahnke, Thomas - NBC, PPOM - ADVERTISING ART STUDIOS, INC., Brookfield, WI, pg. 172
Jahnke, Mollie - Interactive / Digital, NBC - NEBO AGENCY, LLC, Atlanta, GA, pg. 253
Jain, Anjali - Account Services, NBC - GREY GROUP, New York, NY, pg. 365
Jairam, Michelle - Account Services, NBC - OMD CANADA, Toronto, ON, pg. 501
Jaitla, Alice - Account Services, NBC - NEBO AGENCY, LLC, Atlanta, GA, pg. 253
Jaklovsky, Mark - NBC, PPOM - POLAR DESIGN, Charlestown, MA, pg. 257
Jakovich, Amanda - Account Services, NBC - AGENCY 720, Naperville, IL, pg. 323
Jakubcwski, Natasha - Interactive / Digital, NBC, PPOM - ANOMALY, New York, NY, pg. 325
Jamal, Avi - Media Department, NBC - SITO, Jersey City, NJ, pg. 535
James, Gordon - NBC, PPOM - GORDON C. JAMES PUBLIC RELATIONS, Phoenix, AZ, pg. 610
James, Greg - Account Planner, Management, Media Department, NBC, PPOM - HAVAS MEDIA GROUP, New York, NY, pg. 468
Jamieson, Martha - Account Services, NBC - DDB CANADA, Edmonton, AB, pg. 59
Janata, Gloria - NBC, PPOM - TOGORUN, Washington, DC, pg. 656
Janiczek, Jan - NBC, PPM - BLUEMEDIA, Tempe, AZ, pg. 175
Janke, Kimberly - Account Planner, NBC - FLINT COMMUNICATIONS, INC., Fargo, ND, pg. 359
Jansen, Brad - Account Planner, NBC - HAVAS SPORTS & ENTERTAINMENT, Atlanta, GA, pg. 370
January, John - NBC, PPOM - SIGNAL THEORY, Kansas City, MO, pg. 141
Janz, Jacqueline - Interactive / Digital, NBC, Public Relations - MORTENSON KIM, Milwaukee, WI, pg. 118
Jara, Jocelyn - NBC, Public Relations - GOLIN, Chicago, IL, pg. 609
Jardeleza, Joanna - Account Services, NBC - RATESPECIAL INTERACTIVE LLC, Paasadena, CA, pg. 262
Jarecke-Cheng, Kipp - NBC, PPOM, Public Relations - PUBLICIS HEALTH, New York, NY, pg. 639
Jarosh, Jessica - Account Planner, Account Services, NBC - BAILEY LAUERMAN, Omaha, NE, pg. 35
Jarrett, Dan - NBC, PPOM - CONSUMER LOGIC, Tulsa, OK, pg. 443
Jarrett, Annalee - NBC - 97TH FLOOR, Lehi, UT, pg. 209
Jarvis, Gabrielle - Media Department, NBC - UNIVERSAL MCCANN DETROIT, Birmingham, MI, pg. 524
Jasinski, Zak - Account Services, NBC - HANSON, INC., Toledo, OH, pg. 237
Jaspersohn, Kari - NBC - R&R PARTNERS, El Segundo, CA, pg. 402
Jay, Brook - NBC, PPOM - ALL TERRAIN, Chicago, IL, pg. 302
Jech, Derek - Interactive / Digital, NBC - DIGITAS, New York, NY, pg. 226
Jefferis, Josh - NBC - ANOMALY, Venice, CA, pg. 326
Jefferson, Devlin - NBC - OPERATIVE, New York, NY, pg. 289
Jeffries, Scott - Media Department, NBC - STEPHEN THOMAS, Toronto, ON, pg. 412
Jelinek, Paul - NBC - TABOOLA, New York, NY, pg. 268
Jenkins, Angee - NBC, Public Relations - ROBERTSON SCHWARTZ AGENCY, Santa Monica, CA, pg. 643
Jenkins, Jill - Account Services, NBC - PRODIGAL MEDIA COMPANY, Boardman, OH, pg. 15
Jennemann, Mark - NBC, PPOM - BULLSEYE DATABASE MARKETING, Tulsa, OK, pg. 280
Jenney, Caitlin - Media Department, NBC - GROUNDFLOOR MEDIA, Denver, CO, pg. 611
Jennings, Todd - NBC - PRACTICAL ECOMMERCE, Traverse City, MI, pg. 676
Jennings, Katy - NBC - WALZ TETRICK ADVERTISING, Mission, KS, pg. 429
Jennings, Maggie - NBC - WIEDEN + KENNEDY, Portland, OR, pg. 430
Jensen, Kimberley - NBC - MADDOCK DOUGLAS, Elmhurst, IL, pg. 102
Jernigan, Carey - NBC - RE:GROUP, INC., Ann Arbor, MI, pg. 403
Jernigan, Callie - Management, NBC - BCW AUSTIN, Austin, TX, pg. 581
Jerome, Zack - Account Planner, NBC - WIEDEN + KENNEDY, Portland, OR, pg. 430
Jeske, Doug - NBC, Operations, PPOM - MEYOCKS GROUP, West Des Moines, IA, pg. 387
Jessen, Jace - Account Services, NBC - CLEAR CHANNEL OUTDOOR, Torrance, CA, pg. 551
Jewett, Frank - Account Services, NBC - XEVO, Bellevue, WA, pg. 535
Jilek, Lauren - NBC - THE LOOMIS AGENCY, Dallas, TX, pg. 151
Jinkiri, Maigari - Finance, NBC, PPOM - EBIQUITY, New York, NY, pg. 444
Joannides, John - Account Services, NBC - ANOMALY, Venice, CA, pg. 326
Jobst, Christopher - NBC - SWITCH, Saint Louis, MO, pg. 145
John, Thomas - Interactive / Digital, NBC - RIGHTPOINT, Oakland, CA, pg. 263
Johns, Ken - Account Planner, Account Services, NBC - BRUNNER, Pittsburgh, PA, pg. 44
Johnsen, Ben - Interactive / Digital, Media Department, NBC - KIOSK CREATIVE LLC, Novato, CA, pg. 378
Johnson, Steve - Account Services, NBC, PPOM - RIGER MARKETING COMMUNICATIONS, Binghamton, NY, pg. 407
Johnson, Mason - Creative, NBC, PPOM - JOHNSON-RAUHOFF, INC., Saint Joseph, MI, pg. 93
Johnson, Nathan - NBC - STRATEGIC AMERICA, West Des Moines, IA, pg. 414
Johnson, Ryan - Interactive / Digital, NBC, PPOM - MINDSHARE, Portland, OR, pg. 495

AGENCIES

RESPONSIBILITIES INDEX

Johnson, Heather - NBC - ALTERNATIVES DESIGN, New York, NY, pg. 172

Johnson, Jan - Account Services, NBC, PPOM - AVENIR BOLD, Raleigh, NC, pg. 328

Johnson, Shanae - Media Department, NBC - HEARTS & SCIENCE, Los Angeles, CA, pg. 473

Johnson, Kristen - NBC, PPM - WIEDEN + KENNEDY, New York, NY, pg. 432

Johnson, Isaac - Media Department, NBC, Operations - GTB, Dearborn, MI, pg. 367

Johnson, Lisa - Media Department, NBC - WIEDEN + KENNEDY, Portland, OR, pg. 430

Johnson, Noel - Account Services, NBC - DUNCAN CHANNON, San Francisco, CA, pg. 66

Johnson, Jake - NBC - ALLOVER MEDIA, Plymouth, MN, pg. 549

Johnson, Lauren - Interactive / Digital, Management, Media Department, NBC - 360I, LLC, Atlanta, GA, pg. 207

Johnson, Jesse - NBC - WIEDEN + KENNEDY, Portland, OR, pg. 430

Johnson, Greg - Interactive / Digital, Management, NBC, PPOM - MCGARRYBOWEN, San Francisco, CA, pg. 385

Johnson, Nick - Account Planner, Management, NBC - SCOPPECHIO, Louisville, KY, pg. 409

Johnson, Matt - Account Services, Finance, Management, Media Department, NBC, PPOM - HAYMAKER, Los Angeles, CA, pg. 83

Johnson, Steven - Analytics, NBC, Research - BVK, Milwaukee, WI, pg. 339

Johnson, Angela - Account Services, Interactive / Digital, NBC - VAYNERMEDIA, New York, NY, pg. 689

Johnson, Graham - Account Services, Interactive / Digital, NBC - FCB HEALTH, New York, NY, pg. 72

Johnson, Ryan - Account Services, Media Department, NBC - RPA, Santa Monica, CA, pg. 134

Johnson, Madeline - NBC - LONDON MISHER PUBLIC RELATIONS, New York, NY, pg. 623

Johnson, Jeremy - NBC - SPECIALISTS MARKETING SERVICES, INC., Hasbrouck Heights, NJ, pg. 292

Johnson, Katie - NBC, PPM - O'KEEFE REINHARD & PAUL, Chicago, IL, pg. 392

Johnson, Allie - Creative, NBC, PPM - VIVA CREATIVE, Rockville, MD, pg. 160

Johnson, Heather - NBC - MARKETING ARCHITECTS, Minneapolis, MN, pg. 288

Johnson, Vernon - NBC - 3Q DIGITAL, Chicago, IL, pg. 208

Johnson, Hunter - NBC - JOHNSON GRAY ADVERTISING, Laguna Beach, CA, pg. 377

Johnson Days, Sarah - Account Services, NBC, PPOM - ACCELERATION PARTNERS, Needham, MA, pg. 25

Johnston, Donna - NBC, PPOM - FINISHED ART, INC., Atlanta, GA, pg. 183

Johnston, Hallie - Account Services, NBC, PPOM - INITIATIVE, New York, NY, pg. 477

Johnston, AJ - Account Services, NBC - COLD SPARK MEDIA, Pittsburgh, PA, pg. 51

Johnstone, Mary - NBC - VENABLES BELL & PARTNERS, San Francisco, CA, pg. 158

Jollie, Tom - Management, NBC - PADILLA, Minneapolis, MN, pg. 635

Jones, Eddie - NBC, PPOM - CORPORATE COMMUNICATIONS, Nashville, TN, pg. 593

Jones, David - NBC, PPOM - JACKSON MARKETING GROUP, Simpsonville, SC, pg. 188

Jones, Susan - Account Planner, NBC - HAWK, Moncton, NB, pg. 83

Jones, Ross - Interactive / Digital, NBC - BRAINSELL TECHNOLOGIES, LLC, Topsfield, MA, pg. 167

Jones, Sherri - Account Services, Management, NBC - PHASE 3 MARKETING & COMMUNICATIONS, Atlanta, GA, pg. 636

Jones, Terri - NBC - CONFERENCE INCORPORATED, Reston, VA, pg. 303

Jones, Nick - Account Services, NBC - GEOMETRY, Chicago, IL, pg. 363

Jones, Christopher - NBC, PPOM - BLUE MAGNET INTERACTIVE MARKETING & MEDIA, LLC, Chicago, IL, pg. 217

Jones, Carrie - NBC, PPOM - JPA HEALTH COMMUNICATIONS, Washington, DC, pg. 618

Jones, Courtney - Account Services, NBC - 22SQUARED INC., Atlanta, GA, pg. 319

Jones, Andrew - NBC - WUNDERMAN THOMPSON, New York, NY, pg. 434

Jones, MacKenzie - Account Services, NBC - FINGERPAINT MARKETING, Saratoga Springs, NY, pg. 358

Jones, Laura - NBC - MYRIAD TRAVEL MARKETING, Los Angeles, CA, pg. 390

Jones, Tim - NBC, PPOM - ETERNAL WORKS, Virginia Beach, VA, pg. 357

Jones, Ashlie - NBC, PPOM - ETERNAL WORKS, Virginia Beach, VA, pg. 357

Jones, Taylor - NBC, PPOM - WHITEBOARD.IS, Chattanooga, TN, pg. 430

Jones, Amanda - Account Services, NBC - DRAKE COOPER, Boise, ID, pg. 64

Jordan, Tarley - NBC - ESI DESIGN, INC., New York, NY, pg. 182

Jorishie, Andy - Account Planner, Account Services, Management, NBC - BRIGHT RED\TBWA, Tallahassee, FL, pg. 337

Jose, Keith - NBC - GSD&M, Austin, TX, pg. 79

Joseph, Jerry - Account Services, Media Department, NBC - MEDIACOM, New York, NY, pg. 487

Josephson, Lina - Analytics, Interactive / Digital, Media Department, NBC, Research - HAVAS MEDIA GROUP, New York, NY, pg. 468

Joyal, Jim - Account Services, NBC, PPOM - SHIFT COMMUNICATIONS, LLC, Boston, MA, pg. 647

Joyal, Jean-Francois - NBC, PPOM - BOB COMMUNICATIONS, Montreal, QC, pg. 41

Juarez, Nicandro - NBC, PPOM - JUAREZ AND ASSOCIATES, INC., Los Angeles, CA, pg. 446

Judd, Layton - NBC, PPOM - 3 BIRDS MARKETING, Chapel Hill, NC, pg. 207

Juhl, Erica - NBC, Operations - ALLOVER MEDIA, Plymouth, MN, pg. 549

Juleen Jr., Rick - NBC - YESCO OUTDOOR MEDIA, Las Vegas, NV, pg. 559

Juliano, Anthony - Account Services, NBC - ASHER AGENCY, Fort Wayne, IN, pg. 327

Jungmeyer, Blake - Interactive / Digital, NBC - CZARNOWSKI, Chicago, IL, pg. 304

Jurist, Suzy - Account Services, NBC, PPOM - SJI ASSOCIATES, New York, NY, pg. 142

Jusko, Liz - Account Services, NBC - ACCESS TO MEDIA, Chicopee, MA, pg. 453

Justice, Renae - Finance, NBC, Operations - THE ADVOCATE AGENCY, Chehalis, WA, pg. 148

Jutton, Kristin - NBC - PHOENIX MARKETING INTERNATIONAL, Rhinebeck, NY, pg. 449

Kafka, Jasmine - Account Services, NBC - KIDZSMART CONCEPTS, Vancouver, BC, pg. 188

Kager, Karen - Account Services, Management, Media Department, NBC - BHW1 ADVERTISING, Spokane, WA, pg. 3

Kahn, Michael - NBC, PPOM - DIGITAS, Chicago, IL, pg. 227

Kahn, Emily - Account Services, NBC - WIEDEN + KENNEDY, Portland, OR, pg. 430

Kain-Cacossa, Marnie - Account Services, Finance, NBC, PPOM - GREY GROUP, New York, NY, pg. 365

Kaiser, Brian - NBC - KLICK HEALTH, Toronto, ON, pg. 244

Kalan, Steve - NBC - LEVICK STRATEGIC COMMUNICATIONS, Washington, DC, pg. 622

Kalczynski, Stefan - Account Services, NBC - HAWKE MEDIA, Los Angeles, CA, pg. 370

Kalkbrenner, Vern - NBC - MUDD ADVERTISING, Cedar Falls, IA, pg. 119

Kallin, Craig - NBC, Operations - PRIMACY, Farmington, CT, pg. 258

Kalm, Nick - NBC, PPOM - REPUTATION PARTNERS, Chicago, IL, pg. 642

Kam, Paulette - NBC - BWR PUBLIC RELATIONS, Beverly Hills, CA, pg. 587

Kamath, Jay - Creative, NBC, PPOM - HAYMAKER, Los Angeles, CA, pg. 83

Kamen, Stu - NBC - BRAINSTORM

RESPONSIBILITIES INDEX — AGENCIES

STUDIO, Melville, NY, pg. 672
Kampmier, Colin - NBC, PPOM - COLINKURTIS ADVERTISING & DESIGN, Rockford, IL, pg. 177
Kanarowski, David - NBC - COMMUNICA, INC., Toledo, OH, pg. 344
Kandel, Eliana - NBC - PUBLICIS NORTH AMERICA, New York, NY, pg. 399
Kane, Keith - NBC, PPOM - GRAF MEDIA GROUP, New York, NY, pg. 552
Kane, Timothy - NBC, PPOM - DELTA MEDIA, INC., Ottawa, ON, pg. 596
Kane, Rob - NBC - SPARXOO AGENCY, Tampa, FL, pg. 17
Kane, Liz - NBC - COLLE MCVOY, Minneapolis, MN, pg. 343
Kane, Lynn - Account Services, NBC - GRAF MEDIA GROUP, New York, NY, pg. 552
Kanga, Natasha - Account Planner, Account Services, Media Department, NBC - KINETIC WORLDWIDE, New York, NY, pg. 553
Kaplan, Jeremy - NBC - GUMGUM, Santa Monica, CA, pg. 80
Kapler, Jason - NBC - LIVEWORLD, San Jose, CA, pg. 246
Kappus, Kathy - Account Services, Analytics, Interactive / Digital, NBC - BLIZZARD INTERNET MARKETING, Glenwood Springs, CO, pg. 672
Kapsalis, Christopher - NBC, PPOM - LEGACY MARKETING PARTNERS, Chicago, IL, pg. 310
Karam, Mike - NBC, PPOM - LAIRD + PARTNERS, New York, NY, pg. 96
Karam, Tara - Account Services, Creative, Media Department, NBC - HEARTS & SCIENCE, New York, NY, pg. 471
Karambis, Scott - Account Planner, Account Services, Management, NBC, PR Management, Research - ARNOLD WORLDWIDE, Boston, MA, pg. 33
Karandikar, Ashwini - NBC, PPOM - AMNET, Fort Worth, TX, pg. 454
Karlovic, Eric - NBC, PPOM - HUGHESLEAHYKARLOVIC, Saint Louis, MO, pg. 372
Karoub, Kirstin - NBC, Operations - YOUR PEOPLE LLC, Huntington Woods, MI, pg. 664
Karpel, Craig - NBC, PPOM - THE KARPEL GROUP, New York, NY, pg. 299
Karpel, Lenny - Account Planner, Account Services, Creative, Media Department, NBC - PEREIRA & O'DELL, San Francisco, CA, pg. 256
Karpinskaia, Jane - NBC - FCB NEW YORK, New York, NY, pg. 357
Karwoski, Glenn - NBC, PPOM - KARWOSKI & COURAGE, Minneapolis, MN, pg. 618
Karwowski, Kamila - NBC, Public Relations - JAN KELLEY MARKETING, Burlington, ON, pg. 10
Kasakitis, Jeff - NBC - ADG CREATIVE, Columbia, MD, pg. 323
Kasel, Erica - NBC, PPOM - JANE SMITH AGENCY, New York, NY, pg. 377
Kasi, Amanda - Media Department, NBC - HORIZON MEDIA, INC., New York, NY, pg. 474
Kasparian, Nairi - Account Planner, Media Department, NBC - CARAT, New York, NY, pg. 459
Kasper, Sheri - NBC, PPOM - FRESH COMMUNICATIONS, North Reading, MA, pg. 606
Kassing, Jason - NBC, PPOM - KASSING ANDREWS ADVERTISING, Salt Lake City, UT, pg. 94
Katelman, Steve - Account Planner, Account Services, Interactive / Digital, Management, NBC, Operations - ANNALECT GROUP, New York, NY, pg. 213
Katowitz, Janet - NBC, PPOM - SAGE MEDIA PLANNING & PLACEMENT, INC., Washington, DC, pg. 508
Katuli, Musa - NBC, Research - OMD, New York, NY, pg. 498
Katz, Matt - NBC - PICTUREPLANE, Los Angeles, CA, pg. 194
Katz, Helen - Analytics, NBC - PUBLICIS NORTH AMERICA, New York, NY, pg. 399
Kauffman, Brianna - Account Services, Interactive / Digital, Media Department, NBC - TAYLOR, New York, NY, pg. 651
Kaufman, Lois - NBC, PPOM - INTEGRATED MARKETING SERVICES, INC., Princeton, NJ, pg. 375
Kaufman, Claire - NBC - SIGNAL THEORY, Kansas City, MO, pg. 141
Kaufman, Robert - NBC, Operations - OMNICOM GROUP, New York, NY, pg. 123
Kaufman, Rich - Account Services, NBC - CENTRIPLY, New York, NY, pg. 462
Kautz, John - Interactive / Digital, NBC - RAWLE-MURDY ASSOCIATES, Charleston, SC, pg. 403
Kavicky, Tammy - NBC, Public Relations - BIG RED ROOSTER, Columbus, OH, pg. 3
Kawass, Laina - NBC - ORIGINAL IMPRESSIONS, Miami, FL, pg. 289
Kaye, Hilary - NBC, PPOM - HKA, INC., Tustin, CA, pg. 614
Kaye, Laura - Account Services, NBC - ORGANIC, INC., San Francisco, CA, pg. 255
Kazer, Lena - NBC - LORD DANGER, Los Angeles, CA, pg. 562
Kazim, Sherine - Creative, Interactive / Digital, NBC - FAIRE, LLC, Washington, DC, pg. 357
Kearns, Michelle - NBC, Social Media - KEARNS MARKETING GROUP, INC., Burlington, ON, pg. 94
Keasler, Kent - NBC, PPOM - MILLER-REID, Chattanooga, TN, pg. 115
Keating, Mary - Interactive / Digital, NBC - HILL+KNOWLTON STRATEGIES CANADA, Toronto, ON, pg. 613
Keckan, Daniel - NBC - CINECRAFT PRODUCTIONS, INC., Cleveland, OH, pg. 561
Keehn, Jason - NBC, PPOM - YARD, New York, NY, pg. 435
Keelty, Mary Beth - NBC, PPOM - FORWARDPMX, New York, NY, pg. 360
Keenan, Bill - Creative, NBC - GROUNDZERO, Toronto, ON, pg. 78
Keenan, Joe - Management, NBC - IMRE, Los Angeles, CA, pg. 374
Keener, Tim - NBC, Operations - LAS VEGAS EVENTS, Las Vegas, NV, pg. 310
Kehe, Tammy - NBC - NETWORK AFFILIATES, INC., Lakewood, CO, pg. 391
Kehm, Karen - NBC - BRANDED ENTERTAINMENT NETWORK, INC., New York, NY, pg. 297
Kehoe, Danielle - NBC - CASANOVA//MCCANN, Costa Mesa, CA, pg. 538
Keiles, Eric - NBC, PPOM - SQUARE 2 MARKETING, INC., Conshohocken, PA, pg. 143
Keller, Aaron - NBC, PPOM - CAPSULE, Minneapolis, MN, pg. 176
Keller, Don - Account Services, NBC - CATALPHA ADVERTISING & DESIGN, INCORPORATED, Towson, MD, pg. 340
Keller, Shannan - NBC - 30 LINES, Columbus, OH, pg. 207
Kellner, Scott - Media Department, NBC, PPOM - THE GEORGE P. JOHNSON COMPANY, San Carlos, CA, pg. 316
Kellogg, Katie - Media Department, NBC - PLOWSHARE GROUP, INC., Stamford, CT, pg. 128
Kellum, Sean - NBC - ACCUDATA AMERICA, Fort Myers, FL, pg. 279
Kelly, Jill - Management, Media Department, NBC, PPOM, PR Management, Public Relations - GROUPM, New York, NY, pg. 466
Kelly, Patrick - NBC, PPOM - BARRETTSF, San Francisco, CA, pg. 36
Kelly, Ali - NBC - EMPOWER, Cincinnati, OH, pg. 354
Kelly, Kevin - Creative, NBC, PPOM - BIGBUZZ MARKETING GROUP, New York, NY, pg. 217
Kelly, Natalie - NBC - MILES MEDIA GROUP, LLP, Sarasota, FL, pg. 387
Kelly, Erin - Account Services, NBC - BRANDTRUST, INC., Chicago, IL, pg. 4
Kelly, Joe - Account Services, NBC, Promotions - OMOBONO, Chicago, IL, pg. 687
Kelly, Gavin - Account Services, NBC, PPOM - ARTEFACT, Seattle, WA, pg. 173
Kelly, Kayla - NBC - DATABASE MARKETING GROUP, INC., Irvine, CA, pg. 281
Kemmer, Dawn - Creative, NBC - OH PARTNERS, Phoenix, AZ, pg. 122
Kemp, Mary - NBC, PPOM - IDEAS THAT KICK, Minneapolis, MN, pg. 186
Kemp, Bryan - Account Services, Management, Media Department, NBC - THE BUNTIN GROUP, Nashville, TN, pg. 148
Kennedy, John - NBC - BLACKWING CREATIVE, Seattle, WA, pg. 40
Kennedy, Mark - NBC - ADVANCE DESIGN INTERACTIVE, Lower Gwynedd, PA, pg. 211

AGENCIES

RESPONSIBILITIES INDEX

Kennedy, Aaron - NBC, PPOM - FLYNN WRIGHT, INC., Des Moines, IA, pg. 359

Kennedy, Caitlin - Account Services, Interactive / Digital, NBC - BLUE CHIP MARKETING & COMMUNICATIONS, Northbrook, IL, pg. 334

Kennish, Fran - Account Planner, NBC, PPOM - WAVEMAKER, New York, NY, pg. 526

Kenny, Case - NBC - AMOBEE, INC., Chicago, IL, pg. 213

Kent, Bob - NBC, PPM, PPOM - TIMMONS & COMPANY, Jamison, PA, pg. 426

Kenyon, Danielle - Account Services, NBC - OUTFRONT MEDIA, Chicago, IL, pg. 554

Keogh, Tom - NBC - BRUCE MAU DESIGN, Toronto, ON, pg. 176

Keough Raj, Jennifer - NBC - MORRISON, Atlanta, GA, pg. 117

Keown, Jimmy - Account Planner, Account Services, Finance, Media Department, NBC - BARKLEY, Kansas City, MO, pg. 329

Kerasek, Barbara - NBC, PPOM - PARADISE, Saint Petersburg, FL, pg. 396

Kerestegian, Nicholas - NBC - REPUBLICA HAVAS, Miami, FL, pg. 545

Kerge, Steve - NBC, PPOM - SPARK451, INC., Westbury, NY, pg. 411

Kermode, Samantha - NBC - INVESTIS DIGITAL, Phoenix, AZ, pg. 376

Kern, Russell - NBC, PPOM - KERN, Woodland Hills, CA, pg. 287

Kersey, Dave - Account Services, NBC, Promotions - CARAT, Culver City, CA, pg. 459

Kertis, Stephen - Creative, Management, NBC - KERTIS CREATIVE, Louisville, KY, pg. 95

Kessler, Julie - Account Planner, Interactive / Digital, Management, Media Department, NBC - CARAT, New York, NY, pg. 459

Ketchiff, Price - NBC - CHARLES BEARDSLEY ADVERTISING, Avon, CT, pg. 49

Keuning, Kim - NBC, PPOM - OUT THERE ADVERTISING, Duluth, MN, pg. 395

Keusseyan, Zaven - Account Services, NBC - CANVAS WORLDWIDE, Playa Vista, CA, pg. 458

Kevill, Adriana - NBC - RECRUITICS, Lafayette, CA, pg. 404

Keyes Jr., Nick - Account Services, NBC - KEY-ADS, INC., Dayton, OH, pg. 553

Khoo, Jamie - Analytics, Media Department, NBC, Research - MINDSHARE, New York, NY, pg. 491

Khoshnoud, Babak - NBC, PPOM - YOURS TRULY, Los Angeles, CA, pg. 300

Kidd, David - Interactive / Digital, NBC - STEADYRAIN, St. Louis, MO, pg. 267

Kieffer, Jamie - Account Planner, NBC - EDELMAN, Chicago, IL, pg. 353

Kiernan, Eileen - NBC, PPOM - UNIVERSAL MCCANN, New York, NY, pg. 521

Kiernan, Bruce - Account Services, Management, NBC - REPRISE DIGITAL, New York, NY, pg. 676

Kiernan II, Steve - NBC, PPOM - ALGONQUIN STUDIOS, Buffalo, NY, pg. 212

Kiker, John - Account Services, NBC - THE INTEGER GROUP - DALLAS, Dallas, TX, pg. 570

Killeen, Mike - NBC - LENZ, INC., Decatur, GA, pg. 622

Kim, Chris - NBC - RADICAL MEDIA, New York, NY, pg. 196

Kim, Skylar - Interactive / Digital, Media Department, NBC - HORIZON MEDIA, INC., New York, NY, pg. 474

Kim, Binna - NBC, PPOM, Public Relations - VESTED, New York, NY, pg. 658

Kim, Christine - NBC - RATESPECIAL INTERACTIVE LLC, Paasadena, CA, pg. 262

Kim, Carolyn - Analytics, NBC - HEARTS & SCIENCE, New York, NY, pg. 471

Kim, Saeyoung - NBC - DEUTSCH, INC., Los Angeles, CA, pg. 350

Kim, John - Account Planner, Media Department, NBC - HORIZON MEDIA, INC., New York, NY, pg. 474

Kim, Michael - Analytics, NBC - PERFORMICS, Chicago, IL, pg. 676

Kim, Joy - Account Planner, NBC - CARAT, Culver City, CA, pg. 459

Kim, Heeseung - Interactive / Digital, NBC, Social Media - THE FOUNDRY @ MEREDITH CORP, New York, NY, pg. 150

Kim-Kirkland, Susan - NBC, PPOM - JWT TORONTO, Toronto, ON, pg. 378

Kimberlin, Lauren - Interactive / Digital, NBC, Social Media - BALCOM AGENCY, Fort Worth, TX, pg. 329

Kincaid, Brett - NBC, PPOM - MATTE PROJECTS, New York, NY, pg. 107

Kindle, Kathleen - Account Services, Media Department, NBC - SAATCHI & SAATCHI LOS ANGELES, Torrance, CA, pg. 137

King, Phil - NBC, PPOM - OKD MARKETING GROUP, Burlington, ON, pg. 394

King, Matt - NBC, PPOM - SFW AGENCY, Greensboro, NC, pg. 16

King, Alison - NBC, PPOM - MEDIA PROFILE, Toronto, ON, pg. 627

King, Forrest - Creative, NBC, PPOM - JUICE PHARMA WORLDWIDE, New York, NY, pg. 93

King, Kristen - Account Services, NBC, Public Relations - WEBER SHANDWICK, Toronto, ON, pg. 662

King, Amy - Media Department, NBC - GFK MRI, New York, NY, pg. 445

King, Venessa - NBC - TURNER PUBLIC RELATIONS, New York, NY, pg. 657

Kingdon, Devin - NBC, Public Relations - BCW LOS ANGELES, Los Angeles, CA, pg. 581

Kingery, Jacqueline - Media Department, NBC - EMPOWER, Cincinnati, OH, pg. 354

Kingsbury, Dondi - Management, NBC - O'BRIEN MARKETING, Newport Beach, CA, pg. 498

Kinkeade, Amanda - NBC - ZEHNER, Los Angeles, CA, pg. 277

Kinkopf, Jeffrey - Media Department, NBC - THE RICHARDS GROUP, INC., Dallas, TX, pg. 422

Kinney, Charissa - Account Services, Interactive / Digital, NBC, Public Relations - 72ANDSUNNY, Playa Vista, CA, pg. 23

Kipp, Emmalie - Interactive / Digital, Media Department, NBC - THE OUTCAST AGENCY, San Francisco, CA, pg. 654

Kirby, Rainbow - NBC, Public Relations - CLEAR CHANNEL OUTDOOR, New York, NY, pg. 550

Kirby, Joe - NBC - DCG ONE, Seattle, WA, pg. 58

Kirch, Madelyne - NBC, PPOM - SUN & MOON MARKETING COMMUNICATIONS, INC., New York, NY, pg. 415

Kirk, Scott - Account Planner, NBC - PAVLOV, Fort Worth, TX, pg. 126

Kirkegaard, Jordan - Account Services, NBC - FIREFLY, San Francisco, CA, pg. 552

Kirkman, Ron - Media Department, NBC - GTB, Dearborn, MI, pg. 367

Kirkpatrick, Pamela - Account Planner, Interactive / Digital, Media Department, NBC - THE RICHARDS GROUP, INC., Dallas, TX, pg. 422

Kirkpatrick, Kathy - NBC - TREKK, Rockford, IL, pg. 156

Kislevitz, Maximilian - Account Services, Management, NBC - TOOL OF NORTH AMERICA, Santa Monica, CA, pg. 564

Kissam, Rita - NBC - HOWARD MILLER ASSOCIATES, INC., Lancaster, PA, pg. 87

Kissock, Christopher - NBC - CODE AND THEORY, New York, NY, pg. 221

Kittoe, Tobin - NBC - WIEDEN + KENNEDY, Portland, OR, pg. 430

Kittridge, Barbara - Management, NBC - HAVAS MEDIA GROUP, New York, NY, pg. 468

Kjelland, Stacy - NBC, PPOM - ICF NEXT, Minneapolis, MN, pg. 372

Klagholz, Katherine - NBC - SCREENVISION, New York, NY, pg. 557

Klapp, Denise - NBC - FORSMAN & BODENFORS, New York, NY, pg. 74

Klarfeld, Emily - Account Planner, Media Department, NBC - HORIZON MEDIA, INC., New York, NY, pg. 474

Klawitter, Christian - NBC, PPOM - BRIGHT DESIGN, Los Angeles, CA, pg. 176

Klein, Anne - NBC, PPOM - AKCG PUBLIC RELATIONS COUNSELORS, Glassboro, NJ, pg. 575

Klein, Howard - NBC - FCB CHICAGO, Chicago, IL, pg. 71

Klein, John - Creative, Management, NBC - NINTHDECIMAL, San Francisco, CA, pg. 534

RESPONSIBILITIES INDEX — AGENCIES

Klein, Matthew - Management, NBC - ELITE MARKETING GROUP, New York, NY, *pg.* 305

Klein, Jeremy - Management, NBC - ZETA INTERACTIVE, New York, NY, *pg.* 277

Klein, Edina - NBC, Social Media - AGENCY 720, Detroit, MI, *pg.* 323

Klein, Bob - NBC - CORINTHIAN MEDIA, INC., New York, NY, *pg.* 463

Klein, Andrew - NBC - SPARK FOUNDRY, Chicago, IL, *pg.* 510

Kleiter, Chris - Account Services, NBC - LMNO, Saskatoon, SK, *pg.* 100

Kline, Ben - Account Planner, NBC, PPOM - THE DISTILLERY PROJECT, Chicago, IL, *pg.* 149

Kline, Andrew - Account Services, NBC - CAMERON ADVERTISING, Hauppauge, NY, *pg.* 339

Kline, Rebecca - Account Planner, Account Services, Media Department, NBC - CANVAS WORLDWIDE, Playa Vista, CA, *pg.* 458

Klochkova, Diana - NBC, Operations, PPOM - REBEL VENTURES INC., Los Angeles, CA, *pg.* 262

Klos, Kay - Account Services, NBC - ANSIRA, Saint Louis, MO, *pg.* 280

Knapp, Steve - Account Planner, Media Department, NBC - COLLE MCVOY, Minneapolis, MN, *pg.* 343

Knapp, Robert - Interactive / Digital, NBC - DIGITAS, New York, NY, *pg.* 226

Knechtel, Christine - Creative, Media Department, NBC - INITIATIVE, Toronto, ON, *pg.* 479

Knee, Sara - Account Services, Interactive / Digital, Media Department, NBC - LIPPE TAYLOR, New York, NY, *pg.* 623

Knepfer, Tamra - NBC - BRANDED ENTERTAINMENT NETWORK, INC., New York, NY, *pg.* 297

Knepler, Ben - NBC - BAILEY BRAND CONSULTING, Plymouth Meeting, PA, *pg.* 2

Knibbs, Andrea - NBC, PPOM - SMITH & KNIBBS, INC., Deerfield Beach, FL, *pg.* 648

Knight, Bill - NBC, PPOM - ADAMS & KNIGHT ADVERTISING, Avon, CT, *pg.* 322

Knight, Lisa - NBC - MANSI MEDIA, Harrisburg, PA, *pg.* 104

Knights, Jason - Account Services, NBC - M5, Bedford, NH, *pg.* 102

Knoblauch, Andrew - Interactive / Digital, Media Department, NBC, Social Media - DIXON SCHWABL ADVERTISING, Victor, NY, *pg.* 351

Knobloch, Brett - Media Department, NBC, PPOM - J.G. SULLIVAN INTERACTIVE, INC., Rolling Meadows, IL, *pg.* 243

Knoff, Greg - Account Services, NBC - GENUINE INTERACTIVE, Boston, MA, *pg.* 237

Knox, Thompson - NBC, PPOM - STEADYRAIN, St. Louis, MO, *pg.* 267

Knuth, Matthew - Management, NBC - SERUM AGENCY, Seattle, WA, *pg.* 508

Kobe, LJ - Interactive / Digital, Management, Media Department, NBC - HORIZON MEDIA, INC., New York, NY, *pg.* 474

Kobzev, Anaka - Media Department, NBC, Public Relations - TBWA \ CHIAT \ DAY, New York, NY, *pg.* 416

Koch, Mark - Administrative, NBC, PPOM - ALTERNATIVES DESIGN, New York, NY, *pg.* 172

Koch, Kristin - Interactive / Digital, Management, Media Department, NBC, Operations - MINDSHARE, San Francisco, CA, *pg.* 495

Koehler, Melissa - Interactive / Digital, Media Department, NBC - FORGE WORLDWIDE, Boston, MA, *pg.* 183

Koelle, Paul - Account Services, NBC, Operations - C SPACE, Boston, MA, *pg.* 443

Koeneman, Claire - Finance, Management, NBC, PPOM - BULLY PULPIT INTERACTIVE, Washington, DC, *pg.* 45

Koenig, Toni - Account Services, NBC - CCG MARKETING SOLUTIONS, West Caldwell, NJ, *pg.* 341

Koenig, Ian - NBC - INVESTIS DIGITAL, New York, NY, *pg.* 376

Koenig, Karen - Account Services, NBC - HIEBING, Madison, WI, *pg.* 85

Kohler, Daniella - Account Planner, Account Services, NBC - HUGHES DESIGN GROUP, South Norwalk, CT, *pg.* 186

Kohler, Jennifer - Account Services, NBC - MRM//MCCANN, Birmingham, MI, *pg.* 252

Kohlmann, Annett - NBC - PHINNEY / BISCHOFF DESIGN HOUSE, Seattle, WA, *pg.* 194

Kolbert, Karli - Account Planner, Account Services, NBC - FALLON WORLDWIDE, Minneapolis, MN, *pg.* 70

Koler, Sarah - Account Services, NBC - PLANET PROPAGANDA, Madison, WI, *pg.* 195

Kolle, Christoph - NBC - OSK MARKETING & COMMUNICATIONS, INC., New York, NY, *pg.* 634

Kolmer, Floyd - NBC, PPOM - AD MARK SERVICES, Seattle, WA, *pg.* 441

Koltai-Levine, Marian - NBC, PPOM - ROGERS & COWAN/PMK*BNC, New York, NY, *pg.* 644

Kolton, Julie - NBC - VMLY&R, Kansas City, MO, *pg.* 274

Konchek, Caitlin - NBC - CALYPSO, Portsmouth, NH, *pg.* 588

Konstantinovsky, Dan - NBC - RH BLAKE INC., Cleveland, OH, *pg.* 133

Koontz, Barbara - Account Services, NBC - CURRAN & CONNORS, INC., Brentwood, CA, *pg.* 178

Kopp Johnson, Lisa - Management, NBC - AMOBEE, INC., Chicago, IL, *pg.* 213

Korpela, Kathy - NBC, PPOM - MAIN EVENT MARKETING, Niwot, CO, *pg.* 310

Kosakowski, Megan - Account Services, NBC - ARNOLD WORLDWIDE, Boston, MA, *pg.* 33

Kosanovich, Marija - Interactive / Digital, Media Department, NBC - A.D.K., Los Angeles, CA, *pg.* 321

Koscumb, Keira - Interactive / Digital, NBC - WORDWRITE COMMUNICATIONS, Pittsburgh, PA, *pg.* 663

Kosirog-Jones, Nicholas - Creative, NBC - MABBLY, Chicago, IL, *pg.* 247

Kostelnik, Calla - NBC - KLUNK & MILLAN ADVERTISING, Allentown, PA, *pg.* 95

Kotcherga, Dasha - NBC - HORIZON MEDIA, INC., New York, NY, *pg.* 474

Kotick, Michael - Account Planner, Account Services, Interactive / Digital, Media Department, NBC, Public Relations - 360I, LLC, New York, NY, *pg.* 320

Kough, Dan - NBC, PPOM, Public Relations - PARADIGM SHIFT WORLDWIDE, INC., Northridge, CA, *pg.* 313

Kouloheras, Kristen - Account Services, NBC - HILL HOLLIDAY, Boston, MA, *pg.* 85

Kouwe, Zach - Management, NBC - DUKAS LINDEN PUBLIC RELATIONS, New York, NY, *pg.* 598

Kovacs, Matt - Management, NBC, PPOM - BLAZE, Santa Monica, CA, *pg.* 584

Koval, Howard - NBC - TRAVEL SPIKE, Atlanta, GA, *pg.* 272

Kovan, Aaron - NBC, PPM, PPOM - VAYNERMEDIA, New York, NY, *pg.* 689

Kowalczyk, Patrick - NBC, PPOM - PKPR, New York, NY, *pg.* 637

Kozak, Tina - NBC, PPOM - FRANCO PUBLIC RELATIONS GROUP, Detroit, MI, *pg.* 606

Koziara, Emma - NBC - COMPADRE, Los Angeles, CA, *pg.* 221

Koziel, Laura - Media Department, NBC - SCHAFER CONDON CARTER, Chicago, IL, *pg.* 138

Kraaijvanger, Arnaud - Analytics, Interactive / Digital, NBC, Operations - GENESYS TELECOMMUNICATIONS LABORATORIES, Daly City, CA, *pg.* 168

Kraemer, Dan - Creative, NBC - IA COLLABORATIVE, Chicago, IL, *pg.* 186

Kraft, Denise - Media Department, NBC - ST&P COMMUNICATIONS, INC., Fairlawn, OH, *pg.* 412

Kraft, Andrea - NBC - BRANDSTAR, Deerfield Beach, FL, *pg.* 337

Krainak, Andy - Media Department, NBC - VAYNERMEDIA, Chattanooga, TN, *pg.* 689

Kramer, John - NBC, PPOM - ICON INTERNATIONAL, INC., Greenwich, CT, *pg.* 476

Kramer, Sarah - Account Planner, Account Services, NBC, Operations, PPOM - SPARK FOUNDRY, New York, NY, *pg.* 508

Krapf, Kelsey - Interactive / Digital, Media Department, NBC - REPUTATION INSTITUTE, Boston, MA, *pg.* 449

Krause, Ken - Account Services, NBC - AMENDOLA COMMUNICATIONS, Scottsdale, AZ, *pg.* 577

1750

AGENCIES

RESPONSIBILITIES INDEX

Kravitz, Aaron - NBC - ROKKAN, LLC, New York, NY, pg. 264

Krebsbach, Kay - NBC, PPOM - RS & K, Madison, WI, pg. 408

Kreft, Denis - Account Services, NBC, PPOM - IMAGINASIUM, Green Bay, WI, pg. 89

Kreichman, Harris - NBC, PPOM - ETARGETMEDIA, Coconut Creek, FL, pg. 283

Kreicker, Clay - NBC, PPOM - TSA COMMUNICATIONS, Warsaw, IN, pg. 157

Kreider, Janelle - Account Services, NBC - MMSI, Warwick, RI, pg. 496

Kreis, George - NBC - ACTIVE INTERNATIONAL, Pearl River, NY, pg. 439

Kreitner, Luke - Account Services, NBC - INCENTIVE SOLUTIONS, Atlanta, GA, pg. 567

Krejci, David - Interactive / Digital, NBC - WEBER SHANDWICK, Minneapolis, MN, pg. 660

Krensky, Andrew - Account Services, Management, NBC, PPOM - OMELET, Culver City, CA, pg. 122

Kress, Kimberly - Management, NBC - MCCANN NEW YORK, New York, NY, pg. 108

Kribs-LaPierre, Beth - Account Services, NBC - ADVENTIVE, INC., Rochester, NY, pg. 211

Krimm, Melissa - Account Services, NBC - WUNDERMAN THOMPSON, New York, NY, pg. 434

Krischke, Deanna - NBC - STEEL DIGITAL STUDIOS, Austin, TX, pg. 200

Krishna, Mahesh - NBC - STARCOM WORLDWIDE, New York, NY, pg. 517

Kroencke, Dave - NBC, PPOM - THE RICHARDS GROUP, INC., Dallas, TX, pg. 422

Kronheimer, George - Media Department, NBC - GFK MRI, New York, NY, pg. 445

Kronrad, Rob - NBC - ALL STAR CARTS & VEHICLES, INC., Bay Shore, NY, pg. 565

Kropp, Jeane - Account Planner, NBC, PPOM - HIEBING, Madison, WI, pg. 85

Kroschwitz, Ron - NBC - VECTOR MEDIA, New York, NY, pg. 558

Krsanac, Jan - NBC - SMM ADVERTISING, Smithtown, NY, pg. 199

Krueger, Angi - NBC - CORE CREATIVE, Milwaukee, WI, pg. 344

Krug, Cassidy - Interactive / Digital, Media Department, NBC, Research - REDSCOUT, New York, NY, pg. 16

Krulewich, David - NBC, Programmatic - KATZ MEDIA GROUP, INC., New York, NY, pg. 481

Krull, Meredith - Account Planner, Creative, NBC - BBDO SAN FRANCISCO, San Francisco, CA, pg. 330

Krupp, David - NBC, PPOM - BILLUPS WORLDWIDE, Lake Oswego, OR, pg. 550

Krutchik, Larry - Account Services, Management, NBC - HILL+KNOWLTON STRATEGIES, Los Angeles, CA, pg.

613

Kryeski, Kim - NBC - CONDRON MEDIA, Clarks Green, PA, pg. 52

Kryszczun, Keith - NBC - CADENT TECHNOLOGY, San Jose, CA, pg. 219

Kubanka, Stefanie - Account Services, Management, Media Department, NBC - HAVAS MEDIA GROUP, New York, NY, pg. 468

Kubis, Jen - NBC - FORTNIGHT COLLECTIVE, Boulder, CO, pg. 7

Kucinsky, Ted - Creative, NBC, PPOM - CATALYST MARKETING DESIGN, Fort Wayne, IN, pg. 340

Kuhn, Richard - NBC, PPOM - RK VENTURE, Albuquerque, NM, pg. 197

Kuhn, Jeremy - NBC - OGILVY, New York, NY, pg. 393

Kujawa, Stephen - Account Services, Interactive / Digital, NBC - YOUTECH, Naperville, IL, pg. 436

Kulis, Ben - NBC - GREENOUGH COMMUNICATIONS, Watertown, MA, pg. 610

Kullack, Kylie - NBC - STRUCK, Salt Lake City, UT, pg. 144

Kumar, Arun - Interactive / Digital, NBC, PPOM - IPG MEDIABRANDS, New York, NY, pg. 480

Kumar, Deshan - NBC - THE TRADE DESK, New York, NY, pg. 520

Kunz, Ben - Account Planner, Interactive / Digital, NBC - MEDIASSOCIATES, INC., Sandy Hook, CT, pg. 490

Kurek, Ken - Account Services, NBC, PPOM - QUINT EVENTS, Charlotte, NC, pg. 314

Kurtyka, Lori - Creative, NBC - FIXATION MARKETING, Arlington, VA, pg. 359

Kushari, Shreya - Interactive / Digital, Media Department, NBC - DIGITAS, New York, NY, pg. 226

Kuslansky, Eli - Interactive / Digital, NBC, PPOM - UNIFIED FIELD, New York, NY, pg. 273

Kusumgar, Kavita - Account Planner, Human Resources, Media Department, NBC - CARAT, New York, NY, pg. 459

Kwartler, Henry - NBC, PPOM - KEA ADVERTISING, Valley Cottage, NY, pg. 94

Kwon, Lawrence - NBC, PPOM - SAESHE ADVERTISING, Los Angeles, CA, pg. 137

La Russo, Dan - Interactive / Digital, NBC - OGILVY PUBLIC RELATIONS, San Francisco, CA, pg. 634

LaBarba, Bonner - Account Planner, NBC - THE RICHARDS GROUP, INC., Dallas, TX, pg. 422

Labbett, Alex - NBC - ADSUPPLY, INC., Culver City, CA, pg. 211

Labot, Rich - NBC - GEOMETRY, New York, NY, pg. 362

Laboy, Pedro - Interactive / Digital, NBC, PPOM - WAVEMAKER, New York, NY, pg. 526

Lacallade, Dawn - NBC, PPOM - LIVEWORLD, San Jose, CA, pg. 246

Lackey, Sean - NBC, PPOM - DROGA5, New York, NY, pg. 64

Lacour, John - Account Services, Interactive / Digital, NBC, Operations, PPOM - DMN3, Houston, TX, pg. 230

Lacroix, Jean-Pierre - NBC, PPOM - SHIKATANI LACROIX BRANDESIGN, INC., Toronto, ON, pg. 198

Ladden, Andrew - Creative, NBC, PPOM - MADRAS GLOBAL, New York, NY, pg. 103

Lael, Tony - NBC, PPOM - FANNIT INTERNET MARKETING SERVICES, Everett, WA, pg. 357

Laferla, Lea - NBC - SCORR MARKETING, Kearney, NE, pg. 409

Laird, Rachel - NBC - ASHLEY ADVERTISING AGENCY, Eagleville, PA, pg. 34

Laird, Randall - Management, NBC - ANCHOR MEDIA SERVICES, LLC, New City, NY, pg. 454

Lake, Dan - Account Services, NBC - C SPACE, Boston, MA, pg. 443

Lako, Christine - Account Services, NBC - ACTIVE INTERNATIONAL, Pearl River, NY, pg. 439

Lal, Savita - Account Planner, Account Services, Media Department, NBC - CANVAS WORLDWIDE, Playa Vista, CA, pg. 458

Lalica, Mildred - Creative, NBC - A.D. LUBOW, New York, NY, pg. 25

Lam, Jed - Account Services, Management, NBC - EDELMAN, Chicago, IL, pg. 353

Lamanna, Angie - Account Services, NBC, Public Relations - CITIZEN RELATIONS, Toronto, ON, pg. 590

LaMar, Jacquelyn - NBC - VI MARKETING & BRANDING, Oklahoma City, OK, pg. 428

Lambert, Luke - NBC, PPOM - GIBBS & SOELL, INC., New York, NY, pg. 607

Lambert, Henry - Account Planner, NBC - WIEDEN + KENNEDY, Portland, OR, pg. 430

Lambert, Monte - NBC - ACHIEVE, West Palm Beach, FL, pg. 271

LaMere, Eva - NBC, PPOM - AUSTIN & WILLIAMS ADVERTISING, Hauppauge, NY, pg. 328

Lamoreaux, Jason - Interactive / Digital, Media Department, NBC - MAYOSEITZ MEDIA, Blue Bell, PA, pg. 483

Lampert, Steve - Media Department, NBC - LEO BURNETT DETROIT, Troy, MI, pg. 97

LaNasa, Maggie - Account Planner, NBC, Operations - FOLKLORE DIGITAL, Minneapolis, MN, pg. 235

Landaker, Paul - Account Services, NBC - MAGNETO BRAND ADVERTISING, Portland, OR, pg. 13

Landau, Tracy - NBC, PPOM - MARKETPLACE, St.Louis, MO, pg. 105

Landesman, Nicole - Account Services, Media Department, NBC - BBDO WORLDWIDE, New York, NY, pg. 331

Landry, Marc - NBC, PPOM - ACCURATE DESIGN & COMMUNICATION, INC., Ottawa, ON, pg. 171

Lane, Lindsey - Account Planner,

1751

RESPONSIBILITIES INDEX AGENCIES

Account Services, Interactive / Digital, Media Department, NBC - INITIATIVE, New York, NY, pg. 477
Lane, Matthew - NBC - STRAIGHT NORTH, LLC, Downers Grove, IL, pg. 267
Lanes, Ken - Account Services, Interactive / Digital, NBC - AGENCY 720, Westlake Village, CA, pg. 323
Lang, Rick - Interactive / Digital, NBC - APOTHECOM ASSOCIATES, LLC, Yardley, PA, pg. 32
Lang, Jenny - Account Services, Management, NBC - REAL WORLD, INC., Scottsdale, AZ, pg. 403
Lang, Cecilia - Interactive / Digital, NBC - OUTFRONT MEDIA, New York, NY, pg. 554
Lang, Matt - NBC - RAIN, New York, NY, pg. 262
Lange, Jess - Account Services, NBC - PUBLITEK NORTH AMERICA, Portland, OR, pg. 401
Langenderfer, Danielle - NBC - FATHOM, Valley View, OH, pg. 673
Langton, Cleve - NBC, PPOM - BRODEUR PARTNERS, New York, NY, pg. 586
Langwell, Jason - Interactive / Digital, Management, Media Department, NBC - INTERSPORT, Chicago, IL, pg. 308
Lannert, Jason - Account Planner, Analytics, Creative, NBC, PPOM - MA3 AGENCY, New York, NY, pg. 190
Lantz, Lisa - NBC - SCA PROMOTIONS, INC., Dallas, TX, pg. 569
Lapointe, Eric - NBC - ACCURATE DESIGN & COMMUNICATION, INC., Ottawa, ON, pg. 171
Lara, Antonio - NBC, PPOM - LARA MEDIA SERVICES, LLC, Portland, OR, pg. 379
Larizadeh, Alexandra - Media Department, NBC - CARAT, New York, NY, pg. 459
Larkin, Joe - NBC, Operations - VOICE MEDIA GROUP, Phoenix, AZ, pg. 526
Larkin, Stephen - Account Services, Interactive / Digital, Management, NBC, PPOM - R/GA, Los Angeles, CA, pg. 261
LaRosa, Nicholas - Account Services, Media Department, NBC, Operations - MAYOSEITZ MEDIA, Blue Bell, PA, pg. 483
Larrauri, Nicole - NBC, PPOM - EGC MEDIA GROUP, INC., Melville, NY, pg. 354
Larsen, Sarah - Account Services, NBC - CREATA, Oakbrook Terrace, IL, pg. 346
Larsen, Debbie - NBC - LAKE GROUP MEDIA, INC., Armonk, NY, pg. 287
Larsh, Michelle - Account Services, NBC - USIM, Los Angeles, CA, pg. 525
Larson, Guy - NBC - REAGAN OUTDOOR ADVERTISING, Salt Lake City, UT, pg. 557
Larson, Aubrey - Account Services, Media Department, NBC - TBWA \ CHIAT \ DAY, Los Angeles, CA, pg. 146

Las, Michael - Interactive / Digital, Media Department, NBC - MEDIACOM, New York, NY, pg. 487
LaSalvia, Dana - NBC, Public Relations - RYMAX MARKETING SERVICES, Pine Brook, NJ, pg. 569
Laschever, Ann-Rebecca - Account Services, Management, NBC - GEOFFREY WEILL ASSOCIATES, INC., New York, NY, pg. 607
Lasner, Meredith - Account Planner, Media Department, NBC, Public Relations - CARAT, New York, NY, pg. 459
Lassoff, Hilary - NBC - NOM, Los Angeles, CA, pg. 121
Latella, Karen - NBC - 5W PUBLIC RELATIONS, New York, NY, pg. 574
LaTour, Mike - Creative, NBC - THE RICHARDS GROUP, INC., Dallas, TX, pg. 422
Laub, Dave - Account Planner, Media Department, NBC - HORIZON MEDIA, INC., New York, NY, pg. 474
Laubscher, Howard - Account Planner, Management, NBC, Research - BARKLEY, Kansas City, MO, pg. 329
Laucella, Ralph - NBC, PPM, PPOM - O POSITIVE FILMS, New York, NY, pg. 563
Laungaue, Aisea - Account Planner, NBC, PPOM - ANOMALY, Venice, CA, pg. 326
Laurent, Louis - NBC, PPOM - ZLR IGNITION, Des Moines, IA, pg. 437
Laurie, Anita-Marie - Account Services, NBC, PPOM - SITRICK AND COMPANY, INC., Los Angeles, CA, pg. 647
LaVecchia, Vince - NBC, PPOM - INSTRUMENT, Portland, OR, pg. 242
Lavender, Amber - Account Services, NBC - WIEDEN + KENNEDY, Portland, OR, pg. 430
Laverman, Mark - NBC - SIX DEGREES, LLC, Scottsdale, AZ, pg. 17
Laverty, Marilyn - NBC, PPOM - SHORE FIRE MEDIA, Brooklyn, NY, pg. 647
Lavielle, Thayer - NBC, Operations - WASSERMAN MEDIA GROUP, Los Angeles, CA, pg. 317
Law, Elisabeth - Media Department, NBC - READE COMMUNICATIONS, Riverside, RI, pg. 641
Law, Lauren - NBC - THE LOOMIS AGENCY, Dallas, TX, pg. 151
Lawless, Matthew - Account Planner, Account Services, Media Department, NBC - OMD ENTERTAINMENT, Burbank, CA, pg. 501
Lawless, Sharon - Account Services, NBC, Operations - BURST MARKETING, Troy, NY, pg. 338
Lawless, Michael - NBC, Operations - KATZ MEDIA GROUP, INC., New York, NY, pg. 481
Lawlor, Sherry - NBC - LEXPR, Toronto, ON, pg. 622
Lawrence, Mike - Management, NBC, PPOM, Public Relations, Social Media - CONE, INC., Boston, MA, pg. 6

Lawrence, Carmen - Management, NBC - THE AXIS AGENCY, Century City, CA, pg. 545
Lawrence, Cary - Account Services, Interactive / Digital, NBC - SOCIALCODE, Washington, DC, pg. 688
Lawrence, Jerry - Interactive / Digital, Media Department, NBC, Social Media - PUBLICIS.SAPIENT, Chicago, IL, pg. 259
Lawrence, Brendan - NBC - FALLON WORLDWIDE, Minneapolis, MN, pg. 70
Lawrence, Heather - NBC - FISHBOWL, Alexandria, VA, pg. 234
Lawrence, Christopher - NBC, Promotions - SOCIAL CHAIN, New York, NY, pg. 143
Lawson, Ami - Account Services, NBC - QUENCH, Harrisburg, PA, pg. 131
Lay, Sandy - Account Services, NBC - SHOPHER MEDIA, Fort Lauderdale, FL, pg. 682
Lazar, Mike - Account Services, NBC - MEDIACOM, New York, NY, pg. 487
Lazar, Antonia - Account Services, NBC - COLLINS:, New York, NY, pg. 177
Lazkani, Jeff - NBC - ICON MEDIA DIRECT, Sherman Oaks, CA, pg. 476
Lazo, Adrian - Interactive / Digital, Management, NBC - CLEARLINK, Salt Lake City, UT, pg. 221
Lazzara, Heather - NBC - MIRUM AGENCY, Chicago, IL, pg. 681
Le, Lilianne - Interactive / Digital, NBC - RESHIFT MEDIA, Toronto, ON, pg. 687
Leahy, Tracy - Account Services, NBC - HARGROVE INC., Lanham, MD, pg. 307
Leahy, Colleen - Account Planner, Media Department, NBC - DIGITAS, Boston, MA, pg. 226
Leake, Tim - Account Services, NBC, Public Relations - RPA, Santa Monica, CA, pg. 134
Lear, Eric - NBC, Operations, PPOM - MAHALO SPIRITS GROUP, Delray Beach, FL, pg. 13
Leary, Brett - Interactive / Digital, NBC - DIGITAS, Boston, MA, pg. 226
Leary, Valerie - NBC - NORTH 6TH AGENCY, New York, NY, pg. 633
LeBelle, Shawn - Interactive / Digital, Media Department, NBC - JUNCTION59, Toronto, ON, pg. 378
Leblanc, Conner - Interactive / Digital, NBC - ACTION INTEGRATED MARKETING, Norcross, GA, pg. 322
LeBoeuf, Matt - NBC - KNOWN, Los Angeles, CA, pg. 298
Lebron, Lillian - Account Services, Management, NBC - BEACON MEDIA, Mahwah, NJ, pg. 216
Lechner-Becker, Andrea - NBC, PPOM - LEADMD, Scottsdale, AZ, pg. 380
LeClair, Kathy - NBC, Operations - ADFIRE HEALTH, Stamford, CT, pg. 27
Leddy, Colleen - Account Planner, Media Department, NBC, PPOM - DROGA5, New York, NY, pg. 64
Leduc, Jean-Philippe - Account

1752

AGENCIES
RESPONSIBILITIES INDEX

Services, NBC - NEWAD, Montreal, QC, pg. 554
Lee, Lorrie - Account Services, NBC - TWINENGINE, Houston, TX, pg. 203
Lee, Sandra - NBC, PPOM - ES ADVERTISING, Los Angeles, CA, pg. 540
Lee, Phil - NBC, PPOM - J.T. MEGA, INC., Minneapolis, MN, pg. 91
Lee, Ann - Account Services, NBC, PPOM - THE LEE GROUP, Houston, TX, pg. 420
Lee, Bruce - Account Services, Management, Media Department, NBC - UNIVERSAL MCCANN, New York, NY, pg. 521
Lee, Jonathan - Account Planner, Account Services, Management, NBC, Operations, PPOM - GREY GROUP, New York, NY, pg. 365
Lee, Hwa Shih - Interactive / Digital, Media Department, NBC - PALISADES MEDIA GROUP, INC., Santa Monica, CA, pg. 124
Lee, Carol - Account Services, Interactive / Digital, NBC - LOCATION3 MEDIA, Denver, CO, pg. 246
Lee, John - Analytics, Interactive / Digital, NBC, Research - FLIGHTPATH, New York, NY, pg. 235
Lee, Bryan - Account Planner, NBC - HUGE, INC., Brooklyn, NY, pg. 239
Lee, Harold - Account Planner, Account Services, Media Department, NBC, Operations - PUBLICIS.SAPIENT, New York, NY, pg. 258
Lee, Jennifer - Creative, NBC, Promotions - THE TRADE DESK, Ventura, CA, pg. 519
Lee, Tiffany - Interactive / Digital, NBC, Programmatic - THE TRADE DESK, San Francisco, CA, pg. 520
Lee, Kristie - Account Planner, Media Department, NBC - BBDO SAN FRANCISCO, San Francisco, CA, pg. 330
Lee, Hayden - NBC - ROC NATION, New York, NY, pg. 298
Lee, Bruce - Creative, NBC, PPOM - IPNY, New York, NY, pg. 90
Lee, Ryan - NBC - DESIGNSENSORY, Knoxville, TN, pg. 62
Leeds, Torri - NBC, Public Relations - DEVRIES GLOBAL, New York, NY, pg. 596
Leeds, Ryan - Account Planner, Account Services, NBC, Public Relations - MASTERMINDS, INC., Egg Harbor Township, NJ, pg. 687
Leeloy, Wayne - Account Services, NBC - G7 ENTERTAINMENT MARKETING, Nashville, TN, pg. 306
Leen, Michael - NBC - MEDIAMONKS, New York, NY, pg. 249
Leese, Paul - Media Department, NBC - KEENAN-NAGLE ADVERTISING, Allentown, PA, pg. 94
Leet, Lisa - NBC - FLEISHMANHILLARD, Dallas, TX, pg. 605
Lefebvre, Julianne - Creative, NBC - TAYLOR BOX COMPANY, Warren, RI, pg. 201
Lefkovits, Jeffrey - NBC - THE RICHARDS GROUP, INC., Dallas, TX, pg. 422
Legault, MJ - NBC, PPOM - ORIGIN DESIGN + COMMUNICATIONS, Whistler, BC, pg. 123
Lehman, Kacie - NBC, Promotions - MAC PRESENTS, New York, NY, pg. 298
Leikikh, Alex - NBC, PPOM - MULLENLOWE U.S. NEW YORK, New York, NY, pg. 496
Leinwetter, Melanie - Account Services, NBC - SIGNAL THEORY, Kansas City, MO, pg. 141
Leivenberg, Will - NBC - Y MEDIA LABS, Redwood City, CA, pg. 205
Lemoine, Michelle - Account Services, Interactive / Digital, NBC - MEDIACOM, New York, NY, pg. 487
Lempert, Pete - Management, NBC, PPOM - THE RICHARDS GROUP, INC., Dallas, TX, pg. 422
Lempit, Ken - NBC, PPOM - AUSTIN LAWRENCE GROUP, INC., Stamford, CT, pg. 328
Lendino, Robert - NBC - YPM, Irvine, CA, pg. 679
Lennon, Patrick - NBC, PPOM - VERITONE ONE, San Diego, CA, pg. 525
Lennox, Elaine - NBC, PPOM - ARCHER COMMUNICATIONS, INC., Rochester, NY, pg. 327
Lenore, Rachel - Management, NBC - FLEISHMANHILLARD, New York, NY, pg. 605
Lenz, Richard - NBC, PPOM - LENZ, INC., Decatur, GA, pg. 622
Lenz, John - Account Services, NBC - LENZ, INC., Decatur, GA, pg. 622
Lenz, Belle - NBC, PPOM, Public Relations - IPROSPECT, New York, NY, pg. 674
Leo, Ernest - NBC - HUB STRATEGY & COMMUNICATION, San Francisco, CA, pg. 9
Leoercher, Deborah - Media Department, NBC, PPOM - ANOROC AGENCY, INC., Raleigh, NC, pg. 326
Leon, Tim - NBC, PPOM - GEILE/LEON MARKETING COMMUNICATIONS, Saint Louis, MO, pg. 362
Leon, Eric - NBC, PPOM - LEGION ADVERTISING, Irving, TX, pg. 542
Leon, Jim - Interactive / Digital, NBC - CREATIVEONDEMAND, Coconut Grove, FL, pg. 539
Leonard, Russ - Account Planner, NBC, PPOM - NL PARTNERS, Cape Elizabeth, ME, pg. 391
Leonard, Will - Account Planner, Interactive / Digital, NBC - GREY GROUP, New York, NY, pg. 365
Leone, Tony - NBC, PPM - DSC ADVERTISING, Philadelphia, PA, pg. 66
Leong, Joanne - Account Planner, Media Department, NBC - CARAT, New York, NY, pg. 459
LePage, Vonda - NBC, Public Relations - DEUTSCH, INC., New York, NY, pg. 349
Lerner, Autumn - Interactive / Digital, NBC, Social Media - WEBER SHANDWICK, Seattle, WA, pg. 660
Leroux, Bob - NBC - PATTISON OUTDOOR ADVERTISING, Mississagua, ON, pg. 555
LeSage Nelson, Jo Ann - Account Services, NBC - PIERCE COMMUNICATIONS, Albany, NY, pg. 636
Lescarbeau, Dan - NBC - MCGARRYBOWEN, Chicago, IL, pg. 110
Lessens, Eric - Account Services, Management, NBC - FCB CHICAGO, Chicago, IL, pg. 71
Letang, Vincent - NBC - MAGNA GLOBAL, New York, NY, pg. 483
Lettieri, James - Media Department, NBC - MINDSHARE, New York, NY, pg. 491
Lettunich, Mimi - NBC, PPOM - TWENTY FOUR-SEVEN, INC., Portland, OR, pg. 203
Leung, Shirley - Interactive / Digital, Media Department, NBC, Social Media - HEARTS & SCIENCE, New York, NY, pg. 471
Leutze, Jaclyn - Account Services, NBC - MASON, INC., Bethany, CT, pg. 383
Lev, Zach - Account Planner, Account Services, Creative, Management, NBC - BULLISH INC, New York, NY, pg. 45
Lev, Ilan - NBC - CIVIC ENTERTAINMENT GROUP, New York, NY, pg. 566
Levenberg, Ruth - Account Planner, Management, Media Department, NBC - CARAT, New York, NY, pg. 459
Levi, Dan - NBC, PPOM - CLEAR CHANNEL OUTDOOR, New York, NY, pg. 550
Levin, Eric - Creative, NBC, PPOM - SPARK FOUNDRY, Chicago, IL, pg. 510
Levin, Kevin - Interactive / Digital, Media Department, NBC - MODCOGROUP, New York, NY, pg. 116
Levine, Zack - NBC - HEARTS & SCIENCE, New York, NY, pg. 471
Levine, Michael - NBC - BARKLEY, Kansas City, MO, pg. 329
Levinson, Lindsie - Media Department, NBC - VENABLES BELL & PARTNERS, San Francisco, CA, pg. 158
Levinson, Joel - NBC, PPOM - THE LEVINSON TRACTENBERG GROUP, New York, NY, pg. 151
Levitz, Kevin - NBC - Z-CARD NORTH AMERICA, New York, NY, pg. 294
Levy, Martine - Account Planner, Account Services, NBC - TRACK DDB, Toronto, ON, pg. 293
Levy, Warren - Management, NBC - SHOW & TELL PRODUCTIONS, INC., New York, NY, pg. 557
Levy, Amanda - Media Department, NBC, PPOM - CRITICAL MASS, INC., Chicago, IL, pg. 223
Levy, Meredith - NBC - HAVAS HEALTH & YOU, New York, NY, pg. 82
Levy, Stan - NBC, PPOM - SASSO, Baton Rouge, LA, pg. 138
Lewis, Steve - NBC, PPOM -

RESPONSIBILITIES INDEX — AGENCIES

FUSIONARY MEDIA, INC., Grand Rapids, MI, *pg.* 236
Lewis, Tripp - Account Services, Media Department, NBC - LEWIS COMMUNICATIONS, Mobile, AL, *pg.* 100
Lewis, Greg - NBC, Social Media - DIGITAS HEALTH LIFEBRANDS, Philadelphia, PA, *pg.* 229
Lewis, Pamela - NBC, PPOM - PLA MEDIA, Nashville, TN, *pg.* 637
Lewis, Lynn - NBC, PPOM - UNIVERSAL MCCANN, New York, NY, *pg.* 521
Lewis, Mary - NBC - BRAND INSTITUTE, INC., Miami, FL, *pg.* 3
Lewis, Angel - Interactive / Digital, NBC, Public Relations, Social Media - BRUNO EVENT TEAM, Birmingham, AL, *pg.* 303
Lewis, Joshua - NBC - BLUE STATE DIGITAL, Boston, MA, *pg.* 335
Lewis, Justin - NBC, PPOM - INSTRUMENT, Portland, OR, *pg.* 242
Lewis, Daniel - NBC - CRITICAL MASS, INC., New York, NY, *pg.* 223
Lewis, Jennifer - Account Planner, Account Services, NBC - ADPERIO, Denver, CO, *pg.* 533
Lewis-Koltoniak, Debi - Creative, NBC, PPOM - CREATIVE OXYGEN LLC, Sylvania, OH, *pg.* 178
Li, Corina - Account Planner, Media Department, NBC - CARAT, New York, NY, *pg.* 459
Li, Panjun - Analytics, Interactive / Digital, NBC - MEDIA STORM, New York, NY, *pg.* 486
Li, Alan - NBC - SPRINKLR, New York, NY, *pg.* 688
Liang, Jeff - Interactive / Digital, NBC - MEDIACOM, New York, NY, *pg.* 487
Liang, Lisa - NBC - ELEPHANT, Brooklyn, NY, *pg.* 181
Lichtblau, Henry - Account Services, NBC - RIDDLE & BLOOM, Boston, MA, *pg.* 133
Lieber, Greg - Account Planner, NBC - VIDMOB, New York, NY, *pg.* 690
Liebmann, Wendy - NBC, PPOM - WSL STRATEGIC RETAIL, New York, NY, *pg.* 21
Liebowitz, Jason - NBC - LIVEWORLD, San Jose, CA, *pg.* 246
Liggins, Bryce - NBC - BROLIK PRODUCTIONS, Philadelphia, PA, *pg.* 561
Lightell, Camille - Account Planner, Media Department, NBC - WAVEMAKER, New York, NY, *pg.* 526
Likos, Laura - Account Services, NBC - 72ANDSUNNY, Playa Vista, CA, *pg.* 23
Lilikas, Epatia - Interactive / Digital, NBC, Social Media - THE FOUNDRY @ MEREDITH CORP, New York, NY, *pg.* 150
Lilja, Mary - NBC, PPOM - LILJA INC., Eden Prairie, MN, *pg.* 622
Lilja, Niklas - Interactive / Digital, NBC - ENSO, Santa Monica, CA, *pg.* 68
Lillig, Tom - Account Services, NBC - STONE WARD ADVERTISING, Chicago, IL, *pg.* 414
Lim, Niki - NBC - BIG COMMUNICATIONS, INC., Birmingham, AL, *pg.* 39
Lim, Jason - NBC - MEDIACOM, New York, NY, *pg.* 487
Lim, Rich - Account Services, NBC - AGENDA NYC, New York, NY, *pg.* 29
Lima, Paulo - Account Services, Media Department, NBC, PPOM - LAGRANT COMMUNICATIONS, Los Angeles, CA, *pg.* 621
Linder, Ryan - Creative, NBC, PPOM - MDC PARTNERS, INC., New York, NY, *pg.* 385
Lindsay, Marsha - NBC, PPOM - LINDSAY, STONE & BRIGGS, Madison, WI, *pg.* 100
Lindsay, Tawnya - Account Planner, Interactive / Digital, Media Department, NBC, Public Relations - VIZEUM, Toronto, ON, *pg.* 525
Lindsey, Libby - Account Services, NBC - DECODED ADVERTISING, New York, NY, *pg.* 60
Lindsey, Elizabeth - NBC, PPOM - WASSERMAN MEDIA GROUP, Los Angeles, CA, *pg.* 317
Lineberry, Katie - NBC - BRADO, Irvine, CA, *pg.* 336
Linehan, Douglas - Account Services, NBC - SECURITYPOINT MEDIA, Saint Petersburg, FL, *pg.* 557
Linehan, Mackenzie - Account Planner, NBC - CARAT, New York, NY, *pg.* 459
Linert, Amy - Analytics, NBC, Social Media - MANIFEST, Phoenix, AZ, *pg.* 383
Linger, Alexa - Account Services, NBC - NAVIGATE MARKETING, Chicago, IL, *pg.* 253
Lingle, Shawn - NBC - JONES WORLEY DESIGN, INC., Atlanta, GA, *pg.* 188
Link, Thomas - Media Department, NBC - ZOOM MEDIA, New York, NY, *pg.* 559
Link, Steven - NBC - BRANDED CITIES, New York, NY, *pg.* 550
Liodice, Randi - NBC, PPOM - KAPLOW COMMUNICATIONS, New York, NY, *pg.* 618
Lipe, Rodney - Account Services, NBC, PPOM - ACKERMAN MCQUEEN, INC., Oklahoma City, OK, *pg.* 26
Lipke, Helen - NBC - ESROCK PARTNERS, Burr Ridge, IL, *pg.* 69
Lipman, Gregg - NBC, PPOM - CBX, New York, NY, *pg.* 176
Lipworth, Laurence - Account Services, NBC - VERTIC, New York, NY, *pg.* 274
Lish, Sandy - Account Services, NBC, PPOM - THE CASTLE GROUP, INC., Boston, MA, *pg.* 652
Lisko, John - NBC, Public Relations - SAATCHI & SAATCHI LOS ANGELES, Torrance, CA, *pg.* 137
Liss, Harrison - NBC - ELEVATED THIRD, Denver, CO, *pg.* 230
Litman, Daniel - Creative, NBC, PPOM - OUT THERE ADVERTISING, Duluth, MN, *pg.* 395
Little, Tracy - Management, NBC - FCB TORONTO, Toronto, ON, *pg.* 72
Littlejohns, Keith - Account Services, NBC - ADDISON, New York, NY, *pg.* 171
Littman, Michael - NBC, PPOM - DOEANDERSON ADVERTISING, Louisville, KY, *pg.* 352
Littman, Diana - Account Services, Management, NBC, PPOM - MSLGROUP, New York, NY, *pg.* 629
Litzky, Michele - NBC, PPOM - LITZKY PUBLIC RELATIONS, Hoboken, NJ, *pg.* 623
Liu, Lindsay - NBC - WORK & CO, Brooklyn, NY, *pg.* 276
Livingston, Ashley - Interactive / Digital, NBC - ODEN MARKETING & DESIGN, Memphis, TN, *pg.* 193
Livsey, AJ - Account Planner, Interactive / Digital, NBC - GOLIN, Chicago, IL, *pg.* 609
Llana, Dan - Account Planner, Media Department, NBC - THE MCCARTHY COMPANIES, Dallas, TX, *pg.* 151
Lloyd, Pamela - Account Services, NBC - TBWA \ CHIAT \ DAY, Los Angeles, CA, *pg.* 146
Lo, Chi - NBC - THE TRADE DESK, New York, NY, *pg.* 520
Loban, Amanda - NBC - CHANDLER CHICCO AGENCY, New York, NY, *pg.* 589
Lobring, Dan - Interactive / Digital, NBC, Public Relations - REVOLUTION, Chicago, IL, *pg.* 406
LoBue, Melanie - Interactive / Digital, Media Department, NBC - REPUTATION INSTITUTE, Boston, MA, *pg.* 449
Lock, David - Account Services, NBC - IGNITED, El Segundo, CA, *pg.* 373
Locke, Misty - NBC, PPOM - IPROSPECT, Fort Worth, TX, *pg.* 674
Locke, Gordon - Account Services, NBC, PPOM - PACE COMMUNICATIONS, Greensboro, NC, *pg.* 395
Locke, Katie - NBC - MARKETING BY DESIGN, INC., Beverly, MA, *pg.* 190
Lockwood, Paige - Account Services, NBC - COSGROVE ASSOCIATES, White Plains, NY, *pg.* 344
Lockwood, Gary - Interactive / Digital, NBC - ST. JOHN & PARTNERS ADVERTISING & PUBLIC RELATIONS, Jacksonville, FL, *pg.* 412
Loenber, Josh - NBC - DESIGNSENSORY, Knoxville, TN, *pg.* 62
Loftus, Peter - Account Services, NBC - BARBARIAN, New York, NY, *pg.* 215
Logan, Margaux - Interactive / Digital, NBC - PUBLICIS NORTH AMERICA, New York, NY, *pg.* 399
Logsdon, Mark - Account Services, NBC - PLA MEDIA, Nashville, TN, *pg.* 637
Loiacono, Ryan - Interactive / Digital, NBC - CCP DIGITAL, Kansas City, MO, *pg.* 49
Long, Brittnee - NBC, Public Relations - PWC, Seattle, WA, *pg.* 260

AGENCIES

RESPONSIBILITIES INDEX

Longhini, Will - Analytics, Interactive / Digital, Media Department, NBC - PHD CHICAGO, Chicago, IL, *pg.* 504

Longmire, Ahlilah - NBC - CANOPY BRAND GROUP, New York, NY, *pg.* 340

Longo, Debbie - Account Services, Management, NBC - ABILITY COMMERCE, Delray Beach, FL, *pg.* 209

Longwater, Elaine - Account Services, Creative, NBC, PPOM - LONGWATER ADVERTISING, Savannah, GA, *pg.* 101

Lonnie, Alicia - Interactive / Digital, Media Department, NBC - MINDSHARE, New York, NY, *pg.* 491

Loo, Cheryl - NBC - ANOMALY, New York, NY, *pg.* 325

Lopez, Melissa - NBC, PPOM - BRAND VALUE ACCELERATOR, San Diego, CA, *pg.* 42

Loporcaro, Dominic - Account Services, NBC - PATTISON OUTDOOR ADVERTISING, Montreal, QC, *pg.* 555

Lopuch, Amelia - Account Planner, NBC - HORIZON MEDIA, INC., New York, NY, *pg.* 474

Lord, Heather - Account Services, NBC - CAMP + KING, San Francisco, CA, *pg.* 46

Loredo, Gerry - Account Planner, Analytics, NBC, Research - LOPEZ NEGRETE COMMUNICATIONS, INC., Houston, TX, *pg.* 542

Loretto, Kira - Account Planner, Creative, NBC - PEREIRA & O'DELL, New York, NY, *pg.* 257

Loria, Katy - NBC, PPOM - SCREENVISION, New York, NY, *pg.* 557

LoSasso, Scott - NBC, PPOM - LOSASSO INTEGRATED MARKETING, Chicago, IL, *pg.* 381

Lou, Sara - NBC - NORTON CREATIVE, Houston, TX, *pg.* 121

Love, Ann - NBC, PPOM - LOVE & COMPANY, Frederick, MD, *pg.* 101

Loven, Jennifer - NBC, Public Relations - GLOVER PARK GROUP, Washington, DC, *pg.* 608

Lowe, Jamie - Media Department, NBC, PPOM - INTERSECTION, New York, NY, *pg.* 553

Lowe, Robert - NBC, Operations - NTH DEGREE, INC., Duluth, GA, *pg.* 312

Lowe, Brian - NBC, PPOM - BML PUBLIC RELATIONS, Florham Park, NJ, *pg.* 584

Lowe-Rogstad, David - Finance, NBC, PPOM - OWEN JONES AND PARTNERS, Portland, OR, *pg.* 124

Lowell, Bonnie - Human Resources, NBC - PALLEY ADVERTISING & SYNERGY NETWORKS, Worcester, MA, *pg.* 396

Lowenbraun, Matt - NBC, Operations - KEPLER GROUP, New York, NY, *pg.* 244

Lowenthal, Barry - Account Services, NBC, PPOM - THE MEDIA KITCHEN, New York, NY, *pg.* 519

Lowery, Chris - Media Department, NBC, PPOM - CHASE DESIGN GROUP, South Pasadena, CA, *pg.* 177

Lowery, Leigh - NBC - CAPTIVATE NETWORK, INC., New York, NY, *pg.* 550

Lu, Ellen - Interactive / Digital, NBC - WONDERFUL AGENCY, Los Angeles, CA, *pg.* 162

Lu, Jessie - Analytics, NBC, Research - VAYNERMEDIA, New York, NY, *pg.* 689

Lubar, Alex - NBC, PPOM - MCCANN NEW YORK, New York, NY, *pg.* 108

Lubin, Steve - Management, NBC, Operations - MARKETING ARCHITECTS, Minneapolis, MN, *pg.* 288

Lubinsky, Menachem - NBC, PPOM - LUBICOM MARKETING CONSULTING, Brooklyn, NY, *pg.* 381

Lubman, Craig - Account Planner, Account Services, NBC - MAGNET MEDIA, INC., New York, NY, *pg.* 247

Lucius, Randi - Account Services, NBC, Research - COMMCREATIVE, Framingham, MA, *pg.* 343

Luckie, Tom - NBC, PPOM - LUCKIE & COMPANY, Birmingham, AL, *pg.* 382

Lucky, Kristena - NBC - EDELMAN, Chicago, IL, *pg.* 353

Lucoff, Jordan - Management, NBC - ADDED VALUE, New York, NY, *pg.* 441

Ludcke, Isabel - NBC - COLLE MCVOY, Minneapolis, MN, *pg.* 343

Ludowyke, Simon - NBC - GREY GROUP, New York, NY, *pg.* 365

Ludwig, Stephen - NBC, PPOM - GROUP 22, INC., El Segundo, CA, *pg.* 185

Lueptow, Diana - NBC, Public Relations - KLEIDON AND ASSOCIATES, Akron, OH, *pg.* 95

Luhtanen, Andrea - NBC, PPOM - HAWORTH MARKETING & MEDIA, Minneapolis, MN, *pg.* 470

Lui, Stephanie - Account Planner, Interactive / Digital, Media Department, NBC - ZENITH MEDIA, Atlanta, GA, *pg.* 531

Luisi, Gerrard - NBC, PPOM - TACITO DIRECT MARKETING, Dallas, TX, *pg.* 292

Lum, Kimberly - Account Services, Analytics, NBC, Social Media - WAVEMAKER, New York, NY, *pg.* 526

Lundeby, Michael - NBC, PPOM - CRC MARKETING SOLUTIONS, Eden Prairie, MN, *pg.* 345

Lundgren, Mike - Account Planner, Interactive / Digital, NBC, Research - VMLY&R, Kansas City, MO, *pg.* 274

Luo, Jenny - Account Planner, Account Services, Media Department, NBC - INITIATIVE, New York, NY, *pg.* 477

Lurie, Jonathan - Account Services, NBC - SMITH BUCKLIN CORPORATION, Chicago, IL, *pg.* 314

Lurie, Eric - Account Planner, Account Services, Analytics, NBC - HORIZON MEDIA, INC., New York, NY, *pg.* 474

Lusignan, Fred - NBC, PPOM - COMMUNICATION ARTS GROUP, INC., Warwick, RI, *pg.* 178

Luskin, Christi - Account Services, Management, NBC - THE BANTAM GROUP, Atlanta, GA, *pg.* 450

Lustberg, Lindsay - NBC, Operations, PPOM - NOBLE PEOPLE, New York, NY, *pg.* 120

Lustig, Jacob - Interactive / Digital, Media Department, NBC - KLICK HEALTH, Toronto, ON, *pg.* 244

Lustig, Abbey - NBC - CURRAN & CONNORS, INC., Brentwood, CA, *pg.* 178

Lutchko, Greg - Management, NBC - ORSI PUBLIC RELATIONS, Los Angeles, CA, *pg.* 634

Lutz, Teresa - Account Services, Management, NBC - WIEDEN + KENNEDY, Portland, OR, *pg.* 430

Lux, Brent - Management, NBC - SPARK FOUNDRY, Chicago, IL, *pg.* 510

Ly-Quan, Annie - Account Services, NBC - RED PEAK GROUP, New York, NY, *pg.* 132

Lynam, Sean - NBC - GLOW, New York, NY, *pg.* 237

Lynch, Bruce - NBC, PPOM - MAINGATE, INC., Indianapolis, IN, *pg.* 310

Lynch, Bob - Interactive / Digital, NBC, Public Relations - GTB, Dearborn, MI, *pg.* 367

Lynch, JoAnne - NBC, Operations - GMR MARKETING, New Berlin, WI, *pg.* 306

Lynch, Randy - NBC, Operations, PPOM - THE CREATIVE ALLIANCE, Lafayette, CO, *pg.* 653

Lyon, Susan - NBC - LYON & ASSOCIATES CREATIVE SERVICES, INC., La Jolla, CA, *pg.* 102

Lyon, Jonathan - Management, NBC - HUNTER PUBLIC RELATIONS, New York, NY, *pg.* 614

Lyons, Dyana - Interactive / Digital, Management, Media Department, NBC, Public Relations - OMD WEST, Los Angeles, CA, *pg.* 502

Lyons, Kerry - NBC, PPOM - RIPPLE STREET, Irvington, NY, *pg.* 687

Lyons, Katie - NBC - CUKER INTERACTIVE, Carlsbad, CA, *pg.* 223

Lyons, Rich - NBC, PPOM - LYONS CONSULTING GROUP, Chicago, IL, *pg.* 247

Lytle, Hillary - NBC - BLUE CHIP MARKETING & COMMUNICATIONS, Northbrook, IL, *pg.* 334

Ma, Andrew - Account Services, NBC - BURKE, INC., Cincinnati, OH, *pg.* 442

Maarec, Lindsay - Account Services, NBC - HIRSHORN ZUCKERMAN DESIGN GROUP, Rockville, MD, *pg.* 371

Mabin, Mike - NBC, PPOM - AGENCY MABU, Bismarck, ND, *pg.* 29

Mabin, Alexander - Account Services, NBC - AGENCY MABU, Bismarck, ND, *pg.* 29

Mac, Mary - NBC - VERMILION DESIGN, Boulder, CO, *pg.* 204

Maccabee, Paul - NBC, PPOM - MACCABEE GROUP PUBLIC RELATIONS, Minneapolis, MN, *pg.* 624

MacCourtney, Leo - NBC, PPOM - KATZ MEDIA GROUP, INC., New York, NY, *pg.* 481

MacDonald, Donna - Management, NBC

1755

RESPONSIBILITIES INDEX — AGENCIES

- DOVETAIL, Saint Louis, MO, *pg.* 64
MacDonald, Bonnie - Account Services, NBC - ACCELERATION PARTNERS, Needham, MA, *pg.* 25
MacDonnell, Kyle - NBC, PPOM - PAPPAS MACDONNELL, INC., Southport, CT, *pg.* 125
Mace, Stephanie - Account Planner, Account Services, Management, NBC - MRM//MCCANN, San Francisco, CA, *pg.* 289
Machen, Lauren - Account Services, Interactive / Digital, NBC, Public Relations - FUSE, LLC, Vinooski, VT, *pg.* 8
Machtiger, Susan - Account Planner, NBC, PPOM - OGILVYONE WORLDWIDE, New York, NY, *pg.* 255
Mack, Rene - Account Planner, NBC, PPOM - PERCEPTURE, Rashberg, NJ, *pg.* 636
Mack, Michael - NBC, Public Relations - LAS VEGAS EVENTS, Las Vegas, NV, *pg.* 310
Mackenzie, Rebecca - Interactive / Digital, Management, NBC - C SPACE, Boston, MA, *pg.* 443
Mackenzie, Chris - Interactive / Digital, NBC, Operations - I HEART MEDIA, San Antonio, TX, *pg.* 552
MacKenzie, Kim - Account Services, NBC - HOLLYWOOD AGENCY, Hingham, MA, *pg.* 371
Mackey, Cindy - NBC, Public Relations - OTTO DESIGN & MARKETING, Norfolk, VA, *pg.* 124
Maclachlan, David - NBC - MADDOCK DOUGLAS, Elmhurst, IL, *pg.* 102
MacNally, Will - NBC, PPOM - GROVE MARKETING, INC., Concord, MA, *pg.* 237
MacNeil, Donna - NBC, PPOM - CHIZCOMM, North York, ON, *pg.* 50
Maconochie, Ryan - Creative, NBC, PPOM - D/CAL, Detroit, MI, *pg.* 56
Macpherson, Lachlan - NBC - DECODED ADVERTISING, New York, NY, *pg.* 60
Madden, Brian - Account Services, Management, NBC - HEARST MAGAZINES DIGITAL MEDIA, New York, NY, *pg.* 238
Madden, Molly - Account Services, NBC - DDB CHICAGO, Chicago, IL, *pg.* 59
Madeira, Danielle - NBC, Promotions - ANOTHER PLANET ENTERTAINMENT, Berkeley, CA, *pg.* 565
Madeley, Chelsea - NBC - EXPONATION, Atlanta, GA, *pg.* 305
Madigan, Carolyn - NBC - TPN, Chicago, IL, *pg.* 571
Madsen, Christine - NBC, PPOM - MAD 4 MARKETING, Fort Lauderdale, FL, *pg.* 102
Mager, Danny - NBC, PPOM - AFFIRM AGENCY, Pewaukee, WI, *pg.* 323
Maggio, Carol - NBC - E29 MARKETING, Larkspur, CA, *pg.* 67
Maginnis, Mike - Management, NBC - VALTECH, San Diego, CA, *pg.* 273
Magruder, Allie - Media Department, NBC - HORIZON MEDIA, INC., New York, NY, *pg.* 474
Mahaffey, Melanie - NBC, Public Relations - R/GA, Austin, TX, *pg.* 261
Mahar, Jeff - Interactive / Digital, NBC - CANNONBALL AGENCY, Saint Louis, MO, *pg.* 5
Maher, Marina - NBC, PPOM - MARINA MAHER COMMUNICATIONS, New York, NY, *pg.* 625
Maher, Tim - Account Planner, NBC - FUSE, LLC, Vinooski, VT, *pg.* 8
Maher, Dave - Interactive / Digital, Media Department, NBC, PPOM, Public Relations - ZEHNDER COMMUNICATIONS, INC., New Orleans, LA, *pg.* 436
Mahomes, Lauren - Account Planner, Interactive / Digital, Media Department, NBC, Social Media - MEDIACOM, Chicago, IL, *pg.* 489
Mahon, Kendra - Interactive / Digital, Media Department, NBC - PP+K, Tampa, FL, *pg.* 129
Mai, Mi - Account Planner, NBC, PPOM, Interactive / Digital, Media Department, NBC - GARAGE TEAM MAZDA, Costa Mesa, CA, *pg.* 465
Main, Kaitlyn - Analytics, Interactive / Digital, NBC, Research - PHD CHICAGO, Chicago, IL, *pg.* 504
Majak, Simon - NBC - NEUSTAR, INC., Sterling, VA, *pg.* 289
Malaguti, Lauren - NBC - TRIAD RETAIL MEDIA, St. Petersburg, FL, *pg.* 272
Malcolm, Doug - Creative, NBC - DIGITAS, Chicago, IL, *pg.* 227
Malcolm, Ian - NBC, PPOM - LUMENCY INC., Toronto, ON, *pg.* 310
Maldonado, Louis - NBC, PPOM - D. EXPOSITO & PARTNERS, New York, NY, *pg.* 539
Malecot, Ron - NBC - ACTIVE INTERNATIONAL, Pearl River, NY, *pg.* 439
Maleeny, Tim - Account Planner, Account Services, Management, Media Department, NBC, Operations, PPOM - HAVAS NEW YORK, New York, NY, *pg.* 369
Maletsky, Jason - Interactive / Digital, NBC - DAILEY MARKETING GROUP, Rancho Santa Margarita, CA, *pg.* 57
Malina, Marianne - NBC, PPOM - GSD&M, Austin, TX, *pg.* 79
Malinowski, Roger - NBC - BECORE, Los Angeles, CA, *pg.* 302
Mallin, Noah - Interactive / Digital, Management, Media Department, NBC, PPOM, Social Media - WAVEMAKER, New York, NY, *pg.* 526
Mallof, Edward - NBC, PPOM - MAN MARKETING, Carol Stream, IL, *pg.* 103
Mallone, Scott - Account Services, NBC, PPOM - HYFN, Los Angeles, CA, *pg.* 240
Malloy, Patti - NBC - ACTIVE INTERNATIONAL, Pearl River, NY, *pg.* 439
Malloy, Brea - Account Planner, Media Department, NBC - SIMPLE TRUTH, Chicago, IL, *pg.* 198
Malone, Mike - Creative, NBC, PPOM - THE RICHARDS GROUP, INC., Dallas, TX, *pg.* 422
Malone, Matthew - Analytics, NBC, Research - SPARK FOUNDRY, Chicago, IL, *pg.* 510
Maloney, Caitlin - Creative, Media Department, NBC - SUPERFLY, New York, NY, *pg.* 315
Malter Nathan, Annie - NBC, Public Relations - KOVERT CREATIVE, New York, NY, *pg.* 96
Malysiak, John - Interactive / Digital, NBC, Operations, Programmatic, Research, Social Media - PHD CHICAGO, Chicago, IL, *pg.* 504
Mammon, Diane - NBC - YOH, Philadelphia, PA, *pg.* 277
Manas, George - Media Department, NBC, PPOM - OMD, New York, NY, *pg.* 498
Manatt, Kara - NBC, Research - MAGNA GLOBAL, New York, NY, *pg.* 483
Manber, Susan - Account Planner, Management, NBC, PPOM - DIGITAS HEALTH LIFEBRANDS, New York, NY, *pg.* 229
Mancillas, Pacino - NBC, PPOM - AC&M GROUP, Charlotte, NC, *pg.* 537
Mancusi, Peter - Media Department, NBC, Public Relations - WEBER SHANDWICK, Boston, MA, *pg.* 660
Mandel, Josh - Account Services, NBC, PPOM - THE MILL, Los Angeles, CA, *pg.* 563
Mandel, Anabella - Account Services, NBC - COSSETTE MEDIA, Toronto, ON, *pg.* 345
Maness, Laura - NBC, PPOM - HAVAS NEW YORK, New York, NY, *pg.* 369
Manfe, Louise - Interactive / Digital, Media Department, NBC - EXPERT MARKETING, Los Angeles, CA, *pg.* 69
Mangelson, Cory - Account Services, NBC - NSON, Salt Lake City, UT, *pg.* 448
Mangone, Marc - NBC - GARTNER, INC., Stamford, CT, *pg.* 236
Manhart, Lisa - NBC, PPOM - VENTURA ASSOCIATES INTL, LLC, New York, NY, *pg.* 571
Manley, Gavin - Management, NBC - COOLGRAYSEVEN, New York, NY, *pg.* 53
Mann, Larry - NBC - REVOLUTION, Chicago, IL, *pg.* 406
Mann, Jake - Account Planner, Analytics, Interactive / Digital, Media Department, NBC, PPM - ZENITH MEDIA, New York, NY, *pg.* 529
Mann, Neal - Interactive / Digital, NBC - ANOMALY, New York, NY, *pg.* 325
Mann, Justin - Media Department, NBC - SPARK FOUNDRY, New York, NY, *pg.* 508
Manna, Cory - Account Services, NBC - SPARKS & HONEY, New York, NY, *pg.* 450
Mans, Hannah - NBC - DIRECTIVE CONSULTING, Irvine, CA, *pg.* 63
Manson, Dave - NBC - A.A. ADVERTISING, London, ON, *pg.* 565

1756

AGENCIES

RESPONSIBILITIES INDEX

Mansour, Siobhann - Interactive / Digital, Media Department, NBC, PPOM - UNCOMMON, Sacramento, CA, pg. 157

Maquieira, George - NBC, Public Relations - SPI MARKETING, New York, NY, pg. 411

Marangos, Alkis - Management, NBC, PPOM - DGS MARKETING ENGINEERS, Fishers, IN, pg. 351

Maranon, Legia - NBC, PPOM - MARANON & ASSOCIATES, Miami, FL, pg. 543

Marchesi, Stephanie - Management, NBC, PPOM, Public Relations - WE COMMUNICATIONS, Bellevue, WA, pg. 660

Marchitto, Denise - Interactive / Digital, Media Department, NBC - HEARTS & SCIENCE, New York, NY, pg. 471

Marcino, Adrienne - Account Services, NBC - TERRI & SANDY, New York, NY, pg. 147

Marcou, Dave - NBC - ZOOM MEDIA, New York, NY, pg. 559

Marcus, James - NBC, PPOM - FENTON COMMUNICATIONS, Washington, DC, pg. 603

Mard, Jeff - NBC - CRONIN, Glastonbury, CT, pg. 55

Marden, Scott - NBC, PPOM - CAPTIVATE NETWORK, INC., Lowell, MA, pg. 550

Marder, Jeff - NBC - ACTIVE INTERNATIONAL, Pearl River, NY, pg. 439

Margaret Connell, Mary - NBC - BIG RED ROOSTER, Columbus, OH, pg. 3

Margolin, Mike - Account Services, Interactive / Digital, Management, Media Department, NBC - RPA, Santa Monica, CA, pg. 134

Margolis, Liz - NBC, Operations - ACTIVE INTERNATIONAL, Pearl River, NY, pg. 439

Mariani, Tony - NBC, Operations - DDI MEDIA, Saint Louis, MO, pg. 551

Marie Turbitt, Ann - NBC - DROGA5, New York, NY, pg. 64

Marinacci, Dawn - NBC - OLOGIE, Columbus, OH, pg. 122

Marinelli, Vince - NBC - FUSION92, Chicago, IL, pg. 235

Marioni, Scott - Management, NBC, PPOM - R&J STRATEGIC COMMUNICATIONS, Bridgewater, NJ, pg. 640

Mariscal, Emma - NBC - TBWA \ CHIAT \ DAY, Los Angeles, CA, pg. 146

Markfield, Barbara - Account Services, Management, NBC - ASSOCIATION OF NATIONAL ADVERTISERS, New York, NY, pg. 442

Marks, Jeff - NBC, PPOM - IPG360, Los Angeles, CA, pg. 90

Marks, Takezo - Analytics, Interactive / Digital, NBC - RAIN, Portland, OR, pg. 402

Marlin, James - NBC - PACIFIC COMMUNICATIONS, Irvine, CA, pg. 124

Marlow, Jordan - Analytics, NBC - MANIFEST, Phoenix, AZ, pg. 383

Marmo, Miles - Interactive / Digital, NBC, PPOM - AGENCY SQUID, Minneapolis, MN, pg. 441

Marold, Robert - Media Department, NBC - ASSOCIATION OF NATIONAL ADVERTISERS, New York, NY, pg. 442

Marsalisi, Suzanne - Account Services, NBC - AUSTIN LAWRENCE GROUP, INC., Stamford, CT, pg. 328

Marsden, Matt - NBC - FOCUSED IMAGE, Falls Church, VA, pg. 235

Marsden, Bryan - Interactive / Digital, NBC - TREKK, Rockford, IL, pg. 156

Marsey, Dave - Account Planner, Interactive / Digital, Management, Media Department, NBC, PPOM - ESSENCE, San Francisco, CA, pg. 232

Marsh, Traci - NBC, Operations - STAYWELL, Greensboro, NC, pg. 292

Marshall, John - NBC, Research - LIPPINCOTT, New York, NY, pg. 189

Marshall, Matt - Account Planner, Interactive / Digital, Media Department, NBC - ESSENCE, New York, NY, pg. 232

Marston, Chris - NBC - VISION CREATIVE GROUP, Morris Plains, NJ, pg. 204

Martensen, Buddy - NBC, PPOM - IVIE & ASSOCIATES, INC., Flower Mound, TX, pg. 91

Martin, Elke - NBC, PPOM - BRANDWARE PUBLIC RELATIONS, INC., Atlanta, GA, pg. 585

Martin, T. J. - Account Services, Management, NBC - CRAMER, Norwood, MA, pg. 6

Martin, Doug - Interactive / Digital, Management, NBC, PPOM - CONTROL V EXPOSED, Jenkintown, PA, pg. 222

Martin, Jeremy - Account Services, Finance, NBC - 3CINTERACTIVE, Boca Raton, FL, pg. 533

Martin, Raechel - Media Department, NBC - CARAT, Detroit, MI, pg. 461

Martin, Michael - Account Services, Management, NBC, PPOM - CODE AND THEORY, New York, NY, pg. 221

Martin, Cheryl - Creative, Management, NBC - HUNTSINGER & JEFFER, INC., Richmond, VA, pg. 285

Martin, Kerrie - Account Planner, Account Services, NBC - DORN MARKETING, Geneva, IL, pg. 64

Martin, Nicole - Analytics, Interactive / Digital, Media Department, NBC - PACE COMMUNICATIONS, Greensboro, NC, pg. 395

Martin, Heather - NBC, PPOM - DEEPLOCAL, Sharpburgs, PA, pg. 349

Martin, Chelsea - NBC - 215 MCCANN, San Francisco, CA, pg. 319

Martin, Julianne - NBC - SOURCELINK, LLC, Greenville, SC, pg. 292

Martin, Carol - Account Services, NBC - DERSE, INC., Kennesaw, GA, pg. 304

Martineau, Suzanne - Account Services, Creative, NBC, PPOM - SCHAFER CONDON CARTER, Chicago, IL, pg. 138

Martinez, Jill - NBC - EDSA, Fort Lauderdale, FL, pg. 181

Martinez, Carlos - NBC, PPOM - CONILL ADVERTISING, INC., El Segundo, CA, pg. 538

Martinez, Tim - Account Planner, NBC, PPOM - DIRECT RESULTS, Venice, CA, pg. 63

Martinez, Orlando - Creative, NBC, PPM - DIRECTOHISPANIC, LLC, North Hollywood, CA, pg. 681

Martino, Barbara - NBC, PPOM - ACTIVE INTERNATIONAL, Pearl River, NY, pg. 439

Martino, Christine - NBC - SCREENVISION, New York, NY, pg. 557

Martish, Ben - NBC - BRANDED CITIES, New York, NY, pg. 550

Marto, Michael - NBC - EXECUTIVE VISIONS, Norcross, GA, pg. 305

Martorana, John - NBC, PPOM - OXFORD COMMUNICATIONS, Lambertville, NJ, pg. 395

Marx, Laura - Media Department, NBC, PPOM - PROPELLER, Milwaukee, WI, pg. 130

Mas, Santiago - Account Services, NBC, PPOM - NOBOX, Miami, FL, pg. 254

Masden, James - Creative, NBC, PPOM - QUENCH, Harrisburg, PA, pg. 131

Masel, Sarah - Analytics, NBC - BIG SPACESHIP, Brooklyn, NY, pg. 455

Maser, Anna - Account Planner, Interactive / Digital, Media Department, NBC - CARAT, New York, NY, pg. 459

Masi, Kevin - NBC, PPOM - TORQUE, Chicago, IL, pg. 20

Masilun, Kelli - Account Planner, NBC - CONCENTRIC MARKETING, Charlotte, NC, pg. 52

Maskin, Ilana - Account Services, Creative, NBC - SPARK FOUNDRY, New York, NY, pg. 508

Masselle, Cris - Account Services, NBC - BTB MARKETING COMMUNICATIONS, Raleigh, NC, pg. 44

Masser, Julie - Interactive / Digital, Media Department, NBC, PPM - 360I, LLC, New York, NY, pg. 320

Massie, Laura - Account Planner, Account Services, NBC - ANOMALY, New York, NY, pg. 325

Massler, Stephanie - NBC, PPOM - DOEANDERSON ADVERTISING, Louisville, KY, pg. 352

Masson, Sophie - NBC, PPOM - DO NOT DISTURB, San Diego, CA, pg. 63

Mataraza, John - Account Services, Interactive / Digital, Management, NBC - DIGITAS, Boston, MA, pg. 226

Matheny, Michael - Creative, NBC, PPOM - FOLKLORE DIGITAL, Minneapolis, MN, pg. 235

Matheny, Sarah - NBC - TEAGUE, Seattle, WA, pg. 201

Mathewson, JJ - Account Services, NBC - RUCKUS MARKETING, New York, NY, pg. 408

Mathias, Alex - Interactive / Digital, NBC - ISADORA AGENCY, Manhattan Beach, CA, pg. 91

Mathura, Cayal - Management, NBC -

1757

RESPONSIBILITIES INDEX   AGENCIES

MEDIAMONKS, New York, NY, pg. 249
Matluck, John - Management, NBC - ICON INTERNATIONAL, INC., Greenwich, CT, pg. 476
Matt, Nicole - NBC - PRISMA, Phoenix, AZ, pg. 290
Matta, Serge - NBC, PPOM - GROUNDTRUTH.COM, New York, NY, pg. 534
Matte, Stephen - Account Services, NBC - THE TRADE DESK, Ventura, CA, pg. 519
Mattiace, William - Creative, NBC, Public Relations - GAIL & RICE, Farmington Hills, MI, pg. 306
Mattox, Darryl - NBC, Operations - GRAGG ADVERTISING, Kansas City, MO, pg. 78
Matusak, Amanda - Account Planner, NBC - DESKEY INTEGRATED BRANDING, Cincinnati, OH, pg. 7
Matzen, Matthew - Account Services, NBC - DEUTSCH, INC., Los Angeles, CA, pg. 350
Mauldin, Melissa - Creative, NBC, Public Relations - A. BRIGHT IDEA, Bel Air, MD, pg. 25
Maune, LaNor - Account Services, Media Department, NBC - PRX, INC., San Jose, CA, pg. 639
Maurer, Jack - NBC - PARK OUTDOOR ADVERTISING, Utica, NY, pg. 555
Maurer, Morgan - NBC - OGILVY, New York, NY, pg. 393
Mauricio, Ditas - Account Services, NBC - HAVAS FORMULA, San Diego, CA, pg. 612
Maurin, Rebekah - Creative, NBC - DESIGN AT WORK CREATIVE SERVICES, Houston, TX, pg. 179
Maus, Helena - NBC, PPM, PPOM - ARCHETYPE, San Francisco, CA, pg. 33
May, Mike - Account Planner, Analytics, NBC - HUGE, INC., Washington, DC, pg. 240
May, Larry - Account Planner, NBC - INFOGROUP MEDIA SOLUTIONS, New York, NY, pg. 286
May, Adrienne - Interactive / Digital, Media Department, NBC, Social Media - HEARTS & SCIENCE, Los Angeles, CA, pg. 473
May, Cassie - Interactive / Digital, NBC - INITIATIVE, Los Angeles, CA, pg. 478
May, James - NBC - COX MEDIA, Phoenix, AZ, pg. 463
May, Jr., Rich - NBC, PPOM - MAY ADVERTISING & DESIGN, INC., Minneapolis, MN, pg. 107
Maybell, Graham - Account Services, NBC - FIREFLY, San Francisco, CA, pg. 552
Mayhew, Karen - Account Services, Management, NBC - INFOGROUP MEDIA SOLUTIONS, New York, NY, pg. 286
Mayhew, Mike - Account Services, Management, NBC - INFOGROUP MEDIA SOLUTIONS, New York, NY, pg. 286
Maynard, Traci - NBC - GRACE OUTDOOR ADVERTISING, Columbia, SC, pg. 552
Mayo, Will - NBC - WILLOWTREE,

INC., Charlottesville, VA, pg. 535
Maze, Michael - Media Department, NBC - CANVAS WORLDWIDE, New York, NY, pg. 458
Mazur, Jason - Interactive / Digital, NBC - ALL POINTS DIGITAL, Norwalk, CT, pg. 671
Mazza, Lisa - Interactive / Digital, NBC - MOXE, Winter Park, FL, pg. 628
Mazzella, Courtney - Account Services, NBC - CHAMPION MANAGEMENT GROUP, LLC, Addison, TX, pg. 589
McAndrew, Shane - Account Services, Interactive / Digital, Management, NBC, PPOM - MINDSHARE, New York, NY, pg. 491
McAndrews, Lauren - Interactive / Digital, NBC - MOBEXT, New York, NY, pg. 534
McAneney, Amanda - Creative, Interactive / Digital, Media Department, NBC - CANVAS WORLDWIDE, Playa Vista, CA, pg. 458
McArtor, Todd - Creative, NBC - THE RICHARDS GROUP, INC., Dallas, TX, pg. 422
McAteer, Jennifer - Management, NBC, PPOM - MINDSHARE, New York, NY, pg. 491
McBride, John - Account Planner, NBC, PPOM - TRANSLATION, Brooklyn, NY, pg. 299
McBride, Ellen - NBC - RED CHALK STUDIOS, Virginia Beach, VA, pg. 404
McCabe, Erin - Account Services, NBC - HOTWIRE PR, San Francisco, CA, pg. 614
McCaffery, Paisley - NBC - MCGARRYBOWEN, New York, NY, pg. 109
Mccaffrey, Sean - NBC, PPOM - GAS STATION TV, Detroit, MI, pg. 552
McCaffrey, Fern - Account Services, NBC - RPA, Santa Monica, CA, pg. 134
McCain-Matte, Tina - Account Services, NBC, PPOM - GRAVINA SMITH & MATTE, INC., Fort Myers, FL, pg. 610
McCall, Steve - Account Services, NBC, PPOM - FORSMAN & BODENFORS, New York, NY, pg. 74
McCallum, Scott - Account Services, Interactive / Digital, NBC, PPOM, Research - GEOMETRY, Chicago, IL, pg. 363
McCann, Nan - NBC, PPOM - PME ENTERPRISES LLC, Wethersfield, CT, pg. 313
McCann, Kelly - NBC - DDB NEW YORK, New York, NY, pg. 59
McCarrick, Edward - Account Services, Media Department, NBC - ICON INTERNATIONAL, INC., Greenwich, CT, pg. 476
McCarten, Kelly - Management, NBC - MOSAIC NORTH AMERICA, Mississauga, ON, pg. 312
McCarter, John - Management, NBC - SAATCHI & SAATCHI CANADA, Toronto, ON, pg. 136
McCarthy, John - Management, NBC, PPOM - DDB SAN FRANCISCO, San

Francisco, CA, pg. 60
McCarthy, Erin - NBC - STAYWELL, Greensboro, NC, pg. 292
McCary, Matt - Account Planner, Media Department, NBC - BLUE 449, Dallas, TX, pg. 456
McCauley, John - NBC, PPOM - SCREENVISION, New York, NY, pg. 557
McCauley-Ellis, Deborah - NBC - LEO BURNETT DETROIT, Troy, MI, pg. 97
McClabb, Jill - Creative, NBC, PPOM - IPNY, New York, NY, pg. 90
McClear, Brian - Interactive / Digital, NBC - ADAMS & KNIGHT ADVERTISING, Avon, CT, pg. 322
McClear, Courtney - Account Services, NBC - DONER, Southfield, MI, pg. 63
McClure, Mike - Creative, Interactive / Digital, NBC - THE YAFFE GROUP, Southfield, MI, pg. 154
McClure, Marcy - NBC, Operations - SNAVELY & ASSOCIATES, State College, PA, pg. 199
McClure, Paul - NBC, PPOM - RUNYON SALTZMAN EINHORN, Sacramento, CA, pg. 645
McColough, Josh - NBC, Public Relations - BLUE CHIP MARKETING & COMMUNICATIONS, Northbrook, IL, pg. 334
McConaghy, Mark - NBC - KLICK HEALTH, Toronto, ON, pg. 244
McConaughey, Chris - Account Services, NBC - HAVAS EDGE, Boston, MA, pg. 284
McConnell, Greg - NBC - WUNDERMAN THOMPSON, New York, NY, pg. 434
McCormack, Max - NBC - HL GROUP, New York, NY, pg. 614
McCormick, Emily - Account Planner, Media Department, NBC - DUNCAN CHANNON, San Francisco, CA, pg. 66
McCormick, Katie - Account Services, NBC - SS+K, New York, NY, pg. 144
McCormick, Amanda - Interactive / Digital, Media Department, NBC, Social Media - REPUTATION INSTITUTE, Boston, MA, pg. 449
McCoy, Kelsey - Media Department, NBC - HEARTS & SCIENCE, New York, NY, pg. 471
McCoy Kelly, Buffy - Creative, NBC, PPOM - TATTOO PROJECTS, LLC, Charlotte, NC, pg. 146
McCue, Michelle - NBC, PPOM - MCCUE PUBLIC RELATIONS, Burbank, CA, pg. 626
McCuin, Bob - NBC, PPOM - CLEAR CHANNEL OUTDOOR, New York, NY, pg. 550
McCullough, Angelene - Interactive / Digital, NBC, Social Media - COTTON & COMPANY, Stuart, FL, pg. 345
McCune, Amber - Interactive / Digital, NBC - EMPOWER, Cincinnati, OH, pg. 354
McCune, Elizabeth - NBC, PPOM, Public Relations - GROUPM, New York, NY, pg. 466
McCune, Amber - Interactive /

AGENCIES
RESPONSIBILITIES INDEX

Digital, NBC - EMPOWER, Cincinnati, OH, *pg.* 354
McCurley, Dan - Interactive / Digital, NBC - MASTERWORKS, Poulsbo, WA, *pg.* 687
McDaid, Jessica - Account Services, NBC - TINUITI, New York, NY, *pg.* 678
McDaniel, Patrick - NBC, PPOM - KEPLER GROUP, New York, NY, *pg.* 244
McDaniels, Randall - NBC, PPOM - MCDANIELS MARKETING & COMMUNICATIONS, Pekin, IL, *pg.* 109
McDonald, Jim - NBC - MEDIA LOGIC, Albany, NY, *pg.* 288
McDonald, Nicoletta - Administrative, NBC - PATTISON OUTDOOR ADVERTISING, Calgary, AB, *pg.* 555
McDonough, Tim - Creative, Finance, NBC - BERRY & COMPANY PUBLIC RELATIONS, New York, NY, *pg.* 583
McDowell, Jocelyn - NBC - HEARTS & SCIENCE, Los Angeles, CA, *pg.* 473
McEvady, Andrea - Account Services, NBC - ACCESS TO MEDIA, Chicopee, MA, *pg.* 453
McFadden, Amari - NBC, Social Media - 360I, LLC, New York, NY, *pg.* 320
McFarland, Marc - Finance, NBC - ADAMS & KNIGHT ADVERTISING, Avon, CT, *pg.* 322
McFarland, Bob - NBC - REED EXHIBITION COMPANY, Norwalk, CT, *pg.* 314
McFarland-Johnson, Jeannie - NBC, Public Relations - CREATIVE STRATEGIES GROUP, Denver, CO, *pg.* 304
Mcgahey, Thomas - NBC, PPOM - HIGH COTTON PROMOTIONS U.S.A, INC., Irondale, AL, *pg.* 567
McGarrah, Mark - NBC, PPOM - MCGARRAH JESSEE, Austin, TX, *pg.* 384
McGarry, Jamie - NBC - DDB CHICAGO, Chicago, IL, *pg.* 59
McGaughan, Molly - NBC - BEYOND, New York, NY, *pg.* 217
McGee, Heather - Creative, NBC, PPM - BANNER DIRECT, Wilmington, NC, *pg.* 280
McGilloway Campbell, Ashley - Account Services, NBC - MECHANICA, Newburyport, MA, *pg.* 13
McGinty, Michelle - NBC, PPOM - DRA STRATEGIC COMMUNICATIONS, Phoenix, AZ, *pg.* 598
McGovern, Maeve - Media Department, NBC - RESOLUTION MEDIA, Chicago, IL, *pg.* 676
McGovern Galo, Andrea - NBC - MIRUM AGENCY, Chicago, IL, *pg.* 681
McGowan, Jerry - NBC - ACCESS SPORTS MEDIA, New York, NY, *pg.* 549
McGowan, Briana - Account Services, Media Department, NBC - FISHBOWL, Alexandria, VA, *pg.* 234
McGrath, Terry - Media Department, NBC, PPOM - T1 MEDIA, LCC, Weston, MA, *pg.* 518
McGrath, Thomas - Account Services, NBC - MALKA, Jersey City, NJ, *pg.* 562

McGraw, Barbara - NBC, PPOM - INFINITEE COMMUNICATIONS, INC., Atlanta, GA, *pg.* 374
McGraw, Michael - NBC - CLEAR CHANNEL OUTDOOR, Kingston, NY, *pg.* 551
McGraw, Morgan - NBC - AMOBEE, INC., Redwood City, CA, *pg.* 213
McGuire, Laureen - Account Services, NBC - LOVE & COMPANY, Frederick, MD, *pg.* 101
McHale, Mike - NBC, PPOM - JUMP 450 MEDIA, New York, NY, *pg.* 481
McHie, Jessica - NBC - TENET PARTNERS, Norwalk, CT, *pg.* 19
McHorse, Stacy - NBC, PPOM - KINETIC CHANNEL MARKETING, Fort Wayne, IN, *pg.* 95
McIlvain, Justin - NBC - REAGAN OUTDOOR ADVERTISING, Salt Lake City, UT, *pg.* 557
McIndoe, Adam - NBC - NETWAVE INTERACTIVE MARKETING, INC., Point Pleasant, NJ, *pg.* 120
McIntosh, Brett - NBC, PPOM - PUBLICIS TORONTO, Toronto, ON, *pg.* 639
McKee, Chris - Account Services, Creative, Management, NBC, PPOM - FLINT & STEEL, New York, NY, *pg.* 74
McKee, Steve - NBC, PPOM - MCKEE WALLWORK & COMPANY, Albuquerque, NM, *pg.* 385
McKenna, Brian - NBC - DMI PARTNERS, Philadelphia, PA, *pg.* 681
McKenna, Megan - NBC - LOTAME, New York, NY, *pg.* 447
McKenna, Ryan - Account Services, NBC - HOLLYWOOD AGENCY, Hingham, MA, *pg.* 371
McKenzie, Joy - Account Services, Interactive / Digital, NBC, Research - DROGA5, New York, NY, *pg.* 64
McKinney, Andy - Interactive / Digital, Management, NBC - EDELMAN, San Francisco, CA, *pg.* 601
McKnight, Lee - Account Services, NBC - RSW/US, Cincinnati, OH, *pg.* 136
McKusick, James - NBC, PPOM - GEARY INTERACTIVE, Las Vegas, NV, *pg.* 76
McKusick, John - NBC, PPOM - NEXTLEFT, San Diego, CA, *pg.* 254
McLain, Mark - NBC - DERSE, INC., Coppell, TX, *pg.* 304
McLaren, Jean - Management, NBC, PPOM - MARC USA, Chicago, IL, *pg.* 104
McLaughlin, Melinda - NBC, PPOM - EXTREME REACH, INC., Needham, MA, *pg.* 552
McLaughlin, Laura - NBC - BALDWIN & OBENAUF, INC., Somerville, NJ, *pg.* 329
McLellan, Drew - NBC, PPOM - MCLELLAN MARKETING GROUP, Clive, IA, *pg.* 111
McLeod, Tiye - Interactive / Digital, Media Department, NBC - UNIVERSAL MCCANN, New York, NY, *pg.* 521
McManus, Ashley - NBC - AFFECTIVA, INC., Boston, MA, *pg.* 441

McMenimen, Allison - Account Services, NBC - NINA HALE CONSULTING, Minneapolis, MN, *pg.* 675
McMillan, Gordon - Account Services, NBC, PPOM - MCMILLAN, Ottawa, ON, *pg.* 484
McMillen, Jim - Account Services, NBC - ARENDS, INC., Batavia, IL, *pg.* 327
McMillian, Thelton - NBC, PPOM - CI&T, San Francisco, CA, *pg.* 5
McMullen, Patrick - Interactive / Digital, NBC, Programmatic - TRICOMB2B, Dayton, OH, *pg.* 427
McNabb, Deina - NBC - 3HEADED MONSTER, Dallas, TX, *pg.* 23
McNalley, Devin - Interactive / Digital, Media Department, NBC - AMNET, Detroit, MI, *pg.* 454
McNamara, Thomas - NBC - QUATTRO DIRECT, Berwyn, PA, *pg.* 290
McNamara, Sean - NBC, PPOM - PARTY LAND, Marina Del Rey, CA, *pg.* 125
McNamee, Brian - NBC, PPOM - RESOLUTE DIGITAL, LLC, New York, NY, *pg.* 263
McNamee, Lynn - NBC - CLEVELAND DESIGN, Boston, MA, *pg.* 177
McNee, Kate - NBC, Social Media - ACRONYM MEDIA, New York, NY, *pg.* 671
McNider, Mary Tyler - Account Planner, Interactive / Digital, Media Department, NBC - HUDSON ROUGE, New York, NY, *pg.* 371
McNulty, Kevin - NBC, PPOM - MOMENTUM WORLDWIDE, New York, NY, *pg.* 117
McPherson, Jeff - Interactive / Digital, NBC - SILVER TECHNOLOGIES, INC., Manchester, NH, *pg.* 141
McRay, Alexis - NBC - ROGERS & COWAN/PMK*BNC, Los Angeles, CA, *pg.* 643
McShea, Alexis - NBC - WE ARE BMF, New York, NY, *pg.* 318
McSorley, Katie - NBC, PPOM - HAVAS PR, Pittsburgh, PA, *pg.* 612
McSweegan, Matthew - NBC - FROST & SULLIVAN, San Antonio, TX, *pg.* 444
Mead, Joy - NBC - BLUE CHIP MARKETING & COMMUNICATIONS, Northbrook, IL, *pg.* 334
Meager, John - Account Services, NBC - MOTHER, Los Angeles, CA, *pg.* 118
Meahl, Hillary - NBC - HAVAS MEDIA GROUP, Boston, MA, *pg.* 470
Means, Roger - Account Services, NBC, PPOM - MEANS ADVERTISING, Birmingham, AL, *pg.* 112
Mecca, Daniel - NBC, PPOM - ABBEY MECCA & COMPANY, Buffalo, NY, *pg.* 321
Medeiros, Megan - Account Services, NBC, Promotions - ADEPT MARKETING, Columbus, OH, *pg.* 210
Medina, Gloria - NBC - THE MARX GROUP, San Rafeal, CA, *pg.* 421
Meeker, Dave - Interactive / Digital, Management, NBC, PPOM - ISOBAR US, Boston, MA, *pg.* 242
Mefferd, Charley - Account

RESPONSIBILITIES INDEX — AGENCIES

Services, Media Department, NBC - AMBASSADOR ADVERTISING, Irvine, CA, pg. 324

Megan, Maureen - Interactive / Digital, Media Department, NBC, Social Media - BRAINS ON FIRE, Greenville, SC, pg. 691

Mehl, Marty - NBC, PPOM - DRIVE SHOP, Redmond, WA, pg. 304

Mehner, Shannon - NBC - ENERGY BBDO, INC., Chicago, IL, pg. 355

Mehra, Pawan - NBC, PPOM - AMEREDIA, INC., San Francisco, CA, pg. 325

Meibach, Jeanette - Interactive / Digital, NBC - LIPPE TAYLOR, New York, NY, pg. 623

Meister, Steve - Creative, NBC, PPOM - BIG BANG, INC., Decatur, GA, pg. 174

Meister, Debbie - NBC - MEDIA ASSEMBLY, Southfield, MI, pg. 385

Melanco, Serena - NBC - HOSTS NEW ORLEANS, New Orleans, LA, pg. 308

Melkonian, Alec - Account Services, NBC - KLICK HEALTH, Toronto, ON, pg. 244

Mello, Jennifer - Account Planner, NBC - PERFORMANCE RESEARCH, Newport, RI, pg. 448

Meloy, Holly - Management, NBC - GEOMETRY, New York, NY, pg. 362

Melson, Adam - NBC - SEER INTERACTIVE, Philadelphia, PA, pg. 677

Melvin, Mike - NBC - BAM COMMUNICATIONS, San Diego, CA, pg. 580

Menashe, Jay - NBC - JACK MORTON WORLDWIDE, Robbinsville, NJ, pg. 309

Mendez, Daniel - Account Services, Management, NBC - MEDIACOM, Playa Vista, CA, pg. 486

Menendez, Kristina - Account Services, Interactive / Digital, NBC - ZETA INTERACTIVE, New York, NY, pg. 277

Menerey, Jody - Account Services, NBC - INNOVATION PROTOCOL, Los Angeles, CA, pg. 10

Meneses Rojas, Alfred - NBC - BUTLER, SHINE, STERN & PARTNERS, Sausalito, CA, pg. 45

Menon, Satya - NBC, PPOM - KANTAR MILLWARD BROWN, Lisle, IL, pg. 446

Mentler, Holly - NBC, PPOM - MENTLER & COMPANY, Addison, TX, pg. 113

Meoore, Patricia - Creative, Media Department, NBC - INITIATIVE, New York, NY, pg. 477

Merali, Michael - NBC - PUBLICIS NORTH AMERICA, New York, NY, pg. 399

Meranus, Leah - Management, Media Department, NBC, PPOM - 360I, LLC, New York, NY, pg. 320

Mercado, Rona - NBC - CASHMERE AGENCY, Los Angeles, CA, pg. 48

Mercado, Eric - NBC - FORCE MARKETING, Atlanta, GA, pg. 284

Merhar, Brie - Interactive / Digital, NBC - LEADING AUTHORITIES, INC., Washington, DC, pg. 622

Merilatt, Scott - Interactive / Digital, NBC - WHEELHOUSE DIGITAL MARKETING GROUP, Seattle, WA, pg. 678

Merola, Lisa - Account Services, Interactive / Digital, Media Department, NBC, Social Media - WAVEMAKER, San Francisco, CA, pg. 528

Merolle, Christopher - Analytics, Interactive / Digital, Media Department, NBC, Research - HAVAS MEDIA GROUP, New York, NY, pg. 468

Merrett, Laura - Account Services, NBC - MINDSHARE, Portland, OR, pg. 495

Merrill, Tracy - NBC, Promotions - ZAKHILL GROUP, Santa Monica, CA, pg. 294

Merritt, Audrey - NBC, PPOM - WHM CREATIVE, Oakland, CA, pg. 162

Mertz, Angela - Interactive / Digital, NBC, Social Media - EGC MEDIA GROUP, INC., Melville, NY, pg. 354

Mertzman, Allison - Human Resources, Management, Media Department, NBC, Operations, Public Relations - GROUPM, New York, NY, pg. 466

Mesrobian, Claire - Account Planner, Account Services, Media Department, NBC - MINDSHARE, Chicago, IL, pg. 494

Messenger, Amy - Account Services, NBC - OGILVY PUBLIC RELATIONS, Denver, CO, pg. 633

Metcalf, Jill - Account Services, NBC - ESSENCE, New York, NY, pg. 232

Metcalfe, Dave - Media Department, NBC, Operations - UNIVERSAL MCCANN DETROIT, Birmingham, MI, pg. 524

Metrick, Ellie - NBC, Public Relations - THE METRICK SYSTEM, Toronto, ON, pg. 152

Meyer, Charles - NBC - IVIE & ASSOCIATES, INC., Flower Mound, TX, pg. 91

Meyer, John - NBC - OSBORN & BARR COMMUNICATIONS, Saint Louis, MO, pg. 395

Meyer, Stephanie - NBC, Operations - TPN, Dallas, TX, pg. 683

Meyer, Brad - NBC - DERSE, INC., Coppell, TX, pg. 304

Meza, Susana - NBC, PPM - ASTOUND COMMERCE, San Bruno, CA, pg. 214

Michael, Julie - Account Services, NBC, PPOM - TEAM ONE, Los Angeles, CA, pg. 417

Michaud, Jeff - NBC - 3CINTERACTIVE, Boca Raton, FL, pg. 533

Michelson, Jamie - NBC, PPOM - SIMONS / MICHELSON / ZIEVE, INC., Troy, MI, pg. 142

Mickler, Kelley - Account Services, NBC - PACE COMMUNICATIONS, Greensboro, NC, pg. 395

Middleton, Janis - Account Services, Interactive / Digital, Media Department, NBC, Social Media - 22SQUARED INC., Atlanta, GA, pg. 319

Middleton, Meral - NBC, PPOM - INDUSTRY, Portland, OR, pg. 187

Miesfeld Smith, Nicole - Media Department, NBC - VENABLES BELL & PARTNERS, San Francisco, CA, pg. 158

Mieth, Brian - NBC - ICON INTERNATIONAL, INC., Greenwich, CT, pg. 476

Miglin, Dave - Account Planner, Interactive / Digital, NBC - STRATEGIC AMERICA, West Des Moines, IA, pg. 414

Mihalek, David - Interactive / Digital, Media Department, NBC - UNIVERSAL MCCANN DETROIT, Birmingham, MI, pg. 524

Mikhailov, Maya - NBC, PPOM - GPSHOPPER, New York, NY, pg. 533

Mikho, Mike - NBC, PPOM - LAUNDRY SERVICE, Brooklyn, NY, pg. 287

Mikoli, Scott - Account Services, Media Department, NBC - CONVERSANT, LLC, Westlake Village, CA, pg. 222

Milam, Kerri - NBC, PPOM - DEPTH PUBLIC RELATIONS, Decatur, GA, pg. 596

Milan, Stan - Interactive / Digital, NBC - LEVERAGE MARKETING, LLC, Austin, TX, pg. 675

Mildenhall, Jonathan - NBC, PPOM - TWENTY-FIRST CENTURY BRAND, San Francisco, CA, pg. 157

Miles, David - Account Services, NBC, PPOM - MILES BRANDNA, Englewood, CO, pg. 13

Miles, Clyde - NBC - ADCOM COMMUNICATIONS, INC., Cleveland, OH, pg. 210

Miles, Josh - Creative, NBC, PPOM - KILLER VISUAL STRATEGIES, Seattle, WA, pg. 189

Miley-Bailey, Mozell - Account Planner, NBC - CLEAR, New York, NY, pg. 51

Milian, Peter - NBC - CLEAR CHANNEL OUTDOOR, Miami, FL, pg. 551

Milian, Francisco - Management, Media Department, NBC - GTB, Dearborn, MI, pg. 367

Milk, Andrew - NBC - TABOOLA, New York, NY, pg. 268

Millar, Duncan - NBC - DESIGN AND PRODUCTION INCORPORATED, Lorton, VA, pg. 179

Millard, Megan - NBC - WUNDERMAN THOMPSON, New York, NY, pg. 434

Millea, John - Account Services, NBC - PUSH 7, Pittsburgh, PA, pg. 131

Millen, Matt - NBC, PPOM - SAPPER CONSULTING, LLC, St. Louis, MO, pg. 291

Miller, Greg - NBC, PPOM - MAXWELL & MILLER MARKETING COMMUNICATIONS, Kalamazoo, MI, pg. 384

Miller, Abbott - Account Services, Creative, NBC, PPOM - PENTAGRAM, New York, NY, pg. 194

Miller, Cal - Account Services, NBC - BLUE MARBLE MEDIA, Atlanta, GA, pg. 217

AGENCIES

RESPONSIBILITIES INDEX

Miller, Mark - NBC, PPOM - US DIGITAL PARTNERS, Cincinnati, OH, *pg.* 273

Miller, Steve - NBC, PPOM - MILLER DESIGNWORKS, Phoenixville, PA, *pg.* 191

Miller, Nicole - Account Services, NBC, PPOM - MILLER ADVERTISING AGENCY, INC., New York, NY, *pg.* 115

Miller, Kim - Creative, NBC, PPOM - INK LINK MARKETING LLC, Miami Lakes, FL, *pg.* 615

Miller, Teri - Account Services, Management, NBC, Operations, PPOM - 72ANDSUNNY, Playa Vista, CA, *pg.* 23

Miller, Mareka - NBC, Operations - EMPOWER, Cincinnati, OH, *pg.* 354

Miller, Caitlin - Account Services, NBC - NINA HALE CONSULTING, Minneapolis, MN, *pg.* 675

Miller, Kaylyn - Interactive / Digital, Media Department, NBC, PPOM, Social Media - WAVEMAKER, New York, NY, *pg.* 526

Miller, Julia - Interactive / Digital, NBC - THE MARS AGENCY, Southfield, MI, *pg.* 683

Miller, James - NBC - DWA MEDIA, San Francisco, CA, *pg.* 464

Miller, LaDonna - Account Planner, Media Department, NBC - THE RICHARDS GROUP, INC., Dallas, TX, *pg.* 422

Miller, Lisa - Account Planner, NBC, Public Relations - GLOVER PARK GROUP, Washington, DC, *pg.* 608

Miller, Seema - Account Services, NBC, PPOM - WOLFGANG, Los Angeles, CA, *pg.* 433

Miller, Jackie - NBC, PPOM - BOZELL, Omaha, NE, *pg.* 42

Miller, Daniel - Interactive / Digital, Management, Media Department, NBC, PPM - EP+CO., New York, NY, *pg.* 356

Miller, Paige - Account Services, NBC - THE TRADE DESK, Ventura, CA, *pg.* 519

Miller, Catie - Account Planner, Media Department, NBC - SUB ROSA, New York, NY, *pg.* 200

Miller, Andrew - Media Department, NBC - CMI MEDIA, LLC, King of Prussia, PA, *pg.* 342

Miller, Beth - Account Planner, NBC, PPOM - MAGID, Minneapolis, MN, *pg.* 447

Miller, Brooke - Management, NBC - FCB NEW YORK, New York, NY, *pg.* 357

Miller, Katie - Account Services, Management, NBC, PPOM - ARGONAUT, INC., San Francisco, CA, *pg.* 33

Miller, Paul - NBC, PPOM - QUESTEX, Washington, DC, *pg.* 449

Miller, Tracie - NBC - TIGRIS SPONSORSHIP & MARKETING, Littleton, CO, *pg.* 317

Miller, Cindy - NBC - SOURCELINK, LLC, Greenville, SC, *pg.* 292

Miller, Alex - NBC - FIREFLY, San Francisco, CA, *pg.* 552

Miller Jr., Don - Account Services, Management, Media Department, NBC - UNIVERSAL MCCANN DETROIT,

Birmingham, MI, *pg.* 524

Mills, Rebecca - Account Planner, Account Services, Interactive / Digital, Media Department, NBC - UNIVERSAL MCCANN, New York, NY, *pg.* 521

Mills, David - NBC, PPOM - STORY COLLABORATIVE, Fredericksburg, VA, *pg.* 414

Mills, Alexandra - NBC - SMITH BUCKLIN CORPORATION, Washington, DC, *pg.* 315

Mills, Robert - NBC - PURERED, Princeton, NJ, *pg.* 130

Millward, Curtis - Account Services, NBC - MULLENLOWE U.S. LOS ANGELES, El Segundo, CA, *pg.*

Millward, John - NBC, PPOM - REDPEG MARKETING, Alexandria, VA, *pg.* 692

Milnor, Doug - Interactive / Digital, NBC - CONNECTION MODEL LLC, Issaquah, WA, *pg.* 344

Minervino, Becky - Management, Media Department, NBC, PPOM - MERGE, Boston, MA, *pg.* 113

Mingledorff, Polly - Account Services, NBC - EDELMAN, New York, NY, *pg.* 599

Minichiello, Vincent - Account Services, NBC - REDPEG MARKETING, Alexandria, VA, *pg.* 692

Minkus, Robert - NBC, PPOM - MINKUS & ASSOCIATES, Malvern, PA, *pg.* 191

Minor, Jim - NBC, PPOM - MINOR O'HARRA ADVERTISING, Reno, NV, *pg.* 387

Miranda, Mallory - Account Services, NBC - R&R PARTNERS, Phoenix, AZ, *pg.* 132

Miranda O'Donnell, Stephanie - Account Services, Management, NBC - ANOMALY, New York, NY, *pg.* 325

Mirarefi, Sara - NBC - PERFORMICS, Chicago, IL, *pg.* 676

Mirmelstein, Ian - Interactive / Digital, NBC - LIGHTBOX OOH VIDEO NETWORK, New York, NY, *pg.* 553

Miro, Pablo - Account Services, Management, NBC - ZUBI ADVERTISING, Coral Gables, FL, *pg.* 165

Mirto, Bryon - Account Planner, Account Services, Interactive / Digital, Management, Media Department, NBC - DIGITAS, New York, NY, *pg.* 226

Misener, Jim - Management, NBC, PPOM - 50,000 FEET, INC., Chicago, IL, *pg.* 171

Mish, Michael - Management, NBC - AMP AGENCY, Boston, MA, *pg.* 297

Missirian, Sela - Account Planner, Account Services, Interactive / Digital, Media Department, NBC, Social Media - BROWN BAG MARKETING, Atlanta, GA, *pg.* 338

Mitchell, Martin - NBC, PPOM - BODDEN PARTNERS, New York, NY, *pg.* 335

Mitchell, Steve - NBC, PPOM - MITCHELL RESEARCH, East Lansing, MI, *pg.* 448

Mitchell, Brandy - NBC - MARC USA, Pittsburgh, PA, *pg.* 104

Mitchell, Laura - Interactive /

Digital, NBC - LAWRENCE & SCHILLER, Sioux Falls, SD, *pg.* 97

Mitchell, Caitlin - Interactive / Digital, NBC - THE RICHARDS GROUP, INC., Dallas, TX, *pg.* 422

Mitchell, Anne - Account Services, NBC - EDELMAN, Atlanta, GA, *pg.* 599

Mitchell, Jeremy - Account Services, Media Department, NBC - MATRIX MEDIA SERVICES, Columbus, OH, *pg.* 554

Mitchell, John - Account Services, NBC - YAH. - YOU ARE HERE, Atlanta, GA, *pg.* 318

Mith, Nish - NBC, PPOM - OGILVY, New York, NY, *pg.* 393

Miyamoto, Stacey - NBC, PPOM - CMM, New York, NY, *pg.* 591

Mizrachi, Katie - NBC, Operations - FTI CONSULTING, New York, NY, *pg.* 606

Mnich, Mark - NBC - PRIORITY DESIGNS, INC., Columbus, OH, *pg.* 195

Mock, Don - Account Services, Creative, NBC, PPOM - MOCK, THE AGENCY, Atlanta, GA, *pg.* 192

Modarelli-Frank, Heidi - NBC, Public Relations, Social Media - MARCUS THOMAS, Cleveland, OH, *pg.* 104

Moe, Kayla - NBC - 72ANDSUNNY, Playa Vista, CA, *pg.* 23

Moffat, Juliet - Account Services, NBC - VMLY&R, Chicago, IL, *pg.* 160

Moffat, Ryan - Management, NBC - ADTAXI, Denver, CO, *pg.* 211

Moggs, Howard - Management, NBC - TRAILER PARK, Hollywood, CA, *pg.* 299

Moglia, Ryan - Account Services, NBC - RAUXA, New York, NY, *pg.* 291

Mohan, Sunil - NBC - AKQA, Portland, OR, *pg.* 212

Molina, Joe - NBC, PPOM - JMPR PUBLIC RELATIONS, Woodland Hills, CA, *pg.* 617

Molina, Jonathan - Interactive / Digital, Media Department, NBC, Social Media - M/SIX, New York, NY, *pg.* 482

Molloy, Doug - Management, NBC, Public Relations - HUDSON ROUGE, Dearborn, MI, *pg.* 372

Molloy, Margaret - NBC, PPOM - SIEGEL & GALE, New York, NY, *pg.* 17

Molnar, Jeremy - Analytics, NBC - AIMIA, Toronto, ON, *pg.* 167

Moloney, Carmen - Account Services, NBC - ACCELERATION PARTNERS, Needham, MA, *pg.* 25

Monaco, Mark - Interactive / Digital, NBC - ON BOARD EXPERIENTIAL MARKETING, Sausalito, CA, *pg.* 313

Monaco, Mike - Account Services, NBC - KEPLER GROUP, New York, NY, *pg.* 244

Moncur, David - NBC, PPOM - MONCUR ASSOCIATES, Southfield, MI, *pg.* 251

Mondshein, Greg - Management, NBC, PPOM - SOURCECODE COMMUNICATIONS, New York, NY, *pg.* 648

Monetti, Catherine - NBC, PPOM -

1761

RESPONSIBILITIES INDEX — AGENCIES

RIGGS PARTNERS, West Columbia, SC, pg. 407
Monick, Gina - Media Department, NBC - ABIGAIL KIRSCH, Stamford, CT, pg. 301
Moniz, Paula - Account Services, NBC - PAPPAS GROUP, Arlington, VA, pg. 396
Montague, Eric - Account Services, NBC, PPOM, Public Relations - SLEEK MACHINE, Boston, MA, pg. 142
Montalvo, Teddy - Interactive / Digital, Media Department, NBC - HORIZON MEDIA, INC., New York, NY, pg. 474
Monteleone, Joel - Account Services, NBC - VENABLES BELL & PARTNERS, San Francisco, CA, pg. 158
Montenegro, Mauricio - Management, NBC - HAVAS MEDIA GROUP, Miami, FL, pg. 470
Montesi, Kevyn - NBC - THE RICHARDS GROUP, INC., Dallas, TX, pg. 422
Montgomery, John - Interactive / Digital, NBC, Operations - GROUPM, New York, NY, pg. 466
Montgomery, Nadyne - NBC - A.A. ADVERTISING, London, ON, pg. 565
Mooney, Terry - NBC, Operations, PPOM - EVOK ADVERTISING, Heathrow, FL, pg. 69
Mooney, Josh - NBC - WONGDOODY, Culver City, CA, pg. 433
Mooney, Robert - NBC - PUBLICIS NORTH AMERICA, New York, NY, pg. 399
Moore, Rob - NBC, PPOM - LIPMAN HEARNE, INC., Chicago, IL, pg. 381
Moore, Chris - Account Planner, NBC, PPOM - 3, Albuquerque, NM, pg. 23
Moore, Perry - Management, NBC - ONE & ALL, Atlanta, GA, pg. 289
Moore, John - Management, Media Department, NBC, PPOM - MEDIAHUB BOSTON, Boston, MA, pg. 489
Moore, Mike - NBC - MOORE INK, Seattle, WA, pg. 628
Moore, Elizabeth - NBC, PPOM - GREEN OLIVE MEDIA, LLC, Atlanta, GA, pg. 610
Moore, Jeff - Creative, NBC, PPOM - GREEN OLIVE MEDIA, LLC, Atlanta, GA, pg. 610
Moore, Tyler - Account Services, Interactive / Digital, NBC - THE ESCAPE POD, Chicago, IL, pg. 150
Moore, Kendra - Account Planner, Media Department, NBC - BLUE 449, Dallas, TX, pg. 456
Moore, Mike - NBC, Programmatic - GROUPM, New York, NY, pg. 466
Moore, Tavia - Interactive / Digital, NBC, Social Media - HUDSON ROUGE, New York, NY, pg. 371
Moore, Hannah - NBC - OMELET, Culver City, CA, pg. 122
Moore, Roxanne - NBC - REFUEL AGENCY, New York, NY, pg. 507
Moorhead, Gene - NBC, PPOM - DAVENPORT MOORHEAD & REDSPARK, INC., Montgomery, AL, pg. 57
Mootz, Angela - NBC - ASSOCIATION OF NATIONAL ADVERTISERS, New York, NY, pg. 442
Morais, Robert - NBC, PPOM - WEINMAN SCHNEE MORAIS, INC., New York, NY, pg. 451
Morales, Edwina - Media Department, NBC - HORIZON MEDIA, INC., New York, NY, pg. 474
Moran, Corey - Account Services, NBC, PPOM - HUNT MARKETING GROUP, Seattle, WA, pg. 285
Moran, Caroline - Media Department, NBC - VENABLES BELL & PARTNERS, San Francisco, CA, pg. 158
Morano, Matt - Management, NBC - YAMAMOTO, Chicago, IL, pg. 435
Moranville, David - Creative, NBC, PPOM - DAVIS ELEN ADVERTISING, Los Angeles, CA, pg. 58
Morelli, Michael - Account Services, NBC - NEW BREED MARKETING, Winooski, VT, pg. 675
Moreno, Miguel - Creative, NBC - RICHARDS/LERMA, Dallas, TX, pg. 545
Moreno, Luisa - Account Planner, Interactive / Digital, NBC - ROC NATION, New York, NY, pg. 298
Moreno, Lorenzo - Account Services, NBC - THE TRADE DESK, Los Angeles, CA, pg. 519
Morenstein, Josh - NBC, PPOM - BRANCH, San Francisco, CA, pg. 175
Morgan, Cynthia - NBC, PPOM - QUADRAS INTEGRATED, Atlanta, GA, pg. 196
Morgan, Jonathan - NBC - RMI MARKETING & ADVERTISING, Emerson, NJ, pg. 407
Morgan, David - Account Planner, Account Services, NBC, PPOM - FORCE 5, South Bend, IN, pg. 7
Morgan, Janelle - NBC - AMELIE COMPANY, Denver, CO, pg. 325
Morgan, Susan - NBC - TEAM EPIPHANY, New York, NY, pg. 652
Morgan, Michelle - Account Services, NBC - CLIX MARKETING, Louisville, KY, pg. 672
Morganteen, Allison - Interactive / Digital, Media Department, NBC, Operations - WAVEMAKER, New York, NY, pg. 526
Morita, Kelley - Creative, NBC - CLEAR CHANNEL OUTDOOR, Torrance, CA, pg. 551
Moritz, Jennifer - NBC, PPOM - ZERO TO 5IVE, LLC, New York, NY, pg. 665
Morley, Eric - NBC, PPOM - BLUE C ADVERTISING, Costa Mesa, CA, pg. 334
Morris, Rick - NBC, PPOM - SMITH & HARROFF, Alexandria, VA, pg. 647
Morris, Mark - NBC, PPOM - THE BRAND CONSULTANCY, Washington, DC, pg. 19
Morris, Mona - Interactive / Digital, NBC - FALLON WORLDWIDE, Minneapolis, MN, pg. 70
Morris, Robyn - Account Services, Creative, NBC - TBWA \ CHIAT \ DAY, Los Angeles, CA, pg. 146
Morris, Major - NBC, Operations - CLEARLINK, Salt Lake City, UT, pg. 221
Morrison, Alex - Account Planner, Management, NBC, Operations, PPOM - GREY WEST, San Francisco, CA, pg. 367
Morrison, Greg - Account Services, NBC - ENERGY BBDO, INC., Chicago, IL, pg. 355
Morrison, Zach - Interactive / Digital, NBC, PPOM - TINUITI, Dania Beach, FL, pg. 271
Morrison, Jason - NBC - DUARTE, Sunnyvale, CA, pg. 180
Morrissey, David - Account Planner, Account Services, Media Department, NBC - CAMP + KING, San Francisco, CA, pg. 46
Morrissy, Tom - NBC, PPOM - NOBLE PEOPLE, New York, NY, pg. 120
Morrone, Gina - Account Planner, Account Services, Interactive / Digital, Media Department, NBC, PPM - INITIATIVE, New York, NY, pg. 477
Morse, Chris - Account Services, Media Department, NBC - M&C SAATCHI PERFORMANCE, New York, NY, pg. 247
Mortimer, Whitney - NBC, PPOM - IDEO, Palo Alto, CA, pg. 187
Morton, Dave - NBC, PPOM - J. W. MORTON & ASSOCIATES, Cedar Rapids, IA, pg. 91
Morton, Wes - NBC - BRANDED ENTERTAINMENT NETWORK, INC., Sherman Oaks, CA, pg. 297
Moschetta, Vinny - NBC - THE KARPEL GROUP, New York, NY, pg. 299
Mosco, Denise - NBC, PPM, PPOM - GROUPM, New York, NY, pg. 466
Moser, Alison - NBC - FORSMAN & BODENFORS, New York, NY, pg. 74
Moses, Dan - Creative, Interactive / Digital, NBC - ZONION CREATIVE GROUP, Bend, OR, pg. 21
Mosher, Carl - NBC, PPOM - RADIX COMMUNICATION, Saint Joseph, MI, pg. 132
Moskowitz, Ed - Account Services, Interactive / Digital, NBC - MULTIMEDIA SOLUTIONS, INC., Edgewater, NJ, pg. 252
Moskowitz, Sophie - NBC - ARNOLD WORLDWIDE, New York, NY, pg. 34
Mosley, Rebecca - NBC, PPOM - KITEROCKET, Seattle, WA, pg. 620
Moss, David - Account Services, Management, NBC - LEO BURNETT TORONTO, Toronto, ON, pg. 97
Moss, Shannon - Account Planner, Account Services, NBC - LOVE ADVERTISING, Houston, TX, pg. 101
Moss, Jeff - NBC - BLIND FERRET, Montreal, QC, pg. 217
Motala, Jasmine - Account Planner, NBC - DENTSUBOS INC., Toronto, ON, pg. 61
Mottershead, Paul - NBC - FLEISHMANHILLARD, Saint Louis, MO, pg. 604
Mouleart, Nicco - Account Services, Management, NBC - VERTICAL MARKETING NETWORK, Tustin, CA, pg. 428
Moxon, Brock - Account Planner, Interactive / Digital, Media Department, NBC, Research - CANVAS

1762

AGENCIES

RESPONSIBILITIES INDEX

WORLDWIDE, Playa Vista, CA, pg. 458
Moyer, Kevin - Account Services, NBC - WIEDEN + KENNEDY, Portland, OR, pg. 430
Mudd, Chris - NBC, PPOM - MUDD ADVERTISING, Cedar Falls, IA, pg. 119
Mudry, Jessica - NBC, Operations - VAN WAGNER COMMUNICATIONS, New York, NY, pg. 558
Muehl, Alex - Interactive / Digital, NBC - JELLYVISION LAB, Chicago, IL, pg. 377
Mugalian, Ruth - Account Services, NBC - PUBLIC COMMUNICATIONS, INC., Chicago, IL, pg. 639
Muggeo, Dan - NBC, PPOM - DANIELS & ROBERTS, INC., Lake Worth, FL, pg. 348
Muir, Jeff - NBC, Programmatic - AUDIENCEXPRESS, New York, NY, pg. 455
Mukherjee, Poulomi - NBC, PPOM - MEDIAMORPHOSIS, Astoria, NY, pg. 543
Mulderink, Matthew - Analytics, Interactive / Digital, Management, Media Department, NBC, Research, Social Media - CONNECT AT PUBLICIS MEDIA, Chicago, IL, pg. 462
Muldowney, Cathy - NBC, Programmatic - CLEAR CHANNEL OUTDOOR, New York, NY, pg. 550
Muldrew, Ben - Account Services, NBC - JOHANNES LEONARDO, New York, NY, pg. 92
Mulinix, Rick - NBC, PPOM - IDFOUR, Houston, TX, pg. 285
Mull, Jennifer - NBC, PPOM, Public Relations - UNITED COLLECTIVE, Huntington Beach, CA, pg. 428
Mullane, Diane - Account Services, NBC - SHIKATANI LACROIX BRANDESIGN, INC., Toronto, ON, pg. 198
Muller, Mike - Account Services, Management, NBC - STEVENS ADVERTISING, Grand Rapids, MI, pg. 413
Muller, Alex - Account Services, NBC - GPSHOPPER, New York, NY, pg. 533
Mulligan, Ken - NBC, PPOM - WPP GROUP, INC., New York, NY, pg. 433
Mullin, Stephen - NBC - DRESNER CORPORATE SERVICES, Chicago, IL, pg. 598
Mullin, John - Account Planner, NBC - JAVELIN AGENCY, Irving, TX, pg. 286
Mullin, Brian - Creative, NBC, PPOM - MANIFOLD, San Francisco, CA, pg. 104
Mulnix, JoAnn - NBC - HVS AMERICAN HOSPITALITY CO., Tiverton, RI, pg. 372
Mulvihill, John - Media Department, NBC - VMLY&R, Kansas City, MO, pg. 274
Munce, Brian - Account Services, NBC, PPOM - GESTALT BRAND LAB, La Jolla, CA, pg. 76
Munger, Summer - Account Services, NBC - 22SQUARED INC., Atlanta, GA, pg. 319

Munro, Andrew - NBC - TACITO DIRECT MARKETING, Dallas, TX, pg. 292
Munsen, Kristine - Interactive / Digital, Media Department, NBC, PPOM - HEARTS & SCIENCE, New York, NY, pg. 471
Muntz, Nikki - Account Planner, NBC - PUBLICIS HEALTH, New York, NY, pg. 639
Muoio, Sandra - Account Planner, Media Department, NBC, PPOM - WAVEMAKER, New York, NY, pg. 526
Murane, Peter - NBC, PPOM - BRANDJUICE, Denver, CO, pg. 336
Murdy, Bruce - NBC, PPOM - RAWLE-MURDY ASSOCIATES, Charleston, SC, pg. 403
Murillo, Gus - NBC, Operations - THREESIXTYEIGHT, Baton Rouge, LA, pg. 271
Murosky, Nick - NBC - BLD Rebrand, Bethel Park, PA, pg. 334
Murph, Glynn - Account Planner, Media Department, NBC - ROC NATION, New York, NY, pg. 298
Murphy, Jill - Account Services, NBC, PPOM - WEBER SHANDWICK, New York, NY, pg. 660
Murphy, Rich - NBC, PPOM - OBATA DESIGN, INC., Saint Louis, MO, pg. 193
Murphy, Sean - Account Services, Management, NBC, PPOM - PACE COMMUNICATIONS, Greensboro, NC, pg. 395
Murphy, Brandon - Account Planner, Account Services, Management, NBC, PPOM - 22SQUARED INC., Atlanta, GA, pg. 319
Murphy, Tim - NBC, Operations, PPOM - INNOCEAN USA, Huntington Beach, CA, pg. 479
Murphy, Colm - Account Planner, Management, NBC, PPOM - THE&PARTNERSHIP, New York, NY, pg. 426
Murphy, Danielle - Account Planner, NBC - MEDIA STORM, Norwalk, CT, pg. 486
Murphy, Mary - NBC - PL COMMUNICATIONS, Scotch Plains, NJ, pg. 128
Murphy, Karen - Media Department, NBC - FVM STRATEGIC COMMUNICATIONS, Plymouth Meeting, PA, pg. 75
Murphy, Jennifer - Account Services, Creative, Interactive / Digital, Media Department, NBC, Social Media - PUBLICIS.SAPIENT, Birmingham, MI, pg. 260
Murphy, Tom - Account Services, NBC - BBH, West Hollywood, CA, pg. 37
Murphy, Jack - Account Services, NBC - MOSAIC NORTH AMERICA, Irving, TX, pg. 312
Murphy, Caroline - NBC - BRANDED ENTERTAINMENT NETWORK, INC., New York, NY, pg. 297
Murphy, Matthew - NBC, Operations - AMOBEE, INC., New York, NY, pg. 30
Murphy, Jenna - Analytics, NBC - KEPLER GROUP, New York, NY, pg. 244
Murphy, Kristen - NBC - PARADISE, Saint Petersburg, FL, pg. 396

Murray, Lisa - NBC, PPOM - OCTAGON, Stanford, CT, pg. 313
Murray, Morgan - NBC - ANOMALY, New York, NY, pg. 325
Murray, Patrick - NBC - LISTRAK, Lititz, PA, pg. 246
Murray, Chris - Creative, Interactive / Digital, NBC, PPOM, Public Relations - BOYD TAMNEY CROSS, Wayne, PA, pg. 42
Murray, Lisa - Creative, NBC, PPOM - OCTAGON, New York, NY, pg. 313
Murtagh, Lindsay - Account Services, NBC - PHD USA, New York, NY, pg. 505
Muscarella, Scott - NBC, PPOM - AGENCY 51 ADVERTISING, Santa Ana, CA, pg. 29
Muscat, Mike - NBC - GTB, Dearborn, MI, pg. 367
Muse, Heather - Interactive / Digital, Media Department, NBC - VAYNERMEDIA, New York, NY, pg. 689
Musen, Ed - NBC, PPOM - MUSEN STEINBACH WEISS, Olivette, MO, pg. 119
Musikar, Matt - Account Services, NBC - INFOGROUP MEDIA SOLUTIONS, New York, NY, pg. 286
Muthya, Sukumar - Interactive / Digital, NBC - ANSIRA, Addison, TX, pg. 326
Myers, Bill - NBC - ARTIME GROUP, Pasadena, CA, pg. 34
Myers, Rick - NBC - ADVENT, Nashville, TN, pg. 301
Myers, Jamie - NBC - RADIUS GLOBAL MARKET RESEARCH, New York, NY, pg. 449
Myers, Ben - NBC - JOHANNES LEONARDO, New York, NY, pg. 92
Mylan, Mark - Account Services, Management, NBC, PPOM - CARAT, New York, NY, pg. 459
Myllyrinne, Juuso - NBC - TBWA \ CHIAT \ DAY, Los Angeles, CA, pg. 146
Myrick, Mark - NBC, PPOM - DIGITAL SURGEONS, LLC, New Haven, CT, pg. 226
Mysel, Sue - Interactive / Digital, NBC - CENTRA360, Westbury, NY, pg. 49
Nabke, Manisha - NBC - BADER RUTTER & ASSOCIATES, INC., Milwaukee, WI, pg. 328
Nabors, Nancy - Account Services, Management, NBC - BHW1 ADVERTISING, Spokane, WA, pg. 3
Naccarato, Rachela - NBC - TUMBLEWEED PRESS, Toronto, ON, pg. 293
Nader, William - Account Services, NBC - 72ANDSUNNY, Playa Vista, CA, pg. 23
Nadgar, Preeti - Account Planner, Human Resources, Media Department, NBC - PHD CHICAGO, Chicago, IL, pg. 504
Nadurak, Brian - Creative, NBC - CLICK HERE, Dallas, TX, pg. 221
Naegelen, Romain - Account Services, Management, NBC, PPOM - MOTHER, Los Angeles, CA, pg. 118

1763

RESPONSIBILITIES INDEX — AGENCIES

Nagan, Lyz - NBC, Public Relations - CLOCKWORK ACTIVE MEDIA, Minneapolis, MN, *pg.* 221
Nagel, Jessie - Creative, NBC, PPOM - HYPE, Los Angeles, CA, *pg.* 614
Nagel, Bill - NBC, PPOM - NETSERTIVE, Research Triangle Park, NC, *pg.* 253
Nagel, Diana - NBC - KLICK HEALTH, Toronto, ON, *pg.* 244
Naghashian, Venous - Account Services, NBC - HUGE, INC., Atlanta, GA, *pg.* 240
Naik, Ankur - Account Planner, Account Services, Management, NBC, Operations - BBMG, Brooklyn, NY, *pg.* 2
Najarian, Ara - Account Services, NBC, Operations - DIGITAS, Chicago, IL, *pg.* 227
Nalty, Jillian - Account Services, NBC - 180LA, Los Angeles, CA, *pg.* 23
Nalty, Kevin - NBC - KLICK HEALTH, Toronto, ON, *pg.* 244
Nance, Carter - Account Services, Management, NBC, PPOM - BBDO SAN FRANCISCO, San Francisco, CA, *pg.* 330
Narasimhan, Avin - Account Planner, Media Department, NBC - PHD USA, New York, NY, *pg.* 505
Nardone, Philip - NBC, PPOM - PAN COMMUNICATIONS, Boston, MA, *pg.* 635
Nasuti, Karen - NBC, PPOM - NASUTI & HINKLE, Bethesda, MD, *pg.* 119
Natale, Nick - NBC - HAWKE MEDIA, Los Angeles, CA, *pg.* 370
Naughton, Tom - Account Planner, Management, Media Department, NBC - PEREIRA & O'DELL, New York, NY, *pg.* 257
Navarro, Vicente - Account Services, Management, NBC - AC&M GROUP, Charlotte, NC, *pg.* 537
Nawfel, Rob - NBC - PRISMA, Phoenix, AZ, *pg.* 290
Nayerman, Julia - Account Planner, NBC - HORIZON MEDIA, INC., Los Angeles, CA, *pg.* 473
Nazzaro, Khrysti - Account Planner, NBC - MOREVISIBILITY, Boca Raton, FL, *pg.* 675
Neagle, Danielle - NBC - THE FOUNDRY @ MEREDITH CORP, New York, NY, *pg.* 150
Neal, Anne Marie - Account Services, NBC, PPOM - RAPP WORLDWIDE, San Francisco, CA, *pg.* 291
Neale, Kristen - Analytics, Media Department, NBC, Research - TRIAD RETAIL MEDIA, St. Petersburg, FL, *pg.* 272
Neff, David - NBC, PPOM - NEFF ASSOCIATES, INC., Philadelphia, PA, *pg.* 391
Neff, David - NBC - ICS CORPORATION, West Deptford, NJ, *pg.* 285
Nefs Leistikow, Laura - Account Services, Interactive / Digital, Management, NBC - HABERMAN, Minneapolis, MN, *pg.* 369

Negrin, Bruce - NBC - Z-CARD NORTH AMERICA, New York, NY, *pg.* 294
Negrini, Patrick - Interactive / Digital, NBC - COMMCREATIVE, Framingham, MA, *pg.* 343
Neifield, Robin - Account Services, NBC - PAVONE MARKETING GROUP, Harrisburg, PA, *pg.* 396
Neiger, Carol - NBC, PPOM - NEIGER DESIGN, INC., Evanston, IL, *pg.* 193
Nelson, David - NBC, Public Relations - IDFOUR, Houston, TX, *pg.* 285
Nelson, Lori - Account Services, Management, NBC - BURNS ENTERTAINMENT & SPORTS MARKETING, INC., Evanston, IL, *pg.* 303
Nelson, Paige - Account Services, NBC, PPOM - NELSON & GILMORE, Redondo Beach, CA, *pg.* 391
Nelson, Paul - Account Planner, Account Services, NBC - ARNOLD WORLDWIDE, Boston, MA, *pg.* 33
Nelson, Andy - Interactive / Digital, NBC, PPM, Social Media - CONILL ADVERTISING, INC., El Segundo, CA, *pg.* 538
Nelson, Melanie - Account Planner, Media Department, NBC - THE MEDIA KITCHEN, New York, NY, *pg.* 519
Nelson, Courtney - NBC - WIEDEN + KENNEDY, Portland, OR, *pg.* 430
Nelson, Samara - Account Services, Interactive / Digital, Media Department, NBC, Social Media - HEARTS & SCIENCE, New York, NY, *pg.* 471
Nelson, Mike - Management, NBC - OUTFRONT MEDIA, Atlanta, GA, *pg.* 555
Nelson, Jr., Dan - NBC, PPOM - NELSON SCHMIDT INC., Milwaukee, WI, *pg.* 120
Nemeth, Jessica - NBC - KATZ MEDIA GROUP, Dallas, TX, *pg.* 481
Neren, Matt - Account Services, NBC, PPOM - CULTIVATOR ADVERTISING & DESIGN, Denver, CO, *pg.* 178
Nerlich, Stephanie - Management, NBC, PPOM - HAVAS NEW YORK, New York, NY, *pg.* 369
NeSmith, David - NBC, Public Relations - THE RICHARDS GROUP, INC., Dallas, TX, *pg.* 422
Nettles, Jeremy - NBC, Social Media - DALTON AGENCY, Jacksonville, FL, *pg.* 348
Nettles, Susan - Account Services, Management, NBC - R + M, Cary, NC, *pg.* 196
Netzley, Heidi - Account Services, NBC - WE ARE ROYALE, Los Angeles, CA, *pg.* 205
Neufeld, Victoria - Account Services, Interactive / Digital, NBC - EDELMAN, Toronto, ON, *pg.* 601
Neuman, David - Account Services, Interactive / Digital, NBC, Social Media - RHYTHMONE, Burlington, MA, *pg.* 263
Neumeier, Marty - NBC - LIQUID AGENCY, INC., San Jose, CA, *pg.* 12
Nevins, David - NBC, PPOM - NEVINS & ASSOCIATES CHARTERED, Towson, MD, *pg.* 632
Nevolo, Mike - Management, NBC - DIAMOND COMMUNICATIONS SOLUTIONS, Carol Stream, IL, *pg.* 281
Newall, John - Account Services, NBC, PPOM - NOBLE PEOPLE, New York, NY, *pg.* 120
Newberg, Amanda - Management, NBC - WAVEMAKER, New York, NY, *pg.* 526
Newell, Ashton - Interactive / Digital, NBC, Public Relations - DIRECTIVE CONSULTING, Irvine, CA, *pg.* 63
Newey, Samuel - NBC - MARKETSTAR CORPORATION, Ogden, UT, *pg.* 383
Newland, Ted - NBC, PPOM - EDWARD NEWLAND ASSOCIATES, INC., Shewsbury, NJ, *pg.* 67
Newman, Alan - NBC, PPOM - ALAN NEWMAN RESEARCH, Richmond, VA, *pg.* 441
Newman, Katie - NBC, PPOM - LEO BURNETT WORLDWIDE, Chicago, IL, *pg.* 98
Newman-Carrasco, Rochelle - NBC - WALTON ISAACSON CA, Culver City, CA, *pg.* 547
Newmark, Dave - NBC, PPOM - NEWMARK ADVERTISING, Woodland Hills, CA, *pg.* 692
Newton, Steve - NBC, PPOM - NEWTON MEDIA, Chesapeake, VA, *pg.* 497
Newton, Tom - NBC - KNOCK, INC., Minneapolis, MN, *pg.* 95
Neyer, Caitlin - NBC - CHANGEUP, Cincinnati, OH, *pg.* 5
Ng, Chung - NBC, PPOM - ROKKAN, LLC, New York, NY, *pg.* 264
Ng, Ronald - Creative, NBC, PPOM - ISOBAR US, New York, NY, *pg.* 242
Ng, Doug - Management, Media Department, NBC, PPOM - WAVEMAKER, New York, NY, *pg.* 526
Ng Pack, Nick - Management, NBC, PPOM - MVNP, Honolulu, HI, *pg.* 119
Ngai, Devon - Account Planner, Media Department, NBC - CARAT, New York, NY, *pg.* 459
Ngo, Minh-Vy - Creative, NBC - ALLSCOPE MEDIA, New York, NY, *pg.* 454
Nguyen, Amanda - Account Services, NBC - CHIEF, Washington, DC, *pg.* 590
Nguyen, Amanda - Account Services, NBC - ROGERS & COWAN/PMK*BNC, Los Angeles, CA, *pg.* 643
Nguyen, Kenny - NBC, PPOM - THREESIXTYEIGHT, Baton Rouge, LA, *pg.* 271
Nguyen, Mai - Account Services, NBC - WORK & CO, Brooklyn, NY, *pg.* 276
Niblock, Jackie - Interactive / Digital, NBC - LEWIS MEDIA PARTNERS, Richmond, VA, *pg.* 482
Nichol, Josh - NBC, PPOM - H&L PARTNERS, Oakland, CA, *pg.* 80
Nicholas, Nick - NBC - NICHOLAS & LENCE COMMUNICATIONS, New York, NY, *pg.* 632
Nicholas, Dante - NBC, Social Media - ZEHNDER COMMUNICATIONS, INC., New Orleans, LA, *pg.* 436

AGENCIES

RESPONSIBILITIES INDEX

Nichols, David - NBC, PPOM - INVENTA, Vancouver, BC, pg. 10
Nichols, Aaron - Management, Media Department, NBC - HEARST AUTOS, San Francisco, CA, pg. 238
Nichols, Evan - Interactive / Digital, Media Department, NBC - MEDIASSOCIATES, INC., Sandy Hook, CT, pg. 490
Nichols, Mike - NBC - NCH MARKETING SERVICES, Deerfield, IL, pg. 568
Nichols, Matt - NBC, Operations, PPOM - PUSH DIGITAL, Columbia, SC, pg. 640
Nicholson Fowler, Jeny - Account Services, NBC - SDI MEDIA GROUP, Los Angeles, CA, pg. 545
Nickel, Jeff - Account Planner, Account Services, NBC - TRUE SENSE MARKETING, Freedom, PA, pg. 293
Nickerson, Mike - Account Services, NBC, PPOM - PRICEWEBER MARKETING COMMUNICATIONS, INC., Louisville, KY, pg. 398
Nickerson, Carieanne - Account Services, NBC - CARAT, Toronto, ON, pg. 461
Nicolau, Mariana - Account Services, NBC, Operations - ANOMALY, New York, NY, pg. 325
Nicols, Christina - NBC, Research - HAGER SHARP, INC., Washington, DC, pg. 81
Niederpruem, Donald - NBC, PPOM - UNITED LANDMARK ASSOCIATES , Tampa, FL, pg. 157
Nielsen, Heidi - Creative, NBC, PPOM - BRINK COMMUNICATIONS, Portland, OR, pg. 337
Nielson, Blake - NBC - 97TH FLOOR, Lehi, UT, pg. 209
Niemczyk, Chris - NBC - GROUNDTRUTH.COM, New York, NY, pg. 534
Nieser, Carla - NBC - VOVEO MARKETING GROUP , Malvern, PA, pg. 429
Nigam, Ankita - Account Planner, Media Department, NBC - OMD, New York, NY, pg. 498
Nigro, Beth - Account Services, Management, NBC - MOXIE, Pittsburgh, PA, pg. 251
Nilsen, Ben - Account Planner, Media Department, NBC - DROGA5, New York, NY, pg. 64
Nippert, Zach - NBC, PPOM - LRWMOTIVEQUEST, Chicago, IL, pg. 447
Nishimoto, John - Creative, NBC, PPOM - SEQUEL STUDIO, New York, NY, pg. 16
Niv, Gil - Account Services, NBC - IPSOS, Chicago, IL, pg. 445
Nixon, Amy - Account Services, Management, NBC - MARC USA, Chicago, IL, pg. 104
Nizzere, Amanda - NBC - PROPHET, Chicago, IL, pg. 15
Noble, Steve - Account Planner, NBC, PPOM - GREY MIDWEST, Cincinnati, OH, pg. 366
Nodelman, Jason - NBC - BRANDED CITIES, New York, NY, pg. 550

Nolan, Amanda - Account Services, NBC - BOOM CREATIVE, Spokane, WA, pg. 41
Nolan, Tara - Management, Media Department, NBC - MERKLEY + PARTNERS, New York, NY, pg. 114
Nolan, Tom - NBC - IX.CO, New York, NY, pg. 243
Nolan, Brittany - NBC - THE DESIGNORY, Chicago, IL, pg. 269
Nolen, Alison - Media Department, NBC - SPARK FOUNDRY, New York, NY, pg. 508
Nones, Phil - Account Services, NBC, PPOM - MULLIN / ASHLEY ASSOCIATES, INC., Chestertown, MD, pg. 448
Norberg, Elli - Account Planner, Media Department, NBC - BLUE 449, San Francisco, CA, pg. 456
Norcross, Briony - NBC - DOEANDERSON ADVERTISING , Louisville, KY, pg. 352
Norman, David - NBC - KITCHEN PUBLIC RELATIONS, LLC, New York, NY, pg. 620
Norman, John - Creative, NBC, PPOM - HAVAS WORLDWIDE CHICAGO, Chicago, IL, pg. 82
Norman, Brett - Interactive / Digital, Media Department, NBC - GTB, Dearborn, MI, pg. 367
Norris, Matthew - Interactive / Digital, NBC - CAMELOT STRATEGIC MARKETING & MEDIA, Dallas, TX, pg. 457
Norris, Michael - NBC, PPOM - YOUTECH, Naperville, IL, pg. 436
Northen, Janet - NBC, PPOM, Public Relations - MCKINNEY, Durham, NC, pg. 111
Nortman, Michael - Account Services, Management, NBC - THE RICHARDS GROUP, INC., Dallas, TX, pg. 422
Norton Keyes, Stacy - Account Services, NBC - NORTON OUTDOOR ADVERTISING, Cincinnati, OH, pg. 554
Nosek, Dusty - NBC - LIME MEDIA, Rowlett, TX, pg. 568
Nosevich, Alex - Creative, NBC, PPOM - COMMCREATIVE, Framingham, MA, pg. 343
Nosheen, Hifza - NBC - MOD WORLDWIDE, Philadelphia, PA, pg. 192
Notari, Teddy - Account Services, NBC - TBWA \ CHIAT \ DAY, Los Angeles, CA, pg. 146
Nottingham, Troy - NBC, PPOM - THE BANTAM GROUP, Atlanta, GA, pg. 450
Nouguier, Beth - Account Services, NBC - WUNDERMAN THOMPSON SEATTLE, Seattle, WA, pg. 435
Nouh, Reem - NBC - ADAMS & KNIGHT ADVERTISING, Avon, CT, pg. 322
Novak, Valerie - NBC - NOVAK-BIRCH, Baltimore, MD, pg. 448
Nowak, Ed - NBC, PPOM - SLN, INC., Providence, RI, pg. 677
Nowak, Joe - NBC - KANTAR MEDIA, New York, NY, pg. 446
Nowak, Lisa - NBC - YOUTECH,

Naperville, IL, pg. 436
Nowick, Rachel - Account Services, NBC, PPOM - MEDIACOM, New York, NY, pg. 487
Nugent, Aaron - NBC - NOMAD EVENT SERVICES, Alexandria, VA, pg. 312
Nugent, David - NBC, PPOM - IX.CO, New York, NY, pg. 243
Nunes, Phil - Account Services, Management, NBC - BACKBAY COMMUNICATIONS, Boston, MA, pg. 579
Nunez, Nicole Marie - Account Services, NBC - ALMA, Coconut Grove, FL, pg. 537
Nunn, Bob - NBC, PPOM - THE MARKETING GARAGE, Aurora, ON, pg. 420
Nussbaum, Dave - Analytics, NBC - PUBLICIS HEALTH, New York, NY, pg. 639
Nycinski, Ron - NBC - HARGROVE INC., Lanham, MD, pg. 307
Nycz, Brittany - NBC - BRUNNER, Pittsburgh, PA, pg. 44
Nye, Nicole - Account Services, NBC - BLUESPIRE INC., Minneapolis, MN, pg. 335
Nyre, Gayle - NBC - HILL HOLLIDAY, Boston, MA, pg. 85
O'Brien, Mike - Account Services, NBC - FISERV, INC., Hazelwood, MO, pg. 283
O'Brien, Michael - Account Planner, NBC - KETCHUM, New York, NY, pg. 542
O'Brien, Kevin - NBC, PPOM - O'BRIEN ET AL. ADVERTISING, Virginia Beach, VA, pg. 392
O'Brien, Tom - NBC - FVM STRATEGIC COMMUNICATIONS, Plymouth Meeting, PA, pg. 75
O'Callaghan, Jessica - Management, NBC - DEVRIES GLOBAL, New York, NY, pg. 596
O'Connell, Daniel - Management, NBC - BRANDDEFINITION, New York, NY, pg. 4
O'Connell, Michael - NBC - PAN COMMUNICATIONS, Boston, MA, pg. 635
O'Connor, Ashley - Interactive / Digital, NBC - ARGYLE COMMUNICATIONS , Toronto, ON, pg. 578
O'Connor, Kerry - NBC - MCKINNEY, Durham, NC, pg. 111
O'Connor, Shana - NBC, Promotions - STRINGCAN INTERACTIVE, Scottsdale, AZ, pg. 267
O'Donnell, Daniel - NBC - FISHMAN PUBLIC RELATIONS INC., Northbrook, IL, pg. 604
O'Grady, Ryan - Account Planner, Media Department, NBC - CARAT, New York, NY, pg. 459
O'Hanlon, Maikel - Analytics, NBC, Social Media - HORIZON MEDIA, INC., New York, NY, pg. 474
O'Harran, Brody - Interactive / Digital, Management, NBC - CONTROL V EXPOSED, Jenkintown, PA, pg. 222
O'Keeffe, Tim - Management, NBC, Operations - FLEISHMANHILLARD, San Francisco, CA, pg. 605
O'Loughlin, Devin - NBC, Public

1765

RESPONSIBILITIES INDEX

AGENCIES

Relations - RAPP WORLDWIDE, New York, NY, pg. 290

O'Malley, John - NBC - BERLINROSEN, New York, NY, pg. 583

O'Mara, Colleen - Creative, NBC, PPOM - HYPE, Los Angeles, CA, pg. 614

O'Meara, Carrie - NBC - MEDIA STAR PROMOTIONS, Hunt Valley, MD, pg. 112

O'Neil, Michael - NBC - TRITON DIGITAL, New York, NY, pg. 272

O'Neill, James - Interactive / Digital, Management, Media Department, NBC - MEDIA ALLEGORY, New York, NY, pg. 484

O'Neill, Finnian - Account Services, NBC - FIG, New York, NY, pg. 73

O'Neill, Michael - Account Services, NBC - ZOZIMUS AGENCY, Boston, MA, pg. 665

O'Quinn, Maggie - NBC - MIDAN MARKETING, Chicago, IL, pg. 13

O'Rourke, Brady - NBC, PPOM - SOCIAL LINK, Nashville, TN, pg. 411

O'Shea, Allie - Account Planner, Analytics, Interactive / Digital, NBC - PUBLICIS NORTH AMERICA, New York, NY, pg. 399

O'Sullivan, Sean - Account Services, Management, NBC - CARAT, New York, NY, pg. 459

Oak, Janet - Management, NBC - IPSOS, Norwalk, CT, pg. 445

Ober, Michelle - NBC - CRITICAL MASS, INC., New York, NY, pg. 223

Oberman, Ellen - Account Services, Management, NBC - MCGARRYBOWEN, Chicago, IL, pg. 110

Obletz, Ellen - Account Services, NBC - CAMP + KING, San Francisco, CA, pg. 46

Obradovich, Piper - Interactive / Digital, Media Department, NBC - DMA UNITED, New York, NY, pg. 63

Obston, Andrea - NBC, PPOM - ANDREA OBSTON MARKETING COMMUNICATIONS, Bloomfield, CT, pg. 31

Ochs, Steve - NBC - NATIONAL CINEMEDIA, New York, NY, pg. 119

Ocner, Daniel - NBC - MEDIAMORPHOSIS, Astoria, NY, pg. 543

Oddo, Leslie - Media Department, NBC - PUBLICIS NORTH AMERICA, New York, NY, pg. 399

Oddone, Helen - Account Services, NBC - CAMP + KING, San Francisco, CA, pg. 46

Odell, Brian - NBC, PPOM - CATALYST, INC., Providence, RI, pg. 48

Offinger, Caitlin - NBC - BERLINROSEN, New York, NY, pg. 583

Ogle, Jonathan - NBC, PPOM - THE INFINITE AGENCY, Dallas, TX, pg. 151

Ogurick, Michael - Account Planner, Media Department, NBC - SPARK FOUNDRY, New York, NY, pg. 508

Oksenhendler, Robin - NBC - OGILVY PUBLIC RELATIONS, New York, NY, pg. 633

Okun, Josh - Management, NBC, Operations - 9THWONDER AGENCY, Houston, TX, pg. 453

Olen, Sadie - Account Services, Interactive / Digital, Media Department, NBC - AMOBEE, INC., Chicago, IL, pg. 213

Olguin, Michael - NBC, PPOM - HAVAS FORMULA, New York, NY, pg. 612

Oliphant, Thom - NBC, PPM - TAILLIGHT TV, Nashville, TN, pg. 315

Oliphant, Andy - NBC - MEGETHOS DIGITAL, Scottsdale, AZ, pg. 675

Olivas, Eddie - NBC - HEALTHCARE SUCCESS, Irvine, CA, pg. 83

Oliver, Tim - NBC, PPOM - MORGAN & MYERS, Waukesha, WI, pg. 389

Oliver, Nathan - NBC - PUBLICIS.SAPIENT, San Francisco, CA, pg. 259

Oliver, Nathan - NBC - PUBLICIS.SAPIENT, Atlanta, GA, pg. 259

Olliges, Jennifer - NBC - MOMENTUM WORLDWIDE, Saint Louis, MO, pg. 568

Olper, Leo - Management, NBC, PPOM - THIRD EAR, Austin, TX, pg. 546

Olsen, Katie - NBC - WILEN MEDIA CORPORATION, Melville, NY, pg. 432

Olson, Brian - Interactive / Digital, NBC, PPOM - INQUEST MARKETING, Kansas City, MO, pg. 445

Olson, Julie - NBC - ILEVEL MEDIA, Milwaukee, WI, pg. 615

Olson, Cara - Interactive / Digital, NBC - DEG DIGITAL, Overland Park, KS, pg. 224

Olson, Chad - Media Department, NBC, Promotions - NEMER, FIEGER & ASSOCIATES, Minneapolis, MN, pg. 391

Olson, Jamie - NBC - BLUE CHIP MARKETING & COMMUNICATIONS, Northbrook, IL, pg. 334

Olson, Jessi - NBC - THE BUNTIN GROUP, Nashville, TN, pg. 148

Olson, Victoria - NBC, Public Relations - HAVAS SPORTS & ENTERTAINMENT, Atlanta, GA, pg. 370

Olszewski, Brett - NBC, PPOM - K/P CORPORATION, San Leandro, CA, pg. 286

Onebane, Traci - NBC - POTENZA INC, Lafayette, LA, pg. 398

Onken, Angela - Account Services, NBC - RAPPORT OUTDOOR WORLDWIDE, Chicago, IL, pg. 556

Onofrey, Meaghan - Account Services, NBC, PPOM - TBWA\WORLDHEALTH, New York, NY, pg. 147

Opalacz, Aniella - NBC - HEAT, New York, NY, pg. 370

Oppenheim, Ellen - NBC - PROHASKA CONSULTING, New York, NY, pg. 130

Orefice, Paul - Creative, NBC, PPOM - THE WATSONS, New York, NY, pg. 154

Orkin, Jessica - Management, NBC, PPOM - SYPARTNERS, New York, NY, pg. 18

Orkin, Justin - Interactive / Digital, Management, NBC - CONTROL V EXPOSED, Jenkintown, PA, pg. 222

Orlowski, Cara - NBC - MUH-TAY-ZIK / HOF-FER, San Francisco, CA, pg. 119

Ornelas, Carolina - NBC, PPOM, Public Relations - UNO, Minneapolis, MN, pg. 21

Orozco, Maribel - NBC - H&L PARTNERS, Oakland, CA, pg. 80

Orr, Bill - Interactive / Digital, Management, NBC, Public Relations - DKC PUBLIC RELATIONS, West Hollywood, CA, pg. 597

Orr, RJ - NBC, PPOM - BLUEMEDIA, Tempe, AZ, pg. 175

Orr, Dillon - Account Planner, NBC - HORIZON MEDIA, INC., New York, NY, pg. 474

Orren, Shachar - Creative, NBC, PPOM - PLAYBUZZ, New York, NY, pg. 128

Ortiz, Ludwig - Account Services, Media Department, NBC - THE COMMUNITY, Miami Beach, FL, pg. 545

Orwig, Lyle - NBC, PPOM - CHARLESTON|ORWIG, INC., Hartland, WI, pg. 341

Osborne, JB - NBC, PPOM - RED ANTLER, Brooklyn, NY, pg. 16

Osbourn, Michael - NBC - 72ANDSUNNY, Playa Vista, CA, pg. 23

Oshiro, Byron - NBC - WIEDEN + KENNEDY, Portland, OR, pg. 430

Osio, Katrina - Account Services, Media Department, NBC - DUMONT PROJECT, Marina Del Rey, CA, pg. 230

Osipenko, Michael - NBC - DIRECT ASSOCIATES, Natick, MA, pg. 62

Oster, Taylor - NBC - INFLUENCE & CO, Columbia, MO, pg. 615

Osterhoff, Meredith - Media Department, NBC - VENABLES BELL & PARTNERS, San Francisco, CA, pg. 158

Ostovar, Fred - NBC - NOVA ADVERTISING, Fairfax, VA, pg. 392

Ott, Michael - NBC - INTERSPORT, Chicago, IL, pg. 308

Ott, Jon - NBC - SALESFORCE DMP, San Francisco, CA, pg. 409

Ott, Kenneth - NBC, PPOM - METACAKE LLC, Franklin, TN, pg. 386

Otte, Greg - Account Services, NBC - BENEDICT ADVERTISING, Daytona Beach, FL, pg. 38

Ottelin, Courtney - Interactive / Digital, NBC - LUQUIRE GEORGE ANDREWS, INC., Charlotte, NC, pg. 382

Otto, Craig - Creative, NBC, PPOM - ELLIANCE, Pittsburgh, PA, pg. 231

Ouellet, Megan - NBC - LISTRAK, Lititz, PA, pg. 246

Ousset, John - NBC, PPOM - OUSSET AGENCY, Spring Branch, TX, pg. 395

Ovalle, Verochka - NBC - THE AXIS AGENCY, Century City, CA, pg. 545

Overall, Michelle - NBC - M BOOTH & ASSOCIATES, INC., New York, NY, pg. 624

Overby, Theresa - Interactive / Digital, NBC, Social Media - MILES MEDIA GROUP, LLP, Sarasota, FL,

1766

AGENCIES

RESPONSIBILITIES INDEX

pg. 387
Owen, Madeline - NBC - PMG, Fort Worth, TX, pg. 257
Owens, Christopher - Account Planner, NBC - THE RICHARDS GROUP, INC., Dallas, TX, pg. 422
Owens, Bridget - NBC - HARVEY AGENCY, Sparks, MD, pg. 681
Owens, Kate - Account Services, NBC - LOPEZ NEGRETE COMMUNICATIONS, INC., Houston, TX, pg. 542
Owings, Matthew - NBC - MGH ADVERTISING, Owings Mills, MD, pg. 387
Owolo, Sean - NBC, PPM - BIG MACHINE DESIGN, Burbank, CA, pg. 174
Oziemski, Katie - NBC, Programmatic - PERFICIENT DIGITAL, Ann Arbor, MI, pg. 257
O'Brien, Chris - Account Services, Interactive / Digital, Management, Media Department, NBC - OMD, Chicago, IL, pg. 500
O'Neill, Matt - NBC, PPOM - PHOENIX CREATIVE, Saint Louis, MO, pg. 128
O'Neill, Nancy - NBC, PPOM - ENGEL O'NEILL ADVERTISING, Erie, PA, pg. 68
O'Shea, Dan - NBC, PPOM - SJI ASSOCIATES, New York, NY, pg. 142
Paauwe, Melissa - NBC - FRCH DESIGN WORLDWIDE, Cincinnati, OH, pg. 184
Pace, Ellen - NBC - RED FUSE COMMUNICATIONS, New York, NY, pg. 404
Paciulli, Alaina - Interactive / Digital, Media Department, NBC - DCX GROWTH ACCELERATOR, Brooklyn, NY, pg. 58
Paddock, Craig - Interactive / Digital, NBC - MMGY GLOBAL, Kansas City, MO, pg. 388
Padilla, Elisa - Account Services, Creative, NBC, Operations - ROC NATION, New York, NY, pg. 298
Padilla, Gabriela - Account Services, NBC - EDELMAN, Chicago, IL, pg. 353
Page, David - NBC - CD&M COMMUNICATIONS, Portland, ME, pg. 49
Pagni, Tara - Account Services, NBC - KEPLER GROUP, New York, NY, pg. 244
Pai, Megha - Interactive / Digital, NBC - WORDWRITE COMMUNICATIONS, Pittsburgh, PA, pg. 663
Painting, Kristie - NBC, PPOM - WAVEMAKER, Toronto, ON, pg. 529
Palacios, Claude - Interactive / Digital, Media Department, NBC, Social Media - SPARK FOUNDRY, Chicago, IL, pg. 510
Palan, Dan - NBC - ANNALECT GROUP, New York, NY, pg. 213
Palasin, Ludmila - NBC - THE MEDIA KITCHEN, New York, NY, pg. 519
Palatini, Richard - Creative, NBC - DELIA ASSOCIATES, Whitehouse, NJ, pg. 6
Paleothodoros, Denise - NBC - GOLIN, Chicago, IL, pg. 609
Paley, Mike - NBC - VESTCOM, Little Rock, AR, pg. 571
Palladino, Danielle - NBC - BAILEY BRAND CONSULTING, Plymouth Meeting, PA, pg. 2
Palleria, Thomas - NBC - EPSILON, Wakefield, MA, pg. 282
Palmer, Michelle - Account Services, NBC, PPOM, Promotions - THE MARKETING ARM, Dallas, TX, pg. 316
Palmer, Rebecca - Finance, NBC, Operations - INSIDE OUT COMMUNICATIONS, Holiston, MA, pg. 89
Palmer, Tom - NBC - PALMER MARKETING, Mississauga, ON, pg. 396
Palumbo, Jim - Management, NBC - KUHL SWAINE, Saint Louis, MO, pg. 11
Palumbo, Erica - Account Services, NBC - MEDIACOM, New York, NY, pg. 487
Paluta, Roman - Management, Media Department, NBC - SOLVE, Minneapolis, MN, pg. 17
Pancotto, Daniel - NBC - TATTOO PROJECTS, LLC, Charlotte, NC, pg. 146
Pandolfino, Justin - NBC, Public Relations - NICE SHOES, New York, NY, pg. 193
Panico, Alyce - Media Department, NBC, PPOM - LUXE COLLECTIVE GROUP, New York, NY, pg. 102
Panjwani, Sachin - Account Planner, Account Services, Interactive / Digital, Media Department, NBC - ORGANIC, INC., San Francisco, CA, pg. 255
Pannebaker, Courtney - Interactive / Digital, NBC, Social Media - SOURCELINK, LLC, Greenville, SC, pg. 292
Pantelias, Christina - Account Planner, NBC - RP3 AGENCY, Bethesda, MD, pg. 408
Panther, Kent - NBC - WRAY WARD, Charlotte, NC, pg. 433
Paola, Jenny - NBC - MOTIV, Boston, MA, pg. 192
Papa, Lorenzo - NBC - CAPTIVATE NETWORK, INC., New York, NY, pg. 550
Papadopulos, Daphne - NBC - THE COMMUNITY, Miami Beach, FL, pg. 545
Papaefthemiou, Andrew - NBC - VAN WAGNER SPORTS GROUP, New York, NY, pg. 558
Pappalardo, Andrew - Management, Media Department, NBC - MEDIACOM, New York, NY, pg. 487
Pappalardo, Leah - NBC - AR JAMES MEDIA, Woodbridge, NJ, pg. 549
Pardo, Natalie - Account Services, NBC - REPUBLICA HAVAS, Miami, FL, pg. 545
Parent, Michael - Account Services, NBC - AUDIENCEXPRESS, New York, NY, pg. 455
Parenti, Emily - NBC - THE FUTURES COMPANY, Chapel Hill, NC, pg. 450
Parham, John - NBC, PPOM - PARHAM SANTANA, INC., New York, NY, pg. 194
Parish, Laurie - NBC, Public Relations - DROGA5, New York, NY, pg. 64
Parisi, Samantha - Interactive / Digital, NBC, Social Media - GIOVATTO ADVERTISING, Paramus, NJ, pg. 363
Parisot, Julia - NBC - LOSASSO INTEGRATED MARKETING, Chicago, IL, pg. 381
Park, Hyun - NBC - FANCY PANTS, New York, NY, pg. 233
Park, Mike - NBC, PPOM - PLANET PROPAGANDA, Madison, WI, pg. 195
Park, Yuna - Account Services, Interactive / Digital, Management, Media Department, NBC - FORSMAN & BODENFORS, New York, NY, pg. 74
Park, Rose - Account Services, NBC, PPOM - MEDIACOM, New York, NY, pg. 487
Park, Brian - NBC - TWO NIL, Los Angeles, CA, pg. 521
Park, Vanessa - NBC, Promotions - LEGION ADVERTISING, Irving, TX, pg. 542
Parker, Christine - NBC, PPOM - PARKER & PARTNERS MARKETING RESOURCES, LLC, Absecon, NJ, pg. 125
Parker, Lynn - Account Planner, NBC, PPOM - GREENRUBINO, Seattle, WA, pg. 365
Parker, Neil - Account Services, NBC, PPOM - CO:COLLECTIVE, LLC, New York, NY, pg. 5
Parker, Lisa - Account Services, Management, NBC - 9THWONDER AGENCY, Houston, TX, pg. 453
Parker, Madeline - NBC - WIEDEN + KENNEDY, Portland, OR, pg. 430
Parkes, Danielle - NBC - HEAT, New York, NY, pg. 370
Parkinson, Courtney - Account Services, NBC - MAD*POW, Portsmouth, NH, pg. 247
Parks, Amanda - NBC - THE INTEGER GROUP - DALLAS, Dallas, TX, pg. 570
Parks, Kenneth - Creative, Management, NBC, PPOM - HERO DIGITAL, San Francisco, CA, pg. 238
Parks, Lesley - Account Services, Interactive / Digital, Media Department, NBC, Public Relations, Social Media - TBWA \ CHIAT \ DAY, New York, NY, pg. 416
Parmelee, Nicholas - Account Services, NBC - HUBBELL GROUP, INC., Quincy, MA, pg. 614
Parnell, Andy - Account Services, NBC, PPOM - LANETERRALEVER, Phoenix, AZ, pg. 245
Parnell, Jordan - NBC - HOTHOUSE, Atlanta, GA, pg. 371
Parseghian, Mike - NBC, PPOM - BATTERY, Hollywood, CA, pg. 330
Parsons, Susan - NBC, Social Media - THE INTEGER GROUP, Lakewood, CO, pg. 682
Partridge, Jordan - NBC, PPM - FORWARDPMX, Minneapolis, MN, pg. 360
Paryzer, Andrew - NBC - BLUE STATE DIGITAL, New York, NY, pg. 335

Responsibilities Index

1767

RESPONSIBILITIES INDEX AGENCIES

Pascali, Nicholas - Account Services, NBC - GIOVATTO ADVERTISING, Paramus, NJ, *pg.* 363
Paskiewicz, Ashley - Account Services, NBC - THE TRADE DESK, Chicago, IL, *pg.* 519
Pasqua, Michael - NBC, PPOM - HERCKY, PASQUA, HERMAN, INC., Roselle Park, NJ, *pg.* 84
Pasquale, Deb - Account Services, NBC - CRITICAL MASS, INC., Chicago, IL, *pg.* 223
Pasqualucci, Angela - Account Services, NBC, Operations - PUBLICIS NORTH AMERICA, New York, NY, *pg.* 399
Pasque, Nicole - Interactive / Digital, NBC - MCCANN WORLDGROUP, Birmingham, MI, *pg.* 109
Passaretti, Gregory - Management, NBC, PPOM - BGB NEW YORK, New York, NY, *pg.* 583
Passaro, Bianca - Account Planner, Account Services, Interactive / Digital, Media Department, NBC - UNIVERSAL MCCANN, New York, NY, *pg.* 521
Pasternack, David - NBC, PPOM - DIDIT.COM, Melville, NY, *pg.* 673
Pasternak, Steven - NBC - RESHIFT MEDIA, Toronto, ON, *pg.* 687
Pastor, Monica - Media Department, NBC - DENTSU AEGIS NETWORK, New York, NY, *pg.* 61
Pastrovich, Jacob - NBC - MOMENT, New York, NY, *pg.* 192
Patel, Anjali - Account Planner, Interactive / Digital, Media Department, NBC - WIEDEN + KENNEDY, New York, NY, *pg.* 432
Patel, Rishi - Creative, NBC - HMR DESIGNS, Chicago, IL, *pg.* 308
Patel, Anjali - Media Department, NBC - WIEDEN + KENNEDY, Portland, OR, *pg.* 430
Pathmann, Lucie - NBC, Public Relations - STONE WARD ADVERTISING, Little Rock, AR, *pg.* 413
Patrick, Erica - Interactive / Digital, Management, Media Department, NBC, Social Media - MEDIAHUB BOSTON, Boston, MA, *pg.* 489
Pattani, Tracey - Account Planner, Account Services, Management, NBC - DIGITAS, San Francisco, CA, *pg.* 227
Patten, Scott - Account Planner, NBC - LANETERRALEVER, Phoenix, AZ, *pg.* 245
Patterson, James - Account Services, Management, NBC - BURRELL COMMUNICATIONS GROUP, INC. , Chicago, IL, *pg.* 45
Patterson, Alex - NBC - HORIZON MEDIA, INC., New York, NY, *pg.* 474
Pattinson, Steven - NBC, Operations, PPOM - WPP KANTAR MEDIA, Boston, MA, *pg.* 451
Paul, John - NBC, PPOM - THOMAS J. PAUL, INC. , Rydal, PA, *pg.* 20
Paul, Natalie - NBC, Social Media - LAIRD + PARTNERS, New York, NY, *pg.* 96
Paulino, Beth - NBC, Public Relations - OGILVY COMMONHEALTH WORLDWIDE, Parsippany, NJ, *pg.* 122
Paullin, Will - NBC, PPOM - SELLING SOLUTIONS, INC., Atlanta, GA, *pg.* 265
Paullin, James - NBC, Public Relations - SELLING SOLUTIONS, INC., Atlanta, GA, *pg.* 265
Pavlika, Holly - NBC - COLLECTIVE BIAS, LLC, Rogers, AR, *pg.* 221
Payne, Margaret - Administrative, NBC - PRINCETON PUBLIC AFFAIRS GROUP, INC., Trenton, NJ, *pg.* 638
Payne, Andrea - NBC - GARTNER, INC., Stamford, CT, *pg.* 236
Peach, Don - NBC, Operations - QUIET LIGHT COMMUNICATIONS, Rockford, IL, *pg.* 196
Pear, Bonni - Management, NBC, PPOM - THE MOTION AGENCY, Chicago, IL, *pg.* 270
Pearlman, Jared - Creative, Interactive / Digital, Media Department, NBC - UNITED ENTERTAINMENT GROUP, New York, NY, *pg.* 299
Pearman, Samantha - Account Planner, NBC - HORIZON MEDIA, INC., New York, NY, *pg.* 474
Pearsall, Robert - Interactive / Digital, Management, Media Department, NBC - HAVAS MEDIA GROUP, New York, NY, *pg.* 468
Peart, Chelsea - Account Services, Analytics, NBC - DUNCAN CHANNON, San Francisco, CA, *pg.* 66
Peck, Andria - NBC - THE TRADE DESK, New York, NY, *pg.* 520
Pecknold, Elizabeth - Account Services, NBC - TRUE COMMUNICATIONS, Sausalito, CA, *pg.* 657
Pedersen, Erika - Interactive / Digital, NBC - WPROMOTE, Dallas, TX, *pg.* 679
Pedro, Donna - Human Resources, NBC, PPOM - OGILVY, New York, NY, *pg.* 393
Pedroza, Cristina - Account Services, Analytics, NBC - CONTEND, Los Angeles, CA, *pg.* 52
Peguero, Laura - NBC, PPM - FORSMAN & BODENFORS, New York, NY, *pg.* 74
Pena, Margarita - Account Services, NBC - DAVID, Miami, FL, *pg.* 57
Penacho, Saramaya - NBC - BAM COMMUNICATIONS, San Diego, CA, *pg.* 580
Penado, Nickay - NBC - LEO BURNETT WORLDWIDE, Chicago, IL, *pg.* 98
Penelton, Lisa - Account Services, Analytics, NBC, Operations - CRITICAL MASS, INC., Chicago, IL, *pg.* 223
Peniston, Tammy - Account Services, NBC, PPOM - DCG ONE, Seattle, WA, *pg.* 58
Penn, Mark - Management, NBC, PPOM - MDC PARTNERS, INC., New York, NY, *pg.* 385
Penny, John - NBC - LEARFIELD SPORTS, Louisville, KY, *pg.* 310
Pensinger, Matt - Management, NBC - JACK MORTON WORLDWIDE, Chicago, IL, *pg.* 309
Percy-Dove, Anna - Media Department, NBC - FCB/SIX, Toronto, ON, *pg.* 358
Perera, Dimitri - Account Services, Interactive / Digital, Management, NBC - COPACINO + FUJIKADO, LLC, Seattle, WA, *pg.* 344
Perez, Patricia - NBC, PPOM - VALENCIA, PEREZ, ECHEVESTE, Los Angeles, CA, *pg.* 658
Perez, Maria - NBC - HORIZON MEDIA, INC., Los Angeles, CA, *pg.* 473
Perez, Nathan - NBC - GENERATOR MEDIA + ANALYTICS, New York, NY, *pg.* 466
Perez, Andy - NBC, Social Media - TPN, Chicago, IL, *pg.* 571
Perez, Francisco - Interactive / Digital, NBC, Operations - YESCO OUTDOOR MEDIA, Las Vegas, NV, *pg.* 559
Perez, Kathleen - NBC - CONNECT AT PUBLICIS MEDIA, Chicago, IL, *pg.* 462
Perez Velez, Madeline - Account Services, NBC - ALMA, Coconut Grove, FL, *pg.* 537
Perkins, Bethany - Account Services, NBC, Operations, PPOM - 7SUMMITS, Milwaukee, WI, *pg.* 209
Perkins, Chris - Management, NBC, PPOM - BERNSTEIN-REIN ADVERTISING, INC., Kansas City, MO, *pg.* 39
Perkins, Marilyn - Account Services, NBC - CHAMPION MANAGEMENT GROUP, LLC, Addison, TX, *pg.* 589
Perrey, Penny - NBC - IEG, LLC., Chicago, IL, *pg.* 308
Perrigo, Nichola - Interactive / Digital, NBC - RPA, Santa Monica, CA, *pg.* 134
Perrin, Jessica - NBC - STARCOM WORLDWIDE, Chicago, IL, *pg.* 513
Perrone, Samantha - NBC - ACTIVE INTERNATIONAL, Pearl River, NY, *pg.* 439
Perry, John - NBC - BARRETT OUTDOOR COMMUNICATIONS, West Haven, CT, *pg.* 549
Perry, Brooks - Interactive / Digital, NBC - RPA, Santa Monica, CA, *pg.* 134
Perry, Quentin - Account Services, NBC - 72ANDSUNNY, Brooklyn, NY, *pg.* 24
Persaud, Ryan - Account Planner, Media Department, NBC - CARAT, New York, NY, *pg.* 459
Person, Jordan - NBC - SITUATION INTERACTIVE, New York, NY, *pg.* 265
Peterkin, Ashley - NBC - SUPERFLY, New York, NY, *pg.* 315
Peters, Danielle - Interactive / Digital, NBC - MINDSTREAM MEDIA GROUP - DALLAS, Dallas, TX, *pg.* 496
Peters, Erica - Interactive / Digital, Media Department, NBC - HEARTS & SCIENCE, New York, NY, *pg.* 471
Peters, Patrick - NBC, PPOM - JUMP 450 MEDIA, New York, NY, *pg.* 481
Petersen, Brian - Analytics, Media Department, NBC - ANNALECT GROUP,

AGENCIES — RESPONSIBILITIES INDEX

New York, NY, *pg.* 213
Petersen, Britta - NBC, Public Relations - EPSILON, Chicago, IL, *pg.* 283
Petersen, Lauren - NBC - HACKERAGENCY, Seattle, WA, *pg.* 284
Petersen, Chloe - NBC - THE RICHARDS GROUP, INC., Dallas, TX, *pg.* 422
Peterson, Troy - NBC, PPOM - HOFFMAN YORK, Milwaukee, WI, *pg.* 371
Peterson, Tami - Account Services, NBC, Programmatic - AMNET, Detroit, MI, *pg.* 454
Peterson, Candace - NBC, PPOM - FLEISHMANHILLARD, Dallas, TX, *pg.* 605
Peterson, Nicole - NBC - DECODED ADVERTISING, New York, NY, *pg.* 60
Peterson Mauro, Andrea - Interactive / Digital, NBC, PPOM - MAURONEWMEDIA, New York, NY, *pg.* 190
Pethkongkathon, Krit - Account Services, Analytics, Management, NBC - HORIZON MEDIA, INC., New York, NY, *pg.* 474
Petit, Niki - NBC - INSIGHT CREATIVE, INC., Green Bay, WI, *pg.* 89
Petrangelo, Elizabeth - NBC, PPOM - CRC MARKETING SOLUTIONS, Eden Prairie, MN, *pg.* 345
Petreikis, Rosemary - Account Services, Management, NBC - BAYARD ADVERTISING AGENCY, INC., New York, NY, *pg.* 37
Petrocco, Melissa - Account Services, Creative, NBC - THE TOMBRAS GROUP, Atlanta, GA, *pg.* 153
Petrocelli, Brian - NBC, Promotions - CREATA, Oakbrook Terrace, IL, *pg.* 346
Petrovsky, Fred - Creative, NBC, Operations, PPOM - COLLING MEDIA, Scottsdale, AZ, *pg.* 51
Petruzzello, Michael - NBC, PPOM - QORVIS COMMUNICATIONS, LLC, Washington, DC, *pg.* 640
Petschel, Pat - Account Services, NBC - WUNDERMAN THOMPSON, Chicago, IL, *pg.* 434
Pettit, Mark - NBC, PPOM - IMAGINE EXHIBITIONS, INC., Atlanta, GA, *pg.* 373
Petty, Mike - NBC, PPOM - COMMUNICATIONS LINKS, Scottsdale, AZ, *pg.* 592
Petty, John - Interactive / Digital, Media Department, NBC, Social Media - WIEDEN + KENNEDY, New York, NY, *pg.* 432
Peyron, Scott - NBC, PPOM - SCOTT PEYRON & ASSOCIATES, INC., Boise, ID, *pg.* 688
Pezone, Kimberly - Account Services, Interactive / Digital, Media Department, NBC - DIGITAS, Boston, MA, *pg.* 226
Pfund, Stephanie - Management, NBC - WE ARE ALEXANDER, St. Louis, MO, *pg.* 429
Pham, Young - NBC, PPOM - CI&T, San Francisco, CA, *pg.* 5
Phelan, Michael - Media Department, NBC - DMA UNITED, New York, NY, *pg.* 63
Philips, Joshua - Interactive / Digital, NBC - MADDOCK DOUGLAS, Elmhurst, IL, *pg.* 102
Phillips, Paul - NBC, PPOM - PAC / WEST COMMUNICATIONS, Wilsonville, OR, *pg.* 635
Phillips, Mike - NBC, PPOM - MVP MARKETING, Toronto, ON, *pg.* 390
Phillips, Jodi - Account Services, Interactive / Digital, Management, Media Department, NBC, Research, Social Media - MOXIE, Atlanta, GA, *pg.* 251
Phillips, Bethany - Interactive / Digital, NBC - DENNY MOUNTAIN MEDIA, Seattle, WA, *pg.* 225
Phillips, Dylan - Account Services, NBC - VENABLES BELL & PARTNERS, San Francisco, CA, *pg.* 158
Phillips, Christine - Account Services, NBC - MOSAIC NORTH AMERICA, Irving, TX, *pg.* 312
Phillips, Jeanne - NBC - EXPONATION, Atlanta, GA, *pg.* 305
Phillips, Nicole - NBC - KNOODLE SHOP, Phoenix, AZ, *pg.* 95
Philyaw, Rick - Account Services, NBC - E-B DISPLAY CO., INC., Massillon, OH, *pg.* 180
Phipps, Daniel - NBC - GELIA WELLS & MOHR, Williamsville, NY, *pg.* 362
Phipps, Simon - NBC, Operations, PPOM - TWENTY-FIRST CENTURY BRAND, San Francisco, CA, *pg.* 157
Piacente, Michael - Account Services, NBC, PPM - MERGE, Boston, MA, *pg.* 113
Piaggio, Valeria - Analytics, NBC, Research - THE FUTURES COMPANY, Chapel Hill, NC, *pg.* 450
Piccolo, Thomas - NBC, Public Relations - KOVERT CREATIVE, New York, NY, *pg.* 96
Pickett, Steve - NBC, Research - IBM IX, Columbus, OH, *pg.* 240
Piepgras, Sara - Creative, Interactive / Digital, NBC - THE THORBURN GROUP, Minneapolis, MN, *pg.* 20
Pierce, Mark - NBC, PPOM - HAMMER CREATIVE, INC., Hollywood, CA, *pg.* 562
Piering, Nicole - Interactive / Digital, NBC - SPARK451, INC., Westbury, NY, *pg.* 411
Piggot, Linda - NBC, PPOM - DIGITAS, New York, NY, *pg.* 226
Pignone, Mike - Account Planner, NBC, Public Relations - DROGA5, New York, NY, *pg.* 64
Pike, Gary - NBC, PPOM - PIKE & COMPANY, San Francisco, CA, *pg.* 636
Piland, Kelly Ann - Account Planner, NBC - THE RICHARDS GROUP, INC., Dallas, TX, *pg.* 422
Pile, Rusty - Creative, NBC, PPOM - AVENUE 25 ADVERTISING & DESIGN, Phoenix, AZ, *pg.* 35
Piluso, Steven - Interactive / Digital, NBC - MEDIA STORM, New York, NY, *pg.* 486
Pinkas, Lissa - NBC - MEKANISM, San Francisco, CA, *pg.* 112
Pinkerton, Caleb - Account Services, Interactive / Digital, Media Department, NBC - KSM SOUTH, Austin, TX, *pg.* 482
Pinkin, Jeff - NBC - CCG MARKETING SOLUTIONS, West Caldwell, NJ, *pg.* 341
Pinzon, Sebastian - Interactive / Digital, Media Department, NBC - STARCOM WORLDWIDE, New York, NY, *pg.* 517
Pirello, Cari - Management, NBC, PPOM - THE MARKETING WORKSHOP, INC., Norcross, GA, *pg.* 450
Pisula, Mike - Interactive / Digital, NBC - XAXIS, New York, NY, *pg.* 276
Pitcher, Justin - Media Department, NBC - VENABLES BELL & PARTNERS, San Francisco, CA, *pg.* 158
Pitera, Anna - NBC - SERINO COYNE, INC., New York, NY, *pg.* 299
Pitigoi-Aron, Gruia - NBC, Programmatic - THE TRADE DESK, San Francisco, CA, *pg.* 520
Pitt, Andeen - Media Department, NBC, PPOM - WASSERMAN & PARTNERS ADVERTISING, INC., Vancouver, BC, *pg.* 429
Pizer, Keith - NBC, PPOM - ONE TRICK PONY, Hammonton, NJ, *pg.* 15
Pizzi, Marianne - Account Services, NBC - VIRTUE WORLDWIDE, Brooklyn, NY, *pg.* 159
Plank, Jeff - NBC - CHEN DESIGN ASSOCIATES, Oakland, CA, *pg.* 177
Plating, Chris - Account Planner, Creative, NBC - EP+CO., Greenville, SC, *pg.* 356
Pliskin, Denise - NBC, Operations - FUTUREBRAND SPECK, Redwood City, CA, *pg.* 184
Plomion, Ben - NBC, PPOM - GUMGUM, New York, NY, *pg.* 467
Plonka, Whitney - NBC - THE RICHARDS GROUP, INC., Dallas, TX, *pg.* 422
Plumb, George - NBC, PPOM - CREATIVE CHANNEL SERVICES, LLC, Los Angeles, CA, *pg.* 567
Pober, Kenny - NBC - OUTFRONT MEDIA, New York, NY, *pg.* 554
Poehlker, Andre - NBC, PPOM - OSK MARKETING & COMMUNICATIONS, INC., New York, NY, *pg.* 634
Poer, Brent - Account Planner, Account Services, Creative, Interactive / Digital, Management, Media Department, NBC, PPOM - ZENITH MEDIA, New York, NY, *pg.* 529
Poessiger, Steffen - Account Services, NBC - MITHOFF BURTON PARTNERS, El Paso, TX, *pg.* 115
Poh, Jim - Media Department, NBC - INTERMARK GROUP, INC., Birmingham, AL, *pg.* 375
Polenta, Maria - NBC - CUSTOMEDIALABS, Wayne, PA, *pg.* 223
Polito, Jennifer - NBC, PPOM - JENERATE PR, Wailea, HI, *pg.* 617
Polizzi, Christina - Analytics,

1769

RESPONSIBILITIES INDEX

AGENCIES

Interactive / Digital, NBC, Research - ACCELERATION PARTNERS, Needham, MA, *pg.* 25
Pollack, Jennifer - NBC - ALMA, Coconut Grove, FL, *pg.* 537
Pollack, Jessie - Interactive / Digital, Media Department, NBC - HORIZON MEDIA, INC., New York, NY, *pg.* 474
Pollard, Scott - Account Services, NBC - HILL+KNOWLTON STRATEGIES, Austin, TX, *pg.* 613
Pollitt, Stephanie - NBC - HAVAS NEW YORK, New York, NY, *pg.* 369
Pollock, Elyse - Account Planner, NBC - HORIZON MEDIA, INC., New York, NY, *pg.* 474
Poluha, Sarah - Interactive / Digital, NBC - CARMICHAEL LYNCH, Minneapolis, MN, *pg.* 47
Pomeroy, Paul - NBC, PPOM - ALOYSIUS BUTLER & CLARK, Wilmington, DE, *pg.* 30
Pommerehn, Gillian - NBC, Public Relations - CROSBY MARKETING COMMUNICATIONS, Annapolis, MD, *pg.* 347
Pond, Cindy - NBC, PPOM - TAYLOR & POND INTERACTIVE, San Diego, CA, *pg.* 269
Pond, Cayla - Account Planner, Media Department, NBC - CARAT, New York, NY, *pg.* 459
Ponstine, Jack - NBC, PPOM - PROFESSIONAL MEDIA MANAGEMENT, Grand Rapids, MI, *pg.* 130
Pontarelli, Jim - Account Services, NBC, PPOM - RDW GROUP , Providence, RI, *pg.* 403
Ponzan, Rachael - Account Services, NBC, Operations - CENDYN, Boca Raton, FL, *pg.* 220
Poole, Jason - Creative, NBC, PPOM - ACRO MEDIA, INC., Kelowna, BC, *pg.* 671
Poole, Tiffany - NBC - ACKERMAN MCQUEEN, INC., Oklahoma City, OK, *pg.* 26
Poos, Jason - NBC - RAFFETTO HERMAN STRATEGIC COMMUNICATIONS, LLC, Washington, DC, *pg.* 641
Popelka, Dave - Account Planner, Account Services, NBC - GARRISON HUGHES, Pittsburgh, PA, *pg.* 75
Popivchak, Pete - NBC, PPOM - WALL TO WALL STUDIOS, Pittsburgh, PA, *pg.* 204
Popowski, Mike - Account Services, NBC, PPOM - DAGGER, Atlanta, GA, *pg.* 224
Porath, Matt - Account Planner, Interactive / Digital, NBC - GTB, Dearborn, MI, *pg.* 367
Porretti, Scott - Interactive / Digital, Management, NBC - KATZ MEDIA GROUP, INC., New York, NY, *pg.* 481
Portela, Jenna - Account Services, Interactive / Digital, NBC - JONES KNOWLES RITCHIE, New York, NY, *pg.* 11
Porter, Mike - NBC, PPOM - PORTER LEVAY & ROSE, New York, NY, *pg.* 637
Porter, Marjorie - Account Services, Creative, Management, NBC - PUBLICIS NORTH AMERICA, New York, NY, *pg.* 399
Porter, Martin - Account Services, Management, Media Department, NBC - POSTERSCOPE U.S.A., New York, NY, *pg.* 556
Porter, Nina - Account Services, NBC - MEDIA PARTNERS, INC., Raleigh, NC, *pg.* 486
Portnoy, Emily - NBC - MCCANN NEW YORK, New York, NY, *pg.* 108
Posey, Sheri - NBC - MC2, Las Vegas, NV, *pg.* 311
Post, Kyler - NBC - EXPONATION, Atlanta, GA, *pg.* 305
Post, Hannah - NBC - SIEGEL & GALE, New York, NY, *pg.* 17
Post, John - NBC, Promotions - OCTAGON, Rogers, AR, *pg.* 313
Potter, Kevin - Media Department, NBC - CARAT, New York, NY, *pg.* 459
Powell, Sandy - NBC - SEDONA GOLF & TRAVEL PRODUCTS, Tempe, AZ, *pg.* 569
Powell, Dave - Interactive / Digital, NBC - BELIEF AGENCY, Seattle, WA, *pg.* 38
Powell, Kiki - NBC - DROGA5, New York, NY, *pg.* 64
Power, Greg - NBC, PPOM - WEBER SHANDWICK, Toronto, ON, *pg.* 662
Powlison, Jennifer - Interactive / Digital, NBC, Social Media - THE FOUNDRY @ MEREDITH CORP, New York, NY, *pg.* 150
Pozucek, Scott - Media Department, NBC, Operations - MEDIAWORX, Shelton, CT, *pg.* 490
Prah, Amanda - NBC - ROC NATION, New York, NY, *pg.* 298
Prazmark, Rob - NBC, PPOM - 21 MARKETING, Greenwich, CT, *pg.* 301
Prentis, Kate - Account Planner, Media Department, NBC - SPARK FOUNDRY, New York, NY, *pg.* 508
Press, Abigail - NBC, Operations - PREACHER, Austin, TX, *pg.* 129
Preston, Dave - Finance, NBC - (UN)COMMON LOGIC, Austin, TX, *pg.* 671
Preuss, Christopher - NBC, Public Relations - GTB, Dearborn, MI, *pg.* 367
Prewett, Janice - Media Department, NBC - THE RICHARDS GROUP, INC., Dallas, TX, *pg.* 422
Price, Ann - Media Department, NBC - OMD, New York, NY, *pg.* 498
Price, Mary - Management, Media Department, NBC, PPOM - THE RICHARDS GROUP, INC., Dallas, TX, *pg.* 422
Price, Jackie - NBC - JIM RICCA & ASSOCIATES, Reston, VA, *pg.* 92
Price, Jason - NBC - NEXTGUEST DIGITAL, New York, NY, *pg.* 253
Price, George - NBC - DMW WORLDWIDE, LLC, Chesterbrook, PA, *pg.* 282
Price, Michael - Account Services, Management, NBC - MYRIAD TRAVEL MARKETING, Los Angeles, CA, *pg.* 390
Price, Emma - NBC - THE INTEGER GROUP, Lakewood, CO, *pg.* 682
Price, Emily - NBC - DEEPLOCAL, Sharpburgs, PA, *pg.* 349
Prieto, Jaime - NBC, PPOM - OGILVY, New York, NY, *pg.* 393
Prill, Lora - NBC, PPOM - ADCO, Columbia, SC, *pg.* 27
Primola, Nick - NBC, PPOM - ASSOCIATION OF NATIONAL ADVERTISERS, New York, NY, *pg.* 442
Prince, Alisha - NBC - ORCI, Santa Monica, CA, *pg.* 543
Prins, Christine - NBC, PPOM - SAATCHI & SAATCHI , New York, NY, *pg.* 136
Pritchett, Zac - Management, NBC, PPOM - THE RICHARDS GROUP, INC., Dallas, TX, *pg.* 422
Proctor, Mike - NBC - LPK, Cincinnati, OH, *pg.* 12
Prom, Bruce - NBC, PPOM - PKA MARKETING, Mequon, WI, *pg.* 397
Promersberger, Jan - NBC, PPOM - PROMERSBERGER COMPANY, Fargo, ND, *pg.* 638
Prostova, Elena - Creative, NBC - MILES MEDIA GROUP, LLP, Sarasota, FL, *pg.* 387
Provost, Paul - Management, NBC, PPOM - 6P MARKETING, Winnipeg, MB, *pg.* 1
Prowda, Bob - Account Services, Management, NBC - ILIUM ASSOCIATES, INC., Bellevue, WA, *pg.* 88
Pryal, Shane - NBC - BARKLEY REI, Pittsburgh, PA, *pg.* 215
Pryor, Allyson - Interactive / Digital, NBC, Promotions, Social Media - THE LANE COMMUNICATIONS GROUP, New York, NY, *pg.* 654
Ptasienski, Melissa - Management, NBC - ACCENTURE INTERACTIVE, Chicago, IL, *pg.* 209
Puccetti, Perry - Account Services, Interactive / Digital, Management, NBC - VMLY&R, Kansas City, MO, *pg.* 274
Puckey, Brad - Analytics, NBC, PPOM - TENET PARTNERS, New York, NY, *pg.* 450
Pugh, Meredith - Account Services, Management, NBC, PPOM - CENTRON, New York, NY, *pg.* 49
Pugh, Jason - Account Planner, Media Department, NBC - BLUE 449, Dallas, TX, *pg.* 456
Pulis, Dana - NBC, PPOM - KINETIC MARKETING GROUP, Billings, MT, *pg.* 95
Punch, Tom - Creative, NBC, PPOM - SPRING STUDIOS, New York, NY, *pg.* 563
Punter, Clive - Finance, NBC, PPOM - OUTFRONT MEDIA, New York, NY, *pg.* 554
Pupo, Marco - NBC - ELEPHANT, Brooklyn, NY, *pg.* 181
Purtell, Gerry - Account Planner, Account Services, Media Department, NBC - TRADE X PARTNERS, New York, NY, *pg.* 156
Pusateri, Chris - NBC, PPOM - 4 NEXT INTERACTIVE, Plainfield, IL, *pg.* 208
Pusey, John - NBC, PPM - G3 GROUP,

AGENCIES
RESPONSIBILITIES INDEX

Baltimore, MD, pg. 673
Putnam, Crystal - NBC - COLLECTIVE BIAS, LLC, Rogers, AR, pg. 221
Pylpczak, John - Creative, NBC, PPOM - CONCRETE DESIGN COMMUNICATIONS, INC. , Toronto, ON, pg. 178
Quackenbush, Sarah - Account Services, NBC - HAVAS HELIA, Baltimore, MD, pg. 285
Quattrochi, Ann - Creative, NBC - FLEISHMANHILLARD, New York, NY, pg. 605
Queamante, David - Media Department, NBC - UNIVERSAL MCCANN DETROIT, Birmingham, MI, pg. 524
Queenan, Ryan - NBC - MAD*POW, Boston, MA, pg. 247
Quiat, Danielle - Management, Media Department, NBC - OMD WEST, Los Angeles, CA, pg. 502
Quinn, Dennis - Management, NBC, PPOM - ACTIVE INTERNATIONAL, Pearl River, NY, pg. 439
Quinn, Bill - NBC, PPOM - BROGAN TENNYSON GROUP, INC., Dayton, NJ, pg. 43
Quinn, Kelly - Account Services, NBC - SID LEE, Culver City, CA, pg. 141
Quinn, Sean - Interactive / Digital, NBC - AKQA, San Francisco, CA, pg. 211
Quinn, Stephanie - Account Services, NBC - PINEROCK, New York, NY, pg. 636
Quinones, Ruben - Account Services, NBC - PATH INTERACTIVE, INC., New York, NY, pg. 256
Quiroz, George - Account Services, Management, NBC - DAVID, Miami, FL, pg. 57
Raaf, Rich - Management, NBC - KATZ MEDIA GROUP, INC., New York, NY, pg. 481
Rabinovici, Boris - NBC, PPOM - RABINOVICI & ASSOCIATES, INC., Hallandale Beach, FL, pg. 544
Radford, Heather - NBC - MOSAIC NORTH AMERICA, Mississauga, ON, pg. 312
Radia, Saneel - Management, NBC, PPOM - R/GA, New York, NY, pg. 260
Radigan, Christina - NBC - OUTDOOR MEDIA GROUP, Jersey City, NJ, pg. 554
Radke, Kyle - Management, NBC - THE JONES AGENCY, Palm Springs, CA, pg. 420
Radonic, Ed - NBC, PPOM - RADONICRODGERS COMMUNICATIONS, INC., Toronto, ON, pg. 402
Radtke, Jean - NBC, PPOM - PHOENIX MARKETING GROUP, INC., Milwaukee, WI, pg. 128
Rafferty, Pat - NBC - ANDROVETT LEGAL MEDIA & MARKETING, Dallas, TX, pg. 577
Ragusa, Jessica - Account Services, Media Department, NBC - WIT MEDIA, New York, NY, pg. 162
Railing, Courtney - Account Services, Interactive / Digital, NBC - COMMCREATIVE, Framingham, MA, pg. 343

Raj, Katen - Account Services, NBC - CPC STRATEGY, San Diego, CA, pg. 672
Raj, Suresh - Management, NBC, PPOM - VISION7 INTERNATIONAL, New York, NY, pg. 429
Rakes, Janice - Account Services, Creative, NBC - SOURCE4, Roanoke, VA, pg. 569
Raley, Dave - Account Planner, Analytics, Interactive / Digital, NBC, Research - MASTERWORKS, Poulsbo, WA, pg. 687
Ralls, David - Account Services, NBC, PPOM - COMMIT AGENCY, Chandler, AZ, pg. 343
Ramachandran, Ram - Interactive / Digital, NBC, Operations, PPOM - CLARABRIDGE, INC., Reston, VA, pg. 167
Ramchandar, Neethu - Account Planner, Interactive / Digital, Media Department, NBC - HORIZON MEDIA, INC., New York, NY, pg. 474
Ramirez, Roger - Account Services, NBC - MUSTACHE, Brooklyn, NY, pg. 252
Ramirez, Brenda - Account Services, NBC - MOSAIC NORTH AMERICA, Irving, TX, pg. 312
Ramos, Roberto - NBC, Operations - THE DONEGER GROUP, New York, NY, pg. 419
Ramos, Rosanne - Account Services, NBC, PPOM - LO:LA, El Segundo, CA, pg. 101
Ramos-Williams, Connie - NBC, PPOM - CONRIC PR & MARKETING, Fort Meyers, FL, pg. 592
Ramsey, Alyssa - NBC - WIEDEN + KENNEDY, Portland, OR, pg. 430
Randall, Jesse - Creative, NBC, PPOM - RANDALL BRANDING AGENCY, Richmond, VA, pg. 16
Randazzo, Cindy - NBC - SOURCELINK, LLC, Itasca, IL, pg. 292
Randolph, Jennifer - NBC, Public Relations - BODDEN PARTNERS, New York, NY, pg. 335
Rangel, Carlos - NBC, Operations - NOBOX, Miami, FL, pg. 254
Raoust, Olivier - Account Planner, Creative, NBC, PPOM - RAOUST + PARTNERS, Hampton, VA, pg. 403
Rappaport, Scott - Account Services, NBC - TABOOLA, New York, NY, pg. 268
Rappo, Amy - Interactive / Digital, Management, Media Department, NBC - STARCOM WORLDWIDE, New York, NY, pg. 517
Raptis, Costa - Management, NBC - MOXIE SOZO, Boulder, CO, pg. 192
Raskin, Joshua - Account Services, NBC - CADENT NETWORK, Philadelphia, PA, pg. 280
Raskin, Jillian - Interactive / Digital, NBC - BRANDED ENTERTAINMENT NETWORK, INC., Sherman Oaks, CA, pg. 297
Rasnick, Steve - Management, NBC - UPP ENTERTAINMENT MARKETING, Burbank, CA, pg. 300

Rathbun, Kristen - NBC - SPOTCO, New York, NY, pg. 143
Ratliff, Chelsea - NBC - THE LOOMIS AGENCY, Dallas, TX, pg. 151
Rattner, Adam - Management, NBC - STARCOM WORLDWIDE, Chicago, IL, pg. 513
Rau, Lisa - Account Services, NBC, PPOM - FIONTA, Washington, DC, pg. 183
Rauch, Jaime - Account Planner, Account Services, Interactive / Digital, Media Department, NBC, PPOM - OPENMIND, New York, NY, pg. 503
Rawlings, Andy - NBC, PPOM - LEARFIELD IMG COLLEGE, Plano, TX, pg. 310
Rayden, Joel - NBC - BUSINESSONLINE, San Diego, CA, pg. 672
Rayes, Karim - NBC, PPOM - RHYTHMONE, Burlington, MA, pg. 263
Raymond, Peter - Account Services, NBC - FREEWHEEL, New York, NY, pg. 465
Rea, Dave - Account Services, Media Department, NBC - 360I, LLC, Los Angeles, CA, pg. 208
Rea-Bain, Crissy - Account Services, Interactive / Digital, Media Department, NBC - PHD USA, New York, NY, pg. 505
Read, Hillary - NBC - 3Q DIGITAL, San Mateo, CA, pg. 671
Reagan, Frances - NBC - REAGAN OUTDOOR ADVERTISING, Salt Lake City, UT, pg. 557
Reagan Reichmann, Cavan - Interactive / Digital, Media Department, NBC, Social Media - CARMICHAEL LYNCH, Minneapolis, MN, pg. 47
Reasor, Kyle - Account Services, NBC - INITIATIVE, Los Angeles, CA, pg. 478
Reaume, Dan - Account Services, Creative, Management, NBC, PPOM - MINDSHARE, Miami, FL, pg. 495
Rectenwald, Robin - Account Services, NBC, Public Relations - WORDWRITE COMMUNICATIONS, Pittsburgh, PA, pg. 663
Reddington, Alicia - Account Planner, Interactive / Digital, Media Department, NBC - 360I, LLC, New York, NY, pg. 320
Reddy, Michael - Account Planner, Account Services, Interactive / Digital, Media Department, NBC - CODE AND THEORY, New York, NY, pg. 221
Reddy, Aditi - Media Department, NBC - VENABLES BELL & PARTNERS, San Francisco, CA, pg. 158
Redington, Sue - Account Services, Management, NBC - FCB WEST, San Francisco, CA, pg. 72
Redmon, Todd - NBC, PPOM - PROPHET, New York, NY, pg. 15
Redmond, John - Account Planner, NBC - PEREIRA & O'DELL, New York, NY, pg. 257
Reeb-Wilson, Samantha - NBC -

RESPONSIBILITIES INDEX — AGENCIES

MOVEMENT STRATEGY, New York, NY, pg. 687
Reed, Andrea - NBC - (ADQ)VENTURES, Providence, RI, pg. 207
Reed, Shawn - Management, NBC - TRUE SENSE MARKETING, Freedom, PA, pg. 293
Reed, Jelanii - Account Services, NBC - CSE, INC., Atlanta, GA, pg. 6
Reed, Shannon - NBC - 72ANDSUNNY, Playa Vista, CA, pg. 23
Reed, Kevin - Account Services, NBC - RR DONNELLEY, Atlanta, GA, pg. 197
Reefe, Lisa - Account Planner, Media Department, NBC - (ADD)VENTURES, Providence, RI, pg. 207
Reese, Matt - NBC - CURRAN & CONNORS, INC., Brentwood, CA, pg. 178
Reeve, Carol - NBC, PPOM - GIRL ON THE ROOF, INC, Knoxville, TN, pg. 364
Reeves, Madeleine - Account Planner, Account Services, NBC - BBDO WORLDWIDE, New York, NY, pg. 331
Regan, Erin - NBC - FULL CONTACT ADVERTISING, Boston, MA, pg. 75
Reggars, Nick - Creative, Management, Media Department, NBC - GOODBY, SILVERSTEIN & PARTNERS, San Francisco, CA, pg. 77
Reggimenti, Mark - Analytics, NBC, PPOM, Research - ANNALECT GROUP, New York, NY, pg. 213
Rehm, John - NBC - JACK MORTON WORLDWIDE, Detroit, MI, pg. 309
Reid, Bruce - NBC, PPOM - STAMP IDEAS GROUP, LLC, Montgomery, AL, pg. 144
Reid, Monica - Account Services, NBC - EMERGE2 DIGITAL, Waterloo, ON, pg. 231
Reid, Damien - Account Services, NBC - ANOMALY, New York, NY, pg. 325
Reifel, Greg - NBC, PPOM - TOM, DICK & HARRY CREATIVE, Chicago, IL, pg. 426
Reiley, Liz - NBC - LISTRAK, Lititz, PA, pg. 246
Reilly, Greg - Account Services, Management, NBC, PPOM - PUBLICIS HEALTH, New York, NY, pg. 639
Reilly, Hope - Interactive / Digital, Media Department, NBC, Public Relations, Social Media - SOUTHWEST STRATEGIES, LLC, San Diego, CA, pg. 411
Reinglass, Derek - NBC - CURRENT, Chicago, IL, pg. 594
Reinhart, Nate - NBC - MEDIA BRIDGE ADVERTISING, Minneapolis, MN, pg. 484
Reinstein, Joe - Account Planner, Account Services, Interactive / Digital, Media Department, NBC - PERFORMICS, Chicago, IL, pg. 676
Reist, Jocelyn - Account Planner, NBC - WIEDEN + KENNEDY, Portland, OR, pg. 430
Reiter, Michele - Account Services, NBC - WEITZMAN ADVERTISING, INC., Annapolis, MD, pg. 430
Reites, John - NBC, PPOM - THREAD, Tustin, CA, pg. 271
Remillard, Ashlyn - Interactive / Digital, Media Department, NBC, Social Media - MOXIE, Atlanta, GA, pg. 251
Remmers, Marisa - Account Services, Analytics, NBC - NEBO AGENCY, LLC, Atlanta, GA, pg. 253
Renbarger, Sam - Account Services, Management, NBC - DDB SAN FRANCISCO, San Francisco, CA, pg. 60
Rener, Allyson - NBC, PPOM - MURPHY O'BRIEN, INC., Los Angeles, CA, pg. 630
Reninger, Sue - Account Planner, NBC, PPOM - RMD ADVERTISING, Columbus, OH, pg. 643
Renjilian, Rachel - Media Department, NBC - STARCOM WORLDWIDE, Detroit, MI, pg. 517
Reno, Brooke - NBC - THE MEDIA KITCHEN, New York, NY, pg. 519
Rentiers, Michael - NBC, PPOM - PUSH DIGITAL, Columbia, SC, pg. 640
Rentzel, Jenny - NBC - MKTG INC, New York, NY, pg. 311
Repka-Geller, Victoria - Account Services, Management, NBC, Operations, PPOM - DIGITAL PULP, New York, NY, pg. 225
Requidan, Erik - Interactive / Digital, NBC, Programmatic - INTERMARKETS, INC., Reston, VA, pg. 242
Resnik, Denise - NBC, PPOM - DRA STRATEGIC COMMUNICATIONS, Phoenix, AZ, pg. 598
Restler, Debra - NBC - THE BEANSTALK GROUP, New York, NY, pg. 19
Reuter, Mike - NBC - ANOMALY, New York, NY, pg. 325
Reyes, Nancy - Account Services, Management, NBC, PPOM - TBWA \ CHIAT \ DAY, New York, NY, pg. 416
Reyes, Laura - NBC - OMD LATIN AMERICA, Miami, FL, pg. 543
Reynolds, Chuck - NBC, PPOM - OMNIVORE, Milwaukee, WI, pg. 123
Reynolds, Tom - NBC, PPOM - MEDIA HORIZONS, INC., Norwalk, CT, pg. 288
Reynolds, Brendan - Creative, Interactive / Digital, NBC, PPOM - MOMENT, New York, NY, pg. 192
Reynolds, Wil - Interactive / Digital, NBC, PPOM - SEER INTERACTIVE, Philadelphia, PA, pg. 677
Reynolds, James - Account Services, NBC - MEDIACOM, New York, NY, pg. 487
Reynoso, Sophia - Account Services, Media Department, NBC - MEDIACOM, New York, NY, pg. 487
Reznick, Jessica - NBC, PPOM - WE'RE MAGNETIC, New York, NY, pg. 318
Rhoads, Barry - NBC, PPOM - CASSIDY & ASSOCIATES, Washington, DC, pg. 589
Rhoads, Melanie - Account Services, NBC - HYFN, Los Angeles, CA, pg. 240
Rhodes, Alexandra - Account Services, NBC - MERIT, Harrisburg, PA, pg. 386
Rhude, Melissa - Account Services, Interactive / Digital, Media Department, NBC - OMD WEST, Los Angeles, CA, pg. 502
Ricci, Katharine - Creative, Interactive / Digital, Media Department, NBC, Social Media - OMD, New York, NY, pg. 498
Ricco, Sam - NBC - BKM MARKETING ASSOCIATES, Braintree, MA, pg. 334
Rice, Thomas - Management, NBC, PPOM - MERRITT GROUP PUBLIC RELATIONS, McLean, VA, pg. 627
Rice, Molly - Account Services, NBC, PPOM - SPYGLASS CREATIVE, Minneapolis, MN, pg. 200
Rice, Leslie - Account Services, NBC - GAIL & RICE, Farmington Hills, MI, pg. 306
Rice, Bill - Interactive / Digital, Media Department, NBC - RIGHT PLACE MEDIA, Lexington, KY, pg. 507
Rice, D.J. - NBC - DUARTE, Sunnyvale, CA, pg. 180
Rice, Nathan - NBC - HABERMAN, Minneapolis, MN, pg. 369
Rich, Matthew - Interactive / Digital, Management, Media Department, NBC - DIGITAL IMPULSE, Watertown, MA, pg. 225
Rich, Madeline - NBC - LOTAME, New York, NY, pg. 447
Richards, Brian - NBC - INFORMA RESEARCH SERVICES, Alpharetta, GA, pg. 445
Richardson, Jillyn - Account Services, Management, Media Department, NBC - HORIZON MEDIA, INC., New York, NY, pg. 474
Richardson, Alec - NBC - AGENCYEA, Chicago, IL, pg. 302
Richardson-George, Ashley - Account Services, NBC - CIRCUS MAXIMUS, New York, NY, pg. 50
Richer, Stacey - Management, NBC - DIGITAS, Chicago, IL, pg. 227
Richling, Kate - Media Department, NBC - MEDIAMONKS, New York, NY, pg. 249
Richmond, Louis - NBC, PPOM - RICHMOND PUBLIC RELATIONS, Seattle, WA, pg. 643
Richter, Alex - Interactive / Digital, NBC - CAMELOT STRATEGIC MARKETING & MEDIA, Dallas, TX, pg. 457
Richter, Kathy - Management, Media Department, NBC, PPOM - WAVEMAKER, New York, NY, pg. 526
Richter, Erika - Account Services, NBC - MCCANN NEW YORK, New York, NY, pg. 108
Rick, Trey - NBC - ACKERMAN MCQUEEN, INC., Oklahoma City, OK, pg. 26
Ricks, Grace - Interactive / Digital, NBC - ECKEL & VAUGHAN,

1772

AGENCIES

RESPONSIBILITIES INDEX

Raleigh, NC, *pg.* 599
Riddell, Fraser - Account Services, NBC, PPOM - MEDIACOM, New York, NY, *pg.* 487
Riddle, Todd - Creative, NBC, PPOM - COMMONWEALTH // MCCANN, Detroit, MI, *pg.* 52
Riddle, Robin - Account Services, Interactive / Digital, NBC, Social Media - THE FOUNDRY @ MEREDITH CORP, New York, NY, *pg.* 150
Rider, Ginny - Account Planner, Account Services, NBC - GOODBY, SILVERSTEIN & PARTNERS, San Francisco, CA, *pg.* 77
Ridgway-Cross, Diane - NBC - MCCANN CANADA, Montreal, QC, *pg.* 447
Ridings, Dean - NBC, PPOM - INTERSECT MEDIA SOLUTIONS, Lake Mary, FL, *pg.* 480
Ridley, Mike - NBC - THE COMMUNITY, Miami Beach, FL, *pg.* 545
Ried, Julie - Account Services, NBC - THE WARD GROUP, Woburn, MA, *pg.* 520
Riegel, Shane - NBC - OCEAN MEDIA, INC., Huntington Beach, CA, *pg.* 498
Riegle, Zach - NBC - BLUE WHEEL MEDIA, Birmingham, MI, *pg.* 335
Riegler, Nate - Account Services, NBC - TPN, Dallas, TX, *pg.* 683
Ries, Laura - Account Services, Management, Media Department, NBC - FIG, New York, NY, *pg.* 73
Riese, Susan - NBC - DERSE, INC., Milwaukee, WI, *pg.* 304
Rigo, William - NBC - MEISTER INTERACTIVE, Willoughby, OH, *pg.* 250
Riley, Mike - Account Planner, NBC - VENABLES BELL & PARTNERS, San Francisco, CA, *pg.* 158
Riley, Laura - Management, NBC - BBIG COMMUNICATIONS, Coronado, CA, *pg.* 216
Rimmer, Lisa - NBC - OGILVY PUBLIC RELATIONS, New York, NY, *pg.* 633
Rinaldi, Frank - Account Services, Management, NBC - CRONIN, Glastonbury, CT, *pg.* 55
Ring, Andrea - Account Planner, NBC, PPOM - BIG SPACESHIP, Brooklyn, NY, *pg.* 455
Ringhausen, Christen - NBC - ATOMICDUST, St. Louis, MO, *pg.* 214
Ripes, Daniel - Account Services, NBC - RISE INTERACTIVE, Chicago, IL, *pg.* 264
Ripley, Heather - NBC, PPOM - ORANGE ORCHARD, Maryville, TN, *pg.* 634
Ritorto, Enzo - Media Department, NBC - CARAT, New York, NY, *pg.* 459
Rivera, Tony - Account Services, Media Department, NBC, Operations - SOLVE, Minneapolis, MN, *pg.* 17
Rivera, Michael - Interactive / Digital, NBC, Social Media - THE FOUNDRY @ MEREDITH CORP, New York, NY, *pg.* 150
Rivera, Matt - NBC - YOH, Philadelphia, PA, *pg.* 277
Rivietz, Lauren - Management, NBC - ZENO GROUP, Toronto, ON, *pg.* 665

Rix, Crystal - Management, NBC, PPM, PPOM - BBDO WORLDWIDE, New York, NY, *pg.* 331
Rizer, Emily - Account Services, NBC - MEDIACOM, New York, NY, *pg.* 487
Rizzo, Eddie - Account Services, NBC - VAYNERMEDIA, New York, NY, *pg.* 689
Roa, Victor - Creative, NBC - VENABLES BELL & PARTNERS, San Francisco, CA, *pg.* 158
Roach, Christina - NBC - LIMELIGHT MEDIA, INC., Los Angeles, CA, *pg.* 298
Robb, Bill - Management, NBC, PPOM - THE HENDERSON ROBB GROUP, Toronto, ON, *pg.* 151
Robb, Chris - Creative, NBC, PPOM - PUSH, Orlando, FL, *pg.* 401
Roberge, Rich - NBC - PRODUCT CREATION STUDIO, Seattle, WA, *pg.* 563
Roberson-Beery, Lisa - NBC - JADI COMMUNICATIONS, INC., Laguna Beach, CA, *pg.* 91
Roberts, Ronald - NBC, PPOM - DVL SEIGENTHALER, Nashville, TN, *pg.* 599
Roberts, Bill - NBC, PPOM - GROUNDZERO, Toronto, ON, *pg.* 78
Roberts, Brittany - Account Services, Media Department, NBC - TEAM ONE, Dallas, TX, *pg.* 418
Roberts, Meg - Creative, NBC - 22SQUARED INC., Tampa, FL, *pg.* 319
Roberts, Elizabeth - Management, NBC, Operations - C SPACE, Boston, MA, *pg.* 443
Roberts, Aimee - Account Planner, Media Department, NBC - R&R PARTNERS, Las Vegas, NV, *pg.* 131
Roberts, Amanda - Interactive / Digital, Media Department, NBC - KEARNS & WEST, INC, Washington, DC, *pg.* 619
Robertson, Chris - Account Planner, Account Services, NBC - MCGARRYBOWEN, Chicago, IL, *pg.* 110
Robertson, Sara - Interactive / Digital, Management, NBC - XAXIS, New York, NY, *pg.* 276
Robin, Gayle - NBC, PPOM - STRATEGICAMPERSAND, Toronto, ON, *pg.* 414
Robin, Hannah - Account Services, NBC - O'BRIEN MARKETING, Newport Beach, CA, *pg.* 498
Robinson, Tony - Finance, NBC, PPOM - SIGNAL THEORY, Kansas City, MO, *pg.* 141
Robinson, Emily - Account Services, NBC - GRIP LIMITED, Toronto, ON, *pg.* 78
Robinson, Scott - Account Services, NBC - MINT ADVERTISING, Clinton, NJ, *pg.* 115
Robinson, Madelaine - Account Planner, Interactive / Digital, Media Department, NBC - DUNCAN CHANNON, San Francisco, CA, *pg.* 66
Robitaille, Mike - NBC, PPOM - ISAAC REPUTATION GROUP, Toronto, ON, *pg.* 10

Robles, Maria - NBC - EGAMI GROUP, New York, NY, *pg.* 539
Robson, Derek - NBC, PPOM - GOODBY, SILVERSTEIN & PARTNERS, San Francisco, CA, *pg.* 77
Roby, Tim - NBC, PPOM - PUTNAM ROBY WILLIAMSON COMMUNICATIONS, Madison, WI, *pg.* 640
Rocha, Natalia - Account Planner, Media Department, NBC - HORIZON MEDIA, INC., New York, NY, *pg.* 474
Roche, Kaitlyn - Account Planner, Creative, Media Department, NBC - GIANT SPOON, LLC, New York, NY, *pg.* 363
Rochon, Marc - NBC, PPOM - INDIGO STUDIOS, Atlanta, GA, *pg.* 187
Rochon, Renee - Account Services, NBC - CONNELLY PARTNERS, Boston, MA, *pg.* 344
Rockvoan, Jennifer - Interactive / Digital, NBC, PPM - PETERMAYER, New Orleans, LA, *pg.* 127
Rodak, Mallorie - Account Planner, NBC - THE RICHARDS GROUP, INC., Dallas, TX, *pg.* 422
Roder, Sheri - Management, NBC, PPOM - HORIZON MEDIA, INC., New York, NY, *pg.* 474
Rodrigues, Isabella - NBC - CRITICAL MASS, INC., New York, NY, *pg.* 223
Rodriguez, Rebecka - Media Department, NBC, Operations - ICON MEDIA DIRECT, Sherman Oaks, CA, *pg.* 476
Rodriguez, Gil - NBC - LANETERRALEVER, Phoenix, AZ, *pg.* 245
Rodriguez, Pedro - Account Planner, Interactive / Digital, NBC, Social Media - HORIZON MEDIA, INC., New York, NY, *pg.* 474
Rodriguez, Ali - NBC - JAM3, Toronto, ON, *pg.* 243
Rodriguez, Melissa - Interactive / Digital, NBC - DEBERRY GROUP, San Antonio, TX, *pg.* 595
Roebuck, Peter - NBC, PPOM - ALL WEB PROMOTIONS, Peru, IL, *pg.* 172
Roebuck, Paul - Account Services, Management, NBC - BBDO WORLDWIDE, New York, NY, *pg.* 331
Roeder, Doug - NBC - ACTIVE INTERNATIONAL, Pearl River, NY, *pg.* 439
Roehlke, Emma - Account Services, NBC - CONNELLY PARTNERS, Boston, MA, *pg.* 344
Rofael, Mary - NBC, Operations, PPOM, PR Management - PROED COMMUNICATIONS, Beachwood, OH, *pg.* 129
Roffino, Trina - Account Planner, Account Services, NBC, PPOM - THE MARKETING ARM, Dallas, TX, *pg.* 316
Rogel, Brian - NBC - BEACONFIRE REDENGINE, Arlington, VA, *pg.* 216
Rogers, Andy - NBC, PPOM - PURDIE ROGERS, INC., Seattle, WA, *pg.* 130
Rogers, Bradley - NBC, Operations, PPOM - MRM//MCCANN, New York, NY, *pg.* 289
Rogers, David - NBC - FIREFLY, San

RESPONSIBILITIES INDEX — AGENCIES

Francisco, CA, *pg.* 552
Rogers, Andy - NBC - WALKER ADVERTISING, INC., Torrance, CA, *pg.* 546
Rohin, Ian - Account Services, Management, NBC - UNIVERSAL MCCANN, New York, NY, *pg.* 521
Rohne, Alexandra - Account Services, NBC - THINK SHIFT, INC., Winnipeg, MB, *pg.* 270
Rohrlich, Joe - Account Services, Finance, NBC, PPOM - BAZAARVOICE, INC., Austin, TX, *pg.* 216
Rohwer, Kelsey - NBC, Public Relations - RED ANTLER, Brooklyn, NY, *pg.* 16
Rojas, Lucas - NBC - BIG SPACESHIP, Brooklyn, NY, *pg.* 455
Rokosh, Megan - Account Services, NBC, PPOM, Public Relations - HAVAS HEALTH & YOU, New York, NY, *pg.* 82
Rolf, Ryan - NBC - LOTAME, New York, NY, *pg.* 447
Rollet Moore, Virginia - NBC - INTERACTIVE ADVERTISING BUREAU, New York, NY, *pg.* 90
Rolling, Brian - Creative, NBC, PPOM - SRW, Chicago, IL, *pg.* 143
Romaine, Neil - NBC, PPOM - WATAUGA GROUP, Orlando, FL, *pg.* 21
Roman, Jerry - NBC, PPOM - ROME & COMPANY, Chicago, IL, *pg.* 134
Roman, Kristen - NBC - MINY, New York, NY, *pg.* 115
Roman, Eshena - NBC, Operations, PPOM - AUTHENTIQUE AGENCY, Atlanta, GA, *pg.* 538
Roman-Torres, Harry - Account Services, Media Department, NBC - DROGA5, New York, NY, *pg.* 64
Romanoski, Lori - NBC - BROWN COMMUNICATIONS GROUP, INC., Regina, SK, *pg.* 338
Romero, Sarah - NBC - G7 ENTERTAINMENT MARKETING, Nashville, TN, *pg.* 306
Romph, Jeffrey - Account Services, Management, NBC - ROMPH & POU AGENCY, Shreveport, LA, *pg.* 408
Rongey, Ken - Account Services, NBC - DEUTSCH, INC., Los Angeles, CA, *pg.* 350
Rooney, Robin - Account Services, NBC - BBDO MINNEAPOLIS, Minneapolis, MN, *pg.* 330
Root, Nathaniel - Account Services, Interactive / Digital, Media Department, NBC - ESSENCE, New York, NY, *pg.* 232
Rosa, Kyle - Interactive / Digital, Media Department, NBC - INITIATIVE, New York, NY, *pg.* 477
Rosa, Stefane - Account Services, NBC - DAVID, Miami, FL, *pg.* 57
Rosales, Candy - Account Services, NBC - CANVAS WORLDWIDE, Playa Vista, CA, *pg.* 458
Rosario, Milette - Account Services, NBC - NOBOX, Miami, FL, *pg.* 254
Roscoe, Sandra - Management, NBC - PLUSMEDIA, LLC, Danbury, CT, *pg.* 290
Rose, Scott - NBC, PPOM - RUNYON SALTZMAN EINHORN, Sacramento, CA, *pg.* 645
Rose, Jeff - NBC, PPOM - THE ROSE GROUP, Santa Monica, CA, *pg.* 655
Rose, Todd - NBC, PPOM - NINTHDECIMAL, San Francisco, CA, *pg.* 534
Rosen, Lori - NBC, PPOM - THE ROSEN GROUP, New York, NY, *pg.* 655
Rosen, Bill - Account Services, NBC, PPOM - VSA PARTNERS, INC., Chicago, IL, *pg.* 204
Rosen, Jamie - NBC, PPOM - PUBLICIS NORTH AMERICA, New York, NY, *pg.* 399
Rosen, Emma - NBC, Public Relations - ACTIVA PR, San Francisco, CA, *pg.* 575
Rosen, Neil - NBC, PPOM - CERTAINSOURCE, Fairfield, CT, *pg.* 672
Rosen, Kelly - Account Services, NBC - TBWA \ CHIAT \ DAY, Los Angeles, CA, *pg.* 146
Rosenberg, David - NBC, PPOM - ROSENBERG ADVERTISING, Lakewood, OH, *pg.* 134
Rosenberg, Lisa - Creative, Management, NBC, PPOM - ALLISON+PARTNERS, New York, NY, *pg.* 576
Rosenberg, Adam - NBC, PPOM - KVELL, Santa Monica, CA, *pg.* 96
Rosenblatt, Anna - Account Services, Management, Media Department, NBC - MEDIACOM, New York, NY, *pg.* 487
Rosenblum, Joshua - Management, NBC, PPM - RUNNING SUBWAY, New York, NY, *pg.* 563
Rosenblum, Jeremy - Media Department, NBC - OMD, New York, NY, *pg.* 498
Rosenbluth, Ashley - Account Services, NBC - LANDOR, New York, NY, *pg.* 11
Rosenthal, Ed - Management, NBC - GENERATOR MEDIA + ANALYTICS, New York, NY, *pg.* 466
Rosevear, Brian - Management, Media Department, NBC - EDELMAN, Toronto, ON, *pg.* 601
Rosholt, Katie - NBC - UNITED ENTERTAINMENT GROUP, New York, NY, *pg.* 299
Roslow, Peter - NBC, PPOM - ROSLOW RESEARCH GROUP, Port Washington, NY, *pg.* 449
Ross, Sean - Media Department, NBC - EDISON MEDIA RESEARCH, Somerville, NJ, *pg.* 444
Ross, Liz - NBC, PPOM - PERISCOPE, Minneapolis, MN, *pg.* 127
Ross, Andrea - NBC - MISSISSIPPI PRESS SERVICES, Jackson, MS, *pg.* 496
Ross, Duree - NBC, PPOM - DUREE & COMPANY, Fort Lauderdale, FL, *pg.* 598
Ross, Darrell - NBC, PPOM - PROPHET, New York, NY, *pg.* 15
Ross, Ian - NBC - TRAVEL SPIKE, Atlanta, GA, *pg.* 272
Rossell, Tony - Management, NBC - MARKETING GENERAL, INC., Alexandria, VA, *pg.* 288
Rossetto, Denise - Creative, NBC, PPOM - BBDO CANADA, Toronto, ON, *pg.* 330
Rossi, Mike - Account Services, Management, NBC - THE GEORGE P. JOHNSON COMPANY, Torrance, CA, *pg.* 316
Rossi, Lou - NBC, Operations, PPOM - PUBLICIS NORTH AMERICA, New York, NY, *pg.* 399
Rossi, Laurel - Account Planner, Account Services, Management, NBC, PPOM - ORGANIC, INC., New York, NY, *pg.* 256
Rossler, Jordan - Analytics, NBC - MARKETING ARCHITECTS, Minneapolis, MN, *pg.* 288
Rosso, John - NBC, PPOM - TRITON DIGITAL, New York, NY, *pg.* 272
Rossol, Erinn - NBC - TREKK, Rockford, IL, *pg.* 156
Rostam-Abadi, Jeeyan - NBC - HAWKE MEDIA, Los Angeles, CA, *pg.* 370
Roth, Tom - NBC, PPOM - COMMUNITY MARKETING, INC., San Francisco, CA, *pg.* 443
Rothman, Ari - Account Services, NBC - CONNECTIVITY STRATEGY, Tampa, FL, *pg.* 462
Rouech, Mike - Account Planner, Account Services, NBC - PHIRE GROUP, Ann Arbor, MI, *pg.* 397
Rougvie, Maria - Account Services, NBC - MULLENLOWE U.S. BOSTON, Boston, MA, *pg.* 389
Roussain, David - NBC, PPOM - G5 SEARCH MARKETING INC., Bend, OR, *pg.* 673
Routdhome, Imanol - Account Planner, Creative, NBC, Operations - 160OVER90, New York, NY, *pg.* 301
Rovelo, Paola - Account Planner, Account Services, Media Department, NBC, PPOM - MINDSHARE, Chicago, IL, *pg.* 494
Rowe, Wayne - NBC - CHARACTER LLC, Portland, OR, *pg.* 5
Rowean, Matthew - Creative, NBC, PPOM - MATTE PROJECTS, New York, NY, *pg.* 107
Rowley, Michelle - Management, Media Department, NBC - DEUTSCH, INC., New York, NY, *pg.* 349
Roy, Rahul - Account Services, NBC - O'KEEFE REINHARD & PAUL, Chicago, IL, *pg.* 392
Roy, Dion - NBC, PPOM - AMP3 PUBLIC RELATIONS, New York, NY, *pg.* 577
Rozen, Douglas - Interactive / Digital, Media Department, NBC, PPOM - 360I, LLC, New York, NY, *pg.* 320
Rozender, Nancy - Account Services, NBC, PPOM - MARTEL ET COMPAGNIE PUBLICITE, Montreal, QC, *pg.* 288
Rubel, Steve - Interactive / Digital, NBC, Research - EDELMAN, New York, NY, *pg.* 599
Rubenstein, Lauren - Account Services, NBC - TERRI & SANDY, New York, NY, *pg.* 147
Ruberg, Sean - Account Planner, NBC

AGENCIES
RESPONSIBILITIES INDEX

- MERRICK TOWLE COMMUNICATIONS, Greenbelt, MD, *pg.* 114
Rubin, Dan - Creative, NBC - THE FOUNDRY @ MEREDITH CORP, New York, NY, *pg.* 150
Rubin, Judd - NBC - STRATA, Chicago, IL, *pg.* 267
Rubin, Rebecca - Account Planner, Account Services, NBC - DNA SEATTLE, Seattle, WA, *pg.* 180
Rubin, Zach - NBC - BONFIRE LABS, San Francisco, CA, *pg.* 175
Rubino, Regina - NBC, PPOM - LOUEY / RUBINO DESIGN GROUP , Santa Monica, CA, *pg.* 190
Rubino, Russell - NBC - BRUNSWICK GROUP, New York, NY, *pg.* 587
Rubinstein, Noam - NBC - IGNITIONONE, New York, NY, *pg.* 673
Ruddy, Kathy - Account Services, Management, NBC - EXSEL ADVERTISING, Sturbridge, MA, *pg.* 70
Rudy, Shaun - Account Services, Creative, Human Resources, Interactive / Digital, Management, Media Department, NBC - STARCOM WORLDWIDE, Chicago, IL, *pg.* 513
Ruelas, Alejandro - NBC, PPOM - THIRD EAR, Austin, TX, *pg.* 546
Ruesink, Betsey - Account Services, NBC - PRESTON KELLY, Minneapolis, MN, *pg.* 129
Ruiz, Joanna - Account Services, Management, NBC - BBDO WORLDWIDE, New York, NY, *pg.* 331
Ruiz, Ernesto - NBC - MACIAS CREATIVE, Miami, FL, *pg.* 543
Rumfeldt, Julie - NBC, Public Relations - GTB, Dearborn, MI, *pg.* 367
Ruocco, Kathryn - Account Planner, NBC - DROGA5, New York, NY, *pg.* 64
Ruppel, Kurt - NBC - IWCO DIRECT, Chanhassen, MN, *pg.* 286
Ruppel, David - Account Planner, Media Department, NBC - UNDERSCORE MARKETING, LLC, New York, NY, *pg.* 521
Rusch, Corbin - NBC - STEALING SHARE, Greensboro, NC, *pg.* 18
Ruscin, John - NBC - ACTIVE INTERNATIONAL, Pearl River, NY, *pg.* 439
Rush, Alan - Account Services, NBC - MEDIACOM, New York, NY, *pg.* 487
Rusin-Mull, Jennifer - NBC, PPOM - GALLEGOS UNITED, Huntington Beach, CA, *pg.* 75
Russell, Julie - NBC, PPOM - ADCO ADVERTISING AGENCY, Peoria, IL, *pg.* 171
Russell, Megan - Account Services, NBC - 72ANDSUNNY, Playa Vista, CA, *pg.* 23
Russo, Lauren - Management, NBC, Promotions - HORIZON MEDIA, INC., New York, NY, *pg.* 474
Russo, Rich - NBC - REED EXHIBITION COMPANY, Norwalk, CT, *pg.* 314
Russo, Tricia - Account Planner, Analytics, NBC, PPOM - DDB CHICAGO, Chicago, IL, *pg.* 59
Rutan, Samantha - Creative, NBC - MAINGATE, INC., Indianapolis, IN, *pg.* 310
Ruth, Austin - Account Services, NBC - BALLANTINES PUBLIC RELATIONS, West Hollywood, CA, *pg.* 580
Rutkowski, Kate - Account Services, NBC - WIEDEN + KENNEDY, Portland, OR, *pg.* 430
Rutter, Whitney - NBC - LOCAL PROJECTS, New York, NY, *pg.* 190
Ruttonsha, Zarine - NBC - MOSAIC NORTH AMERICA, Mississauga, ON, *pg.* 312
Ryan, Beverly - NBC, PPOM - OLOGIE, Columbus, OH, *pg.* 122
Ryan, Andrew - Creative, NBC - HCA MINDBOX, Windsor, ON, *pg.* 83
Ryan, Nancy - NBC - GSD&M, Austin, TX, *pg.* 79
Ryan, Chris - NBC, Social Media - RHYTHMONE, Burlington, MA, *pg.* 263
Ryan, Jennifer - NBC - FLUID, INC., New York, NY, *pg.* 235
Ryan, Dan - Media Department, NBC - ADVANCE 360, New York, NY, *pg.* 211
Ryan Mardiks, Ellen - NBC, PPOM - GOLIN, Chicago, IL, *pg.* 609
Ryder, Paul - NBC - PUSHTWENTYTWO, Bringham Farms, MI, *pg.* 401
Rye, Brad - Media Department, NBC, PPOM, Public Relations - MOWER, Albany, NY, *pg.* 628
Rygol, Pete - Management, NBC - KAESER & BLAIR, Batavia, OH, *pg.* 567
Saalfrank, David - Management, NBC - EVENTIVE MARKETING, New York, NY, *pg.* 305
Saathoff, Tracy - Media Department, NBC - LAWRENCE & SCHILLER, Sioux Falls, SD, *pg.* 97
Sabatino, Don - NBC - BAYARD ADVERTISING AGENCY, INC., New York, NY, *pg.* 37
Sabedra, Lauren - NBC - DECODED ADVERTISING, New York, NY, *pg.* 60
Sachs, Robyn - NBC, PPOM - RMR & ASSOCIATES, Rockville, MD, *pg.* 407
Sachs, Alyx - Interactive / Digital, NBC - MDG ADVERTISING, Boca Raton, FL, *pg.* 484
Sacks, Andrew - NBC, PPOM - AGENCYSACKS, New York, NY, *pg.* 29
Sacrez, Soizic - NBC - INTERACTIVE ADVERTISING BUREAU, New York, NY, *pg.* 90
Sadlier, Mary - Account Planner, NBC, PPOM - (ADD)VENTURES, Providence, RI, *pg.* 207
Sadlier, Lizanne - NBC, PPOM - VOX GLOBAL , Washington, DC, *pg.* 658
Saenz, Guillermo - Account Services, Management, NBC - THE INTEGER GROUP - DALLAS, Dallas, TX, *pg.* 570
Safer, Mariana - Account Services, NBC - NEXTGUEST DIGITAL, New York, NY, *pg.* 80
Saggese, Laura - Account Services, NBC - CREATIVE PARTNERS, LLC, Stamford, CT, *pg.* 346
Saini, Sahil - NBC, PPOM - AKOS, Phoenix, AZ, *pg.* 324
Sairam, Shobha - Account Planner, Account Services, Management, NBC, PPOM - THE COMMUNITY, Miami Beach, FL, *pg.* 545
Saiyanthan, Abi - Account Services, Interactive / Digital, NBC - ANDERSON DDB HEALTH & LIFESTYLE, Toronto, ON, *pg.* 31
Salafia, Margaret - NBC, PPOM - ADVERTISING MANAGEMENT SERVICES, INC., Andover, MA, *pg.* 28
Salameh, Diana - NBC - SERINO COYNE, INC., New York, NY, *pg.* 299
Saldo, McKensie - NBC - ARNOLD WORLDWIDE, Boston, MA, *pg.* 33
Salema, Ricardo - Account Services, Creative, Management, NBC, PPOM - ISOBAR US, New York, NY, *pg.* 242
Saler, Matt - NBC - IMRE, Baltimore, MD, *pg.* 374
Salerno, Nancy - NBC - HEARTBEAT IDEAS, New York, NY, *pg.* 238
Salk, Colleen - NBC - COX MEDIA, Phoenix, AZ, *pg.* 463
Salloum, Amy - NBC, Public Relations - EDELMAN, Atlanta, GA, *pg.* 599
Salomon, Dee - Creative, Media Department, NBC, PPOM - MEDIALINK, New York, NY, *pg.* 386
Saltwell, Susan - Account Planner, Account Services, NBC - JACOBS AGENCY, INC., Chicago, IL, *pg.* 10
Saltzman, Eliott - Account Services, Management, NBC, PPOM - ADDISON, New York, NY, *pg.* 171
Salupo, Ross - NBC, Operations - AMERICAN SOLUTIONS, Cleveland, OH, *pg.* 565
Salus, Barry - Interactive / Digital, Media Department, NBC, Social Media - 22SQUARED INC., Tampa, FL, *pg.* 319
Salzman, Michael - Management, NBC - ADMARKETPLACE, New York, NY, *pg.* 210
Samet, Marcy - Account Services, NBC, PPOM - MRM//MCCANN, Princeton, NJ, *pg.* 252
Sammer, Nicholas - Account Services, NBC - SAATCHI & SAATCHI X, Springdale, AR, *pg.* 682
Sampogna, Nicholas - Account Services, Management, NBC - EDELMAN, New York, NY, *pg.* 599
Samuels, Justin - NBC - UNDERTONE, New York, NY, *pg.* 273
Sanborn, Jenn - NBC - ONEMAGNIFY, Detroit, MI, *pg.* 394
Sanchez, Melissa - NBC, PPOM - CREATIVE CIRCLE, New York, NY, *pg.* 667
Sanchez, Larry - NBC - PROTERRA ADVERTISING, Addison, TX, *pg.* 130
Sanchez, Patti - NBC, PPOM - DUARTE, Sunnyvale, CA, *pg.* 180
Sanchez, Ashley - Account Services, NBC - THE NARRATIVE GROUP, New York, NY, *pg.* 654
Sanchez, Librado - NBC - BBH, New York, NY, *pg.* 37
Sandberg, Kalli - Account Planner, Account Services, NBC - THE ENGINE IS RED, Santa Rosa, CA, *pg.* 150
Sanders, Barry - NBC - THE BRANDON AGENCY, Myrtle Beach, SC, *pg.* 419

1775

RESPONSIBILITIES INDEX AGENCIES

Sanderson, Rhonda - NBC, PPOM - SANDERSON & ASSOCIATES LTD., Chicago, IL, pg. 645
Sandoval, Jackie - Account Planner, Media Department, NBC - CARAT, New York, NY, pg. 459
Sandoval, Andrew - Interactive / Digital, Media Department, NBC, Programmatic - THE MEDIA KITCHEN, New York, NY, pg. 519
Sandoz, Natalie - Media Department, NBC - POTENZA INC, Lafayette, LA, pg. 398
Sands, Kelly Jo - Interactive / Digital, NBC - ANSIRA, Addison, TX, pg. 326
Sands, Mallory - Media Department, NBC - OMD WEST, Los Angeles, CA, pg. 502
Sanfilippo, Cara - Interactive / Digital, Media Department, NBC - EDELMAN, New York, NY, pg. 599
Sangiovanni, Rafael - Interactive / Digital, NBC, PPM, Social Media - RBB COMMUNICATIONS, Miami, FL, pg. 641
Santana, Nadine - Media Department, NBC - CAMELOT STRATEGIC MARKETING & MEDIA, Dallas, TX, pg. 457
Santaniello, Dave - Management, NBC - UNITED ENTERTAINMENT GROUP, New York, NY, pg. 299
Sante, Erica - Creative, Interactive / Digital, NBC - R2INTEGRATED, Baltimore, MD, pg. 261
Santiago-Poventud, Lorraine - Account Services, Interactive / Digital, NBC - WPROMOTE, Dallas, TX, pg. 679
Santo, Helder - NBC, PPOM - WUNDERMAN HEALTH, New York, NY, pg. 164
Santos, Cilmara - Account Services, NBC, Promotions - CONILL ADVERTISING, INC., El Segundo, CA, pg. 538
Santos, Mariana - Interactive / Digital, Media Department, NBC - HEARTS & SCIENCE, New York, NY, pg. 471
Santos, Jose - Account Services, NBC - UNIVERSAL MCCANN, New York, NY, pg. 521
Sapp, Steve - NBC - GAS STATION TV, Detroit, MI, pg. 552
Sapp, Susie - NBC - SWITCH, Saint Louis, MO, pg. 145
Saremi, Atash Tara - Interactive / Digital, NBC, Promotions - SAATCHI & SAATCHI LOS ANGELES, Torrance, CA, pg. 137
Sarnoff, Dafna - NBC, PPOM - INTERSECTION, New York, NY, pg. 553
Sartain, Magali - Account Services, NBC - WUNDERMAN HEALTH - KANSAS CITY, Kansas City, MO, pg. 164
Sass, Leah - Account Services, NBC - APEL, INC., New York, NY, pg. 302
Sasser, Doug - NBC - MIDLANTIC MARKETING SOLUTIONS, Daytona Beach, FL, pg. 288
Sather, Steven - Interactive / Digital, Management, NBC - PORTENT, Seattle, WA, pg. 676
Satley, Derek - NBC - BRAND VALUE ACCELERATOR, San Diego, CA, pg. 42
Satterfield, Lindsay - NBC - KLICK HEALTH, Toronto, ON, pg. 244
Saul, Chad - Account Services, NBC - RP3 AGENCY, Bethesda, MD, pg. 408
Saunders, Christine - NBC, Public Relations - STARCOM WORLDWIDE, Toronto, ON, pg. 517
Saunders, Michael - Account Services, NBC - RAUXA, New York, NY, pg. 291
Saunders, Rob - Interactive / Digital, NBC - SAUNDERS OUTDOOR ADVERTISING, Ogden, UT, pg. 557
Sauvagnargues, Vincent - Account Services, NBC - HEARTS & SCIENCE, New York, NY, pg. 471
Savage, Jennifer - NBC, Public Relations - KATZ MEDIA GROUP, INC., New York, NY, pg. 481
Savard, Michele - Management, NBC - CARAT, Toronto, ON, pg. 461
Savine, Steffanie - Account Services, NBC - THE MARX GROUP, San Rafeal, CA, pg. 421
Sawai, Kyle - Management, NBC, PPOM - THE RICHARDS GROUP, INC., Dallas, TX, pg. 422
Sawyer, Meieli - NBC, Public Relations - THE WEINBACH GROUP, INC., Miami, FL, pg. 425
Sax, Sara - NBC - THE RICHARDS GROUP, INC., Dallas, TX, pg. 422
Sayde, Al - NBC - TRANS WORLD MARKETING, East Rutherford, NJ, pg. 202
Saylor, Lana - Account Services, Management, NBC - THE INTEGER GROUP - DALLAS, Dallas, TX, pg. 570
Scanlon, Dave - NBC, Research - FOCUSED IMAGE, Falls Church, VA, pg. 235
Scarlino, Melissa - Interactive / Digital, Media Department, NBC, Research - UNIVERSAL MCCANN, New York, NY, pg. 521
Scartz, Joe - Account Services, Interactive / Digital, NBC - TPN, Chicago, IL, pg. 571
Scerba, Lindsey - Account Services, NBC - ACCELERATION PARTNERS, Needham, MA, pg. 25
Schaaf, Don - NBC, PPOM - DON SCHAAF & FRIENDS, INC., Annapolis, MD, pg. 180
Schabdach, Sadie - NBC, PPOM - MITCHELL, Fayetteville, AR, pg. 627
Schadt, Brian - Management, NBC, PPOM - THE RICHARDS GROUP, INC., Dallas, TX, pg. 422
Schaeffer, Mark - Media Department, NBC - H&L PARTNERS, Saint Louis, MO, pg. 80
Schaffer, Lisa - Account Services, NBC - CREATIVE B'STRO, New York, NY, pg. 222
Schaffer, Katherine - Account Planner, Account Services, Analytics, Media Department, NBC, Research - OMD, Chicago, IL, pg. 500
Schaffer, Philip - NBC - ANOMALY, Venice, CA, pg. 326
Scharf, Mitch - Account Services, NBC - MOXIE, Atlanta, GA, pg. 251
Schear, Erik - NBC - EYEVIEW DIGITAL, INC., New York, NY, pg. 233
Schearer, Cory - Account Services, Creative, NBC - EP+CO., Greenville, SC, pg. 356
Scheetz, Katie - NBC - MARKETING ARCHITECTS, Minneapolis, MN, pg. 288
Scheibel, Mary - NBC, PPOM - TREFOIL GROUP, Milwaukee, WI, pg. 656
Schenkel, Adam - NBC, Programmatic - GUMGUM, Santa Monica, CA, pg. 80
Scher, Paula - Account Planner, Creative, NBC, PPOM - PENTAGRAM, New York, NY, pg. 194
Scherer, Natalie - NBC - RISE INTERACTIVE, Chicago, IL, pg. 264
Schermer, Chris - NBC, PPOM - SCHERMER, Minneapolis, MN, pg. 16
Schieber, Beth - Account Services, Management, NBC - GSW WORLDWIDE / GSW, FUELED BY BLUE DIESEL, Westerville, OH, pg. 80
Schiller, Scott - Management, NBC, PPOM - ENGINE MEDIA GROUP, New York, NY, pg. 465
Schilling, Vitoria - Analytics, NBC - MEDIACOM, New York, NY, pg. 487
Schilperoort, Reid - Media Department, NBC - WIEDEN + KENNEDY, Portland, OR, pg. 430
Schimmelpfennig, Jenn - NBC, PPOM - PIVOT MARKETING, Indianapolis, IN, pg. 15
Schindler, Paul - Account Planner, NBC - HORIZON MEDIA, INC., New York, NY, pg. 474
Schittone, Nick - Management, NBC - HOTHOUSE, Atlanta, GA, pg. 371
Schlegel, Sue - Account Services, NBC, Operations - GROUP G MARKETING PARTNERS, Ivyland, PA, pg. 284
Schlocker, David - NBC, PPOM - DRS & ASSOCIATES, North Hollywood, CA, pg. 598
Schlotfeldt, David - Account Services, NBC, PPOM - PLAUDIT DESIGN, Saint Paul, MN, pg. 257
Schlueter, Brennen - Interactive / Digital, Media Department, NBC - LAUNDRY SERVICE, Brooklyn, NY, pg. 287
Schmidt, Bill - NBC, PPOM - HOT IN THE KITCHEN, St. Louis, MO, pg. 9
Schmidt, Linda - Account Services, Management, NBC - KANTAR, Atlanta, GA, pg. 446
Schmidt, Clayton - Account Planner, Media Department, NBC - REPRISE DIGITAL, New York, NY, pg. 676
Schmidt, Paul - Account Services, Management, NBC - MARKETING ARCHITECTS, Minneapolis, MN, pg. 288
Schmidt, Michelle - Finance, Media Department, NBC - HAWORTH MARKETING & MEDIA, Los Angeles, CA, pg. 471
Schmitt, Edward - NBC, Research - OMD, Chicago, IL, pg. 500

1776

AGENCIES — RESPONSIBILITIES INDEX

Schmitt, Bob - NBC, PPOM - CLEAR CHANNEL OUTDOOR, Oakland, CA, *pg.* 550

Schmitt, Erik - Interactive / Digital, NBC, Social Media - AYZENBERG GROUP, INC., Pasadena, CA, *pg.* 2

Schmuckler, JJ - NBC, PPOM - VMLY&R, New York, NY, *pg.* 160

Schnackenberg, Ron - Management, NBC, Programmatic - QUINSTREET, INC., Foster City, CA, *pg.* 290

Schneider, Scott - Creative, Interactive / Digital, NBC, PPOM - PRAYTELL, Brooklyn, NY, *pg.* 258

Schneider, Cory - Account Services, NBC - YOUNG & LARAMORE, Indianapolis, IN, *pg.* 164

Schneider, Mary - Account Services, NBC - M45 MARKETING SERVICES, Freeport, IL, *pg.* 382

Schneider, Kurt - Account Services, Management, NBC, PPM - UNIVERSAL MCCANN DETROIT, Birmingham, MI, *pg.* 524

Schneider, Galen - Account Services, NBC - ACCELERATION PARTNERS, Needham, MA, *pg.* 25

Schneider, Bud - NBC, PPOM - ARROWHEAD PROMOTIONS & FULFILLMENT CO., INC., Grand Rapids, MN, *pg.* 566

Schneider, Eric - NBC - FUSION MARKETING, St. Louis, MO, *pg.* 8

Schneider, David - Management, NBC - DATA DECISIONS GROUP, Chapel Hill, NC, *pg.* 443

Schnelle, Keiko - Creative, NBC - CASHMERE AGENCY, Los Angeles, CA, *pg.* 48

Schoen, Laura - Account Services, NBC, PPOM - WEBER SHANDWICK, New York, NY, *pg.* 660

Schoen, Lisa - Creative, NBC - LAKE GROUP MEDIA, INC., Armonk, NY, *pg.* 287

Schomske, Tamara - NBC - DEANGELIS ADVERTISING, Tampa, FL, *pg.* 60

Schott, Tami - Creative, Interactive / Digital, NBC - G3 GROUP, Baltimore, MD, *pg.* 673

Schreurs, Mike - NBC, PPOM - STRATEGIC AMERICA, West Des Moines, IA, *pg.* 414

Schrieber, Alex - Account Services, Interactive / Digital, NBC, Social Media - RESOLUTION MEDIA, Chicago, IL, *pg.* 676

Schroeder, Roy - NBC - CLEAR CHANNEL OUTDOOR, Minneapolis, MN, *pg.* 551

Schroeder, Kate - Account Services, NBC - AXXIS, Louisville, KY, *pg.* 302

Schroffner, Mark - NBC - FORWARDPMX, New York, NY, *pg.* 360

Schubert, Lindsay - Interactive / Digital, Media Department, NBC - SSCG MEDIA GROUP, New York, NY, *pg.* 513

Schueller, Dana - Management, NBC - STARCOM WORLDWIDE, Chicago, IL, *pg.* 513

Schuetz, Wendy - Account Services, Management, NBC - BROGAN TENNYSON GROUP, INC., Dayton, NJ, *pg.* 43

Schulman, Stacey Lynn - Analytics, NBC, PPOM, Research - KATZ MEDIA GROUP, INC., New York, NY, *pg.* 481

Schulte, Alison - Account Planner, Account Services, Management, NBC - CRAMER-KRASSELT, Chicago, IL, *pg.* 53

Schulte, Allison - Media Department, NBC - AMNET, New York, NY, *pg.* 454

Schulte, Sean - Account Services, NBC - YAH. - YOU ARE HERE, Atlanta, GA, *pg.* 318

Schultz, David - NBC, PPOM - MEDIA LOGIC, Albany, NY, *pg.* 288

Schultz, Natalia - Human Resources, NBC, PPOM - SAATCHI & SAATCHI, New York, NY, *pg.* 136

Schultz, Randy - NBC - STRUM, Seattle, WA, *pg.* 18

Schulz, Larry - NBC, PPOM - MEDIA DIRECT, INC., Carmel, IN, *pg.* 112

Schulz, Stefan - NBC - ORPICAL GROUP, Marlton, NJ, *pg.* 256

Schuster, Lauren - NBC - BAILEY LAUERMAN, Omaha, NE, *pg.* 35

Schuster, Fred - NBC, PPOM - MADRAS GLOBAL, New York, NY, *pg.* 103

Schwab, David - Management, NBC - OCTAGON, McLean, VA, *pg.* 313

Schwab, Liz - NBC - AMPERSAND AGENCY, Austin, TX, *pg.* 31

Schwadron, Steven - NBC - FLEISHMANHILLARD, New York, NY, *pg.* 605

Schwalb, Andrew - NBC, Social Media - EDELMAN, Los Angeles, CA, *pg.* 601

Schwarten, Geoff - Interactive / Digital, Media Department, NBC - IDEO, Palo Alto, CA, *pg.* 187

Schwartz, Paula - NBC - RX COMMUNICATIONS GROUP, New York, NY, *pg.* 645

Schwartz, Scott - Account Services, Media Department, NBC, Operations, PPOM, Public Relations - OMD, New York, NY, *pg.* 498

Schwartz, Sanford - NBC - PHOENIX MARKETING INTERNATIONAL, Rhinebeck, NY, *pg.* 448

Schwartz, Katelyn - Media Department, NBC, Social Media - KLUNK & MILLAN ADVERTISING, Allentown, PA, *pg.* 95

Schwartz, Jaclyn - NBC - ABELSON-TAYLOR, Chicago, IL, *pg.* 25

Schwarzenbach, Malcolm - Account Services, NBC, PPOM - TRUMPET ADVERTISING, New Orleans, LA, *pg.* 157

Schweiger, Larry - NBC, PPOM - ALISON GROUP, North Miami Beach, FL, *pg.* 681

Schweinsberg, Bob - NBC - SCOPPECHIO, Louisville, KY, *pg.* 409

Scordato, Adrienne - NBC, PPOM - ATRIUM, New York, NY, *pg.* 579

Scott, Bob - NBC, PPOM - FRENCH / BLITZER / SCOTT, New York, NY, *pg.* 361

Scott, James - NBC, PPOM - MONO, Minneapolis, MN, *pg.* 117

Scott, Tom - Account Planner, Interactive / Digital, Media Department, NBC - SAATCHI & SAATCHI LOS ANGELES, Torrance, CA, *pg.* 137

Scott, Destinee - Account Planner, Media Department, NBC - WIEDEN + KENNEDY, Portland, OR, *pg.* 430

Scott, Morgan - NBC, Public Relations - VSA PARTNERS, INC., Chicago, IL, *pg.* 204

Scott, Kate - Account Planner, Account Services, Creative, NBC, Operations - BULLISH INC, New York, NY, *pg.* 45

Scott, Edward - Management, NBC, PPOM - JACK MORTON WORLDWIDE, San Francisco, CA, *pg.* 309

Scott, Zarinah - Account Services, NBC, Social Media - MEDIACOM, New York, NY, *pg.* 487

Seaman, Jennifer - Media Department, NBC - LOONEY ADVERTISING, Montclair, NJ, *pg.* 101

Sears, Alissa - Account Planner, NBC - CHRISTIE & CO., Santa Barbara, CA, *pg.* 50

Sebbag, Steph - NBC, PPOM - BPG ADVERTISING, West Hollywood, CA, *pg.* 42

Seddon, Joanna - Account Services, Media Department, NBC, PPOM - OGILVYONE WORLDWIDE, New York, NY, *pg.* 255

Sedqwick, Tristan - NBC - FARM DESIGN INCORPORATED, Hollis, NH, *pg.* 71

See, Amanda - Interactive / Digital, NBC - THE SWEET SHOP, Hollywood, CA, *pg.* 564

Seeder, Jennifer - NBC - XJ BEAUTY, Lake Forest, CA, *pg.* 205

Segur, Jessica - Interactive / Digital, NBC - DESTINATION MARKETING, Mountlake Terrace, WA, *pg.* 349

Segura, Mariana - Interactive / Digital, NBC, Social Media - LATIN WE, South Miami, FL, *pg.* 298

Seiden, Matthew - NBC, PPOM - SEIDEN GROUP, INC., New York, NY, *pg.* 410

Seifried, Lauren - Interactive / Digital, NBC - WPROMOTE, Dallas, TX, *pg.* 679

Seigler, Charlotte - NBC, Public Relations - STRATACOMM, INC., Washington, DC, *pg.* 650

Seinfeld, Roy - NBC, Promotions - LEARFIELD IMG COLLEGE, Plano, TX, *pg.* 310

Selden, Jim - NBC - CRISP MEDIA, New York, NY, *pg.* 533

Selenski, Emily - NBC - FORWARDPMX, Minneapolis, MN, *pg.* 360

Self, Megan - NBC - THE RICHARDS GROUP, INC., Dallas, TX, *pg.* 422

Seliger, Nancy - NBC - M BOOTH & ASSOCIATES, INC., New York, NY, *pg.* 624

Seligman, Ken - Account Services, NBC - TINUITI, New York, NY, *pg.* 678

Seman, Barb - NBC - THE MARS AGENCY, Southfield, MI, *pg.* 683

RESPONSIBILITIES INDEX — AGENCIES

Seminowicz, Chris - Account Services, Analytics, NBC - DIGITAS HEALTH LIFEBRANDS, New York, NY, pg. 229

Semons, Andy - Account Services, NBC, PPOM - IPNY, New York, NY, pg. 90

Semple, Laura - NBC - CONILL ADVERTISING, INC., El Segundo, CA, pg. 538

Semrick Stephens, Megan - NBC - WILLOUGHBY DESIGN GROUP, Kansas City, MO, pg. 205

Senese, Jodi - NBC, PPOM - OUTFRONT MEDIA, New York, NY, pg. 554

Senne, Todd - NBC, PPOM - TRILIX MARKETING GROUP, INC., Des Moines, IA, pg. 427

Senter, Lauren - Management, NBC - ZORCH, Chicago, IL, pg. 22

Sepulveda, Lisa - Management, NBC, PPOM - EDELMAN, New York, NY, pg. 599

Serino, Chris - Management, NBC - VECTOR MEDIA, New York, NY, pg. 558

Serio, Janine - Account Services, Interactive / Digital, Media Department, NBC - MEDIACOM, New York, NY, pg. 487

Seris, Thomas - NBC, PPOM - THE PLATFORM GROUP, El Segundo, CA, pg. 152

Serocki, Samantha - Account Planner, NBC - WIEDEN + KENNEDY, Portland, OR, pg. 430

Seroka, Scott - NBC - SEROKA BRAND DEVELOPMENT, Brookfield, WI, pg. 646

Serra, Jean - Account Services, NBC, PPOM, Public Relations - VERSION 2 COMMUNICATIONS, Boston, MA, pg. 658

Serra, Luis - NBC - SITO, Jersey City, NJ, pg. 535

Serrao, Aaron - Media Department, NBC - HEARST AUTOS, San Francisco, CA, pg. 238

Sesto, Brianna - Media Department, NBC, PPOM - WAVEMAKER, New York, NY, pg. 526

Settlemire, Juli B. - NBC - NANCY MARSHALL COMMUNICATIONS, Augusta, ME, pg. 631

Sevier, Robert - Account Planner, NBC - STAMATS COMMUNICATIONS, Cedar Rapids, IA, pg. 412

Sewell, Howard - NBC, PPOM - SPEAR MARKETING GROUP, Walnut Creek, CA, pg. 411

Sewell, Whitney - Account Services, NBC - CONNECT AT PUBLICIS MEDIA, Chicago, IL, pg. 462

Sewell, Tom - Account Services, Management, NBC, Operations, PPOM - DCX GROWTH ACCELERATOR, Brooklyn, NY, pg. 58

Seyferth, Ginny - NBC, PPOM, Public Relations - SEYFERTH & ASSOCIATES, INC., Grand Rapids, MI, pg. 646

Seymour, Sloan - Management, NBC - FORWARDPMX, New York, NY, pg. 360

Seymour, Deborah - NBC, Public Relations - JMW CONSULTANTS, INC., Stamford, CT, pg. 10

Shadid, Josh - NBC, PPM, PPOM - LORD DANGER, Los Angeles, CA, pg. 562

Shadle, Mark - NBC, Public Relations - ZENO GROUP, Chicago, IL, pg. 664

Shaeffer, Christine - NBC - WPP KANTAR MEDIA, New York, NY, pg. 163

Shaffner, Cathy - Account Planner, Account Services, Media Department, NBC - EMPOWER, Cincinnati, OH, pg. 354

Shah, Ameet - Interactive / Digital, NBC - PROHASKA CONSULTING, New York, NY, pg. 130

Shah, Ruchir - Analytics, NBC - 4FRONT, Chicago, IL, pg. 208

Shaheed, Nya - Account Planner, Media Department, NBC - CANVAS WORLDWIDE, Playa Vista, CA, pg. 458

Shakeel, Khawar - Analytics, Media Department, NBC - SPARK FOUNDRY, New York, NY, pg. 508

Shamah, Ronald - Account Services, Management, NBC, PPOM - PUBLICIS.SAPIENT, New York, NY, pg. 258

Shanahan, Vanessa - Analytics, NBC - SMARTY SOCIAL MEDIA, Santa Ana, CA, pg. 688

Shank, Fred - Account Services, Interactive / Digital, Management, NBC - PORTER NOVELLI, Seattle, WA, pg. 637

Shanks, Bob - NBC, PPOM - GRIP LIMITED, Toronto, ON, pg. 78

Shannon, Taylor - Interactive / Digital, Media Department, NBC - RESOLUTION MEDIA, New York, NY, pg. 263

Shapiro, Neil - Interactive / Digital, NBC - CAPTIVATE NETWORK, INC., New York, NY, pg. 550

Shaps, Jana - Interactive / Digital, NBC - KONNECT AGENCY, Los Angeles, CA, pg. 620

Sharbono, Lori - NBC - YAMAMOTO, Minneapolis, MN, pg. 435

Shares, Courtney - Account Services, NBC, Operations - COLLINS:, New York, NY, pg. 177

Sharp, Torrey - NBC, PPOM - FACEOUT STUDIOS, Bend, OR, pg. 182

Sharp, Catherine - NBC - MERING, Sacramento, CA, pg. 114

Sharp-Curro, Liz - Account Services, NBC - ADSERTS, Brookfield, WI, pg. 27

Shasserre, Jessica - NBC - MEDIACROSS, INC., Saint Louis, MO, pg. 112

Shaul, Victoria - Interactive / Digital, Media Department, NBC, PPM - MAGNA GLOBAL, New York, NY, pg. 483

Shaw, Bob - NBC, PPOM - CONCENTRIC MARKETING, Charlotte, NC, pg. 52

Shaw, David - Interactive / Digital, NBC - IBM IX, Columbus, OH, pg. 240

Shaw, Kara - Management, NBC - CALDWELL VANRIPER, Indianapolis, IN, pg. 46

Shaw, Bonnie - NBC, PPOM - CLEARPOINT AGENCY, Encinitas, CA, pg. 591

Shaw, Erin - Account Services, Creative, NBC - DEUTSCH, INC., Los Angeles, CA, pg. 350

Shayotovich, Mike - NBC - LEARFIELD SPORTS, Louisville, KY, pg. 310

Shea, Elizabeth - NBC, PPOM - SPEAKERBOX COMMUNICATIONS, Vienna, VA, pg. 649

Shea, Richard - NBC, PPOM - SHEA COMMUNICATIONS, New York, NY, pg. 646

Shea, George - Analytics, NBC - SILVERMAN GROUP, New Haven, CT, pg. 410

Shea, John - NBC, PPOM - OCTAGON, Stanford, CT, pg. 313

Shea, Kris - NBC, PPOM - JUICE STUDIOS, Atlanta, GA, pg. 309

Shearer, Chrissy - NBC - GOODBY, SILVERSTEIN & PARTNERS, San Francisco, CA, pg. 77

Shearing, Brett - NBC - THE SEARCH AGENCY, Glendale, CA, pg. 677

Shedd, Dan - NBC, PPOM - TAYLOR BOX COMPANY, Warren, RI, pg. 201

Sheehan, Catherine - Account Services, Management, NBC - ARNOLD WORLDWIDE, Boston, MA, pg. 33

Sheffy, Lianne - Account Planner, NBC - ANOMALY, New York, NY, pg. 325

Sheinbaum, Pete - Interactive / Digital, Media Department, NBC - ACTIVE INTEREST MEDIA, Boulder, CO, pg. 561

Sheingold, Nick - NBC - LAUNDRY SERVICE, Brooklyn, NY, pg. 287

Shekhar, Chandra - NBC - OMD, New York, NY, pg. 498

Shen, Christine - Account Planner, Interactive / Digital, Media Department, NBC, Research, Social Media - MEDIA ASSEMBLY, New York, NY, pg. 484

Sheniak, Dan - Account Planner, NBC, Public Relations - WIEDEN + KENNEDY, Portland, OR, pg. 430

Shenouda, Rania - Account Services, Media Department, NBC - CONVERSANT, LLC, Westlake Village, CA, pg. 222

Shepard, Thomas - NBC, PPOM - 21 MARKETING, Greenwich, CT, pg. 301

Shepard, Breanna - Interactive / Digital, NBC - BRANDED ENTERTAINMENT NETWORK, INC., Sherman Oaks, CA, pg. 297

Sheppard, Travis - Interactive / Digital, NBC - PWC DIGITAL SERVICES, Hallandale Beach, FL, pg. 260

Sheppard, Greg - NBC - TRAVELCLICK, INC., New York, NY, pg. 272

Sherer, Kristi - NBC - INQUEST MARKETING, Kansas City, MO, pg. 445

Sherman, Katie - Account Services, NBC - DDB NEW YORK, New York, NY, pg. 59

Sherman, Vanessa - Account Planner, NBC - ZENITH MEDIA, New York, NY, pg. 529

Sherman, Sarah - Account Services, NBC - NINA HALE CONSULTING,

1778

AGENCIES — RESPONSIBILITIES INDEX

Minneapolis, MN, pg. 675
Sherrell, Rob - Management, NBC - SPARKS GROVE, INC., Atlanta, GA, pg. 199
Sherry, Patrick - Management, NBC - GS&F, Nashville, TN, pg. 367
Shevin, Andrew - NBC, PPOM - APOLLO INTERACTIVE, El Segundo, CA, pg. 214
Shie, Jane - Account Services, NBC, Operations - THE TRADE DESK, Ventura, CA, pg. 519
Shifflett, Julia - NBC, PPOM - TIC TOC, Dallas, TX, pg. 570
Shih, Annie - Account Planner, Account Services, NBC, PPOM - ADASIA, Englewood Cliffs, NJ, pg. 26
Shilling, Brian - Interactive / Digital, NBC - CLARITYQUEST, Groton, CT, pg. 50
Shilney, Christopher - Interactive / Digital, NBC - WALKER SANDS COMMUNICATIONS, Chicago, IL, pg. 659
Shimasaki, Robert - Media Department, NBC - MEDIA ASSEMBLY, New York, NY, pg. 484
Shimmel, Kari - Creative, Interactive / Digital, Management, Media Department, NBC, PPOM - CAMPBELL EWALD, Detroit, MI, pg. 46
Shinabarger, Matthew - NBC - FLEISHMANHILLARD, Detroit, MI, pg. 606
Shinbaum, Laurie - NBC - HEARTS & SCIENCE, New York, NY, pg. 471
Shipley, Mark - Account Planner, NBC, PPOM - BURST MARKETING, Troy, NY, pg. 338
Shiue, Laura - Media Department, NBC - LEVEL, Minneapolis, MN, pg. 99
Shoaf, Christine - Account Services, NBC - MOMENTUM WORLDWIDE, New York, NY, pg. 117
Shook, Terry - NBC, PPOM - SHOOK KELLEY, Charlotte, NC, pg. 198
Shook-Kelly, Soeurette - Account Services, NBC - ANDERSON MARKETING GROUP, San Antonio, TX, pg. 31
Shore, Ken - NBC - BLUE CHIP MARKETING & COMMUNICATIONS, Northbrook, IL, pg. 334
Shorr, Brad - Interactive / Digital, NBC - STRAIGHT NORTH, LLC, Downers Grove, IL, pg. 267
Short, Elizabeth - Account Services, NBC - DEBUT GROUP, Toronto, ON, pg. 349
Shoulders, Anne - NBC - SPARKS GROVE, INC., Atlanta, GA, pg. 199
Shroyer, Brent - NBC - LISTRAK, Lititz, PA, pg. 246
Shultz, Craig - NBC - ZEHNDER COMMUNICATIONS, INC., New Orleans, LA, pg. 436
Shuman, Brandy - NBC - KONNECT AGENCY, Los Angeles, CA, pg. 620
Shumann, Greg - Account Planner, NBC - MARKSTEIN, Birmingham, AL, pg. 625
Shuttleworth, Jamie - Account Services, NBC, PPOM - MCGARRYBOWEN,

Chicago, IL, pg. 110
Siadak, Amy - NBC, PPOM - HOUSE OF MARKETING RESEARCH, Pasadena, CA, pg. 541
Siddall, Kira - Interactive / Digital, NBC, Social Media - SIDDALL, Richmond, VA, pg. 141
Siddall, Alex - NBC - INITIATIVE, New York, NY, pg. 477
Sidhu, Sukh - NBC - ZEHNER, Los Angeles, CA, pg. 277
Sidley, Katelyn - Analytics, Interactive / Digital, Media Department, NBC - SEER INTERACTIVE, Philadelphia, PA, pg. 677
Sigler, Mike - Account Services, NBC - PARK OUTDOOR ADVERTISING, Elmira, NY, pg. 555
Silbergleit, David - NBC - PIMS, New York, NY, pg. 128
Silberman, Eric - Management, NBC - TRUE NORTH CUSTOM PUBLISHING, LLC, Chattanooga, TN, pg. 564
Silberstein, Lee - Media Department, NBC, Public Relations - MARINO ORGANIZATION, INC., New York, NY, pg. 625
Sileo, Michele - Management, NBC, PPOM - ELEVEN, INC., San Francisco, CA, pg. 67
Sills, Cheryl - NBC, Public Relations - MARC USA, Pittsburgh, PA, pg. 104
Silva, John - Account Services, NBC, PPOM - DUPUIS, Ventura, CA, pg. 180
Silver, Dan - Interactive / Digital, NBC - GROUNDTRUTH.COM, New York, NY, pg. 534
Silverton, Ezra - Interactive / Digital, NBC, Operations, PPOM - 9TH CO., Toronto, ON, pg. 209
Silvestri, Joe - Account Services, NBC - KIOSK CREATIVE LLC, Novato, CA, pg. 378
Siminski, Christopher - NBC - THE RICHARDS GROUP, INC., Dallas, TX, pg. 422
Simmelink, Tom - Account Services, NBC, PPOM - WHITEMYER ADVERTISING, INC., Zoar, OH, pg. 161
Simmons, Sheperd - NBC, PPOM - COUNTERPART, Memphis, TN, pg. 345
Simmons, Brian - Account Services, NBC - IMRE, New York, NY, pg. 374
Simmons, Drew - NBC, PPOM - PALE MORNING MEDIA, Waitsville, VT, pg. 635
Simms, Julia - NBC, PPOM - SAN DIEGO PR, San Diego, CA, pg. 645
Simms, Randy - NBC - MADDOCK DOUGLAS, Elmhurst, IL, pg. 102
Simms Hassan, Jodi - NBC, PPOM - ALISON BROD PUBLIC RELATIONS, New York, NY, pg. 576
Simon, Mark - NBC - RAIN, Portland, OR, pg. 402
Simon, Shannon - NBC - ASHER AGENCY, Charleston, WV, pg. 327
Simon, Mark - NBC - DIDIT.COM, Melville, NY, pg. 673
Simon, Jeremy - NBC, Promotions, Social Media - LIPPE TAYLOR, New York, NY, pg. 623

Simon, Blake - Account Services, NBC - THE TRADE DESK, Los Angeles, CA, pg. 519
Simoneaux, Monica - Account Services, NBC - ALCONE MARKETING GROUP, Irvine, CA, pg. 565
Simonette, Nick - NBC - CZARNOWSKI, Austell, GA, pg. 304
Simoni, Marie - Account Services, NBC - 72ANDSUNNY, Playa Vista, CA, pg. 23
Simonides, Matt - NBC - HORIZON MEDIA, INC., New York, NY, pg. 474
Simons, Dahlia - NBC - HORIZON MEDIA, INC., New York, NY, pg. 474
Simons, Elise - NBC - NTH DEGREE, INC., Duluth, GA, pg. 312
Simpson, Josh - NBC - INTERMARK GROUP, INC., Birmingham, AL, pg. 375
Sims, Nic - NBC, PPOM - SIMBOL, Park City, UT, pg. 647
Sims, Brent - Account Planner, Media Department, NBC, PPOM - ROCKIT SCIENCE AGENCY, Baton Rouge, LA, pg. 16
Sims, Jessica - Account Services, NBC - FORCE MARKETING, Atlanta, GA, pg. 284
Sims, Tim - NBC, Programmatic - THE TRADE DESK, New York, NY, pg. 520
Sincaglia, Matt - Account Planner, Analytics, Management, Media Department, NBC - REDPEG MARKETING, Alexandria, VA, pg. 692
Sinclair, Laura - Account Planner, NBC - CARAT, Toronto, ON, pg. 461
Singer, Aldo - Interactive / Digital, Media Department, NBC, Social Media - HAVAS MEDIA GROUP, New York, NY, pg. 468
Singles, Alan - Creative, NBC - JAFFE PR, Washington, DC, pg. 616
Sinha, Soumya - Media Department, NBC, Research - OMD, New York, NY, pg. 498
Sirignano, Abraham - NBC, PPOM - PROPHET, New York, NY, pg. 15
Skinner, Jason - NBC, PPOM - TRUE NORTH CUSTOM PUBLISHING, LLC, Chattanooga, TN, pg. 564
Sklad, Amanda - Interactive / Digital, NBC, Social Media - EDELMAN, San Francisco, CA, pg. 601
Skobac, Kevin - Account Planner, Interactive / Digital, Media Department, NBC, Social Media - SS+K, New York, NY, pg. 144
Slade, Shaunda - NBC - DROGA5, New York, NY, pg. 64
Sladowski, Lynn - Interactive / Digital, NBC, PPOM, Social Media - WAVEMAKER, New York, NY, pg. 526
Slaiding, Krista - NBC - TAYLOR BOX COMPANY, Warren, RI, pg. 201
Slate, Alanna - Account Planner, Interactive / Digital, Media Department, NBC - INITIATIVE, New York, NY, pg. 477
Slater, Erin - NBC - IMAGINATION PUBLISHING, LLC, Chicago, IL, pg. 187
Sligh, Hays - NBC - CARGO LLC, Greenville, SC, pg. 47

RESPONSIBILITIES INDEX AGENCIES

Slinko, Madeline - Account Planner, Media Department, NBC - HORIZON MEDIA, INC., New York, NY, *pg.* 474

Slitt, Brian - NBC, PPOM - NINTHDECIMAL, San Francisco, CA, *pg.* 534

Sloan, Phil - Account Services, Interactive / Digital, Media Department, NBC - CANVAS WORLDWIDE, New York, NY, *pg.* 458

Sloan, Liz - NBC - FLASHPOINT PUBLIC RELATIONS, San Francisco, CA, *pg.* 604

Slowik, Dusty - Account Services, NBC - WIEDEN + KENNEDY, Portland, OR, *pg.* 430

Smack, Jeff - Creative, Interactive / Digital, Media Department, NBC - YEBO, Richmond, VA, *pg.* 164

Smalls-Landau, Deidre - Human Resources, Management, NBC, PPOM - UNIVERSAL MCCANN, New York, NY, *pg.* 521

Smartschan, Adam - Account Services, NBC, Operations - ALTITUDE MARKETING, Emmaus, PA, *pg.* 30

Smarty, Ann - Account Services, NBC - INTERNET MARKETING NINJAS, Clifton Park, NY, *pg.* 242

Smiley, Shannon - Account Planner, Media Department, NBC - ENERGY BBDO, INC., Chicago, IL, *pg.* 355

Smith, Patti - NBC, PPOM - SMITH MILLER MOORE, Encino, CA, *pg.* 411

Smith, Joy - NBC - PARTNERS FOR INCENTIVES, Cleveland, OH, *pg.* 569

Smith, Andrew - NBC, PPOM - INITIATE-IT LLC, Richmond, VA, *pg.* 375

Smith, Judy - NBC, PPOM - JPR COMMUNICATIONS, Woodland Hills, CA, *pg.* 618

Smith, Marty - Account Planner, Account Services, NBC, PPOM - AGENCYSACKS, New York, NY, *pg.* 29

Smith, Robert - Account Services, NBC - ALL STAR CARTS & VEHICLES, INC., Bay Shore, NY, *pg.* 565

Smith, Sean - Management, NBC, Public Relations - PORTER NOVELLI, New York, NY, *pg.* 637

Smith, Michael - NBC - WIRESPRING, Fort Lauderdale, FL, *pg.* 559

Smith, Helen - NBC - FVM STRATEGIC COMMUNICATIONS, Plymouth Meeting, PA, *pg.* 75

Smith, Mike - Creative, NBC, PPOM - MONTNER & ASSOCIATES, Westport, CT, *pg.* 628

Smith, Jacqueline - NBC, Public Relations - ALLIED TOURING, Chicago, IL, *pg.* 324

Smith, Patrick - Management, NBC - BADER RUTTER & ASSOCIATES, INC., Milwaukee, WI, *pg.* 328

Smith, Guy Stephen - Account Services, NBC - JAY ADVERTISING, INC., Rochester, NY, *pg.* 377

Smith, Larry - Management, NBC - LEVICK STRATEGIC COMMUNICATIONS, Washington, DC, *pg.* 622

Smith, Chris - Account Planner, Creative, Media Department, NBC, PPOM - THE MARKETING ARM, Dallas, TX, *pg.* 316

Smith, Jenna - Account Services, NBC - SMITH DESIGN, Morristown, NJ, *pg.* 199

Smith, Neil - Account Services, NBC - 360I, LLC, New York, NY, *pg.* 320

Smith, Danielle - Account Planner, Account Services, NBC - IPROSPECT, Fort Worth, TX, *pg.* 674

Smith, Bhavana - Account Services, NBC, PPOM - MEDIACOM, New York, NY, *pg.* 487

Smith, Duncan - Account Services, Management, NBC, Operations - VIZEUM, New York, NY, *pg.* 526

Smith, Greg - NBC, Promotions - PARTNERS + NAPIER, Rochester, NY, *pg.* 125

Smith, Greg - Interactive / Digital, Management, NBC - EMI STRATEGIC MARKETING, INC., Boston, MA, *pg.* 68

Smith, Jody - NBC - HANSON WATSON ASSOCIATES, Moline, IL, *pg.* 81

Smith, Lauren - Account Services, Interactive / Digital, NBC, Public Relations, Social Media - HIEBING, Madison, WI, *pg.* 85

Smith, Peter - Interactive / Digital, Media Department, NBC, Social Media - GMR MARKETING, New Berlin, WI, *pg.* 306

Smith, Alyssa - NBC, Public Relations - FAHLGREN MORTINE PUBLIC RELATIONS, Columbus, OH, *pg.* 70

Smith, Bryan - Account Services, NBC - 72ANDSUNNY, Playa Vista, CA, *pg.* 23

Smith, Steve - NBC - WIEDEN + KENNEDY, Portland, OR, *pg.* 430

Smith, Lauren - Account Services, NBC - CLICKFOX, INC., Atlanta, GA, *pg.* 167

Smith, Zach - Account Planner, Media Department, NBC - MEDIACOM, New York, NY, *pg.* 487

Smith, Bailey - Account Services, NBC - J3, New York, NY, *pg.* 480

Smith, David - Account Planner, NBC - MINDSTREAM INTERACTIVE, Columbus, OH, *pg.* 250

Smith, Tommy - NBC - ACKERMANN PUBLIC RELATIONS, Knoxville, TN, *pg.* 574

Smith, Garrott - Interactive / Digital, NBC, Public Relations, Social Media - ACCENTURE INTERACTIVE, Arlington, VA, *pg.* 322

Smith, Kyle - Account Planner, NBC - CANVAS WORLDWIDE, Playa Vista, CA, *pg.* 458

Smith, Matt - Account Services, NBC - J3, New York, NY, *pg.* 480

Smith, Colin - NBC - NEUSTAR, INC., Sterling, VA, *pg.* 289

Smith, David - Creative, NBC - PUBLITEK NORTH AMERICA, Portland, OR, *pg.* 401

Smith, Laura - Account Services, NBC - RACEPOINT GLOBAL, Boston, MA, *pg.* 640

Smith, Chris - NBC - IDFIVE, Baltimore, MD, *pg.* 373

Smith, Danielle - NBC - LOTAME, New York, NY, *pg.* 447

Smith, Christopher - Creative, NBC - SCREENVISION, New York, NY, *pg.* 557

Smith, Carlyn - Account Services, NBC, Operations - BAESMAN, Columbus, OH, *pg.* 167

Smith, Sydney - Interactive / Digital, NBC - SHINE UNITED, Madison, WI, *pg.* 140

Smith, Tim - NBC, PPOM - INFOGROUP, New York, NY, *pg.* 286

Smith, Matt - Creative, NBC, PPOM - MAXAUDIENCE, Carlsbad, CA, *pg.* 248

Smith, Christine - NBC - WUNDERMAN THOMPSON ATLANTA, Atlanta, GA, *pg.* 435

Smith, Aaron - NBC, PPOM - WAVEMAKER, New York, NY, *pg.* 526

Smith, Adam - NBC, PPOM - UNITED ENTERTAINMENT GROUP, New York, NY, *pg.* 299

Smith, Evie - NBC, PPOM - REBELLIOUS PR, Portland, OR, *pg.* 641

Smith, Steve - Management, NBC, PPOM - THE STARR CONSPIRACY, Fort Worth, TX, *pg.* 20

Smithburg, Tom - NBC, PPOM - TEAMWORKS MEDIA, Chicago, IL, *pg.* 519

Smither, Mark - Account Planner, NBC - PAULSEN MARKETING COMMUNICATIONS, Sioux Falls, SD, *pg.* 126

Smithers, Bob - NBC, PPOM - MOSSWARNER, Trumbull, CT, *pg.* 192

Smoler, Sara - Account Services, NBC - OGILVY, New York, NY, *pg.* 393

Smolin, Philip - Account Planner, Management, Media Department, NBC, PPOM - AMOBEE, INC., Redwood City, CA, *pg.* 213

Smuts, Tracy - NBC, PPOM - CAPSTONE MEDIA, Brecksville, OH, *pg.* 459

Smythe, Nandi - Interactive / Digital, NBC, Social Media - UWG, Brooklyn, NY, *pg.* 546

Sneath, Scott - NBC - ALLEN & GERRITSEN, Boston, MA, *pg.* 29

Snell, Peter - NBC, PPOM - SNELL MEDICAL COMMUNICATION, INC., Montreal, QC, *pg.* 648

Snell, Dave - Account Planner, NBC - THE RICHARDS GROUP, INC., Dallas, TX, *pg.* 422

Snell, Gordan - NBC, PPOM - SNELL MEDICAL COMMUNICATION, INC., Montreal, QC, *pg.* 648

Snell, Anthony - NBC, PPOM - SNELL MEDICAL COMMUNICATION, INC., Montreal, QC, *pg.* 648

Snow, Randy - NBC, PPOM - R&R PARTNERS, Las Vegas, NV, *pg.* 131

Snow, Heather - NBC - MCGARRAH JESSEE, Austin, TX, *pg.* 384

Snow, Michael - NBC, PPOM - INTERMARKETS, INC., Reston, VA, *pg.* 242

Snowden, Joe - NBC, PPOM - DEVENEY COMMUNICATIONS, New Orleans, LA, *pg.* 596

Snowden Coles, Ashley - Account

AGENCIES
RESPONSIBILITIES INDEX

Planner, Account Services, Interactive / Digital, NBC - STARCOM WORLDWIDE, Toronto, ON, pg. 517
Snyder, Andy - NBC - DESKEY INTEGRATED BRANDING, Cincinnati, OH, pg. 7
So, Anthony - Account Services, Administrative, Interactive / Digital, Management, NBC, Operations, Social Media - RPA, Atlanta, GA, pg. 135
Sobers, Scott - Creative, NBC, PPOM - LISTRAK, Lititz, PA, pg. 246
Soboleski, Barbara - NBC - READE COMMUNICATIONS, Riverside, RI, pg. 641
Sobolewski, Ela - NBC - MARCUS THOMAS, Cleveland, OH, pg. 104
Sobreiro Jr., Octavio - NBC - HUEMEN DESIGN, Stamford, CT, pg.
Sohn, Ian - Account Services, Interactive / Digital, Management, NBC, PPOM - WUNDERMAN THOMPSON, Chicago, IL, pg. 434
Sokolewicz, Darcy - Media Department, NBC, PPOM - CREATIVE COMMUNICATION ASSOCIATES, Troy, NY, pg. 54
Sokolowski, Marla - NBC - CLARITYQUEST, Groton, CT, pg. 50
Sokolsky Burke, Donna - NBC, PPOM - SPARKPR, San Francisco, CA, pg. 648
Soler, J.B. - Interactive / Digital, NBC - ADDISON, New York, NY, pg. 171
Soloaga, Diana - NBC - PEREIRA & O'DELL, New York, NY, pg. 257
Solomon, Howard - Interactive / Digital, Management, NBC, PPOM - FINN PARTNERS, San Francisco, CA, pg. 603
Solomon, Elissa - Media Department, NBC - SCHIEFER CHOPSHOP, Irvine, CA, pg. 508
Solomon, Kevin - Account Services, NBC - MOMENTUM WORLDWIDE, New York, NY, pg. 117
Solomons, Paul - Account Planner, Media Department, NBC - CHAMPION MANAGEMENT GROUP, LLC, Addison, TX, pg. 589
Solorzano, Jessica - NBC - TEAM ONE, Los Angeles, CA, pg. 417
Solowey, Joanna - NBC, Public Relations - IX.CO, New York, NY, pg. 243
Somera, Jo-Anne - Media Department, NBC - LAUNDRY SERVICE, Brooklyn, NY, pg. 287
Sonderup, Laura - NBC, Research - HEINRICH MARKETING, INC., Denver, CO, pg. 84
Song, Mimi - Account Planner, Management, Media Department, NBC, PPOM - HUDSON ROUGE, New York, NY, pg. 371
Song, Sandy - Account Services, Management, NBC, PPM - 180LA, Los Angeles, CA, pg. 23
Soroosh, Michael - Account Planner, NBC - MINDSHARE, Chicago, IL, pg. 494
Sosnowski, Stephen - NBC - SPOTCO,

New York, NY, pg. 143
Soto, James - NBC, PPOM - INDUSTRIAL STRENGTH MARKETING, INC., Nashville, TN, pg. 686
Soukup, Karin - Account Services, Creative, NBC, PPOM - COLLINS:, New York, NY, pg. 177
Sousa, Janet - NBC - OGILVY PUBLIC RELATIONS, New York, NY, pg. 633
Southgate, Toby - Account Services, NBC, PPOM - MCCANN WORLDGROUP, Birmingham, MI, pg. 109
Souza, Anthony - NBC, PPOM - THE SOUZA AGENCY, Annapolis, MD, pg. 424
Sova, Elizabeth - NBC - THE BUNTIN GROUP, Nashville, TN, pg. 148
Soviero, Lauren - Account Services, NBC - M&C SAATCHI PERFORMANCE, New York, NY, pg. 247
Sowinski, John - NBC, PPOM - CONSENSUS COMMUNICATIONS, Orlando, FL, pg. 592
Spada, Alexandra - NBC - MOD WORLDWIDE, Philadelphia, PA, pg. 192
Spaeth, Taylor - Account Planner, NBC - ARC WORLDWIDE, Chicago, IL, pg. 327
Spaulding, Dan - NBC, PPOM, Public Relations - SEYFERTH & ASSOCIATES, INC., Grand Rapids, MI, pg. 646
Spaulding, Laura - NBC - BOZELL, Omaha, NE, pg. 42
Spears, Ron - NBC - FIREFLY, San Francisco, CA, pg. 552
Speichinger, Gregg - Account Services, NBC - REAGAN OUTDOOR ADVERTISING, Austin, TX, pg. 557
Speidel, David - NBC, Operations, PPOM - PLACE CREATIVE COMPANY, Burlington, VT, pg. 15
Spellman, Kate - Creative, NBC, PPOM - QUESTEX, Washington, DC, pg. 449
Spencer, Deborah - NBC - THE CASTLE GROUP, INC., Boston, MA, pg. 652
Spencer, DD - NBC - LAM DESIGN ASSOCIATES, INC., Pleasantville, NY, pg. 189
Spencer, Danielle - Interactive / Digital, NBC, Social Media - A2G, Los Angeles, CA, pg. 691
Sperling, Jamie - Account Services, NBC - INNOVATION PROTOCOL, Los Angeles, CA, pg. 10
Spiegel, Brianna - NBC - DUARTE, Sunnyvale, CA, pg. 180
Spiegelman, Rachel - Interactive / Digital, NBC, PPOM - LIEBERMAN RESEARCH WORLDWIDE, Los Angeles, CA, pg. 446
Spies, Jason - Account Services, NBC, PPOM - BARKER, New York, NY, pg. 36
Spight, Susan - NBC - ROKKAN, LLC, New York, NY, pg. 264
Spiker, Chris - Account Services, NBC, PPOM - SPIKER COMMUNICATIONS, Missoula, MT, pg. 17
Spilsbury, Heather - Account Services, NBC - THE SHEPPARD GROUP, Glendale, CA, pg. 424
Spinelli, Nicole - Account

Services, NBC - 215 MCCANN, San Francisco, CA, pg. 319
Spinelli, Jessica - NBC - JCDECAUX NORTH AMERICA, New York, NY, pg. 553
Spinks, Jeremy - Creative, Media Department, NBC - BOWSTERN, Tallahassee, FL, pg. 336
Spirelli, Craig - NBC - THE TRADE DESK, New York, NY, pg. 520
Spitz, Clay - NBC, PPOM - CHIEF OUTSIDERS, Houston, TX, pg. 443
Spitz, Meredith - Interactive / Digital, Media Department, NBC - 360I, LLC, Chicago, IL, pg. 208
Sponaski, Ania - Account Services, Management, NBC - GMR MARKETING, Toronto, ON, pg. 307
Spong, Christopher - Interactive / Digital, Media Department, NBC - NINA HALE CONSULTING, Minneapolis, MN, pg. 675
Spooner, Jason - NBC - UNION, Charlotte, NC, pg. 273
Spooner, Taylor - NBC, Social Media - BLUEPRINT DIGITAL, Duluth, GA, pg. 218
Sprecher, Tyler - Creative, NBC, PPOM - LOVE & COMPANY, Frederick, MD, pg. 101
Spring, Micho - Account Services, NBC, PPOM - WEBER SHANDWICK, Boston, MA, pg. 660
Springer, Marina - Account Services, NBC, PPM - OSIK MEDIA, Monrovia, CA, pg. 554
Spurrier, Donna - Account Planner, NBC, PPOM - SPURRIER GROUP, Richmond, VA, pg. 513
Squires, Sally - NBC, Public Relations - POWELL TATE, Washington, DC, pg. 638
St. Cyr, Brian - NBC, PPOM - MEDIASPACE SOLUTIONS, Minnetonka, MN, pg. 490
St. Philip, Carl - Finance, NBC, PPOM - MAHALO SPIRITS GROUP, Delray Beach, FL, pg. 13
Staas, David - Creative, NBC, PPOM - NINTHDECIMAL, San Francisco, CA, pg. 534
Stack, Sunny - Account Services, NBC - SWITCH, Saint Louis, MO, pg. 145
Stackpole, Peter - NBC, PPOM - STACKPOLE & PARTNERS, Newbury Port, MA, pg. 412
Stacy, Marina - Media Department, NBC - MEDIA BROKERS INTERNATIONAL, Alpharetta, GA, pg. 485
Stahl, Eric - Interactive / Digital, Media Department, NBC - GARTNER, INC., Stamford, CT, pg. 236
Stamats, Bill - NBC - STAMATS COMMUNICATIONS, Cedar Rapids, IA, pg. 412
Stanley, Jason - NBC - MARLIN NETWORK, Springfield, MO, pg. 105
Stanley, Connor - NBC - CHANDELIER CREATIVE, New York, NY, pg. 49
Stanton, David - NBC - GFK, New York, NY, pg. 444
Stanze, Madison - NBC - BARKLEY,

RESPONSIBILITIES INDEX — AGENCIES

Kansas City, MO, pg. 329
Staples, Marisa - Account Planner, Account Services, Media Department, NBC - VAYNERMEDIA, Sherman Oaks, CA, pg. 689
Stapleton, Sean - Media Department, NBC - MEDIACOM, New York, NY, pg. 487
Stapor, Ed - Account Services, NBC, PPOM - HAVAS HEALTH & YOU, New York, NY, pg. 82
Stark, Betsy - Account Planner, Media Department, NBC, Public Relations - OGILVY PUBLIC RELATIONS, New York, NY, pg. 633
Starkman, Farrah - Account Planner, Account Services, Management, NBC - HORIZON MEDIA, INC., New York, NY, pg. 474
Starks, Rory - Account Planner, Interactive / Digital, NBC - MASTERWORKS, Poulsbo, WA, pg. 687
Starr, Tawnya - NBC, PPOM - FIRESPRING, Lincoln, NE, pg. 234
Starr, Lisa - Account Services, Interactive / Digital, Media Department, NBC - ASHER AGENCY, Fort Wayne, IN, pg. 327
Starr, Rachel - Interactive / Digital, Media Department, NBC - CARAT, New York, NY, pg. 459
Starr, Shana - NBC, PPOM - BASTION ELEVATE, Irvine, CA, pg. 580
Starring Blucher, Nancy - Account Services, NBC - HORIZON MEDIA, INC., New York, NY, pg. 474
Startzman, Judi - Account Planner, NBC - VI MARKETING & BRANDING, Oklahoma City, OK, pg. 428
Stathis, Alexandra - Account Services, NBC - TAYLOR , New York, NY, pg. 651
Stauff, Shannon - NBC - PRESTON KELLY, Minneapolis, MN, pg. 129
Stebbins, Charity - Interactive / Digital, Media Department, NBC - CONDUCTOR, New York, NY, pg. 672
Steed, Christina - Management, NBC - FLOWERS COMMUNICATIONS GROUP, Chicago, IL, pg. 606
Steele, Jacqueline - NBC - WIEDEN + KENNEDY, New York, NY, pg. 432
Steele, Kelsey - Analytics, NBC - HAVAS MEDIA GROUP, New York, NY, pg. 468
Steen, Todd - NBC - JACKSON MARKETING GROUP, Simpsonville, SC, pg. 188
Steere, Will - NBC, Public Relations - FTI CONSULTING, New York, NY, pg. 606
Stefanis-Israel, Barbara - NBC - MARC USA, Pittsburgh, PA, pg. 104
Stefanowicz, Marianne - Interactive / Digital, NBC, PPOM, Public Relations - TBWA/MEDIA ARTS LAB, Los Angeles, CA, pg. 147
Stein, Tom - Account Services, NBC, PPOM - STEIN IAS, New York, NY, pg. 267
Stein, Pete - Management, NBC, Operations, PPOM - HUGE, INC., Brooklyn, NY, pg. 239
Stein, Stan - Account Services, Management, NBC - WEBER SHANDWICK, Birmingham, MI, pg. 662
Stein, Gail - Account Services, Analytics, Media Department, NBC - HEARTS & SCIENCE, New York, NY, pg. 471
Stein, Gary - Account Services, Analytics, Interactive / Digital, Management, Media Department, NBC, PPOM, Research - DUNCAN CHANNON, San Francisco, CA, pg. 66
Stein, Serge - Interactive / Digital, NBC - INFUSE CREATIVE, Santa Monica, CA, pg. 673
Stein, Martin - Analytics, NBC, PPOM - G5 SEARCH MARKETING INC., Bend, OR, pg. 673
Steinberg, Anne - NBC - KITCHEN PUBLIC RELATIONS, LLC, New York, NY, pg. 620
Steinert, Eric - NBC, PPOM - LIGHTBOX OOH VIDEO NETWORK, New York, NY, pg. 553
Stemen, Sharon - NBC - HART, Toledo, OH, pg. 82
Stempeck, Brian - Account Services, NBC, PPOM - THE TRADE DESK, New York, NY, pg. 520
Stenger, Griffin - Management, NBC - THE CONCEPT FARM, Long Island City, NY, pg. 269
Stenhouse, Kevin - Account Services, NBC - THE TRADE DESK, Los Angeles, CA, pg. 519
Stentz, William - Analytics, NBC, Research - CARMICHAEL LYNCH, Minneapolis, MN, pg. 47
Stephan, George - NBC, PPOM - STEPHAN PARTNERS, INC., New York, NY, pg. 267
Stephens, Phillip - NBC, PPOM - STEPHENS DIRECT, Kettering, OH, pg. 292
Stephens, Tara - Creative, NBC - SAATCHI & SAATCHI LOS ANGELES, Torrance, CA, pg. 137
Stephens, Devon - Account Planner, Media Department, NBC - WAVEMAKER, Toronto, ON, pg. 529
Stephens, James - Account Services, NBC, PPOM - DECODED ADVERTISING, New York, NY, pg. 60
Stephens, Jill - NBC - BAKER BRAND COMMUNICATIONS, Santa Monica, CA, pg. 2
Stephens, Jo Ann - Account Services, NBC - DALTON AGENCY, Jacksonville, FL, pg. 348
Stepler, Warren - Account Planner, NBC - THE RICHARDS GROUP, INC., Dallas, TX, pg. 422
Sterling, Nancy - Account Planner, Analytics, NBC - ML STRATEGIES, LLC, Boston, MA, pg. 627
Sterling, Ken - Creative, NBC, PPOM - BIGSPEAK SPEAKERS BUREAU, Santa Barbara, CA, pg. 302
Stern, Stephanie - NBC, PPOM - STERN & COMPANY, New York, NY, pg. 650
Stern, Heather - NBC, PPOM, Public Relations - LIPPINCOTT, New York, NY, pg. 189
Stern, Ariel - Account Services, NBC - WUNDERMAN THOMPSON, New York, NY, pg. 434
Stevens, Kelly - Account Services, Creative, NBC, PPOM - THE&PARTNERSHIP, New York, NY, pg. 426
Stevenson, Brett - NBC, PPOM - STEVENSON ADVERTISING , Lynnwood, WA, pg. 144
Stevenson, Ian - NBC - STRAIGHT NORTH, LLC, Downers Grove, IL, pg. 267
Steward, Jim - NBC, PPOM - DICOM, INC., Saint Louis, MO, pg. 464
Stewart, Hank - NBC, Public Relations - GREEN TEAM ADVERTISING, New York, NY, pg. 8
Stewart, Bryan - NBC, PPOM - PREMIER PARTNERSHIPS, Santa Monica, CA, pg. 314
Stewart, Daniel - NBC, Operations, PPOM - WIER / STEWART, Augusta, GA, pg. 162
Stiel, Allison - Interactive / Digital, Management, Media Department, NBC, Social Media - ZEHNDER COMMUNICATIONS, INC., New Orleans, LA, pg. 436
Stielglitz, Devon - Account Services, Media Department, NBC - TRADE X PARTNERS, New York, NY, pg. 156
Stier, Larry - Management, NBC - NORTON OUTDOOR ADVERTISING, Cincinnati, OH, pg. 554
Stierwalt, Jon - Account Services, NBC - NEMO DESIGN, Portland, OR, pg. 193
Stiff, Grant - NBC - FUSION MARKETING, St. Louis, MO, pg. 8
Stiles, Teresa - Management, NBC - NUFFER SMITH TUCKER, INC., San Diego, CA, pg. 392
Stillwagon, Andy - NBC - POWER, Louisville, KY, pg. 398
Stillwell, Melissa - Interactive / Digital, Management, NBC - UBM, Duluth, MN, pg. 521
Stimpson, Phil - Management, NBC - OUTFRONT MEDIA, New York, NY, pg. 554
Stites, Brooke - Account Services, Media Department, NBC - WIEDEN + KENNEDY, Portland, OR, pg. 430
Stoddard, Russ - NBC, PPOM - OLIVER RUSSELL, Boise, ID, pg. 168
Stoddart, Rich - NBC, PPOM - INNERWORKINGS, INC., Chicago, IL, pg. 375
Stoeckle, Nicholas - Interactive / Digital, NBC, Social Media - PP+K, Tampa, FL, pg. 129
Stoering, Tony - NBC - BILLUPS WORLDWIDE, Lake Oswego, OR, pg. 550
Stogner, Sean - Account Planner, Media Department, NBC - PHD USA, New York, NY, pg. 505
Stoller, Josh - Account Services, NBC - ASSOCIATION OF NATIONAL ADVERTISERS, New York, NY, pg. 442
Stolp, Andrew - Account Services, NBC - MOMENTUM WORLDWIDE, Chicago, IL, pg. 117
Stone, Michael - Management, NBC,

AGENCIES / RESPONSIBILITIES INDEX

PPOM - WPROMOTE, El Segundo, CA, pg. 678

Stone, Nicole - NBC - LAUGHLIN CONSTABLE, INC., Chicago, IL, pg. 380

Stone, Charlie - NBC, PPOM - SRW, Chicago, IL, pg. 143

Stoner, Rick - NBC - DERSE, INC., Milwaukee, WI, pg. 304

Stonerock, Mandy - NBC - LOCALBIZNOW, Auburn Hills, MI, pg. 675

Storace, William - NBC - SILVER TECHNOLOGIES, INC., Manchester, NH, pg. 141

Storck, Sara - Account Services, NBC - MEDIA STAR PROMOTIONS, Hunt Valley, MD, pg. 112

Stotts, Dana - Account Planner, Management, NBC, Promotions - ARC WORLDWIDE, Chicago, IL, pg. 327

Stout, Samantha - NBC, Public Relations - MATCHMG, Norwalk, CT, pg. 248

Strachan, Bob - NBC, PPOM - METACAKE LLC, Franklin, TN, pg. 386

Strachan, Michael - Account Services, NBC - TINUITI, New York, NY, pg. 678

Straface, Greg - NBC - PJA ADVERTISING + MARKETING, Cambridge, MA, pg. 397

Strand, David - NBC, PPOM - STRAND MARKETING, Newburyport, MA, pg. 144

Strang, Scott - NBC - WHEELHOUSE DIGITAL MARKETING GROUP, Seattle, WA, pg. 678

Stratton, A.K. - NBC - HELIX DESIGN, INC., Manchester, NH, pg. 186

Stratton, Lucy - NBC - AGENCYEA, Chicago, IL, pg. 302

Strauss, Richard - Media Department, NBC, PPOM - STRAUSS MEDIA STRATEGIES, INC., Washington, DC, pg. 518

Strauss, Sarah - NBC - RIGHTPOINT, Boston, MA, pg. 263

Stribl, Joe - NBC - CLEAR CHANNEL OUTDOOR, Pewaukee, WI, pg. 551

Strickland, Jason - Media Department, NBC - WIEDEN + KENNEDY, Portland, OR, pg. 430

Strickland, Ericka - Interactive / Digital, Media Department, NBC - OVATIVE GROUP, Minneapolis, MN, pg. 256

Strickland, Barbara - Account Services, NBC - OUTFRONT MEDIA, Kansas City, MO, pg. 555

Stringer, Sarah - NBC - CARAT, New York, NY, pg. 459

Strohl, Chad - Management, NBC, PPOM - THE RICHARDS GROUP, INC., Dallas, TX, pg. 422

Stromberg, Britt - NBC - SID LEE, Seattle, WA, pg. 140

Strong, Ann - Account Services, NBC - J.T. MEGA, INC., Minneapolis, MN, pg. 91

Strope, John - Interactive / Digital, NBC - DOGWOOD PRODUCTIONS, INC., Mobile, AL, pg. 230

Strotmeyer, Catherine - NBC - PROPHET, Richmond, VA, pg. 15

Stroud, Steve - NBC - INTERSPORT, Chicago, IL, pg. 308

Strout, Aaron - Media Department, NBC - W2O, San Francisco, CA, pg. 659

Struensee, Cindy - NBC - INSIGHT CREATIVE, INC., Green Bay, WI, pg. 89

Struiksma, Danika - Account Services, Interactive / Digital, NBC - XAXIS, Toronto, ON, pg. 277

Strydom, Tinus - Creative, NBC, PPOM - EMPOWER, Cincinnati, OH, pg. 354

Strzok, Boriana - NBC, PPOM - 5IVE, Minneapolis, MN, pg. 23

Sturtz, David - NBC, Social Media - GEONETRIC, Cedar Rapids, IA, pg. 237

Suarez-Starfeldt, Dean - Account Services, NBC - VMLY&R, Kalamazoo, MI, pg. 274

Subler, Dodie - NBC, PPOM - TAIT SUBLER, Minneapolis, MN, pg. 19

Subramanian, Zahida - NBC, PPOM - MINY, New York, NY, pg. 115

Sucher, Jason - NBC - LEARFIELD SPORTS, Louisville, KY, pg. 310

Sucher, Mark - NBC, PPOM - LYONS & SUCHER ADVERTISING, Arlington, VA, pg. 382

Sudit, Katerina - Management, Media Department, NBC, PPOM - HILL HOLLIDAY, New York, NY, pg. 85

Suh, Mick - NBC - SAATCHI & SAATCHI X, Cincinnati, OH, pg. 682

Suharto, Tom - Account Planner, NBC - WIEDEN + KENNEDY, Portland, OR, pg. 430

Suhr, Jay - Creative, NBC, PPOM - T3, Austin, TX, pg. 268

Suits, Nicole - NBC, Operations - MP MEDIA & PROMOTIONS, Knoxville, TN, pg. 252

Sulkes, Destry - Account Services, NBC, PPOM - WUNDERMAN HEALTH, New York, NY, pg. 164

Sullivan, Andrea - NBC, PPOM - VAYNERMEDIA, New York, NY, pg. 689

Sullivan, Kelly - Management, NBC - WEBER SHANDWICK, New York, NY, pg. 660

Sullivan, Catherine - Account Services, Management, NBC, Public Relations - BCW NEW YORK, New York, NY, pg. 581

Sullivan, Elizabeth - NBC - HUGE, INC., Brooklyn, NY, pg. 239

Sullivan, Danny - NBC - WIEDEN + KENNEDY, Portland, OR, pg. 430

Sullivan, Brianne - Account Planner, NBC - HORIZON MEDIA, INC., New York, NY, pg. 474

Sullivan, Brian - Media Department, NBC - MEDIACOM, New York, NY, pg. 487

Sullivan, Chris - Account Services, NBC - INTERNET MARKETING NINJAS, Clifton Park, NY, pg. 242

Sullivan, Lindsay - Account Services, NBC - C SPACE, Boston, MA, pg. 443

Sullivan, Amy - NBC, PPOM - FRESH COMMUNICATIONS, North Reading, MA, pg. 606

Sullivan, Bill - NBC - LOCKARD & WECHSLER, Irvington, NY, pg. 287

Sullivan, Kristen - Account Services, Finance, NBC - ARNOLD WORLDWIDE, Boston, MA, pg. 33

Sultan, Greg - Account Planner, Management, NBC - CUSTOMER COMMUNICATIONS GROUP, Lakewood, CO, pg. 167

Summers, Cameron - Management, NBC, PPOM, PR Management - WEBER SHANDWICK, Toronto, ON, pg. 662

Summy, Hank - Management, NBC, PPOM - CAPGEMINI, Wayne, PA, pg. 219

Sumner, Catriona - NBC - CAMEO MARKETING, INC., New Gloucester, ME, pg. 303

Sumner, Rob - Management, NBC - AGENCY 720, Irving, TX, pg. 323

Sun, Angela - Media Department, NBC - HUGE, INC., Brooklyn, NY, pg. 239

Sundberg, Greg - NBC, PPOM - SUNDBERG & ASSOCIATES, New York, NY, pg. 200

Sundin Brandt, Kristin - NBC, PPOM - SUNDIN ASSOCIATES, Natick, MA, pg. 415

Sunshine, Ken - NBC, PPOM - SUNSHINE SACHS, New York, NY, pg. 650

Sunshine, Anna - Account Services, Interactive / Digital, Media Department, NBC - OXFORD ROAD, Sherman Oaks, CA, pg. 503

Suraci, Linda - NBC, Promotions - CENTRA360, Westbury, NY, pg. 49

Surkamer, Brad - NBC, PPOM - CLM MARKETING & ADVERTISING, Boise, ID, pg. 342

Surphlis, Nancy - Management, Media Department, NBC - OMD CANADA, Toronto, ON, pg. 501

Surrena, Kara - NBC - LISTRAK, Lititz, PA, pg. 246

Sutantio, Samantha - Account Planner, Media Department, NBC - DROGA5, New York, NY, pg. 64

Suter, Janice - Interactive / Digital, NBC, Social Media - GSD&M, Austin, TX, pg. 79

Sutherland, Craig - Account Services, NBC, PPOM - DEWEY SQUARE GROUP, Tampa, FL, pg. 596

Suttle, Michelle - Interactive / Digital, NBC - VMLY&R, Atlanta, GA, pg. 274

Sutton, Steve - Media Department, NBC, Operations - CRISP MEDIA, New York, NY, pg. 533

Sutton, Erin - Account Services, Media Department, NBC - THE RICHARDS GROUP, INC., Dallas, TX, pg. 422

Sutton, David - NBC - LEVER INTERACTIVE, Lisle, IL, pg. 245

Suvanto, Lex - Finance, NBC, Public Relations - EDELMAN, New York, NY, pg. 599

Svensk Dishotsky, Gabriella - Account Planner, Account Services, NBC - GOODBY, SILVERSTEIN & PARTNERS, San Francisco, CA, pg. 77

1783

RESPONSIBILITIES INDEX — AGENCIES

Svoboda, Radim - NBC - LEO BURNETT WORLDWIDE, Chicago, IL, *pg.* 98
Swaebe, David - NBC, PPOM - MULLENLOWE U.S. BOSTON, Boston, MA, *pg.* 389
Swanson, Cheryl - NBC, PPOM - TONIQ, LLC, New York, NY, *pg.* 20
Swanson, Scott - NBC - CENTRAL ADDRESS SYSTEMS, Omaha, NE, *pg.* 281
Swarens, Heather - Account Services, Media Department, NBC - CONVERSANT, LLC, Westlake Village, CA, *pg.* 222
Swartz, John - NBC, Operations, PPM - SS+K, New York, NY, *pg.* 144
Sweeney, Christopher - NBC, PPOM - HEALTHSTAR COMMUNICATIONS, Mahwah, NJ, *pg.* 83
Sweeney, Barri - Account Services, Human Resources, NBC - PROPHET, Chicago, IL, *pg.* 15
Sweeney, Stephanie - Account Services, NBC - THE RICHARDS GROUP, INC., Dallas, TX, *pg.* 422
Sweeney, Margy - Account Services, Management, NBC, PPOM - AKRETE, Evanston, IL, *pg.* 575
Sweeney, Morgan - Account Services, NBC - AKRETE, Evanston, IL, *pg.* 575
Sweetbaum, Jodi - NBC, PPOM - LLOYD&CO, New York, NY, *pg.* 190
Sweetman, Della - NBC, PPOM - FLEISHMANHILLARD, New York, NY, *pg.* 605
Swenson, Mike - NBC, PPOM - CROSSROADS, Kansas City, MO, *pg.* 594
Swift, Nate - Account Planner, NBC, Research - O'KEEFE REINHARD & PAUL, Chicago, IL, *pg.* 392
Swinand, Andrew - NBC, PPOM - LEO BURNETT WORLDWIDE, Chicago, IL, *pg.* 98
Swing, Mekela - NBC - SWING MEDIA, Los Angeles, CA, *pg.* 557
Switzer, Nick - NBC - ELEVATED THIRD, Denver, CO, *pg.* 230
Sych, Matt - NBC - MKTG INC, New York, NY, *pg.* 311
Sydnor, John - NBC, PPOM - THE SHIPYARD, Columbus, OH, *pg.* 270
Syme, Michelle - Management, NBC - PLUSMEDIA, LLC, Danbury, CT, *pg.* 290
Szyskowski, Linda - Media Department, NBC, PPOM - CREATIVE OXYGEN LLC, Sylvania, OH, *pg.* 178
Tabnick, Barbra - NBC, PPOM - THE RADIO AGENCY, Newtown Square, PA, *pg.* 293
Tabolt, Mallory - Account Services, Interactive / Digital, NBC - SIGMA MARKETING INSIGHTS, Rochester, NY, *pg.* 450
Taee, Georgina - Account Services, Interactive / Digital, Media Department, NBC - VAYNERMEDIA, New York, NY, *pg.* 689
Taibi, Sal - NBC, PPOM - CAMPBELL EWALD NEW YORK, New York, NY, *pg.* 47
Tait, Bruce - NBC, PPOM - TAIT SUBLER, Minneapolis, MN, *pg.* 19
Talbot, Martin - Management, NBC - COSSETTE MEDIA, Montreal, QC, *pg.* 345
Taliaferro, Will - NBC, PPOM - GMMB, Washington, DC, *pg.* 364
Talley, Meggan - Creative, NBC - GREEN OLIVE MEDIA, LLC, Atlanta, GA, *pg.* 610
Tamberlane, Jessica - NBC - VELOCITY OMC, New York, NY, *pg.* 158
Tamble, Kim - NBC, Operations - BLUESPIRE INC., Minneapolis, MN, *pg.* 335
Tan, Jeff - Interactive / Digital, Management, Media Department, NBC, Operations - DENTSU AEGIS NETWORK, New York, NY, *pg.* 61
Tanen, Ilene - NBC, PPOM - TANEN DIRECTED ADVERTISING, Norwalk, CT, *pg.* 416
Tang, Michelle - Management, NBC, PPOM - DIGITAS, New York, NY, *pg.* 226
Tannenbaum, Jill - NBC, PPOM - WEBER SHANDWICK, New York, NY, *pg.* 660
Tanner, Ross - Account Planner, Account Services, Media Department, NBC - DEARING GROUP, West Lafayette, IN, *pg.* 60
Tanner, Jacob - NBC, PPOM - THE DIGITAL HYVE, Syracuse, NY, *pg.* 269
Taormina, Lisa - NBC - GROUPM, New York, NY, *pg.* 466
Taratuta, Claudio - Management, NBC, PPOM - PRAYTELL, Brooklyn, NY, *pg.* 258
Tarkovsky, Leo - NBC, PPOM - MCCANN HEALTH NEW YORK, New York, NY, *pg.* 108
Tarquinio, Regina - Management, Media Department, NBC - PGR MEDIA, Boston, MA, *pg.* 504
Tartar, Brent - NBC - SOURCELINK, LLC, Itasca, IL, *pg.* 292
Tarzian, Charlie - Management, NBC, Operations - ABERDEEN GROUP, INC., Waltham, MA, *pg.* 441
Tatlow, Jonathan - Interactive / Digital, Management, NBC - DIGITAS, Boston, MA, *pg.* 226
Tato, Mercedes - Interactive / Digital, NBC - EPSILON, New York, NY, *pg.* 283
Taub, Omer - NBC - BRANDED ENTERTAINMENT NETWORK, INC., Sherman Oaks, CA, *pg.* 297
Tauber, Ben - Account Services, Management, NBC, PPOM - GREY GROUP, New York, NY, *pg.* 365
Taylor, Robert - NBC - ST. JOHN & PARTNERS ADVERTISING & PUBLIC RELATIONS, Jacksonville, FL, *pg.* 412
Taylor, Krista - NBC, PPOM - POWERS AGENCY, INC., Cincinnati, OH, *pg.* 398
Taylor, Kingsley - Account Services, Management, NBC - DIGITAS, San Francisco, CA, *pg.* 227
Taylor, Becca - Account Planner, NBC - WIEDEN + KENNEDY, Portland, OR, *pg.* 430
Taylor, Greg - NBC, PPOM - BILLUPS, INC, Atlanta, GA, *pg.* 550
Taylor, Shane - NBC, Promotions - AUDIENCEX, Marina Del Rey, CA, *pg.* 35
Taylor, Sheridan - Account Planner, Media Department, NBC - CANVAS WORLDWIDE, Playa Vista, CA, *pg.* 458
Taylor, Kathie - NBC, PPOM - IN PLAIN SIGHT MARKETING LLC, Carson City, NV, *pg.* 89
Taylor, Kyle - Creative, NBC, PPOM - FACT & FICTION, Boulder, CO, *pg.* 70
Taylor, Jasmine - NBC - APOLLO INTERACTIVE, El Segundo, CA, *pg.* 214
Taylor, Andrea - NBC, Operations - CLIX MARKETING, Louisville, KY, *pg.* 672
te Booij, Merijn - NBC, PPOM - GENESYS TELECOMMUNICATIONS LABORATORIES, Daly City, CA, *pg.* 168
Teague, Meggan - NBC - SMITH BUCKLIN CORPORATION, Chicago, IL, *pg.* 314
Tebbe, Michele - Account Services, NBC, PPOM - DAVID&GOLIATH, El Segundo, CA, *pg.* 57
Tecchio, Vinney - Account Services, Creative, Management, NBC - DEUTSCH, INC., New York, NY, *pg.* 349
Tedford, Linda - NBC, Public Relations - LILJA INC., Eden Prairie, MN, *pg.* 622
Tedstrom, John - NBC, PPOM - PUBLICIS HAWKEYE, Vail, CO, *pg.* 399
Teeple, Phil - Management, NBC, Promotions - SAATCHI & SAATCHI DALLAS, Dallas, TX, *pg.* 136
Teitler, Jennifer - Account Services, NBC - M BOOTH & ASSOCIATES, INC., New York, NY, *pg.* 624
Teixeira, Andrea - NBC - THE CASTLE GROUP, INC., Boston, MA, *pg.* 652
Telford, Greg - NBC - JUNIPER PARK\TBWA, Toronto, ON, *pg.* 93
Ten, Alexandra - NBC - SULLIVAN, New York, NY, *pg.* 18
Tender, Maria - Account Planner, NBC - DDB NEW YORK, New York, NY, *pg.* 59
Teneyck, Peter - NBC - BLUE ONION, Lakewood, CO, *pg.* 218
Terbil, Kelsey - Account Services, Interactive / Digital, NBC - RDW GROUP, Providence, RI, *pg.* 403
Terrazas, Dawn - Management, NBC - AFG&, New York, NY, *pg.* 28
Terrell, Don - NBC, PPOM - NEW & IMPROVED MEDIA, El Segundo, CA, *pg.* 497
Terrell, Nancy - Account Services, Interactive / Digital, NBC, PPOM - CITRUS ADVERTISING, Dallas, TX, *pg.* 50
Terry, Terry - NBC, PPOM - MESSAGE MAKERS, Lansing, MI, *pg.* 627
Terry, Mike - Management, NBC - ANVIL MEDIA, INC, Portland, OR, *pg.* 671
Tesoriero, Alexa - NBC - CLEAN, Raleigh, NC, *pg.* 5

1784

AGENCIES

RESPONSIBILITIES INDEX

Tessier, Fred - Account Services, NBC - MALKA, Jersey City, NJ, pg. 562

Tessmann, Marcy - Management, NBC, PPOM - CHARLESTON|ORWIG, INC., Hartland, WI, pg. 341

Tetzloff, Sara - Account Services, Interactive / Digital, NBC, Public Relations, Social Media - HIEBING, Madison, WI, pg. 85

Thapa, Sofia - NBC - ARCHER MALMO, Austin, TX, pg. 214

Theis, Morgan - Account Services, NBC - 180LA, Los Angeles, CA, pg. 23

Thelen, Kim - Account Planner, Account Services, NBC - LEVEL, Minneapolis, MN, pg. 99

Theo, Melinda - Account Planner, Account Services, Analytics, Management, NBC, Operations - AMOBEE, INC., New York, NY, pg. 30

Theriault, Alex - Account Services, NBC - LOTAME, New York, NY, pg. 447

Thibodeau, Dee - NBC, Operations - SMARTY SOCIAL MEDIA, Santa Ana, CA, pg. 688

Thiel, Leigh - Account Services, NBC - BROADHEAD, Minneapolis, MN, pg. 337

Thiele, Traecy - Interactive / Digital, NBC - ZENO GROUP, Chicago, IL, pg. 664

Thill, Blair - Interactive / Digital, NBC, Social Media - THE FOUNDRY @ MEREDITH CORP, New York, NY, pg. 150

Thoma, Martin - NBC, PPOM - THOMA THOMA CREATIVE, Little Rock, AR, pg. 155

Thomas, Ward - Analytics, NBC, Operations, Research - HAVAS HELIA, Glen Allen, VA, pg. 285

Thomas, Charlie - Media Department, NBC - CAMELOT STRATEGIC MARKETING & MEDIA, Dallas, TX, pg. 457

Thomas, Sean - Management, NBC - JUMP 450 MEDIA, New York, NY, pg. 481

Thomas, Brenda - NBC, Operations, PPM - DIRECT IMPACT, INC., Saint Louis, MO, pg. 62

Thomason, Beau - Management, NBC, Operations - 72ANDSUNNY, Playa Vista, CA, pg. 23

Thompson, Ron - NBC, PPOM - BEUERMAN MILLER FITZGERALD, New Orleans, LA, pg. 39

Thompson, Eden - Account Planner, Media Department, NBC - CARMICHAEL LYNCH, Minneapolis, MN, pg. 47

Thompson, Tommy - Account Services, NBC, PPOM - THE INTEGER GROUP - DALLAS, Dallas, TX, pg. 570

Thompson, Lee - NBC - MINTEL, Chicago, IL, pg. 447

Thompson, Woody - NBC - OCTAGON, Stanford, CT, pg. 313

Thompson, Dustin - Interactive / Digital, NBC, Social Media - CALDWELL VANRIPER, Indianapolis, IN, pg. 46

Thompson, Sunni - Interactive / Digital, NBC - WUNDERMAN THOMPSON ATLANTA, Atlanta, GA, pg. 435

Thorn, Bobbie - Account Planner, Account Services, Interactive / Digital, NBC - INITIATIVE, New York, NY, pg. 477

Thorndike, Jake - NBC - 72ANDSUNNY, Brooklyn, NY, pg. 24

Thornhill, Rick - Account Services, NBC - MEKANISM, San Francisco, CA, pg. 112

Thorpe, John - NBC - GOODBY, SILVERSTEIN & PARTNERS, San Francisco, CA, pg. 77

Thorpe, David - Finance, NBC, Operations, PPOM - INDUSTRY, Portland, OR, pg. 187

Thorpe, Todd - NBC - TREKK, Rockford, IL, pg. 156

Thorpe, Victoria - NBC - SCRATCHMM, Cambridge, MA, pg. 677

Thrasher, Chad - Account Services, NBC, Operations, PPOM - MY FRIEND'S NEPHEW, Atlanta, GA, pg. 119

Thurston, Patti - NBC, PPOM - THE DESIGNORY, Longbeach, CA, pg. 149

Thurston, Elisse - Interactive / Digital, NBC - DEPARTURE, San Diego, CA, pg. 61

Tihanyi, Steve - NBC, PPOM - EVENTLINK, LLC, Sterling Heights, MI, pg. 305

Tilley, Laurie - Account Planner, Account Services, NBC - LITTLEFIELD BRAND DEVELOPMENT, Tulsa, OK, pg. 12

Tillinghast, Stephanie - Account Services, NBC - 160OVER90, Santa Monica, CA, pg. 207

Timko, Lindsey - NBC - WIEDEN + KENNEDY, New York, NY, pg. 432

Timmerman, Andrea - Account Services, Management, NBC - FORWARDPMX, Minneapolis, MN, pg. 360

Timmermeyer, Douglas - Creative, NBC - HERRING DESIGN STUDIO, Houston, TX, pg. 186

Tindall, Elizabeth - NBC - BRANDEXTRACT, LLC, Houston, TX, pg. 4

Tingley, Austin - NBC - HAWKE MEDIA, Los Angeles, CA, pg. 370

Tischler, Melissa - Account Services, Creative, Management, NBC - LIPPINCOTT, New York, NY, pg. 189

Toal, Jessica - NBC - ASD / SKY, Atlanta, GA, pg. 173

Todd, Paul - NBC, PPOM - GERSON LEHRMAN GROUP, New York, NY, pg. 168

Todd, Scott - NBC - GRAJ + GUSTAVSEN, INC., New York, NY, pg. 8

Todd, Caitlyn - Interactive / Digital, NBC - WPROMOTE, Dallas, TX, pg. 679

Tokuhiro, Lanna - Account Planner, Media Department, NBC - ARNOLD WORLDWIDE, Boston, MA, pg. 33

Tolep, Don - Creative, NBC - OGK CREATIVE, Del Ray Beach, FL, pg. 14

Tolkacz, Frank - Management, NBC - SQUARE 2 MARKETING, INC., Conshohocken, PA, pg. 143

Toller, Michele - Media Department, NBC - EMPOWER, Cincinnati, OH, pg. 354

Tomala, Don - NBC, PPOM - MATRIX PARTNERS, LTD., Chicago, IL, pg. 107

Tomassen, Lisa - Interactive / Digital, Management, Media Department, NBC, Public Relations - EXPONENT PR, Minneapolis, MN, pg. 602

Tomaszewski, Jessica - Account Services, Analytics, Interactive / Digital, Media Department, NBC, Research - MEDIAHUB NEW YORK, New York, NY, pg. 249

Tomczyk, Cody - NBC - FORCE MARKETING, Atlanta, GA, pg. 284

Tomeny, Candace - Account Services, NBC, Operations - THE TRADE DESK, Ventura, CA, pg. 519

Tomes, Kathleen - NBC, PPOM - BRILLIANT PR & MARKETING, Scottsdale, AZ, pg. 586

Toms, Liz - NBC - THE MARTIN AGENCY, Richmond, VA, pg. 421

Toole, Christa - Analytics, Interactive / Digital, NBC, Research - GREATER THAN ONE, New York, NY, pg. 8

Toop, Andrea - NBC, Public Relations - GALE, New York, NY, pg. 236

Torcasi, Alexandra - Interactive / Digital, NBC - HORIZON MEDIA, INC., New York, NY, pg. 474

Tornoe, Juan - NBC, PPOM - CULTURAL STRATEGIES, INC., Austin, TX, pg. 347

Torreggiani, Heather - NBC, PPOM - VSA PARTNERS, INC. , Chicago, IL, pg. 204

Torres, Cristina - Account Services, Management, Media Department, NBC - MEDIAMONKS, Venice, CA, pg. 249

Torres, Christina - Account Services, Media Department, NBC - LAUNDRY SERVICE, Brooklyn, NY, pg. 287

Torres, Peter - Interactive / Digital, NBC - ROSS MEDIA, Woodstock, GA, pg. 676

Toth, Zack - NBC, PPOM - TOTH + CO., Concord, MA, pg. 202

Touleyrou, Jason - NBC - MRM//MCCANN, Birmingham, MI, pg. 252

Tout, Jim - Account Services, NBC - CREATA, Oakbrook Terrace, IL, pg. 346

Towers, Megan - Account Services, NBC, PPOM - JOHN ST., Toronto, ON, pg. 93

Townsend, Brian - NBC - GOCONVERGENCE, Orlando, FL, pg. 364

Townsend, Elise - NBC, Operations - LP&G, INC., Tucson, AZ, pg. 381

Townsend, Alica - Account Services, NBC - MCGARRYBOWEN, Chicago, IL, pg. 110

Tractenberg, Joel - NBC, PPOM - THE LEVINSON TRACTENBERG GROUP, New York, NY, pg. 151

RESPONSIBILITIES INDEX — AGENCIES

Tracy, Karin - Account Services, NBC - FIONTA, Washington, DC, pg. 183

Trahan, Ronald - NBC, PPOM - RONALD TRAHAN ASSOCIATES, INC., Medfield, MA, pg. 644

Traina, Chris - NBC, PPOM, Public Relations - CONILL ADVERTISING, INC., Miami, FL, pg. 538

Trainer, John - NBC - SHOPHER MEDIA, Fort Lauderdale, FL, pg. 682

Trainer, Rachel - Interactive / Digital, NBC - BAILEY BRAND CONSULTING, Plymouth Meeting, PA, pg. 2

Tramp, Misia - NBC - METIA, Bellevue, WA, pg. 250

Tran, Terence - Account Planner, Interactive / Digital, NBC, Research - DIGITAS, Boston, MA, pg. 226

Tran, John Paul - Creative, NBC, PPOM - TRIPTENT, New York, NY, pg. 156

Tran, Jonathan - Media Department, NBC - FCB/SIX, Toronto, ON, pg. 358

Tran-Canonigo, Tracy - Account Services, Media Department, NBC - DUMONT PROJECT, Marina Del Rey, CA, pg. 230

Tranberg, David - Account Services, NBC - BDS MARKETING, INC. - Irvine, CA, pg. 566

Traxler, Doug - NBC, PPOM - WEBB/MASON, Hunt Valley, MD, pg. 294

Treanor, Kevin - Interactive / Digital, Management, Media Department, NBC - GTB, Dearborn, MI, pg. 367

Trevino, Nickolaus - Interactive / Digital, Media Department, NBC, Social Media - FEARLESS MEDIA, New York, NY, pg. 673

Trevino, Felicia - Account Services, NBC - BRIGHTWAVE MARKETING, INC., Atlanta, GA, pg. 219

Trevizo, Ben - Media Department, NBC - USIM, New York, NY, pg. 525

Tribe, Nigel - NBC - BBDO ATL, Atlanta, GA, pg. 330

Triemstra, Carl - NBC, PPOM - SYMMETRI MARKETING GROUP, LLC, Chicago, IL, pg. 416

Trierweiler, Elena - NBC - ARCHETYPE, San Francisco, CA, pg. 33

Triplett, John - NBC - INVESTIS DIGITAL, Phoenix, AZ, pg. 376

Trivunovic, Kara - Interactive / Digital, NBC - EPSILON, Chicago, IL, pg. 283

Tropeano, Kerry - NBC - THOMPSON & BENDER, Briarcliff Manor, NY, pg. 656

Trosan, Ray - NBC - THE VARIABLE, Winston-Salem, NC, pg. 153

Troxell, Alec - NBC - THE MEDIA KITCHEN, New York, NY, pg. 519

Trudel, Justin - NBC - ANSIRA, Dallas, TX, pg. 1

Trull, Tim - Account Planner, Account Services, NBC - THE LAVIDGE COMPANY, Phoenix, AZ, pg. 420

Trumble, Kristin - NBC - THE RICHARDS GROUP, INC., Dallas, TX, pg. 422

Trumble, James - Account Planner, Account Services, Creative, Management, Media Department, NBC, Operations - ORGANIC, INC., Troy, MI, pg. 256

Truss, Mark - NBC - WUNDERMAN THOMPSON, New York, NY, pg. 434

Truttmann, Jayson - Management, Media Department, NBC - PERISCOPE, Minneapolis, MN, pg. 127

Trzeciak, Stacey - NBC - FORESIGHT GROUP, Lansing, MI, pg. 74

Tsang, Jen-Jen - Media Department, NBC - INITIATIVE, Los Angeles, CA, pg. 478

Tschiffely, Donna - NBC, PPOM - CONFERENCE INCORPORATED, Reston, VA, pg. 303

Tse, Lilia - NBC - ADFIRE HEALTH, Stamford, CT, pg. 27

Tselenchuk, Galina - Account Services, NBC - QUINSTREET, INC., Foster City, CA, pg. 290

Tshimanga, Karen - NBC - VMLY&R, New York, NY, pg. 160

Tsotas, Jennifer - NBC - JCDECAUX NORTH AMERICA, New York, NY, pg. 553

Tsouros, Thalia - NBC - TRANSLATION, Brooklyn, NY, pg. 299

Tucker, Jeffrey - NBC, PPOM - TUCKER / HALL, INC., Tampa, FL, pg. 657

Tucker, Adam - NBC, PPOM - OGILVY, New York, NY, pg. 393

Tucker Clark, Mish - Account Planner, NBC - GOCONVERGENCE, Orlando, FL, pg. 364

Tuff, Christopher - Media Department, NBC - 22SQUARED INC., Atlanta, GA, pg. 319

Tumangday, Erwin - NBC - KLICK HEALTH, Toronto, ON, pg. 244

Tumminello, Matt - NBC, PPOM - TARGET 10, New York, NY, pg. 19

Tupot, Marie Lena - NBC, PPOM, Research - SCENARIODNA, New York, NY, pg. 449

Turk, Emily - NBC - DIGITAS, New York, NY, pg. 226

Turman, Kimberly - Account Services, Media Department, NBC, Social Media - CHAMPION MANAGEMENT GROUP, LLC, Addison, TX, pg. 589

Turner, Larry - NBC, PPOM - BACKUS TURNER INTERNATIONAL, Lighthouse Point, FL, pg. 35

Turner, Elizabeth - NBC - PIER 3 ENTERTAINMENT, Redondo Beach, CA, pg. 298

Turner, Gene - Management, NBC, PPOM - HORIZON MEDIA, INC., New York, NY, pg. 474

Turner, Jacquelyn - Interactive / Digital, NBC, Social Media - CHEMISTRY ATLANTA, Atlanta, GA, pg. 50

Turner, Ron - Creative, NBC - ALISON SOUTH MARKETING GROUP, Aiken, SC, pg. 29

Turner, Katie - NBC, PPOM - ICR, New York, NY, pg. 615

Turner, Allison - NBC - DEFINITION 6, Atlanta, GA, pg. 224

Turtz, Zachary - Analytics, NBC - ROC NATION, New York, NY, pg. 298

Tweddell, Zachery - Account Services, Creative, NBC - BAYARD ADVERTISING AGENCY, INC., New York, NY, pg. 37

Tysell, Monica - Interactive / Digital, Media Department, NBC, PPOM - DONER, Southfield, MI, pg. 63

Ugarte, Giselle - NBC - MEDIA BRIDGE ADVERTISING, Minneapolis, MN, pg. 484

Ugenti, Meg - NBC - FOCUS USA, Paramus, NJ, pg. 284

Umans, Jamie - Account Planner, Media Department, NBC, PPOM - MEDIACOM, New York, NY, pg. 487

Underwood, John - NBC, PPOM - TINSLEY ADVERTISING, Miami, FL, pg. 155

Upham, Britton - NBC - MCGARRAH JESSEE, Austin, TX, pg. 384

Urband, Lauren - NBC, PPOM - THE CONSULTANCY PR, Los Angeles, CA, pg. 653

Uslugil, Sal - NBC, PPOM - CLARABRIDGE, INC., Reston, VA, pg. 167

Ussery, Tom - NBC - J.R. THOMPSON COMPANY, Farmington Hills, MI, pg. 91

Vacatello, Danielle - Account Services, NBC - J3, New York, NY, pg. 480

Vahidi, Saeid - Creative, Interactive / Digital, NBC - 72ANDSUNNY, Brooklyn, NY, pg. 24

Vaivads, Nora - Human Resources, NBC - TAYLOR DESIGN, Stamford, CT, pg. 201

Val, Gabriel - Creative, Interactive / Digital, NBC - JELLYVISION LAB, Chicago, IL, pg. 377

Valadez, Oved - Creative, NBC, PPOM - INDUSTRY, Portland, OR, pg. 187

Valcich, Ray - Management, NBC - CROSSMEDIA, New York, NY, pg. 463

Valdespino, Sandra - Account Services, NBC - CAMELOT STRATEGIC MARKETING & MEDIA, Dallas, TX, pg. 457

Valdivia, Kassandra - NBC - PHD USA, New York, NY, pg. 505

Vale, Maggi - Account Services, NBC - MERKLEY + PARTNERS, New York, NY, pg. 114

Valentine, Jennifer - Account Planner, Account Services, NBC - HORIZON MEDIA, INC., New York, NY, pg. 474

Valenzuela, Christina - Interactive / Digital, Media Department, NBC - NOBLE PEOPLE, New York, NY, pg. 120

Valeri, Brad - Account Planner, Analytics, Interactive / Digital, Media Department, NBC - HEARTS & SCIENCE, New York, NY, pg. 471

Valero, Lindsay - Account Services,

AGENCIES

RESPONSIBILITIES INDEX

NBC - TEN, Fort Lauderdale, FL, pg. 269

Valfer, Reid - Account Services, NBC, PPOM - RISE INTERACTIVE, Chicago, IL, pg. 264

Vallach, Glenn - NBC, Public Relations - GHIORSE & SORRENTI, INC., Wyzkoff, NJ, pg. 607

Valle, Daniel - Interactive / Digital, Media Department, NBC - LEVERAGE MARKETING, LLC, Austin, TX, pg. 675

Vallee, Kaila - Analytics, NBC, Operations - MMSI, Warwick, RI, pg. 496

Van, Daniel - NBC - THE RICHARDS GROUP, INC., Dallas, TX, pg. 422

Van Camp, Alex - NBC - TRUE X MEDIA, Los Angeles, CA, pg. 317

Van Dam, Candy - NBC, PPOM - INSIGHT MARKETING DESIGN, Sioux Falls, SD, pg. 89

van den Bosch, Derek - NBC, Operations, PPOM - 160OVER90, Los Angeles, CA, pg. 301

Van Denover, Sally - NBC, Public Relations - STERLING-RICE GROUP, Boulder, CO, pg. 413

Van Dyke, Peter - NBC, PPOM - VANDYKE-HORN, Detroit, MI, pg. 658

Van Ooteghem, Debbie - Human Resources, NBC - FUSION92, Chicago, IL, pg. 235

Van Pelt, Ryan - Account Services, Management, NBC - SANDBOX, Chicago, IL, pg. 138

Van Someren, Lisa - Creative, NBC, PPM - CACTUS MARKETING COMMUNICATIONS, Denver, CO, pg. 339

Van Wormer, Emily - Account Planner, Media Department, NBC - HORIZON MEDIA, INC., New York, NY, pg. 474

Van Zon, Martin - NBC, PPOM - INTERKOM CREATIVE MARKETING, Burlington, ON, pg. 168

Vanausdeln, Mike - Account Planner, Interactive / Digital, NBC - STEALING SHARE, Greensboro, NC, pg. 18

Vance, Darren - NBC - THE SUNFLOWER GROUP, Lenexa, KS, pg. 317

Vandenberg, Celsae - NBC, Social Media - WALLACE CHURCH, INC., New York, NY, pg. 204

VanderLinden, Stephanie - Management, NBC, PPOM - THE RICHARDS GROUP, INC., Dallas, TX, pg. 422

Vandermause, Craig - Management, NBC - GMR MARKETING, New Berlin, WI, pg. 306

VanGorden, Rob - Management, NBC, PPOM - THE RICHARDS GROUP, INC., Dallas, TX, pg. 422

VanHeirseele, Sarah - Administrative, Interactive / Digital, NBC, Operations - BLUE CHIP MARKETING & COMMUNICATIONS, Northbrook, IL, pg. 334

Vann, Shawn - NBC - ADSERVICES, INC., Hollywood, FL, pg. 27

Vardeman, John - NBC, PPOM - MORTON, VARDEMAN & CARLSON, Gainesville, GA, pg. 389

Vargas, Paloma - NBC - FIZZ, Decatur, GA, pg. 691

Varland, Scott - NBC - M BOOTH & ASSOCIATES, INC., New York, NY, pg. 624

Varoga, Caleb - NBC - MOBIVITY, Chandler, AZ, pg. 534

Varquez, Lindsay - NBC - WIEDEN + KENNEDY, Portland, OR, pg. 430

Varrone, Karen - NBC - EXPONATION, Atlanta, GA, pg. 305

Vartan, Brent - Management, NBC, PPOM - BULLISH INC, New York, NY, pg. 45

Vas, Kevin - NBC, Operations - CONVERGEDIRECT, New York, NY, pg. 462

Vasatko, Steve - Account Services, NBC - DERSE, INC., Milwaukee, WI, pg. 304

Vasos, Joni - NBC - GMR MARKETING, New Berlin, WI, pg. 306

Vassallo, James - Account Services, NBC - GTB, Dearborn, MI, pg. 367

Vasu, Emilie - Account Services, NBC - SET CREATIVE, New York, NY, pg. 139

Vaught, Kelly - NBC, PPOM - BECORE, Los Angeles, CA, pg. 302

Vax, Ingrid - Management, NBC, PPOM - WHITE64, Tysons, VA, pg. 430

Velarde, Javier - Creative, NBC, PPM, PPOM - TRITON PRODUCTIONS, Miami Beach, FL, pg. 317

Velichansky, Andrew - Media Department, NBC - CONNELLY PARTNERS, Boston, MA, pg. 344

Vellines, Meredith - Account Services, NBC, Public Relations - GOODBY, SILVERSTEIN & PARTNERS, San Francisco, CA, pg. 77

Veneziano, Britta - NBC - OCEAN MEDIA, INC., Huntington Beach, CA, pg. 498

Venn, Andrew - Account Services, Analytics, Creative, Interactive / Digital, NBC - AGILITEE SOLUTIONS, INC., Londonderry, NH, pg. 172

Ventrelli, Kelly - NBC, PPM - O'KEEFE REINHARD & PAUL, Chicago, IL, pg. 392

Venuti, Phil - Account Services, NBC - HYFN, Los Angeles, CA, pg. 240

Venuto, Domenic - NBC, PPOM - AMOBEE, INC., New York, NY, pg. 30

Verbinnen, Paul - NBC, PPOM - SARD VERBINNEN, New York, NY, pg. 646

Verdino, Andrew - Media Department, NBC - OMD, New York, NY, pg. 498

Verrengia, Peter - NBC, PPOM - FLEISHMANHILLARD, New York, NY, pg. 605

Verrill, Benjamin - Interactive / Digital, Media Department, NBC, Social Media - MEDIAHUB BOSTON, Boston, MA, pg. 489

Verville, Mike - NBC, PPOM - PUSHTWENTYTWO, Bringham Farms, MI, pg. 401

Vesce, Katherine - NBC, Programmatic - THE TRADE DESK, New York, NY, pg. 520

Viager, Erik - NBC - MANIFEST, Chicago, IL, pg. 248

Vickeroy, Tim - Account Services, NBC - IVIE & ASSOCIATES, INC., Flower Mound, TX, pg. 91

Victor, Alexia - Account Planner, NBC - HORIZON MEDIA, INC., New York, NY, pg. 474

Vider, Jeffrey - Media Department, NBC - BLUE 449, New York, NY, pg. 455

Videtto, Amy - Account Planner, NBC, Social Media - HORIZON MEDIA, INC., New York, NY, pg. 474

Vieira, Wayne - Creative, Interactive / Digital, NBC - (ADD)VENTURES, Providence, RI, pg. 207

Villa, Jose - NBC, PPOM - SENSIS AGENCY, Los Angeles, CA, pg. 545

Villa, Andrea - Account Services, NBC - WUNDERMAN THOMPSON ATLANTA, Atlanta, GA, pg. 435

Villalta, Cindy - NBC - THE RICHARDS GROUP, INC., Dallas, TX, pg. 422

Villett, Jonathan - NBC, PPOM - ONEWORLD COMMUNICATIONS, San Francisco, CA, pg. 123

Villing, Thom - NBC, PPOM - VILLING & CO., South Bend, IN, pg. 429

Villing, Jeannine - Account Services, Management, NBC - VILLING & CO., South Bend, IN, pg. 429

Vincent, Christine - NBC - KENSHOO, San Francisco, CA, pg. 244

Virdo, Rosella - Interactive / Digital, Media Department, NBC, Social Media - LODGING INTERACTIVE, Parsippany, NJ, pg. 246

Vita, Celine - NBC, PPOM - CENTRON, New York, NY, pg. 49

Viteri, Alex - Account Planner, NBC, PPOM - SLEEK MACHINE, Boston, MA, pg. 142

Viti, Julia - Interactive / Digital, Media Department, NBC - MEDIACOM, New York, NY, pg. 487

Vitrano, Christopher - NBC, PPOM - NELSON SCHMIDT INC., Milwaukee, WI, pg. 120

Vitti, Vince - Account Services, Interactive / Digital, NBC - INFINITEE COMMUNICATIONS, INC., Atlanta, GA, pg. 374

Vivian, Kristy - NBC - BILLUPS WORLDWIDE, Lake Oswego, OR, pg. 550

Vivolo, Joe - Interactive / Digital, NBC, PPOM - KOMARKETING ASSOCIATES, Boston, MA, pg. 675

Vobejda, Susan - NBC, PPOM - THE TRADE DESK, New York, NY, pg. 520

Vogel, Evan - NBC, PPOM - NIGHT AGENCY, LLC, New York, NY, pg. 692

Vogt, Justin - Account Services, Management, NBC - FUSEIDEAS, LLC, Winchester, MA, pg. 306

Voisard, Jenny - NBC - COMBLU, Chicago, IL, pg. 691

Volbert, Rachel - Account Services, NBC - THIRD EAR, Austin, TX, pg. 546

Volk, Tim - NBC, PPOM - KELLIHER SAMETS VOLK, Burlington, VT, pg. 94

1787

RESPONSIBILITIES INDEX — AGENCIES

Volk, Josh - Interactive / Digital, NBC - ROCKET55, Minneapolis, MN, pg. 264
Vollerslev, Christian - NBC, PPOM - POSTERSCOPE U.S.A., New York, NY, pg. 556
Vollmer, Kayla - Account Planner, Account Services, NBC - SPARK FOUNDRY, New York, NY, pg. 508
Volohov, Anna - Interactive / Digital, Media Department, NBC - MEDIACOM, New York, NY, pg. 487
Volz Bongar, Tina - Creative, NBC, PPOM - BONGARBIZ, Peekskill, NY, pg. 302
von der Sitt, Carrie - NBC - GOLIN, Chicago, IL, pg. 609
Von Hoff, Jim - NBC, PPOM - INSIGHT CREATIVE, INC., Green Bay, WI, pg. 89
von Plonski, Olivia - NBC - PUBLICIS HAWKEYE, Dallas, TX, pg. 399
Voorhees, Jennifer - Account Services, NBC - WRAY WARD, Charlotte, NC, pg. 433
Vorlicky, Ann - NBC, PPM - SLINGSHOT, LLC, Dallas, TX, pg. 265
Vosler, Austin - NBC - ACTIVE INTEREST MEDIA, Boulder, CO, pg. 561
Voss, Michael - NBC, Operations, PPOM - BVK, Milwaukee, WI, pg. 339
Vu, Sophie - NBC, PPOM - VIBES MEDIA, Chicago, IL, pg. 535
Wachtler, Brian - Account Services, NBC, PPOM - HABERMAN, Minneapolis, MN, pg. 369
Wacksman, Barry - Media Department, NBC, PPOM - R/GA, New York, NY, pg. 260
Wade, Stephanie - NBC, PPOM - ARGUS, LLC, Emeryville, CA, pg. 173
Wade, Beth - NBC, PPOM - VMLY&R, Kansas City, MO, pg. 274
Wade, Shali - Management, Media Department, NBC - VMLY&R, Kansas City, MO, pg. 274
Wade, Erik - NBC - WIEDEN + KENNEDY, Portland, OR, pg. 430
Wade, Nadia - Account Services, Analytics, Media Department, NBC - OMD WEST, Los Angeles, CA, pg. 502
Wadia, Daniel - Management, NBC, PPOM - MRS & MR, New York, NY, pg. 192
Wadia, Kate - Creative, NBC, PPOM - MRS & MR, New York, NY, pg. 192
Wagman, Ryan - Creative, NBC, PPOM - 160OVER90, New York, NY, pg. 301
Wagner, Jackie - NBC, PPOM - CREATIVE MARKETING RESOURCE, INC., Chicago, IL, pg. 54
Wagner, Mitchell - Interactive / Digital, NBC - IRONCLAD MARKETING, Fargo, ND, pg. 90
Wagner, Lindsay - Account Planner, Media Department, NBC - HEARTS & SCIENCE, New York, NY, pg. 471
Wagner, Josh - Account Services, NBC - LEADMD, Scottsdale, AZ, pg. 380
Wagstaff, Mary - NBC, PPOM - WAGSTAFF WORLDWIDE, Los Angeles, CA, pg. 659
Wain, Lance - NBC, PPOM - GRAFIK MARKETING COMMUNICATIONS, Alexandria, VA, pg. 185
Waishampayan, Amol - Creative, Interactive / Digital, NBC - STREAM COMPANIES, Malvern, PA, pg. 415
Wait, Janel - Interactive / Digital, NBC - GLYNNDEVINS MARKETING, Kansas City, MO, pg. 364
Wakabayashi, Dennis - Interactive / Digital, NBC - THE INTEGER GROUP - DALLAS, Dallas, TX, pg. 570
Wakabayashi, Brian - NBC - 215 MCCANN, San Francisco, CA, pg. 319
Wakely, Jim - NBC, PPOM - FOLKLORE DIGITAL, Minneapolis, MN, pg. 235
Walcher, Jean - NBC, PPOM - JWALCHER COMMUNICATIONS, San Diego, CA, pg. 618
Walderich, Jeff - Management, NBC, PPOM - IDEASTUDIO, Tulsa, OK, pg. 10
Waldow, Sofia - Account Planner, Account Services, Management, NBC - CARAT, New York, NY, pg. 459
Walker, Tim - Creative, NBC, PPOM - DOXA TOTAL DESIGN STRATEGY, INC., Fayetteville, AR, pg. 180
Walker, Rosie - Management, NBC - PRIMACY, Farmington, CT, pg. 258
Walker, Jessica - Management, NBC - THE RICHARDS GROUP, INC., Dallas, TX, pg. 422
Walker, Jackie - Account Services, NBC - SCA PROMOTIONS, INC. , Dallas, TX, pg. 569
Walker, Julie - NBC - CRAMER, Norwood, MA, pg. 6
Walker, Stephen - NBC, Operations - TABOOLA, New York, NY, pg. 268
Walker, Dena - Account Planner, NBC - BBDO WORLDWIDE, New York, NY, pg. 331
Walker, Roy - NBC - ASV INC., Torrance, CA, pg. 302
Walker, Joe - NBC - ADRENALINE, INC., Atlanta, GA, pg. 172
Wall, Betty - NBC, PPOM - JAFFE & PARTNERS, New York, NY, pg. 377
Wall, Steve - NBC - NETSERTIVE, Research Triangle Park, NC, pg. 253
Wallace, Michael - Interactive / Digital, NBC, Research - DIGITAS, Atlanta, GA, pg. 228
Wallace, Robert - NBC, PPOM - TALLWAVE, Scottsdale, AZ, pg. 268
Waller, Preston - NBC - MDC PARTNERS, INC., New York, NY, pg. 385
Wallrapp, Chris - Account Services, Management, NBC, PPOM - HILL HOLLIDAY, Boston, MA, pg. 85
Walsh, Michael - Account Planner, NBC - BANNER DIRECT, Wilmington, NC, pg. 280
Walsh, Mariana - Media Department, NBC - CAGE POINT, New York, NY, pg. 457
Walsh, Beth - NBC - CLEARPOINT AGENCY, Encinitas, CA, pg. 591
Walsh, Megan - Account Services, NBC - ADPEARANCE, Portland, OR, pg. 671
Walters, Sarah Ann - NBC - GROW INTERACTIVE, Norfolk, VA, pg. 237
Walzak, Toni - NBC, PPOM - WALZAK ADVERTISING, Milwaukee, WI, pg. 161
Wambold, Sean - NBC - IWCO DIRECT, Chanhassen, MN, pg. 286
Wan, Bonnie - Account Planner, Media Department, NBC, PPOM - GOODBY, SILVERSTEIN & PARTNERS, San Francisco, CA, pg. 77
Wang, Yan - Account Planner, Media Department, NBC, Public Relations - DROGA5, New York, NY, pg. 64
Wantman, Dana - NBC, PPOM - CONNELLY PARTNERS, Boston, MA, pg. 344
Warburton, Catherine - Interactive / Digital, NBC, PPOM - MEDIA ASSEMBLY, New York, NY, pg. 484
Ward, Tim - Account Services, Interactive / Digital, NBC, Social Media - H+A INTERNATIONAL, INC., Santa Ynez, CA, pg. 611
Ward, Jim - NBC, PPOM - THE WARD GROUP, Woburn, MA, pg. 520
Ward, Megan - Account Services, NBC - MECHANICA, Newburyport, MA, pg. 13
Ward, Rachel - Account Services, NBC - SULLIVAN, New York, NY, pg. 18
Wardell, Justin - Account Services, NBC - AXXIS, Louisville, KY, pg. 302
Warech, Gary - NBC - COMSCORE, Seattle, WA, pg. 443
Warendorf, Casey - NBC - VENABLES BELL & PARTNERS, San Francisco, CA, pg. 158
Wargo, Nancy - NBC - HUGHES DESIGN GROUP, South Norwalk, CT, pg. 186
Warley, Mary - NBC - THIRD DOOR MEDIA, INC., Redding, CT, pg. 678
Warner, Carin - NBC, PPOM - WARNER COMMUNICATIONS, Boston, MA, pg. 659
Warner, Ryan - Media Department, NBC - 72ANDSUNNY, Playa Vista, CA, pg. 23
Warren, Jena - Account Services, Interactive / Digital, NBC - THE SIMON GROUP, INC., Sellersville, PA, pg. 153
Warren, Jeff - Account Services, NBC - THE RICHARDS GROUP, INC., Dallas, TX, pg. 422
Warren, Chad - Analytics, NBC - MRM//MCCANN, Salt Lake City, UT, pg. 118
Wasag, Shantelle - NBC - E29 MARKETING, Larkspur, CA, pg. 67
Wasiak, Gregg - NBC, PPOM - THE CONCEPT FARM, Long Island City, NY, pg. 269
Wasinger, Kristi - Media Department, NBC - SIGNAL THEORY, Kansas City, MO, pg. 141
Wassef, Simon - NBC, PPOM - TBWA \ CHIAT \ DAY, Los Angeles, CA, pg. 146
Wasser, Marcia - NBC, PPOM - SOURCE COMMUNICATIONS, Hackensack, NJ, pg. 315
Wasserman, David - NBC, PPOM - PICTUREU PROMOTIONS, Atlanta, GA,

AGENCIES
RESPONSIBILITIES INDEX

pg. 313
Wasserman, Jeff - NBC - IPSOS HEALTHCARE, Mahwah, NJ, pg. 446
Waters, Tricia - NBC - IMPACT MOBILE, Toronto, ON, pg. 534
Waters, Brandon - NBC - DECODED ADVERTISING, New York, NY, pg. 60
Watkins, Pam - Account Planner, Media Department, NBC - MOD OP, Dallas, TX, pg. 388
Watkins, Robin - Account Services, Interactive / Digital, NBC - TEAM ONE, Los Angeles, CA, pg. 417
Watler, Krystle - NBC - VIRTUE WORLDWIDE, Brooklyn, NY, pg. 159
Watson, Tracy - NBC, PPOM - AD PLACE, Addison, TX, pg. 26
Watson, Alex - NBC - TIC TOC, Dallas, TX, pg. 570
Watson, Gregory - NBC, PPOM - BLUE OLIVE CONSULTING, Florence, AL, pg. 40
Watson, Drew - Account Planner, Account Services, Management, Media Department, NBC - MEDIAHUB BOSTON, Boston, MA, pg. 489
Watson, Gary - Account Planner, NBC - ONEMAGNIFY, Wilmington, DE, pg. 123
Watson, Grant - Account Services, Media Department, NBC - PREACHER, Austin, TX, pg. 129
Watson, Ashley - NBC, PPOM - COMMERCE HOUSE, Dallas, TX, pg. 52
Watson, Jes - Account Services, NBC - JULIET, Toronto, ON, pg. 11
Watson, Diahanna - NBC - ACTIVE INTERNATIONAL, Pearl River, NY, pg. 439
Watt, Taylor - NBC - METACAKE LLC, Franklin, TN, pg. 386
Watts, Scott - NBC, PPOM - TANK DESIGN, Cambridge, MA, pg. 201
Watts, Glenn - NBC, Operations, PPOM - HIRSHORN ZUCKERMAN DESIGN GROUP, Rockville, MD, pg. 371
Watts, Kate - Management, NBC, Operations, PPOM - ATLANTIC 57, Washington, DC, pg. 2
Wauters, Chad - NBC - MUDD ADVERTISING, Cedar Falls, IA, pg. 119
Waylonis, Daniel - NBC - RESOLUTION MEDIA, New York, NY, pg. 263
Wayner, Taras - Creative, NBC, PPOM - WUNDERMAN THOMPSON, New York, NY, pg. 434
Weatherhead, Susan - NBC - J.R. THOMPSON COMPANY, Farmington Hills, MI, pg. 91
Weaver, Mike - NBC, Operations, PPOM - MANIFOLD, San Francisco, CA, pg. 104
Webb, Victor - NBC, PPOM - MARSTON WEBB INTERNATIONAL, New York, NY, pg. 626
Webb, Pete - NBC, PPOM - PETER WEBB PUBLIC RELATIONS, INC., Denver, CO, pg. 636
Weber, Vin - NBC, PPOM - MERCURY PUBLIC AFFAIRS, Washington, DC, pg. 386
Weber, Jamie - NBC - MCKINNEY, Durham, NC, pg. 111

Weber, Andy - Interactive / Digital, NBC - DESIGNVOX, East Grand Rapids, MI, pg. 179
Weber, Keri - Media Department, NBC - THE RICHARDS GROUP, INC., Dallas, TX, pg. 422
Weber, Paige - Media Department, NBC - WIEDEN + KENNEDY, Portland, OR, pg. 430
Weber, Marisa - NBC - WIEDEN + KENNEDY, New York, NY, pg. 432
Webster, Tom - NBC - EDISON MEDIA RESEARCH, Somerville, NJ, pg. 444
Webster, Elizabeth - Interactive / Digital, NBC - COX MEDIA, Phoenix, AZ, pg. 463
Weeks, Diane - Management, NBC, PPOM - HEARTS & SCIENCE, New York, NY, pg. 471
Weiand, Julie - Account Services, NBC - AMPERAGE, Cedar Falls, IA, pg. 30
Weidauer, Jeff - Account Planner, NBC - VESTCOM, Little Rock, AR, pg. 571
Weidner, Kate - NBC, PPOM - SRW, Chicago, IL, pg. 143
Weil, Bob - Interactive / Digital, NBC - INTERCOMMUNICATIONS, INC., Newport Beach, CA, pg. 375
Weilheimer, Marc - NBC - GNF MARKETING, Armonk, NY, pg. 364
Weill, Geoffrey - NBC, PPOM - GEOFFREY WEILL ASSOCIATES, INC., New York, NY, pg. 607
Weimer, Mitchell - Interactive / Digital, NBC - PWC, Seattle, WA, pg. 260
Weinberg, Kelly - Account Services, NBC - SID LEE, Culver City, CA, pg. 141
Weinberg, Erin - Management, NBC, PPOM - 360PRPLUS, New York, NY, pg. 573
Weiners, Paige - NBC - BEYOND, New York, NY, pg. 217
Weinstein, Mark - NBC, PPOM - THE WEINSTEIN ORGANIZATION, INC., Chicago, IL, pg. 425
Weinstein, Brad - Account Planner, Media Department, NBC, Operations - PHD USA, New York, NY, pg. 505
Weinstein, Kimberly - Account Services, NBC, PPOM - THE TRADE DESK, Boulder, CO, pg. 520
Weir, Greg - Analytics, Interactive / Digital, NBC, PPOM, Research - BRANDEXTRACT, LLC, Houston, TX, pg. 4
Weiss, Kathy - Account Services, Management, NBC - BLASS COMMUNICATIONS, Old Chatham, NY, pg. 584
Weiss, Matt - Management, NBC, PPOM - HUGE, INC., Brooklyn, NY, pg. 239
Weiss, Jeff - NBC, PPOM - HARBINGER COMMUNICATIONS, INC., Toronto, ON, pg. 611
Weiss, Elana - NBC, PPOM - THE ROSE GROUP, Santa Monica, CA, pg. 655
Weiss, Gwyn - Account Planner, Account Services, Media Department, NBC - MKTG INC, New York, NY, pg. 311

Weiss, Stephanie - Interactive / Digital, NBC - NEIGER DESIGN, INC., Evanston, IL, pg. 193
Weissbrot, Evan - NBC, PPOM - TBWA \ CHIAT \ DAY, New York, NY, pg. 416
Weitman, Rebecca - NBC - THE MARKETING ARM, Dallas, TX, pg. 316
Weitzman, Alan - NBC, PPOM - WEITZMAN ADVERTISING, INC., Annapolis, MD, pg. 430
Welch, Josslynne - NBC, PPOM - LITZKY PUBLIC RELATIONS, Hoboken, NJ, pg. 623
Welch, Greg - NBC - FILTER, Seattle, WA, pg. 234
Welin, Josefina - Account Services, NBC - LEO BURNETT WORLDWIDE, Chicago, IL, pg. 98
Weller, Scott - NBC - MEDIASPOT, INC., Corona Del Mar, CA, pg. 490
Wellman, Frederick - NBC, PPOM - SCOUTCOMMS, Richmond, VA, pg. 646
Wells, Michael - Management, NBC - OUTFRONT MEDIA, Chicago, IL, pg. 554
Wells, John - Account Services, Management, Media Department, NBC - RAPP WORLDWIDE, Los Angeles, CA, pg. 291
Wells, Ashley - Account Services, Management, NBC - PEREIRA & O'DELL, San Francisco, CA, pg. 256
Welsch, John - NBC, PPOM - THE TOMBRAS GROUP, Knoxville, TN, pg. 424
Wencel, MJ - NBC, PPOM - WENCEL WORLDWIDE, INC., Oak Brook, IL, pg. 572
Wenck, Linda - NBC, PPOM - MORGAN & MYERS, Waukesha, WI, pg. 389
Wendle, Brian - NBC - YAMAMOTO, Chicago, IL, pg. 435
Wensberg, Lisa - NBC - ESHOTS, INC., Chicago, IL, pg. 305
Wente, Mike - Creative, NBC, PPOM - MCGARRYBOWEN, San Francisco, CA, pg. 385
Werner, Jen - NBC - MINTEL, Chicago, IL, pg. 447
Weseloh, Liam - Management, NBC - SPECTRA, Philadelphia, PA, pg. 315
West, Caren - NBC, PPOM - CAREN WEST PR, Atlanta, GA, pg. 588
West, Erin - Account Services, NBC - POP, INC., Seattle, WA, pg. 195
West, Bob - Interactive / Digital, NBC - MEISTER INTERACTIVE, Willoughby, OH, pg. 250
West, Ryan - Account Services, NBC - GOODBY, SILVERSTEIN & PARTNERS, San Francisco, CA, pg. 77
West, Erica - Management, NBC - ANDREA OBSTON MARKETING COMMUNICATIONS, Bloomfield, CT, pg. 31
Westerkon, Samuel - Analytics, Media Department, NBC - MINDSHARE, New York, NY, pg. 491
Weston, Sam - NBC, Public Relations - ESSENCE, New York, NY, pg. 232
Weston, Kristie - Account Services, Management, NBC - VENABLES BELL & PARTNERS, San Francisco, CA, pg.

1789

RESPONSIBILITIES INDEX — AGENCIES

158

Westphal, Steve - NBC - ADVANCE 360, Grand Rapids, MI, pg. 211

Wetzel, Lynn - NBC - KIRVIN DOAK COMMUNICATIONS, Las Vegas, NV, pg. 620

Weyers, Sheeri - Account Services, NBC - TOWER MEDIA ADVERTISING, INC., Chicago, IL, pg. 293

Whalen, Jennifer - NBC - SALESFORCE DMP, San Francisco, CA, pg. 409

Whaley, Mike - Management, NBC - VMLY&R, Kansas City, MO, pg. 274

Wheeler, Matt - NBC - FORESIGHT ROI, Chicago, IL, pg. 681

Whiddon, Jean - NBC - FIXATION MARKETING, Arlington, VA, pg. 359

Whigham, Judson - NBC - PSYOP, Venice, CA, pg. 196

Whipple, Joel - NBC - ALL POINTS DIGITAL, Norwalk, CT, pg. 671

Whisenant, Alison - Account Services, Interactive / Digital, Media Department, NBC, Social Media - MULLENLOWE U.S. BOSTON, Boston, MA, pg. 389

Whitaker, Steve - NBC - SIGNATURE GRAPHICS, Porter, IN, pg. 557

Whitcomb, Jeff - NBC, PPOM - COMMUNICATORS GROUP, Keene, NH, pg. 344

White, Jeff - NBC, PPOM - DEUTSCH, INC., Los Angeles, CA, pg. 350

White, Otey - NBC, PPOM - OTEY WHITE & ASSOCIATES, Baton Rouge, LA, pg. 123

White, Keith - NBC, PPOM - PARKERWHITE, Encinitas, CA, pg. 194

White, Kiley - Account Services, Interactive / Digital, NBC - THE RICHARDS GROUP, INC., Dallas, TX, pg. 422

White, Tiffany - NBC - THE TRADE DESK, Chicago, IL, pg. 519

White, Sheri - NBC - DIRECT RESULTS, Venice, CA, pg. 63

White, Molly - NBC - GLYNNDEVINS MARKETING, Kansas City, MO, pg. 364

White, Ben - Management, NBC - FUSEPROJECT, INC., San Francisco, CA, pg. 184

White, Mark - NBC, PPOM - MARTINO-WHITE, Atlanta, GA, pg. 106

White, Jennifer - NBC - KLICK HEALTH, Toronto, ON, pg. 244

White, Erika - Media Department, NBC - PHD USA, New York, NY, pg. 505

Whitely, David - NBC - SPRINKLR, New York, NY, pg. 688

Whitman, Lois - NBC, PPOM - HWH PUBLIC RELATIONS, New York, NY, pg. 614

Whitmer, Kurt - NBC, PPOM - DATABASE MARKETING GROUP, INC., Irvine, CA, pg. 281

Wiederkehr, Donna - NBC, PPOM - DENTSU AEGIS NETWORK, New York, NY, pg. 61

Wiemer, Ashleigh - Interactive / Digital, Media Department, NBC - INLINE MEDIA, INC. , Denver, CO, pg. 479

Wieringo, Suzanne - Account Services, Management, NBC - THE MARTIN AGENCY, Richmond, VA, pg. 421

Wigert, Christine - NBC - SCORR MARKETING, Kearney, NE, pg. 409

Wiggins, Jessica - Interactive / Digital, NBC, Social Media - VMLY&R, Kansas City, MO, pg. 274

Wigler, Lori - Account Services, Management, NBC - HORIZON MEDIA, INC., New York, NY, pg. 474

Wilber, Cassidy - Creative, Media Department, NBC - GOODBY, SILVERSTEIN & PARTNERS, San Francisco, CA, pg. 77

Wilcox, Chris - NBC - PEREIRA & O'DELL, San Francisco, CA, pg. 256

Wild, Amy Claire - NBC, PPOM - GROUNDFLOOR MEDIA, Denver, CO, pg. 611

Wilhelm, Mike - NBC - MOMENTUM WORLDWIDE, Atlanta, GA, pg. 117

Wilhelm, Anna - Media Department, NBC - HORIZON MEDIA, INC., New York, NY, pg. 474

Wilhite, Michael - Interactive / Digital, NBC - 84.51, Cincinnati, OH, pg. 441

Wilke, Richard - NBC, PPOM - LIPPINCOTT, New York, NY, pg. 189

Wilkerson, Kevin - NBC - DROGA5, New York, NY, pg. 64

Wilkinson, Mike - Account Planner, NBC, Research - JORDAN ADVERTISING, Oklahoma City, OK, pg. 377

Wilkinson, Tim - NBC - HANSON WATSON ASSOCIATES, Moline, IL, pg. 81

Wilkinson, Gerrard - NBC, PPOM - GATES, New York, NY, pg. 76

Wilkos, Dan - Account Planner, Account Services, Creative, NBC - MCCANN NEW YORK, New York, NY, pg. 108

Will, Sara - Interactive / Digital, Media Department, NBC, Promotions - CLOSED LOOP MARKETING, Roseville, CA, pg. 672

Willhoft, Gene - Creative, Media Department, NBC, PPOM - ABSOLUTE MEDIA INC., Stamford, CT, pg. 453

Williams, Russ - NBC, PPOM - ARCHER MALMO, Memphis, TN, pg. 32

Williams, Ginny - NBC, PPOM - PETER WEBB PUBLIC RELATIONS, INC., Denver, CO, pg. 636

Williams, Mark - NBC, PPOM - MORTAR ADVERTISING, San Francisco, CA, pg. 117

Williams, Stephanie - Account Services, Interactive / Digital, Management, Media Department, NBC - THE RICHARDS GROUP, INC., Dallas, TX, pg. 422

Williams, Shanon - Account Services, NBC - CJRW, Little Rock, AR, pg. 590

Williams, Jill - NBC - LANE PR, Portland, OR, pg. 621

Williams, Jennifer - Account Services, NBC - REDPEPPER, Nashville, TN, pg. 405

Williams, Gwendolyn - Account Planner, Media Department, NBC - THE RICHARDS GROUP, INC., Dallas, TX, pg. 422

Williams, Christy - Interactive / Digital, Management, NBC - NEBO AGENCY, LLC, Atlanta, GA, pg. 253

Williams, Mark - NBC - AMOBEE, INC., Chicago, IL, pg. 213

Williams, Melanie - NBC - MUSE USA, Santa Monica, CA, pg. 543

Williams, Kevin - NBC, Public Relations - FIREHOUSE, INC., Dallas, TX, pg. 358

Williams, Jamie - NBC - BIGFISH CREATIVE GROUP, Scottsdale, AZ, pg. 333

Williams, Bret - NBC - TEN PEAKS MEDIA, Boerne, TX, pg. 269

Williamson, Mark - NBC, PPOM - PUTNAM ROBY WILLIAMSON COMMUNICATIONS , Madison, WI, pg. 640

Williamson, Janelle - Account Planner, Interactive / Digital, Media Department, NBC, Social Media - DIGITAS, New York, NY, pg. 226

Willis, Nathan - Account Services, NBC, Promotions - FUSEIDEAS, LLC, Buffalo, NY, pg. 306

Willumson, Rebecca - Management, NBC - QUESTEX, Washington, DC, pg. 449

Wilson, Tim - NBC, PPOM - STUDIO/LAB, Chicago, IL, pg. 200

Wilson, Jeff - NBC - PADILLA, Richmond, VA, pg. 635

Wilson, Mary - NBC - GEORGE LAY SIGNS, INC., Wichita, KS, pg. 552

Wilson, John - Account Services, NBC - MILNER BUTCHER MEDIA GROUP, Los Angeles, CA, pg. 491

Wilson, Adam - Creative, NBC, PPOM - D/CAL, Detroit, MI, pg. 56

Wilson, Ryan - NBC - UNIVERSAL MCCANN, New York, NY, pg. 521

Wilt, Bill - Account Services, NBC - COMMONWEALTH // MCCANN, Detroit, MI, pg. 52

Wilton, Geoff - Account Services, NBC - COSSETTE MEDIA, Toronto, ON, pg. 345

Windhorst, Katie - Media Department, NBC - OTT COMMUNICATIONS, INC. , Louisville, KY, pg. 395

Winer, Rachel - Account Services, Management, NBC, PPOM - EDELMAN, Chicago, IL, pg. 353

Wines, Brad - Account Services, Media Department, NBC, PPOM - RHODES STAFFORD WINES, CREATIVE, Dallas, TX, pg. 406

Wingo, Leslie - Account Services, NBC, PPOM - SANDERS\WINGO, El Paso, TX, pg. 138

Winkelman, Phil - Account Services, Media Department, NBC - MINTEL, Chicago, IL, pg. 447

Winnie, Karla - Management, NBC - THE WINNIE GROUP, Springfield, MO, pg. 425

Winston, Rebecca - Account Planner, Interactive / Digital, Media Department, NBC - HORIZON MEDIA, INC., New York, NY, pg. 474

1790

Winston, Kate - Analytics, Management, NBC - ENVISIONIT MEDIA, INC., Chicago, IL, *pg.* 231
Winter, Caitlin - NBC - SIGNAL THEORY, Kansas City, MO, *pg.* 141
Wintrub, Charles - NBC, PPOM - CATALYST MARKETING COMMUNICATIONS, Stamford, CT, *pg.* 340
Wischmann, Talia - Interactive / Digital, NBC, Social Media - HABERMAN, Minneapolis, MN, *pg.* 369
Wise, Victoria - NBC - INFINITY DIRECT, Plymouth, MN, *pg.* 286
Wise, Jon - NBC, PPOM - NEUE, Philadelphia, PA, *pg.* 253
Wisely, David - NBC - INNOCEAN USA, Huntington Beach, CA, *pg.* 479
Wiseman, Bob - NBC, PPOM - BURKHOLDER FLINT ASSOCIATES, Columbus, OH, *pg.* 338
Wismer, Tina - NBC - THE SUMMIT GROUP, Salt Lake City, UT, *pg.* 153
Wissmann, Kathie - NBC - KELSH WILSON DESIGN, Bala Cynwyd, PA, *pg.* 188
Witherspoon, Chris - Account Services, NBC, PPOM - DNA SEATTLE, Seattle, WA, *pg.* 180
Witmer, Tim - Interactive / Digital, Media Department, NBC - GMR MARKETING, New Berlin, WI, *pg.* 306
Witt, Ginger - NBC - SERINO COYNE, INC., New York, NY, *pg.* 299
Woelfel, Scott - Management, NBC - IFTHEN DIGITAL, Atlanta, GA, *pg.* 241
Wold, Greg - Account Services, NBC, PPOM - SHINE UNITED, Madison, WI, *pg.* 140
Wold, Suzin - NBC - BAZAARVOICE, INC., Austin, TX, *pg.* 216
Wolf, Howard - NBC, PPOM - TOTAL PROMOTIONS, INC., Highland Park, IL, *pg.* 570
Wolf, Julie - Management, NBC - GUMGUM, New York, NY, *pg.* 467
Wolfberg, Steve - Creative, NBC, PPOM - CRONIN, Glastonbury, CT, *pg.* 55
Wolff-Reid, Maureen - NBC, PPOM - SHARON MERRILL ASSOCIATES, INC., Boston, MA, *pg.* 646
Wolinetz, Geoff - Account Services, Finance, NBC - FREEWHEEL, New York, NY, *pg.* 465
Wolpe, Catherine - NBC - ANOMALY, New York, NY, *pg.* 325
Wong, Kourtney - NBC - AKQA, Washington, DC, *pg.* 212
Wong, Hilda - Account Planner, Account Services, Interactive / Digital, NBC - HEARTS & SCIENCE, New York, NY, *pg.* 471
Woo, Jacqueline - NBC - GMR MARKETING, New Berlin, WI, *pg.* 306
Wood, Andrew - NBC - MINTZ & HOKE, Avon, CT, *pg.* 387
Wood, Kristin - Account Services, Interactive / Digital, Media Department, NBC - BADER RUTTER & ASSOCIATES, INC., Milwaukee, WI, *pg.* 328
Wood, Ashley - Interactive / Digital, Media Department, NBC, Social Media - OXFORD COMMUNICATIONS, Lambertville, NJ, *pg.* 395
Wood, Rich - Interactive / Digital, Management, NBC - RIGHTPOINT, Oakland, CA, *pg.* 263
Wood, Jonathan - NBC - AMOBEE, INC., Redwood City, CA, *pg.* 213
Woodard, Francis - Account Services, NBC - BBDO ATL, Atlanta, GA, *pg.* 330
Woodcock, Jim - Account Services, Management, NBC - FLEISHMANHILLARD, Saint Louis, MO, *pg.* 604
Woodhull, Bailey - Account Planner, Media Department, NBC - HILL HOLLIDAY, Boston, MA, *pg.* 85
Woodruff, Terry - NBC, PPOM - WOODRUFF, Columbia, MO, *pg.* 163
Woodruff, Diane - Administrative, NBC - CRONIN, Glastonbury, CT, *pg.* 55
Woodruff, Matt - NBC, PPOM - CONSTELLATION AGENCY, New York, NY, *pg.* 221
Woods, Randy - Account Services, Management, NBC, Operations - VALTECH, Ottawa, ON, *pg.* 273
Woods, Lorie - Account Services, NBC - TRICOMB2B, Dayton, OH, *pg.* 427
Woods, Robert - Account Services, NBC - BARRETTSF, San Francisco, CA, *pg.* 36
Woods, Matthew - Analytics, NBC - DIGITAS, Detroit, MI, *pg.* 229
Woodson, Corey - NBC - WIEDEN + KENNEDY, Portland, OR, *pg.* 430
Woodward, Katie - Creative, Interactive / Digital, NBC - ACCELERATION PARTNERS, Needham, MA, *pg.* 25
Woodworth, Alex - NBC - BECORE, Los Angeles, CA, *pg.* 302
Wool, Ann - NBC, PPOM - KETCHUM, New York, NY, *pg.* 542
Woolley, Gord - NBC - HAMBLY & WOOLLEY, INC., Toronto, ON, *pg.* 185
Wootten, Nicholas - Creative, Management, NBC - BILLUPS, INC, Los Angeles, CA, *pg.* 550
Worley, Rachel - NBC, Public Relations - DESIGNSENSORY, Knoxville, TN, *pg.* 62
Wormser, Lauren - Interactive / Digital, NBC, PPOM - MEDIACOM, New York, NY, *pg.* 487
Worthington, Abby - NBC, Public Relations - CARAT, Toronto, ON, *pg.* 461
Worthington, Jessica - Account Services, NBC, PPOM, Social Media - MINDSHARE, Portland, OR, *pg.* 495
Wren, Cassidy - Account Services, NBC - THE RICHARDS GROUP, INC., Dallas, TX, *pg.* 422
Wright, Rodney - NBC, PPOM - UNICOM ARC, Saint Louis, MO, *pg.* 657
Wright, Eric - NBC - DS SIMON PRODUCTIONS, INC., New York, NY, *pg.* 230
Wright, Mark - NBC, PPOM - TARGETBASE MARKETING, Irving, TX, *pg.* 292
Wright, Jennifer - Account Services, Interactive / Digital, NBC, Social Media - GTB, Dearborn, MI, *pg.* 367
Wright, Robyn - NBC - GILBREATH COMMUNICATIONS, INC., Houston, TX, *pg.* 541
Wright, Jim - Account Planner, Media Department, NBC, PPOM - PULSAR ADVERTISING, Washington, DC, *pg.* 401
Wright, Travis - Management, NBC - CCP DIGITAL, Kansas City, MO, *pg.* 49
Wroblewski, Caitlin - Media Department, NBC - INITIATIVE, New York, NY, *pg.* 477
Wu, Frances - Account Planner, NBC, PPOM - SALTWORKS, Boston, MA, *pg.* 197
Wu, Kylie - Creative, NBC - THE MANY, Pacific Palisades, CA, *pg.* 151
Wu, Shawn - Interactive / Digital, NBC - GENERATOR MEDIA + ANALYTICS, New York, NY, *pg.* 466
Wunsch, Michael - Interactive / Digital, NBC, PPOM - LEAP, Louisville, KY, *pg.* 245
Wurz, Emily - Account Services, NBC - THE BUNTIN GROUP, Nashville, TN, *pg.* 148
Wygant, Jonathan - NBC, PPOM - BIGSPEAK SPEAKERS BUREAU, Santa Barbara, CA, *pg.* 302
Wynn, Sara - NBC - SAPPER CONSULTING, LLC, St. Louis, MO, *pg.* 291
Xenopoulos, Jason - Creative, NBC, PPOM - VMLY&R, New York, NY, *pg.* 160
Yahr, Erica - Account Planner, NBC, PPOM - MCCANN HEALTH NEW YORK, New York, NY, *pg.* 108
Yaklich, Cindi - Creative, NBC, PPOM - EPICENTER CREATIVE, Boulder, CO, *pg.* 68
Yakowenko, Samantha - Media Department, NBC - DESIGNSENSORY, Knoxville, TN, *pg.* 62
Yakuel, Joe - NBC, PPOM - AGENCY WITHIN, Lond Island City, NY, *pg.* 323
Yamane, Shelley - Account Planner, NBC, PPOM - MUSE USA, Santa Monica, CA, *pg.* 543
Yanez, Anne Marie - Management, NBC - ZENITH MEDIA, Santa Monica, CA, *pg.* 531
Yang, Sean - Analytics, Media Department, NBC - OMD WEST, Los Angeles, CA, *pg.* 502
Yanoscik, Andrew - Account Services, Creative, NBC - BASIC, San Diego, CA, *pg.* 215
Yant, Jocelyn Marie - Creative, NBC - CREATIVE CIRCLE, New York, NY, *pg.* 667
Yardley, Mike - NBC, PPOM - VMLY&R, Kansas City, MO, *pg.* 274
Yasko, Bryan - Account Services, NBC, PPOM - JOHANNES LEONARDO, New York, NY, *pg.* 92

RESPONSIBILITIES INDEX — AGENCIES

Yasser, Ed - Interactive / Digital, Media Department, NBC - LANMARK360, West Long Branch, NJ, pg. 379
Ybarra, Judy - NBC - GOODBY, SILVERSTEIN & PARTNERS, San Francisco, CA, pg. 77
Yepez, Luis - NBC - LEOTTA DESIGNERS, INC., Coral Gables, FL, pg. 189
Yerman, Todd - Management, NBC - CAMPBELL EWALD, Detroit, MI, pg. 46
Yi, Scott - Analytics, Media Department, NBC - HAVAS MEDIA GROUP, Chicago, IL, pg. 469
Yip, Lori - NBC - 141 HAWAII, Honolulu, HI, pg. 297
Yntema, Ted - NBC - INVESTIS DIGITAL, Phoenix, AZ, pg. 376
Yoder, Amber - NBC - HIKER, New York, NY, pg. 239
Yokogawa, Jon - Account Services, Creative, NBC - INTERTREND COMMUNICATIONS, INC., Long Beach, CA, pg. 541
Yoo, Heawon - NBC - LIGHTBOX OOH VIDEO NETWORK, New York, NY, pg. 553
Yormark, Brett - Account Services, NBC, Operations, PPOM - ROC NATION, New York, NY, pg. 298
Yormark, Michael - Account Services, Management, NBC, PPOM - ROC NATION, New York, NY, pg. 298
Yoselevitz, Lindsey - Media Department, NBC, PPOM - WAVEMAKER, New York, NY, pg. 526
Young, Alicia - Interactive / Digital, NBC, PPOM - FINN PARTNERS, New York, NY, pg. 603
Young, Carrie - Account Services, Creative, NBC, Public Relations - PADILLA, Minneapolis, MN, pg. 635
Young, Sean - Account Services, NBC - DELOITTE DIGITAL, New York, NY, pg. 225
Young, Kelly - Account Services, Analytics, Media Department, NBC - CANVAS WORLDWIDE, Playa Vista, CA, pg. 458
Young, Wes - Account Planner, Media Department, NBC - WIEDEN + KENNEDY, New York, NY, pg. 432
Young, Jason - Media Department, NBC, PPOM - CRISP MEDIA, New York, NY, pg. 533
Young, Lindsay - Account Services, Creative, Media Department, NBC - MEDIA ASSEMBLY, Southfield, MI, pg. 385
Young, Joe - Account Services, Management, NBC - ALLEN & GERRITSEN, Philadelphia, PA, pg. 30
Young, John - Interactive / Digital, NBC - STEELE BRANDING, Pocatello, ID, pg. 412
Young, Tori - Account Services, NBC - 9THWONDER, Playa Vista, CA, pg. 453
Young, Michelle - Management, NBC - DELOITTE DIGITAL, New York, NY, pg. 225
Youngblade, Rachel - NBC - IDEO, Palo Alto, CA, pg. 187
Yowpa, Tim - Account Services, NBC - REDPEG MARKETING, Alexandria, VA, pg. 692
Yu, Justine - NBC, Promotions - OCTAGON, Rogers, AR, pg. 313
Yue, Albert - NBC, PPOM - DYVERSITY COMMUNICATIONS, Markham, ON, pg. 66
Yuen, Crystal - NBC - OMD, New York, NY, pg. 498
Yuskoff, Claudia - Account Planner, Account Services, Interactive / Digital, Management, Media Department, NBC, Social Media - CONILL ADVERTISING, INC., El Segundo, CA, pg. 538
Yuter, Stephen - Account Planner, NBC - FLEISHMANHILLARD, Washington, DC, pg. 605
Zaas, Wendy - Creative, Interactive / Digital, NBC - DKC PUBLIC RELATIONS, West Hollywood, CA, pg. 597
Zabroski, Brian - Account Services, NBC - MOJAVE ADVERTISING, Mountaintop, PA, pg. 192
Zahn, Rachael - Account Services, NBC - INVESTIS DIGITAL, Phoenix, AZ, pg. 376
Zahr, John - NBC - GYK ANTLER, Manchester, NH, pg. 368
Zaiss, Tracy - NBC, PPOM - ZAISS & COMPANY, Omaha, NE, pg. 165
Zajic, Christina - NBC, PPOM - ICF NEXT, Minneapolis, MN, pg. 372
Zaks, Irving - NBC - ISOBAR US, New York, NY, pg. 242
Zaman, Kashif - Account Services, NBC, PPOM - AISLE ROCKET, Chicago, IL, pg. 681
Zambrano, Lanya - NBC, PPOM - FIREWOOD, San Francisco, CA, pg. 283
Zambrano, Juan - NBC, PPOM - FIREWOOD, San Francisco, CA, pg. 283
Zandri, Justin - NBC - GARTNER, INC., Stamford, CT, pg. 236
Zantzinger, Woody - NBC - WILLOWTREE, INC., Charlottesville, VA, pg. 535
Zapata, Andres - Account Planner, Management, NBC, PPOM - IDFIVE, Baltimore, MD, pg. 373
Zapata, David - NBC, PPOM - ZAPWATER COMMUNICATIONS, Chicago, IL, pg. 664
Zarrillo, Michael - NBC, PPOM - UTÖKA, Atlanta, GA, pg. 203
Zarski, Chris - Interactive / Digital, NBC, Social Media - CAMELOT STRATEGIC MARKETING & MEDIA, Dallas, TX, pg. 457
Zartman, Jean - NBC - GARRIGAN LYMAN GROUP, Seattle, WA, pg. 236
Zdrill, Kirby - NBC, PPOM - LUMENCY INC., New York, NY, pg. 310
Zeesman, Arthur - NBC, PPOM - FIDGET BRANDING, Los Angeles, CA, pg. 7
Zehren, Charles - NBC, Public Relations - RUBENSTEIN ASSOCIATES, New York, NY, pg. 644
Zeilman, Andy - NBC, PPOM - AFFECTIVA, INC., Boston, MA, pg. 441
Zeldes, Rich - Management, NBC - STELLA RISING, Westport, CT, pg. 518
Zeller, Joe - NBC, PPOM - ZELLER MARKETING & DESIGN, East Dundee, IL, pg. 205
Zeltser, Irina - Management, NBC - TALON OUTDOOR, New York, NY, pg. 558
Zeman, Paul - Analytics, Management, NBC - PHOENIX MARKETING INTERNATIONAL, Rhinebeck, NY, pg. 449
Zent, Amber - Interactive / Digital, NBC, Social Media - MARCUS THOMAS, Cleveland, OH, pg. 104
Zerfu, Solome - NBC - BRAND INSTITUTE, INC., Culver City, CA, pg. 3
Zieff, Katelyn - Account Services, Administrative, NBC - CANNABRAND, Denver, CO, pg. 47
Zietzer, Diana - NBC, Public Relations - CONCEPTS, INC., Bethesda, MD, pg. 592
Zigarelli, Merrilee - NBC - CM&N ADVERTISING, Somerville, NJ, pg. 51
Zijderveld, Gabi - NBC, PPOM - AFFECTIVA, INC., Boston, MA, pg. 441
Zilbershatz, Allison - NBC - SPARK FOUNDRY, Chicago, IL, pg. 510
Zimbard, Michael - NBC, PPOM - EDIT1, New York, NY, pg. 562
Zimmer, Billy - Account Services, NBC - ALLIED INTEGRATED MARKETING, Hollywood, CA, pg. 576
Zimmerman, Jim - NBC, PPOM - THE ZIMMERMAN GROUP, Minnetonka, MN, pg. 426
Zimmerman, Denise - Account Services, NBC - PAVONE MARKETING GROUP, Harrisburg, PA, pg. 396
Zimmerman, Jennifer - Account Planner, Media Department, NBC, PPOM - MCGARRYBOWEN, New York, NY, pg. 109
Zimmerman, Michelle - Account Services, NBC - MIRUM AGENCY, San Diego, CA, pg. 251
Zimmerman, Cassidy - Account Services, NBC - MOSAIC NORTH AMERICA, Irving, TX, pg. 312
Zipp Garbis, Carly - Account Services, NBC, Public Relations - OUTFRONT MEDIA, New York, NY, pg. 554
Zirlin, Elliott - NBC, PPOM - BLUE SKY MARKETING GROUP, Northbrook, IL, pg. 566
Zlatin, Yael - NBC - ADTAXI, Denver, CO, pg. 211
Zlokower, Harry - NBC, PPOM - ZLOKOWER COMPANY, New York, NY, pg. 665
Zoller, Frank - Account Services, Media Department, NBC, PPOM - MEDIACOM, New York, NY, pg. 487
Zolliecoffer, Loretta - NBC - 180LA, Los Angeles, CA, pg. 23
Zonia, Theresa - Account Services, Media Department, NBC - TIERNEY COMMUNICATIONS, Philadelphia, PA, pg. 426

AGENCIES

Zubairi, Mohib - NBC - MODEL B, Washington, DC, pg. 251
Zupcic, Cindy - NBC - XENOPSI, New York, NY, pg. 164
Zweibaum, Kiersten - Account Services, NBC, PPOM - KETCHUM, New York, NY, pg. 542

Operations

Abiad, Joe - Finance, Operations - PACIFIC COMMUNICATIONS, Irvine, CA, pg. 124
Abig, Diane - Operations - ENVANO, INC., Green Bay, WI, pg.
Abramson Norr, Suzanne - Operations, PPOM - AVATAR LABS, Encino, CA, pg. 214
Acampora, Rick - Account Services, Operations, PPOM - WAVEMAKER, New York, NY, pg. 526
Accardi, Judy - Operations - OGILVY COMMONHEALTH WORLDWIDE, Parsippany, NJ, pg. 122
Adams, Eric - Operations, PPOM - FILTER, Seattle, WA, pg. 234
Adelson, Robyn - Creative, Management, Operations - WEBER SHANDWICK, Toronto, ON, pg. 662
Adkins, Sarah - Operations - EDELMAN, New York, NY, pg. 599
Adler, Ross - Media Department, NBC, Operations - CAGE POINT, New York, NY, pg. 457
Adolfo, Raig - Account Planner, Account Services, Management, Media Department, NBC, Operations, PPOM, Promotions - 360I, LLC, New York, NY, pg. 320
Agacki, Dawn - Operations, PPOM - BOELTER & LINCOLN, INC., Milwaukee, WI, pg. 41
Agers, Carl - Operations - HERO DIGITAL, San Francisco, CA, pg. 238
Agnew, Kelsey - Account Services, Operations - VERT MOBILE LLC, Atlanta, GA, pg. 274
Aguilan, Luis - Finance, Operations - AEFFECT, INC., Deerfield, IL, pg. 441
Aguilar, Patricia - Operations, PPOM - GAMEPLAN CREATIVE, LLC, Chicago, IL, pg. 8
Ahene, Nii - Operations, PPOM - CPC STRATEGY, San Diego, CA, pg. 672
Ahern, Nora - Management, Operations - NOISE DIGITAL, Vancouver, BC, pg. 254
Ahmad, Sabeen - Interactive / Digital, Media Department, Operations - PUBLICIS NORTH AMERICA, New York, NY, pg. 399
Ahuja, Xavier - Account Planner, Operations - CRESCENDO, San Ramon, CA, pg. 55
Aiello, Kim - Operations - ITM NEWSPAPER MEDIA PLANNING & BUYING, Parsippany, NJ, pg. 480
Aiello Lippert, Marie - Operations - ZETA INTERACTIVE, New York, NY, pg. 277
Ajlouny, Robert - Media Department, Operations - GTB, Dearborn, MI, pg. 367
Albers, Shelby - Analytics, Media Department, Operations - UNIVERSAL MCCANN DETROIT, Birmingham, MI, pg. 524
Albert, Peter - Operations - DIRECT RESULTS, Venice, CA, pg. 63
Alberti, Bill - Account Planner, NBC, Operations - C SPACE, Boston, MA, pg. 443
Alberti, Jane Marie - Creative, Operations - DERSE, INC., Milwaukee, WI, pg. 304
Alcarez, Ted - Human Resources, Operations - FIG, New York, NY, pg. 73
Alcazar, Carlos - Account Services, Creative, Interactive / Digital, Management, NBC, Operations, PPOM - CULTURE ONE WORLD, Washington, DC, pg. 539
Alderman, John - Operations, PPOM - SOCIALCODE, Washington, DC, pg. 688
Alesi, Norman - Finance, Operations, PPOM - LYONS CONSULTING GROUP, Chicago, IL, pg. 247
Alexander, Timothy - Interactive / Digital, Operations - MDG ADVERTISING, Boca Raton, FL, pg. 484
Alfano, Andrea - Operations, PPOM - H&L PARTNERS, Oakland, CA, pg. 80
Algayer, Kurt - Account Services, Operations, PPM - LANMARK360, West Long Branch, NJ, pg. 379
Allam, Hayley - Media Department, Operations - MINDSHARE, San Francisco, CA, pg. 495
Allen, Jamie - Operations, PPOM - TEXAS CREATIVE, San Antonio, TX, pg. 201
Allen, Ben - Management, Operations - DCG ONE, Seattle, WA, pg. 58
Allick, Katrina - Creative, Operations - YARD, New York, NY, pg. 435
Allred, David - Operations, PPOM - STAMP IDEAS GROUP, LLC, Montgomery, AL, pg. 144
Alpern, Dee - Operations, PPOM - SINGLE SOURCE M.A.P., INC., Danvers, MA, pg. 142
Alstead, Jennifer - Operations - SCHERMER, Minneapolis, MN, pg. 16
Altenbernd, Dan - Operations, PPOM - H2M, Fargo, ND, pg. 81
Amantea, Mario - Operations, PPOM - ZGM COLLABORATIVE MARKETING, Calgary, AB, pg. 437
Anderson, Suellen - Management, Operations - RAPP WORLDWIDE, Irving, TX, pg. 291
Anderson, Robb - Account Services, Operations - EXHIBIT AFFECTS, Tempe, AZ, pg. 305
Anderson, Vanessa - Operations - BROWN PARKER | DEMARINIS ADVERTISING, Boca Raton, FL, pg. 43
Andre, Anthony - Account Services, Operations - BAYARD ADVERTISING AGENCY, INC., New York, NY, pg. 37
Andrews, Laurie - Operations, PPOM - COTTON & COMPANY, Stuart, FL, pg. 345

RESPONSIBILITIES INDEX

Andrews, Kathy - Operations - MOD OP, Dallas, TX, pg. 388
Andrews, Kate - Operations - PALMER MARKETING, Mississauga, ON, pg. 396
Andrews, Katie - NBC, Operations - FORTNIGHT COLLECTIVE, Boulder, CO, pg. 7
Andrushkiw, Christina - Operations - VELOCITY OMC, New York, NY, pg. 158
Angelos, Andy - Analytics, Management, Media Department, Operations, Research - MANIFEST, Chicago, IL, pg. 248
Ankeny, Samantha - Creative, Operations - COMMONWEALTH // MCCANN, Detroit, MI, pg. 52
Ann Brennan-Montalbano, Mary - Operations - SPECIALISTS MARKETING SERVICES, INC. , Hasbrouck Heights, NJ, pg. 292
Anne Engel, Leslie - Analytics, Operations - STARCOM WORLDWIDE, Chicago, IL, pg. 513
Anselmo, Jon - Operations, PPOM - OMD, New York, NY, pg. 498
Antaki, Eric - Interactive / Digital, Media Department, Operations - OPENMIND, New York, NY, pg. 503
Applen, Elizabeth - Creative, Operations - FALLON WORLDWIDE, Minneapolis, MN, pg. 70
Aquino, Katy - Creative, Operations, PPOM - MUH-TAY-ZIK / HOF-FER, San Francisco, CA, pg. 119
Arkell, Chris - Account Services, NBC, Operations - PINNACLE ADVERTISING, Schaumburg, IL, pg. 397
Arlett, Neil - Management, NBC, Operations - BFG COMMUNICATIONS, Bluffton, SC, pg. 333
Armitage, Ben - Account Services, Management, Operations - ADAMS OUTDOOR ADVERTISING, North Charleston, SC, pg. 549
Arora, Ishviene - Account Services, Operations, PPOM - VESTED, New York, NY, pg. 658
Arroliga, Alexandra - Account Services, Operations - VMLY&R, New York, NY, pg. 160
Asaro, Michael - Creative, Operations - WUNDERMAN THOMPSON, New York, NY, pg. 434
Ash, Perry - Operations, PPOM - ASH-ALLMOND ASSOCIATES, Venus, TX, pg. 566
Ashy, Sara - Operations, PPOM - BBR CREATIVE, Lafayette, LA, pg. 174
Assad, Joseph - Operations, PPOM - KOVERT CREATIVE, New York, NY, pg. 96
Atkinson, Craig - Account Services, Interactive / Digital, NBC, Operations, PPOM - TINUITI, New York, NY, pg. 678
Atsalakis, Sara - Operations - PUBLICIS NORTH AMERICA, New York, NY, pg. 399
Aubrey, Michael - Interactive / Digital, Operations - ORGANIC,

1793

RESPONSIBILITIES INDEX — AGENCIES

INC., New York, NY, *pg.* 256
Auger, Jari - Finance, Operations, PPOM - CAMPBELL EWALD, Detroit, MI, *pg.* 46
Avdalli, Aurora - Media Department, Operations - MEDIACOM, New York, NY, *pg.* 487
Avera, Mark - Interactive / Digital, Media Department, Operations - PORTER NOVELLI, Atlanta, GA, *pg.* 637
Azar, Tony - Management, Operations - ALISON GROUP, North Miami Beach, FL, *pg.* 681
Azor, Joyce - Media Department, Operations - FCB NEW YORK, New York, NY, *pg.* 357
Azpeitia, Mia - Operations - RAIN, New York, NY, *pg.* 262
Azuri, Jonathan - Account Services, Operations - HITWISE, Santa Monica, CA, *pg.* 86
Babb, Maggie - Human Resources, Operations - KNIGHT, Orlando, FL, *pg.* 95
Babik, Drew - Interactive / Digital, Operations - TRAFFIC DIGITAL AGENCY, Clawson, MI, *pg.* 271
Bachman, Angela - Operations - AKHIA PUBLIC RELATIONS, INC., Hudson, OH, *pg.* 575
Baker, Bill - NBC, Operations, PPOM - THE LACEK GROUP, Minneapolis, MN, *pg.* 270
Baker, Ben - Account Services, Operations - ANTHOLOGIE, Milwaukee, WI, *pg.* 31
Baldwin-Scarcliss, Alexis - Management, Operations, PPM - MARKET VISION, INC., San Antonio, TX, *pg.* 568
Ball, Josh - Account Services, Operations - DAGGER, Atlanta, GA, *pg.* 224
Ballard, Allison - Operations - D3 SYSTEMS, McLean, VA, *pg.* 56
Balter, Rick - Operations, PPOM - TINSLEY ADVERTISING, Miami, FL, *pg.* 155
Bandy, Bree - NBC, Operations - IGNITED, El Segundo, CA, *pg.* 373
Banerjee, Sid - Management, Operations, PPOM - CLARABRIDGE, INC., Reston, VA, *pg.* 167
Banks, Rena - Operations - KASTNER, Los Angeles, CA, *pg.* 94
Baran, Christina - Account Services, Operations - FUSEIDEAS, LLC, Winchester, MA, *pg.* 306
Bardetti, Renzo - Finance, Operations, PPOM - BRODEUR PARTNERS, Boston, MA, *pg.* 586
Barker, Thomas - Operations - GREENHOUSE AGENCY, Irvine, CA, *pg.* 307
Barlow, Colin - Operations, PPOM - GROUPM, New York, NY, *pg.* 466
Barnard, Christian - Operations, PPOM - T3, Austin, TX, *pg.* 268
Barnes, Linda - Operations, PPOM - GEONETRIC, Cedar Rapids, IA, *pg.* 237
Barone, Joe - Interactive /

Digital, NBC, Operations, PPOM - GROUPM, New York, NY, *pg.* 466
Barr, Karyn - Account Services, Management, Operations - ALLISON+PARTNERS, San Francisco, CA, *pg.* 576
Barrett, Tricia - Operations - CROWLEY WEBB & ASSOCIATES, Buffalo, NY, *pg.* 55
Barrett, Trey - Operations, PPOM - INUVO, INC., Little Rock, AR, *pg.* 90
Barron, David - Finance, Operations, PPOM - MANIFEST, New York, NY, *pg.* 248
Barry, John - Operations - MCDONALD MARKETING, Denver, CO, *pg.* 543
Barry, Steve - Management, Operations - MADWELL, Denver, CO, *pg.* 103
Basillo, Daina - Account Services, Management, Operations - KOVAK-LIKLY COMMUNICATIONS, Wilton, CT, *pg.* 620
Bassiri, David - Operations, PPM - JACK MORTON WORLDWIDE, New York, NY, *pg.* 308
Basu, Neha - Account Services, Operations - BRANDED ENTERTAINMENT NETWORK, INC., Sherman Oaks, CA, *pg.* 297
Batchelor, Ken - Management, Operations - DMI MUSIC & MEDIA SOLUTIONS, Pasadena, CA, *pg.* 567
Batrouney, Geoffrey - Operations, PPOM - ESTEE MARKETING GROUP, Rye Brook, NY, *pg.* 283
Battat, Kathy - Operations - BRAND ZOO INC., San Francisco, CA, *pg.* 42
Bauer, Dave - Interactive / Digital, Media Department, Operations, Programmatic - CROSSMEDIA, New York, NY, *pg.* 463
Bauer Fabean, Karen - Operations, PPOM - DUNN ASSOCIATES, Arlington, VA, *pg.* 598
Baumel, Britt - Operations - ALETHEIA MARKETING & MEDIA, Dallas, TX, *pg.* 454
Baxter, Ryan - Operations, PPOM - CSM PRODUCTION, Harrisburg, NC, *pg.* 304
Baynham, Maggie - Account Services, Creative, Interactive / Digital, Operations - FORTYFOUR, Atlanta, GA, *pg.* 235
Beach, Max - Operations, PPOM - LINESPACE, Los Angeles, CA, *pg.* 189
Beatty, Colleen - Operations - THE HYBRID CREATIVE, Santa Rosa, CA, *pg.* 151
Bedera, Megan - Management, Operations - AMPLIFY RELATIONS, Reno, NV, *pg.* 577
Bell, Robert - Operations, PPOM - CENTRA360, Westbury, NY, *pg.* 49
Bell, Cynthia - Operations - SPARKS, Philadelphia, PA, *pg.* 315
Bell, Jason - Analytics, Operations - ABEL SOLUTIONS, INC., Alpharetta, GA, *pg.* 209
Belling, Noelle - Account Services, Operations - THE INTEGER GROUP, Lakewood, CO, *pg.* 682

Bellini, Kelly - Operations - YAMAMOTO, Minneapolis, MN, *pg.* 435
Belmesk, Rafik - Management, Operations - TAXI, Montreal, QC, *pg.* 146
Belo, Lucille - Operations, PPOM - PORTER LEVAY & ROSE, New York, NY, *pg.* 637
Belsky, Jared - Management, Operations, PPOM - 360I, LLC, Atlanta, GA, *pg.* 207
Belzer, Kori - Operations, PPOM - SPAR GROUP, INC., Auburn Hills, MI, *pg.* 266
Benedick, Nicole - Interactive / Digital, Operations - ENERGY BBDO, INC., Chicago, IL, *pg.* 355
Bengoa, Valerie - Finance, Operations, PPOM - DDB SAN FRANCISCO, San Francisco, CA, *pg.* 60
Bennett, Stacie - Operations - MOROCH PARTNERS, Dallas, TX, *pg.* 389
Benson, Matthew - Management, Operations - SARD VERBINNEN, New York, NY, *pg.* 646
Bentahar, Amine - Operations - ADVANTIX DIGITAL, Addison, TX, *pg.* 211
Benton, Lauren - NBC, Operations - FORCE MARKETING, Atlanta, GA, *pg.* 284
Berg, Rachel - Operations - VELOCITY OMC, New York, NY, *pg.* 158
Berger, Alexander - Interactive / Digital, Operations - THE DESIGNORY, Longbeach, CA, *pg.* 149
Berger, Johanna - Interactive / Digital, Media Department, Operations - DP+, Farmington Hills, MI, *pg.* 353
Berke, Carolyn - Operations, PPOM - MARINA MAHER COMMUNICATIONS, New York, NY, *pg.* 625
Berkowitz, Elie - Operations - INITIATIVE, New York, NY, *pg.* 477
Berney, Larry - Operations, PPOM - DON JAGODA ASSOCIATES, Melville, NY, *pg.* 567
Bernstein, Jordan - Operations, PPOM - CASSIDY & ASSOCIATES, Washington, DC, *pg.* 589
Berry, Colin - Operations - EXPONATION, Atlanta, GA, *pg.* 305
Berthin, Rafael - Operations - DECO PRODUCTIONS, Miami, FL, *pg.* 304
Bettman, Gary - Management, Operations, PPOM - THE MILLER GROUP, Pacific Palisades, CA, *pg.* 421
Beutel, Johnette - Finance, Operations, PPOM - THE MCCARTHY COMPANIES, Dallas, TX, *pg.* 151
Beutel, Kerry - NBC, Operations, PPOM - WHITE64, Tysons, VA, *pg.* 430
Bevilacqua, Patrick - Account Services, Interactive / Digital, Management, Media Department, Operations, Programmatic - ACTIVISION BLIZZARD MEDIA, New York, NY, *pg.* 26
Bevins, Tanya - Account Planner, Account Services, Media Department,

AGENCIES — RESPONSIBILITIES INDEX

NBC, Operations - MINDSHARE, New York, NY, pg. 491

Bialaszewski, Keitha - Account Services, Operations - THE 360 AGENCY, Los Angeles, CA, pg. 418

Bibeau, Gaeton - Operations - PATTISON OUTDOOR ADVERTISING, Montreal, QC, pg. 555

Bickart, Aaron - NBC, Operations - TEAM VELOCITY MARKETING, Herndon, VA, pg. 418

Bickford, Aisha - Account Services, Media Department, Operations - UNIVERSAL MCCANN, New York, NY, pg. 521

Bierman, Robert - Creative, Operations - FALK HARRISON, INC., Saint Louis, MO, pg. 183

Bingham, Carolyn - Operations - JWT TORONTO, Toronto, ON, pg. 378

Binns, Daniel - Interactive / Digital, NBC, Operations - INTERBRAND, New York, NY, pg. 187

Birnsteel, John - Operations, PPOM - DOEANDERSON ADVERTISING, Louisville, KY, pg. 352

Birrell, Kate - Account Services, NBC, Operations - CLEAR CHANNEL OUTDOOR, New York, NY, pg. 550

Bischoff, Karl - Operations, PPOM - PHINNEY / BISCHOFF DESIGN HOUSE, Seattle, WA, pg. 194

Blackwell, Keith - Operations - ABERDEEN GROUP, INC., Waltham, MA, pg. 441

Blair, Ryan - Operations, PPOM - MAD MEN MARKETING, Jacksonville, FL, pg. 102

Blakely, Randy - Operations - CPC EXPERIENTIAL, Eagan, MN, pg. 303

Blatt, Casey - Operations - COVET PUBLIC RELATIONS, San Diego, CA, pg. 593

Block, Alex - Account Planner, Account Services, Analytics, NBC, Operations, Research - GROUPM, New York, NY, pg. 466

Block, Michael - Operations, PPOM - WPROMOTE, El Segundo, CA, pg. 678

Blouin, Todd - Management, Operations - GENESCO SPORTS ENTERPRISES, Dallas, TX, pg. 306

Bluestein, Barry - Operations, PPOM - SOURCE COMMUNICATIONS, Hackensack, NJ, pg. 315

Bobrow, Liza - Operations - HEAT, San Francisco, CA, pg. 84

Bock, Josh - Account Services, Management, Operations - UNIVERSAL MCCANN, New York, NY, pg. 521

Bock, Jason - Account Services, Interactive / Digital, Media Department, Operations - OMD ENTERTAINMENT, Burbank, CA, pg. 501

Bodkin, Mike - Operations, PPOM - GIANT PROPELLER, Burbank, CA, pg. 76

Bodrie, Jerry - Account Services, Management, Operations, PPOM - BALDWIN&, Raleigh, NC, pg. 35

Boettiger, Bryan - Operations, PPOM - PARALLEL PATH, Boulder, CO, pg. 256

Boles, Rick - Media Department, Operations - PRIMEDIA, Warwick, RI, pg. 506

Bollin, Andrea - Account Services, Operations - GREY MIDWEST, Cincinnati, OH, pg. 366

Bolling, Tom - Operations, PPOM - ON IDEAS, Jacksonville, FL, pg. 394

Bolling, Thomas - Operations, PPOM - ON IDEAS, Jacksonville, FL, pg. 394

Boney Dole, Rebecca - Operations - CENTERLINE DIGITAL, Raleigh, NC, pg. 220

Bonillo, Carie - Creative, Operations, PPM - DEUTSCH, INC., Los Angeles, CA, pg. 350

Bonuccelli, Anabela - Management, Operations - HAVAS MEDIA GROUP, Miami, FL, pg. 470

Bootland, Larry - Operations - TRAMPOLINE, Halifax, NS, pg. 20

Bordson, Nancy - Operations, PPOM - HODDER, Minneapolis, MN, pg. 86

Borgia, Anthony - Operations - SPARK FOUNDRY, Chicago, IL, pg. 510

Borisavljevic, Katie - Management, Media Department, Operations - RPA, Santa Monica, CA, pg. 134

Borromeo, Ed - Operations, PPOM - TALLWAVE, Scottsdale, AZ, pg. 268

Borzillo, Gretchen - Operations - MEDIACROSS, INC., Saint Louis, MO, pg. 112

Bosch, Dave - Media Department, Operations - ZENITH MEDIA, Santa Monica, CA, pg. 531

Bosworth, Allen - Operations, PPOM - EP+CO., Greenville, SC, pg. 356

Bouch, Pamela - Operations - 78MADISON, Altamont Springs, FL, pg. 321

Boughton, Oliver - Operations, PPOM - IRIS, New York, NY, pg. 376

Boumans, Jos - Interactive / Digital, Operations, Programmatic - SALESFORCE DMP, San Francisco, CA, pg. 409

Bourgeois, Lauren - Operations, PPM - BBR CREATIVE, Lafayette, LA, pg. 174

Bourn, Becky - Administrative, Operations - B/HI, INC. - LA, Los Angeles, CA, pg. 579

Bowles, Jeremy - Account Services, Management, Operations - PUBLICIS NORTH AMERICA, New York, NY, pg. 399

Bowman, Scott - Operations - MARKETING WORKS, York, PA, pg. 105

Boxhill, Conroy - Account Services, Management, Operations - PORTER NOVELLI, Atlanta, GA, pg. 637

Boyd, Ben - Account Services, Operations, PPOM - BCW NEW YORK, New York, NY, pg. 581

Bracken, Laura Jean - Operations, PPOM - PALISADES MEDIA GROUP, INC., Santa Monica, CA, pg. 124

Bradley, Steve - Management, Operations - RLM PUBLIC RELATIONS, New York, NY, pg. 643

Bradshaw, Allie - Operations - THE INTEGER GROUP, Lakewood, CO, pg. 682

Bragas, Chris - Finance, Operations, PPOM - CARPENTER GROUP, New York, NY, pg. 48

Brahm, Jerry - Operations - KLUNK & MILLAN ADVERTISING, Allentown, PA, pg. 95

Brake, Susan - Account Planner, Interactive / Digital, Operations - DEVELOPMENT COUNSELLORS INTERNATIONAL, LTD., New York, NY, pg. 596

Brandner, Paul - Operations, PPOM - BRANDNER COMMUNICATIONS, INC., Federal Way, WA, pg. 42

Brann, Kitty - Operations - IGOE CREATIVE, Greenville, NC, pg. 373

Brant, Cara - Operations, PPOM - CLINICAL TRIAL MEDIA, Hauppauge, NY, pg. 667

Braverman, Paul - Operations, PPOM - K/P CORPORATION, San Leandro, CA, pg. 286

Bravo-Campbell, Andrea - Creative, Operations - COLUMN FIVE, Brooklyn, NY, pg. 343

Brennan, Brian - Media Department, Operations - PINNACLE ADVERTISING, Schaumburg, IL, pg. 397

Brescia, Keisha - Operations, PPOM - FORWARDPMX, New York, NY, pg. 360

Bresina, Tracy - Operations, PPOM - RED SKY PUBLIC RELATIONS, Boise, ID, pg. 642

Breslow, Andrew - Operations - STARCOM WORLDWIDE, New York, NY, pg. 517

Bretz, Pete - Interactive / Digital, Operations - ALLIED PIXEL, Media, PA, pg. 561

Brewer, Rhonda - Operations - SPORTVISION, Fremont, CA, pg. 266

Brewer, Joe - Interactive / Digital, Operations, PPOM - KATZ MEDIA GROUP, INC., New York, NY, pg. 481

Bridle, Christopher - NBC, Operations, Public Relations - R/GA, San Francisco, CA, pg. 261

Briggs, Derek - Operations, PPOM - SHAKER RECRUITMENT ADVERTISING & COMMUNICATIONS, Oak Park, IL, pg. 667

Brill, Judy - Operations, PPM - TBWA \ CHIAT \ DAY, Los Angeles, CA, pg. 146

Brini-Lieberman, Jacqueline - Operations, PPOM, Research - STORY WORLDWIDE, New York, NY, pg. 267

Brito, Allison - NBC, Operations - WONDERSAUCE, New York, NY, pg. 205

Britton, Lance - Interactive / Digital, Media Department, Operations - CONVERSION INTERACTIVE AGENCY, Brentwood, TN, pg. 222

Brodrecht, Robert - Interactive / Digital, Operations - BIG COMMUNICATIONS, INC., Birmingham, AL, pg. 39

Brogner, Aliza - Operations, PPOM - ALISON BROD PUBLIC RELATIONS, New York, NY, pg. 576

Broitman, Craig - NBC, Operations, PPOM - KATZ MEDIA GROUP, INC., New York, NY, pg. 481

RESPONSIBILITIES INDEX — AGENCIES

Brokaw, Les - Operations, PPOM - THE GARFIELD GROUP, Philadelphia, PA, pg. 419

Brokaw, JB - Operations, PPOM - JANUARY DIGITAL, New York, NY, pg. 243

Brook, Rick - Account Services, Operations - WPP GROUP, INC., New York, NY, pg. 433

Brooker, Neil - Operations, PPOM - DESIGNWORKS/USA, Newbury Park, CA, pg. 179

Brothers, Jennifer - Management, Operations, PPOM - TWENTY FOUR-SEVEN, INC., Portland, OR, pg. 203

Browe, Jeff - Operations, PPOM - WUNDERMAN THOMPSON, Irvine, CA, pg. 435

Brown, Bob - Operations, PPOM - SIGNATURE COMMUNICATIONS, Philadelphia, PA, pg. 410

Brown, Mike - Operations, PPOM - APOTHECOM ASSOCIATES, LLC, Yardley, PA, pg. 32

Brown, Colin - Operations, PPOM - DIGILANT, Boston, MA, pg. 464

Brown, Katie - Operations - SPACE150, Minneapolis, MN, pg. 266

Brown, Kyle - Operations - WINGARD CREATIVE, Jacksonville, FL, pg. 162

Brownsen, Elizabeth - Operations - TEAM ONE, Los Angeles, CA, pg. 417

Bruce, Kyle - Operations - WS, Calgary, AB, pg. 164

Brummond, Robert - Finance, Operations, PPOM - SUNSTAR STRATEGIC, Alexandria, VA, pg. 651

Brunet-Garcia, Diane - Operations, PPOM - BRUNET-GARCIA ADVERTISING, INC., Jacksonville, FL, pg. 44

Bryant, Sue - Operations, PPOM - SUNSTAR STRATEGIC, Alexandria, VA, pg. 651

Brydon, Brian - Account Planner, Operations - BBDO WORLDWIDE, New York, NY, pg. 331

Bryk, Peter - Operations - WILEN MEDIA CORPORATION, Melville, NY, pg. 432

Buckfelder, Cristina - Account Services, Operations, PPOM - CREATIVE SERVICES, High Point, NC, pg. 594

Burcham, Heather - Media Department, Operations, PPOM - BANIK COMMUNICATIONS, Great Falls, MT, pg. 580

Burke, Andrew - Account Services, Operations - HAVAS MEDIA GROUP, Boston, MA, pg. 470

Burke, David - Operations - MOXIE, Atlanta, GA, pg. 251

Burke Hlava, Tamara - Operations - COLUMN FIVE, Brooklyn, NY, pg. 343

Burnside, Robert - Human Resources, Operations, PPOM - KETCHUM, New York, NY, pg. 542

Burr, Derek - Media Department, Operations, PPM - NEW HONOR SOCIETY, Saint Louis, MO, pg. 391

Busch, Lauren - Operations - BRUSTMAN CARRINO PUBLIC RELATIONS, Miami, FL, pg. 587

Butash, Carol - Operations - THE MARS AGENCY, Southfield, MI, pg. 683

Butler, Fawn - Operations - OMD, New York, NY, pg. 498

Butler, Cathy - Account Planner, Account Services, Interactive / Digital, Management, NBC, Operations, PPOM - ORGANIC, INC., New York, NY, pg. 256

Butler, Paul - Operations, PPOM - SPARKS & HONEY, New York, NY, pg. 450

Butler, Ricky Ray - Operations, PPOM - BRANDED ENTERTAINMENT NETWORK, INC., Sherman Oaks, CA, pg. 297

Buzzeo, Christopher - Operations - ABILITY COMMERCE, Delray Beach, FL, pg. 209

Byers, Kris - NBC, Operations - CACTUS MARKETING COMMUNICATIONS, Denver, CO, pg. 339

Byers, Kristina - Operations - CACTUS MARKETING COMMUNICATIONS, Denver, CO, pg. 339

Caballes, Kevin - Account Services, Operations - ACTIVISION BLIZZARD MEDIA, New York, NY, pg. 26

Cacioppo, Chris - Operations, PPOM - EMFLUENCE, LLC, Kansas City, MO, pg. 231

Cahill, Adam - Interactive / Digital, Media Department, Operations, PPOM - DIGILANT, Boston, MA, pg. 464

Cain, Kim - Operations - DERSE, INC., North Las Vegas, NV, pg. 304

Calderon, Christina - Creative, Operations, PPOM - JB CHICAGO, Chicago, IL, pg. 188

Caldwell, Cindy - Operations - VIGET LABS, Falls Church, VA, pg. 274

Caldwell, Krystal - Operations - FD2S, Austin, TX, pg. 183

Calhoun, Kelsey - Operations - DRAGON ARMY, Atlanta, GA, pg. 533

Calvert, Wilson - Operations - STEEP CREEK MEDIA, Humble, TX, pg. 557

Calvino, Bridget - Operations - MARKETING RESOURCES, Oak Park, IL, pg. 568

Campbell, Ian - Management, Operations, PPOM - ABERNATHY MACGREGOR GROUP, Los Angeles, CA, pg. 574

Campbell, David - Operations, PPOM - CHERNOFF NEWMAN, Columbia, SC, pg. 341

Campbell, Kailen - Operations - TALLWAVE, Scottsdale, AZ, pg. 268

Campbell, Cammilla - Finance, Operations - EGAMI GROUP, New York, NY, pg. 539

Campe, Cathleen - Interactive / Digital, Media Department, Operations, PPOM - RPA, Santa Monica, CA, pg. 134

Campion, Margy - Operations, PPOM - NOVUS MEDIA, INC., Plymouth, MN, pg. 497

Campisi, Pete - Management, Operations - WEBER SHANDWICK, New York, NY, pg. 660

Candullo, Michael - Operations, PPOM - PATH INTERACTIVE, INC., New York, NY, pg. 256

Cantor, Lowell - Operations, PPOM - BLUE CHIP MARKETING & COMMUNICATIONS, Northbrook, IL, pg. 334

Cappello, Anne - Account Services, Operations - TRIAD RETAIL MEDIA, St. Petersburg, FL, pg. 272

Caputo, Anthony - Operations - POSTWORKS, New York, NY, pg. 195

Caraway, Laura - Operations - CMI, Atlanta, GA, pg. 443

Cardoso, Nick - Interactive / Digital, Media Department, Operations, Research - MEDIACOM, Playa Vista, CA, pg. 486

Cardozo, Allan - Operations - PAVLOV, Fort Worth, TX, pg. 126

Carmack, Jon - Interactive / Digital, Operations - THE BUNTIN GROUP, Nashville, TN, pg. 148

Carmichael, Alan - Operations, PPOM - MOXLEY CARMICHAEL, Knoxville, TN, pg. 629

Carney, Mia - Operations - MBT MARKETING, Portland, OR, pg. 108

Carns, David - Operations - DCG ONE, Seattle, WA, pg. 58

Carol, Joan - Operations - ESTEY-HOOVER ADVERTISING & PUBLIC RELATIONS, Newport Beach, CA, pg. 69

Caron, Neil - Account Services, Operations - HUGE, INC., Atlanta, GA, pg. 240

Carone, Christa - Operations, PPOM - CSM SPORTS & ENTERTAINMENT, New York, NY, pg. 55

Carosella, Joey - Operations - GEOMETRY, Chicago, IL, pg. 363

Carr, Cheryl - Operations, PPOM - CARR MARKETING COMMUNICATIONS, INC., Buffalo, NY, pg. 588

Carrillo, Jennifer - Operations - PEREIRA & O'DELL, San Francisco, CA, pg. 256

Carter, Angela - Operations, PPOM - CALYPSO, Portsmouth, NH, pg. 588

Caruso, David F. - Operations, PPOM - UNITED ENTERTAINMENT GROUP, New York, NY, pg. 299

Cassel, Gina - Operations - RECKNER, Chalfont, PA, pg. 449

Cassidy, Tracey - Account Services, Operations - ALLISON+PARTNERS, New York, NY, pg. 576

Cassino, Chris - Operations, PPOM - REFUEL AGENCY, New York, NY, pg. 507

Cassorla, Lori - Account Planner, Media Department, Operations - MEDIAHUB BOSTON, Boston, MA, pg. 489

Cast, Frauke - Account Services, Operations - JUST MEDIA, INC., Emeryville, CA, pg. 481

Castellini, Bridget - Operations, PPOM - WORDSWORTH COMMUNICATIONS, Cincinnati, OH, pg. 663

Caston, Janice - NBC, Operations -

AGENCIES
RESPONSIBILITIES INDEX

TOLUNA, Wilton, CT, *pg.* 450
Catchpole, Sherry - Operations - USIM, Los Angeles, CA, *pg.* 525
Cathmoir, Gord - Operations - LEO BURNETT TORONTO, Toronto, ON, *pg.* 97
Catrone, Richard - Operations - ENGINE, Cincinnati, OH, *pg.* 444
Cavolo, Sara - NBC, Operations - MOSAIC NORTH AMERICA, New York, NY, *pg.* 312
Cawood, Nathan - Operations - CAWOOD, Eugene, OR, *pg.* 340
Chadwell, Keith - Operations, PPOM - SOURCELINK, LLC, Greenville, SC, *pg.* 292
Champoux, Holly - Interactive / Digital, NBC, Operations, Programmatic - CARAT, Detroit, MI, *pg.* 461
Chang, Michael - Account Services, Management, NBC, Operations - WONGDOODY, New York, NY, *pg.* 433
Charlebois, Stephanie - Operations - MCKINNEY, West Hollywood, CA, *pg.* 111
Charles, Mimi - Operations, Public Relations - WILKINSON FERRARI & COMPANY, Salt Lake City, UT, *pg.* 663
Charney, Amanda - Account Services, Operations - FIXATION MARKETING, Arlington, VA, *pg.* 359
Charriez, Awilda - Finance, Operations, PPOM - THE GATE WORLDWIDE, New York, NY, *pg.* 419
Chau, Kristina - Account Services, Media Department, Operations - STARCOM WORLDWIDE, New York, NY, *pg.* 517
Chaudhri Lenz, Kiran - NBC, Operations - GTB, Dearborn, MI, *pg.* 367
Chauvin, Jude - Finance, Operations, PPOM - TRUMPET ADVERTISING, New Orleans, LA, *pg.* 157
Cheema, Sean - Operations - DERSE, INC., Milwaukee, WI, *pg.* 304
Chen, Ted - Operations - SPORTVISION, Fremont, CA, *pg.* 266
Chenevert, Amber - Account Services, Operations - VMLY&R, New York, NY, *pg.* 160
Cherra, Richard - Analytics, NBC, Operations - MBB AGENCY, Leawood, KS, *pg.* 107
Cheslin Guise, Sue - Operations - DONER, Southfield, MI, *pg.* 63
Chi, Soojeong - NBC, Operations - PATTERN, New York, NY, *pg.* 126
Chiam, Valerie - NBC, Operations, PPOM - TEAM EPIPHANY, New York, NY, *pg.* 652
Chianese, Colleen - Operations - DERSE, INC., Milwaukee, WI, *pg.* 304
Chin Ullmann, Elena - NBC, Operations, Promotions - MEDIACOM, New York, NY, *pg.* 487
Chivore, Tarirai - Analytics, Operations - MRM//MCCANN, New York, NY, *pg.* 289
Cho, Jonathan - Management, NBC, Operations - ACRONYM MEDIA, New York, NY, *pg.* 671

Choate, David - Operations, PPOM - CONVENTURES, INC., Boston, MA, *pg.* 685
Choate, Deb - Operations - EVR ADVERTISING, Manchester, NH, *pg.* 69
Choe, Kyong - Finance, Operations, PPOM - REPEQUITY, Washington, DC, *pg.* 263
Choi, Choon - Operations, PPOM - HEARST AUTOS, San Francisco, CA, *pg.* 238
Chopek, Chris - Account Services, Interactive / Digital, Management, Operations - EDELMAN, Washington, DC, *pg.* 600
Chou, Jason - Media Department, Operations, Research - DIGITAS, Boston, MA, *pg.* 226
Christman, Jennifer - Account Services, Media Department, Operations - AD RESULTS MEDIA, Houston, TX, *pg.* 279
Chu, Livia - Account Services, Media Department, Operations - DWA MEDIA, San Francisco, CA, *pg.* 464
Chuku, Yusuf - Account Planner, Management, Operations, PPOM - VMLY&R, New York, NY, *pg.* 160
Chung, Charles - Account Services, Management, Operations, PPM - R/GA, Chicago, IL, *pg.* 261
Ciarleglio, Jodi - Finance, Interactive / Digital, Operations, PPM - CRONIN, Glastonbury, CT, *pg.* 55
Cicero, Carla - NBC, Operations - THIRD WAVE DIGITAL , Macon, GA, *pg.* 270
Cich, Heather - Operations - EPIC CREATIVE, West Bend, WI, *pg.* 7
Cintron, Jimmy - Operations - SKY ADVERTISING, INC., New York, NY, *pg.* 142
Civello, Becki - NBC, Operations - IX.CO, New York, NY, *pg.* 243
Claire, Amanda - Creative, Operations - WIEDEN + KENNEDY, Portland, OR, *pg.* 430
Clark, Julia - Interactive / Digital, Operations - ANOMALY, New York, NY, *pg.* 325
Clark, Katie - Interactive / Digital, Media Department, NBC, Operations - IDEO , Palo Alto, CA, *pg.* 187
Claudio, Solange - Operations, PPOM - MOXIE, Atlanta, GA, *pg.* 251
Clawson, Amy - Human Resources, Operations - BUTLER, SHINE, STERN & PARTNERS, Sausalito, CA, *pg.* 45
Clem, Toni - Operations, PPOM - SCOPPECHIO, Louisville, KY, *pg.* 409
Clements, Kaytee - Operations - PROJECT X, New York, NY, *pg.* 556
Cline, Jennifer - Operations, PPOM - ABC CREATIVE GROUP, Syracuse, NY, *pg.* 322
Clochard-Bossuet, Nicolas - Operations, PPOM - JCDECAUX NORTH AMERICA, New York, NY, *pg.* 553
Clot, Kaci - Operations - POP, INC., Seattle, WA, *pg.* 195
Clough, Karen - Operations, PPOM -

MISSY FARREN & ASSOCIATES, LTD., New York, NY, *pg.* 627
Coate, Hilary - Operations, PPM - VENABLES BELL & PARTNERS, San Francisco, CA, *pg.* 158
Cobb, Winona - Operations - HOTHOUSE, Atlanta, GA, *pg.* 371
Cocco, Susan - Analytics, Operations - COLANGELO SYNERGY MARKETING, INC., Darien, CT, *pg.* 566
Cochran, Rachel - Account Services, Analytics, Creative, Operations, Social Media - BEACHY MEDIA, Queens, NY, *pg.* 216
Codd, Martin - Operations, PPM - REDPEG MARKETING, Alexandria, VA, *pg.* 692
Coffaro, John - Operations - RAPPORT OUTDOOR WORLDWIDE, New York, NY, *pg.* 556
Coffey, Jane - Operations, PPOM - COFFEY COMMUNICATIONS, Walla Walla, WA, *pg.* 281
Cohen, Daniel - Administrative, Media Department, Operations, PPOM - OCTAGON, New York, NY, *pg.* 313
Colameta, Ray - Media Department, Operations - DIGITAS, Chicago, IL, *pg.* 227
Cole, Olivia - Operations - GODO DISCOVERY COMPANY, Dallas, TX, *pg.* 77
Coleman, Brandon - Operations - HUGE, INC., Chicago, IL, *pg.* 186
Coletti, Ed - Operations - GREENOUGH COMMUNICATIONS, Watertown, MA, *pg.* 610
Colling, Peter - NBC, Operations, PPOM - COLLING MEDIA, Scottsdale, AZ, *pg.* 51
Colonna, Kristen - Account Services, Media Department, Operations, PPOM - OMD, New York, NY, *pg.* 498
Colotti, Agostino - Finance, Operations, PPOM - AFG&, New York, NY, *pg.* 28
Colson, Grady - Operations, PPOM - MADDEN MEDIA, Tucson, AZ, *pg.* 247
Commandatore, Dana - Creative, Operations - DEUTSCH, INC., Los Angeles, CA, *pg.* 350
Conine, Scott - Management, Operations - RISE INTERACTIVE, Chicago, IL, *pg.* 264
Connors, Dan - Operations - TCAA, Dedham, MA, *pg.* 519
Conron, Michelle - Interactive / Digital, Media Department, Operations - CASHMAN & ASSOCIATES, Philadelphia, PA, *pg.* 589
Consaga, Melissa - Media Department, Operations - DAC GROUP, Louisville, KY, *pg.* 223
Constantine, Michelle - Operations, PPOM - GRAHAM GROUP, Lafayette, LA, *pg.* 365
Cook, Angie - Account Services, Management, Operations - INITIATIVE, Chicago, IL, *pg.* 479
Cook, Ryan - Media Department, Operations - MINDSHARE, Chicago, IL, *pg.* 494

RESPONSIBILITIES INDEX

AGENCIES

Cook, Natalie - Media Department, Operations - OLOMANA LOOMIS ISC, Honolulu, HI, pg. 394

Cook, Kevin - Operations, PPOM - EDELMAN, Chicago, IL, pg. 353

Cook, Heidi - Operations - GRAPEVINE COMMUNICATIONS, Sarasota, FL, pg. 78

Cook, Alexandra - Operations - ADPEARANCE, Portland, OR, pg. 671

Cook, Christine - Interactive / Digital, Operations - CARAT, New York, NY, pg. 459

Cooper, Harvey - Operations - CROSS COUNTRY COMPUTER, East Islip, NY, pg. 281

Cooper, Chad - Operations - DONER, Southfield, MI, pg. 63

Cooper, Courtney - Creative, Operations - BESON 4 MEDIA GROUP, Jacksonville, FL, pg. 3

Corbo, Joseph - Operations - VANGUARD DIRECT, New York, NY, pg. 274

Corns, David - Account Services, Management, NBC, Operations - R/GA, San Francisco, CA, pg. 261

Coryat, Annie - Operations, PPOM - SHOPHER MEDIA, Fort Lauderdale, FL, pg. 682

Cote, Scott - Account Services, Interactive / Digital, Operations - THE BALLANTINE CORPORATION, Fairfield, NJ, pg. 293

Covert, Gail - Human Resources, Operations - TOUCHSTORM, New York, NY, pg. 570

Cramer, Estelle - Operations - BRANDED ENTERTAINMENT NETWORK, INC., Sherman Oaks, CA, pg. 297

Crane, Camilla - Operations - ELMWOOD, New York, NY, pg. 181

Crawford, Amy - Account Services, Operations - ROCKIT SCIENCE AGENCY, Baton Rouge, LA, pg. 16

Crawford, Kelly - Management, Operations - GO! EXPERIENCE DESIGN, New York, NY, pg. 307

Crawford, Harmony - Operations - THE MARKETING PRACTICE, Seattle, WA, pg. 169

Cresswell, Katie - Operations - MGH ADVERTISING, Owings Mills, MD, pg. 387

Crews, Chris - Operations - EVENTIVE MARKETING, New York, NY, pg. 305

Crichton, Sharon - Management, Operations, PPM - JACK MORTON WORLDWIDE, Boston, MA, pg. 309

Crisan, Jane - NBC, Operations, PPOM - RAIN, Portland, OR, pg. 402

Crockett, Jeanne - Operations - GSD&M, Austin, TX, pg. 79

Crosby, Gene - Operations, PPOM - JACKSON SPALDING INC., Atlanta, GA, pg. 376

Crosby, Dana - Operations - NIMBUS, Louisville, KY, pg. 391

Crotteau, Jennifer - Management, NBC, Operations - ROUNDHOUSE - PORTLAND, Portland, OR, pg. 408

Crotty, Virginia - Account Planner, Operations - MCKINNEY, Durham, NC,

pg. 111

Crull, Michele - Operations - RAWLE-MURDY ASSOCIATES, Charleston, SC, pg. 403

Crumley, Lisa - Operations, PPOM - GUD MARKETING, Lansing, MI, pg. 80

Cua, Lizbeth - Interactive / Digital, Operations - SAATCHI & SAATCHI LOS ANGELES, Torrance, CA, pg. 137

Culbertson, Samantha - Account Services, Analytics, Interactive / Digital, Operations - RESOLUTION MEDIA, Chicago, IL, pg. 676

Cullen, Maureen - Operations - AMOBEE, INC., Redwood City, CA, pg. 213

Cunningham, Rob - Operations, PPOM - UNIFLEX, INC., Happauge, NY, pg. 558

Curry, Sean - Operations, PPOM - C3 COMMUNICATIONS, INC., San Diego, CA, pg. 588

Cyphers, Todd - Operations - ADVENT, Nashville, TN, pg. 301

Czarniecki, Dayna - Media Department, Operations - LEO BURNETT DETROIT, Troy, MI, pg. 97

D'Amore, Vanessa - Creative, Interactive / Digital, Operations - CONVERSANT, LLC, Chicago, IL, pg. 222

Daake, Lisa - Operations - DAAKE DESIGN CENTER, Omaha, NE, pg. 178

Dabous, Lizzie - Operations - TAXI, Vancouver, BC, pg. 146

Dack, Jeff - Media Department, Operations, PPOM - WUNDERMAN THOMPSON, Toronto, ON, pg. 435

Dacko, Elizabeth - Management, Operations, Promotions - CRAMER-KRASSELT, Chicago, IL, pg. 53

Daguanno, Joe - Management, Operations - ADAMS OUTDOOR ADVERTISING, Madison, WI, pg. 549

Dahmes, Josh - Interactive / Digital, NBC, Operations - BLUESPIRE INC., Minneapolis, MN, pg. 335

Dailey, Jeff - Operations, PPOM - DAILEY MARKETING GROUP, Rancho Santa Margarita, CA, pg. 57

Dale, Randy - Finance, Operations, PPOM - ANDERSON DIRECT & DIGITAL, Poway, CA, pg. 279

Daley, Joe - Account Planner, NBC, Operations, PPOM - GSW WORLDWIDE / GSW, FUELED BY BLUE DIESEL, Westerville, OH, pg. 80

Daligan, Paul - Creative, Operations - MCGARRYBOWEN, New York, NY, pg. 109

Damore, Regina - Account Services, Operations - DECCA DESIGN, San Jose, CA, pg. 349

Daniels, Amanda - Account Services, Management, Operations - HAVAS SPORTS & ENTERTAINMENT, Atlanta, GA, pg. 370

Danis, Amanda - Interactive / Digital, Media Department, Operations - CARAT, New York, NY, pg. 459

Darrey, Jeffrey - Operations - VISTRA COMMUNICATIONS, LLC, Lutz, FL, pg. 658

Darwish, Amy - Interactive / Digital, Media Department, Operations - RESOLUTION MEDIA, New York, NY, pg. 263

Das, Joydip - Operations - SALESFORCE DMP, San Francisco, CA, pg. 409

Daugherty, Steve - Operations - NTH DEGREE, INC., Duluth, GA, pg. 312

Davenport, Pres - NBC, Operations - ECKEL & VAUGHAN, Raleigh, NC, pg. 599

Davidson, Carina - Operations, PPOM - ABERNATHY MACGREGOR GROUP, New York, NY, pg. 574

Davidson, Patrick - Operations, PPOM - G5 SEARCH MARKETING INC., Bend, OR, pg. 673

Davies, Bill - Finance, Operations, PPOM - JACK MORTON WORLDWIDE, Boston, MA, pg. 309

Davies, Brian - Finance, Operations - STARCOM WORLDWIDE, Chicago, IL, pg. 513

Davies, Michael - Operations - BACKBONE MEDIA, Carbondale, CO, pg. 579

Davis, Susan - Operations, PPOM - SUSAN DAVIS INTERNATIONAL, Washington, DC, pg. 651

Davis, Jedd - Media Department, Operations, PPOM - PUBLICIS HEALTH MEDIA, Philadelphia, PA, pg. 506

Davis, Craig M. - Finance, Operations, PPOM, Promotions - CGPR, Marblehead, MA, pg. 589

Davis, Jeff - Operations, PPOM - SANDELMAN & ASSOCIATES, Irving, TX, pg. 449

Davis, John - Finance, Operations - OMD, New York, NY, pg. 498

Davis, Alison - Account Services, Management, Operations - HOOK, Ann Arbor, MI, pg. 239

Davis, Lori - NBC, Operations - BUSINESSONLINE, San Diego, CA, pg. 672

Dawson, Cameron - Operations, PPOM - STAPLEGUN DESIGN, LLC, Oklahoma City, OK, pg. 412

Day, Cheryl - Account Services, Operations - UWG, Dearborn, MI, pg. 546

Deady, Grant - Management, Operations, PPOM - ZENO GROUP, Chicago, IL, pg. 664

Deakers, Elaine - Account Services, Operations - MKTG INC, New York, NY, pg. 311

DeCata, James - Operations, PPM - PACE COMMUNICATIONS, Greensboro, NC, pg. 395

DeHart, Stacey - Operations, PPOM - ASEN MARKETING & ADVERTISING, INC., Knoxville, TN, pg. 327

DeHart, David - Interactive / Digital, Operations - ADTAXI, Denver, CO, pg. 211

Deitz, Addison - Account Services, NBC, Operations - RAPP WORLDWIDE, Irving, TX, pg. 291

AGENCIES

RESPONSIBILITIES INDEX

Del Toro, Graciela - Creative, Operations, PPM - MOB SCENE, Los Angeles, CA, pg. 563

Delaney, James - Operations, PPOM - DMI PARTNERS , Philadelphia, PA, pg. 681

DeLeon Jr, Peter - Interactive / Digital, Operations - ZENITH MEDIA, New York, NY, pg. 529

Della Mattia, Michele - Operations - THE NOW GROUP, Vancouver, BC, pg. 422

Delmercado, Tony - Operations, PPOM - HAWKE MEDIA, Los Angeles, CA, pg. 370

Delshad, Lauren - Operations, PPM - 160OVER90, Los Angeles, CA, pg. 301

DeMarco, Kelsey - Operations - SECRET FORT, Chicago, IL, pg. 139

Demiris, Pat - Operations - GUMAS ADVERTISING, San Francisco, CA, pg. 368

Dence, Drucilla - NBC, Operations - ONION, INC., Chicago, IL, pg. 394

Dennis, Brian - Operations, PPOM - MANRIQUE GROUP, Minneapolis, MN, pg. 311

Dennler, Bruce - Administrative, Operations - MILNER BUTCHER MEDIA GROUP, Los Angeles, CA, pg. 491

DeNooyer, Sue - Operations - MRM//MCCANN, Princeton, NJ, pg. 252

DeNuccio, Jim - Account Services, Operations, PPOM - CURRENT PR, Lake Forest, CA, pg. 594

Derusha, Jack - Management, Operations - THE GEORGE P. JOHNSON COMPANY, San Carlos, CA, pg. 316

Desimini, Angelo - Operations, PPOM - SERINO COYNE, INC., New York, NY, pg. 299

DeSousa, Arlene - Account Planner, Account Services, Operations - SPARK FOUNDRY, New York, NY, pg. 508

Deveney, Shelly - Account Planner, Account Services, NBC, Operations - CALLAHAN CREEK , Lawrence, KS, pg. 4

Dey, Joydeep - Account Planner, Interactive / Digital, Management, Media Department, Operations, PPOM - MARINA MAHER COMMUNICATIONS, New York, NY, pg. 625

Deyo, Robin - Operations, PPOM - CENDYN, Boca Raton, FL, pg. 220

Diamond, Justin - Media Department, Operations - INTERSPORT, Chicago, IL, pg. 308

Diamond, Matthew - Account Services, Management, Operations - MOSAIC NORTH AMERICA, Mississauga, ON, pg. 312

Diaz, Anthony - Media Department, Operations - HEARTS & SCIENCE, New York, NY, pg. 471

DiBello, Martin - Analytics, Operations - FABCOM, Scottsdale, AZ, pg. 357

DiCamillo, Dave - Interactive / Digital, Operations, PPOM - CODE AND THEORY, New York, NY, pg. 221

Dickter, Len - Analytics, Creative, Operations - SAGON - PHIOR, Los Angeles, CA, pg. 409

Dieter, Eric - Operations, PPOM - MOVEMENT STRATEGY, New York, NY, pg. 687

DiGioia, Frank - Operations, PPOM - FORT GROUP, INC., Richfield Park, NJ, pg. 359

DiGiovanni, Robert - Account Services, Media Department, Operations, PPOM - PHD USA, New York, NY, pg. 505

Digles, John - Management, Operations - MWWPR, Chicago, IL, pg. 631

Dillon, Kathryn - Management, Operations - SPARK FOUNDRY, Seattle, WA, pg. 512

DiLorenzo, Dot - Operations, Research - USIM, Los Angeles, CA, pg. 525

DiLuigi, Mark - Operations - PINNACLE HEALTH COMMUNICATIONS, LLC, Doylestown, PA, pg. 128

DiMarco, Lisa - Operations, PPOM - MEDIA EXPERTS, Montreal, QC, pg. 485

Dinsmoor, Miles - Operations, PPOM - MODOP, Los Angeles, CA, pg. 251

Dionne, Robyn - Human Resources, Operations - ETHOS MARKETING & DESIGN, Westbrook, ME, pg. 182

Dionne, Nick - Management, NBC, Operations - ADVANCE 360, Grand Rapids, MI, pg. 211

Diorio, Nichole - NBC, Operations - OPENMIND, New York, NY, pg. 503

Dixon, Don - Operations, PPOM - JACOBSEYE, Atlanta, GA, pg. 243

Dixon, Jordan - Interactive / Digital, Media Department, Operations - DIXON SCHWABL ADVERTISING, Victor, NY, pg. 351

Dmytriw, Gordon - Interactive / Digital, Operations, Research - THINK SHIFT, INC., Winnipeg, MB, pg. 270

Dodge, Caitlin - Operations, PPOM - ARGUS COMMUNICATIONS, Boston, MA, pg. 537

Dodson, Jeannine - Account Services, Management, Operations - ADAMS OUTDOOR ADVERTISING, Charlotte, NC, pg. 549

Dohaney, Kate - Analytics, Creative, Operations - THE&PARTNERSHIP, New York, NY, pg. 426

Doherty, Steven - Operations, PPOM - CONNELLY PARTNERS, Boston, MA, pg. 344

Dohrenwend, Chuck - Operations, PPOM - ABERNATHY MACGREGOR GROUP, New York, NY, pg. 574

Dolan, Patrick - Operations, PPOM - INTERACTIVE ADVERTISING BUREAU, New York, NY, pg. 90

Dolan, Piper - Media Department, Operations - OGILVY, Chicago, IL, pg. 393

Dolce, Len - Finance, Operations - DIGITAS HEALTH LIFEBRANDS, Philadelphia, PA, pg. 229

Dominguez, Carlos - Operations - SPRINKLR, New York, NY, pg. 688

Donnell, Jason - NBC, Operations - VIDMOB, New York, NY, pg. 690

Donnell, Kate - Operations - 52 LTD, Portland, OR, pg. 667

Doran, Megan - NBC, Operations - IOMEDIA, INC., New York, NY, pg. 90

Dorko, Melissa - Account Services, NBC, Operations, PPOM - WUNDERMAN THOMPSON, Chicago, IL, pg. 434

Dorsey, Shandi - Operations - NIMBUS, Louisville, KY, pg. 391

Downs, Scott - Account Services, Operations, PPOM - OMD, New York, NY, pg. 498

Doyle, Craig - Interactive / Digital, NBC, Operations - MAYOSEITZ MEDIA, Blue Bell, PA, pg. 483

Doyle, Karlyn - NBC, Operations - POP2LIFE, New York, NY, pg. 195

Doyon, Joe - Account Services, Creative, Operations - PINEROCK, New York, NY, pg. 636

Drechsler, Victoria - Operations, PPOM - BRAND CONNECTIONS, LLC, New York, NY, pg. 336

Dreistadt, Jason - Account Services, Creative, Operations, PPOM - INFINITY CONCEPTS, Export, PA, pg. 285

Drew, Lara - Operations - GSD&M, Austin, TX, pg. 79

Driggs, Mark - Operations - LEGACY MARKETING PARTNERS, Chicago, IL, pg. 310

DuBan, Nickki - Interactive / Digital, NBC, Operations - CROSSMEDIA, Philadelphia, PA, pg. 463

Duckett, Emily - Finance, Operations - HILL , Houston, TX, pg. 186

Ducnuigeen, Marc - NBC, Operations, PPOM - THE INTEGER GROUP, Lakewood, CO, pg. 682

Duet, Shea - Creative, Interactive / Digital, Operations, PPOM - ZEHNDER COMMUNICATIONS, INC., New Orleans, LA, pg. 436

Duffy, Paul - Account Services, Management, Operations - NEXT MARKETING, Norcross, GA, pg. 312

Duffy-Lehrman, Sheila - Creative, Operations, PPOM - TROPIC SURVIVAL, North Miami, FL, pg. 156

Dugan, Peter - Operations, PPOM - IMC / IRVINE MARKETING COMMUNICATIONS, Holmdel, NJ, pg. 89

Dunaway, Marissa - Interactive / Digital, Media Department, Operations - PCH / MEDIA, Portland, ME, pg. 534

Duncan, Leslie - Operations, PPOM - DUNCAN / DAY ADVERTISING, Dallas, TX, pg. 66

Duncan, Rusty - Operations, PPOM - INSIGHT CREATIVE GROUP, Oklahoma City, OK, pg. 89

Dunham, Jena - Management, Operations, PPOM - BLACK BEAR DESIGN GROUP, Chamblee, GA, pg. 175

Dunleavy, John - Operations, PPOM - OGILVY, New York, NY, pg. 393

Dunn, Eric - Account Services,

1799

RESPONSIBILITIES INDEX — AGENCIES

Management, Operations - ODYSSEUS ARMS, San Francisco, CA, *pg.* 122

Dunton, Mischa - Management, Operations - BCW LOS ANGELES, Los Angeles, CA, *pg.* 581

Dupee, Steve - NBC, Operations, PPOM - BECORE, Los Angeles, CA, *pg.* 302

Dupuy, Abby - Operations - CAYENNE CREATIVE, Birmingham, AL, *pg.* 49

Duran, Dave - Media Department, Operations - KWG ADVERTISING, INC., New York, NY, *pg.* 96

Durga, Subhash - Operations - LIGHTBOX OOH VIDEO NETWORK, New York, NY, *pg.* 553

Durham, Tyler - Management, NBC, Operations, PPOM - PROPHET, New York, NY, *pg.* 15

Duysen, David - Account Services, Operations - INNERWORKINGS, INC., Chicago, IL, *pg.* 375

Dyer, Dave - Management, Media Department, Operations, PPOM - MANIFESTO, Milwaukee, WI, *pg.* 104

Dyer, Tim - Management, Operations, PPOM - MANIFESTO, Milwaukee, WI, *pg.* 104

D'Helf, Patrick - Operations - AZAVAR TECHNOLOGIES CORPORATION, Chicago, IL, *pg.* 215

Easterling, Tyler - Operations, PPOM - THE BRANDON AGENCY, Myrtle Beach, SC, *pg.* 419

Eck-Thompson, Sarah - Operations, PPOM - ALL TERRAIN, Chicago, IL, *pg.* 302

Eckel, Brian - Management, Operations - FISHBOWL, Alexandria, VA, *pg.* 234

Eckford, Mandy - Account Services, Management, Operations - FORTNIGHT COLLECTIVE, Boulder, CO, *pg.* 7

Ecvet, Fahri - Operations, PPOM - WASSERMAN MEDIA GROUP, Los Angeles, CA, *pg.* 317

Edelman, Michelle - Operations, PPOM, Research - PETERMAYER, New Orleans, LA, *pg.* 127

Einhauser, Chris - Account Services, Management, Operations - DAVID&GOLIATH, El Segundo, CA, *pg.* 57

Eizik, Selina - Operations, PPOM - CONDUCTOR, New York, NY, *pg.* 672

Ekelmann, Stephanie - NBC, Operations - REBUILD, Detroit, MI, *pg.* 403

Eldridge, Saxon - Operations, PPOM - ANCHOR WORLDWIDE, New York, NY, *pg.* 31

Elen, Bob - Operations, PPOM - DAVIS ELEN ADVERTISING, Los Angeles, CA, *pg.* 58

Ellis, Tiffany - Operations - BEMARKETING SOLUTIONS, Blue Bell, PA, *pg.* 216

Elser, James - Management, Operations - DERSE, INC., Waukegan, IL, *pg.* 304

Elsherbini, Hala - Operations, PPOM - HALLIBURTON INVESTOR RELATIONS, Richardson, TX, *pg.* 611

Emanuel, Shelly - Management, Operations - MARBURY CREATIVE GROUP, Duluth, GA, *pg.* 104

Emerine, Jeff - Creative, Operations, PPM - AUTOMOTIVE EVENTS, Cleveland, OH, *pg.* 328

Emigh, Lisa - NBC, Operations - BRANDMUSCLE, Cleveland, OH, *pg.* 337

Enerson, Marty - Operations - MARTIN WILLIAMS ADVERTISING, Minneapolis, MN, *pg.* 106

Eng, Lena - Interactive / Digital, Operations - CRAFT WW, New York, NY, *pg.* 561

Engel, Dustin - Analytics, Interactive / Digital, Management, Media Department, NBC, Operations, Programmatic - PMG, Fort Worth, TX, *pg.* 257

English, Katherine - Account Services, Management, Operations - KEPLER GROUP, New York, NY, *pg.* 244

Epple, Stephen - Interactive / Digital, Operations - FATHOM, Valley View, OH, *pg.* 673

Epstein, Adam - Operations, PPOM - ADMARKETPLACE, New York, NY, *pg.* 210

Erdman, Michael - Management, Operations - MCCANN NEW YORK, New York, NY, *pg.* 108

Erich, Julie - NBC, Operations - ERICH & KALLMAN, San Francisco, CA, *pg.* 68

Ericksen, Kathryn - Interactive / Digital, Media Department, Operations - STARCOM WORLDWIDE, Chicago, IL, *pg.* 513

Erickson, Eric - Operations - PUBLICIS.SAPIENT, Los Angeles, CA, *pg.* 259

Erickson, Kae - Operations - NCOMPASS INTERNATIONAL, West Hollywood, CA, *pg.* 390

Erminio, John - Operations, PPOM - ARTISANS ON FIRE, Las Vegas, NV, *pg.* 327

Eslinger, Patrick - Account Services, Interactive / Digital, Media Department, Operations - SSDM, Troy, MI, *pg.* 412

Ess, Xandra - Operations, PPOM - MADE MOVEMENT, Boulder, CO, *pg.* 103

Ettorre, Irma - Administrative, Operations - TRI-MEDIA INTEGRATED MARKETING TECHNOLOGIES, Welland, ON, *pg.* 427

Evans, John - Management, Operations, PPOM - CLOSED LOOP MARKETING, Roseville, CA, *pg.* 672

Evans, Jennifer - Account Services, Finance, Operations - H&L PARTNERS, Atlanta, GA, *pg.* 369

Evins, Louise - Operations, PPOM - EVINS COMMUNICATIONS, LTD., New York, NY, *pg.* 602

Fabbri, Andrew - Operations, PPOM - JUMP 450 MEDIA, New York, NY, *pg.* 481

Fabritius, Rich - Account Services, Management, NBC, Operations, PPOM - VMLY&R, Atlanta, GA, *pg.* 274

Fagan, John - NBC, Operations - BRAND CONNECTIONS, LLC, New York, NY, *pg.* 336

Fala, Steve - Finance, Operations - GOODWIN DESIGN GROUP, Wallingford, PA, *pg.* 185

Falcon, Adriana - Human Resources, Operations - BBDO SAN FRANCISCO, San Francisco, CA, *pg.* 330

Farkas, Kevin - NBC, Operations, PPOM - ACTIVE INTERNATIONAL, Pearl River, NY, *pg.* 439

Farley, Claire - Media Department, Operations - PCH / MEDIA, Portland, ME, *pg.* 534

Farley, Nora - Creative, NBC, Operations - WUNDERMAN HEALTH, New York, NY, *pg.* 164

Farmer, Michael - Management, Operations - THE INTEGER GROUP - DALLAS, Dallas, TX, *pg.* 570

Farmer, Sharee - Account Planner, Operations - INSIGHT CREATIVE GROUP, Oklahoma City, OK, *pg.* 89

Farquhar, Stephen - Account Planner, Account Services, Management, Media Department, Operations, PPOM - PUBLICIS NORTH AMERICA, New York, NY, *pg.* 399

Farrell, Claire - Operations - DIGITAS, San Francisco, CA, *pg.* 227

Fatsi, Tom - Finance, Operations - THE KARPEL GROUP, New York, NY, *pg.* 299

Fazio, Vanessa - Operations - MULLENLOWE U.S. BOSTON, Boston, MA, *pg.* 389

Feliciano, Edwin - Finance, Operations, PPOM - APCO WORLDWIDE, New York, NY, *pg.* 578

Fenner, Dorthea - Interactive / Digital, Media Department, Operations - STARCOM WORLDWIDE, Chicago, IL, *pg.* 513

Fenstermacher, Kate - Operations - THE VARIABLE, Winston-Salem, NC, *pg.* 153

Ferguson, Jenny - Operations - SSG / BRANDINTENSE, Archdale, NC, *pg.* 315

Ferguson, Katy - Management, Media Department, NBC, Operations - HORIZON MEDIA, INC., New York, NY, *pg.* 474

Ferguson, Seth - NBC, Operations - NEXT MARKETING, Norcross, GA, *pg.* 312

Ferguson, Julie - Account Services, Interactive / Digital, NBC, Operations - CARAT, Culver City, CA, *pg.* 459

Feriancek, Mark - Finance, NBC, Operations, PPOM - CARMICHAEL LYNCH, Minneapolis, MN, *pg.* 47

Fernandez, Emily - Creative, Operations - SECOND STORY INTERACTIVE, Portland, OR, *pg.* 265

Ferraro, Christina - Account Planner, NBC, Operations - BECK MEDIA & MARKETING, Santa Monica, CA, *pg.* 582

Ferreira, Michelle - Account Services, Operations, Public Relations - CKR INTERACTIVE, INC., Campbell, CA, *pg.* 220

Ferrer, Rudy - Operations, PPOM - DELTA MEDIA, INC., Miami, FL, *pg.*

1800

AGENCIES — RESPONSIBILITIES INDEX

551
Ferry, Mike - Account Services, Operations - THE STORY LAB, Santa Monica, CA, *pg.* 153
Figura, Cathleen - Operations - JEFFREY-SCOTT ADVERTISING, Fresno, CA, *pg.* 377
Filippelli, Marina - Account Services, Operations - ORCI, Santa Monica, CA, *pg.* 543
Fillmon, Rick - Operations, PPOM - ADRENALIN, INC., Denver, CO, *pg.* 1
Fils, Margie - Operations - MCLAUGHLIN & ASSOCIATES, Blauvelt, NY, *pg.* 447
Finegold, Michael - Operations - STRATEGIC MEDIA, INC., Arlington, VA, *pg.* 518
Finestone, Paula - Operations - SHIFT COMMUNICATIONS, LLC, Boston, MA, *pg.* 647
Finlinson, Flint - Operations, PPOM - PROPAGANDA, Saint Louis, MO, *pg.* 196
Fiore, Robert - Finance, Operations, PPOM - PLUSMEDIA, LLC, Danbury, CT, *pg.* 290
Fischer, Jeff - Account Services, Finance, Operations - EP+CO., Greenville, SC, *pg.* 356
Fisher, Matt - Operations - NOMAD EVENT SERVICES, Alexandria, VA, *pg.* 312
Fisher, Jonathan - Operations, PPOM - BRANDEXTRACT, LLC, Houston, TX, *pg.* 4
Fitzgerald, Robert - NBC, Operations, PPOM - EMPOWER, Cincinnati, OH, *pg.* 354
FitzRandolph, Steve - Account Services, Operations - PEAK CREATIVE MEDIA, Denver, CO, *pg.* 256
Fleming, John - Operations - FOCUS USA, Paramus, NJ, *pg.* 284
Flemma, Jerry - Operations, PPOM - JACOBSON ROST, Milwaukee, WI, *pg.* 376
Fletcher, Katherine - Operations, PPOM - FLEISHMANHILLARD HIGHROAD, Toronto, ON, *pg.* 606
Flint, Sara - Account Services, Operations - EDGE COMMUNICATIONS, INC., Los Angeles, CA, *pg.* 601
Flom, Beth - Analytics, NBC, Operations - TENET PARTNERS, New York, NY, *pg.* 450
Florence, Russ - Operations, PPOM - SCHNAKE TURNBO FRANK, INC., Tulsa, OK, *pg.* 646
Flores, Gabriella - Operations - THE ATKINS GROUP, San Antonio, TX, *pg.* 148
Flutie, Glenn - Operations, PPOM - INSITE MEDIACOM, Plantation, FL, *pg.* 553
Fogaca, Paulo - Management, Operations, PPOM - GUT MIAMI, Miami, FL, *pg.* 80
Fogerty, Liz - Operations - EDGE MARKETING, Stamford, CT, *pg.* 681
Foley, Karen - Operations - PHASE 3 MARKETING & COMMUNICATIONS, Atlanta, GA, *pg.* 636
Fondren, Neal - Interactive /

Digital, Operations - THE TOMBRAS GROUP, Knoxville, TN, *pg.* 424
Fong-Anderson, Annie - Management, Media Department, Operations - HORIZON MEDIA, INC., New York, NY, *pg.* 474
Fonner, Diana - Account Services, Operations - SWASH LABS, Denton, TX, *pg.* 145
Foreman, Scott - Management, NBC, Operations, PPOM - COPACINO + FUJIKADO, LLC, Seattle, WA, *pg.* 344
Fortenberry, Micah - Finance, Operations - STARCOM WORLDWIDE, Chicago, IL, *pg.* 513
Fowler, Tony - Management, Operations - GMR MARKETING, New Berlin, WI, *pg.* 306
Fowler, Marianne - Account Services, Operations - THE TRADE DESK, New York, NY, *pg.* 520
Fox, William - Operations, PPOM - VANGUARDCOMM, East Brunswick, NJ, *pg.* 546
Fraire, Peter - Creative, Operations, PPOM - MITHOFF BURTON PARTNERS, El Paso, TX, *pg.* 115
France, Wendy - Management, NBC, Operations - MEDIACOM, New York, NY, *pg.* 487
Francis, Laurie - Administrative, Human Resources, Operations - FUSE, LLC, Vinooski, VT, *pg.* 8
Francisco, Catharine - Operations - BULLDOG DRUMMOND, San Diego, CA, *pg.* 338
Franczyk, Sophie - Operations - SUPERFLY, San Francisco, CA, *pg.* 315
Frank, Catherine - Operations, PPOM - CLEAN SHEET COMMUNICATIONS, Toronto, ON, *pg.* 342
Franklin, Jeremy - Account Services, Operations - VMLY&R, Kansas City, MO, *pg.* 274
Franklin, Garrett - Management, Operations - ATMOSPHERE PROXIMITY, New York, NY, *pg.* 214
Franks, Liz - Media Department, Operations, PPOM - INITIATIVE, Los Angeles, CA, *pg.* 478
Frantz, John - Operations - ANNEX EXPERIENCE, Chicago, IL, *pg.* 31
Franzen, Kate - Account Planner, Account Services, Operations - PHD CHICAGO, Chicago, IL, *pg.* 504
Frazer, William - Operations - CK ADVERTISING, Lakewood, CO, *pg.* 220
Frediani, Michael - Creative, Operations - OPINIONATED, Portland, OR, *pg.* 123
Freeberg, Eric - Creative, Operations, PPOM - B-SWING, Minneapolis, MN, *pg.* 215
Freed, Elena - Operations, PPOM - RED SQUARE AGENCY, Mobile, AL, *pg.* 642
Freeman, Cristina - Media Department, Operations - PMG, Fort Worth, TX, *pg.* 257
Freeman, Billy - Operations - REDPEG MARKETING, Alexandria, VA, *pg.* 692
Freeman, Allison - Operations -

TRUE MEDIA, Columbia, MO, *pg.* 521
Freisner, Randy - Media Department, Operations - THE MARTIN AGENCY, Richmond, VA, *pg.* 421
Frericks, Allyson - Operations - SPRINGBOX, Austin, TX, *pg.* 266
Frickey, Emily - Interactive / Digital, Operations - NETWORK AFFILIATES, INC., Lakewood, CO, *pg.* 391
Fried, David - Operations - HODDER, Minneapolis, MN, *pg.* 86
Friedman, Scott - Operations, PPOM - STIEGLER, WELLS, BRUNSWICK & ROTH, INC., Bethlehem, PA, *pg.* 413
Friedman, Jay - Interactive / Digital, Operations, PPOM - CONTROL V EXPOSED, Jenkintown, PA, *pg.* 222
Fromm, Dan - Operations, PPOM - BARKLEY, Kansas City, MO, *pg.* 329
Fry, Scott - Management, Operations - ONE PR STUDIO, Oakland, CA, *pg.* 634
Fryar, William - Operations - RENFROE OUTDOOR, Macon, GA, *pg.* 557
Fryer, Stephanie - Human Resources, Operations - LAUNCHSQUAD, San Francisco, CA, *pg.* 621
Fu, Shay - Operations - CRAFT WW, New York, NY, *pg.* 561
Fuchs, Oliver - Operations - ADASTRA CORPORATION, Markham, ON, *pg.* 167
Fulks, Rich - Operations - PLANIT, Baltimore, MD, *pg.* 397
Fullerton, Holly - Operations - STARCOM WORLDWIDE, Detroit, MI, *pg.* 517
Fuquea, Ryan - Account Planner, Account Services, Management, Operations - MEDIA CAUSE, Atlanta, GA, *pg.* 249
Fus, Mike - Account Services, Operations - AZAVAR TECHNOLOGIES CORPORATION, Chicago, IL, *pg.* 215
Gabriel, Sharla - Creative, Operations - SANDBOX, Chicago, IL, *pg.* 138
Gaddis, Lee - Operations, PPOM - T3, Austin, TX, *pg.* 268
Gadless, Dawn - NBC, Operations - EMAGINE, Fall River, MA, *pg.* 181
Gagnon, Lindsey - Management, Operations - PICTUREU PROMOTIONS, Atlanta, GA, *pg.* 313
Galanek, Lauren - Creative, Operations - WUNDERMAN THOMPSON, New York, NY, *pg.* 434
Gallant, Anita - Account Services, Finance, Media Department, Operations - WAVEMAKER, New York, NY, *pg.* 526
Gallant, Katherine - Operations - VREELAND MARKETING, Yarmouth, ME, *pg.* 161
Galli, Evelyn - Operations, PPOM - BCA MARKETING COMMUNICATIONS, Rye Brook, NY, *pg.* 332
Gallippi, Stacy - Operations - THE COLLECTIVE BRANDSACTIONAL MARKETING, INC., Toronto, ON, *pg.* 149
Gallup, Gina - Operations, PPOM - THE BRADFORD GROUP, Nashville, TN,

1801

RESPONSIBILITIES INDEX — AGENCIES

Gallwitz, Jay - Finance, Operations - KWT GLOBAL, New York, NY, pg. 621

Gamble, Patti - Operations - ELEVATE, Chicago, IL, pg. 230

Gandhi, Hanoz - Operations, PPOM - CREATIVE CHANNEL SERVICES, LLC, Los Angeles, CA, pg. 567

Ganjuur, Eren - Interactive / Digital, Media Department, Operations - STARCOM WORLDWIDE, Chicago, IL, pg. 513

Garces Roselli, Sara - Operations - MYTHIC, Charlotte, NC, pg. 119

Garcia, Arielle - NBC, Operations - UNIVERSAL MCCANN, New York, NY, pg. 521

Garcia, Tara - Creative, Human Resources, Operations - VIRTUE WORLDWIDE, Brooklyn, NY, pg. 159

Garcia, Joseph - Operations, PPOM - INTERLEX COMMUNICATIONS, San Antonio, TX, pg. 541

Garcia, Lisa - Operations, PPOM - SACHS MEDIA GROUP, Tallahassee, FL, pg. 645

Garduno, Christena - Operations, PPOM - KOEPPEL DIRECT, Dallas, TX, pg. 287

Garmon, Meredith - Operations - SHOPTOLOGY, Fayetteville, AR, pg. 682

Garrison, Jim - Operations, PPOM - THE RAMEY AGENCY, Jackson, MS, pg. 422

Garrison, Lisa - Finance, Operations - JAYMIE SCOTTO & ASSOCIATES, Middlebrook, VA, pg. 616

Garrison, Jill - Operations - ERICH & KALLMAN, San Francisco, CA, pg. 68

Garrity, Carol - Human Resources, Operations - 360PRPLUS, Boston, MA, pg. 573

Garti, Arielle - Operations - VECTOR MEDIA, New York, NY, pg. 558

Gartland, Brian - NBC, Operations - UNITED ENTERTAINMENT GROUP, New York, NY, pg. 299

Garvey Elias, Emily - Operations - JOHANNES LEONARDO, New York, NY, pg. 92

Gassel, James - Operations, PPOM - EVB, Oakland, CA, pg. 233

Gassner Kuhn, Denise - Operations, PPOM - THE MARCUS GROUP, INC., Fairfield, NJ, pg. 654

Gay, Richard - Operations, PPOM - SUPERFLY, New York, NY, pg. 315

Gaythwaite, Tami - Finance, Operations, PPOM - CENTERLINE DIGITAL, Raleigh, NC, pg. 220

Gelade, Jeremy - Creative, Management, Operations - DEUTSCH, INC., New York, NY, pg. 349

Gelino, Jaymie - Operations - BIG RED ROOSTER, Columbus, OH, pg. 3

Gelman, Stacy - Operations - THE MOTION AGENCY, Chicago, IL, pg. 270

Gengaro, Kristen - Operations, PPOM - TBWA\WORLDHEALTH, Chicago, IL, pg. 147

Gentner, Dennis - Operations - ADCOM COMMUNICATIONS, INC., Cleveland, OH, pg. 210

George, Genevieve - Account Services, NBC, Operations - R/GA, New York, NY, pg. 260

George, Tony - Creative, Interactive / Digital, Operations, PPOM - LRXD, Denver, CO, pg. 101

Gerhard, Ellen - Account Services, Operations - DESTINATION MARKETING, Mountlake Terrace, WA, pg. 349

Gerling, Christian - Operations - BEYOND TRADITIONAL, Seattle, WA, pg. 691

German, Rosly - NBC, Operations - MEDIACOM, New York, NY, pg. 487

Germano, Julius - Operations, PPOM - ANDERSON MARKETING GROUP, San Antonio, TX, pg. 31

Gerson, Daniel - Finance, Operations, PPOM - GROUP TWO ADVERTISING, INC., Philadelphia, PA, pg. 78

Gerstein, Amy - Operations, Public Relations - TBWA\WORLDHEALTH, Chicago, IL, pg. 147

Gerstin, Michelle - Analytics, Media Department, Operations - HAVAS WORLDWIDE CHICAGO, Chicago, IL, pg. 82

Gesiorski, Doug - Interactive / Digital, Management, Operations - ADTAXI, Denver, CO, pg. 211

Giacomino, Tim - NBC, Operations - AMOBEE, INC., Redwood City, CA, pg. 213

Gianelli, Jake - Operations, PPOM - BANTON MEDIA, Myrtle Beach, SC, pg. 329

Giarraffa, Sarah - Account Services, NBC, Operations - TBWA \ CHIAT \ DAY, New York, NY, pg. 416

Giarratano, Frank - Creative, Operations, PPOM - SGW INTEGRATED MARKETING, Montville, NJ, pg. 410

Gibbs, Chris - Operations, PPOM - EXPONATION, Atlanta, GA, pg. 305

Gibson, Kristin - Operations, PPOM - INERGY GROUP, Weston, CT, pg. 187

Gibson, Carolyn - Operations - DAC GROUP, Toronto, ON, pg. 224

Gibson, Rick - Operations, PPOM - FUSE INTERACTIVE, Laguna Beach, CA, pg. 235

Gibson-Milch, Renee - Operations - BROWER GROUP, Newport Beach, CA, pg. 586

Gibson-Thompson, Nage - Account Services, NBC, Operations - VIVO360, Alpharetta, GA, pg. 274

Giesser, John - Operations, PPOM - DEWEY SQUARE GROUP, Washington, DC, pg. 597

Gilbertson, Brooke - Account Services, Management, Media Department, Operations - STARCOM WORLDWIDE, Chicago, IL, pg. 513

Gill, Justin - Operations, PPOM - THRULINE MARKETING, Lenexa, KS, pg. 155

Gillis, Jeff - Operations - ALL POINTS MEDIA, Beaverton, OR, pg. 549

Gillissie, Michael - Management, NBC, Operations - GRASSROOTS ADVERTISING, INC. , Toronto, ON, pg. 691

Girard, Gisela - Operations, PPOM - CREATIVE CIVILIZATION - AN AGUILAR / GIRARD AGENCY, San Antonio, TX, pg. 561

Gittemeier, Jan - Operations, PPOM - THE INTEGER GROUP - DALLAS, Dallas, TX, pg. 570

Giudice, Ron - Finance, Operations - BLUE HERON COMMUNICATIONS, Norman, OK, pg. 584

Glaser, Lucy - Operations - UNCONQUERED, Baltimore, MD, pg. 203

Gleason, Larry - Operations, PPOM - ARENAS, Los Angeles, CA, pg. 455

Glissendorf, Mark - Operations, Public Relations - LAWRENCE & SCHILLER, Sioux Falls, SD, pg. 97

Glover Ard, Terrie - Operations, PPOM - MOORE COMMUNICATIONS GROUP, Tallahassee, FL, pg. 628

Goble, Mark - NBC, Operations, PPOM - SANDBOX, Chicago, IL, pg. 138

Godfrey, Nick - Operations, PPOM - RAIN, New York, NY, pg. 262

Goforth-Hanak, Yvonne - Operations, PPOM - KEF MEDIA ASSOCIATES, INC., Smyrna, GA, pg. 619

Gokiert, Chris - Operations, PPOM - CRITICAL MASS, INC., Calgary, AB, pg. 223

Golant, Ilana - Operations, PPOM - PALISADES MEDIA GROUP, INC., New York, NY, pg. 124

Golas, Philip - Operations - SPARK FOUNDRY, Chicago, IL, pg. 510

Goldberg, Nathan - Account Planner, Operations - WIEDEN + KENNEDY, Portland, OR, pg. 430

Goldberg, Melyssa - NBC, Operations - THE TRADE DESK, Chicago, IL, pg. 519

Golden, Julie - Operations - SQUARE 2 MARKETING, INC., Conshohocken, PA, pg. 143

Goldman, Ellen - Finance, Operations, PPOM - SUDLER & HENNESSEY, New York, NY, pg. 145

Goldstein, Penny - Operations - A. MARCUS GROUP, New York, NY, pg. 25

Goldstein, Jake - Account Planner, Account Services, NBC, Operations - CODE AND THEORY, New York, NY, pg. 221

Goldstrom, Jane - Operations, PPOM - MGH ADVERTISING , Owings Mills, MD, pg. 387

Gonsior, Lynn - Operations, PPOM - CHANGEUP, Cincinnati, OH, pg. 5

Gonzales, Danielle - Management, Operations, PPOM - STARCOM WORLDWIDE, Chicago, IL, pg. 513

Gonzales, DeAnna - Finance, Operations - FIFTEEN DEGREES, New York, NY, pg. 358

Gonzales, Dennis - Management, Operations, PPOM - RED DOOR INTERACTIVE, San Diego, CA, pg. 404

Gonzales, Jade - Media Department, Operations - HORIZON MEDIA, INC., New York, NY, pg. 474

Gonzalez, Gonzalo - NBC, Operations

AGENCIES

RESPONSIBILITIES INDEX

- BKV, Miami, FL, *pg.* 334
Goodell, Jim - Operations, PPOM - ASTRO STUDIOS, San Francisco, CA, *pg.* 173
Goodwin, Diane - Operations - BRINK COMMUNICATIONS, Portland, OR, *pg.* 337
Gordon, Bob - Finance, Operations, PPOM - CARYL COMMUNICATIONS, INC., Paramus, NJ, *pg.* 589
Gordon, Geoff - Operations - SOLEBURY TROUT, New York, NY, *pg.* 648
Gorenflo, Karen - Operations - FKQ ADVERTISING, INC., Clearwater, FL, *pg.* 359
Gorman, Mike - Creative, Operations - MCCUE PUBLIC RELATIONS, Burbank, CA, *pg.* 626
Gorodetski, David - Creative, Operations, PPOM - SAGE COMMUNICATIONS, LLC, McLean, VA, *pg.* 409
Goroski, Gerard - Interactive / Digital, Operations, PPOM - VOICE MEDIA GROUP, Phoenix, AZ, *pg.* 526
Gottlieb, Jennifer - Operations, PPOM - W2O, San Francisco, CA, *pg.* 659
Graham, Candace - Management, Operations - PETERMAYER, New Orleans, LA, *pg.* 127
Graj, Raymond - Operations, PPOM - GRAJ + GUSTAVSEN, INC., New York, NY, *pg.* 8
Grajek, Mary Ann - Management, Operations, PPOM - MEDIA PLUS, INC., Seattle, WA, *pg.* 486
Gramstrup, Jared - Management, Operations - SHERWOOD OUTDOOR, INC., New York, NY, *pg.* 557
Grant, Kyla - Operations - EMOTIVE BRAND, Oakland, CA, *pg.* 181
Grant, Tom - Operations, Programmatic - HAVAS WORLDWIDE CHICAGO, Chicago, IL, *pg.* 82
Grau, Erica - Operations, PPOM - DEUTSCH, INC., New York, NY, *pg.* 349
Graul, Katherine - Account Planner, Interactive / Digital, Management, NBC, Operations - TRACYLOCKE, Chicago, IL, *pg.* 426
Gray, Eileen - Human Resources, Operations - GRAY & ASSOCIATES DIVERSITY ADVERTISING & PUBLIC RELATIONS, Marietta, GA, *pg.* 541
Gray, Paxton - NBC, Operations - 97TH FLOOR, Lehi, UT, *pg.* 209
Gray, Katie - Operations - PENNEBAKER, LMC, Houston, TX, *pg.* 194
Greco, Colby - Account Planner, Account Services, Operations - THE GRIST, Boston, MA, *pg.* 19
Green, Robert - Operations - PENN, SCHOEN & BERLAND ASSOCIATES, INC., Washington, DC, *pg.* 448
Green, Brad - Management, Operations - THE INTEGER GROUP, Lakewood, CO, *pg.* 682
Green, Jeff - Operations - BURNS360, Dallas, TX, *pg.* 587
Greenberg, Laura - Operations, PPOM

- NORMAN HECHT RESEARCH, INC., Woodberry, NY, *pg.* 448
Greenberg, Janna - Operations - HAVAS MEDIA GROUP, Boston, MA, *pg.* 470
Greengrass, Marc - Account Services, Management, Operations, PPOM - FLINT & STEEL, New York, NY, *pg.* 74
Greenough, Paul - Interactive / Digital, Operations - GREENOUGH COMMUNICATIONS, Watertown, MA, *pg.* 610
Gregory, Carol - Account Services, Management, Operations - ELEVATION MARKETING, Richmond, VA, *pg.* 67
Greis, Katharine - Media Department, Operations - PUBLICIS NORTH AMERICA, New York, NY, *pg.* 399
Gribas, Matt - Operations, PPOM - DP+, Farmington Hills, MI, *pg.* 353
Griffon, Rachel - Operations - RMR & ASSOCIATES, Rockville, MD, *pg.* 407
Griggs, Lara - Operations, PPOM - VMLY&R, New York, NY, *pg.* 160
Griggs, Kristi - Management, Operations, PPOM - SHIFT NOW, Greensboro, NC, *pg.* 140
Grill-Rachman, Shirley - Operations, PPOM - KENSHOO, San Francisco, CA, *pg.* 244
Grillo, Lucia - Interactive / Digital, Management, Operations, PPM, PPOM - MCGARRYBOWEN, New York, NY, *pg.* 109
Grillo, Lisa - Operations - MCGARRYBOWEN, New York, NY, *pg.* 109
Grimes, Steve - Account Services, Creative, Interactive / Digital, Media Department, Operations - AKA NYC, New York, NY, *pg.* 324
Gritter, JoAnne - Operations - DDM MARKETING & COMMUNICATIONS, Grand Rapids, MI, *pg.* 6
Grosfeld, Erik - Operations - SUPERFLY, San Francisco, CA, *pg.* 315
Gross, Joe - Operations, PPM, PPOM - EFX MEDIA, Arlington, VA, *pg.* 562
Grover, Derek - Operations - TERMAN PUBLIC RELATIONS, New York, NY, *pg.* 652
Grubbs Neal, Melissa - Media Department, Operations - AMPLIFIED DIGITAL AGENCY, Saint Louis, MO, *pg.* 213
Grudier, Valarie - Finance, Management, Operations - GARD COMMUNICATIONS, Portland, OR, *pg.* 75
Grushin, Mike - Operations, PPOM - IX.CO, New York, NY, *pg.* 243
Guadarrama-Baumunk, Sandra - Account Services, Operations, PPOM - KNOODLE SHOP, Phoenix, AZ, *pg.* 95
Guerrero, Sue - Account Services, Management, Operations - STEIN IAS, New York, NY, *pg.* 267
Guerrier, Agathe - Account Planner, Management, Operations, PPOM - TBWA \ CHIAT \ DAY, Los Angeles, CA, *pg.* 146

Guest, Corbett - Operations, PPOM - IMAGINUITY INTERACTIVE, INC., Dallas, TX, *pg.* 241
Guevarra, Robert - Operations - HEILBRICE, Newport Beach, CA, *pg.* 84
Gueyser, Katy - Operations - STARCOM WORLDWIDE, Chicago, IL, *pg.* 513
Guibord, Jennifer - Creative, Operations - HUB COLLECTIVE, LTD., Portland, OR, *pg.* 186
Guida, David - Media Department, Operations, PPM - G-NET MEDIA, Los Angeles, CA, *pg.* 236
Guidinger, Casey - Finance, Operations - ALLING HENNING & ASSOCIATES, Vancouver, WA, *pg.* 30
Guldman, Andrew - Operations, Research - ASTOUND COMMERCE, San Bruno, CA, *pg.* 214
Gullaksen, Michael - Operations, PPOM - IPROSPECT, San Diego, CA, *pg.* 674
Gundrum, Connie - Account Services, NBC, Operations - DOM360, Greenville, SC, *pg.* 230
Gutt, Loran - NBC, Operations - BAZAARVOICE, INC., Austin, TX, *pg.* 216
Guy, Carla - Account Services, Human Resources, Interactive / Digital, Management, NBC, Operations, PPOM, Promotions - DAGGER, Atlanta, GA, *pg.* 224
Guymon, Elizabeth - NBC, Operations - UTÖKA, Atlanta, GA, *pg.* 203
Haarlow, Kristin - Management, Media Department, Operations - SPARK FOUNDRY, El Segundo, CA, *pg.* 512
Haas, Meaghan - Operations - SPARKS, Philadelphia, PA, *pg.* 315
Haber, Gabrielle - NBC, Operations - YESLER, Seattle, WA, *pg.* 436
Habrowski, Chris - Operations - ESHOTS, INC., Chicago, IL, *pg.* 305
Habtu, Siggy - Finance, Operations - AMEREDIA, INC., San Francisco, CA, *pg.* 325
Hackler, Marcus - Creative, Operations - BELIEF AGENCY, Seattle, WA, *pg.* 38
Haeseker, Karene - Account Services, Operations - RHYTHM, Irvine, CA, *pg.* 263
Hagan, Drew - Operations, PPOM - INVISION COMMUNICATIONS, Walnut Creek, CA, *pg.* 308
Hagedorn, Gina - Operations, PPOM - CSM SPORT & ENTERTAINMENT, New York, NY, *pg.* 347
Hagerty, Jessica - Operations, PPOM - THE EVOKE GROUP, Columbia, MO, *pg.* 270
Haggerty, Phillip - Interactive / Digital, Media Department, Operations - HAWORTH MARKETING & MEDIA, Minneapolis, MN, *pg.* 470
Haglund, Samantha - Operations - REBEL VENTURES INC., Los Angeles, CA, *pg.* 262
Haines, Kurt - Interactive / Digital, NBC, Operations -

1803

RESPONSIBILITIES INDEX — AGENCIES

UNIVERSAL MCCANN DETROIT, Birmingham, MI, *pg.* 524
Hakkers, Flavia - Finance, Operations - M8, Miami, FL, *pg.* 542
Hall, Katy - Management, Operations - DIGITAS, Chicago, IL, *pg.* 227
Hall, Jody - Operations, PPOM - MAC PRESENTS, New York, NY, *pg.* 298
Hall, Albert - Management, Operations, PPOM - HALLPASS MEDIA, Costa Mesa, CA, *pg.* 81
Hallerberg, Alex - Media Department, Operations, Programmatic - KELLY, SCOTT & MADISON, INC., Chicago, IL, *pg.* 482
Halligan, Jim - Operations - LOCATION3 MEDIA, Denver, CO, *pg.* 246
Hamidi, Natasha - Finance, Human Resources, Operations - MARKETING FACTORY, INC., Venice, CA, *pg.* 383
Hamill, Matt - Operations, PPOM - GLOBAL 5, Longwood, FL, *pg.* 608
Hamilton, Jim - Operations, PPOM - JELLYFISH U.S., Baltimore, MD, *pg.* 243
Hammond, Bob - Analytics, Interactive / Digital, Operations, PPOM - GROUPM, New York, NY, *pg.* 466
Hammond, Katie - Account Services, Operations - LEO BURNETT WORLDWIDE, Chicago, IL, *pg.* 98
Hample, Martha - Operations - ARCHER MALMO, Memphis, TN, *pg.* 32
Hampton, Sarah - Management, Operations, PPM - R2INTEGRATED, Baltimore, MD, *pg.* 261
Hanks, Lorna - Creative, Operations - HUDSON ROUGE, New York, NY, *pg.* 371
Hanley, Mary - Operations - INITIATIVE, Chicago, IL, *pg.* 479
Hannan, Robert - Management, Operations - CARAT, New York, NY, *pg.* 459
Hannegan, Christy - Operations - DESKEY INTEGRATED BRANDING, Cincinnati, OH, *pg.* 7
Hansen, Eric - Finance, Operations, PPOM - REDPEG MARKETING, Alexandria, VA, *pg.* 692
Hanser, Bonnie - Operations, PPOM - HANSER & ASSOCIATES, West Des Moines, IA, *pg.* 611
Hansson, Carl - Operations, PPOM - SHAMROCK SPORTS & ENTERTAINMENT, Portland, ME, *pg.* 569
Harakal, Kevin - Operations, PPOM - NUMERATOR, Chicago, IL, *pg.* 254
Hardekopf, Tyler - Management, Operations - TRUE NORTH CUSTOM PUBLISHING, LLC, Chattanooga, TN, *pg.* 564
Harden, John - Account Planner, Media Department, Operations - DENTSU AEGIS NETWORK, New York, NY, *pg.* 61
Hardie-Brown, Andy - Operations, PPOM - ALLISON+PARTNERS, New York, NY, *pg.* 576
Hardy, Josh - Account Planner, Account Services, Media Department, Operations - NOBLE PEOPLE, New York, NY, *pg.* 120

Hargrave, Seth - Interactive / Digital, Media Department, Operations - MEDIA TWO INTERACTIVE, Raleigh, NC, *pg.* 486
Harig, Mary - Creative, Operations - LUCAS MARKET RESEARCH, Saint Louis, MO, *pg.* 447
Harkness, Brian - NBC, Operations - THE BUNTIN GROUP, Nashville, TN, *pg.* 148
Harnett, Joanne - Operations - LMNO, Saskatoon, SK, *pg.* 100
Harrington, Matthew - Operations, PPOM - EDELMAN, New York, NY, *pg.* 599
Harris, Candie - Operations, PPOM - LIKEABLE MEDIA, New York, NY, *pg.* 246
Harris, Bryan - Operations, PPOM - TAYLOR, New York, NY, *pg.* 651
Harris, Shana - Operations, PPOM - WARSCHAWSKI PUBLIC RELATIONS, Baltimore, MD, *pg.* 659
Harris, Mike - NBC, Operations, PPOM - UPROAR, Orlando, FL, *pg.* 657
Harris, Rebecca - Account Planner, Account Services, Operations - ERICH & KALLMAN, San Francisco, CA, *pg.* 68
Harris Millard, Wenda - Operations, PPOM - MEDIALINK, New York, NY, *pg.* 386
Harrison, Sam - Account Services, Operations, PPOM - LINETT & HARRISON, Montville, NJ, *pg.* 100
Harrison, Amanda - Operations - BROWN PARKER | DEMARINIS ADVERTISING, Boca Raton, FL, *pg.* 43
Harsany, Mike - Operations - H&G MARKETING, Big Lake, MN, *pg.* 80
Hart, Liz - Operations - R/GA, New York, NY, *pg.* 260
Haskell, Kevin - Account Services, Operations - INTERSECTION, New York, NY, *pg.* 553
Hattub, Mike - Operations, PPOM - ANALYTICS-IQ, INC., Atlanta, GA, *pg.* 279
Haugen, Sean - Media Department, Operations - MARKETING ARCHITECTS, Minneapolis, MN, *pg.* 288
Havenner, Mark - Management, NBC, Operations - THE POLLACK PR MARKETING GROUP, Los Angeles, CA, *pg.* 654
Haverfield, Teri - NBC, Operations - REMER, INC., Seattle, WA, *pg.* 405
Haworth, Deana - Operations, PPOM - HIRONS & COMPANY, Indianapolis, IN, *pg.* 86
Hayes, Heidi - Operations, PPOM - THEAGENCY, Camarillo, CA, *pg.* 154
Hayes, Debbie - Finance, Operations - RONALD TRAHAN ASSOCIATES, INC., Medfield, MA, *pg.* 644
Hayes, Britt - Creative, Human Resources, Operations - DDB NEW YORK, New York, NY, *pg.* 59
Haygood, Olga - Management, Operations - JWT INSIDE, Washington, DC, *pg.* 667
Hayworth, Kevin - Operations, PPOM - HAYWORTH CREATIVE, Ormond Beach, FL, *pg.* 612

Headley, Michelle - Operations - ALMA, Coconut Grove, FL, *pg.* 537
Hean, Emily - Account Services, Operations - ORGANIC, INC., San Francisco, CA, *pg.* 255
Hearn, Daniel - Operations, PPOM - STEPHAN & BRADY, INC., Madison, WI, *pg.* 412
Heath, Kelly - Operations - TANK DESIGN, Cambridge, MA, *pg.* 201
Hebert, Beau - Operations, PPOM - ONE & ALL, Atlanta, GA, *pg.* 289
Hector, Chip - Operations, PPOM - HORICH HECTOR LEBOW ADVERTISING, Hunt Valley, MD, *pg.* 87
Hedges, Beverly - Operations - JONES PUBLIC RELATIONS, INC., Oklahoma City, OK, *pg.* 617
Heffinger, Holly - Interactive / Digital, Operations, PPOM, Social Media - OUTCOLD, Chicago, IL, *pg.* 395
Hegarty, Tammy - Creative, Operations, Promotions - WPP KANTAR MEDIA, Boston, MA, *pg.* 451
Hegmon, Derrick - Operations, PPOM - PMG RETAIL & ENTERTAINMENT, San Antonio, TX, *pg.* 128
Heilpern, Kelly - Account Services, Operations, PPOM, Research - AMMUNITION, Atlanta, GA, *pg.* 212
Heintzelman, Jaime - Operations - ALTITUDE MARKETING, Emmaus, PA, *pg.* 30
Heller, Marc - Interactive / Digital, Media Department, NBC, Operations - SPARK FOUNDRY, New York, NY, *pg.* 508
Hellman, Jennifer - Operations, PPOM - GOFF PUBLIC, Saint Paul, MN, *pg.* 608
Henderson, Teresa - Account Services, Management, Operations - BCW DALLAS, Dallas, TX, *pg.* 581
Henderson, Naiym - NBC, Operations - MEDIACOM, New York, NY, *pg.* 487
Henderson, Margo - Operations - SUPERFLY, San Francisco, CA, *pg.* 315
Henne, Sidney - Media Department, NBC, Operations - 72ANDSUNNY, Brooklyn, NY, *pg.* 24
Henry, Heather - Media Department, Operations - DANIEL BRIAN ADVERTISING, Rochester, MI, *pg.* 348
Henry, Michael - Operations, PPOM - ACTIVE INTEREST MEDIA, Boulder, CO, *pg.* 561
Herbst, Angela - Account Services, Operations - THE BOSTON GROUP, Boston, MA, *pg.* 418
Herder, Caryn - Account Planner, Account Services, Management, Operations - CMD, Portland, OR, *pg.* 51
Herfel, Julie - Creative, Operations, PPOM - LINDSAY, STONE & BRIGGS, Madison, WI, *pg.* 100
Hernandez, Maritza - Operations, PPOM - HERNANDEZ & GARCIA, LLC, Lincolnwood, IL, *pg.* 84
Hernandez, Paul - Operations - FENTON COMMUNICATIONS, San

1804

AGENCIES — RESPONSIBILITIES INDEX

Francisco, CA, pg. 603
Hernandez, Stormy - Account Services, Interactive / Digital, Operations - J3, New York, NY, pg. 480
Herne, Joe - Operations - YOURAMIGO, Pleasanton, CA, pg. 679
Herrick, Domenica - Operations - BEAUTIFUL DESTINATIONS, New York, NY, pg. 38
Hersey, Joncarl - Media Department, Operations - WALRUS, New York, NY, pg. 161
Hersh-Walker, Sarah - Operations, PPOM - FULL COURT PRESS COMMUNICATIONS, Oakland, CA, pg. 607
Heusuk, Stephanie - Operations, PPOM - RHEA & KAISER MARKETING, Naperville, IL, pg. 406
Hewitt, Hayley - Creative, Operations - RETHINK COMMUNICATIONS, INC., Vancouver, BC, pg. 133
Hickey, Sean - Operations, PPOM - PWB, Ann Arbor, MI, pg. 131
Higgs, Allie - Operations, PPOM - WORKHORSE MARKETING, Austin, TX, pg. 433
Hightower, Stacey - Operations, PPOM - DIVERSIFIED AGENCY SERVICES, New York, NY, pg. 351
Hiler, Alyssa - Creative, Human Resources, Management, Operations - ARTEFACT, Seattle, WA, pg. 173
Hill, Rhea - Management, NBC, Operations - 72ANDSUNNY, Playa Vista, CA, pg. 23
Hill, Sam - Interactive / Digital, Operations - LOTAME, New York, NY, pg. 447
Hill, Alec - Account Planner, Account Services, NBC, Operations - EPSILON, New York, NY, pg. 283
Hill, Christine - Operations - CAMBRIDGE BIOMARKETING, Cambridge, MA, pg. 46
Hiller, Sarah - Operations - STRINGCAN INTERACTIVE, Scottsdale, AZ, pg. 267
Hillis, Beth - Operations - PAUL WERTH ASSOCIATES, INC., Columbus, OH, pg. 635
Hines, Virginia - Finance, Operations, PPOM - PERISCOPE, Minneapolis, MN, pg. 127
Hinz, Brittney - Operations - DIGITAS, Chicago, IL, pg. 227
Ho, Yen - Operations - 72ANDSUNNY, Playa Vista, CA, pg. 23
Hodgins, Ben - Creative, Operations - INSIGHT MARKETING DESIGN, Sioux Falls, SD, pg. 89
Hohman, Rick - Operations, PPOM - AMERGENT, Peabody, MA, pg. 279
Holland, Anthony - Operations, PPOM - CORNERSTONE AGENCY, New York, NY, pg. 53
Holland, Christy - Operations, PPOM - UNION, Charlotte, NC, pg. 273
Hollander, Gail - Account Services, Management, NBC, Operations - PUBLICIS NORTH AMERICA, New York, NY, pg. 399

Hollingsworth, Mark - Operations, PPOM - LOSASSO INTEGRATED MARKETING, Chicago, IL, pg. 381
Holman, Val - Operations - LEWIS COMMUNICATIONS, Birmingham, AL, pg. 100
Holstein, Ryan - Account Services, NBC, Operations - HYFN, Los Angeles, CA, pg. 240
Holwell, Eric - NBC, Operations - BAYARD ADVERTISING AGENCY, INC., New York, NY, pg. 37
Homer, Andrew - Operations - DERSE, INC., Milwaukee, WI, pg. 304
Homyack, Ellen - Operations - BENCHWORKS, Chestertown, MD, pg. 333
Hook, Nate - Interactive / Digital, Operations - CREATIVE ENERGY, INC., Johnson City, TN, pg. 346
Hooks, Matthew - Operations, PPOM - LEVERAGE MARKETING, LLC, Austin, TX, pg. 675
Hope, Michael - Operations - TURNER DUCKWORTH, San Francisco, CA, pg. 203
Hoppe, Dennis - Finance, Operations, PPOM - TBWA\WORLDHEALTH, Chicago, IL, pg. 147
Horton, Heather - NBC, Operations - RAIN, Portland, OR, pg. 402
Horvath, Theresa - Media Department, Operations - STARCOM WORLDWIDE, Detroit, MI, pg. 517
Hosak, Andrew - Operations, PPOM - VIRGEN ADVERTISING, Henderson, NV, pg. 159
Houghton, Joe - Account Services, Operations - UNIVERSAL MCCANN DETROIT, Birmingham, MI, pg. 524
Hoyland, Jim - Operations, PPOM - RED 7 E, Louisville, KY, pg. 132
Hoyt, Eric - Operations, PPOM - VMLY&R, Miami, FL, pg. 160
Hsieh, Elaine - Creative, Management, Operations, Public Relations - 52 LTD, Portland, OR, pg. 667
Huber, Matthew - Operations, PPOM - MOXY OX, Tontitown, AR, pg. 192
Hudson, Ian - Interactive / Digital, Operations - PORTER NOVELLI CANADA, Toronto, ON, pg. 638
Hudson, Rachel - Operations - CADENT NETWORK, Philadelphia, PA, pg. 280
Huerta, Juan - Interactive / Digital, Operations - STARCOM WORLDWIDE, Chicago, IL, pg. 513
Huerta-Margotta, Ed - Management, Operations, Public Relations - CARMICHAEL LYNCH, Minneapolis, MN, pg. 47
Huffman, Ashlee - Management, Operations - CSM SPORTS & ENTERTAINMENT, Indianapolis, IN, pg. 55
Huggins, Jeff - Media Department, Operations - INTOUCH SOLUTIONS, INC., Overland Park, KS, pg. 242
Hughes, David - Account Services, Creative, Management, Operations -

CALLEN, Austin, TX, pg. 46
Hughes, Mike - Operations - GTB, Dearborn, MI, pg. 367
Huitt, Sig - Operations, PPOM - CHERNOFF NEWMAN, Charlotte, NC, pg. 590
Humbert, Melissa - Account Services, Management, Operations - BURNS MARKETING, Loveland, CO, pg. 219
Hummel, Elizabeth - Operations - IMAGE 4, Manchester, NH, pg. 187
Hurtado, Brenda - Operations, PPOM - THE POINT GROUP, Dallas, TX, pg. 152
Huston, Theresa - Operations, PPOM - TELESCOPE, Los Angeles, CA, pg. 269
Hutchison, Ian - Management, Operations - PAVONE MARKETING GROUP, Harrisburg, PA, pg. 396
Ibarra, Ana - Operations - DECO PRODUCTIONS, Miami, FL, pg. 304
Igo, Mark - Operations, PPOM - BBIG COMMUNICATIONS, Coronado, CA, pg. 216
Ilog, Erickson - Finance, Operations, PPOM - ZAMBEZI, Culver City, CA, pg. 165
Imwalle, Peter - Operations, PPOM - RPA, Santa Monica, CA, pg. 134
Innes, Camilla - Analytics, Operations - OH PARTNERS, Phoenix, AZ, pg. 122
Ireland, Jessica - Operations, PPOM - BCF, Virginia Beach, VA, pg. 581
Irfan, Shaharyar - Account Services, Administrative, Management, Operations - AV COMMUNICATIONS, Toronto, ON, pg. 35
Irizarry, Thomas - Creative, Operations - TRIAD RETAIL MEDIA, St. Petersburg, FL, pg. 272
Irons Jr., Don - Operations - MEDIA POWER ADVERTISING, Cornelius, NC, pg. 486
Isner, Alice - NBC, Operations - THE MARTIN AGENCY, Richmond, VA, pg. 421
Izaks, Lauren - Operations, PPOM - ALL POINTS PUBLIC RELATIONS, Deerfield, IL, pg. 576
Jackson, Steve - Operations, PPOM - SULLIVAN GROUP, Houston, TX, pg. 315
Jackson, James - Operations - BCW WASHINGTON DC, Washington, DC, pg. 582
Jackson, Deborah - Operations - DEVENEY COMMUNICATIONS, New Orleans, LA, pg. 596
Jackson, Amy - Account Services, Operations - 97TH FLOOR, Lehi, UT, pg. 209
Jacob, Jenny - Operations, PPOM - HANSON, INC., Toledo, OH, pg. 237
Jacobs, Mike - NBC, Operations, PPOM - HEMSWORTH COMMUNICATIONS, Fort Lauderdale, FL, pg. 613
Jacobson, Jake - Operations - NATIVE DIGITAL, LLC, Kansas City, MO, pg. 253
Jacobus, Leslie - Media Department, Operations, PPOM - ALLSCOPE MEDIA,

1805

RESPONSIBILITIES INDEX — AGENCIES

New York, NY, *pg.* 454
Jain, Poonam - Operations - BARETZ + BRUNELLE, New York, NY, *pg.* 580
James, Courtney - Finance, Operations - SPARKS GROVE, INC., Atlanta, GA, *pg.* 199
James, Casey - Creative, Operations - JONES KNOWLES RITCHIE, New York, NY, *pg.* 11
Jamison, Derek - Administrative, Operations - DROGA5, New York, NY, *pg.* 64
Janaczek, Jillian - Management, Operations, PPOM - BCW NEW YORK, New York, NY, *pg.* 581
Janosz, Kevin - Operations, PPOM - RITTA & ASSOCIATES, Paramus, NJ, *pg.* 407
Javed, Salman - Operations - XENOPSI, New York, NY, *pg.* 164
Jendryka, Chris - Operations - JL MEDIA, INC., Union, NJ, *pg.* 481
Jenkins, Jazz - Operations - MANIFEST, Chicago, IL, *pg.* 248
Jeske, Doug - NBC, Operations, PPOM - MEYOCKS GROUP, West Des Moines, IA, *pg.* 387
Jewell, Susanne - Human Resources, Operations - DIO, York, PA, *pg.* 62
Joel, Holly - Operations - REACH AGENCY, Santa Monica, CA, *pg.* 196
Johnson, Phil - Operations, PPOM - COLLE MCVOY, Minneapolis, MN, *pg.* 343
Johnson, Kevin - Operations, PPOM - JACKSON MARKETING GROUP, Simpsonville, SC, *pg.* 188
Johnson, Steve - Account Planner, Management, Operations - ROEDER-JOHNSON CORPORATION, Redwood City, CA, *pg.* 643
Johnson, Greg - Operations, PPOM - HAVAS EDGE, Carlsbad, CA, *pg.* 285
Johnson, Candy - Operations - LJG PARTNERS, San Diego, CA, *pg.* 189
Johnson, Greg - Operations, PPOM - HAVAS EDGE, Boston, MA, *pg.* 284
Johnson, Isaac - Media Department, NBC, Operations - GTB, Dearborn, MI, *pg.* 367
Johnson, Wendy - Account Planner, Account Services, Operations, PPOM - CHUTE GERDEMAN, Columbus, OH, *pg.* 177
Johnson, Winnie - Operations - GRAF MEDIA GROUP, New York, NY, *pg.* 552
Johnson, Brian - Operations, PPOM - NTOOITIVE DIGITAL, Las Vegas, NV, *pg.* 254
Johnston, Steve - Operations, PPOM - FLEXPOINT MEDIA, Arlington, VA, *pg.* 74
Jones, Bud - Finance, Operations - MIND ACTIVE, St. Louis, MS, *pg.* 675
Jones, Teri - Operations - THE RICHARDS GROUP, INC., Dallas, TX, *pg.* 422
Jones, Kim - Account Services, Operations - WILLOW MARKETING, Indianapolis, IN, *pg.* 433
Jones, Alyssa - Account Services, Media Department, Operations, PPM - BECORE, Los Angeles, CA, *pg.* 302
Jones, Dee Dee - Account Services, Management, Operations - ESSENCE, Seattle, WA, *pg.* 232
Jones, Hannah - Creative, Operations - CALLEN, Austin, TX, *pg.* 46
Jones, Derek - Operations, PPOM - FEED MEDIA PUBLIC RELATIONS, Denver, CO, *pg.* 603
Jordhamo, Ava - Operations, PPOM - PUBLICIS NORTH AMERICA, New York, NY, *pg.* 399
Jose Ezquerra, Maria - Operations, PPOM - HAVAS MEDIA GROUP, Miami, FL, *pg.* 470
Joseph, Sarah - Operations, PPOM - FRWD, Minneapolis, MN, *pg.* 235
Jost, Amy - Management, Media Department, Operations - OMD, New York, NY, *pg.* 498
Juhl, Erica - NBC, Operations - ALLOVER MEDIA, Plymouth, MN, *pg.* 549
Justice, Renae - Finance, NBC, Operations - THE ADVOCATE AGENCY, Chehalis, WA, *pg.* 148
Kadet, Allegra - Management, Operations, PPOM - NEO MEDIA WORLD, New York, NY, *pg.* 496
Kadish, Ronald - Operations - BOOZ ALLEN HAMILTON, McLean, VA, *pg.* 218
Kaftan, Nick - Operations - TRADE X PARTNERS, New York, NY, *pg.* 156
Kaiser, Tim - Management, Operations - MARTIN ADVERTISING, Birmingham, AL, *pg.* 106
Kakaletris, Voula - Account Services, Operations, PPOM - HORIZON MEDIA, INC., New York, NY, *pg.* 474
Kakarala, Raghu - Interactive / Digital, Operations, PPOM - FORTYFOUR, Atlanta, GA, *pg.* 235
Kakomanolis, Elias - Creative, Operations - FORSMAN & BODENFORS, New York, NY, *pg.* 74
Kakoullis, Adrienne - Management, Operations - HOLMES CREATIVE COMMUNICATIONS, Toronto, ON, *pg.* 614
Kallen, Alexa - Operations - TEAM ONE, Dallas, TX, *pg.* 418
Kallin, Craig - NBC, Operations - PRIMACY, Farmington, CT, *pg.* 258
Kamer, Richard - Operations - BRC FIELD & FOCUS SERVICES, Phoenix, AZ, *pg.* 442
Kane, John - Management, Operations, PPOM - MEDTHINK COMMUNICATIONS, Cary, NC, *pg.* 112
Kane, Amanda - Operations, PPOM - BANDUJO DONKER & BROTHERS, New York, NY, *pg.* 36
Kang, Eunice - Operations - STARCOM WORLDWIDE, Chicago, IL, *pg.* 513
Kaniper, Lynn - Operations, PPOM - DANA COMMUNICATIONS, Hopewell, NJ, *pg.* 57
Kantner, Kellie - Management, Operations - EMPOWER, Cincinnati, OH, *pg.* 354
Kantor, Isabel - Analytics, Creative, Interactive / Digital, Media Department, Operations - ORGANIC, INC., New York, NY, *pg.* 256
Kapnick, Julie - Operations - RE:GROUP, INC., Ann Arbor, MI, *pg.* 403
Karoub, Kirstin - NBC, Operations - YOUR PEOPLE LLC, Huntington Woods, MI, *pg.* 664
Karsten, Hillary - Account Services, Media Department, Operations, Public Relations - RUBENSTEIN ASSOCIATES, New York, NY, *pg.* 644
Katelman, Steve - Account Planner, Account Services, Interactive / Digital, Management, NBC, Operations - ANNALECT GROUP, New York, NY, *pg.* 213
Katinsky, Mike - Management, Operations - HOTHOUSE, Atlanta, GA, *pg.* 371
Katz, Philip - Media Department, Operations - DOREMUS & COMPANY, New York, NY, *pg.* 64
Katz Dukas, Gail - Operations, PPOM - DUKAS LINDEN PUBLIC RELATIONS, New York, NY, *pg.* 598
Kauffman, Sarah - Account Services, Management, Operations - ATTENTION, New York, NY, *pg.* 685
Kaufman, Robert - NBC, Operations - OMNICOM GROUP, New York, NY, *pg.* 123
Kearns, Kristen - Operations, PPM, PPOM - ELEMENT PRODUCTIONS, Boston, MA, *pg.* 562
Keating, Casey - Interactive / Digital, Media Department, Operations - HAWORTH MARKETING & MEDIA, Minneapolis, MN, *pg.* 470
Keefer, Ryan - Interactive / Digital, Management, Operations - CENTERLINE DIGITAL, Raleigh, NC, *pg.* 220
Keener, Tim - NBC, Operations - LAS VEGAS EVENTS, Las Vegas, NV, *pg.* 310
Kehoe, Cecile - Operations, PPOM - DREAMSPAN, Phoenix, AZ, *pg.* 7
Keidan, Nikki - Media Department, Operations - DIGITAS, Chicago, IL, *pg.* 227
Keiffer, Ryan - Management, Operations, PPOM - A-TRAIN MARKETING COMMUNICATIONS, Fort Collins, CO, *pg.* 321
Keith, Amy - Management, Operations - MEDIA LOGIC, Albany, NY, *pg.* 288
Kellogg, Jackie - Analytics, Operations - SIMANTEL GROUP, Peoria, IL, *pg.* 142
Kelly, Jon - Operations, PPOM - AGENCY 850, Roswell, GA, *pg.* 1
Kelso, Caroline - Operations - STOREBOARD MEDIA LLC, New York, NY, *pg.* 557
Kemp, Carl - Management, Operations - KROGER MEDIA SERVICES, Portland, OR, *pg.* 96
Kennedy, Leah - Operations - MCCANN NEW YORK, New York, NY, *pg.* 108
Kennedy, Erin - Analytics, Operations - SIMANTEL GROUP, Peoria, IL, *pg.* 142
Kenney, Rick - Operations, PPOM -

AGENCIES
RESPONSIBILITIES INDEX

ST&P COMMUNICATIONS, INC., Fairlawn, OH, pg. 412
Keohane, Kerry - Account Planner, Operations - GEAR COMMUNICATIONS, Stoneham, MA, pg. 76
Kerttu, Kurt - Operations - J.R. THOMPSON COMPANY, Farmington Hills, MI, pg. 91
Kessen, Steve - Operations, PPOM - FATHOM, Valley View, OH, pg. 673
Khanjian, Hayk - Operations, PPOM - VT PRO DESIGN, Los Angeles, CA, pg. 564
Kidd, Carter - Management, Operations - CAMPAIGN SOLUTIONS, Alexandria, VA, pg. 219
Kides, Judy - Finance, Operations - BIOLUMINA, New York, NY, pg. 39
Kiehn, Shannon - Operations - APPENCY, Sacramento, CA, pg. 32
Kielty, Brian - Finance, Operations, PPOM - HEALTHCARE CONSULTANCY GROUP, New York, NY, pg. 83
Kile, Lisa - Operations - PUBLICIS.SAPIENT, Boston, MA, pg. 259
Killelea, Kelly - Interactive / Digital, Operations - KWG ADVERTISING, INC., New York, NY, pg. 96
Killgour, Simona - Operations, PPOM - WIT MEDIA, New York, NY, pg. 162
Kim, Chang - Account Services, Interactive / Digital, Management, Media Department, Operations, PPOM - UNIVERSAL MCCANN, New York, NY, pg. 521
Kim, Julie - Operations - WONACOTT COMMUNICATIONS, LLC, Sherman Oaks, CA, pg. 663
Kim, Philip - Creative, Interactive / Digital, Management, Operations - MOMENT, New York, NY, pg. 192
Kim, Jessica - Operations - IX.CO, New York, NY, pg. 243
Kim, Kelly - Media Department, Operations, Promotions - 360I, LLC, Los Angeles, CA, pg. 208
Kim, Hannah - Operations - SINGLE GRAIN, Los Angeles, CA, pg. 265
Kincaid, Christine - Operations, PPOM - MEDIAPLUS ADVERTISING, Ottawa, ON, pg. 386
Kinder, Krista - Creative, Operations - HUB COLLECTIVE, LTD., Portland, OR, pg. 186
King, Keith - Operations, PPOM - SCRATCH OFF SYSTEMS, Twinsburg, OH, pg. 569
King, Ashlee - Operations - THE MARTIN AGENCY, Richmond, VA, pg. 421
Kingsley, Holly - Operations, PPOM - PACE ADVERTISING AGENCY, INC., New York, NY, pg. 124
Kinsella, Colin - Operations, PPOM - HAVAS MEDIA GROUP, New York, NY, pg. 468
Kirk, Jeffrey - Operations, PPOM - CORPORATE MAGIC INC, Richardson, TX, pg. 303
Kirkland, Hal - Management, Operations - TOOL OF NORTH AMERICA, Santa Monica, CA, pg. 564
Kirwin, Anthony - Operations - FAST HORSE, Minneapolis, MN, pg. 603
Kitchen, Jamie - Operations - DERSE, INC., North Las Vegas, NV, pg. 304
Klau, Ben - Operations, PPOM - MORTAR ADVERTISING, San Francisco, CA, pg. 117
Klee, Leigh Ann - Finance, Operations, PPOM - PACE COMMUNICATIONS, Greensboro, NC, pg. 395
Kleinberg, Howie - Interactive / Digital, Operations, PPOM - GLOW, New York, NY, pg. 237
Klemmer, Clare - Interactive / Digital, Media Department, Operations - VAYNERMEDIA, New York, NY, pg. 689
Klochkova, Diana - NBC, Operations, PPOM - REBEL VENTURES INC., Los Angeles, CA, pg. 262
Kloner, Tara - Operations - THE RESERVE LABEL, Los Angeles, CA, pg. 563
Klugsberg, David - Operations, PPOM - LA, INC., Toronto, ON, pg. 11
Klurfeld, Larry - Operations, PPOM - JOELE FRANK, WILKINSON BRIMMER KATCHER, New York, NY, pg. 617
Knappenberger, Erik - Operations - AXXIS, Louisville, KY, pg. 302
Knoles, Claire - Operations, PPOM - KIOSK CREATIVE LLC, Novato, CA, pg. 378
Knuti, Matthew - Management, Operations - FUZZ PRODUCTIONS, Brooklyn, NY, pg. 236
Koch, Kristin - Interactive / Digital, Management, Media Department, NBC, Operations - MINDSHARE, San Francisco, CA, pg. 495
Koch, Molly - Operations - COMMUNICATIONS STRATEGY GROUP, Denver, CO, pg. 592
Kocoj, Alex - Operations - SOME CONNECT, Chicago, IL, pg. 677
Koehnen, Chad - Account Planner, Media Department, Operations - FALLON WORLDWIDE, Minneapolis, MN, pg. 70
Koelle, Paul - Account Services, NBC, Operations - C SPACE, Boston, MA, pg. 443
Kogos, Scott - Operations - WUNDERMAN THOMPSON, New York, NY, pg. 434
Kohlhepp, Courtney - Management, Operations - TNS, Cincinnati, OH, pg. 450
Kohn, Elliot - Operations, PPOM - KUBIK, Mississauga, ON, pg. 309
Kolodij, Cat - Account Services, Management, Operations, PPOM - FALLS COMMUNICATIONS, Cleveland, OH, pg. 357
Kontiainen, Tuire - Creative, Operations, PPOM - BRIGHT DESIGN, Los Angeles, CA, pg. 176
Kornblum, Lisa - Operations - QUIXOTE GROUP, Greensboro, NC, pg. 402
Kosa Townsend, Emily - Operations, PPOM - BRAINS ON FIRE, Greenville, SC, pg. 691
Kotzev, Kalin - Operations, Programmatic - GROUPM, New York, NY, pg. 466
Kowalczyk, Kadie - Operations - THE MX GROUP, Burr Ridge, IL, pg. 422
Kraaijvanger, Arnaud - Analytics, Interactive / Digital, NBC, Operations - GENESYS TELECOMMUNICATIONS LABORATORIES, Daly City, CA, pg. 168
Krakowsky, Philippe - Account Planner, Human Resources, Operations, PPOM - INTERPUBLIC GROUP OF COMPANIES, New York, NY, pg. 90
Kramer, Howard - Operations, PPOM - LISTRAK, Lititz, PA, pg. 246
Kramer, Sarah - Account Planner, Account Services, NBC, Operations, PPOM - SPARK FOUNDRY, New York, NY, pg. 508
Kramer, Weezie - Operations, PPOM - ENTERCOM COMMUNICATIONS CORP., Bala Cynwyd, PA, pg. 551
Kramer, Jason - Media Department, Operations - QUESTUS, San Francisco, CA, pg. 260
Kramer, Mary - Operations - MODERN CLIMATE, Minneapolis, MN, pg. 388
Krato, Elizabeth - Management, Operations - JACK MORTON WORLDWIDE, Detroit, MI, pg. 309
Krauss, Amy - Operations - PERFORMICS, Chicago, IL, pg. 676
Krieger, Peter - Finance, Operations, PPOM - LIGHTBOX OOH VIDEO NETWORK, New York, NY, pg. 553
Krueger, Victoria - Operations, PPM - TBWA \ CHIAT \ DAY, New York, NY, pg. 416
Kucera, Michael - Operations, PPOM - ZEHNER, Los Angeles, CA, pg. 277
Kujawski, Renee - Operations, Research - PROHASKA CONSULTING, New York, NY, pg. 130
Kumar, Sunil - Operations, PPOM - GROUNDTRUTH.COM, New York, NY, pg. 534
Kurtz, Kristina - Media Department, Operations - STARCOM WORLDWIDE, Detroit, MI, pg. 517
Kyba, Suzanne - Account Services, Operations - 97 DEGREES WEST, Austin, TX, pg. 24
Lacharite, Arlene - Interactive / Digital, Operations - EPSILON, Westminster, CO, pg. 283
Lacour, John - Account Services, Interactive / Digital, NBC, Operations, PPOM - DMN3, Houston, TX, pg. 230
Lafranz, Lauren - Creative, Management, Operations - VMLY&R, New York, NY, pg. 160
Lahucik, Cary - Management, Operations - POINT B COMMUNICATIONS, Chicago, IL, pg. 128
Lake, Karen - Operations, PPOM - LAKE GROUP MEDIA, INC., Armonk, NY,

RESPONSIBILITIES INDEX — AGENCIES

pg. 287
Lam, Lindsay - Analytics, Interactive / Digital, Management, Operations, Research - WUNDERMAN THOMPSON, Washington, DC, pg. 434
Lam, Steven - Analytics, Operations - FETCH, San Francisco, CA, pg. 533
Lambert, Ashleigh - Media Department, Operations - BEACONFIRE REDENGINE, Arlington, VA, pg. 216
Lamond, Nikki - Operations, PPOM - MISSION MEDIA, LLC, Baltimore, MD, pg. 115
LaNasa, Maggie - Account Planner, NBC, Operations - FOLKLORE DIGITAL, Minneapolis, MN, pg. 235
Landman, Carrie - Account Services, Operations - UBM, Duluth, MN, pg. 521
Lanham, Heather - Operations - STARCOM WORLDWIDE, Chicago, IL, pg. 513
LaPlante, Thomas - Interactive / Digital, Operations - AUDIENCEX, Marina Del Rey, CA, pg. 35
Larkin, Joe - NBC, Operations - VOICE MEDIA GROUP, Phoenix, AZ, pg. 526
LaRoe, Bill - Operations, PPOM - M:UNITED//MCCANN, New York, NY, pg. 102
LaRosa, Nicholas - Account Services, Media Department, NBC, Operations - MAYOSEITZ MEDIA, Blue Bell, PA, pg. 483
Laskin, Lilian - Human Resources, Operations - DENTSU X, New York, NY, pg. 61
Laughlin, Chris - Finance, Operations - BAILEY LAUERMAN, Omaha, NE, pg. 35
Laurens, Rob - Management, Operations, Research - BBK WORLDWIDE, Needham, MA, pg. 37
Lavielle, Thayer - NBC, Operations - WASSERMAN MEDIA GROUP, Los Angeles, CA, pg. 317
LaVoun, Tara - Administrative, Finance, Operations - PORTER NOVELLI, New York, NY, pg. 637
Law, Garrett - Operations, PPOM - ATTENTION SPAN MEDIA, LLC, Los Angeles, CA, pg. 214
Lawless, Sharon - Account Services, NBC, Operations - BURST MARKETING, Troy, NY, pg. 338
Lawless, Michael - NBC, Operations - KATZ MEDIA GROUP, INC., New York, NY, pg. 481
Lawshe, Jeff - Management, Operations - CCG MARKETING SOLUTIONS, West Caldwell, NJ, pg. 341
Le, David - Media Department, Operations - MARKETSMITH, INC, Cedar Knolls, NJ, pg. 483
Lear, Eric - NBC, Operations, PPOM - MAHALO SPIRITS GROUP, Delray Beach, FL, pg. 13
Leaumont, Tim - Finance, Management, Operations - NEXT MARKETING, Norcross, GA, pg. 312
Lechter Botero, Alida - Operations, PPOM, Research - NEW WORLD GLOBAL

RESEARCH, Miami, FL, pg. 448
LeClair, Kathy - NBC, Operations - ADFIRE HEALTH, Stamford, CT, pg. 27
Ledoux, Brian - Finance, Operations - HEARST AUTOS, San Francisco, CA, pg. 238
Lee, Raymond - Account Planner, Media Department, Operations - HORIZON MEDIA, INC., New York, NY, pg. 474
Lee, Jonathan - Account Planner, Account Services, Management, NBC, Operations, PPOM - GREY GROUP, New York, NY, pg. 365
Lee, Harold - Account Planner, Account Services, Media Department, NBC, Operations - PUBLICIS.SAPIENT, New York, NY, pg. 258
Lee, Nicole - Account Services, Media Department, Operations - PUBLICIS NORTH AMERICA, New York, NY, pg. 399
Lee, Priscilla - Account Services, Management, Operations - REBEL VENTURES INC., Los Angeles, CA, pg. 262
Lee De Freitas, Gina - Operations, PPOM - IMM, Boulder, CO, pg. 373
Lee Sherrill, Christina - Management, Operations - SILTANEN & PARTNERS ADVERTISING, El Segundo, CA, pg. 410
Lefante, Jane - Operations - INCREMENTAL MEDIA, Bellmore, NY, pg. 477
LeFauve, Bryan - Operations, PPOM - FARM, Lancaster, NY, pg. 357
Lent, Sarah - Account Services, Operations - ESSENCE, San Francisco, CA, pg. 232
Leon, John - Operations, PPOM - IMPACT MOBILE, Toronto, ON, pg. 534
Leonhard, Bridget - Operations - KINZIEGREEN MARKETING GROUP, Wausau, WI, pg. 95
Lequerica, Paul - Operations - WILEN MEDIA CORPORATION, Melville, NY, pg. 432
LeVine, Duane - Operations, PPOM - BLAKESLEE, Baltimore, MD, pg. 40
Levy, Evan - Creative, Interactive / Digital, Management, Operations, PPOM - FITZCO, Atlanta, GA, pg. 73
Lew, Jolene - Creative, Operations - MONO, Minneapolis, MN, pg. 117
Lewellen, Bob - Operations, PPOM - KAESER & BLAIR, Batavia, OH, pg. 567
Lewis, Chandra - Operations, PPOM - THE ALLEN LEWIS AGENCY, LLC, Farmington Hills, MI, pg. 148
Lewis, Ben - Management, Operations - MC2, Lithia Springs, GA, pg. 311
Lewis, Erica - Operations, PPM - ANVIL MEDIA, INC, Portland, OR, pg. 671
Lewis, Tom - Operations, PPOM - GRAY LOON MARKETING GROUP, Evansville, IN, pg. 365
Libitsky, Carrie - Operations - AMP AGENCY, Los Angeles, CA, pg. 213
Liebnitz, Jolee - Operations - JNA ADVERTISING, Overland Park, KS, pg. 92

Liedtke, Chris - Operations, PPOM - AMPERAGE, Wausau, WI, pg. 325
Liesenfelt, Marissa - Operations - ENVISIONIT MEDIA, INC., Chicago, IL, pg. 231
Light-McNeely, Dina - Account Services, Analytics, Creative, Operations - BLUE 449, Dallas, TX, pg. 456
Ligotti, Jim - Operations, PPOM - REALITY INTERACTIVE, LLC, Middletown, CT, pg. 262
Liljegren, David - Account Planner, Operations, PPOM - A.D.K., Los Angeles, CA, pg. 321
Liller, Lena - Account Services, Operations - INNOVATIVE ADVERTISING, Mandeville, LA, pg. 375
Lillie, Tanya - Operations - OUTFRONT MEDIA, Dallas, TX, pg. 555
Lindblom, Arielle - Account Services, Operations - HAVAS MEDIA GROUP, Boston, MA, pg. 470
Link, Jessi - Operations, Research - GYRO, Cincinnati, OH, pg. 368
Linker, Katrina - Operations - MANIFEST, Saint Louis, MO, pg. 248
Lipsic, Dana - Operations - PUBLICIS NORTH AMERICA, New York, NY, pg. 399
Lishnevsky, Michael - Management, Operations - IX.CO, New York, NY, pg. 243
Lisiten, Darren - Operations, PPOM - KRUPP KOMMUNICATIONS, New York, NY, pg. 686
Lister, Chip - Management, Operations - RADIUS GLOBAL MARKET RESEARCH, New York, NY, pg. 449
Liu, Qing - Analytics, Operations - VMLY&R, New York, NY, pg. 160
Livingston, Doug - Operations, PPOM, Public Relations - USIM, Los Angeles, CA, pg. 525
Lockard, Michael - Operations - DESIGN AND PRODUCTION INCORPORATED, Lorton, VA, pg. 179
Logan-Gabel, Donna - Operations, PPM, PPOM - ADAMS & KNIGHT ADVERTISING, Avon, CT, pg. 322
London, Matt - Creative, Operations, PPM - DONOVAN ADVERTISING, Lititz, PA, pg. 352
Looney, Debbie - Creative, Operations, PPM - LOONEY ADVERTISING, Montclair, NJ, pg. 101
Looser, Rick - Operations, PPOM - THE CIRLOT AGENCY, INC., Flowood, MS, pg. 149
Lopez, Samantha - Account Planner, Operations - UNDERTONE, New York, NY, pg. 273
LoPiano, Mike - Operations, PPOM - NORTON AGENCY, Chicago, IL, pg. 391
Lopiccolo, Season - Operations, PPOM - NOBLE STUDIOS, Reno, NV, pg. 254
Lorfink, Robert - Finance, Operations, PPOM - DIVERSIFIED AGENCY SERVICES, New York, NY, pg. 351
Loria, Joanne - Operations, PPOM - THE JOESTER LORIA GROUP, New York,

1808

AGENCIES
RESPONSIBILITIES INDEX

NY, pg. 450
Love, David - Management, Operations - CROSS COUNTRY COMPUTER, East Islip, NY, pg. 281
Lowe, Robert - NBC, Operations - NTH DEGREE, INC., Duluth, GA, pg. 312
Lowenbraun, Matt - NBC, Operations - KEPLER GROUP, New York, NY, pg. 244
Lowry, Stacie - Account Services, Interactive / Digital, Operations - TIVOLI PARTNERS, Charlotte, NC, pg. 293
Lubbehusen, Robbin - Operations - RED BANYAN, Deerfield Beach, FL, pg. 641
Lubin, Steve - Management, NBC, Operations - MARKETING ARCHITECTS, Minneapolis, MN, pg. 288
Luebbert, Ron - Operations, PPOM - OCEAN MEDIA, INC., Huntington Beach, CA, pg. 498
Luebbert, Steve - Operations, PPM - COOLFIRE STUDIOS, Saint Louis, MO, pg. 561
Lukach, Chris - Operations, PPOM - AKCG PUBLIC RELATIONS COUNSELORS, Glassboro, NJ, pg. 575
Lundy, Jim - Operations, PPM - BRUNNER, Pittsburgh, PA, pg. 44
Lustberg, Lindsay - NBC, Operations, PPOM - NOBLE PEOPLE, New York, NY, pg. 120
Lybrand, Steve - Management, Operations - CAMELOT STRATEGIC MARKETING & MEDIA, Dallas, TX, pg. 457
Lyerly, Melia - Operations, PPOM - LYERLY AGENCY, Belmont, NC, pg. 382
Lyle, Charley - Operations - GAIN, Richmond, VA, pg. 284
Lynam, Susi - Human Resources, Operations - KIOSK CREATIVE LLC, Novato, CA, pg. 378
Lynch, JoAnne - NBC, Operations - GMR MARKETING, New Berlin, WI, pg. 306
Lynch, Randy - NBC, Operations, PPOM - THE CREATIVE ALLIANCE, Lafayette, CO, pg. 653
Lynn, Denny - Operations - DERSE, INC., Waukegan, IL, pg. 304
Lynn, Chrissy - Media Department, Operations - BRUNNER, Pittsburgh, PA, pg. 44
Lyon, Jessica - Operations, PPOM - CO-COMMUNICATIONS, INC., Farmington, CT, pg. 591
Lyons, Susie - Account Planner, Account Services, Management, Media Department, Operations - VIRTUE WORLDWIDE, Brooklyn, NY, pg. 159
Maas, Brittany - Operations - SOURCELINK, LLC, Greenville, SC, pg. 292
MacDonald, Peter - Operations - MACDONALD MEDIA, LLC, New York, NY, pg. 553
Machemehl, Al - Operations, PPOM - METROPOLITAN GROUP, Portland, OR, pg. 387
Macias, Alex - Management, Operations, PPOM - MACIAS CREATIVE,

Miami, FL, pg. 543
Mackenzie, Chris - Interactive / Digital, NBC, Operations - I HEART MEDIA, San Antonio, TX, pg. 552
MacLaren, Laurie - Finance, Operations, PPOM - ANSIRA, Addison, TX, pg. 326
MacNevin, Kate - Management, Operations, PPOM - MRM//MCCANN, New York, NY, pg. 289
Mader, Michelle - Operations - R&R PARTNERS, Las Vegas, NV, pg. 131
Madik, Vladimir - Interactive / Digital, Operations - SPARK FOUNDRY, Chicago, IL, pg. 510
Madlom, James - Operations, PPOM - MUELLER COMMUNICATIONS, INC., Milwaukee, WI, pg. 630
Magill, Dayle - Account Planner, Account Services, Operations - PMG, Fort Worth, TX, pg. 257
Magnuson, Julie - Operations - THE MULLIKIN AGENCY, Springdale, AR, pg. 152
Magrino, Allyn - Operations, PPOM - MAGRINO PUBLIC RELATIONS, New York, NY, pg. 624
Maguy, Chuck - Operations, PPOM - SAATCHI & SAATCHI LOS ANGELES, Torrance, CA, pg. 137
Mahadevan, Milen - Operations, PPOM - 84.51, Cincinnati, OH, pg. 441
Maher, Regis - Operations, PPOM - DIO, York, PA, pg. 62
Mahin, Christine - Account Services, Operations - LENZ, INC., Decatur, GA, pg. 622
Mainprize, Janet - Analytics, Interactive / Digital, Media Department, Operations - MINDSHARE, Toronto, ON, pg. 495
Maitra, Seb - Analytics, Management, Media Department, Operations, PPOM - NORBELLA, Boston, MA, pg. 497
Major, Bill - Management, Operations, PPOM - GREATER THAN ONE, New York, NY, pg. 8
Mak, John - Operations - SANDBOX STRATEGIES, New York, NY, pg. 645
Maki, Sarah - Account Services, Operations - PUBLIC WORKS, Minneapolis, MN, pg. 130
Malaga, Laurie - Operations - THE COMMUNITY, Miami Beach, FL, pg. 545
Malandruccolo, John - Media Department, Operations - STARCOM WORLDWIDE, Chicago, IL, pg. 513
Malaniuk, Julie - Interactive / Digital, Media Department, Operations - STARCOM WORLDWIDE, Chicago, IL, pg. 513
Maldini, Maria - Creative, Operations - GALLEGOS UNITED, Huntington Beach, CA, pg. 75
Maldonado, Angel - Operations, PPOM - THE CONCEPT FARM, Long Island City, NY, pg. 269
Maleeny, Tim - Account Planner, Account Services, Management, Media Department, NBC, Operations, PPOM - HAVAS NEW YORK, New York, NY, pg. 369
Malone, Ryan - Creative, Operations

- DELL BLUE, Round Rock, TX, pg. 60
Malott, Link - Operations - THE MARKETING DEPARTMENT, London, ON, pg. 420
Malphrus, Natalie - Operations, Research - SUMMIT MARKETING, Saint Louis, MO, pg. 570
Malysiak, John - Interactive / Digital, NBC, Operations, Programmatic, Research, Social Media - PHD CHICAGO, Chicago, IL, pg. 504
Manetta, Louie - Operations, PPOM - TCAA, Cincinnati, OH, pg. 147
Mangano, Frank - Finance, Operations, PPOM - HAVAS NEW YORK, New York, NY, pg. 369
Maniv, Elad - Operations, PPOM - TABOOLA, New York, NY, pg. 268
Manna, Christine - Operations, PPOM - ASSOCIATION OF NATIONAL ADVERTISERS, New York, NY, pg. 442
Manning, Amy - Management, Operations - DAC GROUP, Louisville, KY, pg. 223
Manos, Diana - Operations, Research - FFR HEALTHCARE, Chicago, IL, pg. 444
Manus, Jenn - Human Resources, Operations - PRODUCT CREATION STUDIO, Seattle, WA, pg. 563
Marchand, Jesseca - Operations - ARCHRIVAL, INC., Lincoln, NE, pg. 1
Marchessault, Philippe - Management, Operations - NEWAD, Montreal, QC, pg. 554
Marchio, Catherine - Human Resources, Operations - HAWORTH MARKETING & MEDIA, Minneapolis, MN, pg. 470
Marchione, Richard - Operations, PPOM - CREATIVE MARKETING PLUS, Bayside, NY, pg. 346
Marciani, Justin - Account Services, Operations - BBH, New York, NY, pg. 37
Margolis, Liz - NBC, Operations - ACTIVE INTERNATIONAL, Pearl River, NY, pg. 439
Margolis, Jon - Operations - BEYOND MARKETING GROUP, Toronto, ON, pg. 685
Mariani, Tony - NBC, Operations - DDI MEDIA, Saint Louis, MO, pg. 551
Marsh, Traci - NBC, Operations - STAYWELL, Greensboro, NC, pg. 292
Martin, Tim - Operations - CRAMER, Norwood, MA, pg. 6
Martin, Rob - Operations, PPOM - BENSUSSEN DEUTSCH & ASSOCIATES, Woodinville, WA, pg. 566
Martin, Lonnie - Operations - FAIRWAY OUTDOOR ADVERTISING, Hagerhill, KY, pg. 552
Marvel, Hunter - Creative, Operations - METEORITE PR, Boulder, CO, pg. 627
Marvin, Zenaida - Account Services, Operations - CAMPBELL EWALD, West Hollywood, CA, pg. 47
Massenzio, Frank - Account Services, Operations - O2KL, New York, NY, pg. 121
Masukawa, Michael - Account

1809

RESPONSIBILITIES INDEX   AGENCIES

Services, Finance, Operations - SECRET LOCATION, Culver City, CA, pg. 563

Materowski, Jim - Account Services, Operations - MAGNET MEDIA, INC., New York, NY, pg. 247

Matias, Ald - Operations, Promotions - H&L PARTNERS, Oakland, CA, pg. 80

Matnick, Nancy - Finance, Operations, PPOM - ENDAI WORLDWIDE, New York, NY, pg. 231

Matteoni, Michael - Operations, PPOM - STUDIONORTH, North Chicago, IL, pg. 18

Mattina, Chuck - Finance, Operations, PPOM - QUIXOTE GROUP, Greensboro, NC, pg. 402

Mattison, Sue - Operations - MARKETCOM PR, Westin, CT, pg. 625

Mattox, Darryl - NBC, Operations - GRAGG ADVERTISING, Kansas City, MO, pg. 78

Maxwell, Dessiah - Media Department, Operations - TBWA\CHIAT\DAY, Los Angeles, CA, pg. 146

May, Colin - Media Department, Operations - MEDIASPACE SOLUTIONS, Minnetonka, MN, pg. 490

Mayberry, Paula - Finance, Human Resources, Operations - SHERRY MATTHEWS ADVOCACY MARKETING, Austin, TX, pg. 140

McCall, Mark - Operations, PPOM - FTI CONSULTING, New York, NY, pg. 606

McCallum, Matt - Human Resources, Operations - HITCHCOCK FLEMING & ASSOCIATES, INC. , Akron, OH, pg. 86

McCance, Alexis - Finance, Operations, PPOM - HAVAS FORMULA, San Diego, CA, pg. 612

McCarten, Amy - Account Services, Operations - MYRIAD MARKETING, INC., Toronto, ON, pg. 168

McCartin, Mike - Operations, PPOM - TANDEM THEORY, Dallas, TX, pg. 269

McClelland, Misi - Analytics, Management, Operations, Social Media - IGNITE SOCIAL MEDIA, Cary, NC, pg. 686

McClure, Marcy - NBC, Operations - SNAVELY & ASSOCIATES, State College, PA, pg. 199

McConnell, Hugh - Finance, Operations, PPOM - MMGY GLOBAL, Kansas City, MO, pg. 388

McCoobery, Kristina - Operations, PPOM - INVNT, New York, NY, pg. 90

McCullough, Kemit - Account Services, Management, Operations - WONDERFUL AGENCY, Los Angeles, CA, pg. 162

McCurry, Jeff - Operations, PPOM - ST. JOHN & PARTNERS ADVERTISING & PUBLIC RELATIONS, Jacksonville, FL, pg. 412

McDaniel, Rex - Management, Operations, PPOM - PREMIER EVENT SERVICES, Steamboat Springs, CO, pg. 314

McDaniel, Curtis - Operations - DERSE, INC., Kennesaw, GA, pg. 304

McDonald, Leslie - Media Department, Operations - WHEELER ADVERTISING, INC., Arlington, TX, pg. 430

McDonald, Jim - Interactive / Digital, Operations, PPOM - INVNT, New York, NY, pg. 90

McDonough, Tracy - Operations - THE COMMUNITY, Miami Beach, FL, pg. 545

McDougall, Sam - Operations, Social Media - RED HAVAS, New York, NY, pg. 641

McFadden, Eden - Account Services, Operations - IMAGINARY FORCES, Los Angeles, CA, pg. 187

McGill, Carla - Operations, PPOM - HARGROVE INC., Lanham, MD, pg. 307

McGonnigal, Ian - Account Services, Management, Operations - CRAMER, Norwood, MA, pg. 6

McGregor, Rod - Management, Operations, PPOM - CROWL, MONTGOMERY & CLARK, INC., North Canton, OH, pg. 347

McHale, Frank - Operations - MADISON AVENUE SOCIAL, New York, NY, pg. 103

McInerny, Meghan - Operations, PPOM - CLOCKWORK ACTIVE MEDIA, Minneapolis, MN, pg. 221

McIntyre, Brian - Operations, PPOM - PUBLICIS HAWKEYE, Dallas, TX, pg. 399

McKenna, Shaun - Operations, Promotions - BCM MEDIA, Darien, CT, pg. 455

McLaughlin, John - Operations, PPOM - CRITICAL MASS, INC., Chicago, IL, pg. 223

McMahon, Francis - Management, Operations - ADVOCACY SOLUTIONS, LLC, Providence, RI, pg. 575

McMillan, Sara - Analytics, Operations, PPOM - MUNROE CREATIVE PARTNERS, Philadelphia, PA, pg. 192

McMillian, Christy - Operations, Public Relations - CI&T, San Francisco, CA, pg. 5

McNamara, Alix - Operations - MANIFEST, New York, NY, pg. 248

McNatt, Ashley - Account Services, Operations - DOEANDERSON ADVERTISING , Louisville, KY, pg. 352

McNeil, Kim - Finance, Operations, PPOM - LIGHTHOUSE, INC., Marietta, GA, pg. 11

McNeil, Fraser - Account Planner, Account Services, Management, Media Department, Operations, Research - THE STORY LAB, Santa Monica, CA, pg. 153

McNellis, Michael - Operations, PPOM - BARU ADVERTISING, Culver City, CA, pg. 538

McNichols, Elizabeth - Operations, PPOM - THE OUTCAST AGENCY, San Francisco, CA, pg. 654

McVeigh, Tasha - Human Resources, Operations, PPOM - MCGARRYBOWEN, San Francisco, CA, pg. 385

Mealy, Phil - Media Department, Operations - TERRY L. BUTZ CREATIVE INCORPORATED, Waterloo, IA, pg. 148

Mears, Peter - Operations, PPOM - HAVAS MEDIA GROUP, New York, NY, pg. 468

Meisel, Jared - Management, Operations - THEORY HOUSE : THE AGENCY BUILT FOR RETAIL, Charlotte, NC, pg. 683

Mekhjian, Salpi - Operations - MADRAS GLOBAL, New York, NY, pg. 103

Melincianu, Laura - Operations - RICHMOND PUBLIC RELATIONS, Seattle, WA, pg. 643

Melnick, Ethan - Media Department, Operations - UNIVERSAL MCCANN, San Francisco, CA, pg. 428

Melone, John - Media Department, Operations - STARCOM WORLDWIDE, Chicago, IL, pg. 513

Mendelsohn, Arielle - Creative, Operations - DECODED ADVERTISING, New York, NY, pg. 60

Mendonca, Nikki - Operations, PPOM - ACCENTURE INTERACTIVE, New York, NY, pg. 209

Mennen-Bobula, Caitlin - Operations, PPOM - LOCAL PROJECTS, New York, NY, pg. 190

Merath, Timmothy - Creative, Operations - EPIC CREATIVE, West Bend, WI, pg. 7

Mercurio, John - Finance, Operations, PPOM - AGENCYSACKS, New York, NY, pg. 29

Merkel, Bobbi - Management, Media Department, Operations - TPN, Dallas, TX, pg. 683

Merl, Chris - Operations - AGENCYQ, Washington, DC, pg. 211

Merrin, Venessa - Operations, PPM - MADISON MEDIA GROUP, New York, NY, pg. 562

Mertzman, Allison - Human Resources, Management, Media Department, NBC, Operations, Public Relations - GROUPM, New York, NY, pg. 466

Messano, Michael - Creative, Operations - GIOVATTO ADVERTISING, Paramus, NJ, pg. 363

Metcalfe, Dave - Media Department, NBC, Operations - UNIVERSAL MCCANN DETROIT, Birmingham, MI, pg. 524

Meyer, Stephanie - NBC, Operations - TPN, Dallas, TX, pg. 683

Mezrow, Julie - Media Department, Operations - CMI MEDIA, LLC, King of Prussia, PA, pg. 342

Michelich, Brynn - Operations, PPOM - JELLYVISION LAB, Chicago, IL, pg. 377

Middleton, Laura - Operations - BRIGHTWAVE MARKETING, INC., Atlanta, GA, pg. 219

Miech, Joseph - Operations, PPOM - (ADD)VENTURES, Providence, RI, pg. 207

Miles, Pete - Operations - LIGHTBOX OOH VIDEO NETWORK, New York, NY, pg. 553

Miller, Doug - Finance, Operations, PPOM - FIREHOUSE, INC., Dallas, TX, pg. 358

AGENCIES

RESPONSIBILITIES INDEX

Miller, Kevin - Operations, PPOM - REINGOLD, Alexandria, VA, pg. 405
Miller, Teri - Account Services, Management, NBC, Operations, PPOM - 72ANDSUNNY, Playa Vista, CA, pg. 23
Miller, Neil - Finance, Operations, PPOM - FCB NEW YORK, New York, NY, pg. 357
Miller, Mareka - NBC, Operations - EMPOWER, Cincinnati, OH, pg. 354
Miller, Corrina - Account Services, Operations - CARAT, Culver City, CA, pg. 459
Miller, Rosemary - Account Services, Operations - STARCOM WORLDWIDE, Chicago, IL, pg. 513
Miller, Andrea - Operations - MLIVE MEDIA GROUP, Grand Rapids, MI, pg. 388
Miller, Joe - Operations - TRACYLOCKE, Chicago, IL, pg. 426
Miller, Joni - Operations - G7 ENTERTAINMENT MARKETING, Nashville, TN, pg. 306
Miller-Repetto, Carol - Operations, PPOM - OGILVY PUBLIC RELATIONS, New York, NY, pg. 633
Millett, Andrea - Management, Operations, PPOM - HAVAS MEDIA GROUP, New York, NY, pg. 468
Mills, Erin - Operations, PPOM - MICHAEL ALAN GROUP, New York, NY, pg. 692
Mills, Dawn - Operations - STORY COLLABORATIVE, Fredericksburg, VA, pg. 414
Mills, Aaron - Interactive / Digital, Operations - NTOOITIVE DIGITAL, Las Vegas, NV, pg. 254
Millstein, Jacqueline - Operations, PPOM - RITTA & ASSOCIATES, Paramus, NJ, pg. 407
Milne, Cam - Interactive / Digital, Management, Operations - ONESTOP MEDIA GROUP, Toronto, ON, pg. 503
Milner, Laura - Operations - AMOBEE, INC., Redwood City, CA, pg. 213
Minassian, Mihran - Finance, Operations - THE BOSTON GROUP, Boston, MA, pg. 418
Mistry, Sharda - Interactive / Digital, Operations - SAATCHI & SAATCHI LOS ANGELES, Torrance, CA, pg. 137
Mitchell McCullough, Bridget - Operations - TURNSTILE, INC., Dallas, TX, pg. 427
Mitchum, Liz - Account Services, Management, Operations - ADAMS OUTDOOR ADVERTISING, Florence, SC, pg. 549
Mizrachi, Katie - NBC, Operations - FTI CONSULTING, New York, NY, pg. 606
Mizrahi, Isaac - Operations, PPOM - ALMA, Coconut Grove, FL, pg. 537
Mizzell, Ed - Account Services, Operations, PPOM - LUCKIE & COMPANY, Birmingham, AL, pg. 382
Moet, DuQuan - Interactive / Digital, Operations - SPARK FOUNDRY, Chicago, IL, pg. 510
Molberg, Jamey - Operations - GODO DESIGN GROUP, Pewaukee, NJ, pg. 77
Molsen, Lindsay - Operations, PPM - BIG SPACESHIP, Brooklyn, NY, pg. 455
Montero, Luz - Operations - STARCOM WORLDWIDE, Chicago, IL, pg. 513
Montgomery, John - Interactive / Digital, NBC, Operations - GROUPM, New York, NY, pg. 466
Moodie, Wendy - Interactive / Digital, Operations, PPM, PPOM - PARADIGM SHIFT WORLDWIDE, INC., Northridge, CA, pg. 313
Moody, Mike - Operations - ON BRAND 24, Beverly, MA, pg. 289
Mooney, Terry - NBC, Operations, PPOM - EVOK ADVERTISING, Heathrow, FL, pg. 69
Moore, Richard - Operations, PPOM - MOORE COMMUNICATIONS GROUP, Tallahassee, FL, pg. 628
Moore, Luke - Management, Media Department, Operations - CUNDARI INTEGRATED ADVERTISING, Toronto, ON, pg. 347
Morales, Roger - Operations - G.A. WRIGHT SALES, INC., Denver, CO, pg. 284
Moran, Chuck - Operations - RHYTHMONE, Burlington, MA, pg. 263
Morganteen, Allison - Interactive / Digital, Media Department, NBC, Operations - WAVEMAKER, New York, NY, pg. 526
Morgenstern, Shanny - Operations, PPOM - MORNINGSTAR COMMUNICATIONS, Overland Park, KS, pg. 628
Mori, Lorene - Operations - JEFFREY ALEC COMMUNICATIONS, Los Angeles, CA, pg. 377
Morin, Caitlin - Interactive / Digital, Operations - MINDSTREAM MEDIA GROUP - DALLAS, Dallas, TX, pg. 496
Morra, Alison - Management, Operations - INKHOUSE PUBLIC RELATIONS, Waltham, MA, pg. 615
Morris, Colin - Operations, PPOM - SONSHINE COMMUNICATIONS, Miami, FL, pg. 648
Morris, Major - NBC, Operations - CLEARLINK, Salt Lake City, UT, pg. 221
Morris, Erin - Operations - CURIOSITY ADVERTISING, Cincinnati, OH, pg. 223
Morrison, Alex - Account Planner, Management, NBC, Operations, PPOM - GREY WEST, San Francisco, CA, pg. 367
Morrison, Shannon - Operations - MOROCH PARTNERS, Dallas, TX, pg. 389
Morrison, Tim - Operations - INFINITY MARKETING, Greenville, SC, pg. 374
Morton, Ann - Operations, PPOM - BURNS GROUP, New York, NY, pg. 338
Moscatelli, Stacy - Account Services, Creative, Operations - SUPERFLY, New York, NY, pg. 315
Moser, Erik - Management, Operations - EDELMAN, Portland, OR, pg. 600
Mote, Carla - Account Services, Operations, PPOM - RED TETTEMER O'CONNELL + PARTNERS, Philadelphia, PA, pg. 404
Mucatel, Ryan - Operations, PPOM - BERK COMMUNICATIONS, New York, NY, pg. 583
Mudry, Jessica - NBC, Operations - VAN WAGNER COMMUNICATIONS, New York, NY, pg. 558
Mueller, Kurt - Operations, PPOM - ONION, INC., Chicago, IL, pg. 394
Mulvany, Ann - Media Department, Operations - FRAZIERHEIBY, Columbus, OH, pg. 75
Mundorf, Todd - Operations, PPOM - ESCALENT, Little Rock, AR, pg. 444
Munoz, Rafael - Media Department, Operations - PHD CHICAGO, Chicago, IL, pg. 504
Munoz, Ricardo - Operations - 160OVER90, New York, NY, pg. 301
Munson, Chuck - Finance, Operations, PPOM - MEDIA BUYING SERVICES, INC., Phoenix, AZ, pg. 485
Murillo, Gus - NBC, Operations - THREESIXTYEIGHT, Baton Rouge, LA, pg. 271
Murphy, Jason - Operations, PPOM - MURPHY & COMPANY, Greenwich, CT, pg. 630
Murphy, Tim - NBC, Operations, PPOM - INNOCEAN USA, Huntington Beach, CA, pg. 479
Murphy, Kacey - Operations, PPOM - CARGO LLC, Greenville, SC, pg. 47
Murphy, Matthew - NBC, Operations - AMOBEE, INC., New York, NY, pg. 30
Murphy, Barb - Operations - LEO BURNETT WORLDWIDE, Chicago, IL, pg. 98
Murphy Coragan, Linda - Operations - SELBERT PERKINS DESIGN COLLABORATIVE, Arlington, MA, pg. 198
Murray, Amy - Operations, PPOM - QUENCH, Harrisburg, PA, pg. 131
Murray, Scott - Operations, PPOM - STANTEC, Boulder, CO, pg. 200
Muscat, McKenzie - Creative, Operations - 160OVER90, New York, NY, pg. 301
Myszkowski, Marie - Management, Operations - SPARK FOUNDRY, Chicago, IL, pg. 510
Nabel, Jesse - Media Department, Operations - XAXIS, Los Angeles, CA, pg. 276
Nadel, Fred - Operations, PPOM, Research - NADEL PHELAN, INC., Santa Cruz, CA, pg. 631
Nagel, Anna Beth - Account Services, Administrative, Management, Media Department, Operations - WIEDEN + KENNEDY, New York, NY, pg. 432
Nagle, Nick - Operations - DESIGN 446, Manasquan, NJ, pg. 61
Naik, Ankur - Account Planner, Account Services, Management, NBC, Operations - BBMG, Brooklyn, NY, pg. 2

RESPONSIBILITIES INDEX — AGENCIES

Najarian, Ara - Account Services, NBC, Operations - DIGITAS, Chicago, IL, *pg.* 227

Nam, Susie - Operations, PPOM - DROGA5, New York, NY, *pg.* 64

Nash, Adrian - Finance, Operations, PPOM - MILNER BUTCHER MEDIA GROUP, Los Angeles, CA, *pg.* 491

Natkins, Sarah - Management, Operations - CAMRON , New York, NY, *pg.* 588

Naum, Elaine - Account Services, Operations - PARTNERS + NAPIER, Rochester, NY, *pg.* 125

Navarro, Laura - Operations - DIRECTOHISPANIC, LLC, North Hollywood, CA, *pg.* 681

Nease, Chuck - Operations - FUSEIDEAS, LLC, Winchester, MA, *pg.* 306

Neblock, Bill - Finance, Operations, PPOM - PHD USA, New York, NY, *pg.* 505

Negron, Cynthia - Management, Operations - EDELMAN, Atlanta, GA, *pg.* 599

Neill, Brent - Operations, PPOM - NOM, Los Angeles, CA, *pg.* 121

Nelson, Kevin - Management, Operations - M:UNITED//MCCANN, New York, NY, *pg.* 102

Nelson, Katie - Operations, PPOM - FANCY RHINO, Chattanooga, TN, *pg.* 233

Nestle, Sean - Interactive / Digital, Operations - GYRO, Cincinnati, OH, *pg.* 368

Netzlaw, Stephen - Operations, PPOM - ACRO MEDIA, INC., Kelowna, BC, *pg.* 671

Neve, Bruce - Operations, PPOM - TRUE MEDIA, Columbia, MO, *pg.* 521

Ngo, Peri - Operations, Promotions - ESSENCE, New York, NY, *pg.* 232

Nguyen, Tien - Media Department, Operations - GSD&M, Austin, TX, *pg.* 79

Nguyen, Khoa - Creative, Operations, Promotions - WALMART MEDIA GROUP, San Bruno, CA, *pg.* 684

Nichols, Matt - NBC, Operations, PPOM - PUSH DIGITAL, Columbia, SC, *pg.* 640

Nicholson, Krista - Operations, PPOM - THINK MOTIVE, Denver, CO, *pg.* 154

Nicolau, Mariana - Account Services, NBC, Operations - ANOMALY, New York, NY, *pg.* 325

Nielson, Alyson - Operations, PPOM - EDLEADER21, Tucson, AZ, *pg.* 601

Niemuth, Brent - Operations, PPOM - J. SCHMID & ASSOCIATES, Mission, KS, *pg.* 286

Norby, Mark - Management, Operations - LIVE MARKETING, Evanston, IL, *pg.* 310

Norman, Mike - Creative, Operations - GENUINE INTERACTIVE, Boston, MA, *pg.* 237

Norstrom, Eric - Interactive / Digital, Operations - MDG ADVERTISING, Boca Raton, FL, *pg.* 484

Norton, Eric - Operations - WORKS DESIGN GROUP, Pennsauken, NJ, *pg.* 21

Nugent, Marianne - Operations, PPOM - PUBLICIS HEALTH, New York, NY, *pg.* 639

Nunez, Carmen - Operations - STARCOM WORLDWIDE, New York, NY, *pg.* 517

Nutt, Pippa - Operations - NORTHERN LIGHTS DIRECT, Toronto, ON, *pg.* 289

O'Brien, Bina - Operations - FALLON MEDICA , Tinton Falls, NJ, *pg.* 70

O'Brien, Mark - Finance, Management, Operations, PPM, PPOM - INTERBRAND , New York, NY, *pg.* 187

O'Brien, Cullen - Management, Operations - 7SUMMITS, Milwaukee, WI, *pg.* 209

O'Connor, Mallory - Human Resources, Operations - HABANERO, Vancouver, BC, *pg.* 237

O'Connor, Megan - Account Services, Operations - MRM//MCCANN, Birmingham, MI, *pg.* 252

O'Keeffe, Tim - Management, NBC, Operations - FLEISHMANHILLARD, San Francisco, CA, *pg.* 605

O'Loughlin, Greg - Management, Media Department, Operations, PPOM - SWELL, LLC, Philadelphia, PA, *pg.* 145

O'Mara, Michael - Operations - IMRE, Baltimore, MD, *pg.* 374

O'Mery, Laura - Finance, Operations - RON FOTH ADVERTISING, Columbus, OH, *pg.* 134

O'Neill, Shelly - Operations, PPOM - O'NEILL & ASSOCIATES, Boston, MA, *pg.* 633

O'Neill, Sean - Analytics, Operations - ARNOLD WORLDWIDE, Boston, MA, *pg.* 33

O'Neill, Paul - Management, Operations - ELEPHANT, Brooklyn, NY, *pg.* 181

Ocenas, Jennafer - Interactive / Digital, Media Department, Operations - STARCOM WORLDWIDE, Chicago, IL, *pg.* 513

OConnor, Kelly - Media Department, Operations - BOILING POINT MEDIA, Oklahoma City, OK, *pg.* 439

Odendahl, Hayley - Media Department, Operations - SPARK FOUNDRY, Chicago, IL, *pg.* 510

Office, Peter - Human Resources, Operations, PPOM - MKTG INC, New York, NY, *pg.* 311

Ogles, Julie - Operations - CRAMER, Norwood, MA, *pg.* 6

Okun, Josh - Management, NBC, Operations - 9THWONDER AGENCY, Houston, TX, *pg.* 453

Okunak, Frank - Operations, PPOM - WEBER SHANDWICK, New York, NY, *pg.* 660

Olbrich, Margaret - Operations - STARCOM WORLDWIDE, Chicago, IL, *pg.* 513

Oliveira, Adriana - Operations - MEDIASMITH, INC. , San Francisco, CA, *pg.* 490

Olsen, Katie - Creative, Media Department, Operations - CHANDELIER CREATIVE, New York, NY, *pg.* 49

Olson, Raelynn - Operations, PPOM - GMMB, Washington, DC, *pg.* 364

Olvera, Enrique - Finance, Operations - STARCOM WORLDWIDE, Chicago, IL, *pg.* 513

Ondrusek, Julie - Operations, PPOM - THE LOOMIS AGENCY, Dallas, TX, *pg.* 151

ONeil, Travis - Creative, Media Department, Operations - GUMGUM, Santa Monica, CA, *pg.* 80

Orange, Brian - Operations, PPOM - MIRRORBALL, New York, NY, *pg.* 388

Orbin, Danielle - Interactive / Digital, Media Department, Operations - SPARK FOUNDRY, Chicago, IL, *pg.* 510

Ortega, Miguel - Operations - MOTHERSHIP, Los Angeles, CA, *pg.* 563

Ottaway, John - Operations - GTB, Dearborn, MI, *pg.* 367

Ouellette, Phil - Operations, PPOM - LINDSAY, STONE & BRIGGS, Madison, WI, *pg.* 100

Ovalles, Christina - Media Department, Operations - HEARTS & SCIENCE, New York, NY, *pg.* 471

Owen, Scott - Operations, Promotions - EVENT STRATEGIES, INC., Alexandria, VA, *pg.* 305

Oyedele, Adeola - Account Planner, Operations - AMNET, New York, NY, *pg.* 454

Ozdych, John - Creative, Operations, PPOM - REAL INTEGRATED, Troy, MI, *pg.* 403

O'Harrow, Kevin - Operations, PPOM - THE AD STORE, Washington, DC, *pg.* 148

O'Neill, Crystal - Operations - SEER INTERACTIVE, Philadelphia, PA, *pg.* 677

O'Toole, Vinnie - Finance, Operations, PPOM - HORIZON MEDIA, INC., New York, NY, *pg.* 474

Paddock, Laura - Operations - AXIOM, Houston, TX, *pg.* 174

Padilla, Elisa - Account Services, Creative, NBC, Operations - ROC NATION, New York, NY, *pg.* 298

Paeschke, Leigh - Operations, PPOM - SCS HEALTHCARE MARKETING, INC. , Mahwah, NJ, *pg.* 139

Page, Steven - Operations - GP GENERATE, LLC, Los Angeles, CA, *pg.* 541

Paille, Lisa - Operations - 6P MARKETING, Winnipeg, MB, *pg.* 1

Pajic, Alexandra - Media Department, Operations - WAVEMAKER, Toronto, ON, *pg.* 529

Palm, Dave - Operations - 84.51, Cincinnati, OH, *pg.* 441

Palmer, Melissa - Finance, Operations, PPOM - BUTLER / TILL, Rochester, NY, *pg.* 457

Palmer, Shannon - Finance, Operations, PPOM - VESTCOM , Little Rock, AR, *pg.* 571

Palmer, Rebecca - Finance, NBC, Operations - INSIDE OUT

AGENCIES — RESPONSIBILITIES INDEX

COMMUNICATIONS, Holiston, MA, *pg.* 89

Panawek, Steve - Account Planner, Media Department, Operations - BBDO WORLDWIDE, New York, NY, *pg.* 331

Paradise, Kimberly - Account Services, Operations - ABILITY COMMERCE, Delray Beach, FL, *pg.* 209

Parent, Mike - Media Department, Operations - MBUY, Chicago, IL, *pg.* 484

Parham, Jim - Operations, PPOM - HIRONS & COMPANY, Indianapolis, IN, *pg.* 86

Park, Tricia - Operations, PPOM - DESIGN AT WORK CREATIVE SERVICES, Houston, TX, *pg.* 179

Parker, Chris - Management, Operations, PPOM - SCRUM50, South Norwalk, CT, *pg.* 409

Parker, Forrest - Interactive / Digital, Operations - ADSUPPLY, INC., Culver City, CA, *pg.* 211

Parker, Nikki - Operations, Public Relations - 5W PUBLIC RELATIONS, New York, NY, *pg.* 574

Parkinson, Ron - Operations, PPOM - AGENCY 720, Detroit, MI, *pg.* 323

Parr, Charlie - Creative, Operations, PPOM - RAOUST + PARTNERS, Hampton, VA, *pg.* 403

Parro, Dave - Account Services, Management, Operations - WALKER SANDS COMMUNICATIONS, Chicago, IL, *pg.* 659

Pascal, Jennifer - Operations, PPOM - ALLYN MEDIA, Dallas, TX, *pg.* 577

Pasqualucci, Angela - Account Services, NBC, Operations - PUBLICIS NORTH AMERICA, New York, NY, *pg.* 399

Passey, Naveen - Finance, Operations, PPOM - DONER, Southfield, MI, *pg.* 63

Pastene, Cathy - Operations - GHIORSE & SORRENTI, INC., Wyzkoff, NJ, *pg.* 607

Pasternak, Nicole - Operations - GNF MARKETING, Armonk, NY, *pg.* 364

Patel, Saagar - Analytics, Operations - CHIEF MARKETING OFFICER COUNCIL, San Jose, CA, *pg.* 50

Pattinson, Steven - NBC, Operations, PPOM - WPP KANTAR MEDIA, Boston, MA, *pg.* 451

Patton, Roy - Operations - WINNERCOMM, Tulsa, OK, *pg.* 564

Paul, Elizabeth - Account Planner, Account Services, Management, Media Department, Operations, PPOM - THE MARTIN AGENCY, Richmond, VA, *pg.* 421

Paul, Daniel - Finance, Operations, Public Relations - LAUNCHSQUAD, San Francisco, CA, *pg.* 621

Pawlak, Kim - Creative, Operations - THE MARS AGENCY, Southfield, MI, *pg.* 683

Paxton, Pat - Operations, PPOM - ENTERCOM COMMUNICATIONS CORP., Bala Cynwyd, PA, *pg.* 551

Paynter, Jodi - Account Services, Operations - BADER RUTTER & ASSOCIATES, INC. , Milwaukee, WI, *pg.* 328

Peach, Don - NBC, Operations - QUIET LIGHT COMMUNICATIONS, Rockford, IL, *pg.* 196

Pearce, Cody - Operations, PPOM - NELSON SCHMIDT INC., Milwaukee, WI, *pg.* 120

Pearson, Maisha - Operations - BURRELL COMMUNICATIONS GROUP, INC. , Chicago, IL, *pg.* 45

Peek, Charlie - Operations - LAMAR GRAPHICS, Baton Rouge, LA, *pg.* 553

Peinado, Judy - Operations - CULTURESPAN MARKETING, El Paso, TX, *pg.* 594

Pelayo, David - Management, Operations - THE REGAN GROUP, Los Angeles, CA, *pg.* 570

Peloquin, Kaye - Operations, PPOM - WEB TALENT MARKETING, Lancaster, PA, *pg.* 276

Penelton, Lisa - Account Services, Analytics, NBC, Operations - CRITICAL MASS, INC., Chicago, IL, *pg.* 223

Penman, Brad - Operations, PPOM - THE MARKETING ARM, Dallas, TX, *pg.* 316

Penney, Kathy - Operations, PPOM - BLACKDOG ADVERTISING, Miami, FL, *pg.* 40

Pensavalle, Mark - Management, Operations, PPM - STARLIGHT RUNNER ENTERTAINMENT, INC., New York, NY, *pg.* 569

Peralta, Huascar - Analytics, Media Department, Operations, Research - UNIVERSAL MCCANN DETROIT, Birmingham, MI, *pg.* 524

Pereira, Nelson - Management, Operations - PUBLICIS.SAPIENT, Toronto, ON, *pg.* 260

Perez, Francisco - Interactive / Digital, NBC, Operations - YESCO OUTDOOR MEDIA, Las Vegas, NV, *pg.* 559

Perez, Maria - Operations, PPM - JOHANNES LEONARDO, New York, NY, *pg.* 92

Perez-Muniz, Manuela - Interactive / Digital, Operations - STARCOM WORLDWIDE, New York, NY, *pg.* 517

Perine, Ron - Operations, PPOM - MINTZ & HOKE, Avon, CT, *pg.* 387

Perino, Leslie - Operations, PPOM - E. W. BULLOCK ASSOCIATES, Pensacola, FL, *pg.* 66

Perkins, Bethany - Account Services, NBC, Operations, PPOM - 7SUMMITS, Milwaukee, WI, *pg.* 209

Perpall, Beth - Management, Operations - WAGES DESIGN, INC., Atlanta, GA, *pg.* 204

Perreault, Art - Operations - TRAPEZE COMMUNICATIONS, Victoria, BC, *pg.* 426

Perreira, Ben - Account Services, Media Department, Operations - CNX, New York, NY, *pg.* 51

Petersen, Allan - Finance, Operations, PPOM - VERTIC, New York, NY, *pg.* 274

Peterson, Jessica - Operations, Promotions, Public Relations - EVENTMAKERS, Toluca Lake, CA, *pg.* 305

Peterson, Aaron - Operations - KANTAR MEDIA, New York, NY, *pg.* 446

Peto, Michael - Operations, PPOM - HEALTH4BRANDS CHELSEA, New York, NY, *pg.* 83

Petro, Carol - Finance, Operations, PPOM - BROWNSTEIN GROUP, INC., Philadelphia, PA, *pg.* 44

Petrovsky, Fred - Creative, NBC, Operations, PPOM - COLLING MEDIA, Scottsdale, AZ, *pg.* 51

Phelps, Shane - Operations - WMX, Miami, FL, *pg.* 276

Phillipi, Brad - Operations, PPOM - VT PRO DESIGN, Los Angeles, CA, *pg.* 564

Phillippe, Susan - Administrative, Operations - RECKNER, Chalfont, PA, *pg.* 449

Phillips, Kevin - Operations, PPOM - JARRARD PHILLIPS CATE & HANCOCK, Brentwood, TN, *pg.* 616

Phipps, Simon - NBC, Operations, PPOM - TWENTY-FIRST CENTURY BRAND, San Francisco, CA, *pg.* 157

Pickens, Kyle - Operations - 97 DEGREES WEST, Austin, TX, *pg.* 24

Pile, Kelly - Operations - AVENUE 25 ADVERTISING & DESIGN, Phoenix, AZ, *pg.* 35

Pileggi, Frank - Operations, PPOM - MUNROE CREATIVE PARTNERS, Philadelphia, PA, *pg.* 192

Pilnick, Shayna - Operations - LAUNDRY SERVICE, Brooklyn, NY, *pg.* 287

Pindziak, Morayea - Operations - HEALIXGLOBAL, New York, NY, *pg.* 471

Pinto, Reema - Management, Operations - METHOD, INC., New York, NY, *pg.* 191

Pisaris, John B. - Operations - INUVO, INC., Little Rock, AR, *pg.* 90

Plamann, Dave - Finance, Operations - RILEY HAYES ADVERTISING, INC., Minneapolis, MN, *pg.* 407

Plamieniak, Mary - Operations, PPOM - CROSSBOW GROUP, Westport, CT, *pg.* 347

Pliskin, Denise - NBC, Operations - FUTUREBRAND SPECK, Redwood City, CA, *pg.* 184

Plumlee, Stephen - Operations, PPOM - R/GA, New York, NY, *pg.* 260

Plunkett, Scott - Operations - C&G PARTNERS, LLC, New York, NY, *pg.* 176

Poarch, Ryan - Operations - ADAMS OUTDOOR ADVERTISING, Charlotte, NC, *pg.* 549

Pologruto, Carina - Analytics, Interactive / Digital, Operations, PPOM - MARKETSMITH, INC, Cedar Knolls, NJ, *pg.* 483

Ponzan, Rachael - Account Services, NBC, Operations - CENDYN, Boca Raton, FL, *pg.* 220

Poole, Shayne - Management, Operations - BRAUN RESEARCH, INC., Princeton, NJ, *pg.* 442

1813

RESPONSIBILITIES INDEX AGENCIES

Posta, Tom - Management, Operations, PPOM - BADER RUTTER & ASSOCIATES, INC. , Milwaukee, WI, pg. 328
Posta, John - Management, Operations - MIDNIGHT OIL CREATIVE, Burbank, CA, pg. 250
Potashnick, Adam - Operations, PPOM - MEDIACOM, New York, NY, pg. 487
Powell-Henning, Sarah - Operations, PPOM - DIGITAL RELATIVITY, Fayetteville, WV, pg. 226
Powers, Suzanne - Operations, PPOM - MCCANN WORLDGROUP, Birmingham, MI, pg. 109
Powers, Majorie - Operations - STELLA RISING, Westport, CT, pg. 518
Powers, Tori - Operations - WOODRUFF, Columbia, MO, pg. 163
Pozucek, Scott - Media Department, NBC, Operations - MEDIAWORX, Shelton, CT, pg. 490
Prashad, Kiran - Interactive / Digital, Operations, PPOM - DAC GROUP, Toronto, ON, pg. 224
Presotto, Sara - Finance, Operations - BOB'S YOUR UNCLE, Toronto, ON, pg. 335
Press, Abigail - NBC, Operations - PREACHER, Austin, TX, pg. 129
Price, Tony - Media Department, Operations - BRILLMEDIA.CO, Los Angeles, CA, pg. 43
Price, Michael Ann - Operations - MOXIE, Atlanta, GA, pg. 251
Primm, Heather - Operations, Research - DATA DECISIONS GROUP, Chapel Hill, NC, pg. 443
Printz, Olivia - Finance, Operations - RACHEL KAY PUBLIC RELATIONS, Solana Beach, CA, pg. 640
Prior, Paul - Operations, PPOM - UNDERTONE, New York, NY, pg. 273
Proffitt, Sarasota - Creative, Operations - INDUSTRY, Portland, OR, pg. 187
Prohaska, Jason - Management, Operations, PPOM - MEDIAMONKS, New York, NY, pg. 249
Propst, Patricia - Finance, Operations - WRAY WARD, Charlotte, NC, pg. 433
Prosenko, David - Operations, PPM - ART MACHINE, Hollywood, CA, pg. 34
Proulx, Gloria - Operations, Public Relations - GYK ANTLER, Manchester, NH, pg. 368
Pscheid, Julian - Interactive / Digital, Operations, PPOM - EMERGE INTERACTIVE, Portland, OR, pg. 231
Puccio, Nicholas - Operations - DIGITAS, Chicago, IL, pg. 227
Purcell, Karen - Media Department, Operations - SHERRY MATTHEWS ADVOCACY MARKETING, Austin, TX, pg. 140
Purviance, Terri - Operations, PPOM - PURVIANCE & COMPANY , Saint Louis, MO, pg. 196
Quigley, Kate - Account Services, Interactive / Digital, Management, Operations - RIGHTPOINT, Boston, MA, pg. 263
Quinn, Holly - Operations - IN CONNECTED MARKETING, Stamford, CT, pg. 681
Quinn, Emily - Operations - MMB, Boston, MA, pg. 116
Quisenberry, Jordan - Operations - QUISENBERRY, Spokane, WA, pg. 131
Rachels, Amy - Operations - MANIFEST, New York, NY, pg. 248
Radigk, Scott - Finance, Operations - THIRD EAR, Austin, TX, pg. 546
Raetsch, Mike - Management, Operations - ALLEN & GERRITSEN, Philadelphia, PA, pg. 30
Rafferty, Atalanta - Management, Operations, PPOM - RFBINDER PARTNERS, INC., New York, NY, pg. 642
Rahman, Syed - Operations, Programmatic - IPROSPECT, Toronto, ON, pg. 674
Rakoczy, Ted - Operations, PPOM - THE HIVE STRATEGIC MARKETING, Toronto, ON, pg. 420
Ramachandran, Ram - Interactive / Digital, NBC, Operations, PPOM - CLARABRIDGE, INC., Reston, VA, pg. 167
Ramirez, Tiffany - Management, Media Department, Operations, PPM - PUBLICIS.SAPIENT, Coconut Grove, FL, pg. 259
Ramirez, Nic - Creative, Operations - CINCO DESIGN, Portland, OR, pg. 177
Ramos, Roberto - NBC, Operations - THE DONEGER GROUP, New York, NY, pg. 419
Rancourt, Serge - Operations, PPOM - NO FIXED ADDRESS INC., Toronto, ON, pg. 120
Rangel, Carlos - NBC, Operations - NOBOX, Miami, FL, pg. 254
Rankin, Ashleigh - Operations - FETCH, Los Angeles, CA, pg. 533
Rasmussen, Chris - Operations - COLLE MCVOY, Minneapolis, MN, pg. 343
Rath, Debbie - Account Planner, Media Department, Operations - ASSOCIATION OF NATIONAL ADVERTISERS, New York, NY, pg. 442
Rausch, Jeff - Operations, PPOM - MEETING EXPECTATIONS, Atlanta, GA, pg. 311
Ravailhe, Peter - Management, Operations, PPOM - MOTHER NY, New York, NY, pg. 118
Ray, Doug - Media Department, Operations, PPOM - DENTSU AEGIS NETWORK, New York, NY, pg. 61
Rayburn, Jimmy - Operations, PPOM - RAYCOM SPORTS, Charlotte, NC, pg. 314
Raymonda, Veronica - Operations, PPOM, Research - QUANTUM MARKET RESEARCH, INC., Oakland, CA, pg. 449
Read, Jenny - Account Services, Interactive / Digital, Media Department, Operations, PPM - SAATCHI & SAATCHI , New York, NY, pg. 136
Reagan, Courtney - Management, Operations - EDELMAN, New York, NY, pg. 599
Rebel, Jean - Operations - MODUS DIRECT, Sarasota, FL, pg. 289
Redmond, Jason - Interactive / Digital, Operations - MCMILLAN, Ottawa, ON, pg. 484
Rednor, Matthew - Operations, PPOM, Research - DECODED ADVERTISING, New York, NY, pg. 60
Reebel, John - Operations, PPOM - GRP MEDIA, INC., Chicago, IL, pg. 467
Reetz, Ben - Operations - CARAT, Detroit, MI, pg. 461
Reichel, Ashley - Operations - BASIC, San Diego, CA, pg. 215
Reid, Al - Management, Operations - SAATCHI & SAATCHI DALLAS, Dallas, TX, pg. 136
Reid, Niana - Operations - SPAR GROUP, INC., Vaughn, ON, pg. 266
Reid, Mark - Operations, PPM - DECO PRODUCTIONS, Miami, FL, pg. 304
Reifert, Kent - Operations - KOBIE MARKETING, Saint Petersburg, FL, pg. 287
Reigart, Richardson - Account Services, Interactive / Digital, Management, Media Department, Operations - BLUE 449, Seattle, WA, pg. 456
Reilly, Kristina - Operations - GROUNDFLOOR MEDIA, Denver, CO, pg. 611
Reilly, Bill - Operations, PPOM - TEAM VELOCITY MARKETING, Herndon, VA, pg. 418
Reisdorf, Lauren - Account Services, Human Resources, Operations - BISIG IMPACT GROUP, Louisville, KY, pg. 583
Reishus, Judy - Operations, PPOM - BAKER & ASSOCIATES, Minnetonka, MN, pg. 174
Reiter, Susan - Management, Operations, PPOM - THE FRANK AGENCY, INC., Overland Park, KS, pg. 150
Rekus, Allison - Operations - WILEN MEDIA CORPORATION, Melville, NY, pg. 432
Renteria, Katherine - Operations - ZEMOGA, INC., Wilton, CT, pg. 277
Repka-Geller, Victoria - Account Services, Management, NBC, Operations, PPOM - DIGITAL PULP, New York, NY, pg. 225
Rettig, Elyse - Management, Operations - PUBLICIS HEALTH MEDIA, Philadelphia, PA, pg. 506
Reus, Sharon - Account Services, Operations, PPM - CREATIVE PRODUCERS GROUP, Saint Louis, MO, pg. 303
Reyes, Chassey - Operations - LAUNDRY SERVICE, Brooklyn, NY, pg. 287
Rhone, Deondrae - Creative, Interactive / Digital, Operations - THESIS, Portland, OR, pg. 270
Riccio, Janet - Management, Operations - OMNICOM GROUP, New

AGENCIES — RESPONSIBILITIES INDEX

York, NY, *pg.* 123
Rice, Matt - Creative, Operations - AYZENBERG GROUP, INC., Pasadena, CA, *pg.* 2
Rich, Terrie - Finance, Operations - DIGITAS, Boston, MA, *pg.* 226
Richards, Ben - Account Planner, Management, Operations, PPOM - OGILVY, New York, NY, *pg.* 393
Richards, Tracy - Creative, Operations - COLLE MCVOY, Minneapolis, MN, *pg.* 343
Richards, Michael Jonathan - Operations, PPOM - KING & COMPANY, New York, NY, *pg.* 620
Richardson, James - Operations - ENGINE DIGITAL, Vancouver, BC, *pg.* 231
Richman, Vicki - Finance, Operations, PPOM - HVS AMERICAN HOSPITALITY CO., Tiverton, RI, *pg.* 372
Ridenour, Kerri - Operations - A. LARRY ROSS COMMUNICATIONS, Carrollton, TX, *pg.* 574
Rieger, Brad - Operations, PPOM - COOPER-SMITH ADVERTISING, Toledo, OH, *pg.* 462
Riegle Jr., Donald W. - Operations, PPOM, Public Relations - APCO WORLDWIDE, Washington, DC, *pg.* 578
Rigano, Robby - Operations, PPOM - FANCY PANTS, New York, NY, *pg.* 233
Ring, Kathy - Operations, PPOM - STARCOM WORLDWIDE, North Hollywood, CA, *pg.* 516
Risdall, Jennifer - Operations, PPOM - RISDALL MARKETING GROUP, Roseville, MN, *pg.* 133
Risher, Corrie - Operations - GMR MARKETING, New Berlin, WI, *pg.* 306
Ritondo, Amanda - Account Services, Management, Operations - ZENITH MEDIA, New York, NY, *pg.* 529
Rival, Christine - Administrative, Finance, Human Resources, Operations - EVR ADVERTISING, Manchester, NH, *pg.* 69
Rivera, Tony - Account Services, Media Department, NBC, Operations - SOLVE, Minneapolis, MN, *pg.* 17
Rivett, Megan - Operations - CLASSIC COMMUNICATIONS, Foxboro, MA, *pg.* 591
Riviera-Engel, Alma - Operations - OPINION ACCESS CORPORATION, Lake Success, NY, *pg.* 543
Robbins, Andy - Interactive / Digital, Operations, PPOM - BPG ADVERTISING, West Hollywood, CA, *pg.* 42
Roberts, Laurie - Operations, PPOM - PARRIS COMMUNICATIONS, INC., Kansas City, MO, *pg.* 125
Roberts, Jessica - Operations, PPOM - D | FAB DESIGN, Madison Heights, MI, *pg.* 178
Roberts, Elizabeth - Management, NBC, Operations - C SPACE, Boston, MA, *pg.* 443
Robin, Mandy - Operations - DG COMMUNICATIONS GROUP, Delray Beach, FL, *pg.* 351
Robinson, Julie - Account Services, Management, Operations, PPOM - TROZZOLO COMMUNICATIONS GROUP, Kansas City, MO, *pg.* 657
Robinson, Rick - Account Services, Creative, Media Department, Operations, PPOM - BILLUPS, INC, Los Angeles, CA, *pg.* 550
Robinson, Jean - Account Services, PPOM - KANTAR MEDIA, New York, NY, *pg.* 446
Robinson, Amy - Media Department, Operations - PMG, Fort Worth, TX, *pg.* 257
Robson, Colleen - Media Department, Operations - STARCOM WORLDWIDE, Chicago, IL, *pg.* 513
Rocchio, Allie - Operations - MANIFEST, New York, NY, *pg.* 248
Rodes, Nick - Operations, PPOM - ELEVATION WEB, Washington, DC, *pg.* 540
Rodgers, Caryn - Account Services, Operations - BRIGHT MOMENTS PUBLIC RELATIONS, New Orleans, LA, *pg.* 586
Rodriguez, Rebecka - Media Department, NBC, Operations - ICON MEDIA DIRECT, Sherman Oaks, CA, *pg.* 476
Roe, Adam - Management, Operations, PPOM - FORTYFOUR, Atlanta, GA, *pg.* 235
Roer, Lynn - Creative, Operations, PPOM - OGILVY, New York, NY, *pg.* 393
Rofael, Mary - NBC, Operations, PPOM, PR Management - PROED COMMUNICATIONS, Beachwood, OH, *pg.* 129
Rogers, Bradley - NBC, Operations, PPOM - MRM//MCCANN, New York, NY, *pg.* 289
Rogers, Anna - Operations - 160OVER90, New York, NY, *pg.* 301
Rogers, Jessica - Operations - TURNER DUCKWORTH, San Francisco, CA, *pg.* 203
Rohrback, Eric - Operations - REDSHIFT, Pittsburgh, PA, *pg.* 133
Roldan, Deb - Operations - DIMASSIMO GOLDSTEIN, New York, NY, *pg.* 351
Roman, Eshena - NBC, Operations, PPOM - AUTHENTIQUE AGENCY, Atlanta, GA, *pg.* 538
Rome, Blake - Operations - STARCOM WORLDWIDE, Chicago, IL, *pg.* 513
Romero, Amanda - Finance, Interactive / Digital, Media Department, Operations - HORIZON MEDIA, INC., New York, NY, *pg.* 474
Romo, Connie M. - Operations - WALKER ADVERTISING, INC., Torrance, CA, *pg.* 546
Roncal, Alex - Administrative, Human Resources, Operations - MACHER, Venice, CA, *pg.* 102
Rooks, Morgan - Interactive / Digital, Operations - ADCOM COMMUNICATIONS, INC., Cleveland, OH, *pg.* 210
Rooney Haupt, Courtney - Operations - LEWIS COMMUNICATIONS, Mobile, AL, *pg.* 100
Rosato, Eric - Account Services, Operations - ATLANTIC 57, Washington, DC, *pg.* 2
Rosato, Tony - Operations - CKR INTERACTIVE, INC., Campbell, CA, *pg.* 220
Rose, Curtis - Operations, PPOM - EP+CO., Greenville, SC, *pg.* 356
Rosenbaum, Ray - Operations - ANSIRA, Addison, TX, *pg.* 326
Rosenberg, Robin - Creative, Operations - WIEDEN + KENNEDY, Portland, OR, *pg.* 430
Rosenbusch, Otto - Operations - THE GEORGE P. JOHNSON COMPANY, Auburn Hills, MI, *pg.* 316
Rosenthal, Bill - Account Services, Finance, Operations, PPOM - ROGERS & COWAN/PMK*BNC, Los Angeles, CA, *pg.* 643
Rosenthal, Shannon - Management, Operations - NEIMAND COLLABORATIVE, Washington, DC, *pg.* 391
Rosenthal, Raquel - Account Services, Operations, PPOM - DIGILANT, Boston, MA, *pg.* 464
Rosier, Scarlett - Operations, PPOM - RHYME & REASON DESIGN, Atlanta, GA, *pg.* 263
Ross, Steven - Operations, PPOM - TRIAD COMMUNICATION, Potomac, MD, *pg.* 656
Ross, Tony - Creative, Operations - ALOYSIUS BUTLER & CLARK, Wilmington, DE, *pg.* 30
Ross, Lisa - Operations, PPOM - EDELMAN, Washington, DC, *pg.* 600
Rossi, Lou - NBC, Operations, PPOM - PUBLICIS NORTH AMERICA, New York, NY, *pg.* 399
Rossow, Carl - Operations - BENENSON STRATEGY GROUP, New York, NY, *pg.* 333
Roteman, Dan - Finance, Operations - MUNROE CREATIVE PARTNERS, Philadelphia, PA, *pg.* 192
Rothen, Kate - Operations, PPOM - SS+K, New York, NY, *pg.* 144
Rothenberg, Richard - Finance, Operations, PPOM - BRAND THIRTY-THREE, Torrance, CA, *pg.* 3
Roubadeaux, Jess - Account Planner, Account Services, Operations - LUCKY GENERALS, New York, NY, *pg.* 101
Routdhome, Imanol - Account Planner, Creative, NBC, Operations - 160OVER90, New York, NY, *pg.* 301
Roux, Sharon - Operations, PPOM - THE SUMMIT GROUP, Salt Lake City, UT, *pg.* 153
Rowe, Dave - Account Services, Operations - MULLENLOWE U.S. LOS ANGELES, El Segundo, CA, *pg.*
Rowell, Diane - Operations - APPLE ROCK ADVERTISING & DISPLAY, Greensboro, NC, *pg.* 565
Roy, Tristan - Interactive / Digital, Operations, PPOM - EDELMAN, Chicago, IL, *pg.* 353
Royer, Aaron - Operations - PPM - WP NARRATIVE_, New York, NY, *pg.* 163
Rubin, Sara Jo - Operations, PPOM - RUBIN COMMUNICATIONS GROUP, Virginia Beach, VA, *pg.* 644
Rubinson, Lori - Account Planner,

RESPONSIBILITIES INDEX — AGENCIES

Management, Operations, PPOM - LIPPE TAYLOR, New York, NY, pg. 623
Rubinstein, Mitchell - Operations, PPOM - MOB SCENE, Los Angeles, CA, pg. 563
Rumeld, Jeremy - Operations - GRADIENT EXPERIENTIAL LLC, New York, NY, pg. 78
Rummel, Leslie - Account Planner, Account Services, Operations, Public Relations - TURNER PUBLIC RELATIONS, New York, NY, pg. 657
Russell, Mike - Operations - SHEPHERD AGENCY, Jacksonville, FL, pg. 410
Russell, Liz - Finance, Operations - MEDIA HORIZONS, INC., Norwalk, CT, pg. 288
Ruth, Dean - Operations - FRANKLIN STREET MARKETING & ADVERTISING, Richmond, VA, pg. 360
Ryan, Alan - Account Services, Operations - RAINIER COMMUNICATIONS, Westborough, MA, pg. 641
Ryan, Mike - Operations - HEARTS & SCIENCE, New York, NY, pg. 471
Ryan, Peter - Operations - PSA CREATIVE COMMUNICATION, Reston, VA, pg. 314
Sabin, Kristen - Operations, PPOM - HAPPY MEDIUM, Des Moines, IA, pg. 238
Safar, Erica - Operations - CARAT, New York, NY, pg. 459
Safechuck, James - Interactive / Digital, Operations - AVATAR LABS, Encino, CA, pg. 214
Saker, Rashid - Operations - RBB COMMUNICATIONS, Miami, FL, pg. 641
Salguero, Anna - Finance, Media Department, Operations - HEARTS & SCIENCE, New York, NY, pg. 471
Salupo, Ross - NBC, Operations - AMERICAN SOLUTIONS, Cleveland, OH, pg. 565
Samara, Lisa - Operations, PPOM - DOMUS ADVERTISING, Philadelphia, PA, pg. 352
Sambado, AJ - Operations - HALLPASS MEDIA, Costa Mesa, CA, pg. 81
Sand, Michele - Operations - KOLANO DESIGN, INC., Pittsburgh, PA, pg. 189
Sanders, John - Operations, PPOM - ONE ELEVEN INTERACTIVE, INC., Cornwall, CT, pg. 255
Sanders, Kate - Operations, PPOM - ALISON SOUTH MARKETING GROUP, Augusta, GA, pg. 324
Sandler, Emily - Operations - 451 RESEARCH, Boston, MA, pg. 441
Sannazzaro, Lisa - Account Planner, Account Services, Interactive / Digital, Media Department, Operations, PPOM, Social Media - REPRISE DIGITAL, New York, NY, pg. 676
Sano, Joe - Interactive / Digital, Operations - MINDSTREAM INTERACTIVE, Columbus, OH, pg. 250
Santonastaso, Tony - Operations - UNIVERSAL WILDE, Westwood, MA, pg. 428

Saperstein, Alan - Finance, Operations, PPOM - ONSTREAM MEDIA, Fort Lauderdale, FL, pg. 255
Satoor, Veronice - Operations, Promotions - ANOTHER PLANET ENTERTAINMENT, Berkeley, CA, pg. 565
Saulnier, Anne - Human Resources, Operations - CAMP + KING, San Francisco, CA, pg. 46
Sautter, Jeff - Human Resources, Operations - BBDO WORLDWIDE, New York, NY, pg. 331
Sawyer, Louis - Account Planner, Operations, PPOM - BRUNNER, Atlanta, GA, pg. 44
Scelsi, Mia - Operations - INSIGHT STRATEGY GROUP, New York, NY, pg. 445
Schaar, Tiffany - Human Resources, Operations - STERLING COMMUNICATIONS, INC., Los Gatos, CA, pg. 650
Schab, Frank - Operations - SIX DEGREES, LLC, Scottsdale, AZ, pg. 17
Schaffer, Darryl - Operations, Public Relations - SCREENVISION, New York, NY, pg. 557
Schardein, Lisa - Operations, PPOM - CURRENT360, Louisville, KY, pg. 56
Scharf, Kathi - Interactive / Digital, Operations - IMMERSION ACTIVE, INC., Frederick, MD, pg. 241
Scheffler, Doris - Operations - STARCOM WORLDWIDE, Chicago, IL, pg. 513
Scheid, Cynthia - Creative, Operations - STEIN IAS, New York, NY, pg. 267
Scheinok, Tamir - Operations, PPOM - FLUID, INC., New York, NY, pg. 235
Schembri, Chris - Operations, PPOM - ALETHEIA MARKETING & MEDIA, Dallas, TX, pg. 454
Scherrer, Jay - Operations, PPOM - BLUETENT, Carbondale, CO, pg. 218
Scheuman, Ron - Operations - RIGHTPOINT, Oakland, CA, pg. 263
Schlegel, Sue - Account Services, NBC, Operations - GROUP G MARKETING PARTNERS, Ivyland, PA, pg. 284
Schlegel, Luke - Analytics, Operations - NINA HALE CONSULTING, Minneapolis, MN, pg. 675
Schlein, Steven - Operations, PPOM - DEZENHALL RESOURCES, Washington, DC, pg. 597
Schmale, Mitchell - Management, Operations, PPOM - NEVINS & ASSOCIATES CHARTERED, Towson, MD, pg. 632
Schmidt, Jessica - Management, Operations - BROWN PARKER | DEMARINIS ADVERTISING, Boca Raton, FL, pg. 43
Schneider, Laurie - Operations - BRADLEY AND MONTGOMERY, Indianapolis, IN, pg. 336
Schneider, Alex - Management, Operations - THE TRADE DESK,

Ventura, CA, pg. 519
Schneider-Sutcliffe, Jill - Management, Operations - ZIMMERMAN ADVERTISING, Fort Lauderdale, FL, pg. 437
Schobert, Peggy - Media Department, Operations, Public Relations - KLEIDON AND ASSOCIATES, Akron, OH, pg. 95
Schoenberg, Eric - Management, Operations - EDELMAN, New York, NY, pg. 599
Schraeder, Phil - Finance, Operations, PPOM - GUMGUM, Santa Monica, CA, pg. 80
Schreffler, Stephen - Operations - SPEAR MARKETING GROUP, Walnut Creek, CA, pg. 411
Schreiner, Kathy - Finance, Operations - AMPERAGE, Cedar Falls, IA, pg. 30
Schubeck, Lauren - Operations, Programmatic - AMNET, Detroit, MI, pg. 454
Schuch, Zack - Operations, PPOM - ACQUIRE, Raleigh, NC, pg. 1
Schueneman, Meredith - Management, Operations, Research - INXPO, Chicago, IL, pg. 308
Schultheiss, Karyn - Operations - TOUCHPOINT INTEGRATED COMMUNICATIONS, Darien, CT, pg. 520
Schutt, Jeff - Administrative, Finance, Operations - GAGE, Minneapolis, MN, pg. 361
Schwaerzel, Titima - Operations, PPOM - NUMEDIA GROUP, INC., San Antonio, TX, pg. 254
Schwartz, Lyle - Operations, PPOM - GROUPM, New York, NY, pg. 466
Schwartz, Scott - Account Services, Media Department, NBC, Operations, PPOM, Public Relations - OMD, New York, NY, pg. 498
Scianna, Darcie - Account Services, Management, Operations - ENERGY BBDO, INC., Chicago, IL, pg. 355
Scirocco, Christopher - Management, Operations - ASSOCIATION OF NATIONAL ADVERTISERS, New York, NY, pg. 442
Scott, Kate - Account Planner, Account Services, Creative, NBC, Operations - BULLISH INC, New York, NY, pg. 45
Seamen, Karen - Operations, PPOM - CRAMER-KRASSELT, Chicago, IL, pg. 53
Searcy, Elizabeth - Account Services, Operations - SPARKS GROVE, INC., Atlanta, GA, pg. 199
Seaver, Maria - Operations, PPOM - SPRINGBOX, Austin, TX, pg. 266
Sebastian, Tom - Creative, Operations, PPOM - THE STORY LAB, Santa Monica, CA, pg. 153
Seits, Angela - Account Services, Operations, Social Media - PMG, Fort Worth, TX, pg. 257
Selan, Jeremy - Account Services, Operations - LUQUIRE GEORGE ANDREWS, INC., Charlotte, NC, pg. 382
Selfridge, Laura - Account

AGENCIES
RESPONSIBILITIES INDEX

Services, Operations, PPOM - WUNDERMAN THOMPSON, New York, NY, *pg.* 434

Selig, Marcia - Media Department, Operations - CRAMER-KRASSELT, Chicago, IL, *pg.* 53

Selwood, David - Analytics, Operations, PPOM, Research - JAVELIN AGENCY, Irving, TX, *pg.* 286

Serilla, Paul - Account Services, Management, Operations - CRITICAL MASS, INC., Chicago, IL, *pg.* 223

Sewell, Tom - Account Services, Management, NBC, Operations, PPOM - DCX GROWTH ACCELERATOR, Brooklyn, NY, *pg.* 58

Shaffer, Tanner - Operations, PPOM - DIRECTIVE CONSULTING, Irvine, CA, *pg.* 63

Shah, Nick - Operations, PPOM - AMPUSH, San Francisco, CA, *pg.* 213

Shahar, Serah - Operations - CARAT, New York, NY, *pg.* 459

Shanahan, Michael - Operations, PPM - LEO BURNETT WORLDWIDE, Chicago, IL, *pg.* 98

Shannon, Mike - Operations - READY SET ROCKET, New York, NY, *pg.* 262

Shapiro, Maury - Finance, Operations, PPOM - BCW NEW YORK, New York, NY, *pg.* 581

Shapiro, James - Operations, PPOM - NEON, New York, NY, *pg.* 120

Shares, Courtney - Account Services, NBC, Operations - COLLINS:, New York, NY, *pg.* 177

Sharpe, Pam - Media Department, Operations, PPOM - THE PRICE GROUP INC., Lubbock, TX, *pg.* 152

Shcherbinina, Yulia - Operations, Social Media - GIANT PROPELLER, Burbank, CA, *pg.* 76

Shea, Greg - Operations, PPOM - CAMPBELL MARKETING AND COMMUNICATIONS, Dearborn, MI, *pg.* 339

Sheaffer, Austin - Operations - VOKAL INTERACTIVE, Chicago, IL, *pg.* 275

Shearer, Chad - Creative, Operations, PPOM - CAREN WEST PR, Atlanta, GA, *pg.* 588

Sheehy, John - Operations, PPOM - STARCOM WORLDWIDE, Chicago, IL, *pg.* 513

Shelby, Aisa - Operations - MERCURY MEDIA, Los Angeles, CA, *pg.* 288

Sheldon, Sarah - Interactive / Digital, Operations - NDP, Richmond, VA, *pg.* 390

Shelly, Stacey - Account Planner, Management, Media Department, Operations - ZENITH MEDIA, New York, NY, *pg.* 529

Shie, Jane - Account Services, NBC, Operations - THE TRADE DESK, Ventura, CA, *pg.* 519

Shields, Gwen - Operations, PPOM - ALTITUDE MARKETING, Emmaus, PA, *pg.* 30

Shipley, Neil - Operations, PPOM - DOXA TOTAL DESIGN STRATEGY, INC., Fayetteville, AR, *pg.* 180

Shook, Katie - Operations - SECOND STORY INTERACTIVE, Portland, OR, *pg.* 265

Shoshan, Karen - Account Services, Operations, Public Relations - MCCANN TORRE LAZUR, Mountain Lakes, NJ, *pg.* 109

Shreve, Kim - Management, Operations - AMPM, INC., Midland, MI, *pg.* 325

Shulick, Scott - Operations - CRAMER-KRASSELT, Milwaukee, WI, *pg.* 54

Shur, Limore - Operations, PPOM - MOD OP, New York, NY, *pg.* 116

Shutt, Evin - Management, Operations, PPOM - 72ANDSUNNY, Playa Vista, CA, *pg.* 23

Siegert, Karl - Operations, PPOM - MVP COLLABORATIVE, INC., Madison Heights, MI, *pg.* 312

Siemietkowski, Amanda - Operations - AR JAMES MEDIA, Woodbridge, NJ, *pg.* 549

Sierra, Andrea - Account Services, Operations - WIEDEN + KENNEDY, Portland, OR, *pg.* 430

Silva, Hector - Finance, Operations, PPOM - BAKERY, Austin, TX, *pg.* 215

Silver, Don - Operations, PPOM - BOARDROOM COMMUNICATIONS, Fort Lauderdale, FL, *pg.* 584

Silver, Chad - Operations, PPOM - VECTOR MEDIA, New York, NY, *pg.* 558

Silveri, Shelly - Finance, Operations - REVOLUTION MEDIA, Woodland Hills, CA, *pg.* 507

Silverstein, David - Account Planner, Operations, PPOM - ENVISIONIT MEDIA, INC., Chicago, IL, *pg.* 231

Silverton, Ezra - Interactive / Digital, NBC, Operations, PPOM - 9TH CO., Toronto, ON, *pg.* 209

Simmons, Felicia - Account Services, Operations - TBWA \ CHIAT \ DAY, New York, NY, *pg.* 416

Simon, Julianna - Account Planner, Management, Operations - CALLEN, Austin, TX, *pg.* 46

Simonton, Mark - Management, Operations - CHEMISTRY ATLANTA, Atlanta, GA, *pg.* 50

Simpson, Thomas - Interactive / Digital, Media Department, Operations - MINDSHARE, New York, NY, *pg.* 491

Simpson, Matthew - Analytics, Operations - MRM//MCCANN, New York, NY, *pg.* 289

Singhal, Raj - Finance, Operations, PPOM - HUGE, INC., Brooklyn, NY, *pg.* 239

Siodlarz, Ashlee - Account Planner, Media Department, Operations - TEAM ARROW PARTNERS - GROUPM, Minneapolis, MN, *pg.* 519

Skye, Dawn - Operations - MCMILLAN, Ottawa, ON, *pg.* 484

Slaymaker, Jennifer - Operations - CONVERGE CONSULTING, Cedar Rapids, IA, *pg.* 222

Sleight, Wayne - Operations, PPOM - 97TH FLOOR, Lehi, UT, *pg.* 209

Smartschan, Adam - Account Services, NBC, Operations - ALTITUDE MARKETING, Emmaus, PA, *pg.* 30

Smiley, Dennis - Operations - POWER, Louisville, KY, *pg.* 398

Smith, Kevin - Operations, PPOM - MIGHTY ROAR, Roswell, GA, *pg.* 250

Smith, Linda - Operations - NORTHLIGHT ADVERTISING, INC., Chester Springs, PA, *pg.* 121

Smith, Lauren - Operations - 72ANDSUNNY, Brooklyn, NY, *pg.* 24

Smith, Jason - Creative, Operations - DOTCMS, Miami, FL, *pg.* 230

Smith, Aaron - Management, Operations - DIGITAS, Detroit, MI, *pg.* 229

Smith, Mark - Operations, PPOM - 3CINTERACTIVE, Boca Raton, FL, *pg.* 533

Smith, Duncan - Account Services, Management, NBC, Operations - VIZEUM, New York, NY, *pg.* 526

Smith, Lisa - Operations - ALLISON+PARTNERS, Seattle, WA, *pg.* 576

Smith, Connie - Operations - APOGEE RESULTS, Austin, TX, *pg.* 672

Smith, Julie - Operations - GENERATOR MEDIA + ANALYTICS, New York, NY, *pg.* 466

Smith, Michael - Operations - BILLUPS WORLDWIDE, Lake Oswego, OR, *pg.* 550

Smith, Carlyn - Account Services, NBC, Operations - BAESMAN, Columbus, OH, *pg.* 167

Smith, Donna - Creative, Operations - 22SQUARED INC., Atlanta, GA, *pg.* 319

Smith, Steve - Operations, PPOM - FIREHOUSE, INC., Dallas, TX, *pg.* 358

Smith, Curtis - Operations - MODERN CLIMATE, Minneapolis, MN, *pg.* 388

Snowden, Kristy - Account Services, Operations - RATIONAL INTERACTION, Seattle, WA, *pg.* 262

Snyder, Brian - Interactive / Digital, Operations - WORKTANK, Seattle, WA, *pg.* 21

Snyder, Mike - Operations, PPOM - ROWLEY SNYDER ABLAH, Wichita, KS, *pg.* 134

So, Anthony - Account Services, Administrative, Interactive / Digital, Management, NBC, Operations, Social Media - RPA, Atlanta, GA, *pg.* 135

Sobel, Scott - Human Resources, Operations, Public Relations - KGLOBAL, Washington, DC, *pg.* 620

Solomon, Andy - Operations - DEFINITION 6, New York, NY, *pg.* 224

Somma, Debbe - Operations - RAINIER COMMUNICATIONS, Westborough, MA, *pg.* 641

Son, Catherine - Account Planner, Interactive / Digital, Media Department, Operations - CARAT, New York, NY, *pg.* 459

Sonea, Phil - Operations, PPOM - SOSHAL, Ottawa, ON, *pg.* 143

1817

RESPONSIBILITIES INDEX — AGENCIES

Song, Nita - Operations, PPOM - IW GROUP, INC., Los Angeles, CA, *pg.* 541

Sorensen, John - Operations, PPOM - ICR, New York, NY, *pg.* 615

Sorrenti, Dan - Operations, PPOM - GHIORSE & SORRENTI, INC., Wyzkoff, NJ, *pg.* 607

Souza, Erin - Operations - SINGER ASSOCIATES, San Francisco, CA, *pg.* 647

Sowden, James - Management, Operations, PPOM - TBWA \ CHIAT \ DAY, New York, NY, *pg.* 416

Spacil, Paula - Creative, Operations - BARKLEY, Kansas City, MO, *pg.* 329

Spaulding, Katy - Management, Media Department, Operations - ALLISON+PARTNERS, Portland, OR, *pg.* 577

Speagle, Kristen - Account Services, Interactive / Digital, Media Department, Operations - BRIGHTWAVE MARKETING, INC., Atlanta, GA, *pg.* 219

Speidel, David - NBC, Operations, PPOM - PLACE CREATIVE COMPANY, Burlington, VT, *pg.* 15

Spence, Hunter - Interactive / Digital, Operations - SECOND STORY INTERACTIVE, Portland, OR, *pg.* 265

Spiegel, Jared - Operations, PPOM - HIGHFIELD, New York, NY, *pg.* 85

Spielvogel, Seth - Management, Media Department, Operations - MINDSHARE, New York, NY, *pg.* 491

Sprague, Sue Ann - Operations, PPOM - ROHER / SPRAGUE PARTNERS, Irvington, NY, *pg.* 408

Sreenan, Ruth - Operations - ANALOGFOLK, New York, NY, *pg.* 439

St. Germain, Ken - Interactive / Digital, Operations - WUNDERMAN THOMPSON, Toronto, ON, *pg.* 435

Staley, Amy - Operations - SMALL ARMY, Boston, MA, *pg.* 142

Stamats, Peter - Operations, PPOM - STAMATS COMMUNICATIONS, Cedar Rapids, IA, *pg.* 412

Stancik, Blake - Operations - PRODUCT CREATION STUDIO, Seattle, WA, *pg.* 563

Stangland, Ben - Operations, PPOM - STRUM, Seattle, WA, *pg.* 18

Stank, Robert - Operations - CROSSMEDIA, New York, NY, *pg.* 463

Stanko Jr., Gary Jon - Operations, PPOM - MARKETING ALTERNATIVES, INC., Elgin, IL, *pg.* 383

Stanley, Sonja - Management, Operations - MOXIE, Atlanta, GA, *pg.* 251

Stanley, Stephanie - Operations - CATALYSIS, Seattle, WA, *pg.* 340

Stapleton, Cortney - Management, Operations, PPOM - BLISS INTEGRATED COMMUNICATIONS, New York, NY, *pg.* 584

Staranowicz, Stacy - Operations, PPOM - MINDSHARE, Portland, OR, *pg.* 495

Starnes, Michelle - Operations - VERDIN, San Luis Obispo, CA, *pg.* 21

Starsia, Phyllis - Management, Operations, PPOM - POWERPHYL MEDIA SOLUTIONS, New York, NY, *pg.* 506

Staruch, Scott - Operations, PPOM - QUANTUM COMMUNICATIONS, Harrisburg, PA, *pg.* 640

Statt, Chris - Operations, PPOM - LUCKIE & COMPANY, Birmingham, AL, *pg.* 382

Staudenmayer, John - Operations - ICS CORPORATION, West Deptford, NJ, *pg.* 285

Stein, Pete - Management, NBC, Operations, PPOM - HUGE, INC., Brooklyn, NY, *pg.* 239

Stephenson, Sue - Management, Operations - WUNDERMAN THOMPSON, Toronto, ON, *pg.* 435

Stevens, Aaliytha - Operations, PPOM - SPOTCO, New York, NY, *pg.* 143

Stevens, Katie - Account Services, Operations, Public Relations - MSLGROUP, New York, NY, *pg.* 629

Stewart, Daniel - NBC, Operations, PPOM - WIER / STEWART, Augusta, GA, *pg.* 162

Stiefvater, Laird - Operations, PPOM - OGILVY, New York, NY, *pg.* 393

Stinson-Ross, Michelle - Media Department, Operations - APOGEE RESULTS, Austin, TX, *pg.* 672

Stoker, Todd - Operations - ANDERSON DIRECT & DIGITAL, Poway, CA, *pg.* 279

Stone, Bob - Operations, PPOM - EXHIBIT AFFECTS, Tempe, AZ, *pg.* 305

Stone, Phil - Operations, PPOM - REVIVE HEALTH, Minneapolis, MN, *pg.* 133

Stone, Matthew - Operations - BLIND FERRET, Montreal, QC, *pg.* 217

Storinge, A.J. - Management, Media Department, Operations, PPOM - HEARTS & SCIENCE, New York, NY, *pg.* 471

Stornello, Carmie - Operations - BRANDTRUST, INC., Chicago, IL, *pg.* 4

Strasser, Michael - Operations - TAXI, Toronto, ON, *pg.* 146

Strauss, Sabrina - Operations - GOODMAN MEDIA INTERNATIONAL, INC., New York, NY, *pg.* 610

Strawn, Brooke - Analytics, Operations - ADPEARANCE, Portland, OR, *pg.* 671

Streck, Miriam - Interactive / Digital, Operations - DELL BLUE, Round Rock, TX, *pg.* 60

Strilko, Jennifer - Operations - LAUNCH DIGITAL MARKETING, Naperville, IL, *pg.* 245

Stringer, Sarah - Creative, Operations, PPOM - JULIET, Toronto, ON, *pg.* 11

Suarez, Sally - Operations - UNITED LANDMARK ASSOCIATES, Tampa, FL, *pg.* 157

Sucherman, Andrea - Operations - STEADYRAIN, St. Louis, MO, *pg.* 267

Suescun-Fast, Anamaria - Operations, Public Relations - DEBERRY GROUP, San Antonio, TX, *pg.* 595

Suits, Nicole - NBC, Operations - MP MEDIA & PROMOTIONS, Knoxville, TN, *pg.* 252

Sullivan, Heather - Operations - SPITFIRE STRATEGIES, Washington, DC, *pg.* 649

Sullivan, Gregg - Operations, PPOM - SIGMA MARKETING INSIGHTS, Rochester, NY, *pg.* 450

Summerlin, Elizabeth - Operations - SIX FOOT STUDIOS, Houston, TX, *pg.* 265

Sun, Xavier - Operations, PPOM - HYLINK, Santa Monica, CA, *pg.* 240

Sund, Mike - Operations, PPOM - ICF NEXT, Minneapolis, MN, *pg.* 372

Sunde, Hayley - Operations - STARCOM WORLDWIDE, Chicago, IL, *pg.* 513

Sundin, Jr., Roger - Operations, PPOM - SUNDIN ASSOCIATES, Natick, MA, *pg.* 415

Suren, Anil - Operations - FIREFLY, San Francisco, CA, *pg.* 552

Susa, Dawna - Operations - A-TRAIN MARKETING COMMUNICATIONS, Fort Collins, CO, *pg.* 321

Sutherland, Bailey - Operations - OUT THERE ADVERTISING, Duluth, MN, *pg.* 395

Sutton, Steve - Media Department, NBC, Operations - CRISP MEDIA, New York, NY, *pg.* 533

Sutton, Lisa - Operations, PPOM - LIVEWORLD, San Jose, CA, *pg.* 246

Suzor Dunning, Margaret - Management, Operations, PPOM - FINN PARTNERS, Washington, DC, *pg.* 603

Svoboda, Sam - Creative, Media Department, Operations, Public Relations - 3POINTS COMMUNICATIONS, Chicago, IL, *pg.* 573

Swaebe, Connie - Operations, PPOM - GEAR COMMUNICATIONS, Stoneham, MA, *pg.* 76

Swaminathan, Murali - Operations, PPOM - SPRINKLR, New York, NY, *pg.* 688

Swann, Kate - Operations, PPOM - BLUE STATE DIGITAL, New York, NY, *pg.* 335

Swanson, Susan - Operations - IMG LIVE, Atlanta, GA, *pg.* 308

Swartz, John - NBC, Operations, PPM - SS+K, New York, NY, *pg.* 144

Sweeney, Shauna - Operations - DIMASSIMO GOLDSTEIN, New York, NY, *pg.* 351

Swenton, Liz - Operations - MARCH COMMUNICATIONS, Boston, MA, *pg.* 625

Swift, John - Operations, PPOM - OMNICOM GROUP, New York, NY, *pg.* 123

Swingle, Catherine - Operations - ADVANTAGE DESIGN GROUP, Jacksonville, FL, *pg.* 172

Sylvester, Jill - Interactive / Digital, Media Department, Operations, PPOM - SPARK FOUNDRY, Chicago, IL, *pg.* 510

Szewczyk, Tod - Account Services, Creative, Management, Operations -

AGENCIES

RESPONSIBILITIES INDEX

LEO BURNETT WORLDWIDE, Chicago, IL, *pg.* 98

Ta, Khoi - Operations - MODO MODO AGENCY, Atlanta, GA, *pg.* 116

Tadjedin, Jennifer - Operations, PPOM - THE GREAT SOCIETY, Portland, OR, *pg.* 150

Tamble, Kim - NBC, Operations - BLUESPIRE INC., Minneapolis, MN, *pg.* 335

Tan, Jeff - Interactive / Digital, Management, Media Department, NBC, Operations - DENTSU AEGIS NETWORK, New York, NY, *pg.* 61

Tan, Richard - Finance, Operations, PPOM - FIG, New York, NY, *pg.* 73

Tanner, Kim - Operations, PPOM - THE DISTILLERY PROJECT, Chicago, IL, *pg.* 149

Tarwater, Troy - Management, Operations - BBDO WORLDWIDE, New York, NY, *pg.* 331

Tarzian, Charlie - Management, NBC, Operations - ABERDEEN GROUP, INC., Waltham, MA, *pg.* 441

Taylor, Missy - Operations - DAGGER, Atlanta, GA, *pg.* 224

Taylor, Britton - Account Planner, Analytics, Operations - WIEDEN + KENNEDY, Portland, OR, *pg.* 430

Taylor, Nick - Interactive / Digital, Operations, PPOM - LIPPE TAYLOR, New York, NY, *pg.* 623

Taylor, Tim - Operations, PPOM - TRUE NORTH INC., New York, NY, *pg.* 272

Taylor, Chris - Operations, PPOM - AGENDA, Albuquerque, NM, *pg.* 575

Taylor, Terrance - Operations - FSC INTERACTIVE, New Orleans, LA, *pg.* 235

Taylor, Andrea - NBC, Operations - CLIX MARKETING, Louisville, KY, *pg.* 672

Teachman, Peter - Operations, PPOM - KANTAR MILLWARD BROWN, Southfield, MI, *pg.* 446

Tedeschi, Jai - Operations, PPM - R/GA, Los Angeles, CA, *pg.* 261

Tedesco, Mike - Operations, PPOM - SKY ADVERTISING, INC., New York, NY, *pg.* 142

Terwilleger, Bret - Operations, PPOM - ODEN MARKETING & DESIGN, Memphis, TN, *pg.* 193

Thekan, Grant - Account Planner, Account Services, Operations - BADER RUTTER & ASSOCIATES, INC., Milwaukee, WI, *pg.* 328

Theo, Melinda - Account Planner, Account Services, Analytics, Management, NBC, Operations - AMOBEE, INC., New York, NY, *pg.* 30

Theobald, Barbara - Operations - CAMPOS INC, Pittsburgh, PA, *pg.* 443

Thibodeau, Dee - NBC, Operations - SMARTY SOCIAL MEDIA, Santa Ana, CA, *pg.* 688

Thoelke, Mary - Operations, PPOM - TOKY BRANDING + DESIGN, Saint Louis, MO, *pg.* 202

Thomas, Ward - Analytics, NBC, Operations, Research - HAVAS HELIA, Glen Allen, VA, *pg.* 285

Thomas, Raelene - Operations - MAJOR TOM, Vancouver, BC, *pg.* 675

Thomas, Brenda - NBC, Operations, PPM - DIRECT IMPACT, INC., Saint Louis, MO, *pg.* 62

Thomason, Beau - Management, NBC, Operations - 72ANDSUNNY, Playa Vista, CA, *pg.* 23

Thomasson, Anne - Operations - BARKLEY, Kansas City, MO, *pg.* 329

Thompson, Shelley - Operations, PPOM - WOODRUFF, Columbia, MO, *pg.* 163

Thompson, Stan - Operations - SAGEPATH, INC., Atlanta, GA, *pg.* 409

Thorpe, Jennifer - Account Planner, Management, Operations - JELLYFISH U.S., Baltimore, MD, *pg.* 243

Thorpe, David - Finance, NBC, Operations, PPOM - INDUSTRY, Portland, OR, *pg.* 187

Thrasher, Chad - Account Services, NBC, Operations, PPOM - MY FRIEND'S NEPHEW, Atlanta, GA, *pg.* 119

Throckmorton, Lisa - Operations, PPOM - SPEAKERBOX COMMUNICATIONS, Vienna, VA, *pg.* 649

Tichy, Sandra - Account Services, Interactive / Digital, Media Department, Operations - EDELMAN, New York, NY, *pg.* 599

Timberlake, Dale - Operations, PPOM - TIMBERLAKE MEDIA SERVICES, INC., Naperville, IL, *pg.* 520

Timofeev, Steve - Interactive / Digital, Operations - MADISON AVENUE MARKETING GROUP, Toledo, OH, *pg.* 287

Tiratira, Ken - Operations, PPOM - IMPRENTA COMMUNICATIONS GROUP, Los Angeles, CA, *pg.* 89

Tobengauz, Steve - Finance, Operations, PPOM - ANNALECT GROUP, New York, NY, *pg.* 213

Todd, Bill - Operations, PPOM, Public Relations - O2 IDEAS, Birmingham, AL, *pg.* 392

Tolkachyov, Luba - Operations, PPOM - DENTSU X, New York, NY, *pg.* 61

Tomasiewicz, Patrick - Media Department, Operations - WIEDEN + KENNEDY, New York, NY, *pg.* 432

Tombacher, Robyn - Operations, PPOM - WUNDERMAN THOMPSON, New York, NY, *pg.* 434

Tomeny, Candace - Account Services, NBC, Operations - THE TRADE DESK, Ventura, CA, *pg.* 519

Tomsen, Karissa - Management, Operations - INTERTWINE INTERACTIVE, Omaha, NE, *pg.* 242

Topazio, Elizabeth - Operations, PPOM - ACTIVE INTERNATIONAL, Pearl River, NY, *pg.* 439

Totin, Lauren - Media Department, Operations - TEKNICKS, Point Pleasant Beach, NJ, *pg.* 677

Towle, Glenn - Operations, PPOM - MERRICK TOWLE COMMUNICATIONS, Greenbelt, MD, *pg.* 114

Townsend, Elise - NBC, Operations - LP&G, INC., Tucson, AZ, *pg.* 381

Trachte, Elizabeth - Finance, Operations - PHOENIX MARKETING INTERNATIONAL, Rhinebeck, NY, *pg.* 448

Tracy, Marianne - Creative, Operations, PPM - THE GEORGE P. JOHNSON COMPANY, San Carlos, CA, *pg.* 316

Trencher, Lewis - Finance, Operations, PPOM - WUNDERMAN THOMPSON, New York, NY, *pg.* 434

Tressler, Claudia - Operations, PPOM - BROADSTREET, New York, NY, *pg.* 43

Trester, Brianne - Operations - NOBLE PEOPLE, New York, NY, *pg.* 120

Trevisani, Jonathan - Interactive / Digital, Operations - PLAYWIRE MEDIA, Deerfield Beach, FL, *pg.* 257

Triolo, Jack - Media Department, Operations - INITIATIVE, New York, NY, *pg.* 477

Trollinger, Beverly - Operations - OIA / MARKETING, Dayton, OH, *pg.* 122

Trost, Julie - Operations - ZORCH, Chicago, IL, *pg.* 22

Troubh, Natalie - Account Services, Management, Operations - BADGER & WINTERS, New York, NY, *pg.* 174

Trumble, James - Account Planner, Account Services, Creative, Management, Media Department, NBC, Operations - ORGANIC, INC., Troy, MI, *pg.* 256

Tuttle, Amanda - Operations - BRIGHTWAVE MARKETING, INC., Atlanta, GA, *pg.* 219

Tuttle, Ryan P. - Operations, PPOM - DRAGON ARMY, Atlanta, GA, *pg.* 533

Tyler, Lisa - Management, Operations - BULLDOG DRUMMOND, San Diego, CA, *pg.* 338

Tyler, Jennifer - Account Planner, Account Services, Operations - MANIFEST, New York, NY, *pg.* 248

Ubben, Michelle - Operations, PPOM - SACHS MEDIA GROUP, Tallahassee, FL, *pg.* 645

Umholtz, Anna - Interactive / Digital, Operations - CRAMER-KRASSELT, Chicago, IL, *pg.* 53

Unger, Stephanie - Operations - BLIND FERRET, Montreal, QC, *pg.* 217

Uppal, Baba - Account Services, Finance, Operations - SECRET LOCATION, Culver City, CA, *pg.* 563

Urban, Lauren - Operations, PPOM - YOUTECH, Naperville, IL, *pg.* 436

Urner, Nancy - Operations - TETHER, Seattle, WA, *pg.* 201

Ursino, Mark - Interactive / Digital, Operations - RIGHTPOINT, Boston, MA, *pg.* 263

Uruchurtu, Richard - Operations - KLIENTBOOST, Costa Mesa, CA, *pg.* 244

Vaitonis, Robin - Operations, PPOM - GRAFIK MARKETING COMMUNICATIONS, Alexandria, VA, *pg.* 185

Valentine, Taylor - Human Resources, Operations, PPOM - HORIZON MEDIA, INC., New York, NY, *pg.* 474

RESPONSIBILITIES INDEX — AGENCIES

Valkov, Ulian - Finance, Management, Operations - GSD&M, Chicago, IL, pg. 79
Vallee, Kaila - Analytics, NBC, Operations - MMSI, Warwick, RI, pg. 496
Van, Shirley - Creative, Operations - INDUSTRY, Portland, OR, pg. 187
van Adelsberg, Karlina - Operations - THE REGAN GROUP, Los Angeles, CA, pg. 570
Van de Water, Donna - Operations, PPOM - LIPMAN HEARNE, INC., Chicago, IL, pg. 381
van den Bosch, Derek - NBC, Operations, PPOM - 160OVER90, Los Angeles, CA, pg. 301
VanAntwerp, Amanda - Operations - PREACHER, Austin, TX, pg. 129
Vandegrift, Mark - Operations, PPOM - INNIS MAGGIORE GROUP, Canton, OH, pg. 375
Vandenberg, Jenna - Operations, PPOM - FIFTYANDFIVE.COM, Winter Park, FL, pg. 234
VandenBosch, Derek - Operations, PPOM - 160OVER90, Santa Monica, CA, pg. 207
Vandermyde, Adam - Media Department, Operations - ANSIRA, Addison, TX, pg. 326
Vanderveen, Mandi - Interactive / Digital, Media Department, Operations, Research - DIGITAS, Chicago, IL, pg. 227
VanderVeen, Amanda - Operations - DIGITAS, Atlanta, GA, pg. 228
VanHeirseele, Sarah - Administrative, Interactive / Digital, NBC, Operations - BLUE CHIP MARKETING & COMMUNICATIONS, Northbrook, IL, pg. 334
Vansickle, Ric - Operations, PPOM - PLAN B, Chicago, IL, pg. 397
Vas, Kevin - NBC, Operations - CONVERGEDIRECT, New York, NY, pg. 462
Vassilaros, Sean - Operations, PPOM - THREAD, Tustin, CA, pg. 271
Vaughn, Blake - Operations - JAGGED PEAK, Cincinnati, OH, pg. 91
Vaz, Madeline - Account Services, Operations, PPOM - GIGANTE VAZ PARTNERS, New York, NY, pg. 363
Veglahn, Jill - Operations - BAM COMMUNICATIONS, San Diego, CA, pg. 580
Veil, Lynne - Operations, PPOM - EMPOWER, Cincinnati, OH, pg. 354
Venee, Chelsie - Operations - LITTLE ARROWS, Marina Del Rey, CA, pg. 687
Vergano, Luca - Account Planner, Account Services, Management, Operations - ELEPHANT, Brooklyn, NY, pg. 181
Verma, Aditya - Operations, PPOM - RIP ROAD, New York, NY, pg. 534
Vieira, Brian - Account Planner, Account Services, Operations - MIGHTY ROAR, Roswell, GA, pg. 250
Vilchis, Debra - Operations, PPOM - FISHMAN PUBLIC RELATIONS INC., Northbrook, IL, pg. 604

Villanueva, Joshua - Operations - STARCOM WORLDWIDE, Chicago, IL, pg. 513
Vinci, Alex - Media Department, Operations, PPOM - MINDSHARE, New York, NY, pg. 491
Vivalo, Kate - Operations - SPARK FOUNDRY, New York, NY, pg. 508
Vogel, Randy - Account Planner, Interactive / Digital, Media Department, Operations - ANDERSON DDB HEALTH & LIFESTYLE, Toronto, ON, pg. 31
Vogt, Jason - Account Planner, Operations, PPOM - BFG COMMUNICATIONS, Bluffton, SC, pg. 333
Von Sossan, Jamie - Operations - 3FOLD COMMUNICATIONS, Sacramento, CA, pg. 23
Voss, Michael - NBC, Operations, PPOM - BVK, Milwaukee, WI, pg. 339
Vranicar, Jim - Operations, PPOM - SIGNAL THEORY, Kansas City, MO, pg. 141
Vujanic, Brenda - Operations, PPOM - BENCHWORKS, Chestertown, MD, pg. 333
Wadas, Alicia - Operations, PPOM - THE LAVIDGE COMPANY, Phoenix, AZ, pg. 420
Wade, Cheryl - Human Resources, Operations - BOOZ ALLEN HAMILTON, McLean, VA, pg. 218
Wakabayashi, Lindsay - Operations - GSD&M, Austin, TX, pg. 79
Walden, Zach - Interactive / Digital, Media Department, Operations, Programmatic - OMD WEST, Los Angeles, CA, pg. 502
Walian, Jaclyn - Operations - OLIVE CREATIVE STRATEGIES, San Diego, CA, pg. 634
Walker, Michelle - Operations - BRIGHTWAVE MARKETING, INC., Atlanta, GA, pg. 219
Walker, Stephen - NBC, Operations - TABOOLA, New York, NY, pg. 268
Walker II, Ronald L. - Operations, PPOM - RASKY BAERLEIN STRATEGIC COMMUNICATIONS, INC., Boston, MA, pg. 641
Walkowiak, James - Operations - VDA PRODUCTIONS, Somerville, MA, pg. 317
Wallace, Mark - Finance, Management, Operations - GTB, Dearborn, MI, pg. 367
Walsh, Kaieran - Account Services, Operations - SNIPPIES, INC., New York, NY, pg. 450
Walsh, Joe - Operations - HEALTHCARE CONSULTANCY GROUP, New York, NY, pg. 83
Walter, Andrew - Management, Operations - AKQA, San Francisco, CA, pg. 211
Walther, Sven - Account Services, Operations - SOSHAL, Ottawa, ON, pg. 143
Walton, Jennifer - Management, Media Department, Operations - STARCOM WORLDWIDE, Detroit, MI, pg. 517

Wammack, Beth - Operations, PPOM - GDC MARKETING & IDEATION, San Antonio, TX, pg. 362
Wang, Doreen - Account Services, Operations - KANTAR MEDIA, New York, NY, pg. 446
Ward, Sarah - Operations - AFFECTIVA, INC., Boston, MA, pg. 441
Warnatsch, Nicole - Media Department, Operations - CARAT, Detroit, MI, pg. 461
Warrum, Josh - Operations, PPOM - PROJECT X, New York, NY, pg. 556
Warshaw, Mathew - Operations, PPOM - D3 SYSTEMS, McLean, VA, pg. 56
Washkowitz, Stacey - Operations - NORBELLA, Boston, MA, pg. 497
Wathen, Anita - Operations - DOUG CARPENTER & ASSOCIATES, LLC, Memphis, TN, pg. 64
Watkins, Maddie - Interactive / Digital, Media Department, Operations - STARCOM WORLDWIDE, Chicago, IL, pg. 513
Watson, Britton - Operations, PPOM - BLUE OLIVE CONSULTING, Florence, AL, pg. 40
Watson, Adowa - Media Department, Operations - STARCOM WORLDWIDE, Detroit, MI, pg. 517
Watterson, Jill - Operations, PPOM - DUFT WATTERSON, Boise, ID, pg. 353
Watts, Glenn - NBC, Operations, PPOM - HIRSHORN ZUCKERMAN DESIGN GROUP, Rockville, MD, pg. 371
Watts, Kate - Management, NBC, Operations, PPOM - ATLANTIC 57, Washington, DC, pg. 2
Weas, Patrick - Account Planner, Analytics, Operations, PPOM - THE THORBURN GROUP, Minneapolis, MN, pg. 20
Weaver, Mike - NBC, Operations, PPOM - MANIFOLD, San Francisco, CA, pg. 104
Webb, Jennifer - Account Services, Media Department, Operations - COLTRIN & ASSOCIATES, New York, NY, pg. 592
Webb, Quentin - Operations - DIMASSIMO GOLDSTEIN, New York, NY, pg. 351
Weber, Annie - Management, Operations, Public Relations, Research - GFK, Chicago, IL, pg. 444
Weckenmann, John - Operations, PPOM - KETCHUM, New York, NY, pg. 542
Weida, Chris - Operations - DERSE, INC., Milwaukee, WI, pg. 304
Weinert, Eileen - Operations, PPOM - BLUE ONION, Lakewood, CO, pg. 218
Weinstein, Brad - Account Planner, Media Department, NBC, Operations - PHD USA, New York, NY, pg. 505
Weiss, Ashley - Management, Operations - RAPPORT OUTDOOR WORLDWIDE, New York, NY, pg. 556
Weiss, Philip - Operations - BRANDDEFINITION, New York, NY, pg. 4
Welch, Michael - Account Services,

AGENCIES — RESPONSIBILITIES INDEX

Management, Media Department, Operations - SCOPPECHIO, Louisville, KY, *pg.* 409

Welkom, Steve - Operations, PPOM - ANOTHER PLANET ENTERTAINMENT, Berkeley, CA, *pg.* 565

Welsh, Sandy - Account Services, Operations, Research - DANA COMMUNICATIONS, Hopewell, NJ, *pg.* 57

Welty, Patrick - Management, Media Department, Operations - AMOBEE, INC., Redwood City, CA, *pg.* 213

Wen, Amelie - Operations - TURNER DUCKWORTH, San Francisco, CA, *pg.* 203

Wenstrup, Greg - Operations, PPOM - SCHAFER CONDON CARTER, Chicago, IL, *pg.* 138

Werner, Chris - Operations, PPOM - OUTCOLD, Chicago, IL, *pg.* 395

West, Cindy - Operations - INK, INC., Overland Park, MO, *pg.* 615

West, Chris - Operations - PAC / WEST COMMUNICATIONS, Wilsonville, OR, *pg.* 635

Whaley, Erik - Account Services, Management, Operations, PPOM - LOCATION3 MEDIA, Denver, CO, *pg.* 246

Whatley, Kerry - Operations - SPARKS GROVE, INC., Atlanta, GA, *pg.* 199

Wheeler, Allisyn - Management, Operations - BARKLEY, Kansas City, MO, *pg.* 329

Wheeler, Tina - Operations - TROZZOLO COMMUNICATIONS GROUP, Kansas City, MO, *pg.* 657

White, Henry - Management, Operations, PPOM - SHARPLEFT, INC., New York, NY, *pg.* 299

White, Carey - Operations - MMSI, Warwick, RI, *pg.* 496

White, Lynn - Operations - BURST MARKETING, Troy, NY, *pg.* 338

Whitfield, Molly - Operations, PPOM - MADISON & MAIN, Richmond, VA, *pg.* 382

Whittington, Nate - Finance, Operations - WHITE64, Tysons, VA, *pg.* 430

Whyte, Ken - Operations, PPOM - QUARRY INTEGRATED COMMUNICATIONS, Saint Jacobs, ON, *pg.* 402

Wiberg, Kate - Creative, Operations - YARD, New York, NY, *pg.* 435

Widmeyer, Scott - Operations, PPOM - WIDMEYER COMMUNICATIONS, Washington, DC, *pg.* 662

Wieland, Brady - Interactive / Digital, Operations, PPM - BRAND INNOVATION GROUP, Fort Wayne, IN, *pg.* 336

Wiener, Matt - Account Services, Operations - IPG360, Los Angeles, CA, *pg.* 90

Wienslaw, Arthur - Operations - ALL POINTS DIGITAL, Norwalk, CT, *pg.* 671

Wild, Anthony - Operations - THE RICHARDS GROUP, INC., Dallas, TX, *pg.* 422

Wildrick, Meg - Management, Operations, PPOM - BLISS INTEGRATED COMMUNICATIONS, New York, NY, *pg.* 584

Wille, Paul - Operations, PPOM - SWIFT, Portland, OR, *pg.* 145

Willette, Jon - Operations - ADVANTIX DIGITAL, Addison, TX, *pg.* 211

Williams, Karan - Operations - ASH TECHNOLOGY MARKETING, Kanata, ON, *pg.* 34

Williams, Lisa - Finance, Operations - TREVELINO / KELLER COMMUNICATIONS GROUP, Atlanta, GA, *pg.* 656

Williams, Steve - Operations, PPOM - ESSENCE, New York, NY, *pg.* 232

Williams, Mariana - Operations - ACHIEVE, West Palm Beach, FL, *pg.* 210

Williams, Jamie - Operations - TAPJOY, San Francisco, CA, *pg.* 535

Williams, Kristina - Operations - SPURRIER GROUP, Richmond, VA, *pg.* 513

Wilsher, Karina - Operations, PPOM - ANOMALY, New York, NY, *pg.* 325

Wilson, Matt - Operations, PPOM - EASTPORT HOLDINGS, Memphis, TN, *pg.* 353

Wilson, Todd - Operations - MARCHEX, INC., Seattle, WA, *pg.* 675

Win, Jack - Operations - EXVERUS MEDIA INC., Los Angeles, CA, *pg.* 465

Winckler, Angie - Operations, PPOM - JUICE STUDIOS, Atlanta, GA, *pg.* 309

Winer, Maxine - Operations, PPOM - DIGENNARO COMMUNICATIONS, New York, NY, *pg.* 597

Winner, Jaime - Account Services, Interactive / Digital, Operations, Social Media - MCCANN NEW YORK, New York, NY, *pg.* 108

Witt, Charisma - Account Services, Operations - INITIATIVE, Los Angeles, CA, *pg.* 478

Wittersheim, Aaron - Operations, PPOM - STRAIGHT NORTH, LLC, Downers Grove, IL, *pg.* 267

Wojtaszek, Mallory - Operations - SPARKS, Philadelphia, PA, *pg.* 315

Wolf, Brandon - Interactive / Digital, Media Department, Operations - DIGITAS, Chicago, IL, *pg.* 227

Wolfgram, Kelli - Human Resources, Operations - AGENCYEA, Chicago, IL, *pg.* 302

Wong, Karen - Operations, PPOM - MARLO MARKETING COMMUNICATIONS, Boston, MA, *pg.* 383

Wood, Lynn - Account Services, Operations - WOOD COMMUNICATIONS GROUP, Madison, WI, *pg.* 663

Wood, Scott - Operations - SIMPLEVIEW, INC., Tucson, AZ, *pg.* 168

Wood, Andrea - Account Planner, Account Services, Interactive / Digital, Media Department, Operations, PPOM - SANDSTORM DESIGN, Chicago, IL, *pg.* 264

Woodard, Ellen - Operations, PPOM - JUICE STUDIOS, Atlanta, GA, *pg.* 309

Woodland, James - Finance, Operations, PPOM - CMI MEDIA, LLC, King of Prussia, PA, *pg.* 342

Woods, Raylene - Operations, PPOM - MARKETING GENERAL, INC., Alexandria, VA, *pg.* 288

Woods, Randy - Account Services, Management, NBC, Operations - VALTECH, Ottawa, ON, *pg.* 273

Woods, Clint - Operations, PPOM - PIERPONT COMMUNICATIONS, INC., Houston, TX, *pg.* 636

Woodward, Kelly - Management, Operations, PPOM - HUNTSINGER & JEFFER, INC., Richmond, VA, *pg.* 285

Woosley, Mike - Operations, PPOM - LOTAME, Columbia, MD, *pg.* 446

Wootten, Nate - Operations - WILLOWTREE, INC., Durham, NC, *pg.* 535

Worden, Maia - Operations, PPOM - ATLANTIC LIST COMPANY, Arlington, VA, *pg.* 280

Worm, Brenda - Operations - CJRW, Little Rock, AR, *pg.* 590

Worthington, Kathryn - Operations - R/GA, Chicago, IL, *pg.* 261

Wright, Doug - Account Services, Operations, PPOM - MSP, Freedom, PA, *pg.* 289

Wright, Sherman - Management, Operations, PPOM - TEN35, Chicago, IL, *pg.* 147

Wright, Devon - Account Services, Operations - ACCELERATION PARTNERS, Needham, MA, *pg.* 25

Wrzesinski, Tifany - Account Services, Operations - BARKLEY, Kansas City, MO, *pg.* 329

Wykes, Matthew - Account Services, Operations, Research - MEDIACOM, Ann Arbor, MI, *pg.* 249

Wyman, Samuel - Operations, PPOM - JEFFERSON WATERMAN INTERNATIONAL, Washington, DC, *pg.* 617

Wynschenk, Andrew - Management, Operations, Programmatic - EYEVIEW DIGITAL, INC., New York, NY, *pg.* 233

Wysocki, Gabriela - Operations, Social Media - MIRUM AGENCY, Chicago, IL, *pg.* 681

Xia, Yan Yan - Operations - DATABASE MARKETING GROUP, INC., Irvine, CA, *pg.* 281

Yaminy, Krysten - Account Services, Operations - TEAM ONE, Los Angeles, CA, *pg.* 417

Yardley, Vera - Operations - THE SUSSMAN AGENCY, Southfield, MI, *pg.* 153

Yarnish, Victoria - Operations - STUDIO NUMBER ONE, INC., Los Angeles, CA, *pg.* 144

Yoder, Melinda - Operations, PPOM - CITRUS ADVERTISING, Dallas, TX, *pg.* 50

York, Andrew - Operations - AKQA, San Francisco, CA, *pg.* 211

Yormark, Brett - Account Services, NBC, Operations, PPOM - ROC NATION, New York, NY, *pg.* 298

RESPONSIBILITIES INDEX

AGENCIES

Young, David - Operations, PPOM - SLINGSHOT, LLC, Dallas, TX, *pg.* 265
Young, Joshua - Management, Operations - YESCO OUTDOOR MEDIA, Salt Lake City, UT, *pg.* 559
Youngblutt, Jerry - Operations - BOYDEN & YOUNGBLUTT ADVERTISING, Fort Wayne, IN, *pg.* 336
Yu, Young - Operations - SAESHE ADVERTISING, Los Angeles, CA, *pg.* 137
Yudin, Michael - Analytics, Media Department, Operations, Research - ADMARKETPLACE, New York, NY, *pg.* 210
Zacek, Adam - Account Services, Operations - VIEWSTREAM, San Francisco, CA, *pg.* 274
Zahn, Laura - Operations - BRIGHTLINE, New York, NY, *pg.* 219
Zajac, Matthew - Operations - NAVIGATE MARKETING, Chicago, IL, *pg.* 253
Zampa, Thomas - Interactive / Digital, Operations - ENERGY BBDO, INC., Chicago, IL, *pg.* 355
Zappia, Deborah - Operations - GATESMAN, Pittsburgh, PA, *pg.* 361
Zaute, Matthew - Operations - RISE INTERACTIVE, Chicago, IL, *pg.* 264
Zehe, Darcy - Operations, PPOM - BRANDPIVOT, Cleveland, OH, *pg.* 337
Zertuche, Marina - Creative, Operations - INDUSTRY, Portland, OR, *pg.* 187
Zils, Jackie - Operations - JAYRAY , Tacoma, WA, *pg.* 377
Zincke, Joyce - Operations, PPOM - MIRUM AGENCY, Minneapolis, MN, *pg.* 251
Zinn, Paige - Operations, PPOM - JENNINGS & COMPANY, Chapel Hill, NC, *pg.* 92
Zipin, Melissa - Management, Operations, PPOM - FLEISHMANHILLARD, Boston, MA, *pg.* 605
Zlatoper, Michael - Interactive / Digital, Management, Media Department, Operations, PPOM - MEKANISM, San Francisco, CA, *pg.* 112

President / Principal

Aaker, David - PPOM - PROPHET, San Francisco, CA, *pg.* 15
Aal, Scott - Creative, PPOM - CHEMISTRY CLUB, San Francisco, CA, *pg.* 50
Abare, Tim - Creative, PPOM - CULTIVATOR ADVERTISING & DESIGN, Denver, CO, *pg.* 178
Abbate, Christine - PPOM - NOVITA COMMUNICATIONS, New York, NY, *pg.* 392
Abbot, Rodney - PPOM - LIPPINCOTT, New York, NY, *pg.* 189
Abbot, Dana - NBC, PPOM, Promotions - KAPLOW COMMUNICATIONS, New York, NY, *pg.* 618
Abbrecht, Michael - NBC, PPOM - 9THWONDER AGENCY, Houston, TX, *pg.* 453
Abehsera, David - PPOM - THE WOO AGENCY, Culver City, CA, *pg.* 425
Abel, Greg - PPOM - ABEL COMMUNICATIONS, Baltimore, MD, *pg.* 574
Abel, Greg - Account Services, PPOM - TAILFIN MARKETING COMMUNICATIONS, Atlanta, GA, *pg.* 18
Abelson, Dennis - Creative, PPOM - MATRIX PARTNERS, LTD., Chicago, IL, *pg.* 107
Abens, Rick - PPOM - FORESIGHT ROI, Chicago, IL, *pg.* 681
Abergel, Debbie - NBC, PPOM - JACK NADEL, INC., Los Angeles, CA, *pg.* 567
Abernathy, James - NBC, PPOM - ABERNATHY MACGREGOR GROUP, New York, NY, *pg.* 574
Abion, Betty - PPOM - RESPONSE MEDIA, INC., Norcross, GA, *pg.* 507
Ableman, Karen - NBC, PPOM - RONIN ADVERTISING GROUP, LLC, Coral Gables, FL, *pg.* 134
Abolt, Craig - Finance, PPOM - INTERSECTION, New York, NY, *pg.* 553
Aboukhater, Houssam - PPOM - CALYPSO, Portsmouth, NH, *pg.* 588
Abrahamson, Tom - Management, PPOM - LIPMAN HEARNE, INC. , Chicago, IL, *pg.* 381
Abram, Teri - PPOM - EVENTLINK INTERNATIONAL , Dallas, TX, *pg.* 305
Abramovitz, Susan - NBC, PPOM - IDEOPIA, Cincinnati, OH, *pg.* 88
Abrams, David - PPOM - THE COLLECTIVE BRANDSACTIONAL MARKETING, INC. , Toronto, ON, *pg.* 149
Abramson, Will - NBC, PPOM - YOURS TRULY, Los Angeles, CA, *pg.* 300
Abramson Norr, Suzanne - Operations, PPOM - AVATAR LABS, Encino, CA, *pg.* 214
Acampora, Rick - Account Services, Operations, PPOM - WAVEMAKER, New York, NY, *pg.* 526
Acampora, Andrew - Finance, PPOM - SS+K, New York, NY, *pg.* 144
Acevedo, Beatriz - PPOM - 9THWONDER, Playa Vista, CA, *pg.* 453
Acharkan, Daniel - PPOM - FLYING MACHINE, New York, NY, *pg.* 74
Acheson, Joel - Media Department, PPOM - THE SHIPYARD, Columbus, OH, *pg.* 270
Ackermann, Cathy - PPOM - ACKERMANN PUBLIC RELATIONS , Knoxville, TN, *pg.* 574
Acosta, Pablo - Creative, PPOM - PACO COLLECTIVE, Chicago, IL, *pg.* 544
Acquistapace, Kyle - Account Planner, Account Services, Interactive / Digital, Media Department, PPOM, Public Relations - TEAM ONE, Los Angeles, CA, *pg.* 417
Adamo, Rose Marie - Management, PPOM - DIMASSIMO GOLDSTEIN, New York, NY, *pg.* 351
Adams, Wayne - PPOM - THE ADAMS GROUP, Columbia, SC, *pg.* 418
Adams, Jill - PPOM - ADAMS & KNIGHT ADVERTISING, Avon, CT, *pg.* 322
Adams, Linda - NBC, PPOM - AIM RESEARCH, El Paso, TX, *pg.* 441
Adams, Jonathan - Interactive / Digital, Management, Media Department, PPOM - WAVEMAKER, New York, NY, *pg.* 526
Adams, Brett - NBC, PPOM - TRILIX MARKETING GROUP, INC., Des Moines, IA, *pg.* 427
Adams, Dale - PPOM - DIVERSIFIED AGENCY SERVICES, New York, NY, *pg.* 351
Adams, Trish - Account Services, PPOM - OPINIONATED, Portland, OR, *pg.* 123
Adams, Eric - Operations, PPOM - FILTER, Seattle, WA, *pg.* 234
Addesa, Joey-lyn - Account Planner, PPOM - MINDSHARE, New York, NY, *pg.* 491
Addison, Len - PPOM - PIERCE COMMUNICATIONS, Ramsey, NJ, *pg.* 687
Addison, Mark - PPOM - ROCKET SCIENCE, Larkspur, CA, *pg.* 643
Adducci, Brian - Creative, PPOM - CAPSULE, Minneapolis, MN, *pg.* 176
Adelizzi-Schmidt, Susan - PPOM - SUASION COMMUNICATIONS GROUP, Somerpoint, NJ, *pg.* 415
Adelsberger, Kevin - NBC, PPOM - ADELSBERGER MARKETING, Jackson, TN, *pg.* 322
Adelson-Yan, Jeff - PPOM - LEVELWING MEDIA, LLC, Mt Pleasant, SC, *pg.* 245
Adin, Chiara - PPOM - NA COLLECTIVE, LLC, New York, NY, *pg.* 312
Adkins, Doug - Creative, PPOM - HUNT ADKINS, Minneapolis, MN, *pg.* 372
Adkins, Fred - Creative, PPOM - FRED AGENCY, Atlanta, GA, *pg.* 360
Adkisson, Katie - PPOM - REED PUBLIC RELATIONS, Nashville, TN, *pg.* 642
Adler, Marc - PPOM - MACQUARIUM, INC., Atlanta, GA, *pg.* 247
Adolfo, Raig - Account Planner, Account Services, Management, Media Department, NBC, Operations, PPOM, Promotions - 360I, LLC, New York, NY, *pg.* 320
Adolph, Michael - Creative, PPOM - FLEISHMANHILLARD, Washington, DC, *pg.* 605
Adrian, David - PPOM - ADRIAN & ASSOCIATES, Pontiac, MI, *pg.* 575
Aebersold, Amy - NBC, PPOM - MEDIAURA, Jefferson, IN, *pg.* 250
Aebersold, Andrew - NBC, PPOM - MEDIAURA, Jefferson, IN, *pg.* 250
Affleck, George - PPOM - CURVE COMMUNICATIONS, Vancouver, BC, *pg.* 347
Agacki, Dawn - Operations, PPOM - BOELTER & LINCOLN, INC., Milwaukee, WI, *pg.* 41
Agganis, Steve - Interactive / Digital, PPOM - MINDSTREAM INTERACTIVE, Columbus, OH, *pg.* 250

1822

AGENCIES
RESPONSIBILITIES INDEX

Aggarwal, Benu - PPOM - MILESTONE INTERNET MARKETING, Santa Clara, CA, *pg.* 250

Aggarwal, Anil - PPOM - MILESTONE INTERNET MARKETING, Santa Clara, CA, *pg.* 250

Aguiar, Debbie - Management, PPOM - EVENTUS MARKETING, Doral, FL, *pg.* 540

Aguilar, Adolfo - PPOM - CREATIVE CIVILIZATION - AN AGUILAR / GIRARD AGENCY, San Antonio, TX, *pg.* 561

Aguilar, Patricia - Operations, PPOM - GAMEPLAN CREATIVE, LLC, Chicago, IL, *pg.* 8

Aguirre, John-Paul - Account Planner, Management, Media Department, PPOM - UNIVERSAL MCCANN, San Francisco, CA, *pg.* 428

Ahearn, Greg - NBC, PPOM - DAVIS ELEN ADVERTISING, Los Angeles, CA, *pg.* 58

Ahearn, Robert - PPOM - JUMBOSHRIMP ADVERTISING, San Francisco, CA, *pg.* 93

Ahene, Nii - Operations, PPOM - CPC STRATEGY, San Diego, CA, *pg.* 672

Ahmed, Azher - Interactive / Digital, PPOM - DDB CHICAGO, Chicago, IL, *pg.* 59

Ahmed, Luna - PPOM - ILM SERVICES, Edina, MN, *pg.* 241

Ahuja, Parkash - PPOM - CRESCENDO, San Ramon, CA, *pg.* 55

Aires, Gary - PPOM - ABOVE ALL ADVERTISING, San Diego, CA, *pg.* 549

Aires, Darren - PPOM - ABOVE ALL ADVERTISING, San Diego, CA, *pg.* 549

Aitken, Stuart - PPOM - 84.51, Cincinnati, OH, *pg.* 441

Akagi, Doug - PPOM - ALTERPOP.COM, San Rafael, CA, *pg.* 172

Akerlof, Will - PPOM - LIQUID ADVERTISING, INC., El Segundo, CA, *pg.* 100

Akins, Darrell - PPOM - AKINS PUBLIC STRATEGIES, Oak Ridge, TN, *pg.* 575

Aksman, Robert - Account Services, PPOM - BRIGHTLINE, New York, NY, *pg.* 219

Al-Amir, Nadia - Management, NBC, PPOM - WAGSTAFF WORLDWIDE, Los Angeles, CA, *pg.* 659

Alatorre, Sean - Creative, NBC, PPOM - NEURON SYNDICATE, Santa Monica, CA, *pg.* 120

Albania, Al - PPOM - ACART COMMUNICATIONS, INC., Ottawa, ON, *pg.* 322

Albee, Doyle - PPOM - MAPR, Boulder, CO, *pg.* 624

Albert, John - Account Services, NBC, PPOM - HERRMANN ADVERTISING DESIGN, Annapolis, MD, *pg.* 186

Albert, Jill - PPOM - DIRECT RESULTS, Venice, CA, *pg.* 63

Alcazar, Carlos - Account Services, Creative, Interactive / Digital, Management, NBC, Operations, PPOM - CULTURE ONE WORLD, Washington, DC, *pg.* 539

Alcock, Bruce - Creative, PPOM - GLOBAL MECHANIC, Vancouver, BC, *pg.* 466

Alcone, Matt - NBC, PPOM - ALCONE MARKETING GROUP, Irvine, CA, *pg.* 565

Alday, Mike - NBC, PPOM - ALDAY COMMUNICATIONS, Franklin, TN, *pg.* 576

Alderman, John - Operations, PPOM - SOCIALCODE, Washington, DC, *pg.* 688

Aldrich, Wendy - Account Services, Management, Media Department, PPOM - UNIVERSAL MCCANN, Los Angeles, CA, *pg.* 524

Aldridge, Gabe - PPOM - THE SUPERGROUP, Atlanta, GA, *pg.* 270

Aleman, Ileana - Creative, PPOM - BKV, Miami, FL, *pg.* 334

Alesi, Norman - Finance, Operations, PPOM - LYONS CONSULTING GROUP, Chicago, IL, *pg.* 247

Alexander, Toni - Creative, PPOM - INTERCOMMUNICATIONS, INC. , Newport Beach, CA, *pg.* 375

Alexander, James - Interactive / Digital, PPOM - SHIFT DIGITAL, Birmingham, MI, *pg.* 265

Alexander, Eric - Management, PPOM - MADANDWALL, New York, NY, *pg.* 102

Alexander, Craig - PPOM - GUMAS ADVERTISING, San Francisco, CA, *pg.* 368

Alexander, Isaac - PPOM - ERIC ROB & ISAAC, Little Rock, AR, *pg.* 68

Alfano, Andrea - Operations, PPOM - H&L PARTNERS, Oakland, CA, *pg.* 80

Alfieri, Paul - Creative, NBC, PPOM - CADENT NETWORK, Philadelphia, PA, *pg.* 280

Alfieri, Mark - PPM, PPOM - BRANDSTAR, Deerfield Beach, FL, *pg.* 337

Alger, Jonathan - PPOM - C&G PARTNERS, LLC, New York, NY, *pg.* 176

Alger, Jay - PPOM - DEEPEND NEW YORK, New York, NY, *pg.* 224

Ali, Nick - PPOM - DENMARK - THE AGENCY, Sandy Springs, GA, *pg.* 61

Ali, Tony - PPOM - THE FRANK AGENCY, INC., Overland Park, KS, *pg.* 150

Alison, Mark - PPOM - ALISON SOUTH MARKETING GROUP, Augusta, GA, *pg.* 324

Allaire, Robert - Management, Media Department, PPOM - UNIVERSAL MCCANN, New York, NY, *pg.* 521

Allebach, Jamie - Creative, PPOM - ALLEBACH COMMUNICATIONS, Souderton, PA, *pg.* 29

Allen, Paul - PPOM - ALLEN & GERRITSEN, Boston, MA, *pg.* 29

Allen, Jamie - Operations, PPOM - TEXAS CREATIVE, San Antonio, TX, *pg.* 201

Allen, Diane - NBC, PPOM - DIANE ALLEN & ASSOCIATES, Baton Rouge, LA, *pg.* 597

Allen, Kyle - Media Department, PPOM, Research - 9THWONDER AGENCY, Houston, TX, *pg.* 453

Allen, Jocelyn - PPOM - THE ALLEN LEWIS AGENCY, LLC, Farmington Hills, MI, *pg.* 148

Allen, Dave - Management, NBC, PPOM - THE RICHARDS GROUP, INC., Dallas, TX, *pg.* 422

Allen, Kim - PPOM, Public Relations - DIXON SCHWABL ADVERTISING, Victor, NY, *pg.* 351

Allen, Todd - Creative, PPOM - TODD ALLEN DESIGN, Elkhart, IN, *pg.* 202

Allen, Marcus - PPOM - ENGLANDER KNABE & ALLEN, Los Angeles, CA, *pg.* 602

Allen, Craig - Creative, PPOM - CALLEN, Austin, TX, *pg.* 46

Allen, Amy - Administrative, Human Resources, Management, PPOM - BARKLEY, Kansas City, MO, *pg.* 329

Allen, Marcie - Management, PPOM - MAC PRESENTS, New York, NY, *pg.* 298

Allen, Donetta - PPOM - HUNTER PUBLIC RELATIONS, New York, NY, *pg.* 614

Aller, Matt - Creative, PPOM - BRANDHIVE, Salt Lake City, UT, *pg.* 336

Alles, Ward - NBC, PPOM - CORE CREATIVE, Milwaukee, WI, *pg.* 344

Alles, Lina - Account Planner, Account Services, Media Department, PPOM, Programmatic - MINDSHARE, Toronto, ON, *pg.* 495

Allex, Smita - Account Services, Media Department, NBC, PPOM - PUBLICIS.SAPIENT, Atlanta, GA, *pg.* 259

Allison, Jim - PPOM - AH&M MARKETING COMMUNICATIONS, Pittsfield, MA, *pg.* 575

Allison, Scott - PPOM - ALLISON+PARTNERS, San Francisco, CA, *pg.* 576

Allison, Kate - PPOM - KARMA AGENCY, Philadelphia, PA, *pg.* 618

Allmond, Wayne - Finance, PPOM - ASH-ALLMOND ASSOCIATES, Venus, TX, *pg.* 566

Allocca, Lisa - PPOM - RED JAVELIN COMMUNICATIONS, INC., Sudbury, MA, *pg.* 642

Allread, Jill - PPOM - PUBLIC COMMUNICATIONS, INC. , Chicago, IL, *pg.* 639

Allred, David - Operations, PPOM - STAMP IDEAS GROUP, LLC, Montgomery, AL, *pg.* 144

Allspaugh, Hugh - Account Planner, NBC, PPOM - VSA PARTNERS, INC. , Chicago, IL, *pg.* 204

Alney, Duncan - PPOM - FIREBELLY MARKETING, Indianapolis, IN, *pg.* 685

Aloise, Frank - PPOM - THE TURN LAB INC., Toronto, ON, *pg.* 425

Alonso, Jorge - Creative, PPOM - REALITY2, Los Angeles, CA, *pg.* 403

Alonzo, Michelle - NBC, PPOM - KINETIC CHANNEL MARKETING, Fort Wayne, IN, *pg.* 95

Alpen, Jeff - Account Services, Management, PPOM - SID LEE, New York, NY, *pg.* 141

Alper, Keith - PPOM - CREATIVE PRODUCERS GROUP, Saint Louis, MO, *pg.* 303

Alpern, Rick - Account Services,

1823

RESPONSIBILITIES INDEX — AGENCIES

NBC, PPOM - SINGLE SOURCE M.A.P., INC., Danvers, MA, *pg.* 142
Alpern, Dee - Operations, PPOM - SINGLE SOURCE M.A.P., INC., Danvers, MA, *pg.* 142
Alpert, Daniel - PPOM - PUBLICIS.SAPIENT, Atlanta, GA, *pg.* 259
Alsobrooks, Dave - Management, PPOM - THE PARAGRAPH PROJECT, Durham, NC, *pg.* 152
Alstad, Jennifer - PPOM - B-SWING, Minneapolis, MN, *pg.* 215
Altberg, Marla - PPOM - VENTURA ASSOCIATES INTL, LLC, New York, NY, *pg.* 571
Alteen, Donna - PPOM - TIME & SPACE MEDIA, Halifax, NS, *pg.* 520
Altenberg, Les - Account Services, NBC, PPOM - A.L.T. LEGAL PROFESSIONALS MARKETING GROUP, Marlton, NJ, *pg.* 321
Altenbernd, Dan - Operations, PPOM - H2M, Fargo, ND, *pg.* 81
Alter, Karen - PPOM - BORSHOFF, Indianapolis, IN, *pg.* 585
Altheide, Jeff - Management, PPOM - GIBBS & SOELL, INC., Chicago, IL, *pg.* 607
Altieri, Marc - PPOM - THE BRAND AMP, Costa Mesa, CA, *pg.* 419
Altschul, David - PPOM - CHARACTER LLC, Portland, OR, *pg.* 5
Alvarez, Sergio - PPOM - AI MEDIA GROUP, LLC, New York, NY, *pg.* 211
Alvey, Mala - NBC, PPOM - PROXY SPONSORSHIP, Denver, CO, *pg.* 314
Amack, Nate - Creative, Interactive / Digital, PPOM - BLUE BEAR CREATIVE, Denver, CO, *pg.* 40
Amann, Josy - Management, PPOM - MEDIA MATTERS SF, San Francisco, CA, *pg.* 485
Amantea, Mario - Operations, PPOM - ZGM COLLABORATIVE MARKETING, Calgary, AB, *pg.* 437
Amato, Steven - Creative, PPOM - CONTEND, Los Angeles, CA, *pg.* 52
Ambrefe, Joseph - PPOM - SECURITYPOINT MEDIA, Saint Petersburg, FL, *pg.* 557
Amdor, Tawnya - NBC, PPOM - LISTRAK, Lititz, PA, *pg.* 246
Amend, Sakura - Management, PPOM, Public Relations - FINN PARTNERS, New York, NY, *pg.* 603
Amendola, Jodi - PPOM - AMENDOLA COMMUNICATIONS, Scottsdale, AZ, *pg.* 577
Amendola, Ted - PPOM - AMENDOLA COMMUNICATIONS, Scottsdale, AZ, *pg.* 577
Ames, Allison - PPOM - THE BEANSTALK GROUP, New York, NY, *pg.* 19
Amling, Jeffrey - Media Department, PPOM - FTI CONSULTING, New York, NY, *pg.* 606
Ammirato, Marina - PPOM - REDSCOUT, New York, NY, *pg.* 16
Amorose, Elizabeth - PPOM - THINKSO CREATIVE LLC, New York, NY, *pg.* 155
Amsbry, Mike - Finance, PPOM - FLYING A, Pasadena, CA, *pg.* 359

Amsbry, Patrick - PPOM - FLYING A, Pasadena, CA, *pg.* 359
Amstein, Danette - PPOM - MIDAN MARKETING, Mooresville, NC, *pg.* 13
Amster, Lauren - Account Services, PPOM - MEDIACOM, New York, NY, *pg.* 487
Ancevic, Michael - Creative, PPOM - THE FANTASTICAL, Boston, MA, *pg.* 150
Ancillotti, Mike - Account Services, NBC, PPOM - LATORRA, PAUL & MCCANN, Syracuse, NY, *pg.* 379
Ancona, Tim - PPOM - TICOMIX, Loves Park, IL, *pg.* 169
Andal, Ryan - NBC, PPOM - SECRET LOCATION, Toronto, ON, *pg.* 563
Andell, Bethany - Account Planner, NBC, PPOM - SAVAGE DESIGN GROUP, Houston, TX, *pg.* 198
Andersen, James - PPOM - IWCO DIRECT, Chanhassen, MN, *pg.* 286
Andersen, Greg - Management, PPOM - BAILEY LAUERMAN, Omaha, NE, *pg.* 35
Anderson, Chuck - PPOM - ANDERSON MARKETING GROUP, San Antonio, TX, *pg.* 31
Anderson, David - PPOM - CHERNOFF NEWMAN, Columbia, SC, *pg.* 341
Anderson, Jack - Creative, PPOM - SID LEE, Seattle, WA, *pg.* 140
Anderson, George - Account Services, Creative, PPOM - TRAILER PARK, Hollywood, CA, *pg.* 299
Anderson, David - PPOM - OFF MADISON AVENUE, Phoenix, AZ, *pg.* 392
Anderson, Charlie - PPOM - SHOPTOLOGY, Plano, TX, *pg.* 682
Anderson, Dru - Account Services, PPOM - CORPORATE COMMUNICATIONS, Nashville, TN, *pg.* 593
Anderson, Mark - Account Services, PPOM - STATESIDE ASSOCIATES, Arlington, VA, *pg.* 649
Anderson, Jan-Eric - NBC, PPOM - CALLAHAN CREEK, Lawrence, KS, *pg.* 4
Anderson, Linda - PPOM - THE ANDERSON GROUP, Sinking Spring, PA, *pg.* 19
Anderson, Phil - NBC, PPOM - NAVIGATORS LLC, Washington, DC, *pg.* 632
Anderson, Ian - PPOM, PR Management, Public Relations - BACKBONE MEDIA, Carbondale, CO, *pg.* 579
Anderson, Keith - Creative, Interactive / Digital, PPOM - OGILVY, New York, NY, *pg.* 393
Anderson, Rich - Account Services, Management, Media Department, PPOM - UNIVERSAL MCCANN, New York, NY, *pg.* 521
Anderson, Brent - Creative, PPOM - TBWA/MEDIA ARTS LAB, Los Angeles, CA, *pg.* 147
Anderson, Kai - PPOM - CASSIDY & ASSOCIATES, Washington, DC, *pg.* 589
Anderson, Shelly - PPOM - MICHAELS WILDER, INC., Peoria, AZ, *pg.* 250
Anderson, Robert - PPOM - PRISMA, Phoenix, AZ, *pg.* 290

Anderson, Crystal - Account Services, Creative, Management, PPOM - 3HEADED MONSTER, Dallas, TX, *pg.* 23
Anderson, Amy - PPOM - CAIN & CO., Rockford, IL, *pg.* 588
Anderson, Scott - NBC, PPOM - ALLIANCE SALES & MARKETING, Charlotte, NC, *pg.* 30
Anderson, Ross - Media Department, PPOM - DOUBLESPACE, New York, NY, *pg.* 180
Anderson, Ted - PPOM - ANDERSON ADVERTISING, Scottsdale, AZ, *pg.* 325
Anderson, Sonja - Creative, PPOM - ZONION CREATIVE GROUP, Bend, OR, *pg.* 21
Anderson, Kristyn - PPOM - RASKY BAERLEIN STRATEGIC COMMUNICATIONS, INC., Boston, MA, *pg.* 641
Anderson, Matthew - Media Department, PPOM - HAVAS FORMULATIN, New York, NY, *pg.* 612
Anderson Greene, Emily - Creative, PPOM - VIVA CREATIVE, Rockville, MD, *pg.* 160
Andrae, Garrett - Creative, Management, PPOM - BLD MARKETING, Bethel Park, PA, *pg.* 334
Andre, Emmanuel - Human Resources, Management, PPOM - PUBLICIS NORTH AMERICA, New York, NY, *pg.* 399
Andreani, Daniel - Creative, NBC, PPOM - DO NOT DISTURB, San Diego, CA, *pg.* 63
Andrew, Charles - Finance, PPOM - MADDOCK DOUGLAS, Elmhurst, IL, *pg.* 102
Andrews, Ruben - PPOM - GRAPHIC SOLUTIONS, LTD., San Diego, CA, *pg.* 185
Andrews, Doug - NBC, PPOM - LAM ANDREWS, Nashville, TN, *pg.* 379
Andrews, Simon - Administrative, NBC, PPOM - GRAPHIC SOLUTIONS, LTD., San Diego, CA, *pg.* 185
Andrews, Laurie - Operations, PPOM - COTTON & COMPANY, Stuart, FL, *pg.* 345
Andrews, Karen - NBC, PPOM - KASSING ANDREWS ADVERTISING, Salt Lake City, UT, *pg.* 94
Andrews, Michael - Finance, PPOM - MISSION NORTH, San Francisco, CA, *pg.* 627
Andross, Linda - PPOM - APEX PUBLIC RELATIONS, Toronto, ON, *pg.* 578
Androvett, Mike - PPOM - ANDROVETT LEGAL MEDIA & MARKETING, Dallas, TX, *pg.* 577
Andrus, Nick - Account Planner, PPOM, Research - THE DRUCKER GROUP, Chicago, IL, *pg.* 150
Andrusko, Emil - Management, PPOM - BENCHWORKS, Philadelphia, PA, *pg.* 333
Andry, Shawn - PPOM - ASV INC., Torrance, CA, *pg.* 302
Anfinson, James - Finance, PPOM - ZLR IGNITION, Des Moines, IA, *pg.* 437
Angel, Steve - Creative, PPOM - HEAD GEAR ANIMATION, Toronto, ON,

AGENCIES
RESPONSIBILITIES INDEX

pg. 186
Angelastro, Philip - Finance, PPOM - OMNICOM GROUP, New York, NY, *pg.* 123
Angellotti, Joe - PPOM - CENTRAL STATION, Toronto, ON, *pg.* 341
Angelo, David - Management, PPOM - DAVID&GOLIATH, El Segundo, CA, *pg.* 57
Angelovich, Michael - Account Planner, Media Department, PPOM - ZIMMERMAN ADVERTISING, Fort Lauderdale, FL, *pg.* 437
Anglin, Debbie - PPOM - ANGLIN PUBLIC RELATIONS, Oklahoma City, OK, *pg.* 577
Angotti, Karol - Account Services, PPOM - FASONE PARTNERS, INC., Kansas City, MO, *pg.* 357
Angst, Mary - Finance, PPOM - STONY POINT COMMUNICATIONS, INC., Haslett, MI, *pg.* 650
Ankeney, Shane - Account Services, Management, PPOM - HAVAS MEDIA GROUP, New York, NY, *pg.* 468
Ann Habbe, Cheryl - Interactive / Digital, PPOM - STEEL DIGITAL STUDIOS, Austin, TX, *pg.* 200
Annunziato, David - PPOM - DM.2, Ridgefield, NJ, *pg.* 180
Anselmo, Jon - Operations, PPOM - OMD, New York, NY, *pg.* 498
Anson, Andy - NBC, PPOM - ANSON-STONER, INC., Winter Park, FL, *pg.* 31
Anthony, Matt - PPOM - VMLY&R, New York, NY, *pg.* 160
Anthony, Mark - PPOM - SANDBOX, Kansas City, MO, *pg.* 409
Antista, Tom - Creative, PPOM - ANTISTA FAIRCLOUGH DESIGN, Atlanta, GA, *pg.* 172
Antkowiak, Jeff - Creative, PPOM - ADG CREATIVE, Columbia, MD, *pg.* 323
Anton, Georgine - Account Services, Management, PPOM - ACCENTURE INTERACTIVE, New York, NY, *pg.* 209
Antonetti, Toni - PPOM - PR CHICAGO, Mundelein, IL, *pg.* 638
Apelles, Elizabeth Izard - PPOM - GREATER THAN ONE, New York, NY, *pg.* 8
Apostle, Chris - Media Department, PPOM - ICROSSING, New York, NY, *pg.* 240
Appelbaum, Wendy - Administrative, Finance, PPOM - BOELTER & LINCOLN, INC., Milwaukee, WI, *pg.* 41
Appleby, Jennifer - Creative, PPOM - WRAY WARD, Charlotte, NC, *pg.* 433
Aquino, Katy - Creative, Operations, PPOM - MUH-TAY-ZIK / HOF-FER, San Francisco, CA, *pg.* 119
Araki, Guto - Creative, Management, PPOM - BIG FAMILY TABLE, Los Angeles, CA, *pg.* 39
Arbitman, Ivan - PPOM - R/GA, New York, NY, *pg.* 260
Arbogast, Molly - PPOM - POV SPORTS MARKETING, Wayne, PA, *pg.* 314
Arena, Gary - Finance, PPOM - C SPACE, Boston, MA, *pg.* 443
Arends, John - PPOM - ARENDS, INC., Batavia, IL, *pg.* 327

Arlook, Ira - Management, PPOM - FENTON COMMUNICATIONS, Washington, DC, *pg.* 603
Arm, Jonathan - PPOM - ACTIVE INTERNATIONAL, Pearl River, NY, *pg.* 439
Armanasco, David - PPOM - ARMANASCO PUBLIC RELATIONS & MARKETING, Monterey, CA, *pg.* 578
Armbruster, Steve - Creative, PPOM - RCG ADVERTISING AND MEDIA, Omaha, NE, *pg.* 403
Armentrout, Tom - PPOM - MOWER, Atlanta, GA, *pg.* 389
Armour, Justine - Creative, PPOM - GREY GROUP, New York, NY, *pg.* 365
Armstrong, Jeff - PPOM - THE RICHARDS GROUP, INC., Dallas, TX, *pg.* 422
Armstrong, Amy - Account Services, PPOM - INITIATIVE, New York, NY, *pg.* 477
Armstrong, John - PPOM - ARMSTRONG PARTNERSHIP LIMITED, Toronto, ON, *pg.* 565
Armstrong, Mike - PPOM - ARMSTRONG PARTNERSHIP LIMITED, Toronto, ON, *pg.* 565
Armstrong, Rebecca - Account Services, Creative, Management, NBC, PPOM - NORTH, Portland, OR, *pg.* 121
Arnatt, Jacquie - PPOM - SUBURBIA STUDIOS, Victoria, BC, *pg.* 18
Arnemann, Rick - PPOM - HARMON GROUP, Nashville, TN, *pg.* 82
Arnest Peterson, Erin - PPOM - GAIN, Richmond, VA, *pg.* 284
Arnett, Dana - Creative, PPOM - VSA PARTNERS, INC. , Chicago, IL, *pg.* 204
Arnold, David - NBC, PPOM - THE PARTNERSHIP, INC., Atlanta, GA, *pg.* 270
Arnold, Frank - PPOM - ASHFORD ADVERTISING AGENCY, Fresno, CA, *pg.* 328
Arnold, Hannah - Account Services, Management, PPOM - LAK PR, New York, NY, *pg.* 621
Arnold, Andy - Account Services, NBC, PPOM - ANSIRA, Irvine, CA, *pg.* 565
Arnold, Ben - Interactive / Digital, Management, Media Department, PPOM - WE ARE SOCIAL, New York, NY, *pg.* 690
Arnold, Mandy - PPOM - GAVIN ADVERTISING, York, PA, *pg.*
Arnon, Wendy - PPOM - OMD, New York, NY, *pg.* 498
Arntfield, Andrew - Creative, NBC, PPOM - FIELD DAY, Toronto, ON, *pg.* 358
Aronovitch, Steven - Media Department, PPOM - THE TURN LAB INC., Toronto, ON, *pg.* 425
Arons, Susie - Management, PPOM - 42WEST, New York, NY, *pg.* 573
Aronson, Stephen - Management, PPOM - IMC / IRVINE MARKETING COMMUNICATIONS, Holmdel, NJ, *pg.* 89
Aronson, Danit - Account Services, NBC, PPOM - CSM SPORT &

ENTERTAINMENT, New York, NY, *pg.* 347
Arora, Ishviene - Account Services, Operations, PPOM - VESTED, New York, NY, *pg.* 658
Arreaga, Becky - PPOM - MERCURY MAMBO, Austin, TX, *pg.* 543
Arreaga, Liz - NBC, PPOM - MERCURY MAMBO, Austin, TX, *pg.* 543
Arrieta, Julio - Management, NBC, PPOM - LOPEZ NEGRETE COMMUNICATIONS, INC. , Houston, TX, *pg.* 542
Arsene, Codrin - PPOM - DIGITAL AUTHORITY PARTNERS, Chicago, IL, *pg.* 225
Arsham, Kevin - Account Services, PPOM - MEDIACOM, New York, NY, *pg.* 487
Artemis, Chrysoula - Creative, PPOM - STARLIGHT RUNNER ENTERTAINMENT, INC., New York, NY, *pg.* 569
Arthur, Tom - Creative, PPOM - COMPASS DESIGN, INC., Minneapolis, MN, *pg.* 178
Arthur, Penn - PPOM - INHANCE DIGITAL, Los Angeles, CA, *pg.* 242
Artime, Henry - PPOM - ARTIME GROUP, Pasadena, CA, *pg.* 34
Artz, Dustin - Creative, PPOM - FAMILIAR CREATURES, Richmond, VA, *pg.* 71
Arvay, Shelley - PPOM - LMNO, Saskatoon, SK, *pg.* 100
Asaro, Katja - NBC, PPOM - HENRY V EVENTS, Portland, OR, *pg.* 307
Asay, David - PPOM - FRONTLINE PUBLIC INVOLVEMENT, Farmington, UT, *pg.* 606
Asghar, Kamran - PPOM - CROSSMEDIA, New York, NY, *pg.* 463
Ash, Perry - Operations, PPOM - ASH-ALLMOND ASSOCIATES, Venus, TX, *pg.* 566
Ash, Susan - PPOM - PARTNERSCREATIVE, Missoula, MT, *pg.* 125
Ashcraft, Daniel - Creative, NBC, PPOM - ASHCRAFT DESIGN, Torrance, CA, *pg.* 173
Ashcraft, Heidi - Account Services, Finance, PPOM - ASHCRAFT DESIGN, Torrance, CA, *pg.* 173
Asher, Kalyn - NBC, PPOM - ASHER MEDIA, Addison, TX, *pg.* 455
Asher, Jay - PPOM - BRANDGENUITY, LLC, New York, NY, *pg.* 4
Ashford, John - PPOM - THE HAWTHORN GROUP, Alexandria, VA, *pg.* 653
Ashmore, Robin - Account Services, NBC, PPOM - AMELIE COMPANY, Denver, CO, *pg.* 325
Ashraf, Sabah - Account Services, PPOM - SUPERUNION, New York, NY, *pg.* 18
Ashraf, Sadia - Account Services, PPOM - SAATCHI & SAATCHI X, Cincinnati, OH, *pg.* 682
Ashwell, Justin - NBC, PPOM - THE PRIME FACTORY, Blacksburg, VA, *pg.* 422
Ashy, Sara - Operations, PPOM - BBR CREATIVE, Lafayette, LA, *pg.* 174
Askins, Sylvie - Account Planner,

RESPONSIBILITIES INDEX

AGENCIES

PPOM - KELLEY HABIB JOHN INTEGRATED MARKETING, Boston, MA, *pg.* 11

Askren, Andy - Creative, PPOM - GRADY BRITTON ADVERTISING, Portland, OR, *pg.* 78

Assad, Joseph - Operations, PPOM - KOVERT CREATIVE, New York, NY, *pg.* 96

Assadi, Susan - Media Department, PPOM - GITENSTEIN & ASSADI PUBLIC RELATIONS, Scottsdale, AZ, *pg.* 607

Assalian, John - PPOM - VIEWSTREAM, San Francisco, CA, *pg.* 274

Assemat Tessandier, Greg - Management, PPOM - ELEPHANT, Brooklyn, NY, *pg.* 181

Astone, Mark - PPOM - CATALYST MARKETING COMPANY, Fresno, CA, *pg.* 5

Atchison, Shane - Management, PPOM - WUNDERMAN THOMPSON SEATTLE, Seattle, WA, *pg.* 435

Atherton, Julie - PPOM, Public Relations - JAM COLLECTIVE, San Francisco, CA, *pg.* 616

Atherton, James - Account Services, Media Department, PPOM - RED FUSE COMMUNICATIONS, New York, NY, *pg.* 404

Athorn, John - PPOM - ATHORN, CLARK & PARTNERS, New York, NY, *pg.* 2

Atkin, Lisa - PPOM - BARON & BARON, INC., New York, NY, *pg.* 36

Atkins, Erica - Interactive / Digital, Media Department, PPOM - WAVEMAKER, New York, NY, *pg.* 526

Atkins, Steve - PPOM - THE ATKINS GROUP, San Antonio, TX, *pg.* 148

Atkinson, Craig - Account Services, Interactive / Digital, NBC, Operations, PPOM - TINUITI, New York, NY, *pg.* 678

Atkinson, Mark - PPOM - OTTO DESIGN & MARKETING, Norfolk, VA, *pg.* 124

Atkinson, Jennifer - Account Services, Management, PPOM - FLEISHMANHILLARD HIGHROAD, Toronto, ON, *pg.* 606

Atkinson, Joe - Interactive / Digital, PPOM - PWC DIGITAL SERVICES, Hallandale Beach, FL, *pg.* 260

Attfield, Mary - PPOM - STEPHEN THOMAS, Toronto, ON, *pg.* 412

Attfield, Paula - PPOM - STEPHEN THOMAS, Toronto, ON, *pg.* 412

Atturio, Joe - PPOM - K/P CORPORATION, San Leandro, CA, *pg.* 286

Attwood, Kemp - Creative, PPOM - AREA 17, Brooklyn, NY, *pg.* 214

Atwood, Melissa - Management, Media Department, PPOM - BACKBONE MEDIA, Carbondale, CO, *pg.* 579

Aubert, David - PPOM - OGILVY MONTREAL, Montreal, QC, *pg.* 394

Audet, Louise - Administrative, Finance, PPOM - TAM TAM \ TBWA, Montreal, QC, *pg.* 416

Auger, Jari - Finance, Operations, PPOM - CAMPBELL EWALD, Detroit, MI, *pg.* 46

Augustine, Cynthia - Human Resources, PPOM - FCB NEW YORK, New York, NY, *pg.* 357

Augustine, Tom - PPOM - MINDS ON, INC., Lewis Center, OH, *pg.* 250

Augustine-Nelson, Debbie - Creative, PPOM - AUGUSTINE, Roseville, CA, *pg.* 328

Aumiller, Denis - Creative, PPOM - LEHIGH MINING & NAVIGATION, Allentown, PA, *pg.* 97

Austen, Danielle - PPOM - FLUENT360, Chicago, IL, *pg.* 540

Austin, Travis - Creative, PPOM - STRATACOMM, INC., Washington, DC, *pg.* 650

Austin, Tim - Creative, PPOM - TPN, Dallas, TX, *pg.* 683

Austin, Jennifer - Management, Media Department, PPOM - ALDEN MARKETING COMMUNICATIONS, San Diego, CA, *pg.* 324

Austin, Todd - Management, PPOM - ADVENT, Nashville, TN, *pg.* 301

Austin, Kimberly - PPM, PPOM - FIRE STARTER STUDIOS, Burbank, CA, *pg.* 234

Austin, Jill - PPOM - HERO DIGITAL, San Francisco, CA, *pg.* 238

Avallone, Marty - PPOM - WORKING MEDIA GROUP, New York, NY, *pg.* 433

Aversano, Lou - PPOM - OGILVY, New York, NY, *pg.* 393

Avery, Amy - Analytics, Management, PPOM, Research - DROGA5, New York, NY, *pg.* 64

Avery-Grossman, Adina - PPOM - BRANDGENUITY, LLC, New York, NY, *pg.* 4

Aviram, Nathy - PPOM - MCCANN NEW YORK, New York, NY, *pg.* 108

Avitable, Tom - Creative, PPOM - SID PATERSON ADVERTISING, New York, NY, *pg.* 141

Avrea, Darren - Creative, PPOM - AVREAFOSTER, Dallas, TX, *pg.* 35

Avrich, Barry - PPOM - BT/A ADVERTISING, Toronto, ON, *pg.* 44

Axtell, Karen - Account Planner, NBC, PPOM - GA CREATIVE, Bellevue, WA, *pg.* 361

Aydelotte, Todd - Management, PPOM, Public Relations, Social Media - ALLISON+PARTNERS, New York, NY, *pg.* 576

Ayliffe, Lawrence - Creative, PPOM - LA, INC., Toronto, ON, *pg.* 11

Ayotte, Rachel - PPOM - BREAD & BUTTER PUBLIC RELATIONS, Los Angeles, CA, *pg.* 586

Ayrault, Terry - Creative, PPOM - J.R. THOMPSON COMPANY, Farmington Hills, MI, *pg.* 91

Ayres, Steve - PPOM - ROCKET55, Minneapolis, MN, *pg.* 264

Ayzenberg, Eric - Creative, PPOM - AYZENBERG GROUP, INC., Pasadena, CA, *pg.* 2

Azarian, Victoria - Creative, PPOM - MKTG INC, New York, NY, *pg.* 311

Azarloza, Armando - Account Services, NBC, PPOM - THE AXIS AGENCY, Century City, CA, *pg.* 545

Azzarone, Stephanie - NBC, PPOM - CHILD'S PLAY COMMUNICATIONS, New York, NY, *pg.* 590

Babbit Bodner, Jennifer - NBC, PPOM - BABBIT BODNER, Atlanta, GA, *pg.* 579

Babineau, Brian - Creative, Interactive / Digital, Media Department, NBC, PPOM, Social Media - ALLEN & GERRITSEN, Boston, MA, *pg.* 29

Bach, Tim - PPOM - PATTERSON BACH COMMUNICATIONS, Apopka, FL, *pg.* 126

Bachmann, Mark - NBC, PPOM - MARCUS THOMAS, Cleveland, OH, *pg.* 104

Bacino, Brian - Creative, PPOM - BAKER STREET ADVERTISING, San Francisco, CA, *pg.* 329

Backaus, Gary - Creative, PPOM - ARCHER MALMO, Memphis, TN, *pg.* 32

Backe, Phil - Media Department, PPOM - HOFFMAN YORK, Milwaukee, WI, *pg.* 371

Backer, Doug - Management, PPOM - CPC EXPERIENTIAL, Eagan, MN, *pg.* 303

Backus, Lesley - Account Services, Management, Media Department, PPOM - FLEISHMANHILLARD, Saint Louis, MO, *pg.* 604

Backus, Rick - PPOM - CPC STRATEGY, San Diego, CA, *pg.* 672

Bacon, Thomas - Interactive / Digital, PPOM - WORKHORSE MARKETING, Austin, TX, *pg.* 433

Badenoch, Lachlan - Management, Media Department, PPOM - CARMICHAEL LYNCH, Minneapolis, MN, *pg.* 47

Badger, Madonna - Creative, PPOM - BADGER & WINTERS, New York, NY, *pg.* 174

Baehr, Sarah - Account Planner, Finance, Management, PPOM - HORIZON MEDIA, INC., New York, NY, *pg.* 474

Baer, Kimberly - NBC, PPOM - KIMBERLY BAER DESIGN ASSOCIATES, Santa Monica, CA, *pg.* 189

Baer, Joy - PPOM - STRATA, Chicago, IL, *pg.* 267

Baer, Jay - PPOM - CONVINCE & CONVERT, Bloomington, IN, *pg.* 222

Baer, Ian - Account Services, NBC, PPOM - RAUXA, New York, NY, *pg.* 291

Baesman, Rod - NBC, PPOM - BAESMAN, Columbus, OH, *pg.* 167

Baesman, Tyler - PPOM - BAESMAN, Columbus, OH, *pg.* 167

Baeza, Nestor - PPOM - XHIBITION, New York, NY, *pg.* 664

Bagapor O'Harrow, Tina - NBC, PPOM - THE AD STORE, Washington, DC, *pg.* 148

Bagg, Gerald - NBC, PPOM - QUIGLEY-SIMPSON, Los Angeles, CA, *pg.* 544

Baglioni, Gianluca - PPOM - OMD, New York, NY, *pg.* 498

Baglivo, John - NBC, PPOM - PROPHET, Chicago, IL, *pg.* 15

Bahnasy, Reema - PPOM - THE HATCH AGENCY, San Francisco, CA, *pg.* 653

Bahnmueller, Lori - Account Planner, PPOM - BROGAN & PARTNERS, Birmingham, MI, *pg.* 538

Bailey, Christopher - NBC, PPOM - BAILEY BRAND CONSULTING, Plymouth Meeting, PA, *pg.* 2

AGENCIES

RESPONSIBILITIES INDEX

Bailey, Rick - PPOM - RICHARD HARRISON BAILEY AGENCY, Indianapolis, IN, *pg.* 291

Bailey, Tamara - Finance, PPOM - RICHARD HARRISON BAILEY AGENCY, Indianapolis, IN, *pg.* 291

Bailey, Jonathan - Account Services, PPOM - I.D.E.A., San Diego, CA, *pg.* 9

Bailey, Jim - PPOM - RED MOON MARKETING, Charlotte, NC, *pg.* 404

Bailey, Andrew - Account Services, NBC, PPOM - THE&PARTNERSHIP, New York, NY, *pg.* 426

Bailey Berman, Anne - PPOM - CHADWICK MARTIN BAILEY, Boston, MA, *pg.* 443

Baillie, Clive - PPOM - BLT COMMUNICATIONS, LLC, Hollywood, CA, *pg.* 297

Bainbridge, Dana - Creative, PPOM - ROUNDHOUSE - PORTLAND, Portland, OR, *pg.* 408

Baiocco, Rob - Creative, Interactive / Digital, PPOM - BAM CONNECTION, Brooklyn, NY, *pg.* 2

Baird, Ray - PPOM - BRANDINGBUSINESS, Irvine, CA, *pg.* 4

Bajan, Justin - Creative, PPOM - FAMILIAR CREATURES, Richmond, VA, *pg.* 71

Bajec, Dennis - Creative, PPOM - IBM IX, Columbus, OH, *pg.* 240

Bak, Larry - Creative, PPOM - ELEVATE, Chicago, IL, *pg.* 230

Baker, Gary - Creative, PPOM - BAKER BRAND COMMUNICATIONS, Santa Monica, CA, *pg.* 2

Baker, Jeff - Creative, PPOM - IMAGE 4, Manchester, NH, *pg.* 187

Baker, Lee - PPOM - BAKER WOODWARD, Huntsville, AL, *pg.* 174

Baker, Jonathan - PPOM - BAKER WOODWARD, Huntsville, AL, *pg.* 174

Baker, Bill - NBC, Operations, PPOM - THE LACEK GROUP, Minneapolis, MN, *pg.* 270

Baker, Jeff - PPOM - NOBLE MARKETING GROUP, North Orlando, FL, *pg.* 569

Baker, Hayley - Finance, PPOM - NOBLE MARKETING GROUP, North Orlando, FL, *pg.* 569

Baker, Russell - PPOM - WINGARD CREATIVE, Jacksonville, FL, *pg.* 162

Baker, David - PPOM - THINK SHIFT, INC., Winnipeg, MB, *pg.* 270

Baker, Kristen - Account Services, Interactive / Digital, Management, Media Department, PPOM - REPRISE DIGITAL, New York, NY, *pg.* 676

Baker, Shannon - NBC, PPOM - GATESMAN, Pittsburgh, PA, *pg.* 361

Baker, Matthew - Account Services, PPOM - J3, New York, NY, *pg.* 480

Baker, Scott - Creative, PPOM - BAKER & ASSOCIATES, Minnetonka, MN, *pg.* 174

Baker, Melissa - Interactive / Digital, Media Department, PPOM - UNIVERSAL MCCANN, New York, NY, *pg.* 521

Baker, Philip - PPOM - STAPLEGUN DESIGN, LLC, Oklahoma City, OK, *pg.* 412

Baker, Chris - Media Department, PPOM - ADK GROUP, Boston, MA, *pg.* 210

Baker, James - Interactive / Digital, PPOM - SEARCH ENGINE OPTIMIZATION, INC., Carlsbad, CA, *pg.* 677

Balagno, Kyle - NBC, PPOM - MYRON ADVERTISING & DESIGN, Vancouver, BC, *pg.* 119

Balaguer, Luis - PPOM - LATIN WE, South Miami, FL, *pg.* 298

Balash, Paul - PPOM - BALASH ADVERTISING, Oakbrook Terrace, IL, *pg.* 35

Balcom, Stuart - NBC, PPOM - BALCOM AGENCY , Fort Worth, TX, *pg.* 329

Baldauf, Mark - Account Services, NBC, PPOM - CATALYST ADVERTISING, Pittsburgh, PA, *pg.* 48

Baldwin, Dennis - Management, PPOM - THE GRIST, Boston, MA, *pg.* 19

Baldwin, Chamie - Account Planner, Interactive / Digital, NBC, PPOM - BURNS GROUP, New York, NY, *pg.* 338

Ball, Steve - PPOM - PATHFINDERS ADVERTISING & MARKETING GROUP, INC., Mishawaka, IN, *pg.* 126

Ball, John - Creative, PPOM - MIRESBALL, San Diego, CA, *pg.* 14

Ballesteros, Matt - PPOM - SIX FOOT STUDIOS, Houston, TX, *pg.* 265

Balliet, Genine - Account Services, Human Resources, PPOM - TARGETBASE MARKETING, Irving, TX, *pg.* 292

Balliett, Amy - NBC, PPOM - KILLER VISUAL STRATEGIES, Seattle, WA, *pg.* 189

Ballou Calhoun, Katie - NBC, PPOM - CALHOUN & COMPANY COMMUNICATIONS, San Francisco, CA, *pg.* 588

Baltazar, Mark - PPOM - BROADSTREET, New York, NY, *pg.* 43

Balter, Rick - Operations, PPOM - TINSLEY ADVERTISING, Miami, FL, *pg.* 155

Baltz, Phillip - PPOM - BALTZ & COMPANY, New York, NY, *pg.* 580

Bamberger, Beck - PPOM - BAM COMMUNICATIONS, San Diego, CA, *pg.* 580

Bamford, Ellie - Management, Media Department, PPOM - R/GA, New York, NY, *pg.* 260

Banbury, Bella - PPOM - EMOTIVE BRAND, Oakland, CA, *pg.* 181

Banda Ludden, Jennifer - Finance, PPOM - THE 360 AGENCY, Los Angeles, CA, *pg.* 418

Bandujo, Jose - PPOM - BANDUJO DONKER & BROTHERS , New York, NY, *pg.* 36

Bandy, Susan - NBC, PPOM - BANDY CARROLL HELLIGE , Louisville, KY, *pg.* 36

Banerjee, Sid - Management, Operations, PPOM - CLARABRIDGE, INC., Reston, VA, *pg.* 167

Banister, Diana - Management, PPOM - SHIRLEY & BANISTER PUBLIC AFFAIRS, Alexandria, VA, *pg.* 647

Bannerman, Larry - PPOM - TRIGGER: COMMUNICATIONS & DESIGN, Calgary, AB, *pg.* 427

Banowetz, Leon - NBC, PPOM - BANOWETZ + COMPANY, INC., Dallas, TX, *pg.* 36

Banowetz, Molly - PPOM - BANOWETZ + COMPANY, INC., Dallas, TX, *pg.* 36

Banzon, Jose - NBC, PPOM - WHITE64, Tysons, VA, *pg.* 430

Baradat, Tony - Creative, NBC, PPOM - ANTHONY BARADAT & ASSOCIATES, Miami, FL, *pg.* 537

Baradell, Scott - PPOM - THE IDEA GROVE, Addison, TX, *pg.* 654

Barasch, Jane - Account Planner, Media Department, PPOM - WAVEMAKER, New York, NY, *pg.* 526

Baratelli, Joe - Creative, PPOM - RPA, Santa Monica, CA, *pg.* 134

Barbee, Brent - Interactive / Digital, Media Department, PPOM - CONQUER MEDIA, Simon's Island, GA, *pg.* 52

Barbercheck, Dan - Creative, PPOM - RED 7 E, Louisville, KY, *pg.* 132

Barbour, Haley - Account Services, PPOM, Public Relations - BGR GROUP, Washington, DC, *pg.* 583

Bardack, Mark - PPOM - ED LEWI ASSOCIATES, Albany, NY, *pg.* 599

Bardetti, Renzo - Finance, Operations, PPOM - BRODEUR PARTNERS, Boston, MA, *pg.* 586

Bardis, Eleni - Account Services, Interactive / Digital, Media Department, PPOM - MEDIACOM, New York, NY, *pg.* 487

Bardwell, Ed - Interactive / Digital, PPOM - NIMBLE WORLDWIDE, Dallas, TX, *pg.* 391

Bare, Dale - PPOM - BARE INTERNATIONAL, Fairfax, VA, *pg.* 442

Bare, Michael - PPOM - BARE INTERNATIONAL, Fairfax, VA, *pg.* 442

Baretz, Spencer - Account Services, PPOM - BARETZ + BRUNELLE, New York, NY, *pg.* 580

Barham, Nick - Account Planner, PPOM - TBWA \ CHIAT \ DAY, Los Angeles, CA, *pg.* 146

Barich, Kyle - Account Services, NBC, PPOM - THE CDM GROUP, New York, NY, *pg.* 149

Barin, Jeff - Management, PPOM - LABELLE BARIN ADVERTISING, Saint Louis Park, MN, *pg.* 379

Barineau, Ben - Creative, PPOM - BLUE MARBLE MEDIA, Atlanta, GA, *pg.* 217

Barineau, Cara - Creative, PPOM - BLUE MARBLE MEDIA, Atlanta, GA, *pg.* 217

Barker, John - Creative, NBC, PPOM - BARKER, New York, NY, *pg.* 36

Barlow, Carrie Ann - PPOM - BARLOW MEDIA, North Vancouver, BC, *pg.* 455

Barlow, Colin - Operations, PPOM - GROUPM, New York, NY, *pg.* 466

Barlow, Sean - Creative, PPOM - CUNDARI INTEGRATED ADVERTISING, Toronto, ON, *pg.* 347

Barnard, Rebecca - Management, PPOM - OGILVY, New York, NY, *pg.* 393

Barnard, Christian - Operations, PPOM - T3, Austin, TX, *pg.* 268

RESPONSIBILITIES INDEX — AGENCIES

Barnat, Rhonda - PPOM - ABERNATHY MACGREGOR GROUP, New York, NY, pg. 574
Barnes, Linda - Operations, PPOM - GEONETRIC, Cedar Rapids, IA, pg. 237
Barnes, Karyl Leigh - Management, PPOM - DEVELOPMENT COUNSELLORS INTERNATIONAL, LTD., New York, NY, pg. 596
Barnes, Joey - Account Services, PPOM - DEG DIGITAL, Overland Park, KS, pg. 224
Barnes, Beverly - Finance, Human Resources, NBC, PPOM - SGW INTEGRATED MARKETING, Montville, NJ, pg. 410
Barnett, Ken - PPOM - THE MARS AGENCY, Southfield, MI, pg. 683
Barnett, Stacie - PPOM, Public Relations - THE RICHARDS GROUP, INC., Dallas, TX, pg. 422
Barnett, Marilyn - PPOM - THE MARS AGENCY, Southfield, MI, pg. 683
Barney, Christine - PPOM - RBB COMMUNICATIONS, Miami, FL, pg. 641
Barnhart, Jeffrey - PPOM - CREATIVE MARKETING ALLIANCE, Princeton Junction, NJ, pg. 54
Barnwell, Jay - PPOM - DESIGN AND PRODUCTION INCORPORATED, Lorton, VA, pg. 179
Barocas, Justin - PPOM - ANOMALY, New York, NY, pg. 325
Barokas, Howie - PPOM - BAROKAS PUBLIC RELATIONS, Seattle, WA, pg. 580
Baron, John - PPOM - GBSM, Denver, CO, pg. 607
Baron, Fabien - Creative, PPOM - BARON & BARON, INC., New York, NY, pg. 36
Baron, Peter - NBC, PPOM - CARABINER COMMUNICATIONS INC., Lilburn, GA, pg. 588
Baron, Gary - PPOM - TRUE INCENTIVE, Fort Lauderdale, FL, pg. 571
Barone, Joe - Interactive / Digital, NBC, Operations, PPOM - GROUPM, New York, NY, pg. 466
Baroutakis, Mary - PPOM - MBC RESEARCH, New York, NY, pg. 447
Barr, Steve - PPOM - OSBORN & BARR COMMUNICATIONS, Saint Louis, MO, pg. 395
Barr, David - NBC, PPOM - LYONS CONSULTING GROUP, Chicago, IL, pg. 247
Barr, Tom - PPOM - RIGGS PARTNERS, West Columbia, SC, pg. 407
Barrack, Rick - Creative, PPOM - CBX, New York, NY, pg. 176
Barratt, John - PPOM - TEAGUE, Seattle, WA, pg. 201
Barraza, Walter - Creative, PPOM - WALO CREATIVE, INC., Dallas, TX, pg. 161
Barreira, Teresa - Analytics, Creative, NBC, PPOM - PUBLICIS.SAPIENT, Boston, MA, pg. 259
Barreras, Desiree - Account Services, Interactive / Digital,

Management, Media Department, PPOM - UNIVERSAL MCCANN, New York, NY, pg. 521
Barrett, John - PPOM - BARRETT OUTDOOR COMMUNICATIONS, West Haven, CT, pg. 549
Barrett, Bruce - PPOM - BARRETT OUTDOOR COMMUNICATIONS, West Haven, CT, pg. 549
Barrett, Leslie - Account Services, Management, PPOM - GOODBY, SILVERSTEIN & PARTNERS, San Francisco, CA, pg. 77
Barrett, Trey - Operations, PPOM - INUVO, INC., Little Rock, AR, pg. 90
Barrett, Gavin - Creative, PPOM - BARRETT AND WELSH, Toronto, ON, pg. 36
Barrett, Mike - Media Department, NBC, PPOM, Public Relations - HEAT, San Francisco, CA, pg. 84
Barrie, Bob - Creative, NBC, PPOM - RISE AND SHINE AND PARTNERS, Minneapolis, MN, pg. 134
Barrington-Light, Iain - PPOM - RALPH, California, CA, pg. 262
Barritt, Tom - NBC, PPOM, Public Relations - KETCHUM, New York, NY, pg. 542
Barron, Walt - Account Services, Management, Media Department, PPOM - MCKINNEY, Durham, NC, pg. 111
Barron, David - Finance, Operations, PPOM - MANIFEST, New York, NY, pg. 248
Barron, Meredith - PPOM - BOATHOUSE GROUP, INC., Waltham, MA, pg. 40
Barrutia, Elizabeth - PPOM - BARU ADVERTISING, Culver City, CA, pg. 538
Barry, Ian - Creative, PPOM - LANETERRALEVER, Phoenix, AZ, pg. 245
Barry, Patty - PPOM - MATTER COMMUNICATIONS, INC., Newburyport, MA, pg. 626
Barsum, Scott - Creative, PPOM - BARSUHN DESIGN, Minneapolis, MN, pg. 174
Barsuhn, Rochelle - Finance, PPOM - BARSUHN DESIGN, Minneapolis, MN, pg. 174
Bartel, Jim - Interactive / Digital, Management, PPOM - BONFIRE LABS, San Francisco, CA, pg. 175
Bartel, Jeff - Creative, PPOM - NEMO DESIGN, Portland, OR, pg. 193
Bartholomew, Betsy - Account Planner, Account Services, PPOM - LAUNCH ADVERTISING, Denver, CO, pg. 97
Bartle, Lori - Account Services, PPOM - MERING, Sacramento, CA, pg. 114
Bartlett, Steven - PPOM - SOCIAL CHAIN, New York, NY, pg. 143
Bartlett Piland, Martha - PPOM - MB PILAND, Topeka, KS, pg. 107
Bartley, Scott - Creative, PPOM - BARTLEY & DICK ADVERTISING, New York, NY, pg. 37
Bartoli, Caterina - Account Services, Management, Media

Department, PPOM - THE MEDIA KITCHEN, New York, NY, pg. 519
Bartolini, Melissa - Management, PPOM - REPUBLICA HAVAS, Miami, FL, pg. 545
Bartolo, Don - NBC, PPOM - DB&M MEDIA, Costa Mesa, CA, pg. 349
Bartolomeo, John - PPOM - CLARK, MARTIRE, BARTOLOMEO, Leonia, NJ, pg. 443
Barton, Doug - PPOM - TRONE BRAND ENERGY, INC., High Point, NC, pg. 427
Barton, Jake - PPOM - LOCAL PROJECTS, New York, NY, pg. 190
Bartorillo, John - NBC, PPOM - MASLOW LUMIA BARTORILLO ADVERTISING, Wilkes-Barre, PA, pg. 106
Bartoszewicz, Sandra - Finance, PPOM - E. W. BULLOCK ASSOCIATES, Pensacola, FL, pg. 66
Barwis, Jane - PPOM - BRAND RESOURCES GROUP, Alexandria, VA, pg. 3
Barzizza, Tom - PPOM - ARCHER MALMO, Memphis, TN, pg. 32
Bascom, Sarah - NBC, PPOM - BASCOM COMMUNICATIONS & CONSULTING LLC, Tallahassee, FL, pg. 580
Baskin, Steve - Account Planner, PPOM - TRIBE, INC., Atlanta, GA, pg. 20
Bass, Will - PPOM - BASS ADVERTISING, Sioux City, IA, pg. 37
Bassik, Michael - PPOM - YES AND COMPANY, New York, NY, pg. 436
Bassik, Michael - PPOM - MDC PARTNERS, INC., New York, NY, pg. 385
Bassinson, Oscar - Creative, PPOM - INTERMEDIA ADVERTISING, Woodland Hills, CA, pg. 375
Basso, Greg - Management, PPOM - BASSO DESIGN GROUP, Troy, MI, pg. 215
Bassounas, John - Account Services, PPOM - QUENCH, Harrisburg, PA, pg. 131
Bast, Andrew - PPOM - GREATER THAN ONE, New York, NY, pg. 8
Bastian, Matthew - PPOM - ICS CORPORATION, West Deptford, NJ, pg. 285
Batalis, Chris - NBC, PPOM - HEPTAGON, INC., South Bend, IN, pg. 84
Bateman, Margaret - PPOM - CALDER BATEMAN COMMUNICATIONS, Edmonton, AB, pg. 339
Bates, Barbara - PPOM - HOTWIRE PR, San Francisco, CA, pg. 614
Bates, Chuck - Creative, PPOM - BATES DESIGN, Charleston, SC, pg. 174
Bates, Suzanne - Creative, PPOM - BATES DESIGN, Charleston, SC, pg. 174
Bates, Sheri - Interactive / Digital, NBC, PPOM - SELBERT PERKINS DESIGN COLLABORATIVE, Arlington, MA, pg. 198
Batliner, Julie - NBC, PPM, PPOM, Public Relations - CARMICHAEL

AGENCIES
RESPONSIBILITIES INDEX

LYNCH, Minneapolis, MN, *pg. 47*
Batrouney, Geoffrey - Operations, PPOM - ESTEE MARKETING GROUP, Rye Brook, NY, *pg. 283*
Battat, Phil - PPOM - BRAND ZOO INC., San Francisco, CA, *pg. 42*
Batti, Bruce - PPOM - JEFFREY-SCOTT ADVERTISING, Fresno, CA, *pg. 377*
Batti, Wendy - Finance, PPOM - JEFFREY-SCOTT ADVERTISING, Fresno, CA, *pg. 377*
Battista, Mark - Creative, Management, PPOM - GYK ANTLER, Manchester, NH, *pg. 368*
Baty, Jack - PPOM - FUSIONARY MEDIA, INC., Grand Rapids, MI, *pg. 236*
Baudenbacher, Beat - Creative, PPOM - LOYALKASPAR, New York, NY, *pg. 12*
Bauer, Mary Ann - PPOM - VISIONMARK USA, Baltimore, MD, *pg. 204*
Bauer, Jonny - Account Planner, Account Services, PPOM - DROGA5, New York, NY, *pg. 64*
Bauer, Matthew - PPOM - ROSEWOOD CREATIVE, Los Angeles, CA, *pg. 134*
Bauer Fabean, Karen - Operations, PPOM - DUNN ASSOCIATES, Arlington, VA, *pg. 598*
Baughman, Kathy - PPOM - COMBLU, Chicago, IL, *pg. 691*
Baum, Dan - PPOM - MULTIPLY, Washington, DC, *pg. 630*
Bauman, Marty - Media Department, NBC, PPOM - CLASSIC COMMUNICATIONS, Foxboro, MA, *pg. 591*
Bauman, Christian - Creative, PPOM - HEALTH4BRANDS CHELSEA, New York, NY, *pg. 83*
Baumann, Cynthia - PPOM - AMPERAGE, Wausau, WI, *pg. 325*
Baures, Chad - Interactive / Digital, Media Department, PPOM - FRWD, Minneapolis, MN, *pg. 235*
Bauserman, Jim - PPOM - FOUNDRY, Reno, NV, *pg. 75*
Bauvey, Carine - PPOM - MA3 AGENCY, New York, NY, *pg. 190*
Bawab, Hassan - PPOM - MAGIC LOGIX, Dallas, TX, *pg. 382*
Bawden, Mike - PPOM - BAWDEN & LAREAU PUBLIC RELATIONS, Bettendorf, IA, *pg. 685*
Baxter, Ryan - Operations, PPOM - CSM PRODUCTION, Harrisburg, NC, *pg. 304*
Baxter, Brooke - PPOM - MNA|BAX, New Milford, CT, *pg. 192*
Baxter, Mat - Media Department, PPOM - INITIATIVE, New York, NY, *pg. 477*
Bazadona, Damian - PPOM - SITUATION INTERACTIVE, New York, NY, *pg. 265*
Bazluke, Paula - Media Department, PPOM - HMC 2, Richmond, VT, *pg. 371*
Bea Damico, Mary - PPOM - VOVEO MARKETING GROUP, Malvern, PA, *pg. 429*
Beach, Guy - Finance, PPOM - IPG MEDIABRANDS, New York, NY, *pg. 480*
Beach, Max - Operations, PPOM - LINESPACE, Los Angeles, CA, *pg. 189*
Beachy, Laura - Management, PPOM, Public Relations - BEACHY MEDIA,

Queens, NY, *pg. 216*
Beakbane, Tom - PPOM - BEAKBANE MARKETING, INC., Toronto, ON, *pg. 2*
Beal, Mark - Management, PPOM - TAYLOR, New York, NY, *pg. 651*
Bean, Doug - NBC, PPOM - MOWER, Buffalo, NY, *pg. 389*
Bean-White, Denise - PPOM - CONSORTIUM MEDIA SERVICES, Ventura, CA, *pg. 592*
Beard, Bryan - PPOM - THE FOUNDRY AGENCY, Atlanta, GA, *pg. 270*
Beardsley, Marni - PPOM, PPOM - SWIFT, Portland, OR, *pg. 145*
Beardwood, Julia - PPOM - BEARDWOOD & CO, New York, NY, *pg. 174*
Beaton Eidsvold, Jami - NBC, PPOM - SMARTY SOCIAL MEDIA, Santa Ana, CA, *pg. 688*
Beatty, Chris - Creative, PPOM - CULTIVATOR ADVERTISING & DESIGN, Denver, CO, *pg. 178*
Beatty, Kathy - PPOM - SYNTAX COMMUNICATION GROUP, Farmingville, NY, *pg. 651*
Beatty, Ken - Account Planner, Analytics, PPOM, Research - FCB NEW YORK, New York, NY, *pg. 357*
Beauparlant, Dawn - Account Services, Interactive / Digital, PPOM - WE COMMUNICATIONS, Bellevue, WA, *pg. 660*
Beber, Jennifer - PPOM - BEBER SILVERSTEIN GROUP, Miami, FL, *pg. 38*
Beck, Brian - Finance, PPOM - GOLIN, Chicago, IL, *pg. 609*
Beck, Todd - PPOM - BECK MEDIA & MARKETING, Santa Monica, CA, *pg. 582*
Beck, Andreas - PPOM - BEYOND SPOTS & DOTS INC., Pittsburgh, PA, *pg. 333*
Beck, Chris - Management, PPOM - 26 DOT TWO LLC, New York, NY, *pg. 453*
Beck, Stephen - PPOM - ENGINE DIGITAL, Vancouver, BC, *pg. 231*
Becker, Bill - PPOM - BASSET & BECKER ADVERTISING, Columbus, GA, *pg. 37*
Becker, Robert - Management, PPOM - BECKER / GUERRY, Middletown, NJ, *pg. 38*
Becker, Don - Media Department, NBC, PPOM - DBA MARKETING COMMUNICATIONS, Delafield, WI, *pg. 349*
Becker, Philippe - Creative, Management, PPOM - STERLING BRANDS, New York, NY, *pg. 18*
Becker, Roger - PPOM - BECKER MEDIA, Oakland, CA, *pg. 38*
Becker, Christoph - Creative, PPOM - GYRO NY, New York, NY, *pg. 369*
Becker, Dennis - PPOM - MOBIVITY, Chandler, AZ, *pg. 534*
Becker, Nancy - NBC, PPOM - 15 MINUTES, Conshohocken, PA, *pg. 301*
Becker, David - NBC, PPOM - BLUE PLATE MEDIA SERVICES, Summit, NJ, *pg. 456*
Becker, Jessica - Management, PPOM - MANIFEST, New York, NY, *pg. 248*
Becker, Jim - PPOM - EPIC CREATIVE,

West Bend, WI, *pg. 7*
Beckett, Sharon - PPOM - BECKETT & BECKETT, INC., Altadena, CA, *pg. 442*
Beckett, Edward - Creative, PPOM - BECKETT & BECKETT, INC., Altadena, CA, *pg. 442*
Beckett, Alec - Creative, PPOM - NAIL COMMUNICATIONS, Providence, RI, *pg. 14*
Beckham, Paul - PPOM - HOPE-BECKHAM, INC., Atlanta, GA, *pg. 614*
Beckham, Rusty - PPOM - THE SCOTT & MILLER GROUP, Saginaw, MI, *pg. 152*
Beckley, Ben - Account Planner, Account Services, PPOM - CAMBRIDGE BIOMARKETING, Cambridge, MA, *pg. 46*
Beckman, Marc - PPOM - DMA UNITED, New York, NY, *pg. 63*
Beckman, Andrew - PPOM - LOCATION3 MEDIA, Denver, CO, *pg. 246*
Beder, Dan - PPOM - ALLEN & GERRITSEN, Boston, MA, *pg. 29*
Bedera, Bryan - PPOM - AMPLIFY RELATIONS, Reno, NV, *pg. 577*
Bedford, Samantha - PPOM - PICO DIGITAL MARKETING, Aurora, CO, *pg. 257*
Beeby, Thomas - Creative, PPOM - BEEBY CLARK+MEYLER, Stamford, CT, *pg. 333*
Beecher, Diane - Account Planner, PPOM - THE BRAND CONSULTANCY, Washington, DC, *pg. 19*
Beer Levine, Paula - Account Services, Management, PPOM - WALRUS, New York, NY, *pg. 161*
Beesley, Nancy - NBC, PPOM - HCB HEALTH, Austin, TX, *pg. 83*
Begasse, Jr., Ken - PPOM - CONCENTRIC HEALTH EXPERIENCE, New York, NY, *pg. 52*
Begler, Arnie - Account Planner, NBC, PPOM - PIPITONE GROUP, Pittsburgh, PA, *pg. 195*
Behan, Mark - NBC, PPOM - BEHAN COMMUNICATIONS, INC., Glens Falls, NY, *pg. 582*
Behar, Yves - PPOM - FUSEPROJECT, INC., San Francisco, CA, *pg. 184*
Behm, Michael - Account Services, PPOM - STATESIDE ASSOCIATES, Arlington, VA, *pg. 649*
Behm, Steven - PPOM - EDELMAN, Atlanta, GA, *pg. 599*
Behnen, Paul - Creative, NBC, PPOM - CALLAHAN CREEK, Lawrence, KS, *pg. 4*
Behrman, Nancy - PPOM - BEHRMAN COMMUNICATIONS, New York, NY, *pg. 582*
Belanger, Mark - Interactive / Digital, Media Department, PPOM - FLUID, INC., New York, NY, *pg. 235*
Belanger, Martin - Administrative, Finance, PPOM - VISION7 INTERNATIONAL, Quebec City, QC, *pg. 429*
Belinson, Rick - PPOM - FORTY TWO EIGHTY NINE, Rockton, IL, *pg. 359*
Belk, Howard - Creative, PPOM - SIEGEL & GALE, New York, NY, *pg. 17*
Bell, Lisa - Creative, PPOM -

RESPONSIBILITIES INDEX — AGENCIES

TIVOLI PARTNERS, Charlotte, NC, *pg.* 293
Bell, John - PPOM - MATRIX DEPARTMENT, INC., Leesburg, GA, *pg.* 190
Bell, Kevin - Management, PPOM - CPC HEALTHCARE COMMUNICATIONS, Toronto, ON, *pg.* 53
Bell, Robert - Finance, PPOM - MAINGATE, INC., Indianapolis, IN, *pg.* 310
Bell, Rob - PPOM - ERIC ROB & ISAAC, Little Rock, AR, *pg.* 68
Bell, Robert - Operations, PPOM - CENTRA360, Westbury, NY, *pg.* 49
Bell, Mike - Creative, PPOM - TRICOMB2B, Dayton, OH, *pg.* 427
Bell, Michael - PPOM - MODERN BRAND COMPANY, Birmingham, AL, *pg.* 116
Bell Haberman, Sarah - PPOM - HABERMAN, Minneapolis, MN, *pg.* 369
Belle, Tom - PPOM - GAGE, Minneapolis, MN, *pg.* 361
Bellem, Judy - PPOM - SMM ADVERTISING, Smithtown, NY, *pg.* 199
Beller, Marti - PPOM - KOBIE MARKETING, Saint Petersburg, FL, *pg.* 287
Bellerive, David - Creative, Interactive / Digital, Media Department, PPOM - PHOENIX GROUP, Regina, SK, *pg.* 128
Belletsky, Karen - Interactive / Digital, NBC, PPOM - ADAMS & KNIGHT ADVERTISING, Avon, CT, *pg.* 322
Bellinghausen, Jim - Finance, PPOM - VMLY&R, Kansas City, MO, *pg.* 274
Bellini, Jr., Dante - Account Services, NBC, PPOM - RDW GROUP, Providence, RI, *pg.* 403
Bellissimo, Mark - Account Services, Management, NBC, PPOM - J.R. THOMPSON COMPANY, Farmington Hills, MI, *pg.* 376
Bellmont, Brian - PPOM - BELLMONT PARTNERS PUBLIC RELATIONS, Minneapolis, MN, *pg.* 582
Belo, Lucille - Operations, PPOM - PORTER LEVAY & ROSE, New York, NY, *pg.* 637
Belser, Burkey - Creative, PPOM - GREENFIELD / BELSER LTD., Washington, DC, *pg.* 185
Belsky, Jared - Management, Operations, PPOM - 360I, LLC, Atlanta, GA, *pg.* 207
Belsky, Bob - NBC, PPOM - ALLIANCE SALES & MARKETING, Charlotte, NC, *pg.* 30
Belsky, Jared - PPOM - 360I, LLC, New York, NY, *pg.* 320
Beltran, Robert - Management, PPOM - LUMENTUS, New York, NY, *pg.* 624
Belvin, Wardaleen - Finance, PPOM - SHERRY MATTHEWS ADVOCACY MARKETING, Austin, TX, *pg.* 140
Belyea, Dave - Creative, NBC, PPOM - JACKRABBIT DESIGN, Milton, MA, *pg.* 188
Belzer, Kori - Operations, PPOM - SPAR GROUP, INC., Auburn Hills, MI, *pg.* 266
Bemporad, Raphael - PPOM - BBMG, Brooklyn, NY, *pg.* 2

Benanti, Peter - PPOM - TRACTORBEAM, Dallas, TX, *pg.* 156
Benanti, Eric - Account Services, PPOM - TRACTORBEAM, Dallas, TX, *pg.* 156
Benaron, Reeve - PPOM - AUDIENCEX, Marina Del Rey, CA, *pg.* 35
Bench, Thad - PPOM - BENCHWORKS, Chestertown, MD, *pg.* 333
Bencivenga, Dominic - NBC, PPOM - ACTIVE INTERNATIONAL, Pearl River, NY, *pg.* 439
Bendell, Jamie - PPM, PPOM - BIG BLOCK, El Segundo, CA, *pg.* 217
Bender, Dean - NBC, PPOM - B/HI, INC. - LA, Los Angeles, CA, *pg.* 579
Bender, Stacey - Creative, PPOM - THE BENDER GROUP, Upper Montclair, NJ, *pg.* 652
Bender, Brett - Account Services, Management, PPOM - RPA, Santa Monica, CA, *pg.* 134
Bender, Barry - Finance, NBC, PPOM - THE BENDER GROUP, Upper Montclair, NJ, *pg.* 652
Bender, Dan - PPOM - MODEL B, Washington, DC, *pg.* 251
Bender, Dean - Management, PPOM, Public Relations - THOMPSON & BENDER, Briarcliff Manor, NY, *pg.* 656
Bendziewicz Tracy, Jill - Creative, PPOM - CREATIVE B'STRO, New York, NY, *pg.* 222
Benecke, Rowan - Interactive / Digital, Management, NBC, PPOM - RUDER FINN, INC., New York, NY, *pg.* 645
Benedick, Nick - PPOM - BLACK TWIG, LLC, Saint Louis, MO, *pg.* 3
Benedict, Michael - PPOM - BENEDICT ADVERTISING, Daytona Beach, FL, *pg.* 38
Benenson, Joel - Account Services, NBC, PPOM, Public Relations - BENENSON STRATEGY GROUP, New York, NY, *pg.* 333
Benfield, Ron - Creative, NBC, PPOM - ACORN WOODS COMMUNICATIONS, Huntington Beach, CA, *pg.* 322
Bengoa, Valerie - Finance, Operations, PPOM - DDB SAN FRANCISCO, San Francisco, CA, *pg.* 60
Benham, James - PPOM - JB KNOWLEDGE TECHNOLOGIES, INC., Bryan, TX, *pg.* 243
Benjamin, Jeff - Creative, PPOM - THE TOMBRAS GROUP, Knoxville, TN, *pg.* 424
Benka, Matt - Interactive / Digital, Management, NBC, PPOM - SPACE150, Minneapolis, MN, *pg.* 266
Bennett, Daniel - Account Services, Interactive / Digital, Management, PPOM - GREY GROUP, New York, NY, *pg.* 365
Bennett, Brian - Account Services, PPOM - STIR, LLC, Milwaukee, WI, *pg.* 413
Bennett, Laura - PPOM - TREKK, Rockford, IL, *pg.* 156
Bennett, Crystal - NBC, PPOM - LITTLE BIG BRANDS, White Plains,

NY, *pg.* 12
Bennett, Mitch - Creative, PPOM - LUCKIE & COMPANY, Duluth, GA, *pg.* 382
Bennett, Brad - PPOM - WILDFIRE, Winston Salem, NC, *pg.* 162
Bennett, Chris - PPOM - 97TH FLOOR, Lehi, UT, *pg.* 209
Bennett, Ed - Creative, Media Department, PPOM - 10 THOUSAND DESIGN, Minneapolis, MN, *pg.* 171
Bennett, Susan - Creative, PPOM - SIMPLE TRUTH, Chicago, IL, *pg.* 198
Bennett, Lisa - Creative, PPOM - LAUGHLIN CONSTABLE, INC., Chicago, IL, *pg.* 380
Bennett, Logan - PPOM - SECRET FORT, Chicago, IL, *pg.* 139
Bensimon, Jack - PPOM - BENSIMON BYRNE, Toronto, ON, *pg.* 38
Benson, Gary - PPOM - MC2, Paramus, NJ, *pg.* 311
Benson, Joel - PPOM - EVENTNETUSA, Fort Lauderdale, FL, *pg.* 305
Benson, Jeremy - PPOM - BENSON MARKETING GROUP, Napa, CA, *pg.* 280
Benson, Mark - PPOM, Public Relations - APCO WORLDWIDE, Washington, DC, *pg.* 578
Benson, Laury - Finance, PPOM - MANDALA, Bend, OR, *pg.* 103
Bensussen, Eric - PPOM - BENSUSSEN DEUTSCH & ASSOCIATES, Woodinville, WA, *pg.* 566
Bentley, Jeff - Creative, PPOM - BLUE C ADVERTISING, Costa Mesa, CA, *pg.* 334
Bentley, David - PPOM - PORTER NOVELLI, New York, NY, *pg.* 637
Benton, Joshua - NBC, PPOM - ANDCULTURE, Harrisburg, PA, *pg.* 213
Benton, Sean - Creative, PPOM - PARTNERSCREATIVE, Missoula, MT, *pg.* 125
Bentz, Pam - Account Services, Media Department, NBC, PPOM - MILNER BUTCHER MEDIA GROUP, Los Angeles, CA, *pg.* 491
Benwitt, Eileen - Human Resources, PPOM - HORIZON MEDIA, INC., New York, NY, *pg.* 474
Benzkofer, Marjorie - Management, PPOM - FLEISHMANHILLARD, Chicago, IL, *pg.* 605
Beran, Kegan - Media Department, PPOM - FLEXPOINT MEDIA, Arlington, VA, *pg.* 74
Beran, Mark - NBC, PPOM - ENCOMPASS MEDIA GROUP, Long Island City, NY, *pg.* 465
Beresford-Hill, Chris - Creative, NBC, PPOM - TBWA \ CHIAT \ DAY, New York, NY, *pg.* 416
Berg, Jody - PPOM - MEDIA WORKS, LTD., Baltimore, MD, *pg.* 486
Berg, Jordan - Creative, PPOM - QUESTUS, San Francisco, CA, *pg.* 260
Berg, John - PPOM, Promotions - MCGARRYBOWEN, San Francisco, CA, *pg.* 385
Berg, Kevin - PPOM - LEGACY MARKETING PARTNERS, Chicago, IL, *pg.* 310
Berg, Jessica - PPOM - BERGDAVIS

AGENCIES

RESPONSIBILITIES INDEX

PUBLIC AFFAIRS, San Francisco, CA, *pg.* 582

Berg, Bob - NBC, PPOM, Public Relations - VANDYKE-HORN, Detroit, MI, *pg.* 658

Berg, Brian - Human Resources, PPOM - PUBLICIS NORTH AMERICA, New York, NY, *pg.* 399

Bergan, Gregg - Creative, PPOM - PURE BRAND COMMUNICATIONS, Denver, CO, *pg.* 130

Bergau, Jeff - PPOM - CHEMPETITIVE GROUP, Chicago, IL, *pg.* 341

Berger, Cory - Account Planner, Management, NBC, PPOM - GREY GROUP, New York, NY, *pg.* 365

Berger, Thomas - PPOM - CROSS COUNTRY COMPUTER, East Islip, NY, *pg.* 281

Berger, Elisa - Management, PPOM - CROSS COUNTRY COMPUTER, East Islip, NY, *pg.* 281

Berger, Scott - Account Services, Management, Media Department, PPOM - WINGMAN MEDIA, Westlake Village, CA, *pg.* 529

Bergey, Todd - PPOM - ALLEBACH COMMUNICATIONS, Souderton, PA, *pg.* 29

Bergh, Peri - Account Services, PPOM - MICHAELS WILDER, INC., Peoria, AZ, *pg.* 250

Bergman, Bill - PPOM - THE BERGMAN GROUP, INC, Richmond, VA, *pg.* 148

Bergmann, Charles - Media Department, PPOM - MINDSHARE, New York, NY, *pg.* 491

Bergmann, Caitlin - Creative, Interactive / Digital, NBC, PPOM - DIGITAS, New York, NY, *pg.* 226

Berjis, Afsaneh - NBC, PPOM - MADISON MEDIA GROUP, New York, NY, *pg.* 562

Berk Ross, Jessica - PPOM, Public Relations - FINN PARTNERS, Washington, DC, *pg.* 603

Berke, Carolyn - Operations, PPOM - MARINA MAHER COMMUNICATIONS, New York, NY, *pg.* 625

Berkenfield, Andy - PPOM - DUNCAN CHANNON, San Francisco, CA, *pg.* 66

Berkowitz, Ron - PPOM - BERK COMMUNICATIONS, New York, NY, *pg.* 583

Berkowitz, Ira - PPOM - MONARCH COMMUNICATIONS, INC., Millburn, NJ, *pg.* 117

Berlin, Caren - PPOM - GNF MARKETING, Armonk, NY, *pg.* 364

Berline, Jim - NBC, PPOM - BERLINE, Royal Oak, MI, *pg.* 39

Berman, Barry - PPOM - CRN INTERNATIONAL, INC., Hamden, CT, *pg.* 463

Berman, Scott - PPOM - HAWKPARTNERS, LLC, Boston, MA, *pg.* 445

Berman, Josh - Account Services, Interactive / Digital, Management, NBC, PPOM - WAVEMAKER, New York, NY, *pg.* 526

Bermar, Amy - NBC, PPOM - CORPORATE INK PUBLIC RELATIONS, Boston, MA, *pg.* 593

Bernal, Alfredo - Interactive / Digital, PPOM - M BOOTH & ASSOCIATES, INC. , New York, NY, *pg.* 624

Bernardino, David - NBC, PPOM, Research - AMMUNITION, Atlanta, GA, *pg.* 212

Berney, Tim - Account Planner, NBC, PPOM - VI MARKETING & BRANDING, Oklahoma City, OK, *pg.* 428

Berney, Larry - Operations, PPOM - DON JAGODA ASSOCIATES, Melville, NY, *pg.* 567

Berney, Gwynn - PPOM - DON JAGODA ASSOCIATES, Melville, NY, *pg.* 567

Bernhardt, Craig - Creative, PPOM - BERNHARDT FUDYMA DESIGN GROUP , New York, NY, *pg.* 174

Berns, Stacy - PPOM - BERNS COMMUNICATIONS GROUP, New York, NY, *pg.* 583

Bernstein, Steve - PPOM - BERNSTEIN-REIN ADVERTISING, INC., Kansas City, MO, *pg.* 39

Bernstein, Ruth - Account Planner, PPOM - YARD, New York, NY, *pg.* 435

Bernstein, Maurice - PPOM - GIANT STEP, Brooklyn, NY, *pg.* 691

Bernstein, Randy - NBC, PPOM - PREMIER PARTNERSHIPS, Santa Monica, CA, *pg.* 314

Bernstein, Jordan - Operations, PPOM - CASSIDY & ASSOCIATES, Washington, DC, *pg.* 589

Bernstein, Harry - Creative, PPOM - HAVAS NEW YORK, New York, NY, *pg.* 369

Bernstein Derevensky, Jen - NBC, PPOM - REN BEANIE, Lake Worth, FL, *pg.* 642

Berrached, Wael - Creative, PPOM - EVIEW 360 CORPORATION, Farmington Hills, MI, *pg.* 182

Berrios, Manny - Interactive / Digital, PPOM - BRIGHTLINE, New York, NY, *pg.* 219

Berry, Jennifer - PPOM - BORSHOFF, Indianapolis, IN, *pg.* 585

Berry, Marie - Media Department, PPOM - CHINATOWN BUREAU, New York, NY, *pg.* 220

Berry, Bill - Finance, NBC, PPOM, Public Relations - BERRY & COMPANY PUBLIC RELATIONS, New York, NY, *pg.* 583

Berry Thompson, Marilyn - Management, PPOM - MWWPR, Washington, DC, *pg.* 631

Bert, Rodney - Finance, PPOM - LISTRAK, Lititz, PA, *pg.* 246

Berthiaume, Denise - PPOM - VERSO ADVERTISING, New York, NY, *pg.* 159

Berthume, Josh - PPOM - SWASH LABS, Denton, TX, *pg.* 145

Berthume, Robby - PPOM - BULL & BEARD, Winston Salem, NC, *pg.* 44

Bertino, Fred - PPOM - MMB, Boston, MA, *pg.* 116

Bertles, William - PPOM - DDC PUBLIC AFFAIRS, Washington, DC, *pg.* 595

Besmer, John - Creative, PPOM - PLANET PROPAGANDA, Madison, WI, *pg.* 195

Besmertnik, Seth - PPOM - CONDUCTOR, New York, NY, *pg.* 672

Beson, AJ - Account Services, NBC, PPOM - BESON 4 MEDIA GROUP, Jacksonville, FL, *pg.* 3

Bess, Ron - PPOM - MERGE, Chicago, IL, *pg.* 113

Besser, Charles - PPOM - INTERSPORT, Chicago, IL, *pg.* 308

Bessler, Larry - Creative, PPOM - RPM ADVERTISING, Chicago, IL, *pg.* 408

Best, Ellen - NBC, PPOM - EIRE DIRECT MARKETING, INC., Chicago, IL, *pg.* 282

Best, Wayne - Creative, Management, PPOM - VMLY&R, New York, NY, *pg.* 160

Bethel, Brian - PPOM - WHITE PANTS AGENCY, Dallas, TX, *pg.* 276

Betourne, Mark - PPOM - DUBOIS BETOURNE & ASSOCIATES, Palm Coast, FL, *pg.* 598

Bettman, Gary - Management, Operations, PPOM - THE MILLER GROUP, Pacific Palisades, CA, *pg.* 421

Beuerman, Greg - PPOM - BEUERMAN MILLER FITZGERALD, New Orleans, LA, *pg.* 39

Beugen, Joan - Creative, PPOM - CRESTA CREATIVE, Chicago, IL, *pg.* 594

Beugen, Shel - NBC, PPOM - CRESTA CREATIVE, Chicago, IL, *pg.* 594

Beutel, Johnette - Finance, Operations, PPOM - THE MCCARTHY COMPANIES, Dallas, TX, *pg.* 151

Beutel, Kerry - NBC, Operations, PPOM - WHITE64, Tysons, VA, *pg.* 430

Beutel, Marjorie - Finance, PPOM - TERRI & SANDY, New York, NY, *pg.* 147

Bevacqua, Michael - PPOM - ARRIVALS + DEPARTURES, Toronto, ON, *pg.* 34

Beveridge, Nina - Creative, PPOM - BEEVISION & HIVE, Toronto, ON, *pg.* 174

Beyt, Jeremy - NBC, PPOM - THREESIXTYEIGHT, Baton Rouge, LA, *pg.* 271

Beytin, Aaron - PPOM - THE BEYTIN AGENCY, Arlington, VA, *pg.* 652

Bhopalsingh, Derek - Interactive / Digital, PPOM - WAVEMAKER, Toronto, ON, *pg.* 529

Bianca, Aimee - Media Department, PPOM, Public Relations - YC MEDIA, New York, NY, *pg.* 664

Bianchi, Jim - NBC, PPOM - BIANCHI PUBLIC RELATIONS, INC., Troy, MI, *pg.* 583

Bianchi, Richard - PPOM - RSD MARKETING, New York, NY, *pg.* 197

Bianco, Anthony - Administrative, Management, PPOM - REPUBLICA HAVAS, Miami, FL, *pg.* 545

Bibeau, Patrick - PPOM - BOB COMMUNICATIONS, Montreal, QC, *pg.* 41

Bicaj, Qendresa - Human Resources, PPOM - MOXIE COMMUNICATIONS GROUP, New York, NY, *pg.* 628

Biddiscombe, Patrick - PPOM - NEW

RESPONSIBILITIES INDEX — AGENCIES

BREED MARKETING, Winooski, VT, pg. 675
Bidlack, Christopher - PPOM - BIDLACK CREATIVE GROUP, Ann Arbor, MI, pg. 39
Bidlack, Linda - Media Department, PPOM - BIDLACK CREATIVE GROUP, Ann Arbor, MI, pg. 39
Bielby, Lesley - Account Planner, Account Services, NBC, PPOM - HILL HOLLIDAY, Boston, MA, pg. 85
Bielefeldt, Shawn - Account Services, NBC, PPOM - FOLKLORE DIGITAL, Minneapolis, MN, pg. 235
Bierut, Michael - Account Services, Creative, NBC, PPOM - PENTAGRAM, New York, NY, pg. 194
Bieschke, Marketa - Interactive / Digital, PPOM - RPA, Santa Monica, CA, pg. 134
Bifulco, Ryan - PPOM - TRAVEL SPIKE, Atlanta, GA, pg. 272
Bigelow, Vanessa - Human Resources, PPOM - BURNESS COMMUNICATIONS, Bethedsa, MD, pg. 587
Biggs, Chad - Media Department, PPOM - RED SKY PUBLIC RELATIONS, Boise, ID, pg. 642
Bigio, Gaston - PPOM - DAVID, Miami, FL, pg. 57
Billey, Lori - PPOM - RED THE AGENCY INC., Edmonton, AB, pg. 405
Billik, Mark - PPOM - BECORE, Los Angeles, CA, pg. 302
Billington, Taylor - PPOM - TRUE INCENTIVE, Fort Lauderdale, FL, pg. 571
Bimm, Brian - Finance, PPOM - BIMM DIRECT & DIGITAL, Toronto, ON, pg. 280
Binder, Amy - PPOM - RFBINDER PARTNERS, INC., New York, NY, pg. 642
Binnette, Mike - Creative, PPOM - CANNONBALL AGENCY, Saint Louis, MO, pg. 5
Biolsi, Rick - Creative, PPOM - BARTLEY & DICK ADVERTISING, New York, NY, pg. 37
Biondo, Charles - PPOM - THE BIONDO GROUP, Stamford, CT, pg. 201
Birch, Beau - PPOM - NOVAK-BIRCH, Baltimore, MD, pg. 448
Birch, Jamie - PPOM - JEBCOMMERCE, Coeur d'Alene, ID, pg. 91
Bird, Jon - NBC, PPOM - VMLY&R, New York, NY, pg. 160
Birdsall, Maureen - Creative, PPOM - BIRDSALL INTERACTIVE, Lafayette, CA, pg. 217
Birdsall, Mike - PPOM - BIRDSALL INTERACTIVE, Lafayette, CA, pg. 217
Birdsall, Connie - Creative, PPOM - LIPPINCOTT, New York, NY, pg. 189
Birks-Hay, Paul - PPOM - VENABLES BELL & PARTNERS, San Francisco, CA, pg. 158
Birnsteel, John - Operations, PPOM - DOEANDERSON ADVERTISING, Louisville, KY, pg. 352
Biro, Ladd - PPOM - CHAMPION MANAGEMENT GROUP, LLC, Addison, TX, pg. 589
Bischoff, Karl - Operations, PPOM -

PHINNEY / BISCHOFF DESIGN HOUSE, Seattle, WA, pg. 194
Bishof, Mark - PPOM - CLARABRIDGE, INC., Reston, VA, pg. 167
Bishop, Peter - PPOM - ZGM COLLABORATIVE MARKETING, Calgary, AB, pg. 437
Bishop, Kevin - Interactive / Digital, PPOM - TARGETBASE MARKETING, Irving, TX, pg. 292
Bisig, Larry - Administrative, Management, PPOM - BISIG IMPACT GROUP, Louisville, KY, pg. 583
Bittman, Benjamin - Management, PPOM - THE COMMUNITY, Miami Beach, FL, pg. 545
Bittman, Andy - PPOM - VISION CREATIVE GROUP, Morris Plains, NJ, pg. 204
Bittner, Cindy - Finance, PPOM - ODNEY ADVERTISING AGENCY, Bismarck, ND, pg. 392
Bitzer, Matt - PPOM - BLUE MAGNET INTERACTIVE MARKETING & MEDIA, LLC, Chicago, IL, pg. 217
Bivona, Doug - Finance, PPOM - STELLA RISING, Westport, CT, pg. 518
Bixler, Randy - Management, PPOM - INITIATIVE, New York, NY, pg. 477
Bixon-Gordon, Caryl - PPOM - CARYL COMMUNICATIONS, INC., Paramus, NJ, pg. 589
Bjorkman, Lincoln - Creative, PPOM - RAUXA, New York, NY, pg. 291
Black, Kerry - PPOM - SUPERFLY, New York, NY, pg. 315
Black, Iain - PPOM - MAXIMIZER SOFTWARE, INC., Vancouver, BC, pg. 168
Blackburn, Budd - PPOM - TEAM VELOCITY MARKETING, Herndon, VA, pg. 418
Blackwelder, Jim - Interactive / Digital, PPOM - ROKKAN, LLC, New York, NY, pg. 264
Blackwell, Charles - Creative, PPOM - CULT COLLECTIVE, LTD., Calgary, AB, pg. 178
Blackwell, Lisa - Account Services, Management, PPOM - DANIEL BRIAN ADVERTISING, Rochester, MI, pg. 348
Blaha, Joe - Finance, PPOM - MARCUS THOMAS, Cleveland, OH, pg. 104
Blain, David - Management, PPOM - SAXTON HORNE, Sandy, UT, pg. 138
Blair, Brian - PPOM - BLAIR, INC., Rockford, IL, pg. 334
Blair, Magnus - Account Planner, Account Services, PPOM - JOAN, New York, NY, pg. 92
Blair, Bohb - Account Services, Management, Media Department, PPOM - STARCOM WORLDWIDE, Chicago, IL, pg. 513
Blair, Ryan - Operations, PPOM - MAD MEN MARKETING, Jacksonville, FL, pg. 102
Blair Pluem, Shannon - Account Services, Media Department, PPOM - INITIATIVE, Toronto, ON, pg. 479
Blake, Caroline - Finance, PPOM - THREE FIVE TWO, INC., Newberry, FL, pg. 271

Blake, Bruce - PPOM - RH BLAKE INC., Cleveland, OH, pg. 133
Blanchette, Robin - PPOM - NORTON CREATIVE, Houston, TX, pg. 121
Blanco, Elena - Interactive / Digital, PPOM - BLANCOMEDIA, Hood River, OR, pg. 217
Blanco, Antonio - Interactive / Digital, PPOM - BLANCOMEDIA, Hood River, OR, pg. 217
Blank, David - PPOM - DOUBLEKNOT CREATIVE, Seattle, WA, pg. 180
Blank, Aaron - PPOM - THE FEAREY GROUP, Seattle, WA, pg. 653
Blankenship, Lee - PPOM - SEARCH DISCOVERY, INC., Atlanta, GA, pg. 677
Blankfein, Eric - Media Department, PPOM, Public Relations - HORIZON MEDIA, INC., New York, NY, pg. 474
Blasco, Tony - Finance, PPOM - ZENO GROUP, Chicago, IL, pg. 664
Blasevick, Denise - PPOM - THE S3 AGENCY, Boonton, NJ, pg. 424
Blass, Ken - PPOM - BLASS COMMUNICATIONS, Old Chatham, NY, pg. 584
Blattel, Ellen - PPOM - BLATTEL COMMUNICATIONS, San Francisco, CA, pg. 584
Blatter, Michael - PPOM - MIRRORBALL, New York, NY, pg. 388
Blattner, Wendy - PPOM - SEQUEL STUDIO, New York, NY, pg. 16
Blauvelt, Laraine - NBC, PPOM - SMITH DESIGN, Morristown, NJ, pg. 199
Blazek Dahlborn, Kimberly - PPOM - L.C. WILLIAMS & ASSOCIATES, INC., Chicago, IL, pg. 621
Blazer, Matthew - Creative, Management, NBC, PPOM - BRANDPIVOT, Cleveland, OH, pg. 337
Bleech, Jeremy - Interactive / Digital, PPOM - SHOPHER MEDIA, Fort Lauderdale, FL, pg. 682
Bleeker, Andrew - PPOM - BULLY PULPIT INTERACTIVE, Washington, DC, pg. 45
Bleser, Elizabeth - Interactive / Digital, Media Department, NBC, PPOM - BLUE CHIP MARKETING & COMMUNICATIONS, Northbrook, IL, pg. 334
Blessington, Tom - PPOM - WIEDEN + KENNEDY, Portland, OR, pg. 430
Bliss, Kellie - Account Services, Interactive / Digital, Management, PPOM - MERGE, Chicago, IL, pg. 113
Blitzer, Ernie - Creative, PPOM - FRENCH / BLITZER / SCOTT, New York, NY, pg. 361
Bliwas, Ron - PPOM - EICOFF, Chicago, IL, pg. 282
Blizzard, Susan - PPOM - BLIZZARD INTERNET MARKETING, Glenwood Springs, CO, pg. 672
Block, Michael - Operations, PPOM - WPROMOTE, El Segundo, CA, pg. 678
Blomberg, Greg - PPOM - MEDIA ONE ADVERTISING, Sioux Falls, SD, pg. 112
Bloom, Carl - NBC, PPOM - CARL BLOOM ASSOCIATES, White Plains, NY,

AGENCIES

RESPONSIBILITIES INDEX

pg. 281
Bloom, Robert - Creative, Interactive / Digital, PPOM - CARL BLOOM ASSOCIATES, White Plains, NY, pg. 281
Bloom, Kathe - PPOM - BLOOM ADS, INC., Woodland Hills, CA, pg. 334
Bloom, Seth - Account Services, PPOM - FLEISHMANHILLARD, Boston, MA, pg. 605
Bloom, Greg - Analytics, PPOM - UNIVERSAL MCCANN DETROIT, Birmingham, MI, pg. 524
Bloom, Doug - Creative, PPOM - ONE ELEVEN INTERACTIVE, INC., Cornwall, CT, pg. 255
Bloomgarden, Kathy - PPOM - RUDER FINN, INC., New York, NY, pg. 645
Bloomingdale, Rick - PPOM - OIA / MARKETING, Dayton, OH, pg. 122
Bloore Hunt, Karen - Account Services, Management, Media Department, PPOM - UNIVERSAL MCCANN, Los Angeles, CA, pg. 524
Blown, John - Management, PPOM - MAJOR TOM, Vancouver, BC, pg. 675
Blue, Jerry - Account Services, PPOM - ELEMENT 8, Honolulu, HI, pg. 67
Bluestein, Barry - Operations, PPOM - SOURCE COMMUNICATIONS, Hackensack, NJ, pg. 315
Bluey, Ted - Creative, PPOM - ELEVEN, INC., San Francisco, CA, pg. 67
Blumberg, Stephen - Account Planner, Account Services, Interactive / Digital, Management, Media Department, PPOM - STARCOM WORLDWIDE, New York, NY, pg. 517
Blurton, Paul - Creative, PPOM - INVNT, New York, NY, pg. 90
Boal, Jeff - Account Services, NBC, PPOM - PLOWSHARE GROUP, INC., Stamford, CT, pg. 128
Boarts, Alan - Creative, PPOM - A TO Z COMMUNICATIONS, Pittsburgh, PA, pg. 24
Boasberg, Jules - Account Services, NBC, PPOM - BERNSTEIN-REIN ADVERTISING, INC., Kansas City, MO, pg. 39
Boaz, Josh - Management, PPOM - DIRECT AGENTS, INC., New York, NY, pg. 229
Boaz, Dinesh - Management, PPOM - DIRECT AGENTS, INC., New York, NY, pg. 229
Boblink, David - Finance, PPOM - INTERSPORT, Chicago, IL, pg. 308
Bobolts, Carol - Creative, PPOM - RED HERRING DESIGN, New York, NY, pg. 197
Boccadoro, Michael - Management, PPOM - WEST COAST ADVISORS, Sacramento, CA, pg. 662
Bocian, Neal - PPOM - NEAL ADVERTISING, Danvers, MA, pg. 391
Bockting, Teri - Account Planner, Account Services, NBC, PPOM - BLIND SOCIETY, Scottsdale, AZ, pg. 40
Bodden, Chris - PPOM - BODDEN PARTNERS, New York, NY, pg. 335
Boden, Natalie - PPOM - BODEN AGENCY, Miami, FL, pg. 538
Bodkin, Mike - Operations, PPOM - GIANT PROPELLER, Burbank, CA, pg. 76
Bodman, Roger - PPOM - PUBLIC STRATEGIES IMPACT, Trenton, NJ, pg. 639
Bodrie, Jerry - Account Services, Management, Operations, PPOM - BALDWIN&, Raleigh, NC, pg. 35
Boehman, Jonathan - PPOM - IMMERSION ACTIVE, INC., Frederick, MD, pg. 241
Boeldt, Sharon - Media Department, PPOM - HOFFMAN YORK, Milwaukee, WI, pg. 371
Boesche, Brian - Creative, PPOM - SWANSON RUSSELL ASSOCIATES, Lincoln, NE, pg. 415
Boettiger, Bryan - Operations, PPOM - PARALLEL PATH, Boulder, CO, pg. 256
Bogan, Rachel - PPOM - WORK & CO, Brooklyn, NY, pg. 276
Bogucki, Andrew - Creative, PPOM - TENET PARTNERS, New York, NY, pg. 450
Bohan, David - PPOM - THE BOHAN AGENCY, Nashville, TN, pg. 418
Bohenek, Peter - Management, PPOM - RHYTHM, Irvine, CA, pg. 263
Bohlayer, Kim - PPOM - WUNDERMAN THOMPSON ATLANTA, Atlanta, GA, pg. 435
Bohls, Kelly - Account Services, PPM, PPOM - SANDSTROM PARTNERS, Portland, OR, pg. 198
Bohlsen, Vicki - Management, PPOM - BOHLSEN GROUP, Indianapolis, IN, pg. 336
Bohn, Stephanie - NBC, PPOM - VIDMOB, New York, NY, pg. 690
Boice, David - PPOM - TEAM VELOCITY MARKETING, Herndon, VA, pg. 418
Boiler, John - PPOM - 72ANDSUNNY, Playa Vista, CA, pg. 23
Bojko, Greg - Management, PPOM - ADSTRATEGIES, INC., Easton, MD, pg. 323
Bokar, Chuck - PPOM - DESIGN RESOURCE CENTER, Naperville, IL, pg. 179
Boland, Jack - PPOM - BAKER STREET ADVERTISING, San Francisco, CA, pg. 329
Boles, Rob - NBC, PPOM, Social Media - FLEISHMANHILLARD, Dallas, TX, pg. 605
Bolger, Brenna - PPOM - PRX, INC., San Jose, CA, pg. 639
Bolin, Todd - NBC, PPOM - BOLIN MARKETING, Minneapolis, MN, pg. 41
Boling, Chris - PPOM - BOLING ASSOCIATES, Fresno, CA, pg. 41
Bollenbach, Chad - Creative, NBC, PPOM - SHINE UNITED, Madison, WI, pg. 140
Bolling, Jay - PPOM - PULSECX, Montgomeryville, PA, pg. 290
Bolling, Tom - Operations, PPOM - ON IDEAS, Jacksonville, FL, pg. 394
Bolling, Thomas - Operations, PPOM - ON IDEAS, Jacksonville, FL, pg. 394
Bollinger, Michael - PPOM - SMITH BROTHERS AGENCY, LP, Pittsburgh, PA, pg. 410
Bologna, Anne - Interactive / Digital, Management, NBC, PPOM - ICROSSING, New York, NY, pg. 240
Bolt, Peter - Management, PPOM - CAMP JEFFERSON, Toronto, ON, pg. 219
Bombeck, Alex - Management, PPOM - SPARKS GROVE, INC., Atlanta, GA, pg. 199
Bonadio, Franco - Creative, NBC, PPOM - C SPACE, Boston, MA, pg. 443
Bonaquist, Robyn - NBC, PPOM - B2 ADVERTISING, Naples, FL, pg. 35
Bond, Joe - PPOM - BOND DIGITAL, Chicago, IL, pg. 175
Bond, Cindy - PPOM - BOND DIGITAL, Chicago, IL, pg. 175
Bond, Craig - Creative, PPOM - B-STREET, Toronto, ON, pg. 681
Bond, Simon - NBC, PPOM - INTERPUBLIC GROUP OF COMPANIES, New York, NY, pg. 90
Bond, Yvonne - Human Resources, Media Department, PPOM, Public Relations - HAVAS NEW YORK, New York, NY, pg. 369
Bonds, Susan - PPOM - 42 ENTERTAINMENT, LLC, Burbank, CA, pg. 297
Boney, Stacie - Account Services, NBC, PPOM, Public Relations - HANSON DODGE, INC., Milwaukee, WI, pg. 185
Bongar, Michael - PPOM - BONGARBIZ, Peekskill, NY, pg. 302
Bongiovanni, Brad - Creative, PPOM - ROCKIT SCIENCE AGENCY, Baton Rouge, LA, pg. 16
Bonilla, Juan - Account Services, NBC, PPOM - WALTON ISAACSON CA, Culver City, CA, pg. 547
Bonito, Nicole - NBC, PPOM - BEAR IN THE HALL, New York, NY, pg. 2
Bonn, Frederic - Creative, PPOM - ICROSSING, New York, NY, pg. 240
Bonner, David - Creative, PPOM - ON IDEAS, Jacksonville, FL, pg. 394
Bonnici, Joseph - Creative, PPOM - BENSIMON BYRNE, Toronto, ON, pg. 38
Bono, Nancy - PPOM - MEDIA PARTNERS, INC., Raleigh, NC, pg. 486
Bonomo, Mary - PPOM - 14TH & BOOM, Chicago, IL, pg. 207
Bonura, Justin - Creative, PPOM - CERBERUS, New Orleans, LA, pg. 341
Book, Barrett - PPOM - JUMP COMPANY, Saint Louis, MO, pg. 378
Boone, Alexandria - PPOM - GAP COMMUNICATIONS GROUP, INC., Cleveland, OH, pg. 540
Boone, Michael - Account Services, PPOM - LAUNCH AGENCY, Dallas, TX, pg. 97
Boone, Byron - Management, PPOM - HMR DESIGNS, Chicago, IL, pg. 308
Boosalis, Peter - NBC, PPOM - PERISCOPE, Minneapolis, MN, pg. 127
Bootes, Becca - PPOM - ZAMBOO, Los Angeles, CA, pg. 165
Booth, Margaret - PPOM - M BOOTH &

RESPONSIBILITIES INDEX

AGENCIES

ASSOCIATES, INC., New York, NY, pg. 624
Booth, Mike - Finance, PPOM - MARIS, WEST & BAKER, Jackson, MS, pg. 383
Booth-Clibborn, Justin - PPM, PPOM - PSYOP, Venice, CA, pg. 196
Boothe, Chris - PPOM - SPARK FOUNDRY, Chicago, IL, pg. 510
Bordson, Nancy - Operations, PPOM - HODDER, Minneapolis, MN, pg. 86
Borges, Max - PPOM - MAX BORGES AGENCY, Miami, FL, pg. 626
Borgmeyer, Daniel - PPOM - BMG, St. Charles, MO, pg. 335
Borgmeyer, Jack - PPOM - BMG, St. Charles, MO, pg. 335
Borgstede, Laura - PPOM - CALYSTO COMMUNICATIONS INC., Buford, GA, pg. 588
Boring, David - Creative, PPOM - NEVER BORING DESIGN, Modesto, CA, pg. 193
Boring, Shane - PPOM - SDB CREATIVE GROUP, Midland, TX, pg. 139
Boring, Dedee - PPOM - SDB CREATIVE GROUP, Midland, TX, pg. 139
Borja, Rick - Creative, Interactive / Digital, Management, PPOM - GO WEST CREATIVE, Nashville, TN, pg. 307
Borland, Candace - Management, PPOM - ANOMALY, Toronto, ON, pg. 326
Borne, Tom - PPOM - ASHER AGENCY, Fort Wayne, IN, pg. 327
Bornmann, Dave - Media Department, PPOM - NAYLOR ASSOCIATION SOLUTIONS, Gainesville, FL, pg. 120
Bornstein, Dale - PPOM - M BOOTH & ASSOCIATES, INC., New York, NY, pg. 624
Borosky, Michael - Creative, PPOM - ELEVEN, INC., San Francisco, CA, pg. 67
Borromeo, Ed - Operations, PPOM - TALLWAVE, Scottsdale, AZ, pg. 268
Bort, Travis - Account Services, NBC, PPOM - ABC CREATIVE GROUP, Syracuse, NY, pg. 322
Borzykowski, Marc - PPOM - VECTOR MEDIA, New York, NY, pg. 558
Bosak, Stafford - PPM, PPOM - WORKINPROGRESS, Boulder, CO, pg. 163
Bosc, Joyce - NBC, PPOM - BOSCOBEL MARKETING COMMUNICATIONS, Silver Spring, MD, pg. 336
Bostrom, Matt - Account Services, Management, PPOM - FINN PARTNERS, San Francisco, CA, pg. 603
Boswell, Christian - Creative, PPOM - BFW ADVERTISING, Boca Raton, FL, pg. 39
Bosworth, Kent - NBC, PPOM - THE BOSWORTH GROUP, Charleston, SC, pg. 148
Bosworth, Allen - Operations, PPOM - EP+CO., Greenville, SC, pg. 356
Bothe, Bo - PPOM - BRANDEXTRACT, LLC, Houston, TX, pg. 4
Bothel, Chris - Account Services, Interactive / Digital, NBC, PPOM - BARON & CO, Bellingham, WA, pg. 580
Botts, Kenneth - PPOM - VISUAL MARKETING ASSOCIATES, Dayton, OH, pg. 204
Boubol, Scott - NBC, PPOM - SIMBOL, Park City, UT, pg. 647
Bouch, Joe - PPOM - 78MADISON, Altamont Springs, FL, pg. 321
Boucher, Kathy - PPOM - DECKER, Glastonbury, CT, pg. 60
Boucher, Paige - PPOM - INSIDE/OUT COMMUNICATIONS, Steamboat Springs, CO, pg. 616
Boughton, Oliver - Operations, PPOM - IRIS, New York, NY, pg. 376
Bouliane, Serge - PPOM - TEQUILA COMMUNICATION & MARKETING, INC., Montreal, QC, pg. 418
Boulton, Beth - PPOM - BOULTON CREATIVE, Greensboro, NC, pg. 41
Bounds, Deidre - PPOM - IGNITE SOCIAL MEDIA, Cary, NC, pg. 686
Bourdon, Bill - Management, PPOM - MISSION NORTH, San Francisco, CA, pg. 627
Bourgeois, Bob - Account Services, Management, NBC, PPOM - MORTENSON KIM, Indianapolis, IN, pg. 118
Bours, Jeroen - Creative, PPOM - DARLING AGENCY, New York, NY, pg. 57
Bouvier Jr., Louis M. - PPOM - BOUVIER KELLY, INC., Greensboro, NC, pg. 41
Bowen, Gordon - PPOM - MCGARRYBOWEN, New York, NY, pg. 109
Bowen, Matt - PPOM - BRANDIGO, Newburyport, MA, pg. 336
Bower, Jay - PPOM - CROSSBOW GROUP, Westport, CT, pg. 347
Bowler, Matthew - PPOM - MANDALA, Bend, OR, pg. 103
Bowles, Jeff - PPOM - KENNA, Mississauga, ON, pg. 244
Bowman, David - PPOM - THE OHLMANN GROUP, Dayton, OH, pg. 422
Bowser, John - PPOM - TARGET MEDIA USA, Harrisburg, PA, pg. 518
Boxser, David - Management, NBC, PPOM - CHANDELIER CREATIVE, Los Angeles, CA, pg. 49
Boyd, Joe - PPOM - MCS, INC., Basking Ridge, NJ, pg. 111
Boyd, Brian - PPOM - RBMM, Dallas, TX, pg. 196
Boyd, Pam - NBC, PPOM - THOMAS BOYD COMMUNICATIONS, Morristown, NJ, pg. 656
Boyd, Ben - Account Services, Operations, PPOM - BCW NEW YORK, New York, NY, pg. 581
Boyd, Brooke - Management, PPOM - HYPE GROUP LLC, Saint Petersburg, FL, pg. 372
Boyden, Kristine - PPOM - EDELMAN, San Francisco, CA, pg. 601
Boyer, Lauren - Account Services, PPOM - UNDERSCORE MARKETING, LLC, New York, NY, pg. 521
Boykin, Jim - PPOM - INTERNET MARKETING NINJAS, Clifton Park, NY, pg. 242
Boykiv, Yuriy - PPOM - DENTSU X, New York, NY, pg. 61
Boyle, Hugh - Interactive / Digital, PPOM - TRACYLOCKE, Irving, TX, pg. 683
Bozas, Rudy - Account Services, PPOM - POLVORA ADVERTISING, Boston, MA, pg. 544
Bozas, Cristina - Creative, PPOM - POLVORA ADVERTISING, Boston, MA, pg. 544
Bozyk, Trevor - NBC, PPOM - UNIVERSAL MCCANN, New York, NY, pg. 521
Brabender, John - Creative, PPOM - BRABENDERCOX, Pittsburgh, PA, pg. 336
Bracken, Laura Jean - Operations, PPOM - PALISADES MEDIA GROUP, INC., Santa Monica, CA, pg. 124
Bracken-Thompson, Elizabeth - Interactive / Digital, Management, PPOM, Public Relations - THOMPSON & BENDER, Briarcliff Manor, NY, pg. 656
Bradford, Jeff - PPOM - THE BRADFORD GROUP, Nashville, TN, pg. 148
Bradley, Susie - Creative, PPOM - BRADLEY BROWN DESIGN, Carnegie, PA, pg. 175
Bradley, Mark - PPOM - BRADLEY AND MONTGOMERY, Indianapolis, IN, pg. 336
Bradley, Randy - Creative, PPOM - JORDAN ADVERTISING, Oklahoma City, OK, pg. 377
Bradshaw, Barb - PPOM - BRADSHAW ADVERTISING, Portland, OR, pg. 42
Bradshaw, Art - PPOM - DEPARTURE, San Diego, CA, pg. 61
Bradshaw, Randy - PPOM - CLICK HERE, Dallas, TX, pg. 221
Brady, Kevin - PPOM - ANDERSON DDB HEALTH & LIFESTYLE, Toronto, ON, pg. 31
Brady, Paul - NBC, PPOM - CARVE COMMUNICATIONS, Austin, TX, pg. 588
Brady, Donald - NBC, PPOM - DELOITTE DIGITAL, Seattle, WA, pg. 224
Bragas, Chris - Finance, Operations, PPOM - CARPENTER GROUP, New York, NY, pg. 48
Brammer, Tim - NBC, PPOM - THE FOUNDRY AGENCY, Atlanta, GA, pg. 270
Brana, Hernan - PPOM - MARKETLOGIC, Miami, FL, pg. 383
Branch, Tiger - PPOM - HALLOCK & BRANCH, Portland, OR, pg. 81
Brand, Scott - NBC, PPOM - CARGO LLC, Greenville, SC, pg. 47
Brandenburg, Kathleen - Creative, PPOM - IA COLLABORATIVE, Chicago, IL, pg. 186
Brandman, Melanie - PPOM - BRANDMAN AGENCY, New York, NY, pg. 585
Brandner, Paul - Operations, PPOM - BRANDNER COMMUNICATIONS, INC., Federal Way, WA, pg. 42
Brandner, Kimberly - NBC, PPOM - BRANDNER COMMUNICATIONS, INC., Federal Way, WA, pg. 42
Brandon, Scott - PPOM - THE BRANDON AGENCY, Myrtle Beach, SC, pg. 419
Brandow, James - Finance, PPOM - THE HAWTHORN GROUP, Alexandria, VA,

1834

AGENCIES — RESPONSIBILITIES INDEX

pg. 653
Brandrup, Jay - PPOM - KINETIC COMMUNICATIONS, Birmingham, AL, *pg.* 244
Brandt, Linda - Creative, PPOM - BRANDT RONAT & COMPANY, Merrit Island, FL, *pg.* 337
Brandt, Darren - PPOM - SLOANE & COMPANY, New York, NY, *pg.* 647
Branigan, Tom - PPOM - BRANIGAN COMMUNICATIONS, Milwaukee, WI, *pg.* 586
Brant, Cara - Operations, PPOM - CLINICAL TRIAL MEDIA, Hauppauge, NY, *pg.* 667
Brantley, Jennifer - PPOM - MCNEELY PIGOTT & FOX PUBLIC RELATIONS, Nashville, TN, *pg.* 626
Brantley, Anna - NBC, PPOM - ANALYTICS-IQ, INC., Atlanta, GA, *pg.* 279
Bratton, Mike - Finance, PPOM - BROKAW, INC., Cleveland, OH, *pg.* 43
Braun, Doug - PPOM - EMERGE2 DIGITAL, Waterloo, ON, *pg.* 231
Braun, Paul - PPOM - BRAUN RESEARCH, INC., Princeton, NJ, *pg.* 442
Braverman, Paul - Operations, PPOM - K/P CORPORATION, San Leandro, CA, *pg.* 286
Bray, Duane - PPOM - IDEO, New York, NY, *pg.* 187
Brayfield, Lois - PPOM - J. SCHMID & ASSOCIATES, Mission, KS, *pg.* 286
Breckenridge, Robin - Creative, PPOM - BRECKENRIDGE DESIGN GROUP, Washington, DC, *pg.* 175
Brecount, David - PPOM - US DIGITAL PARTNERS, Cincinnati, OH, *pg.* 273
Breeding, Greg - Creative, PPOM - JOURNEY GROUP, Charlottesville, VA, *pg.* 377
Breen, David - Creative, PPOM - VDA PRODUCTIONS, Somerville, MA, *pg.* 317
Breen, Sean - Interactive / Digital, PPOM - AGENCYQ, Washington, DC, *pg.* 211
Breen, Chris - Creative, PPOM - CHEMISTRY ATLANTA, Atlanta, GA, *pg.* 50
Breidenbach, Jeff - Creative, PPOM - ARGUS, LLC, Emeryville, CA, *pg.* 173
Breikss, Chris - PPOM - MAJOR TOM, New York, NY, *pg.* 247
Brein, Jeff - PPOM - QUINN / BREIN COMMUNICATIONS, Bainbridge Island, WA, *pg.* 402
Breindel, Howard - PPOM - DESANTIS BREINDEL, New York, NY, *pg.* 349
Breininger, Brad - Creative, PPOM - ZYNC COMMUNICATIONS INC., Toronto, ON, *pg.* 22
Brekke, Jennifer - PPOM - SCOUT MARKETING, Atlanta, GA, *pg.* 139
Brelsford, Dawn - Account Services, Media Department, PPOM - INNOVAIRRE, Cherry Hill, NJ, *pg.* 89
Bremer, Keith - Finance, PPOM - DDB NEW YORK, New York, NY, *pg.* 59
Brener, Steve - NBC, PPOM - BRENER ZWIKEL & ASSOCIATES, Reseda, CA,

pg. 586
Brenlin, Jane - PPOM - J. BRENLIN DESIGN, INC., Norco, CA, *pg.* 188
Brennan, Jason - PPOM - STREAM COMPANIES, Malvern, PA, *pg.* 415
Brenner, Pardis - Media Department, PPOM - MEDIACOM, New York, NY, *pg.* 487
Brescia, Bonnie - PPOM - BBK WORLDWIDE, Needham, MA, *pg.* 37
Brescia, Keisha - Operations, PPOM - FORWARDPMX, New York, NY, *pg.* 360
Bresina, Tracy - Operations, PPOM - RED SKY PUBLIC RELATIONS, Boise, ID, *pg.* 642
Breslin, Ted - Finance, PPOM - CONVENTURES, INC., Boston, MA, *pg.* 685
Breslow, Tina - PPOM - BRESLOW PARTNERS, Philadelphia, PA, *pg.* 586
Breslow Mansfield, Jennifer - PPOM - BRESLOW PARTNERS, Philadelphia, PA, *pg.* 586
Bresnahan, Todd - Creative, NBC, PPOM - DAVIDSON BELLUSO, Phoenix, AZ, *pg.* 179
Bressler, Dean - Creative, PPOM - ROCKET LAWN CHAIR, Milwaukee, WI, *pg.* 407
Breton, Pete - Creative, PPOM - ANOMALY, Toronto, ON, *pg.* 326
Bretschger, Peter - NBC, PPOM - IMW AGENCY, Costa Mesa, CA, *pg.* 374
Bretschger, Kari - PPOM - IMW AGENCY, Costa Mesa, CA, *pg.* 374
Brew, Alan - PPOM - BRANDINGBUSINESS, Irvine, CA, *pg.* 4
Brewer, Mike - PPOM - BRODEUR PARTNERS, Boston, MA, *pg.* 586
Brewer, Joe - Interactive / Digital, Operations, PPOM - KATZ MEDIA GROUP, INC., New York, NY, *pg.* 481
Brewer, Doug - PPOM - INSIGHT PRODUCT DEVELOPMENT, Chicago, IL, *pg.* 445
Brewer, Jason - PPOM - BROLIK PRODUCTIONS, Philadelphia, PA, *pg.* 561
Brewer, Randy - PPOM - BREWER DIRECT, Monrovia, CA, *pg.* 337
Brewster, Lorie - Finance, PPOM - MERING, Sacramento, CA, *pg.* 114
Brian, Mike - PPOM - PENNA POWERS BRIAN HAYNES, Salt Lake City, UT, *pg.* 396
Brice, Hal - PPOM - HEILBRICE, Newport Beach, CA, *pg.* 84
Brick, Patty - Account Planner, Account Services, Media Department, PPOM - KELLY, SCOTT & MADISON, INC., Chicago, IL, *pg.* 482
Brickowski, Kari - Management, Media Department, PPOM - MINDSHARE, New York, NY, *pg.* 491
Bridges, Kristi - Creative, PPOM - THE SAWTOOTH GROUP, Red Bank, NJ, *pg.* 152
Bridwell, Hampton - PPOM - TENET PARTNERS, Norwalk, CT, *pg.* 19
Brielmann, Eric - NBC, PPOM - JOELE FRANK, WILKINSON BRIMMER KATCHER, New York, NY, *pg.* 617
Brienza, Paul - Interactive /

Digital, PPOM - LAUGHLIN CONSTABLE, INC., Milwaukee, WI, *pg.* 379
Brierley, Hal - PPOM - BRIERLEY & PARTNERS, Plano, TX, *pg.* 167
Briggs, Walter - Creative, Media Department, NBC, PPOM - CD&M COMMUNICATIONS, Portland, ME, *pg.* 49
Briggs, Derek - Operations, PPOM - SHAKER RECRUITMENT ADVERTISING & COMMUNICATIONS, Oak Park, IL, *pg.* 667
Briggs, Michael - Interactive / Digital, Media Department, NBC, PPOM - PARAGON DIGITAL MARKETING, Keene, NH, *pg.* 675
Briggs, Kellie - PPOM - BRIGGS & CALDWELL, Houston, TX, *pg.* 456
Brigham, Tim - Finance, PPOM - DOTCMS, Miami, FL, *pg.* 230
Brightman, Anita - PPOM - A. BRIGHT IDEA, Bel Air, MD, *pg.* 25
Brightman, T.J. - Account Services, NBC, PPOM - A. BRIGHT IDEA, Bel Air, MD, *pg.* 25
Briley, Doug - PPOM - WARREN DOUGLAS ADVERTISING, Fort Worth, TX, *pg.* 161
Brill, Robert - PPOM - BRILLMEDIA.CO, Los Angeles, CA, *pg.* 43
Brimmer, Andrew - PPOM - JOELE FRANK, WILKINSON BRIMMER KATCHER, New York, NY, *pg.* 617
Brinegar, Brad - PPOM - MCKINNEY, Durham, NC, *pg.* 111
Brini-Lieberman, Jacqueline - Operations, PPOM, Research - STORY WORLDWIDE, New York, NY, *pg.* 267
Brinker, Lynne - NBC, PPOM - HOT IN THE KITCHEN, St. Louis, MO, *pg.* 9
Brinker, Mike - Management, PPOM - DELOITTE DIGITAL, Seattle, WA, *pg.* 224
Brinkman, Fran - PPOM - EDGE MARKETING, Stamford, CT, *pg.* 681
Bristow, Kate - NBC, PPOM - M&C SAATCHI LA, Santa Monica, CA, *pg.* 482
Britton, Susan - Creative, PPOM - BRITTON MARKETING & DESIGN GROUP, Fort Wayne, IN, *pg.* 4
Brivic, Allen - NBC, PPOM - BRIVICMEDIA, INC., Houston, TX, *pg.* 456
Broadfoot, Rob - Creative, PPOM - MOCK, THE AGENCY, Atlanta, GA, *pg.* 192
Broadhead, Dean - PPOM - BROADHEAD, Minneapolis, MN, *pg.* 337
Broberg, Scott - Interactive / Digital, PPOM - FAST HORSE, Minneapolis, MN, *pg.* 603
Brock, Charles - Creative, PPOM - FACEOUT STUDIOS, Bend, OR, *pg.* 182
Brock, Bill - PPOM - ANALOGFOLK, New York, NY, *pg.* 439
Brockhoff, Libby - Creative, PPOM - ODYSSEUS ARMS, San Francisco, CA, *pg.* 122
Brockman, Jackie Lann - PPOM - THE NARRATIVE GROUP, New York, NY, *pg.* 654
Brod, Alison - PPOM - ALISON BROD

1835

RESPONSIBILITIES INDEX — AGENCIES

PUBLIC RELATIONS, New York, NY, pg. 576
Brode, Ridgely - PPOM - PAUL WILMOT COMMUNICATIONS, New York, NY, pg. 636
Broderick, John - NBC, PPOM - BRODERICK ADVERTISING, Jackson, MS, pg. 43
Broderick, Tracy - Media Department, PPOM - KARSH & HAGAN, Denver, CO, pg. 94
Broderick, Amanda - Account Services, Interactive / Digital, PPOM, Public Relations, Social Media - HIEBING, Madison, WI, pg. 85
Broderick Jr., Roy - NBC, PPOM - AUTHENTIQUE AGENCY, Atlanta, GA, pg. 538
Brodeur, John - PPOM - BRODEUR PARTNERS, Boston, MA, pg. 586
Brodsky, James - PPOM - SHARP COMMUNICATIONS, INC., New York, NY, pg. 140
Brogan, Marcie - PPOM - BROGAN & PARTNERS, Birmingham, MI, pg. 538
Brogan, Marcie - Finance, PPOM - IGNITE SOCIAL MEDIA, Cary, NC, pg. 686
Brogner, Aliza - Operations, PPOM - ALISON BROD PUBLIC RELATIONS, New York, NY, pg. 576
Brohan, Liz - PPOM - CBD MARKETING, Chicago, IL, pg. 341
Broitman, Craig - NBC, Operations, PPOM - KATZ MEDIA GROUP, INC., New York, NY, pg. 481
Brokaw, Les - Operations, PPOM - THE GARFIELD GROUP, Philadelphia, PA, pg. 419
Brokaw, Gregg - PPOM - BROKAW, INC., Cleveland, OH, pg. 43
Brokaw, JB - Operations, PPOM - JANUARY DIGITAL, New York, NY, pg. 243
Brokaw, Tim - PPOM - BROKAW, INC., Cleveland, OH, pg. 43
Bromberg, Hilary - NBC, PPOM - EGG, Vachon, WA, pg. 7
Bromley, Matt - PPOM - STERLING-RICE GROUP, Boulder, CO, pg. 413
Broniecki, Kathy - NBC, PPOM - ENVOY, INC., Omaha, NE, pg. 356
Bronstein, Michael - PPOM - BRONSTEIN & WEAVER, INC., Bryn Mawr, PA, pg. 280
Brook, Devin - Media Department, PPOM - BRAND NEW SCHOOL EAST, New York, NY, pg. 175
Brook, Todd - PPOM - ENVISIONIT MEDIA, INC., Chicago, IL, pg. 231
Brooke, Shelagh - Account Planner, Analytics, PPOM - OGILVY COMMONHEALTH WORLDWIDE, Parsippany, NJ, pg. 122
Brooker, Neil - Operations, PPOM - DESIGNWORKS/USA, Newbury Park, CA, pg. 179
Brookhouse, Peggy - PPOM - LUQUIRE GEORGE ANDREWS, INC., Charlotte, NC, pg. 382
Brooks, Sharon - PPOM - GLYNNDEVINS, Richmond, VA, pg. 364

Brooks, Diana - Account Services, NBC, PPOM - VSBROOKS, Coral Gables, FL, pg. 429
Brooks, Colette - Creative, PPOM - BIG IMAGINATION GROUP, Los Angeles, CA, pg. 685
Brooks, Todd - PPOM - THE BRAND AMP, Costa Mesa, CA, pg. 419
Brooks, Mitchell - PPOM - BROOKS-ROSE MARKETING RESEARCH, INC., New York, NY, pg. 442
Brooks, Levi - PPOM - USE ALL FIVE, INC., Los Angeles, CA, pg. 273
Brooks, Stewart - Finance, PPOM - DEFINITION 6, Atlanta, GA, pg. 224
Brooks, Sara - PPOM, Public Relations - COVET PUBLIC RELATIONS, San Diego, CA, pg. 593
Brooks, Jennifer - Creative, NBC, PPOM - GERSON LEHRMAN GROUP, New York, NY, pg. 168
Brosterhous, Erin - NBC, PPOM - INSIDE/OUT COMMUNICATIONS, Steamboat Springs, CO, pg. 616
Broten, Chantel - Management, PPOM - JAN KELLEY MARKETING, Burlington, ON, pg. 10
Brothers, Paul - Creative, PPOM - BROTHERS & CO., Tulsa, OK, pg. 43
Brothers, Jennifer - Management, Operations, PPOM - TWENTY FOUR-SEVEN, INC., Portland, OR, pg. 203
Broughton, Michael - PPOM - BLANKET MARKETING GROUP, Sacramento, CA, pg. 217
Browe, Jeff - Operations, PPOM - WUNDERMAN THOMPSON, Irvine, CA, pg. 435
Brower, Jenny - NBC, PPOM - MINDPOWER, INC., Atlanta, GA, pg. 115
Brower, Kara - NBC, PPOM - SOLVE, Minneapolis, MN, pg. 17
Brower Fancher, Judy - PPOM - BROWER GROUP, Newport Beach, CA, pg. 586
Brown, Tim - PPOM - IDEO, Palo Alto, CA, pg. 187
Brown, Yvette - PPOM - X! PROMOS, Mission Viejo, CA, pg. 572
Brown, Erika - PPOM - CERCONE BROWN COMPANY, Boston, MA, pg. 341
Brown, Alan - PPOM - DNA SEATTLE, Seattle, WA, pg. 180
Brown, Peter - PPOM - BROWN LLOYD JAMES, New York, NY, pg. 587
Brown, Barbara - PPOM - BROWN FLYNN COMMUNICATIONS LTD., Cleveland, OH, pg. 586
Brown, Lorne - PPOM - OPERATIVE, New York, NY, pg. 289
Brown, Shelley - Creative, PPOM - FCB TORONTO, Toronto, ON, pg. 72
Brown, Bob - Operations, PPOM - SIGNATURE COMMUNICATIONS, Philadelphia, PA, pg. 410
Brown, Jim - PPOM - MBB AGENCY, Leawood, KS, pg. 107
Brown, Doug - PPOM - BROWN BAG MARKETING, Atlanta, GA, pg. 338
Brown, Jason - Account Planner, PPOM - BROWN PARKER | DEMARINIS ADVERTISING, Boca Raton, FL, pg. 43

Brown, Cameron - PPOM - KING FISH MEDIA, Beverly, MA, pg. 482
Brown, Brian - NBC, PPOM - INGREDIENT, Minneapolis, MN, pg. 10
Brown, Gary - Finance, PPOM - VENABLES BELL & PARTNERS, San Francisco, CA, pg. 158
Brown, David - Management, PPOM - MANIFEST, New York, NY, pg. 248
Brown, Jerry - PPOM - MADISON AVENUE MARKETING GROUP, Toledo, OH, pg. 287
Brown, Antoine - Account Planner, Account Services, Management, Media Department, PPOM - SPARK FOUNDRY, New York, NY, pg. 508
Brown, Mike - Operations, PPOM - APOTHECOM ASSOCIATES, LLC, Yardley, PA, pg. 32
Brown, Jay - Creative, PPOM - ENLARGE MEDIA GROUP, Los Angeles, CA, pg. 356
Brown, Ned - Creative, PPOM - BADER RUTTER & ASSOCIATES, INC., Milwaukee, WI, pg. 328
Brown, Nathan - PPOM - PHD USA, New York, NY, pg. 505
Brown, Rachel - PPOM - SYNERGY GROUP, Saint Louis, MO, pg. 651
Brown, Jaimi - Management, Media Department, PPOM - HIEBING, Madison, WI, pg. 85
Brown, Carmen - Finance, PPOM - TRIGGER: COMMUNICATIONS & DESIGN, Calgary, AB, pg. 427
Brown, Colin - Operations, PPOM - DIGILANT, Boston, MA, pg. 464
Brown, Lisa - NBC, PPOM - ACTIVE INTERNATIONAL, Pearl River, NY, pg. 439
Brown, Stephen - PPOM - COOKERLY PUBLIC RELATIONS INC., Atlanta, GA, pg. 593
Brown, Jeb - Finance, PPOM - YES&, Alexandria, VA, pg. 436
Brown, Scott - Creative, PPOM - BATTERY, Hollywood, CA, pg. 330
Brown, Keegan - PPOM - MEGETHOS DIGITAL, Scottsdale, AZ, pg. 675
Brown IV, Hal - PPOM - DELTA MEDIA, INC., Miami, FL, pg. 551
Browne, Susan - NBC, PPOM - DOVETAIL COMMUNICATIONS, INC., Richmond Hill, ON, pg. 464
Browne, Kathryn - Finance, PPOM - QUIGLEY-SIMPSON, Los Angeles, CA, pg. 544
Brownell, Andy - PPOM - LEADMASTER, Roswell, GA, pg. 168
Browning, Caren - Management, PPOM - KING & COMPANY, New York, NY, pg. 620
Brownstein, Berny - Creative, PPOM - BROWNSTEIN GROUP, INC., Philadelphia, PA, pg. 44
Broxson, Donnie - Account Planner, Account Services, Management, NBC, PPOM - ACENTO ADVERTISING, INC., Santa Monica, CA, pg. 25
Brubaker, Matt - Creative, PPOM - TRAILER PARK, Hollywood, CA, pg. 299
Bruce, Duncan - Creative, PPOM - PUBLICIS TORONTO, Toronto, ON,

AGENCIES
RESPONSIBILITIES INDEX

pg. 639
Bruce, Andrew - NBC, PPOM - PUBLICIS NORTH AMERICA, New York, NY, *pg.* 399
Bruck, Fred - Account Services, NBC, PPOM - HARQUIN, New Rochelle, NY, *pg.* 82
Bruck, Sherry - PPOM - HARQUIN, New Rochelle, NY, *pg.* 82
Bruder, Marlene - Finance, PPOM - LOVIO-GEORGE, INC., Detroit, MI, *pg.* 101
Brukx, Bas - Finance, PPOM - CLARABRIDGE, INC., Reston, VA, *pg.* 167
Brummond, Robert - Finance, Operations, PPOM - SUNSTAR STRATEGIC, Alexandria, VA, *pg.* 651
Brunet-Garcia, Diane - Operations, PPOM - BRUNET-GARCIA ADVERTISING, INC., Jacksonville, FL, *pg.* 44
Brunet-Garcia, Jorge - PPOM - BRUNET-GARCIA ADVERTISING, INC., Jacksonville, FL, *pg.* 44
Brunjes, Scott - PPOM - MEDIASSOCIATES, INC., Sandy Hook, CT, *pg.* 490
Brunner, Michael - PPOM - BRUNNER, Pittsburgh, PA, *pg.* 44
Brunner, Ashley - Account Services, Management, Media Department, PPOM - UNIVERSAL MCCANN DETROIT, Birmingham, MI, *pg.* 524
Brunner, Robert - NBC, PPOM - AMMUNITION, LLC, San Francisco, CA, *pg.* 172
Bryan, Sean - Creative, PPOM - MCCANN NEW YORK, New York, NY, *pg.* 108
Bryan, Jesse - PPOM - BELIEF AGENCY, Seattle, WA, *pg.* 38
Bryan, Lyn - Management, PPOM - MAJOR TOM, Vancouver, BC, *pg.* 675
Bryant, Steve - PPOM - RUNSWITCH PR, Louisville, KY, *pg.* 645
Bryant, Sue - Operations, PPOM - SUNSTAR STRATEGIC, Alexandria, VA, *pg.* 651
Bryant, Taylor - Media Department, PPOM - MYTHIC, Charlotte, NC, *pg.* 119
Bryman, Jennifer - PPOM - HEART CREATIVE, Portland, OR, *pg.* 238
Brymer, Chuck - PPOM - DDB NEW YORK, New York, NY, *pg.* 59
Brzeski, Jill - PPOM - BOELTER & LINCOLN, INC., Milwaukee, WI, *pg.* 41
Bubula, Mark - NBC, PPOM - FRIENDS & NEIGHBORS, Minneapolis, MN, *pg.* 7
Bucci, Tony - PPOM - MARC USA, Pittsburgh, PA, *pg.* 104
Bucci Hulings, Cari - Account Services, Management, NBC, PPOM - MARC USA, Chicago, IL, *pg.* 104
Buchalter, Ari - PPOM - INTERSECTION, New York, NY, *pg.* 553
Buchanan, Annie - Finance, PPOM - BULLDOG DRUMMOND, San Diego, CA, *pg.* 338
Buchanan, Ryan - PPOM - THESIS, Portland, OR, *pg.* 270
Buchanan, Anne - NBC, PPOM - BUCHANAN PUBLIC RELATIONS, Bryn Mawr, PA, *pg.* 587

Buchanan, Antonio - Account Planner, PPOM - ANTONIO & PARIS, San Francisco, CA, *pg.* 32
Buchner, Mike - PPOM - FALLON WORLDWIDE, Minneapolis, MN, *pg.* 70
Buchner, Rob - PPOM - NOMADIC AGENCY, Scottsdale, AZ, *pg.* 121
Buchsbaum, Esther - PPOM - ENERGI PR, Montreal, QC, *pg.* 601
Buck, Brian - Account Planner, Media Department, PPOM, Research - SCOTWORK, Bedminster, NJ, *pg.* 291
Buck, Sebastian - Account Planner, PPOM - ENSO, Santa Monica, CA, *pg.* 68
Buckfelder, Cristina - Account Services, Operations, PPOM - CREATIVE SERVICES, High Point, NC, *pg.* 594
Buckler, Meagen - PPOM - EXTREME REACH, INC., Needham, MA, *pg.* 552
Buckley, Pat - Creative, PPOM - THE JOHNSON GROUP, Chattanooga, TN, *pg.* 420
Buckley, Thomas - PPOM - STAYINFRONT, Fairfield, NJ, *pg.* 169
Buckley, Linda - NBC, PPOM - KEF MEDIA ASSOCIATES, INC., Smyrna, GA, *pg.* 619
Budelmann, Kevin - PPOM - PEOPLE DESIGN, Grand Rapids, MI, *pg.* 194
Buechert, Courtney - PPOM - ELEVEN, INC., San Francisco, CA, *pg.* 67
Buergari, Abtin - PPOM - MODEL B, Washington, DC, *pg.* 251
Buerkle, Jason - Finance, PPOM - RFBINDER PARTNERS, INC., New York, NY, *pg.* 642
Buff, Bill - PPOM - STRATACOMM, INC., Washington, DC, *pg.* 650
Bukevicius, Tom - PPOM - SCUBE MARKETING, INC., Chicago, IL, *pg.* 677
Bukevicius, Diana - PPOM - SCUBE MARKETING, INC., Chicago, IL, *pg.* 677
Bukilica, Jana - Finance, PPOM - MJR CREATIVE GROUP, Fresno, CA, *pg.* 14
Buks, Deborah - PPOM - WARD CREATIVE COMMUNICATIONS, Bellaire, TX, *pg.* 659
Bulanti, Robin - PPOM - OFFLEASH, San Mateo, CA, *pg.* 633
Bulchandani, Devika - NBC, PPOM - MCCANN NEW YORK, New York, NY, *pg.* 108
Bullock, Ellis - NBC, PPOM - E. W. BULLOCK ASSOCIATES, Pensacola, FL, *pg.* 66
Bullock, Steve - Finance, PPOM - CERRELL ASSOCIATES, INC., Los Angeles, CA, *pg.* 589
Bulmer, Andrew - PPOM - ACTIVE INTERNATIONAL, Pearl River, NY, *pg.* 439
Bumgarner, Richard - Creative, PPOM - HERO MARKETING, San Francisco, CA, *pg.* 370
Buntemeyer, Krystle - NBC, PPOM - SCORR MARKETING, Kearney, NE, *pg.* 409
Buntin, Jr., Jeffrey - PPOM - THE

BUNTIN GROUP, Nashville, TN, *pg.* 148
Buntje, Grant - Account Services, NBC, PPOM - FOLKLORE DIGITAL, Minneapolis, MN, *pg.* 235
Buonasera, Teri - PPOM - BUONASERA MEDIA SERVICES, Columbia, SC, *pg.* 457
Buonasera, Howard - PPOM - BUONASERA MEDIA SERVICES, Columbia, SC, *pg.* 457
Buors, Steve - PPOM - RESHIFT MEDIA, Toronto, ON, *pg.* 687
Burak, Dan - NBC, PPOM - STERLING-RICE GROUP, Boulder, CO, *pg.* 413
Burch, Jessica - Creative, PPOM - AMMUNITION, Atlanta, GA, *pg.* 212
Burcham, Heather - Media Department, Operations, PPOM - BANIK COMMUNICATIONS, Great Falls, MT, *pg.* 580
Burdette, Karen - Account Services, NBC, PPOM - BURDETTE I KETCHUM, Jacksonville, FL, *pg.* 587
Burfeind, David - Account Planner, PPOM - THE VIA AGENCY, Portland, ME, *pg.* 154
Burfening, Jody - Finance, PPOM, Public Relations - LIPPERT / HEILSHORN & ASSOCIATES, INC., New York, NY, *pg.* 623
Burford, Doug - Creative, PPOM - BURFORD COMPANY, Richmond, VA, *pg.* 45
Burford, Nancy - Finance, PPOM - BURFORD COMPANY, Richmond, VA, *pg.* 45
Burg, Eric - NBC, PPOM - APPLE ROCK ADVERTISING & DISPLAY, Greensboro, NC, *pg.* 565
Burgess, Ron - Account Planner, Analytics, PPOM - RED FUSION MEDIA, Redlands, CA, *pg.* 132
Burgess, Molly - PPOM - RED FUSION MEDIA, Redlands, CA, *pg.* 132
Burgess, Laura - NBC, PPOM - LAURA BURGESS MARKETING, New Bern, NC, *pg.* 622
Burgess, Eric - NBC, PPOM - LAURA BURGESS MARKETING, New Bern, NC, *pg.* 622
Burgy, Beth - PPOM - BROADHEAD, Minneapolis, MN, *pg.* 337
Burke, Jack - PPOM - BURKE COMMUNICATIONS, Charlotte, NC, *pg.* 176
Burke, Chris - PPOM - BTB MARKETING COMMUNICATIONS, Raleigh, NC, *pg.* 44
Burke, Brian - PPOM - SMASHING IDEAS, Seattle, WA, *pg.* 266
Burke, Julie - Account Services, PPOM - GA CREATIVE, Bellevue, WA, *pg.* 361
Burkhart, Paul - PPOM - BURKHART MARKETING ASSOCIATES, INC., Indianapolis, IN, *pg.* 338
Burklin, Eddie - Finance, PPOM - RED MOON MARKETING, Charlotte, NC, *pg.* 404
Burlingame, Jonah - Interactive / Digital, Media Department, PPOM - EXTRACTABLE, INC., San Francisco, CA, *pg.* 233

RESPONSIBILITIES INDEX

AGENCIES

Burn, Sam - Management, PPOM - CAYENNE CREATIVE, Birmingham, AL, pg. 49
Burness, Andy - PPOM - BURNESS COMMUNICATIONS, Bethedsa, MD, pg. 587
Burnett, Aaron - PPOM - WHEELHOUSE DIGITAL MARKETING GROUP, Seattle, WA, pg. 678
Burnette, Kevin - PPOM, Public Relations - MODCRAFT, Boulder, CO, pg. 628
Burnette, Shanna - PPOM, Public Relations - MODCRAFT, Boulder, CO, pg. 628
Burns, Michael - PPOM - BURNS360, Dallas, TX, pg. 587
Burns, Annie - PPOM - GMMB, Washington, DC, pg. 364
Burns, Michael - PPOM - BURNS GROUP, New York, NY, pg. 338
Burns, Kate - NBC, PPOM - LEADING AUTHORITIES, INC., Washington, DC, pg. 622
Burns, Scott - Creative, PPOM - THE GEORGE P. JOHNSON COMPANY, San Carlos, CA, pg. 316
Burns, Mike - PPOM - BURNS MARKETING, Loveland, CO, pg. 219
Burns, Mariellen - PPOM - REGAN COMMUNICATIONS GROUP, Providence, RI, pg. 642
Burnside, Robert - Human Resources, Operations, PPOM - KETCHUM, New York, NY, pg. 542
Burrell, Mark - PPOM - TONGAL, Santa Monica, CA, pg. 20
Burridge, Pete - PPOM - GREENHOUSE PARTNERS, Boulder, CO, pg. 8
Burris, Jack - PPOM - 54 BRANDS, Charlotte, NC, pg. 321
Burton, Bill - PPOM - MITHOFF BURTON PARTNERS, El Paso, TX, pg. 115
Burton, Chana - PPOM - MITHOFF BURTON PARTNERS, El Paso, TX, pg. 115
Burton, Benji - Account Services, Media Department, PPOM - THE OSTLER GROUP, Sandy, UT, pg. 422
Burton, Scott - Interactive / Digital, PPOM - HYFN, Los Angeles, CA, pg. 240
Burwell, Lisa Marie - NBC, PPOM - CORNERSTONE MARKETING & ADVERTISING, Santa Rosa Beach, FL, pg. 53
Burwell, Gerald - PPM, PPOM - CORNERSTONE MARKETING & ADVERTISING, Santa Rosa Beach, FL, pg. 53
Buscemi, John - PPOM - TRICOMB2B, Dayton, OH, pg. 427
Busch, Keith - Finance, PPOM - HITCHCOCK FLEMING & ASSOCIATES, INC. , Akron, OH, pg. 86
Bush, Mark - Creative, PPOM - AMPM, INC. , Midland, MI, pg. 325
Bush, Nora - Finance, PPOM - SPECIALISTS MARKETING SERVICES, INC. , Hasbrouck Heights, NJ, pg. 292
Bushee, Richard - NBC, PPOM - MSP, Freedom, PA, pg. 289

Bushee, Steven - PPOM - TRUE SENSE MARKETING, Freedom, PA, pg. 293
Bushnell, Alissa - Account Services, PPOM - 104 WEST PARTNERS, Denver, CO, pg. 573
Buss, Brody - PPOM - LAYER ONE MEDIA, INC., Milwaukee, WI, pg. 245
Bussan, Tracy - Account Services, PPOM - MKG, New York, NY, pg. 311
Butcher, Andrew - PPOM - MILNER BUTCHER MEDIA GROUP, Los Angeles, CA, pg. 491
Butcher, Somers - PPOM - ADVANCE DESIGN INTERACTIVE, Lower Gwynedd, PA, pg. 211
Butin, Mary - PPOM - THE BUTIN GROUP, St. Simons Island, GA, pg. 652
Butler, John - PPOM - BUTLER, SHINE, STERN & PARTNERS, Sausalito, CA, pg. 45
Butler, Larry - PPOM - AWESTRUCK, Culver City, CA, pg. 691
Butler, Thomas - PPOM - BUTLER ASSOCIATES PUBLIC RELATIONS, New York, NY, pg. 587
Butler, Michael - Finance, PPOM - CREATIVE CHANNEL SERVICES, LLC, Los Angeles, CA, pg. 567
Butler, Sue - PPOM - BUTLER / TILL, Rochester, NY, pg. 457
Butler, John - Management, PPOM - PARTNERS RILEY LTD., Cleveland, OH, pg. 125
Butler, Cathy - Account Planner, Account Services, Interactive / Digital, Management, NBC, Operations, PPOM - ORGANIC, INC., New York, NY, pg. 256
Butler, Paul - Operations, PPOM - SPARKS & HONEY, New York, NY, pg. 450
Butler, Ricky Ray - Operations, PPOM - BRANDED ENTERTAINMENT NETWORK, INC., Sherman Oaks, CA, pg. 297
Butler, Brian - PPOM - VISTRA COMMUNICATIONS, LLC, Lutz, FL, pg. 658
Butters, Keith - Interactive / Digital, NBC, PPOM - FORSMAN & BODENFORS, New York, NY, pg. 74
Butwinick, Rich - Creative, NBC, PPOM - MARKETINGLAB, Minneapolis, MN, pg. 568
Butz, Terry - PPOM - TERRY L. BUTZ CREATIVE INCORPORATED, Waterloo, IA, pg. 148
Butzer, Jake - PPOM - ROCKET55, Minneapolis, MN, pg. 264
Buyer, Chuck - Management, PPOM - BUYER ADVERTISING, INC., Newton, MA, pg. 338
Buzzeo, Diane - PPOM - ABILITY COMMERCE, Delray Beach, FL, pg. 209
Bychkov-Suloti, Liza - PPOM - SHADOW PUBLIC RELATIONS, New York, NY, pg. 646
Byers, Scott - Creative, PPOM - LEHIGH MINING & NAVIGATION, Allentown, PA, pg. 97
Bynum, Cary - PPOM - BLR FURTHER, Birmingham, AL, pg. 334
Byrd, Nicholas - Finance, PPOM -

ESSENCE, San Francisco, CA, pg. 232
Byrd, Justin S. - PPOM - TEAM VELOCITY MARKETING, Herndon, VA, pg. 418
Byrne, Mike - Creative, PPOM - ANOMALY, New York, NY, pg. 325
Byrne, Marlene - PPOM - CELTIC MARKETING, INC., Morton Grove, IL, pg. 341
Byrnes, Chris - PPOM - CHARLEX, INC., New York, NY, pg. 220
Byrom, Roger - PPOM - ADDISON, New York, NY, pg. 171
Byrom-Haley, Ellie - Creative, PPOM - GECKO GROUP , West Chester, PA, pg. 184
Bystrov, Will - Creative, PPOM - MUSTACHE, Brooklyn, NY, pg. 252
Byun, Jae-Won - Management, PPOM - PAL8 MEDIA, INC., Santa Barbara, CA, pg. 503
Cabalo, Orlando - Finance, PPOM - BIG IMAGINATION GROUP, Los Angeles, CA, pg. 685
Caban, Pete - NBC, PPOM - MEKANISM, Seattle, WA, pg. 113
Cacioppo, Dave - PPOM - EMFLUENCE, LLC, Kansas City, MO, pg. 231
Cacioppo, Chris - Operations, PPOM - EMFLUENCE, LLC, Kansas City, MO, pg. 231
Cacy, Kasha - PPOM - ENGINE, New York, NY, pg. 231
Cady, Angela - Media Department, PPOM - FRWD, Minneapolis, MN, pg. 235
Cafarelli, Brad - PPOM - ROGERS & COWAN/PMK*BNC, New York, NY, pg. 644
Caffee, Dan - PPOM - NEUTRON INTERACTIVE, Sandy, UT, pg. 253
Caguin, Mike - Creative, PPOM - COLLE MCVOY, Minneapolis, MN, pg. 343
Cahalane, Noreen - Account Services, PPOM - THE MERZ GROUP, West Chester, PA, pg. 19
Cahill, John - PPOM - O'NEILL & ASSOCIATES, Boston, MA, pg. 633
Cahill, Adam - Interactive / Digital, Media Department, Operations, PPOM - DIGILANT, Boston, MA, pg. 464
Cahill, Claudia - Media Department, PPOM - OMD WEST, Los Angeles, CA, pg. 502
Cahill, Joseph - Account Planner, NBC, PPOM - STRAIGHT NORTH, LLC, Downers Grove, IL, pg. 267
Cain, Bev - PPOM - SANDELMAN & ASSOCIATES, Irving, TX, pg. 449
Cain, Rosaria - Media Department, PPOM - KNOODLE SHOP, Phoenix, AZ, pg. 95
Caiozzo, Paul - Creative, PPOM - INTERESTING DEVELOPMENT, New York, NY, pg. 90
Calabria, Christopher - Finance, PPOM - TUKAIZ, Franklin Park, IL, pg. 427
Calamese, Byron - Management, Media Department, PPOM - ZENO GROUP, New York, NY, pg. 664
Calder, Frank - PPOM - CALDER

AGENCIES
RESPONSIBILITIES INDEX

BATEMAN COMMUNICATIONS, Edmonton, AB, *pg.* 339
Calder, Thane - NBC, PPOM - CLOUDRAKER, Montreal, QC, *pg.* 5
Caldera, Doreen - Creative, PPOM - SALTWORKS, Boston, MA, *pg.* 197
Caldera, Paul - Creative, PPOM - SALTWORKS, Boston, MA, *pg.* 197
Calderon, Christina - Creative, Operations, PPOM - JB CHICAGO, Chicago, IL, *pg.* 188
Calderon, Kenia - Media Department, PPOM - SILTANEN & PARTNERS ADVERTISING, El Segundo, CA, *pg.* 410
Calderone, Jeff - Management, PPOM - ELEVATED THIRD, Denver, CO, *pg.* 230
Caldwell, David - Account Services, Management, PPOM - GTB, Dallas, TX, *pg.* 80
Caldwell, Chris - Management, PPOM - BRIGGS & CALDWELL, Houston, TX, *pg.* 456
Caldwell, Paul - PPOM - CK ADVERTISING, Lakewood, CO, *pg.* 220
Calhoun, Cathy - NBC, PPOM - WEBER SHANDWICK, Chicago, IL, *pg.* 661
Calingasan, Cherie - Management, PPOM - HORIZON MEDIA, INC., New York, NY, *pg.* 474
Calise, Charlie - PPOM - IMAGINUITY, Dallas, TX, *pg.* 373
Calise, Jennifer - PPOM - FISHBAT, Patchogue, NY, *pg.* 234
Call, Tracy - NBC, PPOM - MEDIA BRIDGE ADVERTISING, Minneapolis, MN, *pg.* 484
Callaghan, Ben - PPOM - FATHOM, West Hartford, CT, *pg.* 234
Callahan, Ed - Account Planner, Creative, PPOM - PLANIT, Baltimore, MD, *pg.* 397
Callahan, Anne - PPOM - KOR GROUP, Boston, MA, *pg.* 189
Callahan, Sharon - PPOM - TBWA\WORLDHEALTH, New York, NY, *pg.* 147
Callahan, Amy - NBC, PPOM - COLLECTIVE BIAS, LLC, Rogers, AR, *pg.* 221
Callahan-Poe, Kelly - PPOM - WILLIAMS WHITTLE, Alexandria, VA, *pg.* 432
Callan, Sheri - PPOM - CALLAN ADVERTISING COMPANY, Burbank, CA, *pg.* 457
Callaway, Caroline - PPOM - BOLT PR, Raleigh, NC, *pg.* 585
Callegari, Cathy - PPOM - CATHY CALLEGARI PUBLIC RELATIONS, INC., New York, NY, *pg.* 589
Callif, Dustin - Interactive / Digital, PPOM - TOOL OF NORTH AMERICA, Santa Monica, CA, *pg.* 564
Callis, Cliff - PPOM - CALLIS & ASSOCIATES, Sedalia, MO, *pg.* 46
Calori, Chris - Creative, PPOM - CALORI & VANDEN-EYNDEN, LTD., New York, NY, *pg.* 176
Calta, Kathy - NBC, PPOM - BARTON COTTON, Baltimore, MD, *pg.* 37
Calusdian, David - NBC, PPOM - SHARON MERRILL ASSOCIATES, INC., Boston, MA, *pg.* 646

Calvert, Cynthia - PPOM - STEEP CREEK MEDIA, Humble, TX, *pg.* 557
Calvert, Carol - PPOM - MEDIA PARTNERS, Tualatin, OR, *pg.* 386
Calvin, Helen - Finance, PPOM - JELLYVISION LAB, Chicago, IL, *pg.* 377
Cambron, Jeff - NBC, PPOM - MUSTACHE, Brooklyn, NY, *pg.* 252
Camenzuli, Allison - Creative, PPOM - KELLETT COMMUNICATIONS, Yellowknife, NT, *pg.* 94
Camera, Dominic - PPOM - DOM CAMERA & COMPANY, LLC, New York, NY, *pg.* 464
Camera, Chris - PPOM - DOM CAMERA & COMPANY, LLC, New York, NY, *pg.* 464
Cameron, Joe - Finance, PPOM - CAMERON ADVERTISING, Hauppauge, NY, *pg.* 339
Cameron, Ewen - PPOM - BERLIN CAMERON, New York, NY, *pg.* 38
Cameron, Shane - Interactive / Digital, Management, NBC, PPOM - OMD CANADA, Toronto, ON, *pg.* 501
Cameron, Tim - PPOM - FLEXPOINT MEDIA, Arlington, VA, *pg.* 74
Cameron, Doug - Creative, NBC, PPOM - DCX GROWTH ACCELERATOR, Brooklyn, NY, *pg.* 58
Camilleri, Robert - Human Resources, PPOM - PUBLICIS NORTH AMERICA, New York, NY, *pg.* 399
Camp, Roger - Creative, PPOM - CAMP + KING, San Francisco, CA, *pg.* 46
Camp, Tom - Creative, PPOM - POCKET HERCULES, Minneapolis, MN, *pg.* 398
Campanelli, David - Finance, PPOM - HORIZON MEDIA, INC., New York, NY, *pg.* 474
Campbell, Jennifer - Account Services, PPOM - HOT DISH ADVERTISING, Minneapolis, MN, *pg.* 87
Campbell, Ian - Management, Operations, PPOM - ABERNATHY MACGREGOR GROUP, Los Angeles, CA, *pg.* 574
Campbell, Stewart - Finance, PPOM - TRACYLOCKE, Irving, TX, *pg.* 683
Campbell, Alex - PPOM - VIBES MEDIA, Chicago, IL, *pg.* 535
Campbell, Eric - Account Planner, Account Services, Management, NBC, PPOM - VMLY&R, New York, NY, *pg.* 160
Campbell, David - Operations, PPOM - CHERNOFF NEWMAN, Columbia, SC, *pg.* 341
Campbell, Alistair - Account Services, Management, NBC, PPOM - THE HYBRID CREATIVE, Santa Rosa, CA, *pg.* 151
Campbell, Paige - PPOM - GRADY BRITTON ADVERTISING, Portland, OR, *pg.* 78
Campbell, Alan - PPOM - MARCA MIAMI, Coconut Grove, FL, *pg.* 104
Campbell, Tommy - Creative, PPOM - BROTHERS & CO., Tulsa, OK, *pg.* 43
Campbell, Deidre - Finance, PPOM - EDELMAN, New York, NY, *pg.* 599
Campe, Cathleen - Interactive /

Digital, Media Department, Operations, PPOM - RPA, Santa Monica, CA, *pg.* 134
Campion, Eileen - NBC, PPOM - ROSLAN & CAMPION PUBLIC RELATIONS, LLC, New York, NY, *pg.* 644
Campion, Margy - Operations, PPOM - NOVUS MEDIA, INC., Plymouth, MN, *pg.* 497
Campione, Bart - NBC, PPOM - THIRD WAVE DIGITAL, Macon, GA, *pg.* 270
Campisano, Kathleen - Creative, NBC, PPOM - CHIZCOMM, North York, ON, *pg.* 50
Campisteguy, Maria Elena - PPOM - METROPOLITAN GROUP, Portland, OR, *pg.* 387
Campos, Yvonne - PPOM - CAMPOS INC, Pittsburgh, PA, *pg.* 443
Campos, Julio - Creative, PPOM - CAMPOS CREATIVE WORKS, Santa Monica, CA, *pg.* 303
Canadeo, Ernest - NBC, PPOM - EGC MEDIA GROUP, INC., Melville, NY, *pg.* 354
Canady, Kathy - Analytics, PPOM, Research - THE BUNTIN GROUP, Nashville, TN, *pg.* 148
Canarelli, Mike - Management, PPOM - WEB TALENT MARKETING, Lancaster, PA, *pg.* 276
Cancelmo, Tom - PPOM - BOYD TAMNEY CROSS, Wayne, PA, *pg.* 42
Cancilla, Chris - Creative, PPOM - ARC WORLDWIDE, Chicago, IL, *pg.* 327
Candee, Paige - PPOM, Public Relations - 10E MEDIA, Las Vegas, NV, *pg.* 573
Candelario, Jennifer - Interactive / Digital, PPOM - DROGA5, New York, NY, *pg.* 64
Candiotti, Fred - Creative, PPOM - CGT MARKETING, LLC, Amityville, NY, *pg.* 49
Candullo, Michael - Operations, PPOM - PATH INTERACTIVE, INC., New York, NY, *pg.* 256
Cane-Zaske, Kelly - Media Department, PPOM - GASLIGHT CREATIVE, St. Cloud, MN, *pg.* 361
Canfield, Zach - Human Resources, PPOM - GOODBY, SILVERSTEIN & PARTNERS, San Francisco, CA, *pg.* 77
Canfield, Taylor - PPOM - DAVIES COMMUNICATIONS, Santa Barbara, CA, *pg.* 595
Cangemi, Elise - Human Resources, PPOM - GOOD APPLE DIGITAL, New York, NY, *pg.* 466
Cann, Jay - Interactive / Digital, PPOM - MACQUARIUM, INC., Atlanta, GA, *pg.* 247
Cannella, Frank - PPOM - CANNELLA RESPONSE TELEVISION, Burlington, WI, *pg.* 281
Cannella, Frank - PPOM - CANNELLA RESPONSE TELEVISION, Los Angeles, CA, *pg.* 457
Cannon, James - Finance, PPOM - BBDO WORLDWIDE, New York, NY, *pg.* 331
Cantor, Lowell - Operations, PPOM - BLUE CHIP MARKETING & COMMUNICATIONS, Northbrook, IL,

1839

RESPONSIBILITIES INDEX — AGENCIES

pg. 334
Capan, Faruk - PPOM - INTOUCH SOLUTIONS, INC., Overland Park, KS, pg. 242
Capece, Dave - PPOM - SPARXOO AGENCY, Tampa, FL, pg. 17
Capobianco, Fabrizio - Management, PPOM - FUNAMBOL, Foster City, CA, pg. 533
Caporino, Jarod - NBC, PPOM - RESOLUTE DIGITAL, LLC, New York, NY, pg. 263
Capper, Peter - NBC, PPOM - BVK, Milwaukee, WI, pg. 339
Capps, Heather - PPOM - HCK2 PARTNERS, Addison, TX, pg. 613
Carabello, Joe - PPOM - CPR COMMUNICATIONS, Hasbrouck Heights, NJ, pg. 345
Carabello, Laura - Creative, PPOM - CPR COMMUNICATIONS, Hasbrouck Heights, NJ, pg. 345
Carafello, Bill - PPOM - TRANS WORLD MARKETING, East Rutherford, NJ, pg. 202
Caraher, Lee - PPOM - DOUBLE-FORTE, San Francisco, CA, pg. 230
Carango, Rich - Creative, PPOM - SCHUBERT COMMUNICATIONS. INC., Downingtown, PA, pg. 139
Carbone, Kenneth - Creative, PPOM - CARBONE SMOLAN AGENCY, New York, NY, pg. 176
Carbone, Steve - Interactive / Digital, PPOM - MEDIACOM, New York, NY, pg. 487
Carbonneau, Tom - Finance, PPOM - BOLIN MARKETING, Minneapolis, MN, pg. 41
Carden, Matthew - PPOM - 1220 EXHIBITS, INC., Nashville, TN, pg. 301
Cardenas, Henry - PPOM - CARDENAS MARKETING NETWORK, Chicago, IL, pg. 303
Cardenas, Jaime - PPOM - AC&M GROUP, Charlotte, NC, pg. 537
Cardinal, Michelle - Media Department, PPOM - RAIN, Portland, OR, pg. 402
Cardona, Maria - PPOM - DEWEY SQUARE GROUP, Washington, DC, pg. 597
Carew, Eileen - PPOM - DIRECT ASSOCIATES, Natick, MA, pg. 62
Carey, George - PPOM - THE FAMILY ROOM, Norwalk, CT, pg. 450
Carey, Melody - PPOM - RX COMMUNICATIONS GROUP, New York, NY, pg. 645
Carey, Jeremy - Account Services, Management, PPOM - OPTIMUM SPORTS, New York, NY, pg. 394
Carhart, Ryan - Finance, PPOM - AUDIENCEX, Marina Del Rey, CA, pg. 35
Carkeet, Bill - NBC, PPOM - ODEN MARKETING & DESIGN, Memphis, TN, pg. 193
Carl, Christian - Creative, PPOM - 160OVER90, Philadelphia, PA, pg. 1
Carlberg, Chuck - PPOM - RICHARDS CARLBERG, Dallas, TX, pg. 406
Carlberg, Gayl - PPOM - RICHARDS CARLBERG, Dallas, TX, pg. 406
Carleton, Christopher - PPOM - CHEN PR, INC., Boston, MA, pg. 590
Carley, Brian - Creative, Interactive / Digital, PPOM - ROKKAN, LLC, New York, NY, pg. 264
Carli, Steve - PPOM - RED URBAN, Toronto, ON, pg. 405
Carlin, Kristin - Account Services, Management, PPOM - OMD ENTERTAINMENT, Burbank, CA, pg. 501
Carlioz, Remi - Creative, NBC, PPOM - BEAUTIFUL DESTINATIONS, New York, NY, pg. 38
Carlisi, Cathy - Creative, PPOM - BRIGHTHOUSE, LLC, Atlanta, GA, pg. 43
Carlisle, Allen - Account Services, NBC, PPOM - ADI MEDIA, San Antonio, TX, pg. 171
Carlson, Janet - Creative, PPOM - ONE ELEVEN INTERACTIVE, INC., Cornwall, CT, pg. 255
Carlson, Jan - PPOM - POLARIS MARKETING RESEARCH, Atlanta, GA, pg. 449
Carlson, Ken - Creative, PPOM - BIG MACHINE DESIGN, Burbank, CA, pg. 174
Carlson, Andrew - Account Services, Creative, Interactive / Digital, PPOM - ORGANIC, INC., New York, NY, pg. 256
Carlson, Mark - Account Planner, NBC, PPOM - LAUGHLIN CONSTABLE, INC., Milwaukee, WI, pg. 379
Carlson, Leslie - PPOM - BRINK COMMUNICATIONS, Portland, OR, pg. 337
Carlson, Ron - PPOM - GRAVITY.LABS, Chicago, IL, pg. 365
Carlson, Jr., Bill - PPOM - TUCKER / HALL, INC., Tampa, FL, pg. 657
Carlton, Rory - Creative, PPOM - ARKETI GROUP, Atlanta, GA, pg. 578
Carlton, Dan - PPOM - THE PARAGRAPH PROJECT, Durham, NC, pg. 152
Carman, Cindy - PPOM - MQ&C ADVERTISING, INC., Austin, TX, pg. 389
Carmen, David - PPOM - CARMEN GROUP, Washington, DC, pg. 588
Carmichael, Alan - Operations, PPOM - MOXLEY CARMICHAEL, Knoxville, TN, pg. 629
Carmichael, Angela - Management, PPOM - FLEISHMANHILLARD HIGHROAD, Toronto, ON, pg. 606
Carney, Hampton - PPOM - PAUL WILMOT COMMUNICATIONS, New York, NY, pg. 636
Carney, MT - PPOM - UNTITLED WORLDWIDE, New York, NY, pg. 157
Carollo, Rose - Account Planner, NBC, PPOM - J3, New York, NY, pg. 480
Carone, Christa - Operations, PPOM - CSM SPORTS & ENTERTAINMENT, New York, NY, pg. 55
Carpenter, Lee - NBC, PPOM - CHANGEUP, Cincinnati, OH, pg. 5
Carpenter, Doug - PPOM - DOUG CARPENTER & ASSOCIATES, LLC, Memphis, TN, pg. 64
Carpenter, Polly - PPOM - CARPENTER GROUP, New York, NY, pg. 48
Carpenter, Mary - Account Services, Management, NBC, PPOM - PHD CHICAGO, Chicago, IL, pg. 504
Carpenter, Phill - Creative, PPOM - REDONK MARKETING, Plano, TX, pg. 405
Carpenter, Shar - PPOM - REDONK MARKETING, Plano, TX, pg. 405
Carpenter, Jonathan - Creative, Interactive / Digital, Media Department, PPOM - DVL SEIGENTHALER, Nashville, TN, pg. 599
Carpenter, Mark - Account Services, Interactive / Digital, Management, Media Department, PPOM - NO FIXED ADDRESS INC., Toronto, ON, pg. 120
Carpenter, Michael - Creative, PPOM - ADMIRABLE DEVIL, Washington, DC, pg. 27
Carpenter, Kim - PPOM - HCB HEALTH, Austin, TX, pg. 83
Carpenter, Kristin - PPOM - VERDE BRAND COMMUNICATIONS, Durango, CO, pg. 658
Carpenter-Ogden, Kristin - NBC, PPOM - VERDE BRAND COMMUNICATIONS, Durango, CO, pg. 658
Carr, Robert - PPOM - CARR MARKETING COMMUNICATIONS, INC., Buffalo, NY, pg. 588
Carr, Cheryl - Operations, PPOM - CARR MARKETING COMMUNICATIONS, INC., Buffalo, NY, pg. 588
Carr, Reid - PPOM - RED DOOR INTERACTIVE, San Diego, CA, pg. 404
Carr, Nigel - Account Planner, Management, NBC, PPOM - THE TOMBRAS GROUP, Knoxville, TN, pg. 424
Carr, Trevor - PPOM - NOISE DIGITAL, Vancouver, BC, pg. 254
Carr-Rodriguez, Judith - PPOM - FIG, New York, NY, pg. 73
Carrino, Larry - PPOM - BRUSTMAN CARRINO PUBLIC RELATIONS, Miami, FL, pg. 587
Carroll, Mark - NBC, PPOM - BANDY CARROLL HELLIGE, Louisville, KY, pg. 36
Carroll, Brent - PPOM - CARROLL WHITE ADVERTISING, Atlanta, GA, pg. 340
Carroll, Tom - PPOM - TBWA \ CHIAT \ DAY, New York, NY, pg. 416
Carroll, Kristin - PPOM - RESCUE SOCIAL CHANGE GROUP, San Diego, CA, pg. 133
Carroll, Dave - Creative, PPOM - RSD MARKETING, New York, NY, pg. 197
Carroll, Christopher - Finance, PPOM - INTERPUBLIC GROUP OF COMPANIES, New York, NY, pg. 90
Carroll, Morgan - Creative, Management, PPOM - DIGITAS, Chicago, IL, pg. 227
Carroll, Patrick - Interactive / Digital, NBC, PPOM - NUTRACLICK, Boston, MA, pg. 255
Carroll, Justin - Creative, PPOM - HAMAGAMI/CARROLL, INC., Los Angeles, CA, pg. 185

1840

AGENCIES

RESPONSIBILITIES INDEX

Carson, Jonathan - PPOM - THE TRADE DESK, New York, NY, pg. 520
Carsten, Brad - PPOM - NOCOAST ORIGINALS, Saint Louis, MO, pg. 312
Cartagena, Frank - Creative, PPOM - THE COMMUNITY, Miami Beach, FL, pg. 545
Carter, Gail - Account Planner, Account Services, PPOM - SCHAFER CONDON CARTER, Chicago, IL, pg. 138
Carter, Bill - NBC, PPOM - FUSE, LLC, Vinooski, VT, pg. 8
Carter, Angela - Operations, PPOM - CALYPSO, Portsmouth, NH, pg. 588
Carter, Jed - Creative, NBC, PPOM - MK12 STUDIOS, Kansas City, MO, pg. 191
Carter, J.J. - Management, PPOM - FLEISHMANHILLARD, San Francisco, CA, pg. 605
Cartin, Stephanie - PPOM - SOCIALFLY, New York, NY, pg. 688
Carton, Sean - NBC, PPOM - IDFIVE, Baltimore, MD, pg. 373
Cartwright, Vanessa - Account Services, Management, NBC, PPOM - FLUID, INC., New York, NY, pg. 235
Caruso, John - Creative, PPOM - MCD PARTNERS, New York, NY, pg. 249
Caruso, David F. - Operations, PPOM - UNITED ENTERTAINMENT GROUP, New York, NY, pg. 299
Caruso, Dom - PPOM - BBDO CANADA, Toronto, ON, pg. 330
Carver, Nathan - Interactive / Digital, Media Department, PPOM - DENTSU AEGIS NETWORK, New York, NY, pg. 61
Carver, Deonna - Finance, PPOM - ON IDEAS, Jacksonville, FL, pg. 394
Casale, Tony - PPOM - INTEGRATED MARKETING SERVICES, INC., Princeton, NJ, pg. 375
Casamayor, Luis - Creative, PPOM - REPUBLICA HAVAS, Miami, FL, pg. 545
Casas, Ray - PPOM - WRAGG & CASAS PUBLIC RELATIONS, INC., Miami, FL, pg. 663
Cascella, Dana - NBC, PPOM, Public Relations - GROUPM, New York, NY, pg. 466
Case, Bob - Creative, PPOM - THE LAVIDGE COMPANY, Phoenix, AZ, pg. 420
Case, Dave - NBC, PPOM - DJ CASE & ASSOCIATES, Mishawaka, IN, pg. 597
Caserta, Joseph - Creative, PPOM - DSC ADVERTISING, Philadelphia, PA, pg. 66
Casey, Lynn - PPOM - PADILLA, Minneapolis, MN, pg. 635
Casey, Barbara - PPOM - CASEY & SAYRE, INC., Malibu, CA, pg. 589
Casey, Brendan - PPOM - EPIC OUTDOOR ADVERTISING, Rapid City, SD, pg. 552
Casey, Brendan - Management, PPOM - UPSIDE COLLECTIVE, Albany, NY, pg. 428
Casey, R.J. - PPOM - REDTREE PRODUCTIONS, Boston, MA, pg. 563
Cashman, Tony - PPOM - CASHMAN & KATZ INTEGRATED COMMUNICATIONS, Glastonbury, CT, pg. 340

Cashman, Nicole - PPOM - CASHMAN & ASSOCIATES, Philadelphia, PA, pg. 589
Caspari, Matt - Creative, PPOM - CASPARI MCCORMICK, Wilmington, DE, pg. 340
Cassell, Charley - Finance, PPOM - VIBES MEDIA, Chicago, IL, pg. 535
Cassels, David - NBC, PPOM - CCL BRANDING, Winston-Salem, NC, pg. 176
Casserly, Robert - Interactive / Digital, Management, PPOM - AGENCY UNDERGROUND, Minneapolis, MN, pg. 1
Cassese, Marco - Creative, PPOM - ACENTO ADVERTISING, INC., Santa Monica, CA, pg. 25
Cassidy, John - PPOM - THE YAFFE GROUP, Southfield, MI, pg. 154
Cassidy, Sean - PPOM - DKC PUBLIC RELATIONS, New York, NY, pg. 597
Cassidy, Michael - PPOM - BRAND VALUE ACCELERATOR, San Diego, CA, pg. 42
Cassidy, JD - Management, PPOM - SAATCHI & SAATCHI WELLNESS, New York, NY, pg. 137
Cassino, Chris - Operations, PPOM - REFUEL AGENCY, New York, NY, pg. 507
Castellanos, Emilio - PPOM - AVANTI INTERACTIVE, LLC, Beverly Hills, CA, pg. 214
Castellini, Bridget - Operations, PPOM - WORDSWORTH COMMUNICATIONS, Cincinnati, OH, pg. 663
Castle, Dana - PPOM - FUNCTION:, Atlanta, GA, pg. 184
Castle, Jon - PPOM - TBWA \ CHIAT \ DAY, New York, NY, pg. 416
Castro, Marcelo - PPOM - MARKETLOGIC, Miami, FL, pg. 383
Catalano, Robert - Creative, PPOM - B&P ADVERTISING, Las Vegas, NV, pg. 35
Catalano, Andrew - Interactive / Digital, Media Department, PPOM - AUSTIN & WILLIAMS ADVERTISING, Hauppauge, NY, pg. 328
Catalano, Rob - Creative, PPOM - B&P ADVERTISING, Las Vegas, NV, pg. 35
Catapano, Frank - Management, PPOM - REACH AGENCY, Santa Monica, CA, pg. 196
Cate, Molly - PPOM - JARRARD PHILLIPS CATE & HANCOCK, Brentwood, TN, pg. 616
Cate, John - PPOM - MEDIASMITH, INC. , San Francisco, CA, pg. 490
Caterisano, Katerina - Creative, PPOM - NETWORK DESIGN & COMMUNICATIONS, New York, NY, pg. 253
Cates, Bob - Account Planner, PPOM - TEN PEAKS MEDIA, Boerne, TX, pg. 269
Cato, Jon - PPOM - OBJECT 9, Atlanta, GA, pg. 14
Cato, Justin - PPOM - RIPCORD DIGITAL, INC., Huntington Beach, CA, pg. 264
Catucci, Deirdre - NBC, PPOM - MADISON AVENUE SOCIAL, New York,

NY, pg. 103
Caudill, Michael - PPOM - DRIVEN 360, Manhattan Beach, CA, pg. 598
Caufield, Chad - PPOM - MMB, Boston, MA, pg. 116
Cavadi, Alycia - PPOM - MOMENTUM MEDIA PR, Boulder, CO, pg. 628
Cavagnaro, Nataly - Account Services, Management, Media Department, PPOM - UNIVERSAL MCCANN, New York, NY, pg. 521
Cavallaro, Rick - NBC, PPOM, Research - SPORTVISION, Fremont, CA, pg. 266
Cavallaro, Mike - Creative, PPOM - MUNROE CREATIVE PARTNERS, Philadelphia, PA, pg. 192
Cavallaro, Nicole - Account Services, Interactive / Digital, Media Department, PPOM - WAVEMAKER, New York, NY, pg. 526
Cavallo, Kristen - PPOM - THE MARTIN AGENCY, Richmond, VA, pg. 421
Cavanah, Cassandra - PPOM, Public Relations - MWEBB COMMUNICATIONS , Culver City, CA, pg. 630
Cavazzini, Frank - Finance, PPOM - VMLY&R, New York, NY, pg. 160
Cavness, Barbara - Interactive / Digital, PPOM - (UN)COMMON LOGIC, Austin, TX, pg. 671
Cawood, Liz - NBC, PPOM - CAWOOD, Eugene, OR, pg. 340
Caywood, Scott - NBC, PPOM - CCL BRANDING, Winston-Salem, NC, pg. 176
Cecchetto, Cheryl - NBC, PPOM - SEQUOIA PRODUCTIONS, Los Angeles, CA, pg. 314
Cecere, Tim - Human Resources, PPOM - MINDSHARE, New York, NY, pg. 491
Cecere, Michael - PPOM - FOXX ADVERTISING & DESIGN, Toronto, ON, pg. 184
Cecere, Joe - Creative, PPOM - LITTLE & COMPANY , Minneapolis, MN, pg. 12
Ceglarski, Sarah - Media Department, NBC, PPM, PPOM - OMELET, Culver City, CA, pg. 122
Centolella, Richard D. - PPOM - EDSA , Fort Lauderdale, FL, pg. 181
Centra, Melissa - PPOM - EVIEW 360 CORPORATION, Farmington Hills, MI, pg. 182
Ceradini, Dave - Creative, PPOM - CERADINI BRAND DESIGN, Brooklyn, NY, pg. 177
Cerami, Nick - PPOM - CERAMI WORLDWIDE COMMUNICATIONS, INC., Fairfield, NJ, pg. 49
Ceraso, Allison - PPOM - HAVAS HEALTH & YOU, New York, NY, pg. 82
Cercone, Len - PPOM - CERCONE BROWN COMPANY, Boston, MA, pg. 341
Ceresoli, Tony - Management, PPOM - AD PARTNERS, INC., Tampa, FL, pg. 26
Cerone, Justin - Creative, PPOM - LINCOLN DIGITAL GROUP, West Palm Beach, FL, pg. 246
Cerri, Martin - Creative, PPOM - UPSTREAMERS, Lomita, CA, pg. 428

1841

RESPONSIBILITIES INDEX — AGENCIES

Cerruti, James - Account Planner, NBC, PPOM, Research - TENET PARTNERS, Norwalk, CT, pg. 19

Cervera, Tina - Creative, Interactive / Digital, PPOM - LIPPE TAYLOR, New York, NY, pg. 623

Cesvet, Bertrand - PPOM - SID LEE, Montreal, QC, pg. 140

Chaba, Sy - Account Planner, Account Services, Finance, Management, PPOM - KELLY, SCOTT & MADISON, INC., Chicago, IL, pg. 482

Chadwell, Keith - Operations, PPOM - SOURCELINK, LLC, Greenville, SC, pg. 292

Chadwick, Michael - NBC, PPOM - CCM, INC., New York, NY, pg. 341

Chaffin, Jimmy - Interactive / Digital, Media Department, PPOM - DVL SEIGENTHALER, Nashville, TN, pg. 599

Chakraborty, Adris - PPOM - MEDIAMORPHOSIS, Astoria, NY, pg. 543

Chaleunsouk, Kampi - Account Services, PPOM - INK LINK MARKETING LLC, Miami Lakes, FL, pg. 615

Chamberlin, Matt - Media Department, PPOM - MINDSHARE, Atlanta, GA, pg. 493

Chambers, Sherri - Account Services, Media Department, NBC, PPOM - 360I, LLC, New York, NY, pg. 320

Chambers, Chris - PPOM - MJM CREATIVE, New York, NY, pg. 311

Chambers, Grant - PPOM - WORKHORSE MARKETING, Austin, TX, pg. 433

Chamlin, Andrew - NBC, PPOM - MCCANN HEALTH NEW YORK, New York, NY, pg. 108

Chan, Joanne - Account Services, PPOM - TURNER DUCKWORTH, San Francisco, CA, pg. 203

Chan, Elle - PPM, PPOM - TRADEMARK EVENT PROMOTIONS, INC., San Francisco, CA, pg. 317

Chan, Ming - PPOM - THE1STMOVEMENT, LLC, Pasadena, CA, pg. 270

Chandler, Seth - PPOM - DCA / DCPR, Jackson, TN, pg. 58

Chandler, Daniel - Creative, PPOM - SID LEE, Culver City, CA, pg. 141

Chane Abend, Sarah - Account Services, PPOM - RDIALOGUE, Atlanta, GA, pg. 291

Chang, Theresa - Account Services, PPOM - MEDIACOM, New York, NY, pg. 487

Chang, Howard - PPOM - THE TURN LAB INC., Toronto, ON, pg. 425

Chang, Sung - Creative, PPOM - MRM//MCCANN, New York, NY, pg. 289

Chang, Sarah - Media Department, PPOM - MINDSHARE, New York, NY, pg. 491

Chankowsky, Allen - Account Services, NBC, PPOM - MBC MARKETING, INC., Toronto, ON, pg. 568

Chankowsky, Marvin - PPOM - MBC MARKETING, INC., Toronto, ON, pg. 568

Channon, Parker - Creative, NBC, PPOM - DUNCAN CHANNON, San Francisco, CA, pg. 66

Chanofsky, Jordan - PPOM - FUSION PUBLIC RELATIONS, New York, NY, pg. 607

Chantres, Melisa - Interactive / Digital, Media Department, PPOM, Programmatic - EVERETT CLAY ASSOCIATES, INC., Miami, FL, pg. 602

Chapin, Harry - PPOM - FORGE WORLDWIDE, Boston, MA, pg. 183

Chaplick, Marion - Account Services, Management, PPOM - RAZORFISH HEALTH, Philadelphia, PA, pg. 262

Chapman, Nathan - NBC, PPOM - FIRMIDABLE, New Orleans, LA, pg. 73

Chapman, David - PPOM - 919 MARKETING, Holly Springs, NC, pg. 574

Chapman, Kirsten - PPOM - LIPPERT / HEILSHORN & ASSOCIATES, INC., San Francisco, CA, pg. 623

Chapman, Errol - Finance, PPOM - ENTERPRISE CANADA, Toronto, ON, pg. 231

Chapman, Michael - PPOM - THE MARTIN AGENCY, Richmond, VA, pg. 421

Chapman, Marci - Management, PPOM - ZORCH, Chicago, IL, pg. 22

Chappell, Colleen - PPOM - CHAPPELLROBERTS, Tampa, FL, pg. 341

Chaput, Rob - NBC, PPOM - LIGHTHOUSE, INC., Marietta, GA, pg. 11

Charbonneau, Paul - PPOM - HCA MINDBOX, Windsor, ON, pg. 83

Charles, Allan - Creative, PPOM - TBC, Baltimore, MD, pg. 416

Charlet, Lindsey - PPOM - HUB COLLECTIVE, LTD., Portland, OR, pg. 186

Charlton, Peter - Creative, PPOM - RICOCHET PARTNERS, Portland, OR, pg. 406

Charlton, Craig - PPOM - SUGARCRM, Cupertino, CA, pg. 169

Charlton-Perrin, Donna - Creative, PPOM - OGILVY, Chicago, IL, pg. 393

Charney, Paul - PPOM - FUNWORKS, Oakland, CA, pg. 75

Charriez, Awilda - Finance, Operations, PPOM - THE GATE WORLDWIDE, New York, NY, pg. 419

Chartrand, Gary - PPOM - ACOSTA, INC., Jacksonville, FL, pg. 322

Chase, Julie - PPOM - CHASE COMMUNICATIONS, San Francisco, CA, pg. 590

Chase, Meredith - Management, PPOM - SWIFT, Portland, OR, pg. 145

Chasinov, Nick - PPOM - TEKNICKS, Point Pleasant Beach, NJ, pg. 677

Chassaignac, Henry - Creative, PPOM - ZEHNDER COMMUNICATIONS, INC., Nashville, TN, pg. 436

Chater, Paul - PPOM - MARSHALL FENN COMMUNICATIONS, Toronto, ON, pg. 625

Chauvin, Jude - Finance, Operations, PPOM - TRUMPET ADVERTISING, New Orleans, LA, pg. 157

Chavez, Steve - Creative, PPOM - GARAGE TEAM MAZDA, Costa Mesa, CA, pg. 465

Chavez, Wayne - PPOM - IMM, Boulder, CO, pg. 373

Chavez, Tom - PPOM - SALESFORCE DMP, San Francisco, CA, pg. 409

Chavez, David - PPOM - INGENUITY, Mission, KS, pg. 187

Chavez, Sarah - Management, PPOM - INGENUITY, Mission, KS, pg. 187

Chawla, Amit - PPOM - FUNAMBOL, Foster City, CA, pg. 533

Cheetwood, Derk - Analytics, PPOM - ETCH MARKETING, Franklin, TN, pg. 357

Chen, Joshua - Creative, PPOM - CHEN DESIGN ASSOCIATES, Oakland, CA, pg. 177

Chen, Terry - PPOM - FUSE INTERACTIVE, Laguna Beach, CA, pg. 235

Chen, Jia - Management, Media Department, NBC, PPOM, Public Relations - HAVAS MEDIA GROUP, New York, NY, pg. 468

Chen, Christine - Account Planner, Account Services, Creative, Media Department, PPOM - INITIATIVE, New York, NY, pg. 477

Chen Smith, Szu Ann - Account Services, PPOM - HELLO DESIGN, Culver City, CA, pg. 238

Chepigin, Martine - Account Planner, PPOM - INC DESIGN, New York, NY, pg. 187

Chernick, Randi - Account Planner, Account Services, Media Department, PPOM - MINDSHARE, New York, NY, pg. 491

Cheronis, Amy - Account Services, Interactive / Digital, Management, Media Department, PPOM, Public Relations - MSLGROUP, Chicago, IL, pg. 629

Cherpeski, Pat - Finance, PPOM - INTERCOMMUNICATIONS, INC., Newport Beach, CA, pg. 375

Chesebro, Jeff - PPOM - PRINCETON PARTNERS, INC., Princeton, NJ, pg. 398

Chesney, Andrew - PPOM - FUNDAMENTAL MEDIA, Boston, MA, pg. 465

Chevalier, Greg - NBC, PPOM - CHEVALIER ADVERTISING, INC., Lake Oswego, OR, pg. 342

Chiam, Valerie - NBC, Operations, PPOM - TEAM EPIPHANY, New York, NY, pg. 652

Chiarelli, Rick - Account Services, Management, NBC, PPOM - GALE, New York, NY, pg. 236

Chiavegato, David - Creative, PPOM - GRIP LIMITED, Toronto, ON, pg. 78

Chichester, Lavall - NBC, PPOM - JUMPCREW, Nashville, TN, pg. 93

Chidester, Becky - PPOM - WUNDERMAN HEALTH, New York, NY, pg. 164

Chidley, Bill - NBC, PPOM - CHANGEUP, Cincinnati, OH, pg. 5

Chieffalo, Sal - Finance, PPOM - MEDIASSOCIATES, INC., Sandy Hook,

AGENCIES

RESPONSIBILITIES INDEX

CT, pg. 490
Childress, Stephen - Creative, PPOM - SCOPPECHIO, Louisville, KY, pg. 409
Ching, Chris - Creative, PPOM - ELEMENT 8, Honolulu, HI, pg. 67
Chiorando, Rick - Creative, Management, PPOM - AUSTIN & WILLIAMS ADVERTISING, Hauppauge, NY, pg. 328
Chipparoni, Guy - NBC, PPOM - RES PUBLICA GROUP, Chicago, IL, pg. 642
Chiricosta, Meredith - Account Services, PPOM, Public Relations - BIGFISH PR, Boston, MA, pg. 685
Chisholm, Don - Creative, PPOM - DOSSIER CREATIVE, Vancouver, BC, pg. 180
Chitwood, Ken - PPOM - SASQUATCH, Portland, OR, pg. 138
Chlopak, Robert - PPOM - CLS STRATEGIES, Washington, DC, pg. 591
Choate, David - Operations, PPOM - CONVENTURES, INC., Boston, MA, pg. 685
Chodnicki, Chris - NBC, PPOM - R2INTEGRATED, Baltimore, MD, pg. 261
Choe, Kyong - Finance, Operations, PPOM - REPEQUITY, Washington, DC, pg. 263
Choi, Choon - Operations, PPOM - HEARST AUTOS, San Francisco, CA, pg. 238
Choi, Brent - Creative, Interactive / Digital, PPOM - DDB CANADA, Toronto, ON, pg. 224
Choi, Jiah - PPOM - ANOMALY, Venice, CA, pg. 326
Choudhury, Wasim - Finance, PPOM - MCD PARTNERS, New York, NY, pg. 249
Choudhury, Raj - NBC, PPOM - BRIGHTWAVE MARKETING, INC., Atlanta, GA, pg. 219
Chovanec, Tina - PPOM - IMAGE MAKERS ADVERTISING, INC., Brookfield, WI, pg. 88
Chown, Jeff - PPOM, Public Relations - THE MARKETING ARM, Dallas, TX, pg. 316
Christenson, Pat - PPOM - LAS VEGAS EVENTS, Las Vegas, NV, pg. 310
Christian, Bryan - Account Services, PPOM - PROOF ADVERTISING, Austin, TX, pg. 398
Christiansen, Richard - Creative, PPOM - CHANDELIER CREATIVE, New York, NY, pg. 49
Christiansen, Ryan - PPOM - NTOOITIVE DIGITAL, Las Vegas, NV, pg. 254
Christiansen, Scott - PPOM - ROOT3 GROWTH MARKETING, Chicago, IL, pg. 408
Christianson, Dennis - PPOM - ANTHOLOGY MARKETING GROUP, Honolulu, HI, pg. 326
Christie, Gillian - PPOM - CHRISTIE & CO., Santa Barbara, CA, pg. 50
Christoffel, Ken - PPOM - BROWN COMMUNICATIONS GROUP, INC., Regina, SK, pg. 338
Christofferson, Bill - PPOM - FORESIGHT GROUP, Lansing, MI, pg. 74

Christopherson, Valerie - NBC, PPOM - GLOBAL RESULTS COMMUNICATIONS, Irvine, CA, pg. 608
Christou, Chris - Management, PPOM - BOOZ ALLEN HAMILTON, McLean, VA, pg. 218
Chu, Lisa - PPOM - TEAM EPIPHANY, New York, NY, pg. 652
Chuipek, Trish - Account Services, PPOM - UNIVERSAL MCCANN, New York, NY, pg. 521
Chuku, Yusuf - Account Planner, Management, Operations, PPOM - VMLY&R, New York, NY, pg. 160
Chun, Jake - Management, Media Department, PPOM - MINDSHARE, New York, NY, pg. 491
Chung, Seung - NBC, PPOM - CASHMERE AGENCY, Los Angeles, CA, pg. 48
Chung, Ted - PPOM - CASHMERE AGENCY, Los Angeles, CA, pg. 48
Chura, Joe - PPOM - LAUNCH DIGITAL MARKETING, Naperville, IL, pg. 245
Church, Stanley - Creative, PPOM - WALLACE CHURCH, INC., New York, NY, pg. 204
Church, Geno - NBC, PPOM - BRAINS ON FIRE, Greenville, SC, pg. 691
Church, Jeremy - Management, PPOM - WORDWRITE COMMUNICATIONS, Pittsburgh, PA, pg. 663
Churchill, Christine - NBC, PPOM - KEYRELEVANCE, Lucas, TX, pg. 675
Chynoweth, Gwen - Human Resources, PPOM - MACCABEE GROUP PUBLIC RELATIONS, Minneapolis, MN, pg. 624
Ciafardini, Tony - NBC, PPOM - TCAA, Dedham, MA, pg. 519
Ciampi Jr., Lou - PPOM - INDEPENDENT GRAPHICS INC., Wyoming, PA, pg. 374
Cicatiello, Anthony - PPOM - CN COMMUNICATIONS INTERNATIONAL, INC., Chatham, NJ, pg. 591
Cieslak, Jason - Management, NBC, PPOM - SIEGEL & GALE, Los Angeles, CA, pg. 17
Cieslak, Lisa - Finance, PPOM - GMR MARKETING, New Berlin, WI, pg. 306
Cilli, Darryl - PPOM - 160OVER90, Philadelphia, PA, pg. 1
Cimba, John - PPOM - GENERAL LEARNING COMMUNICATIONS, Skokie, IL, pg. 466
Cimperman, John - Account Services, Management, PPOM - FUSEIDEAS, LLC, Buffalo, NY, pg. 306
Cinque, Adam - Finance, PPOM - ALLIED INTEGRATED MARKETING, Cambridge, MA, pg. 576
Cioffi, Tara - Account Services, Management, Media Department, PPOM - M/SIX, New York, NY, pg. 482
Cipollini, Dominick - PPOM - KEYSTONE OUTDOOR ADVERTISING, Cheltenham, PA, pg. 553
Circe, Brett - Interactive / Digital, PPOM - STARMARK INTERNATIONAL, INC., Fort Lauderdale, FL, pg. 412
Circosta, Jared - Interactive / Digital, NBC, PPOM - AMALGAM, Los Angeles, CA, pg. 324

Ciulla, Sam - Creative, PPOM - CIULLA & ASSOCIATES, Chicago, IL, pg. 177
Clancy, Robert - PPOM - SPIRAL DESIGN STUDIO, LLC, Cohoes, NY, pg. 199
Claps, Louis - NBC, PPOM - EXCLAIM!, Palatine, IL, pg. 182
Clarey, John - Creative, PPOM - YOLO SOLUTIONS, Clarkston, MI, pg. 436
Clark, Betty - Management, PPOM - CP MEDIA SERVICES, INC., Dublin, OH, pg. 463
Clark, Nancy - NBC, PPOM - DRIVE BRAND STUDIO, North Conway, NH, pg. 64
Clark, Tena - NBC, PPOM - DMI MUSIC & MEDIA SOLUTIONS, Pasadena, CA, pg. 567
Clark, Steve - PPOM - G.F. ADVERTISING, Mitchell, SD, pg. 75
Clark, Peter - PPOM - CLARK & HUOT, Winnipeg, MB, pg. 342
Clark, Sarah - PPOM - MITCHELL, Fayetteville, AR, pg. 627
Clark, Michael - NBC, PPOM - BEEBY CLARK+MEYLER, Stamford, CT, pg. 333
Clark, Jackie - PPOM - CLARK COMMUNICATIONS, Clarksburg, MD, pg. 591
Clark, Kelly - Management, PPOM - GROUPM, New York, NY, pg. 466
Clark, James - PPOM - ROOM 214, Boulder, CO, pg. 264
Clark, Danielle - Management, PPOM - EDELMAN, San Francisco, CA, pg. 601
Clark, Dan - PPOM - JAM3, Toronto, ON, pg. 243
Clark, Jim - Creative, PPOM - BLIND SOCIETY, Scottsdale, AZ, pg. 40
Clark, William - PPOM - THE MARKETING ARM, Dallas, TX, pg. 316
Clark, Andrew - Management, Media Department, PPOM - HUMANAUT, Chattanooga, TN, pg. 87
Clark, Marlea - NBC, PPOM - STELLA RISING, Westport, CT, pg. 518
Clark, Gregor - PPOM - HIKER, New York, NY, pg. 239
Clark, Jon - PPOM - ADK GROUP, Boston, MA, pg. 210
Clark, Roberta - Finance, PPOM - ESPARZA ADVERTISING, Albuquerque, NM, pg. 68
Clark, George - PPOM - ATHORN, CLARK & PARTNERS, New York, NY, pg. 2
Clarke, Richard - Account Services, PPOM - FIFTEEN DEGREES, New York, NY, pg. 358
Clarke, Stephanie - PPOM - HAMILTON INK PUBLICITY & MEDIA RELATIONS, Mill Valley, CA, pg. 611
Clarke, David - Interactive / Digital, NBC, PPOM - PWC DIGITAL SERVICES, Hallandale Beach, FL, pg. 260
Clarke, Amy - PPOM - PEGGY LAURITSEN DESIGN GROUP, Minneapolis, MN, pg. 194
Clarke, Peter - PPOM - PRODUCT VENTURES, Fairfield, CT, pg. 196

RESPONSIBILITIES INDEX — AGENCIES

Clarke, Patti - Human Resources, PPOM - HAVAS NEW YORK, New York, NY, *pg.* 369
Clarke, Chris - PPOM - PURE GROWTH, New York, NY, *pg.* 507
Clarke, Kim - Finance, PPOM - DIGITAL KITCHEN, Chicago, IL, *pg.* 225
Clarke, Darren - Creative, PPOM - MCCANN CANADA, Toronto, ON, *pg.* 384
Clarke, Brad - PPOM - DCG ONE, Seattle, WA, *pg.* 58
Clarke-Stone, Tricia - PPOM - WP NARRATIVE_, New York, NY, *pg.* 163
Claudio, Solange - Operations, PPOM - MOXIE, Atlanta, GA, *pg.* 251
Clausen, Greg - Management, Media Department, PPOM - SPARK FOUNDRY, Chicago, IL, *pg.* 510
Clay, Whit - PPOM - SLOANE & COMPANY, New York, NY, *pg.* 647
Clay, Bruce - PPOM - BRUCE CLAY, INC., Simi Valley, CA, *pg.* 672
Clayman, Larry - Account Planner, Account Services, NBC, PPOM - CLAYMAN & ASSOCIATES, Marietta, OH, *pg.* 51
Cleary, Michael - PPOM - HUEMOR, New York, NY, *pg.* 239
Cleaver, Leigh Ann - PPOM - SAGE, Kansas City, MO, *pg.* 645
Cleckler, Tracey - PPOM - YOU SQUARED MEDIA, Houston, TX, *pg.* 436
Clem, Toni - Operations, PPOM - SCOPPECHIO, Louisville, KY, *pg.* 409
Clemens, Jay - NBC, PPOM - TURTLEDOVE CLEMENS, INC., Portland, OR, *pg.* 427
Clemens, Carri - Finance, PPOM - LINHART PUBLIC RELATIONS, Denver, CO, *pg.* 622
Clements, Stephen - Creative, PPOM - Y MEDIA LABS, Redwood City, CA, *pg.* 205
Cleveland, Beth - Management, NBC, PPOM - PRAYTELL, Brooklyn, NY, *pg.* 258
Clevenger, Penny - Finance, PPOM - JACOBS & CLEVENGER, INC., Chicago, IL, *pg.* 286
Clevenger, Trae - Account Planner, Analytics, PPOM - ANSIRA, Addison, TX, *pg.* 326
Clifford, Kristin - Media Department, PPOM - MEDIA CONNECT, New York, NY, *pg.* 485
Clifton, Robert - Creative, PPOM - TEN35, Chicago, IL, *pg.* 147
Coffey Clark, Ben - NBC, PPOM - BULLY PULPIT INTERACTIVE, Washington, DC, *pg.* 45
Clilche, David - PPOM - THE MARKETING DEPARTMENT, London, ON, *pg.* 420
Climer, Nicholas - Creative, PPOM - RAPP WORLDWIDE, Irving, TX, *pg.* 291
Cline, Richard - PPOM - VOCE COMMUNICATIONS, A PORTER NOVELLI COMPANY, San Francisco, CA, *pg.* 658
Cline, Jennifer - Operations, PPOM - ABC CREATIVE GROUP, Syracuse, NY, *pg.* 322
Clippinger, Josie - Finance, PPOM - DMW WORLDWIDE, LLC, Chesterbrook, PA, *pg.* 282
Clochard-Bossuet, Nicolas - Operations, PPOM - JCDECAUX NORTH AMERICA, New York, NY, *pg.* 553
Cloud, Jerome - PPOM - CLOUD GEHSHAN ASSOCIATES, Philadelphia, PA, *pg.* 177
Clough, Karen - Operations, PPOM - MISSY FARREN & ASSOCIATES, LTD., New York, NY, *pg.* 627
Clune, Shannon - PPOM - MODOP, Los Angeles, CA, *pg.* 251
Clurman, Andrew - PPOM - ACTIVE INTEREST MEDIA, Boulder, CO, *pg.* 561
Coad, Richard - Creative, PPOM - MDB COMMUNICATIONS, INC., Washington, DC, *pg.* 111
Coady, Zoe - PPOM - BRANDSTYLE COMMUNICATIONS, New York, NY, *pg.* 585
Coates, Jeanie - PPOM - COATES KOKES, INC., Portland, OR, *pg.* 51
Coats, David - Creative, PPOM - SLINGSHOT, LLC, Dallas, TX, *pg.* 265
Cobb, Dan - PPOM - DANIEL BRIAN ADVERTISING, Rochester, MI, *pg.* 348
Coble, Katherine - PPOM - BORSHOFF, Indianapolis, IN, *pg.* 585
Coburn Disanto, Shirine - PPOM - COBURN COMMUNICATIONS, New York, NY, *pg.* 591
Cochran, Jeremy - PPOM - IRIS, New York, NY, *pg.* 376
Cochran, Beth - PPOM - WIRED PR, Phoenix, AZ, *pg.* 663
Cochrane, Laura - Creative, PPOM - LEXPR, Toronto, ON, *pg.* 622
Cocke, Tom - Creative, PPOM - THE BUNTIN GROUP, Nashville, TN, *pg.* 148
Cody, Steve - PPOM - PEPPERCOMM, INC., New York, NY, *pg.* 687
Coe, Scott - PPOM - CULTIVATOR ADVERTISING & DESIGN, Denver, CO, *pg.* 178
Coe, Kevin - Interactive / Digital, PPOM - THE MX GROUP, Burr Ridge, IL, *pg.* 422
Coen, Joel - Interactive / Digital, PPOM - COMMIT AGENCY, Chandler, AZ, *pg.* 343
Coffey, Alan - PPOM - COFFEY COMMUNICATIONS, Walla Walla, WA, *pg.* 281
Coffey, Jane - Operations, PPOM - COFFEY COMMUNICATIONS, Walla Walla, WA, *pg.* 281
Coffey, Megan - Creative, PPOM - SPRINGBOX, Austin, TX, *pg.* 266
Coffin, Steve - NBC, PPOM - GBSM, Denver, CO, *pg.* 607
Coffman, Emily - PPOM - IGOE CREATIVE, Greenville, NC, *pg.* 373
Cogswell Baskin, Elizabeth - Creative, PPOM - TRIBE, INC., Atlanta, GA, *pg.* 20
Cohan, Jennifer - Management, PPOM - EDELMAN, New York, NY, *pg.* 599
Cohan, Cathy - NBC, PPOM - THE BURNETT COLLECTIVE, New York, NY, *pg.* 669
Cohen, Mark - Creative, PPOM - COHEN GROUP, Houston, TX, *pg.* 51
Cohen, Larry - PPOM - GLYPHIX, West Hills, CA, *pg.* 76
Cohen, Jon - PPOM - CORNERSTONE AGENCY, New York, NY, *pg.* 53
Cohen, Arthur - PPOM - LAPLACA COHEN ADVERTISING, New York, NY, *pg.* 379
Cohen, Brad - Management, PPOM - ICR, New York, NY, *pg.* 615
Cohen, Norty - PPOM - MOOSYLVANIA, Saint Louis, MO, *pg.* 568
Cohen, Brian - NBC, PPOM - VISITURE, Charleston, SC, *pg.* 678
Cohen, Stacey - PPOM - CO-COMMUNICATIONS INC., White Plains, NY, *pg.* 685
Cohen, Leslie - PPOM - LAURA DAVIDSON PUBLIC RELATIONS, New York, NY, *pg.* 622
Cohen, Brian - PPOM - MATCHMG, Norwalk, CT, *pg.* 248
Cohen, Doug - Account Services, Management, PPOM - STERN ADVERTISING, INC., Cleveland, OH, *pg.* 413
Cohen, Maurice - PPOM - JMW CONSULTANTS, INC., Stamford, CT, *pg.* 10
Cohen, Mark - PPOM - COHEN-FRIEDBERG ASSOCIATES, Framingham, MA, *pg.* 343
Cohen, Daniel - PPOM - FULL COURT PRESS COMMUNICATIONS, Oakland, CA, *pg.* 607
Cohen, Jeff - NBC, PPOM - EARTHBOUND BRANDS, New York, NY, *pg.* 7
Cohen, Jordan - NBC, PPOM - NORTH 6TH AGENCY, New York, NY, *pg.* 633
Cohen, Daniel - Administrative, Media Department, Operations, PPOM - OCTAGON, New York, NY, *pg.* 313
Cohn, Jeff - NBC, PPOM - COHN MARKETING, INC., Denver, CO, *pg.* 51
Cohn, David - PPOM - CIVIC ENTERTAINMENT GROUP, New York, NY, *pg.* 566
Cohn, Scott - Creative, PPOM - BARKER, New York, NY, *pg.* 36
Cohn, Alex - Account Services, NBC, PPOM - ZAMBEZI, Culver City, CA, *pg.* 165
Cohn, Ryan - PPOM - SACHS MEDIA GROUP, Tallahassee, FL, *pg.* 645
Colaiacovo, Anne - Management, NBC, PPOM - ALLISON+PARTNERS, New York, NY, *pg.* 576
Colangelo, Gino - NBC, PPOM - COLANGELO & PARTNERS, New York, NY, *pg.* 591
Colantropo, Sofia - NBC, PPOM - OMD, New York, NY, *pg.* 498
Colasanti, John - PPOM - SOLVE, Minneapolis, MN, *pg.* 17
Colborn, Chris - Creative, Interactive / Digital, Management, PPOM - LIPPINCOTT, New York, NY, *pg.* 189
Colcord, Alexander - Interactive / Digital, Media Department, PPOM - MINDSHARE, New York, NY, *pg.* 491
Cole, Glenn - Creative, PPOM - 72ANDSUNNY, Playa Vista, CA, *pg.* 23
Cole, Brenda - Finance, PPOM -

1844

AGENCIES

RESPONSIBILITIES INDEX

MORGAN + COMPANY, New Orleans, LA, *pg.* 496
Cole, John - Creative, PPOM - COLE CREATIVE, Boston, MA, *pg.* 51
Cole, Denise - Creative, PPOM - JULIET, Toronto, ON, *pg.* 11
Cole, Elyse - PPOM - DID AGENCY, Ambler, PA, *pg.* 62
Coleman, John - PPOM - THE VIA AGENCY, Portland, ME, *pg.* 154
Coleman, Scott - NBC, PPOM - STEELE+, Alpharetta, GA, *pg.* 412
Coleman, Kyong - Account Planner, Account Services, Management, Media Department, PPOM - OMD, New York, NY, *pg.* 498
Coleman, Rebecca - PPOM - SOMETHING MASSIVE, Los Angeles, CA, *pg.* 266
Colen, Gary - PPOM - AMP AGENCY, Boston, MA, *pg.* 297
Coles, Teresa - PPOM - RIGGS PARTNERS, West Columbia, SC, *pg.* 407
Coles, Barbara - PPOM - COLES MARKETING COMMUNICATIONS, Indianapolis, IN, *pg.* 591
Collard, Jeff - NBC, PPOM - EBERLY & COLLARD PUBLIC RELATIONS, Atlanta, GA, *pg.* 599
Collida, Susan - PPOM - NOSTRUM, INC., Long Beach, CA, *pg.* 14
Collier, Cathy - PPOM - OMD CANADA, Toronto, ON, *pg.* 501
Colling, Brian - NBC, PPOM - COLLING MEDIA, Scottsdale, AZ, *pg.* 51
Colling, Peter - NBC, Operations, PPOM - COLLING MEDIA, Scottsdale, AZ, *pg.* 51
Collins, Ron - PPOM - NUCLEUS MEDICAL MEDIA, Kennesaw, GA, *pg.* 254
Collins, Mike - Account Services, PPOM - SKAR ADVERTISING, Omaha, NE, *pg.* 265
Collins, Stacy - Finance, PPOM - RPMC, INC., Calabasas, CA, *pg.* 569
Collins, David - Creative, PPOM - GRAFIK MARKETING COMMUNICATIONS, Alexandria, VA, *pg.* 185
Collins, Brian - Creative, PPOM - COLLINS:, New York, NY, *pg.* 177
Collins, Marcus - Interactive / Digital, Management, NBC, PPOM, Social Media - DONER, Southfield, MI, *pg.* 63
Collins, Scott - Management, PPOM - ARIA MARKETING, INC., Newton, MA, *pg.* 441
Collins, Ed - PPOM - AMUSEMENT PARK, Santa Ana, CA, *pg.* 325
Collins, Sue - Account Services, PPOM - RAIN, Portland, OR, *pg.* 402
Collins, Michael - Management, PPOM - DDB NEW YORK, New York, NY, *pg.* 59
Collins, David - Interactive / Digital, PPOM - INNIS MAGGIORE GROUP, Canton, OH, *pg.* 375
Collins, Paul - PPOM - SAGEPATH, INC., Atlanta, GA, *pg.* 409
Collmer, Alex - NBC, PPOM - VIDMOB, New York, NY, *pg.* 690
Colonna, Kristen - Account Services, Media Department, Operations, PPOM - OMD, New York, NY, *pg.* 498
Colotti, Agostino - Finance, Operations, PPOM - AFG&, New York, NY, *pg.* 28
Colson, Grady - Operations, PPOM - MADDEN MEDIA, Tucson, AZ, *pg.* 247
Coltrin, Steve - PPOM - COLTRIN & ASSOCIATES, New York, NY, *pg.* 592
Colucci, Nick - PPOM - PUBLICIS HEALTH, New York, NY, *pg.* 639
Colvin, Alan - Creative, PPOM - CUE, INC., Minneapolis, MN, *pg.* 6
Colwell, Ashley - Account Planner, Account Services, Media Department, PPOM - MINDSHARE, New York, NY, *pg.* 491
Combs, Barbara - Creative, PPOM - GRAVITY DESIGN, INC., Seattle, WA, *pg.* 185
Comito, John - Finance, PPOM - YOH, Philadelphia, PA, *pg.* 277
Command, Lauren - Account Services, PPOM, Programmatic - AMNET, New York, NY, *pg.* 454
Commesso, Barbara - NBC, PPOM - IN PLACE MARKETING, Tampa, FL, *pg.* 374
Commesso, Joe - Account Services, Finance, PPOM - IN PLACE MARKETING, Tampa, FL, *pg.* 374
Comotto, Mary Anne - Finance, PPOM - PARTNERS FOR INCENTIVES, Cleveland, OH, *pg.* 569
Compoc, Marten - Interactive / Digital, PPOM - PARTY LAND, Marina Del Rey, CA, *pg.* 125
Condon, Tim - PPOM - SCHAFER CONDON CARTER, Chicago, IL, *pg.* 138
Condon, John - Creative, PPOM - THE DISTILLERY PROJECT, Chicago, IL, *pg.* 149
Condron, Philip - NBC, PPOM - CONDRON MEDIA, Clarks Green, PA, *pg.* 52
Conino, Sal - PPOM - MEDIA PARTNERS, INC., Raleigh, NC, *pg.* 486
Conkling, Gary - PPOM - CONKLING FISKUM & MCCORMICK, Portland, OR, *pg.* 592
Conn, Grad - NBC, PPOM - SPRINKLR, New York, NY, *pg.* 688
Connally, Jenny - NBC, PPOM - AD PLACE, Addison, TX, *pg.* 26
Connaughton, Jennifer - Finance, PPOM - INNOVATIVE ADVERTISING, Mandeville, LA, *pg.* 375
Connaughton, Jay - PPOM - INNOVATIVE ADVERTISING, Mandeville, LA, *pg.* 375
Connelly, Steve - Creative, PPOM - CONNELLY PARTNERS, Boston, MA, *pg.* 344
Connelly, Jennifer - PPOM - JENNIFER CONNELLY PUBLIC RELATIONS, New York, NY, *pg.* 617
Conner, Ed - Finance, PPOM - GENERAL LEARNING COMMUNICATIONS, Skokie, IL, *pg.* 466
Conner, Addie - Interactive / Digital, NBC, PPOM - DECODED ADVERTISING, New York, NY, *pg.* 60
Conner, Doug - PPOM - OUTDOOR NATION, Signal Mountain, TN, *pg.* 554
Connolly, John - Creative, PPOM - IDEAS ON PURPOSE, New York, NY, *pg.* 186
Connolly, Reid - PPOM - EVOKE HEALTH, New York, NY, *pg.* 69
Connor, Tim - PPOM - SHAMROCK COMPANIES, INC., Westlake, OH, *pg.* 291
Connors, Tom - NBC, PPOM - ADWORKSHOP & INPHORM, Lake Placid, NY, *pg.* 323
Connors, Adele - PPOM - ADWORKSHOP & INPHORM, Lake Placid, NY, *pg.* 323
Connors, Julie - Finance, PPOM - INTERPUBLIC GROUP OF COMPANIES, New York, NY, *pg.* 90
Connors III, John - PPOM - BOATHOUSE GROUP, INC., Waltham, MA, *pg.* 40
Conover, Cecelia - NBC, PPOM - CONOVER, San Diego, CA, *pg.* 178
Conover, Dave - Creative, PPOM - CONOVER, San Diego, CA, *pg.* 178
Conover, Fred - NBC, PPOM - CTP, Boston, MA, *pg.* 347
Conrad, Joseph - PPOM - CACTUS MARKETING COMMUNICATIONS, Denver, CO, *pg.* 339
Conrad, Craig - Account Planner, Management, NBC, PPOM - DONER, Southfield, MI, *pg.* 63
Conrad, Patti - Finance, PPOM - ZILKER MEDIA, Austin, TX, *pg.* 665
Conrad, Brock - Creative, PPOM - VSA PARTNERS, INC., Chicago, IL, *pg.* 204
Conrad, John - PPOM - MERRITT GROUP PUBLIC RELATIONS, McLean, VA, *pg.* 627
Conrado, Thelma - NBC, PPOM - POS OUTDOOR MEDIA, Grapevine, TX, *pg.* 556
Conroy, C. L. - NBC, PPOM - CONROY / MARTINEZ GROUP, Coral Gables, FL, *pg.* 592
Constantine, Michelle - Operations, PPOM - GRAHAM GROUP, Lafayette, LA, *pg.* 365
Constantinople, Alexandra - PPOM - THE OUTCAST AGENCY, San Francisco, CA, *pg.* 654
Constanza, Gloria - PPOM - D. EXPOSITO & PARTNERS, New York, NY, *pg.* 539
Conti, Patti - PPOM - HMT ASSOCIATES, INC., Broadview Heights, OH, *pg.* 681
Contreras, Rhonda - Management, NBC, PPOM - THE RICHARDS GROUP, INC., Dallas, TX, *pg.* 422
Converse, Tricia - NBC, PPOM - SELBERT PERKINS DESIGN, Playa Del Rey, CA, *pg.* 198
Conway, Jay - Account Services, PPOM - RDW GROUP, Providence, RI, *pg.* 403
Conway, Maite - Management, NBC, PPOM - WAGSTAFF WORLDWIDE, Los Angeles, CA, *pg.* 659
Conway, Jr., Bill - PPOM - CONWAY MARKETING COMMUNICATIONS, Knoxville, TN, *pg.* 53

RESPONSIBILITIES INDEX — AGENCIES

Cook, Fred - PPOM - GOLIN, Chicago, IL, *pg.* 609
Cook, Tom - Creative, NBC, PPOM - BEAR IN THE HALL, New York, NY, *pg.* 2
Cook, Ellen - Management, PPOM - THE INTEGER GROUP - DALLAS, Dallas, TX, *pg.* 570
Cook, Jon - PPOM - VMLY&R, Kansas City, MO, *pg.* 274
Cook, BJ - PPOM - DIGITAL OPERATIVE, INC., San Diego, CA, *pg.* 225
Cook, Andrea - PPOM - FCB/SIX, Toronto, ON, *pg.* 358
Cook, Tiffany - Account Services, Management, PPOM - WE COMMUNICATIONS, Bellevue, WA, *pg.* 660
Cook, Kevin - Operations, PPOM - EDELMAN, Chicago, IL, *pg.* 353
Cook, Rex - PPOM - AVATAR LABS, Encino, CA, *pg.* 214
Cooke, Lynnette - PPOM - WPP KANTAR MEDIA, New York, NY, *pg.* 163
Cooke, Brandon - Management, NBC, PPOM - FCB NEW YORK, New York, NY, *pg.* 357
Cooke, Craig - PPOM - RHYTHM, Irvine, CA, *pg.* 263
Cookerly, Carol - NBC, PPOM - COOKERLY PUBLIC RELATIONS INC., Atlanta, GA, *pg.* 593
Cooksey, Gail - NBC, PPOM - COOKSEY COMMUNICATIONS, Irving, TX, *pg.* 593
Cooley, James - Interactive / Digital, Media Department, PPOM - MINDSHARE, New York, NY, *pg.* 491
Cooley, Debra - Finance, PPOM - POWER, Louisville, KY, *pg.* 398
Coomer, David - Creative, PPOM - CORNETT INTEGRATED MARKETING SOLUTIONS, Lexington, KY, *pg.* 344
Cooney, Jim - Creative, PPOM - PRIMEDIA, Warwick, RI, *pg.* 506
Cooney, Bill - PPOM - MEDPOINT COMMUNICATIONS, Evanston, IL, *pg.* 288
Cooney, Tom - Interactive / Digital, PPOM - MEDPOINT COMMUNICATIONS, Evanston, IL, *pg.* 288
Cooper, Clay - Creative, NBC, PPOM - PLAN B, Chicago, IL, *pg.* 397
Cooper, Jay - Account Services, PPOM - ARCHER MALMO, Memphis, TN, *pg.* 32
Cooper, Marc - Interactive / Digital, PPOM - JUNCTION59, Toronto, ON, *pg.* 378
Cooper, Lonnie - PPOM - CSE, INC., Atlanta, GA, *pg.* 6
Cooper, Jamie - PPOM - DRAKE COOPER, Boise, ID, *pg.* 64
Cooper, Jane - Management, PPOM - COOPER HONG, INC., Saint Charles, IL, *pg.* 593
Cooper, Mike - PPOM - RAPPORT OUTDOOR WORLDWIDE, New York, NY, *pg.* 556
Cooper, James - PPOM - COOPER-SMITH ADVERTISING, Toledo, OH, *pg.* 462
Copacino, Jim - Creative, PPOM - COPACINO + FUJIKADO, LLC, Seattle, WA, *pg.* 344
Copeland, Grant - Creative, PPOM - WORX BRANDING & ADVERTISING, Prospect, CT, *pg.* 163
Coppers, Anthony - Creative, PPOM - GRADIENT EXPERIENTIAL LLC, New York, NY, *pg.* 78
Coppola, Michael - PPOM - PATH INTERACTIVE, INC., New York, NY, *pg.* 256
Corbelli, Jacqueline - PPOM - BRIGHTLINE, New York, NY, *pg.* 219
Corbo-Castellanos, Jennifer - PPOM - AVANTI INTERACTIVE, LLC, Beverly Hills, CA, *pg.* 214
Corcoran, Brian - PPOM - SHAMROCK SPORTS & ENTERTAINMENT, Portland, ME, *pg.* 569
Corcoran, Sean - Interactive / Digital, Management, Media Department, NBC, PPOM - MEDIAHUB BOSTON, Boston, MA, *pg.* 489
Cordell, Greg - Creative, PPOM - BRAINS ON FIRE, Greenville, SC, *pg.* 691
Corder, Ernest - Creative, PPOM - REDROC AUSTIN, Austin, TX, *pg.* 132
Cordero, Barrett - NBC, PPOM - BIGSPEAK SPEAKERS BUREAU, Santa Barbara, CA, *pg.* 302
Corey, John - PPOM - GREENTARGET GLOBAL GROUP LLC, Chicago, IL, *pg.* 611
Corlett, Candace - PPOM - WSL STRATEGIC RETAIL, New York, NY, *pg.* 21
Cormier, Jason - PPOM - ROOM 214, Boulder, CO, *pg.* 264
Cornett, Kip - NBC, PPOM - CORNETT INTEGRATED MARKETING SOLUTIONS, Lexington, KY, *pg.* 344
Cornfeldt, Jeremy - Account Services, Management, NBC, PPOM - IPROSPECT, New York, NY, *pg.* 674
Corona, Lyndsey - PPOM - MCCANN NEW YORK, New York, NY, *pg.* 108
Coronges, Nick - Interactive / Digital, PPOM - R/GA, New York, NY, *pg.* 260
Corradetti, Greg - PPOM - SERINO COYNE, INC., New York, NY, *pg.* 299
Corrall, Bob - Account Services, PPOM - THE BYTOWN GROUP, Ottawa, ON, *pg.* 201
Correia, Kelly - PPOM - MOROCH PARTNERS, Dallas, TX, *pg.* 389
Correnti, Laura - Account Services, Interactive / Digital, Media Department, PPOM - GIANT SPOON, LLC, New York, NY, *pg.* 363
Corrigan, Ellen - Finance, PPOM - 3Q DIGITAL, San Mateo, CA, *pg.* 671
Corriveau, Kenneth - Interactive / Digital, PPOM - OMD, New York, NY, *pg.* 498
Cortizas, Priscilla - Creative, PPOM - CREATIVEONDEMAND, Coconut Grove, FL, *pg.* 539
Cortizo-Burgess, Pele - Account Planner, Interactive / Digital, Management, Media Department, NBC, PPOM - INITIATIVE, New York, NY, *pg.* 477
Coryat, Annie - Operations, PPOM - SHOPHER MEDIA, Fort Lauderdale, FL, *pg.* 682
Cosgrove, Jerry - PPOM - COSGROVE ASSOCIATES, White Plains, NY, *pg.* 344
Cosme, Roy - NBC, PPOM - ARCOS COMMUNICATIONS, New York, NY, *pg.* 537
Cosper, Eric - Creative, PPOM - ARGONAUT, INC., San Francisco, CA, *pg.* 33
Costa, Linda - PPOM - COSTA COMMUNICATIONS GROUP, Winter Park, FL, *pg.* 593
Costa, Michelle - Management, PPOM - CLEAR CHANNEL OUTDOOR, Jacksonville, FL, *pg.* 551
Costa, Mark - Interactive / Digital, PPOM - JCDECAUX NORTH AMERICA, New York, NY, *pg.* 553
Costabile, Bob - Creative, PPOM - BIGBUZZ MARKETING GROUP, New York, NY, *pg.* 217
Costabile, Mike - PPOM - TAYLOR, New York, NY, *pg.* 651
Costanza, Bob - Creative, PPOM - SCOUT MARKETING, Atlanta, GA, *pg.* 139
Costello, Dan - PPOM - ACUMIUM, LLC, Madison, WI, *pg.* 210
Costello, Karen - Creative, PPOM - THE MARTIN AGENCY, Richmond, VA, *pg.* 421
Costner, Curtis - PPOM - SANDS, COSTNER & ASSOCIATES, Tacoma, WA, *pg.* 138
Cote, Suzanne - Creative, PPOM - ATELIER DU PRESSE-CITRON, Montreal, QC, *pg.* 173
Cote, John - Account Services, PPOM - THE BALLANTINE CORPORATION, Fairfield, NJ, *pg.* 293
Cotrupe, Courtney - NBC, PPOM - PARTNERS + NAPIER, Rochester, NY, *pg.* 125
Cotteleer, Amy - Creative, PPOM - A2G, Los Angeles, CA, *pg.* 691
Cotter, Mark - PPOM - THE FOOD GROUP, New York, NY, *pg.* 419
Cotton, Stephann - NBC, PPOM - COTTON & COMPANY, Stuart, FL, *pg.* 345
Cottongim, Laura - Finance, PPOM - THE LOOMIS AGENCY, Dallas, TX, *pg.* 151
Cottrell, Noel - Creative, PPOM - FITZCO, Atlanta, GA, *pg.* 73
Cottrill, Nicole - PPOM - DVL SEIGENTHALER, Nashville, TN, *pg.* 599
Coudal, Jim - NBC, PPOM - COUDAL PARTNERS, Chicago, IL, *pg.* 53
Council, Kim - Finance, PPOM - LEWIS ADVERTISING, INC., Rocky Mount, NC, *pg.* 380
Coupe, Rahmon - PPOM - YOURAMIGO, Pleasanton, CA, *pg.* 679
Couris, George - PPOM - THE PEPPER GROUP, Palatine, IL, *pg.* 202
Courtemanche, Karine - Media Department, PPOM - TOUCHEI, Montreal, QC, *pg.* 520
Courtney, Cliff - NBC, PPOM - ZIMMERMAN ADVERTISING, Fort

1846

AGENCIES — RESPONSIBILITIES INDEX

Lauderdale, FL, *pg.* 437
Courtois, Patricia - Account Services, PPOM - ON IDEAS, Jacksonville, FL, *pg.* 394
Cousineau, Michael - PPOM - FORWARDPMX, New York, NY, *pg.* 360
Coutras, Eddie - PPOM - LEADING EDGE COMMUNICATIONS, Franklin, TN, *pg.* 97
Couvillon, Scott - Account Planner, NBC, PPOM - TRUMPET ADVERTISING, New Orleans, LA, *pg.* 157
Coville, Andy - PPOM - BRODEUR PARTNERS, Boston, MA, *pg.* 586
Cowan, Cathy - NBC, PPOM, Public Relations - COWAN & COMPANY COMMUNICATIONS, Toronto, ON, *pg.* 593
Cowart, Kristin - PPOM - BRAVE PUBLIC RELATIONS, Atlanta, GA, *pg.* 586
Cowell, Frank - Creative, PPOM - ELEVATOR, Carlsbad, CA, *pg.* 67
Cowley, Paul - PPOM - COWLEY ASSOCIATES, Syracuse, NY, *pg.* 345
Cowling, Dan - PPOM - THE COMMUNICATIONS GROUP, Little Rock, AR, *pg.* 149
Cox, Alicia - NBC, PPOM - COXRASMUSSEN & COMPANY, Eureka, CA, *pg.* 345
Cox, Mark - PPOM - PREMIER EVENT SERVICES, Steamboat Springs, CO, *pg.* 314
Cox, Christopher - PPOM - NAVIGATORS LLC, Washington, DC, *pg.* 632
Cox, Justin - Account Services, PPOM - HEAT, San Francisco, CA, *pg.* 84
Cox, Tom - Management, NBC, PPOM - THE OLIVER GROUP, Louisville, KY, *pg.* 667
Cox, Greg - Interactive / Digital, Management, PPOM - EXPERTVOICE, Salt Lake City, UT, *pg.* 233
Cox, Michael - Finance, PPOM - FUSION MARKETING, St. Louis, MO, *pg.* 8
Coyle, Walter - Media Department, PPOM - LUXE COLLECTIVE GROUP, New York, NY, *pg.* 102
Coyne, Jack - PPOM - COYNE ADVERTISING & PUBLIC RELATIONS, Presto, PA, *pg.* 345
Coyne, Nancy - NBC, PPOM - SERINO COYNE, INC., New York, NY, *pg.* 299
Coyne, Tom - PPOM - COYNE PUBLIC RELATIONS, Parsippany, NJ, *pg.* 593
Crabtree, Lucinda - PPOM - EVERGREEN & CO., Falls Church, VA, *pg.* 182
Crafts, Steve - Creative, PPOM - PLACE CREATIVE COMPANY, Burlington, VT, *pg.* 15
Craig, Brett - Creative, PPOM - DEUTSCH, INC., Los Angeles, CA, *pg.* 350
Craig, Duncan - PPOM - RAKA CREATIVE, Portsmouth, NH, *pg.* 402
Craig, Regan - Creative, PPOM - ABZ CREATIVE PARTNERS, Charlotte, NC, *pg.* 171
Crain, Ed - PPOM - KINGSTAR DIRECT,

INC., Toronto, ON, *pg.* 562
Cramer, Adam - Creative, PPOM - KELLEY HABIB JOHN INTEGRATED MARKETING, Boston, MA, *pg.* 11
Cramer, Ryan - Creative, PPOM - NEURON SYNDICATE, Santa Monica, CA, *pg.* 120
Crampsie, Lauren - NBC, PPOM - OGILVY, New York, NY, *pg.* 393
Cran, James - PPOM - ANTIBODY HEALTHCARE COMMUNICATIONS, Toronto, ON, *pg.* 32
Crane, Patti - PPOM - CRANE METAMARKETING, Roswell, GA, *pg.* 345
Cranfill, David - PPOM - 360 GROUP, Indianapolis, IN, *pg.* 23
Crater, Allen - NBC, PPOM - STEVENS ADVERTISING, Grand Rapids, MI, *pg.* 413
Crawford, Mike - PPOM - MOD OP, Dallas, TX, *pg.* 388
Crawford, Kevin - PPOM - WILLIAMS / CRAWFORD & ASSOCIATES, Fort Smith, AR, *pg.* 162
Crawford, Bruce - PPOM - OMNICOM GROUP, New York, NY, *pg.* 123
Crawley, Bruce - NBC, PPOM - MILLENNIUM 3 MANAGEMENT, Philadelphia, PA, *pg.* 543
Credle, Susan - Creative, PPOM - FCB NEW YORK, New York, NY, *pg.* 357
Cree, Cliff - Interactive / Digital, PPOM - HORIZON MEDIA, INC., New York, NY, *pg.* 474
Creet, Simon - Creative, PPOM - THE HIVE STRATEGIC MARKETING, Toronto, ON, *pg.* 420
Crepin-Burr, Damon - Account Services, PPOM - FULLSIX MEDIA, Brooklyn, NY, *pg.* 465
Crichton, David - Creative, PPOM - GRIP LIMITED, Toronto, ON, *pg.* 78
Crimi-Lamanna, Nancy - Creative, PPOM - FCB TORONTO, Toronto, ON, *pg.* 72
Crimp, Tom - Creative, PPOM - AUXILIARY, Grand Rapids, MI, *pg.* 173
Crisan, Jane - NBC, Operations, PPOM - RAIN, Portland, OR, *pg.* 402
Criser, Angela - Creative, PPOM - 3FOLD COMMUNICATIONS, Sacramento, CA, *pg.* 23
Crisp, Jeremy - NBC, PPOM - NAIL COMMUNICATIONS, Providence, RI, *pg.* 14
Crispo, Jessica - Account Services, Management, PPOM - BIGFISH PR, Boston, MA, *pg.* 685
Criswell, Bill - PPOM - INCEPTION MARKETING, San Francisco, CA, *pg.* 374
Crockart, Greg - NBC, PPOM - MIRUM AGENCY, San Diego, CA, *pg.* 251
Crockett, Stephanie - Account Services, PPOM - MOWER, Syracuse, NY, *pg.* 118
Croft, Rob - NBC, PPOM - SWERVE, INC., New York, NY, *pg.* 200
Croke, Al - PPOM - J.G. SULLIVAN INTERACTIVE, INC., Rolling Meadows, IL, *pg.* 243
Cromer, Scott - Creative, PPOM - MUTT INDUSTRIES, Portland, OR,

pg. 119
Cronan, Nick - Creative, NBC, PPOM - BRANCH, San Francisco, CA, *pg.* 175
Crone, Grant - PPOM - MMPR MARKETING, Phoenix, AZ, *pg.* 116
Cronin, Jim - NBC, PPOM - BCA MARKETING COMMUNICATIONS, Rye Brook, NY, *pg.* 332
Cronin, Randy - Account Planner, NBC, PPOM, Research - RED THE AGENCY INC., Edmonton, AB, *pg.* 405
Cronin, Markham - Creative, PPOM - MARKHAM & STEIN, Miami, FL, *pg.* 105
Cronin, Jay - Account Services, NBC, PPOM - HOTHOUSE, Atlanta, GA, *pg.* 371
Cronin, Matt - PPOM - HOUSE OF KAIZEN, New York, NY, *pg.* 239
Cronin, Maureen - PPOM - WORLDWAYS SOCIAL MARKETING, Newport, RI, *pg.* 690
Crosby, Ralph - NBC, PPOM - CROSBY MARKETING COMMUNICATIONS, Annapolis, MD, *pg.* 347
Crosby, Raymond - PPOM - CROSBY MARKETING COMMUNICATIONS, Annapolis, MD, *pg.* 347
Crosby, Andrew - PPOM - CROSBY-VOLMER, Washington, DC, *pg.* 594
Crosby, Gene - Operations, PPOM - JACKSON SPALDING INC., Atlanta, GA, *pg.* 376
Cross, JoAnne - PPOM - STEALING SHARE, Greensboro, NC, *pg.* 18
Crow, Randy - PPOM - SOURCE ONE DIGITAL, Norton Shores, MI, *pg.* 292
Crow, Abby - PPOM - SOURCE ONE DIGITAL, Norton Shores, MI, *pg.* 292
Crow, Mark - PPOM - TENTH CROW CREATIVE, Burlington, VT, *pg.* 201
Crowe, Paul - PPOM - SYMBILITY INTERSECT, Toronto, ON, *pg.* 268
Crowell, Geoff - Media Department, PPOM, Programmatic - DIGITAS, New York, NY, *pg.* 226
Crowl, Jeff - PPOM - CROWL, MONTGOMERY & CLARK, INC., North Canton, OH, *pg.* 347
Crowley, Ned - Creative, PPOM - MCGARRYBOWEN, Chicago, IL, *pg.* 110
Crowling, Nick - PPOM - CITIZEN RELATIONS, Toronto, ON, *pg.* 590
Crumbley, Stacey - Account Services, PPOM - TARGETBASE MARKETING, Irving, TX, *pg.* 292
Crume, Nancy - Analytics, Management, PPOM - COMMERCE HOUSE, Dallas, TX, *pg.* 52
Crumley, Lisa - Operations, PPOM - GUD MARKETING, Lansing, MI, *pg.* 80
Crump, Amy - Finance, PPOM - THE VANDIVER GROUP, INC., Saint Louis, MO, *pg.* 425
Cruser, Cory - PPOM - LIPPINCOTT, New York, NY, *pg.* 189
Cruver, Cynthia - PPOM - 3RD THIRD MARKETING, Seattle, WA, *pg.* 279
Cruver, Tricia - Finance, PPOM - VANTAGEPOINT, INC., Greenville, SC, *pg.* 428
Cruz, Jeff - Creative, PPOM - MRM//MCCANN, Birmingham, MI, *pg.*

1847

RESPONSIBILITIES INDEX — AGENCIES

252
Cruz-Letelier, Carolina - Account Services, Management, PPOM - MUH-TAY-ZIK / HOF-FER, San Francisco, CA, *pg.* 119
Crystal, Jim - NBC, PPOM - REVELRY AGENCY, Portland, OR, *pg.* 406
Cubillos, Laura - Management, PPOM - FOODMINDS, LLC, Chicago, IL, *pg.* 606
Cubine, Kim - PPOM - CHAPMAN CUBINE + HUSSEY, Arlington, VA, *pg.* 281
Cuddy, Jordan - Management, PPOM - JAM3, Toronto, ON, *pg.* 243
Cude, Jonathan - Creative, PPOM - MCKINNEY, Durham, NC, *pg.* 111
Cuker, Aaron - Creative, PPOM - CUKER INTERACTIVE, Carlsbad, CA, *pg.* 223
Cullather, Scott - PPOM - INVNT, New York, NY, *pg.* 90
Cullen, Tim - PPOM - ROUNDHOUSE MARKETING & PROMOTIONS, Verona, WI, *pg.* 408
Cullen, Sean - Finance, PPOM - BMG, St. Charles, MO, *pg.* 335
Cullinane, Mark - PPOM - INFOGROUP, New York, NY, *pg.* 286
Culpepper, Chip - Creative, PPOM - MANGAN HOLCOMB PARTNERS, Little Rock, AR, *pg.* 103
Culpepper, Wendy - Account Services, NBC, PPOM - KOBIE MARKETING, Saint Petersburg, FL, *pg.* 287
Culver, Wells - Creative, NBC, PPOM - CULVER BRAND DESIGN, Milwaukee, WI, *pg.* 178
Cummings, Bryan - Creative, PPOM - GARRIGAN LYMAN GROUP, Seattle, WA, *pg.* 236
Cummings, Chris - Account Planner, Management, Media Department, PPOM - BUTLER, SHINE, STERN & PARTNERS, Sausalito, CA, *pg.* 45
Cummins, Sean - PPOM - CUMMINS&PARTNERS, New York, NY, *pg.* 347
Cundari, Aldo - PPOM - CUNDARI INTEGRATED ADVERTISING, Toronto, ON, *pg.* 347
Cunningham, Kathy - NBC, PPOM - AM STRATEGIES, San Diego, CA, *pg.* 324
Cunningham, Nick - PPOM - BEALS CUNNINGHAM STRATEGIC SERVICES, Oklahoma City, OK, *pg.* 332
Cunningham, Mike - PPOM - BEALS CUNNINGHAM STRATEGIC SERVICES, Oklahoma City, OK, *pg.* 332
Cunningham, Rob - Operations, PPOM - UNIFLEX, INC., Happauge, NY, *pg.* 558
Cunningham, Sarah - Account Services, Media Department, NBC, PPOM - TPN, Chicago, IL, *pg.* 571
Cunningham, Megan - PPOM - MAGNET MEDIA, INC., New York, NY, *pg.* 247
Curran, Ty - PPOM - HARRISON & STAR, INC., New York, NY, *pg.* 9
Curran, Tiffany - Media Department, PPOM - PRIMM & COMPANY, Norfolk, VA, *pg.* 129
Curran, James - PPOM - NYLON TECHNOLOGY, New york, NY, *pg.* 255

Curry, Sean - Operations, PPOM - C3 COMMUNICATIONS, INC., San Diego, CA, *pg.* 588
Curtin, Julie - Finance, NBC, PPOM - DEVELOPMENT COUNSELLORS INTERNATIONAL, LTD., New York, NY, *pg.* 596
Curtis, Fran - PPOM - ROGERS & COWAN/PMK*BNC, New York, NY, *pg.* 644
Curtis, Coltrane - PPOM - TEAM EPIPHANY, New York, NY, *pg.* 652
Curtola, Trey - Account Services, Management, PPOM - H&L PARTNERS, Oakland, CA, *pg.* 80
Cusciotta, Thomas - PPOM - SIXSPEED, Minneapolis, MN, *pg.* 198
Cusick, Kate - NBC, PPOM - PORTER NOVELLI, New York, NY, *pg.* 637
Cusick, Peter - PPOM - MEDIAWORX, Shelton, CT, *pg.* 490
Custodio, Megan - Account Services, Management, PPOM - DITTOE PUBLIC RELATIONS, Indianapolis, IN, *pg.* 597
Cutler, Bob - PPOM - C3, Overland Park, KS, *pg.* 4
Cutshall, Kirsten - PPOM - STEEL DIGITAL STUDIOS, Austin, TX, *pg.* 200
Cyboski, Dana - Creative, PPM, PPOM - TRITON PRODUCTIONS, Miami Beach, FL, *pg.* 317
Cygan, Sarah - Human Resources, PPOM - OLOGIE, Columbus, OH, *pg.* 122
Cyphers, Dave - NBC, PPOM - THE CYPHERS AGENCY, Crofton, MD, *pg.* 419
D'Agostino, Chicca - PPOM - FOCUS USA, Paramus, NJ, *pg.* 284
D'Alessandro, Tiffany - PPOM - BRABENDERCOX, Pittsburgh, PA, *pg.* 336
D'Alonzo, Chris - Management, Media Department, PPOM - MINDSHARE, New York, NY, *pg.* 491
D'Arienzo Toro, Alyssa - Creative, PPOM - CONNELLY PARTNERS, Boston, MA, *pg.* 344
D'Auria, Matthew - Management, PPOM - HEALTHCARE CONSULTANCY GROUP, New York, NY, *pg.* 83
D'Esopo, Michael - PPOM - LIPPINCOTT, New York, NY, *pg.* 189
Da Ponte, Mike - PPOM - BIMM DIRECT & DIGITAL, Toronto, ON, *pg.* 280
Da Silva, Jeffrey - Creative, PPOM - SID LEE, Toronto, ON, *pg.* 141
Daab, Justin - PPOM - MAGNANI CONTINUUM MARKETING, Chicago, IL, *pg.* 103
Daake, Greg - Creative, PPOM - DAAKE DESIGN CENTER, Omaha, NE, *pg.* 178
Dabbas, Zak - PPOM - PUNCHKICK INTERACTIVE, Chicago, IL, *pg.* 534
Dack, Jeff - Media Department, Operations, PPOM - WUNDERMAN THOMPSON, Toronto, ON, *pg.* 435
Daddi, Bill - PPOM - DADDI BRAND COMMUNICATIONS, New York, NY, *pg.* 595
Dady, Glenn - Creative, PPOM - THE RICHARDS GROUP, INC., Dallas, TX, *pg.* 422
Dagan, Assaf - Creative, PPOM - ANY_, New York, NY, *pg.* 1
Daher, Kristin - PPOM, Public Relations - POWERHOUSE COMMUNICATIONS, Santa Ana, CA, *pg.* 638
Dahl, Tom - PPOM - RSD MARKETING, New York, NY, *pg.* 197
Dahl, Brian - Management, PPOM - DKY INTEGRATED MARKETING COMMUNICATIONS, Minneapolis, MN, *pg.* 352
Dahltorp, Tim - Finance, PPOM - CLICKFOX, INC., Atlanta, GA, *pg.* 167
Daigle, Charles - PPOM - PROPAC, Plano, TX, *pg.* 682
Dailey, Jeff - Operations, PPOM - DAILEY MARKETING GROUP, Rancho Santa Margarita, CA, *pg.* 57
Dailey, Dick - PPOM - DAILEY COMMUNICATIONS, St. Petersburg, FL, *pg.* 57
Dailey, Leyla - Creative, PPOM - CAVALRY, Chicago, IL, *pg.* 48
Dale, Alan - Interactive / Digital, PPOM - EXPERT MARKETING, Los Angeles, CA, *pg.* 69
Dale, Randy - Finance, Operations, PPOM - ANDERSON DIRECT & DIGITAL, Poway, CA, *pg.* 279
Dale, Bethany - PPOM - ENVIRONMENTAL TECHNOLOGIES & COMMUNICATIONS, INC., Loveland, OH, *pg.* 602
Dale, Sally-Ann - Creative, PPOM - DROGA5, New York, NY, *pg.* 64
Dale, Richard - Account Planner, Media Department, PPOM - FLEISHMANHILLARD, New York, NY, *pg.* 605
Dale, Garrett - Interactive / Digital, Management, PPOM - KEPLER GROUP, New York, NY, *pg.* 244
Dalessio, Paul - Management, PPOM - FLEISHMANHILLARD, New York, NY, *pg.* 605
Daley, Michelle - NBC, PPOM - DALEY CONCEPTS, Indianapolis, IN, *pg.* 348
Daley, Joe - Account Planner, NBC, Operations, PPOM - GSW WORLDWIDE / GSW, FUELED BY BLUE DIESEL, Westerville, OH, *pg.* 80
Dally, Brian - PPOM - GROUNDFLOOR MEDIA, Denver, CO, *pg.* 611
Dalton, Jim - PPOM - DALTON AGENCY, Jacksonville, FL, *pg.* 348
Dalton, Paul - Media Department, NBC, PPOM - DIGITAS, New York, NY, *pg.* 226
Dalton, Heather - PPOM - M5 MARKETING COMMUNICATIONS, Saint John's, NL, *pg.* 102
Daly, Tim - PPOM - VINCODO LLC, Langhorne, PA, *pg.* 274
Daly, Paula - Finance, PPOM - ANOMALY, New York, NY, *pg.* 325
Daly, Jerry - PPOM - DALY GRAY, INC., Herndon, VA, *pg.* 595
Daly, Chris - PPOM, Public Relations - DALY GRAY, INC., Herndon, VA, *pg.* 595

AGENCIES RESPONSIBILITIES INDEX

Daly, Tom - PPOM - W5, Durham, NC, pg. 451
Damas, Raul - PPOM - BRUNSWICK GROUP, New York, NY, pg. 587
Damassa, Eric - NBC, PPOM - ANOMALY, New York, NY, pg. 325
Damman, Dave - Creative, PPOM - THE BUNTIN GROUP, Nashville, TN, pg. 148
Damon, Cody - PPOM - MEDIA CAUSE, Boston, MA, pg. 249
Damouzehtash, Safa - NBC, PPOM - NOVA ADVERTISING, Fairfax, VA, pg. 392
Danaj, Kevin - PPOM - MVP COLLABORATIVE, INC., Madison Heights, MI, pg. 312
Dane, Jonathan - PPOM - KLIENTBOOST, Costa Mesa, CA, pg. 244
Dang, Stefanie - PPM, PPOM - WE'RE MAGNETIC, New York, NY, pg. 318
Daniels, Arika - PPOM - SCATENA DANIELS COMMUNICATIONS, San Diego, CA, pg. 646
Dankner-Rosen, Dawn - PPOM - DDR PUBLIC RELATIONS, Pleasantville, NY, pg. 595
Dann, Leslie - PPOM - C&G PARTNERS, LLC, New York, NY, pg. 176
Danne, Chris - Management, PPOM - THE BLUESHIRT GROUP, San Francisco, CA, pg. 652
Danziger, Pamela - PPOM - UNITY MARKETING, INC., Stevens, PA, pg. 451
Danziger, Greg - Finance, PPOM - UNITY MARKETING, INC., Stevens, PA, pg. 451
Daraiche, Martin - Management, PPOM - NATIONAL PUBLIC RELATIONS, Quebec City, QC, pg. 632
Darby, Coral - PPOM - DARBY COMMUNICATIONS, Asheville, NC, pg. 595
Dardenne, Matt - Creative, PPOM - RED SIX MEDIA, Baton Rouge, LA, pg. 132
Dare, Josh - PPOM - THE HODGES PARTNERSHIP, Richmond, VA, pg. 653
Darling, Tom - Account Services, Media Department, PPOM - DAYNERHALL MARKETING & ADVERTISING, Orlando, FL, pg. 58
Darling, Zack - PPOM - THE HYBRID CREATIVE, Santa Rosa, CA, pg. 151
Darr, Michelle - PPOM - LANDERS & PARTNERS, Clearwater, FL, pg. 379
Darroch, Doug - PPOM - RENAISSANCE, San Diego, CA, pg. 263
Darrohn, Clay - PPOM - FISHBAT, Patchogue, NY, pg. 234
Dash, Hal - PPOM - CERRELL ASSOCIATES, INC., Los Angeles, CA, pg. 589
DaSilva, Jennifer - Account Services, PPOM - BERLIN CAMERON, New York, NY, pg. 38
Dattilo, Peter - NBC, PPOM - DAKOTA GROUP, Ridgefield, CT, pg. 348
Daukss, Regina - Finance, PPOM - SEYFERTH & ASSOCIATES, INC., Grand Rapids, MI, pg. 646
Dauska, Andrew - PPOM - RODGERS TOWNSEND, LLC, Saint Louis, MO, pg. 407

Davey, Andy - Creative, PPOM - SELBERT PERKINS DESIGN, Playa Del Rey, CA, pg. 198
Davey, Christopher - Account Services, Analytics, Management, NBC, PPOM - PUBLICIS.SAPIENT, Boston, MA, pg. 259
Davey, George - Finance, PPOM - ROBERTSON+PARTNERS, Las Vegas, NV, pg. 407
David, Joleen - PPOM, Public Relations - SKAR ADVERTISING, Omaha, NE, pg. 265
David, Joycelyn - PPOM - AV COMMUNICATIONS, Toronto, ON, pg. 35
Davidman, Robert - PPOM - FEARLESS AGENCY, New York, NY, pg. 73
Davidson, Ellyn - PPOM - BROGAN & PARTNERS, Birmingham, MI, pg. 538
Davidson, Carina - Operations, PPOM - ABERNATHY MACGREGOR GROUP, New York, NY, pg. 574
Davidson, Laura - PPOM - LAURA DAVIDSON PUBLIC RELATIONS, New York, NY, pg. 622
Davidson, James - NBC, PPOM, Public Relations - 7SUMMITS, Milwaukee, WI, pg. 209
Davidson, Andrew - Interactive / Digital, Management, PPOM - MINDSHARE, New York, NY, pg. 491
Davidson, Brian - NBC, PPOM - ASSOCIATION OF NATIONAL ADVERTISERS, New York, NY, pg. 442
Davidson, Howard - NBC, PPOM - CENTRA360, Westbury, NY, pg. 49
Davidson, Patrick - Operations, PPOM - G5 SEARCH MARKETING INC., Bend, OR, pg. 673
Davidson, Bill - PPOM - BAYARD ADVERTISING AGENCY, INC., New York, NY, pg. 37
Davidson, Michela - PPOM - DAVIDSON BELLUSO, Phoenix, AZ, pg. 179
Davidson, Rob - PPOM - DAVIDSON BELLUSO, Phoenix, AZ, pg. 179
Davies, John - PPOM - DAVIES COMMUNICATIONS, Santa Barbara, CA, pg. 595
Davies, Bill - Finance, Operations, PPOM - JACK MORTON WORLDWIDE, Boston, MA, pg. 309
Davies, Brian - NBC, PPOM - MOVEO INTEGRATED BRANDING, Chicago, IL, pg. 14
Davies, Evan - Interactive / Digital, PPOM - THE ACTIVE NETWORK, Dallas, TX, pg. 570
Davies, Rich - Creative, PPOM - VREELAND MARKETING, Yarmouth, ME, pg. 161
Davies, Cindy - PPOM - VREELAND MARKETING, Yarmouth, ME, pg. 161
Davies, Nichole - Account Planner, Analytics, Media Department, PPOM - WUNDERMAN HEALTH, New York, NY, pg. 164
Davis, Jerry - PPOM - DAVIS AD AGENCY, Virginia Beach, VA, pg. 58
Davis, Andy - PPOM - DAVIS ADVERTISING, Worcester, MA, pg. 58
Davis, Mark - PPOM - DAVIS ELEN ADVERTISING, Los Angeles, CA, pg. 58
Davis, Scott - NBC, PPOM - PROPHET, Chicago, IL, pg. 15
Davis, Alison - PPOM - DAVIS & COMPANY, Glen Rock, NJ, pg. 595
Davis, Stacie - Finance, PPOM - DIESTE, Dallas, TX, pg. 539
Davis, Jeff - Account Services, PPOM - FLEISHMANHILLARD, Saint Louis, MO, pg. 604
Davis, Susan - Operations, PPOM - SUSAN DAVIS INTERNATIONAL, Washington, DC, pg. 651
Davis, Chris - PPOM - SURFMEDIA COMMUNICATIONS, Santa Barbara, CA, pg. 651
Davis, Greg - Creative, PPOM - ANNEX GRAPHICS & DESIGN, Binbrook, ON, pg. 172
Davis, Julie - Account Services, PPOM - ANNEX GRAPHICS & DESIGN, Binbrook, ON, pg. 172
Davis, Jedd - Media Department, Operations, PPOM - PUBLICIS HEALTH MEDIA, Philadelphia, PA, pg. 506
Davis, Evette - PPOM - BERGDAVIS PUBLIC AFFAIRS, San Francisco, CA, pg. 582
Davis, Craig M. - Finance, Operations, PPOM, Promotions - CGPR, Marblehead, MA, pg. 589
Davis, Steve - PPOM - BRIDGEMARK, Mississauga, ON, pg. 4
Davis, Jeff - Operations, PPOM - SANDELMAN & ASSOCIATES, Irving, TX, pg. 449
Davis, Laura - PPOM - RINCK ADVERTISING, Lewiston, ME, pg. 407
Davis, Robert - Account Services, Management, Media Department, PPOM - NOVUS MEDIA, INC., Plymouth, MN, pg. 497
Davis, Monica - Management, PPOM - THE DAVIS GROUP, Austin, TX, pg. 519
Davis, Ben - PPOM - PHIZZLE, INC., San Francisco, CA, pg. 534
Davis, Fred - PPOM - PRICEWEBER MARKETING COMMUNICATIONS, INC., Louisville, KY, pg. 398
Davis, Brock - Creative, PPOM - MARTIN WILLIAMS ADVERTISING, Minneapolis, MN, pg. 106
Davis, Lori - PPOM - MARTIN WILLIAMS ADVERTISING, Minneapolis, MN, pg. 106
Davis, Dianne - PPOM - DL MEDIA INC., Nixa, MO, pg. 63
Davis, Cheryl - Finance, PPOM - 22SQUARED INC., Atlanta, GA, pg. 319
Davtyan, Edgar - Finance, PPOM - AYZENBERG GROUP, INC., Pasadena, CA, pg. 2
Dawes, Glenn - Analytics, PPOM, Research - ADFARM, Calgary, AB, pg. 279
Dawkins, Suzanne - PPOM - DESIGN ONE, INC., Asheville, NC, pg. 179
Dawly, Elias - PPOM - RECALIBRATE MARKETING COMMUNICATIONS, Costa Mesa, CA, pg. 404
Dawson, Cameron - Operations, PPOM

1849

RESPONSIBILITIES INDEX — AGENCIES

- STAPLEGUN DESIGN, LLC, Oklahoma City, OK, *pg.* 412
Day, Shari - PPOM - THE BOHAN AGENCY, Nashville, TN, *pg.* 418
Day, Thomas - PPOM - BARNHARDT DAY & HINES, Concord, NC, *pg.* 36
Day, Mark - Account Services, PPOM - DVL SEIGENTHALER, Nashville, TN, *pg.* 599
Day, Andy - PPOM - DAY COMMUNICATIONS GROUP, INC., Toronto, ON, *pg.* 349
Day, Stacey - Creative, PPOM - DUNCAN / DAY ADVERTISING, Dallas, TX, *pg.* 66
Day, Michael - Finance, PPOM - MEDIA ASSEMBLY, New York, NY, *pg.* 484
De Berge, Earl - PPOM, Research - BRC FIELD & FOCUS SERVICES, Phoenix, AZ, *pg.* 442
De Berge, Suzanne - Finance, PPOM - BRC FIELD & FOCUS SERVICES, Phoenix, AZ, *pg.* 442
De Franca, Simon - PPM, PPOM - EL AUTOBUS, Miami, FL, *pg.* 67
de La Garza, Henry - PPOM - DE LA GARZA PUBLIC RELATIONS, INC., Houston, TX, *pg.* 595
de La Garza, Randy - Finance, PPOM - DE LA GARZA PUBLIC RELATIONS, INC., Houston, TX, *pg.* 595
de Nardis, Mainardo - PPOM - OMD, New York, NY, *pg.* 498
de Picciotto, Phil - NBC, PPOM - OCTAGON, McLean, VA, *pg.* 313
de Schweinitz, Anne - Management, PPOM - FLEISHMANHILLARD, New York, NY, *pg.* 605
De Turris, Jason - PPOM - PHENOMENON, Los Angeles, CA, *pg.* 439
de Varennes, Jacques - Creative, PPOM - LG2, Montreal, QC, *pg.* 380
Deady, Grant - Management, Operations, PPOM - ZENO GROUP, Chicago, IL, *pg.* 664
Deakins, Kathleen - Account Planner, Account Services, PPOM, Public Relations - JAYRAY , Tacoma, WA, *pg.* 377
Deal, Roland - PPOM - DWA MEDIA, San Francisco, CA, *pg.* 464
Dean, Mark - PPOM - BDS MARKETING, INC., Irvine, CA, *pg.* 566
Dean, Mike - PPOM - BRAND THIRTY-THREE, Torrance, CA, *pg.* 3
DeAngelis, Mark - PPOM - DEANGELIS ADVERTISING, Tampa, FL, *pg.* 60
Deangelis, Steve - Media Department, PPOM - REBUILD, Detroit, MI, *pg.* 403
Deangelo, James - Creative, PPOM - DCF ADVERTISING, New York, NY, *pg.* 58
Deans, Sue - Administrative, Finance, PPOM - WASSERMAN & PARTNERS ADVERTISING, INC., Vancouver, BC, *pg.* 429
Deardorff, Jill - Creative, PPOM - DEARDORFF ASSOCIATES, INC., Philadelphi, PA, *pg.* 60
Dearing, Bob - NBC, PPOM - DEARING GROUP, West Lafayette, IN, *pg.* 60

Dearing, Kristen - NBC, PPOM - BRIERLEY & PARTNERS, Plano, TX, *pg.* 167
Dearth, Jeffrey - PPOM, Research - OAKLINS DESILVA+PHILLIPS, New York, NY, *pg.* 687
Deaver, Deborah - PPOM - PATIENTS & PURPOSE, New York, NY, *pg.* 126
DeBarr, Alexander - PPOM - NAYLOR ASSOCIATION SOLUTIONS, Gainesville, FL, *pg.* 120
Debenham, Gareth - Creative, PPOM - GOBIG BRANDING, INC., Weston, MA, *pg.* 184
Debenham, Eileen - Creative, PPOM - GOBIG BRANDING, INC., Weston, MA, *pg.* 184
DeBerry, Trish - PPOM - DEBERRY GROUP, San Antonio, TX, *pg.* 595
DeBlasio, Chris - PPM, PPOM - AGENCY 850, Roswell, GA, *pg.* 1
DeBoer, Kathryn - Management, PPOM - WESTGROUP RESEARCH, Phoenix, AZ, *pg.* 451
Debons, Joseph - PPOM - RATIONAL INTERACTION, Seattle, WA, *pg.* 262
DeBow, Brant - Interactive / Digital, PPOM - BITE INTERACTIVE, Los Angeles, CA, *pg.* 533
DeBusk, Geralyn - PPOM - HALLIBURTON INVESTOR RELATIONS, Richardson, TX, *pg.* 611
Decaux, Jean-Luc - PPOM - JCDECAUX NORTH AMERICA, New York, NY, *pg.* 553
DeCelles, Stephanie - Account Services, Management, PPOM - VMLY&R, Kansas City, MO, *pg.* 274
DeCicco, Brian - Account Services, Interactive / Digital, Management, PPOM - MINDSHARE, Chicago, IL, *pg.* 494
Decker, James - PPOM - DECKER, Glastonbury, CT, *pg.* 60
Decker, Lynda - Creative, PPOM - DECKER DESIGN INC., New York, NY, *pg.* 179
Decker, Cathleen - PPOM - DECKER ROYAL AGENCY, New York, NY, *pg.* 596
DeCleene, Randy - PPOM, Public Relations - KGLOBAL, Washington, DC, *pg.* 620
DeCotiis, Allen - PPOM - PHOENIX MARKETING INTERNATIONAL, Rhinebeck, NY, *pg.* 448
DeCou, Niki - Account Planner, Management, Media Department, NBC, PPOM - HORIZON MEDIA, INC., New York, NY, *pg.* 474
DeCourcy, Colleen - Creative, PPOM - WIEDEN + KENNEDY, Portland, OR, *pg.* 430
DeFazio, Anthony - NBC, PPOM - DEFAZIO COMMUNICATIONS, Philadelphia, PA, *pg.* 596
Defino Sr., Frank - PPOM - TUKAIZ, Franklin Park, IL, *pg.* 427
DeFreeuw, Deb - PPOM - FORCE 5, South Bend, IN, *pg.* 7
Degenstein, Paul - Creative, PPOM - THE NOW GROUP, Vancouver, BC, *pg.* 422
DeHahn, Mary - PPOM - BLACK TWIG, LLC, Saint Louis, MO, *pg.* 3

DeHart, Stacey - Operations, PPOM - ASEN MARKETING & ADVERTISING, INC., Knoxville, TN, *pg.* 327
DeHaven, Michele - Creative, PPOM - FUNCTION:, Atlanta, GA, *pg.* 184
Dehner, Dan - Account Services, Interactive / Digital, Media Department, PPOM - CHEMISTRY COMMUNICATIONS INC., Pittsburgh, PA, *pg.* 50
Deis, Tim - PPOM - THREAD CONNECTED CONTENT, Minneapolis, MN, *pg.* 202
DeJulio, James - PPOM - TONGAL, Santa Monica, CA, *pg.* 20
DeKoning, Brian - PPOM - RAKA CREATIVE, Portsmouth, NH, *pg.* 402
Del Fa, Gonzalo - NBC, PPOM - GROUPM, New York, NY, *pg.* 466
Del Gigante, Michael - Creative, PPOM - MDG ADVERTISING, Boca Raton, FL, *pg.* 484
Del Monte, Anthony - PPOM - SQUEAKY WHEEL MEDIA, New York, NY, *pg.* 267
Del Priore, Mark - Finance, PPOM - HARTE HANKS, INC., San Antonio, TX, *pg.* 284
Del Sarto, Dominique - Administrative, Finance, PPOM - KIRVIN DOAK COMMUNICATIONS, Las Vegas, NV, *pg.* 620
Delagrave, Pierre - Media Department, PPOM - COSSETTE MEDIA, Quebec City, QC, *pg.* 345
DeLana, Libby - Creative, PPOM - MECHANICA, Newburyport, MA, *pg.* 13
DeLand, Jason - PPOM - ANOMALY, New York, NY, *pg.* 325
Delaney, Kathy - Creative, PPOM - SAATCHI & SAATCHI WELLNESS, New York, NY, *pg.* 137
Delaney, James - Operations, PPOM - DMI PARTNERS , Philadelphia, PA, *pg.* 681
Delanghe Ewing, Alex - NBC, PPOM, Public Relations - MDC PARTNERS, INC., New York, NY, *pg.* 385
Delano, Mary - Media Department, PPOM - MOOSYLVANIA, Saint Louis, MO, *pg.* 568
Delatorre, Luis - PPOM - I HEART MEDIA, San Antonio, TX, *pg.* 552
DeLaune, Renee - PPOM - DELAUNE & ASSOCIATES, Austin, TX, *pg.* 60
Delbridge, Andrew - Account Planner, Media Department, PPOM - GALLEGOS UNITED, Huntington Beach, CA, *pg.* 75
deLeon, Lisa - PPOM - PROTERRA ADVERTISING, Addison, TX, *pg.* 130
Delfino, Geno - PPOM - DELFINO MARKETING COMMUNICATIONS, Valhalla, NY, *pg.* 349
Delfino, Paul - NBC, PPOM - DELFINO MARKETING COMMUNICATIONS, Valhalla, NY, *pg.* 349
Delia, Ed - PPOM - DELIA ASSOCIATES, Whitehouse, NJ, *pg.* 6
Della Femina, Jerry - PPOM - DELLA FEMINA/ROTHSCHILD/JEARY PARTNERS, New York, NY, *pg.* 61
DelleCave, Anthony - Management, PPOM - BAM CONNECTION, Brooklyn, NY, *pg.* 2
Delmercado, Tony - Operations, PPOM

AGENCIES / RESPONSIBILITIES INDEX

- HAWKE MEDIA, Los Angeles, CA, pg. 370
DeLuca, Steven - NBC, PPOM - HL GROUP, New York, NY, pg. 614
DeLucia, Jim - PPOM - AR JAMES MEDIA, Woodbridge, NJ, pg. 549
DeLucia, Ariana - Finance, PPOM - AR JAMES MEDIA, Woodbridge, NJ, pg. 549
DeMarco, Tony - Creative, PPOM - SIGNATURE COMMUNICATIONS, Philadelphia, PA, pg. 410
Demaree, Dan - PPOM - DPR GROUP, INC., Frederick, MD, pg. 598
DeMaria, Sissy - PPOM - KREPS & DEMARIA, Miami, FL, pg. 620
DeMarinis, Vince - Creative, PPOM - BROWN PARKER | DEMARINIS ADVERTISING, Boca Raton, FL, pg. 43
DeMars, Rob - Creative, PPOM - MARKETING ARCHITECTS, Minneapolis, MN, pg. 288
DeMaso, Elizabeth - Management, PPOM - TRIPTENT, New York, NY, pg. 156
Dembia, Dennis - Management, NBC, PPOM - ROGERS & COWAN/PMK*BNC, Los Angeles, CA, pg. 643
Demetriou, Peter - PPOM - MBC RESEARCH, New York, NY, pg. 447
DeMicco, Jim - NBC, PPOM - SKYELINE STUDIO, LLC, Wolcott, CT, pg. 647
DeMiero, W. Joe - Interactive / Digital, Management, PPOM - PUBLICIS HAWKEYE, Dallas, TX, pg. 399
DeMots, Dave - PPOM - DHX ADVERTISING, Portland, OR, pg. 351
DeMuth, David - PPOM - DONER, Southfield, MI, pg. 63
Denari, Tom - Account Planner, PPOM - YOUNG & LARAMORE, Indianapolis, IN, pg. 164
Denberg, Josh - Creative, NBC, PPOM - DIVISION OF LABOR, Sausalito, CA, pg. 63
Dencker, Ann - Account Planner, Analytics, PPOM - HIEBING, Madison, WI, pg. 85
Dendy-Smith, Karen - PPOM - KOR GROUP, Boston, MA, pg. 189
Deneen, Mike - PPOM - INGREDIENT, Minneapolis, MN, pg. 10
Denesuk, Mark - Management, PPOM - COMMERCE HOUSE, Dallas, TX, pg. 52
Dengel, Tobias - PPOM - WILLOWTREE, INC., Charlottesville, VA, pg. 535
Denneen, Mark - PPOM - DENNEEN & COMPANY, Boston, MA, pg. 7
Denning, Phil - PPOM - ICR, New York, NY, pg. 615
Dennis, Brett - Media Department, NBC, PPOM - CONILL ADVERTISING, INC., El Segundo, CA, pg. 538
Dennis, Brian - Operations, PPOM - MANRIQUE GROUP, Minneapolis, MN, pg. 311
Denny, Chris - NBC, PPOM - THE ENGINE IS RED, Santa Rosa, CA, pg. 150
Denomy, Mary Beth - PPOM - PROOF EXPERIENCES, Toronto, ON, pg. 314
Denoon, Amy - PPOM - BEACH HOUSE PR, Newport Beach, CA, pg. 582

Densmore, Michael - NBC, PPOM - FORSMAN & BODENFORS, New York, NY, pg. 74
Denson, Tad - Interactive / Digital, NBC, PPOM - DOGWOOD PRODUCTIONS, INC., Mobile, AL, pg. 230
Denterlein, Geri - PPOM - DENTERLEIN, Boston, MA, pg. 596
Dentino, Karl - NBC, PPOM - DENTINO MARKETING, Princeton, NJ, pg. 281
DeNuccio, Jim - Account Services, Operations, PPOM - CURRENT PR, Lake Forest, CA, pg. 594
DeNyse, Dolly - Finance, NBC, PPOM - WPP KANTAR MEDIA, Boston, MA, pg. 451
DePaolo, Ashley - NBC, PPOM - COMMCREATIVE, Framingham, MA, pg. 343
Derderian, Pam - PPOM - 15 MINUTES, Conshohocken, PA, pg. 301
Deringer, Adam - Interactive / Digital, NBC, PPOM - BROWNSTEIN GROUP, INC., Philadelphia, PA, pg. 44
Derosier, Daniel - NBC, PPOM - THREE DEEP MARKETING, Saint Paul, MN, pg. 678
Derthick, Brad - PPOM, Research - STERLING-RICE GROUP, Boulder, CO, pg. 413
Dery, Francois - PPOM - TEQUILA COMMUNICATION & MARKETING, INC., Montreal, QC, pg. 418
DeSalva, AnnaMaria - PPOM - HILL+KNOWLTON STRATEGIES, New York, NY, pg. 613
DeSanctis, Joseph - PPOM - PUBLIC STRATEGIES IMPACT, Trenton, NJ, pg. 639
DeSanctis, Gary - PPOM - ACTIVE INTEREST MEDIA, Boulder, CO, pg. 561
DeSantis, Rene - PPOM - MONTANA STEELE ADVERTISING, Toronto, ON, pg. 117
DeSantis, Dru - PPOM - DESANTIS BREINDEL, New York, NY, pg. 349
DeSarno, Tracie - PPOM - PUBLIC STRATEGIES IMPACT, Trenton, NJ, pg. 639
Deschner, John - Account Services, Management, PPOM - CNX, New York, NY, pg. 51
DeSena, Robert - Media Department, PPOM - THE&PARTNERSHIP, New York, NY, pg. 426
Deshmukh, Archana - Management, Media Department, PPOM - WAVEMAKER, New York, NY, pg. 526
DeSilva, Roland - PPOM - OAKLINS DESILVA+PHILLIPS, New York, NY, pg. 687
Desimini, Angelo - Operations, PPOM - SERINO COYNE, INC., New York, NY, pg. 299
Desjardins, Martine - Management, PPOM - NEWAD, Montreal, QC, pg. 554
Desjardins, Tony - Management, PPOM - GREY MIDWEST, Cincinnati, OH, pg. 366
Desormiers, Alain - PPOM - TOUCHE!, Montreal, QC, pg. 520

Desreumaux, Geoff - PPOM - SUPERHEROES NEW YORK, Brooklyn, NY, pg. 145
Dessi, Joseph A. - PPOM - IPNY, New York, NY, pg. 90
Dettman, Caroline - Management, PPOM, Social Media - GOLIN, Chicago, IL, pg. 609
Dettore, Dave - Management, PPOM - BRAND INSTITUTE, INC., Culver City, CA, pg. 3
Deutsch, Donny - PPOM - DEUTSCH, INC., New York, NY, pg. 349
Deutsch, Jay - PPOM - BENSUSSEN DEUTSCH & ASSOCIATES, Woodinville, WA, pg. 566
Deutsch, Barry - NBC, PPOM - BENSUSSEN DEUTSCH & ASSOCIATES, Woodinville, WA, pg. 566
Deutser, Brad - PPOM - DEUTSER, Houston, TX, pg. 443
Devaney, Diane - Creative, NBC, PPOM - DEVANEY & ASSOCIATES, Owings Mills, MD, pg. 351
DeVaul, Judy - NBC, PPOM - THE ADVOCATE AGENCY, Chehalis, WA, pg. 148
DeVaul, Frank - PPOM - THE ADVOCATE AGENCY, Chehalis, WA, pg. 148
Deveney, John - PPOM - DEVENEY COMMUNICATIONS, New Orleans, LA, pg. 596
Deveny, Kathy - PPOM - KEKST & COMPANY, INC., New York, NY, pg. 619
Devincenzi, Mary - PPOM - BIG SKY COMMUNICATIONS, San Jose, CA, pg. 583
Devine, Jay - PPOM - DEVINE + PARTNERS, Philadelphia, PA, pg. 596
Devine, Megan - PPOM - D.TRIO MARKETING GROUP, Minneapolis, MN, pg. 348
Devine, David - PPOM - DEVINE COMMUNICATIONS, Saint Petersburg, FL, pg. 62
DeVito, Frank - PPOM - DEVITO GROUP, New York, NY, pg. 62
DeVito, Sal - Creative, PPOM - DEVITO/VERDI, New York, NY, pg. 62
DeVito, Chris - Creative, PPOM - DEVITO GROUP, New York, NY, pg. 62
Devitt, Cedric - Creative, PPOM - BIG SPACESHIP, Brooklyn, NY, pg. 455
DeVlieger, Jessica - Management, PPOM - C SPACE, Boston, MA, pg. 443
Devlin, Stewart - Creative, PPOM - SID LEE, New York, NY, pg. 141
Devlin, Virginia - PPOM - CURRENT, Chicago, IL, pg. 594
Devron, Jane - Management, PPOM - REPUTATION PARTNERS, Chicago, IL, pg. 642
Dey, Joydeep - Account Planner, Interactive / Digital, Management, Media Department, Operations, PPOM - MARINA MAHER COMMUNICATIONS, New York, NY, pg. 625
Deyo, Charles - PPOM - CENDYN, Boca Raton, FL, pg. 220
Deyo, Robin - Operations, PPOM - CENDYN, Boca Raton, FL, pg. 220
Deyo Zacharias, Robyn - PPOM -

RESPONSIBILITIES INDEX — AGENCIES

YEBO, Richmond, VA, pg. 164
Dezen, Jeff - PPOM, Public Relations - JEFF DEZEN PUBLIC RELATIONS, Greenville, SC, pg. 617
Dezenhall, Eric - PPOM - DEZENHALL RESOURCES, Washington, DC, pg. 597
Dhar, Ashwani - Management, PPOM - ADLUCENT, Austin, TX, pg. 671
Di Carlo, Betsy - Management, PPOM - TEN, Fort Lauderdale, FL, pg. 269
Di Cerbo, Tom - Account Services, NBC, PPOM - SNIPPIES, INC., New York, NY, pg. 450
Di Girolamo, Michael - NBC, PPM, PPOM - HEY WONDERFUL, Los Angeles, CA, pg. 562
Di Maggio, Dave - PPOM - AQUA MARKETING & COMMUNICATIONS, St. Petersburg, FL, pg. 326
Diamond, Stuart - Finance, PPOM - GROUPM, New York, NY, pg. 466
Diamond, Beth - PPOM - NATIONAL PUBLIC RELATIONS, Calgary, AB, pg. 631
Diamond, Harris - PPOM - MCCANN WORLDGROUP, Birmingham, MI, pg. 109
Diamond, Howard - Account Planner, Interactive / Digital, NBC, PPOM - RISE INTERACTIVE, Chicago, IL, pg. 264
Diaz, Fabian - PPOM - LIPPINCOTT, New York, NY, pg. 189
Diaz, Alina - Management, PPOM - MSLGROUP, New York, NY, pg. 629
Dibenedetto, Nichole - NBC, PPOM - D&D PR, New York, NY, pg. 594
DiCamillo, Dave - Interactive / Digital, Operations, PPOM - CODE AND THEORY, New York, NY, pg. 221
Dickard, Julie - PPOM - PUBLICIS.SAPIENT, Chicago, IL, pg. 259
Dickinson, Arlene - PPOM - VENTURE COMMUNICATIONS, LTD., Calgary, AB, pg. 158
Dickson, Andi - PPOM - SIXSPEED, Minneapolis, MN, pg. 198
Dickstein, Beth - PPOM - BDE, New York, NY, pg. 685
DiDonato, Susan - Human Resources, PPOM - OGILVY COMMONHEALTH WORLDWIDE, Parsippany, NJ, pg. 122
Diebold, Marc - PPOM - DGS MARKETING ENGINEERS, Fishers, IN, pg. 351
Dierk, Dave - PPOM - PINNACLE HEALTH COMMUNICATIONS, LLC, Doylestown, PA, pg. 128
Dieste, Tony - PPOM - DIESTE, Dallas, TX, pg. 539
Dieter, Eric - Operations, PPOM - MOVEMENT STRATEGY, New York, NY, pg. 687
Dietrich, Jon - Creative, PPOM - WUNDERMAN THOMPSON SEATTLE, Seattle, WA, pg. 435
DiFebo, Val - PPOM - DEUTSCH, INC., New York, NY, pg. 349
DiGennaro, Samantha - PPOM - DIGENNARO COMMUNICATIONS, New York, NY, pg. 597
Diggins, Brent - Analytics, Management, PPOM, Public Relations - ALLISON+PARTNERS, Scotsdale, AZ,

pg. 577
DiGioia, Frank - Operations, PPOM - FORT GROUP, INC., Richfield Park, NJ, pg. 359
DiGiovanni, Robert - Account Services, Media Department, Operations, PPOM - PHD USA, New York, NY, pg. 505
DiGuido, Al - NBC, PPOM - NORTH 6TH AGENCY, New York, NY, pg. 633
DiLeonardo, Joseph - PPOM - DSC ADVERTISING, Philadelphia, PA, pg. 66
Dillon, Michael - Creative, PPOM - MCDILL DESIGN, Milwaukee, WI, pg. 190
Dillon, John - Administrative, Finance, PPOM - LEE TILFORD AGENCY, Austin, TX, pg. 97
DiLorenzo, Kevin - Account Services, NBC, PPOM - RISE AND SHINE AND PARTNERS, Minneapolis, MN, pg. 134
DiMaggio, Vincenzo - Finance, PPOM - MDC PARTNERS, INC., New York, NY, pg. 385
DiMarco, Lisa - Operations, PPOM - MEDIA EXPERTS, Montreal, QC, pg. 485
DiMarco, Stephen - Interactive / Digital, NBC, PPOM - WPP KANTAR MEDIA, Boston, MA, pg. 451
DiMassimo, Mark - PPOM - DIMASSIMO GOLDSTEIN, New York, NY, pg. 351
DiMeglio, Joe - Account Services, Management, NBC, PPOM - BBDO WORLDWIDE, New York, NY, pg. 331
Dimemmo, Melissa - PPOM - FULLSIX MEDIA, Brooklyn, NY, pg. 465
Dimond, Sue - Finance, PPOM - JORDAN ADVERTISING, Oklahoma City, OK, pg. 377
DiMuro, Joe - Finance, NBC, PPOM - BIG BLOCK, El Segundo, CA, pg. 217
DiNorcia, Cara - Interactive / Digital, Management, PPOM - ELEPHANT, Brooklyn, NY, pg. 181
Dinsmoor, Miles - Operations, PPOM - MODOP, Los Angeles, CA, pg. 251
Dion, Bob - Creative, PPOM - DAVIS HARRISON DION ADVERTISING, Chicago, IL, pg. 348
Dion, Mark - PPOM - REVOLUTION AGENCY, Alexandria, VA, pg. 133
Dion, Nicolas - Creative, PPOM - LG2, Montreal, QC, pg. 380
Dipersio, Carlo - PPOM - VIEWPOINT CREATIVE, Newton, MA, pg. 159
DiPietro, Robert - PPOM - SPD&G, Yakima, WA, pg. 411
Diquez, Andrea - PPOM - SAATCHI & SAATCHI, New York, NY, pg. 136
Dircks, Dave - PPOM - DIRCKS ASSOCIATES, Saint James, NY, pg. 180
Dircks, Rob - Creative, PPOM - DIRCKS ASSOCIATES, Saint James, NY, pg. 180
DiRenzo Graves, Donna - PPOM - NCOMPASS INTERNATIONAL, West Hollywood, CA, pg. 390
Dirksen, Lois - NBC, PPOM - LEVEL, Minneapolis, MN, pg. 99
Disbennett, Scott - Creative, PPOM

- SHOK IDEA GROUP, INC, New Smyrna Beach, FL, pg. 17
Disend, Jonah - PPOM - REDSCOUT, New York, NY, pg. 16
Disick, Rick - Finance, PPOM - BIG SPACESHIP, Brooklyn, NY, pg. 455
Disilvestro, Lou - Finance, PPOM - BURRELL COMMUNICATIONS GROUP, INC., Chicago, IL, pg. 45
Dithmer Rogers, Jill - Account Planner, Management, PPOM - PROXY SPONSORSHIP, Denver, CO, pg. 314
Ditson, Melissa - Creative, PPOM - MRM//MCCANN, Salt Lake City, UT, pg. 118
Dittoe, Chris - PPOM - DITTOE PUBLIC RELATIONS, Indianapolis, IN, pg. 597
Dittoe, Liza - PPOM - DITTOE PUBLIC RELATIONS, Indianapolis, IN, pg. 597
Ditzhazy, Donn - Creative, PPOM - RMD ADVERTISING, Columbus, OH, pg. 643
Dixon, Lauren - PPOM - DIXON SCHWABL ADVERTISING, Victor, NY, pg. 351
Dixon, Peter - Creative, PPOM - PROPHET, New York, NY, pg. 15
Dixon, Bruce - Interactive / Digital, PPOM - EFX MEDIA, Arlington, VA, pg. 562
Dixon, Simon - PPOM - IDEA ENGINEERING, INC., Santa Barbara, CA, pg. 88
Dixon, Don - Operations, PPOM - JACOBSEYE, Atlanta, GA, pg. 243
Dixon, Ana - NBC, PPOM - ARGONAUT, INC., San Francisco, CA, pg. 33
Dixson, Taylor - PPOM - ATOMICDUST, St. Louis, MO, pg. 214
Do, Chris - PPOM - BLIND, Santa Monica, CA, pg. 175
Doak, Bill - PPOM - KIRVIN DOAK COMMUNICATIONS, Las Vegas, NV, pg. 620
Dobell, Ken - PPOM - HILL+KNOWLTON STRATEGIES CANADA, Vancouver, BC, pg. 613
Dobell, Michael - PPOM - JAM3, Toronto, ON, pg. 243
Dobies, Mike - Creative, PPOM - DKY INTEGRATED MARKETING COMMUNICATIONS, Minneapolis, MN, pg. 352
Doble, Mike - PPOM - APPNET, Boone, NC, pg. 173
Dobratz, Niki - Creative, Media Department, NBC, PPOM, Promotions - FALLON WORLDWIDE, Minneapolis, MN, pg. 70
Dobson, Iain - PPOM - AUTOMOTIVE EVENTS, Cleveland, OH, pg. 328
Dobson-Smith, Daniel - PPOM - ESSENCE, San Francisco, CA, pg. 232
Dochtermann, Erik - PPOM - MODCOGROUP, New York, NY, pg. 116
Dod, Ronald - Media Department, PPOM - VISITURE, Charleston, SC, pg. 678
Dodds, Matthew - NBC, PPOM - BRANDTHROPOLOGY INC., Burlington, VT, pg. 4
Dodge, Tim - PPOM - HANSON DODGE,

1852

AGENCIES — RESPONSIBILITIES INDEX

INC., Milwaukee, WI, *pg.* 185
Dodge, Caitlin - Operations, PPOM - ARGUS COMMUNICATIONS, Boston, MA, *pg.* 537
Dodson Jr., Daniel - PPOM - MASTERMIND MARKETING, Atlanta, GA, *pg.* 248
Doerrbecker, Elena - Account Services, PPOM - UNIVERSAL MCCANN, New York, NY, *pg.* 521
Doggett, George - PPOM - DOGGETT ADVERTISING, INC., Charlotte, NC, *pg.* 63
Doherty, Steven - Operations, PPOM - CONNELLY PARTNERS, Boston, MA, *pg.* 344
Doherty, Thomas - PPOM - MERCURY PUBLIC AFFAIRS, New York, NY, *pg.* 627
Dohrenwend, Chuck - Operations, PPOM - ABERNATHY MACGREGOR GROUP, New York, NY, *pg.* 574
Dolak, David - Creative, PPOM - PHOENIX CREATIVE, Saint Louis, MO, *pg.* 128
Dolan, Patrick - Operations, PPOM - INTERACTIVE ADVERTISING BUREAU, New York, NY, *pg.* 90
Dolan, Paul - PPOM - VARICK MEDIA MANAGEMENT, New York, NY, *pg.* 274
Dolan, Timothy - PPOM - ICR, New York, NY, *pg.* 615
Dolecki, Deanna - PPOM - DIRECT ASSOCIATES, Natick, MA, *pg.* 62
Dolfi-Offutt, Dyan - Management, PPOM, Public Relations - SODA POP PUBLIC RELATIONS LLC, Los Angeles, CA, *pg.* 648
Dolin, Samantha - Creative, PPOM - OGILVY COMMONHEALTH WORLDWIDE, Parsipanny, NJ, *pg.* 122
Dolt, Vadim - Media Department, PPOM - RIGHTPOINT, Boston, MA, *pg.* 263
Dome, Doug - PPOM - FUSION92, Chicago, IL, *pg.* 235
Domich, Jeanine - Media Department, PPOM - DOM CAMERA & COMPANY, LLC, New York, NY, *pg.* 464
Domine, Bob - PPOM - DIGITAL RESEARCH, INC, Portland, ME, *pg.* 444
Donaldson, Rick - PPOM - M3 AGENCY, Augusta, GA, *pg.* 102
Donatelli, Becki - PPOM - CAMPAIGN SOLUTIONS, Alexandria, VA, *pg.* 219
Donati, Annalisa - Finance, PPOM - CAPTIVATE NETWORK, INC., Lowell, MA, *pg.* 550
Donegan, Geoff - Creative, PPOM - TANK DESIGN, Cambridge, MA, *pg.* 201
Doneger, Abbey - Management, PPOM - THE DONEGER GROUP, New York, NY, *pg.* 419
Donehue, Wesley - PPOM - PUSH DIGITAL, Columbia, SC, *pg.* 640
Donius, Jonella - Interactive / Digital, PPOM - FLEISHMANHILLARD, Kansas City, MO, *pg.* 604
Donnelly, Tripp - PPOM - REPEQUITY, Washington, DC, *pg.* 263
Donohue, Marty - Creative, PPOM - FULL CONTACT ADVERTISING, Boston, MA, *pg.* 75

Donovan, Bill - NBC, PPOM - DONOVAN ADVERTISING, Lititz, PA, *pg.* 352
Donovan, Robin - NBC, PPOM - BOZELL, Omaha, NE, *pg.* 42
Donovan, Roxanne - PPOM - GREAT INK COMMUNICATIONS, INC., New York, NY, *pg.* 610
Donovan, Michael - PPOM - DONOVAN/GREEN, New York, NY, *pg.* 551
Donovan, April - Creative, PPOM - BLUE COLLAR INTERACTIVE, Hood River, OR, *pg.* 217
Donovan, Sean - Management, NBC, PPOM - THE RICHARDS GROUP, INC., Dallas, TX, *pg.* 422
Donovan, John - Finance, PPOM - CMI MEDIA, LLC, King of Prussia, PA, *pg.* 342
Donovan, Don - PPOM - BAKER STREET ADVERTISING, San Francisco, CA, *pg.* 329
Donovan, Robert - PPOM - DOM360, Greenville, SC, *pg.* 230
Donovan, Jason - PPOM - CARDINAL DIGITAL MARKETING, Atlanta, GA, *pg.* 220
Donovan, Keith - PPOM - AIRFOIL PUBLIC RELATIONS, Royal Oak, MI, *pg.* 575
Dooley, Thomas - Creative, PPOM - TDA_BOULDER, Boulder, CO, *pg.* 147
Doolittle, John - Finance, PPOM - DIVERSIFIED AGENCY SERVICES, New York, NY, *pg.* 351
Doran, Kim - PPOM - QUIXOTE GROUP, Greensboro, NC, *pg.* 402
Dorato-Hankins, Daniel - Interactive / Digital, PPOM - VECTOR MEDIA, New York, NY, *pg.* 558
Dorfman, Susan - PPOM - CMI MEDIA, LLC, King of Prussia, PA, *pg.* 342
Dorgan, Drew - NBC, PPOM - HOWARD MILLER ASSOCIATES, INC., Lancaster, PA, *pg.* 87
Dorko, Melissa - Account Services, NBC, Operations, PPOM - WUNDERMAN THOMPSON, Chicago, IL, *pg.* 434
Dorn, James - Creative, PPOM - DORN MARKETING, Geneva, IL, *pg.* 64
Dorn, Jonathan - Management, PPOM - ACTIVE INTEREST MEDIA, Boulder, CO, *pg.* 561
Dorne, Dalton - Creative, NBC, PPOM - TINUITI, New York, NY, *pg.* 678
Dotson, Aaron - Creative, PPOM - ELEVATION MARKETING, Richmond, VA, *pg.* 67
Dotzauer, Ron - PPOM - STRATEGIES 360, Seattle, WA, *pg.* 650
Doud, Matthew - PPOM - PLANIT, Baltimore, MD, *pg.* 397
Dougherty, Owen - PPOM, Public Relations - GREY GROUP, New York, NY, *pg.* 365
Dougherty, Tom - Management, PPOM - STEALING SHARE, Greensboro, NC, *pg.* 18
Douglas, Terri - PPOM - CATAPULT PR-IR, Boulder, CO, *pg.* 589
Douglas, Wes - Creative, Management, NBC, PPOM - MADDOCK DOUGLAS, Elmhurst, IL, *pg.* 102
Douglas, Wesley - Creative, PPOM -

MADDOCK DOUGLAS, Elmhurst, IL, *pg.* 102
Douglass, Dave - Creative, PPOM - ANOMALY, Toronto, ON, *pg.* 326
Douty, Thomas - PPOM - ICF NEXT, Minneapolis, MN, *pg.* 372
Douville, Lynn - NBC, PPOM - THE KARMA GROUP, Green Bay, WI, *pg.* 420
Dowdall, Sean - NBC, PPOM - LANDIS COMMUNICATIONS INC., San Francisco, CA, *pg.* 621
Downey, Justin - NBC, PPOM - JDM, Farmers Branch, TX, *pg.* 243
Downie, Jason - Media Department, PPOM - LOTAME, Columbia, MD, *pg.* 446
Downing, Christopher - PPOM - FLASHPOINT PUBLIC RELATIONS, San Francisco, CA, *pg.* 604
Downing, David - NBC, PPOM - UNITED LANDMARK ASSOCIATES, Tampa, FL, *pg.* 157
Downs, Scott - Account Services, Operations, PPOM - OMD, New York, NY, *pg.* 498
Doyle, Sean - NBC, PPOM - FITZMARTIN, Homewood, AL, *pg.* 359
Doyle, Jack - PPOM - AMERGENT, Peabody, MA, *pg.* 279
Doyle, Mike - Management, PPOM - KETCHUM, New York, NY, *pg.* 542
Doyle, Courtney - Management, NBC, PPOM - CONNELLY PARTNERS, Boston, MA, *pg.* 344
Doyle, Mark - Media Department, PPOM - FORMATIVE, Seattle, WA, *pg.* 235
Doze, David - PPOM - PILOT PMR, Toronto, ON, *pg.* 636
Dozier, David - NBC, PPOM - THE DOZIER COMPANY, Dallas, TX, *pg.* 419
Dozier, Connie - PPOM - THE DOZIER COMPANY, Dallas, TX, *pg.* 419
Drabicky, Vic - PPOM - JANUARY DIGITAL, New York, NY, *pg.* 243
Drake, Derek - PPOM - DRIVE SHOP, Redmond, WA, *pg.* 304
Drake, John - Account Planner, Account Services, NBC, PPOM - DRAKE COOPER, Boise, ID, *pg.* 64
Drakul, Vanya - Management, PPM, PPOM - PIRATE TORONTO, Toronto, ON, *pg.* 195
Draper, Meryl - PPOM - QUIRK CREATIVE, Brooklyn, NY, *pg.* 131
Drass, Jason - PPOM - BULL & BEARD, Winston Salem, NC, *pg.* 44
Drassinower, Roberto - PPOM - BRAND PROTECT, Mississauga, ON, *pg.* 672
Drebot-Hutchins, Elaine - PPOM - THINK PR, New York, NY, *pg.* 655
Drechsler, Victoria - Operations, PPOM - BRAND CONNECTIONS, LLC, New York, NY, *pg.* 336
Dreistadt, Mark - PPOM - INFINITY CONCEPTS, Export, PA, *pg.* 285
Dreistadt, Susie - Finance, PPOM - INFINITY CONCEPTS, Export, PA, *pg.* 285
Dreistadt, Jason - Account Services, Creative, Operations, PPOM - INFINITY CONCEPTS, Export, PA, *pg.* 285

RESPONSIBILITIES INDEX — AGENCIES

Drexler, A.J. - PPOM - CAMPOS INC, Pittsburgh, PA, *pg.* 443
Drimalas, Dora - Creative, PPOM - HYBRID DESIGN, San Francisco, CA, *pg.* 87
Driver, Fred - PPOM - D.TRIO MARKETING GROUP, Minneapolis, MN, *pg.* 348
Drobick, Jeff - Management, PPOM - TAPJOY, San Francisco, CA, *pg.* 535
Droga, David - Creative, PPOM - DROGA5, New York, NY, *pg.* 64
Drogin, Louis - PPOM - BRANDGENUITY, LLC, New York, NY, *pg.* 4
Drolec Mikek, Maja - Finance, PPOM - CELTRA, INC., Boston, MA, *pg.* 533
Drouillard, Tom - PPOM - ALLIANCE FOR AUDITED MEDIA, Arlington Heights, IL, *pg.* 212
Drozd, Marketa - Creative, PPOM - SIMPLE TRUTH, Chicago, IL, *pg.* 198
Drucker, Sandra - Finance, PPOM - AUSTIN & WILLIAMS ADVERTISING, Hauppauge, NY, *pg.* 328
Drucker, Scott - PPOM - THE DRUCKER GROUP, Chicago, IL, *pg.* 150
Drummond, Glenn - NBC, PPOM, Research - QUARRY INTEGRATED COMMUNICATIONS, Saint Jacobs, ON, *pg.* 402
Drummond, Kirk - PPOM - DRUMROLL, Austin, TX, *pg.* 230
Drummond, Carmina - NBC, PPOM - THE MARTIN AGENCY, Richmond, VA, *pg.* 421
Drummy, Bill - PPOM - HEARTBEAT IDEAS, New York, NY, *pg.* 238
Drury, Ellen - Management, PPOM - GROUPM, New York, NY, *pg.* 466
Drust, Stefan - Account Services, PPOM - FUSE INTERACTIVE, Laguna Beach, CA, *pg.* 235
Drutz, Debbie - PPOM - NOVUS MEDIA, INC. , Toronto, ON, *pg.* 497
Duarte, Nancy - PPOM - DUARTE, Sunnyvale, CA, *pg.* 180
Duarte, Mark - Finance, PPOM - DUARTE, Sunnyvale, CA, *pg.* 180
Dubane, Steve - PPOM - WINGMAN MEDIA, Westlake Village, CA, *pg.* 529
Dube, Scott - Creative, PPOM - GRIP LIMITED, Toronto, ON, *pg.* 78
Dube, Marc - NBC, PPOM - ACTIVE BLOGS, Fort Collins, CO, *pg.* 575
Dubeauclard, Antoine - Creative, Interactive / Digital, NBC, PPOM - MEDIA GENESIS, INC., Troy, MI, *pg.* 249
Dubey, Dilip - PPOM - NETLINK, Madison Heights, MI, *pg.* 253
Dubin, Jayson - PPOM - PLAYWIRE MEDIA, Deerfield Beach, FL, *pg.* 257
Dublin, Jim - PPOM - DUBLIN STRATEGIES GROUP, San Antonio, TX, *pg.* 598
Dubner, Russell - PPOM - EDELMAN, New York, NY, *pg.* 599
Duboff, Robert - PPOM - HAWKPARTNERS, LLC, Boston, MA, *pg.* 445
Dubois, Anne - PPOM - DUBOIS BETOURNE & ASSOCIATES, Palm Coast, FL, *pg.* 598
Dubois, Delphine - NBC, PPOM - HEALTHCARE CONSULTANCY GROUP, New York, NY, *pg.* 83
Dubois, Aaron - Interactive / Digital, PPOM - 9THWONDER, Playa Vista, CA, *pg.* 453
Dubrow, Merrill - PPOM - MARC RESEARCH, Irving, TX, *pg.* 447
Dubuque, Susan - PPOM - NDP, Richmond, VA, *pg.* 390
Duchon, Scott - Creative, PPOM - 215 MCCANN, San Francisco, CA, *pg.* 319
Duckworth, Alexander - Creative, PPOM - POINT-ONE-PERCENT, New York, NY, *pg.* 15
Ducnuigeen, Marc - NBC, Operations, PPOM - THE INTEGER GROUP, Lakewood, CO, *pg.* 682
DuCoin, Edward - PPOM - ORPICAL GROUP, Marlton, NJ, *pg.* 256
Duda, Michael - Management, PPOM - BULLISH INC, New York, NY, *pg.* 45
Dudgeon, Tom - Media Department, PPOM - E3 MARKETING, New Albany, IN, *pg.* 67
Dudley, Rick - PPOM - OCTAGON, Stanford, CT, *pg.* 313
Dudnyk, Edward - PPOM - DUDNYK EXCHANGE, Horsham, PA, *pg.* 66
Duerr, David - PPOM - STRAIGHT NORTH, LLC, Downers Grove, IL, *pg.* 267
Duet, Shea - Creative, Interactive / Digital, Operations, PPOM - ZEHNDER COMMUNICATIONS, INC., New Orleans, LA, *pg.* 436
Duffy, Jon - NBC, PPOM - DUFFY & SHANLEY, INC., Providence, RI, *pg.* 66
Duffy, Joe - PPOM - TRUTH & ADVERTISING, Santa Ana, CA, *pg.* 272
Duffy, Don - PPOM - ICR, New York, NY, *pg.* 615
Duffy, Caroline - PPOM - JACKSON SPALDING INC., Atlanta, GA, *pg.* 376
Duffy, John - PPOM - 3CINTERACTIVE, Boca Raton, FL, *pg.* 533
Duffy, Kevin - Creative, PPOM - STRAIGHT NORTH, LLC, Downers Grove, IL, *pg.* 267
Duffy, Kimberly - Management, NBC, PPOM - OGILVY, New York, NY, *pg.* 393
Duffy, Karina - Human Resources, PPOM - IGNITIONONE, New York, NY, *pg.* 673
Duffy, Bryan - PPOM - MKTG INC, New York, NY, *pg.* 311
Duffy-Lehrman, Sheila - Creative, Operations, PPOM - TROPIC SURVIVAL, North Miami, FL, *pg.* 156
Dufour, Diane - PPOM - ACCURATE DESIGN & COMMUNICATION, INC., Ottawa, ON, *pg.* 171
Duft, Ward - Creative, PPOM - DUFT WATTERSON, Boise, ID, *pg.* 353
Dugan, Peter - Operations, PPOM - IMC / IRVINE MARKETING COMMUNICATIONS, Holmdel, NJ, *pg.* 89
Dugan, Robert M. - PPOM - EDSA , Fort Lauderdale, FL, *pg.* 181
DuJat, Lisa - Human Resources, PPOM - FCB NEW YORK, New York, NY, *pg.* 357
Dukas, Richard - PPOM - DUKAS LINDEN PUBLIC RELATIONS, New York, NY, *pg.* 598
Duke, Dave - PPOM - CATAPULT STRATEGIC DESIGN, Tempe, AZ, *pg.* 176
Duke, Dustin - Creative, PPOM - OGILVY, New York, NY, *pg.* 393
Dukes, Brian - Account Services, PPOM - SHIFT DIGITAL, Birmingham, MI, *pg.* 265
Dula, Michael - Creative, PPOM - BRANDINGBUSINESS, Irvine, CA, *pg.* 4
Dumais, Paul - Interactive / Digital, PPOM - WPROMOTE, El Segundo, CA, *pg.* 678
Duman, Michael - Creative, PPOM - SKAR ADVERTISING, Omaha, NE, *pg.* 265
Dumouchel, Bob - PPOM - SYSTEMS & MARKETING SOLUTIONS, Grover Beach, CA, *pg.* 268
Duncan, Leslie - Operations, PPOM - DUNCAN / DAY ADVERTISING, Dallas, TX, *pg.* 66
Duncan, Robert - PPOM - DUNCAN CHANNON, San Francisco, CA, *pg.* 66
Duncan, Michael - PPOM - DUNCAN MCCALL, Pensacola, FL, *pg.* 353
Duncan, Knox - PPOM - WONGDOODY, Seattle, WA, *pg.* 162
Duncan, Jodi - Account Services, NBC, PPOM - FLINT COMMUNICATIONS, INC., Fargo, ND, *pg.* 359
Duncan, Rusty - Operations, PPOM - INSIGHT CREATIVE GROUP, Oklahoma City, OK, *pg.* 89
Dunham, Jena - Management, Operations, PPOM - BLACK BEAR DESIGN GROUP, Chamblee, GA, *pg.* 175
Dunlap, Amanda - Account Services, PPOM - S&A COMMUNICATIONS, Cary, NC, *pg.* 645
Dunleavy, John - Operations, PPOM - OGILVY, New York, NY, *pg.* 393
Dunlop, Dan - PPOM - JENNINGS & COMPANY, Chapel Hill, NC, *pg.* 92
Dunn, Michael - PPOM - STUDE-BECKER ADVERTISING, Saint Paul, MN, *pg.* 18
Dunn, Kathryn - NBC, PPOM - K DUNN & ASSOCIATES, Eugene, OR, *pg.* 93
Dunn, Michael - PPOM - PROPHET, San Francisco, CA, *pg.* 15
Dunn, Michael - PPOM - DUNN ASSOCIATES, Arlington, VA, *pg.* 598
Dunn, Troy - Creative, PPOM - DUNN&CO, Tampa, FL, *pg.* 353
Dunn, Melanie - PPOM - COSSETTE MEDIA, Montreal, QC, *pg.* 345
Dupee, Steve - NBC, Operations, PPOM - BECORE, Los Angeles, CA, *pg.* 302
Dupuis, Steven - NBC, PPOM - DUPUIS, Ventura, CA, *pg.* 180
Dupuis, Jonathan - Account Planner, Account Services, Management, Media Department, NBC, PPOM - MCGARRYBOWEN, New York, NY, *pg.* 109
Dupuis, Jon - PPOM - MCGARRYBOWEN, New York, NY, *pg.* 109
Duran, Frank - Account Services, PPOM - K2MD, Albuquerque, NM, *pg.*

1854

AGENCIES
RESPONSIBILITIES INDEX

93
Duran, Lalo - Creative, PPOM - WALO CREATIVE, INC., Dallas, TX, *pg.* 161
Durand, Stacy - PPOM - MEDIA DESIGN GROUP, LLC, Los Angeles, CA, *pg.* 485
Duray, Andrea - Media Department, PPOM - SPARK FOUNDRY, New York, NY, *pg.* 508
Durden, Earl - PPOM - DURDEN OUTDOOR DISPLAYS, Dothan, AL, *pg.* 551
Duren Conner, Melissa - PPOM - JENNIFER BETT COMMUNICATIONS, New York, NY, *pg.* 617
Durham, Caryn - PPOM - CHARLES RYAN ASSOCIATES, INC., Richmond, VA, *pg.* 589
Durham, Tyler - Management, NBC, Operations, PPOM - PROPHET, New York, NY, *pg.* 15
Durket, Tony - Creative, PPOM - MEADSDURKET, San Diego, CA, *pg.* 112
Dursin, Stefanie - PPOM - THE G&R COOPERATIVE, Pennington, NJ, *pg.* 450
Dutton, Kelly - Management, PPOM - VMC MEDIA, Toronto, ON, *pg.* 526
Dutwin, Wendy - PPOM - LIMELIGHT MEDIA, INC., Los Angeles, CA, *pg.* 298
Dwyer, John - PPOM - INTEROP TECHNOLOGIES, Fort Myers, FL, *pg.* 534
Dyal, Herman - Creative, Interactive / Digital, PPOM - DYAL AND PARTNERS, Austin, TX, *pg.* 180
Dye, Ed - Creative, PPOM - UTŌKA, Atlanta, GA, *pg.* 203
Dyer, Dave - Management, Media Department, Operations, PPOM - MANIFESTO, Milwaukee, WI, *pg.* 104
Dyer, Tim - Management, Operations, PPOM - MANIFESTO, Milwaukee, WI, *pg.* 104
Dyer, Paul - Management, PPOM - LIPPE TAYLOR, New York, NY, *pg.* 623
Dykema, Scot - Finance, PPOM - THE RICHARDS GROUP, INC., Dallas, TX, *pg.* 422
Dykema, Misty - Account Planner, PPOM, Research - SIMANTEL GROUP, Peoria, IL, *pg.* 142
Dyvig, Maureen - PPOM - D.TRIO MARKETING GROUP, Minneapolis, MN, *pg.* 348
Dziedzic, Ed - PPOM - ICF NEXT, Minneapolis, MN, *pg.* 372
Dziedzic, Sara - NBC, PPOM - ROCKET55, Minneapolis, MN, *pg.* 264
D'Annunzio, Nick - PPOM - TARA, INK., Miami, FL, *pg.* 651
Eads, Michael - PPM, PPOM - SAMETZ BLACKSTONE ASSOCIATES, Boston, MA, *pg.* 197
Earls, Kristen - Account Services, NBC, PPOM - WIT MEDIA, New York, NY, *pg.* 162
Early, Dan - PPOM - ASCEDIA, Milwaukee, WI, *pg.* 672
Earnest, Bryan - NBC, PPOM - AMPERAGE, Cedar Rapids, IA, *pg.* 30
Easter, Brian - PPOM - NEBO AGENCY, LLC, Atlanta, GA, *pg.* 253

Easterling, Tyler - Operations, PPOM - THE BRANDON AGENCY, Myrtle Beach, SC, *pg.* 419
Eastwood, Matt - Creative, PPOM - MCCANN HEALTH NEW YORK, New York, NY, *pg.* 108
Eatherton, Linda - Account Services, PPOM - KETCHUM, Chicago, IL, *pg.* 619
Eaton, Bruce - NBC, PPOM - E10, Minneapolis, MN, *pg.* 353
Ebben, Bill - PPOM - EBBEN GROUP, Needham Heights, MA, *pg.* 67
Eber, Mark - PPOM - IMRE, Baltimore, MD, *pg.* 374
Eberl, Kimberly - PPOM - THE MOTION AGENCY, Chicago, IL, *pg.* 270
Eberly, Don - NBC, PPOM - EBERLY & COLLARD PUBLIC RELATIONS, Atlanta, GA, *pg.* 599
Eberly, Jon - Management, PPOM - HERO DIGITAL, San Francisco, CA, *pg.* 238
Eboli, Carla - Account Services, NBC, PPOM - ENERGY BBDO, INC., Chicago, IL, *pg.* 355
Echevarria, Paz - Media Department, PPOM - POLVORA ADVERTISING, Boston, MA, *pg.* 544
Echevarria, Herman - PPOM - BKV, Miami, FL, *pg.* 334
Eck-Thompson, Sarah - Operations, PPOM - ALL TERRAIN, Chicago, IL, *pg.* 302
Eckel, Albert - PPOM - ECKEL & VAUGHAN, Raleigh, NC, *pg.* 599
Eckert, Chris - Interactive / Digital, PPOM - G5 SEARCH MARKETING INC., Bend, OR, *pg.* 673
Eckhardt, Toby - Creative, PPOM - FOCUSED IMAGE, Falls Church, VA, *pg.* 235
Eckrote, Dan - Account Services, Management, Media Department, PPOM - MINDSHARE, New York, NY, *pg.* 491
Ecvet, Fahri - Operations, PPOM - WASSERMAN MEDIA GROUP, Los Angeles, CA, *pg.* 317
Eddy, George - PPOM - HEINRICH MARKETING, INC., Denver, CO, *pg.* 84
Eddy, Nelson - Creative, PPOM - DVL SEIGENTHALER, Nashville, TN, *pg.* 599
Edelman, Michelle - Operations, PPOM, Research - PETERMAYER, New Orleans, LA, *pg.* 127
Edelman, Richard - PPOM - EDELMAN, New York, NY, *pg.* 599
Edelman, Brian - PPOM - RAIN, New York, NY, *pg.* 262
Eden, Jeff - NBC, PPOM - DEG DIGITAL, Overland Park, KS, *pg.* 224
Eder, Norm - PPOM - CONKLING FISKUM & MCCORMICK, Portland, OR, *pg.* 592
Edery, Darren - PPOM - ADASTRA CORPORATION, Markham, ON, *pg.* 167
Edgerton, DJ - PPOM - ZEMOGA, INC., Wilton, CT, *pg.* 277
Edison, Barry - Media Department, PPOM - HIEBING, Madison, WI, *pg.* 85
Edlund, Campbell - PPOM - EMI STRATEGIC MARKETING, INC., Boston, MA, *pg.* 68
Edmond, Derek - Management, PPOM -

KOMARKETING ASSOCIATES, Boston, MA, *pg.* 675
Eduardo, Marcelo - PPOM - WORK & CO, Brooklyn, NY, *pg.* 276
Edwards, Tom - Account Planner, Interactive / Digital, Media Department, PPOM - EPSILON, Irving, TX, *pg.* 283
Edwards, Ryon - Creative, PPOM - RIGGS PARTNERS, West Columbia, SC, *pg.* 407
Edwards, Marlena - Human Resources, PPOM - HUGE, INC., Brooklyn, NY, *pg.* 239
Egan, Bill - NBC, PPOM - TRUNGALE, EGAN & ASSOCIATES, Chicago, IL, *pg.* 203
Egan, Andrew - Creative, PPOM - COOLGRAYSEVEN, New York, NY, *pg.* 53
Eggers, Andy - PPOM - GUTHRIE / MAYES & ASSOCIATES, INC., Louisville, KY, *pg.* 611
Eghammer, Johan - Creative, PPOM - CRISPIN PORTER + BOGUSKY, Boulder, CO, *pg.* 346
Ehart, Josh - Account Services, Interactive / Digital, NBC, PPOM - ENERGY BBDO, INC., Chicago, IL, *pg.* 355
Ehler, Dano - NBC, PPOM - DIGITAL MARK GROUP, Beaverton, OR, *pg.* 225
Ehlers, David - PPOM - BLUE 449, New York, NY, *pg.* 455
Ehresman, Kathleen - Media Department, PPM, PPOM - GROUPM, New York, NY, *pg.* 466
Ehrhardt, Malcolm - NBC, PPOM - THE EHRHARDT GROUP, INC., New Orleans, LA, *pg.* 653
Eiben, David - Account Services, Management, PPOM - DELL BLUE, Round Rock, TX, *pg.* 60
Eich, Tom - Interactive / Digital, PPOM - IDEO, New York, NY, *pg.* 187
Eichler, David - Creative, PPOM - DECIBEL BLUE, Scottsdale, AZ, *pg.* 595
Eichler, Diane - PPOM - DECIBEL BLUE, Scottsdale, AZ, *pg.* 595
Eickhoff, Brian - Creative, PPOM - TEXAS CREATIVE, San Antonio, TX, *pg.* 201
Eid, Luke - Creative, Interactive / Digital, PPOM - TBWA \ CHIAT \ DAY, New York, NY, *pg.* 416
Eid, George - Creative, PPOM - AREA 17, Brooklyn, NY, *pg.* 214
Eidson, Sam - PPOM - 90OCTANE, Denver, CO, *pg.* 209
Eifert, Chris - PPOM - TRICOMB2B, Dayton, OH, *pg.* 427
Eiland, Tom - PPOM - CONKLING FISKUM & MCCORMICK, Portland, OR, *pg.* 592
Eisbrenner, Ray - PPOM - MARX BUSCEMI EISBRENNER GROUP, Bloomfield, MI, *pg.* 626
Eisbrenner, Tom - PPOM - MARX BUSCEMI EISBRENNER GROUP, Bloomfield, MI, *pg.* 626
Eisenberg, Arthur - PPOM - EISENBERG & ASSOCIATES, Dallas, TX, *pg.* 181
Eisenberg, Jeff - PPOM - EVR

RESPONSIBILITIES INDEX — AGENCIES

ADVERTISING, Manchester, NH, pg. 69
Eisenberg, Jesse - Account Services, Interactive / Digital, Management, NBC, PPOM - TINUITI, New York, NY, pg. 678
Eisendrath, Laurie - Finance, PPOM - ARCHETYPE, San Francisco, CA, pg. 33
Eisenman, David - PPOM - MADWELL, Brooklyn, NY, pg. 13
Eisenstadt, David - PPOM - THE COMMUNICATIONS GROUP, INC., Toronto, ON, pg. 653
Eisenstadt, Rhoda - PPOM - THE COMMUNICATIONS GROUP, INC., Toronto, ON, pg. 653
Eiserman, Rick - PPOM - ENGINE, New York, NY, pg. 231
Eiserman, Rick - PPOM - TRAILER PARK, Hollywood, CA, pg. 299
Eizik, Selina - Operations, PPOM - CONDUCTOR, New York, NY, pg. 672
Ejigu, Neby - Interactive / Digital, PPOM - FINN PARTNERS, Washington, DC, pg. 603
Eklund, Andrew - PPOM - CICERON, Minneapolis, MN, pg. 220
Ekmark - Williams, Leah - PPOM - DALA, Dallas, TX, pg. 595
el Kaliouby, Rana - PPOM - AFFECTIVA, INC., Boston, MA, pg. 441
Elder, John - PPOM - HEAT, San Francisco, CA, pg. 84
Eldred, Kelly - Management, Media Department, PPOM - UNIVERSAL MCCANN DETROIT, Birmingham, MI, pg. 524
Eldridge, Saxon - Operations, PPOM - ANCHOR WORLDWIDE, New York, NY, pg. 31
Elen, Bob - Operations, PPOM - DAVIS ELEN ADVERTISING, Los Angeles, CA, pg. 58
Eley, Damien - Creative, PPOM - THE MANY, Pacific Palisades, CA, pg. 151
Eli, Rafael - PPOM - SCHRAMM MARKETING GROUP, New York, NY, pg. 508
Elias, Philip - PPOM - ELIAS SAVION ADVERTISING, Pittsburgh, PA, pg. 68
Elias, Majd - PPOM - SWING MEDIA, Los Angeles, CA, pg. 557
Elisco, John - Creative, PPOM - ELISCO ADVERTISING, Pittsburgh, PA, pg. 68
Elkin, Alan - PPOM - ACTIVE INTERNATIONAL, Pearl River, NY, pg. 439
Elkin-Frank, Dayna - PPOM - ACTIVE INTERNATIONAL, Pearl River, NY, pg. 439
Elkington, David - PPOM - INSIDESALES.COM, Provo, UT, pg. 168
Elkins, Janet - Management, PPOM - EVENTWORKS, Los Angeles, CA, pg. 305
Elkins, Shelley - Creative, PPOM - JACK MORTON WORLDWIDE, Chicago, IL, pg. 309
Elkman Gerson, Mollie - NBC, PPOM - GROUP TWO ADVERTISING, INC., Philadelphia, PA, pg. 78
Elle, Jodi - NBC, PPOM - MOSES,

INC., Phoenix, AZ, pg. 118
Ellen, Paul - PPOM - ELLEN COMMUNICATIONS, Newnan, GA, pg. 601
Ellenburg, Roger - PPOM - BRAND NEUE CO, Homewood, AL, pg. 3
Ellermeyer, Jeff - PPOM - BUCK, Los Angeles, CA, pg. 176
Ellett, John - PPOM - SPRINGBOX, Austin, TX, pg. 266
Elliot, Jeff - NBC, PPOM - POWER PR, Torrance, CA, pg. 638
Elliott, Kevin - NBC, PPOM - CODE FOUR, Huntington Beach, CA, pg. 343
Ellis, Brian - Account Services, Management, PPOM - PADILLA, Richmond, VA, pg. 635
Ellis, Tom - PPOM - SWARM, Atlanta, GA, pg. 268
Ellis, George - Creative, PPOM - BANDOLIER MEDIA, Austin, TX, pg. 685
Ellman, Dennis - Media Department, PPOM - BECK ELLMAN HEALD, La Jolla, CA, pg. 582
Ellms, Jon - PPOM - ACCESS TCA, INC., Whitinsville, MA, pg. 210
Elmer, John - PPOM - BAYARD BRADFORD, Houston, TX, pg. 215
Elmer, James - PPOM - BAYARD BRADFORD, Houston, TX, pg. 215
Elmowitz, Tina - Account Services, Management, PPOM - RBB COMMUNICATIONS, Miami, FL, pg. 641
Elnar, Rachel - Creative, Interactive / Digital, Media Department, PPOM - RAMP CREATIVE, Los Angeles, CA, pg. 196
Elsas, Cara - Account Services, PPOM - FLEISHMANHILLARD, Saint Louis, MO, pg. 604
Elsherbini, Hala - Operations, PPOM - HALLIBURTON INVESTOR RELATIONS, Richardson, TX, pg. 611
Elverman, Bill - PPOM, Public Relations - PKA MARKETING, Mequon, WI, pg. 397
Elwell, Dale - Account Planner, Account Services, PPOM - HITCHCOCK FLEMING & ASSOCIATES, INC. , Akron, OH, pg. 86
Elwell, Chris - PPOM - THIRD DOOR MEDIA, INC., Redding, CT, pg. 678
Emergui, Chris - PPOM - BAM STRATEGY, Montreal, QC, pg. 215
Emery, Tom - PPOM - EMERY GROUP ADVERTISING, El Paso, TX, pg. 68
Emmens, Steve - Management, PPM, PPOM - JUNIPER PARK\ TBWA, Toronto, ON, pg. 93
Emmer, Gregg - NBC, PPOM - KAESER & BLAIR, Batavia, OH, pg. 567
Emmett, Brad - Creative, PPOM - COMMONWEALTH // MCCANN, Detroit, MI, pg. 52
Endicott, Bill - Creative, PPOM - MITCHELL ASSOCIATES, INC., Wilmington, DE, pg. 191
Endres, Simon - Creative, PPOM - RED ANTLER, Brooklyn, NY, pg. 16
Eneix, Keith - NBC, PPOM - FANNIT INTERNET MARKETING SERVICES, Everett, WA, pg. 357
Eneix, Neil - NBC, PPOM - FANNIT INTERNET MARKETING SERVICES,

Everett, WA, pg. 357
Eng, Patricia - PPOM - MVNP, Honolulu, HI, pg. 119
Engedal, Tony - PPOM - PREMIER ENTERTAINMENT SERVICES, North Hollywood, CA, pg. 298
Engel, Gregory - Creative, PPOM - ENGEL O'NEILL ADVERTISING, Erie, PA, pg. 68
Engen, Greg - PPOM - MODERN CLIMATE, Minneapolis, MN, pg. 388
Englander, Harvey - NBC, PPOM - ENGLANDER KNABE & ALLEN, Los Angeles, CA, pg. 602
Englemann, Eric - PPOM - GEONETRIC, Cedar Rapids, IA, pg. 237
English, Joel - Media Department, PPOM - BVK, Milwaukee, WI, pg. 339
Engstrom, John - PPOM - DATABASE MARKETING GROUP, INC., Irvine, CA, pg. 281
Ennis, Rich - PPOM - NTH DEGREE, INC., Duluth, GA, pg. 312
Enright, Rob - Account Services, Management, PPOM - THE WARD GROUP, INC - MEDIA STEWARDS, Frisco, TX, pg. 520
Enslein, Nicole - NBC, PPOM - SUBLIME COMMUNICATIONS, Stamford, CT, pg. 415
Entrup, Tom - Finance, PPOM - DEUTSCH, INC., New York, NY, pg. 349
Eppehimer, Ryan - Finance, PPOM - GLOVER PARK GROUP, Washington, DC, pg. 608
Epstein, Adam - Operations, PPOM - ADMARKETPLACE, New York, NY, pg. 210
Epstein, Michael - Account Services, Media Department, PPOM - CARAT, New York, NY, pg. 459
Erdman, Joshua - PPOM - SYSTEMS & MARKETING SOLUTIONS, Grover Beach, CA, pg. 268
Erdogan, Yucel - Creative, PPOM - AFG&, New York, NY, pg. 28
Erich, Steven - Management, NBC, PPOM - ERICH & KALLMAN, San Francisco, CA, pg. 68
Erickson, Steve - Creative, PPOM - AMPERAGE, Cedar Rapids, IA, pg. 30
Erlbaum, Daniel - PPOM - FINCH BRANDS, Philadelphia, PA, pg. 7
Erley, Bruce - PPOM - CREATIVE STRATEGIES GROUP, Denver, CO, pg. 304
Erminio, John - Operations, PPOM - ARTISANS ON FIRE, Las Vegas, NV, pg. 327
Ernaut, Pete - PPOM - R&R PARTNERS, Reno, NV, pg. 131
Ernst, Kerry - Finance, PPOM - BERLIN CAMERON, New York, NY, pg. 38
Ervin, Tom - PPOM - EG INTEGRATED, Omaha, NE, pg. 354
Ervin, Bill - Creative, PPOM - EG INTEGRATED, Omaha, NE, pg. 354
Ervin, Mark - PPOM - BIG COMMUNICATIONS, INC., Birmingham, AL, pg. 39
Eskew, Carter - PPOM - GLOVER PARK GROUP, Washington, DC, pg. 608

AGENCIES — RESPONSIBILITIES INDEX

Eskilson, Kurt - Finance, PPOM - JONES HUYETT PARTNERS, Topeka, KS, pg. 93

Esparza, Del - PPOM - ESPARZA ADVERTISING, Albuquerque, NM, pg. 68

Espejel, Fernando - Interactive / Digital, PPOM - FCB CHICAGO, Chicago, IL, pg. 71

Esposito, Gary - Account Planner, Creative, PPOM - ZUNDA GROUP, South Norwalk, CT, pg. 205

Esposito, Eric - Interactive / Digital, PPOM - SILVER TECHNOLOGIES, INC., Manchester, NH, pg. 141

Esposito, Chris - Finance, PPOM - GREY GROUP, New York, NY, pg. 365

Esquerra, Al - PPOM - STRATA-MEDIA, INC., Irvine, CA, pg. 18

Esquibel, Josh - Creative, PPOM - THE PLATFORM GROUP, El Segundo, CA, pg. 152

Ess, Xandra - Operations, PPOM - MADE MOVEMENT, Boulder, CO, pg. 103

Esser, Stephen - Creative, PPOM - ESSER DESIGN, INC., Phoenix, AZ, pg. 182

Estenson, Dennis - Account Planner, PPOM - ROCKET LAWN CHAIR, Milwaukee, WI, pg. 407

Estill, Martin - PPOM - BAYARD BRADFORD, Houston, TX, pg. 215

Estipona, Edward - NBC, PPOM - ESTIPONA GROUP, Reno, NV, pg. 69

Estrella, Tony - PPOM - JIM RICCA & ASSOCIATES, Reston, VA, pg. 92

Etherington, David - PPOM, Research - INTERSECTION, New York, NY, pg. 553

Ethier, Shaun - Account Services, PPOM - EMPOWER, Cincinnati, OH, pg. 354

Etling, Donald - Management, PPOM - FLEISHMANHILLARD, Saint Louis, MO, pg. 604

Ettlemeyer, Martin - Finance, PPOM - FINN PARTNERS, New York, NY, pg. 603

Etzel, Sarah - Finance, NBC, PPOM - CALLAHAN CREEK, Lawrence, KS, pg. 4

Evangelista, Tish - Creative, PPOM - CHARACTER, San Francisco, CA, pg. 5

Evans, Susan - PPOM - EVANS LARSON COMMUNICATIONS, Minneapolis, MN, pg. 602

Evans, John - Management, Operations, PPOM - CLOSED LOOP MARKETING, Roseville, CA, pg. 672

Evans, Ken - PPOM - APEX PUBLIC RELATIONS, Toronto, ON, pg. 578

Evans, Amanda - NBC, PPOM - CLOSED LOOP MARKETING, Roseville, CA, pg. 672

Evans, Clark - Creative, PPOM - CAMP, Austin, TX, pg. 46

Evans, Sarah - PPOM - J PUBLIC RELATIONS, San Diego, CA, pg. 616

Evans, Craig - Creative, PPOM - WUNDERMAN THOMPSON, Irvine, CA, pg. 435

Evers, Tre - PPOM - CONSENSUS COMMUNICATIONS, Orlando, FL, pg. 592

Evert, Steve - NBC, PPOM - MADISON AVENUE MARKETING GROUP, Toledo, OH, pg. 287

Evia, Lisa - Management, Media Department, PPOM - HAVAS WORLDWIDE CHICAGO, Chicago, IL, pg. 82

Evins, Louise - Operations, PPOM - EVINS COMMUNICATIONS, LTD., New York, NY, pg. 602

Evins, Mathew - Account Planner, PPOM - EVINS COMMUNICATIONS, LTD., New York, NY, pg. 602

Ewen, Barbara - PPOM - CHEN PR, INC., Boston, MA, pg. 590

Ewings, Kate - PPOM - POP-DOT, Madison, WI, pg. 257

Exposito-Ulla, Daisy - PPOM - D. EXPOSITO & PARTNERS, New York, NY, pg. 539

Eymundson, Tom - PPM, PPOM - PIRATE TORONTO, Toronto, ON, pg. 195

Fabbri, David - NBC, PPOM - LOSASSO INTEGRATED MARKETING, Chicago, IL, pg. 381

Fabbri, Andrew - Operations, PPOM - JUMP 450 MEDIA, New York, NY, pg. 481

Fabian, Jeffery - Creative, PPOM - KINETIK COMMUNICATIONS GRAPHICS, Washington, DC, pg. 189

Fabian, Brian - PPOM - BOXCAR CREATIVE, Dallas, TX, pg. 219

Fabiano, Lisa - Human Resources, PPOM - GREY GROUP, New York, NY, pg. 365

Fabiano, Brian - Account Services, PPOM - FABCOM, Scottsdale, AZ, pg. 357

Fabritius, Rich - Account Services, Management, NBC, Operations, PPOM - VMLY&R, Atlanta, GA, pg. 274

Fabrizi, Michele - PPOM - MARC USA, Pittsburgh, PA, pg. 104

Facas, Eric - PPOM - MEDIA CAUSE, San Francisco, CA, pg. 249

Fadli, Samih - PPOM, Research - PUBLICIS.SAPIENT, Seattle, WA, pg. 259

Fagan - Miranda, Audrey - Finance, PPOM - MENTUS, San Diego, CA, pg. 386

Fagerstrom, Bruce - Account Services, Management, Media Department, NBC, PPOM - COOPER-SMITH ADVERTISING, Stamford, CT, pg. 462

Fahey, Linda - NBC, PPOM - DARK HORSE MEDIA, Tucson, AZ, pg. 464

Fain, Debbie - Account Planner, Management, PPOM - FAIN & TRIPP, Grayson, GA, pg. 70

Fairchild, Charlie - PPOM - WILLOWTREE, INC., Charlottesville, VA, pg. 535

Fairclough, Tom - Creative, PPOM - ANTISTA FAIRCLOUGH DESIGN, Atlanta, GA, pg. 172

Fairhead, Rob - Account Services, PPOM - ZGM COLLABORATIVE MARKETING, Calgary, AB, pg. 437

Faiss, Linda - PPOM - FAISS FOLEY WARREN, Las Vegas, NV, pg. 602

Faith, Sarah - PPOM - CONE, INC., Boston, MA, pg. 6

Fakhari Larson, Shahed - PPOM - BRUNSWICK GROUP, New York, NY, pg. 587

Faktor, Scott - NBC, PPOM - YOH, Philadelphia, PA, pg. 277

Falabella, Michael - Account Planner, Account Services, Media Department, PPOM - MINDSHARE, New York, NY, pg. 491

Falconer, Patrick - Management, Media Department, PPOM, Research - UNIVERSAL MCCANN DETROIT, Birmingham, MI, pg. 524

Falconio, Lyn - Media Department, PPOM - PUBLICIS HEALTH, New York, NY, pg. 639

Fales, Steve - NBC, PPOM - ADSERVICES, INC., Hollywood, FL, pg. 27

Falk, Jon - NBC, PPOM - FALK HARRISON, INC., Saint Louis, MO, pg. 183

Fall, Donald - Finance, PPOM - FALL ADVERTISING, Santee, CA, pg. 70

Faller, Lisa - Account Services, PPOM - FKQ ADVERTISING, INC., Clearwater, FL, pg. 359

Fallis, Tim - PPOM - BLACK ROCK MARKETING GROUP, Toronto, ON, pg. 39

Fallon, Tim - PPOM - FALLON MEDICA, Tinton Falls, NJ, pg. 70

Fallon, Doug - Creative, PPOM - BBDO WORLDWIDE, New York, NY, pg. 331

Falls, Robert - PPOM - FALLS COMMUNICATIONS, Cleveland, OH, pg. 357

Faloon, Tracy - Account Services, PPOM - TPN, New York, NY, pg. 571

Falusi, Corinna - Creative, PPOM - MOTHER NY, New York, NY, pg. 118

Fanaras, Linda - Account Planner, PPOM - MILLENNIUM INTEGRATED MARKETING, Manchester, NH, pg. 387

Fanelli, Duke - NBC, PPOM - ASSOCIATION OF NATIONAL ADVERTISERS, New York, NY, pg. 442

Fang, Yuyu - Media Department, PPOM, Programmatic - RED FUSE COMMUNICATIONS, New York, NY, pg. 404

Fang, Wesley - Management, PPOM - ZILKER MEDIA, Austin, TX, pg. 665

Fanning, Theo - Creative, PPOM - TRACTION CORPORATION, San Francisco, CA, pg. 271

Fannon, Diane - Management, NBC, PPOM - THE RICHARDS GROUP, INC., Dallas, TX, pg. 422

Fantich, Marc - NBC, PPOM - FANTICH MEDIA, McAllen, TX, pg. 71

Fantom, Lynn - PPOM - ID MEDIA, New York, NY, pg. 477

Fanuele, Michael - NBC, PPOM - MEDIA ASSEMBLY, Southfield, MI, pg. 385

Farber, Don - Creative, Interactive / Digital, PPOM - TAG COMMUNICATIONS, INC., Davenport, IA, pg. 416

Farber-Kolo, Joy - Account

RESPONSIBILITIES INDEX — AGENCIES

Services, Management, PPOM - WEBER SHANDWICK, New York, NY, pg. 660

Fardi, Robert - PPOM - REPEQUITY, Washington, DC, pg. 263

Farella, Steven - PPOM - MEDIA ASSEMBLY, New York, NY, pg. 484

Farewell, Robin - Media Department, PPOM - MOWER, Syracuse, NY, pg. 118

Farhang, Omid - Creative, PPOM - MOMENTUM WORLDWIDE, New York, NY, pg. 117

Faria, Thom - PPOM - CRAMER, Norwood, MA, pg. 6

Farinella, Rob - NBC, PPOM - BLUE SKY, Atlanta, GA, pg. 40

Faris, John - Interactive / Digital, Media Department, NBC, PPOM, Social Media - RED DOOR INTERACTIVE, San Diego, CA, pg. 404

Farkas, Kevin - NBC, Operations, PPOM - ACTIVE INTERNATIONAL, Pearl River, NY, pg. 439

Farleo, Don - NBC, PPOM - DON FARLEO AD & DESIGN CO., Saint Cloud, MN, pg. 63

Farman, Rick - PPOM - SUPERFLY, San Francisco, CA, pg. 315

Farmer, Chad - Creative, PPOM - GESTALT BRAND LAB, La Jolla, CA, pg. 76

Farmer, Jack - Management, PPOM - FLEISHMANHILLARD, Saint Louis, MO, pg. 604

Farnsworth, Landon - Finance, PPOM - REAGAN OUTDOOR ADVERTISING, Salt Lake City, UT, pg. 557

Farquhar, Stephen - Account Planner, Account Services, Management, Media Department, Operations, PPOM - PUBLICIS NORTH AMERICA, New York, NY, pg. 399

Farrell, Hillary - PPOM - ACKERMAN MCQUEEN, INC., Oklahoma City, OK, pg. 26

Farrell, Vin - Management, PPOM - WUNDERMAN THOMPSON, New York, NY, pg. 434

Farrell, Jason - Interactive / Digital, PPOM - USE ALL FIVE, INC., Los Angeles, CA, pg. 273

Farrell, Joseph - PPOM - BITE INTERACTIVE, Los Angeles, CA, pg. 533

Farren, Missy - NBC, PPOM - MISSY FARREN & ASSOCIATES, LTD., New York, NY, pg. 627

Farris, George - Creative, PPOM - FARRIS MARKETING, Youngstown, OH, pg. 357

Farris, Ed - Finance, PPOM - FARRIS MARKETING, Youngstown, OH, pg. 357

Farris, Wesley - PPM, PPOM, Programmatic - DIGILANT, Boston, MA, pg. 464

Farrugia, Cory - PPOM - CHANNEL COMMUNICATIONS, Towson, MD, pg. 341

Farthing, Doug - Creative, PPOM - INSIGHT CREATIVE GROUP, Oklahoma City, OK, pg. 89

Fasano, Frank - NBC, PPOM - CM&N ADVERTISING, Somerville, NJ, pg. 51

Fasano, Peter - Interactive / Digital, Media Department, PPOM - OGILVYONE WORLDWIDE, New York, NY, pg. 255

Faske, Cara - PPOM - PACE ADVERTISING AGENCY, INC., New York, NY, pg. 124

Fassnacht, Michael - PPOM - FCB CHICAGO, Chicago, IL, pg. 71

Fathi, Sandra - NBC, PPOM - AFFECT, New York, NY, pg. 575

Faulk, Matt - PPOM - BASIC, San Diego, CA, pg. 215

Faulkner, Kristi - PPOM - WOMENKIND, New York, NY, pg. 162

Faure, Sebastien - PPOM - BLEUBLANCROUGE, Montreal, QC, pg. 40

Faust, Bill - Account Planner, NBC, PPOM - OLOGIE, Columbus, OH, pg. 122

Faust, Cindy - Account Services, PPOM - AIMIA, Minneapolis, MN, pg. 167

Favalo, John - PPOM - MOWER, Syracuse, NY, pg. 118

Favat, Pete - Creative, PPOM - DEUTSCH, INC., Los Angeles, CA, pg. 350

Fawkes, Piers - PPM, PPOM - PSFK, New York, NY, pg. 440

Fay, Brad - PPOM - ENGAGEMENT LABS, New Brunswick, NJ, pg. 444

Fay, Bill - PPOM - DID AGENCY, Ambler, PA, pg. 62

Fazzio, James - PPOM - BOSTON RESEARCH GROUP, Hopkinton, MA, pg. 442

Federico, Dan - Finance, PPOM - SOCIALCODE, Washington, DC, pg. 688

Feeley, Kevin - PPOM - BELLEVUE COMMUNICATIONS, Philadelphia, PA, pg. 582

Feeney, Anne Catherine - Account Services, PPOM - ICF NEXT, Minneapolis, MN, pg. 372

Feetham, Donna - Finance, PPOM - SAMETZ BLACKSTONE ASSOCIATES, Boston, MA, pg. 197

Fehrenbach, Greg - Creative, PPOM - MATTER CREATIVE GROUP, Cincinnati, OH, pg. 107

Feid, Monica - Management, PPOM - BIZCOM ASSOCIATES, Plano, TX, pg. 584

Feinblum, Brian - NBC, PPOM - MEDIA CONNECT, New York, NY, pg. 485

Feit, Brian - PPOM - WE ARE BMF, New York, NY, pg. 318

Feitler, Richard - PPOM - TPN, Chicago, IL, pg. 571

Feitlinger, Jay - PPOM - STRINGCAN INTERACTIVE, Scottsdale, AZ, pg. 267

Feld, Peter - PPOM - GFK CUSTOM RESEARCH, INC., New York, NY, pg. 445

Feldman, Marty - NBC, PPOM - FELDMAN, GRALLA & ROBIN ADVERTISING, Agoura Hills, CA, pg. 358

Feldman, Brian - PPOM - POWER MEDIA, Jericho, NY, pg. 506

Feldman, Michael - PPOM - GLOVER PARK GROUP, Washington, DC, pg. 608

Feldman, Michael - PPOM - POWER MEDIA, Jericho, NY, pg. 506

Feldman, Brian - Management, PPOM, Public Relations - ALLISON+PARTNERS, Atlanta, GA, pg. 577

Feldman, Lisa - Creative, PPOM - ASPECT RATIO, Los Angeles, CA, pg. 35

Feldman, Larry - Finance, PPOM - LEHIGH MINING & NAVIGATION, Allentown, PA, pg. 97

Feldman de Falco, Victoria - PPOM - REDPOINT MARKETING PR, INC., New York, NY, pg. 642

Feldstein, Mark - Creative, PPOM - KNOWN, Los Angeles, CA, pg. 298

Felenstein, Scott - NBC, PPOM - NATIONAL CINEMEDIA, New York, NY, pg. 119

Feliciano, Edwin - Finance, Operations, PPOM - APCO WORLDWIDE, New York, NY, pg. 578

Fell, Josh - Creative, PPOM - ANOMALY, Venice, CA, pg. 326

Fellger, Thomas - PPOM - ICONMOBILE, Santa Monica, CA, pg. 534

Fellman, Glen - Creative, PPOM - CLEAN, Raleigh, NC, pg. 5

Fenley, Paul - Management, PPOM - K DUNN & ASSOCIATES, Eugene, OR, pg. 93

Fenster, Andy - PPOM - AI MEDIA GROUP, LLC, New York, NY, pg. 211

Fenton, Amy - Account Services, NBC, PPOM - KANTAR MEDIA, New York, NY, pg. 446

Ferber, Scott - NBC, PPOM - AMOBEE, INC., New York, NY, pg. 30

Ferebee, Matt - Creative, PPOM - FEREBEELANE, Greenville, SC, pg. 358

Feren, Sheila - PPOM - FEREN COMMUNICATIONS, New York, NY, pg. 603

Ferguson, Fay - PPOM - BURRELL COMMUNICATIONS GROUP, INC., Chicago, IL, pg. 45

Ferguson, Bill - NBC, PPOM - INC DESIGN, New York, NY, pg. 187

Ferguson, Matt - Account Services, PPOM - MOWER, Charlotte, NC, pg. 628

Ferguson, John - PPOM - FERGUSON ADVERTISING, INC., Fort Wayne, IN, pg. 73

Ferguson, William - Creative, PPOM - TWG COMMUNICATIONS, North Bay, ON, pg. 427

Ferguson, Jeff - PPOM - FANG DIGITAL MARKETING, Burbank, CA, pg. 234

Ferguson, Adam - Creative, PPOM - SOULSIGHT, Chicago, IL, pg. 199

Feriancek, Mark - Finance, NBC, Operations, PPOM - CARMICHAEL LYNCH, Minneapolis, MN, pg. 47

Fern, Shannon - Management, NBC, PPOM - COMMUNICATIONS STRATEGY GROUP, Denver, CO, pg. 592

Fernandez, Fernando - Account Services, PPOM - D. EXPOSITO & PARTNERS, New York, NY, pg. 539

Fernandez, Diego - Management, PPOM - NOBOX, Miami, FL, pg. 254

AGENCIES

RESPONSIBILITIES INDEX

Fernandez, Michael - PPOM - FACTORY 360, New York, NY, *pg.* 306

Fernandez, Renato - Creative, PPOM - TBWA \ CHIAT \ DAY, Los Angeles, CA, *pg.* 146

Ferngren, Cynthia - PPOM - HYPE CREATIVE PARTNERS, Marina Del Rey, CA, *pg.* 88

Fero, Brittany - PPOM - PB&, Seattle, WA, *pg.* 126

Ferrante, Lucia - Finance, PPOM - ARNOLD WORLDWIDE, Boston, MA, *pg.* 33

Ferranti, Mike - PPOM - ENDAI WORLDWIDE, New York, NY, *pg.* 231

Ferranti, Amy - Account Services, Management, PPOM - HUGE, INC., Chicago, IL, *pg.* 186

Ferranti, Tony - PPOM - MMSI, Warwick, RI, *pg.* 496

Ferrari, Lindsey - PPOM - WILKINSON FERRARI & COMPANY, Salt Lake City, UT, *pg.* 663

Ferrari, Stephanie - NBC, PPOM - FRESH COMMUNICATIONS, North Reading, MA, *pg.* 606

Ferraro, Gregory - PPOM - THE FERRARO GROUP, Las Vegas, NV, *pg.* 653

Ferrebee, Cheryl - Account Services, PPOM - TGG BRAND MARKETING & DESIGN, Marietta, OH, *pg.* 148

Ferrer, Fernando - PPOM - MERCURY PUBLIC AFFAIRS, New York, NY, *pg.* 627

Ferrer, Rudy - Operations, PPOM - DELTA MEDIA, INC., Miami, FL, *pg.* 551

Ferrigno, Peter - PPOM - THE SOLUTIONS GROUP, INC., Warren, NJ, *pg.* 153

Ferris, George - Account Services, Management, NBC, PPOM - FKQ ADVERTISING, INC., Clearwater, FL, *pg.* 359

Ferris, Lindsay - Account Services, Management, Media Department, PPOM - LINDSAY, STONE & BRIGGS, Madison, WI, *pg.* 100

Ferry, Nicole - PPOM - SULLIVAN, New York, NY, *pg.* 18

Ferzacca, Michael - PPOM - IGNITE MEDIA SOLUTIONS, McLean, VA, *pg.* 241

Fetherstonhaugh, Brian - PPOM - OGILVYONE WORLDWIDE, New York, NY, *pg.* 255

Fetterly, Charles - PPOM - TEC DIRECT MEDIA, INC., Chicago, IL, *pg.* 519

Feucht, Paul - PPOM - UNIFIED RESOURCES, INC., Houston, TX, *pg.* 571

Feuling, Steven - PPOM - MEDIA ASSEMBLY, New York, NY, *pg.* 484

Fichera, Mark - PPOM - ON BRAND 24, Beverly, MA, *pg.* 289

Fidler, Matt - Creative, PPOM - CHARLES RYAN ASSOCIATES, INC., Richmond, VA, *pg.* 589

Fidler, Kevin - PPOM - NUSTREAM, Allentown, PA, *pg.* 254

Fieger, J. Marie - PPOM - NEMER,

FIEGER & ASSOCIATES, Minneapolis, MN, *pg.* 391

Field, David - PPOM - ENTERCOM COMMUNICATIONS CORP., Bala Cynwyd, PA, *pg.* 551

Fielding, John - PPOM - ARRAY MARKETING GROUP, INC., Toronto, ON, *pg.* 565

Fielding, Cheryl - Account Services, Management, PPOM - HAVAS HEALTH & YOU, New York, NY, *pg.* 82

Fields, Stan - Account Planner, Account Services, Management, PPOM - HORIZON MEDIA, INC., New York, NY, *pg.* 474

Fierman, Ron - NBC, PPOM - DIGITAL PULP, New York, NY, *pg.* 225

Figliulo, Mark - PPOM - FIG, New York, NY, *pg.* 73

Figueredo, Peter - NBC, PPOM - HOUSE OF KAIZEN, New York, NY, *pg.* 239

Figueroa Kupcu, Maria - PPOM - BRUNSWICK GROUP, New York, NY, *pg.* 587

Fiksdal, John - PPOM - MEDIA ONE ADVERTISING, Sioux Falls, SD, *pg.* 112

Filice, Katherine - Creative, PPOM - ARTICULATE SOLUTIONS, Gilroy, CA, *pg.* 34

Filip, Andre - Management, PPOM - E/LA ADVERTISING, Irvine, CA, *pg.* 67

Filipowski, Ed - NBC, PPOM - KCD, INC., New York, NY, *pg.* 94

Fillmon, Rick - Operations, PPOM - ADRENALIN, INC., Denver, CO, *pg.* 1

Fimbres, Jon - NBC, PPOM - SKA DESIGN, South Pasadena, CA, *pg.* 199

Fimiani, John - NBC, PPOM - UPWARD BRAND INTERACTIONS, Dayton, OH, *pg.* 158

Findlay, John - PPOM - LAUNCHFIRE, INC., Ottawa, ON, *pg.* 568

Fine, Edward - Creative, PPOM - YELLOW SUBMARINE MARKETING COMMUNICATIONS, Pittsburgh, PA, *pg.* 164

Fine, Kenn - Creative, PPOM - FINE DESIGN GROUP, San Francisco, CA, *pg.* 183

Fine, Steve - PPOM - FINE DESIGN GROUP, San Francisco, CA, *pg.* 183

Fine Ericson, Sandra - Management, PPOM - RBB COMMUNICATIONS, Miami, FL, *pg.* 641

Fineman, Michael - PPOM - FINEMAN PR, San Francisco, CA, *pg.* 603

Fingeroth, James - PPOM - KEKST & COMPANY, INC., New York, NY, *pg.* 619

Fink, Terry - PPOM - PLANET CENTRAL, Richmond, VA, *pg.* 257

Finkelstein, Edward - PPOM - UNICOM ARC, Saint Louis, MO, *pg.* 657

Finkle, Sheldon - Finance, PPOM - E&M MEDIA GROUP, Jericho, NY, *pg.* 282

Finley, Alison - Media Department, PPOM - WAVEMAKER, San Francisco, CA, *pg.* 528

Finley, Terry - Creative, PPOM - OGILVY, New York, NY, *pg.* 393

Finley, Kate - NBC, PPOM - BELLE COMMUNICATION, Columbus, OH, *pg.* 582

Finlinson, Flint - Operations, PPOM - PROPAGANDA, Saint Louis, MO, *pg.* 196

Finn, Peter - PPOM - FINN PARTNERS, New York, NY, *pg.* 603

Finn, David - PPOM - RUDER FINN, INC., New York, NY, *pg.* 645

Finn, Dave - PPOM - PIERCE COMMUNICATIONS, Ramsey, NJ, *pg.* 687

Finnegan, Molly - PPOM - CONE, INC., Boston, MA, *pg.* 6

Finnerty, Jeanne - PPOM - SNIPPIES, INC., New York, NY, *pg.* 450

Fiore, Mike - Finance, PPOM - RADICAL MEDIA, New York, NY, *pg.* 196

Fiore, Dave - Creative, PPOM - COLANGELO SYNERGY MARKETING, INC., Darien, CT, *pg.* 566

Fiore, Robert - Finance, Operations, PPOM - PLUSMEDIA, LLC, Danbury, CT, *pg.* 290

Fiorella, Deb - NBC, PPOM - FRANKE AND FIORELLA, Minneapolis, MN, *pg.* 184

Fire, Dino - NBC, PPOM, Research - DATA DECISIONS GROUP, Chapel Hill, NC, *pg.* 443

Fireman, Paul - Management, NBC, PPOM - FIREMAN CREATIVE, Pittsburgh, PA, *pg.* 183

Firestone, Jim - NBC, PPOM, Research - GSD&M, Austin, TX, *pg.* 79

Firmani, Mark - PPOM - FIRMANI & ASSOCIATES, INC., Seattle, WA, *pg.* 604

Fischer, Matt - Creative, PPOM - CURIOSITY ADVERTISING, Cincinnati, OH, *pg.* 223

Fischer, Marcus - Account Planner, NBC, PPOM - CARMICHAEL LYNCH, Minneapolis, MN, *pg.* 47

Fischer, Vera - NBC, PPOM - 97 DEGREES WEST, Austin, TX, *pg.* 24

Fischer, Angie - Account Services, PPOM - GYRO, Cincinnati, OH, *pg.* 368

Fischer, Agnes - Account Planner, Account Services, Management, NBC, PPOM - THE&PARTNERSHIP, New York, NY, *pg.* 426

Fischer, Matt - Creative, PPOM - MOSES, INC., Phoenix, AZ, *pg.* 118

Fischette, David - Creative, PPOM - GO WEST CREATIVE, Nashville, TN, *pg.* 307

Fischette, Jennie - PPOM - DDB HEALTH, New York, NY, *pg.* 59

Fish, Jason - PPOM - POP-DOT, Madison, WI, *pg.* 257

Fisher, Greg - NBC, PPOM - FISHER, Phoenix, AZ, *pg.* 183

Fisher, Richard - PPOM - TRAPEZE COMMUNICATIONS, Victoria, BC, *pg.* 426

Fisher, Lorne - PPOM - FISH CONSULTING LLC, Fort Lauderdale, FL, *pg.* 604

Fisher, Jonathan - Operations, PPOM - BRANDEXTRACT, LLC, Houston, TX,

Responsibilities Index

1859

RESPONSIBILITIES INDEX — AGENCIES

pg. 4
Fisher, Lawrence - Account Services, PPOM - RISE INTERACTIVE, Chicago, IL, pg. 264
Fishman, Brad - PPOM - FISHMAN PUBLIC RELATIONS INC., Northbrook, IL, pg. 604
Fishman, Sherri - PPOM - FISHMAN PUBLIC RELATIONS INC., Northbrook, IL, pg. 604
Fitch, Luis - Creative, PPOM - UNO, Minneapolis, MN, pg. 21
Fite, Erica - Creative, PPOM - FANCY LLC, New York, NY, pg. 71
Fitkin, Christopher - Interactive / Digital, PPOM - KLIENTBOOST, Costa Mesa, CA, pg. 244
Fittipaldi, Jayson - Creative, NBC, PPOM - NOBOX, Miami, FL, pg. 254
Fitz-Henry, Matt - PPOM - GENOME, New York, NY, pg. 236
Fitzgerald, Dave - PPOM - FITZCO, Atlanta, GA, pg. 73
Fitzgerald, Tamra - Media Department, NBC, PPOM - VENUE MARKETING GROUP, North Palm Beach, FL, pg. 158
FitzGerald, Maura - NBC, PPOM, Public Relations - VERSION 2 COMMUNICATIONS, Boston, MA, pg. 658
Fitzgerald, James - PPOM - FRCH DESIGN WORLDWIDE, Cincinnati, OH, pg. 184
Fitzgerald, Robin - Creative, PPOM - BBDO ATL, Atlanta, GA, pg. 330
Fitzgerald, Debbie - PPOM - FITZGERALD PR INC., Cumming, GA, pg. 604
Fitzgerald, Tim - Finance, PPOM - FITZGERALD PR INC., Cumming, GA, pg. 604
Fitzgerald, Robert - NBC, Operations, PPOM - EMPOWER, Cincinnati, OH, pg. 354
Fitzgerald, Damian - Creative, PPOM - GHOSTPISTOLS, Santa Monica, CA, pg. 76
FitzGibbon, Mike - PPOM - 3CINTERACTIVE, Boca Raton, FL, pg. 533
Fitzgibbons, Ruth - PPOM, Public Relations - THE RICHARDS GROUP, INC., Dallas, TX, pg. 422
Fitzgibbons, Mark - PPOM - AMERICAN TARGET ADVERTISING, Manassas, VA, pg. 279
Fitzloff, Mark - Creative, PPOM - OPINIONATED, Portland, OR, pg. 123
Fitzpatrick, John - PPOM - FORCE MARKETING, Atlanta, GA, pg. 284
Fitzpatrick, John - Account Services, PPOM - STRATACOMM, INC., Washington, DC, pg. 650
Flaherty, Rob - PPOM - KETCHUM, New York, NY, pg. 542
Flanagan, Matt - PPOM - FAMA PR, INC., Boston, MA, pg. 602
Flanagan, Tom - Interactive / Digital, Management, NBC, PPOM - BIG BLOCK, El Segundo, CA, pg. 217
Flanagan, Karen - Management, PPOM - BERLIN CAMERON, New York, NY, pg. 38
Flanders, Darcy Ann - Creative, NBC, PPOM - BASELINE DESIGN, INC., New York, NY, pg. 174
Flanik, Kirsten - Account Services, Management, PPOM - BBDO WORLDWIDE, New York, NY, pg. 331
Flatt, Laurel - PPOM - MCGARRYBOWEN, Chicago, IL, pg. 110
Fleischer, Peter - PPOM - KETCHUM, Chicago, IL, pg. 619
Fleischer, Michael - Management, PPOM - BCW WASHINGTON DC, Washington, DC, pg. 582
Fleischman, Matthew - Analytics, Interactive / Digital, PPOM - PUBLICIS NORTH AMERICA, New York, NY, pg. 399
Fleischman, Michael - Finance, PPOM - DIGITAL REMEDY, New York, NY, pg. 226
Fleischmann, Arthur - PPOM - JOHN ST., Toronto, ON, pg. 93
Fleisher, Rob - PPOM - SANDBOX STRATEGIES, New York, NY, pg. 645
Fleming, Paul - PPOM - FVM STRATEGIC COMMUNICATIONS, Plymouth Meeting, PA, pg. 75
Fleming, Bill - PPOM - HOT PINK, INC., Rapid City, SD, pg. 87
Flemma, Jerry - Operations, PPOM - JACOBSON ROST, Milwaukee, WI, pg. 376
Flemming, Clary - PPOM - CLARY FLEMMING & ASSOCIATES, Bedford, NS, pg. 561
Fletcher, Katherine - Operations, PPOM - FLEISHMANHILLARD HIGHROAD, Toronto, ON, pg. 606
Fletcher, Mish - Account Services, Management, Media Department, NBC, PPOM - ACCENTURE INTERACTIVE, New York, NY, pg. 209
Fletcher, John - Finance, PPOM - CROWLEY WEBB & ASSOCIATES, Buffalo, NY, pg. 55
Fletcher, Jean - Finance, PPOM - CROWLEY WEBB & ASSOCIATES, Buffalo, NY, pg. 55
Fletcher, Jill - Account Services, Finance, PPOM - ADPERIO, Denver, CO, pg. 533
Fleury, Debra - Creative, Interactive / Digital, NBC, PPOM - ALTITUDE, Somerville, MA, pg. 172
Flicker, MichaelAaron - PPOM - XENOPSI, New York, NY, pg. 164
Flier, Rich - NBC, PPOM - MOTHERSHIP, Los Angeles, CA, pg. 563
Flood, Stephen - PPOM - UNIVERSAL WILDE, Westwood, MA, pg. 428
Florea, Ted - Account Planner, Media Department, NBC, PPOM - FORSMAN & BODENFORS, New York, NY, pg. 74
Florence, Russ - Operations, PPOM - SCHNAKE TURNBO FRANK, INC., Tulsa, OK, pg. 646
Flores, Manny - PPOM - THIRD EAR, Austin, TX, pg. 546
Florin, Dave - NBC, PPOM - HIEBING, Madison, WI, pg. 85
Florio, Dale - Account Services, PPOM - PRINCETON PUBLIC AFFAIRS GROUP, INC., Trenton, NJ, pg. 638
Flowers Welch, Michelle - PPOM - FLOWERS COMMUNICATIONS GROUP, Chicago, IL, pg. 606
Floyd, Dustin - PPOM - TDG COMMUNICATIONS, Deadwood, SD, pg. 417
Flutie, Glenn - Operations, PPOM - INSITE MEDIACOM, Plantation, FL, pg. 553
Flynn, Will - NBC, PPOM - FRANKLIN STREET MARKETING & ADVERTISING, Richmond, VA, pg. 360
Flynn, Jim - PPOM - ONEFIRE, INC, Peoria, IL, pg. 394
Flynn, Kevin - PPOM - FLYNN, Pittsford, NY, pg. 74
Flynn, Chris - Creative, PPOM - FLYNN, Pittsford, NY, pg. 74
Flynn, Brian - PPOM - HYBRID DESIGN, San Francisco, CA, pg. 87
Flynn, Margaret - NBC, PPOM - BROWN FLYNN COMMUNICATIONS LTD., Cleveland, OH, pg. 586
Flynn, Jessica - PPOM - RED SKY PUBLIC RELATIONS, Boise, ID, pg. 642
Flynn Jr., Connor - PPOM - LESSING-FLYNN ADVERTISING CO., Des Moines, IA, pg. 99
Foerstel, Tom - Creative, PPOM - FOERSTEL DESIGN, Boise, ID, pg. 183
Foerter, Dean - PPOM - JWT TORONTO, Toronto, ON, pg. 378
Fogaca, Paulo - Management, Operations, PPOM - GUT MIAMI, Miami, FL, pg. 80
Fogarty, Bill - PPOM - 9THWONDER AGENCY, Houston, TX, pg. 453
Fogelman, Marlo - PPOM - MARLO MARKETING COMMUNICATIONS, Boston, MA, pg. 383
Foley, John - PPOM - LEVEL, Minneapolis, MN, pg. 99
Foley, Helen - Account Services, PPOM - FAISS FOLEY WARREN, Las Vegas, NV, pg. 602
Foley, Kevin - PPOM - KEF MEDIA ASSOCIATES, INC., Smyrna, GA, pg. 619
Foley, Amanda - Management, PPOM - KITEROCKET, Seattle, WA, pg. 620
Foley, Tim - Creative, PPOM - FULL CONTACT ADVERTISING, Boston, MA, pg. 75
Fombrun, Charles - PPOM - REPUTATION INSTITUTE, Boston, MA, pg. 449
Fonfria, Roberto - Creative, PPOM - EL AUTOBUS, Miami, FL, pg. 67
Fontana, Christine - PPOM - BANNER DIRECT, Wilmington, NC, pg. 280
Fontenot, Nicole - Management, PPOM - 360I, LLC, Atlanta, GA, pg. 207
Fonteyne, Els - PPOM, Public Relations - HFS COMMUNICATIONS, West Granby, CT, pg. 567
Forcione, Steve - PPOM - RED FUSE COMMUNICATIONS, New York, NY, pg. 404
Ford, Andy - Account Planner, PPOM - BRADO, Irvine, CA, pg. 336
Ford, Kathryn - Account Services, Media Department, PPOM - MEDIACOM, Chicago, IL, pg. 489

AGENCIES — RESPONSIBILITIES INDEX

Ford, Joe - Analytics, Interactive / Digital, PPOM - IMMERSION ACTIVE, INC., Frederick, MD, pg. 241

Forecki, Paul - PPOM - VOXUS PR, Tacoma, WA, pg. 658

Foreman, Scott - Management, NBC, Operations, PPOM - COPACINO + FUJIKADO, LLC, Seattle, WA, pg. 344

Foretich, Paul - Account Services, PPOM - BRICKHOUSE DESIGN, Jasper, GA, pg. 4

Forman, Laura - Account Services, Management, PPOM - DAVID&GOLIATH, El Segundo, CA, pg. 57

Forman, Theresa - PPOM - MCMILLAN, Ottawa, ON, pg. 484

Formica, Lisa - PPOM - FMI DIRECT, INC., Philadelphia, PA, pg. 284

Formica, Mark - Account Planner, Account Services, PPOM - FMI DIRECT, INC., Philadelphia, PA, pg. 284

Formidoni, Kathleen - PPOM - BLAST! PR, Santa Barbara, CA, pg. 584

Formidoni, Bryan - PPOM - BLAST! PR, Santa Barbara, CA, pg. 584

Forrest, Tom - PPM, PPOM - TAILLIGHT TV, Nashville, TN, pg. 315

Forst, Jon - PPM, PPOM - TRADEMARK EVENT PROMOTIONS, INC., San Francisco, CA, pg. 317

Fort, Tucker - Account Services, Creative, PPOM - SMART DESIGN, INC, New York, NY, pg. 199

Fortin, Jean-Francois - Account Services, PPOM - SID LEE, Montreal, QC, pg. 140

Forward, Jim - Creative, PPOM - FORWARD BRANDING, Webster, NY, pg. 184

Foster, George - PPOM - FOSTER MARKETING COMMUNICATIONS, Lafayette, LA, pg. 360

Foster, Neil - PPOM - GCG MARKETING, Fort Worth, TX, pg. 362

Foster, Dave - PPOM - AVREAFOSTER, Dallas, TX, pg. 35

Foster, Chris - Management, NBC, PPOM - BCW WASHINGTON DC, Washington, DC, pg. 582

Foster, Rainey - Management, PPOM - LEADING AUTHORITIES, INC., Washington, DC, pg. 622

Foster, BJ - Finance, PPOM - PRR, Seattle, WA, pg. 399

Foster-Storch, Sonja - PPOM - GSW WORLDWIDE, New York, NY, pg. 79

Foth Jr., Ron - Creative, PPOM - RON FOTH ADVERTISING, Columbus, OH, pg. 134

Fotouhi, Farida - PPOM - REALITY2, Los Angeles, CA, pg. 403

Fournier, Penelope - Management, PPOM - LG2, Montreal, QC, pg. 380

Fowler, David - Creative, PPOM - OGILVY, New York, NY, pg. 393

Fowler, Gordon - PPOM - 3FOLD COMMUNICATIONS, Sacramento, CA, pg. 23

Fox, David - PPOM - MCNEELY PIGOTT & FOX PUBLIC RELATIONS, Nashville, TN, pg. 626

Fox, Michael - PPOM, Public Relations - ICR, New York, NY, pg. 615

Fox, Ken - Creative, PPOM - 50,000 FEET, INC., Chicago, IL, pg. 171

Fox, William - Operations, PPOM - VANGUARDCOMM, East Brunswick, NJ, pg. 546

Fox, Barbara - PPOM - ENTERPRISE CANADA, Toronto, ON, pg. 231

Fox, Jon - PPOM - FLIGHTPATH, New York, NY, pg. 235

Fox, Jordan - PPOM - LAUNDRY SERVICE, Brooklyn, NY, pg. 287

Fox, Doreen - Creative, PPOM - OGILVYONE WORLDWIDE, New York, NY, pg. 255

Foy, David - NBC, PPOM - JUNCTION59, Toronto, ON, pg. 378

Foy, Sean - PPOM - LINNIHAN FOY ADVERTISING, Minneapolis, MN, pg. 100

Fraire, Peter - Creative, Operations, PPOM - MITHOFF BURTON PARTNERS, El Paso, TX, pg. 115

Francis, Mary Kay - NBC, PPOM - XPERIENCE COMMUNICATIONS, Dearborn, MI, pg. 318

Francisco, Mebrulin - Analytics, NBC, PPOM, Research - GROUPM, New York, NY, pg. 466

Franco, Jim - Creative, PPOM - EFX MEDIA, Arlington, VA, pg. 562

Franco, David - NBC, PPOM - HEXNET DIGITAL MARKETING, Wall, NJ, pg. 239

Francomano, Sarah - Management, PPOM - FLEISHMANHILLARD, Boston, MA, pg. 605

Franczak, Dennis - PPOM - FUSEIDEAS, LLC, Winchester, MA, pg. 306

Frank, Becky - PPOM - SCHNAKE TURNBO FRANK, INC., Tulsa, OK, pg. 646

Frank, Joele - PPOM - JOELE FRANK, WILKINSON BRIMMER KATCHER, New York, NY, pg. 617

Frank, Robert - Account Services, NBC, PPOM - FRANK ADVERTISING, Cranbury, NJ, pg. 360

Frank, Catherine - Operations, PPOM - CLEAN SHEET COMMUNICATIONS, Toronto, ON, pg. 342

Frank, Steve - NBC, PPOM - THOUGHTFORM DESIGN, Pittsburgh, PA, pg. 202

Frank, Thomas - Creative, PPOM - FORTYFOUR, Atlanta, GA, pg. 235

Frank, Nathan - Creative, NBC, PPOM - INTERESTING DEVELOPMENT, New York, NY, pg. 90

Franke, Craig - PPOM - FRANKE AND FIORELLA, Minneapolis, MN, pg. 184

Frankel, Steve - PPOM - JOELE FRANK, WILKINSON BRIMMER KATCHER, New York, NY, pg. 617

Frankenberger, Jean - PPOM - THE BANTAM GROUP, Atlanta, GA, pg. 450

Frankfurt, Peter - Creative, PPOM - IMAGINARY FORCES, Los Angeles, CA, pg. 187

Franklin, Mason - Account Planner, Management, Media Department, PPOM - UNIVERSAL MCCANN, New York, NY, pg. 521

Franks, Brian - Creative, NBC, PPOM - WHERE EAGLES DARE, Pittsburgh, PA, pg. 161

Franks, Liz - Media Department, Operations, PPOM - INITIATIVE, Los Angeles, CA, pg. 478

Frantz, Peter - NBC, PPOM - JCF MARKETING, Mentor, OH, pg. 91

Fraser, Renee - PPOM - FRASER COMMUNICATIONS, Los Angeles, CA, pg. 540

Fraser, Andy - PPOM - SOCKEYE CREATIVE, Portland, OR, pg. 199

Fraser, Beau - Management, PPOM - THE GATE WORLDWIDE, New York, NY, pg. 419

Fraser, Carla - Creative, PPOM - DYAL AND PARTNERS, Austin, TX, pg. 180

Fraser, Heather - PPOM - THE NOW GROUP, Vancouver, BC, pg. 422

Fraser, Lee - Administrative, Management, PPOM, Research - DIGITAS HEALTH LIFEBRANDS, New York, NY, pg. 229

Fraser, Philip - Interactive / Digital, PPOM - APCO WORLDWIDE, Washington, DC, pg. 578

Fraser, Keith - Creative, PPOM - MARIS, WEST & BAKER, Jackson, MS, pg. 383

Fraser, Brian - Creative, PPOM - SPARK44, New York, NY, pg. 411

Frazer, Jeanne - PPOM - VITALINK COMMUNICATIONS, Raleigh, NC, pg. 159

Frazier, Doug - Creative, NBC, PPOM - FRAZIERHEIBY, Columbus, OH, pg. 75

Frazier, Jeff - PPOM - THREAD, Tustin, CA, pg. 271

Frech, Susan - PPOM - SOCIAL MEDIA LINK, New York, NY, pg. 266

Frechette, Kimberly - Interactive / Digital, Media Department, PPOM - WAVEMAKER, New York, NY, pg. 526

Freda, Jordan - Creative, PPOM - GIANT PROPELLER, Burbank, CA, pg. 76

Frederick, Brad - PPOM - MEDIA GENESIS, INC., Troy, MI, pg. 249

Frederick, Bill - Creative, PPOM - FREDERICK & FROBERG DESIGN OFFICES, INC., Montclair, NJ, pg. 184

Frederick, Scott - Creative, PPOM - FREDERICK SWANSTON, Alpharetta, GA, pg. 360

Frederick, Rebecca - Media Department, PPOM - OGILVY COMMONHEALTH WORLDWIDE, Parsippany, NJ, pg. 122

Fredrickson, Lee - PPOM - HINGE, Reston, VA, pg. 370

Fredrickson, Kelly - PPOM - MULLENLOWE U.S. NEW YORK, New York, NY, pg. 496

Fredrikson, Lisa - PPOM - TREAT AND COMPANY, LLC, Minneapolis, MN, pg. 202

Freebairn, John - NBC, PPOM - FREEBAIRN & COMPANY, Atlanta, GA, pg. 360

Freeberg, Eric - Creative,

1861

RESPONSIBILITIES INDEX / AGENCIES

Operations, PPOM - B-SWING, Minneapolis, MN, pg. 215
Freed, Gerald - PPOM - FREED ADVERTISING, Sugar Land, TX, pg. 360
Freed, Elena - Operations, PPOM - RED SQUARE AGENCY, Mobile, AL, pg. 642
Freedman, Jeff - PPOM - SMALL ARMY, Boston, MA, pg. 142
Freedman, Ross - PPOM - RIGHTPOINT, Oakland, CA, pg. 263
Freeman, Jean - PPOM - ZAMBEZI, Culver City, CA, pg. 165
Freethy, Ardith - PPOM - COMMUNIQUE, Toronto, ON, pg. 303
Freinberg, Lauren - PPOM - BLACK TWIG, LLC, Saint Louis, MO, pg. 3
Freitag, Michael - PPOM - JOELE FRANK, WILKINSON BRIMMER KATCHER, New York, NY, pg. 617
Freitas, Nelson - Account Planner, PPOM - OMNICOM GROUP, New York, NY, pg. 123
Frej, David - Creative, PPOM - OTHERWISE, INC., Chicago, IL, pg. 634
Fremont, Carl - Interactive / Digital, PPOM - QUIGLEY-SIMPSON, Los Angeles, CA, pg. 544
French, Rick - PPOM - FRENCH / WEST / VAUGHAN, Raleigh, NC, pg. 361
French, Steve - PPOM - NMI, Harleysville, PA, pg. 448
Frend, Patrick - Management, PPOM - HERO DIGITAL, San Francisco, CA, pg. 238
Frey, Robyn - Creative, PPOM - BOLCHALK FREY MARKETING, Tucson, AZ, pg. 41
Frey, Andy - Interactive / Digital, PPOM - ONEMAGNIFY, Detroit, MI, pg. 394
Frick Laguarda, Alicia - NBC, PPOM - INSIDE OUT COMMUNICATIONS, Holiston, MA, pg. 89
Fricke Kijek, Michelle - Administrative, Management, PPOM - FOODMINDS, LLC, Chicago, IL, pg. 606
Frickey, Norty - PPOM - NETWORK AFFILIATES, INC., Lakewood, CO, pg. 391
Fridman, Gela - Interactive / Digital, PPOM - HUGE, INC., Brooklyn, NY, pg. 239
Fridman, Derek - Creative, PPOM - HUGE, INC., Atlanta, GA, pg. 240
Fried, Debra - Account Services, PPOM - OGILVYONE WORLDWIDE, New York, NY, pg. 255
Friedberg, Eric - PPOM - COHEN-FRIEDBERG ASSOCIATES, Framingham, MA, pg. 343
Friedenwald-Fishman, Eric - Creative, PPOM - METROPOLITAN GROUP, Portland, OR, pg. 387
Friedman, Dean - PPOM - REAL INTEGRATED, Troy, MI, pg. 403
Friedman, Jacki - Account Services, PPOM - FURMAN ROTH ADVERTISING, New York, NY, pg. 361
Friedman, Scott - Operations, PPOM - STIEGLER, WELLS, BRUNSWICK &

ROTH, INC., Bethlehem, PA, pg. 413
Friedman, Nancy - Management, Media Department, NBC, PPOM, Public Relations - MMGY NJF, New York, NY, pg. 628
Friedman, Marsha - PPOM - NEWS & EXPERTS, Wesley Chapel, FL, pg. 632
Friedman, Steve - PPOM - NEWS & EXPERTS, Wesley Chapel, FL, pg. 632
Friedman, Peter - PPOM - LIVEWORLD, San Jose, CA, pg. 246
Friedman, Jay - Interactive / Digital, Operations, PPOM - CONTROL V EXPOSED, Jenkintown, PA, pg. 222
Friedman, Jocelyn - Management, PPOM - PROOF ADVERTISING, Austin, TX, pg. 398
Friedman, Alex - PPOM - RUCKUS MARKETING, New York, NY, pg. 408
Friedman, Steve - PPOM - CREATIVE PRODUCERS GROUP, Saint Louis, MO, pg. 303
Friedman, Steve - Management, PPOM - ETHOS, PATHOS, LOGOS, LLC, Chicago, IL, pg. 233
Fries, Kurt - Creative, PPOM - MCGARRYBOWEN, Chicago, IL, pg. 110
Friesen, Brandon - Management, Media Department, PPOM - JUST MEDIA, INC., Emeryville, CA, pg. 481
Frisch, Randy - NBC, PPOM - UBERFLIP, Toronto, ON, pg. 535
Froberg, Tom - Creative, PPOM - FREDERICK & FROBERG DESIGN OFFICES, INC., Montclair, NJ, pg. 184
Froese, Bob - PPOM - BOB'S YOUR UNCLE, Toronto, ON, pg. 335
Fromer, Todd - PPOM - KCSA STRATEGIC COMMUNICATIONS, New York, NY, pg. 619
Fromm, Bill - PPOM - BARKLEY, Kansas City, MO, pg. 329
Fromm, Dan - Operations, PPOM - BARKLEY, Kansas City, MO, pg. 329
Fromm, Jeff - PPOM - BARKLEY, Kansas City, MO, pg. 329
Frommer, Jeff - NBC, PPOM - MALKA, Jersey City, NJ, pg. 562
Frouxides, Vivian - NBC, PPOM - ASSOCIATION OF NATIONAL ADVERTISERS, New York, NY, pg. 442
Fruechte, Christine - PPOM - COLLE MCVOY, Minneapolis, MN, pg. 343
Fry, Dwayne - Account Planner, PPOM - THE REPUBLIK, Durham, NC, pg. 152
Fry, David - Interactive / Digital, PPOM - FRY COMMUNICATIONS, INC, Mechanicsburg, PA, pg. 361
Fry, Henry - PPOM - FRY COMMUNICATIONS, INC, Mechanicsburg, PA, pg. 361
Frydenger, Luke - NBC, PPOM - FACT & FICTION, Boulder, CO, pg. 70
Fuchs, Steve - PPOM - TRUE NORTH INC., New York, NY, pg. 272
Fudyma, Janice - Creative, PPOM - BERNHARDT FUDYMA DESIGN GROUP, New York, NY, pg. 174
Fugleberg, Tom - Creative, NBC, PPOM - FRIENDS & NEIGHBORS, Minneapolis, MN, pg. 7
Fujikado, Betti - Account Services, PPOM - COPACINO + FUJIKADO, LLC,

Seattle, WA, pg. 344
Fuller, John - PPOM - KOVEL FULLER, Culver City, CA, pg. 96
Fuller, Nick - NBC, PPOM - MEDIAMONKS, Venice, CA, pg. 249
Fuller, Chris - Account Planner, PPOM - DM.2, Ridgefield, NJ, pg. 180
Fuller, Craig - Creative, PPOM - GREENHAUS, San Diego, CA, pg. 365
Fuller, Steve - PPOM - KOVEL FULLER, Culver City, CA, pg. 96
Fuller, Liz - PPOM - GARD COMMUNICATIONS, Portland, OR, pg. 75
Fullerton, Arthur - Interactive / Digital, PPOM - RAUXA, New York, NY, pg. 291
Funess, Richard - PPOM - FINN PARTNERS, New York, NY, pg. 603
Fuqua, Jr., Gil - Account Services, PPOM - CORPORATE COMMUNICATIONS, Nashville, TN, pg. 593
Furia Rubel, Gina - PPOM - FURIA RUBEL COMMUNICATIONS, INC., Doylestown, PA, pg. 607
Furiga, Paul - NBC, PPOM - WORDWRITE COMMUNICATIONS, Pittsburgh, PA, pg. 663
Furiga, Brenda - Finance, PPOM - WORDWRITE COMMUNICATIONS, Pittsburgh, PA, pg. 663
Furtner, Fran - PPOM - MRA ADVERTISING/PRODUCTION SUPPORT SERVICES, INC., Cincinnati, OH, pg. 118
Fuscus, David - NBC, PPOM - XENOPHON STRATEGIES, INC., Washington, DC, pg. 664
Fuselier, Oliver - PPOM - TOOL OF NORTH AMERICA, Santa Monica, CA, pg. 564
Gabel, Jeff - Creative, PPOM - PARTNERS + NAPIER, Rochester, NY, pg. 125
Gable, Tom - PPOM - NUFFER SMITH TUCKER, INC., San Diego, CA, pg. 392
Gaboriau, Jason - Creative, Management, PPOM - DONER, Los Angeles, CA, pg. 352
Gaccetta, Andre - PPOM - G7 ENTERTAINMENT MARKETING, Nashville, TN, pg. 306
Gaddis, Lee - Operations, PPOM - T3, Austin, TX, pg. 268
Gaddis, Ben - NBC, PPOM - T3, Austin, TX, pg. 268
Gaddy, Jennifer - Interactive / Digital, NBC, PPOM - RHYTHM COMMUNICATIONS, Atlanta, GA, pg. 643
Gadless, Bill - PPOM - EMAGINE, Fall River, MA, pg. 181
Gadsby, Michael - Media Department, PPOM - O3 WORLD, Philadelphia, PA, pg. 14
Gaebler, Ken - PPOM - WALKER SANDS COMMUNICATIONS, Chicago, IL, pg. 659
Gaede, Gretchen - NBC, PPOM - A-TRAIN MARKETING COMMUNICATIONS, Fort Collins, CO, pg. 321
Gaede, Fred - Creative, PPOM -

AGENCIES RESPONSIBILITIES INDEX

BOOMM MARKETING & COMMUNICATIONS, La Grange, IL, pg. 218
Gaedtke, Rob - PPOM - KPS3 MARKETING AND COMMUNICATIONS, Reno, NV, pg. 378
Gaeir, Aaron - PPOM - GRANDESIGN, San Diego, CA, pg. 552
Gaffney, Lori - PPOM - BORDERS PERRIN NORRANDER, INC., Portland, OR, pg. 41
Gage, Skip - PPOM - GAGE, Minneapolis, MN, pg. 361
Gagnon, Pierre - PPOM - GENERATION, Montreal, QC, pg. 362
Gagnon, Rich - Management, PPOM - HAVAS MEDIA GROUP, New York, NY, pg. 468
Gahan, Brendan - NBC, PPOM - EPIC SIGNAL, New York, NY, pg. 685
Gaither, Stephen - PPOM - JB CHICAGO, Chicago, IL, pg. 188
Gaither, Jim - Interactive / Digital, Media Department, NBC, PPOM - THE RICHARDS GROUP, INC., Dallas, TX, pg. 422
Gajjar, Raina - Finance, PPOM - FTI CONSULTING, New York, NY, pg. 606
Galai, Yaron - PPOM - OUTBRAIN, INC., New York, NY, pg. 256
Galardi, Abby - Management, PPOM - DID AGENCY, Ambler, PA, pg. 62
Galati, Tom - Creative, PPOM - PATIENTS & PURPOSE, New York, NY, pg. 126
Galbreath, Leslie - NBC, PPOM - DGS MARKETING ENGINEERS, Fishers, IN, pg. 351
Gale, Mark - PPOM - CHARLESTON|ORWIG, INC., Hartland, WI, pg. 341
Gale, Cheryl - Management, PPOM - MARCH COMMUNICATIONS, Boston, MA, pg. 625
Galichinski, Steve - PPOM - LOS FELIZ AIRLINES, Pasadena, CA, pg. 562
Galicia, Julie - PPM, PPOM - SIXSPEED, Minneapolis, MN, pg. 198
Galimanis, Angie - PPOM, Public Relations - LAWRENCE PR, Lake Oswego, OR, pg. 622
Galindo, Leticia - PPOM - THE 360 AGENCY, Los Angeles, CA, pg. 418
Galinos, John - PPOM - TPG REWARDS, INC., New York, NY, pg. 570
Gall, Ashley - Finance, NBC, PPOM, Promotions - LAURA BURGESS MARKETING, New Bern, NC, pg. 622
Gallagher, Dan - Account Services, NBC, PPOM - BOOYAH ONLINE ADVERTISING, Denver, CO, pg. 218
Gallaiford, Neil - PPOM - STEPHEN THOMAS, Toronto, ON, pg. 412
Gallego, Tom - Creative, PPOM - L7 CREATIVE COMMUNICATIONS, Carlsbad, CA, pg. 245
Gallegos, John - PPOM - UNITED COLLECTIVE, Huntington Beach, CA, pg. 428
Gallegos, John - PPOM - GALLEGOS UNITED, Huntington Beach, CA, pg. 75
Galles, Tim - Interactive / Digital, PPOM - BARKLEY, Kansas City, MO, pg. 329
Galli, Evelyn - Operations, PPOM - BCA MARKETING COMMUNICATIONS, Rye Brook, NY, pg. 332
Gallo, Tony - PPOM - HAWKPARTNERS, LLC, Boston, MA, pg. 445
Galloway, Elisa - PPOM - GALLOWAY RESEARCH SERVICE, San Antonio, TX, pg. 444
Gallup, Gina - Operations, PPOM - THE BRADFORD GROUP, Nashville, TN, pg. 148
Galonek, Brian - NBC, PPOM - ALL STAR INCENTIVE MARKETING, Fiskdale, MA, pg. 565
Galonek, Ann - Finance, PPOM - ALL STAR INCENTIVE MARKETING, Fiskdale, MA, pg. 565
Galonek, Sr., Ed - NBC, PPOM - ALL STAR INCENTIVE MARKETING, Fiskdale, MA, pg. 565
Galvez, Fernando - Account Services, NBC, PPOM - BNMR CREATIVE & ADVERTISING, Miami, FL, pg. 335
Gambino, Michael - Creative, PPOM - KANGBINO, New York, NY, pg. 94
Gammon, Kevin - Creative, PPOM - TEAK, San Francisco, CA, pg. 19
Gan, Hay Liong - Media Department, PPOM - GP GENERATE, LLC, Los Angeles, CA, pg. 541
Gandhi, Hanoz - Operations, PPOM - CREATIVE CHANNEL SERVICES, LLC, Los Angeles, CA, pg. 567
Gandolf, Stewart - Creative, PPOM - HEALTHCARE SUCCESS, Irvine, CA, pg. 83
Ganguzza, Patricia - PPOM - AIM PRODUCTIONS, Astoria, NY, pg. 453
Gannon, Kevin - PPOM - SOURCE4, Roanoke, VA, pg. 569
Gants, Colleen - PPOM - PRR, Seattle, WA, pg. 399
Gapinski, Jeff - Interactive / Digital, PPOM - HUEMOR, New York, NY, pg. 239
Garaventi, Jim - Creative, PPOM - MECHANICA, Newburyport, MA, pg. 13
Garber, George - PPOM - YELLOW SUBMARINE MARKETING COMMUNICATIONS, Pittsburgh, PA, pg. 164
Garbutt, Chris - Creative, PPOM - TBWA \ CHIAT \ DAY, New York, NY, pg. 416
Garcia, Luis - PPOM - MARKET VISION, INC., San Antonio, TX, pg. 568
Garcia, Margarita - PPOM - HERNANDEZ & GARCIA, LLC, Lincolnwood, IL, pg. 84
Garcia, Bonnie - PPOM - MARKET VISION, INC., San Antonio, TX, pg. 568
Garcia, Bryan - NBC, PPOM - UPSTREAMERS, Lomita, CA, pg. 428
Garcia, Danielle - Finance, PPOM - TROLLBACK & COMPANY, New York, NY, pg. 203
Garcia, David - Creative, PPOM - TENET PARTNERS, New York, NY, pg. 450
Garcia, Matthew - Account Services, Management, PPOM - ROKKAN, LLC, New York, NY, pg. 264
Garcia, Joseph - Operations, PPOM - INTERLEX COMMUNICATIONS, San Antonio, TX, pg. 541
Garcia, Lisa - Operations, PPOM - SACHS MEDIA GROUP, Tallahassee, FL, pg. 645
Garcia-Hinkle, Jennifer - Management, PPOM - HMC ADVERTISING, INC., Chula Vista, CA, pg. 541
Gard, Brian - PPOM - GARD COMMUNICATIONS, Portland, OR, pg. 75
Garde, Timothy - Account Planner, Account Services, PPOM - LEVLANE ADVERTISING, Philadelphia, PA, pg. 380
Gardea, Tony - NBC, PPOM - NEXT LEVEL SPORTS INC., San Juan Capistrano, CA, pg. 632
Gardiner Bowers, Indra - Account Planner, PPOM - I.D.E.A., San Diego, CA, pg. 9
Gardinier, Rick - Interactive / Digital, PPOM - BRUNNER, Pittsburgh, PA, pg. 44
Gardner, Scott - PPOM - LIQUID AGENCY, INC., San Jose, CA, pg. 12
Gardner, Heide - Human Resources, PPOM - INTERPUBLIC GROUP OF COMPANIES, New York, NY, pg. 90
Gardner, John - PPOM - LUCKIE & COMPANY, Duluth, GA, pg. 382
Gardner, Dan - Interactive / Digital, PPOM - CODE AND THEORY, New York, NY, pg. 221
Garduno, Christena - Operations, PPOM - KOEPPEL DIRECT, Dallas, TX, pg. 287
Garfield, Larry - NBC, PPOM - THE GARFIELD GROUP, Philadelphia, PA, pg. 419
Garlin, Brad - Management, PPOM - JUMPFLY, INC., Elgin, IL, pg. 674
Garneau, Philippe - Creative, PPOM - GWP BRAND ENGINEERING, Toronto, ON, pg. 9
Garner, Jack - NBC, PPOM - THE RAMEY AGENCY, Jackson, MS, pg. 422
Garofalo, Elise - Finance, PPOM - OUTBRAIN, INC., New York, NY, pg. 256
Garofola, Brian - Interactive / Digital, PPOM - VIBES MEDIA, Chicago, IL, pg. 535
Garrand, Brenda - PPOM - GARRAND MOEHLENKAMP, Portland, ME, pg. 75
Garrean, Mike - PPOM - CENTRAL ADDRESS SYSTEMS, Omaha, NE, pg. 281
Garrigan, Tim - PPOM - GARRIGAN LYMAN GROUP, Seattle, WA, pg. 236
Garrison, Jim - Operations, PPOM - THE RAMEY AGENCY, Jackson, MS, pg. 422
Garrison, Bill - Creative, NBC, PPOM - GARRISON HUGHES, Pittsburgh, PA, pg. 75
Garritano, Joe - NBC, PPOM - PENN GARRITANO DIRECT RESPONSE MARKETING, Excelsior, MN, pg. 290
Garrity, Jim - PPOM - CHADWICK MARTIN BAILEY, Boston, MA, pg. 443
Garside, Zang - PPOM - RAKA CREATIVE, Portsmouth, NH, pg. 402
Garsin, Mike - PPOM - BRAND

RESPONSIBILITIES INDEX — AGENCIES

NETWORKS, INC., Boston, MA, pg. 219

Gary, Kenneth - PPOM - BARETZ + BRUNELLE, New York, NY, pg. 580

Garza, Vicki - PPOM - GARZA CREATIVE GROUP, Dallas, TX, pg. 76

Garza, Paco - Creative, PPOM - GARZA CREATIVE GROUP, Dallas, TX, pg. 76

Garza, Raul - Creative, PPOM - TKO ADVERTISING, Austin, TX, pg. 155

Gascoigne, Leslie - PPOM - TRAMPOLINE, Halifax, NS, pg. 20

Gascoigne, Mark - PPOM - TRAMPOLINE, Halifax, NS, pg. 20

Gasper, Jim - Creative, PPOM - MEYERS & PARTNERS, Chicago, IL, pg. 115

Gasperlin, Bruce - Finance, PPOM - HAWORTH MARKETING & MEDIA, Minneapolis, MN, pg. 470

Gassel, James - Operations, PPOM - EVB, Oakland, CA, pg. 233

Gassner Kuhn, Denise - Operations, PPOM - THE MARCUS GROUP, INC., Fairfield, NJ, pg. 654

Gast, William - PPOM - MANGOS INC., Conshohocken, PA, pg. 103

Gast, Bradley - Creative, PPOM - MANGOS INC., Conshohocken, PA, pg. 103

Gates, Cecilia - Creative, NBC, PPOM - GATES, New York, NY, pg. 76

Gatesman, John - PPOM - GATESMAN, Pittsburgh, PA, pg. 361

Gatti, Tom - NBC, PPOM - BLACK TWIG, LLC, Saint Louis, MO, pg. 3

Gauda, Jacinta - PPOM, Public Relations - GRAYLING, New York, NY, pg. 610

Gaudet, Jeff - PPOM - HAWK, Moncton, NB, pg. 83

Gauger, David - Creative, PPOM - GAUGER + ASSOCIATES, San Francisco, CA, pg. 362

Gaughran, Phil - Management, PPOM - MCGARRYBOWEN, New York, NY, pg. 109

Gault, Sabina - PPOM - KONNECT AGENCY, Los Angeles, CA, pg. 620

Gauthier, Louise - Finance, PPOM - CARAT, Montreal, QC, pg. 461

Gauthier, Paul - Account Services, PPOM - LG2, Montreal, QC, pg. 380

Gavender, Karen - PPOM - MCFADDEN GAVENDER ADVERTISING, INC., Tucsan, AZ, pg. 109

Gavin, Sara - PPOM - WEBER SHANDWICK, Minneapolis, MN, pg. 660

Gavin, Kristina - Management, Media Department, PPOM - UNIVERSAL MCCANN, New York, NY, pg. 521

Gavin, Danny - PPOM - OPTIDGE, Houston, TX, pg. 255

Gawel, Nyla Beth - Management, NBC, PPOM - BOOZ ALLEN HAMILTON, McLean, VA, pg. 218

Gay, Richard - Operations, PPOM - SUPERFLY, New York, NY, pg. 315

Gay, Stephanie - Account Planner, Interactive / Digital, Media Department, PPOM - CROSSMEDIA, New York, NY, pg. 463

Gayhart, Keith - Creative, PPOM - ARTISANS PUBLIC RELATIONS, Los Angeles, CA, pg. 578

Gaythwaite, Tami - Finance, Operations, PPOM - CENTERLINE DIGITAL, Raleigh, NC, pg. 220

Gear, Jennifer - PPOM - GEAR COMMUNICATIONS, Stoneham, MA, pg. 76

Geary, Brandon - Management, NBC, PPOM - WUNDERMAN THOMPSON SEATTLE, Seattle, WA, pg. 435

Geddes, Tamera - Management, PPOM - INTERESTING DEVELOPMENT, New York, NY, pg. 90

Gedrich, Noah - Interactive / Digital, PPOM - ZEHNER, Los Angeles, CA, pg. 277

Gee, Justin - Finance, PPOM - LAIRD + PARTNERS, New York, NY, pg. 96

Gee, Alan - Creative, PPOM - ARRIVALS + DEPARTURES, Toronto, ON, pg. 34

Geheb, Jeff - Management, PPOM - VMLY&R, Kansas City, MO, pg. 274

Gehrke, Sue - Creative, PPOM - NORTON AGENCY, Chicago, IL, pg. 391

Gehrt, Jennifer - PPOM - COMMUNIQUE PR, Seattle, WA, pg. 592

Gehshan, Virginia - NBC, PPOM - CLOUD GEHSHAN ASSOCIATES, Philadelphia, PA, pg. 177

Geiger, Mike - PPOM - WOLFGANG, Los Angeles, CA, pg. 433

Geile, Dave - Creative, PPOM - GEILE/LEON MARKETING COMMUNICATIONS, Saint Louis, MO, pg. 362

Geiser, Chris - Interactive / Digital, PPOM - GARRIGAN LYMAN GROUP, New York, NY, pg. 236

Geisler, Jeff - Account Services, NBC, PPOM - RAUXA, New York, NY, pg. 291

Geisler, Howard - Management, Media Department, NBC, PPOM - OMD, New York, NY, pg. 498

Geisler, Alexandra - Account Services, Interactive / Digital, Media Department, PPOM - MINDSHARE, New York, NY, pg. 491

Geismar, Tom - NBC, PPOM - CHERMAYEFF & GEISMAR STUDIO, New York, NY, pg. 177

Gelber, Scott - Interactive / Digital, PPOM - MERKLEY + PARTNERS, New York, NY, pg. 114

Gelfond, Mike - PPOM - MASTERMIND MARKETING, Atlanta, GA, pg. 248

Geller, Robert - Account Services, Management, PPOM - FUSION PUBLIC RELATIONS, New York, NY, pg. 607

Gellert, Alex - PPOM - MERKLEY + PARTNERS, New York, NY, pg. 114

Gelling, Adam - PPOM - EVOKE GIANT, San Francisco, CA, pg. 69

Gellman, Michael - PPOM - SPIREMEDIA, INC., Denver, CO, pg. 266

Gellos, John - Creative, PPOM - THE CONCEPT FARM, Long Island City, NY, pg. 269

Gemignani, Bob - Human Resources, PPOM - HARRISON & STAR, INC., New York, NY, pg. 9

Gendron, Jacques - Media Department, PPOM - GENDRON COMMUNICATIONS, Laval, QC, pg. 362

Generali, Philippe - PPOM - MEDIA MONITORS, LLC, White Plains, NY, pg. 249

Gengaro, Kristen - Operations, PPOM - TBWA\WORLDHEALTH, Chicago, IL, pg. 147

Genis, Guy - PPOM - EVENTMAKERS, Toluca Lake, CA, pg. 305

Genis, Mark - PPOM - EVENTMAKERS, Toluca Lake, CA, pg. 305

Gentile, Derek - PPOM - EEI GLOBAL, Rochester Hills, MI, pg. 304

Gentry, Erin - PPOM - HILL+KNOWLTON STRATEGIES, New York, NY, pg. 613

Georgacas, Chris - PPOM - GOFF PUBLIC, Saint Paul, MN, pg. 608

George, Ryan - PPOM - SIMPLEVIEW, INC., Tucson, AZ, pg. 168

George, Jason - PPOM - TELESCOPE, Los Angeles, CA, pg. 269

George, Paul - Management, PPOM - PORTER NOVELLI, New York, NY, pg. 637

George, JoDee - Account Services, Management, PPOM - BADER RUTTER & ASSOCIATES, INC., Milwaukee, WI, pg. 328

George, Tony - Creative, Interactive / Digital, Operations, PPOM - LRXD, Denver, CO, pg. 101

Georges, Bill - PPOM - ACTIVE INTERNATIONAL, Pearl River, NY, pg. 439

Georgette, Christopher - Media Department, PPOM - GROUPM, New York, NY, pg. 466

Geraci, Chris - Media Department, PPM, PPOM - OMD, New York, NY, pg. 498

Gerba, Bill - PPOM - WIRESPRING, Fort Lauderdale, FL, pg. 559

Gerber, Adam - Media Department, PPOM - ESSENCE, New York, NY, pg. 232

Gerdeman, Dennis - PPOM - CHUTE GERDEMAN, Columbus, OH, pg. 177

Gerhart, Adam - Management, PPOM - MINDSHARE, Playa Vista, CA, pg. 495

Gerich, Jennifer - NBC, PPOM - CAMPOS CREATIVE WORKS, Santa Monica, CA, pg. 303

Gericke, Michael - PPOM - PENTAGRAM, New York, NY, pg. 194

Germano, Julius - Operations, PPOM - ANDERSON MARKETING GROUP, San Antonio, TX, pg. 31

Gerow, Charlie - PPOM - QUANTUM COMMUNICATIONS, Harrisburg, PA, pg. 640

Gerritson, AJ - Management, PPOM - ZOZIMUS AGENCY, Boston, MA, pg. 665

Gerrity, Tom - NBC, PPOM - MERRILL ANDERSON, Stratford, CT, pg. 687

Gershaw, Glenn - PPOM - SUCCESS COMMUNICATIONS GROUP, Parsipanny, NJ, pg. 415

Gershoni, Gil - Creative, PPOM - GERSHONI, San Francisco, CA, pg. 76

Gershoni, Amy - PPOM - GERSHONI, San Francisco, CA, pg. 76

Gershonowicz, Josh - PPOM - REBUILD, Detroit, MI, pg. 403

Gershowitz, Jason - PPOM - KEARNS &

AGENCIES — RESPONSIBILITIES INDEX

WEST, INC, Washington, DC, pg. 619
Gerson, Mark - PPOM - GERSON LEHRMAN GROUP, New York, NY, pg. 168
Gerson, Alan - PPOM - ENTERACTIVE SOLUTIONS GROUP, INC., Burbank, CA, pg. 567
Gerson, Eli - Interactive / Digital, PPOM - D & I CREATIVE, Denver, CO, pg. 6
Gerson, Daniel - Finance, Operations, PPOM - GROUP TWO ADVERTISING, INC., Philadelphia, PA, pg. 78
Gerstmyer, Timothy - Interactive / Digital, PPOM - REFUEL AGENCY, New York, NY, pg. 507
Gerwen, Jennifer - Account Services, Management, PPOM - CAVALRY, Chicago, IL, pg. 48
Gerzof Richard, David - PPOM - BIGFISH PR, Boston, MA, pg. 685
Getman, Peter - PPOM - MICROARTS CREATIVE AGENCY, Greenland, NH, pg. 191
Geto, Ethan - PPOM - GETO & DE MILLY, INC., New York, NY, pg. 607
Getson, David - PPOM - G-NET MEDIA, Los Angeles, CA, pg. 236
Getty, Kimberly - PPOM - DEUTSCH, INC., Los Angeles, CA, pg. 350
Ghai, Kiran - Finance, PPOM - KINGSTAR DIRECT, INC., Toronto, ON, pg. 562
Ghiorsi, Peter - PPOM - GHIORSE & SORRENTI, INC., Wyzkoff, NJ, pg. 607
Ghormley, Brad - PPOM - CATAPULT STRATEGIC DESIGN, Tempe, AZ, pg. 176
Ghosh, Ishan - PPOM - BARRETT AND WELSH, Toronto, ON, pg. 36
Giacalone, Anne - NBC, PPOM - MGT DESIGN, Maplewood, NJ, pg. 191
Giambrone, Frank - NBC, PPOM - GAMS COMMUNICATIONS, Chicago, IL, pg. 361
Gianelli, Jake - Operations, PPOM - BANTON MEDIA, Myrtle Beach, SC, pg. 329
Gianinno, Susan - PPOM - PUBLICIS NORTH AMERICA, New York, NY, pg. 399
Giannakopoulos, Pete - PPOM - MINTEL, Chicago, IL, pg. 447
Giarratano, Frank - Creative, Operations, PPOM - SGW INTEGRATED MARKETING, Montville, NJ, pg. 410
Giarusso, Justin - PPOM - H&G MARKETING, Big Lake, MN, pg. 80
Gibb, Peter - PPOM - FEARLESS AGENCY, New York, NY, pg. 73
Gibbin, Chris - PPOM - SOMETHING MASSIVE, Los Angeles, CA, pg. 266
Gibbons, Roland - Creative, PPOM - GS&F, Nashville, TN, pg. 367
Gibbons, Ed - Finance, PPOM - BROADSTREET, New York, NY, pg. 43
Gibbs, Chris - Operations, PPOM - EXPONATION, Atlanta, GA, pg. 305
Gibbs, Danielle - PPOM - EXPONATION, Atlanta, GA, pg. 305
Giberti, Jim - Creative, PPOM - THE IMAGINATION COMPANY, Bethel, VT, pg. 201
Gibson, David - PPOM - TWO TWELVE, New York, NY, pg. 203
Gibson, Kristin - Operations, PPOM - INERGY GROUP, Weston, CT, pg. 187
Gibson, Kurt - Creative, PPOM - INERGY GROUP, Weston, CT, pg. 187
Gibson, Rick - Operations, PPOM - FUSE INTERACTIVE, Laguna Beach, CA, pg. 235
Gibson, Caroline - Account Services, Management, PPOM - PROSEK PARTNERS, New York, NY, pg. 639
Gibson, Sophie - PPOM - VIVO360, Alpharetta, GA, pg. 274
Gibson, Dave - PPOM - BBIG COMMUNICATIONS, Coronado, CA, pg. 216
Gibson-Thompson, Egan - NBC, PPOM - VIVO360, Alpharetta, GA, pg. 274
Gies, Larry - Account Planner, Analytics, PPOM - ENERGY BBDO, INC., Chicago, IL, pg. 355
Giesser, John - Operations, PPOM - DEWEY SQUARE GROUP, Washington, DC, pg. 597
Gigante, Paul - Creative, PPOM - GIGANTE VAZ PARTNERS, New York, NY, pg. 363
Gilbert, John - Creative, Interactive / Digital, PPOM - LRXD, Denver, CO, pg. 101
Gilbert, Dixie - Management, NBC, PPOM - THE JOHNSON GROUP, Chattanooga, TN, pg. 420
Gilbert, Holly - NBC, PPOM - MITCHELL, Fayetteville, AR, pg. 627
Gilbertie, Chris - PPOM - GENERATOR MEDIA + ANALYTICS, New York, NY, pg. 466
Gilbertson, Jim - Finance, PPOM - BLUESPIRE INC., Minneapolis, MN, pg. 335
Gilboy, John - NBC, PPOM - MITCHELL, Fayetteville, AR, pg. 627
Gilbreath, Audrey - PPOM - GILBREATH COMMUNICATIONS, INC., Houston, TX, pg. 541
Gilbreath, Wardell - Finance, PPOM - GILBREATH COMMUNICATIONS, INC., Houston, TX, pg. 541
Gildea, Patrick - Finance, PPOM - GUMGUM, Santa Monica, CA, pg. 80
Gildenberg, Bryan - NBC, PPOM - WPP KANTAR MEDIA, Boston, MA, pg. 451
Giles, Bret - NBC, PPOM - AUGUST UNITED, Tempe, AZ, pg. 214
Gill, Patrick - PPOM - LRXD, Denver, CO, pg. 101
Gill, Justin - Operations, PPOM - THRULINE MARKETING, Lenexa, KS, pg. 155
Gill, Ryan - PPOM - CULT COLLECTIVE, LTD., Calgary, AB, pg. 178
Gillespie, Marty - Finance, PPOM - CORPORATE MAGIC INC, Richardson, TX, pg. 303
Gillespie Sr., Michael - PPOM - GILLESPIE GROUP, Wallingford, PA, pg. 76
Gilliam, Frank - Creative, PPOM - ELEVATION MARKETING, Richmond, VA, pg. 67
Gillum, Brad - NBC, PPOM - WILLOW MARKETING, Indianapolis, IN, pg. 433
Gilmartin, Chris - PPOM - LEVER INTERACTIVE, Lisle, IL, pg. 245
Ginsberg, Frank - PPOM - AFG&, New York, NY, pg. 28
Ginsberg, Shane - NBC, PPOM - EVB, Oakland, CA, pg. 233
Ginsberg, Suzy - Management, PPOM - GLOBAL COMMUNICATION WORKS, Houston, TX, pg. 608
Ginsberg, Amy - PPOM - CANVAS WORLDWIDE, New York, NY, pg. 458
Ginsburg, Bob - Finance, PPOM - SPARKS, Philadelphia, PA, pg. 315
Gioglio, Tony - Creative, PPOM - ANTHONY THOMAS ADVERTISING, Akron, OH, pg. 32
Giordano, Susan - PPOM - GIORDANO KEARFOTT DESIGN, INC., Mercer Island, WA, pg. 184
Giovatto, John - PPOM - GIOVATTO ADVERTISING, Paramus, NJ, pg. 363
Giovatto, Mario - NBC, PPOM - GIOVATTO ADVERTISING, Paramus, NJ, pg. 363
Girard, Gisela - Operations, PPOM - CREATIVE CIVILIZATION - AN AGUILAR / GIRARD AGENCY, San Antonio, TX, pg. 561
Gisler, David - Creative, Management, PPOM - WORDS AND PICTURES CREATIVE SERVICE, INC., Park Ridge, NJ, pg. 276
Gitlin, Adam - PPOM - ANNALECT GROUP, New York, NY, pg. 213
Gittemeier, Paul - PPOM - TIC TOC, Dallas, TX, pg. 570
Gittemeier, Jan - Operations, PPOM - THE INTEGER GROUP - DALLAS, Dallas, TX, pg. 570
Gittlin, Grant - Management, NBC, PPOM - MEDIALINK, New York, NY, pg. 386
Giudice, Gary - NBC, PPOM - BLUE HERON COMMUNICATIONS, Norman, OK, pg. 584
Giuliano, Adrian - Account Services, Management, Media Department, PPOM - STARCOM WORLDWIDE, Chicago, IL, pg. 513
Gladney, Patrick - Management, PPOM, Research - FLEISHMANHILLARD HIGHROAD, Toronto, ON, pg. 606
Gladstone, Doug - Creative, PPOM - BRAND CONTENT, Boston, MA, pg. 42
Glasgow, Amanda - PPOM - EDELMAN, San Francisco, CA, pg. 601
Glass, Timothy - Creative, PPOM - ALTMAN-HALL ASSOCIATES, Erie, PA, pg. 30
Glass, Jennifer - PPOM - EVENTAGE EVENT PRODUCTION, South Orange, NJ, pg. 305
Glass, Matt - Creative, PPOM - EVENTAGE EVENT PRODUCTION, South Orange, NJ, pg. 305
Glass, Amy - PPOM - GTE, INC., Los Angeles, CA, pg. 368
Glass, Becky - PPOM - GTE, INC., Los Angeles, CA, pg. 368
Glassman, David - NBC, PPOM - ONSTREAM MEDIA, Fort Lauderdale,

RESPONSIBILITIES INDEX — AGENCIES

FL, *pg.* 255
Glaviano, Gregg - Creative, PPOM - GRAFIK MARKETING COMMUNICATIONS, Alexandria, VA, *pg.* 185
Glazer, Robert - Management, NBC, PPOM - ACCELERATION PARTNERS, Needham, MA, *pg.* 25
Gleason, Larry - Operations, PPOM - ARENAS, Los Angeles, CA, *pg.* 455
Gleason, Brian - Management, Media Department, NBC, PPOM - GROUPM, New York, NY, *pg.* 466
Glenday, Greg - NBC, PPOM - LIGHTBOX OOH VIDEO NETWORK, New York, NY, *pg.* 553
Glenn, Thomas - PPOM - A.B. DATA, LTD, Milwaukee, WI, *pg.* 279
Gliatta, Dan - NBC, PPOM - CARGO LLC, Greenville, SC, *pg.* 47
Glick, Joel - Account Services, Interactive / Digital, PPOM - BUYER ADVERTISING, INC., Newton, MA, *pg.* 338
Glickman, Mark - NBC, PPOM - PIMS, New York, NY, *pg.* 128
Glodow, John - PPOM - GLODOW NEAD COMMUNICATIONS, San Francisco, CA, *pg.* 608
Glover, Jason - Creative, PPOM - BARON & CO, Bellingham, WA, *pg.* 580
Glover Ard, Terrie - Operations, PPOM - MOORE COMMUNICATIONS GROUP, Tallahassee, FL, *pg.* 628
Glovin, Martin - Media Department, PPOM - MARDEN-KANE, INC., Syosset, NY, *pg.* 568
Goble, Mark - NBC, Operations, PPOM - SANDBOX, Chicago, IL, *pg.* 138
Gochnauer, Grant - Account Services, Interactive / Digital, PPOM - VODORI, Chicago, IL, *pg.* 275
Godat, Ken - Creative, PPOM - GODAT DESIGN, Tucson, AZ, *pg.* 185
Godbe, Bryan - Account Planner, PPOM - GODBE COMMUNICATIONS, Burlingame, CA, *pg.* 445
Godbe, Leslie - PPOM - GODBE COMMUNICATIONS, Burlingame, CA, *pg.* 445
Goddard, Chris - PPOM - CGPR, Marblehead, MA, *pg.* 589
Goddard, Marcia - Creative, PPOM - MCCANN TORRE LAZUR, Mountain Lakes, NJ, *pg.* 109
Goddard, Jeffery - PPM, PPOM - TVA MEDIA GROUP, Studio City, CA, *pg.* 293
Goddard, Laura - Finance, PPM, PPOM - TVA MEDIA GROUP, Studio City, CA, *pg.* 293
Godding, Randy - PPOM - KNOX MARKETING, Akron, OH, *pg.* 568
Godfrey, Patrick - NBC, PPOM - GODFREY DADICH, San Francisco, CA, *pg.* 364
Godfrey, Amy - PPOM - AH&M MARKETING COMMUNICATIONS, Pittsfield, MA, *pg.* 575
Godfrey, Nick - Operations, PPOM - RAIN, New York, NY, *pg.* 262
Godinez, Ozzie - PPOM - PACO COLLECTIVE, Chicago, IL, *pg.* 544
Godsey, John - Creative, Management, NBC, PPOM - VMLY&R, New York, NY, *pg.* 160
Goetz, Melanie - PPOM - HUGHES & STUART, Englewood, CO, *pg.* 686
Goewey, Heather - Media Department, PPOM - ESROCK PARTNERS, Burr Ridge, IL, *pg.* 69
Goff, Ryan - NBC, PPOM, Social Media - MGH ADVERTISING, Owings Mills, MD, *pg.* 387
Goforth-Hanak, Yvonne - Operations, PPOM - KEF MEDIA ASSOCIATES, INC., Smyrna, GA, *pg.* 619
Goggin, Pat - Account Planner, NBC, PPOM - JACOBSON ROST, Chicago, IL, *pg.* 376
Gokiert, Chris - Operations, PPOM - CRITICAL MASS, INC., Calgary, AB, *pg.* 223
Golant, Ilana - Operations, PPOM - PALISADES MEDIA GROUP, INC., New York, NY, *pg.* 124
Gold, Steven - PPOM - EVOKE GIANT, San Francisco, CA, *pg.* 69
Gold, Harry - PPOM - OVERDRIVE INTERACTIVE, Allston, MA, *pg.* 256
Gold, Bob - PPOM - BOB GOLD & ASSOCIATES, Redondo, CA, *pg.* 585
Gold, Lesley - PPOM - SUTHERLANDGOLD COMMUNICATIONS, San Francisco, CA, *pg.* 651
Gold, Steve - Creative, PPOM - GNF MARKETING, Armonk, NY, *pg.* 364
Gold, Abby - Human Resources, PPOM - WEBER SHANDWICK, New York, NY, *pg.* 660
Goldberg, Michael - PPOM - ZIMMERMAN ADVERTISING, Fort Lauderdale, FL, *pg.* 437
Goldberg, Lori - PPOM - SILVERLIGHT DIGITAL, New York, NY, *pg.* 265
Goldberg, Barbara - PPOM - O'CONNELL & GOLDBERG, Hollywood, FL, *pg.* 633
Goldberg, Don - Media Department, PPOM - BLUETEXT, Washington, DC, *pg.* 40
Goldberg, Ross - PPOM - KEVIN/ROSS PUBLIC RELATIONS, Westlake Village, CA, *pg.* 686
Goldberg, Lewis - PPOM - KCSA STRATEGIC COMMUNICATIONS, New York, NY, *pg.* 619
Goldberg, Jamie - Account Services, PPOM - GROUPM, New York, NY, *pg.* 466
Goldberg, Jason - NBC, PPOM - ENVISIONIT MEDIA, INC., Chicago, IL, *pg.* 231
Goldberg-Dicks, Janie - NBC, PPOM - MARGIE KORSHAK, INC., Chicago, IL, *pg.* 105
Goldblatt, Stephen - Creative, Interactive / Digital, PPOM - PARTNERS IN CRIME, San Francisco, CA, *pg.* 15
Goldblum, Josh - PPOM - BLUECADET INTERACTIVE, Philadelphia, PA, *pg.* 218
Golden, Rich - PPOM - OPAD MEDIA SOLUTIONS, LLC, New York, NY, *pg.* 503
Golden, Pam - PPOM - GLA COMMUNICATIONS, Millburn, NJ, *pg.* 608
Golden, Dan - Interactive / Digital, PPOM - BFO, Chicago, IL, *pg.* 217
Golden, Melissa - PPOM - WEBER SHANDWICK, Atlanta, GA, *pg.* 661
Golden, Ashley - PPOM - PSA CREATIVE COMMUNICATION, Reston, VA, *pg.* 314
Golden, James - PPOM - JOELE FRANK, WILKINSON BRIMMER KATCHER, New York, NY, *pg.* 617
Goldenberg, Barton - Management, PPOM - ISM, INC., Bethesda, MD, *pg.* 168
Goldfarb, Ron - PPOM - GOLDFARB WEBER CREATIVE MEDIA, Cleveland, OH, *pg.* 562
Goldman, Ellen - Finance, Operations, PPOM - SUDLER & HENNESSEY, New York, NY, *pg.* 145
Goldman, Dean - NBC, PPOM - GOLDMAN & ASSOCIATES, Norfolk, VA, *pg.* 608
Goldman, Stacy - NBC, PPOM - CANNONBALL AGENCY, Saint Louis, MO, *pg.* 5
Goldsmith, Scott E. - NBC, PPOM - INTERSECTION, New York, NY, *pg.* 553
Goldstein, Barbara - PPOM - MEDIA POWER ADVERTISING, Cornelius, NC, *pg.* 486
Goldstein, Joel - PPOM - GOLDSTEIN GROUP COMMUNICATIONS, INC., Solon, OH, *pg.* 365
Goldstein, Robert - PPOM - THE EQUITY GROUP, INC., New York, NY, *pg.* 653
Goldstein, Alisha - Creative, PPOM - JANE SMITH AGENCY, New York, NY, *pg.* 377
Goldstine, Ethan - PPM, PPOM - KAPOW, INC., Santa Monica, CA, *pg.* 188
Goldstrom, Jane - Operations, PPOM - MGH ADVERTISING, Owings Mills, MD, *pg.* 387
Golio, Vic - Management, PPOM - CHIEF MEDIA, New York, NY, *pg.* 281
Golkar, Parisa - Account Services, PPOM - DEWEY SQUARE GROUP, Boston, MA, *pg.* 597
Goller, Ethan - PPOM - STRUCTURAL GRAPHICS, LLC, Essex, CT, *pg.* 569
Golodetz, Kim - Management, PPOM - LIPPERT / HEILSHORN & ASSOCIATES, INC., New York, NY, *pg.* 623
Golodner, Lynne - Creative, PPOM - YOUR PEOPLE LLC, Huntington Woods, MI, *pg.* 664
Gomes, Bob - PPOM - STANTEC, Boulder, CO, *pg.* 200
Gomez, Jeff - PPOM - STARLIGHT RUNNER ENTERTAINMENT, INC., New York, NY, *pg.* 569
Goncharenko, Kirill - PPOM - MERCURY PUBLIC AFFAIRS, New York, NY, *pg.* 627
Gonsalves, Dolores - Finance, PPOM - STRATEGIS, Boston, MA, *pg.* 414
Gonsior, Lynn - Operations, PPOM - CHANGEUP, Cincinnati, OH, *pg.* 5
Gonsorcik, Tomas - Account Services, Analytics, Management, PPOM - VMLY&R, New York, NY, *pg.* 160

AGENCIES
RESPONSIBILITIES INDEX

Gonyeau, Thomas - PPOM - MOUNTAIN VIEW GROUP, Atlanta, GA, *pg.* 389
Gonzales, Danielle - Management, Operations, PPOM - STARCOM WORLDWIDE, Chicago, IL, *pg.* 513
Gonzales, Dieter - Finance, PPOM - LUXE COLLECTIVE GROUP, New York, NY, *pg.* 102
Gonzales, Dennis - Management, Operations, PPOM - RED DOOR INTERACTIVE, San Diego, CA, *pg.* 404
Gonzalez, Alberto - PPOM - PULSAR ADVERTISING, Los Angeles, CA, *pg.* 401
Gonzalez, Luis - NBC, PPOM - C-COM GROUP, INC., Miami, FL, *pg.* 587
Gonzalez, Steve - PPOM - GONZALEZ MARKETING, Anchorage, AK, *pg.* 610
Gonzalez, Danny - Creative, PPOM - PERCEPTION NYC, New York, NY, *pg.* 194
Gonzalez, Mary - Finance, PPOM - GONZALEZ MARKETING, Anchorage, AK, *pg.* 610
Gonzalez, Dena - NBC, PPOM - OMELET, Culver City, CA, *pg.* 122
Good, Grant - PPOM - CATALYSIS, Seattle, WA, *pg.* 340
Goodall, Sonny - NBC, PPOM - LIGHTHOUSE, INC., Marietta, GA, *pg.* 11
Goodby, Jeff - PPOM - GOODBY, SILVERSTEIN & PARTNERS, San Francisco, CA, *pg.* 77
Goodell, Jim - Operations, PPOM - ASTRO STUDIOS, San Francisco, CA, *pg.* 173
Goodman, Steve - PPOM - SPI GROUP, LLC, Fairfield, NJ, *pg.* 143
Goodman, Tom - PPOM - GOODMAN MEDIA INTERNATIONAL, INC., New York, NY, *pg.* 610
Goodman, Jae - PPOM - OBSERVATORY MARKETING, Los Angeles, CA, *pg.* 122
Goodman, Gary - Creative, PPOM - AYZENBERG GROUP, INC., Pasadena, CA, *pg.* 2
Goodman, Caleb - Account Services, Management, PPOM - RETHINK COMMUNICATIONS, INC., Toronto, ON, *pg.* 133
Goodness, Patrick - PPOM - THE GOODNESS COMPANY, Wisconsin Rapids, WI, *pg.* 419
Goodness, Terri - Creative, PPOM - THE GOODNESS COMPANY, Wisconsin Rapids, WI, *pg.* 419
Goodson, Scott - PPOM - STRAWBERRYFROG, New York, NY, *pg.* 414
Goodspeed, Bill - Creative, Management, NBC, PPOM - WE ARE ALEXANDER, St. Louis, MO, *pg.* 429
Goodstadt, Eric - PPOM - MANIFEST, New York, NY, *pg.* 248
Goodstone, Rich - PPOM - SUPERFLY, New York, NY, *pg.* 315
Goodwin, Bill - Creative, PPOM - GOODWIN DESIGN GROUP, Wallingford, PA, *pg.* 185
Goodwin, Lynn - Finance, PPOM - CREATIVE MARKETING RESOURCE, INC., Chicago, IL, *pg.* 54
Goosmann, Tom - Creative, PPOM - TRUE NORTH INC., New York, NY, *pg.* 272
Gordon, Bob - Finance, Operations, PPOM - CARYL COMMUNICATIONS, INC., Paramus, NJ, *pg.* 589
Gordon, Adam - PPOM - THE OYA GROUP, Los Gatos, CA, *pg.* 152
Gordon, Tim - Creative, PPOM - DROGA5, New York, NY, *pg.* 64
Gordon, Gabe - Management, PPOM - REACH AGENCY, Santa Monica, CA, *pg.* 196
Gordy, Bill - Account Planner, PPOM - THE SOLUTIONS GROUP, INC., Warren, NJ, *pg.* 153
Goren, Mark - NBC, PPOM - POINT TO POINT, Cleveland, OH, *pg.* 129
Goren, Eran - Interactive / Digital, Management, NBC, PPOM, Public Relations - USIM, Los Angeles, CA, *pg.* 525
Gorin, Lindsay - Account Planner, Management, PPOM - MINDSHARE, New York, NY, *pg.* 491
Gorman, Cort - Media Department, NBC, PPOM - THE RICHARDS GROUP, INC., Dallas, TX, *pg.* 422
Gorman, Ed - Account Services, Management, PPOM - CARAT, New York, NY, *pg.* 459
Gorodetski, David - Creative, Operations, PPOM - SAGE COMMUNICATIONS, LLC, McLean, VA, *pg.* 409
Goroski, Gerard - Interactive / Digital, Operations, PPOM - VOICE MEDIA GROUP, Phoenix, AZ, *pg.* 526
Gossett, Natalie - Account Services, PPOM - HUNT MARKETING GROUP, Seattle, WA, *pg.* 285
Gottdiener, Charles - PPOM - NEUSTAR, INC., Sterling, VA, *pg.* 289
Gottheil, Jeffrey - Creative, PPOM - J. GOTTHEIL MARKETING COMMUNICATIONS, INC., Toronto, ON, *pg.* 376
Gottlieb, Jennifer - Operations, PPOM - W2O, San Francisco, CA, *pg.* 659
Gottlieb, Harry - PPOM - JELLYVISION LAB, Chicago, IL, *pg.* 377
Gouch, Kim - PPOM - IGNITE CREATIVE SERVICES, LLC , Scottsdale, AZ, *pg.* 88
Goudiss, Keegan - PPOM - REVOLUTION MESSAGING, Washington, DC, *pg.* 534
Goudy, Scott - PPOM - MEDTHINK COMMUNICATIONS, Cary, NC, *pg.* 112
Goulart, Bob - Creative, PPOM - ISAAC REPUTATION GROUP, Toronto, ON, *pg.* 10
Gould, David - Interactive / Digital, Management, Media Department, PPOM - PERFORMICS, Chicago, IL, *pg.* 676
Gould, Marilyn - PPOM - MKJ MARKETING, Largo, FL, *pg.* 115
Gould, Glenn - PPOM - MKJ MARKETING, Largo, FL, *pg.* 115
Gove, Allen - PPOM - LIPPINCOTT, New York, NY, *pg.* 189
Grabel, Andrew - Media Department, PPOM - MINDSHARE, New York, NY, *pg.* 491
Graber, Scott - Finance, PPOM - KAESER & BLAIR, Batavia, OH, *pg.* 567
Grabert, David - Management, NBC, PPOM, Public Relations - GROUPM, New York, NY, *pg.* 466
Grabois, Joel - Account Planner, Account Services, Management, Media Department, PPOM - BLUE ONION, Lakewood, CO, *pg.* 218
Grabow, Jean - PPOM - DAILEY & ASSOCIATES, West Hollywood, CA, *pg.* 56
Grabowski, Gene - PPOM, Public Relations - KGLOBAL, Washington, DC, *pg.* 620
Grabowski, Brian - Account Services, PPOM - 3Q DIGITAL, San Mateo, CA, *pg.* 671
Graddy, Joey - Creative, PPOM - BRAND NEUE CO, Homewood, AL, *pg.* 3
Graff, Andrew - PPOM - ALLEN & GERRITSEN, Boston, MA, *pg.* 29
Gragg, Gregory - PPOM - GRAGG ADVERTISING, Kansas City, MO, *pg.* 78
Graham, Doug - Finance, PPOM - BIGBUZZ MARKETING GROUP, New York, NY, *pg.* 217
Graham, George - PPOM - GRAHAM GROUP, Lafayette, LA, *pg.* 365
Graham, Jerry - PPOM - GRAHAM OLESON, Colorado Springs, CO, *pg.* 78
Graham, Susan - Account Services, PPOM - BLAZER EXHIBITS & EVENTS, Fremont, CA, *pg.* 302
Graham, Dave - PPOM - BLAZER EXHIBITS & EVENTS, Fremont, CA, *pg.* 302
Graham, Natalie - Interactive / Digital, Management, Media Department, PPOM - BRANDING PLUS MARKETING GROUP, Dallas, TX, *pg.* 456
Graham, Ben - PPOM - ADFARM, Calgary, AB, *pg.* 279
Graham, Morgan - Account Services, NBC, PPOM, Public Relations - EFM AGENCY, San Diego, CA, *pg.* 67
Graham, Travis - Creative, PPOM - TACO TRUCK CREATIVE, Carlsbad, CA, *pg.* 145
Grais, Ian - Creative, PPOM - RETHINK COMMUNICATIONS, INC., Vancouver, BC, *pg.* 133
Graj, Simon - PPOM - GRAJ + GUSTAVSEN, INC., New York, NY, *pg.* 8
Graj, Raymond - Operations, PPOM - GRAJ + GUSTAVSEN, INC., New York, NY, *pg.* 8
Grajek, Mary Ann - Management, Operations, PPOM - MEDIA PLUS, INC., Seattle, WA, *pg.* 486
Gralla, Judy - PPOM - FELDMAN, GRALLA & ROBIN ADVERTISING, Agoura Hills, CA, *pg.* 358
Granados, Ben - Account Planner, Analytics, PPOM - PETROL, Burbank, CA, *pg.* 127
Granberry, Kimberly - Finance, PPOM

RESPONSIBILITIES INDEX — AGENCIES

- PROOF ADVERTISING, Austin, TX, *pg.* 398
Granger, Daniel - PPOM - OXFORD ROAD, Sherman Oaks, CA, *pg.* 503
Grant, Gerry - NBC, PPOM - SMY MEDIA, INC., Chicago, IL, *pg.* 508
Grant, Bob - PPOM - GRANT MARKETING, Boston, MA, *pg.* 78
Grant, Bill - Creative, PPOM - GRANT DESIGN COLLABORATIVE, Canton, GA, *pg.* 185
Grant, David - PPOM - MKTG, Westport, CT, *pg.* 568
Grant, Jane - PPOM - PIERSON GRANT PUBLIC RELATIONS, Fort Lauderdale, FL, *pg.* 636
Grant, Lori - PPOM - KLICK HEALTH, Toronto, ON, *pg.* 244
Grant, Garry - PPOM - SEARCH ENGINE OPTIMIZATION, INC., Carlsbad, CA, *pg.* 677
Grant, Brooke - PPOM - THE LAUNCHPAD GROUP, Jenkintown, PA, *pg.* 546
Grasse, Steven - PPOM - QUAKER CITY MERCANTILE, Philadelphia, PA, *pg.* 131
Grau, Erica - Operations, PPOM - DEUTSCH, INC., New York, NY, *pg.* 349
Graves, Chris - Creative, PPOM - TEAM ONE, Los Angeles, CA, *pg.* 417
Graves, Chris - PPOM - OGILVY PUBLIC RELATIONS, New York, NY, *pg.* 633
Graves, Kelly - Management, Media Department, NBC, PPOM - FCB CHICAGO, Chicago, IL, *pg.* 71
Graves, Trevor - Management, PPOM - NEMO DESIGN, Portland, OR, *pg.* 193
Graves, Will - Finance, PPOM - MINDSHARE, New York, NY, *pg.* 491
Gravina, Amy - NBC, PPOM - GRAVINA SMITH & MATTE, INC., Fort Myers, FL, *pg.* 610
Gray, Roger - PPOM - GKV, Baltimore, MD, *pg.* 364
Gray, Michael - Creative, PPOM - G+G ADVERTISING, Billings, MT, *pg.* 540
Gray, Tracy - NBC, PPOM - GRAY & ASSOCIATES DIVERSITY ADVERTISING & PUBLIC RELATIONS, Marietta, GA, *pg.* 541
Gray, Mark - PPOM - KATZ MEDIA GROUP, INC., New York, NY, *pg.* 481
Gray, Chris - PPOM - ADELPHI, INC., New York, NY, *pg.* 27
Gray, Darin - PPOM - CJRW, Little Rock, AR, *pg.* 590
Gray, Bruce - Creative, PPOM - ADMIRABLE DEVIL, Washington, DC, *pg.* 27
Gray, Justin - PPOM - LEADMD, Scottsdale, AZ, *pg.* 380
Gray, Kate - NBC, PPOM - SCOPPECHIO, Louisville, KY, *pg.* 409
Graybill, Jeff - PPOM - KWG ADVERTISING, INC., New York, NY, *pg.* 96
Graydon, Brooke - PPOM - CORPORATE REPORTS, INC., Atlanta, GA, *pg.* 53
Grazia, Connie - PPOM - RED THREAD PRODUCTIONS, New York, NY, *pg.* 563

Green, Phyllis - PPOM - PACE, Boca Raton, FL, *pg.* 124
Green, Peter - PPOM - PETER GREEN DESIGN STUDIOS, INC., Glendale, CA, *pg.* 194
Green, David - NBC, PPOM - RESULTS ADVERTISING, Hasbrouck Heights, NJ, *pg.* 405
Green, Bob - Creative, PPOM - THE VERDI GROUP, INC., Pittsford, NY, *pg.* 293
Green, Jennifer - PPOM - BURNS360, Dallas, TX, *pg.* 587
Green, Cameron - Creative, PPOM - GREENRUBINO, Seattle, WA, *pg.* 365
Green, Ann - PPOM - ANN GREEN COMMUNICATIONS INC., South Charleston, WV, *pg.* 577
Green, John - Finance, NBC, PPOM, Research - CARMICHAEL LYNCH, Minneapolis, MN, *pg.* 47
Green, Nancye - PPOM - DONOVAN/GREEN, New York, NY, *pg.* 551
Green, Jeff - PPOM - THE TRADE DESK, Ventura, CA, *pg.* 519
Green, Rich - Interactive / Digital, PPOM - SUGARCRM, Cupertino, CA, *pg.* 169
Green, Ann - Creative, PPOM - KANTAR MEDIA, New York, NY, *pg.* 446
Greenberg, Evan - PPOM - ALLSCOPE MEDIA, New York, NY, *pg.* 454
Greenberg, Ken - PPOM - EDGE COMMUNICATIONS, INC., Los Angeles, CA, *pg.* 601
Greenberg, Laura - Operations, PPOM - NORMAN HECHT RESEARCH, INC., Woodberry, NY, *pg.* 448
Greenberg, Dan - PPOM - NORMAN HECHT RESEARCH, INC., Woodberry, NY, *pg.* 448
Greenberg, Paul - Account Planner, Media Department, NBC, PPOM - MILTON SAMUELS ADVERTISING & PUBLIC RELATIONS, New York, NY, *pg.* 387
Greenberg, Sandy - PPOM - TERRI & SANDY, New York, NY, *pg.* 147
Greenberg, Rick - Account Services, Management, PPOM - KEPLER GROUP, New York, NY, *pg.* 244
Greenberg, Benji - PPOM - BCV EVOLVE, Chicago, IL, *pg.* 216
Greenberg, Lisa - Creative, PPOM - LEO BURNETT TORONTO, Toronto, ON, *pg.* 97
Greenblat, David - PPOM - INFINITY DIRECT, Plymouth, MN, *pg.* 286
Greene, Joy - NBC, PPOM - MUTS & JOY, INC., New York, NY, *pg.* 192
Greene, Kristin - PPOM - FLASHPOINT PUBLIC RELATIONS, San Francisco, CA, *pg.* 604
Greene, John - Account Services, NBC, PPOM - TRANSLATION, Brooklyn, NY, *pg.* 299
Greenfield, Donna - PPOM - GREENFIELD / BELSER LTD., Washington, DC, *pg.* 185
Greengrass, Marc - Account Services, Management, Operations, PPOM - FLINT & STEEL, New York, NY, *pg.* 74
Greenhill, Valerie - Management,

NBC, PPOM - EDLEADER21, Tucson, AZ, *pg.* 601
Greenough, Phil - PPOM - GREENOUGH COMMUNICATIONS, Watertown, MA, *pg.* 610
Greenstein, Gary - Finance, PPOM - VECTOR MEDIA, New York, NY, *pg.* 558
Greenwald, Mitch - Account Services, PPOM - CREATIVE SPOT, Columbus, OH, *pg.* 55
Greenwald, Adam - Human Resources, PPOM - DAGGER, Atlanta, GA, *pg.* 224
Greenwood, Marina - PPOM - ACTIVA PR, San Francisco, CA, *pg.* 575
Greenwood, Jess - Interactive / Digital, NBC, PPOM - R/GA, New York, NY, *pg.* 260
Greer, Frank - NBC, PPOM - GMMB, Seattle, WA, *pg.* 364
Greer, John - PPOM - LJG PARTNERS, San Diego, CA, *pg.* 189
Gregoire, Richard - PPOM - IDEA ENGINEERING, INC., Santa Barbara, CA, *pg.* 88
Gregory, Jim - PPOM - TENET PARTNERS, New York, NY, *pg.* 450
Gregory, Daniel - PPOM - TEAM ENTERPRISES, Fort Lauderdale, FL, *pg.* 316
Gregory, James - PPOM - TENET PARTNERS, New York, NY, *pg.* 450
Grehan, Mike - NBC, PPOM - ACRONYM MEDIA, New York, NY, *pg.* 671
Grenache, Jean-Francois - Finance, PPOM - NEWAD, Montreal, QC, *pg.* 554
Gresham, Kim - PPOM - ANDERSON MARKETING GROUP, San Antonio, TX, *pg.* 31
Greteman, Sonia - Creative, PPOM - GRETEMAN GROUP, Wichita, KS, *pg.* 8
Grey, Julian - Creative, PPOM - HEAD GEAR ANIMATION, Toronto, ON, *pg.* 186
Gribas, Matt - Operations, PPOM - DP+, Farmington Hills, MI, *pg.* 353
Grice, Ashley - Management, PPOM - BRIGHTHOUSE, LLC, Atlanta, GA, *pg.* 43
Grice, Mike - Creative, PPOM - WILDFIRE, Winston Salem, NC, *pg.* 162
Griffeth, Marty - Finance, PPOM - KCD, INC., New York, NY, *pg.* 94
Griffin, Debra - Finance, PPOM - TIERNEY COMMUNICATIONS, Philadelphia, PA, *pg.* 426
Griffin, Joan - PPOM - SUNNY505, Albuquerque, NM, *pg.* 415
Griffin, Bob - PPOM - GRIFFIN360, New York, NY, *pg.* 611
Griffin, Todd - Account Services, NBC, PPOM - MUSTACHE, Brooklyn, NY, *pg.* 252
Griffin, Matt - Creative, Interactive / Digital, PPOM - VERT MOBILE LLC, Atlanta, GA, *pg.* 274
Griffing, Jeff - PPOM - ALLOVER MEDIA, Plymouth, MN, *pg.* 549
Griffith, Lanny - PPOM - BGR GROUP, Washington, DC, *pg.* 583
Griffiths, Huw - PPOM - UNIVERSAL MCCANN, New York, NY, *pg.* 521
Griffiths, Warren - Interactive / Digital, Management, Media

1868

AGENCIES

RESPONSIBILITIES INDEX

Department, PPOM - PUBLICIS NORTH AMERICA, New York, NY, *pg.* 399
Griffiths, Annie - NBC, PPOM - PHD USA, New York, NY, *pg.* 505
Grigg, Lynne - Creative, PPOM - THE DESIGNORY, Longbeach, CA, *pg.* 149
Griggs, Lara - Operations, PPOM - VMLY&R, New York, NY, *pg.* 160
Griggs, Kristi - Management, Operations, PPOM - SHIFT NOW, Greensboro, NC, *pg.* 140
Grill, Anne-Marie - NBC, PPOM - REN BEANIE, Lake Worth, FL, *pg.* 642
Grill, Marc - NBC, PPM, PPOM - O POSITIVE FILMS, New York, NY, *pg.* 563
Grill-Rachman, Shirley - Operations, PPOM - KENSHOO, San Francisco, CA, *pg.* 244
Grillo, Lucia - Interactive / Digital, Management, Operations, PPM, PPOM - MCGARRYBOWEN, New York, NY, *pg.* 109
Grim, Rusty - PPOM - OWEN JONES AND PARTNERS, Portland, OR, *pg.* 124
Grimes, Brett - Creative, PPOM - ROBOT HOUSE, Oklahoma City, OK, *pg.* 16
Grimm, Kristen - PPOM - SPITFIRE STRATEGIES, Washington, DC, *pg.* 649
Grindberg, Karen - Finance, PPOM - FLINT COMMUNICATIONS, INC., Fargo, ND, *pg.* 359
Grindell, Mike - Administrative, PPOM - 22SQUARED INC., Atlanta, GA, *pg.* 319
Grindle, William - PPOM - COMMUNICA, INC., Toledo, OH, *pg.* 344
Grinney, Jim - PPOM - 90OCTANE, Denver, CO, *pg.* 209
Grischo, Brett - PPOM - EXPLORE COMMUNICATIONS, Denver, CO, *pg.* 465
Grizzard, Chip - PPOM - ONE & ALL, Atlanta, GA, *pg.* 289
Groeneveld, Susan - PPOM - WS, Calgary, AB, *pg.* 164
Groepper, Lindsey - Interactive / Digital, Management, PPOM, Public Relations - BLASTMEDIA, Fishers, IN, *pg.* 584
Groft, Jane - PPOM - SCORCH, LLC, San Francisco, CA, *pg.* 508
Groh, Nick - NBC, PPOM - LINESPACE, Los Angeles, CA, *pg.* 189
Groll, Aviva - Account Services, Media Department, PPOM - OGILVY, Toronto, ON, *pg.* 394
Groome, Shattuck - Interactive / Digital, Media Department, PPOM - CAGE POINT, New York, NY, *pg.* 457
Groome, Courtney - PPOM - CAGE POINT, New York, NY, *pg.* 457
Gross, Brian - Creative, PPOM - NAIL COMMUNICATIONS, Providence, RI, *pg.* 14
Gross, Dan - Creative, PPOM - DNA SEATTLE, Seattle, WA, *pg.* 180
Gross, Joe - Operations, PPM, PPOM - EFX MEDIA, Arlington, VA, *pg.* 562
Gross, Josh - Creative, PPOM - ENERGY BBDO, INC., Chicago, IL, *pg.* 355
Gross, Michael - Finance, PPOM -

SIEGEL & GALE, New York, NY, *pg.* 17
Gross, Michelle - PPOM - SPECTRUM SCIENCE COMMUNICATIONS, Washington, DC, *pg.* 649
Grossman, Loren - PPOM - ANNALECT GROUP, New York, NY, *pg.* 213
Grossman, Mike - PPOM, Public Relations - SCHAFER CONDON CARTER, Chicago, IL, *pg.* 138
Grossman, David - PPOM - GROSSMAN MARKETING GROUP, Somerville, MA, *pg.* 284
Grossman, Ben - PPOM - GROSSMAN MARKETING GROUP, Somerville, MA, *pg.* 284
Grossman, Joel - Interactive / Digital, PPOM - IPROSPECT, New York, NY, *pg.* 674
Groszek, Joanna - Finance, PPOM - JOHN ST., Toronto, ON, *pg.* 93
Grotenhuis, Eric - Media Department, PPOM - PAGE DESIGN GROUP, Sacramento, CA, *pg.* 194
Groth, Alexander - PPOM - FUSIONBOX, Denver, CO, *pg.* 236
Groth, Stephen - NBC, PPOM - MAHALO SPIRITS GROUP, Delray Beach, FL, *pg.* 13
Grove, Richard - PPOM - INK, INC., Overland Park, MO, *pg.* 615
Growhoski, Don - Creative, PPOM - COLANGELO SYNERGY MARKETING, INC., Darien, CT, *pg.* 566
Gruber, Elisa - Human Resources, PPOM - DENNY MOUNTAIN MEDIA, Seattle, WA, *pg.* 225
Grucci, Vincent - PPOM - CGT MARKETING, LLC, Amityville, NY, *pg.* 49
Grummett, Mark - Finance, PPOM - HEALTHWISE CREATIVE RESOURCE GROUP, Toronto, ON, *pg.* 83
Grunow, Randy - PPOM - MEDIASPACE SOLUTIONS, Minnetonka, MN, *pg.* 490
Grushcow, Steve - PPOM - NYLON TECHNOLOGY, New york, NY, *pg.* 255
Grushin, Mike - Operations, PPOM - IX.CO, New York, NY, *pg.* 243
Grusin, Rob - PPOM - POINT B COMMUNICATIONS, Chicago, IL, *pg.* 128
Guadarrama-Baumunk, Sandra - Account Services, Operations, PPOM - KNOODLE SHOP, Phoenix, AZ, *pg.* 95
Guarino, Michael - Management, PPOM - FCB HEALTH, New York, NY, *pg.* 72
Guarracino, Nick - Creative, PPOM - FINN PARTNERS, New York, NY, *pg.* 603
Gubler, Cindy - PPOM - WILKINSON FERRARI & COMPANY, Salt Lake City, UT, *pg.* 663
Gudat, Sandra - PPOM - CUSTOMER COMMUNICATIONS GROUP, Lakewood, CO, *pg.* 167
Gudorf, Annie - PPOM, Public Relations - WALKER SANDS COMMUNICATIONS, Chicago, IL, *pg.* 659
Guenther, Marianne - PPOM - BIG YAM, Scottsdale, AZ, *pg.* 583
Guerra, Lucas - Creative, PPOM - ARGUS COMMUNICATIONS, Boston, MA, *pg.* 537

Guerra, Frank - PPOM - GDC MARKETING & IDEATION, San Antonio, TX, *pg.* 362
Guerri, Alex - Account Planner, Account Services, PPOM - WORKINPROGRESS, Boulder, CO, *pg.* 163
Guerrier, Agathe - Account Planner, Management, Operations, PPOM - TBWA \ CHIAT \ DAY, Los Angeles, CA, *pg.* 146
Guest, Mike - PPOM - ADSERTS, Brookfield, WI, *pg.* 27
Guest, Corbett - Operations, PPOM - IMAGINUITY INTERACTIVE, INC., Dallas, TX, *pg.* 241
Gugliotti, Joe - Management, PPOM - WORX BRANDING & ADVERTISING, Prospect, CT, *pg.* 163
Guibord, Andre - PPOM - INNOVACOM MARKETING & COMMUNICATIONS, Gatineau, QC, *pg.* 375
Guidice, Leslie - Creative, PPOM - ENERGY ENERGY DESIGN, Los Gatos, CA, *pg.* 181
Guilmette, Allen - Creative, PPOM - ALDEN MARKETING COMMUNICATIONS, San Diego, CA, *pg.* 324
Guilmette, Lesley - Management, PPOM - ALDEN MARKETING COMMUNICATIONS, San Diego, CA, *pg.* 324
Guin, Benoit - Media Department, PPOM - AMELIE COMPANY, Denver, CO, *pg.* 325
Guinn, David - Creative, PPOM - DESIGN ONE, INC., Asheville, NC, *pg.* 179
Gullaksen, Michael - Operations, PPOM - IPROSPECT, San Diego, CA, *pg.* 674
Gullan, Bill - NBC, PPOM - FINCH BRANDS, Philadelphia, PA, *pg.* 7
Gulledge, Grant - Management, PPOM - ACQUIRE, Raleigh, NC, *pg.* 1
Gumas, John - PPOM - GUMAS ADVERTISING, San Francisco, CA, *pg.* 368
Gunay, Kaan - PPOM - FIREFLY, San Francisco, CA, *pg.* 552
Gundrum, Steve - PPOM - MATTSON, Foster City, CA, *pg.* 447
Gunning, Paul - NBC, PPOM - DDB CHICAGO, Chicago, IL, *pg.* 59
Gunter, Randy - PPOM - THE GUNTER AGENCY, Belleville, WI, *pg.* 150
Gunter, Cindy - PPOM - THE GUNTER AGENCY, Belleville, WI, *pg.* 150
Gunther, Susan - Account Services, PPOM - MARRINER MARKETING COMMUNICATIONS, Columbia, MD, *pg.* 105
Gupta, Gogi - PPOM - GUPTA MEDIA, Boston, MA, *pg.* 237
Guse, Tim - PPOM - SIGNATURE GRAPHICS, Porter, IN, *pg.* 557
Gusich, Janice - PPOM - AKHIA PUBLIC RELATIONS, INC., Hudson, OH, *pg.* 575
Gusman, Andy - Finance, PPOM - DON JAGODA ASSOCIATES, Melville, NY, *pg.* 567
Gussoni, Frank - PPOM - ASHLEY ADVERTISING AGENCY, Eagleville, PA,

RESPONSIBILITIES INDEX

AGENCIES

pg. 34
Gust, Ben - PPOM - D & I CREATIVE, Denver, CO, pg. 6
Gustafson, Jeremy - NBC, PPOM - KREBER, Columbus, OH, pg. 379
Gustavsen, Eric - PPOM - GRAJ + GUSTAVSEN, INC., New York, NY, pg. 8
Gustman, Caitlin - Creative, Interactive / Digital, Media Department, PPOM - KETCHUM, Chicago, IL, pg. 619
Guthrie, Trevor - PPOM - GIANT SPOON, LLC, New York, NY, pg. 363
Gutierrez, Lia - Creative, PPOM - INVENTIVA, San Antonio, TX, pg. 541
Gutierrez, Herberto - PPOM - INVENTIVA, San Antonio, TX, pg. 541
Guy, Tereasa - NBC, PPOM - GRA INTERACTIVE, Boise, ID, pg. 237
Guy, Carla - Account Services, Human Resources, Interactive / Digital, Management, NBC, Operations, PPOM, Promotions - DAGGER, Atlanta, GA, pg. 224
Guyer, Douglas - NBC, PPOM - INTERNATIONAL DIRECT RESPONSE, INC., Berwyn, PA, pg. 286
Gwaltney, Jill - PPOM - RAUXA, Costa Mesa, CA, pg. 291
Gwyn, David - Account Services, PPOM - FRENCH / WEST / VAUGHAN, Raleigh, NC, pg. 361
Haak, Mark - Creative, PPOM - SWERVE DESIGN GROUP, Toronto, ON, pg. 416
Haan, Rick - Account Services, PPOM - J. BRENLIN DESIGN, INC., Norco, CA, pg. 188
Haas, Gary - Creative, PPOM - PLATYPUS ADVERTISING & DESIGN, Pewaukee, WI, pg. 397
Haase, David - Management, NBC, PPOM - TRIAD RETAIL MEDIA, St. Petersburg, FL, pg. 272
Haase, Jenn - Media Department, PPOM - MINDSHARE, Chicago, IL, pg. 494
Habeck, Robert - Account Services, Management, Media Department, PPOM - OMD, New York, NY, pg. 498
Haber, Jonathan - PPOM - GIANT SPOON, LLC, Los Angeles, CA, pg. 363
Haberman, Fred - PPOM - HABERMAN, Minneapolis, MN, pg. 369
Habib, Judy - PPOM - KELLEY HABIB JOHN INTEGRATED MARKETING, Boston, MA, pg. 11
Hacias, Greg - NBC, PPOM - NETLINK, Madison Heights, MI, pg. 253
Hackett, Jason - Creative, PPOM - HAPI, Phoenix, AZ, pg. 81
Haddad, Munir - PPOM - KIOSK CREATIVE LLC, Novato, CA, pg. 378
Hadler, Phil - Management, PPOM - HADLER PUBLIC RELATIONS, INC., Glendale, CA, pg. 611
Hadlock, Bryan - Creative, PPOM - MARC USA, Pittsburgh, PA, pg. 104
Haenel, Brant - Account Services, NBC, PPOM - MODERN CLIMATE, Minneapolis, MN, pg. 388
Hagan, Drew - Operations, PPOM - INVISION COMMUNICATIONS, Walnut Creek, CA, pg. 308
Hagan, Deb - Creative, PPOM - YEBO, Richmond, VA, pg. 164
Hagan Brown, Kathy - PPOM - KARSH & HAGAN, Denver, CO, pg. 94
Hagarty, Norm - PPOM - DAC GROUP, Toronto, ON, pg. 224
Hagedorn, Scott - PPOM - OMNICOM GROUP, New York, NY, pg. 123
Hagedorn, Gina - Operations, PPOM - CSM SPORT & ENTERTAINMENT, New York, NY, pg. 347
Hagedorn, Scott - PPOM - OMD, New York, NY, pg. 498
Hagelstein, Bill - PPOM - RPA, Santa Monica, CA, pg. 134
Hagen, Maeve - PPOM - TAYLOR, Charlotte, NC, pg. 651
Hager, Lorie - Finance, PPOM - WENDT, Great Falls, MT, pg. 430
Hagerty, Jessica - Operations, PPOM - THE EVOKE GROUP, Columbia, MO, pg. 270
Haggerty, James - PPOM - PRCG | HAGGERTY, LLC, New York, NY, pg. 638
Haggman, Emily - Account Services, NBC, PPOM - HAGGMAN, Gloucester, MA, pg. 81
Hagler, Monty - PPOM - RLF COMMUNICATIONS, Greensboro, NC, pg. 643
Hagopian, Monette - Management, PPOM - HAVAS WORLDWIDE SAN FRANCISCO, San Francisco, CA, pg. 370
Hagy, Jarrett - PPOM - LODGE DESIGN CO., Indianapolis, IN, pg. 190
Hahn, David - Account Services, Management, PPOM - MEDIA CONNECT, New York, NY, pg. 485
Hahn, Dennis - Account Planner, Media Department, PPOM - LIQUID AGENCY, INC., San Jose, CA, pg. 12
Hahn, Jeff - PPOM - HAHN PUBLIC COMMUNICATIONS, Austin, TX, pg. 686
Hahn, Alex - PPOM - VOX GLOBAL, Washington, DC, pg. 658
Hahn, Candice - Interactive / Digital, Management, Media Department, PPOM - R/GA, Austin, TX, pg. 261
Hahn, Greg - PPOM - GRETEL, New York, NY, pg. 78
Hail, Mike - PPOM - DATA DECISIONS GROUP, Chapel Hill, NC, pg. 443
Hain, Debbie - PPOM - THE DOZIER COMPANY, Dallas, TX, pg. 419
Hainaut, Laurent - PPOM - FORCE MAJURE DESIGN INC., Brooklyn, NY, pg. 183
Hainsworth, Stanley - Creative, PPOM - TETHER, Seattle, WA, pg. 201
Hair, Tom - PPOM - AXIOM, Houston, TX, pg. 174
Hakes, Megan - Management, PPOM - REPUTATION PARTNERS, Chicago, IL, pg. 642
Halas, Olivia - Account Services, PPOM - AMNET, New York, NY, pg. 454
Halcomb, Jeff - NBC, PPOM - ZOOM ADVERTISING, Chicago, IL, pg. 165
Haldeman, Brock - Creative, PPOM - PIVOT DESIGN, INC., Chicago, IL, pg. 195
Haldeman, Liz - Creative, PPOM - PIVOT DESIGN, INC., Chicago, IL, pg. 195
Hale, Natalie - PPOM - MEDIA PARTNERS WORLDWIDE, Long Beach, CA, pg. 485
Hale, Nina - Management, PPOM - NINA HALE CONSULTING, Minneapolis, MN, pg. 675
Hale, Dave - PPOM - SOSHAL, Ottawa, ON, pg. 143
Haley, Bill - Management, PPOM - ALLIED PIXEL, Media, PA, pg. 561
Haley, Tom - Creative, PPOM - JELLYVISION LAB, Chicago, IL, pg. 377
Haligman, Ronnie - PPOM - ZIMMERMAN ADVERTISING, Fort Lauderdale, FL, pg. 437
Hall, Chris - Management, PPOM - PUBLICIS.SAPIENT, Atlanta, GA, pg. 259
Hall, Nechie - PPOM - VLADIMIR JONES, Colorado Springs, CO, pg. 429
Hall, Stephen - NBC, PPOM - HORIZON MEDIA, INC., New York, NY, pg. 474
Hall, Thomas - PPOM - TUCKER / HALL, INC., Tampa, FL, pg. 657
Hall, Mark - PPOM - FIREHOUSE, INC., Dallas, TX, pg. 358
Hall, Alan - PPOM - MARKETSTAR CORPORATION, Ogden, UT, pg. 383
Hall, Alan - PPOM - ONE & ALL AGENCY, Pasadena, CA, pg. 289
Hall, David - Management, NBC, PPOM - THE RICHARDS GROUP, INC., Dallas, TX, pg. 422
Hall, Eugene - PPOM - GARTNER, INC., Stamford, CT, pg. 236
Hall, Gloria - Management, PPOM - OGILVY, New York, NY, pg. 393
Hall, Rebecca - PPOM - IDEA HALL, Costa Mesa, CA, pg. 615
Hall, Justin - PPOM - VOXUS PR, Tacoma, WA, pg. 658
Hall, Johnathan - Finance, PPOM - DREAMSPAN, Phoenix, AZ, pg. 7
Hall, Leslie - PPOM - ICED MEDIA, New York, NY, pg. 240
Hall, Will - Creative, PPOM - RAIN, New York, NY, pg. 262
Hall, Jody - Operations, PPOM - MAC PRESENTS, New York, NY, pg. 298
Hall, Lili - PPOM - KNOCK, INC., Minneapolis, MN, pg. 95
Hall, John - PPOM - INFLUENCE & CO, Columbia, MO, pg. 615
Hall, Sarah - Creative, PPOM - HARLEY & CO, New York, NY, pg. 9
Hall, Albert - Management, Operations, PPOM - HALLPASS MEDIA, Costa Mesa, CA, pg. 81
Haller, Chris - Account Services, Management, PPOM - OBATA DESIGN, INC., Saint Louis, MO, pg. 193
Halleran, David - Finance, PPOM - PUBLICIS WEST, Seattle, WA, pg. 130
Halliburton, Alan - PPOM - HALLIBURTON INVESTOR RELATIONS, Richardson, TX, pg. 611
Halligan, Roger - PPOM - H+A

AGENCIES

RESPONSIBILITIES INDEX

INTERNATIONAL, INC., Santa Ynez, CA, *pg.* 611

Halligan, Beate - PPOM - H+A INTERNATIONAL, INC., Santa Ynez, CA, *pg.* 611

Hallman, Gene - PPOM - BRUNO EVENT TEAM, Birmingham, AL, *pg.* 303

Hallmark, Andrew - PPOM - POTOMAC COMMUNICATIONS GROUP, INC., Washington, DC, *pg.* 638

Hallock, Jackie - Creative, PPOM - HALLOCK & BRANCH, Portland, OR, *pg.* 81

Halper, Ari - Creative, PPOM - FCB NEW YORK, New York, NY, *pg.* 357

Halpin, Matthew - PPOM - PUBLIC STRATEGIES IMPACT, Trenton, NJ, *pg.* 639

Halsall, Chris - NBC, PPOM - OGILVYONE WORLDWIDE, New York, NY, *pg.* 255

Halsey, Stephen - NBC, PPOM - GIBBS & SOELL, INC., New York, NY, *pg.* 607

Halter, Sean - Management, PPOM - CONNECTIVITY STRATEGY, Tampa, FL, *pg.* 462

Hamagami, John - Management, PPOM - HAMAGAMI/CARROLL, INC., Los Angeles, CA, *pg.* 185

Hambly, Bob - PPOM - HAMBLY & WOOLLEY, INC., Toronto, ON, *pg.* 185

Hambrick, Paula - PPOM - HAMBRICK & ASSOCIATES, Orland Park, IL, *pg.* 467

Hamburger, Gregg - Interactive / Digital, NBC, PPOM - THE MARKETING ARM, Dallas, TX, *pg.* 316

Hamersmith, Cheryl - PPOM - HUNTER HAMERSMITH, North Miami, FL, *pg.* 87

Hamill, Mary - PPOM - GLOBAL 5, Longwood, FL, *pg.* 608

Hamill, Matt - Operations, PPOM - GLOBAL 5, Longwood, FL, *pg.* 608

Hamilton, Bill - Creative, PPOM - THEAGENCY, Camarillo, CA, *pg.* 154

Hamilton, Jim - Operations, PPOM - JELLYFISH U.S., Baltimore, MD, *pg.* 243

Hamlin, Tom - NBC, PPOM - CATALYST, INC., Providence, RI, *pg.* 48

Hamlin, Pam - PPOM - GYK ANTLER, Manchester, NH, *pg.* 368

Hamman, Bob - NBC, PPOM - SCA PROMOTIONS, INC., Dallas, TX, *pg.* 569

Hammelman, Susanne - NBC, PPOM, Public Relations - THE HAWTHORN GROUP, Alexandria, VA, *pg.* 653

Hammerling, Brooke - PPOM - BREW MEDIA RELATIONS, New York, NY, *pg.* 586

Hammett, Kris - Account Services, PPOM - JUICE STUDIOS, Atlanta, GA, *pg.* 309

Hammond, Lou Rena - PPOM - LOU HAMMOND GROUP, New York, NY, *pg.* 381

Hammond, Stephen - NBC, PPOM - LOU HAMMOND GROUP, New York, NY, *pg.* 381

Hammond, Debi - PPOM - MERLOT MARKETING, Sacramento, CA, *pg.* 114

Hammond, Bob - Analytics,

Interactive / Digital, Operations, PPOM - GROUPM, New York, NY, *pg.* 466

Hammond, Julia - Interactive / Digital, Management, PPOM - HEAT, Chicago, IL, *pg.* 84

Hammond, David - PPOM - ABEL SOLUTIONS, INC., Alpharetta, GA, *pg.* 209

Hammond, Marian - NBC, PPOM - BRINK COMMUNICATIONS, Portland, OR, *pg.* 337

Hampel, Doug - Account Services, PPOM - GIBBS & SOELL, INC., Chicago, IL, *pg.* 607

Hampf, Holger - PPOM - DESIGNWORKS/USA, Newbury Park, CA, *pg.* 179

Hampton, Karen - Account Services, PPOM - SCHENK HAMPTON ADVERTISING, Evansville, IN, *pg.* 138

Hampton, Larry - PPOM - SCHENK HAMPTON ADVERTISING, Evansville, IN, *pg.* 138

Hamrahi, Joe - Finance, PPOM - M BOOTH & ASSOCIATES, INC., New York, NY, *pg.* 624

Hanavan, Patrick - Account Services, PPOM - EXTREME REACH, INC., Needham, MA, *pg.* 552

Hancock, Chris - NBC, PPOM - HANCOCK ADVERTISING AGENCY, Nacogdoches, TX, *pg.* 81

Hancock, Chuck - PPOM - HANCOCK ADVERTISING AGENCY, Nacogdoches, TX, *pg.* 81

Hancock, Kitt - NBC, PPOM - DAYNERHALL MARKETING & ADVERTISING, Orlando, FL, *pg.* 58

Hancock, Gigi - Finance, PPOM - DG STUDIOS, Houston, TX, *pg.* 179

Hancock, Jolene - PPOM - HANCOCK ADVERTISING GROUP, INC., Midland, TX, *pg.* 81

Handy, Peter - Management, PPOM - ADVANTIX DIGITAL, Addison, TX, *pg.* 211

Hanessian, Lynn - PPOM - EDELMAN, Chicago, IL, *pg.* 353

Haney, Scott - NBC, PPOM - IDFOUR, Houston, TX, *pg.* 285

Haney, Paul - PPOM - ENGLANDER KNABE & ALLEN, Los Angeles, CA, *pg.* 602

Haney, Bill - PPOM - DERSE, INC., Milwaukee, WI, *pg.* 304

Haney, Brett - PPOM - DERSE, INC., Milwaukee, WI, *pg.* 304

Hanke, Curt - PPOM - SHINE UNITED, Madison, WI, *pg.* 140

Hanley, Jennifer - Account Services, Management, PPM, PPOM - IBM IX, Columbus, OH, *pg.* 240

Hanlon, Christopher - Creative, PPOM - HANLON CREATIVE, Kulpsville, PA, *pg.* 81

Hanlon, Andrew - NBC, PPOM - HANLON CREATIVE, Kulpsville, PA, *pg.* 81

Hanlon, Evan - Account Planner, Interactive / Digital, Media Department, PPOM - GROUPM, New York, NY, *pg.* 466

Hanna, Dayne - NBC, PPOM - HANNA & ASSOCIATES, Coeur d'Alene, ID,

pg. 81

Hannay, Owen - PPOM - SLINGSHOT, LLC, Dallas, TX, *pg.* 265

Hannum, Lisa - PPOM - BEEHIVE PR, Saint Paul, MN, *pg.* 582

Hanrahan, Lauren - PPOM - ZENITH MEDIA, New York, NY, *pg.* 529

Hansen, Dave - PPOM - SWANSON RUSSELL ASSOCIATES, Lincoln, NE, *pg.* 415

Hansen, Paula - PPOM - SAVAGE DESIGN GROUP, Houston, TX, *pg.* 198

Hansen, Trevor - PPOM - MOTIVATE, INC., San Diego, CA, *pg.* 543

Hansen, Hans - PPOM - SOLVE, Minneapolis, MN, *pg.* 17

Hansen, Christopher - NBC, PPOM - IGNITIONONE, New York, NY, *pg.* 673

Hansen, Marcia - PPOM - MOTIVATE, INC., San Diego, CA, *pg.* 543

Hansen, Mark - Account Services, Management, PPOM - DDB CHICAGO, Chicago, IL, *pg.* 59

Hansen, Christian - Creative, NBC, PPOM - HINT CREATIVE, Salt Lake City, UT, *pg.* 86

Hansen, Eric - Finance, Operations, PPOM - REDPEG MARKETING, Alexandria, VA, *pg.* 692

Hansen, Ron - Creative, PPOM - HANSEN BELYEA, Seattle, WA, *pg.* 185

Hanser, Ron - Media Department, NBC, PPOM - HANSER & ASSOCIATES, West Des Moines, IA, *pg.* 611

Hanser, Bonnie - Operations, PPOM - HANSER & ASSOCIATES, West Des Moines, IA, *pg.* 611

Hanson, Scott - NBC, PPOM - HMA PUBLIC RELATIONS, Phoenix, AZ, *pg.* 614

Hanson, Steve - PPOM - HANSON, INC., Toledo, OH, *pg.* 237

Hanson, Karissa - Management, PPOM, Public Relations - PHOENIX GROUP, Regina, SK, *pg.* 128

Hanson, Dave - PPOM - H2M, Fargo, ND, *pg.* 81

Hanson, Erin - PPOM - HUNTER PUBLIC RELATIONS, New York, NY, *pg.* 614

Hanson, Jonathan - Creative, PPOM - UNCONQUERED, Baltimore, MD, *pg.* 203

Hanson McKean, Hilary - NBC, PPOM - KETCHUM SOUTH, Atlanta, GA, *pg.* 620

Hansson, Carl - Operations, PPOM - SHAMROCK SPORTS & ENTERTAINMENT, Portland, ME, *pg.* 569

Hapoienu, Spencer - PPOM - INSIGHT OUT OF CHAOS, New York, NY, *pg.* 286

Happ, Leslie - Creative, PPOM - CLARK COMMUNICATIONS, Clarksburg, MD, *pg.* 591

Hara, Miriam - Creative, Media Department, PPOM - 3H COMMUNICATIONS, INC., Oakville, ON, *pg.* 321

Hara, David - Finance, PPOM - 3H COMMUNICATIONS, INC., Oakville, ON, *pg.* 321

Harakal, Kevin - Operations, PPOM - NUMERATOR, Chicago, IL, *pg.* 254

Harakawa, Ann - PPOM - TWO TWELVE, New York, NY, *pg.* 203

Harbert, Mariah - PPOM - LOCATION3 MEDIA, Denver, CO, *pg.* 246

1871

RESPONSIBILITIES INDEX — AGENCIES

Harbrecht, Sandra - PPOM - PAUL WERTH ASSOCIATES, INC., Columbus, OH, pg. 635
Harcus, Anne - PPOM - STONY POINT COMMUNICATIONS, INC., Haslett, MI, pg. 650
Harden, Dan - Creative, PPOM - WHIPSAW, INC., San Jose, CA, pg. 205
Hardie-Brown, Andy - Operations, PPOM - ALLISON+PARTNERS, New York, NY, pg. 576
Harding, Tom - PPOM - INFINITY DIRECT, Plymouth, MN, pg. 286
Harding, Steve - PPOM - ASO ADVERTISING, Roswell, GA, pg. 328
Hardwick, Sarah - PPOM - ZENZI, Encinitas, CA, pg. 665
Hardwick, Gary - PPOM - NOBLE PEOPLE, New York, NY, pg. 120
Hardy, Dennis - PPOM - EVANSHARDY + YOUNG, Santa Barbara, CA, pg. 69
Harff, James - PPOM - GLOBAL COMMUNICATORS, Washington, DC, pg. 608
Harff, Todd - PPOM - CREATING RESULTS, Woodbridge, VA, pg. 346
Harker, Alan - Finance, PPOM - VAYNERMEDIA, New York, NY, pg. 689
Harkey, Scott - PPOM - OH PARTNERS, Phoenix, AZ, pg. 122
Harkin, Jim - PPOM - FRCH DESIGN WORLDWIDE, Cincinnati, OH, pg. 184
Harmelin, Joanne - PPOM - HARMELIN MEDIA, Bala Cynwyd, PA, pg. 467
Harmelin, Jon - Finance, PPOM - HARMELIN MEDIA, Bala Cynwyd, PA, pg. 467
Harms, Tamy - NBC, PPOM - MRM//MCCANN, Birmingham, MI, pg. 252
Harness, Trey - Account Services, Management, PPOM - CURIOSITY ADVERTISING, Cincinnati, OH, pg. 223
Harnett, Dan - PPOM - CHO / HIGHWATER GROUP, New York, NY, pg. 590
Harnevo, Oren - PPOM - EYEVIEW DIGITAL, INC., New York, NY, pg. 233
Harnisch, Terry - Finance, PPOM - FILTER, Seattle, WA, pg. 234
Harp, Lisa - Creative, PPOM - HARP INTERACTIVE, Lombard, IL, pg. 238
Harper, Matt - NBC, PPOM - HENRY V EVENTS, Portland, OR, pg. 307
Harrach, Gabor - Creative, NBC, PPOM - BEAUTIFUL DESTINATIONS, New York, NY, pg. 38
Harrell, Doreen - PPOM - KAILO COMMUNICATIONS STUDIO, LLC, Corpus Christi, TX, pg. 618
Harrell, Adam - PPOM - NEBO AGENCY, LLC, Atlanta, GA, pg. 253
Harrington, Alan - Creative, PPOM - ADFINITY MARKETING GROUP, Cedar Rapids, IA, pg. 27
Harrington, Matthew - Operations, PPOM - EDELMAN, New York, NY, pg. 599
Harrington, Peter - Finance, PPOM - THE SEARCH AGENCY, Glendale, CA, pg. 677

Harrington, Heather - Creative, PPOM - HARRINGTON COMMUNICATIONS, Traverse City, MI, pg. 611
Harrington, Jay - PPOM - HARRINGTON COMMUNICATIONS, Traverse City, MI, pg. 611
Harriott, Steve - PPOM - WATCHFIRE SIGNS, Danville, IL, pg. 559
Harris, Scott - NBC, PPOM - MUSTANG MARKETING, Thousand Oaks, CA, pg. 390
Harris, Sara - NBC, PPOM - QUADRAS INTEGRATED, Atlanta, GA, pg. 196
Harris, Tiffany - NBC, PPOM - FOSTER MARKETING COMMUNICATIONS, Lafayette, LA, pg. 360
Harris, Candie - Operations, PPOM - LIKEABLE MEDIA, New York, NY, pg. 246
Harris, Bryan - Operations, PPOM - TAYLOR, New York, NY, pg. 651
Harris, David - Finance, PPOM - SARD VERBINNEN, New York, NY, pg. 646
Harris, Jim - NBC, PPOM - HARRIS DEVILLE & ASSOCIATES, Baton Rouge, LA, pg. 612
Harris, Dana - PPOM - RED JAVELIN COMMUNICATIONS, INC., Sudbury, MA, pg. 642
Harris, Wayne - PPOM - 6AM MARKETING, Madison, WI, pg. 1
Harris, Shana - Operations, PPOM - WARSCHAWSKI PUBLIC RELATIONS, Baltimore, MD, pg. 659
Harris, Jason - PPOM - MEKANISM, San Francisco, CA, pg. 112
Harris, Catriona - NBC, PPOM - UPROAR, Orlando, FL, pg. 657
Harris, Vita - NBC, PPOM, Research - FCB NEW YORK, New York, NY, pg. 357
Harris, Mike - NBC, Operations, PPOM - UPROAR, Orlando, FL, pg. 657
Harris, Scott - Creative, PPOM - THE MANY, Pacific Palisades, CA, pg. 151
Harris, Mark - NBC, PPOM - COLD SPARK MEDIA, Pittsburgh, PA, pg. 51
Harris, John - PPOM - A5, Chicago, IL, pg. 25
Harris, Elizabeth - Account Planner, NBC, PPOM - ARC WORLDWIDE, Chicago, IL, pg. 327
Harris, Thor - NBC, PPOM - PERCEPTURE, Rashberg, NJ, pg. 636
Harris, Mollie - PPOM - HEART CREATIVE, Portland, OR, pg. 238
Harris Millard, Wenda - Operations, PPOM - MEDIALINK, New York, NY, pg. 386
Harrison, Stephen - Creative, PPOM - FALK HARRISON, INC., Saint Louis, MO, pg. 183
Harrison, Sam - Account Services, Operations, PPOM - LINETT & HARRISON, Montville, NJ, pg. 100
Harrison, Sue - NBC, PPOM - DAVIS HARRISON DION ADVERTISING, Chicago, IL, pg. 348
Harrison, Elizabeth - PPOM - HARRISON & SHRIFTMAN, New York, NY, pg. 612
Harrison, Eliot - PPOM - MCS, INC.,

Basking Ridge, NJ, pg. 111
Harrison, Mike - PPOM - SHIFT, Greenville, SC, pg. 17
Harrison, Maria - PPOM - BULLSEYE STRATEGY, Fort Lauderdale, FL, pg. 219
Harrison, Nadia - Account Planner, Media Department, PPOM - WAVEMAKER, New York, NY, pg. 526
Harrison, Patti - PPOM - HARRISON MEDIA, Harrison Township, MI, pg. 468
Harrison, Jason - Account Services, NBC, PPOM - ESSENCE, Minneapolis, MN, pg. 233
Harrison, Toni - PPOM - Public Relations - TEN35, Chicago, IL, pg. 147
Harrow, Richard - PPOM - CREATIVE MARKETING PLUS, Bayside, NY, pg. 346
Harrow, Jeffrey - PPOM - SPARKS, Philadelphia, PA, pg. 315
Harry, Tal - PPOM - RICHTER7, Salt Lake City, UT, pg. 197
Hart, Mike - PPOM - HART, Toledo, OH, pg. 82
Hart, Winnie - PPOM - TWINENGINE, Houston, TX, pg. 203
Hart, Don - Account Services, Media Department, NBC, PPOM - MOVE COMMUNICATIONS, Ann Arbor, MI, pg. 389
Hart, Michael - Creative, PPOM - MONO, Minneapolis, MN, pg. 117
Hart, Becci - PPOM, Public Relations - INTERMARK GROUP, INC., Birmingham, AL, pg. 375
Hart, Carol - Finance, PPOM - MOVE COMMUNICATIONS, Ann Arbor, MI, pg. 389
Hartlage, Dan - PPOM - GUTHRIE / MAYES & ASSOCIATES, INC., Louisville, KY, pg. 611
Hartley, Emmy - NBC, PPOM - CORNETT INTEGRATED MARKETING SOLUTIONS, Lexington, KY, pg. 344
Hartnett, Jacqui - PPOM - STARMARK INTERNATIONAL, INC., Fort Lauderdale, FL, pg. 412
Hartsock, Eric - NBC, PPOM - EXIT 10 ADVERTISING, Baltimore, MD, pg. 233
Harvey, Kathy - NBC, PPOM - HARVEY AGENCY, Sparks, MD, pg. 681
Harvey, Katie - PPOM - KGBTEXAS COMMUNICATIONS, San Antonio, TX, pg. 95
Harvey, Roger - Management, PPOM, Public Relations - BOSE PUBLIC AFFAIRS GROUP, LLC, Indianapolis, IN, pg. 585
Harvey, Todd - Creative, PPOM - MISSION MEDIA, LLC, Baltimore, MD, pg. 115
Harvey, Aaron - Creative, PPOM - READY SET ROCKET, New York, NY, pg. 262
Harvey, Deborah - Finance, PPOM - ADRENALINE, INC., Atlanta, GA, pg. 172
Harwood, Garland - NBC, PPOM, Public Relations - CONFIDANT, Brooklyn, NY, pg. 592

AGENCIES — RESPONSIBILITIES INDEX

Hasen, Jeff - Interactive / Digital, Media Department, NBC, PPOM - WUNDERMAN THOMPSON SEATTLE, Seattle, WA, *pg.* 435

Hasholian, Taline - PPOM - ASV INC., Torrance, CA, *pg.* 302

Haslam, Rik - Creative, PPOM - BRANDPIE, New York, NY, *pg.* 42

Hassell, Matt - Creative, PPOM - FORSMAN & BODENFORS, Toronto, ON, *pg.* 74

Hatch, Greg - PPOM - HATCH ADVERTISING, Spokane Valley, WA, *pg.* 82

Hatch, Cary - NBC, PPOM - MDB COMMUNICATIONS, INC., Washington, DC, *pg.* 111

Hatch, Sheila - Creative, PPOM - DECCA DESIGN, San Jose, CA, *pg.* 349

Hatch, Alicia - NBC, PPOM - DELOITTE DIGITAL, Seattle, WA, *pg.* 224

Hatchell, Penny - PPOM - ENVOY, INC., Omaha, NE, *pg.* 356

Hatcher, Ron - Media Department, PPOM - DARLING AGENCY, New York, NY, *pg.* 57

Hatfield, Jason - Account Planner, Account Services, Interactive / Digital, Management, Media Department, PPOM - MORRISON, Atlanta, GA, *pg.* 117

Hatfield, Suzanne - PPOM - D4 CREATIVE GROUP, Philadelphia, PA, *pg.* 56

Hathaway, Kristin - PPOM, Public Relations - HFS COMMUNICATIONS, West Granby, CT, *pg.* 567

Hattrich, Gus - PPOM - PARADOWSKI CREATIVE, Saint Louis, MO, *pg.* 125

Hattub, Mike - Operations, PPOM - ANALYTICS-IQ, INC., Atlanta, GA, *pg.* 279

Haugaard, Phil - PPOM - HAUGAARD CREATIVE GROUP, Chicago, IL, *pg.* 186

Haus, Ken - NBC, PPOM - DESIGN CENTER, INC., Saint Paul, MN, *pg.* 179

Hauser, Julie - NBC, PPOM - HAUSER GROUP PUBLIC RELATIONS, Saint Louis, MO, *pg.* 612

Hauser, Erin - Media Department, PPOM - EMICO MEDIA, Denver, CO, *pg.* 465

Hausman, Marc - Account Services, NBC, PPOM - STRATEGIC COMMUNICATIONS GROUP, INC., McLean, VA, *pg.* 688

Hausske, Jarett - PPOM - ELEVEN, INC., San Francisco, CA, *pg.* 67

Haviland, Bryan - PPOM - FRAZIERHEIBY, Columbus, OH, *pg.* 75

Haviv, Sagi - Creative, PPOM - CHERMAYEFF & GEISMAR STUDIO, New York, NY, *pg.* 177

Haweeli, Steve - PPOM - WORDHAMPTON PUBLIC RELATIONS, East Hampton, NY, *pg.* 663

Hawes, Stacey - Analytics, PPOM - EPSILON, Westminster, CO, *pg.* 283

Hawes, Tyler - Interactive / Digital, PPOM - MODE, Charlotte, NC, *pg.* 251

Hawkins, Jennifer - PPOM - HAWKINS INTERNATIONAL PUBLIC RELATIONS, New York, NY, *pg.* 612

Haworth, Deana - Operations, PPOM - HIRONS & COMPANY, Indianapolis, IN, *pg.* 86

Hawthorne, Tim - Creative, PPOM - HAWTHORNE ADVERTISING, Los Angeles, CA, *pg.* 370

Hawthorne-Castro, Jessica - PPOM - HAWTHORNE ADVERTISING, Los Angeles, CA, *pg.* 370

Hayden, Danielle - Finance, PPOM - NAS RECRUITMENT COMMUNICATIONS, Cleveland, OH, *pg.* 667

Hayes, Tom - PPOM - RILEY HAYES ADVERTISING, INC., Minneapolis, MN, *pg.* 407

Hayes, Steve - PPOM - MASON, INC., Bethany, CT, *pg.* 383

Hayes, Heidi - Operations, PPOM - THEAGENCY, Camarillo, CA, *pg.* 154

Hayman, Luke - Account Services, Creative, NBC, PPOM - PENTAGRAM, New York, NY, *pg.* 194

Hayman, Scott - Creative, PPOM - HAMMER CREATIVE, INC., Hollywood, CA, *pg.* 562

Haynes, Bill - PPOM - BACKBAY COMMUNICATIONS, Boston, MA, *pg.* 579

Haynes, Jim - PPOM - BRC FIELD & FOCUS SERVICES, Phoenix, AZ, *pg.* 442

Haynes, Cindy - Management, NBC, PPOM - ERASERFARM, Tampa, FL, *pg.* 357

Hays, Jaci - NBC, PPOM - REBEL VENTURES INC., Los Angeles, CA, *pg.* 262

Hayter, Ryan - NBC, PPOM - HAYTER COMMUNICATIONS, Seattle, WA, *pg.* 612

Hayward, Guy - PPOM - FORSMAN & BODENFORS, New York, NY, *pg.* 74

Hayward, Jen - PPOM - OUTCROP GROUP, Yellowknife, NT, *pg.* 124

Hayworth, Kevin - Operations, PPOM - HAYWORTH CREATIVE, Ormond Beach, FL, *pg.* 762

Hazard, Eric - PPOM - VESTED, New York, NY, *pg.* 658

Hazlett, Dale - Finance, PPOM - DEG DIGITAL, Overland Park, KS, *pg.* 224

Head, Mike - PPOM - FEARLESS AGENCY, New York, NY, *pg.* 73

Headlee, Jon - NBC, PPOM - TEN ADAMS MARKETING & ADVERTISING, Evansville, IN, *pg.* 147

Heagle, Brandon - Interactive / Digital, PPOM - STELLA RISING, Westport, CT, *pg.* 518

Heald, Vince - PPOM - BECK ELLMAN HEALD, La Jolla, CA, *pg.* 582

Healey, Bobby - Finance, PPOM - LOCAL PROJECTS, New York, NY, *pg.* 190

Healy, Lisa - Account Services, Management, PPOM - DAAKE DESIGN CENTER, Omaha, NE, *pg.* 178

Hearn, Daniel - Operations, PPOM - STEPHAN & BRADY, INC., Madison, WI, *pg.* 412

Hearn, Alana - PPM, PPOM - IDENTITY, New York, NY, *pg.* 88

Heath, Paul - PPOM - OGILVY, New York, NY, *pg.* 393

Heath, Matt - Creative, NBC, PPOM - PARTY LAND, Marina Del Rey, CA, *pg.* 125

Heathman, Lisa - Management, PPOM - LANE PR, Portland, OR, *pg.* 621

Heaviside, Katherine - NBC, PPOM - EPOCH 5 PUBLIC RELATIONS, Huntington, NY, *pg.* 602

Hebert, Cherie - PPOM - BBR CREATIVE, Lafayette, LA, *pg.* 174

Hebert, Jill - PPOM - MATREX EXHIBITS, Addison, IL, *pg.* 311

Hebert, Doug - Creative, PPOM - SAVAGE DESIGN GROUP, Houston, TX, *pg.* 198

Hebert, Karen - Creative, PPOM - THE OYA GROUP, Los Gatos, CA, *pg.* 152

Hebert, Beau - Operations, PPOM - ONE & ALL, Atlanta, GA, *pg.* 289

Hebert, Pascal - PPOM - CLOUDRAKER, Montreal, QC, *pg.* 5

Hecht, Norman - PPOM - NORMAN HECHT RESEARCH, INC., Woodberry, NY, *pg.* 448

Hechtkopf, Bram - NBC, PPOM - KOBIE MARKETING, Saint Petersburg, FL, *pg.* 287

Heck, Matt - Creative, PPOM - GHOSTPISTOLS, Santa Monica, CA, *pg.* 76

Hector, Chip - Operations, PPOM - HORICH HECTOR LEBOW ADVERTISING, Hunt Valley, MD, *pg.* 87

Hedrich, Jeff - PPOM - PRODIGAL MEDIA COMPANY, Boardman, OH, *pg.* 15

Hedstrom, Nikki - PPOM - SMAK, Vancouver, BC, *pg.* 692

Heffinger, Fritz - PPOM - OUTCOLD, Chicago, IL, *pg.* 395

Heffinger, Holly - Interactive / Digital, Operations, PPOM, Social Media - OUTCOLD, Chicago, IL, *pg.* 395

Heffner, Rick - Creative, NBC, PPOM - FUSZION / COLLABORATIVE, Alexandria, VA, *pg.* 184

Heffron, Brian - PPOM, Public Relations - CTP, Boston, MA, *pg.* 347

Hegarty, Sharon - Management, PPOM - STRATACOMM, INC., Southfield, MI, *pg.* 650

Hege, Michelle Elizabeth - PPOM - DESAUTEL HEGE COMMUNICATIONS, Spokane, WA, *pg.* 596

Heger, Todd - Account Services, NBC, PPOM, Programmatic - DIGILANT, Boston, MA, *pg.* 464

Hegmon, Derrick - Operations, PPOM - PMG RETAIL & ENTERTAINMENT, San Antonio, TX, *pg.* 128

Heidelberg, Jim - PPOM - ZIMMERMAN ADVERTISING, Fort Lauderdale, FL, *pg.* 437

Heile, Chris - NBC, PPOM - INTRINZIC, INC., Newport, KY, *pg.* 10

Heilpern, Jeremy - Interactive / Digital, PPOM - AMMUNITION, Atlanta, GA, *pg.* 212

Heilpern, Kelly - Account Services,

1873

RESPONSIBILITIES INDEX — AGENCIES

Operations, PPOM, Research - AMMUNITION, Atlanta, GA, *pg.* 212
Heilshorn, John - NBC, PPOM - LIPPERT / HEILSHORN & ASSOCIATES, INC., New York, NY, *pg.* 623
Heiman, Lisa - PPOM - TRACK MARKETING GROUP, New York, NY, *pg.* 156
Heiman, Lee - Management, PPOM - TRACK MARKETING GROUP, New York, NY, *pg.* 156
Heimann, Gail - NBC, PPOM - WEBER SHANDWICK, New York, NY, *pg.* 660
Hein, Kenneth - PPOM, Public Relations - DENTSU AEGIS NETWORK, New York, NY, *pg.* 61
Heinzeroth, Loren - NBC, PPOM - HEINZEROTH MARKETING GROUP, Rockford, IL, *pg.* 84
Heit, Jonathan - PPOM - ALLISON+PARTNERS, New York, NY, *pg.* 576
Heitman, Kaya - Management, Media Department, NBC, PPOM, Public Relations - WAVEMAKER, New York, NY, *pg.* 526
Heitmann, Chris - Interactive / Digital, NBC, PPOM - MARC USA, Pittsburgh, PA, *pg.* 104
Held, Jessica - Account Services, PPOM - LESSING-FLYNN ADVERTISING CO., Des Moines, IA, *pg.* 99
Held, Brandt - PPOM - SHOPHER MEDIA, Fort Lauderdale, FL, *pg.* 682
Helfman, Jonathan - Creative, PPOM - EXIT 10 ADVERTISING, Baltimore, MD, *pg.* 233
Hellige, Tim - NBC, PPOM - BANDY CARROLL HELLIGE, Louisville, KY, *pg.* 36
Hellman, Bob - NBC, PPOM - HELLMAN ASSOCIATES, INC., Waterloo, IA, *pg.* 84
Hellman, Jennifer - Operations, PPOM - GOFF PUBLIC, Saint Paul, MN, *pg.* 608
Helmer, Bethany - Finance, PPOM - WESTGROUP RESEARCH, Phoenix, AZ, *pg.* 451
Helmetag, Keith - PPOM - C&G PARTNERS, LLC, New York, NY, *pg.* 176
Hemp, Mike - Creative, PPOM - ARTBOX CREATIVE STUDIOS, Rogers, MN, *pg.* 173
Henderson, Peter - Creative, PPOM - THE HENDERSON ROBB GROUP, Toronto, ON, *pg.* 151
Henderson, Eric - Account Services, Management, NBC, PPOM, Public Relations - METEORITE PR, Boulder, CO, *pg.* 627
Henderson, Christopher - Creative, PPOM - PUBLIC WORKS, Minneapolis, MN, *pg.* 130
Henderson, Jason - Creative, PPOM - SECRET FORT, Chicago, IL, *pg.* 139
Hendra, Carla - PPOM - OGILVYONE WORLDWIDE, New York, NY, *pg.* 255
Hendren, Tom - PPOM - ARRAY MARKETING GROUP, INC., Toronto, ON, *pg.* 565
Hendricks, Nathan - Creative, PPOM - LPK, Cincinnati, OH, *pg.* 12

Hendrix, Jessica - PPOM - SAATCHI & SAATCHI X, Springdale, AR, *pg.* 682
Hendry, Cheril - PPOM - BRANDTAILERS, Irvine, CA, *pg.* 43
Heneghan, Emily - Interactive / Digital, Media Department, PPOM - MINDSHARE, Chicago, IL, *pg.* 494
Heneson, Bonnie - PPOM - BONNIE HENESON COMMUNICATIONS, INC., Owings Mills, MD, *pg.* 585
Heney, Vincent - Creative, PPOM - NORTHERN LIGHTS DIRECT, Chicago, IL, *pg.* 289
Hengel, Chuck - PPOM - MARKETING ARCHITECTS, Minneapolis, MN, *pg.* 288
Henhoeffer, Patty - PPOM - DID AGENCY, Ambler, PA, *pg.* 62
Henke, Jack - Creative, PPOM - HENKE & ASSOCIATES, INC., Cedarburg, WI, *pg.* 370
Hennessey, Kathleen - NBC, PPOM - AXIOM MARKETING COMMUNICATIONS, Bloomington, MN, *pg.* 579
Hennessey, Ray - PPOM - JENNIFER CONNELLY PUBLIC RELATIONS, New York, NY, *pg.* 617
Hennessy, Kimbra - PPOM - BITNER HENNESSY, Orlando, FL, *pg.* 685
Henning, Betsy - PPOM - ALLING HENNING & ASSOCIATES, Vancouver, WA, *pg.* 30
Henrie, Bob - PPOM - R&R PARTNERS, Salt Lake City, UT, *pg.* 132
Henry, Mark - PPOM - SIGNATURE MARKETING SOLUTIONS, Memphis, TN, *pg.* 141
Henry, Michael - Operations, PPOM - ACTIVE INTEREST MEDIA, Boulder, CO, *pg.* 561
Henry, Kelly - PPOM - HENRY & GERMANN PUBLIC AFFAIRS, LLC, Yardley, PA, *pg.* 613
Henshaw, Bob - PPOM - FORMATION DESIGN GROUP, Atlanta, GA, *pg.* 183
Hensley, Jonathon - Creative, PPOM - EMERGE INTERACTIVE, Portland, OR, *pg.* 231
Henthorn, Barry - Interactive / Digital, NBC, PPOM - REELTIME MEDIA, Kenmore, WA, *pg.* 507
Herbruck, David - PPOM - LOYALKASPAR, New York, NY, *pg.* 12
Hercky, Peter - NBC, PPOM - HERCKY, PASQUA, HERMAN, INC., Roselle Park, NJ, *pg.* 84
Herda, Courtney - PPOM - SMARTER SEARCHES, Knoxville, TN, *pg.* 410
Herder, Brian - Creative, PPOM - RUSSELL HERDER, Minneapolis, MN, *pg.* 136
Heres, Matt - PPOM - REVELRY AGENCY, Portland, OR, *pg.* 406
Herfel, Julie - Creative, Operations, PPOM - LINDSAY, STONE & BRIGGS, Madison, WI, *pg.* 100
Herford, West - Management, PPOM - ON IDEAS, Jacksonville, FL, *pg.* 394
Herinckx, Ed - Account Services, PPOM - HMH, Portland, OR, *pg.* 86
Hering, James - Management, NBC, PPOM - THE RICHARDS GROUP, INC., Dallas, TX, *pg.* 422
Herman, Adam - Interactive /

Digital, Media Department, PPOM - ZIMMERMAN ADVERTISING, Fort Lauderdale, FL, *pg.* 437
Herman, David - PPOM - RAFFETTO HERMAN STRATEGIC COMMUNICATIONS, LLC, Washington, DC, *pg.* 641
Hermann, Laura - PPOM - POTOMAC COMMUNICATIONS GROUP, INC., Washington, DC, *pg.* 638
Hermes, Chuck - Account Services, NBC, PPOM - CLOCKWORK ACTIVE MEDIA, Minneapolis, MN, *pg.* 221
Hernandez, Armando - Creative, PPOM - MARCA MIAMI, Coconut Grove, FL, *pg.* 104
Hernandez, Maritza - Operations, PPOM - HERNANDEZ & GARCIA, LLC, Lincolnwood, IL, *pg.* 84
Hernandez, Rodolfo - Creative, PPOM - ELEVATION, LTD, Washington, DC, *pg.* 540
Hernandez, Carmen - Interactive / Digital, PPOM - KONNECT AGENCY, Los Angeles, CA, *pg.* 620
Heron, Ashley - Interactive / Digital, Media Department, PPOM - HYFN, Los Angeles, CA, *pg.* 240
Heron, Noreen - PPOM - HERON AGENCY, Chicago, IL, *pg.* 613
Herr, Frank - PPOM - BEST LIGHT COMMUNICATIONS, Toronto, ON, *pg.* 216
Herr, John - PPOM - BEST LIGHT COMMUNICATIONS, Toronto, ON, *pg.* 216
Herr, Nate - Management, PPOM - GENOME, New York, NY, *pg.* 236
Herrick, Rick - Management, PPOM - SALT BRANDING, San Francisco, CA, *pg.* 16
Herrick, Rebecca - Finance, PPOM, Public Relations - LIPPERT / HEILSHORN & ASSOCIATES, INC., San Francisco, CA, *pg.* 623
Herriott, Kristi - Account Services, PPOM - FIRMANI & ASSOCIATES, INC., Seattle, WA, *pg.* 604
Herrman, Cary - NBC, PPOM - OCEAN BRIDGE MEDIA GROUP, Los Angeles, CA, *pg.* 498
Herrmann, Judi - Creative, PPOM - HERRMANN ADVERTISING DESIGN, Annapolis, MD, *pg.* 186
Herrmann, Melissa - PPOM, Public Relations, Research - SSRS, Glen Mills, PA, *pg.* 450
Hersh-Walker, Sarah - Operations, PPOM - FULL COURT PRESS COMMUNICATIONS, Oakland, CA, *pg.* 607
Hershey, Mitchell - PPOM - ZIMMERMAN ADVERTISING, Fort Lauderdale, FL, *pg.* 437
Hershfield, Bobby - Creative, PPOM - THE VIA AGENCY, Portland, ME, *pg.* 154
Herskovitz, Jackie - PPOM - TEAK MEDIA COMMUNICATIONS, South Boston, MA, *pg.* 652
Herson, Karen - NBC, PPOM - CONCEPTS, INC., Bethesda, MD, *pg.* 592
Hertzfield, Jim - PPOM - PERFICIENT

AGENCIES

RESPONSIBILITIES INDEX

DIGITAL, Ann Arbor, MI, pg. 257
Herzog, Mark - PPOM - HERZOG & COMPANY, North Hollywood, CA, pg. 298
Heslop, Dave - PPOM - MARCOM GROUP, INC., Mississauga, ON, pg. 311
Hespos, Tom - Media Department, PPOM - UNDERSCORE MARKETING, LLC, New York, NY, pg. 521
Hess, Eliot - PPOM - HWH PUBLIC RELATIONS, New York, NY, pg. 614
Hess, Scott - Media Department, PPOM - SPARK FOUNDRY, Chicago, IL, pg. 510
Hess, Chris - Creative, PPOM - MONDO ROBOT , Boulder, CO, pg. 192
Hess, Casey - Account Services, NBC, PPOM - UPSHOT , Chicago, IL, pg. 157
Hession, Audra - Management, PPOM - GIBBS & SOELL, INC., New York, NY, pg. 607
Hettich, Jim - PPOM - CROWLEY WEBB & ASSOCIATES, Buffalo, NY, pg. 55
Heusuk, Stephanie - Operations, PPOM - RHEA & KAISER MARKETING , Naperville, IL, pg. 406
Heymann, Neil - Creative, PPOM - DROGA5, New York, NY, pg. 64
Heyward, Emily - NBC, PPOM - RED ANTLER, Brooklyn, NY, pg. 16
Hickethier, David - PPOM - ANDCULTURE, Harrisburg, PA, pg. 213
Hickey, Sean - Operations, PPOM - PWB, Ann Arbor, MI, pg. 131
Hiefield, Martha - Human Resources, PPOM - WUNDERMAN THOMPSON SEATTLE, Seattle, WA, pg. 435
Higbee, Stacy - Account Planner, Management, Media Department, PPOM - WAVEMAKER, New York, NY, pg. 526
Higdon, Brad - NBC, PPOM - ZIMMERMAN ADVERTISING, Fort Lauderdale, FL, pg. 437
Higgs, Allie - Operations, PPOM - WORKHORSE MARKETING, Austin, TX, pg. 433
Highet Morgan, Emily - Interactive / Digital, Media Department, PPOM - MINDSHARE, New York, NY, pg. 491
Highsmith, Rick - Account Services, Finance, PPOM - CLIXO, Denver, CO, pg. 221
Hightower, Stacey - Operations, PPOM - DIVERSIFIED AGENCY SERVICES, New York, NY, pg. 351
Hildebolt, Bill - NBC, PPOM, Research - GEN.VIDEO, New York, NY, pg. 236
Hiler, Christy - Account Services, PPOM - CORNETT INTEGRATED MARKETING SOLUTIONS, Lexington, KY, pg. 344
Hilgers, RJ - PPOM - POP, INC., Seattle, WA, pg. 195
Hilimire, Jeff - PPOM - DRAGON ARMY, Atlanta, GA, pg. 533
Hilinski, Eileen - Management, PPOM - THE GRI MARKETING GROUP, INC., Shelton, CT, pg. 270
Hill, Chris - Creative, PPOM - HILL , Houston, TX, pg. 186
Hill, Alison - NBC, PPOM - CURRENT PR, Lake Forest, CA, pg. 594
Hill, Robert - PPOM - ACOSTA, INC.,

Jacksonville, FL, pg. 322
Hill, Jamie - PPOM - ADMARKETPLACE, New York, NY, pg. 210
Hill, Heath - PPOM - LIME MEDIA, Rowlett, TX, pg. 568
Hill, Cynthia - PPOM - ZAKHILL GROUP, Santa Monica, CA, pg. 294
Hill, Sarah - PPOM - HARLEY & CO, New York, NY, pg. 9
Hill, Darren - PPOM - WEBLINC, LLC, Philadelphia, PA, pg. 276
Hill Young, Renee - PPOM - QUIGLEY-SIMPSON, Los Angeles, CA, pg. 544
Hill-Young, Renee - Account Services, Media Department, PPOM - QUIGLEY-SIMPSON, Los Angeles, CA, pg. 544
Hilliard, Maggie - Account Services, NBC, PPOM - MEDIACOM, New York, NY, pg. 487
Hillman, Sandy - PPOM - SANDY HILLMAN COMMUNICATIONS, Towson, MD, pg. 645
Hillsman, Bill - PPOM - NORTH WOODS ADVERTISING, Minneapolis, MN, pg. 121
Hilton, Kerry - Creative, PPOM - HCB HEALTH, Austin, TX, pg. 83
Hilton, Jeff - NBC, PPOM - BRANDHIVE, Salt Lake City, UT, pg. 336
Hiltz, Lori - NBC, PPOM - HAVAS MEDIA GROUP, New York, NY, pg. 468
Himelfarb, Mark - Finance, PPOM - PUBLICIS NORTH AMERICA, New York, NY, pg. 399
Himmelrich, Steven - NBC, PPOM - HIMMELRICH INC., Baltimore, MD, pg. 614
Hinchcliffe, Christian - Media Department, PPOM - THE&PARTNERSHIP, New York, NY, pg. 426
Hines, Virginia - Finance, Operations, PPOM - PERISCOPE, Minneapolis, MN, pg. 127
Hines, Lamar - Interactive / Digital, Management, PPOM - BARBARIAN, New York, NY, pg. 215
Hinkle, Woody - Creative, PPOM - NASUTI & HINKLE, Bethesda, MD, pg. 119
Hinman, Lisa - Finance, PPOM - BONFIRE LABS, San Francisco, CA, pg. 175
Hinn, Mike - PPOM - KNIGHT, Orlando, FL, pg. 95
Hinson, Paris - Creative, PPOM - ANTONIO & PARIS, San Francisco, CA, pg. 32
Hirata, Kathy - Creative, PPOM - SOOHOO DESIGNERS, Torrance, CA, pg. 199
Hirby, Ben - Creative, Interactive / Digital, PPOM - PLANET PROPAGANDA, Madison, WI, pg. 195
Hirons, Tom - PPOM - HIRONS & COMPANY, Indianapolis, IN, pg. 86
Hirsch, Andy - Creative, PPOM - MERKLEY + PARTNERS, New York, NY, pg. 114
Hirsch, Paul - PPOM - MADISON GOVERNMENT AFFAIRS, Washington, DC, pg. 624

Hirsch, Dan - PPOM - ON BOARD EXPERIENTIAL MARKETING, Sausalito, CA, pg. 313
Hirsch, Chris - Creative, PPOM - LG2, Montreal, QC, pg. 380
Hirsch, Shelly - PPOM - BEACON MEDIA, Mahwah, NJ, pg. 216
Hirt-Marchand, Jennifer - PPOM, Research - MARCUS THOMAS, Cleveland, OH, pg. 104
Histand, Jeff - Management, PPOM - RECKNER, Chalfont, PA, pg. 449
Hitch, Troy - Creative, PPOM - PROXIMITY WORLDWIDE, Cincinnati, OH, pg. 258
Hitch, Emilie - Account Services, NBC, PPOM - BROADHEAD, Minneapolis, MN, pg. 337
Hite, Jeff - Finance, PPOM - SHEPHERD AGENCY, Jacksonville, FL, pg. 410
Hix, Laurie - Creative, PPOM - BROGAN & PARTNERS , Birmingham, MI, pg. 538
Ho, Humphrey - Management, PPOM - HYLINK, Santa Monica, CA, pg. 240
Hoar, Brian - NBC, PPOM - R&R PARTNERS, El Segundo, CA, pg. 402
Hobbs, Brad - PPOM - MAX BORGES AGENCY, Miami, FL, pg. 626
Hobbs, Jerry - PPOM - TROZZOLO COMMUNICATIONS GROUP, Kansas City, MO, pg. 657
Hobin, Dan - PPOM - G5 SEARCH MARKETING INC., Bend, OR, pg. 673
Hodder, Kent - Creative, PPOM - HODDER, Minneapolis, MN, pg. 86
Hodges, Greg - Creative, PPOM - HODGES & ASSOCIATES , Birmingham, AL, pg. 86
Hodges, Charles - Creative, PPOM - ARTS & LETTERS, Richmond, VA, pg. 34
Hodges, Stephen - PPOM - DIGITAL MARK GROUP, Beaverton, OR, pg. 225
Hodges Smith, Anna - Account Services, PPOM - HODGES ASSOCIATES, Fayetteville, NC, pg. 86
Hodgson, Tim - Creative, PPOM - BLACKWING CREATIVE, Seattle, WA, pg. 40
Hoeg, Don - PPOM - RADAR STUDIOS, Chicago, IL, pg. 132
Hoexter, Dan - PPOM - HDMZ, Chicago, IL, pg. 83
Hoey, Rich - Finance, PPOM - DIRECT ASSOCIATES , Natick, MA, pg. 62
Hoffman, Myra - Creative, NBC, PPOM - HIP ADVERTISING, Springfield, IL, pg. 86
Hoffman, Jeff - NBC, PPOM - HOFFMAN IMC, Jacksonville, FL, pg. 86
Hoffman, Lou - PPOM - THE HOFFMAN AGENCY, San Jose, CA, pg. 653
Hoffman, Susan - PPOM - WIEDEN + KENNEDY, Portland, OR, pg. 430
Hoffman, Jim - NBC, PPOM - OPINION ACCESS CORPORATION, Lake Success, NY, pg. 543
Hoffman, Jeff - Account Services, Creative, NBC, PPOM - EP+CO., Greenville, SC, pg. 356
Hoffman, Jeff - Management, NBC, PPOM - HAVAS HEALTH & YOU, New

1875

RESPONSIBILITIES INDEX — AGENCIES

York, NY, *pg.* 82

Hofford, Pat - Finance, PPOM - SEARCH DISCOVERY, INC., Atlanta, GA, *pg.* 677

Hofherr, Matt - Account Planner, Media Department, PPOM - MUH-TAY-ZIK / HOF-FER, San Francisco, CA, *pg.* 119

Hofmann, Monica - Finance, PPOM - FCB TORONTO, Toronto, ON, *pg.* 72

Hogan, Brad - PPOM - PINNACLE EXHIBITS, Hillsboro, OR, *pg.* 556

Hogan, Linda - Human Resources, PPOM - BADER RUTTER & ASSOCIATES, INC., Milwaukee, WI, *pg.* 328

Hogfeldt, Erik - Creative, PPOM - HIGHFIELD, New York, NY, *pg.* 85

Hohman, Rick - Operations, PPOM - AMERGENT, Peabody, MA, *pg.* 279

Hohman, Jennifer - Account Services, Management, NBC, PPOM - FCB NEW YORK, New York, NY, *pg.* 357

Hoholick, Erica - Account Services, PPOM - 22SQUARED INC., Atlanta, GA, *pg.* 319

Holben, Chris - PPOM - RUNYON SALTZMAN EINHORN, Sacramento, CA, *pg.* 645

Holbert, Brent - Finance, PPOM - FAHLGREN MORTINE PUBLIC RELATIONS, Columbus, OH, *pg.* 70

Holcombe, Brian - Management, Media Department, PPOM, Public Relations - RYGR, Carbondale, CO, *pg.* 409

Holden, Jeremy - PPOM - CLEAN, Raleigh, NC, *pg.* 5

Holden, Dave - Creative, PPOM - KIOSK CREATIVE LLC, Novato, CA, *pg.* 378

Holland, Bryan - NBC, PPOM - HOLLAND ADVERTISING, Cincinnati, OH, *pg.* 87

Holland, Mark - Media Department, PPOM - HOLLAND ADVERTISING, Cincinnati, OH, *pg.* 87

Holland, Vicki - PPOM - PATHFINDERS ADVERTISING & MARKETING GROUP, INC., Mishawaka, IN, *pg.* 126

Holland, Anthony - Operations, PPOM - CORNERSTONE AGENCY, New York, NY, *pg.* 53

Holland, Louisa - PPOM - SUDLER & HENNESSEY, New York, NY, *pg.* 145

Holland, Lance - PPOM - ENCYCLOMEDIA ATLANTA, INC., Atlanta, GA, *pg.* 465

Holland, Burt - Creative, PPOM - ENCYCLOMEDIA ATLANTA, INC., Atlanta, GA, *pg.* 465

Holland, Christy - Operations, PPOM - UNION, Charlotte, NC, *pg.* 273

Holler, Frank - PPOM - KIDZSMART CONCEPTS, Vancouver, BC, *pg.* 188

Hollingsworth, Tom - PPOM - RESULTS DRIVEN MARKETING, Wichita, KS, *pg.* 291

Hollingsworth, Mark - Operations, PPOM - LOSASSO INTEGRATED MARKETING, Chicago, IL, *pg.* 381

Hollister, Jeremy - Creative, PPOM - PLUS, New York, NY, *pg.* 128

Hollywood, Darlene - PPOM - HOLLYWOOD AGENCY, Hingham, MA, *pg.* 371

Holmes, Lisa - PPOM - HOLMES & COMPANY, Salt Lake City, UT, *pg.* 87

Holmes, Jeff - Creative, PPOM - 3MARKETEERS ADVERTISING, INC., San Jose, CA, *pg.* 23

Holmes, Katherine - PPOM - HOLMES CREATIVE COMMUNICATIONS, Toronto, ON, *pg.* 614

Holmes, Jonathan - NBC, PPOM - MIGHTY 8TH MEDIA, Buford, GA, *pg.* 115

Holmes, Tom - NBC, PPOM - HMC 2, Richmond, VT, *pg.* 371

Holmstrom, Jillian - PPOM - STERLING-RICE GROUP, Boulder, CO, *pg.* 413

Holoweiko, Mark - PPOM - STONY POINT COMMUNICATIONS, INC., Haslett, MI, *pg.* 650

Holsclaw, Ken - PPOM - PHASE 3 MARKETING & COMMUNICATIONS, Atlanta, GA, *pg.* 636

Holt, Dennis - PPOM - USIM, Los Angeles, CA, *pg.* 525

Holt, Mark - NBC, PPOM - EVOK ADVERTISING, Heathrow, FL, *pg.* 69

Holtzman, Mike - Management, PPOM - BROWN LLOYD JAMES, New York, NY, *pg.* 587

Holzbauer, Erin - Media Department, PPOM - HIEBING, Madison, WI, *pg.* 85

Home, Brianna - NBC, PPOM - HANSEN BELYEA, Seattle, WA, *pg.* 185

Honegger, Ricardo - Management, PPOM - DAVID, Miami, FL, *pg.* 57

Honey, Ryan - Creative, PPOM - BUCK, Los Angeles, CA, *pg.* 176

Honeyman, Becky - PPOM - SOURCECODE COMMUNICATIONS, New York, NY, *pg.* 648

Hooge, JD - Creative, NBC, PPOM - INSTRUMENT, Portland, OR, *pg.* 242

Hooker, Gary - NBC, PPOM - IMAGINITY INTERACTIVE, INC., Dallas, TX, *pg.* 241

Hooks, Simon - PPOM - CCG MARKETING SOLUTIONS, West Caldwell, NJ, *pg.* 341

Hooks, Matthew - Operations, PPOM - LEVERAGE MARKETING, LLC, Austin, TX, *pg.* 675

Hooper, Rhonda - PPOM - JORDAN ADVERTISING, Oklahoma City, OK, *pg.* 377

Hooper, Katie - PPOM - HIRSHORN ZUCKERMAN DESIGN GROUP, Rockville, MD, *pg.* 371

Hoopes, Robert - Management, PPOM - VOX GLOBAL, Washington, DC, *pg.* 658

Hoover, Dan - Creative, PPOM - ESTEY-HOOVER ADVERTISING & PUBLIC RELATIONS, Newport Beach, CA, *pg.* 69

Hope, Bob - PPOM - HOPE-BECKHAM, INC., Atlanta, GA, *pg.* 614

Hopkin, Mark - PPOM - PORCARO COMMUNICATIONS, Anchorage, AK, *pg.* 398

Hoppe, Dennis - Finance, Operations, PPOM - TBWA\WORLDHEALTH, Chicago, IL, *pg.* 147

Hopper, Charlie - Creative, PPOM - YOUNG & LARAMORE, Indianapolis, IN, *pg.* 164

Hoppey, Trish - PPOM - THE PIVOT GROUP, Washington, DC, *pg.* 293

Horich, Charlie - PPOM - HORICH HECTOR LEBOW ADVERTISING, Hunt Valley, MD, *pg.* 87

Horlick, Dennis - Account Services, PPOM - DJ-LA, LLC, Los Angeles, CA, *pg.* 63

Horlick, Jackie - PPOM - DJ-LA, LLC, Los Angeles, CA, *pg.* 63

Hormel, Karen - Finance, PPOM - COMMUNICATORS GROUP, Keene, NH, *pg.* 344

Horn, Sabrina - Interactive / Digital, NBC, PPOM - FINN PARTNERS, New York, NY, *pg.* 603

Horn, Michael - Interactive / Digital, Management, PPOM - HUGE, INC., Brooklyn, NY, *pg.* 239

Horne, Ed - NBC, PPOM - 160OVER90, New York, NY, *pg.* 301

Horner, James - Media Department, PPM, PPOM - GOODBY, SILVERSTEIN & PARTNERS, San Francisco, CA, *pg.* 77

Horner, Tom - Media Department, PPOM - BEACON MEDIA, Mahwah, NJ, *pg.* 216

Horowitz, Michelle - PPOM - BERLINE, Royal Oak, MI, *pg.* 39

Horowitz, Brad - Creative, Interactive / Digital, Management, Media Department, PPOM - ELITE MARKETING GROUP, New York, NY, *pg.* 305

Horowitz, Josh - NBC, PPOM - FAKE LOVE, Brooklyn, NY, *pg.* 183

Horrocks, Jennifer - PPOM - EMC OUTDOOR, Newtown Square, PA, *pg.* 551

Horsey, Charlie - PPOM - MKTG INC, New York, NY, *pg.* 311

Horton, Chantelle - Finance, PPOM - EEI GLOBAL, Rochester Hills, MI, *pg.* 304

Horvath, Laszlo - PPOM - ACTIVE MEDIA, Vienna, VA, *pg.* 671

Horwitz, Thomas E. - Account Services, Management, PPOM - FRCH DESIGN WORLDWIDE, Cincinnati, OH, *pg.* 184

Hosak, Andrew - Operations, PPOM - VIRGEN ADVERTISING, Henderson, NV, *pg.* 159

Hosea, Paul - PPOM - THE DESIGNORY, Longbeach, CA, *pg.* 149

Hoskins, Tony - PPOM - POP, INC., Seattle, WA, *pg.* 195

Hosmer, Rick - Creative, PPOM - KLUNDTHOSMER DESIGN, Spokane, WA, *pg.* 244

Hostenske, Tom - NBC, PPOM - LCI COMMUNICATIONS, INC., Hayes, VA, *pg.* 97

Hough, Dan - NBC, PPOM - ALAN NEWMAN RESEARCH, Richmond, VA, *pg.* 441

Hough, Hugh - NBC, PPOM - GREEN TEAM ADVERTISING, New York, NY, *pg.* 8

Houghton, Chip - PPM, PPOM - IMAGINARY FORCES, Los Angeles, CA, *pg.* 187

AGENCIES

RESPONSIBILITIES INDEX

Houk, Jackson - PPOM - THREE ATLANTA, LLC, Atlanta, GA, *pg.* 155
Houle, Christine - PPOM - GENDRON COMMUNICATIONS, Laval, QC, *pg.* 362
Houlihan, Kevin - Creative, PPOM - MERGE, Chicago, IL, *pg.* 113
Hourigan, Kevin - PPOM - BAYSHORE SOLUTIONS, Tampa, FL, *pg.* 216
Houston, Michael - NBC, PPOM - GREY GROUP, New York, NY, *pg.* 365
Houston, David - Finance, PPOM - LIVEWORLD, San Jose, CA, *pg.* 246
Howard, Kirk - PPOM - KINZIEGREEN MARKETING GROUP, Wausau, WI, *pg.* 95
Howard, Blake - Creative, PPOM - MATCHSTIC, Atlanta, GA, *pg.* 13
Howard, Jay - PPOM - CSM PRODUCTION, Harrisburg, NC, *pg.* 304
Howard, Frank - PPOM - HOWARD CONSULTING GROUP, Washington, DC, *pg.* 614
Howard, Calep - Interactive / Digital, PPOM - MMGY GLOBAL, Kansas City, MO, *pg.* 388
Howatt, Heather - Account Services, Media Department, NBC, PPOM - RESULTS MARKETING & ADVERTISING, Charlottetown, PE, *pg.* 405
Howatt, Brian - Account Planner, Creative, PPOM - RESULTS MARKETING & ADVERTISING, Charlottetown, PE, *pg.* 405
Howe, Susan - NBC, PPOM - WEBER SHANDWICK, Chicago, IL, *pg.* 661
Howe, Prentice - Creative, PPOM - DOOR NUMBER 3, Austin, TX, *pg.* 64
Howe, Richard - PPOM - INUVO, INC., Little Rock, AR, *pg.* 90
Howe, Jordan - Account Services, PPOM - THE SUMMIT GROUP, Salt Lake City, UT, *pg.* 153
Howe, Nora - Finance, PPOM - POTOMAC COMMUNICATIONS GROUP, INC., Washington, DC, *pg.* 638
Howe, Craig - NBC, PPOM - REBEL VENTURES INC., Los Angeles, CA, *pg.* 262
Howell, Tim - NBC, PPOM - BINARY PULSE TECHNOLOGY MARKETING, Irvine, CA, *pg.* 39
Howlett, Brian - Creative, PPOM - JUNCTION59, Toronto, ON, *pg.* 378
Howorth, Mark - PPOM - SDI MEDIA GROUP, Los Angeles, CA, *pg.* 545
Hoyland, Jim - Operations, PPOM - RED 7 E, Louisville, KY, *pg.* 132
Hoyt, Eric - Operations, PPOM - VMLY&R, Miami, FL, *pg.* 160
Hoyt, John - PPOM - PYRAMID COMMUNICATIONS, Seattle, WA, *pg.* 401
Hradecky, Jim - Creative, PPOM - KRAUSE ADVERTISING, Dallas, TX, *pg.* 379
Hruby, Dale - PPOM - THE RICHARDS GROUP, INC., Dallas, TX, *pg.* 422
Hsiao, Jimmy - PPOM - LOGIC SOLUTIONS, INC., Ann Arbor, MI, *pg.* 247
Hu, Charles - Interactive / Digital, PPOM - FORWARDPMX, New York, NY, *pg.* 360
Huang, Julia - PPOM - INTERTREND COMMUNICATIONS, INC., Long Beach, CA, *pg.* 541

Huante, Lance - Creative, PPOM - P11CREATIVE, INC., Newport Beach, CA, *pg.* 194
Hubbard, Michael - PPOM - MEDIA TWO INTERACTIVE, Raleigh, NC, *pg.* 486
Hubbell, Constance - PPOM - HUBBELL GROUP, INC., Quincy, MA, *pg.* 614
Huber, Conner - Account Services, Interactive / Digital, Management, Media Department, NBC, PPOM - MCGARRYBOWEN, New York, NY, *pg.* 109
Huber, Matthew - Operations, PPOM - MOXY OX, Tontitown, AR, *pg.* 192
Huberman, Erik - PPOM - HAWKE MEDIA, Los Angeles, CA, *pg.* 370
Huckabay, Cheryl - Media Department, NBC, PPOM - THE RICHARDS GROUP, INC., Dallas, TX, *pg.* 422
Hudes, Michael - Management, PPOM - FIREFLY, San Francisco, CA, *pg.* 552
Hudson, Ken - PPOM - OMNI ADVERTISING, Boca Raton, FL, *pg.* 394
Hudson, Tim - Management, PPOM - BELMONT ICEHOUSE, Dallas, TX, *pg.* 333
Huerta, Dave - Creative, PPOM - TACO TRUCK CREATIVE, Carlsbad, CA, *pg.* 145
Huggins, Lisa - NBC, PPOM - MOWER, Atlanta, GA, *pg.* 389
Hughes, Barney - Creative, NBC, PPOM - HUGHES DESIGN GROUP, South Norwalk, CT, *pg.* 186
Hughes, Cassie - Account Planner, PPOM - GROW MARKETING, San Francisco, CA, *pg.* 691
Hughes, Mark - Finance, PPOM - BREAKING LIMITS MARKETING, LLC., High Point, NC, *pg.* 303
Hughes, Dave - Creative, NBC, PPOM - GARRISON HUGHES, Pittsburgh, PA, *pg.* 75
Hughes, Dion - Creative, PPOM - PERSUASION ARTS & SCIENCES, Minneapolis, MN, *pg.* 15
Hughes, Christian - PPOM - CUTWATER, San Francisco, CA, *pg.* 56
Hughes, David - PPOM - THE SEARCH AGENCY, Glendale, CA, *pg.* 677
Hughes, Shirley - NBC, PPOM - ROGERS & COWAN/PMK*BNC, Los Angeles, CA, *pg.* 643
Huie, Jackie - NBC, PPOM - JOHNSON-RAUHOFF, INC., Saint Joseph, MI, *pg.* 93
Huie, Michael - PPOM - JOHNSON-RAUHOFF, INC., Saint Joseph, MI, *pg.* 93
Huitt, Sig - Operations, PPOM - CHERNOFF NEWMAN, Charlotte, NC, *pg.* 590
Hull, Tony - PPOM - YESCO OUTDOOR MEDIA, Salt Lake City, UT, *pg.* 559
Hume, Jim - PPOM - PHIRE GROUP, Ann Arbor, MI, *pg.* 397
Hummer, Wendy - PPOM - EXL MEDIA, Incline Village, NV, *pg.* 465
Hunnewell, Jeremy - Finance, PPOM - ZEHNDER COMMUNICATIONS, INC., New Orleans, LA, *pg.* 436
Hunt, Patrick - PPOM - HUNT ADKINS, Minneapolis, MN, *pg.* 372

Hunt, Rob - PPOM - NEW DAY MARKETING, Santa Barbara, CA, *pg.* 497
Hunt, Don - PPOM - LAMBERT EDWARDS & ASSOCIATES INC., Grand Rapids, MI, *pg.* 621
Hunt, Brian - PPOM - HUNT MARKETING GROUP, Seattle, WA, *pg.* 285
Hunt, Matt - Account Services, Creative, PPOM - HUNT MARKETING GROUP, Seattle, WA, *pg.* 285
Hunt, Steve - Creative, PPOM - CANNONBALL AGENCY, Saint Louis, MO, *pg.* 5
Hunt, Doug - PPOM - CATALYSIS, Seattle, WA, *pg.* 340
Hunt, John - Creative, PPOM - TBWA \ CHIAT \ DAY, New York, NY, *pg.* 416
Hunter, Kim - PPOM - LAGRANT COMMUNICATIONS, Los Angeles, CA, *pg.* 621
Hunter, Alan - Creative, PPOM - PETROL, Burbank, CA, *pg.* 127
Hunter-Heath, Haley - Human Resources, PPOM - PARTY LAND, Marina Del Rey, CA, *pg.* 125
Hurd, Joe - PPOM - SIXSPEED, Minneapolis, MN, *pg.* 198
Hurni, Roger - Creative, PPOM - OFF MADISON AVENUE, Phoenix, AZ, *pg.* 392
Hursh, Dale - PPOM - SMARTSEARCH MARKETING, Boulder, CO, *pg.* 677
Hursh, Patricia - PPOM - SMARTSEARCH MARKETING, Boulder, CO, *pg.* 677
Hurtado, Brenda - Operations, PPOM - THE POINT GROUP, Dallas, TX, *pg.* 152
Husk, Stephanie - PPOM - DEEP BLUE INSIGHT, Atlanta, GA, *pg.* 443
Hussey, Jim - PPOM - CHAPMAN CUBINE & HUSSEY, Arlington, VA, *pg.* 281
Hussey, Lance - Creative, PPOM - RKS DESIGN, Thousand Oaks, CA, *pg.* 197
Huston, Jim - Account Services, Finance, PPOM - ASPEN MARKETING SERVICES, West Chicago, IL, *pg.* 280
Huston, Sam - Account Planner, NBC, PPOM - IPROSPECT, San Francisco, CA, *pg.* 674
Huston, Theresa - Operations, PPOM - TELESCOPE, Los Angeles, CA, *pg.* 269
Hustvedt, Marc - PPOM - REACH AGENCY, Santa Monica, CA, *pg.* 196
Hutches, Bill - PPOM - WORKS DESIGN GROUP, Pennsauken, NJ, *pg.* 21
Hutchison, Jason - Interactive / Digital, PPOM - MARCUS THOMAS, Cleveland, OH, *pg.* 104
Hutson, Chad - PPM, PPOM - LEVIATHAN, Chicago, IL, *pg.* 189
Hutto, Shannon - Management, PPOM - MISSION NORTH, San Francisco, CA, *pg.* 627
Hutton, Shane - PPOM - ARCANA ACADEMY, Los Angeles, CA, *pg.* 32
Huynh, Danny - Account Planner, Account Services, Interactive / Digital, Management, Media

RESPONSIBILITIES INDEX

AGENCIES

Department, PPOM - UNIVERSAL MCCANN, New York, NY, *pg.* 521

Huzinec, Colette - Human Resources, PPOM - SMITH BUCKLIN CORPORATION, Chicago, IL, *pg.* 314

Hyams, Rob - PPOM - MCMILLAN, Ottawa, ON, *pg.* 484

Hyde, Bill - Creative, NBC, PPOM - DP+, Farmington Hills, MI, *pg.* 353

Hyde–Nordloh, Becky - Finance, PPOM - DESKEY INTEGRATED BRANDING, Cincinnati, OH, *pg.* 7

Hydon, Derek - PPOM - MACHER, Venice, CA, *pg.* 102

Hyland, Nicole - NBC, PPOM - NATREL COMMUNICATIONS, Parsippany, NJ, *pg.* 120

Hyman, Joseph - PPOM - VIZERGY, Jacksonville, FL, *pg.* 274

Hyman, Sara - NBC, PPOM - JONES KNOWLES RITCHIE, New York, NY, *pg.* 11

Hynes, John - Creative, PPOM - KORN HYNES ADVERTISING, Morristown, NJ, *pg.* 95

Hynes, Tony - PPOM - BLANC & OTUS, San Francisco, CA, *pg.* 584

Hyon, Marie - Creative, PPOM - PSYOP, New York, NY, *pg.* 196

Hystead, Marsha - Creative, PPOM - HAILEY SAULT, Duluth, MN, *pg.* 81

Hyte, Bryson - Interactive / Digital, PPOM - REALITY INTERACTIVE, LLC, Middletown, CT, *pg.* 262

Iaccarino, Michael - PPOM - INFOGROUP, New York, NY, *pg.* 286

Ianelli, Jonathan - Account Services, PPOM - MERGE, Boston, MA, *pg.* 113

Iannantuono, Albert - PPOM - TRI-MEDIA INTEGRATED MARKETING TECHNOLOGIES, Welland, ON, *pg.* 427

Iannotti, Dustin - PPOM - ARTISANS ON FIRE, Las Vegas, NV, *pg.* 327

Iannuzzi, Guy - PPOM - MENTUS, San Diego, CA, *pg.* 386

Igielko-Herrlich, Ruben - PPOM - PROPAGANDA ENTERTAINMENT MARKETING, Culver City, CA, *pg.* 298

Igo, Mark - Operations, PPOM - BBIG COMMUNICATIONS, Coronado, CA, *pg.* 216

Igoe, Dan - NBC, PPOM - PURE BRAND COMMUNICATIONS, Denver, CO, *pg.* 130

Ikeler, Marci - PPOM - LITTLE ARROWS, Marina Del Rey, CA, *pg.* 687

Iliffe, Matthew - Management, PPOM - BEYOND, San Francisco, CA, *pg.* 216

Illingworth, Montieth - NBC, PPOM - MONTIETH & COMPANY, New York, NY, *pg.* 628

Ilog, Erickson - Finance, Operations, PPOM - ZAMBEZI, Culver City, CA, *pg.* 165

Imada, Bill - PPOM - IW GROUP, INC., Los Angeles, CA, *pg.* 541

Imber, Gregory - Interactive / Digital, PPOM - HEALTHCARE CONSULTANCY GROUP, New York, NY, *pg.* 83

Imperato, Donna - PPOM - BCW NEW YORK, New York, NY, *pg.* 581

Imre, David - PPOM - IMRE, Baltimore, MD, *pg.* 374

Imre Perkowski, Allison - PPOM - GRAPEVINE COMMUNICATIONS, Sarasota, FL, *pg.* 78

Imwalle, Peter - Operations, PPOM - RPA, Santa Monica, CA, *pg.* 134

Inamoto, Rei - PPOM - IXCO, Brooklyn, NY, *pg.* 243

Ince, Stuart - Account Services, NBC, PPOM - I2I ADVERTISING & MARKETING, Vancouver, BC, *pg.* 88

Infante, Peter - PPOM - BUTLER / TILL, Rochester, NY, *pg.* 457

Infelt, Jim - Interactive / Digital, Media Department, PPOM - AMPERAGE, Cedar Falls, IA, *pg.* 30

Infelt, James - Interactive / Digital, PPOM - AMPERAGE, Cedar Rapids, IA, *pg.* 30

Inglis, Shae - PPOM - ACRO MEDIA, INC., Kelowna, BC, *pg.* 671

Ingram, Tamara - Account Services, Management, Media Department, PPOM - WUNDERMAN THOMPSON, New York, NY, *pg.* 434

Iniguez, Javier - PPOM - EFM AGENCY, San Diego, CA, *pg.* 67

Injac, Aleksandra - Media Department, PPOM, Programmatic - MINDSHARE, Chicago, IL, *pg.* 494

Ioffe, Dimitry - PPOM - TVGLA, Los Angeles, CA, *pg.* 273

Iorio, Todd - PPM, PPOM - THE PLATFORM GROUP, El Segundo, CA, *pg.* 152

Ippolito, Marc - Management, PPOM - BURNS ENTERTAINMENT & SPORTS MARKETING, INC., Evanston, IL, *pg.* 303

Ireland, Robert - Creative, Management, PPOM - SHARP COMMUNICATIONS, INC., New York, NY, *pg.* 140

Ireland, Jessica - Operations, PPOM - BCF, Virginia Beach, VA, *pg.* 581

Irish, George - PPOM - STRATEGIS, Boston, MA, *pg.* 414

Irizarry, Margarita - PPOM - NOBOX, Miami, FL, *pg.* 254

Isaac, Andrea - Administrative, Management, Media Department, NBC, PPOM - HAVAS MEDIA GROUP, Miami, FL, *pg.* 470

Isaacman, Ellen - PPOM - GOOD ADVERTISING, INC., Memphis, TN, *pg.* 365

Isaacs, Courtney - Account Planner, Interactive / Digital, Media Department, PPOM - MINDSHARE, Chicago, IL, *pg.* 494

Isaacson, Cory - Management, PPOM - WALTON ISAACSON, Chicago, IL, *pg.* 547

Isaf, John - Management, PPOM - FLEISHMANHILLARD, Boston, MA, *pg.* 605

Isenberg, Susan - Management, PPOM - EDELMAN, New York, NY, *pg.* 599

Ising, Nick - PPOM - CURRENT360, Louisville, KY, *pg.* 56

Ismail, Imran - Account Services, PPOM - MEDIACOM, New York, NY, *pg.* 487

Iverson, Cameron - NBC, PPOM - I2I ADVERTISING & MARKETING, Vancouver, BC, *pg.* 88

Ivey, Chris - PPOM - JUMP 450 MEDIA, New York, NY, *pg.* 481

Ivie, Brandon - PPOM - IVIE & ASSOCIATES, INC., Flower Mound, TX, *pg.* 91

Ivie, Warren - PPOM - IVIE & ASSOCIATES, INC., Flower Mound, TX, *pg.* 91

Ivy, Carol - Finance, PPOM - CMS, INC., Los Angeles, CA, *pg.* 303

Iwata, Glenn - NBC, PPOM, Research - WESTGROUP RESEARCH, Phoenix, AZ, *pg.* 451

Izaks, Jamie - NBC, PPOM - ALL POINTS PUBLIC RELATIONS, Deerfield, IL, *pg.* 576

Izaks, Lauren - Operations, PPOM - ALL POINTS PUBLIC RELATIONS, Deerfield, IL, *pg.* 576

Izhar-Prato, Yoav - PPOM - KENSHOO, San Francisco, CA, *pg.* 244

Izquierdo, Pablo - Management, PPOM - ELEVATION, LTD, Washington, DC, *pg.* 540

Izzo, Pete - PPOM - GROVE MARKETING, INC., Concord, MA, *pg.* 237

Izzo, Tony - Finance, PPOM - GIRALDI MEDIA, New York, NY, *pg.* 466

Jackson, Larry - PPOM - JACKSON MARKETING GROUP, Simpsonville, SC, *pg.* 188

Jackson, Glen - PPOM - JACKSON SPALDING INC., Atlanta, GA, *pg.* 376

Jackson, Paul - Media Department, PPOM - MARKETING ARCHITECTS, Minneapolis, MN, *pg.* 288

Jackson, Diane - Interactive / Digital, PPM, PPOM - DDB CHICAGO, Chicago, IL, *pg.* 59

Jackson, Mark - PPOM - VIZION INTERACTIVE, Irving, TX, *pg.* 678

Jackson, Steve - Operations, PPOM - SULLIVAN GROUP, Houston, TX, *pg.* 315

Jackson, Gaye - Media Department, PPOM - ESSENCE, New York, NY, *pg.* 232

Jackson, Jon - Creative, Interactive / Digital, PPOM - WORK & CO, Brooklyn, NY, *pg.* 276

Jackson, Matt - Management, PPOM - LAMBERT EDWARDS & ASSOCIATES INC., Grand Rapids, MI, *pg.* 621

Jackson, Kerry - PPOM - SANDERS\WINGO, El Paso, TX, *pg.* 138

Jackson-Warner, Teneshia - PPOM - EGAMI GROUP, New York, NY, *pg.* 539

Jacob, Jenny - Operations, PPOM - HANSON, INC., Toledo, OH, *pg.* 237

Jacob, Alexandra - Management, Media Department, PPOM - SPARK FOUNDRY, El Segundo, CA, *pg.* 512

Jacobs, Ron - PPOM - JACOBS & CLEVENGER, INC., Chicago, IL, *pg.* 286

Jacobs, Peter - PPOM - SHARK COMMUNICATIONS, Burlington, VT, *pg.* 265

Jacobs, Tom - NBC, PPOM - JACOBS

AGENCIES — RESPONSIBILITIES INDEX

AGENCY, INC., Chicago, IL, *pg.* 10
Jacobs, Mike - NBC, Operations, PPOM - HEMSWORTH COMMUNICATIONS, Fort Lauderdale, FL, *pg.* 613
Jacobs, Rick - Account Planner, Media Department, PPOM - MONIGLE ASSOCIATES, INC., Denver, CO, *pg.* 14
Jacobs, Jan - PPOM - JOHANNES LEONARDO, New York, NY, *pg.* 92
Jacobs, Evan - Finance, PPOM - KAPLOW COMMUNICATIONS, New York, NY, *pg.* 618
Jacobs, Jamie - PPOM - RIGER MARKETING COMMUNICATIONS, Binghamton, NY, *pg.* 407
Jacobs, Kyri - PPOM - BONNIE HENESON COMMUNICATIONS, INC., Owings Mills, MD, *pg.* 585
Jacobs, David - Interactive / Digital, Media Department, PPOM, Public Relations - THE TOMBRAS GROUP, Knoxville, TN, *pg.* 424
Jacobs, Samantha - NBC, PPOM - HEMSWORTH COMMUNICATIONS, Fort Lauderdale, FL, *pg.* 613
Jacobs, Randy - PPOM - TAG COMMUNICATIONS, INC., Davenport, IA, *pg.* 416
Jacobsen, Christian - PPOM - THE MANY, Pacific Palisades, CA, *pg.* 151
Jacobson, Per - Creative, PPOM - THE DISTILLERY PROJECT, Chicago, IL, *pg.* 149
Jacobus, Leslie - Media Department, Operations, PPOM - ALLSCOPE MEDIA, New York, NY, *pg.* 454
Jaffe, Steven - NBC, PPOM - JAFFE & PARTNERS, New York, NY, *pg.* 377
Jaffoni, Joseph - PPOM - JCIR, New York, NY, *pg.* 617
Jagerson, Elisa - PPOM - FUTUREBRAND SPECK, Redwood City, CA, *pg.* 184
Jagoda, Don - NBC, PPOM - DON JAGODA ASSOCIATES, Melville, NY, *pg.* 567
Jahnke, Thomas - NBC, PPOM - ADVERTISING ART STUDIOS, INC., Brookfield, WI, *pg.* 172
Jairath, Akash - Analytics, Media Department, PPOM, Research - DENTSU AEGIS NETWORK, New York, NY, *pg.* 61
Jaklovsky, Mark - NBC, PPOM - POLAR DESIGN, Charlestown, MA, *pg.* 257
Jaklovsky, Jolana - Finance, PPOM - POLAR DESIGN, Charlestown, MA, *pg.* 257
Jaklovsky, Jozef - Management, PPOM - POLAR DESIGN, Charlestown, MA, *pg.* 257
Jakubowski, Natasha - Interactive / Digital, NBC, PPOM - ANOMALY, New York, NY, *pg.* 325
James, Kirk - PPOM - CINCO DESIGN, Portland, OR, *pg.* 177
James, Gordon - NBC, PPOM - GORDON C. JAMES PUBLIC RELATIONS, Phoenix, AZ, *pg.* 610
James, Cameron - PPOM - MILLS JAMES PRODUCTIONS, Columbus, OH, *pg.* 491
James, Lee - Creative, PPOM - MYTHIC, Charlotte, NC, *pg.* 119

James, Greg - Account Planner, Management, Media Department, NBC, PPOM - HAVAS MEDIA GROUP, New York, NY, *pg.* 468
James, Veronique - PPOM - THE JAMES AGENCY (TJA), Scottsdale, AZ, *pg.* 151
James, Susan - Finance, PPOM - GODWIN GROUP, Jackson, MS, *pg.* 364
Jamison, Jerry - PPOM - JAMISON ADVERTISING GROUP, Chula Vista, CA, *pg.* 91
Jamison, Randy - Creative, PPOM - CURIOUS MEDIA, Nampa, ID, *pg.* 56
Janaczek, Jillian - Management, Operations, PPOM - BCW NEW YORK, New York, NY, *pg.* 581
Janata, Gloria - NBC, PPOM - TOGORUN, Washington, DC, *pg.* 656
Janes, Dan - PPOM - MADDEN MEDIA, Tucson, AZ, *pg.* 247
Janhunen, Kelly - Account Services, PPOM - LINHART PUBLIC RELATIONS, Denver, CO, *pg.* 622
Janicki, Stacy - Account Services, PPOM - CARMICHAEL LYNCH, Minneapolis, MN, *pg.* 47
Janness, Laura - Account Planner, Account Services, PPOM - LIGHTNING ORCHARD, Brooklyn, NY, *pg.* 11
Janosz, Kevin - Operations, PPOM - RITTA & ASSOCIATES, Paramus, NJ, *pg.* 407
Jansson, Suzanne - Account Services, PPOM - BLACK & WHITE DESIGN, Campbell, CA, *pg.* 175
January, John - NBC, PPOM - SIGNAL THEORY, Kansas City, MO, *pg.* 141
Jardim, Ronaldo - Creative, Interactive / Digital, PPOM - PAVONE MARKETING GROUP, Harrisburg, PA, *pg.* 396
Jarecke-Cheng, Kipp - NBC, PPOM, Public Relations - PUBLICIS HEALTH, New York, NY, *pg.* 639
Jarosik, MB - PPOM - KOR GROUP, Boston, MA, *pg.* 189
Jarrard, David - PPOM - JARRARD PHILLIPS CATE & HANCOCK, Brentwood, TN, *pg.* 616
Jarrett, Dan - NBC, PPOM - CONSUMER LOGIC, Tulsa, OK, *pg.* 443
Jarvis, Matt - Management, PPOM - 72ANDSUNNY, Playa Vista, CA, *pg.* 23
Jarvis, Paul - Creative, PPOM - PROPAGANDA, Saint Louis, MO, *pg.* 196
Jarvis, John - Creative, PPOM - THE LACEK GROUP, Minneapolis, MN, *pg.* 270
Jasculca, Richard - PPOM - JASCULCA / TERMAN & ASSOCIATES , Chicago, IL, *pg.* 616
Jatene, Rodrigo - Creative, PPOM - GREY WEST, San Francisco, CA, *pg.* 367
Jay, Brook - NBC, PPOM - ALL TERRAIN, Chicago, IL, *pg.* 302
Jeffers, Kate - Management, PPOM - VENABLES BELL & PARTNERS, San Francisco, CA, *pg.* 158
Jefferson, Simon - Management, PPOM - AKQA, San Francisco, CA, *pg.* 211
Jeffrey, Colin - Creative, PPOM -

WOLFGANG, Los Angeles, CA, *pg.* 433
Jeffries, Mindy - PPOM - STEALTH CREATIVE, St. Louis, MO, *pg.* 144
Jeffries, Jason - PPOM - BLENDERBOX, Brooklyn, NY, *pg.* 175
Jeffries, Sarah - PPOM - BLENDERBOX, Brooklyn, NY, *pg.* 175
Jenkins, Gregory - PPOM - BRAVO PRODUCTIONS, Long Beach, CA, *pg.* 302
Jenkins, David - PPOM - TAXI, New York, NY, *pg.* 146
Jenkins, Simms - PPOM - BRIGHTWAVE MARKETING, INC., Atlanta, GA, *pg.* 219
Jenkins, TJ - PPOM - THE WRIJEN COMPANY, Fayetteville, NC, *pg.* 546
Jenkinson, Brian - Finance, PPOM - TMPG MEDIA, White Plains, NY, *pg.* 299
Jennemann, Mark - NBC, PPOM - BULLSEYE DATABASE MARKETING, Tulsa, OK, *pg.* 280
Jennings, P.J. - PPOM - JENNINGS & ASSOCIATES COMMUNICATIONS INC., Carlsbad, CA, *pg.* 617
Jennings, Renee - Finance, PPOM - JOAN, New York, NY, *pg.* 92
Jennus, Tom - Creative, PPOM - TRICKEY JENNUS, INC., Tampa, FL, *pg.* 156
Jensen, David - Creative, PPOM - JENSEN DESIGN ASSOCIATES, Long Beach, CA, *pg.* 188
Jensen, Lance - Creative, PPOM - HILL HOLLIDAY, Boston, MA, *pg.* 85
Jensen, Paul - PPOM - WEBER SHANDWICK, New York, NY, *pg.* 660
Jensen, Christopher - Finance, PPOM - PINNACLE EXHIBITS , Hillsboro, OR, *pg.* 556
Jensen, Stephen - PPOM - DIRECT RESOURCES GROUP, Seattle, WA, *pg.* 281
Jensen, Marc - Interactive / Digital, PPOM - SPACE150, Minneapolis, MN, *pg.* 266
Jensen, Joel - Creative, PPOM - DENIZEN GROUP, Culver City, CA, *pg.* 225
Jerde, Jennifer - Creative, PPOM - ELIXIR DESIGN, San Francisco, CA, *pg.* 181
Jeske, Doug - NBC, Operations, PPOM - MEYOCKS GROUP, West Des Moines, IA, *pg.* 387
Jessee, Bryan - PPOM - MCGARRAH JESSEE, Austin, TX, *pg.* 384
Jessup, Priscilla - PPOM - DENMARK - THE AGENCY, Sandy Springs, GA, *pg.* 61
Jezersek, Colleen - PPOM - COACTION PUBLIC RELATIONS, New York, NY, *pg.* 591
Jinkiri, Maigari - Finance, NBC, PPOM - EBIQUITY, New York, NY, *pg.* 444
Jodice, David - PPOM - D3 SYSTEMS, McLean, VA, *pg.* 56
Joester, Debra - PPOM - THE JOESTER LORIA GROUP , New York, NY, *pg.* 450
Johanna Brown, Mary - PPOM - BROWN & COMPANY GRAPHIC DESIGN, Portsmouth, NH, *pg.* 176

1879

RESPONSIBILITIES INDEX — AGENCIES

John, Judy - Creative, PPOM - EDELMAN, Chicago, IL, pg. 353
Johns, Josh - Creative, PPOM - AUGUST JACKSON, Baltimore, MD, pg. 302
Johns, Greg - Interactive / Digital, Media Department, PPOM - CANVAS WORLDWIDE, Playa Vista, CA, pg. 458
Johnson, Phil - Operations, PPOM - COLLE MCVOY, Minneapolis, MN, pg. 343
Johnson, Allison - PPOM - JMG, INC., Orland Park, IL, pg. 377
Johnson, Paul - PPOM - JMG, INC., Orland Park, IL, pg. 377
Johnson, Donald - PPOM - JOHNSON-RAUHOFF, INC., Saint Joseph, MI, pg. 93
Johnson, Steve - Account Services, NBC, PPOM - RIGER MARKETING COMMUNICATIONS, Binghamton, NY, pg. 407
Johnson, Eric - PPOM - IGNITED, El Segundo, CA, pg. 373
Johnson, Phil - PPOM - PJA ADVERTISING + MARKETING, Cambridge, MA, pg. 397
Johnson, Joe - PPOM - THE JOHNSON GROUP, Chattanooga, TN, pg. 420
Johnson, Mason - Creative, NBC, PPOM - JOHNSON-RAUHOFF, INC., Saint Joseph, MI, pg. 93
Johnson, Emily - PPOM - TAYLOR JOHNSON, Niles, IL, pg. 652
Johnson, William - PPOM - PRESSLEY JOHNSON DESIGN, Chicago, IL, pg. 195
Johnson, Corey - PPOM - SOLVE, Minneapolis, MN, pg. 17
Johnson, Beth - PPOM - RP3 AGENCY, Bethesda, MD, pg. 408
Johnson, Debbie - PPOM - ADI MEDIA, San Antonio, TX, pg. 171
Johnson, Kevin - Operations, PPOM - JACKSON MARKETING GROUP, Simpsonville, SC, pg. 188
Johnson, Tim - PPOM - UPRAISE MARKETING & PUBLIC RELATIONS, San Francisco, CA, pg. 657
Johnson, Will - Creative, PPOM - JOHNSON GRAY ADVERTISING, Laguna Beach, CA, pg. 377
Johnson, Abigail - PPOM - ROEDER-JOHNSON CORPORATION, Redwood City, CA, pg. 643
Johnson, Carl - PPOM - ANOMALY, New York, NY, pg. 325
Johnson, Greg - Operations, PPOM - HAVAS EDGE, Carlsbad, CA, pg. 285
Johnson, Ryan - Interactive / Digital, NBC, PPOM - MINDSHARE, Portland, OR, pg. 495
Johnson, Scott - PPOM - CHIEF, Washington, DC, pg. 590
Johnson, Dallas - Interactive / Digital, PPOM - BOKKA GROUP, Denver, CO, pg. 218
Johnson, Craig - PPOM - MATCHSTIC, Atlanta, GA, pg. 13
Johnson, David - Creative, PPOM - SWERVE DESIGN GROUP, Toronto, ON, pg. 416
Johnson, Jasper - Management, PPOM - CLEAR CHANNEL OUTDOOR, Miami, FL, pg. 551
Johnson, Jan - Account Services, NBC, PPOM - AVENIR BOLD, Raleigh, NC, pg. 328
Johnson, Kelly - Account Services, Management, PPOM - 215 MCCANN, San Francisco, CA, pg. 319
Johnson, Greg - Operations, PPOM - HAVAS EDGE, Boston, MA, pg. 284
Johnson, Margaret - Creative, PPOM - GOODBY, SILVERSTEIN & PARTNERS, San Francisco, CA, pg. 77
Johnson, Steve - Account Services, PPOM - CHEMPETITIVE GROUP, Chicago, IL, pg. 341
Johnson, Joel - Account Planner, PPOM - ADMIRABLE DEVIL, Washington, DC, pg. 27
Johnson, Angela - Account Services, Management, PPOM - DENTSU AEGIS NETWORK, New York, NY, pg. 61
Johnson, William - PPOM - BRAND INSTITUTE, INC., Miami, FL, pg. 3
Johnson, Chris - PPOM - LANETERRALEVER, Phoenix, AZ, pg. 245
Johnson, Richard - Creative, PPOM - PRICEWEBER MARKETING COMMUNICATIONS, INC., Louisville, KY, pg. 398
Johnson, Mark - Creative, PPOM - PERSUASION ARTS & SCIENCES, Minneapolis, MN, pg. 15
Johnson, Greg - Interactive / Digital, Management, NBC, PPOM - MCGARRYBOWEN, San Francisco, CA, pg. 385
Johnson, Matt - Account Services, Finance, Management, Media Department, NBC, PPOM - HAYMAKER, Los Angeles, CA, pg. 83
Johnson, Kent - Creative, PPOM - JOHNSON & SEKIN, Dallas, TX, pg. 10
Johnson, Wendy - Account Planner, Account Services, Operations, PPOM - CHUTE GERDEMAN, Columbus, OH, pg. 177
Johnson, David - Management, PPOM - COOLFIRE STUDIOS, Saint Louis, MO, pg. 561
Johnson, Daron - Finance, PPOM - BROWN & BIGELOW, St. Paul, MN, pg. 566
Johnson, Grant - Creative, PPOM - SIXSPEED, Minneapolis, MN, pg. 198
Johnson, Brian - Operations, PPOM - NTOOITIVE DIGITAL, Las Vegas, NV, pg. 254
Johnson, Linda - PPOM - SOCIALDEVIANT, LLC, Chicago, IL, pg. 688
Johnson, Carl - PPOM - ANOMALY, Venice, CA, pg. 326
Johnson, Lindsay - PPOM - WORDBANK LLC, Denver, CO, pg. 163
Johnson Days, Sarah - Account Services, NBC, PPOM - ACCELERATION PARTNERS, Needham, MA, pg. 25
Johnston, Ben - PPOM - MEDIA BROKERS INTERNATIONAL, Alpharetta, GA, pg. 485
Johnston, Donna - NBC, PPOM - FINISHED ART, INC., Atlanta, GA, pg. 183
Johnston, Chuck - PPOM - B&P ADVERTISING, Las Vegas, NV, pg. 35
Johnston, Hallie - Account Services, NBC, PPOM - INITIATIVE, New York, NY, pg. 477
Johnston, Sven - PPOM - GIGASAVVY, Irvine, CA, pg. 237
Johnston, Gord - PPOM - STANTEC, Boulder, CO, pg. 200
Johnston, Kyle - PPOM - GIGASAVVY, Irvine, CA, pg. 237
Johnston, Marc - Finance, PPOM - DIRECTAVENUE, INC., Carlsbad, CA, pg. 282
Johnston, Steve - Operations, PPOM - FLEXPOINT MEDIA, Arlington, VA, pg. 74
Johnston, Melissa - PPOM - BENCHWORKS, Chestertown, MD, pg. 333
Joiner, Erich - Management, PPOM - TOOL OF NORTH AMERICA, Santa Monica, CA, pg. 564
Joiner, Eric - PPOM - INSIGHT CREATIVE GROUP, Oklahoma City, OK, pg. 89
Jolly, Warren - PPOM - ADQUADRANT, Costa Mesa, CA, pg. 211
Jolly, Arjun - PPOM - ADQUADRANT, Costa Mesa, CA, pg. 211
Jones, Eddie - NBC, PPOM - CORPORATE COMMUNICATIONS, Nashville, TN, pg. 593
Jones, Noble - Account Planner, Analytics, PPOM - ST&P COMMUNICATIONS, INC., Fairlawn, OH, pg. 412
Jones, Darlene - PPOM - SPECIALIZED MEDIA SERVICES, Charlotte, NC, pg. 513
Jones, Lee - PPOM - DG STUDIOS, Houston, TX, pg. 179
Jones, Tim - PPOM - PUBLICIS NORTH AMERICA, New York, NY, pg. 399
Jones, Clift - PPOM - CAPTAINS OF INDUSTRY, INC., Boston, MA, pg. 340
Jones, Gary - Creative, PPOM - JONES HUYETT PARTNERS, Topeka, KS, pg. 93
Jones, David - NBC, PPOM - JACKSON MARKETING GROUP, Simpsonville, SC, pg. 188
Jones, Tim - Finance, PPOM - MCKINNEY, Durham, NC, pg. 111
Jones, Celia - PPOM - THE ESCAPE POD, Chicago, IL, pg. 150
Jones, Janine - Finance, PPOM - SKY ADVERTISING, INC., New York, NY, pg. 142
Jones, Martin - PPOM - MARCH COMMUNICATIONS, Boston, MA, pg. 625
Jones, John - PPOM - XPERIENCE COMMUNICATIONS, Dearborn, MI, pg. 318
Jones, Rick - PPOM - FISHBAIT MARKETING, Wadmalaw Island, SC, pg. 306
Jones, Kimberly - PPOM - BUTLER / TILL, Rochester, NY, pg. 457
Jones, Matthew - PPOM - LEADING AUTHORITIES, INC., Washington, DC, pg. 622
Jones, Mark - Creative, PPOM -

1880

AGENCIES RESPONSIBILITIES INDEX

JONES ADVERTISING, Seattle, WA, *pg.* 93
Jones, Christopher - NBC, PPOM - BLUE MAGNET INTERACTIVE MARKETING & MEDIA, LLC, Chicago, IL, *pg.* 217
Jones, Sara - Finance, PPOM - BBDO ATL, Atlanta, GA, *pg.* 330
Jones, Carrie - NBC, PPOM - JPA HEALTH COMMUNICATIONS, Washington, DC, *pg.* 618
Jones, Steve - PPOM - YESCO OUTDOOR MEDIA, Las Vegas, NV, *pg.* 559
Jones, Davis - Management, Media Department, PPOM - THE MANY, Pacific Palisades, CA, *pg.* 151
Jones, Gareth - Management, PPOM - WUNDERMAN THOMPSON SEATTLE, Seattle, WA, *pg.* 435
Jones, Stefanie - PPOM - FEED MEDIA PUBLIC RELATIONS, Denver, CO, *pg.* 603
Jones, Tim - NBC, PPOM - ETERNAL WORKS, Virginia Beach, VA, *pg.* 357
Jones, Ashlie - NBC, PPOM - ETERNAL WORKS, Virginia Beach, VA, *pg.* 357
Jones, Taylor - NBC, PPOM - WHITEBOARD.IS, Chattanooga, TN, *pg.* 430
Jones, Harold - Interactive / Digital, PPOM - WORKINPROGRESS, Boulder, CO, *pg.* 163
Jones, Timothy - Creative, PPOM - BANFIELD AGENCY, Ottawa, ON, *pg.* 329
Jones, David - PPOM - YESLER, Seattle, WA, *pg.* 436
Jones, Jennifer - PPOM - STERLING-RICE GROUP, Boulder, CO, *pg.* 413
Jones, Kevin - Creative, Interactive / Digital, PPOM - KPS3 MARKETING AND COMMUNICATIONS, Reno, NV, *pg.* 378
Jones, Lanier - PPOM - ADCO, Columbia, SC, *pg.* 27
Jones, Derek - Operations, PPOM - FEED MEDIA PUBLIC RELATIONS, Denver, CO, *pg.* 603
Jones, Carrie - PPOM, Public Relations, Social Media - RAINDROP AGENCY INC, San Diego, CA, *pg.* 196
Jones-Barwick, Brenda - PPOM - JONES PUBLIC RELATIONS, INC. , Oklahoma City, OK, *pg.* 617
Jones-Mitchell, Jennifer - PPOM - BRANDWARE PUBLIC RELATIONS, INC., Atlanta, GA, *pg.* 585
Jones-Parks, Cynthia - PPOM - JONES WORLEY DESIGN, INC., Atlanta, GA, *pg.* 188
Jordan, Michael - PPOM - 31 LENGTHS, New York, NY, *pg.* 23
Jordan, Jeff - Creative, PPOM - CHAMELEON DESIGN GROUP, Milford, MA, *pg.* 177
Jordan, Jeff - Creative, PPOM - RESCUE SOCIAL CHANGE GROUP, San Diego, CA, *pg.* 133
Jordan, Lisa - PPOM - MINDPOWER, INC., Atlanta, GA, *pg.* 115
Jordan, Erin R. - PPOM - WALKER SANDS COMMUNICATIONS, Chicago, IL, *pg.* 659
Jordhamo, Ava - Operations, PPOM -

PUBLICIS NORTH AMERICA, New York, NY, *pg.* 399
Jorgensen, Karen - Creative, PPOM - KALEIDOSCOPE, New York, NY, *pg.* 298
Jose Ezquerra, Maria - Operations, PPOM - HAVAS MEDIA GROUP, Miami, FL, *pg.* 470
Joseph, Sarah - Operations, PPOM - FRWD, Minneapolis, MN, *pg.* 235
Joubran, David - PPOM - ACUMEN SOLUTIONS, McLean, VA, *pg.* 167
Joyal, Jim - Account Services, NBC, PPOM - SHIFT COMMUNICATIONS, LLC, Boston, MA, *pg.* 647
Joyal, Jean-Francois - NBC, PPOM - BOB COMMUNICATIONS, Montreal, QC, *pg.* 41
Juarez, Nicandro - NBC, PPOM - JUAREZ AND ASSOCIATES, INC., Los Angeles, CA, *pg.* 446
Juarez, Vincent - Management, Media Department, PPOM - AYZENBERG GROUP, INC., Pasadena, CA, *pg.* 2
Judd, Kristen - PPOM - 3 BIRDS MARKETING, Chapel Hill, NC, *pg.* 207
Judd, Layton - NBC, PPOM - 3 BIRDS MARKETING, Chapel Hill, NC, *pg.* 207
Judge, Jerry - PPOM - FEARLESS AGENCY, New York, NY, *pg.* 73
Judge, Cindy - PPOM - STERLING-RICE GROUP, Boulder, CO, *pg.* 413
Judkins, Bryan - Creative, PPOM - YOUNG & LARAMORE, Indianapolis, IN, *pg.* 164
Judson, Mark - PPOM - JUDSON DESIGN ASSOCIATES, Houston, TX, *pg.* 188
Judson, Cindi - PPOM - JUDSON DESIGN ASSOCIATES, Houston, TX, *pg.* 188
Juergens, Doris - Management, PPOM - NATIONAL PUBLIC RELATIONS, Quebec City, QC, *pg.* 632
Juhl, Christian - PPOM - ESSENCE, San Francisco, CA, *pg.* 232
Jun, Steve - PPOM - INNOCEAN USA, Huntington Beach, CA, *pg.* 479
Juneau, Todd - Management, PPOM - DIGITAL ADDIX, San Diego, CA, *pg.* 225
Jungwirth, Mark - Finance, Interactive / Digital, PPOM - FCB CHICAGO, Chicago, IL, *pg.* 71
Jurcic, Vida - Creative, PPOM - HANGAR 18 CREATIVE GROUP, Vancouver, BC, *pg.* 185
Jurewicz, Billy - PPOM - SPACE150, Minneapolis, MN, *pg.* 266
Jurina, Ken - PPOM - TOPDRAW, Edmonton, AB, *pg.* 678
Jurist, Suzy - Account Services, NBC, PPOM - SJI ASSOCIATES, New York, NY, *pg.* 142
Jutte, Jeff - PPOM - BEDFORD ADVERTISING, INC., Carrollton, TX, *pg.* 38
Kabakow, Jim - PPOM - MEDIA HORIZONS, INC., Norwalk, CT, *pg.* 288
Kabrajee, Jim - PPOM - MARSHALL FENN COMMUNICATIONS, Toronto, ON, *pg.* 625
Kacandes, Ted - Creative, PPOM - GLOW, New York, NY, *pg.* 237
Kachelhofer, Bradford - Creative,

PPOM - MODERN BRAND COMPANY, Birmingham, AL, *pg.* 116
Kacvinsky, Megan - Account Services, PPOM - POINT TO POINT, Cleveland, OH, *pg.* 129
Kaczmarski, Michael - Finance, PPOM - MAKOVSKY & COMPANY, INC., New York, NY, *pg.* 624
Kadet, Allegra - Management, Operations, PPOM - NEO MEDIA WORLD, New York, NY, *pg.* 496
Kadimik, Natashia - Media Department, PPOM - MINDSHARE, New York, NY, *pg.* 491
Kadiu, Ardis - Creative, Interactive / Digital, PPOM - SPARK451, INC., Westbury, NY, *pg.* 411
Kaemmer, Allison - Media Department, PPOM - UNIVERSAL MCCANN, San Francisco, CA, *pg.* 428
Kaeser, Kurt - PPOM - KAESER & BLAIR, Batavia, OH, *pg.* 567
Kaeser, Christy - PPOM - KAESER & BLAIR, Batavia, OH, *pg.* 567
Kahlow, Thad - PPOM - BUSINESSONLINE, San Diego, CA, *pg.* 672
Kahn, Richard - PPOM, Public Relations - KAHN TRAVEL COMMUNICATIONS, Rockville Center, NY, *pg.* 481
Kahn, Michael - NBC, PPOM - DIGITAS, Chicago, IL, *pg.* 227
Kahn, Adam - Creative, PPOM - GREY MIDWEST, Cincinnati, OH, *pg.* 366
Kahn, Julie - PPOM - REGAN COMMUNICATIONS GROUP, Boston, MA, *pg.* 642
Kahner, Jason - PPOM - GREY GROUP, New York, NY, *pg.* 365
Kain, Richard - PPOM - TRIPLEPOINT , San Francisco, CA, *pg.* 656
Kain-Cacossa, Marnie - Account Services, Finance, NBC, PPOM - GREY GROUP, New York, NY, *pg.* 365
Kaiser, Brian - Finance, PPOM - WALL TO WALL STUDIOS, Pittsburgh, PA, *pg.* 204
Kakadia, Keith - PPOM - SOCIALLYIN, Birmingham, AL, *pg.* 688
Kakadia, Kaushal - Interactive / Digital, PPOM - SOCIALLYIN, Birmingham, AL, *pg.* 688
Kakaletris, Voula - Account Services, Operations, PPOM - HORIZON MEDIA, INC., New York, NY, *pg.* 474
Kakarala, Raghu - Interactive / Digital, Operations, PPOM - FORTYFOUR, Atlanta, GA, *pg.* 235
Kalahar, Tom - PPOM - CAMELOT STRATEGIC MARKETING & MEDIA, Dallas, TX, *pg.* 457
Kalatzan, Star - Account Services, PPOM - HEALIXGLOBAL, New York, NY, *pg.* 471
Kallman, Tom - PPOM - KALLMAN WORLDWIDE , Waldwick, NJ, *pg.* 309
Kallman, Eric - Creative, PPOM - ERICH & KALLMAN, San Francisco, CA, *pg.* 68
Kalm, Nick - NBC, PPOM - REPUTATION PARTNERS, Chicago, IL, *pg.* 642

RESPONSIBILITIES INDEX — AGENCIES

Kalman, Nicol - PPOM - ANITHING IS POSSIBLE RECRUITING, Toronto, ON, pg. 667
Kam, Nathan - PPOM, Public Relations - ANTHOLOGY MARKETING GROUP, Honolulu, HI, pg. 326
Kamath, Jay - Creative, NBC, PPOM - HAYMAKER, Los Angeles, CA, pg. 83
Kamen, Jon - PPOM - RADICAL MEDIA, New York, NY, pg. 196
Kamer, Matt - PPOM, Public Relations - BANDY CARROLL HELLIGE, Louisville, KY, pg. 36
Kaminer, Nina - PPOM - NIKE COMMUNICATIONS, INC., New York, NY, pg. 632
Kaminkow, Beth Ann - PPOM - GEOMETRY, New York, NY, pg. 362
Kaminsky, Mark - PPOM - SS+K, New York, NY, pg. 144
Kampmier, Colin - NBC, PPOM - COLINKURTIS ADVERTISING & DESIGN, Rockford, IL, pg. 177
Kamptner, Randy - PPOM - EXCLAIM!, Palatine, IL, pg. 182
Kancharla, Vijay - Media Department, PPOM - BRIGHTCOM, Los Angeles, CA, pg. 219
Kane, John - Management, Operations, PPOM - MEDTHINK COMMUNICATIONS, Cary, NC, pg. 112
Kane, Dawn - PPOM - HOT DISH ADVERTISING, Minneapolis, MN, pg. 87
Kane, Amanda - Operations, PPOM - BANDUJO DONKER & BROTHERS, New York, NY, pg. 36
Kane, Keith - NBC, PPOM - GRAF MEDIA GROUP, New York, NY, pg. 552
Kane, Timothy - NBC, PPOM - DELTA MEDIA, INC., Ottawa, ON, pg. 596
Kaneen, Richard - Creative, PPOM - KANEEN ADVERTISING & PUBLIC RELATIONS, INC., Tucson, AZ, pg. 618
Kanefsky, Jason - Account Services, Media Department, PPOM, Research - HAVAS MEDIA GROUP, New York, NY, pg. 468
Kang, Elizabeth - PPOM - GODA ADVERTISING, Inverness, IL, pg. 364
Kang, Soa - PPOM - ADCREASIANS, Los Angeles, CA, pg. 27
Kang Gambino, Lisa - PPOM - KANGBINO, New York, NY, pg. 94
Kaniper, Lynn - Operations, PPOM - DANA COMMUNICATIONS, Hopewell, NJ, pg. 57
Kantak, Kirsten - PPOM - BIOLUMINA, New York, NY, pg. 39
Kantrowitz, Eva - Account Planner, Account Services, Management, PPOM - HORIZON MEDIA, INC., New York, NY, pg. 474
Kaplan, Leslie - Account Services, PPOM - THE BOSTON GROUP, Boston, MA, pg. 418
Kaplan, Karen - PPOM - HILL HOLLIDAY, Boston, MA, pg. 85
Kaplan, Jeremy - Creative, PPOM - ART MACHINE, Hollywood, CA, pg. 34
Kaplan, Lisa - Account Services, Media Department, PPOM - GROUPM, New York, NY, pg. 466

Kaplow, Liz - PPOM - KAPLOW COMMUNICATIONS, New York, NY, pg. 618
Kapsalis, Christopher - NBC, PPOM - LEGACY MARKETING PARTNERS, Chicago, IL, pg. 310
Kapur, Rajeev - PPOM - 1105 MEDIA, Woodland Hills, CA, pg. 453
Karadjov, Ivo - PPOM, Programmatic - THE TRADE DESK, Boulder, CO, pg. 520
Karam, Mike - NBC, PPOM - LAIRD + PARTNERS, New York, NY, pg. 96
Karandikar, Ashwini - NBC, PPOM - AMNET, Fort Worth, TX, pg. 454
Karasek, Tony - PPOM - PARADISE, Saint Petersburg, FL, pg. 396
Karasyk, Erik - PPOM - HUSH STUDIOS, INC., Brooklyn, NY, pg. 186
Karbo, Julie - PPOM - KARBO COMMUNICATIONS, San Francisco, CA, pg. 618
Kardesler, Onur - PPOM - FIREFLY, San Francisco, CA, pg. 552
Karel, Joyce - PPOM - MRM//MCCANN, New York, NY, pg. 289
Karfakis, Mike - PPOM - VITAMIN, Baltimore, MD, pg. 21
Karfakis, Amanda - PPOM - VITAMIN, Baltimore, MD, pg. 21
Karlovic, Eric - NBC, PPOM - HUGHESLEAHYKARLOVIC, Saint Louis, MO, pg. 372
Karo, Monica - Account Services, Analytics, Management, PPOM - OMD, New York, NY, pg. 498
Karpel, Craig - NBC, PPOM - THE KARPEL GROUP, New York, NY, pg. 299
Karwoski, Glenn - NBC, PPOM - KARWOSKI & COURAGE, Minneapolis, MN, pg. 618
Kasel, Erica - NBC, PPOM - JANE SMITH AGENCY, New York, NY, pg. 377
Kaskel, Richard - Management, PPOM - ADFIRE HEALTH, Stamford, CT, pg. 27
Kasper, Adam - Media Department, PPOM - IPROSPECT, Boston, MA, pg. 674
Kasper, Sheri - NBC, PPOM - FRESH COMMUNICATIONS, North Reading, MA, pg. 606
Kassing, Jason - NBC, PPOM - KASSING ANDREWS ADVERTISING, Salt Lake City, UT, pg. 94
Katcher, Daniel - PPOM - JOELE FRANK, WILKINSON BRIMMER KATCHER, New York, NY, pg. 617
Kathman, Jerry - PPOM - LPK, Cincinnati, OH, pg. 12
Katinsky, Jon - PPOM - HOTHOUSE, Atlanta, GA, pg. 371
Kato, Wanda - Account Services, Management, Media Department, PPOM - HORIZON MEDIA, INC., Los Angeles, CA, pg. 473
Katona, Diti - Creative, PPOM - CONCRETE DESIGN COMMUNICATIONS, INC., Toronto, ON, pg. 178
Katowitz, Janet - NBC, PPOM - SAGE MEDIA PLANNING & PLACEMENT, INC., Washington, DC, pg. 508
Katsachnias, Dimitri - PPOM - AIR PARIS NEW YORK, New York, NY, pg. 172

Katz, Jeffrey - PPOM - SHERWOOD OUTDOOR, INC., New York, NY, pg. 557
Katz, Jonathan - PPOM - ACOM HEALTHCARE, Hingham, MA, pg. 26
Katz, Jeff - PPOM - DEFINITION 6, Atlanta, GA, pg. 224
Katz, Sara - PPOM - KATZ & ASSOCIATES, INC., San Diego, CA, pg. 686
Katz, Lauren - Interactive / Digital, PPOM - J3, New York, NY, pg. 480
Katz, Minda - Finance, PPOM - OMNI ADVERTISING, Boca Raton, FL, pg. 394
Katz Dukas, Gail - Operations, PPOM - DUKAS LINDEN PUBLIC RELATIONS, New York, NY, pg. 598
Kaufman, Lois - NBC, PPOM - INTEGRATED MARKETING SERVICES, INC., Princeton, NJ, pg. 375
Kaufman, Dan - Account Services, Management, PPOM - WIDMEYER COMMUNICATIONS, Washington, DC, pg. 662
Kaufman-Sloan, Carla - PPM, PPOM - 2C MEDIA, INC., Miami, FL, pg. 561
Kaufmann, Ben - Finance, PPOM - MARKETSTAR CORPORATION, Ogden, UT, pg. 383
Kaufmann, Denise - Account Services, PPOM - KETCHUM, Chicago, IL, pg. 619
Kauker, Bill - Creative, PPOM - IDEA HALL, Costa Mesa, CA, pg. 615
Kaulius, Jerry - Creative, PPOM - JK DESIGN, Hillsborough, NJ, pg. 481
Kaulius, Barbara - Finance, PPOM - JK DESIGN, Hillsborough, NJ, pg. 481
Kaushansky, Michael - Analytics, PPOM, Research - HAVAS MEDIA GROUP, New York, NY, pg. 468
Kawer, Stanton - PPOM - BLUE CHIP MARKETING & COMMUNICATIONS, Northbrook, IL, pg. 334
Kay, Ken - PPOM - EDLEADER21, Tucson, AZ, pg. 601
Kay, Gail - PPOM - GEOMETRY, Akron, OH, pg. 362
Kay, Rachel - PPOM - RACHEL KAY PUBLIC RELATIONS, Solana Beach, CA, pg. 640
Kay, Chris - PPOM - 72ANDSUNNY, Playa Vista, CA, pg. 23
Kay, Lewis - PPOM - KOVERT CREATIVE, New York, NY, pg. 96
Kaye, Hilary - NBC, PPOM - HKA, INC., Tustin, CA, pg. 614
Kaye, Lori - PPOM - EVERGREEN & CO., Falls Church, VA, pg. 182
Kayser, Ivan - PPOM - REDSCOUT, New York, NY, pg. 16
Keane, Jeff - PPM, PPOM - COOLFIRE STUDIOS, Saint Louis, MO, pg. 561
Kearfott, Lance - PPOM - GIORDANO KEARFOTT DESIGN, INC., Mercer Island, WA, pg. 184
Kearney, James - PPOM - EIRE DIRECT MARKETING, INC., Chicago, IL, pg.

1882

AGENCIES — RESPONSIBILITIES INDEX

282
Kearns, Jack - PPOM - KEARNS MARKETING GROUP, INC., Burlington, ON, pg. 94
Kearns, Kristen - Operations, PPM, PPOM - ELEMENT PRODUCTIONS, Boston, MA, pg. 562
Keasler, Kent - NBC, PPOM - MILLER-REID, Chattanooga, TN, pg. 115
Keathley, Sean - Management, PPOM - ADRENALINE, INC., Atlanta, GA, pg. 172
Keating, Kevin - PPOM - HANGAR12, Chicago, IL, pg. 567
Keating, Katie - Creative, PPOM - FANCY LLC, New York, NY, pg. 71
Keckan, Maria - PPOM - CINECRAFT PRODUCTIONS, INC., Cleveland, OH, pg. 561
Kee, Rob - PPOM - ENLARGE MEDIA GROUP, Los Angeles, CA, pg. 356
Keegan, Michael - PPOM - AXIOM MARKETING, INC., Libertyville, IL, pg. 566
Keehn, Jason - NBC, PPOM - YARD, New York, NY, pg. 435
Keehner, Jonathan - PPOM, Public Relations - JOELE FRANK, WILKINSON BRIMMER KATCHER, New York, NY, pg. 617
Keelty, Mary Beth - NBC, PPOM - FORWARDPMX, New York, NY, pg. 360
Keenan, Michael - PPOM - KEENAN-NAGLE ADVERTISING, Allentown, PA, pg. 94
Keenan, Holly - PPOM - PHINNEY / BISCHOFF DESIGN HOUSE, Seattle, WA, pg. 194
Keeney, Matthew - PPOM - AOR, INC., Denver, CO, pg. 32
Keeshan, Harry - Finance, Management, Media Department, PPOM - PHD USA, New York, NY, pg. 505
Keevill, Chris - PPOM - COLOUR, Halifax, NS, pg. 343
Kehoe, Gary - PPOM - DREAMSPAN, Phoenix, AZ, pg. 7
Kehoe, Cecile - Operations, PPOM - DREAMSPAN, Phoenix, AZ, pg. 7
Kehoe, Bob - PPOM - LEVERAGE MARKETING, LLC, Austin, TX, pg. 675
Keiffer, Ryan - Management, Operations, PPOM - A-TRAIN MARKETING COMMUNICATIONS, Fort Collins, CO, pg. 321
Keiles, Eric - NBC, PPOM - SQUARE 2 MARKETING, INC., Conshohocken, PA, pg. 143
Keiserman, Suzanne - Account Planner, Account Services, Interactive / Digital, PPOM - OMD, New York, NY, pg. 498
Keith, Erik - Account Planner, Interactive / Digital, Media Department, PPOM - COMMUNICATIONS STRATEGY GROUP, Denver, CO, pg. 592
Kelleher, Dan - Creative, PPOM - DEUTSCH, INC., New York, NY, pg. 349
Keller, Aaron - NBC, PPOM - CAPSULE, Minneapolis, MN, pg. 176
Keller, Genna - PPOM - TREVELINO / KELLER COMMUNICATIONS GROUP, Atlanta, GA, pg. 656
Keller, Ed - PPOM - ENGAGEMENT LABS, New Brunswick, NJ, pg. 444
Kellett, Bill - Account Services, PPOM - KELLETT COMMUNICATIONS, Yellowknife, NT, pg. 94
Kelley, Tom - PPOM - IDEO , Palo Alto, CA, pg. 187
Kelley, Bert - PPM, PPOM - DAVIS ELEN ADVERTISING, Los Angeles, CA, pg. 58
Kelley, Jacki - PPOM - DENTSU AEGIS NETWORK, New York, NY, pg. 61
Kelley, Kara - PPOM - ASHER AGENCY, Fort Wayne, IN, pg. 327
Kellner, Scott - Media Department, NBC, PPOM - THE GEORGE P. JOHNSON COMPANY, San Carlos, CA, pg. 316
Kelly, Heather - PPOM - SSPR, Colorado Springs, CO, pg. 649
Kelly, Alissa - PPOM - PR PLUS, INC., Las Vegas, NV, pg. 638
Kelly, Kel - PPOM - KEL & PARTNERS, Boston, MA, pg. 619
Kelly, Joe - PPOM - MCCANN NEW YORK, New York, NY, pg. 108
Kelly, Jill - Management, Media Department, NBC, PPOM, PR Management, Public Relations - GROUPM, New York, NY, pg. 466
Kelly, Patrick - NBC, PPOM - BARRETTSF, San Francisco, CA, pg. 36
Kelly, Kevin - Creative, NBC, PPOM - BIGBUZZ MARKETING GROUP, New York, NY, pg. 217
Kelly, Ryan - Interactive / Digital, Media Department, PPOM, Programmatic - WAVEMAKER, New York, NY, pg. 526
Kelly, TJ - Interactive / Digital, Media Department, PPOM - UNIVERSAL MCCANN, New York, NY, pg. 521
Kelly, Jay - PPOM - CONVERGE CONSULTING, Cedar Rapids, IA, pg. 222
Kelly, Denny - PPOM - BOUVIER KELLY, INC. , Greensboro, NC, pg. 41
Kelly, Gavin - Account Services, NBC, PPOM - ARTEFACT, Seattle, WA, pg. 173
Kelly, Jon - Operations, PPOM - AGENCY 850, Roswell, GA, pg. 1
Kemp, Jon - PPOM - KEMP ADVERTISING + MARKETING, High Point, NC, pg. 378
Kemp, Mary - NBC, PPOM - IDEAS THAT KICK, Minneapolis, MN, pg. 186
Kemper, Jill - Media Department, PPOM - MCKENZIE WAGNER, INC., Champaign, IL, pg. 111
Kempf, Pat - Management, PPOM - MOROCH PARTNERS, Dallas, TX, pg. 389
Kempner, Michael - PPOM - MWWPR, East Rutherford, NJ, pg. 630
Kempske, Kevin - Account Services, PPOM, Public Relations - GKV, Baltimore, MD, pg. 364
Kempski, Luke - PPOM - PASKILL, STAPLETON & LORD, Glenside, PA, pg. 256
Kendall, Clint - PPOM - ALLIED INTEGRATED MARKETING, Cambridge, MA, pg. 576
Kendall, Chris - Interactive / Digital, PPOM - ENTERMEDIA, Austin, TX, pg. 231
Kendig, Chuck - PPOM - OMNICOM GROUP, New York, NY, pg. 123
Kennedy, Hugh - Account Planner, Management, PPOM - PJA ADVERTISING + MARKETING, Cambridge, MA, pg. 397
Kennedy, Kevin - Management, PPOM, Public Relations - CAMPBELL MARKETING AND COMMUNICATIONS, Dearborn, MI, pg. 339
Kennedy, Caroline - PPOM - KARMA AGENCY, Philadelphia, PA, pg. 618
Kennedy, Coni - Creative, PPOM - LA, INC., Toronto, ON, pg. 11
Kennedy, Bryan - PPOM - EPSILON, Wakefield, MA, pg. 282
Kennedy, Shane - Management, PPOM - BREWCO MARKETING, Central City, KY, pg. 303
Kennedy, Aaron - NBC, PPOM - FLYNN WRIGHT, INC., Des Moines, IA, pg. 359
Kenney, Rick - Operations, PPOM - ST&P COMMUNICATIONS, INC., Fairlawn, OH, pg. 412
Kenney, Tom - Creative, PPOM - PP+K, Tampa, FL, pg. 129
Kennish, Fran - Account Planner, NBC, PPOM - WAVEMAKER, New York, NY, pg. 526
Kenny, Julie - Management, Media Department, PPOM - CROSSMEDIA, New York, NY, pg. 463
Kenny, Bryn - PPOM, Public Relations - MBA PARTNERS, New York, NY, pg. 626
Kent, Kevin - Creative, PPOM - METROPOLIS ADVERTISING, INC., Orlando, FL, pg. 386
Kent, Bob - NBC, PPM, PPOM - TIMMONS & COMPANY , Jamison, PA, pg. 426
Kerasek, Barbara - NBC, PPOM - PARADISE, Saint Petersburg, FL, pg. 396
Keresteci, Garo - PPOM - FUSE MARKETING GROUP, INC., Toronto, ON, pg. 8
Kerge, Steve - NBC, PPOM - SPARK451, INC., Westbury, NY, pg. 411
Kerho, Steve - Account Planner, PPOM - ACCENTURE INTERACTIVE, Culver City, CA, pg. 209
Kern, Russell - NBC, PPOM - KERN, Woodland Hills, CA, pg. 287
Kern, Shane - Finance, PPOM - 3Q DIGITAL, Chicago, IL, pg. 208
Kerner, Kevin - Management, PPOM - MIGHTY & TRUE, Austin, TX, pg. 250
Kerns Lowry, Corinne - Account Services, PPOM - OGILVY, New York, NY, pg. 393
Kerpen, Dave - PPOM - LIKEABLE MEDIA, New York, NY, pg. 246
Kerpen, Carrie - PPOM - LIKEABLE MEDIA, New York, NY, pg. 246
Kerr, Tom - PPOM - CK ADVERTISING, Lakewood, CO, pg. 220
Kerski, Karen - PPOM - CATALPHA

RESPONSIBILITIES INDEX — AGENCIES

ADVERTISING & DESIGN, INCORPORATED, Towson, MD, *pg.* 340
Kesler, Margo - PPOM - MMPR MARKETING, Phoenix, AZ, *pg.* 116
Kessel, Judy - PPOM - STONEARCH CREATIVE, Minneapolis, MN, *pg.* 144
Kessen, Steve - Operations, PPOM - FATHOM, Valley View, OH, *pg.* 673
Kessler, Lorraine - Account Services, PPOM - INNIS MAGGIORE GROUP, Canton, OH, *pg.* 375
Ketchiff, Nancy - Account Services, Media Department, PPOM - CHARLES BEARDSLEY ADVERTISING, Avon, CT, *pg.* 49
Ketchum, Will - PPOM - BURDETTE I KETCHUM, Jacksonville, FL, *pg.* 587
Keuning, John - Creative, PPOM - OUT THERE ADVERTISING, Duluth, MN, *pg.* 395
Keuning, Kim - NBC, PPOM - OUT THERE ADVERTISING, Duluth, MN, *pg.* 395
Keyes Sr., Nicholas - PPOM - KEY-ADS, INC., Dayton, OH, *pg.* 553
Khalil, Kellee - PPOM - ENGAGE MEDIA GROUP, New York, NY, *pg.* 231
Khan, Shazzia - Human Resources, PPOM - HAVAS HEALTH & YOU, New York, NY, *pg.* 82
Khanjian, Hayk - Operations, PPOM - VT PRO DESIGN, Los Angeles, CA, *pg.* 564
Khorana, Vikas - Interactive / Digital, Management, PPOM - NTOOITIVE DIGITAL, Las Vegas, NV, *pg.* 254
Khoshnoud, Babak - NBC, PPOM - YOURS TRULY, Los Angeles, CA, *pg.* 300
Khosid, Phillip - Creative, PPOM - BATTERY, Hollywood, CA, *pg.* 330
Kichline, Mike - PPOM - YESLER, Seattle, WA, *pg.* 436
Kidd, Marc - PPOM - CAPTIVATE NETWORK, INC., Lowell, MA, *pg.* 550
Kidwell, Chris - Account Services, PPOM - CLIXO, Denver, CO, *pg.* 221
Kief, Christopher - Interactive / Digital, PPOM - 360I, LLC, New York, NY, *pg.* 320
Kiefer, Jason - PPOM - BILLUPS, INC, New York, NY, *pg.* 550
Kielty, Brian - Finance, Operations, PPOM - HEALTHCARE CONSULTANCY GROUP, New York, NY, *pg.* 83
Kiely, Stephen - PPOM - DENTSUBOS INC., Toronto, ON, *pg.* 61
Kiernan, Eileen - NBC, PPOM - UNIVERSAL MCCANN, New York, NY, *pg.* 521
Kiernan II, Steve - NBC, PPOM - ALGONQUIN STUDIOS, Buffalo, NY, *pg.* 212
Kihlstrom, Greg - Interactive / Digital, PPOM - YES&, Alexandria, VA, *pg.* 436
Kiker, Eric - Account Services, PPOM - LRXD, Denver, CO, *pg.* 101
Kilcoyne, Aaron - Management, PPOM - GREGORY WELTEROTH ADVERTISING, Montoursville, PA, *pg.* 466
Kilday, Kristi - PPOM - KO CREATIVE, Beverly Hills, CA, *pg.* 298
Kiley, Mike - Management, Media Department, PPOM - MEDIADEX LLC, Cincinnati, OH, *pg.* 489
Killgour, Simona - Operations, PPOM - WIT MEDIA, New York, NY, *pg.* 162
Killian, Mike - Finance, PPOM - COOPER-SMITH ADVERTISING, Toledo, OH, *pg.* 462
Kilmer, Brenda - PPOM - K2MD, Albuquerque, NM, *pg.* 93
Kilmer, Richard - Creative, PPOM - K2MD, Albuquerque, NM, *pg.* 93
Kim, Joanne - Creative, PPOM - MARCUS THOMAS, Cleveland, OH, *pg.* 104
Kim, Howard - Creative, PPOM - COMMIX COMMUNICATIONS, INC., Richmond Hill, ON, *pg.* 592
Kim, Chang - Account Services, Interactive / Digital, Management, Media Department, Operations, PPOM - UNIVERSAL MCCANN, New York, NY, *pg.* 521
Kim, Jay - PPOM - AAAZA, Los Angeles, CA, *pg.* 537
Kim, Binna - NBC, PPOM, Public Relations - VESTED, New York, NY, *pg.* 658
Kim, Peter - Creative, PPOM - MORTENSON KIM, Indianapolis, IN, *pg.* 118
Kim, Jin - Management, PPOM - CREATIVE DIGITAL AGENCY, San Ramon, CA, *pg.* 222
Kim, Peter - Creative, PPOM - MORTENSON KIM, Milwaukee, WI, *pg.* 118
Kim, Nellie - Creative, PPOM - LG2, Montreal, QC, *pg.* 380
Kim-Kirkland, Susan - NBC, PPOM - JWT TORONTO, Toronto, ON, *pg.* 378
Kimbell, Wayne - PPOM - IDEA ENGINEERING, INC., Santa Barbara, CA, *pg.* 88
Kimble, Jeff - PPOM - COMMUNICA, INC., Toledo, OH, *pg.* 344
Kimmel, Candice - PPOM - ADAMS UNLIMITED, New York, NY, *pg.* 575
Kimmel, Lisa - PPOM - EDELMAN, Toronto, ON, *pg.* 601
Kincaid, Brett - NBC, PPOM - MATTE PROJECTS, New York, NY, *pg.* 107
Kincaid, Christine - Operations, PPOM - MEDIAPLUS ADVERTISING, Ottawa, ON, *pg.* 386
Kinch, Melissa - Account Planner, Management, PPOM - KETCHUM, Los Angeles, CA, *pg.* 619
Kindred, James - Interactive / Digital, PPOM - SQAD, INC., Tarrytown, NY, *pg.* 513
Kiner, Scott - PPOM - KINER COMMUNICATIONS, Palm Desert, CA, *pg.* 95
Kiner, Sheila - PPOM - KINER COMMUNICATIONS, Palm Desert, CA, *pg.* 95
King, David - Creative, PPOM - THE KING AGENCY, Richmond, VA, *pg.* 151
King, Russell - PPOM - LEADMASTER, Roswell, GA, *pg.* 168
King, Phil - NBC, PPOM - OKD MARKETING GROUP, Burlington, ON, *pg.* 394
King, Jamie - PPOM - CAMP + KING, San Francisco, CA, *pg.* 46
King, Karen - PPOM - SPAWN, Anchorage, AK, *pg.* 648
King, Lisa - Finance, PPOM - SPAWN, Anchorage, AK, *pg.* 648
King, Jeff - PPOM - BARKLEY, Kansas City, MO, *pg.* 329
King, Ged - PPOM - SFW AGENCY, Greensboro, NC, *pg.* 16
King, Matt - NBC, PPOM - SFW AGENCY, Greensboro, NC, *pg.* 16
King, Judith - PPOM - KING & COMPANY, New York, NY, *pg.* 620
King, Scott - Finance, PPOM - KENDAL KING GROUP, Kansas City, MO, *pg.* 188
King, Kendal - PPOM - KENDAL KING GROUP, Kansas City, MO, *pg.* 188
King, Tom - PPOM - 23K STUDIOS, Wayne, PA, *pg.* 23
King, Julie - PPOM - MCILROY & KING, Toronto, ON, *pg.* 484
King, Keith - Operations, PPOM - SCRATCH OFF SYSTEMS, Twinsburg, OH, *pg.* 569
King, Alison - NBC, PPOM - MEDIA PROFILE, Toronto, ON, *pg.* 627
King, Forrest - Creative, NBC, PPOM - JUICE PHARMA WORLDWIDE, New York, NY, *pg.* 93
King, Patrick - PPOM - IMAGINE, Manassas, VA, *pg.* 241
King, David - Finance, PPOM - ANCHOR MEDIA SERVICES, LLC, New City, NY, *pg.* 454
King, Karen - PPOM - SPAWN, Anchorage, AK, *pg.* 648
King, Dan - Creative, PPOM - ZGM COLLABORATIVE MARKETING, Calgary, AB, *pg.* 437
Kingsley, Holly - Operations, PPOM - PACE ADVERTISING AGENCY, INC., New York, NY, *pg.* 124
Kingston, Brian - Finance, PPOM - MODOP, Los Angeles, CA, *pg.* 251
Kinsella, Colin - Operations, PPOM - HAVAS MEDIA GROUP, New York, NY, *pg.* 468
Kinsella, Katie - PPOM - KINNEY + KINSELLA, New York, NY, *pg.* 11
Kinzler Sanders, Lauren - Account Services, PPOM - DITTOE PUBLIC RELATIONS, Indianapolis, IN, *pg.* 597
Kipreos, Erika - Human Resources, Interactive / Digital, PPOM - DROGA5, New York, NY, *pg.* 64
Kirch, Madelyne - NBC, PPOM - SUN & MOON MARKETING COMMUNICATIONS, INC., New York, NY, *pg.* 415
Kirchenbauer, Karen - PPOM - SEYFERTH & ASSOCIATES, INC., Grand Rapids, MI, *pg.* 646
Kirk, Jim - Creative, PPOM - CORPORATE MAGIC INC, Richardson, TX, *pg.* 303
Kirk, Jeffrey - Operations, PPOM - CORPORATE MAGIC INC, Richardson, TX, *pg.* 303
Kirkham, Michael - PPOM - GROUNDTRUTH.COM, New York, NY,

1884

AGENCIES
RESPONSIBILITIES INDEX

pg. 534
Kirsch, Nichole - Media Department, PPOM - TEAM ONE, Dallas, TX, pg. 418
Kirsch, James - PPOM - ABIGAIL KIRSCH, Stamford, CT, pg. 301
Kirshenbaum, Sam - Creative, PPOM - LKH&S, Chicago, IL, pg. 381
Kirshenbaum, Jordan - PPOM - PRIME TIME MARKETING, Glenview, IL, pg. 506
Kirshner, Ben - PPOM - TINUITI, New York, NY, pg. 678
Kirtley, Todd - Interactive / Digital, PPOM - VMLY&R, Kansas City, MO, pg. 274
Kirvin, Dave - PPOM - KIRVIN DOAK COMMUNICATIONS, Las Vegas, NV, pg. 620
Kirwan, Dave - PPOM - TANDEM THEORY, Dallas, TX, pg. 269
Kiss, Patrick - Management, PPOM - BUTLER, SHINE, STERN & PARTNERS, Sausalito, CA, pg. 45
Kissinger, Paul - PPOM - EDSA, Fort Lauderdale, FL, pg. 181
Kitson, Michael - PPM, PPOM - INVNT, New York, NY, pg. 90
Kiyomizu, Ellen - PPOM - SCORCH, LLC, San Francisco, CA, pg. 508
Kjelland, Stacy - NBC, PPOM - ICF NEXT, Minneapolis, MN, pg. 372
Klaassen, Abbey - PPOM - 360I, LLC, New York, NY, pg. 320
Klar, Neil - PPOM - SQAD, INC., Tarrytown, NY, pg. 513
Klassen, Seth - Creative, PPOM - WONDERSAUCE, New York, NY, pg. 205
Klau, Ben - Operations, PPOM - MORTAR ADVERTISING, San Francisco, CA, pg. 117
Klawitter, Christian - NBC, PPOM - BRIGHT DESIGN, Los Angeles, CA, pg. 176
Klee, Leigh Ann - Finance, Operations, PPOM - PACE COMMUNICATIONS, Greensboro, NC, pg. 395
Kleidon, Dennis - PPOM - KLEIDON AND ASSOCIATES, Akron, OH, pg. 95
Kleidon, Rose - Management, PPOM - KLEIDON AND ASSOCIATES, Akron, OH, pg. 95
Kleidon, Kurt - PPOM - KLEIDON AND ASSOCIATES, Akron, OH, pg. 95
Klein, Anne - NBC, PPOM - AKCG PUBLIC RELATIONS COUNSELORS, Glassboro, NJ, pg. 575
Klein, Keith - Creative, PPOM - MILTON SAMUELS ADVERTISING & PUBLIC RELATIONS, New York, NY, pg. 387
Klein, Walt - PPOM - WALT KLEIN ADVERTISING, Denver, CO, pg. 161
Klein, Cheryl - PPOM - WALT KLEIN ADVERTISING, Denver, CO, pg. 161
Klein, Howard - PPOM - LANMARK360, West Long Branch, NJ, pg. 379
Klein, Pam - PPOM - PHOENIX GROUP, Regina, SK, pg. 128
Klein, Bob - Account Planner, PPOM - BLUE CHIP MARKETING & COMMUNICATIONS, Northbrook, IL, pg. 334
Klein, Art - PPOM - MSW RESEARCH,

Westbury, NY, pg. 448
Klein, Peter - PPOM - MSW RESEARCH, Westbury, NY, pg. 448
Klein, Rachel - PPOM - FIRE STARTER STUDIOS, Burbank, CA, pg. 234
Kleinberg, Howie - Interactive / Digital, Operations, PPOM - GLOW, New York, NY, pg. 237
Kleinberg, Adam - PPOM - TRACTION CORPORATION, San Francisco, CA, pg. 271
Kline, Liz - Account Services, PPOM - EISENBERG & ASSOCIATES, Dallas, TX, pg. 181
Kline, Ben - Account Planner, NBC, PPOM - THE DISTILLERY PROJECT, Chicago, IL, pg. 149
Klineberg, David - Account Services, PPOM - RESPONSE MARKETING, New Haven, CT, pg. 133
Kling, Jeff - Creative, PPOM - LIGHTNING ORCHARD, Brooklyn, NY, pg. 11
Klingler, Malika - Human Resources, PPOM - PRR, Seattle, WA, pg. 399
Klochkova, Diana - NBC, Operations, PPOM - REBEL VENTURES INC., Los Angeles, CA, pg. 262
Kloehn, Tim - Creative, PPOM - UTOPIC, Chicago, IL, pg. 428
Kluger, Karen - PPOM - TOUCHPOINT INTEGRATED COMMUNICATIONS, Darien, CT, pg. 520
Klugsberg, David - Operations, PPOM - LA, INC., Toronto, ON, pg. 11
Kluin, Menno - Creative, PPOM - 360I, LLC, New York, NY, pg. 320
Klundt, Darin - PPOM - KLUNDTHOSMER DESIGN, Spokane, WA, pg. 244
Klundt, Jean - Creative, PPOM - KLUNDTHOSMER DESIGN, Spokane, WA, pg. 244
Klunk, Jim - PPOM - KLUNK & MILLAN ADVERTISING, Allentown, PA, pg. 95
Klurfeld, Larry - Operations, PPOM - JOELE FRANK, WILKINSON BRIMMER KATCHER, New York, NY, pg. 617
Knabe, Matt - PPOM - ENGLANDER KNABE & ALLEN, Los Angeles, CA, pg. 602
Knapp, Paul - PPOM - YOUNG & LARAMORE, Indianapolis, IN, pg. 164
Knapp, Daniel - PPOM - LEAP, Louisville, KY, pg. 245
Knecht, Karla - Account Services, Management, Media Department, PPOM - STARCOM WORLDWIDE, Chicago, IL, pg. 513
Kneeland, Chris - PPOM - CULT COLLECTIVE, LTD., Calgary, AB, pg. 178
Knibbs, Andrea - NBC, PPOM - SMITH & KNIBBS, INC., Deerfield Beach, FL, pg. 648
Kniffen, David - PPOM - THE POINT GROUP, Dallas, TX, pg. 152
Knight, Bill - NBC, PPOM - ADAMS & KNIGHT ADVERTISING, Avon, CT, pg. 322
Knight, Linda - Creative, PPOM - OBSERVATORY MARKETING, Los Angeles, CA, pg. 122
Knight, Mary - Creative, PPOM - HYDROGEN, Seattle, WA, pg. 87

Knight, Kristin - PPOM - FILTER, Seattle, WA, pg. 234
Knight, Kristopher - Finance, PPOM - BOOYAH ONLINE ADVERTISING, Denver, CO, pg. 218
Knipp, Greg - PPOM - DIESTE, Dallas, TX, pg. 539
Knobloch, Brett - Media Department, NBC, PPOM - J.G. SULLIVAN INTERACTIVE, INC., Rolling Meadows, IL, pg. 243
Knoles, Claire - Operations, PPOM - KIOSK CREATIVE LLC, Novato, CA, pg. 378
Knott, Martin - PPOM - MC2, Las Vegas, NV, pg. 311
Knox, Don - PPOM - BLAST! PR, Santa Barbara, CA, pg. 584
Knox, Thompson - NBC, PPOM - STEADYRAIN, St. Louis, MO, pg. 267
Knutt, Jim - Creative, PPOM - TROPIC SURVIVAL, North Miami, FL, pg. 156
Ko, Brian - Account Services, Management, PPOM - AUDIENCEX, Marina Del Rey, CA, pg. 35
Kobakof, Harold - PPOM - AGENCY 720, Danbury, CT, pg. 323
Kobe Norris, Deborah - PPOM - BULLSEYE DATABASE MARKETING, Tulsa, OK, pg. 280
Koch, Mark - Administrative, NBC, PPOM - ALTERNATIVES DESIGN, New York, NY, pg. 172
Koch-Beinke, Julie - Creative, PPOM - ALTERNATIVES DESIGN, New York, NY, pg. 172
Kochen, Jonas - Creative, PPOM - VERTIC, New York, NY, pg. 274
Koehler, Jim - Media Department, PPOM - ARMADA MEDICAL MARKETING, Arvada, CO, pg. 578
Koehler, Trish - Finance, PPOM - INSIGHT MARKETING, LLC, Grafton, WI, pg. 616
Koelemij, Olivier - Management, PPOM - MEDIAMONKS, Venice, CA, pg. 249
Koelfgen, Mark - Creative, PPOM - DAVID&GOLIATH, El Segundo, CA, pg. 57
Koeneman, Claire - Finance, Management, NBC, PPOM - BULLY PULPIT INTERACTIVE, Washington, DC, pg. 45
Koenigs, Joel - Interactive / Digital, PPOM - RISDALL MARKETING GROUP, Roseville, MN, pg. 133
Koenigsberg, Bill - Management, PPOM - HORIZON MEDIA, INC., New York, NY, pg. 474
Koepke, Sally - PPOM - MCHALE & KOEPKE COMMUNICATIONS, Chagrin Falls, OH, pg. 111
Koeppel, Peter - PPOM - KOEPPEL DIRECT, Dallas, TX, pg. 287
Koffer, Danielle - Media Department, PPOM - MINDSHARE, New York, NY, pg. 491
Koh, Daniel - Creative, PPOM - AGENDA NYC, New York, NY, pg. 29
Kohen, Daniele - Management, PPOM - MINDSHARE, Playa Vista, CA, pg. 495
Kohler, Kim - Account Services,

RESPONSIBILITIES INDEX — AGENCIES

PPOM - MINDSTREAM MEDIA GROUP - DALLAS, Dallas, TX, *pg.* 496
Kohn, Sam - PPOM - KUBIK, Mississauga, ON, *pg.* 309
Kohn, Elliot - Operations, PPOM - KUBIK, Mississauga, ON, *pg.* 309
Kokes, Steve - Account Planner, PPOM - COATES KOKES, INC., Portland, OR, *pg.* 51
Kokinos, Christopher - Creative, PPOM - CLEAR, New York, NY, *pg.* 51
Kokomoor, Lynnette - Finance, Human Resources, PPOM - BANDY CARROLL HELLIGE, Louisville, KY, *pg.* 36
Kokoris, Jim - Management, PPOM - L.C. WILLIAMS & ASSOCIATES, INC., Chicago, IL, *pg.* 621
Kokot, Rhonda - PPOM - SIMPLE TRUTH, Chicago, IL, *pg.* 198
Kolada, Paul - Creative, PPOM - PRIORITY DESIGNS, INC., Columbus, OH, *pg.* 195
Kolakowski, Eve - PPOM - RYMAX MARKETING SERVICES, Pine Brook, NJ, *pg.* 569
Kolano, Bill - PPOM - KOLANO DESIGN, INC., Pittsburgh, PA, *pg.* 189
Kolb, Bill - PPOM - MRM//MCCANN, New York, NY, *pg.* 289
Kolb, Austin - Creative, PPOM - THE EVOKE GROUP, Columbia, MO, *pg.* 270
Kolidas, Andrew - PPOM - DIGITAL IMPULSE, Watertown, MA, *pg.* 225
Kolkey, Sandor - Account Services, PPOM - EPSILON, Chicago, IL, *pg.* 283
Kollar, Mark - PPOM - PROSEK PARTNERS, New York, NY, *pg.* 639
Kollin, Jimmy - Creative, PPOM - DP+, Farmington Hills, MI, *pg.* 353
Kolmer, Floyd - NBC, PPOM - AD MARK SERVICES, Seattle, WA, *pg.* 441
Kolodij, Cat - Account Services, Management, Operations, PPOM - FALLS COMMUNICATIONS, Cleveland, OH, *pg.* 357
Kolomer, Brenna - Account Services, PPOM - MEDIACOM, New York, NY, *pg.* 487
Koltai-Levine, Marian - NBC, PPOM - ROGERS & COWAN/PMK*BNC, New York, NY, *pg.* 644
Koman, Liz - Media Department, PPOM - MANIFEST, New York, NY, *pg.* 248
Konikoff, Anton - PPOM - ACRONYM MEDIA, New York, NY, *pg.* 671
Kontiainen, Tuire - Creative, Operations, PPOM - BRIGHT DESIGN, Los Angeles, CA, *pg.* 176
Kontos, Anastasia - PPOM - LONGWATER ADVERTISING, Savannah, GA, *pg.* 101
Koontz Bayliss, Kim - PPOM - GRAYLING USA, Washington, DC, *pg.* 610
Koopman, Ken - PPOM - KOOPMAN OSTBO INC., Portland, OR, *pg.* 378
Kopilak, John - Creative, PPOM - O2KL, New York, NY, *pg.* 121
Kopp, Jonathan - Interactive / Digital, Media Department, PPOM - GLOVER PARK GROUP, New York, NY, *pg.* 608

Kopsick, Wendi - PPOM - KEKST & COMPANY, INC., New York, NY, *pg.* 619
Kopytman, Maya - PPOM - C&G PARTNERS, LLC, New York, NY, *pg.* 176
Korenfeld, Oleg - Interactive / Digital, Media Department, PPOM, Programmatic - TROIKA/MISSION GROUP, Los Angeles, CA, *pg.* 20
Korian, Peter - PPOM - IOMEDIA, INC., New York, NY, *pg.* 90
Kormushoff, Mike - Account Services, PPOM - ST&P COMMUNICATIONS, INC., Fairlawn, OH, *pg.* 412
Korn-Hauschild, Andy - PPOM - KORN HYNES ADVERTISING, Morristown, NJ, *pg.* 95
Korner, Karen - PPOM - DAS GROUP, Pembroke Pines, FL, *pg.* 84
Kornyk, Sheldon - PPOM - CRM UNLEASHED, Abbotsford, BC, *pg.* 167
Kornyk, Colleen - Finance, Management, PPOM - CRM UNLEASHED, Abbotsford, BC, *pg.* 167
Korpela, Kathy - NBC, PPOM - MAIN EVENT MARKETING, Niwot, CO, *pg.* 310
Korshak, Margie - PPOM - MARGIE KORSHAK, INC., Chicago, IL, *pg.* 105
Kosa Townsend, Emily - Operations, PPOM - BRAINS ON FIRE, Greenville, SC, *pg.* 691
Kosstrin, Jane - Creative, PPOM - DOUBLESPACE, New York, NY, *pg.* 180
Kosydar, John - PPOM - EAST BANK COMMUNICATIONS, Portland, OR, *pg.* 353
Kotcher, Ray - PPOM - KETCHUM, New York, NY, *pg.* 542
Kotin, Meryl - Finance, PPOM - VERTICAL MARKETING NETWORK, Tustin, CA, *pg.* 247
Kottkamp, Rob - Creative, PPOM - PARTNERS + NAPIER, Rochester, NY, *pg.* 125
Kotziagkiaouridis, Yannis - Analytics, Interactive / Digital, Management, PPOM - EDELMAN, Dallas, TX, *pg.* 600
Kough, Dan - NBC, PPOM, Public Relations - PARADIGM SHIFT WORLDWIDE, INC., Northridge, CA, *pg.* 313
Kourtis, Spyro - PPOM - HACKERAGENCY, Seattle, WA, *pg.* 284
Koury, Ernest - PPOM - TACO TRUCK CREATIVE, Carlsbad, CA, *pg.* 145
Kovacs, Matt - Management, NBC, PPOM - BLAZE, Santa Monica, CA, *pg.* 584
Kovalik, Ian - Creative, PPOM - MEKANISM, San Francisco, CA, *pg.* 112
Kovan, Aaron - NBC, PPM, PPOM - VAYNERMEDIA, New York, NY, *pg.* 689
Kovant, Arie - PPOM - CATCH NEW YORK, New York, NY, *pg.* 340
Kovick, Tim - Creative, PPOM - CORPORATE COMMUNICATIONS, Nashville, TN, *pg.* 593
Kowalchek, Scott - PPOM - DIRECTAVENUE, INC., Carlsbad, CA, *pg.* 282

Kowalczyk, Patrick - NBC, PPOM - PKPR, New York, NY, *pg.* 637
Kowalewski, Cathy - Finance, PPOM - GKV, Baltimore, MD, *pg.* 364
Kozak, Tina - NBC, PPOM - FRANCO PUBLIC RELATIONS GROUP, Detroit, MI, *pg.* 606
Koziarski, Anthony - Media Department, PPOM - PHD USA, New York, NY, *pg.* 505
Kracoe, Roland - PPOM - KRACOE SZYKULA & TOWNSEND INC., Troy, MI, *pg.* 96
Kraft, Alan - Finance, PPOM - MEDIA HORIZONS, INC., Norwalk, CT, *pg.* 288
Krakowsky, Philippe - Account Planner, Human Resources, Operations, PPOM - INTERPUBLIC GROUP OF COMPANIES, New York, NY, *pg.* 90
Kramer, John - NBC, PPOM - ICON INTERNATIONAL, INC., Greenwich, CT, *pg.* 476
Kramer, Mya - PPOM - THE M-LINE, San Francisco, CA, *pg.* 201
Kramer, Ross - PPOM - LISTRAK, Lititz, PA, *pg.* 246
Kramer, Howard - Operations, PPOM - LISTRAK, Lititz, PA, *pg.* 246
Kramer, Chris - PPOM - HOUSE OF KAIZEN, New York, NY, *pg.* 239
Kramer, Sarah - Account Planner, Account Services, NBC, Operations, PPOM - SPARK FOUNDRY, New York, NY, *pg.* 508
Kramer, Weezie - Operations, PPOM - ENTERCOM COMMUNICATIONS CORP., Bala Cynwyd, PA, *pg.* 551
Kramer, Spence - PPOM - WUNDERMAN THOMPSON ATLANTA, Atlanta, GA, *pg.* 435
Kranhold, Paul - PPOM - SARD VERBINNEN & CO, San Francisco, CA, *pg.* 646
Kraus, Margery - PPOM - APCO WORLDWIDE, Washington, DC, *pg.* 578
Kraus, Evan - Interactive / Digital, PPOM - APCO WORLDWIDE, Washington, DC, *pg.* 578
Kraus, Stephen - Creative, PPOM - BAM CONNECTION, Brooklyn, NY, *pg.* 2
Krause, Elaine - Creative, PPOM - GYK ANTLER, Manchester, NH, *pg.* 368
Krause, Candace - PPOM - KRAUSE ADVERTISING, Dallas, TX, *pg.* 379
Krauss, Ken - Creative, PPOM - CD&M COMMUNICATIONS, Portland, ME, *pg.* 49
Krawitz, Alex - PPOM - FIRSTBORN, New York, NY, *pg.* 234
Kreber, Jack - PPOM - KREBER, Columbus, OH, *pg.* 379
Kreber, Jim - PPOM - KREBER, Columbus, OH, *pg.* 379
Krebsbach, Kay - NBC, PPOM - RS & K, Madison, WI, *pg.* 408
Krediet, Caroline - Account Services, Media Department, PPOM - FIG, New York, NY, *pg.* 73
Kreft, Denis - Account Services, NBC, PPOM - IMAGINASIUM, Green Bay, WI, *pg.* 89
Kreichman, Harris - NBC, PPOM -

AGENCIES
RESPONSIBILITIES INDEX

ETARGETMEDIA, Coconut Creek, FL, pg. 283
Kreicker, Clay - NBC, PPOM - TSA COMMUNICATIONS, Warsaw, IN, pg. 157
Krensky, Andrew - Account Services, Management, NBC, PPOM - OMELET, Culver City, CA, pg. 122
Kreps, Israel - PPOM - KREPS & DEMARIA, Miami, FL, pg. 620
Kress, Ken - PPOM - BDS MARKETING, INC., Irvine, CA, pg. 566
Kress, Robyn - PPOM - AUGUST JACKSON, Baltimore, MD, pg. 302
Kress, Leja - PPOM - SWEDEN UNLIMITED, New York, NY, pg. 268
Kriefski, Mike - Creative, PPOM - SHINE UNITED, Madison, WI, pg. 140
Krieger, Peter - Finance, Operations, PPOM - LIGHTBOX OOH VIDEO NETWORK, New York, NY, pg. 553
Krieger, Joel - Creative, PPOM - SECOND STORY INTERACTIVE, Portland, OR, pg. 265
Krieger, Caroyln - PPOM - CKC AGENCY, Farmington Hills, MI, pg. 590
Krischik, Danielle - PPOM, Public Relations - KNIGHT, Orlando, FL, pg. 95
Kristmanson, Danielle - Creative, PPOM - ORIGIN DESIGN + COMMUNICATIONS, Whistler, BC, pg. 123
Kristofek, Brian - PPOM - UPSHOT, Chicago, IL, pg. 157
Krochka, Rick - PPOM - TRIAD/NEXT LEVEL, Cuyahoga Falls, OH, pg. 156
Kroencke, Dave - NBC, PPOM - THE RICHARDS GROUP, INC., Dallas, TX, pg. 422
Krogue, Ken - PPOM - INSIDESALES.COM, Provo, UT, pg. 168
Kroll, Russell - PPOM - FORMATION DESIGN GROUP, Atlanta, GA, pg. 183
Kron, Stephen - Finance, PPOM - KREBER, Columbus, OH, pg. 379
Krone, Jim - Creative, PPOM - CHAMELEON DESIGN GROUP, Milford, MA, pg. 177
Kropp, Jeane - Account Planner, NBC, PPOM - HIEBING, Madison, WI, pg. 85
Krubich, Louis - PPOM - MALKA, Jersey City, NJ, pg. 562
Kruger, Kim - Media Department, PPOM - HIGH TIDE CREATIVE, Bridgeton, NC, pg. 85
Kruisbrink, Will - Account Services, PPOM, Public Relations - WALKER SANDS COMMUNICATIONS, Chicago, IL, pg. 659
Krull, Steve - PPOM - BFO, Chicago, IL, pg. 217
Krupp, David - NBC, PPOM - BILLUPS WORLDWIDE, Lake Oswego, OR, pg. 550
Krupp-Lisiten, Heidi - PPOM - KRUPP KOMMUNICATIONS, New York, NY, pg. 686
Krupski, Andy - PPOM - THE HIVE STRATEGIC MARKETING, Toronto, ON, pg. 420
Kruse, Stephanie - PPOM - KPS3 MARKETING AND COMMUNICATIONS, Reno, NV, pg. 378
Kruse, Scott - Media Department, PPM, PPOM - GROUPM, New York, NY, pg. 466
Kruskopf, Sue - PPOM - KRUSKOPF & COMPANY, Minneapolis, MN, pg. 96
Krzastek, Marcus - Management, PPOM - VAYNERMEDIA, New York, NY, pg. 689
Krzysko, Tony - PPOM - EXCLAIM!, Palatine, IL, pg. 182
Ku, Rita - Analytics, PPOM - RAUXA, New York, NY, pg. 291
Kubic, Joe - PPOM - ADCOM COMMUNICATIONS, INC., Cleveland, OH, pg. 210
Kubicki, Ania - PPOM, Public Relations - KNOODLE SHOP, Phoenix, AZ, pg. 95
Kucera, Michael - Operations, PPOM - ZEHNER, Los Angeles, CA, pg. 277
Kucharski, Matt - PPOM - PADILLA, Minneapolis, MN, pg. 635
Kuchta, Joe - PPOM - SANDBOX, Chicago, IL, pg. 138
Kucinsky, Ted - Creative, NBC, PPOM - CATALYST MARKETING DESIGN, Fort Wayne, IN, pg. 340
Kuehnle, Greg - PPOM - WRK ADVERTISING, Toledo, OH, pg. 163
Kuhl, Dave - Account Services, PPOM - KUHL SWAINE, Saint Louis, MO, pg. 11
Kuhn, Richard - NBC, PPOM - RK VENTURE, Albuquerque, NM, pg. 197
Kuhn, Buddy - Interactive / Digital, PPOM - RESULTS DRIVEN MARKETING, Wichita, KS, pg. 291
Kuhn, Michelle - PPOM - AEFFECT, INC., Deerfield, IL, pg. 441
Kuhn, Keegan - PPOM - REALTYADS, Chicago, IL, pg. 132
Kujovich, Kurt - PPOM - SET CREATIVE, New York, NY, pg. 139
Kula, Ken - Finance, PPOM - ELEVEN, INC., San Francisco, CA, pg. 67
Kulesa, Joanna - PPOM - OFFLEASH, San Mateo, CA, pg. 633
Kulhmann-Leavitt, Deanna - Creative, PPOM - KUHLMANN LEAVITT, Saint Louis, MO, pg. 189
Kulkarni, Shivani - Account Services, Media Department, PPOM - UNIVERSAL MCCANN, New York, NY, pg. 521
Kumar, Sunil - Operations, PPOM - GROUNDTRUTH.COM, New York, NY, pg. 534
Kumar, Arun - Interactive / Digital, NBC, PPOM - IPG MEDIABRANDS, New York, NY, pg. 480
Kunhardt, Tim - PPOM - Z-CARD NORTH AMERICA, New York, NY, pg. 294
Kuperman, Craig - PPOM - OGK CREATIVE, Del Ray Beach, FL, pg. 14
Kuperschmid, Bruce - Media Department, PPOM - BROADCAST TIME, INC., Lido Beach, NY, pg. 457
Kurek, Ken - Account Services, NBC, PPOM - QUINT EVENTS, Charlotte, NC, pg. 314
Kurz, Don - PPOM - OMELET, Culver City, CA, pg. 122
Kushner, Lauren - Interactive / Digital, PPOM - KETTLE, New York, NY, pg. 244
Kuslansky, Eli - Interactive / Digital, NBC, PPOM - UNIFIED FIELD, New York, NY, pg. 273
Kutscher, Ryan - Creative, PPOM - CIRCUS MAXIMUS, New York, NY, pg. 50
Kwartler, Henry - NBC, PPOM - KEA ADVERTISING, Valley Cottage, NY, pg. 94
Kwittken, Aaron - PPOM - KWT GLOBAL, New York, NY, pg. 621
Kwon, Lawrence - NBC, PPOM - SAESHE ADVERTISING, Los Angeles, CA, pg. 137
L'Archeveque, Benoit - PPOM - GENERATION, Montreal, QC, pg. 362
La Cruz, Camilo - Account Planner, PPOM - SPARKS & HONEY, New York, NY, pg. 450
LaBelle, William - Management, PPOM - LABELLE BARIN ADVERTISING, Saint Louis Park, MN, pg. 379
Labonte, Bobby - PPOM - BREAKING LIMITS MARKETING, LLC., High Point, NC, pg. 303
LaBov, Barry - PPOM - LABOV MARKETING & TRAINING, Fort Wayne, IN, pg. 379
Laboy, Pedro - Interactive / Digital, NBC, PPOM - WAVEMAKER, New York, NY, pg. 526
Lacallade, Dawn - NBC, PPOM - LIVEWORLD, San Jose, CA, pg. 246
Lachance, Troy - Creative, Interactive / Digital, PPOM - BLUECADET INTERACTIVE, Philadelphia, PA, pg. 218
Lackey, Melissa - PPOM - THE STANDING PARTNERSHIP, Saint Louis, MO, pg. 655
Lackey, Sean - NBC, PPOM - DROGA5, New York, NY, pg. 64
Lackie, Matthew - Management, PPOM - GOLIN, San Francisco, CA, pg. 609
Lacour, John - Account Services, Interactive / Digital, NBC, Operations, PPOM - DMN3, Houston, TX, pg. 230
Lacroix, Jean-Pierre - NBC, PPOM - SHIKATANI LACROIX BRANDESIGN, INC., Toronto, ON, pg. 198
Ladden, Andrew - Creative, NBC, PPOM - MADRAS GLOBAL, New York, NY, pg. 103
Lael, Tony - NBC, PPOM - FANNIT INTERNET MARKETING SERVICES, Everett, WA, pg. 357
Laermer, Richard - PPOM - RLM PUBLIC RELATIONS, New York, NY, pg. 643
Lafferty, Tyler - PPOM - SEVEN2 INTERACTIVE, Spokane, WA, pg. 265
Laffey, June - Creative, PPOM - MCCANN HEALTH NEW YORK, New York, NY, pg. 108
Lafond, Dave - Creative, Management, Media Department, PPOM, Public Relations - NO FIXED ADDRESS INC., Toronto, ON, pg. 120
LaForce, James - PPOM - LAFORCE, New York, NY, pg. 621
Lafortezza, Jr., Michael - PPOM -

RESPONSIBILITIES INDEX — AGENCIES

LAM DESIGN ASSOCIATES, INC., Pleasantville, NY, *pg.* 189
Lagace, Renee - Management, PPOM - HEALTHWISE CREATIVE RESOURCE GROUP, Toronto, ON, *pg.* 83
Lagana, Gregory - PPOM - QORVIS COMMUNICATIONS, LLC, Washington, DC, *pg.* 640
Lageson, Ernie - Creative, Management, PPOM - HAVAS WORLDWIDE SAN FRANCISCO, San Francisco, CA, *pg.* 370
Lagrotte, Arnaud - Creative, PPOM - EQUANCYNO11, INC., New York, NY, *pg.* 182
Laird, Trey - Creative, PPOM - LAIRD + PARTNERS, New York, NY, *pg.* 96
Lake, Ryan - PPOM - LAKE GROUP MEDIA, INC., Armonk, NY, *pg.* 287
Lake, Karen - Operations, PPOM - LAKE GROUP MEDIA, INC., Armonk, NY, *pg.* 287
Lake, Jeff - Management, PPOM - PUNCH COMMUNICATIONS, Toronto, ON, *pg.* 640
Lake, Anne - Account Services, PPOM - BLUE BEAR CREATIVE, Denver, CO, *pg.* 40
Lally, Megan - Account Services, PPOM - HIGHDIVE, Chicago, IL, *pg.* 85
Lam, John - Creative, PPOM - LAM ANDREWS, Nashville, TN, *pg.* 379
Lam, Joe - PPOM - L3 ADVERTISING INC., New York, NY, *pg.* 542
Lambert, Luke - NBC, PPOM - GIBBS & SOELL, INC., New York, NY, *pg.* 607
Lambert, Jeff - PPOM - LAMBERT EDWARDS & ASSOCIATES INC., Grand Rapids, MI, *pg.* 621
Lambert, Jeff - PPOM - ADVENTIVE, INC., Rochester, NY, *pg.* 211
Lambert, Frank - PPOM - ACTON INTERNATIONAL, LTD., Lincoln, NE, *pg.* 279
Lambie, Madeline - Creative, PPOM - DUNCAN CHANNON, San Francisco, CA, *pg.* 66
Lambrechts, Robert - Creative, PPOM - PEREIRA & O'DELL, San Francisco, CA, *pg.* 256
LaMere, Eva - NBC, PPOM - AUSTIN & WILLIAMS ADVERTISING, Hauppauge, NY, *pg.* 328
Lamm, Dawn - Finance, PPOM - SPACE150, Minneapolis, MN, *pg.* 266
Lamond, Nikki - Operations, PPOM - MISSION MEDIA, LLC, Baltimore, MD, *pg.* 115
Lamont, Claire - PPOM - SMAK, Vancouver, BC, *pg.* 692
Lamson, Newton - PPOM - DONLEY COMMUNICATIONS CORPORATION, New York, NY, *pg.* 598
Lancaster, Eric - PPOM - ERIC ROB & ISAAC, Little Rock, AR, *pg.* 68
Lancaster, Todd - Creative, PPOM - GODO DISCOVERY COMPANY, Dallas, TX, *pg.* 77
Land, Peter - PPOM, Public Relations - FINSBURY, New York, NY, *pg.* 604
Landau, Phillip - Interactive /

Digital, PPOM - MARKETPLACE, St.Louis, MO, *pg.* 105
Landau, Tracy - NBC, PPOM - MARKETPLACE, St.Louis, MO, *pg.* 105
Landgraf, Kirk - Media Department, PPOM - UNIVERSAL MCCANN, San Francisco, CA, *pg.* 428
Landis, David - PPOM - LANDIS COMMUNICATIONS INC., San Francisco, CA, *pg.* 621
Landolt, Mark - PPOM - THE MARKETING STORE WORLDWIDE, Chicago, IL, *pg.* 421
Landrum, Don - PPOM - SOURCELINK, LLC, Madison, MS, *pg.* 292
Landry, Marc - NBC, PPOM - ACCURATE DESIGN & COMMUNICATION, INC., Ottawa, ON, *pg.* 171
Landry, Rod - Finance, PPOM - GO! EXPERIENCE DESIGN, New York, NY, *pg.* 307
Landsberg, Marc - PPOM - SOCIALDEVIANT, LLC, Chicago, IL, *pg.* 688
Lane, Beau - PPOM - LANETERRALEVER, Phoenix, AZ, *pg.* 245
Lane, David Alan - PPOM - LEVLANE ADVERTISING, Philadelphia, PA, *pg.* 380
Lane, Josh - Account Planner, Account Services, PPOM - FEREBEELANE, Greenville, SC, *pg.* 358
Lane, Robert - PPOM - CARLETON PUBLIC RELATIONS INC., Huntsville, AL, *pg.* 588
Lang, David - Interactive / Digital, Media Department, PPOM - MINDSHARE, New York, NY, *pg.* 491
Lang, Graham - Creative, PPOM - JUNIPER PARK\ TBWA, Toronto, ON, *pg.* 93
Langan, Jay - PPOM - OCEAN MEDIA, INC., Huntington Beach, CA, *pg.* 498
Langbein, John - PPOM - QUINT EVENTS, Charlotte, NC, *pg.* 314
Lange, Chris - Creative, PPOM - MONO, Minneapolis, MN, *pg.* 117
Langer, Taryn - PPOM - MOXIE COMMUNICATIONS GROUP, New York, NY, *pg.* 628
Langs, Andy - Interactive / Digital, PPOM - MCCANN CANADA, Toronto, ON, *pg.* 384
Langton, Cleve - NBC, PPOM - BRODEUR PARTNERS, New York, NY, *pg.* 586
Langton-Yanowitz, Reed - Interactive / Digital, PPOM - ROCKET55, Minneapolis, MN, *pg.* 264
Langway, Doug - PPOM - SHARPLEFT, INC., New York, NY, *pg.* 299
Lannert, Jason - Account Planner, Analytics, Creative, NBC, PPOM - MA3 AGENCY, New York, NY, *pg.* 190
Lannert, Amanda - PPOM - JELLYVISION LAB, Chicago, IL, *pg.* 377
Lansbury, Jim - Creative, PPOM - RP3 AGENCY, Bethesda, MD, *pg.* 408
Lansford, Wendell - PPOM - WYNG, New York, NY, *pg.* 276
Lantz, Rose - Finance, Human Resources, PPOM - WHITE GOOD &

COMPANY, INC., Lancaster, PA, *pg.* 430
Lanuto, Frank - Finance, PPOM - MDC PARTNERS, INC., New York, NY, *pg.* 385
Laplante, Jocelyn - Creative, PPOM - ATELIER DU PRESSE-CITRON, Montreal, QC, *pg.* 173
LaPlume, Chandra - PPM, PPOM - TAILLIGHT TV, Nashville, TN, *pg.* 315
Lappin, Reid - PPOM - VOKAL INTERACTIVE, Chicago, IL, *pg.* 275
Lara, Victoria - PPOM - LARA MEDIA SERVICES, LLC, Portland, OR, *pg.* 379
Lara, Antonio - NBC, PPOM - LARA MEDIA SERVICES, LLC, Portland, OR, *pg.* 379
Laracy, Susannah - Account Services, PPOM - DAILEY & ASSOCIATES, West Hollywood, CA, *pg.* 56
Laraia, Vincent - PPOM - TRADE X PARTNERS, New York, NY, *pg.* 156
Laramie, John - PPOM - PROJECT X, New York, NY, *pg.* 556
Laramie, Clayton - Account Services, PPOM - CLIXO, Denver, CO, *pg.* 221
Lardner, Timothy - PPOM - PMG, Fort Worth, TX, *pg.* 257
Lareau, Liz - PPOM - BAWDEN & LAREAU PUBLIC RELATIONS, Bettendorf, IA, *pg.* 685
Laredo, Leslie - PPOM - THE LAREDO GROUP, INC., West Palm Beach, FL, *pg.* 270
Larkin, Stephen - Account Services, Interactive / Digital, Management, NBC, PPOM - R/GA, Los Angeles, CA, *pg.* 261
LaRochelle, Lisa - Creative, PPOM - EMERSON, WAJDOWICZ STUDIOS, INC., New York, NY, *pg.* 181
LaRock, Marta - Account Planner, Media Department, PPOM - RED FUSE COMMUNICATIONS, New York, NY, *pg.* 404
LaRoe, Bill - Operations, PPOM - M:UNITED//MCCANN, New York, NY, *pg.* 102
Larrauri, Nicole - NBC, PPOM - EGC MEDIA GROUP, INC., Melville, NY, *pg.* 354
Larson, Fred - Media Department, PPOM - TWENTYSIX2 MARKETING, Atlanta, GA, *pg.* 678
Larson, Kraig - Creative, PPOM - CICERON, Minneapolis, MN, *pg.* 220
Larter, Brian - PPOM - THE MARKETING GARAGE, Aurora, ON, *pg.* 420
Lasky, Jeremy - PPOM - PERCEPTION NYC, New York, NY, *pg.* 194
Lassen, Donna - Finance, PPOM - THE POINT GROUP, Dallas, TX, *pg.* 152
Laste, Lou - PPOM - BRANDWARE PUBLIC RELATIONS, INC., Atlanta, GA, *pg.* 585
Laster, Nancy - PPOM - CULTURESPAN MARKETING, El Paso, TX, *pg.* 594
Latcha, David - PPOM - LATCHA+ASSOCIATES, Farmington

AGENCIES
RESPONSIBILITIES INDEX

Hills, MI, pg. 168
Lattimer, Sarah - PPOM - METRICS MARKETING, Atlanta, GA, pg. 114
Laub, Robert - Finance, PPOM - BLUE STATE DIGITAL, New York, NY, pg. 335
Laucella, Ralph - NBC, PPM, PPOM - O POSITIVE FILMS, New York, NY, pg. 563
Laughlin, Chris - PPOM - LMO ADVERTISING, Arlington, VA, pg. 100
Laughlin, Scott - Account Planner, Account Services, PPOM - LMO ADVERTISING, Arlington, VA, pg. 100
Laughlin, Steve - PPOM - LAUGHLIN CONSTABLE, INC., Chicago, IL, pg. 380
Laughlin, Nicole - PPOM - HAVAS WORLDWIDE CHICAGO, Chicago, IL, pg. 82
Laukkanen, Lisa - PPOM - THE BLUESHIRT GROUP, San Francisco, CA, pg. 652
Laul, Ryan - PPOM - OUTDOOR MEDIA GROUP, Jersey City, NJ, pg. 554
Laungaue, Aisea - Account Planner, NBC, PPOM - ANOMALY, Venice, CA, pg. 326
Laurent, Louis - NBC, PPOM - ZLR IGNITION, Des Moines, IA, pg. 437
Laurenzo, David - PPOM - DAVID JAMES GROUP, Oakbrook Terrace, IL, pg. 348
Laurie, Anita-Marie - Account Services, NBC, PPOM - SITRICK AND COMPANY, INC., Los Angeles, CA, pg. 647
Lauritsen, Peggy - PPOM - PEGGY LAURITSEN DESIGN GROUP, Minneapolis, MN, pg. 194
Lausen, Marcia - PPOM - STUDIO/LAB, Chicago, IL, pg. 200
Laux, Kelly - PPOM - HOT OPERATOR, Oshkosh, WI, pg. 9
Laux, Mark - PPOM - HOT OPERATOR, Oshkosh, WI, pg. 9
Laux, Steven - Creative, PPOM - FORT GROUP, INC., Richfield Park, NJ, pg. 359
Lavecchia, Renee - Account Services, Management, PPOM - VMLY&R, Miami, FL, pg. 160
LaVecchia, Vince - NBC, PPOM - INSTRUMENT, Portland, OR, pg. 242
Lavenhar, Paul - PPOM - PL COMMUNICATIONS, Scotch Plains, NJ, pg. 128
Lavenski, Susan - PPOM - CHARLES RYAN ASSOCIATES, INC. , Charleston, WV, pg. 590
Laverty, Marilyn - NBC, PPOM - SHORE FIRE MEDIA, Brooklyn, NY, pg. 647
Lavidge, Bill - PPOM - THE LAVIDGE COMPANY, Phoenix, AZ, pg. 420
Law, Garrett - Operations, PPOM - ATTENTION SPAN MEDIA, LLC, Los Angeles, CA, pg. 214
Law, Tyson - Creative, PPOM - ATTENTION SPAN MEDIA, LLC, Los Angeles, CA, pg. 214
Law, Michael - Finance, PPOM - WAVEMAKER, New York, NY, pg. 526
Law, Darrell - PPOM - INFINITY CONCEPTS, Export, PA, pg. 285
Law-Gisiko, Peter - Finance, PPOM - VMLY&R, New York, NY, pg. 160
Lawal, Elizabeth - Media Department, PPOM - KELLY, SCOTT & MADISON, INC., Chicago, IL, pg. 482
Lawlor, John - PPOM - VESTCOM , Little Rock, AR, pg. 571
Lawrence, Jeff - Finance, PPOM - BLR FURTHER, Birmingham, AL, pg. 334
Lawrence, Tom - PPOM - DVL SEIGENTHALER, Nashville, TN, pg. 599
Lawrence, Mike - Management, NBC, PPOM, Public Relations, Social Media - CONE, INC., Boston, MA, pg. 6
Lawrence, Scott - PPOM - LAWRENCE & SCHILLER, Sioux Falls, SD, pg. 97
Lay, Guy - PPOM - GRP MEDIA, INC., Chicago, IL, pg. 467
Lay, John - PPOM - GEORGE LAY SIGNS, INC., Wichita, KS, pg. 552
Layne, Michael - Account Services, PPOM - MARX LAYNE & COMPANY, Farmington Hills, MI, pg. 626
Lazarenko, David - Account Services, PPOM - THINK SHIFT, INC., Winnipeg, MB, pg. 270
Lazarus, Shelly - PPOM - OGILVY, New York, NY, pg. 393
Lazarus, Brian - Interactive / Digital, PPOM - MEDIA STAR PROMOTIONS, Hunt Valley, MD, pg. 112
Lazkani, Nancy - PPOM - ICON MEDIA DIRECT, Sherman Oaks, CA, pg. 476
Le, Minh - Interactive / Digital, PPOM - DAILEY & ASSOCIATES, West Hollywood, CA, pg. 56
Le Bos, Nathalie - Finance, PPOM - PUBLICIS HEALTH, New York, NY, pg. 639
Leach, Stephanie - Interactive / Digital, PPOM - TALLWAVE, Scottsdale, AZ, pg. 268
Leahy, Joe - Creative, PPOM - HUGHESLEAHYKARLOVIC, Saint Louis, MO, pg. 372
Leahy, Leeann - Management, PPOM - THE VIA AGENCY, Portland, ME, pg. 154
Leake, William - PPOM - APOGEE RESULTS, Austin, TX, pg. 672
Lear, Eric - NBC, Operations, PPOM - MAHALO SPIRITS GROUP, Delray Beach, FL, pg. 13
Learned, Jim - PPOM - ELEVATION, LTD, Washington, DC, pg. 540
LeBeau, Michael - Management, PPOM - SCRUM50, South Norwalk, CT, pg. 409
LeBeau, Jeff - PPOM - WRL ADVERTISING, Canton, OH, pg. 163
Lebow, Brad - PPOM - HORICH HECTOR LEBOW ADVERTISING, Hunt Valley, MD, pg. 87
Lebowitz, Michael - PPOM - BIG SPACESHIP, Brooklyn, NY, pg. 455
Lecceadone, Tyler - Account Services, Management, PPOM - SEYFERTH & ASSOCIATES, INC., Grand Rapids, MI, pg. 646
Lechleiter, Paul - Creative, PPOM - FRCH DESIGN WORLDWIDE, Cincinnati, OH, pg. 184
Lechner-Becker, Andrea - NBC, PPOM - LEADMD, Scottsdale, AZ, pg. 380
Lechter Botero, Alida - Operations, PPOM, Research - NEW WORLD GLOBAL RESEARCH, Miami, FL, pg. 448
Lechter Rey, Adrian - PPOM - NEW WORLD GLOBAL RESEARCH, Miami, FL, pg. 448
Leckner, Rick - PPOM - MAISONBRISON, Montreal, QC, pg. 624
Ledbetter, Newell - PPOM - NEWELL LEDBETTER ADVERTISING, Colorado Springs, CO, pg. 120
Leddy, Colleen - Account Planner, Media Department, NBC, PPOM - DROGA5, New York, NY, pg. 64
Leddy, Pete - PPOM - OTTO DESIGN & MARKETING, Norfolk, VA, pg. 124
Ledermann, Lora - Creative, PPOM - SCREAM AGENCY, LLC, Denver, CO, pg. 139
LeDoux, B. C. - Creative, PPOM - NOBLE STUDIOS, Reno, NV, pg. 254
Leduc, Michele - Creative, PPOM - ZIP COMMUNICATION, Montreal, QC, pg. 21
Lee, Kevin - PPOM - ADASIA, Englewood Cliffs, NJ, pg. 26
Lee, Spike - PPOM - SPIKE DDB, Brooklyn, NY, pg. 143
Lee, Lawrence - Creative, PPOM - L3 ADVERTISING INC., New York, NY, pg. 542
Lee, Sandra - NBC, PPOM - ES ADVERTISING, Los Angeles, CA, pg. 540
Lee, Phil - NBC, PPOM - J.T. MEGA, INC., Minneapolis, MN, pg. 91
Lee, Ann - Account Services, NBC, PPOM - THE LEE GROUP, Houston, TX, pg. 420
Lee, Kevin - PPOM - DIDIT.COM, Melville, NY, pg. 673
Lee, Ben - PPOM - SCHIFINO LEE ADVERTISING, Tampa, FL, pg. 139
Lee, Ken - Finance, PPOM - MEDIACOM CANADA, Toronto, ON, pg. 489
Lee, Daryl - PPOM - UNIVERSAL MCCANN, New York, NY, pg. 521
Lee, Jason - Interactive / Digital, Media Department, PPOM - HORIZON MEDIA, INC., Los Angeles, CA, pg. 473
Lee, Vong - Creative, PPOM - BROGAN & PARTNERS , Birmingham, MI, pg. 538
Lee, Jonathan - Account Planner, Account Services, Management, NBC, Operations, PPOM - GREY GROUP, New York, NY, pg. 365
Lee, Thomas - PPOM, Public Relations - ZOZIMUS AGENCY, Boston, MA, pg. 665
Lee, Sandy - Account Services, PPOM - POSTERSCOPE U.S.A., New York, NY, pg. 556
Lee, Diana - PPOM - CONSTELLATION AGENCY, New York, NY, pg. 221
Lee, Bruce - Creative, NBC, PPOM - IPNY, New York, NY, pg. 90
Lee, Adrienne T. - PPOM - BEACON

RESPONSIBILITIES INDEX — AGENCIES

HEALTHCARE COMMUNICATIONS, Bedminster, NJ, *pg.* 38
Lee, Matt - PPOM - BAYARD BRADFORD, Houston, TX, *pg.* 215
Lee De Freitas, Gina - Operations, PPOM - IMM, Boulder, CO, *pg.* 373
Leesman, Tim - PPOM - SIMANTEL GROUP, Peoria, IL, *pg.* 142
LeFauve, Bryan - Operations, PPOM - FARM, Lancaster, NY, *pg.* 357
Lefebure, Jake - PPOM - DESIGN ARMY LLC, Washington, DC, *pg.* 179
Lefebure, Pum - Creative, PPOM - DESIGN ARMY LLC, Washington, DC, *pg.* 179
Lefferts, Jon - Management, Media Department, PPOM - UNIVERSAL MCCANN, New York, NY, *pg.* 521
Leffler, Marc - Creative, PPOM - MARIS, WEST & BAKER, Jackson, MS, *pg.* 383
Lefkowitz, Brian - Creative, PPOM - DIGITAS HEALTH LIFEBRANDS, New York, NY, *pg.* 229
Legault, MJ - NBC, PPOM - ORIGIN DESIGN + COMMUNICATIONS, Whistler, BC, *pg.* 123
Leggatt, Helene - PPOM - DDB CANADA, Edmonton, AB, *pg.* 59
Lehman, Bill - PPOM - JONES & THOMAS, INC. , Decatur, IL, *pg.* 377
Lehmann, Tom - Creative, PPOM - BLUE COLLAR INTERACTIVE, Hood River, OR, *pg.* 217
Lehmann, Robert - Creative, PPOM - CROW CREATIVE, New York, NY, *pg.* 55
Leibowitz, Jeff - PPOM - THE LAREDO GROUP, INC., West Palm Beach, FL, *pg.* 270
Leigh, Justin - PPOM - IDEOCLICK, Seattle, WA, *pg.* 241
Leikikh, Alex - NBC, PPOM - MULLENLOWE U.S. NEW YORK, New York, NY, *pg.* 496
Leiser, Mike - PPOM - PROPHET, Chicago, IL, *pg.* 15
Leisler, Scott - Creative, PPOM - DOVETAIL, Saint Louis, MO, *pg.* 64
Leitch, Danielle - Management, PPOM - MOREVISIBILITY, Boca Raton, FL, *pg.* 675
Leith, Colleen - PPOM - MARKETING MATTERS, Saint Petersburg, FL, *pg.* 625
Lelait, Guillaume - Management, PPOM - FETCH, San Francisco, CA, *pg.* 533
Lemiere, Clement - PPOM - TEAM 201, Chicago, IL, *pg.* 269
Lemieux, Mario - PPOM - DAC GROUP, Toronto, ON, *pg.* 224
Lemme, Michael - Creative, PPOM - DUNCAN CHANNON, San Francisco, CA, *pg.* 66
Lemme, Austin - Creative, PPOM - INVESTIS DIGITAL, Phoenix, AZ, *pg.* 376
Lemon, Sheila - PPOM - CITRUS ADVERTISING, Dallas, TX, *pg.* 50
Lempert, Pete - Management, NBC, PPOM - THE RICHARDS GROUP, INC., Dallas, TX, *pg.* 422
Lempit, Ken - NBC, PPOM - AUSTIN LAWRENCE GROUP, INC., Stamford, CT, *pg.* 328
Lence, George - PPOM - NICHOLAS & LENCE COMMUNICATIONS, New York, NY, *pg.* 632
Lendino, Stephen - PPOM - YPM, Irvine, CA, *pg.* 679
Lenger, Philip - PPOM - SHOW & TELL PRODUCTIONS, INC., New York, NY, *pg.* 557
Lennon, Kevin - PPOM - TRILLIUM CORPORATE COMMUNICATIONS, INC., Toronto, ON, *pg.* 656
Lennon, Patrick - NBC, PPOM - VERITONE ONE, San Diego, CA, *pg.* 525
Lennox, Jeff - PPOM - ARCHER COMMUNICATIONS, INC., Rochester, NY, *pg.* 327
Lennox, Elaine - NBC, PPOM - ARCHER COMMUNICATIONS, INC., Rochester, NY, *pg.* 327
Lenois, Rob - Creative, PPOM - VAYNERMEDIA, New York, NY, *pg.* 689
Lenski, Joseph - Account Services, PPOM - EDISON MEDIA RESEARCH, Somerville, NJ, *pg.* 444
Lents, Peggy - PPOM - LENTS AND ASSOCIATES LLC, Saint Louis, MO, *pg.* 622
Lentz, Kevin - PPOM - PERFORMANCE MARKETING, West Des Moines, IA, *pg.* 126
Lentz, Michael - Media Department, PPOM - VERT MOBILE LLC, Atlanta, GA, *pg.* 274
Lenz, Richard - NBC, PPOM - LENZ, INC., Decatur, GA, *pg.* 622
Lenz, Belle - NBC, PPOM, Public Relations - IPROSPECT, New York, NY, *pg.* 674
Lenz Vessel, Julie - Human Resources, PPOM - MONO, Minneapolis, MN, *pg.* 117
Leoercher, Deborah - Media Department, NBC, PPOM - ANOROC AGENCY, INC., Raleigh, NC, *pg.* 326
Leon, Tim - NBC, PPOM - GEILE/LEON MARKETING COMMUNICATIONS, Saint Louis, MO, *pg.* 362
Leon, Eric - NBC, PPOM - LEGION ADVERTISING, Irving, TX, *pg.* 542
Leon, George - Account Services, Management, PPOM - HAWTHORNE ADVERTISING, Los Angeles, CA, *pg.* 370
Leon, John - Operations, PPOM - IMPACT MOBILE, Toronto, ON, *pg.* 534
Leon, Joseph - Media Department, PPOM - VISION7 INTERNATIONAL, Quebec City, QC, *pg.* 429
Leonard, Jim - Creative, PPOM - STAMP IDEAS GROUP, LLC, Montgomery, AL, *pg.* 144
Leonard, Michael - PPOM - NEXTMEDIA, INC., Dallas, TX, *pg.* 497
Leonard, Russ - Account Planner, NBC, PPOM - NL PARTNERS, Cape Elizabeth, ME, *pg.* 391
Leonardo, Michelle - Account Services, Management, PPOM - HORIZON MEDIA, INC., New York, NY, *pg.* 474
Leonardo, Matt - PPOM - REVOLUTION AGENCY, Alexandria, VA, *pg.* 133
Leong, Grace - Management, PPOM - HUNTER PUBLIC RELATIONS, New York, NY, *pg.* 614
Leos, Nanci - Account Services, PPOM - RAUXA, Costa Mesa, CA, *pg.* 291
LePoidevin, Dean - PPOM - LEPOIDEVIN MARKETING, Brookfield, WI, *pg.* 380
Lerma, Pete - PPOM - RICHARDS/LERMA, Dallas, TX, *pg.* 545
Lerman, Joshua - PPOM - KEPLER GROUP, New York, NY, *pg.* 244
Lerner, Troy - PPOM - BOOYAH ONLINE ADVERTISING, Denver, CO, *pg.* 218
Lerner, Nancy - Account Planner, PPOM - OTHERWISE, INC., Chicago, IL, *pg.* 634
Lerner, Ross - PPOM - LERNER ADVERTISING, Beverly Hills, MI, *pg.* 99
LeShane, Paddi - PPOM - SULLIVAN & LESHANE PUBLIC RELATIONS, Hartford, CT, *pg.* 650
LeSieur, Tanya - Interactive / Digital, Management, PPOM - MUH-TAY-ZIK / HOF-FER, San Francisco, CA, *pg.* 119
Lesjak, Gary - Finance, PPOM - SHAMROCK COMPANIES, INC., Westlake, OH, *pg.* 291
Leslie, Jack - PPOM - WEBER SHANDWICK, New York, NY, *pg.* 660
Leslie, Stuart - PPOM - 4SIGHT, INC., New York, NY, *pg.* 171
Lesnik, Andy - PPOM - LHWH ADVERTISING & PUBLIC RELATIONS, Myrtle Beach, SC, *pg.* 381
Lessard, Claude - PPOM - COSSETTE MEDIA, Quebec City, QC, *pg.* 345
Lesser, Dave - PPOM - THE SIMON GROUP, INC., Sellersville, PA, *pg.* 153
Lesser, Jim - PPOM - BBDO SAN FRANCISCO, San Francisco, CA, *pg.* 330
Lester, Gavin - Creative, PPOM - ZAMBEZI, Culver City, CA, *pg.* 165
Lester, Jennifer - PPOM - PHILOSOPHY COMMUNICATION, Denver, CO, *pg.* 636
LeTendre, Beth - PPOM - CATALYST DIGITAL, Boston, MA, *pg.* 220
Lettieri, Bob - Finance, PPOM - CELLTRUST CORPORATION, Scottsdale, AZ, *pg.* 533
Lettunich, Mimi - NBC, PPOM - TWENTY FOUR-SEVEN, INC., Portland, OR, *pg.* 203
Letwin, Jim - PPOM - JAN KELLEY MARKETING, Burlington, ON, *pg.* 10
Leung, John - PPOM - PRIME ADVERTISING, Richmond Hill, ON, *pg.* 398
Lev, Bruce - Creative, PPOM - LEVLANE ADVERTISING, Philadelphia, PA, *pg.* 380
Levchin, Max - PPOM - AFFIRM AGENCY, Pewaukee, WI, *pg.* 323
Leven, Eric - PPOM - RIP ROAD, New York, NY, *pg.* 534
Levenson, Adam - Interactive / Digital, PPOM - DIGITAL OPERATIVE,

AGENCIES
RESPONSIBILITIES INDEX

INC., San Diego, CA, *pg.* 225
Levi, Dave - PPOM - WORDS AT WORK, Minneapolis, MN, *pg.* 163
Levi, Dan - NBC, PPOM - CLEAR CHANNEL OUTDOOR, New York, NY, *pg.* 550
Levick, Richard - PPOM - LEVICK STRATEGIC COMMUNICATIONS, Washington, DC, *pg.* 622
Levin, Peter - PPOM - GLOW, New York, NY, *pg.* 237
Levin, Eric - Creative, NBC, PPOM - SPARK FOUNDRY, Chicago, IL, *pg.* 510
Levin, Jason - Analytics, Interactive / Digital, PPOM, Research - WAVEMAKER, New York, NY, *pg.* 526
Levin, Jerry - Finance, PPOM - GLOW, New York, NY, *pg.* 237
Levin, Cam - Creative, PPOM - SID LEE, Culver City, CA, *pg.* 141
Levine, Andy - PPOM - DEVELOPMENT COUNSELLORS INTERNATIONAL, LTD., New York, NY, *pg.* 596
Levine, Jeff - Creative, PPOM - JEFFREY ALEC COMMUNICATIONS, Los Angeles, CA, *pg.* 377
Levine, MaeLin - Creative, PPOM - VISUAL ASYLUM, San Diego, CA, *pg.* 204
Levine, Amy Jo - Creative, PPOM - VISUAL ASYLUM, San Diego, CA, *pg.* 204
Levine, Cindy - Account Services, Creative, PPOM - PROPHET, Chicago, IL, *pg.* 15
Levine, Carol - PPOM - ENERGI PR, Montreal, QC, *pg.* 601
Levine, Scott - Finance, PPOM - IGNITIONONE, New York, NY, *pg.* 673
LeVine, Duane - Operations, PPOM - BLAKESLEE, Baltimore, MD, *pg.* 40
Levine, Barbara - PPOM - LEVINE & ASSOCIATES, INC., Washington, DC, *pg.* 11
Levine, Tara - Interactive / Digital, Management, PPOM - HEARTS & SCIENCE, New York, NY, *pg.* 471
Levine, Denise - PPOM - BRANDED CITIES, New York, NY, *pg.* 550
Levings, Mandy - Management, PPOM - FLEISHMANHILLARD, Kansas City, MO, *pg.* 604
Levinson, Joel - NBC, PPOM - THE LEVINSON TRACTENBERG GROUP, New York, NY, *pg.* 151
Levis, Anne Marie - Creative, PPOM - FUNK, LEVIS & ASSOCIATES, Eugene, OR, *pg.* 184
Levitan, Dean - PPOM - THE PIVOT GROUP, Washington, DC, *pg.* 293
Levy, Jerry - PPOM - JL MEDIA, INC., Union, NJ, *pg.* 481
Levy, Evan - Creative, Interactive / Digital, Management, Operations, PPOM - FITZCO, Atlanta, GA, *pg.* 73
Levy, Ray - PPOM - GMLV, Newark, NJ, *pg.* 466
Levy, Amanda - Media Department, NBC, PPOM - CRITICAL MASS, INC., Chicago, IL, *pg.* 223
Levy, Stan - NBC, PPOM - SASSO, Baton Rouge, LA, *pg.* 138
Lewandowski, Craig - Creative, PPOM

- UTOPIC, Chicago, IL, *pg.* 428
Lewellen, Bob - Operations, PPOM - KAESER & BLAIR, Batavia, OH, *pg.* 567
Lewin, Stan - PPOM - LKH&S, Chicago, IL, *pg.* 381
Lewis, Gene - PPOM - LEWIS ADVERTISING, INC., Rocky Mount, NC, *pg.* 380
Lewis, Bryan - Management, PPOM - FUSIONARY MEDIA, INC. , Grand Rapids, MI, *pg.* 236
Lewis, Steve - NBC, PPOM - FUSIONARY MEDIA, INC. , Grand Rapids, MI, *pg.* 236
Lewis, Gene - Creative, Interactive / Digital, PPOM - DIGITAL PULP, New York, NY, *pg.* 225
Lewis, Chandra - Operations, PPOM - THE ALLEN LEWIS AGENCY, LLC, Farmington Hills, MI, *pg.* 148
Lewis, Judy - Account Services, Management, PPOM - STRATEGIC OBJECTIVES, Toronto, ON, *pg.* 650
Lewis, Kent - PPOM - ANVIL MEDIA, INC, Portland, OR, *pg.* 671
Lewis, Kent - PPOM - ANVIL MEDIA, INC, Portland, OR, *pg.* 671
Lewis, Kent - PPOM - ANVIL MEDIA, INC, Portland, OR, *pg.* 671
Lewis, Kent - PPOM - ANVIL MEDIA, INC, Portland, OR, *pg.* 671
Lewis, Sue - Media Department, PPOM - 3, Albuquerque, NM, *pg.* 23
Lewis, Jonathan - Account Planner, Account Services, Management, PPOM - MCKEE WALLWORK & COMPANY, Albuquerque, NM, *pg.* 385
Lewis, Blake - PPOM - THREE BOX STRATEGIC COMMUNICATIONS, Dallas, TX, *pg.* 656
Lewis, Linda - PPOM - SMITH & KNIBBS, INC., Deerfield Beach, FL, *pg.* 648
Lewis, Pamela - NBC, PPOM - PLA MEDIA, Nashville, TN, *pg.* 637
Lewis, Kyle - Creative, PPOM - MORRISON, Atlanta, GA, *pg.* 117
Lewis, Lynn - NBC, PPOM - UNIVERSAL MCCANN, New York, NY, *pg.* 521
Lewis, Brad - PPOM - THE SUPERGROUP, Atlanta, GA, *pg.* 270
Lewis, Aurelia - Management, PPOM - LEWIS MEDIA PARTNERS, Richmond, VA, *pg.* 482
Lewis, Justin - NBC, PPOM - INSTRUMENT, Portland, OR, *pg.* 242
Lewis, Don - Finance, PPOM - SOURCELINK, LLC, Greenville, SC, *pg.* 292
Lewis, Tom - Operations, PPOM - GRAY LOON MARKETING GROUP, Evansville, IN, *pg.* 365
Lewis Hill, Amanda - PPOM - THREE BOX STRATEGIC COMMUNICATIONS, Dallas, TX, *pg.* 656
Lewis Turbyfill, Brita - Media Department, PPOM - GRAY LOON MARKETING GROUP, Evansville, IN, *pg.* 365
Lewis-Koltoniak, Debi - Creative, NBC, PPOM - CREATIVE OXYGEN LLC, Sylvania, OH, *pg.* 178
Lewman, Mark - Creative, PPOM -

NEMO DESIGN, Portland, OR, *pg.* 193
Leyne, Sheila - PPOM, Public Relations - MULLENLOWE U.S. BOSTON, Boston, MA, *pg.* 389
Liao, Mark - Finance, PPOM - AMOBEE, INC., Redwood City, CA, *pg.* 213
Libles, Janie - Human Resources, PPOM - WUNDERMAN THOMPSON, Chicago, IL, *pg.* 434
Licata, Michael - Creative, PPOM - MUNROE CREATIVE PARTNERS, Philadelphia, PA, *pg.* 192
Lichtenstein, Richard - PPOM - MARATHON COMMUNICATIONS INC. , Los Angeles, CA, *pg.* 625
Lichter, Jonathan - Account Planner, Account Services, PPOM - KELLY, SCOTT & MADISON, INC., Chicago, IL, *pg.* 482
Licostie, Nadine - PPOM - RED THREAD PRODUCTIONS, New York, NY, *pg.* 563
Liebel, Gene - PPOM - WORK & CO, Brooklyn, NY, *pg.* 276
Lieberman, Mike - PPOM - SQUARE 2 MARKETING, INC., Conshohocken, PA, *pg.* 143
Liebmann, Wendy - NBC, PPOM - WSL STRATEGIC RETAIL, New York, NY, *pg.* 21
Liedtke, Chris - Operations, PPOM - AMPERAGE, Wausau, WI, *pg.* 325
Lietz, Tom - Creative, Media Department, PPOM - MESSAGE MAKERS, Lansing, MI, *pg.* 627
Lieu, Alex - Creative, PPOM - 42 ENTERTAINMENT, LLC, Burbank, CA, *pg.* 297
Lignel, Mat - PPOM - LAUGHLIN CONSTABLE, INC., Chicago, IL, *pg.* 380
Ligotti, Jim - Operations, PPOM - REALITY INTERACTIVE, LLC, Middletown, CT, *pg.* 262
Likly, Bruce - PPOM - KOVAK-LIKLY COMMUNICATIONS, Wilton, CT, *pg.* 620
Likly, Elizabeth - PPOM - KOVAK-LIKLY COMMUNICATIONS, Wilton, CT, *pg.* 620
Liles, Stinson - PPOM - RED DELUXE, Memphis, TN, *pg.* 507
Lilja, Mary - NBC, PPOM - LILJA INC., Eden Prairie, MN, *pg.* 622
Liljegren, David - Account Planner, Operations, PPOM - A.D.K., Los Angeles, CA, *pg.* 321
Lima, Julio - Creative, PPOM - SAY IT LOUD!, Orlando, FL, *pg.* 198
Lima, Paulo - Account Services, Media Department, NBC, PPOM - LAGRANT COMMUNICATIONS, Los Angeles, CA, *pg.* 621
Limb, Linda - PPOM - LIMB DESIGN, Houston, TX, *pg.* 100
Limbach, Mimi - PPOM - POTOMAC COMMUNICATIONS GROUP, INC., Washington, DC, *pg.* 638
Limotte, John - PPM, PPOM - MUSTACHE, Brooklyn, NY, *pg.* 252
Lin, Helen - Interactive / Digital, PPOM - PUBLICIS NORTH AMERICA, New York, NY, *pg.* 399
Linares, Patsy - Creative, PPOM -

RESPONSIBILITIES INDEX — AGENCIES

PIL CREATIVE GROUP, Coral Gables, FL, *pg.* 128
Lincoln, Kimm - PPOM - NEBO AGENCY, LLC, Atlanta, GA, *pg.* 253
Lind, Kristi - PPOM - CANVAS WORLDWIDE, Playa Vista, CA, *pg.* 458
Lindberg, Greg - Finance, PPOM - HOT DISH ADVERTISING, Minneapolis, MN, *pg.* 87
Lindecke, Steve - PPOM - ELEVATION, Beachwood, OH, *pg.* 305
Linden, Lisa - PPOM - LAK PR, New York, NY, *pg.* 621
Linden, Seth - Account Services, PPOM - DUKAS LINDEN PUBLIC RELATIONS, New York, NY, *pg.* 598
Linder, Ryan - Creative, NBC, PPOM - MDC PARTNERS, INC., New York, NY, *pg.* 385
Lindgren, Erik - Interactive / Digital, PPOM - 1105 MEDIA, Woodland Hills, CA, *pg.* 453
Lindholm, Erik - Finance, PPOM - TARGETBASE MARKETING, Irving, TX, *pg.* 292
Lindley, Russell - PPOM - AD RESULTS MEDIA, Houston, TX, *pg.* 279
Lindman, Martha - Creative, PPOM - RDW GROUP, Providence, RI, *pg.* 403
Lindner, Luca - Account Services, Management, PPOM - MCCANN NEW YORK, New York, NY, *pg.* 108
Lindner Jr., John - Creative, PPOM - 93 OCTANE, Richmond, VA, *pg.* 279
Lindsay, Marsha - NBC, PPOM - LINDSAY, STONE & BRIGGS, Madison, WI, *pg.* 100
Lindsay, Craig - PPOM - LPI GROUP, Calgary, AB, *pg.* 12
Lindsey, Elizabeth - NBC, PPOM - WASSERMAN MEDIA GROUP, Los Angeles, CA, *pg.* 317
Lindstrom, Victoria - PPOM - SUASION, Dillsburg, PA, *pg.* 145
Linero, Benjamin - Creative, PPOM - BNMR CREATIVE & ADVERTISING, Miami, FL, *pg.* 335
Ling, Nicholas - PPOM - PATTERN, New York, NY, *pg.* 126
Lingel, Kurt - Management, PPOM - CELTIC ADVERTISING, Milwaukee, WI, *pg.* 341
Linnemanstons, Greg - PPOM - THE WEIDERT GROUP, Appleton, WI, *pg.* 425
Linnihan, Neal - PPOM - LINNIHAN FOY ADVERTISING, Minneapolis, MN, *pg.* 100
Linsanta, Ellen - Management, PPOM - RMI MARKETING & ADVERTISING, Emerson, NJ, *pg.* 407
Liodice, Bob - PPOM - ASSOCIATION OF NATIONAL ADVERTISERS, New York, NY, *pg.* 442
Liodice, Randi - NBC, PPOM - KAPLOW COMMUNICATIONS, New York, NY, *pg.* 618
Liotta, Laura - PPOM - SAM BROWN INC., Wayne, PA, *pg.* 645
Lipe, Rodney - Account Services, NBC, PPOM - ACKERMAN MCQUEEN, INC., Oklahoma City, OK, *pg.* 26
Lipman, Gregg - NBC, PPOM - CBX, New York, NY, *pg.* 176

Liporace, John - Account Services, PPOM - TAYLOR, New York, NY, *pg.* 651
Lippe, Maureen - PPOM - LIPPE TAYLOR, New York, NY, *pg.* 623
Lippert, Keith - PPOM - LIPPERT / HEILSHORN & ASSOCIATES, INC., New York, NY, *pg.* 623
Lippman, Rachel - Interactive / Digital, Media Department, PPOM - MEDIACOM, New York, NY, *pg.* 487
Lipscomb, Jeff - PPOM - GS&F, Nashville, TN, *pg.* 367
Lipsky, Mark - PPOM - THE RADIO AGENCY, Newtown Square, PA, *pg.* 293
Lipton, Pierre - Creative, PPOM - MCCANN NEW YORK, New York, NY, *pg.* 108
Lira, Joaquin - Creative, PPOM - M8, Miami, FL, *pg.* 542
Lirtsman, Alex - Media Department, PPOM - READY SET ROCKET, New York, NY, *pg.* 262
Lish, Sandy - Account Services, NBC, PPOM - THE CASTLE GROUP, INC., Boston, MA, *pg.* 652
Lisi, Branden - PPOM - OBJECT 9, Atlanta, GA, *pg.* 14
Lisiten, Darren - Operations, PPOM - KRUPP KOMMUNICATIONS, New York, NY, *pg.* 686
Lissa, Roxana - PPOM - ROX UNITED, Huntington Beach, CA, *pg.* 644
Litman, Daniel - Creative, NBC, PPOM - OUT THERE ADVERTISING, Duluth, MN, *pg.* 395
Little, Monica - PPOM - LITTLE & COMPANY, Minneapolis, MN, *pg.* 12
Littlefield, David - PPOM - LITTLEFIELD BRAND DEVELOPMENT, Tulsa, OK, *pg.* 12
Littlejohn, David - Creative, PPOM - HUMANAUT, Chattanooga, TN, *pg.* 87
Littman, Michael - NBC, PPOM - DOEANDERSON ADVERTISING, Louisville, KY, *pg.* 352
Littman, Diana - Account Services, Management, NBC, PPOM - MSLGROUP, New York, NY, *pg.* 629
Litzky, Michele - NBC, PPOM - LITZKY PUBLIC RELATIONS, Hoboken, NJ, *pg.* 623
Livingston, Doug - Operations, PPOM, Public Relations - USIM, Los Angeles, CA, *pg.* 525
Livingston, Greg - PPOM - CURIOSITY ADVERTISING, Cincinnati, OH, *pg.* 223
Lizik, Jeff - PPOM - REDSHIFT, Pittsburgh, PA, *pg.* 133
Lloyd, Doug - Creative, PPOM - LLOYD&CO, New York, NY, *pg.* 190
Lloyd, Tracy - PPOM - EMOTIVE BRAND, Oakland, CA, *pg.* 181
Lloyd Smith, David - Management, PPOM - PENNA POWERS BRIAN HAYNES, Salt Lake City, UT, *pg.* 396
Lobel, Eran - PPM, PPOM - ELEMENT PRODUCTIONS, Boston, MA, *pg.* 562
Lockard, Pam - PPOM - DMN3, Houston, TX, *pg.* 230
Locke, Misty - NBC, PPOM - IPROSPECT, Fort Worth, TX, *pg.* 674
Locke, Gordon - Account Services,

NBC, PPOM - PACE COMMUNICATIONS, Greensboro, NC, *pg.* 395
Locke, Linda - PPOM - THE STANDING PARTNERSHIP, Saint Louis, MO, *pg.* 655
Loeb, Harlan - PPOM - EDELMAN, Chicago, IL, *pg.* 353
Loeffler, Chris - Account Services, Management, PPOM - DIGITAS, Chicago, IL, *pg.* 227
Lofgreen, Art - Creative, PPOM - CATAPULT STRATEGIC DESIGN, Tempe, AZ, *pg.* 176
Logan, John - PPOM - KNIGHT, Orlando, FL, *pg.* 95
Logan-Gabel, Donna - Operations, PPM, PPOM - ADAMS & KNIGHT ADVERTISING, Avon, CT, *pg.* 322
Lohre, Chuck - PPOM - LOHRE & ASSOCIATES, INC., Cincinnati, OH, *pg.* 381
Lohrius, Josh - PPOM - ICF NEXT, Chicago, IL, *pg.* 614
LoManto Aurichio, Lisa - Media Department, PPOM - BSY ASSOCIATES, Holmdel, NJ, *pg.* 4
Lomax, Delphyne - PPOM - V&L RESEARCH & CONSULTING, INC., Atlanta, GA, *pg.* 451
Lombardo, Phil - PPOM - TRIAD COMMUNICATION, Potomac, MD, *pg.* 656
Londen, Ron - Account Planner, Creative, PPOM - JOURNEY GROUP, Charlottesville, VA, *pg.* 377
Long, Pamela - Account Services, PPOM - LITTLE BIG BRANDS, White Plains, NY, *pg.* 12
Long, Gary - Finance, PPOM - IVIE & ASSOCIATES, INC., Flower Mound, TX, *pg.* 91
Long, Charles - PPOM - CENTERLINE DIGITAL, Raleigh, NC, *pg.* 220
Longval, Brent - Finance, PPOM - MARKETING ARCHITECTS, Minneapolis, MN, *pg.* 288
Longwater, Elaine - Account Services, Creative, NBC, PPOM - LONGWATER ADVERTISING, Savannah, GA, *pg.* 101
Lonnie, Kevin P. - PPOM - KL COMMUNICATIONS, Red Bank, NJ, *pg.* 446
Lonsdorf, John - PPOM - Public Relations - R&J STRATEGIC COMMUNICATIONS, Bridgewater, NJ, *pg.* 640
Loomis, Paul - PPOM - THE LOOMIS AGENCY, Dallas, TX, *pg.* 151
Looney, Sean - Creative, PPOM - LOONEY ADVERTISING, Montclair, NJ, *pg.* 101
Looser, Rick - Operations, PPOM - THE CIRLOT AGENCY, INC., Flowood, MS, *pg.* 149
Looser, Liza C. - PPOM - THE CIRLOT AGENCY, INC., Flowood, MS, *pg.* 149
LoParco, Melissa - PPOM - CATALYST MARKETING COMMUNICATIONS, Stamford, CT, *pg.* 340
Loper, Jennifer - Account Services, PPOM - C3, Overland Park, KS, *pg.* 4
Lopez, Mailet - Account Services, PPOM - SQUEAKY WHEEL MEDIA, New York, NY, *pg.* 267

AGENCIES

RESPONSIBILITIES INDEX

Lopez, Laritza - PPOM - PURPLEGROUP, Chicago, IL, *pg.* 131
Lopez, Armando - Creative, PPOM - NM+U MARKETING COMMUNICATIONS, INC., Miami, FL, *pg.* 120
Lopez, Patrick - Account Planner, Account Services, Analytics, Management, PPOM, Research - INTERBRAND , New York, NY, *pg.* 187
Lopez, Melissa - NBC, PPOM - BRAND VALUE ACCELERATOR, San Diego, CA, *pg.* 42
Lopez Negrete, Alex - PPOM - LOPEZ NEGRETE COMMUNICATIONS, INC. , Houston, TX, *pg.* 542
Lopez Negrete, Cathy - Finance, PPOM - LOPEZ NEGRETE COMMUNICATIONS, INC. , Houston, TX, *pg.* 542
LoPiano, Mike - Operations, PPOM - NORTON AGENCY, Chicago, IL, *pg.* 391
Lopiccolo, Jarrod - PPOM - NOBLE STUDIOS, Reno, NV, *pg.* 254
Lopiccolo, Season - Operations, PPOM - NOBLE STUDIOS, Reno, NV, *pg.* 254
LoProsti, Vincent - Creative, PPOM - COMMERCE HOUSE, Dallas, TX, *pg.* 52
Loretz, Justin - PPOM - ECHOS BRAND COMMUNICATIONS, San Francisco, CA, *pg.* 599
Lorfink, Robert - Finance, Operations, PPOM - DIVERSIFIED AGENCY SERVICES, New York, NY, *pg.* 351
Loria, Joanne - Operations, PPOM - THE JOESTER LORIA GROUP , New York, NY, *pg.* 450
Loria, Katy - NBC, PPOM - SCREENVISION, New York, NY, *pg.* 557
LoSasso, Scott - NBC, PPOM - LOSASSO INTEGRATED MARKETING, Chicago, IL, *pg.* 381
Loscoe, Phil - Account Services, PPOM - RDW GROUP , Providence, RI, *pg.* 403
Losek, David - Finance, PPOM - CAMPBELL MARKETING AND COMMUNICATIONS, Dearborn, MI, *pg.* 339
Lotan, Roy - Creative, PPOM - ANY_, New York, NY, *pg.* 1
Lott, Lola - PPOM - CHARLIEUNIFORMTANGO, Dallas, TX, *pg.* 561
Lott, Frank - PPOM - BLF MARKETING, Clarksville, TN, *pg.* 334
Lotterman, Deborah - Creative, PPOM - PRECISIONEFFECT, Boston, MA, *pg.* 129
Loube, Brian - Management, PPOM - DIGITAL PULP, New York, NY, *pg.* 225
Louden, Dave - PPOM - FATHOM, West Hartford, CT, *pg.* 234
Louey, Robert - Creative, PPOM - LOUEY / RUBINO DESIGN GROUP , Santa Monica, CA, *pg.* 190
Loukota, Ingrid - PPOM - ATLANTIC LIST COMPANY, Arlington, VA, *pg.* 280
Love, Brenda - PPOM - LOVE ADVERTISING, Houston, TX, *pg.* 101
Love, Rob - PPOM - LOVE & COMPANY, Frederick, MD, *pg.* 101
Love, Ann - NBC, PPOM - LOVE & COMPANY, Frederick, MD, *pg.* 101
Love, Sharon - PPOM - TPN, New York, NY, *pg.* 571
Love, Laura - PPOM - GROUNDFLOOR MEDIA, Denver, CO, *pg.* 611
Love, Tom - PPOM - LOVE COMMUNICATIONS, Salt Lake City, UT, *pg.* 101
Love, Richard B. - Creative, PPOM - LOVE COMMUNICATIONS, Salt Lake City, UT, *pg.* 101
Loveday, Lance - PPOM - CLOSED LOOP MARKETING, Roseville, CA, *pg.* 672
Lovegrove, Mike - Creative, PPOM - TRACYLOCKE , Wilton, CT, *pg.* 684
Lovegrove, Michael - Creative, PPOM - TRACYLOCKE, Irving, TX, *pg.* 683
Lovelace, McKenzie - PPOM - FSC INTERACTIVE, New Orleans, LA, *pg.* 235
Lovelady, Brett - Creative, PPOM - ASTRO STUDIOS, San Francisco, CA, *pg.* 173
Lovell, Paula - PPOM - LOVELL COMMUNICATIONS, INC., Nashville, TN, *pg.* 623
Loverde, Joe - PPOM - MISSION MEDIA, LLC, Baltimore, MD, *pg.* 115
Lovgren, Linda - PPOM - EMSPACE + LOVGREN, Omaha, NE, *pg.* 355
Lovio-George, Christina - PPOM - LOVIO-GEORGE, INC., Detroit, MI, *pg.* 101
Lowe, Jamie - Media Department, NBC, PPOM - INTERSECTION, New York, NY, *pg.* 553
Lowe, Nick - PPOM - ZOZIMUS AGENCY, Boston, MA, *pg.* 665
Lowe, Brian - NBC, PPOM - BML PUBLIC RELATIONS, Florham Park, NJ, *pg.* 584
Lowe, Nicholas J. - PPOM - MARKETING DIRECTIONS, INC., Cleveland, OH, *pg.* 105
Lowe-Rogstad, David - Finance, NBC, PPOM - OWEN JONES AND PARTNERS, Portland, OR, *pg.* 124
Lowell, John - Interactive / Digital, PPOM - ARC WORLDWIDE, Chicago, IL, *pg.* 327
Lowenthal, Barry - Account Services, NBC, PPOM - THE MEDIA KITCHEN, New York, NY, *pg.* 519
Lowery, Chris - Media Department, NBC, PPOM - CHASE DESIGN GROUP, South Pasadena, CA, *pg.* 177
Lowery, John - PPOM - DESIGN AT WORK CREATIVE SERVICES, Houston, TX, *pg.* 179
Lowry, Joe - Finance, PPOM - EMPOWER, Cincinnati, OH, *pg.* 354
Lowry, Joseph - Finance, PPOM - EMPOWER, Cincinnati, OH, *pg.* 354
Loyland, Krystle - PPOM - PREACHER, Austin, TX, *pg.* 129
Loyola, Jef - Creative, PPOM - THE M-LINE, San Francisco, CA, *pg.* 201
Loyola, Laurie - Account Services, Media Department, PPOM - GROUPM, New York, NY, *pg.* 466
Lozano, Jose - PPOM - 9THWONDER AGENCY, Houston, TX, *pg.* 453
Lubar, Alex - NBC, PPOM - MCCANN NEW YORK, New York, NY, *pg.* 108
Lubar, Ken - Interactive / Digital, PPOM - EMI STRATEGIC MARKETING, INC., Boston, MA, *pg.* 68
Lubars, David - Creative, PPOM - BBDO WORLDWIDE, New York, NY, *pg.* 331
Lubinsky, Menachem - NBC, PPOM - LUBICOM MARKETING CONSULTING, Brooklyn, NY, *pg.* 381
Lubow, Arthur - Creative, PPOM - A.D. LUBOW, New York, NY, *pg.* 25
Lucas, Tim - PPOM - POWER, Louisville, KY, *pg.* 398
Lucas, James - Management, PPOM - ABERNATHY MACGREGOR GROUP, Los Angeles, CA, *pg.* 574
Lucas, Mary - PPOM - LUCAS MARKET RESEARCH, Saint Louis, MO, *pg.* 447
Lucas, Jeff - Management, PPOM - TRACTION CREATIVE COMMUNICATIONS, Vancouver, BC, *pg.* 202
Luce, Tina - Account Services, PPOM - FCEDGE, INC., Port St. Lucie, FL, *pg.* 7
Lucey, Amanda - PPOM - THE PARTNERSHIP, INC., Atlanta, GA, *pg.* 270
Luchini, Tiago - PPOM - WORK & CO, Brooklyn, NY, *pg.* 276
Luciano, John - PPOM - LUME CREATIVE, Hoboken, NJ, *pg.* 101
Lucker, Kathy - Finance, PPOM - THE DOLPHIN GROUP, INC., Los Angeles, CA, *pg.* 653
Luckie, Tom - NBC, PPOM - LUCKIE & COMPANY, Birmingham, AL, *pg.* 382
Lucks, Ned - PPOM - BLUETENT, Carbondale, CO, *pg.* 218
Ludlow, Jeffrey - Creative, PPOM - BRUCE MAU DESIGN, Toronto, ON, *pg.* 176
Ludwig, John - PPOM - PUSH, Orlando, FL, *pg.* 401
Ludwig, Stephen - NBC, PPOM - GROUP 22, INC., El Segundo, CA, *pg.* 185
Luebbert, Ron - Operations, PPOM - OCEAN MEDIA, INC., Huntington Beach, CA, *pg.* 498
Luebke, Kim - Account Services, PPOM - BROGAN & PARTNERS , Birmingham, MI, *pg.* 538
Luetke, Mark - PPOM - FLS MARKETING, Toledo, OH, *pg.* 359
Luetkehans, Tony - Creative, PPOM - HELLMAN ASSOCIATES, INC., Waterloo, IA, *pg.* 84
Luginbill, John - PPOM - THE HEAVYWEIGHTS, Indianapolis, IN, *pg.* 420
Luginbill, Kim - Finance, PPOM - THE HEAVYWEIGHTS, Indianapolis, IN, *pg.* 420
Luhr, Dave - PPOM - WIEDEN + KENNEDY, Portland, OR, *pg.* 430
Luhtanen, Andrea - NBC, PPOM - HAWORTH MARKETING & MEDIA, Minneapolis, MN, *pg.* 470
Luisi, Gerrard - NBC, PPOM - TACITO DIRECT MARKETING, Dallas, TX, *pg.* 292
Lukach, Chris - Operations, PPOM - AKCG PUBLIC RELATIONS COUNSELORS,

RESPONSIBILITIES INDEX — AGENCIES

Glassboro, NJ, *pg.* 575
Lukas, Joan - PPOM - LUKAS PARTNERS, Omaha, NE, *pg.* 623
Lukas, Jennifer - PPOM, Promotions - THE HIVE STRATEGIC MARKETING, Toronto, ON, *pg.* 420
Luke, Jenni - Finance, PPOM - GLOBAL 5, Longwood, FL, *pg.* 608
Lukens, Bob - Creative, PPOM - LOGICA DESIGN, Providence, RI, *pg.* 190
Luker, Steve - Creative, PPOM - MUTT INDUSTRIES, Portland, OR, *pg.* 119
Lull, Clifford - Creative, PPOM - NORTH CHARLES STREET DESIGN ORGANIZATION, Baltimore, MD, *pg.* 193
Lun, Andy - Creative, PPOM - TOTO GROUP, New York, NY, *pg.* 156
Lund, Sharon - PPOM - FALLS AGENCY, Minneapolis, MN, *pg.* 70
Lundeby, Michael - NBC, PPOM - CRC MARKETING SOLUTIONS, Eden Prairie, MN, *pg.* 345
Lunsford, Larry - Finance, PPOM - BERNSTEIN-REIN ADVERTISING, INC., Kansas City, MO, *pg.* 39
Lunsford, Casey - Finance, PPOM - TINSLEY ADVERTISING, Miami, FL, *pg.* 155
Luquire, Steve - PPOM - LUQUIRE GEORGE ANDREWS, INC., Charlotte, NC, *pg.* 382
Lurie, Jim - PPOM - O2KL, New York, NY, *pg.* 121
Lurie, Ian - PPOM - PORTENT, Seattle, WA, *pg.* 676
Luse, Zach - PPOM - PARAGON DIGITAL MARKETING, Keene, NH, *pg.* 675
Lusignan, Fred - NBC, PPOM - COMMUNICATION ARTS GROUP, INC., Warwick, RI, *pg.* 178
Lustberg, Lindsay - NBC, Operations, PPOM - NOBLE PEOPLE, New York, NY, *pg.* 120
Lustig, Brian - PPOM, Public Relations - BLUETEXT, Washington, DC, *pg.* 40
Lutz, John - Creative, PPOM - SELBERT PERKINS DESIGN, Playa Del Rey, CA, *pg.* 198
Lyerly, Elaine - PPOM - LYERLY AGENCY, Belmont, NC, *pg.* 382
Lyerly, Melia - Operations, PPOM - LYERLY AGENCY, Belmont, NC, *pg.* 382
Lylis, Heather - PPOM - SUNSHINE SACHS, New York, NY, *pg.* 650
Lylo, Patrick - Interactive / Digital, Media Department, PPOM - MINDSHARE, New York, NY, *pg.* 491
Lyman, Rebecca - PPOM - GARRIGAN LYMAN GROUP, Seattle, WA, *pg.* 236
Lynch, Bruce - NBC, PPOM - MAINGATE, INC., Indianapolis, IN, *pg.* 310
Lynch, Chris - Finance, PPOM - SPRINKLR, New York, NY, *pg.* 267
Lynch, Randy - NBC, Operations, PPOM - THE CREATIVE ALLIANCE, Lafayette, CO, *pg.* 653
Lynch, Jack - PPOM - T3, Austin, TX, *pg.* 268
Lynch, Tim - PPOM - JOELE FRANK, WILKINSON BRIMMER KATCHER, New York, NY, *pg.* 617
Lynn, Randy - Creative, Interactive / Digital, PPOM - MARIS, WEST & BAKER, Jackson, MS, *pg.* 383
Lyon, Mark - PPOM - LYON & ASSOCIATES CREATIVE SERVICES, INC., La Jolla, CA, *pg.* 102
Lyon, Jessica - Operations, PPOM - CO-COMMUNICATIONS, INC., Farmington, CT, *pg.* 591
Lyons, Jennifer - Account Services, Interactive / Digital, Management, PPOM - UNIVERSAL MCCANN, San Francisco, CA, *pg.* 428
Lyons, Amy - PPOM - SHIFT COMMUNICATIONS, LLC, Boston, MA, *pg.* 647
Lyons, Kerry - NBC, PPOM - RIPPLE STREET, Irvington, NY, *pg.* 687
Lyons, Nancy - PPOM - CLOCKWORK ACTIVE MEDIA, Minneapolis, MN, *pg.* 221
Lyons, Sean - PPOM - R/GA, New York, NY, *pg.* 260
Lyons, Julie - PPOM - ZENZI, Encinitas, CA, *pg.* 665
Lyons, Rich - NBC, PPOM - LYONS CONSULTING GROUP, Chicago, IL, *pg.* 247
Lyrette, Kristine - Management, PPOM - ZENITH MEDIA CANADA, Montreal, QC, *pg.* 531
Lytle, Dana - Creative, PPOM - PLANET PROPAGANDA, Madison, WI, *pg.* 195
Lyttle, David - Finance, PPOM - DIXON SCHWABL ADVERTISING, Victor, NY, *pg.* 351
Maahs, Ron - PPOM - TRILIX MARKETING GROUP, INC., Des Moines, IA, *pg.* 427
Mabin, Mike - NBC, PPOM - AGENCY MABU, Bismarck, ND, *pg.* 29
MacAfee, Brad - PPOM - PORTER NOVELLI, Los Angeles, CA, *pg.* 637
MacArthur, Jeff - PPOM - KONNEKT DIGITAL ENGAGEMENT, Halifax, NS, *pg.* 245
MacArthur, Amber - Media Department, PPOM - KONNEKT DIGITAL ENGAGEMENT, Halifax, NS, *pg.* 245
MacBroom, Skye - PPOM, Public Relations - SKYELINE STUDIO, LLC, Wolcott, CT, *pg.* 647
Maccabee, Paul - NBC, PPOM - MACCABEE GROUP PUBLIC RELATIONS, Minneapolis, MN, *pg.* 624
MacCourtney, Leo - NBC, PPOM - KATZ MEDIA GROUP, INC., New York, NY, *pg.* 481
MacCurtain, Jim - Management, PPOM - VECTOR MEDIA, New York, NY, *pg.* 558
MacDonald, Andrea - PPOM - MACDONALD MEDIA, LLC, New York, NY, *pg.* 553
MacDonald, Bob - PPOM - BOND BRAND LOYALTY, Mississauga, ON, *pg.* 280
Macdonald, Chris - PPOM - MCCANN NEW YORK, New York, NY, *pg.* 108
MacDonald, Devon - PPOM - MINDSHARE, Toronto, ON, *pg.* 495
Macdonald, Alistair - PPOM - SYNEOS HEALTH COMMUNICATIONS, Somerset, NJ, *pg.* 169
MacDonald, Kelli - Management, PPOM - CO:COLLECTIVE, LLC, New York, NY, *pg.* 5
MacDonnell, Kyle - NBC, PPOM - PAPPAS MACDONNELL, INC., Southport, CT, *pg.* 125
Maceda, Joe - Account Planner, Account Services, Media Department, PPOM - MINDSHARE, New York, NY, *pg.* 491
MacGregor, James - PPOM - ABERNATHY MACGREGOR GROUP, New York, NY, *pg.* 574
Machemehl, Al - Operations, PPOM - METROPOLITAN GROUP, Portland, OR, *pg.* 387
Machtiger, Susan - Account Planner, NBC, PPOM - OGILVYONE WORLDWIDE, New York, NY, *pg.* 255
Macias, Alex - Management, Operations, PPOM - MACIAS CREATIVE, Miami, FL, *pg.* 543
Macias, Marcos - Creative, PPOM - MACIAS CREATIVE, Miami, FL, *pg.* 543
MacInnes, Chris - PPOM - M5 MARKETING COMMUNICATIONS, Saint John's, NL, *pg.* 102
Mack, Rene - Account Planner, NBC, PPOM - PERCEPTURE, Rashberg, NJ, *pg.* 636
MacKenzie, Ian - Creative, PPOM - FCB/SIX, Toronto, ON, *pg.* 358
Mackey, Christopher - PPOM - NEUSTAR, INC., Sterling, VA, *pg.* 289
Mackin, Jennifer - PPOM - THE OLIVER GROUP, Louisville, KY, *pg.* 667
MacKinnon, Steven - PPOM - MACKINNON CALDERWOOD ADVERTISING, Mississauga, ON, *pg.* 483
MacLaren, Laurie - Finance, Operations, PPOM - ANSIRA, Addison, TX, *pg.* 326
Maclay, Sam - Creative, PPOM - 3, Albuquerque, NM, *pg.* 23
MacLellan, Bruce - PPOM - PROOF INC., Toronto, ON, *pg.* 449
MacLeod, Charles - PPOM - SMM ADVERTISING, Smithtown, NY, *pg.* 199
MacManus, Liam - Account Services, Administrative, Management, PPOM - MINDSHARE, Portland, OR, *pg.* 495
MacMillan, Doug - PPOM - THE LETTER M MARKETING, Guelph, ON, *pg.* 420
MacMillan, Janet - PPOM - NATIONAL PUBLIC RELATIONS, Halifax, NS, *pg.* 631
MacMillan, Mike - PPOM - MACMILLAN COMMUNICATIONS, New York, NY, *pg.* 624
MacNally, Will - NBC, PPOM - GROVE MARKETING, INC., Concord, MA, *pg.* 237
MacNeil, Donna - NBC, PPOM - CHIZCOMM, North York, ON, *pg.* 50
MacNevin, Kate - Management, Operations, PPOM - MRM//MCCANN, New York, NY, *pg.* 289
Maconochie, Ryan - Creative, NBC, PPOM - D/CAL, Detroit, MI, *pg.* 56
MacPhee, Stewart - PPOM - PUNCH

1894

AGENCIES
RESPONSIBILITIES INDEX

COMMUNICATIONS, Toronto, ON, pg. 640

Macrone, Lynn - Creative, PPOM - JUICE PHARMA WORLDWIDE, New York, NY, pg. 93

Macy, Kimberly - Creative, PPOM - MACY + ASSOCIATES, INC., Playa del Rey, CA, pg. 382

Madden, Kevin - PPOM - MADDEN MEDIA, Tucson, AZ, pg. 247

Madden, Tom - PPOM - TRANSMEDIA GROUP, Boca Raton, FL, pg. 656

Madden, Angela - Finance, PPOM - TRANSMEDIA GROUP, Boca Raton, FL, pg. 656

Maddock, Mike - PPOM - MADDOCK DOUGLAS, Elmhurst, IL, pg. 102

Madhany, Nasreen - PPOM - NEO MEDIA WORLD, New York, NY, pg. 496

Madlom, James - Operations, PPOM - MUELLER COMMUNICATIONS, INC., Milwaukee, WI, pg. 630

Madsen, Christine - NBC, PPOM - MAD 4 MARKETING, Fort Lauderdale, FL, pg. 102

Madson, David - Finance, PPOM - JACKSON MARKETING GROUP, Simpsonville, SC, pg. 188

Madson, Dan - Creative, PPOM - THE GRIST, Boston, MA, pg. 19

Maeda, John - Management, PPOM - PUBLICIS.SAPIENT, Boston, MA, pg. 259

Maer, William - PPOM - PUBLIC STRATEGIES IMPACT, Trenton, NJ, pg. 639

Maestas, A.J. - PPOM - NAVIGATE MARKETING, Chicago, IL, pg. 253

Maex, Dimitri - Management, PPOM - REPRISE DIGITAL, New York, NY, pg. 676

Magee, Sean - PPOM - ANCHOR MEDIA SERVICES, LLC, New City, NY, pg. 454

Mager, Danny - NBC, PPOM - AFFIRM AGENCY, Pewaukee, WI, pg. 323

Mager, Scott - PPOM - DELOITTE DIGITAL, New York, NY, pg. 225

Maggiore, Dick - PPOM - INNIS MAGGIORE GROUP, Canton, OH, pg. 375

Maggiore, Kathi - Administrative, PPOM - INNIS MAGGIORE GROUP, Canton, OH, pg. 375

Magid, Brent - PPOM - MAGID, Minneapolis, MN, pg. 447

Magid, Brent - PPOM - MAGID, Sherman Oaks, CA, pg. 103

Maglio, Joe - Media Department, PPOM - MCKINNEY NEW YORK, New York, NY, pg. 111

Magnani, Ian - Account Services, PPOM - MCD PARTNERS, New York, NY, pg. 249

Magnusson, Michael - PPOM - PINNACLE ADVERTISING, Schaumburg, IL, pg. 397

Magrino, Susan - PPOM - MAGRINO PUBLIC RELATIONS, New York, NY, pg. 624

Magrino, Allyn - Operations, PPOM - MAGRINO PUBLIC RELATIONS, New York, NY, pg. 624

Maguire, Bruce - PPOM - FREEMAN PUBLIC RELATIONS, Totowa, NJ, pg. 606

Maguire, Karen - PPOM - SATUIT TECHNOLOGIES, INC., Braintree, MA, pg. 168

Maguy, Chuck - Operations, PPOM - SAATCHI & SAATCHI LOS ANGELES, Torrance, CA, pg. 137

Mahadevan, Milen - Operations, PPOM - 84.51, Cincinnati, OH, pg. 441

Mahaffy, Ali - PPOM - SIGNAL THEORY, Kansas City, MO, pg. 141

Maher, Marina - NBC, PPOM - MARINA MAHER COMMUNICATIONS, New York, NY, pg. 625

Maher, Regis - Operations, PPOM - DIO, York, PA, pg. 62

Maher, Cheryl - PPOM - SCOUT MARKETING, Atlanta, GA, pg. 139

Maher, Dave - Interactive / Digital, Media Department, NBC, PPOM, Public Relations - ZEHNDER COMMUNICATIONS, INC., New Orleans, LA, pg. 436

Maher, David - Finance, PPOM - RAIN, Portland, OR, pg. 402

Mahler, Andrew - PPOM - THE MX GROUP, Burr Ridge, IL, pg. 422

Mahler, John - PPOM - GREATER THAN ONE, New York, NY, pg. 8

Mahnke, Mike - Management, PPOM - ROUNDHOUSE MARKETING & PROMOTIONS, Verona, WI, pg. 408

Mahoney, Kieran - PPOM - MERCURY PUBLIC AFFAIRS, New York, NY, pg. 627

Mai, Quynh - PPOM - MOVING IMAGE & CONTENT, New York, NY, pg. 251

Maicon, Lee - Account Planner, Management, PPOM - MCCANN NEW YORK, New York, NY, pg. 108

Maiman, Dana - PPOM - FCB HEALTH, New York, NY, pg. 72

Main, Ewan - PPOM - DAGGERWING GROUP, New York, NY, pg. 56

Maitland, Jan - Creative, PPOM - UTOPIC, Chicago, IL, pg. 428

Maitra, Seb - Analytics, Management, Media Department, Operations, PPOM - NORBELLA, Boston, MA, pg. 497

Major, Bill - Management, Operations, PPOM - GREATER THAN ONE, New York, NY, pg. 8

Makiaris, Irene - PPOM - MAKIARIS MEDIA SERVICES, Middletown, CT, pg. 483

Makovsky, Ken - PPOM - MAKOVSKY & COMPANY, INC., New York, NY, pg. 624

Makurath, Todd - PPOM - BULLITT, Los Angeles, CA, pg. 561

Malachowski, Jim - Management, PPOM - RDW GROUP, Providence, RI, pg. 403

Malanga, Vic - Finance, PPOM - EDELMAN, New York, NY, pg. 599

Malcolm, Ian - NBC, PPOM - LUMENCY INC., Toronto, ON, pg. 310

Maldari, Maureen - Account Services, PPOM - BAM CONNECTION, Brooklyn, NY, pg. 2

Maldonado, Irma - PPOM - HMA ASSOCIATES, INC., Washington, DC, pg. 541

Maldonado, Louis - NBC, PPOM - D. EXPOSITO & PARTNERS, New York, NY, pg. 539

Maldonado, Angel - Operations, PPOM - THE CONCEPT FARM, Long Island City, NY, pg. 269

Male, Jeremy - PPOM - OUTFRONT MEDIA, New York, NY, pg. 554

Maleeny, Tim - Account Planner, Account Services, Management, Media Department, NBC, Operations, PPOM - HAVAS NEW YORK, New York, NY, pg. 369

Malek, Maggie - Interactive / Digital, PPOM, Public Relations, Social Media - MMI AGENCY, Houston, TX, pg. 116

Malik, Osama - Account Planner, Interactive / Digital, Management, PPOM - BOOZ ALLEN HAMILTON, McLean, VA, pg. 218

Malin, Mark - PPOM - RPM ADVERTISING, Chicago, IL, pg. 408

Malina, Marianne - NBC, PPOM - GSD&M, Austin, TX, pg. 79

Malinowski, Nicole - Finance, PPOM - BECORE, Los Angeles, CA, pg. 302

Malis, Andy - PPOM - MGH ADVERTISING, Owings Mills, MD, pg. 387

Malka, Doron - PPOM - AMEBA MARKETING, San Diego, CA, pg. 325

Malkin, Arthur - PPOM - M+R, Washington, DC, pg. 12

Malkin, Allison - PPOM - ICR, New York, NY, pg. 615

Mallick Peterson, Sabrina - PPOM - PURE GROWTH, New York, NY, pg. 507

Mallin, Noah - Interactive / Digital, Management, Media Department, NBC, PPOM, Social Media - WAVEMAKER, New York, NY, pg. 526

Malliris, Nick - PPOM - MEDIA PARTNERS, Tualatin, OR, pg. 386

Mallof, Edward - NBC, PPOM - MAN MARKETING, Carol Stream, IL, pg. 103

Mallone, Scott - Account Services, NBC, PPOM - HYFN, Los Angeles, CA, pg. 240

Malm-Hallqvist, Lotta - Media Department, PPOM - MDC PARTNERS, INC., New York, NY, pg. 385

Malmstrom, Paul - Creative, PPOM - MOTHER NY, New York, NY, pg. 118

Malone, Mike - Creative, NBC, PPOM - THE RICHARDS GROUP, INC., Dallas, TX, pg. 422

Maloney, John - PPOM - MALONEY STRATEGIC COMMUNICATIONS, Dallas, TX, pg. 103

Maloney, Bob - Finance, PPOM - DEUTSCH, INC., Los Angeles, CA, pg. 350

Maloney, Suzanne - Creative, PPOM - KETCHUM WEST, San Francisco, CA, pg. 620

Maltby, Jen - Account Planner, PPOM - FULL CONTACT ADVERTISING, Boston, MA, pg. 75

Mambro, Jamie - Creative, PPOM - MMB, Boston, MA, pg. 116

Mamnani, Manish - PPOM - GATE 6, Scottsdale, AZ, pg. 236

RESPONSIBILITIES INDEX — AGENCIES

Manahan, George - PPOM - THE MANAHAN GROUP, Charleston, WV, *pg.* 19
Manas, George - Media Department, NBC, PPOM - OMD, New York, NY, *pg.* 498
Manber, Susan - Account Planner, Management, NBC, PPOM - DIGITAS HEALTH LIFEBRANDS, New York, NY, *pg.* 229
Mancillas, Pacino - NBC, PPOM - AC&M GROUP, Charlotte, NC, *pg.* 537
Mancino, Jeff - Finance, PPOM - HEALTHCARE SUCCESS, Irvine, CA, *pg.* 83
Mancuso, Gina - PPOM - MANCUSO MEDIA, Carlsbad, CA, *pg.* 382
Mandel, Lonnie - PPOM - SPECIALISTS MARKETING SERVICES, INC., Hasbrouck Heights, NJ, *pg.* 292
Mandel, Josh - Account Services, NBC, PPOM - THE MILL, Los Angeles, CA, *pg.* 563
Mandel, Lon - PPOM - SMS MARKETING SERVICES, Hasbrouck Heights, NJ, *pg.* 292
Mandelbaum, Juan - Creative, PPOM - GEOVISION, Watertown, MA, *pg.* 540
Mandell, Jason - PPOM - LAUNCHSQUAD, San Francisco, CA, *pg.* 621
Mandia, Mark - PPOM - DMW WORLDWIDE, LLC, Chesterbrook, PA, *pg.* 282
Manes, Joe - PPOM - A.B. DATA, LTD, Milwaukee, WI, *pg.* 279
Maness, Laura - NBC, PPOM - HAVAS NEW YORK, New York, NY, *pg.* 369
Manetta, Louie - Operations, PPOM - TCAA, Cincinnati, OH, *pg.* 147
Mangan, Craig - Creative, PPOM - FUNWORKS, Oakland, CA, *pg.* 75
Mangano, Frank - Finance, Operations, PPOM - HAVAS NEW YORK, New York, NY, *pg.* 369
Mangold, Corey - PPOM - GIGASAVVY, Irvine, CA, *pg.* 237
Manhart, Lisa - NBC, PPOM - VENTURA ASSOCIATES INTL, LLC, New York, NY, *pg.* 571
Maniff, Maury - PPOM - MANHATTAN MARKETING ENSEMBLE, New York, NY, *pg.* 382
Manikas, Tina - PPOM - FCB CHICAGO, Chicago, IL, *pg.* 71
Maniv, Elad - Operations, PPOM - TABOOLA, New York, NY, *pg.* 268
Manlove Howard, Leah - PPOM - JOHN MANLOVE ADVERTISING, Houston, TX, *pg.* 93
Manna, Christine - Operations, PPOM - ASSOCIATION OF NATIONAL ADVERTISERS, New York, NY, *pg.* 442
Manning, Kimberly - PPOM - CRONIN, Glastonbury, CT, *pg.* 55
Manning, Doug - PPOM - YAH. - YOU ARE HERE, Atlanta, GA, *pg.* 318
Mannion, Julie - Creative, PPOM - KCD, INC., New York, NY, *pg.* 94
Mannix, Dan - PPOM - CSM SPORT & ENTERTAINMENT, New York, NY, *pg.* 347
Mannix, Olivia - PPOM - CANNABRAND, Denver, CO, *pg.* 47

Mannweiler, Paul S. - PPOM - BOSE PUBLIC AFFAIRS GROUP, LLC, Indianapolis, IN, *pg.* 585
Manrique, Denny - PPOM - MANRIQUE GROUP, Minneapolis, MN, *pg.* 311
Mansfield, Dana - Human Resources, PPOM - MCCANN NEW YORK, New York, NY, *pg.* 108
Mansour, Siobhann - Interactive / Digital, Media Department, NBC, PPOM - UNCOMMON, Sacramento, CA, *pg.* 157
Mansouri, Nancy - Finance, PPOM - H2M, Fargo, ND, *pg.* 81
Manzella, Jim - PPOM - MANZELLA MARKETING GROUP, Bowmansville, NY, *pg.* 383
Marangos, Alkis - Management, NBC, PPOM - DGS MARKETING ENGINEERS, Fishers, IN, *pg.* 351
Maranon, Richard - PPOM - MARANON & ASSOCIATES, Miami, FL, *pg.* 543
Maranon, Legia - NBC, PPOM - MARANON & ASSOCIATES, Miami, FL, *pg.* 543
Marbury, Rob - Creative, PPOM - MARBURY CREATIVE GROUP, Duluth, GA, *pg.* 104
Marcallini, Joe - PPOM - STEADYRAIN, St. Louis, MO, *pg.* 267
March, Greg - PPOM - NOBLE PEOPLE, New York, NY, *pg.* 120
Marchand, Brett - PPOM - VISION7 INTERNATIONAL, Quebec City, QC, *pg.* 429
Marchant, Steve - PPOM - BRODEUR PARTNERS, Boston, MA, *pg.* 586
Marchesi, Stephanie - Management, NBC, PPOM, Public Relations - WE COMMUNICATIONS, Bellevue, WA, *pg.* 660
Marchesi, Martha - PPOM - JK DESIGN, Hillsborough, NJ, *pg.* 481
Marchione, Richard - Operations, PPOM - CREATIVE MARKETING PLUS, Bayside, NY, *pg.* 346
Marciano, Andre - Management, Media Department, PPOM - PERFORMICS, Chicago, IL, *pg.* 676
Marck, Glenn - Creative, PPOM - WE'RE MAGNETIC, New York, NY, *pg.* 318
Marco, Harvey - Creative, PPOM - GALLEGOS UNITED, Huntington Beach, CA, *pg.* 75
Marcotte, Maria - PPOM - BROGAN & PARTNERS, Birmingham, MI, *pg.* 538
Marcus, Alan - PPOM - THE MARCUS GROUP, INC., Fairfield, NJ, *pg.* 654
Marcus, Matt - Creative, Management, PPOM - LEO BURNETT WORLDWIDE, Chicago, IL, *pg.* 98
Marcus, James - NBC, PPOM - FENTON COMMUNICATIONS, Washington, DC, *pg.* 603
Marden, Scott - NBC, PPOM - CAPTIVATE NETWORK, INC., Lowell, MA, *pg.* 550
Margiloff, Will - PPOM - IGNITIONONE, New York, NY, *pg.* 673
Margolis, Lawrence - Account Services, PPOM - STORANDT PANN MARGOLIS & PARTNERS, LaGrange, IL, *pg.* 414

Margolis, Jonathan - PPOM - MICHAEL ALAN GROUP, New York, NY, *pg.* 692
Margolis, Jim - PPOM - GMMB, Washington, DC, *pg.* 364
Margulies, David - PPOM - THE MARGULIES COMMUNICATIONS GROUP, Dallas, TX, *pg.* 654
Marianacci, Thomas - PPOM - CONVERGEDIRECT, New York, NY, *pg.* 462
Maricich, Mark - PPOM - MARICICH HEALTHCARE COMMUNICATIONS, Irvine, CA, *pg.* 105
Maricich, David - Creative, PPOM - MARICICH HEALTHCARE COMMUNICATIONS, Irvine, CA, *pg.* 105
Marin, Ian - Creative, PPOM - ARRAY CREATIVE, Akron, OH, *pg.* 173
Marinaccio, David - Creative, PPOM - LMO ADVERTISING, Arlington, VA, *pg.* 100
Marinescu, Alexandru - Administrative, Finance, PPOM - DECODED ADVERTISING, New York, NY, *pg.* 60
Marino, Frank - PPOM - MARINO ORGANIZATION, INC., New York, NY, *pg.* 625
Marino, Daniel - PPOM - RAKA CREATIVE, Portsmouth, NH, *pg.* 402
Marino, Michael C. - PPOM - FALLS COMMUNICATIONS, Cleveland, OH, *pg.* 357
Marion, Cindy - PPOM - MMI AGENCY, Houston, TX, *pg.* 116
Marioni, Scott - Management, NBC, PPOM - R&J STRATEGIC COMMUNICATIONS, Bridgewater, NJ, *pg.* 640
Markel, Gregory - PPOM - INFUSE CREATIVE, Santa Monica, CA, *pg.* 673
Markovitz, Rick - PPOM, Public Relations - WEISSMAN MARKOVITZ COMMUNICATIONS, Los Angeles, CA, *pg.* 662
Markowitz Kitchens, Lisa - PPOM - ROBERTSON & MARKOWITZ ADVERTISING & PUBLIC RELATIONS, INC., Savannah, GA, *pg.* 643
Marks, Cliff - PPOM - NATIONAL CINEMEDIA, New York, NY, *pg.* 119
Marks, Michelle - Account Planner, Creative, PPOM - IDEAS ON PURPOSE, New York, NY, *pg.* 186
Marks, Tom - Management, PPOM - LEVERAGE MARKETING GROUP, Newtown, CT, *pg.* 99
Marks, Peter - PPOM - MARIS, WEST & BAKER, Jackson, MS, *pg.* 383
Marks, Tom - PPOM - TMA+PERITUS, Madison, WI, *pg.* 202
Marks, Kathy - PPOM - TMA+PERITUS, Madison, WI, *pg.* 202
Marks, Jeff - NBC, PPOM - IPG360, Los Angeles, CA, *pg.* 90
Marks, Shanon - PPOM - AGENCY 39A, Culver City, CA, *pg.* 172
Marlow, Simon - Finance, PPOM - PROPHET, San Francisco, CA, *pg.* 15
Marlow, Myles - Media Department, PPOM - FINN PARTNERS, Washington, DC, *pg.* 603
Marlow-Morgan, Isadora - PPOM - ISADORA AGENCY, Manhattan Beach,

AGENCIES

RESPONSIBILITIES INDEX

CA, pg. 91
Marmo, Miles - Interactive / Digital, NBC, PPOM - AGENCY SQUID, Minneapolis, MN, pg. 441
Marmo, Brent - PPOM - AGENCY SQUID, Minneapolis, MN, pg. 441
Marobella, Paul - PPOM - HAVAS WORLDWIDE CHICAGO, Chicago, IL, pg. 82
Maroon, John - PPOM - MAROON PR, Columbia, MD, pg. 625
Marosits, Mark - PPOM, Social Media - WORLDWAYS SOCIAL MARKETING, Newport, RI, pg. 690
Marquis, Blake - Creative, Interactive / Digital, PPOM - THE MANY, Pacific Palisades, CA, pg. 151
Marr, Brian - Management, PPOM - SMASHING IDEAS, Seattle, WA, pg. 266
Marranzino, Pocky - PPOM - KARSH & HAGAN, Denver, CO, pg. 94
Marrero, Daniel - Creative, PPOM - CREATIVEONDEMAND, Coconut Grove, FL, pg. 539
Marrero, Priscilla - PPOM - CREATIVEONDEMAND, Coconut Grove, FL, pg. 539
Mars, Sallie - Creative, Human Resources, PPOM - MCCANN NEW YORK, New York, NY, pg. 108
Marsey, Dave - Account Planner, Interactive / Digital, Management, Media Department, NBC, PPOM - ESSENCE, San Francisco, CA, pg. 232
Marshall, Charles - PPOM - SIGNATURE MARKETING SOLUTIONS, Memphis, TN, pg. 141
Marshall, Chris - PPOM - CALLAHAN CREEK , Lawrence, KS, pg. 4
Marshall, Darren - Human Resources, PPOM - REVOLUTION, Chicago, IL, pg. 406
Marshall, Nancy - PPOM - NANCY MARSHALL COMMUNICATIONS , Augusta, ME, pg. 631
Marshall, Justin - Management, PPOM - WUNDERMAN THOMPSON SEATTLE, Seattle, WA, pg. 435
Marshall Moody, Andrea - Management, PPOM - FLEISHMANHILLARD, Raleigh, NC, pg. 606
Marsho, Steven - PPOM - JIGSAW, LLC, Milwaukee, WI, pg. 377
Marsico, Sandy - PPOM - SANDSTORM DESIGN, Chicago, IL, pg. 264
Marston, Michael - PPOM - TRUE IMPACT MEDIA, Austin, TX, pg. 558
Martell, Dorn - Creative, PPOM - TINSLEY ADVERTISING, Miami, FL, pg. 155
Martensen, Buddy - NBC, PPOM - IVIE & ASSOCIATES, INC., Flower Mound, TX, pg. 91
Marticke, Trevor - PPOM - REALTYADS, Chicago, IL, pg. 132
Martin, Tod - PPOM - UNBOUNDARY, Atlanta, GA, pg. 203
Martin, Linda - Account Services, Management, PPOM - PORTER NOVELLI, Los Angeles, CA, pg. 637
Martin, Diane - PPOM - RHEA &

KAISER MARKETING , Naperville, IL, pg. 406
Martin, Elke - NBC, PPOM - BRANDWARE PUBLIC RELATIONS, INC., Atlanta, GA, pg. 585
Martin, Edmund - PPOM - ACKERMAN MCQUEEN, INC., Oklahoma City, OK, pg. 26
Martin, Robert - Management, PPOM - MM2 PUBLIC RELATIONS, Dallas, TX, pg. 627
Martin, Doug - Interactive / Digital, Management, NBC, PPOM - CONTROL V EXPOSED, Jenkintown, PA, pg. 222
Martin, David - PPOM - MARTIN ADVERTISING, Birmingham, AL, pg. 106
Martin, Zan - PPOM - MARTIN & COMPANY ADVERTISING, Whites Creek, TN, pg. 106
Martin, Randy - Creative, Finance, PPOM - MARTIN & COMPANY ADVERTISING, Whites Creek, TN, pg. 106
Martin, Hugh - Finance, PPOM - ALAN NEWMAN RESEARCH, Richmond, VA, pg. 441
Martin, Rob - Operations, PPOM - BENSUSSEN DEUTSCH & ASSOCIATES, Woodinville, WA, pg. 566
Martin, Jack - PPOM - HILL+KNOWLTON STRATEGIES, New York, NY, pg. 613
Martin, Michael - Account Services, Management, NBC, PPOM - CODE AND THEORY, New York, NY, pg. 221
Martin, Andrew - PPOM - METIA, Bellevue, WA, pg. 250
Martin, Fletcher - Creative, PPOM - A5, Chicago, IL, pg. 25
Martin, Craig - PPOM - REALITY INTERACTIVE, LLC, Middletown, CT, pg. 262
Martin, Pat - PPOM - ST. GREGORY GROUP MARKETING, Cincinnati, OH, pg. 144
Martin, Nathan - PPOM - DEEPLOCAL, Sharpburgs, PA, pg. 349
Martin, Heather - NBC, PPOM - DEEPLOCAL, Sharpburgs, PA, pg. 349
Martin, Renee - PPOM - FINN PARTNERS, New York, NY, pg. 603
Martin, Fabrice - Management, PPOM - CLARABRIDGE, INC., Reston, VA, pg. 167
Martin, Jeffery - Creative, PPOM - KARSH & HAGAN, Denver, CO, pg. 94
Martin, Patrick - PPOM - CRAMER, Norwood, MA, pg. 6
Martin, Roy - Interactive / Digital, PPOM - MODOP, Los Angeles, CA, pg. 251
Martin, Fuzz - PPOM - EPIC CREATIVE, West Bend, WI, pg. 7
Martin, Lance - Creative, PPOM - UNION CREATIVE, Toronto, ON, pg. 273
Martin, Mike - Creative, PPOM - JACKSON SPALDING INC., Atlanta, GA, pg. 376
Martindale, Natasha - Finance, PPOM - FEARLESS MEDIA, New York, NY, pg. 673
Martineau, Suzanne - Account

Services, Creative, NBC, PPOM - SCHAFER CONDON CARTER, Chicago, IL, pg. 138
Martineau, Scott - Account Planner, PPOM - KEAP, Chandler, AZ, pg. 168
Martinez, Carlos - NBC, PPOM - CONILL ADVERTISING, INC., El Segundo, CA, pg. 538
Martinez, Gabrielle - PPOM - AGENCYEA, Chicago, IL, pg. 302
Martinez, Cristina - Human Resources, PPOM - MEDIACOM, New York, NY, pg. 487
Martinez, Tim - Account Planner, NBC, PPOM - DIRECT RESULTS, Venice, CA, pg. 63
Martino, Barbara - NBC, PPOM - ACTIVE INTERNATIONAL, Pearl River, NY, pg. 439
Martinson, Julie - Creative, PPOM - COLOUR, Halifax, NS, pg. 343
Martire, Greg - PPOM - CLARK, MARTIRE, BARTOLOMEO, Leonia, NJ, pg. 443
Marto, Robert - Administrative, PPOM - EXECUTIVE VISIONS, Norcross, GA, pg. 305
Martorana, John - NBC, PPOM - OXFORD COMMUNICATIONS, Lambertville, NJ, pg. 395
Maruca, John - PPM, PPOM - IMAGE ASSOCIATES INC., Durham, NC, pg. 241
Marvin, Ginny - PPM, PPOM - THIRD DOOR MEDIA, INC., Redding, CT, pg. 678
Marx, Tom - PPOM - THE MARX GROUP, San Rafeal, CA, pg. 421
Marx, Laura - Media Department, NBC, PPOM - PROPELLER, Milwaukee, WI, pg. 130
Mas, Santiago - Account Services, NBC, PPOM - NOBOX, Miami, FL, pg. 254
Mascola, Chuck - PPOM - MASCOLA GROUP, New Haven, CT, pg. 106
Masden, James - Creative, NBC, PPOM - QUENCH, Harrisburg, PA, pg. 131
Mashione, Lora - PPOM - UNIVERSAL MCCANN DETROIT, Birmingham, MI, pg. 524
Masi, Kevin - NBC, PPOM - TORQUE, Chicago, IL, pg. 20
Masi, Eric - Creative, PPOM - TORQUE, Chicago, IL, pg. 20
Masi, Joe - PPOM - TRIPTENT, New York, NY, pg. 156
Masi, Jennifer - Creative, PPOM - TORQUE, Chicago, IL, pg. 20
Mask, Clate - PPOM - KEAP, Chandler, AZ, pg. 168
Mask, Tim - PPOM - MARIS, WEST & BAKER, Jackson, MS, pg. 383
Maslow Lumia, Melanie - PPOM - MASLOW LUMIA BARTORILLO ADVERTISING, Wilkes-Barre, PA, pg. 106
Mason, Charlie - PPOM - MASON, INC. , Bethany, CT, pg. 383
Mason, Beverly - Creative, PPOM - WESTON | MASON, Marina Del Rey, CA, pg. 430
Mason, Tim - PPOM - MASON MARKETING, Penfield, NY, pg. 106

RESPONSIBILITIES INDEX — AGENCIES

Mason, Warner - PPOM - WEBB/MASON, Hunt Valley, MD, pg. 294
Mason, Timothy - PPOM - MASON MARKETING, Penfield, NY, pg. 106
Mason-Greene, Ashley - PPOM - LUCKY BREAK PUBLIC RELATIONS, Los Angeles, CA, pg. 623
Massaia, Louis - Creative, PPOM - HAVAS HEALTH & YOU, New York, NY, pg. 82
Masseur, Mark - Creative, PPOM - SYMMETRI MARKETING GROUP, LLC, Chicago, IL, pg. 416
Massey, Delano - PPOM - JACOBSEYE, Atlanta, GA, pg. 243
Massler, Stephanie - NBC, PPOM - DOEANDERSON ADVERTISING, Louisville, KY, pg. 352
Masson, Sophie - NBC, PPOM - DO NOT DISTURB, San Diego, CA, pg. 63
Masters, Don - Creative, PPOM - MEDIAPLUS ADVERTISING, Ottawa, ON, pg. 386
Mastro, Glenn - PPOM - MASTRO COMMUNICATIONS, INC., Green Brook, NJ, pg. 626
Matarazzo, Nick - PPOM - HEARST AUTOS, San Francisco, CA, pg. 238
Matathia, David - Account Planner, PPOM - FITZCO, Atlanta, GA, pg. 73
Matejczyk, John - Creative, PPOM - MUH-TAY-ZIK / HOF-FER, San Francisco, CA, pg. 119
Mathaisell, Mary - PPM, PPOM - BONFIRE LABS, San Francisco, CA, pg. 175
Matheny, Michael - Creative, NBC, PPOM - FOLKLORE DIGITAL, Minneapolis, MN, pg. 235
Mathews, Dan - PPOM - BRAND IT ADVERTISING, Spokane, WA, pg. 42
Mathewson, Eric - PPOM - WIDEORBIT, San Francisco, CA, pg. 276
Mathie, Ed - PPOM - CUE, INC., Minneapolis, MN, pg. 6
Mathieu, Christopher - Creative, PPOM - NEW BREED MARKETING, Winooski, VT, pg. 675
Mathis, Mark - Creative, Media Department, PPOM - AMPERAGE, Cedar Rapids, IA, pg. 30
Mathis, Jim - PPOM - ADWERKS, INC., Sioux Falls, SD, pg. 28
Matjanec, Alex - PPOM - AD:60, Brooklyn, NY, pg. 210
Matlock, Kent - PPOM - MATLOCK ADVERTISING & PUBLIC RELATIONS, Atlanta, GA, pg. 107
Matnick, Nancy - Finance, Operations, PPOM - ENDAI WORLDWIDE, New York, NY, pg. 231
Matsui, Fabio - Creative, Interactive / Digital, PPOM - ACCENTURE INTERACTIVE, El Segundo, CA, pg. 322
Matsuoka, Bryan - PPOM - PUBLICIS.SAPIENT, New York, NY, pg. 258
Matsushima, Joe - Creative, PPOM - DENIZEN GROUP, Culver City, CA, pg. 225
Matsushima, Amy - PPOM - DENIZEN GROUP, Culver City, CA, pg. 225
Matta, Serge - NBC, PPOM - GROUNDTRUTH.COM, New York, NY, pg. 534
Matteoni, Michael - Operations, PPOM - STUDIONORTH, North Chicago, IL, pg. 18
Mattes, Gary - PPOM - BOOMM MARKETING & COMMUNICATIONS, La Grange, IL, pg. 218
Matthews, Sherry - PPOM - SHERRY MATTHEWS ADVOCACY MARKETING, Austin, TX, pg. 140
Matthews, Drew - Creative, PPOM - THE MATTHEWS GROUP, INC., Bryan, TX, pg. 151
Matthews, Jennifer - PPOM - THEBLOC, New York, NY, pg. 154
Mattina, Chuck - Finance, Operations, PPOM - QUIXOTE GROUP, Greensboro, NC, pg. 402
Matts, Erin - PPOM - HEARTS & SCIENCE, New York, NY, pg. 471
Matulick, Kylie - Creative, PPOM - PSYOP, Venice, CA, pg. 196
Matusky, Greg - PPOM - GREGORY FCA COMMUNICATIONS, INC., Ardmore, PA, pg. 611
Maulik, Pete - PPOM - FAHRENHEIT 212, New York, NY, pg. 182
Mauro, Charles - PPOM - MAURONEWMEDIA, New York, NY, pg. 190
Maus, Helena - NBC, PPM, PPOM - ARCHETYPE, San Francisco, CA, pg. 33
Maute, Todd - PPM, PPOM - CBX, New York, NY, pg. 176
Maxham, John - Creative, PPOM - LAUGHLIN CONSTABLE, INC., Chicago, IL, pg. 380
May, Kate - Administrative, Finance, PPOM - UPSHOT, Chicago, IL, pg. 157
May, Jr., Rich - NBC, PPOM - MAY ADVERTISING & DESIGN, INC., Minneapolis, MN, pg. 107
Mayer, Mark - PPOM - PETERMAYER, New Orleans, LA, pg. 127
Mayer, Josh - Creative, PPOM - PETERMAYER, New Orleans, LA, pg. 127
Mayer, Allan - PPOM - 42WEST, Los Angeles, CA, pg. 573
Mayer, Kevin - PPOM - BLD MARKETING, Bethel Park, PA, pg. 334
Mayville, Eric - PPOM - WONDERSAUCE, New York, NY, pg. 205
Mazey, Kendra - Management, Media Department, PPOM - MEDIA ASSEMBLY, Southfield, MI, pg. 385
Mazur, Jamie - PPOM - ALL POINTS DIGITAL, Norwalk, CT, pg. 671
Mazzone, Adrienne - Management, PPOM - TRANSMEDIA GROUP, Boca Raton, FL, pg. 656
McAdam, Rich - PPOM - MC2, Paramus, NJ, pg. 311
McAndrew, Shane - Account Services, Interactive / Digital, Management, NBC, PPOM - MINDSHARE, New York, NY, pg. 491
McAteer, Andrea - PPOM - MEDIACOM, New York, NY, pg. 487
McAteer, Jennifer - Management, NBC, PPOM - MINDSHARE, New York, NY, pg. 491
McAvoy, Mike - PPOM - ONION, INC., Chicago, IL, pg. 394
McBee, Steve - PPOM - MOXY OX, Tontitown, AR, pg. 192
McBride, Chuck - Creative, PPOM - CUTWATER, San Francisco, CA, pg. 56
McBride, John - Account Planner, NBC, PPOM - TRANSLATION, Brooklyn, NY, pg. 299
McCabe, Bill - PPOM - EICOFF, Chicago, IL, pg. 282
McCabe, Mick - Account Planner, PPOM - PUBLICIS NORTH AMERICA, New York, NY, pg. 399
Mccaffrey, Sean - NBC, PPOM - GAS STATION TV, Detroit, MI, pg. 552
McCain-Matte, Tina - Account Services, NBC, PPOM - GRAVINA SMITH & MATTE, INC., Fort Myers, FL, pg. 610
McCall, Josh - PPOM - JACK MORTON WORLDWIDE, Boston, MA, pg. 309
McCall, Mark - Operations, PPOM - FTI CONSULTING, New York, NY, pg. 606
McCall, Steve - Account Services, NBC, PPOM - FORSMAN & BODENFORS, New York, NY, pg. 74
McCall, Bryan - PPOM - DUNCAN MCCALL, Pensacola, FL, pg. 353
McCall, Cory - Creative, PPOM - 160OVER90, Philadelphia, PA, pg. 1
McCallister, Rachel - PPOM - MPRM PUBLIC RELATIONS, Los Angeles, CA, pg. 629
McCallum, Scott - Account Services, Interactive / Digital, NBC, PPOM, Research - GEOMETRY, Chicago, IL, pg. 363
McCance, Alexis - Finance, Operations, PPOM - HAVAS FORMULA, San Diego, CA, pg. 612
McCanless Dettmer, Samantha - PPOM - STEEL DIGITAL STUDIOS, Austin, TX, pg. 200
McCann, Robert - PPOM - THE KERRY GROUP, Fenton, MO, pg. 316
McCann, Nan - NBC, PPOM - PME ENTERPRISES LLC, Wethersfield, CT, pg. 313
McCann, Jim - PPOM - PME ENTERPRISES LLC, Wethersfield, CT, pg. 313
McCarron, Patricia - PPOM - MN & COMPANY MEDIA MANAGEMENT, Andover, MA, pg. 496
McCarthy, Tim - PPOM - THE MCCARTHY COMPANIES, Dallas, TX, pg. 151
McCarthy, Mike - PPOM - DDM MARKETING & COMMUNICATIONS, Grand Rapids, MI, pg. 6
McCarthy, John - Management, NBC, PPOM - DDB SAN FRANCISCO, San Francisco, CA, pg. 60
McCarthy, Stephen - Finance, PPOM - GROUNDTRUTH.COM, New York, NY, pg. 534
McCarthy, Kevin - Account Services, Interactive / Digital, Management, Media Department, PPOM, Research - GROUPM, New York, NY, pg. 466
McCarthy, Jamie - Creative, PPOM - J.R. THOMPSON COMPANY, Farmington

AGENCIES

RESPONSIBILITIES INDEX

Hills, MI, *pg.* 91
McCartin, Mike - Operations, PPOM - TANDEM THEORY, Dallas, TX, *pg.* 269
McCarty, David - Creative, PPOM - PANZANO & PARTNERS, Moorestown, NJ, *pg.* 194
McCauley, John - NBC, PPOM - SCREENVISION, New York, NY, *pg.* 557
McCausland, Marcy - Account Services, PPOM - J.R. THOMPSON COMPANY, Farmington Hills, MI, *pg.* 91
McClabb, Jill - Creative, NBC, PPOM - IPNY, New York, NY, *pg.* 90
McClanahan, Paul - PPOM - BOSTON RESEARCH GROUP, Hopkinton, MA, *pg.* 442
McClellan, Jeff - PPOM - ANTHOLOGIE, Milwaukee, WI, *pg.* 31
McClenahan, Kerry - PPOM - PUBLITEK NORTH AMERICA, Portland, OR, *pg.* 401
McCloud, Mike - PPOM - MMA CREATIVE, Cookeville, TN, *pg.* 116
McClure, Tim - PPOM - GSD&M, Austin, TX, *pg.* 79
McClure, Sue - PPOM - GLYNNDEVINS MARKETING, Kansas City, MO, *pg.* 364
McClure, Paul - NBC, PPOM - RUNYON SALTZMAN EINHORN, Sacramento, CA, *pg.* 645
McConnell, Hugh - Finance, Operations, PPOM - MMGY GLOBAL, Kansas City, MO, *pg.* 388
McCoobery, Kristina - Operations, PPOM - INVNT, New York, NY, *pg.* 90
McCord, Kat - Creative, PPOM - THACKWAY MCCORD, New York, NY, *pg.* 201
McCormack, Kevin - PPOM, Public Relations - WPP GROUP, INC., New York, NY, *pg.* 433
McCormick, Sean - Creative, PPOM - CASPARI MCCORMICK, Wilmington, DE, *pg.* 340
McCormick, Lance - Creative, PPOM - JNA ADVERTISING, Overland Park, KS, *pg.* 92
McCormick, Michael - Creative, PPOM - RODGERS TOWNSEND, LLC, Saint Louis, MO, *pg.* 407
McCormick, Tom - Creative, PPOM - THE BRICK FACTORY, Washington, DC, *pg.* 269
McCormick, Neil - PPOM - CINECRAFT PRODUCTIONS, INC., Cleveland, OH, *pg.* 561
McCown, Ashley - Account Services, PPOM - SOLOMON MCCOWN & CO., INC., Boston, MA, *pg.* 648
McCoy Kelly, Buffy - Creative, NBC, PPOM - TATTOO PROJECTS, LLC, Charlotte, NC, *pg.* 146
McCready, Duncan - PPOM - IC GROUP, Winnipeg, MB, *pg.* 567
McCready, Rob - Account Services, PPOM - BLUE COLLAR INTERACTIVE, Hood River, OR, *pg.* 217
Mccreesh, Jeff - Finance, PPOM - MCGARRYBOWEN, Chicago, IL, *pg.* 110
McCue, Michelle - NBC, PPOM - MCCUE PUBLIC RELATIONS, Burbank, CA, *pg.* 626
McCuin, Bob - NBC, PPOM - CLEAR CHANNEL OUTDOOR, New York, NY, *pg.* 550
McCullough, Daryl - PPOM - CITIZEN RELATIONS, Los Angeles, CA, *pg.* 590
McCullough, Laura - Account Services, Management, PPOM - OGILVY, Chicago, IL, *pg.* 393
McCullough, Matt - PPOM - RIPCORD DIGITAL, INC., Huntington Beach, CA, *pg.* 264
McCune, Tripp - Interactive / Digital, PPOM - DEUTSCH, INC., New York, NY, *pg.* 349
McCune, Elizabeth - NBC, PPOM, Public Relations - GROUPM, New York, NY, *pg.* 466
McCurlie, Mike - Creative, PPOM - MJM PRODUCTIONS, Hamilton, ON, *pg.* 563
McCurlie, Laurie - PPM, PPOM - MJM PRODUCTIONS, Hamilton, ON, *pg.* 563
McCurry, Jeff - Operations, PPOM - ST. JOHN & PARTNERS ADVERTISING & PUBLIC RELATIONS, Jacksonville, FL, *pg.* 412
McCuskey, Kathy - PPOM - YAMAMOTO, Minneapolis, MN, *pg.* 435
McCutchen, Brent - PPOM - STAPLEGUN DESIGN, LLC, Oklahoma City, OK, *pg.* 412
McDaniel, Rex - Management, Operations, PPOM - PREMIER EVENT SERVICES, Steamboat Springs, CO, *pg.* 314
McDaniel, Patrick - NBC, PPOM - KEPLER GROUP, New York, NY, *pg.* 244
McDaniels, Randall - NBC, PPOM - MCDANIELS MARKETING & COMMUNICATIONS, Pekin, IL, *pg.* 109
McDermott, Guy - PPOM - MARKETING ALTERNATIVES, INC., Chesterfield, MO, *pg.* 105
McDermott, Darren - PPOM - BRUNSWICK GROUP, New York, NY, *pg.* 587
McDonald, Marty - Creative, PPOM - EGG, Vachon, WA, *pg.* 7
McDonald, Kelly - PPOM - MCDONALD MARKETING, Denver, CO, *pg.* 543
McDonald, Jim - Interactive / Digital, Operations, PPOM - INVNT, New York, NY, *pg.* 90
McDonald, Richard - PPOM - EPSILON, Chicago, IL, *pg.* 283
McDonald, Sean - Management, Media Department, PPOM - RETHINK COMMUNICATIONS, INC., Toronto, ON, *pg.* 133
McDonough, Joe - Creative, PPOM - MASTERMINDS, INC., Egg Harbor Township, NJ, *pg.* 687
McDougall, Fiona - Creative, PPM, PPOM - ONEWORLD COMMUNICATIONS, San Francisco, CA, *pg.* 123
McDuff, Al - PPOM - DIANE ALLEN & ASSOCIATES, Baton Rouge, LA, *pg.* 597
McElroy, Thomas - Finance, PPOM - BLUE 449, Seattle, WA, *pg.* 456
McElveen-Hunter, Bonnie - PPOM - PACE COMMUNICATIONS, Greensboro, NC, *pg.* 395
McElveney, Bill - PPOM - MCELVENEY & PALOZZI, Rochester, NY, *pg.* 190
McEnaney, Jack - Finance, PPOM - CAMELOT STRATEGIC MARKETING & MEDIA, Dallas, TX, *pg.* 457
McEntire, Cindy - Human Resources, PPOM - ANSIRA, Addison, TX, *pg.* 326
McErlane, Thomas - PPOM - RATESPECIAL INTERACTIVE LLC, Paasadena, CA, *pg.* 262
McEvenue, Chris - Management, PPOM - CPC HEALTHCARE COMMUNICATIONS, Toronto, ON, *pg.* 53
McFadden, Barbara - PPOM - MCFADDEN GAVENDER ADVERTISING, INC., Tucsan, AZ, *pg.* 109
Mcgahey, Thomas - NBC, PPOM - HIGH COTTON PROMOTIONS U.S.A, INC., Irondale, AL, *pg.* 567
McGahey, Griffin - PPOM - HIGH COTTON PROMOTIONS U.S.A, INC., Irondale, AL, *pg.* 567
McGarr, Sean - Account Planner, Account Services, Interactive / Digital, Media Department, PPOM - WAVEMAKER, New York, NY, *pg.* 526
McGarrah, Mark - NBC, PPOM - MCGARRAH JESSEE, Austin, TX, *pg.* 384
McGetrick, Michael - Creative, Interactive / Digital, PPOM - SPARK451, INC., Westbury, NY, *pg.* 411
McGill, Timothy - PPOM - HARGROVE INC., Lanham, MD, *pg.* 307
McGill, Stephen - Creative, PPOM - MCGILL BUCKLEY, Ottawa, ON, *pg.* 110
McGill, Carla - Operations, PPOM - HARGROVE INC., Lanham, MD, *pg.* 307
McGinness, Will - Creative, PPOM - VENABLES BELL & PARTNERS, San Francisco, CA, *pg.* 158
McGinty, Michelle - NBC, PPOM - DRA STRATEGIC COMMUNICATIONS, Phoenix, AZ, *pg.* 598
McGirr, Rachel - Account Services, Interactive / Digital, Media Department, PPOM - UNIVERSAL MCCANN, New York, NY, *pg.* 521
McGivney, Tom - Creative, PPOM - ALOYSIUS BUTLER & CLARK, Wilmington, DE, *pg.* 30
McGloin, Patrick - PPOM - MERGE, Boston, MA, *pg.* 113
McGlynn, Joe - Management, PPOM - WUNDERMAN HEALTH, New York, NY, *pg.* 164
McGoldrick, David - PPM, PPOM - 1919, New York, NY, *pg.* 207
McGovern, Tom - PPOM - OPTIMUM SPORTS, New York, NY, *pg.* 394
McGovern, Valentine - Finance, PPOM - SULLIVAN, New York, NY, *pg.* 18
McGrath, John - PPOM - THE HAWTHORN GROUP, Alexandria, VA, *pg.* 653
McGrath, Emmett - PPOM - YOH, Philadelphia, PA, *pg.* 277
McGrath, Tim - Creative, PPOM - 3, Albuquerque, NM, *pg.* 23
McGrath, Terry - Media Department, NBC, PPOM - T1 MEDIA, LCC, Weston, MA, *pg.* 518
McGrath, Michael - Creative, PPOM - HYDROGEN, Seattle, WA, *pg.* 87
McGraw, Barbara - NBC, PPOM - INFINITEE COMMUNICATIONS, INC.,

RESPONSIBILITIES INDEX — AGENCIES

Atlanta, GA, pg. 374
McGregor, Rod - Management, Operations, PPOM - CROWL, MONTGOMERY & CLARK, INC., North Canton, OH, pg. 347
McGriff, Patrick - PPOM - DCI-ARTFORM, Milwaukee, WI, pg. 349
McGuinness, Pat - Creative, PPOM - TRUMPET ADVERTISING, New Orleans, LA, pg. 157
McGuire, Michael - PPOM - 88 BRAND PARTNERS, Chicago, IL, pg. 171
McHale, Jerome - PPOM - MCHALE & KOEPKE COMMUNICATIONS, Chagrin Falls, OH, pg. 111
McHale, Mike - NBC, PPOM - JUMP 450 MEDIA, New York, NY, pg. 481
McHale, Brian - PPOM - BRANDIENCE, Cincinnati, OH, pg. 42
McHorse, Stacy - NBC, PPOM - KINETIC CHANNEL MARKETING, Fort Wayne, IN, pg. 95
McHugh, James - Media Department, PPOM - GIGANTE VAZ PARTNERS, New York, NY, pg. 363
McHugh, Brian - Finance, PPOM - MARTIN WILLIAMS ADVERTISING, Minneapolis, MN, pg. 106
McHugh, Josh - PPOM - ATTENTION SPAN MEDIA, LLC, Los Angeles, CA, pg. 214
McHugh, Mike - PPOM - THRULINE MARKETING, Lenexa, KS, pg. 155
McHugh, John - PPOM - BRAINSTORM STUDIO, Melville, NY, pg. 672
McIlroy, Julie - PPOM - MCILROY & KING, Toronto, ON, pg. 484
McIndoe, Dave - PPOM - NETWAVE INTERACTIVE MARKETING, INC., Point Pleasant, NJ, pg. 120
McInerny, Meghan - Operations, PPOM - CLOCKWORK ACTIVE MEDIA, Minneapolis, MN, pg. 221
McIntosh, Brett - NBC, PPOM - PUBLICIS TORONTO, Toronto, ON, pg. 639
McIntosh, Kelley - PPOM - ZAKHILL GROUP, Santa Monica, CA, pg. 294
McIntyre, Michael - PPOM - MOCEAN, Los Angeles, CA, pg. 298
McIntyre, Brian - Operations, PPOM - PUBLICIS HAWKEYE, Dallas, TX, pg. 399
McIntyre, Mark - PPOM - MAXAUDIENCE, Carlsbad, CA, pg. 248
McKay, Jeffrey - Creative, PPOM - PENNEBAKER, LMC, Houston, TX, pg. 194
McKay, Mike - Creative, PPOM - ELEVEN, INC., San Francisco, CA, pg. 67
McKay, Dianne - PPOM - MUSTANG MARKETING, Thousand Oaks, CA, pg. 390
McKee, Chris - Account Services, Creative, Management, NBC, PPOM - FLINT & STEEL, New York, NY, pg. 74
McKee, Steve - NBC, PPOM - MCKEE WALLWORK & COMPANY, Albuquerque, NM, pg. 385
McKeeman, Kim - PPOM - MCKEEMAN COMMUNICATIONS, Raleigh, NC, pg. 626
McKenna, Patrick - PPOM - DMI PARTNERS, Philadelphia, PA, pg. 681
McKenna, Brenda - PPOM - BCM MEDIA, Darien, CT, pg. 455
McKenzie, Megan - PPOM - MCKENZIE WORLDWIDE, Lake Oswego, OR, pg. 626
McKenzie, Jake - PPOM - INTERMARK GROUP, INC., Birmingham, AL, pg. 375
McKenzie, Don - PPOM - INNOVAIRRE, Cherry Hill, NJ, pg. 89
Mckenzie, Matt - Management, PPOM - INTERMARK GROUP, INC., Birmingham, AL, pg. 375
McKenzie, Colin - Account Services, PPOM - GRADIENT EXPERIENTIAL LLC, New York, NY, pg. 78
Mckeon, Mike - PPOM - MERCURY PUBLIC AFFAIRS, New York, NY, pg. 627
McKernan, Bob - Management, PPOM - BLUE ADVERTISING, Washington, DC, pg. 40
McKie, John - PPOM - GODWIN GROUP, Jackson, MS, pg. 364
McKinley, Heidi - PPOM - THE POINT GROUP, Dallas, TX, pg. 152
McKinney, Pat - Creative, PPOM - DALTON AGENCY, Jacksonville, FL, pg. 348
McKinney, Joanne - PPOM - BURNS GROUP, New York, NY, pg. 338
McKinnon, Suzette - Creative, PPOM - LAUNCH ADVERTISING, Denver, CO, pg. 97
McKirchy-Spencer, Jeanne - Account Planner, PPOM - RICOCHET PARTNERS, Portland, OR, pg. 406
McKittrick, Charlie - Account Planner, PPOM - MOTHER NY, New York, NY, pg. 118
McKusick, James - NBC, PPOM - GEARY INTERACTIVE, Las Vegas, NV, pg. 76
McKusick, John - NBC, PPOM - NEXTLEFT, San Diego, CA, pg. 254
McLaren, Jean - Management, NBC, PPOM - MARC USA, Chicago, IL, pg. 104
McLarney, Betsy - PPOM - EMC OUTDOOR, Newtown Square, PA, pg. 551
McLaughlin, John - PPOM - MCLAUGHLIN & ASSOCIATES, Blauvelt, NY, pg. 447
McLaughlin, Jim - PPOM - MCLAUGHLIN & ASSOCIATES, Blauvelt, NY, pg. 447
McLaughlin, John - Operations, PPOM - CRITICAL MASS, INC., Chicago, IL, pg. 223
McLaughlin, Craig - PPOM - EXTRACTABLE, INC., San Francisco, CA, pg. 233
McLaughlin, Melinda - NBC, PPOM - EXTREME REACH, INC., Needham, MA, pg. 552
McLaughlin, James - PPOM - LINK MEDIA OUTDOOR, Roswell, GA, pg. 553
McLaurin, Michael - Account Planner, Creative, PPOM - FIFTEEN DEGREES, New York, NY, pg. 358
McLean, Malcolm - Account Planner, Analytics, PPOM, Research - CUNDARI INTEGRATED ADVERTISING, Toronto, ON, pg. 347
McLellan, Drew - NBC, PPOM - MCLELLAN MARKETING GROUP, Clive, IA, pg. 111
McLoughlin, Shannon - PPOM - NECTAR COMMUNICATIONS, San Francisco, CA, pg. 632
McMahon, John - Creative, Management, PPOM - ART MACHINE, Hollywood, CA, pg. 34
McMahon, Brian - PPOM - ORION WORLDWIDE, New York, NY, pg. 503
McMeekin, Bruce - PPOM - BKM MARKETING ASSOCIATES, Braintree, MA, pg. 334
McMillan, Dorothy - Creative, PPOM - BOB'S YOUR UNCLE, Toronto, ON, pg. 335
McMillan, Charles - PPOM - MCMILLAN GROUP, Westport, CT, pg. 191
McMillan, Nancy - PPOM - MCMILLAN GROUP, Westport, CT, pg. 191
McMillan, Gordon - Account Services, NBC, PPOM - MCMILLAN, Ottawa, ON, pg. 484
McMillan, Sara - Analytics, Operations, PPOM - MUNROE CREATIVE PARTNERS, Philadelphia, PA, pg. 192
McMillian, Thelton - NBC, PPOM - CI&T, San Francisco, CA, pg. 5
McMillin, Dave - PPOM - MGT DESIGN, Maplewood, NJ, pg. 191
McMullen, Donald - PPOM - MARKETVISION RESEARCH, Cincinnati, OH, pg. 447
McMullen, Tyler - Account Services, PPOM - MARKETVISION RESEARCH, Cincinnati, OH, pg. 447
McMullen, Tim - Creative, PPOM - REDPEPPER, Nashville, TN, pg. 405
McMullen, Tracy - Media Department, PPOM - MINDSHARE, New York, NY, pg. 491
McNab, Christine - PPOM - RAIN 43, Toronto, ON, pg. 262
McNally, Ray - Creative, PPOM - MCNALLY TEMPLE & ASSOCIATES, INC., Sacramento, CA, pg. 626
McNamara, Bill - PPOM - DERSE, INC., Milwaukee, WI, pg. 304
McNamara, Sean - NBC, PPOM - PARTY LAND, Marina Del Rey, CA, pg. 125
McNamee, Brian - NBC, PPOM - RESOLUTE DIGITAL, LLC, New York, NY, pg. 263
McNeil, Eileen - PPOM, Public Relations - SEYFERTH & ASSOCIATES, INC., Grand Rapids, MI, pg. 646
McNeil, Kim - Finance, Operations, PPOM - LIGHTHOUSE, INC., Marietta, GA, pg. 11
McNeil, Robert - PPOM - MCNEIL, GRAY & RICE, Boston, MA, pg. 627
McNeilage, Ned - Creative, PPOM - BBH, West Hollywood, CA, pg. 37
McNellis, Michael - Operations, PPOM - BARU ADVERTISING, Culver City, CA, pg. 538
McNelly, Xan - PPOM - ZLR IGNITION, Des Moines, IA, pg. 437
McNichols, Elizabeth - Operations, PPOM - THE OUTCAST AGENCY, San Francisco, CA, pg. 654
McNulty, Kevin - NBC, PPOM - MOMENTUM WORLDWIDE, New York, NY,

AGENCIES

RESPONSIBILITIES INDEX

pg. 117
McOstrich, Neil - Creative, PPOM - CLEAN SHEET COMMUNICATIONS, Toronto, ON, pg. 342
McPherson, Susan - Creative, PPOM - CREATIVE COMMUNICATIONS CONSULTANTS, INC., Minneapolis, MN, pg. 346
McPherson, Brian - Account Services, PPOM - GOODBY, SILVERSTEIN & PARTNERS, San Francisco, CA, pg. 77
McQueen, Angus - PPOM - ACKERMAN MCQUEEN, INC., Oklahoma City, OK, pg. 26
McQueen, Revan - PPOM - ACKERMAN MCQUEEN, INC., Oklahoma City, OK, pg. 26
McQuillan, Denise - Account Planner, Creative, PPOM - YOLO SOLUTIONS, Clarkston, MI, pg. 436
McQuillan, Mark - PPOM - JAM3, Toronto, ON, pg. 243
McRae Dougherty, Beth - PPOM - THE MCRAE AGENCY, Paradise Valley, AZ, pg. 688
McShane, Tom - PPOM - DEWEY SQUARE GROUP, Boston, MA, pg. 597
McShane, Kevin - PPOM - ADVISION OUTDOOR, Tucson, AZ, pg. 549
McSmith, Darrell - PPOM - ALL POINTS MEDIA, Beaverton, OR, pg. 549
McSorley, Katie - NBC, PPOM - HAVAS PR, Pittsburgh, PA, pg. 612
McTigue, John - Finance, PPOM - CHIEF MEDIA, New York, NY, pg. 281
McVeigh, Tasha - Human Resources, Operations, PPOM - MCGARRYBOWEN, San Francisco, CA, pg. 385
McVey, Alicia - Creative, PPOM - SWIFT, Portland, OR, pg. 145
McWhorter, Joel - Creative, PPOM - MCCOMM GROUP, Decatur, AL, pg. 109
McWhorter, Laura - Finance, PPOM - MCCOMM GROUP, Decatur, AL, pg. 109
Mead, Monte - Creative, PPOM - CULTIVATOR ADVERTISING & DESIGN, Denver, CO, pg. 178
Meador, Larry - PPOM - EVOK ADVERTISING, Heathrow, FL, pg. 69
Meads, Gary - PPOM - MEADSDURKET, San Diego, CA, pg. 112
Means, Roger - Account Services, NBC, PPOM - MEANS ADVERTISING, Birmingham, AL, pg. 112
Means, Gabrey - Creative, PPOM - GROW MARKETING, San Francisco, CA, pg. 691
Means, Tommy - Creative, PPOM - MEKANISM, San Francisco, CA, pg. 112
Meany, Kevin - PPOM - BFG COMMUNICATIONS, Bluffton, SC, pg. 333
Mears, Eben - Creative, PPOM - PSYOP, New York, NY, pg. 196
Mears, Peter - Operations, PPOM - HAVAS MEDIA GROUP, New York, NY, pg. 468
Mecca, Daniel - NBC, PPOM - ABBEY MECCA & COMPANY, Buffalo, NY, pg. 321
Mecchi-Knoll, Barbara - PPOM -

RESOURCE ADVANTAGE GROUP, INC., Fairfield, NJ, pg. 405
Meckes, Corey - Creative, PPOM - ID GRAPHICS, Everett, PA, pg. 186
Meckes, Monica - PPOM - ID GRAPHICS, Everett, PA, pg. 186
Meder, Mary - Media Department, PPOM - HARMELIN MEDIA, Bala Cynwyd, PA, pg. 467
Medinger, Dan - PPOM - ADVERTISING MEDIA PLUS, INC., Columbia, MD, pg. 28
Medinger, Patti - Creative, PPOM - ADVERTISING MEDIA PLUS, INC., Columbia, MD, pg. 28
Medved, Robert - PPOM - CANNELLA RESPONSE TELEVISION, Burlington, WI, pg. 281
Meeder, Bill - PPOM - TURNSTILE, INC., Dallas, TX, pg. 427
Meehan, Brian - PPOM - CELTIC ADVERTISING, Milwaukee, WI, pg. 341
Meeker, Dave - Interactive / Digital, Management, NBC, PPOM - ISOBAR US, Boston, MA, pg. 242
Meert, Brian - PPOM - ADVERTISEMINT, Hollywood, CA, pg. 211
Meese, Dolly - Account Planner, PPOM - BRIGHTHOUSE, LLC, Atlanta, GA, pg. 43
Mehl, Drew - Creative, PPOM - BINARY PULSE TECHNOLOGY MARKETING, Irvine, CA, pg. 39
Mehl, Marty - NBC, PPOM - DRIVE SHOP, Redmond, WA, pg. 304
Mehra, Pawan - NBC, PPOM - AMEREDIA, INC., San Francisco, CA, pg. 325
Mehra, Sumit - Interactive / Digital, Management, PPOM - Y MEDIA LABS, Redwood City, CA, pg. 205
Mehrguth, Garrett - PPOM - DIRECTIVE CONSULTING, Irvine, CA, pg. 63
Meier, Donna - PPOM - NOCOAST ORIGINALS, Saint Louis, MO, pg. 312
Meier, Denny - Finance, Management, PPOM - MBB AGENCY, Leawood, KS, pg. 107
Meier, Melinda - Management, PPOM, Public Relations - FUEL MARKETING, Salt Lake City, UT, pg. 361
Meisinger, Krista - Finance, PPOM - ANDERSON PARTNERS, Omaha, NE, pg. 31
Meisner, Thomas - Finance, PPOM - 360I, LLC, New York, NY, pg. 320
Meissner, Tom - Management, PPOM - SEDONA GOLF & TRAVEL PRODUCTS, Tempe, AZ, pg. 569
Meister, Steve - Creative, NBC, PPOM - BIG BANG, INC., Decatur, GA, pg. 174
Meister, Mike - Creative, PPOM - THE PRICE GROUP INC., Lubbock, TX, pg. 152
Melanson, Joe - PPOM - FILTER, Seattle, WA, pg. 234
Melchionda, Jill - Management, PPOM - APRIL SIX, San Francisco, CA, pg. 280
Melofchik, Audrey - Account Services, Management, PPOM - DDB NEW YORK, New York, NY, pg. 59

Melone, Carol - Account Planner, Media Department, PPOM - MINDSHARE, New York, NY, pg. 491
Meltzer, Larry - Creative, PPOM - MM2 PUBLIC RELATIONS, Dallas, TX, pg. 627
Melville, Doug - Human Resources, PPOM - TBWA \ CHIAT \ DAY, New York, NY, pg. 416
Memoria, Felipe - Creative, PPOM - WORK & CO, Brooklyn, NY, pg. 276
Mendonca, Nikki - Operations, PPOM - ACCENTURE INTERACTIVE, New York, NY, pg. 209
Mennen-Bobula, Caitlin - Operations, PPOM - LOCAL PROJECTS, New York, NY, pg. 190
Menon, Satya - NBC, PPOM - KANTAR MILLWARD BROWN, Lisle, IL, pg. 446
Menon, Krishnan - PPOM - PHENOMENON, Los Angeles, CA, pg. 439
Mentler, Holly - NBC, PPOM - MENTLER & COMPANY, Addison, TX, pg. 113
Mentzer, Bruce - PPOM - MENTZER MEDIA SERVICES, Towson, MD, pg. 491
Meranus, Leah - Management, Media Department, NBC, PPOM - 360I, LLC, New York, NY, pg. 320
Mercer, Terry - Creative, PPOM - MERCER CREATIVE GROUP, Vancouver, BC, pg. 191
Mercurio, John - Finance, Operations, PPOM - AGENCYSACKS, New York, NY, pg. 29
Mering, Dave - PPOM - MERING, Sacramento, CA, pg. 114
Merino, Steve - Creative, Management, PPOM - ALOYSIUS BUTLER & CLARK, Wilmington, DE, pg. 30
Merk, Michael - Management, PPOM, Public Relations - DESIGNVOX, East Grand Rapids, MI, pg. 179
Merkert, Tighe - PPOM - MARRINER MARKETING COMMUNICATIONS, Columbia, MD, pg. 105
Merkle, Teresa - PPOM - PARADIGM SHIFT WORLDWIDE, INC., Northridge, CA, pg. 313
Merl, Jody - PPOM - INNOVATIVE TRAVEL MARKETING, Parsippany, NJ, pg. 480
Merlino, Janice - PPOM - MERLINO MEDIA GROUP, Seattle, WA, pg. 491
Merriam, Dena - PPOM - FINN PARTNERS, New York, NY, pg. 603
Merrick, Harry - PPOM - MERRICK TOWLE COMMUNICATIONS, Greenbelt, MD, pg. 114
Merrick, Tom - Creative, PPOM - PARADISE, Saint Petersburg, FL, pg. 396
Merrill, Sharon - PPOM - SHARON MERRILL ASSOCIATES, INC., Boston, MA, pg. 646
Merrill, Andy - PPOM - PROSEK PARTNERS, New York, NY, pg. 639
Merritt, Audrey - NBC, PPOM - WHM CREATIVE, Oakland, CA, pg. 162
Merritt, Tallie - PPOM - FSC INTERACTIVE, New Orleans, LA, pg. 235
Merschen, Al - PPOM - MYRIAD TRAVEL

1901

RESPONSIBILITIES INDEX — AGENCIES

MARKETING, Los Angeles, CA, pg. 390
Mersereau, Brian - PPOM - HILL+KNOWLTON STRATEGIES CANADA, Ottowa, ON, pg. 613
Mertzlufft, Bob - PPOM - HMR DESIGNS, Chicago, IL, pg. 308
Messerle, Greg - PPOM - GENERATOR MEDIA + ANALYTICS, New York, NY, pg. 466
Messerly, Jake - PPOM - INTERTWINE INTERACTIVE, Omaha, NE, pg. 242
Messianu, Luis Miguel - PPOM - ALMA, Coconut Grove, FL, pg. 537
Messier, Traci - PPOM - JACKSON SPALDING INC., Atlanta, GA, pg. 376
Metaxatos, Paul - PPOM - MOTIV, Boston, MA, pg. 192
Metcalfe, Heather - Finance, PPOM - POWER PR, Torrance, CA, pg. 638
Metler, Cynthia - Management, PPOM - MEDIA SOLUTIONS, Sacramento, CA, pg. 486
Metrick, Laurence - Creative, PPOM - THE METRICK SYSTEM, Toronto, ON, pg. 152
Metz, Peter - Creative, PPOM - SOCKEYE CREATIVE, Portland, OR, pg. 199
Meunier, Philippe - Creative, PPOM - SID LEE, Montreal, QC, pg. 140
Meyer, Chris - PPOM - THE GEORGE P. JOHNSON COMPANY, San Carlos, CA, pg. 316
Meyer, Terri - PPOM - TERRI & SANDY, New York, NY, pg. 147
Meyer, Brian - PPOM - MEETING EXPECTATIONS, Atlanta, GA, pg. 311
Meyer, Dan - PPOM - LUME CREATIVE, Hoboken, NJ, pg. 101
Meyer, Hannes - Creative, PPOM - RHYTHM, Irvine, CA, pg. 263
Meyer, Steve - Creative, PPOM - THE KARMA GROUP, Green Bay, WI, pg. 420
Meyer, Jason - PPOM - COOKSEY COMMUNICATIONS, Irving, TX, pg. 593
Meyers, Michael - PPOM - MEYERS & PARTNERS, Chicago, IL, pg. 115
Meyers, Gary - Creative, PPOM - BLACKWING CREATIVE, Seattle, WA, pg. 40
Meyers, James - PPOM - IMAGINATION PUBLISHING, LLC, Chicago, IL, pg. 187
Meyerson, Allan - PPOM - WE ARE ALEXANDER, St. Louis, MO, pg. 429
Meyler, Stuart - Media Department, PPOM - BEEBY CLARK+MEYLER, Stamford, CT, pg. 333
Mezzatesta, Gary - PPOM - UPP ENTERTAINMENT MARKETING, Burbank, CA, pg. 300
Michael, Julie - Account Services, NBC, PPOM - TEAM ONE, Los Angeles, CA, pg. 417
Michael Kennedy, John - PPOM - GOODMAN MEDIA INTERNATIONAL, INC., New York, NY, pg. 610
Michaels, Donna - PPOM - LMGPR, San Jose, CA, pg. 623
Michaels, Andrea - PPOM - EXTRAORDINARY EVENTS, Sherman Oaks, CA, pg. 305
Michel, Corey - Account Services, PPOM - LMNO, Saskatoon, SK, pg. 100

Michelich, Brynn - Operations, PPOM - JELLYVISION LAB, Chicago, IL, pg. 377
Michelson, Jamie - NBC, PPOM - SIMONS / MICHELSON / ZIEVE, INC., Troy, MI, pg. 142
Mickels, Rod - PPOM - INVISION COMMUNICATIONS, Walnut Creek, CA, pg. 308
Mickelsen, Kim - PPOM - BOZELL, Omaha, NE, pg. 42
Miclette, Larry - PPOM - ZAG INTERACTIVE, Glastonbury, CT, pg. 277
Middleton, Tom - Interactive / Digital, PPOM - K/P CORPORATION, San Leandro, CA, pg. 286
Middleton, Meral - NBC, PPOM - INDUSTRY, Portland, OR, pg. 187
Midgett, Alex - Creative, PPOM - ANOROC AGENCY, INC., Raleigh, NC, pg. 326
Miech, Joseph - Operations, PPOM - (ADD)VENTURES, Providence, RI, pg. 207
Miers, Dan - PPOM, Research - STORANDT PANN MARGOLIS & PARTNERS, LaGrange, IL, pg. 414
Mietelski, Steve - Creative, PPOM - THE FANTASTICAL, Boston, MA, pg. 150
Migala, Dan - PPOM - 4FRONT, Chicago, IL, pg. 208
Mignott, Noel - PPOM - THE PORTFOLIO MARKETING GROUP, New York, NY, pg. 422
Mikek, Mihael - PPOM - CELTRA, INC., Boston, MA, pg. 533
Mikes, Craig - Creative, PPOM - PROOF ADVERTISING, Austin, TX, pg. 398
Mikesell, Ryan - Creative, PPOM - ASO ADVERTISING, Roswell, GA, pg. 328
Mikhailov, Maya - NBC, PPOM - GPSHOPPER, New York, NY, pg. 533
Mikho, Mike - NBC, PPOM - LAUNDRY SERVICE, Brooklyn, NY, pg. 287
Mikolajczyk, Scott - PPOM - HAVIT, Arlington, VA, pg. 83
Mikulis, Justine - Account Services, PPOM - TANK DESIGN, Cambridge, MA, pg. 201
Milam, Kerri - NBC, PPOM - DEPTH PUBLIC RELATIONS, Decatur, GA, pg. 596
Milan, Patrick - Creative, PPOM - TUNHEIM PARTNERS, Bloomington, MN, pg. 657
Milavsky, Barry - Creative, PPOM - CALEXIS ADVERTISING & MARKETING COUNSEL, Toronto, ON, pg. 339
Milch, Jason - PPOM - BARETZ + BRUNELLE, New York, NY, pg. 580
Mildenhall, Jonathan - NBC, PPOM - TWENTY-FIRST CENTURY BRAND, San Francisco, CA, pg. 157
Milder, Ben - PPOM - BURNESS COMMUNICATIONS, Bethedsa, MD, pg. 587
Milenthal, Rick - PPOM - THE SHIPYARD, Columbus, OH, pg. 270
Miles, David - Account Services, NBC, PPOM - MILES BRANDNA,

Englewood, CO, pg. 13
Miles, Keith - PPOM - MCNEELY PIGOTT & FOX PUBLIC RELATIONS, Nashville, TN, pg. 626
Miles, Brad - PPOM - SOLEBURY TROUT, New York, NY, pg. 648
Miles, Mickey - PPOM - CAPPELLI MILES, Lake Oswego, OR, pg. 47
Miles, Josh - Creative, NBC, PPOM - KILLER VISUAL STRATEGIES, Seattle, WA, pg. 189
Mill, Carl - Creative, PPOM - ART 270, INC., Jenkintown, PA, pg. 173
Millas, Tim - Creative, PPOM - BEACON HEALTHCARE COMMUNICATIONS, Bedminster, NJ, pg. 38
Millen, Matt - NBC, PPOM - SAPPER CONSULTING, LLC, St. Louis, MO, pg. 291
Miller, Larry - Management, PPOM - CORINTHIAN MEDIA, INC., New York, NY, pg. 463
Miller, Greg - NBC, PPOM - MAXWELL & MILLER MARKETING COMMUNICATIONS, Kalamazoo, MI, pg. 384
Miller, Leonard - PPOM - MILLER ADVERTISING AGENCY, INC., New York, NY, pg. 115
Miller, Renee - Creative, PPOM - THE MILLER GROUP, Pacific Palisades, CA, pg. 421
Miller, Abbott - Account Services, Creative, NBC, PPOM - PENTAGRAM, New York, NY, pg. 194
Miller, Tera - Account Planner, Creative, PPOM - KETCHUM, Chicago, IL, pg. 619
Miller, Tim - Creative, PPOM - BLUR STUDIO, Culver City, CA, pg. 175
Miller, Hugh - PPOM - HOLLYROCK / MILLER , Kingston, NJ, pg. 371
Miller, Marcia - PPOM - STONEARCH CREATIVE, Minneapolis, MN, pg. 144
Miller, Mark - NBC, PPOM - US DIGITAL PARTNERS, Cincinnati, OH, pg. 273
Miller, Lisa - Finance, PPOM - COLLE MCVOY, Minneapolis, MN, pg. 343
Miller, Gary - PPOM - QUINLAN & CO., Buffalo, NY, pg. 402
Miller, Steve - NBC, PPOM - MILLER DESIGNWORKS, Phoenixville, PA, pg. 191
Miller, Nicole - Account Services, NBC, PPOM - MILLER ADVERTISING AGENCY, INC., New York, NY, pg. 115
Miller, Doug - Finance, Operations, PPOM - FIREHOUSE, INC., Dallas, TX, pg. 358
Miller, Michael - PPOM - BROWN MILLER COMMUNICATIONS, INC., Martinez, CA, pg. 587
Miller, Mark - Account Planner, PPOM - TEAM ONE, Los Angeles, CA, pg. 417
Miller, Kim - Creative, NBC, PPOM - INK LINK MARKETING LLC, Miami Lakes, FL, pg. 615
Miller, Mark - Creative, PPOM - WAVEMAKER, Los Angeles, CA, pg. 528
Miller, Kevin - Operations, PPOM - REINGOLD, Alexandria, VA, pg. 405
Miller, Rick - Creative, PPOM -

AGENCIES

RESPONSIBILITIES INDEX

NORTHLIGHT ADVERTISING, INC., Chester Springs, PA, *pg.* 121
Miller, Gabriel - Management, PPOM - LANDOR, New York, NY, *pg.* 11
Miller, Herman - PPOM - MILLER ZELL, INC., Atlanta, GA, *pg.* 191
Miller, Teri - Account Services, Management, NBC, Operations, PPOM - 72ANDSUNNY, Playa Vista, CA, *pg.* 23
Miller, Greg - PPOM - MARKETCOM PR, Westin, CT, *pg.* 625
Miller, Neil - Finance, Operations, PPOM - FCB NEW YORK, New York, NY, *pg.* 357
Miller, Scott - PPOM - CORE STRATEGY GROUP, Alpharetta, GA, *pg.* 6
Miller, Virginia - PPOM - BEUERMAN MILLER FITZGERALD, New Orleans, LA, *pg.* 39
Miller, Charles - PPOM - BURKHART ADVERTISING, South Bend, IN, *pg.* 550
Miller, Tony - Creative, PPOM - ANDERSON DDB HEALTH & LIFESTYLE, Toronto, ON, *pg.* 31
Miller, Suzanne - PPOM - SPM COMMUNICATIONS, Dallas, TX, *pg.* 649
Miller, Jack - PPOM - TRUE MEDIA, Columbia, MO, *pg.* 521
Miller, Kaylyn - Interactive / Digital, Media Department, NBC, PPOM, Social Media - WAVEMAKER, New York, NY, *pg.* 526
Miller, Nancy - Finance, PPOM - STORANDT PANN MARGOLIS & PARTNERS, LaGrange, IL, *pg.* 414
Miller, Mardene - Account Planner, Account Services, Management, PPOM - NEON, New York, NY, *pg.* 120
Miller, Seema - Account Services, NBC, PPOM - WOLFGANG, Los Angeles, CA, *pg.* 433
Miller, Jackie - NBC, PPOM - BOZELL, Omaha, NE, *pg.* 42
Miller, Greg - PPOM, Public Relations - THE RICHARDS GROUP, INC., Dallas, TX, *pg.* 422
Miller, Kathy - PPOM - GROUPM, New York, NY, *pg.* 466
Miller, Beth - Account Planner, NBC, PPOM - MAGID, Minneapolis, MN, *pg.* 447
Miller, Amie - Human Resources, PPOM - TBWA \ CHIAT \ DAY, New York, NY, *pg.* 416
Miller, Katie - Account Services, Management, NBC, PPOM - ARGONAUT, INC., San Francisco, CA, *pg.* 33
Miller, Dennis - Creative, PPOM - ARTMIL GRAPHIC DESIGN, Kennewick, WA, *pg.* 173
Miller, Jim - Creative, PPOM - QUANTUM COMMUNICATIONS, Lousiville, KY, *pg.* 401
Miller, Paul - NBC, PPOM - QUESTEX, Washington, DC, *pg.* 449
Miller, Peter - PPOM - ACTIVE INTEREST MEDIA, Boulder, CO, *pg.* 561
Miller, Brook - PPOM - LRWMOTIVEQUEST, Chicago, IL, *pg.* 447
Miller, Andrew - PPOM - BOSE PUBLIC

AFFAIRS GROUP, LLC, Indiahapolis, IN, *pg.* 585
Miller, Peter - Finance, PPOM - DIGITAS, Atlanta, GA, *pg.* 228
Miller, Steve - Creative, PPOM - WUNDERMAN THOMPSON, New York, NY, *pg.* 434
Miller Chin, Lara - Interactive / Digital, Management, Media Department, PPOM - J3, New York, NY, *pg.* 480
Miller-Repetto, Carol - Operations, PPOM - OGILVY PUBLIC RELATIONS, New York, NY, *pg.* 633
Millett, Andrea - Management, Operations, PPOM - HAVAS MEDIA GROUP, New York, NY, *pg.* 468
Milligan, Mollie - PPOM - BOXCAR CREATIVE, Dallas, TX, *pg.* 219
Milligan Kline, Kelley - Finance, PPOM - D3 SYSTEMS, McLean, VA, *pg.* 56
Milling-Smith, Patrick - PPOM - SMUGGLER, New York, NY, *pg.* 143
Millman, Jeff - Creative, PPOM - GKV, Baltimore, MD, *pg.* 364
Millman, Jeffrey I. - Creative, PPOM - GKV, Baltimore, MD, *pg.* 364
Millon, Craig - Management, PPOM - JACK MORTON WORLDWIDE, Boston, MA, *pg.* 309
Mills, Scott - PPOM - THE WILLIAM MILLS AGENCY, Atlanta, GA, *pg.* 655
Mills, Eloise - Finance, PPOM - THE WILLIAM MILLS AGENCY, Atlanta, GA, *pg.* 655
Mills, Ken - PPOM - MILLS JAMES PRODUCTIONS, Columbus, OH, *pg.* 491
Mills, Sean - Account Planner, Account Services, Management, PPOM - ARCHETYPE, San Francisco, CA, *pg.* 33
Mills, Erin - Operations, PPOM - MICHAEL ALAN GROUP, New York, NY, *pg.* 692
Mills, David - NBC, PPOM - STORY COLLABORATIVE, Fredericksburg, VA, *pg.* 414
Mills, John - PPOM - ICR, New York, NY, *pg.* 615
Mills, III, William - PPOM - THE WILLIAM MILLS AGENCY, Atlanta, GA, *pg.* 655
Millstein, Jacqueline - Operations, PPOM - RITTA & ASSOCIATES, Paramus, NJ, *pg.* 407
Millward, John - NBC, PPOM - REDPEG MARKETING, Alexandria, VA, *pg.* 692
Milner, Bruce - PPOM - MILNER BUTCHER MEDIA GROUP, Los Angeles, CA, *pg.* 491
Milone, Simona - Account Planner, Account Services, Interactive / Digital, Management, Media Department, PPOM - WAVEMAKER, New York, NY, *pg.* 526
Minervino, Becky - Management, Media Department, NBC, PPOM - MERGE, Boston, MA, *pg.* 113
Minicucci, Mark - Creative, Interactive / Digital, PPOM - MODEL B, Washington, DC, *pg.* 251
Minihan, Bob - Creative, PPOM - MERGE, Boston, MA, *pg.* 113

Minkus, Robert - NBC, PPOM - MINKUS & ASSOCIATES, Malvern, PA, *pg.* 191
Minor, Jim - NBC, PPOM - MINOR O'HARRA ADVERTISING, Reno, NV, *pg.* 387
Minsky, Juliana - PPOM - SURFMEDIA COMMUNICATIONS, Santa Barbara, CA, *pg.* 651
Mintz, Hanne - Management, PPOM - PARAGON LANGUAGE SERVICES, Los Angeles, CA, *pg.* 544
Mintz, Marina - Management, PPOM - PARAGON LANGUAGE SERVICES, Los Angeles, CA, *pg.* 544
Miraglia, Scott - PPOM - ELEVATION MARKETING, Gilbert, AZ, *pg.* 354
Miranda, Christina - PPOM - REDPOINT MARKETING PR, INC., New York, NY, *pg.* 642
Misbrener, Thom - Media Department, PPOM - ANTHONY THOMAS ADVERTISING, Akron, OH, *pg.* 32
Misener, Jim - Management, NBC, PPOM - 50,000 FEET, INC., Chicago, IL, *pg.* 171
Miser, Paul - Account Services, Interactive / Digital, Media Department, PPOM - CHINATOWN BUREAU, New York, NY, *pg.* 220
Misher Stenzler, Shari - PPOM - LONDON MISHER PUBLIC RELATIONS, New York, NY, *pg.* 623
Mishra, Prakash - Interactive / Digital, PPOM - WYNG, New York, NY, *pg.* 276
Miskie, Scott - Management, PPOM - WUNDERMAN THOMPSON, Toronto, ON, *pg.* 435
Misselhorn, Maggie - Account Services, PPOM - SIMANTEL GROUP, Peoria, IL, *pg.* 142
Mitchell, Peter - PPOM - SFW AGENCY, Greensboro, NC, *pg.* 16
Mitchell, Billy - Creative, PPOM - MLT CREATIVE, Tucker, GA, *pg.* 116
Mitchell, Elise - PPOM - MITCHELL, Fayetteville, AR, *pg.* 627
Mitchell, Martin - NBC, PPOM - BODDEN PARTNERS, New York, NY, *pg.* 335
Mitchell, Andrew - PPOM - BRANDMOVERS, INC., Atlanta, GA, *pg.* 538
Mitchell, Steve - NBC, PPOM - MITCHELL RESEARCH, East Lansing, MI, *pg.* 448
Mitchell, Dirk - Creative, PPOM - THE ATKINS GROUP, San Antonio, TX, *pg.* 148
Mitchell, Suzie - Finance, PPOM - MITCHELL RESEARCH, East Lansing, MI, *pg.* 448
Mitchell, Jason - PPOM - MOVEMENT STRATEGY, New York, NY, *pg.* 687
Mitchell, Scott - PPOM - ADVENTURE CREATIVE, Brainerd, MN, *pg.* 28
Mitchell, David - Interactive / Digital, PPOM - VMLY&R, Kansas City, MO, *pg.* 274
Mitchell, Chad - Finance, PPOM - A. BRIGHT IDEA, Bel Air, MD, *pg.* 25
Mitchell, Scott - Finance, PPOM - CO:COLLECTIVE, LLC, New York, NY, *pg.* 5

RESPONSIBILITIES INDEX — AGENCIES

Mith, Nish - NBC, PPOM - OGILVY, New York, NY, *pg.* 393
Mitton-Rivas, Kersten - Management, PPOM - DONER CX, Norwalk, CT, *pg.* 352
Mitzen, Ed - PPOM - FINGERPAINT MARKETING, Saratoga Springs, NY, *pg.* 358
Miyamoto, Stacey - NBC, PPOM - CMM, New York, NY, *pg.* 591
Mizrahi, Isaac - Operations, PPOM - ALMA, Coconut Grove, FL, *pg.* 537
Mizzell, Ed - Account Services, Operations, PPOM - LUCKIE & COMPANY, Birmingham, AL, *pg.* 382
Mlicki, Jason - PPOM - RATTLEBACK, INC., Columbus, OH, *pg.* 262
Moaney, Gail - Management, PPOM - FINN PARTNERS, New York, NY, *pg.* 603
Mock, Don - Account Services, Creative, NBC, PPOM - MOCK, THE AGENCY, Atlanta, GA, *pg.* 192
Mock, Donald J. - Creative, PPOM - MOCK, THE AGENCY, Atlanta, GA, *pg.* 192
Modafferi, Dana - Account Planner, Interactive / Digital, Media Department, PPOM - UNIVERSAL MCCANN, New York, NY, *pg.* 521
Moe, Eric - Interactive / Digital, PPOM - WIDEORBIT, San Francisco, CA, *pg.* 276
Moffitt, Colleen - PPOM - COMMUNIQUE PR, Seattle, WA, *pg.* 592
Mohamadzadeh, Amir - PPOM - ROSEWOOD CREATIVE, Los Angeles, CA, *pg.* 134
Mohr, Mark - PPOM - STUDIONORTH, North Chicago, IL, *pg.* 18
Moizel, Valerie - Creative, PPOM - THE WOO AGENCY, Culver City, CA, *pg.* 425
Mok, Clifton - Finance, PPOM - ORION WORLDWIDE, New York, NY, *pg.* 503
Molina, Joe - NBC, PPOM - JMPR PUBLIC RELATIONS, Woodland Hills, CA, *pg.* 617
Molina, Marioly - Creative, PPOM - MVC AGENCY, Sherman Oaks, CA, *pg.* 14
Molla, Jose - Creative, PPOM - THE COMMUNITY, Miami Beach, FL, *pg.* 545
Molla, Joaquin - Creative, PPOM - THE COMMUNITY, Miami Beach, FL, *pg.* 545
Moller, Vivian - Finance, PPOM - HOFFMAN YORK, Milwaukee, WI, *pg.* 371
Mollo, Chris - PPOM - DRUMROLL, Austin, TX, *pg.* 230
Molloy, Margaret - NBC, PPOM - SIEGEL & GALE, New York, NY, *pg.* 17
Molloy, Martin - PPOM - W5, Durham, NC, *pg.* 451
Molnar, Mike - Management, PPOM - GLOW, New York, NY, *pg.* 237
Molyneaux, Maryellen - PPOM - NMI, Harleysville, PA, *pg.* 448
Molyneaux, Miles - Finance, PPOM - ROBOTS & PENCILS, Cleveland, OH, *pg.* 264
Monagan, Debra - PPOM - COMMUNICA, INC., Toledo, OH, *pg.* 344
Monaghan, Beth - PPOM - INKHOUSE PUBLIC RELATIONS, Waltham, MA, *pg.* 615
Monahan, Michael - PPOM - TECH IMAGE, LTD., Chicago, IL, *pg.* 652
Monahan, Linda - Media Department, PPOM - MONAHAN MEDIA, Clarkston, MI, *pg.* 496
Moncur, David - NBC, PPOM - MONCUR ASSOCIATES, Southfield, MI, *pg.* 251
Mondshein, Greg - Management, NBC, PPOM - SOURCECODE COMMUNICATIONS, New York, NY, *pg.* 648
Monello, Mike - Creative, PPOM - CAMPFIRE, New York, NY, *pg.* 297
Monetti, Catherine - NBC, PPOM - RIGGS PARTNERS, West Columbia, SC, *pg.* 407
Monfried, Andy - PPOM - LOTAME, Columbia, MD, *pg.* 446
Monigle, Glenn - PPOM - MONIGLE ASSOCIATES, INC., Denver, CO, *pg.* 14
Monigle, Kurt - PPOM - MONIGLE ASSOCIATES, INC., Denver, CO, *pg.* 14
Monroe, Kipp - Creative, PPOM - WHITE64, Tysons, VA, *pg.* 430
Monroe, Jeffrey - PPOM - MOB MEDIA, INC., Foothill Ranch, CA, *pg.* 116
Monroe, Dan - Creative, PPOM - CAYENNE CREATIVE, Birmingham, AL, *pg.* 49
Montague, Don - PPOM - MMGY GLOBAL, Kansas City, MO, *pg.* 388
Montague, Ty - PPOM - CO:COLLECTIVE, LLC, New York, NY, *pg.* 5
Montague, Eric - Account Services, NBC, PPOM, Public Relations - SLEEK MACHINE, Boston, MA, *pg.* 142
Montali, Larry - Creative, PPOM - NEW RIVER COMMUNICATIONS, INC., Fort Lauderdale, FL, *pg.* 120
Monteith, Maggie - Creative, PPOM - THE WATSONS, New York, NY, *pg.* 154
Montemayor, Louis - PPOM - BANDOLIER MEDIA, Austin, TX, *pg.* 685
Monter, Jeff - Creative, PPOM - INNIS MAGGIORE GROUP, Canton, OH, *pg.* 375
Montero, Luis - Management, PPOM - THE COMMUNITY, Miami Beach, FL, *pg.* 545
Montgomery, John - PPOM - BIG COMMUNICATIONS, INC., Birmingham, AL, *pg.* 39
Montgomery, Scott - Creative, PPOM - BRADLEY AND MONTGOMERY, Indianapolis, IN, *pg.* 336
Montgomery, Jeff - PPOM - AMPERSAND AGENCY, Austin, TX, *pg.* 31
Montgomery, Cindy - Account Planner, PPOM - AMPERSAND AGENCY, Austin, TX, *pg.* 31
Montner, Debra - Account Services, Media Department, PPOM, Public Relations - MONTNER & ASSOCIATES, Westport, CT, *pg.* 628
Moodie, Wendy - Interactive / Digital, Operations, PPM, PPOM - PARADIGM SHIFT WORLDWIDE, INC., Northridge, CA, *pg.* 313
Moodie, David - Creative, PPOM - G-NET MEDIA, Los Angeles, CA, *pg.* 236
Moon, Jacob - Management, PPOM, Public Relations - METHOD COMMUNICATIONS, Salt Lake City, UT, *pg.* 386
Mooney, Terry - NBC, PPOM, Operations, PPOM - EVOK ADVERTISING, Heathrow, FL, *pg.* 69
Mooney, Kristin - Human Resources, Management, PPOM - GROUPM, New York, NY, *pg.* 466
Moore, Rob - NBC, PPOM - LIPMAN HEARNE, INC., Chicago, IL, *pg.* 381
Moore, Karen - PPOM - MOORE COMMUNICATIONS GROUP, Tallahassee, FL, *pg.* 628
Moore, James - PPOM - EPI - COLORSPACE, Gaithersburg, MD, *pg.* 181
Moore, Eric - PPOM - ELEPHANT, Brooklyn, NY, *pg.* 181
Moore, Minyon - PPOM - DEWEY SQUARE GROUP, Washington, DC, *pg.* 597
Moore, Chris - Account Planner, NBC, PPOM - 3, Albuquerque, NM, *pg.* 23
Moore, Fred - PPOM - BIG RIVER, Richmond, VA, *pg.* 3
Moore, Devin - Creative, PPOM - BIG BANG, INC., Decatur, GA, *pg.* 174
Moore, John - Management, Media Department, NBC, PPOM - MEDIAHUB BOSTON, Boston, MA, *pg.* 489
Moore, Teresa - PPOM - MOORE INK, Seattle, WA, *pg.* 628
Moore, Richard - Operations, PPOM - MOORE COMMUNICATIONS GROUP, Tallahassee, FL, *pg.* 628
Moore, Elizabeth - NBC, PPOM - GREEN OLIVE MEDIA, LLC, Atlanta, GA, *pg.* 610
Moore, Jeff - Creative, NBC, PPOM - GREEN OLIVE MEDIA, LLC, Atlanta, GA, *pg.* 610
Moore, Dennis - PPOM - NUMERATOR, Chicago, IL, *pg.* 254
Moore, Ashtan - PPOM - MODEL B, Washington, DC, *pg.* 251
Moore, Mike - PPOM - WILLOWTREE, INC., Charlottesville, VA, *pg.* 535
Moore, Courtney - PPOM - EDSA, Fort Lauderdale, FL, *pg.* 181
Moore, Denis - Finance, PPOM - BUTLER, SHINE, STERN & PARTNERS, Sausalito, CA, *pg.* 45
Moore, Matt - Creative, PPOM - OH PARTNERS, Phoenix, AZ, *pg.* 122
Moore-Lewy, Justin - Management, PPOM - HELO, Marina Del Rey, CA, *pg.* 307
Moore-Serlin, Annie - Management, PPOM - MINDSHARE, New York, NY, *pg.* 491
Moorhead, Gene - NBC, PPOM - DAVENPORT MOORHEAD & REDSPARK, INC., Montgomery, AL, *pg.* 57
Moorsom, Ben - Creative, PPOM - DEBUT GROUP, Toronto, ON, *pg.* 349
Morabito, Phil - PPOM - PIERPONT COMMUNICATIONS, INC., Houston, TX, *pg.* 636

AGENCIES
RESPONSIBILITIES INDEX

Morais, Robert - NBC, PPOM - WEINMAN SCHNEE MORAIS, INC., New York, NY, *pg.* 451
Morales, Roger - Finance, PPOM - MERKLEY + PARTNERS, New York, NY, *pg.* 114
Morales, David - PPOM - X STUDIOS, Winter Park, FL, *pg.* 276
Moran, Corey - Account Services, NBC, PPOM - HUNT MARKETING GROUP, Seattle, WA, *pg.* 285
Moran, Lois - PPOM - JUICE PHARMA WORLDWIDE, New York, NY, *pg.* 93
Moran, Jr., Jim - PPOM - THE MORAN GROUP, Baton Rouge, LA, *pg.* 152
Moranville, David - Creative, NBC, PPOM - DAVIS ELEN ADVERTISING, Los Angeles, CA, *pg.* 58
Mordock, Geoff - Management, PPOM - FLEISHMANHILLARD WEST COAST, Los Angeles, CA, *pg.* 606
Morehouse, Bob - PPOM - VERMILION DESIGN, Boulder, CO, *pg.* 204
Moreno, Luis - Creative, PPOM - JUMP, New York, NY, *pg.* 188
Moreno, Carlos - Creative, PPOM - COSSETTE MEDIA, Toronto, ON, *pg.* 345
Morenstein, Josh - NBC, PPOM - BRANCH, San Francisco, CA, *pg.* 175
Morgado, Thadeu - Creative, Interactive / Digital, PPOM - WORK & CO, Brooklyn, NY, *pg.* 276
Morgan, Cynthia - NBC, PPOM - QUADRAS INTEGRATED, Atlanta, GA, *pg.* 196
Morgan, Ron - PPOM - RMI MARKETING & ADVERTISING, Emerson, NJ, *pg.* 407
Morgan, Nigel - Finance, PPOM - VENTURA ASSOCIATES INTL, LLC, New York, NY, *pg.* 571
Morgan, Scott - PPOM - BRUNNER, Pittsburgh, PA, *pg.* 44
Morgan, Rick - Finance, PPOM - TRONE BRAND ENERGY, INC., High Point, NC, *pg.* 427
Morgan, Eric - PPOM - MORGAN + COMPANY, New Orleans, LA, *pg.* 496
Morgan, David - Account Planner, Account Services, NBC, PPOM - FORCE 5, South Bend, IN, *pg.* 7
Morgan, Carolyn - PPOM - PRECISIONEFFECT, Boston, MA, *pg.* 129
Morgan, Beth - Finance, PPOM - CLARITY COVERDALE FURY, Minneapolis, MN, *pg.* 342
Morgan, Phil - Finance, PPOM - STAGE2 MARKETING , Ashburn, VA, *pg.* 18
Morgenstern, Eric - PPOM - MORNINGSTAR COMMUNICATIONS, Overland Park, KS, *pg.* 628
Morgenstern, Shanny - Operations, PPOM - MORNINGSTAR COMMUNICATIONS, Overland Park, KS, *pg.* 628
Morin, Michael - PPOM - THE YAFFE GROUP, Southfield, MI, *pg.* 154
Moritz, Jennifer - NBC, PPOM - ZER0 TO 5IVE, LLC, New York, NY, *pg.* 665
Morley, Eric - NBC, PPOM - BLUE C ADVERTISING, Costa Mesa, CA, *pg.* 334
Moroch, Tom - PPOM - MOROCH PARTNERS, Dallas, TX, *pg.* 389
Moroknek, Dave - PPOM - MAINGATE, INC., Indianapolis, IN, *pg.* 310
Moroney, Michael - Management, PPOM - VSA PARTNERS, INC. , New York, NY, *pg.* 204
Morrice, Rob - PPOM - STEIN IAS, New York, NY, *pg.* 267
Morris, Douglas - PPOM - POULIN + MORRIS DESIGN CONSULTANTS, Palm Springs, CA, *pg.* 195
Morris, Bernadette - PPOM - SONSHINE COMMUNICATIONS, Miami, FL, *pg.* 648
Morris, Brent - Account Services, Media Department, PPOM - NDP, Richmond, VA, *pg.* 390
Morris, Colin - Operations, PPOM - SONSHINE COMMUNICATIONS, Miami, FL, *pg.* 648
Morris, Rick - NBC, PPOM - SMITH & HARROFF, Alexandria, VA, *pg.* 647
Morris, Mark - NBC, PPOM - THE BRAND CONSULTANCY, Washington, DC, *pg.* 19
Morris, Jon - PPOM - RISE INTERACTIVE, Chicago, IL, *pg.* 264
Morris, Jason - PPOM, Public Relations - INKHOUSE PUBLIC RELATIONS, San Francisco, CA, *pg.* 616
Morris, Ben - PPOM - PEDICAB OUTDOOR, Boston, MA, *pg.* 556
Morris, Isaac - Account Services, Management, PPOM - THESIS, Portland, OR, *pg.* 270
Morris, Brian - Creative, PPOM - MIRUM AGENCY, Chicago, IL, *pg.* 681
Morrison, Bob - PPOM - MORRISON, Atlanta, GA, *pg.* 117
Morrison, Kathryn - PPOM - SUNSTAR STRATEGIC, Alexandria, VA, *pg.* 651
Morrison, Alex - Account Planner, Management, NBC, Operations, PPOM - GREY WEST, San Francisco, CA, *pg.* 367
Morrison, Joseph - Finance, PPOM - IWCO DIRECT, Chanhassen, MN, *pg.* 286
Morrison, Zach - Interactive / Digital, NBC, PPOM - TINUITI, Dania Beach, FL, *pg.* 271
Morrisroe, Pam - PPOM - GEOMETRY, New York, NY, *pg.* 362
Morrissey, Brendan - PPOM - NETSERTIVE, Research Triangle Park, NC, *pg.* 253
Morrissy, Tom - NBC, PPOM - NOBLE PEOPLE, New York, NY, *pg.* 120
Morse, Mark - Creative, PPOM - MORSEKODE, Minneapolis, MN, *pg.* 14
Morse, Molly - PPOM - KEKST & COMPANY, INC., New York, NY, *pg.* 619
Mortensen, Laura - PPOM - SHARP COMMUNICATIONS, INC., New York, NY, *pg.* 140
Mortenson, Chris - PPOM - MORTENSON KIM, Milwaukee, WI, *pg.* 118
Mortenson, Chris - PPOM - MORTENSON KIM, Indianapolis, IN, *pg.* 118
Mortimer, Whitney - NBC, PPOM - IDEO , Palo Alto, CA, *pg.* 187
Mortine, Neil - PPOM - FAHLGREN MORTINE PUBLIC RELATIONS, Columbus, OH, *pg.* 70
Mortman, Loren - Account Services, PPOM - THE EQUITY GROUP, INC., New York, NY, *pg.* 653
Morton, Dave - NBC, PPOM - J. W. MORTON & ASSOCIATES , Cedar Rapids, IA, *pg.* 91
Morton, Corinne - Creative, Management, PPOM - SYNTAX COMMUNICATION GROUP, Farmingville, NY, *pg.* 651
Morton, Ann - Operations, PPOM - BURNS GROUP, New York, NY, *pg.* 338
Morvil, Jeff - Creative, PPOM - MORVIL ADVERTISING & DESIGN GROUP, Wilmington, NC, *pg.* 14
Mosbacher, Martin - PPOM - INTERMARKET COMMUNICATIONS, New York, NY, *pg.* 375
Mosco, Denise - NBC, PPM, PPOM - GROUPM, New York, NY, *pg.* 466
Moseley, Al - PPOM - 180LA, Los Angeles, CA, *pg.* 23
Moser, Jamie - PPOM - JOELE FRANK, WILKINSON BRIMMER KATCHER, New York, NY, *pg.* 617
Moses, Louie - Creative, PPOM - MOSES, INC., Phoenix, AZ, *pg.* 118
Moses, Jarrod - PPOM - UNITED ENTERTAINMENT GROUP, New York, NY, *pg.* 299
Moshay, John - PPOM - SOMETHING MASSIVE, Los Angeles, CA, *pg.* 266
Mosher, Carl - NBC, PPOM - RADIX COMMUNICATION, Saint Joseph, MI, *pg.* 132
Moshir, Sean - PPOM - CELLTRUST CORPORATION, Scottsdale, AZ, *pg.* 533
Moskowitz, Ellen - PPOM - BRUNSWICK GROUP, New York, NY, *pg.* 587
Moskowitz, Laurence - PPOM - LUMENTUS, New York, NY, *pg.* 624
Mosley, Rebecca - NBC, PPOM - KITEROCKET, Seattle, WA, *pg.* 620
Moss, Doug - Creative, PPOM - INSIGHT MARKETING DESIGN, Sioux Falls, SD, *pg.* 89
Mote, Carla - Account Services, Operations, PPOM - RED TETTEMER O'CONNELL + PARTNERS, Philadelphia, PA, *pg.* 404
Mothner, Michael - PPOM - WPROMOTE, El Segundo, CA, *pg.* 678
Mount, Edward - PPOM - PUBLIC STRATEGIES IMPACT, Trenton, NJ, *pg.* 639
Mower, Eric - PPOM - MOWER, Syracuse, NY, *pg.* 118
Moxley, Cynthia - PPOM - MOXLEY CARMICHAEL, Knoxville, TN, *pg.* 629
Moy, Steven - Interactive / Digital, PPOM - BARBARIAN, New York, NY, *pg.* 215
Mozolewski, Chris - Finance, PPOM - DECODED ADVERTISING, New York, NY, *pg.* 60
Mroueh, Zak - Creative, PPOM - ZULU ALPHA KILO, Toronto, ON, *pg.* 165
Mucatel, Ryan - Operations, PPOM - BERK COMMUNICATIONS, New York, NY, *pg.* 583
Mudd, Chris - NBC, PPOM - MUDD

RESPONSIBILITIES INDEX — AGENCIES

ADVERTISING, Cedar Falls, IA, *pg.* 119
Mudd, Jason - PPOM - AXIA, Jacksonville, FL, *pg.* 579
Mudd, Jr., Jim - PPOM - MUDD ADVERTISING, Cedar Falls, IA, *pg.* 119
Mueller, Greg - PPOM - CREATIVE RESPONSE CONCEPTS, Alexandria, VA, *pg.* 593
Mueller, Steve - PPOM - NSA MEDIA GROUP, INC., Downers Grove, IL, *pg.* 497
Mueller, Todd - Creative, PPOM - PSYOP, Venice, CA, *pg.* 196
Mueller, Carl - PPOM - MUELLER COMMUNICATIONS, INC., Milwaukee, WI, *pg.* 630
Mueller, Kurt - Operations, PPOM - ONION, INC., Chicago, IL, *pg.* 394
Mueller, Stephanie - Management, PPOM - BERLINROSEN, Washington, DC, *pg.* 583
Muelrath, Rob - PPOM - MUELRATH PUBLIC AFFAIRS, Santa Rosa, CA, *pg.* 630
Muggeo, Dan - NBC, PPOM - DANIELS & ROBERTS, INC., Lake Worth, FL, *pg.* 348
Muhammad II, Abdul - Interactive / Digital, PPOM - RBB COMMUNICATIONS, Miami, FL, *pg.* 641
Muhleman, Janet - PPOM - RE:GROUP, INC., Ann Arbor, MI, *pg.* 403
Muirhead, Georgella - PPOM - VANDYKE-HORN, Detroit, MI, *pg.* 658
Mukherjee, Poulomi - NBC, PPOM - MEDIAMORPHOSIS, Astoria, NY, *pg.* 543
Mulder, Richard - PPOM - ANOMALY, New York, NY, *pg.* 325
Mulhern, Mark - Account Services, Creative, Management, PPOM - DDB CHICAGO, Chicago, IL, *pg.* 59
Mulhern, Andrew - Account Planner, Interactive / Digital, PPOM - MEDIACOM, New York, NY, *pg.* 487
Mulinix, Rick - NBC, PPOM - IDFOUR, Houston, TX, *pg.* 285
Mull, Jennifer - NBC, PPOM, Public Relations - UNITED COLLECTIVE, Huntington Beach, CA, *pg.* 428
Mullaly, Jeffery - Finance, PPOM - CRONIN, Glastonbury, CT, *pg.* 55
Mullen, Sean - Creative, PPOM - HIEBING, Madison, WI, *pg.* 85
Mullen, Matt - Creative, PPOM - ETHOS CREATIVE, Burlington, NC, *pg.* 69
Mullen, David - Account Services, PPOM - THE VARIABLE, Winston-Salem, NC, *pg.* 153
Mullens, Stephen - PPOM - EVOKE GIANT, San Francisco, CA, *pg.* 69
Muller, Edmund - Management, Media Department, PPOM - WAVEMAKER, New York, NY, *pg.* 526
Muller, Eric - PPOM - DIGITAS HEALTH LIFEBRANDS, New York, NY, *pg.* 229
Muller Padros, Colleen - PPOM - BIG SKY COMMUNICATIONS, San Jose, CA, *pg.* 583
Mullig, Monty - Interactive /

Digital, PPOM - CSE, INC., Atlanta, GA, *pg.* 6
Mulligan, Ken - NBC, PPOM - WPP GROUP, INC., New York, NY, *pg.* 433
Mulligan, David - PPOM - EDUVANTIS LLC, Chicago, IL, *pg.* 673
Mullikin, Randy - PPOM - THE MULLIKIN AGENCY, Springdale, AR, *pg.* 152
Mullin, Brian - Creative, NBC, PPOM - MANIFOLD, San Francisco, CA, *pg.* 104
Mullinax, Dick - Management, PPOM - FLEISHMANHILLARD, Dallas, TX, *pg.* 605
Mullis, Melinda - Management, PPOM - ORANGEROC, Honolulu, HI, *pg.* 395
Mullman, Jeremy - PPOM - ICF NEXT, Chicago, IL, *pg.* 614
Mumford, Chris - PPOM - THE MARTIN AGENCY, Richmond, VA, *pg.* 421
Munce, Brian - Account Services, NBC, PPOM - GESTALT BRAND LAB, La Jolla, CA, *pg.* 76
Mundorf, Todd - Operations, PPOM - ESCALENT, Little Rock, AR, *pg.* 444
Mundy, Peter - Finance, PPOM - STERLING BRANDS, New York, NY, *pg.* 18
Munk, Curtis - Account Planner, Management, PPOM - GEOMETRY, Chicago, IL, *pg.* 363
Munn, Orson - PPOM - MUNN RABOT, New York, NY, *pg.* 448
Munoz, Gus - Management, PPOM - DECO PRODUCTIONS, Miami, FL, *pg.* 304
Munsen, Kristine - Interactive / Digital, Media Department, NBC, PPOM - HEARTS & SCIENCE, New York, NY, *pg.* 471
Munson, Kathy - PPOM - MEDIA BUYING SERVICES, INC., Phoenix, AZ, *pg.* 485
Munson, Chuck - Finance, Operations, PPOM - MEDIA BUYING SERVICES, INC., Phoenix, AZ, *pg.* 485
Muoio, Sandra - Account Planner, Media Department, NBC, PPOM - WAVEMAKER, New York, NY, *pg.* 526
Murakami, Kats - PPOM - BRIERLEY & PARTNERS, Plano, TX, *pg.* 167
Murane, Peter - NBC, PPOM - BRANDJUICE, Denver, CO, *pg.* 336
Murch, Dan - PPOM - CAYENNE CREATIVE, Birmingham, AL, *pg.* 49
Murdock, Kerry - PPOM - PRACTICAL ECOMMERCE, Traverse City, MI, *pg.* 676
Murdy, Bruce - NBC, PPOM - RAWLE-MURDY ASSOCIATES, Charleston, SC, *pg.* 403
Muredda, Mario - Management, PPOM - HARRISON & STAR, INC., New York, NY, *pg.* 9
Murphree, Jay - PPOM - ACTION INTEGRATED MARKETING, Norcross, GA, *pg.* 322
Murphy, David - Management, PPOM - GTB, Dearborn, MI, *pg.* 367
Murphy, Jill - Account Services, NBC, PPOM - WEBER SHANDWICK, New York, NY, *pg.* 660

Murphy, Rich - NBC, PPOM - OBATA DESIGN, INC., Saint Louis, MO, *pg.* 193
Murphy, Matt - PPOM - FUSION92, Chicago, IL, *pg.* 235
Murphy, Janise - PPOM - FLEISHMANHILLARD, Dallas, TX, *pg.* 605
Murphy, Sean - Account Services, Management, NBC, PPOM - PACE COMMUNICATIONS, Greensboro, NC, *pg.* 395
Murphy, Bob - PPOM - MOVEO INTEGRATED BRANDING, Chicago, IL, *pg.* 14
Murphy, Donna - PPOM - HAVAS HEALTH & YOU, New York, NY, *pg.* 82
Murphy, James - PPOM - MURPHY & COMPANY, Greenwich, CT, *pg.* 630
Murphy, Jason - Operations, PPOM - MURPHY & COMPANY, Greenwich, CT, *pg.* 630
Murphy, Dave - PPOM - NOVUS MEDIA, INC., Plymouth, MN, *pg.* 497
Murphy, Brandon - Account Planner, Account Services, Management, NBC, PPOM - 22SQUARED INC., Atlanta, GA, *pg.* 319
Murphy, Tim - NBC, Operations, PPOM - INNOCEAN USA, Huntington Beach, CA, *pg.* 479
Murphy, Emma - PPOM - THE NEIBART GROUP, Brooklyn, NY, *pg.* 654
Murphy, Julie - PPOM, Public Relations - SAGE COMMUNICATIONS, LLC, McLean, VA, *pg.* 409
Murphy, Colm - Account Planner, Management, NBC, PPOM - THE&PARTNERSHIP, New York, NY, *pg.* 426
Murphy, Liz - Account Services, Interactive / Digital, Management, Media Department, PPOM - BEACONFIRE REDENGINE, Arlington, VA, *pg.* 216
Murphy, Chuck - PPOM - BOSTON INTERACTIVE, Charlestown, MA, *pg.* 218
Murphy, Mike - PPOM - REVOLUTION AGENCY, Alexandria, VA, *pg.* 133
Murphy, Tom - Creative, PPOM - MCCANN NEW YORK, New York, NY, *pg.* 108
Murphy, Kacey - Operations, PPOM - CARGO LLC, Greenville, SC, *pg.* 47
Murphy, Steve - Interactive / Digital, PPOM - 3CINTERACTIVE, Boca Raton, FL, *pg.* 533
Murphy, Cary - Creative, PPOM - THE BRANDON AGENCY, Myrtle Beach, SC, *pg.* 419
Murphy, Melissa - PPOM - SUNSTAR STRATEGIC, Alexandria, VA, *pg.* 651
Murphy O'Brien, Karen - PPOM - MURPHY O'BRIEN, INC., Los Angeles, CA, *pg.* 630
Murray, Beverly - PPOM - R + M, Cary, NC, *pg.* 196
Murray, Lisa - NBC, PPOM - OCTAGON, Stanford, CT, *pg.* 313
Murray, Carter - PPOM - FCB NEW YORK, New York, NY, *pg.* 357
Murray, Amy - Operations, PPOM - QUENCH, Harrisburg, PA, *pg.* 131
Murray, Tyler - Account Planner,

AGENCIES

RESPONSIBILITIES INDEX

Interactive / Digital, Media Department, PPOM - GEOMETRY, Chicago, IL, *pg.* 363
Murray, Scott - Operations, PPOM - STANTEC, Boulder, CO, *pg.* 200
Murray, Deb - PPOM - ANDERSON PARTNERS , Omaha, NE, *pg.* 31
Murray, Chris - Creative, Interactive / Digital, NBC, PPOM, Public Relations - BOYD TAMNEY CROSS, Wayne, PA, *pg.* 42
Murray, Rob - PPOM - 3Q DIGITAL, Chicago, IL, *pg.* 208
Murray, Deborah - PPOM - ANDERSON PARTNERS , Omaha, NE, *pg.* 31
Murray, Lisa - Creative, NBC, PPOM - OCTAGON, New York, NY, *pg.* 313
Murrel, Guy - PPOM - CATAPULT PR-IR, Boulder, CO, *pg.* 589
Murrell, Brian - Creative, PPOM - ADCO, Columbia, SC, *pg.* 27
Murto, Nick - PPOM - SEVEN2 INTERACTIVE, Spokane, WA, *pg.* 265
Musante, Jason - Creative, PPOM - HUGE, INC., Brooklyn, NY, *pg.* 239
Muscarella, Scott - NBC, PPOM - AGENCY 51 ADVERTISING, Santa Ana, CA, *pg.* 29
Muse, Jo - PPOM - MUSE USA, Santa Monica, CA, *pg.* 543
Musen, Ed - NBC, PPOM - MUSEN STEINBACH WEISS, Olivette, MO, *pg.* 119
Musmanno, Anthony - Creative, PPOM - IDEAMILL, Pittsburgh, PA, *pg.* 88
Muszynski, John - Account Services, Finance, Interactive / Digital, PPOM - SPARK FOUNDRY, Chicago, IL, *pg.* 510
Muzumdar, Kunal - Management, PPOM - ANALOGFOLK, New York, NY, *pg.* 439
Myers, Doug - Creative, PPOM - HILTON & MYERS ADVERTISING, Tucson, AZ, *pg.* 86
Myers, Eric - Management, PPOM - BELO + COMPANY, Dallas, TX, *pg.* 216
Myers, Dustin - PPOM - LONGITUDE, Springfield, MO, *pg.* 12
Mylan, Mark - Account Services, Management, NBC, PPOM - CARAT, New York, NY, *pg.* 459
Mylroie, Andrei - PPOM - DESAUTEL HEGE COMMUNICATIONS, Spokane, WA, *pg.* 596
Myrick, Mark - NBC, PPOM - DIGITAL SURGEONS, LLC, New Haven, CT, *pg.* 226
Myrold, Brent - PPOM - METROPOLIS ADVERTISING, INC., Orlando, FL, *pg.* 386
Nabifar, Ahou - Finance, PPOM - WESTON | MASON, Marina Del Rey, CA, *pg.* 430
Nacey, Gina - Creative, PPOM - ADVENTURE CREATIVE, Brainerd, MN, *pg.* 28
Nadel, Fred - Operations, PPOM, Research - NADEL PHELAN, INC., Santa Cruz, CA, *pg.* 631
Nadel, Craig - PPOM - JACK NADEL, INC., Los Angeles, CA, *pg.* 567
Naden, Tracy - Interactive / Digital, PPOM - LIPPE TAYLOR, New York, NY, *pg.* 623

Naegelen, Romain - Account Services, Management, NBC, PPOM - MOTHER, Los Angeles, CA, *pg.* 118
Naftali, Andres - PPOM - LEVERAGE AGENCY, New York, NY, *pg.* 298
Nagaoka, Tomio - PPOM - MATRIX ADVERTISING ASSOCIATES, INC., New York, NY, *pg.* 107
Nagapa-Chetty, Yovadee - PPOM - VALTECH, New York, NY, *pg.* 273
Nagel, Jessie - Creative, NBC, PPOM - HYPE, Los Angeles, CA, *pg.* 614
Nagel, Debbie - PPOM - ORANGE LABEL ART & ADVERTISING, Newport Beach, CA, *pg.* 395
Nagel, Bill - NBC, PPOM - NETSERTIVE, Research Triangle Park, NC, *pg.* 253
Nagle, Kip - PPOM - CZARNOWSKI, Chicago, IL, *pg.* 304
Naifeh, Gary - PPOM - BRANDSAVVY, INC., Highlands Ranch, CO, *pg.* 4
Nair, Roopesh - PPOM - SYMPHONY TALENT, San Francisco, CA, *pg.* 667
Nakamura, David - PPOM - NATREL COMMUNICATIONS, Parsippany, NJ, *pg.* 120
Nakamura, Kele - Interactive / Digital, PPOM - ENGINE DIGITAL, Vancouver, BC, *pg.* 231
Nakar, Ori - Interactive / Digital, PPOM - TELESCOPE, Los Angeles, CA, *pg.* 269
Nakata, Robert - PPOM - 72ANDSUNNY, Playa Vista, CA, *pg.* 23
Nakouzi, Chantal - PPOM - KINGSPOKE, Portland, ME, *pg.* 11
Nam, Susie - Operations, PPOM - DROGA5, New York, NY, *pg.* 64
Namaye, Darren - Creative, PPOM - IDEAS ON PURPOSE, New York, NY, *pg.* 186
Nance, Carter - Account Services, Management, NBC, PPOM - BBDO SAN FRANCISCO, San Francisco, CA, *pg.* 330
Napier, Sharon - PPOM - PARTNERS + NAPIER, Rochester, NY, *pg.* 125
Napolitano, Russ - PPOM - TENET PARTNERS, New York, NY, *pg.* 450
Nardone, Philip - NBC, PPOM - PAN COMMUNICATIONS, Boston, MA, *pg.* 635
Nardone, Mark - Account Services, PPOM - PAN COMMUNICATIONS, Boston, MA, *pg.* 635
Naseemuddeen, Thas - Management, Media Department, PPOM - OMELET, Culver City, CA, *pg.* 122
Nash, Jim - PPOM - MARCUS THOMAS, Cleveland, OH, *pg.* 104
Nash, Adrian - Finance, Operations, PPOM - MILNER BUTCHER MEDIA GROUP, Los Angeles, CA, *pg.* 491
Nason, Kelsey - Account Services, PPOM - BARETZ + BRUNELLE, New York, NY, *pg.* 580
Nasuti, Karen - NBC, PPOM - NASUTI & HINKLE, Bethesda, MD, *pg.* 119
Nathan, Valerie - Creative, PPOM - TRAPEZE COMMUNICATIONS, Victoria, BC, *pg.* 426
Nathan, Andy - PPOM - FORTNIGHT COLLECTIVE, Boulder, CO, *pg.* 7
Nathanson, David - Creative, PPOM -

ZIMMERMAN ADVERTISING, Fort Lauderdale, FL, *pg.* 437
Nathanson, Ilene - PPOM - INLINE MEDIA, INC. , Denver, CO, *pg.* 479
Nation, Ted - PPOM - YIELD-INTEGRATED COMMUNICATIONS & ADVERTISING, Toronto, ON, *pg.* 164
Navarro, Al - Creative, PPOM - MINT ADVERTISING, Clinton, NJ, *pg.* 115
Naviasky, Louis - PPOM - BAYARD ADVERTISING AGENCY, INC., New York, NY, *pg.* 37
Nead, Jeffrey - PPOM - GLODOW NEAD COMMUNICATIONS, San Francisco, CA, *pg.* 608
Neal, Suzanne - PPOM - BOUVIER KELLY, INC. , Greensboro, NC, *pg.* 41
Neal, Dave - PPOM - STRATEGIC MEDIA, INC., Arlington, VA, *pg.* 518
Neal, Anne Marie - Account Services, NBC, PPOM - RAPP WORLDWIDE, San Francisco, CA, *pg.* 291
Neale, Matt - PPOM - GOLIN, New York, NY, *pg.* 610
Neale-May, Donovan - Management, PPOM - CHIEF MARKETING OFFICER COUNCIL, San Jose, CA, *pg.* 50
Nealon, Keith - PPOM - BAZAARVOICE, INC., Austin, TX, *pg.* 216
Nealon, Joan - PPOM - O'HARE & ASSOCIATES, New York, NY, *pg.* 121
Neathawk, Roger - PPOM - NDP, Richmond, VA, *pg.* 390
Neblock, Bill - Finance, Operations, PPOM - PHD USA, New York, NY, *pg.* 505
Necci, Daniel - PPOM - MCDILL DESIGN, Milwaukee, WI, *pg.* 190
Neely, Shan - Creative, PPOM - MBB AGENCY, Leawood, KS, *pg.* 107
Neff, David - NBC, PPOM - NEFF ASSOCIATES, INC., Philadelphia, PA, *pg.* 391
Negri Marx, Karen - Finance, PPOM - THE MARX GROUP, San Rafeal, CA, *pg.* 421
Neibart, David - PPOM - THE NEIBART GROUP, Brooklyn, NY, *pg.* 654
Neiger, Carol - NBC, PPOM - NEIGER DESIGN, INC., Evanston, IL, *pg.* 193
Neighbors, Thom - PPOM - BRAVO PRODUCTIONS, Long Beach, CA, *pg.* 302
Neill, Brent - Operations, PPOM - NOM, Los Angeles, CA, *pg.* 121
Neimand, Rich - PPOM - NEIMAND COLLABORATIVE, Washington, DC, *pg.* 391
Nelems, Jim - PPOM - THE MARKETING WORKSHOP, INC., Norcross, GA, *pg.* 450
Nelsen, Brent - PPOM - LEO BURNETT TORONTO, Toronto, ON, *pg.* 97
Nelson, Wayne - PPOM - NELSON & GILMORE, Redondo Beach, CA, *pg.* 391
Nelson, Jonathan - Interactive / Digital, PPOM - OMD SAN FRANCISCO, San Francisco, CA, *pg.* 501
Nelson, Doug - PPOM - ECHO SPORTS MARKETING, Emeryville, CA, *pg.* 67
Nelson, Paige - Account Services, NBC, PPOM - NELSON & GILMORE,

RESPONSIBILITIES INDEX — AGENCIES

Redondo Beach, CA, pg. 391
Nelson, Brent - Account Planner, PPOM - LEO BURNETT TORONTO, Toronto, ON, pg. 97
Nelson, Robert - PPOM - AUGUSTINE, Roseville, CA, pg. 328
Nelson, Debbie - PPOM - DNA CREATIVE COMMUNICATIONS, Greenville, SC, pg. 598
Nelson, Ted - Account Planner, Analytics, PPOM - MECHANICA, Newburyport, MA, pg. 13
Nelson, Monique - PPOM - UWG, Brooklyn, NY, pg. 546
Nelson, Jeff - PPOM - NAVIGATE MARKETING, Chicago, IL, pg. 253
Nelson, Kim - Creative, PPOM - RED CHALK STUDIOS, Virginia Beach, VA, pg. 404
Nelson, Katie - Operations, PPOM - FANCY RHINO, Chattanooga, TN, pg. 233
Nelson, Jr., Dan - NBC, PPOM - NELSON SCHMIDT INC., Milwaukee, WI, pg. 120
Nemy, Jeffrey - Finance, PPOM - EVOKE GIANT, San Francisco, CA, pg. 69
Nepo, Carrie - Finance, PPOM - DEVELOPMENT COUNSELLORS INTERNATIONAL, LTD., New York, NY, pg. 596
Neren, Matt - Account Services, NBC, PPOM - CULTIVATOR ADVERTISING & DESIGN, Denver, CO, pg. 178
Nerlich, Stephanie - Management, NBC, PPOM - HAVAS NEW YORK, New York, NY, pg. 369
Nesbit, Bob - PPOM - SOURCELINK, LLC, Miamisburg, OH, pg. 292
Netzlaw, Stephen - Operations, PPOM - ACRO MEDIA, INC., Kelowna, BC, pg. 671
Netzley, Steve - PPOM - HAVAS EDGE, Carlsbad, CA, pg. 285
Neugebauer, David - Account Planner, PPOM - SALT BRANDING, San Francisco, CA, pg. 16
Neumann, Eva - PPOM - ENC STRATEGY, Arlington, VA, pg. 68
Neumeier, Michael - PPOM, Public Relations - ARKETI GROUP, Atlanta, GA, pg. 578
Neve, Bruce - Operations, PPOM - TRUE MEDIA, Columbia, MO, pg. 521
Neves, Gabriela - PPOM - FACTORY 360, New York, NY, pg. 306
Nevins, David - NBC, PPOM - NEVINS & ASSOCIATES CHARTERED, Towson, MD, pg. 632
Newall, John - Account Services, NBC, PPOM - NOBLE PEOPLE, New York, NY, pg. 120
Newbold, Dave - Creative, PPOM - RICHTER7, Salt Lake City, UT, pg. 197
Newcom, Derek - PPOM - AOR, INC., Denver, CO, pg. 32
Newhard, Penn - PPOM - BACKBONE MEDIA, Carbondale, CO, pg. 579
Newkirk, Vanessa - Account Services, PPOM - MEDIACOM, New York, NY, pg. 487
Newland, Ted - NBC, PPOM - EDWARD NEWLAND ASSOCIATES, INC., Shewsbury, NJ, pg. 67
Newland, Robert - PPOM - EDWARD NEWLAND ASSOCIATES, INC., Shewsbury, NJ, pg. 67
Newman, Alan - NBC, PPOM - ALAN NEWMAN RESEARCH, Richmond, VA, pg. 441
Newman, Lee - PPOM - MULLENLOWE U.S. BOSTON, Boston, MA, pg. 389
Newman, Jon - PPOM - THE HODGES PARTNERSHIP, Richmond, VA, pg. 653
Newman, Katie - NBC, PPOM - LEO BURNETT WORLDWIDE, Chicago, IL, pg. 98
Newmark, Dave - NBC, PPOM - NEWMARK ADVERTISING, Woodland Hills, CA, pg. 692
Newmark, Patty - PPOM - NEWMARK ADVERTISING, Woodland Hills, CA, pg. 692
Newton, Steve - NBC, PPOM - NEWTON MEDIA, Chesapeake, VA, pg. 497
Ney, Joseph - Creative, PPOM - REINGOLD, Alexandria, VA, pg. 405
Ng, Zan - Creative, PPOM - ADMERASIA, INC., New York, NY, pg. 537
Ng, Chung - NBC, PPOM - ROKKAN, LLC, New York, NY, pg. 264
Ng, Tommy - Finance, PPOM - ADMERASIA, INC., New York, NY, pg. 537
Ng, Dan - Account Planner, Interactive / Digital, Media Department, PPOM - DROGA5, New York, NY, pg. 64
Ng, Ronald - Creative, NBC, PPOM - ISOBAR US, New York, NY, pg. 242
Ng, Doug - Management, Media Department, NBC, PPOM - WAVEMAKER, New York, NY, pg. 526
Ng Pack, Nick - Management, NBC, PPOM - MVNP, Honolulu, HI, pg. 119
Nguyen, Dan - PPOM - STONER BUNTING ADVERTISING, Lancaster, PA, pg. 414
Nguyen, Lan - Finance, PPOM - RAUXA, Costa Mesa, CA, pg. 291
Nguyen, Tien - Interactive / Digital, PPOM - CPC STRATEGY, San Diego, CA, pg. 672
Nguyen, Kenny - NBC, PPOM - THREESIXTYEIGHT, Baton Rouge, LA, pg. 271
Nice, Tim - Account Services, PPOM - NICE & COMPANY, San Francisco, CA, pg. 391
Nice, Kelly - PPOM - NICE & COMPANY, San Francisco, CA, pg. 391
Niceforo, Remo - PPOM - ADD IMPACT INC., Woodbridge, ON, pg. 565
Nichol, Josh - NBC, PPOM - H&L PARTNERS, Oakland, CA, pg. 80
Nichol, Bob - PPOM - MINDSTREAM MEDIA GROUP - DALLAS, Dallas, TX, pg. 496
Nicholas, Cristyne - PPOM - NICHOLAS & LENCE COMMUNICATIONS, New York, NY, pg. 632
Nicholas, Anton - PPOM - ICR, New York, NY, pg. 615
Nicholas, Michael - Interactive / Digital, PPOM - MEDIA ASSEMBLY, New York, NY, pg. 484
Nichols, Clair - PPOM - GUTHRIE / MAYES & ASSOCIATES, INC., Louisville, KY, pg. 611
Nichols, Brent - Creative, Management, PPOM - INVENTA, Vancouver, BC, pg. 10
Nichols, David - NBC, PPOM - INVENTA, Vancouver, BC, pg. 10
Nichols, Lee - PPOM - MOSSWARNER, Trumbull, CT, pg. 192
Nichols, Matt - NBC, Operations, PPOM - PUSH DIGITAL, Columbia, SC, pg. 640
Nichols Calabro, Lisa - Media Department, PPOM - BLOOM ADS, INC., Woodland Hills, CA, pg. 334
Nicholson, Krista - Operations, PPOM - THINK MOTIVE, Denver, CO, pg. 154
Nicholson, Peter - Creative, PPOM - PERISCOPE, Minneapolis, MN, pg. 127
Nicholson, Ken - Finance, PPOM - JAN KELLEY MARKETING, Burlington, ON, pg. 10
Nickel, John - PPOM - SWITCH, Saint Louis, MO, pg. 145
Nickell, Hunter - PPOM - RAYCOM SPORTS, Charlotte, NC, pg. 314
Nickerson, Greg - PPOM - BADER RUTTER & ASSOCIATES, INC., Milwaukee, WI, pg. 328
Nickerson, Mike - Account Services, NBC, PPOM - PRICEWEBER MARKETING COMMUNICATIONS, INC., Louisville, KY, pg. 398
Niclosi, Tina - Management, PPOM - ODEN MARKETING & DESIGN, Memphis, TN, pg. 193
Niederpruem, Donald - NBC, PPOM - UNITED LANDMARK ASSOCIATES, Tampa, FL, pg. 157
Niedzwiecki, Stephen - Creative, PPOM - YARD, New York, NY, pg. 435
Nielsen, Heidi - Creative, NBC, PPOM - BRINK COMMUNICATIONS, Portland, OR, pg. 337
Nielson, Ronald - PPOM - NSON, Salt Lake City, UT, pg. 448
Nielson, Alyson - Operations, PPOM - EDLEADER21, Tucson, AZ, pg. 601
Niemuth, Brent - Operations, PPOM - J. SCHMID & ASSOCIATES, Mission, KS, pg. 286
Nierenberg, Brad - PPOM - REDPEG MARKETING, Alexandria, VA, pg. 692
Nierman, Evan - PPOM - RED BANYAN, Deerfield Beach, FL, pg. 641
Nieves, Tony - PPOM - MARCA MIAMI, Coconut Grove, FL, pg. 104
Nijst, Bonnie - PPOM - FIDGET BRANDING, Los Angeles, CA, pg. 7
Nikdel, Chris - Creative, PPOM - CLARK NIKDEL POWELL, Winter Haven, FL, pg. 342
Nikdel, Alex - PPOM - ECHO DELTA, Winter Haven, FL, pg. 353
Nikulin, Tadas - Creative, Management, PPOM - AD:60, Brooklyn, NY, pg. 210
Nilsson, Bruce - Creative, Management, PPOM - DAVIDSON BELLUSO, Phoenix, AZ, pg. 179
Niovitch Davis, Karen - PPOM - PROSEK PARTNERS, New York, NY,

AGENCIES
RESPONSIBILITIES INDEX

pg. 639
Nippert, Zach - NBC, PPOM - LRWMOTIVEQUEST, Chicago, IL, *pg.* 447
Nishimoto, John - Creative, NBC, PPOM - SEQUEL STUDIO, New York, NY, *pg.* 16
Nisson, Bob - Creative, PPOM - JAY ADVERTISING, INC., Rochester, NY, *pg.* 377
Nitschke, Dale - PPOM - OVATIVE GROUP, Minneapolis, MN, *pg.* 256
Nixon, Jeff - Creative, PPOM - CAMP, Austin, TX, *pg.* 46
Nixon, Don - Account Services, PPOM - CREATIVE SPOT, Columbus, OH, *pg.* 55
Noaman, Abu - PPOM - ELLIANCE, Pittsburgh, PA, *pg.* 231
Noble, Susan - Media Department, PPOM - MINDSHARE, Chicago, IL, *pg.* 494
Noble, Steve - Account Planner, NBC, PPOM - GREY MIDWEST, Cincinnati, OH, *pg.* 366
Noe, John - PPOM - ROKKAN, LLC, New York, NY, *pg.* 264
Nohe, John - PPOM - JNA ADVERTISING, Overland Park, KS, *pg.* 92
Nolan, Tom - PPOM - THE NOLAN GROUP, Bradenton, FL, *pg.* 654
Nolan, Britt - Creative, PPOM - DDB CHICAGO, Chicago, IL, *pg.* 59
Nomady, Shari - PPOM - X! PROMOS, Mission Viejo, CA, *pg.* 572
Nones, Phil - Account Services, NBC, PPOM - MULLIN / ASHLEY ASSOCIATES, INC., Chestertown, MD, *pg.* 448
Nonno, Louis - PPOM - LOUIS & PARTNERS DESIGN, Akron, OH, *pg.* 190
Noonan, Bruce - Account Services, PPOM - BEBER SILVERSTEIN GROUP, Miami, FL, *pg.* 38
Noone, Tom - Account Services, Management, PPOM - ASSOCIATED DESIGN SERVICE, Palos Hills, IL, *pg.* 173
Noone, Meg - PPOM - ASSOCIATED DESIGN SERVICE, Palos Hills, IL, *pg.* 173
Norambuena, Paola - Media Department, PPOM - INTERBRAND, New York, NY, *pg.* 187
Norcross, Jason - Creative, PPOM - 72ANDSUNNY, Playa Vista, CA, *pg.* 23
Nordeen, Peggy - PPOM - STARMARK INTERNATIONAL, INC., Fort Lauderdale, FL, *pg.* 412
Noren, Leif - PPOM - CREATIVE RESPONSE CONCEPTS, Alexandria, VA, *pg.* 593
Noris, Stephanie - PPOM - NORBELLA, Boston, MA, *pg.* 497
Norman, John - PPOM - DESIGN RESOURCE CENTER, Naperville, IL, *pg.* 179
Norman, Chuck - PPOM, Public Relations - S&A COMMUNICATIONS, Cary, NC, *pg.* 645
Norman, John - Creative, NBC, PPOM - HAVAS WORLDWIDE CHICAGO, Chicago, IL, *pg.* 82

Norris, Larry - PPOM - LEWIS COMMUNICATIONS, Birmingham, AL, *pg.* 100
Norris, Michael - NBC, PPOM - YOUTECH, Naperville, IL, *pg.* 436
Northen, Janet - NBC, PPOM, Public Relations - MCKINNEY, Durham, NC, *pg.* 111
Northern, Steve - Finance, PPOM - SATUIT TECHNOLOGIES, INC., Braintree, MA, *pg.* 168
Northrup, Chris - PPOM - BJR PUBLIC RELATIONS, Culver City, CA, *pg.* 584
Norton, Greg - Account Services, PPOM - R + M, Cary, NC, *pg.* 196
Norton, Dan - PPOM - NORTON OUTDOOR ADVERTISING, Cincinnati, OH, *pg.* 554
Norton, Shaun - PPOM - SANDBOX STRATEGIES, New York, NY, *pg.* 645
Nosevich, Alex - Creative, NBC, PPOM - COMMCREATIVE, Framingham, MA, *pg.* 343
Nother, Joseph - Creative, PPOM - DESIGNSENSORY, Knoxville, TN, *pg.* 62
Nott, Ben - Creative, PPOM - WORLD WIDE MIND, Venice Beach, CA, *pg.* 163
Nottingham, John - PPOM - NOTTINGHAM-SPIRK DESIGN, INC., Cleveland, OH, *pg.* 193
Nottingham, Troy - NBC, PPOM - THE BANTAM GROUP, Atlanta, GA, *pg.* 450
Novak, Esther - PPOM - VANGUARDCOMM, East Brunswick, NJ, *pg.* 546
Novak, Jen - PPOM - NOCOAST ORIGINALS, Saint Louis, MO, *pg.* 312
Novak, Rocky - Interactive / Digital, Management, PPOM - FALLON WORLDWIDE, Minneapolis, MN, *pg.* 70
Nowak, Ed - NBC, PPOM - SLN, INC., Providence, RI, *pg.* 677
Nowick, Rachel - Account Services, NBC, PPOM - MEDIACOM, New York, NY, *pg.* 487
Noyes, Melissa - PPOM - MN & COMPANY MEDIA MANAGEMENT, Andover, MA, *pg.* 496
Nuber, Jenny - PPOM, Public Relations - KGLOBAL, Washington, DC, *pg.* 620
Nugent, Marianne - Operations, PPOM - PUBLICIS HEALTH, New York, NY, *pg.* 639
Nugent, David - NBC, PPOM - IX.CO, New York, NY, *pg.* 243
Nunes, Chris - PPOM - CORNERSTONE STRATEGIC BRANDING, INC., New York, NY, *pg.* 178
Nunez, Jessica - PPOM - TRUEPOINT COMMUNICATIONS, Dallas, TX, *pg.* 657
Nunn, Bob - NBC, PPOM - THE MARKETING GARAGE, Aurora, ON, *pg.* 420
Nunziato, John - Creative, PPOM - LITTLE BIG BRANDS, White Plains, NY, *pg.* 12
Nurnberger, Timothy - Interactive / Digital, PPOM - CAMPAIGN SOLUTIONS, Alexandria, VA, *pg.* 219
Nuss, Mark - Creative, PPOM - ADCOM COMMUNICATIONS, INC., Cleveland,

OH, *pg.* 210
Nutt, Michael - Interactive / Digital, PPOM - MOVEABLE INK, New York, NY, *pg.* 251
Nutt Bello, Lauren - Account Services, Management, PPOM - READY SET ROCKET, New York, NY, *pg.* 262
Nycz, Patrick - Account Services, PPOM - INDIANA DESIGN CONSORTIUM, INC., Lafayette, IN, *pg.* 187
Nyhan, Samantha - Management, PPOM - MRM//MCCANN, Salt Lake City, UT, *pg.* 118
Nyhus, Roger - PPOM - NYHUS COMMUNICATIONS, Seattle, WA, *pg.* 633
Nykoliation, Jill - PPOM - JUNIPER PARK\ TBWA, Toronto, ON, *pg.* 93
O'Brien, Dan - PPOM - INFERNO, LLC, Memphis, TN, *pg.* 374
O'Brien, Kevin - NBC, PPOM - O'BRIEN ET AL. ADVERTISING, Virginia Beach, VA, *pg.* 392
O'Brien, Patrick - PPOM - O'BRIEN MARKETING, Newport Beach, CA, *pg.* 498
O'Brien, Mark - Finance, Management, Operations, PPM, PPOM - INTERBRAND, New York, NY, *pg.* 187
O'Byrne, Paul - PPOM - MGM COMMUNICATIONS, Saskatoon, SK, *pg.* 387
O'Carroll, Peter - PPOM - O'CARROLL GROUP, Lake Charles, LA, *pg.* 392
O'Connell, Larry - PPOM - LFO'CONNELL, Islip, NY, *pg.* 380
O'Connell, Bob - PPOM - VANGUARD DIRECT, New York, NY, *pg.* 274
O'Connor, Lisa - PPOM - EDGE PUBLICOM, Lansing, MI, *pg.* 354
O'Connor, Marianne - PPOM - STERLING COMMUNICATIONS, INC., Los Gatos, CA, *pg.* 650
O'Connor, Patrick - Finance, PPOM - STARCOM WORLDWIDE, Chicago, IL, *pg.* 513
O'Daniel, Kyle - PPOM - ST. GREGORY GROUP MARKETING, Cincinnati, OH, *pg.* 144
O'Dea, Noel - Account Planner, Creative, PPOM - TARGET MARKETING & COMMUNICATIONS, INC., Saint John's, NL, *pg.* 146
O'Dell, Andrew - PPOM - PEREIRA & O'DELL, San Francisco, CA, *pg.* 256
O'Donnell, Kevin - Human Resources, PPOM - PROPHET, San Francisco, CA, *pg.* 15
O'Donnell, Carey - Creative, PPOM - CAREY O'DONNELL PUBLIC RELATIONS GROUP, West Palm Beach, FL, *pg.* 588
O'Grady, Tom - Creative, PPOM - GAMEPLAN CREATIVE, LLC, Chicago, IL, *pg.* 8
O'Hare, Kurt - PPOM - O'HARE & ASSOCIATES, New York, NY, *pg.* 121
O'Harra, Jennifer - Account Services, Media Department, PPOM - MINOR O'HARRA ADVERTISING, Reno, NV, *pg.* 387
O'Keefe, Maria - Human Resources, PPOM - EDELMAN, Chicago, IL, *pg.* 353
O'Keefe, Peter - Account Services,

RESPONSIBILITIES INDEX — AGENCIES

PPOM - MEDIACOM, New York, NY, *pg.* 487

O'Leary, Tim - PPOM - RAIN, Portland, OR, *pg.* 402

O'Leary, Mike - PPOM - KICKING COW PROMOTIONS, INC., Saint Louis, MO, *pg.* 309

O'Loughlin, Greg - Management, Media Department, Operations, PPOM - SWELL, LLC, Philadelphia, PA, *pg.* 145

O'Mara, Colleen - Creative, NBC, PPOM - HYPE, Los Angeles, CA, *pg.* 614

O'Neil, D.J. - Creative, PPOM - HUB STRATEGY & COMMUNICATION, San Francisco, CA, *pg.* 9

O'Neill, Shelly - Operations, PPOM - O'NEILL & ASSOCIATES, Boston, MA, *pg.* 633

O'Neill, Thomas - PPOM - O'NEILL & ASSOCIATES, Boston, MA, *pg.* 633

O'Neill, Gordon - PPOM - O'NEILL COMMUNICATIONS, Smyrna, GA, *pg.* 255

O'Neill, Maggie - Management, Media Department, PPOM - PEPPERCOMM, INC., New York, NY, *pg.* 687

O'Neill, Carolyn - Creative, PPOM - CENTRON, New York, NY, *pg.* 49

O'Neill, Matt - PPOM - PHOENIX CREATIVE, Saint Louis, MO, *pg.* 128

O'Neill, Chris - PPOM - LOGICAL MEDIA GROUP, Chicago, IL, *pg.* 247

O'Reilly, Martin - PPOM - EDELMAN, New York, NY, *pg.* 599

O'Rourke, Dennis - Finance, PPOM - GODFREY DADICH, San Francisco, CA, *pg.* 364

O'Rourke, Brady - NBC, PPOM - SOCIAL LINK, Nashville, TN, *pg.* 411

O'Shaughnessy, Laura - PPOM - SOCIALCODE, Washington, DC, *pg.* 688

O'Shea, Stephen - PPOM - THE CONCEPT STUDIO, Westport, CT, *pg.* 269

Oakley, David - Creative, PPOM - BOONEOAKLEY, Charlotte, NC, *pg.* 41

Oates, Kevin - Management, PPOM - KETCHUM, Los Angeles, CA, *pg.* 619

Obata, Kiku - PPOM - KIKU OBATA & CO., Saint Louis, MO, *pg.* 188

Obenauf, Joanne - PPOM - BALDWIN & OBENAUF, INC., Somerville, NJ, *pg.* 329

Obston, Andrea - NBC, PPOM - ANDREA OBSTON MARKETING COMMUNICATIONS, Bloomfield, CT, *pg.* 31

Ocampo, David - Creative, PPOM - MILAGRO MARKETING, San Jose, CA, *pg.* 543

Occhino, Barbara - Creative, PPOM - VERTEX MARKETING COMMUNICATION, Stamford, CT, *pg.* 159

Occhino, Ronald - PPOM - VERTEX MARKETING COMMUNICATION, Stamford, CT, *pg.* 159

Occhipinti, Christopher - PPOM - OGK CREATIVE, Del Ray Beach, FL, *pg.* 14

Ochs, Steve - PPOM - HERO ENTERTAINMENT MARKETING, Simi Valley, CA, *pg.* 298

Odell, Brian - NBC, PPOM - CATALYST, INC., Providence, RI, *pg.* 48

Odell, Jesse - PPOM - LAUNCHSQUAD, San Francisco, CA, *pg.* 621

Oesterle, Alex - Creative, PPOM - BLUE BEAR CREATIVE, Denver, CO, *pg.* 40

Offenbach, Dana - PPOM - CINEMASTREET, New York, NY, *pg.* 50

Offermann, Paul - PPOM - HAROLD WARNER ADVERTISING, INC., Buffalo, NY, *pg.* 369

Office, Peter - Human Resources, Operations, PPOM - MKTG INC, New York, NY, *pg.* 311

Ogando, Micky - Creative, PPOM - BAKERY, Austin, TX, *pg.* 215

Ogden, Charlie - PPOM - ANTICS DIGITAL MARKETING, San Carlos, CA, *pg.* 214

Ogle, Jonathan - NBC, PPOM - THE INFINITE AGENCY, Dallas, TX, *pg.* 151

Ogorek, Dan - PPOM - SCRATCH OFF SYSTEMS, Twinsburg, OH, *pg.* 569

Oh, Joe - PPOM - FCB WEST, San Francisco, CA, *pg.* 72

Ohlmann, Walter - PPOM - THE OHLMANN GROUP, Dayton, OH, *pg.* 422

Okal, John - PPOM - EPSTEIN DESIGN PARTNERS, INC., Cleveland, OH, *pg.* 182

Okunak, Frank - Operations, PPOM - WEBER SHANDWICK, New York, NY, *pg.* 660

Olabarrieta, Yania - PPOM - C-COM GROUP, INC., Miami, FL, *pg.* 587

Olenski, Greg - PPOM - GROUP G MARKETING PARTNERS, Ivyland, PA, *pg.* 284

Olesinski, Thomas - PPOM - HAVAS WORLDWIDE TORONTO, Toronto, ON, *pg.* 83

Oleson, Kirk - PPOM - GRAHAM OLESON, Colorado Springs, CO, *pg.* 78

Oleson, Ann - PPOM - CONVERGE CONSULTING, Cedar Rapids, IA, *pg.* 222

Olguin, Michael - NBC, PPOM - HAVAS FORMULA, New York, NY, *pg.* 612

Olguner, Arikan - PPOM - INSIGHT STRATEGY GROUP, New York, NY, *pg.* 445

Olive, Kathryn - PPOM - KOROBERI NEW WORLD MARKETING, Raleigh, NC, *pg.* 95

Olive, Bruce - PPOM - KOROBERI NEW WORLD MARKETING, Raleigh, NC, *pg.* 95

Oliver, Tim - NBC, PPOM - MORGAN & MYERS, Waukesha, WI, *pg.* 389

Oliver, Louise - PPOM - PERITUS PUBLIC RELATIONS, Birmingham, AL, *pg.* 636

Oliver, Marcus - PPOM - FAHRENHEIT 212, New York, NY, *pg.* 182

Olivier, Chris - PPOM - SPAR GROUP, INC., Auburn Hills, MI, *pg.* 266

Olivier, Ludovic - Interactive / Digital, PPOM - VISION7 INTERNATIONAL, Quebec City, QC, *pg.* 429

Olivieri, Kevin - Interactive / Digital, PPOM - ALLEN & GERRITSEN, Boston, MA, *pg.* 29

Olivieri, Tom - Creative, PPOM - TINUITI, Dania Beach, FL, *pg.* 271

Olmsted, Karl - Creative, PPOM - OLMSTED ASSOCIATES , Flint, MI, *pg.* 193

Olper, Leo - Management, NBC, PPOM - THIRD EAR, Austin, TX, *pg.* 546

Olson, Raelynn - Operations, PPOM - GMMB, Washington, DC, *pg.* 364

Olson, Matt - PPOM - MATMON.COM, Little Rock, AR, *pg.* 248

Olson, Brian - Interactive / Digital, NBC, PPOM - INQUEST MARKETING, Kansas City, MO, *pg.* 445

Olson, Jeff - PPOM - ICF NEXT, Chicago, IL, *pg.* 614

Olszewski, Brett - NBC, PPOM - K/P CORPORATION, San Leandro, CA, *pg.* 286

Oltersdorf, Jenna - PPOM, Public Relations - SNACKBOX LLC, Austin, TX, *pg.* 648

Oltersdorf, Eric - Creative, PPOM - SNACKBOX LLC, Austin, TX, *pg.* 648

Onar, Sedef - PPOM - 72ANDSUNNY, Playa Vista, CA, *pg.* 23

Onder, Sedef - Account Planner, PPOM - CLEAR, New York, NY, *pg.* 51

Ondrusek, Julie - Operations, PPOM - THE LOOMIS AGENCY, Dallas, TX, *pg.* 151

Ong, Linda - PPOM - CIVIC ENTERTAINMENT GROUP, New York, NY, *pg.* 566

Onofrey, Meaghan - Account Services, NBC, PPOM - TBWA\WORLDHEALTH, New York, NY, *pg.* 147

Onofrio, Fran - PPOM, Public Relations - MASON, INC. , Bethany, CT, *pg.* 383

Onsager-Birch, Karin - Creative, PPOM - FCB WEST, San Francisco, CA, *pg.* 72

Opfer, Craig - Creative, PPOM - MAGNETO BRAND ADVERTISING, Portland, OR, *pg.* 13

Oppenheim, Rick - PPOM - RB OPPENHEIM ASSOCIATES, Tallahassee, FL, *pg.* 641

Oram, Clint - Management, PPOM - SUGARCRM, Cupertino, CA, *pg.* 169

Orange, Brian - Operations, PPOM - MIRRORBALL, New York, NY, *pg.* 388

Orci, Hector - PPOM - ORCI, Santa Monica, CA, *pg.* 543

Orci, Andrew - PPOM - ORCI, Santa Monica, CA, *pg.* 543

Ordonez, Andres - Creative, PPOM - FCB CHICAGO, Chicago, IL, *pg.* 71

Orefice, Paul - Creative, NBC, PPOM - THE WATSONS, New York, NY, *pg.* 154

Orenstein, Steven - Finance, PPOM - WONGDOODY, Culver City, CA, *pg.* 433

Orfanello, Frank - Finance, PPOM - MMB, Boston, MA, *pg.* 116

Oriani, Phil - Account Services, PPOM - SHIFT DIGITAL, Birmingham, MI, *pg.* 265

Orkin, Jessica - Management, NBC, PPOM - SYPARTNERS, New York, NY, *pg.* 18

AGENCIES

RESPONSIBILITIES INDEX

Orlando, Fabio - Creative, PPOM - TAG, Thornhill, ON, *pg.* 145

Ormand Cherwin, Gina - Human Resources, PPOM - MWWPR, East Rutherford, NJ, *pg.* 630

Ornelas, Carolina - NBC, PPOM, Public Relations - UNO, Minneapolis, MN, *pg.* 21

Ornowski, Mark - Finance, PPOM - TRUE SENSE MARKETING, Freedom, PA, *pg.* 293

Orr, Barbara - Account Services, PPOM - PORETTA & ORR, INC., Doylestown, PA, *pg.* 314

Orr, RJ - NBC, PPOM - BLUEMEDIA, Tempe, AZ, *pg.* 175

Orr, Cinda - PPOM - SCORR MARKETING, Kearney, NE, *pg.* 409

Orren, Shachar - Creative, NBC, PPOM - PLAYBUZZ, New York, NY, *pg.* 128

Orsi, Janet - PPOM - ORSI PUBLIC RELATIONS, Los Angeles, CA, *pg.* 634

Ortega, Tom - Creative, PPOM - RIESTER, Phoenix, AZ, *pg.* 406

Ortega, Dave - PPOM - MCKEE WALLWORK & COMPANY, Albuquerque, NM, *pg.* 385

Orticello, Eric - Account Services, PPOM - MEDIA DIMENSIONS LIMITED, Toronto, ON, *pg.* 485

Orwig, Lyle - NBC, PPOM - CHARLESTON|ORWIG, INC., Hartland, WI, *pg.* 341

Osborn, John - PPOM - OMD, New York, NY, *pg.* 498

Osborne, Leslie - Media Department, PPOM - WATAUGA GROUP, Orlando, FL, *pg.* 21

Osborne, Charles - Interactive / Digital, PPOM - WATAUGA GROUP, Orlando, FL, *pg.* 21

Osborne, JB - NBC, PPOM - RED ANTLER, Brooklyn, NY, *pg.* 16

Osetek, Alan - PPOM - DIGILANT, Boston, MA, *pg.* 464

Ostbo, Craig - PPOM - KOOPMAN OSTBO INC., Portland, OR, *pg.* 378

Oster, Bev - Creative, PPOM - OSTER & ASSOCIATES, INC., San Diego, CA, *pg.* 123

Osterberg, Kerstin - PPOM - THE NEIBART GROUP, Brooklyn, NY, *pg.* 654

Ostholthoff, Hank - PPOM - MABBLY, Chicago, IL, *pg.* 247

Ostmann, Rosemary - PPOM - ROSECOMM, Hoboken, NJ, *pg.* 644

Ostrovsky, Ramie - PPOM - OCEAN BRIDGE MEDIA GROUP, Los Angeles, CA, *pg.* 498

Osuna, Fernando - Creative, PPOM - LOPEZ NEGRETE COMMUNICATIONS, INC. , Houston, TX, *pg.* 542

Otero-Smart, Ingrid - PPOM - CASANOVA//MCCANN, Costa Mesa, CA, *pg.* 538

Otis, Martha - PPOM - VERSO ADVERTISING, New York, NY, *pg.* 159

Otis, Paul - PPOM - MOB MEDIA, INC., Foothill Ranch, CA, *pg.* 116

Ott, Chris - Account Planner, PPOM - OTT COMMUNICATIONS, INC. , Louisville, KY, *pg.* 395

Ott, Whitney - PPOM - JACKSON SPALDING INC., Atlanta, GA, *pg.* 376

Ott, Kenneth - NBC, PPOM - METACAKE LLC, Franklin, TN, *pg.* 386

Otto, Craig - Creative, NBC, PPOM - ELLIANCE, Pittsburgh, PA, *pg.* 231

Otto, Randy - PPOM - PATTISON OUTDOOR ADVERTISING, Mississagua, ON, *pg.* 555

Otzenberger, Brett - Interactive / Digital, PPOM - MIRUM AGENCY, Minneapolis, MN, *pg.* 251

Oudin, Pauline - Management, PPOM - GRADIENT EXPERIENTIAL LLC, New York, NY, *pg.* 78

Ouellet, Luc - PPOM - NATIONAL PUBLIC RELATIONS, Quebec City, QC, *pg.* 632

Ouellette, Tina - PPM, PPOM - GLOBAL MECHANIC, Vancouver, BC, *pg.* 466

Ouellette, Phil - Operations, PPOM - LINDSAY, STONE & BRIGGS, Madison, WI, *pg.* 100

Ousset, John - NBC, PPOM - OUSSET AGENCY, Spring Branch, TX, *pg.* 395

Overlie, Barbara - Finance, PPOM - 180LA, Los Angeles, CA, *pg.* 23

Overton, Michael - Creative, PPOM - INFERNO, LLC, Memphis, TN, *pg.* 374

Overton, Cheryl - PPOM - EGAMI GROUP, New York, NY, *pg.* 539

Owen, Paul - PPOM - OWEN MEDIA, Seattle, WA, *pg.* 634

Owen, David - PPOM - GRASSROOTS ADVERTISING, INC. , Toronto, ON, *pg.* 691

Owen, Dean - PPOM - MGM COMMUNICATIONS, Saskatoon, SK, *pg.* 387

Owen, Sean - PPOM - WEDU, Manchester, NH, *pg.* 430

Owens, Tracey - PPOM - O2KL, New York, NY, *pg.* 121

Owens, Mark - Account Planner, Management, PPOM - ROGERS & COWAN/PMK*BNC, Los Angeles, CA, *pg.* 643

Owens, Matthew - PPOM - OH PARTNERS, Phoenix, AZ, *pg.* 122

Owens, Grant - PPOM - CRITICAL MASS, INC., New York, NY, *pg.* 223

Ozdych, John - Creative, Operations, PPOM - REAL INTEGRATED, Troy, MI, *pg.* 403

Ozikizler, John - Management, PPOM - LMA, Toronto, ON, *pg.* 623

O'Brien, Dan - Creative, PPOM - MICHAEL PATRICK PARTNERS , San Francisco, CA, *pg.* 191

O'Brien, Darby - PPOM - DARBY O'BRIEN ADVERTISING, INC., South Hadley, MA, *pg.* 57

O'Connell, Steve - Creative, PPOM - RED TETTEMER O'CONNELL + PARTNERS, Philadelphia, PA, *pg.* 404

O'Connell, Dan - PPOM - FOODMIX MARKETING COMMUNICATIONS, Elmhurst, IL, *pg.* 359

O'Dea, Jim - PPOM - RX EDGE MEDIA NETWORK, East Dundee, IL, *pg.* 557

O'Harrow, Kevin - Operations, PPOM - THE AD STORE, Washington, DC, *pg.* 148

O'Keefe, Tom - PPOM - O'KEEFE REINHARD & PAUL, Chicago, IL, *pg.* 392

O'Leary, Steve - PPOM - THE SHIPYARD, Newport Beach, CA, *pg.* 153

O'Neill, Tim - PPOM - IMAGE MASTERS, Merced, CA, *pg.* 89

O'Neill, Matt - NBC, PPOM - PHOENIX CREATIVE , Saint Louis, MO, *pg.* 128

O'Neill, Nancy - NBC, PPOM - ENGEL O'NEILL ADVERTISING, Erie, PA, *pg.* 68

O'Reilly, Patrick - PPOM - O'REILLY PUBLIC RELATIONS, Riverside, CA, *pg.* 687

O'Shea, Dan - NBC, PPOM - SJI ASSOCIATES, New York, NY, *pg.* 142

O'Toole, Mike - PPOM - PJA ADVERTISING + MARKETING, Cambridge, MA, *pg.* 397

O'Toole, Sean - Management, PPOM - TEAM ENTERPRISES, Fort Lauderdale, FL, *pg.* 316

O'Toole, Vinnie - Finance, Operations, PPOM - HORIZON MEDIA, INC., New York, NY, *pg.* 474

Pace, Grant - Creative, PPOM - CTP, Boston, MA, *pg.* 347

Pace, Dominick - Account Services, Interactive / Digital, Media Department, PPOM - MINDSHARE, New York, NY, *pg.* 491

Pachman, Ruth - PPOM - KEKST & COMPANY, INC., New York, NY, *pg.* 619

Pachner, Carin - PPOM - CONTRAST & CO, Annapolis, MD, *pg.* 6

Pachner, Dharma - Creative, PPOM - CONTRAST & CO, Annapolis, MD, *pg.* 6

Padgett, Tim - PPOM - THE PEPPER GROUP, Palatine, IL, *pg.* 202

Paeschke, Leigh - Operations, PPOM - SCS HEALTHCARE MARKETING, INC. , Mahwah, NJ, *pg.* 139

Pagan, Debra - PPOM - D. PAGAN COMMUNICATIONS INC., Melville, NY, *pg.* 595

Pagani, Chris - Creative, PPOM - CHARLIE COMPANY CORP., Culver City, CA, *pg.* 177

Pagano, Kathleen - Account Planner, PPOM - PAGANO MEDIA, Worcester, MA, *pg.* 256

Pagano, Joe - Creative, PPOM - PAGANO MEDIA, Worcester, MA, *pg.* 256

Pagano, Diane - PPOM - T1 MEDIA, LCC, Weston, MA, *pg.* 518

Pagden, Jeremy - PPOM - THE INTEGER GROUP, Lakewood, CO, *pg.* 682

Page, Ted - Creative, PPOM - CAPTAINS OF INDUSTRY, INC., Boston, MA, *pg.* 340

Pageau, Nanette - PPOM, Public Relations - KANEEN ADVERTISING & PUBLIC RELATIONS, INC., Tucson, AZ, *pg.* 618

Pagliuca, Megan - Account Planner, Account Services, Analytics, Media Department, PPOM, Programmatic - HEARTS & SCIENCE, New York, NY, *pg.* 471

Pai, Ambika - Management, PPOM -

RESPONSIBILITIES INDEX — AGENCIES

MEKANISM, New York, NY, *pg.* 113
Paige, Gretchen - Finance, PPOM - ESHOTS, INC., Chicago, IL *pg.* 305
Painting, Kristie - NBC, PPOM - WAVEMAKER, Toronto, ON, *pg.* 529
Pajakowski, Chris - Media Department, PPOM - BURKHART ADVERTISING, South Bend, IN, *pg.* 550
Palazzo-Hart, Melissa - Management, PPOM - SID LEE, Culver City, CA, *pg.* 141
Paley, Jon - Creative, Management, PPOM - THE VAULT, New York, NY, *pg.* 154
Palley, Warren - PPOM - PALLEY ADVERTISING & SYNERGY NETWORKS, Worcester, MA, *pg.* 396
Palmer, Keri - Finance, PPOM - FITZCO, Atlanta, GA, *pg.* 73
Palmer, Drew - PPOM - PALMER ADVERTISING, San Francisco, CA, *pg.* 124
Palmer, Carrie - Finance, PPOM - WEBER SHANDWICK, Atlanta, GA, *pg.* 661
Palmer, Michelle - Account Services, NBC, PPOM, Promotions - THE MARKETING ARM, Dallas, TX, *pg.* 316
Palmer, Melissa - Finance, Operations, PPOM - BUTLER / TILL, Rochester, NY, *pg.* 457
Palmer, Shannon - Finance, Operations, PPOM - VESTCOM, Little Rock, AR, *pg.* 571
Palozzi, Stephen - Creative, PPOM - MCELVENEY & PALOZZI, Rochester, NY, *pg.* 190
Panaggio, Mike - PPOM - DME MARKETING, Daytona Beach, FL, *pg.* 282
Pandolfino, Dominic - PPOM - NICE SHOES, New York, NY, *pg.* 193
Panico, Alyce - Media Department, NBC, PPOM - LUXE COLLECTIVE GROUP, New York, NY, *pg.* 102
Pannos, James - PPOM - PANNOS MARKETING, Manchester, NH, *pg.* 125
Pannuzzo, Ron - Creative, PPOM - DREAMSPAN, Phoenix, AZ, *pg.* 7
Pansky, Scott - PPOM - ALLISON+PARTNERS, Los Angeles, CA, *pg.* 576
Pantin, Jr., Leslie - PPOM, Public Relations - PANTIN / BEBER SILVERSTEIN PUBLIC RELATIONS, Miami, FL, *pg.* 544
Paolini, John - Creative, PPOM - SULLIVAN, New York, NY, *pg.* 18
Pappalardo, Dan - Creative, PPOM - TROIKA/MISSION GROUP, Los Angeles, CA, *pg.* 20
Pappas, Nick - PPOM - SWELLSHARK, New York, NY, *pg.* 518
Papulino, Adriana - Media Department, PPOM - MEDIACOM, New York, NY, *pg.* 487
Paradise, Liz - Creative, PPOM - BRIGHT RED\TBWA, Tallahassee, FL, *pg.* 337
Paradiso, Steve - PPOM - EPROMOS PROMOTIONAL PRODUCTS, New York, NY, *pg.* 567

Pardee, Sharon - Account Planner, Account Services, Media Department, PPOM - WAVEMAKER, Los Angeles, CA, *pg.* 528
Pardo, Ralph - Management, Media Department, PPOM - HEARTS & SCIENCE, New York, NY, *pg.* 471
Parent, Jeannie - Finance, PPOM - MLIVE MEDIA GROUP, Grand Rapids, MI, *pg.* 388
Parente, Joe - Finance, PPOM - JUST MEDIA, INC., Emeryville, CA, *pg.* 481
Parham, John - NBC, PPOM - PARHAM SANTANA, INC., New York, NY, *pg.* 194
Parham, Jim - Operations, PPOM - HIRONS & COMPANY, Indianapolis, IN, *pg.* 86
Parham, Andy - PPOM - BRADO, Irvine, CA, *pg.* 336
Parikh, Minesh - PPOM - LIPMAN HEARNE, INC., Chicago, IL, *pg.* 381
Parisot, Bernard - PPOM - JCDECAUX NORTH AMERICA, New York, NY, *pg.* 553
Park, Tricia - Operations, PPOM - DESIGN AT WORK CREATIVE SERVICES, Houston, TX, *pg.* 179
Park, Sonny - PPOM - SONNEMAN DESIGN GROUP, INC., Larchmont, NY, *pg.* 199
Park, Mike - NBC, PPOM - PLANET PROPAGANDA, Madison, WI, *pg.* 195
Park, Rose - Account Services, NBC, PPOM - MEDIACOM, New York, NY, *pg.* 487
Park, Bo - PPOM, Public Relations - ICR, New York, NY, *pg.* 615
Parker, Christine - NBC, PPOM - PARKER & PARTNERS MARKETING RESOURCES, LLC, Absecon, NJ, *pg.* 125
Parker, Bill - Creative, PPOM - PARKER & PARTNERS MARKETING RESOURCES, LLC, Absecon, NJ, *pg.* 125
Parker, Lynn - Account Planner, NBC, PPOM - GREENRUBINO, Seattle, WA, *pg.* 365
Parker, Chris - Management, Operations, PPOM - SCRUM50, South Norwalk, CT, *pg.* 409
Parker, Joe - Account Services, PPOM - KOOPMAN OSTBO INC., Portland, OR, *pg.* 378
Parker, Ward - Creative, PPOM - BROWN PARKER | DEMARINIS ADVERTISING, Boca Raton, FL, *pg.* 43
Parker, Neil - Account Services, NBC, PPOM - CO:COLLECTIVE, LLC, New York, NY, *pg.* 5
Parker, Guy - Account Services, PPOM - WORKHORSE MARKETING, Austin, TX, *pg.* 433
Parker, Tom - Creative, Interactive / Digital, PPOM - EDELMAN, San Francisco, CA, *pg.* 601
Parker, Anna - Management, Media Department, PPOM - HAVAS WORLDWIDE CHICAGO, Chicago, IL, *pg.* 82
Parker, Steve - PPOM - LEVELWING MEDIA, LLC, Mt Pleasant, SC, *pg.* 245

Parker, Beth - Account Services, Management, PPOM - VOX GLOBAL, Washington, DC, *pg.* 658
Parker, Zachary - Analytics, PPOM, Programmatic - THE TRADE DESK, Los Angeles, CA, *pg.* 519
Parker, Chris - Creative, PPOM - IPNY, New York, NY, *pg.* 90
Parkes, Perry - PPOM - UBIQUITOUS MEDIA / GLOSS MEDIA, New York, NY, *pg.* 294
Parkin, Paul - Creative, PPOM - SALT BRANDING, San Francisco, CA, *pg.* 16
Parkinson, Ron - Operations, PPOM - AGENCY 720, Detroit, MI, *pg.* 323
Parks, Kenneth - Creative, Management, NBC, PPOM - HERO DIGITAL, San Francisco, CA, *pg.* 238
Parks, Carrie - PPOM - MMB, Boston, MA, *pg.* 116
Parnell, Andy - Account Services, NBC, PPOM - LANETERRALEVER, Phoenix, AZ, *pg.* 245
Parr, Shawn - PPOM - BULLDOG DRUMMOND, San Diego, CA, *pg.* 338
Parr, Charlie - Creative, Operations, PPOM - RAOUST + PARTNERS, Hampton, VA, *pg.* 403
Parr, Deanna - Creative, PPOM - NORTON CREATIVE, Houston, TX, *pg.* 121
Parrinello, Vince - PPOM - LEGACY MARKETING PARTNERS, Chicago, IL, *pg.* 310
Parris, Roshann - PPOM - PARRIS COMMUNICATIONS, INC., Kansas City, MO, *pg.* 125
Parrish, Joe - Creative, PPOM - THE VARIABLE, Winston-Salem, NC, *pg.* 153
Parrish, Leigh - PPOM - JOELE FRANK, WILKINSON BRIMMER KATCHER, New York, NY, *pg.* 617
Parseghian, Mike - NBC, PPOM - BATTERY, Hollywood, CA, *pg.* 330
Parsells, Pete - PPOM - BOUVIER KELLY, INC., Greensboro, NC, *pg.* 41
Parsia, Hedyeh - Management, PPOM - PSFK, New York, NY, *pg.* 440
Parsons, Cameron - PPOM - GMR MARKETING, New Berlin, WI, *pg.* 306
Partilla, John - PPOM - SCREENVISION, New York, NY, *pg.* 557
Partovi, Roya - Creative, PPOM - SANDBOX, Chicago, IL, *pg.* 138
Partridge, Laura - PPOM - CCMEDIA, Reno, NV, *pg.* 49
Pascal, Jennifer - Operations, PPOM - ALLYN MEDIA, Dallas, TX, *pg.* 577
Pascale, Michael - PPOM - ABERNATHY MACGREGOR GROUP, New York, NY, *pg.* 574
Pascoe, Gary - Creative, PPOM - COMMONWEALTH // MCCANN, Detroit, MI, *pg.* 52
Pasemko, Ernie - PPOM - CALDER BATEMAN COMMUNICATIONS, Edmonton, AB, *pg.* 339
Paskill, Jim - Creative, PPOM - PASKILL, STAPLETON & LORD, Glenside, PA, *pg.* 256
Pasqua, Michael - NBC, PPOM -

AGENCIES — RESPONSIBILITIES INDEX

HERCKY, PASQUA, HERMAN, INC., Roselle Park, NJ, *pg.* 84
Passarelli, Marc - PPOM - DJG MARKETING, New York, NY, *pg.* 352
Passaretti, Gregory - Management, NBC, PPOM - BGB NEW YORK, New York, NY, *pg.* 583
Passey, Naveen - Finance, Operations, PPOM - DONER, Southfield, MI, *pg.* 63
Pasternack, David - NBC, PPOM - DIDIT.COM, Melville, NY, *pg.* 673
Pastrick, Scott - PPOM - BCW WASHINGTON DC, Washington, DC, *pg.* 582
Patch, Jeff - Creative, PPOM - RDW GROUP, Providence, RI, *pg.* 403
Patel, Reshma - PPOM - THINK PR, New York, NY, *pg.* 655
Patel, Hetal - PPOM - PUBLICIS.SAPIENT, New York, NY, *pg.* 258
Paternoster, Scott - PPOM - CHIEF MEDIA, New York, NY, *pg.* 281
Paterson, Sid - PPOM - SID PATERSON ADVERTISING, New York, NY, *pg.* 141
Paticoff, Gary - PPM, PPOM - RPA, Santa Monica, CA, *pg.* 134
Patillo, Sara - Creative, PPOM - GA CREATIVE, Bellevue, WA, *pg.* 361
Patnaik, Dev - PPOM - JUMP ASSOCIATES, San Mateo, CA, *pg.* 618
Patout, Ric - PPOM - PROMOTIONAL IMAGES, INC., New Iberia, LA, *pg.* 569
Patrick, Mary Kelley - PPOM - JASCULCA / TERMAN & ASSOCIATES, Chicago, IL, *pg.* 616
Patroulis, John - Creative, PPOM - GREY GROUP, New York, NY, *pg.* 365
Pattarini, Nancy - PPOM - PAIGE GROUP, Utica, NY, *pg.* 396
Patten, Kathleen - PPOM - AMERICAN TARGET ADVERTISING, Manassas, VA, *pg.* 279
Patterson, Bob - PPOM - MKTX, Hillsboro, OR, *pg.* 116
Patterson, Katie - PPOM - HAPPY MEDIUM, Des Moines, IA, *pg.* 238
Pattinson, Steven - NBC, Operations, PPOM - WPP KANTAR MEDIA, Boston, MA, *pg.* 451
Patton, Al - Creative, PPOM - DAGGER, Atlanta, GA, *pg.* 224
Patton, Bubba - PPOM - EASTPORT HOLDINGS, Memphis, TN, *pg.* 353
Paul, Darren - Account Planner, PPOM - NIGHT AGENCY, LLC, New York, NY, *pg.* 692
Paul, Tonise - PPOM - ENERGY BBDO, INC., Chicago, IL, *pg.* 355
Paul, Elizabeth - Account Planner, Account Services, Management, Media Department, Operations, PPOM - THE MARTIN AGENCY, Richmond, VA, *pg.* 421
Paul, John - NBC, PPOM - THOMAS J. PAUL, INC., Rydal, PA, *pg.* 20
Paul, Nick - PPOM - O'KEEFE REINHARD & PAUL, Chicago, IL, *pg.* 392
Paullin, Will - NBC, PPOM - SELLING SOLUTIONS, INC., Atlanta, GA, *pg.* 265

Paulos, Bill - PPOM - THE SUMMIT GROUP, Salt Lake City, UT, *pg.* 153
Paulsen, Thane - PPOM - PAULSEN MARKETING COMMUNICATIONS, Sioux Falls, SD, *pg.* 126
Paulson, Todd - Creative, PPOM - KNOCK, INC., Minneapolis, MN, *pg.* 95
Pavlik, Keith - PPOM - NUCLEUS MEDICAL MEDIA, Kennesaw, GA, *pg.* 254
Pavone, Mike - PPOM - PAVONE MARKETING GROUP, Harrisburg, PA, *pg.* 396
Pavone, Michael - PPOM - QUENCH, Harrisburg, PA, *pg.* 131
Paxton, Pat - Operations, PPOM - ENTERCOM COMMUNICATIONS CORP., Bala Cynwyd, PA, *pg.* 551
Payne, Linda - Finance, PPOM - O2 IDEAS, Birmingham, AL, *pg.* 392
Payne, Lauren - PPOM - SPIRAL DESIGN STUDIO, LLC, Cohoes, NY, *pg.* 199
Payne, Kirby - PPOM - HVS AMERICAN HOSPITALITY CO., Tiverton, RI, *pg.* 372
Payne, John - PPOM - MONSTER XP, Altamonte Springs, FL, *pg.* 388
Payne, Stuart - PPOM - SAATCHI & SAATCHI CANADA, Toronto, ON, *pg.* 136
Payne, Brantley - Creative, PPOM - UNCOMMON, Sacramento, CA, *pg.* 157
Payne, David - PPOM - SPLASH, San Jose, CA, *pg.* 200
Payne, Mark - PPOM - FAHRENHEIT 212, New York, NY, *pg.* 182
Peacock, Myles - PPOM - CREATIVEDRIVE, New York, NY, *pg.* 346
Peak, Glen - PPOM - PEAK BIETY, INC., Tampa, FL, *pg.* 126
Pear, Bonni - Management, NBC, PPOM - THE MOTION AGENCY, Chicago, IL, *pg.* 270
Pearce, Cody - Operations, PPOM - NELSON SCHMIDT INC., Milwaukee, WI, *pg.* 120
Pearce, Jon - Creative, PPOM - HUDSON ROUGE, New York, NY, *pg.* 371
Pearce, Karen - PPOM - MCCANN CANADA, Calgary, AB, *pg.* 384
Pearman, Tony - Creative, PPOM - ACCESS, Roanoke, VA, *pg.* 322
Pearre, Lisa - Account Services, PPOM - LOVE & COMPANY, Frederick, MD, *pg.* 101
Pearsall, Jed - PPOM - PERFORMANCE RESEARCH, Newport, RI, *pg.* 448
Pearson, Bob - PPOM - W2O, San Francisco, CA, *pg.* 659
Pearson-Mckenzie, Karen - Creative, PPOM - RHYME & REASON DESIGN, Atlanta, GA, *pg.* 263
Peary, Stephen - Finance, PPOM - PHIZZLE, INC., San Francisco, CA, *pg.* 534
Peck, Susan - Media Department, PPOM - STERLING-RICE GROUP, Boulder, CO, *pg.* 413
Peck, Sam - PPOM - ECHO SPORTS MARKETING, Emeryville, CA, *pg.* 67
Peck, Martha - Creative, PPOM - LAUNCH ADVERTISING, Denver, CO, *pg.* 97
Peck, Dina - Creative, PPOM - PATIENTS & PURPOSE, New York, NY, *pg.* 126
Peckham, Steve - PPOM - ICF NEXT, Minneapolis, MN, *pg.* 372
Peckham, Kevin - PPOM - LIGHTNING JAR, New York, NY, *pg.* 246
Peddie, Colleen - Finance, PPOM - BENSIMON BYRNE, Toronto, ON, *pg.* 38
Pedersen, Martin - PPOM - STELLAR AGENCY, Torrance, CA, *pg.* 267
Pedro, Donna - Human Resources, NBC, PPOM - OGILVY, New York, NY, *pg.* 393
Peel, Walter - Finance, PPOM - THE STONE AGENCY, Raleigh, NC, *pg.* 20
Peery, Spencer - Finance, PPOM - BAILEY LAUERMAN, Omaha, NE, *pg.* 35
Pekar, Carol - Creative, PPOM - POUTRAY & PEKAR ASSOCIATES, Milford, CT, *pg.* 398
Peleusus, Zeus - Management, PPOM - VERITONE ONE, San Diego, CA, *pg.* 525
Pelissier, Warren - PPOM - ACOM HEALTHCARE, Hingham, MA, *pg.* 26
Pellerin, Henry - PPOM - VANTAGEPOINT, INC., Greenville, SC, *pg.* 428
Pellerin, Paul - PPOM - WMX, Miami, FL, *pg.* 276
Peloquin, Kaye - Operations, PPOM - WEB TALENT MARKETING, Lancaster, PA, *pg.* 276
Pelosi, Andrew - PPOM - MERGE, Boston, MA, *pg.* 113
Pena, Luis - Creative, PPOM - REVIVAL FILM, San Francisco, CA, *pg.* 197
Pendleton, Rand - PPOM - Research - SPORTVISION, Fremont, CA, *pg.* 266
Peniston, Tammy - Account Services, NBC, PPOM - DCG ONE, Seattle, WA, *pg.* 58
Penman, Brad - Operations, PPOM - THE MARKETING ARM, Dallas, TX, *pg.* 316
Penn, Mark - Management, NBC, PPOM - MDC PARTNERS, INC., New York, NY, *pg.* 385
Pennebaker, Ward - PPOM - PENNEBAKER, LMC, Houston, TX, *pg.* 194
Pennebaker, Susan - PPOM - PENNEBAKER, LMC, Houston, TX, *pg.* 194
Penney, John W. - Creative, Interactive / Digital, PPOM - BLACKDOG ADVERTISING, Miami, FL, *pg.* 40
Penney, Kathy - Operations, PPOM - BLACKDOG ADVERTISING, Miami, FL, *pg.* 40
Pennie, Sheena - PPOM - DELTA MEDIA, INC., Ottawa, ON, *pg.* 596
Pennington Gillespie, Angela - PPOM - W2O, San Francisco, CA, *pg.* 659
Pensabene, Susan - PPOM - DRM PARTNERS, INC., Hoboken, NJ, *pg.* 282
Penski, David - PPOM - PUBLICIS NORTH AMERICA, New York, NY, *pg.*

RESPONSIBILITIES INDEX — AGENCIES

399
Percovich, Jorge - PPOM - HAVAS MEDIA GROUP, Miami, FL, pg. 470
Perdew, Dawn - PPOM - DUMONT PROJECT, Marina Del Rey, CA, pg. 230
Pereira, P.J. - Creative, PPOM - PEREIRA & O'DELL, San Francisco, CA, pg. 256
Perell, Kim - PPOM - AMOBEE, INC., Redwood City, CA, pg. 213
Perez, Patricia - NBC, PPOM - VALENCIA, PEREZ, ECHEVESTE, Los Angeles, CA, pg. 658
Perez, Eduardo - PPOM - PM3, Atlanta, GA, pg. 544
Perez, Pedro - Creative, PPOM - ENERGY BBDO, INC., Chicago, IL, pg. 355
Perez-Andersen, Carolyn - PPOM - ILIUM ASSOCIATES, INC., Bellevue, WA, pg. 88
Perich, Ernie - Creative, PPOM - PERICH ADVERTISING, Ann Arbor, MI, pg. 126
Perine, Ron - Operations, PPOM - MINTZ & HOKE, Avon, CT, pg. 387
Perino, Leslie - Operations, PPOM - E. W. BULLOCK ASSOCIATES, Pensacola, FL, pg. 66
Perkel, Alan - Interactive / Digital, PPOM - RIESTER, Phoenix, AZ, pg. 406
Perkins, Robin - Creative, PPOM - SELBERT PERKINS DESIGN, Playa Del Rey, CA, pg. 198
Perkins, Paul - PPOM - CENTRAL STATION, Toronto, ON, pg. 341
Perkins, Bethany - Account Services, NBC, Operations, PPOM - 7SUMMITS, Milwaukee, WI, pg. 209
Perkins, Chris - Management, NBC, PPOM - BERNSTEIN-REIN ADVERTISING, INC., Kansas City, MO, pg. 39
Perkins, Natalie - PPOM - CLEAN, Raleigh, NC, pg. 5
Perlman, Lissa - PPOM - KEKST & COMPANY, INC., New York, NY, pg. 619
Perlmutter, Jaclyn - Account Services, PPOM - CARDINAL COMMUNICATIONS USA, New York, NY, pg. 47
Perloff, Gregg - PPOM - ANOTHER PLANET ENTERTAINMENT, Berkeley, CA, pg. 565
Perls, Leslie - Creative, PPOM - LP&G, INC., Tucson, AZ, pg. 381
Perlstein, Josh - PPOM - RESPONSE MEDIA, INC., Norcross, GA, pg. 507
Pernikar, Carol - Account Planner, Management, PPOM - TRACYLOCKE, Chicago, IL, pg. 426
Perrine, Ann - Media Department, PPOM - THE ATKINS GROUP, San Antonio, TX, pg. 148
Perry, Kassy - PPOM - PERRY COMMUNICATIONS GROUP, Sacramento, CA, pg. 636
Perry, Jason - PPOM - AZAVAR TECHNOLOGIES CORPORATION, Chicago, IL, pg. 215
Perry, Chris - Interactive / Digital, PPOM - WEBER SHANDWICK, New York, NY, pg. 660
Perry, Tyler - Management, PPOM - MISSION NORTH, San Francisco, CA, pg. 627
Perry, Josh - PPOM - J.R. THOMPSON COMPANY, Farmington Hills, MI, pg. 91
Perseke, Brad - Media Department, PPOM - GMMB, Washington, DC, pg. 364
Perugini Ware, Dancie - PPOM - DANCIE PERUGINI WARE PUBLIC RELATIONS, South Houston, TX, pg. 595
Pessagno, Francis - Management, PPOM - SPARK FOUNDRY, New York, NY, pg. 508
Peters, Karen - Finance, PPOM - COMMUNICATIONS DG4, INC., Montreal, QC, pg. 6
Peters, Michael - Creative, PPOM - SPARK, Tampa, FL, pg. 17
Peters, Sean - Account Services, Management, PPOM - ZENITH MEDIA, New York, NY, pg. 529
Peters, Shelly - PPOM - CRANE METAMARKETING, Roswell, GA, pg. 345
Peters, Joseph - PPOM - GCI GROUP, Toronto, ON, pg. 607
Peters, Patrick - NBC, PPOM - JUMP 450 MEDIA, New York, NY, pg. 481
Petersen, Michael - Creative, PPOM - 50,000 FEET, INC., Chicago, IL, pg. 171
Petersen, Rachel - PPOM - NECTAR COMMUNICATIONS, San Francisco, CA, pg. 632
Petersen, Dan - Interactive / Digital, PPOM - LOCALBIZNOW, Auburn Hills, MI, pg. 675
Petersen, Allan - Finance, Operations, PPOM - VERTIC, New York, NY, pg. 274
Petersen, Mads - PPOM - VERTIC, New York, NY, pg. 274
Peterson, Troy - NBC, PPOM - HOFFMAN YORK, Milwaukee, WI, pg. 371
Peterson, Bryan - PPOM - PETERSON RAY & COMPANY, Dallas, TX, pg. 127
Peterson, Steve - PPOM - PWB, Ann Arbor, MI, pg. 131
Peterson, Matt - Creative, PPOM - CATALYSIS, Seattle, WA, pg. 340
Peterson, Brenda - PPOM - WENDT, Great Falls, MT, pg. 430
Peterson, Jack - PPOM - SANDSTROM PARTNERS, Portland, OR, pg. 198
Peterson, Tyler - Interactive / Digital, PPOM - KETTLE, New York, NY, pg. 244
Peterson, Jen - Account Planner, Account Services, Management, PPOM - MCCANN NEW YORK, New York, NY, pg. 108
Peterson, Christine - Interactive / Digital, Media Department, PPOM - MINDSHARE, New York, NY, pg. 491
Peterson, Candace - NBC, PPOM - FLEISHMANHILLARD, Dallas, TX, pg. 605
Peterson, David - Creative, PPOM - PETERSON MILLA HOOKS, Minneapolis, MN, pg. 127
Peterson, Thor - PPOM - INITIATIVE, New York, NY, pg. 477
Peterson Garnitz, Signe - Human Resources, PPOM - 22SQUARED INC., Atlanta, GA, pg. 319
Peterson Mauro, Andrea - Interactive / Digital, NBC, PPOM - MAURONEWMEDIA, New York, NY, pg. 190
Peto, Michael - Operations, PPOM - HEALTH4BRANDS CHELSEA, New York, NY, pg. 83
Petralia, Nicholas - PPOM - OSIK MEDIA, Monrovia, CA, pg. 554
Petrangelo, Elizabeth - NBC, PPOM - CRC MARKETING SOLUTIONS, Eden Prairie, MN, pg. 345
Petridis, Derek - Finance, PPOM - SHIKATANI LACROIX BRANDESIGN, INC., Toronto, ON, pg. 198
Petro, Carol - Finance, Operations, PPOM - BROWNSTEIN GROUP, INC., Philadelphia, PA, pg. 44
Petroff, Mark - PPOM - ONEMAGNIFY, Detroit, MI, pg. 394
Petrovsky, Fred - Creative, NBC, Operations, PPOM - COLLING MEDIA, Scottsdale, AZ, pg. 51
Petruzzello, Michael - NBC, PPOM - QORVIS COMMUNICATIONS, LLC, Washington, DC, pg. 640
Petry, Sharon - Management, PPOM - VISION CREATIVE GROUP, Morris Plains, NJ, pg. 204
Pettigrew, Brian - PPOM - TVGLA, Los Angeles, CA, pg. 273
Pettit, Mark - NBC, PPOM - IMAGINE EXHIBITIONS, INC., Atlanta, GA, pg. 373
Petty, Mike - NBC, PPOM - COMMUNICATIONS LINKS, Scottsdale, AZ, pg. 592
Peyre, Olivier - Creative, PPOM - KETTLE, New York, NY, pg. 244
Peyron, Scott - NBC, PPOM - SCOTT PEYRON & ASSOCIATES, INC., Boise, ID, pg. 688
Pfeifer, Rob - PPOM - AFFIRM AGENCY, Pewaukee, WI, pg. 323
Pflederer, Erika - Account Services, Interactive / Digital, Management, Media Department, PPM, PPOM - FCB CHICAGO, Chicago, IL, pg. 71
Pfleiderer, Paul - Account Planner, PPOM - TBWA\WORLDHEALTH, New York, NY, pg. 147
Pflucker, Kurt - Account Services, PPOM - HISPANIC GROUP, Miami, FL, pg. 371
Phalen, Brendon - Management, PPOM - BGB NEW YORK, New York, NY, pg. 583
Pham, Benjamin - Creative, PPOM - CHARACTER, San Francisco, CA, pg. 5
Pham, Young - NBC, PPOM - CI&T, San Francisco, CA, pg. 5
Pharr Lee, Cynthia - PPOM - DALA, Dallas, TX, pg. 595
Phee, Amy - PPOM - GLOVER PARK GROUP, Washington, DC, pg. 608
Phelan, Paula - PPOM - NADEL PHELAN, INC., Santa Cruz, CA, pg. 631

AGENCIES — RESPONSIBILITIES INDEX

Phelan, Jessica - Management, PPOM - VAULT COMMUNICATIONS, INC., Plymouth Meeting, PA, pg. 658

Philbin, Jack - PPOM - VIBES MEDIA, Chicago, IL, pg. 535

Phillipi, Brad - Operations, PPOM - VT PRO DESIGN, Los Angeles, CA, pg. 564

Phillips, Robert - Account Services, Creative, PPOM - SPD&G, Yakima, WA, pg. 411

Phillips, Robbin - Creative, PPOM - BRAINS ON FIRE, Greenville, SC, pg. 691

Phillips, Wes - PPOM - ORANGE LABEL ART & ADVERTISING, Newport Beach, CA, pg. 395

Phillips, Paul - NBC, PPOM - PAC / WEST COMMUNICATIONS, Wilsonville, OR, pg. 635

Phillips, Kevin - Operations, PPOM - JARRARD PHILLIPS CATE & HANCOCK, Brentwood, TN, pg. 616

Phillips, Mike - NBC, PPOM - MVP MARKETING, Toronto, ON, pg. 390

Phillips, Reed - PPOM - OAKLINS DESILVA+PHILLIPS, New York, NY, pg. 687

Phillips, Carrie - PPOM - BPCM, New York, NY, pg. 585

Phillips, Elyssa - Human Resources, Management, PPOM - FCB NEW YORK, New York, NY, pg. 357

Phillips, Lindsey - Interactive / Digital, Media Department, PPOM - ZENITH MEDIA, Atlanta, GA, pg. 531

Phillips, Christy - Human Resources, PPOM - WILLOWTREE, INC., Charlottesville, VA, pg. 535

Phillips, Darlyn - Finance, PPOM - THE OUTCAST AGENCY, San Francisco, CA, pg. 654

Phinney, Leslie - Creative, PPOM - PHINNEY / BISCHOFF DESIGN HOUSE, Seattle, WA, pg. 194

Phior, Rio - Creative, PPOM - SAGON - PHIOR, Los Angeles, CA, pg. 409

Phippard, Gary - PPOM - ASH TECHNOLOGY MARKETING, Kanata, ON, pg. 34

Phipps, James - PPOM - GELIA WELLS & MOHR, Williamsville, NY, pg. 362

Phipps, Renee - Finance, PPOM - DUNCAN CHANNON, San Francisco, CA, pg. 66

Phipps, Simon - NBC, Operations, PPOM - TWENTY-FIRST CENTURY BRAND, San Francisco, CA, pg. 157

Phlipot, Jessica - PPOM - MULTIPLY, Washington, DC, pg. 630

Phyfer, Amy - PPOM - THE BARBER SHOP MARKETING, Addison, TX, pg. 148

Pia, Cheryl - PPOM - PIA AGENCY, Carlsbad, CA, pg. 506

Pia, Cliff - Creative, PPOM - PIA AGENCY, Carlsbad, CA, pg. 506

Piatek, Keri - Creative, PPOM - PLACE CREATIVE COMPANY, Burlington, VT, pg. 15

Piatt, Jeff - Creative, PPOM - PIPITONE GROUP, Pittsburgh, PA, pg. 195

Piazza, Vito - PPOM - SID LEE, Toronto, ON, pg. 141

Picard, Soche - Management, PPOM - ARC WORLDWIDE, Chicago, IL, pg. 327

Pickett, Kim - Creative, PPOM - KIMBO DESIGN, Vancouver, BC, pg. 189

Pickett, Catherine - Management, PPOM - BERLIN SIGN COMPANY, INC., Venice, FL, pg. 549

Pickett, Darian - PPOM - ACOSTA, INC., Jacksonville, FL, pg. 322

Pickles, Michael R. - PPOM - WASSERMAN MEDIA GROUP, Los Angeles, CA, pg. 317

Pieloch, Corinna - PPOM - MOXIE COMMUNICATIONS GROUP, New York, NY, pg. 628

Pieprz, Dennis - PPOM - SASAKI ASSOCIATES, Watertown, MA, pg. 198

Pierach, Jorg - Creative, PPOM - FAST HORSE, Minneapolis, MN, pg. 603

Pierce, Michael - Creative, Interactive / Digital, Media Department, PPOM - ODNEY ADVERTISING AGENCY, Bismarck, ND, pg. 392

Pierce, Adam - PPOM - ENCOMPASS MEDIA GROUP, Long Island City, NY, pg. 465

Pierce, Mark - NBC, PPOM - HAMMER CREATIVE, INC., Hollywood, CA, pg. 562

Pierce, Jonathan - PPOM - PIERCE COMMUNICATIONS, Albany, NY, pg. 636

Pierce, Daniel - Management, PPOM - UNIVERSAL MCCANN, Los Angeles, CA, pg. 524

Pierce, Trisha - PPOM - SMITH GIFFORD, INC., Falls Church, VA, pg. 143

Pierce Glass, Acquanetta - PPOM - AVANCE COMMUNICATIONS, INC., Detroit, MI, pg. 579

Pierre, Laurent - Interactive / Digital, PPOM - CODE AND THEORY, New York, NY, pg. 221

Piers, Drew - PPOM - SACHS MEDIA GROUP, Tallahassee, FL, pg. 645

Pierson, Maria - PPOM - PIERSON GRANT PUBLIC RELATIONS, Fort Lauderdale, FL, pg. 636

Piester, John - Management, Media Department, PPOM - REDPEG MARKETING, Alexandria, VA, pg. 692

Pietruszynski, James - Creative, PPOM - SOULSIGHT, Chicago, IL, pg. 199

Piggot, Linda - NBC, PPOM - DIGITAS, New York, NY, pg. 226

Pike, Gary - NBC, PPOM - PIKE & COMPANY, San Francisco, CA, pg. 636

Pile, Rusty - Creative, NBC, PPOM - AVENUE 25 ADVERTISING & DESIGN, Phoenix, AZ, pg. 35

Pileggi, Frank - Operations, PPOM - MUNROE CREATIVE PARTNERS, Philadelphia, PA, pg. 192

Pilla, Megan - Account Planner, Creative, PPOM - BULLDOG DRUMMOND, San Diego, CA, pg. 338

Pillersdorf, Stephanie - PPOM - SARD VERBINNEN, New York, NY, pg. 646

Pimenta, Carlos - PPOM - MACQUARIUM, INC., Atlanta, GA, pg. 247

Pinchevsky, Polina - Creative, PPOM - ROUNDPEG, Silver Spring, MD, pg. 408

Pinckney, Douglas - PPOM - PINCKNEY HUGO GROUP, Syracuse, NY, pg. 128

Pine, Asieya - PPOM - LOCKARD & WECHSLER , Irvington, NY, pg. 287

Pinero, Nelson - Interactive / Digital, Media Department, PPOM - GROUPM, New York, NY, pg. 466

Pines, Wayne - PPOM - APCO WORLDWIDE, Washington, DC, pg. 578

Pinkerton, Charles - PPOM - THESEUS COMMUNICATIONS, New York, NY, pg. 520

Pinta, Pamela - PPOM - GREATER THAN ONE, New York, NY, pg. 8

Pinto, Marla - Media Department, PPOM - RDW GROUP , Providence, RI, pg. 403

Pipitone, Scott - PPOM - PIPITONE GROUP, Pittsburgh, PA, pg. 195

Pipkin, Patricia - Media Department, PPOM - DCA / DCPR, Jackson, TN, pg. 58

Pirello, Cari - Management, NBC, PPOM - THE MARKETING WORKSHOP, INC., Norcross, GA, pg. 450

Pires, Jason - Creative, PPOM - MVC AGENCY, Sherman Oaks, CA, pg. 14

Pisciotta, Dianna - PPOM - DENTERLEIN, Boston, MA, pg. 596

Pita, Paul - Creative, PPOM - REBEL INTERACTIVE, Southington, CT, pg. 403

Pitcher, Ginny - PPOM - KEL & PARTNERS, Boston, MA, pg. 619

Pitre, Michael - Finance, PPOM - OMD CANADA, Toronto, ON, pg. 501

Pitre, David - Management, PPOM - DAVIS & COMPANY, Glen Rock, NJ, pg. 595

Pitt, Andeen - Media Department, NBC, PPOM - WASSERMAN & PARTNERS ADVERTISING, INC., Vancouver, BC, pg. 429

Pittman, Michelle - Management, PPOM - JENNIFER CONNELLY PUBLIC RELATIONS, New York, NY, pg. 617

Pitts, John - PPOM - BRICKWORKS COMMUNICATIONS, INC., Ancaster, ON, pg. 337

Pitts, Jim - PPOM - NAVIGATORS LLC, Washington, DC, pg. 632

Pizer, Keith - NBC, PPOM - ONE TRICK PONY, Hammonton, NJ, pg. 15

Pizzimenti, Joe - PPOM - BIGFISH CREATIVE GROUP, Scottsdale, AZ, pg. 333

Placek, David - PPOM - LEXICON BRANDING, INC., Sausalito, CA, pg. 189

Plain, Renee - PPOM - IN PLAIN SIGHT MARKETING LLC, Carson City, NV, pg. 89

Plamieniak, Mary - Operations, PPOM - CROSSBOW GROUP, Westport, CT, pg. 347

Planchard, Cathy - Management, PPOM - ALLISON+PARTNERS, Scotsdale, AZ, pg. 577

RESPONSIBILITIES INDEX — AGENCIES

Planovsky, Kevin - Account Planner, Account Services, PPOM - VERT MOBILE LLC, Atlanta, GA, *pg.* 274

Plasencia, Jorge - PPOM - REPUBLICA HAVAS, Miami, FL, *pg.* 545

Platcow, Steve - PPOM - RPM ADVERTISING, Chicago, IL, *pg.* 408

Platt, Nick - PPOM - LO:LA, El Segundo, CA, *pg.* 101

Plomion, Ben - NBC, PPOM - GUMGUM, New York, NY, *pg.* 467

Plomion, Ben - PPOM - GUMGUM, Santa Monica, CA, *pg.* 80

Ploquin, Pauline - Management, PPOM - STRUCK, Salt Lake City, UT, *pg.* 144

Plorin, Rosemary - PPOM - LOVELL COMMUNICATIONS, INC., Nashville, TN, *pg.* 623

Ploughman, David - PPOM - B-STREET, Toronto, ON, *pg.* 681

Plum, Arabella - Account Services, PPOM - MECHANICA, Newburyport, MA, *pg.* 13

Plumb, George - NBC, PPOM - CREATIVE CHANNEL SERVICES, LLC, Los Angeles, CA, *pg.* 567

Plumlee, Stephen - Operations, PPOM - R/GA, New York, NY, *pg.* 260

Poehlker, Andre - NBC, PPOM - OSK MARKETING & COMMUNICATIONS, INC., New York, NY, *pg.* 634

Poer, Brent - Account Planner, Account Services, Creative, Interactive / Digital, Management, Media Department, NBC, PPOM - ZENITH MEDIA, New York, NY, *pg.* 529

Pogachefsky, Mark - PPOM - MPRM PUBLIC RELATIONS, Los Angeles, CA, *pg.* 629

Pohlman, Bill - PPOM - AP LTD., Palatine, IL, *pg.* 173

Polachi, Steve - Account Services, PPOM - CCM, INC., New York, NY, *pg.* 341

Polcari, Mike - Creative, PPOM - THE JOHNSON GROUP, Chattanooga, TN, *pg.* 420

Polczynski, Mae - PPOM - CLIX MARKETING, Louisville, KY, *pg.* 672

Poliak, Tuesday - Creative, PPOM - WUNDERMAN THOMPSON, Washington, DC, *pg.* 434

Polito, Jennifer - NBC, PPOM - JENERATE PR, Wailea, HI, *pg.* 617

Polkes, Debra - Creative, PPOM - THE CDM GROUP, New York, NY, *pg.* 149

Pollacco, Jared - PPOM - IMPACT XM, Dayton, NJ, *pg.* 308

Pollack, Stefan - Finance, PPOM - THE POLLACK PR MARKETING GROUP, Los Angeles, CA, *pg.* 654

Pollack, Noemi - PPOM - THE POLLACK PR MARKETING GROUP, Los Angeles, CA, *pg.* 654

Pollack, Max - PPOM - MATTE PROJECTS, New York, NY, *pg.* 107

Pollock, Louise - Media Department, PPOM - POLLOCK COMMUNICATIONS, INC., New York, NY, *pg.* 637

Pollock, Miles - PPOM - STRATEGICAMPERSAND, Toronto, ON, *pg.* 414

Pologruto, Carina - Analytics, Interactive / Digital, Operations, PPOM - MARKETSMITH, INC, Cedar Knolls, NJ, *pg.* 483

Polskin, Philippa - Creative, PPOM - FINN PARTNERS, New York, NY, *pg.* 603

Poluski, Chris - PPOM - MONSTER XP, Altamonte Springs, FL, *pg.* 388

Pomeroy, Paul - NBC, PPOM - ALOYSIUS BUTLER & CLARK, Wilmington, DE, *pg.* 30

Pompelia, Tony - PPOM - LEADING EDGES ADVERTISING, Meridian, MS, *pg.* 97

Pond, Cindy - NBC, PPOM - TAYLOR & POND INTERACTIVE, San Diego, CA, *pg.* 269

Pondel, Roger - PPOM - PONDELWILKINSON INC, Woodland Hills, CA, *pg.* 637

Pondel, Evan - PPOM - PONDELWILKINSON INC, Woodland Hills, CA, *pg.* 637

Ponder, Dan - PPOM - FRANCO PUBLIC RELATIONS GROUP, Detroit, MI, *pg.* 606

Ponstine, Jack - NBC, PPOM - PROFESSIONAL MEDIA MANAGEMENT, Grand Rapids, MI, *pg.* 130

Pontarelli, Jim - Account Services, NBC, PPOM - RDW GROUP, Providence, RI, *pg.* 403

Poole, Jason - Creative, NBC, PPOM - ACRO MEDIA, INC., Kelowna, BC, *pg.* 671

Pooley, Dan - Management, PPOM, Public Relations - FINN PARTNERS, Chicago, IL, *pg.* 604

Pope, Stuart - PPOM, Public Relations - AYZENBERG GROUP, INC., Pasadena, CA, *pg.* 2

Popivchak, Pete - NBC, PPOM - WALL TO WALL STUDIOS, Pittsburgh, PA, *pg.* 204

Popowski, Mike - Account Services, NBC, PPOM - DAGGER, Atlanta, GA, *pg.* 224

Popstefanov, George - PPOM - PMG, Fort Worth, TX, *pg.* 257

Porcaro, Mike - PPOM - PORCARO COMMUNICATIONS, Anchorage, AK, *pg.* 398

Poretta, Joe - PPOM - PORETTA & ORR, INC., Doylestown, PA, *pg.* 314

Porras, Julian - PPOM - OMD LATIN AMERICA, Miami, FL, *pg.* 543

Porter, Mike - NBC, PPOM - PORTER LEVAY & ROSE, New York, NY, *pg.* 637

Porter, Ginger - Account Services, Management, PPOM, Public Relations - GOLIN, Chicago, IL, *pg.* 609

Porter, Emily - Interactive / Digital, PPOM - HAVAS FORMULA, San Diego, CA, *pg.* 612

Porter, Alex - PPOM - LOCATION3 MEDIA, Denver, CO, *pg.* 246

Porter, Harry - Media Department, PPOM - T1 MEDIA, LCC, Weston, MA, *pg.* 518

Porter, Becky - PPOM - THE OUTCAST AGENCY, San Francisco, CA, *pg.* 654

Posey, Tina - Account Services, PPOM - JAVELIN AGENCY, Irving, TX, *pg.* 286

Posner, Lori J. - Creative, PPOM - YES DESIGN GROUP, Los Angeles, CA, *pg.* 21

Posner, Bruce - Finance, PPOM - ISOBAR US, New York, NY, *pg.* 242

Posta, Tom - Management, Operations, PPOM - BADER RUTTER & ASSOCIATES, INC., Milwaukee, WI, *pg.* 328

Postaer, Larry - PPOM - RPA, Santa Monica, CA, *pg.* 134

Poster, Randall - Creative, PPOM - SEARCH PARTY MUSIC, New York, NY, *pg.* 299

Potashnick, Adam - Operations, PPOM - MEDIACOM, New York, NY, *pg.* 487

Potesky, Bob - Creative, PPOM - THE RAMEY AGENCY, Jackson, MS, *pg.* 422

Potosnak, Jamie - Creative, PPOM - ROUTE 1A ADVERTISING, Erie, PA, *pg.* 134

Pottoff, Lydia - Creative, PPOM - EPICENTER CREATIVE, Boulder, CO, *pg.* 68

Potts, Tom - PPOM - POTTS MARKETING GROUP, Anniston, AL, *pg.* 398

Pou, Robert - PPOM - ROMPH & POU AGENCY, Shreveport, LA, *pg.* 408

Poulin, Richard - PPOM - POULIN + MORRIS DESIGN CONSULTANTS, Palm Springs, CA, *pg.* 195

Poulin, Bob - Finance, PPOM - AGENCYQ, Washington, DC, *pg.* 211

Poulin, Royal - Finance, PPOM - NATIONAL PUBLIC RELATIONS, Ottawa, ON, *pg.* 631

Poutray, Bill - Creative, PPOM - POUTRAY & PEKAR ASSOCIATES, Milford, CT, *pg.* 398

Powell, Matt - Media Department, PPOM - MOROCH PARTNERS, Dallas, TX, *pg.* 389

Powell, Wayne - Creative, PPOM - POWELL CREATIVE, Nashville, TN, *pg.* 258

Powell-Henning, Sarah - Operations, PPOM - DIGITAL RELATIVITY, Fayetteville, WV, *pg.* 226

Powell-Schwartz, Becky - PPOM - THE POWELL GROUP, Dallas, TX, *pg.* 655

Power, David - PPOM - POWER, Louisville, KY, *pg.* 398

Power, Greg - NBC, PPOM - WEBER SHANDWICK, Toronto, ON, *pg.* 662

Power, Davin - Interactive / Digital, Management, Media Department, PPOM - GRAVITY.LABS, Chicago, IL, *pg.* 365

Powers, Charles - PPOM - POWERS AGENCY, INC., Cincinnati, OH, *pg.* 398

Powers, Lori - PPOM - POWERS AGENCY, INC., Cincinnati, OH, *pg.* 398

Powers, Suzanne - Operations, PPOM - MCCANN WORLDGROUP, Birmingham, MI, *pg.* 109

Powers, Amanda - Account Services, PPOM - GREATER THAN ONE, New York, NY, *pg.* 8

Powers, Mitch - PPOM - IOSTUDIO, Nashville, TN, *pg.* 242

Powers, E.J. - Management, PPOM -

AGENCIES — RESPONSIBILITIES INDEX

MONTAGNE COMMUNICATIONS, Manchester, NH, pg. 389
Powers, Robert - Finance, Media Department, PPOM - EPSILON, Wilton, CT, pg. 282
Powers, Ed - PPOM - CRAFT WW, New York, NY, pg. 561
Powills, Nick - PPOM - NO LIMIT AGENCY, Chicago, IL, pg. 632
Powley, Will - Creative, PPOM - MAD*POW, Portsmouth, NH, pg. 247
Pozo, Santiago - PPOM - ARENAS, Los Angeles, CA, pg. 455
Praino, Dave - PPOM - P.S. MEDIA, Kennewick, WA, pg. 395
Prakken, Andy - PPOM - DP+, Farmington Hills, MI, pg. 353
Prange, Kraig - PPOM - ACTON INTERNATIONAL, LTD., Lincoln, NE, pg. 279
Prashad, Kiran - Interactive / Digital, Operations, PPOM - DAC GROUP, Toronto, ON, pg. 224
Pratt, AJ - Management, PPOM - LAUNCHFIRE, INC., Ottawa, ON, pg. 568
Pray, Andy - Management, PPOM - PRAYTELL, Brooklyn, NY, pg. 258
Prazmark, Rob - NBC, PPOM - 21 MARKETING, Greenwich, CT, pg. 301
Preate, Allison - Interactive / Digital, Media Department, PPOM - HEARTS & SCIENCE, New York, NY, pg. 471
Predmore, Amy - Interactive / Digital, PPOM - DESIGNTHIS!, Napa, CA, pg. 179
Predmore, Bill - PPOM - POP, INC., Seattle, WA, pg. 195
Preiser, Mark - Account Services, PPOM - CAMERON ADVERTISING, Hauppauge, NY, pg. 339
Preiss, David - Account Services, PPOM - LAUNCH INTERACTIVE, LLC, Atlanta, GA, pg. 245
Prejza, Paul - Management, PPOM - SUSSMAN / PREJZA & CO., INC., Los Angeles, CA, pg. 200
Premutico, Leo - Creative, PPOM - JOHANNES LEONARDO, New York, NY, pg. 92
Prensky, Janet - Management, PPOM - AIGNER/PRENSKY MARKETING GROUP, Watertown, MA, pg. 324
Prentice, Sylvia - PPOM - MACKINNON CALDERWOOD ADVERTISING, Mississauga, ON, pg. 483
Prescher, Christopher - Interactive / Digital, PPOM - 50,000 FEET, INC., Chicago, IL, pg. 171
Pressley-Jacobs, Wendy - PPOM - PRESSLEY JOHNSON DESIGN, Chicago, IL, pg. 195
Preston, Chris - Creative, PPOM - PRESTON KELLY, Minneapolis, MN, pg. 129
Preston, Rick - PPOM - PRESTON PRODUCTIONS, INC., Marlborough, MA, pg. 314
Preston, Susan - Finance, PPOM - PRESTON PRODUCTIONS, INC., Marlborough, MA, pg. 314
Preston, Mike - PPOM - FUSE MARKETING GROUP, INC., Toronto, ON, pg. 8
Preston, Eric - PPOM - DERSE, INC., Milwaukee, WI, pg. 304
Preyss, Jerry - PPOM - SCOPPECHIO, Louisville, KY, pg. 409
Price, Rob - Creative, PPOM - ELEVEN, INC., San Francisco, CA, pg. 67
Price, Mary - Management, Media Department, NBC, PPOM - THE RICHARDS GROUP, INC., Dallas, TX, pg. 422
Price, Jim - PPOM - EMPOWER, Cincinnati, OH, pg. 354
Price, Daniel - PPOM - ADRENALIN, INC., Denver, CO, pg. 1
Price, James - Analytics, Interactive / Digital, PPOM, Programmatic, Research - OUTFRONT MEDIA, New York, NY, pg. 554
Pridgen, II, David - PPOM - DIO, York, PA, pg. 62
Prieto, Jaime - NBC, PPOM - OGILVY, New York, NY, pg. 393
Prill, Lora - NBC, PPOM - ADCO, Columbia, SC, pg. 27
Primola, Nick - NBC, PPOM - ASSOCIATION OF NATIONAL ADVERTISERS, New York, NY, pg. 442
Prins, Christine - NBC, PPOM - SAATCHI & SAATCHI, New York, NY, pg. 136
Prior, Karin - Account Planner, Media Department, PPOM - WAVEMAKER, New York, NY, pg. 526
Prior, Paul - Operations, PPOM - UNDERTONE, New York, NY, pg. 273
Pritchett, Zac - Management, NBC, PPOM - THE RICHARDS GROUP, INC., Dallas, TX, pg. 422
Prochnow, Alexis - Management, PPOM - BEDFORD ADVERTISING, INC., Carrollton, TX, pg. 38
Prohaska, Jason - Management, Operations, PPOM - MEDIAMONKS, New York, NY, pg. 249
Prohaska, Matt - PPOM - PROHASKA CONSULTING, New York, NY, pg. 130
Prokop Christmas, Katie - PPOM - ARROWHEAD PROMOTIONS & FULFILLMENT CO., INC., Grand Rapids, MN, pg. 566
Prom, Bruce - NBC, PPOM - PKA MARKETING, Mequon, WI, pg. 397
Promersberger, Ken - PPOM - PROMERSBERGER COMPANY, Fargo, ND, pg. 638
Promersberger, Jan - NBC, PPOM - PROMERSBERGER COMPANY, Fargo, ND, pg. 638
Propes, Eric - PPOM - EDSA, Fort Lauderdale, FL, pg. 181
Prosek, Jennifer - Management, PPOM - PROSEK PARTNERS, New York, NY, pg. 639
Proud, Melody - Creative, PPOM - MP MEDIA & PROMOTIONS, Knoxville, TN, pg. 252
Proulx, Art - Creative, PPOM - PICTUREPLANE, Los Angeles, CA, pg. 194
Proulx, Mike - Interactive / Digital, Management, PPOM - HILL HOLLIDAY, Boston, MA, pg. 85
Prouty, Howard - PPOM - MAIN EVENT MARKETING, Niwot, CO, pg. 310
Provost, Alison - PPOM - TOUCHSTORM, New York, NY, pg. 570
Provost, Paul - Management, NBC, PPOM - 6P MARKETING, Winnipeg, MB, pg. 1
Pruchnic, Ramsey - PPOM - STRATEGY LABS, Spokane, WA, pg. 267
Pruitt, Stephen - PPOM - MOUNTAIN VIEW GROUP, Atlanta, GA, pg. 389
Pruitt, Jeffrey - PPOM - TALLWAVE, Scottsdale, AZ, pg. 268
Pryce-Jones, Rich - Creative, PPOM - GRIP LIMITED, Toronto, ON, pg. 78
Pryhuber, Jeff - Interactive / Digital, PPOM - INXPO, Chicago, IL, pg. 308
Pryor, Jeff - PPOM - PRIORITY PUBLIC RELATIONS, Santa Monica, CA, pg. 638
Pscheid, Julian - Interactive / Digital, Operations, PPOM - EMERGE INTERACTIVE, Portland, OR, pg. 231
Puckey, Brad - Analytics, NBC, PPOM - TENET PARTNERS, New York, NY, pg. 450
Puente, Sebastian - PPOM - CULTURAL STRATEGIES, INC., Austin, TX, pg. 347
Puffer, Mike - PPOM - ECHO MEDIA SOLUTIONS, Smyrna, GA, pg. 282
Pugh, Meredith - Account Services, Management, NBC, PPOM - CENTRON, New York, NY, pg. 49
Pugh, Simon - PPOM - PHD, San Francisco, CA, pg. 504
Puglisi, John - PPOM - BEACON HEALTHCARE COMMUNICATIONS, Bedminster, NJ, pg. 38
Pugongan, Geraldine - Account Planner, Media Department, PPOM - MINDSHARE, Playa Vista, CA, pg. 495
Puig, Ignasi - PPOM - WUNDERMAN THOMPSON, Miami, FL, pg. 547
Pujji, Jesse - PPOM - AMPUSH, San Francisco, CA, pg. 213
Pulis, Dana - NBC, PPOM - KINETIC MARKETING GROUP, Billings, MT, pg. 95
Pulley, Chris - PPOM - CCP DIGITAL, Kansas City, MO, pg. 49
Puma, Frank - Interactive / Digital, Management, Media Department, PPOM - MINDSHARE, New York, NY, pg. 491
Pumfery, Aaron - Creative, PPOM - EDGE PUBLICOM, Lansing, MI, pg. 354
Punch, Tom - Creative, NBC, PPOM - SPRING STUDIOS, New York, NY, pg. 563
Pundsack, Jodie - Creative, PPOM - GASLIGHT CREATIVE, St. Cloud, MN, pg. 361
Punter, Clive - Finance, NBC, PPOM - OUTFRONT MEDIA, New York, NY, pg. 554
Purdie, Geo - PPOM - PURDIE ROGERS, INC., Seattle, WA, pg. 130
Purohit, Ahnal - PPOM - PUROHIT NAVIGATION, Chicago, IL, pg. 401
Purohit, Ahnal - PPOM - FFR HEALTHCARE, Chicago, IL, pg. 444
Purviance, Terri - Operations, PPOM

RESPONSIBILITIES INDEX — AGENCIES

- PURVIANCE & COMPANY, Saint Louis, MO, *pg.* 196
Purviance, George - Creative, PPOM - PURVIANCE & COMPANY, Saint Louis, MO, *pg.* 196
Purvis, Scott - PPOM - THE G&R COOPERATIVE, Pennington, NJ, *pg.* 450
Pusateri, Chris - NBC, PPOM - 4 NEXT INTERACTIVE, Plainfield, IL, *pg.* 208
Pushkin, Dennis - PPOM - MOREVISIBILITY, Boca Raton, FL, *pg.* 675
Putnam, Jen - Creative, Interactive / Digital, PPOM - ALLEN & GERRITSEN, Boston, MA, *pg.* 29
Puzo, Jacqueline - PPOM - THE&PARTNERSHIP, New York, NY, *pg.* 426
Pyden, Tom - PPOM - FLEISHMANHILLARD, Detroit, MI, *pg.* 606
Pylpczak, John - Creative, NBC, PPOM - CONCRETE DESIGN COMMUNICATIONS, INC., Toronto, ON, *pg.* 178
Pynes, Ron - PPOM - AXIS41, Salt Lake City, UT, *pg.* 215
Pynn, Roger - PPOM - CURLEY & PYNN PUBLIC RELATIONS MANAGEMENT, INC., Maitland, FL, *pg.* 594
Qualls, Sherry - PPOM - WHITE GOOD & COMPANY, INC., Lancaster, PA, *pg.* 430
Quarles, Brian - Creative, PPOM - REVOLUTION, Chicago, IL, *pg.* 406
Quarry, Alan - PPOM - QUARRY INTEGRATED COMMUNICATIONS, Saint Jacobs, ON, *pg.* 402
Qubein-Samuel, Deena - PPOM - CREATIVE SERVICES, High Point, NC, *pg.* 594
Querry, David - Account Services, PPOM - GSW WORLDWIDE / GSW, FUELED BY BLUE DIESEL, Westerville, OH, *pg.* 80
Querry, Melanie - PPOM - BEYOND SPOTS & DOTS INC., Pittsburgh, PA, *pg.* 333
Quevedo, Aldo - Creative, PPOM - RICHARDS/LERMA, Dallas, TX, *pg.* 545
Quillin, Tim - PPOM - Q ADVERTISING & PUBLIC RELATIONS, Las Vegas, NV, *pg.* 131
Quillin, Sharry - Finance, PPOM - Q ADVERTISING & PUBLIC RELATIONS, Las Vegas, NV, *pg.* 131
Quilter, Matthew - Finance, PPOM - EAGLEVIEW TECHNOLOGIES, INC., Bothell, WA, *pg.* 230
Quinlan, Jennifer - PPOM - R2INTEGRATED, Baltimore, MD, *pg.* 261
Quinlan, Mel - PPOM - OBERLANDER GROUP, Cohoes, NY, *pg.* 193
Quinn, Florence - PPOM - QUINN & COMPANY, New York, NY, *pg.* 640
Quinn, Patrick - PPOM - PQ MEDIA, LLC, Stamford, CT, *pg.* 449
Quinn, Dennis - Management, NBC, PPOM - ACTIVE INTERNATIONAL, Pearl River, NY, *pg.* 439
Quinn, Bill - NBC, PPOM - BROGAN

TENNYSON GROUP, INC., Dayton, NJ, *pg.* 43
Quinn Shaw, Maria - PPOM - MAMMOTH ADVERTISING, New York, NY, *pg.* 248
Quint, Michael - PPOM - BLUETEXT, Washington, DC, *pg.* 40
Quintana, Erin - Account Services, Management, Media Department, PPOM - J3, New York, NY, *pg.* 480
Quisenberry, Coleen - PPOM - QUISENBERRY, Spokane, WA, *pg.* 131
Raab, Paul - Account Services, PPOM - LINHART PUBLIC RELATIONS, Denver, CO, *pg.* 622
Rabdau, James - Creative, PPOM - THE SUMMIT GROUP, Salt Lake City, UT, *pg.* 153
Rabe, Jeremy - PPOM - AIMIA, Toronto, ON, *pg.* 167
Rabinovici, Ester - Creative, PPOM - RABINOVICI & ASSOCIATES, INC., Hallandale Beach, FL, *pg.* 544
Rabinovici, Boris - NBC, PPOM - RABINOVICI & ASSOCIATES, INC., Hallandale Beach, FL, *pg.* 544
Rabjohns, David - PPOM - LRWMOTIVEQUEST, Chicago, IL, *pg.* 447
Rabot, Peter - Creative, PPOM - MUNN RABOT, New York, NY, *pg.* 448
Raboy, Doug - Account Services, Interactive / Digital, Media Department, PPOM - PEOPLE IDEAS & CULTURE, Brooklyn, NY, *pg.* 194
Radatz, Ben - Creative, PPOM - MK12 STUDIOS, Kansas City, MO, *pg.* 191
Radcliffe, Chris - Interactive / Digital, PPOM - HABANERO, Vancouver, BC, *pg.* 237
Radia, Saneel - Management, NBC, PPOM - R/GA, New York, NY, *pg.* 260
Radle, Erik - PPOM - MILLER AD AGENCY, Dallas, TX, *pg.* 115
Radle, Amanda - Finance, PPOM - MILLER AD AGENCY, Dallas, TX, *pg.* 115
Radonic, Ed - NBC, PPOM - RADONICRODGERS COMMUNICATIONS, INC., Toronto, ON, *pg.* 402
Radtke, Jean - NBC, PPOM - PHOENIX MARKETING GROUP, INC., Milwaukee, WI, *pg.* 128
Radtke, Charlie - Creative, PPOM - PHOENIX MARKETING GROUP, INC., Milwaukee, WI, *pg.* 128
Rafael, Joe - PPOM - OPINION ACCESS CORPORATION, Lake Success, NY, *pg.* 543
Raffel, Leza - PPOM - COMMUNICATION SOLUTIONS GROUP, Jenkintown, PA, *pg.* 592
Rafferty, Barri - PPOM - KETCHUM, New York, NY, *pg.* 542
Rafferty, Atalanta - Management, Operations, PPOM - RFBINDER PARTNERS, INC., New York, NY, *pg.* 642
Raffetto, John - PPOM - RAFFETTO HERMAN STRATEGIC COMMUNICATIONS, Seattle, WA, *pg.* 641
Ragsdale, Will - Account Services, PPOM - MITRE AGENCY, Greensboro, NC, *pg.* 191
Ragusa, Chris - PPOM - ESTEE

MARKETING GROUP, Rye Brook, NY, *pg.* 283
Rahman, Jim - PPOM - SRC ADVERTISING, West Hollywood, CA, *pg.* 200
Raidt, Bob - PPOM - ARC WORLDWIDE, Chicago, IL, *pg.* 327
Raidt, Donna - Account Planner, Management, Media Department, PPOM - WAVEMAKER, New York, NY, *pg.* 526
Raih, Chris - PPOM - ZAMBEZI, Culver City, CA, *pg.* 165
Raillard, Fred - PPOM - FF CREATIVE, Los Angeles, CA, *pg.* 234
Raines, Steven - PPOM - ALGONQUIN STUDIOS, Buffalo, NY, *pg.* 212
Rains, Jon - Creative, PPOM - RAINS BIRCHARD MARKETING, Portland, OR, *pg.* 641
Rainwater, David - PPOM - MANGAN HOLCOMB PARTNERS, Little Rock, AR, *pg.* 103
Raiz, Gregory - Management, PPOM - RIGHTPOINT, Boston, MA, *pg.* 263
Raj, Robin - Creative, PPOM - CITIZEN GROUP, San Francisco, CA, *pg.* 342
Raj, Suresh - Management, NBC, PPOM - VISION7 INTERNATIONAL, New York, NY, *pg.* 429
Rakoczy, Ted - Operations, PPOM - THE HIVE STRATEGIC MARKETING, Toronto, ON, *pg.* 420
Ralls, David - Account Services, NBC, PPOM - COMMIT AGENCY, Chandler, AZ, *pg.* 343
Ralls, Elaine - PPOM - COMMIT AGENCY, Chandler, AZ, *pg.* 343
Ralph, Brandon - PPOM - CODE AND THEORY, New York, NY, *pg.* 221
Ram, Mary - PPOM - DRM PARTNERS, INC., Hoboken, NJ, *pg.* 282
Ramachandran, Krishnan - Finance, PPOM - IX.CO, New York, NY, *pg.* 243
Ramachandran, Ram - Interactive / Digital, NBC, Operations, PPOM - CLARABRIDGE, INC., Reston, VA, *pg.* 167
Ramaska, Lauren - Interactive / Digital, Media Department, PPOM - MEDIA PLUS, INC., Seattle, WA, *pg.* 486
Ramaswamy, Mohan - PPOM - WORK & CO, Brooklyn, NY, *pg.* 276
Ramirez, Rafael - Creative, PPOM - NEWLINK COMMUNICATIONS GROUP, Miami, FL, *pg.* 632
Ramos, Anselmo - Creative, PPOM - GUT MIAMI, Miami, FL, *pg.* 80
Ramos, Rosanne - Account Services, NBC, PPOM - LO:LA, El Segundo, CA, *pg.* 101
Ramos-Williams, Connie - NBC, PPOM - CONRIC PR & MARKETING, Fort Meyers, FL, *pg.* 592
Ramsbottom, Hunt - PPOM - PSYOP, Venice, CA, *pg.* 196
Ramsey, Alec - Creative, PPOM - 20/20 CREATIVE GROUP, San Luis Obispo, CA, *pg.* 171
Rancourt, Serge - Operations, PPOM - NO FIXED ADDRESS INC., Toronto, ON, *pg.* 120
Randa, Steve - PPOM - JAJO, INC.,

AGENCIES

RESPONSIBILITIES INDEX

Wichita, KS, *pg.* 91
Randall, Gerry - PPOM - WILLIAMSRANDALL MARKETING COMMUNICATIONS, Indianapolis, IN, *pg.* 433
Randall, Jesse - Creative, NBC, PPOM - RANDALL BRANDING AGENCY, Richmond, VA, *pg.* 16
Randolph, Matt - PPOM - SPEAR MARKETING GROUP, Walnut Creek, CA, *pg.* 411
Rankin, Rob - PPOM - CLARITY COVERDALE FURY, Minneapolis, MN, *pg.* 342
Rankin, Andy - PPOM - VIGET LABS, Falls Church, VA, *pg.* 274
Rankin, Darren - PPOM - CMD, Portland, OR, *pg.* 51
Rant, Ava - PPM, PPOM - WIEDEN + KENNEDY, New York, NY, *pg.* 432
Rao, Madhavi - PPOM - SOME CONNECT, Chicago, IL, *pg.* 677
Raoust, Olivier - Account Planner, Creative, NBC, PPOM - RAOUST + PARTNERS, Hampton, VA, *pg.* 403
Raphael, Karolyn - PPOM - WINGER MARKETING, Chicago, IL, *pg.* 663
Rapp, Joel - PPOM - RIGHT PLACE MEDIA, Lexington, KY, *pg.* 507
Rapp, Geff - PPOM - GROUP G MARKETING PARTNERS, Ivyland, PA, *pg.* 284
Rappe, Mathew - Media Department, PPOM - GROUPM, New York, NY, *pg.* 466
Rappoport, Paul - PPOM - WPROMOTE, El Segundo, CA, *pg.* 678
Rasak, Charlie - Creative, PPOM - CREATIVE RESOURCES GROUP, INC., Plymouth, MA, *pg.* 55
Rasak, Dawn - Media Department, PPOM - CREATIVE RESOURCES GROUP, INC., Plymouth, MA, *pg.* 55
Rasch, Bryan - Interactive / Digital, PPOM - GMR MARKETING, New Berlin, WI, *pg.* 306
Rasche, Kraig - PPOM - INTERSECT DIGITAL LLC, Ann Arbor, MI, *pg.* 242
Raskin, Don - PPOM - MANHATTAN MARKETING ENSEMBLE, New York, NY, *pg.* 382
Rasky, Larry - PPOM - RASKY BAERLEIN STRATEGIC COMMUNICATIONS, INC., Boston, MA, *pg.* 641
Rassman, John - Creative, PPOM - RASSMAN DESIGN, Denver, CO, *pg.* 196
Rathjen, Tyler - PPOM - DECIBEL BLUE, Scottsdale, AZ, *pg.* 595
Rau, Lisa - Account Services, NBC, PPOM - FIONTA, Washington, DC, *pg.* 183
Rauch, Jaime - Account Planner, Account Services, Interactive / Digital, Media Department, NBC, PPOM - OPENMIND, New York, NY, *pg.* 503
Rauch, Jennifer - Management, PPOM - FCB HEALTH, New York, NY, *pg.* 72
Rausch, Jeff - Operations, PPOM - MEETING EXPECTATIONS, Atlanta, GA, *pg.* 311
Ravailhe, Peter - Management, Operations, PPOM - MOTHER NY, New York, NY, *pg.* 118

Rawlings, Andy - NBC, PPOM - LEARFIELD IMG COLLEGE, Plano, TX, *pg.* 310
Rawlings, Renee - PPOM - IVIE & ASSOCIATES, INC., Flower Mound, TX, *pg.* 91
Ray, Chris - PPOM - THE RAMEY AGENCY, Jackson, MS, *pg.* 422
Ray, Scott - Creative, PPOM - PETERSON RAY & COMPANY, Dallas, TX, *pg.* 127
Ray, Carroll - Account Planner, Creative, PPOM - TR DESIGN, INC., North Andover, MA, *pg.* 202
Ray, Doug - Media Department, Operations, PPOM - DENTSU AEGIS NETWORK, New York, NY, *pg.* 61
Ray, Mark - Creative, PPOM - NORTH, Portland, OR, *pg.* 121
Ray, Bob - PPOM - DWA MEDIA, San Francisco, CA, *pg.* 464
Ray, Parker - Interactive / Digital, PPOM - MWWPR, New York, NY, *pg.* 631
Rayburn, Jimmy - Operations, PPOM - RAYCOM SPORTS, Charlotte, NC, *pg.* 314
Rayes, Karim - NBC, PPOM - RHYTHMONE, Burlington, MA, *pg.* 263
Raymond, Bill - Management, PPOM - CANNELLA RESPONSE TELEVISION, Los Angeles, CA, *pg.* 457
Raymond, Kelsey - PPOM - INFLUENCE & CO, Columbia, MO, *pg.* 615
Raymonda, Veronica - Operations, PPOM, Research - QUANTUM MARKET RESEARCH, INC., Oakland, CA, *pg.* 449
Rayner, Matt - Management, PPOM - STARCOM WORLDWIDE, New York, NY, *pg.* 517
Rea, Martha - PPOM, Research - PHOENIX MARKETING INTERNATIONAL, Rhinebeck, NY, *pg.* 448
Read, Mark - PPOM - WPP GROUP, INC., New York, NY, *pg.* 433
Reagan, Dewey - PPOM - REAGAN OUTDOOR ADVERTISING, Salt Lake City, UT, *pg.* 557
Reagan, Billy - PPOM - REAGAN OUTDOOR ADVERTISING, Austin, TX, *pg.* 557
Reardon, Shani - PPOM - MODUS DIRECT, Sarasota, FL, *pg.* 289
Reardon, Kevin - PPOM - ADVERTISING SAVANTS, Saint Louis, MO, *pg.* 28
Reaume, Dan - Account Services, Creative, Management, NBC, PPOM - MINDSHARE, Miami, FL, *pg.* 495
Reboe, Nicole - PPOM - BRUNSWICK GROUP, New York, NY, *pg.* 587
Records, Julie - Media Department, PPOM - FASONE PARTNERS, INC., Kansas City, MO, *pg.* 357
Red, Steve - Creative, PPOM - RED TETTEMER O'CONNELL + PARTNERS, Philadelphia, PA, *pg.* 404
Reddy, Michael - PPOM - DIGITAL AUTHORITY PARTNERS, Chicago, IL, *pg.* 225
Reder, Mark - Account Services, Management, PPOM - FLEISHMANHILLARD HIGHROAD, Vancouver, BC, *pg.* 606
Redmon, Todd - NBC, PPOM - PROPHET,

New York, NY, *pg.* 15
Redmond, Chrissy - PPOM - CONE, INC., Boston, MA, *pg.* 6
Rednor, Matthew - Operations, PPOM, Research - DECODED ADVERTISING, New York, NY, *pg.* 60
Reeb, Sacha - Creative, PPOM - MANIFEST, Chicago, IL, *pg.* 248
Reebel, John - Operations, PPOM - GRP MEDIA, INC., Chicago, IL, *pg.* 467
Reed, Dick - PPOM - JUST MEDIA, INC., Emeryville, CA, *pg.* 481
Reed, Shenan - Account Services, Media Department, PPOM - VM1 (ZENITH MEDIA + MOXIE), New York, NY, *pg.* 526
Reed, Rob - Creative, PPOM - ONE TRICK PONY, Hammonton, NJ, *pg.* 15
Reed, Lauren - PPOM - REED PUBLIC RELATIONS, Nashville, TN, *pg.* 642
Reed, Lance - Creative, PPOM - STERLING-RICE GROUP, Boulder, CO, *pg.* 413
Reedy, Kelly - Creative, PPOM - LRXD, Denver, CO, *pg.* 101
Reedy, Robert - PPOM - ECHOS BRAND COMMUNICATIONS, San Francisco, CA, *pg.* 599
Reeser, Courtney - Creative, PPOM - BRAND ZOO INC., San Francisco, CA, *pg.* 42
Reeve, Carol - NBC, PPOM - GIRL ON THE ROOF, INC, Knoxville, TN, *pg.* 364
Reeves, Tim - PPOM, Public Relations - ALLEN & GERRITSEN, Philadelphia, PA, *pg.* 30
Regan, Patti - PPOM - THE REGAN GROUP, Los Angeles, CA, *pg.* 570
Regan, Molly - Creative, PPOM - LOGICA DESIGN, Providence, RI, *pg.* 190
Regan, Jr., George - PPOM - REGAN COMMUNICATIONS GROUP, Boston, MA, *pg.* 642
Reggimenti, Mark - Analytics, NBC, PPOM, Research - ANNALECT GROUP, New York, NY, *pg.* 213
Regn, David - PPOM - STREAM COMPANIES, Malvern, PA, *pg.* 415
Reha, Michael - PPOM - NEWAD, Montreal, QC, *pg.* 554
Rehg, Rob - PPOM, Public Relations - EDELMAN, Washington, DC, *pg.* 600
Rehrauer, Katie - Account Services, PPOM - BROGAN & PARTNERS, Birmingham, MI, *pg.* 538
Reiber, Mike - PPOM - AXIOM MARKETING COMMUNICATIONS, Bloomington, MN, *pg.* 579
Reich, Ronna - PPOM - INK & ROSES, New York, NY, *pg.* 615
Reich, Sheara - PPOM, Public Relations - INK & ROSES, New York, NY, *pg.* 615
Reicherter, Barry - Analytics, Interactive / Digital, PPOM, Research - WIDMEYER COMMUNICATIONS, Washington, DC, *pg.* 662
Reid, Bruce - NBC, PPOM - STAMP IDEAS GROUP, LLC, Montgomery, AL, *pg.* 144
Reid, Clayton - PPOM - MMGY GLOBAL,

1919

RESPONSIBILITIES INDEX

AGENCIES

Kansas City, MO, *pg.* 388
Reid, Catherine - Finance, PPOM - SERINO COYNE, INC., New York, NY, *pg.* 299
Reid, Daniel - Account Planner, PPOM - EMERGE2 DIGITAL, Waterloo, ON, *pg.* 231
Reid, John - Creative, PPOM - MCCANN HEALTH NEW YORK, New York, NY, *pg.* 108
Reid, John - Creative, PPOM - EVB, Oakland, CA, *pg.* 233
Reierson, Roger - PPOM - FLINT COMMUNICATIONS, INC., Fargo, ND, *pg.* 359
Reifel, Greg - NBC, PPOM - TOM, DICK & HARRY CREATIVE, Chicago, IL, *pg.* 426
Reifenberg, Jenny - Media Department, PPOM - STARCOM WORLDWIDE, Chicago, IL, *pg.* 513
Reighard, Alan - Management, PPOM - LOVE COMMUNICATIONS, Salt Lake City, UT, *pg.* 101
Reilly, Rob - Creative, PPOM - MCCANN NEW YORK, New York, NY, *pg.* 108
Reilly, Greg - Account Services, Management, NBC, PPOM - PUBLICIS HEALTH, New York, NY, *pg.* 639
Reilly, Alex - PPOM - MB PILAND, Topeka, KS, *pg.* 107
Reilly, Bryan - Finance, PPOM - DIGITAS, Chicago, IL, *pg.* 227
Reilly, Courtney - Account Services, PPOM - UPSHIFT CREATIVE GROUP, Chicago, IL, *pg.* 21
Reilly, Bill - Operations, PPOM - TEAM VELOCITY MARKETING, Herndon, VA, *pg.* 418
Reiner, Debby - Account Services, PPOM - GREY GROUP, New York, NY, *pg.* 365
Reinhard, Matt - Creative, PPOM - O'KEEFE REINHARD & PAUL, Chicago, IL, *pg.* 392
Reinhard, Keith - PPOM - DDB NEW YORK, New York, NY, *pg.* 59
Reini, Leah - Account Services, Media Department, PPOM - ESSENCE, Minneapolis, MN, *pg.* 233
Reinwand, Debbie - PPOM - BRILLIANT MEDIA STRATEGIES, Anchorage, AK, *pg.* 43
Reiser, Tino - PPOM - GRUPO UNO INTERNATIONAL, Coral Gables, FL, *pg.* 79
Reishus, Judy - Operations, PPOM - BAKER & ASSOCIATES, Minnetonka, MN, *pg.* 174
Reisman, Mike - PPOM - MKTG, Westport, CT, *pg.* 568
Reiter, Rochelle - PPOM - ORANGE LABEL ART & ADVERTISING, Newport Beach, CA, *pg.* 395
Reiter, Susan - Management, Operations, PPOM - THE FRANK AGENCY, INC., Overland Park, KS, *pg.* 150
Reites, John - NBC, PPOM - THREAD, Tustin, CA, *pg.* 271
Reitkopf, Aaron - PPOM - MEDIAHUB NEW YORK, New York, NY, *pg.* 249
Remer, Dave - Creative, PPOM - REMER, INC., Seattle, WA, *pg.* 405
Remington, Dorothy - PPOM - ALTERPOP.COM, San Rafael, CA, *pg.* 172
Remling, Jennifer - Human Resources, PPOM - ESSENCE, San Francisco, CA, *pg.* 232
Rendon, Jr., John - PPOM - THE RENDON GROUP, INC., Washington, DC, *pg.* 655
Rener, Allyson - NBC, PPOM - MURPHY O'BRIEN, INC., Los Angeles, CA, *pg.* 630
Renfroe, Jed - PPOM - RENFROE OUTDOOR, Macon, GA, *pg.* 557
Reninger, Sue - Account Planner, NBC, PPOM - RMD ADVERTISING, Columbus, OH, *pg.* 643
Renner, Debbie - Media Department, PPOM - SSCG MEDIA GROUP, New York, NY, *pg.* 513
Rentiers, Michael - NBC, PPOM - PUSH DIGITAL, Columbia, SC, *pg.* 640
Rentschler, Peter - Management, PPOM - GTB, Dearborn, MI, *pg.* 367
Renz, Daniel - PPOM - SUMMIT MARKETING, Saint Louis, MO, *pg.* 570
Repka-Geller, Victoria - Account Services, Management, NBC, Operations, PPOM - DIGITAL PULP, New York, NY, *pg.* 225
Repko, Meaghan - PPOM - JOELE FRANK, WILKINSON BRIMMER KATCHER, New York, NY, *pg.* 617
Reposa, Jason - Creative, Management, PPOM - AD:60, Brooklyn, NY, *pg.* 210
Resk, Patrick - Finance, PPOM - PORTER NOVELLI, New York, NY, *pg.* 637
Resnik, Denise - NBC, PPOM - DRA STRATEGIC COMMUNICATIONS, Phoenix, AZ, *pg.* 598
Restivo, Andy - PPOM - CREATIVE CHANNEL SERVICES, LLC, Los Angeles, CA, *pg.* 567
Restovic, Daphne - Finance, PPOM - SANDERS\WINGO, El Paso, TX, *pg.* 138
Rettig, Craig - PPOM - PERCEPTIV, Los Angeles, CA, *pg.* 396
Rex, Emily - PPOM - DEPARTURE, San Diego, CA, *pg.* 61
Reyes, Jose - Creative, PPOM - PWC DIGITAL SERVICES, Hallandale Beach, FL, *pg.* 260
Reyes, Nancy - Account Services, Management, NBC, PPOM - TBWA\CHIAT\DAY, New York, NY, *pg.* 416
Reynolds, Chuck - PPOM - REYNOLDS & ASSOCIATES, El Segundo, CA, *pg.* 406
Reynolds, Sidney - PPOM - SIGNATURE AGENCY, Wake Forest, NC, *pg.* 141
Reynolds, Chuck - NBC, PPOM - OMNIVORE, Milwaukee, WI, *pg.* 123
Reynolds, Rem - PPOM - IXCO, Brooklyn, NY, *pg.* 243
Reynolds, Tom - NBC, PPOM - MEDIA HORIZONS, INC., Norwalk, CT, *pg.* 288
Reynolds, Brendan - Creative, Interactive / Digital, NBC, PPOM - MOMENT, New York, NY, *pg.* 192
Reynolds, Wil - Interactive / Digital, NBC, PPOM - SEER INTERACTIVE, Philadelphia, PA, *pg.* 677
Reynolds, Joe - PPOM - RED FROG EVENTS, LLC, Chicago, IL, *pg.* 314
Reznick, Jessica - NBC, PPOM - WE'RE MAGNETIC, New York, NY, *pg.* 318
Rezvani, Ida - PPOM - MCGARRYBOWEN, New York, NY, *pg.* 109
Rezza, Vito - Finance, PPOM - JAM3, Toronto, ON, *pg.* 243
Rhea, Stephen L. - PPOM - RHEA & KAISER MARKETING, Naperville, IL, *pg.* 406
Rhine, TJ - Creative, PPOM - GREENHOUSE PARTNERS, Boulder, CO, *pg.* 8
Rhoads, Barry - NBC, PPOM - CASSIDY & ASSOCIATES, Washington, DC, *pg.* 589
Rhoads, Loren - Creative, PPOM - THE RHOADS GROUP, Tampa, FL, *pg.* 152
Rhodes, Dusty - PPOM - CONVENTURES, INC., Boston, MA, *pg.* 685
Rhudy, Michele - PPOM - RHUDY & COMPANY, Richmond, VA, *pg.* 643
Rhudy, Jonathan - PPOM - RHUDY & COMPANY, Richmond, VA, *pg.* 643
Riazi, Behzad - Creative, PPOM - NOVA ADVERTISING, Fairfax, VA, *pg.* 392
Ribotsky, Ken - PPOM - BRANDKARMA, LLC, Laguna Beach, CA, *pg.* 42
Ricciardi, Greg - PPOM - 20NINE DESIGN STUDIOS, Conshohocken, PA, *pg.* 171
Ricciardi, Donna - Account Services, PPOM - MOWER, Syracuse, NY, *pg.* 118
Riccio, Ryan - Creative, PPOM - CHARLIE COMPANY CORP., Culver City, CA, *pg.* 177
Riccomini, Bob - Interactive / Digital, PPOM - WHIPSAW, INC., San Jose, CA, *pg.* 205
Rice, Thomas - Management, NBC, PPOM - MERRITT GROUP PUBLIC RELATIONS, McLean, VA, *pg.* 627
Rice, Molly - Account Services, NBC, PPOM - SPYGLASS CREATIVE, Minneapolis, MN, *pg.* 200
Rice, Tim - PPOM - GAIL & RICE, Farmington Hills, MI, *pg.* 306
Rice, Sean - PPOM - HUDSON RIVER GROUP, Tarrytown, NY, *pg.* 239
Rice McNeil, Susan - PPOM - MCNEIL, GRAY & RICE, Boston, MA, *pg.* 627
Rich, Eric - Management, PPOM - ARRAY CREATIVE, Akron, OH, *pg.* 173
Rich, Kim - Finance, PPOM - BRIGHTHOUSE, LLC, Atlanta, GA, *pg.* 43
Richards, Grant - Creative, PPOM - CHEMISTRY CLUB, San Francisco, CA, *pg.* 50
Richards, Ben - Account Planner, Management, Operations, PPOM - OGILVY, New York, NY, *pg.* 393
Richards, Lori - PPOM - MUELLER COMMUNICATIONS, INC., Milwaukee, WI, *pg.* 630
Richards, Michael Jonathan -

1920

AGENCIES — RESPONSIBILITIES INDEX

Operations, PPOM - KING & COMPANY, New York, NY, *pg.* 620
Richardson, Lily - PPOM - PSA CREATIVE COMMUNICATION, Reston, VA, *pg.* 314
Richardson, Ginny - PPOM - GINNY RICHARDSON PUBLIC RELATIONS, Hinsdale, IL, *pg.* 607
Richardson, Dan - Management, Media Department, PPOM - MINDSHARE, Chicago, IL, *pg.* 494
Richheimer, Evan - PPOM - NEW TRADITION, New York, NY, *pg.* 554
Richheimer, Bret - PPOM - NEW TRADITION, New York, NY, *pg.* 554
Richman, Vicki - Finance, Operations, PPOM - HVS AMERICAN HOSPITALITY CO., Tiverton, RI, *pg.* 372
Richman, Amanda - Interactive / Digital, PPOM - WAVEMAKER, New York, NY, *pg.* 526
Richmond, Louis - NBC, PPOM - RICHMOND PUBLIC RELATIONS, Seattle, WA, *pg.* 643
Richmond, Lorne - PPOM - RICHMOND PUBLIC RELATIONS, Seattle, WA, *pg.* 643
Richmond, Kate - Human Resources, PPOM - WE COMMUNICATIONS, Bellevue, WA, *pg.* 660
Richter, Terry - Finance, PPOM - UNIFIED RESOURCES, INC., Houston, TX, *pg.* 571
Richter, Kathy - Management, Media Department, NBC, PPOM - WAVEMAKER, New York, NY, *pg.* 526
Ricker, Trent - PPOM - THE PURSUANT GROUP, Dallas, TX, *pg.* 422
Riddell, Fraser - Account Services, NBC, PPOM - MEDIACOM, New York, NY, *pg.* 487
Riddle, Todd - Creative, NBC, PPOM - COMMONWEALTH // MCCANN, Detroit, MI, *pg.* 52
Rideout, Dustin - Account Services, Management, PPOM - JUNIPER PARK\TBWA, Toronto, ON, *pg.* 93
Ridge, Steve - Interactive / Digital, Media Department, PPOM - MAGID, Minneapolis, MN, *pg.* 447
Ridgway, Sr., Joe - PPOM - BRUNO & RIDGWAY RESEARCH ASSOCIATES, Lawrenceville, NJ, *pg.* 442
Ridings, Dean - NBC, PPOM - INTERSECT MEDIA SOLUTIONS, Lake Mary, FL, *pg.* 480
Ridolfi, Phil - PPOM - NAS RECRUITMENT COMMUNICATIONS, Cleveland, OH, *pg.* 667
Rieches, Ryan - PPOM - BRANDINGBUSINESS, Irvine, CA, *pg.* 4
Riedy, Mark - PPOM - TRUE COMMUNICATIONS, Sausalito, CA, *pg.* 657
Rieger, Brad - Operations, PPOM - COOPER-SMITH ADVERTISING, Toledo, OH, *pg.* 462
Riegle Jr., Donald W. - Operations, PPOM, Public Relations - APCO WORLDWIDE, Washington, DC, *pg.* 578
Ries, Rhonda - Finance, PPOM - OSBORN & BARR COMMUNICATIONS, Saint Louis, MO, *pg.* 395

Riester, Tim - PPOM - RIESTER, Phoenix, AZ, *pg.* 406
Riester, Tim - PPOM - RIESTER, El Segundo, CA, *pg.* 407
Rigano, Robby - Operations, PPOM - FANCY PANTS, New York, NY, *pg.* 233
Rigby, Jonathan - Management, Media Department, PPOM - REPRISE DIGITAL, New York, NY, *pg.* 676
Rigler, Bill - PPOM - MAPR, Boulder, CO, *pg.* 624
Riley, Rick - Creative, PPOM - PARTNERS RILEY LTD., Cleveland, OH, *pg.* 125
Riley, Maria - PPOM - THE BLUESHIRT GROUP, San Francisco, CA, *pg.* 652
Riley, Erin - PPOM - TBWA \ CHIAT \ DAY, Los Angeles, CA, *pg.* 146
Rinck, Peter - PPOM - RINCK ADVERTISING, Lewiston, ME, *pg.* 407
Ring, Kathy - Operations, PPOM - STARCOM WORLDWIDE, North Hollywood, CA, *pg.* 516
Ring, Andrea - Account Planner, NBC, PPOM - BIG SPACESHIP, Brooklyn, NY, *pg.* 455
Ringel, Tim - PPOM - REPRISE DIGITAL, New York, NY, *pg.* 676
Ringler, Ralph - PPOM - VISIONMARK USA, Baltimore, MD, *pg.* 204
Rinsma, Rich - PPOM - EYETHINK, Powell, OH, *pg.* 182
Rioux, Laura - PPM, PPOM - RETHINK COMMUNICATIONS, INC., Vancouver, BC, *pg.* 133
Ripley, Heather - NBC, PPOM - ORANGE ORCHARD, Maryville, TN, *pg.* 634
Ripley, Jem - PPOM - PUBLICIS.SAPIENT, New York, NY, *pg.* 258
Ripple, Kevin - Creative, PPOM - JUMP COMPANY, Saint Louis, MO, *pg.* 378
Rischitelli, Henry - PPOM - NEXT MARKETING, Norcross, GA, *pg.* 312
Risdall, Ted - PPOM - RISDALL MARKETING GROUP, Roseville, MN, *pg.* 133
Risdall, Jennifer - Operations, PPOM - RISDALL MARKETING GROUP, Roseville, MN, *pg.* 133
Rishar, Lorri - PPOM - EDGE PUBLICOM, Lansing, MI, *pg.* 354
Risi, Jennifer - Media Department, PPOM, Public Relations - OGILVY PUBLIC RELATIONS, New York, NY, *pg.* 633
Riss, Micha - Creative, PPOM - FLYING MACHINE, New York, NY, *pg.* 74
Ristic, Ivan - PPOM - DIFFUSION PR, New York, NY, *pg.* 597
Ritchey, Donna - PPOM - GODWIN GROUP, Jackson, MS, *pg.* 364
Ritchie, Shaun - PPOM - NEUTRON INTERACTIVE, Sandy, UT, *pg.* 253
Ritkes, Gary - PPOM - SPROUTLOUD MEDIA NETWORKS, Sunrise, FL, *pg.* 17
Ritzer, Erika - PPOM - GREENFIELD / BELSER LTD., Washington, DC, *pg.* 185
Rivas, Joe - Account Planner, Account Services, PPOM - DOREMUS &

COMPANY, New York, NY, *pg.* 64
Rivenburgh, Rob - PPOM - THE MARS AGENCY, Southfield, MI, *pg.* 683
Rivera, Alice - Account Services, PPOM - WALTON ISAACSON CA, Culver City, CA, *pg.* 547
Rivera, Victor - Creative, PPOM - AGENDA NYC, New York, NY, *pg.* 29
Rivers, Douglas - PPOM, Research - YOUGOV, Palo Alto, CA, *pg.* 451
Rives, Chip - PPOM - RIDDLE & BLOOM, Boston, MA, *pg.* 133
Rivoli, Shirley - PPOM - GROUP NINE, Louisville, KY, *pg.* 78
Rix, Crystal - Management, NBC, PPM, PPOM - BBDO WORLDWIDE, New York, NY, *pg.* 331
Rizuto, Rafael - Creative, PPOM - TBD, San Francisco, CA, *pg.* 146
Rizzetta, Matt - PPOM - NORTH 6TH AGENCY, New York, NY, *pg.* 633
Rizzi, Keith - Creative, PPOM - RIZCO DESIGN, Spring Lake, NJ, *pg.* 197
Rizzi, Debra - PPOM - RIZCO DESIGN, Spring Lake, NJ, *pg.* 197
Robarts, Sarah - Interactive / Digital, Media Department, PPOM - BALLANTINES PUBLIC RELATIONS, West Hollywood, CA, *pg.* 580
Robb, Bill - Management, NBC, PPOM - THE HENDERSON ROBB GROUP, Toronto, ON, *pg.* 151
Robb, Chris - Creative, NBC, PPOM - PUSH, Orlando, FL, *pg.* 401
Robb, Larry - PPOM - FARM, Lancaster, NY, *pg.* 357
Robbins, Andy - Interactive / Digital, Operations, PPOM - BPG ADVERTISING, West Hollywood, CA, *pg.* 42
Robbins Edwards, Stephanie Anne - PPOM - MULLIN / ASHLEY ASSOCIATES, INC., Chestertown, MD, *pg.* 448
Roberson, John - PPOM - ADVENT, Nashville, TN, *pg.* 301
Roberson, Denise - PPOM - JADI COMMUNICATIONS, INC., Laguna Beach, CA, *pg.* 91
Robert, Christine - PPOM - THE ROBERT GROUP, Los Angeles, CA, *pg.* 655
Roberts, Ronald - NBC, PPOM - DVL SEIGENTHALER, Nashville, TN, *pg.* 599
Roberts, Lucy - PPOM - HMC ADVERTISING, INC., Chula Vista, CA, *pg.* 541
Roberts, Curtis - Creative, PPOM - FD2S, Austin, TX, *pg.* 183
Roberts, Bruce - PPOM - WIDEORBIT, San Francisco, CA, *pg.* 276
Roberts, Laurie - Operations, PPOM - PARRIS COMMUNICATIONS, INC., Kansas City, MO, *pg.* 125
Roberts, Bill - NBC, PPOM - GROUNDZERO, Toronto, ON, *pg.* 78
Roberts, Tim - Creative, PPOM - FRANKLIN STREET MARKETING & ADVERTISING, Richmond, VA, *pg.* 360
Roberts, Paula - PPOM - GROUNDZERO, Toronto, ON, *pg.* 78
Roberts, Jessica - Operations, PPOM - D | FAB DESIGN, Madison Heights,

RESPONSIBILITIES INDEX — AGENCIES

MI, pg. 178
Robertson, Andrew - PPOM - BBDO WORLDWIDE, New York, NY, pg. 331
Robertson, Scott - Creative, PPOM - ROBERTSON+PARTNERS, Las Vegas, NV, pg. 407
Robertson, Mike - PPOM - OCEAN MEDIA, INC., Huntington Beach, CA, pg. 498
Robertson, Brendan - Analytics, PPOM - MUH-TAY-ZIK / HOF-FER, San Francisco, CA, pg. 119
Robertson, Ted - Administrative, PPOM - ROBERTSON & MARKOWITZ ADVERTISING & PUBLIC RELATIONS, INC., Savannah, GA, pg. 643
Robertson, Pax - PPOM - MERCER CREATIVE GROUP, Vancouver, BC, pg. 191
Robertson, Rusty - PPOM - ROBERTSON SCHWARTZ AGENCY, Santa Monica, CA, pg. 643
Robertson, Lynne - PPOM - FAME, Minneapolis, MN, pg. 70
Robertson, Brent - PPOM - FATHOM, West Hartford, CT, pg. 234
Robertson, Becky - Media Department, PPOM - BROGAN & PARTNERS, Birmingham, MI, pg. 538
Robertson, Kelly - PPOM - BOWSTERN, Tallahassee, FL, pg. 336
Robichaud, Marc - Creative, PPOM - TRIOMPHE MARKETING & COMMUNICATION, Quebec City, QC, pg. 156
Robin, Gayle - NBC, PPOM - STRATEGICAMPERSAND, Toronto, ON, pg. 414
Robin, Gavin - PPOM - DG COMMUNICATIONS GROUP, Delray Beach, FL, pg. 351
Robin, Alexis - Interactive / Digital, PPOM - LG2, Montreal, QC, pg. 380
Robinson, Julie - Account Services, Management, Operations, PPOM - TROZZOLO COMMUNICATIONS GROUP, Kansas City, MO, pg. 657
Robinson, Ramonna - PPOM - GROUNDFLOOR MEDIA, Denver, CO, pg. 611
Robinson, Rick - Account Services, Creative, Media Department, Operations, PPOM - BILLUPS, INC, Los Angeles, CA, pg. 550
Robinson, Danny - Account Services, Management, PPOM - THE MARTIN AGENCY, Richmond, VA, pg. 421
Robinson, Doug - Creative, PPOM - DOUG&PARTNERS, Toronto, ON, pg. 353
Robinson, Jean - Operations, PPOM - KANTAR MEDIA, New York, NY, pg. 446
Robinson, Tony - Finance, NBC, PPOM - SIGNAL THEORY, Kansas City, MO, pg. 141
Robinson, Aaron - Interactive / Digital, PPOM - IDEALAUNCH, Boston, MA, pg. 673
Robinson, Donna - PPOM - NINA HALE CONSULTING, Minneapolis, MN, pg. 675
Robinson, Barney - PPOM - LIGHTNING ORCHARD, Brooklyn, NY, pg. 11
Robinson, James - Creative, PPOM - MOMENTUM WORLDWIDE, New York, NY, pg. 117
Robinson, Jodi - PPOM - DIGITAS, Boston, MA, pg. 226
Robitaille, Mike - NBC, PPOM - ISAAC REPUTATION GROUP, Toronto, ON, pg. 10
Robley, Chad - PPOM - MINDGRUVE, San Diego, CA, pg. 534
Robson, Derek - NBC, PPOM - GOODBY, SILVERSTEIN & PARTNERS, San Francisco, CA, pg. 77
Roby, Tim - NBC, PPOM - PUTNAM ROBY WILLIAMSON COMMUNICATIONS, Madison, WI, pg. 640
Rocco, Barbara - Management, Media Department, PPOM - UNIVERSAL MCCANN DETROIT, Birmingham, MI, pg. 524
Roche, Colleen - PPOM - LAK PR, New York, NY, pg. 621
Rochelle, Brandon - Interactive / Digital, PPOM - DESIGNSENSORY, Knoxville, TN, pg. 62
Rochelle, Loren - PPOM - NOM, Los Angeles, CA, pg. 121
Rochon, Marc - NBC, PPOM - INDIGO STUDIOS, Atlanta, GA, pg. 187
Rochon, Brandon - Creative, PPOM - KASTNER, Los Angeles, CA, pg. 94
Rock, Michael - Creative, PPOM - 2X4, INC., New York, NY, pg. 171
Rockefeller, Michael - PPOM - ACTIVE MEDIA, Vienna, VA, pg. 671
Rocker, Jason - PPOM - BRAITHWAITE COMMUNICATIONS, Philadelphia, PA, pg. 585
Rockers, Seth - Finance, PPOM - YAMAMOTO, Minneapolis, MN, pg. 435
Rockman, Jason - Account Services, Management, PPOM - DEFINITION 6, Atlanta, GA, pg. 224
Roder, Sheri - Management, NBC, PPOM - HORIZON MEDIA, INC., New York, NY, pg. 474
Rodes, Nick - Operations, PPOM - ELEVATION WEB, Washington, DC, pg. 540
Rodgers, Ross - Creative, PPOM - RADONICRODGERS COMMUNICATIONS, INC., Toronto, ON, pg. 402
Rodis, Jennifer - Account Planner, PPOM - HEARTS & SCIENCE, Los Angeles, CA, pg. 473
Rodnitzky, David - PPOM - 3Q DIGITAL, San Mateo, CA, pg. 671
Rodriguez, Maria - Account Services, PPOM - VANGUARD COMMUNICATIONS, Washington, DC, pg. 658
Rodriguez, Jessica - Management, PPOM - WAGSTAFF WORLDWIDE, New York, NY, pg. 659
Rodriguez, Hector - Management, PPOM - ACTIVE INTERNATIONAL, Pearl River, NY, pg. 439
Rodriguez, Raymond - PPOM - POS OUTDOOR MEDIA, Grapevine, TX, pg. 556
Rodriguez, Franke - PPOM - ANOMALY, New York, NY, pg. 325
Rodriguez, Carmen - Account Services, Creative, PPOM - GUT MIAMI, Miami, FL, pg. 80
Rodriguez, Robert - PPOM - NATCOM MARKETING COMMUNICATIONS, Miami, FL, pg. 390
Rodstein, Caitlin - PPOM - ANCHOR WORLDWIDE, New York, NY, pg. 31
Roe, David - PPOM - AUTHENTIC, Richmond, VA, pg. 214
Roe, Adam - Management, Operations, PPOM - FORTYFOUR, Atlanta, GA, pg. 235
Roebuck, Peter - NBC, PPOM - ALL WEB PROMOTIONS, Peru, IL, pg. 172
Roemer, Jason - PPOM - LODGE DESIGN CO., Indianapolis, IN, pg. 190
Roer, Lynn - Creative, Operations, PPOM - OGILVY, New York, NY, pg. 393
Roeraade, Paul - Creative, PPOM - CLOUDBERRY CREATIVE, INC., New York, NY, pg. 221
Rofael, Mary - NBC, Operations, PPOM, PR Management - PROED COMMUNICATIONS, Beachwood, OH, pg. 129
Roffino, Trina - Account Planner, Account Services, NBC, PPOM - THE MARKETING ARM, Dallas, TX, pg. 316
Rogers, Andy - NBC, PPOM - PURDIE ROGERS, INC., Seattle, WA, pg. 130
Rogers, Mike - Creative, PPOM - MADANDWALL, New York, NY, pg. 102
Rogers, John - Finance, PPOM - STONE WARD ADVERTISING, Little Rock, AR, pg. 413
Rogers, Curtis - PPOM - CKR INTERACTIVE, INC., Campbell, CA, pg. 220
Rogers, Bradley - NBC, Operations, PPOM - MRM//MCCANN, New York, NY, pg. 289
Rogers, Rick - PPOM - THE GARY GROUP, Santa Monica, CA, pg. 150
Rogers, Ed - PPOM - BGR GROUP, Washington, DC, pg. 583
Rogers, Sarah - Account Services, PPOM - BLAINETURNER ADVERTISING, Morgantown, WV, pg. 584
Roher, Melanie - Creative, PPOM - ROHER / SPRAGUE PARTNERS, Irvington, NY, pg. 408
Rohlfing, Fred - Finance, PPOM - FLEISHMANHILLARD, Saint Louis, MO, pg. 604
Rohman, Ken - Interactive / Digital, PPOM - ARCHER MALMO, Memphis, TN, pg. 32
Rohrlich, Joe - Account Services, Finance, NBC, PPOM - BAZAARVOICE, INC., Austin, TX, pg. 216
Roitberg, Sergio - PPOM - NEWLINK COMMUNICATIONS GROUP, Miami, FL, pg. 632
Rokosh, Megan - Account Services, NBC, PPOM, Public Relations - HAVAS HEALTH & YOU, New York, NY, pg. 82
Rolandson, Matt - PPOM - AMMUNITION, LLC, San Francisco, CA, pg. 172
Rolfe, Tiffany - Creative, PPOM - R/GA, New York, NY, pg. 260
Roller, Mark - Creative, PPOM - ASCEDIA, Milwaukee, WI, pg. 672
Rolling, Brian - Creative, NBC, PPOM - SRW, Chicago, IL, pg. 143
Rollins Singer, Sharon - Finance, PPOM - SINGER ASSOCIATES, San

AGENCIES

RESPONSIBILITIES INDEX

Francisco, CA, *pg.* 647
Rolph, Mike - PPOM - MJR CREATIVE GROUP, Fresno, CA, *pg.* 14
Romaine, Neil - NBC, PPOM - WATAUGA GROUP, Orlando, FL, *pg.* 21
Roman, Jerry - NBC, PPOM - ROME & COMPANY, Chicago, IL, *pg.* 134
Roman, Eshena - NBC, Operations, PPOM - AUTHENTIQUE AGENCY, Atlanta, GA, *pg.* 538
Romanelli, Joe - PPOM - ROMANELLI COMMUNICATIONS, Clinton, NY, *pg.* 134
Romanoff, Ed - PPOM - PINEROCK, New York, NY, *pg.* 636
Romero, Amy - Media Department, PPOM - CREATIVEDRIVE, New York, NY, *pg.* 346
Romero, Ray - Interactive / Digital, PPOM - M/SIX, New York, NY, *pg.* 482
Ronat, Bill - Finance, PPOM - BRANDT RONAT & COMPANY, Merrit Island, FL, *pg.* 337
Rongo, Robert - Finance, Management, PPOM - MEDIA DIRECT, INC., Carmel, IN, *pg.* 112
Rood, Cora Mae - PPOM - RPR MARKETING COMMUNICATIONS, New York, NY, *pg.* 644
Rooney, Fergus - PPOM - AGENCYEA, Chicago, IL, *pg.* 302
Rosa, Stephen - PPOM - (ADD)VENTURES, Providence, RI, *pg.* 207
Roscoe, Steve - Finance, PPOM - SASAKI ASSOCIATES, Watertown, MA, *pg.* 198
Rose, Scott - NBC, PPOM - RUNYON SALTZMAN EINHORN, Sacramento, CA, *pg.* 645
Rose, Lisa - PPOM - DIX & EATON, Cleveland, OH, *pg.* 351
Rose, Bob - PPOM - SEITER & MILLER ADVERTISING, New York, NY, *pg.* 139
Rose, Jeff - NBC, PPOM - THE ROSE GROUP, Santa Monica, CA, *pg.* 655
Rose, Eric - PPOM - ENGLANDER KNABE & ALLEN, Los Angeles, CA, *pg.* 602
Rose, Mary Ann - PPOM - TAMAR PRODUCTIONS, Chicago, IL, *pg.* 316
Rose, Todd - NBC, PPOM - NINTHDECIMAL, San Francisco, CA, *pg.* 534
Rose, Curtis - Operations, PPOM - EP+CO., Greenville, SC, *pg.* 356
Rose, Sheila - Management, Media Department, PPOM - FLEISHMANHILLARD, New York, NY, *pg.* 605
Rose, Michael - Management, PPOM - MOTHER NY, New York, NY, *pg.* 118
Rosefield, Jayne - PPOM - BRUNSWICK GROUP, New York, NY, *pg.* 587
Rosen, Lori - NBC, PPOM - THE ROSEN GROUP, New York, NY, *pg.* 655
Rosen, Bill - Account Services, NBC, PPOM - VSA PARTNERS, INC. , Chicago, IL, *pg.* 204
Rosen, Jamie - NBC, PPOM - PUBLICIS NORTH AMERICA, New York, NY, *pg.* 399
Rosen, Neil - NBC, PPOM - CERTAINSOURCE, Fairfield, CT, *pg.* 672
Rosen, William - PPOM - VSA PARTNERS, INC. , Chicago, IL, *pg.* 204
Rosen, Mike - PPOM - PRR, Seattle, WA, *pg.* 399
Rosenbaum, Mark - Finance, PPOM - TRITON DIGITAL, Sherman Oaks, CA, *pg.* 272
Rosenberg, Louis - Creative, PPOM - MITCHELL ASSOCIATES, INC., Wilmington, DE, *pg.* 191
Rosenberg, David - NBC, PPOM - ROSENBERG ADVERTISING, Lakewood, OH, *pg.* 134
Rosenberg, Dave - Account Services, PPOM - GMR MARKETING SAN FRANCISCO, San Francisco, CA, *pg.* 307
Rosenberg, David - Creative, PPOM - BENSIMON BYRNE, Toronto, ON, *pg.* 38
Rosenberg, Lisa - Creative, Management, NBC, PPOM - ALLISON+PARTNERS, New York, NY, *pg.* 576
Rosenberg, John - PPOM - G-NET MEDIA, Los Angeles, CA, *pg.* 236
Rosenberg, Adam - NBC, PPOM - KVELL, Santa Monica, CA, *pg.* 96
Rosenberg, Joe - PPOM - LESSING-FLYNN ADVERTISING CO. , Des Moines, IA, *pg.* 99
Rosenberg, Heidi - PPOM - BRANDHIVE, Salt Lake City, UT, *pg.* 336
Rosene, James - Creative, PPOM - ERASERFARM, Tampa, FL, *pg.* 357
Rosenfeld, Larry - PPOM - SAGE COMMUNICATIONS, LLC, McLean, VA, *pg.* 409
Rosenfeld, David - PPOM - LEVERAGE AGENCY, New York, NY, *pg.* 298
Rosengart, Erica - PPOM - SPARK FOUNDRY, New York, NY, *pg.* 508
Rosenkoetter, Adam - PPOM - SOL DESIGN COMPANY , Atlanta, GA, *pg.* 199
Rosenthal, Bill - Account Services, Finance, Operations, PPOM - ROGERS & COWAN/PMK*BNC, Los Angeles, CA, *pg.* 643
Rosenthal, Raquel - Account Services, Operations, PPOM - DIGILANT, Boston, MA, *pg.* 464
Rosenthal, Bill - PPOM - VISIBILITY AND CONVERSIONS, Murrells Inlet, SC, *pg.* 159
Rosica, Chris - PPOM - ROSICA STRATEGIC PUBLIC RELATIONS, Fair Lawn, NJ, *pg.* 644
Rosica, Mark - Creative, PPOM - GKV, Baltimore, MD, *pg.* 364
Rosier, Scarlett - Operations, PPOM - RHYME & REASON DESIGN , Atlanta, GA, *pg.* 263
Rosin, Larry - PPOM - EDISON MEDIA RESEARCH, Somerville, NJ, *pg.* 444
Roslan, Chris - PPOM - ROSLAN & CAMPION PUBLIC RELATIONS, LLC, New York, NY, *pg.* 644
Roslow, Peter - NBC, PPOM - ROSLOW RESEARCH GROUP, Port Washington, NY, *pg.* 449
Rosner, Steve - PPOM - 16W MARKETING, Rutherford, NJ, *pg.* 301
Rosoff, Jonathan - PPOM - FORMATIVE, Seattle, WA, *pg.* 235
Rospars, Joe - PPOM - BLUE STATE DIGITAL, Washington, DC, *pg.* 335
Ross, Ted - PPOM - ROSS-CAMPBELL, INC., Sacramento, CA, *pg.* 644
Ross, Marshall - Creative, PPOM - CRAMER-KRASSELT , Chicago, IL, *pg.* 53
Ross, Lisa - PPOM - RBB COMMUNICATIONS, Miami, FL, *pg.* 641
Ross, Liz - NBC, PPOM - PERISCOPE, Minneapolis, MN, *pg.* 127
Ross, John - Finance, PPOM - D. EXPOSITO & PARTNERS, New York, NY, *pg.* 539
Ross, Darren - PPOM - RIDDLE & BLOOM, Boston, MA, *pg.* 133
Ross, Donald - PPOM - M+R, New York, NY, *pg.* 12
Ross, Steven - Operations, PPOM - TRIAD COMMUNICATION, Potomac, MD, *pg.* 656
Ross, Mary Hall - PPOM - THE ROSS GROUP, Los Angeles, CA, *pg.* 570
Ross, Larry - PPOM - A. LARRY ROSS COMMUNICATIONS, Carrollton, TX, *pg.* 574
Ross, Paul - Finance, PPOM - THE TRADE DESK, Ventura, CA, *pg.* 519
Ross, Shawna - Account Planner, Account Services, Creative, PPOM - MCGARRYBOWEN, Chicago, IL, *pg.* 110
Ross, Duree - NBC, PPOM - DUREE & COMPANY, Fort Lauderdale, FL, *pg.* 598
Ross, Darrell - NBC, PPOM - PROPHET, New York, NY, *pg.* 15
Ross, Lisa - Operations, PPOM - EDELMAN, Washington, DC, *pg.* 600
Rosser, Anne-Marie - PPOM - VSA PARTNERS, INC. , Chicago, IL, *pg.* 204
Rossetto, Denise - Creative, NBC, PPOM - BBDO CANADA, Toronto, ON, *pg.* 330
Rossi, Lou - NBC, Operations, PPOM - PUBLICIS NORTH AMERICA, New York, NY, *pg.* 399
Rossi, Paul - PPOM - CARBONE SMOLAN AGENCY, New York, NY, *pg.* 176
Rossi, Laurel - Account Planner, Account Services, Management, NBC, PPOM - ORGANIC, INC., New York, NY, *pg.* 256
Rosso, John - NBC, PPOM - TRITON DIGITAL, New York, NY, *pg.* 272
Roswig, Bernard - PPOM - BJR PUBLIC RELATIONS, Culver City, CA, *pg.* 584
Roth, Ernie - PPOM - FURMAN ROTH ADVERTISING, New York, NY, *pg.* 361
Roth, Michael - PPOM - INTERPUBLIC GROUP OF COMPANIES, New York, NY, *pg.* 90
Roth, Tom - NBC, PPOM - COMMUNITY MARKETING, INC., San Francisco, CA, *pg.* 443
Roth, Brad - Creative, PPOM - KNOWN, Los Angeles, CA, *pg.* 298
Roth, Ric - Media Department, PPOM - IGT MEDIA HOLDINGS, Miami, FL, *pg.* 477
Roth, David - PPOM - EMERGENT DIGITAL , San Diego, CA, *pg.* 231

RESPONSIBILITIES INDEX — AGENCIES

Rothe, Robert - Interactive / Digital, PPOM - ASSOCIATION OF NATIONAL ADVERTISERS, New York, NY, pg. 442
Rothen, Kate - Operations, PPOM - SS+K, New York, NY, pg. 144
Rothenberg, Randy - PPOM - INTERACTIVE ADVERTISING BUREAU, New York, NY, pg. 90
Rothenberg, Richard - Finance, Operations, PPOM - BRAND THIRTY-THREE, Torrance, CA, pg. 3
Rothenberg, Tom - PPOM - INITIATIVE, Los Angeles, CA, pg. 478
Rothenhauser, Jill - Account Services, PPOM - RAPPORT OUTDOOR WORLDWIDE, Birmingham, MI, pg. 556
Rothrock, Suzanne - Account Services, PPOM - MISSION MEDIA, LLC, Baltimore, MD, pg. 115
Rothstein, Larry - PPOM - SOURCE COMMUNICATIONS, Hackensack, NJ, pg. 315
Rothstein, David - PPOM - RTI RESEARCH, Norwalk, CT, pg. 449
Rotolo, Mike - PPOM - E-B DISPLAY CO., INC., Massillon, OH, pg. 180
Rotter, Steve - Creative, PPOM - ROTTER CREATIVE GROUP, Huntington, NY, pg. 507
Rottinghaus, Chuck - PPOM - WORDS AT WORK, Minneapolis, MN, pg. 163
Rouillard, Peter - Management, PPOM - EPIC SEARCH PARTNERS, Kennebunk, ME, pg. 673
Rouillard, Jennifer - Management, PPOM - EPIC SEARCH PARTNERS, Kennebunk, ME, pg. 673
Rountree, Don - Media Department, PPOM - ROUNTREE GROUP, INC., Milton, GA, pg. 644
Rouselle, William - PPOM - BRIGHT MOMENTS PUBLIC RELATIONS, New Orleans, LA, pg. 586
Roussain, David - NBC, PPOM - G5 SEARCH MARKETING INC., Bend, OR, pg. 673
Roux, Sharon - Operations, PPOM - THE SUMMIT GROUP, Salt Lake City, UT, pg. 153
Rovegno, Scott - PPOM - VODORI, Chicago, IL, pg. 275
Rovelo, Paola - Account Planner, Account Services, Media Department, NBC, PPOM - MINDSHARE, Chicago, IL, pg. 494
Rowady, John - PPOM - REVOLUTION, Chicago, IL, pg. 406
Rowan, Greg - Creative, PPOM - TEAK, San Francisco, CA, pg. 19
Rowe, Trudy - Finance, PPOM - VLADIMIR JONES, Colorado Springs, CO, pg. 429
Rowe, Ben - Creative, PPOM - SCORR MARKETING, Kearney, NE, pg. 409
Rowean, Matthew - Creative, NBC, PPOM - MATTE PROJECTS, New York, NY, pg. 107
Rowen, Larry - PPOM - FLY COMMUNICATIONS, INC., New York, NY, pg. 74
Rowles, Bryan - Creative, PPOM - 72ANDSUNNY, Playa Vista, CA, pg. 23

Rowley, Mary - PPOM - STRONGPOINT, Tucson, AZ, pg. 650
Rowley, Bruce - PPOM - ROWLEY SNYDER ABLAH, Wichita, KS, pg. 134
Rowlison, Christopher - Management, PPOM - LIQUID AGENCY, INC., San Jose, CA, pg. 12
Roy, Claudia - Media Department, PPM, PPOM - SID LEE, Montreal, QC, pg. 140
Roy, Dion - NBC, PPOM - AMP3 PUBLIC RELATIONS, New York, NY, pg. 577
Roy, Tristan - Interactive / Digital, Operations, PPOM - EDELMAN, Chicago, IL, pg. 353
Royal, Stacy - PPOM - DECKER ROYAL AGENCY, New York, NY, pg. 596
Royce, Ginna - Creative, PPOM - BLAINETURNER ADVERTISING, Morgantown, WV, pg. 584
Royle, Maryellen - PPOM, Public Relations - EVOKE HEALTH, Philadelphia, PA, pg. 69
Royston, J. P. - PPOM - JERRY DEFALCO ADVERTISING, Maitland, FL, pg. 92
Rozanski, Horacio - PPOM - BOOZ ALLEN HAMILTON, McLean, VA, pg. 218
Rozansky, Phil - PPOM - TOWER MEDIA ADVERTISING, INC., Chicago, IL, pg. 293
Rozen, Douglas - Interactive / Digital, Media Department, NBC, PPOM - 360I, LLC, New York, NY, pg. 320
Rozender, Nancy - Account Services, NBC, PPOM - MARTEL ET COMPAGNIE PUBLICITE, Montreal, QC, pg. 288
Rubel, Gina - PPOM - FURIA RUBEL COMMUNICATIONS, INC., Doylestown, PA, pg. 607
Rubenstein, Howard - PPOM - RUBENSTEIN ASSOCIATES, New York, NY, pg. 644
Rubenstein, Steven - PPOM - RUBENSTEIN ASSOCIATES, New York, NY, pg. 644
Rubin, Gerry - PPOM - RPA, Santa Monica, CA, pg. 134
Rubin, Joel - PPOM - RUBIN COMMUNICATIONS GROUP, Virginia Beach, VA, pg. 644
Rubin, Sara Jo - Operations, PPOM - RUBIN COMMUNICATIONS GROUP, Virginia Beach, VA, pg. 644
Rubin, Phil - PPOM - RDIALOGUE, Atlanta, GA, pg. 291
Rubin, Adam - PPOM - FAHRENHEIT 212, New York, NY, pg. 182
Rubino, Regina - NBC, PPOM - LOUEY / RUBINO DESIGN GROUP, Santa Monica, CA, pg. 190
Rubino, John - PPOM - GREENRUBINO, Seattle, WA, pg. 365
Rubino, Bill - PPOM - PANZANO & PARTNERS, Moorestown, NJ, pg. 194
Rubinson, Lori - Account Planner, Management, Operations, PPOM - LIPPE TAYLOR, New York, NY, pg. 623
Rubinstein, Mitchell - Operations, PPOM - MOB SCENE, Los Angeles, CA, pg. 563
Rubinstein, Ethel - PPOM - LVLY STUDIOS, New York, NY, pg. 247

Rudberg, Glenn - PPOM - ETHOS MARKETING & DESIGN, Westbrook, ME, pg. 182
Rudduck, Heath - Creative, PPOM - PADILLA, New York, NY, pg. 635
Rudenstein, Jared - Interactive / Digital, PPOM - HARMELIN MEDIA, Bala Cynwyd, PA, pg. 467
Ruderfer, Stuart - PPOM - CIVIC ENTERTAINMENT GROUP, New York, NY, pg. 566
Rudisill, Tina - PPOM - MARKETING WORKS, York, PA, pg. 105
Rudnick, Gary - PPOM - GOLIN, Chicago, IL, pg. 609
Rueckert, Dean - PPOM - RUECKERT ADVERTISING, Albany, NY, pg. 136
Ruegger, Andrew - Analytics, Interactive / Digital, PPOM - GROUPM, New York, NY, pg. 466
Ruelas, Alejandro - NBC, PPOM - THIRD EAR, Austin, TX, pg. 546
Ruffins, Duryea - PPOM - QUIGLEY-SIMPSON, Los Angeles, CA, pg. 544
Rugaber, Leslie - PPOM - WORKTANK, Seattle, WA, pg. 21
Ruhanen, Troy - Management, PPOM - TBWA \ CHIAT \ DAY, New York, NY, pg. 416
Ruia, Andy - Account Planner, Management, PPOM - HORIZON MEDIA, INC., New York, NY, pg. 474
Ruiz, Rudy - Creative, PPOM - INTERLEX COMMUNICATIONS, San Antonio, TX, pg. 541
Ruiz, Heather - Creative, PPOM - INTERLEX COMMUNICATIONS, San Antonio, TX, pg. 541
Rumack, Elaine - Account Planner, Interactive / Digital, Management, Media Department, PPOM - WAVEMAKER, Los Angeles, CA, pg. 528
Rundell, Lyn - PPOM - HERO MARKETING, San Francisco, CA, pg. 370
Runge, Clint - Creative, Management, PPOM - ARCHRIVAL, INC., Lincoln, NE, pg. 1
Rush, Peter - PPOM - KELLEN CO., New York, NY, pg. 686
Rushing, Kristen - PPOM - RED SIX MEDIA, Baton Rouge, LA, pg. 132
Rusin-Mull, Jennifer - NBC, PPOM - GALLEGOS UNITED, Huntington Beach, CA, pg. 75
Rusnak, Jeff - PPOM - R STRATEGY GROUP, Cleveland, OH, pg. 16
Russack, Evan - Account Planner, Account Services, Interactive / Digital, PPOM - WORKINPROGRESS, Boulder, CO, pg. 163
Russell, Anthony - Creative, PPOM - RUSSELL DESIGN, New York, NY, pg. 197
Russell, Julie - NBC, PPOM - ADCO ADVERTISING AGENCY, Peoria, IL, pg. 171
Russell, Carol - PPOM - RUSSELL HERDER, Minneapolis, MN, pg. 136
Russell, Scott - Account Planner, Account Services, Management, PPOM - UNIVERSAL MCCANN DETROIT, Birmingham, MI, pg. 524

AGENCIES

RESPONSIBILITIES INDEX

Russell, Jay - Creative, PPOM - GSD&M, Austin, TX, pg. 79
Russell, Todd - PPOM - MAIER ADVERTISING, INC., Farmington, CT, pg. 103
Russo, Tony - PPOM - RUSSO PARTNERS, LLC, New York, NY, pg. 136
Russo, Rich - Creative, PPOM - ARNOLD WORLDWIDE, Boston, MA, pg. 33
Russo, Tricia - Account Planner, Analytics, NBC, PPOM - DDB CHICAGO, Chicago, IL, pg. 59
Russo, Rocky - Creative, PPOM - CERBERUS, New Orleans, LA, pg. 341
Russo, Frankie - PPOM - POTENZA INC, Lafayette, LA, pg. 398
Russo, Giorgio - Creative, PPOM - POTENZA INC, Lafayette, LA, pg. 398
Ruth, Carol - PPOM - THE RUTH GROUP, New York, NY, pg. 655
Ruthazer, Alan - Creative, PPOM - LIGHTNING JAR, New York, NY, pg. 246
Ruthenburg, Jon - PPOM - GRAY LOON MARKETING GROUP, Evansville, IN, pg. 365
Rutherford, Marissa - Media Department, PPOM - MINDSHARE, Chicago, IL, pg. 494
Rutter, Tim - PPOM - WE ARE ALEXANDER, St. Louis, MO, pg. 429
Ryan, Rosemarie - PPOM - CO:COLLECTIVE, LLC, New York, NY, pg. 5
Ryan, Lisa - Account Planner, PPOM - BOOMM MARKETING & COMMUNICATIONS, La Grange, IL, pg. 218
Ryan, Beverly - NBC, PPOM - OLOGIE, Columbus, OH, pg. 122
Ryan, Thomas - PPOM - ICR, New York, NY, pg. 615
Ryan, Laura - Account Services, PPOM - ORION WORLDWIDE, New York, NY, pg. 503
Ryan, Mark - Analytics, PPOM - EXTRACTABLE, INC., San Francisco, CA, pg. 233
Ryan Mardiks, Ellen - NBC, PPOM - GOLIN, Chicago, IL, pg. 609
Rye, Brad - Media Department, NBC, PPOM, Public Relations - MOWER, Albany, NY, pg. 628
Rzasa, Ed - Account Services, Management, PPOM - STERLING-RICE GROUP, Boulder, CO, pg. 413
Saad, Dalit - PPOM - KVELL, Santa Monica, CA, pg. 96
Sabean, Sandy - Creative, PPOM - WOMENKIND, New York, NY, pg. 162
Sabic, Adnan - Creative, PPOM - OSBORN & BARR COMMUNICATIONS, Saint Louis, MO, pg. 395
Sabin, Kristen - Operations, PPOM - HAPPY MEDIUM, Des Moines, IA, pg. 238
Sabran, Barbara - Creative, PPOM - LODICO & COMPANY, Carlisle, MA, pg. 381
Sabzali, Murad - PPOM - CHEMPETITIVE GROUP, Chicago, IL, pg. 341
Sachs, Robyn - NBC, PPOM - RMR & ASSOCIATES, Rockville, MD, pg. 407
Sachs, MaryLee - PPOM - BRANDPIE, New York, NY, pg. 42
Sachs, Ron - PPOM - SACHS MEDIA GROUP, Tallahassee, FL, pg. 645
Sachs, Gay - Finance, PPOM - SACHS MEDIA GROUP, Tallahassee, FL, pg. 645
Sachs, Shawn - PPOM - SUNSHINE SACHS, New York, NY, pg. 650
Sachse, Kim - Creative, PPOM - MOXE, Winter Park, FL, pg. 628
Sackett, Jonathan - Account Planner, PPOM, Research - ALLSCOPE MEDIA, New York, NY, pg. 454
Sackman, David - PPOM - LIEBERMAN RESEARCH WORLDWIDE, Los Angeles, CA, pg. 446
Sacks, Cary - PPOM - IDEAOLOGY ADVERTISING, Marina Del Rey, CA, pg. 88
Sacks, Andrew - NBC, PPOM - AGENCYSACKS, New York, NY, pg. 29
Sadeque, Nasima - Finance, PPOM - HACKERAGENCY, Seattle, WA, pg. 284
Sadlier, Mary - Account Planner, NBC, PPOM - (ADD)VENTURES, Providence, RI, pg. 207
Sadlier, Lizanne - NBC, PPOM - VOX GLOBAL, Washington, DC, pg. 658
Sagon, Glenn - PPOM - SAGON PHIOR, Los Angeles, CA, pg. 409
Saia, Michael - Creative, PPM, PPOM - JUMP, New York, NY, pg. 188
Saifer, Philip - PPOM - VERTICAL MARKETING NETWORK, Tustin, CA, pg. 428
Saini, Sahil - NBC, PPOM - AKOS, Phoenix, AZ, pg. 324
Sairam, Shobha - Account Planner, Account Services, Management, NBC, PPOM - THE COMMUNITY, Miami Beach, FL, pg. 545
Sakharet, Iti - Creative, PPOM - DEEPEND NEW YORK, New York, NY, pg. 224
Salafia, Margaret - NBC, PPOM - ADVERTISING MANAGEMENT SERVICES, INC., Andover, MA, pg. 28
Salafia, Paul - Account Planner, Account Services, Media Department, PPOM - ADVERTISING MANAGEMENT SERVICES, INC., Andover, MA, pg. 28
Salazar, Dahlia - Creative, PPOM - SAVAGE DESIGN GROUP, Houston, TX, pg. 198
Salazar, Ivan - Finance, PPOM - THE VIA AGENCY, Portland, ME, pg. 154
Salema, Ricardo - Account Services, Creative, Management, NBC, PPOM - ISOBAR US, New York, NY, pg. 242
Salinas, David - PPOM - DIGITAL SURGEONS, LLC, New Haven, CT, pg. 226
Salle, Michelle - Human Resources, PPOM - DENTSU AEGIS NETWORK, New York, NY, pg. 61
Salomon, Dee - Creative, Media Department, NBC, PPOM - MEDIALINK, New York, NY, pg. 386
Saltzman, Estelle - PPOM - RUNYON SALTZMAN EINHORN, Sacramento, CA, pg. 645
Saltzman, Eliott - Account Services, Management, NBC, PPOM - ADDISON, New York, NY, pg. 171
Salvati, Sarah - Interactive / Digital, Media Department, PPOM - WAVEMAKER, New York, NY, pg. 526
Salvatore, Rob - PPOM - TONGAL, Santa Monica, CA, pg. 20
Samara, Lisa - Operations, PPOM - DOMUS ADVERTISING, Philadelphia, PA, pg. 352
Samardzija, Slavi - PPOM - ANNALECT GROUP, New York, NY, pg. 213
Samet, Marcy - Account Services, NBC, PPOM - MRM//MCCANN, Princeton, NJ, pg. 252
Samets, Yoram - PPOM - KELLIHER SAMETS VOLK, Burlington, VT, pg. 94
Sametz, Roger - PPOM - SAMETZ BLACKSTONE ASSOCIATES, Boston, MA, pg. 197
Sammons, Jill - Human Resources, PPOM - GOODBY, SILVERSTEIN & PARTNERS, San Francisco, CA, pg. 77
Sample, Matt - Creative, PPOM - HI5.AGENCY, Burbank, CA, pg. 239
Sampogna, John - PPOM - WONDERSAUCE, New York, NY, pg. 205
San Jose, George - Creative, PPOM - THE SAN JOSE GROUP LTD., Chicago, IL, pg. 546
Sanchez, Danny - PPOM - PROTERRA ADVERTISING, Addison, TX, pg. 130
Sanchez, Melissa - NBC, PPOM - CREATIVE CIRCLE, New York, NY, pg. 667
Sanchez, Jeremy - PPOM - GLOBAL STRATEGIES, Bend, OR, pg. 673
Sanchez, Roehl - Creative, PPOM - BIMM DIRECT & DIGITAL, Toronto, ON, pg. 280
Sanchez, Patti - NBC, PPOM - DUARTE, Sunnyvale, CA, pg. 180
Sand-Freedman, Lisette - PPOM - SHADOW PUBLIC RELATIONS, New York, NY, pg. 646
Sandberg, David - Finance, PPOM - KANTAR MILLWARD BROWN, Lisle, IL, pg. 446
Sande, Sandra - Finance, PPOM - CAMPOS CREATIVE WORKS, Santa Monica, CA, pg. 303
Sander, Leigh - Creative, PPOM - COMMERCE HOUSE, Dallas, TX, pg. 52
Sanders, John - Operations, PPOM - ONE ELEVEN INTERACTIVE, INC., Cornwall, CT, pg. 255
Sanders, Mark - Finance, PPOM - GROUPM, New York, NY, pg. 466
Sanders, Caterina - Human Resources, PPOM - HABANERO, Vancouver, BC, pg. 237
Sanders, Kate - Operations, PPOM - ALISON SOUTH MARKETING GROUP, Augusta, GA, pg. 324
Sanderson, Rhonda - NBC, PPOM - SANDERSON & ASSOCIATES LTD., Chicago, IL, pg. 645
Sandford, Billy - Finance, PPOM - INTERMARK GROUP, INC., Birmingham, AL, pg. 375
Sandin, Jill - PPOM - JS2 COMMUNICATIONS, Los Angeles, CA, pg. 618
Sandoval, Rodolfo - Interactive /

1925

RESPONSIBILITIES INDEX — AGENCIES

Digital, Media Department, PPOM - MEDIACOM, New York, NY, *pg.* 487
Sands, Jennifer - Administrative, Finance, PPOM - SOURCELINK, LLC, Miamisburg, OH, *pg.* 292
Sandstrom, Steve - Creative, PPOM - SANDSTROM PARTNERS, Portland, OR, *pg.* 198
Sanghera, Paramjeet - Interactive / Digital, PPOM - JELLYFISH U.S., Baltimore, MD, *pg.* 243
Sangiovanni, Gisele - Creative, PPOM - MUTS & JOY, INC., New York, NY, *pg.* 192
Sanna, James - PPOM - RUNNING SUBWAY, New York, NY, *pg.* 563
Sannazzaro, Lisa - Account Planner, Account Services, Interactive / Digital, Media Department, Operations, PPOM, Social Media - REPRISE DIGITAL, New York, NY, *pg.* 676
Sansregret, Martin - PPOM - TAM TAM \ TBWA, Montreal, QC, *pg.* 416
Santana, Maruchi - Account Services, PPOM - PARHAM SANTANA, INC., New York, NY, *pg.* 194
Santana, Javier - Creative, PPOM - LAUNCH INTERACTIVE, LLC, Atlanta, GA, *pg.* 245
Santiago, John - PPOM - M8, Miami, FL, *pg.* 542
Santillo, Nick - PPOM - FRACTL, Delray Beach, FL, *pg.* 686
Santo, Helder - NBC, PPOM - WUNDERMAN HEALTH, New York, NY, *pg.* 164
Santonocito, Dan - Management, PPOM - BASSO DESIGN GROUP, Troy, MI, *pg.* 215
Santor, Tim - PPOM - X STUDIOS, Winter Park, FL, *pg.* 276
Santore, Stephen - PPOM - SPOTCO, New York, NY, *pg.* 143
Santoro, Mike - PPOM - WALKER SANDS COMMUNICATIONS, Chicago, IL, *pg.* 659
Santos, Vivian - Creative, PPOM - VSBROOKS, Coral Gables, FL, *pg.* 429
Sanzen, Michael - Creative, PPOM - CONCENTRIC HEALTH EXPERIENCE, New York, NY, *pg.* 52
Sanzotti, Bryan - PPOM - INTEGRATED MARKETING SOLUTIONS, Wheaton, IL, *pg.* 89
Saperstein, Alan - Finance, Operations, PPOM - ONSTREAM MEDIA, Fort Lauderdale, FL, *pg.* 255
Saporito, Robert - Finance, PPOM - OGILVY COMMONHEALTH WORLDWIDE, Parsippany, NJ, *pg.* 122
Sappington, Doug - PPOM - BRAND NEUE CO, Homewood, AL, *pg.* 3
Sarasola, Eddie - Management, PPOM - NATCOM MARKETING COMMUNICATIONS, Miami, FL, *pg.* 390
Sard, George - PPOM - SARD VERBINNEN, New York, NY, *pg.* 646
Sargent, George - PPOM - ARNOLD WORLDWIDE, Boston, MA, *pg.* 33
Sarmiento, Ciro - Creative, PPOM - DIESTE, Dallas, TX, *pg.* 539
Sarni, Mark - Finance, PPOM - ZAG INTERACTIVE, Glastonbury, CT, *pg.* 277
Sarnoff, Dafna - NBC, PPOM - INTERSECTION, New York, NY, *pg.* 553
Sarpy, Kathleen - Account Services, PPOM, Public Relations - AGENCY H5, Chicago, IL, *pg.* 575
Sarris, Dave - PPOM - PUSHTWENTYTWO, Bringham Farms, MI, *pg.* 401
Sartorius, Jim - PPOM - MUDD ADVERTISING, Cedar Falls, IA, *pg.* 119
Sarubin, Carol - Finance, PPOM - KEENAN-NAGLE ADVERTISING, Allentown, PA, *pg.* 94
Sass, David - PPOM - APEL, INC., New York, NY, *pg.* 302
Sass, Sabrina - Interactive / Digital, Management, Media Department, PPOM - WAVEMAKER, New York, NY, *pg.* 526
Sasser, David - PPOM - MIDLANTIC MARKETING SOLUTIONS, Daytona Beach, FL, *pg.* 288
Saunders, David - PPOM - MADISON & MAIN, Richmond, VA, *pg.* 382
Saunders, Gary - Creative, PPOM - SAUNDERS OUTDOOR ADVERTISING, Ogden, UT, *pg.* 557
Saunders, John - PPOM - FLEISHMANHILLARD, Saint Louis, MO, *pg.* 604
Saunders, John - PPOM - FLEISHMANHILLARD, Kansas City, MO, *pg.* 604
Sauter, David - PPOM - ENVANO, INC., Green Bay, WI, *pg.*
Sauter, Melissa - PPOM - ESCALENT, Little Rock, AR, *pg.* 444
Savage, Ann - Media Department, PPOM - PATHOS, West Palm Beach, FL, *pg.* 396
Savic, Sasha - PPOM - MEDIACOM, New York, NY, *pg.* 487
Saville, Shelby - Interactive / Digital, Management, PPOM - SPARK FOUNDRY, Chicago, IL, *pg.* 510
Savino, Jennifer - Management, PPOM - KNUPP & WATSON & WALLMAN, Madison, WI, *pg.* 378
Savion, Ronnie - Creative, PPOM - ELIAS SAVION ADVERTISING, Pittsburgh, PA, *pg.* 68
Savitt, Scott - Interactive / Digital, PPOM - CONNELLY PARTNERS, Boston, MA, *pg.* 344
Savoie, Mylene - PPOM - MCCANN CANADA, Montreal, QC, *pg.* 447
Sawabini, Issa - PPOM - FUSE, LLC, Vinooski, VT, *pg.* 8
Sawai, Kyle - Management, NBC, PPOM - THE RICHARDS GROUP, INC., Dallas, TX, *pg.* 422
Sawhney, Ravi - PPOM - RKS DESIGN, Thousand Oaks, CA, *pg.* 197
Sawyer, Louis - Account Planner, Operations, PPOM - BRUNNER, Atlanta, GA, *pg.* 44
Sawyer, Bryan - PPOM - CMA DESIGN, Houston, TX, *pg.* 177
Saxby, Art - PPOM - CHIEF OUTSIDERS, Houston, TX, *pg.* 443
Sayles, Carina - Management, PPOM - SAYLES & WINNIKOFF COMMUNICATIONS, New York, NY, *pg.* 646
Sayliss, Adrian - Finance, PPOM - PUBLICIS NORTH AMERICA, New York, NY, *pg.* 399
Scandone, Keith - PPOM - O3 WORLD, Philadelphia, PA, *pg.* 14
Scangamor, Joe - Finance, PPOM - MINDSHARE, New York, NY, *pg.* 491
Scannell, Mike - Interactive / Digital, PPOM - AGENCY CREATIVE, Dallas, TX, *pg.* 29
Scapperotti, Sherry - PPOM - PLUSMEDIA, LLC, Danbury, CT, *pg.* 290
Scardino, Mike - Creative, PPOM - BARNHARDT DAY & HINES, Concord, NC, *pg.* 36
Scarduzio, Dick - Finance, PPOM - AKCG PUBLIC RELATIONS COUNSELORS, Glassboro, NJ, *pg.* 575
Scatena, Denise - PPOM - SCATENA DANIELS COMMUNICATIONS, San Diego, CA, *pg.* 646
Scelba, Dave - PPOM - SGW INTEGRATED MARKETING, Montville, NJ, *pg.* 410
Schaaf, Don - NBC, PPOM - DON SCHAAF & FRIENDS, INC., Annapolis, MD, *pg.* 180
Schabdach, Sadie - NBC, PPOM - MITCHELL, Fayetteville, AR, *pg.* 627
Schadt, Brian - Management, NBC, PPOM - THE RICHARDS GROUP, INC., Dallas, TX, *pg.* 422
Schaefer, Nancy - PPOM - INGRAM CONSUMER DYNAMICS, New York, NY, *pg.* 10
Schaefer, Eric - PPOM - MINDSTREAM MEDIA GROUP - DALLAS, Dallas, TX, *pg.* 496
Schaevitz Deacon, Jessica - Account Services, PPOM - MCCANN NEW YORK, New York, NY, *pg.* 108
Schaffner, Roger - PPOM - PALISADES MEDIA GROUP, INC., Santa Monica, CA, *pg.* 124
Schalle, Bonnie - PPOM - E&M MEDIA GROUP, Jericho, NY, *pg.* 282
Schanuel, Mary - PPOM - SYNERGY GROUP, Saint Louis, MO, *pg.* 651
Schappler, Joseph - PPOM - HELIX DESIGN, INC., Manchester, NH, *pg.* 186
Schaps, Roberto - PPOM - TURKEL, Coconut Grove, FL, *pg.* 157
Schaps, Richard - PPOM - VAN WAGNER COMMUNICATIONS, New York, NY, *pg.* 558
Schardein, Rick - PPOM - CURRENT360, Louisville, KY, *pg.* 56
Schardein, Lisa - Operations, PPOM - CURRENT360, Louisville, KY, *pg.* 56
Scharf, Cara - PPOM - FEARLESS MEDIA, New York, NY, *pg.* 673
Scheibel, Mary - NBC, PPOM - TREFOIL GROUP, Milwaukee, WI, *pg.* 656
Scheibel, John - PPOM - TREFOIL GROUP, Milwaukee, WI, *pg.* 656
Scheideler, Pam - Interactive / Digital, PPOM - DEUTSCH, INC., Los Angeles, CA, *pg.* 350
Scheinberg, David - PPOM - CAMPBELL

AGENCIES

RESPONSIBILITIES INDEX

MARKETING AND COMMUNICATIONS, Dearborn, MI, *pg.* 339

Scheinok, Tamir - Operations, PPOM - FLUID, INC., New York, NY, *pg.* 235

Schelfhaudt, Peter - PPOM - CREATIVE PARTNERS, LLC, Stamford, CT, *pg.* 346

Schembri, Chris - Operations, PPOM - ALETHEIA MARKETING & MEDIA, Dallas, TX, *pg.* 454

Schepleng, Dan - Creative, PPOM - KAPOWZA, Baltimore, MD, *pg.* 94

Scher, Paula - Account Planner, Creative, NBC, PPOM - PENTAGRAM, New York, NY, *pg.* 194

Scherer, Tom - Creative, PPOM - HYDROGEN, Seattle, WA, *pg.* 87

Scherer, Craig - PPOM - INSIGHT PRODUCT DEVELOPMENT, Chicago, IL, *pg.* 445

Scherer, Dan - Management, PPOM - OUTFRONT MEDIA, Denver, CO, *pg.* 555

Scherk, Dan - Creative, PPOM - TRACTION CREATIVE COMMUNICATIONS, Vancouver, BC, *pg.* 202

Scherma, Frank - PPOM - RADICAL MEDIA, Santa Monica, CA, *pg.* 196

Schermer, Chris - NBC, PPOM - SCHERMER, Minneapolis, MN, *pg.* 16

Schermer, Koryn - PPOM - RITTA & ASSOCIATES, Paramus, NJ, *pg.* 407

Scherrer, Jay - Operations, PPOM - BLUETENT, Carbondale, CO, *pg.* 218

Schettino, Anthony - PPOM - IMPRESSIONS, Mineola, NY, *pg.* 89

Scheyer, Brian - Creative, PPOM - MORTAR ADVERTISING, San Francisco, CA, *pg.* 117

Schiefer, James - PPOM - SCHIEFER CHOPSHOP, Irvine, CA, *pg.* 508

Schiekofer, Susan - Interactive / Digital, Media Department, PPOM - GROUPM, New York, NY, *pg.* 466

Schiff, Dave - Creative, PPOM - MADE MOVEMENT, Boulder, CO, *pg.* 103

Schiff, Bradford - PPOM - PIERCE-COTE ADVERTISING, Osterville, MA, *pg.* 397

Schifino, Paola - PPOM - SCHIFINO LEE ADVERTISING, Tampa, FL, *pg.* 139

Schiller, Chuck - Creative, PPOM - THE RICHARDS GROUP, INC., Dallas, TX, *pg.* 422

Schiller, Anne Marie - Account Services, PPOM - RAPP WORLDWIDE, Irving, TX, *pg.* 291

Schiller, Scott - Management, NBC, PPOM - ENGINE MEDIA GROUP, New York, NY, *pg.* 465

Schiller, Brittany - PPOM - FISHBAIT MARKETING, Wadmalaw Island, SC, *pg.* 306

Schimmelpfennig, Jenn - NBC, PPOM - PIVOT MARKETING, Indianapolis, IN, *pg.* 15

Schinman, Ryan - PPOM - PLATINUM RYE, New York, NY, *pg.* 298

Schirmer, Andrew - PPOM - OGILVY COMMONHEALTH WORLDWIDE, Parsippany, NJ, *pg.* 122

Schkloven, Jayson - PPOM - MERRITT GROUP PUBLIC RELATIONS, McLean, VA, *pg.* 627

Schlansker, Jane - PPOM - INTERSTAR MARKETING & PUBLIC RELATIONS, Fort Worth, TX, *pg.* 616

Schlein, Steven - Operations, PPOM - DEZENHALL RESOURCES, Washington, DC, *pg.* 597

Schlocker, David - NBC, PPOM - DRS & ASSOCIATES, North Hollywood, CA, *pg.* 598

Schlossberg, Edwin - PPOM - ESI DESIGN, INC. , New York, NY, *pg.* 182

Schlossberg, Jason - Creative, Management, PPOM - HUGE, INC., Brooklyn, NY, *pg.* 239

Schlotfeldt, Michael - PPOM - PLAUDIT DESIGN , Saint Paul, MN, *pg.* 257

Schlotfeldt, David - Account Services, NBC, PPOM - PLAUDIT DESIGN , Saint Paul, MN, *pg.* 257

Schlueter, Ted - PPOM - THE GRIST, Boston, MA, *pg.* 19

Schmaeling, Richard - Finance, PPOM - ENTERCOM COMMUNICATIONS CORP., Bala Cynwyd, PA, *pg.* 551

Schmale, Mitchell - Management, Operations, PPOM - NEVINS & ASSOCIATES CHARTERED, Towson, MD, *pg.* 632

Schmid, Jon - PPOM - COOK & SCHMID, San Diego, CA, *pg.* 593

Schmidt, Mike - PPOM - MCS ADVERTISING, Peru, IL, *pg.* 111

Schmidt, Bill - NBC, PPOM - HOT IN THE KITCHEN, St. Louis, MO, *pg.* 9

Schmidt, Bob - PPOM - UBIQUITOUS MEDIA / GLOSS MEDIA, New York, NY, *pg.* 294

Schmitt, Bob - NBC, PPOM - CLEAR CHANNEL OUTDOOR, Oakland, CA, *pg.* 550

Schmitt, Gabriel - Creative, PPOM - FCB NEW YORK, New York, NY, *pg.* 357

Schmuckler, JJ - NBC, PPOM - VMLY&R, New York, NY, *pg.* 160

Schmukler, Mark - PPOM - SAGEFROG MARKETING GROUP, Doylestown, PA, *pg.* 138

Schneider, Fritz - Account Services, PPOM - CLARK COMMUNICATIONS, Clarksburg, MD, *pg.* 591

Schneider, Scott - Creative, Interactive / Digital, NBC, PPOM - PRAYTELL, Brooklyn, NY, *pg.* 258

Schneider, Bud - NBC, PPOM - ARROWHEAD PROMOTIONS & FULFILLMENT CO., INC., Grand Rapids, MN, *pg.* 566

Schneider, Brian - Management, PPOM - UNCONQUERED, Baltimore, MD, *pg.* 203

Schneider, Zack - PPOM - FIFTEEN , Buffalo, NY, *pg.* 358

Schneider, Margo - PPOM, Public Relations - M BOOTH & ASSOCIATES, INC. , New York, NY, *pg.* 624

Schneider, Brad - PPOM - RIGHTPOINT, Oakland, CA, *pg.* 263

Schneider, Elijah - PPOM - MODIFLY INC., San Marcos, CA, *pg.* 687

Schneider, Greg - PPOM - MODIFLY INC., San Marcos, CA, *pg.* 687

Schnitzler, Adam - Creative, PPOM - THE S3 AGENCY, Boonton, NJ, *pg.* 424

Schoen, Laura - Account Services, NBC, PPOM - WEBER SHANDWICK, New York, NY, *pg.* 660

Schoenberg, Jonathan - Creative, PPOM - TDA_BOULDER, Boulder, CO, *pg.* 147

Schoenfeld, Eric - PPOM - MINT ADVERTISING, Clinton, NJ, *pg.* 115

Schoenherr, Aaron - PPOM - GREENTARGET GLOBAL GROUP LLC, Chicago, IL, *pg.* 611

Schoennagel, Ralph - PPOM - LEOTTA DESIGNERS, INC., Coral Gables, FL, *pg.* 189

Scholnick, Harvey - PPOM - MARCUS THOMAS, Cleveland, OH, *pg.* 104

Schoonover, Randall - Creative, PPOM - THE GREAT SOCIETY, Portland, OR, *pg.* 150

Schore, Neal - PPOM - TRITON DIGITAL, Sherman Oaks, CA, *pg.* 272

Schott, Brent - Account Services, PPOM, Public Relations - SWANSON RUSSELL ASSOCIATES, Lincoln, NE, *pg.* 415

Schrader, Brad - Finance, PPOM - YOUNG & LARAMORE, Indianapolis, IN, *pg.* 164

Schraeder, Phil - Finance, Operations, PPOM - GUMGUM, Santa Monica, CA, *pg.* 80

Schragger, Jason - Creative, PPOM - SAATCHI & SAATCHI LOS ANGELES, Torrance, CA, *pg.* 137

Schramm, Joseph - PPOM - SCHRAMM MARKETING GROUP, New York, NY, *pg.* 508

Schreiber, Curtis - Creative, Management, PPOM - VSA PARTNERS, INC. , Chicago, IL, *pg.* 204

Schreiber, Michael - Creative, PPOM - DDB HEALTH, New York, NY, *pg.* 59

Schreurs, Mike - NBC, PPOM - STRATEGIC AMERICA, West Des Moines, IA, *pg.* 414

Schreurs, John - PPOM - STRATEGIC AMERICA, West Des Moines, IA, *pg.* 414

Schroeder, Chuck - PPOM - INSIGHT MARKETING, LLC, Grafton, WI, *pg.* 616

Schroeder, Jillian - Account Planner, Account Services, Media Department, PPOM - MINDSHARE, New York, NY, *pg.* 491

Schroeder Treichel, Lindsay - PPOM - TUNHEIM PARTNERS, Bloomington, MN, *pg.* 657

Schroff, Terry - PPOM - QUIET LIGHT COMMUNICATIONS, Rockford, IL, *pg.* 196

Schubert, Joe - PPOM - SCHUBERT COMMUNICATIONS. INC., Downingtown, PA, *pg.* 139

Schubert, Michael - Creative, PPOM - RUDER FINN, INC., New York, NY, *pg.* 645

Schuch, Zack - Operations, PPOM - ACQUIRE, Raleigh, NC, *pg.* 1

Schuler, Chris - PPOM - BEYOND TRADITIONAL, Seattle, WA, *pg.* 691

Schull, David - PPOM - RUSSO

RESPONSIBILITIES INDEX — AGENCIES

PARTNERS, LLC, New York, NY, pg. 136
Schulman, Nancy - PPOM - SULLIVAN, New York, NY, pg. 18
Schulman, Stacey Lynn - Analytics, NBC, PPOM, Research - KATZ MEDIA GROUP, INC., New York, NY, pg. 481
Schulman, Alan - Creative, PPOM - DELOITTE DIGITAL, Seattle, WA, pg. 224
Schultz, David - NBC, PPOM - MEDIA LOGIC, Albany, NY, pg. 288
Schultz, Natalia - Human Resources, NBC, PPOM - SAATCHI & SAATCHI, New York, NY, pg. 136
Schultz, Brad - Creative, PPOM - MASON MARKETING, Penfield, NY, pg. 106
Schultz, Alan - PPOM - VALASSIS, Livonia, MI, pg. 294
Schulz, Kenneth - PPOM - HARMON GROUP, Nashville, TN, pg. 82
Schulz, Larry - NBC, PPOM - MEDIA DIRECT, INC., Carmel, IN, pg. 112
Schuman, Susan - PPOM - SYPARTNERS, New York, NY, pg. 18
Schumer, Melissa - Interactive / Digital, Media Department, PPOM - ROGERS & COWAN/PMK*BNC, Los Angeles, CA, pg. 643
Schuster, Linda - PPOM - QUANTUM COMMUNICATIONS, Lousiville, KY, pg. 401
Schuster, Stephen - PPOM - RAINIER COMMUNICATIONS, Westborough, MA, pg. 641
Schuster, Susan - PPOM - STAGE2 MARKETING, Ashburn, VA, pg. 18
Schuster, Fred - NBC, PPOM - MADRAS GLOBAL; New York, NY, pg. 103
Schwabl, Mike - PPOM - DIXON SCHWABL ADVERTISING, Victor, NY, pg. 351
Schwaerzel, Roy - PPOM - NUMEDIA GROUP, INC., San Antonio, TX, pg. 254
Schwaerzel, Titima - Operations, PPOM - NUMEDIA GROUP, INC., San Antonio, TX, pg. 254
Schwalbe, Kelly - PPOM - SAGE, Kansas City, MO, pg. 645
Schwartz, Kurt - PPOM - SUCCESS COMMUNICATIONS GROUP, Parsipanny, NJ, pg. 415
Schwartz, Rob - Creative, PPOM - TBWA \ CHIAT \ DAY, New York, NY, pg. 416
Schwartz, Sue - PPOM - ROBERTSON SCHWARTZ AGENCY, Santa Monica, CA, pg. 643
Schwartz, Lyle - Operations, PPOM - GROUPM, New York, NY, pg. 466
Schwartz, Scott - Account Services, Media Department, NBC, Operations, PPOM, Public Relations - OMD, New York, NY, pg. 498
Schwartz, Jonathan - PPOM - BULLSEYE STRATEGY, Fort Lauderdale, FL, pg. 219
Schwartz, Yoav - PPOM - UBERFLIP, Toronto, ON, pg. 535
Schwartz, Aaron - Creative, PPOM - HOOK, Ann Arbor, MI, pg. 239
Schwartz, Keith - PPOM - BOUNTEOUS,

Chicago, IL, pg. 218
Schwarz, David - Creative, PPOM - HUSH STUDIOS, INC., Brooklyn, NY, pg. 186
Schwarzenbach, Malcolm - Account Services, NBC, PPOM - TRUMPET ADVERTISING, New Orleans, LA, pg. 157
Schwebel, Jim - PPOM - APEL, INC., New York, NY, pg. 302
Schwedelson, Jay - PPOM - WORLDATA, Boca Raton, FL, pg. 294
Schwedelson, Helene - PPOM - WORLDATA, Boca Raton, FL, pg. 294
Schweiger, Larry - NBC, PPOM - ALISON GROUP, North Miami Beach, FL, pg. 681
Schweiger, Jeff - Creative, Management, PPOM - ALISON GROUP, North Miami Beach, FL, pg. 681
Schweitzer, Evan - Account Services, PPOM - GROUPM, New York, NY, pg. 466
Schwitters, Sarah - PPOM - LODESTAR MARKETING GROUP, Mountlake Terrace, WA, pg. 381
Schwitters, Derek - Interactive / Digital, PPOM - LODESTAR MARKETING GROUP, Mountlake Terrace, WA, pg. 381
Sciarrotta, Joe - Creative, PPOM - OGILVY, Chicago, IL, pg. 393
Scognamiglio, Marco - PPOM - RAPP WORLDWIDE, New York, NY, pg. 290
Scoonover, Paul - PPOM - ASEN MARKETING & ADVERTISING, INC., Knoxville, TN, pg. 327
Scordato, Adrienne - NBC, PPOM - ATRIUM, New York, NY, pg. 579
Scornaienchi, Al - PPOM - JUNCTION59, Toronto, ON, pg. 378
Scott, Bob - NBC, PPOM - FRENCH / BLITZER / SCOTT, New York, NY, pg. 361
Scott, James - NBC, PPOM - MONO, Minneapolis, MN, pg. 117
Scott, Jeff - PPOM - DP+, Farmington Hills, MI, pg. 353
Scott, Lisa - Creative, PPOM - ONEMAGNIFY, Wilmington, DE, pg. 123
Scott, Edward - Management, NBC, PPOM - JACK MORTON WORLDWIDE, San Francisco, CA, pg. 309
Scott, Peter - PPOM - BLUETENT, Carbondale, CO, pg. 218
Scott, Matt - PPOM - SCOTT DESIGN INC, Capitola, CA, pg. 198
Scott, Diana - PPOM - FINN PARTNERS, New York, NY, pg. 603
Scotting, Andrea - Creative, PPOM - OGILVYONE WORLDWIDE, New York, NY, pg. 255
Scotto Cutaia, Jaymie - PPOM - JAYMIE SCOTTO & ASSOCIATES, Middlebrook, VA, pg. 616
Scully, Scott - PPOM - ABSTRAKT MARKETING GROUP, Saint Louis, MO, pg. 322
Seamen, Karen - Operations, PPOM - CRAMER-KRASSELT, Chicago, IL, pg. 53
Searle, Chuck - Account Services, PPOM - VMLY&R, Kansas City, MO, pg. 274

Seaver, Jeff - PPOM - CULL GROUP, Grand Rapids, MI, pg. 56
Seaver, Maria - Operations, PPOM - SPRINGBOX, Austin, TX, pg. 266
Sebastian, Tom - Creative, Operations, PPOM - THE STORY LAB, Santa Monica, CA, pg. 153
Sebbag, Steph - NBC, PPOM - BPG ADVERTISING, West Hollywood, CA, pg. 42
Seddon, Joanna - Account Services, Media Department, NBC, PPOM - OGILVYONE WORLDWIDE, New York, NY, pg. 255
Sedgwick, Clyde - PPOM - DEFERO, Phoenix, AZ, pg. 224
Sedky, Herve - PPOM - REED EXHIBITION COMPANY, Norwalk, CT, pg. 314
Sedlak, Keith - PPOM - HARTE HANKS, INC., Austin, TX, pg. 284
Sedlarcik, Peter - Analytics, Management, PPOM, Research - HAVAS MEDIA GROUP, New York, NY, pg. 468
Seeker, John - PPOM - TURNSTILE, INC., Dallas, TX, pg. 427
Seeley, Trevor - PPOM - WHITE PANTS AGENCY, Dallas, TX, pg. 276
Seem, David - Finance, PPOM - MILLER ZELL, INC., Atlanta, GA, pg. 191
Segre, Paul - PPOM - GENESYS TELECOMMUNICATIONS LABORATORIES, Daly City, CA, pg. 168
Sehgal, Ajai - Account Services, Interactive / Digital, PPOM - EAGLEVIEW TECHNOLOGIES, INC., Bothell, WA, pg. 230
Seickel, Jennifer - Management, PPOM - BILLUPS, INC, New York, NY, pg. 550
Seidelman, Eric - Interactive / Digital, Management, Media Department, PPOM - QUINSTREET, INC., Foster City, CA, pg. 290
Seidelman, Fred - Interactive / Digital, PPOM - MRM//MCCANN, Birmingham, MI, pg. 252
Seiden, Matthew - NBC, PPOM - SEIDEN GROUP, INC., New York, NY, pg. 410
Seifert, Rome - Finance, PPOM - LAUGHLIN CONSTABLE, INC., Milwaukee, WI, pg. 379
Seiman, Michael - PPOM - DIGITAL REMEDY, New York, NY, pg. 226
Seimetz, Diane - Creative, PPOM - LAUNCH AGENCY, Dallas, TX, pg. 97
Seinen, Ben - Account Services, PPOM - PEP, Cincinnati, OH, pg. 569
Seitz, Scott - PPOM - SPI MARKETING, New York, NY, pg. 411
Seitz, Daniel B. - PPOM - BOSE PUBLIC AFFAIRS GROUP, LLC, Indianapolis, IN, pg. 585
Sekin, Chris - Creative, PPOM - JOHNSON & SEKIN, Dallas, TX, pg. 10
Selame, Ted - PPOM - BRANDEQUITY INTERNATIONAL, Newton, MA, pg. 175
Selbert, Cliff - Creative, PPOM - SELBERT PERKINS DESIGN COLLABORATIVE, Arlington, MA, pg. 198
Selby, David - PPOM - SCHAFER

AGENCIES
RESPONSIBILITIES INDEX

CONDON CARTER, Chicago, IL, *pg.* 138
Selby, Michele - Media Department, PPOM - MEDIA WORKS, LTD., Baltimore, MD, *pg.* 486
Seldon, Eric - PPOM - COMMUNICORP, INC., Columbus, GA, *pg.* 52
Selfridge, Laura - Account Services, Operations, PPOM - WUNDERMAN THOMPSON, New York, NY, *pg.* 434
Sellers, Tim - PPOM - INFERNO, LLC, Memphis, TN, *pg.* 374
Sells, Kass - Management, PPOM - WE COMMUNICATIONS, Bellevue, WA, *pg.* 660
Sells, Mike - PPOM - THE SELLS AGENCY, Little Rock, AR, *pg.* 655
Selman, Randy - PPOM - ONSTREAM MEDIA, Fort Lauderdale, FL, *pg.* 255
Selwood, David - Analytics, Operations, PPOM, Research - JAVELIN AGENCY, Irving, TX, *pg.* 286
Semons, Andy - Account Services, NBC, PPOM - IPNY, New York, NY, *pg.* 90
Sena, Pete - Creative, PPOM - DIGITAL SURGEONS, LLC, New Haven, CT, *pg.* 226
Senese, Jodi - NBC, PPOM - OUTFRONT MEDIA, New York, NY, *pg.* 554
Seng, Frank - Finance, PPOM - MUDD ADVERTISING, Cedar Falls, IA, *pg.* 119
Senn, Marty - Creative, PPOM - CARMICHAEL LYNCH, Minneapolis, MN, *pg.* 47
Senne, Todd - NBC, PPOM - TRILIX MARKETING GROUP, INC., Des Moines, IA, *pg.* 427
Seow, Bertrand - Interactive / Digital, PPOM - RATESPECIAL INTERACTIVE LLC, Paasadena, CA, *pg.* 262
Sepulveda, Lisa - Management, NBC, PPOM - EDELMAN, New York, NY, *pg.* 599
Sequenzia, Joe - PPOM - MILK, South Norwalk, CT, *pg.* 115
Serebin, Dan - Finance, PPOM - DERSE, INC., Milwaukee, WI, *pg.* 304
Seris, Thomas - NBC, PPOM - THE PLATFORM GROUP, El Segundo, CA, *pg.* 152
Seroka, Patrick - PPOM - SEROKA BRAND DEVELOPMENT, Brookfield, WI, *pg.* 646
Seroka, John - Interactive / Digital, Media Department, PPOM - SEROKA BRAND DEVELOPMENT, Brookfield, WI, *pg.* 646
Serra, Jean - Account Services, NBC, PPOM, Public Relations - VERSION 2 COMMUNICATIONS, Boston, MA, *pg.* 658
Serrano, Carla - Account Planner, PPOM - PUBLICIS NORTH AMERICA, New York, NY, *pg.* 399
Sesto, Brianna - Media Department, NBC, PPOM - WAVEMAKER, New York, NY, *pg.* 526
Sesto, Gino - PPOM - DASH TWO, Culver City, CA, *pg.* 551
Severs, Jason - Creative, PPOM - DROGA5, New York, NY, *pg.* 64

Sewell, Howard - NBC, PPOM - SPEAR MARKETING GROUP, Walnut Creek, CA, *pg.* 411
Sewell, Peter - PPOM - COMMIX COMMUNICATIONS, INC., Richmond Hill, ON, *pg.* 592
Sewell, Tom - Account Services, Management, NBC, Operations, PPOM - DCX GROWTH ACCELERATOR, Brooklyn, NY, *pg.* 58
Sexton, Kristy - Creative, PPOM - ADCETERA, Houston, TX, *pg.* 27
Sexton, John - Finance, PPOM - ADCETERA, Houston, TX, *pg.* 27
Sexton, Nanci - Finance, Human Resources, PPOM - MARTIN ADVERTISING, Birmingham, AL, *pg.* 106
Seyfer, Mike - PPOM - HAILEY SAULT, Duluth, MN, *pg.* 81
Seyferth, Ginny - NBC, PPOM, Public Relations - SEYFERTH & ASSOCIATES, INC., Grand Rapids, MI, *pg.* 646
Seymour, Lance - Human Resources, PPOM - CHO / HIGHWATER GROUP, New York, NY, *pg.* 590
Seymour, Scott - Creative, PPOM - BFG COMMUNICATIONS, Bluffton, SC, *pg.* 333
Shabelman, Doug - Account Services, PPOM - BURNS ENTERTAINMENT & SPORTS MARKETING, INC., Evanston, IL, *pg.* 303
Shackelford, MaryJane - PPOM - BARNES ADVERTISING CORPORATION, Zanesville, OH, *pg.* 549
Shackley, Maya - Finance, PPOM - DEZENHALL RESOURCES, Washington, DC, *pg.* 597
Shadid, Josh - NBC, PPM, PPOM - LORD DANGER, Los Angeles, CA, *pg.* 562
Shaeffer, Kim - Creative, PPOM - DESIGNTHIS!, Napa, CA, *pg.* 179
Shafer, Brooke - PPOM - CMI, Atlanta, GA, *pg.* 443
Shaffer, Tanner - Operations, PPOM - DIRECTIVE CONSULTING, Irvine, CA, *pg.* 63
Shafi, Susan - Finance, PPOM - JUAREZ AND ASSOCIATES, INC., Los Angeles, CA, *pg.* 446
Shah, Atit - Creative, PPOM - DIGITAS, New York, NY, *pg.* 226
Shah, Alka - Media Department, PPOM, Programmatic - GROUPM, New York, NY, *pg.* 466
Shah, Nick - Operations, PPOM - AMPUSH, San Francisco, CA, *pg.* 213
Shaker, Joseph - PPOM - SHAKER RECRUITMENT ADVERTISING & COMMUNICATIONS, Oak Park, IL, *pg.* 667
Shaker Jr., Joe - PPOM - SHAKER RECRUITMENT ADVERTISING & COMMUNICATIONS, Oak Park, IL, *pg.* 667
Shallcross, Ann - PPOM - FORREST & BLAKE, INC., Clark, NJ, *pg.* 540
Shamah, Ronald - Account Services, Management, NBC, PPOM - PUBLICIS.SAPIENT, New York, NY, *pg.* 258
Shamberg, Scott - PPOM -

PERFORMICS, Chicago, IL, *pg.* 676
Shames, Steve - Account Planner, Interactive / Digital, PPOM - PUBLICIS NORTH AMERICA, New York, NY, *pg.* 399
Shamlian, Fred - Creative, PPOM - SHAMLIAN ADVERTISING, Media, PA, *pg.* 140
Shanahan, Kathleen - PPOM - BOCA COMMUNICATIONS, San Francisco, CA, *pg.* 585
Shank Rockman, Mary - PPOM - MSR COMMUNICATIONS, San Francisco, CA, *pg.* 630
Shanks, Bob - NBC, PPOM - GRIP LIMITED, Toronto, ON, *pg.* 78
Shanks, Richard - PPOM - UPSHIFT CREATIVE GROUP, Chicago, IL, *pg.* 21
Shapiro, Charles - PPOM - MASSMEDIA, INC., Newton, MA, *pg.* 483
Shapiro, Ronnie - PPOM - CARDINAL COMMUNICATIONS USA, New York, NY, *pg.* 47
Shapiro, Mitch - PPOM - BEBER SILVERSTEIN GROUP, Miami, FL, *pg.* 38
Shapiro, Robin - PPOM - TBWA\WORLDHEALTH, New York, NY, *pg.* 147
Shapiro, Stephen - PPOM - COMMUNICATIONS STRATEGY GROUP, Denver, CO, *pg.* 592
Shapiro, Maury - Finance, Operations, PPOM - BCW NEW YORK, New York, NY, *pg.* 581
Shapiro, James - Operations, PPOM - NEON, New York, NY, *pg.* 120
Sharma, Vivek - PPOM - MOVEABLE INK, New York, NY, *pg.* 251
Sharma, Neal - PPOM - DEG DIGITAL, Overland Park, KS, *pg.* 224
Sharman, Jay - PPOM - TEAMWORKS MEDIA, Chicago, IL, *pg.* 519
Sharp, Torrey - NBC, PPOM - FACEOUT STUDIOS, Bend, OR, *pg.* 182
Sharp, Valerie - PPOM - AWESTRUCK, Culver City, CA, *pg.* 691
Sharp, Matthew - Interactive / Digital, PPOM - ADVANCE 360, Grand Rapids, MI, *pg.* 211
Sharp, Michael - PPOM - STANDARD BLACK, Los Angeles, CA, *pg.* 144
Sharpe, Pam - Media Department, Operations, PPOM - THE PRICE GROUP INC., Lubbock, TX, *pg.* 152
Sharpe, Dave - PPOM - 6DEGREES, Toronto, ON, *pg.* 321
Shaver, Rick - PPOM - THE HIVE STRATEGIC MARKETING, Toronto, ON, *pg.* 420
Shaw, Bob - NBC, PPOM - CONCENTRIC MARKETING, Charlotte, NC, *pg.* 52
Shaw, Wes - PPOM - WORDS AND PICTURES CREATIVE SERVICE, INC., Park Ridge, NJ, *pg.* 276
Shaw, Doug - PPOM - DOUGLAS SHAW & ASSOCIATES, Naperville, IL, *pg.* 598
Shaw, Bonnie - NBC, PPOM - CLEARPOINT AGENCY, Encinitas, CA, *pg.* 591
Shaw West, Robert - PPOM - THE REPUBLIK, Durham, NC, *pg.* 152

RESPONSIBILITIES INDEX

AGENCIES

Shea, Elizabeth - NBC, PPOM - SPEAKERBOX COMMUNICATIONS, Vienna, VA, pg. 649

Shea, Greg - Operations, PPOM - CAMPBELL MARKETING AND COMMUNICATIONS, Dearborn, MI, pg. 339

Shea, George - PPOM - SHEA COMMUNICATIONS, New York, NY, pg. 646

Shea, Richard - NBC, PPOM - SHEA COMMUNICATIONS, New York, NY, pg. 646

Shea, John - NBC, PPOM - OCTAGON, Stanford, CT, pg. 313

Shea, Kris - NBC, PPOM - JUICE STUDIOS, Atlanta, GA, pg. 309

Shearer, Chad - Creative, Operations, PPOM - CAREN WEST PR, Atlanta, GA, pg. 588

Shearer, Norm - Creative, PPOM - CACTUS MARKETING COMMUNICATIONS, Denver, CO, pg. 339

Shearer, Daniel - PPOM - COSSETTE MEDIA, Toronto, ON, pg. 345

Shedd, Dan - NBC, PPOM - TAYLOR BOX COMPANY, Warren, RI, pg. 201

Sheehan, Riley - Interactive / Digital, PPOM - MERGE, Chicago, IL, pg. 113

Sheehan, Lauren - Creative, Management, PPOM - MERGE, Chicago, IL, pg. 113

Sheehan, Casey - Account Services, Creative, Management, PPOM - WORK & CO, Brooklyn, NY, pg. 276

Sheehy, John - Operations, PPOM - STARCOM WORLDWIDE, Chicago, IL, pg. 513

Sheikh, Shaun - PPOM - JUMP 450 MEDIA, New York, NY, pg. 481

Sheinberg, Scott - Creative, PPOM - 22SQUARED INC., Tampa, FL, pg. 319

Shelton, Samuel - Creative, PPOM - KINETIK COMMUNICATIONS GRAPHICS, Washington, DC, pg. 189

Shelton, Suzanne - PPOM - THE SHELTON GROUP, Knoxville, TN, pg. 153

Shelton, Rusty - PPOM - ZILKER MEDIA, Austin, TX, pg. 665

Shenk, Gary - PPOM - BRANDED ENTERTAINMENT NETWORK, INC., Sherman Oaks, CA, pg. 297

Shepansky, Tom - Account Services, PPOM - RETHINK COMMUNICATIONS, INC., Vancouver, BC, pg. 133

Shepard, Robert - Creative, PPOM - KOOPMAN OSTBO INC., Portland, OR, pg. 378

Shepard, Thomas - NBC, PPOM - 21 MARKETING, Greenwich, CT, pg. 301

Shepard, Janet - Finance, PPOM - HERZOG & COMPANY, North Hollywood, CA, pg. 298

Shepardson, Rob - PPOM - SS+K, New York, NY, pg. 144

Shepherd, Robin - PPOM - SHEPHERD AGENCY, Jacksonville, FL, pg. 410

Sheppard, Dan - Creative, PPOM - SLN, INC., Providence, RI, pg. 677

Sheppard, Matthew - PPOM - THE SHEPPARD GROUP, Glendale, CA, pg. 424

Sheppard, Suzanne - PPOM - THE SHEPPARD GROUP, Glendale, CA, pg. 424

Sherensky, Jill - PPOM - DENNY MOUNTAIN MEDIA, Seattle, WA, pg. 225

Sheridan, Karen - Media Department, PPOM - SMY MEDIA, INC., Chicago, IL, pg. 508

Sherman, Keith - PPOM - KEITH SHERMAN & ASSOCIATES, INC., New York, NY, pg. 686

Sherman, Lee - Media Department, PPOM - FORMATIVE, Seattle, WA, pg. 235

Sherman, Mark - PPOM - MEDIA EXPERTS, Montreal, QC, pg. 485

Sherman, Matthew - PPOM - JOELE FRANK, WILKINSON BRIMMER KATCHER, New York, NY, pg. 617

Sherman, Kim - PPOM - ECHO MEDIA GROUP, Tustin, CA, pg. 599

Sherman, Russell - PPOM - PROSEK PARTNERS, New York, NY, pg. 639

Sherwood, Bradley - Creative, PPOM - MIGHTY 8TH MEDIA, Buford, GA, pg. 115

Shevin, Andrew - NBC, PPOM - APOLLO INTERACTIVE, El Segundo, CA, pg. 214

Shields, Gwen - Operations, PPOM - ALTITUDE MARKETING, Emmaus, PA, pg. 30

Shields, Kate - PPOM - VAULT COMMUNICATIONS, INC., Plymouth Meeting, PA, pg. 658

Shifflett, Julia - NBC, PPOM - TIC TOC, Dallas, TX, pg. 570

Shih, Annie - Account Planner, Account Services, NBC, PPOM - ADASIA, Englewood Cliffs, NJ, pg. 26

Shilale, Dave - Management, PPOM - VIEWPOINT CREATIVE, Newton, MA, pg. 159

Shimek, Justin - PPOM - MATTSON, Foster City, CA, pg. 447

Shimmel, Kari - Creative, Interactive / Digital, Management, Media Department, NBC, PPOM - CAMPBELL EWALD, Detroit, MI, pg. 46

Shipley, Mark - Creative, PPOM - SMITH & JONES, Troy, NY, pg. 143

Shipley, Neil - Operations, PPOM - DOXA TOTAL DESIGN STRATEGY, INC., Fayetteville, AR, pg. 180

Shipley, Amy - Management, PPOM - STERLING-RICE GROUP, Boulder, CO, pg. 413

Shipley, Mark - Account Planner, NBC, PPOM - BURST MARKETING, Troy, NY, pg. 338

Shirden, Emily - PPOM - FINN PARTNERS, Chicago, IL, pg. 604

Shirk, Bill - PPOM - THINK TANK COMMUNICATIONS, Johns Creek, GA, pg. 656

Shirley, Philip - PPOM - GODWIN GROUP, Jackson, MS, pg. 364

Shirley, Craig - PPOM - SHIRLEY & BANISTER PUBLIC AFFAIRS, Alexandria, VA, pg. 647

Shlansky, Steve - PPOM - GO! EXPERIENCE DESIGN, New York, NY, pg. 307

Shoesmith, Jo - Account Services, Creative, Management, PPOM - CAMPBELL EWALD, Detroit, MI, pg. 46

Shook, Terry - NBC, PPOM - SHOOK KELLEY, Charlotte, NC, pg. 198

Shopa, Linda - PPOM - ALOYSIUS BUTLER & CLARK, Wilmington, DE, pg. 30

Shore, Kurt - PPOM - D4 CREATIVE GROUP, Philadelphia, PA, pg. 56

Short, Marilyn - PPOM - HARBINGER COMMUNICATIONS, INC., Toronto, ON, pg. 611

Short, Martin - PPOM - SWERVE, INC., New York, NY, pg. 200

Shotwell, Jeff - Creative, PPOM - IMAGINE IT! MEDIA, INC., Palm Springs, CA, pg. 477

Shourie, Rishi - Creative, PPOM - CHARACTER, San Francisco, CA, pg. 5

Show, Ned - PPOM - CHEMISTRY COMMUNICATIONS INC., Pittsburgh, PA, pg. 50

Showalter, Mark - PPOM - P.S. MEDIA, Kennewick, WA, pg. 395

Shrader, Ralph - Management, PPOM - BOOZ ALLEN HAMILTON, McLean, VA, pg. 218

Shrader, Dana - Account Services, Management, Media Department, PPOM - UNIVERSAL MCCANN DETROIT, Birmingham, MI, pg. 524

Shulkin, Lonn - PPOM - BAM STRATEGY, Montreal, QC, pg. 215

Shulman, David - Management, PPOM - OGILVY, New York, NY, pg. 393

Shumate, Matt - PPOM - MAX BORGES AGENCY, Miami, FL, pg. 626

Shur, Limore - Operations, PPOM - MOD OP, New York, NY, pg. 116

Shust, Dan - Interactive / Digital, PPOM - IBM IX, Columbus, OH, pg. 240

Shuster, Elayne - Account Planner, Management, PPOM - M-STREET CREATIVE, Freehold, NJ, pg. 190

Shusterman, Jared - PPOM - SPROUTLOUD MEDIA NETWORKS, Sunrise, FL, pg. 17

Shutt, Evin - Management, Operations, PPOM - 72ANDSUNNY, Playa Vista, CA, pg. 23

Shuttleworth, Jamie - Account Services, NBC, PPOM - MCGARRYBOWEN, Chicago, IL, pg. 110

Siadak, Amy - NBC, PPOM - HOUSE OF MARKETING RESEARCH, Pasadena, CA, pg. 541

Siano, Greg - Account Services, Management, Media Department, PPOM - CROSSMEDIA, New York, NY, pg. 463

Siddall, John - PPOM - SIDDALL, Richmond, VA, pg. 141

Sides, Larry - PPOM - SIDES & ASSOCIATES, Lafayette, LA, pg. 410

Siegel, Barby - PPOM - ZENO GROUP, New York, NY, pg. 664

Siegel, Andrew - PPOM - JOELE FRANK, WILKINSON BRIMMER KATCHER, New York, NY, pg. 617

Siegel, Jason - Creative, PPOM - BLUETEXT, Washington, DC, pg. 40

Siegel, Amy - PPOM - C&G PARTNERS,

AGENCIES

RESPONSIBILITIES INDEX

LLC, New York, NY, pg. 176
Siegel, Sharon - PPOM - DECO PRODUCTIONS, Miami, FL, pg. 304
Siegert, Karl - Operations, PPOM - MVP COLLABORATIVE, INC., Madison Heights, MI, pg. 312
Siegfried, Robert - PPOM - KEKST & COMPANY, INC., New York, NY, pg. 619
Sieler, Michele - Media Department, PPOM - COUDAL PARTNERS, Chicago, IL, pg. 53
Siets, Marilyn - Finance, PPOM - SACHS MEDIA GROUP, Tallahassee, FL, pg. 645
Sifakis, Manos - PPOM - CUSTOMEDIALABS, Wayne, PA, pg. 223
Sigler, Jamie Lynn - PPOM - J PUBLIC RELATIONS, San Diego, CA, pg. 616
Signer, William - Management, PPOM - CARMEN GROUP, Washington, DC, pg. 588
Signore, Tony - PPOM - TAYLOR , New York, NY, pg. 651
Signore, Scott - PPOM - MATTER COMMUNICATIONS, INC., Providence, RI, pg. 626
Sigrest, Amy - Interactive / Digital, PPOM - MAPR, Boulder, CO, pg. 624
Sikorski, Simon - Account Services, PPOM - MCCANN CANADA, Toronto, ON, pg. 384
Sileo, Michele - Management, NBC, PPOM - ELEVEN, INC., San Francisco, CA, pg. 67
Siltanen, Rob - Creative, PPOM - SILTANEN & PARTNERS ADVERTISING, El Segundo, CA, pg. 410
Silva, John - Account Services, NBC, PPOM - DUPUIS, Ventura, CA, pg. 180
Silva, Hector - Finance, Operations, PPOM - BAKERY, Austin, TX, pg. 215
Silver, Rick - PPOM - CHERNOFF NEWMAN, Columbia, SC, pg. 341
Silver, Pat - Finance, PPOM - SILVER MARKETING, INC., Bethesda, MD, pg. 141
Silver, Eric - Creative, PPOM - MCCANN NEW YORK, New York, NY, pg. 108
Silver, Don - Operations, PPOM - BOARDROOM COMMUNICATIONS, Fort Lauderdale, FL, pg. 584
Silver, Mark - PPOM - FACTORY PR, New York, NY, pg. 602
Silver, Chad - Operations, PPOM - VECTOR MEDIA, New York, NY, pg. 558
Silver, Claude - Human Resources, PPOM - VAYNERMEDIA, New York, NY, pg. 689
Silver, David - Media Department, PPOM - REFUEL AGENCY, New York, NY, pg. 507
Silverman, Marcy - PPOM - SILVERMAN GROUP, New Haven, CT, pg. 410
Silverman, Bob - Finance, PPOM - VSA PARTNERS, INC., Chicago, IL, pg. 204
Silverstein, Elaine - PPOM - BEBER SILVERSTEIN GROUP, Miami, FL, pg. 38

Silverstein, Rich - Creative, PPOM - GOODBY, SILVERSTEIN & PARTNERS, San Francisco, CA, pg. 77
Silverstein, David - Account Planner, Operations, PPOM - ENVISIONIT MEDIA, INC., Chicago, IL, pg. 231
Silverton, Ezra - Interactive / Digital, NBC, Operations, PPOM - 9TH CO., Toronto, ON, pg. 209
Silvestri, Phil - Creative, PPOM - HAVAS TONIC, New York, NY, pg. 285
Silvestri, Holly - PPOM - THE FERRARO GROUP, Las Vegas, NV, pg. 653
Silvestri, Philip - PPOM - PLANO PROFILE, Plano, TX, pg. 195
Simanowitz, John - PPOM - INTEGRITY, Saint Louis, MO, pg. 90
Simas, Paulo - Creative, PPOM - W2O, San Francisco, CA, pg. 659
Simmelink, Tom - Account Services, NBC, PPOM - WHITEMYER ADVERTISING, INC., Zoar, OH, pg. 161
Simmons, William - PPOM - GRAYLING USA, Washington, DC, pg. 610
Simmons, Nate - PPOM - BACKBONE MEDIA, Carbondale, CO, pg. 579
Simmons, Sheperd - NBC, PPOM - COUNTERPART, Memphis, TN, pg. 345
Simmons, Drew - NBC, PPOM - PALE MORNING MEDIA, Waitsville, VT, pg. 635
Simmons, Russell - PPOM - WP NARRATIVE_, New York, NY, pg. 163
Simmons, Sarah - PPOM - R\WEST, Portland, OR, pg. 136
Simms, Julia - NBC, PPOM - SAN DIEGO PR, San Diego, CA, pg. 645
Simms, Brad - PPOM - GALE, New York, NY, pg. 236
Simms Hassan, Jodi - NBC, PPOM - ALISON BROD PUBLIC RELATIONS, New York, NY, pg. 576
Simon, Andrew - Creative, PPOM - EDELMAN , Toronto, ON, pg. 601
Simon, Mark - Creative, PPOM - THE YAFFE GROUP, Southfield, MI, pg. 154
Simon, Doug - PPOM - DS SIMON PRODUCTIONS, INC., New York, NY, pg. 230
Simon, Joshua - PPOM - SIMON + ASSOCIATES ADVERTISING, Los Angeles, CA, pg. 142
Simon, Daniel - PPOM - VESTED, New York, NY, pg. 658
Simoncic, Steve - Creative, PPOM - JACOBSON ROST, Chicago, IL, pg. 376
Simonetta, Joseph - PPOM - PUBLIC STRATEGIES IMPACT, Trenton, NJ, pg. 639
Simons, Marc - PPOM - GIANT SPOON, LLC, Los Angeles, CA, pg. 363
Simpson, Richmond - PPOM - THE VIMARC GROUP INC., Louisville, KY, pg. 425
Simpson, Bill - Interactive / Digital, PPOM - SIMPLEVIEW, INC., Tucson, AZ, pg. 168
Simpson, Lowell - Interactive / Digital, Management, PPOM - OUTFRONT MEDIA, New York, NY, pg. 554

Simpson, Clinton - Media Department, PPOM - DIGITAS, New York, NY, pg. 226
Sims, Nic - NBC, PPOM - SIMBOL, Park City, UT, pg. 647
Sims, Brent - Account Planner, Media Department, NBC, PPOM - ROCKIT SCIENCE AGENCY, Baton Rouge, LA, pg. 16
Sims, Eric - PPOM - STELLAR MARKETING, Excelsior, MN, pg. 518
Singer, Sam - PPOM - SINGER ASSOCIATES, San Francisco, CA, pg. 647
Singer, Nicholas - PPOM - HOORAY AGENCY, Irvine, CA, pg. 239
Singh, Jasvindarjit - Interactive / Digital, PPOM - DEG DIGITAL, Overland Park, KS, pg. 224
Singhal, Raj - Finance, Operations, PPOM - HUGE, INC., Brooklyn, NY, pg. 239
Singleton, Heidi - Creative, PPOM - NEW HONOR SOCIETY, Saint Louis, MO, pg. 391
Singolda, Adam - PPOM - TABOOLA, New York, NY, pg. 268
Siniard, Nancy - PPOM - TOTALCOM, Huntsville, AL, pg. 156
Sirach, Blake - PPOM - WILLOWTREE, INC., Charlottesville, VA, pg. 535
Sirignano, Abraham - NBC, PPOM - PROPHET, New York, NY, pg. 15
Sirotnik, Andrew - Interactive / Digital, PPOM - ASTOUND COMMERCE, San Bruno, CA, pg. 214
Sisa Thompson, Verena - Account Planner, Account Services, Management, PPOM - CONILL ADVERTISING, INC., El Segundo, CA, pg. 538
Sitrick, Michael - PPOM - SITRICK AND COMPANY, INC., Los Angeles, CA, pg. 647
Sittig, Richard - Creative, PPOM - SECRET WEAPON MARKETING, Los Angeles, CA, pg. 139
Siu, Eric - PPOM - SINGLE GRAIN, Los Angeles, CA, pg. 265
Siyahian, Raffi - PPOM - SCOUT MARKETING, Atlanta, GA, pg. 139
Sjogreen, Tracy - PPOM - NECTAR COMMUNICATIONS, San Francisco, CA, pg. 632
Skaggs, Jonina - Creative, PPOM - SKAGGS, New York, NY, pg. 199
Skaggs, Bradley - Creative, PPOM - SKAGGS, New York, NY, pg. 199
Skelly, Megan - Creative, PPOM - EDELMAN, New York, NY, pg. 599
Skidgel, Jennifer - Human Resources, PPOM - LEO BURNETT WORLDWIDE, Chicago, IL, pg. 98
Skillman, Jenny - PPOM - KINETIK COMMUNICATIONS GRAPHICS, Washington, DC, pg. 189
Skinner, Jason - NBC, PPOM - TRUE NORTH CUSTOM PUBLISHING, LLC, Chattanooga, TN, pg. 564
Skislak, Nick - PPOM - SSDM, Troy, MI, pg. 412
Skiver, Jeremy - PPOM - SKIVER ADVERTISING, Costa Mesa, CA, pg.

1931

RESPONSIBILITIES INDEX — AGENCIES

142
Sladack, David - Account Services, Media Department, PPOM - BLD MARKETING, Bethel Park, PA, *pg.* 334
Sladowski, Lynn - Interactive / Digital, NBC, PPOM, Social Media - WAVEMAKER, New York, NY, *pg.* 526
Slater, Summer - Interactive / Digital, Media Department, PPOM - DNA SEATTLE, Seattle, WA, *pg.* 180
Sleight, Wayne - Operations, PPOM - 97TH FLOOR, Lehi, UT, *pg.* 209
Slezak, Jeannie - Creative, Media Department, PPOM - FCB CHICAGO, Chicago, IL, *pg.* 71
Slicklein, Kim - PPOM - OGILVY, New York, NY, *pg.* 393
Slitt, Brian - NBC, PPOM - NINTHDECIMAL, San Francisco, CA, *pg.* 534
Sloan, Chris - Creative, PPOM - 2C MEDIA, INC., Miami, FL, *pg.* 561
Sloan, Cliff - PPOM - PHIL & CO., New York, NY, *pg.* 397
Sloane, Elliot - PPOM - SLOANE & COMPANY, New York, NY, *pg.* 647
Sloboda, Gary - Creative, PPOM - BANDY CARROLL HELLIGE, Louisville, KY, *pg.* 36
Slocumb, Christine - PPOM - CLARITYQUEST, Groton, CT, *pg.* 50
Slothower, Andy - Creative, PPOM - SPYGLASS CREATIVE, Minneapolis, MN, *pg.* 200
Slotkin, Luis - PPOM - HIGHDIVE, Chicago, IL, *pg.* 85
Small-Weil, Susan - Account Planner, PPOM - SEIDEN GROUP, INC., New York, NY, *pg.* 410
Smalls-Landau, Deidre - Human Resources, Management, NBC, PPOM - UNIVERSAL MCCANN, New York, NY, *pg.* 521
Smiles, Andrew - Creative, PPOM - TANK DESIGN, Cambridge, MA, *pg.* 201
Smiley, Taylor - PPOM - THE RICHARDS GROUP, INC., Dallas, TX, *pg.* 422
Smit, Marilyn - PPOM - M45 MARKETING SERVICES, Freeport, IL, *pg.* 382
Smit, Shelley - PPOM - UNIVERSAL MCCANN, Toronto, ON, *pg.* 524
Smith, Ferdinand - PPOM - JAY ADVERTISING, INC., Rochester, NY, *pg.* 377
Smith, Gregory - PPOM - JAY ADVERTISING, INC., Rochester, NY, *pg.* 377
Smith, David - PPOM - MEDIASMITH, INC., San Francisco, CA, *pg.* 490
Smith, Patti - NBC, PPOM - SMITH MILLER MOORE, Encino, CA, *pg.* 411
Smith, Jocelyn - PPOM - INFINITEE COMMUNICATIONS, INC., Atlanta, GA, *pg.* 374
Smith, James - PPOM - SMITH DESIGN, Morristown, NJ, *pg.* 199
Smith, Dan - PPOM - GSW WORLDWIDE / GSW, FUELED BY BLUE DIESEL, Westerville, OH, *pg.* 80
Smith, Kevin - Operations, PPOM - MIGHTY ROAR, Roswell, GA, *pg.* 250
Smith, Julie - PPOM - RJW MEDIA, Pittsburgh, PA, *pg.* 507
Smith, Andrew - NBC, PPOM - INITIATE-IT LLC, Richmond, VA, *pg.* 375
Smith, Donna - PPOM - ADLIB, LTD., Eugene, OR, *pg.* 27
Smith, Judy - NBC, PPOM - JPR COMMUNICATIONS, Woodland Hills, CA, *pg.* 618
Smith, Lindsey - Creative, PPOM - SMITH BROTHERS AGENCY, LP, Pittsburgh, PA, *pg.* 410
Smith, Bronson - Creative, PPOM - SMITH BROTHERS AGENCY, LP, Pittsburgh, PA, *pg.* 410
Smith, Matt - PPOM - SMITH GIFFORD, INC., Falls Church, VA, *pg.* 143
Smith, Doug - PPOM - EDSA, Fort Lauderdale, FL, *pg.* 181
Smith, Wayne - PPOM - SKAR ADVERTISING, Omaha, NE, *pg.* 265
Smith, Brett - PPOM - FUSE, LLC, Vinooski, VT, *pg.* 8
Smith, Beth - PPOM, Public Relations - THE SIMON GROUP, INC., Sellersville, PA, *pg.* 153
Smith, Marty - Account Planner, Account Services, NBC, PPOM - AGENCYSACKS, New York, NY, *pg.* 29
Smith, Angela - PPOM - ADSMITH COMMUNICATIONS, INC., Springfield, MO, *pg.* 28
Smith, Tim - Account Services, PPOM - WILLIAMS MCBRIDE GROUP, Lexington, KY, *pg.* 205
Smith, Kirk - PPOM - THE ADSMITH, Athens, GA, *pg.* 201
Smith, Vikki - PPM, PPOM - OUT OF THE BLUE PRODUCTIONS, Wynnewood, PA, *pg.* 290
Smith, Jeff - PPOM - JS2 COMMUNICATIONS, Los Angeles, CA, *pg.* 618
Smith, Kevin - PPOM - RIGGS PARTNERS, West Columbia, SC, *pg.* 407
Smith, Jason - Creative, PPOM - POCKET HERCULES, Minneapolis, MN, *pg.* 398
Smith, Jared - PPOM - BLUEMEDIA, Tempe, AZ, *pg.* 175
Smith, Grant - Creative, PPOM - YAMAMOTO, Minneapolis, MN, *pg.* 435
Smith, Mike - Creative, NBC, PPOM - MONTNER & ASSOCIATES, Westport, CT, *pg.* 628
Smith, Mark - Operations, PPOM - 3CINTERACTIVE, Boca Raton, FL, *pg.* 533
Smith, Jake - PPOM - CLEAR CHANNEL OUTDOOR, Arlington, TX, *pg.* 550
Smith, Randall - PPOM - INSITE MEDIACOM, Los Angeles, CA, *pg.* 552
Smith, Dan - PPOM - FLIGHT PATH CREATIVE, Traverse City, MI, *pg.* 74
Smith, Chris - Account Planner, Creative, Media Department, NBC, PPOM - THE MARKETING ARM, Dallas, TX, *pg.* 316
Smith, Cameron - PPOM - PRODUCT CREATION STUDIO, Seattle, WA, *pg.* 563
Smith, Mike - PPOM - SASQUATCH, Portland, OR, *pg.* 138
Smith, Bhavana - Account Services, NBC, PPOM - MEDIACOM, New York, NY, *pg.* 487
Smith, Eiron - PPOM - HOWELL LIBERATORE & WICKHAM, INC., Elmira, NY, *pg.* 371
Smith, Doug - Finance, PPOM - GROSSMAN MARKETING GROUP, Somerville, MA, *pg.* 284
Smith, Gina - PPOM - RAUXA, Costa Mesa, CA, *pg.* 291
Smith, Sherry - Management, PPOM - TRIAD RETAIL MEDIA, St. Petersburg, FL, *pg.* 272
Smith, Monica - PPOM - MARKETSMITH, INC, Cedar Knolls, NJ, *pg.* 483
Smith, Tim - PPOM - CHEMISTRY ATLANTA, Atlanta, GA, *pg.* 50
Smith, Maria - Creative, PPOM - M&C SAATCHI LA, Santa Monica, CA, *pg.* 482
Smith, Dave - PPOM - INCREMENTAL MEDIA, Bellmore, NY, *pg.* 477
Smith, Alan - Creative, PPOM - TRINITY BRAND GROUP, Berkeley, CA, *pg.* 202
Smith, Craig - Interactive / Digital, PPOM - CRAFT WW, New York, NY, *pg.* 561
Smith, Jack - Management, PPOM - GROUPM, New York, NY, *pg.* 466
Smith, William - PPOM - BROWN & BIGELOW, St. Paul, MN, *pg.* 566
Smith, Tom - PPOM, Public Relations - ALLISON+PARTNERS, New York, NY, *pg.* 576
Smith, J. Donald - PPOM, Research - BRIERLEY & PARTNERS, Plano, TX, *pg.* 167
Smith, Tim - NBC, PPOM - INFOGROUP, New York, NY, *pg.* 286
Smith, Matt - Creative, NBC, PPOM - MAXAUDIENCE, Carlsbad, CA, *pg.* 248
Smith, Billie - Human Resources, PPOM - LEO BURNETT WORLDWIDE, Chicago, IL, *pg.* 98
Smith, Stephanie - Account Services, PPOM - MSLGROUP, New York, NY, *pg.* 629
Smith, Jimmy - Creative, PPOM - AMUSEMENT PARK, Santa Ana, CA, *pg.* 325
Smith, Jimmy W. A. - PPOM - IDEA ENGINEERING, INC., Santa Barbara, CA, *pg.* 88
Smith, Phil - PPOM - TROZZOLO COMMUNICATIONS GROUP, Kansas City, MO, *pg.* 657
Smith, Sue A. - Finance, PPOM - FUSZION / COLLABORATIVE, Alexandria, VA, *pg.* 184
Smith, Steve - Operations, PPOM - FIREHOUSE, INC., Dallas, TX, *pg.* 358
Smith, Trisch - PPOM - EDELMAN, New York, NY, *pg.* 599
Smith, Victor - PPOM - BOSE PUBLIC AFFAIRS GROUP, LLC, Indianapolis, IN, *pg.* 585
Smith, Aaron - NBC, PPOM - WAVEMAKER, New York, NY, *pg.* 526
Smith, Adam - NBC, PPOM - UNITED ENTERTAINMENT GROUP, New York, NY, *pg.* 299

AGENCIES / RESPONSIBILITIES INDEX

Smith, Jill - PPOM - IRIS, New York, NY, pg. 376
Smith, Evie - NBC, PPOM - REBELLIOUS PR, Portland, OR, pg. 641
Smith, Michael - PPOM - DESIGNVOX, East Grand Rapids, MI, pg. 179
Smith, Steve - Management, NBC, PPOM - THE STARR CONSPIRACY, Fort Worth, TX, pg. 20
Smith Campbell, Barbara - PPOM - THE FERRARO GROUP, Las Vegas, NV, pg. 653
Smith DiNapoli, Rhonda - Creative, Management, PPOM - WORDS AND PICTURES CREATIVE SERVICE, INC., Park Ridge, NJ, pg. 276
Smithburg, Tom - NBC, PPOM - TEAMWORKS MEDIA, Chicago, IL, pg. 519
Smithers, Bob - NBC, PPOM - MOSSWARNER, Trumbull, CT, pg. 192
Smithson, Lisa - Finance, PPOM - SECURITYPOINT MEDIA, Saint Petersburg, FL, pg. 557
Smokler, Jeff - PPOM - IMRE, Baltimore, MD, pg. 374
Smolan, Leslie - Creative, PPOM - CARBONE SMOLAN AGENCY, New York, NY, pg. 176
Smolenski, Matt - PPOM - 90OCTANE, Denver, CO, pg. 209
Smolin, Philip - Account Planner, Management, Media Department, NBC, PPOM - AMOBEE, INC., Redwood City, CA, pg. 213
Smuts, Tracy - NBC, PPOM - CAPSTONE MEDIA, Brecksville, OH, pg. 459
Snavely, Lawrence - PPOM - SNAVELY & ASSOCIATES, State College, PA, pg. 199
Snayd, Emily - PPOM, Public Relations - HFS COMMUNICATIONS, West Granby, CT, pg. 567
Sneider, Mark - PPOM - RSW/US, Cincinnati, OH, pg. 136
Snell, Peter - NBC, PPOM - SNELL MEDICAL COMMUNICATION, INC., Montreal, QC, pg. 648
Snell, Gordan - NBC, PPOM - SNELL MEDICAL COMMUNICATION, INC., Montreal, QC, pg. 648
Snell, Anthony - NBC, PPOM - SNELL MEDICAL COMMUNICATION, INC., Montreal, QC, pg. 648
Snell, Gordon - PPOM - SNELL MEDICAL COMMUNICATION, INC., New York, NY, pg. 648
Snider, Brian - Creative, PPOM - THE GRI MARKETING GROUP, INC., Shelton, CT, pg. 270
Snider, Nancy - PPOM - UNIVERSAL MCCANN DETROIT, Birmingham, MI, pg. 524
Snow, Randy - NBC, PPOM - R&R PARTNERS, Las Vegas, NV, pg. 131
Snow, Michael - NBC, PPOM - INTERMARKETS, INC., Reston, VA, pg. 242
Snowden, Joe - NBC, PPOM - DEVENEY COMMUNICATIONS, New Orleans, LA, pg. 596
Snyder, George - PPOM - DIRECT IMPACT, INC., Saint Louis, MO, pg. 62
Snyder, Jeff - Creative, PPOM - INSPIRA MARKETING GROUP, Norwalk, CT, pg. 308
Snyder, Mike - Operations, PPOM - ROWLEY SNYDER ABLAH, Wichita, KS, pg. 134
Snyder, Jason - Interactive / Digital, PPOM - MOMENTUM WORLDWIDE, New York, NY, pg. 117
Snyder, Matthew - PPOM, Public Relations - MBA PARTNERS, New York, NY, pg. 626
Snyder, Dave - Creative, PPOM - FIRSTBORN, New York, NY, pg. 234
Soares, Tammy - Management, PPOM - ACCENTURE INTERACTIVE, El Segundo, CA, pg. 322
Sobers, Scott - Creative, NBC, PPOM - LISTRAK, Lititz, PA, pg. 246
Sobol, Aaron - Interactive / Digital, Media Department, PPOM - UNIVERSAL MCCANN, New York, NY, pg. 521
Soggu, Nick - PPOM - SILVER TECHNOLOGIES, INC., Manchester, NH, pg. 141
Sohaili, Sam - Creative, PPOM - DMA UNITED, New York, NY, pg. 63
Sohn, Ian - Account Services, Interactive / Digital, Management, NBC, PPOM - WUNDERMAN THOMPSON, Chicago, IL, pg. 434
Sojka, Chris - Creative, PPOM - MADWELL, Brooklyn, NY, pg. 13
Sokolewicz, Darcy - Media Department, NBC, PPOM - CREATIVE COMMUNICATION ASSOCIATES, Troy, NY, pg. 54
Sokolsky Burke, Donna - NBC, PPOM - SPARKPR, San Francisco, CA, pg. 648
Soliday, David - PPOM - MYTHIC, Charlotte, NC, pg. 119
Sollisch, Jim - Creative, PPOM - MARCUS THOMAS, Cleveland, OH, pg. 104
Solmssen, Andrew - Account Services, Management, PPOM - WUNDERMAN THOMPSON, Irvine, CA, pg. 435
Solomon, Helene - PPOM - SOLOMON MCCOWN & CO., INC., Boston, MA, pg. 648
Solomon, Howard - Interactive / Digital, Management, NBC, PPOM - FINN PARTNERS, San Francisco, CA, pg. 603
Solomon, Tara - PPOM - TARA, INK., Miami, FL, pg. 651
Solomon, Victoria - Interactive / Digital, Media Department, PPOM - WAVEMAKER, New York, NY, pg. 526
Sondrup, Amy - PPOM - ACCESS TCA, INC., Whitinsville, MA, pg. 210
Sonea, Phil - Operations, PPOM - SOSHAL, Ottawa, ON, pg. 143
Song, Nita - Operations, PPOM - IW GROUP, INC., Los Angeles, CA, pg. 541
Song, Mimi - Account Planner, Management, Media Department, NBC, PPOM - HUDSON ROUGE, New York, NY, pg. 371
Sonneman, Robert - PPOM - SONNEMAN DESIGN GROUP, INC., Larchmont, NY, pg. 199
Sonnhalter, John - PPOM - SONNHALTER, Cleveland, OH, pg. 411
SooHoo, Patrick - PPOM - SOOHOO DESIGNERS, Torrance, CA, pg. 199
Soos, Shirlene - Finance, PPOM - BROGAN TENNYSON GROUP, INC., Dayton, NJ, pg. 43
Sorensen, John - Operations, PPOM - ICR, New York, NY, pg. 615
Sorenson, Eric - PPOM - STRATEGIES 360, Seattle, WA, pg. 650
Sorrenti, Dan - Operations, PPOM - GHIORSE & SORRENTI, INC., Wyzkoff, NJ, pg. 607
Soseman, Paul - PPOM - DEPARTMENT ZERO, Kansas City, MO, pg. 691
Soseman, Sara - PPOM - DEPARTMENT ZERO, Kansas City, MO, pg. 691
Sosnow, Elizabeth - Management, Media Department, PPOM, Public Relations - BLISS INTEGRATED COMMUNICATIONS, New York, NY, pg. 584
Soto, James - NBC, PPOM - INDUSTRIAL STRENGTH MARKETING, INC., Nashville, TN, pg. 686
Soucy, Alan - PPOM - SPARKPR, San Francisco, CA, pg. 648
Souder, Kirk - Creative, PPOM - ENSO, Santa Monica, CA, pg. 68
Soudry, Michelle - PPOM, Public Relations - THE GAB GROUP, Boca Raton, FL, pg. 653
Soudry, Simon - Finance, PPOM - THE GAB GROUP, Boca Raton, FL, pg. 653
Soukup, Karin - Account Services, Creative, NBC, PPOM - COLLINS:, New York, NY, pg. 177
South, Cynthia - PPOM - ALISON SOUTH MARKETING GROUP, Aiken, SC, pg. 29
Southard, Bill - PPOM - SOUTHARD COMMUNICATIONS, New York, NY, pg. 648
Southgate, Toby - Account Services, NBC, PPOM - MCCANN WORLDGROUP, Birmingham, MI, pg. 109
Souza, Anthony - NBC, PPOM - THE SOUZA AGENCY, Annapolis, MD, pg. 424
Sovonick, Doug - Creative, PPOM - DESKEY INTEGRATED BRANDING, Cincinnati, OH, pg. 7
Sowby, Anson - PPOM - BATTERY, Hollywood, CA, pg. 330
Sowden, James - Management, Operations, PPOM - TBWA \ CHIAT \ DAY, New York, NY, pg. 416
Sowinski, John - NBC, PPOM - CONSENSUS COMMUNICATIONS, Orlando, FL, pg. 592
Spaeth, Merrie - PPOM - SPAETH COMMUNICATIONS, INC., Dallas, TX, pg. 648
Spakowski, Mike - Creative, PPOM - ATOMICDUST, St. Louis, MO, pg. 214
Spangler, Andrew - Creative, PPOM - NO|INC, Baltimore, MD, pg. 254
Spaulding, Dan - NBC, PPOM, Public Relations - SEYFERTH & ASSOCIATES, INC., Grand Rapids, MI, pg. 646
Spector, Shelley - PPOM - SPECTOR

RESPONSIBILITIES INDEX — AGENCIES

PUBLIC RELATIONS, New York, NY, pg. 649
Spector, Evan - Media Department, PPOM - MINDSHARE, New York, NY, pg. 491
Spector Yeninas, Barbara - PPOM - BSY ASSOCIATES, Holmdel, NJ, pg. 4
Speech, Jeff - Creative, PPOM - CORE CREATIVE, Milwaukee, WI, pg. 344
Speidel, David - NBC, Operations, PPOM - PLACE CREATIVE COMPANY, Burlington, VT, pg. 15
Spelling, Dan - PPOM - SPELLING COMMUNICATIONS, INC., Los Angeles, CA, pg. 649
Spelliscy, Ryan - Creative, PPOM - JULIET, Toronto, ON, pg. 11
Spellman, Kate - Creative, NBC, PPOM - QUESTEX, Washington, DC, pg. 449
Spence, Roy - PPOM - GSD&M, Austin, TX, pg. 79
Spence, Sarah - Management, PPOM - NARRATIVE, Toronto, ON, pg. 631
Spencer, Todd - PPOM - DOEANDERSON ADVERTISING, Louisville, KY, pg. 352
Spencer, Diane - PPOM - DISTINCTIVE MARKETING, INC., Montclair, NJ, pg. 444
Spencer, Parke - PPOM - CIVIC ENTERTAINMENT GROUP, New York, NY, pg. 566
Spencer, Demetrius - PPOM - THE LAUNCHPAD GROUP, Jenkintown, PA, pg. 546
Spencer, Terra - PPOM - LEOPOLD KETEL & PARTNERS, Portland, OR, pg. 99
Sperling, Jason - Creative, PPOM - RPA, Santa Monica, CA, pg. 134
Sperling, Michael - PPOM - EVOKE GIANT, San Francisco, CA, pg. 69
Spero, Harry - PPOM - SPERO MEDIA, New York, NY, pg. 411
Spiegel, Andrea - Account Services, Management, PPOM - VSA PARTNERS, INC., New York, NY, pg. 204
Spiegel, Jared - Operations, PPOM - HIGHFIELD, New York, NY, pg. 85
Spiegelman, Josh - Account Services, Media Department, PPOM - MINDSHARE, New York, NY, pg. 491
Spiegelman, Rachel - Interactive / Digital, NBC, PPOM - LIEBERMAN RESEARCH WORLDWIDE, Los Angeles, CA, pg. 446
Spier, Marco - Creative, PPOM - PSYOP, New York, NY, pg. 196
Spies, Jason - Account Services, NBC, PPOM - BARKER, New York, NY, pg. 36
Spiess, Aaron - Management, PPOM - BIG RED ROOSTER, Columbus, OH, pg. 3
Spiker, Wes - Creative, PPOM - SPIKER COMMUNICATIONS, Missoula, MT, pg. 17
Spiker, Chris - Account Services, NBC, PPOM - SPIKER COMMUNICATIONS, Missoula, MT, pg. 17
Spink, Bill - Creative, PPOM - DMW WORLDWIDE, LLC, Chesterbrook, PA,

pg. 282
Spire, Jennifer - Account Services, Media Department, PPOM - PRESTON KELLY, Minneapolis, MN, pg. 129
Spiritas, Eric - PPOM - CHAMPION MANAGEMENT GROUP, LLC, Addison, TX, pg. 589
Spirk, John - PPOM - NOTTINGHAM-SPIRK DESIGN, INC., Cleveland, OH, pg. 193
Spiro, Christopher - PPOM - SPIRO & ASSOCIATES, Fort Myers, FL, pg. 143
Spitz, Clay - NBC, PPOM - CHIEF OUTSIDERS, Houston, TX, pg. 443
Spitzer, Douglas - Creative, PPOM - CATCH NEW YORK, New York, NY, pg. 340
Spitzer, Jacques - PPOM - RAINDROP AGENCY INC, San Diego, CA, pg. 196
Spivak, Wendy - PPOM - THE CASTLE GROUP, INC., Boston, MA, pg. 652
Spoto, Glenn - Finance, PPOM - PROHASKA CONSULTING, New York, NY, pg. 130
Sprague, Sue Ann - Operations, PPOM - ROHER / SPRAGUE PARTNERS, Irvington, NY, pg. 408
Sprague, Robert - PPOM - YES&, Alexandria, VA, pg. 436
Sprecher, Tyler - Creative, NBC, PPOM - LOVE & COMPANY, Frederick, MD, pg. 101
Spring, Micho - Account Services, NBC, PPOM - WEBER SHANDWICK, Boston, MA, pg. 660
Spring, Justin - Account Planner, Management, PPOM - ADEPT MARKETING, Columbus, OH, pg. 210
Springer, Laura - Management, PPOM - THE MEDIA KITCHEN, New York, NY, pg. 519
Spritzer, Courtney - PPOM - SOCIALFLY, New York, NY, pg. 688
Spurrier, Donna - Account Planner, NBC, PPOM - SPURRIER GROUP, Richmond, VA, pg. 513
Squires, James - PPOM - SQUIRES & COMPANY, Dallas, TX, pg. 200
Sreenivasan, Ashwathy - PPOM, Social Media - MEDIACOM, New York, NY, pg. 487
Srere, David - Account Planner, PPOM - SIEGEL & GALE, New York, NY, pg. 17
St. Andre, Steve - PPOM - SHIFT DIGITAL, Birmingham, MI, pg. 265
St. Cyr, Brian - NBC, PPOM - MEDIASPACE SOLUTIONS, Minnetonka, MN, pg. 490
St. John, Dan - PPOM - ST. JOHN & PARTNERS ADVERTISING & PUBLIC RELATIONS, Jacksonville, FL, pg. 412
St. Philip, Carl - Finance, NBC, PPOM - MAHALO SPIRITS GROUP, Delray Beach, FL, pg. 13
Staas, David - Creative, NBC, PPOM - NINTHDECIMAL, San Francisco, CA, pg. 534
Stackpole, Peter - NBC, PPOM - STACKPOLE & PARTNERS, Newbury Port, MA, pg. 412
Staebler, Bruce - Creative, PPOM - SIGNATURE ADVERTISING, Milldale,

CT, pg. 17
Stahler, Rachel - Interactive / Digital, PPOM - SYNEOS HEALTH COMMUNICATIONS, Somerset, NJ, pg. 169
Staib, Markus - PPOM - MVNP, Honolulu, HI, pg. 119
Stakgold, Alissa - Creative, PPOM - QUIGLEY-SIMPSON, Los Angeles, CA, pg. 544
Stalling, Wendy - PPOM - TYSINGER PROMOTIONS, INC., New Bern, NC, pg. 571
Stamats, Peter - Operations, PPOM - STAMATS COMMUNICATIONS, Cedar Rapids, IA, pg. 412
Stamnes, Bob - PPOM - ELEVATOR STRATEGY ADVERTISING & DESIGN, INC., Vancouver, BC, pg. 181
Stamp, Jeff - Creative, Interactive / Digital, PPOM - GREY GROUP, New York, NY, pg. 365
Stamper, Steven - PPOM - FD2S, Austin, TX, pg. 183
Stanford, Kirk - Creative, PPOM - GRAVITY DESIGN, INC., Seattle, WA, pg. 185
Stangland, Ben - Operations, PPOM - STRUM, Seattle, WA, pg. 18
Stankey, Bill - PPOM - WESTPORT ENTERTAINMENT ASSOCIATES, Sedona, AZ, pg. 668
Stanko, Gary - PPOM - MARKETING ALTERNATIVES, INC., Elgin, IL, pg. 383
Stanko Jr., Gary Jon - Operations, PPOM - MARKETING ALTERNATIVES, INC., Elgin, IL, pg. 383
Stanley, John - PPOM - MOD WORLDWIDE, Philadelphia, PA, pg. 192
Stanley, Nina - Creative, PPOM - MOD WORLDWIDE, Philadelphia, PA, pg. 192
Stanley, Amie - PPOM - E29 MARKETING, Larkspur, CA, pg. 67
Stansfield, Scott - PPOM - CENTRIPLY, New York, NY, pg. 462
Stanten, Andrew - PPOM - ALTITUDE MARKETING, Emmaus, PA, pg. 30
Stanton, Alex - PPOM - STANTON PUBLIC RELATIONS & MARKETING, New York, NY, pg. 649
Stanton, Amy - PPOM - STANTON & COMPANY, Marina Del Rey, CA, pg. 649
Stanton, Karen - Finance, PPOM - SLINGSHOT, LLC, Dallas, TX, pg. 265
Staples, Chris - Creative, PPOM - RETHINK COMMUNICATIONS, INC., Vancouver, BC, pg. 133
Staples, Donna - PPOM - MAKIARIS MEDIA SERVICES, Middletown, CT, pg. 483
Staples, Brad - PPOM - APCO WORLDWIDE, Washington, DC, pg. 578
Stapleton, John - Creative, PPOM - 22SQUARED INC., Atlanta, GA, pg. 319
Stapleton, Cortney - Management, Operations, PPOM - BLISS INTEGRATED COMMUNICATIONS, New York, NY, pg. 584
Stapor, Ed - PPOM - HEALTH4BRANDS

AGENCIES — RESPONSIBILITIES INDEX

CHELSEA, New York, NY, *pg.* 83
Stapor, Ed - Account Services, NBC, PPOM - HAVAS HEALTH & YOU, New York, NY, *pg.* 82
Starace, William - Finance, PPOM - MWWPR, New York, NY, *pg.* 631
Staranowicz, Stacy - Operations, PPOM - MINDSHARE, Portland, OR, *pg.* 495
Stark, Pamela - Account Services, Media Department, PPOM - ADFINITY MARKETING GROUP, Cedar Rapids, IA, *pg.* 27
Starkes, Kevin - PPM, PPOM - NA COLLECTIVE, LLC, New York, NY, *pg.* 312
Starkman, Aaron - Creative, PPOM - RETHINK COMMUNICATIONS, INC., Toronto, ON, *pg.* 133
Starkov, Max - PPOM - NEXTGUEST DIGITAL, New York, NY, *pg.* 253
Starr, Tawnya - NBC, PPOM - FIRESPRING, Lincoln, NE, *pg.* 234
Starr, Janelle - Management, Media Department, PPOM - HEARTBEAT IDEAS, El Segundo, CA, *pg.* 238
Starr, Shana - NBC, PPOM - BASTION ELEVATE, Irvine, CA, *pg.* 580
Starr, Bret - Management, PPOM - THE STARR CONSPIRACY, Fort Worth, TX, *pg.* 20
Starsia, Phyllis - Management, Operations, PPOM - POWERPHYL MEDIA SOLUTIONS, New York, NY, *pg.* 506
Staruch, Scott - Operations, PPOM - QUANTUM COMMUNICATIONS, Harrisburg, PA, *pg.* 640
Statman, Matt - Creative, PPOM - THINK MOTIVE, Denver, CO, *pg.* 154
Statt, Chris - Operations, PPOM - LUCKIE & COMPANY, Birmingham, AL, *pg.* 382
Statzer, Brent - PPOM - PMG RETAIL & ENTERTAINMENT, San Antonio, TX, *pg.* 128
Steadman, Jack - Interactive / Digital, PPOM - BLUE STATE DIGITAL, New York, NY, *pg.* 335
Stebbings, Dave - Account Services, PPOM - STEBBINGS PARTNERS, Attleboro Falls, MA, *pg.* 144
Steckelman, Eric - PPOM - EVOKE GIANT, San Francisco, CA, *pg.* 69
Steel, Tony - PPOM - SMITH, Spokane, WA, *pg.* 266
Steelberg, Ryan - PPOM - VERITONE ONE, San Diego, CA, *pg.* 525
Steele, Jim - PPOM - STEELE BRANDING, Pocatello, ID, *pg.* 412
Steele, Chris - PPOM - STEELE+, Alpharetta, GA, *pg.* 412
Steele, Angela - Account Planner, PPOM - CARAT, New York, NY, *pg.* 459
Steele, Michael - PPOM - ADVANTAGE COMMUNICATIONS, INC., Little Rock, AR, *pg.* 537
Steely, William - PPOM - SKY ADVERTISING, INC., New York, NY, *pg.* 142
Steensma, Craig - PPOM - ESHOTS, INC., Chicago, IL, *pg.* 305
Steenstra, Chris - Administrative, PPOM - MOWER, Syracuse, NY, *pg.* 118
Stees, Mike - Creative, PPOM - MASS COMMUNICATIONS, Oakland, CA, *pg.* 190
Stefaniak, Mike - PPOM - HANSON DODGE, INC., Milwaukee, WI, *pg.* 185
Stefanowicz, Marianne - Interactive / Digital, NBC, PPOM, Public Relations - TBWA/MEDIA ARTS LAB, Los Angeles, CA, *pg.* 147
Stegall, Allen - Management, PPOM - SCOUT MARKETING, Atlanta, GA, *pg.* 139
Steimel, Keith - Creative, PPOM - CORNERSTONE STRATEGIC BRANDING, INC., New York, NY, *pg.* 178
Stein, Tom - Account Services, NBC, PPOM - STEIN IAS, New York, NY, *pg.* 267
Stein, Pete - Management, NBC, Operations, PPOM - HUGE, INC., Brooklyn, NY, *pg.* 239
Stein, Daniel - PPOM - EVB, Oakland, CA, *pg.* 233
Stein, Randy - Creative, PPOM - GRIP LIMITED, Toronto, ON, *pg.* 78
Stein, Gary - Account Services, Analytics, Interactive / Digital, Management, Media Department, NBC, PPOM, Research - DUNCAN CHANNON, San Francisco, CA, *pg.* 66
Stein, Martin - Analytics, NBC, PPOM - G5 SEARCH MARKETING INC., Bend, OR, *pg.* 673
Steinbach, Fred - PPOM - MUSEN STEINBACH WEISS, Olivette, MO, *pg.* 119
Steinbeck, Gary - PPOM - ACTIVE INTERNATIONAL, Pearl River, NY, *pg.* 439
Steinberg, Neal - Creative, PPOM - KAPOW, INC., Santa Monica, CA, *pg.* 188
Steiner, Brandon - PPOM - STEINER SPORTS MARKETING, New Rochelle, NY, *pg.* 315
Steiner, Leif - Creative, PPOM - MOXIE SOZO, Boulder, CO, *pg.* 192
Steinert, Eric - NBC, PPOM - LIGHTBOX OOH VIDEO NETWORK, New York, NY, *pg.* 553
Steinhour, Jeff - PPOM - MARKHAM & STEIN, Miami, FL, *pg.* 105
Steininger, Julie - Management, PPOM - THE STANDING PARTNERSHIP, Saint Louis, MO, *pg.* 655
Steinman, Murray - PPOM - FLYING HORSE COMMUNICATION, Bozeman, MT, *pg.* 359
Steinreich, Stan - PPOM - STEINREICH COMMUNICATIONS, Hackensack, NJ, *pg.* 650
Stelzer, Michael - PPOM - MARLIN NETWORK, Springfield, MO, *pg.* 105
Stempeck, Brian - Account Services, NBC, PPOM - THE TRADE DESK, New York, NY, *pg.* 520
Stengel Austen, Mary - PPOM - TIERNEY COMMUNICATIONS, Philadelphia, PA, *pg.* 426
Stenlund, Keith - Finance, PPOM - ABELSON-TAYLOR, Chicago, IL, *pg.* 25
Stephan, George - NBC, PPOM - STEPHAN PARTNERS, INC., New York, NY, *pg.* 267
Stephens, Chuck - PPOM - STEPHENS & ASSOCIATES ADVERTISING, Overland Park, KS, *pg.* 413
Stephens, Phillip - NBC, PPOM - STEPHENS DIRECT, Kettering, OH, *pg.* 292
Stephens, James - Account Services, NBC, PPOM - DECODED ADVERTISING, New York, NY, *pg.* 60
Stephenson, Whitney - Finance, PPOM - IGNITED, El Segundo, CA, *pg.* 373
Sterling, Nick - PPOM - NATIONAL BOSTON, Brookline, MA, *pg.* 253
Sterling, Bill - Creative, Media Department, PPOM - MOTIV, Boston, MA, *pg.* 192
Sterling, Ken - Creative, NBC, PPOM - BIGSPEAK SPEAKERS BUREAU, Santa Barbara, CA, *pg.* 302
Stern, Greg - PPOM - BUTLER, SHINE, STERN & PARTNERS, Sausalito, CA, *pg.* 45
Stern, Bill - PPOM - STERN ADVERTISING, INC., Cleveland, OH, *pg.* 413
Stern, Susan - PPOM - STERN STRATEGY GROUP, Iselin, NJ, *pg.* 650
Stern, Fred - PPOM - SUNWEST COMMUNICATIONS, Dallas, TX, *pg.* 651
Stern, Lenny - PPOM - SS+K, New York, NY, *pg.* 144
Stern, Stephanie - NBC, PPOM - STERN & COMPANY, New York, NY, *pg.* 650
Stern, Richard - PPOM - STERN & COMPANY, New York, NY, *pg.* 650
Stern, Andy - PPOM - SUNWEST COMMUNICATIONS, Dallas, TX, *pg.* 651
Stern, Heather - NBC, PPOM, Public Relations - LIPPINCOTT, New York, NY, *pg.* 189
Stern, Ryan - PPOM - COLLECTIVELY, INC., San Francisco, CA, *pg.* 685
Stern, Tony - Creative, PPOM - 9THWONDER, Playa Vista, CA, *pg.* 453
Stern, Sharon - PPOM - JOELE FRANK, WILKINSON BRIMMER KATCHER, New York, NY, *pg.* 617
Sternberg, Neil - Finance, PPOM - WAVEMAKER, New York, NY, *pg.* 526
Sternlicht, Aaron - Creative, PPM, PPOM - MODOP, Los Angeles, CA, *pg.* 251
Sterzenbach, Bill - PPOM - UPWARD BRAND INTERACTIONS, Dayton, OH, *pg.* 158
Stetson, Brian - Interactive / Digital, PPM, PPOM - RENEGADE COMMUNICATIONS, Hunt Valley, MD, *pg.* 405
Stetzer, Steven - Account Services, PPOM - ROTTER CREATIVE GROUP, Huntington, NY, *pg.* 507
Stevens, Wendy - PPOM - LANE PR, Portland, OR, *pg.* 621
Stevens, Kelly - Account Services, Creative, NBC, PPOM - THE&PARTNERSHIP, New York, NY, *pg.* 426
Stevens, Aaliytha - Operations, PPOM - SPOTCO, New York, NY, *pg.* 143
Stevens, Sr., Ed - PPOM - STEVENS STRATEGIC COMMUNICATIONS, INC., Westlake, OH, *pg.* 413

RESPONSIBILITIES INDEX — AGENCIES

Stevenson, Brett - NBC, PPOM - STEVENSON ADVERTISING, Lynnwood, WA, *pg.* 144

Stevenson, David - PPOM - TWO BY FOUR COMMUNICATIONS, LTD., Chicago, IL, *pg.* 157

Stevenson, Guy - Management, PPOM - OGILVY, Toronto, ON, *pg.* 394

Stevenson, Diana - PPOM - GRACE OUTDOOR ADVERTISING, Columbia, SC, *pg.* 552

Steward, Jim - NBC, PPOM - DICOM, INC., Saint Louis, MO, *pg.* 464

Stewart, Duff - PPOM - GSD&M, Austin, TX, *pg.* 79

Stewart, Shelley - PPOM - O2 IDEAS, Birmingham, AL, *pg.* 392

Stewart, Rob - Creative, PPOM - FORGE WORLDWIDE, Boston, MA, *pg.* 183

Stewart, Andrew - PPOM - WMX, Miami, FL, *pg.* 276

Stewart, Daniel - PPOM - WIER / STEWART, Augusta, GA, *pg.* 205

Stewart, Bryan - NBC, PPOM - PREMIER PARTNERSHIPS, Santa Monica, CA, *pg.* 314

Stewart, Daniel - NBC, Operations, PPOM - WIER / STEWART, Augusta, GA, *pg.* 162

Stewart, David - PPOM - AGENDA NYC, New York, NY, *pg.* 29

Stewart, Ashley - PPOM, Public Relations - MDC PARTNERS, INC., New York, NY, *pg.* 385

Stickney, Kevin - PPOM - CALYPSO, Portsmouth, NH, *pg.* 588

Stiefvater, Laird - Operations, PPOM - OGILVY, New York, NY, *pg.* 393

Stiegler, Ernie - PPOM - STIEGLER, WELLS, BRUNSWICK & ROTH, INC., Bethlehem, PA, *pg.* 413

Still, Heather - Human Resources, PPOM - PHOENIX MARKETING INTERNATIONAL, Rhinebeck, NY, *pg.* 448

Stillion, Danny - Creative, PPOM - IDEO, Palo Alto, CA, *pg.* 187

Stillmank, Paul - PPOM - 7SUMMITS, Milwaukee, WI, *pg.* 209

Stinson, Michael - Creative, PPOM - RAMP CREATIVE, Los Angeles, CA, *pg.* 196

Stitzenberger, Lee - PPOM - THE DOLPHIN GROUP, INC., Los Angeles, CA, *pg.* 653

Stock, Tim - PPOM - SCENARIODNA, New York, NY, *pg.* 449

Stock, Martin - PPOM - CAVALRY, Chicago, IL, *pg.* 48

Stock, Alex - PPOM - FAHRENHEIT 212, New York, NY, *pg.* 182

Stocker, Jeff - Creative, PPOM - THE MARS AGENCY, Southfield, MI, *pg.* 683

Stocker, Steve - Creative, PPOM - AFFIRM AGENCY, Pewaukee, WI, *pg.* 323

Stockham, Tom - PPOM - EXPERTVOICE, Salt Lake City, UT, *pg.* 233

Stoddard, Joseph - Account Services, PPOM - SKA DESIGN, South Pasadena, CA, *pg.* 199

Stoddard, Russ - NBC, PPOM - OLIVER RUSSELL, Boise, ID, *pg.* 168

Stoddart, Rich - NBC, PPOM - INNERWORKINGS, INC., Chicago, IL, *pg.* 375

Stoeber, Chris - Finance, PPOM - THE INTEGER GROUP, Lakewood, CO, *pg.* 682

Stoeffhaas, Bill - PPOM - STYLE ADVERTISING, Birmingham, AL, *pg.* 415

Stoelken, Jens - PPOM - THE MANY, Pacific Palisades, CA, *pg.* 151

Stoga, Susan - Account Planner, Account Services, Media Department, PPOM, Public Relations - CARSON STOGA COMMUNICATIONS INC., Schaumberg, IL, *pg.* 340

Stokes, Jim - PPOM - JSTOKES, Walnut Creek, CA, *pg.* 378

Stolarz, Ariana - Account Planner, Interactive / Digital, Management, Media Department, PPOM - MRM//MCCANN, New York, NY, *pg.* 289

Stoll, Martin - PPOM - SPARKLOFT MEDIA, Portland, OR, *pg.* 688

Stommel, Mike - Creative, PPOM - LUCKY BREAK PUBLIC RELATIONS, Los Angeles, CA, *pg.* 623

Stone, Larry - Creative, PPOM - STONE WARD ADVERTISING, Little Rock, AR, *pg.* 413

Stone, Chris - PPOM - THE STONE AGENCY, Raleigh, NC, *pg.* 20

Stone, Michele - PPOM - THE STONE AGENCY, Raleigh, NC, *pg.* 20

Stone, Rob - PPOM - CORNERSTONE AGENCY, New York, NY, *pg.* 53

Stone, Michael - PPOM - THE BEANSTALK GROUP, New York, NY, *pg.* 19

Stone, Jimmie - Creative, PPOM - EDELMAN, New York, NY, *pg.* 599

Stone, Bob - Operations, PPOM - EXHIBIT AFFECTS, Tempe, AZ, *pg.* 305

Stone, Steve - Creative, PPOM - HEAT, San Francisco, CA, *pg.* 84

Stone, Michael - Management, NBC, PPOM - WPROMOTE, El Segundo, CA, *pg.* 678

Stone, Phil - Operations, PPOM - REVIVE HEALTH, Minneapolis, MN, *pg.* 133

Stone, Daniel - PPOM - BANDOLIER MEDIA, Austin, TX, *pg.* 685

Stone, Charlie - NBC, PPOM - SRW, Chicago, IL, *pg.* 143

Stoppleworth, Denise - PPOM - IRONCLAD MARKETING, Fargo, ND, *pg.* 90

Storer, Julie - Media Department, PPOM - DELOITTE DIGITAL, Seattle, WA, *pg.* 224

Storinge, A.J. - Management, Media Department, Operations, PPOM - HEARTS & SCIENCE, New York, NY, *pg.* 471

Storms, Terry - PPOM - DCG ONE, Seattle, WA, *pg.* 58

Stout, Duncan - PPOM - CD&M COMMUNICATIONS, Portland, ME, *pg.* 49

Stout, Georgie - Creative, PPOM - 2X4, INC., New York, NY, *pg.* 171

Stout, Craig - Creative, PPOM - PROPHET, Chicago, IL, *pg.* 15

Stoute, Steve - PPOM - TRANSLATION, Brooklyn, NY, *pg.* 299

Stoutenborough, Tara - Creative, PPOM - STRATEGIES, Tustin, CA, *pg.* 414

Stowell, Davin - PPOM - SMART DESIGN, INC, New York, NY, *pg.* 199

Strachan, Bob - NBC, PPOM - METACAKE LLC, Franklin, TN, *pg.* 386

Strader, Pat - PPOM - DIGITAL RELATIVITY, Fayetteville, WV, *pg.* 226

Stradiotto, Matthew - PPOM - MATCHSTICK, Toronto, ON, *pg.* 692

Strand, David - NBC, PPOM - STRAND MARKETING, Newburyport, MA, *pg.* 144

Strang Burgess, Meredith - PPOM - BURGESS ADVERTISING & ASSOCIATES, INC., Falmouth, ME, *pg.* 338

Stratford, Kerry - PPOM - THE CALIBER GROUP, Tucson, AZ, *pg.* 19

Stratta, Michael - PPOM - ARCALEA LLC, Chicago, IL, *pg.* 672

Straus, Jerry - PPOM - JMW CONSULTANTS, INC., Stamford, CT, *pg.* 10

Strauss, Karen - Interactive / Digital, PPOM - KETCHUM, New York, NY, *pg.* 542

Strauss, Richard - Media Department, NBC, PPOM - STRAUSS MEDIA STRATEGIES, INC., Washington, DC, *pg.* 518

Strauss, Sasha - PPOM - INNOVATION PROTOCOL, Los Angeles, CA, *pg.* 10

Street, Steve - PPOM - AGILITEE SOLUTIONS, INC., Londonderry, NH, *pg.* 172

Streisand, Robyn - PPOM - THE MIXX, New York, NY, *pg.* 20

Streufert, Josh - Creative, PPOM - STRUM, Seattle, WA, *pg.* 18

Strickland, Todd - Finance, PPOM - ODEN MARKETING & DESIGN, Memphis, TN, *pg.* 193

Stringer, Sarah - Creative, Operations, PPOM - JULIET, Toronto, ON, *pg.* 11

Stringham, Thomas - Creative, PPOM - HOT TOMALI COMMUNICATIONS, INC., Vancouver, BC, *pg.* 371

Strohl, Chad - Management, NBC, PPOM - THE RICHARDS GROUP, INC., Dallas, TX, *pg.* 422

Strollo, Thomas - Interactive / Digital, Management, PPOM - CDFB, New York, NY, *pg.* 561

Strong, Warren - Interactive / Digital, PPOM - YESCO OUTDOOR MEDIA, Salt Lake City, UT, *pg.* 559

Stropkay, Scott - PPOM - ESSENTIAL, Boston, MA, *pg.* 182

Strottman, Ken - PPOM - STROTTMAN INTERNATIONAL, Irvine, CA, *pg.* 569

Strydom, Tinus - Creative, NBC, PPOM - EMPOWER, Cincinnati, OH, *pg.* 354

Strzok, Boriana - NBC, PPOM - 5IVE, Minneapolis, MN, *pg.* 23

Stuart, Traci - PPOM - BLATTEL COMMUNICATIONS, San Francisco, CA, *pg.* 584

AGENCIES

RESPONSIBILITIES INDEX

Stuart, Crystalyn - Creative,
Management, PPOM - IMRE, New York,
NY, pg. 374
Stuckey, Barb - PPOM - MATTSON,
Foster City, CA, pg. 447
Stuckey, Shawn - PPOM - JAJO, INC.,
Wichita, KS, pg. 91
Stuckey, Chad - Creative, PPOM -
BRAND INNOVATION GROUP, Fort Wayne,
IN, pg. 336
Studer, Doug - PPOM - DESKEY
INTEGRATED BRANDING , Cincinnati,
OH, pg. 7
Studer, Adam - PPOM - DIGITAL MARK
GROUP, Beaverton, OR, pg. 225
Stuek, Jeff - PPOM - TRAVELCLICK,
INC., New York, NY, pg. 272
Stupar, Jim - PPOM - CATALYST
ADVERTISING, Pittsburgh, PA, pg. 48
Sturchio, Rich - PPOM - CRAMER,
Norwood, MA, pg. 6
Sturges, Steve - Creative, PPOM -
VI MARKETING & BRANDING, Oklahoma
City, OK, pg. 428
Sturges, Melissa - PPOM - STURGES &
WORD, Kansas City, MO, pg. 200
Sturner, Ben - PPOM - LEVERAGE
AGENCY, New York, NY, pg. 298
Subler, Dodie - NBC, PPOM - TAIT
SUBLER, Minneapolis, MN, pg. 19
Subramanian, Zahida - NBC, PPOM -
MINY, New York, NY, pg. 115
Sucher, Mark - NBC, PPOM - LYONS &
SUCHER ADVERTISING, Arlington, VA,
pg. 382
Sudit, Katerina - Management, Media
Department, NBC, PPOM - HILL
HOLLIDAY, New York, NY, pg. 85
Suen, Baron - PPOM - TIME
ADVERTISING, Millbrae, CA, pg. 155
Sugiuchi, Scott - Creative, PPOM -
EXIT 10 ADVERTISING, Baltimore, MD,
pg. 233
Suh, Chan - Interactive / Digital,
PPOM - PROPHET, New York, NY, pg.
15
Suhr, Jay - Creative, NBC, PPOM -
T3, Austin, TX, pg. 268
Suhy, Jeff - PPOM - MODOP, Los
Angeles, CA, pg. 251
Suitum, Rich - PPOM - EXSEL
ADVERTISING, Sturbridge, MA, pg. 70
Sukle, Mike - Creative, PPOM -
SUKLE ADVERTISING & DESIGN, Denver,
CO, pg. 145
Suky, Scott - Management, PPOM -
UNIVERSAL MCCANN, New York, NY,
pg. 521
Sulkes, Destry - Account Services,
NBC, PPOM - WUNDERMAN HEALTH, New
York, NY, pg. 164
Sullivan, Tom - PPOM - PRINCETON
PARTNERS, INC., Princeton, NJ,
pg. 398
Sullivan, Brian - PPOM - SULLIVAN
BRANDING, Memphis, TN, pg. 415
Sullivan, Andrea - NBC, PPOM -
VAYNERMEDIA, New York, NY, pg. 689
Sullivan, Craig - Account Services,
PPOM - PACIFIC COMMUNICATIONS,
Irvine, CA, pg. 124
Sullivan, Patrick - PPOM - SULLIVAN
& LESHANE PUBLIC RELATIONS,
Hartford, CT, pg. 650

Sullivan, Barbara - PPOM -
SULLIVAN, New York, NY, pg. 18
Sullivan, Tom - PPOM - VITRO
AGENCY, San Diego, CA, pg. 159
Sullivan, Mike - PPOM - THE LOOMIS
AGENCY, Dallas, TX, pg. 151
Sullivan, Jeffrey - PPOM - FIONTA,
Washington, DC, pg. 183
Sullivan, Gregg - Operations, PPOM
- SIGMA MARKETING INSIGHTS,
Rochester, NY, pg. 450
Sullivan, Amy - NBC, PPOM - FRESH
COMMUNICATIONS, North Reading, MA,
pg. 606
Sullivan, Catherine - Finance, PPOM
- OMNICOM GROUP, New York, NY,
pg. 123
Sullivan, Allen - PPOM - JCDECAUX
NORTH AMERICA, New York, NY, pg.
553
Sullivan, Chris - PPOM - MACMILLAN
COMMUNICATIONS, New York, NY, pg.
624
Sullivan, Kelly - PPOM - JOELE
FRANK, WILKINSON BRIMMER KATCHER,
New York, NY, pg. 617
Sullivan, Jere - PPOM - EDELMAN,
Washington, DC, pg. 600
Sullivan Jackson, Clare - PPOM -
SULLIVAN GROUP, Houston, TX, pg.
315
Sullivan, Sr., Richard - PPOM - RED
SQUARE AGENCY, Mobile, AL, pg. 642
Sulpizi, Joseph - Creative, PPOM -
THE BRAND FACTORY, Toronto, ON,
pg. 19
Summers, Cameron - Management, NBC,
PPOM, PR Management - WEBER
SHANDWICK, Toronto, ON, pg. 662
Summy, Hank - Management, NBC, PPOM
- CAPGEMINI, Wayne, PA, pg. 219
Sumner, Jacquelyn - PPOM - SUMNER
GROUP, Gastonia, NC, pg. 415
Sumple, Gary - Account Services,
PPOM - CDHM ADVERTISING, INC.,
Stamford, CT, pg. 49
Sun, Xavier - Operations, PPOM -
HYLINK, Santa Monica, CA, pg. 240
Sund, Mike - Operations, PPOM - ICF
NEXT, Minneapolis, MN, pg. 372
Sundberg, Greg - NBC, PPOM -
SUNDBERG & ASSOCIATES , New York,
NY, pg. 200
Sundby, Joe - Creative, PPOM -
ROUNDHOUSE - PORTLAND, Portland,
OR, pg. 408
Sundin Brandt, Kristin - NBC, PPOM
- SUNDIN ASSOCIATES, Natick, MA,
pg. 415
Sundin, Jr., Roger - Operations,
PPOM - SUNDIN ASSOCIATES, Natick,
MA, pg. 415
Sunol, Alvar - Creative, PPOM -
ALMA, Coconut Grove, FL, pg. 537
Sunshine, Ken - NBC, PPOM -
SUNSHINE SACHS, New York, NY, pg.
650
Supnick, Marla - PPOM - UNIFIED
FIELD, New York, NY, pg. 273
Suppes, Eric - Management, PPOM -
UNIVERSAL MCCANN DETROIT,
Birmingham, MI, pg. 524
Supple, Jack - Creative, PPOM -
POCKET HERCULES, Minneapolis, MN,

pg. 398
Surette, Diane - Account Services,
PPOM - BURKE, INC., Cincinnati, OH,
pg. 442
Surkamer, Brad - NBC, PPOM - CLM
MARKETING & ADVERTISING, Boise, ID,
pg. 342
Surles, Mark - PPOM - 54 BRANDS,
Charlotte, NC, pg. 321
Surr, Fred - PPM, PPOM - CAPTAINS
OF INDUSTRY, INC., Boston, MA,
pg. 340
Sussman, Deborah - PPOM - SUSSMAN /
PREJZA & CO., INC., Los Angeles,
CA, pg. 200
Sussman, Michael - PPOM - VMLY&R,
New York, NY, pg. 160
Sussman, Alan - PPOM - THE SUSSMAN
AGENCY, Southfield, MI, pg. 153
Sussner, Derek - PPOM - SUSSNER
DESIGN COMPANY, Minneapolis, MN,
pg. 200
Sutherland, Scott - PPOM -
SUTHERLANDGOLD COMMUNICATIONS, San
Francisco, CA, pg. 651
Sutherland, Craig - Account
Services, NBC, PPOM - DEWEY SQUARE
GROUP, Tampa, FL, pg. 596
Sutherland, Adryanna - Management,
PPOM - GYRO, Cincinnati, OH, pg.
368
Sutorius, Kit - Creative, PPOM -
AVOCET COMMUNICATIONS, Longmont,
CO, pg. 328
Sutorius Jones, Lori - Account
Services, PPOM - AVOCET
COMMUNICATIONS, Longmont, CO, pg.
328
Sutt, Randy - PPOM - ROCK, PAPER,
SCISSORS, LLC, Lawrenceville, GA,
pg. 197
Sutt, Amanda - Creative,
Interactive / Digital, PPOM - ROCK,
PAPER, SCISSORS, LLC,
Lawrenceville, GA, pg. 197
Sutter, Bob - Account Services,
PPOM - THE ESCAPE POD, Chicago, IL,
pg. 150
Sutter, Joe - Creative, PPOM - GMR
MARKETING, New Berlin, WI, pg. 306
Sutton, Mike - PPOM - ZULU ALPHA
KILO, Toronto, ON, pg. 165
Sutton, Paul - Interactive /
Digital, PPM, PPOM - CIRCUS
MAXIMUS, New York, NY, pg. 50
Sutton, Jeremy - Interactive /
Digital, PPOM - TRAFFIC DIGITAL
AGENCY, Clawson, MI, pg. 271
Sutton, Lisa - Operations, PPOM -
LIVEWORLD, San Jose, CA, pg. 246
Sutton, Greggory R. - PPOM - EDSA,
Fort Lauderdale, FL, pg. 181
Suzor Dunning, Margaret -
Management, Operations, PPOM - FINN
PARTNERS, Washington, DC, pg. 603
Svoboda, Jim - PPOM - RCG
ADVERTISING AND MEDIA, Omaha, NE,
pg. 403
Swadia, Sandeep - Account Planner,
Management, PPOM - THE TRADE DESK,
New York, NY, pg. 520
Swaebe, David - NBC, PPOM -
MULLENLOWE U.S. BOSTON, Boston, MA,
pg. 389

1937

RESPONSIBILITIES INDEX   AGENCIES

Swaebe, Connie - Operations, PPOM - GEAR COMMUNICATIONS, Stoneham, MA, pg. 76
Swaine, Dave - Creative, Interactive / Digital, PPOM - KUHL SWAINE, Saint Louis, MO, pg. 11
Swajeski, David - Creative, PPOM - LOCATION 8, Wilmington, DE, pg. 101
Swaminathan, Murali - Operations, PPOM - SPRINKLR, New York, NY, pg. 688
Swanker, Aaron - PPOM - FLIGHT PATH CREATIVE, Traverse City, MI, pg. 74
Swann, Kate - Operations, PPOM - BLUE STATE DIGITAL, New York, NY, pg. 335
Swanson, Cheryl - NBC, PPOM - TONIQ, LLC, New York, NY, pg. 20
Swanson, Jim - Creative, PPOM - PERFORMANCE MARKETING, West Des Moines, IA, pg. 126
Swanston, Bill - Creative, PPOM - FREDERICK SWANSTON, Alpharetta, GA, pg. 360
Swartz, Ben - PPOM - MARCEL DIGITAL, Chicago, IL, pg. 675
Swartz, Dave - PPOM - MEDL MOBILE, Irvine, CA, pg. 534
Swayne, William - PPOM - CARAT, New York, NY, pg. 459
Sweeney, James - PPOM - SWEENEY PUBLIC RELATIONS, Cleveland, OH, pg. 651
Sweeney, Mike - PPOM - THE INTEGER GROUP, Lakewood, CO, pg. 682
Sweeney, Christopher - NBC, PPOM - HEALTHSTAR COMMUNICATIONS, Mahwah, NJ, pg. 83
Sweeney, Brian - PPOM - SWEENEYVESTY, New York, NY, pg. 651
Sweeney, James - Creative, PPOM - GAIN, Richmond, VA, pg. 284
Sweeney, Kevin - Finance, PPOM - ALLEN & GERRITSEN, Boston, MA, pg. 29
Sweeney, Margy - Account Services, Management, NBC, PPOM - AKRETE, Evanston, IL, pg. 575
Sweet, Patrick - Finance, PPOM - STEPHENS & ASSOCIATES ADVERTISING, Overland Park, KS, pg. 413
Sweetbaum, Jodi - NBC, PPOM - LLOYD&CO, New York, NY, pg. 190
Sweetman, Della - NBC, PPOM - FLEISHMANHILLARD, New York, NY, pg. 605
Swenson, Mike - NBC, PPOM - CROSSROADS, Kansas City, MO, pg. 594
Swent, Greg - PPOM - MARKETRY, INC., Issaquah, WA, pg. 288
Swetnam, Hal - Account Planner, Creative, PPOM - GRAFIK MARKETING COMMUNICATIONS, Alexandria, VA, pg. 185
Swift, Bill - Interactive / Digital, PPOM - BRIERLEY & PARTNERS, Plano, TX, pg. 167
Swift, John - Operations, PPOM - OMNICOM GROUP, New York, NY, pg. 123
Swinand, Andrew - NBC, PPOM - LEO BURNETT WORLDWIDE, Chicago, IL, pg. 98

Swing, Jason - PPOM - SWING MEDIA, Los Angeles, CA, pg. 557
Swingle, Sam - PPOM - ADVANTAGE DESIGN GROUP, Jacksonville, FL, pg. 172
Swiryn, Monty - Management, PPOM - CUESTA TECHNOLOGIES, LLC, El Granada, CA, pg. 223
Switzer-Tal, Oren - Account Services, PPOM - MARSHALL FENN COMMUNICATIONS, Toronto, ON, pg. 625
Swygert, Craig - PPOM - CLEAR CHANNEL OUTDOOR, Orlando, FL, pg. 550
Syatt, Steve - PPOM - SSA PUBLIC RELATIONS, Calabasas, CA, pg. 649
Sydnor, John - NBC, PPOM - THE SHIPYARD, Columbus, OH, pg. 270
Sylvester, Jill - Interactive / Digital, Media Department, Operations, PPOM - SPARK FOUNDRY, Chicago, IL, pg. 510
Szala, Joseph - Creative, PPOM - VIGOR , Atlanta, GA, pg. 21
Szudarek, Mike - PPOM - MARX LAYNE & COMPANY, Farmington Hills, MI, pg. 626
Szykula, Ed - PPOM - KRACOE SZYKULA & TOWNSEND INC. , Troy, MI, pg. 96
Szymanski, Aaron - PPOM - EVO DESIGN, LLC, Watertown, CT, pg. 182
Szyskowski, Linda - Media Department, NBC, PPOM - CREATIVE OXYGEN LLC, Sylvania, OH, pg. 178
Tabnick, Barbra - NBC, PPOM - THE RADIO AGENCY, Newtown Square, PA, pg. 293
TaCito, Tony - PPOM - TACITO DIRECT MARKETING, Dallas, TX, pg. 292
Tadjedin, Jennifer - Operations, PPOM - THE GREAT SOCIETY, Portland, OR, pg. 150
Tadross, Ronald - Finance, PPOM - SPARK451, INC., Westbury, NY, pg. 411
Tai, Nancy - Human Resources, PPOM - AGENCY 39A, Culver City, CA, pg. 172
Taibi, Sal - NBC, PPOM - CAMPBELL EWALD NEW YORK, New York, NY, pg. 47
Tait, Bruce - NBC, PPOM - TAIT SUBLER, Minneapolis, MN, pg. 19
Tait, Chris - PPM, PPOM - PIRATE TORONTO, Toronto, ON, pg. 195
Tait, Orion - Creative, PPOM - BUCK, Los Angeles, CA, pg. 176
Taitt, Nathan - PPOM - BLUEPRINT DIGITAL, Duluth, GA, pg. 218
Takach, Joe - PPOM - MERIDIAN GROUP, Virginia Beach, VA, pg. 386
Takla, Steve - Finance, PPOM - RAPP WORLDWIDE, New York, NY, pg. 290
Talbott, Joe - Creative, PPOM - VIVA CREATIVE, Rockville, MD, pg. 160
Talenfeld, Julie - PPOM - BOARDROOM COMMUNICATIONS, Fort Lauderdale, FL, pg. 584
Talerico, Anna - Account Services, Management, PPOM - ION INTERACTIVE, INC., Boca Raton, FL, pg. 242
Talerico, James - Creative, PPOM - HEARTBEAT IDEAS, New York, NY, pg. 238

Taliaferro, Will - NBC, PPOM - GMMB, Washington, DC, pg. 364
Talley, Deb - Finance, PPOM - PINEROCK, New York, NY, pg. 636
Tam, David - PPOM - RATESPECIAL INTERACTIVE LLC, Paasadena, CA, pg. 262
Tan, Richard - Finance, Operations, PPOM - FIG, New York, NY, pg. 73
Tanen, Ilene - NBC, PPOM - TANEN DIRECTED ADVERTISING, Norwalk, CT, pg. 416
Tang, Michelle - Management, NBC, PPOM - DIGITAS, New York, NY, pg. 226
Tang, Alan - PPOM - OLOMANA LOOMIS ISC, Honolulu, HI, pg. 394
Tannenbaum, Jill - NBC, PPOM - WEBER SHANDWICK, New York, NY, pg. 660
Tanner, Terry - Media Department, PPOM - MINDSTREAM MEDIA, Peoria, IL, pg. 250
Tanner, Joel - PPOM - GIGASAVVY, Irvine, CA, pg. 237
Tanner, Kim - Operations, PPOM - THE DISTILLERY PROJECT, Chicago, IL, pg. 149
Tanner, Jacob - NBC, PPOM - THE DIGITAL HYVE, Syracuse, NY, pg. 269
Tanzillo, Kristine - PPOM - DUX PUBLIC RELATIONS, Canton, TX, pg. 599
Tao, Joe - Account Services, Management, PPOM - ROKKAN, LLC, New York, NY, pg. 264
Taplin, Todd - PPOM - BRAND NETWORKS, INC., Boston, MA, pg. 219
Taratuta, Claudio - Management, NBC, PPOM - PRAYTELL, Brooklyn, NY, pg. 258
Tarbell, Carey - Management, PPOM - VOX GLOBAL , Washington, DC, pg. 658
Tardiff, Alyson - PPOM - COLANGELO SYNERGY MARKETING, INC., Darien, CT, pg. 566
Tarkovsky, Leo - NBC, PPOM - MCCANN HEALTH NEW YORK, New York, NY, pg. 108
Tarte, Scott - PPOM - SPARKS, Philadelphia, PA, pg. 315
Tatar, Dan - PPOM - ADK GROUP, Boston, MA, pg. 210
Tatge, Mike - Management, PPOM - JUMPFLY, INC., Elgin, IL, pg. 674
Tatum, John - PPOM - GENESCO SPORTS ENTERPRISES, Dallas, TX, pg. 306
Taub, David - Creative, Management, PPOM - R2INTEGRATED, Baltimore, MD, pg. 261
Tauber, Ben - Account Services, Management, NBC, PPOM - GREY GROUP, New York, NY, pg. 365
Taufield, Jeffrey - PPOM - KEKST & COMPANY, INC., New York, NY, pg. 619
Taylor, Dale - PPOM - ABELSON-TAYLOR, Chicago, IL, pg. 25
Taylor, Glenn - Creative, PPOM - MLT CREATIVE, Tucker, GA, pg. 116
Taylor, Aaron - Creative, PPOM -

AGENCIES — RESPONSIBILITIES INDEX

HINGE, Reston, VA, pg. 370
Taylor, Dan - Account Services, Creative, PPOM - TAYLOR DESIGN, Stamford, CT, pg. 201
Taylor, Allison - PPOM - TCP INTEGRATED DIRECT, INC., Toronto, ON, pg. 293
Taylor, Susan - PPOM - OMD ENTERTAINMENT, Burbank, CA, pg. 501
Taylor, Julie - PPOM - TAYLOR & COMPANY, Los Angeles, CA, pg. 652
Taylor, Robb - Creative, PPOM - JEKYLL AND HYDE, Redford, MI, pg. 92
Taylor, T. - Creative, PPOM - THE CREATIVE ALLIANCE, Lafayette, CO, pg. 653
Taylor, Sherry - Finance, PPOM - THE MARKETING WORKSHOP, INC., Norcross, GA, pg. 450
Taylor, Gordon - PPOM - OGILVY GOVERNMENT RELATIONS, Washington, DC, pg. 633
Taylor, Nick - Interactive / Digital, Operations, PPOM - LIPPE TAYLOR, New York, NY, pg. 623
Taylor, Liz - Creative, Interactive / Digital, PPOM, Social Media - LEO BURNETT WORLDWIDE, Chicago, IL, pg. 98
Taylor, Krista - NBC, PPOM - POWERS AGENCY, INC., Cincinnati, OH, pg. 398
Taylor, Rod - PPOM - NEW RIVER COMMUNICATIONS, INC., Fort Lauderdale, FL, pg. 120
Taylor, Tim - Operations, PPOM - TRUE NORTH INC., New York, NY, pg. 272
Taylor, Maggie - PPOM - ADDED VALUE, New York, NY, pg. 441
Taylor, Greg - NBC, PPOM - BILLUPS, INC, Atlanta, GA, pg. 550
Taylor, Kathie - NBC, PPOM - IN PLAIN SIGHT MARKETING LLC, Carson City, NV, pg. 89
Taylor, Kyle - Creative, NBC, PPOM - FACT & FICTION, Boulder, CO, pg. 70
Taylor, Mark - Creative, PPOM - MERING, Sacramento, CA, pg. 114
Taylor, Chris - Operations, PPOM - AGENDA, Albuquerque, NM, pg. 575
Taylor, Jay - Management, PPOM - LEVERAGE, Tampa, FL, pg. 245
te Booij, Merijn - NBC, PPOM - GENESYS TELECOMMUNICATIONS LABORATORIES, Daly City, CA, pg. 168
Teachman, Peter - Operations, PPOM - KANTAR MILLWARD BROWN, Southfield, MI, pg. 446
Tebbe, Michele - Account Services, NBC, PPOM - DAVID&GOLIATH, El Segundo, CA, pg. 57
Tebeleff, Robert - PPOM - SUNSTAR STRATEGIC, Alexandria, VA, pg. 651
Tedesco, Mike - Operations, PPOM - SKY ADVERTISING, INC., New York, NY, pg. 142
Tedford, Jamie - PPOM - BRAND NETWORKS, INC., Boston, MA, pg. 219
Tedstrom, John - NBC, PPOM - PUBLICIS HAWKEYE, Vail, CO, pg. 399

Tegethoff, Scott - Account Services, Management, PPOM - TBWA \ CHIAT \ DAY, New York, NY, pg. 416
Tejada, Luz - PPOM - PUBLICIS.SAPIENT, New York, NY, pg. 258
Tell, Michele - Creative, PPOM - PREFERRED PUBLIC RELATIONS & MARKETING, Las Vegas, NV, pg. 638
Tell, Jason - Interactive / Digital, PPOM - MODERN CLIMATE, Minneapolis, MN, pg. 388
Temesvary, Bela - PPOM - LOS FELIZ AIRLINES, Pasadena, CA, pg. 562
Templeton, Breck - Finance, PPOM - 9THWONDER AGENCY, Houston, TX, pg. 453
Tenney, Kendall - PPOM - 10E MEDIA, Las Vegas, NV, pg. 573
Tepper, Matt - Management, Media Department, PPOM - WUNDERMAN HEALTH, New York, NY, pg. 164
Tepperman, Paul - Creative, PPOM - TR DESIGN, INC., North Andover, MA, pg. 202
Terashima, Natalie - PPOM - RACHEL KAY PUBLIC RELATIONS, Solana Beach, CA, pg. 640
Terchek, Tim - Creative, PPOM - THE DRUCKER GROUP, Chicago, IL, pg. 150
Terman, Jim - PPOM - JASCULCA / TERMAN & ASSOCIATES , Chicago, IL, pg. 616
Terman, Diane - PPOM - TERMAN PUBLIC RELATIONS, New York, NY, pg. 652
Terrell, Don - NBC, PPOM - NEW & IMPROVED MEDIA, El Segundo, CA, pg. 497
Terrell, Nancy - Account Services, Interactive / Digital, NBC, PPOM - CITRUS ADVERTISING, Dallas, TX, pg. 50
Terrey, Jeffrey - PPOM - RASKY BAERLEIN STRATEGIC COMMUNICATIONS, INC., Boston, MA, pg. 641
Terry, Terry - NBC, PPOM - MESSAGE MAKERS, Lansing, MI, pg. 627
Terwilleger, Bret - Operations, PPOM - ODEN MARKETING & DESIGN, Memphis, TN, pg. 193
Teshler, Sabina - PPOM - SET CREATIVE, New York, NY, pg. 139
Tessier, Karen - PPOM - MARKET CONNECTIONS, Asheville, NC, pg. 383
Tessmann, Marcy - Management, NBC, PPOM - CHARLESTON|ORWIG, INC., Hartland, WI, pg. 341
Tetrick, Charles - PPOM - WALZ TETRICK ADVERTISING, Mission, KS, pg. 429
Teufel, Rainer - PPOM - DESIGN-CENTRAL, Columbus, OH, pg. 179
Tewell, Kent - PPOM - L.E.T. GROUP, INC., Tequesta, FL, pg. 245
Thackway, Simon - PPOM - THACKWAY MCCORD, New York, NY, pg. 201
Thadani, Nithya - PPOM - RAIN, New York, NY, pg. 262
Thain, Robbie - PPOM - MAKAI, INC., El Segundo, CA, pg. 310
Thal, Fred - PPOM - FEATURE ADVERTISING, Chesterfield, MO,

pg. 673
Thalhuber, Dutch - PPOM - SPACE150, Minneapolis, MN, pg. 266
Tharrington, Amy - PPOM - MAXIMUM DESIGN & ADVERTISING, INC, Wilmington, NC, pg. 107
Thelwell, Aduke - PPOM - KEKST & COMPANY, INC., New York, NY, pg. 619
Therrien, Jason - PPOM - THUNDER TECH, Cleveland, OH, pg. 426
Thielman, Scott - Interactive / Digital, PPOM - PRODUCT CREATION STUDIO, Seattle, WA, pg. 563
Thoburn, Patrick - PPOM - MATCHSTICK, Toronto, ON, pg. 692
Thoelke, Eric - Creative, PPOM - TOKY BRANDING + DESIGN, Saint Louis, MO, pg. 202
Thoelke, Mary - Operations, PPOM - TOKY BRANDING + DESIGN, Saint Louis, MO, pg. 202
Thoma, Martin - NBC, PPOM - THOMA THOMA CREATIVE, Little Rock, AR, pg. 155
Thoma, Melissa - PPOM - THOMA THOMA CREATIVE, Little Rock, AR, pg. 155
Thomas, Jerry - PPOM - DECISION ANALYST, INC. , Arlington, TX, pg. 539
Thomas, Steve - Creative, PPOM - STEPHEN THOMAS, Toronto, ON, pg. 412
Thomas, Liz - PPOM - THOMAS BOYD COMMUNICATIONS, Morristown, NJ, pg. 656
Thomas, Martin - Management, PPOM - ALWAYS ON COMMUNICATIONS , Pasadena, CA, pg. 454
Thomas, Angela - PPOM - PRANA MARKETING & MEDIA RELATIONS, Englewood Cliffs, NJ, pg. 506
Thomas, Barbara - PPOM - THOMAS COMMUNICATIONS, LLC, Mission Viejo, CA, pg. 656
Thomas, Ragy - PPOM - SPRINKLR, New York, NY, pg. 688
Thomas, Daniel - PPOM - TIMEZONEONE, Chicago, IL, pg. 155
Thomas, Michele - PPOM - AZIONE PR, Los Angeles, CA, pg. 579
Thomas, Kathryn - PPOM - MEDIA DEVELOPMENT, INC., Quincy, IL, pg. 112
Thomas, Eric - PPOM - MEDIA DEVELOPMENT, INC., Quincy, IL, pg. 112
Thomas, Michael - Account Services, Interactive / Digital, Management, PPOM - ESSENCE, Los Angeles, CA, pg. 233
Thomas, Mike - PPOM - ALISON SOUTH MARKETING GROUP, Aiken, SC, pg. 29
Thomas, Susan - PPOM - 10FOLD, San Francisco, CA, pg. 573
Thomas-Copeland, Justin - PPOM - RAPP WORLDWIDE, New York, NY, pg. 290
Thompson, Ron - NBC, PPOM - BEUERMAN MILLER FITZGERALD, New Orleans, LA, pg. 39
Thompson, Tommy - Account Services, NBC, PPOM - THE INTEGER GROUP - DALLAS, Dallas, TX, pg. 570

RESPONSIBILITIES INDEX — AGENCIES

Thompson, Vince - PPOM - MELT, LLC, Atlanta, GA, pg. 311

Thompson, Helen - Media Department, PPOM - HELEN THOMPSON MEDIA, San Antonio, TX, pg. 473

Thompson, Brandon - Media Department, PPOM - HELEN THOMPSON MEDIA, San Antonio, TX, pg. 473

Thompson, Carol - Creative, PPOM - AD CETERA, INC., Addison, TX, pg. 26

Thompson, Jeremy - Interactive / Digital, Media Department, PPOM - ROBERTSON+PARTNERS, Las Vegas, NV, pg. 407

Thompson, Scott - PPOM - MBT MARKETING, Portland, OR, pg. 108

Thompson, Kevin - PPOM - MGT DESIGN, Maplewood, NJ, pg. 191

Thompson, Sarah - PPOM - DROGA5, New York, NY, pg. 64

Thompson, Geoffrey - Management, PPOM, Public Relations - THOMPSON & BENDER, Briarcliff Manor, NY, pg. 656

Thompson, Sarah - Media Department, PPOM - MINDSHARE, Toronto, ON, pg. 495

Thompson, Brad - Management, Media Department, PPOM - UNIVERSAL MCCANN DETROIT, Birmingham, MI, pg. 524

Thompson, Shelley - Operations, PPOM - WOODRUFF, Columbia, MO, pg. 163

Thomson, Bryce - Account Services, PPOM - STRATEGIC AMERICA, West Des Moines, IA, pg. 414

Thorburn, Bill - Creative, PPOM - THE THORBURN GROUP, Minneapolis, MN, pg. 20

Thorleifsson, Haraldur - PPOM - UENO, San Francisco, CA, pg. 273

Thornbrough, Matt - Management, Media Department, PPOM - HEALIXGLOBAL, New York, NY, pg. 471

Thorne, John - PPOM - AUTOMOTIVE EVENTS, Cleveland, OH, pg. 328

Thorne, Chris - Interactive / Digital, PPOM, Programmatic - THE TRADE DESK, Boulder, CO, pg. 520

Thorpe, Jessica - PPOM - GEN.VIDEO, New York, NY, pg. 236

Thorpe, Daniel - PPOM - BOOM CREATIVE, Spokane, WA, pg. 41

Thorpe, David - Finance, NBC, Operations, PPOM - INDUSTRY, Portland, OR, pg. 187

Thrasher, Chad - Account Services, NBC, Operations, PPOM - MY FRIEND'S NEPHEW, Atlanta, GA, pg. 119

Throckmorton, Lisa - Operations, PPOM - SPEAKERBOX COMMUNICATIONS, Vienna, VA, pg. 649

Thrun, Rick - Creative, PPOM - PROPELLER, Milwaukee, WI, pg. 130

Thurston, Patti - NBC, PPOM - THE DESIGNORY, Longbeach, CA, pg. 149

Tiernan, Bob - PPOM - CAMEO MARKETING, INC., New Gloucester, ME, pg. 303

Tiernan, Bonnie - PPOM - CAMEO MARKETING, INC., New Gloucester, ME, pg. 303

Tietge, Ted - PPOM - ANDERSON DIRECT & DIGITAL, Poway, CA, pg. 279

Tihanyi, Steve - NBC, PPOM - EVENTLINK, LLC, Sterling Heights, MI, pg. 305

Tilford, Anthony - PPOM - LEE TILFORD AGENCY, Austin, TX, pg. 97

Till, Spencer - Creative, PPOM - LEWIS COMMUNICATIONS, Birmingham, AL, pg. 100

Till, Tracy - PPOM - BUTLER / TILL, Rochester, NY, pg. 457

Tillery, Anne - PPOM - PYRAMID COMMUNICATIONS, Seattle, WA, pg. 401

Timberlake, Carol - PPOM - TIMBERLAKE MEDIA SERVICES, INC., Naperville, IL, pg. 520

Timberlake, Dale - Operations, PPOM - TIMBERLAKE MEDIA SERVICES, INC., Naperville, IL, pg. 520

Timmons, Rich - PPOM - TIMMONS & COMPANY, Jamison, PA, pg. 426

Timmons, Rich - Account Planner, PPOM - 3RD COAST PR, Chicago, IL, pg. 573

Timms, Ryan - PPOM - MCCANN CANADA, Toronto, ON, pg. 384

Tindall, Bryn - PPOM - REBEL INTERACTIVE, Southington, CT, pg. 403

Ting, Richard - Creative, Media Department, PPOM - R/GA, New York, NY, pg. 260

Tippett, Janice - PPOM - MILLENNIUM MARKETING SOLUTIONS, Annapolis Junction, MD, pg. 13

Tippmann, James R. - PPOM - FRCH DESIGN WORLDWIDE, Cincinnati, OH, pg. 184

Tipton, Franklin - PPOM - ODYSSEUS ARMS, San Francisco, CA, pg. 122

Tiratira, Ken - Operations, PPOM - IMPRENTA COMMUNICATIONS GROUP, Los Angeles, CA, pg. 89

Tisch, Daniel - PPOM - ARGYLE COMMUNICATIONS, Toronto, ON, pg. 578

Titus, Tracy - Creative, PPOM - PAGE DESIGN GROUP, Sacramento, CA, pg. 194

Titus, Keith - PPOM - MARKETSTAR CORPORATION, Ogden, UT, pg. 383

Tiziani, Robert - PPOM - TIZIANI WHITMYRE, Sharon, MA, pg. 155

Tlustosch, Rebecca - Finance, PPOM - MONO, Minneapolis, MN, pg. 117

Tobengauz, Steve - Finance, Operations, PPOM - ANNALECT GROUP, New York, NY, pg. 213

Tobey, Gary - PPOM - HAWORTH MARKETING & MEDIA, Los Angeles, CA, pg. 471

Tobias, Christopher - PPOM - DUDNYK EXCHANGE, Horsham, PA, pg. 66

Tobin, Jim - PPOM - IGNITE SOCIAL MEDIA, Cary, NC, pg. 686

Tobol, Mitch - PPOM - CGT MARKETING, LLC, Amityville, NY, pg. 49

Tocco, Stephen - PPOM - ML STRATEGIES, LLC, Boston, MA, pg. 627

Tocmacov, Alin - Creative, PPOM - C&G PARTNERS, LLC, New York, NY, pg. 176

Todai, Amin - Creative, PPOM - ONEMETHOD INC., Toronto, ON, pg. 123

Todd, Bill - Operations, PPOM, Public Relations - O2 IDEAS, Birmingham, AL, pg. 392

Todd, Paul - NBC, PPOM - GERSON LEHRMAN GROUP, New York, NY, pg. 168

Toledano, Andrew - PPOM - KEPLER GROUP, New York, NY, pg. 244

Tolensky, Daniel - Finance, PPOM - ARRIVALS + DEPARTURES, Toronto, ON, pg. 34

Tolkachyov, Luba - Operations, PPOM - DENTSU X, New York, NY, pg. 61

Tolleson, Steve - Creative, PPOM - TOLLESON DESIGN, San Francisco, CA, pg. 202

Tolley, Geoff - Creative, PPOM - CHEMISTRY COMMUNICATIONS INC., Pittsburgh, PA, pg. 50

Tomala, Don - NBC, PPOM - MATRIX PARTNERS, LTD., Chicago, IL, pg. 107

Tomasetti, Laura - PPOM - 360PRPLUS, Boston, MA, pg. 573

Tomasulo, Joseph - Finance, PPOM - R/GA, New York, NY, pg. 260

Tombacher, Robyn - Operations, PPOM - WUNDERMAN THOMPSON, New York, NY, pg. 434

Tombras, Charlie - Management, PPOM - THE TOMBRAS GROUP, Knoxville, TN, pg. 424

Tomes, Kathleen - NBC, PPOM - BRILLIANT PR & MARKETING, Scottsdale, AZ, pg. 586

Tomlinson, Robert - Finance, PPOM - ONSTREAM MEDIA, Fort Lauderdale, FL, pg. 255

Tomlinson, Gregg - PPOM - FATHEAD DESIGN, INC., Chicago, IL, pg. 71

Tomlinson, Tonya - PPOM - FATHEAD DESIGN, INC., Chicago, IL, pg. 71

Tomlinson, Jared - Creative, PPOM - STANDARD BLACK, Los Angeles, CA, pg. 144

Tomlinson, Brian - Finance, PPOM - RASKY BAERLEIN STRATEGIC COMMUNICATIONS, INC., Boston, MA, pg. 641

Tong, Su - Management, PPOM - HYLINK, Santa Monica, CA, pg. 240

Tonkin, Rob - PPOM - MARKETING FACTORY, INC., Venice, CA, pg. 383

Tonner, Alexa - PPOM - COLLECTIVELY, INC., San Francisco, CA, pg. 685

Tons, Chad - PPOM - INFINITY MARKETING TEAM, Culver City, CA, pg. 308

Toohey, Ross - PPOM - 2E CREATIVE, Saint Louis, MO, pg. 23

Toohey, Joe - Creative, PPOM - 2E CREATIVE, Saint Louis, MO, pg. 23

Toomey, Anne - PPOM - EPSTEIN DESIGN PARTNERS, INC., Cleveland, OH, pg. 182

Toomey, Anne - PPOM - JARRARD PHILLIPS CATE & HANCOCK, Brentwood, TN, pg. 616

AGENCIES

RESPONSIBILITIES INDEX

Topazio, Elizabeth - Operations, PPOM - ACTIVE INTERNATIONAL, Pearl River, NY, pg. 439

Topken, Maria - Account Services, PPOM - BRANDIENCE, Cincinnati, OH, pg. 42

Topkins, Andrew - PPOM - BRANDGENUITY, LLC, New York, NY, pg. 4

Topper, Hilary - PPOM - HJMT PUBLIC RELATIONS, INC., Long Beach, NY, pg. 686

Torkelson, Meredith - PPM, PPOM - THE NOLAN GROUP, Bradenton, FL, pg. 654

Tornoe, Juan - NBC, PPOM - CULTURAL STRATEGIES, INC., Austin, TX, pg. 347

Torossian, Ronn - PPOM - 5W PUBLIC RELATIONS, New York, NY, pg. 574

Torpey, Gary - Finance, PPOM - PAN COMMUNICATIONS, Boston, MA, pg. 635

Torreggiani, Heather - NBC, PPOM - VSA PARTNERS, INC., Chicago, IL, pg. 204

Torres, Lisa - PPOM - PUBLICIS NORTH AMERICA, New York, NY, pg. 399

Tortorella, Nancy - Account Services, Management, PPOM - WAVEMAKER, New York, NY, pg. 526

Toshniwal, Ashish - PPOM - Y MEDIA LABS, Redwood City, CA, pg. 205

Toss, Phyllis - Media Department, PPOM - WAVEMAKER, New York, NY, pg. 526

Tota, Jon - PPOM - EDULENCE INTERACTIVE, New York, NY, pg. 230

Toth, Jim - Account Services, Creative, PPOM - VSA PARTNERS, INC., Chicago, IL, pg. 204

Toth, Zack - NBC, PPOM - TOTH + CO., Concord, MA, pg. 202

Toto, David - Account Services, PPOM - JUNIPER PARK\ TBWA, Toronto, ON, pg. 93

Tousignant, Norm - Finance, PPOM - THE FOOD GROUP, Tampa, FL, pg. 419

Towers, Megan - Account Services, NBC, PPOM - JOHN ST., Toronto, ON, pg. 93

Towle, Glenn - Operations, PPOM - MERRICK TOWLE COMMUNICATIONS, Greenbelt, MD, pg. 114

Towler Weese, Cheryl - PPOM - STUDIO BLUE, Chicago, IL, pg. 200

Townsend, Andrew - Creative, PPOM - KRACOE SZYKULA & TOWNSEND INC., Troy, MI, pg. 96

Townsend, David - PPOM - TOWNSEND RAIMUNDO BESLER & USHER, Sacramento, CA, pg. 656

Townsend, Wayne - PPOM - EPSILON, Wakefield, MA, pg. 282

Townsend, Dave - PPOM - INTRINZIC, INC., Newport, KY, pg. 10

Townsend, James - PPOM - FORWARDPMX, New York, NY, pg. 360

Trabulsi, Judy - PPOM - GSD&M, Austin, TX, pg. 79

Trachtman, Lisa - PPOM - STRATA-MEDIA, INC., Irvine, CA, pg. 18

Tractenberg, Joel - NBC, PPOM - THE LEVINSON TRACTENBERG GROUP, New York, NY, pg. 151

Tracy, Kerry - PPOM - WORKING MEDIA GROUP, New York, NY, pg. 433

Tracy, John - PPOM - BRILLIANT MEDIA STRATEGIES, Anchorage, AK, pg. 43

Trahan, Ronald - NBC, PPOM - RONALD TRAHAN ASSOCIATES, INC., Medfield, MA, pg. 644

Trahar, John - Creative, PPOM - GREATEST COMMON FACTORY, Austin, TX, pg. 365

Traina, Chris - NBC, PPOM, Public Relations - CONILL ADVERTISING, INC., Miami, FL, pg. 538

Traina, David - PPOM - TRAINA DESIGN, San Diego, CA, pg. 20

Tran, John Paul - Creative, NBC, PPOM - TRIPTENT, New York, NY, pg. 156

Tran, Ly - Media Department, PPOM - PROOF ADVERTISING, Austin, TX, pg. 398

Tranchemontagne, Scott - PPOM - MONTAGNE COMMUNICATIONS, Manchester, NH, pg. 389

Traub, Matthew - Human Resources, Management, PPOM - DKC PUBLIC RELATIONS, New York, NY, pg. 597

Travaglini, Christine - PPOM - KATZ MEDIA GROUP, INC., New York, NY, pg. 481

Traverso, Jeff - Account Services, PPOM - OGILVY, New York, NY, pg. 393

Travis, Daryl - PPOM - BRANDTRUST, INC., Chicago, IL, pg. 4

Travitz, Tim - PPOM - CONTRAST CREATIVE, Cary, NC, pg. 222

Traxler, Doug - NBC, PPOM - WEBB/MASON, Hunt Valley, MD, pg. 294

Traylor, Margie - PPOM - AUGUST UNITED, Tempe, AZ, pg. 214

Traylor, Brett - PPOM - THINKSO CREATIVE LLC, New York, NY, pg. 155

Treadway, Tony - PPOM - CREATIVE ENERGY, INC., Johnson City, TN, pg. 346

Treadway, Teresa - Media Department, PPOM - CREATIVE ENERGY, INC., Johnson City, TN, pg. 346

Treff, Michael - Management, PPOM - CODE AND THEORY, New York, NY, pg. 221

Treleaven, Cheryl - Account Services, Management, PPOM - COMBLU, Chicago, IL, pg. 691

Trencher, Lewis - Finance, Operations, PPOM - WUNDERMAN THOMPSON, New York, NY, pg. 434

Trent, Nancy - Management, PPOM - TRENT & COMPANY, INC., New York, NY, pg. 656

Trepal, Judy - Creative, PPOM - ETHOS MARKETING & DESIGN, Westbrook, ME, pg. 182

Tressler, Claudia - Operations, PPOM - BROADSTREET, New York, NY, pg. 43

Treuhaft, Zachary - PPOM - HEARTS & SCIENCE, New York, NY, pg. 471

Trevail, Charles - PPOM - C SPACE, Boston, MA, pg. 443

Trevelino, Dean - PPOM - TREVELINO / KELLER COMMUNICATIONS GROUP, Atlanta, GA, pg. 656

Tribe, Norm - Creative, Interactive / Digital, PPOM - GEARSHIFT ADVERTISING, Costa Mesa, CA, pg. 76

Trickey, Colleen - PPOM - TRICKEY JENNUS, INC., Tampa, FL, pg. 156

Triemstra, Carl - NBC, PPOM - SYMMETRI MARKETING GROUP, LLC, Chicago, IL, pg. 416

Trienens, Nathanial - PPOM - FUZZ PRODUCTIONS, Brooklyn, NY, pg. 236

Trimino, Anthony - Creative, PPOM - TRAFFIK ADVERTISING, Irvine, CA, pg. 156

Trinkle, Alan - PPOM - M/SIX, New York, NY, pg. 482

Tripp, Russ - PPOM - FAIN & TRIPP, Grayson, GA, pg. 70

Trissel, Ed - PPOM, Public Relations - JOELE FRANK, WILKINSON BRIMMER KATCHER, New York, NY, pg. 617

Troiano, Nick - PPOM - CADENT TECHNOLOGY, San Jose, CA, pg. 219

Trollback, Jakob - Creative, PPOM - TROLLBACK & COMPANY, New York, NY, pg. 203

Trompeter, Anne - Creative, PPOM - LIVE MARKETING, Evanston, IL, pg. 310

Troop, Bob - PPOM - SHAMROCK COMPANIES, INC., Westlake, OH, pg. 291

Trozzolo, Pasquale - PPOM - TROZZOLO COMMUNICATIONS GROUP, Kansas City, MO, pg. 657

Trozzolo, Angelo - PPOM - TROZZOLO COMMUNICATIONS GROUP, Kansas City, MO, pg. 657

Truban Curry, Joice - PPOM - C3 COMMUNICATIONS, INC., San Diego, CA, pg. 588

Truffelman, Joanne - PPOM - CHEMISTRY ATLANTA, Atlanta, GA, pg. 50

Trumpfheller, Bill - PPOM - NUFFER SMITH TUCKER, INC., San Diego, CA, pg. 392

Trzinski, Dan - PPOM - PLATYPUS ADVERTISING & DESIGN, Pewaukee, WI, pg. 397

Tsai, Wade - PPOM - ZUMOBI, Seattle, WA, pg. 535

Tsakalakis, Athan - PPOM - ETHOS, PATHOS, LOGOS, LLC, Chicago, IL, pg. 233

Tsakalakis, Gyi - PPOM - ETHOS, PATHOS, LOGOS, LLC, Chicago, IL, pg. 233

Tschetter, Carrie - PPOM, Public Relations - ARCHER COMMUNICATIONS, INC., Rochester, NY, pg. 327

Tschiffely, Donna - NBC, PPOM - CONFERENCE INCORPORATED, Reston, VA, pg. 303

Tsiboulski, Cyril - Creative, PPOM - CLOUDRED, Brooklyn, NY, pg. 221

Tsioutsias, Dimitris - Analytics, PPOM - TARGETBASE MARKETING, Irving, TX, pg. 292

Tsue, Ed - Account Planner, Media

RESPONSIBILITIES INDEX — AGENCIES

Department, PPOM - STARCOM WORLDWIDE, New York, NY, *pg.* 517

Tucci, Mark - Creative, PPOM - TUCCI CREATIVE, Tucson, AZ, *pg.* 157

Tuchalski, Lauren - Interactive / Digital, PPOM - MINDSHARE, New York, NY, *pg.* 491

Tuchler, Andrew - Management, PPOM - ULTIMATE PARKING, Boston, MA, *pg.* 294

Tucker, Jeffrey - NBC, PPOM - TUCKER / HALL, INC., Tampa, FL, *pg.* 657

Tucker, Bill - PPOM - IFUEL, New York, NY, *pg.* 88

Tucker, Angus - Creative, PPOM - JOHN ST., Toronto, ON, *pg.* 93

Tucker, Adam - NBC, PPOM - OGILVY, New York, NY, *pg.* 393

Tucker, Lauren - Management, Media Department, PPOM - MERGE, Chicago, IL, *pg.* 113

Tucker, Dan - Finance, PPOM - MADWELL, Brooklyn, NY, *pg.* 13

Tucker, Kerry - PPOM - NUFFER SMITH TUCKER, INC., San Diego, CA, *pg.* 392

Tuel, Matt - Finance, PPOM - PROFITERO, Boston, MA, *pg.* 682

Tumminello, Matt - NBC, PPOM - TARGET 10, New York, NY, *pg.* 19

Tunheim, Kathy - PPOM - TUNHEIM PARTNERS, Bloomington, MN, *pg.* 657

Tupot, Marie Lena - NBC, PPOM, Research - SCENARIODNA, New York, NY, *pg.* 449

Tuppeny, Betty - PPOM - DOMUS ADVERTISING, Philadelphia, PA, *pg.* 352

Tura, Hunter - PPOM - BRUCE MAU DESIGN, Toronto, ON, *pg.* 176

Turcotte, Nathalie - PPOM - BOB COMMUNICATIONS, Montreal, QC, *pg.* 41

Turkel, Bruce - Creative, PPOM - TURKEL, Coconut Grove, FL, *pg.* 157

Turnbo, Steve - PPOM - SCHNAKE TURNBO FRANK, INC., Tulsa, OK, *pg.* 646

Turnbull, Karl - Account Planner, Media Department, PPOM - CAVALRY, Chicago, IL, *pg.* 48

Turnbull, Tyler - PPOM - FCB NEW YORK, New York, NY, *pg.* 357

Turner, Larry - NBC, PPOM - BACKUS TURNER INTERNATIONAL, Lighthouse Point, FL, *pg.* 35

Turner, David - PPOM - TURNER DUCKWORTH, San Francisco, CA, *pg.* 203

Turner, Doug - PPOM - AGENDA, Albuquerque, NM, *pg.* 575

Turner, Mark - Account Planner, Media Department, PPOM - SAATCHI & SAATCHI LOS ANGELES, Torrance, CA, *pg.* 137

Turner, Brian - Management, PPOM - SHERWOOD OUTDOOR, INC., New York, NY, *pg.* 557

Turner, Christine - PPOM - TURNER PUBLIC RELATIONS, Denver, CO, *pg.* 657

Turner, Gene - Management, NBC, PPOM - HORIZON MEDIA, INC., New York, NY, *pg.* 474

Turner, Chris - Creative, PPOM - OGILVY, Chicago, IL, *pg.* 393

Turner, Christine - Account Services, PPOM - CHAPPELLROBERTS, Tampa, FL, *pg.* 341

Turner, Katie - NBC, PPOM - ICR, New York, NY, *pg.* 615

Turner, Chad - PPOM - GOMEDIA, Hartford, CT, *pg.* 77

Tussing, Chris - PPOM - MERGE, Chicago, IL, *pg.* 113

Tuttle, Chip - PPOM - CTP, Boston, MA, *pg.* 347

Tuttle, Ryan P. - Operations, PPOM - DRAGON ARMY, Atlanta, GA, *pg.* 533

Tveit, Mary - Creative, PPOM - SOL DESIGN COMPANY, Atlanta, GA, *pg.* 199

Twer, Kevin - PPOM - HKA, INC., Tustin, CA, *pg.* 614

Tyler, Eliot - PPOM - PATIENTS & PURPOSE, New York, NY, *pg.* 126

Tyll, Kristin - Management, PPOM - STRATACOMM, INC., Southfield, MI, *pg.* 650

Tyner, Troy - Creative, PPOM - MITRE AGENCY, Greensboro, NC, *pg.* 191

Tynski, Kristin - Creative, PPOM - FRACTL, Delray Beach, FL, *pg.* 686

Tyrrell, Katelyn - Interactive / Digital, Media Department, PPOM - J3, New York, NY, *pg.* 480

Tysell, Monica - Interactive / Digital, Media Department, NBC, PPOM - DONER, Southfield, MI, *pg.* 63

Ubben, Michelle - Operations, PPOM - SACHS MEDIA GROUP, Tallahassee, FL, *pg.* 645

Uetz, Michael - PPOM - MIDAN MARKETING, Chicago, IL, *pg.* 13

Ugenti, Michael - PPOM - FOCUS USA, Paramus, NJ, *pg.* 284

Ulis, Igor - PPOM - .IX.CO, New York, NY, *pg.* 243

Ulla, Jorge - Creative, PPOM - D. EXPOSITO & PARTNERS, New York, NY, *pg.* 539

Umali, Jennifer - PPOM - MEDIACROSS, INC., Saint Louis, MO, *pg.* 112

Umans, Jamie - Account Planner, Media Department, NBC, PPOM - MEDIACOM, New York, NY, *pg.* 487

Umemoto, Lynn - Account Services, PPOM - GRAFIK MARKETING COMMUNICATIONS, Alexandria, VA, *pg.* 185

Umlauf, Dan - PPOM - CLEAR RIVER ADVERTISING & MARKETING, Midland, MI, *pg.* 177

Underwood, John - NBC, PPOM - TINSLEY ADVERTISING, Miami, FL, *pg.* 155

Unes, Tim - PPOM - EVENT STRATEGIES, INC., Alexandria, VA, *pg.* 305

Unger, Mark - Creative, PPOM - PUSH, Orlando, FL, *pg.* 401

Unger, Ryan - Interactive / Digital, PPOM - PUNCHKICK INTERACTIVE, Chicago, IL, *pg.* 534

Unglaub, Bob - PPOM - INTEGRATED MARKETING SOLUTIONS, Wheaton, IL, *pg.* 89

Ungvarsky, Drew - Creative, PPOM - GROW INTERACTIVE, Norfolk, VA, *pg.* 237

Uratsu, David - Finance, PPOM - CHASE DESIGN GROUP, South Pasadena, CA, *pg.* 177

Urban, Lauren - Operations, PPOM - YOUTECH, Naperville, IL, *pg.* 436

Urband, Lauren - NBC, PPOM - THE CONSULTANCY PR, Los Angeles, CA, *pg.* 653

Uriarte, Luisa - Creative, Management, PPOM - MADDOCK DOUGLAS, Elmhurst, IL, *pg.* 102

Usher, Sharon - PPOM - TOWNSEND RAIMUNDO BESLER & USHER, Sacramento, CA, *pg.* 656

Usherwood, Brad - Account Planner, PPOM - YIELD-INTEGRATED COMMUNICATIONS & ADVERTISING, Toronto, ON, *pg.* 164

Uslugil, Sal - NBC, PPOM - CLARABRIDGE, INC., Reston, VA, *pg.* 167

Uy, Bernard - Creative, PPOM - WALL TO WALL STUDIOS, Pittsburgh, PA, *pg.* 204

Vaccaro, Jacqueline - Management, PPOM - ESSENCE, New York, NY, *pg.* 232

Vaccaro, Chris - Account Planner, Account Services, Media Department, PPOM - MINDSHARE, New York, NY, *pg.* 491

Vadala, Erin - PPOM - WARNER COMMUNICATIONS, Boston, MA, *pg.* 659

Vaile, Ernie - PPOM - WEBB/MASON, Hunt Valley, MD, *pg.* 294

Vaitonis, Robin - Operations, PPOM - GRAFIK MARKETING COMMUNICATIONS, Alexandria, VA, *pg.* 185

Valadez, Oved - Creative, NBC, PPOM - INDUSTRY, Portland, OR, *pg.* 187

Valderrama, Jose - PPOM - HISPANIC GROUP, Miami, FL, *pg.* 371

Valderrama, Claudia - Finance, PPOM - WIEDEN + KENNEDY, Portland, OR, *pg.* 430

Valdes, Robert - Interactive / Digital, PPM, PPOM - FIG, New York, NY, *pg.* 73

Valdes-Fauli, Mike - PPOM - PINTA USA, LLC, Coral Gables, FL, *pg.* 397

Vale-Brennan, Vilma - Management, Media Department, PPOM - INITIATIVE, New York, NY, *pg.* 477

Valencis, Stan - PPOM - PRIMACY, Farmington, CT, *pg.* 258

Valenti, Doug - PPOM - QUINSTREET, INC., Foster City, CA, *pg.* 290

Valenti, Pamela - Media Department, PPOM - MEDIACOM, New York, NY, *pg.* 487

Valentin, Mike - Interactive / Digital, Media Department, PPOM - CARAT, New York, NY, *pg.* 459

Valentine, Tom - PPOM - CREATIVE SOLUTIONS GROUP, Clawson, MI, *pg.* 303

Valentine, Taylor - Human Resources, Operations, PPOM -

1942

AGENCIES

RESPONSIBILITIES INDEX

HORIZON MEDIA, INC., New York, NY, *pg.* 474

Valentine, Liz - Management, PPOM - WUNDERMAN THOMPSON, Irvine, CA, *pg.* 435

Valentine, Liz - PPOM - SWIFT, Portland, OR, *pg.* 145

Valentino, Mike - PPOM - TMPG MEDIA, White Plains, NY, *pg.* 299

Valentino, Joyce - Finance, PPOM - IDEA ENGINEERING, INC., Santa Barbara, CA, *pg.* 88

Valfer, Reid - Account Services, NBC, PPOM - RISE INTERACTIVE, Chicago, IL, *pg.* 264

Vallauri, DJ - PPOM - LODGING INTERACTIVE, Parsippany, NJ, *pg.* 246

Vallee-Smith, Lisa - PPOM - AIRFOIL PUBLIC RELATIONS, Royal Oak, MI, *pg.* 575

Valudes, Alisa - PPOM - MERRITT GROUP PUBLIC RELATIONS, McLean, VA, *pg.* 627

Vamosy, Michael - Creative, PPOM - KNOWN, Los Angeles, CA, *pg.* 298

Van Amburgh, Craig - PPOM - CVA ADVERTISING & MARKETING, INC., Odessa, TX, *pg.* 56

van Becelaere, Charlie - Management, Media Department, PPOM, Research - UNIVERSAL MCCANN DETROIT, Birmingham, MI, *pg.* 524

van Bergen, Karen - Administrative, Management, PPOM - OMNICOM GROUP, New York, NY, *pg.* 123

Van Dam, Andrea - PPOM - STELLA RISING, Westport, CT, *pg.* 518

Van Dam, Candy - NBC, PPOM - INSIGHT MARKETING DESIGN, Sioux Falls, SD, *pg.* 89

Van de Water, Donna - Operations, PPOM - LIPMAN HEARNE, INC., Chicago, IL, *pg.* 381

van den Bosch, Derek - NBC, Operations, PPOM - 160OVER90, Los Angeles, CA, *pg.* 301

van der Does, Anne - Account Services, Creative, PPOM - A.D. LUBOW, New York, NY, *pg.* 25

Van Durand, Tinsley - PPOM - LAWLER BALLARD VAN DURAND, Atlanta, GA, *pg.* 97

Van Dyke, Peter - NBC, PPOM - VANDYKE-HORN, Detroit, MI, *pg.* 658

Van Loon, Curt - PPOM - ADSTRATEGIES, INC., Easton, MD, *pg.* 323

Van Metre, Laurie - PPOM - FVM STRATEGIC COMMUNICATIONS, Plymouth Meeting, PA, *pg.* 75

Van Mol, John - PPOM - DVL SEIGENTHALER, Nashville, TN, *pg.* 599

Van Winkle, Alex - PPOM - VWA, Atlanta, GA, *pg.* 429

Van Zon, Martin - NBC, PPOM - INTERKOM CREATIVE MARKETING, Burlington, ON, *pg.* 168

Vance, John - Creative, PPOM - LEVINE & ASSOCIATES, INC., Washington, DC, *pg.* 11

Vance, Trevor - PPOM - BOSE PUBLIC AFFAIRS GROUP, LLC, Indianapolis, IN, *pg.* 585

Vandegrift, Mark - Operations, PPOM - INNIS MAGGIORE GROUP, Canton, OH, *pg.* 375

Vanden-Eynden, David - PPOM - CALORI & VANDEN-EYNDEN, LTD., New York, NY, *pg.* 176

Vandenberg, Lucas - PPOM - FIFTYANDFIVE.COM, Winter Park, FL, *pg.* 234

Vandenberg, Jenna - Operations, PPOM - FIFTYANDFIVE.COM, Winter Park, FL, *pg.* 234

VandenBosch, Derek - Operations, PPOM - 160OVER90, Santa Monica, CA, *pg.* 207

VanderLinden, Stephanie - Management, NBC, PPOM - THE RICHARDS GROUP, INC., Dallas, TX, *pg.* 422

Vandervest, Joe - PPOM - CAMPBELL MARKETING AND COMMUNICATIONS, Dearborn, MI, *pg.* 339

Vandeven, Debbi - Creative, PPOM - VMLY&R, Kansas City, MO, *pg.* 274

Vandiver, Donna - PPOM - THE VANDIVER GROUP, INC., Saint Louis, MO, *pg.* 425

VanGorden, Rob - Management, NBC, PPOM - THE RICHARDS GROUP, INC., Dallas, TX, *pg.* 422

Vanhulst, Jean-Luc - PPOM - WRITE2MARKET, Atlanta, GA, *pg.* 276

Vansickle, Ric - Operations, PPOM - PLAN B, Chicago, IL, *pg.* 397

VanValkenburgh, Kevin - Interactive / Digital, Management, Media Department, PPOM - THE TOMBRAS GROUP, Knoxville, TN, *pg.* 424

Varallo, Deborah - PPOM - VARALLO PUBLIC RELATIONS, Nashville, TN, *pg.* 658

Vardeman, John - NBC, PPOM - MORTON, VARDEMAN & CARLSON, Gainesville, GA, *pg.* 389

Varias, Laarni - Account Services, Interactive / Digital, Media Department, PPOM - WAVEMAKER, New York, NY, *pg.* 526

Varney, Katy - PPOM - MCNEELY PIGOTT & FOX PUBLIC RELATIONS, Nashville, TN, *pg.* 626

Varraone, Angelo - PPOM - EXPONATION, Atlanta, GA, *pg.* 305

Vartan, Brent - Management, NBC, PPOM - BULLISH INC, New York, NY, *pg.* 45

Vaske, Joe - PPOM - M45 MARKETING SERVICES, Freeport, IL, *pg.* 382

Vasquez, Adam - PPOM - MERIT, Harrisburg, PA, *pg.* 386

Vassilaros, Sean - Operations, PPOM - THREAD, Tustin, CA, *pg.* 271

Vassiliadis, Billy - PPOM - R&R PARTNERS, Las Vegas, NV, *pg.* 131

Vaughan, Harris - PPOM - ECKEL & VAUGHAN, Raleigh, NC, *pg.* 599

Vaughan, Meredith - PPOM - VLADIMIR JONES, Colorado Springs, CO, *pg.* 429

Vaughn, Roger - Creative, PPOM - THE JOHNSON GROUP, Chattanooga, TN, *pg.* 420

Vaughn, Erik - Creative, PPOM - LOCATION 8, Wilmington, DE, *pg.* 101

Vaught, Kelly - NBC, PPOM - BECORE, Los Angeles, CA, *pg.* 302

Vawter, David - Creative, PPOM - DOEANDERSON ADVERTISING, Louisville, KY, *pg.* 352

Vax, Ingrid - Management, NBC, PPOM - WHITE64, Tysons, VA, *pg.* 430

Vaynerchuk, Gary - PPOM - VAYNERMEDIA, New York, NY, *pg.* 689

Vaz, Madeline - Account Services, Operations, PPOM - GIGANTE VAZ PARTNERS, New York, NY, *pg.* 363

Vaz, Nigel - PPOM - PUBLICIS.SAPIENT, Boston, MA, *pg.* 259

Vazquez, Nery - PPOM - DIRECTOHISPANIC, LLC, North Hollywood, CA, *pg.* 681

Vedsted Jespersen, Sebastian - PPOM - VERTIC, New York, NY, *pg.* 274

Veil, Lynne - Operations, PPOM - EMPOWER, Cincinnati, OH, *pg.* 354

Veile, Steve - PPOM - COMMUNIQUE, INC., Jefferson City, MO, *pg.* 592

Velani, Murad - PPOM - BLUESPIRE INC., Minneapolis, MN, *pg.* 335

Velarde, Javier - Creative, NBC, PPM, PPOM - TRITON PRODUCTIONS, Miami Beach, FL, *pg.* 317

Velasquez, Paige - PPOM - ZILKER MEDIA, Austin, TX, *pg.* 665

Velazquez, Carlos - PPOM - HMA ASSOCIATES, INC., Washington, DC, *pg.* 541

Velde, Ty - Account Services, PPOM - OVERDRIVE INTERACTIVE, Allston, MA, *pg.* 256

Velez, Raymond - Interactive / Digital, PPOM - PUBLICIS.SAPIENT, Seattle, WA, *pg.* 259

Velle, Adam - PPOM - COMMUNIQUE, INC., Jefferson City, MO, *pg.* 592

Venables, Paul - Creative, PPOM - VENABLES BELL & PARTNERS, San Francisco, CA, *pg.* 158

Vendetti, Neil - Finance, Interactive / Digital, PPOM - ZENITH MEDIA, New York, NY, *pg.* 529

Vendice, Beth - PPOM - BROADBEAM MEDIA, New York, NY, *pg.* 456

Venn, Paul - Media Department, PPOM - HUDSON ROUGE, New York, NY, *pg.* 371

Venorsky, Jamie - Creative, PPOM - MARCUS THOMAS, Cleveland, OH, *pg.* 104

Ventura, Michael - PPOM - SUB ROSA, New York, NY, *pg.* 200

Venuto, Domenic - NBC, PPOM - AMOBEE, INC., New York, NY, *pg.* 30

Verbinnen, Paul - NBC, PPOM - SARD VERBINNEN, New York, NY, *pg.* 646

Verdi, Ellis - PPOM - DEVITO/VERDI, New York, NY, *pg.* 62

Verdin, Mary - PPOM - VERDIN, San Luis Obispo, CA, *pg.* 21

Verdin, Adam - PPOM - VERDIN, San Luis Obispo, CA, *pg.* 21

Verma, Aditya - Operations, PPOM - RIP ROAD, New York, NY, *pg.* 534

Verrengia, Peter - NBC, PPOM - FLEISHMANHILLARD, New York, NY, *pg.* 605

RESPONSIBILITIES INDEX — AGENCIES

Verrengia, Bree - PPOM - ACCUDATA AMERICA, Fort Myers, FL, pg. 279
Verschuren, Ian - Interactive / Digital, PPOM - MARCUS THOMAS, Cleveland, OH, pg. 104
Vertolli, Frank - PPOM - NET CONVERSION, Orlando, FL, pg. 253
Verville, Mike - NBC, PPOM - PUSHTWENTYTWO, Bringham Farms, MI, pg. 401
Vest, Rita - PPOM - VEST ADVERTISING, Louisville, KY, pg. 159
Vest, Keith - PPOM - THE VARIABLE, Winston-Salem, NC, pg. 153
Vesty, Jane - PPOM - SWEENEYVESTY, New York, NY, pg. 651
Vetter, Moira - PPOM - MODO MODO AGENCY, Atlanta, GA, pg. 116
Viau, Michel - PPOM - OVE DESIGN & COMMUNICATIONS LIMITED, Toronto, ON, pg. 193
Vigorito, Becka - Account Services, Management, PPOM - VMLY&R, New York, NY, pg. 160
Vigrass, Kristen - Account Services, PPOM - BRANDMAN AGENCY, New York, NY, pg. 585
Viguerie, Richard - PPOM - AMERICAN TARGET ADVERTISING, Manassas, VA, pg. 279
Vilchis, Debra - Operations, PPOM - FISHMAN PUBLIC RELATIONS INC., Northbrook, IL, pg. 604
Villa, Jose - NBC, PPOM - SENSIS AGENCY, Los Angeles, CA, pg. 545
Villane, Tom - PPOM - DESIGN 446, Manasquan, NJ, pg. 61
Villanueva, Christine - Account Planner, Account Services, Administrative, Analytics, Management, Media Department, PPOM, Research - WALTON ISAACSON, New York, NY, pg. 547
Villazon, Roberto - PPOM - HI-GLOSS, North Bay Village, FL, pg. 84
Villet, Jonathan - PPOM - ONEWORLD COMMUNICATIONS, San Francisco, CA, pg. 123
Villett, Jonathan - NBC, PPOM - ONEWORLD COMMUNICATIONS, San Francisco, CA, pg. 123
Villing, Thom - NBC, PPOM - VILLING & CO., South Bend, IN, pg. 429
Vinci, Alex - Media Department, Operations, PPOM - MINDSHARE, New York, NY, pg. 491
Vinh, Hung - Creative, PPOM - ENERGY BBDO, INC., Chicago, IL, pg. 355
Virgen, Merrel - Creative, PPOM - VIRGEN ADVERTISING, Henderson, NV, pg. 159
Virgil, Dydra - PPOM - V&L RESEARCH & CONSULTING, INC., Atlanta, GA, pg. 451
Visconte, Michael - Creative, PPOM - FCEDGE, INC., Port St. Lucie, FL, pg. 7
Vita, Celine - NBC, PPOM - CENTRON, New York, NY, pg. 49
Vitale, Domenico - Account Planner, Account Services, PPOM - PEOPLE IDEAS & CULTURE, Brooklyn, NY, pg. 194
Viteri, Alex - Account Planner, NBC, PPOM - SLEEK MACHINE, Boston, MA, pg. 142
Viti, Susan - Interactive / Digital, Management, Media Department, PPOM - INITIATIVE, Chicago, IL, pg. 479
Vitorovich, Johnny - Creative, PPOM - GRAFIK MARKETING COMMUNICATIONS, Alexandria, VA, pg. 185
Vitrano, Robbie - Creative, PPOM - TRUMPET ADVERTISING, New Orleans, LA, pg. 157
Vitrano, Christopher - NBC, PPOM - NELSON SCHMIDT INC., Milwaukee, WI, pg. 120
Vitro, John - Creative, PPOM - VITRO AGENCY, San Diego, CA, pg. 159
Vitrone, Scott - Creative, PPOM - FIG, New York, NY, pg. 73
Vivolo, Joe - Interactive / Digital, NBC, PPOM - KOMARKETING ASSOCIATES, Boston, MA, pg. 675
Vizvary, Mike - PPOM - REVOLUTION MEDIA, Woodland Hills, CA, pg. 507
Vobejda, Susan - NBC, PPOM - THE TRADE DESK, New York, NY, pg. 520
Vogel, Evan - NBC, PPOM - NIGHT AGENCY, LLC, New York, NY, pg. 692
Vogelpohl, Sharon - PPOM - MANGAN HOLCOMB PARTNERS, Little Rock, AR, pg. 103
Vogt, Jason - Account Planner, Operations, PPOM - BFG COMMUNICATIONS, Bluffton, SC, pg. 333
Volk, Tim - NBC, PPOM - KELLIHER SAMETS VOLK, Burlington, VT, pg. 94
Volkman, Bob - Creative, PPOM - TOM, DICK & HARRY CREATIVE, Chicago, IL, pg. 426
Vollerslev, Christian - NBC, PPOM - POSTERSCOPE U.S.A., New York, NY, pg. 556
Volpe, Loretta - PPOM - GMLV, Newark, NJ, pg. 466
Volpone, Seven - PPOM - BIG BLOCK, El Segundo, CA, pg. 217
Voltz, Joan - Account Services, PPOM - OGILVY, New York, NY, pg. 393
Volz Bongar, Tina - Creative, NBC, PPOM - BONGARBIZ, Peekskill, NY, pg. 302
von Bismarck, Vanessa - PPOM - BPCM, New York, NY, pg. 585
von Czoernig, Elissa - Account Services, Management, PPOM - PROOF ADVERTISING, Austin, TX, pg. 398
Von Hoff, Jim - NBC, PPOM - INSIGHT CREATIVE, INC., Green Bay, WI, pg. 89
von Plato, Alexandra - PPOM - PUBLICIS HEALTH, New York, NY, pg. 639
Von Stauffenberg, Jennifer - PPOM - OLIVE CREATIVE STRATEGIES, San Diego, CA, pg. 634
Vonderhaar, Tina - PPOM - BRIGHTON AGENCY, INC., Saint Louis, MO, pg. 337
Vonderhaar, Wendy - PPOM - INTRINZIC, INC., Newport, KY, pg. 10
Vondran, Mike - PPOM - TAG COMMUNICATIONS, INC., Davenport, IA, pg. 416
Vorovich, Maria - Account Services, PPOM - AIR PARIS NEW YORK, New York, NY, pg. 172
Voss, Michael - NBC, Operations, PPOM - BVK, Milwaukee, WI, pg. 339
Vossoughi, Sohrab - PPOM - ZIBA, Portland, OR, pg. 205
Vranicar, Jim - Operations, PPOM - SIGNAL THEORY, Kansas City, MO, pg. 141
Vu, Sophie - NBC, PPOM - VIBES MEDIA, Chicago, IL, pg. 535
Vujanic, Brenda - Operations, PPOM - BENCHWORKS, Chestertown, MD, pg. 333
Vuono, Frank - PPOM - 16W MARKETING, Rutherford, NJ, pg. 301
Wachs, Michael - Creative, PPOM - GYK ANTLER, Manchester, NH, pg. 368
Wachtel, Christopher - PPOM - WORDCOM, INC., Ellington, CT, pg. 294
Wachtfogel, Stacey - Human Resources, PPOM - MAKOVSKY & COMPANY, INC., New York, NY, pg. 624
Wachtler, Brian - Account Services, NBC, PPOM - HABERMAN, Minneapolis, MN, pg. 369
Wacksman, Barry - Media Department, NBC, PPOM - R/GA, New York, NY, pg. 260
Wadas, Alicia - Operations, PPOM - THE LAVIDGE COMPANY, Phoenix, AZ, pg. 420
Waddington, Celia - Account Planner, Account Services, PPOM - IGNITE CREATIVE SERVICES, LLC, Scottsdale, AZ, pg. 88
Waddy, John - PPOM - TWENTYSIX2 MARKETING, Atlanta, GA, pg. 678
Wade, Stephanie - NBC, PPOM - ARGUS, LLC, Emeryville, CA, pg. 173
Wade, Corey - PPOM - SANDBOX STRATEGIES, New York, NY, pg. 645
Wade, Beth - NBC, PPOM - VMLY&R, Kansas City, MO, pg. 274
Wade, Stacey - PPOM - NIMBUS, Louisville, KY, pg. 391
Wade, Stephen - PPOM - THE INFINITE AGENCY, Dallas, TX, pg. 151
Wadia, Daniel - Management, NBC, PPOM - MRS & MR, New York, NY, pg. 192
Wadia, Kate - Creative, NBC, PPOM - MRS & MR, New York, NY, pg. 192
Wadleigh, Dan - Finance, PPOM - WUNDERMAN HEALTH, New York, NY, pg. 164
Wageman, Quinn - PPOM - TRIPLEPOINT, San Francisco, CA, pg. 656
Wages, Bob - Creative, PPOM - WAGES DESIGN, INC., Atlanta, GA, pg. 204
Waggener Zorkin, Melissa - PPOM - WE COMMUNICATIONS, Bellevue, WA, pg. 660
Wagman, Ryan - Creative, NBC, PPOM - 160OVER90, New York, NY, pg. 301

1944

AGENCIES

RESPONSIBILITIES INDEX

Wagner, Jackie - NBC, PPOM - CREATIVE MARKETING RESOURCE, INC., Chicago, IL, *pg.* 54

Wagner, Arthur - PPOM - ACTIVE INTERNATIONAL, Pearl River, NY, *pg.* 439

Wagner, Bob - PPOM - NIMBLE WORLDWIDE, Dallas, TX, *pg.* 391

Wagner, Jon - Creative, PPOM - OGILVY, New York, NY, *pg.* 393

Wagner, Shannon - PPOM - NSA MEDIA GROUP, INC., Downers Grove, IL, *pg.* 497

Wagner, Paul - PPOM - BALZAC COMMUNICATIONS & MARKETING, Napa, CA, *pg.* 580

Wagner, Adam - Account Planner, PPOM - RAINDROP AGENCY INC, San Diego, CA, *pg.* 196

Wagstaff, Mary - NBC, PPOM - WAGSTAFF WORLDWIDE, Los Angeles, CA, *pg.* 659

Wahl, Chris - PPOM - SOUTHWEST STRATEGIES, LLC, San Diego, CA, *pg.* 411

Wahlquist, Anders - PPOM - B-REEL, Brooklyn, NY, *pg.* 215

Waid, Denise - Creative, PPOM - STEEL DIGITAL STUDIOS, Austin, TX, *pg.* 200

Wailand, Sybil - PPOM - INGRAM CONSUMER DYNAMICS, New York, NY, *pg.* 10

Wain, Lance - NBC, PPOM - GRAFIK MARKETING COMMUNICATIONS, Alexandria, VA, *pg.* 185

Waite, Greg - PPOM - DIAMOND COMMUNICATIONS SOLUTIONS, Carol Stream, IL, *pg.* 281

Wajdowicz, Jurek - Creative, PPOM - EMERSON, WAJDOWICZ STUDIOS, INC., New York, NY, *pg.* 181

Wakely, Jim - NBC, PPOM - FOLKLORE DIGITAL, Minneapolis, MN, *pg.* 235

Walcher, Jean - NBC, PPOM - JWALCHER COMMUNICATIONS, San Diego, CA, *pg.* 618

Walcher, Laura - PPOM, Public Relations - JWALCHER COMMUNICATIONS, San Diego, CA, *pg.* 618

Waldeck, Robert - PPOM - HOLLAND - MARK, Boston, MA, *pg.* 87

Walden, Clint - Creative, PPOM - MINDGRUVE, San Diego, CA, *pg.* 534

Walderich, Lori - Creative, PPOM - IDEASTUDIO, Tulsa, OK, *pg.* 10

Walderich, Jeff - Management, NBC, PPOM - IDEASTUDIO, Tulsa, OK, *pg.* 10

Waldner, Bill - Creative, Management, PPOM - DAILEY & ASSOCIATES, West Hollywood, CA, *pg.* 56

Waldorf, Gordon - PPOM - BAYARD ADVERTISING AGENCY, INC., New York, NY, *pg.* 37

Walker, James - PPOM - TKO ADVERTISING, Austin, TX, *pg.* 155

Walker, Tim - Creative, NBC, PPOM - DOXA TOTAL DESIGN STRATEGY, INC., Fayetteville, AR, *pg.* 180

Walker, Mary Ann - PPOM - WALKER ADVERTISING, INC., Torrance, CA, *pg.* 546

Walker, Steven - Management, PPOM - FLEISHMANHILLARD, Kansas City, MO, *pg.* 604

Walker, John - Creative, PPOM - CDHM ADVERTISING, INC., Stamford, CT, *pg.* 49

Walker, Wayne - Management, PPOM - BRANDING PLUS MARKETING GROUP, Dallas, TX, *pg.* 456

Walker, Carolyn - Management, PPOM - RESPONSE MARKETING, New Haven, CT, *pg.* 133

Walker, Jeff - PPOM - VSA PARTNERS, INC. , Chicago, IL, *pg.* 204

Walker II, Ronald L. - Operations, PPOM - RASKY BAERLEIN STRATEGIC COMMUNICATIONS, INC., Boston, MA, *pg.* 641

Walkey, Bryan - PPOM - NORTHERN LIGHTS DIRECT, Toronto, ON, *pg.* 289

Walkup, Kelley - Account Services, PPOM - CONVERSION INTERACTIVE AGENCY, Brentwood, TN, *pg.* 222

Wall, Betty - NBC, PPOM - JAFFE & PARTNERS, New York, NY, *pg.* 377

Wallace, Fraser - PPOM - WALLACE & COMPANY, Dulles, VA, *pg.* 161

Wallace, Judy - PPOM - NOWSOURCING, Louisville, KY, *pg.* 254

Wallace, Brian - PPOM - NOWSOURCING, Louisville, KY, *pg.* 254

Wallace, Rich - Creative, PPOM - OGILVY, New York, NY, *pg.* 393

Wallace, Robert - NBC, PPOM - TALLWAVE, Scottsdale, AZ, *pg.* 268

Wallach, Allen - PPOM - PAVLOV, Fort Worth, TX, *pg.* 126

Wallen, Marc - PPOM - MEDIACOM, New York, NY, *pg.* 487

Wallen, Michael - Management, PPOM - OMELET, Culver City, CA, *pg.* 122

Waller, Barrett - PPOM - PROPELLER COMMUNICATIONS, Tulsa, OK, *pg.* 639

Wallis, Bob - Interactive / Digital, PPOM - VESTCOM , Little Rock, AR, *pg.* 571

Wallman, Andy - Creative, PPOM - KNUPP & WATSON & WALLMAN, Madison, WI, *pg.* 378

Wallrapp, Chris - Account Services, Management, NBC, PPOM - HILL HOLLIDAY, Boston, MA, *pg.* 85

Wallwork, Pat - Media Department, PPOM - MCKEE WALLWORK & COMPANY, Albuquerque, NM, *pg.* 385

Walpert, Jarrod - Account Services, Creative, PPOM - HAVAS FORMULA, New York, NY, *pg.* 612

Walsh, Joe - Creative, PPOM - GREENFIELD / BELSER LTD., Washington, DC, *pg.* 185

Walsh, Kimberley - Creative, PPOM - TARGETBASE MARKETING, Irving, TX, *pg.* 292

Walsh, Tim - PPOM - FEARLESS AGENCY, New York, NY, *pg.* 73

Walsh, Kieran - PPOM - GREATER THAN ONE, New York, NY, *pg.* 8

Walsh, Greg - PPOM - HAVAS MEDIA GROUP, New York, NY, *pg.* 468

Walsh, Mike - PPOM - VSA PARTNERS, INC. , Chicago, IL, *pg.* 204

Walt, Bob - PPOM - WALT & COMPANY COMMUNICATIONS, Campbell, CA, *pg.* 659

Walters, Lee - PPOM - ARCANA ACADEMY, Los Angeles, CA, *pg.* 32

Walters, Ashley - Management, PPOM - CURIOSITY ADVERTISING, Cincinnati, OH, *pg.* 223

Walton, Aaron - Management, PPOM - WALTON ISAACSON CA, Culver City, CA, *pg.* 547

Walton, Danielle - Account Planner, PPOM - ADEPT MARKETING, Columbus, OH, *pg.* 210

Walz, Denise - Creative, Media Department, PPOM - PRR, Seattle, WA, *pg.* 399

Walzak, Toni - NBC, PPOM - WALZAK ADVERTISING, Milwaukee, WI, *pg.* 161

Walzak, Kevin - PPOM - WALZAK ADVERTISING, Milwaukee, WI, *pg.* 161

Wambold, Jennifer - Human Resources, PPOM - EXTREME REACH, INC., Needham, MA, *pg.* 552

Wammack, Beth - Operations, PPOM - GDC MARKETING & IDEATION, San Antonio, TX, *pg.* 362

Wan, Bonnie - Account Planner, Media Department, NBC, PPOM - GOODBY, SILVERSTEIN & PARTNERS, San Francisco, CA, *pg.* 77

Wang, Jessica - Interactive / Digital, Media Department, PPOM - UNIVERSAL MCCANN, New York, NY, *pg.* 521

Wangbickler, Mike - Account Services, PPOM - BALZAC COMMUNICATIONS & MARKETING, Napa, CA, *pg.* 580

Wantman, Dana - NBC, PPOM - CONNELLY PARTNERS, Boston, MA, *pg.* 344

Warburton, Catherine - Interactive / Digital, NBC, PPOM - MEDIA ASSEMBLY, New York, NY, *pg.* 484

Ward, Millie - PPOM - STONE WARD ADVERTISING, Little Rock, AR, *pg.* 413

Ward, Nicole - Account Planner, Account Services, PPOM - TBC, Baltimore, MD, *pg.* 416

Ward, Shirley - PPOM - THE WARD GROUP, INC - MEDIA STEWARDS, Frisco, TX, *pg.* 520

Ward, Richard - PPOM - 22SQUARED INC., Atlanta, GA, *pg.* 319

Ward, Michael - Management, PPOM, Public Relations - M+R, New York, NY, *pg.* 12

Ward, Jim - PPOM - BRAINSELL TECHNOLOGIES, LLC, Topsfield, MA, *pg.* 167

Ward, Jim - NBC, PPOM - THE WARD GROUP, Woburn, MA, *pg.* 520

Ward, Cliff - Creative, Interactive / Digital, PPOM - ORANGE142, Austin, TX, *pg.* 255

Ward, Alan - PPOM - SASAKI ASSOCIATES, Watertown, MA, *pg.* 198

Ward, Patrick - PPOM - 104 WEST PARTNERS, Denver, CO, *pg.* 573

Ward, James - PPOM - MCCANN WORLDGROUP, Birmingham, MI, *pg.* 109

Wardle, Simon - PPOM, Research -

RESPONSIBILITIES INDEX — AGENCIES

OCTAGON, Stanford, CT, pg. 313
Waresmith, Tess - Human Resources, PPOM - ACCELERATION PARTNERS, Needham, MA, pg. 25
Warfield, Megan - Account Planner, Media Department, PPOM - WAVEMAKER, New York, NY, pg. 526
Warman, Jeff - Creative, PPOM - CURIOSITY ADVERTISING, Cincinnati, OH, pg. 223
Warneke, Joel - Creative, PPOM - MATTER CREATIVE GROUP, Cincinnati, OH, pg. 107
Warner, Carin - NBC, PPOM - WARNER COMMUNICATIONS, Boston, MA, pg. 659
Warner, Schuyler - PPOM - DAKOTA GROUP, Ridgefield, CT, pg. 348
Warner, Michael - Account Services, PPOM - EGAMI GROUP, New York, NY, pg. 539
Warner, Jim - PPOM - ANSIRA, Saint Louis, MO, pg. 280
Warren, Jimmy - PPOM - TOTAL COM, Tuscaloosa, AL, pg. 155
Warren, David - Creative, PPOM - TANK DESIGN, Cambridge, MA, pg. 201
Warren, Tiffany - Human Resources, PPOM - OMNICOM GROUP, New York, NY, pg. 123
Warren, Dave - PPOM - FLY COMMUNICATIONS, INC., New York, NY, pg. 74
Warren, Melissa - PPOM - FAISS FOLEY WARREN, Las Vegas, NV, pg. 602
Warren, Jordan - PPOM - TBD, San Francisco, CA, pg. 146
Warren, Vinny - Creative, PPOM - THE ESCAPE POD, Chicago, IL, pg. 150
Warren-Gilmore, Octavia - Creative, PPOM - CREATIVE JUICE, Atlanta, GA, pg. 54
Warrum, Josh - Operations, PPOM - PROJECT X, New York, NY, pg. 556
Warschawski, David - PPOM - WARSCHAWSKI PUBLIC RELATIONS, Baltimore, MD, pg. 659
Warshaw, Mathew - Operations, PPOM - D3 SYSTEMS, McLean, VA, pg. 56
Washburn, Tim - Creative, PPOM - NOMADIC AGENCY, Scottsdale, AZ, pg. 121
Washington, Kris - PPOM - PSYNCHRONOUS COMMUNICATIONS, Woburn, MA, pg. 130
Wasiak, Gregg - NBC, PPOM - THE CONCEPT FARM, Long Island City, NY, pg. 269
Wasilewski, Michael - Creative, PPOM - FRANK COLLECTIVE, Brooklyn, NY, pg. 75
Wassef, Simon - NBC, PPOM - TBWA \ CHIAT \ DAY, Los Angeles, CA, pg. 146
Wassell, David - Creative, PPOM - MGH ADVERTISING, Owings Mills, MD, pg. 387
Wasser, Marcia - NBC, PPOM - SOURCE COMMUNICATIONS, Hackensack, NJ, pg. 315
Wasserman, Alvin - PPOM - WASSERMAN & PARTNERS ADVERTISING, INC., Vancouver, BC, pg. 429

Wasserman, David - NBC, PPOM - PICTUREU PROMOTIONS, Atlanta, GA, pg. 313
Wasserman, Bill - PPOM - M+R, Washington, DC, pg. 12
Wasserman, Casey - PPOM - WASSERMAN MEDIA GROUP, Los Angeles, CA, pg. 317
Wasserman, Sherry - PPOM - ANOTHER PLANET ENTERTAINMENT, Berkeley, CA, pg. 565
Waszkelewicz, Brett - Creative, PPOM - WONDERSAUCE, New York, NY, pg. 205
Waterman, Charles - PPOM - JEFFERSON WATERMAN INTERNATIONAL, Washington, DC, pg. 617
Watkins, Aaron - PPOM - APPENCY, Sacramento, CA, pg. 32
Watkins, Tim - PPOM - RENEGADE COMMUNICATIONS, Hunt Valley, MD, pg. 405
Watkins, Justin - PPOM - NATIVE DIGITAL, LLC, Kansas City, MO, pg. 253
Watlington, Trae - PPOM - FIREHOUSE, INC., Dallas, TX, pg. 358
Watson, Tracy - NBC, PPOM - AD PLACE, Addison, TX, pg. 26
Watson, James - Media Department, PPOM - HANSON WATSON ASSOCIATES, Moline, IL, pg. 81
Watson, Keith - PPOM - FAMA PR, INC., Boston, MA, pg. 602
Watson, Andy - Finance, PPOM - OGILVY, Toronto, ON, pg. 394
Watson, Britton - Operations, PPOM - BLUE OLIVE CONSULTING, Florence, AL, pg. 40
Watson, Patti - PPOM - COONEY, WATSON & ASSOCIATES, Albuquerque, NM, pg. 53
Watson, Gregory - NBC, PPOM - BLUE OLIVE CONSULTING, Florence, AL, pg. 40
Watson, Sarah - PPOM - BBH, New York, NY, pg. 37
Watson, Sarah - Account Planner, PPOM, Research - MCCANN NEW YORK, New York, NY, pg. 108
Watson, Kerry Anne - PPOM, Public Relations - THE ZIMMERMAN AGENCY, Tallahassee, FL, pg. 426
Watson, Richard - PPOM - ESSENTIAL, Boston, MA, pg. 182
Watson, Caroline - Media Department, PPOM - EMICO MEDIA, Denver, CO, pg. 465
Watson, Ashley - NBC, PPOM - COMMERCE HOUSE, Dallas, TX, pg. 52
Watterson, Jill - Operations, PPOM - DUFT WATTERSON, Boise, ID, pg. 353
Watts, Scott - NBC, PPOM - TANK DESIGN, Cambridge, MA, pg. 201
Watts, Walter - Finance, PPOM - HAGER SHARP, INC., Washington, DC, pg. 81
Watts, Glenn - NBC, Operations, PPOM - HIRSHORN ZUCKERMAN DESIGN GROUP, Rockville, MD, pg. 371
Watts, Kate - Management, NBC, Operations, PPOM - ATLANTIC 57,

Washington, DC, pg. 2
Watts, Michael - PPOM - HOOK, Ann Arbor, MI, pg. 239
Watts, Nick - Interactive / Digital, PPOM, Social Media - HOOK, Ann Arbor, MI, pg. 239
Watts, Chris - Interactive / Digital, PPOM - HOOK, Ann Arbor, MI, pg. 239
Waugh, Rema - Account Services, Interactive / Digital, Management, Media Department, PPOM - UNIVERSAL MCCANN DETROIT, Birmingham, MI, pg. 524
Wax, Bill - PPOM - WAX COMMUNICATIONS, Miami, FL, pg. 294
Waxman, Randy - PPOM - BLIND FERRET, Montreal, QC, pg. 217
Wayman, Jennifer - PPOM - HAGER SHARP, INC., Washington, DC, pg. 81
Wayner, Taras - Creative, NBC, PPOM - WUNDERMAN THOMPSON, New York, NY, pg. 434
Wearden, Francis - PPOM - FPO MARKETING, San Antonio, TX, pg. 360
Weas, Patrick - Account Planner, Analytics, Operations, PPOM - THE THORBURN GROUP, Minneapolis, MN, pg. 20
Weaver, Fred - Creative, PPOM - TANK DESIGN, Cambridge, MA, pg. 201
Weaver, Matthew - PPOM - BRONSTEIN & WEAVER, INC., Bryn Mawr, PA, pg. 280
Weaver, Mike - NBC, Operations, PPOM - MANIFOLD, San Francisco, CA, pg. 104
Webb, Victor - NBC, PPOM - MARSTON WEBB INTERNATIONAL, New York, NY, pg. 626
Webb, Pete - NBC, PPOM - PETER WEBB PUBLIC RELATIONS, INC., Denver, CO, pg. 636
Webb, Biddie - Account Services, PPOM - LIMB DESIGN, Houston, TX, pg. 100
Webb, Nancy - Account Services, PPOM - BANFIELD AGENCY, Ottawa, ON, pg. 329
Webb, Kip - Account Services, Management, PPOM - WEBB/MASON, Hunt Valley, MD, pg. 294
Webb, Michael - Finance, PPOM - TEAM ONE, Los Angeles, CA, pg. 417
Webb, Kevin - Finance, PPOM - NORBELLA, Boston, MA, pg. 497
Webb, Reuben - Creative, PPOM - STEIN IAS, New York, NY, pg. 267
Webber, Melanie - PPOM - MWEBB COMMUNICATIONS, Culver City, CA, pg. 630
Webber, Melissa - Creative, PPOM - WILLIAMS MCBRIDE GROUP, Lexington, KY, pg. 205
Webber, Tyson - PPOM - GMR MARKETING, New Berlin, WI, pg. 306
Weber, Mark - PPOM - STRUM, Seattle, WA, pg. 18
Weber, Vin - NBC, PPOM - MERCURY PUBLIC AFFAIRS, Washington, DC, pg. 386
Weber, Larry - PPOM - RACEPOINT GLOBAL, Boston, MA, pg. 640
Weber, Tony - PPOM - GOLDFARB WEBER

1946

AGENCIES / RESPONSIBILITIES INDEX

CREATIVE MEDIA, Cleveland, OH, pg. 562
Webster, Karen - Creative, PPOM - BRICKHOUSE DESIGN, Jasper, GA, pg. 4
Webster, Robert - PPOM - RWI, New York, NY, pg. 197
Webster, James - Creative, PPOM - HIGH SYNERGY LLC, Winston-Salem, NC, pg. 9
Webster, Tammy - PPOM - HIGH SYNERGY LLC, Winston-Salem, NC, pg. 9
Webster, Deacon - Creative, PPOM - WALRUS, New York, NY, pg. 161
Webster, Frances - Management, PPOM - WALRUS, New York, NY, pg. 161
Webster, Donald - Finance, PPOM - MATLOCK ADVERTISING & PUBLIC RELATIONS, Atlanta, GA, pg. 107
Webster, Tom - PPOM - EYETHINK, Powell, OH, pg. 182
Webster, Tom - Creative, PPOM - HELO, Marina Del Rey, CA, pg. 307
Webster, Henry - Analytics, PPOM, Research - KELLY, SCOTT & MADISON, INC., Chicago, IL, pg. 482
Wechsler, Richard - PPOM - LOCKARD & WECHSLER, Irvington, NY, pg. 287
Weckenmann, John - Operations, PPOM - KETCHUM, New York, NY, pg. 542
Weeks, Diane - Management, NBC, PPOM - HEARTS & SCIENCE, New York, NY, pg. 471
Weidner, Kate - NBC, PPOM - SRW, Chicago, IL, pg. 143
Weigel, Gus - Finance, PPOM - WUNDERMAN THOMPSON SEATTLE, Seattle, WA, pg. 435
Weil, Chris - PPOM - MOMENTUM WORLDWIDE, New York, NY, pg. 117
Weil, Andy - Finance, PPOM - GTB, Dearborn, MI, pg. 367
Weill, Geoffrey - NBC, PPOM - GEOFFREY WEILL ASSOCIATES, INC., New York, NY, pg. 607
Weimann, Denise - Creative, Media Department, PPOM - WAVEMAKER, New York, NY, pg. 526
Weinbach, Daniel - Account Services, Creative, PPOM - THE WEINBACH GROUP, INC., Miami, FL, pg. 425
Weinbach, Phil - PPOM - THE WEINBACH GROUP, INC., Miami, FL, pg. 425
Weinberg, Erin - Management, NBC, PPOM - 360PRPLUS, New York, NY, pg. 573
Weiner, Brett - PPOM - LAUNCHSQUAD, San Francisco, CA, pg. 621
Weiner, Marc - PPOM - OGILVY COMMONHEALTH WORLDWIDE, Parsippany, NJ, pg. 122
Weiner, Ken - Interactive / Digital, PPOM - GUMGUM, Santa Monica, CA, pg. 80
Weinert, Eileen - Operations, PPOM - BLUE ONION, Lakewood, CO, pg. 218
Weinheimer, Tim - PPOM - HAHN PUBLIC COMMUNICATIONS, Austin, TX, pg. 686
Weinhouse, Julie - PPOM - HERO ENTERTAINMENT MARKETING, Simi Valley, CA, pg. 298
Weinman, Cynthia - PPOM - WEINMAN SCHNEE MORAIS, INC., New York, NY, pg. 451
Weinstein, Mark - NBC, PPOM - THE WEINSTEIN ORGANIZATION, INC., Chicago, IL, pg. 425
Weinstein, Richard - Media Department, PPOM - CONNELLY PARTNERS, Boston, MA, pg. 344
Weinstein, Deborah - PPOM - STRATEGIC OBJECTIVES, Toronto, ON, pg. 650
Weinstein, Kimberly - Account Services, NBC, PPOM - THE TRADE DESK, Boulder, CO, pg. 520
Weinstock, Elias - Creative, PPOM - CASANOVA//MCCANN, Costa Mesa, CA, pg. 538
Weinstock, David - Creative, PPOM - DECODED ADVERTISING, New York, NY, pg. 60
Weinstock, David - Creative, PPOM - RFBINDER PARTNERS, INC., New York, NY, pg. 642
Weintraub, Larry - PPOM - INTEGRITY, Saint Louis, MO, pg. 90
Weintraub, Rob - Creative, PPOM - INTEGRITY, Saint Louis, MO, pg. 90
Weintraub, Larry - PPOM - THE MARKETING ARM, Los Angeles, CA, pg. 317
Weir, Greg - Analytics, Interactive / Digital, NBC, PPOM, Research - BRANDEXTRACT, LLC, Houston, TX, pg. 4
Weis, Suzanne - Interactive / Digital, Media Department, PPOM - MINDSHARE, New York, NY, pg. 491
Weisberg, Eric - Creative, PPOM - DONER, Southfield, MI, pg. 63
Weisel, Evan - PPOM - WELZ & WEISEL COMMUNICATIONS, McLean, VA, pg. 662
Weisenstein Ribotsky, Dorene - Creative, PPOM - BRANDKARMA, LLC, Laguna Beach, CA, pg. 42
Weiss, Matt - Management, NBC, PPOM - HUGE, INC., Brooklyn, NY, pg. 239
Weiss, Jeff - NBC, PPOM - HARBINGER COMMUNICATIONS, INC., Toronto, ON, pg. 611
Weiss, Jim - PPOM - W2O, San Francisco, CA, pg. 659
Weiss, Elana - NBC, PPOM - THE ROSE GROUP, Santa Monica, CA, pg. 655
Weiss, Ari - Creative, PPOM - DDB NEW YORK, New York, NY, pg. 59
Weissbrot, Evan - NBC, PPOM - TBWA \ CHIAT \ DAY, New York, NY, pg. 416
Weitz, Carter - Creative, PPOM - BAILEY LAUERMAN, Omaha, NE, pg. 35
Weitzman, Alan - NBC, PPOM - WEITZMAN ADVERTISING, INC., Annapolis, MD, pg. 430
Welch, Josslynne - NBC, PPOM - LITZKY PUBLIC RELATIONS, Hoboken, NJ, pg. 623
Welch, Tim - PPOM - NOMADIC AGENCY, Scottsdale, AZ, pg. 121
Welkom, Steve - Operations, PPOM - ANOTHER PLANET ENTERTAINMENT, Berkeley, CA, pg. 565
Wellins, Alex - Management, PPOM - THE BLUESHIRT GROUP, San Francisco, CA, pg. 652
Wellman, Frederick - NBC, PPOM - SCOUTCOMMS, Richmond, VA, pg. 646
Wells, Tina - PPOM - BUZZ MARKETING GROUP, Haddonfield, NJ, pg. 691
Wells, Alex - PPOM - AARS & WELLS, INC., Dallas, TX, pg. 321
Wells, Scott - PPOM - CLEAR CHANNEL OUTDOOR, New York, NY, pg. 550
Wells, Ali - Creative, PPOM - VESTED, New York, NY, pg. 658
Wells, Jeremy - Interactive / Digital, PPOM - LONGITUDE, Springfield, MO, pg. 12
Welsch, John - NBC, PPOM - THE TOMBRAS GROUP, Knoxville, TN, pg. 424
Welsch, Mike - Creative, PPOM - BARRETT AND WELSH, Toronto, ON, pg. 36
Welsh, Kevin - Creative, Interactive / Digital, PPOM - ANTICS DIGITAL MARKETING, San Carlos, CA, pg. 214
Welsh, Jeff - Creative, Interactive / Digital, PPOM - GA CREATIVE, Bellevue, WA, pg. 361
Welter, Linda - PPOM - THE CALIBER GROUP, Tucson, AZ, pg. 19
Welz, Tony - PPOM - WELZ & WEISEL COMMUNICATIONS, McLean, VA, pg. 662
Wencel, MJ - NBC, PPOM - WENCEL WORLDWIDE, INC., Oak Brook, IL, pg. 572
Wencel, Jason - PPOM - WENCEL WORLDWIDE, INC., Oak Brook, IL, pg. 572
Wenck, Linda - NBC, PPOM - MORGAN & MYERS, Waukesha, WI, pg. 389
Wenke, Joe - PPOM - XPERIENCE COMMUNICATIONS, Dearborn, MI, pg. 318
Wenstrom, Cherie - PPOM - WENSTROM COMMUNICATIONS, INC., Clearwater, FL, pg. 529
Wenstrom, Steve - PPOM - WENSTROM COMMUNICATIONS, INC., Clearwater, FL, pg. 529
Wenstrup, Greg - Operations, PPOM - SCHAFER CONDON CARTER, Chicago, IL, pg. 138
Wente, Mike - Creative, NBC, PPOM - MCGARRYBOWEN, San Francisco, CA, pg. 385
Wentworth, Barbie - PPOM - MILLER BROOKS, INC., Zionsville, IN, pg. 191
Werne, Mendy - PPOM - BLASTMEDIA, Fishers, IN, pg. 584
Werner, Larkin - Creative, PPOM - WALL TO WALL STUDIOS, Pittsburgh, PA, pg. 204
Werner, Chris - Operations, PPOM - OUTCOLD, Chicago, IL, pg. 395
Werner, Bret - PPOM - MWWPR, New York, NY, pg. 631
Wertz, Kevin - Management, Media Department, PPOM - CAMPBELL EWALD, Detroit, MI, pg. 46
Wertz, Michael - Creative, PPOM - APPLE BOX STUDIOS, Pittsburgh, PA, pg. 32
Wesley, Chauncey - Media

1947

RESPONSIBILITIES INDEX — AGENCIES

Department, PPOM - UNIVERSAL MCCANN, New York, NY, pg. 521
Wesson, Marcus - Creative, PPOM - DAILEY & ASSOCIATES, West Hollywood, CA, pg. 56
West, Bill - PPOM - TAYLOR WEST ADVERTISING, INC., San Antonio, TX, pg. 416
West, Ben - PPOM - 22SQUARED INC., Tampa, FL, pg. 319
West, Caren - NBC, PPOM - CAREN WEST PR, Atlanta, GA, pg. 588
West, Helen - PPOM - MMG, Rockville, MD, pg. 116
West, Chris - PPOM - IOSTUDIO, Nashville, TN, pg. 242
Westbrook, Tripp - Creative, PPOM - FIREHOUSE, INC., Dallas, TX, pg. 358
Wester, Al - PPOM - VENTURA ASSOCIATES INTL, LLC, New York, NY, pg. 571
Westerbeck, Tim - PPOM - EDUVANTIS LLC, Chicago, IL, pg. 673
Weston, Tom - PPOM - WESTON | MASON, Marina Del Rey, CA, pg. 430
Westrom, Jeff - Account Services, Creative, PPOM - J. W. MORTON & ASSOCIATES, Cedar Rapids, IA, pg. 91
Wetzler, Andrew - PPOM - MOREVISIBILITY, Boca Raton, FL, pg. 675
Wexler, Alan - PPOM - PUBLICIS.SAPIENT, Boston, MA, pg. 259
Wexler, Jed - PPOM - 818 AGENCY, New York, NY, pg. 24
Wexler Orpaz, Tracey - Interactive / Digital, Media Department, PPOM - 360I, LLC, New York, NY, pg. 320
Whalen, Thomas - PPOM - WHM CREATIVE, Oakland, CA, pg. 162
Whaley, Erik - Account Services, Management, Operations, PPOM - LOCATION3 MEDIA, Denver, CO, pg. 246
Whaling, Mike - PPOM - 30 LINES, Columbus, OH, pg. 207
Wheeler, Ron - PPOM - WHEELER ADVERTISING, INC., Arlington, TX, pg. 430
Wheeler, Keehln - PPOM - MAXMEDIA INC., Atlanta, GA, pg. 248
Whelan, Rick - PPOM - MARKETING GENERAL, INC., Alexandria, VA, pg. 288
Whigham, Claire - Creative, PPOM - MCGARRAH JESSEE, Austin, TX, pg. 384
Whisel, Stacy - Media Department, PPOM, Research - GODFREY, Lancaster, PA, pg. 8
Whitaker, Josh - Interactive / Digital, PPOM - THE LOOMIS AGENCY, Dallas, TX, pg. 151
Whitcomb, Jeff - NBC, PPOM - COMMUNICATORS GROUP, Keene, NH, pg. 344
White, Jim - Management, PPOM - CARROLL WHITE ADVERTISING, Atlanta, GA, pg. 340
White, Matthew - PPOM - WHITE64, Tysons, VA, pg. 430

White, Jeff - NBC, PPOM - DEUTSCH, INC., Los Angeles, CA, pg. 350
White, Otey - NBC, PPOM - OTEY WHITE & ASSOCIATES, Baton Rouge, LA, pg. 123
White, Linda - PPOM - STRATEGIES, Tustin, CA, pg. 414
White, Bill - PPOM - OFFENBERGER & WHITE, INC., Marietta, OH, pg. 193
White, Cindy - Creative, PPOM - PARKERWHITE, Encinitas, CA, pg. 194
White, Scott - PPOM - BIZCOM ASSOCIATES, Plano, TX, pg. 584
White, Derek - PPOM - REFUEL AGENCY, New York, NY, pg. 507
White, David - Account Services, PPOM - EXIT 10 ADVERTISING, Baltimore, MD, pg. 233
White, Henry - Management, Operations, PPOM - SHARPLEFT, INC., New York, NY, pg. 299
White, Neil - PPOM - BBDO MINNEAPOLIS, Minneapolis, MN, pg. 330
White, Byron - PPOM - IDEALAUNCH, Boston, MA, pg. 673
White, Keith - NBC, PPOM - PARKERWHITE, Encinitas, CA, pg. 194
White, Clint - Creative, PPOM - WIT MEDIA, New York, NY, pg. 162
White, Keeven - PPOM - WHITESPACE CREATIVE, Akron, OH, pg. 162
White, Janet - Finance, PPOM - THE MARTIN AGENCY, Richmond, VA, pg. 421
White, Jason - Creative, PPOM - LEVIATHAN, Chicago, IL, pg. 189
White, Simon - PPOM - FCB WEST, San Francisco, CA, pg. 72
White, Mark - NBC, PPOM - MARTINO-WHITE, Atlanta, GA, pg. 106
White, Jeremie - PPOM - SUBURBIA STUDIOS, Victoria, BC, pg. 18
White, Adam - PPOM - DOUG&PARTNERS, Toronto, ON, pg. 353
Whited, Christine - Account Services, Management, Media Department, PPOM - PHD USA, New York, NY, pg. 505
Whitehouse, Christy - Account Services, Interactive / Digital, PPOM - THE SUMMIT GROUP, Salt Lake City, UT, pg. 153
Whitely, George - PPOM - STEPHAN & BRADY, INC., Madison, WI, pg. 412
Whitfield, Molly - Operations, PPOM - MADISON & MAIN, Richmond, VA, pg. 382
Whiting, Jason - PPOM - PACE COMMUNICATIONS, Greensboro, NC, pg. 395
Whitman, Lois - NBC, PPOM - HWH PUBLIC RELATIONS, New York, NY, pg. 614
Whitmer, Kurt - NBC, PPOM - DATABASE MARKETING GROUP, INC., Irvine, CA, pg. 281
Whitmore, Chuck - Creative, PPOM - OXFORD COMMUNICATIONS, Lambertville, NJ, pg. 395
Whitmyre, Rick - PPOM - TIZIANI WHITMYRE, Sharon, MA, pg. 155
Whitney, Jim - PPOM - WHITNEY ADVERTISING & DESIGN, Park City,

UT, pg. 430
Whitney, Robin - Media Department, PPOM - WHITNEY ADVERTISING & DESIGN, Park City, UT, pg. 430
Whitticom, Jon - Management, PPOM - FREEWHEEL, New York, NY, pg. 465
Whittle, Rob - PPOM - WILLIAMS WHITTLE, Alexandria, VA, pg. 432
Whouley, Michael - PPOM - DEWEY SQUARE GROUP, Boston, MA, pg. 597
Whyte, Ken - Operations, PPOM - QUARRY INTEGRATED COMMUNICATIONS, Saint Jacobs, ON, pg. 402
Wichtoski, Alan - Finance, PPOM - A.B. DATA, LTD, Milwaukee, WI, pg. 279
Wicinske, Shelley - PPM, PPOM - HUNT ADKINS, Minneapolis, MN, pg. 372
Wicklund, Brian - Creative, PPOM - X3 CREATIVE, Smyrna, GA, pg. 205
Wicklund, Kristy - Account Services, Finance, PPOM - X3 CREATIVE, Smyrna, GA, pg. 205
Widmeyer, Scott - Operations, PPOM - WIDMEYER COMMUNICATIONS, Washington, DC, pg. 662
Wiebe, Mike - PPOM - TOOLHOUSE, INC., Bellingham, WA, pg. 155
Wieden, Dan - PPOM - WIEDEN + KENNEDY, Portland, OR, pg. 430
Wiederkehr, Donna - NBC, PPOM - DENTSU AEGIS NETWORK, New York, NY, pg. 61
Wiener, Ben - PPOM - WONGDOODY, Culver City, CA, pg. 433
Wienslaw, Courtney - PPOM - ALL POINTS DIGITAL, Norwalk, CT, pg. 671
Wier, Alex - Creative, PPOM - WIER / STEWART, Augusta, GA, pg. 205
Wiest, Steve - Creative, PPOM - AXIS41, Salt Lake City, UT, pg. 215
Wiest, Kim - PPOM - PLATINUM MARKETING GROUP, Cincinnati, OH, pg. 506
Wigham, Matthew - PPOM - ORION WORLDWIDE, New York, NY, pg. 503
Wiland, Phil - PPOM - WILAND DIRECT, Niwot, CO, pg. 294
Wilbert, Caroline - PPOM, Public Relations - THE WILBERT GROUP, Atlanta, GA, pg. 655
Wilburn, Jim - PPOM - WINNERCOMM, Tulsa, OK, pg. 564
Wilcox, Steve - PPOM - DESIGN SCIENCE, Philadelphia, PA, pg. 179
Wilcox, Trent - PPOM - UNANIMOUS, Lincoln, NE, pg. 203
Wilcox, Trenton - PPOM - UNANIMOUS, Lincoln, NE, pg. 203
Wild, Amy Claire - NBC, PPOM - GROUNDFLOOR MEDIA, Denver, CO, pg. 611
Wilday, James - PPOM - BURNS GROUP, New York, NY, pg. 338
Wilde, Barry - Finance, PPOM - PATTISON OUTDOOR ADVERTISING, Mississagua, ON, pg. 555
Wildermuth, Joan - Creative, PPOM - JUICE PHARMA WORLDWIDE, New York, NY, pg. 93
Wildrick, Meg - Management, Operations, PPOM - BLISS INTEGRATED

AGENCIES — RESPONSIBILITIES INDEX

COMMUNICATIONS, New York, NY, pg. 584

Wilds, Nathan - Creative, PPOM - CLEAR RIVER ADVERTISING & MARKETING, Midland, MI, pg. 177

Wilemon, Clay - Account Planner, PPOM - BRADO, Irvine, CA, pg. 336

Wilen, Darrin - PPOM - WILEN MEDIA CORPORATION, Melville, NY, pg. 432

Wilen, Richard - PPOM - WILEN MEDIA CORPORATION, Melville, NY, pg. 432

Wiles, Ford - Creative, PPOM - BIG COMMUNICATIONS, INC., Birmingham, AL, pg. 39

Wilford, Martin - PPOM - RED DELUXE, Memphis, TN, pg. 507

Wilgus, David - Creative, PPOM - LAUNCH AGENCY, Dallas, TX, pg. 97

Wilhelmi, Chris - Analytics, PPOM, Research - UNIVERSAL MCCANN, Los Angeles, CA, pg. 524

Wilhelmy, Bob - PPOM - MKTG, Westport, CT, pg. 568

Wilhelmy, Bob - Finance, PPOM - MKTG INC, New York, NY, pg. 311

Wilie, Mike - PPOM - WITHERSPOON MARKETING COMMUNICATIONS, Fort Worth, TX, pg. 663

Wilke, Richard - NBC, PPOM - LIPPINCOTT, New York, NY, pg. 189

Wilkerson, Todd - Management, PPOM - BREWCO MARKETING, Central City, KY, pg. 303

Wilkins, Dianne - PPOM - CRITICAL MASS, INC., New York, NY, pg. 223

Wilkinson, Jay - PPOM - FIRESPRING, Lincoln, NE, pg. 234

Wilkinson, Brian - PPOM - WILKINSON FERRARI & COMPANY, Salt Lake City, UT, pg. 663

Wilkinson, Gerrard - NBC, PPOM - GATES, New York, NY, pg. 76

Wilkinson, Laurie - Finance, PPOM - RS & K, Madison, WI, pg. 408

Wille, Paul - Operations, PPOM - SWIFT, Portland, OR, pg. 145

Willhoft, Gene - Creative, Media Department, NBC, PPOM - ABSOLUTE MEDIA INC., Stamford, CT, pg. 453

Williams, Carol - Creative, PPOM - CAROL H. WILLIAMS ADVERTISING, Oakland, CA, pg. 48

Williams, Joni - PPOM - KELLY, SCOTT & MADISON, INC., Chicago, IL, pg. 482

Williams, Don - PPOM - LEWIS ADVERTISING, INC., Rocky Mount, NC, pg. 380

Williams, Thomas - PPOM - ASD / SKY, Atlanta, GA, pg. 173

Williams, Russ - NBC, PPOM - ARCHER MALMO, Memphis, TN, pg. 32

Williams, Ginny - NBC, PPOM - PETER WEBB PUBLIC RELATIONS, INC., Denver, CO, pg. 636

Williams, Fred - PPOM - WILLIAMS / CRAWFORD & ASSOCIATES, Fort Smith, AR, pg. 162

Williams, Jennifer - Management, PPOM - ADSERTS, Brookfield, WI, pg. 27

Williams, Mark - NBC, PPOM - MORTAR ADVERTISING, San Francisco, CA, pg. 117

Williams, Tim - PPOM - MEDIA STORM, New York, NY, pg. 486

Williams, Lewis - Creative, PPOM - BURRELL COMMUNICATIONS GROUP, INC., Chicago, IL, pg. 45

Williams, Jennifer - Account Services, Management, PPOM - THE WATSONS, New York, NY, pg. 154

Williams, Greg - Media Department, PPOM - BACKBONE MEDIA, Carbondale, CO, pg. 579

Williams, Charlene - Media Department, PPOM, Public Relations - NANCY MARSHALL COMMUNICATIONS, Augusta, ME, pg. 631

Williams, Brian W. - PPOM - VIGET LABS, Falls Church, VA, pg. 274

Williams, Amber - PPOM - UNCOMMON, Sacramento, CA, pg. 157

Williams, Donald - Interactive / Digital, PPOM - HORIZON MEDIA, INC., New York, NY, pg. 474

Williams, Jim - PPOM - KWG ADVERTISING, INC., New York, NY, pg. 96

Williams, Marshall - PPOM - AD RESULTS MEDIA, Houston, TX, pg. 279

Williams, Trevor - Creative, PPOM - YOUNG & LARAMORE, Indianapolis, IN, pg. 164

Williams, Richard - Management, PPOM - WITZ COMMUNICATIONS, INC., Raleigh, NC, pg. 663

Williams, Steve - Operations, PPOM - ESSENCE, New York, NY, pg. 232

Williams, Sandy - PPOM - CLOUDBERRY CREATIVE, INC., New York, NY, pg. 221

Williams, Nick - Finance, PPOM - WAVEMAKER, Toronto, ON, pg. 529

Williams, Jenny - Media Department, PPOM - WATAUGA GROUP, Orlando, FL, pg. 21

Williams, Tony - PPOM - INFINITY MARKETING, Greenville, SC, pg. 374

Williams, Clay - PPOM - ACHIEVE, West Palm Beach, FL, pg. 210

Williams, Dawn - Human Resources, PPOM - JOHNSON-RAUHOFF, INC., Saint Joseph, MI, pg. 93

Williams-Osse, McGhee - PPOM - BURRELL COMMUNICATIONS GROUP, INC., Chicago, IL, pg. 45

Williamson, Mark - NBC, PPOM - PUTNAM ROBY WILLIAMSON COMMUNICATIONS, Madison, WI, pg. 640

Williamson, Con - Account Services, Creative, PPOM - EP+CO., Greenville, SC, pg. 356

Williard, Andy - PPOM - W5, Durham, NC, pg. 451

Willimann, Stefan - PPOM - SIGMA MARKETING INSIGHTS, Rochester, NY, pg. 450

Willis, Todd - PPOM - HIGH TIDE CREATIVE, Bridgeton, NC, pg. 85

Willms, Russ - PPOM - SUBURBIA STUDIOS, Victoria, BC, pg. 18

Willner, Ken - PPOM - ZUMOBI, Seattle, WA, pg. 535

Willoughby, Ann - Creative, PPOM - WILLOUGHBY DESIGN GROUP, Kansas City, MO, pg. 205

Willoughby, Pamela - PPOM - RELISH MARKETING, Decatur, GA, pg. 405

Willy, Scott - Creative, PPOM - 360 GROUP, Indianapolis, IN, pg. 23

Wilmot, Paul - PPOM - PAUL WILMOT COMMUNICATIONS, New York, NY, pg. 636

Wilsher, Karina - Operations, PPOM - ANOMALY, New York, NY, pg. 325

Wilson, Matt - Operations, PPOM - EASTPORT HOLDINGS, Memphis, TN, pg. 353

Wilson, Tom - PPOM - WILSON MEDIA GROUP, Key West, FL, pg. 529

Wilson, Fred - PPOM - KELSH WILSON DESIGN, Bala Cynwyd, PA, pg. 188

Wilson, Tim - NBC, PPOM - STUDIO/LAB, Chicago, IL, pg. 200

Wilson, Geoff - PPOM - THREE FIVE TWO, INC., Newberry, FL, pg. 271

Wilson, Kevin - PPOM - ESROCK PARTNERS, Burr Ridge, IL, pg. 69

Wilson, Leah - PPOM - REAL WORLD, INC., Scottsdale, AZ, pg. 403

Wilson, Joey - PPOM - PUBLICIS.SAPIENT, Coconut Grove, FL, pg. 259

Wilson, Matthew - Creative, PPOM - KNOODLE SHOP, Phoenix, AZ, pg. 95

Wilson, Ellen - Account Services, Management, PPOM - BURNESS COMMUNICATIONS, Bethesda, MD, pg. 587

Wilson, David - Interactive / Digital, PPOM - HOORAY AGENCY, Irvine, CA, pg. 239

Wilson, Jonathan - PPOM - SPECTRUM SCIENCE COMMUNICATIONS, Washington, DC, pg. 649

Wilson, David - Media Department, PPOM - UNITED LANDMARK ASSOCIATES, Tampa, FL, pg. 157

Wilson, Adam - Creative, NBC, PPOM - D/CAL, Detroit, MI, pg. 56

Wilson, Banks - Creative, Management, PPOM - UNION, Charlotte, NC, pg. 273

Wilson, Mary Ann - Finance, PPOM - IMRE, Baltimore, MD, pg. 374

Wilson, Brent - Account Planner, Account Services, PPOM - ALLING HENNING & ASSOCIATES, Vancouver, WA, pg. 30

Wilson, Peggy - PPOM - WILSON CREATIVE GROUP, INC., Naples, FL, pg. 162

Wilson, Jim - PPOM - TALON OUTDOOR, New York, NY, pg. 558

Wilson, Ryan - PPOM - FIVEFIFTY, Denver, CO, pg. 235

Wilson, Jill - PPOM - SIMPLE MACHINES MARKETING, Chicago, IL, pg.

Wilt, Melanie - PPOM - SHIFTOLOGY COMMUNICATION, Springfield, OH, pg. 647

Winchester, Dawn - Interactive / Digital, PPOM - PUBLICIS NORTH AMERICA, New York, NY, pg. 399

Winchester, Bill - Creative, PPOM - LINDSAY, STONE & BRIGGS, Madison, WI, pg. 100

Winckler, Angie - Operations, PPOM - JUICE STUDIOS, Atlanta, GA, pg.

1949

RESPONSIBILITIES INDEX — AGENCIES

309
Winell, Ken - Interactive / Digital, PPOM - GREATER THAN ONE, New York, NY, pg. 8
Winer, Rachel - Account Services, Management, NBC, PPOM - EDELMAN, Chicago, IL, pg. 353
Winer, Maxine - Operations, PPOM - DIGENNARO COMMUNICATIONS, New York, NY, pg. 597
Wines, Brad - Account Services, Media Department, NBC, PPOM - RHODES STAFFORD WINES, CREATIVE, Dallas, TX, pg. 406
Winey, Scott - PPOM - BLUESPACE CREATIVE, Denison, IA, pg. 3
Wingard, David - Creative, PPOM - WINGARD CREATIVE, Jacksonville, FL, pg. 162
Wingo, Robert - PPOM - SANDERS\WINGO, El Paso, TX, pg. 138
Wingo, Leslie - Account Services, NBC, PPOM - SANDERS\WINGO, El Paso, TX, pg. 138
Winick, Leila - Management, Media Department, PPOM - USIM, Los Angeles, CA, pg. 525
Winkler, Bill - Administrative, Finance, PPOM - ACKERMAN MCQUEEN, INC., Oklahoma City, OK, pg. 26
Winkler, Ben - Interactive / Digital, PPOM - OMD, New York, NY, pg. 498
Winkler, Brian - PPOM - ROBOT HOUSE, Oklahoma City, OK, pg. 16
Winkler, Nate - PPOM - SOUTH, Charleston, SC, pg.
Winn, Michael D. - Interactive / Digital, PPOM - RB OPPENHEIM ASSOCIATES, Tallahassee, FL, pg. 641
Winnie, Robert - Account Services, PPOM - THE WINNIE GROUP, Springfield, MO, pg. 425
Winnikoff, Alan - Management, PPOM - SAYLES & WINNIKOFF COMMUNICATIONS, New York, NY, pg. 646
Winsor, Tom - PPOM - ACTIVE INTEREST MEDIA, Boulder, CO, pg. 561
Winter, Bob - Creative, Management, PPOM - LEO BURNETT DETROIT, Troy, MI, pg. 97
Winter, Brian - PPOM - PYXL, Knoxville, TN, pg. 131
Winters, Jim - PPOM - BADGER & WINTERS, New York, NY, pg. 174
Winters, Carreen - PPOM - MWWPR, New York, NY, pg. 631
Winterton, Caroline - Management, PPOM - DIGITAS, New York, NY, pg. 226
Wintrub, Charles - NBC, PPOM - CATALYST MARKETING COMMUNICATIONS, Stamford, CT, pg. 340
Wire, Chris - Creative, PPOM - REAL ART DESIGN GROUP, Dayton, OH, pg. 197
Wirthwein, Chris - PPOM - 5METACOM, Indianapolis, IN, pg. 208
Wirthwein, Christine - PPOM - WIRTHWEIN CORPORATION, East Aurora, NY, pg. 162

Wise, Kathy - PPOM - DME MARKETING, Daytona Beach, FL, pg. 282
Wise, Rick - PPOM - LIPPINCOTT, New York, NY, pg. 189
Wise, Christine - Account Planner, Management, PPOM, Research - DNA SEATTLE, Seattle, WA, pg. 180
Wise, Jon - NBC, PPOM - NEUE, Philadelphia, PA, pg. 253
Wiseman, Bob - NBC, PPOM - BURKHOLDER FLINT ASSOCIATES, Columbus, OH, pg. 338
Wiseman, Will - Media Department, PPOM - PHD USA, New York, NY, pg. 505
Wiseman, Wendy - Creative, PPOM - ZAISS & COMPANY, Omaha, NE, pg. 165
Wiser, Nancy - PPOM - WISER STRATEGIES, Lexington, KY, pg. 663
Wisniewski, Sheila - PPOM - HILL+KNOWLTON STRATEGIES CANADA, Ottawa, ON, pg. 613
Wisnionski, Jim - PPOM - SOURCELINK, LLC, Itasca, IL, pg. 292
Withers, Chas - PPOM - DIX & EATON, Cleveland, OH, pg. 351
Witherspoon, Chris - Account Services, NBC, PPOM - DNA SEATTLE, Seattle, WA, pg. 180
Witherspoon, Chrystine - Creative, PPOM - VSA PARTNERS, INC., Chicago, IL, pg. 204
Witherspoon, Josh - Creative, PPOM - VSA PARTNERS, INC., Chicago, IL, pg. 204
Wittersheim, Aaron - Operations, PPOM - STRAIGHT NORTH, LLC, Downers Grove, IL, pg. 267
Woehrmann, Matt - Account Services, Management, PPOM - FITZCO, Atlanta, GA, pg. 73
Woerz, Craig - Media Department, PPOM - MEDIA STORM, Norwalk, CT, pg. 486
Woesner, Clint - PPOM - LINESPACE, Los Angeles, CA, pg. 189
Wofford, Sheri - PPOM - INDUSTRIAL STRENGTH MARKETING, INC., Nashville, TN, pg. 686
Wohl, Adam - Creative, PPOM - STERLING-RICE GROUP, Boulder, CO, pg. 413
Wolch, Wesley - Account Planner, Interactive / Digital, Management, Media Department, PPOM - COSSETTE MEDIA, Toronto, ON, pg. 345
Wold, Greg - Account Services, NBC, PPOM - SHINE UNITED, Madison, WI, pg. 140
Wold, Steven - Creative, PPOM - JIGSAW, LLC, Milwaukee, WI, pg. 377
Wolf, Howard - NBC, PPOM - TOTAL PROMOTIONS, INC., Highland Park, IL, pg. 570
Wolf, Keith - Creative, PPOM - MODERN CLIMATE, Minneapolis, MN, pg. 388
Wolf, Adam - Interactive / Digital, PPOM - WUNDERMAN THOMPSON SEATTLE, Seattle, WA, pg. 435
Wolfberg, Steve - Creative, NBC, PPOM - CRONIN, Glastonbury, CT, pg. 55

Wolfe, Mike - PPOM - ZORCH, Chicago, IL, pg. 22
Wolfe, Brian - PPOM - LYONS CONSULTING GROUP, Chicago, IL, pg. 247
Wolfenbarger, Todd - PPOM - THE SUMMIT GROUP, Salt Lake City, UT, pg. 153
Wolff-Reid, Maureen - NBC, PPOM - SHARON MERRILL ASSOCIATES, INC., Boston, MA, pg. 646
Wolfington, John - PPOM - PLAY WORK GROUP, New York, NY, pg. 195
Wolk, Michael - Creative, PPOM - MICHAEL WOLK DESIGN ASSOCIATES, Miami, FL, pg. 191
Wollet, Natalie - Media Department, PPOM - TCA, Jacksonville, FL, pg. 147
Wollner, Nick - PPOM - 1919, New York, NY, pg. 207
Wolter, Malcolm - Interactive / Digital, PPOM - BRANDEXTRACT, LLC, Houston, TX, pg. 4
Wolters, Stacy - Creative, PPOM - VODORI, Chicago, IL, pg. 275
Womer, Kelly - PPOM - LINHART PUBLIC RELATIONS, Denver, CO, pg. 622
Wonacott, Jason - PPOM - WONACOTT COMMUNICATIONS, LLC, Sherman Oaks, CA, pg. 663
Wong, Tracy - Creative, PPOM - WONGDOODY, Seattle, WA, pg. 162
Wong, Sonny - Creative, PPOM - HAMAZAKI WONG MARKETING GROUP, Vancouver, BC, pg. 81
Wong, Denise - PPOM - MIDNIGHT OIL CREATIVE, Burbank, CA, pg. 250
Wong, Jeane - PPOM - ONE PR STUDIO, Oakland, CA, pg. 634
Wong, Frankie - Interactive / Digital, PPOM - BRAND PROTECT, Mississauga, ON, pg. 672
Wong, Michelle - Account Services, Management, PPOM - DAILEY & ASSOCIATES, West Hollywood, CA, pg. 56
Wong, Tonny - Interactive / Digital, PPOM - HACKERAGENCY, Seattle, WA, pg. 284
Wong, Greg - Finance, PPOM - QUINSTREET, INC., Foster City, CA, pg. 290
Wong, Johnny - PPOM - OPERAM LLC, Los Angeles, CA, pg. 255
Wong, Karen - Operations, PPOM - MARLO MARKETING COMMUNICATIONS, Boston, MA, pg. 383
Wong, Ronald - PPOM - IMPRENTA COMMUNICATIONS GROUP, Los Angeles, CA, pg. 89
Wood, Barton - Creative, PPOM - FIREFLY CREATIVE SERVICES, Atlanta, GA, pg. 73
Wood, Preston - Creative, PPOM - LOVE COMMUNICATIONS, Salt Lake City, UT, pg. 101
Wood, James - PPOM - WOOD COMMUNICATIONS GROUP, Madison, WI, pg. 663
Wood, Kennan - Account Services, PPOM - WOOD COMMUNICATIONS GROUP, Madison, WI, pg. 663

AGENCIES — RESPONSIBILITIES INDEX

Wood, Skip - PPOM - THE WOOD AGENCY, San Antonio, TX, *pg.* 154
Wood, Jim - Creative, Management, PPOM - ANALOGFOLK, New York, NY, *pg.* 439
Wood, Andrea - Account Planner, Account Services, Interactive / Digital, Media Department, Operations, PPOM - SANDSTORM DESIGN, Chicago, IL, *pg.* 264
Wood, Josh - PPOM - RUCKUS MARKETING, New York, NY, *pg.* 408
Wood, Michael - PPOM - PUBLICIS NORTH AMERICA, New York, NY, *pg.* 399
Woodard, Ellen - Operations, PPOM - JUICE STUDIOS, Atlanta, GA, *pg.* 309
Woodbury, Mick - PPOM - RIPLEY - WOODBURY MARKETING, Huntington Beach, CA, *pg.* 133
Woodland, Stan - PPOM - CMI MEDIA, LLC, King of Prussia, PA, *pg.* 342
Woodland, James - Finance, Operations, PPOM - CMI MEDIA, LLC, King of Prussia, PA, *pg.* 342
Woodlief, Mari - PPOM - ALLYN MEDIA, Dallas, TX, *pg.* 577
Woodman, Nathan - Interactive / Digital, Management, Media Department, PPOM - HAVAS MEDIA GROUP, Boston, MA, *pg.* 470
Woodrow, James - PPOM - PREFERRED PUBLIC RELATIONS & MARKETING, Las Vegas, NV, *pg.* 638
Woodruff, Terry - NBC, PPOM - WOODRUFF, Columbia, MO, *pg.* 163
Woodruff, Matt - NBC, PPOM - CONSTELLATION AGENCY, New York, NY, *pg.* 221
Woods, Raylene - Operations, PPOM - MARKETING GENERAL, INC., Alexandria, VA, *pg.* 288
Woods, Steve - PPOM - TIDESMART GLOBAL, Falmouth, ME, *pg.* 317
Woods, Clint - Operations, PPOM - PIERPONT COMMUNICATIONS, INC., Houston, TX, *pg.* 636
Woods, Brian - PPOM - XEVO, Bellevue, WA, *pg.* 535
Woods, Eddie - Interactive / Digital, Media Department, PPOM - THE RAMEY AGENCY, Jackson, MS, *pg.* 422
Woods, Jon - PPOM - GROUNDFLOOR MEDIA, Denver, CO, *pg.* 611
Woodul, Jenna - PPOM, Social Media - LIVEWORLD, San Jose, CA, *pg.* 246
Woodward, Craig - PPOM - BAKER WOODWARD, Huntsville, AL, *pg.* 174
Woodward, Kelly - Management, Operations, PPOM - HUNTSINGER & JEFFER, INC., Richmond, VA, *pg.* 285
Woodworth, Steve - PPOM - MASTERWORKS, Poulsbo, WA, *pg.* 687
Wool, Ann - NBC, PPOM - KETCHUM, New York, NY, *pg.* 542
Wool, Matthew - Management, PPOM - ACCELERATION PARTNERS, Needham, MA, *pg.* 25
Woolford, Leah - PPOM - ORANGE142, Austin, TX, *pg.* 255
Woolford, Jeffrey - PPOM, Research - ORANGE142, Austin, TX, *pg.* 255
Woolley, Barb - Creative, PPOM - HAMBLY & WOOLLEY, INC., Toronto, ON, *pg.* 185
Woolmington, Paul - PPOM - CANVAS WORLDWIDE, New York, NY, *pg.* 458
Woosley, Mike - Operations, PPOM - LOTAME, Columbia, MD, *pg.* 446
Word, Linda - Creative, PPOM - STURGES & WORD, Kansas City, MO, *pg.* 200
Worden, Maia - Operations, PPOM - ATLANTIC LIST COMPANY, Arlington, VA, *pg.* 280
Workman, Jim - PPOM - BFW ADVERTISING, Boca Raton, FL, *pg.* 39
Worley, Amy - Interactive / Digital, Management, Media Department, PPOM - VMLY&R, Kansas City, MO, *pg.* 274
Wormser, Lauren - Interactive / Digital, NBC, PPOM - MEDIACOM, New York, NY, *pg.* 487
Worple, Doug - Creative, PPOM - PROXIMITY WORLDWIDE, Cincinnati, OH, *pg.* 258
Worrel, Ethan - PPOM - ENTERMEDIA, Austin, TX, *pg.* 231
Worthington, Jessica - Account Services, NBC, PPOM, Social Media - MINDSHARE, Portland, OR, *pg.* 495
Woyzbun, Rob - PPOM - THE / MARKETING / WORKS, Ottawa, ON, *pg.* 19
Wren, John - PPOM - OMNICOM GROUP, New York, NY, *pg.* 123
Wright, John - PPOM - LARRY JOHN WRIGHT, INC., Mesa, AZ, *pg.* 379
Wright, Rodney - NBC, PPOM - UNICOM ARC, Saint Louis, MO, *pg.* 657
Wright, Reed - PPOM - AXIS41, Salt Lake City, UT, *pg.* 215
Wright, Nancy - PPOM - FERGUSON ADVERTISING, INC., Fort Wayne, IN, *pg.* 73
Wright, Gordon - PPOM - OUTSIDEPR, Sausalito, CA, *pg.* 634
Wright, Ted - PPOM - FIZZ, Decatur, GA, *pg.* 691
Wright, Doug - Account Services, Operations, PPOM - MSP, Freedom, PA, *pg.* 289
Wright, J.R. - Finance, PPOM - LARRY JOHN WRIGHT, INC., Mesa, AZ, *pg.* 379
Wright, Mark - NBC, PPOM - TARGETBASE MARKETING, Irving, TX, *pg.* 292
Wright, Gary - PPOM - G.A WRIGHT SALES, INC., Denver, CO, *pg.* 284
Wright, Jim - Account Planner, Media Department, NBC, PPOM - PULSAR ADVERTISING, Washington, DC, *pg.* 401
Wright, Sherman - Management, Operations, PPOM - TEN35, Chicago, IL, *pg.* 147
Wright, Grant - Management, PPOM - WRIGHT ON COMMUNICATIONS, La Jolla, CA, *pg.* 663
Wright, Julie - PPOM - WRIGHT ON COMMUNICATIONS, La Jolla, CA, *pg.* 663
Wright-Ford, Kylie - PPOM - REPUTATION INSTITUTE, Boston, MA, *pg.* 449
Wroblewski, Peter - Account Services, PPOM - THE MX GROUP, Burr Ridge, IL, *pg.* 422
Wu, Frances - Account Planner, NBC, PPOM - SALTWORKS, Boston, MA, *pg.* 197
Wulfsohn, Jason - Creative, PPOM - AUDIENCEX, Marina Del Rey, CA, *pg.* 35
Wunsch, Michael - Interactive / Digital, NBC, PPOM - LEAP, Louisville, KY, *pg.* 245
Wurst, Brenda - PPOM - CAMELOT STRATEGIC MARKETING & MEDIA, Dallas, TX, *pg.* 457
Wyatt, Mark - PPOM - AGENCY CREATIVE, Dallas, TX, *pg.* 29
Wygant, Jonathan - NBC, PPOM - BIGSPEAK SPEAKERS BUREAU, Santa Barbara, CA, *pg.* 302
Wyman, Samuel - Operations, PPOM - JEFFERSON WATERMAN INTERNATIONAL, Washington, DC, *pg.* 617
Wynne, Clare - PPOM - M2W RETAILDETAIL, Allen, TX, *pg.* 102
Wyrick, Felicia - PPOM, Public Relations - ADFINITY MARKETING GROUP, Cedar Rapids, IA, *pg.* 27
Wyskida, Ben - PPOM - FENTON COMMUNICATIONS, San Francisco, CA, *pg.* 603
Xenopoulos, Jason - Creative, NBC, PPOM - VMLY&R, New York, NY, *pg.* 160
Xenopoulos, Jason - Creative, PPOM - VMLY&R, Kansas City, MO, *pg.* 274
Xiang, Bill - PPOM - XJ BEAUTY, Lake Forest, CA, *pg.* 205
Xoinis, Christine - Creative, PPOM - ETHOS CREATIVE, Burlington, NC, *pg.* 69
Yaeger, Mark - Creative, PPOM - DKY INTEGRATED MARKETING COMMUNICATIONS, Minneapolis, MN, *pg.* 352
Yag, Michael - PPOM - ACCESS TCA, INC., Whitinsville, MA, *pg.* 210
Yagi, Tamotsu - PPOM - TAMOTSU YAGI DESIGN, Venice, CA, *pg.* 201
Yahes, Jarrod - Finance, PPOM - ZETA INTERACTIVE, New York, NY, *pg.* 277
Yahr, Erica - Account Planner, NBC, PPOM - MCCANN HEALTH NEW YORK, New York, NY, *pg.* 108
Yaklich, Cindi - Creative, NBC, PPOM - EPICENTER CREATIVE, Boulder, CO, *pg.* 68
Yakuel, Joe - NBC, PPOM - AGENCY WITHIN, Lond Island City, NY, *pg.* 323
Yallen, Robert - PPOM - INTERMEDIA ADVERTISING, Woodland Hills, CA, *pg.* 375
Yamamoto, Deanne - Account Services, Management, PPOM - GOLIN, Los Angeles, CA, *pg.* 609
Yamandag, Gokben - Interactive / Digital, PPOM, Research - ARCHER MALMO, Memphis, TN, *pg.* 32
Yamane, Shelley - Account Planner, NBC, PPOM - MUSE USA, Santa Monica, CA, *pg.* 543
Yamashita, Keith - PPOM -

RESPONSIBILITIES INDEX — AGENCIES

SYPARTNERS, San Francisco, CA, *pg.* 18

Yang, David - Creative, PPOM - TOM, DICK & HARRY CREATIVE, Chicago, IL, *pg.* 426

Yapaola, John - PPOM - WYNG, New York, NY, *pg.* 276

Yardley, Mike - NBC, PPOM - VMLY&R, Kansas City, MO, *pg.* 274

Yasko, Bryan - Account Services, NBC, PPOM - JOHANNES LEONARDO, New York, NY, *pg.* 92

Yasumura, Muts - PPOM - MUTS & JOY, INC., New York, NY, *pg.* 192

Yee, Allen - Creative, PPOM - CLOUDRED, Brooklyn, NY, *pg.* 221

Yell, Anthony - Creative, PPOM - PUBLICIS.SAPIENT, New York, NY, *pg.* 258

Yellen, Ira - PPOM - TALL TIMBERS MARKETING, Glastonbury, CT, *pg.* 292

Yelsey, Arthur - PPOM - MEDIASPOT, INC., Corona Del Mar, CA, *pg.* 490

Yoder, Melinda - Operations, PPOM - CITRUS ADVERTISING, Dallas, TX, *pg.* 50

Yomtobian, Daniel - PPOM - ADVERTISE.COM, Sherman Oaks, CA, *pg.* 671

Yonan, Matt - PPOM - TIGRIS SPONSORSHIP & MARKETING, Littleton, CO, *pg.* 317

Yorio, Kimberly - PPOM - YC MEDIA, New York, NY, *pg.* 664

York, Travis - PPOM - GYK ANTLER, Manchester, NH, *pg.* 368

Yorke, John - PPOM - RAIN 43, Toronto, ON, *pg.* 262

Yormark, Brett - Account Services, NBC, Operations, PPOM - ROC NATION, New York, NY, *pg.* 298

Yormark, Michael - Account Services, Management, NBC, PPOM - ROC NATION, New York, NY, *pg.* 298

Yoselevitz, Lindsey - Media Department, NBC, PPOM - WAVEMAKER, New York, NY, *pg.* 526

You, Wilbur - PPOM - YOUTECH, Naperville, IL, *pg.* 436

Young, Bart - PPOM - YOUNG COMPANY, Laguna Beach, CA, *pg.* 165

Young, Gwendolyn - PPOM - YOUNG COMMUNICATIONS GROUP, INC., Los Angeles, CA, *pg.* 664

Young, David - Operations, PPOM - SLINGSHOT, LLC, Dallas, TX, *pg.* 265

Young, Alicia - Interactive / Digital, NBC, PPOM - FINN PARTNERS, New York, NY, *pg.* 603

Young, Jeff - PPOM - BADER RUTTER & ASSOCIATES, INC., Milwaukee, WI, *pg.* 328

Young, Sarah - PPOM - NATIONAL PUBLIC RELATIONS, Halifax, NS, *pg.* 631

Young, Laurie - Management, PPOM - OGILVY, Toronto, ON, *pg.* 394

Young, Tom - Management, PPOM - WUNDERMAN DATA PRODUCTS, Houston, TX, *pg.* 451

Young, Sally - PPOM - JEKYLL AND HYDE, Redford, MI, *pg.* 92

Young, Mark - PPOM - JEKYLL AND HYDE, Redford, MI, *pg.* 92

Young, Michael - PPOM - YESCO OUTDOOR MEDIA, Salt Lake City, UT, *pg.* 559

Young, Denny - PPOM - ELEVATION, Beachwood, OH, *pg.* 305

Young, Jason - Media Department, NBC, PPOM - CRISP MEDIA, New York, NY, *pg.* 533

Young, Terry - PPOM - SPARKS & HONEY, New York, NY, *pg.* 450

Young, Brooke - Account Services, PPOM - MOXIE, Pittsburgh, PA, *pg.* 251

Young Dzwonar, Jennifer - PPOM - BORSHOFF, Indianapolis, IN, *pg.* 585

Youngblood, Matthew - PPOM - TRINITY BRAND GROUP, Berkeley, CA, *pg.* 202

Younger, Chris - PPOM - AYZENBERG GROUP, INC., Pasadena, CA, *pg.* 2

Yu, Jennifer - PPOM - COVET PUBLIC RELATIONS, San Diego, CA, *pg.* 593

Yue, Albert - NBC, PPOM - DYVERSITY COMMUNICATIONS, Markham, ON, *pg.* 66

Yue, Li - PPOM - DESIGN SCIENCE, Philadelphia, PA, *pg.* 179

Yuen, Jeannie - PPOM - A PARTNERSHIP, INC., New York, NY, *pg.* 537

Yuen, Aok - Creative, PPOM - A PARTNERSHIP, INC., New York, NY, *pg.* 537

Yung, Troy - Management, PPOM - 6DEGREES, Toronto, ON, *pg.* 321

Yunger, Daniel - PPOM - KEKST & COMPANY, INC., New York, NY, *pg.* 619

Yurchuck, Philip - Interactive / Digital, PPOM - POS OUTDOOR MEDIA, Grapevine, TX, *pg.* 556

Yuskewich, Matt - PPOM - 160OVER90, Philadelphia, PA, *pg.* 1

Zabriskie, Dale - PPOM - ZABRISKIE & ASSOCIATES, Salt Lake City, UT, *pg.* 664

Zabroski, Tom - PPOM - MOJAVE ADVERTISING, Mountaintop, PA, *pg.* 192

Zachowski, Matt - PPOM - INTERMARKET COMMUNICATIONS, New York, NY, *pg.* 375

Zaffarano, John - Creative, Interactive / Digital, PPM, PPOM - MOB SCENE, Los Angeles, CA, *pg.* 563

Zaiss, Tracy - NBC, PPOM - ZAISS & COMPANY, Omaha, NE, *pg.* 165

Zajic, Christina - NBC, PPOM - ICF NEXT, Minneapolis, MN, *pg.* 372

Zak, Ashley - Account Services, Human Resources, PPOM - EDELMAN, Chicago, IL, *pg.* 353

Zakheim, Keith - PPOM - ANTENNA GROUP, INC., Hackensack, NJ, *pg.* 578

Zaleon, Steven - PPOM - MULTIMEDIA SOLUTIONS, INC., Edgewater, NJ, *pg.* 252

Zalesky, Chet - PPOM - CMI, Atlanta, GA, *pg.* 443

Zalewski, Michael - PPOM - SEYFERTH & ASSOCIATES, INC., Grand Rapids, MI, *pg.* 646

Zaller, Tom - PPOM - IMAGINE EXHIBITIONS, INC., Atlanta, GA, *pg.* 373

Zaman, Kashif - Account Services, NBC, PPOM - AISLE ROCKET, Chicago, IL, *pg.* 681

Zambotti, Dave - Creative, PPOM - ZAMBOO, Los Angeles, CA, *pg.* 165

Zambrano, Lanya - NBC, PPOM - FIREWOOD, San Francisco, CA, *pg.* 283

Zambrano, Diego - Interactive / Digital, PPOM - WORK & CO, Brooklyn, NY, *pg.* 276

Zambrano, Juan - NBC, PPOM - FIREWOOD, San Francisco, CA, *pg.* 283

Zaminasli, Taji - Management, PPOM - MEDIA MATTERS SF, San Francisco, CA, *pg.* 485

Zamuner, Mark - PPOM - TWO NIL, Los Angeles, CA, *pg.* 521

Zang, Drew - PPOM - ARTISAN CREATIVE, Salem, MA, *pg.* 173

Zapata, Andres - Account Planner, Management, NBC, PPOM - IDFIVE, Baltimore, MD, *pg.* 373

Zapata, David - NBC, PPOM - ZAPWATER COMMUNICATIONS, Chicago, IL, *pg.* 664

Zapletal, David - Media Department, PPOM - DIGITAL REMEDY, New York, NY, *pg.* 226

Zaretzky, Jeremy - PPOM - WIRESPRING, Fort Lauderdale, FL, *pg.* 559

Zaritsky, David - PPOM - PULSECX, Montgomeryville, PA, *pg.* 290

Zarrillo, Michael - NBC, PPOM - UTOKA, Atlanta, GA, *pg.* 203

Zazzera, Nicholas - PPOM - DECO PRODUCTIONS, Miami, FL, *pg.* 304

Zdrill, Kirby - NBC, PPOM - LUMENCY INC., New York, NY, *pg.* 310

Zeesman, Arthur - NBC, PPOM - FIDGET BRANDING, Los Angeles, CA, *pg.* 7

Zehe, Darcy - Operations, PPOM - BRANDPIVOT, Cleveland, OH, *pg.* 337

Zehnder, Jeffrey - PPOM - ZEHNDER COMMUNICATIONS, INC., New Orleans, LA, *pg.* 436

Zehner, Matthew - PPOM - ZEHNER, Los Angeles, CA, *pg.* 277

Zeifman, Brad - PPOM - SHADOW PUBLIC RELATIONS, New York, NY, *pg.* 646

Zeigler, Todd - PPOM - THE BRICK FACTORY, Washington, DC, *pg.* 269

Zeilman, Andy - NBC, PPOM - AFFECTIVA, INC., Boston, MA, *pg.* 441

Zeller, Joe - NBC, PPOM - ZELLER MARKETING & DESIGN, East Dundee, IL, *pg.* 205

Zenz, Barbara - PPOM - STEPHENZ GROUP, San Jose, CA, *pg.* 413

Zetrenne, Jean-Rene - Human Resources, PPOM - OGILVY, New York, NY, *pg.* 393

Zevy, Ron - PPOM - TUMBLEWEED PRESS, Toronto, ON, *pg.* 293

Zhang, YanYan - Creative, PPOM - VSA PARTNERS, INC., Chicago, IL, *pg.* 204

Zheng, Krystal - Account Services,

AGENCIES

RESPONSIBILITIES INDEX

Interactive / Digital, Management, Media Department, PPOM - WAVEMAKER, New York, NY, *pg.* 526

Zhong, Sheryl - Account Services, Media Department, PPOM - WAVEMAKER, San Francisco, CA, *pg.* 528

Zick, Robert - PPOM - IMC / IRVINE MARKETING COMMUNICATIONS, Holmdel, NJ, *pg.* 89

Ziegaus, Alan - PPOM - SOUTHWEST STRATEGIES, LLC, San Diego, CA, *pg.* 411

Ziegaus Wahl, Jennifer - PPOM - SOUTHWEST STRATEGIES, LLC, San Diego, CA, *pg.* 411

Zijderveld, Gabi - NBC, PPOM - AFFECTIVA, INC., Boston, MA, *pg.* 441

Zimbard, Michael - NBC, PPOM - EDIT1, New York, NY, *pg.* 562

Zimmerman, Jordan - PPOM - ZIMMERMAN ADVERTISING, Fort Lauderdale, FL, *pg.* 437

Zimmerman, Curtis - PPOM - THE ZIMMERMAN AGENCY, Tallahassee, FL, *pg.* 426

Zimmerman, Carrie - PPOM - THE ZIMMERMAN AGENCY, Tallahassee, FL, *pg.* 426

Zimmerman, Jim - NBC, PPOM - THE ZIMMERMAN GROUP, Minnetonka, MN, *pg.* 426

Zimmerman, Diana - PPOM - CMS, INC., Los Angeles, CA, *pg.* 303

Zimmerman, Jennifer - Account Planner, Media Department, NBC, PPOM - MCGARRYBOWEN, New York, NY, *pg.* 109

Zimmerman, Ben - PPOM - MEDIA DESIGN GROUP, LLC, Los Angeles, CA, *pg.* 485

Zimmerman, Curtis - Management, PPOM - BRIGHT RED\TBWA, Tallahassee, FL, *pg.* 337

Zimmerman, Tracey - PPOM - ROBOTS & PENCILS, Cleveland, OH, *pg.* 264

Zincke, Joyce - Operations, PPOM - MIRUM AGENCY, Minneapolis, MN, *pg.* 251

Zingale, Russell - PPOM - USIM, New York, NY, *pg.* 525

Zinn, Paige - Operations, PPOM - JENNINGS & COMPANY, Chapel Hill, NC, *pg.* 92

Zion, Aric - PPOM - ZION & ZION, Tempe, AZ, *pg.* 165

Zipin, Melissa - Management, Operations, PPOM - FLEISHMANHILLARD, Boston, MA, *pg.* 605

Zirlin, Elliott - NBC, PPOM - BLUE SKY MARKETING GROUP, Northbrook, IL, *pg.* 566

Zirlin, Todd - PPOM - BLUE SKY MARKETING GROUP, Northbrook, IL, *pg.* 566

Zita, Sandy - Creative, PPOM - FIELD DAY, Toronto, ON, *pg.* 358

Zizzo, Anne - PPOM - ZIZZO GROUP ADVERTISING & PUBLIC RELATIONS, Milwaukee, WI, *pg.* 437

Zlatoper, Michael - Interactive / Digital, Management, Media Department, Operations, PPOM -

MEKANISM, San Francisco, CA, *pg.* 112

Zlokower, Harry - NBC, PPOM - ZLOKOWER COMPANY, New York, NY, *pg.* 665

Zoelle, Bill - Creative, PPOM - ENVANO, INC., Green Bay, WI, *pg.*

Zoller, Frank - Account Services, Media Department, NBC, PPOM - MEDIACOM, New York, NY, *pg.* 487

Zonta, Marko - Creative, PPOM - ZYNC COMMUNICATIONS INC., Toronto, ON, *pg.* 22

Zorkin, Melissa - PPOM - WE COMMUNICATIONS, Austin, TX, *pg.* 660

Zorn, Scott - PPOM - DIRECT RESOURCES GROUP, Seattle, WA, *pg.* 281

Zubizarreta, Michelle - PPOM - ZUBI ADVERTISING, Coral Gables, FL, *pg.* 165

Zucker, Gabrielle - PPOM - KWT GLOBAL, New York, NY, *pg.* 621

Zuckerman, Karen - Creative, PPOM - HIRSHORN ZUCKERMAN DESIGN GROUP, Rockville, MD, *pg.* 371

Zuckerman, Jerry - Finance, PPOM - HIRSHORN ZUCKERMAN DESIGN GROUP, Rockville, MD, *pg.* 371

Zukerman, Allan - PPOM - Z MARKETING PARTNERS, Indianapolis, IN, *pg.* 436

Zuncic, Eric - Account Planner, Media Department, PPOM - DDB CHICAGO, Chicago, IL, *pg.* 59

Zunda, Charles - Creative, PPOM - ZUNDA GROUP, South Norwalk, CT, *pg.* 205

Zundl, Kevin - Account Planner, PPOM, Research - PSYNCHRONOUS COMMUNICATIONS, Woburn, MA, *pg.* 130

Zurbey, Jon - PPOM - HABERMAN, Minneapolis, MN, *pg.* 369

Zuzelski, Lauren - Account Services, PPOM - BROGAN & PARTNERS, Birmingham, MI, *pg.* 538

Zweibaum, Kiersten - Account Services, NBC, PPOM - KETCHUM, New York, NY, *pg.* 542

Production

Abrantes, Alexandre - Creative, PPM - PUBLICIS NORTH AMERICA, New York, NY, *pg.* 399

Abu Eitah, Noora - PPM - SECRET LOCATION, Toronto, ON, *pg.* 563

Acosta, Jose - Interactive / Digital, PPM - MONO, Minneapolis, MN, *pg.* 117

Adderton, Bobbi - PPM - LUQUIRE GEORGE ANDREWS, INC., Charlotte, NC, *pg.* 382

Adolphson, Kate - Account Services, PPM - SPARKLOFT MEDIA, Portland, OR, *pg.* 688

Adoremos-Steinwald, Arlene - PPM - HAVAS FORMULATIN, New York, NY, *pg.* 612

Agar, Jason - Interactive / Digital, PPM - COLOUR, Halifax, NS, *pg.* 343

Aguayo, Berto - Creative, PPM - MADWELL, Brooklyn, NY, *pg.* 13

Al-Kadiri, Zu - PPM - THE MILL, New York, NY, *pg.* 152

Albanese, Paul - Account Planner, Account Services, Management, PPM - DAVID&GOLIATH, El Segundo, CA, *pg.* 57

Alberti, Chris - PPM - DERSE, INC., Milwaukee, WI, *pg.* 304

Alessandra, Jessica - Account Planner, Interactive / Digital, Media Department, PPM - HAVAS MEDIA GROUP, New York, NY, *pg.* 468

Alex, Max - Creative, Interactive / Digital, Media Department, PPM - MAGNET MEDIA, INC., New York, NY, *pg.* 247

Alexander, Andy - Management, NBC, PPM - THE RICHARDS GROUP, INC., Dallas, TX, *pg.* 422

Alexander, Brett - Creative, Media Department, PPM - THE MARTIN AGENCY, Richmond, VA, *pg.* 421

Alexander, Bryan - Interactive / Digital, PPM - SAATCHI & SAATCHI X, Springdale, AR, *pg.* 682

Alfieri, Mark - PPM, PPOM - BRANDSTAR, Deerfield Beach, FL, *pg.* 337

Algayer, Kurt - Account Services, Operations, PPM - LANMARK360, West Long Branch, NJ, *pg.* 379

Allen, Carly - PPM - OBSERVATORY MARKETING, Los Angeles, CA, *pg.* 122

Allen, Andrea - PPM - DEFINITION 6, New York, NY, *pg.* 224

Allison, Lisa - Interactive / Digital, Management, Media Department, PPM - BLUE 449, Seattle, WA, *pg.* 456

Alspaugh, Stacey - PPM - TRICOMB2B, Dayton, OH, *pg.* 427

Alverado, Michael - PPM - GENTLEMAN SCHOLAR, Los Angeles, CA, *pg.* 562

Amaral, Danielle - PPM - THE COMMUNITY, Miami Beach, FL, *pg.* 545

Amigo, Jeremy - Management, PPM - UNDERTONE, New York, NY, *pg.* 273

Anderson, Tracy - PPM - TRUTH & ADVERTISING, Santa Ana, CA, *pg.* 272

Anderson, Pete - Media Department, PPM - PB&, Seattle, WA, *pg.* 126

Anderson, Cheri - Creative, PPM - UNTITLED WORLDWIDE, New York, NY, *pg.* 157

Anderson, Ewan - Interactive / Digital, PPM - TBWA \ CHIAT \ DAY, Los Angeles, CA, *pg.* 146

Anderson, Christian - PPM - WILSON CREATIVE GROUP, INC., Naples, FL, *pg.* 162

Ankele, Lynn - PPM - THE PEPPER GROUP, Palatine, IL, *pg.* 202

Ann Stevens, Natasha - PPM - ADWORKSHOP & INPHORM, Lake Placid, NY, *pg.* 323

Antle, Carly - PPM - SPRING STUDIOS, New York, NY, *pg.* 563

Antonelli, Jamie - Creative, Interactive / Digital, PPM - CDFB, New York, NY, *pg.* 561

Apley, Mitch - Media Department, PPM - ABELSON-TAYLOR, Chicago, IL,

1953

RESPONSIBILITIES INDEX

AGENCIES

pg. 25
Arghiris, Jo - Management, PPM - GENTLEMAN SCHOLAR, Los Angeles, CA, pg. 562
Argiriu, Ines - PPM - DEBUT GROUP, Toronto, ON, pg. 349
Asaro, Daniela - Interactive / Digital, PPM - VIRTUE WORLDWIDE, Brooklyn, NY, pg. 159
Aseltine, Brie - PPM - MIRUM AGENCY, San Diego, CA, pg. 251
Auger-Bellemare, Lisanne - PPM - BLEUBLANCROUGE, Montreal, QC, pg. 40
Austin, Carol - PPM - PERICH ADVERTISING, Ann Arbor, MI, pg. 126
Austin, Kimberly - PPM, PPOM - FIRE STARTER STUDIOS, Burbank, CA, pg. 234
Avneri, Ronit - PPM - BUERO NEW YORK, New York, NY, pg. 176
Ayala, Lester - Interactive / Digital, Media Department, PPM - CRONIN, Glastonbury, CT, pg. 55
Backer, Dan - PPM - CPC EXPERIENTIAL, Eagan, MN, pg. 303
Baker, Joann - Media Department, NBC, PPM - MCGARRYBOWEN, Chicago, IL, pg. 110
Baker, Olivia - Creative, PPM - ERICH & KALLMAN, San Francisco, CA, pg. 68
Balagna, Kelly - Creative, PPM - COMMONWEALTH // MCCANN, Detroit, MI, pg. 52
Balch, Kate - PPM - BEAUTIFUL DESTINATIONS, New York, NY, pg. 38
Baldwin, Lindsay - Media Department, PPM - 22SQUARED INC., Tampa, FL, pg. 319
Baldwin-Scarcliss, Alexis - Management, Operations, PPM - MARKET VISION, INC., San Antonio, TX, pg. 568
Baliat, Aileen - PPM - TBWA \ CHIAT \ DAY, Los Angeles, CA, pg. 146
Balisciano, Phil - PPM - CURIOUS MEDIA, Nampa, ID, pg. 56
Banis, Jessica - Media Department, PPM - CREATIVE RESOURCES GROUP, INC., Plymouth, MA, pg. 55
Banks, Buck - Management, PPM - NEWMAN PR, Coconut Grove, FL, pg. 632
Barany, Melissa - PPM - VMLY&R, Chicago, IL, pg. 275
Barber, Robert - Account Services, PPM, Public Relations - RUSSELL DESIGN, New York, NY, pg. 197
Barber, Susie - PPM - LEADING EDGE COMMUNICATIONS, Franklin, TN, pg. 97
Barciela, Carlos - PPM - CONILL ADVERTISING, INC., El Segundo, CA, pg. 538
Barczyk, Victor - PPM - FORSMAN & BODENFORS, New York, NY, pg. 74
Barokas, Karli - PPM - BAROKAS PUBLIC RELATIONS, Seattle, WA, pg. 580
Barry, Courtney - PPM - T3, Austin, TX, pg. 268
Barry Jones, Barbara - Management, Media Department, PPM - THE INTEGER

GROUP - DALLAS, Dallas, TX, pg. 570
Barto, Pat - PPM - LOVE & COMPANY, Frederick, MD, pg. 101
Bascom, Rachel - Creative, PPM - 97TH FLOOR, Lehi, UT, pg. 209
Basile, Victor - Creative, PPM - PUBLICIS NORTH AMERICA, New York, NY, pg. 399
Bassett, Peter - Interactive / Digital, Media Department, PPM - DAVID&GOLIATH, El Segundo, CA, pg. 57
Bassiri, David - Operations, PPM - JACK MORTON WORLDWIDE, New York, NY, pg. 308
Batliner, Julie - NBC, PPM, PPOM, Public Relations - CARMICHAEL LYNCH, Minneapolis, MN, pg. 47
Baum, Melissa - Interactive / Digital, Media Department, PPM - 360I, LLC, New York, NY, pg. 320
Baykian, Charlotte - PPM - STARCOM WORLDWIDE, Chicago, IL, pg. 513
Bazzinotti, Nicole - PPM - DROGA5, New York, NY, pg. 64
Bear, Andrew - Interactive / Digital, NBC, PPM - BRAND VALUE ACCELERATOR, San Diego, CA, pg. 42
Beardsley, Marni - PPM, PPOM - SWIFT, Portland, OR, pg. 145
Beaty, Chad - PPM - CULTURESPAN MARKETING, El Paso, TX, pg. 594
Beckerman, Jeff - PPM - RAIN, Portland, OR, pg. 402
Beckett, Emily - Creative, PPM - MOMENTUM WORLDWIDE, Saint Louis, MO, pg. 568
Behling, Brian - PPM - LEO BURNETT WORLDWIDE, Chicago, IL, pg. 98
Behr, Aaron - Management, PPM - VAYNERMEDIA, New York, NY, pg. 689
Belden, Lisa - PPM - HILL HOLLIDAY, Boston, MA, pg. 85
Bellemare, Jay - PPM - PANNOS MARKETING, Manchester, NH, pg. 125
Bellgardt, Ryan - PPM - BOILING POINT MEDIA, Oklahoma City, OK, pg. 439
Bellinger, Keith - Interactive / Digital, PPM, Social Media - SAATCHI & SAATCHI LOS ANGELES, Torrance, CA, pg. 137
Bello, Kara - Media Department, PPM - MEKANISM, San Francisco, CA, pg. 112
Bemet, Parker - PPM - PARTNERS + NAPIER, Rochester, NY, pg. 125
Benadi, Lisa - Media Department, PPM - MEDIAHUB LOS ANGELES, El Segundo, CA, pg. 112
Benatovich, Penny - PPM - VIEWPOINT CREATIVE, Newton, MA, pg. 159
Bendell, Jamie - PPM, PPOM - BIG BLOCK, El Segundo, CA, pg. 217
Benjamin, Bennecia - Media Department, PPM - GROUPM, New York, NY, pg. 466
Benton, Matt - NBC, PPM - TRENCHLESS MARKETING, Flagstaff, AZ, pg. 427
Beregi, Christine - Account Services, Creative, PPM - NFM+DYMUN, Pittsburgh, PA, pg. 120
Beres, Jennifer - Creative, PPM -

PADILLA, Minneapolis, MN, pg. 635
Berg, Bill - PPM - PERISCOPE, Minneapolis, MN, pg. 127
Berger, Josh - Creative, PPM - MOB SCENE, Los Angeles, CA, pg. 563
Bergheger, Doug - PPM - MRA ADVERTISING/PRODUCTION SUPPORT SERVICES, INC., Cincinnati, OH, pg. 118
Berman, Bret - Interactive / Digital, PPM - STERLING-RICE GROUP, Boulder, CO, pg. 413
Bernardo, Nick - Finance, Interactive / Digital, Media Department, PPM - HORIZON MEDIA, INC., New York, NY, pg. 474
Berngartt, David - PPM - FITZCO, Atlanta, GA, pg. 73
Betancur, Melissa - Account Services, Media Department, PPM - DEUTSCH, INC., New York, NY, pg. 349
Bhalsod, Rajesh - PPM - DENTSUBOS INC., Toronto, ON, pg. 61
Biddlecombe, Rachel - PPM - TEAM ONE, Los Angeles, CA, pg. 417
Bienenfeld, Joel - Media Department, PPM - SIMONS / MICHELSON / ZIEVE, INC., Troy, MI, pg. 142
Bills, Caren - Media Department, PPM - CREATIVE SERVICES, High Point, NC, pg. 594
Binnington, Cas - PPM - JOHN ST., Toronto, ON, pg. 93
Bishop, Kyle - Interactive / Digital, Media Department, PPM - BOATHOUSE GROUP, INC., Waltham, MA, pg. 40
Bisson, Janice - PPM - ANOMALY, Toronto, ON, pg. 326
Bjorknas, Peter - Interactive / Digital, PPM - PAPPAS MACDONNELL, INC. , Southport, CT, pg. 125
Black, Abbie - PPM - WE ARE BMF, New York, NY, pg. 318
Blaney, Dan - Media Department, PPM - BBDO WORLDWIDE, New York, NY, pg. 331
Blitz, Matt - Management, PPM - DDB CHICAGO, Chicago, IL, pg. 59
Blocher, Carrie - PPM - WONGDOODY, Seattle, WA, pg. 162
Bodenberger, Michael - Interactive / Digital, PPM - RED TETTEMER O'CONNELL + PARTNERS, Philadelphia, PA, pg. 404
Bodogh, Beatrice - Media Department, PPM - BBDO CANADA, Toronto, ON, pg. 330
Bogus, Tim - NBC, PPM - MOSAIC NORTH AMERICA, New York, NY, pg. 312
Bohls, Kelly - Account Services, PPM, PPOM - SANDSTROM PARTNERS, Portland, OR, pg. 198
Bohne, Brian - Account Services, Interactive / Digital, PPM - RIGHTPOINT, Boston, MA, pg. 263
Bolokowicz, Joe - PPM - ABELSON-TAYLOR, Chicago, IL, pg. 25
Bonillo, Carie - Creative, Operations, PPM - DEUTSCH, INC., Los Angeles, CA, pg. 350

1954

AGENCIES
RESPONSIBILITIES INDEX

Bonn, Sarah - Creative, PPM - GLOVER PARK GROUP, New York, NY, pg. 608
Bonomo, Daniel - PPM - VIRTUE WORLDWIDE, Brooklyn, NY, pg. 159
Boon, Davielle - PPM - MUH-TAY-ZIK / HOF-FER, San Francisco, CA, pg. 119
Booth-Clibborn, Justin - PPM, PPOM - PSYOP, Venice, CA, pg. 196
Borell, Mike - PPM - 5IVE, Minneapolis, MN, pg. 23
Bosak, Stafford - PPM, PPOM - WORKINPROGRESS, Boulder, CO, pg. 163
Boston, Churita - Media Department, PPM - PHD, Los Angeles, CA, pg. 504
Bosworth, Marc - Creative, PPM - GRETEMAN GROUP, Wichita, KS, pg. 8
Botnen, Joanna - Media Department, PPM - HAWORTH MARKETING & MEDIA, Minneapolis, MN, pg. 470
Bott, Patti - PPM - BBDO SAN FRANCISCO, San Francisco, CA, pg. 330
Boucher, Robert - Interactive / Digital, Media Department, PPM - RAPP WORLDWIDE, Los Angeles, CA, pg. 291
Bourgeois, Lauren - Operations, PPM - BBR CREATIVE, Lafayette, LA, pg. 174
Bowen, Angela - Media Department, PPM - NICE SHOES, New York, NY, pg. 193
Bowers, Pete - PPM - WALLACE & COMPANY, Dulles, VA, pg. 161
Bowles, Ashley - Interactive / Digital, Media Department, PPM - 360I, LLC, New York, NY, pg. 320
Boykin, Lynne - Account Services, Media Department, PPM - THE BRANDON AGENCY, Myrtle Beach, SC, pg. 419
Boyko, Katie - PPM - MCCANN HEALTH NEW YORK, New York, NY, pg. 108
Bozek, Marie - PPM - MARKETING DIRECTIONS, INC., Cleveland, OH, pg. 105
Brackett, Eric - Creative, PPM - INDIGO STUDIOS, Atlanta, GA, pg. 187
Brett Kennedy, Daniel - Creative, PPM - MWWPR, New York, NY, pg. 631
Brezinski, Catherine - PPM - RINCK ADVERTISING, Lewiston, ME, pg. 407
Brian, Jen - PPM - SOMETHING MASSIVE, Los Angeles, CA, pg. 266
Brihn, Jesse - Media Department, PPM - DROGA5, New York, NY, pg. 64
Brill, Judy - Operations, PPM - TBWA \ CHIAT \ DAY, Los Angeles, CA, pg. 146
Brittain, Anna - PPM - THE BRANDON AGENCY, Myrtle Beach, SC, pg. 419
Brizzolara, Regina - Interactive / Digital, Media Department, PPM - EP+CO., Greenville, SC, pg. 356
Brock, Nancy - PPM - TRUE MEDIA, Columbia, MO, pg. 521
Brody, Bianca - PPM - ZIMMERMAN ADVERTISING, Fort Lauderdale, FL, pg. 437
Brooks, Jessica - Interactive / Digital, PPM - DIGITAS, Detroit,

MI, pg. 229
Brothers, Jim - PPM - PUSH, Orlando, FL, pg. 401
Broude, Chad - Creative, PPM - HIGHDIVE, Chicago, IL, pg. 85
Brown, Ben - PPM - DROGA5, New York, NY, pg. 64
Brown, Valicia - NBC, PPM - PUBLICIS NORTH AMERICA, New York, NY, pg. 399
Brown, Rochelle - PPM - THE MILL, New York, NY, pg. 152
Brozena, Stan - PPM - INDEPENDENT GRAPHICS INC., Wyoming, PA, pg. 374
Brumfield, Holly - Media Department, PPM - OIA / MARKETING, Dayton, OH, pg. 122
Brunsman, Krissy - PPM - SWIFT, Portland, OR, pg. 145
Brusnighan, Lindsey - PPM - MCGARRYBOWEN, Chicago, IL, pg. 110
Brust, Sean - Creative, PPM - AYZENBERG GROUP, INC., Pasadena, CA, pg. 2
Brydges, Peter - PPM - NETWORK DESIGN & COMMUNICATIONS, New York, NY, pg. 253
Buda, Chris - Account Services, Creative, PPM - IRIS ATLANTA, Atlanta, GA, pg. 90
Budro, Corey - PPM - CHARLEX, INC., New York, NY, pg. 220
Buechler, Chad - Creative, Media Department, PPM - ANDERSON DDB HEALTH & LIFESTYLE, Toronto, ON, pg. 31
Bugg, Rosalyn - Interactive / Digital, PPM - RPA, Santa Monica, CA, pg. 134
Bullen, Emily - PPM - DESIGNSENSORY, Knoxville, TN, pg. 62
Bundy, Kacey - Media Department, PPM - THE BUNTIN GROUP, Nashville, TN, pg. 148
Burch, Jane - PPM - HIRONS & COMPANY, Indianapolis, IN, pg. 86
Burchell, Patrick - Interactive / Digital, PPM - DELOITTE DIGITAL, Seattle, WA, pg. 224
Burgner, Roger - PPM - ONEWORLD COMMUNICATIONS, San Francisco, CA, pg. 123
Burke, Mary - Account Services, NBC, PPM - CHIEF, Washington, DC, pg. 590
Burke, Karen - PPM - 22SQUARED INC., Tampa, FL, pg. 319
Burnell, Joan - Creative, PPM - GRAPEVINE COMMUNICATIONS, Sarasota, FL, pg. 78
Burnham, Praise - PPM - WALMART MEDIA GROUP, San Bruno, CA, pg. 684
Burr, Derek - Media Department, Operations, PPM - NEW HONOR SOCIETY, Saint Louis, MO, pg. 391
Burruss, Jefferson - Media Department, PPM - GSD&M, Austin, TX, pg. 79
Burwell, Gerald - PPM, PPOM - CORNERSTONE MARKETING & ADVERTISING, Santa Rosa Beach, FL, pg. 53
Busteed, Julie - PPM - C. GRANT &

COMPANY, Wheaton, IL, pg. 46
Butler, Mary Alice - PPM - CHARLIEUNIFORMTANGO, Dallas, TX, pg. 561
Buzzeo, Helaina - PPM - JANE SMITH AGENCY, New York, NY, pg. 377
Byers, Lauren - Account Services, PPM - DAGGER, Atlanta, GA, pg. 224
Byrd, Richard - NBC, PPM - PENNEBAKER, LMC, Houston, TX, pg. 194
Byrne, Chris - PPM - MEDIAMONKS, Venice, CA, pg. 249
Byrne, Samara - PPM - RIESTER, Park City, UT, pg. 406
Calabrese, Joe - Interactive / Digital, Management, PPM - DEUTSCH, INC., New York, NY, pg. 349
Calandra, Peter - PPM - NORTH, Portland, OR, pg. 121
Calcagno, Chad - Creative, Interactive / Digital, PPM - DEEPLOCAL, Sharpsburgs, PA, pg. 349
Callaghan, Bryan - PPM - IMG LIVE, Atlanta, GA, pg. 308
Callen, Robert - PPM - DAVIS HARRISON DION ADVERTISING, Chicago, IL, pg. 348
Callender, Nicholas - Creative, PPM - THE MARKETING DEPARTMENT, London, ON, pg. 420
Callies, Kelley - Media Department, PPM - GTB, Dearborn, MI, pg. 367
Campagna, Karen - PPM - RADAR STUDIOS, Chicago, IL, pg. 132
Campbell, Laurie - Account Services, PPM - NOSTRUM, INC., Long Beach, CA, pg. 14
Campion, Kirk - NBC, PPM - MCCANN NEW YORK, New York, NY, pg. 108
Cangialosi, Pietra - PPM - TBWA \ CHIAT \ DAY, New York, NY, pg. 416
Capik, James - PPM - MCNALLY TEMPLE & ASSOCIATES, INC., Sacramento, CA, pg. 626
Carbo, Anne - PPM - LEO BURNETT WORLDWIDE, Chicago, IL, pg. 98
Carbonneau, Jeff - Creative, PPM - DAVIS ADVERTISING, Worcester, MA, pg. 58
Carheden, Bonnie - Interactive / Digital, PPM - KARSH & HAGAN, Denver, CO, pg. 94
Carlo, Mike - PPM - MUDD ADVERTISING, Cedar Falls, IA, pg. 119
Carluccio, Nate - PPM - ELEVATION WEB, Washington, DC, pg. 540
Carney, Pat - Creative, NBC, PPM - ARNOLD WORLDWIDE, Boston, MA, pg. 33
Carrel, Becky - Creative, Media Department, PPM - GSD&M, Austin, TX, pg. 79
Carrigan, Pat - Account Services, PPM - R&R PARTNERS, Las Vegas, NV, pg. 131
Carroll, Eugene - PPM - IOMEDIA, INC., New York, NY, pg. 90
Carter, Dorothy - PPM - KETCHUM, New York, NY, pg. 542
Cartland, Susan - Creative, PPM - DDB CHICAGO, Chicago, IL, pg. 59
Case, Melanie - Interactive /

1955

RESPONSIBILITIES INDEX — AGENCIES

Digital, NBC, PPM, Social Media - CONILL ADVERTISING, INC., El Segundo, CA, *pg.* 538
Case, Joseph - PPM - CRAMER, Norwood, MA, *pg.* 6
Cashman, Alyssa - PPM - DROGA5, New York, NY, *pg.* 64
Cauich, Nancy - Media Department, PPM - INITIATIVE, Los Angeles, CA, *pg.* 478
Cavallo, Gena - PPM - KEENAN-NAGLE ADVERTISING, Allentown, PA, *pg.* 94
Cavarretta, Diane - PPM - Z-CARD NORTH AMERICA, New York, NY, *pg.* 294
Ceglarski, Sarah - Media Department, NBC, PPM, PPOM - OMELET, Culver City, CA, *pg.* 122
Celis, Natalia - PPM - DAVID&GOLIATH, El Segundo, CA, *pg.* 57
Cella, Chris - Media Department, PPM - DAGGER, Atlanta, GA, *pg.* 224
Chammas, Diana - PPM - BISCUIT FILMWORKS, Los Angeles, CA, *pg.* 561
Chan, Elle - PPM, PPOM - TRADEMARK EVENT PROMOTIONS, INC., San Francisco, CA, *pg.* 317
Chang, Iris - Interactive / Digital, Media Department, PPM - STARCOM WORLDWIDE, Chicago, IL, *pg.* 513
Chartrand, Marc - PPM - THE RESERVE LABEL, Los Angeles, CA, *pg.* 563
Chartrand, Mel - PPM - THE RESERVE LABEL, Los Angeles, CA, *pg.* 563
Chatman, Lauren - Creative, PPM - BUTLER, SHINE, STERN & PARTNERS, Sausalito, CA, *pg.* 45
Chattong, Julie - Interactive / Digital, PPM - INNOCEAN USA, Huntington Beach, CA, *pg.* 479
Chawla, Sarika - PPM - MMGY GLOBAL, New York, NY, *pg.* 388
Chen, Cathy - Media Department, PPM - PHD USA, New York, NY, *pg.* 505
Chen, Brandon - PPM - DROGA5, New York, NY, *pg.* 64
Chen, Jennifer - PPM - DROGA5, New York, NY, *pg.* 64
Cheng, Rita - Account Services, PPM - INTERTREND COMMUNICATIONS, INC., Long Beach, CA, *pg.* 541
Cherry, Judd - Creative, PPM - XENOPSI, New York, NY, *pg.* 164
Chesler, Isadora - Interactive / Digital, PPM - RPA, Santa Monica, CA, *pg.* 134
Chiang, Barry - PPM - 160OVER90, Los Angeles, CA, *pg.* 301
Chinetti, Tracie - Interactive / Digital, Media Department, PPM - FUSEIDEAS, LLC, Winchester, MA, *pg.* 306
Chinn, Scott - Management, PPM - DROGA5, New York, NY, *pg.* 64
Chiu, Kenneth - Creative, PPM - TOTO GROUP, New York, NY, *pg.* 156
Chiusano, Jason - PPM - ATHORN, CLARK & PARTNERS, New York, NY, *pg.* 2
Choi, Ina - Interactive / Digital, Media Department, PPM - R/GA, New York, NY, *pg.* 260

Choquet, Debi - NBC, PPM - ALL STAR INCENTIVE MARKETING, Fiskdale, MA, *pg.* 565
Christensen, Beckie - Media Department, PPM - HOFFMAN YORK, Milwaukee, WI, *pg.* 371
Chung, Charles - Account Services, Management, Operations, PPM - R/GA, Chicago, IL, *pg.* 261
Ciarleglio, Jodi - Finance, Interactive / Digital, Operations, PPM - CRONIN, Glastonbury, CT, *pg.* 55
Cirone, Amanda - Account Planner, Account Services, Media Department, PPM - SPARK FOUNDRY, New York, NY, *pg.* 508
Civitano, Alyson - Interactive / Digital, Media Department, PPM - HEARTS & SCIENCE, New York, NY, *pg.* 471
Clark, Sara - Creative, PPM - TBWA/MEDIA ARTS LAB, Los Angeles, CA, *pg.* 147
Clark, Maria - PPM - BRAINSTORM MEDIA, Columbus, OH, *pg.* 175
Clemente, Andrea - PPM - JOHANNES LEONARDO, New York, NY, *pg.* 92
Coate, Hilary - Operations, PPM - VENABLES BELL & PARTNERS, San Francisco, CA, *pg.* 158
Cochrane, Topher - PPM - DROGA5, New York, NY, *pg.* 64
Codd, Martin - Operations, PPM - REDPEG MARKETING, Alexandria, VA, *pg.* 692
Cody, Danielle - PPM - THE INFINITE AGENCY, Dallas, TX, *pg.* 151
Coffy, Frank - PPM - DANIELS & ROBERTS, INC., Lake Worth, FL, *pg.* 348
Cohen, Lisa - Account Planner, Media Department, PPM - WILSON MEDIA GROUP, Key West, FL, *pg.* 529
Cohen, Ron - PPM - OUT OF THE BLUE PRODUCTIONS, Wynnewood, PA, *pg.* 290
Coleman, Caroline - NBC, PPM - WUNDERMAN THOMPSON, New York, NY, *pg.* 434
Coleman, Christopher - Account Planner, Account Services, PPM - DAVID&GOLIATH, El Segundo, CA, *pg.* 57
Collins, Nicole - Account Services, Finance, Media Department, PPM - OMD, New York, NY, *pg.* 498
Collins, Tim - PPM - INFINITY MARKETING, Greenville, SC, *pg.* 374
Como, Kathryn - PPM - AIM PRODUCTIONS, Astoria, NY, *pg.* 453
Conde, Mary - PPM - ANOTHER PLANET ENTERTAINMENT, Berkeley, CA, *pg.* 565
Consonni, Kim - PPM - MAIER ADVERTISING, INC., Farmington, CT, *pg.* 103
Cook, Clifton - Interactive / Digital, Management, PPM - VESTCOM, Little Rock, AR, *pg.* 571
Cook, Wendy - PPM - TRADEMARK EVENT PROMOTIONS, INC., San Francisco, CA, *pg.* 317
Coombe, Kim - PPM - PERISCOPE, Minneapolis, MN, *pg.* 127

Cooper, Brian - Creative, Management, PPM - HAVAS WORLDWIDE CHICAGO, Chicago, IL, *pg.* 82
Corbin, Josiah - PPM - G7 ENTERTAINMENT MARKETING, Nashville, TN, *pg.* 306
Corchado, Yalexa - PPM - CARL BLOOM ASSOCIATES, White Plains, NY, *pg.* 281
Corken, Dan - PPM - CRISPIN PORTER + BOGUSKY, Boulder, CO, *pg.* 346
Corray, Jeremy - Interactive / Digital, PPM - COOLFIRE STUDIOS, Saint Louis, MO, *pg.* 561
Cortese, Kim - PPM - HUGE, INC., Brooklyn, NY, *pg.* 239
Cortez, Sherril - PPM - PAGE DESIGN GROUP, Sacramento, CA, *pg.* 194
Cossio, Mimi - Media Department, PPM - ALMA, Coconut Grove, FL, *pg.* 537
Cotaco, Catherine - PPM - BBDO SAN FRANCISCO, San Francisco, CA, *pg.* 330
Courtaux, Florencia - PPM - JAM3, Toronto, ON, *pg.* 243
Courtney, Anne Marie - Interactive / Digital, Media Department, PPM - HAVAS MEDIA GROUP, New York, NY, *pg.* 468
Cox, Neil - Interactive / Digital, PPM - PADILLA, Richmond, VA, *pg.* 635
Coyne, Courtney - Interactive / Digital, PPM - MULLENLOWE U.S. BOSTON, Boston, MA, *pg.* 389
Cozza, Michele - PPM - THE FOOD GROUP, Tampa, FL, *pg.* 419
Crawford, Courtenay - Media Department, PPM - CMI MEDIA, LLC, King of Prussia, PA, *pg.* 342
Crawford, Hillary - Interactive / Digital, PPM - 160OVER90, Philadelphia, PA, *pg.* 1
Creer, Georgia - PPM - MATTE PROJECTS, New York, NY, *pg.* 107
Cremin, Tim - Media Department, PPM - WINNERCOMM, Tulsa, OK, *pg.* 564
Crichton, Sharon - Management, Operations, PPM - JACK MORTON WORLDWIDE, Boston, MA, *pg.* 309
Crisman, Ryan - PPM - SOCKEYE CREATIVE, Portland, OR, *pg.* 199
Crivelli, Annemarie - Interactive / Digital, Media Department, NBC, PPM - CAMBRIDGE BIOMARKETING, Cambridge, MA, *pg.* 46
Crocker, Bill - PPM - MJM PRODUCTIONS, Hamilton, ON, *pg.* 563
Crofton, Liz - Creative, PPM - GRIP LIMITED, Toronto, ON, *pg.* 78
Cronin, Tasha - Interactive / Digital, PPM - DROGA5, New York, NY, *pg.* 64
Cross, Eve - PPM - RADAR STUDIOS, Chicago, IL, *pg.* 132
Crosthwaite, Anne Marie - PPM - BEAUTIFUL DESTINATIONS, New York, NY, *pg.* 38
Crotty, Kate - Account Services, Management, NBC, PPM - INVISION COMMUNICATIONS, New York, NY, *pg.* 308
Crouch, Charleston - Interactive /

AGENCIES

RESPONSIBILITIES INDEX

Digital, PPM - 22SQUARED INC., Atlanta, GA, *pg.* 319
Crowder, Clint - Account Services, Creative, Interactive / Digital, PPM - MOROCH PARTNERS, Dallas, TX, *pg.* 389
Croyle, Dave - PPM - THIS IS RED, Munhall, PA, *pg.* 271
Cullari, Dominick - PPM - JERRY DEFALCO ADVERTISING, Maitland, FL, *pg.* 92
Cunha, Fred - Media Department, PPM - EXTREME REACH, INC., Needham, MA, *pg.* 552
Cunningham, Wes - PPM - HAUGAARD CREATIVE GROUP, Chicago, IL, *pg.* 186
Cunningham, Dan - PPM - CONSENSUS COMMUNICATIONS, Orlando, FL, *pg.* 592
Curran, Brian - PPM - GTB, Dearborn, MI, *pg.* 367
Cyboski, Dana - Creative, PPM, PPOM - TRITON PRODUCTIONS, Miami Beach, FL, *pg.* 317
DaMommio, Luke - Media Department, PPM - THE RICHARDS GROUP, INC., Dallas, TX, *pg.* 422
Dang, Stefanie - PPM, PPOM - WE'RE MAGNETIC, New York, NY, *pg.* 318
Daniels, Monica - Interactive / Digital, PPM - PURE GROWTH, New York, NY, *pg.* 507
Dantus, Freddie - Account Services, Interactive / Digital, Media Department, PPM - UNIVERSAL MCCANN, New York, NY, *pg.* 521
Danziger Johnson, Molly - Account Planner, Account Services, NBC, PPM - HAYMAKER, Los Angeles, CA, *pg.* 83
Dark, Jen - PPM - UNION CREATIVE, Toronto, ON, *pg.* 273
Darke, Jessica - PPM - ARCANA ACADEMY, Los Angeles, CA, *pg.* 32
Darley, Brian - Interactive / Digital, Media Department, PPM - ACKERMAN MCQUEEN, INC., Dallas, TX, *pg.* 26
Dauksis, Ryan J. - Creative, PPM - ALLEBACH COMMUNICATIONS, Souderton, PA, *pg.* 29
Davidson, Mike - Interactive / Digital, Management, PPM - LEO BURNETT WORLDWIDE, Chicago, IL, *pg.* 98
Davis, Chris - PPM - MLT CREATIVE, Tucker, GA, *pg.* 116
Davis, Griffin - Creative, PPM - BARKLEY, Kansas City, MO, *pg.* 329
Day, Christina - PPM - THE NOW GROUP, Vancouver, BC, *pg.* 422
De Franca, Simon - PPM, PPOM - EL AUTOBUS, Miami, FL, *pg.* 67
de la Maza, Diego - Management, PPM - DEUTSCH, INC., Los Angeles, CA, *pg.* 350
de la Noval, Maria Elena - Interactive / Digital, PPM - FLUENT360, Chicago, IL, *pg.* 540
De Veer, Drusilla - PPM - WESTON | MASON, Marina Del Rey, CA, *pg.* 430
de Vries, Michael - PPM - SPARK44, New York, NY, *pg.* 411
DeBlasio, Chris - PPM, PPOM -

AGENCY 850, Roswell, GA, *pg.* 1
DeCata, James - Operations, PPM - PACE COMMUNICATIONS, Greensboro, NC, *pg.* 395
Deimling, Wesley - Interactive / Digital, PPM - MALKA, Jersey City, NJ, *pg.* 562
Dekker, Sandri - Interactive / Digital, PPM - J.T. MEGA, INC., Minneapolis, MN, *pg.* 91
Del Mul, Carole - Interactive / Digital, PPM - OGILVY PUBLIC RELATIONS, New York, NY, *pg.* 633
Del Toro, Graciela - Creative, Operations, PPM - MOB SCENE, Los Angeles, CA, *pg.* 563
Delossa, Amy - PPM - TOOL OF NORTH AMERICA, Santa Monica, CA, *pg.* 564
Delshad, Lauren - Operations, PPM - 160OVER90, Los Angeles, CA, *pg.* 301
Demery, Rhys - PPM - WE ARE ROYALE, Los Angeles, CA, *pg.* 205
DeNatale, Stephanie - PPM - GOODBY, SILVERSTEIN & PARTNERS, San Francisco, CA, *pg.* 77
Derheim, Katie - PPM - PERISCOPE, Minneapolis, MN, *pg.* 127
Desai, Tejaswita - NBC, PPM - ANOMALY, Toronto, ON, *pg.* 326
DeSalvio, Margaret - Interactive / Digital, Media Department, PPM - HORIZON MEDIA, INC., New York, NY, *pg.* 474
DeStefano, Justin - PPM - MAD MEN MARKETING, Jacksonville, FL, *pg.* 102
Dheiman, Vishal - Interactive / Digital, Media Department, NBC, PPM - BBDO WORLDWIDE, New York, NY, *pg.* 331
Di Girolamo, Michael - NBC, PPM, PPOM - HEY WONDERFUL, Los Angeles, CA, *pg.* 562
DiCamillo, Kristen - PPM - HUSH STUDIOS, INC., Brooklyn, NY, *pg.* 186
Dick, Roberta - NBC, PPM - DOVETAIL COMMUNICATIONS, INC., Richmond Hill, ON, *pg.* 464
Diep, Tina - PPM - JOHANNES LEONARDO, New York, NY, *pg.* 92
DiFazio, GiGi - PPM - RONIN ADVERTISING GROUP, LLC, Coral Gables, FL, *pg.* 134
Diggens, Grace - Interactive / Digital, PPM - FAKE LOVE, Brooklyn, NY, *pg.* 183
Dillard, Kitty - PPM - BUCK, Los Angeles, CA, *pg.* 176
DiMatteo, Eric - PPM - TVGLA, Los Angeles, CA, *pg.* 273
Djogo, Bo - PPM - DROGA5, New York, NY, *pg.* 64
Dobbins, Jillian - Interactive / Digital, PPM - TBWA/MEDIA ARTS LAB, Los Angeles, CA, *pg.* 147
Doherty, Megan - Account Services, Creative, Media Department, PPM - INITIATIVE, New York, NY, *pg.* 477
Doherty, Louise - PPM - BBDO SAN FRANCISCO, San Francisco, CA, *pg.* 330
Dolnick, Beth - PPM - LEO BURNETT WORLDWIDE, Chicago, IL, *pg.* 98

Donne, Matthew - Creative, PPM - ANOMALY, Toronto, ON, *pg.* 326
Donovan, Michael - Creative, NBC, PPM - EDIT1, New York, NY, *pg.* 562
Dooley, Brian - Interactive / Digital, NBC, PPM - LEO BURNETT DETROIT, Troy, MI, *pg.* 97
Doris, John - Account Services, Interactive / Digital, Management, PPM - TBWA \ CHIAT \ DAY, New York, NY, *pg.* 416
Dormer, Dannielle - Creative, PPM - MOB SCENE, Los Angeles, CA, *pg.* 563
Douglas, Martha - Interactive / Digital, PPM - CACTUS MARKETING COMMUNICATIONS, Denver, CO, *pg.* 339
Dowling, Tara - Interactive / Digital, Media Department, PPM - SPARK FOUNDRY, New York, NY, *pg.* 508
Downton, Brook - PPM - MEDIAMONKS, New York, NY, *pg.* 249
Doyle, Lauren - PPM - POSTERSCOPE U.S.A., New York, NY, *pg.* 556
Drabczyk, Andrea - Interactive / Digital, PPM - COHN MARKETING, INC., Denver, CO, *pg.* 51
Drakul, Vanya - Management, PPM, PPOM - PIRATE TORONTO, Toronto, ON, *pg.* 195
Drees, Kristopher - Interactive / Digital, Media Department, PPM, Social Media - AGENCY 850, Roswell, GA, *pg.* 1
Dubcovsky, Laura - PPM - ZULU ALPHA KILO, Toronto, ON, *pg.* 165
Duff, Mariah - Creative, PPM - CINEMASTREET, New York, NY, *pg.* 50
Duggan, Mary Ellen - Interactive / Digital, PPM - BIG FAMILY TABLE, Los Angeles, CA, *pg.* 39
Dugoni, Charlotte - PPM - BARRETTSF, San Francisco, CA, *pg.* 36
Duignan, Conor - PPM - BARRETTSF, San Francisco, CA, *pg.* 36
Duncker, Rachel - Creative, PPM - ARC WORLDWIDE, Chicago, IL, *pg.* 327
Durazzo, Justin - Creative, Interactive / Digital, PPM - DROGA5, New York, NY, *pg.* 64
Durrett, Jake - Creative, PPM - GERSHONI, San Francisco, CA, *pg.* 76
Dwyer, Amanda - Account Services, Creative, Interactive / Digital, PPM - EP+CO., New York, NY, *pg.* 356
Dziczek, Stephanie - PPM - SAATCHI & SAATCHI LOS ANGELES, Torrance, CA, *pg.* 137
Eades, David - Management, PPM - LEO BURNETT TORONTO, Toronto, ON, *pg.* 97
Eads, Michael - PPM, PPOM - SAMETZ BLACKSTONE ASSOCIATES, Boston, MA, *pg.* 197
Echenoz, Dave - PPM - DNA SEATTLE, Seattle, WA, *pg.* 180
Eckardt, Bryan - PPM - BANTON MEDIA, Myrtle Beach, SC, *pg.* 329
Econ, Heather - Account Services, Media Department, PPM - HAVAS MEDIA GROUP, Chicago, IL, *pg.* 469
Eden, Audrey - Interactive / Digital, Management, PPM - JACK

1957

RESPONSIBILITIES INDEX AGENCIES

MORTON WORLDWIDE, Los Angeles, CA, pg. 309
Egan, Molly - Interactive / Digital, PPM - KELLY, SCOTT & MADISON, INC., Chicago, IL, pg. 482
Eggleston, Josh - PPM - MCKINNEY, Durham, NC, pg. 111
Ehresman, Kathleen - Media Department, PPM, PPOM - GROUPM, New York, NY, pg. 466
Eignor, Andrew - PPM - SOURCELINK, LLC, Miamisburg, OH, pg. 292
Eikenberry, Joel - PPM - SAATCHI & SAATCHI X, Springdale, AR, pg. 682
Eisenbraun, Paula - Creative, PPM - BLUETEXT, Washington, DC, pg. 40
Elgibali, Jihan - PPM - DO NOT DISTURB, San Diego, CA, pg. 63
Elkins, Lyndsay - PPM - CODE AND THEORY, New York, NY, pg. 221
Ellis, Jon - Creative, Media Department, PPM - DDB CHICAGO, Chicago, IL, pg. 59
Ellison, John - PPM - HENRY V EVENTS, Portland, OR, pg. 307
Elmore, Jeff - PPM - CHARLIEUNIFORMTANGO, Dallas, TX, pg. 561
Elmore, Beth - PPM - PRESTON KELLY, Minneapolis, MN, pg. 129
Elsasser, Kamerin - Account Services, PPM - DDB CHICAGO, Chicago, IL, pg. 59
Embry, Brooke - Account Services, NBC, PPM - DUARTE, Sunnyvale, CA, pg. 180
Emerine, Jeff - Creative, Operations, PPM - AUTOMOTIVE EVENTS, Cleveland, OH, pg. 328
Emery, David - PPM - 180LA, Los Angeles, CA, pg. 23
Emmens, Steve - Management, PPM, PPOM - JUNIPER PARK\ TBWA, Toronto, ON, pg. 93
Epsteen, Jack - Interactive / Digital, PPM - GSD&M, Austin, TX, pg. 79
Escandon, Robert - PPM - REPUBLICA HAVAS, Miami, FL, pg. 545
Eschenbach, Ryan - PPM - THINK MOTIVE, Denver, CO, pg. 154
Escobar, Melissa - Creative, PPM - LATIN WE, South Miami, FL, pg. 298
Escobar, Bianca - Creative, PPM - DROGA5, New York, NY, pg. 64
Esfeld, Melany - Interactive / Digital, Management, Media Department, PPM - BARKLEY, Kansas City, MO, pg. 329
Evans, Julie - PPM - IMC / IRVINE MARKETING COMMUNICATIONS, Holmdel, NJ, pg. 89
Ewert, Cliff - PPM - OUTCOLD, Chicago, IL, pg. 395
Eymundson, Tom - PPM, PPOM - PIRATE TORONTO, Toronto, ON, pg. 195
Fabich, Stef - Interactive / Digital, PPM - FCB TORONTO, Toronto, ON, pg. 72
Face, Coreen - Account Services, PPM - SWARM, Atlanta, GA, pg. 268
Fair, Derek - PPM - MADISON & MAIN, Richmond, VA, pg. 382
Falco, Michelle - Media Department,
PPM - OMD, New York, NY, pg. 498
Falconer, David - PPM - CALDER BATEMAN COMMUNICATIONS, Edmonton, AB, pg. 339
Farkas, Melody - Account Services, PPM - JOHN MANLOVE ADVERTISING, Houston, TX, pg. 93
Farmer, Tiffany - Media Department, PPM - ENCYCLOMEDIA ATLANTA, INC., Atlanta, GA, pg. 465
Farrell, Shannon - PPM - LEO BURNETT TORONTO, Toronto, ON, pg. 97
Farris, Wesley - PPM, PPOM, Programmatic - DIGILANT, Boston, MA, pg. 464
Fauser, Drew - Media Department, PPM - GROUPM, New York, NY, pg. 466
Fawkes, Piers - PPM, PPOM - PSFK, New York, NY, pg. 440
Feigin, Annelise - PPM - INVISION COMMUNICATIONS, New York, NY, pg. 308
Fellows, Alanda - Creative, Interactive / Digital, PPM - BURNS GROUP, New York, NY, pg. 338
Fenton, Aragorn - PPM - THINK MOTIVE, Denver, CO, pg. 154
Ferguson, Amanda - Interactive / Digital, PPM - WIER / STEWART, Augusta, GA, pg. 162
Ferguson, Becky - PPM - KARSH & HAGAN, Denver, CO, pg. 94
Fernandez, Gus - PPM - REPUBLICA HAVAS, Miami, FL, pg. 545
Fernandez, Joseph - PPM - PROJECT X, New York, NY, pg. 556
Ferranti, Vanessa - Media Department, PPM - ZENITH MEDIA, New York, NY, pg. 529
Ferreira, Marnie - Creative, PPM - TWG COMMUNICATIONS, North Bay, ON, pg. 427
Ferro, Jeff - PPM - PEREIRA & O'DELL, San Francisco, CA, pg. 256
Filipek, Dan - PPM - APPLE BOX STUDIOS, Pittsburgh, PA, pg. 32
Findlay, Michelle - Creative, PPM - PUBLICIS NORTH AMERICA, New York, NY, pg. 399
Finegan, Michael - Management, Media Department, PPM - PHD USA, New York, NY, pg. 505
Finley, Kathleen - PPM - SIMONS / MICHELSON / ZIEVE, INC., Troy, MI, pg. 142
Fish, Scott - Account Services, PPM - OPINIONATED, Portland, OR, pg. 123
Fisher, Talya - Management, PPM - VENABLES BELL & PARTNERS, San Francisco, CA, pg. 158
Fiske, Jennifer - PPM - WIEDEN + KENNEDY, Portland, OR, pg. 430
Flaherty, Braeden - PPM - BLUETENT, Carbondale, CO, pg. 218
Flaker, Matt - PPM - GOODBY, SILVERSTEIN & PARTNERS, San Francisco, CA, pg. 77
Flandorfer, Eric - Creative, PPM - RBMM, Dallas, TX, pg. 196
Floyd, Ulfras - PPM - NORTH CHARLES STREET DESIGN ORGANIZATION, Baltimore, MD, pg. 193
Foelske, Brian - PPM - AMPERAGE, Cedar Falls, IA, pg. 30
Fong, Erik - PPM - BLUETEXT, Washington, DC, pg. 40
Fonta, Isabelle - PPM - LG2, Montreal, QC, pg. 380
Ford, Cameron - Interactive / Digital, PPM - ANOMALY, Venice, CA, pg. 326
Foresta, Nicol - Creative, PPM - SHOK IDEA GROUP, INC, New Smyrna Beach, FL, pg. 17
Formica, Prima - Media Department, PPM - CARAT, New York, NY, pg. 459
Forrest, Tom - PPM, PPOM - TAILLIGHT TV, Nashville, TN, pg. 315
Forrest, Kristen - PPM - TAILLIGHT TV, Nashville, TN, pg. 315
Forst, Jon - PPM, PPOM - TRADEMARK EVENT PROMOTIONS, INC., San Francisco, CA, pg. 317
Fortino, Samantha - PPM - JACK MORTON WORLDWIDE, New York, NY, pg. 308
Foster, Becky - PPM - LPI GROUP, Calgary, AB, pg. 12
Fowler, Brenda - PPM - STONE WARD ADVERTISING, Little Rock, AR, pg. 413
Franchell, Tracy - Creative, Interactive / Digital, PPM - PAIGE GROUP, Utica, NY, pg. 396
Francis, Kenny - Management, NBC, PPM - SPEEDMEDIA INC., Venice, CA, pg. 266
Frank, Peter - Media Department, PPM - SPORTVISION, Fremont, CA, pg. 266
Frank, Kevin - PPM - THE MOTION AGENCY, Chicago, IL, pg. 270
Franklin, Keeley - Account Services, Creative, Media Department, PPM - GLOVER PARK GROUP, New York, NY, pg. 608
Frechette, Barry - Interactive / Digital, Management, PPM - CONNELLY PARTNERS, Boston, MA, pg. 344
Freeman, Dustin - PPM - AKQA, Portland, OR, pg. 212
Friedman, Becky - PPM - DIGITAS, Atlanta, GA, pg. 228
Froman, Shad - Creative, PPM - DIXON SCHWABL ADVERTISING, Victor, NY, pg. 351
Fry, Scott - Management, PPM - ARC WORLDWIDE, Chicago, IL, pg. 327
Fuerst, Dan - Creative, NBC, PPM - EDIT1, New York, NY, pg. 562
Fuller, Donnelle - PPM - FIRE STARTER STUDIOS, Burbank, CA, pg. 234
Fulton, Trent - PPM - THE HIVE STRATEGIC MARKETING, Toronto, ON, pg. 420
Fyfield, Sophia - PPM - CAMP + KING, San Francisco, CA, pg. 46
Gage, Leila - PPM - GOODBY, SILVERSTEIN & PARTNERS, San Francisco, CA, pg. 77
Gage, Andrew - PPM - ZAMBEZI, Culver City, CA, pg. 165
Galgay, PJ - Creative, PPM - PARTNERS + NAPIER, Rochester, NY,

AGENCIES — RESPONSIBILITIES INDEX

pg. 125
Galicia, Julie - PPM, PPOM - SIXSPEED, Minneapolis, MN, pg. 198
Gallegos, Lee - Creative, Interactive / Digital, PPM, Social Media - RK VENTURE, Albuquerque, NM, pg. 197
Gannon, Patrick - PPM, Social Media - THE INTEGER GROUP, Lakewood, CO, pg. 682
Gantman, Seth - PPM - GENTLEMAN SCHOLAR, Los Angeles, CA, pg. 562
Garcia, Jenna - Account Planner, Creative, Interactive / Digital, Media Department, PPM - ZENITH MEDIA, New York, NY, pg. 529
Garcia, Caitlin - NBC, PPM - PICO DIGITAL MARKETING, Aurora, CO, pg. 257
Garcia-Scharer, Jessica - PPM - COMPADRE, Los Angeles, CA, pg. 221
Gardiner, Lauren - Creative, PPM - REACH AGENCY, Santa Monica, CA, pg. 196
Gardner, Claire - PPM - MKTG INC, New York, NY, pg. 311
Garner, Jeff - PPM - SOURCELINK, LLC, Greenville, SC, pg. 292
Garrison, Neil - PPM - SSG / BRANDINTENSE, Archdale, NC, pg. 315
Geller, Max - Interactive / Digital, PPM - HANGARFOUR CREATIVE, Brooklyn, NY, pg. 81
Genovese, Vince - Interactive / Digital, PPM - BUTLER, SHINE, STERN & PARTNERS, Sausalito, CA, pg. 45
Gentner, Ed - Management, Media Department, PPM - ICON INTERNATIONAL, INC., Greenwich, CT, pg. 476
Georgen, Jason - PPM - DDB CHICAGO, Chicago, IL, pg. 59
Geraci, Chris - Media Department, PPM, PPOM - OMD, New York, NY, pg. 498
Gerard, David - PPM - OGILVY PUBLIC RELATIONS, New York, NY, pg. 633
Gershwin, Amy - PPM - TEAM ONE, Los Angeles, CA, pg. 417
Gibney, Tom - Media Department, NBC, PPM - THE BUNTIN GROUP, Nashville, TN, pg. 148
Gibson, Dick - PPM - LHWH ADVERTISING & PUBLIC RELATIONS, Myrtle Beach, SC, pg. 381
Giera, Shelley - Creative, PPM - BBH, New York, NY, pg. 37
Gilbert, Jim - PPM - KEYRELEVANCE, Lucas, TX, pg. 675
Gilbert, Pierre - NBC, PPM - KIDZSMART CONCEPTS, Vancouver, BC, pg. 188
Giles, Helen - Creative, Media Department, PPM - CAMPBELL EWALD, Detroit, MI, pg. 46
Gilmore Linton, Kira - PPM - INNOCEAN USA, Huntington Beach, CA, pg. 479
Gilroy, Sean - PPM - SHADOWMACHINE, Los Angeles, CA, pg. 139
Gilula, Molly - PPM - BISCUIT FILMWORKS, Los Angeles, CA, pg. 561
Giroux, Denis - PPM - LEO BURNETT WORLDWIDE, Chicago, IL, pg. 98

Glaub, Rachel - PPM - BISCUIT FILMWORKS, Los Angeles, CA, pg. 561
Gleason, Leslie - PPM - DESIGN 446, Manasquan, NJ, pg. 61
Goddard, Jeffery - PPM, PPOM - TVA MEDIA GROUP, Studio City, CA, pg. 293
Goddard, Laura - Finance, PPM, PPOM - TVA MEDIA GROUP, Studio City, CA, pg. 293
Godsell, Britt - PPM - LEO BURNETT WORLDWIDE, Chicago, IL, pg. 98
Goggin, Hayley - PPM - WIEDEN + KENNEDY, Portland, OR, pg. 430
Gold, Abby - PPM - PINEROCK, New York, NY, pg. 636
Goldstine, Ethan - PPM, PPOM - KAPOW, INC., Santa Monica, CA, pg. 188
Golubovich, Paul - PPM - ELEVEN, INC., San Francisco, CA, pg. 67
Gomels, Eric - Interactive / Digital, Media Department, PPM, Programmatic - MINDSHARE, New York, NY, pg. 491
Gonsar, Brian - Management, PPM - HILL HOLLIDAY, Boston, MA, pg. 85
Gonzalez, Javier - Media Department, NBC, PPM - THORNBERG & FORESTER, New York, NY, pg. 564
Gonzalez, Vicky - Media Department, PPM - EP+CO., New York, NY, pg. 356
Gonzalez, Desi - Interactive / Digital, Management, PPM - THE MILL, New York, NY, pg. 152
Goodfriend, Scott - PPM - EDELMAN, New York, NY, pg. 599
Goodsell, Erin - PPM - MOTHER, Los Angeles, CA, pg. 118
Goren Slovin, Zach - Account Services, Creative, PPM - SOLVE, Minneapolis, MN, pg. 17
Gorman, Thomas - PPM - GODFREY, Lancaster, PA, pg. 8
Gorman, Joseph - PPM - MGH ADVERTISING, Owings Mills, MD, pg. 387
Gortz, Ken - PPM - O'BRIEN ET AL. ADVERTISING, Virginia Beach, VA, pg. 392
Gougoux, Elisa - PPM - PUBLICIS NORTH AMERICA, New York, NY, pg. 399
Gouvis, Aris - Account Services, PPM - TCP INTEGRATED DIRECT, INC., Toronto, ON, pg. 293
Graening, Ron - PPM - IGNITED, El Segundo, CA, pg. 373
Graff, Matt - Creative, PPM - NEMO DESIGN, Portland, OR, pg. 193
Graham, Gina - Interactive / Digital, PPM - THE GATE WORLDWIDE, New York, NY, pg. 419
Granados, Joe - Management, PPM - PETROL, Burbank, CA, pg. 127
Graves, Mike - PPM - AXXIS, Louisville, KY, pg. 302
Gray, Tamika - PPM - SAATCHI & SAATCHI WELLNESS, New York, NY, pg. 137
Greaney, Patti - Interactive / Digital, Media Department, PPM - GIRALDI MEDIA, New York, NY, pg. 466

Greear, Randy - PPM - CREATIVE ENERGY, INC., Johnson City, TN, pg. 346
Green, EJ - PPM - ELEPHANT, Brooklyn, NY, pg. 181
Green, Emily - Creative, PPM - YARD, New York, NY, pg. 435
Greenberg, Colin - PPM - STRUCK, Salt Lake City, UT, pg. 144
Greenleaf, Lisa - PPM - R/GA, New York, NY, pg. 260
Greve, Mel - Media Department, PPM - KELLY, SCOTT & MADISON, INC., Chicago, IL, pg. 482
Griffeth, Jessica - PPM - WIEDEN + KENNEDY, New York, NY, pg. 432
Griffin, Sarah - Media Department, PPM - CULTURESPAN MARKETING, El Paso, TX, pg. 594
Griffin, Patrick - PPM - WONGDOODY, Seattle, WA, pg. 162
Grill, Marc - NBC, PPM, PPOM - O POSITIVE FILMS, New York, NY, pg. 563
Grillo, Lucia - Interactive / Digital, Management, Operations, PPM, PPOM - MCGARRYBOWEN, New York, NY, pg. 109
Grimes, Dawn - PPM - BANOWETZ + COMPANY, INC., Dallas, TX, pg. 36
Grimm, Marni - PPM - CREATIVE DIRECT RESPONSE, INC., Bowie, MD, pg. 281
Groenwold, Rob - PPM - THE RESERVE LABEL, Los Angeles, CA, pg. 563
Gross, Mark - Creative, Management, PPM - HIGHDIVE, Chicago, IL, pg. 85
Gross, Joe - Operations, PPM, PPOM - EFX MEDIA, Arlington, VA, pg. 562
Grossman, Gary - Media Department, PPM - MERKLEY + PARTNERS, New York, NY, pg. 114
Grossman, Tony - PPM - LEO BURNETT WORLDWIDE, Chicago, IL, pg. 98
Grover, Kevin - PPM - DIGITAS, Atlanta, GA, pg. 228
Grow, Donna - PPM - GRETEMAN GROUP, Wichita, KS, pg. 8
Grubbe, Zoe - Media Department, PPM - DDB CHICAGO, Chicago, IL, pg. 59
Grube, Renee - Creative, PPM - DIGITAS HEALTH LIFEBRANDS, New York, NY, pg. 229
Grylewicz, Ben - PPM - WIEDEN + KENNEDY, Portland, OR, pg. 430
Guardiola, Anthony K. - PPM - SJI ASSOCIATES, New York, NY, pg. 142
Guerrero, Bob - PPM - WIEDEN + KENNEDY, Portland, OR, pg. 430
Guida, David - Media Department, Operations, PPM - G-NET MEDIA, Los Angeles, CA, pg. 236
Gullixson, Jay - Creative, Management, PPM - HIEBING, Madison, WI, pg. 85
Gurvich, Jenny - Interactive / Digital, Media Department, PPM - DWA MEDIA, Austin, TX, pg. 464
Gust, Jim - Creative, PPM - MERRILL ANDERSON, Stratford, CT, pg. 687
Gutierrez, Carlos - PPM - MCCANN ERICKSON, Miami, FL, pg. 108
Gutierrez, Mindy - Media Department, PPM - SANDERS\WINGO, El

RESPONSIBILITIES INDEX
AGENCIES

Paso, TX, pg. 138
Gutman, Alan - Interactive / Digital, PPM - ATMOSPHERE PROXIMITY, New York, NY, pg. 214
Gwaltney, Brian - PPM - PRECISIONEFFECT, Cost Mesa, CA, pg. 129
Gyllen, Dana - Media Department, PPM - BILLUPS WORLDWIDE, Lake Oswego, OR, pg. 550
Haase, Nicole - PPM - 72ANDSUNNY, Playa Vista, CA, pg. 23
Haberman, Lauren - PPM - SOCIALDEVIANT, LLC, Chicago, IL, pg. 688
Haberstock, Kati - PPM - MEKANISM, Seattle, WA, pg. 113
Hacker, Lori Anne - Media Department, PPM - PHD, Los Angeles, CA, pg. 504
Haffner, Chris - PPM - FUSION MARKETING, St. Louis, MO, pg. 8
Hagan, Mackenzie - Interactive / Digital, PPM - MODERN BRAND COMPANY, Birmingham, AL, pg. 116
Hager, Brittany - Interactive / Digital, PPM - VMLY&R, New York, NY, pg. 160
Hahn, Jim - PPM - JACKSON MARKETING GROUP, Simpsonville, SC, pg. 188
Hahnfeldt, Tiffany - Account Services, Interactive / Digital, PPM - 5IVE, Minneapolis, MN, pg. 23
Haines, Nicole - Interactive / Digital, PPM - BASIC, San Diego, CA, pg. 215
Hainline, Scott - Media Department, PPM - HILL HOLLIDAY, Boston, MA, pg. 85
Haithcock, Laura - Account Planner, PPM - WONGDOODY, Seattle, WA, pg. 162
haJiani, Gabe - Creative, PPM - DNA SEATTLE, Seattle, WA, pg. 180
Halberstadt, David - NBC, PPM - MCCANN NEW YORK, New York, NY, pg. 108
Halliday, Jenna - PPM - R/GA, New York, NY, pg. 260
Hallman, Karis - Management, PPM - THE ADAMS GROUP, Columbia, SC, pg. 418
Halpert, Mark - Media Department, PPM - POSTERSCOPE U.S.A., New York, NY, pg. 556
Hamel, Caroline - Account Services, PPM - REDPEPPER, Nashville, TN, pg. 405
Hampton, Sarah - Management, Operations, PPM - R2INTEGRATED, Baltimore, MD, pg. 261
Hampton, Erin - PPM - IMRE, Baltimore, MD, pg. 374
Hamrick, Kirsten - PPM - ASHER AGENCY, Fort Wayne, IN, pg. 327
Han, Ed - Creative, PPM - CINEMASTREET, New York, NY, pg. 50
Hanley, Jennifer - Account Services, Management, PPM, PPOM - IBM IX, Columbus, OH, pg. 240
Hannan, Kendall - PPM - DEEPLOCAL, Sharpburgs, PA, pg. 349
Harasyn, Maggie - Account Services, Management, NBC, PPM - WIEDEN +

KENNEDY, Portland, OR, pg. 430
Harbour, Candice - Interactive / Digital, PPM - WIEDEN + KENNEDY, Portland, OR, pg. 430
Haritan, Matt - PPM - SMITH BROTHERS AGENCY, LP, Pittsburgh, PA, pg. 410
Haroutunian, Steve - Creative, Interactive / Digital, PPM - MULLENLOWE U.S. BOSTON, Boston, MA, pg. 389
Harper, Susan - Management, Media Department, PPM - LEWIS ADVERTISING, INC., Rocky Mount, NC, pg. 380
Harris, David - Interactive / Digital, Media Department, PPM - BRANDMOVERS, INC., Atlanta, GA, pg. 538
Harrison, Todd - Interactive / Digital, PPM - RETHINK COMMUNICATIONS, INC., Toronto, ON, pg. 133
Hart, Paul - Creative, PPM - BEEVISION & HIVE, Toronto, ON, pg. 174
Hartofilis, Nicholas - Interactive / Digital, Media Department, PPM - ZENITH MEDIA, New York, NY, pg. 529
Haschart, Gary - PPM - THE OHLMANN GROUP, Dayton, OH, pg. 422
Hasinoff, Mike - Creative, PPM - DROGA5, New York, NY, pg. 64
Hassett, Michelle - PPM - DEARDORFF ASSOCIATES, INC., Philadelphi, PA, pg. 60
Hathaway, Lindsay - PPM - COLUMN FIVE, Brooklyn, NY, pg. 343
Hauser, Neil - Creative, Interactive / Digital, PPM - CAMERON ADVERTISING, Hauppauge, NY, pg. 339
Havers, Carol - PPM - FERGUSON ADVERTISING, INC., Fort Wayne, IN, pg. 73
Hayes, Molly - Interactive / Digital, PPM - AKQA, San Francisco, CA, pg. 211
Hayman, Andy - PPM - GMR MARKETING, New Berlin, WI, pg. 306
Hayward, Arthur - Creative, PPM - THE BRAND FACTORY, Toronto, ON, pg. 19
Healy, Heather - Creative, PPM - MARKETING FACTORY, INC., Venice, CA, pg. 383
Hearn, Alana - PPM, PPOM - IDENTITY, New York, NY, pg. 88
Heber, Melissa - PPM - MALKA, Jersey City, NJ, pg. 562
Hechanova, Cheryl - Interactive / Digital, Media Department, PPM - STARCOM WORLDWIDE, New York, NY, pg. 517
Hegeman, Sarah - Media Department, PPM - AKPD MESSAGE AND MEDIA, Chicago, IL, pg. 454
Heike, Robin - PPM - SONNHALTER, Cleveland, OH, pg. 411
Heinz, Lori - PPM - GRETEMAN GROUP, Wichita, KS, pg. 8
Heller, Chloe - PPM - VAYNERMEDIA, New York, NY, pg. 689
Helphand, Sam - Creative,

Interactive / Digital, PPM - IGNITED, El Segundo, CA, pg. 373
Hemje, Keenan - PPM - DUNCAN CHANNON, San Francisco, CA, pg. 66
Hendricks, Brian - Account Planner, Account Services, Media Department, PPM - WAVEMAKER, Los Angeles, CA, pg. 528
Hennemann, Ed - PPM - PINEROCK, New York, NY, pg. 636
Herdman, Lisa - Media Department, PPM - RPA, Santa Monica, CA, pg. 134
Herman, Jacob - PPM - DROGA5, New York, NY, pg. 64
Hernandez, Adrian - Account Services, Interactive / Digital, PPM - GOODBY, SILVERSTEIN & PARTNERS, San Francisco, CA, pg. 77
Hernandez, Cristal - PPM - POSTERSCOPE U.S.A., New York, NY, pg. 556
Herron, Richard - PPM - ANIDEN INTERACTIVE, Mountain View, CA, pg. 213
Hershon, Marc - Creative, PPM - LANDOR, San Francisco, CA, pg. 11
Hessling, Erin - Interactive / Digital, Media Department, PPM - DIGITAS, Detroit, MI, pg. 229
Hetrick, John - PPM - BRAINSTORM MEDIA, Columbus, OH, pg. 175
Hicks, Tim - Creative, Interactive / Digital, PPM - PROOF ADVERTISING, Austin, TX, pg. 398
Hides, Greg - Account Services, Management, PPM - GEOMETRY, Chicago, IL, pg. 363
Hill, Shelby - PPM - G-NET MEDIA, Los Angeles, CA, pg. 236
Hill, Kerry - Management, PPM - FCB CHICAGO, Chicago, IL, pg. 71
Hill, Alison - PPM - WIEDEN + KENNEDY, New York, NY, pg. 432
Hinch, Phil - PPM - SAATCHI & SAATCHI LOS ANGELES, Torrance, CA, pg. 137
Hobbs, Tim - Account Services, PPM, Promotions - MARKETING RESOURCES, Oak Park, IL, pg. 568
Hohman, Deborah - Account Services, Media Department, PPM - MEDIASPOT, INC., Corona Del Mar, CA, pg. 490
Holbrook, Rachel - Creative, PPM - TWENTY-FIRST CENTURY BRAND, San Francisco, CA, pg. 157
Holdorf, Mandi - Creative, Interactive / Digital, PPM - 215 MCCANN, San Francisco, CA, pg. 319
Hollis, Kristin - PPM - HORICH HECTOR LEBOW ADVERTISING, Hunt Valley, MD, pg. 87
Holmblad, Duane - PPM - THE VIA AGENCY, Portland, ME, pg. 154
Holt, Lizzie - PPM - LUCKIE & COMPANY, Birmingham, AL, pg. 382
Holt, Matthew - Creative, PPM - HEY WONDERFUL, Los Angeles, CA, pg. 562
Hood, Pam - Media Department, PPM - FITZCO, Atlanta, GA, pg. 73
Hope, Valerie - Creative, Interactive / Digital, PPM - WALRUS, New York, NY, pg. 161
Hope, John - PPM - TDA_BOULDER,

AGENCIES
RESPONSIBILITIES INDEX

Boulder, CO, pg. 147
Hopkins, Erin - Account Planner, NBC, PPM - MEDIASPOT, INC., Corona Del Mar, CA, pg. 490
Horehled, Tessa - Interactive / Digital, PPM - HILL+KNOWLTON STRATEGIES, New York, NY, pg. 613
Horner, James - Media Department, PPM, PPOM - GOODBY, SILVERSTEIN & PARTNERS, San Francisco, CA, pg. 77
Horowitz, Dave - PPM - THE MANY, Pacific Palisades, CA, pg. 151
Horton, Renee - PPM - MILLS JAMES PRODUCTIONS, Columbus, OH, pg. 491
Horton, Sam - Interactive / Digital, PPM - X STUDIOS, Winter Park, FL, pg. 276
Hough, David - Account Planner, Creative, PPM - GROSSMAN MARKETING GROUP, Somerville, MA, pg. 284
Houghton, Chip - PPM, PPOM - IMAGINARY FORCES, Los Angeles, CA, pg. 187
Howard, Charles - Creative, Interactive / Digital, PPM - INHANCE DIGITAL, Los Angeles, CA, pg. 242
Howard, Reid - Creative, PPM - BBDO ATL, Atlanta, GA, pg. 330
Howard, Lacey - PPM - PROJECT X, New York, NY, pg. 556
Howze, Nikki - Account Services, PPM - PARTNERS + NAPIER, Rochester, NY, pg. 125
Hu, Ning - Interactive / Digital, PPM - AKQA, Atlanta, GA, pg. 212
Hubbard, Scott - Account Services, PPM - VENABLES BELL & PARTNERS, San Francisco, CA, pg. 158
Hubbert, Lisa - Interactive / Digital, PPM - MCGARRYBOWEN, San Francisco, CA, pg. 385
Huff, MacKenzie - Account Services, Interactive / Digital, Media Department, PPM - COPACINO + FUJIKADO, LLC, Seattle, WA, pg. 344
Hull, Mary - PPM - RHEA & KAISER MARKETING, Naperville, IL, pg. 406
Hunnicutt, Matt - PPM - WIEDEN + KENNEDY, Portland, OR, pg. 430
Hunt, John - Media Department, PPM - BONFIRE LABS, San Francisco, CA, pg. 175
Huntley, Michael - PPM - CUTWATER, San Francisco, CA, pg. 56
Hurd, Courtney - PPM - THE MARTIN AGENCY, Richmond, VA, pg. 421
Hurley, Kathy - Media Department, PPM - THE INTEGER GROUP - DALLAS, Dallas, TX, pg. 570
Hutson, Chad - PPM, PPOM - LEVIATHAN, Chicago, IL, pg. 189
Hyde, Cassandra - PPM - JAM3, Toronto, ON, pg. 243
Hyndman, Mark - Media Department, PPM - OMD CANADA, Toronto, ON, pg. 501
Ing, Bill - Management, Media Department, PPM - SAATCHI & SAATCHI CANADA, Toronto, ON, pg. 136
Inouye, Kerrie - PPM - DECCA DESIGN, San Jose, CA, pg. 349
Iorio, Todd - PPM, PPOM - THE PLATFORM GROUP, El Segundo, CA, pg. 152

Irby, Chelsie - Creative, PPM - MCKINNEY, Durham, NC, pg. 111
Irwin, Debbie - Account Planner, Media Department, PPM - WAVEMAKER, Toronto, ON, pg. 529
Isenberg, Dana - PPM - VIEWPOINT CREATIVE, Newton, MA, pg. 159
Iser, Lauren - Media Department, PPM - MILNER BUTCHER MEDIA GROUP, Los Angeles, CA, pg. 491
Isidore, Adam - Creative, Interactive / Digital, PPM - FCB NEW YORK, New York, NY, pg. 357
Jabbar, Jess - PPM - R/GA, Austin, TX, pg. 261
Jackson, Diane - Interactive / Digital, PPM, PPOM - DDB CHICAGO, Chicago, IL, pg. 59
Jackson, Chelsea - Interactive / Digital, Media Department, PPM - ZENITH MEDIA, Atlanta, GA, pg. 531
Jackson, Emma - PPM - LITTLE BIG BRANDS, White Plains, NY, pg. 12
Jacobs, Letitia - Account Services, Media Department, PPM - ARTS & LETTERS, Richmond, VA, pg. 34
Jacques, Bobby - PPM - VMLY&R, New York, NY, pg. 160
James, Christen - Creative, Media Department, PPM - MCGARRYBOWEN, Chicago, IL, pg. 110
Jan, Jeff - PPM - BILLUPS, INC, Los Angeles, CA, pg. 550
Janiczek, Jan - NBC, PPM - BLUEMEDIA, Tempe, AZ, pg. 175
Jankauskas, Christina - Interactive / Digital, Media Department, PPM - STARCOM WORLDWIDE, Detroit, MI, pg. 517
Jao, Grace - PPM - SEITER & MILLER ADVERTISING, New York, NY, pg. 139
Jarnagin, Mary - Account Services, PPM - CANNONBALL AGENCY, Saint Louis, MO, pg. 5
Jean, Karen - Account Planner, Account Services, Media Department, PPM - DAVID&GOLIATH, El Segundo, CA, pg. 57
Jeffers, Scott - Interactive / Digital, Media Department, PPM - LUXE COLLECTIVE GROUP, New York, NY, pg. 102
Jensen, Timothy - Account Services, Interactive / Digital, PPM - CLIX MARKETING, Louisville, KY, pg. 672
Jingo, Bill - PPM - BRAINSTORM MEDIA, Columbus, OH, pg. 175
Johnson, Kristen - NBC, PPM - WIEDEN + KENNEDY, New York, NY, pg. 432
Johnson, Katie - NBC, PPM - O'KEEFE REINHARD & PAUL, Chicago, IL, pg. 392
Johnson, Carolyn - Interactive / Digital, PPM - M:UNITED//MCCANN, New York, NY, pg. 102
Johnson, Allie - Creative, NBC, PPM - VIVA CREATIVE, Rockville, MD, pg. 160
Johnson, Josh - PPM - HUNT ADKINS, Minneapolis, MN, pg. 372
Johnson, Lisa - PPM - SOLVE, Minneapolis, MN, pg. 17

Jones, Alyssa - Account Services, Media Department, Operations, PPM - BECORE, Los Angeles, CA, pg. 302
Jones, Elijah - PPM - RPA, Santa Monica, CA, pg. 134
Jones, Kevin - PPM - GENTLEMAN SCHOLAR, Los Angeles, CA, pg. 562
Jones, Victoria - PPM - BLUECADET INTERACTIVE, Philadelphia, PA, pg. 218
Jones-Lopez, Kiki - PPM - ESPARZA ADVERTISING, Albuquerque, NM, pg. 68
Joseph, Divya - PPM - TROIKA/MISSION GROUP, Los Angeles, CA, pg. 20
Joyce, Danielle - Media Department, PPM - CADENT NETWORK, Philadelphia, PA, pg. 280
Judt, Craig - PPM - NAYLOR ASSOCIATION SOLUTIONS, Gainesville, FL, pg. 120
Judy, Jamie - Account Services, PPM - MERIT, Harrisburg, PA, pg. 386
Juncal, Danielle - PPM - INSTRUMENT, Portland, OR, pg. 242
Kahlon, Helen - PPM - STEPHEN THOMAS, Toronto, ON, pg. 412
Kalfas, Tracy - Management, Media Department, PPM - INITIATIVE, Chicago, IL, pg. 479
Kamarasheva, Mina - Management, Media Department, PPM, Promotions - HORIZON MEDIA, INC., Los Angeles, CA, pg. 473
Kaplan, Dan - Interactive / Digital, Management, PPM - DEUTSCH, INC., Los Angeles, CA, pg. 350
Kaplan, Wendy - Management, PPM - DROGA5, New York, NY, pg. 64
Kapsalis, Sally - Interactive / Digital, PPM - UWG, Brooklyn, NY, pg. 546
Kaptur, Nicole - PPM - WIEDEN + KENNEDY, Portland, OR, pg. 430
Karn, Allison - Interactive / Digital, Media Department, PPM - ZENITH MEDIA, New York, NY, pg. 529
Karney, Allison - PPM - 160OVER90, Los Angeles, CA, pg. 301
Kaufman-Sloan, Carla - PPM, PPOM - 2C MEDIA, INC., Miami, FL, pg. 561
Kaye, Andrea - Account Services, Management, PPM - MCCANN NEW YORK, New York, NY, pg. 108
Kaylor, Brooke - PPM - BBH, New York, NY, pg. 37
Kean, Kelsey - Analytics, Creative, Interactive / Digital, PPM - CURRENT, Chicago, IL, pg. 594
Keane, Jeff - PPM, PPOM - COOLFIRE STUDIOS, Saint Louis, MO, pg. 561
Keane, Julia - Creative, Interactive / Digital, PPM - MULLENLOWE U.S. LOS ANGELES, El Segundo, CA, pg.
Kearns, Kristen - Operations, PPM, PPOM - ELEMENT PRODUCTIONS, Boston, MA, pg. 562
Keenan, Danielle - Account Services, Interactive / Digital, Media Department, PPM - ENERGY BBDO, INC., Chicago, IL, pg. 355
Keff Beasley, Tyler - Creative, PPM

RESPONSIBILITIES INDEX — AGENCIES

- FANCY RHINO, Chattanooga, TN, pg. 233
Kelley, Bert - PPM, PPOM - DAVIS ELEN ADVERTISING, Los Angeles, CA, pg. 58
Kelsch, Chris - PPM - WIEDEN + KENNEDY, New York, NY, pg. 432
Kemper, Scott - PPM - LEO BURNETT WORLDWIDE, Chicago, IL, pg. 98
Kendall, Lynn - PPM - YOUNG & LARAMORE, Indianapolis, IN, pg. 164
Kenner, Rob - PPM - MASS APPEAL, New York, NY, pg. 562
Kent, Bob - NBC, PPM, PPOM - TIMMONS & COMPANY, Jamison, PA, pg. 426
Khalil, Emily - PPM - FIRSTBORN, New York, NY, pg. 234
Khuri, Anwar - Creative, PPM - THE ESCAPE POD, Chicago, IL, pg. 150
Kim, Linda - Interactive / Digital, PPM - RPA, Santa Monica, CA, pg. 134
Kitagawa, Ryan - PPM - SAATCHI & SAATCHI LOS ANGELES, Torrance, CA, pg. 137
Kitson, Michael - PPM, PPOM - INVNT, New York, NY, pg. 90
Klear, Cheryl - Management, Media Department, PPM - HARMELIN MEDIA, Bala Cynwyd, PA, pg. 467
Klein, Katie - Account Services, PPM - ZENITH MEDIA, New York, NY, pg. 529
Klein, James - PPM - THE GEORGE P. JOHNSON COMPANY, New York, NY, pg. 316
Kleinman, Lisa - Media Department, PPM - HILL HOLLIDAY, New York, NY, pg. 85
Klenert, Alex - PPM - MPRM PUBLIC RELATIONS, Los Angeles, CA, pg. 629
Kloack, Andrew - PPM - NCOMPASS INTERNATIONAL, West Hollywood, CA, pg. 390
Klopfenstein, Carol - PPM - THE ZIMMERMAN AGENCY, Tallahassee, FL, pg. 426
Klumas, Jennifer - PPM - THE VIA AGENCY, Portland, ME, pg. 154
Knapp, Sharon - Management, Media Department, PPM - UNIVERSAL MCCANN DETROIT, Birmingham, MI, pg. 524
Knouse, Agatha - Creative, PPM - SERINO COYNE, INC., New York, NY, pg. 299
Kolakowski, Alyssa - Media Department, PPM - GROUPM, New York, NY, pg. 466
Kollappallil, Laura - Media Department, PPM - MEDIA ASSEMBLY, New York, NY, pg. 484
Kontney, Karrina - PPM, Promotions - DERSE, INC., Milwaukee, WI, pg. 304
Kotarski, Tami - PPM - TEAM ONE, Los Angeles, CA, pg. 417
Kovan, Aaron - NBC, PPM, PPOM - VAYNERMEDIA, New York, NY, pg. 689
Kozak, Eric - Interactive / Digital, PPM - DUNCAN CHANNON, San Francisco, CA, pg. 66
Kraft, Kathy - PPM - ABELSON-TAYLOR, Chicago, IL, pg. 25

Krajewski, Ted - PPM - COMMUNICATIONS DG4, INC., Montreal, QC, pg. 6
Kraus, Monte - PPM - MAD GENIUS, Ridgeland, MS, pg. 13
Kristiansen, David - PPM - EFX MEDIA, Arlington, VA, pg. 562
Kroll, Mary - PPM - CROWLEY WEBB & ASSOCIATES, Buffalo, NY, pg. 55
Krueger, Brian - Management, PPM - BVK, Milwaukee, WI, pg. 339
Krueger, Victoria - Operations, PPM - TBWA \ CHIAT \ DAY, New York, NY, pg. 416
Kruse, Scott - Media Department, PPM, PPOM - GROUPM, New York, NY, pg. 466
Kuehl, Kelli - PPM - BRADLEY AND MONTGOMERY, Indianapolis, IN, pg. 336
Kulp, James - Account Services, Interactive / Digital, Media Department, PPM - PHD USA, New York, NY, pg. 505
Kunzman, Allison - PPM - SMUGGLER, New York, NY, pg. 143
Kuresman, Marshall - PPM - DRAFTLINE, New York, NY, pg. 353
L'Erario, Suzanne - PPM - AGENCYEA, Chicago, IL, pg. 302
LaFleur, Paul - PPM - 160OVER90, New York, NY, pg. 301
Lam, Charles - PPM - MAMMOTH ADVERTISING, New York, NY, pg. 248
Lammer, Ellie - Management, PPM - SUB ROSA, New York, NY, pg. 200
Lamping, Sarah - PPM - MOD OP, New York, NY, pg. 116
Landa, Barbara - PPM - INTERCOMMUNICATIONS, INC., Newport Beach, CA, pg. 375
Lannou, Kim - PPM - SAGE ISLAND, Wilmington, NC, pg. 138
LaPlume, Chandra - PPM, PPOM - TAILLIGHT TV, Nashville, TN, pg. 315
Larsen, Jennifer - Account Services, Creative, Media Department, PPM - KORN HYNES ADVERTISING, Morristown, NJ, pg. 95
Lasky, Marc - Account Planner, Interactive / Digital, Media Department, PPM - PHD USA, New York, NY, pg. 505
Lau, Steve - Creative, Interactive / Digital, PPM - RAPP WORLDWIDE, Los Angeles, CA, pg. 291
Lau-Guerriero, Vivian - PPM - ADMERASIA, INC., New York, NY, pg. 537
Laucella, Ralph - NBC, PPM, PPOM - O POSITIVE FILMS, New York, NY, pg. 563
Law-Myles, Jennifer - Creative, PPM - BVK, Milwaukee, WI, pg. 339
Lawery, Lori - PPM - 22SQUARED INC., Tampa, FL, pg. 319
Lawless, Sharon - PPM - SMITH & JONES, Troy, NY, pg. 143
Lawyer, Greg - PPM - BRAINSTORM MEDIA, Columbus, OH, pg. 175
Lazarus, Lauren - PPM - JACK MORTON WORLDWIDE, New York, NY, pg. 308
Lebamoff, Chloe - PPM - FCB

CHICAGO, Chicago, IL, pg. 71
Lebovitz, Isabella - PPM - DROGA5, New York, NY, pg. 64
Lecker, Tamara - PPM - MCCANN NEW YORK, New York, NY, pg. 108
Lee, George - PPM - HELLO DESIGN, Culver City, CA, pg. 238
Lee, Catherine - Creative, PPM - MEDIAMONKS, Venice, CA, pg. 249
Lee, Maggie - Creative, PPM - PRAYTELL, Brooklyn, NY, pg. 258
Legallo, Tim - PPM - PUBLICIS NORTH AMERICA, New York, NY, pg. 399
Lemire, Claudia - PPM - LG2, Montreal, QC, pg. 380
Leonardi, Anna - PPM - BISCUIT FILMWORKS, Los Angeles, CA, pg. 561
Leone, Tony - NBC, PPM - DSC ADVERTISING, Philadelphia, PA, pg. 66
Leshan, Charles - PPM - SPAWN, Anchorage, AK, pg. 648
Levin, Julie - Media Department, PPM - HEARTS & SCIENCE, New York, NY, pg. 471
Levin, Daniel - PPM - MASS APPEAL, New York, NY, pg. 562
Levinson, Sasha - PPM - TOOL OF NORTH AMERICA, Santa Monica, CA, pg. 564
Levy, Gregg - Interactive / Digital, PPM - OGILVY PUBLIC RELATIONS, New York, NY, pg. 633
Lewis, Erica - Operations, PPM - ANVIL MEDIA, INC, Portland, OR, pg. 671
Lewis, Cliff - Creative, PPM - DROGA5, New York, NY, pg. 64
Lewis, Frank - PPM - MEKANISM, San Francisco, CA, pg. 112
Lewis, Paul - Management, PPM - VALTECH, New York, NY, pg. 273
Lieberman, Megan - PPM - COLUMN FIVE, Brooklyn, NY, pg. 343
Limotte, John - PPM, PPOM - MUSTACHE, Brooklyn, NY, pg. 252
Lin, Tina - Media Department, PPM - SPARK FOUNDRY, New York, NY, pg. 508
Lin, Cynthia - Administrative, PPM - MEDIAMONKS, Venice, CA, pg. 249
Lingoni, Diane - PPM - OTTO DESIGN & MARKETING, Norfolk, VA, pg. 124
Lippincott, Kathy - Media Department, PPM - SAATCHI & SAATCHI LOS ANGELES, Torrance, CA, pg. 137
Lobel, Eran - PPM, PPOM - ELEMENT PRODUCTIONS, Boston, MA, pg. 562
Lochridge, Diana - Creative, PPM - DEFINITION 6, New York, NY, pg. 224
Lock, Carrie - Account Services, PPM - ABZ CREATIVE PARTNERS, Charlotte, NC, pg. 171
Lockard, Michael - PPM - THE BRICK FACTORY, Washington, DC, pg. 269
Locke, Tyler - PPM - GENTLEMAN SCHOLAR, Los Angeles, CA, pg. 562
Locke, Bill - PPM - ROSS MEDIA, Woodstock, GA, pg. 676
Loeb, Sara - PPM - REDPEG MARKETING, Alexandria, VA, pg. 692
Loeffler, Kylie - PPM - LEO BURNETT WORLDWIDE, Chicago, IL, pg. 98
Loevenguth, Andrew - PPM - ANOMALY,

AGENCIES

RESPONSIBILITIES INDEX

New York, NY, *pg.* 325
Lofgren, Hannah - PPM - BELIEF AGENCY, Seattle, WA, *pg.* 38
Logan-Gabel, Donna - Operations, PPM, PPOM - ADAMS & KNIGHT ADVERTISING, Avon, CT, *pg.* 322
Lombardi, Michael - PPM - TABOOLA, New York, NY, *pg.* 268
London, Matt - Creative, Operations, PPM - DONOVAN ADVERTISING, Lititz, PA, *pg.* 352
Long, Jennifer - PPM - HAWORTH MARKETING & MEDIA, Minneapolis, MN, *pg.* 470
Longo, Thomas - PPM - FIRSTBORN, New York, NY, *pg.* 234
Loomis, Evelyn - PPM - WIEDEN + KENNEDY, Portland, OR, *pg.* 430
Looney, Debbie - Creative, Operations, PPM - LOONEY ADVERTISING, Montclair, NJ, *pg.* 101
Lopez, Alec - PPM - MARKHAM & STEIN, Miami, FL, *pg.* 105
Losada, Olga - PPM - JACK MORTON WORLDWIDE, New York, NY, *pg.* 308
Lose, Alex - Account Services, Management, PPM - TRIPTENT, New York, NY, *pg.* 156
Louria, Lynn - Creative, Media Department, PPM - THE RICHARDS GROUP, INC., Dallas, TX, *pg.* 422
Love, Mark - PPM - OLOGIE, Columbus, OH, *pg.* 122
Love, Kathy - Interactive / Digital, PPM - MCCANN HEALTH NEW YORK, New York, NY, *pg.* 108
Lovelace, Diana - Creative, Management, PPM - DEUTSER, Houston, TX, *pg.* 443
Lowe, Doug - Management, PPM - COSSETTE MEDIA, Toronto, ON, *pg.* 345
Lucas, Mike - PPM - XPERIENCE COMMUNICATIONS, Dearborn, MI, *pg.* 318
Ludowissi, Lizabeth - PPM - A.B. DATA, LTD, Milwaukee, WI, *pg.* 279
Luebbert, Steve - Operations, PPM - COOLFIRE STUDIOS, Saint Louis, MO, *pg.* 561
Luhmann, Henry - PPM - AUSTIN & WILLIAMS ADVERTISING, Hauppauge, NY, *pg.* 328
Lukacsko, Lauren - PPM - CONNELLY PARTNERS, Boston, MA, *pg.* 344
Lundy, Jim - Operations, PPM - BRUNNER, Pittsburgh, PA, *pg.* 44
Lustig, Debra - PPM - BBDO MINNEAPOLIS, Minneapolis, MN, *pg.* 330
Ly, Ling - PPM - ZAMBEZI, Culver City, CA, *pg.* 165
MacArthur, Johanna - PPM - BRAND NEW SCHOOL EAST, New York, NY, *pg.* 175
MacPhail, Carlyle - PPM - Public Relations - JACKSON SPALDING INC., Atlanta, GA, *pg.* 376
Madison, Erika - PPM - ANOMALY, New York, NY, *pg.* 325
Madsen, Haley - PPM - WE ARE BMF, New York, NY, *pg.* 318
Magana, Danielle - PPM - ZELLER MARKETING & DESIGN, East Dundee, IL, *pg.* 205
Magram, Marc - PPM - EFX MEDIA, Arlington, VA, *pg.* 562
Makow, Jordan - Interactive / Digital, PPM - BIG SPACESHIP, Brooklyn, NY, *pg.* 455
Maldonado, Josh - PPM - SECRET LOCATION, Toronto, ON, *pg.* 563
Malmsten, Stefan - PPM - COLUMN FIVE, Brooklyn, NY, *pg.* 343
Malo, Kathleen - Interactive / Digital, Media Department, PPM - STARCOM WORLDWIDE, Detroit, MI, *pg.* 517
Manago, Greg - Media Department, PPM - MINDSHARE, New York, NY, *pg.* 491
Manke, Robert - PPM - THE REGAN GROUP, Los Angeles, CA, *pg.* 570
Mann, Jake - Account Planner, Analytics, Interactive / Digital, Media Department, NBC, PPM - ZENITH MEDIA, New York, NY, *pg.* 529
Manning, Michael - PPM - TRUMPET ADVERTISING, New Orleans, LA, *pg.* 157
Manzella, Mary - Finance, PPM - THE GEORGE P. JOHNSON COMPANY, Auburn Hills, MI, *pg.* 316
Marin, Janna - Account Services, PPM - GSD&M, Austin, TX, *pg.* 79
Marino, Nevin - PPM - GEARSHIFT ADVERTISING, Costa Mesa, CA, *pg.* 76
Markey, Sara - Account Planner, Account Services, Media Department, PPM - STARCOM WORLDWIDE, Chicago, IL, *pg.* 513
Markovich, Gina - PPM - BLACKWING CREATIVE, Seattle, WA, *pg.* 40
Marks, Cindy - PPM - HMH, Portland, OR, *pg.* 86
Marlowe, Laura - PPM - MANIFEST, Phoenix, AZ, *pg.* 383
Marquardt, Audrey - Media Department, PPM - INITIATIVE, New York, NY, *pg.* 477
Marsolek, Megan - Media Department, PPM - FALLON WORLDWIDE, Minneapolis, MN, *pg.* 70
Martin, Samantha - Account Services, Media Department, PPM, Research - USIM, Los Angeles, CA, *pg.* 525
Martin, Andrew - Creative, PPM - ZULU ALPHA KILO, Toronto, ON, *pg.* 165
Martinez, Latisha - Media Department, PPM - INITIATIVE, New York, NY, *pg.* 477
Martinez, Orlando - Creative, NBC, PPM - DIRECTOHISPANIC, LLC, North Hollywood, CA, *pg.* 681
Maruca, John - PPM, PPOM - IMAGE ASSOCIATES INC., Durham, NC, *pg.* 241
Marvin, Ginny - PPM, PPOM - THIRD DOOR MEDIA, INC., Redding, CT, *pg.* 678
Mason, Betty - PPM - DVL SEIGENTHALER, Nashville, TN, *pg.* 599
Masser, Julie - Interactive / Digital, Media Department, NBC, PPM - 360I, LLC, New York, NY, *pg.* 320
Mastin, Nick - PPM - ARMADA MEDICAL MARKETING, Arvada, CO, *pg.* 578
Mathaisell, Mary - PPM, PPOM - BONFIRE LABS, San Francisco, CA, *pg.* 175
Maulella, Phoenix - PPM - MASS APPEAL, New York, NY, *pg.* 562
Maus, Trudy - Creative, PPM - BANNER DIRECT, Wilmington, NC, *pg.* 280
Maus, Helena - NBC, PPM, PPOM - ARCHETYPE, San Francisco, CA, *pg.* 33
Maute, Todd - PPM, PPOM - CBX, New York, NY, *pg.* 176
May, Lauren - Interactive / Digital, Media Department, PPM - DEUTSCH, INC., Los Angeles, CA, *pg.* 350
Mazzetti, Oliva - PPM - BEAUTIFUL DESTINATIONS, New York, NY, *pg.* 38
Mccall, Mike - PPM - THE CONCEPT FARM, Long Island City, NY, *pg.* 269
McCann, Stacy - PPM - WONGDOODY, Seattle, WA, *pg.* 162
McCann, Peter - PPM - DIGITAS, Atlanta, GA, *pg.* 228
McCarthy, Molly - Media Department, PPM - RAPPORT OUTDOOR WORLDWIDE, New York, NY, *pg.* 556
Mccarthy, Matt - PPM - CROWLEY WEBB & ASSOCIATES, Buffalo, NY, *pg.* 55
McClain, Stacy - Creative, PPM - CAMP + KING, San Francisco, CA, *pg.* 46
McCloud, Randall - Creative, Interactive / Digital, PPM - MMA CREATIVE, Cookeville, TN, *pg.* 116
McCormick, Mimi - Interactive / Digital, PPM - CRISPIN PORTER + BOGUSKY, Boulder, CO, *pg.* 346
Mccullough, Jacqueline - PPM - DIGITAS HEALTH LIFEBRANDS, Philadelphia, PA, *pg.* 229
McCurlie, Laurie - PPM, PPOM - MJM PRODUCTIONS, Hamilton, ON, *pg.* 563
McDermott, Ted - Management, PPM - MARKETING ALTERNATIVES, INC., Chesterfield, MO, *pg.* 105
McDonald, Iain - Interactive / Digital, PPM - DEEPLOCAL, Sharpburgs, PA, *pg.* 349
McDonald, Bruce - PPM - GREY GROUP, New York, NY, *pg.* 365
McDonnell, Roberta - PPM - SIDDALL, Richmond, VA, *pg.* 141
McDougall, Fiona - Creative, PPM, PPOM - ONEWORLD COMMUNICATIONS, San Francisco, CA, *pg.* 123
McEachron, Alexandra - Interactive / Digital, PPM - THE DIGITAL HYVE, Syracuse, NY, *pg.* 269
McEntee, Brigid - PPM - MADWELL, Brooklyn, NY, *pg.* 13
McGee, Heather - Creative, NBC, PPM - BANNER DIRECT, Wilmington, NC, *pg.* 280
McGee, Donna - PPM - MERRICK TOWLE COMMUNICATIONS, Greenbelt, MD, *pg.* 114
McGlynn, Kevin - Account Services, PPM - LERNER ADVERTISING, Beverly Hills, MI, *pg.* 99
McGoldrick, David - PPM, PPOM -

RESPONSIBILITIES INDEX — AGENCIES

1919, New York, NY, *pg. 207*
McGuire, Jessica - PPM - MASS APPEAL, New York, NY, *pg. 562*
McInnis, Alexandra - Interactive / Digital, PPM - HILL HOLLIDAY, Boston, MA, *pg. 85*
McIntosh, J. P. - Interactive / Digital, Media Department, PPM - BARKLEY, Kansas City, MO, *pg. 329*
McKamie, Josh - PPM - BOILING POINT MEDIA, Oklahoma City, OK, *pg. 439*
McKenna, Colleen - PPM - RH BLAKE INC., Cleveland, OH, *pg. 133*
McKinlay, Brandy - PPM - CONCRETE DESIGN COMMUNICATIONS, INC., Toronto, ON, *pg. 178*
McKinley, Donna B. - PPM - STEELE+, Alpharetta, GA, *pg. 412*
McLean, Donald - Account Planner, Account Services, Interactive / Digital, Media Department, PPM - OMD, New York, NY, *pg. 498*
McLucas, Kateri - PPM - GOODBY, SILVERSTEIN & PARTNERS, San Francisco, CA, *pg. 77*
McMullen, Susan - Media Department, PPM - CHEVALIER ADVERTISING, INC., Lake Oswego, OR, *pg. 342*
McMurray, Deirdre - PPM - FORSMAN & BODENFORS, New York, NY, *pg. 74*
McMurray, Sarah - PPM - HEY WONDERFUL, Los Angeles, CA, *pg. 562*
McNaughton, Steve - Media Department, PPM - OMD, New York, NY, *pg. 498*
McTiernan, Casey - Account Services, Interactive / Digital, PPM - MULLENLOWE U.S. BOSTON, Boston, MA, *pg. 389*
Mead, Andrea - PPM - ENGINE DIGITAL, Vancouver, BC, *pg. 231*
Meder, Schuyler - PPM - MDG ADVERTISING, Boca Raton, FL, *pg. 484*
Medina, Christina - PPM - THE WOOD AGENCY, San Antonio, TX, *pg. 154*
Melkerson, Jessica - PPM - SPRING STUDIOS, New York, NY, *pg. 563*
Mercadal, Ruben - PPM - DROGA5, New York, NY, *pg. 64*
Merkel, Kelly - Account Services, Media Department, PPM, Programmatic - CONVERSANT, LLC, Chicago, IL, *pg. 222*
Merrihue, Gabriela - Creative, PPM - FF CREATIVE, Los Angeles, CA, *pg. 234*
Merrin, Venessa - Operations, PPM - MADISON MEDIA GROUP, New York, NY, *pg. 562*
Metz, Steve - PPM - E-B DISPLAY CO., INC., Massillon, OH, *pg. 180*
Meuser, Denise - PPM - AIM PRODUCTIONS, Astoria, NY, *pg. 453*
Meyer, Tina - Creative, PPM - DIRECT IMPACT, INC., Saint Louis, MO, *pg. 62*
Meyer, David - PPM - DERSE, INC., Waukegan, IL, *pg. 304*
Meyer, Ken - PPM - OGILVYONE WORLDWIDE, New York, NY, *pg. 255*
Meyers, Tara - Media Department, PPM - SIXSPEED, Minneapolis, MN, *pg. 198*

Meza, Susana - NBC, PPM - ASTOUND COMMERCE, San Bruno, CA, *pg. 214*
Michelson, Barbara - Media Department, PPM - DEVITO/VERDI, New York, NY, *pg. 62*
Middleton, Bryan - Creative, PPM - MEDIA ONE ADVERTISING, Sioux Falls, SD, *pg. 112*
Mikitson, Joie - PPM - HAVAS WORLDWIDE CHICAGO, Chicago, IL, *pg. 82*
Milgrom, Rose - PPM - RAPPORT OUTDOOR WORLDWIDE, New York, NY, *pg. 556*
Miller, Mark - Account Planner, Account Services, Media Department, PPM - NORTON AGENCY, Chicago, IL, *pg. 391*
Miller, Jodi - Creative, Management, PPM - GEOMETRY, Chicago, IL, *pg. 363*
Miller, Jeff - Media Department, PPM - UNIFIED FIELD, New York, NY, *pg. 273*
Miller, Daniel - Interactive / Digital, Management, Media Department, NBC, PPM - EP+CO., New York, NY, *pg. 356*
Miller, Amy - PPM - LEWIS ADVERTISING, INC., Rocky Mount, NC, *pg. 380*
Miller, Amanda - PPM - PSYOP, Venice, CA, *pg. 196*
Miller Gershfeld, Liz - Creative, PPM - ENERGY BBDO, INC., Chicago, IL, *pg. 355*
Millerd, Rylee - Account Services, Media Department, PPM - WIEDEN + KENNEDY, New York, NY, *pg. 432*
Mininger, John - Interactive / Digital, Media Department, PPM - JACKSON MARKETING GROUP, Simpsonville, SC, *pg. 188*
Miniscloux, Flo - Account Services, PPM - EXTRAORDINARY EVENTS, Sherman Oaks, CA, *pg. 305*
Miranda, Enrique - Interactive / Digital, PPM - HAVAS MEDIA GROUP, Miami, FL, *pg. 470*
Mishkofski, Joe - PPM - OTTO DESIGN & MARKETING, Norfolk, VA, *pg. 124*
Mitchell, Scott - PPM - O'KEEFE REINHARD & PAUL, Chicago, IL, *pg. 392*
Mitchell, Monica - PPM - SHADOWMACHINE, Los Angeles, CA, *pg. 139*
Mitton, Jason - Interactive / Digital, Media Department, PPM - MARCUS THOMAS, Cleveland, OH, *pg. 104*
Mizner, Dylan - PPM - PUBLICIS NORTH AMERICA, New York, NY, *pg. 399*
Mock, Kendell - PPM - 160OVER90, New York, NY, *pg. 301*
Moeller, Alina - PPM - CRISPIN PORTER + BOGUSKY, Boulder, CO, *pg. 346*
Mogielski, Rick - Creative, PPM - CHARLES RYAN ASSOCIATES, INC., Charleston, WV, *pg. 590*
Molinaro, Suzanne - Interactive / Digital, Management, PPM - FCB

HEALTH, New York, NY, *pg. 72*
Molsen, Lindsay - Operations, PPM - BIG SPACESHIP, Brooklyn, NY, *pg. 455*
Monaghan, Kate - Media Department, PPM - HORIZON MEDIA, INC., New York, NY, *pg. 474*
Monescalchi, Carrie - PPM - THE COMMUNITY, Miami Beach, FL, *pg. 545*
Montag, Jill - Media Department, PPM - MCCANN MINNEAPOLIS, Minneapolis, MN, *pg. 384*
Monte, Jeanette - Account Services, Media Department, PPM - WILEN MEDIA CORPORATION, Melville, NY, *pg. 432*
Montgomery, Sally - PPM - PINEROCK, New York, NY, *pg. 636*
Moodie, Wendy - Interactive / Digital, Operations, PPM, PPOM - PARADIGM SHIFT WORLDWIDE, INC., Northridge, CA, *pg. 313*
Moore, Katie - Creative, PPM - EIRE DIRECT MARKETING, INC., Chicago, IL, *pg. 282*
Moore, Angelina - Media Department, PPM - HORIZON MEDIA, INC., New York, NY, *pg. 474*
Moreno, Mario - Creative, PPM - RK VENTURE, Albuquerque, NM, *pg. 197*
Morgan, Jeff - PPM - DEUTSCH, INC., New York, NY, *pg. 349*
Moroney, Melissa - Media Department, PPM - MOSAIC NORTH AMERICA, Mississauga, ON, *pg. 312*
Morrison, Kate - Interactive / Digital, PPM - 72ANDSUNNY, Playa Vista, CA, *pg. 23*
Morrone, Gina - Account Planner, Account Services, Interactive / Digital, Media Department, NBC, PPM - INITIATIVE, New York, NY, *pg. 477*
Mosca, Joe - PPM - RED TETTEMER O'CONNELL + PARTNERS, Philadelphia, PA, *pg. 404*
Moschberger, Mollie - Account Services, Media Department, PPM - SPARK FOUNDRY, New York, NY, *pg. 508*
Mosco, Denise - NBC, PPM, PPOM - GROUPM, New York, NY, *pg. 466*
Moskus, Joe - PPM - Public Relations - ALLIED INTEGRATED MARKETING, Saint Louis, MO, *pg. 324*
Mosman, Miki - PPM - 5IVE, Minneapolis, MN, *pg. 23*
Mosterts, Matteo - PPM - WONGDOODY, Culver City, CA, *pg. 433*
Muir, John - PPM - PIERCE PROMOTIONS & EVENT MANAGEMENT, Portland, ME, *pg. 313*
Mullarney, Ian - Interactive / Digital, PPM - 6AM MARKETING, Madison, WI, *pg. 1*
Muller, Gabriel - Creative, PPM - ATLANTIC 57, Washington, DC, *pg. 2*
Munnelly, Donna - Media Department, PPM - CGT MARKETING, LLC, Amityville, NY, *pg. 49*
Murphy, Shannon - PPM - CHAPMAN CUBINE + HUSSEY, Arlington, VA, *pg. 281*
Murray Eliasek, Jessica - PPM - MEKANISM, New York, NY, *pg. 113*
Musson, Howard - PPM - UWG,

AGENCIES

RESPONSIBILITIES INDEX

Brooklyn, NY, *pg.* 546
Myers, Darren - PPM - GKV, Baltimore, MD, *pg.* 364
Myers, River - PPM - MATTE PROJECTS, New York, NY, *pg.* 107
Nadeau, Donna - PPM - COSSETTE MEDIA, Toronto, ON, *pg.* 345
Najdovski, Lindsey - Interactive / Digital, PPM - DEUTSCH, INC., Los Angeles, CA, *pg.* 350
Neal, Greg - Management, Media Department, PPM - THE MARKETING ARM, Dallas, TX, *pg.* 316
Nelson, Sandi - PPM - HITCHCOCK FLEMING & ASSOCIATES, INC. , Akron, OH, *pg.* 86
Nelson, Angie - PPM - SHERRY MATTHEWS ADVOCACY MARKETING, Austin, TX, *pg.* 140
Nelson, Andy - Interactive / Digital, NBC, PPM, Social Media - CONILL ADVERTISING, INC., El Segundo, CA, *pg.* 538
Nelson, Jack - Media Department, PPM - PUBLICIS.SAPIENT, Birmingham, MI, *pg.* 260
Netherton, Larry - PPM - MOXY OX, Tontitown, AR, *pg.* 192
Neuhaus, Tashia - Creative, Interactive / Digital, PPM - ARGONAUT, INC., San Francisco, CA, *pg.* 33
Neumann, Renata - Creative, PPM - GUT MIAMI, Miami, FL, *pg.* 80
Ng, Alison - PPM - BIG SPACESHIP, Brooklyn, NY, *pg.* 455
Ng Quarles, Stephanie - Creative, PPM - THE RHOADS GROUP, Tampa, FL, *pg.* 152
Nguyen, Trac - Interactive / Digital, Media Department, PPM - PUBLICIS NORTH AMERICA, New York, NY, *pg.* 399
Nguyen, Lisa - PPM - ADCETERA, Houston, TX, *pg.* 27
Niblick, David - PPM - WIEDEN + KENNEDY, New York, NY, *pg.* 432
Nicastro, Jeanne - Creative, Management, PPM - R/GA, Los Angeles, CA, *pg.* 261
Nielsen, Paul - PPM - FACEOUT STUDIOS, Bend, OR, *pg.* 182
Noake, Daniel - PPM - HARGROVE INC., Lanham, MD, *pg.* 307
Noble, Richard - Creative, PPM - LMNO, Saskatoon, SK, *pg.* 100
Noonan, Rachel - PPM - CRISPIN PORTER + BOGUSKY, Boulder, CO, *pg.* 346
Norman, Lisa - PPM - POCKET HERCULES, Minneapolis, MN, *pg.* 398
Novikov, Alexey - PPM - WIEDEN + KENNEDY, New York, NY, *pg.* 432
Nowak, Martin - PPM - RON FOTH ADVERTISING, Columbus, OH, *pg.* 134
Nugent, Jessica - PPM - BBDO WORLDWIDE, New York, NY, *pg.* 331
Nusinow, Michael - Media Department, PPM - PREMIER ENTERTAINMENT SERVICES, North Hollywood, CA, *pg.* 298
Nyffenegger, Marcel - Account Planner, PPM - VDA PRODUCTIONS, Somerville, MA, *pg.* 317

O'Brien, Mark - Finance, Management, Operations, PPM, PPOM - INTERBRAND , New York, NY, *pg.* 187
O'Brien, Curt - Account Planner, Account Services, PPM - DAVID&GOLIATH, El Segundo, CA, *pg.* 57
O'Malley, Lauren - Interactive / Digital, PPM - SWANSON RUSSELL ASSOCIATES, Lincoln, NE, *pg.* 415
O'Meara, Kat - PPM - MEKANISM, San Francisco, CA, *pg.* 112
O'Rourke, Brian - PPM - TBWA \ CHIAT \ DAY, Los Angeles, CA, *pg.* 146
O'Rourke, Matthew - PPM - ELEMENT PRODUCTIONS, Boston, MA, *pg.* 562
Obrist, Jessica - Account Services, Creative, Media Department, PPM - WONGDOODY, Seattle, WA, *pg.* 162
Olander, Madlene - Management, Media Department, PPM - RIGHTPOINT, Boston, MA, *pg.* 263
Olczak, Kasia - PPM - HEAT, New York, NY, *pg.* 370
Oliphant, Thom - NBC, PPM - TAILLIGHT TV, Nashville, TN, *pg.* 315
Olivo, Alexandra - PPM - JOHANNES LEONARDO, New York, NY, *pg.* 92
Oneyear, Eliane - PPM - DAVIS HARRISON DION ADVERTISING, Chicago, IL, *pg.* 348
Opich, Nick - Account Services, PPM - KCSA STRATEGIC COMMUNICATIONS, New York, NY, *pg.* 619
Orlando, Michelle - PPM - SAATCHI & SAATCHI CANADA, Toronto, ON, *pg.* 136
Oropallo, Lisa - PPM - DIGITAS, Boston, MA, *pg.* 226
Oskan, Arthur - Creative, Interactive / Digital, PPM - FIELD DAY, Toronto, ON, *pg.* 358
Osowski, Dario - PPM - TARGETSPOT, INC., New York, NY, *pg.* 269
Osterlund-Martin, Dawn - PPM - HIGH TIDE CREATIVE, Bridgeton, NC, *pg.* 85
Otto, Julianne - PPM - EFX MEDIA, Arlington, VA, *pg.* 562
Ouellette, Tina - PPM, PPOM - GLOBAL MECHANIC, Vancouver, BC, *pg.* 466
Overby, Jim - Creative, Media Department, PPM - DIANE ALLEN & ASSOCIATES, Baton Rouge, LA, *pg.* 597
Owolo, Sean - NBC, PPM - BIG MACHINE DESIGN, Burbank, CA, *pg.* 174
Oxley, Sheri - PPM - CLAYMAN & ASSOCIATES, Marietta, OH, *pg.* 51
O'Brien, Chelsea - Creative, PPM - OMELET, Culver City, CA, *pg.* 122
Pacillo, Emily - PPM - ELEMENT PRODUCTIONS, Boston, MA, *pg.* 562
Padilla, Martine - PPM - SANDBOX, Chicago, IL, *pg.* 138
Palm, Vickie - PPM - WONGDOODY, Culver City, CA, *pg.* 433
Palmacci, Siena - Interactive / Digital, PPM - TBWA \ CHIAT \ DAY, Los Angeles, CA, *pg.* 146

Palmer, Cheryl - PPM - MARCOM GROUP, INC., Mississauga, ON, *pg.* 311
Palmer, Lauren - PPM - CONSUMER LOGIC, Tulsa, OK, *pg.* 443
Palmer, Melanie - PPM - LEO BURNETT TORONTO, Toronto, ON, *pg.* 97
Palmer, Kristin - Account Services, Interactive / Digital, PPM - CLIX MARKETING, Louisville, KY, *pg.* 672
Pampuch, Stephanie - PPM - A.B. DATA, LTD, Milwaukee, WI, *pg.* 279
Panunzio, Kimberly - Creative, Interactive / Digital, PPM - HERZOG & COMPANY, North Hollywood, CA, *pg.* 298
Pape, Amanda - Account Services, Media Department, PPM - ICON INTERNATIONAL, INC., Greenwich, CT, *pg.* 476
Paquet, John - PPM - INTERSPORT, Chicago, IL, *pg.* 308
Parker, Sonya - Interactive / Digital, PPM - GROW INTERACTIVE, Norfolk, VA, *pg.* 237
Parsons, Pamela - PPM - SAATCHI & SAATCHI LOS ANGELES, Torrance, CA, *pg.* 137
Partridge, Jordan - NBC, PPM - FORWARDPMX, Minneapolis, MN, *pg.* 360
Pate, Josh - Management, PPM - IMG LIVE, Atlanta, GA, *pg.* 308
Paticoff, Gary - PPM, PPOM - RPA, Santa Monica, CA, *pg.* 134
Patno, Steve - PPM - IMPRENTA COMMUNICATIONS GROUP, Los Angeles, CA, *pg.* 89
Patten, Madison - PPM - SWANSON RUSSELL ASSOCIATES, Lincoln, NE, *pg.* 415
Paul, Lorna - PPM - THE WOO AGENCY, Culver City, CA, *pg.* 425
Peach, Kate - Account Services, Interactive / Digital, PPM - FINN PARTNERS, San Francisco, CA, *pg.* 603
Peel, Amy - PPM - SAATCHI & SAATCHI LOS ANGELES, Torrance, CA, *pg.* 137
Peguero, Laura - NBC, PPM - FORSMAN & BODENFORS, New York, NY, *pg.* 74
Pensavalle, Mark - Management, Operations, PPM - STARLIGHT RUNNER ENTERTAINMENT, INC., New York, NY, *pg.* 569
Peraino, Damien - PPM - MCGARRYBOWEN, Chicago, IL, *pg.* 110
Peralta, Daniel - Creative, PPM - SENSIS AGENCY, Los Angeles, CA, *pg.* 545
Perez, Allen - Creative, PPM - ORCI, Santa Monica, CA, *pg.* 543
Perez, Maria - Operations, PPM - JOHANNES LEONARDO, New York, NY, *pg.* 92
Perk, Leslie - Interactive / Digital, Media Department, PPM - CRITICAL MASS, INC., Chicago, IL, *pg.* 223
Perry, Ariel - Interactive / Digital, PPM - CTP, Boston, MA, *pg.* 347
Perzel, Evan - PPM - IMG LIVE, Atlanta, GA, *pg.* 308

RESPONSIBILITIES INDEX — AGENCIES

Petersen, Jeffrey - PPM - THE STARR CONSPIRACY, Fort Worth, TX, pg. 20
Petersson, Erika - PPM - COLE CREATIVE, Boston, MA, pg. 51
Pflederer, Erika - Account Services, Interactive / Digital, Management, Media Department, PPM, PPOM - FCB CHICAGO, Chicago, IL, pg. 71
Phillips, Cam - PPM - FUSION MARKETING, St. Louis, MO, pg. 8
Piacente, Franca - Media Department, PPM - LEO BURNETT TORONTO, Toronto, ON, pg. 97
Piacente, Michael - Account Services, NBC, PPM - MERGE, Boston, MA, pg. 113
Piacenza, Dante - Management, PPM - MCGARRYBOWEN, New York, NY, pg. 109
Pieper, Jordan - Media Department, PPM - HAWORTH MARKETING & MEDIA, Minneapolis, MN, pg. 470
Pilling, Michelle - Management, PPM - BENSIMON BYRNE, Toronto, ON, pg. 38
Pinto, Phil - PPM - THE RESERVE LABEL, Los Angeles, CA, pg. 563
Piper, Ashlee - PPM - INTERSECT DIGITAL LLC, Ann Arbor, MI, pg. 242
Pitegoff, Cathy - PPM - HAVAS MEDIA GROUP, New York, NY, pg. 468
Pizarro, Selena - PPM - RPA, Santa Monica, CA, pg. 134
Plahn, Jack - Creative, PPM - SIXSPEED, Minneapolis, MN, pg. 198
Plank, Irv - PPM - ASV INC., Torrance, CA, pg. 302
Poindexter, Stewart - Account Services, Creative, PPM - MOTHER, Los Angeles, CA, pg. 118
Polich, Sarah - Interactive / Digital, Media Department, PPM - ZENITH MEDIA, New York, NY, pg. 529
Pollak, Jay - PPM - THE RESERVE LABEL, Los Angeles, CA, pg. 563
Ponce, Ana - Interactive / Digital, PPM - RPA, Santa Monica, CA, pg. 134
Porretta, Angelo - PPM - MASON, INC., Bethany, CT, pg. 383
Porter, Yuko - PPM - MEDIA ETC., Honolulu, HI, pg. 112
Pratt, John - PPM - ENERGY BBDO, INC., Chicago, IL, pg. 355
Press, Courtney - Media Department, PPM - GROUPM, New York, NY, pg. 466
Presto, Christine - Interactive / Digital, PPM - IRIS, New York, NY, pg. 376
Priest, Amanda - Media Department, PPM - ALEXANDER ADVERTISING, INC., Birmingham, AL, pg. 324
Pritchard, Shari - PPM - PRODIGAL MEDIA COMPANY, Boardman, OH, pg. 15
Prosenko, David - Operations, PPM - ART MACHINE, Hollywood, CA, pg. 34
Proudlock, Eileen - Analytics, PPM - SAGE MEDIA PLANNING & PLACEMENT, INC., Washington, DC, pg. 508
Puc, Veronica - Management, PPM - LEO BURNETT WORLDWIDE, Chicago, IL, pg. 98
Puckett, Tod - PPM - GOODBY, SILVERSTEIN & PARTNERS, San Francisco, CA, pg. 77
Pugh, Bruce - Creative, PPM - DOEANDERSON ADVERTISING, Louisville, KY, pg. 352
Pusey, John - NBC, PPM - G3 GROUP, Baltimore, MD, pg. 673
Pyle, Kip - Media Department, PPM - FKQ ADVERTISING, INC., Clearwater, FL, pg. 359
Pytko, Steve - Media Department, PPM - SAATCHI & SAATCHI WELLNESS, New York, NY, pg. 137
Quesada, Gabriel - PPM - CULTURESPAN MARKETING, El Paso, TX, pg. 594
Quiambao, Ellaine C. - Media Department, PPM - THE NOW GROUP, Vancouver, BC, pg. 422
Rackley, Danielle - PPM - TBWA \ CHIAT \ DAY, New York, NY, pg. 416
Raginia, Carolyn - PPM - LEO BURNETT WORLDWIDE, Chicago, IL, pg. 98
Ralston, Luke - PPM - TUCCI CREATIVE, Tucson, AZ, pg. 157
Ramirez, Tiffany - Management, Media Department, Operations, PPM - PUBLICIS.SAPIENT, Coconut Grove, FL, pg. 259
Ramirez, Cindy - PPM - MARICICH HEALTHCARE COMMUNICATIONS, Irvine, CA, pg. 105
Ranelycke Berlin, Carissa - PPM - 360I, LLC, New York, NY, pg. 320
Rangel, Julio - PPM - THE COMMUNITY, Miami Beach, FL, pg. 545
Rant, Ava - PPM, PPOM - WIEDEN + KENNEDY, New York, NY, pg. 432
Rasak, Caleb - Creative, PPM - CREATIVE RESOURCES GROUP, INC., Plymouth, MA, pg. 55
Rasekhi, Ata - PPM - FUNAMBOL, Foster City, CA, pg. 533
Rauber, Kate - PPM - MCKINNEY, West Hollywood, CA, pg. 111
Rawlinson, Rachel - PPM - HILL HOLLIDAY, New York, NY, pg. 85
Read, Jenny - Account Services, Interactive / Digital, Media Department, Operations, PPM - SAATCHI & SAATCHI, New York, NY, pg. 136
Reade, Charles - PPM - READE COMMUNICATIONS, Riverside, RI, pg. 641
Reale, Mark - Interactive / Digital, PPM, Research - SYMBILITY INTERSECT, Toronto, ON, pg. 268
Reed, Lindsay - PPM - WIEDEN + KENNEDY, Portland, OR, pg. 430
Regovich, Rob - PPM - JOHNSON-RAUHOFF, INC., Saint Joseph, MI, pg. 93
Rehage, Annie - PPM - VLADIMIR JONES, Colorado Springs, CO, pg. 429
Reichley, Rob - PPM - RAYCOM SPORTS, Charlotte, NC, pg. 314
Reid, Tommy - PPM - TONGAL, Santa Monica, CA, pg. 20
Reid, Mark - Operations, PPM - DECO PRODUCTIONS, Miami, FL, pg. 304
Rektorik, Rebecca - Account Planner, Account Services, PPM - AMNET, New York, NY, pg. 454
Remmele, Erica - Creative, PPM - ANY_, New York, NY, pg. 1
Reus, Sharon - Account Services, Operations, PPM - CREATIVE PRODUCERS GROUP, Saint Louis, MO, pg. 303
Revere, Amanda - Creative, Interactive / Digital, Management, Media Department, PPM - TBWA \ CHIAT \ DAY, New York, NY, pg. 416
Reyes, Aileen - Media Department, PPM - OCEAN MEDIA, INC., Huntington Beach, CA, pg. 498
Reynolds, Adam - PPM - SOMETHING MASSIVE, Los Angeles, CA, pg. 266
Rheinfeldt, Kenney - PPM - DERSE, INC., Coppell, TX, pg. 304
Ricci, Luke - Creative, PPM - BULLITT, Los Angeles, CA, pg. 561
Richard, Chris - PPM - HIEBING, Madison, WI, pg. 85
Richards, Julie - Creative, Media Department, PPM - THE RICHARDS GROUP, INC., Dallas, TX, pg. 422
Richards, Freddie - Management, Media Department, PPM - MARTIN WILLIAMS ADVERTISING, Minneapolis, MN, pg. 106
Richey, Juliette - PPM - MOVEMENT STRATEGY, New York, NY, pg. 687
Riley, Erinn - Creative, PPM - ROMANELLI COMMUNICATIONS, Clinton, NY, pg. 134
Rioux, Laura - PPM, PPOM - RETHINK COMMUNICATIONS, INC., Vancouver, BC, pg. 133
Ripka, Nicole - PPM - MATTE PROJECTS, New York, NY, pg. 107
Ripley, Squirrel - Account Services, Creative, Media Department, PPM - DARK HORSE MEDIA, Tucson, AZ, pg. 464
Riquelme, Lucia - PPM - THE COMMUNITY, Miami Beach, FL, pg. 545
Rivers, Scott - PPM - FUSE, LLC, Vinooski, VT, pg. 8
Rix, Crystal - Management, NBC, PPM, PPOM - BBDO WORLDWIDE, New York, NY, pg. 331
Rizzuto, Francesca - Media Department, PPM - OMD, New York, NY, pg. 498
Robbins, Alex - PPM - FAKE LOVE, Brooklyn, NY, pg. 183
Robbins, Richard - Interactive / Digital, PPM - BARKLEY, Kansas City, MO, pg. 329
Robbins, Robert - PPM - PUBLICIS NORTH AMERICA, New York, NY, pg. 399
Roberts, Philip - PPM - THREESIXTYEIGHT, Baton Rouge, LA, pg. 271
Rockvoan, Jennifer - Interactive / Digital, NBC, PPM - PETERMAYER, New Orleans, LA, pg. 127
Rode, Gillian - PPM - UENO, San Francisco, CA, pg. 273
Rodriguez, Pete - PPM - TEAM ENTERPRISES, Fort Lauderdale, FL, pg. 316
Rodriguez, Arielle - Creative, PPM - LAIRD + PARTNERS, New York, NY,

AGENCIES
RESPONSIBILITIES INDEX

pg. 96
Roe, Jennifer - PPM - JACK MORTON WORLDWIDE, Chicago, IL, *pg.* 309
Roederer, Chris - PPM - RENEGADE COMMUNICATIONS, Hunt Valley, MD, *pg.* 405
Roffis, Jill - Media Department, PPM - PHD, Los Angeles, CA, *pg.* 504
Rolf, Lisa - Management, PPM - AKQA, Atlanta, GA, *pg.* 212
Rolli, Daniel - Media Department, PPM - ZENITH MEDIA, New York, NY, *pg.* 529
Rollins, Alexander - PPM - MEDIA BRIDGE ADVERTISING, Minneapolis, MN, *pg.* 484
Roman, Benton - Creative, Interactive / Digital, PPM - JOHANNES LEONARDO, New York, NY, *pg.* 92
Romsaas, Kiki - PPM - STONEARCH CREATIVE, Minneapolis, MN, *pg.* 144
Rooney, Maliya - PPM, Public Relations - PADILLA, Richmond, VA, *pg.* 635
Rosa, Linda - PPM - SFW AGENCY, Greensboro, NC, *pg.* 16
Rosario, Claudia - PPM - GROW INTERACTIVE, Norfolk, VA, *pg.* 237
Rose, Keith - Creative, PPM - THE VARIABLE, Winston-Salem, NC, *pg.* 153
Rose, Bridget - PPM - LEO BURNETT WORLDWIDE, Chicago, IL, *pg.* 98
Rosen, Deb - Creative, PPM - WIEDEN + KENNEDY, New York, NY, *pg.* 432
Rosenbaum, Britt - Creative, PPM - CARL BLOOM ASSOCIATES, White Plains, NY, *pg.* 281
Rosenblatt, Corie - PPM - BBDO WORLDWIDE, New York, NY, *pg.* 331
Rosenblum, Joshua - Management, NBC, PPM - RUNNING SUBWAY, New York, NY, *pg.* 563
Rosenzweig, Kate - Interactive / Digital, PPM - WONDERSAUCE, New York, NY, *pg.* 205
Ross, Liz - PPM - MERING, Sacramento, CA, *pg.* 114
Rosso, Rene - PPM - TOLLESON DESIGN, San Francisco, CA, *pg.* 202
Roth, Snake - Interactive / Digital, PPM - MARC USA, Pittsburgh, PA, *pg.* 104
Rothman, Jill - PPM - VIRTUE WORLDWIDE, Brooklyn, NY, *pg.* 159
Rough, Kay - PPM - BIG BLOCK, El Segundo, CA, *pg.* 217
Routson, Tyler - PPM - TRAILER PARK, Hollywood, CA, *pg.* 299
Roy, Claudia - Media Department, PPM, PPOM - SID LEE, Montreal, QC, *pg.* 140
Royal, Renee - PPM - HUGE, INC., Atlanta, GA, *pg.* 240
Royer, Aaron - Operations, PPM - WP NARRATIVE_, New York, NY, *pg.* 163
Rubino, Kalynn - PPM - MADWELL, Brooklyn, NY, *pg.* 13
Rudman, Michael - PPM - SID PATERSON ADVERTISING, New York, NY, *pg.* 141
Ruiz, Maria Paula - PPM - HAVAS MEDIA GROUP, Miami, FL, *pg.* 470

Ruiz, Lucero - PPM - CK ADVERTISING, Lakewood, CO, *pg.* 220
Russo, Liz - Finance, PPM - OMD, New York, NY, *pg.* 498
Ruud, Amy - Interactive / Digital, PPM - TVGLA, Los Angeles, CA, *pg.* 273
Ryther, Andrew - Creative, PPM - HAMBLY & WOOLLEY, INC., Toronto, ON, *pg.* 185
Sachs, Cary - Creative, Management, PPM - MOB SCENE, Los Angeles, CA, *pg.* 563
Sackett, Eric - PPM - HAVIT, Arlington, VA, *pg.* 83
Saffos, Giovanna - PPM - DROGA5, New York, NY, *pg.* 64
Saia, Michael - Creative, PPM, PPOM - JUMP, New York, NY, *pg.* 188
Salditch, Zoe - PPM - HUSH STUDIOS, INC., Brooklyn, NY, *pg.* 186
Sales, Sean - PPM - JACK MORTON WORLDWIDE, Los Angeles, CA, *pg.* 309
Salkin, Heather - Management, PPM - RAPP WORLDWIDE, New York, NY, *pg.* 290
Saltsman, Sheila - PPM - SCOPPECHIO, Louisville, KY, *pg.* 409
San Martin, Scott - Creative, PPM - REINGOLD, Alexandria, VA, *pg.* 405
Sangiovanni, Rafael - Interactive / Digital, NBC, PPM, Social Media - RBB COMMUNICATIONS, Miami, FL, *pg.* 641
Sann, Tom - Management, PPM - WONDERFUL AGENCY, Los Angeles, CA, *pg.* 162
Santalucia, Amanda - Interactive / Digital, PPM - SUPERHEROES NEW YORK, Brooklyn, NY, *pg.* 145
Santarsiero, Drew - PPM - SMUGGLER, New York, NY, *pg.* 143
Santiago, Jennifer - Creative, Interactive / Digital, Media Department, PPM - GEOMETRY, New York, NY, *pg.* 362
Santiago, Karen - Creative, PPM - ADDISON, New York, NY, *pg.* 171
Santillo, Brandi - PPM - FRACTL, Delray Beach, FL, *pg.* 686
Savacool, Wes - PPM - RMI MARKETING & ADVERTISING, Emerson, NJ, *pg.* 407
Savage, Michael - PPM - FRANK COLLECTIVE, Brooklyn, NY, *pg.* 75
Savage, Lauren - PPM - JACK MORTON WORLDWIDE, Detroit, MI, *pg.* 309
Saxon, Robert - PPM - WIEDEN + KENNEDY, Portland, OR, *pg.* 430
Scalzo, Margaret - Interactive / Digital, Media Department, PPM - INITIATIVE, New York, NY, *pg.* 477
Schaaf, Molly - Interactive / Digital, PPM - WORKINPROGRESS, Boulder, CO, *pg.* 163
Schafer, Dave - Interactive / Digital, PPM - ABELSON-TAYLOR, Chicago, IL, *pg.* 25
Schaller, Katie - Account Services, PPM - WIEDEN + KENNEDY, Portland, OR, *pg.* 430
Scheiner, Steven - PPM - RITTA & ASSOCIATES, Paramus, NJ, *pg.* 407
Schelling, Bill - PPM - DOEANDERSON ADVERTISING, Louisville, KY, *pg.* 352

Schirer, Dustin - Creative, PPM - BARKLEY, Kansas City, MO, *pg.* 329
Schmid, Gina - Administrative, PPM - BBIG COMMUNICATIONS, Coronado, CA, *pg.* 216
Schmidt, Kellie - PPM - HANLEY WOOD MARKETING, Minneapolis, MN, *pg.* 9
Schmidt, Michon - PPM - SUKLE ADVERTISING & DESIGN, Denver, CO, *pg.* 145
Schmon, Lori - PPM - 160OVER90, New York, NY, *pg.* 301
Schneider, Kurt - Account Services, Management, NBC, PPM - UNIVERSAL MCCANN DETROIT, Birmingham, MI, *pg.* 524
Schrager, Erica - PPM - TROLLBACK & COMPANY, New York, NY, *pg.* 203
Schroeder, Scott - Interactive / Digital, Media Department, PPM - GTB, Dearborn, MI, *pg.* 367
Schroeder, Sloan - Creative, PPM - CRISPIN PORTER + BOGUSKY, Boulder, CO, *pg.* 346
Schroepfer, Michael - PPM - TBWA \ CHIAT \ DAY, Los Angeles, CA, *pg.* 146
Schruefer, Cheryl - PPM, Public Relations - BONGARBIZ, Peekskill, NY, *pg.* 302
Schulson, Lora - Creative, Media Department, PPM - 72ANDSUNNY, Brooklyn, NY, *pg.* 24
Schultz, Katie - Creative, PPM - BULLDOG DRUMMOND, San Diego, CA, *pg.* 338
Schultz, Greg - Management, PPM - THE SWEET SHOP, Hollywood, CA, *pg.* 564
Schumacher, Erika - PPM - MONO, Minneapolis, MN, *pg.* 117
Schwab, Rudi - PPM - TOOL OF NORTH AMERICA, Santa Monica, CA, *pg.* 564
Sclafani, Jessica - PPM - GEARY INTERACTIVE, Las Vegas, NV, *pg.* 76
Seibert, Sara - PPM - SAATCHI & SAATCHI LOS ANGELES, Torrance, CA, *pg.* 137
Selwyn, Jaki - PPM - NAIL COMMUNICATIONS, Providence, RI, *pg.* 14
Seratt, John - PPM - WALMART MEDIA GROUP, San Bruno, CA, *pg.* 684
Serluco, Jonathan - PPM - INVNT, New York, NY, *pg.* 90
Serra, RaeAnn - Creative, PPM - COLANGELO & PARTNERS, New York, NY, *pg.* 591
Serrato, Andrew - Interactive / Digital, PPM - TBWA \ CHIAT \ DAY, Los Angeles, CA, *pg.* 146
Setounski, Nick - PPM - WIEDEN + KENNEDY, New York, NY, *pg.* 432
Shadid, Josh - NBC, PPM, PPOM - LORD DANGER, Los Angeles, CA, *pg.* 562
Shafer, Kimberly - Media Department, PPM - MINDSTREAM MEDIA GROUP - DALLAS, Dallas, TX, *pg.* 496
Shafrath, Paige - Creative, PPM - THE BUNTIN GROUP, Nashville, TN, *pg.* 148
Shanahan, Michael - Operations, PPM

RESPONSIBILITIES INDEX — AGENCIES

- LEO BURNETT WORLDWIDE, Chicago, IL, *pg.* 98
Sharer, Tom - Creative, PPM - MANZELLA MARKETING GROUP, Bowmansville, NY, *pg.* 383
Shaul, Victoria - Interactive / Digital, Media Department, NBC, PPM - MAGNA GLOBAL, New York, NY, *pg.* 483
Shaver, Kat - PPM - REYNOLDS & ASSOCIATES, El Segundo, CA, *pg.* 406
Shaver, Laurinda - PPM - SECRET LOCATION, Toronto, ON, *pg.* 563
Shekoski, Cindy - Account Services, PPM - KELLY, SCOTT & MADISON, INC., Chicago, IL, *pg.* 482
Shepard, Jessica - Media Department, PPM - RPA, Santa Monica, CA, *pg.* 134
Sherman, Sandy - PPM - MADWELL, Brooklyn, NY, *pg.* 13
Shirley, Roger - Creative, PPM - MCNEELY PIGOTT & FOX PUBLIC RELATIONS, Nashville, TN, *pg.* 626
Shoukas, Dean - Interactive / Digital, Media Department, PPM - SAATCHI & SAATCHI, New York, NY, *pg.* 136
Silva, Tracy - Management, PPM - (ADD)VENTURES, Providence, RI, *pg.* 207
Silverman, Anna - Media Department, PPM - GROUPM, New York, NY, *pg.* 466
Simonian, Ian - Interactive / Digital, Media Department, PPM - WESTON | MASON, Marina Del Rey, CA, *pg.* 430
Singleton, Stephanie - PPM - MOXIE, Atlanta, GA, *pg.* 251
Sinko, Donna - Creative, Interactive / Digital, PPM - STIEGLER, WELLS, BRUNSWICK & ROTH, INC., Bethlehem, PA, *pg.* 413
Sipes, Smithy - PPM - GOCONVERGENCE, Orlando, FL, *pg.* 364
Skopas, Anne - PPM - BUCK, Los Angeles, CA, *pg.* 176
Slade, Jamie - PPM - CRISPIN PORTER + BOGUSKY, Boulder, CO, *pg.* 346
Slavin, Ryan - PPM - THE RESERVE LABEL, Los Angeles, CA, *pg.* 563
Slotten, Andrea - PPM - PLANET PROPAGANDA, Madison, WI, *pg.* 195
Smalley, Kyle - PPM - CAMPBELL EWALD, Detroit, MI, *pg.* 46
Smart, Rob - Interactive / Digital, Media Department, PPM - BRIGHTON AGENCY, INC., Saint Louis, MO, *pg.* 337
Smith, Vikki - PPM, PPOM - OUT OF THE BLUE PRODUCTIONS, Wynnewood, PA, *pg.* 290
Smith, Brad - Management, PPM - COLLE MCVOY, Minneapolis, MN, *pg.* 343
Smith, Tyler - PPM - VMLY&R, Kansas City, MO, *pg.* 274
Smith, Chuck - PPM - HODGES ASSOCIATES, Fayetteville, NC, *pg.* 86
Smith, JP - Creative, PPM - PARTNERS + NAPIER, Rochester, NY, *pg.* 125
Smith Harvey, Heather - PPM - WIEDEN + KENNEDY, Portland, OR, *pg.* 430
Smolian, Darielle - PPM - ROKKAN, LLC, New York, NY, *pg.* 264
Snyder, Natalie - Interactive / Digital, PPM - GYRO, Chicago, IL, *pg.* 368
Snyder, Alexa - PPM - DERSE, INC., Milwaukee, WI, *pg.* 304
Somerlot, Greg - PPM - LEO BURNETT WORLDWIDE, Chicago, IL, *pg.* 98
Sommerville, Andrew - PPM - THE MILL, New York, NY, *pg.* 152
Song, Sandy - Account Services, Management, NBC, PPM - 180LA, Los Angeles, CA, *pg.* 23
Sonna, Suzan - PPM - EVANSHARDY + YOUNG, Santa Barbara, CA, *pg.* 69
Southerland, David - PPM - MORVIL ADVERTISING & DESIGN GROUP, Wilmington, NC, *pg.* 14
Spaul, Matt - PPM - PARTNERS + NAPIER, Rochester, NY, *pg.* 125
Spencer, Ron - Interactive / Digital, Media Department, PPM - RICOCHET PARTNERS, Portland, OR, *pg.* 406
Spencer, Nicolas - Creative, PPM - THE LAUNCHPAD GROUP, Jenkintown, PA, *pg.* 546
Spencer, Nicolette - PPM - INNOCEAN USA, Huntington Beach, CA, *pg.* 479
Springer, Marina - Account Services, NBC, PPM - OSIK MEDIA, Monrovia, CA, *pg.* 554
Sproul, Jenny - PPM - XPERIENCE COMMUNICATIONS, Dearborn, MI, *pg.* 318
St. Clair, Will - Interactive / Digital, Management, PPM - FCB CHICAGO, Chicago, IL, *pg.* 71
Staley, Deanne - Account Services, Creative, PPM - KREBER, Columbus, OH, *pg.* 379
Stanford, Travis - PPM - MKTG INC, Chicago, IL, *pg.* 312
Stanton, Pen - PPM - UENO, San Francisco, CA, *pg.* 273
Starck, John - PPM - DERSE, INC., Kennesaw, GA, *pg.* 304
Stark, Matt - PPM - MKTG INC, Chicago, IL, *pg.* 312
Starkes, Kevin - PPM, PPOM - NA COLLECTIVE, LLC, New York, NY, *pg.* 312
Steckel, Brian - Creative, PPM - FCB CHICAGO, Chicago, IL, *pg.* 71
Stein, Ellina - Account Services, PPM - EDELMAN, Seattle, WA, *pg.* 601
Steinberg, Marc - PPM - BUCK, Los Angeles, CA, *pg.* 176
Stephen, Kevin - Management, Media Department, PPM - LEO BURNETT TORONTO, Toronto, ON, *pg.* 97
Stephen, Terra - Interactive / Digital, PPM - DENTSUBOS INC., Toronto, ON, *pg.* 61
Stephens, Laura - PPM - INNOCEAN USA, Huntington Beach, CA, *pg.* 479
Stephenson, Dave - PPM - DROGA5, New York, NY, *pg.* 64
Sternlicht, Aaron - Creative, PPM, PPOM - MODOP, Los Angeles, CA, *pg.* 251
Stethers, Trisha - PPM - ABC CREATIVE GROUP, Syracuse, NY, *pg.* 322
Stetson, Brian - Interactive / Digital, PPM, PPOM - RENEGADE COMMUNICATIONS, Hunt Valley, MD, *pg.* 405
Stevens, Doug - Interactive / Digital, Media Department, PPM - FLYNN WRIGHT, INC., Des Moines, IA, *pg.* 359
Stewart, Richard - Interactive / Digital, PPM - ORCI, Santa Monica, CA, *pg.* 543
Stoller, Dani - PPM - OGILVY PUBLIC RELATIONS, New York, NY, *pg.* 633
Stone, Jessica - PPM - TEAMWORKS MEDIA, Chicago, IL, *pg.* 519
Strathy, Diane - Creative, PPM - 3RD THIRD MARKETING, Seattle, WA, *pg.* 279
Streger, Amy - PPM - WIEDEN + KENNEDY, Portland, OR, *pg.* 430
Striebich, Jim - PPM - NA COLLECTIVE, LLC, New York, NY, *pg.* 312
Strodl, Kelly - Media Department, PPM - TEAM 201, Chicago, IL, *pg.* 269
Stuart, Carol - PPM - STEPHENS & ASSOCIATES ADVERTISING, Overland Park, KS, *pg.* 413
Sturgill, Sarah - PPM - INSTRUMENT, Portland, OR, *pg.* 242
Sulecki, Jim - Creative, Interactive / Digital, Media Department, PPM - MEISTER INTERACTIVE, Willoughby, OH, *pg.* 250
Sullivan, Kylie - PPM - ON BOARD EXPERIENTIAL MARKETING, Sausalito, CA, *pg.* 313
Sullivan, Tom - PPM - ANDERSON MARKETING GROUP, San Antonio, TX, *pg.* 31
Sundquist, Dan - PPM - MONO, Minneapolis, MN, *pg.* 117
Surr, Fred - PPM, PPOM - CAPTAINS OF INDUSTRY, INC., Boston, MA, *pg.* 340
Sutherland, Steve - Creative, PPM - PERISCOPE, Minneapolis, MN, *pg.* 127
Sutorius, Chris - PPM - AVOCET COMMUNICATIONS, Longmont, CO, *pg.* 328
Sutton, Paul - Interactive / Digital, PPM, PPOM - CIRCUS MAXIMUS, New York, NY, *pg.* 50
Sutton, Whitney - Media Department, PPM - THE BUNTIN GROUP, Nashville, TN, *pg.* 148
Swanson, Nicole - PPM - FIRESPRING, Lincoln, NE, *pg.* 358
Swartz, John - NBC, Operations, PPM - SS+K, New York, NY, *pg.* 144
Swierczynski, Jana - Creative, Interactive / Digital, PPM - CRITICAL MASS, INC., New York, NY, *pg.* 223
Swift, Ray - PPM - LEO BURNETT WORLDWIDE, Chicago, IL, *pg.* 98
Swihart, Lynne - Account Services, PPM - BALCOM AGENCY, Fort Worth, TX, *pg.* 329

AGENCIES
RESPONSIBILITIES INDEX

Sykes, Kim - PPM - MAD GENIUS, Ridgeland, MS, *pg.* 13

Szwanek, Rod - Creative, Interactive / Digital, Media Department, PPM - RCG ADVERTISING AND MEDIA, Omaha, NE, *pg.* 403

Tait, Chris - PPM, PPOM - PIRATE TORONTO, Toronto, ON, *pg.* 195

Taji, Dana - PPM - 22SQUARED INC., Tampa, FL, *pg.* 319

Talbot, Eddie - Interactive / Digital, PPM - BBR CREATIVE, Lafayette, LA, *pg.* 174

Tanner, Sean - Account Services, Interactive / Digital, Management, Media Department, PPM - ADAM&EVE DDB, New York, NY, *pg.* 26

Tantao, Frank - PPM - LITTLE BIG BRANDS, White Plains, NY, *pg.* 12

Taslica, Zeynep - PPM - 72ANDSUNNY, Playa Vista, CA, *pg.* 23

Taukus, Matt - Media Department, PPM - ZENITH MEDIA, New York, NY, *pg.* 529

Taylor, Sabrina - PPM - INDUSTRY, Portland, OR, *pg.* 187

Taylor, Mike - PPM - ARTBOX CREATIVE STUDIOS, Rogers, MN, *pg.* 173

Teague, Tennille - Creative, Interactive / Digital, Media Department, PPM - YARD, New York, NY, *pg.* 435

Tedeschi, Jai - Operations, PPM - R/GA, Los Angeles, CA, *pg.* 261

Teigen, Jessica - PPM - BBDO MINNEAPOLIS, Minneapolis, MN, *pg.* 330

Tekus, Derek - PPM - ONION, INC., Chicago, IL, *pg.* 394

Tench, Donald - Interactive / Digital, Media Department, PPM - DEUTSCH, INC., Los Angeles, CA, *pg.* 350

Tentler, Leslie - Creative, PPM - CARABINER COMMUNICATIONS INC., Lilburn, GA, *pg.* 588

Terris, Spencer - PPM - HUB STRATEGY & COMMUNICATION, San Francisco, CA, *pg.* 9

Terzich, Nick - PPM - BUCK, Los Angeles, CA, *pg.* 176

Thomas, Brenda - NBC, Operations, PPM - DIRECT IMPACT, INC., Saint Louis, MO, *pg.* 62

Thompson, Rachael - Account Services, PPM - STERLING-RICE GROUP, Boulder, CO, *pg.* 413

Thompson, Dana - PPM - DIGITAS, Atlanta, GA, *pg.* 228

Tibbitts, Maggie - Account Services, Media Department, PPM - OMD, New York, NY, *pg.* 498

Tichy, Terry - PPM - FALLS COMMUNICATIONS, Cleveland, OH, *pg.* 357

Tierney, Rachel - PPM - PUBLICIS NORTH AMERICA, New York, NY, *pg.* 399

Tindale, Kimberly - PPM - JAM3, Toronto, ON, *pg.* 243

Tino, Frank - PPM - MERKLE, King of Prussia, PA, *pg.* 114

Tipre, Joseph - PPM - FCB CHICAGO, Chicago, IL, *pg.* 71

Tkach, Natasha - PPM - HUDSON ROUGE, New York, NY, *pg.* 371

Tobey, Josh - PPM - INTEGRATED MERCHANDISING SYSTEMS, Morton Grove, IL, *pg.* 286

Torkelson, Meredith - PPM, PPOM - THE NOLAN GROUP , Bradenton, FL, *pg.* 654

Torres, Nicole - Management, Media Department, PPM - HAVAS MEDIA GROUP, New York, NY, *pg.* 468

Torres, Matt - Interactive / Digital, Media Department, PPM - TAYLOR & POND INTERACTIVE, San Diego, CA, *pg.* 269

Totushek, Chris - PPM - OBSERVATORY MARKETING, Los Angeles, CA, *pg.* 122

Toussaint Jr., Fausto - PPM - 160OVER90, New York, NY, *pg.* 301

Tracy, Marianne - Creative, Operations, PPM - THE GEORGE P. JOHNSON COMPANY, San Carlos, CA, *pg.* 316

Traversi, Amanda - Interactive / Digital, Media Department, PPM - GSD&M, Austin, TX, *pg.* 79

Traxler, Nik - PPM - THE DISTILLERY PROJECT, Chicago, IL, *pg.* 149

Trummer, Camille - Account Services, PPM - BRINK COMMUNICATIONS, Portland, OR, *pg.* 337

Tucker, Adrienne - PPM - TRACYLOCKE, Irving, TX, *pg.* 683

Tumulty, Jennifer - PPM - ALOYSIUS BUTLER & CLARK, Wilmington, DE, *pg.* 30

Turcotte, Marie-Noelle - PPM - BOB COMMUNICATIONS, Montreal, QC, *pg.* 41

Turner, Amy - Media Department, PPM - PHD USA, New York, NY, *pg.* 505

Tutunjian, Eric - PPM - MIDLANTIC MARKETING SOLUTIONS, Daytona Beach, FL, *pg.* 288

Tyler, Lindsay - Management, PPM - FCB CHICAGO, Chicago, IL, *pg.* 71

Ulrich, Marla - Management, PPM - BBDO ATL, Atlanta, GA, *pg.* 330

Umlauf, Simon - Creative, PPM - MOUNTAIN VIEW GROUP, Atlanta, GA, *pg.* 389

Valdes, Robert - Interactive / Digital, PPM, PPOM - FIG, New York, NY, *pg.* 73

Valdez, Roxana - Media Department, PPM - PALISADES MEDIA GROUP, INC., Santa Monica, CA, *pg.* 124

Valerius, Mylene - PPM - BLACKDOG ADVERTISING, Miami, FL, *pg.* 40

Valladares, Jenny - PPM - TEAM ONE, Los Angeles, CA, *pg.* 417

Valle, Javier - Account Services, PPM - LEO BURNETT WORLDWIDE, Chicago, IL, *pg.* 98

van Dyk, Rhonda - PPM - SCOTT DESIGN INC, Capitola, CA, *pg.* 198

Van Dyke, Melinda - Media Department, PPM - SPARK FOUNDRY, Chicago, IL, *pg.* 510

Van Dzura, Matt - Interactive / Digital, Media Department, PPM - R/GA, New York, NY, *pg.* 260

van Mourik, Judy - PPM - BOB'S YOUR UNCLE, Toronto, ON, *pg.* 335

Van Order, Cathy - PPM - PINCKNEY HUGO GROUP, Syracuse, NY, *pg.* 128

Van Putten, Hans - Media Department, PPM - INTERKOM CREATIVE MARKETING, Burlington, ON, *pg.* 168

Van Someren, Lisa - Creative, NBC, PPM - CACTUS MARKETING COMMUNICATIONS, Denver, CO, *pg.* 339

Van Steen, Bonnie - PPM - LEO BURNETT WORLDWIDE, Chicago, IL, *pg.* 98

Vardaro, Valerie - Account Services, Interactive / Digital, PPM - OGILVY PUBLIC RELATIONS, Washington, DC, *pg.* 634

Vargas, Naomi - PPM - O'BRIEN ET AL. ADVERTISING, Virginia Beach, VA, *pg.* 392

Vasquez, Lourdes - PPM - ANOMALY, New York, NY, *pg.* 325

Vautier, Sera - Account Services, PPM - FUSE, LLC, Vinooski, VT, *pg.* 8

Veet, Daniel - Creative, Interactive / Digital, Media Department, PPM - VAYNERMEDIA, New York, NY, *pg.* 689

Vega, Holly - PPM - BISCUIT FILMWORKS, Los Angeles, CA, *pg.* 561

Velarde, Javier - Creative, NBC, PPM, PPOM - TRITON PRODUCTIONS, Miami Beach, FL, *pg.* 317

Ventetuolo, Sara - PPM - MMB, Boston, MA, *pg.* 116

Ventrelli, Kelly - NBC, PPM - O'KEEFE REINHARD & PAUL, Chicago, IL, *pg.* 392

Verona, Andre - Creative, Interactive / Digital, Media Department, PPM - PERCEPTIV, Los Angeles, CA, *pg.* 396

Vickers, Jon - PPM - ACORN WOODS COMMUNICATIONS, Huntington Beach, CA, *pg.* 322

Vicknair, Alexis - Media Department, PPM - PETERMAYER, New Orleans, LA, *pg.* 127

Vingoe, Sarah - PPM - RETHINK COMMUNICATIONS, INC., Vancouver, BC, *pg.* 133

Vogelman, Drew - Creative, PPM - EDELMAN, New York, NY, *pg.* 599

Volodarksy, Jessica - PPM - UENO, San Francisco, CA, *pg.* 273

Vorlicky, Ann - NBC, PPM - SLINGSHOT, LLC, Dallas, TX, *pg.* 265

Wachtel, Rachel - PPM - THE NARRATIVE GROUP, New York, NY, *pg.* 654

Waggoner, Taryn - PPM - MIRUM AGENCY, San Diego, CA, *pg.* 251

Wahlbeck, Dana - PPM - 22SQUARED INC., Tampa, FL, *pg.* 319

Wakefield, Nick - Creative, PPM - MOB SCENE, Los Angeles, CA, *pg.* 563

Walker, Tommy - Interactive / Digital, Media Department, PPM - STONE WARD ADVERTISING, Little Rock, AR, *pg.* 413

Walker-Kulp, Stephanie - Interactive / Digital, Media Department, PPM - MINDSHARE, New

RESPONSIBILITIES INDEX

AGENCIES

York, NY, *pg.* 491
Wallace, Bruce - Creative, PPM - STONE WARD ADVERTISING, Little Rock, AR, *pg.* 413
Walpole, Andrew - PPM - TRAINA DESIGN, San Diego, CA, *pg.* 20
Walsh, Meredith - PPM - DAVID&GOLIATH, El Segundo, CA, *pg.* 57
Walsh, Jill - PPM - HAROLD WARNER ADVERTISING, INC., Buffalo, NY, *pg.* 369
Walsh, Sam - PPM - TEAM ONE, Los Angeles, CA, *pg.* 417
Walsh, Chloe - PPM - DIGITAS HEALTH LIFEBRANDS, Philadelphia, PA, *pg.* 229
Walters, Taylor - PPM - DESIGNSENSORY, Knoxville, TN, *pg.* 62
Warbrook, Cheryl - PPM - WIEDEN + KENNEDY, New York, NY, *pg.* 432
Ward, Megan - PPM, Programmatic - FIREHOUSE, INC., Dallas, TX, *pg.* 358
Ward, Nicholas - PPM - HERZOG & COMPANY, North Hollywood, CA, *pg.* 298
Warner, Michael - PPM - NAS RECRUITMENT COMMUNICATIONS, Cleveland, OH, *pg.* 667
Watson, Holly - Media Department, PPM - INNOVATIVE ADVERTISING, Mandeville, LA, *pg.* 375
Watts, Jonni - PPM - AD PARTNERS, INC., Tampa, FL, *pg.* 26
Waxler, Debbie - Management, Media Department, PPM - MEDIA ASSEMBLY, New York, NY, *pg.* 484
Webden, Chris - Creative, Media Department, PPM - DDB CANADA, Toronto, ON, *pg.* 224
Weber, Trent - Account Planner, Account Services, PPM - INFINITY DIRECT, Plymouth, MN, *pg.* 286
Weber, Lauren - PPM - BEAUTIFUL DESTINATIONS, New York, NY, *pg.* 38
Weichelt, Meg - PPM - BADER RUTTER & ASSOCIATES, INC., Milwaukee, WI, *pg.* 328
Weinberg, Lizzi - PPM - NAIL COMMUNICATIONS, Providence, RI, *pg.* 14
Weiner, Francine - PPM - LOS FELIZ AIRLINES, Pasadena, CA, *pg.* 562
Weiss, Eric - PPM - BERLIN CAMERON, New York, NY, *pg.* 38
Weiss, Jonathan - PPM - 72ANDSUNNY, Brooklyn, NY, *pg.* 24
Welch, Erik - PPM - GODFREY DADICH, San Francisco, CA, *pg.* 364
Welch, Rose - PPM - WE ARE BMF, New York, NY, *pg.* 318
Wertheimer, Amy - Account Services, PPM - BBDO WORLDWIDE, New York, NY, *pg.* 331
West, Tom - PPM - PERFORMANCE MARKETING, West Des Moines, IA, *pg.* 126
Whetter, Lori - Interactive / Digital, PPM - SIGNAL THEORY, Kansas City, MO, *pg.* 141
Whinfield, Steve - PPM - SIGNATURE ADVERTISING, Milldale, CT, *pg.* 17

White, Brenda - Interactive / Digital, Media Department, PPM - STARCOM WORLDWIDE, Chicago, IL, *pg.* 513
White, Lynn - PPM - SMITH & JONES, Troy, NY, *pg.* 143
White, Jack K. - PPM - OTEY WHITE & ASSOCIATES, Baton Rouge, LA, *pg.* 123
White Jr., David - Interactive / Digital, Media Department, PPM - DENTSU X, New York, NY, *pg.* 61
Whittington, James - Media Department, PPM - WONGDOODY, Seattle, WA, *pg.* 162
Wicinske, Shelley - PPM, PPOM - HUNT ADKINS, Minneapolis, MN, *pg.* 372
Widen, Jeanette - PPM - THE INTEGER GROUP, Lakewood, CO, *pg.* 682
Wiedensmith, Peter - Creative, PPM - WIEDEN + KENNEDY, Portland, OR, *pg.* 430
Wiegand, Sheila - Creative, PPM - ZENITH MEDIA, New York, NY, *pg.* 529
Wieland, Brady - Interactive / Digital, Operations, PPM - BRAND INNOVATION GROUP, Fort Wayne, IN, *pg.* 336
Wilbourn, Dustin - PPM - FIRESPRING, Lincoln, NE, *pg.* 358
Wilcox, Tyler - Interactive / Digital, PPM - TURNER PUBLIC RELATIONS, Denver, CO, *pg.* 657
Wild, Shea - PPM - STRATEGIC AMERICA, West Des Moines, IA, *pg.* 414
Wilkes, Kit - Creative, PPM - MEDIAMONKS, Venice, CA, *pg.* 249
Williams, Amy - Creative, PPM - BROTHERS & CO., Tulsa, OK, *pg.* 43
Williams, Peter - PPM - BBH, West Hollywood, CA, *pg.* 37
Wilson, Tommy - Interactive / Digital, PPM - HUMANAUT, Chattanooga, TN, *pg.* 87
Wilson, Kevin - Interactive / Digital, PPM - CHEMISTRY ATLANTA, Atlanta, GA, *pg.* 50
Wimmer, Amber - PPM - FORSMAN & BODENFORS, New York, NY, *pg.* 74
Winberg, Anna - Management, PPM - MARTIN WILLIAMS ADVERTISING, Minneapolis, MN, *pg.* 106
Wingbermuehle, Jeff - PPM - ANSIRA, Saint Louis, MO, *pg.* 280
Winkler, Steve - Media Department, PPM - 2E CREATIVE, Saint Louis, MO, *pg.* 23
Winters, Mary - Interactive / Digital, PPM - MANIFEST, Phoenix, AZ, *pg.* 383
Wiseman, Aaron - PPM - GONZALEZ MARKETING, Anchorage, AK, *pg.* 610
Witt, Patrick - PPM - LEO BURNETT WORLDWIDE, Chicago, IL, *pg.* 98
Wodrich, Jody - Creative, PPM - THE SHEPPARD GROUP, Glendale, CA, *pg.* 424
Wolford, Barry - PPM - THE VIA AGENCY, Portland, ME, *pg.* 154
Wood, Melanie - Management, PPM - CHARACTER, San Francisco, CA, *pg.* 5
Wood, Ashley - Creative, PPM -

BUTLER, SHINE, STERN & PARTNERS, Sausalito, CA, *pg.* 45
Woodbury, Juan - Creative, PPM - LEO BURNETT WORLDWIDE, Chicago, IL, *pg.* 98
Woodruff, Brooke - PPM - CACTUS MARKETING COMMUNICATIONS, Denver, CO, *pg.* 339
Wu, Suyun - Account Services, Interactive / Digital, Media Department, PPM - PUBLICIS NORTH AMERICA, New York, NY, *pg.* 399
Yamada, Naomi - PPM - CRESTA CREATIVE, Chicago, IL, *pg.* 594
Yeomans, David - Creative, PPM - DRAFTLINE, New York, NY, *pg.* 353
Yergeau, Richard - Creative, PPM - BLEUBLANCROUGE, Montreal, QC, *pg.* 40
York, Jennifer - PPM - MIRUM AGENCY, San Diego, CA, *pg.* 251
Yost, Sarah - PPM - ARCHRIVAL, INC., Lincoln, NE, *pg.* 1
Young, Katie - Interactive / Digital, PPM - BBDO WORLDWIDE, New York, NY, *pg.* 331
Yu-Kinsey, Dianne - Management, Media Department, PPM - COSSETTE MEDIA, Toronto, ON, *pg.* 345
Zaar, Erik - PPM - LEO BURNETT DETROIT, Troy, MI, *pg.* 97
Zaffarano, John - Creative, Interactive / Digital, PPM, PPOM - MOB SCENE, Los Angeles, CA, *pg.* 563
Zaman, Samar - PPM - HUGE, INC., Brooklyn, NY, *pg.* 239
Zapakin, Eric - PPM - WE ARE ROYALE, Los Angeles, CA, *pg.* 205
Zayner, Bridget - PPM - HEARST AUTOS, San Francisco, CA, *pg.* 238
Zellmann, Caitlin - Media Department, PPM - HAWORTH MARKETING & MEDIA, Minneapolis, MN, *pg.* 470
Zid, Susan - Media Department, PPM - TEN35, Chicago, IL, *pg.* 147
Zielinski, Jeff - PPM - PARTNERS + NAPIER, Rochester, NY, *pg.* 125
Zimmerman, Amy - PPM - GKV, Baltimore, MD, *pg.* 364
Zitella, Lisa - Media Department, PPM - MCGARRYBOWEN, Chicago, IL, *pg.* 110
Zorad, Anne-Marie - Creative, PPM - DIESTE, Dallas, TX, *pg.* 539
Zvonkin, Tanya - Finance, Interactive / Digital, Management, Media Department, PPM - CANVAS WORLDWIDE, New York, NY, *pg.* 458

Programmatic

Aberi, Ashley - Interactive / Digital, Media Department, Programmatic - MINDSHARE, New York, NY, *pg.* 491
Aceves, Alberto - Interactive / Digital, Media Department, Programmatic - AKQA, San Francisco, CA, *pg.* 211
Albujar, Jonathan - Interactive / Digital, Media Department, Programmatic - THE MEDIA KITCHEN,

AGENCIES
RESPONSIBILITIES INDEX

New York, NY, *pg.* 519
Alicea, Linda - Interactive / Digital, Media Department, Programmatic - VARICK MEDIA MANAGEMENT, New York, NY, *pg.* 274
Alles, Lina - Account Planner, Account Services, Media Department, PPOM, Programmatic - MINDSHARE, Toronto, ON, *pg.* 495
Altshuler, Kathryn - Interactive / Digital, Media Department, Programmatic - THE TOMBRAS GROUP, Knoxville, TN, *pg.* 424
Amdemichael, Semhar - Account Services, Interactive / Digital, Media Department, Programmatic - MEDIA ASSEMBLY, New York, NY, *pg.* 484
Amico, Nick - Interactive / Digital, Media Department, Programmatic - SPARK FOUNDRY, New York, NY, *pg.* 508
Amoroso, John - Interactive / Digital, Programmatic - THE TRADE DESK, Ventura, CA, *pg.* 519
Arnold, Lisa - Analytics, Programmatic - AMNET, New York, NY, *pg.* 454
Ashbaugh, Michael - Media Department, Programmatic - STARCOM WORLDWIDE, Detroit, MI, *pg.* 517
Audley, Gregory - Programmatic - UNDERTONE, New York, NY, *pg.* 273
Bader, Jane - Interactive / Digital, Media Department, Programmatic - HEARTS & SCIENCE, New York, NY, *pg.* 471
Banerji, Trina - Interactive / Digital, Media Department, Programmatic - OMD, New York, NY, *pg.* 498
Barry, Alex - Interactive / Digital, Management, Media Department, Programmatic - HAVAS MEDIA GROUP, Boston, MA, *pg.* 470
Bartoli, Pietro - Programmatic - DIGITAS, Chicago, IL, *pg.* 227
Bauer, Dave - Interactive / Digital, Media Department, Operations, Programmatic - CROSSMEDIA, New York, NY, *pg.* 463
Beck, Jacob - Media Department, Programmatic - DWA MEDIA, Boston, MA, *pg.* 464
Becker, Brandon - Interactive / Digital, Programmatic - DWA MEDIA, San Francisco, CA, *pg.* 464
Bennett, Angela - Programmatic - AUDIENCEX, Marina Del Rey, CA, *pg.* 35
Benson, Nick - Interactive / Digital, Media Department, Programmatic - THE TRADE DESK, Los Angeles, CA, *pg.* 519
Bereson, Leisha - Interactive / Digital, Media Department, Programmatic - CANVAS WORLDWIDE, Playa Vista, CA, *pg.* 458
Berlioz, Camille - Programmatic - BAYARD ADVERTISING AGENCY, INC., New York, NY, *pg.* 37
Bertiglia, Kelsey - Media Department, Programmatic - AKQA, San Francisco, CA, *pg.* 211

Betsold, Amanda - Interactive / Digital, Media Department, Programmatic - ICROSSING, New York, NY, *pg.* 240
Bevans, Kaitlin - Account Services, Media Department, Programmatic - THE MEDIA KITCHEN, New York, NY, *pg.* 519
Bevilacqua, Patrick - Account Services, Interactive / Digital, Management, Media Department, Operations, Programmatic - ACTIVISION BLIZZARD MEDIA, New York, NY, *pg.* 26
Black, Stephanie - Programmatic - STARCOM WORLDWIDE, New York, NY, *pg.* 517
Bombard, Daniel - Account Services, Programmatic - FIVEFIFTY, Denver, CO, *pg.* 235
Boumans, Jos - Interactive / Digital, Operations, Programmatic - SALESFORCE DMP, San Francisco, CA, *pg.* 409
Bowgen, Michael - Programmatic - STARCOM WORLDWIDE, New York, NY, *pg.* 517
Bowman, Laura - Media Department, Programmatic - PMG, Fort Worth, TX, *pg.* 257
Bracken, Ryan - Programmatic - KELLY, SCOTT & MADISON, INC., Chicago, IL, *pg.* 482
Brauer, Nick - Analytics, Interactive / Digital, Programmatic - DIGITAS, Chicago, IL, *pg.* 227
Bronstein, Morgan - Media Department, Programmatic - HAVAS MEDIA GROUP, Boston, MA, *pg.* 470
Buerger, Kevin - Account Services, NBC, Programmatic - JELLYFISH U.S., Baltimore, MD, *pg.* 243
Burka, James - Media Department, NBC, Programmatic - AMOBEE, INC., New York, NY, *pg.* 30
Burnham, Mason - Programmatic, Public Relations - THE TRADE DESK, New York, NY, *pg.* 520
Butler, Cecilia - Interactive / Digital, Media Department, Programmatic - HAVAS MEDIA GROUP, Chicago, IL, *pg.* 469
Campbell, Jeff - Interactive / Digital, Management, Media Department, NBC, Programmatic, Social Media - RESOLUTION MEDIA, Chicago, IL, *pg.* 676
Campos, Robert - Interactive / Digital, Media Department, Programmatic - OMD, New York, NY, *pg.* 498
Carroll, Billy - Programmatic - AMNET, New York, NY, *pg.* 454
Cashen, Colby - Account Services, Programmatic - THE TRADE DESK, New York, NY, *pg.* 520
Celizic, Zachary - Interactive / Digital, Programmatic - DIGITAS, New York, NY, *pg.* 226
Champoux, Holly - Interactive / Digital, NBC, Operations, Programmatic - CARAT, Detroit, MI, *pg.* 461
Chantres, Melisa - Interactive /

Digital, Media Department, PPOM, Programmatic - EVERETT CLAY ASSOCIATES, INC., Miami, FL, *pg.* 602
Chen, Christine - Media Department, Programmatic - MINDSHARE, Chicago, IL, *pg.* 494
Chen, Christina - Programmatic - MINDSHARE, New York, NY, *pg.* 491
Chiricotti, Kelly - Interactive / Digital, Media Department, Programmatic - SPARK FOUNDRY, Chicago, IL, *pg.* 510
Clancy, Brendan - Account Services, Programmatic - AUDIENCEXPRESS, New York, NY, *pg.* 455
Cobb, Kristina - Account Planner, Media Department, Programmatic - AMOBEE, INC., Chicago, IL, *pg.* 213
Cohen, Ran - Interactive / Digital, Programmatic - UNDERTONE, New York, NY, *pg.* 273
Cole, Jennifer - NBC, Programmatic - PROHASKA CONSULTING, New York, NY, *pg.* 130
Command, Lauren - Account Services, PPOM, Programmatic - AMNET, New York, NY, *pg.* 454
Compton, Courtney - Interactive / Digital, Programmatic - NAS RECRUITMENT COMMUNICATIONS, Cleveland, OH, *pg.* 667
Conway, Christine - Account Services, Programmatic - CONVERSANT, LLC, Chicago, IL, *pg.* 222
Cook, Gary - Interactive / Digital, Media Department, Programmatic - CROSSMEDIA, Philadelphia, PA, *pg.* 463
Couch, Ashley - Programmatic - MINDSHARE, Chicago, IL, *pg.* 494
Cousineau, Collin - Interactive / Digital, Media Department, Programmatic, Social Media - PHD CHICAGO, Chicago, IL, *pg.* 504
Couture, Ben - Media Department, Programmatic - STARCOM WORLDWIDE, Detroit, MI, *pg.* 517
Cross, Elizabeth - Interactive / Digital, Media Department, Programmatic - MINDSHARE, Chicago, IL, *pg.* 494
Crowell, Geoff - Media Department, PPOM, Programmatic - DIGITAS, New York, NY, *pg.* 226
Cruz, Jaime - Media Department, Programmatic - GP GENERATE, LLC, Los Angeles, CA, *pg.* 541
Curless, Jennifer - Media Department, Programmatic - DIGITAL ADDIX, San Diego, CA, *pg.* 225
Davis, Mike - Interactive / Digital, Programmatic - THE TRADE DESK, Boulder, CO, *pg.* 520
De La Pena, Margot - NBC, Programmatic - BLUE 449, San Francisco, CA, *pg.* 456
de Monet, Philip - Media Department, Programmatic - THE TRADE DESK, San Francisco, CA, *pg.* 520
Dederick, Jed - NBC, Programmatic - THE TRADE DESK, New York, NY, *pg.*

1971

RESPONSIBILITIES INDEX   AGENCIES

520
Dementiev, Maria - Interactive / Digital, Media Department, Programmatic - SPARK FOUNDRY, New York, NY, *pg.* 508
Diallo, Mohammed - Interactive / Digital, Media Department, Programmatic - UNIVERSAL MCCANN, New York, NY, *pg.* 521
Dinizo Newman, Kathryn - Programmatic - 360I, LLC, New York, NY, *pg.* 320
Doherty, Lindsey - Programmatic, Social Media - STARCOM WORLDWIDE, Chicago, IL, *pg.* 513
Donner, Rob - Account Services, Programmatic - AUDIENCEXPRESS, New York, NY, *pg.* 455
Doyle, Zach - NBC, Programmatic - ESSENCE, New York, NY, *pg.* 232
Duchon, Lauren - Programmatic - CRITICAL MASS, INC., Chicago, IL, *pg.* 223
Duffy, Kaitlin - NBC, Programmatic - THE TRADE DESK, New York, NY, *pg.* 520
Dunaway, Brandon - Analytics, Programmatic - DIGITAS, San Francisco, CA, *pg.* 227
Eason, Ben - NBC, Programmatic - CONVERSANT, LLC, Chicago, IL, *pg.* 222
Eckerling, Rachel - Interactive / Digital, Media Department, Programmatic - SPARK FOUNDRY, Chicago, IL, *pg.* 510
Eggleston, Anna - Interactive / Digital, Media Department, Programmatic - CROSSMEDIA, Philadelphia, PA, *pg.* 463
Engel, Dustin - Analytics, Interactive / Digital, Management, Media Department, NBC, Operations, Programmatic - PMG, Fort Worth, TX, *pg.* 257
Escarraman, Iris - Management, Programmatic - WIDEORBIT, San Francisco, CA, *pg.* 276
Esposito, Michael - Account Planner, Analytics, Interactive / Digital, Programmatic - PHD USA, New York, NY, *pg.* 505
Estrada, Jose - Media Department, Programmatic - PHD USA, New York, NY, *pg.* 505
Eve, Noah - Account Planner, Account Services, Analytics, Interactive / Digital, Media Department, Programmatic, Research - HORIZON MEDIA, INC., Los Angeles, CA, *pg.* 473
Evenson, Ashley - Interactive / Digital, Media Department, Programmatic - CICERON, Minneapolis, MN, *pg.* 220
Everse, Philip - Account Planner, Interactive / Digital, Media Department, Programmatic - STARCOM WORLDWIDE, Chicago, IL, *pg.* 513
Fang, Yuyu - Media Department, PPOM, Programmatic - RED FUSE COMMUNICATIONS, New York, NY, *pg.* 404
Faraon, Katalina - Programmatic,

Social Media - STARCOM WORLDWIDE, Chicago, IL, *pg.* 513
Farmer, Hannah - Media Department, Programmatic - GOOD APPLE DIGITAL, New York, NY, *pg.* 466
Farnoush, David - Media Department, Programmatic, Research - HARMELIN MEDIA, Bala Cynwyd, PA, *pg.* 467
Farris, Wesley - PPM, PPOM, Programmatic - DIGILANT, Boston, MA, *pg.* 464
Feng, Lisa - Interactive / Digital, Media Department, Programmatic - DIGITAS, New York, NY, *pg.* 226
Fiala, Kate - Media Department, Programmatic - CRAMER-KRASSELT, Chicago, IL, *pg.* 53
Findley, Kristen - Interactive / Digital, Media Department, Programmatic - CICERON, Minneapolis, MN, *pg.* 220
Fischer, Alex - Programmatic - SPARK FOUNDRY, New York, NY, *pg.* 508
Fisher, Jesse - Interactive / Digital, Media Department, Programmatic - HORIZON MEDIA, INC., Los Angeles, CA, *pg.* 473
Flack, Alexandra - Programmatic - HAVAS MEDIA GROUP, Chicago, IL, *pg.* 469
Flanagan, Jennifer - Interactive / Digital, Media Department, Programmatic - ADTAXI, Denver, CO, *pg.* 211
Flockencier, Peter - Analytics, Interactive / Digital, NBC, Programmatic - NEO MEDIA WORLD, New York, NY, *pg.* 496
Fobare, Maggie - Interactive / Digital, Media Department, Programmatic, Social Media - STARCOM WORLDWIDE, Chicago, IL, *pg.* 513
Folz, Jack - Media Department, Programmatic - BAYARD ADVERTISING AGENCY, INC., New York, NY, *pg.* 37
Ford, Fiona - Account Services, Analytics, Programmatic - FETCH, Los Angeles, CA, *pg.* 533
Forsyth, Alasdair - Interactive / Digital, Media Department, Programmatic - MINDSHARE, New York, NY, *pg.* 491
Fotheringham, Tom - Account Services, Management, Media Department, Programmatic - OMD CANADA, Toronto, ON, *pg.* 501
Freeman, Amanda - Interactive / Digital, Media Department, Programmatic, Social Media - STARCOM WORLDWIDE, Chicago, IL, *pg.* 513
Freifeld, David - Interactive / Digital, Programmatic, Research - THE TRADE DESK, New York, NY, *pg.* 520
Freund, Sarah - Programmatic - BRILLMEDIA.CO, Los Angeles, CA, *pg.* 43
Friday, Katy - NBC, Programmatic - THE TRADE DESK, Chicago, IL, *pg.* 519
Friesen, Steve - Programmatic - THE

TRADE DESK, San Francisco, CA, *pg.* 520
Fulmer, Alexa - Programmatic - PUBLICIS NORTH AMERICA, New York, NY, *pg.* 399
Galante, Nicholas - Media Department, Programmatic - DIRECT AGENTS, INC., New York, NY, *pg.* 229
Garson, Michael - Account Services, Programmatic - THE TRADE DESK, Chicago, IL, *pg.* 519
Garza, Oscar - Media Department, Programmatic - ESSENCE, San Francisco, CA, *pg.* 232
Geltzeiler, Anne - Programmatic - HORIZON MEDIA, INC., New York, NY, *pg.* 474
Gent, Peter - NBC, Programmatic - THE TRADE DESK, Boulder, CO, *pg.* 520
Ghareb, Mohamed - Interactive / Digital, Media Department, Programmatic - SPARK FOUNDRY, New York, NY, *pg.* 508
Giampino, Wayne - Interactive / Digital, Management, Programmatic - 360I, LLC, New York, NY, *pg.* 320
Giancini, Erin - Account Planner, Account Services, Media Department, Programmatic - AMNET, New York, NY, *pg.* 454
Giordano, Frances - Account Planner, Account Services, Interactive / Digital, Media Department, Programmatic - THE MEDIA KITCHEN, New York, NY, *pg.* 519
Goliszewski, Brian - Programmatic - MINDSHARE, Chicago, IL, *pg.* 494
Gomels, Eric - Interactive / Digital, Media Department, PPM, Programmatic - MINDSHARE, New York, NY, *pg.* 491
Gomeztrejo, Aaron - Programmatic - WPROMOTE, El Segundo, CA, *pg.* 678
Gonzales, Lizet - Account Planner, Account Services, Programmatic - GP GENERATE, LLC, Los Angeles, CA, *pg.* 541
Goodwin, Clare - Programmatic - KELLY, SCOTT & MADISON, INC., Chicago, IL, *pg.* 482
Gore, Daniel - Interactive / Digital, Media Department, Programmatic - CROSSMEDIA, New York, NY, *pg.* 463
Gottlieb, Zach - Interactive / Digital, Media Department, Programmatic - 360I, LLC, New York, NY, *pg.* 320
Gould, Brittany - Interactive / Digital, Media Department, Programmatic - HEARTS & SCIENCE, New York, NY, *pg.* 471
Graber, Brette - Programmatic - MASS APPEAL, New York, NY, *pg.* 562
Grant, Tom - Operations, Programmatic - HAVAS WORLDWIDE CHICAGO, Chicago, IL, *pg.* 82
Green, Deborah - Account Services, Interactive / Digital, Media Department, Programmatic - HEARTS & SCIENCE, New York, NY, *pg.* 471
Green, Alyx - Media Department,

AGENCIES RESPONSIBILITIES INDEX

Programmatic - 360I, LLC, New York, NY, pg. 320
Griffith, Ellen - Programmatic - MEDIA ASSEMBLY, Century City, CA, pg. 484
Gualotuna, Jonathan - Interactive / Digital, Media Department, Programmatic - WPROMOTE, El Segundo, CA, pg. 678
Guzman, Maynor - Programmatic - 360I, LLC, New York, NY, pg. 320
Halas, Olivia - Account Services, Programmatic - AMNET, Detroit, MI, pg. 454
Hallerberg, Alex - Media Department, Operations, Programmatic - KELLY, SCOTT & MADISON, INC., Chicago, IL, pg. 482
Harper, Baron - Account Services, NBC, Programmatic - THE TRADE DESK, New York, NY, pg. 520
Harris, Jake - Media Department, Programmatic - 360I, LLC, New York, NY, pg. 320
Haskins, Lauren - Media Department, Programmatic - THE RICHARDS GROUP, INC., Dallas, TX, pg. 422
Heather, Nicole - Programmatic - HAVAS MEDIA GROUP, Boston, MA, pg. 470
Heelan, Kayla - Account Services, Programmatic, Public Relations - THRIVEHIVE, Quincy, MA, pg. 271
Heger, Todd - Account Services, NBC, PPOM, Programmatic - DIGILANT, Boston, MA, pg. 464
Hemmat, Amir - Interactive / Digital, Media Department, Programmatic - UNIVERSAL MCCANN, New York, NY, pg. 521
Hennessy, Julianna - Media Department, Programmatic - CROSSMEDIA, New York, NY, pg. 463
Hittleman, Jason - Human Resources, Interactive / Digital, Programmatic - THE MARS AGENCY, Southfield, MI, pg. 683
Hotis, Wyatt - Interactive / Digital, Media Department, Programmatic - WAVEMAKER, New York, NY, pg. 526
Huang, Raymond - Interactive / Digital, Media Department, Programmatic - OMD, New York, NY, pg. 498
Huang, Elaine - Programmatic - HAVAS MEDIA GROUP, Boston, MA, pg. 470
Huck, Jenn - Account Planner, Media Department, NBC, Programmatic - OMD ENTERTAINMENT, Burbank, CA, pg. 501
Humber, Chris - Interactive / Digital, NBC, Programmatic, Social Media - EDELMAN, New York, NY, pg. 599
Ilkka, Alexi - Programmatic - KELLY, SCOTT & MADISON, INC., Chicago, IL, pg. 482
Injac, Aleksandra - Media Department, PPOM, Programmatic - MINDSHARE, Chicago, IL, pg. 494
Insler, Abraham - Media Department, Programmatic - MEDIACOM, New York, NY, pg. 487

Isenberg, Ryan - Analytics, Interactive / Digital, Programmatic - DIGITAS, New York, NY, pg. 226
Jackson, Kyle - Media Department, NBC, Programmatic - PERFORMICS, Chicago, IL, pg. 676
James, Denise - Programmatic - SPARK FOUNDRY, New York, NY, pg. 508
Jang, Joo Won - Analytics, Programmatic - GP GENERATE, LLC, Los Angeles, CA, pg. 541
Johnson, Andrew - Programmatic - BIGWING, Oklahoma City, OK, pg. 217
Kagan, Jon - Interactive / Digital, Media Department, Programmatic - COGNISCIENT MEDIA/MARC USA, Charlestown, MA, pg. 51
Kaplan, Adam - Interactive / Digital, Programmatic - BLUE CHIP MARKETING & COMMUNICATIONS, Northbrook, IL, pg. 334
Kapoor, Vartika - Programmatic - MINDSHARE, New York, NY, pg. 491
Karadjov, Ivo - PPOM, Programmatic - THE TRADE DESK, Boulder, CO, pg. 520
Kasper, Joshua - Programmatic - GROUPM, New York, NY, pg. 466
Kates, Rich - Account Services, Programmatic - THE TRADE DESK, Chicago, IL, pg. 519
Keith, Jason - Analytics, Interactive / Digital, Media Department, Programmatic, Social Media - DIGITAS, Chicago, IL, pg. 227
Kelly, Ryan - Interactive / Digital, Media Department, PPOM, Programmatic - WAVEMAKER, New York, NY, pg. 526
Kennedy, Ann - Analytics, Interactive / Digital, Programmatic - BAZAARVOICE, INC., Austin, TX, pg. 216
Kerch, Jessica - Analytics, Interactive / Digital, Media Department, Programmatic, Social Media - DIGITAS, Boston, MA, pg. 226
Kilkes, Chris - Account Services, Interactive / Digital, Programmatic - KEPLER GROUP, New York, NY, pg. 244
Killebrew, Katherine - Programmatic - SPARK FOUNDRY, Chicago, IL, pg. 510
Kimball, Kelsey - Account Services, Programmatic - THE TRADE DESK, New York, NY, pg. 520
Kinkelaar, Sara - Analytics, Programmatic, Social Media - STARCOM WORLDWIDE, Chicago, IL, pg. 513
Kirk, John - Interactive / Digital, Media Department, Programmatic - 22SQUARED INC., Atlanta, GA, pg. 319
Kitchen, Drew - Interactive / Digital, Media Department, Programmatic - MEDIACOM, New York, NY, pg. 487
Kleveno, Kolin - Programmatic - 360I, LLC, New York, NY, pg. 320

Koch, Sarah - Programmatic - HAVAS MEDIA GROUP, Chicago, IL, pg. 469
Kontos, Nicholas - Analytics, Interactive / Digital, Programmatic - SPARK FOUNDRY, Chicago, IL, pg. 510
Korenfeld, Oleg - Interactive / Digital, Media Department, PPOM, Programmatic - TROIKA/MISSION GROUP, Los Angeles, CA, pg. 20
Kos, Amanda - Account Services, Programmatic - THE TRADE DESK, Chicago, IL, pg. 519
Kotzev, Kalin - Operations, Programmatic - GROUPM, New York, NY, pg. 466
Kowan, Joe - Analytics, Interactive / Digital, Programmatic - SPARK FOUNDRY, Chicago, IL, pg. 510
Krammer, Ashley - Interactive / Digital, Programmatic, Social Media - STARCOM WORLDWIDE, Chicago, IL, pg. 513
Kregel, Jill - Account Services, Interactive / Digital, Media Department, Programmatic, Social Media - STARCOM WORLDWIDE, Detroit, MI, pg. 517
Kresnicka, Rob - Media Department, Programmatic - OMD, Chicago, IL, pg. 500
Krulewich, David - NBC, Programmatic - KATZ MEDIA GROUP, INC., New York, NY, pg. 481
Laguerta, Andre - Programmatic - MINDSHARE, New York, NY, pg. 491
Lam, Brian - Interactive / Digital, Media Department, Programmatic - OPERAM LLC, Los Angeles, CA, pg. 255
Langer, Greg - Interactive / Digital, Media Department, Programmatic - HAVAS MEDIA GROUP, Chicago, IL, pg. 469
Larson, Mathew - Interactive / Digital, Media Department, Programmatic - HAWORTH MARKETING & MEDIA, Minneapolis, MN, pg. 470
Lau, Ruby - Interactive / Digital, Media Department, Programmatic - NEO MEDIA WORLD, New York, NY, pg. 496
Lauer, Sam - Interactive / Digital, Media Department, Programmatic, Social Media - STARCOM WORLDWIDE, Chicago, IL, pg. 513
Lawler, Megan - Account Services, Management, Programmatic, Social Media - PHD CHICAGO, Chicago, IL, pg. 504
Leathersich, Maggie - Media Department, Programmatic - BUTLER / TILL, Rochester, NY, pg. 457
Lee, Jason - Account Planner, Programmatic - ESSENCE, New York, NY, pg. 232
Lee, David - Account Services, Media Department, Programmatic - THE RICHARDS GROUP, INC., Dallas, TX, pg. 422
Lee, Christina - Interactive / Digital, Media Department, Programmatic - ESSENCE, San Francisco, CA, pg. 232

RESPONSIBILITIES INDEX — AGENCIES

Lee, Tiffany - Interactive / Digital, NBC, Programmatic - THE TRADE DESK, San Francisco, CA, *pg.* 520

Lesser, Benjamin - Programmatic - THE TRADE DESK, San Francisco, CA, *pg.* 520

Leto, Dominic - Programmatic - 360I, LLC, Chicago, IL, *pg.* 208

Levine, Zachary - Interactive / Digital, Media Department, Programmatic - HEARTS & SCIENCE, Los Angeles, CA, *pg.* 473

Li, Jon - Interactive / Digital, Media Department, Programmatic - MEDIACOM, New York, NY, *pg.* 487

Li, Melanie - Media Department, Programmatic - JELLYFISH, San Francisco, CA, *pg.* 243

Li, Allison - Interactive / Digital, Media Department, Programmatic - STARCOM WORLDWIDE, New York, NY, *pg.* 517

Liew, Stephanie - Analytics, Programmatic - HORIZON MEDIA, INC., New York, NY, *pg.* 474

Liu, Sophia - Account Services, Programmatic - HORIZON MEDIA, INC., New York, NY, *pg.* 474

Llorens, Gladimar - Interactive / Digital, Media Department, Programmatic - OMD LATIN AMERICA, Miami, FL, *pg.* 543

Loconsole, Kim - Media Department, Programmatic - MINDSHARE, Chicago, IL, *pg.* 494

Lopez, Andrea - Interactive / Digital, Media Department, Programmatic - 4FRONT, Dallas, TX, *pg.* 208

Losada, Jill - Account Planner, Programmatic - BROWNSTEIN GROUP, INC., Philadelphia, PA, *pg.* 44

Lozano, RJ - Media Department, Programmatic - JELLYFISH, San Francisco, CA, *pg.* 243

Lu, Chloe - Media Department, Programmatic - TRILIA , Boston, MA, *pg.* 521

Lucci, Nick - Account Services, Programmatic - AUDIENCEXPRESS, New York, NY, *pg.* 455

Mahon, Lisa - Interactive / Digital, Media Department, Programmatic - STARCOM WORLDWIDE, Chicago, IL, *pg.* 513

Maina, Peris - Interactive / Digital, Media Department, Programmatic - OCEAN MEDIA, INC., Huntington Beach, CA, *pg.* 498

Malins, James - Interactive / Digital, Programmatic - AMOBEE, INC., Redwood City, CA, *pg.* 213

Malysiak, John - Interactive / Digital, NBC, Operations, Programmatic, Research, Social Media - PHD CHICAGO, Chicago, IL, *pg.* 504

Mamey, Jessie - Interactive / Digital, Media Department, Programmatic, Social Media - THE SEARCH AGENCY, Glendale, CA, *pg.* 677

Mandarino, Adam - Media Department, Programmatic - SPARK FOUNDRY, New York, NY, *pg.* 508

Mansfield, Rebecca - Media Department, Programmatic - SPARK FOUNDRY, New York, NY, *pg.* 508

Mardoyan-Smyth, Julian - Analytics, Programmatic - SPARK FOUNDRY, Chicago, IL, *pg.* 510

Markowski, Tim - Management, Programmatic - THE TRADE DESK, San Francisco, CA, *pg.* 520

Mathews, Kathryn - Account Planner, Account Services, Interactive / Digital, Media Department, Programmatic - STARCOM WORLDWIDE, Chicago, IL, *pg.* 513

McDonald, Kate - Interactive / Digital, Media Department, Programmatic - MINDSHARE, Chicago, IL, *pg.* 494

McFadden, Jessica - Interactive / Digital, Media Department, Programmatic - ESSENCE, New York, NY, *pg.* 232

McGinn, Jack - Interactive / Digital, Media Department, Programmatic, Social Media - OMD, Chicago, IL, *pg.* 500

McKenna, Lindsey - Account Services, Programmatic - THE TRADE DESK, New York, NY, *pg.* 520

McKinley, Jared - Interactive / Digital, Media Department, Programmatic - THE SHIPYARD, Columbus, OH, *pg.* 270

McLaughlin, Clayton - Interactive / Digital, Media Department, Programmatic - ICROSSING, Chicago, IL, *pg.* 241

McMullen, Patrick - Interactive / Digital, NBC, Programmatic - TRICOMB2B, Dayton, OH, *pg.* 427

McNeely, Brandon - Account Planner, Interactive / Digital, Media Department, Programmatic - SPARK FOUNDRY, Chicago, IL, *pg.* 510

Medina, Brittany - Account Services, Interactive / Digital, Programmatic - ADTAXI, Denver, CO, *pg.* 211

Melincoff, Lesley - Programmatic - OGILVY, New York, NY, *pg.* 393

Merkel, Kelly - Account Services, Media Department, PPM, Programmatic - CONVERSANT, LLC, Chicago, IL, *pg.* 222

Mezzanotte, Kate - Media Department, Programmatic - JELLYFISH, San Francisco, CA, *pg.* 243

Micks, Emily - Analytics, Media Department, Programmatic - UNIVERSAL MCCANN, Toronto, ON, *pg.* 524

Milnikel, Haylee - Media Department, Programmatic - DIGITAS, San Francisco, CA, *pg.* 227

Moore, Mike - NBC, Programmatic - GROUPM, New York, NY, *pg.* 466

Morrow, Cody - Interactive / Digital, Programmatic - ZIMMERMAN ADVERTISING, Fort Lauderdale, FL, *pg.* 437

Mottau, Ben - Media Department, Programmatic - THE TRADE DESK, San Francisco, CA, *pg.* 520

Movido, Mike - Interactive / Digital, Programmatic - SPARK FOUNDRY, Chicago, IL, *pg.* 510

Muir, Jeff - NBC, Programmatic - AUDIENCEXPRESS, New York, NY, *pg.* 455

Muldowney, Cathy - NBC, Programmatic - CLEAR CHANNEL OUTDOOR, New York, NY, *pg.* 550

Muller, Gillian - Programmatic - HORIZON MEDIA, INC., New York, NY, *pg.* 474

Muncie, David - Media Department, Programmatic - 9THWONDER, Playa Vista, CA, *pg.* 453

Murray, Alexandra - Programmatic - 360I, LLC, Chicago, IL, *pg.* 208

Nadeau, Liane - Interactive / Digital, Media Department, Programmatic - DIGITAS, Boston, MA, *pg.* 226

Nagy, Bryan - Interactive / Digital, Media Department, Programmatic - SPARK FOUNDRY, Chicago, IL, *pg.* 510

Neira, Keven - Programmatic - MEDIA STORM, New York, NY, *pg.* 486

Nelson, Alicia - Account Services, Interactive / Digital, Media Department, Programmatic - USIM, Los Angeles, CA, *pg.* 525

Nevruzian, Simone - Interactive / Digital, Media Department, Programmatic - HEARTS & SCIENCE, New York, NY, *pg.* 471

Newman, Jennifer - Account Planner, Account Services, Programmatic - AMNET, New York, NY, *pg.* 454

Nicanorova, Anna - Programmatic - ANNALECT GROUP, New York, NY, *pg.* 213

O'Bannon, Mackenzie - Programmatic - HAVAS WORLDWIDE CHICAGO, Chicago, IL, *pg.* 82

O'Connell, Cai - Programmatic - BLUE CHIP MARKETING & COMMUNICATIONS, Northbrook, IL, *pg.* 334

O'Hurley, Jack - Account Services, Programmatic - THE TRADE DESK, San Francisco, CA, *pg.* 520

Olson, Jordan - Account Services, Media Department, Programmatic - CONVERSANT, LLC, Chicago, IL, *pg.* 222

Orenstein, Matthew - Interactive / Digital, Media Department, Programmatic - THE MEDIA KITCHEN, New York, NY, *pg.* 519

Orlando, Gabrielle - Interactive / Digital, Media Department, Programmatic - 360I, LLC, Atlanta, GA, *pg.* 207

Orr, Daniel - Interactive / Digital, Media Department, Programmatic - WAVEMAKER, New York, NY, *pg.* 526

Ostler, James - Interactive / Digital, Media Department, Programmatic - OMD, Chicago, IL, *pg.* 500

Oumedian, Cassie - Interactive /

AGENCIES

RESPONSIBILITIES INDEX

Digital, Media Department, Programmatic, Social Media - HANAPIN MARKETING, Bloomington, IN, *pg.* 237

Oziemski, Katie - NBC, Programmatic - PERFICIENT DIGITAL, Ann Arbor, MI, *pg.* 257

Pagliuca, Megan - Account Planner, Account Services, Analytics, Media Department, PPOM, Programmatic - HEARTS & SCIENCE, New York, NY, *pg.* 471

Palmquist, Christopher - Analytics, Programmatic - SPARK FOUNDRY, Chicago, IL, *pg.* 510

Parker, Zachary - Analytics, PPOM, Programmatic - THE TRADE DESK, Los Angeles, CA, *pg.* 519

Patishnock, Darlene - Account Services, Programmatic - VMLY&R, New York, NY, *pg.* 160

Pavesic, Nicole - Interactive / Digital, Media Department, Programmatic - STARCOM WORLDWIDE, Chicago, IL, *pg.* 513

Peterson, Tami - Account Services, NBC, Programmatic - AMNET, Detroit, MI, *pg.* 454

Pitigoi-Aron, Gruia - NBC, Programmatic - THE TRADE DESK, San Francisco, CA, *pg.* 520

Platt, Kelsey - Account Services, Programmatic - THE TRADE DESK, New York, NY, *pg.* 520

Polouektov, Anton - Programmatic - MEDIACOM, New York, NY, *pg.* 487

Post, Jessica - Account Planner, Management, Media Department, Programmatic - VMLY&R, New York, NY, *pg.* 160

Powl, Andrew - Interactive / Digital, Media Department, Programmatic - OMD, New York, NY, *pg.* 498

Price, James - Analytics, Interactive / Digital, PPOM, Programmatic, Research - OUTFRONT MEDIA, New York, NY, *pg.* 554

Price, Kirsten - Media Department, Programmatic - WAVEMAKER, Los Angeles, CA, *pg.* 528

Proctor, Adam - Interactive / Digital, Programmatic - PHD USA, New York, NY, *pg.* 505

Quentzel, Evan - Media Department, Programmatic - SPARK FOUNDRY, Chicago, IL, *pg.* 510

Rahman, Syed - Operations, Programmatic - IPROSPECT, Toronto, ON, *pg.* 674

Raimo, Kristen - Programmatic - HORIZON MEDIA, INC., New York, NY, *pg.* 474

Raleigh, David - Account Services, Programmatic - AUDIENCEXPRESS, New York, NY, *pg.* 455

Rapport, Kelley - Analytics, Interactive / Digital, Programmatic - DIGITAS, Boston, MA, *pg.* 226

Rasmussen, Bri - Media Department, Programmatic - GOOD APPLE DIGITAL, New York, NY, *pg.* 466

Rayos, Freddy - Media Department, Programmatic - OCEAN MEDIA, INC., Huntington Beach, CA, *pg.* 498

Reddy, Nitika - Interactive / Digital, Media Department, Programmatic - MINDSHARE, Chicago, IL, *pg.* 494

Reinauer, Diana - Programmatic - SPARK FOUNDRY, New York, NY, *pg.* 508

Reisinger, Jill - Interactive / Digital, Media Department, Programmatic - NEO MEDIA WORLD, New York, NY, *pg.* 496

Repicci, Greg - Account Services, Programmatic - AUDIENCEXPRESS, New York, NY, *pg.* 455

Requidan, Erik - Interactive / Digital, NBC, Programmatic - INTERMARKETS, INC., Reston, VA, *pg.* 242

Riccitelli, Christina - Interactive / Digital, Programmatic - OPAD MEDIA SOLUTIONS, LLC, New York, NY, *pg.* 503

Richards, Erin - Account Services, Interactive / Digital, Media Department, Programmatic - NINETY9X, New York, NY, *pg.* 254

Riddick, Kristopher - Programmatic - HORIZON MEDIA, INC., New York, NY, *pg.* 474

Rifkin, Wade - Media Department, Programmatic - CLEAR CHANNEL OUTDOOR, New York, NY, *pg.* 550

Rivera, Angelica - Media Department, Programmatic - MEDIAHUB LOS ANGELES, El Segundo, CA, *pg.* 112

Robbie, Hawa - Programmatic - DENTSU AEGIS NETWORK, New York, NY, *pg.* 61

Rodrigo, Vicki - Account Services, Programmatic - CONVERSANT, LLC, Chicago, IL, *pg.* 222

Rodriguez, Brittany - Interactive / Digital, Media Department, Programmatic - HAWORTH MARKETING & MEDIA, Minneapolis, MN, *pg.* 470

Rogers, Josh - Programmatic - STARCOM WORLDWIDE, Detroit, MI, *pg.* 517

Rosenhouse, Brad - Interactive / Digital, Programmatic - PUBLICIS HEALTH, New York, NY, *pg.* 639

Rozzi, Brianna - Interactive / Digital, Programmatic - MEDIACOM, New York, NY, *pg.* 487

Russell, Claire - Analytics, Interactive / Digital, Media Department, Programmatic, Social Media - FITZCO, Atlanta, GA, *pg.* 73

Russell, David - Programmatic - PADILLA, Richmond, VA, *pg.* 635

Sahyoun, Jenna - Interactive / Digital, Media Department, Programmatic - CANVAS WORLDWIDE, Playa Vista, CA, *pg.* 458

Sailam, Krish - Interactive / Digital, Media Department, Programmatic - DWA MEDIA, San Francisco, CA, *pg.* 464

Salvatore, Nicholas - Media Department, Programmatic - PUBLICIS HEALTH MEDIA, Philadelphia, PA, *pg.* 506

Samson, Natalie - Media Department, Programmatic - HAVAS MEDIA GROUP, Chicago, IL, *pg.* 469

Sanders, Mathew - Media Department, Programmatic - STARCOM WORLDWIDE, New York, NY, *pg.* 517

Sandholm, Becky - Programmatic - SPARK FOUNDRY, Chicago, IL, *pg.* 510

Sandoval, Andrew - Interactive / Digital, Media Department, NBC, Programmatic - THE MEDIA KITCHEN, New York, NY, *pg.* 519

Santare, Bill - Media Department, Programmatic - HAVAS MEDIA GROUP, Boston, MA, *pg.* 470

Scheel, Jennifer - Media Department, Programmatic - AMNET, Detroit, MI, *pg.* 454

Schenkel, Adam - NBC, Programmatic - GUMGUM, Santa Monica, CA, *pg.* 80

Schnackenberg, Ron - Management, NBC, Programmatic - QUINSTREET, INC., Foster City, CA, *pg.* 290

Schneck, Kylie - Programmatic - JELLYFISH, San Francisco, CA, *pg.* 243

Schoeneman, Brittny - Programmatic - MINDSHARE, Chicago, IL, *pg.* 494

Schubeck, Lauren - Operations, Programmatic - AMNET, Detroit, MI, *pg.* 454

Schulte, Ann - Interactive / Digital, Media Department, Programmatic - MEDIAHUB LOS ANGELES, El Segundo, CA, *pg.* 112

Schultz, Cameron - Analytics, Programmatic - UNIVERSAL MCCANN, Los Angeles, CA, *pg.* 524

Scott, Trystin - Media Department, Programmatic - STARCOM WORLDWIDE, Chicago, IL, *pg.* 513

Scuglik, Cody - Interactive / Digital, Programmatic, Social Media - STARCOM WORLDWIDE, Chicago, IL, *pg.* 513

Shah, Alka - Media Department, PPOM, Programmatic - GROUPM, New York, NY, *pg.* 466

Sheehan, Casey - Account Services, Programmatic, Social Media - STARCOM WORLDWIDE, Chicago, IL, *pg.* 513

Shue, Jason - Media Department, Programmatic - THE TRADE DESK, Los Angeles, CA, *pg.* 519

Shulman, Tori - Interactive / Digital, Media Department, Programmatic - DIGITAS, Boston, MA, *pg.* 226

Sims, Tim - NBC, Programmatic - THE TRADE DESK, New York, NY, *pg.* 520

Singh, Navneet - Interactive / Digital, Media Department, Programmatic - HORIZON MEDIA, INC., New York, NY, *pg.* 474

Sinitean, Sarah - Interactive / Digital, Media Department, Programmatic, Social Media - STARCOM WORLDWIDE, Chicago, IL, *pg.* 513

Sitzmann, Dale - Analytics, Interactive / Digital, Programmatic - THE TRADE DESK, Boulder, CO, *pg.* 520

RESPONSIBILITIES INDEX — AGENCIES

Siveski, Aleksandar - Programmatic - GROUPM, New York, NY, *pg.* 466
Skorin, Emily - Interactive / Digital, Media Department, Programmatic - MINDSHARE, Chicago, IL, *pg.* 494
Skoryna, Nina - Programmatic - GP GENERATE, LLC, Los Angeles, CA, *pg.* 541
Smith, Emily - Interactive / Digital, Media Department, Programmatic, Social Media - DIGITAS, Boston, MA, *pg.* 226
Smith, Marc - Interactive / Digital, Media Department, Programmatic - CROSSMEDIA, Philadelphia, PA, *pg.* 463
Stachulski, John - Programmatic, Social Media - LAUGHLIN CONSTABLE, INC., Chicago, IL, *pg.* 380
Stauffer, Justin - Interactive / Digital, Management, Programmatic - DMW WORLDWIDE, LLC, Chesterbrook, PA, *pg.* 282
Stearley, Lauren - Programmatic - STARCOM WORLDWIDE, New York, NY, *pg.* 517
Stecker, Samantha - Account Planner, Media Department, Programmatic - OCEAN MEDIA, INC., Huntington Beach, CA, *pg.* 498
Steidemann, Mike - Account Planner, Account Services, Programmatic - GTB, Dearborn, MI, *pg.* 367
Stevens, Stephanie - Media Department, Programmatic - THE MEDIA KITCHEN, New York, NY, *pg.* 519
Stingl, Laura - Account Planner, Interactive / Digital, Media Department, Programmatic - BVK, Milwaukee, WI, *pg.* 339
Stoelk, Lauren - Media Department, Programmatic - CARMICHAEL LYNCH, Minneapolis, MN, *pg.* 47
Sullivan, Ryan - Account Services, Programmatic - PERFORMICS, Chicago, IL, *pg.* 676
Sun, Jenny - Media Department, Programmatic - NEO MEDIA WORLD, New York, NY, *pg.* 496
Sung, Jin - Programmatic - MINDSHARE, Playa Vista, CA, *pg.* 495
Tang, Sophia - Analytics, Programmatic, Research - BRANDTRUST, INC., Chicago, IL, *pg.* 4
Tang, Jerry - Interactive / Digital, Programmatic - THE TRADE DESK, Boulder, CO, *pg.* 520
Tate, Alexandra - Account Services, Media Department, Programmatic - OMD, New York, NY, *pg.* 498
Tawakali, Mona - Interactive / Digital, Programmatic - RECRUITICS, Lafayette, CA, *pg.* 404
Telkamp, Kevin - Interactive / Digital, Media Department, Programmatic - OCEAN MEDIA, INC., Huntington Beach, CA, *pg.* 498
Thompson, Brennen - Interactive / Digital, Programmatic - XAXIS, Los Angeles, CA, *pg.* 276
Thomson, Georgina - Account Planner, Account Services, Interactive / Digital, Media Department, Programmatic, Research - OMD, Chicago, IL, *pg.* 500
Thorne, Chris - Interactive / Digital, PPOM, Programmatic - THE TRADE DESK, Boulder, CO, *pg.* 520
Tieman, Scott - Programmatic - ACCENTURE INTERACTIVE, El Segundo, CA, *pg.* 322
Tines, Haley - Programmatic - HAVAS MEDIA GROUP, Boston, MA, *pg.* 470
Tosto, Max - Programmatic - 360I, LLC, Chicago, IL, *pg.* 208
Totade, Tejas - Interactive / Digital, Programmatic - RUDER FINN, INC., New York, NY, *pg.* 645
Tran-Vu, Anthony - Account Services, Media Department, Programmatic - CARMICHAEL LYNCH, Minneapolis, MN, *pg.* 47
Tsipis, Igor - Media Department, Programmatic - OMD WEST, Los Angeles, CA, *pg.* 502
Vasquez, Mariana - Media Department, Programmatic - MEDIACOM, New York, NY, *pg.* 487
Vesce, Katherine - NBC, Programmatic - THE TRADE DESK, New York, NY, *pg.* 520
Viscuse, Anthony - Account Services, Programmatic - AUDIENCEXPRESS, New York, NY, *pg.* 455
Walden, Zach - Interactive / Digital, Media Department, Operations, Programmatic - OMD WEST, Los Angeles, CA, *pg.* 502
Walker, Matthew - Programmatic - LIQUID AGENCY, INC., Portland, OR, *pg.* 12
Walker, Andrew - Programmatic - MINDSHARE, Chicago, IL, *pg.* 494
Walker, Collin - Programmatic - STARCOM WORLDWIDE, Chicago, IL, *pg.* 513
Walters, Mia - Interactive / Digital, Media Department, Programmatic - CRONIN, Glastonbury, CT, *pg.* 55
Walther, Nicole - Interactive / Digital, Media Department, Programmatic - EMPOWER, Cincinnati, OH, *pg.* 354
Wang, Jasmine - Interactive / Digital, Media Department, Programmatic, Social Media - NOBLE PEOPLE, New York, NY, *pg.* 120
Ward, Megan - PPM, Programmatic - FIREHOUSE, INC., Dallas, TX, *pg.* 358
Watson, Jr., Joseph - Media Department, Programmatic - M/SIX, New York, NY, *pg.* 482
Wattigney Smith, Tanya - Account Services, Media Department, Programmatic - CONVERSANT, LLC, Chicago, IL, *pg.* 222
Weinstein, Samantha - Programmatic - AMP AGENCY, Boston, MA, *pg.* 297
Wendel, Erin - Media Department, Programmatic - BUTLER / TILL, Rochester, NY, *pg.* 457
Weng, Jonathan - Programmatic - MINDSHARE, New York, NY, *pg.* 491
White, Lee - Programmatic - FIVEFIFTY, Denver, CO, *pg.* 235
Wilensky, Gila - Interactive / Digital, Media Department, Programmatic - ESSENCE, New York, NY, *pg.* 232
Wilson, Ashley - Programmatic - HAVAS MEDIA GROUP, Boston, MA, *pg.* 470
Wisniewski, Lauren - Programmatic - DIGITAS, Chicago, IL, *pg.* 227
Wolk, Anna - Interactive / Digital, Programmatic - THE TRADE DESK, New York, NY, *pg.* 520
Wu, Xiao - Interactive / Digital, Media Department, Programmatic - HARMELIN MEDIA, Bala Cynwyd, PA, *pg.* 467
Wynschenk, Andrew - Management, Operations, Programmatic - EYEVIEW DIGITAL, INC., New York, NY, *pg.* 233
Yordanova, Kalina - Media Department, Programmatic - SPARK FOUNDRY, New York, NY, *pg.* 508
You, Brian - Interactive / Digital, Programmatic - SPARK FOUNDRY, New York, NY, *pg.* 508
Yu, Todd - Interactive / Digital, Media Department, Programmatic - RAIN, Portland, OR, *pg.* 402
Zingarelli, Ally - Programmatic - WAVEMAKER, Los Angeles, CA, *pg.* 528

Promotions

Abbot, Dana - NBC, PPOM, Promotions - KAPLOW COMMUNICATIONS, New York, NY, *pg.* 618
Accardo, Diana - Media Department, NBC, Promotions - CANVAS WORLDWIDE, Playa Vista, CA, *pg.* 458
Adolfo, Raig - Account Planner, Account Services, Management, Media Department, NBC, Operations, PPOM, Promotions - 360I, LLC, New York, NY, *pg.* 320
Albano, Gina - Interactive / Digital, Promotions - INITIATIVE, New York, NY, *pg.* 477
Asahi, Amy - NBC, Promotions - ANSIRA, Saint Louis, MO, *pg.* 280
Bacon Cvancara, Kathryn - Account Services, Promotions - THE INTEGER GROUP, Lakewood, CO, *pg.* 682
Baetens, Margo - Promotions, Public Relations - ALLIED INTEGRATED MARKETING, Troy, MI, *pg.* 324
Bailey, Jennifer - Interactive / Digital, Promotions - STORY COLLABORATIVE, Fredericksburg, VA, *pg.* 414
Baker, Katelyn - Account Services, Promotions - 160OVER90, Los Angeles, CA, *pg.* 301
Barker, Chad - Account Services, Promotions - ADPEARANCE, Portland, OR, *pg.* 671
Baron, Jodie - Creative, Promotions - TBWA \ CHIAT \ DAY, Los Angeles, CA, *pg.* 146

AGENCIES

RESPONSIBILITIES INDEX

Bartow, Kate - Account Services, NBC, Promotions - TEAM ONE, New York, NY, *pg.* 418

Bell, Jerry - Account Planner, Promotions - VIDMOB, New York, NY, *pg.* 690

Benton, Joel - Promotions - BAYARD ADVERTISING AGENCY, INC., New York, NY, *pg.* 37

Berg, John - PPOM, Promotions - MCGARRYBOWEN, San Francisco, CA, *pg.* 385

Berger, Randi - Promotions - CENTRA360, Westbury, NY, *pg.* 49

Boerger, Dan - Promotions - QUATTRO DIRECT, Berwyn, PA, *pg.* 290

Bond, Samantha - Account Services, Media Department, NBC, Promotions - MKTG INC, New York, NY, *pg.* 311

Bonk, Morgan - Account Services, Promotions - ENDEAVOR - CHICAGO, Chicago, IL, *pg.* 297

Brenner, Rebekah - Creative, NBC, Promotions - THE TRADE DESK, Los Angeles, CA, *pg.* 519

Brodkin, Karen - Management, Promotions - 160OVER90, Los Angeles, CA, *pg.* 301

Byors, Ryan - Account Services, Promotions - PREMIER PARTNERSHIPS, New York, NY, *pg.* 314

Callicotte, Michael - Account Services, Creative, Promotions - RAPP WORLDWIDE, San Francisco, CA, *pg.* 291

Cardoso, Mary Ann - Promotions - INFOGROUP, New York, NY, *pg.* 286

Casey, Anne - Promotions - GMR MARKETING, New Berlin, WI, *pg.* 306

Castle, Don - Interactive / Digital, Promotions - INFOGROUP, New York, NY, *pg.* 286

Chin Ullmann, Elena - NBC, Operations, Promotions - MEDIACOM, New York, NY, *pg.* 487

Chowdhury, Shamsul - Interactive / Digital, Media Department, NBC, Promotions, Social Media - JELLYFISH U.S., Baltimore, MD, *pg.* 243

Cichocki, Joanna - Account Services, NBC, Promotions - 160OVER90, Los Angeles, CA, *pg.* 301

Clarke, Lindsey - NBC, Promotions - D'ORAZIO & ASSOCIATES, Beverly Hills, CA, *pg.* 594

Cohen, Shanee - NBC, Promotions - IMRE, New York, NY, *pg.* 374

Colclough, Jon - Creative, Promotions - MASS APPEAL, New York, NY, *pg.* 562

Crammond, Dave - Management, NBC, Promotions - WAVEMAKER, Toronto, ON, *pg.* 529

Creechan, David - Media Department, Promotions - 160OVER90, Los Angeles, CA, *pg.* 301

Crespo, Chariot - Management, NBC, Promotions - CENTRA360, Westbury, NY, *pg.* 49

Crosslin, Whitney - Management, Promotions - TYSINGER PROMOTIONS, INC., New Bern, NC, *pg.* 571

Cunningham, Susan - Media Department, Promotions - PLANO PROFILE, Plano, TX, *pg.* 195

Cuonzo, Marcella - Promotions - ALLIED INTEGRATED MARKETING, Hollywood, CA, *pg.* 576

Dacko, Elizabeth - Management, Operations, Promotions - CRAMER-KRASSELT, Chicago, IL, *pg.* 53

Davezac, Emilie - Promotions - ENTERACTIVE SOLUTIONS GROUP, INC., Burbank, CA, *pg.* 567

Davis, Craig M. - Finance, Operations, PPOM, Promotions - CGPR, Marblehead, MA, *pg.* 589

Davis, Adam - Account Services, Promotions - MARKETING RESOURCES, Oak Park, IL, *pg.* 568

DeGrand Fox, Annye - NBC, Promotions - OCTAGON, Rogers, AR, *pg.* 313

Dempster, Christian - Promotions - 160OVER90, Los Angeles, CA, *pg.* 301

Diaz, Lynda - NBC, Promotions - ASV INC., Torrance, CA, *pg.* 302

Dillon, Ashley - Account Services, Media Department, Promotions - SFW AGENCY, Greensboro, NC, *pg.* 16

Dobratz, Niki - Creative, Media Department, NBC, PPOM, Promotions - FALLON WORLDWIDE, Minneapolis, MN, *pg.* 70

Doctrow, Steve - NBC, Promotions - ROGERS & COWAN/PMK*BNC, Los Angeles, CA, *pg.* 643

Douglass, Greg - Promotions - ENTERACTIVE SOLUTIONS GROUP, INC., Burbank, CA, *pg.* 567

Doyle Barrett, Brittany - Interactive / Digital, Promotions - ZENITH MEDIA, New York, NY, *pg.* 529

Eskew, Victoria - Interactive / Digital, Media Department, Promotions, Research - GARTNER, INC., Stamford, CT, *pg.* 236

Fenn, David - Promotions - WALMART MEDIA GROUP, San Bruno, CA, *pg.* 684

Feuille, Janie - Creative, Promotions - BROWN & BIGELOW, San Diego, CA, *pg.* 566

Few, Delane - Interactive / Digital, Management, Media Department, Promotions - GENESCO SPORTS ENTERPRISES, Dallas, TX, *pg.* 306

Fishbein, Danny - Promotions - NMPI, New York, NY, *pg.* 254

Fraga, Kristen - Account Services, Promotions - DECO PRODUCTIONS, Miami, FL, *pg.* 304

Freisthler, Aimee - Account Services, Promotions - BURNS ENTERTAINMENT & SPORTS MARKETING, INC., Evanston, IL, *pg.* 303

Gainor, Brian - Account Planner, Account Services, Management, Media Department, Promotions - 4FRONT, Chicago, IL, *pg.* 208

Gall, Ashley - Finance, NBC, PPOM, Promotions - LAURA BURGESS MARKETING, New Bern, NC, *pg.* 622

Garofoli, Stephanie - Interactive / Digital, NBC, Promotions - VIDMOB, New York, NY, *pg.* 690

Geiger, Emily - Account Services, Creative, Media Department, Promotions - CONSTELLATION AGENCY, New York, NY, *pg.* 221

Gerber, Adam - Account Services, Creative, Media Department, Promotions - CONSTELLATION AGENCY, New York, NY, *pg.* 221

Geyskens, Philippe - Creative, NBC, Promotions - KANTAR TNS, Chicago, IL, *pg.* 446

Goggins, Terri - Promotions - JAYMIE SCOTTO & ASSOCIATES, Middlebrook, VA, *pg.* 616

Gong, David - Creative, Promotions - PMG, Fort Worth, TX, *pg.* 257

Gotovich, Sara - Promotions - CSM SPORTS & ENTERTAINMENT, Indianapolis, IN, *pg.* 55

Granz, Alisa - Management, NBC, Promotions - ROGERS & COWAN/PMK*BNC, Los Angeles, CA, *pg.* 643

Gutholm, Shelli - Human Resources, Promotions - CRITICAL MASS, INC., New York, NY, *pg.* 223

Guy, Carla - Account Services, Human Resources, Interactive / Digital, Management, NBC, Operations, PPOM, Promotions - DAGGER, Atlanta, GA, *pg.* 224

Hall, Dan - Account Services, Promotions - GMR MARKETING SAN FRANCISCO, San Francisco, CA, *pg.* 307

Handelman, Dara - NBC, Promotions - PLAYBUZZ, New York, NY, *pg.* 128

Hannen, Janci - Account Services, Promotions, Social Media - SOHO EXPERIENTIAL, New York, NY, *pg.* 143

Heffernan, Brian - NBC, Promotions - IBM IX, Columbus, OH, *pg.* 240

Hegarty, Tammy - Creative, Operations, Promotions - WPP KANTAR MEDIA, Boston, MA, *pg.* 451

Hobbs, Tim - Account Services, PPM, Promotions - MARKETING RESOURCES, Oak Park, IL, *pg.* 568

Hoffmann, Kathy - Promotions - DICOM, INC., Saint Louis, MO, *pg.* 464

Hum, William - Account Services, Creative, Media Department, Promotions - CONSTELLATION AGENCY, New York, NY, *pg.* 221

Issaq, Chad - NBC, Promotions - SUPERFLY, New York, NY, *pg.* 315

Jones, Lauren - Interactive / Digital, Media Department, Promotions - R2INTEGRATED, Baltimore, MD, *pg.* 261

Kamarasheva, Mina - Management, Media Department, PPM, Promotions - HORIZON MEDIA, INC., Los Angeles, CA, *pg.* 473

Kelly, Joe - Account Services, NBC, Promotions - OMOBONO, Chicago, IL, *pg.* 687

Kersey, Dave - Account Services, NBC, Promotions - CARAT, Culver City, CA, *pg.* 459

Kim, Kelly - Media Department, Operations, Promotions - 360I, LLC, Los Angeles, CA, *pg.* 208

1977

RESPONSIBILITIES INDEX

AGENCIES

Klein, Abigayil - Account Services, Promotions - FACTORY PR, New York, NY, pg. 602

Kline, Lauranne - Interactive / Digital, Media Department, Promotions - VM1 (ZENITH MEDIA + MOXIE), New York, NY, pg. 526

Kontney, Karrina - PPM, Promotions - DERSE, INC., Milwaukee, WI, pg. 304

Kovac, Ricky - Interactive / Digital, Promotions, Social Media - MEDIA MATTERS SF, San Francisco, CA, pg. 485

Labonte, Geri - Human Resources, Media Department, Promotions - ALL STAR INCENTIVE MARKETING, Fiskdale, MA, pg. 565

Lamberti, Jacqueline - Promotions - DON JAGODA ASSOCIATES, Melville, NY, pg. 567

Larkin, Margaret - Promotions - REDPEG MARKETING, Alexandria, VA, pg. 692

Lawrence, Brandi - Promotions - 360I, LLC, Los Angeles, CA, pg. 208

Lawrence, Christopher - NBC, Promotions - SOCIAL CHAIN, New York, NY, pg. 143

Lee, Jennifer - Creative, NBC, Promotions - THE TRADE DESK, Ventura, CA, pg. 519

Lee, Nancy - Promotions - WALMART MEDIA GROUP, San Bruno, CA, pg. 684

Lehman, Kacie - NBC, Promotions - MAC PRESENTS, New York, NY, pg. 298

Levine, Ben - Promotions - OGILVY, New York, NY, pg. 393

Liu, Andrew - Analytics, Creative, Promotions - SPRINKLR, New York, NY, pg. 688

Lomax, Deborah - Media Department, Promotions - SPECIALIZED MEDIA SERVICES, Charlotte, NC, pg. 513

Lukas, Jennifer - PPOM, Promotions - THE HIVE STRATEGIC MARKETING, Toronto, ON, pg. 420

Luts, Katrina - Promotions, Public Relations - ALLIED INTEGRATED MARKETING, Troy, MI, pg. 324

Madeira, Danielle - NBC, Promotions - ANOTHER PLANET ENTERTAINMENT, Berkeley, CA, pg. 565

Magiera, Maribeth - Media Department, Promotions - MINTZ & HOKE, Avon, CT, pg. 387

Magliocca, Evan - Analytics, Creative, Promotions - BAESMAN, Columbus, OH, pg. 167

Maniscalco, Pete - Management, Promotions - ALLIED INTEGRATED MARKETING, Saint Louis, MO, pg. 324

Martell, Miranda - Account Services, Promotions - FAKE LOVE, Brooklyn, NY, pg. 183

Matias, Ald - Operations, Promotions - H&L PARTNERS, Oakland, CA, pg. 80

McKenna, Shaun - Operations, Promotions - BCM MEDIA, Darien, CT, pg. 455

Medeiros, Megan - Account Services, NBC, Promotions - ADEPT MARKETING, Columbus, OH, pg. 210

Merrill, Tracy - NBC, Promotions - ZAKHILL GROUP, Santa Monica, CA, pg. 294

Modi, Rooju - Interactive / Digital, Promotions - INITIATIVE, Los Angeles, CA, pg. 478

Monroy, Carmen - Management, Promotions - DIRECTOHISPANIC, LLC, North Hollywood, CA, pg. 681

Montanez, Ryane - Creative, Promotions - EARTHBOUND BRANDS, New York, NY, pg. 7

Mulder, Kimberly - Creative, Promotions, Public Relations - DRS & ASSOCIATES, North Hollywood, CA, pg. 598

Murariu, Florin - Creative, Promotions - SPRINKLR, New York, NY, pg. 688

Newton, Seth - Interactive / Digital, Promotions - VISITURE, Charleston, SC, pg. 678

Ngo, Peri - Operations, Promotions - ESSENCE, New York, NY, pg. 232

Nguyen, Khoa - Creative, Operations, Promotions - WALMART MEDIA GROUP, San Bruno, CA, pg. 684

O'Bannon, Mackenzie - Media Department, Promotions - KELLY, SCOTT & MADISON, INC., Chicago, IL, pg. 482

O'Connor, Shana - NBC, Promotions - STRINGCAN INTERACTIVE, Scottsdale, AZ, pg. 267

Oliver, Richard - Account Services, Promotions - EDELMAN, Seattle, WA, pg. 601

Olson, Chad - Media Department, NBC, Promotions - NEMER, FIEGER & ASSOCIATES, Minneapolis, MN, pg. 391

Olson, Larisa - Account Services, Media Department, Promotions - THRIVEHIVE, Quincy, MA, pg. 271

Owen, Scott - Operations, Promotions - EVENT STRATEGIES, INC., Alexandria, VA, pg. 305

Palacios, Brandon - Promotions - ADVERTISEMINT, Hollywood, CA, pg. 211

Palmer, Michelle - Account Services, NBC, PPOM, Promotions - THE MARKETING ARM, Dallas, TX, pg. 316

Park, Vanessa - NBC, Promotions - LEGION ADVERTISING, Irving, TX, pg. 542

Patel, Rebecca - Promotions - INITIATIVE, Los Angeles, CA, pg. 478

Patel, Nimesh - Promotions - WALMART MEDIA GROUP, San Bruno, CA, pg. 684

Patterson, Kate - Account Planner, Media Department, Promotions - HORIZON MEDIA, INC., New York, NY, pg. 474

Patton, Rob - Interactive / Digital, Promotions - INFOGROUP, New York, NY, pg. 286

Peterson, Jessica - Operations, Promotions, Public Relations - EVENTMAKERS, Toluca Lake, CA, pg. 305

Petrocelli, Brian - NBC, Promotions - CREATA, Oakbrook Terrace, IL, pg. 346

Phalod, Priyanka - Interactive / Digital, Media Department, Promotions - ICROSSING, New York, NY, pg. 240

Post, John - NBC, Promotions - OCTAGON, Rogers, AR, pg. 313

Prevatt Woll, Pam - Promotions - WHITNEY ADVERTISING & DESIGN, Park City, UT, pg. 430

Pryor, Allyson - Interactive / Digital, NBC, Promotions, Social Media - THE LANE COMMUNICATIONS GROUP, New York, NY, pg. 654

Rebman, Neale - Promotions - CREATIVE PRODUCERS GROUP, Saint Louis, MO, pg. 303

Renwick, Kate - Interactive / Digital, Media Department, Promotions - MINDSHARE, Chicago, IL, pg. 494

Rick, Jessica - Promotions - ENTERACTIVE SOLUTIONS GROUP, INC., Burbank, CA, pg. 567

Rotroff, Erin - Account Services, Promotions - KELLY, SCOTT & MADISON, INC., Chicago, IL, pg. 482

Russo, Lauren - Management, NBC, Promotions - HORIZON MEDIA, INC., New York, NY, pg. 474

Santos, Cilmara - Account Services, NBC, Promotions - CONILL ADVERTISING, INC., El Segundo, CA, pg. 538

Saremi, Atash Tara - Interactive / Digital, NBC, Promotions - SAATCHI & SAATCHI LOS ANGELES, Torrance, CA, pg. 137

Satoor, Veronice - Operations, Promotions - ANOTHER PLANET ENTERTAINMENT, Berkeley, CA, pg. 565

Savin, Danielle - Interactive / Digital, Promotions - LYONS CONSULTING GROUP, Chicago, IL, pg. 247

Schlesinger, Stacey - Management, Promotions - HORIZON MEDIA, INC., New York, NY, pg. 474

Schuldt, Christine - Account Services, Promotions - LOCATION3 MEDIA, Denver, CO, pg. 246

Scott, Maura - Account Services, Interactive / Digital, Media Department, Promotions - INITIATIVE, Chicago, IL, pg. 479

Seinfeld, Roy - NBC, Promotions - LEARFIELD IMG COLLEGE, Plano, TX, pg. 310

Sharrow-Blaum, Christian - Account Services, Creative, Promotions - LYONS CONSULTING GROUP, Chicago, IL, pg. 247

Shearer, Andria - Creative, Promotions - WALMART MEDIA GROUP, San Bruno, CA, pg. 684

Simon, Jeremy - NBC, Promotions, Social Media - LIPPE TAYLOR, New York, NY, pg. 623

Smith, Greg - NBC, Promotions - PARTNERS + NAPIER, Rochester, NY, pg. 125

1978

AGENCIES

RESPONSIBILITIES INDEX

Sorrentino, Neil - Interactive / Digital, Media Department, Promotions - HEARTS & SCIENCE, New York, NY, pg. 471

Spurlock, Emily - Media Department, Promotions - IGNITE SOCIAL MEDIA, Cary, NC, pg. 686

Stopper, Mike - Creative, Promotions - JOHNSON & SEKIN, Dallas, TX, pg. 10

Stotts, Dana - Account Planner, Management, NBC, Promotions - ARC WORLDWIDE, Chicago, IL, pg. 327

Suraci, Linda - NBC, Promotions - CENTRA360, Westbury, NY, pg. 49

Taylor, Shane - NBC, Promotions - AUDIENCEX, Marina Del Rey, CA, pg. 35

Taylor, Nelson - Account Services, Promotions - KEMPERLESNIK COMMUNICATIONS , Chicago, IL, pg. 619

Teeple, Phil - Management, NBC, Promotions - SAATCHI & SAATCHI DALLAS, Dallas, TX, pg. 136

Tendler, Lindsay - Management, Promotions - HORIZON MEDIA, INC., New York, NY, pg. 474

Terman, Jennifer - Creative, Promotions, Public Relations - DRS & ASSOCIATES, North Hollywood, CA, pg. 598

Tobak, Suzanne - Promotions - SERINO COYNE, INC., New York, NY, pg. 299

Torbeck, Heather - Promotions - THE GEORGE P. JOHNSON COMPANY, San Carlos, CA, pg. 316

Turnbow, Andrea - Promotions - STRINGCAN INTERACTIVE, Scottsdale, AZ, pg. 267

Upham, Nowell - Management, Promotions - THE MARKETING ARM, Dallas, TX, pg. 316

Washle, Jennifer - Promotions - BISIG IMPACT GROUP, Louisville, KY, pg. 583

Weipz, John - Media Department, Promotions - REFUEL AGENCY, Monmouth Junction, NJ, pg. 405

White, Amy - Analytics, Media Department, Promotions - R2INTEGRATED, Baltimore, MD, pg. 261

Whitmore, Jayson - Promotions - WE ARE ROYALE, Los Angeles, CA, pg. 205

Will, Sara - Interactive / Digital, Media Department, NBC, Promotions - CLOSED LOOP MARKETING, Roseville, CA, pg. 672

Willaby, Brooke - Creative, Promotions - PUSH DIGITAL, Columbia, SC, pg. 640

Williams, Kevin - Management, Promotions - NEXT MARKETING, Norcross, GA, pg. 312

Williams, Vanessa - Account Services, Promotions, Social Media - IGNITE SOCIAL MEDIA, Cary, NC, pg. 686

Willis, Nathan - Account Services, NBC, Promotions - FUSEIDEAS, LLC, Buffalo, NY, pg. 306

Wilson, Matt - Media Department, Promotions - MEDIAHUB LOS ANGELES, El Segundo, CA, pg. 112

Woods, Rhea - Creative, Interactive / Digital, Promotions, Social Media - PRAYTELL, Brooklyn, NY, pg. 258

Worley, Lauren - Creative, Promotions, Public Relations - MANIFOLD, San Francisco, CA, pg. 104

Yu, Justine - NBC, Promotions - OCTAGON, Rogers, AR, pg. 313

Zimmerman, Julia - Creative, Promotions, Public Relations, Social Media - LYONS CONSULTING GROUP, Chicago, IL, pg. 247

Public Relations

Abbate, Jason - NBC, Public Relations - STEIN IAS, New York, NY, pg. 267

Abendroth, Rosemary - Interactive / Digital, NBC, Public Relations - MCGARRYBOWEN, San Francisco, CA, pg. 385

Abernethy, Dan - Management, Public Relations - FINSBURY, New York, NY, pg. 604

Aboyoun, Stacy - Account Services, Public Relations - KINNEY + KINSELLA, New York, NY, pg. 11

Acker, Kate - Account Services, Interactive / Digital, Public Relations - THINK MOTIVE, Denver, CO, pg. 154

Acquistapace, Kyle - Account Planner, Account Services, Interactive / Digital, Media Department, PPOM, Public Relations - TEAM ONE, Los Angeles, CA, pg. 417

Adams, Amie - Public Relations - DUNN ASSOCIATES, Arlington, VA, pg. 598

Adams, Deborah - Management, Public Relations - HARBINGER COMMUNICATIONS, INC., Toronto, ON, pg. 611

Adams, Megan - NBC, Public Relations - SUPERFLY, New York, NY, pg. 315

Adams, Sean - Public Relations - AMOBEE, INC., Redwood City, CA, pg. 213

Adrian, Nicole - Public Relations - BADER RUTTER & ASSOCIATES, INC. , Milwaukee, WI, pg. 328

Aguiar, Rachel - Interactive / Digital, NBC, Public Relations - RESOLUTION MEDIA, Chicago, IL, pg. 676

Ahn, Stephen - Public Relations - MEDIACOM, New York, NY, pg. 487

Ahrens, Frank - Public Relations - BGR GROUP, Washington, DC, pg. 583

Akens, Brittany - Account Services, Public Relations - BRANDSTYLE COMMUNICATIONS, New York, NY, pg. 585

Al-Marhoon, Kathleen - Public Relations - BAILEY LAUERMAN, Omaha, NE, pg. 35

Alario, Jessica - Public Relations - ZOZIMUS AGENCY, Boston, MA, pg. 665

Alderman, Steve - Public Relations - GODWIN GROUP, Jackson, MS, pg. 364

Aldrich, Andrew - Public Relations - BONNIE HENESON COMMUNICATIONS, INC., Owings Mills, MD, pg. 585

Alickaj, Diana - Public Relations - HUGE, INC., Brooklyn, NY, pg. 239

Allan, David - Finance, Public Relations - KETCHUM, New York, NY, pg. 542

Allard, Hilary - Public Relations - THE CASTLE GROUP, INC., Boston, MA, pg. 652

Allen, Kim - PPOM, Public Relations - DIXON SCHWABL ADVERTISING, Victor, NY, pg. 351

Allport, Christie - Public Relations - HUGE, INC., Brooklyn, NY, pg. 239

Allsman, Erin - Public Relations, Social Media - BROWNSTEIN GROUP, INC., Philadelphia, PA, pg. 44

Alpian, Massimo - Account Services, Public Relations - OUTSIDEPR, Sausalito, CA, pg. 634

Alston, Chuck - Public Relations - QORVIS COMMUNICATIONS, LLC, Washington, DC, pg. 640

Altman, Lisa - Public Relations - JAFFE PR, Washington, DC, pg. 616

Alvarenga, Elba - Account Planner, Account Services, Interactive / Digital, Media Department, NBC, Public Relations - EDELMAN, New York, NY, pg. 599

Amazeen, Jordyn - Public Relations - WALT & COMPANY COMMUNICATIONS, Campbell, CA, pg. 659

Amend, Sakura - Management, PPOM, Public Relations - FINN PARTNERS, New York, NY, pg. 603

Amigh, Vanessa - Account Services, Public Relations - HUNTER PUBLIC RELATIONS, New York, NY, pg. 614

Anastasi, Angela - Account Services, Public Relations - FLEISHMANHILLARD, New York, NY, pg. 605

Anastasiadis, Paul - Account Services, Public Relations - M&C SAATCHI PERFORMANCE, New York, NY, pg. 247

Andersen, Jamie - Public Relations - BASTION ELEVATE, Irvine, CA, pg. 580

Anderson, Carol - Account Planner, Account Services, Public Relations - EXPONENT PR, Minneapolis, MN, pg. 602

Anderson, Ian - PPOM, PR Management, Public Relations - BACKBONE MEDIA, Carbondale, CO, pg. 579

Anderson, Tracy - Public Relations - BURRELL COMMUNICATIONS GROUP, INC. , Chicago, IL, pg. 45

Angell, Julie - Public Relations - NAVIGATE MARKETING, Chicago, IL, pg. 253

RESPONSIBILITIES INDEX

AGENCIES

Angert, Shira - Account Services, Public Relations - BENENSON STRATEGY GROUP, New York, NY, pg. 333

Anthony, Trisha - Account Services, Public Relations - GORDON C. JAMES PUBLIC RELATIONS, Phoenix, AZ, pg. 610

Apablaza, Karen - Public Relations - BRILLIANT PR & MARKETING, Scottsdale, AZ, pg. 586

Archambault, Katie - Public Relations - NIKE COMMUNICATIONS, INC., New York, NY, pg. 632

Arizmendi, Andria - Public Relations - KCD, INC., New York, NY, pg. 94

Arlene, Jean - Management, Public Relations - A.L.T. LEGAL PROFESSIONALS MARKETING GROUP, Marlton, NJ, pg. 321

Armistead, Stacy - Account Planner, Account Services, Interactive / Digital, Public Relations - MINDSHARE, Atlanta, GA, pg. 493

Arnold, Dana - Interactive / Digital, NBC, Public Relations, Social Media - HIEBING, Madison, WI, pg. 85

Arnold, Melissa - Account Services, Public Relations - PORTER NOVELLI CANADA, Toronto, ON, pg. 638

Arsenault, Cait - Public Relations - DUFFY & SHANLEY, INC., Providence, RI, pg. 66

Artman, Wendy - Public Relations - GROUNDFLOOR MEDIA, Denver, CO, pg. 611

Ascencio, Genevieve - Interactive / Digital, Public Relations - GOLIN, Miami, FL, pg. 609

Ashooh, Nicholas - Management, Public Relations - APCO WORLDWIDE, Washington, DC, pg. 578

Assing, Rebecca - Media Department, Public Relations - KOVERT CREATIVE, New York, NY, pg. 96

Atherton, Julie - PPOM, Public Relations - JAM COLLECTIVE, San Francisco, CA, pg. 616

Aubin, Katia - Public Relations - SID LEE, Montreal, QC, pg. 140

Austi, Donna - Public Relations - GLA COMMUNICATIONS, Millburn, NJ, pg. 608

Aydelotte, Todd - Management, PPOM, Public Relations, Social Media - ALLISON+PARTNERS, New York, NY, pg. 576

Ayers, David - Public Relations - Z MARKETING PARTNERS, Indianapolis, IN, pg. 436

Azzolino, Christine - Account Services, Public Relations - COYNE PUBLIC RELATIONS, Parsippany, NJ, pg. 593

Babin, Michelle - Account Services, Public Relations - KETCHUM, Washington, DC, pg. 619

Baena, Lina - Public Relations - C-COM GROUP, INC., Miami, FL, pg. 587

Baetens, Margo - Promotions, Public Relations - ALLIED INTEGRATED MARKETING, Troy, MI, pg. 324

Baharvar, Samantha - Account Planner, Interactive / Digital, Media Department, NBC, Public Relations - DIGITAS, New York, NY, pg. 226

Baker, Audrey - Public Relations - FULL COURT PRESS COMMUNICATIONS, Oakland, CA, pg. 607

Baker-Asiddao, Jennifer - NBC, Public Relations - GOLIN, Los Angeles, CA, pg. 609

Balins, Ive - Management, Public Relations - CITIZEN RELATIONS, Los Angeles, CA, pg. 590

Balow, Erin - NBC, Public Relations - FAHLGREN MORTINE PUBLIC RELATIONS, Columbus, OH, pg. 70

Banca, Annette - Public Relations - 5W PUBLIC RELATIONS, New York, NY, pg. 574

Banks, Emily - Account Services, Public Relations - RYGR, Carbondale, CO, pg. 409

Baratta, Melissa - Public Relations, Social Media - AFFECT, New York, NY, pg. 575

Barber, Robert - Account Services, PPM, Public Relations - RUSSELL DESIGN, New York, NY, pg. 197

Barbour, Haley - Account Services, PPOM, Public Relations - BGR GROUP, Washington, DC, pg. 583

Barker, Devyn - Account Services, Media Department, Public Relations - DECKER ROYAL AGENCY, New York, NY, pg. 596

Barman, Neil - Public Relations - BCW NEW YORK, New York, NY, pg. 581

Barnett, Stacie - PPOM, Public Relations - THE RICHARDS GROUP, INC., Dallas, TX, pg. 422

Barossi, Cecilia - Public Relations - ACTIVE INTERNATIONAL, Pearl River, NY, pg. 439

Barrack, Stacey - Public Relations - HOWARD CONSULTING GROUP, Washington, DC, pg. 614

Barrett, Mike - Media Department, NBC, PPOM, Public Relations - HEAT, San Francisco, CA, pg. 84

Barritt, Tom - NBC, PPOM, Public Relations - KETCHUM, New York, NY, pg. 542

Bartholomew, Samantha - Public Relations - FRESH COMMUNICATIONS, North Reading, MA, pg. 606

Bartman, Heather - Account Services, Public Relations - FAHLGREN MORTINE PUBLIC RELATIONS, Columbus, OH, pg. 70

Barto, Melissa - Public Relations - CANVAS BLUE, Los Angeles, CA, pg. 47

Bartoe, Desiree - Account Services, Public Relations - GATESMAN, Pittsburgh, PA, pg. 361

Barwick, Alex - Media Department, NBC, Public Relations - WIEDEN + KENNEDY, Portland, OR, pg. 430

Batavia, Jay - Public Relations - MOMENTUM WORLDWIDE, Atlanta, GA, pg. 117

Bates, Chuck - Public Relations - DGS MARKETING ENGINEERS, Fishers, IN, pg. 351

Batliner, Julie - NBC, PPM, PPOM, Public Relations - CARMICHAEL LYNCH, Minneapolis, MN, pg. 47

Batuszkin, Margaret - NBC, Public Relations - COWAN & COMPANY COMMUNICATIONS, Toronto, ON, pg. 593

Bauer, Mollie - NBC, Public Relations - FRASER COMMUNICATIONS, Los Angeles, CA, pg. 540

Baughan, Peter - NBC, Public Relations - FOODMIX MARKETING COMMUNICATIONS, Elmhurst, IL, pg. 359

Baum, Chrissy - Public Relations - SHOPPR, New York, NY, pg. 647

Baumgarten, Libbey - Management, Public Relations - JENNIFER BETT COMMUNICATIONS, New York, NY, pg. 617

Bautista, Matthew - Public Relations - M BOOTH & ASSOCIATES, INC., New York, NY, pg. 624

Beach, Julie - NBC, Public Relations - M45 MARKETING SERVICES, Freeport, IL, pg. 382

Beachy, Laura - Management, PPOM, Public Relations - BEACHY MEDIA, Queens, NY, pg. 216

Beeler, Chuck - NBC, Public Relations - MOWER, Syracuse, NY, pg. 118

Bell, Angela - NBC, Public Relations - GRAVINA SMITH & MATTE, INC., Fort Myers, FL, pg. 610

Bender, Dean - Management, PPOM, Public Relations - THOMPSON & BENDER, Briarcliff Manor, NY, pg. 656

Bender, Theresa - NBC, Public Relations - VOVEO MARKETING GROUP, Malvern, PA, pg. 429

Benenson, Joel - Account Services, NBC, PPOM, Public Relations - BENENSON STRATEGY GROUP, New York, NY, pg. 333

Benjamini, Tracey - Account Services, Public Relations - R&J STRATEGIC COMMUNICATIONS, Bridgewater, NJ, pg. 640

Bennett, Tricia - Public Relations - GROUNDFLOOR MEDIA, Denver, CO, pg. 611

Benson, Mark - PPOM, Public Relations - APCO WORLDWIDE, Washington, DC, pg. 578

Benvenuto, Laura - Account Services, Public Relations - KETCHUM, Washington, DC, pg. 619

Beran, Bianca - Public Relations - PHASE 3 MARKETING & COMMUNICATIONS, Atlanta, GA, pg. 636

Berardino, Angela - Account Planner, Public Relations - TURNER PUBLIC RELATIONS, New York, NY, pg. 657

Berg, Bob - NBC, PPOM, Public Relations - VANDYKE-HORN, Detroit, MI, pg. 658

Berk Ross, Jessica - PPOM, Public Relations - FINN PARTNERS, Washington, DC, pg. 603

AGENCIES
RESPONSIBILITIES INDEX

Berman, Zachary - Account Services, Public Relations - DIFFUSION PR, New York, NY, pg. 597

Berry, Ralph - Public Relations - SULLIVAN BRANDING, Memphis, TN, pg. 415

Berry, Dana - Account Services, Public Relations - STONE WARD ADVERTISING, Little Rock, AR, pg. 413

Berry, Caitlin - Account Services, Public Relations - INFERNO, LLC, Memphis, TN, pg. 374

Berry, Bill - Finance, NBC, PPOM, Public Relations - BERRY & COMPANY PUBLIC RELATIONS, New York, NY, pg. 583

Berstler, Aaron - Account Services, Public Relations - BROADHEAD, Minneapolis, MN, pg. 337

Berta, Kathy - Management, Public Relations - R STRATEGY GROUP, Cleveland, OH, pg. 16

Berwitz, Scott - Management, NBC, Public Relations - MCCANN NEW YORK, New York, NY, pg. 108

Bianca, Aimee - Media Department, PPOM, Public Relations - YC MEDIA, New York, NY, pg. 664

Biden, Seth - Public Relations - SASQUATCH, Portland, OR, pg. 138

Bieberich, Caiti - Account Services, Management, Public Relations - KETCHUM, Chicago, IL, pg. 619

Birschbach, Marissa - Public Relations - AMP3 PUBLIC RELATIONS, New York, NY, pg. 577

Bishop, Leslie - Account Services, Public Relations - 5W PUBLIC RELATIONS, New York, NY, pg. 574

Bishop, Elise - NBC, Public Relations - GROUNDFLOOR MEDIA, Denver, CO, pg. 611

Bjorgaard, Jessica - Interactive / Digital, NBC, Public Relations, Social Media - INQUEST MARKETING, Kansas City, MO, pg. 445

Black, Jessica - Public Relations - MARKSTEIN, Birmingham, AL, pg. 625

Black-Manriquez, Susie - Account Services, Public Relations - FAISS FOLEY WARREN, Las Vegas, NV, pg. 602

Blackburn, Wendy - NBC, Public Relations - INTOUCH SOLUTIONS, INC., Overland Park, KS, pg. 242

Blackford, Alina - Account Services, Public Relations - EDELMAN, New York, NY, pg. 599

Blake, Justin - Public Relations - EDELMAN, New York, NY, pg. 599

Blake, Natalie - Public Relations - MSLGROUP, New York, NY, pg. 629

Blakely, Lindsey - Public Relations - WALMART MEDIA GROUP, San Bruno, CA, pg. 684

Blanchette, Jill - NBC, Public Relations - R&R PARTNERS, Las Vegas, NV, pg. 131

Blankfein, Eric - Media Department, PPOM, Public Relations - HORIZON MEDIA, INC., New York, NY, pg. 474

Block, Sarah - Public Relations - OGILVY PUBLIC RELATIONS, New York, NY, pg. 633

Block, Peri - Public Relations - BABBIT BODNER, Atlanta, GA, pg. 579

Boissevain, Christine - Public Relations - PROPAC, Plano, TX, pg. 682

Bond, Yvonne - Human Resources, Media Department, PPOM, Public Relations - HAVAS NEW YORK, New York, NY, pg. 369

Bond, Calvin - Account Services, Public Relations - BACKBONE MEDIA, Carbondale, CO, pg. 579

Boney, Stacie - Account Services, NBC, PPOM, Public Relations - HANSON DODGE, INC., Milwaukee, WI, pg. 185

Borrego, Christina - NBC, Public Relations - RIESTER, Phoenix, AZ, pg. 406

Borza, Tyler - Account Services, Public Relations - OGILVY, New York, NY, pg. 393

Boss, Deanna - Analytics, Interactive / Digital, Public Relations, Research - MACCABEE GROUP PUBLIC RELATIONS, Minneapolis, MN, pg. 624

Bouchard-Guglielmo, Ryann - Public Relations - DIXON SCHWABL ADVERTISING, Victor, NY, pg. 351

Boudria, Don - Public Relations - HILL+KNOWLTON STRATEGIES CANADA, Ottowa, ON, pg. 613

Boutet, Mark - Public Relations - NATIONAL PUBLIC RELATIONS, Montreal, QC, pg. 631

Bowman, Julianna - Account Planner, Media Department, NBC, Public Relations - HEARTS & SCIENCE, Atlanta, GA, pg. 473

Boyle, Jessica - Public Relations - WEBER SHANDWICK, Denver, CO, pg. 662

Boyle, Kevin - Account Services, Management, Media Department, PR Management, Public Relations - HEARTS & SCIENCE, New York, NY, pg. 471

Boyle, Kelly - Account Services, Public Relations - GMR MARKETING, New Berlin, WI, pg. 306

Bracken-Thompson, Elizabeth - Interactive / Digital, Management, PPOM, Public Relations - THOMPSON & BENDER, Briarcliff Manor, NY, pg.

Braden, Alyssa - Account Services, Public Relations - ZEHNDER COMMUNICATIONS, INC., New Orleans, LA, pg. 436

Brannum, Amanda - Public Relations - GROUNDFLOOR MEDIA, Denver, CO, pg. 611

Brashear, Katie - Public Relations - ALLISON+PARTNERS, Scotsdale, AZ, pg. 577

Bratskeir, Rob - Creative, Management, Public Relations - 360PRPLUS, New York, NY, pg. 573

Braykovich, Mark - Management, Public Relations - THE WILBERT GROUP, Atlanta, GA, pg. 655

Breidenbach, Gillian - Human Resources, Public Relations - BELO + COMPANY, Dallas, TX, pg. 216

Breinlinger, Ashley - Account Services, Public Relations - BOCA COMMUNICATIONS, San Francisco, CA, pg. 585

Brennan, Maureen - Interactive / Digital, Public Relations, Social Media - THE MOTION AGENCY, Chicago, IL, pg. 270

Brennan, Jennifer - Account Services, Public Relations - 360PRPLUS, Boston, MA, pg. 573

Brewster, Megan - Public Relations - AQUA MARKETING & COMMUNICATIONS, St. Petersburg, FL, pg. 326

Bricker, Darrell - Public Relations - IPSOS, Toronto, ON, pg. 445

Bridle, Christopher - NBC, Operations, Public Relations - R/GA, San Francisco, CA, pg. 261

Briggs, Katie - Public Relations - CROWLEY WEBB & ASSOCIATES, Buffalo, NY, pg. 55

Bright, Brittany - Media Department, Public Relations, Social Media - MITCHELL, Fayetteville, AR, pg. 627

Brinkley, Jaylon - NBC, Public Relations - FROST & SULLIVAN, San Antonio, TX, pg. 444

Brock, Daniel - Account Services, Interactive / Digital, Public Relations, Social Media - RAWLE-MURDY ASSOCIATES, Charleston, SC, pg. 403

Brocker, Ginny - Interactive / Digital, Public Relations, Social Media - HIEBING, Madison, WI, pg. 85

Broda, Devin - Public Relations - SARD VERBINNEN, New York, NY, pg. 646

Broderick, Amanda - Account Services, Interactive / Digital, PPOM, Public Relations, Social Media - HIEBING, Madison, WI, pg. 85

Brodsky, Alyson - Public Relations - MATRIX PARTNERS, LTD., Chicago, IL, pg. 107

Bromberg, Adam - Public Relations - CREATIVE RESPONSE CONCEPTS, Alexandria, VA, pg. 593

Brooks, Kate - Management, NBC, Public Relations - OGILVY PUBLIC RELATIONS, San Francisco, CA, pg. 634

Brooks, Sara - PPOM, Public Relations - COVET PUBLIC RELATIONS, San Diego, CA, pg. 593

Brooks, Chelsea - Account Services, Public Relations - OVERCAT COMMUNICATIONS, Toronto, ON, pg. 634

Brothers, Erin - Account Services, Public Relations - MERIDIAN GROUP, Virginia Beach, VA, pg. 386

Brown, Aaron - Management, Public Relations - FAHLGREN MORTINE PUBLIC RELATIONS, Columbus, OH, pg. 70

Brown, Colin - Account Services, Public Relations - MULLENLOWE U.S.

RESPONSIBILITIES INDEX AGENCIES

BOSTON, Boston, MA, *pg.* 389
Brown, Jason - Public Relations - THE COMMUNICATIONS GROUP, Little Rock, AR, *pg.* 149
Browning, Meghan - Account Services, Public Relations - BRIGHT RED\TBWA, Tallahassee, FL, *pg.* 337
Brozack, Bill - Account Services, Public Relations - PERISCOPE, Minneapolis, MN, *pg.* 127
Bruhn, Callie - Account Services, Public Relations - EDELMAN, Portland, OR, *pg.* 600
Bryan, Stuart - NBC, Public Relations - ROC NATION, New York, NY, *pg.* 298
Bryja, Katherine - Public Relations - HERON AGENCY, Chicago, IL, *pg.* 613
Bucan, Christine - Management, Public Relations - PANTIN / BEBER SILVERSTEIN PUBLIC RELATIONS, Miami, FL, *pg.* 544
Buchwalter, Seth - Public Relations - SPARKLOFT MEDIA, Portland, OR, *pg.* 688
Buck, Graham - Public Relations - FINSBURY, New York, NY, *pg.* 604
Budler, Koula - NBC, Public Relations - WARREN DOUGLAS ADVERTISING, Fort Worth, TX, *pg.* 161
Buhr, Breanna - Public Relations - JMPR PUBLIC RELATIONS, Woodland Hills, CA, *pg.* 617
Bui, Tram - Public Relations - THE RUTH GROUP, New York, NY, *pg.* 655
Bullman, Jackson - Public Relations - MODIFY INC., San Marcos, CA, *pg.* 687
Bulvony, Holly - Public Relations - A TO Z COMMUNICATIONS, Pittsburgh, PA, *pg.* 24
Burch, Michael - Account Planner, Interactive / Digital, Public Relations - ANOMALY, New York, NY, *pg.* 325
Burdette, Lauren - Account Services, NBC, Public Relations - BANDY CARROLL HELLIGE, Louisville, KY, *pg.* 36
Burfening, Jody - Finance, PPOM, Public Relations - LIPPERT / HEILSHORN & ASSOCIATES, INC., New York, NY, *pg.* 623
Burgeson, Betsy - Media Department, NBC, Public Relations - CARMICHAEL LYNCH, Minneapolis, MN, *pg.* 47
Burgess, Dan - Public Relations - DOEANDERSON ADVERTISING, Louisville, KY, *pg.* 352
Burkhardt, Brent - Account Services, Public Relations - TBC, Baltimore, MD, *pg.* 416
Burnette, Kevin - PPOM, Public Relations - MODCRAFT, Boulder, CO, *pg.* 628
Burnette, Shanna - PPOM, Public Relations - MODCRAFT, Boulder, CO, *pg.* 628
Burnham, Mason - Programmatic, Public Relations - THE TRADE DESK, New York, NY, *pg.* 520
Butler, Jeff - Public Relations -

MORTON, VARDEMAN & CARLSON, Gainesville, GA, *pg.* 389
Butler, Vince - Public Relations - THE JOHNSON GROUP, Chattanooga, TN, *pg.* 420
Butzko, John - NBC, Public Relations - GRAPEVINE COMMUNICATIONS, Sarasota, FL, *pg.* 78
Buzby, David - Management, Public Relations - ASSOCIATION OF NATIONAL ADVERTISERS, Washington, DC, *pg.* 442
Buzynski, Dawn - Public Relations - STRATEGIC AMERICA, West Des Moines, IA, *pg.* 414
Byrne, Natalie - Account Services, Public Relations - AKA NYC, New York, NY, *pg.* 324
Cabrera, Katrina - Public Relations - 360I, LLC, New York, NY, *pg.* 320
Cahill, Kelly - Account Services, Media Department, Public Relations - MGH ADVERTISING, Owings Mills, MD, *pg.* 387
Calvert, Paige - NBC, Public Relations - DDB CANADA, Vancouver, BC, *pg.* 58
Camargo, Ed - Interactive / Digital, Management, Media Department, Public Relations - NMPI, New York, NY, *pg.* 254
Cameron, Brianna - Account Services, Public Relations - MSLGROUP, New York, NY, *pg.* 629
Campbell, Rebecca - Account Services, Public Relations - KONNECT AGENCY, Los Angeles, CA, *pg.* 620
Campbell, Gary - Public Relations - DAVIDSON BELLUSO, Phoenix, AZ, *pg.* 179
Campbell, Lindsey - Public Relations - DEBERRY GROUP, San Antonio, TX, *pg.* 595
Candee, Paige - PPOM, Public Relations - 10E MEDIA, Las Vegas, NV, *pg.* 573
Candlish, Jennifer - NBC, Public Relations - JAN KELLEY MARKETING, Burlington, ON, *pg.* 10
Canning, Chris - Management, Public Relations - DKC PUBLIC RELATIONS, New York, NY, *pg.* 597
Capaccio, Carolyn - Account Services, Public Relations - LIPPERT / HEILSHORN & ASSOCIATES, INC., New York, NY, *pg.* 623
Carline, Jackie - NBC, Public Relations - COMMONWEALTH // MCCANN, Detroit, MI, *pg.* 52
Carlson, Madeline - Public Relations - TIMEZONEONE, Chicago, IL, *pg.* 155
Carluccio, Clare - Management, Public Relations - KETCHUM, New York, NY, *pg.* 542
Carney, Greg - Public Relations - QUENCH, Harrisburg, PA, *pg.* 131
Carnrick, Jessica - NBC, Public Relations - PLUSMEDIA, LLC, Danbury, CT, *pg.* 290
Carragher, Diane - Public Relations - MATTER COMMUNICATIONS, INC.,

Newburyport, MA, *pg.* 626
Carson, Peter - Public Relations - POWELL TATE, Washington, DC, *pg.* 638
Carter, Lauren - Public Relations - WEBER SHANDWICK, Chicago, IL, *pg.* 661
Carter, Christine - Public Relations - BACKBONE MEDIA, Carbondale, CO, *pg.* 579
Caruso, Joseph - NBC, Public Relations - GLOVER PARK GROUP, Washington, DC, *pg.* 608
Carver, Kate - Account Services, Public Relations - ICF NEXT, New York, NY, *pg.* 615
Cascella, Dana - NBC, PPOM, Public Relations - GROUPM, New York, NY, *pg.* 466
Casey, John - Media Department, Public Relations - PUBLICIS.SAPIENT, New York, NY, *pg.* 258
Castillo, Gabriela - Account Services, Public Relations - EDELMAN, Chicago, IL, *pg.* 353
Caudle, Maggie - Account Services, Public Relations - WEBER SHANDWICK, Dallas, TX, *pg.* 660
Cavanagh, Samantha - NBC, Public Relations - DROGA5, New York, NY, *pg.* 64
Cavanah, Cassandra - PPOM, Public Relations - MWEBB COMMUNICATIONS, Culver City, CA, *pg.* 630
Cervantes, Patrick H. - Management, Public Relations - PETROL, Burbank, CA, *pg.* 127
Cesa, Gianna - Public Relations - BEHRMAN COMMUNICATIONS, New York, NY, *pg.* 582
Chae, Sandra - Account Services, NBC, Public Relations - INITIATIVE, Los Angeles, CA, *pg.* 478
Chamberlain, Anna - Public Relations - MINDSHARE, New York, NY, *pg.* 491
Chamberlin, Andrea - Interactive / Digital, Media Department, Public Relations, Research - MADDEN MEDIA, Tucson, AZ, *pg.* 247
Chang, Ciera - Creative, Public Relations - TAYLOR & POND INTERACTIVE, San Diego, CA, *pg.* 269
Chang-Faulk, Rainah - Management, Public Relations - KETCHUM, New York, NY, *pg.* 542
Charles, Mimi - Operations, Public Relations - WILKINSON FERRARI & COMPANY, Salt Lake City, UT, *pg.* 663
Chen, Jia - Management, Media Department, NBC, PPOM, Public Relations - HAVAS MEDIA GROUP, New York, NY, *pg.* 468
Chen, Allison - Public Relations - ARCHER MALMO, Memphis, TN, *pg.* 32
Cheronis, Amy - Account Services, Interactive / Digital, Management, Media Department, PPOM, Public Relations - MSLGROUP, Chicago, IL, *pg.* 629
Chiat, Brandon - Account Services, Public Relations - WARSCHAWSKI

AGENCIES

RESPONSIBILITIES INDEX

PUBLIC RELATIONS, Baltimore, MD, pg. 659

Chiricosta, Meredith - Account Services, PPOM, Public Relations - BIGFISH PR, Boston, MA, pg. 685

Choi, Christina - Account Planner, Public Relations - LANDOR, San Francisco, CA, pg. 11

Choksey, Shamit - Account Services, Public Relations - ZENO GROUP, Santa Monica, CA, pg. 665

Chomiak Littleton, Corinne - Account Services, Public Relations - ACTIVE INTERNATIONAL, Pearl River, NY, pg. 439

Chown, Jeff - PPOM, Public Relations - THE MARKETING ARM, Dallas, TX, pg. 316

Christens, Jon - NBC, Public Relations - KELLY, SCOTT & MADISON, INC., Chicago, IL, pg. 482

Christian, Douglas - Public Relations, Social Media - HUGE, INC., Brooklyn, NY, pg. 239

Chu, Christina - Account Services, Public Relations - HMH, Charlotte, NC, pg. 86

Chung, Christine - Account Services, Public Relations - KAPLOW COMMUNICATIONS, New York, NY, pg. 618

Chung Loy, Regina - Public Relations - GYRO NY, New York, NY, pg. 369

Cicero, Aimee - Public Relations - BROWNSTEIN GROUP, INC., Philadelphia, PA, pg. 44

Civello, Jessica - Account Planner, Account Services, Public Relations - DEVENEY COMMUNICATIONS, New Orleans, LA, pg. 596

Clark, Melissa - Account Planner, Management, Media Department, NBC, Public Relations - THE INTEGER GROUP - DALLAS, Dallas, TX, pg. 570

Clark, Marie-Louise - Media Department, NBC, Public Relations - ACTIVA PR, San Francisco, CA, pg. 575

Clark, Kaitlyn - Public Relations - ORANGE ORCHARD, Maryville, TN, pg. 634

Clark, Jennifer - Public Relations - SMITH BUCKLIN CORPORATION, Chicago, IL, pg. 314

Clifford Knudsen, Lauren - Public Relations - J PUBLIC RELATIONS, New York, NY, pg. 616

Coburn, David - Public Relations - LUQUIRE GEORGE ANDREWS, INC., Charlotte, NC, pg. 382

Cody, Olivia - Public Relations - ALISON BROD PUBLIC RELATIONS, New York, NY, pg. 576

Coghlan, Matthew - NBC, Public Relations - FLEISHMANHILLARD, New York, NY, pg. 605

Cogswell, McKinzie - Account Services, Public Relations - FAISS FOLEY WARREN, Las Vegas, NV, pg. 602

Cohen, Al - Public Relations - JCF MARKETING, Mentor, OH, pg. 91

Colangelo, Melissa - Media Department, Public Relations - ALLIED INTEGRATED MARKETING, New York, NY, pg. 324

Colasuonno, Lou - NBC, Public Relations - FTI CONSULTING, New York, NY, pg. 606

Coleman, Rachel - Account Services, Public Relations - FLEISHMANHILLARD, Chicago, IL, pg. 605

Coleman, Dana - Public Relations - LOVELL COMMUNICATIONS, INC., Nashville, TN, pg. 623

Collins, Brad - Public Relations - SHIFTOLOGY COMMUNICATION, Springfield, OH, pg. 647

Colon, Carol - Public Relations - OGILVY PUBLIC RELATIONS, Washington, DC, pg. 634

Combs, Cory - Public Relations - SUNSHINE SACHS, New York, NY, pg. 650

Comer, Marjorie - Account Services, Public Relations - AXIA, Jacksonville, FL, pg. 579

Comstock, Kelsey - Account Services, Public Relations - TURNER PUBLIC RELATIONS, New York, NY, pg. 657

Conley, Sarah - Account Services, Public Relations - ZOZIMUS AGENCY, Boston, MA, pg. 665

Cook, Aylin - NBC, Public Relations - SINGLE GRAIN, Los Angeles, CA, pg. 265

Cook, Kara - Public Relations - FINN PARTNERS, Chicago, IL, pg. 604

Coombes, Jo-Anne - Public Relations - BOLT PR, Raleigh, NC, pg. 585

Coon, Molly - Account Services, Public Relations - ALISON BROD PUBLIC RELATIONS, New York, NY, pg. 576

Cooper, Rachel - Account Services, Public Relations - ICF NEXT, Chicago, IL, pg. 614

Cooper, Jonathan - Public Relations - QUENCH, Harrisburg, PA, pg. 131

Cordova, Karlo - Media Department, NBC, PR Management, Public Relations - WIEDEN + KENNEDY, New York, NY, pg. 432

Corin Koehl, Anna - Public Relations - BEUERMAN MILLER FITZGERALD, New Orleans, LA, pg. 39

Corpuz, Johnny - Public Relations - ANOMALY, Venice, CA, pg. 326

Corsillo, Tom - Administrative, Public Relations - MARINO ORGANIZATION, INC., New York, NY, pg. 625

Cortelyou, Caitlin - Public Relations - ED LEWI ASSOCIATES, Albany, NY, pg. 599

Covelli, Hannah - Public Relations - CRAMER-KRASSELT, Milwaukee, WI, pg. 54

Covelli, Scott - Public Relations - EPIC CREATIVE, West Bend, WI, pg. 7

Covington, Torie - Public Relations - I.D.E.A., San Diego, CA, pg. 9

Cowan, Cathy - NBC, PPOM, Public Relations - COWAN & COMPANY COMMUNICATIONS, Toronto, ON, pg. 593

Cowen, Michael - Account Services, NBC, Public Relations - MSLGROUP, Chicago, IL, pg. 629

Craven, Ryan - Interactive / Digital, Media Department, NBC, Public Relations - WIEDEN + KENNEDY, Portland, OR, pg. 430

Crawford, Matt - Public Relations - PALE MORNING MEDIA, Waitsville, VT, pg. 635

Crawford, Amie - Public Relations - IPROSPECT, Boston, MA, pg. 674

Crawford, Aubrey - Public Relations - SOCIALLYIN, Birmingham, AL, pg. 688

Crews, Camila - Public Relations - CASHMERE AGENCY, Los Angeles, CA, pg. 48

Crisanti, Analeigh - Account Services, Public Relations - MSLGROUP, New York, NY, pg. 629

Cronin, Kate - Account Services, Interactive / Digital, Public Relations, Social Media - OGILVY PUBLIC RELATIONS, New York, NY, pg. 633

Cross, Andrew - Account Services, Management, Public Relations - WALKER SANDS COMMUNICATIONS, Chicago, IL, pg. 659

Cross, Lucy - Public Relations - VMLY&R, New York, NY, pg. 160

Cross, Kelly - Account Services, Public Relations - RIESTER, Phoenix, AZ, pg. 406

Crossan, Laura Anne - Account Services, Public Relations - DESIGN 446, Manasquan, NJ, pg. 61

Cruz, Jonathan - Account Services, Public Relations - EDELMAN, Seattle, WA, pg. 601

Crystal, Jackie - Public Relations - ROGERS & COWAN/PMK*BNC, Los Angeles, CA, pg. 643

Cunningham, Tom - Public Relations - INTERPUBLIC GROUP OF COMPANIES, New York, NY, pg. 90

Cunningham, Jon - Account Planner, Management, Public Relations - WEBER SHANDWICK, New York, NY, pg. 660

Curley, Dave - NBC, Public Relations - SANDY HILLMAN COMMUNICATIONS, Towson, MD, pg. 645

Currey, Molly - Creative, Management, Public Relations - DKC PUBLIC RELATIONS, New York, NY, pg. 597

Curtis, Meghan - Public Relations - ALLISON+PARTNERS, San Francisco, CA, pg. 4

Cyphert, Jim - Account Services, Public Relations - INNIS MAGGIORE GROUP, Canton, OH, pg. 375

Cyranski, Eugene - Public Relations - REPRISE DIGITAL, New York, NY, pg. 676

D'Amico, Ron - NBC, Public Relations - DIGITAS, San Francisco, CA, pg. 227

D'Amore, Brenlyn - Account Services, Public Relations - BASTION ELEVATE, Irvine, CA, pg.

1983

RESPONSIBILITIES INDEX — AGENCIES

580
D'Attoma, Jamie - Public Relations - SHADOW PUBLIC RELATIONS, New York, NY, pg. 646
Daher, Kristin - PPOM, Public Relations - POWERHOUSE COMMUNICATIONS, Santa Ana, CA, pg. 638
Dailey, Claire - Account Services, Management, Public Relations - PERISCOPE, Minneapolis, MN, pg. 127
Dalbec, Bill - Management, Public Relations - APCO WORLDWIDE, Washington, DC, pg. 578
Dalesandro, Dani - Account Services, Management, Public Relations - SUNSHINE SACHS, New York, NY, pg. 650
Daley, Adam - Account Services, Public Relations, Social Media - BERRY & COMPANY PUBLIC RELATIONS, New York, NY, pg. 583
Daly, Chris - PPOM, Public Relations - DALY GRAY, INC., Herndon, VA, pg. 595
Danzis, Alan - Media Department, Public Relations - MSLGROUP, New York, NY, pg. 629
Dardinger, Amy - Public Relations - SSPR, Chicago, IL, pg. 649
Daril, Ginger - Account Services, Public Relations - THE SELLS AGENCY, Little Rock, AR, pg. 655
Dass Sanchez, Rhona - Account Planner, Management, Media Department, Public Relations - PALISADES MEDIA GROUP, INC., Santa Monica, CA, pg. 124
David, Joleen - PPOM, Public Relations - SKAR ADVERTISING, Omaha, NE, pg. 265
Davidson, James - NBC, PPOM, Public Relations - 7SUMMITS, Milwaukee, WI, pg. 209
Davis, Lori - Creative, NBC, Public Relations - AMPERAGE, Cedar Falls, IA, pg. 30
Davis, Scott - Account Services, Public Relations - HARMELIN MEDIA, Bala Cynwyd, PA, pg. 467
Davis, Will - Account Services, Public Relations - SIX DEGREES GROUP, New York, NY, pg. 647
Davis, Trevor - Account Services, Interactive / Digital, Media Department, Public Relations, Social Media - EDELMAN, New York, NY, pg. 599
Davis, Shannon - Public Relations - PUBLICIS NORTH AMERICA, New York, NY, pg. 399
Davis, Trisha - Account Services, Public Relations - BALLANTINES PUBLIC RELATIONS, West Hollywood, CA, pg. 580
Davis, Mackenzie - Creative, Public Relations - WISER STRATEGIES, Lexington, KY, pg. 663
De Caire, Courtney - Public Relations - ENTERPRISE CANADA, Saint Catharines, ON, pg. 7
de Lara, Andrew - Account Services, Public Relations - DRIVEN 360, Manhattan Beach, CA, pg. 598

De Leon, Gabriela - NBC, Public Relations, Social Media - SHADOW PUBLIC RELATIONS, New York, NY, pg. 646
Deakins, Kathleen - Account Planner, Account Services, PPOM, Public Relations - JAYRAY, Tacoma, WA, pg. 377
DeCandia, Gina - Account Services, Public Relations - SHARP COMMUNICATIONS, INC., New York, NY, pg. 140
Dechter, Gadi - Public Relations - APCO WORLDWIDE, Washington, DC, pg. 578
DeCleene, Randy - PPOM, Public Relations - KGLOBAL, Washington, DC, pg. 620
Deepak, Shyna - Account Services, Public Relations - NADEL PHELAN, INC., Santa Cruz, CA, pg. 631
DeJarnatt, Nicole - Account Services, Public Relations - RYGR, Carbondale, CO, pg. 409
Delaney, Teresa - Public Relations - D&D PR, New York, NY, pg. 594
Delanghe Ewing, Alex - NBC, PPOM, Public Relations - MDC PARTNERS, INC., New York, NY, pg. 385
Delgadillo, Gloria - Account Services, Public Relations - WEBER SHANDWICK, Minneapolis, MN, pg. 660
Dell, Sarah - Public Relations - ADVOCACY SOLUTIONS, LLC, Providence, RI, pg. 575
Dell'Isola, Casey - Account Services, Public Relations - SPEAKERBOX COMMUNICATIONS, Vienna, VA, pg. 649
Dempsey, Maureen - NBC, Public Relations - APCO WORLDWIDE, New York, NY, pg. 578
DeRose, Samantha - Public Relations, Social Media - THE MCRAE AGENCY, Paradise Valley, AZ, pg. 688
Derringer, Leigh Ann - Account Planner, Media Department, NBC, Public Relations - RJW MEDIA, Pittsburgh, PA, pg. 507
DeSimone, Lauren - Account Services, Public Relations - EDELMAN, New York, NY, pg. 599
DesMarais, Tiffany - Account Services, Public Relations - MAX BORGES AGENCY, Miami, FL, pg. 626
Devenny, Brian - Account Services, Public Relations - ZENO GROUP, Santa Monica, CA, pg. 665
DeYoung, Natalie - Public Relations - WINGARD CREATIVE, Jacksonville, FL, pg. 162
Dezen, Jeff - PPOM, Public Relations - JEFF DEZEN PUBLIC RELATIONS, Greenville, SC, pg. 617
Diaz, Fernando - Account Services, Media Department, Public Relations - THE INTEGER GROUP, Lakewood, CO, pg. 682
DiBenedetto, Joe - Public Relations - LAMBERT EDWARDS & ASSOCIATES INC., Grand Rapids, MI, pg. 621
DiCuollo, John - Account Services, NBC, Public Relations - BACKBONE

MEDIA, Carbondale, CO, pg. 579
Diehl, Berna - Media Department, Public Relations - JPA HEALTH COMMUNICATIONS, Washington, DC, pg. 618
Dietrich, Cobey - Creative, NBC, Public Relations - A. BRIGHT IDEA, Bel Air, MD, pg. 25
Diggins, Brent - Analytics, Management, PPOM, Public Relations - ALLISON+PARTNERS, Scotsdale, AZ, pg. 577
Dilliner, Kaulana - Account Services, Public Relations - REBELLIOUS PR, Portland, OR, pg. 641
Dillon, Sue - Public Relations - WOODRUFF, Columbia, MO, pg. 163
Dinino, Gregg - NBC, Public Relations - PARTNERS + NAPIER, Rochester, NY, pg. 125
DiSarno, Marisa - Interactive / Digital, Media Department, Public Relations - DIGITAL AUTHORITY PARTNERS, Chicago, IL, pg. 225
Doaga, Raluca - Account Services, Public Relations - SUBLIME COMMUNICATIONS, Philadelphia, PA, pg. 415
Dock, Jama - Public Relations - WILSON CREATIVE GROUP, INC., Naples, FL, pg. 162
Dolan, Kelly - Account Services, Interactive / Digital, Public Relations - COOPER, Brooklyn, NY, pg. 222
Dolar, Charles - Media Department, Public Relations - DNA SEATTLE, Seattle, WA, pg. 180
Dolfi-Offutt, Dyan - Management, PPOM, Public Relations - SODA POP PUBLIC RELATIONS LLC, Los Angeles, CA, pg. 648
Donato, Heidi - Media Department, Public Relations - BCW NEW YORK, New York, NY, pg. 581
Donnelly, Danielle - Account Planner, Interactive / Digital, Media Department, Public Relations - MOXIE, Atlanta, GA, pg. 251
Donohoe, Anne - Account Planner, Management, NBC, Public Relations - KCSA STRATEGIC COMMUNICATIONS, New York, NY, pg. 619
Donovan, Taylor - Public Relations - OVERCAT COMMUNICATIONS, Toronto, ON, pg. 634
Donovan, Dave - Management, Public Relations - DKC PUBLIC RELATIONS, New York, NY, pg. 597
Donovan, Belinda - Public Relations - ETHOS MARKETING & DESIGN, Westbrook, ME, pg. 182
Dosch, Tabitha - Public Relations - STARCOM WORLDWIDE, Chicago, IL, pg. 513
Doss, Christie - Public Relations - WEBER SHANDWICK, Atlanta, GA, pg. 661
Dotterweich, Damian - NBC, Public Relations - 84.51, Cincinnati, OH, pg. 441
Dougherty, Owen - PPOM, Public Relations - GREY GROUP, New York,

1984

AGENCIES

RESPONSIBILITIES INDEX

NY, pg. 365
Dowswell, Nicole - Public Relations - MRM//MCCANN, Birmingham, MI, pg. 252
Doyne, Eric - NBC, Public Relations - MANCUSO MEDIA, Carlsbad, CA, pg. 382
Dressler, Stephanie - Public Relations - DUKAS LINDEN PUBLIC RELATIONS, New York, NY, pg. 598
Drum, Bess - Public Relations - THINK JAM, West Hollywood, Los Angeles, CA, pg. 299
du Plessis, Isabelle - NBC, Public Relations - THE MILL, New York, NY, pg. 152
DuMont, Peter - Account Services, Public Relations - ALLIANCE GROUP LTD, Richmond, VA, pg. 576
Dupont, Rebecca - Media Department, Public Relations - VALTECH, New York, NY, pg. 273
Dupre, Lesley - Account Services, Public Relations - BALCOM AGENCY, Fort Worth, TX, pg. 329
Durcan, Kelly - Public Relations - DEVITO/VERDI, New York, NY, pg. 62
Duvall, Jonathan - Media Department, Public Relations - KEF MEDIA ASSOCIATES, INC., Smyrna, GA, pg. 619
Easton, Kaylie - Account Services, Public Relations - LITZKY PUBLIC RELATIONS, Hoboken, NJ, pg. 623
Eberhart, Susan - Account Planner, Interactive / Digital, Management, NBC, Public Relations - BLUE 449, Dallas, TX, pg. 456
Edelman, Ann - Media Department, Public Relations - ZEHNDER COMMUNICATIONS, INC., Baton Rouge, LA, pg. 437
Edmonson, Gina - Administrative, NBC, Public Relations - CONVERSION INTERACTIVE AGENCY, Brentwood, TN, pg. 222
Edwards, McGavock - Account Planner, NBC, Public Relations - ECKEL & VAUGHAN, Raleigh, NC, pg. 599
Edwards, Brittany - Creative, Public Relations - CARVE COMMUNICATIONS, Austin, TX, pg. 588
Egan, Jolie - Account Services, Public Relations - MSLGROUP, New York, NY, pg. 629
Ehlke, Lisa - Public Relations - ZIZZO GROUP ADVERTISING & PUBLIC RELATIONS, Milwaukee, WI, pg. 437
Eiseman, Rob - Public Relations - BLUE CHIP MARKETING & COMMUNICATIONS, Northbrook, IL, pg. 334
Eisenbrown, Mike - Public Relations - METEORITE PR, Boulder, CO, pg. 627
Eixman, Vanessa - Management, PR Management, Public Relations - JAYMIE SCOTTO & ASSOCIATES, Middlebrook, VA, pg. 616
Elfstrom, Suzanne - Media Department, Public Relations - PARTNERSCREATIVE, Missoula, MT, pg. 125

Elisano, Kristy - NBC, Public Relations - SPARKS, Philadelphia, PA, pg. 315
Ellen, Pam - Public Relations - ELLEN COMMUNICATIONS, Newnan, GA, pg. 601
Elve, Lynsey - Public Relations - MSLGROUP, New York, NY, pg. 629
Elverman, Bill - PPOM, Public Relations - PKA MARKETING, Mequon, WI, pg. 397
Elvove, Roy - NBC, Public Relations - BBDO WORLDWIDE, New York, NY, pg. 331
Emanuel, Laura - Account Services, Public Relations - BROWNSTEIN GROUP, INC., Philadelphia, PA, pg. 44
Engel, Courtney - Management, NBC, Public Relations - JONESWORKS, New York, NY, pg. 618
English, Susan - Interactive / Digital, Public Relations, Social Media - GATESMAN, Pittsburgh, PA, pg. 361
Entwistle, Julia - Management, Public Relations - EDELMAN, New York, NY, pg. 599
Epifano, Gina - Public Relations - JENERATE PR, Wailea, HI, pg. 617
Erb, Kevin - Account Services, Interactive / Digital, Public Relations, Social Media - FERGUSON ADVERTISING, INC., Fort Wayne, IN, pg. 73
Erickson, Kyle - NBC, Public Relations - MARKSTEIN, Birmingham, AL, pg. 625
Ernst, Tobin - Public Relations - KNOODLE SHOP, Phoenix, AZ, pg. 95
Ertel, Whitney - Public Relations - BORSHOFF, Indianapolis, IN, pg. 585
Escobar, Kacie - Public Relations - CURLEY & PYNN PUBLIC RELATIONS MANAGEMENT, INC., Maitland, FL, pg. 594
Espinel, Marie - Management, Public Relations - LAK PR, New York, NY, pg. 621
Etheredge, Laura - Public Relations - MADWELL, Brooklyn, NY, pg. 13
Evans, Christy - Account Services, Interactive / Digital, Public Relations - MARKSTEIN, Birmingham, AL, pg. 625
Evans, Elizabeth - Public Relations - RED CHALK STUDIOS, Virginia Beach, VA, pg. 404
Evans, Kelly - Public Relations - HAVAS FORMULA, San Diego, CA, pg. 612
Fagan, Katie - Creative, Public Relations - VIDMOB, New York, NY, pg. 690
Faiwell, Sara - Management, Public Relations - FISHMAN PUBLIC RELATIONS INC., Northbrook, IL, pg. 604
Farley, Brian - Account Services, Public Relations - COYNE PUBLIC RELATIONS, Parsippany, NJ, pg. 593
Farnham, Rachel - Public Relations - MURPHY O'BRIEN, INC., Los Angeles, CA, pg. 630

Faulkner, Ivette - Public Relations - THE ZIMMERMAN AGENCY, Tallahassee, FL, pg. 426
Fazai, Najet - Public Relations - DIGENNARO COMMUNICATIONS, New York, NY, pg. 597
Feachen, Brooke - Public Relations - ARCHER MALMO, Austin, TX, pg. 214
Fehr, Greg - Public Relations - MGM COMMUNICATIONS, Saskatoon, SK, pg. 387
Feldman, Liz - Management, Public Relations - SANDY HILLMAN COMMUNICATIONS, Towson, MD, pg. 645
Feldman, Brian - Management, PPOM, Public Relations - ALLISON+PARTNERS, Atlanta, GA, pg. 577
Felice, Danielle - Account Services, Public Relations - KAPLOW COMMUNICATIONS, New York, NY, pg. 618
Felix, Odette - Media Department, Public Relations - DARK HORSE MEDIA, Tucson, AZ, pg. 464
Fellner, Jennifer - Management, Public Relations - ACCESS BRAND COMMUNICATIONS, San Francisco, CA, pg. 574
Fennell, Jim - Public Relations - EVR ADVERTISING, Manchester, NH, pg. 69
Fenwick, David - Public Relations - GIANT STEP, Brooklyn, NY, pg. 691
Ferguson, Stella - Public Relations, Social Media - THINK JAM, West Hollywood, Los Angeles, CA, pg. 299
Ferguson, Sarah - Account Services, Public Relations - ALLISON+PARTNERS, Dallas, TX, pg. 577
Ferrara, Jeanmarie - Management, Public Relations - WRAGG & CASAS PUBLIC RELATIONS, INC., Miami, FL, pg. 663
Ferrari, Elana - Public Relations - ZENO GROUP, New York, NY, pg. 664
Ferreira, Michelle - Account Services, Operations, Public Relations - CKR INTERACTIVE, INC., Campbell, CA, pg. 220
Field, Allison - Public Relations - FINN PARTNERS, Los Angeles, CA, pg. 604
Filandro, Thomas - Management, Public Relations - ICR, New York, NY, pg. 615
Filipi, Amy - Media Department, Public Relations - ARCHRIVAL, INC., Lincoln, NE, pg. 1
Filippone, Haley - Public Relations - NEBO AGENCY, LLC, Atlanta, GA, pg. 253
Finders, Scott - Management, Public Relations - SAATCHI & SAATCHI LOS ANGELES, Torrance, CA, pg. 137
Finkell, Pia - Public Relations - R\WEST, Portland, OR, pg. 136
Finley, Laura - Public Relations - GOLIN, Los Angeles, CA, pg. 609
Finley, Taryn - Public Relations - HAVAS FORMULA, El Segundo, CA, pg. 612

RESPONSIBILITIES INDEX — AGENCIES

Finnerty, Amy Jane - NBC, Public Relations - NATIONAL CINEMEDIA, New York, NY, *pg.* 119

Fisher, Laura - Public Relations - VOX GLOBAL , Washington, DC, *pg.* 658

Fisher, Michael - Media Department, Public Relations - O'REILLY PUBLIC RELATIONS, Riverside, CA, *pg.* 687

Fisher, Krystina - Account Services, Public Relations - BCW NEW YORK, New York, NY, *pg.* 581

Fisher, Jody - Public Relations - AUSTIN & WILLIAMS ADVERTISING, Hauppauge, NY, *pg.* 328

Fisher Ruthven, Debra - NBC, Public Relations - GTB, Dearborn, MI, *pg.* 367

FitzGerald, Maura - NBC, PPOM, Public Relations - VERSION 2 COMMUNICATIONS, Boston, MA, *pg.* 658

Fitzgerald, Brenna - Public Relations - ALLEN & GERRITSEN, Boston, MA, *pg.* 29

Fitzgerald, Karlie - Account Services, Public Relations - 360PRPLUS, Boston, MA, *pg.* 573

Fitzgibbons, Ruth - PPOM, Public Relations - THE RICHARDS GROUP, INC., Dallas, TX, *pg.* 422

Flaherty, Steve - Interactive / Digital, NBC, Public Relations - INTERSPORT, Chicago, IL, *pg.* 308

Flanagan, Sean - Public Relations - ZOZIMUS AGENCY, Boston, MA, *pg.* 665

Flannery, Clare - Media Department, Public Relations - MDB COMMUNICATIONS, INC., Washington, DC, *pg.* 111

Fleckenstein, Caitlin - Public Relations - HFS COMMUNICATIONS, West Granby, CT, *pg.* 567

Fleishman, Jana - NBC, Public Relations - ROC NATION, New York, NY, *pg.* 298

Flores, Natalia - Public Relations - AC&M GROUP, Charlotte, NC, *pg.* 537

Folkens, Dave - Management, Public Relations - RISDALL MARKETING GROUP, Roseville, MN, *pg.* 133

Fontaine, Adrienne - Public Relations - FINN PARTNERS, New York, NY, *pg.* 603

Fontana, Donna - Account Services, Management, Public Relations - FLEISHMANHILLARD, Detroit, MI, *pg.* 606

Fonteyne, Els - PPOM, Public Relations - HFS COMMUNICATIONS, West Granby, CT, *pg.* 567

Foote, Gina - Public Relations - GLOVER PARK GROUP, Washington, DC, *pg.* 608

Ford, Meaghan - Public Relations - WEBER SHANDWICK, Chicago, IL, *pg.* 661

Ford, Joanna - Interactive / Digital, Public Relations, Social Media - ALOYSIUS BUTLER & CLARK, Wilmington, DE, *pg.* 30

Fornes, Brian - Account Services, Public Relations - ECHOS BRAND COMMUNICATIONS, San Francisco, CA, *pg.* 599

Foster, Ashley - Public Relations - BIG COMMUNICATIONS, INC., Birmingham, AL, *pg.* 39

Foster, Hunter - Public Relations, Social Media - DESIGNSENSORY, Knoxville, TN, *pg.* 62

Fowler, Jacqueline - Public Relations - EDELMAN, San Francisco, CA, *pg.* 601

Fox, Michael - PPOM, Public Relations - ICR, New York, NY, *pg.* 615

Fox, Brian - NBC, Public Relations - ENTERPRISE CANADA, Toronto, ON, *pg.* 231

Frank, Jill - Public Relations - BRAVE PUBLIC RELATIONS, Atlanta, GA, *pg.* 586

Fratangelo, Gabrielle - NBC, Public Relations - GIANT SPOON, LLC, New York, NY, *pg.* 363

Frazier, Taylor - Account Services, Public Relations - ALISON BROD PUBLIC RELATIONS, New York, NY, *pg.* 576

Freeman, Julie - Interactive / Digital, NBC, Public Relations, Social Media - MMGY GLOBAL, New York, NY, *pg.* 388

Freeman, Jeremy - Analytics, Media Department, Public Relations - FALLS COMMUNICATIONS, Cleveland, OH, *pg.* 357

Friedman, Nancy - Management, Media Department, NBC, PPOM, Public Relations - MMGY NJF, New York, NY, *pg.* 628

Fry, Kari - Public Relations - HUSH STUDIOS, INC., Brooklyn, NY, *pg.* 186

Fukaya, Rachel - Public Relations - WALKER SANDS COMMUNICATIONS, Chicago, IL, *pg.* 659

Fund, Kaitlin - Public Relations - CONFIDANT, Brooklyn, NY, *pg.* 592

Fuqua, Bailey - Interactive / Digital, Public Relations, Social Media - MARKSTEIN, Birmingham, AL, *pg.* 625

Gaffney, Megan - Public Relations - SHIFT COMMUNICATIONS, LLC, Boston, MA, *pg.* 647

Galgano, Al - Public Relations - PADILLA, Minneapolis, MN, *pg.* 635

Galimanis, Angie - PPOM, Public Relations - LAWRENCE PR, Lake Oswego, OR, *pg.* 622

Gallagher, Scott - Public Relations - GARD COMMUNICATIONS, Portland, OR, *pg.* 75

Garcia, Allison - Public Relations - DESIGN AT WORK CREATIVE SERVICES, Houston, TX, *pg.* 179

Garcia, Suzy - Public Relations - SCATENA DANIELS COMMUNICATIONS, San Diego, CA, *pg.* 646

Garden, Andy - NBC, Public Relations - MATTE PROJECTS, New York, NY, *pg.* 107

Garella, Christie - Account Services, Public Relations - DANCIE PERUGINI WARE PUBLIC RELATIONS, South Houston, TX, *pg.* 595

Garofalo, Curtis - Public Relations - JACKRABBIT DESIGN, Milton, MA, *pg.* 188

Gauda, Jacinta - PPOM, Public Relations - GRAYLING, New York, NY, *pg.* 610

Gaudar, Sarah - Account Services, Public Relations - THE CONSULTANCY PR, Los Angeles, CA, *pg.* 653

Gaydosh, Kevin - Account Planner, Public Relations - O'BRIEN ET AL. ADVERTISING, Virginia Beach, VA, *pg.* 392

Geary, Shae - Account Services, Public Relations - WRIGHT ON COMMUNICATIONS, La Jolla, CA, *pg.* 663

Gee, Elizabeth - NBC, Public Relations - HUGHES & STUART, Englewood, CO, *pg.* 686

Gennaro Meberg, Christine - Account Services, Public Relations - OGILVY PUBLIC RELATIONS, New York, NY, *pg.* 633

George, Jordana - NBC, Public Relations - MASON, INC. , Bethany, CT, *pg.* 383

George, Sally Jo - Public Relations - DOEANDERSON ADVERTISING , Louisville, KY, *pg.* 352

Gerber, Bradley - Public Relations - GOLIN, Miami, FL, *pg.* 609

Gerli, Jake - NBC, Public Relations - INDUSTRIAL STRENGTH MARKETING, INC., Nashville, TN, *pg.* 686

Germ, Karen - Public Relations - TABOOLA, New York, NY, *pg.* 268

Gernert, Melea - Creative, NBC, Public Relations - CLARK NIKDEL POWELL, Winter Haven, FL, *pg.* 342

Gerstein, Amy - Operations, Public Relations - TBWA\WORLDHEALTH, Chicago, IL, *pg.* 147

Gibson, Whitney - Account Services, Interactive / Digital, Media Department, Public Relations, Social Media - TRAFFIKGROUP, Toronto, ON, *pg.* 426

Gilbeck, Paula - Public Relations - PUTNAM ROBY WILLIAMSON COMMUNICATIONS , Madison, WI, *pg.* 640

Gillman, Andrew - Public Relations - PERFORMANCE MARKETING, West Des Moines, IA, *pg.* 126

Gilman, Jessica - Public Relations - VREELAND MARKETING, Yarmouth, ME, *pg.* 161

Gingrich, Tim - Public Relations - EDELMAN, Dallas, TX, *pg.* 600

Ginsberg, Brad - Management, NBC, Public Relations - GLOBAL COMMUNICATION WORKS, Houston, TX, *pg.* 608

Glasner, Jacqueline - Account Services, Public Relations - ALISON BROD PUBLIC RELATIONS, New York, NY, *pg.* 576

Glissendorf, Mark - Operations, Public Relations - LAWRENCE & SCHILLER, Sioux Falls, SD, *pg.* 97

Glynn, Jenna - Account Services, Public Relations - WEBER SHANDWICK, New York, NY, *pg.* 660

AGENCIES
RESPONSIBILITIES INDEX

Godfrey, Megan - Account Services, Public Relations - KEMPERLESNIK COMMUNICATIONS , Chicago, IL, *pg.* 619

Gold, Alyssa - Management, Public Relations - ICF NEXT, New York, NY, *pg.* 615

Goldberg, Nicole - Public Relations - 160OVER90, Los Angeles, CA, *pg.* 301

Goldfarb, Leora - Account Services, Public Relations - BARETZ + BRUNELLE, New York, NY, *pg.* 580

Goldman, Jim - Management, Public Relations - ZENO GROUP, Redwood Shores, CA, *pg.* 665

Goldman, Perry - Management, Public Relations - MONTIETH & COMPANY, New York, NY, *pg.* 628

Goldstein, Brian - Media Department, NBC, Public Relations - WIEDEN + KENNEDY, Portland, OR, *pg.* 430

Gomoljak Wynia, Stacey - Public Relations, Social Media - GKV, Baltimore, MD, *pg.* 364

Gonsalves, Sean - Account Services, Public Relations - REGAN COMMUNICATIONS GROUP, Boston, MA, *pg.* 642

Gonzalez, Karla - Account Services, Public Relations - ZENO GROUP, Santa Monica, CA, *pg.* 665

Goodell, Susan - Management, Public Relations - MWWPR, Chicago, IL, *pg.* 631

Goodman, Judy - Public Relations - LENTS AND ASSOCIATES LLC, Saint Louis, MO, *pg.* 622

Gordon, Lisa - Public Relations - HJMT PUBLIC RELATIONS, INC., Long Beach, NY, *pg.* 686

Goren, Eran - Interactive / Digital, Management, NBC, PPOM, Public Relations - USIM, Los Angeles, CA, *pg.* 525

Gould, Lauren - Public Relations - WEBER SHANDWICK, New York, NY, *pg.* 660

Gove, Kevin - Public Relations - RINCK ADVERTISING, Lewiston, ME, *pg.* 407

Grab, Molly - NBC, Public Relations - VOVEO MARKETING GROUP , Malvern, PA, *pg.* 429

Grabert, David - Management, NBC, PPOM, Public Relations - GROUPM, New York, NY, *pg.* 466

Grabowski, Gene - PPOM, Public Relations - KGLOBAL, Washington, DC, *pg.* 620

Graff, Todd - Public Relations - CTP, Boston, MA, *pg.* 347

Graham, Miles - Administrative, Public Relations - GBSM, Denver, CO, *pg.* 607

Graham, Morgan - Account Services, NBC, PPOM, Public Relations - EFM AGENCY, San Diego, CA, *pg.* 67

Grams, Colleen - Administrative, Management, Public Relations - BADER RUTTER & ASSOCIATES, INC. , Milwaukee, WI, *pg.* 328

Grannis, Emily - Management, Public Relations - BANNER PUBLIC AFFAIRS, Washington, DC, *pg.* 580

Grant, Samantha - Public Relations - AMP3 PUBLIC RELATIONS, New York, NY, *pg.* 577

Greenberg, Rayna - Management, Public Relations - ALISON BROD PUBLIC RELATIONS, New York, NY, *pg.* 576

Greenhouse, Jamie - Management, Public Relations - DKC PUBLIC RELATIONS, New York, NY, *pg.* 597

Greenlaw, Katie - Public Relations - RINCK ADVERTISING, Lewiston, ME, *pg.* 407

Greever, Amanda - Public Relations - ORANGE ORCHARD, Maryville, TN, *pg.* 634

Gregory, Christina - Public Relations - ANOMALY, New York, NY, *pg.* 325

Gresh, Nicole - Media Department, Public Relations - M BOOTH & ASSOCIATES, INC. , New York, NY, *pg.* 624

Griffin, Jessica - Public Relations - BURRELL COMMUNICATIONS GROUP, INC. , Chicago, IL, *pg.* 45

Griffith, David - Management, Public Relations - BUFFALO.AGENCY, Reston, VA, *pg.* 587

Grobler, Adel - Public Relations - TURNER PUBLIC RELATIONS, New York, NY, *pg.* 657

Groepper, Lindsey - Interactive / Digital, Management, PPOM, Public Relations - BLASTMEDIA, Fishers, IN, *pg.* 584

Groff, Rebecca - Public Relations - WIEDEN + KENNEDY, Portland, OR, *pg.* 430

Gross, Joshua - Management, Public Relations - GLOVER PARK GROUP, Washington, DC, *pg.* 608

Grossman, Mike - PPOM, Public Relations - SCHAFER CONDON CARTER, Chicago, IL, *pg.* 138

Grugle, Seth - Management, Public Relations - ICR, New York, NY, *pg.* 615

Gucunski, Marijana - Account Services, Public Relations - 5W PUBLIC RELATIONS, New York, NY, *pg.* 574

Gudorf, Annie - PPOM, Public Relations - WALKER SANDS COMMUNICATIONS, Chicago, IL, *pg.* 659

Guitar, Laura - Account Services, Public Relations - RBB COMMUNICATIONS, Miami, FL, *pg.* 641

Gunn, Calin - Public Relations - BLUETEXT, Washington, DC, *pg.* 40

Gutierrez, David - Public Relations - DRESNER CORPORATE SERVICES, Chicago, IL, *pg.* 598

Gwozdz, Fiona - Account Planner, Public Relations - OLIVER RUSSELL, Boise, ID, *pg.* 168

Haber, Lauren - Account Services, Public Relations - VERDE BRAND COMMUNICATIONS, Durango, CO, *pg.* 658

Haber, Nicole - Interactive / Digital, Public Relations - EDELMAN, New York, NY, *pg.* 599

Haile, Jennifer - Public Relations - MITCHELL, Fayetteville, AR, *pg.* 627

Hall, Kate - Public Relations - RPR MARKETING COMMUNICATIONS, New York, NY, *pg.* 644

Hall, Jennifer - Public Relations - CLS STRATEGIES, Washington, DC, *pg.* 591

Halpin, Suzanne - Account Services, Public Relations - RUBENSTEIN ASSOCIATES, New York, NY, *pg.* 644

Hamlin, Natalie - Account Services, Public Relations - WEBER SHANDWICK, Los Angeles, CA, *pg.* 662

Hammelman, Susanne - NBC, PPOM, Public Relations - THE HAWTHORN GROUP, Alexandria, VA, *pg.* 653

Hammerling, Haley - Public Relations - AKQA, San Francisco, CA, *pg.* 211

Hammond, Joel - Public Relations - ADCOM COMMUNICATIONS, INC., Cleveland, OH, *pg.* 210

Hanrahan, Colleen - Account Services, Public Relations - BCW NEW YORK, New York, NY, *pg.* 581

Hans, Rachel - Public Relations - TREVELINO / KELLER COMMUNICATIONS GROUP, Atlanta, GA, *pg.* 656

Hansen, Amy - Account Services, Public Relations - SEROKA BRAND DEVELOPMENT, Brookfield, WI, *pg.* 646

Hanson, Karissa - Management, PPOM, Public Relations - PHOENIX GROUP, Regina, SK, *pg.* 128

Hardesty, Matt - Account Services, Interactive / Digital, Public Relations - SAATCHI & SAATCHI LOS ANGELES, Torrance, CA, *pg.* 137

Hardy, Kallie - Account Services, Media Department, Public Relations - FUEL MARKETING, Salt Lake City, UT, *pg.* 361

Harling, Jonathan - Public Relations - GRAY LOON MARKETING GROUP, Evansville, IN, *pg.* 365

Harris, Kelly - Account Services, Public Relations - HAUSER GROUP PUBLIC RELATIONS, Saint Louis, MO, *pg.* 612

Harris, Liz - Media Department, Public Relations - MODERN BRAND COMPANY, Birmingham, AL, *pg.* 116

Harrison, Toni - PPOM, Public Relations - TEN35, Chicago, IL, *pg.* 147

Hart, Becci - PPOM, Public Relations - INTERMARK GROUP, INC., Birmingham, AL, *pg.* 375

Hart Schmidt, Blaise - Account Services, Public Relations - ATOMICDUST, St. Louis, MO, *pg.* 214

Hartline, Jana - Public Relations, Social Media - SAATCHI & SAATCHI DALLAS, Dallas, TX, *pg.* 136

Hartman, Tracy - Interactive / Digital, NBC, Public Relations, Social Media - BRANDIGO, Newburyport, MA, *pg.* 336

Hartsfield, Ollie - Public

RESPONSIBILITIES INDEX — AGENCIES

Relations - SPI GROUP, LLC, Fairfield, NJ, *pg.* 143
Harvey, Roger - Management, PPOM, Public Relations - BOSE PUBLIC AFFAIRS GROUP, LLC, Indianapolis, IN, *pg.* 585
Harwood, Garland - NBC, PPOM, Public Relations - CONFIDANT, Brooklyn, NY, *pg.* 592
Hastings, AmyBeth - NBC, Public Relations - ARCHER MALMO, Memphis, TN, *pg.* 32
Hathaway, Kristin - PPOM, Public Relations - HFS COMMUNICATIONS, West Granby, CT, *pg.* 567
Hatto, Basil - Public Relations, Social Media - IPROSPECT, Toronto, ON, *pg.* 674
Hauck, Kara - Public Relations - QORVIS COMMUNICATIONS, LLC, Washington, DC, *pg.* 640
Hawkins, Tia - Account Services, Public Relations - WINGER MARKETING, Chicago, IL, *pg.* 663
Hawley, Lindsay - Account Services, Public Relations - WEBER SHANDWICK, Boston, MA, *pg.* 660
Hayden, Jaime - Creative, NBC, Public Relations - AUGUSTINE, Roseville, CA, *pg.* 328
Hayes, Bruce - Account Services, Management, Public Relations - EDELMAN, New York, NY, *pg.* 599
Hayne, Susie - Public Relations - THE LYMAN AGENCY, Napa, CA, *pg.* 654
Hayward, Bill - NBC, Public Relations - MARKETING WORKS, York, PA, *pg.* 105
Hebert, Lindsay - Public Relations - DEVANEY & ASSOCIATES, Owings Mills, MD, *pg.* 351
Heckenberger, Annie - NBC, Public Relations - DIGITAS HEALTH LIFEBRANDS, Philadelphia, PA, *pg.* 229
Hedgecoth, Mara - NBC, Public Relations - APCO WORLDWIDE, Washington, DC, *pg.* 578
Hedges, Greg - NBC, Public Relations - RAIN, New York, NY, *pg.* 262
Heelan, Kayla - Account Services, Programmatic, Public Relations - THRIVEHIVE, Quincy, MA, *pg.* 271
Heffron, Brian - PPOM, Public Relations - CTP, Boston, MA, *pg.* 347
Heid, John - Public Relations - WEBER SHANDWICK, Atlanta, GA, *pg.* 661
Heilweil, Jason - Account Services, Interactive / Digital, Media Department, Public Relations - NO LIMIT AGENCY, Chicago, IL, *pg.* 632
Hein, Kenneth - PPOM, Public Relations - DENTSU AEGIS NETWORK, New York, NY, *pg.* 61
Heins, James - Public Relations - ICR, New York, NY, *pg.* 615
Heinsch, David - Public Relations - PADILLA, Minneapolis, MN, *pg.* 635
Heitman, Kaya - Management, Media Department, NBC, PPOM, Public Relations - WAVEMAKER, New York, NY, *pg.* 526
Heller, Jason - Account Services, Public Relations - 5W PUBLIC RELATIONS, New York, NY, *pg.* 574
Helmig, Sara - Public Relations - PRCG | HAGGERTY, LLC, New York, NY, *pg.* 638
Helscher, Katie - Account Services, Interactive / Digital, Public Relations, Social Media - HIEBING, Madison, WI, *pg.* 85
Henderson, Eric - Account Services, Management, NBC, PPOM, Public Relations - METEORITE PR, Boulder, CO, *pg.* 627
Henry, Lindsay - Public Relations - WEBER SHANDWICK, Chicago, IL, *pg.* 661
Henry, Rachel - Account Services, Public Relations - KIRVIN DOAK COMMUNICATIONS, Las Vegas, NV, *pg.* 620
Hernandez, Danny - NBC, Public Relations - FORSMAN & BODENFORS, New York, NY, *pg.* 74
Herrera, Andrew - Account Planner, Account Services, Media Department, Public Relations - PRAYTELL, Brooklyn, NY, *pg.* 258
Herrick, Rebecca - Finance, PPOM, Public Relations - LIPPERT / HEILSHORN & ASSOCIATES, INC., San Francisco, CA, *pg.* 623
Herrmann, Melissa - PPOM, Public Relations, Research - SSRS, Glen Mills, PA, *pg.* 450
Hershfield, Alyssa - Account Services, Public Relations - BCW NEW YORK, New York, NY, *pg.* 581
Hershy, Alexa - Public Relations - ALLISON+PARTNERS, New York, NY, *pg.* 576
Hession, Jack - Management, Public Relations - MADISON GOVERNMENT AFFAIRS, Washington, DC, *pg.* 624
Hickey, Christine - Public Relations - CTP, Boston, MA, *pg.* 347
Hidden, James - Account Planner, Account Services, Creative, Public Relations - OGILVY, Chicago, IL, *pg.* 393
Hill, Kacey M. - Account Services, Public Relations - PETERMAYER, New Orleans, LA, *pg.* 127
Hill, Margaret - Public Relations - A5, Chicago, IL, *pg.* 25
Hilton, Kelly - Human Resources, NBC, Public Relations - STARTEK, Jeffersonville, IN, *pg.* 168
Hinkle, Kiley - Account Services, Public Relations - MSLGROUP, New York, NY, *pg.* 629
Hockman, Kayla - Account Services, Public Relations - DKC PUBLIC RELATIONS, New York, NY, *pg.* 597
Hodkins, Emily - Account Services, NBC, Public Relations - ELEPHANT, Brooklyn, NY, *pg.* 181
Hohorst, Charlotte - Public Relations - JENNIFER BETT COMMUNICATIONS, New York, NY, *pg.* 617
Holcombe, Brian - Management, Media Department, PPOM, Public Relations - RYGR, Carbondale, CO, *pg.* 409
Holland, Claire - Creative, Public Relations - AGENCYEA, Chicago, IL, *pg.* 302
Holmes, Ryan - NBC, Public Relations, Social Media - PARRIS COMMUNICATIONS, INC., Kansas City, MO, *pg.* 125
Holschuh, Andrea - Public Relations - BVK, Milwaukee, WI, *pg.* 339
Holzhauer, Ashley - Account Services, Public Relations - ACCESS BRAND COMMUNICATIONS, San Francisco, CA, *pg.* 574
Hooker, Jamie - Account Services, Public Relations - SNACKBOX LLC, Austin, TX, *pg.* 648
Hopkins, Kristina - Public Relations - BADER RUTTER & ASSOCIATES, INC. , Milwaukee, WI, *pg.* 328
Horn, Amos - Account Services, Public Relations - PALE MORNING MEDIA, Waitsville, VT, *pg.* 635
Horneman, Emily - Public Relations - CONFIDANT, Brooklyn, NY, *pg.* 592
Howard, Jan - Management, Public Relations - STRONGPOINT, Tucson, AZ, *pg.* 650
Howard, Jennifer - Account Services, NBC, Public Relations, Social Media - BANDY CARROLL HELLIGE , Louisville, KY, *pg.* 36
Howard, Anna - Public Relations - REVOLUTION, Chicago, IL, *pg.* 406
Howell, Lloyd - Finance, Management, Public Relations - BOOZ ALLEN HAMILTON, McLean, VA, *pg.* 218
Hsieh, Elaine - Creative, Management, Operations, Public Relations - 52 LTD, Portland, OR, *pg.* 667
Huang, Catherine - NBC, Public Relations - GIANT SPOON, LLC, Los Angeles, CA, *pg.* 363
Huber, Kendall - Public Relations - GOLIN, Dallas, TX, *pg.* 609
Hudak, Shelby - Account Services, Public Relations - HAVAS FORMULA, San Diego, CA, *pg.* 612
Huerta-Margotta, Ed - Management, Operations, Public Relations - CARMICHAEL LYNCH, Minneapolis, MN, *pg.* 47
Huey, Kate - Public Relations - COLANGELO & PARTNERS, New York, NY, *pg.* 591
Hull, Katie - Public Relations - WIEDEN + KENNEDY, Portland, OR, *pg.* 430
Hurley, Kendal - Account Services, Public Relations - BALLANTINES PUBLIC RELATIONS, West Hollywood, CA, *pg.* 580
Hutchinson, Elliot - Public Relations - ZEHNDER COMMUNICATIONS, INC., New Orleans, LA, *pg.* 436
Imler, Colleen - Account Services, Public Relations - COYNE PUBLIC RELATIONS, Parsippany, NJ, *pg.* 593
Inacio, Cynthia - Public Relations - KING & COMPANY, New York, NY, *pg.* 620

AGENCIES

RESPONSIBILITIES INDEX

Ingram, Bradley - Public Relations - RP3 AGENCY, Bethesda, MD, *pg.* 408

Interlandi, Yasmin - Public Relations - TINUITI, New York, NY, *pg.* 678

Itah, Hanni - Public Relations - SSPR, Chicago, IL, *pg.* 649

Ivory, Paris - Account Services, Public Relations - BURRELL COMMUNICATIONS GROUP, INC. , Chicago, IL, *pg.* 45

Izzo, Jennifer - Public Relations - COSTA COMMUNICATIONS GROUP, Winter Park, FL, *pg.* 593

Jackson, Jennifer - Account Services, Public Relations - THE ZIMMERMAN AGENCY, Tallahassee, FL, *pg.* 426

Jackson, Alex - NBC, Public Relations - ZENITH MEDIA, New York, NY, *pg.* 529

Jackson, Dave - Account Services, Interactive / Digital, NBC, Public Relations - BURRELL COMMUNICATIONS GROUP, INC. , Chicago, IL, *pg.* 45

Jackson, Leigh - Account Services, Public Relations - JACKSON SPALDING INC., Atlanta, GA, *pg.* 376

Jackson, Steven - Media Department, Public Relations - DUNCAN CHANNON, San Francisco, CA, *pg.* 66

Jacobs, David - Interactive / Digital, Media Department, PPOM, Public Relations - THE TOMBRAS GROUP, Knoxville, TN, *pg.* 424

Jacobson, Eric - Public Relations - SMITH BUCKLIN CORPORATION, Chicago, IL, *pg.* 314

Jaeger, Brian - Media Department, Public Relations - NO LIMIT AGENCY, Chicago, IL, *pg.* 632

Jaffe, Dan - Management, Public Relations - ASSOCIATION OF NATIONAL ADVERTISERS, Washington, DC, *pg.* 442

Jagielski, Sara - Account Services, Public Relations - FIG, New York, NY, *pg.* 73

Janda, Chloe - Public Relations - WRIGHT ON COMMUNICATIONS, La Jolla, CA, *pg.* 663

Jane Kolassa, Mary - Account Services, Public Relations - PARADISE, Saint Petersburg, FL, *pg.* 396

Janisse, Melanie - Public Relations - INFLUENCE & CO, Columbia, MO, *pg.* 615

Janner, Shelby - Public Relations - ZILKER MEDIA, Austin, TX, *pg.* 665

Janz, Jacqueline - Interactive / Digital, NBC, Public Relations - MORTENSON KIM, Milwaukee, WI, *pg.* 118

Jara, Jocelyn - NBC, Public Relations - GOLIN, Chicago, IL, *pg.* 609

Jarecke-Cheng, Kipp - NBC, PPOM, Public Relations - PUBLICIS HEALTH, New York, NY, *pg.* 639

Jawski, Greg - Account Services, Finance, Management, Public Relations - PORTER NOVELLI, New York, NY, *pg.* 637

Jenkins, Angee - NBC, Public Relations - ROBERTSON SCHWARTZ AGENCY, Santa Monica, CA, *pg.* 643

Jenkinson, John - Creative, Public Relations - MOMENTUM WORLDWIDE, New York, NY, *pg.* 117

Jennings, Kate - Media Department, Public Relations, Social Media - VEST ADVERTISING, Louisville, KY, *pg.* 159

Johnson, Ashley - Account Services, Public Relations - SOUTHWEST STRATEGIES, LLC, San Diego, CA, *pg.* 411

Johnson, Camille - Public Relations - BURRELL COMMUNICATIONS GROUP, INC. , Chicago, IL, *pg.* 45

Johnson, Ann - Public Relations - NECTAR COMMUNICATIONS, Seattle, WA, *pg.* 632

Johnston, Kelly - Account Services, Public Relations - SODA POP PUBLIC RELATIONS LLC, Los Angeles, CA, *pg.* 648

Johnston, Emily - Interactive / Digital, Public Relations - CITIZEN RELATIONS, New York, NY, *pg.* 590

Jones, Deborah - Account Services, Management, Public Relations - STRATEGIES , Tustin, CA, *pg.* 414

Jones, Felicia - Public Relations - ONE ELEVEN INTERACTIVE, INC., Cornwall, CT, *pg.* 255

Jones, Taylor - Public Relations - INKHOUSE PUBLIC RELATIONS, San Francisco, CA, *pg.* 616

Jones, Ashley - Public Relations - BRUNNER, Pittsburgh, PA, *pg.* 44

Jones, Bree - Public Relations - CASHMERE AGENCY, Los Angeles, CA, *pg.* 48

Jones, Carrie - PPOM, Public Relations, Social Media - RAINDROP AGENCY INC, San Diego, CA, *pg.* 196

Jones, Jennifer - Public Relations - H&L PARTNERS, Atlanta, GA, *pg.* 369

Jordan, Alvin - Account Services, Public Relations - KETCHUM SOUTH, Dallas, TX, *pg.* 620

Jost, Paul - Account Services, Public Relations - MCNEIL, GRAY & RICE, Boston, MA, *pg.* 627

Juliano, Briana - Public Relations - ONE ELEVEN INTERACTIVE, INC., Cornwall, CT, *pg.* 255

Jurasic, Patrick - Account Planner, Account Services, Media Department, Public Relations - DENTSU X, New York, NY, *pg.* 61

Kadamus, Erin - Public Relations - 360PRPLUS, New York, NY, *pg.* 573

Kahn, Richard - PPOM, Public Relations - KAHN TRAVEL COMMUNICATIONS, Rockville Center, NY, *pg.* 481

Kaiser, Tina - Public Relations - APCO WORLDWIDE, New York, NY, *pg.* 578

Kalmanovitz, Andrea - Public Relations - DECIBEL BLUE, Scottsdale, AZ, *pg.* 595

Kalvin, Judy - Public Relations - 4SIGHT, INC., New York, NY, *pg.* 171

Kam, Nathan - PPOM, Public Relations - ANTHOLOGY MARKETING GROUP, Honolulu, HI, *pg.* 326

Kamer, Matt - PPOM, Public Relations - BANDY CARROLL HELLIGE , Louisville, KY, *pg.* 36

Kantor, Kody - Account Services, Public Relations - ZAPWATER COMMUNICATIONS, Santa Monica, CA, *pg.* 664

Karp, Jeanine - Public Relations - RBB COMMUNICATIONS, Miami, FL, *pg.* 641

Karsten, Hillary - Account Services, Media Department, Operations, Public Relations - RUBENSTEIN ASSOCIATES, New York, NY, *pg.* 644

Karwowski, Kamila - NBC, Public Relations - JAN KELLEY MARKETING, Burlington, ON, *pg.* 10

Kauffman, Kristen - Public Relations - SPM COMMUNICATIONS, Dallas, TX, *pg.* 649

Kavicky, Tammy - NBC, Public Relations - BIG RED ROOSTER, Columbus, OH, *pg.* 3

Kavulich, Ali - Public Relations - 360PRPLUS, New York, NY, *pg.* 573

Keatts, Tera - Account Services, Public Relations - PHILOSOPHY COMMUNICATION, Denver, CO, *pg.* 636

Keefover, Ruth - Public Relations - GRAVITY.LABS, Chicago, IL, *pg.* 365

Keehner, Jonathan - PPOM, Public Relations - JOELE FRANK, WILKINSON BRIMMER KATCHER, New York, NY, *pg.* 617

Keenan, Tiffany - Public Relations - CALYPSO, Portsmouth, NH, *pg.* 588

Keenan, Thomas - Account Services, Public Relations - MCNEIL, GRAY & RICE, Boston, MA, *pg.* 627

Kelley, Kristin - Media Department, Public Relations, Social Media - GOLIN, Chicago, IL, *pg.* 609

Kelley, Brian - Public Relations - SAGE COMMUNICATIONS, LLC, McLean, VA, *pg.* 409

Kelly, Jill - Management, Media Department, NBC, PPOM, PR Management, Public Relations - GROUPM, New York, NY, *pg.* 466

Kelowitz, Jared - Public Relations - JEFF DEZEN PUBLIC RELATIONS, Greenville, SC, *pg.* 617

Kemp, AnnMarie - Public Relations, Social Media - CRONIN, Glastonbury, CT, *pg.* 55

Kempske, Kevin - Account Services, PPOM, Public Relations - GKV, Baltimore, MD, *pg.* 364

Kenealy, Katy - Management, Public Relations - METHOD COMMUNICATIONS, Salt Lake City, UT, *pg.* 386

Kennedy, Kevin - Management, PPOM, Public Relations - CAMPBELL MARKETING AND COMMUNICATIONS, Dearborn, MI, *pg.* 339

Kennedy, Stephanie - Management, Public Relations - SHOPPR, New York, NY, *pg.* 647

Kennedy, Amy - Public Relations - GOLIN, Chicago, IL, *pg.* 609

RESPONSIBILITIES INDEX — AGENCIES

Kenny, Bryn - PPOM, Public Relations - MBA PARTNERS, New York, NY, pg. 626

Kernan, Colleen - Public Relations - PINCKNEY HUGO GROUP, Syracuse, NY, pg. 128

Kerner, Deborah - Public Relations, Social Media - TERMAN PUBLIC RELATIONS, New York, NY, pg. 652

Ketchum, Taylor - Media Department, Public Relations, Social Media - JONES PUBLIC RELATIONS, INC., Oklahoma City, OK, pg. 617

Kidd, Chris - Account Services, Public Relations - CARLETON PUBLIC RELATIONS INC., Huntsville, AL, pg. 588

Kiewert, Lorna - Public Relations - 3POINTS COMMUNICATIONS, Chicago, IL, pg. 573

Killian, Annalie - Public Relations - SPARKS & HONEY, New York, NY, pg. 450

Kim, Binna - NBC, PPOM, Public Relations - VESTED, New York, NY, pg. 658

Kim, Suejin - Account Services, Public Relations - 5W PUBLIC RELATIONS, New York, NY, pg. 574

King, Kristen - Account Services, NBC, Public Relations - WEBER SHANDWICK, Toronto, ON, pg. 662

King, Kristina - Public Relations - HUGE, INC., Brooklyn, NY, pg. 239

Kingdon, Devin - NBC, Public Relations - BCW LOS ANGELES, Los Angeles, CA, pg. 581

Kingsland, Billy - Public Relations - SIEGEL & GALE, New York, NY, pg. 17

Kinney, Charissa - Account Services, Interactive / Digital, NBC, Public Relations - 72ANDSUNNY, Playa Vista, CA, pg. 23

Kirby, Rainbow - NBC, Public Relations - CLEAR CHANNEL OUTDOOR, New York, NY, pg. 550

Kishner, Annis - Account Planner, Media Department, Public Relations - ALLIED INTEGRATED MARKETING, Hollywood, CA, pg. 576

Klausner, Melanie - Account Services, Administrative, Public Relations - RED HAVAS, New York, NY, pg. 641

Klein, Scott - Public Relations - KEITH SHERMAN & ASSOCIATES, INC., New York, NY, pg. 686

Klein, Meredith - Public Relations - BRUNNER, Pittsburgh, PA, pg. 44

Klein, Lexi - Account Services, Public Relations - ROGERS & COWAN/PMK*BNC, Los Angeles, CA, pg. 643

Klein Curry, Bridget - Public Relations - GOLIN, New York, NY, pg. 610

Klett, Ashley - Account Planner, Media Department, Public Relations - 360I, LLC, New York, NY, pg. 320

Klimovitz, Mikaela - Public Relations, Social Media - EARTHBOUND BRANDS, New York, NY, pg. 7

Knox, Brian - Public Relations - LAUGHLIN CONSTABLE, INC., Milwaukee, WI, pg. 379

Knox, Lauren - Public Relations - KETCHUM SOUTH, Atlanta, GA, pg. 620

Kobzev, Anaka - Media Department, NBC, Public Relations - TBWA \ CHIAT \ DAY, New York, NY, pg. 416

Kochis, Matthew - Account Services, Media Department, Public Relations - EDELMAN, Chicago, IL, pg. 353

Kopacz, Matthew - Account Services, Public Relations - MWWPR, East Rutherford, NJ, pg. 630

Korsgard, Karen - Account Services, Interactive / Digital, Management, Media Department, Public Relations - ONEFIRE, INC, Peoria, IL, pg. 394

Kotarak, Katie - Public Relations - THE BRAND AMP, Costa Mesa, CA, pg. 419

Kotick, Michael - Account Planner, Account Services, Interactive / Digital, Media Department, NBC, Public Relations - 360I, LLC, New York, NY, pg. 320

Kough, Dan - NBC, PPOM, Public Relations - PARADIGM SHIFT WORLDWIDE, INC., Northridge, CA, pg. 313

Kovacevich, John - Creative, Public Relations - DUNCAN CHANNON, San Francisco, CA, pg. 66

Kraft, Adam - Account Services, Public Relations - LINNIHAN FOY ADVERTISING, Minneapolis, MN, pg. 100

Kram, Eda - Media Department, Public Relations - LUBICOM MARKETING CONSULTING, Brooklyn, NY, pg. 381

Krischik, Danielle - PPOM, Public Relations - KNIGHT, Orlando, FL, pg. 95

Kroeker, Holli - Public Relations - SCORR MARKETING, Kearney, NE, pg. 409

Krol, Stephanie - Public Relations - MATRIX PARTNERS, LTD., Chicago, IL, pg. 107

Kruger, Carol - Media Department, Public Relations - WENDT, Great Falls, MT, pg. 430

Kruisbrink, Will - Account Services, PPOM, Public Relations - WALKER SANDS COMMUNICATIONS, Chicago, IL, pg. 659

Kubicki, Ania - PPOM, Public Relations - KNOODLE SHOP, Phoenix, AZ, pg. 95

Kutner, Justin - Public Relations - AMELIE COMPANY, Denver, CO, pg. 325

Kwak, Jinie - Account Services, Public Relations - VMLY&R, New York, NY, pg. 160

Lacey, John - Public Relations - MOWER, Syracuse, NY, pg. 118

Lack, Austin - Creative, Public Relations - ARTIME GROUP, Pasadena, CA, pg. 34

Lafond, Dave - Creative, Management, Media Department, PPOM, Public Relations - NO FIXED ADDRESS INC., Toronto, ON, pg. 120

Lake, Jennifer - Management, Public Relations - ZAPWATER COMMUNICATIONS, Chicago, IL, pg. 664

Lamanna, Angie - Account Services, NBC, Public Relations - CITIZEN RELATIONS, Toronto, ON, pg. 590

LaMonica, Karen - Public Relations - 78MADISON, Altamont Springs, FL, pg. 321

Land, Peter - PPOM, Public Relations - FINSBURY, New York, NY, pg. 604

Lando, Nicole - Management, Public Relations - ALISON BROD PUBLIC RELATIONS, New York, NY, pg. 576

Larson, Sarah - Public Relations - FURIA RUBEL COMMUNICATIONS, INC., Doylestown, PA, pg. 607

LaSalvia, Dana - NBC, Public Relations - RYMAX MARKETING SERVICES, Pine Brook, NJ, pg. 569

Lasner, Meredith - Account Planner, Media Department, NBC, Public Relations - CARAT, New York, NY, pg. 459

Lauricella, Adrianna - Account Services, Public Relations - ALISON BROD PUBLIC RELATIONS, New York, NY, pg. 576

LaVardera, Claire - Account Services, Interactive / Digital, Public Relations - TBC, Baltimore, MD, pg. 416

Lavender, Allison - Public Relations - MARKSTEIN, Birmingham, AL, pg. 625

Lavine, Anita - Public Relations - PORTER NOVELLI, Seattle, WA, pg. 637

Lawrence, Mike - Management, NBC, PPOM, Public Relations, Social Media - CONE, INC., Boston, MA, pg. 6

Lawson, Jennifer - Public Relations - MSLGROUP, New York, NY, pg. 629

Leake, Tim - Account Services, NBC, Public Relations - RPA, Santa Monica, CA, pg. 134

Leavey, Kelsey - Account Services, Public Relations - THE HODGES PARTNERSHIP, Richmond, VA, pg. 653

Lechner, Pouneh - Account Services, Public Relations - KARBO COMMUNICATIONS, San Francisco, CA, pg. 618

Leckstrom, Jennifer - Account Services, Media Department, Public Relations - ROSECOMM, Hoboken, NJ, pg. 644

Lee, Thomas - PPOM, Public Relations - ZOZIMUS AGENCY, Boston, MA, pg. 665

Leeds, Torri - NBC, Public Relations - DEVRIES GLOBAL, New York, NY, pg. 596

Leeds, Ryan - Account Planner, Account Services, NBC, Public Relations - MASTERMINDS, INC., Egg Harbor Township, NJ, pg. 687

Lejbowicz, Marissa - Public Relations - MILNER BUTCHER MEDIA GROUP, Los Angeles, CA, pg. 491

Lenz, Belle - NBC, PPOM, Public

AGENCIES RESPONSIBILITIES INDEX

Relations - IPROSPECT, New York, NY, pg. 674

LePage, Vonda - NBC, Public Relations - DEUTSCH, INC., New York, NY, pg. 349

Lerdall, Stephanie - Media Department, Public Relations - MORNINGSTAR COMMUNICATIONS, Overland Park, KS, pg. 628

LeRoy, Tim - Public Relations - THE LYMAN AGENCY, Napa, CA, pg. 654

Leshne, Jerry - Finance, Public Relations - INTERPUBLIC GROUP OF COMPANIES, New York, NY, pg. 90

Leslie, Kati - Public Relations - DEARING GROUP, West Lafayette, IN, pg. 60

Levin, Amy - Account Services, Public Relations - BENENSON STRATEGY GROUP, New York, NY, pg. 333

Levitt, Joshua - Public Relations - CANVAS BLUE, Los Angeles, CA, pg. 47

Levy, Campbell - Public Relations - TURNER PUBLIC RELATIONS, Denver, CO, pg. 657

Lewis, Brian - Media Department, Public Relations - MARATHON COMMUNICATIONS INC., Los Angeles, CA, pg. 625

Lewis, Angel - Interactive / Digital, NBC, Public Relations, Social Media - BRUNO EVENT TEAM, Birmingham, AL, pg. 303

Lewis, Monisha - Account Planner, Public Relations - BBDO SAN FRANCISCO, San Francisco, CA, pg. 330

Lewis, Olivia - Account Services, Public Relations - EGAMI GROUP, New York, NY, pg. 539

Leyne, Sheila - PPOM, Public Relations - MULLENLOWE U.S. BOSTON, Boston, MA, pg. 389

Li, Ken - Public Relations - CHEMPETITIVE GROUP, Chicago, IL, pg. 341

Liboro, Mikaela - Public Relations - DEUTSCH, INC., Los Angeles, CA, pg. 350

Lidstone, Briana - Public Relations - MODERN CLIMATE, Minneapolis, MN, pg. 388

Lindell, Tom - Public Relations - EXPONENT PR, Minneapolis, MN, pg. 602

Lindsay, Tawnya - Account Planner, Interactive / Digital, Media Department, NBC, Public Relations - VIZEUM, Toronto, ON, pg. 525

Link, Megan - Public Relations - OGILVY, New York, NY, pg. 393

Linkins, Aric - Account Services, Media Department, Public Relations - OUTBRAIN, INC., New York, NY, pg. 256

Linsenbigler, Alana - Public Relations - JENNIFER BETT COMMUNICATIONS, New York, NY, pg. 617

Linsmeier, Kristen - Account Services, Public Relations - METHOD COMMUNICATIONS, Salt Lake City, UT, pg. 386

Lisko, John - NBC, Public Relations - SAATCHI & SAATCHI LOS ANGELES, Torrance, CA, pg. 137

Liu, Jackie - Account Services, Public Relations - THE POLLACK PR MARKETING GROUP, Los Angeles, CA, pg. 654

Livingston, Doug - Operations, PPOM, Public Relations - USIM, Los Angeles, CA, pg. 525

Llewellyn, Lauren - Account Services, Public Relations - PADILLA, Richmond, VA, pg. 635

Lobb, Georgia - Public Relations - PUBLICIS NORTH AMERICA, New York, NY, pg. 399

Lobring, Dan - Interactive / Digital, NBC, Public Relations - REVOLUTION, Chicago, IL, pg. 406

Long, Brittnee - NBC, Public Relations - PWC, Seattle, WA, pg. 260

Long, Lauren - Management, Public Relations - ICF NEXT, Chicago, IL, pg. 614

Lonsdorf, John - PPOM, Public Relations - R&J STRATEGIC COMMUNICATIONS, Bridgewater, NJ, pg. 640

Lopaty Robinson, Shelby - Account Services, Public Relations - KONNECT AGENCY, Los Angeles, CA, pg. 620

Loughery, Kevin - Public Relations - REVOLUTION, Chicago, IL, pg. 406

Lovell, Larry - Public Relations - PETERMAYER, New Orleans, LA, pg. 127

Loven, Jennifer - NBC, Public Relations - GLOVER PARK GROUP, Washington, DC, pg. 608

Lowe, Lynn - Public Relations - MARKSTEIN, Birmingham, AL, pg. 625

Lu, Joyce - Public Relations - INTERTREND COMMUNICATIONS, INC., Long Beach, CA, pg. 541

Lueptow, Diana - NBC, Public Relations - KLEIDON AND ASSOCIATES, Akron, OH, pg. 95

Lukaszewski, Tanaya - Account Services, Public Relations - OFFLEASH, San Mateo, CA, pg. 633

Lundberg, Ali - Management, Public Relations - J PUBLIC RELATIONS, New York, NY, pg. 616

Lundberg, Gregory - Finance, Public Relations - OUTFRONT MEDIA, New York, NY, pg. 554

Lustig, Brian - PPOM, Public Relations - BLUETEXT, Washington, DC, pg. 40

Luts, Katrina - Promotions, Public Relations - ALLIED INTEGRATED MARKETING, Troy, MI, pg. 324

Lynch, Bob - Interactive / Digital, NBC, Public Relations - GTB, Dearborn, MI, pg. 367

Lynch, Rebecca - Public Relations, Social Media - EP+CO., Greenville, SC, pg. 356

Lynn Silva, Tricia - Account Services, Public Relations - KGBTEXAS COMMUNICATIONS, San Antonio, TX, pg. 95

Lyons, Dyana - Interactive / Digital, Management, Media Department, NBC, Public Relations - OMD WEST, Los Angeles, CA, pg. 502

MacBroom, Skye - PPOM, Public Relations - SKYELINE STUDIO, LLC, Wolcott, CT, pg. 647

Machen, Lauren - Account Services, Interactive / Digital, NBC, Public Relations - FUSE, LLC, Vinooski, VT, pg. 8

Mack, Michael - NBC, Public Relations - LAS VEGAS EVENTS, Las Vegas, NV, pg. 310

Mackey, Cindy - NBC, Public Relations - OTTO DESIGN & MARKETING, Norfolk, VA, pg. 124

MacPhail, Carlyle - PPM, Public Relations - JACKSON SPALDING INC., Atlanta, GA, pg. 376

Madden, Liadha - Account Planner, Public Relations - CARAT, Toronto, ON, pg. 461

Maddox, Brian - Media Department, Public Relations - FTI CONSULTING, New York, NY, pg. 606

Madell, Allison - Public Relations, Social Media - BADER RUTTER & ASSOCIATES, INC., Milwaukee, WI, pg. 328

Maggiacomo, Annette - Public Relations - DUFFY & SHANLEY, INC., Providence, RI, pg. 66

Mahaffey, Melanie - NBC, Public Relations - R/GA, Austin, TX, pg. 261

Maher, Dave - Interactive / Digital, Media Department, NBC, PPOM, Public Relations - ZEHNDER COMMUNICATIONS, INC., New Orleans, LA, pg. 436

Mai, Cindy - Account Services, Public Relations - AMP AGENCY, Los Angeles, CA, pg. 213

Mailhiot, Renee - Media Department, Public Relations - EDELMAN, Chicago, IL, pg. 353

Malek, Maggie - Interactive / Digital, PPOM, Public Relations, Social Media - MMI AGENCY, Houston, TX, pg. 116

Malles Ward, Phoebe - Media Department, Public Relations - LIPPE TAYLOR, New York, NY, pg. 623

Malloy, Mark - Account Planner, Interactive / Digital, Media Department, Public Relations - WIEDEN + KENNEDY, New York, NY, pg. 432

Malter Nathan, Annie - NBC, Public Relations - KOVERT CREATIVE, New York, NY, pg. 96

Mancebo, Carla - Public Relations - WALT & COMPANY COMMUNICATIONS, Campbell, CA, pg. 659

Mancusi, Peter - Media Department, NBC, Public Relations - WEBER SHANDWICK, Boston, MA, pg. 660

Mandes, Evans - Public Relations - THE HODGES PARTNERSHIP, Richmond, VA, pg. 653

Manfredo, Amanda - Public Relations - EDELMAN, New York, NY, pg. 599

1991

RESPONSIBILITIES INDEX — AGENCIES

Manion, Catherine - Public Relations - PAIGE GROUP, Utica, NY, pg. 396

Manning, Marcy - Public Relations - PR CHICAGO, Mundelein, IL, pg. 638

Manzini, Chris - Public Relations - EDELMAN, New York, NY, pg. 599

Maquieira, George - NBC, Public Relations - SPI MARKETING, New York, NY, pg. 411

Marbley, Sanaz - Account Services, Public Relations - IMRE, Los Angeles, CA, pg. 374

Marchesi, Stephanie - Management, NBC, PPOM, Public Relations - WE COMMUNICATIONS, Bellevue, WA, pg. 660

Marcinuk, John - Interactive / Digital, Public Relations - BLUE FOUNTAIN MEDIA, New York, NY, pg. 175

Maricich, Margie - Account Services, Media Department, Public Relations - KELLY, SCOTT & MADISON, INC., Chicago, IL, pg. 482

Marinello, Paul - Interactive / Digital, Public Relations - MSLGROUP, New York, NY, pg. 629

Markovitz, Rick - PPOM, Public Relations - WEISSMAN MARKOVITZ COMMUNICATIONS, Los Angeles, CA, pg. 662

Marlowe, Brook - Public Relations - BLAST! PR, Santa Barbara, CA, pg. 584

Martin, Belinda - Management, Public Relations - BCW NEW YORK, New York, NY, pg. 581

Martin, Saraah - Public Relations - INKHOUSE PUBLIC RELATIONS, San Francisco, CA, pg. 616

Martin, Ryan - Public Relations - MKTG INC, Chicago, IL, pg. 312

Martinez, Erica - Public Relations - JACKSON SPALDING INC., Atlanta, GA, pg. 376

Maruca, Terri - Public Relations - KIRVIN DOAK COMMUNICATIONS, Las Vegas, NV, pg. 620

Marya, Brittany - Public Relations - BECK MEDIA & MARKETING, Atlanta, GA, pg. 582

Masci, Natasha - Creative, Public Relations - CHIZCOMM, North York, ON, pg. 50

Masi, Lindsay - Public Relations - BOUVIER KELLY, INC., Greensboro, NC, pg. 41

Masters, Rich - Public Relations - QORVIS COMMUNICATIONS, LLC, Washington, DC, pg. 640

Matic, Katarina - Public Relations - MONTIETH & COMPANY, New York, NY, pg. 628

Mattiace, William - Creative, NBC, Public Relations - GAIL & RICE, Farmington Hills, MI, pg. 306

Mauck, Drew - Account Services, Public Relations - 3POINTS COMMUNICATIONS, Chicago, IL, pg. 573

Mauldin, Melissa - Creative, NBC, Public Relations - A. BRIGHT IDEA, Bel Air, MD, pg. 25

May, Amy - Public Relations - JAM COLLECTIVE, San Francisco, CA, pg. 616

Mayoh, Bob - Account Services, Public Relations - SLN, INC., Providence, RI, pg. 677

McBride, Julie - Human Resources, Public Relations - FALLON WORLDWIDE, Minneapolis, MN, pg. 70

McBrien, Harry - Public Relations - MAIER ADVERTISING, INC., Farmington, CT, pg. 103

McCabe, George - Public Relations - B&P ADVERTISING, Las Vegas, NV, pg. 35

McCafferty, Caitlan - Account Services, Public Relations - FURIA RUBEL COMMUNICATIONS, INC., Doylestown, PA, pg. 607

McClendon, Sara - Account Services, Public Relations - RHEA & KAISER MARKETING, Naperville, IL, pg. 406

McCleskey, Erin - Account Services, Public Relations - R&R PARTNERS, Las Vegas, NV, pg. 131

McCloy, Diana - Public Relations - TEAK MEDIA COMMUNICATIONS, South Boston, MA, pg. 652

McColl, Britt - Account Services, Public Relations - RPA, Santa Monica, CA, pg. 134

McColough, Josh - NBC, Public Relations - BLUE CHIP MARKETING & COMMUNICATIONS, Northbrook, IL, pg. 334

McCool, Ashley - Creative, Interactive / Digital, Media Department, Public Relations, Social Media - HITCHCOCK FLEMING & ASSOCIATES, INC., Akron, OH, pg. 86

McCormack, Kevin - PPOM, Public Relations - WPP GROUP, INC., New York, NY, pg. 433

McCoy, Erin - Creative, Public Relations - KILLER VISUAL STRATEGIES, Seattle, WA, pg. 189

McCracken, Julie - Account Planner, Account Services, Interactive / Digital, Public Relations - PADILLA, Richmond, VA, pg. 635

McCray, Stacey - Account Services, Public Relations - LUQUIRE GEORGE ANDREWS, INC., Charlotte, NC, pg. 382

McCune, Elizabeth - NBC, PPOM, Public Relations - GROUPM, New York, NY, pg. 466

McDonald, Marty - Account Services, Management, Public Relations - FAHLGREN MORTINE PUBLIC RELATIONS, Columbus, OH, pg. 70

McDonald, Jas - Public Relations - WITZ COMMUNICATIONS, INC., Raleigh, NC, pg. 663

McDonough, Kristen - Management, Public Relations - ASSOCIATION OF NATIONAL ADVERTISERS, New York, NY, pg. 442

McEvoy, Amy - Account Services, Public Relations - RHEA & KAISER MARKETING, Naperville, IL, pg. 406

McFall, Carole - Public Relations - THE CASTLE GROUP, INC., Boston, MA, pg. 652

McFarland-Johnson, Jeannie - NBC, Public Relations - CREATIVE STRATEGIES GROUP, Denver, CO, pg. 304

McGee, Trish - Public Relations - THE BOHAN AGENCY, Nashville, TN, pg. 418

McGillicuddy, Madison - Public Relations - ICR, New York, NY, pg. 615

McGorty, Anita - Public Relations - PUBLICIS NORTH AMERICA, New York, NY, pg. 399

McGovern, Aubrey - Public Relations - FINN PARTNERS, New York, NY, pg. 603

McGovern, Sara - Account Planner, Account Services, Public Relations - LITZKY PUBLIC RELATIONS, Hoboken, NJ, pg. 623

McGregor, Gabriele - Public Relations - THE FERRARO GROUP, Las Vegas, NV, pg. 653

McKinley, Delphine - Interactive / Digital, Management, Media Department, Public Relations - DROGA5, New York, NY, pg. 64

McKinney, Chelsea - Account Services, Public Relations - POWERHOUSE COMMUNICATIONS, Santa Ana, CA, pg. 638

McLain, Heather - Public Relations - ON IDEAS, Sarasota, FL, pg. 634

McMillian, Christy - Operations, Public Relations - CI&T, San Francisco, CA, pg. 5

McMurry, Chris - Account Services, Public Relations - MGH ADVERTISING, Owings Mills, MD, pg. 387

McNeil, Eileen - PPOM, Public Relations - SEYFERTH & ASSOCIATES, INC., Grand Rapids, MI, pg. 646

McQuillen, Bill - Media Department, Public Relations - BCW WASHINGTON DC, Washington, DC, pg. 582

Meagher, Joanna - Account Services, Public Relations - AGENCY H5, Chicago, IL, pg. 575

Meckler, Paige - Public Relations - CROWLEY WEBB & ASSOCIATES, Buffalo, NY, pg. 55

Mee, Lindsey - Public Relations - BLAZE, Santa Monica, CA, pg. 584

Meier, Emily - Media Department, Public Relations - MGH ADVERTISING, Owings Mills, MD, pg. 387

Meier, Melinda - Management, PPOM, Public Relations - FUEL MARKETING, Salt Lake City, UT, pg. 361

Mellon, Anita - Public Relations - IDEA HALL, Costa Mesa, CA, pg. 615

Merk, Michael - Management, PPOM, Public Relations - DESIGNVOX, East Grand Rapids, MI, pg. 179

Merritt, Scott - Public Relations - DALTON AGENCY, Atlanta, GA, pg. 57

Mertzman, Allison - Human Resources, Management, Media Department, NBC, Operations, Public Relations - GROUPM, New York, NY, pg. 466

Messner, Kristina - Public Relations - FOCUSED IMAGE, Falls

AGENCIES

RESPONSIBILITIES INDEX

Church, VA, pg. 235
Metrick, Ellie - NBC, Public Relations - THE METRICK SYSTEM, Toronto, ON, pg. 152
Metzger, Jill - Public Relations - RFBINDER PARTNERS, INC., Needham, MA, pg. 642
Meyer, Jennifer - Management, Public Relations - JENNIFER BETT COMMUNICATIONS, New York, NY, pg. 617
Meyer, Kenneth - Public Relations - WEBER SHANDWICK, New York, NY, pg. 660
Meyers, Chuck - Account Services, Public Relations - THE WILLIAM MILLS AGENCY, Atlanta, GA, pg. 655
Michael-Smith, Jina - Account Services, Public Relations - CITIZEN RELATIONS, Los Angeles, CA, pg. 590
Miles, Kimberly - Public Relations - FAHLGREN MORTINE PUBLIC RELATIONS, Myrtle Beach, SC, pg. 602
Miller, Jeremy - Management, Public Relations - MCCANN WORLDGROUP, Birmingham, MI, pg. 109
Miller, Chuck - Management, Public Relations - BOSTON RESEARCH GROUP, Hopkinton, MA, pg. 442
Miller, Todd - Public Relations - LEVY MG, Pittsburgh, PA, pg. 245
Miller, Lisa - Account Planner, NBC, Public Relations - GLOVER PARK GROUP, Washington, DC, pg. 608
Miller, Greg - PPOM, Public Relations - THE RICHARDS GROUP, INC., Dallas, TX, pg. 422
Miller, Jackie - Account Services, Media Department, Public Relations - GOLIN, New York, NY, pg. 610
Millman, Alicia - Public Relations, Social Media - MOMENTUM MEDIA PR, Boulder, CO, pg. 628
Millot, Delphine - Public Relations - GRAYLING, New York, NY, pg. 610
Milne, Jon - Public Relations - M BOOTH & ASSOCIATES, INC., New York, NY, pg. 624
Milton, Josh - Account Services, Public Relations - CONRIC PR & MARKETING, Fort Meyers, FL, pg. 592
Minella, Lauren - Public Relations, Social Media - THE BOHAN AGENCY, Nashville, TN, pg. 418
Mitchell, Ben - Public Relations - DAGGER, Atlanta, GA, pg. 224
Mitchem, Melianie - Public Relations - FCB NEW YORK, New York, NY, pg. 357
Modarelli-Frank, Heidi - NBC, Public Relations, Social Media - MARCUS THOMAS, Cleveland, OH, pg. 104
Moeller, Rebecca - Public Relations - HUGE, INC., Brooklyn, NY, pg. 239
Mogan, Brooke - Management, Public Relations - ALISON BROD PUBLIC RELATIONS, New York, NY, pg. 576
Molloy, Doug - Management, NBC, Public Relations - HUDSON ROUGE, Dearborn, MI, pg. 372
Monagle, Laura - Public Relations -

AFFIRM AGENCY, Pewaukee, WI, pg. 323
Monroe, Loren - Management, Public Relations - BGR GROUP, Washington, DC, pg. 583
Montague, Eric - Account Services, NBC, PPOM, Public Relations - SLEEK MACHINE, Boston, MA, pg. 142
Montner, Debra - Account Services, Media Department, PPOM, Public Relations - MONTNER & ASSOCIATES, Westport, CT, pg. 628
Moon, Jacob - Management, PPOM, Public Relations - METHOD COMMUNICATIONS, Salt Lake City, UT, pg. 386
Mooney, Maryellen - Account Services, Public Relations - GOODMAN MEDIA INTERNATIONAL, INC., New York, NY, pg. 610
Moore, Marlene - Account Services, Public Relations - SMITH MILLER MOORE, Encino, CA, pg. 411
Moore, Morgan - Public Relations - GLODOW NEAD COMMUNICATIONS, San Francisco, CA, pg. 608
Moorman, Lauren - Media Department, Public Relations - NO LIMIT AGENCY, Chicago, IL, pg. 632
Morgan, Lance - Account Planner, Management, Public Relations - POWELL TATE, Washington, DC, pg. 638
Moriarty, Jim - Public Relations - 72ANDSUNNY, Brooklyn, NY, pg. 24
Morral, Tim - Management, Media Department, Public Relations - WALKER SANDS COMMUNICATIONS, Chicago, IL, pg. 659
Morris, Jason - PPOM, Public Relations - INKHOUSE PUBLIC RELATIONS, San Francisco, CA, pg. 616
Morrison, Marisa - Public Relations - HUNTER PUBLIC RELATIONS, New York, NY, pg. 614
Morrison, Derek - Public Relations - DAVIS ELEN ADVERTISING, Los Angeles, CA, pg. 58
Moskus, Joe - PPM, Public Relations - ALLIED INTEGRATED MARKETING, Saint Louis, MO, pg. 324
Mousseau, Bethany - Public Relations - MOMENTUM MEDIA PR, Boulder, CO, pg. 628
Moynihan, Amy - Public Relations - GROUNDFLOOR MEDIA, Denver, CO, pg. 611
Moyo, Vusi - Account Services, Public Relations - ZENO GROUP, Chicago, IL, pg. 664
Mueller, Amanda - Public Relations, Social Media - CASHMAN & KATZ INTEGRATED COMMUNICATIONS, Glastonbury, CT, pg. 340
Mulder, Kimberly - Creative, Promotions, Public Relations - DRS & ASSOCIATES, North Hollywood, CA, pg. 598
Muldoon, Molly - Public Relations - SIEGEL & GALE, New York, NY, pg. 17
Mull, Jennifer - NBC, PPOM, Public Relations - UNITED COLLECTIVE, Huntington Beach, CA, pg. 428

Murdoch, Stephen - Public Relations - ENTERPRISE CANADA, Saint Catharines, ON, pg. 7
Murphy, Julie - PPOM, Public Relations - SAGE COMMUNICATIONS, LLC, McLean, VA, pg. 409
Murphy, Daniel - Administrative, Management, Public Relations - BGR GROUP, Washington, DC, pg. 583
Murray, Bill - Account Services, Public Relations - MWWPR, East Rutherford, NJ, pg. 630
Murray, Chris - Creative, Interactive / Digital, NBC, PPOM, Public Relations - BOYD TAMNEY CROSS, Wayne, PA, pg. 42
Musiker, Melissa - Management, Public Relations - APCO WORLDWIDE, Washington, DC, pg. 578
Mylott, Claire - Public Relations - FEED MEDIA PUBLIC RELATIONS, Denver, CO, pg. 603
Nagan, Lyz - NBC, Public Relations - CLOCKWORK ACTIVE MEDIA, Minneapolis, MN, pg. 221
Nance, Claire - Creative, Public Relations - ACTIVISION BLIZZARD MEDIA, New York, NY, pg. 26
Naughten, Bernadette - Public Relations - BBDO WORLDWIDE, New York, NY, pg. 331
Neace, Amanda - Public Relations - THE RICHARDS GROUP, INC., Dallas, TX, pg. 422
Negrin, Keith - Public Relations - EXPONENT PR, Minneapolis, MN, pg. 602
Nelson, David - NBC, Public Relations - IDFOUR, Houston, TX, pg. 285
Nelson, Rachel - Account Services, Public Relations - INKHOUSE PUBLIC RELATIONS, San Francisco, CA, pg. 616
Nelson, Mickey - Public Relations - SPACE150, Minneapolis, MN, pg. 266
Nelson Monroe, Bridget - Account Services, Public Relations - BELLMONT PARTNERS PUBLIC RELATIONS, Minneapolis, MN, pg. 582
Nero, John - Public Relations - TIZIANI WHITMYRE, Sharon, MA, pg. 155
NeSmith, David - NBC, Public Relations - THE RICHARDS GROUP, INC., Dallas, TX, pg. 422
Neumeier, Michael - PPOM, Public Relations - ARKETI GROUP, Atlanta, GA, pg. 578
Newell, Ashton - Interactive / Digital, NBC, Public Relations - DIRECTIVE CONSULTING, Irvine, CA, pg. 63
Nguyen, Jennifer - Management, Public Relations - CITIZEN RELATIONS, Los Angeles, CA, pg. 590
Nichols, Nancy Rabstejnek - Management, Public Relations - WEBER SHANDWICK, New York, NY, pg. 660
Nickels, Todd - Account Services, Media Department, Public Relations - 42WEST, New York, NY, pg. 573
Nielsen, Lisa - Account Services,

1993

RESPONSIBILITIES INDEX — AGENCIES

Media Department, Public Relations - HEINZEROTH MARKETING GROUP, Rockford, IL, pg. 84
Nishimura, Chad - Account Planner, Account Services, Public Relations - GOLIN, Los Angeles, CA, pg. 609
Nolan, Karen - Account Services, Public Relations - FLASHPOINT PUBLIC RELATIONS, San Francisco, CA, pg. 604
Nooney, Timothy - Account Services, Public Relations - RYGR, Carbondale, CO, pg. 409
Nordlicht, Donny - Public Relations - KETCHUM, New York, NY, pg. 542
Norman, Chuck - PPOM, Public Relations - S&A COMMUNICATIONS, Cary, NC, pg. 645
Northen, Janet - NBC, PPOM, Public Relations - MCKINNEY, Durham, NC, pg. 111
Northrup, Rebecca - Public Relations - ADWORKSHOP & INPHORM, Lake Placid, NY, pg. 323
Novell, Kaitlin - Account Services, Public Relations - PRAYTELL, Brooklyn, NY, pg. 258
Nuber, Jenny - PPOM, Public Relations - KGLOBAL, Washington, DC, pg. 620
Nugent, Kristin - Account Services, Public Relations - MCNEIL, GRAY & RICE, Boston, MA, pg. 627
O'Brien, Larry - Management, Public Relations - BADER RUTTER & ASSOCIATES, INC., Milwaukee, WI, pg. 328
O'Brien, Vanessa - Account Planner, Account Services, Public Relations - NEXT LEVEL SPORTS INC., San Juan Capistrano, CA, pg. 632
O'Loughlin, Devin - NBC, Public Relations - RAPP WORLDWIDE, New York, NY, pg. 290
O'Rourke, Christina - Account Services, Creative, Public Relations, Social Media - EDELMAN, Chicago, IL, pg. 353
O'Shea, Melissa - Public Relations - PUBLICIS NORTH AMERICA, New York, NY, pg. 399
Oakes, Julie - Public Relations - JOELE FRANK, WILKINSON BRIMMER KATCHER, New York, NY, pg. 617
Oberman, Brett - Management, Public Relations - KEITH SHERMAN & ASSOCIATES, INC., New York, NY, pg. 686
Ochsner, Bob - Public Relations - ROCKET SCIENCE, Larkspur, CA, pg. 643
Oliva, Jocelyn - Public Relations - EDELMAN, New York, NY, pg. 599
Oliveto, Laura - Media Department, Public Relations - SSDM, Troy, MI, pg. 412
Olson, Tom - Account Planner, Account Services, Media Department, Public Relations - BCW NEW YORK, New York, NY, pg. 581
Olson, Britta - Account Services, Public Relations - ICF NEXT, Chicago, IL, pg. 614
Olson, Victoria - NBC, Public Relations - HAVAS SPORTS & ENTERTAINMENT, Atlanta, GA, pg. 370
Olsson, Erin - Public Relations - NECTAR COMMUNICATIONS, Seattle, WA, pg. 632
Oltersdorf, Jenna - PPOM, Public Relations - SNACKBOX LLC, Austin, TX, pg. 648
Onofrio, Fran - PPOM, Public Relations - MASON, INC., Bethany, CT, pg. 383
Orne, Karen - Public Relations - DVL SEIGENTHALER, Nashville, TN, pg. 599
Ornelas, Carolina - NBC, PPOM, Public Relations - UNO, Minneapolis, MN, pg. 21
Orr, Bill - Interactive / Digital, Management, NBC, Public Relations - DKC PUBLIC RELATIONS, West Hollywood, CA, pg. 597
Orr, John - Public Relations - ALOYSIUS BUTLER & CLARK, Wilmington, DE, pg. 30
Ortega, Jorge - Management, Public Relations - EDELMAN, Dallas, TX, pg. 600
Ortiz, Olivia - Account Services, Public Relations - LAPIZ, Chicago, IL, pg. 542
Osiecki, Noelle - Management, Public Relations - GOLIN, New York, NY, pg. 610
Ostermann, Stephanie - Account Services, Public Relations - WS, Calgary, AB, pg. 164
Owens, Kerry - Account Services, Public Relations - MGH ADVERTISING, Owings Mills, MD, pg. 387
Owens, Taryn - Management, Public Relations - DKC PUBLIC RELATIONS, West Hollywood, CA, pg. 597
Pace, Kimberly - Public Relations - 9THWONDER AGENCY, Houston, TX, pg. 453
Pachuta, Ryan - Public Relations - JENNIFER BETT COMMUNICATIONS, New York, NY, pg. 617
Pageau, Nanette - PPOM, Public Relations - KANEEN ADVERTISING & PUBLIC RELATIONS, INC., Tucson, AZ, pg. 618
Palacios, Linda - Account Services, Public Relations - ENVIRONMENTAL TECHNOLOGIES & COMMUNICATIONS, INC., Loveland, OH, pg. 602
Pandolfino, Justin - NBC, Public Relations - NICE SHOES, New York, NY, pg. 193
Pantin, Jr., Leslie - PPOM, Public Relations - PANTIN / BEBER SILVERSTEIN PUBLIC RELATIONS, Miami, FL, pg. 544
Parham, Edward - Public Relations - RUECKERT ADVERTISING, Albany, NY, pg. 136
Parish, Laurie - NBC, Public Relations - DROGA5, New York, NY, pg. 64
Park, Deborah - Public Relations, Social Media - TURNER PUBLIC RELATIONS, Denver, CO, pg. 657
Park, Jane - Public Relations - THE OUTCAST AGENCY, San Francisco, CA, pg. 654
Park, Bo - PPOM, Public Relations - ICR, New York, NY, pg. 615
Parke, Mariana - Media Department, Public Relations - HAVAS WORLDWIDE CHICAGO, Chicago, IL, pg. 82
Parker, Nikki - Operations, Public Relations - 5W PUBLIC RELATIONS, New York, NY, pg. 574
Parker, Nick - Management, Public Relations - AGENDA, Albuquerque, NM, pg. 575
Parks, Lesley - Account Services, Interactive / Digital, Media Department, NBC, Public Relations, Social Media - TBWA \ CHIAT \ DAY, New York, NY, pg. 416
Parks, Casey - Account Services, Public Relations - UNITED ENTERTAINMENT GROUP, New York, NY, pg. 299
Paster, Jamie - Account Services, Public Relations - COYNE PUBLIC RELATIONS, Parsippany, NJ, pg. 593
Pathmann, Lucie - NBC, Public Relations - STONE WARD ADVERTISING, Little Rock, AR, pg. 413
Patrow, Kris - Public Relations - PADILLA, Minneapolis, MN, pg. 635
Patton, Darah - Account Services, Public Relations - INKHOUSE PUBLIC RELATIONS, San Francisco, CA, pg. 616
Patton, Erin - Public Relations - WEBER SHANDWICK, San Francisco, CA, pg. 662
Paul, Daniel - Finance, Operations, Public Relations - LAUNCHSQUAD, San Francisco, CA, pg. 621
Paulino, Beth - NBC, Public Relations - OGILVY COMMONHEALTH WORLDWIDE, Parsippany, NJ, pg. 122
Paullin, James - NBC, Public Relations - SELLING SOLUTIONS, INC., Atlanta, GA, pg. 265
Paven, Andrew - Public Relations - O'NEILL & ASSOCIATES, Boston, MA, pg. 633
Pavlick, Carrie DeVries - Account Services, Public Relations - DEVENEY COMMUNICATIONS, New Orleans, LA, pg. 596
Payton, Racheal - Account Services, Public Relations - BCW WASHINGTON DC, Washington, DC, pg. 582
Peck, Ethan - Account Services, Public Relations - RYGR, Carbondale, CO, pg. 409
Peck, Jon - Public Relations - SACHS MEDIA GROUP, Tallahassee, FL, pg. 645
Pereira, Margaret - Account Services, Public Relations - KARBO COMMUNICATIONS, San Francisco, CA, pg. 618
Perry, Keller - Public Relations - THE JAMES AGENCY (TJA), Scottsdale, AZ, pg. 151
Peters, Donna - Account Services, Public Relations - TAYLOR & COMPANY, Los Angeles, CA, pg. 652
Peters, Tammy - Media Department, Public Relations - BALLANTINES PUBLIC RELATIONS, West Hollywood,

AGENCIES — RESPONSIBILITIES INDEX

CA, pg. 580
Petersen, Britta - NBC, Public Relations - EPSILON, Chicago, IL, pg. 283
Peterson, Jessica - Operations, Promotions, Public Relations - EVENTMAKERS, Toluca Lake, CA, pg. 305
Pettey, Danny - Public Relations - SASQUATCH, Portland, OR, pg. 138
Pettine, Dan - Public Relations - ALLEN & GERRITSEN, Philadelphia, PA, pg. 30
Phelps, Callie - Public Relations - IMM, Boulder, CO, pg. 373
Phillips, Meghan - Management, Public Relations - GOLIN, Chicago, IL, pg. 609
Piccolo, Thomas - NBC, Public Relations - KOVERT CREATIVE, New York, NY, pg. 96
Pickett, Whitney - Public Relations - MOORE COMMUNICATIONS GROUP, Tallahassee, FL, pg. 628
Pierce, Patrick - Public Relations - OSTER & ASSOCIATES, INC., San Diego, CA, pg. 123
Pignone, Mike - Account Planner, NBC, Public Relations - DROGA5, New York, NY, pg. 64
Pilon, Julie - Management, Public Relations - LG2, Montreal, QC, pg. 380
Pins, Brianne - Media Department, Public Relations, Social Media - CASHMERE AGENCY, Los Angeles, CA, pg. 48
Pis-Dudot, Maria - Management, Public Relations - NEWLINK COMMUNICATIONS GROUP, Miami, FL, pg. 632
Poarch, Andy - Public Relations - ALLIANCE GROUP LTD, Richmond, VA, pg. 576
Poe, Laura - Public Relations, Social Media - UPROAR, Orlando, FL, pg. 657
Pollack, Adam - Account Services, Public Relations - JOELE FRANK, WILKINSON BRIMMER KATCHER, New York, NY, pg. 617
Pommerehn, Gillian - NBC, Public Relations - CROSBY MARKETING COMMUNICATIONS, Annapolis, MD, pg. 347
Ponichtera, Leah - Public Relations - JENERATE PR, Wailea, HI, pg. 617
Pooley, Dan - Management, PPOM, Public Relations - FINN PARTNERS, Chicago, IL, pg. 604
Pope, Stuart - PPOM, Public Relations - AYZENBERG GROUP, INC., Pasadena, CA, pg. 2
Porrazzo, Brittany - Account Services, Public Relations - FLEISHMANHILLARD WEST COAST, Los Angeles, CA, pg. 606
Port, Emily - Public Relations - GROUNDFLOOR MEDIA, Denver, CO, pg. 611
Porter, Ginger - Account Services, Management, PPOM, Public Relations - GOLIN, Chicago, IL, pg. 609
Praschak, Kurt - Public Relations - SUCCESS COMMUNICATIONS GROUP, Parsipanny, NJ, pg. 415
Prentice, Grant - Account Planner, Analytics, Public Relations - FOODMINDS, LLC, Chicago, IL, pg. 606
Preston-Loeb, Karen - Public Relations - FURIA RUBEL COMMUNICATIONS, INC., Doylestown, PA, pg. 607
Preuss, Christopher - NBC, Public Relations - GTB, Dearborn, MI, pg. 367
Prieto, Kelly - Public Relations - HAYWORTH CREATIVE, Ormond Beach, FL, pg. 612
Principe, Vanessa - Account Services, Public Relations - EDELMAN, Toronto, ON, pg. 601
Proulx, Gloria - Operations, Public Relations - GYK ANTLER, Manchester, NH, pg. 368
Prudhomme, Denege - Account Services, Public Relations - STANTON & COMPANY, Marina Del Rey, CA, pg. 649
Prysock, Maria - Account Services, Interactive / Digital, Media Department, Public Relations, Social Media - CRAMER-KRASSELT, Chicago, IL, pg. 53
Pulman, Alecia - Media Department, Public Relations - ICR, New York, NY, pg. 615
Purdiman, Bria - Public Relations - BURRELL COMMUNICATIONS GROUP, INC., Chicago, IL, pg. 45
Purdy, Hannah - Public Relations - CURRENT PR, Lake Forest, CA, pg. 594
Pyatt, Krystal - Account Services, Interactive / Digital, Public Relations, Social Media - THE FERRARO GROUP, Las Vegas, NV, pg. 653
Quackenbush, Melissa - Account Services, Human Resources, PR Management, Public Relations - HILL+KNOWLTON STRATEGIES, Austin, TX, pg. 613
Qualls, Bruce - Public Relations - CLEAR CHANNEL OUTDOOR, Oakland, CA, pg. 550
Quinn, Brianna - Public Relations - ALLEN & GERRITSEN, Boston, MA, pg. 29
Quintana, Marlaina - Account Services, Public Relations - CRAMER-KRASSELT, Milwaukee, WI, pg. 54
Quitevis, Shere'e - Public Relations - ANTHOLOGY MARKETING GROUP, Honolulu, HI, pg. 326
Raby, Jason - Public Relations - ARTICULATE SOLUTIONS, Gilroy, CA, pg. 34
Ragland, Lee - Public Relations - GODWIN GROUP, Jackson, MS, pg. 364
Raines, Mark - Public Relations - CJRW, Little Rock, AR, pg. 590
Randolph, Jennifer - NBC, Public Relations - BODDEN PARTNERS, New York, NY, pg. 335
Ranshous, Allison - Account Services, Public Relations - WEBER SHANDWICK, New York, NY, pg. 660
Rao, Devika - Account Services, Public Relations - O'NEILL COMMUNICATIONS, Smyrna, GA, pg. 255
Ray, Maureen - Account Services, Public Relations - BCW CHICAGO, Chicago, IL, pg. 581
Rea, Alycia - Public Relations - THE ZIMMERMAN AGENCY, Tallahassee, FL, pg. 426
Reape, Jessica - Public Relations - FINN PARTNERS, Washington, DC, pg. 603
Reaver, Amber - Public Relations - EDELMAN, Austin, TX, pg. 601
Rectenwald, Robin - Account Services, NBC, Public Relations - WORDWRITE COMMUNICATIONS, Pittsburgh, PA, pg. 663
Redden, Jessica - Account Services, Public Relations, Social Media - BOHLSEN GROUP, Indianapolis, IN, pg. 336
Reddick, Rhonda - Media Department, Public Relations - ANDROVETT LEGAL MEDIA & MARKETING, Dallas, TX, pg. 577
Redmond, Alexis - Account Planner, Account Services, Management, Public Relations - EDELMAN, Toronto, ON, pg. 601
Reed Slavich, Tambry - Public Relations - ZEHNDER COMMUNICATIONS, INC., New Orleans, LA, pg. 436
Rees, Brian - Management, Public Relations - WEST COAST ADVISORS, Sacramento, CA, pg. 662
Reeves, Tim - PPOM, Public Relations - ALLEN & GERRITSEN, Philadelphia, PA, pg. 30
Regalado, Sandra - Public Relations - FINN PARTNERS, San Francisco, CA, pg. 603
Rehg, Rob - PPOM, Public Relations - EDELMAN, Washington, DC, pg. 600
Reich, Sheara - PPOM, Public Relations - INK & ROSES, New York, NY, pg. 615
Reid, Brian - Management, Public Relations - W2O, New York, NY, pg. 659
Reilly, Hope - Interactive / Digital, Media Department, NBC, Public Relations, Social Media - SOUTHWEST STRATEGIES, LLC, San Diego, CA, pg. 411
Renwick, Victoria - Account Services, Management, Public Relations - 360PRPLUS, Boston, MA, pg. 573
Reyes, Abby - Public Relations - SUNSHINE SACHS, New York, NY, pg. 650
Reyes-Rice, Wanda - Public Relations - SENSIS, Austin, TX, pg. 139
Reynolds, Mary - Public Relations - PHASE 3 MARKETING & COMMUNICATIONS, Atlanta, GA, pg. 636
Rhea, Russ - Account Services, Media Department, Public Relations - HAHN PUBLIC COMMUNICATIONS, Austin, TX, pg. 686

RESPONSIBILITIES INDEX — AGENCIES

Rhodes, Marcia - Public Relations - AMENDOLA COMMUNICATIONS, Scottsdale, AZ, pg. 577

Riahei, Nazan - Account Services, Public Relations - ABERNATHY MACGREGOR GROUP, Los Angeles, CA, pg. 574

Richardson, Andy - Account Services, Public Relations - GINNY RICHARDSON PUBLIC RELATIONS, Hinsdale, IL, pg. 607

Richardson, John-James - Account Services, Media Department, Public Relations - MEKANISM, Seattle, WA, pg. 113

Richardson, Risa - Public Relations - WISER STRATEGIES, Lexington, KY, pg. 663

Richert, Ryan - Media Department, Public Relations - GOLIN, Chicago, IL, pg. 609

Richmond, Gina - Public Relations - ABEL COMMUNICATIONS, Baltimore, MD, pg. 574

Richter, Marty - Media Department, Public Relations - FLEISHMANHILLARD, Saint Louis, MO, pg. 604

Riegle Jr., Donald W. - Operations, PPOM, Public Relations - APCO WORLDWIDE, Washington, DC, pg. 578

Risatti, Heather - Public Relations - GYRO, Denver, CO, pg. 368

Risi, Jennifer - Media Department, PPOM, Public Relations - OGILVY PUBLIC RELATIONS, New York, NY, pg. 633

Risi, Joe - Account Services, Public Relations - BACKBONE MEDIA, Carbondale, CO, pg. 579

Risoldi, Liz - Public Relations - ZENO GROUP, Chicago, IL, pg. 664

Rizzuto, Patrick - Public Relations, Social Media - GOLIN, New York, NY, pg. 610

Roberson, Mary Elizabeth - Public Relations - PERITUS PUBLIC RELATIONS, Birmingham, AL, pg. 636

Robert, Maggie - Public Relations - PETERMAYER, New Orleans, LA, pg. 127

Robertson, Anne - Public Relations - THE LAVIDGE COMPANY, Phoenix, AZ, pg. 420

Robinson, Paige - Account Services, Public Relations, Social Media - SCHAFER CONDON CARTER, Chicago, IL, pg. 138

Robinson, Tim - Public Relations - VELOCITY OMC, New York, NY, pg. 158

Rocha, Geovani - Public Relations - THINK JAM, West Hollywood, Los Angeles, CA, pg. 299

Roche, Katelyn - Account Services, Public Relations - DANCIE PERUGINI WARE PUBLIC RELATIONS, South Houston, TX, pg. 595

Rodas, Janete - Public Relations - JAM COLLECTIVE, San Francisco, CA, pg. 616

Roemer, Tim - Management, Public Relations - APCO WORLDWIDE, Washington, DC, pg. 578

Roffo, Joanna - Management, Public Relations - REGAN COMMUNICATIONS GROUP, Boston, MA, pg. 642

Rogers, Claibourne - Account Services, Public Relations - FISH CONSULTING LLC, Fort Lauderdale, FL, pg. 604

Rogers, Rachel - Public Relations - SUNSHINE SACHS, New York, NY, pg. 650

Rohn, Amy - Account Services, Public Relations - LINDSAY, STONE & BRIGGS, Madison, WI, pg. 100

Rohwer, Kelsey - NBC, Public Relations - RED ANTLER, Brooklyn, NY, pg. 16

Rokosh, Megan - Account Services, NBC, PPOM, Public Relations - HAVAS HEALTH & YOU, New York, NY, pg. 82

Roman, Stacy - Management, Public Relations - FACTORY PR, New York, NY, pg. 602

Romero, Andrea - Public Relations - OGILVY PUBLIC RELATIONS, New York, NY, pg. 633

Rooney, Maliya - PPM, Public Relations - PADILLA, Richmond, VA, pg. 635

Rose, Claire - Interactive / Digital, Public Relations - ZENITH MEDIA, New York, NY, pg. 529

Rosen, Emma - NBC, Public Relations - ACTIVA PR, San Francisco, CA, pg. 575

Rosen, Nicole - Media Department, Public Relations - HEALIXGLOBAL, New York, NY, pg. 471

Rosenberg, Amy - Media Department, Public Relations - HILL+KNOWLTON STRATEGIES, New York, NY, pg. 613

Rosenberg, Alexa - Account Services, Media Department, Public Relations - AGENCY H5, Chicago, IL, pg. 575

Rosenblatt, Rachel - Management, Public Relations - FTI CONSULTING, New York, NY, pg. 606

Rossi, Robin - Public Relations - TBWA \ CHIAT \ DAY, Los Angeles, CA, pg. 146

Rotter, Austin - Interactive / Digital, Public Relations - 5W PUBLIC RELATIONS, New York, NY, pg. 574

Rovito, Dana - Account Services, Media Department, Public Relations - TURCHETTE ADVERTISING AGENCY, Fairfield, NJ, pg. 157

Rowe, Melissa - Account Services, Public Relations - PIVOT MARKETING, Indianapolis, IN, pg. 15

Royle, Maryellen - PPOM, Public Relations - EVOKE HEALTH, Philadelphia, PA, pg. 69

Rozis, Alex - Public Relations - OCTAGON, New York, NY, pg. 313

Rubenstein, Amie - Management, Public Relations - THE HATCH AGENCY, San Francisco, CA, pg. 653

Rudd, Michael - Public Relations - BOSCOBEL MARKETING COMMUNICATIONS, Silver Spring, MD, pg. 336

Rumfeldt, Julie - NBC, Public Relations - GTB, Dearborn, MI, pg. 367

Rummel, Leslie - Account Planner, Account Services, Operations, Public Relations - TURNER PUBLIC RELATIONS, New York, NY, pg. 657

Rumpf, Stefanie - Public Relations - OXFORD COMMUNICATIONS, Lambertville, NJ, pg. 395

Ryan, Caitlin - Account Services, Public Relations - MOWER, Charlotte, NC, pg. 628

Ryan, Sean - Media Department, Public Relations - THE HODGES PARTNERSHIP, Richmond, VA, pg. 653

Ryan, Kate - Management, Public Relations - DIFFUSION PR, New York, NY, pg. 597

Rye, Brad - Media Department, NBC, PPOM, Public Relations - MOWER, Albany, NY, pg. 628

Sabran, Ira - Public Relations - LODICO & COMPANY, Carlisle, MA, pg. 381

Sacco, Jessica - Account Services, Public Relations - MCNEIL, GRAY & RICE, Boston, MA, pg. 627

Sachs, Eleanor - Management, Public Relations - HFS COMMUNICATIONS, West Granby, CT, pg. 567

Sadowski, Scott - Public Relations - TRICOMB2B, Dayton, OH, pg. 427

Salem, Jeff - Public Relations - SWANSON RUSSELL ASSOCIATES, Lincoln, NE, pg. 415

Salloum, Amy - NBC, Public Relations - EDELMAN, Atlanta, GA, pg. 599

Salome, Meghan - Management, Public Relations - ASSOCIATION OF NATIONAL ADVERTISERS, Washington, DC, pg. 442

Salzberg, Allison - Account Services, Public Relations - 360PRPLUS, Boston, MA, pg. 573

Samuels, Carolann - Public Relations - GROUNDFLOOR MEDIA, Denver, CO, pg. 611

Sandoval, Elizabeth - Public Relations - ANOMALY, Venice, CA, pg. 326

Santilli, Tracey - Public Relations, Social Media - TIERNEY COMMUNICATIONS, Philadelphia, PA, pg. 426

Sargent, Carolyn - Public Relations - RUBENSTEIN ASSOCIATES, New York, NY, pg. 644

Saronitman, Susan - Account Services, Public Relations - MITCHELL, Fayetteville, AR, pg. 627

Sarpy, Kathleen - Account Services, PPOM, Public Relations - AGENCY H5, Chicago, IL, pg. 575

Saunders, Christine - NBC, Public Relations - STARCOM WORLDWIDE, Toronto, ON, pg. 517

Savage, Jennifer - NBC, Public Relations - KATZ MEDIA GROUP, INC., New York, NY, pg. 481

Sawyer, Mary - Public Relations - GEILE/LEON MARKETING COMMUNICATIONS, Saint Louis, MO, pg. 362

Sawyer, Meieli - NBC, Public Relations - THE WEINBACH GROUP,

AGENCIES — RESPONSIBILITIES INDEX

INC., Miami, FL, *pg.* 425
Scandling, Dan - Public Relations - APCO WORLDWIDE, Washington, DC, *pg.* 578
Scarborough, Keith - PR Management, Public Relations - ASSOCIATION OF NATIONAL ADVERTISERS, Washington, DC, *pg.* 442
Scarinzi, Chip - Management, Public Relations - KETCHUM WEST, San Francisco, CA, *pg.* 620
Schaeffer, Lyndsey - Public Relations - MARKSTEIN, Birmingham, AL, *pg.* 625
Schaffer, Darryl - Operations, Public Relations - SCREENVISION, New York, NY, *pg.* 557
Scherr, Traci - Account Services, Interactive / Digital, Public Relations, Social Media - ARKETI GROUP, Atlanta, GA, *pg.* 578
Schindel, Margaret - Public Relations - GREENOUGH COMMUNICATIONS, Watertown, MA, *pg.* 610
Schneider, Margo - PPOM, Public Relations - M BOOTH & ASSOCIATES, INC., New York, NY, *pg.* 624
Schobert, Peggy - Media Department, Operations, Public Relations - KLEIDON AND ASSOCIATES, Akron, OH, *pg.* 95
Schock, Erich - Media Department, Public Relations - GTB, Dearborn, MI, *pg.* 367
Schoppman, Mary Ann - Public Relations - ZENO GROUP, New York, NY, *pg.* 664
Schott, Brent - Account Services, PPOM, Public Relations - SWANSON RUSSELL ASSOCIATES, Lincoln, NE, *pg.* 415
Schruefer, Cheryl - PPM, Public Relations - BONGARBIZ, Peekskill, NY, *pg.* 302
Schwartz, Scott - Account Services, Media Department, NBC, Operations, PPOM, Public Relations - OMD, New York, NY, *pg.* 498
Schwartz, Alison - Public Relations - CKC AGENCY, Farmington Hills, MI, *pg.* 590
Schwerdtfeger, Conner - Public Relations - THINK JAM, West Hollywood, Los Angeles, CA, *pg.* 299
Scorpio, Dan - Management, Public Relations - ABERNATHY MACGREGOR GROUP, New York, NY, *pg.* 574
Scott, Morgan - NBC, Public Relations - VSA PARTNERS, INC., Chicago, IL, *pg.* 204
Scull, Nicole - Public Relations - MSLGROUP, New York, NY, *pg.* 629
Seely, Nancy - Public Relations - SHEPHERD AGENCY, Jacksonville, FL, *pg.* 410
Seifert, Katie - Public Relations - COYNE PUBLIC RELATIONS, Parsippany, NJ, *pg.* 593
Seifert, Allie - Public Relations - CASHMAN & ASSOCIATES, Philadelphia, PA, *pg.* 589
Seigler, Charlotte - NBC, Public Relations - STRATACOMM, INC.,

Washington, DC, *pg.* 650
Seiler, Meg - Public Relations - TEAM ONE, Los Angeles, CA, *pg.* 417
Seldon, Annmarie - Public Relations - PSYNCHRONOUS COMMUNICATIONS, Woburn, MA, *pg.* 130
Senkewicz, Steph - Account Services, Public Relations - MGH ADVERTISING, Owings Mills, MD, *pg.* 387
Serra, Jean - Account Services, NBC, PPOM, Public Relations - VERSION 2 COMMUNICATIONS, Boston, MA, *pg.* 658
Severtson, Maren - Public Relations - GOODBY, SILVERSTEIN & PARTNERS, San Francisco, CA, *pg.* 77
Seyferth, Ginny - NBC, PPOM, Public Relations - SEYFERTH & ASSOCIATES, INC., Grand Rapids, MI, *pg.* 646
Seymour, Deborah - NBC, Public Relations - JMW CONSULTANTS, INC., Stamford, CT, *pg.* 10
Sfetcu, Judy - Administrative, Finance, Public Relations - PONDELWILKINSON INC, Woodland Hills, CA, *pg.* 637
Shadle, Mark - NBC, Public Relations - ZENO GROUP, Chicago, IL, *pg.* 664
Shadowens, Ashley - Interactive / Digital, Public Relations, Social Media - FIREHOUSE, INC., Dallas, TX, *pg.* 358
Sharp, Jane - Account Services, Public Relations - THE HATCH AGENCY, San Francisco, CA, *pg.* 653
Sharpton, Jon - Public Relations - INITIATIVE, New York, NY, *pg.* 477
Shay, Chancelor - Interactive / Digital, Public Relations - WRIGHT ON COMMUNICATIONS, La Jolla, CA, *pg.* 663
Shelhamer, Kebra - Media Department, Public Relations - ROOT3 GROWTH MARKETING, Chicago, IL, *pg.* 408
Shelton, Jackie - Public Relations - ESTIPONA GROUP, Reno, NV, *pg.* 69
Sheniak, Dan - Account Planner, NBC, Public Relations - WIEDEN + KENNEDY, Portland, OR, *pg.* 430
Shin, Madeleine - Public Relations - WEBER SHANDWICK, Chicago, IL, *pg.* 661
Shin, Rachel - Account Services, Interactive / Digital, Public Relations, Social Media - BCW AUSTIN, Austin, TX, *pg.* 581
Sholars, Kent - Public Relations - EDELMAN, Dallas, TX, *pg.* 600
Shoshan, Karen - Account Services, Operations, Public Relations - MCCANN TORRE LAZUR, Mountain Lakes, NJ, *pg.* 109
Shuler, Emily - Account Services, Public Relations - STONER BUNTING ADVERTISING, Lancaster, PA, *pg.* 414
Shumaker Stanton, Callie - Public Relations - NIKE COMMUNICATIONS, INC., New York, NY, *pg.* 632
Signorini, Jennifer - Account Services, Public Relations - RACEPOINT GLOBAL, Boston, MA, *pg.* 640

Silber, Brad - Public Relations - OGILVY, Chicago, IL, *pg.* 393
Silberstein, Lee - Media Department, NBC, Public Relations - MARINO ORGANIZATION, INC., New York, NY, *pg.* 625
Sills, Cheryl - NBC, Public Relations - MARC USA, Pittsburgh, PA, *pg.* 104
Simrell, Andrea - Public Relations - VANTAGEPOINT, INC., Greenville, SC, *pg.* 428
Sims, Amanda - Public Relations, Social Media - AMNET, Fort Worth, TX, *pg.* 454
Singleton, Ben - Public Relations - IDEOPIA, Cincinnati, OH, *pg.* 88
Skenandore, Tracy - Public Relations - KIRVIN DOAK COMMUNICATIONS, Las Vegas, NV, *pg.* 620
Skinner, Autumn - Public Relations - GOLIN, Los Angeles, CA, *pg.* 609
Slattery, Scott - Public Relations, Social Media - 360I, LLC, New York, NY, *pg.* 320
Sloan, Renee - Account Planner, Account Services, Creative, Public Relations - MILLENNIUM 3 MANAGEMENT, Philadelphia, PA, *pg.* 543
Sloman, Cara - Management, Public Relations - NADEL PHELAN, INC., Santa Cruz, CA, *pg.* 631
Sluyk, Kristin - Account Services, Creative, Interactive / Digital, Public Relations - DECKER ROYAL AGENCY, New York, NY, *pg.* 596
Smith, Beth - PPOM, Public Relations - THE SIMON GROUP, INC., Sellersville, PA, *pg.* 153
Smith, Patrick - Public Relations - RUBENSTEIN ASSOCIATES, New York, NY, *pg.* 644
Smith, Sean - Management, NBC, Public Relations - PORTER NOVELLI, New York, NY, *pg.* 637
Smith, Jacqueline - NBC, Public Relations - ALLIED TOURING, Chicago, IL, *pg.* 324
Smith, Lauren - Account Services, Interactive / Digital, NBC, Public Relations, Social Media - HIEBING, Madison, WI, *pg.* 85
Smith, Alyssa - NBC, Public Relations - FAHLGREN MORTINE PUBLIC RELATIONS, Columbus, OH, *pg.* 70
Smith, Jess - Account Services, Public Relations - OUTSIDEPR, Sausalito, CA, *pg.* 634
Smith, Garrott - Interactive / Digital, NBC, Public Relations, Social Media - ACCENTURE INTERACTIVE, Arlington, VA, *pg.* 322
Smith, Timothy - Media Department, Public Relations - IPNY, New York, NY, *pg.* 90
Smith, Tom - PPOM, Public Relations - ALLISON+PARTNERS, New York, NY, *pg.* 576
Smith, Amanda - Media Department, Public Relations, Social Media - BENEDICT ADVERTISING, Daytona

RESPONSIBILITIES INDEX — AGENCIES

Beach, FL, pg. 38
Smith, Lindsey - Account Services, Public Relations - PINCKNEY HUGO GROUP, Syracuse, NY, pg. 128
Smolowitz, Pete - Public Relations - MOWER, Charlotte, NC, pg. 628
Snayd, Emily - PPOM, Public Relations - HFS COMMUNICATIONS, West Granby, CT, pg. 567
Snider, Jessie - Account Services, Public Relations - TAYLOR, Charlotte, NC, pg. 651
Snitkovsky, Masha - Account Services, Media Department, Public Relations, Social Media - MARINA MAHER COMMUNICATIONS, New York, NY, pg. 625
Snyder, Matthew - PPOM, Public Relations - MBA PARTNERS, New York, NY, pg. 626
So, Michael - Account Planner, Interactive / Digital, Media Department, Public Relations - WAVEMAKER, Toronto, ON, pg. 529
Sobel, Scott - Human Resources, Operations, Public Relations - KGLOBAL, Washington, DC, pg. 620
Soifer, Barbara - Account Services, Creative, Public Relations - THE SOLUTIONS GROUP, INC., Warren, NJ, pg. 153
Solowey, Joanna - NBC, Public Relations - IX.CO, New York, NY, pg. 243
Sonka, Joe - Public Relations - MODERN CLIMATE, Minneapolis, MN, pg. 388
Sonnek, Jeff - Public Relations - ICR, New York, NY, pg. 615
Sosa, Luis - Public Relations - MERLOT MARKETING, Sacramento, CA, pg. 114
Sosnow, Elizabeth - Management, Media Department, PPOM, Public Relations - BLISS INTEGRATED COMMUNICATIONS, New York, NY, pg. 584
Soudry, Michelle - PPOM, Public Relations - THE GAB GROUP, Boca Raton, FL, pg. 653
Spaulding, Dan - NBC, PPOM, Public Relations - SEYFERTH & ASSOCIATES, INC., Grand Rapids, MI, pg. 646
Spender, Andrew - Public Relations - GARTNER, INC., Stamford, CT, pg. 236
Sperla, Jacob - Interactive / Digital, Media Department, Public Relations - GOODBY, SILVERSTEIN & PARTNERS, San Francisco, CA, pg. 77
Spina, Denise - Public Relations - GTB, Dearborn, MI, pg. 367
Squires, Sally - NBC, Public Relations - POWELL TATE, Washington, DC, pg. 638
Stanford, Jason - Public Relations - HILL+KNOWLTON STRATEGIES, Austin, TX, pg. 613
Stanton, Carolyn - Account Services, Public Relations - WEBER SHANDWICK, New York, NY, pg. 660
Stark, Betsy - Account Planner, Media Department, NBC, Public Relations - OGILVY PUBLIC RELATIONS, New York, NY, pg. 633
Stark, Samantha - Management, Public Relations - 160OVER90, New York, NY, pg. 301
Staub, Jess - Public Relations - GAVIN ADVERTISING, York, PA, pg.
Steadly, Rebecca - Public Relations - 9THWONDER, Playa Vista, CA, pg. 453
Steere, Will - NBC, Public Relations - FTI CONSULTING, New York, NY, pg. 606
Stefanowicz, Marianne - Interactive / Digital, NBC, PPOM, Public Relations - TBWA/MEDIA ARTS LAB, Los Angeles, CA, pg. 147
Stein, Danielle - Account Services, Analytics, Interactive / Digital, Public Relations - EDELMAN, New York, NY, pg. 599
Stein, Lindsay - Account Services, Public Relations - DECKER ROYAL AGENCY, New York, NY, pg. 596
Stern, Heather - NBC, PPOM, Public Relations - LIPPINCOTT, New York, NY, pg. 189
Stetzer, Alicia - Public Relations - KETCHUM, New York, NY, pg. 542
Stevens, Katie - Account Services, Operations, Public Relations - MSLGROUP, New York, NY, pg. 629
Stewart, Hank - NBC, Public Relations - GREEN TEAM ADVERTISING, New York, NY, pg. 8
Stewart, Ashley - PPOM, Public Relations - MDC PARTNERS, INC., New York, NY, pg. 385
Stinson, Victoria - Account Services, Public Relations - HEMSWORTH COMMUNICATIONS, Fort Lauderdale, FL, pg. 613
Stoga, Susan - Account Planner, Account Services, Media Department, PPOM, Public Relations - CARSON STOGA COMMUNICATIONS INC., Schaumberg, IL, pg. 340
Stone-Butler, Brandy - Public Relations - HAVAS FORMULA, San Diego, CA, pg. 612
Stonehocker, Abby - Public Relations - SWANSON RUSSELL ASSOCIATES, Lincoln, NE, pg. 415
Stouber, Mike - Account Services, Public Relations - RUBENSTEIN ASSOCIATES, New York, NY, pg. 644
Stout, Samantha - NBC, Public Relations - MATCHMG, Norwalk, CT, pg. 248
Straw, Jack - Public Relations - SOUTHWEST STRATEGIES, LLC, San Diego, CA, pg. 411
Strazza, Lizzie - Account Services, Public Relations - BACKBONE MEDIA, Carbondale, CO, pg. 579
Streeb, Tim - Account Services, Management, Public Relations - ICR, New York, NY, pg. 615
Strope, Leigh - Account Services, Public Relations - BCW DALLAS, Dallas, TX, pg. 581
Studebaker, Cami - Public Relations - CHAMPION MANAGEMENT GROUP, LLC, Addison, TX, pg. 589
Suescun-Fast, Anamaria - Operations, Public Relations - DEBERRY GROUP, San Antonio, TX, pg. 595
Suess, Martina - Creative, Media Department, Public Relations - WPP GROUP, INC., New York, NY, pg. 433
Sugar, Hailey - Creative, Public Relations - CHIZCOMM, North York, ON, pg. 50
Sullivan, Catherine - Account Services, Management, NBC, Public Relations - BCW NEW YORK, New York, NY, pg. 581
Summerlin, Talley - Public Relations - ACCESS BRAND COMMUNICATIONS, New York, NY, pg. 1
Sumrit, Sharon - Public Relations - WALT & COMPANY COMMUNICATIONS, Campbell, CA, pg. 659
Sundermier, Brooke - Public Relations - CHAMPION MANAGEMENT GROUP, LLC, Addison, TX, pg. 589
Sutherland, Erica - Media Department, Public Relations - COXRASMUSSEN & COMPANY, Eureka, CA, pg. 345
Suvanto, Lex - Finance, NBC, Public Relations - EDELMAN, New York, NY, pg. 599
Svoboda, Sam - Creative, Media Department, Operations, Public Relations - 3POINTS COMMUNICATIONS, Chicago, IL, pg. 573
Swanston, Tiffini - Interactive / Digital, Public Relations - FCB HEALTH, New York, NY, pg. 72
Sweet, Dan - Public Relations - RP3 AGENCY, Bethesda, MD, pg. 408
Syatt, David - Media Department, Public Relations - SSA PUBLIC RELATIONS, Calabasas, CA, pg. 649
Szabo, Randi - Public Relations, Research - BANIK COMMUNICATIONS, Great Falls, MT, pg. 580
Tammaro, Katie - Public Relations - MULLENLOWE U.S. BOSTON, Boston, MA, pg. 389
Tamol, Heather - Public Relations - WRAY WARD, Charlotte, NC, pg. 433
Tavlarides, Mark - Account Services, Public Relations - BGR GROUP, Washington, DC, pg. 583
Tayebi, Sheila - Account Services, Public Relations - 360PRPLUS, Boston, MA, pg. 573
Tayebi Hughes, Sheila - Account Services, Public Relations - 360PRPLUS, Boston, MA, pg. 573
Taylor, Lyndon - Account Services, Public Relations - FINN PARTNERS, New York, NY, pg. 603
Taylor Tuskey, Margaret - Account Services, Public Relations - PETERMAYER, New Orleans, LA, pg. 127
Tcholakov, Jessica - Public Relations - ALL POINTS PUBLIC RELATIONS, Deerfield, IL, pg. 576
Tecson, Ashley - Public Relations - THINK JAM, West Hollywood, Los Angeles, CA, pg. 299
Tedford, Linda - NBC, Public Relations - LILJA INC., Eden Prairie, MN, pg. 622

AGENCIES — RESPONSIBILITIES INDEX

Tehrani, Joanne - Public Relations - PADILLA, New York, NY, *pg.* 635

Tekippe, Abe - Public Relations - TAYLOR JOHNSON, Niles, IL, *pg.* 652

Tennessen, Stephanie - Account Services, Public Relations - KETCHUM, Chicago, IL, *pg.* 619

Terman, Jennifer - Creative, Promotions, Public Relations - DRS & ASSOCIATES, North Hollywood, CA, *pg.* 598

Tetzloff, Sara - Account Services, Interactive / Digital, NBC, Public Relations, Social Media - HIEBING, Madison, WI, *pg.* 85

Thibodeau, John - Account Services, Public Relations - MEDIA PROFILE, Toronto, ON, *pg.* 627

Thiele, Herbie - Public Relations - SACHS MEDIA GROUP, Tallahassee, FL, *pg.* 645

Thomas, Jenna - Public Relations - NEBO AGENCY, LLC, Atlanta, GA, *pg.* 253

Thomas, Ashley - Public Relations - SRW, Chicago, IL, *pg.* 143

Thompson, Geoffrey - Management, PPOM, Public Relations - THOMPSON & BENDER, Briarcliff Manor, NY, *pg.* 656

Thorp, Jon - Creative, Public Relations - PROMERSBERGER COMPANY, Fargo, ND, *pg.* 638

Thur, Danielle - Public Relations - ROGERS & COWAN/PMK*BNC, New York, NY, *pg.* 644

Timms, Meagan - Interactive / Digital, Management, Public Relations - EDELMAN, Los Angeles, CA, *pg.* 601

Tinsley, Jamie - Media Department, Public Relations - HILL+KNOWLTON STRATEGIES, Houston, TX, *pg.* 613

Tio, Jennifer - Public Relations - MAXIMUM MARKETING SERVICES, Chicago, IL, *pg.* 107

Todd, Bill - Operations, PPOM, Public Relations - O2 IDEAS, Birmingham, AL, *pg.* 392

Tomassen, Lisa - Interactive / Digital, Management, Media Department, NBC, Public Relations - EXPONENT PR, Minneapolis, MN, *pg.* 602

Toop, Andrea - NBC, Public Relations - GALE, New York, NY, *pg.* 236

Torrens, Kyle - Account Services, Public Relations - R\WEST, Portland, OR, *pg.* 136

Totah, Sammy - Public Relations - BOCA COMMUNICATIONS, San Francisco, CA, *pg.* 585

Toulch, Dara - Account Services, Public Relations - BALLANTINES PUBLIC RELATIONS, West Hollywood, CA, *pg.* 580

Traina, Chris - NBC, PPOM, Public Relations - CONILL ADVERTISING, INC., Miami, FL, *pg.* 538

Trainor, Mike - Public Relations - S&A COMMUNICATIONS, Cary, NC, *pg.* 645

Trani, JorDana - Account Services, Creative, Management, Public Relations, Social Media - DEVRIES GLOBAL, New York, NY, *pg.* 596

Tredinnick, Nate - Account Services, Public Relations - SHINE UNITED, Madison, WI, *pg.* 140

Tredway, Mary Eva - Public Relations - THE BUTIN GROUP, St. Simons Island, GA, *pg.* 652

Tribbett, Ryan - Public Relations - PAC / WEST COMMUNICATIONS, Wilsonville, OR, *pg.* 635

Triplett, Megan - Public Relations, Social Media - JACOBSEYE, Atlanta, GA, *pg.* 243

Trissel, Ed - PPOM, Public Relations - JOELE FRANK, WILKINSON BRIMMER KATCHER, New York, NY, *pg.* 617

Tristano-Martin, Lisa - Public Relations, Social Media - MARC USA, Pittsburgh, PA, *pg.* 104

Trout, Joanne - Public Relations - OMNICOM GROUP, New York, NY, *pg.* 123

Troy, Carina - Account Services, Public Relations - 360PRPLUS, New York, NY, *pg.* 573

Trudeau, Jill - Account Services, Public Relations - THE ZIMMERMAN AGENCY, Tallahassee, FL, *pg.* 426

Truong, Duyen - Public Relations - SAGE COMMUNICATIONS, LLC, McLean, VA, *pg.* 409

Tschetter, Carrie - PPOM, Public Relations - ARCHER COMMUNICATIONS, INC., Rochester, NY, *pg.* 327

Tucker, Shannon - Public Relations - SSPR, Colorado Springs, CO, *pg.* 649

Tufo, Tara - Public Relations - PARADISE, Saint Petersburg, FL, *pg.* 396

Tufts, Katie - Account Services, Public Relations - UNITED ENTERTAINMENT GROUP, New York, NY, *pg.* 299

Turner, Lauren - Account Services, Public Relations - NO LIMIT AGENCY, Chicago, IL, *pg.* 632

Turrin, Ryan - Public Relations - THE KARPEL GROUP, New York, NY, *pg.* 299

Tysarczyk, Aimee - Account Services, Management, Public Relations - BRIAN COMMUNICATIONS, Conshohocken, PA, *pg.* 586

Valarezo, Kimberly - Public Relations - PRCG | HAGGERTY, LLC, New York, NY, *pg.* 638

Valencia, Brigit - Public Relations - BOCA COMMUNICATIONS, San Francisco, CA, *pg.* 585

Vallach, Glenn - NBC, Public Relations - GHIORSE & SORRENTI, INC., Wyzkoff, NJ, *pg.* 607

Van Denover, Sally - NBC, Public Relations - STERLING-RICE GROUP, Boulder, CO, *pg.* 413

Van Dusen, Melanie - Public Relations - BERK COMMUNICATIONS, New York, NY, *pg.* 583

Van Hall, Alayna - Media Department, Public Relations - EDELMAN, Chicago, IL, *pg.* 353

Van Hook, Lisa - Account Services, Public Relations - THE COMMUNICATIONS GROUP, Little Rock, AR, *pg.* 149

Vander Wal, Steve - Public Relations - HILL+KNOWLTON STRATEGIES CANADA, Vancouver, BC, *pg.* 613

Varlotta, Lucia - Public Relations, Social Media - CRAMER-KRASSELT, Chicago, IL, *pg.* 53

Vasan, Rema - Account Services, Management, Public Relations - MARINA MAHER COMMUNICATIONS, New York, NY, *pg.* 625

Vejchoda, Katherine - Public Relations - FLEISHMANHILLARD, Chicago, IL, *pg.* 605

Vellines, Meredith - Account Services, NBC, Public Relations - GOODBY, SILVERSTEIN & PARTNERS, San Francisco, CA, *pg.* 77

Vendittelli, Thomas - Public Relations - DROGA5, New York, NY, *pg.* 64

Ventura, Jessica - Account Services, Public Relations - SHARP COMMUNICATIONS, INC., New York, NY, *pg.* 140

Ventura, Elyce - Account Services, Public Relations - BOCA COMMUNICATIONS, San Francisco, CA, *pg.* 585

Vines, Jordan - Public Relations - THE TOMBRAS GROUP, Knoxville, TN, *pg.* 424

Visage, Renee - Media Department, Public Relations - KELLY, SCOTT & MADISON, INC., Chicago, IL, *pg.* 482

Wachenheim, Sheri - Public Relations - MINT ADVERTISING, Clinton, NJ, *pg.* 115

Wagner, Joe - Account Services, Management, Public Relations - FENTON COMMUNICATIONS, Washington, DC, *pg.* 603

Wagner, Chelsea - Public Relations - PARTNERS + NAPIER, Rochester, NY, *pg.* 125

Wagner, Kristel - Public Relations - RINCK ADVERTISING, Lewiston, ME, *pg.* 407

Walcher, Laura - PPOM, Public Relations - JWALCHER COMMUNICATIONS, San Diego, CA, *pg.* 618

Walker, Nadia - Media Department, Public Relations - IDEO, Palo Alto, CA, *pg.* 187

Wallace, Deborah - Public Relations - GOLIN, Chicago, IL, *pg.* 609

Wallace, Brooks - Public Relations - NECTAR COMMUNICATIONS, San Francisco, CA, *pg.* 632

Walsh, Jordan - Account Services, Creative, Interactive / Digital, Public Relations - COLLING MEDIA, Scottsdale, AZ, *pg.* 51

Walsh, Carly - Public Relations - 160OVER90, New York, NY, *pg.* 301

Wang, Yan - Account Planner, Media Department, NBC, Public Relations - DROGA5, New York, NY, *pg.* 64

RESPONSIBILITIES INDEX

AGENCIES

Ward, Michael - Management, PPOM, Public Relations - M+R, New York, NY, pg. 12

Wasko, Eva - Public Relations - ALLEN & GERRITSEN, Boston, MA, pg. 29

Watson, Kerry Anne - PPOM, Public Relations - THE ZIMMERMAN AGENCY, Tallahassee, FL, pg. 426

Watts, Melinda - Account Services, Public Relations - ZENO GROUP, Redwood Shores, CA, pg. 665

Weaver, Chad - Public Relations, Social Media - HUGE, INC., Oakland, CA, pg. 240

Webber, Liz - Public Relations - BABBIT BODNER, Atlanta, GA, pg. 579

Weber, Annie - Management, Operations, Public Relations, Research - GFK, Chicago, IL, pg. 444

Wedel, Heather - Public Relations - ALLISON+PARTNERS, Chicago, IL, pg. 577

Weingarten, Ashlee - Account Services, Public Relations - R&J STRATEGIC COMMUNICATIONS, Bridgewater, NJ, pg. 640

Weiss, Alexis - Public Relations - EDELMAN, New York, NY, pg. 599

Westhues Hilt, Debbie - Public Relations - EG INTEGRATED, Omaha, NE, pg. 354

Weston, Sam - NBC, Public Relations - ESSENCE, New York, NY, pg. 232

Wheeler, Kelsey - Account Services, Public Relations - LITZKY PUBLIC RELATIONS, Hoboken, NJ, pg. 623

Wheeler, Rachel - Account Services, Public Relations - BOSE PUBLIC AFFAIRS GROUP, LLC, Indianapolis, IN, pg. 585

Whisner, Tiffany - Public Relations - COLES MARKETING COMMUNICATIONS, Indianapolis, IN, pg. 591

Whitaker, Susie - Public Relations - FLEISHMANHILLARD, Saint Louis, MO, pg. 604

White, Mara - Public Relations - FLYNN WRIGHT, INC., Des Moines, IA, pg. 359

Whiting, Eric - Account Services, Public Relations - BACKBONE MEDIA, Carbondale, CO, pg. 579

Whitmark, Mike - Public Relations - THE BRAND AMP, Costa Mesa, CA, pg. 419

Whitney, David - Public Relations - CRISPIN PORTER + BOGUSKY, Boulder, CO, pg. 346

Whittle, Jennifer - Public Relations - THE LAVIDGE COMPANY, Phoenix, AZ, pg. 420

Wilber Kincaid, Colleen - Interactive / Digital, Media Department, Public Relations - QORVIS COMMUNICATIONS, LLC, Washington, DC, pg. 640

Wilbert, Caroline - PPOM, Public Relations - THE WILBERT GROUP, Atlanta, GA, pg. 655

Wilken, Mollie - Public Relations - SWANSON RUSSELL, Omaha, NE, pg. 415

Wilkes, Nancy - Public Relations - PLATYPUS ADVERTISING & DESIGN, Pewaukee, WI, pg. 397

Wilkinson, Carrie - Media Department, Public Relations - KANEEN ADVERTISING & PUBLIC RELATIONS, INC., Tucson, AZ, pg. 618

Williams, Charlene - Media Department, PPOM, Public Relations - NANCY MARSHALL COMMUNICATIONS, Augusta, ME, pg. 631

Williams, Wilma - Public Relations - D'ORAZIO & ASSOCIATES, Beverly Hills, CA, pg. 594

Williams, Kevin - NBC, Public Relations - FIREHOUSE, INC., Dallas, TX, pg. 358

Williamson, Christine - Management, Public Relations - GREENOUGH COMMUNICATIONS, Watertown, MA, pg. 610

Willis-Grimes, Nicole - Public Relations - THE FERRARO GROUP, Las Vegas, NV, pg. 653

Wilson, Beth - Public Relations - INFERNO, LLC, Memphis, TN, pg. 374

Wilson, Chris - Public Relations - BOSE PUBLIC AFFAIRS GROUP, LLC, Indianapolis, IN, pg. 585

Wilson, Emily - Public Relations - BOSE PUBLIC AFFAIRS GROUP, LLC, Indianapolis, IN, pg. 585

Wilson, Andy - Account Services, Public Relations - BOHLSEN GROUP, Indianapolis, IN, pg. 336

Wirth, Sarah - Media Department, Public Relations - MORNINGSTAR COMMUNICATIONS, Overland Park, KS, pg. 628

Wirth, Susan - Account Services, Public Relations - LEPOIDEVIN MARKETING, Brookfield, WI, pg. 380

Wixted, Patrick - Account Services, Public Relations - KETCHUM, New York, NY, pg. 542

Wiznitzer, Daniel - Account Services, Public Relations - HIMMELRICH INC., Baltimore, MD, pg. 614

Wojcik, Natasha - Public Relations - THE ZIMMERMAN AGENCY, Tallahassee, FL, pg. 426

Wolff, Bob - Public Relations - THE DRUCKER GROUP, Chicago, IL, pg. 150

Wolff-Ormes, Tyler - Public Relations, Social Media - SUPERFLY, New York, NY, pg. 315

Wolfsthal, Elizabeth - Public Relations - DEVRIES GLOBAL, New York, NY, pg. 596

Wong, Anita - Media Department, Public Relations - STRATEGICAMPERSAND, Toronto, ON, pg. 414

Wong, Katherine - Public Relations - SPARK FOUNDRY, New York, NY, pg. 508

Wood, Melissa - Account Services, Public Relations - NATIONAL PUBLIC RELATIONS, Ottawa, ON, pg. 631

Woolford, Michelle - Account Services, Public Relations - 160OVER90, Philadelphia, PA, pg. 1

Wooten, Kristin - Account Services, Public Relations - BABBIT BODNER, Atlanta, GA, pg. 579

Worley, Lauren - Creative, Promotions, Public Relations - MANIFOLD, San Francisco, CA, pg. 104

Worley, Rachel - NBC, Public Relations - DESIGNSENSORY, Knoxville, TN, pg. 62

Worthington, Abby - NBC, Public Relations - CARAT, Toronto, ON, pg. 461

Wyrick, Felicia - PPOM, Public Relations - ADFINITY MARKETING GROUP, Cedar Rapids, IA, pg. 27

Xie, Angel - Account Services, Management, Public Relations - R/GA, Portland, OR, pg. 261

Yabu, Chrisie - Public Relations - KPS3 MARKETING AND COMMUNICATIONS, Reno, NV, pg. 378

Yannello, Sue - Management, Public Relations - 919 MARKETING, Holly Springs, NC, pg. 574

Yansick, Adam - Account Planner, Analytics, Media Department, Public Relations - MAYOSEITZ MEDIA, Blue Bell, PA, pg. 483

Yates, Ken - Public Relations - JEFFERSON WATERMAN INTERNATIONAL, Washington, DC, pg. 617

Yelverton, Marinda - Management, Public Relations, Social Media - 360I, LLC, Atlanta, GA, pg. 207

Yen, Tiffany - Account Services, Public Relations - R&R PARTNERS, Salt Lake City, UT, pg. 132

Yerega, Courtney - Public Relations - FALLS COMMUNICATIONS, Cleveland, OH, pg. 357

Yohe, Mariel - Public Relations - DRS & ASSOCIATES, North Hollywood, CA, pg. 598

Young, Carrie - Account Services, Creative, NBC, Public Relations - PADILLA, Minneapolis, MN, pg. 635

Yusko, Shelly - Account Services, Public Relations - FCB CHICAGO, Chicago, IL, pg. 71

Zacharias, Dan - Account Services, Public Relations - CAMPBELL MARKETING AND COMMUNICATIONS, Dearborn, MI, pg. 339

Zackery, Rayanne - Public Relations - KETCHUM WEST, San Francisco, CA, pg. 620

Zahm, Devon - Public Relations - JMPR PUBLIC RELATIONS, Woodland Hills, CA, pg. 617

Zaleski, July - Public Relations - JAM COLLECTIVE, San Francisco, CA, pg. 616

Zamorano, Gabriela - Public Relations - VSBROOKS, Coral Gables, FL, pg. 429

Zatcoff, Rachel - Public Relations - VAULT COMMUNICATIONS, INC., Plymouth Meeting, PA, pg. 658

Zbikowski, Nicole - Public Relations - JENNIFER BETT COMMUNICATIONS, New York, NY, pg. 617

Zehren, Charles - NBC, Public Relations - RUBENSTEIN ASSOCIATES,

AGENCIES

RESPONSIBILITIES INDEX

New York, NY, *pg.* 644
Zielke, Cory - Media Department, Public Relations - GOLIN, Chicago, IL, *pg.* 609
Zietzer, Diana - NBC, Public Relations - CONCEPTS, INC., Bethesda, MD, *pg.* 592
Zimmerman, Julia - Creative, Promotions, Public Relations, Social Media - LYONS CONSULTING GROUP, Chicago, IL, *pg.* 247
Zipp Garbis, Carly - Account Services, NBC, Public Relations - OUTFRONT MEDIA, New York, NY, *pg.* 554
Zucker, Bill - Account Services, Management, Public Relations - KETCHUM, Chicago, IL, *pg.* 619
Zygadlo, Jacqueline - Account Services, Public Relations - MWWPR, New York, NY, *pg.* 631

Research

Abreu, Adams - Media Department, Research, Social Media - VIZEUM, New York, NY, *pg.* 526
Acevedo, Karen - Interactive / Digital, Media Department, Research - REPUBLICA HAVAS, Miami, FL, *pg.* 545
Adams, Sean - Research - BIG SPACESHIP, Brooklyn, NY, *pg.* 455
Allen, Kyle - Media Department, PPOM, Research - 9THWONDER AGENCY, Houston, TX, *pg.* 453
Amos, Kevin - Analytics, Interactive / Digital, Media Department, NBC, Research - BRUNNER, Pittsburgh, PA, *pg.* 44
Anderson, Hilding - Analytics, Research - PUBLICIS.SAPIENT, Coconut Grove, FL, *pg.* 259
Anderson, Keith - Analytics, Interactive / Digital, Research - PROFITERO, Boston, MA, *pg.* 682
Andrus, Nick - Account Planner, PPOM, Research - THE DRUCKER GROUP, Chicago, IL, *pg.* 150
Angeles, Danielle - Interactive / Digital, Media Department, Research - MINDSHARE, New York, NY, *pg.* 491
Angelos, Andy - Analytics, Management, Media Department, Operations, Research - MANIFEST, Chicago, IL, *pg.* 248
Arnett, Sarah - Analytics, Research - ICON MEDIA DIRECT, Sherman Oaks, CA, *pg.* 476
Artemas, Katie - Media Department, Research - STARCOM WORLDWIDE, North Hollywood, CA, *pg.* 516
Arvizu, Jamie - Media Department, Research - MINDSHARE, Chicago, IL, *pg.* 494
Austin, Manila - Research - C SPACE, Boston, MA, *pg.* 443
Avery, Amy - Analytics, Management, PPOM, Research - DROGA5, New York, NY, *pg.* 64
Bailly, Nestor - Account Planner, Account Services, Research, Social Media - PRAYTELL, Brooklyn, NY, *pg.* 258
Baim, Julian - Research - GFK MRI, New York, NY, *pg.* 445
Barkow, Stephanie - Account Planner, Account Services, Research - BVK, Milwaukee, WI, *pg.* 339
Barsotti, Justin - Analytics, Research - CATALYSIS, Seattle, WA, *pg.* 340
Barsoumian, Leon - Analytics, Management, Media Department, Research - DIGITAS, Boston, MA, *pg.* 226
Bartuch, Karen - Media Department, Research - SANDSTORM DESIGN, Chicago, IL, *pg.* 264
Baze, Zachary - Management, NBC, Research - EPSILON, Westminster, CO, *pg.* 283
Beatty, Ken - Account Planner, Analytics, PPOM, Research - FCB NEW YORK, New York, NY, *pg.* 357
Becker, Sarah - Analytics, Research - SPARK FOUNDRY, Chicago, IL, *pg.* 510
Belanger, Dana - Media Department, Research - STARCOM WORLDWIDE, Chicago, IL, *pg.* 513
Benitez, Gabriela - Interactive / Digital, NBC, Research - NET CONVERSION, Orlando, FL, *pg.* 253
Bernardino, David - NBC, PPOM, Research - AMMUNITION, Atlanta, GA, *pg.* 212
Best, Kelli - Management, Media Department, Research - CAMPOS INC, Pittsburgh, PA, *pg.* 443
Bhatti, Hemash - Management, NBC, Research - PUBLICIS.SAPIENT, Toronto, ON, *pg.* 260
Bikowski, David - Account Planner, Analytics, Interactive / Digital, Management, Media Department, Research - SYZYGY US, New York, NY, *pg.* 268
Bishop, Erin - Media Department, Research - AMPERAGE, Cedar Rapids, IA, *pg.* 30
Black, David - NBC, Research - PASKILL, STAPLETON & LORD, Glenside, PA, *pg.* 256
Blanch, Courtney - Analytics, Research - DIGITAS, Boston, MA, *pg.* 226
Block, Alex - Account Planner, Account Services, Analytics, NBC, Operations, Research - GROUPM, New York, NY, *pg.* 466
Blockey, Paul - Creative, Interactive / Digital, Research - RAPP WORLDWIDE, Los Angeles, CA, *pg.* 291
Bobick, Jeff - Analytics, Research - DIGITAS, New York, NY, *pg.* 226
Boone, Shaina - Analytics, Management, NBC, Research - OMD, Chicago, IL, *pg.* 500
Bordinat, Lisa - Account Planner, Research - SYMPHONY TALENT, San Francisco, CA, *pg.* 667
Boss, Deanna - Analytics, Interactive / Digital, Public Relations, Research - MACCABEE GROUP PUBLIC RELATIONS, Minneapolis, MN, *pg.* 624
Bouaziz, Laurent - Account Services, Research - DCX GROWTH ACCELERATOR, Brooklyn, NY, *pg.* 58
Bowers, Kaylea - Account Services, Media Department, Research - PORTER NOVELLI, Atlanta, GA, *pg.* 637
Braddock, Serina - Interactive / Digital, Media Department, Research - BLUE 449, Seattle, WA, *pg.* 456
Bramhandkar, Dipti - Research - IRIS, New York, NY, *pg.* 376
Brandus, Chris - Account Services, Research - ORGANIC, INC., San Francisco, CA, *pg.* 255
Brehm, Joe - Account Services, Research - KNOWLEDGEBASE MARKETING, INC., Richardson, TX, *pg.* 446
Brini-Lieberman, Jacqueline - Operations, PPOM, Research - STORY WORLDWIDE, New York, NY, *pg.* 267
Brown, Bruce - Research - PRR, Seattle, WA, *pg.* 399
Browne, Claire - Media Department, Research - RPA, Santa Monica, CA, *pg.* 134
Buck, Brian - Account Planner, Media Department, PPOM, Research - SCOTWORK, Bedminster, NJ, *pg.* 291
Buley, Leah - Management, Research - PUBLICIS.SAPIENT, New York, NY, *pg.* 258
Bullock, Steve - Account Planner, Analytics, Media Department, NBC, Research - BERNSTEIN-REIN ADVERTISING, INC., Kansas City, MO, *pg.* 39
Bunce, Emily - Analytics, Management, Research - GIBBS & SOELL, INC., New York, NY, *pg.* 607
Burmeister, Claus - Account Planner, Media Department, Research - WAVEMAKER, Toronto, ON, *pg.* 529
Burnett, Traverse - Research - DIGITAL RESEARCH, INC, Portland, ME, *pg.* 444
Burrows, Jenny - Media Department, Research - ZENITH MEDIA, Santa Monica, CA, *pg.* 531
Buss, Kristen - Account Planner, Analytics, Management, Research - MOSAIC NORTH AMERICA, Chicago, IL, *pg.* 312
Butcher, Bruce - Analytics, Management, Research - CAMELOT STRATEGIC MARKETING & MEDIA, Dallas, TX, *pg.* 457
Byrne, Kevin - Analytics, Media Department, Research - SPARK FOUNDRY, Chicago, IL, *pg.* 510
Cambron, Katie - Analytics, Research - SWITCH, Saint Louis, MO, *pg.* 145
Campolmi, Lisa - Media Department, Research - VERDIN, San Luis Obispo, CA, *pg.* 21
Canady, Kathy - Analytics, PPOM, Research - THE BUNTIN GROUP, Nashville, TN, *pg.* 148
Canulla, Paolo - Research - MARC RESEARCH, Irving, TX, *pg.* 447
Capreol, Gary - Analytics, Media Department, Research - CRONIN,

RESPONSIBILITIES INDEX — AGENCIES

Glastonbury, CT, *pg.* 55
Cardoso, Nick - Interactive / Digital, Media Department, Operations, Research - MEDIACOM, Playa Vista, CA, *pg.* 486
Catalano, Michael - Account Services, Media Department, Research - R&R PARTNERS, Las Vegas, NV, *pg.* 131
Cavallaro, Rick - NBC, PPOM, Research - SPORTVISION, Fremont, CA, *pg.* 266
Cerruti, James - Account Planner, NBC, PPOM, Research - TENET PARTNERS, Norwalk, CT, *pg.* 19
Chamberlin, Andrea - Interactive / Digital, Media Department, Public Relations, Research - MADDEN MEDIA, Tucson, AZ, *pg.* 247
Chen, Yufan - Media Department, NBC, Research - MINDSHARE, New York, NY, *pg.* 491
Chikunov, Denis - Interactive / Digital, Media Department, Research, Social Media - IPG MEDIABRANDS, New York, NY, *pg.* 480
Chou, Jason - Media Department, Operations, Research - DIGITAS, Boston, MA, *pg.* 226
Cobb, Larry - Interactive / Digital, NBC, Research - SHEPHERD AGENCY, Jacksonville, FL, *pg.* 410
Coco, Renata - Analytics, Research - HORIZON MEDIA, INC., New York, NY, *pg.* 474
Coen, April - Analytics, Interactive / Digital, Media Department, NBC, Research - HEARTS & SCIENCE, Los Angeles, CA, *pg.* 473
Coghlan, James - Account Planner, Account Services, Research - AREA 23, New York, NY, *pg.* 33
Cohen, Mackenzie - Interactive / Digital, Media Department, Research - OMD, New York, NY, *pg.* 498
Coles, Margaret - Analytics, Management, Research - GOODBY, SILVERSTEIN & PARTNERS, San Francisco, CA, *pg.* 77
Collins, Dan - Account Planner, Account Services, Interactive / Digital, Media Department, Research - GKV, Baltimore, MD, *pg.* 364
Collis, Sara - Analytics, NBC, Research - WUNDERMAN THOMPSON, Washington, DC, *pg.* 434
Connelly, Kathryn - Interactive / Digital, Media Department, Research - OVATIVE GROUP, Minneapolis, MN, *pg.* 256
Connolly, Lori - Analytics, Research - ONE & ALL, Atlanta, GA, *pg.* 289
Cook, Justin - Analytics, Research, Social Media - 9TH CO., Toronto, ON, *pg.* 209
Cote, Margaret - Research - HAVAS MEDIA GROUP, Boston, MA, *pg.* 470
Crider, Hailey - Interactive / Digital, NBC, Research - DEFERO, Phoenix, AZ, *pg.* 224
Cronin, Randy - Account Planner, NBC, PPOM, Research - RED THE AGENCY INC., Edmonton, AB, *pg.* 405

Cronin, Amy - Analytics, Interactive / Digital, Management, Research - THE MARS AGENCY, Southfield, MI, *pg.* 683
Cuevas, Beatriz - Analytics, Interactive / Digital, Media Department, NBC, Research - DIGITAS, New York, NY, *pg.* 226
Curley, Rachael - Research - DRA STRATEGIC COMMUNICATIONS, Phoenix, AZ, *pg.* 598
Cyphers, Karen - Research - SACHS MEDIA GROUP, Tallahassee, FL, *pg.* 645
Czerwinski, Mike - Analytics, NBC, Research - BVK, Milwaukee, WI, *pg.* 339
Daniel, Jeff - Analytics, Media Department, Research - UPSHOT, Chicago, IL, *pg.* 157
Dao, GiaPhu - Analytics, Research - CONVERGE CONSULTING, Cedar Rapids, IA, *pg.* 222
DaSilva, Allison - Management, NBC, Research - CONE, INC., Boston, MA, *pg.* 6
Daulton, Scott - Interactive / Digital, Media Department, Research, Social Media - THE INTEGER GROUP - DALLAS, Dallas, TX, *pg.* 570
Davis, Jacob - Interactive / Digital, NBC, Research - 360I, LLC, New York, NY, *pg.* 320
Davis, Jonathan - Analytics, Research - SFW AGENCY, Greensboro, NC, *pg.* 16
Davis-Swing, Larry - Analytics, Management, Research - SPARK FOUNDRY, New York, NY, *pg.* 508
Dawes, Glenn - Analytics, PPOM, Research - ADFARM, Calgary, AB, *pg.* 279
De Berge, Earl - PPOM, Research - BRC FIELD & FOCUS SERVICES, Phoenix, AZ, *pg.* 442
Dearth, Jeffrey - PPOM, Research - OAKLINS DESILVA+PHILLIPS, New York, NY, *pg.* 687
DeAvila, Seth - Account Services, Analytics, Research - ISOBAR US, Boston, MA, *pg.* 242
Deley, Ashley - Analytics, Interactive / Digital, Media Department, NBC, Research - AXIS41, Salt Lake City, UT, *pg.* 215
Derthick, Brad - PPOM, Research - STERLING-RICE GROUP, Boulder, CO, *pg.* 413
Desai, Sameer - Account Services, Analytics, NBC, Research - ONEMAGNIFY, Detroit, MI, *pg.* 394
Deutsch, Ken - Analytics, Research - JPA HEALTH COMMUNICATIONS, Washington, DC, *pg.* 618
Devlin, James - Analytics, Research - ESSENCE, San Francisco, CA, *pg.* 232
Dickert, Trey - Media Department, Research - MEDIA TWO INTERACTIVE, Raleigh, NC, *pg.* 486
Dienstag, Jesse - Account Planner, Research - GOLIN, Chicago, IL, *pg.* 609

Dietz, Ryan - Account Services, Analytics, Interactive / Digital, Media Department, Research - STARCOM WORLDWIDE, Chicago, IL, *pg.* 513
DiLorenzo, Dot - Operations, Research - USIM, Los Angeles, CA, *pg.* 525
Dino, Jeanette - Research - PHOENIX MARKETING INTERNATIONAL, Branchburg, NJ, *pg.* 448
DiTomasso, Sam - Media Department, Research - HARMELIN MEDIA, Bala Cynwyd, PA, *pg.* 467
Dmytriw, Gordon - Interactive / Digital, Operations, Research - THINK SHIFT, INC., Winnipeg, MB, *pg.* 270
Dolega, Lauren - Analytics, Research - UNIVERSAL MCCANN DETROIT, Birmingham, MI, *pg.* 524
Drummond, Glenn - NBC, PPOM, Research - QUARRY INTEGRATED COMMUNICATIONS, Saint Jacobs, ON, *pg.* 402
Dudgeon, Grant - Account Services, Analytics, Interactive / Digital, Research - OMD, Chicago, IL, *pg.* 500
Duerrschmid, Lara - Analytics, Media Department, Research - CROSSMEDIA, New York, NY, *pg.* 463
Dulny, Joseph - Account Services, Analytics, Interactive / Digital, Research - BOOZ ALLEN HAMILTON, McLean, VA, *pg.* 218
Durandisse, Rose - Research - MAJOR TOM, New York, NY, *pg.* 247
Dutra Curtis, Lisa - Interactive / Digital, Research - (ADD)VENTURES, Providence, RI, *pg.* 207
Dykema, Misty - Account Planner, PPOM, Research - SIMANTEL GROUP, Peoria, IL, *pg.* 142
Eckstein, Mike - Analytics, Interactive / Digital, NBC, Research - DP+, Farmington Hills, MI, *pg.* 353
Edelman, Michelle - Operations, PPOM, Research - PETERMAYER, New Orleans, LA, *pg.* 127
Edoo, Riyaad - Account Services, Analytics, Research - MINDSHARE, New York, NY, *pg.* 491
Edwards, Ray - Account Services, Analytics, Research - BBDO ATL, Atlanta, GA, *pg.* 330
Ehven, Gilad - Analytics, Media Department, Research - FIREMAN CREATIVE, Pittsburgh, PA, *pg.* 183
Eisenmann, Marianne - Analytics, Research - CHANDLER CHICCO AGENCY, New York, NY, *pg.* 589
Elston, Craig - Account Planner, Analytics, Research - THE INTEGER GROUP, Lakewood, CO, *pg.* 682
Emmons, Amity - Analytics, NBC, Research - CRITICAL MASS, INC., Chicago, IL, *pg.* 223
Eskew, Victoria - Interactive / Digital, Media Department, Promotions, Research - GARTNER, INC., Stamford, CT, *pg.* 236
Etherington, David - PPOM, Research

AGENCIES

RESPONSIBILITIES INDEX

- INTERSECTION, New York, NY, *pg.* 553
Eule, Michelle - Media Department, NBC, Research - KANTAR MEDIA, New York, NY, *pg.* 446
Evans, Ian - NBC, Research - MINDSHARE, Chicago, IL, *pg.* 494
Eve, Noah - Account Planner, Account Services, Analytics, Interactive / Digital, Media Department, Programmatic, Research - HORIZON MEDIA, INC., Los Angeles, CA, *pg.* 473
Facius, Timothy - Analytics, Research - OMD, Chicago, IL, *pg.* 500
Fadli, Samih - PPOM, Research - PUBLICIS.SAPIENT, Seattle, WA, *pg.* 259
Falconer, Patrick - Management, Media Department, PPOM, Research - UNIVERSAL MCCANN DETROIT, Birmingham, MI, *pg.* 524
Farnoush, David - Media Department, Programmatic, Research - HARMELIN MEDIA, Bala Cynwyd, PA, *pg.* 467
Farrar, Thani - Research - BURKE, INC., Cincinnati, OH, *pg.* 442
Ferguson, Matthew - Analytics, Media Department, NBC, Research - OCTAGON, Stanford, CT, *pg.* 313
Ferrufino, Edgardo - Analytics, Research - M/SIX, New York, NY, *pg.* 482
Fiala, Sabra - NBC, Research - STAMATS COMMUNICATIONS, Cedar Rapids, IA, *pg.* 412
Filippazzo-Murphy, Alice - Media Department, Research - AIM PRODUCTIONS, Astoria, NY, *pg.* 453
Finn, Rebecca - Interactive / Digital, NBC, Research, Social Media - WE ARE SOCIAL, New York, NY, *pg.* 690
Fiola, Michael - Research - M/SIX, New York, NY, *pg.* 482
Fire, Dino - NBC, PPOM, Research - DATA DECISIONS GROUP, Chapel Hill, NC, *pg.* 443
Fireman, Gail - Finance, Research - FIREMAN CREATIVE, Pittsburgh, PA, *pg.* 183
Firestone, Jim - NBC, PPOM, Research - GSD&M, Austin, TX, *pg.* 79
Fishman, Glen - Account Planner, NBC, Research - COMMUNITY MARKETING, INC., San Francisco, CA, *pg.* 443
Fontana, Peter - Account Planner, Analytics, Research - BLUE STATE DIGITAL, New York, NY, *pg.* 335
Francis, Kirya - Interactive / Digital, Media Department, Research - GSD&M, Austin, TX, *pg.* 79
Francisco, Mebrulin - Analytics, NBC, PPOM, Research - GROUPM, New York, NY, *pg.* 466
Fraser, Lee - Administrative, Management, PPOM, Research - DIGITAS HEALTH LIFEBRANDS, New York, NY, *pg.* 229
Fraze, John - Research - SPARK FOUNDRY, New York, NY, *pg.* 508

Freer, Ashley - Account Services, Media Department, Research - BALCOM AGENCY, Fort Worth, TX, *pg.* 329
Freifeld, David - Interactive / Digital, Programmatic, Research - THE TRADE DESK, New York, NY, *pg.* 520
Freitas, Chelsea - Analytics, Media Department, Research - UNIVERSAL MCCANN, New York, NY, *pg.* 521
Friederich, Mark - Research - NAVIGATE MARKETING, Chicago, IL, *pg.* 253
Fung, Daniel - Interactive / Digital, Media Department, Research - DIGITAS, New York, NY, *pg.* 226
Gaible, Susan - Research - TOUCHSTORM, New York, NY, *pg.* 570
Gallagher, Daniel - Research - RAIN, Portland, OR, *pg.* 402
Ganshirt, Jennifer - Account Planner, Research - THE VARIABLE, Winston-Salem, NC, *pg.* 153
Garcia, Garrett - Account Services, Analytics, NBC, Research - PP+K, Tampa, FL, *pg.* 129
Garg, Aman - Analytics, Research - 360I, LLC, Atlanta, GA, *pg.* 207
Garnett, Cat - NBC, Research - REDPEPPER, Nashville, TN, *pg.* 405
Garza, Eric - Account Services, Analytics, Interactive / Digital, Media Department, Research - VMLY&R, Frisco, TX, *pg.* 275
Ge, Bing - Analytics, Interactive / Digital, Research, Social Media - ZENITH MEDIA, New York, NY, *pg.* 529
Gennaria, Jerry - Account Planner, Account Services, Analytics, Media Department, Research - TOKY BRANDING + DESIGN, Saint Louis, MO, *pg.* 202
Germer, Tim - Research - AKQA, Portland, OR, *pg.* 212
Giacosa, Lisa - Analytics, Interactive / Digital, Media Department, Research - SPARK FOUNDRY, New York, NY, *pg.* 508
Gillins, Todd - Research - R&R PARTNERS, Las Vegas, NV, *pg.* 131
Gilmore, Hilary - Account Planner, Analytics, Research - UNIVERSAL MCCANN, New York, NY, *pg.* 521
Gladitsch, Melinda - Creative, Management, Research - PUBLICIS HAWKEYE, Dallas, TX, *pg.* 399
Gladney, Patrick - Management, PPOM, Research - FLEISHMANHILLARD HIGHROAD, Toronto, ON, *pg.* 606
Goetz, Harold - Account Planner, Media Department, Research - HEALIXGLOBAL, New York, NY, *pg.* 471
Gold, Billie - Media Department, Research - CARAT, New York, NY, *pg.* 459
Goldberg, Jason - Account Planner, Account Services, Interactive / Digital, NBC, Research - PUBLICIS.SAPIENT, Chicago, IL, *pg.* 259
Gordon, Michelle - Research - MWWPR, East Rutherford, NJ, *pg.* 630
Gott, Ted - Interactive / Digital, Research - LEO BURNETT DETROIT,

Troy, MI, *pg.* 97
Grant, Meghan - Account Planner, Account Services, NBC, Research - PUBLICIS NORTH AMERICA, New York, NY, *pg.* 399
Green, John - Finance, NBC, PPOM, Research - CARMICHAEL LYNCH, Minneapolis, MN, *pg.* 47
Green, Meredith - Analytics, Research - INTERACTIVE ADVERTISING BUREAU, New York, NY, *pg.* 90
Grimes, Betsy - Account Services, NBC, Research - INSIGHT STRATEGY GROUP, New York, NY, *pg.* 445
Guldman, Andrew - Operations, Research - ASTOUND COMMERCE, San Bruno, CA, *pg.* 214
Gullett, Matt - Interactive / Digital, Research - BELLOMY RESEARCH, Winston-Salem, NC, *pg.* 442
Gurevich, Maxine - Account Planner, NBC, Research - VAYNERMEDIA, New York, NY, *pg.* 689
Hadley, Lauren - Analytics, Interactive / Digital, Research - STARCOM WORLDWIDE, Chicago, IL, *pg.* 513
Hahs, Jennifer - Account Planner, Analytics, NBC, Research - ESSENCE, Minneapolis, MN, *pg.* 233
Hamilton, Sydney - Account Services, Analytics, Research - IPROSPECT, Fort Worth, TX, *pg.* 674
Hammer, Markus - Research - HUGE, INC., Washington, DC, *pg.* 240
Hammond, Gray - Research - J. GOTTHEIL MARKETING COMMUNICATIONS, INC., Toronto, ON, *pg.* 376
Hansen, Luke - Interactive / Digital, Research - GLOBAL STRATEGIES, Bend, OR, *pg.* 673
Hanson, Carly - Interactive / Digital, Media Department, Research - HAWORTH MARKETING & MEDIA, Minneapolis, MN, *pg.* 470
Haque, Mohammad - Analytics, Interactive / Digital, Media Department, Research - MEDIAHUB NEW YORK, New York, NY, *pg.* 249
Harris, Bethany - Account Services, Analytics, Management, NBC, Research - ACTIVE INTERNATIONAL, Pearl River, NY, *pg.* 439
Harris, Vita - NBC, PPOM, Research - FCB NEW YORK, New York, NY, *pg.* 357
Harrison, Caroline - Analytics, Interactive / Digital, Research - DIGITAS HEALTH LIFEBRANDS, New York, NY, *pg.* 229
Hasan, Soheb - Analytics, Interactive / Digital, Media Department, Research - INITIATIVE, New York, NY, *pg.* 477
Hauser, Paul - Management, Research - VMLY&R, Kansas City, MO, *pg.* 274
Hawes, Lisa K. - NBC, Research - STERLING COMMUNICATIONS, INC., Los Gatos, CA, *pg.* 650
Heard, Liz - Account Services, Media Department, Research - DAGGER, Atlanta, GA, *pg.* 224
Heffel, Kim - Analytics, Media

RESPONSIBILITIES INDEX — AGENCIES

Department, Research - CARAT, Detroit, MI, *pg.* 461
Heilpern, Kelly - Account Services, Operations, PPOM, Research - AMMUNITION, Atlanta, GA, *pg.* 212
Helbling, Michael - Analytics, Research - SEARCH DISCOVERY, INC., Atlanta, GA, *pg.* 677
Henderson, Matthew - Account Planner, Research - DIGITAS, Boston, MA, *pg.* 226
Hendrick, Stephanie - Analytics, Research - BERLINROSEN, Washington, DC, *pg.* 583
Hennessy, Jack - Account Planner, Account Services, Interactive / Digital, Research - WUNDERMAN THOMPSON, Chicago, IL, *pg.* 434
Herbst, Robert - Research - 9THWONDER AGENCY, Houston, TX, *pg.* 453
Hernandez, Bruce - Research - BRC FIELD & FOCUS SERVICES, Phoenix, AZ, *pg.* 442
Herrmann, Melissa - PPOM, Public Relations, Research - SSRS, Glen Mills, PA, *pg.* 450
Herzog, Randy - Account Services, Research - WUNDERMAN DATA PRODUCTS, Houston, TX, *pg.* 451
Hewski, Kim - Research - SERINO COYNE, INC., New York, NY, *pg.* 299
Hildebolt, Bill - NBC, PPOM, Research - GEN.VIDEO, New York, NY, *pg.* 236
Hill, Graham - Research - ZENZI, Encinitas, CA, *pg.* 665
Hirt-Marchand, Jennifer - PPOM, Research - MARCUS THOMAS, Cleveland, OH, *pg.* 104
Hobin, Angie - Analytics, Interactive / Digital, Research - GLOBAL STRATEGIES, Bend, OR, *pg.* 673
Hodgkin, Kelsey - Account Planner, Account Services, Management, Media Department, Research - DEUTSCH, INC., Los Angeles, CA, *pg.* 350
Holbrook, Amy - Analytics, Interactive / Digital, Research - GLOBAL STRATEGIES, Bend, OR, *pg.* 673
Holmes, Brenna - Creative, Interactive / Digital, Media Department, Research, Social Media - CHAPMAN CUBINE + HUSSEY, Arlington, VA, *pg.* 281
Hoven, Mary - Media Department, Research - STARCOM WORLDWIDE, Chicago, IL, *pg.* 513
Hudson, Janice - Media Department, Research - CAMELOT STRATEGIC MARKETING & MEDIA, Dallas, TX, *pg.* 457
Hudson, Pearce - Analytics, Research, Social Media - WAVEMAKER, Chicago, IL, *pg.* 529
Hughes, Brian - Analytics, Management, Research - MAGNA GLOBAL, New York, NY, *pg.* 483
Hultgren, Talley - Account Services, Research - CHEMISTRY ATLANTA, Atlanta, GA, *pg.* 50
Hutton, Graeme - Research - UNIVERSAL MCCANN, New York, NY, *pg.* 521
Ingrody, Lauren - Analytics, Research - TRAFFIC DIGITAL AGENCY, Clawson, MI, *pg.* 271
Ishihara, Andrew - Analytics, NBC, Research - BVK, Milwaukee, WI, *pg.* 339
Ivanenko, Anton - Research - BLUE 449, San Francisco, CA, *pg.* 456
Iwata, Glenn - NBC, PPOM, Research - WESTGROUP RESEARCH, Phoenix, AZ, *pg.* 451
Jairath, Akash - Analytics, Media Department, PPOM, Research - DENTSU AEGIS NETWORK, New York, NY, *pg.* 61
Jarzab, Barbara - Interactive / Digital, Media Department, Research - COMSCORE, Seattle, WA, *pg.* 443
Johnson, Steven - Analytics, NBC, Research - BVK, Milwaukee, WI, *pg.* 339
Johnson, Katarina - Account Services, Management, Research - ESCALENT, Atlanta, GA, *pg.* 444
Jones, Nikki - Account Planner, Analytics, Interactive / Digital, Research - THE INTEGER GROUP - DALLAS, Dallas, TX, *pg.* 570
Joseph, Audra - Interactive / Digital, Research - MOXIE, Pittsburgh, PA, *pg.* 251
Josephson, Lina - Analytics, Interactive / Digital, Media Department, NBC, Research - HAVAS MEDIA GROUP, New York, NY, *pg.* 468
Juster, Lauren - Research - SPARK FOUNDRY, Chicago, IL, *pg.* 510
Kanefsky, Jason - Account Services, Media Department, PPOM, Research - HAVAS MEDIA GROUP, New York, NY, *pg.* 468
Kapczynski, Kerri - Interactive / Digital, Media Department, Research - HARMELIN MEDIA, Bala Cynwyd, PA, *pg.* 467
Kaplan, Debbie - Research - DJG MARKETING, New York, NY, *pg.* 352
Kaplan, Eliza - Account Planner, Account Services, Research - 360I, LLC, Chicago, IL, *pg.* 208
Karambis, Scott - Account Planner, Account Services, Management, NBC, PR Management, Research - ARNOLD WORLDWIDE, Boston, MA, *pg.* 33
Katuli, Musa - NBC, Research - OMD, New York, NY, *pg.* 498
Katz, Jami - Analytics, Research - REPRISE DIGITAL, New York, NY, *pg.* 676
Kaur, Dharnesh - Research - ARGONAUT, INC., San Francisco, CA, *pg.* 33
Kaushansky, Michael - Analytics, PPOM, Research - HAVAS MEDIA GROUP, New York, NY, *pg.* 468
Khaykin, Anthony - Analytics, Research - DROGA5, New York, NY, *pg.* 64
Khoo, Jamie - Analytics, Media Department, NBC, Research - MINDSHARE, New York, NY, *pg.* 491
Kirby, Aileen - Account Planner, Analytics, Media Department, Research - LUXE COLLECTIVE GROUP, New York, NY, *pg.* 102
Kivijarv, Leo - Research - PQ MEDIA, LLC, Stamford, CT, *pg.* 449
Klau, Elena - Analytics, Research - MOMENTUM WORLDWIDE, New York, NY, *pg.* 117
Klimkoski, Tracy - Analytics, Interactive / Digital, Media Department, Research - CRONIN, Glastonbury, CT, *pg.* 55
Kolman, Hilary - Account Services, Analytics, Media Department, Research - DIGITAS, New York, NY, *pg.* 226
Kolodny, Noah - Account Services, Research - OCTAGON, Stanford, CT, *pg.* 313
Kondo, Sharon - Account Planner, Analytics, Research - TEAM ONE, Los Angeles, CA, *pg.* 417
Kopco, Tracy - Analytics, Media Department, Research - 160OVER90, Philadelphia, PA, *pg.* 1
Koval, Katie - Research - STARCOM WORLDWIDE, Chicago, IL, *pg.* 513
Kowan, Joseph - Account Services, Research - GROUPM NEXT, Saint Louis, MO, *pg.* 439
Krakow, Ben - Analytics, Interactive / Digital, Research - HORIZON MEDIA, INC., New York, NY, *pg.* 474
Krasusky, Joni - Research - CASHMAN & KATZ INTEGRATED COMMUNICATIONS, Glastonbury, CT, *pg.* 340
Krug, Cassidy - Interactive / Digital, Media Department, NBC, Research - REDSCOUT, New York, NY, *pg.* 16
Krukowski, Kristin - Account Planner, Interactive / Digital, Media Department, Research - PHD USA, New York, NY, *pg.* 505
Kuegler, Steve - Analytics, Research - BERNSTEIN-REIN ADVERTISING, INC., Kansas City, MO, *pg.* 39
Kujawski, Renee - Operations, Research - PROHASKA CONSULTING, New York, NY, *pg.* 130
Kulisheck, Michael - Analytics, Research - BENENSON STRATEGY GROUP, New York, NY, *pg.* 333
Kumar, Arun - Management, Research - HERO DIGITAL, San Francisco, CA, *pg.* 238
Lalich, Glen - Analytics, Research - FORWARDPMX, New York, NY, *pg.* 360
Lam, Lindsay - Analytics, Interactive / Digital, Management, Operations, Research - WUNDERMAN THOMPSON, Washington, DC, *pg.* 434
LaMontagne, Theresa - Account Services, Interactive / Digital, Research - EDELMAN, New York, NY, *pg.* 599
Lang, Jamie - Account Services, Research - KL COMMUNICATIONS, Red Bank, NJ, *pg.* 446
Langrock, Carl - Analytics, Research - ALLSCOPE MEDIA, New York, NY, *pg.* 454
Latham, Shana - Account Services,

AGENCIES — RESPONSIBILITIES INDEX

Analytics, Research - POLARIS MARKETING RESEARCH, Atlanta, GA, *pg.* 449

Laubscher, Howard - Account Planner, Management, NBC, Research - BARKLEY, Kansas City, MO, *pg.* 329

Lauffer, Christian - Account Services, Analytics, Research - BRANDTRUST, INC., Chicago, IL, *pg.* 4

Laurens, Rob - Management, Operations, Research - BBK WORLDWIDE, Needham, MA, *pg.* 37

Lawrence, Christopher - Research - FINN PARTNERS, Washington, DC, *pg.* 603

Lawry, Gray - Analytics, Research - MILES MEDIA GROUP, LLP, Sarasota, FL, *pg.* 387

Lazar, Anna - Analytics, Research - PUBLICIS.SAPIENT, Birmingham, MI, *pg.* 260

Lechter Botero, Alida - Operations, PPOM, Research - NEW WORLD GLOBAL RESEARCH, Miami, FL, *pg.* 448

Lee, John - Analytics, Interactive / Digital, NBC, Research - FLIGHTPATH, New York, NY, *pg.* 235

Lenzen, Stephen - Account Services, Research - INSIGHT STRATEGY GROUP, New York, NY, *pg.* 445

Levin, Jason - Analytics, Interactive / Digital, PPOM, Research - WAVEMAKER, New York, NY, *pg.* 526

Levine, Scott - Account Planner, Research - KERN, Woodland Hills, CA, *pg.* 287

Lewis, Courtney - Account Services, Research - CHAPMAN CUBINE + HUSSEY, Arlington, VA, *pg.* 281

Lewis, Caroline - Account Planner, Research - GREY GROUP, New York, NY, *pg.* 365

Ling, Molly - Research - OGILVY PUBLIC RELATIONS, New York, NY, *pg.* 633

Link, Jessi - Operations, Research - GYRO, Cincinnati, OH, *pg.* 368

Lioi, Olivia - Analytics, Interactive / Digital, Research - RPA, Santa Monica, CA, *pg.* 134

Lokpez-Cobo, Eirasmin - Analytics, Research - CREATIVEONDEMAND, Coconut Grove, FL, *pg.* 539

Looney, Tama - Analytics, Research - FISHBOWL, Alexandria, VA, *pg.* 234

Lopez, Patrick - Account Planner, Account Services, Analytics, Management, PPOM, Research - INTERBRAND, New York, NY, *pg.* 187

Lopez, Raphael - Interactive / Digital, Research - HERO DIGITAL, San Francisco, CA, *pg.* 238

Loredo, Gerry - Account Planner, Analytics, NBC, Research - LOPEZ NEGRETE COMMUNICATIONS, INC., Houston, TX, *pg.* 542

Lowe, David - Interactive / Digital, Media Department, Research - PRICEWEBER MARKETING COMMUNICATIONS, INC., Louisville, KY, *pg.* 398

Lu, Diana - Analytics, Interactive / Digital, Research - SPARK FOUNDRY, New York, NY, *pg.* 508

Lu, Jessie - Analytics, NBC, Research - VAYNERMEDIA, New York, NY, *pg.* 689

Lucius, Randi - Account Services, NBC, Research - COMMCREATIVE, Framingham, MA, *pg.* 343

Luks, Samantha - Management, Research - YOUGOV, Palo Alto, CA, *pg.* 451

Lundgren, Mike - Account Planner, Interactive / Digital, NBC, Research - VMLY&R, Kansas City, MO, *pg.* 274

Lyon, Chris - Interactive / Digital, Media Department, Research - HORIZON MEDIA, INC., New York, NY, *pg.* 474

Lyons, Theresa - Account Planner, Account Services, Media Department, Research - THE MARS AGENCY, Southfield, MI, *pg.* 683

Macleod, Scott - Account Planner, Management, Research - THE VIA AGENCY, Portland, ME, *pg.* 154

Maddox, Dave - Analytics, Research - WESTGROUP RESEARCH, Phoenix, AZ, *pg.* 451

Maenner, Emily - Research - PUBLICIS NORTH AMERICA, New York, NY, *pg.* 399

Mahunik, Faon - Management, Media Department, Research - HAVAS MEDIA GROUP, New York, NY, *pg.* 468

Main, Kaitlyn - Analytics, Interactive / Digital, NBC, Research - PHD CHICAGO, Chicago, IL, *pg.* 504

Malone, Matthew - Analytics, NBC, Research - SPARK FOUNDRY, Chicago, IL, *pg.* 510

Malphrus, Natalie - Operations, Research - SUMMIT MARKETING, Saint Louis, MO, *pg.* 570

Malts, Feliks - Management, Research - 3Q DIGITAL, San Mateo, CA, *pg.* 671

Malysiak, John - Interactive / Digital, NBC, Operations, Programmatic, Research, Social Media - PHD CHICAGO, Chicago, IL, *pg.* 504

Manatt, Kara - NBC, Research - MAGNA GLOBAL, New York, NY, *pg.* 483

Manos, Diana - Operations, Research - FFR HEALTHCARE, Chicago, IL, *pg.* 444

Mantlo, Mary-Margaret - Interactive / Digital, Research - STARCOM WORLDWIDE, New York, NY, *pg.* 517

Marcus, Tobin - Account Services, Research - BENENSON STRATEGY GROUP, New York, NY, *pg.* 333

Markowitz, Josh - Research - SYNECHRON, New York, NY, *pg.* 268

Marquis, Oliver - Media Department, Research - UNIVERSAL MCCANN, New York, NY, *pg.* 521

Marsh, Pamela - Account Planner, Analytics, Research - ANNALECT GROUP, New York, NY, *pg.* 213

Marshall, John - NBC, Research - LIPPINCOTT, New York, NY, *pg.* 189

Martin, Samantha - Account Services, Media Department, PPM, Research - USIM, Los Angeles, CA, *pg.* 525

Marts, Robert - Media Department, Research - CROSSROADS, Kansas City, MO, *pg.* 594

Mather, Wheaten - Account Planner, Analytics, Research - STRATEGIC AMERICA, West Des Moines, IA, *pg.* 414

Matta, Ana Maria - Account Planner, Account Services, Management, Media Department, Research - LAPIZ, Chicago, IL, *pg.* 542

Maxwell, Chad - Account Services, Management, Research - KELLY, SCOTT & MADISON, INC., Chicago, IL, *pg.* 482

McCafferty, Dennis - Creative, Research - WELZ & WEISEL COMMUNICATIONS, McLean, VA, *pg.* 662

McCallum, Scott - Account Services, Interactive / Digital, NBC, PPOM, Research - GEOMETRY, Chicago, IL, *pg.* 363

McCarthy, Kevin - Account Services, Interactive / Digital, Management, Media Department, PPOM, Research - GROUPM, New York, NY, *pg.* 466

McCormick, Pat - Analytics, Research - STARCOM WORLDWIDE, Chicago, IL, *pg.* 513

McFarren, Kyle - Analytics, Research - NSA MEDIA GROUP, INC., Downers Grove, IL, *pg.* 497

McGoldrick, Joline - Analytics, Research - VIDMOB, New York, NY, *pg.* 690

McGoldrick, Megan - Analytics, Media Department, Research - DIGITAS, Boston, MA, *pg.* 226

McKenzie, Joy - Account Services, Interactive / Digital, NBC, Research - DROGA5, New York, NY, *pg.* 64

McLaughlin, Sean - Interactive / Digital, Media Department, Research, Social Media - MINDSHARE, New York, NY, *pg.* 491

McLean, Malcolm - Account Planner, Analytics, PPOM, Research - CUNDARI INTEGRATED ADVERTISING, Toronto, ON, *pg.* 347

McNamara, Barbara - Research - CARAT, New York, NY, *pg.* 459

McNeil, Fraser - Account Planner, Account Services, Management, Media Department, Operations, Research - THE STORY LAB, Santa Monica, CA, *pg.* 153

Meeson, Jeff - Account Services, Analytics, Research - OCTAGON, Stanford, CT, *pg.* 313

Mercer, Charlotte - Research - MEDIA TWO INTERACTIVE, Raleigh, NC, *pg.* 486

Merolle, Christopher - Analytics, Interactive / Digital, Media Department, NBC, Research - HAVAS MEDIA GROUP, New York, NY, *pg.* 468

Miers, Dan - PPOM, Research - STORANDT PANN MARGOLIS & PARTNERS, LaGrange, IL, *pg.* 414

RESPONSIBILITIES INDEX

AGENCIES

Miller, Terry - Interactive / Digital, Research - QUANTUM MARKET RESEARCH, INC., Oakland, CA, pg. 449

Miller, Jennifer - Analytics, Research - NEO MEDIA WORLD, New York, NY, pg. 496

Milonovich, Jenna - Research - WAVEMAKER, New York, NY, pg. 526

Mishkin, Gregory - Account Services, Management, Research - ESCALENT, Atlanta, GA, pg. 444

Mizera, Nick - Analytics, Interactive / Digital, Media Department, Research - WUNDERMAN THOMPSON, Chicago, IL, pg. 434

Mogharabi, Shon - Analytics, Research - TRANSLATION, Brooklyn, NY, pg. 299

Moody, Joshua - Research - 97TH FLOOR, Lehi, UT, pg. 209

Morgan, Rob - Analytics, Research - THE MARKETING STORE WORLDWIDE, Chicago, IL, pg. 421

Mossawir, John - Analytics, Research - INITIATIVE, New York, NY, pg. 477

Moxon, Brock - Account Planner, Interactive / Digital, Media Department, NBC, Research - CANVAS WORLDWIDE, Playa Vista, CA, pg. 458

Mulderink, Matthew - Analytics, Interactive / Digital, Management, Media Department, NBC, Research, Social Media - CONNECT AT PUBLICIS MEDIA, Chicago, IL, pg. 462

Murad-Patel, Libby - Analytics, Research - HEARST AUTOS, San Francisco, CA, pg. 238

Musi, George - Analytics, Interactive / Digital, Management, Media Department, Research - BLUE 449, New York, NY, pg. 455

Myers, Angela - Research - ORACLE DATA CLOUD, Broomfield, CO, pg. 448

Nadel, Fred - Operations, PPOM, Research - NADEL PHELAN, INC., Santa Cruz, CA, pg. 631

Nash, Liz - Analytics, Research - OMNICOM GROUP, New York, NY, pg. 123

Natividad, Marifie - Media Department, Research - OCEAN MEDIA, INC., Huntington Beach, CA, pg. 498

Neale, Kristen - Analytics, Media Department, NBC, Research - TRIAD RETAIL MEDIA, St. Petersburg, FL, pg. 272

Newman, Michael - Account Planner, Research - DONER CX, Warrendale, PA, pg. 282

Ng, Lily - Analytics, Research - DROGA5, New York, NY, pg. 64

Nicoara, Monica - Analytics, Media Department, Research - SPARK FOUNDRY, Chicago, IL, pg. 510

Nicols, Christina - NBC, Research - HAGER SHARP, INC., Washington, DC, pg. 81

Norris, Zach - Research - ZENITH MEDIA, New York, NY, pg. 529

O'Donnell, Brian - Research - PALISADES MEDIA GROUP, INC., Santa Monica, CA, pg. 124

O'Sullivan, Kerry - Research - STARCOM WORLDWIDE, New York, NY, pg. 517

Onda, Shige - Research - NSON, Salt Lake City, UT, pg. 448

Opie, Robin - Research - ORACLE DATA CLOUD, Broomfield, CO, pg. 448

Ostrovskaya, Victoria - Research - WUNDERMAN THOMPSON SEATTLE, Seattle, WA, pg. 435

Ozerities, Henry - Account Planner, Analytics, Research - AGENCY 720, Detroit, MI, pg. 323

Pagano, Chris - Research - MERING, Sacramento, CA, pg. 114

Paisley, David - Research - COMMUNITY MARKETING, INC., San Francisco, CA, pg. 443

Panno, Nolan - Research - INTERSECTION, New York, NY, pg. 553

Parra, Armand - Account Services, Management, Media Department, Research - THE INTEGER GROUP, Lakewood, CO, pg. 682

Patterson, Joanna - Account Planner, Research - GFK, New York, NY, pg. 444

Patterson Reed, Carrie - Research - VMLY&R, Kansas City, MO, pg. 274

Pendleton, Rand - PPOM, Research - SPORTVISION, Fremont, CA, pg. 266

Peper Hays, Heide - Analytics, Research - DEUTSCH, INC., Los Angeles, CA, pg. 350

Peplov, Artem - Analytics, Research - DOREMUS & COMPANY, San Francisco, CA, pg. 64

Peralta, Huascar - Analytics, Media Department, Operations, Research - UNIVERSAL MCCANN DETROIT, Birmingham, MI, pg. 524

Perry, Jen - Account Planner, Analytics, Research - WUNDERMAN THOMPSON, Washington, DC, pg. 434

Peterson, Jaye - Account Services, Analytics, Creative, Research - ADVENTURE CREATIVE, Brainerd, MN, pg. 28

Petrous, Aaron - Research - THESIS, Portland, OR, pg. 270

Peugh, Jordon - Research - SSRS, Glen Mills, PA, pg. 450

Phillips, Jodi - Account Services, Interactive / Digital, Management, Media Department, NBC, Research, Social Media - MOXIE, Atlanta, GA, pg. 251

Piaggio, Valeria - Analytics, NBC, Research - THE FUTURES COMPANY, Chapel Hill, NC, pg. 450

Pickett, Steve - NBC, Research - IBM IX, Columbus, OH, pg. 240

Pinckney, Lesley - Interactive / Digital, Media Department, Research - GMR MARKETING CHICAGO, Chicago, IL, pg. 307

Pisarra, Shelley - Analytics, Research - WASSERMAN MEDIA GROUP, Los Angeles, CA, pg. 317

Piskopanis, Frank - Interactive / Digital, Research - DOREMUS & COMPANY, New York, NY, pg. 64

Polizzi, Christina - Analytics, Interactive / Digital, NBC,

Research - ACCELERATION PARTNERS, Needham, MA, pg. 25

Pop, Emma - Analytics, Management, Media Department, Research - STARCOM WORLDWIDE, Chicago, IL, pg. 513

Porter, Marc - Research - PERFORMANCE RESEARCH, Newport, RI, pg. 448

Pratt, Marcus - Analytics, Interactive / Digital, Research - MEDIASMITH, INC., San Francisco, CA, pg. 490

Presser, Bret - Management, Research - BRUNO & RIDGWAY RESEARCH ASSOCIATES, Lawrenceville, NJ, pg. 442

Price, Dawn - Account Services, Finance, Research - CAMPBELL EWALD, Detroit, MI, pg. 46

Price, James - Analytics, Interactive / Digital, PPOM, Programmatic, Research - OUTFRONT MEDIA, New York, NY, pg. 554

Price, Matt - Research - FINN PARTNERS, Washington, DC, pg. 603

Primm, Heather - Operations, Research - DATA DECISIONS GROUP, Chapel Hill, NC, pg. 443

Purdue, Matt - Management, Research - PEPPERCOMM, INC., New York, NY, pg. 687

Rafferty, Brian - Account Services, Analytics, Research - SIEGEL & GALE, New York, NY, pg. 17

Rahill, Chris - Research - YAMAMOTO, Minneapolis, MN, pg. 435

Rahmel, David - Interactive / Digital, Research - THE SEARCH AGENCY, Glendale, CA, pg. 677

Raley, Dave - Account Planner, Analytics, Interactive / Digital, NBC, Research - MASTERWORKS, Poulsbo, WA, pg. 687

Rapoza, Jim - Research - ABERDEEN GROUP, INC., Waltham, MA, pg. 441

Ravikumar, Andrea - Research - SPARK FOUNDRY, New York, NY, pg. 508

Raymonda, Veronica - Operations, PPOM, Research - QUANTUM MARKET RESEARCH, INC., Oakland, CA, pg. 449

Rea, Martha - PPOM, Research - PHOENIX MARKETING INTERNATIONAL, Rhinebeck, NY, pg. 448

Reale, Mark - Interactive / Digital, PPM, Research - SYMBILITY INTERSECT, Toronto, ON, pg. 268

Redmond, Kevin - Account Planner, Account Services, Research - GENUINE INTERACTIVE, Boston, MA, pg. 237

Rednor, Matthew - Operations, PPOM, Research - DECODED ADVERTISING, New York, NY, pg. 60

Reebie, Chris - Creative, Research - EMPOWER, Chicago, IL, pg. 355

Rees, Michael - Media Department, Research - UNIVERSAL MCCANN, New York, NY, pg. 521

Regen, Laura - Analytics, Interactive / Digital, Research - WAVEMAKER, New York, NY, pg. 526

AGENCIES
RESPONSIBILITIES INDEX

Reggimenti, Mark - Analytics, NBC, PPOM, Research - ANNALECT GROUP, New York, NY, *pg.* 213

Reicherter, Barry - Analytics, Interactive / Digital, PPOM, Research - WIDMEYER COMMUNICATIONS, Washington, DC, *pg.* 662

Reilly, Cariln - Account Services, Analytics, Media Department, Research - MEDIAHUB BOSTON, Boston, MA, *pg.* 489

Renegar, Rob - Analytics, Research - STERLING-RICE GROUP, Boulder, CO, *pg.* 413

Renfeld, Derek - Interactive / Digital, Media Department, Research - AKPD MESSAGE AND MEDIA, Chicago, IL, *pg.* 454

Ribero, Esteban - Account Planner, Analytics, Research - PERFORMICS, Chicago, IL, *pg.* 676

Richards, Adam - Research - PRODIGAL MEDIA COMPANY, Boardman, OH, *pg.* 15

Riess, James - Management, Research - HELLOWORLD, New York, NY, *pg.* 567

Rivers, Douglas - PPOM, Research - YOUGOV, Palo Alto, CA, *pg.* 451

Roberts, Kristin - Research - UNIVERSAL MCCANN DETROIT, Birmingham, MI, *pg.* 524

Rode, Charles - Analytics, Research - GENESCO SPORTS ENTERPRISES, Dallas, TX, *pg.* 306

Rodriguez, Angela - Analytics, Research - ALMA, Coconut Grove, FL, *pg.* 537

Rolfs, Beth - Account Planner, Interactive / Digital, Research - GREY GROUP, New York, NY, *pg.* 365

Ronan, Mark - Management, Research - EMI STRATEGIC MARKETING, INC., Boston, MA, *pg.* 68

Rosamond, Ben - Interactive / Digital, Research - SIMPLEVIEW, INC., Tucson, AZ, *pg.* 168

Rosario, Xavier - Analytics, Research - THE MEDIA KITCHEN, New York, NY, *pg.* 519

Rosenquist, Grant - Account Planner, Media Department, Research - INTERMEDIA ADVERTISING, Woodland Hills, CA, *pg.* 376

Rosner, Pat - Analytics, Media Department, Research - PARADOWSKI CREATIVE, Saint Louis, MO, *pg.* 125

Rothery, Doug - Analytics, Research - STARCOM WORLDWIDE, Chicago, IL, *pg.* 513

Ruane, Lorna - Research - BIG SPACESHIP, Brooklyn, NY, *pg.* 455

Rubel, Steve - Interactive / Digital, NBC, Research - EDELMAN, New York, NY, *pg.* 599

Russell Clem, Mandie - Media Department, Research - NICE & COMPANY, San Francisco, CA, *pg.* 391

Sabala, Aubrey - Media Department, Research - 360I, LLC, Atlanta, GA, *pg.* 207

Sackett, Jonathan - Account Planner, PPOM, Research - ALLSCOPE MEDIA, New York, NY, *pg.* 454

Salvo, Tradd - Analytics, Research - DROGA5, New York, NY, *pg.* 64

Sampathu, Darshan - Account Planner, Analytics, Research - ALLEN & GERRITSEN, Boston, MA, *pg.* 29

Sandmann, Deanna - Analytics, Management, Research - 1000HEADS, New York, NY, *pg.* 691

Saunders, Rachel - Analytics, Research - WE'RE MAGNETIC, New York, NY, *pg.* 318

Sauro, Joseph - Account Planner, Research - DIRECT AGENTS, INC., New York, NY, *pg.* 229

Saw, William - Research - MEDIASMITH, INC., San Francisco, CA, *pg.* 490

Scanlon, Dave - NBC, Research - FOCUSED IMAGE, Falls Church, VA, *pg.* 235

Scarlino, Melissa - Interactive / Digital, Media Department, NBC, Research - UNIVERSAL MCCANN, New York, NY, *pg.* 521

Schafer, Henry - Management, Research - MARKETING EVALUATIONS, INC., Manhasset, NY, *pg.* 447

Schaffer, Katherine - Account Planner, Account Services, Analytics, Media Department, NBC, Research - OMD, Chicago, IL, *pg.* 500

Schlager, Brian - Research - DIGITAS, Atlanta, GA, *pg.* 228

Schlib, Renee - Research - ENERGY BBDO, INC., Chicago, IL, *pg.* 355

Schmidt, Robert - Analytics, Research - CARAT, Detroit, MI, *pg.* 461

Schmitt, Edward - NBC, Research - OMD, Chicago, IL, *pg.* 500

Schueneman, Meredith - Management, Operations, Research - INXPO, Chicago, IL, *pg.* 308

Schulman, Stacey Lynn - Analytics, NBC, PPOM, Research - KATZ MEDIA GROUP, INC., New York, NY, *pg.* 481

Schultz, Lewis - Account Planner, Analytics, Research - MINDSHARE, New York, NY, *pg.* 491

Schwandt, Ben - Analytics, Interactive / Digital, Media Department, Research - GTB, Dearborn, MI, *pg.* 367

Sciortino, Kati - Account Planner, Research - STARCOM WORLDWIDE, Chicago, IL, *pg.* 513

Scocchio, Vincenzo - Media Department, Research - OMD WEST, Los Angeles, CA, *pg.* 502

Sedlarcik, Peter - Analytics, Management, PPOM, Research - HAVAS MEDIA GROUP, New York, NY, *pg.* 468

Segal, Heather - Account Services, Media Department, Research - ZULU ALPHA KILO, Toronto, ON, *pg.* 165

Selwood, David - Analytics, Operations, PPOM, Research - JAVELIN AGENCY, Irving, TX, *pg.* 286

Seth, Amit - Analytics, Management, Research - GROUPM, New York, NY, *pg.* 466

Shalaveyus, Jason - Analytics, Research - STARCOM WORLDWIDE, Chicago, IL, *pg.* 513

Shen, Christine - Account Planner, Interactive / Digital, Media Department, NBC, Research, Social Media - MEDIA ASSEMBLY, New York, NY, *pg.* 484

Sherr, Susan - Account Planner, Research - SSRS, Glen Mills, PA, *pg.* 450

Shimkus, Bernie - Research - HARMELIN MEDIA, Bala Cynwyd, PA, *pg.* 467

Showalter, Leslie - Research - THE RICHARDS GROUP, INC., Dallas, TX, *pg.* 422

Silveira, Julie - Interactive / Digital, Media Department, Research - OMD WEST, Los Angeles, CA, *pg.* 502

Silvestri, Rebecca - Creative, Research - PLANO PROFILE, Plano, TX, *pg.* 195

Sinha, Soumya - Media Department, NBC, Research - OMD, New York, NY, *pg.* 498

Siripong, Jennifer - Interactive / Digital, Media Department, Research - NO FIXED ADDRESS INC., Toronto, ON, *pg.* 120

Sirkin, Kate - Management, Research - STARCOM WORLDWIDE, Chicago, IL, *pg.* 513

Smith, J. Donald - PPOM, Research - BRIERLEY & PARTNERS, Plano, TX, *pg.* 167

Smith, Ali - Management, Research - LEWIS COMMUNICATIONS, Birmingham, AL, *pg.* 100

Sonderup, Laura - NBC, Research - HEINRICH MARKETING, INC., Denver, CO, *pg.* 84

Soroczak, Gerry - Management, Research - GARRIGAN LYMAN GROUP, Seattle, WA, *pg.* 236

Spencer, Rachel - Account Services, Research - ACCESS, Roanoke, VA, *pg.* 322

Sprehe, Katie - Management, Research - APCO WORLDWIDE, Washington, DC, *pg.* 578

Sprowl, Paula - Research - ENGINE, Cincinnati, OH, *pg.* 444

Stackhouse, Madeline - Analytics, Research - ZEHNDER COMMUNICATIONS, INC., New Orleans, LA, *pg.* 436

Stein, Gary - Account Services, Analytics, Interactive / Digital, Management, Media Department, NBC, PPOM, Research - DUNCAN CHANNON, San Francisco, CA, *pg.* 66

Stentz, William - Analytics, NBC, Research - CARMICHAEL LYNCH, Minneapolis, MN, *pg.* 47

Stevens, Andy - Research - CLEAR CHANNEL OUTDOOR, Kingston, NY, *pg.* 551

Stewart, Kristian - Analytics, Interactive / Digital, Research - TEN35, Chicago, IL, *pg.* 147

Stinnett, Matthew - Research - HAVAS MEDIA GROUP, Chicago, IL, *pg.* 469

Straus, Gail - Research - MAGNANI CONTINUUM MARKETING, Chicago, IL,

RESPONSIBILITIES INDEX — AGENCIES

Strumba, Jane - Research - PUBLICIS NORTH AMERICA, New York, NY, pg. 399

Su, Fion - Account Services, Analytics, Interactive / Digital, Research - GROUPM, New York, NY, pg. 466

Sussin, Jenny - Research - GARTNER, INC., Stamford, CT, pg. 236

Swift, Nate - Account Planner, NBC, Research - O'KEEFE REINHARD & PAUL, Chicago, IL, pg. 392

Symonds, Scott - Interactive / Digital, Management, Media Department, Research - AKQA, San Francisco, CA, pg. 211

Szabo, Randi - Public Relations, Research - BANIK COMMUNICATIONS, Great Falls, MT, pg. 580

Talaba, Pete - Account Planner, Interactive / Digital, Media Department, Research - OMELET, Culver City, CA, pg. 122

Talbert, Thomas - Research - CULINARY SALES SUPPORT, INC., Chicago, IL, pg. 347

Tang, Sophia - Analytics, Programmatic, Research - BRANDTRUST, INC., Chicago, IL, pg. 4

Taylor, Kieley - Interactive / Digital, Management, Research, Social Media - GROUPM, New York, NY, pg. 466

Taylor, Forest - Account Services, Interactive / Digital, Media Department, Research - WEBER SHANDWICK, Minneapolis, MN, pg. 660

Teagle, Andrew - Analytics, Research - GSD&M, Austin, TX, pg. 79

Thayer, Amy - Research - ACHIEVE, West Palm Beach, FL, pg. 210

Theriault, Sue - Media Department, Research - HAMBRICK & ASSOCIATES, Orland Park, IL, pg. 467

Thomas, Ward - Analytics, NBC, Operations, Research - HAVAS HELIA, Glen Allen, VA, pg. 285

Thomas, Mason - Analytics, Research - YOUNG & LARAMORE, Indianapolis, IN, pg. 164

Thomson, Georgina - Account Planner, Account Services, Interactive / Digital, Media Department, Programmatic, Research - OMD, Chicago, IL, pg. 500

Ting, Rebecca - Account Planner, Media Department, Research - OMD SAN FRANCISCO, San Francisco, CA, pg. 501

Tomaszewski, Jessica - Account Services, Analytics, Interactive / Digital, Media Department, NBC, Research - MEDIAHUB NEW YORK, New York, NY, pg. 249

Toole, Christa - Analytics, Interactive / Digital, NBC, Research - GREATER THAN ONE, New York, NY, pg. 8

Toplitt, Dan - Analytics, Interactive / Digital, Research - REPRISE DIGITAL, New York, NY, pg. 103

Townsley, Katie - Analytics, Interactive / Digital, Research - ACCENTURE INTERACTIVE, Arlington, VA, pg. 322

Tran, Terence - Account Planner, Interactive / Digital, NBC, Research - DIGITAS, Boston, MA, pg. 226

Trapp, Alima - Account Services, Media Department, Research - DONER, Southfield, MI, pg. 63

Trevor, Brian - Research - EPSILON, Wakefield, MA, pg. 282

Tripeau, Chloe - Analytics, Media Department, Research - STARCOM WORLDWIDE, New York, NY, pg. 517

Truman, Ken - Analytics, Interactive / Digital, Media Department, Research - MEDTHINK COMMUNICATIONS, Cary, NC, pg. 112

Tucker, Robert - Research - GYRO, Denver, CO, pg. 368

Tupot, Marie Lena - NBC, PPOM, Research - SCENARIODNA, New York, NY, pg. 449

Umbro, Matthew - Interactive / Digital, Media Department, Research - HANAPIN MARKETING, Bloomington, IN, pg. 237

Unruh, Todd - Account Services, Interactive / Digital, Management, Research - MINDSTREAM MEDIA GROUP - DALLAS, Dallas, TX, pg. 496

Vala, Jiri - Account Services, Research - 360I, LLC, Atlanta, GA, pg. 207

van Becelaere, Charlie - Management, Media Department, PPOM, Research - UNIVERSAL MCCANN DETROIT, Birmingham, MI, pg. 524

Vandehey, Jenny - Account Planner, Research - MONIGLE ASSOCIATES, INC., Denver, CO, pg. 14

Vandenberg, Stephen - Account Services, Analytics, Research - FIFTYANDFIVE.COM, Winter Park, FL, pg. 234

Vanderhoef Banks, Carole - Account Planner, Media Department, Research - SHEPHERD AGENCY, Jacksonville, FL, pg. 410

Vanderveen, Mandi - Interactive / Digital, Media Department, Operations, Research - DIGITAS, Chicago, IL, pg. 227

Verhulst, Amber - Analytics, Research - CICERON, Minneapolis, MN, pg. 220

Villanueva, Christine - Account Planner, Account Services, Administrative, Analytics, Management, Media Department, PPOM, Research - WALTON ISAACSON, New York, NY, pg. 547

Vining, Nicholas - Research - CATALYST DIGITAL, Boston, MA, pg. 220

Vu, Jonathan - Interactive / Digital, Management, Media Department, Research - INITIATIVE, New York, NY, pg. 477

Wagner, Sheilah - Research - ENGINE, Cincinnati, OH, pg. 444

Wallace, Michael - Interactive / Digital, NBC, Research - DIGITAS, Atlanta, GA, pg. 228

Walstrom, Kira - Account Planner, Account Services, Research - THE INTEGER GROUP, Lakewood, CO, pg. 682

Wardle, Simon - PPOM, Research - OCTAGON, Stanford, CT, pg. 313

Warren, KJ - Analytics, Research - DIGITAS, Boston, MA, pg. 226

Warwick, Mike - Interactive / Digital, Research, Social Media - UNIVERSAL MCCANN DETROIT, Birmingham, MI, pg. 524

Watkins, Anita - Management, Research - KANTAR, Atlanta, GA, pg. 446

Watson, Sarah - Account Planner, PPOM, Research - MCCANN NEW YORK, New York, NY, pg. 108

Weber, Annie - Management, Operations, Public Relations, Research - GFK, Chicago, IL, pg. 444

Webster, Michael - Research - BURKE, INC., Cincinnati, OH, pg. 442

Webster, Henry - Analytics, PPOM, Research - KELLY, SCOTT & MADISON, INC., Chicago, IL, pg. 482

Weiler, Adam - Management, Research - SPARK FOUNDRY, Chicago, IL, pg. 510

Weir, Greg - Analytics, Interactive / Digital, NBC, PPOM, Research - BRANDEXTRACT, LLC, Houston, TX, pg. 4

Weiss, Liz - Interactive / Digital, Research - HEARST MAGAZINES DIGITAL MEDIA, New York, NY, pg. 238

Welk, Allaire - Research - WILLOWTREE, INC., Durham, NC, pg. 535

Wells, Marcus - Account Planner, Research - BUZZ MARKETING GROUP, Haddonfield, NJ, pg. 691

Wells, Scott - Analytics, Management, Research - WAVEMAKER, New York, NY, pg. 526

Welsh, Sandy - Account Services, Operations, Research - DANA COMMUNICATIONS, Hopewell, NJ, pg. 57

Wexler, Sheila - Research - MDB COMMUNICATIONS, INC., Washington, DC, pg. 111

Whisel, Stacy - Media Department, PPOM, Research - GODFREY, Lancaster, PA, pg. 8

White, Autumn - Interactive / Digital, Management, Media Department, Research - HORIZON MEDIA, INC., Los Angeles, CA, pg. 473

Wilcox, Brad - Analytics, Research - GLOBAL STRATEGIES, Bend, OR, pg. 673

Wilders, Eddie - Analytics, Research - LOCKARD & WECHSLER, Irvington, NY, pg. 287

Wiley-Rapoport, Caryn - Account Planner, Account Services, Analytics, Management, Research -

2008

AGENCIES — RESPONSIBILITIES INDEX

HORIZON MEDIA, INC., Los Angeles, CA, pg. 473
Wilfong, Marcela - Research - OCEAN MEDIA, INC., Huntington Beach, CA, pg. 498
Wilhelmi, Chris - Analytics, PPOM, Research - UNIVERSAL MCCANN, Los Angeles, CA, pg. 524
Wilkinson, Mike - Account Planner, NBC, Research - JORDAN ADVERTISING, Oklahoma City, OK, pg. 377
Williams, Lindsay - Analytics, Media Department, Research - ROKKAN, LLC, New York, NY, pg. 264
Williams, Brad - Analytics, Management, Research - ZENITH MEDIA, New York, NY, pg. 529
Willome, Patrick - Analytics, Management, Media Department, Research - BUTLER / TILL, Rochester, NY, pg. 457
Wise, Christine - Account Planner, Management, PPOM, Research - DNA SEATTLE, Seattle, WA, pg. 180
Wittes Schlack, Julie - Creative, Research - C SPACE, Boston, MA, pg. 443
Wolk, Ali - Media Department, Research - CMI MEDIA, LLC, King of Prussia, PA, pg. 342
Woolford, Jeffrey - PPOM, Research - ORANGE142, Austin, TX, pg. 255
Wulfeck, Rebecca - Research - MARCUS THOMAS, Cleveland, OH, pg. 104
Wykes, Matthew - Account Services, Operations, Research - MEDIACOM, Ann Arbor, MI, pg. 249
Yamandag, Gokben - Interactive / Digital, PPOM, Research - ARCHER MALMO, Memphis, TN, pg. 32
Yang, Leila - Analytics, Research - REPRISE DIGITAL, New York, NY, pg. 676
Yang, Ruth - Account Services, Analytics, Media Department, Research - ZENITH MEDIA, New York, NY, pg. 529
Yeend, David - Account Planner, Interactive / Digital, Management, Media Department, Research - THREE FIVE TWO, INC., Atlanta, GA, pg. 271
Yergler, Jonathan - Analytics, Media Department, Research - SPARK FOUNDRY, New York, NY, pg. 508
Young, Donna - Account Services, Research - FOCUS USA, Paramus, NJ, pg. 284
Yudin, Michael - Analytics, Media Department, Operations, Research - ADMARKETPLACE, New York, NY, pg. 210
Zaldivar, Olivia - Analytics, Interactive / Digital, Media Department, Research - CONILL ADVERTISING, INC., El Segundo, CA, pg. 538
Zaucha, Barbara - Analytics, Creative, Interactive / Digital, Media Department, Research - STARCOM WORLDWIDE, Chicago, IL, pg. 513
Zeitner, Beth - Media Department, Research - NSA MEDIA GROUP, INC., Downers Grove, IL, pg. 497
Ziegler, Andy - Management, Research - WUNDERMAN DATA PRODUCTS, Houston, TX, pg. 451
Zmerli, Karima - Analytics, Research - WAVEMAKER, New York, NY, pg. 526
Zumsteg, Ben - Account Planner, Research - PUBLICIS NORTH AMERICA, New York, NY, pg. 399
Zundl, Kevin - Account Planner, PPOM, Research - PSYNCHRONOUS COMMUNICATIONS, Woburn, MA, pg. 130

Social

Abrahams, Sam - Interactive / Digital, Media Department, Social Media - LAUNDRY SERVICE, Brooklyn, NY, pg. 287
Abreu, Adams - Media Department, Research, Social Media - VIZEUM, New York, NY, pg. 526
Abubakr, Shereen - Interactive / Digital, Social Media - PHD USA, New York, NY, pg. 505
Acosta, Lorraine - Social Media - SPARK FOUNDRY, New York, NY, pg. 508
Adams, Mason - Account Services, Interactive / Digital, Social Media - SPRINGBOX, Austin, TX, pg. 266
Adzentoivich, Nancy - Media Department, NBC, Social Media - CANVAS WORLDWIDE, Playa Vista, CA, pg. 458
Aglar, David - Interactive / Digital, Management, Media Department, NBC, Social Media - WEBER SHANDWICK, New York, NY, pg. 660
Agugliaro, Marisa - Interactive / Digital, Social Media - THE SUNFLOWER GROUP, New York, NY, pg. 317
Aiken, Chad - Social Media - JUMPCREW, Nashville, TN, pg. 93
Aime, Hannah - Interactive / Digital, NBC, Social Media - ACUMIUM, LLC, Madison, WI, pg. 210
Aitken, Brian - Administrative, Analytics, Interactive / Digital, Media Department, Social Media - JPL, Harrisburg, PA, pg. 378
Akao, Sayo - Interactive / Digital, Social Media - COMMIT AGENCY, Chandler, AZ, pg. 343
Alcordo, Bethany - Account Planner, Account Services, Media Department, Social Media - SWELLSHARK, New York, NY, pg. 518
Alexander, Joelle - Account Services, Social Media - CLM MARKETING & ADVERTISING, Boise, ID, pg. 342
Alhart, Jon - Interactive / Digital, Media Department, NBC, Social Media - DIXON SCHWABL ADVERTISING, Victor, NY, pg. 351
Allsman, Erin - Public Relations, Social Media - BROWNSTEIN GROUP, INC., Philadelphia, PA, pg. 44
Almirall, Nat - Media Department, Social Media - LOGICAL MEDIA GROUP, Chicago, IL, pg. 247
Alphonso, Kevin - Media Department, Social Media - 360I, LLC, Chicago, IL, pg. 208
Alston, Elliot - Media Department, Social Media - MINDSHARE, New York, NY, pg. 491
Altamirano, Ellen - Social Media - ZEHNDER COMMUNICATIONS, INC., New Orleans, LA, pg. 436
Amchin, Jana - Interactive / Digital, Social Media - DEFINITION 6, New York, NY, pg. 224
Anderson, Michele - Management, NBC, Social Media - OGILVY PUBLIC RELATIONS, Chicago, IL, pg. 633
Anderson, Kate - Media Department, NBC, Social Media - CRONIN, Glastonbury, CT, pg. 55
Andres, Kelly - Media Department, Social Media - FIREBELLY MARKETING, Indianapolis, IN, pg. 685
Andrew, Danielle - Media Department, Social Media - TINUITI, Dania Beach, FL, pg. 271
Andrusz, Katherine - Analytics, Media Department, Social Media - STARCOM WORLDWIDE, Detroit, MI, pg. 517
Andry, Anthony - Interactive / Digital, NBC, Social Media - ASV INC., Torrance, CA, pg. 302
Anema, Alexandra - Social Media - BAYARD ADVERTISING AGENCY, INC., New York, NY, pg. 37
Appenzoller, Erin - Account Services, Interactive / Digital, Media Department, Social Media - CRISPIN PORTER + BOGUSKY, Boulder, CO, pg. 346
Applegate, Kyla - Account Services, Social Media - THINK MOTIVE, Denver, CO, pg. 154
Applegate, Kallie - Social Media - BARKLEY, Kansas City, MO, pg. 329
Appleton Zubarik, Sarah - Interactive / Digital, Media Department, Social Media - IMAGE MAKERS ADVERTISING, INC., Brookfield, WI, pg. 88
Arguello, Derek - Social Media - 360I, LLC, Chicago, IL, pg. 208
Arnold, Dana - Interactive / Digital, NBC, Public Relations, Social Media - HIEBING, Madison, WI, pg. 85
Aronin, Caitlin - Media Department, Social Media - ADPEARANCE, Portland, OR, pg. 671
Aubrey, Luke - Media Department, Social Media - BEEBY CLARK+MEYLER, Stamford, CT, pg. 333
Austin, Jared - Interactive / Digital, Management, Social Media - THE FERRARO GROUP, Las Vegas, NV, pg. 653
Austria, Enrique - Social Media - HEARTS & SCIENCE, New York, NY, pg. 471
Avram, Maggie - Interactive / Digital, NBC, Social Media -

RESPONSIBILITIES INDEX — AGENCIES

LAUGHLIN CONSTABLE, INC., Chicago, IL, *pg.* 380

Axelrod, Caren - Interactive / Digital, Social Media - RESOLUTION MEDIA, New York, NY, *pg.* 263

Aydelotte, Todd - Management, PPOM, Public Relations, Social Media - ALLISON+PARTNERS, New York, NY, *pg.* 576

Ayluardo, Melissa - Social Media - RED BANYAN, Deerfield Beach, FL, *pg.* 641

Babcock, Kristin - Account Planner, Account Services, Interactive / Digital, Media Department, Social Media - CRAMER-KRASSELT, Chicago, IL, *pg.* 53

Babineau, Brian - Creative, Interactive / Digital, Media Department, NBC, PPOM, Social Media - ALLEN & GERRITSEN, Boston, MA, *pg.* 29

Babson, Kyle - Analytics, Social Media - CALLAHAN CREEK, Lawrence, KS, *pg.* 4

Bagli, Megan - Interactive / Digital, Media Department, Social Media - ELEVATION MARKETING, Richmond, VA, *pg.* 67

Bailey, Caitie - Interactive / Digital, Media Department, Social Media - RED MOON MARKETING, Charlotte, NC, *pg.* 404

Bailly, Nestor - Account Planner, Account Services, Research, Social Media - PRAYTELL, Brooklyn, NY, *pg.* 258

Baird, Kathy - Creative, NBC, Social Media - OGILVY PUBLIC RELATIONS, Washington, DC, *pg.* 634

Baj, Natalie - Interactive / Digital, Media Department, Social Media - REPUBLICA HAVAS, Miami, FL, *pg.* 545

Baker, Brandon - Interactive / Digital, Social Media - SPM COMMUNICATIONS, Dallas, TX, *pg.* 649

Balcerak, Paul - Creative, Social Media - COPACINO + FUJIKADO, LLC, Seattle, WA, *pg.* 344

Baratta, Melissa - Public Relations, Social Media - AFFECT, New York, NY, *pg.* 575

Barbush, J - Creative, Interactive / Digital, NBC, Social Media - RPA, Santa Monica, CA, *pg.* 134

Baroff, Jessica - Interactive / Digital, Social Media - POWERPHYL MEDIA SOLUTIONS, New York, NY, *pg.* 506

Baron, Stefani - Media Department, Social Media - LAUNDRY SERVICE, Brooklyn, NY, *pg.* 287

Barr, Ian - Interactive / Digital, Media Department, Social Media - CAMP JEFFERSON, Toronto, ON, *pg.* 219

Barth, Cristin - Creative, Interactive / Digital, NBC, Social Media - ALLEN & GERRITSEN, Boston, MA, *pg.* 29

Bartholemy, Shannon - Account Planner, Social Media - OCEAN MEDIA, INC., Huntington Beach, CA, *pg.* 498

Barton, Kathleen - Social Media - ISM, INC., Bethesda, MD, *pg.* 168

Batchelor, Jacqueline - Interactive / Digital, Media Department, Social Media - SPARK FOUNDRY, Seattle, WA, *pg.* 512

Bauer Mas, Lauren - Creative, Social Media - DELOITTE DIGITAL, New York, NY, *pg.* 225

Baugham, Leigha - Account Services, Interactive / Digital, Media Department, NBC, Social Media - MRM//MCCANN, New York, NY, *pg.* 289

Beam, Megan - Interactive / Digital, Media Department, Social Media - ADTAXI, Denver, CO, *pg.* 211

Beckett, Jaime - Account Planner, Interactive / Digital, Social Media - OMD, Chicago, IL, *pg.* 500

Bedell, Sabrina - Analytics, Social Media - SPARK FOUNDRY, Seattle, WA, *pg.* 512

Bedussi, Jessica - Social Media - MUH-TAY-ZIK / HOF-FER, San Francisco, CA, *pg.* 119

Belding, Arman - Social Media - FLEISHMANHILLARD, Washington, DC, *pg.* 605

Bell, Lauren - Account Services, Social Media - HARVEY AGENCY, Sparks, MD, *pg.* 681

Bellinger, Keith - Interactive / Digital, PPM, Social Media - SAATCHI & SAATCHI LOS ANGELES, Torrance, CA, *pg.* 137

Bennett, Raven - NBC, Social Media - 22SQUARED INC., Atlanta, GA, *pg.* 319

Bennett, Lucy - Interactive / Digital, Social Media - BBDO WORLDWIDE, New York, NY, *pg.* 331

Bentz, Courtney - Social Media - THE INTEGER GROUP, Lakewood, CO, *pg.* 682

Beringer, Jeff - Interactive / Digital, Social Media - GOLIN, Dallas, TX, *pg.* 609

Berkowitz, Ari - Interactive / Digital, Media Department, Social Media - 360I, LLC, New York, NY, *pg.* 320

Bethge, Megan - Social Media - ARTISANS ON FIRE, Las Vegas, NV, *pg.* 327

Bettiol, Valentina - Interactive / Digital, Media Department, NBC, Social Media - 360I, LLC, New York, NY, *pg.* 320

Bielski, Janek - Interactive / Digital, Social Media - OMD, New York, NY, *pg.* 498

Bigley, Eric - Interactive / Digital, Media Department, Social Media - NEO MEDIA WORLD, New York, NY, *pg.* 496

Billups, Alyssa - Interactive / Digital, Social Media - 160OVER90, New York, NY, *pg.* 301

Bilotta, Elijah - Interactive / Digital, Social Media - 360I, LLC, New York, NY, *pg.* 320

Binder, Alex - Interactive / Digital, Media Department, NBC, Social Media - DIGITAS, Boston, MA, *pg.* 226

Bivona, Carl - Social Media - COLANGELO & PARTNERS, New York, NY, *pg.* 591

Bjorgaard, Jessica - Interactive / Digital, NBC, Public Relations, Social Media - INQUEST MARKETING, Kansas City, MO, *pg.* 445

Blanco, Daryl - Interactive / Digital, Media Department, Social Media - ZENITH MEDIA, New York, NY, *pg.* 529

Bland, Melina - Social Media - VMLY&R, Kansas City, MO, *pg.* 274

Blando, Lauren - Interactive / Digital, Media Department, Social Media - OMD, New York, NY, *pg.* 498

Blando, Bianca - Analytics, Social Media - CMI MEDIA, LLC, King of Prussia, PA, *pg.* 342

Blas, Fabiola - Interactive / Digital, Media Department, Social Media - NMPI, New York, NY, *pg.* 254

Block, Danielle - Account Services, Interactive / Digital, Media Department, Social Media - INTEGRITY, Saint Louis, MO, *pg.* 90

Blumenkron, Natasha - Media Department, Social Media - TINUITI, Dania Beach, FL, *pg.* 271

Bogin, Liora - Media Department, Social Media - ESSENCE, New York, NY, *pg.* 232

Boles, Rob - NBC, PPOM, Social Media - FLEISHMANHILLARD, Dallas, TX, *pg.* 605

Booth Edelman, Jennifer - Interactive / Digital, Media Department, Social Media - ZEHNDER COMMUNICATIONS, INC., New Orleans, LA, *pg.* 436

Boots, Kyle - Analytics, Social Media - VMLY&R, New York, NY, *pg.* 160

Bortz, Leigh-Ann - Interactive / Digital, Social Media - EMPOWER, Cincinnati, OH, *pg.* 354

Bos, Stefanie - Interactive / Digital, Social Media - IPROSPECT, New York, NY, *pg.* 674

Bossen, Dana - Account Services, Interactive / Digital, Media Department, Social Media - PADILLA, Minneapolis, MN, *pg.* 635

Boulia, Billy - Account Services, Interactive / Digital, Management, Media Department, NBC, Social Media - THE COMMUNITY, Miami Beach, FL, *pg.* 545

Bourque, Andrew - Social Media - AKQA, San Francisco, CA, *pg.* 211

Boxberger, Theresa - NBC, Social Media - L7 CREATIVE COMMUNICATIONS, Carlsbad, CA, *pg.* 245

Boyd, Jarryd - Account Planner, Account Services, Media Department, Social Media - PRAYTELL, Brooklyn, NY, *pg.* 258

Braithwaite, Amar - Interactive / Digital, Social Media - TINUITI, New York, NY, *pg.* 678

Brand, Laura - Account Planner, Interactive / Digital, NBC, Social

2010

AGENCIES — RESPONSIBILITIES INDEX

Media - VMLY&R, Kansas City, MO, pg. 274

Brandewie, Matt - Media Department, Social Media - STARCOM WORLDWIDE, Chicago, IL, pg. 513

Brandon, Darby - Media Department, Social Media - RESOLUTION MEDIA, New York, NY, pg. 263

Brandow, Stephen - Interactive / Digital, Media Department, NBC, Social Media - MEDIAHUB NEW YORK, New York, NY, pg. 249

Brennan, Maureen - Interactive / Digital, Public Relations, Social Media - THE MOTION AGENCY, Chicago, IL, pg. 270

Brey, Paloma - Social Media - MATTE PROJECTS, New York, NY, pg. 107

Bright, Jeanne - Interactive / Digital, Media Department, NBC, Social Media - ESSENCE, New York, NY, pg. 232

Bright, Brittany - Media Department, Public Relations, Social Media - MITCHELL, Fayetteville, AR, pg. 627

Brill, Kathryn - Interactive / Digital, Media Department, Social Media - BOOMM MARKETING & COMMUNICATIONS, La Grange, IL, pg. 218

Brinkley, Adrian - Social Media - WIEDEN + KENNEDY, New York, NY, pg. 432

Brock, Liz - Analytics, Interactive / Digital, Media Department, NBC, Social Media - STARCOM WORLDWIDE, Detroit, MI, pg. 517

Brock, Daniel - Account Services, Interactive / Digital, Public Relations, Social Media - RAWLE-MURDY ASSOCIATES, Charleston, SC, pg. 403

Brocker, Ginny - Interactive / Digital, Public Relations, Social Media - HIEBING, Madison, WI, pg. 85

Broderick, Amanda - Account Services, Interactive / Digital, PPOM, Public Relations, Social Media - HIEBING, Madison, WI, pg. 85

Brooks, David - Interactive / Digital, Social Media - RUDER FINN, INC., New York, NY, pg. 645

Brown, Greg - NBC, Social Media - FLEISHMANHILLARD, Dallas, TX, pg. 605

Brown, Stephanie - Media Department, Social Media - OGILVY, New York, NY, pg. 393

Brown, Cedar - Social Media - MIRUM AGENCY, Chicago, IL, pg. 681

Brown, Parker - Media Department, Social Media - TINUITI, Dania Beach, FL, pg. 271

Brown, Stefanie - Account Services, Interactive / Digital, Social Media - BANIK COMMUNICATIONS, Great Falls, MT, pg. 580

Brunell, Melody - Interactive / Digital, Social Media - RHYTHMONE, Burlington, MA, pg. 263

Bruster, Garrett - Interactive /
Digital, NBC, Social Media - THE RICHARDS GROUP, INC., Dallas, TX, pg. 422

Bryan, Meagan - Social Media - BEAUTIFUL DESTINATIONS, New York, NY, pg. 38

Bryant, Derek - Social Media - THE WOOD AGENCY, San Antonio, TX, pg. 154

Buchbinder, Justin - Social Media - FINN PARTNERS, New York, NY, pg. 603

Bufalino, Maria - Creative, Interactive / Digital, Media Department, Social Media - STARCOM WORLDWIDE, Chicago, IL, pg. 513

Bunn, Robert - Social Media - BRAZZELL MARKETING, Woodlawn, VA, pg. 337

Burchinow, Ryan - Social Media - CMI MEDIA, LLC, King of Prussia, PA, pg. 342

Burger, Lauren - NBC, Social Media - THE FOUNDRY @ MEREDITH CORP, New York, NY, pg. 150

Burkard, Kayla - Analytics, Social Media - EDELMAN, Seattle, WA, pg. 601

Burke, Tim - Interactive / Digital, Social Media - EICOFF, Chicago, IL, pg. 282

Burton, Kaylah - Social Media - 72ANDSUNNY, Brooklyn, NY, pg. 24

Burtoni, Joseph - Account Services, Interactive / Digital, Media Department, Social Media - PUBLICIS.SAPIENT, Birmingham, MI, pg. 260

Busch, Morgan - Interactive / Digital, Media Department, Social Media - DEUTSCH, INC., New York, NY, pg. 349

Bushkar, Jesse - Interactive / Digital, Social Media - BFG COMMUNICATIONS, Bluffton, SC, pg. 333

Busk, Kristin - Interactive / Digital, Media Department, Social Media - THE MANY, Pacific Palisades, CA, pg. 151

Butcher, Danielle - Interactive / Digital, Social Media - AGENCY 720, Detroit, MI, pg. 323

Butler, Hannah - Social Media - SINGLE GRAIN, Los Angeles, CA, pg. 265

Byrne, Kelly - Interactive / Digital, Media Department, Social Media - CRITICAL MASS, INC., Chicago, IL, pg. 223

Cabatu, Claire - Interactive / Digital, Social Media - DUNCAN CHANNON, San Francisco, CA, pg. 66

Cacace, Stephen - Interactive / Digital, Media Department, Social Media - HORIZON MEDIA, INC., New York, NY, pg. 474

Cadet, Talia - Interactive / Digital, Social Media - BANNER PUBLIC AFFAIRS, Washington, DC, pg. 580

Cain, Rachel - Interactive / Digital, Social Media - BAILEY LAUERMAN, Omaha, NE, pg. 35
Cajindos, Joseph - Interactive / Digital, Media Department, Social Media - IPROSPECT, Boston, MA, pg. 674

Caldwell, Jeff - Interactive / Digital, Media Department, Social Media - LESSING-FLYNN ADVERTISING CO., Des Moines, IA, pg. 99

Camargo, Bruna - Social Media - PUBLICIS.SAPIENT, Boston, MA, pg. 259

Campbell, Jeff - Interactive / Digital, Management, Media Department, NBC, Programmatic, Social Media - RESOLUTION MEDIA, Chicago, IL, pg. 676

Campbell, Doug - Interactive / Digital, Social Media - COLLING MEDIA, Scottsdale, AZ, pg. 51

Candelas-Elias, Edda - Social Media - SWING MEDIA, Los Angeles, CA, pg. 557

Caputo Karp, Janet - Account Planner, Account Services, NBC, Social Media - MRY, New York, NY, pg. 252

Carcara, Stephanie - Interactive / Digital, Social Media - RPA, Santa Monica, CA, pg. 134

Carlier, Taylor - Media Department, Social Media - FIREBELLY MARKETING, Indianapolis, IN, pg. 685

Carlsen, Colleen - Account Services, Social Media - TEAM ONE, Dallas, TX, pg. 418

Carlson, Tara - Social Media - DAILEY & ASSOCIATES, West Hollywood, CA, pg. 56

Carlson, Kate - Media Department, Social Media - HAWORTH MARKETING & MEDIA, Minneapolis, MN, pg. 470

Carpenter, Stacy - Account Services, Social Media - MEDIAHUB BOSTON, Boston, MA, pg. 489

Carpenter, Casey - Account Planner, Social Media - HAVAS WORLDWIDE CHICAGO, Chicago, IL, pg. 82

Carroll, Alicia - Analytics, Interactive / Digital, Media Department, NBC, Social Media - ANNALECT GROUP, New York, NY, pg. 213

Carroll, Delaney - Account Services, Interactive / Digital, Social Media - WILSON CREATIVE GROUP, INC., Naples, FL, pg. 162

Carson, Carly - Interactive / Digital, Social Media - PMG, Fort Worth, TX, pg. 257

Caruso, Brittany - Interactive / Digital, Social Media - MINDSHARE, New York, NY, pg. 491

Caruso, Stephanie - Social Media - 360I, LLC, New York, NY, pg. 320

Case, Melanie - Interactive / Digital, NBC, PPM, Social Media - CONILL ADVERTISING, INC., El Segundo, CA, pg. 538

Cassetta, Miro - Interactive / Digital, Social Media - T3, Austin, TX, pg. 268

Cavey, Raleigh - Media Department, Social Media - EMPOWER, Cincinnati, OH, pg. 354

2011

RESPONSIBILITIES INDEX AGENCIES

Cearley, Mike - Interactive / Digital, Management, Social Media - FLEISHMANHILLARD, Dallas, TX, pg. 605

Cesarec, Jeremy - Account Planner, Account Services, Social Media - PLANET PROPAGANDA, Madison, WI, pg. 195

Cha, Jessica - Interactive / Digital, Media Department, NBC, Social Media - OMD, New York, NY, pg. 498

Chabot, Kelsey - Social Media - MMGY GLOBAL, Kansas City, MO, pg. 388

Chaisson, Evan - Account Planner, Interactive / Digital, NBC, Social Media - 3 BIRDS MARKETING, Chapel Hill, NC, pg. 207

Chang, Janet - Social Media - BPG ADVERTISING, West Hollywood, CA, pg. 42

Chase, Crystal - Account Services, Interactive / Digital, Social Media - AKA NYC, New York, NY, pg. 324

Chen, Lindsey - Account Services, NBC, Social Media - CANVAS WORLDWIDE, Playa Vista, CA, pg. 458

Chiavone, Laura - Account Planner, Interactive / Digital, Management, NBC, Social Media - SPARKS & HONEY, New York, NY, pg. 450

Chihil, Faith - Social Media - MCGARRYBOWEN, San Francisco, CA, pg. 385

Chikunov, Denis - Interactive / Digital, Media Department, Research, Social Media - IPG MEDIABRANDS, New York, NY, pg. 480

Chishti, Daanish - Account Services, Interactive / Digital, Media Department, NBC, Social Media - MINDSHARE, Chicago, IL, pg. 494

Chiu, Jerry - Interactive / Digital, Media Department, Social Media - MEDIACOM, Playa Vista, CA, pg. 486

Chowdhury, Shamsul - Interactive / Digital, Media Department, NBC, Promotions, Social Media - JELLYFISH U.S., Baltimore, MD, pg. 243

Christensen, Jeppe - Social Media - MCGARRYBOWEN, San Francisco, CA, pg. 385

Christian, Douglas - Public Relations, Social Media - HUGE, INC., Brooklyn, NY, pg. 239

Christian, Jeff - Interactive / Digital, Media Department, Social Media - MINDSHARE, New York, NY, pg. 491

Chuc, Aldo - Social Media - GALLEGOS UNITED, Huntington Beach, CA, pg. 75

Cichoski, Kris - Social Media - R&R PARTNERS, Las Vegas, NV, pg. 131

Ciko, Marissa - Media Department, Social Media - 360I, LLC, Chicago, IL, pg. 208

Cilibrasi, Samantha - Account Planner, Account Services, Media Department, Social Media - HEARTS & SCIENCE, New York, NY, pg. 471

Cimeno, Olivia - Interactive / Digital, Media Department, Social Media - GYK ANTLER, Manchester, NH, pg. 368

Cisowski, Steve - Media Department, Social Media - CROSSMEDIA, Philadelphia, PA, pg. 463

Clark, Nicole - Social Media - MILLER BROOKS, INC., Zionsville, IN, pg. 191

Clarke, Emmy - Interactive / Digital, Media Department, Social Media - GOOD APPLE DIGITAL, New York, NY, pg. 466

Clifford, Ani - Social Media - 3RD THIRD MARKETING, Seattle, WA, pg. 279

Cochran, Rachel - Account Services, Analytics, Creative, Operations, Social Media - BEACHY MEDIA, Queens, NY, pg. 216

Cohen, Andrew - Interactive / Digital, Social Media - MOOSYLVANIA, Saint Louis, MO, pg. 568

Cole, Liz - Interactive / Digital, Media Department, Social Media - DIGITAS, San Francisco, CA, pg. 227

Colisto, Alexandra - Social Media - HANGARFOUR CREATIVE, Brooklyn, NY, pg. 81

Collado, Vanessa - Media Department, Social Media - ESSENCE, New York, NY, pg. 232

Collins, Marcus - Interactive / Digital, Management, NBC, PPOM, Social Media - DONER, Southfield, MI, pg. 63

Collins, Suzie - Social Media - GOLIN, Dallas, TX, pg. 609

Collins, Annie - Social Media - BRANDIENCE, Cincinnati, OH, pg. 42

Collins, Caroline - Account Services, Interactive / Digital, Social Media - AYZENBERG GROUP, INC., Pasadena, CA, pg. 2

Collins, Michael - Interactive / Digital, Social Media - JPL, Harrisburg, PA, pg. 378

Combs, Andrew - Interactive / Digital, Media Department, Social Media - 26 DOT TWO LLC, New York, NY, pg. 453

Comito, Liano - Interactive / Digital, Media Department, Social Media - 360I, LLC, New York, NY, pg. 320

Comparetto, Valerie - Interactive / Digital, Media Department, Social Media - GROUPM, New York, NY, pg. 466

Conder, Megan - Social Media - MMGY GLOBAL, Kansas City, MO, pg. 388

Conklin, Cassie - Account Services, Social Media - YOUNG & LARAMORE, Indianapolis, IN, pg. 164

Considine, Sinead - Interactive / Digital, Media Department, Social Media - NMPI, New York, NY, pg. 254

Cook, Lauren - Interactive / Digital, Media Department, Social Media - GROUNDFLOOR MEDIA, Denver, CO, pg. 611

Cook, Justin - Analytics, Research, Social Media - 9TH CO., Toronto, ON, pg. 209

Coon, Hannah - Interactive / Digital, Media Department, Social Media - THE RICHARDS GROUP, INC., Dallas, TX, pg. 422

Cooney, Maggie - Interactive / Digital, Media Department, Social Media - DIGITAS, San Francisco, CA, pg. 227

Cooper, Kasey - Interactive / Digital, Media Department, Social Media - HARMELIN MEDIA, Bala Cynwyd, PA, pg. 467

Cooper, Ragen - Interactive / Digital, Social Media - BLUE WHEEL MEDIA, Birmingham, MI, pg. 335

Cooper, Renee - Social Media - BFG COMMUNICATIONS, Atlanta, GA, pg. 333

Corbeira, Carlos - Social Media - ORCI, Santa Monica, CA, pg. 543

Cordes Radke, Elle - Interactive / Digital, NBC, Social Media - STARCOM WORLDWIDE, Chicago, IL, pg. 513

Cords, Audrey - Interactive / Digital, Social Media - MINDSHARE, Chicago, IL, pg. 494

Coreas, Andrea - Interactive / Digital, Media Department, Social Media - HEARTS & SCIENCE, Los Angeles, CA, pg. 473

Cornacchio, Dyan - Social Media - SPARKS, Philadelphia, PA, pg. 315

Cornejo, Chris - Creative, Social Media - DESIGN CENTER, INC., Saint Paul, MN, pg. 179

Corsaro, Dennis - Interactive / Digital, Social Media - METIA, Bellevue, WA, pg. 250

Cortez, Melissa - Social Media - BODEN AGENCY, Miami, FL, pg. 538

Cotter, Christine - Account Services, Interactive / Digital, Social Media - MIRUM AGENCY, Chicago, IL, pg. 681

Cousineau, Collin - Interactive / Digital, Media Department, Programmatic, Social Media - PHD CHICAGO, Chicago, IL, pg. 504

Cowley, Kiley - Media Department, Social Media - MINDSTREAM MEDIA GROUP - DALLAS, Dallas, TX, pg. 496

Cox, Farrah - Management, Social Media - GOLIN, Dallas, TX, pg. 609

Craft, Taylor - Interactive / Digital, Social Media - BARKLEY, Kansas City, MO, pg. 329

Craig, Paige - Social Media - ROCKET55, Minneapolis, MN, pg. 264

Crawford, Callie - Interactive / Digital, NBC, Social Media - FOUNDRY, Reno, NV, pg. 75

Cronin, Kate - Account Services, Interactive / Digital, Public Relations, Social Media - OGILVY PUBLIC RELATIONS, New York, NY, pg. 633

Crowder, Megan - Account Services, Interactive / Digital, Social Media - NANCY MARSHALL COMMUNICATIONS, Augusta, ME, pg. 631

Crowe, Phillip - Social Media - MDG

AGENCIES
RESPONSIBILITIES INDEX

ADVERTISING, Boca Raton, FL, *pg.* 484
Cummings, Daune - Account Services, Social Media - WALTON ISAACSON CA, Culver City, CA, *pg.* 547
Curtis, Stevee - Account Services, Interactive / Digital, Social Media - GS&F , Nashville, TN, *pg.* 367
Cutrone, Judi - Interactive / Digital, NBC, Social Media - THE VIA AGENCY, Portland, ME, *pg.* 154
D'Altorio, Darren - Interactive / Digital, Social Media - WPROMOTE, El Segundo, CA, *pg.* 678
Dagleish, Carissa - Media Department, Social Media - GOLIN, Dallas, TX, *pg.* 609
Dahlquist, Jordan - Interactive / Digital, Social Media - BASTION ELEVATE, Irvine, CA, *pg.* 580
Daley, Adam - Account Services, Public Relations, Social Media - BERRY & COMPANY PUBLIC RELATIONS, New York, NY, *pg.* 583
Danko, Adam - Interactive / Digital, Media Department, Social Media - WAVEMAKER, New York, NY, *pg.* 526
Daulton, Scott - Interactive / Digital, Media Department, Research, Social Media - THE INTEGER GROUP - DALLAS, Dallas, TX, *pg.* 570
Davidson, Mackenzie - Interactive / Digital, Media Department, NBC, Social Media - MMGY GLOBAL, Kansas City, MO, *pg.* 388
Davis, Asmirh - Account Planner, Social Media - HUGE, INC., Atlanta, GA, *pg.* 240
Davis, Jourdan - Interactive / Digital, Media Department, Social Media - REPRISE DIGITAL, New York, NY, *pg.* 676
Davis, Phil - Interactive / Digital, NBC, Social Media - CICERON, Minneapolis, MN, *pg.* 220
Davis, Madeleine - Interactive / Digital, NBC, Social Media - IPROSPECT, Fort Worth, TX, *pg.* 674
Davis, Robert - Interactive / Digital, NBC, Social Media - OGILVYONE WORLDWIDE, New York, NY, *pg.* 255
Davis, Janetta - Media Department, Social Media - 360I, LLC, Atlanta, GA, *pg.* 207
Davis, Joel - Social Media - HUGE, INC., Atlanta, GA, *pg.* 240
Davis, Trevor - Account Services, Interactive / Digital, Media Department, Public Relations, Social Media - EDELMAN, New York, NY, *pg.* 599
Davis, Chelsea - Creative, Social Media - PUBLICIS.SAPIENT, Austin, TX, *pg.* 260
Davis, Timothie - Social Media - STARCOM WORLDWIDE, Chicago, IL, *pg.* 513
Davis, Philip - Interactive / Digital, Media Department, Social Media - CICERON, Minneapolis, MN, *pg.* 220

Davis, Alexis - Social Media - FABCOM, Scottsdale, AZ, *pg.* 357
Dawson, Jessica - Account Services, Media Department, Social Media - ADVANTIX DIGITAL, Addison, TX, *pg.* 211
Day, Joseph - Creative, Media Department, NBC, Social Media - GREY GROUP, New York, NY, *pg.* 365
De Anda, Juan - Social Media - ORCI, Santa Monica, CA, *pg.* 543
De Leon, Gabriela - NBC, Public Relations, Social Media - SHADOW PUBLIC RELATIONS, New York, NY, *pg.* 646
de Vlaming, Lauren - Interactive / Digital, Social Media - EDELMAN, Washington, DC, *pg.* 600
Dean, Tasha - Creative, Social Media - THE MARTIN AGENCY, Richmond, VA, *pg.* 421
Dean, Courtney - Interactive / Digital, Social Media - HAVAS MEDIA GROUP, New York, NY, *pg.* 468
Deely, John - Account Services, Creative, Media Department, Social Media - PATIENTS & PURPOSE, New York, NY, *pg.* 126
DeFilippis, Ross - Social Media - SUPERFLY, New York, NY, *pg.* 315
Delaney, Lauren - Account Services, Social Media - SUPERFLY, New York, NY, *pg.* 315
DeMar, David - Analytics, Interactive / Digital, Social Media - COLLING MEDIA, Scottsdale, AZ, *pg.* 51
Dengel, Suzanne - Social Media - GIANT SPOON, LLC, New York, NY, *pg.* 363
Dennis, Wah-De - Interactive / Digital, Social Media - IPROSPECT, New York, NY, *pg.* 674
Denomme, Jaclyn - Social Media - HUDSON ROUGE, New York, NY, *pg.* 371
DeRose, Samantha - Public Relations, Social Media - THE MCRAE AGENCY, Paradise Valley, AZ, *pg.* 688
DeSena, Bryan - Account Services, Interactive / Digital, Media Department, NBC, Social Media - SAATCHI & SAATCHI DALLAS, Dallas, TX, *pg.* 136
Dettman, Caroline - Management, PPOM, Social Media - GOLIN, Chicago, IL, *pg.* 609
DeVault, Taylor - Account Services, Social Media - YOUNG & LARAMORE, Indianapolis, IN, *pg.* 164
Devor, Rachel - Social Media - MADWELL, Brooklyn, NY, *pg.* 13
Diaz de Leon, Michael - Interactive / Digital, Media Department, Social Media - THE RICHARDS GROUP, INC., Dallas, TX, *pg.* 422
Dick, Brad - Interactive / Digital, Media Department, Social Media - HAWORTH MARKETING & MEDIA, Minneapolis, MN, *pg.* 470
Dickson, Elaine - Interactive / Digital, Media Department, Social Media - HUGE, INC., Toronto, ON, *pg.* 240

Didwall, Paul - Account Services, Interactive / Digital, Media Department, Social Media - MGH ADVERTISING , Owings Mills, MD, *pg.* 387
Diehl, Amy - Social Media - ZAMBEZI, Culver City, CA, *pg.* 165
Dierbeck, Bruce - Social Media - GMR MARKETING, New Berlin, WI, *pg.* 306
DiFeo, Brian - Interactive / Digital, Social Media - MWWPR, New York, NY, *pg.* 631
DiNapoli, Anne - Interactive / Digital, Media Department, NBC, Social Media - 22SQUARED INC., Tampa, FL, *pg.* 319
DiNaro, Joy - Interactive / Digital, Social Media - AMENDOLA COMMUNICATIONS, Scottsdale, AZ, *pg.* 577
Dineen, Kyle - Interactive / Digital, Social Media - CASHMERE AGENCY, Los Angeles, CA, *pg.* 48
Dinovo, Phil - Account Services, Social Media - ADPEARANCE, Portland, OR, *pg.* 671
Dio, Dante - Interactive / Digital, Social Media - ALETHEIA MARKETING & MEDIA, Dallas, TX, *pg.* 454
Dixon, Amanda - Interactive / Digital, Media Department, Social Media - THE RICHARDS GROUP, INC., Dallas, TX, *pg.* 422
Do, Amy - Social Media - BARKLEY, Kansas City, MO, *pg.* 329
Dobbs, Michael - Account Services, Creative, Social Media - 360I, LLC, Atlanta, GA, *pg.* 207
Dobson, Michael - Interactive / Digital, Media Department, Social Media - HORIZON MEDIA, INC., New York, NY, *pg.* 474
Doherty, Lindsey - Programmatic, Social Media - STARCOM WORLDWIDE, Chicago, IL, *pg.* 513
Dolan, Kristen - Media Department, Social Media - ZENITH MEDIA, New York, NY, *pg.* 529
Donnelly, Kellye - Interactive / Digital, Social Media - SPARK FOUNDRY, Chicago, IL, *pg.* 510
Doolittle, Karen - Social Media - DAVIS ELEN ADVERTISING, Los Angeles, CA, *pg.* 58
Doran, Kara - Interactive / Digital, Media Department, Social Media - DIGITAS, Chicago, IL, *pg.* 227
Dorros, Noam - Interactive / Digital, Media Department, NBC, Social Media - MINDSHARE, Chicago, IL, *pg.* 494
Dos Santos, Amber - Social Media - VISIBILITY AND CONVERSIONS, Murrells Inlet, SC, *pg.* 159
Douglas, Heather - Social Media - MGH ADVERTISING , Owings Mills, MD, *pg.* 387
Dove, Stevie - Interactive / Digital, NBC, Social Media - PUBLICIS.SAPIENT, New York, NY, *pg.* 258
Doyle, Brooke - Interactive /

RESPONSIBILITIES INDEX
AGENCIES

Digital, Media Department, Social Media - MEDIACOM, Playa Vista, CA, *pg.* 486

Dratch, Brian - Interactive / Digital, Social Media - SPOTCO, New York, NY, *pg.* 143

Drees, Kristopher - Interactive / Digital, Media Department, PPM, Social Media - AGENCY 850, Roswell, GA, *pg.* 1

Dreibelbis, Aileen - Account Planner, Interactive / Digital, NBC, Social Media - DIGITAS HEALTH LIFEBRANDS, Philadelphia, PA, *pg.* 229

Drewicz, Alyssa - Analytics, Interactive / Digital, Social Media - INITIATE-IT LLC, Richmond, VA, *pg.* 375

Druding, Josh - Interactive / Digital, NBC, Social Media - MEKANISM, New York, NY, *pg.* 113

Dubois, Veronica - Interactive / Digital, Media Department, Social Media - RINCK ADVERTISING, Lewiston, ME, *pg.* 407

Duffy, Ryan - Finance, Interactive / Digital, Social Media - SPACE150, New York, NY, *pg.* 266

Dunbar, Jeremy - Interactive / Digital, Social Media - UNIVERSAL MCCANN, Los Angeles, CA, *pg.* 524

Duncan, Crystal - Interactive / Digital, Media Department, Social Media - EDELMAN, Chicago, IL, *pg.* 353

Dunk, Christina - Social Media - DEBERRY GROUP, San Antonio, TX, *pg.* 595

Dunlap, Connor - Interactive / Digital, Social Media - FIG, New York, NY, *pg.* 73

Duran, Bianca - Social Media - MITHOFF BURTON PARTNERS, El Paso, TX, *pg.* 115

Dusenbury, Katie - Social Media - THE CONSULTANCY PR, Los Angeles, CA, *pg.* 653

Earley, Lizzie - Social Media - SOCIALLYIN, Birmingham, AL, *pg.* 688

Eldridge, Ashley - Social Media - HUDSON ROUGE, New York, NY, *pg.* 371

Elswick, Olivia - Interactive / Digital, Social Media - VISIBILITY AND CONVERSIONS, Murrells Inlet, SC, *pg.* 159

Emerick, Nicole - Interactive / Digital, NBC, Social Media - FCB CHICAGO, Chicago, IL, *pg.* 71

Emerson, Sarah - Media Department, Social Media - 10FOLD, Austin, TX, *pg.* 573

Endick, Jaime - Interactive / Digital, Social Media - THE NARRATIVE GROUP, Chicago, IL, *pg.* 654

English, Susan - Interactive / Digital, Public Relations, Social Media - GATESMAN, Pittsburgh, PA, *pg.* 361

Erb, Kevin - Account Services, Interactive / Digital, Public Relations, Social Media - FERGUSON ADVERTISING, INC., Fort Wayne, IN, *pg.* 73

Erickson, Jeff - Interactive / Digital, Social Media - THE MARKETING ARM, Dallas, TX, *pg.* 316

Esposito, Frank - Media Department, Social Media - XENOPSI, New York, NY, *pg.* 164

Falcon, Erwin - Interactive / Digital, Media Department, NBC, Social Media - A PARTNERSHIP, INC., New York, NY, *pg.* 537

Falls, Jason - Interactive / Digital, Social Media - CORNETT INTEGRATED MARKETING SOLUTIONS, Lexington, KY, *pg.* 344

Faraon, Katalina - Programmatic, Social Media - STARCOM WORLDWIDE, Chicago, IL, *pg.* 513

Faris, John - Interactive / Digital, Media Department, NBC, PPOM, Social Media - RED DOOR INTERACTIVE, San Diego, CA, *pg.* 404

Feather, Curt - Social Media - 818 AGENCY, New York, NY, *pg.* 24

Fedran, Jessica - Social Media - GMR MARKETING, New Berlin, WI, *pg.* 306

Feldman, Rena - Social Media - PUBLICIS.SAPIENT, Boston, MA, *pg.* 259

Fendrick, Allie - Interactive / Digital, Media Department, Social Media - MONO, Minneapolis, MN, *pg.* 117

Ferguson, Megan - Interactive / Digital, Media Department, NBC, Social Media - JNA ADVERTISING, Overland Park, KS, *pg.* 92

Ferguson, Stella - Public Relations, Social Media - THINK JAM, West Hollywood, Los Angeles, CA, *pg.* 299

Ferreyra-Guertin, Valerie - Account Services, Interactive / Digital, Social Media - EDELMAN, New York, NY, *pg.* 599

Ferrigno, Katie - Social Media - VELOCITY OMC, New York, NY, *pg.* 158

Ferrucci, Michael - Interactive / Digital, Media Department, Social Media - CARAT, New York, NY, *pg.* 459

Fink, Hannah - Social Media - 360I, LLC, New York, NY, *pg.* 320

Fink, Jennifer - Interactive / Digital, Social Media - GLOW, New York, NY, *pg.* 237

Finn, Rebecca - Interactive / Digital, NBC, Research, Social Media - WE ARE SOCIAL, New York, NY, *pg.* 690

Finn Holland, Samara - NBC, Social Media - KAPLOW COMMUNICATIONS, New York, NY, *pg.* 618

Firko, Sean - Account Planner, Account Services, Social Media - PRAYTELL, Brooklyn, NY, *pg.* 258

Fischer, Kelly - Account Services, Social Media - AGENCY 720, Detroit, MI, *pg.* 323

Fischer, Ross - Creative, Social Media - GOODBY, SILVERSTEIN & PARTNERS, San Francisco, CA, *pg.* 77

Fitzpatrick, Kristin - Social Media - MODERN CLIMATE, Minneapolis, MN, *pg.* 388

Fleming, Deanna - Social Media - FATHOM, Chicago, IL, *pg.* 71

Flynn, Mary - Social Media - LEWIS COMMUNICATIONS, Mobile, AL, *pg.* 100

Fobare, Maggie - Interactive / Digital, Media Department, Programmatic, Social Media - STARCOM WORLDWIDE, Chicago, IL, *pg.* 513

Fodo, Melissa - Account Services, Management, Social Media - MCGARRAH JESSEE, Austin, TX, *pg.* 384

Forastiero, Paula - Interactive / Digital, Social Media - BROWN PARKER | DEMARINIS ADVERTISING, Boca Raton, FL, *pg.* 43

Force, Hannah - Social Media - MARRINER MARKETING COMMUNICATIONS, Columbia, MD, *pg.* 105

Ford, Joanna - Interactive / Digital, Public Relations, Social Media - ALOYSIUS BUTLER & CLARK, Wilmington, DE, *pg.* 30

Foster, Hunter - Public Relations, Social Media - DESIGNSENSORY, Knoxville, TN, *pg.* 62

Fragel, Margaret - Analytics, Social Media - PUBLICIS.SAPIENT, Birmingham, MI, *pg.* 260

Frank, Melissa - Interactive / Digital, Social Media - WAVEMAKER, New York, NY, *pg.* 526

Frasier, Katie - Interactive / Digital, Media Department, Social Media - ARCHER MALMO, Memphis, TN, *pg.* 32

Freeman, Julie - Interactive / Digital, NBC, Public Relations, Social Media - MMGY GLOBAL, New York, NY, *pg.* 388

Freeman, Amanda - Interactive / Digital, Media Department, Programmatic, Social Media - STARCOM WORLDWIDE, Chicago, IL, *pg.* 513

Frejlich, Ashley - Social Media - RESHIFT MEDIA, Toronto, ON, *pg.* 687

Frisicchio, Derek - Interactive / Digital, Media Department, Social Media - HARMELIN MEDIA, Bala Cynwyd, PA, *pg.* 467

Frumberg, Monique - Interactive / Digital, NBC, Social Media - HUDSON ROUGE, New York, NY, *pg.* 371

Fuqua, Bailey - Interactive / Digital, Public Relations, Social Media - MARKSTEIN, Birmingham, AL, *pg.* 625

Furlong, Breanne - Social Media - QUAKER CITY MERCANTILE, Philadelphia, PA, *pg.* 131

Gabaldon, Manu - Media Department, Social Media - BIG COMMUNICATIONS, INC., Birmingham, AL, *pg.* 39

Gabela, Marissa - Interactive / Digital, Social Media - DKC PUBLIC RELATIONS, New York, NY, *pg.* 597

Galan, Rocio - Account Planner, Social Media - SOCIAL CHAIN, New York, NY, *pg.* 143

Galego, Megan - Interactive /

2014

AGENCIES
RESPONSIBILITIES INDEX

Digital, Social Media - DIGITAL MARK GROUP, Beaverton, OR, pg. 225

Gallardo, Elsa - Account Planner, Account Services, Interactive / Digital, Media Department, NBC, Social Media - ESSENCE, Los Angeles, CA, pg. 233

Gallegos, Lee - Creative, Interactive / Digital, PPM, Social Media - RK VENTURE, Albuquerque, NM, pg. 197

Gannon, Patrick - PPM, Social Media - THE INTEGER GROUP, Lakewood, CO, pg. 682

Garcia, Alex - Interactive / Digital, NBC, Social Media - DELOITTE DIGITAL, Seattle, WA, pg. 224

Garcia, Candice - Interactive / Digital, Media Department, Social Media - T3, Austin, TX, pg. 268

Garcia-Pertusa, Racquel - Interactive / Digital, NBC, Social Media - OGILVY PUBLIC RELATIONS, Washington, DC, pg. 634

Gardeazabal, Cristina - Creative, Interactive / Digital, Social Media - MIRUM AGENCY, Toronto, ON, pg. 251

Gardner, Hannah Rose - Interactive / Digital, Media Department, Social Media - MEDIAHUB BOSTON, Boston, MA, pg. 489

Garfield, Kathy - Interactive / Digital, Media Department, NBC, Social Media - INNOCEAN USA, Huntington Beach, CA, pg. 479

Gattung, Chelsea - Interactive / Digital, Media Department, NBC, Social Media - MOXIE, Atlanta, GA, pg. 251

Gaylord, Jessica - Interactive / Digital, Media Department, Social Media - THE TOMBRAS GROUP, Knoxville, TN, pg. 424

Ge, Bing - Analytics, Interactive / Digital, Research, Social Media - ZENITH MEDIA, New York, NY, pg. 529

Geller, Mitchell - Interactive / Digital, Media Department, NBC, Social Media - VMLY&R, New York, NY, pg. 160

George, Jimmy - Account Planner, Social Media - MULLENLOWE U.S. BOSTON, Boston, MA, pg. 389

George, Colin - Interactive / Digital, NBC, Social Media - BAILEY BRAND CONSULTING, Plymouth Meeting, PA, pg. 2

Gertler, Amanda - Analytics, Interactive / Digital, Social Media - PUBLICIS.SAPIENT, Boston, MA, pg. 259

Gharnit, Sara - Interactive / Digital, Social Media - SOCIAL CHAIN, New York, NY, pg. 143

Ghosn, Hannah - Interactive / Digital, Social Media - TRAMPOLINE, Halifax, NS, pg. 20

Giannini, Marisa - Interactive / Digital, Media Department, Social Media - LAUGHLIN CONSTABLE, INC., Chicago, IL, pg. 380

Gibson, Whitney - Account Services, Interactive / Digital, Media Department, Public Relations, Social Media - TRAFFIKGROUP, Toronto, ON, pg. 426

Gil, Chris - Interactive / Digital, Social Media - HAVAS MEDIA GROUP, Boston, MA, pg. 470

Gilcher, Kevin - Social Media - ANCHOR WORLDWIDE, New York, NY, pg. 31

Gilham, Cathy - Interactive / Digital, Media Department, NBC, Social Media - BLUE 449, Seattle, WA, pg. 456

Gillock, Leslie - Social Media - WRAY WARD, Charlotte, NC, pg. 433

Giovino, Sarah - Account Services, Media Department, Social Media - T3, Atlanta, GA, pg. 416

Given, David - Account Services, Social Media - DAVIES COMMUNICATIONS, Santa Barbara, CA, pg. 595

Gjeloshaj, Francheska - Social Media - CAMPBELL EWALD, Detroit, MI, pg. 46

Gjerstad, Marianne - Account Services, Media Department, NBC, Social Media - BARKLEY, Kansas City, MO, pg. 329

Glenn, Oliver - Account Services, Interactive / Digital, Social Media - DDB CHICAGO, Chicago, IL, pg. 59

Glitman, Abbi - Social Media - FORWARDPMX, New York, NY, pg. 360

Godfrey, Soren - Media Department, Social Media - INITIATIVE, New York, NY, pg. 477

Goebel, Stacy - Interactive / Digital, Media Department, NBC, Social Media - STUDIONORTH, North Chicago, IL, pg. 18

Goettelmann, Erin - Interactive / Digital, Social Media - ALL POINTS DIGITAL, Norwalk, CT, pg. 671

Goff, Ryan - NBC, PPOM, Social Media - MGH ADVERTISING, Owings Mills, MD, pg. 387

Goldstein, Marie - Interactive / Digital, Media Department, Social Media - 360I, LLC, New York, NY, pg. 320

Gomez, Natalie - Account Services, Social Media - DAVID&GOLIATH, El Segundo, CA, pg. 57

Gomez, Nathan - Social Media - Q ADVERTISING & PUBLIC RELATIONS, Las Vegas, NV, pg. 131

Gomez, Cesar - Social Media - FCB CHICAGO, Chicago, IL, pg. 71

Gomoljak Wynia, Stacey - Public Relations, Social Media - GKV, Baltimore, MD, pg. 364

Gonnella, Michelle - Interactive / Digital, Media Department, Social Media - CRAMER-KRASSELT, Chicago, IL, pg. 53

Gonzalez, Maria - Interactive / Digital, Media Department, Social Media - AKQA, San Francisco, CA, pg. 211

Goodwin, Kali - Social Media - HYPE GROUP LLC, Saint Petersburg, FL, pg. 372

Gordon, Diana - Interactive / Digital, Management, Media Department, Social Media - MINDSHARE, Chicago, IL, pg. 494

Gordon, Sophia - Interactive / Digital, Media Department, Social Media - HORIZON MEDIA, INC., New York, NY, pg. 474

Gosendi, Heather - NBC, Social Media - DALTON AGENCY, Jacksonville, FL, pg. 348

Goshia, Samantha - Social Media - AVOCET COMMUNICATIONS, Longmont, CO, pg. 328

Goswiller, Christina - Interactive / Digital, Social Media - DIGITAS, Chicago, IL, pg. 227

Gray, Suzy - Interactive / Digital, Media Department, NBC, Social Media - INTERNET MARKETING NINJAS, Clifton Park, NY, pg. 242

Greenblatt, Lindsey - Media Department, Social Media - THE INTEGER GROUP, Lakewood, CO, pg. 682

Grover, Bailey - Interactive / Digital, Media Department, Social Media - BARKLEY, Kansas City, MO, pg. 329

Gruen, Meredith - Account Services, Interactive / Digital, NBC, Social Media - TEAM ONE, Los Angeles, CA, pg. 417

Guerra, Bruno - Account Services, Social Media - THE MANY, Pacific Palisades, CA, pg. 151

Guha, Rohin - Interactive / Digital, Social Media - FLUENT360, Chicago, IL, pg. 540

Gunnells, Jon - Account Planner, Interactive / Digital, Social Media - MEDIA ASSEMBLY, Southfield, MI, pg. 385

Gutierrez, Stephanie - Interactive / Digital, NBC, Social Media - TRAILER PARK, Hollywood, CA, pg. 299

Gutierrez, Analissa - Social Media - DWA MEDIA, Austin, TX, pg. 464

Haidao, Hani - Interactive / Digital, Media Department, Social Media - BRAND VALUE ACCELERATOR, San Diego, CA, pg. 42

Halamandaris, Lexi - Interactive / Digital, Social Media - JELLYFISH, San Francisco, CA, pg. 243

Haley, Briggs - Interactive / Digital, Media Department, Social Media - STARCOM WORLDWIDE, Chicago, IL, pg. 513

Hall, Lena - Interactive / Digital, Social Media - WINGARD CREATIVE, Jacksonville, FL, pg. 162

Halvachs, Ken - Interactive / Digital, Social Media - DIGITAS, San Francisco, CA, pg. 227

Hamilton, Whitney - Social Media - THE INFINITE AGENCY, Dallas, TX, pg. 151

Hamilton, Maren - Social Media - THE INTEGER GROUP, Lakewood, CO, pg. 682

Hamilton, Jonny - Creative, Interactive / Digital, Social Media

2015

RESPONSIBILITIES INDEX — AGENCIES

- LIGHTBOX OOH VIDEO NETWORK, New York, NY, *pg.* 553
Hamilton, Susan - Interactive / Digital, Social Media - DESIGNSENSORY, Knoxville, TN, *pg.* 62
Han, Nanah - Media Department, Social Media - STARCOM WORLDWIDE, North Hollywood, CA, *pg.* 516
Hanagami, Malia - Social Media - MEDIACOM, Playa Vista, CA, *pg.* 486
Handler, Christopher - NBC, Social Media - KETCHUM, Washington, DC, *pg.* 619
Handrich, Catherine - Media Department, Social Media - PHD USA, New York, NY, *pg.* 505
Hannen, Janci - Account Services, Promotions, Social Media - SOHO EXPERIENTIAL, New York, NY, *pg.* 143
Hans, Kanisha - Media Department, Social Media - CROSSMEDIA, Philadelphia, PA, *pg.* 463
Hansen, Alaine - Interactive / Digital, NBC, Social Media - FUSEIDEAS, LLC, Winchester, MA, *pg.* 306
Hardy, Meghan - Social Media - IGNITE SOCIAL MEDIA, Cary, NC, *pg.* 686
Harles, Robert - Social Media - ACCENTURE INTERACTIVE, Chicago, IL, *pg.* 209
Harnal, Megan - NBC, Social Media - RONI HICKS & ASSOCIATES, INC. , San Diego, CA, *pg.* 644
Haro, Kristen - Interactive / Digital, NBC, Social Media - MERING, Sacramento, CA, *pg.* 114
Harper, Holly - Social Media - THE INTEGER GROUP, Lakewood, CO, *pg.* 682
Hartline, Jana - Public Relations, Social Media - SAATCHI & SAATCHI DALLAS, Dallas, TX, *pg.* 136
Hartman, Tracy - Interactive / Digital, NBC, Public Relations, Social Media - BRANDIGO, Newburyport, MA, *pg.* 336
Hartman, Chelsea - Interactive / Digital, NBC, Social Media - GIANT SPOON, LLC, New York, NY, *pg.* 363
Hartstein, Devon - Account Planner, Account Services, Interactive / Digital, Social Media - WE COMMUNICATIONS, San Francisco, CA, *pg.* 660
Hatto, Basil - Public Relations, Social Media - IPROSPECT, Toronto, ON, *pg.* 674
Haughey, Sean - Social Media - BAZAARVOICE, INC., Austin, TX, *pg.* 216
Hawkins, Leslie - Interactive / Digital, Media Department, Social Media - MEDIAHUB LOS ANGELES, El Segundo, CA, *pg.* 112
Hawthorne, Eleanor - Interactive / Digital, Social Media - THE TOMBRAS GROUP, Knoxville, TN, *pg.* 424
Hayden, Patrick - Media Department, Social Media - TINUITI, Dania Beach, FL, *pg.* 271
Hayes, Andrew - Social Media -

HUDSON ROUGE, New York, NY, *pg.* 371
Hayhoe, Beau - Account Services, Social Media - COYNE PUBLIC RELATIONS, Parsippany, NJ, *pg.* 593
Heald, Diana - Interactive / Digital, Social Media - DEUTSCH, INC., New York, NY, *pg.* 349
Heale, Daniel - Account Services, Creative, NBC, Social Media - WAY TO BLUE, Los Angeles, CA, *pg.* 275
Healy, Sarah - Interactive / Digital, Social Media - TRAMPOLINE, Halifax, NS, *pg.* 20
Heavey, John - Social Media - HOFFMAN YORK, Milwaukee, WI, *pg.* 371
Hecke, Abby - Interactive / Digital, Social Media - MBB AGENCY, Leawood, KS, *pg.* 107
Heffinger, Holly - Interactive / Digital, Operations, PPOM, Social Media - OUTCOLD , Chicago, IL, *pg.* 395
Heidari, Parisa - Analytics, Interactive / Digital, Media Department, Social Media - CANVAS WORLDWIDE, Playa Vista, CA, *pg.* 458
Heide, Alexandra - Interactive / Digital, Media Department, Social Media - OMELET, Culver City, CA, *pg.* 122
Heider, Kelley - Management, Social Media - SSPR, Colorado Springs, CO, *pg.* 649
Heller, Danielle - Account Services, Social Media - ACCENTURE INTERACTIVE, Chicago, IL, *pg.* 209
Helscher, Katie - Account Services, Interactive / Digital, Public Relations, Social Media - HIEBING, Madison, WI, *pg.* 85
Henricks, Chelsea - Media Department, Social Media - ENERGY BBDO, INC., Chicago, IL, *pg.* 355
Hernandez, Adrianne - Social Media - CALLAHAN CREEK , Lawrence, KS, *pg.* 4
Hiddemen, Pamela - Account Planner, Account Services, NBC, Social Media - KLICK HEALTH, Toronto, ON, *pg.* 244
Higuera, Michelle - Account Planner, Social Media - DIGITAS, San Francisco, CA, *pg.* 227
Hipp, Jennifer - Interactive / Digital, Social Media - THE COMMUNICATIONS GROUP, Little Rock, AR, *pg.* 149
Hirschberg, Jessica - Interactive / Digital, Media Department, Social Media - WAVEMAKER, New York, NY, *pg.* 526
Hoffman, Chad - Social Media - CAGE POINT, New York, NY, *pg.* 457
Holliday, Emily - Interactive / Digital, Media Department, Social Media - CALLAHAN CREEK , Lawrence, KS, *pg.* 4
Holmes, Ryan - NBC, Public Relations, Social Media - PARRIS COMMUNICATIONS, INC., Kansas City, MO, *pg.* 125
Holmes, Brenna - Creative, Interactive / Digital, Media

Department, Research, Social Media - CHAPMAN CUBINE + HUSSEY, Arlington, VA, *pg.* 281
Honores, Pamela - Interactive / Digital, Social Media - FIG, New York, NY, *pg.* 73
Hooks, Brandon - Account Services, Social Media - MARKSTEIN, Birmingham, AL, *pg.* 625
Horan, Nick - Interactive / Digital, Social Media - NEVINS & ASSOCIATES CHARTERED, Towson, MD, *pg.* 632
Hordeman, Jessica - Account Services, Interactive / Digital, Social Media - REPRISE DIGITAL, New York, NY, *pg.* 676
Horn, Kathy - Interactive / Digital, Media Department, Social Media - VITALINK COMMUNICATIONS, Raleigh, NC, *pg.* 159
Houghton, Hillary - Analytics, Social Media - OH PARTNERS, Phoenix, AZ, *pg.* 122
Howard, Jennifer - Account Services, NBC, Public Relations, Social Media - BANDY CARROLL HELLIGE , Louisville, KY, *pg.* 36
Howard, Rusty - Interactive / Digital, Social Media - THE TOMBRAS GROUP, Knoxville, TN, *pg.* 424
Howd, Madeline - Interactive / Digital, NBC, Social Media - DIGITAS, Chicago, IL, *pg.* 227
Hudson, Pearce - Analytics, Research, Social Media - WAVEMAKER, Chicago, IL, *pg.* 529
Hughes, Meredith - Social Media - SILVERLIGHT DIGITAL, New York, NY, *pg.* 265
Hull, Jourdan - Creative, Social Media - TBWA \ CHIAT \ DAY, Los Angeles, CA, *pg.* 146
Hulseman, Isabel - Social Media - WORDBANK LLC, Denver, CO, *pg.* 163
Humber, Chris - Interactive / Digital, NBC, Programmatic, Social Media - EDELMAN, New York, NY, *pg.* 599
Humphrey, Amshi - Social Media - CHAMPION MANAGEMENT GROUP, LLC, Addison, TX, *pg.* 589
Hunley, Brittany - Interactive / Digital, NBC, Social Media - EP+CO., New York, NY, *pg.* 356
Hunt, Averie - Interactive / Digital, Social Media - CHIZCOMM, North York, ON, *pg.* 50
Hunter, Haley - Social Media - ANOMALY, Toronto, ON, *pg.* 326
Hunter, Mary - Interactive / Digital, Media Department, Social Media - MEDIACOM, Playa Vista, CA, *pg.* 486
Hurley Dunn, Caitlin - Interactive / Digital, Media Department, Social Media - DIGITAS, Chicago, IL, *pg.* 227
Huston, Katherine - Interactive / Digital, Management, Media Department, Social Media - MAROON PR, Columbia, MD, *pg.* 625
Huynh, Phillip - Social Media - 360I, LLC, New York, NY, *pg.* 320

AGENCIES

RESPONSIBILITIES INDEX

Huynh, Kenny - Social Media - FUEL MARKETING, Salt Lake City, UT, pg. 361

Hyland, Macy - Account Planner, Account Services, Media Department, Social Media - FIREMAN CREATIVE, Pittsburgh, PA, pg. 183

Ip, Sunny - Interactive / Digital, Media Department, Social Media - REPRISE DIGITAL, New York, NY, pg. 676

Ireland, Jack - Interactive / Digital, Media Department, NBC, Social Media - SYZYGY US, New York, NY, pg. 268

Irizarry, Jonathan - Account Planner, Account Services, Media Department, Social Media - WIEDEN + KENNEDY, New York, NY, pg. 432

Jackson, Lee Ann - Account Planner, Account Services, Media Department, Social Media - AMBASSADOR ADVERTISING, Irvine, CA, pg. 324

James, Brittany - Account Services, Social Media - MSLGROUP, New York, NY, pg. 629

Jenders, Dennis - Interactive / Digital, Social Media - GMR MARKETING, New Berlin, WI, pg. 306

Jennings, Kate - Media Department, Public Relations, Social Media - VEST ADVERTISING, Louisville, KY, pg. 159

Jensen, Julie - Social Media - SMARTY SOCIAL MEDIA, Santa Ana, CA, pg. 688

Jerath, Shreya - Account Planner, Media Department, Social Media - DIGITAS, San Francisco, CA, pg. 227

Johnson, Lauren - Media Department, Social Media - FIREBELLY MARKETING, Indianapolis, IN, pg. 685

Jones, Carrie - PPOM, Public Relations, Social Media - RAINDROP AGENCY INC, San Diego, CA, pg. 196

Joshi, Ankit - Account Services, Interactive / Digital, Social Media - TRAFFIK ADVERTISING, Irvine, CA, pg. 156

Joyce, Jen - Interactive / Digital, Social Media - WONGDOODY, Seattle, WA, pg. 162

Jusko, Madison - Social Media - TEN PEAKS MEDIA, Boerne, TX, pg. 269

Jussaume, Allan Paul - Interactive / Digital, Social Media - D50 MEDIA, Chestnut Hill, MA, pg. 348

Kanbar, Rafaella - Social Media - CARAT, New York, NY, pg. 459

Kaplan, Michael - Social Media - CRAMER-KRASSELT, Chicago, IL, pg. 53

Kaplan, Alyssa - Account Services, Social Media - MEKANISM, New York, NY, pg. 113

Karlberg, Tyler - Account Services, Interactive / Digital, Media Department, Social Media - GRIFFIN ARCHER, Minneapolis, MN, pg. 78

Karsono, Bodi - Creative, Social Media - TBWA \ CHIAT \ DAY, New York, NY, pg. 416

Kaskavitch, Matthew - Social Media - W2O, New York, NY, pg. 659

Katherine Rordam, Mary - Account Services, Media Department, Social Media - 22SQUARED INC., Atlanta, GA, pg. 319

Kauffman, Jeff - Interactive / Digital, Media Department, Social Media - THE RICHARDS GROUP, INC., Dallas, TX, pg. 422

Kauffman, Caity - Interactive / Digital, Social Media - 160VER90, New York, NY, pg. 301

Kearns, Michelle - NBC, Social Media - KEARNS MARKETING GROUP, INC., Burlington, ON, pg. 94

Keck, Matt - Media Department, Social Media - VMLY&R, Kansas City, MO, pg. 274

Keefer, Elizabeth - Interactive / Digital, Media Department, Social Media - TINUITI, New York, NY, pg. 678

Kehoe, Meaghan - Interactive / Digital, Social Media - MIRUM AGENCY, Chicago, IL, pg. 681

Keith, Jason - Analytics, Interactive / Digital, Media Department, Programmatic, Social Media - DIGITAS, Chicago, IL, pg. 227

Keller, Mara - Media Department, Social Media - FALLON WORLDWIDE, Minneapolis, MN, pg. 70

Kelley, Kristin - Media Department, Public Relations, Social Media - GOLIN, Chicago, IL, pg. 609

Kellum, Court - Interactive / Digital, Social Media - ADVERTISEMINT, Hollywood, CA, pg. 211

Kelly, Peter - Interactive / Digital, Media Department, Social Media - ESSENCE, New York, NY, pg. 232

Kemp, AnnMarie - Public Relations, Social Media - CRONIN, Glastonbury, CT, pg. 55

Kennedy, Maury - Interactive / Digital, Management, Social Media - SFW AGENCY, Greensboro, NC, pg. 16

Kerch, Jessica - Analytics, Interactive / Digital, Media Department, Programmatic, Social Media - DIGITAS, Boston, MA, pg. 226

Kerner, Deborah - Public Relations, Social Media - TERMAN PUBLIC RELATIONS, New York, NY, pg. 652

Kerrin, Chris - Account Services, Media Department, Social Media - MEDIACOM, New York, NY, pg. 487

Kerwin, Melissa - Interactive / Digital, Social Media - 360I, LLC, Atlanta, GA, pg. 207

Ketchum, Taylor - Media Department, Public Relations, Social Media - JONES PUBLIC RELATIONS, INC., Oklahoma City, OK, pg. 617

Khan, Farris - Account Planner, Account Services, Interactive / Digital, Management, Media Department, Social Media - VMLY&R, Kalamazoo, MI, pg. 274

Khemani, Karina - Media Department, Social Media - 360I, LLC, New York, NY, pg. 320

Kidwai, Maryam - Social Media - COLANGELO & PARTNERS, New York, NY, pg. 591

Kim, Heeseung - Interactive / Digital, NBC, Social Media - THE FOUNDRY @ MEREDITH CORP, New York, NY, pg. 150

Kim, Emily - Analytics, Social Media - PEREIRA & O'DELL, San Francisco, CA, pg. 256

Kim, Hansoul - Interactive / Digital, Social Media - SAATCHI & SAATCHI LOS ANGELES, Torrance, CA, pg. 137

Kimberlin, Lauren - Interactive / Digital, NBC, Social Media - BALCOM AGENCY, Fort Worth, TX, pg. 329

Kinder, Kevin - Social Media - LAUNDRY SERVICE, Brooklyn, NY, pg. 287

Kinkelaar, Sara - Analytics, Programmatic, Social Media - STARCOM WORLDWIDE, Chicago, IL, pg. 513

Kitazawa, Marissa - Creative, Social Media - DAILEY & ASSOCIATES, West Hollywood, CA, pg. 56

Kitts, Holly - Interactive / Digital, Social Media - BLUE WHEEL MEDIA, Birmingham, MI, pg. 335

Klein, Edina - NBC, Social Media - AGENCY 720, Detroit, MI, pg. 323

Klein, Tim - Social Media - IPROSPECT, Fort Worth, TX, pg. 674

Klestadt, Andrew - Social Media - TINUITI, New York, NY, pg. 678

Klimovitz, Mikaela - Public Relations, Social Media - EARTHBOUND BRANDS, New York, NY, pg. 7

Kluchman, Larisa - Analytics, Social Media - MEDIACOM, New York, NY, pg. 487

Kluge, Allison - Social Media - BRANDIENCE, Cincinnati, OH, pg. 42

Knoblauch, Andrew - Interactive / Digital, Media Department, NBC, Social Media - DIXON SCHWABL ADVERTISING, Victor, NY, pg. 351

Knutson, Daniel - Account Planner, Social Media - BARKLEY, Kansas City, MO, pg. 329

Kocoloski, Emily - Interactive / Digital, Social Media - FORTYFOUR, Atlanta, GA, pg. 235

Koerner, Kat - Social Media - PP+K, Tampa, FL, pg. 129

Koh, Michael - Social Media - PLAYBUZZ, New York, NY, pg. 128

Kopischkie, Pat - Interactive / Digital, Social Media - HOFFMAN YORK, Milwaukee, WI, pg. 371

Korin, Amy - Social Media - MIRUM AGENCY, Chicago, IL, pg. 681

Kovac, Ricky - Interactive / Digital, Promotions, Social Media - MEDIA MATTERS SF, San Francisco, CA, pg. 485

Kozar, Lauren - Interactive / Digital, Media Department, Social Media - THE RICHARDS GROUP, INC., Dallas, TX, pg. 422

Krammer, Ashley - Interactive /

2017

RESPONSIBILITIES INDEX

AGENCIES

Digital, Programmatic, Social Media - STARCOM WORLDWIDE, Chicago, IL, pg. 513

Krebs, Dylan - Media Department, Social Media - TINUITI, Dania Beach, FL, pg. 271

Kregel, Jill - Account Services, Interactive / Digital, Media Department, Programmatic, Social Media - STARCOM WORLDWIDE, Detroit, MI, pg. 517

Kreho, Kelly - Creative, Social Media - BCM MEDIA, Darien, CT, pg. 455

Krop, Lillie - Social Media - ESSENCE, Seattle, WA, pg. 232

Krout, Benjamin - Account Services, Social Media - SPARK FOUNDRY, Chicago, IL, pg. 510

Kuenning, Lisa - Interactive / Digital, Media Department, Social Media - CONNECT AT PUBLICIS MEDIA, Chicago, IL, pg. 462

Kumathe, Vrushali - Interactive / Digital, Media Department, Social Media - CANVAS WORLDWIDE, Playa Vista, CA, pg. 458

Laban, Katharine - Human Resources, Social Media - CRONIN, Glastonbury, CT, pg. 55

Lake, Lauren - Social Media - BLUE BEAR CREATIVE, Denver, CO, pg. 40

Lam, Lina - Account Services, Social Media - MEDIACOM, New York, NY, pg. 487

Larberg, Dillon - Account Services, Interactive / Digital, Media Department, Social Media - PMG, Fort Worth, TX, pg. 257

Lark, Corey - Administrative, Interactive / Digital, Social Media - THE MARKETING ARM, Dallas, TX, pg. 316

Larkins, Jamil - Social Media - RALPH, California, CA, pg. 262

Lau, Erika - Media Department, Social Media - HORIZON MEDIA, INC., New York, NY, pg. 474

Lauer, Sam - Interactive / Digital, Media Department, Programmatic, Social Media - STARCOM WORLDWIDE, Chicago, IL, pg. 513

Laurello, Jess - Media Department, Social Media - GEOMETRY, Akron, OH, pg. 362

Lawler, Megan - Account Services, Management, Programmatic, Social Media - PHD CHICAGO, Chicago, IL, pg. 504

Lawrence, Mike - Management, NBC, PPOM, Public Relations, Social Media - CONE, INC., Boston, MA, pg. 6

Lawrence, Jerry - Interactive / Digital, Media Department, NBC, Social Media - PUBLICIS.SAPIENT, Chicago, IL, pg. 259

Lawrence, Cristina - Interactive / Digital, Media Department, Social Media - PUBLICIS.SAPIENT, Chicago, IL, pg. 259

Ibarra, Pamela - Social Media - CONILL ADVERTISING, INC., El Segundo, CA, pg. 538

Lee, Lindsey - Social Media - OMD, New York, NY, pg. 498

Lee, Justin - Account Services, Interactive / Digital, Social Media - COMMIT AGENCY, Chandler, AZ, pg. 343

Lee, Tony - Interactive / Digital, Social Media - REPRISE DIGITAL, New York, NY, pg. 676

Leigh Wathne, Meredith - Interactive / Digital, Media Department, Social Media - NINA HALE CONSULTING, Minneapolis, MN, pg. 675

Leis, Michael - Interactive / Digital, Management, Social Media - DIGITAS HEALTH LIFEBRANDS, Philadelphia, PA, pg. 229

Lenniger, Shea - Interactive / Digital, Social Media - SID LEE, Culver City, CA, pg. 141

Lerner, Autumn - Interactive / Digital, NBC, Social Media - WEBER SHANDWICK, Seattle, WA, pg. 660

Leung, Shirley - Interactive / Digital, Media Department, NBC, Social Media - HEARTS & SCIENCE, New York, NY, pg. 471

Lewis, Greg - NBC, Social Media - DIGITAS HEALTH LIFEBRANDS, Philadelphia, PA, pg. 229

Lewis, Angel - Interactive / Digital, NBC, Public Relations, Social Media - BRUNO EVENT TEAM, Birmingham, AL, pg. 303

Lewis, Kellie - Interactive / Digital, Media Department, Social Media - CARSON STOGA COMMUNICATIONS INC., Schaumberg, IL, pg. 340

Licciardi, Carly - Interactive / Digital, Social Media - LODGING INTERACTIVE, Parsippany, NJ, pg. 246

Lilikas, Epatia - Interactive / Digital, NBC, Social Media - THE FOUNDRY @ MEREDITH CORP, New York, NY, pg. 150

Lin, Denny - Media Department, Social Media - TINUITI, New York, NY, pg. 678

Lindquist, Michael - Social Media - BARKLEY, Kansas City, MO, pg. 329

Linert, Amy - Analytics, NBC, Social Media - MANIFEST, Phoenix, AZ, pg. 383

Lintz, Brielle - Interactive / Digital, Media Department, Social Media - BROWN PARKER | DEMARINIS ADVERTISING, Boca Raton, FL, pg. 43

List, Joseph - Interactive / Digital, Social Media - TPN, Dallas, TX, pg. 683

Little, Emily - Creative, Media Department, Social Media - MULLENLOWE U.S. LOS ANGELES, El Segundo, CA, pg.

Loffredo, Stephanie - Interactive / Digital, Media Department, Social Media - HUGE, INC., Brooklyn, NY, pg. 239

Logan, Sean - Interactive / Digital, Media Department, Social Media - LEO BURNETT WORLDWIDE, Chicago, IL, pg. 98

Lohan, Brad - Account Services, Social Media - DAILEY & ASSOCIATES, West Hollywood, CA, pg. 56

Lohman, Cheyenne - Interactive / Digital, Social Media - THE INTEGER GROUP, Lakewood, CO, pg. 682

Lok, Jacqy - Interactive / Digital, Social Media - SMUGGLER, New York, NY, pg. 143

Lomax, Danisha - Social Media - DIGITAS, San Francisco, CA, pg. 227

Lombardo, Todd - Account Services, Interactive / Digital, Social Media - THE MANY, Pacific Palisades, CA, pg. 151

Longley, Ryan - Social Media - GIANT SPOON, LLC, New York, NY, pg. 363

Lostaglio, John - Interactive / Digital, Media Department, Social Media - MIRUM AGENCY, San Diego, CA, pg. 251

Louis, Jordan - Media Department, Social Media - TINUITI, Dania Beach, FL, pg. 271

Lowery Long, Emily - Account Services, Interactive / Digital, Media Department, Social Media - ARCHER MALMO, Memphis, TN, pg. 32

Lucey, Caitlin - Interactive / Digital, Social Media - RHYTHMONE, Burlington, MA, pg. 263

Lum, Kimberly - Account Services, Analytics, NBC, Social Media - WAVEMAKER, New York, NY, pg. 526

Lynch, Steve - Management, Media Department, Social Media - MONO, Minneapolis, MN, pg. 117

Lynch, Rebecca - Public Relations, Social Media - EP+CO., Greenville, SC, pg. 356

Macias, Mike - Interactive / Digital, Media Department, Social Media - TAYLOR , New York, NY, pg. 651

MacIntyre, Krystal - Account Services, Social Media - MINDSTREAM MEDIA GROUP - DALLAS, Dallas, TX, pg. 496

Madell, Allison - Public Relations, Social Media - BADER RUTTER & ASSOCIATES, INC. , Milwaukee, WI, pg. 328

Mahalick, Chloe - Interactive / Digital, Social Media - SOCIALLYIN, Birmingham, AL, pg. 688

Maher, Brielle - Media Department, Social Media - STARCOM WORLDWIDE, Chicago, IL, pg. 513

Mahomes, Lauren - Account Planner, Interactive / Digital, Media Department, NBC, Social Media - MEDIACOM, Chicago, IL, pg. 489

Maise, Kelly - Account Services, Social Media - PUBLICIS.SAPIENT, Birmingham, MI, pg. 260

Maldonado Toomey, Tanya - Account Services, Interactive / Digital, Social Media - CONILL ADVERTISING, INC., El Segundo, CA, pg. 538

Malek, Maggie - Interactive / Digital, PPOM, Public Relations, Social Media - MMI AGENCY, Houston, TX, pg. 116

2018

AGENCIES — RESPONSIBILITIES INDEX

Malin, Jeff - Social Media - PUBLICIS.SAPIENT, Birmingham, MI, pg. 260

Mallin, Noah - Interactive / Digital, Management, Media Department, NBC, PPOM, Social Media - WAVEMAKER, New York, NY, pg. 526

Malysiak, John - Interactive / Digital, NBC, Operations, Programmatic, Research, Social Media - PHD CHICAGO, Chicago, IL, pg. 504

Mamey, Jessie - Interactive / Digital, Media Department, Programmatic, Social Media - THE SEARCH AGENCY, Glendale, CA, pg. 677

Marler, Allen - Interactive / Digital, Media Department, Social Media - CORNETT INTEGRATED MARKETING SOLUTIONS, Lexington, KY, pg. 344

Marmina, Simona - Account Services, Social Media - MINDSHARE, New York, NY, pg. 491

Marosits, Mark - PPOM, Social Media - WORLDWAYS SOCIAL MARKETING, Newport, RI, pg. 690

Martin, Chad - Interactive / Digital, Media Department, Social Media - VMLY&R, Kansas City, MO, pg. 274

Martin, Austin - Interactive / Digital, Media Department, Social Media - BARKLEY, Kansas City, MO, pg. 329

Martin, Olivia - Social Media - REBUILD, Detroit, MI, pg. 403

Mason, Amy - Creative, Media Department, Social Media - WEBER SHANDWICK, Atlanta, GA, pg. 661

Massa-Sena, Monet - Social Media - KNIGHT, Orlando, FL, pg. 95

Matson, Maggie - Interactive / Digital, Media Department, Social Media - THE TOMBRAS GROUP, Knoxville, TN, pg. 424

Mattson, Emily - Interactive / Digital, Media Department, Social Media - ESSENCE, Seattle, WA, pg. 232

Matula, Jarad - Interactive / Digital, Social Media - JUST MEDIA, INC., Austin, TX, pg. 481

May, Adrienne - Interactive / Digital, Media Department, NBC, Social Media - HEARTS & SCIENCE, Los Angeles, CA, pg. 473

Mazzella, Marissa - Account Services, Social Media - MGH ADVERTISING, Owings Mills, MD, pg. 387

McClelland, Misi - Analytics, Management, Operations, Social Media - IGNITE SOCIAL MEDIA, Cary, NC, pg. 686

McClure, Scott - Social Media - BRIGHTON AGENCY, INC., Saint Louis, MO, pg. 337

McCollum, Riviera - Social Media - HAVAS WORLDWIDE CHICAGO, Chicago, IL, pg. 82

McCool, Ashley - Creative, Interactive / Digital, Media Department, Public Relations, Social Media - HITCHCOCK FLEMING & ASSOCIATES, INC., Akron, OH, pg. 86

McCormick, Meghan - Interactive / Digital, Social Media - MADWELL, Brooklyn, NY, pg. 13

McCormick, Amanda - Interactive / Digital, Media Department, NBC, Social Media - REPUTATION INSTITUTE, Boston, MA, pg. 449

McCullough, Angelene - Interactive / Digital, NBC, Social Media - COTTON & COMPANY, Stuart, FL, pg. 345

McDaniel, Caitlin - Media Department, Social Media - T3, Austin, TX, pg. 268

McDonnell, Jen - Interactive / Digital, Social Media - RESHIFT MEDIA, Toronto, ON, pg. 687

McDougall, Sam - Operations, Social Media - RED HAVAS, New York, NY, pg. 641

McFadden, Amari - NBC, Social Media - 360I, LLC, New York, NY, pg. 320

McGean, Haley - Social Media - CHIZCOMM, North York, ON, pg. 50

McGinn, Jack - Interactive / Digital, Media Department, Programmatic, Social Media - OMD, Chicago, IL, pg. 500

McGivney, Aine - Interactive / Digital, Social Media - SUNSHINE SACHS, New York, NY, pg. 650

McGlew, Cara - Social Media - COLANGELO & PARTNERS, New York, NY, pg. 591

McGough, Clare - Interactive / Digital, Social Media - BBDO WORLDWIDE, New York, NY, pg. 331

McKenna, Katie - Creative, Interactive / Digital, Social Media - MULLENLOWE U.S. NEW YORK, New York, NY, pg. 496

McLaughlin, Sean - Interactive / Digital, Media Department, Research, Social Media - MINDSHARE, New York, NY, pg. 491

McLees, Morgan - Account Services, Creative, Media Department, Social Media - THE TOMBRAS GROUP, Knoxville, TN, pg. 424

McManimie, Allison - Interactive / Digital, Media Department, Social Media - PUBLICIS HEALTH MEDIA, Philadelphia, PA, pg. 506

McManus, Carley - Interactive / Digital, Social Media - THRIVEHIVE, Quincy, MA, pg. 271

McNamara, Bridget - Interactive / Digital, Media Department, Social Media - 26 DOT TWO LLC, New York, NY, pg. 453

McNee, Kate - NBC, Social Media - ACRONYM MEDIA, New York, NY, pg. 671

McNeill, Michelle - Social Media - MEDIA ASSEMBLY, New York, NY, pg. 484

McPherson, Mary - Interactive / Digital, Media Department, Social Media - PUBLICIS.SAPIENT, Seattle, WA, pg. 259

McReynolds, Heather - Social Media - TAYLOR, New York, NY, pg. 651

Medellin, Lauren - Social Media - DEBERRY GROUP, San Antonio, TX, pg. 595

Meehan, Jack - Social Media - THE MOTION AGENCY, Chicago, IL, pg. 270

Megan, Maureen - Interactive / Digital, Media Department, NBC, Social Media - BRAINS ON FIRE, Greenville, SC, pg. 691

Meisner, Kerry - Media Department, Social Media - HYFN, Los Angeles, CA, pg. 240

Mercado, Jennefer - Social Media - THE TAG EXPERIENCE, Miami, FL, pg. 688

Merk, Kimberly - Interactive / Digital, Media Department, Social Media - SWANSON RUSSELL ASSOCIATES, Lincoln, NE, pg. 415

Merola, Lisa - Account Services, Interactive / Digital, Media Department, NBC, Social Media - WAVEMAKER, San Francisco, CA, pg. 528

Mertz, Angela - Interactive / Digital, NBC, Social Media - EGC MEDIA GROUP, INC., Melville, NY, pg. 354

Meyer, Greg - Account Services, Media Department, Social Media - HYFN, Los Angeles, CA, pg. 240

Mianti, Michael - Media Department, Social Media - ESSENCE, New York, NY, pg. 232

Middleton, Janis - Account Services, Interactive / Digital, Media Department, NBC, Social Media - 22SQUARED INC., Atlanta, GA, pg. 319

Miesen, Kaitlin - Media Department, Social Media - HAWORTH MARKETING & MEDIA, Minneapolis, MN, pg. 470

Mikolon, Nikki - Account Services, Social Media - WEBER SHANDWICK, Birmingham, MI, pg. 662

Miller, Kaylyn - Interactive / Digital, Media Department, NBC, PPOM, Social Media - WAVEMAKER, New York, NY, pg. 526

Miller, Kelsey - Social Media - TINUITI, New York, NY, pg. 678

Miller, Christina - Social Media - VMLY&R, New York, NY, pg. 160

Miller, Anne - Interactive / Digital, Social Media - WALKER SANDS COMMUNICATIONS, Chicago, IL, pg. 659

Miller, Max - Creative, Media Department, Social Media - HALLPASS MEDIA, Costa Mesa, CA, pg. 81

Millman, Alicia - Public Relations, Social Media - MOMENTUM MEDIA PR, Boulder, CO, pg. 628

Minella, Lauren - Public Relations, Social Media - THE BOHAN AGENCY, Nashville, TN, pg. 418

Missirian, Sela - Account Planner, Account Services, Interactive / Digital, Media Department, NBC, Social Media - BROWN BAG MARKETING, Atlanta, GA, pg. 338

Mixon, Kirsten - Social Media -

RESPONSIBILITIES INDEX — AGENCIES

SASSO, Baton Rouge, LA, pg. 138
Mizrahi, Amanda - Media Department, Social Media - EDELMAN, Seattle, WA, pg. 601
Modarelli-Frank, Heidi - NBC, Public Relations, Social Media - MARCUS THOMAS, Cleveland, OH, pg. 104
Modena, Andrew - Social Media - BEYOND MARKETING GROUP, Toronto, ON, pg. 685
Mohabeer, Sacha - Social Media - STELLA RISING, New York, NY, pg. 267
Mohan, Rekha - Creative, Social Media - HI5.AGENCY, Burbank, CA, pg. 239
Molina, Jonathan - Interactive / Digital, Media Department, NBC, Social Media - M/SIX, New York, NY, pg. 482
Moncrief, Caitlin - Social Media - IPROSPECT, Fort Worth, TX, pg. 674
Montesarchio, Lauren - Social Media - HEARTS & SCIENCE, New York, NY, pg. 471
Montoya, Bryan - Social Media - CONILL ADVERTISING, INC., El Segundo, CA, pg. 538
Moo, Candy - Interactive / Digital, Social Media - MOB SCENE, Los Angeles, CA, pg. 563
Moore, Tavia - Interactive / Digital, NBC, Social Media - HUDSON ROUGE, New York, NY, pg. 371
Moreira, George - Account Services, Creative, Interactive / Digital, Social Media - ACCENTURE INTERACTIVE, Chicago, IL, pg. 209
Morel, Renelly - Media Department, Social Media - ESSENCE, New York, NY, pg. 232
Mores, Matthew - Social Media - SUPERFLY, New York, NY, pg. 315
Morgan, Sean - Interactive / Digital, Social Media - OUT THERE ADVERTISING, Duluth, MN, pg. 395
Morrison, Michael - Media Department, Social Media - ESSENCE, New York, NY, pg. 232
Morton, Rosalie - Account Services, Interactive / Digital, Social Media - PADILLA, Richmond, VA, pg. 635
Mossberg, Lauren - Social Media - HORIZON MEDIA, INC., New York, NY, pg. 474
Mountz, Alyssa - Interactive / Digital, Social Media - BLUE WHEEL MEDIA, Birmingham, MI, pg. 335
Moynihan, Madison - Interactive / Digital, Media Department, Social Media - CORNETT INTEGRATED MARKETING SOLUTIONS, Lexington, KY, pg. 344
Muellenberg, Courtney - Interactive / Digital, Media Department, Social Media - IPROSPECT, New York, NY, pg. 674
Mueller, Amanda - Public Relations, Social Media - CASHMAN & KATZ INTEGRATED COMMUNICATIONS, Glastonbury, CT, pg. 340
Mui, Ingrid - Interactive / Digital, Media Department, Social Media - EDELMAN, Seattle, WA, pg. 601
Mulderink, Matthew - Analytics, Interactive / Digital, Management, Media Department, NBC, Research, Social Media - CONNECT AT PUBLICIS MEDIA, Chicago, IL, pg. 462
Munera, Michelle - Interactive / Digital, Media Department, Social Media - DEUTSCH, INC., New York, NY, pg. 349
Munoz, Andrea - Interactive / Digital, Media Department, Social Media - HORIZON MEDIA, INC., Los Angeles, CA, pg. 473
Murphy, Jennifer - Account Services, Creative, Interactive / Digital, Media Department, NBC, Social Media - PUBLICIS.SAPIENT, Birmingham, MI, pg. 260
Murphy, Heather - Interactive / Digital, Media Department, Social Media - NINA HALE CONSULTING, Minneapolis, MN, pg. 675
Murphy, Paul - Social Media - SID LEE, Montreal, QC, pg. 140
Myers, Kate - Account Services, Social Media - ROSEWOOD CREATIVE, Los Angeles, CA, pg. 134
Myszokowski, Meghan - Social Media - ESSENCE, Los Angeles, CA, pg. 233
Nakamura, Audri - Social Media - GROUPM, New York, NY, pg. 466
Namey, Matthew - Media Department, Social Media - ON IDEAS, Jacksonville, FL, pg. 394
Nardello, Erica - Social Media - DIGITAS HEALTH LIFEBRANDS, Philadelphia, PA, pg. 229
Nelson, Andy - Interactive / Digital, NBC, PPM, Social Media - CONILL ADVERTISING, INC., El Segundo, CA, pg. 538
Nelson, Blake - Interactive / Digital, Social Media - HAVAS MEDIA GROUP, Boston, MA, pg. 470
Nelson, Samara - Account Services, Interactive / Digital, Media Department, NBC, Social Media - HEARTS & SCIENCE, New York, NY, pg. 471
Nelson, Emily - Account Services, Interactive / Digital, Media Department, Social Media - MOROCH PARTNERS, Dallas, TX, pg. 389
Nelson, Jayna - Interactive / Digital, Social Media - IPROSPECT, New York, NY, pg. 674
Nettles, Jeremy - NBC, Social Media - DALTON AGENCY, Jacksonville, FL, pg. 348
Nettleton, Ian - Creative, Social Media - THE TOMBRAS GROUP, Knoxville, TN, pg. 424
Neubauer, Alicia - Social Media - J.T. MEGA, INC., Minneapolis, MN, pg. 91
Neuman, David - Account Services, Interactive / Digital, NBC, Social Media - RHYTHMONE, Burlington, MA, pg. 263
Newland, Samantha - Social Media - DIGITAL MARK GROUP, Beaverton, OR, pg. 225
Newman, Kate - Interactive / Digital, Media Department, Social Media - DIGITAS, San Francisco, CA, pg. 227
Nguyen, Catherine - Social Media - ESSENCE, Seattle, WA, pg. 232
Nicholas, Dante - NBC, Social Media - ZEHNDER COMMUNICATIONS, INC., New Orleans, LA, pg. 436
Nicholas, Malaika - Social Media - 360I, LLC, New York, NY, pg. 320
Nieder, Jonathan - Account Planner, Account Services, Media Department, Social Media - OMD WEST, Los Angeles, CA, pg. 502
Nisi, Taylor - Social Media - REPRISE DIGITAL, New York, NY, pg. 676
Norgard, Mike - Interactive / Digital, Social Media - DDB CHICAGO, Chicago, IL, pg. 59
Novak, Brianne - Interactive / Digital, Social Media - DDM MARKETING & COMMUNICATIONS, Grand Rapids, MI, pg. 6
Novick, Sophie - Interactive / Digital, Social Media - WIEDEN + KENNEDY, New York, NY, pg. 432
Nowak, Abigail - Account Services, Interactive / Digital, Media Department, Social Media - MGH ADVERTISING, Owings Mills, MD, pg. 387
Nylander, Kelly - Interactive / Digital, Social Media - EVR ADVERTISING, Manchester, NH, pg. 69
O'Hanlon, Maikel - Analytics, NBC, Social Media - HORIZON MEDIA, INC., New York, NY, pg. 474
O'Keefe, Kelly - Creative, Social Media - FCB CHICAGO, Chicago, IL, pg. 71
O'Rourke, Helen - Account Services, Media Department, Social Media - AUSTIN & WILLIAMS ADVERTISING, Hauppauge, NY, pg. 328
O'Rourke, Christina - Account Services, Creative, Public Relations, Social Media - EDELMAN, Chicago, IL, pg. 353
Oliver, Amanda - Social Media - NEBO AGENCY, LLC, Atlanta, GA, pg. 253
Ortega, Pablo - Interactive / Digital, Media Department, Social Media - CASEY & SAYRE, INC., Malibu, CA, pg. 589
Ortega, Jonathan - Interactive / Digital, Social Media - ACENTO ADVERTISING, INC., Santa Monica, CA, pg. 25
Ortiz, Stephanie - Account Services, Social Media - IPROSPECT, New York, NY, pg. 674
Osegi, Andrew - Media Department, Social Media - DWA MEDIA, Austin, TX, pg. 464
Oumedian, Cassie - Interactive / Digital, Media Department, Programmatic, Social Media - HANAPIN MARKETING, Bloomington, IN, pg. 237
Overby, Theresa - Interactive / Digital, NBC, Social Media - MILES

AGENCIES

RESPONSIBILITIES INDEX

MEDIA GROUP, LLP, Sarasota, FL, pg. 387

Paganelli Schwartz, Jennifer - Interactive / Digital, Social Media - W2O, San Francisco, CA, pg. 659

Palacios, Claude - Interactive / Digital, Media Department, NBC, Social Media - SPARK FOUNDRY, Chicago, IL, pg. 510

Palau, Daniel - Interactive / Digital, Management, Social Media - LAUNDRY SERVICE, Brooklyn, NY, pg. 287

Panknin, Marjorie - Account Planner, Interactive / Digital, Media Department, Social Media - WAVEMAKER, Los Angeles, CA, pg. 528

Pannebaker, Courtney - Interactive / Digital, NBC, Social Media - SOURCELINK, LLC, Greenville, SC, pg. 292

Parisi, Samantha - Interactive / Digital, NBC, Social Media - GIOVATTO ADVERTISING, Paramus, NJ, pg. 363

Park, Deborah - Public Relations, Social Media - TURNER PUBLIC RELATIONS, Denver, CO, pg. 657

Parks, Lesley - Account Services, Interactive / Digital, Media Department, NBC, Public Relations, Social Media - TBWA \ CHIAT \ DAY, New York, NY, pg. 416

Parmann, Andy - Account Services, Interactive / Digital, Social Media - EPIC CREATIVE, West Bend, WI, pg. 7

Parsons, Susan - NBC, Social Media - THE INTEGER GROUP, Lakewood, CO, pg. 682

Pasquinelli, Olivia - Account Services, Interactive / Digital, Social Media - GEOMETRY, New York, NY, pg. 362

Patam, Taylor - Social Media - STARCOM WORLDWIDE, New York, NY, pg. 517

Patota, Danielle - Social Media - ESSENCE, New York, NY, pg. 232

Patrick, Erica - Interactive / Digital, Management, Media Department, NBC, Social Media - MEDIAHUB BOSTON, Boston, MA, pg. 489

Paul, Natalie - NBC, Social Media - LAIRD + PARTNERS, New York, NY, pg. 96

Paulsen, Katie - Social Media - RHYTHMONE, Burlington, MA, pg. 263

Pavlica, Elizabeth - Social Media - EVANS LARSON COMMUNICATIONS, Minneapolis, MN, pg. 602

Payne, Alex - Social Media - BLUE SKY, Atlanta, GA, pg. 40

Pepito, Tammy - Interactive / Digital, Media Department, Social Media - PUBLICIS.SAPIENT, Chicago, IL, pg. 259

Perez, Andy - NBC, Social Media - TPN, Chicago, IL, pg. 571

Perlman, Steve - Account Services, Creative, Interactive / Digital, Social Media - THE MARKETING STORE WORLDWIDE, Chicago, IL, pg. 421

Pertuz, Kelley - Interactive / Digital, Media Department, Social Media - HORIZON MEDIA, INC., New York, NY, pg. 474

Perz, Jay - Account Services, Interactive / Digital, Social Media - MINDSHARE, Chicago, IL, pg. 494

Petersen, William - Interactive / Digital, Media Department, Social Media - CASHMERE AGENCY, Los Angeles, CA, pg. 48

Petty, John - Interactive / Digital, Media Department, NBC, Social Media - WIEDEN + KENNEDY, New York, NY, pg. 432

Phillips, Jodi - Account Services, Interactive / Digital, Management, Media Department, NBC, Research, Social Media - MOXIE, Atlanta, GA, pg. 251

Phinney, Kristy - Account Services, Interactive / Digital, Social Media - RINCK ADVERTISING, Lewiston, ME, pg. 407

Picardi, Jessica - Interactive / Digital, Social Media - DAVIS AD AGENCY, Virginia Beach, VA, pg. 58

PicKell, Courtney - Social Media - 3HEADED MONSTER, Dallas, TX, pg. 23

Pierpont, David - Media Department, Social Media - ANSIRA, Dallas, TX, pg. 1

Pine, Sarah - Account Planner, Interactive / Digital, Media Department, Social Media - GLOW, New York, NY, pg. 237

Pinkley, Carrie - Social Media - MOROCH PARTNERS, Dallas, TX, pg. 389

Pino, Clara - Interactive / Digital, Media Department, Social Media - MAROON PR, Columbia, MD, pg. 625

Pins, Brianne - Media Department, Public Relations, Social Media - CASHMERE AGENCY, Los Angeles, CA, pg. 48

Pithis, Alanna - Social Media - MINDSHARE, New York, NY, pg. 491

Pittman, Jessica - Interactive / Digital, Media Department, Social Media - IPROSPECT, Fort Worth, TX, pg. 674

Plaisance, Anna - Interactive / Digital, Media Department, Social Media - PETERMAYER, New Orleans, LA, pg. 127

Plancich, Madison - Social Media - YESLER, Seattle, WA, pg. 436

Pleasant, Paitra - Social Media - BURRELL COMMUNICATIONS GROUP, INC., Chicago, IL, pg. 45

Pluth, Kate - Interactive / Digital, Social Media - METIA, Bellevue, WA, pg. 250

Poe, Laura - Public Relations, Social Media - UPROAR, Orlando, FL, pg. 657

Poff, Ron - Interactive / Digital, Social Media - THE PRIME FACTORY, Blacksburg, VA, pg. 422

Pogue, Lauren - Interactive / Digital, Media Department, Social Media - UNIVERSAL MCCANN DETROIT, Birmingham, MI, pg. 524

Poh, Kathryn - Interactive / Digital, Media Department, Social Media - PHD, San Francisco, CA, pg. 504

Pollio, Emily - Interactive / Digital, Social Media - DESIGN 446, Manasquan, NJ, pg. 61

Porcelli, Julia - Interactive / Digital, Media Department, Social Media - PHD USA, New York, NY, pg. 505

Porter, Bea - Social Media - OPTIDGE, Houston, TX, pg. 255

Powers, Lisi - Analytics, Social Media - WALRUS, New York, NY, pg. 161

Powlison, Jennifer - Interactive / Digital, NBC, Social Media - THE FOUNDRY @ MEREDITH CORP, New York, NY, pg. 150

Pryor, Allyson - Interactive / Digital, NBC, Promotions, Social Media - THE LANE COMMUNICATIONS GROUP, New York, NY, pg. 654

Prysock, Maria - Account Services, Interactive / Digital, Media Department, Public Relations, Social Media - CRAMER-KRASSELT, Chicago, IL, pg. 53

Puccio, Katie - Social Media - BARBARIAN, New York, NY, pg. 215

Puchalsky, Adam - Interactive / Digital, Social Media - WAVEMAKER, New York, NY, pg. 526

Puhala, Damian - Social Media - SOCIAL LINK, Nashville, TN, pg. 411

Pulijal, Gautham - Interactive / Digital, Social Media - REPRISE DIGITAL, New York, NY, pg. 676

Pyatt, Krystal - Account Services, Interactive / Digital, Public Relations, Social Media - THE FERRARO GROUP, Las Vegas, NV, pg. 653

Quirk, Meredith - Media Department, Social Media - HAVAS MEDIA GROUP, Boston, MA, pg. 470

Raddock, Stephanie - Interactive / Digital, Media Department, Social Media - T3, Austin, TX, pg. 268

Randant, Elaine - Social Media - SAGEPATH, INC., Atlanta, GA, pg. 409

Rangel, Olga - Account Services, Social Media - ADLUCENT, Austin, TX, pg. 671

Rangel, Karen - Social Media - LEO BURNETT WORLDWIDE, Chicago, IL, pg. 98

Rea, Beth - Account Services, Social Media - PUBLICIS.SAPIENT, Birmingham, MI, pg. 260

Reagan Reichmann, Cavan - Interactive / Digital, Media Department, NBC, Social Media - CARMICHAEL LYNCH, Minneapolis, MN, pg. 47

Real, Chelsea - Social Media - DIGITAS, Chicago, IL, pg. 227

Rebeiro, Steve - Interactive / Digital, Social Media - XENOPSI, New York, NY, pg. 164

Redden, Jessica - Account Services,

RESPONSIBILITIES INDEX — AGENCIES

Public Relations, Social Media - BOHLSEN GROUP, Indianapolis, IN, pg. 336

Reilly, Hope - Interactive / Digital, Media Department, NBC, Public Relations, Social Media - SOUTHWEST STRATEGIES, LLC, San Diego, CA, pg. 411

Reiter, Zoe - Interactive / Digital, Media Department, Social Media - PHD USA, New York, NY, pg. 505

Remillard, Ashlyn - Interactive / Digital, Media Department, NBC, Social Media - MOXIE, Atlanta, GA, pg. 251

Reynolds, Stephen - Account Planner, Account Services, Media Department, Social Media - BUFFALO.AGENCY, Reston, VA, pg. 587

Ricci, Katharine - Creative, Interactive / Digital, Media Department, NBC, Social Media - OMD, New York, NY, pg. 498

Rice, Richelle - Social Media - KIRVIN DOAK COMMUNICATIONS, Las Vegas, NV, pg. 620

Richards, Chad - Management, Media Department, Social Media - FIREBELLY MARKETING, Indianapolis, IN, pg. 685

Riches, Brianne - Interactive / Digital, Social Media - VMLY&R, New York, NY, pg. 160

Richter, Connor - Interactive / Digital, Media Department, Social Media - RPA, Santa Monica, CA, pg. 134

Rida, Hayet - Media Department, Social Media - FCB CHICAGO, Chicago, IL, pg. 71

Riddle, Robin - Account Services, Interactive / Digital, NBC, Social Media - THE FOUNDRY @ MEREDITH CORP, New York, NY, pg. 150

Riley, Meghan - Interactive / Digital, Management, Media Department, Social Media - MULLENLOWE U.S. NEW YORK, New York, NY, pg. 496

Riley Roper, Marissa - Creative, Management, Media Department, Social Media - FABCOM, Scottsdale, AZ, pg. 357

Ritchie, Kimberly - Interactive / Digital, Media Department, Social Media - MGH ADVERTISING, Owings Mills, MD, pg. 387

Rivera, Michael - Interactive / Digital, NBC, Social Media - THE FOUNDRY @ MEREDITH CORP, New York, NY, pg. 150

Rizzuto, Patrick - Public Relations, Social Media - GOLIN, New York, NY, pg. 610

Robinson, Paige - Account Services, Public Relations, Social Media - SCHAFER CONDON CARTER, Chicago, IL, pg. 138

Rodriguez, Pedro - Account Planner, Interactive / Digital, NBC, Social Media - HORIZON MEDIA, INC., New York, NY, pg. 474

Rodriguez, Diossley - Analytics, Social Media - TINUITI, Dania Beach, FL, pg. 271

Roeling, Marge - Interactive / Digital, Social Media - MARKSTEIN, Birmingham, AL, pg. 625

Rogowski, Brittney - Interactive / Digital, Media Department, Social Media - HAWORTH MARKETING & MEDIA, Minneapolis, MN, pg. 470

Rojo, Yendy - Social Media - ORCI, Santa Monica, CA, pg. 543

Rooke, Joanne - Interactive / Digital, Social Media - TARGETBASE MARKETING, Irving, TX, pg. 292

Rooney, Colleen - Interactive / Digital, Media Department, Social Media - 360I, LLC, New York, NY, pg. 320

Rosenberry, Devon - Account Services, Social Media - PMG, Fort Worth, TX, pg. 257

Rosin, Ilana - Interactive / Digital, Media Department, Social Media - OMD, Chicago, IL, pg. 500

Ross, Casey - Social Media - FCB HEALTH, New York, NY, pg. 72

Ross, Sara - Social Media - ARMADA MEDICAL MARKETING, Arvada, CO, pg. 578

Rosser, Beau - Account Services, Analytics, Social Media - ADPEARANCE, Portland, OR, pg. 671

Rozmus, Gregory - Interactive / Digital, Social Media - HORIZON MEDIA, INC., New York, NY, pg. 474

Rudolf, Jordyn - Social Media - MRM//MCCANN, New York, NY, pg. 289

Ruggery, Alaina - Social Media - FRENCH / WEST / VAUGHAN, Raleigh, NC, pg. 361

Ruiz, Diana - Interactive / Digital, Social Media - SID LEE, Culver City, CA, pg. 141

Russell, Claire - Analytics, Interactive / Digital, Media Department, Programmatic, Social Media - FITZCO, Atlanta, GA, pg. 73

Rutledge, Tevin - Interactive / Digital, Media Department, Social Media - WAVEMAKER, Los Angeles, CA, pg. 528

Ryan, Chris - NBC, Social Media - RHYTHMONE, Burlington, MA, pg. 263

Salus, Barry - Interactive / Digital, Media Department, NBC, Social Media - 22SQUARED INC., Tampa, FL, pg. 319

Samari, Shir - Interactive / Digital, Media Department, Social Media - MEDIA ASSEMBLY, New York, NY, pg. 484

Sammartino, Ryan - Interactive / Digital, Social Media - IPROSPECT, New York, NY, pg. 674

Sampson, Shellie - Creative, Media Department, Social Media - VAYNERMEDIA, New York, NY, pg. 689

Sanders, Melanie - Social Media - TEAM ONE, Dallas, TX, pg. 418

Sangiovanni, Rafael - Interactive / Digital, NBC, PPM, Social Media - RBB COMMUNICATIONS, Miami, FL, pg. 641

Sannazzaro, Lisa - Account Planner, Account Services, Interactive / Digital, Media Department, Operations, PPOM, Social Media - REPRISE DIGITAL, New York, NY, pg. 676

Santilli, Tracey - Public Relations, Social Media - TIERNEY COMMUNICATIONS, Philadelphia, PA, pg. 426

Sapienza, Alaina - Creative, Interactive / Digital, Social Media - BRUNNER, Pittsburgh, PA, pg. 44

Sato, Hana - Creative, Social Media - HUDSON ROUGE, New York, NY, pg. 371

Savela, Kelly - Interactive / Digital, Social Media - CAMPBELL EWALD, Detroit, MI, pg. 46

Sawrie, Ryan - Interactive / Digital, Social Media - CSM SPORTS & ENTERTAINMENT, Indianapolis, IN, pg. 55

Scherr, Traci - Account Services, Interactive / Digital, Public Relations, Social Media - ARKETI GROUP, Atlanta, GA, pg. 578

Schiermeyer, Ashley - Account Planner, Account Services, Social Media - NEXT LEVEL SPORTS INC., San Juan Capistrano, CA, pg. 632

Schiff, Brooke - Analytics, Interactive / Digital, Media Department, Social Media - HAVAS MEDIA GROUP, New York, NY, pg. 468

Schiffman, Graham - Account Services, Interactive / Digital, Media Department, Social Media - MEDIACOM, New York, NY, pg. 487

Schmidt, Eddie - Media Department, Social Media - ESSENCE, New York, NY, pg. 232

Schmitt, Erik - Interactive / Digital, NBC, Social Media - AYZENBERG GROUP, INC., Pasadena, CA, pg. 2

Schoerning, Katie - Social Media - WPP KANTAR MEDIA, Boston, MA, pg. 451

Schrieber, Alex - Account Services, Interactive / Digital, NBC, Social Media - RESOLUTION MEDIA, Chicago, IL, pg. 676

Schuster, Jordan - Interactive / Digital, Media Department, Social Media - COLLING MEDIA, Scottsdale, AZ, pg. 51

Schuyler, Amy - Account Planner, Analytics, Interactive / Digital, Social Media - HUDSON ROUGE, Dearborn, MI, pg. 372

Schwalb, Andrew - NBC, Social Media - EDELMAN, Los Angeles, CA, pg. 601

Schwartz, Katelyn - Media Department, NBC, Social Media - KLUNK & MILLAN ADVERTISING, Allentown, PA, pg. 95

Scott, Zarinah - Account Services, NBC, Social Media - MEDIACOM, New York, NY, pg. 487

Scott, Erin - Interactive / Digital, Social Media - PURERED, Princeton, NJ, pg. 130

Scribner, Shannon - Account Services, Interactive / Digital,

AGENCIES

RESPONSIBILITIES INDEX

Media Department, Social Media - BARKLEY, Kansas City, MO, *pg.* 329

Scruggs, Emily - Interactive / Digital, Media Department, Social Media - PROOF ADVERTISING, Austin, TX, *pg.* 398

Scuglik, Cody - Interactive / Digital, Programmatic, Social Media - STARCOM WORLDWIDE, Chicago, IL, *pg.* 513

Segura, Mariana - Interactive / Digital, NBC, Social Media - LATIN WE, South Miami, FL, *pg.* 298

Seidner, Matthew - Account Services, Interactive / Digital, Social Media - RESOLUTION MEDIA, New York, NY, *pg.* 263

Seits, Angela - Account Services, Operations, Social Media - PMG, Fort Worth, TX, *pg.* 257

Seits, Angela - Creative, Social Media - PMG, Fort Worth, TX, *pg.* 257

Semones, Jeff - Interactive / Digital, Social Media - MEDIACOM, New York, NY, *pg.* 487

Senke, Christine - Interactive / Digital, Media Department, Social Media - BROWN PARKER | DEMARINIS ADVERTISING, Boca Raton, FL, *pg.* 43

Seo, Brian - Interactive / Digital, Social Media - BLACK BEAR DESIGN GROUP, Chamblee, GA, *pg.* 175

Sevgili, Aylin - Social Media - GIANT PROPELLER, Burbank, CA, *pg.* 76

Shadowens, Ashley - Interactive / Digital, Public Relations, Social Media - FIREHOUSE, INC., Dallas, TX, *pg.* 358

Shalayev, Denys - Social Media - REPRISE DIGITAL, New York, NY, *pg.* 676

Shapiro, Andrew - Interactive / Digital, Media Department, Social Media - POWERPHYL MEDIA SOLUTIONS, New York, NY, *pg.* 506

Sharetts, Andrew - Interactive / Digital, Social Media - PUBLICIS.SAPIENT, New York, NY, *pg.* 258

Shaw, Kristen - Social Media - ZEHNDER COMMUNICATIONS, INC., New Orleans, LA, *pg.* 436

Shcherbinina, Yulia - Operations, Social Media - GIANT PROPELLER, Burbank, CA, *pg.* 76

Sheehan, Casey - Account Services, Programmatic, Social Media - STARCOM WORLDWIDE, Chicago, IL, *pg.* 513

Shen, Christine - Account Planner, Interactive / Digital, Media Department, NBC, Research, Social Media - MEDIA ASSEMBLY, New York, NY, *pg.* 484

Shenk, Annie - Interactive / Digital, Media Department, Social Media - MOXIE, Atlanta, GA, *pg.* 251

Sherman, Ashleigh - Interactive / Digital, Social Media - DARBY COMMUNICATIONS, Asheville, NC, *pg.* 595

Shin, Rachel - Account Services, Interactive / Digital, Public Relations, Social Media - BCW AUSTIN, Austin, TX, *pg.* 581

Shortall, Taylor - Social Media - GENTLEMAN SCHOLAR, Los Angeles, CA, *pg.* 562

Siddall, Kira - Interactive / Digital, NBC, Social Media - SIDDALL, Richmond, VA, *pg.* 141

Siegel, Richard - Social Media - HORIZON MEDIA, INC., Los Angeles, CA, *pg.* 473

Sifantus, Nigel - Interactive / Digital, Social Media - MINDSHARE, Playa Vista, CA, *pg.* 495

Simon, Jeremy - NBC, Promotions, Social Media - LIPPE TAYLOR, New York, NY, *pg.* 623

Sims, Amanda - Public Relations, Social Media - AMNET, Fort Worth, TX, *pg.* 454

Singer, Aldo - Interactive / Digital, Media Department, NBC, Social Media - HAVAS MEDIA GROUP, New York, NY, *pg.* 468

Sinha, Roslyn - Interactive / Digital, Social Media - MILLER AD AGENCY, Dallas, TX, *pg.* 115

Sinitean, Sarah - Interactive / Digital, Media Department, Programmatic, Social Media - STARCOM WORLDWIDE, Chicago, IL, *pg.* 513

Sklad, Amanda - Interactive / Digital, NBC, Social Media - EDELMAN, San Francisco, CA, *pg.* 601

Skobac, Kevin - Account Planner, Interactive / Digital, Media Department, NBC, Social Media - SS+K, New York, NY, *pg.* 144

Sladowski, Lynn - Interactive / Digital, NBC, PPOM, Social Media - WAVEMAKER, New York, NY, *pg.* 526

Slattery, Scott - Public Relations, Social Media - 360I, LLC, New York, NY, *pg.* 320

Smith, Dustin - Interactive / Digital, Media Department, Social Media - CARMICHAEL LYNCH, Minneapolis, MN, *pg.* 47

Smith, Lindsay - Media Department, Social Media - VENTURE COMMUNICATIONS, LTD., Calgary, AB, *pg.* 158

Smith, Lauren - Account Services, Interactive / Digital, NBC, Public Relations, Social Media - HIEBING, Madison, WI, *pg.* 85

Smith, Peter - Interactive / Digital, Media Department, NBC, Social Media - GMR MARKETING, New Berlin, WI, *pg.* 306

Smith, Garrett - Interactive / Digital, NBC, Public Relations, Social Media - ACCENTURE INTERACTIVE, Arlington, VA, *pg.* 322

Smith, Emily - Interactive / Digital, Media Department, Programmatic, Social Media - DIGITAS, Boston, MA, *pg.* 226

Smith, Kristen - Interactive / Digital, Media Department, Social Media - CROSSMEDIA, New York, NY, *pg.* 463

Smith, Amanda - Media Department, Public Relations, Social Media - BENEDICT ADVERTISING, Daytona Beach, FL, *pg.* 38

Smith, Ben - Interactive / Digital, Media Department, Social Media - CALLAHAN CREEK, Lawrence, KS, *pg.* 4

Smith, Shannon - Media Department, Social Media - 360I, LLC, New York, NY, *pg.* 320

Smythe, Nandi - Interactive / Digital, NBC, Social Media - UWG, Brooklyn, NY, *pg.* 546

Snell, Elizabeth - Interactive / Digital, Social Media - MARCH COMMUNICATIONS, Boston, MA, *pg.* 625

Snitkovsky, Masha - Account Services, Media Department, Public Relations, Social Media - MARINA MAHER COMMUNICATIONS, New York, NY, *pg.* 625

So, Anthony - Account Services, Administrative, Interactive / Digital, Management, NBC, Operations, Social Media - RPA, Atlanta, GA, *pg.* 135

Sode, Paige - Social Media - SOCIAL CHAIN, New York, NY, *pg.* 143

Soffer, Ben - Interactive / Digital, Media Department, Social Media - MARINA MAHER COMMUNICATIONS, New York, NY, *pg.* 625

Sohnen, Lauren - Social Media - SPARK FOUNDRY, New York, NY, *pg.* 508

Solomon, Rachel - Social Media - FLEISHMANHILLARD, Dallas, TX, *pg.* 605

Souza, Flavia - Account Services, Social Media - SPARK44, New York, NY, *pg.* 411

Spencer, Danielle - Interactive / Digital, NBC, Social Media - A2G, Los Angeles, CA, *pg.* 691

Spencer, Jesse - Interactive / Digital, Media Department, Social Media - LEO BURNETT DETROIT, Troy, MI, *pg.* 97

Spooner, Taylor - NBC, Social Media - BLUEPRINT DIGITAL, Duluth, GA, *pg.* 218

Spreer, Megan - Interactive / Digital, Media Department, Social Media - CALLAHAN CREEK, Lawrence, KS, *pg.* 4

Sreenivasan, Ashwathy - PPOM, Social Media - MEDIACOM, New York, NY, *pg.* 487

Stabler, Zach - Media Department, Social Media - BIGWING, Oklahoma City, OK, *pg.* 217

Stachulski, John - Programmatic, Social Media - LAUGHLIN CONSTABLE, INC., Chicago, IL, *pg.* 380

Staley, Cassandra - Social Media - MIDAN MARKETING, Mooresville, NC, *pg.* 13

Stefchak, Cara - Social Media - QUENCH, Harrisburg, PA, *pg.* 131

Stenberg, Edie - Interactive / Digital, Media Department, Social Media - GRIFFIN ARCHER,

RESPONSIBILITIES INDEX — AGENCIES

Minneapolis, MN, *pg.* 78
Stephan, Cris - Interactive / Digital, Media Department, Social Media - SPARK FOUNDRY, Chicago, IL, *pg.* 510
Stephan Hardin, Annabel - Interactive / Digital, Social Media - LDWW GROUP, Dallas, TX, *pg.* 622
Stephens, Tanner - Media Department, Social Media - TINUITI, Dania Beach, FL, *pg.* 271
Stewart-Meudt, James - Social Media - MRM//MCCANN, New York, NY, *pg.* 289
Stiel, Allison - Interactive / Digital, Management, Media Department, NBC, Social Media - ZEHNDER COMMUNICATIONS, INC., New Orleans, LA, *pg.* 436
Stigol, Florencia - Social Media - HEMSWORTH COMMUNICATIONS, Fort Lauderdale, FL, *pg.* 613
Stoeckle, Nicholas - Interactive / Digital, NBC, Social Media - PP+K, Tampa, FL, *pg.* 129
Strohs, Kendall - Media Department, Social Media - THE RICHARDS GROUP, INC., Dallas, TX, *pg.* 422
Sturtz, David - NBC, Social Media - GEOMETRIC, Cedar Rapids, IA, *pg.* 237
Sumner, Ashley - Interactive / Digital, Media Department, Social Media - IPROSPECT, Fort Worth, TX, *pg.* 674
Sun, Adelina - Interactive / Digital, Social Media - THE RICHARDS GROUP, INC., Dallas, TX, *pg.* 422
Suri, Natasha - Account Planner, Media Department, Social Media - PROOF ADVERTISING, Austin, TX, *pg.* 398
Sustello, CJ - Interactive / Digital, Social Media - GENTLEMAN SCHOLAR, Los Angeles, CA, *pg.* 562
Suter, Janice - Interactive / Digital, NBC, Social Media - GSD&M, Austin, TX, *pg.* 79
Sutherland, Cara - Interactive / Digital, Social Media - TRAMPOLINE, Halifax, NS, *pg.* 20
Sutton, Caustin - Interactive / Digital, Management, Social Media - BANTON MEDIA, Myrtle Beach, SC, *pg.* 329
Sweis, Amanda - Social Media - VOKAL INTERACTIVE, Chicago, IL, *pg.* 275
Swiontek, Elizabeth - Interactive / Digital, Social Media - SAATCHI & SAATCHI DALLAS, Dallas, TX, *pg.* 136
Tackett, Erica - Social Media - WEBER SHANDWICK, Birmingham, MI, *pg.* 662
Taggert, Kristen - Interactive / Digital, Social Media - BRUNNER, Pittsburgh, PA, *pg.* 44
Tagle, Aris - Analytics, Interactive / Digital, Media Department, Social Media - TEAM ONE, Los Angeles, CA, *pg.* 417
Tahan, Julie - Interactive / Digital, Media Department, Social Media - ZENO GROUP, New York, NY, *pg.* 664
Tandon, Anisha - Social Media - LEO BURNETT DETROIT, Troy, MI, *pg.* 97
Tankerson, Rhonda - Social Media - AUTHENTIQUE AGENCY, Atlanta, GA, *pg.* 538
Tannenbaum, Julia - Social Media - HAVAS MEDIA GROUP, New York, NY, *pg.* 468
Tanouye, Anthea - Social Media - ANSIRA, Addison, TX, *pg.* 326
Tapfar, Brian - Interactive / Digital, Media Department, Social Media - DIGITAS, New York, NY, *pg.* 226
Tarver, Derrick - Media Department, Social Media - 360I, LLC, Atlanta, GA, *pg.* 207
Tateishi, Hiromi - Interactive / Digital, Media Department, Social Media - REPRISE DIGITAL, New York, NY, *pg.* 676
Taylor, Kieley - Interactive / Digital, Management, Research, Social Media - GROUPM, New York, NY, *pg.* 466
Taylor, Liz - Creative, Interactive / Digital, PPOM, Social Media - LEO BURNETT WORLDWIDE, Chicago, IL, *pg.* 98
Taylor, Amy - Interactive / Digital, Media Department, Social Media - BRAINS ON FIRE, Greenville, SC, *pg.* 691
Tedford, Katie - Social Media - THE NARRATIVE GROUP, Los Angeles, CA, *pg.* 654
Terry, Shayne - Interactive / Digital, Social Media - TREKK, Rockford, IL, *pg.* 156
Teske, Amy - Interactive / Digital, Media Department, Social Media - MERKLEY + PARTNERS, New York, NY, *pg.* 114
Tester, Allison - Social Media - RAINDROP AGENCY INC, San Diego, CA, *pg.* 196
Tetzloff, Sara - Account Services, Interactive / Digital, NBC, Public Relations, Social Media - HIEBING, Madison, WI, *pg.* 85
Theobald, Kate - Interactive / Digital, Media Department, Social Media - THE TOMBRAS GROUP, Knoxville, TN, *pg.* 424
Thill, Blair - Interactive / Digital, NBC, Social Media - THE FOUNDRY @ MEREDITH CORP, New York, NY, *pg.* 150
Thomas, Dana - Interactive / Digital, Media Department, Social Media - HMH, Charlotte, NC, *pg.* 86
Thomas, Kenya - Interactive / Digital, Social Media - COLANGELO & PARTNERS, New York, NY, *pg.* 591
Thompson, Dustin - Interactive / Digital, NBC, Social Media - CALDWELL VANRIPER, Indianapolis, IN, *pg.* 46
Thompson, Will - Social Media - GIANT SPOON, LLC, Los Angeles, CA, *pg.* 363
Thompson, Akeem - Interactive / Digital, Social Media - REPRISE DIGITAL, New York, NY, *pg.* 676
Tkachenko, Lana - Interactive / Digital, Social Media - 360PRPLUS, Boston, MA, *pg.* 573
Tobias, Emily - Interactive / Digital, Media Department, Social Media - OMD, New York, NY, *pg.* 498
Torres, Carina - Social Media - WE COMMUNICATIONS, San Francisco, CA, *pg.* 660
Trainer, Tyler - Interactive / Digital, Social Media - 10FOLD, San Francisco, CA, *pg.* 573
Tran, Amelia - Interactive / Digital, Media Department, Social Media - MEDIACOM, New York, NY, *pg.* 487
Trani, JorDana - Account Services, Creative, Management, Public Relations, Social Media - DEVRIES GLOBAL, New York, NY, *pg.* 596
Tree, Brendan - Interactive / Digital, Social Media - HEARTS & SCIENCE, Los Angeles, CA, *pg.* 473
Trevino, Nickolaus - Interactive / Digital, Media Department, NBC, Social Media - FEARLESS MEDIA, New York, NY, *pg.* 673
Triplett, Megan - Public Relations, Social Media - JACOBSEYE, Atlanta, GA, *pg.* 243
Tristano-Martin, Lisa - Public Relations, Social Media - MARC USA, Pittsburgh, PA, *pg.* 104
Troche, Mason - Interactive / Digital, Social Media - SPARK44, New York, NY, *pg.* 411
Turman, Kimberly - Account Services, Media Department, NBC, Social Media - CHAMPION MANAGEMENT GROUP, LLC, Addison, TX, *pg.* 589
Turner, Jacquelyn - Interactive / Digital, NBC, Social Media - CHEMISTRY ATLANTA, Atlanta, GA, *pg.* 50
Turner, Lauren - Analytics, Social Media - AGENCY 720, Detroit, MI, *pg.* 323
Uzana, Dana - Social Media - RENAISSANCE, San Diego, CA, *pg.* 263
Vadnais, Adam - Creative, Interactive / Digital, Social Media - MOB SCENE, Los Angeles, CA, *pg.* 563
Vahdani, Kiara - Social Media - CARAT, Culver City, CA, *pg.* 459
Valencia, Cristobal - Interactive / Digital, Media Department, Social Media - INITIATIVE, New York, NY, *pg.* 477
Valente, Stephanie - Account Services, Social Media - MADWELL, Brooklyn, NY, *pg.* 13
Valfre, Jenny - Social Media - THE TAG EXPERIENCE, Miami, FL, *pg.* 688
Van Zile-Buchwalter, Aimee - Account Services, Social Media - MULLENLOWE U.S. BOSTON, Boston, MA, *pg.* 389
Vandenberg, Celsae - NBC, Social Media - WALLACE CHURCH, INC., New York, NY, *pg.* 204
Varlotta, Lucia - Public Relations,

AGENCIES — RESPONSIBILITIES INDEX

Social Media - CRAMER-KRASSELT, Chicago, IL, *pg.* 53
Vasques, Chris - Creative, Social Media - AKQA, San Francisco, CA, *pg.* 211
Velez, Wilmarie - Account Services, Interactive / Digital, Social Media - NOBOX, Miami, FL, *pg.* 254
Verdugo-Del Real, Susana - Social Media - REPRISE DIGITAL, New York, NY, *pg.* 676
Verret, Heather - Social Media - FETCH, Los Angeles, CA, *pg.* 533
Verrill, Benjamin - Interactive / Digital, Media Department, NBC, Social Media - MEDIAHUB BOSTON, Boston, MA, *pg.* 489
Veselovsky, Dana - Social Media - HEARTS & SCIENCE, New York, NY, *pg.* 471
Videtto, Amy - Account Planner, NBC, Social Media - HORIZON MEDIA, INC., New York, NY, *pg.* 474
Villavicencio, Samantha - Creative, Social Media - ORCI, Santa Monica, CA, *pg.* 543
Villiott, Brent - Interactive / Digital, Media Department, Social Media - CPC STRATEGY, San Diego, CA, *pg.* 672
Virdo, Rosella - Interactive / Digital, Media Department, NBC, Social Media - LODGING INTERACTIVE, Parsippany, NJ, *pg.* 246
Vitale, Stefanie - Interactive / Digital, Social Media - 360I, LLC, New York, NY, *pg.* 320
Vitrano, Amanda - Media Department, Social Media - HAVAS MEDIA GROUP, Chicago, IL, *pg.* 469
Voloshin, Helen - Interactive / Digital, Media Department, Social Media - DIGITAS, Boston, MA, *pg.* 226
Wallace, Lauren - Media Department, Social Media - CROSSMEDIA, Philadelphia, PA, *pg.* 463
Walsh, Maggie - Account Services, Interactive / Digital, Social Media - 360I, LLC, New York, NY, *pg.* 320
Walters, Kate - Account Planner, Account Services, Creative, Media Department, Social Media - MCGARRYBOWEN, San Francisco, CA, *pg.* 385
Wanczyk, Stephen - Interactive / Digital, Media Department, Social Media - REPEQUITY, Washington, DC, *pg.* 263
Wang, Jasmine - Interactive / Digital, Media Department, Programmatic, Social Media - NOBLE PEOPLE, New York, NY, *pg.* 120
Wanger, Sarah - Interactive / Digital, Media Department, Social Media - 360I, LLC, New York, NY, *pg.* 320
Ward, Tim - Account Services, Interactive / Digital, NBC, Social Media - H+A INTERNATIONAL, INC., Santa Ynez, CA, *pg.* 611
Wardle, Adriana - Social Media - SOCIAL CHAIN, New York, NY, *pg.* 143
Warwick, Mike - Interactive /

Digital, Research, Social Media - UNIVERSAL MCCANN DETROIT, Birmingham, MI, *pg.* 524
Wasilewsk, Paige - Social Media - SMARTY SOCIAL MEDIA, Santa Ana, CA, *pg.* 688
Watson, Melissa - Account Services, Social Media - IPROSPECT, Fort Worth, TX, *pg.* 674
Watson, Ali - Media Department, Social Media - COLLING MEDIA, Scottsdale, AZ, *pg.* 51
Watts, Nick - Interactive / Digital, PPOM, Social Media - HOOK, Ann Arbor, MI, *pg.* 239
Weaver, Lucas - Interactive / Digital, Social Media - PRESTON KELLY, Minneapolis, MN, *pg.* 129
Weaver, Chad - Public Relations, Social Media - HUGE, INC., Oakland, CA, *pg.* 240
Weber, Robby - Social Media - DALTON AGENCY, Jacksonville, FL, *pg.* 348
Wegienka, Rachel - Social Media - FLEISHMANHILLARD, Detroit, MI, *pg.* 606
Weichselbaum, Charles - Interactive / Digital, Media Department, Social Media - EPIC SIGNAL, New York, NY, *pg.* 685
Weiss, Charney - Social Media - DAILEY & ASSOCIATES, West Hollywood, CA, *pg.* 56
Weitzman, Robert - Social Media - WEITZMAN ADVERTISING, INC., Annapolis, MD, *pg.* 430
Welch, McKenzie - Account Planner, Account Services, Media Department, Social Media - BFG COMMUNICATIONS, Atlanta, GA, *pg.* 333
Wentz, Andy - Account Planner, Interactive / Digital, Social Media - TURNER PUBLIC RELATIONS, New York, NY, *pg.* 657
Westbrook, Greg - Interactive / Digital, Social Media - HARMON GROUP, Nashville, TN, *pg.* 82
Wheeler, Mary - Interactive / Digital, Social Media - WOODRUFF, Columbia, MO, *pg.* 163
Whisenant, Alison - Account Services, Interactive / Digital, Media Department, NBC, Social Media - MULLENLOWE U.S. BOSTON, Boston, MA, *pg.* 389
White, Arianne - Social Media - PETERMAYER, New Orleans, LA, *pg.* 127
White, Peter - Account Services, Interactive / Digital, Social Media - ARCHETYPE, New York, NY, *pg.* 33
Whitson, Margaret - Interactive / Digital, Social Media - AMPERAGE, Cedar Rapids, IA, *pg.* 30
Whittington, Ashlyn - Account Services, Social Media - CASHMERE AGENCY, Los Angeles, CA, *pg.* 48
Wiggins, Jessica - Interactive / Digital, NBC, Social Media - VMLY&R, Kansas City, MO, *pg.* 274
Wijesekera, Amanda - Interactive / Digital, Social Media - MIRUM AGENCY, Toronto, ON, *pg.* 251

Williams, Vanessa - Account Services, Promotions, Social Media - IGNITE SOCIAL MEDIA, Cary, NC, *pg.* 686
Williams, Ansley - Account Services, Management, Media Department, Social Media - OGILVY, New York, NY, *pg.* 393
Williams, Whitney - Account Services, Interactive / Digital, Media Department, Social Media - MCKEEMAN COMMUNICATIONS, Raleigh, NC, *pg.* 626
Williams, Marissa - Media Department, Social Media - ESSENCE, New York, NY, *pg.* 232
Williamson, Janelle - Account Planner, Interactive / Digital, Media Department, NBC, Social Media - DIGITAS, New York, NY, *pg.* 226
Wingfield, Rebecca - Account Services, Analytics, Interactive / Digital, Management, Media Department, Social Media - BRIGHTWAVE MARKETING, INC., Atlanta, GA, *pg.* 219
Winner, Jaime - Account Services, Interactive / Digital, Operations, Social Media - MCCANN NEW YORK, New York, NY, *pg.* 108
Wischmann, Talia - Interactive / Digital, NBC, Social Media - HABERMAN, Minneapolis, MN, *pg.* 369
Witkower, Melanie - Social Media - BLT COMMUNICATIONS, LLC, Hollywood, CA, *pg.* 297
Wolff-Ormes, Tyler - Public Relations, Social Media - SUPERFLY, New York, NY, *pg.* 315
Wood, Ashley - Interactive / Digital, Media Department, NBC, Social Media - OXFORD COMMUNICATIONS, Lambertville, NJ, *pg.* 395
Wood, Emily - Social Media - HUDSON ROUGE, New York, NY, *pg.* 371
Woods, Rhea - Creative, Interactive / Digital, Promotions, Social Media - PRAYTELL, Brooklyn, NY, *pg.* 258
Woodul, Jenna - PPOM, Social Media - LIVEWORLD, San Jose, CA, *pg.* 246
Worthington, Jessica - Account Services, NBC, PPOM, Social Media - MINDSHARE, Portland, OR, *pg.* 495
Wright, Jennifer - Account Services, Interactive / Digital, NBC, Social Media - GTB, Dearborn, MI, *pg.* 367
Wuelfrath, Erika - Social Media - SPARKLOFT MEDIA, Portland, OR, *pg.* 688
Wysocki, Gabriela - Operations, Social Media - MIRUM AGENCY, Chicago, IL, *pg.* 681
Yates, Courtney - Creative, Social Media - MATTE PROJECTS, New York, NY, *pg.* 107
Yelverton, Marinda - Management, Public Relations, Social Media - 360I, LLC, Atlanta, GA, *pg.* 207
Yoder, Mikey - Interactive / Digital, Media Department, Social Media - CROSSMEDIA, New York, NY, *pg.* 463

RESPONSIBILITIES INDEX — AGENCIES

York, Kelly - Media Department, Social Media - TINUITI, New York, NY, *pg.* 678

Young, Jamie - Interactive / Digital, Social Media - PUBLICIS.SAPIENT, Los Angeles, CA, *pg.* 259

Yuskoff, Claudia - Account Planner, Account Services, Interactive / Digital, Management, Media Department, NBC, Social Media - CONILL ADVERTISING, INC., El Segundo, CA, *pg.* 538

Zander, Megan - Social Media - SIGNAL THEORY, Kansas City, MO, *pg.* 141

Zarski, Chris - Interactive / Digital, NBC, Social Media - CAMELOT STRATEGIC MARKETING & MEDIA, Dallas, TX, *pg.* 457

Zeikel, Katie - Interactive / Digital, Media Department, Social Media - PHD USA, New York, NY, *pg.* 505

Zent, Amber - Interactive / Digital, NBC, Social Media - MARCUS THOMAS, Cleveland, OH, *pg.* 104

Zhang, Gordon - Interactive / Digital, Social Media - RETHINK COMMUNICATIONS, INC., Vancouver, BC, *pg.* 133

Zhou, Melina - Interactive / Digital, Media Department, Social Media - STARCOM WORLDWIDE, New York, NY, *pg.* 517

Zia Butt, Sidra - Management, Social Media - DOREMUS & COMPANY, San Francisco, CA, *pg.* 64

Ziemba, Steve - Interactive / Digital, Media Department, Social Media - ENVISIONIT MEDIA, INC., Chicago, IL, *pg.* 231

Zimmer, Leah - Account Services, Management, Media Department, Social Media - GREY MIDWEST, Cincinnati, OH, *pg.* 366

Zimmerman, Julia - Creative, Promotions, Public Relations, Social Media - LYONS CONSULTING GROUP, Chicago, IL, *pg.* 247

Zimmerman, Katy - Social Media - BARKLEY, Kansas City, MO, *pg.* 329

Zinn, Dana - Account Services, Interactive / Digital, Social Media - SUNSHINE SACHS, New York, NY, *pg.* 650

Ziobro, Lara - Interactive / Digital, Social Media - WEBER SHANDWICK, New York, NY, *pg.* 660

Zubrow, Katie - Interactive / Digital, Media Department, Social Media - OGILVY, New York, NY, *pg.* 393

ELIHU BURRITT LIBRARY
CENTRAL CONNECTICUT STATE UNIVERSITY
NEW BRITAIN, CT 06050